Pourquoi activer mon Code en ligne :

Selon mon édition, l'activation de mon Code
me permet d'accéder aux enrichissements suivants,
sur ordinateur, tablette et smartphone :

	CODE ÉDITION LIMITÉE*	CODE ÉDITION CLASSIQUE
Lettre d'actualité du Code	✓*	✓*
Accès aux codes officiels secs	✓	✓
Mise à jour en continu		✓
Liens vers la jurisprudence		✓
Accès aux commentaires et textes complémentaires		✓
Accès aux articles des revues Dalloz		✓

www.activation-dalloz.fr

La clé d'activation se trouve sous l'étiquette de couverture
pour les codes édition classique
et en première page pour les codes limités.

* Disponible pour les titres suivants :
Code civil, Code de procédure civile, Code pénal, Code de procédure pénale,
Code de commerce, Code du travail.

DALLOZAVOCATS

Développer le meilleur de vous-même

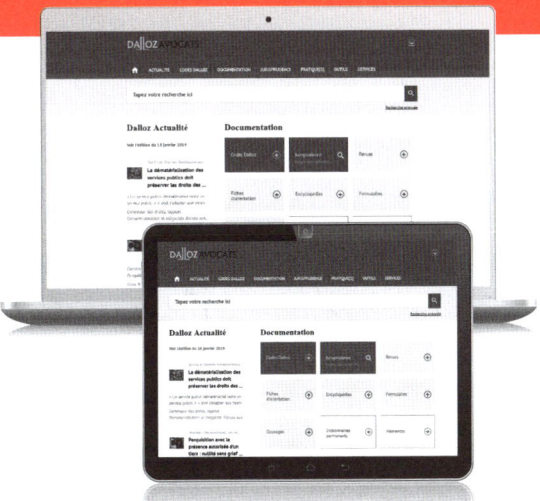

Accédez à la richesse des Éditions Dalloz, Éditions Législatives et Éditions Francis Lefebvre en composant vous-même votre abonnement Dalloz Avocats.

TESTEZ GRATUITEMENT

Rendez-vous sur **www.jedecouvredallozavocats.fr**
pour bénéficier d'un **essai gratuit de 14 jours**
ou contactez-nous au **01 40 92 20 85**

88ᵉ édition

CODE DU TRAVAIL

Annoté
Commenté en ligne

LES CODES DALLOZ

Lefebvre Dalloz

DALLOZ

88ᵉ édition

Sous la direction scientifique de

Christophe RADÉ
Professeur à l'Université de Bordeaux

*Commentaires, annotations de jurisprudence
et bibliographie par*

Caroline DECHRISTÉ
Rédacteur en chef Lefebvre-Dalloz

Magali GADRAT
Maître de conférences
à l'Université Sorbonne Paris Nord

Christophe RADÉ

Lefebvre Dalloz

DA||OZ

Le pictogramme qui figure ci-contre mérite une explication. Son objet est d'alerter le lecteur sur la menace que représente pour l'avenir de l'écrit, particulièrement dans le domaine de l'édition technique et universitaire, le développement massif du photocopillage.

Le Code de la propriété intellectuelle du 1er juillet 1992 interdit en effet expressément la photocopie à usage collectif sans autorisation des ayants droit. Or, cette pratique s'est généralisée dans les établissements d'enseignement supérieur, provoquant une baisse brutale des achats de livres et de revues, au point que la possibilité même pour les auteurs de créer des œuvres nouvelles et de les faire éditer correctement est aujourd'hui menacée.

Nous rappelons donc que toute reproduction, partielle ou totale, de la présente publication est interdite sans autorisation de l'auteur, de son éditeur ou du Centre français d'exploitation du droit de copie (CFC, 20, rue des Grands-Augustins, 75006 Paris).

ÉDITIONS DALLOZ
Tour Lefebvre Dalloz - 10, place des Vosges
92072 Paris La Défense Cedex - CS 90358

Le Code de la propriété intellectuelle n'autorisant, aux termes de l'article L. 122-5, 2° et 3° a), d'une part, que les copies ou reproductions « strictement réservées à l'usage privé du copiste et non destinées à une utilisation collective » et, d'autre part, que les analyses et les courtes citations dans un but d'exemple et d'illustration, « toute représentation ou reproduction intégrale ou partielle faite sans le consentement de l'auteur ou de ses ayants droit ou ayants cause est illicite » (art. L. 122-4).

Cette représentation ou reproduction, par quelque procédé que ce soit, constituerait donc une contrefaçon sanctionnée par les articles L. 335-2 et suivants du Code de la propriété intellectuelle.

ISBN 978-2-247-22970-3
ISBN 978-2-247-23358-8 (epub)
© Éditions Dalloz - 2024

Avant-propos

Le Code du travail présenté dans cet ouvrage constitue la troisième version officielle du corpus original. Après une première codification des lois ouvrières engagée par vagues successives à partir de la loi du 28 décembre 1910 et une deuxième intervenue le 22 janvier 1973, le Code du travail a fait de nouveau peau neuve en 2007 (ordonnance n° 2007-329 du 12 mars 2007) et 2008 (loi de ratification n° 2008-67 et décrets n° 2008-243 et n° 2008-244), et s'applique depuis le 1ᵉʳ mai 2008.

Cette troisième version a toutefois été sensiblement modifiée dans le prolongement du rapport Combrexelle (La négociation collective, le travail et l'emploi, septembre 2015), qui a recommandé une nouvelle présentation des dispositions légales selon qu'elles sont d'ordre public, négociables ou supplétives. Cette distinction, dont il n'est d'ailleurs pas certain qu'elle simplifie la compréhension globale du Code, a été mise en œuvre par la loi n° 2016-1088 du 8 août 2016 en matière de durée du travail et de congés, puis par deux des six ordonnances publiées en 2017 (ordonnance n° 2017-1385 du 22 septembre 2017 relative au renforcement de la négociation collective ; ordonnance n° 2017-1386 du 22 septembre 2017 relative à la nouvelle organisation du dialogue social et économique dans l'entreprise et favorisant l'exercice et la valorisation des responsabilités syndicales).

L'accélération du rythme des réformes a conduit les éditions Dalloz à proposer deux millésimes distincts depuis l'année 2017.

Dalloz a choisi de suivre la présentation officielle du Code du travail et de présenter séparément les parties législative et réglementaire (comprenant indistinctement les articles R et D). La construction en miroir des plans de ces deux parties facilite l'accès à l'ensemble des dispositions applicables à une même question puisque la concordance des numérotations, dans les deux parties, a été assurée par la Commission de recodification du Code du travail pour les quatre premiers chiffres des numéros d'articles. Le Code Dalloz comporte également de très nombreuses annexes reprenant certaines dispositions codifiées par ailleurs, mais aussi d'autres dispositions réglementaires ou conventionnelles. Un index alphabétique, présent en fin d'ouvrage, facilite un accès rapide aux informations.

Compte tenu de l'accélération des réformes ces dernières années, de la mise en place de périodes transitoires parfois longues (ainsi, la mise en place du nouveau comité social et économique étalée sur deux années, 2018 et 2019) et de la persistance de contentieux mettant en cause l'application d'anciennes dispositions du Code du travail, il a été décidé de maintenir, lorsque cela s'avérait nécessaire, la référence aux anciens articles et aux solutions dégagées sous leur empire par la jurisprudence accompagnée d'une mention du contexte dans lequel ces dernières ont été rendues. Une table de renvois avec les anciens textes relatifs aux délégués du personnel, aux comités d'entreprise et aux CHSCT assure également la compréhension des nouvelles dispositions relatives au comité social et économique.

Les très nombreuses décisions (de la Cour de cassation, du Conseil d'État, des juridictions du fond, mais aussi du Conseil constitutionnel ou des cours européennes) sont présentées sous les articles du code correspondants, dans une forme aussi proche que possible du texte original, et sont accompagnées des références aux principaux commentaires pratiques et doctrinaux. D'importantes références bibliographiques sont, par ailleurs, proposées pour permettre au lecteur d'approfondir ses connaissances et réflexions.

L'ajout de ces très nombreux éléments explique le volume de l'ouvrage, l'ambition affichée étant non seulement de favoriser l'accès à la norme, mais aussi de fournir un outil de travail fiable pour les professionnels du droit, les étudiants et, plus largement, pour tous ceux qui souhaitent disposer d'une vision complète et à jour du droit du travail.

Une version enrichie de commentaires est également disponible sur le site dalloz.fr.

Christophe Radé,
Professeur à la Faculté de droit de Bordeaux

LISTE DES ABRÉVIATIONS

⚖	Hyperlien vers la décision intégrale accessible sur le Code en ligne
✎	Hyperlien vers un article de doctrine dans une revue accessible sur le Code en ligne
🛈	Hyperlien vers un texte complémentaire accessible sur le Code en ligne

A	Décision du Conseil d'État publiée au *Lebon* (Dalloz)
AJ	Actualité jurisprudentielle du Recueil Dalloz
AJDA	Actualité juridique de droit administratif (Dalloz)
al.	Alinéa
ALD	Actualité législative Dalloz (années 1983-1995)
Arr.	Arrêté
art.	Article
Ass.	Assemblée
Ass. plén.	Assemblée plénière de la Cour de cassation

B	Décision du Conseil d'État mentionnée aux Tables du *Lebon* (Dalloz)
B	Arrêt publié au *Bulletin civil* ou au *Bulletin criminel* de la Cour de cassation depuis le 15 juin 2021
BIBL.	Bibliographie
BIBL. GÉN.	Bibliographie générale
BICC	Bulletin d'information de la Cour de cassation
BJT	Bulletin Joly Travail
BLD	Bulletin législatif Dalloz (jusqu'à 1982)
BOMT	Bulletin officiel du ministère du Travail
BOSS	Bulletin officiel de la Sécurité sociale
BS Lefebvre	Bulletin social Francis Lefebvre
Bull. civ.	Bulletin des arrêts des chambres civiles de la Cour de cassation
Bull. crim.	Bulletin des arrêts de la chambre criminelle de la Cour de cassation

C.	Code
c/	Contre
CAA	Cour administrative d'appel
Cah. dr. entr.	Cahiers de droit de l'entreprise
Cah. prud'h.	Cahiers prud'homaux
CASF	Code de l'action sociale et des familles Dalloz
Cass.	Cour de cassation
C. assur.	Code des assurances Dalloz
CCH	Code de la construction et de l'habitation Dalloz
C. civ.	Code civil Dalloz

C. com.	Code de commerce Dalloz
C. const.	Code constitutionnel et des droits fondamentaux Dalloz
CE	Conseil d'État
CEDH	Cour européenne des droits de l'homme
CEDS	Comité européen des droits sociaux
C. élect.	Code électoral Dalloz
C. envir.	Code de l'environnement Dalloz
CESEDA	Code de l'entrée et du séjour des étrangers et du droit d'asile Dalloz
CGCT	Code général des collectivités territoriales Dalloz
CGFP	Code général de la fonction publique Dalloz
CGI	Code général des impôts Dalloz
ch.	Chambre
chap.	Chapitre
Ch. mixte	Chambre mixte de la Cour de cassation
Ch. réun.	Chambres réunies de la Cour de cassation
Chron.	Chronique
Circ.	Circulaire
Civ.	Chambre civile de la Cour de cassation
CJA	Code de justice administrative Dalloz
CJCE	Cour de justice des Communautés européennes (jusqu'en nov. 2009)
CJUE	Cour de justice de l'Union européenne (depuis déc. 2009)
COJ	Code de l'organisation judiciaire
Com.	Chambre commerciale de la Cour de cassation
Comm.	Commentaire
Comp.	Comparer
concl.	Conclusions
conf.	Solution conforme
Cons. const.	Conseil constitutionnel
Cons. prud'h.	Conseil de prud'hommes
Const.	Constitution
Contra	Solution contraire
Conv. EDH	Convention européenne de sauvegarde des droits de l'homme et des libertés fondamentales
C. pén.	Code pénal Dalloz
C. pénit.	Code pénitentiaire Dalloz
CPI	Code de la propriété intellectuelle Dalloz
C. pr. civ.	Code de procédure civile Dalloz
C. pr. pén.	Code de procédure pénale Dalloz
Crim.	Chambre criminelle de la Cour de cassation
CRPA	Code des relations entre le public et l'administration Dalloz
C. rur.	Code rural et de la pêche maritime Dalloz
C. rur. et for.	Code rural et Code forestier
CSB	Cahiers sociaux du barreau de Paris
C. sociétés	Code des sociétés Dalloz
CSP	Code de la santé publique Dalloz
CSS	Code de la sécurité sociale Dalloz
C. tourisme	Code du tourisme Dalloz
C. transp.	Code des transports Dalloz

C. trav.	Code du travail Dalloz
C. urb.	Code de l'urbanisme Dalloz

D.	Recueil Dalloz
D. actu.	Dalloz actualité
D. Affaires	Dalloz Affaires (de 1995 à 1999)
Décis.	Décision
Décr.	Décret
Décr.-L.	Décret-loi
Defrénois	Répertoire du notariat Defrénois
Dir.	Directive
Doctr.	Doctrine
DP	Recueil périodique et critique mensuel Dalloz (années antérieures à 1941)
Dr. ouvrier	Droit ouvrier
Dr. soc.	Droit social (Dalloz)
Dr. trav.	Droit du travail et de la sécurité sociale

eod. loc.	Au même endroit
eod. v^o, eisd. v^{is}	Même(s) mot(s) que celui (ceux) qui vient (viennent) d'être cité(s)
esp.	Espèce

GADT	Grands arrêts du droit du travail (Dalloz)
Gaz. Pal.	Gazette du Palais

ibid.	Au même endroit
Inf. chef d'entrepr.	L'informateur du chef d'entreprise
Instr.	Instruction
IR	Informations rapides du Recueil Dalloz

J.	Jurisprudence
JCP	Juris-classeur périodique (Semaine Juridique), édition générale
JCP CI	Juris-classeur périodique, édition Commerce et industrie (années antérieures à 1984)
JCP E	Juris-classeur périodique, édition Entreprise
JCP N	Juris-classeur périodique, édition Notariale
JCP S	Juris-classeur périodique, édition Sociale
JDI	Journal de droit international (Clunet)
JO	Journal officiel
JOCE	Journal officiel des Communautés européennes (jusqu'au 31 janv. 2003)
JOUE	Journal officiel de l'Union européenne (depuis le 1er févr. 2003)
JSL	Jurisprudence sociale Lamy
JS UIMM	Jurisprudence sociale de l'Union des industries métallurgiques et minières

L.	Loi
Lebon	Recueil des décisions du Conseil d'État (Dalloz)
Lebon T.	Recueil des décisions du Conseil d'État (Dalloz), Tables
Liaisons soc.	Liaisons sociales
Liv.	Livre
loc. cit.	A l'endroit précité
LPA	Les Petites Affiches

Mod.	Modifié

n°	Numéro
NCPC	Nouveau code de procédure civile (pour les années 1975 à 2007 ; devenu le Code de procédure civile depuis la L. n° 2007-1787 du 2 déc. 2007, art. 26-III) Dalloz
Ndlr	Note de la rédaction
nouv.	Nouveau

obs.	Observations
Ord.	Ordonnance

P	Arrêt publié au *Bulletin civil* ou au *Bulletin criminel* de la Cour de cassation jusqu'au 15 juin 2021
p.	Page
Pan.	Panorama
pén.	Pénalités
préc.	Précité

Quest. prud'h.	Questions prud'homales
Quot. jur.	Quotidien juridique

Rapp.	Rapport
Rappr.	Rapprocher
RCA	Responsabilité civile et assurances
RDC	Revue des contrats
RD publ.	Revue de droit public et de la science politique en France et à l'étranger
RDSS	Revue de droit sanitaire et social (Dalloz)
RDT	Revue de droit du travail (Dalloz)
Rect.	Rectificatif
réf.	Référé
Règl.	Règlement
RÉP. PR. CIV.	Répertoire de procédure civile Dalloz
RÉP. TRAV.	Répertoire de droit du travail Dalloz
réquis.	Réquisitions
Rev. adm.	Revue administrative
Rev. arb.	Revue de l'arbitrage
Rev. crit. DIP	Revue critique de droit international privé (Dalloz)
Rev. huiss.	Revue des huissiers de justice
Rev. sociétés	Revue des sociétés (Dalloz)

RF aff. soc.	Revue française des affaires sociales
RF compt.	Revue française de comptabilité
RFDA	Revue française de droit administratif (Dalloz)
RJ com.	Revue de jurisprudence commerciale
RJS	Revue de jurisprudence sociale
RPC	Revue des procédures collectives
RPDS	Revue pratique de droit social
RRJ	Revue de recherche juridique et de droit prospectif
RSC	Revue de science criminelle et de droit pénal comparé (Dalloz)
RTD civ.	Revue trimestrielle de droit civil (Dalloz)
RTD com.	Revue trimestrielle de droit commercial (Dalloz)
RTD eur.	Revue trimestrielle de droit européen (Dalloz)

s.	Et suivants
S.	Recueil Sirey
Sect.	Section
Soc.	Chambre sociale de la Cour de cassation
sol. impl.	Solution implicite
Somm.	Sommaires
ss.	Sous
SSL	Semaine sociale Lamy
suppl.	Supplément

t.	Tome
T.	Tables
TA	Tribunal administratif
T. civ.	Tribunal, chambre civile
T. com.	Tribunal de commerce
T. confl.	Tribunal des conflits
T. corr.	Tribunal, chambre correctionnelle
TGI	Tribunal de grande instance
TI	Tribunal d'instance
Tit.	Titre
TJ	Tribunal judiciaire
TPICE	Tribunal de première instance des Communautés européennes (jusqu'en nov. 2009)
TPS	Travail et protection sociale
Trib. UE	Tribunal de l'Union européenne (depuis déc. 2009)

UES	Unité économique et sociale

V.	Voir
v°, v^{is}	Mot, mots

TABLE DES MATIÈRES

CODE DU TRAVAIL

CHAPITRE PRÉLIMINAIRE	Dialogue social	L. 1 – L. 3

PREMIÈRE PARTIE
LES RELATIONS INDIVIDUELLES DE TRAVAIL
L. 1111-1 – L. 1532-1
R. 1111-1 – R. 1524-14

LIVRE I
DISPOSITIONS PRÉLIMINAIRES
L. 1111-1 – L. 1161-1 *[abrogé]*
R. 1111-1 – D. 1151-1

TITRE I	**CHAMP D'APPLICATION ET CALCUL DES SEUILS D'EFFECTIFS**	**L. 1111-1 – L. 1111-3** **R. 1111-1**
CHAPITRE UNIQUE		L. 1111-1 – L. 1111-3 R. 1111-1
TITRE II	**DROITS ET LIBERTÉS DANS L'ENTREPRISE**	**L. 1121-1 – L. 1121-2**
CHAPITRE UNIQUE		L. 1121-1 – L. 1121-2
TITRE III	**DISCRIMINATIONS**	**L. 1131-1 – L. 1134-10**
CHAPITRE I	Champ d'application	L. 1131-1 – L. 1131-2
CHAPITRE II	Principe de non-discrimination	L. 1132-1 – L. 1132-4
CHAPITRE III	Différences de traitement autorisées	L. 1133-1 – L. 1133-6
CHAPITRE IV	Actions en justice	L. 1134-1 – L. 1134-10
SECTION 1	*Dispositions communes*	L. 1134-1 – L. 1134-5
SECTION 2	*Dispositions spécifiques à l'action de groupe*	L. 1134-6 – L. 1134-10

TITRE IV	**ÉGALITÉ PROFESSIONNELLE ENTRE LES FEMMES ET LES HOMMES**................................	**L. 1141-1 – L. 1146-3 R. 1142-1 – D. 1143-18**
CHAPITRE I	Champ d'application	L. 1141-1
CHAPITRE II	Dispositions générales	L. 1142-1 – L. 1142-6 R. 1142-1
CHAPITRE II BIS	Mesures visant à supprimer les écarts de rémunération entre les femmes et les hommes dans l'entreprise et à assurer une répartition équilibrée de chaque sexe parmi les cadres dirigeants et les membres des instances dirigeantes	L. 1142-7 – L. 1142-13 D. 1142-2 – R. 1142-23
SECTION 1	Mesures visant à supprimer les écarts de rémunération entre les femmes et les hommes dans l'entreprise	D. 1142-2 – D. 1142-14
SECTION 2	Mesures visant à assurer une répartition équilibrée de chaque sexe parmi les cadres dirigeants et les membres des instances dirigeantes	D. 1142-15 – R. 1142-23
CHAPITRE III	Plan et contrat pour l'égalité professionnelle	L. 1143-1 – L. 1143-3 R. 1143-1 – D. 1143-18
SECTION UNIQUE	Plan pour l'égalité professionnelle	L. 1143-1 – L. 1143-3
SECTION 1	Convention d'étude	R. 1143-1 – D. 1143-5
SECTION 2	Plan pour l'égalité professionnelle	D. 1143-6
SECTION 3	Contrat pour la mixité des emplois et l'égalité professionnelle entre les femmes et les hommes	D. 1143-7 – D. 1143-18
CHAPITRE IV	Actions en justice...	L. 1144-1 – L. 1144-3
CHAPITRE V	Instances concourant à l'égalité professionnelle.......	L. 1145-1 [abrogé]
CHAPITRE V [abrogé]	Instances concourant à l'égalité professionnelle.......	Néant
CHAPITRE VI	Dispositions pénales	L. 1146-1 – L. 1146-3
TITRE V	**HARCÈLEMENTS**...	**L. 1151-1 – L. 1155-4 [abrogé] D. 1151-1**
CHAPITRE I	Champ d'application	L. 1151-1 – L. 1151-2
CHAPITRE II	Harcèlement moral	L. 1152-1 – L. 1152-6
CHAPITRE III	Harcèlement sexuel	L. 1153-1 – L. 1153-6
CHAPITRE IV	Actions en justice...	L. 1154-1 – L. 1154-2
CHAPITRE V	Dispositions pénales	L. 1155-1 – L. 1155-4 [abrogé]
CHAPITRE UNIQUE	Dispositions générales	D. 1151-1

TITRE VI	CORRUPTION	**L. 1161-1** *[abrogé]*
CHAPITRE UNIQUE		L. 1161-1 *[abrogé]*

LIVRE II
LE CONTRAT DE TRAVAIL

L. 1211-1 – L. 1273-7 *[abrogé]*
R. 1221-1 – D. 1274-7 *[abrogé]*

TITRE I	CHAMP D'APPLICATION	**L. 1211-1**
CHAPITRE UNIQUE		L. 1211-1
TITRE II	FORMATION ET EXÉCUTION DU CONTRAT DE TRAVAIL	**L. 1221-1 – L. 1227-1** **R. 1221-1 – R. 1227-7**
CHAPITRE I	Formation du contrat de travail	L. 1221-1 – L. 1221-26 R. 1221-1 – R. 1221-41
SECTION 1	Dispositions générales	L. 1221-1 – L. 1221-5-1
SECTION 1	Déclaration préalable à l'embauche	R. 1221-1 – D. 1221-19
SECTION 2	Recrutement	L. 1221-6 – L. 1221-9
SECTION 2	Registre unique du personnel	D. 1221-23 – D. 1221-27
SECTION 3	Formalités à l'embauche et à l'emploi	L. 1221-10 – L. 1221-18
SECTION 3	Autres formalités	D. 1221-28 – R. 1221-41
SECTION 4	Période d'essai	L. 1221-19 – L. 1221-26
CHAPITRE II	Exécution et modification du contrat de travail	L. 1222-1 – L. 1222-16 D. 1222-1
SECTION 1	Exécution du contrat de travail	L. 1222-1 – L. 1222-5
SECTION 2	Modification du contrat de travail pour motif économique	L. 1222-6
SECTION 3 *[abrogée]*	Modification du contrat de travail en cas d'accord de réduction du temps de travail	L. 1222-7 – L. 1222-8 *[abrogés]*
SECTION 4	Télétravail	L. 1222-9 – L. 1222-11
SECTION 5	Mobilité volontaire sécurisée	L. 1222-12 – L. 1222-16
CHAPITRE III	Formation et exécution de certains types de contrats	L. 1223-1 *[abrogé]* – L. 1223-9
SECTION 1 *[abrogée]*	Contrat de travail nouvelles embauches	L. 1223-1 – L. 1223-4 *[abrogés]*

SECTION 2	Contrat de mission à l'exportation	L. 1223-5 – L. 1223-7
SECTION 3	Contrat de chantier ou d'opération	L. 1223-8 – L. 1223-9
CHAPITRE IV	Transfert du contrat de travail	L. 1224-1 – L. 1224-4
CHAPITRE V	Maternité, paternité, adoption et éducation des enfants	L. 1225-1 – L. 1225-72 R. 1225-1 – R. 1225-19
SECTION 1	Protection de la grossesse et de la maternité	L. 1225-1 – L. 1225-34 R. 1225-1 – R. 1225-7
SECTION 2	Congé de paternité et d'accueil de l'enfant	L. 1225-35 – L. 1225-36
SECTION 2	Congé de paternité	D. 1225-8 – D. 1225-8-1
SECTION 3	Congés d'adoption	L. 1225-37 – L. 1225-46-1 R. 1225-9 – D. 1225-11-1
SECTION 4	Congés d'éducation des enfants	L. 1225-47 – L. 1225-69 [abrogé] R. 1225-12 – R. 1225-19
SECTION 5	Sanctions	L. 1225-70 – L. 1225-71
SECTION 6	Dispositions d'application	L. 1225-72
CHAPITRE VI	Maladie, accident et inaptitude médicale	L. 1226-1 – L. 1226-24 D. 1226-1 – R. 1226-9
SECTION 1	Absences pour maladie ou accident	L. 1226-1 – L. 1226-1-4 D. 1226-1 – D. 1226-8-1
SECTION 2	Inaptitude consécutive à une maladie ou un accident non professionnel – Maladie grave	L. 1226-2 – L. 1226-5
SECTION 2	Accident du travail ou maladie professionnelle	R. 1226-9
SECTION 3	Accident du travail ou maladie professionnelle	L. 1226-6 – L. 1226-22
SECTION 4	Dispositions particulières aux départements de la Moselle, du Bas-Rhin et du Haut-Rhin	L. 1226-23 – L. 1226-24
CHAPITRE VII	Dispositions pénales	L. 1227-1 R. 1227-1 – R. 1227-7
TITRE III	**RUPTURE DU CONTRAT DE TRAVAIL À DURÉE INDÉTERMINÉE**	**L. 1231-1 – L. 1238-5** **R. 1231-1 – R. 1238-7**
CHAPITRE I	Dispositions générales	L. 1231-1 – L. 1231-7 R. 1231-1
CHAPITRE II	Licenciement pour motif personnel	L. 1232-1 – L. 1232-14 R. 1232-1 – R. 1232-13
SECTION 1	Cause réelle et sérieuse	L. 1232-1
SECTION 1	Entretien préalable	R. 1232-1 – R. 1232-3
SECTION 2	Entretien préalable	L. 1232-2 – L. 1232-5
SECTION 2	Conseiller du salarié	D. 1232-4 – D. 1232-12
SECTION 3	Notification du licenciement	L. 1232-6 R. 1232-13
SECTION 4	Conseiller du salarié	L. 1232-7 – L. 1232-14

TABLE DES MATIÈRES

CHAPITRE III	Licenciement pour motif économique	L. 1233-1 – L. 1233-91 R. 1233-1 – D. 1233-51
SECTION 1	Champ d'application	L. 1233-1
SECTION 1	Dispositions communes	R. 1233-1 – R. 1233-2-2
SECTION 2	Dispositions communes	L. 1233-2 – L. 1233-7
SECTION 2	Licenciement de moins de dix salariés dans une même période de trente jours	D. 1233-3
SECTION 3	Licenciement de moins de dix salariés dans une même période de trente jours	L. 1233-8 – L. 1233-20
SECTION 3	Licenciement de dix salariés ou plus dans une même période de trente jours	R. 1233-3-1 – D. 1233-14-4
SECTION 4	Licenciement de dix salariés ou plus dans une même période de trente jours	L. 1233-21 – L. 1233-57-8
SECTION 4	Obligation de rechercher un repreneur en cas de projet de fermeture d'un établissement	R. 1233-15 – R. 1233-15-2
SECTION 4 BIS	Obligation de rechercher un repreneur en cas de projet de fermeture d'un établissement	L. 1233-57-9 – L. 1233-57-22
SECTION 5	Licenciement économique dans le cadre d'une sauvegarde, d'un redressement ou d'une liquidation judiciaire	L. 1233-58 – L. 1233-60-1
SECTION 5	Accompagnement social et territorial des procédures de licenciement	R. 1233-17 – D. 1233-51
SECTION 6	Accompagnement social et territorial des procédures de licenciement	L. 1233-61 – L. 1233-90-1
SECTION 7	Mesures d'adaptation	L. 1233-91
CHAPITRE IV	Conséquences du licenciement	L. 1234-1 – L. 1234-20 R. 1234-1 – R. 1234-12
SECTION 1	Préavis et indemnité de licenciement	L. 1234-1 – L. 1234-18
SECTION 1	Indemnité de licenciement	R. 1234-1 – R. 1234-5
SECTION 2	Documents remis par l'employeur	L. 1234-19 – L. 1234-20 R. 1234-5-1 – R. 1234-12
CHAPITRE V	Contestations et sanctions des irrégularités du licenciement	L. 1235-1 – L. 1235-17 R. 1235-1 – D. 1235-21
SECTION 1	Dispositions communes	L. 1235-1 – L. 1235-6
SECTION 1	Remboursement des allocations de chômage	R. 1235-1 – R. 1235-10
SECTION 2	Licenciement pour motif économique	L. 1235-7 – L. 1235-17
SECTION 2	Actions en justice des organisations syndicales en cas de licenciement économique	D. 1235-18 – D. 1235-20
SECTION 3	Indemnité forfaitaire en cas d'accord de conciliation	D. 1235-21
CHAPITRE VI	Rupture de certains types de contrats	L. 1236-1 *[abrogé]* – L. 1236-9
SECTION 1 *[abrogée]*	Contrat de travail "nouvelles embauches"	L. 1236-1 – L. 1236-6 *[abrogés]*

SECTION 2	*Contrat de mission à l'exportation*	L. 1236-7
SECTION 3	*Contrat de chantier ou d'opération*	L. 1236-8 – L. 1236-9
CHAPITRE VII	Autres cas de rupture	L. 1237-1 – L. 1237-19-14 D. 1237-1 – R. 1237-13
SECTION 1	*Rupture à l'initiative du salarié*	L. 1237-1 – L. 1237-3
SECTION 1	*Retraite*	D. 1237-1 – D. 1237-2-3
SECTION 2	*Retraite*	L. 1237-4 – L. 1237-10
SECTION 2	*Rupture conventionnelle*	R. 1237-3 – D. 1237-3-1
SECTION 3	*Rupture conventionnelle*	L. 1237-11 – L. 1237-16
SECTION 3	*Rupture d'un commun accord dans le cadre d'un accord collectif*	D. 1237-4 – D. 1237-12
SECTION 4	*Rupture d'un commun accord dans le cadre d'un accord collectif*	L. 1237-17 – L. 1237-19-14
SECTION 4	*Démission*	R. 1237-13
CHAPITRE VIII	Dispositions pénales	L. 1238-1 – L. 1238-5 R. 1238-1 – R. 1238-7
TITRE IV	**CONTRAT DE TRAVAIL À DURÉE DÉTERMINÉE**	**L. 1241-1 – L. 1248-11** **D. 1242-1 – D. 1247-2**
CHAPITRE I	Champ d'application	L. 1241-1
CHAPITRE II	Conclusion et exécution du contrat	L. 1242-1 – L. 1242-17 D. 1242-1 – D. 1242-8
SECTION 1	*Conditions de recours*	L. 1242-1 – L. 1242-6 D. 1242-1 – D. 1242-5
SECTION 2	*Fixation du terme et durée du contrat*	L. 1242-7 – L. 1242-9
SECTION 2	*Durée du contrat*	D. 1242-6 – D. 1242-7
SECTION 3	*Période d'essai*	L. 1242-10 – L. 1242-11
SECTION 3	*Information sur les postes à pourvoir*	D. 1242-8
SECTION 4	*Forme, contenu et transmission du contrat*	L. 1242-12 – L. 1242-13
SECTION 5	*Conditions d'exécution du contrat*	L. 1242-14 – L. 1242-16
SECTION 6	*Information sur les postes à pourvoir*	L. 1242-17
CHAPITRE III	Rupture anticipée, échéance du terme et renouvellement du contrat	L. 1243-1 – L. 1243-13-1 D. 1243-1 – R. 1243-2
SECTION 1	*Rupture anticipée du contrat*	L. 1243-1 – L. 1243-4 D. 1243-1
SECTION 2	*Échéance du terme du contrat et poursuite après échéance*	L. 1243-5 – L. 1243-12
SECTION 2	*Échéance du terme*	R. 1243-2
SECTION 3	*Renouvellement du contrat*	L. 1243-13 – L. 1243-13-1
CHAPITRE IV	Succession de contrats	L. 1244-1 – L. 1244-4-1
SECTION 1	*Contrats successifs avec le même salarié*	L. 1244-1 – L. 1244-2-2

SECTION 2	*Contrats successifs sur le même poste*	L. 1244-3 – L. 1244-4-1
CHAPITRE V	Requalification du contrat	L. 1245-1 – L. 1245-2 R. 1245-1
CHAPITRE VI	Règles particulières de contrôle	L. 1246-1
CHAPITRE VII	Actions en justice	L. 1247-1 D. 1247-1 – D. 1247-2
CHAPITRE VIII	Dispositions pénales	L. 1248-1 – L. 1248-11

TITRE V — CONTRAT DE TRAVAIL TEMPORAIRE, AUTRES CONTRATS DE MISE À DISPOSITION ET PORTAGE SALARIAL

L. 1251-1 – L. 1255-18
D. 1251-1 – R. 1255-9

CHAPITRE I	Contrat de travail conclu avec une entreprise de travail temporaire	L. 1251-1 – L. 1251-63 D. 1251-1 – D. 1251-33
SECTION 1	*Définitions*	L. 1251-1 – L. 1251-4
SECTION 1	*Conditions de recours*	D. 1251-1 – D. 1251-2
SECTION 2	*Conditions de recours*	L. 1251-5 – L. 1251-10
SECTION 2	*Contrat de mission*	D. 1251-3 – R. 1251-3-1
SECTION 3	*Contrat de mission*	L. 1251-11 – L. 1251-41
SECTION 3	*Contrat de mise à disposition et entreprise de travail temporaire*	R. 1251-4 – R. 1251-31
SECTION 4	*Contrat de mise à disposition et entreprise de travail temporaire*	L. 1251-42 – L. 1251-58
SECTION 4	*Actions en justice*	D. 1251-32 – D. 1251-33
SECTION 4 BIS	*Contrat de travail à durée indéterminée intérimaire*	L. 1251-58-1 – L. 1251-58-8
SECTION 5	*Actions en justice*	L. 1251-59
SECTION 6	*Dispositions applicables aux employeurs publics*	L. 1251-60 – L. 1251-63
CHAPITRE II	Contrat conclu avec une entreprise de travail à temps partagé	L. 1252-1 – L. 1252-13
SECTION 1	*Définitions*	L. 1252-1 – L. 1252-3
SECTION 2	*Contrat de travail à temps partagé*	L. 1252-4 – L. 1252-9
SECTION 3	*Contrat de mise à disposition et entreprise de travail à temps partagé*	L. 1252-10 – L. 1252-13
CHAPITRE III	Contrats conclus avec un groupement d'employeurs	L. 1253-1 – L. 1253-24 D. 1253-1 – D. 1253-52
SECTION 1	*Groupement d'employeurs entrant dans le champ d'application d'une même convention collective*	L. 1253-1 – L. 1253-16 D. 1253-1 – D. 1253-3
SECTION 2	*Groupement d'employeurs n'entrant pas dans le champ d'application d'une même convention collective*	L. 1253-17 – L. 1253-18 D. 1253-4 – R. 1253-13

SECTION 3	Groupement d'employeurs composé d'adhérents de droit privé et de collectivités territoriales..................	L. 1253-19 – L. 1253-23
SECTION 3	Groupement d'employeurs pour le remplacement de chefs d'exploitation agricole ou d'entreprises artisanales, industrielles ou commerciales ou de personnes physiques exerçant une profession libérale.....................	R. 1253-14 – R. 1253-34
SECTION 4	Dispositions applicables à l'ensemble des groupements d'employeurs...	L. 1253-24
SECTION 4	Groupements d'employeurs constitués au sein d'une société coopérative existante ou d'une société interprofessionnelle de soins ambulatoires................................	R. 1253-35 – R. 1253-42
SECTION 5	Groupement d'employeurs composé d'adhérents de droit privé et de collectivités territoriales..................	R. 1253-43 – R. 1253-44
SECTION 6	Groupements d'employeurs pour l'insertion et la qualification..	D. 1253-45 – D. 1253-49
SECTION 7	Accès des groupements d'employeurs aux aides publiques en matière d'emploi et de formation professionnelle au titre des entreprises adhérentes........................	D. 1253-50 – D. 1253-52
CHAPITRE IV	Portage salarial..	L. 1254-1 – L. 1254-31 D. 1254-1 – R. 1254-5
SECTION 1	Définition et champ d'application.............................	L. 1254-1 – L. 1254-2
SECTION 2	Conditions et interdictions de recours au portage salarial..	L. 1254-3 – L. 1254-6
SECTION 3	Contrat de travail..	L. 1254-7 – L. 1254-21
SECTION 4	Le contrat commercial de prestation de portage salarial..	L. 1254-22 – L. 1254-23
SECTION 5	L'entreprise de portage salarial.................................	L. 1254-24 – L. 1254-31
CHAPITRE V	Dispositions pénales..	L. 1255-1 – L. 1255-18 R. 1255-1 – R. 1255-9
SECTION 1	Travail temporaire...	L. 1255-1 – L. 1255-12 R. 1255-1 – R. 1255-7
SECTION 2	Groupements d'employeurs.......................................	L. 1255-13 R. 1255-8 – R. 1255-9
SECTION 3	Portage salarial..	L. 1255-14 – L. 1255-18
TITRE VI	**SALARIÉS DÉTACHÉS TEMPORAIREMENT PAR UNE ENTREPRISE NON ÉTABLIE EN FRANCE**..	**L. 1261-1 – L. 1265-1** **R. 1261-1 – D. 1265-1**
CHAPITRE I	Dispositions générales...	L. 1261-1 – L. 1261-3 R. 1261-1 – R. 1261-2
CHAPITRE II	Conditions de détachement et réglementation applicable..	L. 1262-1 – L. 1262-7 R. 1262-1 – R. 1262-19
SECTION 1	Conditions de détachement......................................	L. 1262-1 – L. 1262-3
SECTION 1	Maladie et accident...	R. 1262-1 – R. 1262-2

SECTION 2	Réglementation applicable	L. 1262-4 – L. 1262-5
SECTION 2	Droit d'expression	R. 1262-3
SECTION 3	Conditions particulières de détachement	L. 1262-6 – L. 1262-7
SECTION 3	Durée du travail, repos et congés	R. 1262-4 – R. 1262-6
SECTION 4	Salaire	R. 1262-7 – R. 1262-8-1 [abrogé]
SECTION 5	Santé au travail	R. 1262-9 – R. 1262-15
SECTION 6	Travail temporaire	R. 1262-16 – R. 1262-18
SECTION 7	Détachement de plus de douze mois	R. 1262-18-1
SECTION 8	Dispositions diverses	R. 1262-19
CHAPITRE III	Contrôle	L. 1263-1 – L. 1263-8 R. 1263-1 – R. 1263-20 [abrogé]
SECTION 1	Dispositions communes	R. 1263-1 – R. 1263-2-1
SECTION 2	Déclaration de détachement	R. 1263-3 – R. 1263-5
SECTION 3	Déclaration spécifique aux entreprises de travail temporaire	R. 1263-6 – R. 1263-9
SECTION 4	Surveillance et contrôle du travail détaché	R. 1263-10 – R. 1263-11-7
SECTION 5	Obligation de vigilance des maîtres d'ouvrage et des donneurs d'ordre	R. 1263-12 – R. 1263-14
SECTION 6	Obligations et responsabilité financière des maîtres d'ouvrage et des donneurs d'ordre	R. 1263-15 – D. 1263-21
SECTION 7 [abrogée]	Contribution des employeurs	R. 1263-20 [abrogé]
CHAPITRE IV	Amendes administratives	L. 1264-1 – L. 1264-4
CHAPITRE IV	Dispositions pénales	R. 1264-1 [abrogé] – R. 1264-3
CHAPITRE V	Actions en justice	L. 1265-1 D. 1265-1
TITRE VII	**CHÈQUES ET TITRES SIMPLIFIÉS DE TRAVAIL**	**L. 1271-1 – L. 1273-7 [abrogé] D. 1271-1 – D. 1274-7 [abrogé]**
CHAPITRE I	Chèque emploi-service universel	L. 1271-1 – L. 1271-17 D. 1271-1 – D. 1271-33
SECTION 1	Objet et modalités de mise en œuvre	L. 1271-1 – L. 1271-8 D. 1271-1 – D. 1271-5-1
SECTION 2	Dispositions financières	L. 1271-9 [abrogé] – L. 1271-15-1
SECTION 2	Titre spécial de paiement	D. 1271-6 – R. 1271-27
SECTION 3	Contrôle	L. 1271-16
SECTION 3	Autres dispositions financières	D. 1271-28 – D. 1271-33
SECTION 4	Dispositions d'application	L. 1271-17

CHAPITRE II	Chèque-emploi associatif	L. 1272-1 [abrogé] – L. 1272-5 [abrogé]
CHAPITRE II	Chèque-emploi associatif et titre emploi-service entreprise	D. 1272-1 – D. 1272-10 [abrogé]
CHAPITRE III	Titre emploi-service entreprise	L. 1273-1 [abrogé] – L. 1273-7 [abrogé]
CHAPITRE III [abrogé]	Titre emploi-service entreprise	D. 1273-1 – D. 1273-8 [abrogés]
CHAPITRE IV	Employeurs non établis en France	D. 1273-9
CHAPITRE IV [abrogé]	Chèque-emploi pour les très petites entreprises	D. 1274-1 – D. 1274-7 [abrogés]

LIVRE III
LE RÈGLEMENT INTÉRIEUR ET LE DROIT DISCIPLINAIRE

L. 1311-1 – L. 1334-1
R. 1321-1 – R. 1332-4

TITRE I	**CHAMP D'APPLICATION**	**L. 1311-1 – L. 1311-2**
CHAPITRE UNIQUE		L. 1311-1 – L. 1311-2
TITRE II	**RÈGLEMENT INTÉRIEUR**	**L. 1321-1 – L. 1322-4** **R. 1321-1 – R. 1323-1**
CHAPITRE I	Contenu et conditions de validité	L. 1321-1 – L. 1321-6 R. 1321-1 – R. 1321-6
CHAPITRE II	Contrôle administratif et juridictionnel	L. 1322-1 – L. 1322-4 R. 1322-1
SECTION 1	*Contrôle administratif*	L. 1322-1 – L. 1322-3
SECTION 2	*Contrôle juridictionnel*	L. 1322-4
CHAPITRE III	Dispositions pénales	R. 1323-1
TITRE III	**DROIT DISCIPLINAIRE**	**L. 1331-1 – L. 1334-1** **R. 1332-1 – R. 1332-4**
CHAPITRE I	Sanction disciplinaire	L. 1331-1 – L. 1331-2
CHAPITRE II	Procédure disciplinaire	L. 1332-1 – L. 1332-5 R. 1332-1 – R. 1332-4
SECTION 1	*Garanties de procédure*	L. 1332-1 – L. 1332-3 R. 1332-1 – R. 1332-3
SECTION 2	*Prescription des faits fautifs*	L. 1332-4 – L. 1332-5 R. 1332-4

CHAPITRE III	Contrôle juridictionnel	L. 1333-1 – L. 1333-3
CHAPITRE IV	Dispositions pénales	L. 1334-1

LIVRE IV
LA RÉSOLUTION DES LITIGES – LE CONSEIL DE PRUD'HOMMES

L. 1411-1 – L. 1471-1
R. 1412-1 – R. 1471-2

TITRE I	ATTRIBUTIONS DU CONSEIL DE PRUD'HOMMES	L. 1411-1 – L. 1411-6 R. 1412-1 – R. 1412-5
CHAPITRE I	Compétence en raison de la matière	L. 1411-1 – L. 1411-6
CHAPITRE II	Compétence territoriale	R. 1412-1 – R. 1412-5
TITRE II	INSTITUTION, ORGANISATION ET FONCTIONNEMENT	L. 1421-1 – L. 1423-16 R. 1422-1 – D. 1423-75
CHAPITRE I	Dispositions générales	L. 1421-1 – L. 1421-3
CHAPITRE II	Institution	L. 1422-1 – L. 1422-3 R. 1422-1 – R. 1422-4
CHAPITRE III	Organisation et fonctionnement	L. 1423-1 – L. 1423-16 R. 1423-1 – D. 1423-75
SECTION 1	Sections	L. 1423-1 – L. 1423-2 R. 1423-1 – R. 1423-7
SECTION 2	Président et vice-président	L. 1423-3 – L. 1423-7
SECTION 2	Chambres	R. 1423-8 – R. 1423-10
SECTION 3	Difficultés de constitution et de fonctionnement	L. 1423-8 – L. 1423-11
SECTION 3	Président et vice-président	R. 1423-11 – R. 1423-22
SECTION 4	Bureau de conciliation et d'orientation, bureau de jugement et formation de référé	L. 1423-12 – L. 1423-13
SECTION 4	Organisation et fonctionnement	R. 1423-23 – R. 1423-31
SECTION 5	Dépenses du conseil de prud'hommes	L. 1423-14 – L. 1423-15
SECTION 5	Difficultés de constitution et de fonctionnement	R. 1423-32 – R. 1423-33
SECTION 6	Dispositions d'application	L. 1423-16
SECTION 6	Bureau de conciliation et d'orientation, bureau de jugement et formation de référé	R. 1423-34 – R. 1423-35
SECTION 7	Greffe	R. 1423-36 – R. 1423-50-1
SECTION 8	Dépenses du conseil de prud'hommes	R. 1423-51 – D. 1423-75
TITRE III	CONSEIL SUPÉRIEUR DE LA PRUD'HOMIE	L. 1431-1 – L. 1431-2 R. 1431-1 – R. 1431-16

CHAPITRE UNIQUE		L. 1431-1 – L. 1431-2 R. 1431-1 – R. 1431-16
SECTION 1	Missions	R. 1431-1 – R. 1431-3-1
SECTION 2	Composition	R. 1431-4 – R. 1431-8
SECTION 3	Organisation et fonctionnement	R. 1431-9 – R. 1431-16
TITRE IV	**CONSEILLERS PRUD'HOMMES**	**L. 1441-1 – L. 1443-2 [abrogé] R. 1441-1 – R. 1443-3 [abrogé]**
CHAPITRE I	Désignation des conseillers prud'hommes	L. 1441-1 – L. 1441-31 R. 1441-1 – R. 1441-26
SECTION 1	Dispositions générales	L. 1441-1 – L. 1441-3 R. 1441-1
SECTION 2	Détermination des sièges attribués aux organisations...	L. 1441-4 – L. 1441-5
SECTION 2	Détermination des sièges	R. 1441-2 – R. 1441-12
SECTION 3	Candidatures	L. 1441-6 – L. 1441-23 R. 1441-13 – D. 1441-24-3
SECTION 4	Contestations relatives à la nomination	L. 1441-24
SECTION 4	Désignations complémentaires	R. 1441-25 – R. 1441-26
SECTION 5	Désignations complémentaires	L. 1441-25 – L. 1441-31
CHAPITRE I [ancien]	Élection	L. 1441-1 – L. 1441-40 [anciens]
CHAPITRE II	Statut des conseillers prud'hommes	L. 1442-1 – L. 1442-19 D. 1442-1 – D. 1442-28
SECTION 1	Formation	L. 1442-1 – L. 1442-2 D. 1442-1 – D. 1442-10-6
SECTION 2	Exercice du mandat	L. 1442-3 – L. 1442-10 D. 1442-11 – D. 1442-19
SECTION 3	Discipline et protection	L. 1442-11 – L. 1442-19 D. 1442-20 – D. 1442-24
SECTION 4	Médailles et honorariat	D. 1442-25 – D. 1442-28
CHAPITRE III	Dispositions pénales	L. 1443-1 – L. 1443-2 [abrogé]
CHAPITRE III [abrogé]	Dispositions pénales	R. 1443-1 – R. 1443-3 [abrogés]
TITRE V	**PROCÉDURE DEVANT LE CONSEIL DE PRUD'HOMMES**	**L. 1451-1 – L. 1457-1 R. 1451-1 – R. 1457-2**
CHAPITRE I	Dispositions générales	L. 1451-1 R. 1451-1 – R. 1451-3

CHAPITRE II	Saisine du conseil de prud'hommes et recevabilité des demandes	Néant
CHAPITRE II	Saisine du conseil de prud'hommes	R. 1452-1 – R. 1452-6
CHAPITRE III	Assistance et représentation des parties	L. 1453-1 A – L. 1453-9 R. 1453-1 – R. 1453-5
CHAPITRE IV	Conciliation et jugement	L. 1454-1 – L. 1454-5 R. 1454-1 – R. 1454-32
SECTION 1	Conciliation, orientation et mise en état de l'affaire	L. 1454-1 – L. 1454-1-3
SECTION 1	Mise en état de l'affaire	R. 1454-1 – R. 1454-6
SECTION 2	Départage	L. 1454-2 – L. 1454-4
SECTION 2	Conciliation et orientation	R. 1454-7 – R. 1454-18
SECTION 3	Demande de requalification en contrat de travail d'une convention de stage	L. 1454-5
SECTION 3	Jugement	R. 1454-19 – R. 1454-28
SECTION 4	Départage	R. 1454-29 – R. 1454-32
CHAPITRE V	Référé	R. 1455-1 – R. 1455-11
SECTION 1	Composition et organisation de la formation de référé	R. 1455-1 – R. 1455-4
SECTION 2	Compétence de la formation de référé	R. 1455-5 – R. 1455-8
SECTION 3	Procédure de référé	R. 1455-9 – R. 1455-11
CHAPITRE V *BIS*	Procédure accélérée au fond	R. 1455-12
CHAPITRE VI	Litiges en matière de licenciements pour motif économique	L. 1456-1 R. 1456-1 – R. 1456-5
CHAPITRE VII	Récusation	L. 1457-1 R. 1457-1 – R. 1457-2
TITRE VI	**VOIES DE RECOURS**	**L. 1462-1** **R. 1461-1 – R. 1463-1**
CHAPITRE I	Appel	R. 1461-1 – R. 1461-2
CHAPITRE II	Pourvoi en cassation	L. 1462-1 R. 1462-1 – D. 1462-3
CHAPITRE III	Opposition	Néant
CHAPITRE III	Opposition et tierce opposition	R. 1463-1
TITRE VII	**PRESCRIPTION DES ACTIONS EN JUSTICE**	**L. 1471-1**
CHAPITRE UNIQUE		L. 1471-1
TITRE VII	**RÉSOLUTION AMIABLE DES DIFFÉRENDS**	**R. 1471-1 – R. 1471-2**

# LIVRE V
DISPOSITIONS RELATIVES À L'OUTRE-MER

L. 1511-1 – L. 1532-1
R. 1521-1 – R. 1524-14

TITRE I	DISPOSITIONS GÉNÉRALES	**L. 1511-1**
CHAPITRE UNIQUE		L. 1511-1
TITRE II	GUADELOUPE, GUYANE, MARTINIQUE, MAYOTTE, LA RÉUNION, SAINT-BARTHÉLEMY, SAINT-MARTIN ET SAINT-PIERRE-ET-MIQUELON	**L. 1521-1 – L. 1524-13** **R. 1521-1 – R. 1524-14**
CHAPITRE I	Dispositions générales	L. 1521-1 – L. 1521-4 R. 1521-1
CHAPITRE II	Dispositifs simplifiés de déclaration et de recouvrement de cotisations et de contributions sociales	L. 1522-1 – L. 1522-4
CHAPITRE II [abrogé]	Chèque emploi-service universel et titre de travail simplifié	R. 1522-1 – R. 1522-17 [abrogés]
CHAPITRE III	Le conseil de prud'hommes	L. 1523-1 R. 1523-1 – R. 1523-6
CHAPITRE IV	Dispositions relatives à Mayotte	L. 1524-1 – L. 1524-13 R. 1524-1 – R. 1524-14
TITRE III	MESURES DE COORDINATION AVEC LES AUTRES COLLECTIVITÉS ULTRAMARINES	**L. 1531-1 – L. 1532-1**
CHAPITRE I	Formation et exécution du contrat de travail	L. 1531-1 – L. 1531-3
CHAPITRE II	Rupture du contrat de travail à durée indéterminée	L. 1532-1
TITRE III	MESURES DE COORDINATION AVEC LES AUTRES COLLECTIVITÉS ULTRA-MARINES	**Néant**

DEUXIÈME PARTIE
LES RELATIONS COLLECTIVES DE TRAVAIL

L. 2111-1 – L. 2632-2
R. 2121-1 – R. 2624-1

LIVRE I
LES SYNDICATS PROFESSIONNELS

L. 2111-1 – L. 2152-7
R. 2121-1 – R. 2152-19

TITRE I	CHAMP D'APPLICATION	**L. 2111-1 – L. 2111-2**
CHAPITRE UNIQUE	....	L. 2111-1 – L. 2111-2
TITRE II	REPRÉSENTATIVITÉ SYNDICALE	**L. 2121-1 – L. 2122-13** **R. 2121-1 – R. 2122-99**
CHAPITRE I	Critères de représentativité	L. 2121-1 – L. 2121-2 R. 2121-1 – R. 2121-2
CHAPITRE II	Syndicats représentatifs	L. 2122-1 – L. 2122-13 R.* 2122-1 – R. 2122-99
SECTION 1	Représentativité syndicale au niveau de l'entreprise et de l'établissement	L. 2122-1 – L. 2122-3-1
SECTION 1	Haut Conseil du dialogue social	R.* 2122-1 – R.* 2122-5
SECTION 2	Représentativité syndicale au niveau du groupe	L. 2122-4
SECTION 2	Recueil des résultats des organisations syndicales aux élections professionnelles	D. 2122-6 – D. 2122-7 *[abrogé]*
SECTION 3	Représentativité syndicale au niveau de la branche professionnelle	L. 2122-5 – L. 2122-8
SECTION 3	Mesure de l'audience des organisations syndicales concernant les entreprises de moins de onze salariés	R. 2122-8 – R. 2122-98
SECTION 4	Représentativité syndicale au niveau national et interprofessionnel	L. 2122-9 – L. 2122-10
SECTION 4	Voies de recours	R. 2122-99
SECTION 4 BIS	Mesure de l'audience des organisations syndicales concernant les entreprises de moins de onze salariés	L. 2122-10-1 – L. 2122-10-11
SECTION 5	Dispositions d'application	L. 2122-11 – L. 2122-13
TITRE III	STATUT JURIDIQUE, RESSOURCES ET MOYENS	**L. 2131-1 – L. 2136-2**
TITRE III	STATUT JURIDIQUE	**R. 2131-1 – D. 2135-34**
CHAPITRE I	Objet et constitution	L. 2131-1 – L. 2131-6 R. 2131-1
CHAPITRE II	Capacité civile	L. 2132-1 – L. 2132-6
CHAPITRE III	Unions de syndicats	L. 2133-1 – L. 2133-3
CHAPITRE IV	Marques syndicales	L. 2134-1 – L. 2134-2

CHAPITRE V	Ressources et moyens	L. 2135-1 – L. 2135-18 D. 2135-1 – D. 2135-34
SECTION 1	*Certification et publicité des comptes des organisations syndicales et professionnelles*	L. 2135-1 – L. 2135-6
SECTION 1	*Certification et publicité des comptes des organisations syndicales de salariés et professionnelles d'employeurs*	D. 2135-1 – D. 2135-9
SECTION 2	*Mise à disposition des salariés auprès des organisations syndicales*	L. 2135-7 – L. 2135-8
SECTION 2	*Financement des organisations syndicales de salariés et des organisations professionnelles d'employeurs*	R. 2135-10 – D. 2135-34
SECTION 3	*Financement mutualisé des organisations syndicales de salariés et des organisations professionnelles d'employeurs*	L. 2135-9 – L. 2135-18
CHAPITRE VI	Dispositions pénales	L. 2136-1 – L. 2136-2
TITRE IV	**EXERCICE DU DROIT SYNDICAL**	**L. 2141-1 – L. 2146-2** **R. 2142-1 – R. 2146-6**
CHAPITRE I	Principes	L. 2141-1 – L. 2141-13
CHAPITRE II	Section syndicale	L. 2142-1 – L. 2142-11 R. 2142-1
SECTION 1	*Constitution*	L. 2142-1
SECTION 2	*Représentant de la section syndicale*	L. 2142-1-1 – L. 2142-1-4
SECTION 3	*Cotisations syndicales*	L. 2142-2
SECTION 4	*Affichage et diffusion des communications syndicales*	L. 2142-3 – L. 2142-7
SECTION 5	*Local syndical*	L. 2142-8 – L. 2142-9
SECTION 6	*Réunions syndicales*	L. 2142-10 – L. 2142-11
CHAPITRE III	Délégué syndical	L. 2143-1 – L. 2143-23 R. 2143-1 – R. 2143-6
SECTION 1	*Conditions de désignation*	L. 2143-1 – L. 2143-8 R. 2143-1 – R. 2143-5
SECTION 2	*Mandat*	L. 2143-9 – L. 2143-12 R. 2143-6
SECTION 3	*Exercice des fonctions*	L. 2143-13 – L. 2143-21
SECTION 4	*Attributions complémentaires dans les entreprises de moins de trois cents salariés*	L. 2143-22
SECTION 5	*Conditions de désignation dérogatoire*	L. 2143-23
CHAPITRE IV	Dispositions complémentaires relatives aux entreprises du secteur public	L. 2144-1 – L. 2144-2
CHAPITRE V	Congés et formation économique, sociale, environnementale et syndicale des salariés appelés à exercer des fonctions syndicales	L. 2145-1 – L. 2145-13
CHAPITRE V	Formation économique, sociale, environnementale et syndicale des salariés appelés à exercer des fonctions syndicales	R. 2145-1 – R. 2145-8 *[abrogé]*

SECTION 1	Formation économique, sociale, environnementale et syndicale..	L. 2145-1 – L. 2145-4 R. 2145-1 – R. 2145-2
SECTION 2	Congés de formation économique, sociale, environnementale et syndicale...	L. 2145-5 – L. 2145-13 R. 2145-3 – R. 2145-8 [abrogé]
CHAPITRE VI	Dispositions pénales	L. 2146-1 – L. 2146-2 R. 2146-1 – R. 2146-6
TITRE V	**REPRÉSENTATIVITÉ PATRONALE**.......................	**L. 2151-1 – L. 2152-7** **R. 2151-1 – R. 2152-19**
CHAPITRE I	Critères de représentativité	L. 2151-1 R. 2151-1
CHAPITRE II	Organisations professionnelles d'employeurs représentatives..	L. 2152-1 – L. 2152-7 R. 2152-1 – R. 2152-19
SECTION 1	Représentativité patronale au niveau de la branche professionnelle..	L. 2152-1
SECTION 1	Dispositions communes à la mesure de l'audience des organisations professionnelles d'employeurs au niveau de la branche professionnelle et au niveau national et interprofessionnel...	R. 2152-1 – R. 2152-7
SECTION 2	Représentativité au niveau national et multi-professionnel	L. 2152-2 – L. 2152-3
SECTION 2	Représentativité patronale au niveau de la branche professionnelle..	R. 2152-8
SECTION 3	Représentativité patronale au niveau national et interprofessionnel...	L. 2152-4 R. 2152-9 – D. 2152-9-1
SECTION 4	Déclaration de candidature..	L. 2152-5
SECTION 4	Représentativité patronale au niveau national et multiprofessionnel	R. 2152-10 – R. 2152-11
SECTION 5	Dispositions d'application	L. 2152-6 – L. 2152-7
SECTION 5	Candidatures des organisations professionnelles d'employeurs	R. 2152-12 – R. 2152-17
SECTION 6	Consultation du Haut Conseil du dialogue social	R. 2152-18
SECTION 7	Voies de recours..	R. 2152-19

LIVRE II

LA NÉGOCIATION COLLECTIVE – LES CONVENTIONS ET ACCORDS COLLECTIFS DE TRAVAIL

L. 2211-1 – L. 2283-2
R. 2212-1 – R. 2282-1

TITRE I	**DISPOSITIONS PRÉLIMINAIRES**........................	**L. 2211-1 – L. 2212-2** **R. 2212-1 – R. 2212-3**

CHAPITRE I	Champ d'application	L. 2211-1
CHAPITRE II	Formation des acteurs de la négociation collective...	L. 2212-1 – L. 2212-2 R. 2212-1 – R. 2212-3

TITRE II — OBJET ET CONTENU DES CONVENTIONS ET ACCORDS COLLECTIFS DE TRAVAIL........ L. 2221-1 – L. 2222-6

CHAPITRE I	Objet des conventions et accords................................	L. 2221-1 – L. 2221-3
CHAPITRE II	Contenu et durée des conventions et accords............	L. 2222-1 – L. 2222-6
SECTION 1	*Détermination du champ d'application des conventions et accords*	L. 2222-1 – L. 2222-2
SECTION 2	*Détermination des thèmes, du calendrier et de la méthode de négociation*	L. 2222-3 – L. 2222-3-2
SECTION 2 BIS	*Préambule des conventions et accords*	L. 2222-3-3
SECTION 3	*Détermination de la durée des conventions et accords...*	L. 2222-4
SECTION 4	*Détermination des modalités de suivi, renouvellement, révision et dénonciation*	L. 2222-5 – L. 2222-6

TITRE III — CONDITIONS DE NÉGOCIATION ET DE CONCLUSION DES CONVENTIONS ET ACCORDS COLLECTIFS DE TRAVAIL............... L. 2231-1 – L. 2234-7
R. 2231-1 – R. 2234-4

CHAPITRE I	Conditions de validité..	L. 2231-1 – L. 2231-9 R. 2231-1 – R. 2231-9
SECTION 1	*Capacité à négocier*	L. 2231-1 – L. 2231-2
SECTION 2	*Conditions de forme*	L. 2231-3 – L. 2231-4
SECTION 3	*Notification, publicité et dépôt*	L. 2231-5 – L. 2231-7 [abrogé]
SECTION 4	*Opposition*	L. 2231-8 – L. 2231-9
SECTION UNIQUE	*Notification, publicité et dépôt*	R. 2231-1 – R. 2231-9
CHAPITRE II	Règles applicables à chaque niveau de négociation...	L. 2232-1 – L. 2232-38 R. 2232-1 – R. 2232-13
SECTION 1	*Accords interprofessionnels*	L. 2232-1 – L. 2232-4
SECTION 1	*Conventions de branche et accords professionnels*	R. 2232-1 – D. 2232-1-6
SECTION 2	*Conventions de branche et accords professionnels*	L. 2232-5 – L. 2232-10-1
SECTION 2	*Conventions et accords d'entreprise ou d'établissement...*	D. 2232-2 – R. 2232-13
SECTION 3	*Conventions et accords d'entreprise ou d'établissement...*	L. 2232-11 – L. 2232-29-2
SECTION 4	*Conventions ou accords de groupe*	L. 2232-30 – L. 2232-35
SECTION 5	*Accords interentreprises*	L. 2232-36 – L. 2232-38
CHAPITRE III	Conventions et accords de travail conclus dans le secteur public..	L. 2233-1 – L. 2233-3
CHAPITRE IV	Commissions paritaires locales...................................	L. 2234-1 – L. 2234-3

CHAPITRE IV BIS	Observatoire d'analyse et d'appui au dialogue social et à la négociation..	L. 2234-4 – L. 2234-7 R. 2234-1 – R. 2234-4
CHAPITRE V	Dispositions pénales	Néant

TITRE IV — DOMAINES ET PÉRIODICITÉ DE LA NÉGOCIATION OBLIGATOIRE

L. 2241-1 – L. 2243-2
D. 2241-1 – D. 2242-16

CHAPITRE I	Négociation de branche et professionnelle	L. 2241-1 – L. 2241-18 D. 2241-1 – R. 2241-4
SECTION 1	*Ordre public*	L. 2241-1 – L. 2241-3
SECTION 2	*Champ de la négociation collective*	L. 2241-4 – L. 2241-6
SECTION 3	*Dispositions supplétives*	L. 2241-7 – L. 2241-18 D. 2241-1 – R. 2241-4
CHAPITRE II	Négociation obligatoire en entreprise	L. 2242-1 – L. 2242-21 R. 2242-1 – D. 2242-16
SECTION 1	*Ordre public*	L. 2242-1 – L. 2242-9 R. 2242-1 – D. 2242-16
SECTION 2	*Champ de la négociation collective*	L. 2242-10 – L. 2242-12
SECTION 3	*Dispositions supplétives*	L. 2242-13 – L. 2242-21
CHAPITRE III	Dispositions pénales	L. 2243-1 – L. 2243-2

TITRE V — ARTICULATION DES CONVENTIONS ET ACCORDS

L. 2251-1 – L. 2254-6
[abrogé]

CHAPITRE I	Rapports entre conventions ou accords et lois et règlements..	L. 2251-1
CHAPITRE II	Rapports entre accords de branche ou professionnels et accords couvrant un champ territorial ou professionnel plus large	L. 2252-1
CHAPITRE III	Rapports entre accords d'entreprise ou d'établissement et accords couvrant un champ territorial ou professionnel plus large	L. 2253-1 – L. 2253-4
CHAPITRE III BIS	Rapports entre les accords de groupe, les accords interentreprises, les accords d'entreprise et les accords d'établissement...	L. 2253-5 – L. 2253-7
CHAPITRE IV	Rapports entre conventions et accords collectifs de travail et contrat de travail	L. 2254-1 – L. 2254-6 *[abrogé]*

TITRE VI — APPLICATION DES CONVENTIONS ET ACCORDS COLLECTIFS

L. 2261-1 – L. 2263-1
R. 2261-1 – R. 2263-5

CHAPITRE I	Conditions d'applicabilité des conventions et accords..	L. 2261-1 – L. 2261-34
		R. 2261-1 – R. 2261-15
SECTION 1	Date d'entrée en vigueur	L. 2261-1
SECTION 1	Règles générales d'extension et d'élargissement	R. 2261-1 – R. 2261-4-7
SECTION 2	Détermination de la convention collective applicable	L. 2261-2
SECTION 2	Extension des avenants salariaux	R. 2261-5 – R. 2261-8
		[abrogé]
SECTION 3	Adhésion	L. 2261-3 – L. 2261-6
SECTION 3	Commissions mixtes paritaires	D. 2261-9 – D. 2261-12
SECTION 4	Révision	L. 2261-7 – L. 2261-8
SECTION 4	Abrogation	D. 2261-13
SECTION 5	Dénonciation	L. 2261-9 – L. 2261-13
		[ancien]
SECTION 5	Restructuration des branches	D. 2261-14 – R. 2261-15
SECTION 6	Mise en cause	L. 2261-14 – L. 2261-14-4
SECTION 7	Extension et élargissement	L. 2261-15 – L. 2261-31
SECTION 8	Restructuration des branches professionnelles	L. 2261-32 – L. 2261-34
CHAPITRE II	Effets de l'application des conventions et accords	L. 2262-1 – L. 2262-15
		R. 2262-1 – R. 2262-5
SECTION 1	Obligations d'exécution	L. 2262-1 – L. 2262-4
SECTION 2	Information et communication	L. 2262-5 – L. 2262-8
SECTION 3	Actions en justice	L. 2262-9 – L. 2262-15
SECTION UNIQUE	Information et communication	R. 2262-1 – R. 2262-5
CHAPITRE III	Dispositions pénales	L. 2263-1
		R. 2263-1 – R. 2263-5

TITRE VII — COMMISSION NATIONALE DE LA NÉGOCIATION COLLECTIVE, DE L'EMPLOI ET DE LA FORMATION PROFESSIONNELLE

L. 2271-1 – L. 2272-2
R. 2271-1 – R. 2272-17

CHAPITRE I	Missions	L. 2271-1
		R. 2271-1
CHAPITRE II	Organisation et fonctionnement....................................	L. 2272-1 – L. 2272-2
		R. 2272-1 – R. 2272-17
SECTION 1	Commission nationale de la négociation collective, de l'emploi et de la formation professionnelle	R. 2272-1 – R. 2272-9
SECTION 2	Sous-commissions..	R. 2272-10 – R. 2272-17

TITRE VIII — DROIT D'EXPRESSION DIRECTE ET COLLECTIVE DES SALARIÉS

L. 2281-1 – L. 2283-2
R. 2282-1

CHAPITRE I	Dispositions communes...	L. 2281-1 – L. 2281-11

TABLE DES MATIÈRES		
CHAPITRE II	Entreprises et établissements du secteur public	L. 2282-1 – L. 2282-3 R. 2282-1
CHAPITRE III	Dispositions pénales	L. 2283-1 – L. 2283-2

LIVRE III
LES INSTITUTIONS REPRÉSENTATIVES DU PERSONNEL

L. 2301-1 – L. 23-115-1
R. 2312-1 – R. 23-113-4

TITRE PRÉLIMINAIRE		**L. 2301-1**
CHAPITRE UNIQUE		L. 2301-1
TITRE I	**COMITÉ SOCIAL ET ÉCONOMIQUE**	**L. 2311-1 – L. 2317-2** **R. 2312-1 – R. 2316-10**
CHAPITRE I	Champ d'application	L. 2311-1 – L. 2311-2
CHAPITRE II	Attributions	L. 2312-1 – L. 2312-84 R. 2312-1 – R. 2312-61
SECTION 1	*Dispositions générales*	L. 2312-1 – L. 2312-4
SECTION 2	*Attributions du comité social et économique dans les entreprises d'au moins onze salariés et de moins de cinquante salariés*	L. 2312-5 – L. 2312-7 R. 2312-1 – R. 2312-3
SECTION 3	*Attributions du comité social et économique dans les entreprises d'au moins cinquante salariés*	L. 2312-8 – L. 2312-84 R. 2312-4 – R. 2312-61
CHAPITRE III	Mise en place et suppression du comité social et économique	L. 2313-1 – L. 2313-10 R. 2313-1 – R. 2313-6
SECTION 1	*Cadre de mise en place du comité social et économique*	L. 2313-1 – L. 2313-9
SECTION 2	*Suppression du comité social et économique*	L. 2313-10
CHAPITRE IV	Composition, élections et mandat	L. 2314-1 – L. 2314-37 R. 2314-1 – R. 2314-26
SECTION 1	*Composition*	L. 2314-1 – L. 2314-3 R. 2314-1
SECTION 2	*Élection*	L. 2314-4 – L. 2314-32 R. 2314-2 – R. 2314-25
SECTION 3	*Durée et fin du mandat*	L. 2314-33 – L. 2314-37 R. 2314-26
CHAPITRE V	Fonctionnement	L. 2315-1 – L. 2315-95 D. 2315-1 – R. 2315-52
SECTION 1	*Dispositions communes*	L. 2315-1 – L. 2315-18 D. 2315-1 – R. 2315-22

SECTION 2	*Dispositions particulières des entreprises de moins de cinquante salariés*	L. 2315-19 – L. 2315-22-1
SECTION 3	*Dispositions particulières des entreprises d'au moins cinquante salariés*	L. 2315-23 – L. 2315-95 R. 2315-23 – R. 2315-52
CHAPITRE VI	Comité social et économique central et comité social et économique d'établissement	L. 2316-1 – L. 2316-26 R. 2316-1 – R. 2316-10
SECTION 1	Comité social et économique central	L. 2316-1 – L. 2316-19
SECTION 1	*Composition et fonctionnement du comité social et économique central*	R. 2316-1 – D. 2316-8
SECTION 2	Comité social et économique d'établissement	L. 2316-20 – L. 2316-26
SECTION 2	Recours et contestations	R. 2316-9 – R. 2316-10
CHAPITRE VII	Dispositions pénales	L. 2317-1 – L. 2317-2
TITRE II	**CONSEIL D'ENTREPRISE**	**L. 2321-1 – L. 2321-10** **R. 2321-1**
CHAPITRE UNIQUE		L. 2321-1 – L. 2321-10 R. 2321-1
TITRE III	**COMITÉ DE GROUPE**	**L. 2331-1 – L. 2335-1** **R. 2331-1 – D. 2333-2**
CHAPITRE I	Mise en place	L. 2331-1 – L. 2331-6 R. 2331-1 – R. 2331-4
CHAPITRE II	Attributions	L. 2332-1 – L. 2332-2
CHAPITRE II	Composition, élection et mandat	R. 2332-1 – D. 2332-2
CHAPITRE III	Composition, élection et mandat	L. 2333-1 – L. 2333-6
CHAPITRE III	Fonctionnement	R. 2333-1 – D. 2333-2
CHAPITRE IV	Fonctionnement	L. 2334-1 – L. 2334-4
CHAPITRE IV	Dispositions pénales	Néant
CHAPITRE V	Dispositions pénales	L. 2335-1
TITRE IV	**COMITÉ D'ENTREPRISE EUROPÉEN OU PROCÉDURE D'INFORMATION ET DE CONSULTATION DANS LES ENTREPRISES DE DIMENSION COMMUNAUTAIRE**	**L. 2341-1 – L. 2346-1** **D. 2341-1 – R. 2345-1**
CHAPITRE I	Champ d'application et mise en place	L. 2341-1 – L. 2341-12 D. 2341-1
CHAPITRE II	Comité ou procédure d'information et de consultation institué par accord	L. 2342-1 – L. 2342-12

SECTION 1	Groupe spécial de négociation..	L. 2342-1 – L. 2342-8
SECTION 2	Comité d'entreprise européen institué par accord	L. 2342-9 – L. 2342-10-2
SECTION 3	Procédure d'information et de consultation instituée par accord..	L. 2342-11 – L. 2342-12
CHAPITRE III	Comité institué en l'absence d'accord	L. 2343-1 – L. 2343-19 R. 2343-1
SECTION 1	Mise en place...	L. 2343-1
SECTION 2	Attributions	L. 2343-2 – L. 2343-4
SECTION 3	Composition..	L. 2343-5 – L. 2343-6
SECTION 4	Fonctionnement	L. 2343-7 – L. 2343-19
CHAPITRE IV	Dispositions communes au groupe spécial de négociation et au comité institué en l'absence d'accord ..	L. 2344-1 – L. 2344-9 R. 2344-1 – R. 2344-3
SECTION 1	Répartition des sièges	L. 2344-1 R. 2344-1 – R. 2344-2 [abrogé]
SECTION 2	Désignation, élection et statut des membres.....................	L. 2344-2 – L. 2344-9 R. 2344-3
CHAPITRE V	Suppression du comité..	L. 2345-1 – L. 2345-2 R. 2345-1
CHAPITRE VI	Dispositions pénales	L. 2346-1
TITRE V	**IMPLICATION DES SALARIÉS DANS LA SOCIÉTÉ EUROPÉENNE ET COMITÉ DE LA SOCIÉTÉ EUROPÉENNE**...	**L. 2351-1 – L. 2355-1** **D. 2351-1 – R. 2354-1**
CHAPITRE I	Dispositions générales	L. 2351-1 – L. 2351-7 D. 2351-1
CHAPITRE II	Implication des salariés dans la société européenne par accord du groupe spécial de négociation...............	L. 2352-1 – L. 2352-20 D. 2352-1 – R. 2352-19
SECTION 1	Groupe spécial de négociation..	L. 2352-1 – L. 2352-15
SECTION 2	Contenu de l'accord..	L. 2352-16 – L. 2352-20
SECTION UNIQUE	Groupe spécial de négociation..	D. 2352-1 – R. 2352-19
CHAPITRE III	Comité de la société européenne et participation des salariés en l'absence d'accord	L. 2353-1 – L. 2353-32 D. 2353-1 – D. 2353-6
SECTION 1	Comité de la société européenne	L. 2353-1 – L. 2353-27-1
SECTION 2	Participation des salariés au conseil d'administration et de surveillance...	L. 2353-28 – L. 2353-32
SECTION UNIQUE	Comité de la société européenne	D. 2353-1 – D. 2353-6

CHAPITRE IV	Dispositions applicables postérieurement à l'immatriculation de la société européenne............................	L. 2354-1 – L. 2354-4 R. 2354-1
CHAPITRE V	Dispositions pénales	L. 2355-1

TITRE VI — IMPLICATION DES SALARIÉS DANS LA SOCIÉTÉ COOPÉRATIVE EUROPÉENNE ET COMITÉ DE LA SOCIÉTÉ COOPÉRATIVE EUROPÉENNE

L. 2361-1 – L. 2365-1
D. 2361-1 – R. 2364-1

CHAPITRE I	Dispositions générales	L. 2361-1 – L. 2361-6 D. 2361-1
CHAPITRE II	Implication des salariés dans la société coopérative européenne par accord du groupe spécial de négociation...	L. 2362-1 – L. 2362-12 D. 2362-1 – R. 2362-19
SECTION 1	*Groupe spécial de négociation*	L. 2362-1 – L. 2362-9
SECTION 2	*Contenu de l'accord*	L. 2362-10 – L. 2362-12
SECTION UNIQUE	*Groupe spécial de négociation*	D. 2362-1 – R. 2362-19
CHAPITRE III	Comité de la société coopérative européenne et participation des salariés en l'absence d'accord	L. 2363-1 – L. 2363-19 D. 2363-1 – R. 2363-5
SECTION 1	*Comité de la société coopérative européenne*	L. 2363-1 – L. 2363-7
SECTION 2	*Participation des salariés au conseil d'administration et de surveillance*	L. 2363-8 – L. 2363-11
SECTION 3	*Dispositions applicables aux sociétés coopératives européennes non soumises initialement à la constitution du groupe spécial de négociation*	L. 2363-12 – L. 2363-17
SECTION 4	*Dispositions relatives à la participation des salariés à l'assemblée générale ou aux assemblées de section ou de branche*	L. 2363-18 – L. 2363-19
SECTION UNIQUE	*Comité de la société coopérative européenne*	D. 2363-1 – R. 2363-5
CHAPITRE IV	Dispositions applicables postérieurement à l'immatriculation de la société coopérative européenne	L. 2364-1 – L. 2364-5 R. 2364-1
CHAPITRE V	Dispositions pénales	L. 2365-1

TITRE VII — PARTICIPATION DES SALARIÉS DANS LES SOCIÉTÉS ISSUES D'OPÉRATIONS TRANSFRONTALIÈRES

L. 2371-1 – L. 2375-1
D. 2371-1 – R. 2373-5

CHAPITRE I	Dispositions générales	L. 2371-1 – L. 2371-5 D. 2371-1

CHAPITRE II	Participation des salariés dans la société issue d'une opération transfrontalière par accord du groupe spécial de négociation...	L. 2372-1 – L. 2372-8 D. 2372-1 – R. 2372-19
SECTION 1	*Groupe spécial de négociation*..	L. 2372-1 – L. 2372-5
SECTION 2	*Contenu de l'accord*..	L. 2372-6 – L. 2372-8
SECTION UNIQUE	*Groupe spécial de négociation*..	D. 2372-1 – R. 2372-19
CHAPITRE III	Comité de la société issue de l'opération transfrontalière et participation des salariés en l'absence d'accord...	L. 2373-1 – L. 2373-8 D. 2373-1 – R. 2373-5
SECTION 1	*Comité de la société issue de l'opération transfrontalière.*	L. 2373-1 – L. 2373-3
SECTION 2	*Participation des salariés au conseil d'administration et de surveillance*..	L. 2373-4 – L. 2373-8
SECTION UNIQUE	*Comité de la société issue de l'opération transfrontalière.*	D. 2373-1 – R. 2373-5
CHAPITRE IV	Dispositions applicables postérieurement à l'immatriculation de la société issue de l'opération transfrontalière...	L. 2374-1 – L. 2374-4
CHAPITRE IV	Dispositions applicables postérieurement à l'immatriculation de la société issue de la fusion transfrontalière...	Néant
CHAPITRE V	Dispositions pénales..	L. 2375-1
TITRE VIII	**COMITÉ D'HYGIÈNE, DE SÉCURITÉ ET DES CONDITIONS DE TRAVAIL**.................................	**Néant**
TITRE IX *[abrogé]*	**REGROUPEMENT PAR ACCORD DES INSTITUTIONS REPRÉSENTATIVES DU PERSONNEL** 🔒	
TITRE X *[abrogé]*	**RÉUNIONS COMMUNES DES INSTITUTIONS REPRÉSENTATIVES DU PERSONNEL** 🔒	
TITRE XI	**COMMISSIONS PARITAIRES RÉGIONALES INTERPROFESSIONNELLES POUR LES SALARIÉS ET LES EMPLOYEURS DES ENTREPRISES DE MOINS DE ONZE SALARIÉS**..	**L. 23-111-1 – L. 23-115-1 R. 23-111-1 – R. 23-113-4**

CHAPITRE I	Champ d'application	L. 23-111-1 R. 23-111-1
CHAPITRE II	Composition et mandat...	L. 23-112-1 – L. 23-112-6
CHAPITRE II	Composition des commissions	R. 23-112-1 – R. 23-112-19
SECTION 1	*Détermination des sièges*..	R. 23-112-1 – R. 23-112-9
SECTION 2	*Désignation des membres*...	R. 23-112-10 – R. 23-112-19
CHAPITRE III	Attributions	L. 23-113-1 – L. 23-113-2
CHAPITRE III	Fonctionnement des commissions	R. 23-113-1 – R. 23-113-4
CHAPITRE IV	Fonctionnement	L. 23-114-1 – L. 23-114-4
CHAPITRE V	Dispositions d'application	L. 23-115-1

LIVRE IV
LES SALARIÉS PROTÉGÉS

L. 2411-1 – L. 243-11-1
R. 2411-1 – R. 2422-1

TITRE I	**CAS, DURÉES ET PÉRIODES DE PROTECTION**..	**L. 2411-1 – L. 2414-1** ***[ancien]*** **R. 2411-1**
CHAPITRE I	Protection en cas de licenciement	L. 2411-1 – L. 2411-25 R. 2411-1
SECTION 1	*Champ d'application*...	L. 2411-1 – L. 2411-2 *[ancien]*
SECTION 2	*Licenciement d'un délégué syndical ou d'un salarié mandaté*...	L. 2411-3 – L. 2411-4
SECTION 3	*Licenciement d'un membre de la délégation du personnel du comité social et économique*	L. 2411-5 – L. 2411-7
SECTION 3 *[ancienne]*	*Licenciement d'un délégué du personnel*.....................	L. 2411-5 – L. 2411-7 *[anciens]*
SECTION 4	*Licenciement d'un représentant de proximité*	L. 2411-8 – L. 2411-9
SECTION 4 *[ancienne]*	*Licenciement d'un membre du comité d'entreprise*........	L. 2411-8 – L. 2411-10 *[anciens]*
SECTION 5	*Licenciement d'un membre de la délégation du personnel du comité social et économique interentreprises*	L. 2411-10 – L. 2411-10-1
SECTION 6	*Licenciement d'un membre du groupe spécial de négociation ou d'un membre du comité d'entreprise européen*	L. 2411-11

TABLE DES MATIÈRES

SECTION 7	Licenciement d'un membre du groupe spécial de négociation, d'un représentant au comité de la société européenne, d'un représentant au comité de la société coopérative européenne ou d'un représentant au comité de la société issue d'une fusion transfrontalière	L. 2411-12
SECTION 8	Licenciement d'un représentant du personnel d'une entreprise extérieure à la commission santé, sécurité et conditions de travail	L. 2411-13 – L. 2411-14
SECTION 9	Licenciement d'un salarié membre d'une commission paritaire d'hygiène, de sécurité et des conditions de travail en agriculture	L. 2411-15
SECTION 10	Licenciement de salariés titulaires d'autres mandats de représentation	L. 2411-16 – L. 2411-20
SECTION 11	Licenciement du conseiller du salarié	L. 2411-21
SECTION 12	Licenciement du conseiller prud'homme	L. 2411-22
SECTION 13	Licenciement d'un assesseur maritime	L. 2411-23
SECTION 14	Licenciement du défenseur syndical	L. 2411-24
SECTION 15	Licenciement d'un salarié membre de la commission paritaire régionale interprofessionnelle	L. 2411-25
CHAPITRE II	Protection en cas de rupture d'un contrat de travail à durée déterminée	L. 2412-1 – L. 2412-16
SECTION 1	Champ d'application	L. 2412-1
SECTION 2	Délégué syndical	L. 2412-2
SECTION 3	Membre de la délégation du personnel du comité social et économique	L. 2412-3
SECTION 3 [ancienne]	Délégué du personnel	L. 2412-3 [ancien]
SECTION 4	Représentant de proximité	L. 2412-4
SECTION 4 [ancienne]	Membre du comité d'entreprise	L. 2412-4 [ancien]
SECTION 5	Membre de la délégation du personnel du comité social et économique interentreprises	L. 2412-5
SECTION 6	Membre du groupe spécial de négociation et membre du comité d'entreprise européen	L. 2412-6
SECTION 7	Membre du groupe spécial de négociation et représentant au comité de la société européenne, au comité de la société coopérative européenne ou au comité de la société issue de la fusion transfrontalière	L. 2412-7
SECTION 7 [ancienne]	Représentant du personnel au comité d'hygiène, de sécurité et des conditions de travail	L. 2412-7 [ancien]
SECTION 8	Représentant du personnel d'une entreprise extérieure à la commission santé, sécurité et conditions de travail	L. 2412-8
SECTION 8 [ancienne]	Représentant du personnel d'une entreprise extérieure au comité d'hygiène, de sécurité et des conditions de travail	L. 2412-8 [ancien]

SECTION 9	Salarié membre d'une commission paritaire d'hygiène, de sécurité et des conditions de travail en agriculture....	L. 2412-9
SECTION 10	Salarié mandaté...	L. 2412-10
SECTION 11	Membre du conseil ou administrateur d'une caisse de sécurité sociale...	L. 2412-11
SECTION 12	Représentant des salariés dans une chambre d'agriculture..	L. 2412-12
SECTION 13	Conseiller prud'homme..	L. 2412-13
SECTION 14	Assesseur maritime...	L. 2412-14
SECTION 15	Défenseur syndical..	L. 2412-15
SECTION 16	Membre de la commission paritaire régionale interprofessionnelle	L. 2412-16
CHAPITRE III	Protection en cas d'interruption ou de non-renouvellement d'une mission de travail temporaire..	L. 2413-1
CHAPITRE IV	Protection en cas de transfert partiel d'entreprise ou d'établissement	L. 2414-1

TITRE II — PROCÉDURES D'AUTORISATION APPLICABLES À LA RUPTURE OU AU TRANSFERT DU CONTRAT ....
L. 2421-1 – L. 2422-4
R. 2421-1 – R. 2422-1

CHAPITRE I	Demande d'autorisation et instruction de la demande...	L. 2421-1 – L. 2421-10 R. 2421-1 – R. 2421-22
SECTION 1	Procédure applicable en cas de licenciement....................	L. 2421-1 – L. 2421-6 R. 2421-1 – R. 2421-16
SECTION 2	Procédure applicable au salarié titulaire d'un contrat de travail à durée déterminée..	L. 2421-7 – L. 2421-8-1
SECTION 2	Procédure applicable en cas de transfert partiel d'entreprise ou d'établissement	R. 2421-17
SECTION 3	Procédure applicable en cas de transfert partiel d'entreprise ou d'établissement	L. 2421-9
SECTION 3	Procédure applicable en cas de rupture conventionnelle du contrat de travail................................	R. 2421-18 – R. 2421-22
SECTION 4	Procédure applicable en cas d'interruption ou de non-renouvellement d'une mission de travail temporaire	L. 2421-10
CHAPITRE II	Contestation de la décision administrative................	L. 2422-1 – L. 2422-4 R. 2422-1
SECTION 1	Droit à réintégration dans l'emploi ou dans le mandat.	L. 2422-1 – L. 2422-3
SECTION 2	Indemnisation du préjudice..	L. 2422-4

TITRE III — DISPOSITIONS PÉNALES ....
L. 2431-1 – L. 243-11-1

CHAPITRE I	Délégué syndical	L. 2431-1

CHAPITRE II	Membre élu de la délégation du personnel du comité social et économique ou représentant syndical au comité social et économique............................	L. 2432-1
CHAPITRE III	Représentant de proximité	L. 2433-1
CHAPITRE III *[ancien]*	Membre du comité d'entreprise ou représentant syndical au comité d'entreprise.....................................	L. 2433-1 *[ancien]*
CHAPITRE IV	Membre de la délégation du personnel du comité social et économique interentreprises........................	L. 2434-1
CHAPITRE V	Membre du groupe spécial de négociation, du comité d'entreprise européen, du comité de la société européenne, du comité de la société coopérative européenne ou du comité de la société issue de la fusion transfrontalière..	L. 2435-1 – L. 2435-4
CHAPITRE VI	Salarié membre du conseil d'administration ou de surveillance d'une entreprise...	L. 2436-1
CHAPITRE VII	Conseiller du salarié..	L. 2437-1
CHAPITRE VIII	Conseiller prud'homme	L. 2438-1
CHAPITRE IX	Assesseur maritime...	L. 2439-1
CHAPITRE X	Défenseur syndical	L. 243-10-1
CHAPITRE XI	Membre d'une commission paritaire régionale interprofessionnelle...	L. 243-11-1

LIVRE V

LES CONFLITS COLLECTIFS

L. 2511-1 – L. 2525-2
R. 2521-1 – R. 2525-2

TITRE I	**EXERCICE DU DROIT DE GRÈVE**	**L. 2511-1 – L. 2512-5**
CHAPITRE I	Dispositions générales	L. 2511-1
CHAPITRE II	Dispositions particulières dans les services publics ..	L. 2512-1 – L. 2512-5
TITRE II	**PROCÉDURE DE RÈGLEMENT DES CONFLITS COLLECTIFS**...................................	**L. 2521-1 – L. 2525-2** **R. 2521-1 – R. 2525-2**
CHAPITRE I	Dispositions générales	L. 2521-1 – L. 2521-2 R. 2521-1
SECTION 1	*Champ d'application*...	L. 2521-1
SECTION 2	*Principes*..	L. 2521-2
CHAPITRE II	Conciliation...	L. 2522-1 – L. 2522-13 R. 2522-1 – R. 2522-23

SECTION 1	*Procédure de conciliation*	L. 2522-1 – L. 2522-6 R. 2522-1 – R. 2522-2
SECTION 2	*Commissions de conciliation*	L. 2522-7 R. 2522-3 – R. 2522-23
SECTION 3	*Entreprises publiques et établissements publics industriels et commerciaux*	L. 2522-8 – L. 2522-12
SECTION 4	*Dispositions d'application*	L. 2522-13
CHAPITRE III	Médiation	L. 2523-1 – L. 2523-10 R. 2523-1 – R. 2523-20
SECTION 1	*Désignation du médiateur*	L. 2523-1 – L. 2523-3 R. 2523-1 – R. 2523-6
SECTION 2	*Procédure de médiation*	L. 2523-4 – L. 2523-9 R. 2523-7 – R. 2523-16
SECTION 3	*Dispositions d'application*	L. 2523-10
SECTION 3	*Indemnités et dépenses de déplacements*	R. 2523-17 – R. 2523-20
CHAPITRE IV	Arbitrage	L. 2524-1 – L. 2524-11 R. 2524-1 – R. 2524-22
SECTION 1	*Arbitre*	L. 2524-1 – L. 2524-6 R. 2524-1
SECTION 2	*Cour supérieure d'arbitrage*	L. 2524-7 – L. 2524-10 R. 2524-2 – R. 2524-22
SECTION 3	*Dispositions d'application*	L. 2524-11
CHAPITRE V	Dispositions pénales	L. 2525-1 – L. 2525-2 R. 2525-1 – R. 2525-2

LIVRE VI
DISPOSITIONS RELATIVES À L'OUTRE-MER

L. 2611-1 – L. 2632-2
D. 2621-1 – R. 2624-1

TITRE I	**DISPOSITIONS GÉNÉRALES**	**L. 2611-1**
CHAPITRE UNIQUE	....	L. 2611-1
TITRE II	**GUADELOUPE, GUYANE, MARTINIQUE, MAYOTTE, LA RÉUNION, SAINT-BARTHÉLEMY, SAINT-MARTIN ET SAINT-PIERRE-ET-MIQUELON**	**L. 2621-1 – L. 2623-1** **D. 2621-1 – R. 2624-1**
CHAPITRE I	Dispositions générales	L. 2621-1 – L. 2621-2 D. 2621-1 – D. 2621-6
SECTION 1	*Champ d'application*	D. 2621-1 – D. 2621-2
SECTION 2	*Commission consultative du travail*	D. 2621-3 – D. 2621-6

CHAPITRE II	Négociation collective – Conventions et accords collectifs de travail	L. 2622-1 – L. 2622-4 D. 2622-1 – D. 2622-4
CHAPITRE III	Les conflits collectifs	L. 2623-1 R. 2623-1 – R. 2623-19
SECTION UNIQUE	*Commission de conciliation*	R. 2623-1 – R. 2623-19
CHAPITRE IV	Représentation du personnel – Dispositions relatives à Mayotte	R. 2624-1
TITRE III	**MESURES DE COORDINATION AVEC LES AUTRES COLLECTIVITÉS ULTRAMARINES**	**L. 2631-1 – L. 2632-2**
CHAPITRE I	Négociation collective – Conventions et accords collectifs de travail	L. 2631-1
CHAPITRE II	Institutions représentatives du personnel	L. 2632-1 – L. 2632-2
SECTION 1	*Comité central d'entreprise et comités d'établissement* .	L. 2632-1
SECTION 2	*Comité de groupe*	L. 2632-2
TITRE III	**MESURES DE COORDINATION AVEC LES AUTRES COLLECTIVITÉS ULTRA-MARINES** ...	**Néant**

TROISIÈME PARTIE

DURÉE DU TRAVAIL, SALAIRE, INTÉRESSEMENT, PARTICIPATION ET ÉPARGNE SALARIALE

L. 3111-1 – L. 3431-1
R. 3111-1 – R. 3424-3

LIVRE I
DURÉE DU TRAVAIL, REPOS ET CONGÉS

L. 3111-1 – L. 3172-2
R. 3111-1 – R. 3173-4
[abrogé]

TITRE I	**CHAMP D'APPLICATION**	**L. 3111-1 – L. 3111-3** **R. 3111-1**
CHAPITRE UNIQUE	....	L. 3111-1 – L. 3111-3
TITRE II	**DURÉE DU TRAVAIL, RÉPARTITION ET AMÉNAGEMENT DES HORAIRES**	**L. 3121-1 – L. 3123-38** **R. 3121-1 – R. 3124-16**
CHAPITRE I	Durée et aménagement du travail...............................	L. 3121-1 – L. 3121-69 R. 3121-1 – D. 3121-36

SECTION 1	Travail effectif, astreintes et équivalences	L. 3121-1 – L. 3121-15 R. 3121-1 – R. 3121-3
SECTION 2	Durées maximales de travail	L. 3121-16 – L. 3121-26 D. 3121-4 – R. 3121-16
SECTION 3	Durée légale et heures supplémentaires	L. 3121-27 – L. 3121-40 D. 3121-17 – D. 3121-24
SECTION 4	Aménagement du temps de travail sur une période supérieure à la semaine, horaires individualisés et récupération des heures perdues	L. 3121-41 – L. 3121-52 D. 3121-25 – R. 3121-35
SECTION 5	Conventions de forfait	L. 3121-53 – L. 3121-66 D. 3121-36
SECTION 6	Dispositions d'application	L. 3121-67 – L. 3121-69
CHAPITRE II	Travail de nuit	L. 3122-1 – L. 3122-24 R. 3122-1 – R. 3122-15
SECTION 1	Ordre public	L. 3122-1 – L. 3122-14
SECTION 1	Dépassement de la durée de travail maximale quotidienne	R. 3122-1 – R. 3122-8
SECTION 2	Champ de la négociation collective	L. 3122-15 – L. 3122-19
SECTION 2	Affectation à des postes de nuit en l'absence d'accord	R. 3122-9 – R. 3122-10
SECTION 3	Dispositions suplétives	L. 3122-20 – L. 3122-24
SECTION 3	Suivi de l'état de santé des travailleurs de nuit	R. 3122-11 – R. 3122-15
CHAPITRE III	Travail à temps partiel et travail intermittent	L. 3123-1 – L. 3123-38 R. 3123-1 – D. 3123-4
SECTION 1	Travail à temps partiel	L. 3123-1 – L. 3123-32 R. 3123-1 – D. 3123-3
SECTION 2	Travail intermittent	L. 3123-33 – L. 3123-38 D. 3123-4
CHAPITRE IV	Dispositions pénales	R. 3124-1 – R. 3124-16
TITRE III	**REPOS ET JOURS FÉRIÉS**	**L. 3131-1 – L. 3134-16** **D. 3131-1 – R. 3135-6**
CHAPITRE I	Repos quotidien	L. 3131-1 – L. 3131-3 D. 3131-1 – D. 3131-7
SECTION 1	Ordre public	L. 3131-1 D. 3131-1 – D. 3131-3
SECTION 2	Champ de la négociation collective	L. 3131-2 D. 3131-4 – D. 3131-6
SECTION 3	Dispositions suplétives	L. 3131-3 D. 3131-7
CHAPITRE II	Repos hebdomadaire	L. 3132-1 – L. 3132-31 R. 3132-1 – D. 3132-24
SECTION 1	Principes	L. 3132-1 – L. 3132-3-1
SECTION 1	Dérogations	R. 3132-1 – R. 3132-21-1
SECTION 2	Dérogations	L. 3132-4 – L. 3132-28
SECTION 2	Décisions de fermeture	R. 3132-22 – R. 3132-23

SECTION 3	Décisions de fermeture	L. 3132-29 – L. 3132-30
SECTION 3	Procédure de référé de l'inspecteur du travail	D. 3132-24
SECTION 4	Procédure de référé de l'inspecteur du travail	L. 3132-31
CHAPITRE III	Jours fériés	L. 3133-1 – L. 3133-12 D. 3133-1
SECTION 1	Dispositions générales	L. 3133-1 – L. 3133-3-2
SECTION 2	Journée du 1er mai	L. 3133-4 – L. 3133-6
SECTION 3	Journée de solidarité	L. 3133-7 – L. 3133-12
CHAPITRE IV	Dispositions particulières aux départements de la Moselle, du Bas-Rhin et du Haut-Rhin	L. 3134-1 – L. 3134-16 R. 3134-1 – D. 3134-5
CHAPITRE V	Dispositions pénales	R. 3135-1 – R. 3135-6
TITRE IV	**CONGÉS PAYÉS ET AUTRES CONGÉS**	**L. 3141-1 – L. 3142-130** **D. 3141-1 – R. 3143-3**
CHAPITRE I	Congés payés	L. 3141-1 – L. 3141-33 D. 3141-1 – D. 3141-37
SECTION 1	Droit au congé	L. 3141-1 – L. 3141-2 D. 3141-1 – D. 3141-2
SECTION 2	Durée du congé	L. 3141-3 – L. 3141-11 D. 3141-3 – R. 3141-4
SECTION 3	Prise des congés	L. 3141-12 – L. 3141-23 D. 3141-5 – D. 3141-6
SECTION 4	Indemnité de congés	L. 3141-24 – L. 3141-31
SECTION 4	Indemnités de congés	D. 3141-7 – D. 3141-8
SECTION 5	Caisses de congés payés	L. 3141-32 – L. 3141-33 D. 3141-9 – D. 3141-37
CHAPITRE II	Autres congés	L. 3142-1 – L. 3142-130 R. 3142-1 – D. 3142-81
SECTION 1	Congés d'articulation entre la vie professionnelle et la vie personnelle et familiale	L. 3142-1 – L. 3142-35 R. 3142-1 – D. 3142-21
SECTION 2	Congés pour engagement associatif, politique ou militant	L. 3142-36 – L. 3142-104 R. 3142-22 – D. 3142-64
SECTION 3	Congé et période de travail à temps partiel pour la création ou la reprise d'entreprise	L. 3142-105 – L. 3142-124 D. 3142-65 – D. 3142-76
SECTION 4	Congé d'enseignement ou de recherche	L. 3142-125 – L. 3142-130 D. 3142-77 – D. 3142-81
CHAPITRE III	Dispositions pénales	R. 3143-1 – R. 3143-3
TITRE V	**COMPTE ÉPARGNE-TEMPS**	**L. 3151-1 – L. 3153-2** **D. 3154-1 – D. 3154-6**
CHAPITRE I	Ordre public	L. 3151-1 – L. 3151-4

CHAPITRE I	Objet et mise en place	Néant
CHAPITRE II	Champ de la négociation collective	L. 3152-1 – L. 3152-4
CHAPITRE II	Constitution des droits	Néant
CHAPITRE III	Dispositions suplétives	L. 3153-1 – L. 3153-2
CHAPITRE III	Utilisation	Néant
CHAPITRE IV	Gestion et liquidation	D. 3154-1 – D. 3154-6
SECTION 1	*Dispositions suplétives*	D. 3154-1 – D. 3154-6

TITRE VI	**DISPOSITIONS PARTICULIÈRES AUX JEUNES TRAVAILLEURS**	**L. 3161-1 – L. 3164-9** **R. 3162-1 – R. 3165-7**
CHAPITRE I	Définitions	L. 3161-1
CHAPITRE II	Durée du travail	L. 3162-1 – L. 3162-3 R. 3162-1
CHAPITRE III	Travail de nuit	L. 3163-1 – L. 3163-3 R. 3163-1 – R. 3163-6
CHAPITRE IV	Repos et congés	L. 3164-1 – L. 3164-9 R. 3164-1 – R. 3164-3
SECTION 1	*Repos quotidien*	L. 3164-1
SECTION 1	*Repos hebdomadaire et dominical*	R. 3164-1
SECTION 2	*Repos hebdomadaire et dominical*	L. 3164-2 – L. 3164-5
SECTION 2	*Jours fériés*	R. 3164-2
SECTION 3	*Jours fériés*	L. 3164-6 – L. 3164-8
SECTION 3	*Dispositions communes*	R. 3164-3
SECTION 4	*Congés annuels*	L. 3164-9
CHAPITRE V	Dispositions pénales	R. 3165-1 – R. 3165-7

TITRE VII	**CONTRÔLE DE LA DURÉE DU TRAVAIL ET DES REPOS**	**L. 3171-1 – L. 3172-2** **D. 3171-1 – R. 3173-4** **[abrogé]**
CHAPITRE I	Contrôle de la durée du travail	L. 3171-1 – L. 3171-4 D. 3171-1 – D. 3171-17 [abrogé]
SECTION 1	*Information des salariés et affichages*	L. 3171-1
SECTION 1	*Définition des horaires et affichages*	D. 3171-1 – D. 3171-15
SECTION 2	*Registres et documents obligatoires*	L. 3171-2
SECTION 2	*Documents fournis à l'inspecteur du travail*	D. 3171-16 – D. 3171-17 [abrogé]
SECTION 3	*Documents fournis à l'inspecteur du travail*	L. 3171-3
SECTION 4	*Documents fournis au juge*	L. 3171-4

CHAPITRE II	Contrôle du repos hebdomadaire..................................	L. 3172-1 – L. 3172-2
		R. 3172-1 – R. 3172-9
CHAPITRE III	Dispositions pénales	R. 3173-1 – R. 3173-4
		[abrogé]

LIVRE II

SALAIRE ET AVANTAGES DIVERS

L. 3211-1 – L. 3263-1
D. 3211-1 – R. 3262-46

TITRE I	**CHAMP D'APPLICATION**	**L. 3211-1**
		D. 3211-1
CHAPITRE UNIQUE	....	L. 3211-1
		D. 3211-1
TITRE II	**ÉGALITÉ DE RÉMUNÉRATION ENTRE LES FEMMES ET LES HOMMES**....................................	**L. 3221-1 – L. 3222-2**
		R. 3221-1 – R. 3222-3
CHAPITRE I	Principes...	L. 3221-1 – L. 3221-10
		R. 3221-1 – R. 3221-2
CHAPITRE II	Dispositions pénales	L. 3222-1 – L. 3222-2
		R. 3222-1 – R. 3222-3
TITRE III	**DÉTERMINATION DU SALAIRE**	**L. 3231-1 – L. 3232-9**
		R.* 3231-1 – R. 3233-1
CHAPITRE I	Salaire minimum interprofessionnel de croissance..	L. 3231-1 – L. 3231-12
		R.* 3231-1 – R.* 3231-17
SECTION 1	*Champ d'application*...	L. 3231-1
SECTION 1	*Dispositions générales*...	R.* 3231-1 – D. 3231-3
SECTION 2	*Principes*...	L. 3231-2 – L. 3231-3
SECTION 2	*Modalités de fixation*...	R.* 3231-4 – R. 3231-16
SECTION 3	*Modalités de fixation*...	L. 3231-4 – L. 3231-11
SECTION 3	*Minimum garanti*	R.* 3231-17
SECTION 4	*Minimum garanti*	L. 3231-12
CHAPITRE II	Rémunération mensuelle minimale.............................	L. 3232-1 – L. 3232-9
		R. 3232-1 – R. 3232-10
SECTION 1	*Dispositions générales*...	L. 3232-1 – L. 3232-2
SECTION 1	*Allocation complémentaire*..	R. 3232-1 – R. 3232-2
SECTION 2	*Modalités de fixation*...	L. 3232-3 – L. 3232-4
SECTION 2	*Remboursement par l'État*	R. 3232-3 – R. 3232-7
SECTION 3	*Allocation complémentaire*..	L. 3232-5 – L. 3232-7

SECTION 3	Dispositions particulières à certaines catégories de salariés..	R. 3232-8 – R. 3232-10
SECTION 4 [abrogée]	Remboursement par l'État	L. 3232-8 [abrogé]
SECTION 5	Dispositions d'application	L. 3232-9
CHAPITRE III	Dispositions pénales	R. 3233-1

TITRE IV	**PAIEMENT DU SALAIRE**...	**L. 3241-1 – L. 3245-2** **R. 3241-1 – R. 3246-4**
CHAPITRE I	Dispositions générales	L. 3241-1 R. 3241-1
CHAPITRE II	Mensualisation	L. 3242-1 – L. 3242-4
CHAPITRE III	Bulletin de paie	L. 3243-1 – L. 3243-5 R. 3243-1 – R. 3243-9
CHAPITRE IV	Pourboires	L. 3244-1 – L. 3244-2 R. 3244-1 – R. 3244-2
CHAPITRE V	Action en paiement et prescription	L. 3245-1
CHAPITRE V BIS	Obligations et responsabilité financière du donneur d'ordre	L. 3245-2
CHAPITRE V BIS	Obligations et responsabilité financière des maîtres d'ouvrage et des donneurs d'ordre	R. 3245-1 – R. 3245-4
CHAPITRE VI	Dispositions pénales	R. 3246-1 – R. 3246-4

TITRE V	**PROTECTION DU SALAIRE**	**L. 3251-1 – L. 3255-1** **R. 3252-1 – R. 3255-1**
CHAPITRE I	Retenues	L. 3251-1 – L. 3251-4
CHAPITRE II	Saisies et cessions..	L. 3252-1 – L. 3252-13 [abrogé] R. 3252-1 – R. 3252-49
SECTION 1	Dispositions communes	R. 3252-1 – R. 3252-10
SECTION 2	Saisie des sommes dues à titre de rémunération	R. 3252-11 [abrogé] – R. 3252-44
SECTION 3	Cession des sommes dues à titre de rémunération...........	R. 3252-45 – R. 3252-49
CHAPITRE III	Privilèges et assurance	L. 3253-1 – L. 3253-23 D. 3253-1 – R. 3253-6
SECTION 1	Dispositions générales	L. 3253-1
SECTION 2	Privilèges et assurance en cas de procédure de sauvegarde, de redressement ou de liquidation judiciaire........	L. 3253-2 – L. 3253-21
SECTION 3	Privilèges spéciaux	L. 3253-22 – L. 3253-23
CHAPITRE IV	Économats	L. 3254-1 – L. 3254-2
CHAPITRE V	Dispositions pénales	L. 3255-1 R. 3255-1

TABLE DES MATIÈRES

TITRE VI	**AVANTAGES DIVERS**	L. 3261-1 – L. 3263-1 R. 3261-1 – R. 3262-46
CHAPITRE I	Frais de transport	L. 3261-1 – L. 3261-11 R. 3261-1 – R. 3261-16
SECTION 1	*Champ d'application*	L. 3261-1
SECTION 1	*Prise en charge des frais de transports publics*	R. 3261-1 – R. 3261-10
SECTION 2	*Prise en charge des frais de transports publics*	L. 3261-2
SECTION 2	*Prise en charge des frais de transports personnels*	R. 3261-11 – R. 3261-15
SECTION 3	*Prise en charge des frais de transports personnels*	L. 3261-3 – L. 3261-4
SECTION 3	*Dispositions pénales*	R. 3261-16
SECTION 4	*Titre-mobilité*	L. 3261-5 – L. 3261-10
SECTION 5	*Dispositions d'application*	L. 3261-11
CHAPITRE II	Titres-restaurant	L. 3262-1 – L. 3262-7 R. 3262-1 – R. 3262-46
SECTION 1	*Émission*	L. 3262-1 – L. 3262-3
SECTION 1	*Conditions d'émission et de validité*	R. 3262-1 – R. 3262-3
SECTION 2	*Utilisation*	L. 3262-4 – L. 3262-5 R. 3262-4 – R. 3262-11
SECTION 3	*Exonérations*	L. 3262-6
SECTION 3	*Conditions de remboursement*	R. 3262-12 – R. 3262-15
SECTION 4	*Dispositions d'application*	L. 3262-7
SECTION 4	*Fonctionnement et contrôle des comptes de titres-restaurant*	R. 3262-16 – R. 3262-35
SECTION 5	*Commission nationale des titres-restaurant*	R. 3262-36 – R. 3262-45
SECTION 6	*Dispositions pénales*	R. 3262-46
CHAPITRE III	Chèques-vacances	L. 3263-1

LIVRE III

DIVIDENDE DU TRAVAIL, INTÉRESSEMENT, PARTICIPATION ET ÉPARGNE SALARIALE

L. 3311-1 – L. 3348-1

LIVRE III

INTÉRESSEMENT, PARTICIPATION ET ÉPARGNE SALARIALE

R. 3311-1 – D. 3346-7
[abrogé]

TITRE I	**INTÉRESSEMENT**	L. 3311-1 – L. 3315-5 R. 3311-1 – R. 3314-4
CHAPITRE I	Champ d'application	L. 3311-1 R. 3311-1 – D. 3311-4

CHAPITRE II	Mise en place de l'intéressement	L. 3312-1 – L. 3312-9 [abrogé] R. 3312-1 [abrogé] – R. 3312-2
CHAPITRE III	Contenu et régime des accords	L. 3313-1 – L. 3313-4 D. 3313-1 – D. 3313-13
SECTION 1	*Contenu des accords*	L. 3313-1 – L. 3313-2
SECTION 1	*Régime des accords*	D. 3313-1 – D. 3313-7-1
SECTION 2	*Régime des accords*	L. 3313-3 – L. 3313-4
SECTION 2	*Information des salariés*	D. 3313-8 – D. 3313-11
SECTION 3	*Disponibilité des droits des bénéficiaires*	R. 3313-12 – D. 3313-13
CHAPITRE IV	Calcul, répartition et distribution de l'intéressement	L. 3314-1 – L. 3314-11 D. 3314-1 – R. 3314-4
SECTION 1	*Calcul de l'intéressement*	L. 3314-1 – L. 3314-4
SECTION 2	*Répartition de l'intéressement*	L. 3314-5 – L. 3314-7
SECTION 3	*Distribution de l'intéressement*	L. 3314-8 – L. 3314-11
CHAPITRE V	Régime social et fiscal de l'intéressement	L. 3315-1 – L. 3315-5
TITRE II	**PARTICIPATION AUX RÉSULTATS DE L'ENTREPRISE**	**L. 3321-1 – L. 3326-2 R. 3321-1 – R. 3326-1**
CHAPITRE I	Champ d'application	L. 3321-1 – L. 3321-2 R. 3321-1 – D. 3321-2
CHAPITRE II	Mise en place de la participation	L. 3322-1 – L. 3322-9 R. 3322-1 [abrogé] – R. 3322-2
SECTION 1	*Mise en place dans l'entreprise*	L. 3322-1 – L. 3322-8 [abrogé]
SECTION 2	*Mise en place dans la branche*	L. 3322-9
CHAPITRE III	Contenu et régime des accords	L. 3323-1 – L. 3323-10 D. 3323-1 – D. 3323-18
SECTION 1	*Contenu des accords*	L. 3323-1 – L. 3323-3
SECTION 1	*Régime des accords*	D. 3323-1 – R. 3323-11
SECTION 2	*Régime des accords*	L. 3323-4 – L. 3323-10
SECTION 2	*Information des salariés*	D. 3323-12 – D. 3323-18
CHAPITRE IV	Calcul et gestion de la participation	L. 3324-1 – L. 3324-12 D. 3324-1 – D. 3324-44
SECTION 1	*Calcul de la réserve spéciale de participation*	L. 3324-1 – L. 3324-4 D. 3324-1 – D. 3324-9
SECTION 2	*Répartition de la réserve spéciale de participation*	L. 3324-5 – L. 3324-9 D. 3324-10 – R. 3324-16
SECTION 3	*Règles de disponibilité des droits des salariés*	L. 3324-10
SECTION 3	*Évaluation des titres*	D. 3324-17 – D. 3324-21
SECTION 4	*Paiement et déblocage anticipé*	L. 3324-11

TABLE DES MATIÈRES

SECTION 4	Disponibilité des droits des bénéficiaires	R. 3324-21-1 – R. 3324-24
SECTION 5	Affectation à un plan d'épargne salariale	L. 3324-12
SECTION 5	Gestion de la réserve spéciale	D. 3324-25 – D. 3324-40
SECTION 6	Paiement et déblocage anticipé	D. 3324-41 – D. 3324-44
CHAPITRE V	Régime social et fiscal de la participation	L. 3325-1 – L. 3325-4 D. 3325-1 – D. 3325-7
CHAPITRE VI	Contestations et sanctions	L. 3326-1 – L. 3326-2 R. 3326-1
TITRE III	**PLANS D'ÉPARGNE SALARIALE**	**L. 3331-1 – L. 3335-2** **R. 3331-1 – D. 3335-3**
CHAPITRE I	Champ d'application	L. 3331-1 R. 3331-1 – D. 3331-3
CHAPITRE II	Plan d'épargne d'entreprise	L. 3332-1 – L. 3332-28 R. 3332-1 – R. 3332-32
SECTION 1	Conditions de mise en place	L. 3332-1 – L. 3332-9 R. 3332-1 – R. 3332-7
SECTION 2	Versements	L. 3332-10 – L. 3332-14 R. 3332-8 – R. 3332-13-1
SECTION 3	Composition et gestion du plan	L. 3332-15 – L. 3332-17-1 [ancien] R. 3332-14 – R. 3332-21-5
SECTION 4	Augmentation de capital	L. 3332-18 – L. 3332-24
SECTION 4	Évaluation des titres	R. 3332-22 – R. 3332-23
SECTION 5	Indisponibilité des sommes, déblocage anticipé et liquidation	L. 3332-25 – L. 3332-26
SECTION 5	Augmentation de capital	R. 3332-24 – R. 3332-27
SECTION 6	Régime social et fiscal	L. 3332-27
SECTION 6	Indisponibilité des sommes, déblocage anticipé et liquidation	R. 3332-28 – R. 3332-30
SECTION 7	Dispositions d'application	L. 3332-28
SECTION 7	Régime social et fiscal	R. 3332-31 – R. 3332-32
CHAPITRE III	Plan d'épargne interentreprises	L. 3333-1 – L. 3333-8 R. 3333-1 – R. 3333-6
CHAPITRE IV	Plan d'épargne pour la retraite collectif	L. 3334-1 – L. 3334-16 R. 3334-1 – R. 3334-5
SECTION 1	Mise en place	L. 3334-1 – L. 3334-5-1
SECTION 2	Versements	L. 3334-6 – L. 3334-10
SECTION 3	Composition et gestion du plan	L. 3334-11 – L. 3334-13
SECTION 4	Indisponibilité, déblocage anticipé et délivrance des sommes	L. 3334-14 – L. 3334-15
SECTION 5	Dispositions d'application	L. 3334-16
CHAPITRE V	Transferts	L. 3335-1 – L. 3335-2 D. 3335-1 – D. 3335-3

TITRE IV	DISPOSITIONS COMMUNES	**L. 3341-1** *[abrogé]* – **L. 3348-1** **D. 3341-1** – **D. 3346-7** *[abrogé]*
CHAPITRE I	Représentation et information des salariés	L. 3341-1 *[abrogé]* – L. 3341-8 D. 3341-1 – R. 3341-6
SECTION 1	*Participation aux assemblées générales des actionnaires de la société*	L. 3341-1 *[abrogé]* D. 3341-1 – D. 3341-2
SECTION 2	*Formation économique, financière et juridique des représentants des salariés*	L. 3341-2 – L. 3341-4 D. 3341-3 – D. 3341-4
SECTION 3	*Information des représentants du personnel*	L. 3341-5
SECTION 3	*Information des salariés*	R. 3341-5 – R. 3341-6
SECTION 4	*Information des salariés*	L. 3341-6 – L. 3341-8
CHAPITRE II	Conditions d'ancienneté	L. 3342-1 D. 3342-1
CHAPITRE III	Versements sur le compte épargne-temps	L. 3343-1
CHAPITRE IV	Mise en place dans un groupe d'entreprises et dans les entreprises dépourvues d'épargne salariale	L. 3344-1 – L. 3344-3
SECTION 1	*Mise en place dans un groupe d'entreprises*	L. 3344-1 – L. 3344-2
SECTION 2	*Entreprises dépourvues de dispositif d'épargne salariale*	L. 3344-3
CHAPITRE V	Dépôt et contrôle de l'autorité administrative	L. 3345-1 – L. 3345-4 D. 3345-1 – D. 3345-7
SECTION 1	*Dépôt*	L. 3345-1 D. 3345-1 – D. 3345-4
SECTION 2	*Contrôle de l'autorité administrative*	L. 3345-2 – L. 3345-4 D. 3345-5 – D. 3345-7
CHAPITRE VI	Partage de la valeur en cas d'augmentation exceptionnelle du bénéfice net fiscal	L. 3346-1
CHAPITRE VI	Conseil d'orientation de la participation, de l'intéressement, de l'épargne salariale et de l'actionnariat salarié	D. 3346-1 – D. 3346-7 *[abrogés]*
CHAPITRE VII	Intéressement mis en place unilatéralement	L. 3347-1
CHAPITRE VIII	Avances sur intéressement et participation	L. 3348-1

LIVRE IV
DISPOSITIONS RELATIVES À L'OUTRE-MER

L. 3411-1 – L. 3431-1
D. 3411-2 – R. 3424-3

TITRE I	DISPOSITIONS GÉNÉRALES	**L. 3411-1** **D. 3411-2**

CHAPITRE UNIQUE	....	L. 3411-1
TITRE II	**GUADELOUPE, GUYANE, MARTINIQUE, MAYOTTE, LA RÉUNION, SAINT-BARTHÉLEMY, SAINT-MARTIN ET SAINT-PIERRE-ET-MIQUELON**..........................	**L. 3421-1 – L. 3423-9** **R. 3411-1 – R. 3424-3**
CHAPITRE I	Dispositions générales	L. 3421-1 R. 3411-1
CHAPITRE II	Durée du travail, repos et congés	L. 3422-1 – L. 3422-5
CHAPITRE III	Salaire et avantages divers	L. 3423-1 – L. 3423-9 R. 3423-1 – R. 3423-12
SECTION 1	*Salaire minimum de croissance*	L. 3423-1 – L. 3423-4
SECTION 1	*Rémunération mensuelle minimale*	R. 3423-1 – R. 3423-9
SECTION 2	*Rémunération mensuelle minimale*	L. 3423-5 – L. 3423-9
SECTION 2	*Paiement du salaire*	D. 3423-10 – R. 3423-10-1
SECTION 3	*Dispositions pénales*	R. 3423-11
SECTION 4	*Avantages divers*	R. 3423-12
CHAPITRE IV	Dispositions relatives à Mayotte	R. 3424-1 – R. 3424-3
TITRE III	**MESURES DE COORDINATION AVEC LES AUTRES COLLECTIVITÉS ULTRAMARINES**	**L. 3431-1**
CHAPITRE UNIQUE	Intéressement, participation et épargne salariale......	L. 3431-1
TITRE III	**MESURES DE COORDINATION AVEC LES AUTRES COLLECTIVITÉS ULTRA-MARINES**...	**Néant**

QUATRIÈME PARTIE
SANTÉ ET SÉCURITÉ AU TRAVAIL

L. 4111-1 – L. 4831-1
R. 4121-1 – R. 4823-6

LIVRE I
DISPOSITIONS GÉNÉRALES

L. 4111-1 – L. 4163-4
[ancien]
R. 4121-1 – D. 4163-48

TITRE I	**CHAMP ET DISPOSITIONS D'APPLICATION**	**L. 4111-1 – L. 4111-6**

CHAPITRE UNIQUE	....	L. 4111-1 – L. 4111-6
SECTION 1	*Champ d'application*..	L. 4111-1 – L. 4111-5
SECTION 2	*Dispositions d'application*.....................................	L. 4111-6

TITRE II — PRINCIPES GÉNÉRAUX DE PRÉVENTION

L. 4121-1 – L. 4122-2
R. 4121-1 – R. 4121-5

CHAPITRE I	Obligations de l'employeur....................................	L. 4121-1 – L. 4121-5 R. 4121-1 – R. 4121-5
SECTION 1	*Document unique d'évaluation des risques*.................	R. 4121-1 – R. 4121-4
SECTION 2	*Pénibilité*	D. 4121-5 – D. 4121-9 [abrogés]
SECTION 3	*Obligation d'information en matière d'accident du travail*	R. 4121-5
CHAPITRE II	Obligations des travailleurs....................................	L. 4122-1 – L. 4122-2

TITRE III — DROITS D'ALERTE ET DE RETRAIT

L. 4131-1 – L. 4133-5
[abrogé]
D. 4132-1 – D. 4133-3

CHAPITRE I	Principes..	L. 4131-1 – L. 4131-4
CHAPITRE II	Conditions d'exercice des droits d'alerte et de retrait...	L. 4132-1 – L. 4132-5 D. 4132-1 – D. 4132-2
CHAPITRE III	Droit d'alerte en matière de santé publique et d'environnement..	L. 4133-1 – L. 4133-5 [abrogé] D. 4133-1 – D. 4133-3

TITRE IV — INFORMATION ET FORMATION DES TRAVAILLEURS

L. 4141-1 – L. 4143-1
R. 4141-1 – R. 4143-2

CHAPITRE I	Obligation générale d'information et de formation.	L. 4141-1 – L. 4141-5 R. 4141-1 – R. 4141-20
SECTION 1	*Objet et organisation de l'information et de la formation à la sécurité*	R. 4141-1 – R. 4141-10
SECTION 2	*Conditions de circulation*.......................................	R. 4141-11 – R. 4141-12
SECTION 3	*Conditions d'exécution du travail*	R. 4141-13 – R. 4141-16
SECTION 4	*Conduite à tenir en cas d'accident ou de sinistre*	R. 4141-17 – R. 4141-20
CHAPITRE II	Formations et mesures d'adaptation particulières....	L. 4142-1 – L. 4142-4
CHAPITRE III	Consultation des représentants du personnel...........	L. 4143-1 R. 4143-1 – R. 4143-2

TITRE V — DISPOSITIONS PARTICULIÈRES À CERTAINES CATÉGORIES DE TRAVAILLEURS

L. 4151-1 – L. 4154-4
R. 4152-1 *[abrogé]* –
D. 4154-6

CHAPITRE I	Champ d'application	L. 4151-1
CHAPITRE II	Femmes enceintes, venant d'accoucher ou allaitant	L. 4152-1 – L. 4152-2 R. 4152-1 *[abrogé]* – D. 4152-29
SECTION 1	*Dispositions générales*	R. 4152-1 *[abrogé]* – R. 4152-2
SECTION 2	*Travaux exposant à des agents biologiques*	D. 4152-3
SECTION 3	*Travaux exposant aux rayonnements*	D. 4152-4 – R. 4152-7-1
SECTION 4	*Utilisation d'équipements de travail*	D. 4152-8
SECTION 5	*Travaux exposant aux agents chimiques dangereux*	D. 4152-9 – D. 4152-11
SECTION 6	*Manutention des charges*	D. 4152-12
SECTION 7	*Local dédié à l'allaitement*	R. 4152-13 – R. 4152-28
SECTION 8	*Interventions et travaux en milieu hyperbare*	D. 4152-29
CHAPITRE III	Jeunes travailleurs	L. 4153-1 – L. 4153-9 D. 4153-1 – D. 4153-49 *[ancien]*
SECTION 1	*Âge d'admission*	L. 4153-1 – L. 4153-7 D. 4153-1 – D. 4153-14
SECTION 2	*Travaux interdits*	L. 4153-8
SECTION 2	*Travaux interdits et réglementés pour les jeunes âgés de quinze ans au moins et de moins de dix-huit ans*	D. 4153-15 – D. 4153-37
SECTION 3	*Travaux réglementés*	L. 4153-9
SECTION 3	*Dérogations pour les jeunes de quinze ans au moins et de moins de dix-huit ans*	R. 4153-38 – R. 4153-52
SECTION 3 *[ancienne]*	*Travaux réglementés*	D. 4153-41 – D. 4153-49 *[anciens]*
CHAPITRE IV	Salariés titulaires d'un contrat de travail à durée déterminée et salariés temporaires	L. 4154-1 – L. 4154-4 D. 4154-1 – D. 4154-6
SECTION 1	*Travaux interdits*	L. 4154-1 D. 4154-1
SECTION 2	*Obligations particulières d'information et de formation*	L. 4154-2 – L. 4154-4
SECTION 2	*Dérogations*	D. 4154-2 – D. 4154-6

TITRE VI	**DISPOSITIONS RELATIVES À LA PRÉVENTION DES EFFETS DE L'EXPOSITION À CERTAINS FACTEURS DE RISQUES PROFESSIONNELS ET AU COMPTE PROFESSIONNEL DE PRÉVENTION**..	**L. 4161-1 – L. 4163-22 D. 4161-1 – D. 4163-48**
CHAPITRE I	Facteurs de risques professionnels............................	L. 4161-1 D. 4161-1
CHAPITRE II	Accords en faveur de la prévention des effets de l'exposition à certains facteurs de risques professionnels...	L. 4162-1 – L. 4162-4 D. 4162-1 – R. 4162-8
SECTION 1	*Dispositions générales*...	D. 4162-1 – D. 4162-3
SECTION 2	*Procédure*..	R. 4162-4 – R. 4162-5
SECTION 3	*Pénalité*..	R. 4162-6 – R. 4162-8
CHAPITRE III	Compte professionnel de prévention	L. 4163-1 – L. 4163-22 R. 4163-1 – D. 4163-48
SECTION 1	*Obligations de déclaration relatives à certains facteurs de risques professionnels*	L. 4163-1 – L. 4163-3
SECTION 1	*Dispositions générales*	D. 4163-2 – R. 4163-7
SECTION 2	*Ouverture et abondement du compte professionnel de prévention*	L. 4163-4 – L. 4163-6 R. 4163-8 – R. 4163-10
SECTION 3	*Utilisations du compte professionnel de prévention*......	L. 4163-7 – L. 4163-13 R. 4163-11 – D. 4163-30-5
SECTION 4	*Gestion du compte, contrôle et réclamations*...............	L. 4163-14 – L. 4163-20 D. 4163-31 – D. 4163-46
SECTION 5	*Financement*..	L. 4163-21 D. 4163-47 – D. 4163-48
SECTION 6	*Dispositions d'application*	L. 4163-22

LIVRE II

DISPOSITIONS APPLICABLES AUX LIEUX DE TRAVAIL

**L. 4211-1 *[abrogé]* –
L. 4231-1
R. 4211-1 – R. 4231-4**

TITRE I	**OBLIGATIONS DU MAÎTRE D'OUVRAGE POUR LA CONCEPTION DES LIEUX DE TRAVAIL**...	**L. 4211-1 – L. 4211-2 *[abrogés]* R. 4211-1 – R. 4217-2**
CHAPITRE I	Principes généraux...	L. 4211-1 – L. 4211-2 *[abrogés]* R. 4211-1 – R. 4211-5

SECTION 1	Champ d'application et définitions	R. 4211-1 – R. 4211-2
SECTION 2	Dossier de maintenance	R. 4211-3 – R. 4211-5
CHAPITRE II	Aération et assainissement	R. 4212-1 – R. 4212-7
CHAPITRE III	Éclairage, insonorisation et ambiance thermique	R. 4213-1 – R. 4213-9
SECTION 1	Éclairage	R. 4213-1 – R. 4213-4
SECTION 2	Insonorisation	R. 4213-5 – R. 4213-6
SECTION 3	Ambiance thermique	R. 4213-7 – R. 4213-9
CHAPITRE IV	Sécurité des lieux de travail	R. 4214-1 – R. 4214-28
SECTION 1	Caractéristiques des bâtiments	R. 4214-1 – R. 4214-8
SECTION 2	Voies de circulation et accès	R. 4214-9 – R. 4214-17
SECTION 3	Quais et rampes de chargement	R. 4214-18 – R. 4214-21
SECTION 4	Aménagement des lieux et postes de travail	R. 4214-22 – R. 4214-25
SECTION 5	Accessibilité des lieux de travail aux travailleurs handicapés	R. 4214-26 – R. 4214-28
CHAPITRE V	Installations électriques	Néant
CHAPITRE V	Installations électriques des bâtiments et de leurs aménagements	R. 4215-1 – R. 4215-17
SECTION 1	Obligations générales du maître d'ouvrage	R. 4215-1 – R. 4215-2
SECTION 2	Prescriptions relatives à la conception et à la réalisation des installations électriques	R. 4215-3 – R. 4215-17
CHAPITRE VI	Risques d'incendies et d'explosions et évacuation	R. 4216-1 – R. 4216-34
SECTION 1	Dispositions générales	R. 4216-1 – R. 4216-4
SECTION 2	Dégagements	R. 4216-5 – R. 4216-12
SECTION 3	Désenfumage	R. 4216-13 – R. 4216-16
SECTION 4	Chauffage des locaux	R. 4216-17 – R. 4216-20
SECTION 5	Stockage ou manipulation de matières inflammables	R. 4216-21 – R. 4216-23
SECTION 6	Bâtiments dont le plancher bas du dernier niveau est situé à plus de huit mètres du sol	R. 4216-24 – R. 4216-29
SECTION 7	Moyens de prévention et de lutte contre l'incendie	R. 4216-30
SECTION 8	Prévention des explosions	R. 4216-31
SECTION 9	Dispenses de l'autorité administrative	R. 4216-32 – R. 4216-34
CHAPITRE VII	Installations sanitaires, restauration	R. 4217-1 – R. 4217-2
TITRE II	**OBLIGATIONS DE L'EMPLOYEUR POUR L'UTILISATION DES LIEUX DE TRAVAIL**	**L. 4221-1 – L. 4228-1** **R. 4221-1 – R. 4228-37**
CHAPITRE I	Principes généraux	L. 4221-1
CHAPITRE I	Dispositions générales	R. 4221-1
CHAPITRE II	Aération, assainissement	R. 4222-1 – R. 4222-26
SECTION 1	Principes et définitions	R. 4222-1 – R. 4222-3

SECTION 2	Locaux à pollution non spécifique................................	R. 4222-4 – R. 4222-9
SECTION 3	Locaux à pollution spécifique	R. 4222-10 – R. 4222-17
SECTION 4	Pollution par les eaux usées	R. 4222-18 – R. 4222-19
SECTION 5	Contrôle et maintenance des installations......................	R. 4222-20 – R. 4222-22
SECTION 6	Travaux en espace confiné	R. 4222-23 – R. 4222-24
SECTION 7	Protection individuelle	R. 4222-25 – R. 4222-26
CHAPITRE III	Éclairage, ambiance thermique	R. 4223-1 – R. 4223-15
SECTION 1	Éclairage	R. 4223-1 – R. 4223-12
SECTION 2	Ambiance thermique..	R. 4223-13 – R. 4223-15
CHAPITRE IV	Sécurité des lieux de travail	R. 4224-1 – R. 4224-24
SECTION 1	Caractéristiques des lieux de travail	R. 4224-1 – R. 4224-8
SECTION 2	Portes et portails	R. 4224-9 – R. 4224-13
SECTION 3	Matériel de premier secours et secouriste	R. 4224-14 – R. 4224-16
SECTION 4	Maintenance, entretien et vérifications	R. 4224-17 – R. 4224-19
SECTION 5	Signalisation et matérialisation relatives à la santé et à la sécurité	R. 4224-20 – R. 4224-24
CHAPITRE V	Aménagement des postes de travail	R. 4225-1 – R. 4225-8
SECTION 1	Postes de travail extérieurs	R. 4225-1
SECTION 2	Confort au poste de travail	R. 4225-2 – R. 4225-5
SECTION 3	Travailleurs handicapés	R. 4225-6 – R. 4225-8
CHAPITRE VI	Installations électriques	R. 4226-1 – R. 4226-21
SECTION 1	Champ d'application et définitions	R. 4226-1 – R. 4226-4
SECTION 2	Dispositions générales	R. 4226-5 – R. 4226-7
SECTION 3	Dispositions particulières à certains locaux ou emplacements..	R. 4226-8 – R. 4226-10
SECTION 4	Autres dispositions particulières...................................	R. 4226-11 – R. 4226-13
SECTION 5	Vérification des installations électriques	R. 4226-14 – R. 4226-21
CHAPITRE VII	Risques d'incendies et d'explosions et évacuation	R. 4227-1 – R. 4227-57
SECTION 1	Champ d'application..	R. 4227-1 – R. 4227-3
SECTION 2	Dégagements	R. 4227-4 – R. 4227-14
SECTION 3	Chauffage des locaux	R. 4227-15 – R. 4227-20
SECTION 4	Emploi et stockage de matières explosives et inflammables..	R. 4227-21 *[abrogé]* – R. 4227-27
SECTION 5	Moyens de prévention et de lutte contre l'incendie.........	R. 4227-28 – R. 4227-41
SECTION 6	Prévention des explosions	R. 4227-42 – R. 4227-54
SECTION 7	Dispenses partielles accordées par l'autorité administrative	R. 4227-55 – R. 4227-57
CHAPITRE VIII	Installations sanitaires, restauration et hébergement.	L. 4228-1 R. 4228-1 – R. 4228-37
SECTION 1	Installations sanitaires	R. 4228-1 – R. 4228-18

SECTION 2	Restauration et repos	R. 4228-19 – R. 4228-25
SECTION 3	Hébergement	R. 4228-26 – R. 4228-37

TITRE III	**VIGILANCE DU DONNEUR D'ORDRE EN MATIÈRE D'HÉBERGEMENT**	**L. 4231-1**
TITRE III	**OBLIGATION DE VIGILANCE ET RESPONSABILITÉ DES MAÎTRES D'OUVRAGE ET DES DONNEURS D'ORDRE EN MATIÈRE D'HÉBERGEMENT**	**R. 4231-1 – R. 4231-4**
CHAPITRE UNIQUE	Obligation de vigilance et responsabilité du donneur d'ordre	L. 4231-1
CHAPITRE UNIQUE		R. 4231-1 – R. 4231-4

LIVRE III
ÉQUIPEMENTS DE TRAVAIL ET MOYENS DE PROTECTION

L. 4311-1 – L. 4321-5
R. 4311-1 – R. 4324-53

TITRE I	**CONCEPTION ET MISE SUR LE MARCHÉ DES ÉQUIPEMENTS DE TRAVAIL ET DES MOYENS DE PROTECTION**	**L. 4311-1 – L. 4314-2** **R. 4311-1 – R. 4314-17**
CHAPITRE I	Règles générales	L. 4311-1 – L. 4311-7 R. 4311-1 – R. 4311-13
SECTION 1	Principes	L. 4311-1 – L. 4311-6
SECTION 1	Définitions et champs d'application	R. 4311-1 – R. 4311-11
SECTION 2	Dispositions d'application	L. 4311-7 R. 4311-12 – R. 4311-13
CHAPITRE II	Règles techniques de conception	R. 4312-1 – R. 4312-9
SECTION 1	Équipements de travail	R. 4312-1 – R. 4312-5
SECTION 2	Équipements de protection individuelle	R. 4312-6 – R. 4312-9
CHAPITRE III	Procédures de certification de conformité	L. 4313-1 R. 4313-1 – R. 4313-95 *[abrogé]*
SECTION 1	Formalités préalables à la mise sur le marché	R. 4313-1 – R. 4313-18
SECTION 2	Les procédures d'évaluation de la conformité	R. 4313-19 – R. 4313-74
SECTION 3	Les procédures d'évaluation de la conformité applicables à chaque catégorie de machines, d'équipements de travail ou d'équipements de protection individuelle	R. 4313-75 – R. 4313-82
SECTION 4	Organismes notifiés	R. 4313-83 – R. 4313-89

SECTION 5 [abrogée]	Communication à l'autorité administrative et mesures de contrôle	R. 4313-90 – R. 4313-95 [abrogés]
CHAPITRE IV	Surveillance du marché	L. 4314-1 – L. 4314-2 R. 4314-1 – R. 4314-17
SECTION 1	Autorités de surveillance du marché et agents habilités	R. 4314-1 – R. 4314-4
SECTION 2	Pouvoirs de contrôle et d'enquête des autorités de surveillance du marché et des agents habilités	R. 4314-5 – R. 4314-9
SECTION 3	Mesures de surveillance du marché	R. 4314-10 – R. 4314-17
TITRE II	**UTILISATION DES ÉQUIPEMENTS DE TRAVAIL ET DES MOYENS DE PROTECTION**	**L. 4321-1 – L. 4321-5 R. 4321-1 – R. 4324-53**
CHAPITRE I	Règles générales	L. 4321-1 – L. 4321-5 R. 4321-1 – R. 4321-6
SECTION 1	Principes	L. 4321-1 – L. 4321-3 R. 4321-1 – R. 4321-5
SECTION 2	Dispositions d'application	L. 4321-4 – L. 4321-5
SECTION 2	Conventions conclues avec les organisations professionnelles	R. 4321-6
CHAPITRE II	Maintien en état de conformité	R. 4322-1 – R. 4322-3
CHAPITRE III	Mesures d'organisation et conditions d'utilisation des équipements de travail et des équipements de protection individuelle	R. 4323-1 – R. 4323-110
SECTION 1	Information et formation des travailleurs	R. 4323-1 – R. 4323-5
SECTION 2	Installation des équipements de travail	R. 4323-6 – R. 4323-13
SECTION 3	Utilisation et maintenance des équipements de travail	R. 4323-14 – R. 4323-21
SECTION 4	Vérifications des équipements de travail	R. 4323-22 – R. 4323-28
SECTION 5	Dispositions particulières applicables aux équipements de travail servant au levage de charges	R. 4323-29 – R. 4323-49
SECTION 6	Dispositions particulières applicables aux équipements de travail mobiles	R. 4323-50 – R. 4323-54
SECTION 7	Autorisation de conduite pour l'utilisation de certains équipements de travail mobiles ou servant au levage de charges	R. 4323-55 – R. 4323-57
SECTION 8	Dispositions particulières applicables à l'exécution de travaux temporaires en hauteur et à certains équipements de travail utilisés à cette fin	R. 4323-58 – R. 4323-90
SECTION 9	Dispositions particulières pour l'utilisation des équipements de protection individuelle	R. 4323-91 – R. 4323-106
SECTION 10	Dispositions particulières applicables aux ascenseurs et équipements de travail desservant des niveaux définis à l'aide d'un habitacle	R. 4323-107 – R. 4323-109

SECTION 11	*Dispositions particulières applicables aux appareils de radiologie industrielle*	R. 4323-110
CHAPITRE IV	Utilisation des équipements de travail non soumis à des règles de conception lors de leur première mise sur le marché	R. 4324-1 – R. 4324-53
SECTION 1	*Prescriptions techniques communes*	R. 4324-1 – R. 4324-23
SECTION 2	*Prescriptions complémentaires pour le levage de charges et le levage et le déplacement des travailleurs*	R. 4324-24 – R. 4324-29
SECTION 3	*Prescriptions complémentaires pour les équipements de travail mobiles*	R. 4324-30 – R. 4324-45
SECTION 4	*Prescriptions complémentaires pour les équipements de travail desservant des niveaux définis à l'aide d'un habitacle*	R. 4324-46 – R. 4324-53

LIVRE IV

PRÉVENTION DE CERTAINS RISQUES D'EXPOSITION

L. 4411-1 – L. 4461-1
R. 4411-1 – R. 4462-36

TITRE I	**RISQUES CHIMIQUES**	**L. 4411-1 – L. 4412-2** **R. 4411-1 – R. 4412-164** **[abrogé]**
CHAPITRE I	Mise sur le marché des substances et mélanges dangereux	L. 4411-1 – L. 4411-7
SECTION 1	*Mesures générales et dispositions d'application*	L. 4411-1 – L. 4411-2
SECTION 2	*Fabrication, importation et vente*	L. 4411-3 – L. 4411-7
CHAPITRE I	Mise sur le marché des substances et mélanges	R. 4411-1 – R. 4411-86
SECTION 1	*Dispositions générales*	R. 4411-1 – R. 4411-5 [abrogé]
SECTION 2	*Définitions et principes de classement*	R. 4411-6
SECTION 3	*Information des autorités pour la prévention des risques*	R. 4411-42 – R. 4411-46
SECTION 4	*Protection des utilisateurs et acheteurs*	R. 4411-69 [abrogé] – R. 4411-84
SECTION 5	*Exemptions pour les intérêts de la défense*	R. 4411-86
CHAPITRE II	Mesures de prévention des risques chimiques	L. 4412-1 R. 4412-1 – R. 4412-164 [abrogé]
SECTION 1	*Dispositions applicables aux agents chimiques dangereux*	R. 4412-1 – R. 4412-58 [abrogé]
SECTION 2	*Dispositions particulières aux agents chimiques dangereux cancérogènes, mutagènes et toxiques pour la reproduction*	R. 4412-59 – R. 4412-93
SECTION 3	*Risques d'exposition à l'amiante*	R. 4412-94 – R. 4412-148

SECTION 4	Règles particulières à certains agents chimiques dangereux	R. 4412-149 – R. 4412-164 [abrogé]
CHAPITRE II BIS	Risques d'exposition à l'amiante : repérages avant travaux	L. 4412-2

TITRE II — PRÉVENTION DES RISQUES BIOLOGIQUES. **L. 4421-1 / R. 4421-1 – R. 4427-5**

CHAPITRE I	Dispositions générales	L. 4421-1 R. 4421-1 – R. 4421-4
CHAPITRE II	Principes de prévention	R. 4422-1
CHAPITRE III	Évaluation des risques	R. 4423-1 – R. 4423-4
CHAPITRE IV	Mesures et moyens de prévention	R. 4424-1 – R. 4424-11
SECTION 1	*Dispositions communes à toutes les activités*	R. 4424-1 – R. 4424-6
SECTION 2	*Dispositions particulières à certaines activités*	R. 4424-7 – R. 4424-11
CHAPITRE V	Information et formation des travailleurs	R. 4425-1 – R. 4425-7
SECTION 1	*Information*	R. 4425-1 – R. 4425-5
SECTION 2	*Formation*	R. 4425-6 – R. 4425-7
CHAPITRE VI	Surveillance médicale	Néant
CHAPITRE VI	Suivi individuel de l'état de santé des travailleurs	R. 4426-1 – R. 4426-13
SECTION 1	*Liste des travailleurs exposés*	R. 4426-1 – R. 4426-4
SECTION 2	*Mise en œuvre du suivi individuel*	R. 4426-5 [abrogé] – R. 4426-7
SECTION 3	*Dossier médical*	R. 4426-8 – R. 4426-11
SECTION 4	*Suivi des pathologies*	R. 4426-12 – R. 4426-13
CHAPITRE VII	Déclaration administrative	R. 4427-1 – R. 4427-5

TITRE III — PRÉVENTION DES RISQUES D'EXPOSITION AU BRUIT .... **L. 4431-1 / R. 4431-1 – R. 4437-4**

CHAPITRE I	Dispositions générales	L. 4431-1 R. 4431-1 – R. 4431-4
SECTION 1	*Définitions*	R. 4431-1
SECTION 2	*Valeurs limites d'exposition professionnelle*	R. 4431-2 – R. 4431-4
CHAPITRE II	Principes de prévention	R. 4432-1 – R. 4432-3
CHAPITRE III	Évaluation des risques	R. 4433-1 – R. 4433-7
CHAPITRE IV	Mesures et moyens de prévention	R. 4434-1 – R. 4434-10
SECTION 1	*Prévention collective*	R. 4434-1 – R. 4434-6
SECTION 2	*Protection individuelle*	R. 4434-7 – R. 4434-10
CHAPITRE V	Surveillance médicale	Néant

TABLE DES MATIÈRES

CHAPITRE V	Suivi individuel de l'état de santé...............................	R. 4435-1 *[abrogé]* – R. 4435-5 *[abrogé]*
CHAPITRE VI	Information et formation des travailleurs...................	R. 4436-1
CHAPITRE VII	Dérogations	Néant
CHAPITRE VII	Dispositions dérogatoires...	R. 4437-1 – R. 4437-4

TITRE IV — PRÉVENTION DES RISQUES D'EXPOSITION AUX VIBRATIONS MÉCANIQUES

L. 4441-1
R. 4441-1 – R. 4447-1

CHAPITRE I	Dispositions générales	L. 4441-1 R. 4441-1 – R. 4441-2
CHAPITRE II	Principes de prévention	R. 4442-1 – R. 4442-2
CHAPITRE III	Valeurs limites d'exposition..	R. 4443-1 – R. 4443-2
CHAPITRE IV	Évaluation des risques..	R. 4444-1 – R. 4444-7
CHAPITRE V	Mesures et moyens de prévention................................	R. 4445-1 – R. 4445-6
CHAPITRE VI	Surveillance médicale...	Néant
CHAPITRE VI	Suivi individuel de l'état de santé...............................	R. 4446-1 *[abrogé]* – R. 4446-4
CHAPITRE VII	Information et formation des travailleurs...................	R. 4447-1

TITRE V — PRÉVENTION DES RISQUES D'EXPOSITION AUX RAYONNEMENTS

L. 4451-1 – L. 4453-1
R. 4451-1 – R. 4453-34

CHAPITRE I	Prévention des risques d'exposition aux rayonnements ionisants...	L. 4451-1 – L. 4451-4
CHAPITRE I	....	R. 4451-1 – R. 4451-137
SECTION 1	Champ d'application	R. 4451-1 – R. 4451-4
SECTION 2	Principes de prévention	R. 4451-5
SECTION 3	Valeurs limites et niveau de référence.........................	R. 4451-6 – R. 4451-12
SECTION 4	Évaluation des risques	R. 4451-13 – R. 4451-17
SECTION 5	Mesures et moyens de prévention	R. 4451-18 – R. 4451-39 *[nouveau]*
SECTION 6	Vérification de l'efficacité des moyens de prévention	R. 4451-40 – R. 4451-51
SECTION 7	Conditions d'emploi des travailleurs..........................	R. 4451-52 – R. 4451-57
SECTION 8	Information et formation des travailleurs	R. 4451-58 – R. 4451-63 *[nouveau]*
SECTION 9	Surveillance de l'exposition individuelle des travailleurs ..	R. 4451-64 – R. 4451-81
SECTION 10	Suivi de l'état de santé des travailleurs	R. 4451-82 – R. 4451-88
SECTION 11	Exposition exceptionnelle	R. 4451-89 – R. 4451-95
SECTION 12	Situation d'urgence radiologique	R. 4451-96 – R. 4451-110
SECTION 13	Organisation de la radioprotection	R. 4451-111 – R. 4451-126

SECTION 14	Missions de l'Institut de radioprotection et de sûreté nucléaire.................................	R. 4451-127 – R. 4451-134
SECTION 15	Autres systèmes de contrôle.................................	R. 4451-135
SECTION 16	Situation d'exposition durable résultant d'une situation d'urgence radiologique.................................	R. 4451-136 – R. 4451-137
CHAPITRE II	Prévention des risques d'exposition aux rayonnements optiques artificiels.................................	R. 4452-1 – R. 4452-31
SECTION 1	Définitions.................................	R. 4452-1
SECTION 2	Principes de prévention.................................	R. 4452-2 – R. 4452-4
SECTION 3	Valeurs limites d'exposition professionnelle.................................	R. 4452-5 – R. 4452-6
SECTION 4	Évaluation des risques.................................	R. 4452-7 – R. 4452-12
SECTION 5	Mesures et moyens de prévention.................................	R. 4452-13 – R. 4452-18
SECTION 6	Information et formation des travailleurs.................................	R. 4452-19 – R. 4452-21
SECTION 7	Suivi des travailleurs et suivi individuel de l'état de santé.................................	R. 4452-22 – R. 4452-31
CHAPITRE III	Prévention des risques d'exposition aux champs électromagnétiques.................................	**L. 4453-1** R. 4453-1 – R. 4453-34
SECTION 1	Définitions.................................	R. 4453-1
SECTION 2	Principes de prévention.................................	R. 4453-2
SECTION 3	Valeurs limites.................................	R. 4453-3 – R. 4453-5
SECTION 4	Évaluation des risques.................................	R. 4453-6 – R. 4453-12
SECTION 5	Mesures et moyens de prévention.................................	R. 4453-13 – R. 4453-16
SECTION 6	Information et formation des travailleurs.................................	R. 4453-17 – R. 4453-18
SECTION 7	Suivi de l'état de santé des travailleurs.................................	R. 4453-19
SECTION 8	Dispositions particulières encadrant le dépassement des valeurs limites d'exposition relatives aux effets sensoriels.................................	R. 4453-20 – R. 4453-26
SECTION 9	Dispositions particulières applicables aux équipements d'imagerie par résonance magnétique destinés aux soins des patients dans le secteur de la santé ou à la recherche dans ce domaine encadrant le dépassement des valeurs limites d'exposition relatives aux effets sur la santé......	R. 4453-27 – R. 4453-34
CHAPITRE IV	Surveillance médicale.................................	Néant
CHAPITRE V	Situations anormales de travail.................................	Néant
CHAPITRE VI	Organisation de la radioprotection.................................	Néant
CHAPITRE VII	Règles applicables en cas d'exposition professionnelle liée à la radioactivité naturelle.................................	Néant
TITRE VI	**AUTRES RISQUES**.................................	**L. 4461-1** **R. 4461-1 – R. 4462-36**
CHAPITRE I	Prévention des risques en milieu hyperbare.................................	L. 4461-1 R. 4461-1 – R. 4461-49

SECTION 1	Définitions et dispositions générales	R. 4461-1 – R. 4461-2
SECTION 2	Évaluation des risques	R. 4461-3 – R. 4461-5
SECTION 3	Mesures et moyens de prévention	R. 4461-6 – R. 4461-26
SECTION 4	Formation	R. 4461-27 – R. 4461-36
SECTION 5	Organisation des interventions et travaux en milieu hyperbare	R. 4461-37 – R. 4461-48
SECTION 6	Situations exceptionnelles d'interventions et de travaux exécutés en milieu hyperbare	R. 4461-49
CHAPITRE II	Prévention du risque pyrotechnique	R. 4462-1 – R. 4462-36
SECTION 1	Champ d'application et définitions	R. 4462-1 – R. 4462-2
SECTION 2	L'étude de sécurité	R. 4462-3 – R. 4462-5
SECTION 3	Mesures générales de sécurité	R. 4462-6 – R. 4462-9
SECTION 4	Implantation des installations et transports internes	R. 4462-10 – R. 4462-15
SECTION 5	Exigences de sécurité concernant les installations	R. 4462-16 – R. 4462-25
SECTION 6	Encadrement et formation	R. 4462-26 – R. 4462-28
SECTION 7	Dispositions administratives	R. 4462-29 – R. 4462-36

LIVRE V

PRÉVENTION DES RISQUES LIÉS À CERTAINES ACTIVITÉS OU OPÉRATIONS

L. 4511-1 – L. 4541-1
R. 4511-1 – R. 4544-11
[ancien]

TITRE I	TRAVAUX RÉALISÉS DANS UN ÉTABLISSEMENT PAR UNE ENTREPRISE EXTÉRIEURE	L. 4511-1 R. 4511-1 – R. 4515-11
CHAPITRE I	Dispositions générales	L. 4511-1 R. 4511-1 – R. 4511-12
SECTION 1	Champ d'application	R. 4511-1 – R. 4511-4
SECTION 2	Coordination de la prévention	R. 4511-5 – R. 4511-12
CHAPITRE II	Mesures préalables à l'exécution d'une opération	R. 4512-1 – R. 4512-16
SECTION 1	Dispositions générales	R. 4512-1
SECTION 2	Inspection commune préalable	R. 4512-2 – R. 4512-5
SECTION 3	Plan de prévention	R. 4512-6 – R. 4512-12
SECTION 4	Travail isolé	R. 4512-13 – R. 4512-14
SECTION 5	Information des travailleurs	R. 4512-15 – R. 4512-16
CHAPITRE III	Mesures à prendre pendant l'exécution des opérations	R. 4513-1 – R. 4513-13
SECTION 1	Inspections et réunions périodiques de coordination	R. 4513-1 – R. 4513-7

SECTION 2	Locaux et installations à l'usage des entreprises extérieures	R. 4513-8
SECTION 3	Suivi individuel de l'état de santé	R. 4513-9 – R. 4513-13
CHAPITRE IV	Rôle des institutions représentatives du personnel...	R. 4514-1 – R. 4514-10
SECTION 1	Dispositions communes	R. 4514-1 – R. 4514-5
SECTION 2	Comité d'hygiène, de sécurité et des conditions de travail de l'entreprise utilisatrice	R. 4514-6 – R. 4514-7 1
SECTION 3	Comité d'hygiène, de sécurité et des conditions de travail [comité social et économique] de l'entreprise extérieure	R. 4514-8 – R. 4514-10
CHAPITRE V	Dispositions particulières aux opérations de chargement et de déchargement	Néant
CHAPITRE V	Opérations de chargement et de déchargement	R. 4515-1 – R. 4515-11
SECTION 1	Champ d'application	R. 4515-1 – R. 4515-3
SECTION 2	Protocole de sécurité	R. 4515-4 – R. 4515-11
TITRE II	**INSTALLATIONS NUCLÉAIRES DE BASE ET INSTALLATIONS SUSCEPTIBLES DE DONNER LIEU À DES SERVITUDES D'UTILITÉ PUBLIQUE**	**L. 4521-1 – L. 4526-1** **R. 4523-1 – R. 4524-10**
CHAPITRE I	Champ d'application	L. 4521-1
CHAPITRE II	Coordination de la prévention	L. 4522-1 – L. 4522-2
CHAPITRE III	Comité social et économique	L. 4523-1 – L. 4523-17 R. 4523-1 – R. 4523-17
SECTION 1	Attributions particulières	L. 4523-1 – L. 4523-5 R. 4523-1 – R. 4523-4-1
SECTION 2	Composition	L. 4523-6
SECTION 2	Dispositions relatives à l'élargissement du comité, applicables en l'absence de convention ou d'accord collectif	R. 4523-5 – R. 4523-17
SECTION 3	Fonctionnement	L. 4523-7 – L. 4523-9
SECTION 4	Formation des représentants	L. 4523-10
SECTION 5	Commission santé, sécurité et conditions de travail	L. 4523-11 – L. 4523-17
CHAPITRE IV	Comité interentreprises de santé et de sécurité au travail	L. 4524-1 R. 4524-1 – R. 4524-10
SECTION 1	Mise en place	R. 4524-1 – R. 4524-2
SECTION 2	Missions	R. 4524-3 – R. 4524-4
SECTION 3	Composition	R. 4524-5 – R. 4524-6
SECTION 4	Fonctionnement	R. 4524-7 – R. 4524-10
CHAPITRE V	Dispositions particulières en matière d'incendie et de secours	L. 4525-1

TABLE DES MATIÈRES

CHAPITRE VI	Dispositions particulières en cas de danger grave et imminent et droit de retrait	L. 4526-1
TITRE III	**BÂTIMENT ET GÉNIE CIVIL**	**L. 4531-1 – L. 4535-1** **R. 4532-1 – R. 4535-13**
CHAPITRE I	Principes de prévention	L. 4531-1 – L. 4531-3
CHAPITRE II	Coordination lors des opérations de bâtiment et de génie civil	L. 4532-1 – L. 4532-18 R. 4532-1 – R. 4532-98
SECTION 1	*Déclaration préalable*	L. 4532-1
SECTION 1	*Catégories d'opérations*	R. 4532-1
SECTION 2	*Mission de coordination et coordonnateur en matière de sécurité et de protection de la santé*	L. 4532-2 – L. 4532-7
SECTION 2	*Déclaration préalable*	R. 4532-2 – R. 4532-3
SECTION 3	*Plan général de coordination en matière de sécurité et de protection de la santé*	L. 4532-8
SECTION 3	*Mission de coordination et coordonnateur en matière de sécurité et de protection de la santé*	R. 4532-4 – R. 4532-41
SECTION 4	*Plan particulier de sécurité et de protection de la santé*	L. 4532-9
SECTION 4	*Plan général de coordination en matière de sécurité et de protection de la santé*	R. 4532-42 – R. 4532-55
SECTION 5	*Collège interentreprises de sécurité, de santé et des conditions de travail*	L. 4532-10 – L. 4532-15
SECTION 5	*Plan particulier de sécurité et de protection de la santé*	R. 4532-56 – R. 4532-76
SECTION 6	*Interventions ultérieures sur l'ouvrage*	L. 4532-16
SECTION 6	*Collège interentreprises de sécurité, de santé et des conditions de travail*	R. 4532-77 – R. 4532-94
SECTION 7	*Travaux d'extrême urgence*	L. 4532-17
SECTION 7	*Interventions ultérieures sur l'ouvrage*	R. 4532-95 – R. 4532-98
SECTION 8	*Dispositions d'application*	L. 4532-18
CHAPITRE III	Prescriptions techniques applicables avant l'exécution des travaux	R. 4533-1 – R. 4533-7
SECTION 1	*Voies et réseaux divers*	R. 4533-1 – R. 4533-5
SECTION 2	*Dérogations*	R. 4533-6 – R. 4533-7
CHAPITRE IV	Prescriptions techniques de protection durant l'exécution des travaux	R. 4534-1 – R. 4534-156
SECTION 1	*Champ d'application*	R. 4534-1 – R. 4534-2
SECTION 2	*Mesures générales de sécurité*	R. 4534-3 – R. 4534-20
SECTION 3	*Opération de chargement ou de déchargement en hauteur*	R. 4534-21
SECTION 4	*Travaux de terrassement à ciel ouvert*	R. 4534-22 – R. 4534-39
SECTION 5	*Travaux souterrains*	R. 4534-40 – R. 4534-59
SECTION 6	*Travaux de démolition*	R. 4534-60 – R. 4534-73

SECTION 7	Utilisation de plates-formes de travail, passerelles et escaliers	R. 4534-74 – R. 4534-84
SECTION 8	Travaux sur toitures	R. 4534-85 – R. 4534-94
SECTION 9	Montage, démontage et levage de charpentes et ossatures	R. 4534-95 – R. 4534-102
SECTION 10	Travaux de construction comportant la mise en œuvre d'éléments préfabriqués lourds ou de béton précontraint	R. 4534-103 – R. 4534-104
SECTION 11	Étaiements, cintres et coffrages	R. 4534-105 – R. 4534-106
SECTION 12	Travaux au voisinage de lignes, canalisations et installations électriques	R. 4534-107 – R. 4534-130
SECTION 13	Travaux de soudage, de rivetage, de sablage ou de découpage	R. 4534-131 – R. 4534-133
SECTION 14	Travaux exposant à des risques de projection	R. 4534-134 – R. 4534-135
SECTION 15	Travaux exposant à des risques de noyade	R. 4534-136
SECTION 16	Mesures d'hygiène	R. 4534-137 – R. 4534-145
SECTION 17	Hébergement	R. 4534-146 – R. 4534-151
SECTION 18	Premiers secours	R. 4534-152
SECTION 19	Affichage et information	R. 4534-153 – R. 4534-155
SECTION 20	Dérogations	R. 4534-156
CHAPITRE V	Dispositions applicables aux travailleurs indépendants	L. 4535-1 R. 4535-1 – R. 4535-13
SECTION 1	Prescriptions techniques durant l'exécution de travaux de bâtiment et de génie civil	R. 4535-1 – R. 4535-5
SECTION 2	Utilisation d'équipements de travail et de protection individuelle	R. 4535-6 – R. 4535-7
SECTION 3	Risques chimiques	R. 4535-8 – R. 4535-10
SECTION 4	Risques électriques	R. 4535-11 – R. 4535-12
SECTION 5	Risque hyperbare	R. 4535-13
TITRE IV	**AUTRES ACTIVITÉS ET OPÉRATIONS**	**L. 4541-1** **R. 4541-1 – R. 4544-11** ***[ancien]***
CHAPITRE I	Manutention des charges	L. 4541-1 R. 4541-1 – R. 4541-11 *[abrogé]*
SECTION 1	Dispositions générales	R. 4541-1 – R. 4541-2
SECTION 2	Principes de prévention	R. 4541-3 – R. 4541-4
SECTION 3	Évaluation des risques	R. 4541-5 – R. 4541-6
SECTION 4	Mesures et moyens de prévention	R. 4541-7 – R. 4541-10
SECTION 5	Surveillance médicale	R. 4541-11 *[abrogé]*
CHAPITRE II	Utilisation d'écrans de visualisation	R. 4542-1 – R. 4542-19
SECTION 1	Champ d'application et définitions	R. 4542-1 – R. 4542-2
SECTION 2	Évaluation des risques	R. 4542-3

SECTION 3	Mesures et moyens de prévention	R. 4542-4 – R. 4542-11
SECTION 4	Ambiance physique de travail	R. 4542-12 – R. 4542-15
SECTION 5	Suivi individuel de l'état de santé	R. 4542-16
SECTION 6	Surveillance médicale	R. 4542-17 – R. 4542-19
CHAPITRE III	Interventions sur les équipements élévateurs et installés à demeure	R. 4543-1 – R. 4543-28
SECTION 1	Champ d'application	R. 4543-1
SECTION 2	Étude de sécurité spécifique	R. 4543-2 – R. 4543-11
SECTION 3	Information des travailleurs intervenants	R. 4543-12 – R. 4543-13
SECTION 4	Organisation de l'intervention	R. 4543-14 – R. 4543-18
SECTION 5	Travailleurs isolés	R. 4543-19 – R. 4543-21
SECTION 6	Formation des travailleurs	R. 4543-22 – R. 4543-24
SECTION 7	Montage et démontage des ascenseurs	R. 4543-25 – R. 4543-28
CHAPITRE IV	Opérations sur les installations électriques et dans leur voisinage	Néant
CHAPITRE IV	Opérations sur les installations électriques ou dans leur voisinage	R. 4544-1 – R. 4544-11 *[ancien]*
SECTION 1	Champ d'application et définitions	R. 4544-1 – R. 4544-3
SECTION 2	Obligations générales de l'employeur	R. 4544-4
SECTION 3	Prescriptions particulières	R. 4544-5 – R. 4544-8
SECTION 4	Travailleurs autorisés à effectuer des opérations sur les installations électriques ou dans leur voisinage	R. 4544-9 – R. 4544-11 *[ancien]*
CHAPITRE V	Surveillance médicale	Néant

LIVRE VI

INSTITUTIONS ET ORGANISMES DE PRÉVENTION

L. 4611-1 *[ancien]* –
L. 4644-1
R. 4611-1 *[ancien]* –
D. 4644-11

TITRE I *[ancien]*	COMITÉ D'HYGIÈNE, DE SÉCURITÉ ET DES CONDITIONS DE TRAVAIL	L. 4611-1 – L. 4616-6 *[anciens]* R. 4611-1 – R. 4616-10 *[anciens]*
CHAPITRE I *[ancien]*	Règles générales	L. 4611-1 – L. 4611-8 *[anciens]* R. 4611-1 *[ancien]*

SECTION 1 [ancienne]	Conditions de mise en place	L. 4611-1 – L. 4611-7 [anciens]
SECTION 2 [ancienne]	Dispositions d'application	L. 4611-8 [ancien]
CHAPITRE II [ancien]	Attributions	L. 4612-1 – L. 4612-18 [anciens] R. 4612-1 – R. 4612-9 [anciens]
SECTION 1 [ancienne]	Missions	L. 4612-1 – L. 4612-7 [anciens] R. 4612-1 – R. 4612-2-1 [anciens]
SECTION 2 [ancienne]	Consultations obligatoires	L. 4612-8 – L. 4612-15 [anciens]
SECTION 2 [ancienne]	Consultations obligatoires dans les établissements comportant une ou plusieurs installations soumises à autorisation ou une installation nucléaire de base	R. 4612-3 – R. 4612-6 [anciens]
SECTION 3 [ancienne]	Rapport et programme annuels	L. 4612-16 – L. 4612-18 [anciens] R. 4612-7 – R. 4612-9 [anciens]
CHAPITRE III [ancien]	Composition et désignation	L. 4613-1 – L. 4613-4 [anciens] R. 4613-1 – R. 4613-12 [anciens]
SECTION 1 [ancienne]	Composition	R. 4613-1 – R. 4613-4 [anciens]
SECTION 2 [ancienne]	Désignation	R. 4613-5 – R. 4613-8 [anciens]
SECTION 3 [ancienne]	Recours et contestations	R. 4613-9 – R. 4613-12 [anciens]
CHAPITRE IV [ancien]	Fonctionnement	L. 4614-1 – L. 4614-16 [anciens] R. 4614-1 – R. 4614-36 [anciens]
SECTION 1 [ancienne]	Présidence et modalités de délibération	L. 4614-1 – L. 4614-2 [anciens]
SECTION 1 [ancienne]	Dispositions générales	R. 4614-1 [ancien]

TABLE DES MATIÈRES

SECTION 2 [ancienne]	Heures de délégation	L. 4614-3 – L. 4614-6 [anciens]
SECTION 2 [ancienne]	Réunions	R. 4614-2 – D. 4614-5-1 [anciens]
SECTION 2 BIS [ancienne]	Délais de consultation	R. 4614-5-2 – R. 4614-5-3 [anciens]
SECTION 3 [ancienne]	Réunions	L. 4614-7 – L. 4614-11-1 [anciens]
SECTION 3 [ancienne]	Recours à un expert	R. 4614-6 – R. 4614-20 [anciens]
SECTION 4 [ancienne]	Recours à un expert	L. 4614-12 – L. 4614-13-1 [anciens]
SECTION 4 [ancienne]	Formation	R. 4614-21 – R. 4614-36 [anciens]
SECTION 5 [ancienne]	Formation	L. 4614-14 – L. 4614-16 [anciens]
CHAPITRE V [ancien]	Comité d'hygiène, de sécurité et des conditions de travail dans certains établissements de santé, sociaux et médico-sociaux	Néant
CHAPITRE V [ancien]	Comité d'hygiène, de sécurité et des conditions de travail dans certains établissements de santé, sociaux et médico-sociaux et dans certains groupements de coopération sanitaires de moyens de droit public	R. 4615-1 – R. 4615-21 [anciens]
SECTION 1 [ancienne]	Champ d'application et définitions	R. 4615-1 – R. 4615-2 [anciens]
SECTION 2 [ancienne]	Conditions de mise en place	R. 4615-3 – R. 4615-8 [anciens]
SECTION 3 [ancienne]	Composition et désignation	R. 4615-9 – R. 4615-11 [anciens]
SECTION 4 [ancienne]	Fonctionnement	R. 4615-12 – R. 4615-13 [anciens]
SECTION 5 [ancienne]	Formation	R. 4615-14 – R. 4615-21 [anciens]

CHAPITRE VI [ancien]	Instance de coordination des comités d'hygiène, de sécurité et des conditions de travail	L. 4616-1 – L. 4616-6 [anciens] R. 4616-1 – R. 4616-10 [anciens]
SECTION 1 [ancienne]	Composition et désignation	R. 4616-1 – R. 4616-3 [anciens]
SECTION 2 [ancienne]	Fonctionnement	R. 4616-4 – R. 4616-10 [anciens]

TITRE II — SERVICES DE PRÉVENTION ET DE SANTÉ AU TRAVAIL

L. 4621-1 – L. 4625-3
R. 4621-1 – R. 4626-35

CHAPITRE I	Champ d'application	L. 4621-1 – L. 4621-4 R. 4621-1
CHAPITRE II	Missions et organisation	L. 4622-1 – L. 4622-17 D. 4622-1 – D. 4622-58
SECTION 1	Principes	L. 4622-1 – L. 4622-6-1
SECTION 1	Organisation des services de prévention et de santé au travail	D. 4622-1 – R. 4622-4
SECTION 2	Services de prévention et de santé au travail interentreprises	L. 4622-7 – L. 4622-16-1
SECTION 2	Services autonomes de prévention et de santé au travail	D. 4622-5 – D. 4622-13
SECTION 3	Dispositions d'application	L. 4622-17
SECTION 3	Services de prévention et de santé au travail interentreprises	D. 4622-14 – D. 4622-47-6
SECTION 4	Dispositions communes	D. 4622-48 – D. 4622-58
CHAPITRE III	Personnels concourant aux services de prévention et de santé au travail	L. 4623-1 – L. 4623-11 R. 4623-1 – R. 4623-45
SECTION 1	Médecin du travail	L. 4623-1 – L. 4623-8 R. 4623-1 – R. 4623-24
SECTION 2	Infirmier de santé au travail	L. 4623-9 – L. 4623-11
SECTION 2	Collaborateur médecin	R. 4623-25 – R. 4623-25-2
SECTION 3	Interne en médecine du travail	R. 4623-26 – R. 4623-28
SECTION 4	Médecin candidat à l'autorisation d'exercice	R. 4623-25-3 – R. 4623-25-5
SECTION 5	Personnel infirmier	R. 4623-29 [abrogé] – R. 4623-36
SECTION 6	Intervenant en prévention des risques professionnels des services de prévention et de santé au travail interentreprises	R. 4623-37 – R. 4623-39
SECTION 7	Assistant de service de prévention et de santé au travail	R. 4623-40

SECTION 8	*Médecin praticien correspondant*	R. 4623-41 – R. 4623-45
CHAPITRE IV	Actions et moyens des membres des équipes pluridisciplinaires de santé au travail	L. 4624-1 – L. 4624-10
CHAPITRE IV	Actions et moyens des membres de l'équipe pluridisciplinaire de santé au travail	R. 4624-1 – D. 4624-65
SECTION 1	*Actions sur le milieu de travail*	R. 4624-1 – R. 4624-9
SECTION 2	*Le suivi individuel de l'état de santé du travailleur*	R. 4624-10 – R. 4624-45-9
SECTION 3	*Documents et rapports*	R. 4624-46 – R. 4624-57
SECTION 4	*Recherches, études et enquêtes*	R. 4624-58
SECTION 5	*Suivi de l'état de santé du travailleur occupant des emplois identiques en cas de pluralité d'employeurs*	D. 4624-59 – D. 4624-65
CHAPITRE V	Surveillance médicale de catégories particulières de travailleurs	L. 4625-1 – L. 4625-3
CHAPITRE V	Suivi de l'état de santé de catégories particulières de travailleurs	R. 4625-1 – D. 4625-34-1
SECTION 1	*Modalités de suivi individuel applicables aux travailleurs titulaires de contrats à durée déterminée*	R. 4625-1
SECTION 2	*Modalités de suivi individuel applicables aux travailleurs temporaires*	R. 4625-2 – R. 4625-20
SECTION 2	*Salarié saisonnier*	D. 4625-22
SECTION 3	*Travailleurs éloignés*	D. 4625-23 – D. 4625-34
SECTION 4	*Travailleurs des entreprises extérieures*	D. 4625-34-1
CHAPITRE VI	Services de prévention et de santé au travail des établissements de santé, sociaux et médico-sociaux	D. 4626-1 – R. 4626-35
SECTION 1	*Champ d'application*	D. 4626-1
SECTION 2	*Services de prévention et de santé au travail*	D. 4626-2 – D. 4626-8
SECTION 3	*Personnels concourant aux services de prévention et de santé au travail*	R. 4626-9 – R. 4626-18 [abrogé]
SECTION 4	*Actions et moyens des membres de l'équipe pluridisciplinaire de santé au travail*	R. 4626-19 – R. 4626-31
SECTION 5	*Documents et rapports*	D. 4626-32 – R. 4626-35
TITRE III	**SERVICE SOCIAL DU TRAVAIL**	**L. 4631-1 – L. 4631-2** **D. 4631-1 – D. 4632-11**
CHAPITRE I	Mise en place et missions	L. 4631-1 – L. 4631-2 D. 4631-1
CHAPITRE II	Organisation et fonctionnement	D. 4632-1 – D. 4632-11
TITRE IV	**INSTITUTIONS ET PERSONNES CONCOURANT À L'ORGANISATION DE LA PRÉVENTION**	**L. 4641-1 – L. 4644-1**

TITRE IV	**INSTITUTIONS CONCOURANT À L'ORGANISATION DE LA PRÉVENTION**	**R. 4641-1 – D. 4644-11**
CHAPITRE I	Conseil d'orientation des conditions de travail et comités régionaux d'orientation des conditions de travail	L. 4641-1 – L. 4641-6 R. 4641-1 – R. 4641-22 [ancien]
SECTION 1	Conseil d'orientation des conditions de travail	L. 4641-1 – L. 4641-3 R. 4641-1 – R. 4641-14
SECTION 2	Comités régionaux d'orientation des conditions de travail	L. 4641-4 – L. 4641-6 R. 4641-15 – R. 4641-22 [ancien]
CHAPITRE II	Agence nationale pour l'amélioration des conditions de travail	L. 4642-1 – L. 4642-3 R. 4642-1 – R. 4642-10
SECTION 1	Missions	L. 4642-1
SECTION 1	Missions de l'agence et de son réseau	R. 4642-1 – R. 4642-2
SECTION 2	Composition	L. 4642-2
SECTION 2	Organisation et fonctionnement	R. 4642-3 – R. 4642-8
SECTION 3	Dispositions d'application	L. 4642-3
SECTION 3	Régime financier et comptable	R. 4642-9 – R. 4642-10
CHAPITRE III	Organismes et commissions de santé et de sécurité	L. 4643-1 – L. 4643-4 R. 4643-1 – R. 4643-42
SECTION 1	Organismes professionnels de santé, de sécurité et des conditions de travail	L. 4643-1 – L. 4643-3
SECTION 1	Dispositions générales	R. 4643-1
SECTION 2	Commissions de santé et de sécurité	L. 4643-4
SECTION 2	Organisme professionnel de prévention du bâtiment et des travaux publics	R. 4643-2 – R. 4643-42
CHAPITRE IV	Aide à l'employeur pour la gestion de la santé et de la sécurité au travail	L. 4644-1 R. 4644-1 – D. 4644-11
SECTION 1	Conditions d'exercice	R. 4644-1 – R. 4644-5
SECTION 2	Enregistrement	D. 4644-6 – D. 4644-11

LIVRE VII
CONTRÔLE

L. 4711-1 – L. 4755-4
D. 4711-1 – R. 4755-3

TITRE I	**DOCUMENTS ET AFFICHAGES OBLIGATOIRES**	**L. 4711-1 – L. 4711-5** **D. 4711-1 – D. 4711-3**

CHAPITRE UNIQUE	....	L. 4711-1 – L. 4711-5 D. 4711-1 – D. 4711-3

TITRE II — MISES EN DEMEURE ET DEMANDES DE VÉRIFICATION

L. 4721-1 – L. 4723-2 [abrogé]
R. 4721-1 – R. 4724-19

CHAPITRE I	Mises en demeure..	L. 4721-1 – L. 4721-8 R. 4721-1 – R. 4721-12
SECTION 1	Mises en demeure du directeur départemental du travail, de l'emploi et de la formation professionnelle	L. 4721-1 – L. 4721-3 R. 4721-1 – R. 4721-3
SECTION 2	Mises en demeure de l'inspecteur du travail et du contrôleur du travail	L. 4721-4 – L. 4721-8 R. 4721-4 – R. 4721-12
CHAPITRE II	Demandes de vérifications, de mesures et d'analyses..	L. 4722-1 – L. 4722-2
CHAPITRE II	Demandes de vérifications, d'analyses et de mesures..	R. 4722-1 – R. 4722-33
SECTION 1	Aération et assainissement des locaux de travail............	R. 4722-1 – R. 4722-2
SECTION 2	Éclairage des lieux de travail	R. 4722-3 – R. 4722-4
SECTION 3	Équipements de travail et moyens de protection.............	R. 4722-5 – R. 4722-8
SECTION 4	Risques chimiques	R. 4722-12 – R. 4722-15
SECTION 5	Bruit	R. 4722-16 – R. 4722-17
SECTION 6	Vibrations mécaniques	R. 4722-18 – R. 4722-19
SECTION 7	Rayonnements	R. 4722-20 – R. 4722-21-3
SECTION 8	Travaux du bâtiment et du génie civil	R. 4722-22 – R. 4722-24 [abrogés]
SECTION 9	Installations électriques..	R. 4722-26 – R. 4722-28
SECTION 10	Analyse de toutes matières ou d'équipements susceptibles de comporter ou d'émettre des agents physiques, chimiques ou biologiques dangereux..............................	R. 4722-29
SECTION 11	Dispositions communes	R. 4722-30 – R. 4722-33
CHAPITRE III	Recours	L. 4723-1 – L. 4723-2 [abrogé] R. 4723-1 – R. 4723-6
CHAPITRE IV	Organismes de mesures et de vérifications.................	R. 4724-1 – R. 4724-19
SECTION 1	Accréditations	R. 4724-1
SECTION 2	Organismes de vérification en matière d'aération et d'assainissement des locaux de travail	R. 4724-2 – R. 4724-3 [abrogé]
SECTION 3	Organismes de vérification des équipements de travail..	R. 4724-4 – R. 4724-5 [abrogé]
SECTION 4	Organismes de contrôle des risques chimiques	R. 4724-8 – R. 4724-15-2
SECTION 5	Contrôle des ambiances physiques de travail..................	R. 4724-16 – R. 4724-18
SECTION 6	Vérification des installations électriques.........................	R. 4724-19

TITRE III	MESURES ET PROCÉDURES D'URGENCE......	**L. 4731-1 – L. 4733-12** **R. 4731-1 – R. 4733-15**
CHAPITRE I	Arrêts temporaires de travaux ou d'activité...............	L. 4731-1 – L. 4731-6 R. 4731-1 – R. 4731-15 *[abrogé]*
SECTION 1	*Arrêt de travaux*..	R. 4731-1 – R. 4731-8 *[abrogé]*
SECTION 2	*Arrêt d'activité*..	R. 4731-9 *[abrogé]* – R. 4731-15 *[abrogé]*
CHAPITRE II	Référé judiciaire	L. 4732-1 – L. 4732-4
CHAPITRE II	Procédures de référé	Néant
CHAPITRE III	Procédures d'urgences et mesures concernant les jeunes âgés de moins de dix-huit ans	L. 4733-1 – L. 4733-12
SECTION 1	*Retrait d'affectation à certains travaux*	L. 4733-1 – L. 4733-6
SECTION 2	*Suspension et rupture du contrat de travail ou de la convention de stage*	L. 4733-7 – L. 4733-11
SECTION 3	*Dispositions d'application*	L. 4733-12
CHAPITRE III	Procédures d'urgence et mesures concernant les jeunes âgés de moins de dix-huit ans..............................	R. 4733-1 – R. 4733-15
SECTION 1	*Dispositions générales*	R. 4733-1
SECTION 2	*Retrait d'affectation à certains travaux*	R. 4733-2 – R. 4733-10
SECTION 3	*Suspension et rupture du contrat de travail ou de la convention de stage*	R. 4733-11 – R. 4733-14
SECTION 4	*Dispositions communes*	R. 4733-15
TITRE IV	DISPOSITIONS PÉNALES	**L. 4741-1 – L. 4746-1** **R. 4741-1 – R. 4746-4**
CHAPITRE I	Infractions aux règles de santé et de sécurité	L. 4741-1 – L. 4741-14 R. 4741-1 – R. 4741-5
SECTION 1	*Infractions commises par l'employeur ou son délégataire*	L. 4741-1 – L. 4741-8
SECTION 1	*Infractions commises par l'employeur ou son représentant*	R. 4741-1 – R. 4741-3-1
SECTION 2	*Infractions commises par une personne autre que l'employeur ou son délégataire*..................................	L. 4741-9 – L. 4741-10
SECTION 2	*Infractions commises par une personne autre que l'employeur ou son représentant*................................	R. 4741-4 – R. 4741-5
SECTION 3	*Dispositions particulières aux personnes morales*	L. 4741-11 – L. 4741-14
CHAPITRE II	Infractions aux règles de représentation des salariés	L. 4742-1
CHAPITRE III	Infractions aux règles concernant le travail des jeunes et des femmes enceintes, venant d'accoucher ou allaitant	L. 4743-1 – L. 4743-3 R. 4743-1 – R. 4743-7

CHAPITRE IV	Opérations de bâtiment et de génie civil	L. 4744-1 – L. 4744-7
CHAPITRE V	Infractions aux règles relatives à la médecine du travail	L. 4745-1 R. 4745-1 – R. 4745-6
CHAPITRE VI	Infractions aux règles relatives à la conception, à la fabrication et à la mise sur le marché des équipements de travail et des équipements de protection individuelle	L. 4746-1 R. 4746-1 – R. 4746-4
TITRE V	**AMENDES ADMINISTRATIVES**	**L. 4751-1 – L. 4755-4** **R. 4755-1 – R. 4755-3**
CHAPITRE I	Dispositions communes	L. 4751-1 – L. 4751-2
CHAPITRE II	Manquements aux décisions prises par l'inspection du travail en matière de santé et de sécurité au travail	L. 4752-1 – L. 4752-2
CHAPITRE III	Manquements concernant les jeunes âgés de moins de dix-huit ans	L. 4753-1 – L. 4753-2
CHAPITRE IV	Manquements aux règles concernant les repérages avant travaux	L. 4754-1
CHAPITRE V	Manquements aux règles concernant la conception, la fabrication et la mise sur le marché des équipements de travail et des équipements de protection individuelle	L. 4755-1 – L. 4755-4 R. 4755-1 – R. 4755-3

LIVRE VIII

DISPOSITIONS RELATIVES À L'OUTRE-MER

L. 4811-1 – L. 4831-1
R. 4822-1 – R. 4823-6

TITRE I	**DISPOSITIONS GÉNÉRALES**	**L. 4811-1**
CHAPITRE UNIQUE		L. 4811-1
TITRE II	**GUADELOUPE, GUYANE, MARTINIQUE, MAYOTTE, LA RÉUNION, SAINT-BARTHÉLEMY, SAINT-MARTIN ET SAINT-PIERRE-ET-MIQUELON**	**L. 4821-1 – L. 4823-2** **R. 4822-1 – R. 4823-6**
CHAPITRE I	Dispositions générales	L. 4821-1
CHAPITRE II	Services de prévention et de santé au travail	L. 4822-1 – L. 4822-2
CHAPITRE II	Services de santé au travail	R. 4822-1

CHAPITRE III	Sensibilisation aux risques naturels majeurs	L. 4823-1 – L. 4823-2 R. 4823-1 – R. 4823-6
SECTION 1	*Formation en prévention des risques naturels majeurs..*	R. 4823-1 – R. 4823-3
SECTION II	*Information des travailleurs sur la prévention des risques naturels majeurs..*	R. 4823-4 – R. 4823-6
TITRE III	**MESURES DE COORDINATION AVEC LES AUTRES COLLECTIVITÉS ULTRAMARINES**	**L. 4831-1**
CHAPITRE UNIQUE	....	L. 4831-1
TITRE III	**MESURES DE COORDINATION AVEC LES AUTRES COLLECTIVITÉS ULTRA-MARINES**...	**Néant**

CINQUIÈME PARTIE
L'EMPLOI

L. 5111-1 – L. 5531-1
R. 5111-1 – R. 5524-11

LIVRE I
LES DISPOSITIFS EN FAVEUR DE L'EMPLOI

L. 5111-1 – L. 5151-12
R. 5111-1 – R. 5151-19

TITRE I	**POLITIQUE DE L'EMPLOI**...............................	**L. 5111-1 – L. 5112-2** **R. 5111-1 – D. 5112-24**
CHAPITRE I	Objet...	L. 5111-1 – L. 5111-3 R. 5111-1 – R. 5111-6
CHAPITRE II	Instances concourant à la politique de l'emploi........	L. 5112-1 *[abrogé]* – L. 5112-2 R. 5112-11 – D. 5112-24
SECTION 1 *[abrogée]*	*Conseil national de l'emploi*	Néant
SECTION 2	*Commissions départementales*	R. 5112-11 – R. 5112-18
SECTION 3	*Conseil régional de l'emploi*	R. 5112-19 – R. 5112-22 *[abrogés]*
SECTION 4	*Demandes d'informations relatives à certains dispositifs d'aides à l'emploi*..	R. 5112-23 – D. 5112-24
TITRE II	**MAINTIEN ET SAUVEGARDE DE L'EMPLOI** ..	**L. 5121-1 – L. 5125-7** ***[abrogé]***
TITRE II	**AIDES AU MAINTIEN ET À LA SAUVEGARDE DE L'EMPLOI**	**D. 5121-1 – R. 5123-41**

CHAPITRE I	Aides à l'adaptation des salariés aux évolutions de l'emploi et des compétences et à la gestion des âges.	L. 5121-1 – L. 5121-22 D. 5121-1 – R. 5121-55 [abrogé]
SECTION 1	Aide au développement de l'emploi et des compétences...	L. 5121-1 – L. 5121-2 D. 5121-1 – D. 5121-3
SECTION 2	Aide à l'élaboration d'un plan de gestion prévisionnelle des emplois et des compétences..	L. 5121-3 D. 5121-4 – D. 5121-13
SECTION 3	Aide aux actions de formation pour l'adaptation des salariés..	L. 5121-4 – L. 5121-5 R. 5121-14 [abrogé] – R. 5121-25
SECTION 4 [abrogée]	Contrat de génération	L. 5121-6 – L. 5121-21 [abrogés]
SECTION 4	Contrat de génération	R. 5121-26 – R. 5121-55 [abrogés]
SECTION 5	Dispositions d'application	L. 5121-22
CHAPITRE II	Aide aux salariés placés en activité partielle................	L. 5122-1 – L. 5122-6 R. 5122-1 – R. 5122-26
CHAPITRE III	Aides aux actions de reclassement et de reconversion professionnelle	L. 5123-1 – L. 5123-9 R. 5123-1 – R. 5123-41
SECTION 1	Dispositions générales	R. 5123-1 – R. 5123-2
SECTION 2	Convention de coopération pour la mise en œuvre des cellules de reclassement...	R. 5123-3 – D. 5123-4
SECTION 3	Convention de formation	R. 5123-5 – R. 5123-8
SECTION 4	Convention d'allocation temporaire dégressive	R. 5123-9 – R. 5123-11
SECTION 5	Convention d'allocation spéciale pour les travailleurs âgés	R. 5123-12 – R. 5123-21
SECTION 6	Convention d'allocation pour cessation anticipée d'activité...	R. 5123-22 – R. 5123-39
SECTION 7	Convention d'aide au passage à temps partiel................	R. 5123-40 – R. 5123-41
CHAPITRE IV	Dispositions pénales	L. 5124-1
CHAPITRE V [abrogé]	Accords de maintien de l'emploi.......................................	L. 5125-1 – L. 5125-7 [abrogés]
TITRE III	**AIDES À L'INSERTION, À L'ACCÈS ET AU RETOUR À L'EMPLOI**	**L. 5131-1 – L. 5135-8** **R. 5131-1 – D. 5135-8**
CHAPITRE I	Accompagnement personnalisé pour l'accès à l'emploi	L. 5131-1 – L. 5131-8 [abrogé] R. 5131-1 – R. 5131-26
SECTION 1	Objet et conventions...	L. 5131-1 R. 5131-1 – R. 5131-2

SECTION 2	Plan local pluriannuel pour l'insertion et l'emploi	L. 5131-2 R. 5131-3
SECTION 3	Droit à l'accompagnement des jeunes vers l'emploi et l'autonomie	L. 5131-3 – L. 5131-6-1 R. 5131-4 – R. 5131-26
SECTION 4	Dispositions d'application	L. 5131-7 – L. 5131-8 *[abrogé]*
CHAPITRE II	Insertion par l'activité économique	L. 5132-1 – L. 5132-17 R. 5132-1 – R. 5132-47
SECTION PRÉLIMINAIRE	Parcours d'insertion par l'activité économique	R. 5132-1 – R. 5132-1-23
SECTION 1	Objet	L. 5132-1
SECTION 1	Entreprises d'insertion	R. 5132-2 – D. 5132-10-5-4
SECTION 1 BIS	Entreprises de travail temporaire d'insertion	R. 5132-10-6 – D. 5132-10-17
SECTION 2	Conventions	L. 5132-2 – L. 5132-3-1
SECTION 2	Associations intermédiaires	R. 5132-11 – D. 5132-26-13
SECTION 3	Mise en œuvre des actions d'insertion par l'activité économique	L. 5132-4 – L. 5132-15-2
SECTION 3	Ateliers et chantiers d'insertion	R. 5132-27 – D. 5132-43-15
SECTION 4	Dispositions d'application	L. 5132-16 – L. 5132-17
SECTION 4	Fonds de développement de l'inclusion	R. 5132-44 – R. 5132-47
CHAPITRE III	Prime de retour à l'emploi et aide personnalisée de retour à l'emploi	L. 5133-1 *[abrogé]* – L. 5133-11 *[abrogé]*
CHAPITRE III	Prime de retour à l'emploi	R. 5133-1 – R. 5133-17
SECTION 1 *[abrogée]*	Prime de retour à l'emploi	L. 5133-1 – L. 5133-7 *[abrogés]*
SECTION 1	Prime de retour à l'emploi	R. 5133-1 – R. 5133-8
SECTION 2	Aide personnalisée de retour à l'emploi	L. 5133-8 – L. 5133-10 R. 5133-9 – R. 5133-17
SECTION 3 *[abrogée]*	Aide à l'embauche des seniors	L. 5133-11 *[abrogé]*
CHAPITRE IV	Contrats de travail aidés	L. 5134-1 *[abrogé]* – L. 5134-129 D. 5134-1 – D. 5134-178
SECTION 1 *[abrogée]*	Contrat emploi-jeune	L. 5134-1 – L. 5134-19 *[abrogés]*
SECTION 1	Contrat emploi-jeune	D. 5134-1 – D. 5134-13
SECTION 1-1	Contrat unique d'insertion	L. 5134-19-1 – L. 5134-19-5 R. 5134-14 – D. 5134-25 *[abrogé]*

SECTION 2	*Contrat d'accompagnement dans l'emploi*	L. 5134-20 – L. 5134-34 R. 5134-26 – D. 5134-50-3
SECTION 3 [abrogée]	*Contrat d'avenir*	L. 5134-35 – L. 5134-53 [abrogés]
SECTION 3	*Contrat initiative-emploi*	R. 5134-51 – D. 5134-71-3
SECTION 4 [abrogée]	*Contrat jeune en entreprise*	L. 5134-54 – L. 5134-64 [abrogés]
SECTION 4 [abrogée]	*Contrat initiative-emploi*	Néant
SECTION 5	*Contrat initiative-emploi*	L. 5134-65 – L. 5134-73
SECTION 5 [abrogée]	*Contrat insertion-revenu minimum d'activité*	Néant
SECTION 6 [abrogée]	*Contrat insertion-revenu minimum d'activité*	Néant
SECTION 6	*Contrat relatif aux activités d'adultes-relais*	D. 5134-145 – D. 5134-160
SECTION 7	*Contrat relatif aux activités d'adultes-relais*	L. 5134-100 – L. 5134-109
SECTION 7	*Emploi d'avenir*	R. 5134-161 – R. 5134-168
SECTION 8	*Emploi d'avenir*	L. 5134-110 – L. 5134-119
SECTION 8	*Emploi d'avenir professeur*	R. 5134-169 – D. 5134-178
SECTION 9	*Emploi d'avenir professeur*	L. 5134-120 – L. 5134-129
CHAPITRE V	Périodes de mise en situation en milieu professionnel.	L. 5135-1 – L. 5135-8 D. 5135-1 – D. 5135-8
CHAPITRE VI	Dispositions pénales	Néant
TITRE IV	**AIDES À LA CRÉATION D'ENTREPRISE ET APPUI AUX ENTREPRISES**	**L. 5141-1 – L. 5143-1**
TITRE IV	**AIDES À LA CRÉATION D'ENTREPRISE**	**R. 5141-1 – R. 5142-6**
CHAPITRE I	Aides à la création ou à la reprise d'entreprise	L. 5141-1 – L. 5141-6 R. 5141-1 – R. 5141-34
SECTION 1	*Bénéficiaires*	L. 5141-1
SECTION 1	*Dispositions communes*	R. 5141-1 – R. 5141-6
SECTION 2	*Avance remboursable*	L. 5141-2
SECTION 2	*Exonérations de charges sociales*	R. 5141-7 – R. 5141-12
SECTION 3	*Maintien d'allocations*	L. 5141-3 – L. 5141-4
SECTION 3	*Avance remboursable*	R. 5141-13 – R. 5141-27
SECTION 4	*Financement d'actions de conseil, de formation et d'accompagnement*	L. 5141-5
SECTION 4	*Maintien d'allocations*	R. 5141-28
SECTION 5	*Dispositions d'application*	L. 5141-6
SECTION 5	*Organisation et labellisation d'actions de conseil et d'accompagnement*	R. 5141-29 – R. 5141-34

CHAPITRE II	Contrat d'appui au projet d'entreprise....................	L. 5142-1 – L. 5142-3
		R. 5142-1 – R. 5142-6
CHAPITRE III	Appui aux entreprises..	L. 5143-1

TITRE V	**COMPTE PERSONNEL D'ACTIVITÉ**................	**L. 5151-1 – L. 5151-12**
		R. 5151-1 – R. 5151-19
CHAPITRE UNIQUE	....	L. 5151-1 – L. 5151-12
		R. 5151-1 – R. 5151-19
SECTION 1	*Dispositions générales*..................................	L. 5151-1 – L. 5151-6
		R. 5151-1 – R. 5151-10
SECTION 1 BIS	*Compte personnel d'activité des travailleurs indépendants, des membres des professions libérales et des professions non salariées, de leurs conjoints collaborateurs et des artistes auteurs*	D. 5151-10-1
SECTION 2	*Compte d'engagement citoyen*	L. 5151-7 – L. 5151-12
		D. 5151-11 – R. 5151-19

LIVRE II
DISPOSITIONS APPLICABLES À CERTAINES CATÉGORIES DE TRAVAILLEURS

L. 5211-1 – L. 5224-4
D. 5211-1 – R. 5224-1

TITRE I	**TRAVAILLEURS HANDICAPÉS**	**L. 5211-1 – L. 5215-1**
		D. 5211-1 – R. 5215-1
CHAPITRE I	Objet des politiques en faveur de l'emploi des personnes handicapées..	L. 5211-1 – L. 5211-5
		D. 5211-1 – D. 5211-6
CHAPITRE II	Obligation d'emploi des travailleurs handicapés, mutilés de guerre et assimilés	L. 5212-1 – L. 5212-17
		D. 5212-1 – R. 5212-31
SECTION 1	*Champ d'application*...	L. 5212-1
SECTION 1	*Obligation d'emploi*	D. 5212-1 – D. 5212-9
SECTION 1 [ancienne]	*Obligation d'emploi*	R. 5212-1 *[abrogé]* – R. 5212-4 *[abrogé]*
SECTION 2	*Obligation d'emploi*	L. 5212-2 – L. 5212-5-1 *[abrogé]*
SECTION 2	*Modalités de mise en œuvre de l'obligation*..............	R. 5212-5 *[abrogé]* – R. 5212-31
SECTION 3	*Modalités de mise en œuvre de l'obligation*..............	L. 5212-6 – L. 5212-12 *[abrogé]*
SECTION 4	*Bénéficiaires de l'obligation d'emploi*	L. 5212-13 – L. 5212-15
SECTION 5	*Actions en justice*	L. 5212-16
SECTION 6	*Dispositions d'application*	L. 5212-17

CHAPITRE III	Reconnaissance et orientation des travailleurs handicapés..	L. 5213-1 – L. 5213-22 R. 5213-1 – D. 5213-93
SECTION 1	Reconnaissance de la qualité de travailleur handicapé...	L. 5213-1 – L. 5213-2-2
SECTION 1	Orientation et placement	R. 5213-1 – R. 5213-8
SECTION 2	Réadaptation, rééducation et formation professionnelle...	L. 5213-3 – L. 5213-5 R. 5213-9 – R. 5213-26
SECTION 3	Orientation en milieu professionnel	L. 5213-6 – L. 5213-19-1
SECTION 3	Agrément et contrôle des centres de préorientation et d'éducation professionnelle	R. 5213-27 – R. 5213-31
SECTION 4	Autres orientations...	L. 5213-20 [abrogé]
SECTION 4	Orientation en milieu professionnel	R. 5213-32 – D. 5213-86
SECTION 5	Actions en justice...	L. 5213-21
SECTION 5	Autres orientations...	R. 5213-87
SECTION 6	Dispositions d'application	L. 5213-22
SECTION 6	Modalités de mise en œuvre et cahier des charges du dispositif d'emploi accompagné	D. 5213-88 – D. 5213-93
CHAPITRE IV	Institutions et organismes concourant à l'insertion professionnelle des handicapés	L. 5214-1 A – L. 5214-5 R. 5214-1 – R. 5214-23
SECTION 1 A	Pilotage des politiques en faveur de l'emploi des personnes handicapées..	L. 5214-1 A – L. 5214-1 B
SECTION 1	Fonds de développement pour l'insertion professionnelle des handicapés..	L. 5214-1 – L. 5214-3
SECTION 1	Coordination	R. 5214-1
SECTION 1 BIS	Organismes de placement spécialisés dans l'insertion professionnelle des personnes handicapées......................	L. 5214-3-1
SECTION 2	Actions en justice...	L. 5214-4
SECTION 2	Conseil supérieur pour le reclassement professionnel et social des travailleurs handicapés.....................................	R. 5214-2 – D. 5214-18 [abrogés]
SECTION 3	Dispositions d'application	L. 5214-5
SECTION 3	Fonds de développement pour l'insertion professionnelle des handicapés..	R. 5214-19 – R. 5214-23
CHAPITRE V	Dispositions pénales	L. 5215-1 R. 5215-1
TITRE II	**TRAVAILLEURS ÉTRANGERS**	**L. 5221-1 – L. 5224-4** **R. 5221-1 – R. 5224-1**
CHAPITRE I	Emploi d'un salarié étranger..	L. 5221-1 – L. 5221-11 R. 5221-1 – R. 5221-50 [abrogé]
SECTION 1	Accords internationaux...	L. 5221-1

SECTION 1	Catégories d'autorisation[s] de travail et activités professionnelles autorisées..	R. 5221-1 – R. 5221-10 [abrogé]
SECTION 2	Introduction d'un travailleur étranger	L. 5221-2 – L. 5221-4
SECTION 2	Procédure de demande	R. 5221-11 [abrogé] – R. 5221-16
SECTION 3	Conditions d'exercice d'une activité salariée	L. 5221-5 – L. 5221-11
SECTION 3	Délivrance des autorisations de travail.........................	R. 5221-17 – R. 5221-22
SECTION 4	Travailleurs saisonniers, étudiants, salariés en mission et travailleurs hautement qualifiés	R. 5221-23 – R. 5221-29 [abrogé]
SECTION 5	Renouvellement de l'autorisation de travail	R. 5221-32 – D. 5221-40 [abrogé]
SECTION 6	Contrôle des autorisations de travail.............................	R. 5221-41 – R. 5221-46
SECTION 7	Inscription sur la liste des demandeurs d'emploi..........	R. 5221-47 – R. 5221-50 [abrogé]
CHAPITRE II	Interdictions	L. 5222-1 – L. 5222-2
CHAPITRE III	Office français de l'immigration et de l'intégration .	L. 5223-1 – L. 5223-6 [abrogés] R. 5223-1 – R. 5223-39 [abrogés]
SECTION 1	Missions et exercice des missions...................................	L. 5223-1 [abrogé] R. 5223-1 – R. 5223-3 [abrogés]
SECTION 2	Statut, organisation et fonctionnement.........................	L. 5223-2 – L. 5223-5 [abrogés] R. 5223-4 – R. 5223-34 [abrogés]
SECTION 3	Ressources	L. 5223-6 [abrogé] R. 5223-35 – R. 5223-39 [abrogés]
CHAPITRE IV	Dispositions pénales	L. 5224-1 – L. 5224-4 R. 5224-1

LIVRE III
SERVICE PUBLIC DE L'EMPLOI ET PLACEMENT

L. 5311-1 – L. 5334-1
R. 5311-1 – R. 5334-1

TITRE I	LE SERVICE PUBLIC DE L'EMPLOI	L. 5311-1 – L. 5316-4 R. 5311-1 – R. 5315-14
CHAPITRE I	Missions et composantes du service public de l'emploi	L. 5311-1 – L. 5311-6 R. 5311-1 – R. 5311-3
CHAPITRE I BIS	Réseau pour l'emploi...	L. 5311-7 – L. 5311-11

SECTION 1	Missions, composition et patrimoine commun du réseau pour l'emploi	L. 5311-7 – L. 5311-8
SECTION 2	Gouvernance du réseau pour l'emploi	L. 5311-9 – L. 5311-10
SECTION 3	Dispositions d'application	L. 5311-11
CHAPITRE II	Placement et emploi	L. 5312-1 – L. 5312-14
CHAPITRE II	Placement et accompagnement des demandeurs d'emploi	R. 5312-1 – D. 5312-54
SECTION 1	Statut et missions de pôle emploi	R. 5312-1 – R. 5312-5-2
SECTION 2	Organisation et fonctionnement de l'institution mentionnée à l'article L. 5312-1	R. 5312-6 – R. 5312-31 [abrogé]
SECTION 3	Transmissions à pôle emploi d'une liste nominative des bénéficiaires du revenu de solidarité active et de l'allocation aux adultes handicapés	R. 5312-32 – R. 5312-37
SECTION 4	Système d'information concernant les demandeurs d'emploi et les salariés	R. 5312-38 – R. 5312-46
SECTION 5	Médiation préalable obligatoire	R. 5312-47 – R. 5312-48
SECTION 5	Droit de communication	R. 5312-47
SECTION 7	Traitement des données à caractère personnel concernant la santé nécessaires à l'accompagnement adapté des demandeurs d'emploi en situation de handicap	D. 5312-50 – D. 5312-54
CHAPITRE III	Maisons de l'emploi	L. 5313-1 – L. 5313-5 R. 5313-1 – R. 5313-12 [abrogé]
SECTION 1	Actions d'information et de sensibilisation	R. 5313-1 – R. 5313-2
SECTION 2	Aide de l'État et conventions	R. 5313-3 – R. 5313-7
SECTION 3	Organisation sous forme de groupement d'intérêt public	R. 5313-8
SECTION 4 [abrogée]	Commission nationale des maisons de l'emploi	R. 5313-9 – R. 5313-12 [abrogés]
CHAPITRE IV	Missions locales pour l'insertion professionnelle et sociale des jeunes	L. 5314-1 – L. 5314-4 D. 5314-0
SECTION UNIQUE [abrogée]	Conseil national des missions locales	Néant
CHAPITRE V	Établissement public chargé de la formation professionnelle des adultes	L. 5315-1 – L. 5315-10 R. 5315-1 – R. 5315-14
SECTION 1	Organisation et fonctionnement	R. 5315-1 – R. 5315-13
SECTION 2	Médiateur	R. 5315-14
CHAPITRE VI	Organismes chargés du repérage et de l'accompagnement spécifique des personnes les plus éloignées de l'emploi	L. 5316-1 – L. 5316-4

TITRE II	**PLACEMENT**	**L. 5321-1 – L. 5324-1**
		R. 5322-1 – R. 5324-1
CHAPITRE I	Principes	L. 5321-1 – L. 5321-3
CHAPITRE II	Rôle des collectivités territoriales	L. 5322-1 – L. 5322-4
		R. 5322-1 – R. 5322-6
CHAPITRE III	Contrôle	L. 5323-1 – L. 5323-3
		[abrogé]
CHAPITRE III	Placement privé	R. 5323-1 *[abrogé]* –
		R. 5323-14
SECTION 1 *[abrogée]*	*Déclaration préalable*	R. 5323-1 – R. 5323-6
		[abrogés]
SECTION 1	*Transmission d'informations*	R. 5323-7 – R. 5323-11
SECTION 2	*Contrats de prestations*	R. 5323-12 – R. 5323-14
CHAPITRE IV	Dispositions pénales	L. 5324-1
CHAPITRE IV	Contrôle	R. 5324-1
CHAPITRE V	Dispositions pénales	Néant
TITRE III	**DIFFUSION ET PUBLICITÉ DES OFFRES ET DEMANDES D'EMPLOI**	**L. 5331-1 – L. 5334-1**
		R. 5332-1 – R. 5334-1
CHAPITRE I	Interdictions	L. 5331-1 – L. 5331-6
CHAPITRE II	Conditions de publication et de diffusion des offres d'emploi	L. 5332-1 – L. 5332-5
		R. 5332-1 – R. 5332-2
CHAPITRE III	Contrôle	L. 5333-1 – L. 5333-2
CHAPITRE IV	Dispositions pénales	L. 5334-1
		R. 5334-1

LIVRE IV
LE DEMANDEUR D'EMPLOI

L. 5411-1 – L. 5429-3
[abrogé]
R. 5411-1 – R. 5429-3

TITRE I	**DROITS ET OBLIGATIONS DU DEMANDEUR D'EMPLOI**	**L. 5411-1 – L. 5413-1**
		R. 5411-1 – R. 5412-8
CHAPITRE I	Inscription du demandeur d'emploi et recherche d'emploi	L. 5411-1 – L. 5411-10
		R. 5411-1 – R. 5411-18

TABLE DES MATIÈRES

SECTION 1	Inscription sur la liste des demandeurs d'emploi	L. 5411-1 – L. 5411-5 R. 5411-1 – R. 5411-5 *[abrogé]*
SECTION 1 BIS	Orientation et accompagnement des demandeurs d'emploi	L. 5411-5-1 – L. 5411-5-2
SECTION 2	Contrat d'engagement et recherche d'emploi	L. 5411-6 – L. 5411-8 *[abrogé]*
SECTION 2	Changement de situation	R. 5411-6 – R. 5411-8
SECTION 3	Représentation du demandeur d'emploi	L. 5411-9
SECTION 3	Recherche d'emploi	R. 5411-9 – R. 5411-16
SECTION 4	Dispositions d'application	L. 5411-10
SECTION 4	Cessation d'inscription sur la liste des demandeurs d'emploi	R. 5411-17 – R. 5411-18
CHAPITRE II	Radiation de la liste des demandeurs d'emploi	L. 5412-1 – L. 5412-2 *[abrogé]* R. 5412-1 – R. 5412-8
CHAPITRE III	Dispositions pénales	L. 5413-1
TITRE II	**INDEMNISATION DES TRAVAILLEURS PRIVÉS D'EMPLOI**	**L. 5421-1 – L. 5429-3** ***[abrogé]*** **R. 5421-1 *[abrogé]* –** **R. 5429-3**
CHAPITRE I	Dispositions générales	L. 5421-1 – L. 5421-4 R. 5421-1 *[abrogé]* – R. 5421-3
CHAPITRE II	Régime d'assurance	L. 5422-1 – L. 5422-25 R. 5422-1 – R. 5422-18
SECTION 1	Conditions et modalités d'attribution de l'allocation d'assurance	L. 5422-1 – L. 5422-8 R. 5422 1 R. 5422-2-3
SECTION 1 BIS	Financement de l'allocation d'assurance	D. 5422-3 – D. 5422-4-3
SECTION 2	Financement de l'allocation d'assurance	L. 5422-9 – L. 5422-12
SECTION 2	Obligations d'assurance et de déclaration des rémunérations	R. 5422-5 – R. 5422-8
SECTION 3	Obligations d'assurance et de déclaration des rémunérations	L. 5422-13 – L. 5422-14
SECTION 3	Actions en recouvrement et sanctions	R. 5422-9
SECTION 4	Modalités de recouvrement et de contrôle des contributions	L. 5422-15 – L. 5422-19 *[abrogé]*
SECTION 4	Accords relatifs à l'assurance chômage	R. 5422-10 – R. 5422-18
SECTION 5	Accords relatifs à l'assurance chômage	L. 5422-20 – L. 5422-24
SECTION 6	Suivi financier du régime d'assurance chômage	L. 5422-25
CHAPITRE III	Régime de solidarité	L. 5423-1 – L. 5423-33 R. 5423-1 – R. 5423-52 *[abrogé]*

SECTION 1	Allocations	L. 5423-1 – L. 5423-7 R. 5423-1 – R. 5423-47 [abrogé]
SECTION 2 [abrogée]	Financement des allocations	L. 5423-24 – L. 5423-32 [abrogés]
SECTION 2	Financement des allocations	R. 5423-48 – R. 5423-52 [abrogés]
SECTION 3	Dispositions d'application	L. 5423-33
CHAPITRE IV	Régimes particuliers	L. 5424-1 – L. 5424-30 R. 5424-1 [abrogé] – D. 5424-76
SECTION 1	Dispositions particulières à certains salariés	L. 5424-1 – L. 5424-5-1
SECTION 1	Dispositions particulières à certains salariés du secteur public	R. 5424-1 [abrogé] – D. 5424-6-1
SECTION 2	Entreprises du bâtiment et des travaux publics privées d'emploi par suite d'intempéries	L. 5424-6 – L. 5424-19 D. 5424-7 – D. 5424-49
SECTION 3	Professions de la production cinématographique, de l'audiovisuel ou du spectacle	L. 5424-20 – L. 5424-23 D. 5424-50 – D. 5424-69
SECTION 4	Allocation des travailleurs indépendants	L. 5424-24 – L. 5424-29 R. 5424-70 – D. 5424-76
SECTION 5	Contrat d'emploi pénitentiaire	L. 5424-30
CHAPITRE V	Maintien des droits au revenu de remplacement du demandeur indemnisé	L. 5425-1 – L. 5425-9 R. 5425-1 – R. 5425-20
SECTION 1	Cumul d'un revenu de remplacement avec d'autres revenus	L. 5425-1 – L. 5425-2 R. 5425-1 – R. 5425-10
SECTION 2	Accès des bénéficiaires de l'allocation de solidarité spécifique à la prime d'activité	L. 5425-3
SECTION 2 [ancienne]	Prime forfaitaire pour reprise d'activité..........	L. 5425-3 – L. 5425-7 [anciens] R. 5425-14 – R. 5425-18 [abrogés]
SECTION 3	Exercice d'une activité bénévole	L. 5425-8
SECTION 3	Exercice d'une activité d'intérêt général	R. 5425-19 – R. 5425-20
SECTION 4	Exercice d'une activité d'intérêt général	L. 5425-9
CHAPITRE VI	Contrôle et sanctions...................................	L. 5426-1 – L. 5426-9 R. 5426-1 – R. 5426-24
SECTION 1	Agents chargés du contrôle de la recherche d'emploi	L. 5426-1
SECTION 1	Agents chargés du contrôle de la condition d'aptitude au travail et de recherche d'emploi	R. 5426-1 – R. 5426-2
SECTION 1 BIS	Périodes d'activité non déclarées...................	L. 5426-1-1
SECTION 1 BIS	Dispositions particulières applicables aux bénéficiaires de l'allocation d'assurance à la suite d'une démission ...	R. 5426-2-1

SECTION 1 TER	Dispositions particulières applicables aux bénéficiaires de l'allocation d'assurance à la suite d'une démission...	L. 5426-1-2 – l. 2 [nouveau]
SECTION 2 [abrogée]	Suppression du revenu de remplacement.........................	L. 5426-2 – L. 5426-4 [abrogés]
SECTION 2	Suppression du revenu de remplacement.........................	R. 5426-3 – R. 5426-14 [abrogé]
SECTION 3	Pénalité administrative..	L. 5426-5 – L. 5426-8 R. 5426-15 – R. 5426-17-1
SECTION 4	Répétition des prestations indues	L. 5426-8-1 – L. 5426-8-3
SECTION 4	Répétition des prestations indues et recouvrement de la pénalité administrative	R. 5426-18 – R. 5426-24
SECTION 5	Dispositions d'application	L. 5426-9
CHAPITRE VII	Organisme gestionnaire du régime d'assurance chômage	L. 5427-1 – L. 5427-10 R. 5427-1 – D. 5427-15
SECTION 1	Gestion confiée à des organismes de droit privé par voie d'accord ou de convention	L. 5427-1 – L. 5427-6
SECTION 1	Gestion confiée à un organisme de droit privé par voie d'accord ou de convention	R. 5427-1
SECTION 2	Gestion confiée à un établissement public en l'absence de convention	L. 5427-7 – L. 5427-9 D. 5427-2 – D. 5427-15
SECTION 3	Dispositions communes	L. 5427-10
CHAPITRE VIII	Dispositions financières	L. 5428-1
CHAPITRE IX	Dispositions pénales	L. 5429-1 – L. 5429-3 [abrogé] R. 5429-1 – R. 5429-3

LIVRE V

DISPOSITIONS RELATIVES À L'OUTRE-MER

L. 5511-1 – L. 5531-1
R. 5511-1 – R. 5524-11

TITRE I	DISPOSITIONS GÉNÉRALES................	L. 5511-1
CHAPITRE UNIQUE	....	L. 5511-1
TITRE II	GUADELOUPE, GUYANE, MARTINIQUE, MAYOTTE, LA RÉUNION, SAINT-BARTHÉLEMY, SAINT-MARTIN ET SAINT-PIERRE-ET-MIQUELON............	L. 5521-1 – L. 5524-10 R. 5511-1 – R. 5524-11

CHAPITRE I	Dispositions générales	L. 5521-1 – L. 5521-2 R. 5511-1 – R. 5521-14 *[abrogé]*
SECTION 1	Fedom	R. 5521-1 – D. 5521-10
SECTION 2 *[abrogée]*	Conseil territorial de l'emploi	R. 5521-11 – R. 5521-14 *[abrogés]*
CHAPITRE II	Dispositifs en faveur de l'emploi	L. 5522-2 – L. 5522-29 *[abrogé]* D. 5522-1 – R. 5522-93
SECTION 1	Aides à l'insertion, à l'accès et au retour à l'emploi	L. 5522-2 – L. 5522-2-3 D. 5522-1 – R. 5522-17
SECTION 2	Aides à la création d'entreprise	L. 5522-21 – L. 5522-27-2 R. 5522-45 – R. 5522-84
SECTION 3	Dispositions pénales	L. 5522-28
SECTION 3	Dispositions relatives à Mayotte	R. 5522-85 – R. 5522-93
SECTION 4	Compte personnel d'activité	L. 5522-29 *[abrogé]*
CHAPITRE III	Dispositions applicables à certaines catégories de travailleurs	L. 5523-1 – L. 5523-6 R. 5523-1 – R. 5523-15
SECTION 1	Travailleurs handicapés	R. 5523-1 – R. 5523-2-2
SECTION 2	Travailleurs étrangers	R. 5523-3 – R. 5523-15
CHAPITRE IV	Indemnisation des travailleurs involontairement privés d'emploi	L. 5524-1 – L. 5524-10
SECTION 1	Dispositions relatives à Mayotte	L. 5524-1 – L. 5524-6
SECTION 2	Autres dispositions d'adaptation	L. 5524-10
CHAPITRE IV	Le demandeur d'emploi	R. 5524-1 – R. 5524-11
SECTION UNIQUE	Dispositions relatives à Mayotte	R. 5524-1 – R. 5524-11
TITRE III	**MESURES DE COORDINATION AVEC LES AUTRES COLLECTIVITÉS ULTRAMARINES**	**L. 5531-1**
CHAPITRE UNIQUE		L. 5531-1
TITRE III	**MESURES DE COORDINATION AVEC LES AUTRES COLLECTIVITÉS ULTRA-MARINES**	**Néant**

SIXIÈME PARTIE

LA FORMATION PROFESSIONNELLE TOUT AU LONG DE LA VIE

L. 6111-1 – L. 6523-7
R. 6111-1 – R. 6523-28
[abrogé]

LIVRE I

PRINCIPES GÉNÉRAUX ET ORGANISATION INSTITUTIONNELLE DE LA FORMATION ET DE L'ORIENTATION PROFESSIONNELLES

L. 6111-1 – L. 6131-5

LIVRE I

PRINCIPES GÉNÉRAUX ET ORGANISATION INSTITUTIONNELLE DE LA FORMATION PROFESSIONNELLE

R. 6111-1 – D. 6123-37

TITRE I	PRINCIPES GÉNÉRAUX	L. 6111-1 – L. 6113-10 R. 6111-1 – D. 6113-33
CHAPITRE I	Objectifs et contenu de la formation et de l'orientation professionnelles	L. 6111-1 – L. 6111-8
SECTION 1	*La formation professionnelle tout au long de la vie*	L. 6111-1 – L. 6111-2
SECTION 2	*L'orientation professionnelle tout au long de la vie*	L. 6111-3 – L. 6111-5
SECTION 3	*Le conseil en évolution professionnelle*	L. 6111-6 – L. 6111-6-1
SECTION 4	*Supports d'information*	L. 6111-7 – L. 6111-8
CHAPITRE I	Dispositions communes	R. 6111-1 – D. 6111-8
SECTION 1	*Système d'information relatif à l'offre de formation professionnelle*	R. 6111-1 – R. 6111-4
SECTION 2	*Conseil en évolution professionnelle*	R. 6111-5 – D. 6111-7
SECTION 3	Centres de conseils sur la validation des acquis de l'expérience	D. 6111-8
CHAPITRE II	Égalité d'accès à la formation	L. 6112-1 – L. 6112-4 D. 6112-1 – D. 6112-2
SECTION 1	*Égalité d'accès entre les femmes et les hommes*	L. 6112-1 – L. 6112-2
SECTION 2	*Égalité d'accès des personnes handicapées et assimilées*	L. 6112-3
SECTION 3	*Égalité d'accès des représentants du personnel et des délégués syndicaux*	L. 6112-4
CHAPITRE III	La certification professionnelle	L. 6113-1 – L. 6113-10 R. 6113-1 – D. 6113-33
SECTION 1	*Principes généraux*	L. 6113-1 – L. 6113-2
SECTION 1	*Commission de la certification professionnelle*	R. 6113-1 – R. 6113-7
SECTION 2	*Diplômes et titres à finalité professionnelle et certificats de qualification professionnelle*	L. 6113-3 – L. 6113-4
SECTION 2	*Enregistrement dans les répertoires nationaux*	R. 6113-8 – R. 6113-17-4
SECTION 3	*Enregistrement dans les répertoires nationaux*	L. 6113-5 – L. 6113-10
SECTION 3	*Cadre national des certifications professionnelles*	D. 6113-18 – D. 6113-20
SECTION 4	*Commissions professionnelles consultatives*	R. 6113-21 – R. 6113-26

SECTION 5	Concertation avec les partenaires sociaux en vue de l'enregistrement de diplômes de l'enseignement supérieur délivrés au nom de l'État...	D. 6113-27 – D. 6113-28
SECTION 6	Socle de connaissances et de compétences professionnelles...	D. 6113-29 – D. 6113-33
TITRE II	**RÔLE DES RÉGIONS, DE L'ÉTAT ET DES INSTITUTIONS DE LA FORMATION PROFESSIONNELLE**...	**L. 6121-1 – L. 6123-14** **R. 6121-1 – D. 6123-37**
CHAPITRE I	Rôle des régions..	L. 6121-1 – L. 6121-7 R. 6121-1 – D. 6121-11
SECTION 1	Compétences des régions	L. 6121-1 – L. 6121-2-1
SECTION 1	Procédure d'habilitation des organismes chargés d'actions d'insertion et de formation professionnelle	R. 6121-1 – R. 6121-8
SECTION 2	Coordination avec les branches professionnelles, le service public de l'emploi et le service public de l'orientation...	L. 6121-3 [abrogé] – L. 6121-7
SECTION 2	Service public régional de la formation professionnelle..	R. 6121-9 – D. 6121-11
CHAPITRE II	Rôle de l'État...	L. 6122-1 – L. 6122-4 D. 6122-1 – D. 6122-6
SECTION 1	Financement des actions de formation professionnelle continue...	D. 6122-1 – D. 6122-3
SECTION 2	Convention de formation professionnelle continue........	D. 6122-4 – D. 6122-6
CHAPITRE III	Coordination et régulation des politiques de l'emploi, de l'orientation et de la formation professionnelle...	L. 6123-1 [abrogé] – L. 6123-14
CHAPITRE III	Institutions de la formation professionnelle	D. 6123-1 – D. 6123-37
SECTION 1 [abrogée]	Conseil national de l'emploi, de la formation et de l'orientation professionnelles...	L. 6123-1 – L. 6123-2 [abrogés]
SECTION 1	Centres d'animation, de ressources et d'information sur la formation – Observatoires régionaux de l'emploi et de la formation et réseau des centres d'animation, de ressources et d'information sur la formation – Observatoires régionaux de l'emploi et de la formation...........	D. 6123-1 – D. 6123-2-1
SECTION 2	Comité régional de l'emploi, de la formation et de l'orientation professionnelles...	L. 6123-3 – L. 6123-4-1 [abrogé] R. 6123-3 – R. 6123-3-15
SECTION 3	France compétences..	L. 6123-5 – L. 6123-14 R. 6123-5 – D. 6123-37
TITRE III	**FINANCEMENT DE LA FORMATION PROFESSIONNELLE**...	**L. 6131-1 – L. 6131-5**

CHAPITRE UNIQUE	Financement de la formation professionnelle............	L. 6131-1 – L. 6131-5

LIVRE II
L'APPRENTISSAGE

L. 6211-1 – L. 6261-2
D. 6211-1 *[abrogé]* –
D. 6275-5

TITRE I	**DISPOSITIONS GÉNÉRALES**................	L. 6211-1 – L. 6211-4 D. 6211-1 *[abrogé]* – R. 6211-6
CHAPITRE UNIQUE	....	L. 6211-1 – L. 6211-4 D. 6211-1 *[abrogé]* – R. 6211-6
SECTION 1	Enseignements à distance..................................	D. 6211-1 *[abrogé]* – D. 6211-2
SECTION 2	Rôle des acteurs de l'apprentissage..................	D. 6211-3 *[abrogé]* – R. 6211-5
SECTION 3	Rôle des instances consultatives.......................	R. 6211-6
TITRE II	**CONTRAT D'APPRENTISSAGE**........................	L. 6221-1 – L. 6227-12 D. 6222-1 – R. 6227-10 *[abrogé]*
CHAPITRE I	Définition et régime juridique.........................	L. 6221-1 – L. 6221-2
CHAPITRE II	Contrat de travail et conditions de travail.............	L. 6222-1 – L. 6222-44 D. 6222-1 – R. 6222-69
SECTION 1	Formation, exécution et rupture du contrat de travail..	L. 6222-1 – L. 6222-22-1 D. 6222-1 – R. 6222 23-1
SECTION 2	Conditions de travail de l'apprenti..................	L. 6222-23 – L. 6222-33 R. 6222-24 – R. 6222-40 *[abrogé]*
SECTION 3	Présentation et préparation aux examens.........	L. 6222-34 – L. 6222-36
SECTION 3 *[abrogée]*	Présentation et préparation aux examens.........	R. 6222-41 *[abrogé]*
SECTION 3 BIS	Carte d'étudiant des métiers.............................	L. 6222-36-1
SECTION 4	Aménagements en faveur des personnes handicapées.....	L. 6222-37 – L. 6222-38
SECTION 4	Carte d'étudiant des métiers.............................	D. 6222-42 – D. 6222-44
SECTION 5	Médiateur consulaire...	L. 6222-39
SECTION 5	Aménagements en faveur des personnes handicapées.....	R. 6222-45 – R. 6222-58 *[abrogé]*
SECTION 6	Aménagements en faveur des sportifs de haut niveau....	L. 6222-40 – L. 6222-41 R. 6222-59 – R. 6222-65
SECTION 7	Mobilité internationale et européenne des apprentis.....	L. 6222-42 – L. 6222-44
SECTION 7	Mobilité dans ou hors de l'Union européenne................	R. 6222-66 – R. 6222-69

CHAPITRE III	Obligations de l'employeur	L. 6223-1 – L. 6223-9 R. 6223-1 – R. 6223-31 [abrogé]
SECTION 1	Organisation de l'apprentissage	L. 6223-1 R. 6223-1 – R. 6223-21 [abrogé]
SECTION 2	Engagements dans le cadre de la formation	L. 6223-2 – L. 6223-4
SECTION 2	Maître d'apprentissage	R. 6223-22 – R. 6223-31 [abrogé]
SECTION 3	Maître d'apprentissage	L. 6223-5 – L. 6223-8-1
SECTION 4	Dispositions d'application	L. 6223-9
CHAPITRE IV	Dépôt du contrat	L. 6224-1 D. 6224-1 – R. 6224-8
CHAPITRE V	Procédures d'opposition, de suspension et d'interdiction de recrutement	L. 6225-1 – L. 6225-8 R. 6225-1 – R. 6225-12
SECTION 1	Opposition à l'engagement d'apprentis	L. 6225-1 – L. 6225-3-1
SECTION 1	Mise en demeure préalable à l'opposition	R. 6225-1 – R. 6225-3
SECTION 2	Suspension de l'exécution du contrat et interdiction de recrutement	L. 6225-4 – L. 6225-7
SECTION 2	Opposition à l'engagement d'apprentis	R. 6225-4 – R. 6225-8
SECTION 3	Dispositions d'application	L. 6225-8
SECTION 3	Suspension de l'exécution du contrat et interdiction de recrutement	R. 6225-9 – R. 6225-12
CHAPITRE VI	Entreprises de travail temporaire	L. 6226-1 R. 6226-1 – R. 6226-6
SECTION 1	Dispositions générales	R. 6226-1 – R. 6226-4
SECTION 2	Maîtres d'apprentissage	R. 6226-5 – R. 6226-6
CHAPITRE VII	Développement de l'apprentissage dans le secteur public non industriel et commercial	L. 6227-1 – L. 6227-12
CHAPITRE VII	Dispositions pénales	R. 6227-1 – R. 6227-10 [abrogé]

TITRE III	**DISPOSITIONS SPÉCIFIQUES APPLICABLES AUX CENTRES DE FORMATION D'APPRENTIS**	**L. 6231-1 – L. 6235-6** **R. 6231-1 – R. 6234-1**
CHAPITRE I	Missions et obligations des centres de formation d'apprentis	L. 6231-1 – L. 6231-7 R. 6231-1 – R. 6231-5
SECTION 1	Missions des centres de formation d'apprentis	R. 6231-1 – R. 6231-2
SECTION 2	Conseil de perfectionnement	R. 6231-3 – R. 6231-5
CHAPITRE II	Organisation de l'apprentissage au sein des centres de formation d'apprentis	L. 6232-1 R. 6232-1 – R. 6232-3

CHAPITRE III	Création d'unités de formation par apprentissage....	L. 6233-1 R. 6233-1 – R. 6233-2
CHAPITRE IV	Dispositions d'application	L. 6234-1
CHAPITRE IV	Dispositions applicables à l'entreprise disposant d'un centre de formation d'apprentis	R. 6234-1
CHAPITRE V	Développement de l'apprentissage transfrontalier ...	L. 6235-1 – L. 6235-6
TITRE III *[ancien]*	**CENTRES DE FORMATION D'APPRENTIS ET SECTIONS D'APPRENTISSAGE**......................	**L. 6231-1 – L. 6234-2** *[anciens]* **R. 6232-1 – D. 6233-65** *[anciens]*
TITRE IV	**FINANCEMENT DE L'APPRENTISSAGE**............	**L. 6241-1 – L. 6244-1** *[abrogé]* **R. 6241-1** *[abrogé]* **– D. 6243-5**
CHAPITRE I	Taxe d'apprentissage..	L. 6241-1 – L. 6241-13 *[abrogé]* R. 6241-1 *[abrogé]* – D. 6241-33
SECTION 1	Principes	L. 6241-1 – L. 6241-3 *[abrogé]* R. 6241-1 *[abrogé]* – R. 6241-10 *[abrogé]*
SECTION 2	Dépenses imputables sur le solde de la taxe d'apprentissage	L. 6241-4 – L. 6241-5
SECTION 2	Financement national du développement et de la modernisation de l'apprentissage..	Néant
SECTION 3	Affectation des fonds	L. 6241-10 – L. 6241-11 *[abrogés]*
SECTION 3	Solde de la taxe d'apprentissage	R. 6241-19 – R. 6241-28-5
SECTION 4	Dispositions d'application	L. 6241-12 *[abrogé]*
SECTION 4 *[abrogée]*	Affectation des fonds..	Néant
SECTION 5 *[abrogée]*	Dispositions applicables aux employeurs occupant des salariés intermittents du spectacle...................................	L. 6241-13 *[abrogé]*
SECTION 5	Déductions de la taxe d'apprentissage............................	D. 6241-29 – D. 6241-32
SECTION 6	Liste nationale des organismes habilités à percevoir le solde de la taxe d'apprentissage.......................................	D. 6241-33
CHAPITRE II	Contribution supplémentaire à l'apprentissage	L. 6242-1
CHAPITRE II *[abrogé]*	Organismes collecteurs de la taxe d'apprentissage ...	R. 6242-1 – R. 6242-24 *[abrogés]*

CHAPITRE III	Aides à l'apprentissage	L. 6243-1 – L. 6243-4 D. 6243-1 – D. 6243-5
SECTION 1	Aide unique aux employeurs d'apprentis	L. 6243-1 – L. 6243-1-2 D. 6243-1 – D. 6243-4
SECTION 2	Cotisations dues au titre de l'emploi des apprentis	L. 6243-2 – L. 6243-3
SECTION 2	Exonération de charges salariales	D. 6243-5
SECTION 3	Dispositions d'application	L. 6243-4
CHAPITRE IV [abrogé]	Dispositions pénales	L. 6244-1 [abrogé]
TITRE V	**CONTRÔLE PÉDAGOGIQUE DES FORMATIONS PAR APPRENTISSAGE CONDUISANT À UN DIPLÔME**	R. 6251-1 – R. 6251-4
TITRE VI	**DISPOSITIONS PARTICULIÈRES AUX DÉPARTEMENTS DE LA MOSELLE, DU BAS-RHIN ET DU HAUT-RHIN**	L. 6261-1 [abrogé] – L. 6261-2 R. 6261-1 – R. 6261-20
CHAPITRE UNIQUE		L. 6261-1 [abrogé] – L. 6261-2
CHAPITRE I		R. 6261-1 – R. 6261-20
SECTION 1	Dispositions générales	R. 6261-1 – R. 6261-2
SECTION 2	Contrat d'apprentissage	R. 6261-3 [abrogé] – R. 6261-8 [abrogé]
SECTION 3	Maître d'apprentissage	R. 6261-9 – R. 6261-10
SECTION 4 [abrogée]	Fonctionnement des centres de formation d'apprentis et des sections d'apprentissage	R. 6261-11 – R. 6261-12 [abrogés]
SECTION 5	Financement de l'apprentissage	R. 6261-13 – R. 6261-14 [abrogé]
SECTION 6	Contrôle pédagogique des formations par apprentissage conduisant à un diplôme	R. 6261-15 – R. 6261-20
TITRE VII	**DÉVELOPPEMENT DE L'APPRENTISSAGE DANS LE SECTEUR PUBLIC NON INDUSTRIEL ET COMMERCIAL**	D. 6271-1 – D. 6275-5
CHAPITRE I	Conventionnement de l'apprentissage avec une personne morale de droit public	D. 6271-1 – D. 6271-3
CHAPITRE II	La rémunération des apprentis dans le secteur public non industriel et commercial	D. 6272-1 – D. 6272-2
CHAPITRE III	Maître d'apprentissage dans le secteur public non industriel et commercial	D. 6273-1

CHAPITRE IV	Médiation dans le secteur public non industriel et commercial	D. 6274-1
CHAPITRE V	Dépôt du contrat dans le secteur public non industriel et commercial	D. 6275-1 – D. 6275-5

LIVRE III

LA FORMATION PROFESSIONNELLE

L. 6311-1 – L. 6363-2

LIVRE III

LA FORMATION PROFESSIONNELLE CONTINUE

D. 6312-1 – R. 6363-1

TITRE I	**DISPOSITIONS GÉNÉRALES**	L. 6311-1 – L. 6316-5 D. 6312-1 – R. 6316-5 *[ancien]*
CHAPITRE I	Objet de la formation professionnelle continue	L. 6311-1
CHAPITRE II	Accès à la formation professionnelle continue	L. 6312-1 – L. 6312-2 D. 6312-1
CHAPITRE III	Catégories d'actions	L. 6313-1 – L. 6313-9 *[abrogé]* R. 6313-1 – R. 6313-8
SECTION 1	*Action de formation*	R. 6313-1 – D. 6313-3-2
SECTION 2	*Bilan de compétences*	R. 6313-4 – R. 6313-8
CHAPITRE IV	Droit à la qualification professionnelle	L. 6314-1 – L. 6314-3 *[abrogé]* D. 6314-1
CHAPITRE V	Entretien professionnel	L. 6315-1 – L. 6315-2
CHAPITRE VI	Qualité des actions de la formation professionnelle	L. 6316-1 – L. 6316-5
CHAPITRE VI	Qualité des actions de formation professionnelle	R. 6316-1 – R. 6316-9
CHAPITRE VI *[ancien]*	Qualité des actions de la formation professionnelle continue	R. 6316-1 – R. 6316-5 *[anciens]*
TITRE II	**DISPOSITIFS DE FORMATION PROFESSIONNELLE CONTINUE**	L. 6321-1 – L. 6326-4 R. 6321-4 – R. 6325-36
CHAPITRE I	Formations à l'initiative de l'employeur et plan de formation	L. 6321-1 – L. 6321-12 R. 6321-4 – D. 6321-10 *[abrogé]*

SECTION 1	Obligations de l'employeur et plan de formation	L. 6321-1
SECTION 1 [abrogée]	Déroulement des actions de formation............................	Néant
SECTION 2	Régimes applicables aux heures de formation	L. 6321-2 – L. 6321-8 R. 6321-4 – D. 6321-10 [abrogé]
SECTION 3	Actions de formation du salarié occupant un emploi saisonnier	L. 6321-9 – L. 6321-11
SECTION 4	Secteur public	L. 6321-12
CHAPITRE II	Formations à l'initiative du salarié	R. 6322-70 – D. 6322-79
SECTION 1 [abrogée]	Congé individuel de formation	Néant
SECTION 2 [abrogée]	Congé de bilan de compétences	Néant
SECTION 3	Autres congés	R. 6322-70 – R. 6322-78
SECTION 4	Formations se déroulant en dehors du temps de travail.	D. 6322-79
CHAPITRE III	Compte personnel de formation....................................	L. 6323-1 – L. 6323-46
CHAPITRE III	Le compte personnel de formation	R. 6323-1 – R. 6323-45
SECTION 1	Principes communs	L. 6323-1 – L. 6323-9-2
SECTION 1	Mise en œuvre du compte personnel de formation pour les salariés	R. 6323-1 – D. 6323-8
SECTION 2	Mise en œuvre du compte personnel de formation pour les salariés	L. 6323-10 – L. 6323-20-1
SECTION 2	Projet de transition professionnelle	D. 6323-9 – R. 6323-21-9
SECTION 3	Mise en œuvre du compte personnel de formation pour les demandeurs d'emploi	L. 6323-21 – L. 6323-24-1
SECTION 3	Mise en œuvre du compte personnel de formation pour les travailleurs indépendants, les membres des professions libérales et des professions non salariées, leurs conjoints collaborateurs et les artistes auteurs	R. 6323-22 – D. 6323-25 [abrogé]
SECTION 4	Mise en œuvre du compte personnel de formation pour les travailleurs indépendants, les membres des professions libérales et des professions non salariées, leurs conjoints collaborateurs et les artistes auteurs	L. 6323-25 – L. 6323-32
SECTION 4	Mise en œuvre du compte personnel de formation pour les pluriactifs..	R. 6323-27 – D. 6323-28 [abrogé]
SECTION 5	Mise en œuvre du compte personnel de formation pour les personnes handicapées accueillies dans un établissement ou service d'accompagnement par le travail	L. 6323-33 – L. 6323-42
SECTION 5	Mise en œuvre du compte personnel de formation pour les personnes handicapées accueillies dans un établissement ou [un] service d'aide par le travail	R. 6323-29 – D. 6323-29-2
SECTION 6	Contribution du compte personnel au droit individuel à la formation des élus locaux...	L. 6323-43

SECTION 6	Système d'information du compte personnel de formation et du droit individuel à la formation des élus locaux	R. 6323-31 – R. 6323-40
SECTION 7	Modalités de remboursement des sommes indues	L. 6323-44 – L. 6323-45
SECTION 7	Modalités d'alimentation supplémentaire du compte personnel de formation	R. 6323-42
SECTION 8	Dispositions d'application	L. 6323-46
SECTION 8	Modalités d'utilisation des droits acquis au titre d'une activité relevant du droit public	R. 6323-43 – D. 6323-44
SECTION 9	Contribution du compte personnel de formation au droit individuel à la formation des élus locaux	R. 6323-45
CHAPITRE IV	Reconversion ou promotion par alternance	L. 6324-1 – L. 6324-10 D. 6324-1 – D. 6324-6 [abrogé]
SECTION 1	Objet et conditions d'ouverture	L. 6324-1 – L. 6324-6 D. 6324-1 – D. 6324-1-1
SECTION 2	Déroulement de la reconversion ou de la promotion par alternance	L. 6324-7 – L. 6324-10
SECTION 2	Tutorat	D. 6324-2 – D. 6324-6 [abrogé]
CHAPITRE V	Contrats de professionnalisation	L. 6325-1 – L. 6325-25-1 D. 6325-1 – R. 6325-36
SECTION 1	Objet et conditions d'ouverture	L. 6325-1 – L. 6325-4-1
SECTION 1	Formation, enregistrement et rupture du contrat	D. 6325-1 – D. 6325-5
SECTION 2	Formation et exécution du contrat	L. 6325-5 – L. 6325-7
SECTION 2	Tutorat	D. 6325-6 – D. 6325-10
SECTION 3	Salaire et durée du travail	L. 6325-8 – L. 6325-10
SECTION 3	Organisation de la formation	D. 6325-11 – D. 6325-13
SECTION 4	Durée et mise en œuvre des actions de professionnalisation	L. 6325-11 – L. 6325-15
SECTION 4	Salaire	D. 6325-14 – D. 6325-18
SECTION 5 [abrogée]	Exonération de cotisations sociales	L. 6325-16 – L. 6325-22 [abrogés]
SECTION 5	Exonérations de cotisations sociales	D. 6325-19 – R. 6325-21
SECTION 6	Entreprises de travail temporaire	L. 6325-23 – L. 6325-24
SECTION 6	Dispositions applicables aux groupements d'employeurs	D. 6325-22 – D. 6325-28
SECTION 7	Mobilité dans l'Union européenne et à l'étranger	L. 6325-25 – L. 6325-25-1
SECTION 7	Carte d'étudiant des métiers	D. 6325-29
SECTION 8	Conventionnement avec l'entreprise d'accueil	D. 6325-30 – D. 6325-32
SECTION 9	Mobilité dans ou hors de l'Union européenne	R. 6325-33 – R. 6325-36
CHAPITRE VI	Préparation opérationnelle à l'emploi	L. 6326-1 – L. 6326-4

TITRE III	**FINANCEMENT DE LA FORMATION PROFESSIONNELLE CONTINUE**....................	**L. 6331-1 A – L. 6333-8 R. 6331-1 *[abrogé]* – R. 6333-14**
CHAPITRE I	Participation des employeurs au développement de la formation professionnelle continue	L. 6331-1 A – L. 6331-69 R. 6331-1 *[abrogé]* – R. 6331-73
SECTION PRÉLIMINAIRE	*Décompte et franchissement d'un seuil d'effectif*............	L. 6331-1 A
SECTION 1	Obligation de financement des employeurs de moins de onze salariés	L. 6331-1 – L. 6331-2
SECTION 1	*Modalités de calcul des effectifs*..	R. 6331-1 *[abrogé]*
SECTION 2	Obligation de financement des employeurs d'au moins onze salariés	L. 6331-3 – L. 6331-5
SECTION 2	*Employeurs de moins de onze salariés*	R. 6331-2 *[abrogé]* – R. 6331-8
SECTION 3	Contribution dédiée au financement du compte personnel de formation pour les titulaires d'un contrat à durée déterminée	L. 6331-6
SECTION 3	*Employeurs d'au moins onze salariés*	R. 6331-9 – R. 6331-35 *[abrogés]*
SECTION 4	Dispositions applicables à certaines catégories d'employeurs	L. 6331-35 – L. 6331-69
SECTION 4	*Dispositions applicables à certaines catégories d'employeurs et de travailleurs indépendants*	R. 6331-36 – R. 6331-73
CHAPITRE II	Opérateurs de compétences	L. 6332-1 A – L. 6332-24 R. 6332-1 – R. 6332-114
SECTION 1	*Dispositions générales*	L. 6332-1 A – L. 6332-6 R. 6332-1 – R. 6332-38
SECTION 2	Fonds d'assurance-formation	L. 6332-7 *[abrogé]* – L. 6332-13
SECTION 2	*Prise en charge des actions utiles au développement des compétences au bénéfice des entreprises de moins de cinquante salariés*	D. 6332-39 – R. 6332-40
SECTION 3	Utilisation des fonds par les opérateurs de compétences pour la prise en charge de l'alternance, du compte personnel de formation et du développement des compétences au bénéfice des entreprises de moins de cinquante salariés...	L. 6332-14 – L. 6332-17-1
SECTION 3	*Fonds d'assurance formation de non-salariés*	R. 6332-63 – R. 6332-77-1
SECTION 4 *[abrogée]*	Fonds paritaire de sécurisation des parcours professionnels..	L. 6332-18 – L. 6332-22-2 *[abrogés]*
SECTION 4	*Prise en charge des actions de formation en alternance par les opérateurs de compétences*	D. 6332-78 – D. 6332-93
SECTION 5	Information de l'État	L. 6332-23 – L. 6332-24

SECTION 5	Prise en charge par l'opérateur de compétences des formations organisées au titre du compte personnel de formation	R. 6332-93 – R. 6332-95
SECTION 6 [abrogée]	Fonds paritaire de sécurisation des parcours professionnels	Néant
SECTION 7	Information de l'État	R. 6332-114
CHAPITRE III	Gestion du compte personnel de formation par la Caisse des dépôts et consignations	L. 6333-1 – L. 6333-8 R. 6333-1 – R. 6333-14
SECTION 1	Missions	L. 6333-1 – L. 6333-5
SECTION 1	Ressources perçues par la Caisse des dépôts et consignations	R. 6333-1 – R. 6333-2-1
SECTION 2	Gestion	L. 6333-6 – L. 6333-7-1
SECTION 2	Modalités de financement des actions de formation	R. 6333-3
SECTION 3	Dispositions d'application	L. 6333-8
SECTION 3	Paiement des organismes de formation par la Caisse des dépôts et consignations	R. 6333-4
SECTION 4	Obligations contractuelles des organismes de formation et des titulaires du compte personnel de formation	R. 6333-5 – R. 6333-7
SECTION 5	Gestion administrative, comptable et financière du compte personnel de formation	R. 6333-8 – R. 6333-14
CHAPITRE IV	Dispositions pénales	Néant
TITRE IV	**STAGIAIRE DE LA FORMATION PROFESSIONNELLE**	L. 6341-1 – L. 6343-4 R. 6341-1 – R. 6342-4 [abrogé]
CHAPITRE I	Rémunération du stagiaire	L. 6341-1 – L. 6341-12 R. 6341-1 – R. 6341-53
SECTION 1	Financement des stages rémunérés par l'État ou la région	L. 6341-1 – L. 6341-6 R. 6341-1 – R. 6341-22
SECTION 2	Montant de la rémunération	L. 6341-7 – L. 6341-8 [abrogé]
SECTION 2	Rémunération	D. 6341-23 [abrogé] – R. 6341-48
SECTION 3	Remboursement des frais de transport	L. 6341-9 R. 6341-49 – R. 6341-53
SECTION 4	Prêts au stagiaire	L. 6341-10
SECTION 5	Règlement des litiges	L. 6341-11
SECTION 6	Dispositions d'application	L. 6341-12
CHAPITRE II	Protection sociale du stagiaire	L. 6342-1 – L. 6342-7 R. 6342-1 – R. 6342-4 [abrogé]
SECTION 1	Affiliation à un régime de sécurité sociale	L. 6342-1

SECTION 2	Prise en charge des cotisations par l'État ou la région ...	L. 6342-2 – L. 6342-3
SECTION 3	Droits aux prestations	L. 6342-4 – L. 6342-5
SECTION 4	Règlement des litiges	L. 6342-6
SECTION 5	Dispositions d'application	L. 6342-7
CHAPITRE III	Conditions de travail du stagiaire	L. 6343-1 – L. 6343-4
TITRE V	**ORGANISMES DE FORMATION**	L. 6351-1 A – L. 6355-24 R. 6351-1 – D. 6353-4 *[abrogé]*
CHAPITRE I	Déclaration d'activité	L. 6351-1 A – L. 6351-8 R. 6351-1 – R. 6351-21
SECTION 1	Principes généraux	L. 6351-1 A
SECTION 1	Dépôt et enregistrement de la déclaration	R. 6351-1 – R. 6351-7-1
SECTION 2	Régime juridique de la déclaration d'activité	L. 6351-1 – L. 6351-8
SECTION 2	Déclaration rectificative et annulation	R. 6351-8 – D. 6351-12
SECTION 3	Système d'information "mon activité formation"	R. 6351-13 – R. 6351-21
CHAPITRE II	Fonctionnement	L. 6352-1 – L. 6352-13 R. 6352-1 – D. 6352-40
SECTION 1	Personnels	L. 6352-1 – L. 6352-2
SECTION 1	Règlement intérieur	R. 6352-1 – R. 6352-2
SECTION 2	Règlement intérieur	L. 6352-3 – L. 6352-5
SECTION 2	Droit disciplinaire	R. 6352-3 – R. 6352-8
SECTION 3	Obligations comptables	L. 6352-6 – L. 6352-10
SECTION 3	Représentation des stagiaires et des apprentis	R. 6352-9 – R. 6352-15
SECTION 4	Bilan pédagogique et financier	L. 6352-11
SECTION 4	Obligations comptables	D. 6352-16 – R. 6352-21
SECTION 5	Publicité	L. 6352-12 – L. 6352-13
SECTION 5	Bilan pédagogique et financier	R. 6352-22 – R. 6352-24
SECTION 6	Centres de formation professionnelle	D. 6352-25 – D. 6352-40
CHAPITRE III	Réalisation des actions de formation	L. 6353-1 – L. 6353-10 D. 6353-1 – D. 6353-4 *[abrogé]*
SECTION 1	Convention de formation entre l'acheteur de formation et l'organisme de formation	L. 6353-1 – L. 6353-2 *[abrogé]*
SECTION 2	Contrat de formation entre une personne physique et un organisme de formation	L. 6353-3 – L. 6353-7
SECTION 3	Obligations vis-à-vis du stagiaire et de l'apprenti	L. 6353-8 – L. 6353-9
SECTION 4	Obligations vis-à-vis des organismes financeurs	L. 6353-10
CHAPITRE IV	Sanctions financières	L. 6354-1 – L. 6354-3 *[abrogé]*
CHAPITRE V	Dispositions pénales	L. 6355-1 – L. 6355-24

TITRE VI	**CONTRÔLE DE LA FORMATION PROFESSIONNELLE**	**L. 6361-1 – L. 6363-2**
TITRE VI	**CONTRÔLE DE LA FORMATION PROFESSIONNELLE CONTINUE**	**R. 6361-1 – R. 6363-1**
CHAPITRE I	Objet du contrôle et fonctionnaires de contrôle	L. 6361-1 – L. 6361-6 R. 6361-1 – D. 6361-4
SECTION 1	*Objet du contrôle*	L. 6361-1 – L. 6361-4 *[abrogé]*
SECTION 2	*Agents de contrôle*	L. 6361-5
SECTION 3	*Dispositions d'application*	L. 6361-6
CHAPITRE II	Déroulement des opérations de contrôle	L. 6362-1 – L. 6362-13 R. 6362-1 – R. 6362-9 *[abrogé]*
SECTION 1	*Accès aux documents et justifications à apporter*	L. 6362-1 – L. 6362-7-3
SECTION 2	*Procédure*	L. 6362-8 – L. 6362-11
SECTION 3	*Sanctions*	L. 6362-12
SECTION 4	*Dispositions d'application*	L. 6362-13
CHAPITRE III	Constatation des infractions et dispositions pénales	L. 6363-1 – L. 6363-2 R. 6363-1
SECTION 1	*Constatation des infractions*	L. 6363-1
SECTION 2	*Dispositions pénales*	L. 6363-2

LIVRE IV
VALIDATION DES ACQUIS DE L'EXPÉRIENCE

L. 6411-1 – L. 6423-3
R. 6411-1 – R. 6422-12

TITRE I	**OBJET DE LA VALIDATION DES ACQUIS DE L'EXPÉRIENCE ET RÉGIME JURIDIQUE**	**L. 6411-1 – L. 6412-3** **R. 6411-1 – R. 6412-7**
CHAPITRE I	Service public de la validation des acquis de l'expérience	L. 6411-1 – L. 6411-2 R. 6411-1 – R. 6411-6
SECTION 1	*Missions*	R. 6411-1
SECTION 2	*Portail numérique et traitements de données mis en œuvre*	R. 6411-2 – R. 6411-6
CHAPITRE II	Régime juridique de la validation des acquis de l'expérience	L. 6412-1 *[abrogé]* – L. 6412-3
CHAPITRE II	Procédure de validation des acquis de l'expérience	R. 6412-1 – R. 6412-7

TITRE II	MISE EN ŒUVRE DE LA VALIDATION DES ACQUIS DE L'EXPÉRIENCE..................................	**L. 6421-1 – L. 6423-3** **R. 6422-1 – R. 6422-12**
CHAPITRE I	Garanties..	L. 6421-1 – L. 6421-4
CHAPITRE I *[abrogé]*	Garanties..	Néant
CHAPITRE II	Dispositions générales de mise en œuvre	L. 6422-1 – L. 6422-6 *[abrogé]* R. 6422-1 – R. 6422-12
SECTION 1	*Congé de validation des acquis de l'expérience*...............	L. 6422-1 – L. 6422-2
SECTION 1	*Congé pour validation des acquis de l'expérience*	R. 6422-1 – R. 6422-7
SECTION 2	*Rémunération*	L. 6422-3
SECTION 2	*Rémunération et protection sociale*	D. 6422-8 – R. 6422-8-1
SECTION 3	*Conditions de prise en charge et rémunération*	L. 6422-4 – L. 6422-5
SECTION 3	*Conditions de prise en charge des frais de procédure et d'accompagnement et conventionnement*	R. 6422-9 *[abrogé]* – R. 6422-12
SECTION 4 *[abrogée]*	*Dispositions d'application*	L. 6422-6 *[abrogé]*
CHAPITRE III	Accompagnement à la validation des acquis de l'expérience...	L. 6423-1 *[abrogé]* – L. 6423-3
CHAPITRE III *[abrogé]*	Accompagnement des candidats à la validation des acquis de l'expérience et suivi statistique..................	Néant

LIVRE V
DISPOSITIONS RELATIVES À L'OUTRE-MER

		L. 6511-1 – L. 6523-7 **R. 6511-1 – R. 6523-28** ***[abrogé]***
TITRE I	DISPOSITIONS GÉNÉRALES............................	**L. 6511-1** **R. 6511-1**
CHAPITRE UNIQUE	....	L. 6511-1
TITRE II	GUADELOUPE, GUYANE, MARTINIQUE, MAYOTTE, LA RÉUNION, SAINT-BARTHÉLEMY, SAINT-MARTIN ET SAINT-PIERRE-ET-MIQUELON...........................	**L. 6521-1 – L. 6523-7** **R. 6521-1** *[abrogé]* – **R. 6523-28** *[abrogé]*
CHAPITRE I	Dispositions générales..	L. 6521-1 – L. 6521-3

CHAPITRE I *[abrogé]*	Dispositions générales	R. 6521-1 – D. 6521-17 *[abrogés]*
SECTION 2 *[abrogée]*	*Saint-Barthélemy, Saint-Martin et Saint-Pierre-et-Miquelon*	D. 6521-15 – D. 6521-17 *[abrogés]*
CHAPITRE II	Dispositions spécifiques à l'apprentissage	L. 6522-1 – L. 6522-6 D. 6522-1 – R. 6522-4 *[abrogé]*
CHAPITRE III	La formation professionnelle	L. 6523-1 – L. 6523-7
SECTION 1	*Financement de la formation professionnelle*	L. 6523-1 – L. 6523-2-4
SECTION 2	*Parrainage*	L. 6523-3 – L. 6523-5
SECTION 2 BIS	*Autres dispositifs*	L. 6523-5-1 – L. 6523-5-3 *[abrogé]*
SECTION 3	*Stagiaire de la formation professionnelle*	L. 6523-6
SECTION 3 BIS	*Comité régional de l'emploi, de la formation et de l'orientation professionnelles*	L. 6523-6-1
SECTION 3 TER *[abrogée]*	*Comité paritaire interprofessionnel régional pour l'emploi et la formation*	L. 6523-6-2 – L. 6523-6-3 *[abrogés]*
SECTION 4	*Dispositions d'adaptation*	L. 6523-7
CHAPITRE III	Formation professionnelle	R. 6523-1 – R. 6523-28 *[abrogé]*
SECTION 1	*Dispositions générales*	R. 6523-1
SECTION 2	*Financement de la formation professionnelle*	R. 6523-2 – R. 6523-2-20
SECTION 3	*Parrainage*	R. 6523-3 – D. 6523-9
SECTION 4	*Stagiaire de la formation professionnelle*	R. 6523-10 – D. 6523-14-6
SECTION 5	*Comité régional de l'emploi, de la formation et de l'orientation professionnelles*	R. 6523-15 – R. 6523-28 *[abrogé]*

SEPTIÈME PARTIE

DISPOSITIONS PARTICULIÈRES À CERTAINES PROFESSIONS ET ACTIVITÉS

L. 7111-1 – L. 7521-1
R. 7111-1 – R. 7524-2

LIVRE I

JOURNALISTES PROFESSIONNELS, PROFESSIONS DU SPECTACLE, DE L'AUDIOVISUEL, DE LA PUBLICITÉ ET DE LA MODE

L. 7111-1 – L. 7124-35
R. 7111-1 – R. 7124-38

TITRE I	JOURNALISTES PROFESSIONNELS	L. 7111-1 – L. 7114-1 R. 7111-1 – D. 7112-6

CHAPITRE I	Champ d'application et définitions	L. 7111-1 – L. 7111-11 R. 7111-1 – R. 7111-35
SECTION 1	Champ d'application	L. 7111-1 – L. 7111-2
SECTION 1	Carte d'identité professionnelle	R. 7111-1 – R. 7111-17
SECTION 2	Définitions	L. 7111-3 – L. 7111-5-2
SECTION 2	Commission de la carte d'identité des journalistes professionnels	R. 7111-18 – R. 7111-35
SECTION 3	Carte d'identité professionnelle	L. 7111-6
SECTION 4	Représentation professionnelle	L. 7111-7 – L. 7111-11
CHAPITRE II	Contrat de travail	L. 7112-1 – L. 7112-5 D. 7112-1 – D. 7112-6
SECTION 1	Présomption de salariat	L. 7112-1
SECTION 2	Rupture du contrat	L. 7112-2 – L. 7112-5
CHAPITRE III	Rémunération	L. 7113-1 – L. 7113-4
CHAPITRE IV	Dispositions pénales	L. 7114-1
TITRE II	**PROFESSIONS DU SPECTACLE, DE L'AUDIOVISUEL, DE LA PUBLICITÉ ET DE LA MODE**	**L. 7121-1 – L. 7124-35** **R. 7121-1 – R. 7124-38**
CHAPITRE I	Artistes du spectacle	L. 7121-1 – L. 7121-17 R. 7121-1 – R. 7121-52
SECTION 1	Champ d'application	L. 7121-1
SECTION 1	Agents artistiques	R. 7121-1 – D. 7121-8
SECTION 2	Définitions	L. 7121-2
SECTION 2	Congés payés	D. 7121-28 – D. 7121-49
SECTION 3	Contrat de travail	L. 7121-3 – L. 7121-7-1
SECTION 3	Dispositions pénales	R. 7121-50 [abrogé] – R. 7121-52
SECTION 4	Rémunération	L. 7121-8
SECTION 5	Placement	L. 7121-9 – L. 7121-14
SECTION 6	Dispositions pénales	L. 7121-15 – L. 7121-17
CHAPITRE II	Entreprises de spectacles vivants	L. 7122-1 – L. 7122-28 D. 7122-1 – R. 7122-29
SECTION 1	Activité d'entrepreneur de spectacles vivants	L. 7122-1 – L. 7122-18 D. 7122-1 – R. 7122-12
SECTION 2	Exercice de l'activité d'entrepreneur de spectacles vivants à titre accessoire	L. 7122-19 – L. 7122-20
SECTION 2	Activité d'entrepreneur de spectacles vivants à titre accessoire	R. 7122-13
SECTION 3	Guichet unique pour le spectacle vivant	L. 7122-22 – L. 7122-28 R. 7122-14 – R. 7122-25
SECTION 4	Sanctions administratives	R. 7122-26 – R. 7122-29

CHAPITRE III	Mannequins et agences de mannequins	L. 7123-1 – L. 7123-32 R. 7123-1 – R. 7123-41
SECTION 1	*Mannequins*	L. 7123-1 – L. 7123-10 R. 7123-1 – R. 7123-3
SECTION 2	*Agences de mannequins*	L. 7123-11 – L. 7123-22
SECTION 2	*Suivi de l'état de santé des mannequins en milieu de travail*	R. 7123-4 – R. 7123-7
SECTION 3	*Dispositions d'application*	L. 7123-23
SECTION 3	*Agences de mannequins*	R. 7123-8 – R. 7123-41
SECTION 4	*Dispositions pénales*	L. 7123-24 – L. 7123-32
CHAPITRE IV	Enfants dans le spectacle, l'audiovisuel, les professions ambulantes, la publicité et la mode	L. 7124-1 – L. 7124-35
CHAPITRE IV	Enfants dans le spectacle, les professions ambulantes, l'audiovisuel, la publicité et la mode	R. 7124-1 – R. 7124-38
SECTION 1	*Autorisation individuelle*	L. 7124-1 – L. 7124-3 R. 7124-1 – R. 7124-7
SECTION 2	*Dérogations pour l'emploi d'enfants par des personnes agréées*	L. 7124-4 – L. 7124-5 R. 7124-8 – R. 7124-19-6
SECTION 3	*Conditions de travail des enfants*	L. 7124-6 – L. 7124-12
SECTION 3	*Dispositions communes*	R. 7124-20 – R. 7124-26
SECTION 4	*Interdictions*	L. 7124-13 – L. 7124-20
SECTION 4	*Conditions de travail des enfants*	R. 7124-27 – R. 7124-37
SECTION 5	*Dispositions d'application*	L. 7124-21
SECTION 5	*Contrôle*	R. 7124-38
SECTION 6	*Dispositions pénales*	L. 7124-22 – L. 7124-35

LIVRE II

CONCIERGES ET EMPLOYÉS D'IMMEUBLES À USAGE D'HABITATION, EMPLOYÉS DE MAISON ET SERVICES À LA PERSONNE

L. 7211-1 – L. 7234-1
R. 7212-1 – R. 7233-12

TITRE I	**CONCIERGES ET EMPLOYÉS D'IMMEUBLES À USAGE D'HABITATION**	**L. 7211-1 – L. 7215-1** **R. 7212-1 – R. 7216-9** *[abrogé]*
CHAPITRE I	Dispositions générales	L. 7211-1 – L. 7211-4
SECTION 1	*Champ d'application et définitions*	L. 7211-1 – L. 7211-3
SECTION 2	*Dispositions d'application*	L. 7211-4
CHAPITRE II	Contrat de travail	L. 7212-1 – L. 7212-2 R. 7212-1

CHAPITRE III	Congés payés	L. 7213-1 – L. 7213-7 R. 7213-1 – R. 7213-14
SECTION 1	*Droit au congé*	R. 7213-1 – R. 7213-3
SECTION 2	*Durée du congé*	R. 7213-4 – R. 7213-6
SECTION 3	*Prise des congés*	R. 7213-7 – R. 7213-8
SECTION 4	*Indemnité de congés payés*	R. 7213-9 – R. 7213-12
SECTION 5	*Interdictions*	R. 7213-13 – R. 7213-14
CHAPITRE IV	Surveillance médicale	L. 7214-1 *[abrogé]* R. 7214-1 – R. 7214-21
SECTION 1	*Services de santé au travail*	R. 7214-1 – R. 7214-8
SECTION 2	*Objet de la surveillance et examens médicaux*	R. 7214-9 – R. 7214-16 *[abrogés]*
SECTION 3	*Documents et rapports*	R. 7214-17 *[abrogé]* – R. 7214-21
CHAPITRE V	Litiges	L. 7215-1 R. 7215-1 – R. 7215-3 *[abrogés]*
CHAPITRE VI	Dispositions pénales	Néant
CHAPITRE VI *[abrogé]*	Dispositions pénales	R. 7216-1 – R. 7216-9 *[abrogés]*
TITRE II	**EMPLOYÉS À DOMICILE PAR DES PARTICULIERS EMPLOYEURS**	**L. 7221-1 – L. 7221-2**
CHAPITRE I	Dispositions générales	L. 7221-1 – L. 7221-2
TITRE II	**EMPLOYÉS DE MAISON**	**R. 7221-1 – R. 7222-1**
CHAPITRE I	Dispositions générales	R. 7221-1 – R. 7221-2
CHAPITRE II	Dispositions pénales	R. 7222-1
TITRE III	**ACTIVITÉS DE SERVICES À LA PERSONNE**	**L. 7231-1 – L. 7234-1** **D. 7231-1 – R. 7233-12**
CHAPITRE I	Champ d'application	L. 7231-1 – L. 7231-2 D. 7231-1 – D. 7231-2 *[abrogé]*
CHAPITRE II	Déclaration et agrément des organismes et mise en œuvre des activités	L. 7232-1 – L. 7232-9
SECTION 1	*Déclaration et agrément des organismes*	L. 7232-1 – L. 7232-5 *[abrogé]*
SECTION 2	*Mise en œuvre des activités*	L. 7232-6
SECTION 3	*Dispositions d'application*	L. 7232-7 – L. 7232-9
CHAPITRE II	Agrément et déclaration des personnes morales et entrepreneurs individuels	R. 7232-1 – R. 7232-22
SECTION 1	*Demande d'agrément*	R. 7232-1 – R. 7232-3

SECTION 2	Délivrance de l'agrément	R. 7232-4 – R. 7232-11
SECTION 3	Retrait d'agrément	R. 7232-12 – R. 7232-15
SECTION 4	Déclaration, enregistrement d'activité et retrait de l'enregistrement	R. 7232-16 – R. 7232-22
CHAPITRE III	Dispositions financières	L. 7233-1 – L. 7233-9 D. 7233-1 – R. 7233-12
SECTION 1	Frais de gestion et mesures fiscales et sociales	L. 7233-1 – L. 7233-3 *[abrogé]*
SECTION 1	Facturation des services	D. 7233-1 – D. 7233-4
SECTION 2	Aide financière en faveur des salariés, du chef d'entreprise ou des dirigeants sociaux	L. 7233-4 – L. 7233-9
SECTION 2	Mesures fiscales	D. 7233-5
SECTION 3	Aide financière en faveur des salariés, du chef d'entreprise ou des dirigeants sociaux	D. 7233-6 – R. 7233-12
CHAPITRE IV	Agence nationale des services à la personne	L. 7234-1

LIVRE III

VOYAGEURS, REPRÉSENTANTS OU PLACIERS, GÉRANTS DE SUCCURSALES, ENTREPRENEURS SALARIÉS ASSOCIÉS D'UNE COOPÉRATIVE D'ACTIVITÉ ET D'EMPLOI ET TRAVAILLEURS UTILISANT UNE PLATEFORME DE MISE EN RELATION PAR VOIE ÉLECTRONIQUE

L. 7311-1 – L. 7345-12
D. 7312-1 *[abrogé]* –
R. 7345-24

TITRE I	**VOYAGEURS, REPRÉSENTANTS ET PLACIERS**	**L. 7311-1 – L. 7313-18** **D. 7312-1 *[abrogé]* –** **D. 7313-1**
CHAPITRE I	Champ d'application et définitions	L. 7311-1 – L. 7311-3
SECTION 1	Champ d'application	L. 7311-1 – L. 7311-2
SECTION 2	Définitions	L. 7311-3
CHAPITRE II	Accès à la profession	L. 7312-1 D. 7312-1 – D. 7312-25 *[abrogés]*
CHAPITRE III	Contrat de travail	L. 7313-1 – L. 7313-18 D. 7313-1
SECTION 1	Présomption de salariat	L. 7313-1 – L. 7313-4
SECTION 2	Conclusion et exécution du contrat de travail	L. 7313-5 – L. 7313-6
SECTION 3	Rémunération et congés	L. 7313-7 – L. 7313-8
SECTION 4	Rupture du contrat de travail	L. 7313-9 – L. 7313-17
SECTION 5	Litiges	L. 7313-18

CHAPITRE IV	Dispositions pénales	Néant
TITRE II	**GÉRANTS DE SUCCURSALES**	L. 7321-1 – L. 7322-6 D. 7322-1
CHAPITRE I	Dispositions générales	L. 7321-1 – L. 7321-5
CHAPITRE II	Gérants non salariés des succursales de commerce de détail alimentaire	L. 7322-1 – L. 7322-6 D. 7322-1
TITRE III	**ENTREPRENEURS SALARIÉS ASSOCIÉS D'UNE COOPÉRATIVE D'ACTIVITÉ ET D'EMPLOI**	L. 7331-1 – L. 7332-7 R. 7331-1 – R. 7331-12
CHAPITRE I	Dispositions générales	L. 7331-1 – L. 7331-3
SECTION 1	*Champ d'application*	L. 7331-1
SECTION 2	*Principes*	L. 7331-2 – L. 7331-3
CHAPITRE I	Organisation des coopératives d'activité et d'emploi	R. 7331-1 – R. 7331-10
CHAPITRE II	Mise en œuvre	L. 7332-1 – L. 7332-7
CHAPITRE II	Détermination de la rémunération de l'entrepreneur salarié d'une coopérative d'activité et d'emploi	R. 7331-11 – R. 7331-12
TITRE IV	**TRAVAILLEURS UTILISANT UNE PLATEFORME DE MISE EN RELATION PAR VOIE ÉLECTRONIQUE**	L. 7341-1 – L. 7345-12 D. 7342-1 – R. 7345-24
CHAPITRE I	Champ d'application	L. 7341-1
CHAPITRE II	Responsabilité sociale des plateformes	L. 7342-1 – L. 7342-11 D. 7342-1 – R. 7342-18
SECTION 1	*Dispositions communes*	L. 7342-1 – L. 7342-7 D. 7342-1 – D. 7342-6
SECTION 2	*Dispositions particulières*	L. 7342-8 – L. 7342-11 D. 7342-7 – R. 7342-18
CHAPITRE III	Dialogue social de secteur	L. 7343-1 – L. 7343-59
CHAPITRE III	Dialogue social du secteur	R. 7343-1 – R. 7343-110
SECTION 1	*Champ d'application*	L. 7343-1
SECTION 1	*Organisation du scrutin servant à mesurer l'audience des organisations représentant les travailleurs des plateformes*	R. 7343-1 – R. 7343-60
SECTION 2	*Représentation des travailleurs indépendants recourant aux plateformes*	L. 7343-2 – L. 7343-20

SECTION 2	Représentants des travailleurs indépendants recourant aux plateformes	D. 7343-61 – D. 7343-78
SECTION 3	Représentation des plateformes faisant appel à des travailleurs indépendants	L. 7343-21 – L. 7343-26 R. 7343-79 – D. 7343-88
SECTION 4	Organisation du dialogue social et de la négociation de secteur	L. 7343-27 – L. 7343-53 R. 7343-89 – R. 7343-95
SECTION 5	Commission de négociation	L. 7343-54 – L. 7343-55 D. 7343-96 – D. 7343-99
SECTION 6	Expertise	L. 7343-56 – L. 7343-59 R. 7343-100 – R. 7343-110
CHAPITRE IV	Dialogue social de plateforme	Néant
CHAPITRE V	Autorité des relations sociales des plateformes d'emploi	L. 7345-1 – L. 7345-12 R. 7345-1 – R. 7345-24
SECTION 1	Missions	L. 7345-1
SECTION 1	Organisation et fonctionnement	R. 7345-1 – R. 7345-15
SECTION 2	Composition, organisation et fonctionnement	L. 7345-2 – L. 7345-6
SECTION 2	Régime financier et comptable	R. 7345-16 – R. 7345-19
SECTION 3	Médiation	L. 7345-7 – L. 7345-12 R. 7345-20 – R. 7345-24

LIVRE IV
TRAVAILLEURS À DOMICILE

L. 7411-1 – L. 7424-4
[abrogé]
R. 7413-1 – R. 7424-2

TITRE I	**DISPOSITIONS GÉNÉRALES**	**L. 7411-1 – L. 7413-4** **R. 7413-1 – R. 7413-5**
CHAPITRE I	Champ d'application et dispositions d'application	L. 7411-1 – L. 7411-2
CHAPITRE II	Définitions	L. 7412-1 – L. 7412-3
CHAPITRE III	Mise en œuvre	L. 7413-1 – L. 7413-4 R. 7413-1 – R. 7413-5
SECTION 1	Comptabilité	R. 7413-1 – R. 7413-3
SECTION 2	Rupture du contrat de travail	R. 7413-4
SECTION 3	Dispositions pénales	R. 7413-5
TITRE II	**RÉMUNÉRATION ET CONDITIONS DE TRAVAIL**	**L. 7421-1 – L. 7424-4** **[abrogé]** **R. 7421-1 – R. 7424-2**

CHAPITRE I	Fourniture et livraison des travaux	L. 7421-1 – L. 7421-2 R. 7421-1 – R. 7421-4
SECTION 1	*Bulletin et carnet de travail*	R. 7421-1 – R. 7421-3
SECTION 2	*Dispositions pénales*	R. 7421-4
CHAPITRE II	Conditions de rémunération	L. 7422-1 – L. 7422-12 R. 7422-1 – R. 7422-17
SECTION 1	*Salaires*	L. 7422-1 – L. 7422-10
SECTION 1	*Détermination des temps d'exécution*	R. 7422-1 – R. 7422-6
SECTION 2	*Frais d'atelier et frais accessoires*	L. 7422-11 – L. 7422-12
SECTION 2	*Détermination du salaire*	R. 7422-7 – R. 7422-9
SECTION 3	*Majorations*	R. 7422-10 – R. 7422-11
SECTION 4	*Affichages*	R. 7422-12 – R. 7422-13
SECTION 5	*Dispositions pénales*	R. 7422-14 – R. 7422-17
CHAPITRE III	Règlement des litiges	L. 7423-1 – L. 7423-2 R. 7423-1 – R. 7423-2
CHAPITRE IV	Santé et sécurité au travail	L. 7424-1 – L. 7424-4 *[abrogé]* R. 7424-1 – R. 7424-2

LIVRE V

DISPOSITIONS RELATIVES À L'OUTRE-MER

L. 7511-1 – L. 7521-1
D. 7522-1 – R. 7524-2

TITRE I	DISPOSITIONS GÉNÉRALES	**L. 7511-1**
CHAPITRE UNIQUE		L. 7511-1
TITRE II	GUADELOUPE, GUYANE, MARTINIQUE, MAYOTTE, LA RÉUNION, SAINT-BARTHÉLEMY, SAINT-MARTIN ET SAINT-PIERRE-ET-MIQUELON	**L. 7521-1** **D. 7522-1 – R. 7524-2**
CHAPITRE I	Dispositions générales	L. 7521-1
CHAPITRE II	Journalistes professionnels	D. 7522-1
CHAPITRE III	Professions du spectacle, de la publicité et de la mode	R. 7523-1 – R. 7523-2
CHAPITRE IV	Concierges et employés d'immeubles à usage d'habitation, employés de maison et services à la personne	R. 7524-1 – R. 7524-2

HUITIÈME PARTIE
CONTRÔLE DE L'APPLICATION DE LA LÉGISLATION DU TRAVAIL

L. 8112-1 – L. 8331-1
R. 8111-1 – R. 8323-1

LIVRE I
INSPECTION DU TRAVAIL

L. 8112-1 – L. 8124-1
R. 8111-1 – R. 8124-33

TITRE I	COMPÉTENCES ET MOYENS D'INTERVENTION	**L. 8112-1 – L. 8115-8** **R. 8111-1 – R. 8115-10**
CHAPITRE I	Répartition des compétences entre les différents départements ministériels	R. 8111-1 – R. 8111-12
SECTION 1	Inspection du travail dans l'industrie, les commerces et les services, les professions agricoles et le secteur des transports	R. 8111-1
SECTION 2	Inspection du travail dans les mines et carrières	R. 8111-8 – R. 8111-9
SECTION 3	Inspection du travail dans les industries électriques et gazières	R. 8111-10 *[abrogé]* – R. 8111-11
SECTION 4	Inspection du travail dans les établissements de la défense	R. 8111-12
CHAPITRE II	Compétence des agents de contrôle de l'inspection du travail	L. 8112-1 – L. 8112-3
CHAPITRE II	Compétences des agents	R. 8112-1 – R. 8112-6
CHAPITRE III	Prérogatives et moyens d'intervention	L. 8113-1 – L. 8113-11 R. 8113-1 – D. 8113-9
SECTION 1	Droit d'entrée dans les établissements et dans les locaux affectés à l'hébergement	L. 8113-1 – L. 8113-2-1
SECTION 1	Information sur les lieux de travail à caractère temporaire	R. 8113-1
SECTION 2	Droit de prélèvement	L. 8113-3
SECTION 2	Accès aux documents	D. 8113-2 – R. 8113-3-3
SECTION 3	Accès aux documents	L. 8113-4 – L. 8113-6
SECTION 3	Mises en demeure et demandes de vérification	R. 8113-4 – R. 8113-5
SECTION 4	Recherche et constatation des infractions ou des manquements	L. 8113-7 – L. 8113-9
SECTION 4	Constats dans les établissements de l'État, les collectivités territoriales et leurs établissements publics administratifs	R. 8113-6 – R. 8113-8
SECTION 5	Secret professionnel	L. 8113-10 – L. 8113-11

SECTION 5	Prestation de serment	D. 8113-9
CHAPITRE IV	Dispositions pénales	L. 8114-1 – L. 8114-8 R. 8114-1 – R. 8114-6
SECTION 1	Obstacles et outrages	L. 8114-1 – L. 8114-3
SECTION 1	Contraventions	R. 8114-1 – R. 8114-2
SECTION 2	Transaction pénale	L. 8114-4 – L. 8114-8 R. 8114-3 – R. 8114-6
CHAPITRE V	Amendes administratives	L. 8115-1 – L. 8115-8
CHAPITRE V	Sanctions administratives	R. 8115-1 – R. 8115-10
SECTION 1	Dispositions générales	R. 8115-1 – R. 8115-4
SECTION 2	Dispositions particulières	R. 8115-5 – R. 8115-10
TITRE II	**SYSTÈME D'INSPECTION DU TRAVAIL**	**L. 8121-1 – L. 8124-1** **D. 8121-1 – R. 8124-33**
CHAPITRE I	Échelon central	L. 8121-1 D. 8121-1 – R. 8121-15
SECTION 1	Conseil national de l'inspection du travail	D. 8121-1 – D. 8121-12
SECTION 2	Direction générale du travail	R. 8121-13 – R. 8121-14
SECTION 3	Groupe national de veille, d'appui et de contrôle	R. 8121-15
CHAPITRE II	Services déconcentrés	R. 8122-1 – R. 8122-11
CHAPITRE III	Appui à l'inspection du travail	L. 8123-1 – L. 8123-6 R. 8123-1 – R. 8123-9
SECTION 1	Médecin inspecteur du travail	L. 8123-1 – L. 8123-3 R. 8123-1 – R. 8123-7
SECTION 2	Ingénieurs de prévention	L. 8123-4 – L. 8123-5
SECTION 2	Missions spéciales temporaires confiées à des médecins et ingénieurs	R. 8123-8 – R. 8123-9
SECTION 3	Missions spéciales temporaires confiées à des médecins et ingénieurs	L. 8123-6
CHAPITRE IV	De la déontologie des agents du système d'inspection du travail	L. 8124-1 R. 8124-1 – R. 8124-33
SECTION 1	Cadre général d'exercice des missions du service public de l'inspection du travail	R. 8124-2 – R. 8124-4
SECTION 2	Droits et devoirs respectifs de la hiérarchie et des agents placés sous son Autorité	R. 8124-5 – R. 8124-13
SECTION 3	Droits et devoirs envers chaque usager du service public de l'inspection du travail	R. 8124-14 – R. 8124-29
SECTION 4	Respect du code de déontologie	R. 8124-30 – R. 8124-33

LIVRE II
LUTTE CONTRE LE TRAVAIL ILLÉGAL

L. 8211-1 – L. 8291-3
R. 8211-1 – R. 8295-3

TITRE I	**DÉFINITION**	**L. 8211-1**
CHAPITRE UNIQUE		L. 8211-1
TITRE I	**DISPOSITIONS GÉNÉRALES**	**R. 8211-1 – R. 8211-8**
CHAPITRE UNIQUE	Dispositions relatives à la publication des décisions pénales	R. 8211-1 – R. 8211-8
TITRE II	**TRAVAIL DISSIMULÉ**	**L. 8221-1 – L. 8224-6** **R. 8221-1 – R. 8224-1**
CHAPITRE I	Interdictions	L. 8221-1 – L. 8221-8 R. 8221-1 – R. 8221-3
SECTION 1	Dispositions générales	L. 8221-1 – L. 8221-2
SECTION 1	Travail dissimulé par dissimulation d'activité	R. 8221-1
SECTION 2	Travail dissimulé par dissimulation d'activité	L. 8221-3 – L. 8221-4
SECTION 2	Travail dissimulé par dissimulation d'emploi salarié	R. 8221-2
SECTION 3	Travail dissimulé par dissimulation d'emploi salarié	L. 8221-5 – L. 8221-6-1
SECTION 3	Règles applicables à la diffusion d'annonce	R. 8221-3
SECTION 4	Règles applicables à la diffusion d'annonces	L. 8221-7
SECTION 5	Dispositions d'application	L. 8221-8
CHAPITRE II	Obligations et solidarité financière des donneurs d'ordre et des maîtres d'ouvrage	L. 8222-1 – L. 8222-7 R. 8222-1 – D. 8222-8
SECTION 1	Dispositions communes	R. 8222-1 – R. 8222-3
SECTION 2	Cocontractant établi en France	D. 8222-4 – D. 8222-5
SECTION 3	Cocontractant établi à l'étranger	D. 8222-6 – D. 8222-8
CHAPITRE III	Droits des salariés et actions en justice	L. 8223-1 – L. 8223-4 D. 8223-1 – D. 8223-4
SECTION 1	Droits des salariés	L. 8223-1 – L. 8223-3
SECTION 2	Actions en justice	L. 8223-4
CHAPITRE IV	Dispositions pénales	L. 8224-1 – L. 8224-6 R. 8224-1
TITRE III	**MARCHANDAGE**	**L. 8231-1 – L. 8234-3** **D. 8232-1 – R. 8234-1**
CHAPITRE I	Interdiction	L. 8231-1

CHAPITRE II	Obligations et solidarité financière du donneur d'ordre...	L. 8232-1 – L. 8232-3 D. 8232-1
CHAPITRE III	Actions en justice...	L. 8233-1 D. 8233-1 – D. 8233-2
CHAPITRE IV	Dispositions pénales	L. 8234-1 – L. 8234-3 R. 8234-1
TITRE IV	**PRÊT ILLICITE DE MAIN-D'ŒUVRE**	**L. 8241-1 – L. 8243-3** **R. 8241-1 – R. 8242-2**
CHAPITRE I	Interdiction...	L. 8241-1 – L. 8241-3
CHAPITRE I	Prêt de main-d'œuvre réalisé sur le fondement de l'article L. 8241-3..	R. 8241-1 – R. 8241-2
CHAPITRE II	Actions en justice...	L. 8242-1 R. 8242-1 – R. 8242-2
CHAPITRE III	Dispositions pénales	L. 8243-1 – L. 8243-3
TITRE V	**EMPLOI D'ÉTRANGERS SANS TITRE DE TRAVAIL**..	**L. 8251-1 – L. 8256-8**
TITRE V	**EMPLOI D'ÉTRANGERS NON AUTORISÉS À TRAVAILLER**...	**R. 8252-1 – R. 8256-1**
CHAPITRE I	Interdictions...	L. 8251-1 – L. 8251-2
CHAPITRE II	Droits du salarié étranger.....................................	L. 8252-1 – L. 8252-4 R. 8252-1 – R. 8252-13
SECTION 1	Information des étrangers non autorisés à travailler au regard de leurs droits	R. 8252-1
SECTION 2	Le document d'information	R. 8252-2
SECTION 3	Modalités de paiement, de recouvrement et de versement des salaires et indemnités dus au salarié étranger non autorisé à travailler	R. 8252-4 – R. 8252-13
CHAPITRE III	Amende administrative...	L. 8253-1 – L. 8253-7
CHAPITRE III	Contribution spéciale	R. 8253-1 – R. 8253-4
CHAPITRE IV	Solidarité financière du donneur d'ordre...............	L. 8254-1 – L. 8254-4 D. 8254-1 – D. 8254-14
SECTION 1	Vérifications préalables	D. 8254-1 – D. 8254-6
SECTION 2	Méconnaissance de l'obligation	D. 8254-7 – D. 8254-14
CHAPITRE V	Actions en justice...	L. 8255-1 D. 8255-1
CHAPITRE VI	Dispositions pénales	L. 8256-1 – L. 8256-8 R. 8256-1

TABLE DES MATIÈRES

TITRE VI	**CUMULS IRRÉGULIERS D'EMPLOIS**	**L. 8261-1 – L. 8261-3** **D. 8261-1 – R. 8262-2**
CHAPITRE I	Interdictions et dérogations...............................	L. 8261-1 – L. 8261-3 D. 8261-1 – D. 8261-2
SECTION 1	*Interdictions*..	L. 8261-1 – L. 8261-2
SECTION 2	*Dérogations*..	L. 8261-3
CHAPITRE II	Dispositions pénales	R. 8262-1 – R. 8262-2
TITRE VII	**CONTRÔLE DU TRAVAIL ILLÉGAL**................	**L. 8271-1 – L. 8272-5** **D. 8271-1 – D. 8273-25** ***[abrogé]***
CHAPITRE I	Compétence des agents.....................................	L. 8271-1 – L. 8271-20 D. 8271-1
SECTION 1	*Dispositions communes*	L. 8271-1 – L. 8271-6-5
SECTION 2	*Travail dissimulé*	L. 8271-7 – L. 8271-12
SECTION 3	*Marchandage*	L. 8271-14 – L. 8271-15
SECTION 4	*Prêt illicite de main-d'œuvre*............................	L. 8271-16
SECTION 5	*Emploi d'étrangers non autorisés à travailler*	L. 8271-17 – L. 8271-19
SECTION 6	*Dispositions d'application*	L. 8271-20
SECTION UNIQUE	*Cumuls irréguliers d'emplois*	D. 8271-1
CHAPITRE II	Sanctions administratives.................................	L. 8272-1 – L. 8272-5 D. 8272-1 – R. 8272-11
SECTION 1	*Refus d'attribution et remboursement des aides publiques*	D. 8272-1 – D. 8272-6
SECTION 2	*Dispositions relatives à la fermeture administrative et à l'exclusion des contrats administratifs mentionnés aux articles L. 551-1 et L. 551-5 du code de justice administrative*	R. 8272-7 – R. 8272-11
CHAPITRE III	Coordination interministérielle de la lutte contre le travail illégal	D. 8273-1 – D. 8273-25 *[abrogés]*
TITRE VIII	**VIGILANCE DU DONNEUR D'ORDRE EN MATIÈRE D'APPLICATION DE LA LÉGISLATION DU TRAVAIL**	**L. 8281-1**
CHAPITRE UNIQUE	Obligation de vigilance et responsabilité du donneur d'ordre..	L. 8281-1
TITRE VIII	**OBLIGATION DU DONNEUR D'ORDRE EN MATIÈRE D'APPLICATION DE LA LÉGISLATION DU TRAVAIL**	**R. 8281-1 – R. 8282-1**
CHAPITRE I	Obligation de vigilance et responsabilité du donneur d'ordre..	R. 8281-1 – R. 8281-4

CHAPITRE II	Dispositions pénales	R. 8282-1

TITRE IX — DÉCLARATION ET CARTE D'IDENTIFICATION PROFESSIONNELLE DES SALARIÉS DU BÂTIMENT ET DES TRAVAUX PUBLICS .... L. 8291-1 – L. 8291-3

CHAPITRE UNIQUE		L. 8291-1 – L. 8291-3

TITRE IX — CARTE D'IDENTIFICATION PROFESSIONNELLE DES SALARIÉS DU BÂTIMENT ET DES TRAVAUX PUBLICS .... R. 8291-1 – R. 8295-3

CHAPITRE I	Dispositions générales	R. 8291-1 – R. 8291-6
SECTION 1	*Champ d'application*	R. 8291-1 – R. 8291-1-1
SECTION 2	*Dispositions relatives à l'organisme national chargé de la gestion de la carte d'identification professionnelle des salariés du bâtiment et des travaux publics*	R. 8291-2 – R. 8291-6
CHAPITRE II	Dispositions relatives à la carte d'identification professionnelle	R. 8292-1 – R. 8292-4
CHAPITRE III	Déclaration des salariés et paiement de la carte	R. 8293-1 – R. 8293-6
SECTION 1	*Employeurs établis en France*	R. 8293-1
SECTION 2	*Réglementation applicable*	R. 8293-2 – R. 8293-4
SECTION 3	*Modalités de déclaration des salariés et de paiement de la carte*	R. 8293-5 – R. 8293-6
CHAPITRE IV	Modalités de délivrance de la carte d'identification professionnelle	R. 8294-1 – R. 8294-7
CHAPITRE IV BIS	Document d'information du salarié détaché	R. 8294-8
CHAPITRE V	Système automatisé d'information de la carte d'identification professionnelle	R. 8295-1 – R. 8295-3
SECTION 1	*Caractéristiques générales*	R. 8295-1 – R. 8295-2
SECTION 2	*Actualisation des données*	R. 8295-3

LIVRE III
DISPOSITIONS RELATIVES À L'OUTRE-MER

L. 8311-1 – L. 8331-1
D. 8322-1 – R. 8323-1

TITRE I — DISPOSITIONS GÉNÉRALES .... L. 8311-1

CHAPITRE UNIQUE		L. 8311-1

TABLE DES MATIÈRES

TITRE II	**GUADELOUPE, GUYANE, MARTINIQUE, MAYOTTE, LA RÉUNION, SAINT-BARTHÉLEMY, SAINT-MARTIN ET SAINT-PIERRE-ET-MIQUELON**	**L. 8321-1 – L. 8323-3 D. 8322-1 – R. 8323-1**
CHAPITRE I	Dispositions générales	L. 8321-1
CHAPITRE II	Inspection du travail	D. 8322-1 – R. 8322-2
SECTION 1	*Compétences et moyens d'intervention*	D. 8322-1
SECTION 2	*Systèmes d'inspection du travail*	R. 8322-2
CHAPITRE III	Lutte contre le travail illégal	L. 8323-1 – L. 8323-3 R. 8323-1
SECTION 1	*Travail dissimulé*	L. 8323-1 – L. 8323-1-2
SECTION 2	*Emploi d'étrangers sans titre de travail*	L. 8323-2 – L. 8323-3
TITRE III	**MESURES DE COORDINATION AVEC LES AUTRES COLLECTIVITÉS ULTRAMARINES**	**L. 8331-1**
CHAPITRE UNIQUE		L. 8331-1
TITRE III	**MESURES DE COORDINATION AVEC LES AUTRES COLLECTIVITÉS ULTRA-MARINES**	**Néant**

APPENDICE

I	CONVENTIONS RELATIVES AU TRAVAIL	p. 3185
A	Apprentissage	p. 3185
B	Contrat de travail	p. 3188
C	Conventions et accords collectifs	p. 3274
D	Salaires	p. 3277
E	Détachement	p. 3298
II	RÉGLEMENTATION DU TRAVAIL	p. 3302
A	Âge d'admission au travail	p. 3302
B	Durée du travail	p. 3305
C	Congés	p. 3331
D	Santé, hygiène et sécurité des travailleurs	p. 3334
E	Services de prévention et de santé au travail	p. 3353
F	Titres-restaurant	p. 3355

	G Versement transport	p. 3356
	H Infractions routières	p. 3360
	I Protection des données personnelles	p. 3361
III	**P**LACEMENT ET EMPLOI	p. 3362
	A Embauche et emploi	p. 3362
	1) Emploi	p. 3362
	2) Aides à l'embauche	p. 3412
	B Étrangers	p. 3428
	C Chômage	p. 3439
IV	**G**ROUPEMENTS PROFESSIONNELS, REPRÉSENTATION DES SALARIÉS, PARTICIPATION ET INTÉRESSEMENT	p. 3488
	A Syndicats professionnels	p. 3488
	B Comité social et économique	p. 3490
	C Intéressement. Participation. Actionnariat	p. 3491
	D Sociétés coopératives ouvrières	p. 3493
V	**C**ONFLITS DU TRAVAIL	p. 3493
VI	**O**RGANISMES ADMINISTRATIFS DU TRAVAIL	p. 3496
VII	**R**ÉGIMES SPÉCIAUX	p. 3498
	A Énergie	p. 3499
	B Mines	p. 3500
	C Télétravail	p. 3502
	D Bâtiment et travaux publics	p. 3512
	E Gens de mer	p. 3515
	F Sportif professionnel	p. 3515
	G Joueur professionnel salarié de jeu vidéo	p. 3515
	H Assistant maternel	p. 3516
	I Travail des personnes détenues	p. 3516
	J Transports	p. 3516
VIII	**F**ORMATION PROFESSIONNELLE	p. 3530
IX	**M**ESURES D'URGENCE SANITAIRE – COVID-19	p. 3538

CODE DU TRAVAIL

PREMIÈRE PARTIE : LÉGISLATIVE

(Ord. n° 2007-329 du 12 mars 2007 ; ratifiée par L. n° 2008-67 du 21 janv. 2008)

Entrée en vigueur le 1er mai 2008 (L. n° 2008-67 du 21 janv. 2008, art. 2-X).

BIBL. GÉN. ▶ **Recodification (2008) :** Barthélemy, *SSL* 2008, n° 1336, p. 7 (recodification du code du travail vue de l'intérieur). - Bernaud, *Dr. soc.* 2008. 424. - Casaux-Labrunée et Jeammaud, *RDT* 2009. Controverse 421 (évaluer le code du travail ? Évaluer le droit du travail ?). - Combrexelle, *RDT* 2007. 356 (une réponse adaptée à un besoin manifeste). - Combrexelle et Lanouzière, *Dr. soc.* 2007. 517 (enjeux de la recodification). - Dockès, *Dr. soc.* 2007. 388 (décodification du droit du travail). - Fabre et Grévy, *RDT* 2006. 362 (réflexions sur la recodification du droit du travail). - Flament et Sachs, *RDT.* 2010. Controverse. 489 (simplifier le droit du travail ?). - Grumbach, *Dr. ouvrier* 2009. 165 (le nouveau code du travail dans le contexte de la contre-réforme). - Jeammaud et Lyon-Caen, *RDT* 2007. 358 (ni indignité, ni excès d'honneur). - Radé, *Dr. soc.* 2006. 362 (recodifier le code du travail) ; *ibid.* 2007. 513 (le nouveau code du travail et la doctrine : l'art et la manière) ; *ibid.* 2009. 776 (principe d'interprétation constante du nouveau code du travail). - Robin-Olivier, *RDT* 2007. 89. - Valdès Dal Ré, *RDT* 2007. 72.

Numéro spécial Nouveau code du travail, *JCP S* 2008. 1265.

Numéro spécial Nouveau code du travail, Évaluation par les usagers et bilan des deux premières années d'application, *SSL* 2010, suppl. n° 1472.

▶ **Projet de réforme du code du travail (2015) :** Barthélemy, *RJS* 2/2016, p. 104 (hiérarchie des normes, fonction protectrice du droit du travail et sécurisation de l'emploi). - Boubli, *SSL* 2015, n° 1699, p. 6 (Dérégulation ou simplification ? une ambiguïté à lever). - Dumortier et Pécaut-Rivolier, *RDT* 2016. 79 (naissance des principes essentiels du droit du travail). - Masse-Dessen et Bélier, *RDT* 2015. 653 (quelle architecture normative dans le rapport « Combrexelle »). - Tournaux, *Dr. soc.* 2016. 680 (le code du travail et ses mues). - Véricel, *Dr. soc.* 2015. 833 (que faut-il entendre par simplification du droit du travail ?).

▶ **Dossier :** *Dr. soc.* 2016. 392 (première partie : trois rapports portant sur la réforme du droit du travail, projet portant sur un autre droit du temps de travail) ; *ibid.* 488 (propositions des juristes). - *SSL* 2015, n° 1691 (rapport Combrexelle) ; *ibid.* 2016, n° 1708 (rapports Badinter et Césaro) ; *ibid.* 2016 n° 1714, (avant-projet de loi travail).

▶ **Loi Travail (loi n° 2016-1088 du 8 août 2016).** Numéro spécial, *RDT* 2016. 742 s. ; Dossier, *Dr. soc.* 2016. 880 s.

▶ **Ordonnances de septembre 2017.** Numéro spécial, *RDT* 2017. 571 s. ; Dossier, *Dr. soc.* 2017. 993 s. et 2018. 4 s. - Géa, *RDT* 2017. 593 (les soubassements de la réforme). - Lokiec, *D.* 2017. 2109 (vers un nouveau droit du travail ?).

▶ **Principes de droit du travail :** Dupré, *RDT* 2016. 670 (le respect de la dignité humaine : principe essentiel du droit du travail). - Jeammaud, *SSL* 2016, n° 1701, p. 9 (des principes de droit du travail ?). - Rapport Badinter, *SSL* 2016, n° 1708 ; *ibid.* 2016, n° 1703.

▶ **L'ordre public en droit du travail :** RÉP. TRAV. v° Droit constitutionnel du travail, par Bauduin. - Canut, *Dr. soc.* 2016. 519 (l'ordonnancement des normes étatiques et des normes conventionnelles. À propos du projet de loi Travail). - Favennec-Héry, *JCP* 2017. 1126 (l'ordre public légal). - Radé, *Dr. soc.* 2002. 931 (l'ordre public et la renonciation du salarié). - Revet, L'ordre public à la fin du XXe siècle, *Dalloz* 1996. - Sachs, *RDT* 2017. 585 (l'ordre public en droit du travail : une notion dégradée). - Verkindt, *JCP S* 2017. 1137 (l'ordre public, clé de la refondation du droit du travail).

▶ **Accès au droit du travail :** Malfettes, *Dr. soc.* 2018. 802 (l'accès au droit (du travail) au cœur d'un paradoxe).

▶ **Question prioritaire de constitutionnalité :** Sur la question prioritaire de constitutionnalité applicable lorsqu'une disposition législative porte atteinte aux droits et libertés garantis par la Constitution, V. Ord. n° 58-1067 du 7 nov. 1958, art. 23-1 s. - **C. pr. adm., C. pr. civ.** - Akandji-Kombé et Mazars, *RDT 2010. 622* (la Cour de cassation filtre-t-elle trop ?). - Akandji-Kombé, *RDT 2010. 628* (QPC et droit social). - Bernaud, *Dr. soc. 2011. 141* ; *ibid. 1011* (vers un renouvellement du droit constitutionnel du travail par les « décisions QPC » ?) ; *ibid. 2012. 458* (faut-il (encore) soulever des QPC en droit du travail ?) ; *ibid. 2014. 317* (la QPC a-t-elle changé le visage du droit constitutionnel du travail ?). - Bugada, *JCP S 2011. 1265* (la QPC et le droit constitutionnel du contrat de travail). - Césaro, *JCP S 2011. 1266*. - Dutheillet de Lamothe, *JCP S 2012. 1050* (existe-t-il un droit constitutionnel du travail ?) ; *Dr. soc. 2015. 480* . - Flores, *Dr. soc. 2014. 308* (la chambre sociale et la QPC : de la distorsion entre l'image doctrinale et la réalité juridictionnelle). - Flores et Vialette, *Dr. soc. 2016. 486* (QPC, nouvelles sources, nouvelles ruptures). - Jolivet, *JCP S 2010. 1353* (les relations de travail à l'épreuve de la question prioritaire de constitutionnalité). - Pariente, *Dr. ouvrier 2011. 297* (retour sur une superproduction juridique). - Petit, *JCP S 2010. 1352* (la constitutionnalisation du droit du travail). - Radé, *Dr. soc. 2010. 873* (la question prioritaire de constitutionnalité et le droit du travail : a-t-on ouvert la boîte de Pandore ?) ; *ibid. 2015. 497* (QPC et droit du travail : l'occasion manquée). - Teissier, *JCP S 2011. 1267*.

V. SSL 2016, n° 1724, Dossier « Le droit constitutionnel ».

▶ **Utilité du droit du travail :** Géa, *D. 2020. 44* (à quoi sert le droit du travail) ; *RDT 2022. 147* (usages du droit du travail par ses acteurs).

▶ **Jurisprudence :** Adam, *Dr. ouvrier 2021. 249* (le préjudice d'anxiété, décor d'une « révolution » procédurale). - Akandji-Kombé, *Dr. soc. 2012. 1014* (de l'invocabilité des sources européennes et internationales du droit social devant le juge interne). - Dutheillet de Lamothe, *SSL 2019, n° 1882, p. 5* (réforme de la rédaction des arrêts du Conseil d'État et de la Cour de cassation). - Fabre et Huglo, *Dr. soc. 2021. 964* (regards croisés sur l'interprétation conforme du droit social national). - Frouin, *RDT 2020. 18* (le recul du juge en droit du travail). - Géa et A. Lyon-Caen, *RDT 2021. 159* (Philippe Waquet). - Guiomard, *RDT 2019. 348* et *433* (chambre sociale et réforme de l'écriture des arrêts) ; *RJS 11/2021* (évolutions de la fabrication de la jurisprudence sociale). - Huglo, *Dr. soc. 2017. 404* (rôle de la Cour de cassation dans l'articulation des normes en droit du travail). - Huglo et Durlach, *RDT 2018. Controverse. 346* (qu'est-ce qu'une liberté fondamentale au sens de la chambre sociale ?). - Radé, *Dr. soc. 2021. 1150* (la chambre sociale et la modulation dans le temps des effets de revirement de jurisprudence). - Piveteau, *Dr. soc. 2017. 415* (dualité de juridictions à l'épreuve du droit du travail). - Struillou, *RDT 2013. 26* (le nouveau visage de la justice).

COMMENTAIRE

V. sur le Code en ligne 🏛. ❑

CHAPITRE PRÉLIMINAIRE **DIALOGUE SOCIAL**

BIBL. ▶ Aubry, *Dr. soc. 2010. 517* (dialogue social et démocratie politique). - Barthélémy, *Dr. soc. 2013. 673* (concept de garantie sociale et art. L. 1 C. trav.). - Bonnin, *Dr. soc. 2014. 428* (la « démocratie sociale » constitutionnalisée ?). - Combrexelle, *Dr. soc. 2010. 504* (loi du 31 janv. 2007 : acte premier). - Dord, *ibid. 507* (avantages et inconvénients du point de vue du Parlement). - Grignard, *ibid. 515* (démocratie sociale et démocratie politique). - Moreau, *ibid 2010. 511* (les avis du Conseil d'État). - Petit, *Dr. soc. 2015. 850* (loi du 17 août 2015 relative au dialogue social et à l'emploi). - Radé, *Dr. ouvrier 2010. 319* (la loi négociée : simple marketing politique ou véritable produit de la démocratie sociale ?). - Ray, *Dr. soc. 2010. 496* (sources de la loi du 31 janv. 2007). - Verkindt, *ibid. 519* (l'art. L. 1 au miroir des exigences de la démocratie sociale).

COMMENTAIRE

V. sur le Code en ligne 🏛. ❑

Art. L. 1 Tout projet de réforme envisagé par le Gouvernement qui porte sur les relations individuelles et collectives du travail, l'emploi et la formation professionnelle et qui relève du champ de la négociation nationale et interprofessionnelle fait l'objet d'une concertation préalable avec les organisations syndicales de salariés et d'employeurs représentatives au niveau national et interprofessionnel en vue de l'ouverture éventuelle d'une telle négociation.

A cet effet, le Gouvernement leur communique un document d'orientation présentant des éléments de diagnostic, les objectifs poursuivis et les principales options.

Lorsqu'elles font connaître leur intention d'engager une telle négociation, les organisations indiquent également au Gouvernement le délai qu'elles estiment nécessaire pour conduire la négociation.

Le présent article n'est pas applicable en cas d'urgence. Lorsque le Gouvernement décide de mettre en œuvre un projet de réforme en l'absence de procédure de concertation, il fait connaître cette décision aux organisations mentionnées au premier alinéa en la motivant dans un document qu'il transmet à ces organisations avant de prendre toute mesure nécessitée par l'urgence.

BIBL. ▶ DAUXERRE, *JCP S* 2017. 1275 (sur l'érosion de l'article L. 1 du code du travail). – GAMET, *Dr. soc.* 2020. 448 (l'autonomie collective).

COMMENTAIRE
V. sur le Code en ligne.

Art. L. 2 Le Gouvernement soumet les projets de textes législatifs et réglementaires élaborés dans le champ défini par l'article L. 1, au vu des résultats de la procédure de concertation et de négociation, à la Commission nationale de la négociation collective (*L. n° 2020-1525 du 7 déc. 2020, art. 19, en vigueur le 1er juin 2021*) « , de l'emploi et de la formation professionnelle » dans les conditions prévues (*L. n° 2020-1525 du 7 déc. 2020, art. 19, en vigueur le 1er juin 2021*) « à l'article L. 2271-1 ».

Art. L. 3 Chaque année, les orientations de la politique du Gouvernement dans les domaines des relations individuelles et collectives du travail, de l'emploi et de la formation professionnelle, ainsi que le calendrier envisagé pour leur mise en œuvre sont présentés pour l'année à venir devant la Commission nationale de la négociation collective (*L. n° 2020-1525 du 7 déc. 2020, art. 19, en vigueur le 1er juin 2021*) « , de l'emploi et de la formation professionnelle ». Les organisations mentionnées à l'article L. 1 présentent, pour leur part, l'état d'avancement des négociations interprofessionnelles en cours ainsi que le calendrier de celles qu'elles entendent mener ou engager dans l'année à venir. Le compte rendu des débats est publié.

Chaque année, le Gouvernement remet au Parlement un rapport faisant état de toutes les procédures de concertation et de consultation mises en œuvre pendant l'année écoulée en application des articles L. 1 et L. 2, des différents domaines dans lesquels ces procédures sont intervenues et des différentes phases de ces procédures.

PREMIÈRE PARTIE LES RELATIONS INDIVIDUELLES DE TRAVAIL

LIVRE I DISPOSITIONS PRÉLIMINAIRES

TITRE I CHAMP D'APPLICATION ET CALCUL DES SEUILS D'EFFECTIFS

BIBL. ▶ **Seuils sociaux (Loi PACTE) :** GAURIAU, *JCP S* 2019. 1185. – LOKIEC, *Dr. soc.* 2019. 6 (coup de griffe sur les seuils sociaux). – WILLMANN, *Dr. soc.* 2019. 10 (décompte des effectifs, nouveaux seuils : avancer pour mieux reculer).

COMMENTAIRE
V. sur le Code en ligne.

CHAPITRE UNIQUE

Art. L. 1111-1 Les dispositions du présent livre sont applicables aux employeurs de droit privé ainsi qu'à leurs salariés.

Elles sont également applicables au personnel des personnes publiques employé dans les conditions du droit privé, sous réserve des dispositions particulières ayant le même objet résultant du statut qui régit ce personnel. — *[Anc. art. L. 120-1.]*

Sur les notaires salariés, V. Décr. n° 93-82 du 15 janv. 1993, mod. par Décr. n° 2006-1299 du 24 oct. 2006 (JO 25 oct.), Décr. n° 2009-452 du 22 avr. 2009 (JO 23 avr.), Décr. n° 2011-1173 du 23 sept. 2011 (JO 26 sept.). — Sur les avocats salariés, V. L. n° 71-1130 du 31 déc. 1971, art. 7, mod. par L. n° 2009-526 du 12 mai 2009, art. 71, L. n° 2011-94 du 25 janv. 2011, L. n° 2011-331 du 28 mars 2011 (JO 29 mars), L. n° 2013-1278 du 29 déc. 2013 (JO 30 déc.) ; Décr. n° 91-1197 du 27 nov. 1991, art. 136 s., mod. par Décr. n° 2004-1386 du 21 déc. 2004 (JO 23 déc.), Décr. n° 2011-1985 (JO 28 déc.). — **C. pr. civ.**

Sur le travail en prison, V. C. pénit., art. L. 412-1 à L. 412-25 et R. 412-1 à R. 412-29.

COMMENTAIRE

V. sur le Code en ligne.

Art. L. 1111-2 Pour la mise en œuvre des dispositions du présent code, les effectifs de l'entreprise sont calculés conformément aux dispositions suivantes :
1° Les salariés titulaires d'un contrat de travail à durée indéterminée à temps plein et les travailleurs à domicile sont pris intégralement en compte dans l'effectif de l'entreprise ;
2° Les salariés titulaires d'un contrat de travail à durée déterminée, les salariés titulaires d'un contrat de travail intermittent, les salariés mis à la disposition de l'entreprise par une entreprise extérieure (*L. n° 2008-789 du 20 août 2008, art. 3*) « qui sont présents dans les locaux de l'entreprise utilisatrice et y travaillent depuis au moins un an, ainsi que » les salariés temporaires, sont pris en compte dans l'effectif de l'entreprise à due proportion de leur temps de présence au cours des douze mois précédents. Toutefois, les salariés titulaires d'un contrat de travail à durée déterminée et les salariés mis à disposition par une entreprise extérieure, y compris les salariés temporaires, sont exclus du décompte des effectifs lorsqu'ils remplacent un salarié absent ou dont le contrat de travail est suspendu, notamment du fait d'un congé de maternité, d'un congé d'adoption ou d'un congé parental d'éducation ;
3° Les salariés à temps partiel, quelle que soit la nature de leur contrat de travail, sont pris en compte en divisant la somme totale des horaires inscrits dans leurs contrats de travail par la durée légale ou la durée conventionnelle du travail. — *[Anc. art. L. 620-10, al. 1er à 4.]*

V. Circ. DGT n° 20 du 13 nov. 2008 relative à la loi portant rénovation de la démocratie sociale et du temps de travail, Fiche n° 7.

COMMENTAIRE

V. sur le Code en ligne.

BIBL. Levannier-Gouël, *RDT 2017. 19* (l'intégration étroite et permanente à la communauté de travail). — Pagnerre et Saincaize, *JCP S 2009. 1368* (l'intégration des salariés mis à disposition : nouvelles conditions, nouveaux effets). — Sincaize, *ibid. 2009. 1369* (l'intégration des salariés mis à disposition : éléments de méthodologie).

1. Critère général. L'intégration étroite et permanente à la communauté de travail est le critère commun de la prise en compte dans le calcul de l'effectif et de l'inscription sur la liste électorale, sous réserve que les salariés concernés remplissent les conditions de l'électorat. ● Soc. 28 févr. 2007 : *RDT 2007. 229, note Morin* ; *D. 2007. AJ 946* ; *D. 2007. Pan. 2270, note Pélissier* ; *RJS 2007. 469, n° 636*.

2. Salariés mis à disposition (jurisprudence antérieure à la loi du 20 août 2008). Sont intégrés de façon étroite et permanente à la communauté de travail, pour l'application des art. L. 1111-2, L. 2314-5 et L. 2324-14, les salariés mis à disposition par une entreprise extérieure qui, abstraction faite du lien de subordination qui subsiste avec leur employeur, sont présents dans les locaux de l'entreprise utilisatrice et y travaillent depuis une certaine durée partageant ainsi des conditions de travail au moins en partie communes susceptibles de générer des intérêts communs. ● Soc. 13 nov. 2008 : *D. 2008. AJ 2945* ; *RJS 2009. 66, n° 57* ; *SSL 2008, n° 1375, p. 10, note A. Lyon-Caen* ; *JSL 2008, n° 245-4*. ♦ Les salariés mis à disposition pris en compte au prorata de leur temps de présence dans le calcul de l'effectif de l'entreprise pour les élections professionnelles, sont ceux qui participent aux activités nécessaires au fonctionnement de l'entreprise utilisatrice. ● Soc. 26 mai 2004, n° 03-60.358 P : *D. 2004. IR 1862* ; *RJS 2004. 633, n° 935* ; *JSL 2004, n° 148-2*. ♦ Tel n'est pas le cas des salariés d'un sous-traitant qui, hors toute intégration à la communauté des travailleurs ou participation au fonctionnement de l'entreprise qui a cédé un marché déterminé au sous-traitant, exécutent ce marché. ● Soc. 12 juill. 2006 : *RJS 2006. 802, n° 1080* ; *JSL 2006, n° 198-6*. ♦ L'art. L. 421-2 [L. 2312-8 nouv.] ne subordonne pas la prise en compte des salariés mis à disposition à la condition qu'ils soient sous la subordination de l'entreprise utilisatrice. ● Soc.

28 mars 2000, ⚖ n° 05-60.384 P : *D. 2000. IR 125* ⌀ ; *Dr. soc. 2000. 797*, obs. Roy-Loustaunau ⌀ ; *RJS 2000. 377, n° 545 ; JSL 2000, n° 58-11.* ♦ Dès lors qu'ils participent au processus de travail de l'entreprise qui les occupe, les travailleurs mis à la disposition de celle-ci entrent dans le calcul de son effectif et en vue de l'élection des représentants du personnel. • Soc. 27 nov. 2001, ⚖ n° 00-60.252 P : *RJS 2002. 154, n° 192 ; JSL 2002, n° 93-2* • 22 mai 2002, n° 01-60.606 P : *RJS 2002. 759, n° 994.* ♦ L'intégration étroite et permanente à la communauté de travail est le critère commun de la prise en compte dans le calcul de l'effectif et de l'inscription sur la liste électorale, sous réserve que les salariés concernés remplissent les conditions de l'électorat. • Soc. 28 févr. 2007 : ⚖ *préc. note 1.*

3. Salariés mis à disposition (jurisprudence postérieure à la loi du 20 août 2008). Sont intégrés de façon étroite et permanente à la communauté de travail, les travailleurs mis à disposition par une entreprise extérieure qui, abstraction faite du lien de subordination qui subsiste avec leur employeur, sont présents dans les locaux de l'entreprise utilisatrice depuis au moins un an, partageant ainsi des conditions de travail en partie communes susceptibles de générer des intérêts communs. Ne doivent donc pas être pris en compte dans l'effectif de l'entreprise utilisatrice, les salariés des entreprises de transport qui n'étaient pas mis à la disposition exclusive de la société, mais travaillaient indifféremment pour plusieurs transporteurs et ne se rendaient que ponctuellement dans les locaux de cette société où se trouvaient les marchandises et les documents administratifs nécessaires à l'accomplissement de leur transport. • Soc. 14 avr. 2010 : ⚖ *D. 2010. Actu. 1222* ⌀ ; *Dr. soc. 2010. 720*, obs. Pécaut-Rivolier ⌀ ; *Dr. ouvrier 2010. 341*, obs. Boussard-Verrechia ; *JCP S 2010. 1313*, obs. Leborgne-Ingelaere ; *RJS 6/2010, n° 526 ; JSL 2010, n° 279-5* • Soc. 23 sept. 2015, ⚖ n° 14-26.262 P : *D. actu. 22 oct. 2015*, obs. Fraisse. ♦ Il appartient à l'employeur responsable de l'organisation de l'élection de fournir aux organisations syndicales les éléments nécessaires au contrôle des effectifs et de l'électorat ; s'agissant des salariés mis à disposition, il doit, sans se borner à interroger les entreprises extérieures, fournir aux organisations syndicales les éléments dont il dispose ou dont il peut demander judiciairement la production par ces entreprises. • Soc. 26 mai 2010 : ⚖ *D. 2010. Actu. 1422* ⌀ ; *D. actu. 9 juin 2010*, obs. Ines ; *RJS 2010. 616, n° 689 ; Dr. soc. 2010. 826*, note Petit ⌀ ; *JCP S 2010. 1346*, obs. Kerbourc'h. ♦ Les salariés mis à disposition décomptés dans les effectifs et qui remplissent les conditions de présence doivent choisir s'ils exercent leur droit de vote dans l'entreprise qui les emploie ou dans l'entreprise utilisatrice ; ces conditions devant être appréciées lors de l'organisation des élections d'entreprise utilisatrice, c'est à cette date que les salariés mis à disposition doivent être mis en mesure d'exercer leur droit d'option. • Même arrêt.

4. Salariés à temps partiel. Les salariés à temps partiel sont, en application de l'art. L. 1111-2, 3° C. trav., pris en compte en divisant la somme totale des horaires inscrits dans leurs contrats de travail par la durée légale ou la durée conventionnelle du travail et il appartient au juge en cas de contestation de vérifier que la prise en compte de ces heures correspond à la durée du travail mensuelle effectivement accomplie par les salariés à temps partiel. • Soc. 25 sept. 2019, ⚖ n° 18-60.206 P : *D. actu. 15 oct. 2019*, obs. Ilieva.

5. Journalistes pigistes. Compte tenu de la très grande diversité des rémunérations, la détermination d'un salaire de référence pour le calcul des effectifs peut se faire par référence au salaire minimum de croissance. • Soc. 10 mai 2006 : ⚖ *D. 2006. IR 1632* ⌀ ; *RJS 2006. 735, n° 735 ; Dr. soc. 2006. 877*, note Verkindt ⌀ ; *JCP S 2006. 1617*, obs. Lahalle.

6. Agents publics. Un agent public, mis à la disposition d'un organisme de droit privé pour accomplir un travail pour le compte de celui-ci et sous sa direction, est lié à cet organisme par un contrat de travail, sauf dispositions législatives contraires, et ne relève donc pas des dispositions spécifiques relatives à l'électorat et à l'éligibilité des salariés mis à disposition. • Soc. 17 avr. 2013 : ⚖ *D. 2013. Actu. 1072* ⌀ ; *Dr. soc. 2013. 562*, obs. Petit ⌀ ; *JCP S 2013. 1282*, obs. Barège.

Art. L. 1111-3 Ne sont pas pris en compte dans le calcul des effectifs de l'entreprise :

1° Les apprentis ;

2° Les titulaires d'un contrat initiative-emploi, pendant la durée (*L. n° 2012-1189 du 26 oct. 2012, art. 7*) « d'attribution de l'aide financière mentionnée à l'article L. 5134-72 » ;

(*Abrogé par L. n° 2008-1249 du 1er déc. 2008, art. 18 et 28*) « *3° Les titulaires d'un contrat insertion-revenu minimum d'activité, pendant la durée de la convention prévue à l'article L. 5134-75 ;* »

4° Les titulaires d'un contrat d'accompagnement dans l'emploi (*L. n° 2008-1249 du 1er déc. 2008, art. 18 et 28*) « pendant la durée » (*L. n° 2012-1189 du 26 oct. 2012, art. 7*) « d'attribution de l'aide financière mentionnée à l'article L. 5134-30 » ;

(*Abrogé par L. n° 2008-1249 du 1er déc. 2008, art. 18 et 28*) « *5° Les titulaires d'un contrat d'avenir ;* »

6° Les titulaires d'un contrat de professionnalisation jusqu'au terme prévu par le contrat lorsque celui-ci est à durée déterminée ou jusqu'à la fin de l'action de professionnalisation lorsque le contrat est à durée indéterminée.

Toutefois, ces salariés sont pris en compte pour l'application des dispositions légales relatives à la tarification des risques d'accidents du travail et de maladies professionnelles.

BIBL. ▶ DIRRINGER, *Dr. soc. 2013. 37* (computation des effectifs et dialogue des juges).

COMMENTAIRE

V. sur le Code en ligne.

1. Conformité à la Constitution. Le législateur peut, en vue d'améliorer l'emploi des jeunes et des personnes en difficulté et de leur faire acquérir une qualification professionnelle, autoriser des mesures propres à ces catégories de travailleurs et notamment les exclure des effectifs de l'entreprise ; les différences de traitement qui peuvent en résulter entre catégories de travailleurs ou catégories d'entreprises répondent à ces fins d'intérêt général et ne sont pas, dès lors, contraires au principe d'égalité. • Cons. const., QPC, 29 avr. 2011 : *RJS 2011. 559, n° 618 ; SSL 2011, n° 1491, p. 5.*

2. Contrariété au droit de l'Union européenne (jurisprudence rendue sous l'empire des textes antérieurs à la loi du 5 sept. 2018 qui intègre les salariés titulaires de contrats aidés dans le calcul des effectifs de l'entreprise pris en compte pour déterminer les règles de mise en place et de fonctionnement du CSE, V. art. L. 2301-1). L'art. 27 de la Charte des droits fondamentaux de l'Union européenne ne peut être invoqué dans un litige entre particuliers afin de laisser inappliqué l'art. L. 1111-3 C. trav., contraire au droit de l'Union en ce qu'il exclut du calcul des effectifs de l'entreprise des catégories de travailleurs. • CJUE 15 janv. 2014, *Assoc. de médiation sociale c/ Union locale des synd. CGT et a., n° C-176/12 : D. actu. 21 févr. 2014, obs. Ines ; D. 2014. Actu. 216 ; RDT 2014. 312, note Carpano ; RJS 2014. 309, obs. Tissandier ; JSL 2014, n° 361-6.* ♦ L'application de l'art. L. 1111-3, quoique incompatible avec le droit de l'Union européenne, ne peut pas être écartée par le juge judiciaire dans un litige entre particuliers au titre de l'art. 27 de la Charte des droits fondamentaux de l'Union européenne et des art. 2 et 3, § 1, de la Dir. 2002/14/CE du 11 mars 2002 ; il appartient donc au juge de vérifier si l'effectif de l'entreprise permet la désignation d'un représentant de la section syndicale en tenant compte des exclusions prévues par ce texte. • Soc. 9 juill. 2014 : *RJS 2014. 599, n° 700.*

TITRE II DROITS ET LIBERTÉS DANS L'ENTREPRISE

COMMENTAIRE

V. sur le Code en ligne.

CHAPITRE UNIQUE

Art. L. 1121-1 Nul ne peut apporter aux droits des personnes et aux libertés individuelles et collectives de restrictions qui ne seraient pas justifiées par la nature de la tâche à accomplir ni proportionnées au but recherché. – [Anc. art. L. 120-2.]

V. Circ. DRT n° 93-10 du 15 mars 1993 relative à l'application des dispositions relatives au recrutement et aux libertés individuelles (titre V de la loi du 31 déc. 1992) (BOMT n° 93/10, texte n° 412).

V. Délib CNIL n° 2019-001 du 10 janv. 2019 portant règlement type relatif à la mise en œuvre de dispositifs ayant pour finalité le contrôle d'accès par authentification biométrique aux locaux, aux appareils et aux applications informatiques sur les lieux de travail (JO 28 mars).

BIBL. ▶ CSB 2002, n° spécial (libertés du salarié) ; *Dr. soc. 2002. 5*, n° spécial (droit du travail et nouvelles technologies de l'information et de la communication) ; *Dr. soc. 2010. 3*, n° spécial (vie professionnelle et vie privée du salarié) ; *Dr. soc. 2015. 660*, n° spécial (communautarisme et faits religieux dans les relations de travail) ; *Dr. soc. 2018. 312* (le voile dans l'entreprise). – ADAM, *RDT 2014. 168 et 244* (la dignité du salarié). – ADAM, LE FRIANT, PÉCAUT-RIVOLIER et TARASEWICZ, *RDT 2016. 532* (la religion dans l'entreprise). – ALIX, *JSL 2006, n° 189-1* (accès pour l'employeur aux fichiers personnels du salarié). – ANTONMATTÉI, *Dr. soc. 2012. 10* (licenciement pour trouble objectif) ; *RDT 2014. 391* (à propos de la liberté religieuse dans l'entreprise). – AYACHE-REVAH et AYADI, *JSL 2013, n° 342-1* (vie privée, vie publique : droit du travail et libertés individuelles). – BELLO, *JCP S 2012. 1280* (le licenciement pour

DROITS ET LIBERTÉS DANS L'ENTREPRISE — Art. L. 1121-1

un motif tiré de Facebook). – Berra, *SSL 1988, suppl. n° 416* (SIDA et relations de travail). – Berthou, *RDT 2008. 238* (liberté religieuse au travail). – Bonnechère, *Dr. ouvrier 2023. 63* (droit du travail et dignité). – Bossu, *Dr. soc. 1995. 978* (délégué du personnel et vidéosurveillance) ; *RDT 2020. 406* (surveillance au travail) ; *RJS 10/2021* (regard sur la notion de « libertés fondamentales »). – Bouaziz, *Dr. ouvrier 1991. 201* (vie privée, cause de licenciement). – Bouchet, *Dr. ouvrier 2004. 410* (cybersurveillance sur les lieux de travail). – Braun et Jez, *CSB 2001. 244* (courrier électronique et vie privée du salarié). – Brice-Delajoux, *Dr. ouvrier 2011. 58* (liberté religieuse sur les lieux du travail). – Brisseau, *Dr. soc. 2008. 969* (la religion du salarié). – Casaux-Labrunée, *Dr. soc. 2008. 1032* ; *ibid 2012. 331* (vie privée des salariés et vie de l'entreprise). – Coiret, *RTD civ. 1985. 63* (liberté matrimoniale). – Dabosville, *RDT 2012. 275* (contours de l'abus d'expression du salarié) ; *ibid. 2018. 826* (le « télé-privé », l'utilisation à des fins personnelles des outils de communication de l'entreprise) ; *ibid. 2020. 491* (protection de la vie privée du salarié face au pouvoir d'investigation de l'employeur – comparaison franco-allemande). – Desbarats, *JCP S 2011. 1307* (entre exigence professionnelle et liberté religieuse) ; *Dr. soc. 2015. 660*, n° spécial (communautarisme et faits religieux dans les relations de travail). – Dockès, *Dr. ouvrier 2011. 53* (liberté d'expression au travail). – De Quenaudon, *RDT 2011. 643* (expression religieuse et laïcité en entreprise). – Favennec-Héry, *RJS 2001. Chron. 941* (vie privée dans l'entreprise et à domicile). – Fénoll-Trousseau, *JCP E 2007. 1878* (nouveaux enjeux de la cybersurveillance). – Fiorentino, *RDT 2013. 649* (liberté religieuse sur les lieux de travail : approche comparative des systèmes américain et britannique). – Foucher, *RDT 2016. 621* (le respect des prescriptions alimentaires au sein de l'entreprise privée ordinaire). – Fouvet, *RDT 2017. 309* (distinction entre libertés instituantes et libertés-prérogatives). – Fraissinier-Amiot, *JSL 2010, n° 277-1* (liberté et droit d'expression des salariés : affirmation, notion et limites). – Gardin, *RJS 2013. 699* (laïcité et religion dans l'entreprise). – Gaudu, *Dr. soc. 2008. 959* (droit du travail et religion) ; *ibid. 2010. 65* ; *ibid. 2011. 1186*. – Gavalda, *JCP S 2010. 1194* (liberté de la correspondance ou l'intrusion de la vie privée dans l'entreprise). – Gratton, *RDT 2014. 321* (protection contre les mesures de rétorsion prises par l'employeur à la suite de l'exercice, par le salarié, de droits protégés par l'art. 6 de la Conv. EDH). – Grévy, *Dr. soc. 1995. 329* (vidéosurveillance). – Gulphe, *JCP E 1990. II. 15736* (protection de la vie privée). – Hasnaoui, *RDT 2012. 545* (correspondances du salarié). – Joseph, *Dr. soc. 1990. 378* (état de santé). – Kernaleguen, *Mél. H. Blaise*, Economica 1995, p. 269. – Kuhnmunch, *Dr. soc. 1988. 384*. – Lacabarats, *RDT 2014. 409* (à propos de quelques libertés en entreprise : propos conclusifs). – Le Ménestrel, *JSL 2010, n° 279-1* (le domaine personnel du salarié dans l'entreprise). – Lenoir et Wallon, *Dr. soc. 1988. 213* (informatique). – Lepage, *AJ pénal 2005. 9* (vie privée du salarié et droit pénal) ; *Dr. soc. 2006. 364* (vie privée du salarié, notion civiliste). – Lyon-Caen, *RDT 2014. 386* (les libertés dans l'entreprise 20 ans après). – Mathieu, *RDT 2012. 17* (respect de la liberté religieuse dans l'entreprise). – Morin-Galvin, *RJS 2014. 232* (contrôle patronal de l'usage par le salarié d'un matériel personnel). – Pécaut-Rivolier, *RJS 5/2021* (histoire jurisprudentielle des libertés du salarié en entreprise). – Pizzio-Delaporte, *Dr. soc. 2001. 404* (libertés fondamentales et droits du salarié : rôle du juge). – Ray, *Dr. soc. 2007. 140* (droit du travail et TIC) ; *ibid. 2008. 1072*. – Radé, *ibid. 2010. 35* (amour et travail) ; *ibid. 2021. 4* (l'entreprise et la vie privée du salarié). – Ray et Bouchet, *ibid. 44* (vie professionnelle, vie personnelle et TIC). – Richevaux, *Dr. ouvrier 1980. 391* (vie privée et refus d'embauche). – Savatier, *Dr. soc. 1992. 329* (protection de la vie privée). – Sciberras, *ibid. 2010. 72* (travail et religion). – Teyssié, *ibid. 1988. 374*. – Verdier, *Gaz. Pal. 22-23 nov. 1996* (vie personnelle et vie professionnelle). – Voirin, *D. 1963. Chron. 247* (liberté matrimoniale). – De Tissot, *Dr. soc. 1995. 222* ; *Gaz. Pal. 22-23 nov. 1996* (droits fondamentaux du salarié). – Waquet, *CSB 1994. 289* ; *Gaz. Pal. 22-23 nov. 1996* (loyauté du salarié dans les entreprises de tendance) ; *Dr. soc. 2004. 23* (vie personnelle du salarié) ; *RDT 2006. 304* (notion de « trouble objectif dans l'entreprise »). – Waquet et Wolmark, *RDT 2009. Controverse 485* (faut-il interdire le port de signes religieux dans l'entreprise ?). – Wolmark, *RDT 2018. 726* (neutralité du salarié).

▶ V. aussi dossier spéc. *SSL 2016, n° 1733* (le fait religieux dans l'entreprise). – *JCP S 2017. 1259 s.* (le silence religieux dans l'entreprise).

▶ **Droit à la preuve de l'employeur et droit au respect de la vie privée du salarié :** Adam, *Dr. soc. 2021. 14* (droit à la preuve, protection de la vie privée et réseaux sociaux). – Allix, *RJS 7/2021*. – Frouin, *RJS 5/2023, chron., p. 7* (droit à la preuve, sens et mode d'emploi). – Mathieu et Leclerc, *RDT 2020. 652* (quelle vigueur du droit à la preuve en droit du travail ?). – Van Deth et Le Bourgeois, *RDT 2023. Controverse. 233* (le droit à la preuve met-il à mal la protection de la vie personnelle du salarié ?). – Van Deth et Vaccaro, *JSL 2022, n° 534-1*.

COMMENTAIRE

V. sur le Code en ligne.

I. DROITS ET LIBERTÉS PROTÉGÉS

A. VIE PRIVÉE, VIE PERSONNELLE ET FAMILIALE

1° VIE PERSONNELLE ET VIE FAMILIALE

a. Liberté matrimoniale

1. Clause de non-convol. À moins de raisons impérieuses évidentes, une clause de non-convol doit être déclarée nulle comme attentatoire à un droit fondamental de la personnalité. ● Paris, 30 avr. 1963 : *D. 1963. 428*, note Rouast. – V. aussi ● Soc. 27 avr. 1964 : *Dr. soc. 1964. 574*, obs. Savatier ; *D. 1965. 213*, note Rouast● 7 févr. 1968 : *D. 1968. 429.*

2. Mariage. Bien que la salariée se trouve en période d'essai, l'employeur ne peut sans abus rompre le contrat de travail au seul motif que l'intéressée lui annonce son prochain mariage, circonstance sans rapport avec l'exécution du travail. ● Soc. 17 mars 1971 : *Bull. civ. V, n° 216* ; GADT, 4ᵉ éd., n° 42.

b. Vie privée

3. Vie privée du salarié et droit à la preuve de l'employeur. BIBL. Mathieu et Leclerc, *RDT 2020. 652*. – Vial, Lhomond et Adam, *RDT 2023. Controverse. 156.* ♦ Le droit à la preuve peut justifier la production d'éléments portant atteinte à la vie personnelle d'un salarié à la condition que cette production soit nécessaire à l'exercice de ce droit et que l'atteinte soit proportionnée au but poursuivi. ● Soc. 9 nov. 2016, n° 15-10.203 P : *D. actu. 25 nov. 2016*, obs. Roussel ; *D. 2017. 37*, obs. N. explicative de la Cass., note G. Lardeux ; *ibid. 2018. 259*, obs. Bretzner et Aynès ; *Just. & cass. 2017. 119*, rapp. David ; *ibid. 188*, avis Liffran ; *Dr. soc. 2017. 89*, obs. Mouly ; *RDT 2017. 134*, obs. Géniaut ; *RTD civ. 2017. 96*, obs. Hauser ; *JCP 2016. 1281*, obs. Dedessus-Le-Moustier ; *ibid. 2017. 585*, obs. Mayer. ♦ L'employeur peut produire en justice des éléments extraits du compte privé Facebook d'un salarié, si cette production est indispensable à l'exercice de son droit à la preuve et que l'atteinte à la vie privée du salarié est proportionnée au but poursuivi. ● Soc. 30 sept. 2020, n° 19-12.058 P : *D. actu. 21 oct. 2020*, obs. Peyronnet ; *D. 2020. 2383*, note Golhen ; *ibid. 2021. Pan. 209*, obs. Aynès ; *RDT 2020. 753*, note Kahn ; *ibid. 764*, obs. Lhomond ; *RJS 12/2020, n° 573* ; *Dr. ouvrier 2020. 793*, note Leclerc ; *JSL 2020, n° 507-1*, obs. Mayoux ; *JCP S 2020. 3042*, avis Berriat, obs. Loiseau ; *Gaz. Pal. 26 janv. 2021, p. 68*, obs. Mayer. ♦ La collecte des adresses IP par l'exploitation du fichier de journalisation constitue des données à caractère personnel dont le traitement doit faire l'objet d'une déclaration à la CNIL ; à défaut d'une telle déclaration et en cas d'utilisation comme moyen de preuve, leur illicéité n'entraîne pas nécessairement son rejet des débats, le juge devant apprécier si l'utilisation de cette preuve a porté atteinte au caractère équitable de la procédure dans son ensemble, en mettant en balance le droit au respect de la vie personnelle du salarié et le droit à la preuve, lequel peut justifier la production d'éléments portant atteinte à la vie personnelle d'un salarié à la condition que cette production soit indispensable à l'exercice de ce droit et que l'atteinte soit strictement proportionnée au but poursuivi. ● Soc. 25 nov. 2020, n° 17-19.523 P : *D. 2021. 117*, note Loiseau ; *Dr. soc. 2021. 21*, note Trassoudaine-Verger ; *ibid. 170*, note Salomon ; *RDT 2021. 199*, obs. Mraouahi ; *Dalloz IP/IT 2020. 655*, obs. Crichton ; *Légipresse 2021. 8* et les obs. ; *RJS 2/2021, n° 64* ; *JSL 2021, n° 511-3*, obs. Nassom-Tissandier ; *Gaz. Pal. 9 mars 2021, p. 70*, obs. Allouch ; *JCP S 2021. 1032*, obs. Bossu.

4. Vie privée du salarié et droit à la preuve du CSE. Le respect de la vie personnelle d'un salarié n'est pas en lui-même un obstacle à l'application de l'art. L. 2315-15 C. trav., nonobstant l'obligation de discrétion à laquelle sont tenus les représentants du personnel à l'égard des informations revêtant un caractère confidentiel, dès lors que l'affichage par un membre de la délégation du personnel du CSE d'informations relevant de la vie personnelle d'un salarié est indispensable à la défense du droit à la protection de la santé et de la sécurité des travailleurs, lequel participe des missions du CSE en application de l'art. L. 2312-9 C. trav., et que l'atteinte ainsi portée à la vie personnelle est proportionnée au but poursuivi. ● Soc. 16 févr. 2022, n° 20-14.416 B : *D. actu. 4 mars 2022*, obs. de Montvalon ; *D. 2022. 401* ; *Dr. soc. 2022. 422*, note François ; *RJS 4/2022, n° 192* ; *JCP S 2022. 1076*, obs. Dauxerre.

5. Vidéosurveillance et Conv. EDH. Ne constitue pas une violation de l'art. 8 Conv. EDH, la décision des juges espagnols d'admettre comme éléments de preuve de vols commis par des caissières dans un supermarché les enregistrements issus de caméras de surveillance installées par l'employeur à leur insu, eu égard aux garanties importantes offertes par le cadre normatif espagnol, y compris les voies de recours que les requérantes n'ont pas empruntées, ainsi qu'au poids des considérations, prises en compte par les juridictions internes, ayant justifié la vidéosurveillance ; les juridictions espagnoles ont pu – compte tenu des circonstances particulières de l'espèce – considérer que l'atteinte à la vie privée des requérantes était proportionnée. ● CEDH 17 oct. 2019, n° 1874/13 : *D. 2019. 2039*, et les obs. ; *AJ pénal 2019. 604*, obs. P. Buffon ; *RDT 2020. 122*, obs. B. Dabosville* ; *Légipresse 2020. 64*, étude G.

DROITS ET LIBERTÉS DANS L'ENTREPRISE — Art. L. 1121-1

Loiseau ⊘ ; *RTD civ. 2019. 815, obs. J.-P. Marguénaud* ⊘ ; *RJS 3/2020, n° 164 ; Dr. ouvrier 2019. 39, obs. Bonnechère.*

6. Vidéosurveillance et droit national. Un employeur ne peut mettre en place un système de vidéosurveillance que si ce dispositif est justifié par la nature de la tâche à accomplir et proportionné au but recherché. ● Soc. 20 nov. 1991, ⚖ n° 88-43.120 P : *D. 1992. 73, concl. Chauvy* ⊘ ; *Dr. soc. 1992. 28, rapp. Waquet* ⊘ ; *RJS 1992. 25, n° 1.* ♦ V. aussi ● Délib. CNIL 2009-201, 16 avr. 2009 : *Dr. ouvrier 2010. 81, note Grévy* ; *SSL 2009, n° 1416, p. 3.* ♦ Face à la gravité des manquements constatés et la mise en œuvre persistante d'un dispositif ne répondant pas aux engagements pris par la société, la CNIL peut contraindre l'employeur à cesser d'utiliser un système de vidéosurveillance. ● Délib. CNIL 18 mars 2010 : *SSL 2010, n° 1450, p. 2.* ♦ Une société ne peut invoquer la finalité de sécurité des personnes et des biens et la confidentialité de ses missions pour justifier du caractère proportionné de la vidéosurveillance du poste de travail d'un salarié alors que ces préoccupations de sécurité ne sont étayées par aucun élément hormis sa volonté de lutter contre des vols de ses propres salariés. ● CE 18 nov. 2015, ⚖ n° 371196 : *RJS 2/2016, p. 11, obs. Wolton* ; *ibid. 2/2016, n° 94* ; *JCPS 2016. 1023, obs. Pagnerre.*

7. Moyens de preuve illicites et droit à la preuve. Dans un procès civil, l'illicéité ou la déloyauté dans l'obtention ou la production d'un moyen de preuve ne conduit pas nécessairement à l'écarter des débats ; le juge doit, lorsque cela lui est demandé, apprécier si une telle preuve porte une atteinte au caractère équitable de la procédure dans son ensemble, en mettant en balance le droit à la preuve et les droits antinomiques en présence, le droit à la preuve pouvant justifier la production d'éléments portant atteinte à d'autres droits à condition que cette production soit indispensable à son exercice et que l'atteinte soit strictement proportionnée au but poursuivi. Dès lors, une cour d'appel ne peut pas écarter des débats la transcription d'enregistrements clandestins d'entretiens entre l'employeur et le salarié au motif que cette preuve a été obtenue de manière déloyale, alors qu'il lui appartient de procéder à un contrôle de proportionnalité. ● Cass. ass. plén., 22 déc. 2023, n° 20-20.648 B. ♦ L'illicéité des moyens de preuve n'entraîne pas nécessairement son rejet des débats, le juge devant apprécier si l'utilisation de cette preuve a porté atteinte au caractère équitable de la procédure dans son ensemble, en mettant en balance le droit au respect de la vie personnelle du salarié et le droit à la preuve, lequel peut justifier la production d'éléments portant atteinte à la vie personnelle d'un salarié à la condition que cette production soit indispensable à l'exercice de ce droit et que l'atteinte soit strictement proportionnée au but poursuivi (s'agissant d'enregistrements issus d'un dispositif de vidéosurveillance – comme preuve d'une faute du salarié – dont les représentants du personnel et salariés de l'entreprise n'avaient été informés que de la seule la finalité de protection des biens et personnes). ● Soc. 10 nov. 2021, ⚖ n° 20-12.263 B : *D. actu. 29 nov. 2021, obs. Couëdel* ; *D. 2021. 2093* ⊘ ; *RJS 2/2022, n° 43* ; *JSL 2021, n° 531-532-3, obs. Hautfort* ; *JCP S 2021. 1305, note Loiseau* ; *ibid. 1323, obs. Leborgne-Ingelaere.* ♦ En présence d'une preuve illicite, le juge doit d'abord s'interroger sur la légitimité du contrôle opéré par l'employeur et vérifier s'il existait des raisons concrètes qui justifiaient le recours à la surveillance et l'ampleur de celle-ci. Il doit ensuite rechercher si l'employeur ne pouvait pas atteindre un résultat identique en utilisant d'autres moyens plus respectueux de la vie personnelle du salarié. Enfin, le juge doit apprécier le caractère proportionné de l'atteinte ainsi portée à la vie personnelle au regard du but poursuivi. Doit être approuvé l'arrêt qui, ayant exactement retenu que des enregistrements extraits d'un système de vidéosurveillance irrégulièrement mis en place constituaient un moyen de preuve illicite, en déduit que ces pièces sont irrecevables dès lors que, pour justifier du caractère indispensable de la production des enregistrements, l'employeur faisait valoir que ceux-ci avaient permis de confirmer des soupçons de vol et d'abus de confiance à l'encontre de la salariée, révélés par un audit qui avait mis en évidence de nombreuses irrégularités concernant l'enregistrement et l'encaissement en espèces des prestations effectuées par la salariée, tout en constatant que l'employeur ne produisait pas cet élément dont il faisait également état dans la lettre de licenciement. ● Soc. 8 mars 2023, ⚖ n° 21-17.802 B : *D. actu. 16 mars 2023, obs. Malfettes* ; *D. 2023. 505* ⊘ ; *RJS 5/2023, n° 235* ; *JSL 2023, n° 563-3, obs. Tissandier* ; *JCP S 2023. 1095, note Loiseau.* ♦ V. aussi ● 8 mars 2023, ⚖ n° 20-21.848 B (procès-verbal de police obtenu de manière illicite).

8. Surveillance clandestine. L'utilisation de lettres piégées à l'insu du personnel constitue un stratagème rendant illicite le moyen de preuve obtenu. ● Soc. 4 juill. 2012 : ⚖ *D. actu. 26 juill. 2012, obs. Astaix* ; *D. 2012. Actu. 1894* ⊘ ; *ibid. 2826, obs. Delebecque, Bretzner et Darret-Courgeon* ⊘ ; *Dr. soc. 2012. 1027, obs. Ray.* ♦ Mais le contrôle de l'activité d'un salarié, au temps et au lieu de travail, par un service interne à l'entreprise chargé de cette mission ne constitue pas, en soi, même en l'absence d'information préalable du salarié, un mode de preuve illicite. ● Soc. 5 nov. 2014 : ⚖ *D. actu. 20 nov. 2014, obs. Fraisse* ; *D. 2014. Actu. 2308* ⊘ ; *Dr. soc. 2015. 81, note Boulmier* ⊘ ; *RJS 1/2015, n° 11.* ♦ En revanche, une surveillance des salariés au moyen d'un stratagème impliquant de faux clients est illicite. ● Soc. 19 nov. 2014, ⚖ n° 13-18.749 : *D. 2015. Pan. 834, obs. Porta* ⊘ ; *Dr. soc. 2015. 83, note Boulmier* ⊘ ; *RJS 2/2015, n° 77.*

9. Surveillance continue. Ne sont pas opposables au salarié exerçant seul son activité en cuisine les enregistrements issus de la surveillance constante de la caméra qui y était installée, ce dispositif de surveillance étant attentatoire à sa vie personnelle et disproportionné au but allégué par l'employeur de sécurité des personnes et des biens. • Soc. 23 juin 2021, 🗝 n° 19-13.856 B : *D. actu. 9 juill. 2021, obs. Couëdel ; D. 2021. 1290* ⌀ *; Dr. soc. 2021. 843, obs. Adam* ⌀ *; RJS 10/2021, n° 521 ; Dr. ouvrier 2021. 496, note Mathieu ; JCP S 2021. 1215, obs. Bossu ; Gaz. Pal. 2 nov. 2021, p. 56 note Orif.*

10. Géolocalisation. Un système de géolocalisation ne peut être utilisé pour contrôler la durée du temps de travail d'un salarié que lorsque aucun autre moyen n'est possible ; si le salarié dispose d'une liberté d'organisation dans son travail, un tel usage est, de surcroît, prohibé. • Soc. 3 nov. 2011 : 🗝 *D. actu. 14 nov. 2011, obs. Astaix ; D. 2011. Actu. 2803* ⌀ *; RDT 2012. 156, obs. Bossu et Morgenroth* ⌀ *; Dr. soc. 2012. 61, note Ray* ⌀ *; SSL 2011, n° 1518, p. 7, note Flores ; JSL 2011, n° 311-312-4, obs. Hautefort ; JCP S 2012. 1054, obs. Loiseau* • Soc. 17 déc. 2014, 🗝 n° 13-23.645 : *RJS 3/2015, n° 171.* ♦ L'utilisation par un employeur d'un système de géolocalisation pour assurer le contrôle de la durée du travail de ses salariés n'est licite que lorsque ce contrôle ne peut pas être fait par un autre moyen, fût-il moins efficace que la géolocalisation ; en dehors de cette hypothèse, la collecte et le traitement de telles données à des fins de contrôle du temps de travail doivent être regardés comme excessifs. • CE 15 déc. 2017, 🗝 n° 403776 : *Lebon ; AJDA 2018. 402, concl. Bretonneau* ⌀ *; ibid. 2017. 2501* ⌀ *; RJS 3/2018, n° 158 ; SSL 2018, n° 1800, p. 16, obs. Caro ; JSL 2018, n° 403776, obs. Pacotte et Leroy* • Soc. 19 déc. 2018, 🗝 n° 17-14.631 P : *D. 2019. Actu. 21* ⌀ *; RJS 3/2019, n° 146 ; JSL 2019, n° 470-2, obs. Nisol ; JCP S 2019. 1038, obs. Bossu.*

11. Fouille des sacs. L'employeur concerné par des alertes à la bombe peut valablement exiger l'ouverture des sacs devant les agents de sécurité ; cette mesure justifiée par des circonstances exceptionnelles et des exigences de sécurité est proportionnée au but recherché puisqu'elle exclut la fouille des sacs. • Soc. 3 avr. 2001 : 🗝 *D. 2001. IR 151 ; Dr. soc. 2001. 675, obs. Gauriau* ⌀ *; RJS 2001. 501, n° 720.* ♦ Le contrôle du contenu du sac d'un salarié est une atteinte à sa liberté individuelle, l'employeur ne peut y procéder qu'avec son accord et après l'avoir informé de son droit de s'y opposer ; si cette information n'a pas eu lieu, l'employeur ne peut se prévaloir du résultat de la fouille pour sanctionner le salarié. • Soc. 11 févr. 2009 : 🗝 *R., n° 327 ; D. 2009. AJ 570, obs. Ines* ⌀ *; RJS 2009. 276, n° 313 ; JCP S 2009. 1212, obs. Barège ; JSL 2009, n° 251-2.*

12. Fouille des armoires. Il n'est autorisé à procéder à l'ouverture de l'armoire individuelle d'un salarié que dans les cas et aux conditions prévus par le règlement intérieur et en présence de l'intéressé ou celui-ci ayant été prévenu. • Soc. 11 déc. 2001, 🗝 n° 99-43.030 P : *D. 2002. IR 136* ⌀ *; Dr. soc. 2002. 352, obs. Savatier* ⌀ *; RJS 2002. 222, n° 256 ; CSBP 2002, A. 10, obs. Pansier ; JSL 2002, n° 94-2.* ♦ A partir du moment où l'employeur a affiché sur une armoire individuelle non identifiée que celle-ci sera ouverte à une date précise, l'employeur qui donne suite à sa menace en présence d'un représentant du personnel et d'un agent de sécurité ne commet pas de faute. • Soc. 15 avr. 2008 : 🗝 *D. 2008. AJ 1487, obs. Ines* ⌀ *; RDT 2008. 668, obs. Olszak* ⌀ *; RJS 2008. 515, n° 635 ; JCP S 2008. 1453, obs. Bossu ; JSL 2008, n° 234-2.* ♦ Dès lors qu'un coffre mis à la disposition d'un salarié est affecté à un usage exclusivement professionnel, l'entreprise est en droit de vérifier le contenu. • Soc. 21 oct. 2008 : 🗝 *D. 2008. AJ 2874, obs. Perrin* ⌀ *; RJS 2008. 962, n° 1151 ; JCP S 2009. 1043, obs. Drai.*

13. Correspondances privées – jurisprudence européenne. L'employeur a le droit de consulter la messagerie professionnelle d'un salarié dès lors que le règlement intérieur interdit l'usage à titre privé des instruments mis à sa disposition pour exercer son activité professionnelle. • CEDH 12 janv. 2016, 🗝 n° 61496/08 : *D. 2015. Pan. 811, obs. Porta* ⌀ *; RJS 2016/5, n° 387 ; ibid. 2018, p. 6, obs. Gardin ; JSL 2016, n° 407-4, obs. Hautefort.* ♦ Pour protéger la vie privée d'un salarié, les juridictions nationales doivent vérifier si celui-ci avait préalablement été averti par son employeur de la possibilité que ses communications soient surveillées, et informé de la nature, de l'étendue de cette surveillance, et du degré d'intrusion dans sa vie privée et sa correspondance ; le juge doit également déterminer quelles raisons spécifiques avaient justifié la mise en place des mesures de surveillance, si l'employeur aurait pu faire usage de mesures moins intrusives pour la vie privée et la correspondance du salarié, et si l'accès au contenu des communications avait été possible à son insu. • CEDH 5 sept. 2017, 🗝 n° 61496/08 : *D. actu. 11 sept. 2017, obs. Peyronnet ; D. 2015. Pan. 811, obs. Porta* ⌀ *; Dr. soc. 2018. 455, note Dabosville* ⌀ *; JSL 2017, n° 439-3, obs. Tissandier ; JCP S 2017. 1328, obs. Loiseau.*

14. Correspondances privées – jurisprudence nationale. L'employeur ne peut, sans violer la liberté fondamentale du respect de l'intimité de la vie privée du salarié, prendre connaissance des messages personnels émis par le salarié et reçus par lui grâce à un outil informatique mis à sa disposition pour son travail, et ceci même au cas où l'utilisation non professionnelle de l'ordinateur aurait été interdite. • Soc. 2 oct. 2001 : 🗝 *D. 2001. IR 2944 ; Dr. soc. 2001. 920, obs. Ray* ⌀ *; JCP E 2001. 1918, note Puigelier ; RJS 2001. 948, n° 1394 ; CSB 2001, A. 40, obs. Jez ; JSL 2001, n° 88-2 ; SSL 2001, n° 1045, p. 6, concl. Kehrig.* ♦ Doivent être écartés des débats, en ce que leur production en justice porte atteinte au secret des correspondances, les messages électroniques provenant de la messagerie personnelle d'un salarié et distincte de la messagerie professionnelle dont celui-ci dispose pour les besoins de son activité. • Soc. 26 janv. 2016, 🗝 n° 14-15.360 P : *D. actu. 9 févr. 2016, obs. Kébir ; D. 2016. Actu.*

DROITS ET LIBERTÉS DANS L'ENTREPRISE Art. L. 1121-1   11

320 ⌀ *; ibid. Pan. 811, obs. Porta* ⌀ *; RDT 2016. 421, obs. Michel* ⌀ *; RJS 4/2016, n° 227 ; JSL 2016, n° 405-2, obs. Lhernould ; JCP S 2016. 1087, note Bossu.* ♦ En revanche, l'absence de déclaration à la CNIL d'un système de messagerie électronique professionnelle ne rend pas illicite la preuve rapportée par la production de courriels, dès lors que cette messagerie, non pourvue d'un contrôle individuel de l'activité des salariés, ne portait atteinte ni à la vie privée ni aux libertés individuelles des salariés. ● Soc. 1er juin 2017, ⚖ n° 15-23.522 P : *D. actu. 16 juin 2017, obs. Peyronnet ; RJS 8-9/2017, n° 543 ; JSL 2017, n° 435-2 ; JCP S 2017. 1248, obs. Lipski.* ♦ Lorsque, pour des raisons de sécurité, l'employeur a demandé des mesures de vérification sur tous les courriels émis et reçus, le juge peut valablement lui ordonner d'ouvrir une enquête avec ses délégués du personnel pour voir dans quelles conditions les messages qualifiés de personnels ont pu être consultés et exploités. ● Soc. 17 juin 2009 : ⚖ *D. 2009. AJ 1832, obs. Maillard* ⌀ *; RDT 2009. 591, obs. Marino* ⌀ *; RJS 2009. 652, n° 743 ; JSL 2009, n° 259-2 ; Dr. ouvrier 2010. 90, obs. Brousse ; JCP S 2009. 1362, obs. Jeansen.*

15. La réception par le salarié d'une revue qu'il s'est fait adresser sur le lieu de travail ne constitue pas un manquement aux obligations résultant de son contrat ; l'employeur ne pouvait sans méconnaître le respect dû à la vie privée du salarié se fonder sur le contenu d'une correspondance privée pour sanctionner son destinataire et le trouble objectif dans le fonctionnement de l'entreprise ne permettant pas en lui-même de prononcer une sanction disciplinaire. ● Cass., ch. mixte, 18 mai 2007 : *D. 2007. AJ 1503* ⌀ *; RDT 2007. 527, obs. Aubert-Montpeyssen* ⌀ *; RJS 2007. 615, n° 810 ; JSL 2007, n° 213-2 ; JCP 2007. 1844, note Puigelier ; JCP S 2007. 1538, note Barège et Bossu.*

16. Dossiers et fichiers. Les dossiers et fichiers créés par un salarié grâce à l'outil informatique mis à sa disposition par son employeur pour l'exécution de son travail sont présumés avoir un caractère professionnel de sorte que l'employeur peut y avoir accès hors sa présence. ● Soc. 18 oct. 2006 : ⚖ *RDT 2006. 395, obs. de Quenaudon* ⌀ *; D. 2007. Pan. 691, obs. F. Guiomard* ⌀ *; RJS 2006. 32, n° 7 ; SSL 2006, n° 1279, p. 10.* ♦ Les courriels et fichiers intégrés dans le disque dur de l'ordinateur mis à disposition du salarié par l'employeur ne sont pas identifiés comme personnels du seul fait qu'ils émanent initialement de la messagerie électronique personnelle du salarié. ● Soc. 19 juin 2013 : ⚖ *D. 2013. Actu. 1629* ⌀ *; RDT 2013. 708, note Nord-Wagner* ⌀ *; RJS 10/2013, n° 650 ; JCP S 2013. 1360, note Bossu.* ♦ Les juridictions internes ont dûment examiné le moyen du requérant tiré d'une violation de son droit au respect de la vie privée et ces motifs sont pertinents et suffisants ; en faisant usage du mot « personnel » plutôt que du mot « privé », le salarié a utilisé le même terme que celui que l'on trouve dans la jurisprudence de la Cour de cassation, selon laquelle un employeur ne peut en principe ouvrir les fichiers identifiés par le salarié comme étant « personnels ». Toutefois, cela ne suffit pas à mettre en cause la pertinence des motifs retenus par les juridictions internes, du fait que la charte de l'utilisateur indiquait spécifiquement que « les informations à caractère privé doivent être clairement identifiées comme telles ». ● CEDH 22 févr. 2018, ⚖ *Libert c/ France*, n° 588/13 : *D. 2018. 463* ⌀ *, et les obs. ; ibid. 1291, note Marguénaud et Mouly* ⌀ *; Dr. soc. 2018. 455, note Dabosville* ⌀ *; RJS 6/2018, n° 457 ; JSL 2018, n° 451-3, obs. Tissandier ; SSL 2018, n° 1806, p. 7, obs. Caro.*

17. SMS du salarié. Les SMS envoyés ou reçus par le salarié au moyen du téléphone mis à sa disposition par l'employeur peuvent être consultés par ce dernier en dehors de la présence de l'intéressé, sauf s'ils sont identifiés comme étant personnels. ● Com. 10 févr. 2015, ⚖ n° 13-14.779 : *RDT 2015. 1914, obs. Adam* ⌀ *; JSL 2015, n° 385-2, obs. Lhernould ; RJS 4/2015, n° 232.*

18. Sites internet. Les connexions établies par un salarié sur des sites internet pendant son temps de travail grâce à l'outil informatique mis à disposition par son employeur pour l'exécution de son travail sont présumées avoir un caractère professionnel de sorte que l'employeur peut les rechercher aux fins de les identifier, hors de sa présence. ● Soc. 9 juill. 2008 : ⚖ *D. 2008. 2228, obs. Ines* ⌀ *; RJS 2008. 893, n° 1071 ; Dr. soc. 2008. 1072, note Ray* ⌀ *; JCP S 2008. 1638, note Boubli* ● 18 mars 2009 : ⚖ *D. 2009. AJ 1093, obs. Dechristé* ⌀.

19. Identification du caractère personnel des données. La seule dénomination « Mes documents » donnée à un fichier créé par le salarié à l'aide de l'outil informatique mis à sa disposition par l'employeur pour les besoins de son travail ne lui confère pas un caractère personnel, de sorte que l'employeur est en droit de l'ouvrir hors la présence de l'intéressé. ● Soc. 10 mai 2012 : ⚖ *D. actu. 22 mai 2012, obs. Siro ; D. 2012. Actu. 1342* ⌀ *; D. 2013. Pan. 1026, obs. Porta* ⌀ *; RDT 2012. 428, obs. Keim-Bagot* ⌀ *; Dr. soc. 2012. 1027, obs. Ray* ⌀ *; RJS 2012. 533, n° 611 ; SSL 2012, n° 1543, p. 11, obs. Guyader ; JCP S 2012. 1331, obs. Bossu.* ♦ Dès lors qu'une clé USB est connectée à l'outil informatique fourni par l'employeur, elle est présumée être utilisée à des fins professionnelles, autorisant ainsi l'employeur à avoir accès aux fichiers non identifiés comme personnels qui y sont contenus. ● Soc. 12 févr. 2013 : ⚖ *D. actu. 6 mars 2013, obs. Ines ; D. 2013. Pan. 1026, obs. Porta* ⌀ *; ibid. 1776, obs. Contamine* ⌀ *; RDT 2013. 339, obs. Nord-Wagner* ⌀ *; Dr. ouvrier 2013. 275 ; JSL 2013, n° 340-3 ; JCP S 2013. 1217, obs. Bossu.*

20. Protection des données à caractère personnel. Sauf risque ou événement particulier, l'employeur ne peut ouvrir les fichiers identifiés par le salarié comme personnels contenus sur le disque dur de l'ordinateur mis à sa disposition qu'en présence de ce dernier ou celui-ci dûment appelé. ● Soc. 17 mai 2005 : ⚖ *D. 2005. IR 1448, obs. Chevrier* ⌀ *; D. 2006. Pan. 30, obs. Escande-Varniol* ⌀ *; RJS 2005. 589, n° 799 ; Dr. soc.*

2005. 789, obs. Ray ; JCP S 2005. 1031, note Favennec-Héry ; JSL 2005, n° 170-5 • CEDH 22 févr. 2018, ✠ n° 588/13 : D. 2018. Actu. 463 ; RJS 6/2018, n° 457. ♦ Un constat d'huissier non contradictoire portant sur des fichiers non expressément identifiés comme personnels par le salarié peut donc être utilisé valablement par un employeur pour justifier un licenciement. • Soc. 21 oct. 2009 : ✠ D. 2009. AJ 2614 ; RJS 2010. 11, n° 2 ; JSL 2009, n° 266-6 ; Dr. ouvrier 2010. 92, obs. Brousse.

21. Clauses du règlement intérieur. Le règlement intérieur peut toutefois contenir des dispositions restreignant le pouvoir de consultation de l'employeur, en le soumettant à d'autres conditions. • Soc. 26 juin 2012 : ✠ D. actu. 6 sept. 2012, obs. Perrin ; D. 2012. Actu. 1829 ; D. 2013. Pan. 1026, obs. Porta ; RDT 2012. 562, obs. de Quenaudon ; Dr. soc. 2012. 1027, obs. Ray ; JSL 2012, n° 329-4, obs. Boucheret ; JCP S 2012. 1465, obs. Bossu.

22. Dictaphone du salarié. L'employeur ne peut procéder à l'écoute d'enregistrements réalisés sur le lieu de travail par un salarié, à l'aide d'un dictaphone personnel, en l'absence de l'intéressé ou sans qu'il ait été dûment appelé. • Soc. 23 mai 2012 : ✠ D. actu. 1er juin 2012, obs. Astaix ; D. 2012. Actu. 1486 ; D. 2013. Pan. 1026, obs. Porta ; Dr. soc. 2012. 1027, obs. Ray ; RJS 2012. 591, n° 673 ; JSL 2012, n° 326-5, obs. Tourreil ; JCP S 2012. 1371, obs. Bossu.

23. Rôle du juge des référés. Le respect de la vie personnelle du salarié ne constitue pas en lui-même un obstacle à l'application des dispositions de l'art. 145 C. pr. civ. dès lors que le juge constate que les mesures qu'il ordonne procèdent d'un motif légitime et sont nécessaires à la protection des droits de la partie qui les a sollicitées. • Soc. 23 mai 2007 : ✠ D. 2007. AJ 1590 ; RDT 2007. 590, obs. Quenaudon ; RJS 2007. 705, n° 909 ; JSL 2007, n° 214-2 ; JCP S 2007. 1537, note Béal et Ferreira. ♦ Ainsi, l'employeur, qui avait des raisons légitimes et sérieuses de craindre que l'ordinateur mis à la disposition de la salariée avait été utilisé pour favoriser des actes de concurrence déloyale, a pu confier à un huissier de justice autorisé par ordonnance de référé la mission de prendre copie en présence de la salariée ou celle-ci dûment appelée des messages échangés entre personnes identifiées comme étant susceptibles d'être concernées par les faits de concurrence soupçonnés. • Soc. 10 juin 2008 : ✠ D. 2008. AJ 1834 ; RDT 2008. 602, obs. Varnek ; RJS 2008. 697, n° 866 ; Dr. soc. 2008. 1072, note Ray ; JSL 2008, n° 240-4 ; JCP S 2008. 1582, note Bossu.

24. Casier judiciaire. Lors de l'embauche, le salarié n'a pas l'obligation de faire mention d'antécédents judiciaires ; la dissimulation d'une condamnation pénale n'a pas un caractère dolosif et le licenciement du salarié pour ce fait est dépourvu de cause réelle et sérieuse. • Soc. 25 avr. 1990, ✠ n° 86-44.148 P : D. 1991. 507, note Mouly ; Dr. ouvrier 1990. 393, note Richevaux.

♦ La dissimulation par le salarié d'un fait en rapport avec ses activités professionnelles et les obligations qui en résultent peut constituer un manquement à la loyauté à laquelle il est tenu envers son employeur, dès lors qu'il est de nature à avoir une incidence sur l'exercice des fonctions ; ainsi s'agissant d'une mise en examen du salarié pour des faits en rapport avec ses activités professionnelles. • Soc. 29 sept. 2014 : ✠ D. actu. 20 oct. 2014, obs. Peyronnet ; D. 2014. Actu. 2002 ; RDT 2014. 762, obs. Moizard ; Dr. soc. 2014. 957, obs. Mouly ; RJS 2014. 725, n° 838 ; JSL 2014, n° 376-4, obs. Pacote et Renucci.

25. Consommation. Dans sa vie privée, le salarié est libre d'acheter les biens, produits ou marchandises de son choix. • Soc. 22 janv. 1992, ✠ n° 90-42.517 P : D. 1992. IR 60 ; Dr. soc. 1992. 329, note Savatier ; RJS 1992. 156, n° 245 (possibilité pour le salarié d'un concessionnaire automobile d'acheter un véhicule d'une autre marque). ♦ Chacun a droit au respect de sa vie privée, il en résulte qu'il ne peut être procédé à un licenciement pour une cause tirée de la vie privée du salarié que si le comportement de celui-ci a créé un trouble objectif caractérisé au sein de l'entreprise. • Soc. 30 nov. 2005 : ✠ RJS 2006. 109, n° 167 ; Dr. soc. 2006. 466, obs. Lanquetin.

26. Vêtements. La liberté de se vêtir à sa guise au temps et au lieu de travail n'entre pas dans la catégorie des libertés fondamentales. • Soc. 28 mai 2003, ✠ n° 02-40.273 P : Dr. soc. 809, note Waquet ; D. 2003. 2718, note Guiomard ; ibid. 2004. Somm. 176, obs. Pousson ; GADT, 4e éd., n° 69 ; RJS 2003. 664, n° 975 (port d'un bermuda au bureau). ♦ L'employeur ne peut imposer le port d'un uniforme aux salariés sans contact avec la clientèle. • Soc. 3 juin 2009 : ✠ D. 2010. Pan. 342, obs. Khodri ; RDT 2009. 656, obs. Robin ; RJS 2009. 619, n° 683.

27. Alcool et stupéfiants. L'obligation pour les membres d'équipage d'un ferry de fournir des échantillons d'urine afin de détecter l'usage d'alcool ou de drogue constitue une ingérence d'une autorité publique au sens de l'art. 8 Conv. EDH justifiée par un objectif légitime, assurer la sécurité du ferry, et proportionnée à cet objectif. • CEDH 7 nov. 2002 : ✠ D. 2005. 36, note Mouly et Marguénaud. ♦ L'obligation pour les personnels d'entretien d'une centrale nucléaire de fournir des échantillons d'urine afin de détecter l'usage d'alcool ou de drogue constitue une ingérence au sens de l'art. 8 Conv. EDH justifiée par un objectif légitime et proportionnée à cet objectif, en raison notamment du caractère discret et confidentiel des contrôles et de l'impossibilité de distinguer entre les différents membres du personnel en vue d'assurer la sécurité de ce type d'établissement. • CEDH 9 mars 2004 : ✠ D. 2005. 36, note Mouly et Marguénaud. ♦ Le règlement intérieur peut prévoir des contrôles aléatoires de consommation de substances stupéfiantes pour les seuls postes dits « hypersensibles drogue et alcool » et pour lesquels l'emprise de la drogue

DROITS ET LIBERTÉS DANS L'ENTREPRISE — Art. L. 1121-1

constitue un danger particulièrement élevé pour le salarié ou pour les tiers ; ce contrôle peut être effectué par le supérieur hiérarchique, qui doit respecter le secret professionnel sur ses résultats. • CE 5 déc. 2016, ⚖ n° 394178 : *Dr. soc. 2017. 244, obs. Mouly* ⌀ *; RJS 2/2017, n° 80 ; SSL 2016, n° 1750, p. 5, obs. Champeaux et Fantoni-Quinton ; JCP S 2017. 1022, obs. Noël*.

c. Vie personnelle et familiale

28. Clause de mobilité. Il appartient aux juges du fond de rechercher concrètement, d'une part, si la mise en œuvre de la clause de mobilité ne porte pas une atteinte au droit du salarié à une vie personnelle et familiale et si cette atteinte peut être justifiée par la tâche à accomplir et proportionnée au but recherché et, d'autre part, si la modification des horaires journaliers est compatible avec des obligations familiales impérieuses. • Soc. 13 janv. 2009 : ⚖ *D. 2009. 1799, note Escande-Varniol* ⌀ *; RDT 2009. 300, obs. Dumery ;* ⌀ *Dr. soc. 2009. 614, obs. Radé* ⌀ *; RJS 2009. 206, n° 228 ; JCP S 2009. 1162, obs. Bossu*.

29. Changement des horaires de travail. Sauf atteinte excessive au droit du salarié au respect de sa vie personnelle et familiale ou à son droit au repos, l'instauration d'une nouvelle répartition du travail sur la journée relève du pouvoir de direction de l'employeur. • Soc. 3 nov. 2011 : ⚖ *RDT 2012. 31, obs. Tournaux* ⌀ *; Dr. soc. 2012. 147, note Dockès* ⌀ *; RJS 2012. 27, n° 10 ; SSL 2011, n° 1518, p. 11, obs. Fabre ; JSL 2011, n° 311-312-5, obs. Lhernould*.

d. Domicile

30. Principe. Toute personne dispose de la liberté de choisir son domicile ; nul ne peut apporter aux droits des personnes et aux libertés individuelles et collectives des restrictions qui ne seraient pas justifiées par la nature de la tâche à accomplir et proportionnées au but recherché. • Soc. 28 févr. 2012 : ⚖ *D. actu. 2 avr. 2012, obs. Perrin ; D. 2012. Actu. 744* ⌀ *; RDT 2012. 225, obs. Varin* ⌀ *; RJS 2012. 359, n° 415 ; Dr. ouvrier 2012. 502, note Gardin ; JSL 2012, n° 320-3, obs. Lhernould ; JCP S 2012. 1244, obs. Loiseau*.

31. Clauses de résidence. Doit être annulée la clause de résidence imposée à des salariés dès lors qu'ils pouvaient exécuter les tâches qui leur étaient confiées tout en résidant à l'extérieur de l'entreprise. • Soc. 13 avr. 2005, ⚖ n° 03-42.965 P : *D. 2005. IR 1248* ⌀ *; Dr. soc. 2005. 809, obs. Savatier* ⌀. ♦ La clause faisant obligation à un avocat de fixer son domicile au lieu d'implantation du cabinet, fondée sur la seule nécessité d'une « bonne intégration de l'avocat dans l'environnement local », ne poursuit pas un objectif pouvant justifier l'atteinte portée à la liberté individuelle de l'avocat salarié. • Soc. 12 juill. 2005 : ⚖ *D. 2006. Pan. 30, obs. Escande-Varniol ; Dr. soc. 2005. 1037, obs. Barthélémy* ⌀ *; RJS 2005. 738, n° 1048*.

32. Clause de mobilité. Une clause de mobilité ne peut contraindre le salarié à un changement de résidence, si ses attributions n'exigent pas une présence permanente au lieu de la nouvelle affectation ; cela constituerait une atteinte au libre choix du domicile personnel et une telle restriction à la liberté de choix du domicile doit être indispensable à la protection des intérêts légitimes de l'entreprise et proportionnée au but recherché. • Soc. 12 janv. 1999, ⚖ n° 96-40.755 P : *D. 1999. IR 47 ; Dr. soc. 1999. 287, obs. Ray* ⌀ *; RJS 1999. 103, n° 151 ; CSB 1999. 159, A. 25*. ♦ La mise en œuvre d'une clause de mobilité sur l'ensemble de la France ne permet pas d'imposer au salarié l'obligation de fixer sa résidence dans un département précis. • Soc. 15 mai 2007 : ⚖ *D. 2007. AJ 1600* ⌀ *; RDT 2007. 449, obs. Bonnin* ⌀ *; RJS 2007. 617, n° 811 ; JCP S 2007. 1642, note Bossu*.

33. Utilisation du domicile. Un salarié n'est tenu ni d'accepter de travailler à son domicile, ni d'y installer ses dossiers et ses instruments de travail. • Soc. 2 oct. 2001 : ⚖ *D. 2002. 768, obs. Mercat-Bruns* ⌀ *; JCP 2002. II. 10035, note Corrignan-Carsin ; Dr. soc. 2001. 920, obs. Ray* ⌀ *; GADT, 4ᵉ éd., n° 70*. ♦ L'occupation à la demande de l'employeur, du domicile du salarié à des fins professionnelles constitue une immixtion dans la vie privée de celui-ci et n'entre pas dans l'économie générale du contrat de travail ; si le salarié accède à la demande de son employeur, ce dernier doit l'indemniser de cette sujétion particulière ainsi que des frais engendrés par l'occupation à titre professionnel du domicile. • Soc. 7 avr. 2010 : ⚖ *D. 2010. AJ 1084* ⌀ *; D. actu. 18 mai 2010, obs. Maillard ; RDT 2010. 517, obs. Bossu* ⌀ *; JSL 2010, n° 278-2, obs. Hautefort ; JCP S 2010. 1218, obs. Loiseau*. ♦ Mais le salarié ne peut prétendre à une indemnité au titre de l'occupation de son domicile à des fins professionnelles dès lors qu'un local professionnel est mis effectivement à sa disposition. • Soc. 4 déc. 2013 : ⚖ *D. 2013. Actu. 2020* ⌀ *; RJS 2014. 103, n° 103 ; JSL 2014, n° 359-2, obs. Lhernould*. ♦ L'employeur ne peut contraindre un salarié à déménager sous prétexte que son assureur refuse de l'assurer s'il ne déménage pas. • Soc. 23 sept. 2009 : ⚖ *D. 2009. AJ 2431* ⌀ *; RDT 2010. 37, obs. Gardin* ⌀ *; JSL 2009 n° 265-5 ; Dr. soc. 2010. 114, obs. Loiseau* ⌀.

34. Indemnisation d'occupation du domicile à des fins professionnelles. Le salarié peut prétendre à une indemnité au titre de l'occupation de son domicile à des fins professionnelles dès lors qu'un local professionnel n'est pas mis effectivement à sa disposition ; le montant de l'indemnité est fixé souverainement par les juges du fond qui peuvent considérer que l'occupation du logement à des fins professionnelles résultant du stockage du matériel professionnel ne variait ni en fonction du temps de travail effectif ni en raison de l'utilisation des heures de délégation. • Soc. 8 nov. 2017, ⚖ n° 16-18.499 P : *D. 2017. Actu. 2308* ⌀ *; RDT 2018. 52, obs. Bondat* ⌀ *; RJS 1/2018, n° 29 ; JSL 2018, n° 445-2, obs. Urbani-

Schwartz et Mouren ; JCP S 2017. 1411, obs. Guyot.
♦ Le montant de l'indemnité d'occupation du domicile des salariés à des fins professionnelles ne peut dépendre que de l'importance de la sujétion imposée à chaque salarié, du fait de l'immixtion dans sa vie privée du travail à accomplir pour l'employeur et de la nécessité de stocker des matériels professionnels à son domicile ; l'importance de cette sujétion est appréciée souverainement par les juges du fond. • Soc. 10 mars 2021, ⚖ n° 19-16.237.

35. S'agissant d'un établissement spécialisé dans l'accueil des mineurs en difficulté, l'interdiction faite aux membres du personnel éducatif de recevoir à leur domicile des mineurs placés dans l'établissement est une sujétion professionnelle pouvant figurer dans le règlement intérieur ; cette restriction à la liberté du salarié, justifiée par la nature du travail à accomplir et proportionnée au but recherché, est légitime. • Soc. 13 janv. 2009 : ⚖ R., p. 326 ; D. 2009. AJ 375, obs. Perrin ⊘ ; ibid. 1316, note Mouly ⊘ ; RJS 2009. 203, n° 225 ; JSL 2009, n° 249-2 ; SSL 2009, n° 1386, p. 12 ; JCP S 2009. 1122, obs. Bossu.

36. Sur les conditions obligeant éventuellement un employeur à communiquer l'adresse de l'un de ses salariés à un créancier de ce dernier, V. • Civ. 1re, 19 mars 1991 : ⚖ D. 1991. 568, note Velardocchio ⊘. ♦ Sur le délit d'atteinte à la vie privée caractérisé par l'installation d'un dispositif permettant d'intercepter les communications téléphoniques, V. Paris, 7 mai 1997 : JCP E 1997. Pan. 1139. ♦ Sur le licenciement du salarié pour des faits tirés de sa vie personnelle, V. notes 3 et 15 ss. art. L. 1232-1.

2° LIBERTÉ D'EXPRESSION – LIBERTÉ RELIGIEUSE

37. Liberté d'expression : principe. Sauf abus, le salarié jouit, dans l'entreprise et à l'extérieur de celle-ci, de sa liberté d'expression, à laquelle seules des restrictions justifiées par la nature de la tâche à accomplir et proportionnées au but recherché peuvent être apportées. • Soc. 28 avr. 1988 : D. 1988. 437, note Wagner ; Dr. soc. 1988. 428, concl. Écoutin, obs. Couturier ; Dr. ouvrier 1988. 250, concl. Écoutin, note Jeammaud et Le Friant ; RPDS 1988. 184, note G. Lyon-Caen ; ibid. 1988. 218, note Cohen • Soc. 28 avr. 2011 : ⚖ D. 2011. Actu. 1228, obs. Astaix ⊘ ; RJS 2011. 533, n° 577 ; JCP S 2011. 1374, obs. Bossu. • Soc. 27 mars 2013 : ⚖ D. 2013. Actu. 925 ⊘ ; RDT 2013. 491, obs. Pontif ⊘ ; Dr. soc. 2013. 453, obs. Dabosville ⊘ ; JSL 2013, n° 343-3, obs. Hautefort. ♦ Des restrictions peuvent être apportées à la liberté d'expression pour assurer la protection de la réputation et des droits d'autrui dès lors que ces restrictions sont proportionnées au but recherché. • Soc. 14 janv. 2014 : ⚖ D. actu. 28 janv. 2014, obs. Peyronnet ; D. 2014. Actu. 215 ⊘ ; RDT 2014. 179, obs. Mathieu ⊘ ; RJS 2014. 160, rapp. Béraud ; ibid. n° 222 ; JSL 2014, n° 361-3, obs. Hautefort. ♦ Ne manque pas à son obligation de loyauté le délégué qui dénonce l'un des adhérents de l'association sans abuser de l'exercice de la liberté d'expression, caractérisé par l'emploi de termes injurieux, diffamatoires ou excessifs. • Soc. 23 sept. 2015, ⚖ n° 14-14.021 P : Dr. soc. 2016. 5, note Gratton ⊘ ; JCP S 2015, n° 1429, p. 21, note Bossu.

38. Licenciement ne portant pas une atteinte excessive à la liberté d'expression. N'est pas disproportionné et ne porte donc pas une atteinte excessive à la liberté d'expression du salarié son licenciement, fondé sur la violation d'une clause de son contrat de travail d'animateur de télévision, dès lors que, compte tenu de l'impact potentiel des propos réitérés de l'intéressé, reflétant une banalisation des violences à l'égard des femmes, sur les intérêts commerciaux de l'employeur, cette rupture poursuit un but légitime de lutte contre les discriminations à raison du sexe et contre les violences domestiques et celui de la protection de la réputation et des droits de l'employeur. • Soc. 20 avr. 2022, ⚖ n° 20-10.852 B : D. actu. 10 mai 2022, obs. Malfettes ; D. 2022. 1191, note Marguénaud et Mouly ⊘ ; RDT 2022. 492, note Fabre ⊘ ; Dr. soc. 2022. 386, note Grivel ⊘ ; ibid. 512, obs. Adam ⊘ ; RJS 7/2022, n° 358 ; JSL 2022, n° 544, obs. Nasom-Tissandier ; JCP S 2022. 1160, obs. Bossu.

39. Liberté religieuse – affaire Baby-Loup. Il résulte de la combinaison des art. L. 1121-1 et L. 1321-3 C. trav. que les restrictions à la liberté du salarié de manifester ses convictions religieuses doivent être justifiées par la nature de la tâche à accomplir et proportionnées au but recherché. Ne présentait pas un caractère général, mais était suffisamment précise, justifiée par la nature des tâches accomplies par les salariés de l'association et proportionnée au but recherché, la clause du règlement intérieur d'une association gérant une crèche disposant que « le principe de la liberté de conscience et de religion de chacun des membres du personnel ne peut faire obstacle au respect des principes de laïcité et de neutralité qui s'appliquent dans l'exercice de l'ensemble des activités développées, tant dans les locaux de la crèche ou ses annexes qu'en accompagnement extérieur des enfants confiés à la crèche », appréciée de manière concrète en tenant compte des conditions de fonctionnement d'une association de dimension réduite, employant seulement dix-huit salariés, qui étaient ou pouvaient être en relation directe avec les enfants et leurs parents. • ass. plén., 25 juin 2014, ⚖ n° 13-28.369 P : D. 2014. Actu. 1386 ⊘ ; RDT 2014. 607, note Adam ⊘ ; Dr. soc. 2014. 811 ⊘ ; RJS 2014/10, n° 667 ; JCP 2014. 36, obs. Corrignan-Carsin ; JCP S 2014. 1287, obs. Bossu. ♦ Rejet de Paris : • Paris, 27 nov. 2013, ⚖ n° 13/02981 D. 2014. 65, note Mouly ⊘ ; Dr. soc. 2014. 4 ⊘ ; JCP S 2013. 1474, obs. Bossu. ♦ Sur le premier pourvoi, V. : • Soc. 19 mars 2013, ⚖ Baby Loup, n° 11-28.845 P : D. 2013. Actu. 777 ⊘ ; D. 2013. 962, concl. Aldigé, note Mouly ⊘ ;

DROITS ET LIBERTÉS DANS L'ENTREPRISE — Art. L. 1121-1

D. 2013. Pan. 1026, obs. Porta ; RDT 2013. 385, note Adam ; ibid. 94, note Calvès (lecture européenne de la décision) ; Dr. soc. 2013. 388, note Dockès ; RJS 2013/5, n° 346 ; Dr. soc. 2013. 388, obs. Dockès ; Dr. ouvrier 2013. 580, note Akandji-Kombé ; JSL 2013, n° 342-2, obs. Lhernould ; JCP S 2013. 1146, note Bossu ; ibid. 1297, note Desbarats ; ibid. 1298, note Dieu ; ibid. 1299, note Chicheportiche et Kantorowicz. ♦ Cassation de : • Versailles, 27 oct. 2011, n° 10/05642 SSL 2011, n° 1515, p. 10.

40. Comité des droits de l'homme de l'ONU et affaire Baby-Loup. Le licenciement pour faute grave de la salariée voilée fondé sur le règlement intérieur de la crèche qui prévoit une obligation de neutralité du personnel dans l'exercice de ses tâches ne reposait pas sur un critère raisonnable et objectif et constitue donc une discrimination intersectionnelle basée sur le genre et la religion. • Comité des droits de l'homme de l'ONU, ass. plén., 16 juill. 2018 : *SSL 2018, n° 1828, p. 4, obs. Adam.*

41. Clause de neutralité. L'employeur, investi de la mission de faire respecter au sein de la communauté de travail l'ensemble des libertés et droits fondamentaux de chaque salarié, peut prévoir dans le règlement intérieur de l'entreprise ou dans une note de service soumise aux mêmes dispositions que le règlement intérieur, une clause de neutralité interdisant le port visible de tout signe politique, philosophique ou religieux sur le lieu de travail, dès lors que cette clause générale et indifférenciée n'est appliquée qu'aux salariés se trouvant en contact avec les clients. En présence du refus d'une salariée de se conformer à une telle clause dans l'exercice de ses activités professionnelles auprès des clients de l'entreprise, il appartient à l'employeur de rechercher, si tout en tenant compte des contraintes inhérentes à l'entreprise et sans que celle-ci ait à subir une charge supplémentaire, il lui est possible de proposer à la salariée un poste de travail n'impliquant pas de contact visuel avec ces clients, plutôt que de procéder à son licenciement. • Soc. 22 nov. 2017, n° 13-19.855 P : *D. actu. 30 nov. 2017, obs. Peyronnet ; D. 2018. 218, note Mouly ; RDT 2017. 797, obs. Miné ; RJS 1/2018, p. 14, avis Courcol-Bouchard ; ibid., n° 5 ; SSL 2017, n° 1792, p. 16, obs. Adam ; ibid. 2017, n° 1793, p. 11, obs. Huglo ; JSL 2018, n° 445-1, obs. Bernard.* ♦ Si aucune clause de neutralité interdisant le port visible de tout signe politique, philosophique ou religieux sur le lieu de travail n'est prévue dans le règlement intérieur de l'entreprise ou dans une note de service soumise aux mêmes dispositions que le règlement intérieur, l'interdiction faite à une salariée de porter un foulard islamique caractérise l'existence d'une discrimination directement fondée sur les convictions religieuses de l'intéressée. En outre, l'attente alléguée des clients sur l'apparence physique des vendeuses d'un commerce de détail d'habillement ne saurait constituer une exigence professionnelle essentielle et déterminante, au sens de l'art. 4, § 1, Dir. 2000/78/CE du 27 nov. 2000, tel qu'interprété par la CJUE. Le licenciement de la salariée, prononcé au motif de son refus de retirer son foulard islamique lorsqu'elle était en contact avec la clientèle, est discriminatoire et doit être annulé. • Soc. 14 avr. 2021, n° 19-24.079 P : *D. 2021. 805 ; RDT 2021. 390, obs. Meiffret ; RJS 6/2021, n° 293 ; JSL 2021, n° 521-2 ; JCP 2021. 492, obs. Corrignan-Carsin ; JCP S 2021. 1161, obs. Bossu.*

42. Port de la barbe. En l'absence de règlement intérieur ou d'une note de service précisant la nature des restrictions à la liberté religieuse du salarié que l'employeur entendait lui imposer, l'interdiction faite à un salarié, lors de l'exercice de ses missions, du port de la barbe en tant qu'elle manifesterait des convictions religieuses et politiques, doit répondre à une exigence professionnelle essentielle et déterminante au sens de l'art. 4, § 1, Dir. 2000/78/CE du 27 nov. 2000. Si les demandes d'un client ne peuvent constituer une telle exigence, l'objectif légitime de sécurité du personnel et des clients de l'entreprise peut justifier, en application de ces dispositions, des restrictions aux droits des personnes et aux libertés individuelles et collectives et, par suite, permet à l'employeur d'imposer au salarié une apparence neutre lorsque celle-ci est rendue nécessaire afin de prévenir un danger objectif. Faute pour l'employeur de démontrer les risques de sécurité spécifiques liés au port de la barbe dans le cadre de l'exécution de la mission du salarié, le licenciement de ce dernier est nul en ce qu'il reposait, au moins pour partie, sur un motif discriminatoire lié aux convictions politiques ou religieuses. • Soc. 8 juill. 2020, n° 18-23.743 P : *D. 2020. Actu. 1469 ; RDT 2020. 620, note Willocx ; Dr. soc. 2021. 232, note Mouly ; RJS 10/2020, n° 452 ; SSL 2020, n° 1921, p. 7, note Adam ; JSL 2020, n° 504-1, obs. Marre et Boulanger ; JCP 2020. 922, obs. Corrignan-Carsin ; JCP S 2020. 2092, obs. Bossu.*

43. Laïcité et gestion d'un service public. Le principe de laïcité instauré par l'art. 1er de la Constitution n'est pas applicable aux salariés des employeurs de droit privé qui ne gèrent pas un service public. • Soc. 19 mars 2013, *Baby Loup*, n° 11-28.845 P : *préc. note 39.* ♦ Ce principe s'applique, en revanche, à l'ensemble des services publics, y compris lorsque ceux-ci sont assurés par des organismes de droit privé ; si les dispositions du code du travail ont vocation à s'appliquer aux agents des caisses primaires d'assurance maladie, ces derniers sont toutefois soumis à des contraintes spécifiques résultant du fait qu'ils participent à une mission de service public, lesquelles leur interdisent notamment de manifester leurs croyances religieuses par des signes extérieurs, en particulier vestimentaires, peu important que la salariée soit ou non directement en contact avec le public. • Soc. 19 mars 2013, n° 12-11.690 P : *D. 2013. Actu. 777 ; D. 2013. Pan. 1026, obs. Porta ; RJS 5/13, n° 346 ; Dr. soc. 2013. 388, obs. Dockès ; JSL 2013, n° 342-2, obs. Lhernould ; JCP S 2013 n° 1146 (2e esp.), note B. Bossu.*

44. Différence de traitement autorisée et volonté de la clientèle. La volonté d'un employeur de tenir compte des souhaits d'un client de ne plus voir les services dudit employeur assurés par une travailleuse portant un foulard islamique ne saurait être considérée comme une exigence professionnelle essentielle et déterminante de nature à justifier le licenciement d'une salariée au motif que celle-ci refusait de retirer son foulard islamique lorsqu'elle était en mission auprès des clients de cette entreprise. • CJUE 14 mars 2017, ⚖ n° C-188/15 : *D. actu. 20 mars 2017, obs. Peyronnet ; D. 2017. 947, obs. Mouly* ⌀ *; RDT 2017. 422, note Adam* ⌀ *; RJS 2017/5, n° 384.* ♦ L'interdiction de porter un foulard islamique, qui découle d'une règle interne d'une entreprise privée interdisant le port visible de tout signe politique, philosophique ou religieux sur le lieu de travail, ne constitue pas une discrimination directe fondée sur la religion ou sur les convictions. En revanche, une telle règle interne d'une entreprise privée est susceptible de constituer une discrimination indirecte s'il est établi que l'obligation, en apparence neutre, qu'elle prévoit, entraîne, en fait, un désavantage particulier pour les personnes adhérant à une religion ou à des convictions données, à moins qu'elle ne soit objectivement justifiée par un objectif légitime, tel que la poursuite par l'employeur, dans ses relations avec ses clients, d'une politique de neutralité politique, philosophique ainsi que religieuse, et que les moyens de réaliser cet objectif ne soient appropriés et nécessaires, ce qu'il appartient à la juridiction de renvoi de vérifier. • CJUE 14 mars 2017, ⚖ n° C-157/15 : *D. 2017. 947, note Mouly* ⌀ *; RDT 2017. 422, note Adam* ⌀ *; RJS 2017/5, n° 384 ; ibid. 6/2017, p. 448, obs. Gardin ; JCP S 2017. 1105, obs. Bossu.* ♦ Sur la question préjudicielle, V. : • Soc. 9 avr. 2015 : ⚖ *D. actu. 22 avr. 2015, obs. Peyronnet ; D. 2015. Actu. 870* ⌀ *; RDT 2015. 405, obs. Miné* ⌀ *; Dr. soc. 2015. 648, note Wolmark* ⌀ *; JSL 2015, n° 388-2, obs. Tissandier ; RJS 6/2015, n° 386.* V. note 41.

45. Discrimination indirecte et justification du critère neutre. Une différence de traitement indirectement fondée sur la religion ou les convictions, découlant d'une règle interne d'une entreprise interdisant aux travailleurs de porter tout signe visible de convictions politiques, philosophiques ou religieuses sur le lieu de travail, est susceptible d'être justifiée par la volonté de l'employeur de poursuivre une politique de neutralité politique, philosophique et religieuse à l'égard des clients ou des usagers, pour autant, en premier lieu, que cette politique réponde à un besoin véritable de cet employeur, qu'il incombe à ce dernier d'établir en prenant notamment en considération les attentes légitimes desdits clients ou usagers ainsi que les conséquences défavorables que cet employeur subirait en l'absence d'une telle politique, compte tenu de la nature de ses activités ou du contexte dans lequel celles-ci s'inscrivent, en deuxième lieu, que cette différence de traitement soit apte à assurer la bonne application de cette politique de neutralité, ce qui suppose que cette politique soit suivie de manière cohérente et systématique, et, en troisième lieu, que cette interdiction soit limitée au strict nécessaire au regard de l'ampleur et de la gravité réelles des conséquences défavorables que l'employeur cherche à éviter par une telle interdiction. • CJUE 15 juill. 2021, ⚖ n° C-804/18 : *D. 2021. 1749, note Anciaux et Icard* ⌀ *; ibid. 2022. 132, obs. Vernac et Ferkane* ⌀ *; ibid. 872, obs. Régine* ⌀ *; Dr. soc. 2021. 950, obs. Radé* ⌀ *; RDT 2021. 715, obs. Moizard* ⌀ *; RTD eur. 2022. 296, obs. Robin-Olivier* ⌀ *; ibid. 397, obs. Benoit-Rohmer* ⌀.

B. LIBERTÉS PROFESSIONNELLES

46. Liberté syndicale. Un accord collectif peut établir des règles de répartition inégalitaire d'une contribution au financement du dialogue social entre les organisations syndicales représentatives, mais l'inégalité doit être justifiée par des raisons objectives matériellement vérifiables liées à l'influence de chaque syndicat dans le champ de l'accord. • Soc. 10 oct. 2007 : ⚖ *D. 2007. AJ 2673* ⌀ *; RJS 2007. 1043, n° 1305 ; Dr. soc. 2008. 106, note Borenfreund* ⌀.

47. Clauses du contrat de travail. La clause par laquelle un salarié à temps partiel se voit interdire toute autre activité professionnelle, soit pour son compte, soit pour le compte d'un tiers, porte atteinte au principe fondamental de libre exercice d'une activité professionnelle et n'est dès lors valable que si elle est indispensable à la protection des intérêts légitimes de l'entreprise et si elle est justifiée par la nature de la tâche à accomplir et proportionnée au but recherché. • Soc. 25 févr. 2004, ⚖ n° 01-43.392 P : *D. 2004. IR 923* ⌀ *; RJS 2004. 353, n° 504.*

48. Choix de l'employeur. L'art. 23 de la charte du football professionnel qui impose au jeune espoir, à l'expiration de son contrat de joueur, l'obligation de conclure un contrat de joueur professionnel avec le club qui a pris en charge sa formation, en lui interdisant de travailler avec tout autre club, peut être considéré comme ayant pour effet d'empêcher ou de dissuader un jeune joueur de se rendre dans un club d'un autre État membre dans la mesure où la violation de cette obligation est susceptible d'entraîner le versement d'une indemnité ou de dommages-intérêts ; toutefois, s'agissant d'un premier engagement à titre professionnel d'un jeune joueur qui vient de terminer sa période de formation, la clause pourrait se trouver justifiée par l'objectif légitime de son club formateur de conserver le joueur qu'il vient de former. • Soc. 9 juill. 2008 : ⚖ *RDT 2008. 729, obs. Jacotot* ⌀ *; RJS 2008. 826, n° 1015 ; JCP S 2008. 1534, obs. Buy.*

49. Liberté de la concurrence. L'art. 6.1 du Pacte international relatif aux droits économiques, sociaux et culturels du 16 déc. 1966, directement applicable en droit interne, qui garantit le droit qu'a toute personne d'obtenir la possibilité de gagner sa vie par un travail librement choisi et accepté, s'oppose à ce qu'un salarié tenu au respect d'une obligation de non-concurrence soit privé de toute contrepartie financière au motif qu'il a été licencié pour faute grave. ● Soc. 16 déc. 2008 : ⚖ *D. 2009. AJ 233* ⊘ ; *RDT 2009. 239*, obs. de Quénaudon ⊘ ; *RJS 2009. 246, n° 285* ; *Dr. soc. 2009. 236*, obs. Mouly ⊘ ; *JCP S 2009. 1114*, obs. Beyneix.

50. Liberté du travail. Une clause convenue entre les parties, dont l'objet est de fidéliser le salarié dont l'employeur souhaite s'assurer la collaboration dans la durée, peut, sans porter une atteinte injustifiée et disproportionnée à la liberté du travail, subordonner l'acquisition de l'intégralité d'une prime d'arrivée, indépendante de la rémunération de l'activité du salarié, à une condition de présence de ce dernier dans l'entreprise pendant une certaine durée après son versement et prévoir le remboursement de la prime au prorata du temps que le salarié, en raison de sa démission, n'aura pas passé dans l'entreprise avant l'échéance prévue. ● Soc. 11 mai 2023, ⚖ n° 21-25.136 B : *D. 2023. 1013* ⊘ ; *D. actu. 30 mai 2023*, obs. Maurel ; *RDT 2023. 411*, note Guillemot ⊘ ; *Dr. soc. 2023. 654*, note Mouly ⊘ ; *RJS 7/2023, n° 376* ; *JSL 2023, n° 566-1*, obs. Hautefort ; *SSL 2023, n° 2050, p. 10*, obs. Guichard ; *JCP E 2023. 1187*, obs. Lahalle.

C. LIBERTÉS PUBLIQUES

51. Liberté de manifestation. Est dénué de cause réelle et sérieuse le licenciement d'un salarié pour participation à une manifestation publique sur quoi se soit caractérisé en quoi, compte tenu de la fonction du salarié et de la nature de l'entreprise, la seule relation de travail pouvait justifier l'interdiction par l'employeur d'exercer une liberté collective en dehors du temps de travail. ● Soc. 23 mai 2007 : ⚖ *RDT 2007. 586*, obs. Aubert-Monpeyssen ⊘.

52. Informatique et libertés. Il résulte de la combinaison des art. 16, 27 et 34 de la loi n° 78-17 du 6 janv. 1978 relative à l'informatique, aux fichiers et aux libertés, 226-16 C. pén., L. 121-8 et L. 432-2-1 C. trav. [L. 1221-9 et L. 2323-3, nouv.], qu'à défaut de déclaration à la CNIL d'un traitement automatisé d'informations nominatives concernant un salarié, son refus de déférer à une exigence de son employeur impliquant la mise en œuvre d'un tel traitement ne peut lui être reproché. ● Soc. 6 avr. 2004, ⚖ n° 01-45.227 P : *D. 2004. 2736*, note de Quenaudon ⊘ ; *Dr. ouvrier 2004. 378*, note Adam. ◆ Le système de pointage par empreintes digitales, constitutif d'un traitement automatisé de données personnelles, porte atteinte aux droits et libertés individuels des salariés de l'entreprise et n'est ni adéquat, ni pertinent, ni justifié au regard de l'objectif de l'établissement des bulletins de paie. ● TGI Paris, 1re ch. sect. soc., 19 avr. 2005 : *JSL 2005, n° 169-2*. ◆ Les informations collectées par la messagerie électronique professionnelle avant sa déclaration à la CNIL sont illicites. ● Soc. 8 oct. 2014 : ⚖ *D. 2014. Actu. 2055* ⊘ ; *RJS 2014. 717, n° 826* ; *JSL 2014, n° 377-378-4*, obs. Hautefort. ◆ Mais l'employeur peut se prévaloir à l'égard du salarié des informations fournies par un chronotachygraphe, dont il ne pouvait ignorer l'existence, et ce même si son existence n'a pas été déclarée à la CNIL, l'obligation de mettre en place et d'utiliser, sous peine de sanctions pénales, ce matériel de contrôle résultant du Règl. CEE n° 3821/85 du 20 déc. 1985, d'application directe. ● Soc. 14 janv. 2014 : ⚖ *D. actu. 30 janv. 2014*, obs. Fraisse ; *D. 2014. Actu. 215* ⊘.

53. Système de traitement automatisé de données personnelles. Un traitement collectant des données ayant pour but d'informer les cadres de permanence des aéroports sur les événements liés à l'exploitation de la flotte et les demandes particulières de pilotes est licite dès lors que ces derniers ont été, d'une part, informés de son existence, ses finalités, des destinataires des données et de leurs droits d'accès, de rectification et de suppression dès sa création et, d'autre part, mis en mesure depuis lors de suivre les événements les concernant, le dispositif ne comportant, par ailleurs, aucune donnée à caractère disciplinaire ou relative à l'état de santé des intéressés et aucun rapprochement n'étant fait entre les données collectées et celles permettant la gestion de leur dossier professionnel. ● Soc. 13 juin 2018, ⚖ n° 16-25.301 P : *D. actu. 2 juill. 2018*, obs. Ciray ; *D. 2018. Actu. 1316* ⊘ ; *RDT 2018. 680*, note Basire et Sabbah ⊘ ; *JSL 2018, n° 459-3*, obs. Parier et Ranc ; *JCP S 2018. 1266*, obs. Bossu.

II. NULLITÉ DES MESURES ATTENTATOIRES

54. Principe. Le juge ne peut, en l'absence de disposition le prévoyant et à défaut de violation d'une liberté fondamentale, annuler un licenciement. ● Soc. 13 mars 2001, ⚖ n° 99-45.735 P : *Dr. soc. 2001. 1117*, obs. Roy-Loustaunau ⊘ ; *RJS 2001/5, n° 590*.

55. Nullités écartées. Ne constitue pas une liberté fondamentale : le principe selon lequel le criminel tient le civil en l'état. ● Soc. 31 mars 2004, ⚖ n° 01-46.960 P : *D. 2004. IR 1213* ⊘ ; *Dr. soc. 2004. 666*, obs. Radé ⊘. ◆ ... La liberté de se vêtir à sa guise dans l'entreprise. ● Soc. 28 mai 2003 : ⚖ préc. note 26. ◆ ... Le droit à l'emploi ne constitue pas une liberté fondamentale qui justifierait la poursuite du contrat de travail au-delà du terme de la mission du travail temporaire en cas d'action en requalification en contrat à durée indéterminée. ● Soc. 21 sept. 2017, ⚖ n° 16-20.270 P : *D.*

Art. L. 1121-2

actu. 30 oct. 2017, obs. Siro ; D. 2017. Actu. 1923, note explicative Cass ; JSL 2017, n° 441-2, obs. Lajeunesse ; JCP 2017. 1090, obs. Dedessus-le-Moustier. ♦ ... Le principe de non-discrimination en raison de l'âge, qui justifierait, en cas de nullité du licenciement prononcé en violation de cette prohibition, la non-déduction des revenus de remplacement perçus par le salarié entre son éviction de l'entreprise et sa réintégration. • Soc. 15 nov. 2017, n° 16-14.281 P : *D. 2017. Actu. 2375 ; D. 2018. 814, note Porta ; ibid. 192, obs. Salomon ; RDT 2018. 132, obs. Mercat-Bruns ; Dr. soc. 2018. 537, note Moizard ; RJS 1/2018, n° 20 ; JSL 2018, n° 446-5, obs. Hautefort ; JCP S 2017. 1406, obs. Lhernould.*

56. Liberté d'expression. Est nul le licenciement qui sanctionne la liberté d'expression du salarié en dehors de l'entreprise. • Soc. 28 avr. 1988 : *D. 1988. 437, note Wagner ; Dr. soc. 1988. 428, concl. Écoutin, obs. Couturier ; Dr. ouvrier 1988. 250, concl. Écoutin, note Jeammaud et Le Friant ; RPDS 1988. 184, note G. Lyon-Caen ; ibid. 1988. 218, note Cohen.* ♦ En raison de l'atteinte qu'il porte à la liberté d'expression, en particulier au droit pour les salariés de signaler les conduites ou actes illicites constatés par eux sur leur lieu de travail, le licenciement d'un salarié prononcé pour avoir relaté ou témoigné, de bonne foi, de faits dont il a eu connaissance dans l'exercice de ses fonctions et qui, s'ils étaient établis, seraient de nature à caractériser des infractions pénales, est frappé de nullité. • Soc. 30 juin 2016, n° 15-10.557 P : *D. 2016. 1740, concl. Marguénaud et Mouly ; RDT 2016. 566, note Adam ; RJS 2016/10, n° 612 ; SSL 2016, n° 1730, p. 11, obs. Champeaux, interview Huglo ; JSL 2016, n° 415-5, obs. Tissandier ; JCP S 2016. 1381, obs. Duchange.* ♦ Sauf abus, le salarié jouit, dans l'entreprise et en dehors de celle-ci, de sa liberté d'expression, à laquelle seules des restrictions justifiées par la nature de la tâche à accomplir et proportionnées au but recherché peuvent être apportées ; le licenciement prononcé par l'employeur pour un motif lié à l'exercice non abusif par le salarié de sa liberté d'expression est nul. • Soc. 16 févr. 2022, n° 19-17.871 B : *D. actu. 18 mars 2022, obs. Couëdel ; D. 2022. 358 ; RJS 5/2022, n° 241 ; JSL 2022, n° 539, obs. Hautefort ; JCP S 2022. 1091, obs. Bossu.* ♦ Le caractère illicite du motif du licenciement prononcé, même en partie, en raison de l'exercice, par le salarié, de sa liberté d'expression, liberté fondamentale, entraîne à lui seul la nullité du licenciement. • Soc. 29 juin 2022, n° 20-16.060 B : *D. 2022. 1265 ; RJS 10/2022, n° 501 ; JSL 2022, n° 547, obs. Hautefort.*

57. Droit au juge. Est nul le licenciement prononcé en raison de la teneur des écrits produits devant les juridictions, en violation de la liberté fondamentale de la défense. • Soc. 28 mars 2006, n° 04-41.695 P *D. 2006. IR 1128 ; RJS 2006. 474, n° 474.* ♦ Lorsque la rupture illicite d'un contrat à durée déterminée avant l'échéance du terme fait suite à l'action en justice engagée par le salarié contre son employeur, il appartient à ce dernier d'établir que sa décision est justifiée par des éléments étrangers à toute volonté de sanctionner l'exercice, par le salarié, de son droit d'agir en justice ; s'il n'y parvient pas, la violation d'une liberté fondamentale est caractérisée, ce qui autorise le juge des référés à ordonner la poursuite de la relation contractuelle. • Soc. 6 févr. 2013 : *D. actu. 27 mars 2013, obs. Ines ; D. 2013. Actu. 440 ; RDT 2013. 630, obs. Adam ; Dr. soc. 2013. 415, note Mouly ; Dr. ouvrier 2013. 549, obs. Mazières ; JSL 2013, n° 340-4 ; JCP S 2013. 1385, obs. Bousez.* ♦ La saisine de la juridiction prud'homale en résiliation judiciaire du contrat de travail ne peut servir de fondement à une mesure de licenciement ; dès lors que la lettre de licenciement fait référence, même parmi d'autres griefs, à la saisine du juge par le salarié, ce grief constitue une atteinte à la liberté fondamentale d'ester en justice entraînant la nullité du licenciement. • Soc. 3 févr. 2016, n° 14-18.600 P : *D. actu. 16 févr. 2016, obs. Cortot ; D. 2016. Actu. 383 ; RDT 2016. 433, obs. Enjolras ; RJS 4/2016, n° 246 ; JCP S 2016. 1140, obs. Bugada.* • 16 mars 2016, n° 14-23.589 P : *D. actu. 29 juin 2016, obs. Peyronnet ; D. 2016. Actu. 719 ; RJS 5/2016, n° 311 ; JCP S 2016. 1173, obs. Bugada ; JSL 2016, n° 408-1, obs. Jaglin et Dumortier.* ♦ La seule référence dans la lettre de licenciement à une procédure contentieuse envisagée par le salarié est constitutive d'une atteinte à la liberté fondamentale d'ester en justice entraînant à elle seule la nullité de la rupture ; une telle nullité ouvre droit pour le salarié qui demande sa réintégration à une indemnité égale au montant de la rémunération qu'il aurait dû percevoir entre son éviction de l'entreprise et sa réintégration, sans déduction des éventuels revenus de remplacement perçus pendant cette période. • Soc. 21 nov. 2018, n° 17-11.122 P : *D. 2018. Actu. 2311 ; RDT 2019. 257, obs. Meyrat ; RJS 2/2019, n° 90 ; Gaz. Pal. 29 janv. 2019, p. 59, obs. Orif ; JSL 2018, n° 469-2, obs. Tissandier.*

58. Égalité des armes. Le principe de l'égalité des armes s'oppose à ce que l'employeur utilise son pouvoir disciplinaire pour imposer au salarié les conditions de règlement du procès qui les oppose ; le licenciement prononcé dans ces conditions doit être annulé. • Soc. 9 oct. 2013 : *D. 2013. Actu. 2404 ; ibid. 302, obs. Mériette ; RDT 2014. 58, obs. Orif ; RJS 12/2013, n° 788 ; SSL 2013, n° 1603, p. 12, obs. Florès ; JCP S 2013. 1456, obs. Bugada.*

Art. L. 1121-2 (L. n° 2022-401 du 21 mars 2022, art. 7-I, en vigueur le 1ᵉʳ sept. 2022) Aucune personne ne peut être écartée d'une procédure de recrutement ou de l'accès à un stage ou à une période de formation en entreprise, aucun salarié ne peut être sanc-

DISCRIMINATIONS — Art. L. 1121-2

tionné, licencié ni faire l'objet d'une mesure discriminatoire, directe ou indirecte, notamment en matière de rémunération, au sens de l'article L. 3221-3, de mesures d'intéressement ou de distribution d'actions, de formation, de reclassement, d'affectation, de qualification, de classification, de promotion professionnelle, d'horaires de travail, d'évaluation de la performance, de mutation ou de renouvellement de contrat, ni de toute autre mesure mentionnée au II de l'article 10-1 de la loi n° 2016-1691 du 9 décembre 2016 relative à la transparence, à la lutte contre la corruption et à la modernisation de la vie économique, pour avoir signalé ou divulgué des informations dans les conditions prévues aux articles 6 et 8 de la même loi.

BIBL. ▶ Leclerc et Chateauraynaud, *RDT 2022. Controverse 281* (la transposition de la directive européenne sur la protection des lanceurs d'alerte, rupture ou continuité ?).

> **COMMENTAIRE**
> V. sur le Code en ligne.

TITRE III DISCRIMINATIONS

BIBL. ▶ **Cadre juridique de la discrimination :** Akandji-Kombe, *Dr. soc. 2014. 68* (en amont du débat sur les recours collectifs en matière professionnelle : éliminer les causes conventionnelles de discrimination). – Bianco, Cadène et Wolmark, *RDT 2017. Controverse. 235* (peut-on concevoir la neutralité dans l'entreprise ?). – Cordier, *JCP S 2005. 1027* (jurisprudence en matière de discrimination). – Gauriau, *Dr. soc. 1993. 738* (nullité du licenciement et personne du salarié). – Guyot, *JCP S 2012. 1174* (diversité dans l'entreprise). – Mercat-Bruns, *D. 2017. 224* (droit de la non-discrimination : une nouvelle discipline en droit privé ?). – Moizard, *RDT 2015. 616* (négociation sur l'égalité professionnelle et sur la lutte contre les discriminations après la loi Rebsamen du 17 août 2015 relative au dialogue social et à l'emploi). – Morgenroth, *Dr. ouvrier 2023. 271* (lutte contre les discriminations : 40 ans de combat). – Pagnerre, *Dr. soc. 2017. 44* (nouveau domaine du principe de non-discrimination, entre forces créatrices et subversives). – Péru-Pirotte, *JCP S 2008. 1314* (loi n° 2008-496 du 27 mai 2008). – Petit, *Dr. ouvrier 2020. 132* (les méandres législatifs de la lutte contre les discriminations sexistes au travail). – Porta, *RDT 2011. 290* (égalité, discrimination et égalité de traitement). – Sereno, *RDT 2019. 422* (défenseur des droits et discrimination dans l'emploi) ; *Dr. soc. 2020. 409* (lutte contre les discriminations dans l'accès à l'emploi) ; *RDT 2022. 311* (discriminations dans l'emploi : le Défenseur des droits au milieu du gué). – Sweeney, *RDT 2012. 87* (les actions positives à l'épreuve des règles de non-discrimination) ; *Dr. soc. 2020. 360* (les critères discriminatoires, vision du travailliste). – Thiébart et David, *JCP S 2017. 1078* (discrimination au travail : ce qui change). – de Tissot, *Gaz. Pal. 22-23 nov. 1996* (droits fondamentaux du salarié).

▶ **Contentieux de la discrimination :** Bargain, *RDT 2017. 205* (évaluation économique du coût des discriminations). – Bernoville, *RJS 10/2021* (révélation de la discrimination). – Couturier, *ibid. 1988. 133* (réintégration). – Fromont et Plet, *RDT 2012. Controverse. 463* (discriminations : mise en œuvre devant les juges du fond). – Henry, *Dr. ouvrier 1995. 371* (réintégration) ; *Dr. ouvrier 2001. 194* (régime probatoire). – Lanquetin, *Dr. ouvrier 2001. 186* (principe de non-discrimination). – Latraverse, *Dr. soc. 2020. 288* (lutte contre les discriminations au travail par le Défenseur des droits). – Laulom, *RDT 2015. 91* (recours judiciaires et extra-judiciaires contre les discriminations). – Masse-Dessen, *ibid. 1995. 442* (résolution contentieuse des discriminations). – Mercat-Bruns, *RDT 2023. 383* (préjudice discriminatoire). – Michaud, *JCP S 2012. 1481* (preuve des discriminations). – Pécaut-Rivolier, *RDT 2014. 101* (discriminations collectives en entreprise : pour une action collective spécifique). – Sauvignet, *RDT 2022. 450* (du bon usage des statistiques dans la mesure de la discrimination en entreprise).

▶ **Figures de la discrimination :** Bilon, *CSB 2003, numéro spécial juill.-août, p. 55* (l'absence au travail pour motif religieux). – Bonnard-Plancke et Verkindt, *Dr. soc. 2006. 393* (discrimination syndicale) ; *ibid. 2006. 968* (égalité et diversité). – Bouaziz, *Dr. ouvrier 1991. 201* (vie privée). – Calvès et Roman, *RDT 2016. Controverse. 526* (la discrimination à raison de la précarité sociale : progrès ou confusion ?). – Daniel et Miné, *Dr. ouvrier 1997. 365* (sida et discrimination). – Gardi, *RJS 5/2022* (atteinte à la liberté religieuse et discrimination fondée sur la religion). – Gardin et Zabel, *RJS 2003. 87* (discriminations raciales au travail). – Jourdan, *SSL 2013, suppl. n° 1611* (numéro spécial religion et laïcité). – Kernaleguen, *Mél. H. Blaise, 1995, p. 269* (vie privée). – Laborde, *Dr. soc. 1991. 615* (discrimination, état de santé et handicap). – Langlois, *Dr. soc. 2006. 155* (discrimination selon l'âge). – Lanquetin, *Dr.*

ouvrier 2001. 475 (maternité et discrimination dans la carrière). - Leroy, *RJS* 2010. 79 (discrimination fondée sur l'âge). - Lhernould, *RJS* 2012. 731 (discriminations indirectes fondées sur le sexe). - G. Lyon-Caen, *Dr. soc.* 2003. 1047 (discrimination selon l'âge). - Maggi-Germain, *Dr. soc.* 2015. 660 (dossier : communautarisme et fait religieux dans les relations de travail). - Mathieu, *Dr. soc.* 2004. 257 (tests génétiques) ; *RDT* 2012. 17 (respect de la liberté religieuse dans l'entreprise). - Mercat-Bruns, *RDT* 2007. 360 (discrimination fondée sur l'âge) ; *D.* 2013. 2475 (la personne au prisme des discriminations indirectes) ; *RDT* 2015. 28 (discriminations multiples et identité au travail) ; *D.* 2020. 25 (différentes figures de la discrimination) ; *RDT* 2022. 289 (discrimination intersectionnelle). - Mercat-Bruns et Boussart-Verecchia, *RDT* 2015. 660 (reconnaissance de la discrimination systémique ?). - Meyer, *Dr. ouvrier* 2011. 350 (discrimination en fonction de l'âge en droit communautaire). - Ottan, *CSB* 2003, numéro spécial juill.-août, p. 49 (discrimination religieuse à l'embauche). - Sereno, *RDT* 2020. 680 (discriminations par algorithmes). - Verkindt, *JSL* 2005, n° 173-1 (discrimination syndicale). - Verkindt et Wacongne, *Dr. soc.* 1993. 932 (travailleur vieillissant).

▶ **Discriminations collectives :** Pécaut-Rivolier, *Dr. soc.* 2014. 106 (rapport Pécaut-Rivolier sur les discriminations collectives) ; *RDT* 2014. 101 (discriminations collectives en entreprise : pour une action collective spécifique).

▶ **Discriminations systémiques :** Mercat-Bruns, *RDT* 2020. 423 (la discrimination systémique : un concept présent ailleurs mais un défi commun ?). - Pécaut-Rivolier et Mercat-Bruns, *RDT* 2020. *Controverse.* 373 (le droit français est-il suffisamment équipé en matière de lutte contre les discriminations systémiques ?). - Tharaud et Chappe, *RDT* 2023. *Controverse.* 85 (quelles preuves pour la discrimination systémique ?).

▶ **Droit européen de la non-discrimination :** Bailly et Lhernould, *Dr. soc.* 2012. 223 (discrimination en raison de l'âge : sources européennes et mise en œuvre du droit interne). - Calvès, *Dr. ouvrier* 2020. 489 (l'exigence professionnelle essentielle en droit européen de la non-discrimination). - Lanquetin, *Dr. soc.* 1995. 435 (preuve de la discrimination, droit communautaire). - Miné, *RDT* 2008. 532 (transposition du droit communautaire).

▶ **Discriminations et algorithmes :** Peyronnet et Ratti, *RDT* 2021. *Controverse* 81 (algorithmes et risque de discrimination : quel contrôle du juge ?).

> **COMMENTAIRE**
> V. sur le Code en ligne.

CHAPITRE I **CHAMP D'APPLICATION**

Art. L. 1131-1 Les dispositions du présent titre sont applicables aux employeurs de droit privé ainsi qu'à leurs salariés.

Elles sont également applicables au personnel des personnes publiques employé dans les conditions du droit privé.

Art. L. 1131-2 (L. n° 2017-86 du 27 janv. 2017, art. 214) Dans toute entreprise employant au moins trois cents salariés et dans toute entreprise spécialisée dans le recrutement, les employés chargés des missions de recrutement reçoivent une formation à la non-discrimination à l'embauche au moins une fois tous les cinq ans.

CHAPITRE II **PRINCIPE DE NON-DISCRIMINATION**

Art. L. 1132-1 Aucune personne ne peut être écartée d'une procédure de recrutement (L. n° 2019-486 du 22 mai 2019, art. 190) « ou de nomination » ou de l'accès à un stage ou à une période de formation en entreprise, aucun salarié ne peut être sanctionné, licencié ou faire l'objet d'une mesure discriminatoire, directe ou indirecte, (L. n° 2008-496 du 27 mai 2008, art. 6) « telle que définie à l'article 1er de la loi n° 2008-496 du 27 mai 2008 portant diverses dispositions d'adaptation au droit communautaire dans le domaine de la lutte contre les discriminations, » notamment en matière de rémunération, au sens de l'article L. 3221-3, de mesures d'intéressement ou de distribution d'actions, de formation, de reclassement, d'affectation, de qualification, de classification, de promotion professionnelle, (L. n° 2022-401 du 21 mars 2022, art. 10, *en vigueur le 1er sept. 2022*) « d'horaires de travail, d'évaluation de la performance, » de mutation ou de renouvellement de contrat en raison de (L. n° 2017-256 du 28 févr.

DISCRIMINATIONS

Art. L. 1132-1

2017, art. 70) « son origine, de son sexe, de ses mœurs, de son orientation sexuelle, de son identité de genre, de son âge, de sa situation de famille ou de sa grossesse, de ses caractéristiques génétiques, de la particulière vulnérabilité résultant de sa situation économique, apparente ou connue de son auteur, de son appartenance ou de sa non-appartenance, vraie ou supposée, à une ethnie, une nation ou une prétendue race, de ses opinions politiques, de ses activités syndicales ou mutualistes *(L. n° 2019-1461 du 27 déc. 2019, art. 86)* « , de son exercice d'un mandat électif *(Abrogé par L. n° 2020-760 du 22 juin 2020, art. 15)* « *local* » », de ses convictions religieuses, de son apparence physique, de son nom de famille, de son lieu de résidence ou de sa domiciliation bancaire, ou en raison de son état de santé, de sa perte d'autonomie ou de son handicap, de sa capacité à s'exprimer dans une langue autre que le français » *(L. n° 2022-401 du 21 mars 2022, art. 10, en vigueur le 1er sept. 2022)* « , de sa qualité de lanceur d'alerte, de facilitateur ou de personne en lien avec un lanceur d'alerte, au sens, respectivement, du I de l'article 6 et des 1° et 2° de l'article 6-1 de la loi n° 2016-1691 du 9 décembre 2016 relative à la transparence, à la lutte contre la corruption et à la modernisation de la vie économique ».

V. L. n° 2008-496 du 27 mai 2008, App. I. B.

COMMENTAIRE

V. sur le Code en ligne.

I. CHAMP D'APPLICATION

1. Période d'essai. Les dispositions légales sont applicables à la rupture de la période d'essai. ● Soc. 16 févr. 2005 : *SSL 2005, n° 1205, p. 10*.

2. Détachement de fonctionnaire. Le refus par l'organisme d'accueil de solliciter le renouvellement du détachement d'un fonctionnaire pour occuper un emploi de droit privé auprès d'un organisme de droit public ne peut être fondé sur un motif discriminatoire. ● Soc. 8 mars 2023, n° 21-16.391 B : *RJS 5/2023, n° 282 ; JCP S 2023. 1128, obs. Pinatel*.

3. Existence d'un motif discriminatoire. Les dispositions en matière de discrimination ne sont pas applicables lorsque le licenciement a été prononcé en raison du trouble objectif causé, selon l'employeur, par le comportement du salarié. ● Soc. 14 nov. 2000, n° 98-41.012 P : *Dr. soc. 2001. 100, obs. Couturier*. ♦ En raison de l'effet rétroactif s'attachant à l'annulation de la décision administrative retirant à un salarié l'autorisation de port d'arme nécessaire à l'exercice de ses fonctions, le licenciement du salarié motivé par cette décision est sans cause réelle et sérieuse ; le licenciement n'est pas nul dès lors qu'il n'a pas été prononcé par l'employeur en raison des convictions religieuses et des opinions politiques du salarié mais en raison du risque d'atteinte aux personnes qui – certes – s'est révélé ultérieurement infondé. ● Soc. 17 mars 2021, n° 19-23.042 P : *D. 2022. Pan. 134, obs. Vernac ; Dr. soc. 2021. 556, note Adam ; JCP S 2021. 1176, obs. Colonna et Renaux-Personnic*.

4. L'employeur peut, dans l'intérêt de l'entreprise et dans l'exercice de son pouvoir d'individualisation des mesures disciplinaires, sanctionner différemment des salariés qui ont participé à une même faute. ● Soc. 15 mai 1991, n° 89-42.270

P : *D. 1991. IR 156 ; Dr. soc. 1991. 619, rapp. Waquet, concl. Franck* ● 29 janv. 1992, n° 89-44.501 P : *RJS 1992. 173, n° 283* ● 1er févr. 1995, n° 91-44.908 P : *D. 1995. IR 62 ; Dr. soc. 1995. 276, obs. Ray ; RJS 1995. 169, n° 233 ; CSB 1995. 130, S. 63* ● 14 mai 1998, n° 96-41.755 P : *D. 1998. IR 145 ; RJS 1998. 467, n° 735*. ♦ Mais commet une discrimination l'employeur qui sanctionne, pour des faits identiques, plus sévèrement les salariés en raison de leur activité syndicale, V. ● Crim. 7 févr. 1989 : *D. 1989. IR 127 ; Dr. soc. 1989. 504, note Savatier*.

5. Office du juge judiciaire. Le juge judiciaire n'est pas compétent pour déclarer inopposable *erga omnes* une disposition de nature réglementaire, quand bien même il est allégué que cette disposition est incompatible avec une directive de l'Union européenne, une telle action relevant de la juridiction administrative chargée d'appliquer, dans le cadre de sa compétence, les dispositions du droit de l'Union européenne. ● Soc. 16 févr. 2022, n° 20-21.758 B : *D. actu. 14 mars 2022, obs. Couëdel ; D. 2022. 402 ; RJS 5/2022, n° 275 ; JCP S 2022. 1077, obs. Bugada*.

II. ÉLÉMENTS CONSTITUTIFS

A. COMPARAISON

6. Discrimination et comparaison. La recherche de l'existence d'une discrimination directe ou indirecte n'implique pas nécessairement de procéder à une comparaison avec la situation d'autres salariés. ● Soc. 10 nov. 2009 : *D. 2010. Pan. 672, obs. Porta ; RJS 2010. 14, n° 6 ; Dr. soc. 2010. 111, obs. Radé ; Dr. ouvrier 2010. 208, obs. Ferrer*. ♦ Le fait que l'employeur n'ait pas fourni de travail pendant de longues périodes au salarié titulaire de divers mandats représentatifs est un élément de nature à laisser supposer l'existence d'une discrimination syndicale. ● Soc. 29 juin

2011 : D. 2011. 1908 ; JSL 2011, n° 370-3 ; RJS 2011, n° 746 ; Dr. ouvrier 2011. 670 ; JCP S 2011. 1457, note Rozec et Manigot.

B. DISCRIMINATION INDIRECTE

7. Discrimination indirecte fondée sur le sexe. Constitue une discrimination indirecte le fait de refuser une promotion à un salarié à temps partiel en raison de l'insuffisance de son temps de pratique professionnelle, dès lors que l'employeur ne justifie pas la mesure par des facteurs objectifs tenant notamment à la relation entre la nature de la fonction exercée et l'expérience que l'exercice de cette fonction apporte après un certain nombre d'heures de travail effectuées. • Soc. 9 avr. 1996, n° 92-41.103 P : *Dr. ouvrier 1998, n° 593, p. 1, note Miné.* ♦ Sur le fondement du principe d'effectivité issu des dispositions du traité de l'Union européenne et du TFUE, il appartient au juge judiciaire de rechercher si la pratique d'une caisse de retraite ne crée pas de discrimination indirecte en désavantageant particulièrement des personnes d'un sexe au regard des personnes de l'autre sexe, quand bien même cet usage aurait été instauré avec le consentement de l'autorité administrative de tutelle. • Soc. 30 sept. 2013 : *D. actu. 17 oct. 2013, obs. Peyronnet ; RDT 2014. 45, obs. Mercat-Bruns ; JCP S 2013. 1466, obs. Rozec.*

8. Discrimination indirecte et liberté religieuse. Une différence de traitement indirectement fondée sur la religion ou les convictions, découlant d'une règle interne d'une entreprise interdisant aux travailleurs de porter tout signe visible de convictions politiques, philosophiques ou religieuses sur le lieu de travail, est susceptible d'être justifiée par la volonté de l'employeur de poursuivre une politique de neutralité politique, philosophique et religieuse à l'égard des clients ou des usagers, pour autant, en premier lieu, que cette politique réponde à un besoin véritable de cet employeur, qu'il incombe à ce dernier d'établir en prenant notamment en considération les attentes légitimes desdits clients ou usagers ainsi que les conséquences défavorables que cet employeur subirait en l'absence d'une telle politique, compte tenu de la nature de ses activités ou du contexte dans lequel celles-ci s'inscrivent, en deuxième lieu, que cette différence de traitement soit apte à assurer la bonne application de cette politique de neutralité, ce qui suppose que cette politique soit suivie de manière cohérente et systématique, et, en troisième lieu, que cette interdiction soit limitée au strict nécessaire au regard de l'ampleur et de la gravité réelles des conséquences défavorables que l'employeur cherche à éviter par une telle interdiction. • CJUE 15 juill. 2021, n°s C-804/18 et C-341/19 : *D. 2021. 1749, obs. Anciaux et Icard ; RDT 2021. 715, note Moizard ; ibid. 733, note Rémy ; Dr. soc. 2021. 950, obs. Radé ; RJS 11/2021, n° 629 ; JSL 2021, n° 528-1, obs. Chatelier ; JCP S 2021. 1214, obs. Loiseau.*

9. Discrimination indirecte et état de santé. Un accord collectif ou une décision unilatérale de l'employeur ne peuvent retenir, afin de régulariser la rémunération, indépendante des heures réellement effectuées chaque mois, du salarié en fin d'année, la durée hebdomadaire moyenne de la modulation comme mode de décompte des jours d'absence pour maladie pendant la période de haute activité, une telle modalité constituant, malgré son caractère apparemment neutre, une mesure discriminatoire indirecte en raison de l'état de santé du salarié. • Soc. 9 janv. 2007 : *D. 2007. AJ 375, obs. Fabre ; RDT 2007. 245, obs. Miné ; ibid. 182, obs. Véricel ; RJS 2007. 250, n° 346 ; Dr. soc. 2007. 496, obs. Barthélémy.* ♦ La fixation d'une taille physique minimale identique pour tous les candidats, de sexe masculin ou féminin, est susceptible de constituer une discrimination indirecte dès lors qu'elle désavantage un nombre beaucoup plus élevé de personnes de sexe féminin que de personnes de sexe masculin. • CJUE 18 oct. 2017, n° C-409/16. ♦ Une cour d'appel ne saurait débouter la salariée n'ayant pas été réintégrée dans son précédent emploi à l'issue d'un congé parental d'éducation de ses demandes au titre de la discrimination liée à son état de grossesse sans rechercher si, eu égard au nombre considérablement plus élevé de femmes que d'hommes qui choisissent de bénéficier d'un tel congé, la décision de l'employeur de ne confier à la salariée, au retour de son congé parental, que des tâches d'administration et de secrétariat sans rapport avec ses fonctions antérieures de comptable ne constituait pas un élément laissant supposer l'existence d'une discrimination indirecte en raison du sexe et si cette décision était justifiée par des éléments objectifs étrangers à toute discrimination. • Soc. 14 nov. 2019, n° 18-15.682 P : *D. actu. 9 déc. 2019, obs. Ilieva ; D. 2019. Actu. 2254 ; RDT 2020. 195, obs. Mercat-Bruns ; RJS 1/2020, n° 27 ; Dr. ouvrier 2020. 117, obs. C. Mathieu ; JSL 2020, n° 489-5, obs. Nasom-Tissandier ; JCP S 2019. 1361, obs. Bossu.*

C. DISCRIMINATION PAR ASSOCIATION

10. Discrimination par association. L'interdiction de discrimination directe n'est pas limitée aux seules personnes qui sont, elles-mêmes, handicapées mais concerne également le traitement moins favorable infligé à un salarié en raison du handicap de son enfant. • CJCE 17 juill. 2008, *S. Coleman c/ Attridge Law, n° C-191-03 : RDT 2009. 41, note Schmitt.*

D. DISCRIMINATIONS MULTIPLES

11. Discriminations multiples. Constitue une différence de traitement indirectement fondée sur le handicap le fait que le plan social prévoit, pour le calcul de l'indemnité de licenciement des salariés gravement handicapés, de tenir compte du fait qu'ils peuvent percevoir une pension de retraite anticipée. • CJUE 6 déc. 2012, ⚖ *Johann c/ Baxter Deutschland GmbH* : *RDT* 2013. 254, note Mercat-Bruns ⌀ ; *JCP S* 2013. 1086, obs. Cavallini. ♦ Une réglementation n'est pas susceptible d'instituer une discrimination fondée sur l'effet combiné de l'orientation sexuelle et de l'âge au sens de la directive 2000/78 lorsque cette réglementation n'est constitutive d'une discrimination ni en raison de l'orientation sexuelle ni en raison de l'âge, isolément considéré. • CJUE 24 nov. 2016, ⚖ n° C-443/15 : *RDT* 2017. 267, obs. Moizard ⌀.

E. DISCRIMINATIONS SYSTÉMIQUES

12. Discriminations systémiques. A été reconnue l'existence dans une entreprise du secteur du bâtiment et des travaux publics d'une discrimination raciale « systémique » ; il a été constaté la mise en place sur un chantier parisien d'un système pyramidal d'affectation professionnelle en raison de l'origine : les demandeurs, employés comme manœuvres, étaient assignés aux tâches manuelles les plus pénibles pendant que le personnel d'encadrement, d'origine maghrébine, était chargé de contrôler pour le compte de l'employeur la bonne exécution du travail. • Cons. prud'h. Paris, 17 déc. 2019, n° 17/10051 : *D. actu.* 8 janv. 2020, obs. Peyronnet ; *RDT* 2020. 137, obs. Guiomard ⌀ ; *ibid.* 178, note Ferré ⌀ ; *Dr. ouvrier* 2020. 227, obs. Isidro ; *ibid.* 232, obs. Poulain ⌀.

III. CAS DE DISCRIMINATIONS

A. DISCRIMINATION FONDÉE SUR LE SEXE

13. Recrutements. N'est pas établie la prétendue pratique de La Poste ayant pour objet de privilégier l'embauche précaire pour les femmes et l'embauche stable pour les hommes, dès lors que la comparaison de la proportion de salariés masculins et féminins, engagés d'une part par contrats à durée déterminée et d'autre part par contrats à durée indéterminée, en prenant en compte les seuls salariés de droit privé, démontre que le pourcentage de femmes employées par contrat à durée indéterminée est supérieur ou en tout cas équivalent à celui des femmes engagées par contrat précaire. • Soc. 22 oct. 2014 : ⚖ *D. actu.* 18 nov. 2014, obs. Peyronnet ; *RJS* 1/2015, n° 3.

14. Congés. Ne constituent pas une discrimination fondée sur le sexe : une règle d'un régime de congé de maladie qui prévoit, à l'égard des travailleurs féminins absents antérieurement à un congé de maternité en raison d'une maladie liée à leur état de grossesse, comme à l'égard des travailleurs masculins absents par suite de toute autre maladie, une réduction de la rémunération, lorsque l'absence excède une certaine durée, à condition que, d'une part, le travailleur féminin soit traité de la même façon que le travailleur masculin et que, d'autre part, le montant des prestations versées ne soit pas minime au point de mettre en cause l'objectif de protection des travailleuses enceintes. • CJCE 8 sept. 2005 : *D.* 2006. 283, note Icard ⌀. ♦ ... Ni une règle d'un régime de congé maladie qui prévoit l'imputation des absences pour cause de maladie sur un nombre total maximal de jours de congé maladie rémunérés auquel un travailleur a droit au cours d'une période déterminée, que la maladie soit ou non liée à un état de grossesse, à condition que l'imputation des absences pour cause de maladie liée à une grossesse n'ait pas pour effet que, pendant l'absence affectée par cette imputation postérieurement au congé de maternité, le travailleur féminin perçoive des prestations inférieures au montant minimal auquel il avait droit au cours de la maladie survenue pendant sa grossesse. • Même arrêt.

15. Journée internationale pour les droits des femmes. Un accord collectif peut prévoir au seul bénéfice des salariées de sexe féminin une demi-journée de repos à l'occasion de la journée internationale pour les droits des femmes, dès lors que cette mesure vise à établir l'égalité des chances entre les hommes et les femmes en remédiant aux inégalités de fait qui affectent les chances des femmes. • Soc. 12 juill. 2017, ⚖ n° 15-26.262 P : *D. actu.* 18 juill. 2017, obs. Peyronnet ; *D.* 2017. Actu. 1475 ⌀ ; *ibid.* Pan. 2276, obs. Lokiec ⌀ ; *Dr. soc.* 2017. 840, note Weissmann ⌀ ; *RJS* 2017/10, n° 648 ; *JCP S* 2017. 1288, obs. Dumont.

16. Retraite. La faculté offerte par la législation nationale de mettre à la retraite des salariés ayant acquis le droit à la pension de retraite, alors que ce droit est acquis pour les femmes à un âge inférieur de cinq années à l'âge auquel ce droit est constitué pour les hommes, constitue une discrimination directe fondée sur le sexe. • CJUE, 18 nov. 2010 : ⚖ *D. actu.* 15 déc. 2010, obs. Perrin ; *JCP S* 2011. 1104, obs. Cavallini.

17. Orientation sexuelle, identité de genre. Constitue une discrimination fondée sur le sexe le licenciement d'un salarié qui vient d'annoncer à son employeur sa transidentité. • CJCE 30 avr. 1996, ⚖ *P. c/ S. et Cornwall County Council*, n° C-13/94 : *Cah. Dr. eur.* 1999. 537, note Guiguet • Montpellier, 3 juin 2009, ⚖ *SARL Kaliop c/ M. Baptiste VERME*, n° 08/06324. ♦ L'entrave dans le déroulement de la carrière du salarié et l'ambiance homophobe du lieu de travail sont de nature à laisser présumer une discrimination en raison de l'orientation sexuelle. • Soc. 24 avr. 2013 : ⚖ *D. actu.* 17 mai 2013, obs. Peyronnet ; *D.* 2013. Actu. 1145 ⌀ ; *SSL* 2013, n° 1585, p. 12, obs. Chandivert ; *JCP S* 2013. 1311, obs. Boulmier. ♦ Les salariés qui concluaient un pacte civil de solidarité avec un partenaire de même sexe se trouvaient, avant l'entrée en vigueur de la L. n° 2013-404 du 17 mai 2013 ouvrant le mariage aux couples de personnes de même sexe, dans une situation identique au regard des avantages en cause à celle des salariés contractant un mariage ;

les dispositions conventionnelles qui excluaient un travailleur salarié ayant conclu un PACS avec une personne de même sexe du droit d'obtenir des avantages, tels que des jours de congés spéciaux et une prime salariale, octroyés aux salariés à l'occasion de leur mariage, instauraient dès lors une discrimination directement fondée sur l'orientation sexuelle. • Soc. 9 juill. 2014 : 🛱 *RDT 2014*. 627, obs. Gardin ⵁ ; *Dr. soc. 2014*. 854, obs. Mouly ⵁ ; *RJS 2014*. 574, n° 666.

18. Apparence physique rapportée au sexe du salarié. Constitue une discrimination fondée sur l'apparence physique rapportée au sexe, le licenciement d'un serveur fondé sur le fait qu'il portait des boucles d'oreille présenté par l'employeur comme incompatible avec sa qualité d'homme ; la renommée du restaurant qui n'est pas en cause et les déclarations subjectives de clients portant un jugement de valeur sur le port de boucles d'oreille par un homme ne sont pas des justifications suffisantes pour constituer des éléments objectifs étrangers à toute discrimination. • Soc. 11 janv. 2012 : 🛱 *D. 2012. Actu. 290* ⵁ ; *RDT 2012. 159*, obs. Moizard ⵁ ; *Dr. soc. 2012. 346*, note Lhernould ⵁ ; *RJS 2012. 184*, n° 214 ; *JSL 2012*, n° 316-3, obs. Hautefort ; *JCP S 2012. 1164*, obs. Barège. ♦ L'interdiction faite à un steward de porter une coiffure, pourtant autorisée pour le personnel féminin de la compagnie aérienne, caractérise une discrimination directement fondée sur l'apparence physique en lien avec le sexe ; les arguments relatifs au port de l'uniforme sont inopérants pour justifier que les restrictions imposées au personnel masculin relatives à la coiffure étaient nécessaires pour permettre l'identification du personnel de la compagnie et préserver l'image de celle-ci, et la perception sociale de l'apparence physique des genres masculin et féminin ne peut constituer une exigence professionnelle véritable et déterminante justifiant une différence de traitement relative à la coiffure entre les femmes et les hommes. • Soc. 23 nov. 2022, 🛱 n° 21-14.060 B : *D. actu. 5 déc. 2022*, obs. Peyronnet ; *D. 2022. 2103* ⵁ ; *RDT 2023. 267*, obs. Mercat-Bruns ⵁ ; *Dr. soc. 2023. 338*, obs. Moizard ⵁ ; *ibid. 2023. 533*, note Dupont et Poissonnier ⵁ ; *RJS 2/2023*, n° 55 ; *SSL 2022*, n° 2024, p. 11, obs. Adam ; *JSL 2023*, n° 555-1, obs. Franco et Turet ; *JCP 2023. 62*, obs. Bossu ; *JCP S 2022. 1317*, obs. Lhernould.

19. État de grossesse. En application des dispositions des art. L. 1132-1 et L. 1132-4 C. trav., tout licenciement prononcé à l'égard d'une salariée en raison de son état de grossesse est nul ; dès lors un tel licenciement caractérise une atteinte au principe d'égalité de droits entre l'homme et la femme, garanti par l'al. 3 du préambule de la Constitution du 27 oct. 1946, et la salariée qui demande sa réintégration a droit au paiement d'une indemnité égale au montant de la rémunération qu'elle aurait dû percevoir entre son éviction de l'entreprise et sa réintégration, sans déduction des éventuels revenus de remplacement dont elle a pu bénéficier pendant cette période. • Soc. 29 janv. 2020, 🛱 n° 18-21.862 P : *D. actu. 26 févr. 2020*, obs. de Montvalon ; *D. 2020. Actu. 287* ⵁ ; *ibid. 1748*, obs. Silhol ⵁ ; *RDT 2020. 185*, note Baugard ⵁ ; *Dr. soc. 2020. 376*, obs. Mouly ⵁ ; *RJS 4/2020*, n° 171 ; *Dr. ouvrier 2020. 658*, obs. Meyrat ; *SSL 2020*, n° 1894, p. 13, obs. Champeaux ; *JCP S 2020. 1082*, obs. Fallik-Maynard.

B. DISCRIMINATION FONDÉE SUR L'ÂGE

20. Principe général du droit de l'Union européenne. L'interdiction des discriminations du fait de l'âge est un principe général du droit communautaire. Une réglementation nationale qui a pour objectif de favoriser l'insertion professionnelle des travailleurs âgés au chômage poursuit un objectif légitime, mais elle est disproportionnée si elle retient l'âge comme unique critère d'application en dehors de toute autre considération liée à la structure du marché du travail ou à la situation personnelle de l'intéressé. • CJCE 22 nov. 2005, 🛱 n° C-144/04, *Mangold c/ Helm* : *AJDA 2006. 247*, chron. Broussy, Donnat et Lambert ⵁ ; *D. 2006. 557*, note Leclerc ⵁ ; *ibid. 2007. 465*, obs. Meyer ⵁ ; *RDT 2006. 31*, obs. Schmitt ⵁ ; *ibid. 133*, obs. Robin-Olivier ⵁ. ♦ Le juge national doit au besoin laisser inappliquée toute disposition contraire de la réglementation nationale. • CJUE 19 janv. 2010, 🛱 *Kücükdeveci* : *RDT 2010. 237*, obs. Schmitt ⵁ ; *SSL 2010*, n° 1432, p. 5, note Laulom. ♦ Le juge national doit rechercher, s'agissant de la détermination d'un âge légal de départ à la retraite, si la mesure en cause se rattache à un objectif légitime de politique sociale ; la prise en compte des intérêts particuliers de l'employeur ne pouvant suffire. • CJCE 5 mars 2009 : 🛱 *RDT 2009. 385*, obs. Schmitt ⵁ ; *JSL 2009*, n° 254-3 ; *JCP S 2009. 1188*, obs. Cavallini.

21. Est jugée nulle la mise à la retraite d'office à l'âge de 60 ans d'une salariée employée en qualité de régisseuse de production, puis de chef du service patrimoine à l'Opéra de Paris sur le fondement d'un décret portant statut de la caisse de retraite des personnels de l'Opéra national de Paris. • Soc. 11 mai 2010 : 🛱 *D. 2010. Actu. 1358* ⵁ.

22. Une réglementation nationale peut fixer à 30 ans l'âge maximal pour le recrutement dans le cadre d'emploi du service technique intermédiaire des pompiers. • CJUE 12 janv. 2010 : *RDT 2010. 237*, obs. Schmitt ⵁ ; *SSL 2010*, n° 1432, p. 5, note Laulom • Soc. 16 févr. 2011 : 🛱 *RDT 2011.241*, obs. Debord ⵁ ; *JSL 2011*, n° 297-3, obs. Lhernould • Soc. 16 févr. 2011 : 🛱 *ibid*. ♦ ... Ou à 68 ans l'âge limite d'exercice pour les dentistes conventionnés, limite justifiée par la compétence des dentistes et la préservation de l'équilibre financier du régime légal d'assurance maladie. • CJUE 12 janv. 2010 : 🛱 *RDT 2010. 237*, obs.

23. Discrimination fondée sur l'âge et pacte intergénérationnel. Constitue une discrimination la différence de traitement fondée sur l'âge lorsqu'elle n'est ni objectivement ni raisonnablement justifiée par un objectif légitime d'intérêt général ; la prise en compte d'un intérêt purement individuel et propre à la situation des écoles de ski désireuses de répondre à la demande de la clientèle ne peut être considérée comme légitime. • Soc. 17 mars 2015, ⚖ n° 13-27.142 : *D. actu. 14 avr. 2015, obs. Peyronnet ; D. 2015. Actu. 737 ⌀ ; JCP S 2015. 1298, obs. Bossu.*

24. Mise en inactivité et préservation de la santé. La mise en inactivité d'office d'un salarié en raison de son âge n'échappe à la qualification de discrimination, s'agissant d'un salarié qui occupait depuis cinq ans un poste administratif et qui avait été déclaré par son médecin traitant en mesure de poursuivre une activité professionnelle, que s'il est établi que cette mise en inactivité anticipée était un moyen approprié et nécessaire pour réaliser l'objectif de préservation de la santé et de la sécurité des travailleurs occupant les fonctions physiquement les plus pénibles. • Soc. 9 mars 2016, ⚖ n° 14-25.840 : *D. 2016. Actu. 657 ⌀ ; RJS 2016/5, n° 380* • Soc. 21 sept. 2017, n° 15-17.714 P : *D. 2017. Actu. 1839 ⌀ ; RJS 2017/11, n° 764.*

25. Pilote de ligne. Il appartient alors aux juges du fond de rechercher si la cessation des fonctions de pilote de ligne à l'âge de 60 ans est nécessaire à la réalisation de l'objectif politique de l'emploi avancé pour le justifier. • Soc. 11 mai 2010 : ⚖ *D. 2010. Actu. 1357 ⌀ ; RDT 2010. 587, obs. Mercat-Bruns ⌀.* ♦ La convention collective d'une compagnie aérienne, qui interdit à ses pilotes d'exercer leur activité après 60 ans pour des raisons de sécurité, n'est pas une mesure nécessaire à la sécurité publique et à la protection de la santé ; l'exigence est disproportionnée au regard des réglementations internationale et allemande. • CJUE 13 sept. 2011 : ⚖ *D. actu. 10 oct. 2011, obs. Siro ; RJS 2011. 815, obs. Mercat-Bruns.* ♦ Le licenciement d'un pilote qui ne repose que sur le fait qu'il a atteint l'âge de 60 ans doit être jugé nul en application des dispositions combinées des articles L. 421-9 C. aviat. et de l'art. L. 1132-4 C. trav. • Soc. 4 avr. 2012 : ⚖ *D. actu. 23 mai 2012, obs. Perrin ; D. 2012. Actu.1064 ⌀ ; RDT 2012. 356, obs. Debord ⌀ ; RJS 2012. 506, n° 598 ; JCP S 2012. 1316, obs. Carré.* ♦ V. égal : • CJUE 5 juill. 2017, ⚖ n° C-190/16 • 19 juill. 2017, ⚖ n° C-143/16 • 21 sept. 2017, ⚖ n° 16-10.291 P : *D. 2017. Actu. 1919 ⌀ ; RJS 12/2017, n° 843 ; JCP S 2017. 1347, obs. Carré.*

26. N'est pas approprié à l'objectif de politique d'emploi avancé la limitation à 60 ans à l'âge légal au-delà duquel les pilotes ne peuvent plus voler, à savoir l'embauche dans le transport aérien public permettait l'embauche de 130 à 150 pilotes en 1995 alors que le nombre de jeunes pilotes déjà formé et sans emploi était de 1 200. • Soc. 3 juill. 2012 : ⚖ *D. actu. 20 sept. 2012, obs. Perrin ; JSL 2012, n° 329-5, obs. Tourreil.*

27. L'employeur qui refuse à un pilote l'accès à une formation au motif qu'il atteindra l'âge de 60 ans avant la durée minimale d'amortissement du coût de la formation alors que la limite d'âge peut être repoussée, commet une discrimination. • Soc. 18 févr. 2014 : ⚖ *D. actu. 11 mars 2014, obs. Peyronnet ; D. 2014. Actu. 548 ⌀ ; RJS 2014. 358, n° 440.*

28. Discrimination et mise à la retraite. Le manque de loyauté lors de la procédure de mise à la retraite, caractérisé par un entretien précipité dont le salarié n'est pas informé préalablement de l'objet et d'un allongement de la durée de préavis dans le but d'éviter une loi modifiant la procédure de mise à la retraite, constitue une discrimination en raison de l'âge et, dès lors, un licenciement nul. • Soc. 15 janv. 2013 : ⚖ *D. actu. 7 févr. 2013, obs. Peyronnet ; D. 2013. Actu. 256 ⌀ ; JSL 2013, n° 340-2.*

29. Adhésion à un dispositif de préretraite. Le principe de non-discrimination en raison de l'âge n'est pas applicable à la rupture d'un contrat de travail résultant de l'adhésion volontaire d'un salarié à un dispositif de préretraite prévu par un accord collectif. • Soc. 20 avr. 2017, ⚖ n° 15-28.304 P : *D. actu. 4 mai 2017, obs. Peyronnet ; D. 2017. Actu. 921 ⌀ ; RJS 7/2017, n° 455 ; SSL 2017, n° 1768, p. 8, obs. Loiseau ; JCP S 2017. 1241, obs. Cailloux-Meurice.* • 1er juin 2017, ⚖ n° 15-23.580 P : *D. 2017. Actu. 1195 ⌀ ; JSL n° 436-4, obs. Lhernould ; JCP S 2017. 1252, obs. François.*

30. Jeune travailleur. N'est pas discriminatoire le licenciement d'un salarié qui a atteint l'âge de 25 ans et qui ne bénéficie plus d'un dispositif d'emploi aidé, dès lors que cette disposition poursuit un objectif légitime de politique de l'emploi et du marché du travail et que les moyens prévus pour réaliser cet objectif sont appropriés et nécessaires. • CJUE 19 juill. 2017, ⚖ n° C-143/16 : *RDT 2017. 551, note Moizard ⌀ ; RJS 2017/11, n° 767.*

31. Discrimination indirecte en raison de l'âge. Le fait qu'un accord collectif plafonne l'indemnité de licenciement au montant alloué aux salariés ayant 12 ans d'ancienneté ne constitue pas une discrimination prohibée en raison de l'âge dès lors que cette indemnité est supérieure au montant légal. • Soc. 30 avr. 2009 : ⚖ *D. 2009. AJ 1359, obs. Maillard ⌀ ; ibid. Pan. 2128, obs. Amauger-Lattes ⌀ ; RDT 2009. 519, obs. Berthou ⌀ ; ibid. 441, obs. Mercat-Bruns ⌀ ; Dr. soc. 2009. 1004, obs. Radé ⌀ ; RJS 2009. 533, Rapp. Gosselin ; ibid. n° 600 ; JSL 2009, n° 256-4 ; JCP S 2009. 1417, obs. Brissy.*

C. DISCRIMINATION FONDÉE SUR LA RELIGION

32. Convictions religieuses. Les convictions religieuses restant, sauf clause expresse, hors du contrat de travail, l'employeur ne commet pas de faute en demandant au salarié d'exécuter la tâche pour laquelle il a été embauché. ● Soc. 24 mars 1998, ⚓ n° 95-44.738 P : *Dr. soc. 1998. 614*, obs. Savatier🖉. ♦ Dès lors que la lettre de rupture fait référence au refus d'une salariée de renoncer à la manifestation de ses convictions religieuses (port d'un foulard), il appartient à l'employeur de prouver que sa décision est fondée sur des éléments objectifs étrangers à toute discrimination. Tel n'est pas le cas pour un employeur qui a invoqué de nouveaux contacts avec la clientèle qui existaient déjà et en l'absence de tout problème avec les clients. ● Paris, 19 juin 2003 : *D. 2004. Somm. 174*, obs. Pousson🖉 ; *RJS 2003. 767, n° 1116* ; *JSL 2003, n° 131-3*.

33. Refus de prêter serment – RATP. Un salarié ne commet aucune faute en sollicitant, lors de l'audience de prestation de serment, la possibilité de substituer à la formule « je le jure » celle d'un engagement solennel. Il en résulte que le licenciement, prononcé pour faute au motif de son refus de prêter serment et de l'impossibilité consécutive d'obtenir son assermentation, s'il n'est pas nul comme n'ayant pas été prononcé par l'employeur en raison des convictions religieuses de l'intéressé, est sans cause réelle et sérieuse. ● Soc. 7 juill. 2021, ⚓ n° 20-16.206 B : *D. actu. 22 juill. 2021*, obs. Malfettes ; *D. 2021. 1336*🖉, communiqué C. cass. ; *Dr. soc. 2021. 813*, obs. Mouly🖉 ; *SSL 2021, n° 1964*, obs. Adam ; *JCP S 2021. 1244*, obs. Pinatel ; *JSL 2021, n° 526-1*, obs. Chatelier ; *D. 2021. Actu. 1336*🖉 ; *JCP 2021. 868*, obs. Bossu. ♦ Comp. *ante* (revirement). ♦ Revirement de la décision antérieure qui avait admis la nullité : ● Soc. 1er févr. 2017, ⚓ n° 16-10.459 P : *D. actu. 17 févr. 2017*, obs. Peyronnet ; *D. 2017. 550*, note Mouly🖉 ; *ibid. 2017. Pan. 845*, obs. Porta🖉 ; *RDT 2017. 332*, note Desbarats🖉 ; *Dr. soc. 2017. 215*, note Huglo et Weissmann🖉 ; *RJS 4/2017, n° 300* ; *JCPS 2017. 1159*, obs. Chonnier.

34. Interdiction du port de signes religieux. Est injustifiée l'interdiction faite à une salariée de porter une croix de manière visible sur son lieu de travail, d'autres salariés de l'entreprise ayant été, avant la requérante, autorisés à porter des vêtements religieux tels que le turban ou le hijab sans aucun effet négatif sur l'image de marque et la réputation de cette société. ● CEDH 15 janv. 2013, ⚓ n° 48420/10 : *D. 2013. Pan. 1026*, obs. Porta🖉 ; *RDT 2013. 337*, note Laronze🖉 ; *RJS 5/2013, n° 420*. ♦ En revanche l'interdiction du port de la croix pour une infirmière est fondée sur l'objectif légitime de protection de la santé et de la sécurité en milieu hospitalier. ● CEDH 15 janv. 2013, n°s 51671/10 et 36516/10 : *mêmes références*.

35. Port d'une barbe « provocante ». L'objectif légitime de sécurité du personnel et des clients de l'entreprise peut justifier en application de ces mêmes dispositions des restrictions aux droits des personnes et aux libertés individuelles et collectives et, par suite, permet à l'employeur d'imposer aux salariés une apparence neutre lorsque celle-ci est rendue nécessaire afin de prévenir un danger objectif ; l'employeur qui considère la façon dont le salarié portait sa barbe comme une provocation politique et religieuse, mais qui ne précise ni la justification objective de cette appréciation, ni quelle façon de tailler la barbe aurait été admissible au regard des impératifs de sécurité avancés, ne démontre pas les risques de sécurité spécifiques liés au port de la barbe dans le cadre de l'exécution de la mission du salarié au Yémen de nature à constituer une justification à une atteinte proportionnée à ses libertés. Dès lors, est nul le licenciement reposant, au moins pour partie, sur le motif discriminatoire pris de ce que l'employeur considérait comme l'expression par le salarié de ses convictions politiques ou religieuses au travers du port de sa barbe. ● Soc. 8 juill. 2020, ⚓ n° 18-23.743 P : *D. 2020. Actu. 1469*🖉 ; *RDT 2020. 620*, note Willocx🖉 ; *RJS 10/2020, n° 452* ; *SSL 2020, n° 1921, p. 7*, note Adam ; *JSL 2020, n° 504-1*, obs. Marre et Boulanger ; *JCP 2020. 922*, obs. Corrignan-Carsin ; *JCP S 2020. 2092*, obs. Bossu.

36. Refus d'une mutation disciplinaire fondé sur des convictions religieuses. Ne constitue pas une discrimination directe en raison des convictions religieuses du salarié la mutation disciplinaire prononcée à son encontre dès lors qu'elle est justifiée par une exigence professionnelle essentielle et déterminante, au sens de l'art. 4, § 1 de la Dir. 2000/78, au regard, d'une part, de la nature et des conditions d'exercice de l'activité de l'intéressé, chef d'équipe dans le secteur de la propreté affecté sur un site pour exécuter ses tâches contractuelles en vertu d'une clause de mobilité légitimement mise en œuvre par l'employeur, d'autre part, du caractère proportionné au but recherché de la mesure, laquelle permettait le maintien de la relation de travail par l'affectation du salarié sur un autre site de nettoyage. En conséquence, le licenciement prononcé en raison du refus de travailler dans un cimetière opposé par le salarié de religion hindouiste n'est pas nul. ● Soc. 19 janv. 2022, ⚓ n° 20-14.014 B : *D. actu. 4 févr. 2022*, obs. Couëdel ; *D. 2022. 492*, note Mouly🖉 ; *Dr. soc. 2022. 397*, note Anciaux et Icard🖉 ; *RJS 3/2022, n° 122* ; *Dr. ouvrier 2022. 306*, note Robin ; *JSL 2022, n° 538-1*, obs. Chatelier ; *SSL 2022, n° 1985, p. 13*, obs. Adam ; *JCP S 2022. 1064*, obs. Bossu.

37. Politique de neutralité dans l'entreprise. L'interdiction de porter un foulard islamique, qui découle d'une règle interne d'une entreprise privée interdisant le port visible de tout signe politique, philosophique ou religieux sur le lieu de travail, ne constitue pas une discrimination directe fondée sur la religion ou sur les convictions au sens de la Dir. 2000/78/CE ; en revanche, une telle interdiction est susceptible de constituer une discrimination indirecte s'il est établi que l'obligation en apparence neutre qu'elle prévoit entraîne, en fait, un désavantage particulier pour les personnes adhérant à une religion ou à des convictions données et une telle discrimination indirecte peut être objectivement justifiée par un objectif légitime, tel que la poursuite par l'employeur, dans ses relations avec ses clients, d'une politique de neutralité politique, philosophique et religieuse, pourvu que les moyens de réaliser cet objectif soient appropriés et nécessaires. ● CJUE 14 mars 2017, n° C-157/15 : *D. actu.* 16 mars 2017, obs. Peyronnet ; *D.* 2017. 947, obs. Mouly ; *RDT* 2017. 422, obs. Adam ; *Dr. soc.* 2017. 450, obs. Pagnerre ; *JSL* 2017, n° 430-1, obs. Tissandier ; *SSL* 2017, n° 1762, p. 3, obs. Calvès ; *ibid.*, p. 6, obs. Laulom ; *JCP S* 2017. 1105, obs. Gossu. ♦ La volonté d'un employeur de tenir compte des souhaits d'un client de ne plus voir les services de cet employeur assurés par une travailleuse portant un foulard islamique ne saurait être considérée comme une exigence professionnelle essentielle et déterminante justifiant son licenciement en cas de refus de le retirer. ● CJUE 14 mars 2017, n° C-188/15 : *D. actu.* 20 mars 2017, obs. Peyronnet ; *ibid.* 947, obs. Mouly. ♦ Une différence de traitement indirectement fondée sur la religion ou les convictions, découlant d'une règle interne d'une entreprise interdisant aux travailleurs de porter tout signe visible de convictions politiques, philosophiques ou religieuses sur le lieu de travail, est susceptible d'être justifiée par la volonté de l'employeur de poursuivre une politique de neutralité politique, philosophique et religieuse à l'égard des clients ou des usagers, pour autant, en premier lieu, que cette politique réponde à un besoin véritable de cet employeur, qu'il incombe à ce dernier d'établir, en prenant notamment en considération les attentes légitimes desdits clients ou usagers ainsi que les conséquences défavorables, que cet employeur subirait en l'absence d'une telle politique, compte tenu de la nature de ses activités ou du contexte dans lequel celles-ci s'inscrivent, en deuxième lieu, que cette différence de traitement soit apte à assurer la bonne application de cette politique de neutralité, ce qui suppose que cette politique soit suivie de manière cohérente et systématique, et, en troisième lieu, que cette interdiction soit limitée au strict nécessaire au regard de l'ampleur et de la gravité réelles des conséquences défavorables que l'employeur cherche à éviter par une telle interdiction. ● CJUE 15 juill. 2021, n°s C-804/18 et C-341/19. ♦ Si aucune clause de neutralité interdisant le port visible de tout signe politique, philosophique ou religieux sur le lieu de travail n'est prévue dans le règlement intérieur de l'entreprise ou dans une note de service soumise aux mêmes dispositions que le règlement intérieur, l'interdiction faite à une salariée de porter un foulard islamique caractérise l'existence d'une discrimination directement fondée sur les convictions religieuses de l'intéressée. En outre, l'attente alléguée des clients sur l'apparence physique des vendeuses d'un commerce de détail d'habillement ne saurait constituer une exigence professionnelle essentielle et déterminante, au sens de l'art. 4, § 1, Dir. 2000/78/CE du 27 nov. 2000, tel qu'interprété par la CJUE. Le licenciement de la salariée, prononcé au motif de son refus de retirer son foulard islamique lorsqu'elle était en contact avec la clientèle, est discriminatoire et doit être annulé. ● Soc. 14 avr. 2021, n° 19-24.079 P : *D.* 2021. 805 ; *RDT* 2021. 390, obs. Meiffret ; *RJS* 6/2021, n° 293 ; *JSL* 2021, n° 521-2 ; *JCP* 2021. 492, obs. Corrignan-Carsin.

38. Entreprises dites « de tendance ». Les entreprises de tendance sont admises à déroger au principe de non-discrimination mais sous contrôle judiciaire et à condition que leurs exigences soient essentielles, légitimes en raison de la nature de l'activité professionnelle. ● CJUE 17 avr. 2018, n° C-414/16 : *RJS* 7/2018, info. 513 ; *SSL* 2018, n° 828, p. 7, obs. Calvès ; *JSL* 2018, n° 454-1, obs. Hautefort. ♦ L'exigence pour un médecin-chef catholique de respecter le caractère sacré et indissoluble du mariage selon la conception de l'Église catholique n'apparaît pas constituer une exigence professionnelle essentielle, légitime et justifiée, ce qu'il appartient toutefois à la Cour fédérale allemande du travail de vérifier en l'espèce. ● CJUE 11 sept. 2017, n° C-68/17 : *Dr. soc.* 2018. 915, note Mouly ; *RJS* 12/2018, n° 787. ♦ Sur le caractère justifié du licenciement d'un salarié en raison de la gravité de l'adultère commis aux yeux de l'Église mormone et de la position importante que le requérant y occupait et qui le soumettait à des obligations de loyauté accrues : ● CEDH 23 sept. 2010, *Schuth c/ Allemagne* : *RDT* 2011. 45, obs. Couard ; *D.* 2012. 904, concl. Porta. ♦ Sur le caractère injustifié du licenciement du salarié d'une église pour cause d'adultère qui n'était pas soumis à des obligations de loyauté accrues, qui n'avait pu éviter la séparation d'avec son épouse pour des raisons strictement personnelles et qui faisait valoir qu'il ne lui était pas possible de vivre dans l'abstinence jusqu'à la fin de ses jours, comme l'exigerait le code canonique de l'Église catholique : ● CEDH 23 sept. 2010, n° 1620/03, *Obst c/ Allemagne* : *RDT* 2011. 45, obs. Couard ; *D.* 2012. 901, obs. Porta ; *RJS* 2011/1, n° 85. ♦ Sur le refus de considérer une crèche associative comme une entreprise de convictions, V. ● ass. plén., 25 juin 2014 (aff. Baby-Loup) : *D.* 2014. Actu. 1386 ; *AJDA* 2014. 1293 ; *D.* 2014. 1386 ; *ibid.* 1536, entretien Radé ; *RDT* 2014. 607, note Adam ; *AJCT* 2014. 337, tribune de la Morena ; *JSL* 2014, n° 371-2, obs. Hautefort ; *Dr. soc.* 2014. 811, étude Mouly ; *RDT* 2014. 607, note Adam ; *RTD civ.* 2014. 620, obs. Hauser (aff. Baby Loup) ; *RJS* 2014. 576, n° 667.

D. DISCRIMINATION FONDÉE SUR LA NATIONALITÉ

39. Avantage salarial discriminatoire. L'existence d'un régime salarial plus avantageux pour les salariés de nationalité allemande que celui prévu pour les salariés de nationalité française constitue, à l'égard de ces derniers, une discrimination prohibée en application de l'art. 12, Traité CE. • Soc. 10 déc. 2002, ⚖ n° 00-42.158 P : *GADT, 4ᵉ éd., n° 73 ; RJS 2003. 207, note Lhernould ; CSB 2003. 127, A. 15 ; JSL 2003, n° 116-5.* ♦ N'est pas discriminatoire l'attribution de droits d'option sur actions au seul bénéfice des salariés dont les contrats relèvent du droit italien, cet avantage étant la contrepartie de sacrifices qu'ils ont consentis dans le cadre d'un plan de restructuration : l'inégalité de traitement repose sur des raisons objectives étrangères à toute discrimination en raison de la nationalité. • Soc. 17 juin 2003, ⚖ n° 01-41.522 P : *Dr. soc. 2004. 694, note Jeammaud ⊘ ; D. 2003. IR 2209 ⊘ ; RJS 2003. 662, n° 974.* ♦ N'est pas non plus discriminatoire l'attribution d'une prime aux salariés de nationalité étrangère introduisant une différence de traitement entre les salariés français et les salariés étrangers dès lors que cette inégalité vise non seulement à compenser les inconvénients résultant de l'installation d'un individu en pays étranger, mais aussi à faciliter l'embauche de salariés afin de contribuer à la création d'un pôle scientifique international. • Soc. 9 nov. 2005 : ⚖ *D. 2005. IR 2972 ⊘ ; ibid. 2006. Pan. 419, obs. Guiomard ⊘ ; RJS 2006. 127, n° 210 ; Dr. soc. 2006. 221, obs. Jeammaud ⊘ ; JSL 2006, n° 181-4.* ♦ L'attribution aux seuls salariés étrangers d'une prime d'expatriation ne constitue pas une discrimination prohibée dès lors qu'elle repose sur une raison objective, pertinente et proportionnée à l'objectif légitimement poursuivi ; le principe de non-discrimination en raison de la nationalité énoncé par le traité CE n'a vocation à s'appliquer que dans les situations régies par le droit communautaire et n'a pour objet en matière d'emploi que de garantir la libre circulation des travailleurs. • Soc. 17 avr. 2008 : ⚖ *D. 2008. 1519, note Petit et Cohen ⊘ ; ibid. Pan. 2309, obs. Reynès ⊘ ; RJS 2008. 543, n° 675 ; JSL 2008, n° 234-4.*

40. Constitutionnalité. Une différence de traitement fondée sur la nationalité entre les titulaires de pensions militaires d'invalidité et des retraites du combattant selon qu'ils sont ressortissants algériens ou ressortissants des autres pays ou territoires ayant appartenu à l'Union française ou à la Communauté ou ayant été placés sous le protectorat ou sous la tutelle de la France est injustifiée au regard de l'objet de la loi qui vise à rétablir l'égalité entre les prestations versées aux anciens combattants qu'ils soient français ou étrangers, et doit être déclarée contraire au principe constitutionnel d'égalité. • Cons. const. 28 mai 2010, ⚖ n° 2010-1 QPC, *Consorts Labane* : *JCP G 2010. 634, note Mathieu.*

E. DISCRIMINATION FONDÉE SUR L'ORIGINE

41. Recrutement. Le fait pour un employeur de déclarer publiquement qu'il ne recrutera pas de salariés ayant une certaine origine ethnique ou raciale constitue une discrimination directe à l'embauche ; l'existence d'une telle discrimination directe ne suppose pas que soit identifiable un plaignant, victime d'une telle discrimination ; mais même lorsqu'il n'y a pas de victime identifiable, le régime des sanctions applicables aux violations des dispositions nationales adoptées pour transposer la directive n° 2000/43 doit être effectif, proportionné et dissuasif. • CJCE 10 juill. 2008, ⚖ n° C-54/07 : *RJS 2008. 935, n° 1136 ; JCP S 2008. 1520, obs. Cavallini.* ♦ Pour un exemple de refus discriminatoires de promotion, V. • Soc. 18 janv. 2012 : ⚖ *D. actu. 26 janv. 2012, obs. Siro ; D. 2012. Actu. 367 ⊘ ; RJS 2012. 351, n° 406 ; Dr. ouvrier 2012. 324, note Cohen ; JSL 2012, n° 317-7, obs. Tourreil ; JCP S 2012. 1112, obs. François.*

42. Surnom. Le fait de demander au salarié de changer son prénom Mohammed pour celui de Laurent est de nature à constituer une discrimination à raison de son origine ; la circonstance que plusieurs salariés portaient le prénom Mohammed n'était pas de nature à caractériser l'existence d'un élément objectif susceptible de justifier la discrimination. • Soc. 10 nov. 2009 : ⚖ *R., p. 345 ; D. 2009. AJ 2857, obs. Maillard ⊘ ; ibid. 2010. Pan. 672, obs. Porta ; RDT 2010. 169, obs. Aubert-Monpeyssen ⊘ ; RJS 2010. 14, n° 4 ; SSL 2009 n° 1422, p. 12.* ♦ L'employeur ne peut faire valoir l'expérience professionnelle et les diplômes du salarié recruté que si il y a eu, avant le recrutement, une définition préalable des exigences requises pour occuper le poste. • Soc. 15 déc. 2011 : ⚖ *RDT 2012. 291, obs. Bouton ⊘ ; Dr. ouvrier 2012. 559, obs. Pontif.* ♦ Caractérise une discrimination raciale l'information par la directrice adjointe de la salariée, laquelle était pourtant « chaudement recommandée » par la direction d'un autre établissement, qu'elle ne pouvait l'engager immédiatement car la directrice lui avait indiqué qu'elle « ne faisait pas confiance aux maghrébines », de sorte qu'elle n'a pu être recrutée que quinze jours plus tard à la faveur de l'absence de la directrice partie en vacances. • Soc. 18 janv. 2012 : ⚖ *D. actu. 26 janv. 2012, obs. Siro.*

F. DISCRIMINATION FONDÉE SUR LA SITUATION DE FAMILLE

43. Situation de famille. Constitue une sanction discriminatoire le fait d'imposer certaines interdictions à une salariée dont le conjoint avait créé une société concurrente. • Soc. 10 févr. 1999, ⚖ n° 96-42.998 P : *D. 1999. IR 68 ⊘ ; RJS 1999. 360, n° 363 ; Dr. soc. 1999. 410, obs. Bonnechère ⊘.* ♦ Est discriminatoire le fait de demander de ne pas embaucher les enfants du personnel, V. • Chambéry, 21 mai 1996 : *Dr. ouvrier 1996. 413, note Darves-Bornoz.*

44. La loi ne distingue pas selon le lien matrimonial ou le lien familial et interdit le licenciement d'un salarié reposant sur le lien de filiation l'unissant à un autre salarié de l'entreprise. • Soc.

1er juin 1999, ⚖ n° 96-43.617 P : *Dr. soc. 1999. 838, obs. Roy-Loustaunau* ⬚ *; RJS 1999. 554, n° 898.* ♦ Mais le licenciement peut être prononcé à raison du trouble objectif causé par le comportement du salarié. • Soc. 14 nov. 2000 : ⚖ *RJS 2001. 18, n° 21.*

G. DISCRIMINATION FONDÉE SUR L'ÉTAT DE SANTÉ

45. État de santé et nullité du licenciement. Est discriminatoire le licenciement qui, même fondé sur une faute grave, est en rapport avec la maladie du salarié. • Soc. 28 janv. 1998, ⚖ n° 95-41.491 P : *CSB 1998. 80, A. 19.* ♦ Est discriminatoire le licenciement reposant sur une déficience physique du salarié non constatée par le médecin du travail. • Soc. 13 janv. 1998, ⚖ n° 95-45.439 P : *D. 1998. IR 57* ⬚. ♦ Caractérise un licenciement discriminatoire celui prononcé par l'employeur qui a substitué son avis à celui écrit du médecin du travail en raison de l'état de santé du salarié qu'il a estimé – de son propre chef – incompatible avec les exigences du métier. • Bordeaux, ch. soc., 15 juin 2010 : *RDT 2010. 578, obs. Lardy-Pélissier* ⬚. ♦ Un licenciement prononcé en raison d'un comportement anormal d'excitation du salarié incompatible avec les fonctions attribuées repose sur l'état de santé du salarié et est nul de plein droit. • Soc. 28 janv. 1998 : ⚖ *JSL 1998, n° 15, p. 4.* ♦ Le licenciement pour inaptitude en cas d'impossibilité de reclassement prononcé sans respecter la procédure réglementaire de déclaration d'inaptitude est nul. • Soc. 16 févr. 1999, ⚖ n° 96-45.394 P : *Dr. soc. 1999. 528, obs. Savatier* ⬚. • 20 sept. 2006 : ⚖ *RJS 2006. 868, n° 1169.* • Soc. 16 mai 2000, ⚖ n° 97-42.410 P : *RJS 2000. 554, n° 789 ; Dr. soc. 2000. 781, obs. Savatier* ⬚.

46. Discrimination fondée sur le handicap. Un licenciement fondé sur une incapacité temporaire de travail découlant d'un accident peut constituer une discrimination basée sur le handicap prohibée par la Dir. 2000/78 lorsqu'il n'est pas possible de prévoir une guérison à court terme. • CJUE 1er déc. 2016, ⚖ n° C-395/15 : *D. 2017. 1101, note Boujeka* ⬚ *; RJS 4/2017, p. 288, obs. Palli ; ibid., n° 304 ; JCP S 2017. 1023, obs. Cavallini.*

47. État de santé et indemnité conventionnelle de licenciement. Même lorsque la différence de traitement en raison de l'un des motifs visés à l'art. L. 1132-1 C. trav. résulte des stipulations d'une convention ou d'un accord collectifs, négociés et signés pas des organisations syndicales représentatives, les stipulations concernées ne peuvent être présumées justifiées au regard du principe de non-discrimination. • Soc. 9 déc. 2020, ⚖ n° 19-17.092 P : *D. actu. 7 janv. 2021, obs. Couëdel ; D. 2021. Actu. 23* ⬚ *; Dr. soc. 2021. 266, note Radé* ⬚ *; RJS 2/2021, n° 72 ; JSL 2021, n° 515-4, obs. Nassom-Tissandier.* ♦ Est nulle en raison de son caractère discriminatoire fondé sur l'état de santé du salarié la disposition d'une convention collective excluant les salariés licenciés pour cause d'inaptitude consécutive à une maladie ou à un accident non professionnel du bénéfice de l'indemnité de licenciement qu'elle institue, en l'absence d'élément objectif et pertinent la justifiant. • Soc. 8 oct. 2014 : ⚖ *D. actu. 28 oct. 2014, obs. Peyronnet ; RDT 2015. 119, obs. Mercat-Bruns* ⬚ *; RJS 2014. 735, n° 851.* ♦ En l'absence d'élément objectif et pertinent la justifiant, est nulle en raison de son caractère discriminatoire fondé sur l'état de santé du salarié la disposition d'une convention collective excluant les salariés licenciés pour inaptitude de l'indemnité de licenciement qu'elle institue. • Soc. 9 déc. 2020, ⚖ n° 19-17.092 P : *préc.*

48. Le fait de quitter son poste en raison de son état de santé pour consulter un médecin ne constitue pas, en soi, une faute de nature à justifier un licenciement. • Soc. 3 juill. 2001 : ⚖ *D. 2001. IR 2359* ⬚ *; Dr. soc. 2001. 1045, obs. Savatier* ⬚ *; RJS 2001. 773, n° 1133.* ♦ Il appartient au juge des référés de rechercher si le licenciement d'un salarié malade qui a refusé d'accepter de nouvelles tâches constitue un trouble manifestement illicite. • Soc. 23 nov. 1999, ⚖ n° 97-42.940 P : *RJS 2000. 34, n° 33 ; D. 1999. IR 277* ⬚. ♦ Est illégale la clause d'un contrat signé entre une ville et une entreprise de nettoiement stipulant que le personnel devra être valide et robuste. • TA Besançon, 11 juill. 1996 : *Dr. soc. 1996. 970, obs. Savatier.*

49. Discrimination et procréation médicalement assistée. La proposition de modification du contrat de travail intervenant après deux arrêts de travail de 15 jours chacun prescrits dans le cadre de tentatives de fécondation *in vitro* et après que la salariée eut annoncé qu'elle serait de nouveau en arrêt de travail pour les mêmes raisons laisse supposer l'existence d'une discrimination en raison de l'état de santé de la salariée et justifie la résiliation judiciaire du contrat de travail produisant les effets d'un licenciement nul. • Soc. 28 juin 2018, ⚖ n° 16-28.511 P : *Dr. soc. 2018. 953, obs. Mouly* ⬚ *; RJS 11/2018, n° 672 ; JCP S 2018. 1307, obs. Loiseau.*

50. Obésité. Si aucun principe général du droit de l'Union n'interdit, en soi, les discriminations fondées sur l'obésité, cette dernière relève de la notion de « handicap » lorsque, dans certaines conditions, elle fait obstacle à la pleine et effective participation de la personne concernée à la vie professionnelle sur un pied d'égalité avec les autres travailleurs. • CJUE 18 déc. 2014, ⚖ FO, n° C-354/13 : *JSL 2015, n° 384-5, obs. Tissandier.*

51. État de santé et évolution de carrière. La justification d'un retard de carrière par les absences pour maladie se heurte à la prohibition de la discrimination à raison de l'état de santé du salarié. • Soc. 28 janv. 2010 : ⚖ *D. 2010. AJ 385* ⬚ *; ibid. 2010. 2029, obs. Aubert-Monpeyssen* ⬚ *; D. actu. 12 févr. 2010, obs. Maillard ; JCP S 2010. 1196, obs. Martinon.*

52. État de santé et non-renouvellement de contrat. Le non-renouvellement d'un contrat à durée déterminée d'un salarié, fondé sur un avis d'aptitude avec réserves émis par le médecin du travail, est discriminatoire. ● Soc. 25 janv. 2011 : ⚖ *D. actu. 22 févr. 2011, obs. Perrin ; D. 2011. Actu. 453* ⍁ *; JSL 2011, n° 296-6, obs. Tourreil.*

53. État de santé et changement d'affectation. Imposer à un salarié un changement d'affectation en raison de son état de santé constitue une mesure discriminatoire ; la bonne foi de l'employeur qui souhaitait affecter le salarié à un poste moins générateur des stress importe peu. ● Soc. 30 mars 2011 : ⚖ *D. actu. 21 avr. 2011, obs. Perrin ; D. 2011. Actu. 1089* ⍁ *; JSL 2011, n° 300-5, obs. Lhernould ; JCP S 2011. 1256, obs. Tricot ; SSL 2011, n° 1490, p. 12, obs. Marcon et Champeaux.* ♦ Mais n'est pas discriminatoire le fait d'imposer à un agent de sécurité, victime d'une agression sur son lieu de travail et absent de l'entreprise pendant trois ans, un stage de formation imposé à tous les salariés revenant d'une longue absence et amenés à exercer des fonctions de terrain et en l'absence de contre-indication médicale. ● Soc. 29 sept. 2014 : *D. 2014. Actu. 2003* ⍁ *; RJS 2014. 751, n° 877.*

54. Aptitude avec réserve et clause de mobilité. La proposition de mutation mise en œuvre de la clause de mobilité sur un poste compatible avec l'avis d'aptitude avec réserves ne constitue pas un élément laissant supposer l'existence d'une discrimination en raison de l'état de santé. ● Soc. 26 avr. 2017, ⚖ n° 14-29.089 P : *D. actu. 10 mai 2017, obs. Peyronnet ; D. 2017. Actu. 1050* ⍁ *; RJS 7/2017, n° 457 ; JSL 2017, n° 434-2, obs. Hautefort ; SSL 2017, n° 1768, p. 13, obs. Champeaux.*

55. Objectivation du motif. La loi n'interdit pas que le licenciement soit motivé non par l'état de santé du salarié mais par la situation objective de l'entreprise qui se trouve dans la nécessité de pourvoir au remplacement définitif d'un salarié dont l'absence prolongée ou les absences répétées perturbent le fonctionnement. ● Soc. 16 juill. 1998, ⚖ n° 97-43.484 P : *D. 1998. IR 200* ⍁ *; Dr. soc. 1998. 950, note A. Mazeaud* ⍁*.* ♦ V. égal. arrêts cités ss. art. L. 1232-1.

H. DISCRIMINATION FONDÉE SUR L'ACTIVITÉ SYNDICALE

56. Charge de la preuve. Il appartient au salarié qui se prétend lésé par une mesure discriminatoire de soumettre au juge les éléments de fait susceptibles de caractériser une atteinte au principe d'égalité de traitement et il incombe à l'employeur qui conteste le caractère discriminatoire d'établir que la disparité de situation constatée est justifiée par des éléments objectifs étrangers à toute discrimination. ● Soc. 28 mars 2000, ⚖ n° 97-45.258 P : *RJS 2000. 350, n° 498 (2ᵉ esp.) ; Dr. soc. 2000. 589, obs. Lanquetin* ⍁*.* ● 26 avr. 2000, ⚖ n° 98-42.643 P : *D. 2000. IR 160* ⍁ *; RJS 2000. 468, n° 985* ● 28 sept. 2004, ⚖ n° 03-42.624 : *Dr. soc. 2004. 1147, obs. Radé* ⍁*.* ♦ Le délit de discrimination syndicale ne peut être établi – s'agissant d'une évolution de carrière défavorable – sans procéder à une étude comparative des salaires et coefficients des représentants du personnel et des autres salariés de l'entreprise, à diplôme équivalent et même ancienneté. ● Crim. 9 nov. 2004, ⚖ n° 04-81.397 P : *RJS 2005. 288, n° 405.*

57. Activité syndicale. Lorsque le coefficient d'un ouvrier n'a pas évolué depuis sa désignation comme délégué syndical, qu'il est le seul de sa catégorie à être dans cette situation, et qu'il résulte de ses fiches d'évaluation qu'il a été pénalisé en fonction des absences liées à son mandat, il faut considérer que le salarié a présenté des éléments laissant supposer une discrimination. ● Soc. 30 avr. 2009 : ⚖ *RJS 2009. 569, n° 640 ; JSL 2009, n° 257-2.* ♦ La mention d'une disponibilité réduite du salarié liée à ses fonctions syndicales sur ses fiches d'évaluation constitue un élément laissant supposer l'existence d'une discrimination syndicale. ● Soc. 11 janv. 2012 : ⚖ *D. actu. 10 févr. 2012, obs. Perrin ; Dr. soc. 2012. 425, obs. Gauriau* ⍁ *; RJS 2012. 220, n° 266.* ♦ Sont des éléments laissant supposer l'existence d'une discrimination syndicale, l'absence de promotion individuelle depuis 1987 du salarié alors que ses fiches d'évaluation au titre des années 1990, 1996, 1998, 1999 et 2000, au vu desquelles la direction arrêtait ses choix de promotions, faisaient référence à ses activités prud'homales et syndicales et aux perturbations qu'elles entraînaient dans la gestion de son emploi du temps. ● Soc. 1ᵉʳ juill. 2009 : ⚖ *JSL 2009, n° 263-2.* ♦ L'évocation de l'exercice d'un mandat représentatif lors de l'entretien d'évaluation peut caractériser une discrimination syndicale ; le fait que deux fiches d'entretiens individuels annuels fassent mention d'une disponibilité réduite compte tenu des fonctions syndicales est suffisant pour caractériser une discrimination syndicale. ● Soc. 11 janv. 2012 : ⚖ *D. actu. 10 févr. 2012, obs. Perrin ; D. 2012. Actu. 291* ⍁*.* ♦ Toutefois, les primes variables des représentants du personnel doivent être ajustées en fonction du temps qu'ils consacrent à leur activité professionnelle ; le montant de la prime doit donc être fixé en tenant compte, pour la partie de son activité correspondant aux mandats, du montant moyen de cette prime versée aux autres salariés pour un temps équivalent, pour la partie correspondant à son temps de production, elle doit être calculée sur la base d'objectifs réduits à la mesure de ce temps. ● Soc. 6 juill. 2010 : ⚖ *D. 2010. Actu. 1884* ⍁ *; RJS 2010. 709, n° 788 ; Dr. ouvrier 2010. 672, obs. Taraud ; JSL 2010, n° 285-6, obs. Julien-Paturle ; JCP S 2010. 1461, obs. Bossu.*

58. Méconnaissance des attributions des représentants du personnel. La méconnaissance par l'employeur des attributions des institutions représentatives du personnel ne constitue pas en soi une discrimination syndicale. ● Soc. 8 oct. 2014 : ⚖ *D. 2014. Actu. 2055* ⍁*.*

59. Réintégration. Le licenciement d'un salarié en raison de ses activités syndicales étant nul de plein droit, le juge doit ordonner, si l'intéressé le demande, la poursuite de l'exécution du contrat de travail qui n'a pas été valablement rompu. ● Soc. 17 mars 1999 : 🛡 *D. 1999. IR 105* ⃰ *; Dr. soc. 1999. 535, obs. M. Grévy* ⃰ *; RJS 1999. 422, n° 694.* ♦ Doit être cassé l'arrêt qui refuse la réintégration d'un salarié licencié après avoir présenté les revendications des autres salariés sans rechercher si son action s'inscrivait dans le cadre d'une action syndicale et si celle-ci avait été le motif véritable du licenciement. ● Soc. 4 mai 1994 : 🛡 *Dr. soc. 1994. 720* ⃰. – V. aussi ● Crim. 7 févr. 1989 : *préc. note 3*.

60. Financement syndical. La répartition inégalitaire entre les différentes organisations syndicales du budget de financement des frais de formation suivie dans le cadre du congé de formation économique, sociale et syndicale conduit à conditionner l'exercice d'un droit individuel réservé aux salariés à leur adhésion à un syndicat ; le comité d'entreprise a commis une discrimination syndicale et violé le principe de liberté syndicale. ● Soc. 16 avr. 2008 : 🛡 *D. 2008. AJ 1417, obs. Ines* ⃰ *; RDT 2008. 467, note Signoretto* ⃰ *; RJS 2008. 555, n° 691.*

61. Retards de carrières. L'existence d'une discrimination n'impliquant pas nécessairement une comparaison avec la situation d'autres salariés, le fait que l'employeur n'ait pas fourni de travail pendant de longues périodes au salarié titulaire de divers mandats représentatifs est un élément de nature à laisser supposer l'existence d'une discrimination syndicale. ● Soc. 29 juin 2011 : 🛡 *D. 2011. 1908* ⃰ *; JSL 2011, n° 370-3 ; RJS 2011, n° 746 ; JCP S 2011. 1457, note Rozec et Manigot.* ♦ La seule circonstance que des salariés exerçant des mandats syndicaux aient pu bénéficier de mesures favorables n'est pas de nature à exclure, en soi, l'existence de toute discrimination à l'égard d'autres salariés exerçant eux-même des fonctions représentatives. ● Soc. 12 juin 2013 : 🛡 *D. actu. 19 juill. 2013, obs. Ines ; D. 2013. Actu. 1557* ⃰.

62. Permanents syndicaux issus de catégories professionnelles différentes. L'accès à un mandat de permanent syndical est, sauf accord collectif en disposant autrement, sans incidence sur l'appartenance des salariés à la catégorie professionnelle dont ils sont issus et au sein de laquelle ils sont susceptibles de reprendre leur activité ; les modalités de progression salariale différentes appliquées entre les permanents syndicaux qui exerçaient, et sont susceptibles de reprendre, des fonctions commerciales et ceux qui exerçaient, et sont susceptibles de reprendre, des fonctions administratives, ne fait pas échec à la règle de l'égalité de traitement. ● Soc. 24 sept. 2014 : 🛡 *D. actu. 6 oct. 2014, obs. Peyronnet ; RJS 2014. 741, n° 863.*

63. Distribution de tracts. Sur la condamnation d'une entreprise ayant exercé à l'encontre d'un syndicat des moyens de pression discriminatoire, notamment à l'occasion de distributions de tracts syndicaux. ● Soc. 5 janv. 2022, 🛡 n° 20-15.005 B : *D. actu. 25 janv. 2022, obs. Couëdel ; Dr. soc. 2022. 368, note Petit* ⃰ *; RJS 3/2022, n° 146 ; JCP 2022. 100, obs. Corrignan-Carsin ; JCP S 2022. 1035, obs. Fardin.*

64. Mesure de rétorsion à une demande d'organisation des élections professionnelles (salarié agissant sans mandat d'un syndicat). Lorsque les faits invoqués dans la lettre de licenciement ne caractérisent pas une cause réelle et sérieuse de licenciement, il appartient à l'employeur de démontrer que la rupture du contrat de travail ne constitue pas une mesure de rétorsion à la demande antérieure du salarié d'organiser des élections professionnelles au sein de l'entreprise. ● Soc. 28 juin 2023, 🛡 n° 22-11.699 B : *D. 2023. 1265* ⃰.

III. SANCTIONS

65. Nullité de la période d'essai. Les dispositions légales sont applicables à la rupture de la période d'essai. ● Soc. 16 févr. 2005 : 🛡 *SSL 2005, n° 1205, p. 10.*

66. Nullité du licenciement et droit à réintégration. Compétence du juge des référés pour ordonner la réintégration sous astreinte d'un salarié licencié de manière discriminatoire. ● Paris, 15 nov. 1995 : *Dr. ouvrier 1996. 173, note P. M.* ♦ La décision de référé ayant ordonné provisoirement la réintégration d'un salarié est dépourvue de l'autorité de chose jugée. ● Soc. 1er avr. 2008 : 🛡 *JCP S 2008. 1337, note Frai.*

67. Modalités de la réintégration. Lorsqu'un licenciement a été déclaré nul parce que prononcé en raison de l'état de santé du salarié, les solutions de réintégration doivent être recherchées dans l'entreprise et non pas au sein du groupe. ● Soc. 9 juill. 2008 : 🛡 *Dr. soc. 2008. 1146, obs. Couturier* ⃰ *; RJS 2008. 804, n° 980 ; JSL 2008, n° 240-2 ; JCP S 2008. 1563, note Drai.*

68. Employeur faisant obstacle à la réintégration. Lorsque l'employeur fait obstacle à une décision de justice ordonnant la réintégration du salarié, il est tenu au paiement d'une indemnité égale au montant de la rémunération que le salarié aurait perçue jusqu'à ce qu'il prenne acte de la rupture du contrat de travail ou que le juge en prononce la résiliation ; dans ce cas, le salarié a droit aux indemnités de rupture de son contrat de travail ainsi qu'à une indemnité pour licenciement illicite. ● Soc. 29 mai 2013 : 🛡 *D. actu. 26 juin. 2013, obs. Ines ; D. 2013. Actu. 1416* ⃰ *; JSL 2013, n° 348-6, obs. Lalanne.*

69. Impossibilité de réintégration. Le fait de confier à un prestataire extérieur l'activité de la salariée licenciée ne caractérise pas une impossibilité matérielle pour l'employeur de procéder à sa réintégration. • Soc. 14 sept. 2016, n° 15-15.944 P : *D. actu. 17 oct. 2016*, obs. Fraisse ; *D. 2016. Actu. 1866* ; *D. 2017 ; Pan. 848*, obs. Lokiec ; *RJS 11/2016*, n° 700 ; *JCP S 2016. 1383*, obs. Chenu.

70. Indemnités de rupture et réintégration. Le salarié dont le licenciement est nul et qui demande sa réintégration ne peut prétendre au paiement d'indemnités de rupture. • Soc. 11 juill. 2012 : *D. actu. 13 sept. 2012*, obs. Ines ; *D. 2012. Actu. 1967* ; *RJS 2012. 676*, n° 785 ; *JSL 2012*, n° 330-6, obs. Hautefort ; *JCP S 2012. 1482*, obs. Bossu ; *Dr. ouvrier 2012. 802*, obs. Bonnechère.

71. Indemnité d'éviction. Dès lors qu'il caractérise une atteinte à la liberté, garantie par la Constitution, qu'a tout homme de pouvoir défendre ses droits et ses intérêts par l'action syndicale, le salarié qui demande sa réintégration a droit au paiement d'une indemnité égale au montant de la rémunération qu'il aurait dû percevoir entre son éviction de l'entreprise et sa réintégration, peu important qu'il ait ou non reçu des salaires ou un revenu de remplacement pendant cette période. • Soc. 2 juin 2010 : *RDT 2010. 592*, obs. Grévy. ♦ Il en va de même : ... s'agissant de salariés licenciés en raison de l'exercice normal du droit de grève. • Soc. 2 févr. 2006, n° 03-47.481 P : *RDT 2006. 42*, obs. Leclerc ; *JSL 2006*, n° 185-5 ; *JCP S 2006. 1700*, note Olivier ; *JCP E 2006. 1579*, note Béal et Rouspide. • 25 nov. 2015, n° 14-20.527 P : *D. 2015. 2508* ; *RDT 2016. 108*, note Ferkane ; *JCP S 2016. 1090*, obs. Kerbouc'h. ♦ ... s'agissant d'un salarié licencié en raison de ses activités syndicales. • Soc. 9 juill. 2014, n° 13-16.434 P : *D. 2014. 1594* ; *RJS 11/2014*, n° 793 ; *JCP S 2014. 1474*, obs. Kerbouc'h ; *JCP 2016. 307*, obs. Verpaux et Macaya. ♦ ... s'agissant d'un salarié licencié en raison de son état de santé. • Soc. 29 mai 2013, n° 11-28.734 P : *D. 2013. Actu. 1416* ; *JCP S 2013. 1336*, obs. Mouly ; *Dr. soc. 2014. 44*, note Gauriau ; *JCP 2014. 933*, obs. Mathieu, Verpeaux et Maca. ♦ ... s'agissant d'un salarié licencié en raison de la saisine du conseil de prud'hommes et présentant le caractère d'une atteinte au principe constitutionnel de garantie des droits. • Soc. 21 nov. 2018, n° 17-11.122 P : *D. 2018. Actu. 2311* ; *RJS 2/2019*, n° 90 ; *RPC 2019. Comm. 40*, obs. Taquet ; *Gaz. pal. 29 janv. 2019, p. 59*, note Orif. ♦ ... s'agissant de la femme licenciée en raison de son état de grossesse dès lors que ce licenciement est nul et caractérise une atteinte au principe d'égalité de droits entre l'homme et la femme, garanti par l'al. 3 du préambule de la Constitution du 27 oct. 1946. • Soc. 29 janv. 2020, n° 18-21.862 P : *D. 2020. Actu. 287* ; *D. 2020. 1748*, obs. Silhol ; *RDT 2020. 185*, note Baugard ; *Dr. soc. 2020. 376*, note Mouly ; *RJS 4/2020*, n° 17 ; *JCP S 2020. 1082*, obs. Fallik-Maynard ; *JCP E 2020. 1368*, obs. Duchange. ♦ L'employeur est en revanche autorisé à déduire de l'indemnité d'éviction les revenus de remplacement : pour les salariés victimes de harcèlement moral. • Soc. 8 déc. 2009, n° 08-43.764. ♦ ... Ou ayant dénoncé des faits de cette nature. • Soc. 14 déc. 2016, n° 14-21.325 P : *D. 2017. 12*. ♦ ... Pour les salariés accidentés du travail. • Soc. 16 oct. 2019, n° 17-31.624 P : *D. 2019. 1740*, obs. Silhol. ♦ ... Pour les salariés victimes d'une discrimination en raison de l'âge. • Soc. 15 nov. 2017, n° 16-14.281 P : *D. 2018. 190*, obs. Salomon ; *ibid. 813*, obs. Lokiec et Porta ; *RDT 2018. 132*, obs. Mercat-Bruns. ♦ ... Pour les salariés licenciés à la suite d'un plan de sauvegarde de l'emploi nul. • Soc. 3 juill. 2003, n° 01-44.717 P. ♦ ... Pour le salarié, élu local, dont le licenciement est annulé en violation de l'art. L. 2123-8 CGCT. • Soc. 8 mars 2023, n° 20-18.507 : *D. 2023. 506* ; *Dr. soc. 2023. 458*, obs. Mouly ; *RJS 5/2023*, n° 248 ; *JSL 2023*, n° 563-4, obs. Lhernould ; *JCP S 2023. 1097*, obs. Pinatel.

72. Conséquences indemnitaires d'une mise à la retraite discriminatoire en raison de l'âge. Lorsqu'il a demandé tardivement sa réintégration et qu'il a atteint l'âge limite, fixé par décret, pour exercer ses fonctions, le salarié dont la mise à la retraite d'office est annulée en raison d'une discrimination fondée sur l'âge a droit à une indemnité égale aux salaires auxquels il pouvait prétendre, déduits des revenus de remplacement perçus, entre sa demande de réintégration et la date à laquelle il a atteint l'âge limite de départ en retraite. • Soc. 22 janv. 2020, n° 17-31.158 P : *D. actu. 11 févr. 2020*, obs. de Montvalon ; *D. 2020. 220* ; *RJS 4/2020*, n° 177 ; *JCP S 2020. 1072*, obs. Barège. ♦ Toutefois, le salarié qui présente de façon abusive sa demande de réintégration tardivement n'a droit, au titre de cette nullité, qu'à la rémunération qu'il aurait perçue du jour de sa demande de réintégration à celui de sa réintégration effective. • Même arrêt.

73. Indemnisation spécifique pour harcèlement et discrimination. Des faits uniques, caractérisant simultanément une discrimination et un harcèlement moral, permettent au salarié subissant de tels agissements de prétendre une double indemnisation en présence de préjudices distincts. • Soc. 3 mars 2015 : *D. actu. 17 mars 2015*, obs. Peyronnet ; *D. 2015. Actu. 633* ; *JSL 2015*, n° 386-3, obs. Pacotte et Halimi ; *RJS 5/2015*, n° 314.

74. Responsabilité personnelle de l'auteur. Engage sa responsabilité personnelle à l'égard de ses subordonnés le salarié qui leur fait subir intentionnellement des agissements répétés de harcèlement moral. • Soc. 21 juin 2006, n° 05-43.914 P : *D. 2006. IR 1770* ; *Dr. soc. 2006. 826*, note Radé ; *RJS 8-9/2006*, n° 916 ; *Gaz. Pal. 5 juill. 2006, p. 3*, note Allix ; *JCP 2006. II. 10166*, obs. Petit.

75. Obligation de sécurité de l'employeur. L'employeur, tenu envers ses salariés d'une obligation de sécurité en matière de protection de la santé et de la sécurité des travailleurs, notamment en matière de discrimination, doit répondre des agissements des personnes qui exercent, de fait ou de droit, une autorité sur les salariés. Tel est le cas du tiers chargé par l'employeur de mettre en place de nouveaux outils de gestion et qui devait former la responsable du restaurant et son équipe et pouvait dès lors exercer une autorité de fait sur les salariés. ● Soc. 1er mars 2011, 🛡 n° 09-69.616 P : *Dr. soc.* 2011. 594, note Radé ⌀ ; *RJS* 5/2011, n° 390 ; *JCP E* 2011. 1566, obs. Fadeuilhe ; *PA* 9 nov. 2011, p. 17, obs. Le Blan-Delannoy. ♦ De même s'agissant du président du conseil syndical ayant exercé une autorité de fait sur le gardien employé par le syndicat des copropriétaires. ● Soc. 19 oct. 2011, 🛡 n° 09-68.272 P : *D.* 2012. 910, note Lokiec ⌀ ; *RDT* 2012. 44, note Véricel ⌀ ; *RJS* 1/2012, n° 5 ; *JCP* 2011. 1204, obs. Lefranc-Hamoniaux ; *JCP S* 2011. 1569, obs. Leborgne-Ingelaere.

76. Démonstration d'une faute de l'employeur ou de ses substitués. Ne méconnaît pas l'obligation légale lui imposant de prendre les mesures nécessaires pour assurer la sécurité et protéger la santé physique et mentale des travailleurs, l'employeur qui justifie avoir pris toutes les mesures prévues par les art. L. 4121-1 et L. 4121-2 C. trav. ● Soc. 1er juin 2016, 🛡 n° 14-19.702 P : *D.* 2016. Actu. 1258 ⌀ ; *D.* 2016. 1681, note Icard et Pagnerre ⌀ ; *RDT* 2016. 709, note Géniaut ⌀ ; *RJS* 8-9/2016, n° 567 ; *JCP* 2016. 822, obs. Mouly ; *JCP S* 2016. 1220, obs. Loiseau. ♦ L'employeur est responsable des dommages provoqués par une insulte à connotation sexiste, proférée par un bénévole, et le jet par d'autres de détritus sur la salariée qui ont eu lieu à l'occasion d'une soirée organisée par l'employeur dans les cuisines du restaurant de l'association en présence d'un salarié de l'entreprise, tuteur devant veiller à l'intégration de la salariée titulaire d'un contrat de travail s'accompagnant d'un contrat d'aide à l'emploi, et sans que celui-ci réagisse. ● Soc. 30 janv. 2019, 🛡 n° 17-28.905 P : *D. actu.* 25 févr. 2019, obs. D. actu. 25 févr. 2019, obs. Castel ; *D.* 2019. Actu. 261 ⌀ ; *RDT* 2019. 335, note Adam ⌀ ; *RJS* 4/2019, n° 196 ; *SSL* 2019, n° 1848, p. 11, obs. Champeaux ; *JSL* 2019, n° 472-2, obs. Hautefort ; *JCP* 2019. 168, obs. Dedessus-Le-Moustier ; *JCP S* 2019. 1133, obs. Leborgne-Ingelaere.

77. Sur la sanction des discriminations, V. jurispr. ss. art. L. 1132-4.

78. Sur la preuve des discriminations, V. jurispr. ss. art. L. 1134-1.

Art. L. 1132-2 Aucun salarié ne peut être sanctionné, licencié ou faire l'objet d'une mesure discriminatoire mentionnée à l'article L. 1132-1 en raison de l'exercice normal du droit de grève. — *[Anc. art. L. 122-45, al. 2.]*

COMMENTAIRE

V. sur le Code en ligne 🛡.

1. Point de départ de l'action en nullité du licenciement pour fait de grève. L'action des mineurs ayant participé aux grèves en 1948 tendant à voir prononcer la nullité de leur licenciement est prescrite ; le délai de prescription trentenaire n'est pas à nouveau ouvert par les lois de 1984 et de 2004. ● Soc. 9 oct. 2012 : 🛡 *D.* 2012. Actu. 2456 ⌀ ; *RJS* 2012. 830, n° 983 ; *Dr. soc.* 2013. 176, obs. Radé ⌀ ; *SSL* 2012, n° 1556, p. 9, avis Aldigé ; *JCP S* 2012. 1522, obs. Duquesne.

2. Faute lourde. Un salarié gréviste ne peut être licencié ou sanctionné à raison d'un fait commis au cours de la grève que si ce fait est constitutif d'une faute lourde. ● Soc. 16 déc. 1992, 🛡 n° 91-41.215 P : *GADT*, 4e éd., n° 208 ; *Dr. soc.* 1993. 291, note Savatier ⌀ ; *D.* 1993. Somm. 265, obs. Dockès ⌀ ; *RJS* 1993. 119, n° 174 ; *CSB* 1993. 37, A. 8. – V. Langlois, *D.* 1997. Chron. 45 (III, A) ⌀.

3. Retenues. Si l'employeur peut tenir compte des absences, même motivées par la grève, pour le paiement d'une prime, c'est à la condition que toutes les absences, hormis celles qui sont légalement assimilées à un temps de travail effectif, entraînent les mêmes conséquences sur son attribution. ● Soc. 23 juin 2009 : 🛡 *D.* 2009. AJ 1901, obs. Maillard ⌀ ; *RJS* 2009. 721, n° 827 ● 11 janv. 2012 : 🛡 *D. actu.* 14 févr. 2012, obs. Perrin ; *D.* 2012. Actu. 226 ⌀ ; *RJS* 2012. 201, n° 241 ; *JCP S* 2012. 1149, obs. Drai (en l'espèce, il s'agissait d'absences pour maladie) ● 26 mars 2014 : 🛡 *D. actu.* 15 avr. 2014, obs. Fleuriot ; *D.* 2014. Actu. 830 ⌀ ; *RJS* 2014. 414, n° 516 ● 7 nov. 2018, 🛡 n° 17-15.833 P : *D.* 2018. Actu. 2238 ⌀ ; *RJS* 1/2019, n° 50 ; *JCP S* 2018. 1392, obs. Dauxerre.

4. Règlement intérieur. L'employeur ne peut, sauf dispositions législatives contraires, se fonder sur le règlement intérieur pour réquisitionner des salariés grévistes, même pour un motif de sécurité ; il ne peut donc sanctionner un salarié refusant de déférer à une telle réquisition. ● Soc. 15 déc. 2009 : 🛡 *D.* 2010. AJ 154, obs. Ines ⌀ ; *JSL* 2010, n° 270-6 ; *Dr. ouvrier* 2010. 278.

5. Discrimination indirecte. Une mesure prenant en compte le degré de mobilisation des salariés, selon les services, et ses conséquences sur le fonctionnement de l'entreprise institue une discrimination indirecte en raison de l'exercice normal du droit de grève et ne peut être justifiée par des éléments objectifs étrangers à toute discrimination en raison de la grève dès lors que la parution en retard des magazines résulte des conséquences inhérentes à la cessation collective du travail. ● Soc. 9 juill. 2015, 🛡 n° 14-12.779 P : *D. actu.* 1er sept. 2015, obs. Peyronnet ; *D.* 2015. Actu.

1648 ; RDT 2015. 698, obs. Odoul-Asorey ; JSL 2015, n° 394-4, obs. Bonnet ; JCP S 2015. 1367, obs. Duquesne ; RJS 11/2015, n° 726.

6. Discrimination systémique. Est reconnue dans une entreprise du secteur du bâtiment et des travaux publics, l'existence d'une discrimination raciale systémique, s'agissant de 25 travailleurs maliens en situation irrégulière, cantonnés à des travaux de curage et de démolition, tandis que les encadrants étaient d'origine maghrébine ; la constatation de la mise en place dans l'entreprise d'un système pyramidal d'affectation professionnelle en raison de l'origine caractérise une discrimination systémique en termes de rémunération, d'évolution professionnelle et d'affectation.
• Cons. prud'h. Paris, 17 déc. 2019, n° 17/10051 : RDT 2020. 137, obs. Guiomard ; JSL 2020, n° 493-1, obs. Pacotte et Margerin.

Art. L. 1132-3 Aucun salarié ne peut être sanctionné, licencié ou faire l'objet d'une mesure discriminatoire pour avoir témoigné des agissements définis aux articles L. 1132-1 et L. 1132-2 ou pour les avoir relatés. — [Anc. art. L. 122-45, al. 3.]

COMMENTAIRE

V. sur le Code en ligne.

1. Champ d'application. En raison de l'atteinte qu'il porte à la liberté d'expression, en particulier au droit pour les salariés de signaler les conduites ou actes illicites constatés par eux sur leur lieu de travail, le licenciement d'un salarié prononcé pour avoir relaté ou témoigné, de bonne foi, de faits dont il a eu connaissance dans l'exercice de ses fonctions et qui, s'ils étaient établis, seraient de nature à caractériser des infractions pénales, est atteint de nullité. • Soc. 30 juin 2016, n° 15-10.557 P : D. 2016. 1740, concl. Marguénaud et Mouly ; RDT 2016. 566, note Adam ; RJS 10/2016, n° 612 ; SSL 2016, n° 1730, p. 11, obs. Champeaux, interview Huglo ; JSL 2016, n° 415-5, obs. Tissandier ; JCP S 2016. 1381, obs. Duchange.

2. Dénonciation de pratiques contraires à la déontologie de la profession. Le licenciement d'un salarié prononcé pour avoir relaté ou témoigné, de bonne foi, de faits dont il a eu connaissance dans l'exercice de ses fonctions et qui, s'ils étaient établis, seraient de nature à caractériser des infractions pénales ou des manquements à des obligations déontologiques prévues par la loi ou le règlement, est frappé de nullité. • Soc. 19 janv. 2022, n° 20-10.057 B : D. actu. 3 févr. 2022, obs. Malfettes ; D. 2022. 170 ;RDT 2022. 106, note Maillard ; RJS 3/2022, n° 124 ; JSL 2022, n° 536-1, obs. Pacotte ; SSL 2022, n° 1987, p. 10, obs. Lesellier ; JCP 2022. 170, obs. Corrignan-Carsin ; JCP S 2022. 1056, obs. Bossu.

3. Bonne foi. Le grief tiré de la relation des agissements de harcèlement moral par le salarié, dont la mauvaise foi n'est pas alléguée, emporte à lui seul la nullité de plein droit du licenciement. • Soc. 10 mars 2009 : RDT 2009. 453, note Adam ; ibid. 376, obs. Lardy-Pélissier ; Dr. ouvrier 2009. 456, obs. Rennes ; JCP S 2009. 1225, obs. Leborgne-Ingelaere ; JSL 2009, n° 254-2. ♦ Dès lors qu'il ne rapporte pas la mauvaise foi du salarié, un employeur ne peut invoquer, à peine de nullité, la dénonciation de faits de harcèlement dans la lettre de licenciement. • Soc. 10 juin 2015, n°s 13-25.554 P et 14-13.318 P : D. 2015. Actu. 1323 ; D. 2015. Pan. 813, obs. Porta ; JSL 2015, n° 393-2, obs. Tissandier ; JCP S 2015. 1345, obs. Leborgne-Ingelaere ; RJS 8-9/2015, n° 539.

4. Dénonciation de mauvaise foi. Le salarié qui relate des faits de discrimination ne peut être licencié pour ce motif, sauf mauvaise foi, laquelle ne peut résulter que de la connaissance par le salarié de la fausseté des faits qu'il dénonce et non de la seule circonstance que les faits dénoncés ne sont pas établis. • Soc. 13 janv. 2021, n° 19-21.138 P : D. actu. 26 janv. 2021, obs. Malfettes ; D. 2021. Actu. 139 ; Dr. soc. 2021. 365, obs. Adam ; RJS 4/2021, n° 194 ; JSL 2021, n° 515-21, obs. Lhernould ; JCP S 2021. 1066, obs. Brissy.

Art. L. 1132-3-1 (L. n° 2011-939 du 10 août 2011, art. 9) Aucun salarié ne peut être sanctionné, licencié ou faire l'objet d'une mesure discriminatoire mentionnée à l'article L. 1132-1 en raison de l'exercice des fonctions de juré ou de citoyen assesseur.

Art. L. 1132-3-2 (L. n° 2013-404 du 17 mai 2013, art. 19) Aucun salarié ne peut être sanctionné, licencié ou faire l'objet d'une mesure discriminatoire mentionnée à l'article L. 1132-1 pour avoir refusé en raison de son orientation sexuelle une mutation géographique dans un État incriminant l'homosexualité.

Art. L. 1132-3-3 (L. n° 2022-401 du 21 mars 2022, art. 7-I, en vigueur le 1ᵉʳ sept. 2022) Aucune personne ayant témoigné, de bonne foi, de faits constitutifs d'un délit ou d'un crime dont elle a eu connaissance dans l'exercice de ses fonctions ou ayant relaté de tels faits ne peut faire l'objet des mesures mentionnées à l'article L. 1121-2.

Les personnes mentionnées au premier alinéa du présent article bénéficient des

DISCRIMINATIONS — Art. L. 1132-3-3

protections prévues aux I et III de l'article 10-1 et aux articles 12 à 13-1 de la loi n° 2016-1691 du 9 décembre 2016 relative à la transparence, à la lutte contre la corruption et à la modernisation de la vie économique.

BIBL. ▶ Icard, *Dr. soc.* 2017. 545. – Jaglin et Vignancour, *SSL* 2023, n° 2030. – Labarthe, *Dr. soc.* 2023. 245 (cadre légal de protection du salarié lanceur d'alerte). – Leclerc, *Dr. ouvrier* 2022. 110 (l'enquête consécutive à une alerte). – Lévy-Regnault et Kerbouc'h, *JCP S* 2022. 1267 (la saga du régime des lanceurs d'alerte). – Mathieu et Terryn, *RDT* 2016. 159 (le statut du lanceur d'alerte en quête de cohérence). – Prieur, *JCP S* 2022. 1268 (RSE et lanceurs d'alerte). – Verdun, *JCP S* 2017. 1011 (statut du lanceur d'alerte). – Vignancour, *JCP S* 2023. 1271 (protection du lanceur d'alerte).

> *COMMENTAIRE*
>
> V. sur le Code en ligne.

Jurisprudence rendue avant l'entrée en vigueur de la loi du 6 déc. 2013.

1. Nullité du licenciement du lanceur d'alerte. Le fait pour un salarié de porter à la connaissance du procureur de la République des faits concernant l'entreprise qui lui paraissent anormaux, qu'ils soient ou non susceptibles de qualification pénale, ne constitue pas en soi une faute ; en raison de l'atteinte qu'il porte à la liberté d'expression, en particulier au droit pour les salariés de signaler les conduites ou actes illicites constatés par eux sur leur lieu de travail, le licenciement d'un salarié prononcé pour avoir relaté ou témoigné, de bonne foi, de faits dont il a eu connaissance dans l'exercice de ses fonctions et qui, s'ils étaient établis, seraient de nature à caractériser des infractions pénales, est frappé de nullité. • Soc. 30 juin 2016, n° 15-10.557 P : *D.* 2016. 1740, concl. Marguénaud et Mouly ; *RDT* 2016. 566, note Adam ; *RJS* 10/2016, n° 612 ; *SSL* 2016, n° 1730, p. 11, obs. Champeaux, interview Huglo ; *JSL* 2016, n° 415-5, obs. Tissandier ; *JCP S* 2016. 1381, obs. Duchange.

Jurisprudence rendue depuis l'entrée en vigueur de la loi du 6 déc. 2013 et antérieure à la loi du 22 déc. 2022.

2. Bonne foi du lanceur d'alerte. La mauvaise foi ne peut résulter que de la connaissance par le salarié de la fausseté des faits qu'il dénonce et non de la seule circonstance que les faits dénoncés ne sont pas établis ; statue par des motifs impropres à caractériser la mauvaise foi d'un salarié, la cour d'appel qui retient que les faits pour lesquels l'intéressé a déposé plainte auprès de la gendarmerie n'ont pas donné lieu à des poursuites pénales et qu'il ne pouvait sérieusement plaider la bonne foi dès lors qu'il ne pouvait ignorer que cette plainte allait nécessairement déstabiliser son employeur. • Soc. 8 juill. 2020, n° 18-13.593 P : *D.* 2020. Actu. 1468 ; *Dr. soc.* 2021. 170, note Salomon ; *Légipresse* 2020. 470 et les obs. ; ibid. 557, obs. Cagnat et Lefebvre ; *RJS* 10/2020, avis Weismann, n° 455 ; *JSL* 2020, n° 504-3, obs. Pacotte et Daguerre ; *JCP S* 2020. 3031, obs. Chenu. ♦ La mauvaise foi ne peut résulter que de la connaissance de la fausseté des faits dénoncés et non de la seule circonstance que les faits dénoncés ne sont pas établis ou que le salarié ne les a pas personnellement constatés. • Soc. 15 févr. 2023, n° 21-20.342 B : *D. actu.* 23 févr. 2023, obs. Malfettes ; *D.* 2023. 345 ; *Dr. soc.* 2023. 360, obs. Adam ; *RJS* 4/2023, n° 186.

3. Témoignage de faits susceptibles d'être constitutifs d'un crime ou d'un délit. La nullité du licenciement ne peut être reconnue à l'égard d'un salarié ayant révélé, au moyen d'un enregistrement d'une conversation avec son employeur diffusée par un média, des faits d'atteinte à la liberté d'expression dans le cadre d'échanges avec un syndicat, s'il n'a pas constaté que les faits relatés étaient susceptibles d'être constitutifs d'un délit ou d'un crime. • Soc. 4 nov. 2020, n° 18-15.669 P : *D.* 2020. 2242 ; *Légipresse* 2020. 654 et les obs. ; *RJS* 1/2021, n° 6 ; *JSL* 2021, n° 513-3, obs. Nassom-Tissandier ; *JCP S* 2020. 3091, obs. Bossu. ♦ De même s'il est constaté que la plainte déposée auprès du procureur de la République par le salarié était fondée sur les éléments contenus dans les courriels adressés par ce dernier à ses supérieurs hiérarchiques, par lesquels il n'avait signalé que des actes pouvant s'apparenter à des dysfonctionnements ou à un manque de rigueur dans l'application des procédures, sans faire apparaître qu'ils pouvaient révéler des actes de corruption. • Soc. 12 mai 2021, n° 19-20.911. ♦ Afin de reconnaître la nullité du licenciement du salarié dénonçant des faits illicites dans l'entreprise auprès de son employeur, les juges du fond doivent constater que le salarié, dans le courriel dont il était fait grief dans la lettre de licenciement, avait relaté ou témoigné de faits susceptibles d'être constitutifs d'un délit ou d'un crime et que l'employeur ne pouvait légitimement ignorer que, par ce message, le salarié dénonçait de tels faits. • Soc. 1er juin 2023, n° 22-11.310 B : *D. actu.* 19 juin 2023, obs. Gabroy ; *D.* 2023. 1124 ; *Dr. soc.* 2023. 736, obs. Adam ; *Légipresse* 2023. 327 et les obs. ; *RJS* 8-9/2023, n° 425 ; *JSL* 2023, n° 567-2, obs. Tissandier ; *JCP S* 2023. 1191, obs. Bossu.

4. Procédure d'alerte graduée. Le salarié qui relate ou témoigne de faits constitutifs d'un délit ou d'un crime dont il aurait eu connaissance dans l'exercice de ses fonctions n'est pas tenu de signaler l'alerte dans les conditions prévues par l'art. 8

de la L. n° 2016-1691 du 9 déc. 2016 organisant une procédure d'alerte graduée. ● Soc. 15 févr. 2023, ⚖ n° 21-20.342 B : *D. actu. 23 févr. 2023, obs. Malfettes* ⃞ ; *D. 2023. 345* ⃞ ; *RJS 4/2023, n° 186* ; *JCP S 2023. 1084, obs. Bossu.*

5. Non-exigence du caractère désintéressé. Le salarié qui relate ou témoigne de faits constitutifs d'un délit ou d'un crime dont il aurait eu connaissance dans l'exercice de ses fonctions n'est pas soumis à l'exigence d'agir de manière désintéressée au sens de l'art. 6 de la L. n° 2016-1691 du 9 déc. 2016. ● Soc. 13 sept. 2023, ⚖ n° 21-22.301 B : *D. 2023. 1597* ⃞ ; *Dr. soc. 2023. 925, obs. Adam* ⃞ ; *RDT 2023. 633, obs. Gabroy* ⃞ ; *RJS 11/2023, n° 567.*

6. Concomitance de la dénonciation de faits condamnables et d'un licenciement. Une cour d'appel ne peut pas rejeter les demandes du salarié, qui soutenait avoir préalablement à sa convocation à un entretien préalable avisé sa hiérarchie des faits qu'il jugeait illicites et de son intention de procéder à un signalement aux autorités compétentes, sans rechercher s'il ne présentait pas des éléments de fait permettant de présumer qu'il avait relaté ou témoigné de bonne foi de faits qui, s'ils étaient établis, seraient de nature à caractériser les infractions pénales, et si l'employeur rapportait alors la preuve que le licenciement était justifié par des éléments objectifs étrangers à la déclaration ou au témoignage de l'intéressé. ● Soc. 7 juill. 2021, ⚖ n° 19-25.754 B : *D. actu. 23 juill. 2021, obs. Malfettes* ; *D. 2021. 1383* ⃞ ; *JSL 2021, n° 527-3, obs. Nassom-Tissandier* ; *JCP S 2021. 1254, obs. Bossu* ; *Gaz. Pal. 2 nov. 2021, p. 57, obs. Orif.*

7. Articulation du statut protecteur des représentants du personnel et de celui de lanceur d'alerte. En cas de demande d'autorisation de licenciement pour faute d'un salarié protégé fondée sur un signalement de faits répréhensibles, l'autorité administrative doit rechercher si les faits dénoncés sont susceptibles de recevoir la qualification de crime ou de délit, si le salarié en a eu connaissance dans l'exercice de ses fonctions, et s'il peut être regardé comme ayant agi de bonne foi ; si ces trois conditions sont réunies, l'autorité administrative doit refuser d'autoriser le licenciement. ● CE 27 avr. 2022, ⚖ n° 437735 : *D. actu. 19 mai 2022, obs. Maupin* ; *AJDA 2022. 901* ⃞ ; *RJS 7/2022, n° 383* ; *JCP S 2022. 1194, obs. Kerbourc'h.*

8. Office du juge des référés. Le juge des référés, auquel il appartient, même en présence d'une contestation sérieuse, de mettre fin au trouble manifestement illicite que constitue la rupture d'un contrat de travail consécutive au signalement d'une alerte, doit apprécier si les éléments qui lui sont soumis permettent de présumer que le salarié a relaté ou témoigné de bonne foi de faits constitutifs d'un délit ou d'un crime, ou qu'il a signalé une alerte dans le respect des art. 6 à 8 de la L. n° 2016-1691 du 9 déc. 2016 et, dans l'affirmative, de rechercher si l'employeur rapporte la preuve que sa décision de licencier est justifiée par des éléments objectifs étrangers à la déclaration ou au témoignage de ce salarié. ● Soc. 1er févr. 2023, ⚖ n° 21-24.271 P : *D. actu. 10 févr. 2023, obs. Gabroy* ; *D. 2023. 243* ⃞ ; *RDT 2023. 119, obs. Gabroy* ⃞ ; *Dr. soc. 2023. 357, obs. Adam* ⃞ ; *RJS 4/2023, n° 186* ; *JSL 2023, n° 559-1, obs. Tissandier* ; *JCP S 2023. 1063, obs. Kerbourc'h.*

Loi n° 2016-1691 du 9 décembre 2016,

Relative à la transparence, à la lutte contre la corruption et à la modernisation de la vie économique.

Art. 6 (L. n° 2022-401 du 21 mars 2022, art. 1er, en vigueur le 1er sept. 2022) I. — Un lanceur d'alerte est une personne physique qui signale ou divulgue, sans contrepartie financière directe et de bonne foi, des informations portant sur un crime, un délit, une menace ou un préjudice pour l'intérêt général, une violation ou une tentative de dissimulation d'une violation d'un engagement international régulièrement ratifié ou approuvé par la France, d'un acte unilatéral d'une organisation internationale pris sur le fondement d'un tel engagement, du droit de l'Union européenne, de la loi ou du règlement. Lorsque les informations n'ont pas été obtenues dans le cadre des activités professionnelles mentionnées au I de l'article 8, le lanceur d'alerte doit en avoir eu personnellement connaissance.

II. — Les faits, informations et documents, quel que soit leur forme ou leur support, dont la révélation ou la divulgation est interdite par les dispositions relatives au secret de la défense nationale, au secret médical, au secret des délibérations judiciaires, au secret de l'enquête ou de l'instruction judiciaires ou au secret professionnel de l'avocat sont exclus du régime de l'alerte défini au présent chapitre.

III. — Lorsque sont réunies les conditions d'application d'un dispositif spécifique de signalement de violations et de protection de l'auteur du signalement prévu par la loi ou le règlement ou par un acte de l'Union européenne mentionné dans la partie II de l'annexe à la directive (UE) 2019/1937 du Parlement européen et du Conseil du 23 octobre 2019 sur la protection des personnes qui signalent des violations du droit de l'Union, le présent chapitre ne s'applique pas.

Sous réserve de l'article L. 861-3 du code de la sécurité intérieure, lorsqu'une ou plusieurs des mesures prévues aux articles 10-1, 12 et 12-1 de la présente loi sont plus favorables à l'auteur du signalement que celles prévues par un dispositif spécifique mentionné au premier alinéa du présent III, ces mesures s'appliquent. Sous la même réserve, à défaut de mesure équivalente prévue par un tel dispositif spécifique, les articles 13 et 13-1 sont applicables.

Art. 6-1 (*L. n° 2022-401 du 21 mars 2022, art. 2, en vigueur le 1ᵉʳ sept. 2022*) Les articles 10-1, 12 et 12-1 et le II de l'article 13 s'appliquent également, le cas échéant, aux :

1° Facilitateurs, entendus comme toute personne physique ou toute personne morale de droit privé à but non lucratif qui aide un lanceur d'alerte à effectuer un signalement ou une divulgation dans le respect des articles 6 et 8 ;

2° Personnes physiques en lien avec un lanceur d'alerte, au sens des mêmes articles 6 et 8, qui risquent de faire l'objet de l'une des mesures mentionnées au II de l'article 10-1 dans le cadre de leurs activités professionnelles de la part de leur employeur, de leur client ou du destinataire de leurs services ;

3° Entités juridiques contrôlées, au sens de l'article L. 233-3 du code de commerce, par un lanceur d'alerte au sens des articles 6 et 8 de la présente loi, pour lesquelles il travaille ou avec lesquelles il est en lien dans un contexte professionnel.

....

Art. 7-1 (*L. n° 2022-401 du 21 mars 2022, art. 3, en vigueur le 1ᵉʳ sept. 2022*) Les lanceurs d'alerte définis au I de l'article 6 bénéficient des protections prévues au présent chapitre :

1° Si, ayant eu connaissance des informations concernées dans le cadre de leurs activités professionnelles, ils adressent un signalement interne dans les conditions prévues au I de l'article 8 ;

2° S'ils adressent un signalement externe dans les conditions prévues au II du même article 8, après avoir adressé un signalement interne ou directement ;

3° S'ils procèdent à une divulgation publique, dans les conditions prévues au III dudit article 8.

Lorsqu'un signalement ou une divulgation publique a été réalisé de manière anonyme, le lanceur d'alerte dont l'identité est révélée par la suite bénéficie des mêmes protections. Les dispositions des I et II du même article 8 qui imposent d'effectuer un retour d'informations auprès de l'auteur d'un signalement interne ou externe ne sont pas applicables en cas de signalement anonyme. Le 1° du III du même article 8 n'est pas applicable en cas de signalement externe anonyme.

Art. 8 (*L. n° 2022-401 du 21 mars 2022, art. 3, en vigueur le 1ᵉʳ sept. 2022*) I. — A. Les personnes physiques mentionnées aux 1° à 5° du présent A qui ont obtenu, dans le cadre de leurs activités professionnelles, des informations mentionnées au I de l'article 6 et portant sur des faits qui se sont produits ou sont très susceptibles de se produire dans l'entité concernée peuvent signaler ces informations par la voie interne, dans les conditions prévues au B du présent I, notamment lorsqu'elles estiment qu'il est possible de remédier efficacement à la violation par cette voie et qu'elles ne s'exposent pas à un risque de représailles.

Cette faculté appartient :

1° Aux membres du personnel, aux personnes dont la relation de travail s'est terminée, lorsque les informations ont été obtenues dans le cadre de cette relation, et aux personnes qui se sont portées candidates à un emploi au sein de l'entité concernée, lorsque les informations ont été obtenues dans le cadre de cette candidature ;

2° Aux actionnaires, aux associés et aux titulaires de droits de vote au sein de l'assemblée générale de l'entité ;

3° Aux membres de l'organe d'administration, de direction ou de surveillance ;

4° Aux collaborateurs extérieurs et occasionnels ;

5° Aux cocontractants de l'entité concernée, à leurs sous-traitants ou, lorsqu'il s'agit de personnes morales, aux membres de l'organe d'administration, de direction ou de surveillance de ces cocontractants et sous-traitants ainsi qu'aux membres de leur personnel.

B. Au sein des entités dans lesquelles il n'existe pas de procédure interne de recueil et de traitement des signalements, les personnes physiques mentionnées aux 1° à 5° du A du présent I peuvent signaler les informations concernées à leur supérieur hiérarchique direct ou indirect, à l'employeur ou à un référent désigné par celui-ci.

Sont tenues d'établir une procédure interne de recueil et de traitement des signalements, après consultation des instances de dialogue social et dans les conditions fixées par décret en Conseil d'État :

1° Les personnes morales de droit public employant au moins cinquante agents, à l'exclusion des communes de moins de 10 000 habitants, des établissements publics qui leur sont rattachés et des établissements publics de coopération intercommunale qui ne comprennent parmi leurs membres aucune commune excédant ce seuil de population ;

2° Les administrations de l'État ;

3° Les personnes morales de droit privé et les entreprises exploitées en leur nom propre par une ou plusieurs personnes physiques, employant au moins cinquante salariés ;

4° Toute autre entité relevant du champ d'application des actes de l'Union européenne mentionnés au B de la partie I et à la partie II de l'annexe à la directive (UE) 2019/1937 du Parlement européen et du Conseil du 23 octobre 2019 sur la protection des personnes qui signalent des violations du droit de l'Union.

Le décret mentionné au deuxième alinéa du présent B définit notamment les garanties d'indépendance et d'impartialité de cette procédure et les délais du retour d'informations fait à l'auteur du signalement, dans les conditions prévues par la directive (UE) 2019/1937 du Parlement européen et du Conseil du 23 octobre 2019 précitée. Il détermine les modalités de clôture des signalements et de collecte et de conservation des données ainsi que les conditions dans lesquelles le recueil des signalements peut être confié à un tiers.

Les entités mentionnées au 3° du présent B employant moins de deux cent cinquante salariés peuvent mettre en commun leurs procédures de recueil et de traitement des signalements, dans le respect des conditions prévues par le décret mentionné au deuxième alinéa du présent B. Il en est de même des communes et de leurs établissements publics mentionnés au 1° employant moins de deux cent cinquante agents.

Les communes et leurs établissements publics membres d'un centre de gestion de la fonction publique territoriale peuvent confier à celui-ci le recueil et le traitement des signalements internes dans les conditions prévues à l'article L. 452-43-1 du code général de la fonction publique, quel que soit le nombre de leurs agents.

C. La procédure de recueil et de traitement des signalements peut être commune à plusieurs ou à l'ensemble des sociétés d'un groupe, selon des modalités fixées par décret. Ce décret fixe également les conditions dans lesquelles des informations relatives à un signalement effectué au sein de l'une des sociétés d'un groupe peuvent être transmises à une autre de ses sociétés, en vue d'assurer ou de compléter leur traitement.

II. — Tout lanceur d'alerte, défini au I de l'article 6, peut également adresser un signalement externe, soit après avoir effectué un signalement interne dans les conditions prévues au I du présent article, soit directement :

1° A l'autorité compétente parmi celles désignées par le décret prévu au sixième alinéa du présent II ;

2° Au Défenseur des droits, qui l'oriente vers la ou les autorités les mieux à même d'en connaître ;

3° A l'autorité judiciaire ;

4° A une institution, à un organe ou à un organisme de l'Union européenne compétent pour recueillir des informations sur des violations relevant du champ d'application de la directive (UE) 2019/1937 du Parlement européen et du Conseil du 23 octobre 2019 précitée.

Un décret en Conseil d'État dresse la liste des autorités mentionnées au 1° du présent II, choisies parmi les autorités administratives, les autorités publiques indépendantes, les autorités administratives indépendantes, les ordres professionnels et les personnes morales chargées d'une mission de service public pour recueillir et traiter les signalements relevant de leur champ de compétence. Ce décret fixe les garanties d'indépendance et d'impartialité de la procédure et les délais du retour d'informations réalisé par ces autorités auprès des auteurs des signalements externes, dans les conditions prévues par la directive (UE) 2019/1937 du Parlement européen et du Conseil du 23 octobre 2019 précitée. Il précise également les modalités de clôture des signalements, les conditions d'évaluation des procédures et les obligations de formation des personnes concernées. – V. Décr. n° 2022-1284 du 3 oct. 2022 (JO 4 oct.).

Les autorités mentionnées au 1° du présent II rendent compte annuellement de leur action au Défenseur des droits. Elles lui communiquent les informations nécessaires à l'élaboration du rapport prévu à l'avant-dernier alinéa du II de l'article 36 de la loi organique n° 2011-333 du 29 mars 2011 relative au Défenseur des droits. La nature de ces informations est précisée par décret en Conseil d'État.

Lorsqu'une autorité externe saisie d'un signalement estime que celui-ci ne relève pas de sa compétence ou qu'il concerne également la compétence d'autres autorités, elle le transmet à l'autorité externe compétente ou au Défenseur des droits, dans des conditions fixées par décret en Conseil d'État. Ce décret précise également les conditions dans lesquelles les autorités externes peuvent échanger des informations en vue de traiter le signalement.

III. — Les protections prévues au présent chapitre bénéficient à tout lanceur d'alerte, défini au I de l'article 6 de la présente loi, qui divulgue publiquement des informations mentionnées au même I :

1° Après avoir effectué un signalement externe, précédé ou non d'un signalement interne, sans qu'aucune mesure appropriée ait été prise en réponse à ce signalement à l'expiration du délai du retour d'informations mentionné au sixième alinéa du II du présent article ou, lorsqu'une autorité mentionnée aux 2° à 4° du même II a été saisie, à l'expiration d'un délai fixé par décret en Conseil d'État ;

2° En cas de danger grave et imminent ;

3° Ou lorsque la saisine de l'une des autorités compétentes mentionnées aux 1° à 4° dudit II ferait encourir à son auteur un risque de représailles ou qu'elle ne permettrait pas de remédier efficacement à l'objet de la divulgation, en raison des circonstances particulières de l'affaire, notamment si des preuves peuvent être dissimulées ou détruites ou si l'auteur du signalement a des motifs sérieux de penser que l'autorité peut être en conflit d'intérêts, en collusion avec l'auteur des faits ou impliquée dans ces faits.

Par dérogation au 2° du présent III, les protections mentionnées au premier alinéa du présent III bénéficient à tout lanceur d'alerte, défini au I de l'article 6, qui divulgue publiquement des informations obtenues dans le cadre de ses activités professionnelles en cas de danger imminent ou manifeste pour l'intérêt général, notamment lorsqu'il existe une situation d'urgence ou un risque de préjudice irréversible.

Les 2° et 3° ainsi que l'avant-dernier alinéa du présent III ne s'appliquent pas lorsque la divulgation publique porte atteinte aux intérêts de la défense et de la sécurité nationales.

....

Art. 10-1 (*L. n° 2022-401 du 21 mars 2022, art. 6, en vigueur le 1er sept. 2022*) I. — Les personnes ayant signalé ou divulgué publiquement des informations dans les conditions prévues aux articles 6 et 8 ne sont pas civilement responsables des dommages causés du fait de leur signalement ou de leur divulgation publique dès lors qu'elles avaient des motifs raisonnables de croire, lorsqu'elles y ont procédé, que le signalement ou la divulgation publique de l'intégralité de ces informations était nécessaire à la sauvegarde des intérêts en cause.

Les personnes ayant signalé ou divulgué des informations dans les conditions prévues aux mêmes articles 6 et 8 bénéficient de l'irresponsabilité pénale prévue à l'article 122-9 du code pénal.

II. — Les personnes auxquelles sont applicables l'article L. 1121-2 du code du travail, l'article L. 135-4 du code général de la fonction publique ou le III de l'article L. 4122-4 du code de la défense ne peuvent faire l'objet, à titre de représailles, ni des mesures mentionnées aux mêmes articles, ni des mesures de représailles mentionnées aux 11° et 13° à 15° du présent II, pour avoir signalé ou divulgué des informations dans les conditions prévues aux articles 6 et 8 de la présente loi.

Dans les mêmes conditions, les personnes autres que celles mentionnées au premier alinéa du présent II ne peuvent faire l'objet de mesures de représailles, ni de menaces ou de tentatives de recourir à ces mesures, notamment sous les formes suivantes :

1° Suspension, mise à pied, licenciement ou mesures équivalentes ;

2° Rétrogradation ou refus de promotion ;

3° Transfert de fonctions, changement de lieu de travail, réduction de salaire, modification des horaires de travail ;

4° Suspension de la formation ;

5° Évaluation de performance ou attestation de travail négative ;

6° Mesures disciplinaires imposées ou administrées, réprimande ou autre sanction, y compris une sanction financière ;

7° Coercition, intimidation, harcèlement ou ostracisme ;

8° Discrimination, traitement désavantageux ou injuste ;

9° Non-conversion d'un contrat de travail à durée déterminée ou d'un contrat temporaire en un contrat permanent, lorsque le travailleur pouvait légitimement espérer se voir offrir un emploi permanent ;

10° Non-renouvellement ou résiliation anticipée d'un contrat de travail à durée déterminée ou d'un contrat temporaire ;
11° Préjudice, y compris les atteintes à la réputation de la personne, en particulier sur un service de communication au public en ligne, ou pertes financières, y compris la perte d'activité et la perte de revenu ;
12° Mise sur liste noire sur la base d'un accord formel ou informel à l'échelle sectorielle ou de la branche d'activité, pouvant impliquer que la personne ne trouvera pas d'emploi à l'avenir dans le secteur ou la branche d'activité ;
13° Résiliation anticipée ou annulation d'un contrat pour des biens ou des services ;
14° Annulation d'une licence ou d'un permis ;
15° Orientation abusive vers un traitement psychiatrique ou médical.
Tout acte ou décision pris en méconnaissance du présent II est nul de plein droit.
III. — A. En cas de recours contre une mesure de représailles mentionnée au II, dès lors que le demandeur présente des éléments de fait qui permettent de supposer qu'il a signalé ou divulgué des informations dans les conditions prévues aux articles 6 et 8, il incombe à la partie défenderesse de prouver que sa décision est dûment justifiée. Le juge forme sa conviction après avoir ordonné, en cas de besoin, toutes les mesures d'instruction qu'il estime utiles.

Dans les mêmes conditions, le demandeur peut demander au juge de lui allouer, à la charge de l'autre partie, une provision pour frais de l'instance en fonction de la situation économique respective des parties et du coût prévisible de la procédure ou, lorsque sa situation financière s'est gravement dégradée en raison du signalement ou de la divulgation publique, une provision visant à couvrir ses subsides. Le juge statue à bref délai.

Le juge peut décider, à tout moment de la procédure, que cette provision est définitivement acquise.

B. Au cours d'une instance civile ou pénale, lorsque le défendeur ou le prévenu présente des éléments de fait qui permettent de supposer qu'il a signalé ou divulgué publiquement des informations dans les conditions prévues aux articles 6 et 8 et que la procédure engagée contre lui vise à entraver son signalement ou sa divulgation publique, il peut demander au juge de lui allouer, à la charge du demandeur ou de la partie civile, une provision pour frais de l'instance en fonction de la situation économique respective des parties et du coût prévisible de la procédure ou, lorsque sa situation financière s'est gravement dégradée en raison du signalement ou de la divulgation publique, une provision visant à couvrir ses subsides. Le juge forme sa conviction après avoir ordonné, en cas de besoin, toutes les mesures d'instruction qu'il estime utiles. Il statue à bref délai.

Le juge peut décider, à tout moment de la procédure, que cette provision est définitivement acquise.

....

Art. 12 (*L. n° 2022-401 du 21 mars 2022, art. 8, en vigueur le 1er sept. 2022*) « I. — » En cas de rupture du contrat de travail consécutive au signalement d'une alerte au sens de l'article 6, le salarié peut saisir le conseil des prud'hommes dans les conditions prévues au chapitre V du titre V du livre IV de la première partie du code du travail.

(*L. n° 2022-401 du 21 mars 2022, art. 8, en vigueur le 1er sept. 2022*) « II. — A l'occasion de tout litige, le conseil des prud'hommes peut, en complément de toute autre sanction, obliger l'employeur à abonder le compte personnel de formation du salarié ayant lancé l'alerte jusqu'à son plafond mentionné à l'article L. 6323-11-1 du code du travail.

« Les modalités d'application du présent article sont définies par décret. » — *V. art. D. 6323-3-4.*

Art. 12-1 (*L. n° 2022-401 du 21 mars 2022, art. 8, en vigueur le 1er sept. 2022*) Les droits relatifs au présent chapitre ne peuvent faire l'objet d'aucune renonciation ni limitation de droit ou de fait d'aucune forme.

Toute stipulation ou tout acte pris en méconnaissance du premier alinéa est nul de plein droit.

Art. 13 I. — Toute personne qui fait obstacle, de quelque façon que ce soit, à la transmission d'un signalement aux personnes et organismes mentionnés (*L. n° 2022-401 du 21 mars 2022, art. 9-I, en vigueur le 1er sept. 2022*) aux « I et II » de l'article 8 est punie d'un an d'emprisonnement et de 15 000 € d'amende.

(*L. n° 2022-401 du 21 mars 2022, art. 9-I, en vigueur le 1er sept. 2022*) « II. — Lors d'une procédure dirigée contre un lanceur d'alerte en raison des informations signalées ou divulguées, le montant de l'amende civile qui peut être prononcée dans les conditions prévues aux articles 177-2 et 212-2 et au dernier alinéa de l'article 392-1 du code de procédure pénale ou par les juridictions civiles en cas d'action abusive ou dilatoire est porté à 60 000 euros.

« L'amende civile peut être prononcée sans préjudice de l'octroi de dommages et intérêts à la partie victime de la procédure dilatoire ou abusive. »

Art. 13-1 (L. n° 2022-401 du 21 mars 2022, art. 9-I, en vigueur le 1er sept. 2022) Les personnes coupables des infractions prévues à l'article 13 encourent également la peine complémentaire d'affichage ou de diffusion de la décision prononcée, dans les conditions prévues à l'article 131-35 du code pénal.

Art. L. 1132-4 Toute disposition ou tout acte pris à l'égard d'un salarié en méconnaissance des dispositions du présent chapitre (L. n° 2022-401 du 21 mars 2022, art. 7-I, en vigueur le 1er sept. 2022) « ou du II de l'article 10-1 de la loi n° 2016-1691 du 9 décembre 2016 relative à la transparence, à la lutte contre la corruption et à la modernisation de la vie économique » est nul.

COMMENTAIRE

V. sur le Code en ligne 🔒.

CHAPITRE III DIFFÉRENCES DE TRAITEMENT AUTORISÉES

Art. L. 1133-1 (L. n° 2008-496 du 27 mai 2008, art. 6-3°) L'article L. 1132-1 ne fait pas obstacle aux différences de traitement, lorsqu'elles répondent à une exigence professionnelle essentielle et déterminante et pour autant que l'objectif soit légitime et l'exigence proportionnée.

BIBL. ▶ BERTHOU, *Dr. soc.* 2009. 410 ⊘ (esquisse des exigences professionnelles essentielles après la loi du 27 mai 2008).

COMMENTAIRE

V. sur le Code en ligne 🔒.

1. Jurisprudence européenne. La notion d'« exigence professionnelle essentielle et déterminante », au sens de l'art. 4, § 1, de la Dir. 2000/78/CE du 27 nov. 2000, renvoie à une exigence objectivement dictée par la nature ou les conditions d'exercice de l'activité professionnelle en cause et ne saurait couvrir des considérations subjectives, telles que la volonté de l'employeur de tenir compte des souhaits particuliers du client. • CJUE 14 mars 2017, ⚖ *Micropole Univers*, n° C-188/15 : *D. actu. 20 mars 2017*, obs. Peyronnet ; *D.* 2017. 947, obs. Mouly ⊘ ; *RDT* 2017. 422, note Adam ⊘ ; *RJS* 2017/5, n° 384. – Dans la même affaire. • Soc. 22 nov. 2017, n° 13-19.855 P : *D. actu. 30 nov. 2017*, obs. Peyronnet ; *D.* 2018. 218, note Mouly ⊘ ; *RDT* 2017. 797, obs. Miné ⊘ ; *RJS* 1/2018, p. 14, avis Courcol-Bouchard ; *ibid.*, n° 5 ; *SSL* 2017, n° 1792, p. 16, obs. Adam ; *ibid.* 2017, n° 1793, p. 11, obs. Huglo ; *JSL* 2018, n° 445-1, obs. Bernard.

Jurisprudence française

2. Défaut de reconnaissance d'une exigence professionnelle essentielle et déterminante. Les demandes d'un client relatives au port d'une barbe pouvant être connotée de façon religieuse ne sauraient, par elles-mêmes, être considérées comme une exigence professionnelle essentielle et déterminante au sens de l'art. 4, § 1, Dir. 2000/78/CE du 27 nov. 2000. • Soc. 8 juill. 2020, ⚖ n° 18-23.743 P : *D.* 2020. Actu. 1469 ⊘ ; *RDT* 2020. 620, note Willocx ⊘ ; *RJS* 10/2020, n° 452 ; *SSL* 2020, n° 1921, p. 7, note Adam ; *JSL* 2020, n° 504-1, obs. Marre et Boulanger ; *JCP* 2020. 922, obs. Corrignan-Carsin ; *JCP S* 2020. 2092, obs. Bossu. ♦ L'attente alléguée des clients sur l'apparence physique des vendeuses d'un commerce de détail d'habillement ne saurait constituer une exigence professionnelle essentielle et déterminante, au sens de l'art. 4, § 1, Dir. 2000/78/CE du 27 nov. 2000, tel qu'interprété par la CJUE ; le licenciement de la salariée, prononcé au motif de son refus de retirer son foulard islamique lorsqu'elle était en contact avec la clientèle, est discriminatoire et doit être annulé. • Soc. 14 avr. 2021, ⚖ n° 19-24.079 P : *D.* 2021. 805 ⊘ ; *RDT* 2021. 390, obs. Meiffret ⊘ ; *RJS* 6/2021, n° 293 ; *JSL* 2021, n° 521-2 ; *JCP* 2021. 492, obs. Corrignan-Carsin.

3. Reconnaissance d'une exigence professionnelle essentielle et déterminante. Ne constitue pas une discrimination directe en raison des convictions religieuses du salarié la mutation disciplinaire prononcée à son encontre dès lors qu'elle est justifiée par une exigence professionnelle essentielle et déterminante, au sens de l'art. 4, § 1, Dir. 2000/78/CE, au regard, d'une part de la nature et des conditions d'exercice de l'activité de l'intéressé, chef d'équipe dans le secteur de la propreté affecté sur un site pour exécuter ses tâches contractuelles en vertu d'une clause de mobilité légitimement mise en œuvre par l'employeur, d'autre part du caractère proportionné au but recherché de la mesure, laquelle permettait le maintien de la relation de travail par l'affectation du salarié sur un autre site de nettoyage. ● Soc. 19 janv. 2022, 🔒 n° 20-14.014 B : *D. actu.* 4 févr. 2022, obs. Couëdel.

4. Devoir de réserve. Le salarié de droit privé mis à disposition d'une mission locale pour l'insertion professionnelle est soumis aux principes de laïcité et de neutralité du service public et dès lors à une obligation de réserve en dehors de l'exercice de ses fonctions ; à ce titre, il doit s'abstenir de tenir des propos virulents (hostiles à la République) sur son compte facebook. ● Soc. 19 oct. 2022, 🔒 n° 21-12.370 B : *D. actu.* 25 oct. 2022, obs. Norval-Grivet ; *D.* 2022. 2248, obs. Vernac ⌀ ; *RDT* 2023. 39, obs. Fabre ⌀ ; *ibid.* 190, obs. Vanbellingen ⌀ ; *Dr. soc.* 2022. 1045, note Adam ⌀ ; *RJS* 1/2023, n° 6 ; *JCP* 2022. 1416, obs. Colonna et Renaux-Personnic ; *JCP S* 2022. 1316, note Pinatel.

Art. L. 1133-2 (L. n° 2008-496 du 27 mai 2008, art. 6-4°) « Les différences de traitement fondées sur l'âge ne constituent pas une discrimination lorsqu'elles sont objectivement et raisonnablement justifiées par un but légitime, notamment par le souci de préserver la santé ou la sécurité des travailleurs, de favoriser leur insertion professionnelle, d'assurer leur emploi, leur reclassement ou leur indemnisation en cas de perte d'emploi, et lorsque les moyens de réaliser ce but sont nécessaires et appropriés. »

Ces différences peuvent notamment consister en :

1° L'interdiction de l'accès à l'emploi ou la mise en place de conditions de travail spéciales en vue d'assurer la protection des jeunes et des travailleurs âgés ;

2° La fixation d'un âge maximum pour le recrutement, fondée sur la formation requise pour le poste concerné ou la nécessité d'une période d'emploi raisonnable avant la retraite.

RÉP. TRAV. v° *Âge du salarié,* par Leroy.

V. notes 20 s. ss. art. L. 1132-1.

Art. L. 1133-3 Les différences de traitement fondées sur l'inaptitude constatée par le médecin du travail en raison de l'état de santé ou du handicap ne constituent pas une discrimination lorsqu'elles sont objectives, nécessaires et appropriées. — *[Anc. art. L. 122-45-4, al. 1ᵉʳ.]*

COMMENTAIRE

V. sur le Code en ligne 🔒.

1. Notion d'inaptitude. Le certificat d'aptitude avec réserves émis par le médecin du travail n'équivaut pas à une déclaration d'inaptitude ; en conséquence, l'art. L. 1133-3 n'est pas applicable et le salarié dont le contrat à durée déterminée n'a pas été renouvelé sur le fondement de cet avis d'aptitude avec réserve a fait l'objet d'une mesure discriminatoire. ● Soc. 25 janv. 2011 : 🔒 *D. actu.* 22 févr. 2011, obs. Perrin ; *D.* 2011. Actu. 453 ⌀ ; *JSL* 2011, n° 296-6, obs. Tourreil.

2. Cas. L'employeur qui, nonobstant l'importance de ses effectifs et le nombre de ses métiers, ne justifie pas d'études de postes ni de recherche d'aménagements du poste du salarié, et qui n'a pas consulté le Service d'appui au maintien dans l'emploi des travailleurs handicapés, bien qu'il y ait été invité à deux reprises par le salarié, refuse de prendre les mesures appropriées pour permettre à ce dernier de conserver un emploi, ce qui constitue une discrimination à raison d'un handicap. ● Soc. 3 juin 2020, 🔒 n° 18-21.993 P : *D.* 2020. Actu. 1233 ⌀ ; *RDT* 2020. 544, note Mercat-Bruns ⌀ ; *RJS* 7/2020, n° 382 ; *JSL* 2020, n° 503-3, obs. Pacotte et Layat ; *JCP S* 2020. 2077, obs. Babin.

Sur l'inaptitude, V. jurispr. ss. art. L. 1226-2 s.

Art. L. 1133-4 Les mesures prises en faveur des personnes handicapées et visant à favoriser l'égalité de traitement, prévues à l'article L. 5213-6 ne constituent pas une discrimination. — *[Anc. art. L. 122-45-4, al. 2.]*

Art. L. 1133-5 (L. n° 2014-173 du 21 févr. 2014, art. 15-II) Les mesures prises en faveur des personnes résidant dans certaines zones géographiques et visant à favoriser l'égalité de traitement ne constituent pas une discrimination.

Art. L. 1133-6 (L. n° 2016-832 du 24 juin 2016) Les mesures prises en faveur des personnes vulnérables en raison de leur situation économique et visant à favoriser l'égalité de traitement ne constituent pas une discrimination.

DISCRIMINATIONS **Art. L. 1134-1** 43

CHAPITRE IV ACTIONS EN JUSTICE

BIBL. ▶ ▶ CHISS, *JCP S 2010. 1339* (contentieux de la discrimination et de la rupture d'égalité). – COULOMBEL, *RJS 3/2022, p. 200* (quelle réparation pour la discrimination au travail).

SECTION 1 **Dispositions communes** (*L. n° 2016-1547 du 18 nov. 2016, art. 87-I*).

Art. L. 1134-1 Lorsque survient un litige en raison d'une méconnaissance des dispositions du chapitre II, le candidat à un emploi, à un stage ou à une période de formation en entreprise ou le salarié présente des éléments de fait laissant supposer l'existence d'une discrimination directe ou indirecte, (*L. n° 2008-496 du 27 mai 2008, art. 6*) « telle que définie à l'article 1er de la loi n° 2008-496 du 27 mai 2008 portant diverses dispositions d'adaptation au droit communautaire dans le domaine de la lutte contre les discriminations ». – [*V. App. I. B.*]

Au vu de ces éléments, il incombe à la partie défenderesse de prouver que sa décision est justifiée par des éléments objectifs étrangers à toute discrimination.

Le juge forme sa conviction après avoir ordonné, en cas de besoin, toutes les mesures d'instruction qu'il estime utiles.

> *COMMENTAIRE*
> V. sur le Code en ligne 🔒.

I. CONFORMITÉ AUX DROITS FONDAMENTAUX

1. Matière civile. Les dispositions du code du travail, concernant le délit de discrimination syndicale, n'instituent aucune dérogation à la charge de la preuve en matière pénale, laquelle incombe à la partie poursuivante en vertu de l'art. préliminaire C. pr. pén. et de l'art. 6, § 2, Conv. EDH relatifs à la présomption d'innocence ; il appartient à la juridiction de jugement de rechercher l'existence d'une relation de causalité entre les mesures jugées discriminatoires et l'appartenance ou l'activité syndicale de la partie poursuivante. ● Crim. 11 avr. 2012, 🏛 n° 11-83.816 : *D. 2012. Actu. 1410* ⌀ ; *RDT 2012. 426*, obs. Duquesne ⌀ ; *RJS 2012. 696*, n° 818 ; *JCP S 2012. 1324*, obs. Brissy. ♦ Sur le pouvoir discrétionnaire des juges du fond pour ordonner la production forcée de pièces détenues par l'employeur. ● Soc. 3 déc. 2008, 🏛 n° 07-42.976 : *RDT 2009. 105*, obs. Keim-Bagot et Varnek ⌀. ♦ La mention, sur des fiches d'évaluation, des activités prud'homales et syndicales d'un salarié laisse supposer l'existence d'une discrimination. ● Soc. 1er juill. 2009, 🏛 n° 08-40.988 : *JSL 2009, n° 263-2*.

2. Garantie de l'effectivité du droit de la non-discrimination dérivant des traités européens. Le juge judiciaire doit pouvoir, en cas de difficulté d'interprétation des normes communautaires et lorsqu'il s'avère nécessaire de le faire, appliquer le droit de l'Union, sans être tenu de saisir au préalable la juridiction administrative d'une question préjudicielle : les juges du fond doivent apprécier si une pratique d'une caisse de retraite fixant un âge d'ouverture d'un droit à pension plus précoce pour certains services de l'Opéra de Paris, majoritairement constitués d'hommes, ne crée pas une discrimination indirecte en fonction du sexe. ● Soc. 30 sept. 2013 : 🏛 *RDT 2014. 45*, obs. Mercat-Bruns ⌀.

3. Règle de preuve. L'aménagement légal des règles de preuve prévues par l'art. L. 1134-1 ne viole pas le principe de l'égalité des armes tel que résultant de l'art. 6 Conv. EDH. ● Soc. 28 janv. 2010, n° 08-41.959 P : *RJS 4/2010, n° 309* ● 7 févr. 2012 : 🏛 *D. 2012. Actu. 559* ⌀ ; *RJS 2012. 272, n° 299* ; *JCP S 2012. 1150*, obs. Boulmier.

II. RÔLES

A. RÔLE DU SALARIÉ DEMANDEUR

4. Preuve des faits pertinents. Il appartient au salarié qui se prétend lésé par une mesure discriminatoire de soumettre au juge les éléments de fait susceptibles de caractériser une atteinte au principe d'égalité de traitement et il incombe à l'employeur qui conteste le caractère discriminatoire d'établir que la disparité de situation constatée est justifiée par des éléments objectifs étrangers à toute discrimination. ● Soc. 23 nov. 1999, 🏛 n° 97-42.940 P : *D. 2000. IR 46* ⌀ ; *RJS 2000. 350, n° 498 (1re esp.)* ; *Dr. soc. 2000. 589*, obs. Lanquetin ⌀ (discrimination fondée sur le sexe) ● 28 mars 2000, 🏛 n° 97-45.258 P : *RJS 2000. 350, n° 498 (2e esp.)* ; *Dr. soc. 2000. 589*, obs. Lanquetin ⌀ (discrimination syndicale) ● 26 avr. 2000, 🏛 n° 98-42.643 P : *D. 2000. IR 160* ⌀ ; *RJS 2000. 468, n° 985*.

5. Référé-probatoire. Le salarié suspectant l'existence d'une discrimination peut demander au juge des référés, en amont de tout procès, d'obliger l'employeur à communiquer des documents relatifs aux autres salariés de l'entreprise afin de pouvoir comparer sa situation et, ainsi, obtenir les éléments de faits nécessaires à l'introduction d'un recours pour discrimination. ● Soc. 19 déc. 2012 : 🏛 *D. actu. 18 janv. 2013*, obs. Peyronnet ; *D. 2013. Actu. 92* ⌀ ; *D. 2013. Pan. 1026*, obs. Porta ⌀ ; *Dr. ouvrier 2013. 287*, obs. Mazardo et Riandey ; *JSL 2013, n° 338-2*. ♦ Lorsque le salarié soutient que la preuve de tels faits se trouve entre les mains d'une autre partie, il lui appartient de demander au juge d'en ordonner la production ; ce dernier peut ensuite tirer toute conséquence de droit en cas d'abstention ou de refus de l'autre partie de déférer à une décision ordonnant la production de ces pièces. • Soc. 12 juin 2013 : 🏛 *D. actu. 1ᵉʳ juill. 2013*, obs. Peyronnet ; *D. 2013. Actu. 1555*. ♦ L'allègement de la charge de la preuve prévu en matière de discrimination à l'art. L. 1134-1 ne fait pas obstacle à une demande en référé – sur le fondement de l'art. 145 C. pr. civ. – de la communication par l'employeur de tous les éléments permettant une comparaison des salariés embauchés à la même période. • Soc. 22 sept. 2021, 🏛 n° 19-26.144 B : *D. actu. 15 oct. 2021*, obs. Peyronnet ; *D. 2021. 1722* ; *RJS 12/2021*, n° 636 ; *JSL 2021*, n° 528-3, obs. Donzel et Delandre ; *JCP S 2021. 1279*, obs. Blanquart ; *JCP 2021. 1054*, obs. Dedessus-le-Moustier.

B. RÔLE DU JUGE

6. Appréciation de la réalité de la discrimination. Le juge du fond apprécie souverainement l'opportunité de recourir à des mesures d'instruction portant aussi bien sur les éléments présentés par le salarié et laissant supposer l'existence d'une discrimination que ceux apportés par l'employeur pour prouver que sa décision est justifiée par des éléments objectifs étrangers à toute discrimination. • Soc. 4 févr. 2009, 🏛 n° 07-42.697 : *D. 2009. AJ 634*, obs. Maillard ; *RJS 2009. 277*, n° 314 ; *Dr. soc. 2009. 612*, obs. Radé ; *JCP S 2009. 1173*, obs. Bugada.

7. Contrôle de la justification. Lorsque l'employeur justifie une absence de promotion, présumée discriminatoire, par des critères objectifs de compétence, il appartient au juge de vérifier si, en application des critères et des évaluations antérieures des candidats à la promotion, le salarié, qui invoque une discrimination à son encontre, aurait ou non dû être promu. • Soc. 24 sept. 2014, 🏛 n° 13-10.233 P : *JCP S 2014. 1476*, obs. Guyot.

8. Indifférence de l'origine conventionnelle de la justification. Même lorsque la différence de traitement en raison d'un des motifs discriminatoires visés à l'art. L. 1132-1 C. trav. résulte des stipulations d'une convention ou d'un accord collectif, négocié et signé par des organisations syndicales représentatives, les stipulations concernées ne peuvent être présumées justifiées au regard du principe de non-discrimination. • Soc. 9 oct. 2019, 🏛 n° 17-16.642 P : *D. 2019. Actu. 1999* ; *RJS 12/2019*, n° 676 ; *Dr. ouvrier 2020. 158*, obs. Maillard-Pinon ; *JCP S 2019. 1336*, obs. Daniel. ♦ En l'absence d'élément objectif et pertinent la justifiant, est nulle en raison de son caractère discriminatoire fondé sur l'état de santé du salarié la disposition d'une convention collective excluant les salariés licenciés pour inaptitude de l'indemnité de licenciement qu'elle institue. • Soc. 9 déc. 2020, 🏛 n° 19-17.092 P : *D. actu. 7 janv. 2021*, obs. Couëdel ; *D. 2021. 23* ; *Dr. soc. 2021. 266*, note Radé ; *RJS 2/2021*, n° 72 ; *JSL 2021*, n° 515-4, obs. Nassom-Tissandier.

9. Appréciation globale des éléments de fait. Lorsque le salarié présente des éléments de fait constituant selon lui une discrimination directe ou indirecte, il appartient au juge d'apprécier si ces éléments dans leur ensemble laissent supposer l'existence d'une telle discrimination et, dans l'affirmative, il incombe à l'employeur de prouver que ses décisions sont justifiées par des éléments objectifs étrangers à toute discrimination. • Soc. 29 juin 2011 : 🏛 *D. actu. 26 juill. 2011*, obs. Perrin. ♦ La seule circonstance que des salariés exerçant des mandats syndicaux aient pu bénéficier de mesures favorables n'est pas de nature à exclure, en soi, l'existence de toute discrimination à l'égard d'autres salariés exerçant eux-mêmes des fonctions représentatives. • Soc. 12 juin 2013 : 🏛 *D. actu. 19 juill. 2013*, obs. Ines. ♦ Le fait qu'une salariée, titulaire d'un diplôme étranger, n'a pas bénéficié de la classification conventionnelle à laquelle elle peut prétendre et que l'employeur fasse référence dans ses conclusions à l'absence de diplôme français et d'expérience professionnelle en France laisse supposer l'existence d'une discrimination en raison de l'origine. • Soc. 20 déc. 2023, 🏛 n° 21-20.904 B.

10. Droit à la preuve et atteinte à la vie personnelle d'autres salariés. Il appartient au juge – saisi par un salarié qui s'estime victime de discrimination d'une demande de communication de pièces –, après avoir estimé que les salariés justifiaient d'un motif légitime, de vérifier quelles mesures étaient indispensables à la protection de leur droit à la preuve et proportionnées au but poursuivi, au besoin en cantonnant le périmètre de la production de pièces sollicitée. • Soc. 16 déc. 2020, 🏛 n° 16-17.637 P : *D. 2021. 370*, obs. Lanoue ; *RJS 3/2021*, n° 135 ; *JCP S 2021. 1036*, obs. Kerbourc'h. ♦ S'il est constaté que seul l'employeur détenait les éléments demandés et retenu que ceux-ci étaient nécessaires afin que les salariés fassent valoir leurs droits dans le cadre d'un procès à venir, le juge peut retenir que, pour effectuer une comparaison utile, les salariés devaient disposer d'informations précises sur leurs collègues de travail dont la situation peut être comparée et que la communication des noms, prénoms était indispensable et proportionnée au but poursuivi qui est la protection du droit à la preuve de salariés éventuellement victimes de discrimination et que la communication des bulletins de salaire avec les indications y figurant était indispensable et les atteintes à la vie personnelle proportionnées au but poursuivi. • Soc. 1ᵉʳ juin 2023, 🏛 n° 22-13.238 B : *D. 2023. 1123* ; *RJS 8-9/2023*, n° 423 ; *JCP S 2023. 1158*, obs. Loiseau.

11. Communication de données non anonymisées. Le juge doit rechercher si la communication des informations non anonymisées n'est pas nécessaire à l'exercice du droit à la preuve de la discrimination alléguée ; la communication de données personnelles (production de documents concernant dix hommes non anonymes contenant les informations suivantes : position actuelle, coefficient, salaire, coefficient d'embauche, date d'embauche et salaire d'embauche) de salariés sans leur consentement peut être rendue nécessaire par le droit à la preuve aux fins d'établir une discrimination fondée sur le sexe. • Soc. 16 mars 2021, ⚖ n° 19-21.063 P : *D*. 2021. *Actu*. 637 ⌕ ; *D*. 2021. *Pan*. 1156, obs. Vernac ⌕ ; *Dr. soc*. 2021. 645, note Adam ⌕ ; *JSL* 2021, n° 519-2, obs. Donzet ; *JCP S* 2021. 1111, obs. Bossu. ♦ Le juge peut ordonner à l'employeur de communiquer les bulletins de salaires d'autres salariés occupant des postes de niveau comparable au sien avec occultation des données personnelles à l'exception des noms et prénoms, de la classification conventionnelle et de la rémunération, après avoir relevé que cette communication d'éléments portant atteinte à la vie personnelle d'autres salariés était indispensable à l'exercice du droit à la preuve et proportionnée au but poursuivi, soit la défense de l'intérêt légitime de la salariée à l'égalité de traitement entre hommes et femmes en matière d'emploi et de travail. • Soc. 8 mars 2023, ⚖ n° 21-12.492 B : *D*. 2023. 505 ⌕ ; *RJS* 6/2023, n° 296 ; *Gaz. Pal*. 30 mai 2023, p. 59, obs. Sereno ; *JSL* 2023, n° 562-4, obs. Tissandier.

12. Contrôle de la Cour de cassation. La Cour de cassation doit être en mesure d'exercer son contrôle sur les justifications apportées par l'employeur quant au retard de carrière que l'intéressé impute à sa non-appartenance à un syndicat. • Soc. 28 janv. 2010 : ⚖ *D*. 2010. *AJ* 385 ⌕ ; *ibid*. Pan. 2029, obs. Aubert-Monpeyssen ⌕ ; *D. actu*. 12 févr. 2010, obs. Maillard ; *JCP S* 2010. 1196, obs. Martinon.

13. Discrimination et comparaison. Justifie légalement sa décision de considérer la différence alléguée comme établie la cour d'appel, qui, hors toute dénaturation, a retenu que les tableaux comparatifs produits par la salariée étaient de nature à laisser supposer une inégalité de traitement tant en ce qui concerne l'avancement que la rémunération. • Soc. 24 sept. 2008 : ⚖ *D*. 2008. *AJ* 2423, obs. Perrin ⌕ ; *RDT* 2008. 744, obs. Pignarre ⌕ ; *JCP S* 2008. 1537, avis Allix, note Leborgne-Ingelaere ; *Dr. ouvrier* 2008. 545, note Adam ; *Dr. soc*. 2009. 57, note Savatier ⌕. ♦ L'existence d'une discrimination n'implique pas nécessairement une comparaison avec la situation d'autres salariés ; les juges du fond auraient dû rechercher si le ralentissement de carrière de la salariée et les difficultés auxquelles elle a été confrontée, dès après sa participation à un mouvement de grève, ne laissaient pas supposer l'existence d'une discrimination directe ou indirecte. • Soc. 10 nov. 2009 : *SSL* 2009, n° 1422, p. 12 • 12 juin 2013 : ⚖ *D. actu*. 19 juill. 2013, obs. Ines. ♦ Sur le contrôle de la Cour de cassation, V. Serverin, *RDT* 2012. 715. ♦ La pertinence d'un panel de comparaison, pour établir une discrimination, est appréciée souverainement par les juges du fond. • Soc. 5 avr. 2023, ⚖ n° 21-25.838.

14. Discriminations et rapport de l'inspection du travail. Le salarié qui invoque une discrimination peut présenter, au titre des éléments de fait laissant supposer l'existence de cette discrimination, le rapport établi par l'inspection du travail ; peu importe que l'inspection du travail soit intervenue à la demande du salarié. • Soc. 15 janv. 2014 : ⚖ *D. actu*. 31 janv. 2014, obs. Peyronnet ; *D*. 2014. *Actu*. 216 ⌕ ; *RDT* 2014. 188, obs. Miné ⌕ ; *RJS* 2014. 239, Avis Weismann ; *ibid*. 2014. 246, n° 295.

Art. L. 1134-2 Les organisations syndicales représentatives au niveau national, au niveau départemental (*Ord. n° 2008-205 du 27 févr. 2008*) « ou de la collectivité » (*Ord. n° 2017-1491 du 25 oct. 2017, art. 2, en vigueur le 1ᵉʳ janv. 2018*) « en Guadeloupe, en Guyane, en Martinique, à Mayotte, à La Réunion » (*Ord. n° 2008-205 du 27 févr. 2008*) « , à Saint-Barthélemy et à Saint-Martin », ou dans l'entreprise peuvent exercer en justice toutes les actions résultant de l'application des dispositions du chapitre II.

Elles peuvent exercer ces actions en faveur d'un candidat à un emploi, à un stage ou une période de formation en entreprise, ou d'un salarié, dans les conditions prévues par l'article L. 1134-1.

L'organisation syndicale n'a pas à justifier d'un mandat de l'intéressé. Il suffit que celui-ci ait été averti par écrit de cette action et ne s'y soit pas opposé dans un délai de quinze jours à compter de la date à laquelle l'organisation syndicale lui a notifié son intention d'agir.

L'intéressé peut toujours intervenir à l'instance engagée par le syndicat.

Art. L. 1134-3 Les associations régulièrement constituées depuis cinq ans au moins pour la lutte contre les discriminations ou œuvrant dans le domaine du handicap peuvent exercer en justice toutes actions résultant de l'application des dispositions du chapitre II.

Elles peuvent exercer ces actions en faveur d'un candidat à un emploi, à un stage ou une période de formation en entreprise ou d'un salarié dans les conditions prévues à l'article L. 1134-1, sous réserve de justifier d'un accord écrit de l'intéressé.

L'intéressé peut toujours intervenir à l'instance engagée par l'association et y mettre un terme à tout moment. — *[Anc. art. L. 122-45-1, al. 2, et L. 122-45-5.]* — V. C. pr. pén., art. 2-2.

> **COMMENTAIRE**
> V. sur le Code en ligne.

Art. L. 1134-4 Est nul et de nul effet le licenciement d'un salarié faisant suite à une action en justice engagée par ce salarié ou en sa faveur, sur le fondement des dispositions du chapitre II, lorsqu'il est établi que le licenciement n'a pas de cause réelle et sérieuse et constitue en réalité une mesure prise par l'employeur en raison de cette action en justice. Dans ce cas, la réintégration est de droit et le salarié est regardé comme n'ayant jamais cessé d'occuper son emploi.

(Ord. n° 2017-1387 du 22 sept. 2017, art. 3) « Lorsque le salarié refuse de poursuivre l'exécution du contrat de travail, les dispositions de l'article L. 1235-3-1 sont applicables. »

Les dispositions issues de l'Ord. n° 2017-1387 du 22 sept. 2017 sont applicables aux licenciements prononcés postérieurement à sa publication (Ord. préc., art. 40-I).

> **COMMENTAIRE**
> V. sur le Code en ligne.

1. Généralisation de la nullité des mesures de rétorsion. Le juge des référés peut, même en l'absence de disposition l'y autorisant, ordonner la poursuite des relations contractuelles en cas de violation d'une liberté fondamentale par l'employeur ; lorsque la rupture illicite d'un contrat à durée déterminée avant l'échéance du terme intervenue en dehors des cas prévus par l'art. L. 1243-1 C. trav. fait suite à l'action en justice engagée par le salarié contre son employeur, il appartient à ce dernier d'établir que sa décision est justifiée par des éléments étrangers à toute volonté de sanctionner l'exercice, par le salarié, de son droit d'agir en justice. • Soc. 6 févr. 2013, n° 11-11.740 P : *D. 2013. 440* ; *ibid. 2014. 1115, obs. Lokiec et Porta* ; *Dr. soc. 2013. 415, note Mouly* ; *RDT 2013. 630, obs. Adam*. ♦ Comp. *ante* : hors le cas visé à l'art. L. 123-5 C. trav. [L. 1134-4 nouv.], le licenciement sans cause réelle et sérieuse d'un salarié intervenu en raison de l'action en justice qu'il a introduite sur le fondement d'une violation du principe à travail égal, salaire égal, n'encourt pas la nullité. • Soc. 20 févr. 2008, n° 06-40.085 P : *D. 2008. 790* ; *Dr. soc. 2008. 530, note Radé* ; *RDT 2008. 330, obs. Guiomard*.

2. Preuve du lien de causalité entre le licenciement et l'action en justice : mention de l'action en justice dans la lettre de licenciement. La seule référence dans la lettre de licenciement à une procédure contentieuse engagée par l'intéressé est constitutive d'une atteinte à la liberté fondamentale d'ester en justice. • Soc. 3 juill. 2019, n° 17-31.793. ♦ Est constitutif d'une atteinte à une liberté fondamentale le fait pour un employeur de reprocher à un salarié dans la lettre de licenciement d'avoir saisi la juridiction prud'homale d'une demande en résiliation de son contrat de travail ; ce qui entraîne à lui seul la nullité du licenciement, de sorte qu'il n'y avait pas lieu d'examiner les autres griefs invoqués par l'employeur pour vérifier l'existence d'une cause réelle et sérieuse de licenciement. • Soc. 3 févr. 2016, n° 14-18.600 P : *D. 2016. 383* ; *RDT 2016. 433, obs. Enjolras*. ♦ Toute référence dans la lettre de licenciement à l'existence d'une procédure ou à des comportements ou actes du salarié au cours de cette procédure engendre la nullité du licenciement, quand bien même le licenciement serait justifié par d'autres éléments, sauf à ce que l'employeur établisse un abus dans l'exercice du droit d'agir en justice. • Soc. 9 oct. 2019, n° 18-14.677 P : *D. 2019. Actu. 1997* ; *RDT 2019. 801, note Guiomard*.

3. Preuve du lien de causalité entre le licenciement et l'action en justice : absence de mention de l'action en justice dans la lettre de licenciement. Lorsque les faits invoqués dans la lettre de licenciement caractérisent une cause réelle et sérieuse de licenciement, il appartient au salarié de démontrer que la rupture de son contrat de travail constitue une mesure de rétorsion à une action en justice introduite pour faire valoir ses droits. • Soc. 9 oct. 2020, n° 17-24.773 P : *D. 2019. Actu. 1998* ; *RDT 2019. 801, note Guiomard* ; *RJS 12/2019, n° 688* ; *JCP S 2019. 1335, obs. Cailloux-Meurice* • Soc. 30 sept. 2020, n° 19-10.633. ♦ Le seul fait qu'une action en justice exercée par le salarié soit contemporaine d'une mesure de licenciement ne fait pas présumer que celle-ci procède d'une atteinte à la liberté fondamentale d'agir en justice. • Soc. 4 nov. 2020, n° 19-12.367 P : *D. actu. 2 déc. 2020, obs. Couëdel* ; *D. 2020. 2175* ; *Dr. soc. 2020. 1046, note Mouly* ; *RJS 1/2021, n° 4* ; *Dr. ouvrier 2021. 63, note Bied-Charreton* ; *JSL 2021, n° 509-510-4, obs. Hautefort* ; *JCP S 2020. 3107, obs. Bugada*.

DISCRIMINATIONS — Art. L. 1134-6

Art. L. 1134-5 (L. n° 2008-561 du 17 juin 2008) L'action en réparation du préjudice résultant d'une discrimination se prescrit par cinq ans à compter de la révélation de la discrimination.

Ce délai n'est pas susceptible d'aménagement conventionnel.

Les dommages et intérêts réparent l'entier préjudice résultant de la discrimination, pendant toute sa durée.

BIBL. ▶ **Réparation du préjudice né de la discrimination :** COULOMBEL, *Dr. soc.* 2023. 316 (réparation du préjudice de carrière). – GUIOMARD, *Dr. soc.* 2023. 309 (méthodes d'évaluation du préjudice).

COMMENTAIRE

V. sur le Code en ligne.

1. Constitutionnalité. La question de la constitutionnalité de l'art. L. 1134-5, al. 1er, C. trav., tel qu'il est interprété par la Cour de cassation, n'a pas à être transmise au Conseil constitutionnel. En établissant un délai de prescription de 5 ans en matière de discrimination, cet article ne déroge pas au délai de prescription de droit commun fixé à la même durée par l'art. 2224 C. civ. Il ressort d'une jurisprudence constante de la Cour de cassation que, quand bien même le salarié fait état d'une discrimination ayant commencé lors d'une période atteinte par la prescription, l'action n'est pas prescrite dès lors que cette discrimination s'est poursuivie tout au long de la carrière en termes d'évolution professionnelle, tant salariale que personnelle, ce dont il résulte que le salarié se fonde sur des faits qui n'ont pas cessé de produire leurs effets avant la période non atteinte par la prescription. Dès lors, le principe de non-discrimination à raison de la nationalité découlant de l'al. 5 du Préamb. de la Const. du 27 oct. 1946 et le droit à un recours juridictionnel effectif garanti par l'art. 16 DDHC ne sont pas méconnus. ● Soc., QPC, 7 juin 2023, n° 22-22.920 B.

2. Application de l'ancienne prescription trentenaire de droit commun. L'action en responsabilité civile dirigée contre l'employeur est soumise à la prescription trentenaire de droit commun. ● Soc. 15 mars 2005 : *Dr. soc.* 2005, 827, obs. Radé ; *SSL* 2005, n° 1225, p. 20, note Sargos.
♦ Si la prescription trentenaire interdit la prise en compte de faits de discrimination couverts par elle, elle n'interdit pas au juge, pour apprécier la réalité de la discrimination subie au cours de la période non prescrite, de procéder à des comparaisons avec d'autres salariés engagés dans des conditions identiques de diplôme et de qualification à la même date que l'intéressé, celle-ci fût-elle antérieure à la période non prescrite. ● Soc. 4 févr. 2009 : *D.* 2009. AJ 634, obs. Maillard ; *Dr. soc.* 2009. 612, obs. Radé ; *JCP S* 2009. 1173, obs. Bugada.

3. Discrimination continue. N'est pas prescrite l'action relative à une discrimination engagée par la salariée le 10 avr. 2012 qui faisait état d'une discrimination syndicale ayant commencé dès l'obtention de son premier mandat en 1977 et dont elle s'était plainte en 1981, période couverte par la prescription trentenaire, cette discrimination s'étant poursuivie tout au long de sa carrière en termes d'évolution professionnelle, tant salariale que personnelle, ce dont il résultait qu'elle se fondait sur des faits qui n'avaient pas cessé de produire leurs effets avant la période non atteinte par la prescription. ● Soc. 31 mars 2021, n° 19-22.557 P : *RDT* 2021. 464, obs. Meftah ; *RJS* 7/2021, n° 371 ; *SSL* 2021, n° 1958, note Icard.

4. Mise à l'écart des autres prescriptions. La demande en paiement de la gratification afférente à la médaille du travail fondée sur des faits de discrimination ne relève pas du délai de prescription de deux ans prévu par l'art. L. 1471-1 mais de la prescription quinquennale de l'art. L. 1134-5. ● Soc. 30 juin 2021, n° 19-14.543 B : *D.* 2021. Actu. 1293 ; ibid. 1490. Chron. Ala et Lanoue ; *Dr. soc.* 2021. 853, obs. Radé ; *RJS* 10/2021, n° 522.

SECTION 2 Dispositions spécifiques à l'action de groupe

(L. n° 2016-1547 du 18 nov. 2016, art. 87-I)

COMMENTAIRE

V. sur le Code en ligne.

Art. L. 1134-6 Sous réserve des articles L. 1134-7 à L. 1134-10, le chapitre I du titre V de la loi n° 2016-1547 du 18 novembre 2016 de modernisation de la justice du XXIe siècle s'applique à l'action de groupe prévue à la présente section.

Ces dispositions sont applicables aux seules actions dont le fait générateur de la responsabilité ou le manquement est postérieur au 19 nov. 2016 (L. n° 2016-1547 du 18 nov. 2016, art. 92-II).

BIBL. ▶ BEN ACHOUR, LEVANNIER-GOUËL et TARASEWICZ, *SSL* 2016, n° 1741 (quel avenir pour l'action de groupe en droit du travail ?). – CHONNIER et ROUSPIDE-KATCHADOURIAN, *RJS* 1/2017, p. 3 (l'action de groupe dans les relations de travail : un dispositif novateur à l'efficacité incertaine). - CLÉMENT, *JCP S 2017. 1296* (action de groupe et discriminations). - ROCHE, *RJS 11/2021, p. 861* (l'action de groupe en droit du travail).

> **COMMENTAIRE**
> V. sur le Code en ligne 📖. □

Application de la loi dans le temps. Sur la première action de groupe en matière de discrimination jugée le 15 déc. 2020, V. ● TJ Paris, 15 déc. 2020, 🔒 n° 18/04058 : *D. actu.* 11 janv. 2021, obs. Peyronnet ; *Dr. ouvrier* 2021. 321, note Guiomard ; *SSL* 2021, n° 1941, p. 8, note Bugada et Wolmark.

Art. L. 1134-7 Une organisation syndicale de salariés représentative au sens des articles L. 2122-1, L. 2122-5 ou L. 2122-9 peut agir devant une juridiction civile afin d'établir que plusieurs candidats à un emploi, à un stage ou à une période de formation en entreprise ou plusieurs salariés font l'objet d'une discrimination, directe ou indirecte, fondée sur un même motif figurant parmi ceux mentionnés à l'article L. 1132-1 et imputable à un même employeur.

Une association régulièrement déclarée depuis au moins cinq ans intervenant dans la lutte contre les discriminations ou œuvrant dans le domaine du handicap peut agir aux mêmes fins, pour la défense des intérêts de plusieurs candidats à un emploi ou à un stage en entreprise.

(*L. n° 2017-86 du 27 janv. 2017, art. 212*) « Pour l'application du présent article, l'organisation syndicale mentionnée au premier alinéa peut, si elle le souhaite, recueillir l'aide d'une association mentionnée au deuxième alinéa. »

V. note ss. art. L. 1134-6.

Art. L. 1134-8 L'action peut tendre à la cessation du manquement et, le cas échéant, en cas de manquement, à la réparation des préjudices subis.

Sauf en ce qui concerne les candidats à un emploi, à un stage ou à une période de formation, sont seuls indemnisables dans le cadre de l'action de groupe les préjudices nés après la réception de la demande mentionnée à l'article L. 1134-9.

V. note ss. art. L. 1134-6.

Art. L. 1134-9 Par dérogation à l'article 64 de la loi n° 2016-1547 du 18 novembre 2016 de modernisation de la justice du XXIe siècle, préalablement à l'engagement de l'action de groupe mentionnée à l'article L. 1134-7, les personnes mentionnées au même article L. 1134-7 demandent à l'employeur, par tout moyen conférant date certaine à cette demande, de faire cesser la situation de discrimination collective alléguée.

Dans un délai d'un mois à compter de la réception de cette demande, l'employeur en informe le (*Ord. n° 2017-1386 du 22 sept. 2017, art. 4*) « comité social et économique », ainsi que les organisations syndicales représentatives dans l'entreprise. A la demande du (*Ord. n° 2017-1386 du 22 sept. 2017, art. 4*) « comité social et économique », ou à la demande d'une organisation syndicale représentative, l'employeur engage une discussion sur les mesures permettant de faire cesser la situation de discrimination collective alléguée.

L'action de groupe engagée pour la défense des intérêts de plusieurs candidats à un emploi, à un stage ou à une période de formation en entreprise ou de plusieurs salariés peut être introduite à l'expiration d'un délai de six mois à compter de la demande tendant à faire cesser la situation de discrimination collective alléguée ou à compter de la notification par l'employeur du rejet de la demande.

V. note ss. art. L. 1134-6.

Art. L. 1134-10 Lorsque l'action tend à la réparation des préjudices subis, elle s'exerce dans le cadre de la procédure individuelle de réparation définie au chapitre I du titre V de la loi n° 2016-1547 du 18 novembre 2016 de modernisation de la justice du XXIe siècle.

Le (*Ord. n° 2019-964 du 18 sept. 2019, art. 35, en vigueur le 1er janv. 2020*) « tribunal judiciaire » connaît des demandes en réparation des préjudices subis du fait de la discrimination auxquelles l'employeur n'a pas fait droit.

V. note ss. art. L. 1134-6.

TITRE IV ÉGALITÉ PROFESSIONNELLE ENTRE LES FEMMES ET LES HOMMES

RÉP. TRAV. v° *Égalité professionnelle entre les femmes et les hommes*, par GARDIN.

BIBL. GÉN. ▶ ACTON et DELESSEUX, *LPA 21 août 1996* (harcèlement psychologique). – ARSÉGUEL et REYNES, *Ann. Univ. sc. soc. Toulouse*, T. XXXIII, 1985, p. 173. – AUBERT-MONPEYSSEN et MOIZARD, *RDT 2012. Controverse. 129* (égalité : des exigences trop fortes ?). – AUZERO, *Dr. soc. 2006. 822* (égalité de traitement dans l'entreprise). – BENEYTOUT, CÉSARO, *RJS 2011. 747* (Catégories professionnelles et sanction du principe jurisprudentiel d'égalité). – CESARO, *Dr. soc. 2008. 654* (un nouveau droit de l'égalité professionnelle). – CROMER, JACOB et LOUIS, *SSL n° 557, 3* (harcèlement sexuel au travail). – BONNECHÈRE, *Dr. ouvrier 1984. 207*. – DE RAINCOURT et DUCHANGE, *JCP S 2011. 1576*. – DEKEUWER-DÉFOSSEZ, *JCP 1993. I. 3662* (harcèlement sexuel). – GRÉSY, *Dr. soc. 2010. 135* (égalité professionnelle : la norme et l'image). – GROZELIER et LABOURIE-RACAPÉ, *Travail et Emploi 1985, n° 25, 55*. – M. HUET, *ibid. 1984, n° 21, 23*. – JEAMMAUD, *Dr. soc. 2004. 694*. – JUNTER-LOISEAU, *Dr. soc. 1987. 143 ; ibid. 1990. 109 ; RDT 2006. 72* (mesures proactives). – LAHERRE, *JSL 2011, n° 294-1* (négociation collective et égalité de traitement). – LANQUETIN, *ibid. 1983. 238 ; ibid. 1988. 806 ; Ét. offertes à H. Sinay, 1994, p. 415* (discrimination indirecte) ; *ibid. 1995. 435* (preuve de la discrimination, droit communautaire) ; *ibid. 1996. 494* (égalité des chances ; à propos de CJCE 17 oct. 1995, Kalanke) ; *RDT 2006. 73* (quotas). – LAUFER, *Dr. soc. 1984. 736*. – LESTER, *ibid. 1987. 791*. – LEGENDRE-GRANDPERRET, *Dr. ouvrier 2001. 213* (discriminations syndicales : carrière et rémunération). – LOSCHAK, *ibid. 1983. 131 ; ibid. 1987. 778*. – A. LYON-CAEN, *ibid. 1990. 68*. – C. DE MARGUERYE, *ibid. 1983. 119*. – MOIZARD, *RDT 2015. 616* (négociation sur l'égalité professionnelle et sur la lutte contre les discriminations après la loi Rebsamen du 17 août 2015 relative au dialogue social et à l'emploi). – PH. MARTIN, *ibid. 1996. 562* (discriminations sexuelles générées par la loi) ; *ibid. 1996. 441* (égalité des sexes). – MARTIN-SERF, *Dr. soc. 2001. 610* (harcèlement sexuel). – MASSE-DESSEN, *Dr. soc. 1995. 442* (résolution contentieuse des discriminations). – MASSON, DUROY et MOIZARD, *SSL 2011, dossier spécial, n° 1517*. – A. MAZEAUD, *ibid. 1993. 345* (changement d'affectation et harcèlement sexuel). – MEYRAT, *RDT 2008. 648*. – MINE, *Dr. ouvrier 2004. 352*. – MOREAU, *ibid. 1993. 115* (harcèlement sexuel). – MOREAU-BOURLÈS et SINEAU, *ibid. 1983. 694*. – POIRIER, *Dr. ouvrier 2009. 425*. – PORTA, *RDT 2011. 354* (égalité, discrimination et égalité de traitement). – PRALUS-DUPUY, *ALD 1993. 53* (harcèlement sexuel). – VAN RAEPENBUSCH, *RJS 1994. 3* (jurisprudence de la CJCE). – RAY, *Dr. soc. 1990. 83*. – RONGÈRE, *ibid. 99*. – ROSSI, *ibid. 1987. 155*. – ROY-LOUSTAUNAU, *JCP E 1993. I. 237* ; *Dr. soc. 1995. 545* (harcèlement sexuel). – SAADA, *Dr. ouvrier 2001. 207* (non-discrimination hommes/femmes). – SAVATIER, *Dr. soc. 1984. 339*. – SOUSI-ROUBI, *ibid. 1980. 31 ; Gaz. Pal. 1984. 1. Doctr. 104*. – SUPIOT, *Dr. soc. 1992. 382* (principe d'égalité et limites du droit du travail). – SUTTER, *ibid. 1983. 684*. – WAQUET, *Dr. soc. 2003. 276* (principe d'égalité et droit du travail).

COMMENTAIRE

V. sur le Code en ligne. ❑

CHAPITRE I CHAMP D'APPLICATION

Art. L. 1141-1 Les dispositions du présent titre sont applicables aux employeurs de droit privé ainsi qu'à leurs salariés.

Elles sont également applicables au personnel des personnes publiques employé dans les conditions du droit privé.

Champ d'application. La Dir. 76/207/CE du 9 févr. 1976 peut être invoquée directement à l'appui d'une demande formée contre une entreprise qui, chargée d'accomplir un service d'intérêt public, dispose de prérogatives exorbitantes de droit commun. • CJCE 12 juill. 1990 : *RJS 1991. 58, n° 107.*

CHAPITRE II DISPOSITIONS GÉNÉRALES

Art. L. 1142-1 Sous réserve des dispositions particulières du présent code, nul ne peut :

1° Mentionner ou faire mentionner dans une offre d'emploi le sexe ou la situation de famille du candidat recherché. Cette interdiction est applicable pour toute forme de publicité relative à une embauche et quels que soient les caractères du contrat de travail envisagé ;

Art. L. 1142-2

2° Refuser d'embaucher une personne, prononcer une mutation, résilier ou refuser de renouveler le contrat de travail d'un salarié en considération du sexe, de la situation de famille ou de la grossesse sur la base de critères de choix différents selon le sexe, la situation de famille ou la grossesse ;

3° Prendre en considération du sexe ou de la grossesse toute mesure, notamment en matière de rémunération, de formation, d'affectation, de qualification, de classification, de promotion professionnelle ou de mutation. – [Anc. art. L. 123-1, al. 1er début, al. 2 à 4.] – V. art. L. 1146-1 (pén.).

Sur l'infraction pénale de discrimination, V. C. pén., art. 225-1 s., App. I. B, v° Contrat de travail.

BIBL. ▶ BERTHOU, RDT 2010. 635 (preuve des discriminations à l'embauche en raison de l'origine).

COMMENTAIRE

V. sur le Code en ligne.

1. Embauche. Lors de l'embauche, l'existence d'un questionnaire hommes et d'un questionnaire femmes suffit à caractériser le caractère discriminatoire de l'épreuve. ● T. corr. Paris, 13 mars 1991 : *Dr. ouvrier 1993. 35, obs. Alvarez-Pujana.*

2. Un employeur viole directement le principe d'égalité de traitement énoncé par la Dir. 76/207/CE du 9 févr. 1976 s'il refuse de conclure un contrat de travail avec une candidate qu'il avait jugée apte, lorsque ce refus est fondé sur les éventuelles conséquences dommageables pour lui de l'engagement d'une femme enceinte, la circonstance qu'aucun candidat de sexe masculin ne se soit présenté étant indifférente. ● CJCE 8 nov. 1990 : *D. 1992. Somm. 288, obs. Lanquetin ; Dr. ouvrier 1991. 105, note Kessler ; CSB 1991. 5, A. 2 ; RJS 1991. 58, n° 108.*

3. Promotion. Le principe d'égalité de traitement entre hommes et femmes s'oppose à une réglementation nationale qui prive une femme du droit d'être notée, et donc d'une promotion, parce qu'elle a été absente en raison d'un congé maternité. ● Soc. 16 juill. 1998, n° 90-41.231 P : *Dr. soc. 1998. 947, note Lanquetin.* ♦ Contra : ● Soc. 30 mars 1994 : *Dr. soc. 1994. 561, obs. crit. Moreau.* ♦ Une salariée, pour laquelle une promotion a été envisagée par l'employeur, ne peut se voir refuser celle-ci en raison de la survenance d'un congé de maternité ; l'employeur se rend coupable de discrimination illicite. ● Soc. 16 déc. 2008 : *D. 2009. AJ 171, obs. Perrin ; RDT 2009. 382, obs. Miné ; RJS 2009. 205, n° 227 ; Dr. soc. 2009. 363, obs. Radé ; JSL n° 248-2 ; JCP S 2009. 1134, obs. Drai.*

4. Rupture du contrat de travail. Est contraire à la Dir. 76/207/CE du 9 févr. 1976 sur l'égalité de traitement la rupture de contrat d'une danseuse de l'Opéra pour survenance de l'âge conventionnel de la retraite, alors que cet âge est de quarante-cinq ans pour les hommes et de quarante ans pour les femmes. ● Paris, 26 sept. 1996 : *Gaz. Pal. 1997. 1. 21, concl. Bonnet.*

5. La Dir. 76/207/CE du 9 févr. 1976 s'oppose au licenciement d'un transsexuel pour motif lié à sa conversion sexuelle. ● CJCE 30 avr. 1996, *P. c/ S. et Cornwall County Council : D. 1997. Somm. 212, obs. Rideau ; RJS 1996. 547, n° 858.*

6. Primes liées à une condition de présence et congé maternité. Durant le congé maternité, la protection exigée par la Dir. n° 92/85/CE du 19 oct. 1992, concernant la mise en œuvre de mesures visant à promouvoir l'amélioration de la sécurité et de la santé des travailleuses enceintes, accouchées ou allaitantes au travail (art. 11.2 et 11.3), n'implique pas le versement de primes liées à la présence effective de la travailleuse à son poste de travail. ● CJUE du 14 juill. 2016, n° C-335/15 : *RJS 12/2016, n° 834 ; D. 2016. Pan. 1020, obs. Jault-Seseke.* ♦ Le versement d'une prime ou d'un bonus n'est pas dû à une salariée pendant son congé maternité dans la mesure où la prime est expressément subordonnée à la participation effective du salarié à une activité de l'entreprise et qu'elle répond à des critères d'attribution objectifs, mesurables et licites. ● Soc. 19 sept. 2018, n° 17-11.618 P : *RDT 2018. 855, note Géniaut ; RJS 11/2018, n° 673 ; JSL 2018, n° 463-4, obs. Tissandier ; SSL 2018, n° 1830, p. 10, obs. Boussard-Verrechia.*

Art. L. 1142-2 (L. n° 2008-496 du 27 mai 2008) « Lorsque l'appartenance à l'un ou l'autre sexe répond à une exigence professionnelle essentielle et déterminante et pour autant que l'objectif soit légitime et l'exigence proportionnée, les interdictions prévues à l'article L. 1142-1 ne sont pas applicables. »

Un décret en Conseil d'État détermine, après avis des organisations d'employeurs et de salariés représentatives au niveau national, la liste des emplois et des activités professionnelles pour l'exercice desquels l'appartenance à l'un ou l'autre sexe constitue la

publication est actualisée chaque année au plus tard le 1ᵉʳ mars ; elle est accessible sur le site du ministère du travail ; les modalités de publication sont définies par décret ; – *Cette publication est effectuée dans les conditions prévues à l'art. D. 1142-4 (Décr. n° 2022-243 du 25 févr. 2022, art. 2).*

3° Pour celles employant plus de cinquante salariés et dont les indicateurs mentionnés à l'article L. 1142-8 dudit code sont inférieurs à un seuil défini par décret, de fixer des objectifs de progression de chacun de ces indicateurs, selon les modalités prévues à l'article L. 1142-9 du même code. Elles sont tenues également de publier ces objectifs ainsi que les mesures de correction et de rattrapage prévues au même article L. 1142-9, selon des modalités définies par le décret prévu au présent 3° ;

[...]

III. — En cas de non-respect des dispositions des 2° et 3° du I, l'employeur se voit appliquer une pénalité financière dans les conditions prévues au deuxième alinéa de l'article L. 2242-8 du code du travail.

IV. — [...]

V. — Pour l'application des dispositions prévues au I du présent article, le franchissement à la hausse d'un seuil d'effectif salarié est pris en compte lorsque ce seuil a été atteint ou dépassé pendant cinq années civiles consécutives selon les modalités prévues à l'article L. 130-1 du code de la sécurité sociale.

V. Décr. n° 2021-265 du 10 mars 2021 (JO 11 mars), mod. par Décr. n° 2022-243 du 25 févr. 2022 (JO 26 févr.).

Art. L. 1142-9 Dans les entreprises d'au moins cinquante salariés, lorsque les résultats obtenus par l'entreprise au regard des indicateurs mentionnés à l'article L. 1142-8 se situent en-deçà d'un niveau défini par décret, la négociation sur l'égalité professionnelle prévue au 2° de l'article L. 2242-1 porte également sur les mesures adéquates et pertinentes de correction et, le cas échéant, sur la programmation, annuelle ou pluriannuelle, de mesures financières de rattrapage salarial. En l'absence d'accord prévoyant de telles mesures, celles-ci sont déterminées par décision de l'employeur, après consultation du comité social et économique. La décision est déposée auprès de l'autorité administrative dans les mêmes conditions que le plan d'action mentionné à l'article L. 2242-3. L'autorité administrative peut présenter des observations sur les mesures prévues par l'accord ou la décision de l'employeur.

(*L. n° 2021-1774 du 24 déc. 2021, art. 13-I*) « L'employeur soumis à l'obligation prévue au premier alinéa du présent article publie, par une communication externe et au sein de l'entreprise, les mesures de correction, selon des modalités définies par décret. »

Les dispositions issues de la L. n° 2021-1774 du 24 déc. 2021 sont applicables à compter de la publication des indicateurs effectuée en 2022 (L. préc., art. 13-II).

V. art. D. 1142-2 s.

V. note ss. art. L. 1142-7.

Art. L. 1142-9-1 (*L. n° 2021-1774 du 24 déc. 2021, art. 13-I*) Lorsque les résultats obtenus par l'entreprise au regard des indicateurs mentionnés à l'article L. 1142-8 se situent en deçà d'un niveau défini par décret, l'employeur fixe et publie les objectifs de progression de chacun de ces indicateurs, selon les modalités prévues aux articles L. 2242-1 et L. 2242-3 et dans des conditions définies par le même décret.

V. ndlr ss. art. L. 1142-9.

Art. L. 1142-10 Dans les entreprises d'au moins cinquante salariés, lorsque les résultats obtenus par l'entreprise, au regard des indicateurs mentionnés à l'article L. 1142-8, se situent en deçà d'un niveau défini par décret, l'entreprise dispose d'un délai de trois ans pour se mettre en conformité. A l'expiration de ce délai, si les résultats obtenus sont toujours en deçà du niveau défini par décret, l'employeur peut se voir appliquer une pénalité financière. Dès lors qu'une pénalité lui est appliquée sur le fondement du présent alinéa, l'employeur ne peut se voir appliquer la pénalité financière prévue à l'article L. 2242-8.

Le montant de la pénalité prévue au premier alinéa du présent article est fixé au maximum à 1 % des rémunérations et gains au sens du premier alinéa de l'article

L. 242-1 du code de la sécurité sociale et du premier alinéa de l'article L. 741-10 du code rural et de la pêche maritime versés aux travailleurs salariés ou assimilés au cours de l'année civile précédant l'expiration du délai mentionné au premier alinéa du présent article. Le montant est fixé par l'autorité administrative, dans des conditions prévues par décret. En fonction des efforts constatés dans l'entreprise en matière d'égalité salariale entre les femmes et les hommes ainsi que des motifs de sa défaillance, un délai supplémentaire d'un an peut lui être accordé pour se mettre en conformité.

Le produit de cette pénalité est affecté au fonds mentionné à l'article L. 135-1 du code de la sécurité sociale.

V. note ss. art. L. 1142-7.

Art. L. 1142-11 (*L. n° 2021-1774 du 24 déc. 2021, art. 14-I*) Dans les entreprises qui, pour le troisième exercice consécutif, emploient au moins mille salariés, l'employeur publie chaque année les écarts éventuels de représentation entre les femmes et les hommes parmi les cadres dirigeants au sens de l'article L. 3111-2 du présent code, d'une part, et les membres des instances dirigeantes définies à l'article L. 23-12-1 du code de commerce, d'autre part.

Par dérogation aux articles L. 311-6 et L. 312-1-2 du code des relations entre le public et l'administration, ces écarts de représentation sont rendus publics sur le site internet du ministère chargé du travail, dans des conditions définies par décret.

La proportion de personnes de chaque sexe au sein de chacun des ensembles mentionnés au premier alinéa du présent article ne peut être inférieure à 30 %.

Le 1er al. de cet art. est entré en vigueur le 1er mars 2022 ;

Le 2e al. de cet art. est entré en vigueur le 1er mars 2023 ;

Le dernier al. de cet art. entre en vigueur le 1er mars 2026 et à compter du 1er mars 2029 le taux de 30 % sera de 40 % (L. n° 2021-1774 du 24 déc. 2021, art. 14-II, III et IV).

V. art. D. 1142-15 s.

V. Q/R min. Trav. relatif à la représentation équilibrée F/H dans les postes de direction des grandes entreprises, publié le 29 avr. 2022.

Art. L. 1142-12 (*L. n° 2021-1774 du 24 déc. 2021, art. 14-I, en vigueur le 1er mars 2029*) Dans les entreprises qui, pour le troisième exercice consécutif, emploient au moins mille salariés, lorsque l'entreprise ne se conforme pas à l'obligation prévue au dernier alinéa de l'article L. 1142-11, elle dispose d'un délai de deux ans pour se mettre en conformité. L'entreprise doit, au bout d'un an, publier des objectifs de progression et les mesures de correction retenues, selon des modalités définies par décret. A l'expiration de ce délai, si les résultats obtenus sont toujours en deçà du taux fixé, l'employeur peut se voir appliquer une pénalité financière.

Le montant de la pénalité prévue au premier alinéa du présent article est fixé au maximum à 1 % des rémunérations et gains, au sens du I de l'article L. 242-1 du code de la sécurité sociale et du premier alinéa de l'article L. 741-10 du code rural et de la pêche maritime, versés aux travailleurs salariés ou assimilés au cours de l'année civile précédant l'expiration du délai mentionné au premier alinéa du présent article. Le montant est fixé par l'autorité administrative, dans des conditions prévues par décret en Conseil d'État, en fonction de la situation initiale de l'entreprise, des efforts constatés dans l'entreprise en matière de représentation des femmes et des hommes ainsi que des motifs de sa défaillance.

Le produit de cette pénalité est versé au budget général de l'État.

V. art. R. 1142-20 s.

Art. L. 1142-13 (*L. n° 2021-1774 du 24 déc. 2021, art. 14-I, en vigueur le 1er mars 2026*) Dans les entreprises qui, pour le troisième exercice consécutif, emploient au moins mille salariés, lorsque l'entreprise ne se conforme pas à l'obligation prévue au dernier alinéa de l'article L. 1142-11, la négociation sur l'égalité professionnelle prévue au 2° de l'article L. 2242-1 porte également sur les mesures adéquates et pertinentes de correction. En l'absence d'accord prévoyant de telles mesures, celles-ci sont déterminées par décision de l'employeur, après consultation du comité social et économique de l'entreprise. La décision est déposée auprès de l'autorité administrative dans les mêmes conditions que le plan d'action mentionné au premier alinéa de l'article L. 2242-3. L'autorité administrative peut présenter des observations sur les mesures prévues par l'accord ou la décision de l'employeur, qui sont présentées à l'organe chargé de l'administration ou de la surveillance de l'entreprise ainsi qu'au comité social et économique de l'entreprise.

CHAPITRE III PLAN ET CONTRAT POUR L'ÉGALITÉ PROFESSIONNELLE

SECTION UNIQUE Plan pour l'égalité professionnelle

Art. L. 1143-1 Pour assurer l'égalité professionnelle entre les femmes et les hommes, les mesures visant à établir l'égalité des chances prévues à l'article L. 1142-4 peuvent faire l'objet d'un plan pour l'égalité professionnelle négocié dans l'entreprise.

Ces mesures sont prises au vu notamment (L. n° 2015-994 du 17 août 2015, art. 18-XIV) « des données mentionnées au 1° bis de l'article L. 2323-8 ».

Art. L. 1143-2 Si, au terme de la négociation, aucun accord n'est intervenu, l'employeur peut mettre en œuvre le plan pour l'égalité professionnelle, sous réserve d'avoir préalablement consulté et recueilli l'avis du (Ord. n° 2017-1386 du 22 sept. 2017, art. 4) « comité social et économique ».

Art. L. 1143-3 Le plan pour l'égalité professionnelle s'applique, sauf si l'autorité administrative s'y oppose, dans les conditions déterminées par voie réglementaire. – [Anc. art. L. 123-4, al. 3.] – V. art. D. 1143-7.

CHAPITRE IV ACTIONS EN JUSTICE

BIBL. ▶ SUPIOT, Dr. soc. 1985. 774 (la protection du droit d'agir en justice).

Art. L. 1144-1 Lorsque survient un litige relatif à l'application des dispositions des articles L. 1142-1 et L. 1142-2, le candidat à un emploi, à un stage ou à une période de formation ou le salarié présente des éléments de fait laissant supposer l'existence d'une discrimination, directe ou indirecte, fondée sur le sexe, la situation de famille ou la grossesse.

Au vu de ces éléments, il incombe à la partie défenderesse de prouver que sa décision est justifiée par des éléments objectifs étrangers à toute discrimination.

Le juge forme sa conviction après avoir ordonné, en cas de besoin, toutes les mesures d'instruction qu'il estime utiles. – [Anc. art. L. 123-1, al. 5.]

> *COMMENTAIRE*
>
> V. sur le Code en ligne 🏛. ❏

Art. L. 1144-2 Les organisations syndicales représentatives au niveau national ou dans l'entreprise peuvent exercer en justice toutes actions résultant de l'application des articles L. 3221-2 à L. 3221-7, relatifs à l'égalité de rémunération entre les femmes et les hommes.

Elles peuvent exercer ces actions en faveur d'un candidat à un emploi, à un stage ou à une période de formation ou d'un salarié.

L'organisation syndicale n'a pas à justifier d'un mandat de l'intéressé. Il suffit que celui-ci ait été averti par écrit de cette action et ne s'y soit pas opposé dans un délai de quinze jours à compter de la date à laquelle l'organisation syndicale lui a notifié son intention d'agir.

L'intéressé peut toujours intervenir à l'instance engagée par le syndicat. – [Anc. art. L. 123-6.]

Art. L. 1144-3 Est nul et de nul effet le licenciement d'un salarié faisant suite à une action en justice engagée par ce salarié ou en sa faveur sur le fondement des dispositions relatives à l'égalité professionnelle entre les femmes et les hommes lorsqu'il est établi que le licenciement n'a pas de cause réelle et sérieuse et constitue en réalité une mesure prise par l'employeur en raison de cette action en justice. Dans ce cas, la réintégration est de droit et le salarié est considéré comme n'ayant jamais cessé d'occuper son emploi.

(Ord. n° 2017-1387 du 22 sept. 2017, art. 3) « **Lorsque le salarié refuse de poursuivre l'exécution du contrat de travail, les dispositions de l'article L. 1235-3-1 sont applicables.** »

Les dispositions issues de l'Ord. n° 2017-1387 du 22 sept. 2017 sont applicables aux licenciements prononcés postérieurement à sa publication (Ord. préc., art. 40-I).

COMMENTAIRE

V. sur le Code en ligne 🔒.

1. Liberté fondamentale d'agir en justice. La rupture d'un contrat de travail prononcée en violation de la liberté fondamentale d'agir en justice est nulle. ● Soc. 6 févr. 2013 : 🔒 *D. 2013. Actu. 440* ⌀ ; *ibid. 2014. 1115, obs. Lokiec et Porta* ⌀ ; *Dr. soc. 2013. 415, note Mouly* ⌀ ; *RDT 2013. 630, obs. Adam* ⌀ (revirement de ● Soc. 20 févr. 2008, 🔒 n° 06-40.085 P : *RDT 2008. 330, obs. Guiomard* ⌀ ; *Dr. ouvrier 2008. 519, note Poirier* ; *RJS 2008. 427, n° 545* ; *JCP S 2008. 1616, note Cesaro*).

2. Preuve de la causalité licenciement et action en justice. Lorsque les faits invoqués dans la lettre de licenciement caractérisent une cause réelle et sérieuse de licenciement, le salarié qui prétend que la rupture de son contrat de travail constitue une mesure de rétorsion à une action en justice introduite pour faire valoir ses droits doit en apporter la preuve. Dès lors, d'une part, que les faits invoqués dans la lettre de licenciement étaient caractérisés, et, d'autre part, que le déplacement à l'agence de deux supérieurs hiérarchiques avait pour but de trouver une solution concernant les mauvais résultats commerciaux de l'agence, lesquels étaient établis par la production d'extraits informatiques, le salarié ne démontrait pas l'existence d'éléments permettant de rattacher les événements invoqués à l'appui du licenciement à la procédure prud'homale précédemment engagée. ● Soc. 9 oct. 2019, 🔒 n° 17-24.773 P : *D. 2019. Actu. 1998* ⌀ ; *RDT 2019. 801, obs. Guiomard* ⌀ ; *RJS 12/2019, n° 688* ; *JCP S 2019. 1335, obs. Cailloux-Meurice*.

CHAPITRE V INSTANCES CONCOURANT À L'ÉGALITÉ PROFESSIONNELLE

Art. L. 1145-1 *(Abrogé par L. n° 2020-1525 du 7 déc. 2020, art. 19, à compter du 1er juin 2021)* *(L. n° 2016-1088 du 8 août 2016, art. 19)* Le Conseil supérieur de l'égalité professionnelle entre les femmes et les hommes participe à la définition et à la mise en œuvre de la politique menée en matière d'égalité professionnelle entre les femmes et les hommes.

Un décret en Conseil d'État détermine les conditions d'application du présent article.

CHAPITRE VI DISPOSITIONS PÉNALES

Art. L. 1146-1 Le fait de méconnaître les dispositions relatives à l'égalité professionnelle entre les femmes et les hommes, prévues par les articles L. 1142-1 et L. 1142-2, est puni d'un emprisonnement d'un an et d'une amende de 3 750 €.

La juridiction peut également ordonner, à titre de peine complémentaire, l'affichage du jugement aux frais de la personne condamnée dans les conditions prévues à l'article 131-35 du code pénal et son insertion, intégrale ou par extraits, dans les journaux qu'elle désigne. Ces frais ne peuvent excéder le montant maximum de l'amende encourue. – *[Anc. art. L. 152-1-1.]*

COMMENTAIRE

V. sur le Code en ligne 🔒.

Art. L. 1146-2 Les dispositions des articles 132-58 à 132-62 du code pénal, relatives à l'ajournement du prononcé de la peine, sont applicables en cas de poursuites pour infraction aux dispositions des articles L. 1142-1 et L. 1142-2, sous réserve des mesures particulières suivantes :

1° L'ajournement comporte injonction à l'employeur de définir, après consultation du *(Ord. n° 2017-1386 du 22 sept. 2017, art. 4)* « comité social et économique », et dans un délai déterminé, les mesures propres à assurer dans l'entreprise en cause le rétablissement de l'égalité professionnelle entre les femmes et les hommes ;

2° L'ajournement peut également comporter injonction à l'employeur d'exécuter dans le même délai les mesures définies.

La juridiction peut ordonner l'exécution provisoire de sa décision. – *[Anc. art. L. 152-1-2.]*

Art. L. 1146-3 À l'audience de renvoi et au vu des mesures définies et, le cas échéant, exécutées par l'employeur, la juridiction apprécie s'il y a lieu de prononcer une dispense de peine.

Toutefois, lorsque le délai prévu au 2° de l'article L. 1146-2 n'a pas été respecté, la juridiction peut prononcer un nouvel et dernier ajournement et donner un nouveau délai au prévenu pour exécuter l'injonction. — *[Anc. art. L. 152-1-3.]*

TITRE V HARCÈLEMENTS

RÉP. TRAV. v^{ls} *Harcèlement moral*, par ADAM ; *Harcèlement sexuel*, par ADAM.

BIBL. ▶ COLSON et POITTEVIN, *RDT 2012*. 80 (traitement juridique de la souffrance au travail). – DEKEUWER-DEFOSSEZ, *JCP 1993*. I. 3662. – A. MAZEAUD, *Dr. soc.* 1993. 345. – MCQUEEN, *JSL 2009*, n° 257-1 (appréciation du harcèlement). – LE MAGUERESSE, *Dr. soc.* 1998. 437. – LEROUGE, *Dr. soc.* 2012. 483 (différences de traitement juridique du harcèlement moral dans le secteur privé et la fonction publique : des rapprochements possibles ?). – MOREAU, *Dr. soc.* 1993. 115. – PRALUS-DUPUY, *ALD 1993*. 53. – ROTKOPF, *TPS 2002. Chron.* 15. – ROY-LOUSTAUNAU, *JCP E 1993*. I. 237 ; *Dr. soc.* 1995. 545 ; *RPDS* sept. 2003, p. 293 à 303. – SACHS-DURAND, *RDT 2007*. 527 (accord européen du 26 avr. 2007 sur le harcèlement et la violence au travail).

▶ **Dossier spécial :** *JCP S 2022*. 1205 à 1214.

▶ **Enquête et harcèlement :** ADAM, *SSL 2021*, n° 1949 (harcèlements : de l'enquête à la sanction). – BECKER et TUAILLON-HIBON, *Dr. ouvrier 2022*. 100 (enquêtes internes diligentées par les cabinets d'enquête et de conseil à la demande de l'employeur). – GRANIER, *Dr. ouvrier 2022*. 102 (l'inspection du travail, acteur de l'enquête en entreprise). – MRAOUAHI, *Dr. ouvrier 2022*. 89 (régime des enquêtes internes en droit du travail). – PICARD et THEALLIER, *JSL 2021*, n° 520-1 (enquête interne : le nouvel enjeu des entreprises en matière de harcèlement ?). – SALON et JEANSEN, *JCP S 2023*. 1262 (pour une consécration légale de l'enquête interne en matière de harcèlement au travail). – TALRICH, *Dr. ouvrier 2022*. 133 (des enquêtes en quête d'un encadrement judiciaire).

COMMENTAIRE

V. sur le Code en ligne 🔒. ☐

CHAPITRE I CHAMP D'APPLICATION

Art. L. 1151-1 Les dispositions du présent titre sont applicables aux employeurs de droit privé ainsi qu'à leurs salariés.

Elles sont également applicables au personnel des personnes publiques employé dans les conditions du droit privé.

Art. L. 1151-2 (*L. n° 2019-486 du 22 mai 2019, art. 11-VI, en vigueur le 1er janv. 2020*) Pour l'application du présent titre, l'effectif salarié et le franchissement d'un seuil d'effectif sont déterminés selon les modalités prévues à l'article L. 130-1 du code de la sécurité sociale.

BIBL. ▶ GÉA, *RDT 2020*. 99 (loi PACTE : quelle contribution au renouveau du droit du travail ?).

Code de la sécurité sociale

DÉCOMPTE ET DÉCLARATION DES EFFECTIFS

Art. L. 130-1 (*L. n° 2019-486 du 22 mai 2019, art. 11-I, en vigueur le 1er janv. 2020*) I. — Au sens du présent code, l'effectif salarié annuel de l'employeur, y compris lorsqu'il s'agit d'une personne morale comportant plusieurs établissements, correspond à la moyenne du nombre de personnes employées au cours de chacun des mois de l'année civile précédente.

Par dérogation au premier alinéa du présent I, pour l'application de la tarification au titre du risque "accidents du travail et maladies professionnelles", l'effectif pris en compte est celui de la dernière année connue.

L'effectif à prendre en compte pour l'année de création du premier emploi salarié titulaire d'un contrat de travail dans l'entreprise correspond à l'effectif présent le dernier jour du mois au cours duquel a été réalisée cette première embauche.

58 Art. L. 1151-2 CODE DU TRAVAIL

Un décret en Conseil d'État définit les catégories de personnes incluses dans l'effectif et les modalités de leur décompte.

II. — Le franchissement à la hausse d'un seuil d'effectif salarié est pris en compte lorsque ce seuil a été atteint ou dépassé pendant cinq années civiles consécutives.

Le franchissement à la baisse d'un seuil d'effectif sur une année civile a pour effet de faire à nouveau courir la règle énoncée au premier alinéa du présent II.

(L. n° 2023-1250 du 26 déc. 2023, art. 21-I, en vigueur à une date fixée par décret, et au plus tard le 1ᵉʳ janv. 2026) « III. — Au sens du présent code, les salariés mis à la disposition, en tout ou partie, d'un ou de plusieurs de ses membres par un groupement d'employeurs ne sont pas pris en compte dans l'effectif de ce groupement d'employeurs, sauf en ce qui concerne l'application des dispositions relatives à la tarification des risques d'accidents du travail et de maladies professionnelles.

« IV. — Au sens du présent code, les salariés mis à disposition par un groupement d'employeurs sont pris en compte par l'entreprise utilisatrice à due proportion de leur temps de travail, pour le calcul de ses effectifs, sauf en ce qui concerne l'application des dispositions relatives à la tarification des risques d'accidents du travail et de maladies professionnelles. »

....

Art. R. 130-1 *(Décr. n° 2019-1586 du 31 déc. 2019, art. 1ᵉʳ, en vigueur le 1ᵉʳ janv. 2020)* « I. — Pour la détermination de l'effectif mentionné à l'article L. 130-1, les mois au cours desquels aucun salarié n'est employé ne sont pas pris en compte pour établir cette moyenne. »

(Décr. n° 2017-858 du 9 mai 2017, art. 1ᵉʳ-1°, en vigueur le 1ᵉʳ janv. 2018) « L'effectif salarié annuel de l'employeur est arrondi, s'il y a lieu, au centième. A cet effet, il n'est pas tenu compte de la fraction d'effectif au-delà de la deuxième décimale.

« II. — *(Décr. n° 2019-1586 du 31 déc. 2019, art. 1ᵉʳ, en vigueur le 1ᵉʳ janv. 2020)* « Pour la détermination de l'effectif mentionné au I, sont prises en compte les personnes titulaires d'un contrat de travail et les personnes mentionnées à l'article L. 5424-1 du code du travail. » Toutefois, les salariés mentionnés à la deuxième phrase du 2° de l'article L. 1111-2 du code du travail sont exclus du décompte des effectifs.

« Pour calculer l'effectif d'une entreprise de travail temporaire, il est tenu compte des salariés permanents et des salariés qui, au cours de la période, ont été liés à cette entreprise par des contrats de mission.

« Les salariés ou agents à temps plein sont intégralement pris en compte dans l'effectif de l'entreprise au cours du mois. Les salariés à temps partiel au sens de l'article L. 3123-1 du code du travail et les personnes mentionnées à l'article L. 5424-1 du même code, à temps partiel ou à temps non complet[,] sont décomptés selon les modalités mentionnées au dernier alinéa de l'article L. 1111-2 susmentionné.

« Les personnes mentionnées aux trois alinéas précédents sont décomptées dans l'effectif de l'entreprise à due proportion du nombre de jours du mois pendant lequel elles ont été employées.

« III. — Les personnes mentionnées aux 1°, 2°, 4° et 6° de l'article L. 1111-3 du code du travail ne sont pas prises en compte pour la détermination de l'effectif mentionné au I sauf en ce qui concerne l'application des dispositions relatives à la tarification des risques d'accidents du travail et de maladies professionnelles.

« IV. — Abrogé par *Décr. n° 2019-1586 du 31 déc. 2019, art. 1ᵉʳ, à compter du 1ᵉʳ janv. 2020.*

« V. — Lorsque survient une modification de la situation juridique de l'employeur au sens de l'article L. 1224-1 du code du travail, y compris lorsqu'une telle modification entraîne une création d'entreprise, l'effectif à prendre en compte pour l'année au cours de laquelle les contrats sont transférés correspond à l'effectif présent le dernier jour du mois au cours duquel a été réalisé le transfert des contrats de travail.

« VI. — Pour l'application de la tarification au titre du risque "accidents du travail et maladies professionnelles", l'effectif de l'entreprise est calculé selon les dispositions prévues aux I à IV, en retenant, d'une part, les salariés et agents qui relèvent du régime général et, d'autre part, les salariés et agents qui relèvent du régime des salariés agricoles, pour la couverture de ce risque. »

Pour l'application du Décr. n° 2017-858 du 9 mai 2017, le calcul de l'effectif d'une entreprise de travail temporaire est effectué, en tenant compte, le cas échéant, des salariés temporaires liés à l'entreprise par un contrat à durée indéterminée pour l'exécution de missions successives, sur la base et dans le respect des dispositions de l'art. 56 de la L. n° 2015-994 du 17 août 2015 (Décr. préc., art. 11).

Loi n° 2019-486 du 22 mai 2019,

Relative à la croissance et la transformation des entreprises (JO 23 mai).

Art. 11 [...]

XII. — Le dernier alinéa du I de l'article L. 2333-64 du code général des collectivités territoriales, le second alinéa du II de l'article L. 2531-2 du même code *[dispense du versement destiné aux transports]*, les articles L. 5212-4 *[obligation d'emploi des travailleurs handicapés]* et L. 6331-7 *[contribution patronale à la formation professionnelle continue]* du code du travail, le dixième alinéa de l'article L. 137-15 du code de la sécurité sociale *[non-assujetissement au forfait social]* et le V bis de l'article L. 241-18 du même code *[déduction forfaitaire des cotisations patronales sur les heures supplémentaires]*, dans leur rédaction antérieure à la présente loi, continuent à s'appliquer aux entreprises bénéficiaires de ces dispositions au 31 décembre 2019.

Le dernier alinéa de l'article L. 834-1 du code de la sécurité sociale *[contribution au FNAL]* et l'article L. 313-2 du code de la construction et de l'habitation *[dispense de la participation des employeurs à l'effort de construction]*, dans leur rédaction antérieure à la présente loi, continuent à s'appliquer aux entreprises comptant au moins cinquante salariés au 31 décembre 2019 et bénéficiaires de ces dispositions à la même date.

XIII. — Le II de l'article L. 130-1 du code de la sécurité sociale ne s'applique pas :

1° Lorsque l'effectif de l'entreprise est, au 1er janvier 2020, supérieur ou égal à un seuil et que cette entreprise était soumise, au titre de l'année 2019, aux dispositions applicables dans le cas d'un effectif supérieur ou égal à ce seuil ;

2° Lorsque l'entreprise est bénéficiaire, au 1er janvier 2020, des dispositions prévues au XII du présent article.

(L. n° 2020-1721 du 29 déc. 2020, art. 159-V) « Les employeurs qui, en raison de l'accroissement de leur effectif, atteignent ou dépassent au titre de l'année 2018 ou de l'année 2019, et en tout état de cause avant le 31 décembre 2019, pour la première fois, l'effectif de onze salariés restent soumis, pour cette année et les quatre années suivantes, au taux de la cotisation prévue à l'article L. 6331-1 du code du travail.

« Pour ces employeurs, le II de l'article L. 130-1 du code de la sécurité sociale s'applique à compter du 1er janvier 2020. »

XIV. — Sous réserve des XII et XIII, le présent article entre en vigueur le 1er janvier 2020.

CHAPITRE II **HARCÈLEMENT MORAL**

RÉP. TRAV. v° *Harcèlement moral*, par ADAM.

BIBL. ▶ ADAM, *RDT 2006. 10* ; *SSL 2009, n° 1404* (harcèlement moral : la place de l'intention malveillante) ; *Dr. soc. 2020. 249* (pour une nouvelle définition du harcèlement moral) ; *SSL 2022, n° 2016* (harcèlement moral institutionnel). – ADAM, FORTIS, LEDOUX et EL BERRY, *SSL 2011, dossier spécial, n° 1482*. – AMAUGER-LATTES, *JCP E 2006. 1806* (répression contenue du harcèlement moral). – BOISSARD, *Dr. soc. 2003. 615*. – BORDERIE, *JCP S 2020. 3021* (de la prévention à la réaction). – BOUAZIZ, *Dr. ouvrier 2000. 192*. – BOUTY, *Dr. soc. 2002. 695* (harcèlement et droit de la responsabilité civile). – CHARBONNEAU, *CSB 2002. Doctr. 5*. – CHAUVET, D. *2015. 174* (mérites ou démérites du délit général de harcèlement moral). – DABURON, *RJS 2002. 719*. – DELGA et RAJKUMAR, *Dr. ouvrier 2005. 161*. – DORANT, *JSL 2006, n° 184-1*. – DUQUESNE, *Dr. soc. 2002. 313*. – FERTÉ, *JSL 2008, n° 239-3* (comment détecter, prévenir et gérer les situations de harcèlement moral) ; *ibid. 2011, n° 306-1* (harcèlement moral : de l'interdiction à la prévention). – GOSSELIN, *SSL 2015, n° 1707, p. 4* (harcèlement moral, état de santé et obligation de sécurité de résultat). – R. GAURIAU, *RDT 2021. 376* (ressenti d'une souffrance collective et harcèlement moral). – GUYOT, *JCP S 2011. 1280* (l'employeur face au harcèlement moral). – JUBERT, AGGÉRI et SÉGRESTIN, *RDT 2020. Controverse 157* (quels contrôles judiciaires de modes de management ?). – KATZ, *AJ pénal 2005, p. 13* (délit de harcèlement moral) ; *ibid. 2010. 527* (dénonciation et témoignages de faits de harcèlement moral). – LEBORGNE-INGELAERE, *JCP S 2010. 1125* (entre intention de nuire et obligation de sécurité de résultat). – LE SUEUR, *AJ pénal 2010. 529* (harcèlement moral : le positionnement pragmatique du parquet). – MALABAT, *Dr. soc. 2003. 491*. – MASSE-DESSEN, *RDT 2006. 8*. – MAZEAUD, *Dr. soc. 2002. 321*. – MÉSA, *RDT 2019. 87* (régime répressif du harcèlement moral). – MOUTET-KREBS, *Dr. ouvrier 2011. 18* (harcèlement moral et rôle du médecin du travail). – PARAGYIOS et BEFRE, *JSL 2014,* n° 374-1 (preuve du harcèlement moral). – Rabbé, JSL 2013, n° 347-1 (méthodes de gestion et harcèlement moral). – Segonds, RJS 7/2023, chron. (harcèlement moral « institutionnel »). –Tual, JSL 2012, n° 333-334-2 (jurisprudence de 2012).

Art. L. 1152-1 Aucun salarié ne doit subir les agissements répétés de harcèlement moral qui ont pour objet ou pour effet une dégradation de ses conditions de travail susceptible de porter atteinte à ses droits et à sa dignité, d'altérer sa santé physique ou mentale ou de compromettre son avenir professionnel. – *[Anc. art. L. 122-49, al. 1er.]* – V. art. L. 1155-2 (pén.).

COMMENTAIRE

V. sur le Code en ligne.

1. Constitutionnalité. La décision du Cons. const. n° 2012-240 DC du 4 mai 2012 déclarant contraire à la Constitution l'art. 222-33 C. pén. relatif au harcèlement sexuel ne constitue pas un changement de circonstances justifiant le réexamen de l'art. L. 1152-1 C. trav. dès lors que les textes en cause sont rédigés de manière différente. ● Soc. 11 juill. 2012 : *D. actu. 31 juill. 2012, obs. Fleuriot ; D. 2012. Actu. 1967 ; RJS 2012. 665, n° 767 ; JCP S 2012. 1495, obs. Leborgne-Ingelaere.* ♦ L'art. 8 DDH ne peut être invoqué à l'appui d'une question prioritaire de constitutionnalité relative à l'art. L. 1152-1 qui instaure des mesures de réparation civile en cas de harcèlement moral. ● Soc., QPC, 11 oct. 2012 : *D. actu. 2 nov. 2012, obs. Ines ; Dr. soc. 2013. 365, obs. Dumortier, Florès, Lallet et Struillou.*

2. Office des juges du fond. Il appartient aux juges du fond de rechercher si les faits présentés par l'intéressé ne laissent pas présumer l'existence d'un harcèlement moral et si, dans l'affirmative, l'employeur peut prouver que ses décisions sont justifiées par des éléments objectifs étrangers à toute discrimination. ● Soc. 15 févr. 2023, *n° 21-20.572 B : D. actu. 7 mars 2023, obs. Gabroy ; D. 2023. 345 ; Dr. soc. 2023. 370, obs. Adam ; RJS 5/2023, n° 238 ; JCP S 2023. 1066, obs. Lahalle.*

3. Contrôle de la Cour de cassation. Les juges du fond doivent mettre la Cour de cassation en mesure d'exercer son contrôle sur le point de savoir si les faits établis ne sont pas de nature à faire présumer un harcèlement moral. ● Soc. 24 sept. 2008 : *D. 2008. AJ 2423, obs. Perrin ; ibid. 2009. Pan. 590, obs Wolmark ; RJS 2008. 891, n° 1070 ; Dr. soc. 2009. 57, note Savatier ; JCP S 2008. 1537, avis Allix, obs. Leborgne-Ingelaere ; JSL 2008, n° 242-2.* ♦ Déjà antérieurement : ● Soc. 23 nov. 2005 : *D. actu. 29, obs. Savatier* ● 12 janv. 2011 : *D. actu. 3 févr. 2011, obs. Ines ; D. 2011. Actu. 310 ; JSL 2011, n° 294-6, obs. Tourreil.*

4. Licenciement du salarié protégé accusé de harcèlement. Pour apprécier si des agissements sont constitutifs d'un harcèlement moral, l'inspecteur du travail doit, sous le contrôle du juge administratif, tenir compte des comportements respectifs du salarié auquel il est reproché d'avoir exercé de tels agissements et du salarié susceptible d'en être victime, indépendamment du comportement de l'employeur ; il appartient en revanche à l'inspecteur du travail, lorsqu'il estime qu'un comportement de harcèlement moral est caractérisé, de prendre en compte le comportement de l'employeur pour apprécier si la faute résultant d'un tel comportement est d'une gravité suffisante pour justifier un licenciement. ● CE 10 déc. 2014, *n° 362663 : Dr. actu. 2015. 346, concl. Dumortier ; RJS 2/2015, n° 119.*

5. Éléments constitutifs. Peuvent constituer un harcèlement moral des agissements répétés ayant pour objet ou pour effet une dégradation des conditions de travail susceptible de porter atteinte aux droits et à la dignité du salarié, d'altérer sa santé physique ou mentale ou de compromettre sa vie professionnelle. ● Soc. 24 sept. 2008 : *D. 2009. Pan. 590, obs. Wolmark ; RJS 2008. 890, n° 1070 ; Dr. soc. 2009. 57, note Savatier ; JCP S 2008. 1537, avis Allix, obs. Leborgne-Ingelaere.*

6. Le harcèlement moral ne suppose pas établie la preuve d'une quelconque intention de nuire. ● Soc. 10 nov. 2009 : *R., p. 346 ; D. 2009. AJ 2866, obs. Maillard ; ibid. 2010. Pan. 672, obs. Pasquier ; RJS 2010. 16, n° 7 ; Dr. ouvrier 2010. 117, note Adam ; JCP S 2010. 1125, note Leborgne-Ingelaere ;* ● *Dr. soc. 2010. 111, obs. Radé ; JSL 2010, n° 269-4, obs. Tourreil* ● 15 nov. 2011 : *D. actu. 31 déc. 2011, obs. Perrin ; D. 2011. Actu. 2874 ; Dr. soc. 2012. 103, obs. Radé ; JSL 2012, n° 313-3, obs. Tourreil ; JCP S 2012. 1061, obs. Leborgne-Ingelaere* ● 15 nov. 2011 : *ibid.* ● 15 nov. 2011 : *ibid.*

7. Le délit de harcèlement moral ne requiert ni que les conséquences de la dégradation des conditions de travail soient avérées ni qu'il existe un lien de subordination hiérarchique entre l'auteur et la victime. ● Crim. 6 déc. 2011 : *D. actu. 16 janv. 2012, obs. Girault ; Dr. soc. 2012. 539, obs. Duquesne ; RJS 2012. 185, n° 216 ; JSL 2012, n° 316-2, obs. Lhernould ; JCP S 2012. 1176, obs. Leborgne-Ingelaere.*

8. Complicité de harcèlement moral du dirigeant. Des cadres dirigeants peuvent être poursuivis pour complicité de harcèlement, même si leur mise en examen cite parmi les victimes du délit des salariés qui n'étaient pas sous leur responsabilité au moment des faits ; les prévenus ayant, en participant à la mise en œuvre d'une politique d'entreprise, influé sur la situation de l'ensemble du personnel du groupe, y compris des salariés n'appartenant pas à leur service. ● Soc. 5 juin 2018, 🕮 n° 17-87.524 P : *RJS 10/2018, n° 580.*

9. Harcèlement moral et exécution déloyale du contrat. Dès lors qu'une exécution fautive du contrat de travail réunit les éléments constitutifs du harcèlement moral, cette qualification doit être retenue. ● Soc. 6 juin 2012 : 🕮 *D. actu. 19 juin 2012, obs. Siro ; D. 2012. Actu. 1620 ⌀ ; RJS 2012. 599, n° 681 ; JSL 2012, n° 327-2, obs. Gaba ; JCP S 2012. 1463, obs. Chenu.*

10. Illustrations. Constituent des faits caractéristiques de harcèlement moral, de par leur conjonction et leur répétition, le retrait sans motif à une salariée d'un téléphone portable à usage professionnel, l'instauration d'une obligation nouvelle et sans justification de se présenter tous les matins dans le bureau de sa supérieure hiérarchique et l'attribution de tâches sans rapport avec ses fonctions, faits générateurs d'un état dépressif médicalement constaté nécessitant des arrêts de travail. ● Soc. 27 oct. 2004, 🕮 n° 04-41.008 P : *Dr. soc. 2005. 100, obs. Roy-Loustaunau ⌀ ; JSL 2004, n° 156-2.*

11. Le harcèlement moral est caractérisé dès lors que l'employeur impose à un salarié de manière répétée, au mépris des prescriptions du médecin du travail, d'effectuer des tâches de manutention lourde qui avaient provoqué de nombreux arrêts de travail puis, au vu des avis médicaux successifs, lui avait proposé des postes d'un niveau inférieur. ● Soc. 28 janv. 2010 : 🕮 *D. 2010. AJ 447 ⌀ ; RDT 2010. 239, obs. Pignarre ⌀.*

12. Harcèlement moral et inaction du responsable RH. En cautionnant les méthodes managériales inacceptables du directeur d'un magasin et en les laissant perdurer, la responsable des ressources humaines a manqué à ses obligations contractuelles et mis en danger la santé physique et mentale des salariés, ce qui justifie son licenciement ; en l'espèce, il a été constaté que la salariée, qui travaillait en très étroite collaboration avec le directeur du magasin, avait connaissance du comportement inacceptable de celui-ci à l'encontre de ses subordonnés et pouvait en outre s'y associer, qu'elle n'a rien fait pour mettre fin à ces pratiques alors qu'en sa qualité de responsable des ressources humaines, elle avait une mission particulière en matière de management, qu'il relevait de ses fonctions de veiller au climat social et à des conditions de travail optimales pour les collaborateurs. ● Soc. 8 mars 2017, 🕮 n° 15-24.406 : *RJS 5/2017, n° 328.*

13. Agissements répétés. Ne peut s'analyser en agissements répétés constitutifs de harcèlement moral une décision de l'employeur de rétrograder un salarié, peu important que, répondant aux protestations réitérées de celui-ci, il ait maintenu par divers actes sa décision. ● Soc. 9 déc. 2009 : 🕮 *R., p. 348 ; D. 2010. AJ 95, obs. Perrin ⌀ ; RJS 2010. 123, n° 148 ; JSL 2010, n° 272-5.* ♦ Les faits constitutifs de harcèlement moral peuvent se dérouler sur une brève période. ● Soc. 26 mai 2010 : 🕮 *D. 2010. 1988, note Dedessus-Le Moustier ⌀ ; D. actu. 15 juin 2010, obs. Dechristé ; RJS 2010. 580, n° 640 ; JCP S 2010. 1330, obs. Leborgne-Ingelaere ; JSL 2010, n° 281-282-5, obs. Julien-Paturle ; SSL 2010, n° 1449, p. 8, obs. Pelletier.*

14. Harcèlement managérial. Les méthodes de gestion mises en œuvre par un supérieur hiérarchique ne peuvent caractériser un harcèlement moral que si elles se manifestent pour un salarié déterminé par des agissements répétés ayant pour objet ou pour effet d'entraîner une dégradation des conditions de travail susceptible de porter atteinte à ses droits et à sa dignité, d'altérer sa santé physique ou mentale ou de compromettre son avenir professionnel. ● Soc. 22 oct. 2014 : 🕮 *D. 2014. Actu. 2179 ⌀ ; RJS 1/2015, n° 5 ; JSL 2015, n° 379-5, obs. Lhernould ; Dr. soc. 2015. 85, note Antonmattéi ⌀.* ♦ V. également : ● Soc. 10 nov. 2009 : 🕮 *D. 2009. AJ 2857, obs. Maillard ⌀ ; ibid. 2010. Pan. 672, obs. Pasquier ⌀ ; RJS 2010. 17, n° 8 ; RDT 2009. 109, obs. Radé ; Dr. ouvrier 2010. 117, note Adam ; JCP S 2010. 1125, note Leborgne-Ingelaere ; JSL 2009, n° 267-268-3* ● 1ᵉʳ mars 2011 : 🕮 *Dr. soc. 2011. 594, obs. Radé ⌀ ; JSL 2011, n° 297-6, obs. Tayefeh.* ♦ Les salariés ne peuvent pas être déboutés de leurs demandes au titre d'un harcèlement moral au motif que celles-ci portaient sur des considérations trop générales sur les méthodes de gestion de l'employeur alors que plusieurs salariés témoignaient, d'une part, de pressions en matière d'objectifs, imposées aux directeurs de projets, aux responsables de projets, aux chargés de terrain, aux superviseurs et aux téléconseillers par une organisation très hiérarchisée du directeur de site et qui se traduisaient par une surveillance des prestations décrite comme du « flicage » et, d'autre part, d'une analyse de leurs prestations qu'ils ressentaient comme une souffrance au travail. ● Soc. 3 mars 2021, 🕮 n° 19-24.232.

15. Accident du travail et maladie professionnelle. Le juge ne peut rejeter la demande d'un salarié de reconnaissance de harcèlement moral au seul motif de l'absence de relation entre l'état de santé et la dégradation des conditions de travail. ● Soc. 30 avr. 2009 : 🕮 *D. 2009. AJ 1421, obs. Perrin ⌀ ; RJS 2009. 557, n° 625 ; Dr. soc. 2009. 870, obs. Chaumette ⌀ ; JSL 2009, n° 256-2.* ♦ Comp. – Le harcèlement moral ne peut être constitutif d'un accident du travail si le salarié ne rapporte pas la preuve de ce que l'arrêt de travail qui lui avait été prescrit a été causé par une brutale altération de ses facultés mentales en relation avec les faits de harcèlement invoqués. ● Civ. 2ᵉ, 24 mai 2005 : 🕮 *JCP S 2005. 1019, note Prétôt.* ♦ La législation sur les accidents du travail et maladies professionnelles ne fait pas obstacle à l'attribution de dommages-intérêts au salarié en réparation du préjudice que lui a causé le harcèlement moral dont il a été victime antérieurement à la prise en charge de son affection par la Sécurité sociale. ● Soc. 15 nov. 2006 : 🔒 *D. 2006. IR 2945* ⌀ ; *JSL 2006, n° 201-6.*

16. Obligation de sécurité de l'employeur et tiers à l'entreprise. L'employeur est tenu envers ses salariés d'une obligation de sécurité de résultat en matière de protection de la santé et de la sécurité des travailleurs, notamment en matière de harcèlement moral, et l'absence de faute de sa part ne peut l'exonérer de sa responsabilité ; il doit répondre des agissements des personnes qui exercent, de fait ou de droit, une autorité sur les salariés. ● Soc. 19 oct. 2011 : 🔒 *D. actu. 19 nov. 2011, obs. Perrin ; D. 2012. 901, obs. Lokiec et Porta* ⌀ ; *RDT 2012. 44, obs. Véricel* ⌀ ; *RJS 2012. 23, n° 5 ; JSL 2011, n°s 311-312-6 ; JCP S 2011. 1569, obs. Leborgne-Ingelaere* ● 4 avr. 2012 : 🔒 *D. actu. 25 avr. 2012, obs. Siro ; RDT 2012. 709, obs. Véricel* ⌀ ; *RJS 2012. 448, n° 521 ; JCP S 2012. 1330, obs. Boulmier.*

17. Harcèlement moral et dispense d'activité. L'art. L. 1152-1 C. trav. interdisant le harcèlement moral s'applique à un salarié dispensé d'activité en raison d'une période de congé de fin de carrière, dès lors que le contrat de travail n'est pas rompu pendant cette période. ● Soc. 26 juin 2019, 🔒 n° 17-28.328 P : *D. actu. 16 juill. 2019, obs. de Montvalon ; D. 2019. Actu. 1395* ⌀ ; *RJS 10/2019, n° 549 ; JSL 2019, n° 481-6, obs. Nasom-Tissandier ; JCP S 2019. 1255, obs. Leborgne-Ingelaere.*

18. Indemnisations spécifiques pour manquement à l'obligation de prévention et prohibition des agissements de harcèlement moral. L'obligation de prévention des risques professionnels est distincte de la prohibition des agissements de harcèlement moral et ne se confond pas avec elle ; l'absence de tels agissements ne s'oppose pas à ce que la responsabilité de l'employeur soit engagée sur le fondement d'un manquement à son obligation de sécurité. ● Soc. 27 nov. 2019, 🔒 n° 18-10.551 P : *D. actu. 9 déc. 2019, obs. de Montvalon ; D. 2019. Actu. 2357* ⌀ ; *RJS 2/2020, n° 94 ; JSL 2020, n° 492-4, obs. Pacotte et Layat ; JCP S 2020. 1011, obs. Armillei* ● Soc. 8 juill. 2020, 🔒 n° 18-24.320 P : *D. 2020. Actu. 1467* ⌀ ; *ibid. 2312, obs. Vernac et Ferkane* ⌀ ; *RDT 2020. 687, obs. Pignarre* ⌀ ; *RJS 11/2020, n° 523 ; JSL 2020, n° 505-5, obs. Prépin ; JCP S 2020. 2097, obs. Leborgne-Ingelaere.*

19. Indemnisations spécifiques pour harcèlement et discrimination. Des faits uniques, caractérisant simultanément une discrimination et un harcèlement moral, permettent au salarié subissant de tels agissements de prétendre à une double indemnisation en présence de préjudices distincts. ● Soc. 3 mars 2015 : 🔒 *D. actu. 17 mars 2015, obs. Peyronnet ; JSL 2015, n° 386-3, obs. Pacotte et Halimi.*

20. Sur la preuve, V. jurispr. ss. art. L. 1154-1.

Art. L. 1152-2 (L. n° 2022-401 du 21 mars 2022, art. 7-I, en vigueur le 1er sept. 2022) Aucune personne ayant subi ou refusé de subir des agissements répétés de harcèlement moral ou ayant, de bonne foi, relaté ou témoigné de tels agissements ne peut faire l'objet des mesures mentionnées à l'article L. 1121-2.

Les personnes mentionnées au premier alinéa du présent article bénéficient des protections prévues aux I et III de l'article 10-1 et aux articles 12 à 13-1 de la loi n° 2016-1691 du 9 décembre 2016 relative à la transparence, à la lutte contre la corruption et à la modernisation de la vie économique.

> **COMMENTAIRE**
> V. sur le Code en ligne 🏛.

Jurisprudence rendue sous l'empire des dispositions de l'art. L. 1152-2 antérieures à la L. n° 2022-401 du 21 mars 2022.

1. Absence prolongée. L'employeur ne peut licencier un salarié, victime d'un harcèlement moral, en raison de la perturbation que son absence prolongée cause au fonctionnement de l'entreprise. ● Soc. 11 oct. 2006 : 🔒 *D. 2006. IR 2624* ⌀ ; *ibid. 2007. Pan. 692, obs. Wolmark* ⌀ ; *RDT 2007. 30, obs. Dockès* ⌀ ; *RJS 2006. 948, n° 1272 ; JSL 2006, n° 199-3* ● 30 janv. 2019, 🔒 n° 17-31.473 P : *D. actu. 20 févr. 2019, obs. Drutinus ; D. 2019. Actu. 261* ⌀ ; *Dr. soc. 2019. 265, note Mouly* ⌀ ; *RJS 4/2019, n° 203 ; JSL 2019, n° 472-1, obs. Martin, Lubineau et Verneret.*

2. Immunité. Le salarié qui relate des faits de harcèlement moral ne peut être licencié pour ce motif, sauf mauvaise foi, laquelle ne peut résulter de la seule circonstance que les faits dénoncés ne sont pas établis ; le licenciement est nul de plein droit. ● Soc. 10 mars 2009, 🔒 n° 07-44.092 P : *R., p. 347 ; RDT 2009. 453, obs. Adam* ⌀ ; *ibid. 376, obs. Lardy-Pélissier* ⌀ ; *RJS 2009. 448, n° 496 ; JSL 2009, n° 254-2 ; JCP S 2009. 1225, obs. Leborgne-Ingelaere ; Dr. ouvrier 2009. 456, obs. Rennes ; SSL 2009, n° 1394, p. 11, avis Duplat* ● 19 oct. 2011 : 🔒 *D. actu. 9 nov. 2011, obs. Perrin ; D. 2011. Actu. 2661* ⌀ ; *RJS 2012. 24, n° 6 ; JCP S 2011. 1570, obs. Leborgne-Ingelaere.* ♦ La mauvaise foi ne peut résulter que de la connaissance par le salarié de la fausseté des faits qu'il dénonce. ● Soc. 7 févr. 2012 : 🔒 *D. actu. 21 févr. 2012, obs. Siro ; D. 2012. Actu. 507* ⌀ ; *RJS 2012. 302 ; JSL 2012, n° 318-2, obs. Hautefort ; SSL 2012, n° 1527, p. 12, obs. Adam ; JCP S 2012. 1195, obs. Corrignan-*

Carsin. ♦ Le fait pour un salarié de dénoncer de façon mensongère des faits inexistants de harcèlement moral dans le but de déstabiliser l'entreprise et de se débarrasser du cadre responsable du département comptable caractérise sa mauvaise foi au moment de la dénonciation des faits de harcèlement. • Soc. 6 juin 2012 : 🔒 *D. actu. 3 juill. 2012, obs. Perrin ; D. 2012. Actu. 1620 ⌀ ; RJS 2012. 599, n° 682 ; JCP S 2012. 1431, obs. Leborgne-Ingelaere* • 6 juin 2012 : 🔒 *D. actu. 2 juill. 2012, obs. Perrin ; RJS 2012. 601, n° 684 ; JSL 2012, n° 327-2, obs. Gaba ; JCP S 2012. 1346, obs. Puigelier.* ♦ La connaissance que le salarié avait de la fausseté de ses allégations de harcèlement moral peut se déduire, d'une part de la contradiction existant entre son souhait affiché d'obtenir des explications sur les motifs de son retrait de mission et son refus persistant de s'expliquer loyalement avec l'employeur sur lesdits motifs, d'autre part du caractère répétitif des remerciements qu'il avait adressés à l'employeur et de l'expression réitérée de sa volonté d'ouverture au dialogue, alors qu'il avait mis en réalité en échec toutes les tentatives de l'employeur de parvenir à une communication constructive en refusant d'honorer tous les rendez-vous qui lui étaient donnés au mépris de ses obligations contractuelles. • Soc. 16 sept. 2020, 🔒 n° 18-26.696 P : *D. 2020. 1841 ⌀ ; ibid. 2312, obs. Vernac et Ferkane ⌀ ; RJS 11/2020, n° 521 ; JSL 2020, n° 507-3, obs. Hautefort ; JCP S 2020. 3077, obs. Leborgne-Ingelaere.* ♦ La mauvaise foi peut être alléguée par l'employeur devant le juge, sans nécessairement avoir été mentionnée dans la lettre de licenciement. • Même arrêt.

3. Poursuites en diffamation. La dénonciation de faits de harcèlement moral par un salarié à son employeur ainsi qu'auprès d'organes chargés de veiller à l'application des dispositions du code du travail ne peut être susceptible de poursuites en diffamation. • Civ. 1ʳᵉ, 28 sept. 2016, 🔒 n° 15-21.823 P : *D. 2016. Actu. 1930 ⌀ ; D. 2016. 2447, note Pagnerre ⌀ ; RJS 12/2016, n° 747 ; JSL 2016, n° 419-1, obs. Bonnet.* ♦ La personne poursuivie doit avoir réservé la relation de tels agissements à son employeur ou à des organes chargés de veiller à l'application des dispositions du code du travail et non, comme en l'espèce, l'avoir aussi adressée à des personnes ne disposant pas de l'une de ces qualités (en l'espèce le directeur de l'association et le fils de la personne mise en cause). • Crim. 26 nov. 2019, 🔒 n° 19-80.360 P : *D. 2019. Actu. 2302 ⌀ ; RJS 2/2020, n° 75 ; Gaz. Pal. 4 févr. 2020. 55, obs. Detraz ; JSL 2020, n° 490-2, obs. Mesa ; JCP S 2020. 1014, obs. Leborgne-Ingelaere.*

4. Référé et appréciation de la mauvaise foi. Lorsqu'il est saisi d'une demande visant à faire constater la nullité du licenciement pour dénonciation de faits de harcèlement, le juge des référés doit se prononcer sur la mauvaise foi du salarié si elle est invoquée. • Soc. 25 nov. 2015, 🔒 n° 14-17.551 P : *D. actu. 22 déc. 2015, obs. Peyronnet ; RJS 2/2016, n° 96.*

Art. L. 1152-3 Toute rupture du contrat de travail intervenue en méconnaissance des dispositions des articles L. 1152-1 et L. 1152-2, toute disposition ou tout acte contraire est nul. — *[Anc. art. L. 122-49, al. 3.]*

COMMENTAIRE

V. sur le Code en ligne 🔒.

1. Droits du salarié. Dès lors que l'employeur a eu à l'égard du salarié une attitude « répétitive » constitutive de violences morales et psychologiques, le salarié était en droit de rompre son contrat de travail et d'en imputer la rupture à l'employeur. • Soc. 26 janv. 2005 : *RJS 2005. 253, n° 339 ; JSL 2005, n° 163-4.*

2. Mesure provisoire mettant un terme au harcèlement moral et nullité de la rupture. L'obtention en référé d'une mesure provisoire mettant un terme au harcèlement subi par un salarié ne saurait interdire à celui-ci de justifier devant le juge du fond qu'il a dû solliciter cette mesure en raison d'un harcèlement susceptible d'entraîner la nullité de la rupture effective du contrat de travail. • Soc. 9 déc. 2014, 🔒 n° 13-16.045 : *D. actu. 8 janv. 2015, obs. Peyronnet ; D. 2015. Actu. 18 ⌀ ; RJS 2015/2, n° 152 ; JSL 2015, n° 381-4, obs. Pacotte et Renucci.*

3. Qualification des faits de « harcèlement moral » lors de leur dénonciation. Le salarié qui dénonce des faits de harcèlement moral ne peut être licencié pour ce motif, même s'il n'a pas expressément qualifié ces faits de « harcèlement moral » lors de leur dénonciation. • Soc. 19 avr. 2023, 🔒 n° 21-21.053 B : *D. actu. 23 mai 2023, obs. Cortot ; D. 2023. 794 ⌀ ; Dr. soc. 2023. 558, obs. Adam ⌀ ; RJS 7/2023, n° 360 ; JSL 23023, n° 564-1, obs. Nho ; SSL 2023, n° 2046, p. 12, obs. Bailly ; JCP S 2023. 1127, obs. Lebogne-Ingelaere.* ♦ Comp. *ante* : La règle selon laquelle aucun salarié ne peut être licencié pour avoir relaté des agissements de harcèlement moral suppose que le salarié ait qualifié les agissements litigieux de harcèlement moral. • Soc. 13 sept. 2017, 🔒 n° 15-23.045 P : *D. 2017. Actu. 1838 ⌀ ; RJS 2017/11, n° 724 ; JSL 2017, n° 439-1, obs. Lhernould ; JCP S 2017. 1022, obs. Corrignan-Carsin.*

4. Concomitance d'un licenciement pour faute grave et d'une dénonciation de harcèlement. Lorsque les faits invoqués dans la lettre de licenciement, qui ne fait pas mention d'une dénonciation d'un harcèlement moral ou sexuel, caractérisent une cause réelle et sérieuse de licenciement, il appartient au salarié de démontrer que la rupture de son contrat de travail constitue une mesure de rétorsion à une plainte pour harcèlement moral ou sexuel ; dans le cas contraire, lorsque le licenciement n'est pas fondé par une cause réelle et sérieuse, il appartient à l'employeur de démontrer l'absence de lien entre la dénonciation par le salarié d'agissements de harcèlement moral ou sexuel et son licenciement. • Soc. 18 oct. 2023, n° 22-18.678 B : D. 2023. 1860.

5. Nullité de la rupture et indemnisation. Le salarié dont le licenciement est nul et qui demande sa réintégration a droit au paiement d'une somme correspondant à la réparation de la totalité du préjudice subi au cours de la période qui s'est écoulée entre son licenciement et sa réintégration, dans la limite du montant des salaires dont il a été privé, et déduction faite du revenu de remplacement perçu pendant la période considérée. • Soc. 14 déc. 2016, n° 14-21.325 P : D. 2017. Actu. 12 ; RJS 2017/2, n° 102 ; JSL 2016, n° 425-2, obs. Tissandier ; JCP S 2017. 1057, obs. Leborgne-Ingelaere.

6. Cumul des réparations. L'octroi de dommages-intérêts pour licenciement nul en lien avec des faits de harcèlement moral ne fait pas obstacle à une demande distincte de dommages-intérêts pour harcèlement moral. • Soc. 1er juin 2023, n° 21-23.438 B : D. actu. 27 juin 2023, obs. Marbach ; D. 2023. 1123 ; RJS 8-9/2023, n° 424.

7. Nullité de la rupture et réintégration. L'existence du harcèlement moral à l'origine de l'inaptitude du salarié ayant conduit à la nullité du licenciement ne constitue une impossibilité de réintégration. • Soc. 19 avr. 2023, n° 21-25.221 B : D. actu. 16 mai 2023, obs. Marbach ; RJS 7/2023, n° 370 ; JSL 2023, n° 567-5 ; JCP S 2023. 1159, obs. Duquesne.

8. Réintégration et calcul de l'intérêt légal sur le rappel des salaires. En cas de nullité du licenciement, les créances salariales produisent intérêts au taux légal à compter du jour où le salarié formalise sa demande en réintégration et en paiement de rappel de salaires, et à compter de chaque échéance devenue exigible. • Soc. 9 oct. 2019, n° 18-14.677 P : D. 2019. Actu. 1997.

Art. L. 1152-4 L'employeur prend toutes dispositions nécessaires en vue de prévenir les agissements de harcèlement moral.

(Ord. n° 2014-699 du 26 juin 2014, art. 2) « Les personnes mentionnées à l'article L. 1152-2 sont informées par tout moyen du texte de l'article 222-33-2 du code pénal. »

COMMENTAIRE

V. sur le Code en ligne. ☐

1. Sort du salarié harceleur. L'obligation faite à l'employeur de prendre toutes les dispositions nécessaires en vue de prévenir ou de faire cesser les agissements de harcèlement moral n'implique pas par elle-même la rupture immédiate du contrat de travail d'un salarié à l'origine d'une situation susceptible de caractériser ou de dégénérer en harcèlement moral. • Soc. 22 oct. 2014 : D. 2014. Actu. 2179 ; Dr. soc. 2015. 85, note Antonmattéi ; RJS 1/2015, n° 5.

2. Responsabilité civile de l'employeur. Le juge ne peut refuser de prononcer la résiliation judiciaire du contrat de travail d'un salarié, victime de faits de harcèlement moral dans l'entreprise, et ses demandes indemnitaires, sans qu'il résulte de ses constatations que l'employeur avait pris toutes les mesures de prévention visées aux art. L. 4121-1 et L. 4121-2 C. trav. et, notamment, avait mis en œuvre des actions d'information et de formation propres à prévenir la survenance de faits de harcèlement moral. • Soc. 1er juin 2016, n° 14-19.702 P : D. actu. 14 juin 2016, obs. Peyronnet ; D. 2016. 1681, note Icard et Pagnerre ; RDT 2016. 709, obs. Géniaut ; SSL 2016, n° 1726, p. 11, obs. Verkindt ; JSL 2016, n° 413-2, obs. Verkindt ; JCP S 2016. 1220, obs. Loiseau. ♦ Comp. antérieurement : L'employeur est tenu envers ses salariés d'une obligation de sécurité de résultat en matière de protection de la santé et de la sécurité des travailleurs dans l'entreprise, notamment en matière de harcèlement moral, et l'absence de faute de sa part ne peut l'exonérer de sa responsabilité. • Soc. 21 juin 2006 : RDT 2006. 245, obs. Adam ; D. 2006. 832, note Miné ; ibid. 2007. Pan. 183, obs. Dockès ; RJS 2006. 679, n° 916 ; Dr. soc. 2006. 826, note Radé ; JSL 2006, n° 193-2 ; JCP E 2006. 2315, note Prieur. ♦ L'employeur manque à cette obligation lorsqu'un salarié est victime sur le lieu du travail d'agissements de harcèlement moral ou sexuel exercés par l'un ou l'autre de ses salariés, quand bien même il aurait pris des mesures en vue de faire cesser ces agissements. • Soc. 3 févr. 2010 : D. 2010. AJ 445, obs. Cortot ; RDT 2010. 303, obs. Véricel ; Dr. soc. 2010. 472, obs. Radé ♦ 29 juin 2011 : D. actu. 21 juill. 2011, obs. Siro ; D. 2011. Actu. 1978 ; JSL 2011, n° 306-6, obs. Gaba ; JCP S 2011. 1463, obs. Leborgne-Ingelaere • 1er mars 2011 : Dr. soc. 2011. 594, obs. Radé ; JSL 2011, n° 297-6, obs. Tayefeh. ♦ La réaction de l'employeur face aux faits de harcèlement qui lui sont rapportés, aussi efficace soit-elle (licenciement pour faute grave du salarié à l'origine du harcèlement dès qu'il a eu connaissance des agissements de harcèlement), n'est pas de nature à effacer son manquement à

Art. L. 1152-5

l'obligation de sécurité de résultat. • Soc. 11 mars 2015, n° 13-18.603 P : *D. actu. 25 mars 2015, obs. Peyronnet ; D. 2015. Actu. 688 ; Dr. soc. 2015. 384, obs. Mouly ; RJS 5/2015, n° 319 ; JSL 2015, n° 386-6, obs. Hautefort ; JCP 2015. 375, obs. Dedessus-Le-Moustier*.

3. L'employeur doit répondre des agissements des personnes qui exercent, de fait ou de droit, une autorité sur les salariés. • Soc. 10 mai 2001, n° 99-40.059 P : *Dr. soc. 2001. 921, obs. Gauriau ; RJS 2001. 681, n° 989 ; JCP E 2001. 1679, note Puigelier*.

4. Pouvoirs du juge. Il n'entre pas dans les pouvoirs du juge d'ordonner la modification ou la rupture du contrat de travail du salarié auquel sont imputés les agissements de harcèlement moral, à la demande d'autres salariés, tiers à ce contrat. • Soc. 1er juill. 2009 : *R., p. 349 ; D. 2009. AJ 2041, obs. Perrin ; RDT 2009. 586, obs. Adam ; RJS 2009. 683, n° 762 ; JSL 2009, n° 262-2 ; JCP S 2009. 1418, obs. Leborgne-Ingelaere ; Dr. soc. 2009. 1002, obs. Radé ; SSL 2009, n° 1410, p. 12, rapp. Béraud*.

5. Réparation. Les obligations résultant des art. L. 1152-4 et L. 1152-1 sont distinctes de sorte que la méconnaissance de chacune d'elles, lorsqu'elle entraîne des préjudices différents, peut ouvrir droit à des réparations spécifiques. • Soc. 6 juin 2012 : *D. actu. 19 juin 2012, obs. Siro ; RJS 2012. 598, n° 680 ; JSL 2012, n° 327-2, obs. Gaba ; JCP S 2012. 1418, obs. Leborgne-Ingelaere* • 19 nov. 2014 : *D. actu. 11 déc. 2014, obs. Peyronnet ; D. 2014. Actu. 2415 ; JSL 2015, n° 380-3, obs. Hautefort ; RJS 2/2015, n° 83*. ♦ Un salarié, qui s'est vu allouer par le juge du contrat de travail une somme en réparation de son préjudice lié à l'existence d'un harcèlement moral, dispose d'une créance de nature contractuelle. • Soc. avis, 16 nov. 2022, n° 22-70.009 : *RDT 2023. 256, note Géniaut*.

6. Irrecevabilité de la constitution de partie civile contre l'auteur du harcèlement. L'obligation de prévention des risques professionnels en matière de harcèlement moral de même que la prohibition de ce type d'agissements sont les suites que donne la loi au contrat de travail ; la somme allouée au salarié par le juge prud'homal en réparation d'un harcèlement moral est donc une créance de nature contractuelle, ce qui l'exclut des condamnations visées par l'art. 314-7 C. pén. En conséquence est irrecevable une constitution de partie civile du chef d'organisation frauduleuse d'insolvabilité de l'employeur au motif que la sanction d'un tel manquement relève de la responsabilité contractuelle. • Crim. 5 avr. 2023, n° 21-80.478 B : *D. 2023. 691 ; RJS 6/2023, n° 297*.

Art. L. 1152-5 Tout salarié ayant procédé à des agissements de harcèlement moral est passible d'une sanction disciplinaire. – [Anc. art. L. 122-50.]

COMMENTAIRE

V. sur le Code en ligne.

1. Responsabilité disciplinaire du salarié harceleur. Le harcèlement constitue nécessairement une faute grave. • Soc. 5 mars 2002 : *D. 2002. 2092, note Paulin*. ♦ L'employeur qui attend la décision du juge condamnant le salarié pour des faits de harcèlement moral et sexuel sur une salariée avant de le licencier pour faute grave ne peut invoquer la faute grave dès lors qu'il avait eu connaissance de l'existence éventuelle des faits de harcèlement dès sa convocation devant le bureau de conciliation ; la procédure de licenciement est engagée tardivement. • Soc. 29 juin 2011 : *D. actu. 21 juill. 2011, obs. Siro ; D. 2011. Actu. 1978 ; RDT 2011. 576, obs. Adam ; JSL 2011, n° 307-4, obs. Tourreil ; JCP S 2011. 1463, obs. Leborgne-Ingelaere*. ♦ Le salarié qui fait subir intentionnellement à ses subordonnés des agissements répétés de harcèlement moral engage sa responsabilité personnelle à leur égard. • Soc. 21 juin 2006 : *D. 2006. IR 2831, obs. Dechristé ; Dr. soc. 2006. 826, chron. Radé*.

2. Pouvoir disciplinaire de l'employeur. L'obligation faite à l'employeur de prendre toutes les dispositions nécessaires en vue de prévenir ou de faire cesser les agissements de harcèlement moral n'implique pas par elle-même la rupture immédiate du contrat de travail d'un salarié à l'origine d'une situation susceptible de caractériser ou de dégénérer en un harcèlement moral. • Soc. 22 oct. 2014 : *D. 2014. Actu. 2179 ; Dr. soc. 2015. 85, note Antonmattéi ; RJS 1/2015, n° 5*.

3. Inapplicabilité du régime probatoire réservé aux victimes. Les dispositions de l'art. L. 1154-1 ne sont pas applicables lorsque survient un litige relatif à la mise en cause d'un salarié auquel sont reprochés des agissements de harcèlement moral. • Soc. 7 févr. 2012, n° 10-17.393 P : *D. 2012. 506 ; RJS 4/2012, n° 301*. ♦ Comp. : les règles particulières d'administration de la preuve applicables dans un litige opposant un agent qui se déclare victime de harcèlement moral à son employeur ne doivent pas être mises en œuvre lors de poursuites disciplinaires contre un fonctionnaire auquel de tels agissements sont imputés. • CE 2 mars 2022, n° 444556 A : *AJDA 2022. 486 ; ibid. 938, concl. Dieu ; AJFP 2022. 220, et les obs.*

4. Enquête interne. En cas de licenciement d'un salarié à raison de la commission de faits de harcèlement sexuel ou moral, le rapport de l'enquête interne à laquelle recourt l'employeur peut être produit par lui pour justifier la faute imputée au salarié licencié ; dès lors qu'il n'a pas été mené par l'employeur d'investigations illicites, les juges du fond en apprécient la valeur probante, au regard le cas échéant des autres éléments de preuve produits par les parties. ● Soc. 9 juin 2022, n° 21-11.437 P : D. 2022. 1266 ⌀ ; Dr. soc. 2022. 837, obs. Adam ⌀ ; RJS 10/2022, n° 499 ; Gaz. Pal. 13 sept. 2022, p. 60, note Meiffret-Delsanto ; JCP S 2022. 847, obs. Dedessus-Le-Moustier ; JCP S 2022. 1200, obs. Miara.

5. Impossibilité de réintégrer l'auteur. L'employeur est légitime à invoquer l'impossibilité de réintégration lorsque le salarié, qui obtient la nullité de son licenciement après l'annulation de l'autorisation administrative, est accusé de faits de harcèlement moral, l'obligation de sécurité qui pèse sur l'employeur justifiant le refus de réintégration. ● Soc. 1er déc. 2021, ⚖ n° 19-25.715 P : D. actu. 3 janv. 2022, obs. Couëdel ; D. 2021. 414, chron. Ala et Lanoue ⌀ ; Dr. soc. 2022. 146, note Adam ⌀ ; ibid. 414, note Kapp et Keim-Bagot ⌀ ; RJS 2/2022, n° 82 ; JCP S 2021. 1323, obs. Leborgne-Ingelaere.

6. Référé-liberté. La décision de refus par l'inspection du travail d'autoriser le licenciement d'un salarié protégé accusé de harcèlement moral est susceptible de porter atteinte à une liberté fondamentale et par conséquent de permettre l'exercice d'un référé-liberté. ● CE 4 oct. 2004 : ⚖ Dr. soc. 2005. 608, note Reneaud ⌀.

Art. L. 1152-6 Une procédure de médiation peut être mise en œuvre par toute personne de l'entreprise s'estimant victime de harcèlement moral ou par la personne mise en cause.

Le choix du médiateur fait l'objet d'un accord entre les parties.

Le médiateur s'informe de l'état des relations entre les parties. Il tente de les concilier et leur soumet des propositions qu'il consigne par écrit en vue de mettre fin au harcèlement.

Lorsque la conciliation échoue, le médiateur informe les parties des éventuelles sanctions encourues et des garanties procédurales prévues en faveur de la victime. — [Anc. art. L. 122-54.] — V. art. L. 1155-1 (pén.).

CHAPITRE III HARCÈLEMENT SEXUEL

RÉP. TRAV. v° *Harcèlement sexuel*, par ADAM.

BIBL. ▶ BALDECK, *Dr. ouvrier* 2020. 139 (développements contentieux du harcèlement sexuel au travail). – BECKERS et CHAIGNOT DELAGE, *RDT* 2018. Controverse 12 ⌀ (le harcèlement sexuel dans les relations de travail, moyens et spécificités). – IGNACE et BALDECK, *RDT* 2017. 60 ⌀ (violences sexuelles au travail, la soumission du juge du travail au juge pénal). – LEBORGNE-INGELAERE, *JCP S* 2012. 1403 (le harcèlement sexuel dans le code du travail depuis la loi du 6 août 2012). – MINÉ, *RDT* 2013. 37 ⌀. – PY et BALDECK, *RDT* 2011. Controverse 348 ⌀ (la définition du harcèlement sexuel est-elle satisfaisante ?).

Art. L. 1153-1 (*L. n° 2012-954 du 6 août 2012, art. 7-2°*) Aucun salarié ne doit subir des faits :

1° Soit de harcèlement sexuel, constitué par des propos ou comportements à connotation sexuelle (*L. n° 2021-1018 du 2 août 2021, art. 1er-I, en vigueur le 31 mars 2022*) « ou sexiste » répétés qui soit portent atteinte à sa dignité en raison de leur caractère dégradant ou humiliant, soit créent à son encontre une situation intimidante, hostile ou offensante ;

(*L. n° 2021-1018 du 2 août 2021, art. 1er-I, en vigueur le 31 mars 2022*) « Le harcèlement sexuel est également constitué :

« *a)* Lorsqu'un même salarié subit de tels propos ou comportements venant de plusieurs personnes, de manière concertée ou à l'instigation de l'une d'elles, alors même que chacune de ces personnes n'a pas agi de façon répétée ;

« *b)* Lorsqu'un même salarié subit de tels propos ou comportements, successivement, venant de plusieurs personnes qui, même en l'absence de concertation, savent que ces propos ou comportements caractérisent une répétition ; »

2° Soit assimilés au harcèlement sexuel, consistant en toute forme de pression grave, même non répétée, exercée dans le but réel ou apparent d'obtenir un acte de nature sexuelle, que celui-ci soit recherché au profit de l'auteur des faits ou au profit d'un tiers. — V. art. L. 1155-2 (pén.).

BIBL. ▶ ABRY-DURAND, *RDT* 2022. 244 ⌀ (harmonisation des définitions entre code pénal et code du travail). – CHAIGNOT DELAGE, *SSL* 2021, n° 1972 (la notion de harcèlement sexuel en droit du travail après la loi du 2 août 2021). – DUCHET et ADAM, *JCP S* 2022. 1087 (nouvelle

HARCÈLEMENTS — Art. L. 1153-1

définition du harcèlement sexuel : quelles conséquences pour l'employeur ?). – LEBORGNE-INGELAERE, *Dr. soc.* 2021. 929 (alignement de la définition du harcèlement sexuel sur le code pénal).

> **COMMENTAIRE**
> V. sur le Code en ligne.

1. Caractère répétitif des actes de harcèlement (art. L. 1153-1, 1°). Le harcèlement ne peut être caractérisé par un seul acte. • Soc. 14 nov. 2007 : n° 06-45.263. ♦ La répétition, inhérente à la notion même de harcèlement, peut intervenir sur un court laps de temps. • Soc. 26 mai 2010 : *D.* 2010. 1988, note Dedessus-Le-Moustier ; *D. actu.* 15 juin 2010, obs. Dechristé ; *RJS* 2010. 580, n° 640 ; *JCP S* 2010. 1330, obs. Leborgne-Ingelaere ; *JSL* 2010, n° 281-282-5, obs. Julien-Paturle ; *SSL* 2010, n° 1449, p. 8, obs. Pelletier.

2. Fait unique constitutif d'un harcèlement sexuel (art. L. 1153-1, 2°). Le harcèlement sexuel peut être caractérisé par un seul fait et peut donner lieu à une double indemnisation. • Soc. 17 mai 2017, n° 15-19.300 P : *D. actu.* 6 juin 2017, obs. Peyronnet ; *D.* 2017. Actu. 1129 ; *ibid.* 1552, obs. Salomon ; *RDT* 2017. 548, note Adam ; *RJS* 8-9/2017, n° 547 ; *SSL* 2017, n° 1773, obs. Champeaux ; *JCP S* 2017. 1223, obs. Leborgne-Ingelaere. ♦ Les obligations résultant des art. L. 1153-1 et L. 1153-5 C. trav. étant distinctes, la méconnaissance de chacune d'elles, lorsqu'elle entraîne des préjudices distincts, peut ouvrir droit à des réparations spécifiques. • Même arrêt.

3. Autorité de la chose jugée au pénal. En matière de harcèlement sexuel, la relaxe au pénal ne lie pas le juge civil lorsqu'elle est justifiée par le seul motif du défaut d'élément intentionnel. • Soc. 25 mars 2020, n° 18-23.682 P : *D. actu.* 6 mai 2020, obs. Couëdel ; *D.* 2020. 772 ; *ibid.* 1746, obs. Prache ; *RJS* 6/2020, n° 277 ; *Dr. ouvrier* 2020. 556, obs. Beckers ; *JSL* 2020, n° 499-2, obs. Lhernould ; *JCP S* 2020. 2048, obs. Leborgne-Ingelaere ; *JCP E* 2020. 1368, obs. Pagnerre ; *Gaz. Pal.* 21 juill. 2020, p. 76, obs. Orif.

4. Intention de l'auteur. Se rend coupable de harcèlement sexuel le prévenu ayant, en connaissance de cause, même s'il a mésestimé la portée de ses agissements, imposé à des salariées, de façon répétée, des propos ou comportements à connotation sexuelle les ayant placées dans une situation intimidante, hostile ou offensante, objectivement constatée. • Crim. 18 nov. 2015, n° 14-85.591 P : *D.* 2015. Actu. 2444 ; *Dr. pén.* 2016. 21, obs. Conte ; *RJS* 2/2016, n° 98 ; *JCP S* 2016. 1068, obs. Leborgne-Ingelaere.

5. Illustrations. Constituent des faits de harcèlement sexuel la tenue de propos à caractère sexuel à des collègues féminines, des réflexions déplacées à une autre sur son physique et le fait d'avoir suivi une troisième dans les toilettes ; peu importe que ce comportement ait eu lieu en dehors du temps et du lieu de travail dès lors que ces propos et attitudes déplacés s'adressent à des personnes en contact avec le salarié harceleur en raison de son travail. • Soc. 19 oct. 2011 : *D. actu.* 19 oct. 2011, obs. Perrin ; *D.* 2011. Actu. 2661 ; *RJS* 2012. 24, n° 7 ; *JCP S* 2012. 1042, obs. Bossu. ♦ … Ou physiques, • Paris, 18 janv. 1996 : *Dr. ouvrier* 1997. 76. ♦ … Les insultes et dénigrements, • Paris, 18 janv. 1996 : *Dr. ouvrier* 1997. 76. ♦ … Les propos déplacés ou obscènes, • Rennes, 26 juin 1997 : *Juris-Data*, n° 046600. ♦ … Les gestes déplacés, • Chambéry, 18 janv. 2000 : *RJS* 4/2000, n° 371. ♦ … Ou encore de faire des compliments à une salariée sur sa poitrine et ses jambes, de lui poser des questions intimes, de se livrer à des attouchements et de lui faire des propositions à caractère sexuel, • Paris, 11e ch. B, 25 avr. 2001 : *Juris-Data* n° 144505.

6. Caractérise un harcèlement sexuel le comportement d'un cadre, dénoncé par sa subordonnée mineure, consistant à tenter de l'embrasser contre son gré sur le lieu de travail, à l'emmener à son domicile en renouvelant à cette occasion des avances de nature sexuelle, et à l'appeler fréquemment par téléphone en dénigrant la relation affectueuse que celle-ci entretenait avec un tiers, provoquant par ces agissements, angoisse et même dépression. • Soc. 24 sept. 2008 : *JCP S* 2008. 1537, obs. Leborgne-Ingelaere ; *JSL* 2008, n° 242-2.

7. Indifférence du lieu. Le fait pour un salarié d'abuser de son pouvoir hiérarchique dans le but d'obtenir des faveurs sexuelles constitue un harcèlement sexuel même si les agissements ont lieu en dehors du temps et du lieu de travail. • Soc. 11 janv. 2012 : *D.* 2012. Actu. 224 ; *RJS* 2012. 186, n° 218 ; *JSL* 2012, n° 317-4, obs. Lhernould ; *JCP S* 2012. 1283, obs. Leborgne-Ingelaere.

8. Preuve. Si l'enregistrement d'une conversation téléphonique privée, effectuée à l'insu de l'auteur des propos invoqués, est un procédé déloyal rendant irrecevable la preuve ainsi obtenue, il n'en est pas de même de l'utilisation par destinataire des messages écrits téléphoniquement adressés, dits SMS, dont l'auteur ne peut ignorer qu'ils sont enregistrés par l'appareil récepteur. • Soc. 23 mai 2007 : *D.* 2007. AJ 1598, obs. Fabre ; *D.* 2007. 2284, note Castets-Renard ; *RDT* 2007. 530, obs. Quenaudon ; *JSL* 2007, n° 214-4 ; *SSL* 2007, n° 1311, p. 12 ; *JCP S* 2007. 1601, note Bossu. ♦ En cas de licenciement d'un salarié à raison de la commission de faits de harcèlement sexuel ou moral, le rapport de l'enquête interne à laquelle recourt l'employeur peut être produit par lui pour justifier la faute imputée au salarié licencié ; dès lors qu'il n'a pas été mené par l'employeur d'investigations illicites, les juges du fond en apprécient

la valeur probante, au regard le cas échéant des autres éléments de preuve produits par les parties.
• Soc. 9 juin 2022, n° 21-11.437 P : *D.* 2022. 1266 ⌀ ; *Dr. soc.* 2022. 837, obs. Adam ⌀ ; *RJS* 10/2022, n° 499 ; *Gaz. Pal.* 13 sept. 2022, p. 60, note Meiffret-Delsanto ; *JCP* 2022. 847, obs. Dedessus-Le-Moustier ; *JCP S* 2022. 1200, obs. Miara.

Art. L. 1153-2 (*L. n° 2022-401 du 21 mars 2022, art. 7-I, en vigueur le 1er sept. 2022*) Aucune personne ayant subi ou refusé de subir des faits de harcèlement sexuel définis à l'article L. 1153-1, y compris, dans le cas mentionné au 1° du même article L. 1153-1, si les propos ou comportements n'ont pas été répétés, ou ayant, de bonne foi, témoigné de faits de harcèlement sexuel ou relaté de tels faits ne peut faire l'objet des mesures mentionnées à l'article L. 1121-2.

Les personnes mentionnées au premier alinéa du présent article bénéficient des protections prévues aux I et III de l'article 10-1 et aux articles 12 à 13-1 de la loi n° 2016-1691 du 9 décembre 2016 relative à la transparence, à la lutte contre la corruption et à la modernisation de la vie économique.

> **COMMENTAIRE**
>
> V. sur le Code en ligne 🔒.

Art. L. 1153-3 (*Abrogé par L. n° 2022-401 du 21 mars 2022, art. 7-I, à compter du 1er sept. 2022*) Aucun salarié (*L. n° 2012-954 du 6 août 2012, art. 7-4°*) « , aucune personne en formation ou en stage » ne peut être sanctionné, licencié ou faire l'objet d'une mesure discriminatoire pour avoir témoigné (*L. n° 2012-954 du 6 août 2012, art. 7-4°*) « *de faits* » de harcèlement sexuel ou pour les avoir relatés.

Diffamation. Le salarié qui dénonce à des personnes autres que son employeur ou les organes chargés de veiller à l'application des dispositions du C. trav. des faits non établis de harcèlement moral ou sexuel et d'agression sexuelle, se rend auteur de diffamation publique envers un particulier, tout en ne pouvant, pour échapper aux poursuites et à la condamnation, se prévaloir des dispositions des art. L. 1152-2, L. 1153-3 et L. 4131-1 C. trav., qui interdisent le prononcé de toute sanction à l'encontre d'un salarié qui a subi, refusé de subir ou relaté des faits de harcèlement moral ou sexuel. • Crim. 26 nov. 2019, ⚖ n° 19-80.360 P : *D.* 2019. Actu. 2302 ⌀ ; *RJS* 2/2020, n° 75 ; *Gaz. Pal.* 4 févr. 2020. 55, obs. Detraz ; *JSL* 2020, n° 490-2, obs. Mesa ; *JCP S* 2020. 1014, obs. Leborgne-Ingelaere.

Art. L. 1153-4 Toute disposition ou tout acte contraire aux dispositions des articles L. 1153-1 (*L. n° 2022-401 du 21 mars 2022, art. 7-I, en vigueur le 1er sept. 2022*) « et L. 1153-2 » est nul.

> **COMMENTAIRE**
>
> V. sur le Code en ligne 🔒.

Art. L. 1153-5 L'employeur prend toutes dispositions nécessaires en vue de prévenir les (*L. n° 2012-954 du 6 août 2012, art. 7-7°*) « faits » de harcèlement sexuel (*L. n° 2014-873 du 4 août 2014, art. 42*) « , d'y mettre un terme et de les sanctionner ».

(*Ord. n° 2014-699 du 26 juin 2014, art. 3*) « Dans les lieux de travail ainsi que dans les locaux ou à la porte des locaux où se fait l'embauche, les personnes mentionnées à l'article L. 1153-2 sont informées par tout moyen du texte de l'article 222-33 du code pénal » (*L. n° 2018-771 du 5 sept. 2018, art. 105-I, en vigueur au plus tard le 1er janv. 2019*) « ainsi que des actions contentieuses civiles et pénales ouvertes en matière de harcèlement sexuel et des coordonnées des autorités et services compétents. La liste de ces services est définie par décret. » – *V. art. D. 1151-1.*

V. Circ. DRT n° 93-10 du 15 mars 1993 relative à l'application des dispositions relatives au recrutement et aux libertés individuelles (titre V de la loi du 31 déc. 1992) (*BOMT* n° 93/10, texte n° 412) ; Circ. DRT n° 93-2 du 11 févr. 1993 sur l'application de la loi n° 92-1179 du 2 nov. 1992 relative à l'abus d'autorité en matière sexuelle dans les relations de travail (*BOMT* n° 93/15, texte n° 510).

BIBL. ▶ Lapérou-Schneider, *Dr. soc.* 2002. 313 ⌀. – Mazeaud, *ibid.* 321 ⌀.

HARCÈLEMENTS — Art. L. 1153-6

COMMENTAIRE

V. sur le Code en ligne 🔒.

Obligation de sécurité de l'employeur. L'employeur manque à son obligation de sécurité de manière suffisamment grave pour empêcher la poursuite du contrat de travail s'il n'a pris aucune mesure pour éloigner l'auteur du harcèlement du poste occupé par la victime de harcèlement sexuel de la part de son supérieur hiérarchique (sanctionné pénalement pour ces faits) et s'est contenté de le sanctionner d'un avertissement alors que la salariée avait développé un syndrome dépressif réactionnel pris en charge au titre des accidents du travail. • Soc. 17 févr. 2021, 🏛 n° 19-18.149 P. ♦ En revanche, même en l'absence de comparution de l'employeur devant la cour d'appel, cette juridiction n'est pas dispensée d'examiner la pertinence des motifs par lesquels le premier juge s'est déterminé pour juger que l'employeur avait satisfait à son obligation de prévention ; appliquée à une situation de harcèlement sexuel, les juges d'appel ne pouvaient pas ne pas examiner les motifs du jugement qui avait retenu que les débats et les pièces versées démontrent que la société a cessé de faire circuler dans la même voiture la salariée et son collègue dès qu'elle a été mise au courant de la situation de harcèlement sexuel alléguée, qu'elle a informé l'inspection du travail et qu'elle a donc effectué tout ce qui était en son pouvoir pour respecter son obligation de sécurité. • Soc. 18 janv. 2023, 🏛 n° 21-23.796 B : *D.* 2023. 414, obs. Lanoue 🖉 ; *RDT* 2023. 207, note Mraouahi 🖉 ; *RJS* 3/2023, n° 125 ; *JSL* 2023, n° 558-2, obs. Hautefort ; *JCP S* 2023. 1053, obs. Leborgne-Ingelaere.

Art. L. 1153-5-1 (L. n° 2018-771 du 5 sept. 2018, art. 105-II, en vigueur au plus tard le 1ᵉʳ janv. 2019) Dans toute entreprise employant au moins deux cent cinquante salariés est désigné un référent chargé d'orienter, d'informer et d'accompagner les salariés en matière de lutte contre le harcèlement sexuel et les agissements sexistes.

BIBL. ▶ DUCHET, *JCP S* 2021. 1065.

COMMENTAIRE

V. sur le Code en ligne 🔒.

Art. L. 1153-6 Tout salarié ayant procédé à des (L. n° 2012-954 du 6 août 2012, art. 7-7°) « faits » de harcèlement sexuel est passible d'une sanction disciplinaire. — [Anc. art. L. 122-47.]

*Sur l'infraction pénale de harcèlement sexuel, V. C. pén., art. 222-33. — **C. pén.***

COMMENTAIRE

V. sur le Code en ligne 🔒.

1. Faute grave. Dès lors que les faits de harcèlement sexuel sont établis à l'encontre d'une personne abusant de l'autorité que lui confèrent ses fonctions, ils rendent impossible son maintien dans l'entreprise pendant la durée du préavis et constituent nécessairement une faute grave. • Soc. 5 mars 2002, 🏛 n° 00-40.717 P : *D.* 2002. IR 1118 🖉 ; *RJS* 2002. 411, n° 528 • 19 avr. 2000 : 🏛 *RJS* 2000. 438, n° 628 • 3 mai 1990, 🏛 n° 88-41.513 P : *RJS* 6/1990, n° 453. ♦ Dès lors qu'il est établi, sur la base de témoignages nominatifs et précis, que le salarié a eu à l'égard de plusieurs salariées des propos déplacés à connotation sexuelle et exercé sur l'une d'elles des pressions pour tenter d'obtenir des faveurs de nature sexuelle, un harcèlement sexuel constitutif d'une faute grave est caractérisé. • Soc. 18 févr. 2014, 🏛 n° 12-17.557 P : *D. actu. 13 mars 2016*, obs. Peyronnet ; *D.* 2014. Actu. 548 🖉 ; *RJS* 5/2014, n° 387.

2. Incidence des poursuites pénales. Le classement sans suite d'une plainte pour harcèlement sexuel est sans incidence sur l'appréciation du bien-fondé de la mise à pied et du licenciement pour faute grave du salarié responsable de ces agissements, le classement sans suite d'une plainte n'empêchant pas le juge civil d'apprécier les faits qui lui sont soumis. • Dijon, 26 nov. 1998 : *BICC* 1999, n° 625.

3. Obligations de l'employeur. L'employeur qui ne sanctionne pas le salarié auteur du harcèlement commet une faute qui autorise la victime à prendre acte de la rupture du contrat de travail et à réclamer des indemnités pour licenciement sans cause réelle et sérieuse. • Toulouse, 26 oct. 2000 : *RJS* 2001. 304, n° 407.

4. Demande de résiliation judiciaire du contrat de travail du salarié harcelé. Le harcèlement sexuel subi par une salariée ne justifie pas la résiliation judiciaire de son contrat de travail, dès lors que l'employeur a mis fin au harcèlement. • Soc. 3 mars 2021, 🏛 n° 19-18.110.

5. V. également jurispr. ss. art. L. 1152-5.

CHAPITRE IV ACTIONS EN JUSTICE

Art. L. 1154-1 Lorsque survient un litige relatif à l'application des articles L. 1152-1 à L. 1152-3 et L. 1153-1 à L. 1153-4, le candidat à un emploi, à un stage ou à une période de formation en entreprise ou le salarié (*L. n° 2016-1088 du 8 août 2016, art. 3*) « présente des éléments de fait laissant supposer » l'existence d'un harcèlement.

Au vu de ces éléments, il incombe à la partie défenderesse de prouver que ces agissements ne sont pas constitutifs d'un tel harcèlement et que sa décision est justifiée par des éléments objectifs étrangers à tout harcèlement.

Le juge forme sa conviction après avoir ordonné, en cas de besoin, toutes les mesures d'instruction qu'il estime utiles.

BIBL. ▶ **Preuve du harcèlement moral :** GAMET, *SSL* 2021, n° 1939, p. 5.

COMMENTAIRE

V. sur le Code en ligne 🔒.

1. Champ d'application. Les dispositions de l'art. L. 1154-1 C. trav. ne sont pas applicables dans le cadre d'un litige entre l'employeur et le salarié à qui sont reprochés des agissements de harcèlement moral ; pour prendre une sanction contre le salarié accusé de harcèlement, l'employeur ne peut se fonder sur de simples présomptions de l'existence d'un harcèlement. ● Soc. 7 févr. 2012 : 🔒 *D. actu.* 21 févr. 2012, obs. Siro ; *D.* 2012. *Actu.* 506 ⊘ ; *RJS* 2012. 273, n° 301 ; *Dr. ouvrier* 2012. 370, obs. Adam ; *JSL* 2012, n° 319-4, obs. Tourreil.

2. Absence de rétroactivité du mécanisme probatoire modifié par la loi du 8 août 2016. Les règles relatives à la charge de la preuve ne constituent pas des règles de procédure applicables aux instances en cours mais touchent au fond du droit de sorte que le harcèlement moral allégué avant le 8 août 2016 doit être examiné au regard des dispositions de l'art. L. 1154-1 dans leur rédaction antérieure à la L. n° 2016-1088 du 8 août 2016. ● Soc. 19 déc. 2018, 🔒 n° 17-18.190 P : *D.* 2019. *Actu.* 20 ⊘ ; *JCP S* 2019. 1049, obs. Leborgne-Ingelaere.

3. Illustrations. Sont suffisants pour laisser supposer l'existence d'un harcèlement : des échanges de courriers avec l'employeur et des certificats médicaux dans lesquels les praticiens reprenaient les dires de leur patiente sur les origines des troubles. ● Soc. 24 sept. 2008 : 🔒 *D.* 2008. *AJ* 2423, obs. Perrin ⊘ ; *RDT* 2008. 744, obs. Pignarre ⊘ ; *JCP S* 2008. 1537, avis Allix, note Leborgne-Ingelaere ; *Dr. ouvrier* 2008. 545, note Adam ; *Dr. soc.* 2009. 57, note Savatier ⊘. ♦ ... La lettre de licenciement de la supérieure hiérarchique d'une salariée qui relevait un comportement agressif et dévalorisant qui se traduisait par l'instauration d'une mauvaise ambiance de travail et la proféraction de propos vulgaires et humiliants. ● Soc. 29 sept. 2011 : 🔒 *D. actu.* 12 oct. 2011, obs. Astaix ; *D.* 2011. *Actu.* 2407 ⊘ ; *RJS* 2011. 829, n° 934 ; *JSL* 2011, n° 310-4, obs. Tourreil ; *JCP S* 2011. 1532, obs. Drai. ♦ ... Le fait qu'une salariée avait déposé une plainte pénale nominative contre deux collègues dénommées pour des dégradations commises sur son véhicule, qu'elle avait bénéficié d'un nombre de nuits travaillées inférieur à celui de ses collègues, qu'elle avait fait l'objet d'une rétrogradation unilatérale de ses fonctions, que deux témoins faisaient état du dénigrement observé à son égard, et que les certificats médicaux produits attestaient des répercussions sur son état de santé de cette situation ainsi que des problèmes relationnels rencontrés avec ses collègues. ● Soc. 16 mai 2012 : 🔒 *D. actu.* 6 juin 2012, obs. Siro ; *D.* 2012. *Actu.* 1407 ⊘ ; *D.* 2013. *Pan.* 1026, obs. Porta ⊘ ; *RDT* 2012. 536, n° 621 ; *SSL* 2012, n° 1542, p. 13, obs. Champeaux ; *JCP S* 2012. 1332, obs. d'Ornano ● 16 mai 2012 : 🔒 ibid.

4. La présomption de harcèlement moral n'est pas exclue même en l'absence de certificat médical ou d'attestations établissant un lien de causalité entre les agissements et les absences répétées du salarié. ● Soc. 15 janv. 2014 : 🔒 *D. actu.* 6 févr. 2014, obs. Fraisse ; *D.* 2014. *Actu.* 216 ⊘ ; *RJS* 2014. 166, n° 194.

5. Force probante de documents émanant de celui qui veut prouver. Une cour d'appel ne peut pas débouter un salarié de sa demande en dommages-intérêts pour harcèlement moral sans examiner le contenu des pièces produites, en retenant que les très nombreux mails qu'il produit à l'appui de ses allégations et qu'il a rédigés lui-même ne peuvent pas avoir force probante, alors que le principe selon lequel nul ne peut se constituer de preuve à soi-même n'est pas applicable à la preuve d'un fait juridique. ● Soc. 2 mars 2022, 🔒 n° 20-16.440.

6. Enquête interne diligentée par l'employeur. Le rapport de l'enquête interne, à laquelle recourt l'employeur, informé de possibles faits de harcèlement dénoncés par des salariés, peut être produit en justice pour justifier la faute imputée au salarié licencié ; il appartient aux juges du fond, dès lors qu'il n'a pas été mené par l'employeur d'investigations illicites, d'en apprécier la valeur probante, au regard le cas échéant des autres éléments de preuve produits par les parties. ● Soc. 29 juin 2022, 🔒 n° 21-11.437 B : *D.* 2022. 1266 ⊘ ; *Dr. soc.* 2022. 837, obs. Adam ⊘ ;

RJS 10/2022, n° 499 ; SSL 2022, n° 2020, p. 11, obs. Terret et Alambret ; JSL 2022, n° 547, obs. Nasom-Tissandier ; JCP 2022. 847, obs. Dedessus-Le-Moustier ; JCP S 2022. 1200, obs. Miara. ♦ Le respect des droits de la défense et du principe du contradictoire n'impose pas que, dans le cadre d'une enquête interne destinée à vérifier la véracité des agissements dénoncés par d'autres salariés, le salarié ait accès au dossier et aux pièces recueillies ou qu'il soit entendu, dès lors que la décision que l'employeur peut être amené à prendre ultérieurement ou les éléments dont il dispose pour la fonder peuvent, le cas échéant, être ultérieurement discutés devant les juridictions de jugement. ● Soc. 29 juin 2022, ⚖ n° 20-22.220 (3ᵉ moyen) : *Dr. ouvrier 2022. 458, obs. Bernard.*

7. Appréciation des faits dans leur ensemble. Lorsque le salarié établit la matérialité de faits précis et concordants constituant selon lui un harcèlement, il appartient au juge d'apprécier si ces éléments pris dans leur ensemble permettent de présumer l'existence d'un harcèlement moral et, dans l'affirmative, il incombe à l'employeur de prouver que ces agissements ne sont pas constitutifs d'un tel harcèlement et que sa décision est justifiée par des éléments objectifs étrangers à tout harcèlement. ● Soc. 16 mai 2012 : ⚖ *D. actu. 7 juin 2012, obs. Siro.* ♦ Pour se prononcer sur l'existence d'un harcèlement moral, le juge doit examiner les éléments invoqués par le salarié, en prenant en compte les documents médicaux éventuellement produits, et apprécier si les faits matériellement établis, pris dans leur ensemble, permettent de présumer l'existence d'un tel harcèlement ; dans l'affirmative, il revient au juge d'apprécier souverainement si l'employeur prouve que les agissements invoqués sont étrangers à un harcèlement et si ses décisions sont justifiées par des éléments objectifs. ● Soc. 8 juin 2016, ⚖ n° 14-13.418 P : *D. actu. 21 juin 2016, obs. Roussel ; D. 2016. 1590, obs. Wurtz ; RJS 8-9/2016, n° 541 ; SSL 2016, n° 1727, p. 5, obs. Adam ; JSL 2016, n° 415-2, obs. Pacotte et Halimi ; JCP S 2016. 1262, obs. Leborgne-Ingelaere.* ● Soc. 6 oct. 2017, ⚖ n° 16-12.743 P : *D. 2017. Actu. 2034.* ♦ Les juges du fond doivent procéder à une appréciation d'ensemble des éléments présentés par le salarié ; les juges ne peuvent pas ne pas prendre en compte, notamment, le fait que le supérieur du salarié avait reconnu avoir été entreprenant à son égard et que l'employeur l'avait sanctionné par un avertissement pour comportement inapproprié. ● Soc. 8 juill. 2020, ⚖ n° 18-23.410 P : *D. 2020. Actu. 1467 ; ibid. 2312, obs. Vernac et Ferkane ; RJS 11/2020, n° 523 ; Dr. ouvrier 2020. 768, obs. Bied-Charreton ; JSL 2020, n° 505-2, obs. Lhernould ; JCP S 2020. 2097, obs. Leborgne-Ingelaere.* ♦ En retenant que ni le maintien du salarié sur son poste correspondant à ses fonctions, son expérience et ses qualifications, même au détriment des prescriptions et restrictions du médecin du travail, ni le refus de mobilité professionnelle, ni celui d'accorder des heures supplémentaires ne caractérisaient des méthodes de gestion ayant pour objet ou pour effet de dégrader ses conditions de travail, que les instances représentatives du personnel n'ont jamais été alertées, que la régularisation tardive des heures de délégation du salarié s'explique par un retard de transmission de ses décomptes par l'intéressé et par le débat qui s'a opposé à l'employeur sur la possibilité de les prendre durant les arrêts de travail, la cour d'appel a fait peser la charge de la preuve de l'existence du harcèlement moral sur le seul salarié. ● Soc. 9 déc. 2020, ⚖ n° 19-13.470 P : *D. 2021. 22 ; Dr. soc. 2021. 268, obs. Adam ; RJS 2/2021, n° 92 : JSL 2021, n° 513-2, obs. Hautefort.*

8. Point de départ du délai de prescription. Le délai de prescription du cinq ans pour agir court à compter du licenciement intervenu le 17 nov. 2009, dernier acte constitutif du harcèlement à l'égard d'une salariée qui réclamait la nullité de son licenciement fondé sur une inaptitude attribuée au harcèlement moral qu'elle subissait depuis plusieurs années ; dès lors que l'action a été introduite avant le 17 nov. 2014, l'action n'est pas prescrite et le juge peut prendre en compte l'ensemble des agissements invoqués au titre du harcèlement, quelle que soit la date de leur commission. ● Soc. 9 juin 2021, ⚖ n° 19-21.931 P : *D. 2021. 1139 ; RJS 8-9/2021, n° 423 ; JSL 2021, n° 525-4, obs. Nassom-Tissandier.* ♦ Le point de départ du délai de prescription de l'action en réparation du harcèlement moral ne peut pas être postérieur à la date de cessation du contrat de travail. ● Soc. 19 avr. 2023, ⚖ n° 21-24.051 B : *D. actu. 16 mai 2023, obs. Marbach ; D. 2023. 794 ; Dr. soc. 2023. 561, obs. Adam ; RJS 7/2023, n° 397.*

Art. L. 1154-2 Les organisations syndicales représentatives dans l'entreprise peuvent exercer en justice toutes les actions résultant des articles L. 1152-1 à L. 1152-3 et L. 1153-1 à L. 1153-4.

Elles peuvent exercer ces actions en faveur d'un salarié de l'entreprise dans les conditions prévues par l'article L. 1154-1, sous réserve de justifier d'un accord écrit de l'intéressé.

L'intéressé peut toujours intervenir à l'instance engagée par le syndicat et y mettre fin à tout moment. – *[Anc. art. L. 122-53.]*

CHAPITRE V DISPOSITIONS PÉNALES

Art. L. 1155-1 Le fait de porter ou de tenter de porter atteinte à l'exercice régulier des fonctions de médiateur, prévu à l'article L. 1152-6, est puni d'un emprisonnement d'un an et d'une amende de 3 750 €. — [Anc. art. L. 152-1.]

RÉP. TRAV. v° *Entrave aux institutions représentatives des salariés et à l'exercice du droit syndical*, par AMAUGER-LATTES.

Art. L. 1155-2 (L. n° 2012-954 du 6 août 2012) « Sont punis d'un an d'emprisonnement et d'une amende de 3 750 € les faits de discriminations commis à la suite d'un harcèlement moral ou sexuel définis aux articles L. 1152-2, L. 1153-2 et L. 1153-3 [*abrogé*] du présent code. »

La juridiction peut également ordonner, à titre de peine complémentaire, l'affichage du jugement aux frais de la personne condamnée dans les conditions prévues à l'article 131-35 du code pénal et son insertion, intégrale ou par extraits, dans les journaux qu'elle désigne. Ces frais ne peuvent excéder le montant maximum de l'amende encourue.

BIBL. ▶ VIRIOT-BARRIAL, *AJ pénal* 2016. 351 (dossier droit pénal social : Harcèlements au travail : récentes évolutions).

COMMENTAIRE
V. sur le Code en ligne.

Art. L. 1155-3 et L. 1155-4 *Abrogés par L. n° 2012-954 du 6 août 2012.*

TITRE VI CORRUPTION

(L. n° 2007-1598 du 13 nov. 2007)

RÉP. TRAV. v° *Corruption*, par DEDESSUS-LE MOUSTIER.

CHAPITRE UNIQUE

Art. L. 1161-1 *Abrogé par L. n° 2016-1691 du 9 déc. 2016, art. 15-III.*

LIVRE II LE CONTRAT DE TRAVAIL

BIBL. ▶ ANTONMATTÉI, *Dr. soc.* 2006. 134 (l'odyssée du contrat de travail). – ASQUINAZI-BAILLEUX, *RJS* 2002. 983. – BARTHÉLÉMY, *JCP E* 1995. I. 521 (contrat collectif d'entreprise). – BAUGARD, *Dr. ouvrier* 2019. 581 (le CDI, un contrat sans terme ?). – BERNAUD, *Dr. soc.* 2015. 4 (difficultés et solutions dans l'approche constitutionnelle de la liberté contractuelle en droit du travail). – BONNECHÈRE, *Dr. ouvrier* 1988. 171 (ordre public) ; *ibid.* 1994. 173 (place du corps humain dans le contrat de travail). – BONNIN, *RDT* 2017. 771 (le contrat de travail éclairé par l'art. 1108 C. civ.). – BRISSY, *Dr. soc.* 2008. 434 (l'obligation pour l'employeur de donner du travail au salarié). – BUISSON, HAUTEFORT et MARTINEZ-RANDÉ, *SSL* 1993, suppl. n° 655 (recrutement, embauche). – CORRIGNAN-CARSIN, *Mél. H. Blaise*, 1995, p. 125 (loyauté et droit du travail). – COUTURIER, *Dr. soc.* 1988. 407 (responsabilité civile et relations individuelles de travail). – DAUGAREILH, *ibid.* 1996. 128 (mobilité). – DE TISSOT, *ibid.* 2000. 150 (internet et contrat de travail). – DIDRY, *Dr. ouvrier* 2019. 545 (du louage d'ouvrage au contrat de travail). – DOCKÈS, *ibid.* 1997. 140 (objet du contrat de travail) ; *Ét. offertes à J. Pélissier*, Dalloz 2004 (supériorité du contrat de travail sur le pouvoir de l'employeur). – DUCHANGE, *D.* 2022. 2108 (nature juridique du contrat de travail). – DUPEYROUX, *ibid.* 1986. 823 (déstabilisation du droit du travail) ; *ibid.* 1988. 371 (droit civil et droit du travail). – DUPLAT, *RJS* 2003. 104 (surveillance et vie privée des salariés). – ELBAUM, *ibid.* 1988. 311 (petits boulots, précarité, insertion). – EYMARD-DUVERNAY, *ibid.* 1988. 544 (emploi). – FABRE-MAGNAN, *Dr. ouvrier* 2012. 459 (le forçage du consentement du salarié). – FREYSSINET, *ibid.* 1989. 293 (nouvelles formes d'emploi). – GAUDU, *ibid.* 1988. 414 (notion juridique d'emploi) ; *ibid.* 1995. 535 (du statut de l'emploi au statut de l'actif) ; *ibid.* 1996. 569 (notions d'emploi) ; *ibid.* 1997. 119 (travail et activité). – GAURIAU, *ibid.* 1996. 1016 (mobilité et obligation de résidence). – GÉNIAUT, *RDT* 2013. 90 (le contrat de travail et la réalité). – GOLDIE-GENICO, *Dr. ouvrier* 2019. 553 (droit commun des contrats et contrat de travail, 100 ans après). – GONIÉ, *Dr. soc.* 2005. 273 (télétravail). – HÉAS, *Dr. ouvrier* 2009. 405 (être ou ne pas être subordonné). – JAVILLIER, *ibid.* 1986. 56 (ordre juridique, relations professionnelles et flexibilité) ; *D.* 1995. 344

CONTRAT DE TRAVAIL **Art. L. 1211-1** 73

(déréglementation). – JEAMMAUD, *Ét. offertes à G. Lyon-Caen, 1989, p. 299* (polyvalences du contrat de travail) ; *Ét. offertes à J. Pélissier, Dalloz, 2004* (le contrat de travail, une moyenne puissance) ; *RDT 2007. 12* (contrat de travail unique). – JOUBERT, *Dr. ouvrier 2011. 47* (mobilité et respect de la vie privée et familiale). – LABORDE, *Dr. ouvrier 2011. 418* (contrat de travail et activité professionnelle). – LAGARDE, *RDT 2007. 8* (contrat de travail unique). – LAYDU, *Dr. soc. 1995. 146* (responsabilité civile du salarié). – LE GAC-PECH, *D. 2005. 2250* (figure contractuelle et droit du travail). – LOCHOUARN, *Rev. huissiers 1997. 1022* (professions libérales et contrat). – LOKIEC, *RDT 2006. 76* (modification du contrat de travail, leçons du droit anglais). – A. LYON-CAEN, *Dr. soc. 1988. 540* (actualité du contrat de travail). – FL. LYON-CAEN, *ibid. 1989. 96* (restructurations et relations individuelles du travail). – G. LYON-CAEN, *Arch. Philos. dr., T. XIII, 1968, p. 59* (défense et illustration du contrat de travail) ; *Dr. soc. 1988. 548* (nouvelle politique de l'emploi) ; *ibid. 1985. 801* (flexibilité). – L. MALLET et M.-L. MORIN, *ibid. 1996. 660* (détermination de l'emploi occupé). – MORACCHINI-ZEIDENBERG, *RRJ 2003-3. 1985* (existe-t-il une théorie générale du contrat de travail ?). – MOREAU-BOURLÈS, *ibid. 1989. 88* (restructurations et relations individuelles du travail). – MORVAN, *Dr. soc. 2006. 959* (la chimère du contrat de travail unique). – P.-H. MOUSSERON, *ibid. 1989. 479* (fidélisation du personnel). – NIQUÈGE, *Dr. ouvrier 2019. 561* (contrat de travail et fonction publique). – PÉANO, *ibid. 1992. 129* (intuitu personae). – PÉLISSIER, *ibid. 1985. 531* (relation de travail atypique) ; *ibid. 1988. 387* (droit civil et contrat de travail) ; *ibid. 1990. 19* (liberté du travail) ; *Dr. ouvrier 2005. 92*. – PÉRU-GIROTTE, *Dr. ouvrier 1996. 1* (mutations technologiques et contrat de travail) ; *Dr. ouvrier 2005. 92*. – PETIT, *Dr. soc. 1995. 589* (l'après-contrat de travail). – PICCA, *ibid. 1988. 426* (droit civil et contrat de travail). – POULAIN, *ibid. 1981. 754* (inégalité et situation juridique du travailleur). – POUSSON, Contrat individuel de travail et droit commun des contrats – Influences croisées (1988-2003), *Regards critiques sur quelques (r)évolutions récentes du droit*, sous la dir. de Krynen et Hécquard-Thérond, *PU Toulouse, t. 1, 2005, p. 151-194*. – PRIESTLEY, *Dr. soc. 1995. 955* (le « contrat d'activité »). – RADÉ, La figure du contrat dans le rapport de travail, *Dr. soc. 2001. 802*. – RAY, *ibid. 1996. 121* (télétravail). – REVET, *ibid. 1992. 859* (l'objet du contrat de travail). – REYNES, *D. 2005. 2348* (contrat de travail unique). – ROBIN-OLIVIER, *Dr. soc. 2005. 495* (mobilité). – ROUDIL, *ibid. 1985. 84* (flexibilité). – SARAMITO, *Dr. ouvrier 1987. 77* (responsabilité délictuelle et contractuelle en droit du travail). – SCHMITT, *AJ Famille 2006. 132* (l'enfant et le travail). – SERVAIS, *Dr. soc. 1989. 136* (formes d'emploi et normes de l'OIT). – TOURNAUX, *Dr. ouvrier 2010. 293* (négociation des sujétions contractuelles). – TRENTIN, *ibid. 1999. 472* (un nouveau contrat de travail). – VÉRICEL, *ibid. 1993. 818* (formalisme dans le contrat de travail).

▶ Flexibilité du droit du travail, *Éd. lég. et adm.*, 1986.

▶ Évolution des formes d'emploi : DRÉANO, *RJS 11/2017, p. 794* (l'impact du numérique en entreprise). – GOMÈS, *RDT 2016. 464* (le *crowdworking* : essai sur la qualification du travail par intermédiation numérique). – Sur la question des travailleurs de plateformes, V. Bibl. avant art. L. 7341-1.

▶ Nouveau droit de la mobilité, *Dr. soc. 1989. 429*.

▶ Réforme des obligations : BENTO DE CARVALHO, *RDT 2016. 258* (incidence de la réforme du droit des contrats sur le contrat de travail : renouvellement ou *statu quo* ?).

▶ Contrat de travail et subordination : ANCIAUX, *Dr. soc. 2020. 157* (entre subordination et indépendance, réflexions sur les contrats de travail, d'entreprise et de mandat). – PERRONE, *RDT 2020. 448* (la subordination-dépendance en Europe). – PÉRULLI, *RDT 2020. 309* (le droit du travail au-delà de la subordination). – SUPIOT, *ibid. 2000. 131* (nouveaux visages de la subordination).

COMMENTAIRE

V. sur le Code en ligne. ❑

TITRE I **CHAMP D'APPLICATION**

CHAPITRE UNIQUE

Art. L. 1211-1 Les dispositions du présent livre sont applicables aux employeurs de droit privé ainsi qu'à leurs salariés.

Elles sont également applicables au personnel des personnes publiques employé dans les conditions du droit privé, sous réserve des dispositions particulières ayant le même objet résultant du statut qui régit ce personnel. – *[Anc. art. L. 120-1.]*

TITRE II FORMATION ET EXÉCUTION DU CONTRAT DE TRAVAIL

CHAPITRE I FORMATION DU CONTRAT DE TRAVAIL

SECTION 1 Dispositions générales

Sur la loi applicable au contrat individuel de travail, V. Conv. de Rome du 19 juin 1980, art. 6, App. I. B, v° Contrat de travail.

RÉP. TRAV. v^{is} *Concurrence (Obligation de non-concurrence)*, par Picod, Auguet et Robinne ; *Contrat de travail (Clauses particulières)*, par Aubrée ; *Contrat de travail (Existence, formation)*, par Aubrée ; *Cumul d'un contrat de travail et d'un mandat social*, par Auzero et Ferrier ; *Liberté du travail*, par Savatier ; *Maladie et inaptitude médicale*, par Verkindt ; *Qualification professionnelle*, par Caillaud.

Art. L. 1221-1 Le contrat de travail est soumis aux règles du droit commun. Il peut être établi selon les formes que les parties contractantes décident d'adopter. — *[Anc. art. L. 121-1, al. 1er.]*

> **COMMENTAIRE**
> V. sur le Code en ligne 🔗.

I. CRITÈRES DU CONTRAT DE TRAVAIL

BIBL. Arséguel et Isoux, *Dr. soc. 1992. 295* (notion de service organisé). – Barthélémy, *JCP 1990. I. 3450* (activité libérale). – Bossu, *Dr. soc. 1995. 747* (droits de l'homme et pouvoirs du chef d'entreprise). – Casaux-Labrunée, *Dr. ouvrier 2012. 424*. – Cœuret, *Dr. soc. 1992. 902* (salariat dans l'entreprise libérale). – Despax, *Dr. soc. 1982. 11*. – Dole, *Dr. soc. 1987. 381* (activité religieuse). – Fieschi-Vivet, *RJS 1991. 414* (éléments constitutifs du contrat de travail). – Dockès, *Dr. soc. 2011. 546*. – Groutel, *Ét. offertes à G.H. Camerlynck, 1978, p. 49*. – Jeammaud, *Ét. offertes à H. Sinay, 1994, p. 347* (place du salarié individu). – Leclerc, Hernandez, Martelloni et Pasquier, *RDT 2010. 83 et 149* (la dépendance économique en droit du travail). – De Maillard, *Dr. soc. 1982. 20*. – Meyer et Sachs-Durand, *Ét. offertes à H. Sinay, 1994, p. 369* (évolution du rapport salarial). – Radé, *Dr. soc. 2013. 202*. – Savatier, *Dr. soc. 1987. 375* (situation des pasteurs de l'Église réformée). – Verkindt, *JCP S 2009. 41* (prendre le travail et le contrat de travail au sérieux).

A. LIEN DE SUBORDINATION

1° DÉFINITION

1. Principe. Le lien de subordination est caractérisé par l'exécution d'un travail sous l'autorité d'un employeur qui a le pouvoir de donner des ordres et des directives, d'en contrôler l'exécution et de sanctionner les manquements de son subordonné. ● Soc. 13 nov. 1996 : 🔗 *GADT, 4e éd., n° 2* ; *Dr. soc. 1996. 1067*, note Dupeyroux ; *D. 1996. IR 268* ; *CSB 1997. 25, S. 15* (à propos d'une banque utilisant les services de conférenciers et intervenants extérieurs). ♦ Dans le même sens : ● Soc. 1er juill. 1997, 🔗 n° 95-40.401 P : *D. 1997. IR 175* (interne des hôpitaux) ● 15 oct. 1998 : 🔗 *RJS 1998.* 813, n° 1343 (engagés volontaires dans une organisation humanitaire) ● 18 juill. 2000 : 🔗 *D. 2000. IR 229* ; *RJS 2000. 719, n° 1054* (gardiens assurant la surveillance d'un dépôt de carburant) ● 29 janv. 2002, 🔗 n° 99-42.697 P : *D. 2002. IR 938* ; *Dr. soc. 2002. 494*, obs. Savatier ; *RJS 2002. 315, n° 387* ; *JCP E 2002. 52*, note Boulmier ; *JSL 2002, n° 96-4* (contrat dit de bénévolat) ● Civ. 2e, 25 mai 2004, 🔗 n° 02-31.203 P : *RJS 2003. 654, n° 955* (intervenants dans un centre d'éducation permanente).

2. Autonomie de la volonté. La seule volonté des parties est impuissante à soustraire un salarié au statut social qui découle nécessairement des conditions d'accomplissement de son travail. ● Cass., ass. plén., 4 mars 1983 : *D. 1983. 381*, concl. Cabannes ; *D. 1984. IR 164*, obs. Béraud. ♦ L'existence d'une relation de travail dépend des conditions de fait dans lesquelles elle est exercée l'activité du salarié. ● Soc. 17 avr. 1991, 🔗 n° 88-40.121 P.

3. Autorité de la chose jugée. La décision juridictionnelle, condamnant le dirigeant d'une société pour avoir exercé un travail clandestin, qui a autorité de la chose jugée à l'égard de tous implique l'existence d'un contrat de travail. ● Soc. 27 mars 2001, 🔗 n° 98-45.429 P : *D. 2002. 1170*, note Puigelier ; *Dr. soc. 2001*, obs. Radé ; *RJS 2001. 499, n° 714*. ♦ L'autorité de la chose jugée au pénal s'impose au juge civil relativement aux faits constatés qui constituent le soutien nécessaire de la condamnation pénale ; dès lors que le jugement du tribunal correctionnel a constaté l'existence du lien de subordination et, partant, le contrat de travail sur lequel repose l'abus de confiance dont l'intéressée a été déclaré coupable au préjudice de la société, cette condamnation s'impose au juge civil. ● Soc. 27 sept. 2006 : 🔗 *RDT 2006. 382*, obs. Amauger-Lattes ; *RJS 2006. 925, n° 1236*.

4. Qualités d'employeur et de salarié. Dispose d'une liberté d'action excédant l'indépendance technique du praticien le médecin anesthésiste qui embauche et rémunère seul les trois infirmières travaillant sous ses ordres, loue le matériel de la clinique et dont le contrat ne contient aucune référence à l'obligation de se soumettre à un règlement, à des horaires et aux instructions de la direction. ● Soc. 7 mars 1979 : *Bull. civ. V, n° 205.*

5. Travailleur de plateforme. L'existence d'une relation de travail ne dépend ni de la volonté exprimée par les parties ni de la dénomination qu'elles ont donnée à leur convention mais des conditions de fait dans lesquelles est exercée l'activité des travailleurs. Le lien de subordination est caractérisé par l'exécution d'un travail sous l'autorité d'un employeur qui a le pouvoir de donner des ordres et des directives, d'en contrôler l'exécution et de sanctionner les manquements de son subordonné. Une cour d'appel ne saurait dire qu'un coursier n'était pas lié par un contrat de travail à la plateforme numérique pour laquelle il travaillait alors, d'une part, que l'application était dotée d'un système de géolocalisation permettant le suivi en temps réel par la société de sa position et la comptabilisation du nombre total de kilomètres parcourus par lui et, d'autre part, que la société disposait d'un pouvoir de sanction à l'égard du coursier, ce dont il résultait l'existence d'un pouvoir de direction et de contrôle de l'exécution de la prestation caractérisant un lien de subordination. ● Soc. 28 nov. 2018, ⚖ n° 17-20.079 P : *D. actu. 12 déc. 2018, obs. Peyronnet ; ibid. 169, avis Courcol-Bouchard, obs. Escande-Varniol ; RDT 2019. 36, note Peyronnet ⌛ ; RJS 2/2019, p. 98, Rapp. Salomon ; ibid., n° 72 ; SSL 2018, n° 1841, p. 6, obs. Gomez et Lokiec ; JCP S 2018. 1398, obs. Loiseau.* ♦ Le lien de subordination est caractérisé par l'exécution d'un travail sous l'autorité d'un employeur qui a le pouvoir de donner des ordres et des directives, d'en contrôler l'exécution et de sanctionner les manquements de son subordonné et que le travail au sein d'un service organisé peut constituer un indice de subordination lorsque l'employeur en détermine unilatéralement les conditions d'exécution ; il ressortait de l'ensemble des éléments relevés par les juges du fond que la société avait adressé des directives au chauffeur, en avait contrôlé l'exécution et avait exercé un pouvoir de sanction. Dès lors, la cour d'appel ne pouvait que constater l'existence d'un lien de subordination, et donc d'un contrat de travail, entre le chauffeur et la société Uber et juger que son statut de travailleur indépendant était fictif. ● Soc. 4 mars 2020, ⚖ n° 19-13.316 P : *D. 2020. 490 ⌛ ; Dr. soc. 2020. 374, obs. Antonmattéi ⌛ ; RDT 2020. 328, note Willocx ⌛ ; ibid. 2021. 231, note Valéry ⌛ ; RJS 5/2020, n° 2020, n° 1899, p. 2, obs. Champeaux, Entretien Huglo ; JCP S 2020. 1080, obs. Loiseau.* ♦ Comp. : La personne engagée en qualité d'entrepreneur indépendant n'est pas un « travailleur » au sens de la Dir. 2003/88/CE « temps de travail » lorsque, entre autres, elle dispose des facultés de recourir à des sous-traitants, de refuser des tâches ou d'en limiter le nombre, de travailler pour un concurrent du donneur d'ordre et d'organiser son temps de travail ; le juge national doit toutefois s'assurer que l'indépendance n'est pas fictive et qu'il n'est pas permis d'établir l'existence d'un lien de subordination entre la personne et son employeur présumé. ● CJUE, ord., 22 avr. 2020, ⚖ n° C-692/19 : *RJS 7/2020, n° 388 ; JCP S 2020. 2037, obs. Loiseau.* ♦ Une cour d'appel ne peut pas retenir l'existence d'un contrat de travail entre un chauffeur et une société utilisant une plateforme numérique de mise en relation avec une clientèle de chauffeurs VTC en se déterminant par des motifs insuffisants à caractériser l'exercice d'un travail au sein d'un service organisé selon des conditions déterminées unilatéralement par la société, sans constater que celle-ci a adressé au chauffeur des directives sur les modalités d'exécution du travail, qu'elle disposait du pouvoir d'en contrôler le respect et d'en sanctionner l'inobservation. ● Soc. 13 avr. 2022, ⚖ n° 20-14.870 B : *D. actu. 4 mai 2022, obs. Couëdel ; D. 2022. 796 ⌛ ; Dr. soc. 2022. 522, obs. Radé ⌛ ; RJS 6/2022, n° 343 ; JSL 2022, n° 544, obs. Lhernould ; JCP 2022. 565, obs. Dedessus-Le-Moustier ; JCP S 2022. 1137, obs. Loiseau.*

6. Stagiaires. Il y a contrat de travail dans le cas d'un stage convenu sans rémunération mais où le stagiaire accomplit en fait des tâches normales d'un emploi dans l'entreprise sans bénéficier d'aucune formation. ● Soc. 27 oct. 1993 : ⚖ *Dr. soc. 1993. 960.* ● Bordeaux, 1er avr. 2003 : *RJS 2003. 953, n° 1355.* – Sur le statut des stagiaires, V. ss. C. éduc., art. L. 612-8.

7. Locataires taxis. Il y a contrat de travail dans le cas d'un contrat de location de taxi dans la mesure où l'accomplissement effectif du travail dans les conditions prévues par ledit contrat place en réalité le « locataire » dans un état de subordination à l'égard du loueur. ● Soc. 19 déc. 2000 : ⚖ *D. 2001. IR 355 ⌛ ; GADT, 4e éd., n° 3 ; RJS 2001. 203, n° 275 ; Dr. soc. 2001. 227, note Jeammaud ⌛* ● 26 janv. 2005 : ⚖ *Dr. soc. 2005. 567, obs. Jeammaud ⌛.* ♦ Ainsi, s'agissant d'un contrat de location d'un véhicule équipé taxi, le juge ne peut se borner à analyser certaines clauses du contrat sans rechercher si indépendamment des conditions d'exécution du travail imposées par les nécessités de police administrative, dans les faits, les sociétés avaient le pouvoir de donner des ordres et des directives relatifs non pas au seul véhicule mais à l'exercice du travail lui-même, d'en contrôler l'exécution et d'en sanctionner les manquements. ● Soc. 1er déc. 2005 : ⚖ *D. 2006. Pan. 411, obs. Peskine ⌛ ; RJS 2006. 97, n° 147 ; JSL 2006, n° 181-5.* ♦ V. pour un mandat de gestion : ● Soc. 12 juill. 2005 : ⚖ *D. 2006. 344, note Mouly ⌛ ; Dr. soc. 2005. 1045, obs.*

Savatier ⌀ ; JCP S 2005. 1333, note Adom ; JSL 2005, n° 176-3.

8. Participants à une émission de téléréalité. Les participants à une émission de téléréalité sont liés à la société de production par un contrat de travail ; l'analyse précise de l'activité des participants à « L'Île de la tentation » démontre l'existence d'une prestation de travail exécutée sous la subordination de la société de production. • Soc. 3 juin 2009 : ⚖ R., p. 322, 368 et 372 ; D. 2009. AJ 1530, obs. Serna ⌀ ; ibid. 2116, note Cesaro et Gautier ⌀ ; ibid. 2517, note Edelman ⌀ ; RDT 2009. 507, obs. Auzero ⌀ ; RJS 2009. 615, n° 678 ; Dr. soc. 2009. 780 ⌀, avis Allix et obs. Dupeyroux ; ibid. 930, note Radé ⌀ ; JCP E 2009. 1714, note Thouzellier ; JSL 2009, n° 258-2 ; SSL, n° spécial 1403 (participant à l'émission de téléréalité « L'île de la tentation »). ♦ Doit être écartée la qualification de contrat de jeu, au profit de celle de contrat de travail, s'agissant d'un candidat à l'élection de « Mister France », qui ne consiste pas dans l'organisation d'un jeu ni d'une compétition ayant une existence propre, organisée de manière autonome, mais constitue un concept d'émission où la prestation des candidats sert à fabriquer un programme audiovisuel à valeur économique. • Soc. 25 juin 2013 : ⚖ D. actu. 10 juill. 2013, obs. Peyronnet ; D. 2013. Actu. 1692 ⌀ ; RDT 2013. 622, obs. Gardes ⌀ ; RJS 10/2013, n° 649 ; JSL 2013, n° 350-5, obs. Lalanne ; JCP S 2013. 1386, obs. Lahalle.

9. Joueur « amateur » de rugby. Le joueur de rugby tenu, sous peine de sanctions, conformément au règlement interne du club et à la charte des droits et des devoirs du joueur, de participer aux activités sportives, de suivre les consignes données lors des entraînements et de respecter le règlement du club est dans un état de subordination à l'égard du club ; en outre, les sommes perçues en contrepartie du temps passé dans les entraînements et les matches ne constituent pas de simples « défraiements », mais une rémunération. • Soc. 28 avr. 2011 : ⚖ D. actu. 19 mai 2011, obs. Perrin ; ibid. 2011. 2325, note Karaquillo ⌀ ; RDT 2011. 370, obs. Auzero ⌀ ; Dr. soc. 2011. 1119, obs. Barthélémy ⌀ ; RJS 2011. 527, n° 571 ; JCP S 2011. 1362, obs. Puigelier.

10. Fonctionnaires mis à disposition ou détachés. Le fonctionnaire mis à disposition d'un organisme de droit privé pour accomplir un travail pour le compte de celui-ci et sous sa direction est lié à cet organisme par un contrat de travail. • Soc. 15 juin 2010 : ⚖ D. 2010. Actu. 1722 ⌀ ; D. actu. 2 juill. 2010, obs. Perrin ; RDT 2010. 510, obs. Debord ⌀ ; RJS 2010. 631, n° 706 ; JCP S 2010. 1365, obs. Morand. ♦ Comp. ante : le fonctionnaire mis à la disposition d'un organisme de droit privé et qui accomplit un travail pour le compte de celui-ci dans un rapport de subordination se trouve lié à cet organisme par un contrat de travail. • Cass., ass. plén., 20 déc. 1996, ⚖ n° 92-40.641 P : BICC 1er févr. 1997, concl. Monnet ; D. 1997. 275, note Saint-Jours ⌀ ; Dr. soc. 1997. 710, note Lachaume ⌀ ; AJDA 1997. 304, obs. Salon ⌀ ; RJS 1997. 163, n° 244 (2e esp.) ; CSB 1997. 101, A. 20 ; LPA 7 févr. 1997, note Morand (professeur mis à la disposition de l'Alliance française) • Soc. 23 avr. 1997 : ⚖ RJS 1997. 425, n° 647 • 1er juill. 1997, ⚖ n° 95-40.401 P : D. 1998. Somm. 247, obs. Vacarie ⌀ ; Dr. soc. 1997. 970, obs. Savatier ⌀ ; RJS 1997. 661, n° 1068 ; CSB 1997. 273, A. 49 • 13 mars 2001, ⚖ n° 99-40.139 P : RJS 2001. 547, n° 800 ; Dr. soc. 2001. 544, note Savatier ⌀. ♦ Le fonctionnaire détaché auprès d'une personne morale de droit privé pour exercer des fonctions dans un rapport de subordination est lié à cette personne morale par un contrat de travail de droit privé. • Soc. 27 juin 2000, ⚖ n° 97-43.536 P : D. 2000. IR 203 ⌀ ; RJS 2000. 678, n° 1016. ♦ Le fonctionnaire ou l'agent public mis en disponibilité est, dans ses rapports avec l'organisme de droit privé au sein duquel il exerce son activité, régi par les dispositions générales applicables au contrat de travail. • Soc. 6 mai 2009 : ⚖ JCP S 2009. 1388, obs. Dumont. ♦ Toutefois, les dispositions législatives peuvent déroger à la règle selon laquelle un agent public mis à la disposition d'un organisme privé pour accomplir un travail pour le compte de celui-ci et sous sa direction est lié à cet organisme par un contrat de travail. • Soc. 29 sept. 2014 : ⚖ D. actu. 5 nov. 2014, obs. Ines.

11. Engagement religieux. Il n'y a pas de contrat de travail entre un établissement d'enseignement libre et les prêtres ou religieux mis à disposition par l'évêque pour accomplir une mission d'enseignement, moyennant une rémunération, faute d'un consentement personnel, les ordres de l'évêque s'imposant à eux en vertu de leurs vœux d'obéissance. • Civ. 13 mars 1964 : D. 1964. 357, note Rouast. ♦ Comp. : • Cass., ch. mixte, 26 mai 1972 : D. 1972. 533, note Dupeyroux ; JCP 1972. II. 17221, concl. Lindon. ♦ L'existence d'un contrat de travail est exclue entre une religieuse et sa congrégation. • Cass., ass. plén., 8 janv. 1993, ⚖ n° 87-20.036 P : Dr. soc. 1993. 391, rapp. Chartier ⌀. ♦ L'engagement religieux d'une personne n'est susceptible d'exclure l'existence d'un contrat de travail que pour les activités qu'elle accomplit pour le compte et au bénéfice d'une congrégation ou d'une association cultuelle légalement établie. • Soc. 20 janv. 2010 : ⚖ D. 2010. AJ 377, obs. Ines ⌀ ; RDT 2010. 162, obs. Couard ⌀ ; Dr. soc. 2010. 623, note Savatier ⌀ ; JSL 2010, n° 272-6, obs. Tourreil. ♦ La nature spirituelle de l'engagement des membres d'une communauté religieuse n'est pas exclusive de toute relation salariale ; aussi, un couple membre d'une communauté religieuse catholique, dont l'un est responsable de la gestion et de l'entretien du patrimoine et l'autre assurait des tâches de secrétariat, de lingerie et d'organisation de manifestations, travaillait pour le compte de l'association dans un rapport de subordination caractérisant un contrat de travail. • Soc. 29 oct. 2008 : ⚖ D. 2008. AJ 2947 ⌀ ; RJS 2009. 31, n° 1.

12. Ministre du culte. Les pasteurs des églises et œuvres cultuelles relevant de la Fédération protestante de France ne concluent pas, relativement à l'exercice de leur ministère, un contrat de travail avec les associations culturelles légalement établies. • Soc. 12 juill. 2005 : ⚖ *D. 2005. IR 2175* ⌀ ; *Dr. soc. 2005. 1035, obs. Savatier* ⌀. ♦ Mais un professeur de théologie, intégré dans un service organisé par l'Église réformée et subordonné à l'égard de celle-ci, bénéficie d'un contrat de travail, l'indépendance des professeurs dans l'exercice de leurs fonctions n'étant pas incompatible avec l'existence d'un lien de subordination à l'égard de l'établissement, la consécration-ordination reçue avant la cessation de l'enseignement n'affectant pas l'existence d'un tel contrat. • Soc. 20 nov. 1986 (2 arrêts) : ⚖ *Dr. soc. 1987. 379* ; *JCP 1987. II. 20798, note Revet*. – V. aussi : • Cass., ch. mixte, 26 mai 1972 : ⚖ *D. 1972. 533, note Dupeyroux* ; *JCP 1972. II. 17221, concl. Lindon* • Soc. 20 déc. 1991 : ⚖ *JCP 1992. II. 21844, note Pagnon*. ♦ Comp. : • Paris, 21 nov. 1996 : *D. 1997. IR 11* ⌀ (existence d'un contrat de travail entre un rabbin et une association consistoriale israélite). ♦ Le juge, pour caractériser l'existence d'un contrat de travail entre un pasteur et son Église, ne peut s'attacher uniquement à la dénomination donnée par les parties à leurs rapports, sans rechercher si l'intéressé recevait des ordres et des directives de la Fédération des Églises adventistes du 7e jour. • Soc. 23 avr. 1997, ⚖ n° 94-40.909 P : *D. 1997. IR 123* ⌀ ; *JCP 1997. II. 22961, note Piquet-Cabrillac* ; *Dr. soc. 1997. 642, obs. Savatier* ⌀ ; *Gaz. Pal. 12-14 oct. 1997, concl. Chauvy*. ♦ De la même manière, l'intégration à la communauté Emmaüs en qualité de compagnon emporte soumission aux règles de vie communautaire qui définissent un cadre d'accueil comprenant la participation à un travail destiné à l'insertion sociale des compagnons et qui est exclusive de tout lien de subordination. • Soc. 9 mai 2001, ⚖ n° 98-46.158 P : *D. 2001. IR 1995* ⌀ ; *Dr. soc. 2001. 798, note Savatier* ⌀ ; *RJS 2001. 575, n° 825*.

13. Détenus. Les relations de travail des personnes incarcérées ne font pas l'objet d'un contrat de travail (art. 720 C. pr. pén.). • Soc. 17 déc. 1996 : ⚖ *D. 1997. IR 18* ⌀ ; *Dr. soc. 1997. 344, note Giudicelli-Delage et Massé* ⌀ ; *CSB 1997. 83, S. 37*. ♦ Sur la conformité de ces dispositions à la Constitution, V. • Cons. const., QPC, 14 juin 2013 : ⚖ *AJDA 2013. 1252* ⌀ ; *ibid. 2014. 142, étude Quinart* ⌀ ; *D. 2013. 1477* ⌀ ; *ibid. 2014. 1115, obs. Lokiec et Porta* ⌀ ; *AJ pénal 2013. 556, obs. Céré* ⌀ ; *Dr. soc. 2014. 11, chron. Tournaux* ⌀ ; *RDT 2013. 565, obs. Wolmark* ⌀ ; *RDSS 2013. 639, note Brimo* ⌀ ; *Constitutions 2013. 408, chron. Ghévontian* ⌀.

14. Travailleurs des ESAT. La notion de « travailleur » au sens de l'art. 7 de la Dir. 2003/88/CE, du Parlement européen et du Conseil, du 4 nov. 2003, concernant certains aspects de l'aménagement du temps de travail et de l'art. 31, § 2, Charte UE, doit être interprétée en ce sens qu'elle peut englober une personne admise dans un centre d'aide par le travail. V. • CJUE 26 mars 2015, ⚖ n° C-316/13 : *RDT 2015. 469, obs. Canut* ⌀ ; *ibid. 2015* ⌀. *Controverse. 369*. ♦ Si les usagers d'un centre d'aide par le travail peuvent être regardés comme des travailleurs, au sens de l'art. 7 de la Dir. 2003/88/CE, ils ne peuvent se prévaloir d'un droit à congés qu'à compter de l'entrée en vigueur, le 1er janv. 2007, du Décr. n° 2006-703 du 16 juin 2006 réformant l'art. R. 243-11 CASF. • Soc. 16 déc. 2015, ⚖ n° 11-22.376 P : *D. 2016. Actu. 16* ⌀ ; *D. 2015. Pan. 808, obs. Porta* ⌀ ; *RDT 2016. 167, obs. Joly* ⌀ ; *RJS 3/2016, n° 217* ; *JCP S 2016. 1106, note Tricoit*.

15. Chômeurs. La participation de demandeurs d'emploi à des actions d'évaluation prescrites par l'ANPE constitue une situation légale exclusive de l'existence d'un contrat de travail. • Soc. 18 juill. 2001, ⚖ n° 99-42.525 P : *Dr. soc. 2001. 1115, obs. Rousseau* ⌀ ; *RJS 2001. 853, n° 1242* ; *TPS 2001, n° 356*.

16. Artistes. Sur l'existence d'un contrat de travail entre les artistes de l'orchestre et le chef d'orchestre. • Soc. 4 déc. 2013 : ⚖ *D. actu. 6 janv. 2014, obs. Ines* ; *D. 2014. 1115, obs. Lokiec et Porta* ⌀.

2° CONTRAT DE TRAVAIL ET SITUATIONS JURIDIQUES VOISINES

a. Mandat

17. Compagnie d'assurances. Ne bénéficie pas d'un contrat de travail le mandataire d'une compagnie d'assurances à qui aucun horaire ni lieu de travail n'est imposé, qui choisit parfois seul ses objectifs, fixe ses méthodes de travail et a la charge d'autofinancer son agence. • Soc. 29 nov. 1989 : *RJS 1990. 9, n° 2*. ♦ V. aussi : • Civ. 2e, 31 janv. 1963 : *Bull. civ. II, n° 110* (courtier) • Soc. 26 févr. 1964 : *ibid. IV, n° 175* (expert en automobile) • 27 oct. 1978 : *ibid., n° 726* (encaisseur).

b. Mandats sociaux

BIBL. Merle et Robineau, *JSL 2021, n° 530-1* (cumul d'un mandat social avec un contrat de travail : comment rester vigilant ?). – Armand, *JCP CI 1981. II. 13649*. – Arséguel et Isoux, *BJS 1994. 469* (loi du 11 févr. 1994). – Daigre, *Rev. sociétés 1984. 897, n° 25*. – Deslandes, *D. 1982. Chron. 19*. – Fieschi-Vivet, *RJS 1994. 12* ; *ibid. 487* (loi du 11 févr. 1994). – G. Lyon-Caen, *D. 1977. Chron. 109*. – Mansuy, *Rev. sociétés 1987. 1*. – Petit, *RTD com. 1981. 29* ; *Dr. soc. 1991. 463* ⌀ (directeurs généraux). – Puigelier, *JCP E 1992. I. 188* ; *ibid. 1994. I. 358* ; *Dr. soc. 1993. 837* ⌀. – Sayag, *Rev. sociétés 1981. 1*.

18. Critères. En constatant que l'intéressé avait après sa nomination comme administrateur continué à exercer les mêmes fonctions de directeur commercial qui correspondaient à un emploi effectif, la cour d'appel a pu en déduire que ces fonctions techniques distinctes du mandat social avaient continué à être exercées sous la subordination du président du conseil d'administration. • Com. 22 nov. 1983 : *D. 1984. 392*, note Jeantin. ♦ La réalité d'un contrat de travail n'est pas établie lorsqu'il est démontré que l'intéressé a été remplacé dans son poste au lendemain de sa désignation comme administrateur. • Soc. 4 janv. 1979 : *D. 1979. IR 327*, obs. Langlois ; *Rev. sociétés 1979. 815*, note Guilberteau. ♦ C'est à celui qui soutient qu'il a été mis fin au contrat de travail par la nomination du salarié à des fonctions de mandataire social d'en rapporter la preuve. • Soc. 21 mars 1990, n° 87-14.848 P. • 10 avr. 1991, n° 89-15.335 P. ♦ La production de bulletins de paie et la notification d'une lettre de licenciement sont à elles seules insuffisantes à créer l'apparence d'un contrat de travail. • Soc. 10 juin 2008 : *RDT 2008. 659*, obs. Pagnucco ; *RJS 2008. 849*, n° 1045 ; *JCP S 2008. 1409*, note Puigelier. ♦ La production d'un écrit ne suffit pas à créer une apparence de contrat de travail et il appartient à l'intéressé de rapporter la preuve du lien de subordination qu'il prétend avoir existé parallèlement à son mandat social. • Soc. 17 sept. 2008 : *Dr. soc. 2009. 210*, note Chagny.

19. Suspension du contrat de travail. Lorsqu'un salarié, devenu mandataire social, a cessé d'être uni à la société que par un lien de subordination, une cour d'appel ne peut décider que son contrat de travail avait été absorbé par le mandat social, alors qu'en l'absence de convention contraire le contrat de travail était suspendu pendant le temps d'exercice du mandat, peu important qu'il ait été modifié dans l'un de ses éléments substantiels lors de la cessation du mandat. • Soc. 12 déc. 1990 : *Dr. soc. 1991. 463*, note Petit. Dans le même sens : • Soc. 19 mars 1991 : *RJS 1991. 403*, n° 763 • 30 mai 1995 : *RJS 1995. 540*, n° 833 (le juge prud'homal demeure compétent pour connaître du litige relatif aux conséquences de la révocation du mandat sur le contrat de travail) • 7 nov. 1995 : *Dr. soc. 1996. 193* • 8 oct. 2003 : *RJS 2003. 1007*, n° 1447 • 14 juin 2005, n° 02-47.320 P : *RJS 2005. 652*, n° 915. ♦ V. aussi, pour un directeur général : • Soc. 21 juin 1994 : *JCP 1995. II. 22370*, note Puigelier. ♦ Comp. : • Cass., ass. plén., 4 juin 1993 : cité note 25.

20. Mandat social exercé dans une filiale. Une cour d'appel ne peut dénier l'existence d'un contrat de travail au profit d'un salarié engagé par une société mère pour exercer un mandat social dans l'une de ses filiales, dès lors que le salarié a exercé les fonctions pour lesquelles il a été engagé, qu'après avoir été rémunéré par la société mère, celle-ci lui a versé une prime, et qu'il avait été informé par le président de la société mère de la cessation de ses fonctions au sein de la filiale. • Soc. 6 oct. 1993, n° 90-44.561 P : *RJS 1993. 677*, n° 1147. – Dans le même sens : • Soc. 12 févr. 1991 : *RJS 1991. 438*, n° 804 ; *Dr. soc. 1991. 463*, note Petit • 2 oct. 1991 : *RJS 1991. 665*, n° 1252.

21. Une clause de réintégration dans la société mère à l'issue du mandat ne porte pas atteinte au principe de libre révocation du mandat social dès lors qu'elle a été souscrite avant la désignation de l'intéressé comme directeur général de la filiale. • Soc. 20 mars 1996 : *RJS 1996. 395*, n° 620.

22. Le refus du salarié de fournir à son employeur des explications sur des faits commis pendant son détachement en qualité de mandataire social auprès d'une autre société ne peut lui être imputé à faute dans l'exécution de son contrat de travail. • Soc. 9 déc. 1997, n° 95-42.619 P : *Dr. soc. 1998. 195*, note Couturier. ♦ De même, un licenciement disciplinaire ne peut être motivé par des faits qui se sont produits au cours de l'exercice d'un mandat social dans une filiale, pendant la suspension du contrat de travail. • Soc. 28 juin 2000 : *RJS 2000. 729*, n° 1066.

23. Administrateur devenant salarié. Le contrat de travail consenti à un administrateur en fonctions, intervenant en violation d'une disposition impérative de la loi, est nul de nullité absolue, peu important le caractère sérieux ou non des fonctions conférées à l'intéressé. • Soc. 7 juin 1974 : *Gaz. Pal. 1974. 2. 664*, note A.P.S. ; *Rev. sociétés 1975. 91*, note Chartier ; *RTD com. 1975. 117*, obs. R. Houin • Com. 7 mars 1989 : *Rev. sociétés 1989. 664.* ♦ ... Et même s'il s'agit du transfert d'un contrat de travail d'une société à une autre société du même groupe. • Soc. 6 oct. 1993, n° 92-40.077 P : *D. 1993. IR 235* ; *JCP E 1994. II. 529*, note Guyon ; *RJS 1993. 676*, n° 1146. ♦ Nonobstant l'art. L. 122-12, al. 2, lors de la reprise d'un fonds de commerce mis en location-gérance, la société propriétaire du fonds ne peut valablement reprendre le contrat de travail consenti par la société exploitante à un administrateur de la société propriétaire, dès lors que ce contrat est postérieur à la nomination de l'intéressé comme administrateur. • Soc. 22 oct. 1996 : *RJS 1996. 852*, n° 1331.

24. Si l'acte nul de nullité absolue ne peut être rétroactivement confirmé, il est loisible aux parties de renouveler leur accord ou de maintenir leur commune volonté lorsque la cause de nullité a disparu. • Soc. 25 juin 1996, n° 94-19.992 P : *D. 1997. 341*, note Puigelier ; *RJS 1996. 707*, n° 1114 ; *JCP 1996. I. 3980*, n° 12, obs. Viandier et Caussain ; *CSB 1996. 239, A. 50* (nouveau contrat de travail conclu tacitement après démission de l'intéressé de son mandat social).

25. Membres du conseil de surveillance. Lorsque l'exécution du contrat de travail s'est poursuivie après la nomination du salarié au conseil de surveillance, il résulte de l'art. 142 de la loi du 24 juill. 1966 que, l'intéressé ne pouvant à la fois percevoir une rémunération de salarié et être

CONTRAT DE TRAVAIL **Art. L. 1221-1** 79

membre du conseil de surveillance, sa nomination était frappée de nullité. • Cass., ass. plén., 4 juin 1993 : 🏛 *D. 1993. 501, concl. Jéol, note Chartier* 🖉 *; JCP 1993. II. 22112, concl. Jéol, note Saint-Jours ; JCP E 1993. II. 475, note Petit ; RJS 1993. 470, n° 808, concl. Jéol, rapp. Grimaldi ; Dr. soc. 1993. 766.*

26. Président du directoire. Le mandat de président du directoire ou de membre du directoire d'une société anonyme n'est pas en lui-même incompatible avec les fonctions de salarié. • Soc. 17 nov. 1988 : *Bull. civ. V, n° 608 ; D. 1988. IR 287.*

27. Président du conseil d'administration. Il n'y a pas d'incompatibilité légale entre les fonctions de salarié et de président du conseil d'administration, celui-ci pouvant dans l'exercice effectif de tâches distinctes de la direction générale rester sous la subordination de la société, même si en fait il ne reçoit pas d'ordres. • Soc. 19 févr. 1986, 🏛 n° 83-42.005 P : *Rev. sociétés 1986. 600, note J.G.* – Dans le même sens : • Soc. 16 oct. 1991, 🏛 n° 88-40.188 P : *Dr. soc. 1991. 953 ; JCP E 1992. II. 271, note Chaput.* ♦ Sur la compatibilité entre un contrat de travail et les fonctions de directeur général, V. • Soc. 15 juin 1977 : *Bull. civ. V, n° 396.*

28. N'est pas nul le mandat de président du conseil d'administration qui, dans l'intention des parties, était exclusif de toute fonction salariée, l'art. 93 de la loi du 24 juill. 1966 ne faisant pas obstacle à ce qu'un salarié, quelle qu'ait été la durée de son contrat, y renonce pour être nommé administrateur. • Soc. 15 mars 1983 : 🏛 *D. 1984. 99, note Guyénot ; D. 1984. IR 165, obs. Reinhard ; JCP 1983. II. 20002, note Viandier ; Rev. sociétés 1983. 353, note Chartier.* ♦ La clause prévoyant qu'un nouveau contrat de travail sera consenti à l'intéressé à l'issue de son mandat est nulle comme contraire au principe de la libre révocation des administrateurs. • Même arrêt. – Dans le même sens : • Com. 17 janv. 1984, 🏛 n° 82-14.771 P : *D. 1985. IR 137, obs. Bousquet.* ♦ Rappr. : • Soc. 12 févr. 1991 : 🏛 *préc. note 20.*

29. Constatant l'existence, en partie, d'un lien de subordination les juges qui relèvent que le directeur technique devenu président-directeur général a continué son activité précédente, étudiant et dirigeant les travaux confiés à la société. • Soc. 21 juill. 1986 : *D. 1988. Somm. 101, obs. Fieschi-Vivet.* ♦ Les juges doivent constater que les fonctions de directeur salarié ont un caractère technique tel qu'elles n'ont pas été absorbées par celles découlant du mandat social, les directives du conseil d'administration ne suffisant pas à créer un lien de subordination et les pouvoirs délégués aux directeurs généraux pouvant être limités sans que ces derniers perdent la qualité de mandataires sociaux. • Soc. 28 janv. 1988 : *Bull. civ. V, n° 83 ; GADT, 4ᵉ éd., n° 10.* ♦ En présence d'un protocole déterminant l'étendue des pouvoirs d'un directeur général, les juges doivent rechercher si, aux termes de cette convention, l'intéressé n'a pas exercé effectivement des fonctions techniques dans un lien de subordination. • Soc. 25 nov. 1997, 🏛 n° 94-45.333 P : *RJS 1998. 142, n° 230.* ♦ Lorsqu'un ancien président-directeur général conserve une fonction de conseiller technique et accomplit des missions dépassant les attributions d'un simple salarié administratif, sa rémunération fixe mensuelle s'analyse en un salaire. • Soc. 12 oct. 1989 : *Bull. civ. V, n° 588.*

30. Le président du conseil d'administration et le directeur général sont des mandataires de la société, révocables à tout moment, et non des salariés, peu important qu'ils soient rémunérés par un salaire au sens des législations fiscale et de sécurité sociale, cette circonstance étant insuffisante à créer un lien de subordination. • Soc. 20 oct. 1976 : *Bull. civ. V, n° 503.* ♦ La révocation du mandat social n'ayant pas d'incidence sur le contrat de travail, le fait que l'assemblée générale d'une société ait mis un terme aux fonctions d'un directeur général ne constitue pas une modification de son contrat de travail, ses fonctions techniques exercées dans un lien de subordination n'ayant pas été modifiées. • Soc. 14 juin 2000, 🏛 n° 97-45.852 P : *D. 2000. IR 190* 🖉 *; RJS 2000. 683, n° 1022.*

31. Gérant de SARL. Le cumul entre les fonctions de gérant d'une SARL et celles de salarié n'existant réellement qu'à la condition que ces fonctions correspondent à un emploi effectif, rémunéré comme tel, et que l'intéressé soit dans un état de subordination à l'égard de la société, viole l'art. L. 121-1 la cour d'appel qui omet de vérifier si l'intéressé remplissait ces conditions. • Soc. 21 juill. 1981 : *Bull. civ. V, n° 723.* – V. aussi • Soc. 14 mai 1998, 🏛 n° 96-40.693 P : *JCP 1999. II. 10052, note Puigelier.*

32. Lorsqu'un gérant reçoit de véritables instructions de la part du président du GIE dont sa SARL fait partie et continue d'exercer les mêmes tâches techniques distinctes des fonctions de gérant, il cumule son contrat de travail et son mandat de gérant. • Soc. 16 déc. 1981 : *JCP 1983. II. 20048, note Fieschi-Vivet* • Com. 8 mars 1982 : *Bull. civ. IV, n° 90.*

33. Doit être cassé l'arrêt admettant l'existence d'un contrat de travail distinct du mandat social, alors qu'il s'agissait d'une personne qui à la date de sa nomination comme gérante possédait la majorité des parts de la SARL qu'elle administrait seule, et qu'elle ne pouvait donc plus se trouver, même dans l'exercice de ses fonctions techniques, dans un état de subordination. • Soc. 7 févr. 1979 : *D. 1979. IR 367, obs. Derrida ; Rev. sociétés 1980. 473, note Hémard* • 8 oct. 1980 : *D. 1981. 257, note Reinhard.* ♦ Les fonctions salariales de directeur des ventes et des achats d'un gérant se confondent avec l'exercice du mandat social, dans une espèce où le contrôle exercé par les associés néerlandais, dont l'éloignement permettait à l'intéressé d'être la seule personne en mesure d'organiser l'activité de la société sans limitation de ses pouvoirs, ne vidait pas le mandat social de sa substance et avait pour effet de donner au gérant quitus de sa gestion, il en résulte que l'intéressé n'avait pas la qualité de salarié. ● Soc. 21 oct. 1998 : ⚖ RJS 1998. 945, n° 1561.

34. En relevant que la seule affirmation du maintien du contrat de travail par les associés et l'existence d'une double rémunération ne suffisaient pas à établir la poursuite de l'activité salariale et en constatant que le lien de subordination était incompatible avec le monopole des connaissances techniques que l'intéressé détenait dans une société de petite dimension, à l'activité restreinte et dont les statuts conféraient au gérant les pouvoirs les plus étendus, une cour d'appel a pu décider que la fonction de gérant avait absorbé celle de directeur de la production. ● Soc. 11 juill. 1995 : ⚖ RJS 1995. 625, n° 966. ◆ Comp. : ● Soc. 4 déc. 1990 : ⚖ JCP 1991. IV. 41 ; RJS 1991. 52, n° 96 (arrêt affirmant que la qualité d'associé majoritaire d'une SARL n'est pas exclusive de celle de salarié, sous réserve que soit établi l'exercice d'une fonction dans un état de subordination).

35. Associé. La qualité de salarié n'est pas incompatible avec celle d'associé, même égalitaire, à condition que l'associé soit, dans l'exercice de ses fonctions salariales, placé sous la subordination du gérant. ● Soc. 19 oct. 1978 : Bull. civ. V, n° 695 ● Com. 17 avr. 1980 : ibid. IV, n° 150 (a contrario). ◆ Lorsqu'une société a été mise en liquidation, un directeur commercial, associé minoritaire, licencié, peut réclamer des allocations de chômage, peu important que la gérante ait été son épouse, dès lors qu'il avait exercé ses fonctions avant et après sa nomination en tant qu'associé. ● Soc. 1ᵉʳ févr. 1983 : D. 1984. IR 164, obs. Reinhard.

36. Associé unique disposant du pouvoir de révoquer le gérant. L'ancien gérant d'une SARL, qui en demeure l'associé unique après renonciation à son mandat et dispose du pouvoir de révoquer l'actuel gérant, n'est pas dans une situation de dépendance à même de caractériser le lien de subordination propre à la qualité de salarié. ● Soc. 16 janv. 2019, ⚖ n° 17-12.479 P : D. actu. 12 févr. 2019, obs. Malfettes ; D. 2019. Actu. 132 ⊘ ; RDT 2019. 180, obs. Auzero ⊘ ; RJS 4/2019, n° 259 ; JCP S 2019. 1047, obs. Lahalle.

37. Associé d'une société en nom collectif. Un associé, d'une société en nom collectif, commerçant répondant indéfiniment et solidairement des dettes sociales, ne peut être lié à cette société par un contrat de travail. ● Soc. 14 oct. 2015, ⚖ n° 14-10.960 P : D. actu. 19 nov. 2015, obs. Fraisse ; D. 2015 actu. 2127 ; RDT 2016. 94, obs. Ranc ⊘ ; RJS 12/2015, n° 817 ; JCP S 2015. 1449, obs. Chenu ; Dr. sociétés 2016. 9, obs. Gallois-Cochet ; JSL 2015, n° 399-400-8, obs. Taquet.

38. Contrat de collaboration libérale. Si, en principe, la clientèle personnelle est exclusive du salariat, le traitement d'un nombre dérisoire de dossiers propres à l'avocat lié à un cabinet par un contrat de collaboration ne fait pas obstacle à la qualification de ce contrat en contrat de travail lorsqu'il est établi que cette situation n'est pas de son fait mais que les conditions d'exercice de son activité ne lui ont pas permis de développer effectivement une clientèle personnelle. ● Civ. 1ʳᵉ, 14 mai 2009 : ⚖ D. 2009. AJ 1488, obs. Avena-Robardet ⊘ ; RDT 2009. 505, obs. Lévy-Amsallem ⊘. ◆ Dans le même sens : ● Ch. mixte, 12 févr. 1999 : ⚖ D. 2000. 146, obs. Blanchard ⊘ ; Dr. soc. 1999. 404, obs. Radé ⊘. ◆ Pour une période antérieure au 31 déc. 1991, un avocat ne pouvant exercer sa profession dans le cadre d'un contrat de travail, le juge ne saurait, par l'effet d'une requalification des relations contractuelles, conclure à l'existence d'un tel contrat et pour la période postérieure au 1ᵉʳ janv. 1992, un avocat ne peut exercer dans le cadre d'un contrat de travail le liant à une personne physique ou morale autre qu'un avocat, une association ou une société d'avocats, le juge ne saurait, par l'effet d'une requalification des relations contractuelles, conclure en dehors de ces hypothèses à l'existence d'un contrat de travail. ● Soc. 16 sept. 2015, ⚖ n° 14-17.842 P : D. actu. 21 sept. 2015, obs. Portmann ; D. 2015. Actu. 1901 ⊘ ; RDT 2015. 682, obs. Bento de Carvalho ⊘ ; Dr. soc. 2015. 937, obs. Mouly ⊘ ; RJS 11/2015, n° 736 ; JCP S 2015. 1405, obs. Guyot. ◆ Contra : Il appartenait à la cour d'appel de rechercher si l'intéressée apportait à la société éditrice une collaboration constante et régulière dont elle tirait l'essentiel de ses ressources, et si, par suite, elle était fondée à revendiquer le bénéfice des avantages prévus en faveur des journalistes professionnels permanents par la convention collective nationale des journalistes, peu important l'existence de règles déontologiques de la profession d'avocat interdisant une telle situation, lesquelles, ne concernant que les rapports de l'intéressée avec son ordre, étaient dépourvues d'incidence sur la question posée. ● Soc. 19 déc. 2007, ⚖ n° 07-40.384 P : RJS 3/2008, n° 342 ; JCP G 2008. 140 (§ 6), obs. Pillet.

c. Contrat d'entreprise

39. Critères. En faisant ressortir que l'intéressé recevait des directives ou instructions sur l'orientation générale de son travail et non des ordres pour son exécution, une cour d'appel a pu décider que le contrat litigieux était un contrat d'entreprise. ● Soc. 20 juin 1947 : JCP 1947. II. 3984, note Gauguier. ◆ Il y a contrat d'entreprise lorsque les juges du fond constatent que les relations contractuelles s'inscrivent dans le cadre de la profession de chauffagiste, plombier, zingueur, pour laquelle l'intéressé avait été inscrit puis radié du répertoire des métiers, que le caractère lucratif des prestations est établi par l'importance des travaux effectués avec un matériel professionnel lui appartenant et que les prestations sont fournies avec du matériel que se procure l'intéressé,

CONTRAT DE TRAVAIL **Art. L. 1221-1** 81

selon un emploi du temps qu'il organise librement. • Soc. 3 nov. 1998 : 🗘 *CSB 1999. 53, A 11.*

40. La convention dans laquelle il est indiqué qu'un artisan maçon, inscrit au répertoire des métiers, conserverait sa responsabilité civile et serait assuré en qualité d'entrepreneur n'est pas un contrat de travail mais un contrat d'entreprise. • Soc. 1er déc. 1976 : *Bull. civ. V, n° 634.* ♦ Quelles que soient les initiatives qu'il pouvait prendre en raison de sa compétence technique, un bûcheron, propriétaire de sa tronçonneuse, s'est placé sous la subordination de l'utilisateur dès lors que ce dernier surveillait le rendement et la cadence et qu'il donnait des ordres en s'immisçant dans l'exécution et le déroulement des travaux. • Soc. 20 avr. 1972 : *Bull. civ. V, n° 274. – Adde* : • Crim. 29 oct. 1985 : *Bull. crim. n° 335* • Soc. 12 oct. 1989 : *Bull. civ. V, n° 587* • 2 avr. 1992, 🗘 n° 88-44.105 P (prestation de services apparente).

41. Franchisage. Le gérant d'un fonds de commerce qui a conclu un contrat de franchisage ne peut se voir reconnaître le bénéfice d'un contrat de travail. • Soc. 27 sept. 1989 : *Bull. civ. V, n° 548.*

d. Société. Association

BIBL. Dirigeants d'association : Blaise, *Dr. soc. 1988. 468.* – Brichet, *JCP E 1988. II. 15277.*

42. Société. Un metteur en scène doit se voir reconnaître la qualité de salarié dès lors qu'il n'est pas associé aux pertes, qu'il ne supporte pas le déficit éventuel sur son patrimoine et que les deux parties ne collaborent pas sur un pied d'égalité, la société de production intervenant dans la direction et l'exécution du travail du metteur en scène. • Soc. 20 nov. 1974 : *Bull. civ. V, n° 549.* ♦ Dans le même sens : • Soc. 17 avr. 1991 : 🗘 *D. 1991. IR 139* ⌀ ; *Dr. soc. 1991. 516 ; RJS 1991. 338, n° 640* (absence de changement dans les conditions de travail de chauffeurs devenus prétendument des associés en participation). ♦ Justifient leur décision de refus d'une allocation spéciale de chômage les juges qui relèvent qu'en dépit des pouvoirs qu'ils détenaient en droit, les gérants d'une SARL ne disposaient ni de la compétence technique, ni de l'autorité morale nécessaires pour diriger et contrôler l'activité du fondateur et qui en ont déduit que les conditions d'exercice de l'activité de ce dernier étaient exclusives de la dépendance caractérisant l'existence d'un contrat de travail. • Soc. 20 mai 1985 : *Bull. civ. V, n° 298.* ♦ Doit être requalifié en un contrat de travail le contrat de « société en participation » conclu entre un particulier d'une part, et une société d'autre part, dès lors qu'il résultait de ce contrat que les parties n'étaient pas placées sur un pied d'égalité, la société contractante disposant de tous les pouvoirs pour assurer le fonctionnement de la société ce qui était de nature à établir qu'elle avait la maîtrise de l'organisation et de l'exécution du travail que le demandeur devait effectuer, exclusivement pour l'exploitation du fonds de commerce. • Soc. 25 oct. 2005, 🗘 n° 01-45.147 P : *D. 2005. IR 2898 ; ibid. 2006. Pan. 410, obs. Peskine* ⌀ *; RJS 2006. 88, n° 62 ; Dr. soc. 2006. 94, obs. Savatier* ⌀ • 29 nov. 1989 : *JS UIMM 1990. 48, n° 140* • 8 oct. 1996 : 🗘 *CSB 1997. 21, S. 7.*

43. Association. Deux kinésithérapeutes sont liés par un contrat d'association et non un contrat de travail lorsqu'ils exercent leur activité en toute indépendance, la fixation en commun de leurs congés n'étant qu'une mesure assurant le bon fonctionnement du cabinet et la clause de non-concurrence un élément essentiel de leur association. • Soc. 21 nov. 1979 : *Bull. civ. V, n° 866 ; D. 1981. IR 250, obs. Penneau.* ♦ En constatant que l'état de sa trésorerie ne permettait pas à une association d'embaucher son président en qualité de comédien, une cour d'appel a établi que ce dernier avait tenté de se faire attribuer frauduleusement les droits reconnus aux chômeurs. • Soc. 17 déc. 1987 : *Dr. soc. 1988. 468, note Blaise.* ♦ Ne donne pas de base légale à sa décision la cour d'appel qui, en présence d'un contrat de travail entre une association et son président, n'a pas recherché si l'intéressé exerçait en fait d'autres fonctions que celles découlant de son mandat de président. • Soc. 26 févr. 1986 : *Dr. soc. 1988. 468, note Blaise.*

e. Bénévolat

BIBL. Guichaoua, *Dr. ouvrier 2013. 229.* – Savatier, *Dr. soc. 2009. 73* ⌀ (le travail non marchand).

44. Critères. La seule signature d'un contrat dit de bénévolat entre une association et une personne n'ayant pas la qualité de sociétaire n'exclut pas l'existence d'un contrat de travail si les conditions en sont remplies. • Soc. 29 janv. 2002, 🗘 n° 99-42.697 P : *D. 2002. IR 938* ⌀ *; Dr. soc. 2002. 494, obs. Savatier* ⌀ *; RJS 2002. 315, n° 387 ; JCP E 2002. 52, note Boulmier ; JSL 2002, n° 96-4.*

f. Coïndivision

45. Critères. Le contrat de travail ne prend pas nécessairement fin lorsque le salarié devient, par l'effet d'une succession, coïndivisaire de l'entreprise à laquelle il appartient. • Soc. 12 févr. 1991, 🗘 n° 87-44.671 P : *RJS 1991. 161, n° 307* • 30 nov. 1993, 🗘 n° 90-40.945 P : *RJS 1994. 146, n° 194.*

g. Métayage

46. Critères. Ayant relevé l'absence de convention précaire révocable, de lien de subordination et l'existence d'un partage des récoltes et des dépenses, les juges ont pu constater la réalité d'un bail à métayage et non d'un contrat de travail. • Civ. 3e, 13 juin 1969 : *Bull. civ. III, n° 476.* ♦ V. aussi, à propos d'un contrat de « tâcheronnage » : • Civ. 3e, 3 nov. 1971 : *Bull. civ. III, n° 532.*

h. Entraide

BIBL. Martin, *D. 1982. Chron. 293.* – Wagner, *D. 1985. Chron. 1.*

47. Critères. Une cour d'appel a pu décider que les parties étaient liées, non par un contrat d'entraide, mais par un contrat de travail en relevant notamment que le salarié était logé sur l'exploitation, qu'il commandait le personnel, qu'il recevait des ordres et des directives du directeur de la société d'exploitation à qui il rendait compte régulièrement. • Soc. 2 mai 1979 : *Bull. civ. V, n° 367.*

48. Une personne chargée de surveiller une villa pendant les vacances et de prendre livraison des commandes faites par le propriétaire n'est pas titulaire d'un contrat de travail en l'absence d'accord des parties sur des modalités déterminées de tâche et de rémunération. • Soc. 7 janv. 1981 : *Bull. civ, V, n° 2.* ♦ Sur la novation d'un contrat de travail en service gratuit, V. • Soc. 18 mars 1992 : *Dr. soc. 1992. 661, note Savatier.*

i. Intégration dans un service organisé

49. Critères. Lorsqu'il est établi que des distributeurs occasionnels d'hebdomadaires gratuits ne travaillent pas pour leur compte, mais pour celui d'une entreprise de presse qui les emploie dans le cadre d'un service organisé et selon des directives qu'elle leur impose, ils doivent être affiliés au régime général des assurances sociales. • Cass., ass. plén., 18 juin 1976 : *JCP CI 1977. 12497, note Saint-Jours.* – V. aussi : • Soc. 17 févr. 1977 : *Bull. civ. V, n° 128* • 27 sept. 1989 : *ibid., n° 547.* ♦ Le lien de subordination fait défaut lorsque le vendeur de journaux fixe lui-même le quota de sa vente et les secteurs de vente et qu'il dispose d'une complète liberté d'action, les horaires de vente n'étant imposés que par la nature de la marchandise et l'intérêt du vendeur. • Soc. 20 mai 1955 : *Dr. soc. 1955. 461.*

50. Indice. Le travail au sein d'un service organisé peut constituer un indice du lien de subordination lorsque l'employeur détermine unilatéralement les conditions d'exécution du travail. • Soc. 13 nov. 1996 : préc. note 1 (à propos d'une banque utilisant les services de conférenciers et intervenants extérieurs : absence de lien de subordination). ♦ Le travail au sein d'un service organisé peut constituer un indice du lien de subordination lorsque l'employeur détermine unilatéralement les conditions d'exécution du travail mais ne suffit pas à caractériser l'existence d'un lien de subordination. • Civ. 2e, 8 oct. 2020, n° 19-16.606 P : *Dr. soc. 2021. 87, obs. Badel* ; *RJS 12/2020, n° 617.*

51. Professions médicales. Un médecin qui ne possède pas de cabinet, n'a pas le libre choix de ses malades, dispense ses soins aux clients de la clinique dans des locaux, avec un matériel et un personnel fournis par cet établissement, qui de plus est astreint à certaines sujétions d'horaires, de prestations et de gardes, soumis au règlement intérieur de la clinique et intégré dans le service médical organisé par ses dirigeants, se trouve vis-à-vis d'elle dans un état de subordination, peu important qu'il reçoive des honoraires reversés par la clinique. • Soc. 7 déc. 1983 : *Bull. civ. V, n° 592.* ♦ Sont également, dans un état de subordination, les médecins travaillant dans un centre de thalassothérapie soumis au règlement intérieur de l'établissement, n'exerçant leur profession pendant les horaires réservés aux consultations que pour les curistes et à l'intérieur du centre, leur rémunération étant, en outre, prélevée sur les honoraires perçus directement de ces curistes. • Soc. 13 janv. 2000, n° 97-17.766 P : *RJS 2000. 394, n° 573.*

52. Les biologistes salariés à plein temps des CHU qui usent de la faculté les autorisant à pratiquer des examens à titre libéral exercent une activité non salariée entraînant leur affiliation à l'organisme d'allocation vieillesse dont ils relèvent même si cette activité est exercée à titre accessoire. • Cass., ass. plén., 15 févr. 1985 : *D. 1985. 249, concl. Cabannes.*

53. Se trouvent placés dans un état de subordination les kinésithérapeutes qui exercent leur activité dans les locaux d'un établissement thermal et qui sont soumis à des contraintes tenant notamment aux horaires de travail et à l'obligation d'obtenir une autorisation en cas d'absence. • Soc. 30 mars 1982 : *Bull. civ. V, n° 233.* ♦ Dans le même sens, pour un médecin anesthésiste soumis à des sujétions découlant des règles d'organisation déterminées unilatéralement par la direction de la clinique : • Soc. 29 mars 1994, n° 90-40.832 P : *Dr. soc. 1994. 558 ; RJS 1994. 329, n° 517.*

54. Ne donne pas de base légale à sa décision la cour d'appel qui déclare la juridiction prud'homale incompétente pour connaître du litige opposant une psychanalyste à une association de sauvegarde de l'enfance, alors qu'il lui était reproché de ne pas respecter les horaires de travail et de ne pas reconnaître l'autorité du médecin directeur sur le plan des traitements dispensés, ce qui impliquait qu'elle était soumise à une discipline d'établissement et tenue de respecter des instructions dans le cadre d'un service organisé, peu important à cet égard qu'elle soit exclue du bénéfice d'une convention collective applicable dans l'établissement. • Soc. 7 oct. 1976 : *Bull. civ. V, n° 478.*

55. Bien que s'étant engagée à ne pas prendre d'autres malades que ceux adressés par un ophtalmologiste dans les locaux et avec le matériel duquel elle exerçait exclusivement son activité, une orthoptiste n'est pas liée par un contrat de travail, dès lors qu'elle ne reçoit aucune instruction, qu'elle perçoit directement ses honoraires, la fourniture par le médecin d'un prétendu certificat de travail étant sans influence. • Soc. 17 déc. 1987 : *Bull. civ. V, n° 740 ; D. 1988. IR 28.* ♦ Dans le même sens : • Soc. 7 juill. 1993, n° 89-45.624 P. • 14 oct. 1993 : *D. 1994. Somm. 303, obs. Gau* ;

CONTRAT DE TRAVAIL **Art. L. 1221-1** 83

RJS 1993. 668, n° 1131 (psychologue prêtant son concours à des médecins en dehors de tout service organisé).

56. Auteur. Il n'y a pas de contrat de travail entre un éditeur et un professeur chargé de la mise à jour d'un ouvrage encyclopédique, et disposant pour ce faire de toute liberté pour organiser et réaliser son travail, avec la seule contrainte des délais contractuels. • Civ. 1re, 20 juin 1995, n° 91-45.433 P.

57. Chercheurs. Ni la liberté inhérente à la fonction de chercheur, ni la qualification d'honoraires donnée ultérieurement à la rémunération ne sont de nature à exclure l'existence d'un louage de services. • Soc. 14 mars 1991, ⚖ n° 88-42.793 P : CSB 1991. 103, S. 54 ; RJS 1991. 330, n° 621.

58. Interprète. Des interprètes de conférence ne sont pas placés dans un lien de subordination du seul fait du contrat signé avec une entreprise, alors que la seule contrainte était relative à la fixation du lieu et de la date des conférences, éléments imposés par la nature même de l'activité, et que l'entreprise avait mis à leur disposition le matériel permettant la traduction simultanée, ce qui était insuffisant pour caractériser l'existence d'un service organisé. • Soc. 14 janv. 1982 (2 arrêts) : D. 1983. 242, note Saint-Jours ; ibid. IR 201, obs. Jeammaud. ♦ V. aussi • Soc. 24 mars 1993 : ⚖ D. 1994. Somm. 303, obs. Gau ⌀ ; RJS 1993. 289, n° 479 (entraîneur sportif dont les juges du fond relèvent qu'il travaillait en toute indépendance).

59. Locataires-gérants. A légalement justifié la compétence du conseil de prud'hommes la cour d'appel qui relève que les locataires-gérants d'une station-service se trouvent en fait sous la « subordination économique » de la société pétrolière, dès lors que leurs ressources professionnelles proviennent de la vente de produits fournis presque exclusivement par cette société. • Soc. 18 nov. 1981 : D. 1983. 242, note Saint-Jours. – V. aussi • Crim. 29 oct. 1985 : Bull. crim. n° 335.

60. Attaché commercial. Un salarié attaché commercial ne peut faire juger que la rémunération perçue au titre de l'activité de démarchage a le caractère de salaire, alors qu'il s'agit d'une activité distincte pour laquelle la société ne fixait pas de chiffre minimum à réaliser, estimant qu'elle s'exerçait en dehors de son contrat de travail. • Soc. 19 mars 1987 : D. 1988. Somm. 96, obs. Fieschi-Vivet. ♦ V. aussi : • Soc. 17 juin 1982, ⚖ n° 80-40.976 P (salarié d'une agence immobilière ayant la qualité de mandataire pour la négociation d'appartements). ♦ En revanche, doit être considéré comme salarié l'agent commercial d'une agence immobilière qui, outre sa mission de prospection de la clientèle dans l'intérêt exclusif de l'agence et sa fonction de responsable commercial, est habilité à tenir le registre des mandats de vente, à rédiger des compromis, à préparer les supports publicitaires à publier, à répondre aux appels téléphoniques et disposait d'un pouvoir de contrôle sur les autres négociateurs, son activité étant intégrée dans un service organisé au seul profit de l'agence. • Soc. 21 oct. 1999, ⚖ n° 98-11.080 P. ♦ Sur l'exclusion du statut légal d'agent commercial en raison de son assujettissement à la loi du 2 janv. 1970, V. • Com. 7 juill. 2004, ⚖ n° 02-18.135 P : RJS 2005. 165, n° 236.

61. Travailleurs de plateformes. V. note 1.

j. Rémunération

62. Sommes versées en contrepartie d'un travail subordonné. Un contrat de travail est exclu lorsque deux personnes exploitent en commun un fonds de commerce dont elles sont copropriétaires et toutes deux participent aux bénéfices et aux pertes. • Soc. 26 févr. 1969 : JCP 1969. II. 15996, note G.H.C. ♦ La seule obligation faite à un médecin de donner, moyennant une rémunération forfaitaire, des soins aux adhérents d'une société de secours minière ne suffit pas à caractériser l'existence d'un lien de subordination. • Cass., ch. réun., 21 mai 1965 : Dr. soc. 1965. 512, obs. Savatier.

63. Salaire dérisoire. Le versement d'un salaire dérisoire fait obstacle à l'existence d'un contrat de travail. • Soc. 8 févr. 1972 : Bull. civ. V, n° 109. ♦ Ne sont pas incompatibles avec l'existence d'un contrat de travail : la rémunération à la tâche et le libre choix des heures de travail. • Civ. 9 mars 1938 : DH 1938. 289. ♦ ... Ni le fait qu'il n'ait été prévu en contrepartie de l'exécution de prestations que la fourniture d'un avantage en nature. • Soc. 7 avr. 1994 : ⚖ Dr. soc. 1994. 560.

64. Caractère commutatif. Le versement d'un salaire constitue la contrepartie nécessaire de la relation de travail et ne peut être aléatoire, ce qui exclut sa mise en participation. • Soc. 16 sept. 2009 : ⚖ D. 2009. AJ 2350, obs. Maillard ⌀.

B. DÉTERMINATION DE L'EMPLOYEUR

BIBL. Auzero, RDT 2016. 27 ⌀ (coemploi : en finir avec les approximations). – Bailly, RJS 2/2021 (coemploi et responsabilité). – Beauchard, Ét. offertes à Savatier, 1992, p. 55 (héritiers de l'employeur). – Teyssié, Act. dr. entreprise, t. XI, 1980, p. 69. ♦ Détermination de l'employeur dans les groupes de sociétés : M. Henry, CSB 1996. 263 (circulation des salariés). – G. Lyon-Caen, Dr. soc. 1983. 287. – Mazeaud, Dr. soc. 2010. 738 ⌀ (déploiement de la relation de travail dans les groupes de sociétés). – D'Ornano, JCP S 2010. 1533 (le coemployeur). – Pagnerre, JCP S 2011. 1423 (L'extension de la théorie des coemployeurs, source de destruction du droit du travail) ; RDT 2016. 175 ⌀ (de la fictivité comme critère du coemploi : « certes mais pas que… »). – Savatier, Études offertes à A. Brun, 1974, p. 530. – Vacarie, Dr. soc. 1975. 23.

1° GÉNÉRALITÉS

65. Principes. Le traiteur qui recrute des extras et fixe leur rémunération a seul la qualité d'employeur et non les clients, alors même que ceux-ci paient directement les salariés, ce qui n'exclut pas qu'ils le fassent pour le compte et à la demande du traiteur. ● Soc. 9 nov. 1978 : *Bull. civ. V, n° 760.* ♦ Le contrat de travail signé par le mandataire apparent d'une société, associé du gérant et chargé de l'exploitation de l'entreprise, n'encourt pas la nullité. ● Soc. 15 juin 1999, ⚖ *n° 97-41.375 P* : *RJS 1999. 645, n° 1018* ; *Dr. soc. 1999. 835, obs. Gauriau* 🖉. ♦ Mais n'a pas la qualité d'employeur de gardes-malades l'association à but non lucratif d'aide aux personnes âgées dont le rôle se limite à l'accomplissement de tâches administratives pour le compte de ses membres, même si les contrats de travail ont été établis par elle. ● Soc. 2 juin 1993 : ⚖ *RJS 1993. 423, n° 710.*

66. Pluralité d'employeurs. Un salarié occupant les fonctions d'agent général ayant signé le même jour deux contrats, l'un avec la société dans laquelle il conservait ses attributions, l'autre avec une société nouvellement créée dans laquelle la première possédait une participation, la cour d'appel a pu estimer qu'il était lié à deux employeurs par des conventions différentes, les deux sociétés ayant conservé leur personnalité juridique propre et les fonctions attribuées au salarié, les rémunérations et les indemnités prévues en cas de rupture étant nettement distinctes et différentes. ● Soc. 28 juin 1973 : *Bull. civ. V, n° 423.*

67. Coemployeurs. Hors l'existence d'un lien de subordination, une société faisant partie d'un groupe ne peut être qualifiée de coemployeur du personnel employé par une autre que s'il existe, au-delà de la nécessaire coordination des actions économiques entre les sociétés appartenant à un même groupe et de l'état de domination économique que cette appartenance peut engendrer, une immixtion permanente de cette société dans la gestion économique et sociale de la société employeur, conduisant à la perte totale d'autonomie d'action de cette dernière. ● Soc. 25 nov. 2020, ⚖ *n° 18-13.769 P* : *D. 2020. 2348* 🖉 ; *RDT 2020. 749, obs. Kocher et Vernac* 🖉 ; *Dr. soc. 2021. 367, obs. Baugard* 🖉 ; *RJS 2/2021, n° 63* ; *Dr. ouvrier 2021. 215, note Gomes* ; *SSL 2021, n° 1936, p. 10, obs. Auzero* 🖉 ; *JSL 2021, n° 511-2, obs. Lhernould*. ♦ L'existence d'une situation de coemploi est caractérisée dès lors qu'il est démontré une ingérence continuelle et anormale de la société mère dans la gestion économique et sociale de la filiale, allant au-delà de la nécessaire collaboration entre sociétés d'un même groupe, se traduisant par l'éviction des organes de direction de la filiale dont faisait partie l'intéressé au profit de salariés de la société mère. ● Soc. 23 nov. 2022, ⚖ *n° 20-23.206 B* : *D. actu. 8 déc. 2022, obs. Peixoto* ; *RJS 2/2023, n° 54* ; *BJT 2022. 51, obs. Auzero*. ♦ Comp. : hors l'existence d'un lien de subordination, une société faisant partie d'un groupe ne peut être considérée comme un coemployeur à l'égard du personnel employé par une autre, que s'il existe entre elles, au-delà de la nécessaire coordination des actions économiques entre les sociétés appartenant à un même groupe et de l'état de domination économique, que cette appartenance peut engendrer, une confusion d'intérêts, d'activités et de direction se manifestant par une immixtion dans la gestion économique et sociale de cette dernière, le fait que les dirigeants de la filiale proviennent du groupe et que la société mère ait pris dans le cadre de la politique du groupe des décisions affectant le devenir de la filiale et se soit engagée à fournir les moyens nécessaires au financement des mesures sociales liées à la fermeture du site et à la suppression des emplois ne pouvant suffire à caractériser une situation de coemploi. ● Soc. 2 juill. 2014 : ⚖ *D. 2014. 1502* 🖉 ; *ibid. 2147, obs. Le Corre et Lucas* 🖉 ; *Rev. sociétés 2014. 709, note Couret et Schramm* 🖉 ; *RDT 2014. 625, obs. Kocher* 🖉 ; *RJS 2014. 571, n° 662* ● 22 juin 2011 : ⚖ *D. 2012. 901, obs. Lokiec et Porta* 🖉 ; *RDT 2011. 634, obs. Auzero* 🖉 ● 10 déc. 2015, ⚖ *n° 14-19.316 P* : *D. 2016. Actu. 16* 🖉 ; *RDT 2016. 27, note Auzero* 🖉 ; *RJS 2/2016, n° 92* ; *JSL 2016, n° 403-4, obs. Tissandier*. ♦ Cette situation, lorsqu'elle est imputée au dirigeant social de la maison mère, doit être détachable du mandat social exercé dans cette société. ● Soc. 24 juin 2014 : ⚖ *D. actu. 24 juill. 2014, obs. Ines* ; *D. 2014. Actu. 1502* 🖉 ; *RJS 2014. 572, n° 663.*

68. Coemployeur et licenciement pour motif économique. V. notes 45 ss. art. L. 1233-3 et 9 ss. L. 1233-4.

2° SITUATIONS PARTICULIÈRES

BIBL. Danti-Juan, *Dr. soc. 1985. 834.* – Gaudu, *D. 1988. Chron. 235* (responsabilité du prêteur de main-d'œuvre). – A. Lyon-Caen et de Maillard, *Dr. soc. 1981. 320* (mise à disposition). – Savatier, *Dr. soc. 1994. 542* 🖉. ♦ Salariés détachés et expatriés à l'étranger : *Dr. soc. 1991. 823* 🖉 et *868* 🖉.

69. Groupe de sociétés. Doit être cassé l'arrêt qui, pour considérer sans cause réelle et sérieuse le licenciement d'un conducteur d'engins, successivement employé par trois sociétés d'un groupe, s'est fondé sur le fait qu'il aurait pu être reclassé dans une des sociétés du groupe, alors que la cause réelle et sérieuse ne s'apprécie que dans les rapports de l'employeur et du salarié et qu'il n'a été établi, ni que les sociétés du groupe, sans lien juridique entre elles, aient eu des activités confondues, ni que la communauté d'intérêts existant entre elles ait placé le personnel des unes sous la subordination des autres ou ait donné lieu à des mutations autoritaires de ce personnel des unes aux autres. ● Soc. 22 nov. 1978 : *D. 1979. IR 228.* – V. aussi : ● Soc. 14 mars 1979 : *Bull. civ. V, n° 233* ● 5 mai 1986 : *ibid., n° 196.* ♦ Comp., en cas de licenciement économique : ● Soc. 25 juin 1992 : ⚖

CONTRAT DE TRAVAIL **Art. L. 1221-1** 85

Dr. soc. 1992. 710 . ♦ Lorsque deux sociétés sont unies par des liens étroits, que l'activité de l'une prolonge celle de l'autre et que toutes deux s'inscrivent dans une « même finalité économique », le salarié muté de l'une à l'autre voit son contrat de travail se poursuivre. • Soc. 16 juin 1988 : *JS UIMM 1988. 502.* – Dans le même sens : • Soc. 24 nov. 1993, n° 90-41.751 P : *Dr. soc. 1994. 43.*

70. Sociétés mères et filiales. Un salarié muté par une société mère dans une de ses filiales dont il reçoit les ordres et sollicite les instructions se trouve placé sous la subordination de celle-ci, peu important que les liens avec la société mère n'aient pas été entièrement rompus et que la filiale n'ait pas été son seul employeur. • Soc. 21 janv. 1976 : *Bull. civ. V, n° 38.* ♦ Comp. • Soc. 23 févr. 1994 : *Dr. soc. 1994. 542, note Savatier* (absence de lien de subordination entre une société mère et des salariés mis à sa disposition par une filiale).

71. En interprétant les accords complexes passés par une société mère et ses filiales, un arrêt a pu notamment estimer que l'ensemble de la gestion était assuré par la société mère, que c'est elle qui assurait l'entière direction du personnel, que la filiale était dans une totale dépendance vis-à-vis de la société mère et en déduire que le salarié était resté au service de cette dernière malgré son détachement. • Soc. 22 nov. 1979 : *Bull. civ. V, n° 882 ; D. 1980. IR 351, obs. Langlois.* ♦ Un salarié mis par son employeur à la disposition d'une société pour une mission précise et temporaire, sans qu'un contrat ait été conclu entre lui et cette dernière, est resté sous la seule subordination de son employeur, peu important que son salaire ait été réglé par l'autre société. • Soc. 27 mars 1996, n° 93-40.741 P. ♦ En interprétant les termes ambigus de la convention intervenue entre une société et un salarié, une cour d'appel a pu estimer que le contrat initial entre le salarié et la société mère avait subsisté après le détachement du salarié dans une filiale et que la décision de rupture prise par la filiale avait seulement eu pour effet de mettre fin au détachement du salarié, le refus de la société mère de le réintégrer constituant un licenciement sans cause réelle et sérieuse. • Soc. 25 févr. 1988, n° 85-41.655 P : *D. 1988. Somm. 321, obs. A. Lyon-Caen ; Rev. sociétés 1988. 546, note Vacarie.* ♦ Sur le licenciement du salarié détaché à l'étranger, V. notes ss. art. L. 1231-5.

72. Un salarié recruté par une société mère pour exercer des fonctions de direction technique pour le compte d'une filiale, sous les ordres de la société mère, est indivisiblement le salarié des deux sociétés qui constituent à son égard un seul et même employeur. • Soc. 23 sept. 1992 : *Dr. soc. 1992. 918.*

73. Lorsqu'il n'est pas possible de relever entre trois sociétés une communauté totale d'intérêts et de direction, que leurs activités respectives sont entièrement distinctes, que leurs relations ne sont pas suffisamment étroites et structurées pour faire échec à leur indépendance juridique, le salarié détaché dans l'une d'elles n'a pas de lien de droit avec les deux autres. • Soc. 22 mars 1982 : *Bull. civ. V, n° 193.*

74. Si la reconnaissance d'une UES permet l'expression collective de l'intérêt des travailleurs appartenant à cette collectivité, elle ne se substitue pas aux entités juridiques qui la composent, de sorte qu'elle n'a pas la personnalité morale et ne peut être l'employeur des salariés des entreprises qui la composent. • Soc. 16 déc. 2008 : *D. 2009. AJ 233 ; RJS 2009. 219, n° 254 ; Dr. soc. 2009. 500, obs. Savatier ; JCP S 2009. 1140, obs. Blanc-Jouvan.*

75. Convention d'expatriation. La lettre d'engagement fixant les éléments du contrat de travail à durée indéterminée lie le salarié à la société française ; le contrat de travail, qui a été exécuté, a été rompu à l'initiative de l'employeur, la société française. • Soc. 22 sept. 2010 : *JCP S 2010. 1538, obs. Martinon.*

76. Mise à disposition de salariés à un comité d'entreprise. Un agent de la SNCF mis à la disposition d'un comité d'entreprise pour y accomplir un travail pour le compte de ce dernier et sous sa direction est lié par un contrat de travail à cet organisme, lequel a dès lors la qualité d'employeur ; la SNCF ne peut rompre le contrat par l'exercice de son pouvoir disciplinaire, il appartient au comité d'entreprise de prendre l'initiative de la rupture. • Soc. 23 mars 2016, n° 14-14.811 P : *D. actu. 13 avr. 2016, obs. Peyronnet ; D. 2016. Actu. 789 ; RJS 6/2016, n° 430 ; JCP S 2016. 1186, obs. Mialhe.*

C. ACTION EN QUALIFICATION

77. Délai. L'action par laquelle une partie demande de qualifier un contrat, dont la nature juridique est indécise ou contestée, de contrat de travail, revêt le caractère d'une action personnelle et relève de la prescription de l'art. 2224 C. civ. • Soc. 11 mai 2022, n° 20-14.421 P : *D. 2022. 1617, chron. Ala, Lanoue et Valéry ; Dr. soc. 2022. 757, obs. Radé ; Légipresse 2022. 431, note Gras ; RJS 7/2022, n° 398 ; JCP 2022. 864, obs. Loiseau.* ♦ La qualification dépendant des conditions dans lesquelles est exercée l'activité, le point de départ de ce délai est la date à laquelle la relation contractuelle dont la qualification est contestée a cessé. • Même arrêt.

II. CONCLUSION DU CONTRAT DE TRAVAIL

A. FORMATION

BIBL. Beauchard, *Ét. offertes à Savatier*, 1992, p. 55 (héritiers de l'employeur). – Cœuret, *Dr. ouvrier 1987. 447* (discrimination). – Hauser Costa, *RJS 1997. 331* (promesse d'embauche). – Péano, *Dr. soc. 1995. 129* (*intuitus personae*). – Revet, *Dr. soc. 1992. 853* (objet du contrat). – Savatier, *Dr. soc. 1994. 237* (contrats conclus avec un couple de travailleurs). – Sordimo, *LPA*

31 juill. 1996 (contrat de travail avec un couple de salariés). ♦ Statut et responsabilité des conseils en recrutement : Dunes, *RJS 1989. 257*. – Rousseau, *Dr. soc. 1990. 545* ⌀. ♦ Validité des clauses pénales : Déprez, *BS Lefebvre 1985. 267*. – Paisant, *JCP 1986. I. 3238*.

1° CONDITIONS DE VALIDITÉ

a. Consentement

BIBL. Fabre-Magnan et Lokiec, *D. 2022. 78* ⌀ (le vice de violence en droit du travail).

78. Erreur. Un employeur ayant imposé la signature d'un avenant conduisant à un changement de qualification et à une baisse importante de la rémunération, alors qu'il s'était engagé par lettre à garantir le maintien de la qualification, des avantages acquis et de l'ancienneté des salariés employés dans l'entreprise qu'il reprenait, cet avenant doit être annulé pour erreur sur les conditions substantielles du contrat. • Soc. 7 juill. 1980 : *Bull. civ. V, n° 608*. ♦ L'erreur de l'un des contractants ne peut créer un usage modifiant la convention liant les parties. • Soc. 25 mai 1989 : *Bull. civ. V, n° 397*.

79. N'est pas excusable l'erreur commise par une société qui ne s'est pas renseignée plus complètement sur le candidat, ancien président-directeur général, et n'a pas procédé à des investigations plus poussées qui lui auraient permis de découvrir que le candidat venait de déposer le bilan de sa société aussitôt mise en liquidation judiciaire. • Soc. 3 juill. 1990 : ⚖ *D. 1991. 507*, note J. Mouly ⌀. – V. aussi • Soc. 23 janv. 1992, ⚖ n° 88-43.391 P : *RJS 1992. 154, n° 240*.

80. Dol. La fourniture de renseignements inexacts par le salarié lors de l'embauche n'est un manquement à l'obligation de loyauté susceptible d'entraîner la nullité du contrat de travail que si elle constitue un dol ; elle ne constitue une faute susceptible de justifier le licenciement que s'il est avéré que le salarié n'avait pas les compétences effectives pour exercer les fonctions pour lesquelles il a été recruté. • Soc. 30 mars 1999, ⚖ n° 96-42.912 P : *D. 1999. IR 123 ; JCP 1999. II. 10195, note J.M. ; RJS 1999. 395, n° 626*. ♦ Est nul le contrat de travail conclu sur la base de fausses informations données par le salarié quant à sa formation et à ses diplômes dès lors qu'elles ont été déterminantes dans son recrutement. • Soc. 17 oct. 1995 : ⚖ *JCP 1996. I. 3923, n° 3, obs. Rault*. ♦ Il appartient à l'entreprise, qui avait fait procéder à l'analyse graphologique de la lettre de demande d'embauche que le candidat avait fait rédiger par son conjoint, de démontrer qu'elle n'aurait pas contracté en l'absence des manœuvres invoquées. • Soc. 5 oct. 1994 : ⚖ *Dr. soc. 1994. 973, obs. Ray* ⌀. ♦ En revanche, n'est pas constitutive de dol car ne résulte pas d'une volonté de tromper la mention au *curriculum vitæ* imprécise et susceptible d'interprétation erronée.

• Soc. 16 févr. 1999, ⚖ n° 96-45.565 P : *D. 2000. 97, note Aubert-Montpeyssen* ⌀ ; *Dr. soc. 1999. 396, obs. Gauriau* ⌀ ; *CSB 1999. 166, A. 27*.

b. Capacité

81. Mineur. L'art. 1305 C. civ. selon lequel la simple lésion donne lieu à la rescision en faveur du mineur non émancipé contre toutes sortes de conventions s'applique au contrat de travail, la question de savoir si le mineur est ou non lésé étant laissée à l'appréciation souveraine des juges du fond. • Soc. 4 oct. 1966 : *Dr. soc. 1967. 178, obs. Savatier*.

82. Majeur sous curatelle. S'agissant d'un acte engageant le patrimoine, le contrat de travail conclu par un majeur sous curatelle renforcée, en qualité d'employeur, constitue un acte pour lequel l'assistance du curateur est nécessaire ; en présence d'un refus du curateur de prêter son assistance, l'autorisation supplétive du juge des tutelles est nécessaire. • Civ. 1re, 3 oct. 2006 : ⚖ *RJS 2006. 926, n° 1238*.

83. Personne morale. Lorsque le contrat de travail a été signé par le mandataire apparent de la société, associé du gérant et chargé de l'exploitation de l'entreprise, le contrat de travail ne peut être atteint de nullité. • Soc. 15 juin 1999, ⚖ n° 97-41.375 P : *RJS 1999. 645, n° 1018 ; Dr. soc. 1999. 385, obs. Gauriau* ⌀.

c. Objet

84. Caractère déterminé. Le contrat de travail suppose un accord des parties sur les modalités déterminées de la tâche à accomplir et sur sa rémunération. • Soc. 7 janv. 1981 : *Bull. civ. V, n° 2*. ♦ N'est pas un contrat de travail mais un simple accord sur les conditions de rémunération susceptibles d'être appliquées une convention, qualifiée de contrat ouvert, n'impliquant à la charge de la société aucune obligation d'employer un assistant de réalisation, ni pour celui-ci l'engagement d'effectuer les tâches qui lui étaient offertes. • Soc. 25 janv. 1989 : *Bull. civ. V, n° 57*.

d. Cause

85. Cause illicite. Commet une faute l'employeur qui, après avoir inséré une clause d'indexation qu'il savait inopérante parce qu'illicite, ce qui avait amené le salarié à s'engager, a ensuite refusé toute augmentation. • Soc. 14 mai 1981 : *JS UIMM 1987. 445*. ♦ L'illégalité d'un stage de formation n'est pas exclusive d'une faute commise par l'employeur, génératrice d'un préjudice dont le salarié peut obtenir réparation. • Soc. 17 avr. 1986 : *Bull. civ. V, n° 154*.

86. Cause immorale (jurisprudence ancienne). Une femme de chambre, employée dans une maison de tolérance, ne peut se prévaloir de son contrat dont la cause est illicite et contraire aux bonnes mœurs pour agir en paiement de salaires. • Soc. 8 janv. 1964: *D. 1964. 267 ; Dr. soc. 1964. 578, obs. Savatier.* ♦ Est nul le contrat conclu pour une durée de quinze ans entre deux personnes entretenant des relations adultères, la clause exorbitante et inhabituelle du contrat ne représentant pas la contrepartie de la prestation de travail et de la compétence professionnelle du salarié. • Soc. 4 oct. 1979 : *Bull. civ. V, n° 680 ; D. 1980. IR 267, obs. Ghestin.*

e. Annulation

87. Conditions. Est nul et de nul effet le contrat de travail prévoyant une indemnité de licenciement très supérieure à celle fixée par la convention collective et organisant les modalités de la rupture au préjudice des sociétés absorbantes pour les pénaliser et tenter de faire échec à une réorganisation. • Soc. 26 oct. 1976 : *Bull. civ. V, n° 522 ; D. 1976. IR 326.* ♦ Lorsque de prétendues attributions de directeur technique font déjà partie des obligations professionnelles d'un médecin, que le contrat qui ne correspond à aucun travail est fictif et n'a pour objet que de faire bénéficier l'intéressé d'avantages attachés à la qualité de salarié, c'est à bon droit que la nullité de ce prétendu contrat de travail est prononcée. • Soc. 3 déc. 1981 : *D. 1982. IR 131.*

2° OFFRE D'EMBAUCHE

88. Critères. Constitue une offre de contrat de travail, qui peut être librement rétractée tant qu'elle n'est pas parvenue à son destinataire, l'acte par lequel un employeur propose un engagement précisant l'emploi, la rémunération et la date d'entrée en fonction et exprime la volonté de son auteur d'être lié en cas d'acceptation ; la rétractation de l'offre avant l'expiration du délai fixé par son auteur ou, à défaut, l'issue d'un délai raisonnable, fait obstacle à la conclusion du contrat de travail et engage la responsabilité extracontractuelle de son auteur. • Soc. 21 sept. 2017, n°s 16-20.103 et 16-20.104 : *D. 2017. Actu. 1920, note explicative de la Cour de cassation ; ibid. 2289, note Baudin et Dubarry ; ibid. 2007, obs. Mazeaud ; RDT 2017. 715, note Bento de Carvalho ; RJS 12/2017, p. 859, note Mouly ; JSL 2017, n° 441-1, obs. Hautefort ; JCP S 2017. 1356, obs. Loiseau ; Gaz. Pal. 2017. 13, obs. Latina ; SSL 2017, n° 1794, p. 10, obs. Gaiardo.*

89. Précision de l'offre. La lettre qui ne mentionne ni l'emploi occupé, ni la rémunération, ni la date d'embauche, ni le temps de travail constitue une simple offre d'emploi. • Soc. 12 juill. 2006 : *RDT 2006. 311, obs. Auzero ; JSL 2006, n° 196-5.* ♦ Aucun contrat de travail ne s'est formé lorsque la lettre d'envoi d'un projet d'engagement d'une danseuse à l'opéra, signé par l'employeur, n'a pu être produite et que, si le projet avait été envisagé, sa signature était soumise à la condition de l'accord du contrôle financier, condition non réalisée. • Soc. 17 oct. 1973 : *D. 1973. Somm. 142.* ♦ De même, une lettre de proposition d'emploi ne comportant ni l'emploi occupé, ni la rémunération, ni la date d'embauche ne constitue qu'une simple offre d'emploi et n'a pas valeur de promesse d'embauche. • Soc. 12 juill. 2006 : préc. ♦ Mais constitue un véritable contrat, et non un simple projet, la lettre confirmant une embauche, alors que l'apposition de sa signature par le salarié sur ce document ne constituait pas pour les parties un élément essentiel du contrat. • Soc. 2 mars 1993 : *JCP E 1993. II. 513, note Hochart ; CSB 1993. 113, S. 47.* ♦ De même, un contrat de travail est formé entre les parties s'agissant d'une lettre confirmant la proposition d'emploi faite au salarié et précisant le lieu de travail ainsi que la rémunération et constituant la confirmation écrite d'un engagement verbal n'appelant pas de réponse de la part du salarié. • Soc. 4 déc. 2001, n° 99-43.324 P : *D. 2002. IR 135 ; Dr. soc. 2002. 212, obs. Savatier ; RJS 2002. 126, n° 136.* ♦ Constitue une offre de contrat de travail le courriel adressé par le représentant du club à un candidat précisant l'emploi, la rémunération et la période d'engagement envisagée, et donc la date d'entrée en fonction du candidat ; celle-ci ayant été acceptée par un courriel du représentant de l'intéressé le jour même, les parties étaient liées, depuis cette acceptation, par un contrat de travail à durée déterminée que le club employeur ne pouvait pas ultérieurement remettre en cause. • Soc. 23 sept. 2020, n° 18-22.188 : *RJS 12/2020, n° 572.*

90. Retrait de l'offre. Le retrait d'une offre d'embauche après que le salarié l'a acceptée lui cause un préjudice dont l'employeur doit réparation. • Soc. 20 mai 1985 : *JS UIMM 1985. 383.* ♦ Un employeur s'étant engagé, par voie d'annonce, à payer à un gérant un salaire minimum, l'intéressé est fondé à refuser le contrat ne comportant pas l'indication du minimum garanti et à obtenir réparation du préjudice subi. • Soc. 17 nov. 1982 : *D. 1983. IR 115.*

3° PROMESSE D'EMBAUCHE

BIBL. Jeansen, *JCP 2017. 1249.*

91. Qualification. Constitue une promesse unilatérale de contrat de travail le contrat par lequel une partie, le promettant, accorde à l'autre, le bénéficiaire, le droit d'opter pour la conclusion d'un contrat de travail, dont l'emploi, la rémunération et la date d'entrée en fonction sont déterminés, et pour la formation duquel ne manque que le consentement du bénéficiaire ; la révocation de la promesse pendant le temps laissé au bénéficiaire pour opter n'empêche pas la formation du contrat de travail promis. • Soc. 21 sept. 2017, n°s 16-20.103 et 16-20.104 P : *préc. note 88.* ♦ Comp. antérieurement: constitue une promesse d'embauche valant contrat de travail l'écrit qui précise l'emploi proposé et la date d'entrée en fonction ; la rupture de cet engagement s'analyse en un licenciement sans cause réelle et sérieuse. • Soc. 15 déc. 2010 : ⚷ *D. actu. 20 janv. 2011,* obs. Siro ; *D.* 2011. Actu. 170 ⌀ ; *RDT* 2011. 108, obs. Auzero ⌀ ; *JSL* 2011, n° 293-2, obs. Lhernould ; *JCP S* 2011. 1104, obs. Puigelier.

4° RENCONTRE DES CONSENTEMENTS

92. Contrat par correspondance. Le contrat de travail conclu par correspondance se trouve formé au moment et au lieu de l'acceptation par le salarié. • Soc. 3 mars 1965, ⚷ n° 62-40.026 P. ♦ Ainsi est un licenciement la renonciation de l'employeur à un contrat de travail, même si celui-ci n'a reçu aucun début d'exécution. • Soc. 2 févr. 1999, ⚷ n° 95-45.331 : *Dr. soc.* 1999. 484, note Favennec-Héry ⌀ ; *RTD civ.* 1999– 388, obs. Mestre.

B. FORME ET PREUVE

BIBL. Bombo-Laye, *JSL* 2008, n° 246-1 (la preuve en droit du travail). – Favennec-Héry, *Dr. soc.* 1985. 172. – Karaquillo, *D.* 1995. Chron. 168 ⌀ (formalisme dans les contrats de travail de sportifs professionnels). – Nayral de Puybusque, *SSL* 1983, n° 174, *D.* 52. – Véricel, *Dr. soc.* 1993. 818 ⌀ (formalisme dans le contrat de travail).

1° FORME

93. Rédaction en français. L'obligation de rédiger en français tout contrat de travail constaté par écrit et à exécuter sur le territoire français n'a pas pour sanction la nullité, mais permet au salarié d'obtenir de l'employeur la délivrance du contrat conforme aux exigences du texte. • Soc. 19 mars 1986 : *D.* 1987. 359, note Légier.

94. Opposabilité. Lorsque le contrat de travail n'est pas signé par le salarié, les clauses qui y sont intégrées ne lui sont pas opposables. • Soc. 2 avr. 1998, ⚷ n° 95-43.541 P : *D.* 1999. Somm. 33, obs. Escande-Varniol ⌀.

95. Pluralité de contrats de la même date. En présence de deux contrats de travail signés à la même date par le salarié avec le même employeur, seul le plus favorable à l'intéressé doit recevoir application. • Soc. 12 juill. 2006 : ⚷ *RJS* 2006. 767, n° 1024.

96. La non-remise ou la remise tardive au salarié de l'un des documents visés par la convention collective devant venir confirmer son embauchage définitif lui cause nécessairement un préjudice. • Soc. 27 mars 2001, ⚷ n° 98-46.119 P : *RJS* 2001. 500, n° 716.

97. Homologation du contrat. S'il résulte des règlements de la Ligue nationale de rugby que les contrats conclus entre un joueur et un club professionnel doivent être impérativement soumis à la faculté d'homologation, aucun texte ne prévoit que le non-respect de ces règles est sanctionné par la nullité du contrat ; le joueur est tenu de respecter les engagements qu'il avait souscrits. • Soc. 17 mars 2010 : ⚷ *SSL* 2010, n° 1453, p. 13, obs. Florès.

2° PREUVE

98. Charge de la preuve. C'est à celui qui se prévaut d'un contrat de travail d'en établir l'existence. • Soc. 21 juin 1984 : *D.* 1984. *IR* 465. ♦ Mais en présence d'un contrat de travail apparent, il incombe à celui qui invoque son caractère fictif d'en rapporter la preuve. • Soc. 24 mars 1993 : ⚷ *RJS* 1993. 290, n° 481. • 18 juin 1996, ⚷ n° 92-44.296 P. (pour un contrat écrit) • 7 janv. 1997 : ⚷ *Dr. soc.* 1997. 310, obs. Couturier ⌀.

99. Justifient l'application de l'art. 1348 C. civ. les juges qui admettent que le salarié était dans l'impossibilité morale de réclamer un écrit en raison du lien de subordination l'unissant à son employeur et des usages en vigueur dans le monde du travail. • Soc. 28 avr. 1955, n° 3.834 P.

C. NULLITÉS

BIBL. Buy, *Mél. Béguet,* 1985, p. 69 (enrichissement sans cause). – Choley, *ibid.,* p. 87 (sanction des vices du consentement). – Djoudi, *D.* 1995. Chron. 192 ⌀. – Freyria, *Dr. soc.* 1960. 619. – Tournaux, *RJS* 12/2022, chron. (vices du consentement en droit du travail).

100. Restitutions. Lorsqu'un contrat de travail est nul, les parties ne pouvant être remises dans le même état que si ce contrat n'avait jamais existé, celui qui a exécuté le travail promis est en droit de recevoir une rémunération en contrepartie ; il peut conserver à titre d'indemnités les salaires perçus. • Soc. 22 nov. 1979 : *Bull. civ.* V, n° 885 ; *D.* 1980. *IR* 258. ♦ Rappr. : • Soc. 1er avr. 1992 : ⚷ *D.* 1992. *IR* 153 ; *CSB* 1992. 147, *S.* 84. • Soc. 7 mai 2003 : ⚷ *RJS* 2003. 567, n° 848.

101. Enrichissement injustifié. La nullité d'ordre public d'un contrat de travail pour inobservation de l'art. L. 341-2 n'interdit pas au salarié d'agir contre l'employeur sur le fondement de l'enrichissement sans cause. • Soc. 15 févr. 1978, ⚷ n° 76-41.142 P : *D.* 1980. 30, note *G. Lyon-Caen* ; *ibid.* 1978. *IR* 387, obs. Pélissier ; *ibid.* 1979. *IR* 312, obs. Alaphilippe et Karaquillo.

102. Faute de l'employeur. En cas de nullité d'un contrat à exécution successive, les parties doivent être indemnisées pour les prestations fournies ainsi que des fautes commises par l'une au préjudice de l'autre, telle celle commise par l'employeur qui a commis une infraction et a bénéficié du travail d'un étranger irrégulièrement embauché. • Soc. 3 oct. 1980 : *Bull. civ.* V, n° 704 ; *D.* 1982. 68, note Agostini. – Dans le même sens : • Soc. 9 févr. 1966 : *Dr. soc.* 1966. 426, obs. Savatier.

CONTRAT DE TRAVAIL **Art. L. 1221-1** 89

III. PRINCIPALES CLAUSES DU CONTRAT DE TRAVAIL

RÉP. TRAV. v° *Contrat de travail (clauses particulières)*, par Aubrée.
BIBL. Mekki, *RDT* 2006. 292.

A. CLAUSE D'EXCLUSIVITÉ

103. Qualification. Ne peut être qualifiée de clause d'exclusivité la clause par laquelle un salarié est tenu à une obligation de fidélité lui interdisant de s'intéresser directement ou indirectement à une entreprise concurrente ou de collaborer sous quelque forme que ce soit avec une telle entreprise, dès lors qu'elle ne lui interdit pas d'effectuer, pour le compte d'un tiers, des opérations autres que celles portant sur des produits susceptibles de concurrencer ses coemployeurs. ● Soc. 8 juin 2011 : *D.* 2011. 2961, obs. *Centre de droit de la concurrence et Serra*.

104. Validité. La clause par laquelle un salarié s'engage à consacrer l'exclusivité de son activité à un employeur porte atteinte à la liberté du travail ; elle n'est valable que si elle est indispensable à la protection des intérêts légitimes de l'entreprise et si elle est justifiée par la nature de la tâche à accomplir et proportionnée au but recherché. ● Soc. 11 juill. 2000 : *D.* 2000. IR 228 ; *RJS* 2000. 767, n° 1154 ; *Dr. soc.* 2000. 1141, obs. *Mouly*. ● 24 févr. 2004, n° 01-43.392 P. ● 11 mai 2005 : *D.* 2005. IR 1590 ; *JCP S* 2005. 1005, note *Césaro* ; *RJS* 2005. 565, n° 787. ♦ La clause par laquelle un salarié à temps partiel se voit interdire toute autre activité professionnelle, soit pour son compte, soit pour le compte d'un tiers, porte atteinte au principe fondamental de libre exercice d'une activité professionnelle et n'est dès lors valable que si elle est indispensable à la protection des intérêts légitimes de l'entreprise et si elle est justifiée par la nature de la tâche à accomplir et proportionnée au but recherché ; si la nullité d'une telle clause n'a pas pour effet d'entraîner la requalification du contrat de travail à temps partiel en contrat de travail à temps complet, elle permet toutefois au salarié d'obtenir réparation du préjudice ayant résulté pour lui de cette clause illicite. ● Soc. 24 mars 2021, n° 19-16.418 P : *D.* 2021. Actu. 702 ; *Dr. soc.* 2021. 746, note *Bento de Carvalho* ; *RJS* 6/2021, n° 310 ; *JSL* 2021, n° 523-6, obs. *Hautefort* ; *JCP S* 2021. 1147, obs. *Bauduin*.

105. Illicéité de la clause d'exclusivité. La nullité de la clause illicite n'a pas pour effet d'entraîner la requalification d'un contrat de travail à temps partiel en un contrat de travail à temps complet mais elle permet au salarié d'obtenir réparation du préjudice ayant résulté pour lui de cette clause illicite. ● Soc. 24 mars 2021, n° 19-16.418 P : *préc.*

106. V. également notes ss. l'art. L. 3123-1.

B. CLAUSE DE DÉDIT-FORMATION

107. Validité. Les clauses de dédit-formation sont licites si elles constituent la contrepartie d'un engagement pris par l'employeur d'assurer une formation entraînant des frais réels au-delà des dépenses imposées par la loi ou la convention collective, si le montant de l'indemnité de dédit est proportionné aux frais de formation engagés et si elles n'ont pas pour effet de priver le salarié de la faculté de démissionner. ● Soc. 21 mai 2002, n° 00-42.909 P : *GADT*, 4ᵉ éd., n° 85 ; *Dr. soc.* 2002. 902, obs. *Savatier*. ♦ Est nulle la clause de dédit-formation qui ne contient aucune information sur le coût réel de la formation pour l'employeur. ● Soc. 16 mai 2007 : *RDT* 2007. 450, obs. *Auzero* ; *JCP S* 2007. 1585, note *Drai*. ♦ Sur la nullité de la clause de dédit-formation, stipulée dans le cadre de l'art. L. 6321-2 C. trav., qui prévoit le remboursement des salaires versés pendant la formation en cas de départ prématuré. V. ● Soc. 23 oct. 2013 : *D.* 2013. Actu. 2522 ; *D.* 2014. 302, obs. *Ducloz* ; *Dr. soc.* 2014. 77, obs. *Canut* ; *RJS* 1/2014, n° 65.

108. L'engagement du salarié de suivre une formation à l'initiative de son employeur, et, en cas de démission, d'indemniser celui-ci des frais qu'il a assumés, doit, pour être valable, faire l'objet d'une convention particulière conclue avant le début de la formation et qui précise la date, la nature, la durée de la formation et son coût réel pour l'employeur, ainsi que le montant et les modalités du remboursement à la charge du salarié. ● Soc. 4 févr. 2004 : *RDC* 2004. 720, note *Radé*.

109. Imputabilité de la rupture et clause de dédit-formation. Une clause de dédit-formation ne peut être mise en œuvre lorsque la rupture du contrat de travail est imputable à l'employeur ; tel est le cas lorsque la prise d'acte de la rupture produit les effets d'un licenciement sans cause réelle et sérieuse. ● Soc. 11 janv. 2012 : *D. actu.* 30 janv. 2012, obs. *Siro* ; *D.* 2012. Actu. 226 ; *Dr. soc.* 2012. 420, obs. *Canut* ; *RJS* 2012. 192, n° 224 ; *JCP S* 2012. 1175, obs. *Dumont*.

110. V. également note ss. l'art. L. 1237-1.

C. CLAUSES DE NON-CONCURRENCE

BIBL. Arséguel et Amauger-Lattes, *RF compt.* 1994. 50. – Castronovo, *RDT* 2010. 507 (clause de clientèle et clause de non-concurrence). – Corrignan-Carsin, *Dr. soc.* 1992. 967. – N. Gavalda, *Dr. soc.* 1999. 582 (critères de validité). – Gaudu, *Dr. soc.* 1991. 419 (fidélité et rupture). – Gomy, *Mél. offerts à Y. Serra Dalloz* 2006 (autonomie de la clause de non-concurrence). – Guerrero, *JSL* 2012, n° 320-1 (variations sur la clause de non-concurrence). – Haller, *JSL* 1998, n° 19-3 (apport récent de la jurisprudence). – Jeansen, *RJS* 10/2019, p. 683 (étendue géographique de la clause de non-concurrence). – Kerbourc'h, *RJS 2003. 3.* – Lhernoud, *RJS 2012. 171* (un an de jurisprudence de la Cour de cassation). – G. Lyon-Caen, *Dr. soc. 1963. 88.* – Mousseron, *ibid. 1989. 479.* – Pélissier, *ibid. 1990. 19* ⌀ – L. F. Pignarre, *RDT 2009. 151* ⌀. – Pizzio-Delaporte, *Dr. soc. 1996. 145* ⌀ (jurisprudence récente). – Quétant, *JSL 2003, n° 132* (contrepartie pécuniaire). – Rose, *RDT 2018. 735* ⌀ (contrepartie financière de l'obligation de non-concurrence). – Sautonie-Laguionie, Béraud, Gérard, Martinon et Picode, *JCP S 2013. 1445.* – Savatier, *Dr. soc. 1990. 50* ⌀ – Serra, *D. 1996. Chron. 245* ⌀. – Serret, *Dr. soc. 1994. 759* ⌀. – Tassel, *Dr. soc. 1977. 180.* – Vatinet, *Dr. soc. 1998. 534* ⌀ (principes mis en œuvre par la jurisprudence). – Vincent, *Dr. soc. 1997. 152* ⌀ (promesse du salarié d'être fidèle à l'employeur après son départ de l'entreprise).

111. Obligation de loyauté en l'absence de clause. Le salarié non soumis à une clause de non-rétablissement ne commet aucun acte de concurrence déloyale en créant après la rupture de son contrat une entreprise à un moment où il n'était plus tenu d'aucune obligation envers l'employeur. • Soc. 20 févr. 1975 : *Bull. civ. V, n° 84* ; *D. 1975. IR 73.* ♦ Aucun manquement à l'obligation de loyauté n'est caractérisé s'agissant d'un salarié qui a immatriculé sa société pendant le cours du préavis et n'a débuté son exploitation que postérieurement à la rupture de celui-ci, alors qu'il n'était plus tenu d'aucune obligation envers son ancien employeur. • Soc. 23 sept. 2020, ⚖ n° 19-15.313 P : *D. actu. 12 oct. 2020, obs. Fraisse* ; *D. 2020. 1899* ⌀ ; *RJS 11/2020, n° 525* ; *JCP S 2020. 3053, obs. Bossu.* ♦ Le salarié en congé sabbatique peut avoir une activité salariée mais reste tenu d'une obligation de loyauté et de non-concurrence. • Soc. 5 juin 1996, ⚖ n° 93-42.588 P : *RJS 1996. 600, n° 937.*

112. Prohibitions particulières. Une clause dite « de respect de la clientèle » est contraire à l'art. 7 de la loi du 31 déc. 1971 interdisant toute stipulation limitant la liberté d'établissement ultérieure. • Civ. 1ʳᵉ, 14 oct. 1997 : ⚖ *D. 1997. IR 233* ⌀ ; *TPS 1998, n° 1.* ♦ L'appréciation de la légalité de l'art. R. 242-65 C. rur., qui interdit à tout vétérinaire d'exercer à moins de vingt-cinq kilomètres du cabinet de son ancien employeur pendant deux ans après la rupture de la relation de travail, soulève une difficulté sérieuse. • Soc. 15 janv. 2014 : ⚖ *D. actu. 30 janv. 2014, obs. Fleuriot* ; *RJS 3/2014, n° 224.*

1° OBLIGATION CONVENTIONNELLE DE NON-CONCURRENCE

113. Licéité. Un accord d'entreprise peut contenir une obligation de non-concurrence et même si l'accord de branche ne le prévoit pas. • Soc. 9 juill. 1976 : *D. 1977. 338, note Crionnet.*

114. Lorsque les dispositions d'une convention collective exigeant que toute clause de non-concurrence fasse l'objet d'un accord ne sont pas sanctionnées par la nullité, les juges du fond peuvent retenir que le comportement des parties démontrait suffisamment l'accord du salarié. • Soc. 6 mars 1986 : *D. 1986. IR 342, obs. Serra.*

115. Principe de faveur. Une clause de non-concurrence ne peut déroger à des dispositions conventionnelles dans un sens moins favorable pour le salarié. • Soc. 12 févr. 2002, ⚖ n° 99-43.858 P : *RJS 2002. 325, n° 404* ; *JSL 2002, n° 96-5* • 12 nov. 1997 : ⚖ *RJS 1997. 841, n° 1367.* ♦ La clause du contrat de travail qui impose une obligation de non-concurrence plus contraignante pour le salarié que celle admise par la convention collective applicable n'est valable que dans les limites fixées par celle-ci. • Soc. 22 oct. 2008 : ⚖ *JCP S 2008. 1672, obs. Beyneix.* ♦ La convention collective des VRP ayant réglementé la clause de non-concurrence, le contrat de travail ne peut valablement contenir des dispositions plus contraignantes pour le salarié. • Soc. 12 oct. 2011 : ⚖ *JCP S 2012. 1005, obs. Cesaro.*

116. Opposabilité. L'obligation de non-concurrence prévue par la convention collective est opposable au salarié, en l'absence de mention dans le contrat de travail, dès lors qu'il a été informé de l'existence d'une convention collective applicable et mis en mesure d'en prendre connaissance. • Soc. 8 janv. 1997, ⚖ n° 93-44.009 P : *GADT, 4ᵉ éd., n° 165* ; *D. 1997. 332, note Crionnet* ⌀ ; *Dr. soc. 1997. 323, obs. Couturier* ⌀ ; *RJS 1997. 123, n° 184.* ♦ Une convention collective intervenue postérieurement au contrat de travail ne peut avoir pour effet de couvrir la nullité qui affecte la clause de non-concurrence contenue dans le contrat de travail. • Soc. 28 sept. 2011 : ⚖ *D. actu. 26 nov. 2011, obs. Perrin* ; *D. 2011. Actu. 2480* ⌀ ; *Dr. soc. 2012. 92, obs. Mouly* ⌀ ; *RJS 2011. 853, n° 970* ; *JSL 2011, n° 309-3, obs. Godey* ; *JCP S 2011. 1004, obs. Beyneix.*

2° OBLIGATION CONTRACTUELLE DE NON-CONCURRENCE

a. Qualification

117. Qualification. La clause de clientèle qui contient une interdiction de contracter directement ou indirectement avec une ancienne salariée, y compris dans le cas où des clients de l'employeur l'envisageraient spontanément, en dehors de toute sollicitation ou démarchage, constitue une clause de non-concurrence illicite dès lors qu'elle est dépourvue de contrepartie financière et de limites dans le temps et dans l'espace. • Soc. 27 oct. 2009 : ⚖ *RJS 2010, n° 36, p. 35* ; *Dr. soc. 2010. 120, obs. Mouly* ⌀.

118. Clause de non-concurrence et clause relative au droit de propriété intellectuelle. L'engagement du salarié, après la rupture du contrat de travail, à ne déposer aucun brevet pour des créations inventées pendant l'exécution de son contrat de travail ainsi que son engagement à

CONTRAT DE TRAVAIL — Art. L. 1221-1

ne publier aucun article scientifique et à ne diffuser aucune information commerciale ni aucun renseignement technique, relatifs à la société, ne sont pas assimilables à une clause de non-concurrence et n'ouvrent pas droit au paiement d'une contrepartie financière. ● Soc. 3 mai 2018, n° 16-25.067 P : *D. 2018. Actu. 1018* ; *RJS 7/2018, n° 463* ; *JSL 2018, n° 456-3*, obs. Lhernould.

b. Conditions de validité

119. Moment d'appréciation de la validité de la clause de non-concurrence. La validité de la clause de non-concurrence doit être appréciée à la date de sa conclusion ; la convention collective intervenue postérieurement ne peut avoir pour effet de couvrir la nullité qui l'affecte. ● Soc. 29 sept. 2011 : *D. actu. 26 nov. 2011*, obs. Perrin ; *D. 2011. Actu. 2480* ; *Dr. soc. 2012. 92*, obs. Mouly ; *RJS 2011. 853, n° 970* ; *JSL 2011, n° 309-3*, obs. Godey.

120. Acceptation du salarié. L'adjonction d'une clause de non-concurrence à un contrat qui n'en prévoyait pas constitue une modification de ce contrat. ● Soc. 7 juill. 1998, n° 96-40.256 P : *RJS 1998. 615, n° 958* ; *JS Lamy 1998, n° 21-5*, obs. Haller ; *JCP 1998. II. 10196*, note Puigelier ● 16 déc. 1998, n° 96-41.845 P : *D. 1999. IR 19* ; *TPS 1999, n° 60* ; *RJS 1999. 104, n° 154*. ♦ Les parties peuvent convenir d'une clause de non-concurrence dans le cadre d'une transaction : ● Soc. 5 janv. 1994, n° 89-40.961 P : *D. 1994. 586*, note Puigelier ; *D. 1995. Somm. 250*, obs. Serra ; *JCP 1994. II. 22259*, note Taquet ; *CSB 1994. 43, A. 13* ; *RJS 1994. 119, n° 148*. ♦ Une clause de non-concurrence doit avoir fait l'objet d'une acceptation claire et non équivoque du salarié ; tel n'est pas le cas lorsque le contrat de travail dans lequel figurait la clause n'a pas été signé par le salarié. ● Soc. 1er avr. 2020, n° 18-24.472 : *D. actu. 18 juin 2020*, obs. Jardonnet.

121. Conciliation avec la liberté de l'activité professionnelle. Une clause de non-concurrence est en principe licite et ne doit être annulée que dans la mesure où elle porte atteinte à la liberté du travail. ● Soc. 8 mai 1967 : *Bull. civ. IV, n° 373* ; *GADT, 4e éd., n° 44* ; *D. 1967. 230*, note Lyon-Caen.

122. Conditions cumulatives. Une clause de non-concurrence n'est licite que si elle est indispensable à la protection des intérêts légitimes de l'entreprise, limitée dans le temps et dans l'espace, qu'elle tient compte des spécificités de l'emploi du salarié et comporte l'obligation pour l'employeur de verser au salarié une contrepartie financière, ces conditions étant cumulatives. ● Soc. 10 juill. 2002, n° 00-45.135 P : *GADT, 4e éd., n° 46* ; *D. 2002. 2491*, note Serra ; *RJS 2002. 840, n° 1119* ; *JSL 2002, n° 108-2* ; *Dr. ouvrier 2002. 533*, note Taté ; *CSB 2002. 446, A. 54* ; *RDC 2003. 17*, obs. Roschfeld ; *RDC 2003. 142*, obs. Radé.

123. Application dans le temps. L'exigence d'une contrepartie financière à la clause de non-concurrence répond à l'impérieuse nécessité d'assurer la sauvegarde et l'effectivité de la liberté fondamentale d'exercer une activité professionnelle ; loin de violer les textes visés par le moyen et notamment l'art. 6 Conv. EDH, une cour d'appel en a au contraire fait une exacte application en décidant que cette exigence était d'application immédiate. ● Soc. 17 déc. 2004, n° 03-40.008 P : *D. 2005. IR 110*, note P. Guiomard ; *Dr. soc. 2005. 334*, obs. Gauriau ; *Dr. soc. 2005. 123*, chron. Sargos ; *D. 2005. Chron. 988* ; *RJS 2005. 205, n° 272* ; *JSL 2005, n° 160-3* ; *SSL 2005, n° 1200* ● 7 janv. 2003 : *RDC 2003. 145*, obs. Radé.

124. Clause potestative. Est nulle la clause dont l'employeur se réserve à son seul gré la faculté d'étendre la portée dans le temps et dans l'espace. ● Soc. 28 avr. 1994, n° 91-42.180 P : *RJS 1994. 425, n° 697* ● 12 avr. 1995 : *D. 1996. Somm. 246*, obs. Serra ; *Dr. soc. 1995. 668*, obs. Savatier ; *RJS 1995. 587, n° 892* ● 12 févr. 2002, n° 00-41.765 P : *D. 2002. 2011*, obs. Puigelier ; *Dr. soc. 2002. 468*, obs. Vatinet ; *RJS 2002. 335, n° 431*. ♦ Est nulle dans son ensemble la clause de non-concurrence qui réserve à l'employeur la faculté de renoncer à tout moment, avant ou pendant la période d'interdiction, aux obligations qu'elle fait peser sur le salarié et laisse ce dernier dans l'incertitude quant à l'étendue de sa liberté de travailler. ● Soc. 2 déc. 2015, n° 14-19.029 P : *D. 2015. Actu. 2568* ; *Dr. soc. 2016. 187*, note Mouly ; *RJS 2/2016, n° 109* ; *JCPS 2016, n° 1055*, note Beyneix.

125. Nécessité de la clause. En faisant ressortir qu'en raison des fonctions du salarié, laveur de vitres, la clause de non-concurrence n'était pas indispensable à la protection des intérêts légitimes de l'entreprise, la cour d'appel a pu décider que l'employeur ne pouvait se prévaloir de cette clause. ● Soc. 14 mai 1992, n° 89-45.300 P : *GADT, 4e éd., n° 45* ; *D. 1992. 350*, note Serra ; *Dr. soc. 1992. 967*, note Corrignan-Carsin ; *JCP E 1992. II. 341*, note Amiel-Donat ; *CSB 1992. 163, A. 29* ; *RJS 1992. 404, n° 735* ● 19 nov. 1996, n° 94-19.404 P : *Dr. soc. 1997. 95*, obs. Couturier ; *RJS 1996. 819, n° 1266* ; *CSB 1997. 37, A. 7* (illicéité de la clause imposée par un concessionnaire automobile à son employé magasinier) ● 18 déc. 1997, n° 95-43.409 P : *Dr. soc. 1998. 194*, obs. J. Savatier ; *RJS 1998. 110, n° 179*.

126. Illustrations. L'activité économique d'une association peut justifier l'existence d'une clause de non-concurrence. ● Soc. 27 sept. 1989 : *D. 1990. Somm. 75*, obs. Serra. ♦ N'est pas indispensable à la protection des intérêts légitimes de l'entreprise la clause accompagnée d'une clause de rachat conférant au salarié la faculté d'être libéré de son obligation avec l'accord de l'employeur et moyennant le versement d'une somme forfaitaire. ● Soc. 7 avr. 1998, n° 95-42.495 P : *D. 1999. Somm. 107*, obs. Serra ; *JCP 1999. II. 10164*, note Raison-Rebufat. ♦ Une clause de non-concurrence stipulée en dépit d'un contexte de difficultés économiques connues, et octroyant au salarié une compensation d'un montant disproportionné au regard des sujétions imposées, et faisant dans le même temps obligation à l'employeur de procéder à son paiement en un seul versement sans faculté pour celui-ci de lever ladite clause, constitue un avantage exorbitant dépourvu de cause licite. ● Soc. 4 nov. 2020, ⚖ n° 19-12.279 P : D. actu. 23 nov. 2020, Malfettes ; Dr. soc. 2021. 75, obs. Mouly ⊘ ; RJS 1/2021, n° 25. ♦ Constitue une protection légitime des intérêts de l'entreprise la clause interdisant à un garçon de café d'exercer sa profession pour une durée limitée dans la seule ville où il travaillait. ● Soc. 1er mars 1995 : ⚖ D. 1996. Somm. 245 (1re esp.), obs. Serra ⊘ ; CSB 1995. 111, A. 18 (2e esp.) ; RJS 1995. 257, n° 377 ● 2 déc. 1997, ⚖ 95-43.672 P : RJS 1998. 29, n° 33.

127. Proportionnalité de la clause. Est valable la clause d'une durée de deux ans et limitée au département de la Seine et aux départements dans lesquels la société était implantée au moment du départ, dans la mesure où il n'est pas établi qu'il en résultait une impossibilité absolue d'exercer dans les entreprises non concurrentes une activité normale conforme à la formation professionnelle du salarié. ● Soc. 31 mars 1981 : Bull. civ. V, n° 282 ; D. 1982. IR 202, obs. Serra. ♦ Pour être valable la clause de non-concurrence ne doit pas avoir un champ professionnel tel qu'elle place le salarié dans l'impossibilité absolue d'exercer de façon normale une activité conforme à ses connaissances et à sa formation. ● Soc. 31 mars 1981 : Bull. civ. V, n° 283.

128. Illicéité de la clause interdisant à un ingénieur commercial, pendant un an, toute activité sur le territoire national, la cour d'appel ayant constaté que cette clause par sa généralité et son étendue géographique faisait perdre au salarié, qui n'avait été employé que moins de deux ans, l'expérience professionnelle acquise. ● Soc. 27 févr. 1996 : ⚖ RJS 1996. 242, n° 406. ♦ ... Ayant pour résultat d'imposer à un salarié de s'expatrier pour retrouver un emploi conforme à sa formation et à son expérience. ● Soc. 28 oct. 1997, ⚖ 94-43.792 P : Dr. soc. 1998. 78, obs. Couturier ⊘ ; JCP 1998. II. 10092, note Sérinet ; CSB 1998. 5, A. 1 ; RJS 1997. 844, n° 1369.

129. Est illicite la clause de non-concurrence qui interdit au salarié d'entrer au service, en France et pendant un an, d'une entreprise ayant pour activité principale ou secondaire la vente au détail de vêtements et matériels de sport, ne permettant pas au salarié de retrouver un emploi conforme à son expérience professionnelle. ● Soc. 18 sept. 2002, ⚖ n° 99-46.136 P : RJS 2002. 1004, n° 1352 ; JSL 2002, n° 111-10. ♦ Sur la validité de la clause qui n'a pas pour effet d'empêcher un salarié d'exercer une activité conforme à sa formation et à son expérience d'ingénieur commercial, V. ● Soc. 20 nov. 2013 : ⚖ D. 2013. Actu. 2782 ⊘ ; RDT 2014. 32, obs. Auzero ⊘ ; RJS 2014. 98, n° 125 ; JSL 2014, n° 358-6, obs. Chuilon ; JCP G 2013. 1312, obs. Lefranc-Hamoniaux.

130. Existence d'une contrepartie financière. Une clause de non-concurrence doit comporter l'obligation pour l'employeur de verser au salarié une contrepartie financière. ● Soc. 10 juill. 2002 : ⚖ préc. note 122. ♦ Pour une contrepartie financière constituée d'actions, V. ● Com. 15 mars 2011 : ⚖ RDT 2011. 306, obs. Auzero ⊘.

131. Caractère dérisoire. Lorsque le contrat de travail fixe un montant dérisoire par rapport au montant minimal prévu par la convention collective, la clause de non-concurrence insérée dans le contrat de travail peut valablement être annulée. ● Soc. 13 janv. 1998, ⚖ n° 95-41.480 P : D. 1999. 159, note Bourrier et Bouche ⊘ ; D. 1999. Somm. 104, obs. Auguet ⊘ ; RJS 1998. 287, n° 460. ♦ Une contrepartie financière dérisoire à la clause de non-concurrence équivaut à une absence de contrepartie. ● Soc. 15 nov. 2006 : ⚖ D. 2006. IR 2946 ⊘ ; RDT 2007. 95, obs. Pélissier ⊘ ; RJS 2006. 58, n° 50 ; Dr. soc. 2007. 241, obs. Mouly ⊘ ; JSL 2006, n° 201-3.

132. Caractère excessif. Une clause de non-concurrence stipulée en dépit d'un contexte de difficultés économiques connues, et octroyant au salarié une compensation d'un montant disproportionné au regard des sujétions imposées, et faisant dans le même temps obligation à l'employeur de procéder à son paiement en un seul versement sans faculté pour celui-ci de lever ladite clause, constitue un avantage exorbitant dépourvu de cause licite. ● Soc. 4 nov. 2020, ⚖ n° 19-12.279 P : D. actu. 23 nov. 2020, Malfettes ; Dr. soc. 2021. 75, obs. Mouly ⊘ ; RJS 1/2021, n° 25.

133. Office du juge. Le juge prud'homal ne peut substituer son appréciation du montant de cette contrepartie à celle fixée par les parties et, après avoir décidé de l'annulation de la clause, accorder au salarié la contrepartie qu'il estime justifiée. ● Soc. 16 mai 2012 : ⚖ D. 2012. Actu. 1409 ⊘ ; D. 2013. Pan. 1026, obs. Porta ⊘ ; RDT 2012. 488, obs. Géniaut ⊘ ; RJS 2012. 612, n° 701 ; JSL 2012, n° 325-6, obs. Tourreil ; JCP S 2012. 1329, obs. Loiseau. ♦ En raison de son objet et de sa nature, la contrepartie financière à l'obligation de non-concurrence ne constitue pas une clause pénale, en sorte que le juge ne peut s'appuyer sur les dispositions de l'art. 1231-5 C. civ. pour en modérer ou en augmenter le montant. ● Soc. 13 oct. 2021, ⚖ n° 20-12.059 B : D. 2021. 1926 ⊘ ; RDT 2021. 707, obs. Rosa ⊘ ; Dr. soc. 2021. 1036, obs. Mouly ⊘ ; RJS 12/2021, n° 647 ; JSL 2022, n° 533-4, obs. Hautefort ; JCP S 2021. 1285, obs. Loiseau.

134. Articulation avec les dispositions conventionnelles. Les parties peuvent valablement se référer à la convention collective applicable qui prévoit le bénéfice d'une contrepartie financière. ● Soc. 10 mars 2004 : ⚖ Dr. soc. 2004.

563, obs. Mouly 🖉 ; *RDC* 2004. 725, obs. Radé (VRP). ♦ Le montant de la contrepartie financière de la clause de non-concurrence à laquelle est soumis un VRP doit être calculé conformément aux dispositions de l'ANI du 3 oct. 1975 et ne peut être réduit par le juge. • Soc. 7 mars 2007 : 🗝 *D.* 2007. Pan. 2263, obs. Desbarats 🖉 ; *Dr. soc.* 2007. 775, obs. Mouly 🖉.

135. Situation particulière en Alsace-Moselle. V. Rép. trav., v° *Alsace-Moselle*, par Grisey Martinez. ♦ Aux termes de l'art. 74, al. 2, du code de commerce d'Alsace-Moselle, la clause de non-concurrence ne s'impose aux « commis et apprentis commerciaux » que pour autant que l'employeur s'engage à payer pour la durée de la clause une indemnité annuelle de la moitié au moins des rémunérations dues en dernier lieu à l'intéressé. • Soc. 2 févr. 1966 : *Bull. civ. V, n° 134.* ♦ Cette disposition vise exclusivement les rapports des commis et apprentis commerciaux avec les commerçants ; elle est inapplicable au directeur d'une agence de travail temporaire exerçant les fonctions de cadre supérieur. • Soc. 16 juin 1999 : 🗝 *JSL* 1999, *n° 42-12*. ♦ Faute d'être assortie de la contrepartie prévue par les dispositions du droit local, la clause de non-concurrence imposée par un employeur ayant la qualité de commerçant est nulle. • Soc. 25 janv. 1989 : *CSB* 1989. 58, B. 35. ♦ L'art. 74 du code de commerce local prévoit que le commis doit laisser imputer sur l'indemnité échue les sommes qu'il acquiert ou néglige de mauvaise foi d'acquérir par l'emploi de son activité, si l'indemnité, en y ajoutant le montant de ces sommes, dépasse de plus d'un dixième les rémunérations conventionnelles perçues par lui en dernier lieu. Les indemnités versées par les ASSEDIC ne sont pas des sommes perçues en raison de l'activité du salarié ; elles ne peuvent, par conséquent, venir en déduction de l'indemnité de non-concurrence. • Soc. 9 déc. 1998, 🗝 *n° 96-42.457* P : *RJS* 1999. 79, *n° 105.*

136. Régime de la contrepartie financière. Est nulle la clause de non-concurrence qui ne prévoit de contrepartie pécuniaire qu'en cas de rupture du contrat de travail à l'initiative de l'employeur. • Soc. 31 mai 2006 : 🗝 *D.* 2007. Pan. 180, obs. Condemmine 🖉 ; *Dr. soc.* 2006. 927, obs. Mouly 🖉 ; *JSL* 2006, *n° 192-5* ; *JCP* 2006, 2380, note Béal ; *RJS* 2006. 787, *n° 1060.* ♦ ... Ou qu'en cas de rupture du contrat de travail à l'initiative du salarié. • Soc. 27 févr. 2007, 🗝 *n° 05-44.984* : *D.* 2007. AJ 869 🖉 ; *D.* 2007. Pan. 2262, obs. Desbarats 🖉 ; *RJS* 2007. 438, *n° 595* ; *LPA* 2007, *n° 75*, note Pierroux.

137. Est nulle la clause qui exclut le bénéfice de l'indemnité au cas où le salarié serait licencié pour faute grave, les conditions d'ouverture de l'obligation de non-concurrence et celles de son indemnisation ne pouvant être dissociées. • Soc. 28 juin 2006 : 🗝 *D.* 2006. IR 1989 🖉 ; *RJS* 2006. 854, *n° 1144.* ♦ Une convention collective ne peut déroger à la loi pour interdire, en cas de faute grave, au salarié soumis à une clause de non-concurrence de bénéficier d'une contrepartie financière. • Soc. 4 juin 2008 : 🗝 *Dr. soc.* 2008. 1147, obs. Mouly 🖉 ; *RJS* 2008. 716, *n° 892* ; *JSL* 2008, *n° 236-5* ; *JCP S* 2008. 1565, note Letombe. ♦ L'art. 6.1 du Pacte international relatif aux droits économiques, sociaux et culturels du 16 déc. 1966, directement applicable en droit interne, qui garantit le droit qu'a toute personne d'obtenir la possibilité de gagner sa vie par un travail librement choisi et accepté, s'oppose à ce qu'un salarié tenu au respect d'une obligation de non-concurrence soit privé de toute contrepartie financière au motif qu'il a été licencié pour faute grave. • Soc. 16 déc. 2008, 🗝 *n° 05-40.876* : *RDT* 2009. 399, note Rémy 🖉 ; *RJS* 2009. 246, *n° 285* ; *Dr. soc.* 2009. 236, obs. Mouly ; *JCP S* 2009. 1114, obs. Beyneix.

138. Modulation de l'indemnité. Les parties ne peuvent dissocier les conditions d'ouverture de l'obligation de non-concurrence de celles de son indemnisation ; la stipulation minorant en cas de démission la contrepartie financière est réputée non écrite. • Soc. 25 janv. 2011, *n° 10-11.590* : *D. actu. 9 févr.* 2012, obs. Siro ; *D.* 2012. Actu. 443 🖉 ; *RDT* 2012. 216, obs. Charbonneau 🖉 ; *RJS* 2012. 294, *n° 338* ; *SSL* 2012, *n° 1531*, p. 6, obs. Canut ; *JCP S* 2012. 1208, obs. Beyneix. ♦ Le montant de cette contrepartie ne peut varier selon les circonstances de la rupture, une telle clause n'est pas nulle mais doit être réputée non écrite en ses seules dispositions minorant la contrepartie en cas de faute. • Soc. 8 avr. 2010, 🗝 *n° 08-43.056* : *D.* 2010. Actu. 1085, obs. Perrin 🖉 ; *RJS* 6/2010, *n° 512* ; *JSL* 2010, *n° 277-5*, obs. Julien-Paturle ; *Dr. soc.* 2010. 718, obs. Mouly ; *JCP S* 2010. 1288, obs. Beyneix. ♦ Est réputée non écrite la minoration par les parties, dans le cas d'un mode déterminé de rupture du contrat de travail, de la contrepartie pécuniaire d'une clause de non-concurrence. • Soc. 9 avr. 2015, 🗝 *n° 13-25.847* : *D. actu. 6 mai* 2015, obs. Ines ; *D.* 2015. Actu. 872 🖉 ; *JSL* 2015, *n° 388-4* ; *RJS* 6/2015, *n° 409.* ♦ De même, est réputée non écrite une telle minoration prévue par la convention collective applicable. • Soc. 14 avr. 2016, 🗝 *n° 14-29.679* P : *D. actu. 3 mai* 2016, obs. Roussel ; *JSL*, *n° 411-4*, obs. Lhernould ; *JCP S* 2016. 1229, obs. Beyneix. ♦ Doit être réputée non écrite la stipulation qui minore, en fonction du mode ou des circonstances de la rupture du contrat, le montant de la contrepartie financière attachée à une clause de non-concurrence. • Soc. 18 janv. 2018, 🗝 *n° 15-24.002* P : *D.* 2018. Actu. 173 🖉 ; *RDT* 2018. 206, note Bento de Carvalho 🖉 ; *Dr. soc.* 2018. 396, note Mouly 🖉 ; *RJS* 3/2018, *n° 182* ; *JCP* 2018. 141, obs. Corrignan-Carsin ; *JCP S* 2018. 1059, obs. Beyneix.

139. Départ à la retraite. L'obligation au paiement de l'indemnité compensatrice de non-concurrence ne peut être affectée par les circonstances de la rupture du contrat de travail et la possibilité pour le salarié de reprendre ou non une activité concurrentielle ; le salarié qui part à la retraite a droit à la contrepartie financière. • Soc. 24 sept. 2008 : ⚖ *RJS 2008. 987, n° 11191 ; Dr. soc. 2009. 365, obs. Mouly* ⌀.

140. Décès du salarié. La contrepartie financière de la clause de non-concurrence a pour objet d'indemniser le salarié qui, après rupture du contrat de travail, est tenu d'une obligation qui limite ses possibilités d'exercer un autre emploi ; la contrepartie n'est pas due en cas de rupture du contrat de travail par suite du décès du salarié. • Soc. 29 oct. 2008 : ⚖ *D. 2008. AJ 2947* ⌀ *; RJS 2009. 54, n° 38 ; Dr. soc. 2009. 367, obs. Mouly* ⌀.

141. Date d'exigibilité. Le paiement de l'indemnité de non-concurrence doit être effectué dès le départ effectif du salarié et non à l'expiration du préavis. • Soc. 15 juill. 1998, ⚖ n° 96-40.866 P : *RJS 1998. 631, n° 986 ; TPS 1998, n° 352* • 22 juin 2011 : ⚖ *D. actu. 18 juill. 2011, obs. Siro ; D. 2011. Actu. 1829* ⌀ *; Dr. soc. 2011. 1122, obs. Mouly* ⌀ *; JSL 2011, n° 306-2, obs. Lhernould ; JCP S 2011. 1480, obs. Dumont.*

142. Prise en compte des sommes versées avant la rupture. Le paiement de l'indemnité ne peut pas non plus intervenir avant la rupture. • Soc. 7 mars 2007 : ⚖ *D. 2007. 1708, note Lefranc-Hamoniaux ; RDT 2007. 308, obs. Auzero* ⌀ *; RJS 2007. 438, n° 596.* ♦ La contrepartie d'une clause de non-concurrence ne peut être payée qu'après la rupture du contrat de travail ; la clause prévoyant une contrepartie versée pendant la période d'exécution du contrat de travail est nulle ; la contrepartie financière, versée en application d'une clause nulle, s'analyse en un complément de salaire qui ne peut donner lieu à restitution de la part du salarié. • Soc. 17 nov. 2010 : ⚖ *D. 2010. AJ 2845, obs. Perrin* ⌀ *; RDT 2011. 110, obs. Bento de Carvalho* ⌀ *; Dr. soc. 2011. 335, obs. Mouly* ⌀ *; JSL 2011, n° 291-3, obs. Lhernould ; JCP S 2010. 1551, obs. Dauxerre* • 15 janv. 2014 : ⚖ *D. actu. 10 févr. 2014, obs. Fraisse ; D. 2014. Actu. 215* ⌀ *; RDT 2014. 177, obs. Bento de Carvalho* ⌀ *; Dr. soc. 2014. 288, obs. Mouly* ⌀ *; RJS 3/2014, n° 223 ; JSL 2014, n° 361-5, obs. Chuilon.* ♦ Le paiement de la contrepartie financière de la clause de non-concurrence ne pouvant intervenir avant la rupture du contrat de travail, seul doit être pris en considération pour juger du caractère dérisoire d'une telle somme le montant qui doit être versé après la rupture. • Soc. 22 juin 2011 : ⚖ *D. actu. 18 juill. 2011, obs. Siro ; D. 2011. Actu. 1829* ⌀ *; Dr. soc. 2011. 1120, obs. Mouly* ⌀ *; JSL 2011, n° 306-2, obs. Lhernould ; JCP S 2011. 1425, obs. Beyneix.*

143. Nature juridique de la contrepartie financière. Bien que versée après la cessation du contrat, l'indemnité compensatrice l'a été en raison et à l'occasion d'un travail antérieur et en contrepartie des obligations continuant à incomber au salarié ; elle doit donc être soumise aux cotisations de sécurité sociale. • Soc. 19 mars 1975 : *Bull. civ. V, n° 193 ; JCP 1975. II. 18067, note Saint-Jours* • 19 oct. 2005, ⚖ n° 03-46.592.

♦ ... Et, de ce fait, être calculée en tenant compte du salaire brut. • Soc. 12 oct. 1993 : ⚖ *D. 1994. Somm. 221, obs. Serra* ⌀ *; RJS 1993. 650, n° 1098.* ♦ La contrepartie financière ayant la nature d'une indemnité compensatrice de salaires, elle ouvre droit à congés payés. • Soc. 17 mai 2006 : ⚖ *JCP E 2006. 2678, note Vachet* • 23 juin 2010 : ⚖ *D. actu. 9 juill. 2010, obs. Perrin ; D. 2010. AJ 1795* ⌀ *; RJS 2010. 689, n° 754 ; Dr. soc. 2010. 1254, obs. Mouly* ⌀ *; JCP S 2010. 1540, obs. Beyneix.* ♦ La créance de la contrepartie pécuniaire entre dans les prévisions de l'art. 40 de la loi du 25 janv. 1985 et doit donc être payée à son échéance. • Soc. 23 sept. 1992 : ⚖ *RJS 1993. 108, n° 154.* ♦ La contrepartie financière de la clause de non-concurrence, qui a la nature d'une indemnité compensatrice de salaire stipulée en conséquence de l'engagement du salarié de ne pas exercer, après la cessation du contrat de travail, d'activité concurrente à celle de son ancien employeur et qui ne constitue pas une indemnité forfaitaire prévue en cas d'inexécution d'une obligation contractuelle, n'est pas une clause pénale. • Soc. 13 oct. 2021, ⚖ n° 20-12.059 B : *préc. note 133.*

144. Cumuls. Le salarié n'ayant pas à justifier de l'existence d'un préjudice pour prétendre à la contrepartie pécuniaire de la clause de non-concurrence et la convention d'allocation spéciale FNE n'ayant pour effet que d'interrompre à titre temporaire le versement des prestations du salarié en cas de reprise d'une activité professionnelle, le salarié peut prétendre au cumul de l'allocation spéciale FNE et de l'indemnité compensatrice de la clause de non-concurrence à laquelle l'employeur est tenu. • Soc. 19 oct. 2005 : ⚖ *Dr. soc. 2006. 104, obs. Mouly* ⌀.

145. Prescription de l'action en paiement. La contrepartie financière a la nature d'une indemnité compensatrice de salaire dont l'action en paiement se prescrit conformément à la prescription des gains et salaires. • Soc. 26 sept. 2002, ⚖ n° 00-40.461 P : *RJS 2002. 1025, n° 1388.*

146. Cas des VRP. L'indemnité compensatrice de la clause de non-concurrence prévue par l'accord interprofessionnel du 3 oct. 1975 a un caractère forfaitaire lié à la rémunération globale du représentant et ne peut être réduite en raison d'une limitation du champ d'interdiction de concurrence. • Soc. 17 janv. 1996 : ⚖ *RJS 1996. 201, n° 338.* ♦ Son montant ne peut être modifié par le juge. • Soc. 7 mars 2007 : ⚖ *JCP S 2007. 1299, note Cesaro.*

c. Sort de la clause invalide

147. Nullité. En présence d'une clause de non-concurrence insérée dans un contrat de travail, même indispensable à la protection des intérêts légitimes de l'entreprise, le juge peut, lorsque cette clause ne permet pas au salarié d'exercer une activité conforme à sa formation et à son expérience professionnelle, en restreindre l'appli-

CONTRAT DE TRAVAIL — Art. L. 1221-1

cation en en limitant l'effet dans le temps, l'espace ou ses autres modalités. • Soc. 18 sept. 2002 : ⚖ *D. 2002. 3111, obs. Pélissier* ⌐ *; ibid. 3229, obs. Serra* ⌐ *; RJS 2002. 920, n° 1231 ; CSB 2002. 434, D. 17, note Charbonneau ; JSL 2002, n° 110-3.* Cette action ne peut être exercée que par le salarié. • Soc. 3 mai 1989, ⚖ n° 86-41.452 P *; D. 1990. Somm. 82, obs. Serra* ⌐ • 17 juill. 1997 : ⚖ *Dr. soc. 1997. 972, obs. Roy-Loustaunau* ⌐ • 25 janv. 2006 : ⚖ *Dr. soc. 2006. 463, obs. Mouly* ⌐.

148. Révision. Le juge peut réduire le champ d'application géographique d'une clause lorsqu'elle constitue une atteinte à la liberté du travail du salarié. • Soc. 25 mars 1998, ⚖ n° 95-41.543 P *: D. 1998. IR 132* ⌐ *; RJS 1998. 464, n° 730 ; TPS 1998. 11, n° 231.* ♦ Le juge peut également en limiter les effets dans le temps, ou ses autres modalités. • Soc. 18 sept. 2002 : ⚖ *Dr. soc. 2002. 1007, obs. Vatinet* ⌐ *; D. 2002. 3229, note Serra* ⌐ *; JCP 2003. I. 130, n° 2, obs. Morvan ; RDC 2003. 150, obs. Radé.*

149. Inopposabilité. La cour d'appel, qui constate que la clause de non-concurrence insérée au contrat de travail de l'intéressé n'était assortie d'aucune contrepartie financière en a exactement déduit que son exécution était de nature à caractériser un trouble manifestement illicite et a pu la déclarer inopposable au salarié. • Soc. 25 mai 2005 : ⚖ *D. 2005. IR 1586, obs. Chevrier* ⌐ *; Dr. soc. 2005. 924, obs. Radé* ⌐ *; RJS 2005. 609, n° 841 ; JSL 2005, n° 171-3.*

150. Indemnisation du salarié. L'existence d'un préjudice et l'évaluation de celui-ci relèvent du pouvoir souverain des juges du fond. • Soc. 25 mai 2016, ⚖ n° 14-20.578 P *: D. actu. 15 juin 2016, obs. Roussel ; D. 2016. Actu. 1205* ⌐ *; RDT 2016. 557, obs. Bento de Carvalho* ⌐ *; Dr. soc. 2016. 773, obs. Mouly* ⌐ *; RJS 8-9/2016, n° 557 ; JSL 2016, n° 414-5, obs. Lhernould ; JCP S 2016. 1271, obs. Duchange.* ♦ Comp antérieurement : la stipulation dans le contrat de travail d'une clause de non-concurrence nulle cause nécessairement un préjudice au salarié. • Soc. 12 janv. 2011, ⚖ n° 08-45.280 P *: D. actu. 3 févr. 2011, obs. Inès ; D. 2011. 310* ⌐ *; ibid. 2961, obs. Centre de droit de la concurrence Serra* ⌐ *; Dr. soc. 2011. 468, obs. Mouly* ⌐.

151. Respect par le salarié de son obligation. Mais le salarié ne peut prétendre au paiement de l'indemnité de non-concurrence que pour la période pendant laquelle il a respecté son obligation, et, le cas échéant, au versement de dommages-intérêts en réparation du préjudice que lui a causé l'inexécution par l'employeur de son obligation de verser la contrepartie financière à laquelle il était tenu. • Soc. 25 févr. 2003 : ⚖ *JCP 2003. II. 10014, note Corrignan-Carsin* • 5 mai 2004 : ⚖ *D. 2004. IR 1501* ⌐ *; Dr. soc. 2004. 912, obs. Mouly* ⌐ *; RJS 2004. 554, n° 812.*

152. Évaluation du préjudice. L'indemnité allouée au salarié ayant respecté une clause de non-concurrence nulle pour défaut de contrepartie financière ne constitue pas cette contrepartie, non prévue par le contrat, et est évaluée souverainement par les juges du fond. • Soc. 22 mars 2006 : ⚖ *D. 2006. IR 1063* ⌐ *; Dr. soc. 2006. 688, obs. Mouly.* ♦ Le montant des dommages-intérêts relève de l'appréciation souveraine des juges du fond. • Soc. 29 avr. 2003 : ⚖ *RJS 2003. 608, n° 918* (montant de la somme prévue au profit de l'employeur si le salarié n'avait pas respecté la clause). ♦ V. aussi : • Soc. 7 juill. 1988 : *Bull. civ. V, n° 423 ; D. 1989. Somm. 262, note Serra.*

153. Maintien d'une action en concurrence déloyale. La nullité de la clause de non-concurrence ne fait pas obstacle à l'action en responsabilité engagée par l'employeur contre son ancien salarié dès lors qu'il démontre que ce dernier s'est livré à des actes de concurrence déloyale illicite. • Soc. 14 déc. 2005 : ⚖ *D. 2006. IR 98* ⌐. ♦ Ni la nullité de la clause de non-concurrence, ni l'action en concurrence déloyale engagée contre le nouvel employeur devant la juridiction commerciale ne font obstacle à l'action en responsabilité engagée par l'employeur contre son ancien salarié dès lors qu'il démontre que ce dernier s'est livré à des actes de concurrence déloyale à son égard. • Soc. 28 janv. 2005 : ⚖ *Dr. soc. 2005. 583, obs. Gauriau* ⌐ *; RJS 2005. 274, n° 382 ; JCP E 2005. 1463, note Depincé ; CSBP 2005, A. 35, obs. Charbonneau ; JSL 2005, n° 162-3.*

d. Maintien de la clause

154. Poursuite de l'exécution au-delà du terme du CDD. La clause de non-concurrence est maintenue en cas de poursuite d'un contrat de travail à durée déterminée après l'échéance du terme. • Soc. 5 janv. 1995, ⚖ n° 90-45.732 P *: Dr. soc. 1995. 191 ; CSB 1995. 97, S. 40 ; RJS 1995. 100, n° 110 ; JCP E 1995. II. 670, note Corrignan-Carsin.*

155. Transfert d'entreprise. La clause de non-concurrence est maintenue en cas de modification dans la situation juridique de l'employeur. • Soc. 9 avr. 1962 : *D. 1962. Somm. 100.* ♦ L'obligation de non-concurrence ayant été transférée au nouvel employeur, l'ancien ne peut plus en demander l'exécution au salarié. • Soc. 15 oct. 1997, ⚖ n° 95-42.454 P *: Dr. soc. 1997. 1095, obs. A. Mazeaud* ⌐ *; RJS 1997. 822, n° 1338.* ♦ Le cessionnaire peut opposer à un salarié le reçu pour solde de tout compte et être libéré du versement de l'indemnité compensant l'obligation de non-concurrence souscrite antérieurement à la cession. • Soc. 6 déc. 1994 : ⚖ *RJS 1995. 16, n° 2 ; Dr. soc. 1995. 192.*

156. Suspension. Si la clause interdisant, avant l'expiration d'un certain délai, au salarié quittant une entreprise d'entrer dans une autre entreprise exerçant une activité similaire ne s'applique pas dès lors que les deux entreprises ne sont pas en situation réelle de concurrence mais appartiennent au même groupe économique, et que le passage du salarié de l'une à l'autre est le résultat d'une entente entre lui et ses deux employeurs successifs, elle reprend ses effets normaux à partir du jour où le contrat de travail avec le second employeur a été rompu. • Soc. 29 janv. 2014 : ⚖ *D. 2014. Actu. 376* ⊘ *; Dr. soc. 2014. 383, obs. Mouly* ⊘ *; ibid. 760, chron. Tournaux* ⊘. ♦ La clause de non-concurrence interdisant au salarié de travailler pour une entreprise concurrente pendant un certain délai est neutralisée en cas de mobilité intragroupe jusqu'au jour où le contrat de travail conclu avec le second employeur est rompu ; elle reprend ses effets normaux à compter de cette rupture, sans que le délai d'interdiction puisse s'en trouver prolongé ou reporté. • Soc. 12 sept. 2018, ⚖ *n° 17-10.853 P : D. actu. 3 oct. 2018, obs. Ciray ; D. 2018. Actu. 1812* ⊘ *; RDT 2018. 758, obs. Bento de Carvalho* ⊘ *; RJS 11/2018, n° 666 ; SSL 2018, n° 1833, p. 10, obs. Chezlemas ; JSL 2018, n° 462-3, obs. Lhernould ; JCP S 2018. 1326, obs. Caressa.*

e. Mention de la clause

157. Certificat de travail. Est illégale la mention sans l'accord de l'intéressé de l'existence d'une clause de non-concurrence sur le certificat de travail. • Soc. 4 mars 1992 : ⚖ *D. 1992. IR 106* ⊘ *; RJS 1992. 257, n° 442.*

f. Renonciation à la clause

158. Conditions. Si les dispositions conventionnelles ne prévoient pas la possibilité d'une renonciation partielle, l'employeur qui n'a pas renoncé à la clause dans le délai qui lui était imparti ne peut renoncer partiellement et reste tenu de verser l'indemnité mensuelle pendant toute la durée de l'interdiction de concurrence. • Soc. 13 juill. 1988 : *Bull. civ. V, n° 444 ; D. 1989. Somm. 266, obs. Serra.* ♦ L'employeur doit respecter les modalités déterminées dans la clause. • Soc. 25 nov. 2009 : ⚖ *RJS 2010. 142, n° 180 ; JCP S 2010. 1231, obs. Bossu.*

159. Nécessité d'une renonciation explicite. La renonciation par l'employeur à l'obligation de non-concurrence ne se présume pas et ne peut résulter que d'actes manifestant sans équivoque la volonté de renoncer ; une clause libératoire insérée dans une convention de rupture individuelle ne suffit pas à décharger l'employeur de son obligation de verser l'indemnité de non-concurrence au salarié. • Soc. 6 févr. 2019, ⚖ *n° 17-27.188 P : RJS 4/2019, n° 209.*

160. Absence de droit à renonciation non prévu. Un employeur ne peut renoncer unilatéralement à l'exécution d'une clause de non-concurrence stipulée dans un contrat de travail dès lors que ce contrat ne prévoyait pas cette possibilité de renonciation et que cette clause était instituée aussi dans l'intérêt du salarié, créancier d'une contrepartie financière. • Soc. 17 févr. 1993, ⚖ *n° 89-43.658 P : D. 1993. 347, note Serra* ⊘ *; D. 1993. Somm. 258, obs. Goineau* ⊘ *; RJS 1993. 237, n° 391 ; CSB 1993. 101, A. 24 ; Dr. soc. 1993. 383* • *4 juin 1998,* ⚖ *n° 95-41.832 P : D. 1999. Somm. 37, obs. Bouilloux* ⊘ *; RJS 1998. 554, n° 856.*

161. Point de départ de délai de renonciation. Si l'employeur entend renoncer à l'exécution de la clause de non-concurrence, il doit le faire au plus tard à la date du départ effectif de l'intéressé de l'entreprise, nonobstant toute stipulation ou disposition contraire. • Soc. 13 mars 2013 : ⚖ *D. 2013. Actu. 778* ⊘ *; RDT 2013. 326, obs. Charbonneau* ⊘ *; Dr. soc. 2013. 455, obs. Mouly* ⊘ *; JSL 2013, n° 343-4 ; JCP S 2013. 1248, obs. Beyneix.* ♦ Lorsque le contrat de travail prévoit que l'employeur peut renoncer à la clause par envoi au salarié d'une lettre recommandée avec accusé de réception dans les 15 jours suivant la notification de la rupture du contrat de travail, c'est la date d'envoi de la renonciation qui détermine le moment de la renonciation. • Soc. 10 juill. 2013 : ⚖ *Dr. soc. 2013. 857, obs. Mouly* ⊘ *; RJS 10/2013, n° 678 ; JSL 2013, n° 351-5, obs. Lhernould ; JCP S 2013. 1430, note Beyneix* • *21 janv. 2015,* ⚖ *n° 13-24.471 : D. 2015. Actu. 271* ⊘ *; ibid. Pan. 831, obs. Porta* ⊘ *; RJS 2015. 243, n° 253 ; JSL 2015, n° 384-3, obs. Lhernould.* ♦ Est valable la renonciation de l'employeur à la clause de non-concurrence qui permet au salarié de connaître immédiatement l'étendue de sa liberté d'entreprendre, même si les dispositions conventionnelles prévoyaient une renonciation par lettre recommandée dans un délai de quinze jours. • Soc. 24 avr. 2013 : ⚖ *D. 2013. Actu. 1145* ⊘ *; RJS 7/2013, n° 537 ; D. 2013. Actu. 1145* ⊘ *; Dr. soc. 2013. 550, obs. Mouly* ⊘ *; JCP S 2013. 1320, obs. Beyneix.*

162. Rupture par l'employeur. Le délai dont dispose l'employeur pour prévenir le salarié qu'il le dispense de l'exécution d'une clause de non-concurrence a pour point de départ la date d'envoi de la lettre mettant fin au contrat de travail ; le respect de ce délai s'apprécie à la date d'envoi de la lettre dispensant le salarié d'exécuter la clause de non-concurrence et s'impute de date à date. • Soc. 30 mars 2011 : ⚖ *D. actu. 29 avr. 2011, obs. Siro ; D. 2011. Actu. 1086* ⊘ *; RDT 2011. 390, obs. Serverin et Grumbach* ⊘ *; JCP S 2011. 1311, obs. Barège.*

163. Renonciation en cours d'exécution du contrat de travail. L'employeur ne peut, sauf stipulation contraire, renoncer unilatéralement à la clause de non-concurrence, au cours de l'exécution du contrat de travail. • Soc. 11 mars 2015 : ⚖ *D. actu. 27 mars 2015, obs. Fraisse ; D. 2015. Actu. 689* ⊘ *; Dr. soc. 2015. 465, note Mouly* ⊘ *; JSL 2015, n° 386-4, obs. Lhernould ; RJS 5/2015, n° 332.*

164. Dispense de préavis. Lorsque le salarié est dispensé d'exécuter son préavis, la clause ne le lie dès son départ de l'entreprise ; la renonciation doit intervenir à ce moment pour permettre au salarié d'entrer éventuellement au service d'une entreprise concurrente pendant la durée du préavis. • Soc. 27 sept. 1989 : *Bull. civ. V, n° 545 ;*

D. 1990. 101, note Serra ⌀ • 4 déc. 1991, 🛡 n° 90-40.309 P : D. 1992. IR 8 ⌀ ; RJS 1992. 106, n° 146 (la renonciation doit intervenir à la date à laquelle le préavis a cessé de s'exécuter, sauf dispositions contractuelles ou conventionnelles contraires). ◆ L'employeur qui dispense le salarié de l'exécution de son préavis doit, s'il entend renoncer à l'exécution de la clause de non-concurrence, le faire au plus tard à la date du départ effectif de l'intéressé de l'entreprise. • Soc. 13 mars 2013 : 🛡 D. actu. 3 avr. 2013, obs. Siro ; D. 2013. Actu. 778 ⌀.

165. Renonciation en l'absence de dispense de préavis. A défaut de dispense de préavis par l'employeur, celui-ci peut renoncer à la clause de non-concurrence malgré le départ précipité de son salarié avant l'issue du préavis, sous réserve de respecter l'éventuel délai contractuellement ou conventionnellement prévu. • Soc. 21 mars 2018, 🛡 n° 16-21.021 P ; RJS 6/2018, n° 407 ; SSL 2018, n° 1810, p. 11, obs. Loiseau ; JCP 2018. 422, obs. Corrignan-Carsin.

166. Rupture de la période d'essai. La rupture d'un contrat de travail se situant à la date où l'employeur a manifesté sa volonté d'y mettre fin, nonobstant le différé, par ce dernier, de sa prise d'effet, doit être considérée comme tardive la renonciation de l'employeur à la clause de non-concurrence au jour de la prise d'effet de la rupture de la période d'essai. • Soc. 14 oct. 2009 : 🛡 D. 2009. AJ 2555 ⌀ ; Dr. soc. 2010. 122, obs. Mouly ⌀ ; RJS 2009. 817, n° 929 ; JCP S 2009. 1597, obs. Drai.

167. Prise d'acte par le salarié. En cas de rupture du contrat de travail par prise d'acte, le délai court à compter de la date à laquelle l'employeur a eu connaissance de celle-ci. • Soc. 13 juin 2007 : 🛡 D. 2007. AJ 1874 ⌀ ; Dr. soc. 2007. 1052, obs. Mouly ⌀ ; JCP S 2007. 1674, note Blanc-Jouvan. ◆ Comp. : le délai court du jour où l'employeur a reçu la lettre par laquelle le salarié prend acte de la rupture du contrat de travail. • Soc. 8 juin 2005 : 🛡 SSL 2005, n° 1225 (suppl.), p. 63.

168. Résiliation judiciaire. Lorsque est prononcée la résiliation judiciaire d'un contrat de travail, la rupture de ce dernier intervient à la date du jugement qui prononce la résiliation ; cette date constitue le point de départ du délai de renonciation de l'employeur à la clause de non-concurrence. • Soc. 6 mai 2009 : 🛡 RJS 2009. 560, n° 629 ; JCP S 2009. 1405, obs. Olivier.

169. Rupture conventionnelle. L'employeur qui conclut une rupture conventionnelle homologuée et entend renoncer à l'exécution de la clause de non-concurrence doit le faire au plus tard à la date de rupture fixée par la convention. • Soc. 26 janv. 2022, 🛡 n° 20-15.755 B : D. actu. 18 févr. 2022, obs. Couëdel ; D. 2022. 222 ⌀ ; Dr. soc. 2022. 410, note Bento de Carvalho ⌀ ; RJS 4/2022, n° 179 ; JSL 2002, n° 537-1, obs. Mayoux ; JCP 2022. 1066, obs. Rouspide-Katchadourian.

170. Exercice du droit de renonciation en l'absence de délai d'exercice. A défaut de délai, la renonciation doit intervenir au moment du licenciement. • Soc. 13 juill. 2010 : 🛡 D. 2010. Actu. 1885, obs. Perrin ⌀ ; RJS 2010. 689, n° 755 ; Dr. soc. 2010. 1118, obs. Mouly ⌀ ; JCP S 2010. 1410, obs. Brissy ; JSL 2010, n° 284-3, obs. Tourreil. ◆ Comp. antérieurement qui permettait la renonciation dans un délai raisonnable à compter de la prise d'acte. • Soc. 13 juin 2007 : 🛡 D. 2007. AJ 1874 ⌀ ; RDT 2007. 579, obs. Pélissier ⌀ ; Dr. soc. 2007. 1052, obs. Mouly ⌀ ; JCP S 2007. 1674, note Blanc-Jouvan ; JCP E 2007. 2247, note Mel ; JSL 2008, n° 216-3.

171. Absence de renonciation collective. Faute d'avoir été notifié individuellement aux salariés intéressés, l'employeur ne peut se prévaloir à l'encontre de ces derniers de son engagement pris dans le cadre d'un plan de sauvegarde de l'emploi (PSE) de renoncer à faire application des clauses de non-concurrence insérées dans les contrats de travail des salariés licenciés. • Soc. 21 oct. 2009 : 🛡 D. 2009. AJ 2690 ⌀ ; Dr. ouvrier 2010. 211, obs. Darves-Bornoz ; RJS 2010, n° 37, p. 36 ; Dr. soc. 2009. 122, obs. Mouly ⌀ ; JSL 2009, n° 267.268-4.

172. Renonciation tardive. Si la dispense tardive de l'obligation de non-concurrence ne décharge pas l'employeur de son obligation d'en verser au salarié la contrepartie pécuniaire, celle-ci ne lui est due que pour la période pendant laquelle il a respecté la clause. • Soc. 13 sept. 2005 : 🛡 D. 2005. IR 2546 ; ibid. Pan. 414, obs. Leclerc ⌀.

173. Preuve de la renonciation. La renonciation de l'employeur doit résulter d'une volonté claire et non équivoque. • Soc. 30 mai 1990 : 🛡 RJS 1990. 395, n° 571 • 17 déc. 1991, 🛡 n° 87-41.522 P : D. 1993. Somm. 159, obs. Serra ⌀ • 4 mars 1992, 🛡 n° 90-43.452 P. ◆ Une telle volonté ne résulte pas de l'apposition de la mention « libre de tout engagement » dans le certificat de travail. • Soc. 25 oct. 1995 : 🛡 RJS 1996. 20, n° 22.

174. Portée de la renonciation. Lorsqu'un employeur autorise son ancien salarié à travailler à titre exceptionnel pour un concurrent, cette renonciation ne vaut pas à l'égard des autres sociétés concurrentes. • Soc. 12 juill. 1989 : Bull. civ. V, n° 519 ; D. 1990. Somm. 82, obs. Serra ⌀.

175. Transaction. Les clauses contractuelles, destinées à trouver application postérieurement à la rupture du contrat de travail, ne sont pas affectées, sauf dispositions expresses contraires, par la transaction intervenue entre les parties pour régler les conséquences d'un licenciement. • Soc. 30 janv. 1996 : 🛡 RJS 1996. 164, n° 278 • 6 mai 1998, 🛡 n° 96-40.234 P : JCP E 1999. 78, obs. Coursier ; RJS 1998. 463, n° 729.

g. Extinction de la clause

176. Cessation d'activité. La cessation volontaire d'activité de l'entreprise n'a pas pour effet de décharger de plein droit le salarié de son obligation de non-concurrence. • Soc. 5 avr. 2005 : ⚖ RDC 2005. 765, obs. Radé ; RJS 2005. 450, n° 631. ♦ La liquidation judiciaire de l'employeur n'a pas pour effet de le libérer de son obligation de verser l'indemnité de non-concurrence. • Soc. 21 janv. 2015, ⚖ n° 13-26.374 : D. 2015. Actu. 271 ⬚ ; RDT 2015. 181, obs. Bento de Carvalho ⬚ ; Dr. soc. 2015. 374, note Mouly ⬚ ; JSL 2015, n° 384-7, obs. Patin ; RJS 4/2015, n° 252.

h. Mise en œuvre de la clause

177. Effet relatif. Une clause de non-concurrence n'engage que les parties au contrat ; elle ne peut porter atteinte à la liberté du travail d'un tiers, fût-il le conjoint du salarié ou uni à lui par un lien de parenté ou d'alliance. • Soc. 4 juin 1998, ⚖ n° 95-43.133 P : D. 1998. IR 160 ⬚ ; RJS 1998. 553, n° 855 ; TPS 1998. 9, n° 267 (épouse d'un VRP prospectant pour le compte de leur activité commune le secteur interdit par la clause).

178. Groupe. L'obligation de non-concurrence contractée à l'égard d'une seule société ne peut jouer à l'égard de toutes les sociétés appartenant à un même groupe. • Soc. 22 mai 1995, ⚖ n° 93-44.078 P : D. 1996. 325, note Picod ⬚ ; RJS 1995. 511, n° 77 ; JCP E 1995. II. 746, note Adom ; JCP 1996. I. 3899, n° 6, obs. Rault • 3 juin 1997, ⚖ n° 94-44.848 P : D. 1997. IR 166 ⬚ ; RJS 1997. 528, n° 815.

179. Réseau de distribution. L'intégration dans un même réseau de distribution ne suffit pas en elle-même à exclure l'existence d'un état de concurrence entre les entreprises qui en font partie ; il appartient aux juges du fond de vérifier concrètement l'existence d'une situation de concurrence entre les deux magasins concernés. • Soc. 16 mai 2012 : ⚖ D. 2012. Actu. 1409 ⬚ ; D. 2013. Pan. 1026, obs. Porta ⬚ ; RDT 2012. 418, obs. Ferrier ⬚ ; RJS 2012. 543, n° 631 ; JCP S 2012. 1295, obs. Beyneix.

180. Période d'essai. L'application d'une clause de non-concurrence pendant la période d'essai n'est jamais automatique, il convient de se référer à la rédaction de la clause ou à l'intention des parties pour déterminer si elle s'applique ou non à la rupture du contrat pendant la période d'essai. • Soc. 25 févr. 1997, ⚖ n° 94-45.381 P.♦ Une cour d'appel a pu refuser le paiement de l'indemnité de non-concurrence à un salarié licencié avant l'expiration de la période d'essai, alors qu'elle a estimé, en interprétant l'intention des parties, que la clause de non-concurrence n'était pas encore en vigueur et que d'ailleurs il n'apparaissait pas, compte tenu de la brièveté du temps de passage du salarié dans la société, qu'il eût pu acquérir une connaissance suffisante des secrets de l'entreprise pouvant être divulgués à une entreprise concurrente. • Soc. 14 mars 1983, ⚖ n° 80-41.699 P : D. 1984. IR 137, obs. Serra ; D. 1984. IR 163, obs. Béraud. ♦ V. aussi, excluant l'application de la clause de non-concurrence pendant la période d'essai : • Paris, 24 oct. 1995 : D. 1996. Somm. 244, obs. Serra ⬚.

181. VRP. Dans la mesure où l'accord national interprofessionnel des VRP prévoit que l'interdiction de non-concurrence ne peut avoir d'effet si le représentant est licencié durant ses trois premiers mois d'emploi, la clause est applicable à l'expiration de ce délai, même si la rupture intervient pendant la période d'essai fixée à une durée supérieure à trois mois. • Soc. 17 janv. 1990, ⚖ n° 86-43.372 P. • 3 févr. 1993 : ⚖ D. 1993. Somm. 252, obs. Fieschi-Vivet ⬚ ; RJS 1993. 167, n° 274. ♦ Une cour d'appel peut souverainement décider que la clause, prévoyant que la clause de non-concurrence était applicable après la fin du préavis, ne peut être appliquée lorsque la rupture est intervenue en cours de période d'essai, aucun préavis n'étant prévu dans cette hypothèse. • Soc. 7 mai 1996 : ⚖ D. 1997. Somm. 102, obs. Serra ⬚.

i. Violation de la clause

182. Interprétation de la clause. Doit être cassé l'arrêt qui, estimant qu'une clause de non-concurrence doit être interprétée restrictivement, admet que le salarié qui s'était engagé à ne pas accepter un emploi dans une entreprise similaire a pu créer une société concurrente, alors qu'une telle clause interdit d'occuper le même emploi dans une entreprise créée par lui, le mot emploi ayant le sens général de fonction et n'impliquant pas nécessairement l'embauchage par une tierce personne. • Soc. 5 janv. 1984 : D. 1984. IR 443, obs. Serra. ♦ En faveur d'une interprétation restrictive, V. • Soc. 2 avr. 1981 : Bull. civ. V, n° 313 ; D. 1982. IR 200, obs. Serra. ♦ La perception par un salarié d'indemnités à la fin de son contrat de travail ne fait pas obstacle au principe d'interprétation stricte de la clause de non-concurrence qu'il a souscrite ; les faits reprochés au salarié étant de simples actes préparatoires en vue d'une activité future non encore mise en œuvre, ils ne constituent pas une violation de l'engagement de non-concurrence souscrit par le salarié. • Soc. 17 janv. 2006 : ⚖ RJS 2006. 292, n° 435 ; Dr. soc. 2006. 563, obs. Mouly ⬚.

183. Violation par l'employeur. Dès lors que l'employeur n'a pas versé l'indemnité mensuelle à laquelle il était contractuellement tenu, le salarié s'est trouvé lui-même libéré de l'interdiction de concurrence. • Soc. 3 oct. 1991, ⚖ n° 89-43.375 P : D. 1992. Somm. 350, obs. Serra ⬚ ; CSB 1991. 237, A. 59 ; RJS 1991. 641, n° 1206. ♦ Est dépourvue de caractère obligatoire la clause dont le contrat de travail prévoit qu'elle est compensée par les conditions pécuniaires faites au salarié, alors que celui-ci était rémunéré au SMIC. • Soc. 10 janv. 1991, ⚖ n° 87-43.478 P : D. 1991. IR 38 ⬚.

184. Violation par le salarié. Il appartient à l'employeur qui prétend que la clause de non-concurrence a été violée d'en rapporter la preuve.

CONTRAT DE TRAVAIL — Art. L. 1221-1

• Soc. 13 mai 2003 : ⚖ *RJS 2003. 684, n° 1009.* ♦ La clause contractuelle imposant la charge de preuve au salarié est inopérante. • Soc. 25 mars 2009 : ⚖ *RJS 2009. 472, n° 533 ; Dr. soc. 2009. 740, obs. Mouly ; JSL 2009, n° 255-3.* ♦ Le délai de quelques jours entre le départ de l'entreprise d'un salarié dispensé de préavis et le non-versement de la contrepartie financière ne suffit pas à libérer le salarié de son obligation de non-concurrence. • Soc. 20 nov. 2013 : ⚖ *D. actu. 6 déc. 2013, obs. Peyronnet.*

185. Activité concurrente. La portée de la clause de non-concurrence s'apprécie par rapport à l'activité réelle de l'entreprise et non par rapport à la définition statutaire de son objet. • Soc. 18 déc. 1997, ⚖ *n° 94-45.548 P : RJS 1998. 109, n° 169* • 14 oct. 1998 : ⚖ *RJS 1998. 824, n° 1362.*

186. Le fait de se porter candidat à un emploi similaire proposé par une entreprise concurrente ne caractérise pas une violation de la clause de non-concurrence. • Soc. 13 janv. 1998, ⚖ *n° 95-41.467 P : RJS 1998. 111, n° 171 ; Dr. soc. 1998. 278, obs. J. Savatier* • 12 mai 2004, ⚖ *n° 02-40.490 P : Dr. soc. 2004. 911, obs. Radé ; RJS 2004. 555, n° 813 ; JSL 2004, n° 148-8.*

187. Existence d'un préjudice. Lorsqu'une clause de non-concurrence interdit à un salarié de s'intéresser directement ou d'entrer au service d'une maison vendant des produits concurrents, sa violation ne suppose ni la réalisation d'une transaction incluant l'acte de vente et dont serait exclu tout ce qui est pollicitation, promesse ou publicité, ni l'existence d'un préjudice actuel et certain. • Soc. 27 juin 1984 : *D. 1985. IR 155, obs. Serra.*

188. Évaluation du préjudice. Les juges du fond apprécient souverainement le dommage occasionné à l'employeur par le non-respect d'une interdiction de concurrence. • Soc. 10 oct. 1984 : *D. 1985. IR 388, obs. Serra.*

189. Clause pénale. La clause contractuelle sanctionnant le non-respect d'une interdiction de non-concurrence est une clause pénale soumise à l'art. 1152 C. civ. • Soc. 3 mai 1989 : *Bull. civ. V, n° 325 ; D. 1990. Somm. 81, obs. Serra* (modération) • 5 juin 1996, ⚖ *n° 92-42.298 P : D. 1997. Somm. 101, obs. Serra ; RJS 1996. 509, n° 791* (augmentation).

190. Cessation du versement de la contrepartie financière. La violation de la clause de non-concurrence ne permet plus au salarié de bénéficier de l'indemnité compensatrice, même après avoir été licencié par l'employeur concurrent. • Soc. 22 mai 1984 : *Bull. civ. V, n° 211 ; D. 1985. IR 155, obs. Serra.* ♦ ... Ou après que la violation a cessé. • Soc. 31 mars 1993, ⚖ *n° 88-43.820 P : Dr. soc. 1993. 456.* ♦ Pour le cas où le salarié a travaillé pour une entreprise non concurrente avant de travailler pour une entreprise concurrente, V. • Soc. 27 mars 1996, ⚖ *n° 92-41.992 P : D. 1997. Somm. 105, obs. Y. Picod ; RJS 1996. 345, n° 543.*

191. La violation de la clause de non-concurrence a pour conséquence l'absence d'obligation pour l'employeur de payer la contrepartie financière. • Soc. 5 mai 2004, ⚖ *n° 01-46.261 P : D. 2004. IR 1501 ; Dr. soc. 2004. 912, obs. Mouly ; RJS 2004. 554, n° 812.*

192. Cessation de l'activité concurrentielle. La violation d'une clause de non-concurrence licite constitue un trouble manifestement illicite auquel le juge des référés peut mettre fin. • Soc. 29 mai 1990 : ⚖ *RJS 1990. 397, n° 573* • 9 déc. 1987 : *D. 1989. Somm. 267, obs. Serra.* ♦ Viole l'art. 1143 C. civ. la cour d'appel qui, en présence d'une demande tendant à obtenir la fermeture d'un commerce ouvert en violation d'un engagement de non-concurrence, se contente de condamner le salarié à verser des dommages-intérêts et refuse d'ordonner les mesures de fermeture demandées. • Soc. 24 janv. 1979 : *D. 1979. 619, note Serra.* ♦ Dans le cadre d'un litige opposant deux sociétés commerciales, pour statuer sur la validité et sur la violation de la clause de non-concurrence souscrite par le salarié de l'une d'elles qui recherche la responsabilité de l'autre pour complicité de la violation de cette clause, le juge des référés commercial, dont la décision présente un caractère provisoire, ne se prononce pas sur le fond. • Com. 9 juin 2021, ⚖ *n° 19-14.485 P : D. actu. 2 juill. 2021, obs. Heyraud ; D. 2021. Actu. 1138 ; JCP E 2021, n° 1332 ; RJDA 2021, n° 694.*

193. Limites aux pouvoirs du juge. Le juge des référés n'a pas le pouvoir d'ordonner la résiliation du contrat de travail d'un salarié. • Soc. 13 mai 2003 : ⚖ *JSL 2003, n° 126-4.* ♦ V. antérieurement : • Soc. 26 oct. 1993 : ⚖ *RJS 1994. 44, n° 32.*

194. Responsabilité civile du nouvel employeur. Toute personne qui en connaissance de cause aide autrui à enfreindre les obligations contractuelles pesant sur lui commet une faute délictuelle à l'égard de la victime de l'infraction. • Com. 13 mars 1979 : *D. 1980. 1, note Serra.* ♦ La responsabilité de la société concurrente est engagée même si la clause est litigieuse. • Soc. 10 mai 1983, *n° 81-41.844 P : D. 1984. Somm. 140, obs. Serra.* – V. aussi : • Soc. 22 mai 1984 : *D. 1985. IR 156, obs. Serra* • 23 oct. 1984 : *ibid.*

195. Une société constituée par des salariés venant de démissionner de leur entreprise ne peut être déclarée coupable de débauchage, alors qu'elle n'avait aucune existence légale au moment du départ des salariés. • Soc. 7 mars 1995 : ⚖ *RJS 1995. 426, n° 647* • Com. 23 févr. 1999 : ⚖ *RJS 1999. 564, n° 919.*

196. Une société ne peut être condamnée pour débauchage fautif sans vérifier de façon concrète si le transfert des employés vers cette société avait entraîné une véritable désorganisation de la société de l'ancien employeur et non une simple perturbation. • Com. 20 sept. 2011 : ⚖ *D. 2011. Actu. 2396, obs. Chevrier ; JCP E 2011 pan.*

n° 1719 ; RJS 2012. 44, n° 37 ; RCC 2011 n° 256, p. 13, note M. Malaurie-Vignal.

D. CLAUSE DE RÉSIDENCE

197. Validité. Est nulle la clause de résidence imposée à des salariés qui pouvaient exécuter les tâches qui leur étaient confiées, tout en résidant à l'extérieur des lieux de travail. • Soc. 13 avr. 2005, ⚖ n° 03-42.965 P : D. 2005. IR 1248 ; Dr. soc. 2005. 809, obs. Savatier ; RJS 2005. 518, n° 708 ; JSL 2005, n° 169-3. ♦ Est contraire aux art. 9 C. civ., L. 120-2 C. trav. [art. L. 1121-1 nouv.] et 7 de la L. du 31 déc. 1971 la clause insérée dans le contrat de travail d'un avocat l'obligeant à fixer son domicile au lieu d'implantation du cabinet sur la seule nécessité de pouvoir une « bonne intégration de l'avocat dans l'environnement local », un tel objectif ne pouvant justifier l'atteinte portée à la liberté individuelle de l'avocat salarié. • Soc. 12 juill. 2005 : ⚖ D. 2006. Pan. 30, obs. Escande-Varniol ; Dr. soc. 2005. 1037, obs. Barthélémy. ♦ Ne suffit pas à justifier l'atteinte réalisée par une clause de résidence au libre choix par un salarié de son domicile le fait d'invoquer que cette obligation est une condition substantielle de son contrat de travail et qu'elle est indispensable à la protection des intérêts légitimes de l'association et des personnes auprès desquelles la salariée a pour objet d'intervenir et proportionnée, compte tenu de la nature de l'emploi occupé, au but recherché. • Soc. 28 févr. 2012, ⚖ n° 10-18.308 P : RDT 2012. 225, obs. Varin ; RJS 5/2012, n° 415 ; JCP S 2012. 1244, obs. Loiseau.

E. CLAUSE RELATIVE AU LIEU DE TRAVAIL

198. Mention du lieu de travail. La mention du lieu de travail dans le contrat de travail a valeur d'information, à moins qu'il ne soit stipulé par une clause claire et précise que le salarié exécutera son travail exclusivement dans ce lieu. • Soc. 3 juin 2003 (2 arrêts), ⚖ n° 01-40.376 P : D. 2004. 89, note Puigelier ; Dr. soc. 2003. 884, obs. Savatier ; D. 2003. IR 1879 ; RJS 2003. 66, n° 980 • 21 janv. 2004 : ⚖ D. 2004. IR 323 ; RJS 2004. 210, n° 301 ; SSL, n° 1154. 6, note G. Lyon-Caen ; JSL 2004, n° 140-2.

199. Utilisation du domicile à des fins professionnelles. Le salarié peut prétendre à une indemnité au titre de l'occupation de son domicile à des fins professionnelles dès lors qu'un local professionnel n'est pas mis effectivement à sa disposition. Ont ainsi droit à une telle indemnité des personnels itinérants dès lors qu'ils doivent notamment gérer des commandes, préparer leurs visites et en rendre compte, actualiser leurs informations, répondre à leurs courriels, accéder aux formations obligatoires dispensées à distance, alors même qu'ils ne disposent pas de lieu au sein de l'entreprise pour accomplir ces tâches. S'ils peuvent exécuter certaines tâches courantes grâce à une connexion en Wifi ou au moyen d'une clé 3G leur permettant de se connecter en tout lieu, l'employeur ne peut pour autant prétendre que l'exécution par les salariés de leurs tâches administratives à domicile ne résulte que de leur seul choix, compte tenu de la diversité de ces tâches et de la nécessité de pouvoir s'y consacrer sérieusement dans de bonnes conditions. • Soc. 8 nov. 2017, ⚖ n° 16-18.499 P : D. 2017. Actu. 2308 ; RJS 1/2018, n° 29 ; JCP S 2017. 1411, obs. Guyot.

F. CLAUSE DE MOBILITÉ

BIBL. Loiseau, JCP S 2009. 1013 (le paradigme de la clause de mobilité). – Lacoste-Mary, Dr. ouvrier 2010. 301 (négociation de la mobilité du salarié).

200. Rédaction précise et interprétation restrictive. La clause de mobilité doit définir de façon précise sa zone géographique d'application ; elle ne peut conférer à l'employeur le pouvoir d'en étendre unilatéralement la portée. • Soc. 7 juin 2006, ⚖ n° 04-45.846 P : GADT, 4ᵉ éd., n° 52 ; RDT 2006. 313, obs. Pélissier ; D. 2006. IR 1771 ; ibid. 3041, note Escande-Varniol ; RJS 2006. 683, n° 920 ; Dr. soc. 2006. 926, obs. Favennec-Héry ; JSL 2006, n° 193-4 ; JCP E 2006. 2443, note Béal • 12 juill. 2006 : ⚖ RJS 2006. 768, n° 1028 ; JSL 2006, n° 197-2 • 14 oct. 2008 : ⚖ D. 2008. 2725, obs. Ines ; Dr. soc. 2009. 112, obs. Radé ; JS 2009. 1668, obs. Bossu ; RDT 2008. 965, n° 1160 ; SSL 2008, n° 1373, p. 11. ♦ Est licite la clause de mobilité qui couvre l'ensemble du territoire français, car elle définit de façon précise sa zone géographique d'application et ne confère pas à l'employeur le pouvoir d'en étendre unilatéralement la portée. • Soc. 9 juill. 2014 : ⚖ D. 2014. Actu. 1595 ; Dr. soc. 2014. 857, obs. Mouly ; RJS 2014. 576, n° 667 ; JSL 2014, n° 373-2, obs. Lhernould.

1° OBLIGATION CONVENTIONNELLE DE MOBILITÉ

201. Opposabilité au salarié. Même en l'absence de clause spécifique dans le contrat de travail, la disposition d'une convention collective instituant une obligation de mobilité est opposable au salarié sous réserve qu'elle se suffise à elle-même et que le salarié ait été informé de l'existence de cette dernière au moment de son engagement et mis en mesure d'en prendre connaissance ; toutefois, dès lors que l'engagement du salarié est antérieur à la convention collective, cette dernière ne peut, sans modifier le contrat de travail de l'intéressé, lui imposer une clause de mobilité qui n'y figurait pas. • Soc. 27 juin 2002, ⚖ n° 00-42.646 P : D. 2002. 3115, obs. Amauger-Lattes ; JSL 2002, n° 108-4. ♦ Mais la clause de mobilité doit définir de façon précise sa zone géographique d'application ; aussi, la clause d'une convention collective qui se borne à énoncer que toute modification du lieu de travail comprenant un changement du lieu de résidence fixe, qui n'est pas accepté par le salarié, est considéré, à

CONTRAT DE TRAVAIL   Art. L. 1221-1   101

défaut de solution de compromis, comme un licenciement et réglé comme tel, ne saurait constituer une clause de mobilité licite directement applicable au salarié en l'absence de clause contractuelle de mobilité. • Soc. 24 janv. 2008 : 🗝 *JCP S 2008. 1250, obs. Bossu.*

202. Les dispositions d'une convention collective qui subordonnent toute mutation non provoquée par de sérieuses difficultés de service à l'accord du salarié étant plus favorables que la clause de mobilité s'appliquent au contrat de travail. • Soc. 5 mai 1998, 🗝 n° 95-42.545 P : *RJS 1998. 449, n° 705.*

2° OBLIGATION CONTRACTUELLE DE MOBILITÉ

203. Objet. Le contrat peut comporter une clause de mobilité ; la mutation n'opère pas dans ce cas modification du contrat. • Soc. 31 oct. 1996, 🗝 n° 93-43.779 P : *D. 1996. IR 259* ⌀ ; *RJS 1996. 754, n° 1166* • 1ᵉʳ avr. 2003, 🗝 n° 02-14.680 P • 15 mars 2005, 🗝 n° 03-41.371 P.

204. Acceptation par le salarié. La clause contractuelle de mobilité doit avoir été acceptée ; le fait d'apposer sa signature lors de l'embauche sur un règlement intérieur contenant une clause de mobilité ne vaut pas acceptation claire et non équivoque, de la part du salarié, de l'insertion d'une telle clause dans son contrat. • Soc. 19 nov. 1997, 🗝 n° 95-41.260 P : *JCP 1998. II. 10069,* note Puigelier ; *RJS 1998. 30, n° 35.* ♦ La clause de mobilité insérée dans un contrat de travail non signé n'est pas opposable au salarié. • Soc. 2 avr. 1998, 🗝 n° 95-43.541 P : *D. 1999. Somm 33* ⌀ *(2ᵉ esp.),* obs. Escande-Varniol ; *RJS 1998. 367, n° 564.*

205. Une décision de mutation ne peut s'accompagner de l'insertion dans le contrat de travail d'une clause de mobilité, cette insertion constituant une modification du contrat de travail. • Soc. 24 nov. 1999, 🗝 n° 97-45.202 P : *RJS 2000. 25, n° 14.*

206. Clause de mobilité intragroupe. La clause de mobilité par laquelle le salarié s'est engagé à accepter toute mutation dans une autre société, alors même que cette société appartiendrait au même groupe ou à la même unité économique et sociale, est nulle. • Soc. 23 sept. 2009 : 🗝 *R., p. 325 ; D. 2009. AJ 2351,* obs. Maillard ⌀ ; *ibid. 2010. Pan. 672,* obs. Camaji ⌀ ; *RDT 2009. 647,* obs. Auzero ⌀ ; *RJS 2009. 795, n° 898 ; JSL 2009, n° 265-3 ; Dr. ouvrier 2010. 17,* note Chirez • Soc. 19 mai 2016, 🗝 n° 14-26.556 P : *RD trav. 2016, p. 482,* obs. Reynès ; *RJS 8-9/2016, n° 550 ; JCP S 2016. 1242,* obs. Bousez.

3° MISE EN ŒUVRE DE LA CLAUSE DE MOBILITÉ

207. Obligation de mobilité. Le refus, par le salarié dont le contrat de travail contient une clause de mobilité, de la modification de son lieu de travail constitue en principe un manquement à ses obligations contractuelles mais ne caractérise pas une faute grave. • Soc. 23 janv. 2008 : 🗝 *D. 2008. Pan. 2307,* note Desbarats ⌀ ; *RDT 2008. 174,* obs. Lardy-Pélissier ⌀ ; *RJS 2008. 296, n° 371 ; Dr. soc. 2008. 498,* obs. Savatier ⌀ ; *JCP S 2008. 1322,* obs. Bossu. ♦ La violation par le salarié d'une clause de mobilité peut, en l'absence de justification légitime du refus de rejoindre une nouvelle affectation, caractériser une faute grave. • Soc. 12 janv. 2016, 🗝 n° 14-23.290 P : *D. 2016. Actu. 261* ⌀ ; *RJS 3/2016, n° 163 ; JCP S 2016. 1107,* obs. Dumont.

208. Modification du contrat de travail. Lorsqu'elle s'accompagne d'un passage d'un horaire de nuit à un horaire de jour ou d'un horaire de jour à un horaire de nuit, la mise en œuvre de la clause de mobilité suppose l'acceptation du salarié. • Soc. 14 oct. 2008 : 🗝 *D. 2009. 1427,* note Lokiec ⌀ ; *Dr. soc. 2009. 113,* obs. Radé ⌀ ; *JCP S 2009. 1668,* obs. Bossu ; *SSL 2008, n° 1373, p. 11.* ♦ La clause de mobilité ne peut permettre à l'employeur d'imposer à un salarié un partage de son temps de travail entre plusieurs établissements. • Soc. 20 déc. 2006 : 🗝 *D. 2007. AJ 311* ⌀ ; *RDT 2007. 166,* obs. Auzero ⌀ ; *RJS 2006. 228, n° 309.* ♦ Lorsque la mutation du salarié en vertu d'une clause de mobilité internationale entraîne une diminution de salaire, le licenciement consécutif au refus de la clause est illégitime. • Soc. 23 janv. 1996 : 🗝 *RJS 1996. 54, n° 907.* ♦ Le refus du salarié d'une clause de mobilité qui a pour effet de donner à une partie de sa rémunération un caractère provisoire, à la discrétion de l'employeur ne peut constituer une faute grave. • Soc. 3 mai 2006 : 🗝 *Dr. soc. 2006. 929,* obs. Waquet ⌀. ♦ Solution inverse lorsque l'application de la clause de mobilité n'a d'effet que sur les conditions de travail. • Soc. 30 sept. 1997, 🗝 n° 94-43.898 P : *D. 1997. IR 216* ⌀ ; *Dr. soc. 1997. 1094,* obs. Ray ⌀ ; *RJS 1997. 756, n° 1202.*

209. Abus. Le changement de lieu de travail mis en œuvre de bonne foi constitue un changement des conditions de travail. • Soc. 10 juin 1997, 🗝 n° 94-43.889 P : *RJS 1997. 515, n° 794 (1ʳᵉ esp).* ♦ L'utilisation de la clause de mobilité ne doit pas être abusive. • Soc. 9 mai 1990, 🗝 n° 87-40.261 P : *JCP E 1991. II. 126,* note Taquet ; *Dr. ouvrier 1991. 213 ; CSB 1990. 173, A. 41.*

210. Illustrations. L'employeur, tenu d'exécuter de bonne foi le contrat de travail, ne peut imposer à un salarié dans une situation familiale critique un déplacement immédiat dans un poste qui pouvait être pourvu par d'autres salariés. • Soc. 18 mai 1999, 🗝 n° 96-44.315 P : *D. 2000. Somm. 84,* obs. Escande-Varniol ⌀ ; *Dr. soc. 1999. 734* ⌀. ♦ L'exercice de la clause est abusif si l'employeur n'assure pas au salarié les moyens de se rendre sur son nouveau lieu de travail. • Soc. 10 janv. 2001 : 🗝 *D. 2001. IR 428* ⌀ ; *JSL 2001, n° 73, p. 10.* ♦ ... Ou si l'employeur agit avec précipitation en notifiant une mutation sans faire bénéficier le salarié ni du délai contractuel de réflexion de huit jours, ni d'un délai de prévenance suffisant. • Soc. 18 sept. 2002, ⚖ n° 99-46.136 P : RJS 2002. 1004, n° 1352 ; JSL 2002, n° 111-10. ♦ … Ou si, connaissant les difficultés matérielles du salarié et le mauvais état de son véhicule, il l'a muté à 150 kilomètres sans rechercher s'il existait d'autres possibilités d'emploi. • Soc. 2 juill. 2003 : ⚖ RJS 2003. 769, n° 1120 ; JSL 2003, n° 130-6. ♦ En revanche ne suffit pas à caractériser l'abus de droit la mise en œuvre d'une clause de mobilité pour un motif qui n'est pas imputable au salarié. • Soc. 21 janv. 2004 : ⚖ JCP E 2004. 525, note Castets-Renard ; RJS 2004. 269, n° 380. ♦ La seule circonstance que l'employeur n'ait pas commis d'abus dans la mise en œuvre de la clause de mobilité ne caractérise pas la faute grave du salarié ayant refusé de s'y soumettre. • Soc. 4 févr. 2003, ⚖ n° 01-40.476 P : RJS 2003. 289, n° 412 ; JSL 2003, n° 119-6.

211. Preuve de la mauvaise foi. La bonne foi contractuelle étant présumée, il incombe au salarié de démontrer que cette décision a été mise en œuvre dans des conditions exclusives de la bonne foi contractuelle. • Soc. 14 oct. 2008 : ⚖ D. 2009. 1427, note Lokiec⚖.

212. Clause de mobilité et sanction disciplinaire. La mise en œuvre de la clause de mobilité à titre de sanction disciplinaire n'est pas en soi abusive. • Soc. 11 juill. 2001 : ⚖ Dr. soc. 2002. 955, chron. Mouly⚖. ♦ Mais la décision de mutation, sous couvert de la mise en œuvre d'une clause de mobilité, qui s'analyse en une rétrogradation, autorise le salarié à refuser une telle proposition. • Soc. 16 déc. 2005 : ⚖ D. 2006. 1945, note Boudias⚖ ; RJS 2006. 223, n° 350.

213. Conformité à l'intérêt de l'entreprise. La mise en œuvre de la clause de mobilité ne doit pas être contraire à l'intérêt de l'entreprise. • Soc. 23 janv. 2002, ⚖ n° 99-44.845 P : RJS 2002. 317, n° 392 ; JSL 2002, n° 101-14.

214. Preuve de la faute dans la mise en œuvre. La bonne foi contractuelle étant présumée, les juges n'ont pas à rechercher si la décision de l'employeur de faire jouer une clause de mobilité stipulée dans le contrat de travail est conforme à l'intérêt de l'entreprise ; il incombe au salarié de démontrer que cette décision en a réalité été prise pour des raisons étrangères à cet intérêt, ou bien qu'elle a été mise en œuvre dans des conditions exclusives de la bonne foi contractuelle. • Soc. 23 févr. 2005, ⚖ n° 04-45.463 P : GADT, 4ᵉ éd., n° 53 ; Dr. soc. 2005. 576, obs. Mouly⚖ ; Dr. soc. 2005. 634, chron. Bouaziz et Goulet⚖ ; RDC 2005. 761, obs. Radé ; RJS 2005. 342, n° 477.

215. Droit au respect du domicile. Une clause de mobilité ne peut contraindre le salarié à un changement de résidence, si ses attributions n'exigent pas une présence permanente au lieu de la nouvelle affectation ; ceci constituerait une atteinte au libre choix du domicile personnel et une telle restriction à la liberté de choix du domicile doit être indispensable à la protection des intérêts légitimes de l'entreprise et proportionnée au but recherché. • Soc. 12 janv. 1999, ⚖ n° 96-40.755 P : D. 1999. IR 47 ; Dr. soc. 1999. 287, obs. Ray⚖ ; RJS 1999. 103, n° 151 ; CSB 1999. 159, A. 25. ♦ Une mutation géographique ne constitue pas en elle-même une atteinte à la liberté fondamentale du salarié quant au libre choix de son domicile et, si elle peut priver de cause réelle et sérieuse le licenciement du salarié qui la refuse lorsque l'employeur la met en œuvre dans des conditions exclusives de la bonne foi contractuelle, elle ne justifie pas la nullité de ce licenciement. • Soc. 28 mars 2006 : ⚖ D. 2006. IR 1063⚖ ; RJS 2006. 479, n° 690 ; JSL 2006, n° 1885. ♦ La mise en œuvre d'une clause de mobilité sur l'ensemble de la France ne permet pas d'imposer au salarié l'obligation de fixer sa résidence dans le département précis. • Soc. 15 mai 2007 : ⚖ D. 2007. AJ 1600⚖ ; RDT 2007. 449, obs. Bonni⚖ ; RJS 2007. 617, n° 811 ; JCP S 2007. 1642, note Bossu.

216. Droit au respect de sa vie personnelle et familiale. La mise en œuvre de la clause de mobilité ne doit pas porter atteinte au droit du salarié à une vie personnelle et familiale ; une telle atteinte doit pouvoir être justifiée par la tâche à accomplir et être proportionnelle au but recherché. • Soc. 14 oct. 2008 : ⚖ D. 2009. Pan. 590, obs. Fabre⚖ ; RDT 2008. 731, obs. Auzero⚖ ; SSL 2008, n° 1373, p. 11 ; JSL 2008, n° 245-5 ; RDC 2009. 175, note Radé.

217. Mobilité et aptitude. Ne constitue pas un élément laissant supposer l'existence d'une discrimination en raison de l'état de santé – et, partant, le licenciement prononcé, fondé sur le refus par le salarié de cette mutation, n'est pas discriminatoire – le fait, pour un salarié qui occupe les fonctions de chargé de clientèle affecté à la gestion des aires d'accueil des gens du voyage et objet d'un avis qui le déclare apte à son poste sans relation avec les populations des aires du voyage, de se voir proposer une mutation conformément à une clause de mobilité figurant au contrat de travail sur un poste de chargé de clientèle et compatible avec l'avis d'aptitude. • Soc. 26 avr. 2017, ⚖ n° 14-29.089 P : D. 2017. Actu. 1050⚖ ; RJS 7/2017, n° 457.

218. Accusation de discrimination. N'est pas discriminatoire la mutation disciplinaire prononcée par l'employeur justifiée par une exigence professionnelle essentielle et déterminante au sens de l'article 4, § 1, de la Dir. 2000/78 du Conseil du 27 novembre 2000 au regard, d'une part, de la nature et des conditions d'exercice de l'activité du salarié, chef d'équipe dans le secteur de la propreté, affecté sur un site pour exécuter ses tâches contractuelles en vertu d'une clause de mobilité légitimement mise en œuvre par l'employeur, d'autre part, du caractère proportionné au but recherché de la mesure, laquelle permettait le maintien de la relation de travail par l'affectation du salarié sur un autre site de nettoyage. • Soc. 19 janv. 2022, ⚖

n° 20-14.014 B : *D. actu. 4 févr. 2022, obs. Couëdel ; D. 2022. 492, note Mouly* ⚖ *; Dr. soc. 2022. 397, note Anciaux et Icard* ⚖ *; RJS 3/2022, n° 122 ; Dr. ouvrier 2022. 306, note Robin ; JSL 2022, n° 538-1, obs. Chatelier ; SSL 2022, n° 1985, p. 13, obs. Adam ; JCP S 2022. 1064, obs. Bossu.*

G. CLAUSES DE GARANTIE D'EMPLOI

BIBL. Béal et Terrenoire, *JCP S 2008. 1374* (clause de garantie d'emploi et les conséquences du licenciement au cours de la période d'emploi garanti). – Calvo, *LPA 4 déc. 1996* (clauses de stabilité d'emploi). – Guyader, *JSL 2009, n° 263-1*. – Nicolas, *D. 1995. Chron. 278* ⚖ (clauses de durée minimum ou maximum d'emploi). – Petit, *Dr. soc. 2000. 80* ⚖ (clauses de garantie d'emploi). – Savatier, *Dr. soc. 1991. 413* ⚖ (clauses de stabilité d'emploi).

219. Principe. Est valable la clause garantissant au salarié la stabilité de son emploi pendant une période de cinq ans, sauf en cas de faute grave ou de force majeure. ● Soc. 16 mai 1990 : ⚖ *RJS 1990. 385, n° 547*. – Dans le même sens : ● Soc. 30 mars 1995 : ⚖ *RJS 1995. 415, n° 623* ● 13 févr. 1996 : ⚖ *RJS 1996. 327, n° 512*. ♦ La clause de garantie d'emploi crée des droits individuels pour les salariés en cas de violation de cet engagement par l'employeur. ● Soc. 7 févr. 2007 : ⚖ *RDT 2007. 243, obs. Waquet* ⚖. ♦ Une promesse de stabilité d'emploi n'a pas de conséquence juridique sur la nature du contrat qui demeure à durée indéterminée. ● Soc. 21 mars 1990 : ⚖ *RJS 1990. 267, n° 350* ● 30 mars 1995 : ⚖ *RJS 1995. 415, n° 623*.

220. Clause de garantie d'emploi dans un plan de cession. La clause d'un plan de cession arrêté par jugement du tribunal de commerce et prévoyant que la société cessionnaire s'engage à ne pas licencier, pendant toute la durée du plan, sans autorisation du tribunal saisi par le commissaire à l'exécution du plan, ne peut concerner que les licenciements pour motif économique et ne prive pas l'employeur de son pouvoir disciplinaire exercé sous le contrôle du juge prud'homal. ● Soc. 16 mai 2007 : ⚖ *RDT 2007. 457, obs. Chagny* ⚖ *; JCP S 2007. 1673, note Frouin* ● 17 mai 2011 : ⚖ *D. 2011. 2249, note Lacroix-De Sousa* ⚖ *; RJS 2011. 540, n° 587 ; JCP S 2011. 1401, obs. Vincent.*

221. Clause de garantie d'emploi et PSE. Le plan de sauvegarde de l'emploi ne pouvant priver le salarié des droits qu'il tient d'une convention antérieurement conclue avec l'employeur, l'indemnité de garantie d'emploi prévue dans une telle convention s'ajoute à l'aide au reclassement externe prévue dans le PSE. ● Soc. 9 oct. 2012 : ⚖ *RDT 2012. 696, obs. Géa* ⚖. ♦ Le salarié qui opte pour un départ volontaire, sans alléguer avoir procédé à ce choix sous la contrainte, renonce à se prévaloir de l'engagement souscrit par l'employeur de le maintenir dans l'emploi jusqu'à ses 60 ans. ● Soc. 13 mai 2014, ⚖ n° 13-10.781 : *D. actu. 2 juin 2014, obs. Peyronnet ; RJS 2014. 445, n° 534.*

222. Clause de garantie d'emploi et inaptitude. Le contrat comportant une clause de garantie d'emploi ne peut être rompu pendant la période couverte par la garantie qu'en cas d'accord des parties, de faute grave du salarié ou de force majeure, mais pas en raison de l'inaptitude du salarié trouvant son origine dans la situation de harcèlement moral dont il avait été la victime. ● Soc. 15 avr. 2015, ⚖ n° 13-21.306 P : *D. 2015. Actu. 927* ⚖ *; RDT 2015. 541, note Kocher* ⚖ *; Dr. soc. 2015. 559, note Mouly* ⚖ *; RJS 6/2015, n° 383 ; JCP S 2015. 1258, obs. Verkindt.*

223. Clause de garantie d'emploi et licenciement lié aux conséquences de l'absence sur le bon fonctionnement de l'entreprise. Lorsqu'une convention collective prévoit une clause de garantie d'emploi précisant que les absences justifiées par la maladie ou l'accident dans un délai maximum d'un an n'entraînent pas une rupture du contrat de travail, l'employeur ne saurait, afin de licencier le salarié avant la fin de cette garantie, invoquer les perturbations apportées par cette absence au bon fonctionnement de l'entreprise nécessitant ainsi son remplacement. ● Soc. 18 déc. 2019, ⚖ n° 18-18.864 P : *Dr. soc. 2020. 187, note Mouly* ⚖ *; RJS 3/2020, n° 125 ; Dr. ouvrier 2020. 562, obs. Saltzmann ; JSL 2019, n° 492-3, obs. Lalanne ; JCP S 2020. 1012, obs. Frouin.*

224. Sanctions. La violation d'une clause de garantie d'emploi oblige l'employeur à indemniser le salarié du solde des salaires restant dus jusqu'à l'expiration de la garantie. ● Soc. 27 oct. 1998, ⚖ n° 95-43.308 P : *D. 1999. 186, note Mouly* ⚖ *; D. 1999. Somm. 172, obs. Aubert-Monpeyssen* ⚖ *; Dr. soc. 1999. 293, obs. Roy-Loustaunau* ⚖ *; RJS 1998. 881, n° 1141* ● 2 févr. 1999, ⚖ n° 96-40.773 P : *RJS 1999. 309, n° 498*. ♦ Lorsqu'un contrat de travail prévoit la garantie d'emploi jusqu'à la retraite, l'employeur est tenu de réparer le dommage causé au salarié du fait de son licenciement en violation des dispositions conventionnelles plus favorables que les dispositions légales. ● Soc. 7 nov. 1990 : ⚖ *D. 1990. IR 282* ⚖ *; Dr. soc. 1991. 413, note Savatier* ⚖ *; CSB 1991. 130, A. 31*. ♦ En faveur de l'exigence d'une faute grave pour justifier la rupture avant l'expiration de la période de garantie d'emploi, V. ● Soc. 11 déc. 1990 : ⚖ *RJS 1991. 95, n° 168* ● 13 févr. 1996 : ⚖ *RJS 1996. 327, n° 512*. ♦ Même solution lorsqu'un contrat à durée déterminée comporte une garantie d'emploi. ● Soc. 6 mai 1997, ⚖ n° 94-40.660 P : *D. 1997. IR 132* ⚖ *; JCP 1997. II. 22972, note Mouly ; Dr. soc. 1997. 737, obs. Couturier* ⚖ *; RJS 1997. 428, n° 649*. ♦ La violation par l'employeur d'une clause de garantie d'emploi ne dispense pas le juge d'examiner la cause du licenciement et il lui appartient d'apprécier le caractère réel et sérieux des motifs invoqués par l'employeur dans la lettre de licenciement ; l'indemnité accordée au titre de la violation de la garantie d'emploi ne prive pas le salarié du bénéfice de l'indemnité de préavis lorsqu'il peut y prétendre.

● Soc. 13 nov. 2008 : 🔒 *D. 2008. AJ 3015, obs. Perrin* 🖉 *; ibid. 2009. 528, note Mouly* 🖉 *; ibid. Pan. obs. Fabre* 🖉 *; RDT 2009. 32, obs. Auzero* 🖉 *; RJS 2009. 31, n° 3 ; JSL 2008, n° 245-3 ; JCP S 2009. 1056, obs. Dumont ; RJS 2009. 23, avis Duplat.* ◆ La violation de la clause de garantie d'emploi ne prive pas le licenciement de cause réelle et sérieuse. ● Soc. 21 déc. 2006 : 🔒 *RDT 2007. 172, obs. Waquet* 🖉. ◆ Comp. : le licenciement prononcé en violation d'une clause contractuelle de garantie d'emploi est dépourvu de cause réelle et sérieuse. ● Soc. 30 sept. 1997 : 🔒 *RJS 1997. 745, n° 1198* (remboursement des sommes versées par l'ASSEDIC en cas de licenciement économique).

225. Cumul avec les revenus de remplacement. Si les dommages-intérêts dus en cas de violation de la clause de garantie d'emploi ne se cumulent pas avec les indemnités de chômage servies par l'Assedic au titre de cette période, ce principe n'a vocation à s'appliquer que dans les rapports entre la salariée et l'organisme d'assurance chômage. ● Soc. 31 mars 1993 : 🔒 *JCP G 1993. II. 22130, note Taquet.* ● Cass., ass. plén., 13 déc. 2002 : 🔒 *D. 2003. 178* 🖉 ● Soc. 23 oct. 2007 : 🔒 *D. 2007. 3107, note Waquet* 🖉 *; ibid. 2008. Pan. 442, obs. Fabre* 🖉 *; RDT 2007. 719, obs. Auzero* 🖉.

226. Nature de l'indemnité forfaitaire. L'indemnité forfaitaire prévue en cas de violation de la clause peut être réduite dès lors qu'il n'est pas démontré qu'elle indemnise une perte de chance pour le salarié de retrouver une activité professionnelle. ● Soc. 15 avr. 2015, 🔒 *n° 13-21.306 : D. actu. 12 mai 2015, obs. Peyronnet ; D. 2015. Actu. 927* 🖉 *; RDT 2015. 541, obs. Kocher* 🖉 *; Dr. soc. 2015. 559, note Mouly* 🖉 *; JSL 2015, n° 389-2, obs. Hautefort ; RJS 6/2015, n° 383.*

227. Pouvoirs du juge. Lorsque la clause de garantie d'emploi n'est pas assortie d'une clause pénale, le montant de l'indemnité de garantie d'emploi ne peut être réduit ni par le juge en raison de son caractère excessif ni par l'employeur en considération des indemnités de chômage déjà perçues par le salarié. ● Soc. 23 oct. 2007 : 🔒 *D. 2007. 3107, note Waquet* 🖉 *; RDT 2007. 719, obs. Auzero* 🖉. ◆ Comp. : ● Soc. 13 déc. 2002 : 🔒 *D. 2003. IR 178* 🖉 *; Dr. soc. 2003. 439, obs. Willmann* 🖉 *; RJS 2003. 153, n° 227 ; JCP E 2003. 215, note Taquet ; JSL 2003, n° 115-2.* ◆ La clause contractuelle qui ne prévoit pas le versement d'une indemnité forfaitaire en cas de violation de la garantie d'emploi ne constitue pas une clause pénale. ● Soc. 4 mars 2008 : 🔒 *RDT 2008. 304, obs. Auzero* 🖉 *; RJS 2008. 455, n° 585 ; Dr. soc. 2008. 704, note Gauriau* 🖉 *; JCP S 2008. 1319, obs. Fardoux.*

H. CLAUSE D'INDIVISIBILITÉ

228. Contrat de couple en contrat à durée indéterminée. Si les contrats de travail de deux salariés contiennent une clause d'indivisibilité, il appartient au juge d'apprécier si cette clause est justifiée par la nature de la tâche à accomplir et proportionnée au but poursuivi, et si la poursuite du second contrat de travail est rendue impossible par la rupture du premier. ● Soc. 12 juill. 2005 : 🔒 *D. 2005. 344, note Mouly* 🖉 *; Dr. soc. 2005. 1045, obs. Savatier* 🖉 *; JCP S 2005. 1333, note Adom ; RJS 2005. 677, n° 941 ; JSL 2005, n° 176-3.*

229. Contrat à durée déterminée. Les parties à un CDD ne peuvent déroger aux dispositions d'ordre public de l'art. L. 1243-1 C. trav. en introduisant, dans le contrat de travail, une clause d'indivisibilité avec celui du conjoint du salarié. ● Soc. 5 juill. 2017, 🔒 *n° 16-17.690 P : D. 2017. Actu. 1477* 🖉 *; RDT 2017. 540, note Auzero* 🖉 *; Dr. soc. 2017. 886, note Mouly* 🖉 *; RJS 10/2017, n° 654.*

I. CLAUSE DE CONSCIENCE

230. Validité. La clause contractuelle, qui permet au salarié de rompre le contrat de travail, ladite rupture étant imputable à l'employeur, en cas de changement de direction, de contrôle, de fusion-absorption ou de changement significatif d'actionnariat entraînant une modification importante de l'équipe de direction, est licite dès lors qu'elle est justifiée par les fonctions du salarié au sein de l'entreprise et qu'elle ne fait pas échec à la faculté de résiliation unilatérale du contrat par l'une ou l'autre des parties. ● Soc. 26 janv. 2011 : 🔒 *D. actu. 21 févr. 2011, obs. Perrin ; D. 2011. 453* 🖉 *; ibid. 2012. 901, obs. Lokiec et Porta* 🖉 *; Dr. soc. 2011. 465, obs. Mazeaud* 🖉 *; RDT 2011. 175, obs. J. Pélissier* 🖉 ● Soc. 10 avr. 2013 : 🔒 *D. Actu. 14 mai 2013, obs. Siro ; D. 2013. Actu. 1009* 🖉 *; RDT 2013. 401, obs. Tournaux* 🖉 *; JSL 2013, n° 344-3, obs. Hautefort ; JCP S 2013. 1302, obs. Dumont.*

J. CLAUSE DE CONFIDENTIALITÉ

231. Absence de contrepartie financière. N'ouvre pas droit à une contrepartie financière la clause qui ne porte pas atteinte au libre exercice par le salarié d'une activité professionnelle mais qui se borne à imposer la confidentialité des informations détenues par lui et concernant la société. ● Soc. 15 oct. 2014 : 🔒 *D. 2014. Actu. 2118* 🖉 *; RDT 2015. 39, obs. Gratton* 🖉 *; RJS 2014. 717, n° 825 ; JSL 2014, n° 377-378-5, obs. Tissandier.*

K. CLAUSE DE FIDÉLITÉ

232. Une clause convenue entre les parties, dont l'objet est de fidéliser le salarié dont l'employeur souhaite s'assurer la collaboration dans la durée, peut, sans porter une atteinte injustifiée et disproportionnée à la liberté du travail, subordonner l'acquisition de l'intégralité d'une prime d'arrivée, indépendante de la rémunération de l'activité du salarié, à une condition de présence de ce dernier dans l'entreprise pendant une certaine durée après son versement et prévoir le remboursement de la prime au prorata du temps que le salarié, en

CONTRAT DE TRAVAIL   Art. L. 1221-1   105

raison de sa démission, n'aura pas passé dans l'entreprise avant l'échéance prévue. • Soc. 11 mai 2023, ⚖ n° 21-25.136 B : *D. actu. 30 mai 2023*, obs. Maurel ; *D. 2023. 1013* ⚖ ; *Dr. soc. 2023. 654*, obs. Mouly ⚖ ; *RDT 2023. 41*, note O. Guillemot ⚖.

IV. MODIFICATION DU CONTRAT DE TRAVAIL

RÉP. TRAV. v° *Contrat de travail : modification*, par Maillard-Pinon.

BIBL. Auzero et Canut, *Dr. soc. 2017. 11* ⚖ (Le juge et la modification du contrat de travail). – Waquet, *Dr. soc. 1999. 566* ⚖. – Derue, *SSL 1998, n° 913*. – Lyon-Caen, *Dr. ouvrier 1996. 87*. – Fouvet, *RJS 8-9/2023, p. 6* (soutènement de l'édifice jurisprudentiel du régime des mutations du rapport d'emploi). – Moussy, *Dr. ouvrier 1996. 49*. – Savatier, *Dr. soc. 1995. 235* ⚖. – Blaise, *Dr. soc. 1994. 189* ⚖. – Moussy, *Dr. ouvrier 1994. 135*. – Morand, *JCP E 1993. I. 276* ; *Dr. soc. 1993. 148* ⚖. – Blaise, *RJS 1992. 729*. – Couturier, *Ét. offertes à J. Savatier, 1992, p. 143*. – Philbert, *CSB 1992. 205*. – Blaise, *RJS 1989. 67* ; *BS Lefebvre 1988. 225*. – Savatier, *Dr. soc. 1988. 135*. – Deprez, *BS Lefebvre 1987. 401*. – Lyon-Caen, *Juri-soc. 1987. 41, n° 10*. – A. Mazeaud, *Dr. soc. 2004. 77* ⚖. – Pélissier, *RJS 2004. 3*. – Savatier, *Dr. soc. 1986. 867*. – Blaise, *BS Lefebvre 1985. 179* ; *ibid. 1984. 453*. – Despax, *Mél. Marty, 1978. 449*.

Modification du contrat et changement des conditions de travail : Favennec-Héry, *RJS 2003. 459* (de l'objectif vers le subjectif). – Escande-Varniol, *Dr. soc. 2002. 1064* ⚖ (changements d'horaire ou de lieu de travail). – Antonmattéi, *Dr. soc. 1999. 333* ⚖. – Waquet, *RJS 1999. 383* ; *Dr. soc. 1999. 566* ⚖. – Couturier, *Dr. soc. 1998. 523* ⚖ ; *Dr. soc. 1998. 878* ⚖. – Dockès, *RJS 1998. 168*. – Boubli, *SSL 1997, n° 835*. – Bousez et Moreau, *JCP E 1997. I. 705*. – Morand, *JCP E 1997. I. 643*. – Waquet, *RJS 1996. 791* ; *CSB 1993. 57*. – Boubli, *Dr. soc. 1990. 493* ⚖.

Modification du contrat et modification du statut collectif : Boubli, *SSL 1997, n° 849*. – Savatier, *Dr. soc. 1995. 235* ⚖. – Waquet, *RJS 1994. 399*. ▶ **... et mobilité :** Soulier, *TPS 1998. Chron. 10*. – Daugareilh, *Dr. soc. 1996. 128* ⚖. – Gauriau, *Dr. soc. 1996. 1016* ⚖. – Jourdan, *JCP E 2001. 743*. – Morand, *JCP S 2001, n° 1025, p. 5*. ▶ **... et réduction du temps de travail :** Boubli, *SSL 1998. 2*. – Bélier et Favennec-Héry, *Dr. soc. 1998. 970* ⚖. – Frossard, *Dr. soc. 2006. 999* ⚖. – Langlois, *Dr. soc. 1998. 785* ⚖.

Modification du contrat de travail à temps partiel : Girault, *JCP E 1998. 885*. – Jourdan, *JCP E 1998. 1676*.

Modification du contrat résultant d'une sanction disciplinaire : Amauger-Lattès, *Dr. soc. 1998. 120* ⚖. – Deprez, *JCP E 1992. I. 148*. – Mazeaud, *Dr. soc. 1991. 16* ⚖ ; *Dr. soc. 2003. 164* ⚖. – Pélissier, *D. 1992. Chron. 30* ⚖. – Waquet, *Dr. soc. 1998. 803* ⚖.

Novation du contrat de travail : Gaudin, *RDT 2008. 162* ⚖ (la novation en droit du travail).

A. NOTION

233. Modification et contrat de travail. La modification du contrat de travail s'oppose au changement des conditions de travail décidé par l'employeur dans l'exercice de son pouvoir de direction. • Soc. 10 juill. 1996 (2 arrêts), ⚖ n° 93-41.137 P : *GADT, 4ᵉ éd., n° 50* ; *D. 1996. IR 199* ⚖ ; *Dr. soc. 1996. 976*, obs. Blaise ⚖ ; *RJS 1996. 580, n° 900* ; *JCP 1997. II. 22768*, note Saint-Jours ; *Dr. ouvrier 1996. 457*, note Moussy • 30 sept. 1997, ⚖ n° 95-43.187 P : *Dr. soc. 1997. 1094*, obs. Ray ⚖ ; *RJS 1997. 748, n° 1202*. ♦ La SNCF ne peut procéder unilatéralement et hors de toute procédure disciplinaire à la modification du contrat de travail d'un de ses agents dans le cas où il échoue à un examen professionnel et le ramener à un niveau et à une rémunération inférieurs à ceux stipulés dans le contrat de travail, en application d'une disposition du statut. • CE 29 juin 2001 : ⚖ *RJS 2001. 920, n° 1369*.

234. Modification et statut collectif. La modification du contrat s'oppose à la modification du statut collectif ; la classification qui résulte d'une convention collective est opposable au salarié qui ne peut se prévaloir d'aucun droit au maintien de sa qualification antérieure. • Soc. 16 nov. 1993, ⚖ n° 90-43.233 P : *D. 1994. Somm. 312*, obs. A. Lyon-Caen ⚖. ♦ De même une convention collective peut modifier les modalités de répartition des pourboires résultant d'un accord ayant fait l'objet d'une dénonciation, seul le niveau de rémunération devant être garanti au salarié. • Soc. 12 févr. 1991, ⚖ n° 89-45.314 P : *D. 1991. IR 83* ⚖. ♦ Mais le changement d'affectation qui prive un salarié du bénéfice d'une convention collective constitue une modification du contrat que le salarié peut refuser lorsque l'application à la relation de travail d'une convention collective est prévue par une disposition expresse du contrat de travail. • Soc. 2 déc. 1998, ⚖ n° 96-45.187 P.

235. La dénonciation de l'usage ou de l'engagement unilatéral n'emporte aucune modification du contrat de travail. • Soc. 13 févr. 1996, ⚖ n° 93-42.309 P : *D. 1996. IR 75* ; *RJS 1996. 293, n° 481* • Soc. 6 juill. 2005 : ⚖ *D. 2006. Pan. 38*, obs. Berthier ⚖ ; *JSL 2005, n° 174-4*. ♦ Mais l'employeur ne peut revenir sur un avantage qui, du fait de sa reprise dans le contrat de travail, s'est incorporé à celui-ci. • Soc. 3 févr. 1993, ⚖ n° 89-45.433 : *D. 1993. Somm. 264*, obs. Dockès ⚖.

236. Caractère d'ordre public. Sauf disposition légale contraire, une convention collective ne peut permettre à un employeur de procéder à la modification du contrat de travail sans recueillir l'accord exprès du salarié. • Soc. 10 févr. 2016, ⚖ n° 14-26.147 P : *D. 2016. Actu. 431* ⚖ ; *RJS 4/2016, n° 277* ; *JSL 2016, n° 407-6*, obs. Gssime ; *JCP 2016. 574*, obs. Tricot ; *ibid. 2016. 1135*, obs. Jacotot ; *JCP S 2020, n° 500-1*, obs. Géa (devenir de la jurisprudence FC Nantes ?).

237. Cas particulier des salariés protégés. Aucune modification de son contrat de travail ou aucun changement de ses conditions de travail ne peut être imposé à un salarié protégé sans son accord. • Soc. 12 oct. 2000, ⚖ n° 98-45.174. ♦ Contra : • CE 14 nov. 2008, ⚖ n° 306226 : *Dr. soc. 2009. 419, concl. Keller* ∅ *; JCP S 2009. 1393, obs. Kerbourc'h.* ♦ Dès lors que le nouvel emploi proposé ne constitue pas une modification du contrat de travail mais seulement un changement de ses conditions de travail, le refus d'accepter un tel changement dans ses conditions de travail, décidé par l'employeur dans l'exercice de son pouvoir de direction, constituait un comportement fautif. • CE 23 déc. 2014, ⚖ n° 364616 A : *RJS 3/2015, n° 201 ; JCP S 2015. 1070, obs. Loiseau* • 29 juin 2020, ⚖ n° 428694 B : *RJS 11/2020, n° 548 ; ibid., concl. Chambon.*

1° MODIFICATION DES ÉLÉMENTS DU CONTRAT DE TRAVAIL

a. Durée du travail

238. Modification de la durée contractuelle. La durée du travail, telle qu'elle est mentionnée au contrat de travail, constitue, en principe, un élément du contrat de travail qui ne peut être modifié sans l'accord du salarié. • Soc. 20 oct. 1998, ⚖ n° 96-40.614 P : *Dr. soc. 1998. 1045, obs. Waquet* ∅ *; D. 1999. 174, obs. Desbarats* ∅ *; RJS 1998. 883, n° 1445.* ♦ Constitue une modification du contrat de travail la suppression du second jour de repos hebdomadaire contrairement aux dispositions légales. • Soc. 20 juin 1984, ⚖ n° 82-41.104 P.

239. Heures supplémentaires. En revanche, ne constituent pas une modification du contrat de travail les heures supplémentaires imposées par l'employeur dans la limite du contingent dont il dispose légalement et en raison des nécessités de l'entreprise. • Soc. 9 mars 1999, ⚖ n° 96-43.718 P : *RJS 1999. 324, n° 524 ; Dr. soc. 1999. 630, obs. Antonmattei* ∅. ♦ De même, ne constitue pas une modification du contrat la réduction, la suppression ou l'obligation d'effectuer des heures supplémentaires par décision unilatérale de l'employeur. • Soc. 10 mars 1998, ⚖ n° 95-44.842 P : *RJS 1998. 262, n° 416 ; Dr. soc. 1998. 492, obs. Barthélémy* ∅.

240. Modification des horaires de travail. Le changement d'horaire consistant dans une nouvelle répartition de l'horaire au sein de la journée, alors que la durée du travail et la rémunération restent identiques, constitue un simple changement des conditions de travail relevant du pouvoir de direction du chef d'entreprise et non une modification du contrat de travail. • Soc. 22 févr. 2000, ⚖ n° 97-44.339 P : *D. 2000. IR 82* ∅ *; JCP 2000. II. 10321, note Corrignan-Carsin ; RJS 2000. 270, n° 374 ; CSB 2000. 515, A. 19, obs. Charbonneau* • 9 avr. 2002, ⚖ n° 99-45.155 P : *D. 2002. IR 1529* ∅ *; Dr. soc. 2002. 665, obs. Savatier* ∅. ♦ En revanche, si les horaires sont expressément précisés dans le contrat de travail et, à la demande du salarié, acceptés par l'employeur, ils présentent un caractère contractuel. • Soc. 11 juill. 2001, ⚖ n° 99-42.710 P : *RJS 2001. 762, n° 1111 ; TPS 2001, n° 358.*

Ainsi, à défaut de clause contractuelle, ne constitue pas une modification du contrat de travail la décision qui, sans remettre en cause la durée du travail, supprime le droit à congé du vendredi après-midi d'un cadre dirigeant d'entreprise. • Soc. 16 mai 2000, ⚖ n° 97-45.256 P : *D. 2000. IR 168* ∅ *; Dr. soc. 2000. 776, obs. Ray* ∅ *; RJS 2000. 539, n° 771.* ♦ De la même manière, l'employeur, en changeant l'horaire et en demandant aux salariés de travailler pendant l'heure du déjeuner, fait usage de son pouvoir de direction. • Soc. 17 oct. 2000, ⚖ n° 98-42.177 P : *RJS 2000. 839, n° 1206 ; Liaisons soc. 2000, jurispr. 688* • 17 oct. 2000, ⚖ n° 98-42.264 P : *RJS 2000. 796, n° 1222 ; Liaisons soc. 2000, jurispr. 688* (travail le samedi, jour ouvrable, à défaut de clause expresse dans le contrat de travail l'excluant) • 27 juin 2001, ⚖ n° 99-42.462 P : *RJS 2001. 762, n° 1111 ; JSL 2001, n° 86-4.* ♦ Toutefois, l'instauration d'une nouvelle répartition du travail sur la journée relève du pouvoir de direction de l'employeur sauf atteinte excessive au droit du salarié au respect de sa vie personnelle et familiale ou à son droit au repos. • Soc. 3 nov. 2011 : ⚖ *D. actu. 28 nov. 2011, obs. Astaix ; D. 2011. Actu. 2804* ∅ *; ibid. 2012. 67, note Lokiec* ∅ *; RDT 2012. 31, obs. Tournaux* ∅ *; Dr. soc. 2012. 147, note Dockès* ∅ *; RJS 2012. 27, n° 8 ; SSL 2011, n° 1513, p. 10 ; ibid. n° 1518, p. 11, obs. Fabre ; JSL 2011, n° 311-312-5, obs. Lhernould ; JCP S 2011. 1159, note Gaba.*

241. Modification de l'organisation de la répartition des horaires de travail. Constitue une modification du contrat de travail que le salarié est en droit de refuser le passage d'un horaire fixe à un horaire variable. • Soc. 31 oct. 2000 : ⚖ *RJS 2001. 13, n° 10* • 14 nov. 2000, ⚖ n° 98-43.218 P : *D. 2000. IR 303* ∅ *; RJS 2001. 13, n° 10.* ♦ Le passage d'un horaire de jour à un horaire de nuit caractérise une modification du contrat de travail que le salarié est en droit de refuser. • Soc. 22 mai 2001, ⚖ n° 99-41.146 P : *D. 2001. IR 2360* ∅ *; RJS 2001. 684, n° 992 ; Dr. soc. 2001. 766, obs. Radé* ∅. ♦ ... De même s'agissant du passage d'un horaire de nuit à un horaire de jour, et ce, nonobstant la clause de variabilité des horaires prévue par le contrat de travail. • Soc. 18 déc. 2001, ⚖ n° 98-46.160 P : *RJS 2002. 131, n° 145.* ♦ ... Ou encore le passage d'un horaire continu à un horaire discontinu. • Soc. 3 nov. 2011 : ⚖ *D. actu. 28 nov. 2011, obs. Astaix ; D. 2011. Actu. 280* ∅ *; RJS 2012. 27, n° 10.* ♦ De même constitue une modification du contrat de travail nécessitant l'accord du salarié le changement de la répartition des horaires ayant pour effet de priver le salarié de repos dominical. • Soc. 2 mars 2011 : ⚖ *D. actu. 22 mars 2011, obs. Dechristé ; D. 2011. Actu. 761* ∅ *; JSL 2011, n° 298-5, obs. Lhernould ; JCP S 2011. 1283, obs.*

CONTRAT DE TRAVAIL **Art. L. 1221-1** 107

d'Allende. ♦ Pour les salariés à temps partiel, la répartition du temps de travail constitue un élément du contrat de travail qui ne peut être modifié sans l'accord de l'intéressé. • Soc. 7 juill. 1998, ⚚ n° 95-43.443 P : *D. 1999. Somm. 185*, obs. Desbarats ⌀ • 14 oct. 1998, ⚚ n° 96-43.539 P : *D. 1998. IR 243* ⌀ • 6 avr. 1999, ⚚ n° 96-45.790 P : *D. 1999. IR 132* ⌀ ; *RJS 1999. 463, n° 762*. ♦ Une clause du contrat de travail à temps partiel ne peut valablement permettre à l'employeur de modifier les horaires de travail convenus qu'à la double condition, d'une part, de la détermination par le contrat de la variation possible, d'autre part, de l'énonciation des cas dans lesquels cette modification peut intervenir. • Soc. 7 déc. 1999, ⚚ n° 97-42.333 P : *RJS 2000. 225, n° 346*.

242. Changement d'horaires impliquant la suppression d'une prime. Une clause de variabilité des horaires ne permet pas à l'employeur de décider unilatéralement un passage d'un horaire de nuit à un horaire de jour faisant perdre aux salariés le bénéfice des primes du soir ou de nuit. Ce changement constitue une modification du contrat de travail qui nécessite l'accord des salariés. • Soc. 14 nov. 2018, ⚚ n° 17-11.757 P : *D. actu. 11 déc. 2018*, obs. Mlapa ; *D. 2018. Actu. 2239* ⌀ ; *RDT 2019. 495*, note Véricel ⌀ ; *RJS 1/2019, n° 10* ; *JCP S 2018. 1417*, obs. Caressa ; *SSL 2018, n° 1840, p. 11*, obs. Tournaux. ♦ Comp. : un changement d'horaires s'accompagnant d'une diminution de la rémunération résultant de la perte d'une prime (de panier) liée à des sujétions ayant disparu dans le cadre du nouvel horaire. • Soc. 9 avr. 2015, ⚚ n° 13-27.624 : *D. actu. 18 mai 2015*, obs. Fraisse ; *D. 2015. Actu. 871* ⌀ ; *RDT 2015. 396*, obs. Bento de Carvalho ⌀ ; *JSL 2015, n° 389-6*, obs. Tissandier ; *JCP S 6/2015, n° 387*.

243. Cadence de travail. En l'absence de répercussion d'une modification de la cadence de travail sur la rémunération ou le temps de travail des salariés, cette modification constitue un simple changement des conditions de travail et non pas une modification du contrat de travail. • Soc. 20 oct. 2010 : ⚚ *D. actu. 15 nov. 2010*, obs. Siro ; *RDT 2011. 119*, obs. Canut ⌀ ; *RJS 2011. 32, n° 14* ; *Dr. soc. 2011. 333*, obs. Miné ⌀ ; *JCP S 2011. 1003*, obs. Dedessus-Le-Moustier.

244. Instauration d'une modulation du temps de travail. V. art. L. 3121-43. ♦ Comp. anté. : l'instauration d'une modulation du temps de travail est une modification du contrat de travail. • Soc. 22 sept. 2010 : *D. 2010. Actu 2370*, obs. Dechristé ; *D. 2011. 219*, obs. Frossard ⌀ ; *RDT 2010. 725*, obs. Canut ⌀ ; *Dr. soc. 2011. 151*, note Barthélémy ⌀ ; *RJS 2010. 841, n° 939* ; *JSL 2010, n° 287-2*, obs. Hautefort ; *SSL 2010, n° 1464, p. 10*, obs. Favennec-Héry ; *JCP S 2010. 1466*, obs. Morand.

b. Rémunération

245. Généralités. La rémunération contractuelle du salarié constitue un élément du contrat de travail qui ne peut être modifié, même de manière minime, sans son accord ; il en va de même du mode de rémunération prévu par le contrat, peu important que l'employeur prétende que le nouveau mode serait plus avantageux. • Soc. 19 mai 1998, ⚚ n° 96-41.573 P. ♦ Il n'y a pas modification du contrat lorsqu'elle résulte d'une clause claire et précise du contrat. • Soc. 17 déc. 1987, ⚚ n° 84-45.382 P : *D. 1988. Somm. 320*, obs. A. Lyon-Caen.

246. Modification du montant de base de la rémunération. La rémunération contractuelle du salarié constitue un élément du contrat de travail qui ne peut être modifié sans son accord. • Soc. 3 mars 1998, ⚚ n° 95-43.274 P : *RJS 1998. 263, n° 417* ; *D. 1998. IR 85* ⌀ ; *CSB 1998. 111, A. 27*. ♦ Dans le même sens, la rémunération constitue un élément du contrat de travail qui ne peut être modifié, même en cours d'exécution du préavis, sans l'accord du salarié. • Soc. 9 déc. 1998, ⚚ n° 96-44.789 P : *D. 1999. Somm. 182*, obs. Desbarats ⌀ ; *RJS 1999. 40, n° 45*. ♦ Peu important que la modification ait été imposée par une décision de l'autorité de tutelle. • Soc. 1er févr. 1995, ⚚ n° 91-40.794 P : *D. 1995. IR 72* ; *Dr. soc. 1995. 386*, obs. Favennec-Héry ⌀ ; *RJS 1995. 297, n° 316*. ♦ ... Ou que le comité d'entreprise ait donné son accord à la modification. • Soc. 5 janv. 1999, ⚚ n° 96-44.194 P : *D. 1999. IR 41* ⌀ ; *RJS 1999. 107, n° 160*. ♦ Ainsi, le salarié qui a refusé que la prime d'ancienneté soit intégrée à son salaire de base peut prétendre à un rappel de prime dès lors que cette intégration diminue le taux de la rémunération. • Même arrêt.

247. Modification du mode de rémunération. Le mode de rémunération d'un salarié constitue un élément du contrat de travail qui ne peut être modifié sans son accord, peu important que l'employeur prétende que le nouveau mode serait plus avantageux. • Soc. 28 janv. 1998, ⚚ n° 95-40.275 P : *RJS 1998. 172, n° 274* ; *D. 1998. IR 65* ⌀ • 5 mai 2010 : ⚚ *D. 2010. Actu. 1290* ⌀ , ibid. 2011 ⌀. Pan. 840, obs. Julien ; *RDT 2010. 435*, obs. Tournaux ⌀ ; *D. actu. 26 mai 2010*, obs. Ines ; *JCP S 2010. 1298*, obs. Corrignan-Carsin ; *JSL 2010, n° 280-4*, obs. Ballouhey.

248. Modification de la structure de la rémunération résultant de l'application de l'accord collectif. La seule modification de la structure de rémunération résultant d'un accord de réduction du temps de travail consistant, sans changer le taux horaire, à compenser la perte consécutive à la réduction du nombre d'heures travaillées par l'octroi d'une indemnité différentielle, dès lors que le montant de la rémunération est maintenu, ne constitue pas une modification du contrat de travail. • Soc. 5 avr. 2006 : *D. 2006. IR 1186* ; *RDT 2006. 188*, obs. Tissandier ⌀ ; *RJS 2006. 510, n° 741*. ♦ Cette règle s'applique également aux salariés rémunérés en tout ou partie sous forme de commissions. • Soc. 13 juin 2007 : *Dr. soc. 2007. 1174*, obs. Jourdan et Barthélémy ⌀.

♦ Un salarié ne peut prétendre au maintien de la structure de sa rémunération lorsque celle-ci résulte exclusivement de l'accord collectif applicable. ● Soc. 19 mars 2014 : *RJS 2014. 408, n° 506.*

249. Clauses de variation. Une clause du contrat de travail peut prévoir une variation de la rémunération du salarié dès lors qu'elle est fondée sur des éléments objectifs indépendants de la volonté de l'employeur, ne fait pas porter le risque d'entreprise sur le salarié et n'a pas pour effet de réduire la rémunération en dessous des minima légaux et conventionnels. ● Soc. 2 juill. 2002, n° 00-13.111 P : *GADT, 4ᵉ éd., n° 54 ; RJS 2002. 819, n° 1076 ; CSB 2002. 443, A. 53 ; JSL 2002, n°110-4 ; Dr. soc. 2002. 998, obs. Radé.* ♦ Ainsi, une cour d'appel ne peut débouter un salarié de sa demande tendant à voir juger illicites les modalités de fixation de sa rémunération variable alors qu'elle a constaté que les honoraires servant de base de calcul à la rémunération variable étaient ceux qui étaient retenus par la direction générale à laquelle était rattaché le salarié pour l'établissement du compte d'exploitation, ce dont il résultait que la variation de la rémunération dépendait de la seule volonté de l'employeur. ● Soc. 9 mai 2019, n° 17-27.448 P : *D. actu. 5 juin 2019, obs. Cortot ; D. 2019. Actu. 1053 ; RJS 7/2019, n° 430 ; Dr. ouvrier 2019. 677, obs. Ménard ; JSL 2019, n° 478-3, obs. Tissandier ; JCP S 2019. 1178, obs. Morand.* ♦ L'employeur ne peut modifier le taux de rémunération variable d'un salarié pour garantir une égalité de rémunération avec d'autres salariés effectuant un travail de valeur égale. ● Soc. 29 mai 2019, n° 17-17.929 P : *D. 2019. 1565, obs. Prache ; RJS 8-9/2019, n° 491 ; JCP S 2019. 1221, obs. de Raincourt et Rioche.* ♦ L'employeur ne peut utiliser la clause relative à la partie variable de la rémunération pour modifier la rémunération du salarié, même s'il prétend que le nouveau mode de rémunération est plus favorable. ● Soc. 30 mai 2000, n° 97-45.068 P : *RJS 2000. 540, n° 772* ● 16 juin 2004 : *RJS 2004. 693, n° 1000* (clause réservant à la société le droit de modifier le secteur de l'intéressé et la possibilité de consentir directement des fournitures aux nouvelles formes de distribution de masse) ● 8 janv. 2002, n° 99-44.467 P : *Dr. soc. 358, obs. Radé* (clause prévoyant la modification du mode de calcul du taux de commission). ♦ Une prime de nature conventionnelle ne peut être intégrée, sans l'accord du salarié, dans la rémunération contractuelle. ● Soc. 23 oct. 2001, n° 99-43.153 P : *D. 2002. 763, obs. Camaji ; Dr. soc. 2002. 112, obs. Radé ; RJS 2002. 47, n° 36.* ♦ Toutefois, la modification des modalités de rémunération, même si elle ne garantit pas le niveau du salaire antérieur, n'est pas jugée substantielle si elle résulte de l'application d'une clause contractuelle claire et précise. ● Soc. 17 déc. 1987, n° 84-45.382 P : *D. 1988. Somm. 320, obs. A. Lyon-Caen.* ♦ Lorsque les objectifs sont définis unilatéralement par l'employeur dans le cadre de son pouvoir de direction, celui-ci peut les modifier dès lors qu'ils sont réalisables et qu'ils ont été portés à la connaissance du salarié en début d'exercice, peu importe l'incidence sur le montant de la rémunération variable du salarié. ● Soc. 2 mars 2011 : *D. actu. 21 mars 2011, obs. Perrin ; D. 2011. Actu. 824 ; RDT 2013. 82, note Pasquier ; JCP S 2011. 1196, obs. Morvan.* ♦ En revanche, lorsque le droit à une rémunération variable résulte du contrat de travail et qu'aucun accord entre l'employeur et le salarié n'est intervenu sur le montant de cette rémunération, c'est au juge qu'il incombe de le déterminer en fonction des critères visés au contrat et des accords conclus les années précédentes et, à défaut, des données de la cause. ● Soc. 15 déc. 2009, n° 08-44.563. ♦ Mais lorsque le contrat de travail prévoit expressément que le montant de la rémunération variable est fonction d'objectifs fixés annuellement, le défaut de fixation desdits objectifs par l'employeur constitue un manquement à son obligation d'exécuter le contrat de bonne foi et justifie donc la prise d'acte de la rupture par le salarié aux seuls torts de l'employeur. ● Soc. 29 juin 2011 : *JSL 2011, n° 306-5, obs. Tourreil ; JCP S 2011. 1465, obs. Everaert-Dumont.*

250. Le salarié doit pouvoir vérifier que le calcul de sa rémunération a été effectué conformément aux modalités prévues par le contrat de travail. ● Soc. 18 juin 2008 : *D. 2008. AJ 1832, obs. Ines ; JSL 2008, n° 237-2 ; RJS 2008. 705, n° 874 ; Dr. ouvrier 2008. 533, obs. Deby.*

251. Suppression de la prime d'astreinte. La perte des primes d'astreinte régulièrement perçues depuis neuf ans constitue une modification du contrat de travail. ● Soc. 19 juin 2009 : *JCP S 2009. 1067, obs. Bossu.*

252. Modification de la rémunération et usage ou accord collectif. La rémunération, contrepartie du travail du salarié, résulte en principe du contrat de travail, sous réserve, d'une part, du SMIC, et d'autre part, des avantages résultant des accords collectifs, des usages de l'entreprise ou des engagements unilatéraux de l'employeur ; dans le cas où la rémunération du salarié est déterminée exclusivement par l'usage ou par l'engagement unilatéral de l'employeur, la dénonciation régulière de cet usage ou de l'engagement unilatéral n'entraîne pas une modification du contrat de travail. ● Soc. 13 févr. 1996, n° 93-42.309 P : *D. 1996. IR 75 ; RJS 1996. 293, n° 481 ; CSB 1996. 113, A. 27, note Philbert* ● 6 juill. 2005 : *RJS 2005. 745, n° 1058 ; JSL 2005, n° 174-4.* ♦ Une telle dénonciation ne permet pas à l'employeur de fixer unilatéralement le salaire ; celui-ci doit résulter d'un accord contractuel à défaut duquel il incombe au juge de se prononcer. ● Soc. 20 oct. 1998, n° 95-44.290 P : *D. 1998. IR 260 ; RJS 1998. 885, n° 1448.*

253. L'entrée en vigueur d'une nouvelle convention collective ne peut modifier le salaire contractuel du salarié ; un employeur ne peut supprimer

CONTRAT DE TRAVAIL **Art. L. 1221-1** 109

unilatéralement un avantage consistant en un minimum garanti intégré dans le contrat de travail. • Soc. 20 oct. 1998, ⚖ n° 95-44.290 P : *RJS 1998. 884, n° 1447*◆ 27 janv. 1999, ⚖ n° 96-43.342 P : *Dr. soc. 1999. 308*◊. obs. Radé. ◆ De même, un accord collectif, même s'il prévoit une prise en compte de toutes les heures travaillées et une garantie de maintien du salaire, ne permet pas à l'employeur de diminuer le salaire horaire contractuel. • Soc. 3 juill. 2001, ⚖ n° 99-40.641 P : *Dr. soc. 2001. 1006, obs. Radé*◊ ; *RJS 2001. 764, n° 1113* ; *JSL 2001, n° 86-5.* ◆ A l'inverse, la prime due en vertu d'un usage ou d'un engagement unilatéral de l'employeur n'étant pas incorporée au contrat de travail, sa dénonciation n'entraîne pas une modification du contrat. • Soc. 13 févr. 1996, ⚖ n° 93-42.309 P : *D. 1996. IR 75*◊ ; *RJS 1996. 293, n° 481* ; *CSB 1996. 113, A. 272*, note Philbert.

254. Modification de la rémunération et réduction de la durée du travail. V. note 1 ss. art. L. 1222-7.

255. Modification de la rémunération et contexte économique. La modification du contrat de travail n'étant soumise à la procédure édictée à l'art. L. 1222-6 C. trav. que lorsque l'employeur envisage la modification d'un élément essentiel du contrat de travail pour l'un des motifs énoncés à l'art. L. 1233-3, elle est valable dans les autres cas dès lors que le salarié a consenti à l'avenant proposé par l'employeur et qu'il n'invoque pas de vice du consentement. • Soc. 13 sept. 2017, ⚖ n° 15-28.569 P : *D. 2017. Actu. 1838*◊ ; *RJS 11/2017, n° 727* ; *JSL 2017, n° 440-4*, obs. Margerin et Delsol ; *JPS S 2017. 1336*, obs. Bailly.

256. Modification de la rémunération et maladie. L'employeur ne peut, au motif de la maladie du salarié, modifier unilatéralement le mode de fixation de la rémunération convenu entre les parties et doit lui assurer, à l'issue de son arrêt de travail, la reprise des mensualités antérieurement versées. • Soc. 28 sept. 2004 : ⚖ *D. 2004. IR 2974*◊.

c. Lieu de travail

257. Lieu de travail et secteur géographique. A défaut de clause précise, le contrat de travail doit s'exécuter dans un même secteur géographique ; si l'entreprise reste dans ce secteur, les contrats de travail ne sont pas modifiés. • Soc. 20 oct. 1998, ⚖ n° 96-40.757 P : *RJS 1999. 24, n° 8* (déplacement de l'entreprise à l'intérieur de la région parisienne). ◆ Ainsi, le fait d'affecter un salarié qui travaillait sur des chantiers à un atelier fixe, situé dans le même secteur géographique, n'entraîne pas modification du lieu de travail. • Soc. 16 déc. 1998, ⚖ n° 96-40.227 P : *RJS 1999. 105, n° 157* ; *Dr. soc. 1999. 566*, note Waquet◊.

258. Le changement de lieu de travail doit être apprécié de manière objective ; les juges du fond doivent rechercher si celui auquel est affecté le salarié est situé dans un secteur géographique différent de celui où il travaillait précédemment et si, dès lors, le déménagement constituait une modification du contrat de travail. • Soc. 4 mai 1999, ⚖ n° 97-40.576 P : *GADT, 4ᵉ éd., n° 51* ; *D. 2000. Somm. 85*, obs. Frossard◊ ; *JCP 1999. II. 1026*, note Lefranc-Harmoniaux ; *Dr. soc. 1999. 737*, obs. Ray◊ ; *RJS 1999. 485, n° 792.* ◆ ... Si l'emploi en cause implique par nature une certaine disponibilité géographique. • Soc. 4 janv. 2000, ⚖ n° 97-41.154 P : *D. 2000. IR 27*◊ ; *Dr. soc. 2000. 550*, obs. Mouly◊ ; *RJS 2000. 103, n° 145* ; *CSB 2000. 456, A. 12*, obs. Pansier (disponibilité géographique d'un chauffeur de car). ◆ Le contrat international, en revanche, s'exécute par nature en plusieurs lieux ; un salarié pouvant être muté dans l'ensemble des filiales et n'étant donc affecté à aucun lieu déterminé, ne peut prétendre que sa nomination à Bruxelles entraînait une modification du contrat de travail. • Soc. 20 oct. 1998, ⚖ n° 96-40.692 P : *RJS 1999. 180, n° 307.* ◆ Le changement de lieu de travail doit s'apprécier en référence au dernier lieu de travail du salarié et non au lieu de travail initial lorsqu'il y a eu plusieurs affectations successives. • Soc. 3 mai 2006 : ⚖ *JSL 2006, n° 190-3.*

259. Déplacements occasionnels. Le déplacement occasionnel imposé à un salarié en dehors du secteur géographique où il travaille habituellement ne constitue pas une modification de son contrat de travail dès lors que la mission est justifiée par l'intérêt de l'entreprise et que la spécificité des fonctions exercées par le salarié implique de sa part une certaine mobilité géographique. • Soc. 22 janv. 2003, ⚖ n° 00-43.826 P : *D. 2003. IR 400*◊ ; *Dr. soc. 2003. 433*, obs. Savatier◊ ; *JCP E 2003. 993*, note Corrignan-Carsin ; *JSL 2003, n° 118-3.* ◆ Une clause contractuelle fixant un lieu de travail précis ne prive pas d'effet la clause dactylographiée du contrat qui, conformément à la nature même des fonctions exercées par le salarié, prévoyait sa participation à des travaux d'assistance technique chez différents clients tant en France qu'à l'étranger. • Soc. 22 janv. 2003, ⚖ n° 00-42.637 P : *Dr. soc. 2003. 435*, obs. Duquesne◊ ; *RJS 2003. 216, n° 316.*

260. Affectation exceptionnelle. Si l'affectation occasionnelle d'un salarié en dehors du secteur géographique où il travaille habituellement ou des limites prévues par une clause contractuelle de mobilité géographique peut ne pas constituer une modification de son contrat de travail, il n'en est ainsi que lorsque cette affectation est motivée par l'intérêt de l'entreprise, qu'elle est justifiée par des circonstances exceptionnelles, et que le salarié est informé préalablement dans un délai raisonnable du caractère temporaire de l'affectation et de sa durée prévisible. • Soc. 3 févr. 2010 : ⚖ *D. 2010. AJ 446*, obs. Ines ◊ ; *RDT 2010. 226*, obs. Frouin◊ ; *Dr. soc. 2010. 470*, obs. Radé◊ ; *Dr. ouvrier 2010. 356*, note Lardy-Pélissier ; *JSL 2010, n° 273-3.* ◆ Dès lors qu'un déplacement s'inscrit dans le cadre habituel de l'activité pour laquelle un salarié a été recruté, il s'impose à ce dernier sans qu'il y ait lieu de rechercher si le contrat de travail contenait une clause de mobilité. ● Soc. 11 juill. 2012 : ⚖ *D. 2012. Actu. 1969* ∅ ; *D. 2013. Pan. 1026, obs. Porta* ∅ ; *RJS 2012. 667, n° 772* ; *Dr. ouvrier 2012. 655, obs. Durand* ; *JCP S 2012. 1506, obs. Tricoit* ; *JSL 2012, n° 329-7, obs. Lhernould.*

261. Fin du détachement. Dès lors que le salarié retrouve, à l'issue de son détachement, des fonctions correspondant à sa qualification originelle, la fin de ce dernier ne constitue pas une modification du contrat de travail, et le refus du salarié de réintégrer son lieu d'origine constitue une faute grave. ● Soc. 24 juin 2015, ⚖ n° 13-25.522 P : *D. actu. 30 juill. 2015, obs. Ines* ; *D. 2015. Actu. 1445* ∅ ; *RJS 11/2015, n° 699* ; *JCP S 2015. 1328, obs. Halard.*

262. Domicile personnel. Le fait de donner l'ordre à un salarié dont le bureau est supprimé d'installer à son domicile personnel un téléphone professionnel et ses dossiers constitue une modification unilatérale du contrat de travail autorisant le salarié à prendre acte de la rupture du contrat, rupture s'analysant en un licenciement. ● Soc. 2 oct. 2001 : ⚖ *D. 2001. IR 3020* ∅ ; *RJS 2001. 950, n° 1399* ; *JSL 2001, n° 89-2.*

263. Le fait de supprimer la possibilité reconnue au salarié d'effectuer à son domicile ses tâches administratives constitue une modification du contrat de travail. ● Soc. 13 avr. 2005, ⚖ n° 02-47.621 P : *RJS 2005. 435, n° 600.*

---

d. Qualification professionnelle

BIBL. Despax, *JCP 1962. I. 1710.* – Milet, *RPDS 1989. 275.* – Sinay, *Dr. soc. 1982. 70* (statut des cadres). – Langlois, *Ét. offertes à G.H. Camerlynck, 1978, p. 185* (hiérarchie des salariés). – Santelmann, *Dr. soc. 1995. 1014* ∅ (reconnaissance de la qualification professionnelle). – Supiot, *Ét. offertes à Savatier, 1992, p. 409* (identité professionnelle). – *Travail et Emploi, 1988, n° 38.*

264. Définition. La qualification professionnelle se détermine par les fonctions réellement exercées, sauf accord non équivoque de surclassement du salarié. ● Soc. 21 mars 1985 : *Bull. civ. V, n° 201* ● 12 janv. 2010 : ⚖ *RJS 2010. 205, n° 232.* – V. aussi ● Soc. 6 juin 1976 : *D. 1978. 274, note Mouly* ● 24 avr. 1980 : *Bull. civ. V, n° 348.* ♦ L'avenant au contrat de travail qui stipule que le salarié bénéficie du statut de cadre est suffisant pour que ce statut lui soit reconnu. ● Soc. 11 juill. 2012 : ⚖ *D. actu. 18 déc. 2012, obs. Siro* ; *D. 2012. Actu. 2809* ∅ ; *D. 2013. Pan. 1026, obs. Porta* ∅ ; *RDT 2013. 29, obs. Auzero* ∅ ; *JCP S 2013. 1069, obs. Morand.* ♦ Pour un ex. de caractère équivoque, V. ● Soc. 3 nov. 2011 : ⚖ *D. 2011. Actu. 2803* ∅ ; *D. actu. 25 nov. 2011, obs. Perrin* ; *RDT 2012. 42, obs. Véricel* ∅ ; *RJS 2012. 46, n° 42* ; *JSL 2011, n° 311-312-7, obs. Tourrell* ; *JCP S 2011. 1577, obs. Morand.* ♦ Elle ne résulte pas uniquement de l'adhésion à un régime de retraite des cadres. ● Soc. 18 janv. 1995 : ⚖ *RJS 1995. 152, n° 202.* ♦ ... Ni du niveau des diplômes. ● Soc. 28 févr. 1996 : ⚖ *RJS 1996. 225, n° 371.* ♦ ... Ni de la mention de la qualification dans le contrat de travail. ● Soc. 7 mars 2012 : ⚖ *RJS 2012. 352, n° 407.*

265. Nouvelle qualification. Le salarié, dont les fonctions n'ont subi aucune modification au cours de l'année, ne peut prétendre à bénéficier d'une classification supérieure sous prétexte qu'il a, pendant cette période, assumé des responsabilités nouvelles. ● Soc. 18 janv. 2000, ⚖ n° 97-42.429 P : *Dr. soc. 2000. 344, obs. Radé* ∅.

266. Viole l'art. 1134 C. civ. la cour d'appel qui rejette la demande de rappel de salaires fondée sur la qualification de cadre du demandeur, alors que l'employeur avait dans une lettre exprimé sa volonté de lui reconnaître cette qualification et que cette intention s'était manifestée dans le libellé des bulletins de paie. ● Soc. 12 janv. 1989 : *Bull. civ. V, n° 16* ; *D. 1989. 514, note Puigelier.* ♦ Comp. ● Soc. 13 oct. 1992, ⚖ n° 89-43.714 P. (insuffisance des mentions de la lettre d'engagement et du bulletin de paie lorsque le salarié n'a pas la qualification requise par la convention collective pour être classé dans la catégorie des cadres). – V. aussi ● Soc. 13 mars 1990 : ⚖ *RJS 1990. 265, n° 348* ● 7 mai 1991, n° 87-44.037 P : *CSB 1991. 293, S. 166.*

267. Les avantages temporairement tirés par un salarié d'une qualification initiale supérieure à celle à laquelle il avait droit ne sauraient justifier le blocage d'un avancement à l'ancienneté qui est automatique. ● Soc. 2 mai 2001 : *Dr. soc. 2001. 798, obs. Radé* ∅ ; *RJS 2001. 577, n° 828.*

268. Modification des tâches. L'appréciation de la modification de la qualification professionnelle se fait au regard des fonctions réellement exercées par le salarié. ● Soc. 21 mars 1985, ⚖ n° 82-43.833 P. ♦ L'employeur ne peut imposer au salarié un véritable changement de qualification entraînant l'exécution de tâches différentes. ● Soc. 20 oct. 1976, ⚖ n° 75-40.843 P : *D. 1976. IR 291.* ♦ ... Une diminution conséquente des responsabilités et prérogatives du salarié. ● Soc. 6 avr. 2011 : ⚖ *D. 2011. Actu. 1145* ∅ ; *JCP S 2011, n° 300-4, obs. Hautefort* ; *JCP S 2011. 1337, obs. d'Ornano* ; *Dr. soc. 2011. 803, note Gaba* ∅ ; *SSL 2011, n° 1489, p. 13, obs. Champeaux.* ♦ ... Un déclassement. ● Soc. 26 mai 1998 : ⚖ *Dr. soc. 1999. 566, note Waquet* ∅. ♦ ... Une transformation de ses attributions. ● Soc. 26 nov. 1987 : ⚖ *D. 1988. Somm. 319, obs. A. Lyon-Caen.* ♦ ... Un changement d'affectation entraînant la suppression d'une prime variable liée à l'exécution d'une tâche annexe. ● Soc. 16 mars 2011 : ⚖ *JCP S 2011. 1326, obs. Barège* ; *SSL 2011, n° 1494, p. 9, obs. Hautefort.* ♦ ... Ou une perte d'indépendance. ● Soc. 16 déc. 1981, ⚖ n° 79-42.592 P : *D. 1982. IR 133* ● 16 déc. 1998, ⚖ n° 96-41.845 P : *RJS 1999. 104, n° 154* ; *Dr. soc. 1999. 566, note Waquet* ∅ ● 8 oct. 2003 : ⚖ *RJS 2004. 28, n° 4.* ♦ L'employeur qui fait effectuer à une salariée des tâches ne relevant pas de sa qualification et étrangères à son activité ne peut lui reprocher les erreurs commises dans son travail. ● Soc. 2 févr. 1999, n° 96-44.340 P : *Dr. soc. 1999. 566, note Waquet* ; *RJS 1999. 212, n° 350* ● 5 mai 1999 : *Liaisons soc. 1999, Jurispr. 643.* ♦ La transformation des attributions et du niveau des responsabilités d'un salarié occupant des fonctions de direction ramenant ses responsabilités à un niveau très inférieur constitue une modification du contrat de travail, peu important l'absence de modification des conditions de rémunération des intéressés. ● Soc. 28 janv. 2005 : *RJS 2005. 341, n° 475* ; *CSB 2005, A. 31, obs. Charbonneau.* ♦ Mais lorsque les mesures prises par l'employeur ne touchent ni la qualification de l'intéressé, ni sa rémunération, elles ne portent pas atteinte à un élément du contrat. ● Soc. 7 mai 1987, n° 84-40.810 P. ♦ Ainsi, l'ajout d'un échelon hiérarchique intermédiaire entre un salarié et le président de la société n'implique pas en soi une rétrogradation ou un déclassement, dès lors que les fonctions et les responsabilités du salarié ne sont pas modifiées. ● Soc. 21 mars 2012 : *D. actu. 11 avr. 2012, obs. Siro* ; *D. 2012. Actu. 949* ; *RJS 2012. 451, n° 525* ; *JSL 2012, n° 322-6, obs. Tourreil* ; *JCP S 2012. 1260, obs. Puigelier.* ♦ L'employeur, dans le cadre de son pouvoir de direction, peut changer les conditions de travail d'un salarié ; la circonstance qu'une tâche donnée à un salarié soit différente de celle qu'il effectuait antérieurement, dès l'instant où elle correspond à sa qualification, ne caractérise pas une modification du contrat de travail. ● Soc. 10 mai 1999, n° 96-45.673 P : *Dr. soc. 1999. 736, obs. Gauriau* ; *RJS 1999. 484, n° 791* ● 24 avr. 2001, n° 98-44.873 P : *D. 2001. IR 1668* ; *RJS 2001. 581, n° 835* ; *JCP E 2001. 1582, note Corrignan-Carsin* ● 18 juill. 2001, n° 99-45.076 P : *RJS 2001. 923, n° 1374.*

269. Réduction des responsabilités. Constitue une modification du contrat de travail du salarié le retrait de la délégation générale de signature dont disposait le salarié. ● Soc. 26 oct. 2011 : *D. actu. 15 nov. 2011, obs. Siro* ; *Dr. soc. 2012. 303, obs. Mouly* ; *RJS 2012. 27, n° 9* ; *JCP S 2011.1572, obs. Puigelier.* ♦ L'appauvrissement des missions et des responsabilités d'un chargé de clientèle, dont le poste est vidé de sa substance, du fait de choix stratégiques de l'entreprise ayant entraîné la perte d'une partie de la clientèle, constitue une modification du contrat de travail imputable non aux clients, mais à l'employeur, et justifie la prise d'acte de la rupture du contrat. ● Soc. 29 janv. 2014 : *D. 2014. Actu. 376* ; *RJS 2014. 247, n° 297* ; *JSL 2014, n° 362-4, obs. Pacotte et Daguerre.*

e. Organisation contractuelle du travail

270. Lorsque les parties sont convenues d'une exécution de tout ou partie de la prestation de travail par le salarié à son domicile, l'employeur ne peut modifier cette organisation contractuelle sans son accord. ● Soc. 31 mai 2006 : *RDT 2006. 71, obs. Dechristé* ; *D. 2006. IR 1634* ; *Dr. soc. 2013. 303, obs. Mouly* ; *RJS 2006. 682, n° 919* ; *Dr. soc. 2006. 924, obs. Savatier* ; *JSL 2006, n° 192-2* ● 12 févr. 2014 : *D. actu. 26 févr. 2014, obs. Peyronnet* ; *D. 2014. Actu. 488* ; *Dr. soc. 2014. 477, obs. Mouly* ; *RJS 2014. 248, n° 298* ; *JSL 2014, n° 363-4, obs. Hautefort.* ♦ La mention sur le contrat de travail que ce contrat s'exécutera au siège de la société n'exclut pas que les parties aient pu convenir d'un mode d'organisation du travail de la salariée en tout ou partie en télétravail. ● Soc. 29 nov. 2007 : *RDC 2008. 852, obs. Radé.*

f. Modification des clauses contractuelles

271. Modification d'une clause contractuelle. La réduction de la durée du préavis fixée par le contrat de travail constitue une modification du contrat. ● Soc. 15 juill. 1998, n° 97-43.985 P. ♦ Et ceci même si la réduction résulte d'un protocole d'accord rendant applicable dans l'entreprise une nouvelle convention collective. ● Soc. 7 juill. 1998, n° 96-40.256 P : *D. 1999. Somm. 107, obs. Serra* ; *RJS 1998. 715, n° 1176.* ♦ Une clause du contrat de travail comportant un minimum garanti constitue un élément du contrat dont la suppression unilatérale s'analyse en un licenciement. ● Soc. 28 oct. 1998, n° 96-43.282 P : *Dr. soc. 1999. 566, note Waquet* . ♦ Il en est de même d'un engagement de maintien d'emploi. ● Soc. 7 avr. 1998 : *Dr. soc. 1999. 566, note Waquet* ● 8 juill. 1998, n° 96-42.118 P : *Dr. soc. 1999. 566, note Waquet* . ♦ ... Ou d'un engagement de stabilité du lieu de l'emploi. ● Soc. 18 nov. 1998, n° 97-43.072 P : *Dr. soc. 1999. 566, note Waquet* . ♦ La modification ou la suppression d'une clause du contrat de travail prévoyant l'application à la relation de travail d'une convention collective constitue une modification du contrat. ● Soc. 1er juill. 1998 : *Dr. soc. 1999. 566* ● 2 déc. 1998, n° 96-45.187 P : *RJS 1999. 22, n° 7* ; *Dr. soc. 1999. 305, obs. J. Savatier* .

272. Insertion d'une clause contractuelle. L'insertion dans le contrat de travail d'une clause défavorable au salarié telle que la clause de non-concurrence est une modification du contrat de travail soumise, pour sa validité, à l'acceptation du salarié. ● Soc. 7 juill. 1998, n° 96-40.256 P : *Dr. soc. 1999. 566, note Waquet* ; *D. 1998. IR 183* ; *RJS 1998. 615, n° 958* ; *JCP 1998. II. 10196, note Puigelier* ● 16 déc. 1998, n° 96-41.845 P : *D. 1999. IR 19* ; *RJS 1999. 104, n° 154.* ♦ Même solution pour l'introduction d'une clause d'exclusivité. ● Soc. 7 juin 2005 : *D. 2005. IR 1803* ; *RJS 2005. 591, n° 803.*

g. Véhicule de fonction

273. Constitue une modification du contrat de travail le retrait à un salarié pendant la suspension de son contrat de travail pour arrêt maladie et congé de maternité d'un véhicule de fonction dont le salarié conserve l'usage dans sa vie personnelle. • Soc. 24 mars 2010 : ⚖ *D. 2010. Actu. 967* ; *JCP S 2010. 1197, obs. Puigelier.*

h. Changement d'employeur

274. Principes. La mise à disposition d'un salarié n'entraîne pas en soi une modification de son contrat de travail. • Soc. 1er avr. 2003, ⚖ n° 02-14.680 P : *D. 2003. IR 1136* ; *Dr. soc. 2003. 663, obs. Savatier* ; *RJS 2003. 478, n° 708* ; *JSL 2003, n° 123-2* • 15 mars 2005, ⚖ n° 03-41.371 P : *RJS 2005. 436, n° 601.* ♦ Mais le transfert du salarié d'une société à une autre constitue une modification du contrat de travail qui ne peut intervenir sans son accord, peu important que ces sociétés aient à leur tête le même dirigeant. • Soc. 5 mai 2004 : ⚖ *D. 2004. IR 1561* ; *Dr. soc. 2004. 793, obs. Mazeaud* ; *RJS 2004. 543, n° 794.*

2° CHANGEMENT DES CONDITIONS DE TRAVAIL

275. Pouvoir de direction de l'employeur. La réorganisation faite par l'employeur pour améliorer la gestion d'un secteur constitue un changement des conditions de travail dans l'exercice de son pouvoir de direction ; le refus du salarié de continuer le travail ou de le reprendre caractérise, en principe, une faute grave qu'il appartient à l'employeur de sanctionner par un licenciement. • Soc. 10 juill. 1996, ⚖ n° 93-41.137 P : *GADT, 4ᵉ éd., n° 50* ; *D. 1996. IR 199* ; *JCP 1997. II. 22768, note Saint-Jours* ; *RJS 1996. 580, n° 900* ; *CSB 1996. 317, A. 62, note Philbert* ; *Dr. ouvrier 1996. 457, note Moussy* • 8 janv. 1997, ⚖ n° 94-18.494 P : *RJS 1997. 89, n° 123* • 10 juin 1997, ⚖ n° 94-43.889 P : *RJS 1997. 515, n° 794* • 30 sept. 1997, ⚖ n° 95-43.187 P : *D. 1997. IR 216* ; *Dr. soc. 1997. 1094, obs. Ray.* ♦ De même, l'exécution de bonne foi d'une clause de mobilité traduit l'exercice du pouvoir de direction. • Soc. 10 juin 1997 : ⚖ *préc.* ♦ L'employeur dans le cadre de son pouvoir de direction peut apporter des changements à la fonction du salarié dès lors que la tâche demandée, bien que différente de celle exercée antérieurement, répond à la qualification de l'intéressé. • Soc. 10 mai 1999 : ⚖ *préc. note 268.* ♦ La mise en chômage partiel du personnel, pendant la période d'indemnisation, ne constitue pas une modification du contrat de travail ; la fixation de nouveaux horaires de travail réduits relève du pouvoir de direction. • Soc. 18 juin 1996, ⚖ n° 94-44.654 P : *GADT, 4ᵉ éd., n° 79* • 2 févr. 1999, ⚖ n° 96-42.831 P : *D. 1999. IR 69* ; *Dr. soc. 1999. 419, obs. Mazeaud* ; *RJS 1999. 242, n° 407.* ♦ En l'absence de répercussion d'une modification de la cadence de travail sur la rémunération ou le temps de travail des salariés, cette modification constitue un simple changement des conditions de travail et non pas une modification du contrat de travail. • Soc. 20 oct. 2010 : ⚖ *D. actu. 15 nov. 2010, obs. Siro* ; *RJS 2011. 32, n° 14.*

276. Modification temporaire contractuelle. Le salarié qui a expressément accepté, par un avenant à son contrat de travail, le caractère temporaire de la modification de ses attributions liée à l'absence d'un directeur a expressément accepté la réintégration dans son emploi antérieur en renonçant au maintien du complément de rémunération versé durant cette période ; il ne peut y avoir eu modification du contrat de travail. • Soc. 31 mai 2012 : ⚖ *D. actu. 11 juin 2012, obs. Siro* ; *D. 2012. Actu. 1487* ; *D. 2013. Pan. 1026, obs. Porta* ; *RDT 2012. 490, obs. Héas* ; *RJS 2012. 602, n° 685* ; *JCP S 2012. 1356, obs. Dumont.*

B. APPRÉCIATION DE LA MODIFICATION

277. Pouvoirs des juges du fond. L'appréciation de l'existence d'une modification substantielle du contrat de travail relevait du pouvoir souverain des juges du fond. • Soc. 19 nov. 1987, ⚖ n° 85-42.087*Dr. soc. 1988. 135, note J. Savatier.*

278. Contrôle de la Cour de cassation. La Cour de cassation contrôle la qualification de la modification du contrat. • Soc. 28 janv. 1998, ⚖ n° 95-40.275 P : *RJS 1998. 172, n° 274* ; *D. 1998. IR 65* ; *JCP 1998. II. 10058, note Lefranc* ; *CSB 1998. 111, A. 27.*

279. Date d'appréciation. C'est à la date de la conclusion du contrat que doit être recherché si un des éléments du contrat a été une condition essentielle de l'accord des parties. • Soc. 18 oct. 1979, ⚖ n° 78-41.136 P : *D. 1980. IR 352, obs. Langlois.*

C. EFFETS

1° PROPOSITION ET RETRAIT DE L'OFFRE DE MODIFICATION

280. Modification pour un motif personnel. Le salarié qui se voit imposer une modification unilatérale de son contrat de travail et ne choisit pas de faire constater que cette voie de fait s'analyse en un licenciement est fondé à exiger la poursuite du contrat aux conditions initiales et ne peut être tenu d'exécuter le contrat de travail aux conditions unilatéralement modifiées par l'employeur. • Soc. 26 juin 2001, ⚖ n° 99-42.489 P : *D. 2001. IR 2177* ; *RJS 2001. 766, n° 1117.* ♦ Les salariés, auxquels il avait été seulement proposé une modification de leurs contrats de travail, ne pouvaient du seul fait que l'employeur avait renoncé à ce projet se considérer comme licenciés ; en relevant qu'ils n'avaient pas repris leurs fonctions malgré une mise en demeure de l'employeur, une cour d'appel a pu décider que la rupture du contrat de travail n'incombait pas à ce dernier. • Soc. 5 mars 1997, ⚖ n° 94-42.188 P : *Dr. soc. 1997. 531, obs. Couturier* ; *CSB 1997. 175, A. 35.* ♦ De même, ayant relevé que l'employeur s'était

CONTRAT DE TRAVAIL **Art. L. 1221-1** 113

borné à proposer à la salariée soit de demeurer sur le même site avec un horaire réduit, soit d'être mutée avec un horaire différent, ce dont il résultait que la société n'avait donné aucun ordre et que la salariée pouvait refuser la proposition faite, la cour d'appel n'a pas tiré les conséquences légales de ses constatations en décidant que le licenciement de la salariée avait une cause réelle et sérieuse. • Soc. 14 oct. 1997 : ⚜ *RJS 1997. 747, n° 1200.* ♦ En revanche, procède d'une légèreté blâmable le licenciement prononcé par l'employeur qui ne répond pas à une demande d'éclaircissements du salarié à la suite d'une proposition de modification imprécise. • Soc. 20 janv. 1998, ⚜ n° 95-42.441 P : *RJS 1998. 173, n° 275.*

2° ACCEPTATION DE LA MODIFICATION

281. Nécessité d'un accord exprès. La modification du contrat de travail par l'employeur, pour quelque cause que ce soit, nécessite l'accord du salarié. • Soc. 14 nov. 2000 : *RJS 2001. 14, n° 11.* ♦ L'acceptation par le salarié d'une modification du contrat ne peut résulter de la poursuite du travail et c'est à l'employeur de prendre la responsabilité de la rupture. • Soc. 8 oct. 1987, ⚜ *Raquin*, n° 84-41.902 P : *GADT, 4ᵉ éd., n° 49 ; D. 1988. 57, note Saint-Jours ; Dr. soc. 1988. 135, note J. Savatier.* ♦ Dans le même sens : • Soc. 17 déc. 1987, ⚜ n° 85-41.556 P. • 21 janv. 1988, ⚜ n° 84-45.385 P • 4 févr. 1988, n° 85-45.000 P : *RJS 1999. 296, n° 477.* ♦ L'acceptation par le salarié de la modification du contrat concernant la durée du travail ne peut résulter d'une signature sur un relevé d'horaires établi par l'employeur. • Soc. 16 févr. 1999, ⚜ n° 96-45.594 P : *D. 1999. IR 84 ⌸ ; Dr. soc. 1999. 415, obs. Radé ⌸ ; RJS 1999. 296, n° 477.* ♦ V. également : • Soc. 3 juin 1999 : ⚜ *RJS 1999. 555, n° 899 ; D. 1999. IR 206 ⌸.* ♦ L'acceptation ne peut pas non plus se déduire de l'apposition de la signature du salarié sur le règlement intérieur prévoyant un changement de lieu de travail à l'étranger. • Soc. 2 oct. 1997 : ⚜ *RJS 1997. 763, n° 1236.* ♦ ... Ni de la poursuite du travail par le salarié rémunéré avec un nouveau taux de commission unilatéralement diminué, taux dont le salarié s'est lui-même prévalu. • Soc. 18 avr. 2000, ⚜ n° 97-43.706 P : *D. 2000. IR 141 ⌸ ; RJS 2000. 439, n° 633.*

3° REFUS D'UNE MODIFICATION DU CONTRAT DE TRAVAIL

282. Droit de refuser. Le salarié est en droit de refuser la modification de son contrat de travail. • Soc. 7 juill. 1998, ⚜ n° 95-45.209 P : *RJS 1998. 721, n° 1182* (réduction de la durée hebdomadaire de travail et de la rémunération d'un salarié à temps partiel). ♦ Le salarié qui a refusé l'intégration de sa prime d'ancienneté à son salaire de base peut prétendre à un rappel de prime dès lors que cette intégration diminue le taux de sa rémunération, peu important que le comité d'entreprise ait entériné la mesure. • Soc. 5 janv. 1999, ⚜ n° 96-44.194 P : *D. 1999. IR 41 ⌸ ; RJS 1999. 107, n° 160.* ♦ Puisque aucun fait fautif ne peut donner lieu à double sanction, l'employeur, en mettant en œuvre une rétrogradation sans l'accord du salarié, a épuisé son pouvoir disciplinaire en appliquant immédiatement la rétrogradation et ne peut prononcer ultérieurement un licenciement pour le même fait. • Soc. 17 juin 2009 : ⚜ *RJS 2009. 638, n° 714 ; JSL 2009, n° 259-4.*

283. Sort des clauses de variation. Le salarié ne peut renoncer par avance au droit de refuser une modification de son contrat de travail. • Soc. 30 mai 2000, ⚜ n° 97-45.068 P : *RJS 2000. 540, n° 772.* ♦ La clause, par laquelle l'employeur se réserve le droit de modifier, en tout ou partie, le contrat de travail est nulle comme contraire aux dispositions de l'art. 1134, al. 2, C. civ., le salarié ne pouvant valablement renoncer aux droits qu'il tient de la loi. • Soc. 27 févr. 2001 : ⚜ *Dr. soc. 2001. 514, chron. Radé ⌸* • 16 juin 2004, ⚜ n° 01-43.124 P. (rémunération).

284. Toutefois, une clause du contrat de travail peut prévoir une variation de la rémunération du salarié dès lors qu'elle est fondée sur des éléments objectifs indépendants de la volonté de l'employeur, ne fait pas porter le risque d'entreprise sur le salarié et n'a pas pour effet de réduire la rémunération en dessous des minima légaux et conventionnels. • Soc. 8 janv. 2002, ⚜ n° 99-44.467 P : *Dr. soc. 2002. 358, obs. Radé ⌸* (prime d'un VRP) • 2 juill. 2002 : ⚜ *Dr. soc. 2002. 998, obs. Radé ⌸.*

285. Application en matière disciplinaire. Une modification du contrat de travail prononcée à titre de sanction disciplinaire contre un salarié ne peut lui être imposée ; cependant, en cas de refus du salarié, l'employeur peut, dans le cadre de son pouvoir disciplinaire, prononcer une autre sanction, au lieu et place de la sanction refusée. • Soc. 16 juin 1998, ⚜ *Hôtel Le Berry*, n° 95-45.033 P : *GADT, 4ᵉ éd., n° 67 ; D. 1999. 125, note Puigelier ⌸ ; RJS 1998. 555, n° 858 ; Dr. soc. 1998. 803, rapp. Waquet ⌸ ; Dr. soc. 1999. 3, chron. Radé ⌸ ; JCP E 1998. 2059, note Morand* • 10 juill. 2007 : ⚜ *RDT 2008. 108, obs. de Quenaudon ⌸.* ♦ L'employeur peut alors prononcer une autre sanction, y compris un licenciement pour faute grave aux lieu et place de la sanction refusée. • Soc. 11 févr. 2009 : ⚜ *D. 2009. AJ 569, obs. Maillard ⌸ ; RJS 2009. 296, n° 343 ; JSL 2009, n° 251-3 ; JCP E 2009. 1384, obs. Béal ; SSL 2009, n° 1388, p. 11.* ♦ Lorsque l'employeur notifie au salarié une sanction emportant une modification du contrat de travail, il doit informer l'intéressé de sa faculté d'accepter ou de refuser cette modification. • Soc. 28 avr. 2011 : ⚜ *D. 2011. Actu. 1289, obs. Siro ⌸ ; RJS 2011. 554, n° 610 ; JSL 2011, n° 301-3, obs. Gaba ; JCP S 2011. 1284, obs. Corrignan-Carsin.* ♦ Le principe général du droit dont s'inspire l'art. 1134 C. civ. implique que toute modification des termes d'un contrat de travail recueille l'accord à la fois de l'employeur et du salarié. • CE 29 juin 2001, n° 222600 : AJDA 2001. 648 ; Dr. soc. 2001. 948, concl. Berton ; RTD com. 2001. 872, obs. Orsoni ; RJS 11/2001, n° 1369 ; JCP G 2001. I. 368, obs. Aubin.

286. Lorsque le salarié refuse la modification disciplinaire de son contrat de travail, le délai d'un mois court à compter du nouvel entretien préalable auquel l'employeur doit convoquer le salarié pour envisager une nouvelle sanction. • Soc. 27 mars 2007 : D. 2007. AJ 1081 ; D. 2007. 2268, obs. Amauger-Lattès ; RDT 2007. 459, obs. Frossard ; RDC 2007. 828, note Radé ; RJS 2007. 546, n° 735 ; JCP 2007. 1807, note Jacotot ; JSL 2007, n° 210-5. ♦ Lorsque le salarié refuse une mesure disciplinaire emportant modification de son contrat de travail, notifiée après un entretien préalable de licenciement, l'employeur qui y substitue une sanction disciplinaire, autre qu'un licenciement, n'est pas tenu de convoquer l'intéressé à un nouvel entretien préalable. • Soc. 25 mars 2020, n° 18-11.433 P : D. 2020. 770 ; RJS 6/2020, n° 284. ♦ Sur le respect des délais de prescription applicables aux sanctions disciplinaires, V. art. L. 1332-4 s.

287. Nature de la rupture. Il incombe à l'employeur, soit de maintenir les conditions contractuellement convenues, soit de tirer les conséquences du refus opposé par l'intéressé. • Soc. 4 févr. 1988, n° 85-45.000 P : D. 1988. Somm. 319, obs. A. Lyon-Caen. ♦ Lorsqu'un salarié, prétendant que son employeur a modifié l'un des éléments essentiels de son contrat, s'est borné à s'abstenir de travailler, il n'y a pas de sa part volonté claire et non équivoque de démissionner. • Soc. 10 avr. 1996, n° 93-43.661 P : RJS 1996. 420, n° 656. ♦ Devant le refus persistant de l'employeur de prendre la responsabilité de la rupture ou de rétablir le salarié dans ses droits, celui-ci a la faculté de former une demande en résiliation judiciaire du contrat en poursuivant son activité jusqu'à la décision, tout en maintenant une demande en paiement d'un complément de salaire en contrepartie du travail qu'il prétend avoir en réalité effectué. • Soc. 20 mars 1990, n° 87-43.563 P : RJS 1990. 270, n° 355. ♦ Lorsqu'un salarié refuse la modification de son contrat de travail, l'employeur ne peut, sans l'avoir rétabli dans son emploi, se prévaloir d'un comportement fautif postérieur au refus pour procéder à un licenciement disciplinaire. • Soc. 13 juill. 2004 : Dr. soc. 2004. 935, note Radé ; ibid. 1038, obs. Mouly ; JSL 2004, n° 153-5.

288. Cause réelle et sérieuse. Le licenciement en soi n'est pas dépourvu de cause réelle et sérieuse ; il appartient aux juges de rechercher si le motif de la modification constitue une cause réelle et sérieuse. • Soc. 10 déc. 1996, n° 94-40.300 P : D. 1997. 591, note Puigelier ; Dr. soc. 1997. 200, obs. Couturier ; RJS 1997. 18, n° 6 • 16 déc. 1998 : D. 1999. IR 26 • 16 juill. 1987, n° 85-40.528 P : Dr. soc. 1988. 135, note J. Savatier.

♦ Le refus d'une modification ne peut justifier un licenciement pour cause réelle et sérieuse si l'employeur l'a imposée par malignité et non dans l'intérêt de l'entreprise. • Soc. 14 oct. 1998, n° 96-43.539 P : D. 1998. IR 243 • 28 janv. 2005 : RJS 2005. 341, n° 475 ; CSB 2005, A. 31, obs. Charbonneau. ♦ En l'absence de lettre de l'employeur énonçant les motifs de la rupture, le licenciement du salarié résultant de son refus d'une modification de son contrat de travail est nécessairement sans cause réelle et sérieuse. • Soc. 20 janv. 1998, n° 95-41.575 P. ♦ Si le motif de la modification peut constituer une cause réelle et sérieuse de licenciement dans l'hypothèse où l'employeur décide de licencier le salarié qui refuse la modification proposée, ce refus, en revanche, ne peut constituer par lui-même une cause de licenciement. • Soc. 27 mai 1998, n° 96-40.929 P : RJS 1998. 534, n° 826.

289. Maintien du salaire. Lorsqu'un salarié refuse la modification de son contrat de travail, l'employeur doit, soit le rétablir dans son emploi, soit tirer les conséquences du refus en engageant la procédure de licenciement ; jusqu'au licenciement, le salarié a droit au maintien de son salaire. • Soc. 26 nov. 2002, n° 00-44.517 P : Dr. soc. 2003. 233, obs. Mazeaud ; RJS 2003. 115, n° 158 ; JSL 2003, n° 117-6.

4° REFUS D'UN CHANGEMENT DES CONDITIONS DE TRAVAIL

290. Nature de la rupture. À défaut de démission non équivoque, le refus par un salarié de poursuivre l'exécution du contrat de travail qui n'a fait l'objet d'aucune modification de la part de l'employeur n'entraîne pas à lui seul la rupture du contrat de travail, même en cas de départ du salarié, mais constitue un manquement aux obligations contractuelles que l'employeur a la faculté de sanctionner, au besoin en procédant à un licenciement. • Soc. 24 juin 1992, n° 88-44.805 P. • 25 juin 1992, n° 88-42.498 P : Dr. soc. 1992. 818, concl. Chauvy ; RJS 1992. 536, n° 960.

291. Gravité de la faute. Si le refus d'une salariée de poursuivre l'exécution du contrat en raison d'un simple changement de conditions de travail est fautif et rend la salariée responsable de l'inexécution du préavis, le refus n'est pas constitutif d'une faute grave alors que le nouvel horaire imposait à la salariée d'être présente à l'heure du déjeuner dont elle pouvait disposer précédemment. • Soc. 17 oct. 2000, n° 98-42.177 P : RJS 2000. 839, n° 1306. ♦ Une cour d'appel peut décider que, malgré l'absence de modification du contrat de travail, la faute commise par le salarié en refusant d'obéir à son employeur ne rendait pas impossible le maintien du salarié dans l'entreprise et ne constituait pas une faute grave en raison des circonstances du changement des conditions de travail et notamment de l'obligation pour le salarié de suivre une formation de huit à douze mois. • Soc. 3 avr. 1997 : ⚖ *RJS 1997. 343, n° 523*. ♦ Ainsi ne constitue pas une faute grave le fait de refuser un nouvel horaire de travail imposant à l'intéressée d'être présente à l'heure du déjeuner dont elle disposait précédemment ce qui lui permettait de s'occuper de ses enfants d'âge scolaire. • Soc. 17 oct. 2000, ⚖ n° 98-42.177 P : *RJS 2000. 796, n° 1222 ; Liaisons soc. 2000, jurispr. 688.* ♦ ... Ni le refus d'une modification des horaires de travail d'une salariée à son retour de congé maternité qui invoque des obligations familiales impérieuses. • Soc. 14 déc. 2005 : ⚖ *D. 2006. 1087, note Lefranc-Harmoniaux ⌀ ; RJS 2006. 216, n° 334.* ♦ ... Ni le fait de refuser une modification des horaires impliquant de travailler un samedi matin sur deux par roulement dès lors que l'intéressée avait une ancienneté de 19 années pendant lesquelles elle avait disposé librement du samedi matin. • Soc. 17 oct. 2000 : ⚖ *Liaisons soc. 2000, jurispr. 688 ; RJS 2000. 796, n° 1222* • Soc. 15 déc. 2004 : ⚖ *Dr. soc. 2005. 343, obs. Lanquetin ⌀* (faute sérieuse) • 11 mai 2005 : ⚖ *D. 2005. IR 1504 ⌀ ; RJS 2005. 519, n° 710.* ♦ Comp., solution antérieure qui affirmait que ce refus constituait en principe une faute grave qu'il appartient à l'employeur de sanctionner par un licenciement : • Soc. 10 juill. 1996 (2 arrêts), ⚖ n° 93-41.137 P : *GADT, 4ᵉ éd., n° 50* • 8 janv. 1997, ⚖ n° 94-42.050 P : *RJS 1997. 89, n° 123* • 12 juin 1997 : ⚖ *RJS 1997. 515, n° 794 (2ᵉ esp.)* • 30 sept. 1997, ⚖ n° 95-43.187 P : *D. 1997. IR 216 ⌀ ; Dr. soc. 1997. 1094, obs. Ray ⌀ ; RJS 1997. 748, n° 1202.*

292. Préavis. L'employeur qui licencie un salarié à raison du refus par celui-ci d'un changement de ses conditions de travail, sans se prévaloir d'une faute grave, est fondé à lui imposer d'exécuter son préavis dans les conditions nouvellement prévues. • Soc. 25 nov. 1997, ⚖ n° 95-44.053 P : *D. 1998. 398, note Puigelier ⌀ ; Dr. soc. 1998. 82, obs. Favennec-Héry ⌀ ; CSB 1998. 51, A. 13.* ♦ Le refus du salarié de poursuivre l'exécution du contrat en raison d'un simple changement des conditions de travail décidé par l'employeur dans l'exercice de son pouvoir de direction le rend responsable de l'inexécution du préavis qu'il refusait d'exécuter aux nouvelles conditions et décharge l'employeur du paiement de l'indemnité compensatrice de préavis. • Soc. 4 avr. 2006 : ⚖ *RJS 2006. 478, n° 689 ; JCP S 2006. 1426, note Bossu ; JSL 2006, n° 189-4* • Soc. 31 mars 2016, ⚖ n° 14-19.711 P : *D. 2016. Actu. 790 ⌀ ; Dr. soc. 2016. 572, obs. Mouly ⌀ ; RJS 6/2016, n° 409 ; JSL 2016, n° 409-6, obs. Pacotte et Leroy ; JCP S 2013. 1231, obs. Verkindt.*

5° MODIFICATION DUE AU SALARIÉ

293. Caractère fautif. Le salarié ne peut modifier unilatéralement son contrat de travail. • Paris, 18 juin 1996 : *RJS 1996. 586, n° 909.* ♦ Lorsque la modification a été décidée unilatéralement par le salarié qui a repris les fonctions exercées antérieurement à celles qu'il avait acceptées pendant plusieurs mois, doit être cassé l'arrêt imputant la rupture à l'employeur. • Soc. 28 févr. 1979, ⚖ n° 77-41.194 P. • 15 nov. 1989, ⚖ n° 86-43.875 P. ♦ Une simple demande de modification de son contrat de travail par un salarié ne peut constituer une cause de licenciement ; la cour d'appel qui a relevé que la salariée s'était bornée à demander à travailler à mi-temps, sans que cette demande soit accompagnée d'un refus d'exécuter le contrat aux conditions antérieures, a décidé à bon droit que le licenciement était dépourvu de cause réelle et sérieuse. • Soc. 9 juill. 1997, ⚖ n° 95-43.407 : *RJS 1997. 597, n° 948 ; CSB 1997. 283, A. 52.* ♦ Abuse de son droit l'employeur qui refuse sans raison un changement d'horaire momentané sollicité par la salariée pour un motif légitime, alors qu'aucun préjudice n'en résultait pour lui. • Soc. 10 févr. 1993 : ⚖ *D. 1993. Somm. 255, obs. Bouilloux ⌀ ; CSB 1993. 75, A. 16.*

V. RESPONSABILITÉ PÉCUNIAIRE DU SALARIÉ

BIBL. Kocher, *RJS 3/2021* (responsabilité pécuniaire du salarié envers l'employeur : la faute lourde, un habit devenu trop étroit ?). – Blaise, *RJS 1996. 68*. – Radé, *Dr. soc. 1995. 495 ⌀*. – Bossu, *Dr. soc. 1995. 24 ⌀*. – Déprez, *RJS 1992. 319 ; ibid. 1993. 3*.

294. Exigence d'une faute intentionnelle. La responsabilité du salarié envers son employeur n'est engagée qu'en cas de faute lourde. • Soc. 27 nov. 1958 : *GADT, 4ᵉ éd., n° 47 ; D. 1959. 20, note Lindon ; JCP 1959. II. 11143, note Brèthe de la Gressaye ; RTD civ. 1959. 753, note Carbonnier* ♦ Cette faute lourde suppose la preuve de l'intention de nuire à l'employeur ou à l'entreprise. • Soc. 5 avr. 1990, ⚖ n° 87-45.570 P • 21 oct. 2008 : ⚖ *RDT 2009. 112, note Pignarre ⌀*. ♦ La faute lourde est caractérisée par l'intention de nuire à l'employeur, laquelle implique la volonté du salarié de lui porter préjudice dans la commission du fait fautif et ne résulte pas de la seule commission d'un acte préjudiciable à l'entreprise. • Soc. 22 oct. 2015, ⚖ nᵒˢ 14-11.291 et 14-11.801 P : *D. 2016. 144, obs. Flores ⌀ ; ibid. 2016. Pan. 816, obs. Lokiec ⌀ ; RDT 2016. 100, note Adam ⌀ ; RJS 1/2016, n° 15 ; JCPS 2016. 1003, obs. Chenu.*

295. La faute lourde est exigée même en cas, de la part du salarié, d'abus de fonction. • Soc. 6 mai 1997, ⚖ n° 94-43.057 P : *Dr. soc. 1997. 734, obs. Savatier ⌀ ; RJS 1997. 432, n° 655.*

296. La clause d'un contrat de travail relative à la responsabilité personnelle du salarié envers son employeur ne peut produire d'effet, quels qu'en soient les termes, qu'en cas de faute lourde du salarié. • Soc. 10 nov. 1992, ⚖ n° 89-40.523 P : *Dr. soc. 1993. 55.* ♦ Ni la convention collective, ni le règlement intérieur ne peuvent instituer un cas de responsabilité pécuniaire de plein droit du salarié. • Soc. 9 juin 1993, ⚖ n° 89-41.476 P : *D. 1994.*

Somm. 307, obs. Vacarie ⊘ ; *RJS 1993. 428, n° 719* ; *Dr. soc. 1993. 767*.

297. Dette d'indemnisation. Le principe selon lequel la responsabilité pécuniaire du salarié ne peut résulter que de sa faute lourde ne s'oppose pas à ce que l'employeur obtienne du juge pénal, devant lequel il s'est constitué partie civile, réparation du préjudice subi du fait de l'infraction (harcèlement) commise par le salarié. ● Crim. 14 nov. 2017, 🗝 n° 16-85.161 : *AJ pénal 2018. 42*, obs. Darsonville ⊘ ; *Dr. soc. 2018. 187*, étude Salomon ⊘ ; *ibid. 465*, étude Adam ⊘

298. Responsabilité à l'égard des tiers. N'engage pas sa responsabilité à l'égard des tiers le préposé qui agit sans excéder les limites de la mission qui lui a été impartie par son commettant. ● Cass., ass. plén., 25 févr. 2000, 🗝 n° 97-17.378 P : *GADT, 4ᵉ éd., n° 48* ; *JCP 2000. II. 10295*, concl. Kessous, note Billiau ; *D. 2000. 673*, note Brun ⊘ ; *RTD civ. 2000. 582*, obs. Jourdain ⊘ ; *RCA 2000. Chron. 22*, par Radé. ◆ Mais le préposé condamné pénalement pour avoir intentionnellement commis, fût-ce sur l'ordre du commettant, une infraction ayant porté préjudice à un tiers, engage sa responsabilité civile à l'égard de celui-ci. ● Cass., ass. plén., 14 déc. 2001 : 🗝 *D. 2002. 1230*, note Julien ⊘ ; *RJS 2002. 129, n° 142*.

299. Dès lors qu'ils agissent sans excéder les limites de la mission qui leur avait été imposée par l'établissement de santé, le médecin salarié et la sage-femme salariée n'engagent pas leur responsabilité au regard des patients confiés à leur soin. ● Civ. 1ʳᵉ, 9 nov. 2004 : *Dr. ouvrier 2005. 215*.

300. Responsabilité du donneur d'ordre. La responsabilité pénale du syndic, et non celle du syndicat, est engagée lorsque ce dernier a eu recours à une entreprise qui s'est rendue coupable de travail dissimulé en ce qu'il n'a pas procédé aux vérifications prévues à l'art. L. 324-14. ● Crim. 24 mai 2005 : 🗝 *JSL 2005, n° 172-6*.

VI. CONTRAT INTERNATIONAL

BIBL. Charvin et Steichen-Dornier, *Dr. ouvrier 1991. 197* (salarié expatrié). – Déprez, *RJS 1990. 119* ; *ibid. 1994. 235* (loi applicable) ; *ibid. 1998. 251* ; *Dr. soc. 1995. 323* ⊘ (art. 3, 6 et 7 de la convention de Rome du 19 juin 1980) ; *RJS 1996. 559* (licenciements des cadres dans les groupes multinationaux) ; *Mél. H. Blaise, 1995, p. 165* (conflits de lois : évolutions récentes). – Fieschi-Vivet, *D. 1987. Chron. 255* (règles de conflits). – H. Gaudemet-Tallon, *RTD eur. 1981. 215* (convention CEE de Rome du 19 juin 1980) ; *Cah. dr. entr. 1986, nᵒˢ 28/29, suppl. p. 2* (loi applicable). – Guedes Da Costa, *RDT 2007. 571* ⊘ (mobilité internationale et loi applicable). – Icard, *Dr. soc. 2023. 484* (contrat de travail international et pluralité de représentations). – Jault-Seseke, *Dr. soc. 2023. 470* (contrat de travail international et pluralité d'employeurs). – Lacoste-Mary, *Dr. soc. 2023. 494* (contrat international et pluralité de lois applicables). – Lagarde, *Ét. offertes à G. Lyon-Caen, 1989, p. 83* (évolution du contrat de travail international). – A. Lyon-Caen, *Dr. soc. 1978. 197*. – Mathieu, *LPA 21 juin 1996* (expatriation et conflits de lois). – Moreau-Bourlès, *Dr. soc. 1986. 23* (expatriation des salariés). – Nivelles, *JSL 2013, n° 341-1* (statut du salarié expatrié). – Pingel, *Dr. soc. 1986. 133* (protection de la partie faible). – Rodière, *Dr. soc. 1986. 118* (conflits de lois). – Sinay-Cytermann, *Ét. offertes à H. Sinay, 1994, p. 315* (protection du salarié en droit international). – Taquet, *SSL 1993, suppl. n° 651* (détachement, expatriation). – Vacarie, *Dr. soc. 1989. 462* (mobilité et groupes de sociétés). – Verner, *Dr. soc. 2023. 478* (contrat de travail international et pluralité d'activités).

A. LOI APPLICABLE

301. Intention des parties. En présence d'un contrat de travail conclu à Paris entre un pilote français et une société étrangère pour être exécuté à l'étranger, une cour d'appel a légalement justifié sa décision d'appliquer la loi française en relevant que le travail était effectué hors de tout établissement, en vertu d'une convention qui était intervenue à Paris, et à laquelle les parties n'avaient pas entendu déroger, et en interprétant la commune intention des parties de se référer à la loi française, ce qui était licite dans la mesure où elle était plus avantageuse que la loi étrangère normalement applicable. ● Soc. 31 mars 1978 : *Bull. civ. V, n° 259* ; *D. 1978. IR 358*, obs. Pélissier. ◆ Rappr. : ● Soc. 31 mai 1972 : *Bull. civ. V, n° 388* ; *GADT, 4ᵉ éd., n° 14* ; *JCP 1973. II. 17317*, note G. Lyon-Caen ; *Rev. crit. DIP 1973. 683*, note Lagarde ● 25 mai 1977 : *Bull. civ. V, n° 338* ; *D. 1979. IR 385*. ◆ Une compagnie aérienne étrangère qui a demandé à l'administration française l'autorisation de licencier pour motif économique son personnel basé à Paris ne saurait critiquer l'application de la loi française relative aux licenciements économiques sous l'empire de laquelle elle s'est placée. ● Cass., ass. plén., 10 juill. 1992, *Air Afrique c/ Joncheray, Maillard et a.* : *Dr. soc. 1993. 67*, concl. Chauvy ⊘ ; *D. 1992. IR 214* ⊘ ; *RJS 1992. 604, n° 1078*. – Déprez, *RJS 1993. 279*. ◆ En relevant qu'un contrat de travail ne faisait pas référence à la loi applicable, qu'il avait été conclu en France, qu'il avait pris effet en France avant le départ du salarié français pour l'étranger et que la rémunération était stipulée en francs français, les juges peuvent décider qu'il résulte d'une façon certaine de ces éléments que les parties ont eu l'intention de soumettre leur relation à la loi française. ● Soc. 28 oct. 1997, 🗝 n° 94-42.340 P : *D. 1998. 57*, concl. Chauvy ⊘ ; *Dr. soc. 1998. 186*, note Moreau ⊘. ◆ Le choix de la loi applicable au contrat de travail par les parties peut être exprès ou résulter de façon certaine des circonstances de la cause, peut porter sur l'ensemble du contrat ou sur une partie seulement et intervenir ou être modifié à tout moment de la vie du contrat. ● Soc. 4 déc. 2012 :

D. actu. 19 déc. 2012, obs. Perrin ; D. 2013. 691, note Dammann et Thillaye.

302. En décidant que la loi suédoise devait, selon l'intention commune des parties, régir la durée et la rupture du contrat d'un salarié détaché en France, la cour d'appel n'a porté atteinte à aucune loi de police, ni à une loi d'application immédiate, dès lors qu'elle n'avait pas soutenu que la loi d'autonomie fût moins avantageuse pour lui que celle du lieu où il exerçait habituellement ses fonctions. ● Soc. 29 mai 1991, n° 88-42.335 P : RJS 1991. 427, n° 815.

303. Lieu d'exécution du contrat. A défaut de choix par les parties de la loi applicable, le contrat de travail est régi, sauf s'il présente des liens plus étroits avec un autre pays, par la loi du pays où le salarié, en exécution du contrat, accomplit habituellement son travail, même s'il est détaché à titre temporaire dans un autre pays. ● Soc. 9 oct. 2001, n° 00-41.452 P : GADT, 4ᵉ éd., n° 15 ; D. 2002. 766, obs. Lafuma ; Dr. soc. 2002. 121, obs. Moreau ; RJS 2001. 952, n° 1404. ♦ Dès lors qu'il est constaté que le litige oppose le salarié, de nationalité indienne, à la succursale parisienne d'une banque multinationale, succursale avec laquelle il a conclu un contrat de travail qui a été exécuté en France, l'application de la loi française est justifiée. ● Soc. 23 janv. 1996 : RJS 1996. 584, n° 907 ; ibid. 559, chron. Déprez ; Gaz. Pal. 10-11 janv. 1997, concl. Chauvy. — Dans le même sens : ● Soc. 13 janv. 1998, n° 93-44.339 P : RJS 1998. 270, n° 427. ♦ Après avoir relevé que le contrat de travail était régi lors de sa conclusion, en l'absence de tout élément d'extranéité, par la loi marocaine, la cour d'appel peut décider que la loi française est applicable en constatant que lors de la rupture du contrat le salarié exerçait son activité en France, où il avait fixé le centre de ses intérêts de manière stable et habituelle depuis 12 ans, et à défaut pour les parties d'avoir choisi, lors de la mutation du salarié en France, la loi applicable à leur contrat. ● Soc. 1/ déc. 1997 : Dr. soc. 1998. 185, note Moreau. ♦ Dès lors que le lieu d'exécution du contrat de travail était fixé au Brésil, la cour d'appel, qui n'a pas relevé que les parties étaient convenues de rester soumises à la loi française, n'a pas donné de base légale à sa décision d'appliquer la loi française. ● Soc. 30 juin 1993, n° 89-43.923 P : D. 1994. 83, note E. Moreau ; JCP E 1993. II. 523, note Coursier (1ʳᵉ esp.). ♦ Lorsqu'un pilote français n'assume aucune fonction au sol sur le territoire français et ne dépend nullement de l'établissement situé à Paris et qu'aucune clause relative à la loi applicable n'est insérée dans le contrat, la cour d'appel qui a relevé que la prestation du pilote était exclusivement fournie à bord d'avions de nationalité ivoirienne, que l'acte final contenait la mention « fait à Abidjan », que la référence au code du travail ne pouvait viser que le code ivoirien a légalement justifié sa décision en déduisant de ces constatations que le contrat était exécuté en Côte-d'Ivoire et qu'il était régi par la loi ivoirienne. ● Cass., ch. mixte, 28 févr. 1986 : Bull. civ., n° 3 ; D. 1987. 173, concl. Franck ; JDI 1986. 699, note A. Lyon-Caen. ♦ Mais est justifié l'arrêt faisant application des dispositions impératives de la loi française relatives au licenciement des salariés investis de fonctions représentatives, dès lors que la salariée concernée était protégée par sa qualité de déléguée du personnel à Paris d'une compagnie aérienne étrangère. ● Cass., ass. plén., 10 juill. 1992, Air Afrique c/ Coulon, Pallard et a. : Dr. soc. 1993. 67, concl. Chauvy ; D. 1992. IR 214 ; RJS 1992. 604, n° 1078. – V. : Déprez, RJS 1993. 279.

304. Le contrat litigieux, conclu avec une société étrangère pour être exécuté à l'étranger, étant un contrat de travail international, la clause prévoyant un préavis inférieur à celui prévu par la législation française est valable. ● Soc. 6 nov. 1985 : Bull. civ. V, n° 504. ♦ Viole l'art. 1134 C. civ. l'arrêt qui condamne l'employeur au versement de diverses indemnités en application du code du travail français, alors que le contrat était exécuté au Niger, que l'employeur et le salarié étaient convenus que seraient applicables la loi instituant un code du travail au Niger ainsi que la convention collective interprofessionnelle et que le salarié ne prétendait pas que les dispositions légales et conventionnelles régissant ainsi le contrat du fait de sa localisation étaient contraires à l'ordre public social international. ● Soc. 7 mai 1987, n° 84-42.986 P : D. 1988. Somm. 314, obs. A. Lyon-Caen ; Rev. crit. DIP 1988. 78, note H. Gaudemet-Tallon. ♦ Justifient leur décision d'appliquer la loi algérienne, loi d'exécution du contrat, les juges qui estiment qu'elle avait été choisie par les parties pour régir tant l'exécution que la résiliation du contrat. ● Soc. 4 avr. 1990 : RJS 1990. 271, n° 356. – V. aussi ● Soc. 25 janv. 1984 : Bull. civ. V, n° 34 ; Rev. crit. DIP 1985. 327, note Moreau-Bourlès.

305. Lorsqu'un contrat de travail prévoit que le salarié sera soumis aux dispositions législatives et réglementaires en vigueur en RDA, une cour d'appel, par une interprétation nécessaire des termes du contrat, a pu estimer que cette clause signifiait que le salarié devait se soumettre aux dispositions mettant notamment en cause l'ordre public du pays d'accueil, sans que pour autant le contrat soit régi par la législation de la RDA. ● Soc. 3 mars 1988 : RJS 1990. 136 ; JS UIMM 1989. 325.

306. Donne une base légale à sa décision la cour d'appel qui refuse d'appliquer à un contrat de travail s'exécutant à l'étranger une convention collective ne régissant les rapports de travail entre employeurs et salariés que sur le territoire métropolitain. ● Soc. 29 mai 1963 : Bull. civ. V, n° 441 ; JCP 1964. II. 13525, note Simon-Depitre. ♦ V. égal., sur le principe de territorialité des conventions collectives : ● Soc. 22 nov. 1972 : Bull. civ. V, n° 638 ; JCP 1973. II. 17404, note G. Lyon-Caen.

307. Convention de Rome. En l'absence d'élection de loi par les parties au contrat de travail, il appartient au juge de désigner la législation applicable à la relation de travail en raison de l'existence de liens étroits avec un pays ; en l'espèce, la loi française a été appliquée à un litige concernant des CDD successifs effectués en Arabie saoudite mais conclus en France entre une personne morale de droit français et un Français, le salaire libellé en francs français et déterminé par référence à la convention collective Syntec, les bulletins de paie portant la mention de cette convention, le salarié bénéficiant de la couverture sociale française et l'employeur cotisant à la caisse de sécurité sociale des Français à l'étranger, au régime de retraite complémentaire des cadres et au régime de l'assurance chômage. ● Soc. 14 mars 2006 : 🏛 JCP E 2006. 2081, note Del Sol. ♦ Sur la détermination de la loi applicable, V. Convention de Rome du 19 juin 1980, entrée en vigueur le 1er avr. 1991.

308. Ordre public international. L'ordre public international s'oppose à ce qu'un employeur puisse se prévaloir des règles de conflit de juridictions et de lois pour décliner la compétence des juridictions nationales et évincer l'application de la loi française dans un différend qui présente un rattachement avec la France et qui a été élevé par un salarié placé à son service sans manifestation personnelle de sa volonté et employé dans des conditions ayant méconnu sa liberté individuelle. ● Soc. 10 mai 2006 : 🏛 D. 2006. IR 1401, note P. Guiomard ⌀ ; RDT 2006. 7, obs. F. Guiomard ⌀ ; JSL 2006, n° 192-4.

309. Clauses attributives de compétence. Sur ces clauses, V. notes ss. art. R. 1412-1.

B. RÉGIME

310. Engagement de l'employeur. Lorsque, au terme d'une note de service claire et précise, l'employeur assurait le salarié détaché à l'étranger qu'il n'aurait pas à régler plus d'impôts qu'il n'en aurait payés en France, l'employeur est seulement tenu de la différence née de la comparaison entre deux systèmes fiscaux. ● Soc. 21 mars 1984 : Bull. civ. V, n° 102.

311. Forfait. N'est pas illégal le forfait convenu compensant les différences éventuelles entre toutes les allocations servies en France et celles servies en Côte-d'Ivoire à un salarié détaché dans ce dernier pays. ● Soc. 22 oct. 1981 : Bull. civ. V, n° 818.

312. Prime d'expatriation. La prime d'expatriation doit être incluse dans le calcul de l'indemnité de congés payés dans la mesure où elle est la contrepartie des désagréments de l'éloignement et qu'elle présente ainsi un caractère salarial. ● Soc. 22 nov. 1979 : Bull. civ. V, n° 897. ● 30 nov. 1983 : D. 1984. IR 159. ♦ Les indemnités d'expatriation doivent être incluses dans l'assiette de calcul de l'indemnité de préavis, mais non celles constituant un complément de rémunération forfaitaire destiné à compenser des frais que le salarié, dispensé d'exécuter le préavis et qui se trouvait en France lors du licenciement, n'avait pas eu à exposer. ● Soc. 10 oct. 1975 : Bull. civ. V, n° 599 ● 20 oct. 1989 : JS UIMM 1989. 336. ♦ Comp. : ● Soc. 28 févr. 1973 : D. 1973. IR 60.

313. Rapatriement. Le salarié qui a accepté d'être rapatrié en France pour occuper un emploi compatible avec ses fonctions antérieures ne peut prétendre conserver le niveau de rémunération qui ne lui était garanti que pour ses missions à l'étranger. ● Soc. 16 févr. 1989 : JS UIMM 1989. 333. ♦ L'indemnité de licenciement doit être calculée sur le salaire perçu à l'étranger. ● Soc. 10 oct. 1975 : préc. note 312.

314. Responsabilité de l'employeur. Commet une faute l'employeur qui néglige de conclure avec le salarié l'accord écrit prévu par la convention collective applicable pour les déplacements de longue durée hors de France métropolitaine, ses prérogatives de direction l'obligeant à prévoir, et éventuellement à pallier, les risques particuliers auxquels il expose ainsi le salarié. ● Soc. 11 oct. 1984 : Bull. civ. V, n° 369 ; D. 1985. IR 442, obs. A. Lyon-Caen. ♦ Lorsqu'un salarié engagé pour travailler sur un chantier en Algérie a dû quitter son emploi en raison de conditions de travail s'avérant impossibles, de la précarité de l'hébergement et de l'absence de sécurité, le conseil de prud'hommes en a exactement déduit que l'employeur devait réparer le préjudice causé par ses manquements. ● Soc. 2 avr. 1987 : D. 1988. Somm. 101, obs. Fieschi-Vivet.

VII. USAGES

BIBL. Ahumada, RPDS 1985. 113 (primes et usages). – Boubli, SSL 1996, n° 802 (usage et convention ou accord collectif). – Déprez, Dr. soc. 1986. 906 (incorporation des avantages acquis dans le contrat de travail) ; ibid. 1987. 637 (interprétation de la volonté de l'employeur et constatation de l'usage) ; Dr. soc. 1988. 57 (négociation et usages) ; Dr. soc. 1990. 426 ⌀ (révocation d'avantages acquis devant le comité d'entreprise) ; JCP E 1992. I. 178 (consentement des salariés à la remise en cause d'un usage non régulièrement dénoncé) ; RJS 1993. 143 (usages et changement d'employeur) ; ibid. 1995. 639 (régime juridique des avantages collectifs de source informelle). – Dockès, Dr. soc. 1994. 227 ⌀ (engagement unilatéral de l'employeur) ; ibid. 1995. 639 (régime juridique des avantages collectifs de source informelle). – Langlois, Ét. offertes à G. Lyon-Caen, 1989, p. 285 (usages). – Morand, JCP E 1986. I. 15372 (vie et mort de l'usage d'entreprise). – Morel, Dr. soc. 1979. 279 (droit coutumier social). – Penneau, ibid. 1989. 82 (dénonciation d'un avantage). – Peycina, ibid. 1986. 916 (dénonciation de l'usage). – De Quenaudon, Ét. offertes à H. Sinay, 1994, p. 263 (volonté patronale et actes atypiques). – Savatier, Dr. soc. 1986. 890 (révocation des avantages issus d'un usage) ; RJS 1995. 231 (usages d'entreprise). – Thuillier, JCP CI 1975. II.

CONTRAT DE TRAVAIL **Art. L. 1221-1** 119

11619 (l'usage). – Vachet, *ibid. 1984. II. 14328* (usage d'entreprise). – Waquet, *RJS 1994. 399* (contrat de travail et statut collectif); *SSL 1996, n° 781* (dénonciation).

A. CARACTÈRES DE L'USAGE

1° CRITÈRES

315. Généralité. Dès lors qu'une disposition conventionnelle n'est plus appliquée depuis 27 ans qu'à une seule catégorie de salariés, les juges du fond ont pu en déduire que cette pratique était générale et créait pour le plus grand nombre un avantage établi. • Soc. 7 nov. 1985 : *Bull. civ. V, n° 523*. ♦ *Contra*, lorsqu'il n'est pas établi que la pratique invoquée à titre d'usage bénéficiait à l'ensemble des salariés concernés : • Soc. 14 janv. 1987 : *Bull. civ. V, n° 15*. ♦ Doit être cassé l'arrêt qui, pour condamner l'employeur à rembourser une retenue de salaire, constate l'existence d'un usage constant au niveau régional sans établir l'existence d'un usage général invoqué dans l'ensemble de l'entreprise. • Soc. 21 mai 1986 : *Bull. civ. V, n° 235*. ♦ Ainsi sont caractérisées la généralité et la constance de l'usage lorsqu'il est relevé que le calcul des commissions avant escompte concernait l'ensemble des VRP et qu'il s'était toujours appliqué jusqu'en 1999. • Soc. 4 avr. 2007 : *RDT 2007. 595*, obs. Pignarre.

316. Constance. L'unique versement d'une prime est insuffisant pour qu'il en résulte un usage obligatoire. • Soc. 21 juin 1979, n° 78-40.046 P : ♦ Sur le caractère constant d'un usage en vigueur pendant quatre ans, V. • Soc. 19 juill. 1983 : *Bull. civ. V, n° 452*. ♦ V. aussi, à propos d'une pratique trentenaire : • Soc. 9 juill. 1986 : *D. 1987. Somm. 202*, obs. Rotschild-Souriac ; *Dr. soc. 1986. 890*, note Savatier ; *ibid. 1987. 637*, note Déprez ; *Dr. ouvrier 1987. 143*, note F. S.

317. Fixité. Est dépourvue de tout caractère obligatoire la prime variable dans son montant et déterminée sans référence à un critère fixe et précis. • Soc. 26 févr. 1976 : *D. 1976. IR 111*. ♦ Dans le même sens : • Soc. 7 juin 1979 : *Bull. civ. V, n° 489* (prime variable et dépendant du bon vouloir de l'employeur) • 22 janv. 1981 : *ibid., n° 56* ; *D. 1981. IR 434*, obs. Langlois • 2 juill. 1987 : *Bull. civ. V, n° 442* • 16 juill. 1987 : *ibid., n° 499*. ♦ Ne peut être réduite la prime qui, loin d'avoir un caractère discrétionnaire, n'a jamais cessé de progresser pendant 15 années, a toujours été calculée, sinon suivant des règles arithmétiques précises, du moins selon une évolution sensiblement parallèle à celle des salaires et du coût de la vie. • Soc. 20 juill. 1978 : *Bull. civ. V, n° 611*. – Dans le même sens : • Soc. 21 janv. 1976 : *Bull. civ. V, n° 36* • 22 mars 1979 : *ibid., n° 265* • 9 déc. 1979 : *ibid., n° 1023*.

318. En relevant que l'employeur avait, chaque fois qu'il accordait des congés exceptionnels, introduit la réserve qu'ils pourraient être rapportés en tout ou partie selon les nécessités du service, la cour d'appel a pu déduire de cette expression de la volonté de l'employeur qu'un usage n'avait pas été instauré. • Soc. 7 mars 1990, n° 87-14.546 P.

2° PRATIQUES CONSTITUTIVES D'UN USAGE

319. Engagement unilatéral. La décision prise par l'employeur, à la suite de discussions avec les délégués du personnel, de diminuer la durée d'ancienneté d'échelon telle que prévue par la convention collective est constitutive d'un usage plus favorable. • Soc. 27 mars 1996, n° 92-41.584 P : *Dr. soc. 1996. 641*, obs. Savatier ; *RJS 1996. 367, n° 581*. ♦ Constitue un engagement unilatéral de l'employeur l'engagement pris devant le comité d'entreprise d'octroyer des jours de congés supplémentaires pour la garde d'un enfant malade ; l'ajout d'une condition supplémentaire qui s'analyse en une restriction de cet avantage nécessite une dénonciation régulière de la part de l'employeur. • Soc. 7 mai 1998, n° 96-41.020 P : *Dr. soc. 1998. 730*, obs. Couturier ; *RJS 1998. 746, n° 1254*. ♦ Dans le même sens : • Soc. 28 févr. 1996 : *RJS 1996. 259, n° 428*. ♦ Et le seul défaut d'énonciation dans le contrat de travail de l'engagement antérieurement pris par l'employeur ne peut remettre en cause ledit engagement. • Soc. 18 mai 1999, n° 91-40.650 P : *JCP E 2000. 274*, note Puigelier ; *RJS 1999. 553, n° 895*. ♦ Dès lors qu'elle est payée en vertu d'un engagement unilatéral de l'employeur, une prime constitue un élément du salaire et elle devient obligatoire dans les conditions fixées par cet engagement, peu important son caractère variable. • Soc. 5 juin 1996, n° 92-43.480 P : *GADT, 4ᵉ éd., n° 56* ; *Dr. soc. 1996. 973*, obs. Couturier ; *RJS 1996. 666, n° 1047*. – Dans le même sens : • Soc. 28 oct. 1997 : *D. 1997. IR 251* ; *Dr. soc. 1998. 77*, obs. Couturier ; *RJS 1997. 847, n° 1373* ; *CSB 1998. 17, A. 6 (2ᵉ esp.)*. ♦ En revanche, ne constitue pas un engagement de l'employeur envers son salarié l'attestation destinée à un tiers, en l'espèce un établissement bancaire, indiquant le montant annuel brut du salaire que percevra le salarié. • Soc. 17 mars 1999, n° 97-40.515 P : *RJS 1999. 411, n° 666* ; *Dr. soc. 1999. 503*, note Couturier.

320. Usage et local syndical (entreprises de moins de 200 salariés). Aucune des prérogatives inhérentes à la liberté syndicale n'autorise les syndicats à fixer leur siège statutaire au sein de l'entreprise sans accord de l'employeur ; celui-ci peut dénoncer l'usage les y autorisant sous réserve de ne pas porter une atteinte injustifiée et disproportionnée à l'exercice du droit syndical. • Soc. 6 juin 2018, n° 16-25.527 P : *D. 2018. Actu. 1261*.

321. Avenant non signé. Un avenant non signé ne peut être intégré à la convention collective, mais peut avoir acquis valeur d'usage de la profession. • Soc. 20 févr. 1991, n° 87-41.022 P : *D. 1991. IR 82* ; *RJS 1991. 260, n° 493*.

3° PRATIQUES NON CONSTITUTIVES D'UN USAGE

322. Heures de délégation. Un usage relatif à l'utilisation des heures de délégation ne peut résulter de la seule abstention antérieure de l'employeur de contester cette utilisation. • Soc. 16 oct. 1980 : *Bull. civ. V, n° 752 ; D. 1981. IR 261, obs. Pélissier.* – V. aussi : • Crim. 1er févr. 1983 : *JS UIMM 1983. 310* • Soc. 21 janv. 1987 : *Bull. civ. V, n° 26 ; Dr. soc. 1987. 637, note Deprez.*

323. Réévaluation du salaire. L'usage consistant à réévaluer les salaires chaque année en fonction de l'évolution de l'indice INSEE du coût de la vie a un caractère illicite, en raison des dispositions de l'ordonnance du 30 déc. 1958, et ne peut servir de fondement à une demande en justice. • Soc. 22 juill. 1986 : *Dr. soc. 1986. 890, note Savatier.*

324. Erreurs. Une erreur même répétée ne peut être constitutive d'un droit acquis, ni d'un usage. • Soc. 10 mai 1979 : *Bull. civ. V, n° 408.*

B. RÉGIME JURIDIQUE

1° APPLICATION À L'USAGE

325. Régime sui generis. Un usage résultant d'une décision unilatérale de l'employeur ne peut être assimilé à un accord collectif. • Soc. 12 juin 1986 : *Dr. soc. 1986. 890, note Savatier ; Dr. ouvrier 1987. 143, note F. S.* • 10 févr. 1998, n° 95-42.543 P : *JCP 1998. I, note Darmaisin.* ♦ Les avantages résultant pour les salariés d'un usage d'entreprise ne sont pas incorporés aux contrats de travail. • Soc. 3 déc. 1996, n° 94-19.466 P : *GADT, 4e éd., n° 178 ; D. 1997. IR 11 ; Dr. soc. 1997. 102, obs. Waquet.* ♦ Dès lors que les modalités de la dénonciation sont respectées, l'employeur peut modifier un usage non incorporé au contrat. • Soc. 7 avr. 1998, n° 95-42.992 P : *D. 1998. Somm. 255, obs. Gau ; Dr. soc. 1998. 623, obs. Savatier.*

326. Un usage professionnel fixant les modalités d'application de dispositions conventionnelles ne peut servir de fondement à une action en justice. • Soc. 8 juin 1988 : *JCP 1989. II. 21227, 4e esp., note Vachet.*

327. La violation d'un usage ne peut entrer dans la catégorie des agissements pénalement sanctionnés par l'art. L. 153-1 C. pén. • Crim. 4 avr. 1991, *Moisan : D. 1991. IR 140 ; JCP E 1991. I. 213, note Godard ; CSB 1991. 155, A. 36 ; RJS 1991. 325, n° 614, 3e esp.*

328. Usage repris par un écrit de l'employeur. Lorsque l'usage ne correspond plus seulement à une pratique mais a fait l'objet d'une note de l'employeur prévoyant, notamment, l'accord des salariés à la remise en cause de l'avantage, l'avantage ne revêt plus la nature juridique d'un usage mais d'un engagement à caractère contractuel, les règles de dénonciation d'un usage, d'un accord atypique ou d'un engagement unilatéral ou la possibilité de remise en cause par un accord collectif ayant le même objet ne trouvent dès lors plus à s'appliquer. • Soc. 5 oct. 1999, n° 97-45.733 P/ *D. 1999. IR 242 ; Dr. soc. 2000. 112, obs. Laborde ; JCP 2000. II. 10283, note Dusquenne ; RJS 1999. 837, n° 1437.* ♦ En revanche, la remise lors de l'embauche d'un document résumant les usages et les engagements unilatéraux de l'employeur n'a pas pour effet de contractualiser les avantages qui y sont décrits, justifie alors sa décision le conseil de prud'hommes qui constate que le versement de la prime d'ancienneté litigieuse ne résulte pas du contrat de travail mais d'une brochure remise à tout nouveau salarié par l'employeur. • Soc. 11 janv. 2000 : *D. 2000. IR 49 ; RJS 2000. 106, n° 151* • 2 mai 2001, n° 99-41.264 P : *D. 2001. IR 1590 ; Dr. soc. 2001. 1002, obs. Gauriau ; RJS 2001. 581, n° 834 ; JSL 2001, n° 81-3.*

329. Application du principe de faveur. Le fait que, dans les organismes de sécurité sociale, les conventions collectives soient soumises à l'agrément ministériel ne fait pas obstacle à l'existence, dans ces organismes, d'usages plus favorables aux salariés. • Soc. 22 janv. 1991, n° 87-40.113 P : *RJS 1991. 201, n° 378 ; RDSS 1991. 312, concl. contraires Chauvy* • 8 oct. 1996 : *Dr. soc. 1996. 1046, note Savatier ; RJS 1996. 775, n° 1202.*

2° TRANSMISSION DE L'USAGE

330. Principe. L'engagement unilatéral pris par un employeur est transmis en cas de transfert d'une entité économique, au nouvel employeur qui ne peut y mettre fin qu'à condition de prévenir individuellement les salariés et les institutions représentatives du personnel dans un délai permettant d'éventuelles négociations ; les conditions de l'offre de reprise dans le cadre d'un plan de cession d'une entreprise en redressement judiciaire ne peuvent faire obstacle au transfert de cet engagement unilatéral. • Soc. 12 mars 2008 : *JSL 2008, n° 233-3 ; RJS 2008. 410, n° 519 ; JCP S 2008. 1320, note Dumont ; Dr. soc. 2008. 753, obs. Mazeaud.* ♦ V. • Soc. 16 déc. 1992, n° 88-43.834 P : *Dr. soc. 1993. 156, note Savatier ; RJS 1993. 115, n° 167* • 4 févr. 1997, n° 95-41.468 P : *Dr. soc. 1997. 416, obs. Couturier ; RJS 1997. 171, n° 256.* ♦ Par le simple effet du transfert d'entreprise, la société absorbante est tenue des engagements unilatéraux pris par la société absorbée. • Soc. 19 janv. 1999, n° 96-44.688 P : *D. 1999. IR 40 ; RJS 1999. 244, n° 411 ; Dr. soc. 1999. 315, obs. Langlois.*

331. Le nouvel employeur n'est, cependant, tenu d'appliquer les usages et les engagements unilatéraux pris par l'ancien employeur qu'à l'égard des salariés dont le contrat de travail était en cours au jour du transfert. • Soc. 7 déc. 2005 : *D. 2006. 1868, note Loiseau ; ibid. 2006. Pan.*

417, obs. Peskine ⌀ ; RJS 2006. 107, n° 172 ; Dr. soc. 2006. 232, obs. Savatier ⌀ ; JSL 2006, n° 181-6 • 22 nov. 2006 : ⚖ RDT 2007. 102, obs. Waquet ⌀ ; RJS 2006. 137, n° 205. ♦ Selon l'art. 11 de la loi du 31 déc. 1989, aucun salarié ne peut être contraint de cotiser, contre son gré, à un système de garanties collectives contre différents risques, mis en place par une décision unilatérale de l'employeur, dès lors qu'il était employé dans l'entreprise antérieurement à la décision de l'employeur ; la généralité des termes de la loi ne permet pas d'exclure du champ d'application de ce texte les salariés dont l'ancienneté n'est pas contestée et dont les contrats de travail ont été repris par la société qui a absorbé leur entreprise. • Soc. 4 janv. 1996, ⚖ n° 92-41.885 P : D. 1996. IR 56 ⌀ ; Dr. soc. 1996. 163, note Dupeyroux ⌀ ; JCP 1996. II. 22693, note Saint-Jours ; RJS 1996. 279, n° 466. ♦ En cas de transfert d'entreprise, l'employeur entrant ne peut pas subordonner le bénéfice dans l'entreprise d'accueil des avantages collectifs, qu'ils soient instaurés par voie d'accords collectifs, d'usages ou d'un engagement unilatéral de l'employeur, à la condition que les salariés transférés renoncent aux droits qu'ils tiennent d'un usage ou d'un engagement unilatéral en vigueur dans leur entreprise d'origine au jour du transfert ou qu'ils renoncent au maintien des avantages individuels acquis en cas de mise en cause d'un accord collectif. • Soc. 13 oct. 2016, ⚖ n° 14-25.411 P : D. 2016. Actu. 2220 ⌀ ; RJS 12/2016, n° 777.

3° DISPARITION DE L'USAGE

332. Dénonciation. Un usage demeure en vigueur jusqu'à une dénonciation régulière ou la conclusion d'un accord collectif ayant le même objet que l'usage. • Soc. 20 sept. 2006 : ⚖ Dr. soc. 2006. 1190 ⌀. ♦ Un employeur ne peut revenir sur un engagement pris à l'égard de ses salariés en le dénonçant régulièrement que s'il est à exécution successive et qu'aucun terme n'a été prévu. • Soc. 16 déc. 1998, ⚖ n° 96-41.627 P :D. 1999. IR 26 ⌀ ; RJS 1999. 151, n° 245 ; Dr. soc. 1999. 194, obs. Gaudu ⌀. ♦ La dénonciation par l'employeur, responsable de l'organisation, de la gestion et de la marche générale de l'entreprise, d'un usage ou d'un autre accord collectif ne correspondant pas aux conditions de l'art. L. 132-19 C. trav. est opposable à l'ensemble des salariés concernés, qui ne peuvent prétendre à la poursuite du contrat de travail aux conditions antérieures, dès lors que cette décision a été précédée d'une information donnée, en plus des intéressés, aux institutions représentatives du personnel, dans un délai permettant d'éventuelles négociations. • Soc. 25 févr. 1988 : Bull. civ. V, n° 139 ; D. 1988. Somm. 319, obs. A. Lyon-Caen ; JCP E 1988. II. 15229, n° 1, obs. Teyssié ; Dr. soc. 1989. 82, note Penneau • 23 sept. 1992, ⚖ n° 89-45.656 P : JCP 1993. II. 22135, note Pochet. – Dans le même sens : • Soc. 30 juin 1988 : Bull. civ. V, n° 401 • 16 mars 1989 : D. 1989. IR 126 • 2 juill. 1991 : ⚖ CSB 1991. 228, S. 143 • 22 janv. 1992, ⚖ n° 89-42.841 P : RJS 1992. 220, n° 373, 1re esp. • 10 mai 1994 : ⚖ Dr. soc. 1994. 718, obs. Bélier ⌀ (usage portant sur l'application volontaire d'une convention collective) • 13 févr. 1996 : ⚖ RJS 1996. 293, n° 481 ; CSB 1996. 113, A. 27, 2e esp., note Philbert • 22 oct. 1996 : ⚖ D. 1996. IR 246 ⌀ • 3 déc. 1996 : ⚖ préc. note 325 • 10 févr. 1998 : ⚖ préc. note 325. ♦ La dénonciation ne peut être effective qu'à une date postérieure aux circonstances d'information et de préavis. • Soc. 20 juin 2000, ⚖ n° 98-43.395 P : D. 2000. IR 202 ⌀ ; RJS 2000. 690, n° 1036. ♦ Comp., à propos de l'obligation de négocier lorsque l'usage concerne les institutions représentatives du personnel : • Crim. 24 févr. 1977 : Bull. crim. n° 10 • 22 mai 1979 : ⚖ ibid., n° 181 • 12 janv. 1982 : ibid., n° 12 ; D. 1983. IR 167.

333. La dénonciation n'étant pas soumise au délai de préavis prévu pour la dénonciation d'une convention collective, c'est au juge qu'il appartient dans chaque cas d'apprécier si le délai était « suffisant » pour permettre l'ouverture d'une négociation. • Soc. 12 févr. 1997, ⚖ n° 96-40.972 P : D. 1997. IR 62 ⌀ ; Dr. soc. 1997. 430, obs. Savatier ⌀ ; RJS 1997. 238, n° 349 ; CSB 1997. 120. ♦ Sur la possibilité reconnue à l'employeur de limiter les effets de la dénonciation d'un usage aux salariés nouvellement embauchés, V. • Soc. 17 juin 1992, ⚖ n° 89-40.326 P : RJS 1992. 720, n° 1319. ♦ Il appartient à l'employeur qui soutient que l'usage n'est plus en vigueur de rapporter la preuve de ce qu'il a observé un délai de prévenance suffisant. • Soc. 22 oct. 1996, ⚖ n° 93-43.845 P : D. 1996. IR 246 ⌀ ; RJS 1996. 859, n° 1344.

334. Mais dès lors que, par les contrats individuels de travail, l'employeur s'est engagé à payer une prime qui ne résultait que d'un usage, la dénonciation de cet usage est sans effet sur le droit des salariés concernés au paiement de cette prime. • Soc. 22 janv. 1992, ⚖ n° 89-42.840 P : RJS 1992. 221, n° 373 (2e esp.) ; JCP E 1993. II. 401, note Déprez (2e esp.). – Dans le même sens : • Soc. 3 févr. 1993 : ⚖ D. 1993. Somm. 264, obs. Dockès ⌀ ; RJS 1993. 179, n° 294. ♦ Solution contraire, en l'absence de toute stipulation contractuelle : • Soc. 27 avr. 1994 : ⚖ Dr. soc. 1994. 568 ; D. 1994. Somm. 313, obs. Borenfreund ⌀ • 13 févr. 1996 : ⚖ préc. note 332.

335. Information des institutions représentatives. Sur la faculté pour l'employeur de dénoncer un usage devant le comité d'entreprise, V. • Soc. 16 mars 1989 : Dr. soc. 1990. 426, note Déprez ⌀ • 25 mai 1993 : ⚖ Dr. soc. 1993. 682 ; CSB 1993. 241, A. 55. ♦ Mais la dénonciation d'un usage à l'occasion d'une réunion du personnel est insuffisante et inopposable aux salariés. • Soc. 4 juill. 1995 : ⚖ Dr. soc. 1995. 932. ♦ L'absence de dénonciation aux délégués du personnel, faute d'organisation par l'employeur d'élections, rend la dénonciation de l'usage irrégulière. • Soc. 16 nov. 2005 : ⚖ Dr. soc. 2006. 233, obs. Savatier ⌀.

336. Information des salariés. Pour être régulière, la dénonciation d'un usage par l'employeur doit être précédée d'un préavis suffisant pour permettre les négociations et être notifiée aux représentants du personnel et à tous les salariés individuellement s'il s'agit d'une disposition qui leur profite ; lorsque la dénonciation porte sur un usage dont le bénéfice est subordonné à une condition d'ancienneté dans l'entreprise, elle doit être notifiée à tout salarié susceptible un jour d'en profiter. • Soc. 13 oct. 2010 : 🕮 *D. 2011. Pan. 1246*, obs. Dockès⌂ ; *RJS 2010. 881, n° 1001* ; *JSL 2010, n° 288-5*, obs. Tourreil ; *JCP S 2011. 1143*, obs. Drai.

337. Preuve de la dénonciation. La révocation d'un usage ne peut résulter du non-respect par l'employeur de ses engagements, ni de l'absence de réclamation des salariés. • Soc. 23 oct. 1991, 🕮 n° 90-40.168 P ; *Dr. soc. 1991. 959* ; *CSB 1992. 32, S. 28* ; *RJS 1991. 741, n° 1383*. ♦ ... Ni de la mise en conformité du règlement intérieur, celle-ci n'étant pas en elle-même de nature à modifier les engagements antérieurement pris par l'employeur. • Soc. 22 janv. 1992, 🕮 n° 90-42.517 P ; *D. 1992. 378*, note Mathieu⌂ ; *JCP E 1993. II. 393*, note Déprez. ♦ L'engagement pris par l'employeur résultant du règlement intérieur ne peut être rétracté qu'après information des instances représentatives du personnel et des salariés dans un délai suffisant pour permettre d'éventuelles négociations. • Soc. 10 janv. 1995, 🕮 n° 91-40.573 P ; *D. 1995. Somm. 357*, obs. Dockès⌂ ; *RJS 1995. 109, n° 130* ; *CSB 1995. 91*. ♦ Dès lors que l'employeur met fin à un usage sans préavis et sans aucune justification, la rupture du contrat de travail s'analyse en un licenciement dont les juges ont pu décider qu'il ne procédait pas d'une cause réelle et sérieuse. • Soc. 6 avr. 1993 : 🕮 *Dr. soc. 1994. 360*, note Duquesne⌂.

338. Dénonciation abusive. S'il est exact que la dénonciation d'un usage n'a pas à être motivée, elle est néanmoins nulle s'il est établi que le motif de l'employeur est illicite (volonté de faire échec à l'exercice normal du droit de grève). • Soc. 13 févr. 1996 : 🕮 *RJS 1996. 293, n° 480* ; *CSB 1996. 113, A. 27, 1re esp.*, note Philbert ; *JCP E 1996. I. 595, n° 4*, obs. Coursier ; *Dr. ouvrier 1996. 217*, concl. Chauvy. ♦ Dans le même sens : • Soc. 26 nov. 1996 : 🕮 *RJS 1997. 75, n° 109* ; *CSB 1997. 53, S. 35* (dénonciation abusive faite par mesure de rétorsion envers un membre du CHSCT).

339. Conséquences de la dénonciation régulière. Lorsque la rémunération du salarié résulte exclusivement de l'usage ou de l'engagement unilatéral de l'employeur, la dénonciation régulière de cet usage ou de cet engagement unilatéral ne permet pas à l'employeur de fixer unilatéralement le salaire ; celui-ci doit alors résulter d'un accord contractuel, à défaut duquel il incombe au juge de se prononcer. • Soc. 20 oct. 1998, 🕮 n° 95-44.290 P ; *Dr. soc. 1999. 125*, obs. Langlois⌂ ; *RJS 1998. 885, n° 1448*.

340. Conséquences de la dénonciation irrégulière. La dénonciation le 1er décembre d'une prime de treizième mois payable fin décembre est tardive et ne peut avoir effet pour l'exercice en cours. • Soc. 3 mars 1993 : 🕮 *RJS 1993. 272, n° 451*. ♦ V. aussi : • Soc. 27 avr. 1994 : 🕮 *D. 1994. Somm. 313*, obs. Borenfreund⌂ (primes devenues, en raison de leurs caractères de fixité, généralité et constance, un élément du salaire ne pouvant être modifié contre la volonté du salarié).

341. Contestation de la dénonciation. Le salarié qui ne justifie pas, à la date de la suppression de l'usage ou de l'engagement unilatéral, réunir les conditions de son bénéfice, ne peut contester la régularité de sa dénonciation. • Soc. 12 févr. 2008, 🕮 n° 06-45.397 P ; *RDT 2008. 321*, obs. Tissandier⌂.

342. Remplacement de l'usage. Un usage local ne peut être remis en cause que par un accord collectif ayant le même objet et le même champ géographique ou un champ plus large ; s'il n'a été justifié de l'existence d'aucun accord collectif ayant le même objet que l'usage local de prime de vie chère, cette prime ne peut être remise en cause. • Soc. 8 avr. 2010 : 🕮 *RDT 2010. 450*, obs. Boulmier⌂ ; *RJS 6/2010, n° 536* ; *JCP S 2010. 1274*, obs. Dumont. ♦ L'usage étant par nature supplétif de la volonté des parties, il peut y être mis fin par une convention collective. • Soc. 19 déc. 1990 : 🕮 *D. 1991. IR 36*⌂ ; *RJS 1991. 121, n° 224* • 26 janv. 2005, 🕮 n° 02-47.507 P ; *RJS 2005. 294, n° 419* • Soc. 20 mai 2014 : 🕮 *D. actu. 12 juin 2014*, obs. Ines ; *RDT 2014. 636*, obs. Nicod⌂ ; *Dr. soc. 2014. 685*⌂ ; *RJS 2014. 478, n° 581* ; *JSL 2014, n° 370-5*, obs. Lhernould. ♦ Lorsqu'un accord collectif ayant le même objet qu'un usage d'entreprise est conclu dans l'entreprise, cet accord a pour effet de mettre fin à cet usage, sans qu'une dénonciation régulière soit nécessaire. • Soc. 9 juill. 1996, 🕮 n° 93-40.865 P ; *Dr. soc. 1996. 983*, obs. Savatier⌂ ; *RJS 1996. 611, n° 954* ; *CSB 1996. 325, A. 65 (1re esp.)* • 28 janv. 1998, 🕮 n° 95-45.220 P ; *D. 1998. IR 75*⌂. ♦ En faveur de la primauté de la convention collective sur un usage plus favorable, V. • Soc. 11 déc. 1985 : *Dr. soc. 1986. 906*, note Déprez • 14 avr. 1983 : *Bull. civ. V, n° 193* ; *D. 1984. IR 167*, obs. Vachet • 9 févr. 1978 : *Bull. civ. V, n° 96*. ♦ Mais lorsqu'une convention collective nouvelle ne contient aucune disposition sur l'objet de l'usage, elle ne met pas en cause l'existence de l'usage antérieur. • Soc. 9 juill. 1996 : 🕮 *CSB 1996. 325, A. 65 (2e esp.)*. – V. déjà en ce sens : • Soc. 14 juin 1989 : *Bull. civ. V, n° 442* ; *D. 1990. Somm. 162*, obs. Rotschild-Souriac⌂. ♦ Si l'employeur peut, par un engagement unilatéral, accorder des avantages supplémentaires à ceux résultant d'une convention ou d'un accord collectif de travail, il ne peut substituer à ces avantages conventionnels des avantages différents ; un employeur ne peut remplacer le paiement de l'indemnité conventionnelle de repas par celui d'indemnités de panier s'ajoutant aux tickets

CONTRAT DE TRAVAIL **Art. L. 1221-1** 123

restaurants. • Soc. 4 févr. 2015, 🛡 n° 13-28.034 P : *D. 2015. Actu. 380* 🖉 ; *RJS 4/2015, n° 298* ; *JCP S 2015. 1146, note Lahalle.*

VIII. OBLIGATIONS ACCESSOIRES AU CONTRAT DE TRAVAIL

343. Protection juridique du salarié. Le salarié poursuivi pénalement par un client de son employeur pour des faits relatifs à l'exercice de ses fonctions est en droit de prétendre pouvoir bénéficier d'une protection juridique sous la forme de la prise en charge des frais engagés pour sa défense, de la part de son employeur (visa des art. 1135, C. civ. et L. 121-1, C. trav. [L. 1221-1 nouv.]). • Soc. 18 oct. 2006 : 🛡 *RDT 2006. 282, obs. Moulinier* ; *D. 2006. IR 2690* 🖉 ; *ibid. 2007. 695, note Mouly* 🖉 ; *ibid. Pan. 691, obs. F. Guiomard* 🖉 ; *RJS 2006. 921, obs. Mazars* ; *JCP E 2006. 2679, note Puigelier* ; *JSL 2006, n° 200-2.* ♦ L'employeur doit prendre en charge toutes les dépenses faites par le salarié pour l'exécution de son contrat de travail, y compris celles qui sont destinées à assurer sa défense en justice quand il est poursuivi pour des faits commis dans le cadre du lien de subordination juridique. • Soc. 5 juill. 2017, 🛡 n° 15-13.702 P : *D. 2017. Actu. 1477* 🖉 ; *Dr. soc. 2017. 874, obs. Mouly* 🖉 ; *RJS 10/2017, n° 652* ; *JSL 2017, n° 438-4, obs. Hautefort* ; *JCP S 2017. 1283, obs. Bugada.*

344. Remboursement des frais professionnels. Il est de principe que les frais qu'un salarié justifie avoir exposés pour les besoins de son activité professionnelle et dans l'intérêt de l'employeur doivent lui être remboursés sans qu'ils ne puissent être imputés sur la rémunération qui lui est due, à moins qu'il n'ait été contractuellement prévu qu'il en conserverait la charge moyennant le versement d'une somme fixée à l'avance de manière forfaitaire et à la condition que la rémunération proprement dite du travail reste au moins égale au SMIC. • Soc. 25 févr. 1998, 🛡 n° 95-44.096 P : ♦ Dans le même sens, consacrant l'existence d'une « règle » : • Soc. 9 janv. 2001 : 🛡 *Dr. soc. 2001. 441, obs. Mouly* 🖉 ; *RTD civ. 2001. 699, obs. Molfessis* 🖉 • 10 nov. 2004, 🛡 n° 02-41.881 P : *D. 2004. IR 3196* 🖉 ; *Dr. soc. 2005. 216, obs. Radé* 🖉 ; *RJS 2005. 206, n° 275* ; *Dr. ouvrier 2005. 76* • 21 mai 2008 : *RDC 2008. 1263, note Radé* • 25 mars 2010 : 🛡 *D. 2010. Actu. 968* 🖉 ; *D. actu. 25 mars 2010, obs. Ines* ; *RJS 6/2010, n° 568, p. 494* ; *JCP S 2010. 1329, obs. Bossu* • Soc. 7 mars 2012 : 🛡 *D. 2012. Actu. 822* 🖉 ; *RJS 2012. 380, n° 453* ; *JSL 2012, n° 320-4, obs. Hautefort* ; *JCP S 2012. 1223, obs. Dumont* • Soc. 20 juin 2013 : 🛡 *D. actu. 16 juill. 2013, obs. Fraisse* ; *D. 2013. Actu. 1628* 🖉 ; *RDT 2014. 123, obs. Véricel* 🖉 ; *RJS 10/2013, n° 679.* ♦ Est un remboursement de frais professionnels, exclu du calcul des indemnités de rupture du contrat de travail, la prise en charge par l'employeur du voyage annuel en France du salarié expatrié et des membres de sa famille pour leurs congés. • Soc. 31 janv. 2012 : 🛡 *D. actu. 16 févr. 2012, obs. Siro* ; *D. 2012. Actu. 445* 🖉 ; *RJS 2012. 332, n° 394.* ♦ Mais constituent des motifs impropres à caractériser l'existence de frais professionnels l'achat d'une seconde paire de lunettes indiqué dans une ordonnance du médecin du travail adressée à un confrère au motif qu'elle répondrait aux besoins de l'activité professionnelle du salarié, dans l'intérêt de son employeur. • Soc. 5 juill. 2017, 🛡 n° 15-29.424 P : *D. 2017. Actu. 1477* 🖉 ; *RJS 10/2017, n° 673* ; *JSL 2017, n° 438-3, obs. Bonnet* ; *JCP S 2017. 1337, obs. Michalletz.* ♦ Ne constituent pas des frais professionnels les cotisations versées à l'ordre des masseurs-kinésithérapeutes ; les cotisations n'étant pas acquittées dans l'intérêt de l'employeur. • Soc. 30 mai 2018, 🛡 n° 16-24.734 P : *RJS 8-9/2018, n° 536.*

345. Indemnité d'occupation professionnelle. Un salarié peut prétendre à une indemnité pour l'occupation de son domicile à des fins professionnelles dès lors qu'un local professionnel n'est pas mis effectivement à sa disposition. • Soc. 12 déc. 2012 : 🛡 *D. 2013. Actu. 21* 🖉 ; *Dr. soc. 2013. 353, note Tournaux* 🖉 ; *JCP S 2013. 1123, obs. Bossu.* ♦ Lorsque l'occupation résulte du stockage du matériel professionnel, cette indemnité ne varie ni en fonction du temps de travail effectif ni en raison de l'utilisation des heures de délégation de sorte que l'indemnité due aux salariés doit être fixée sans tenir compte de ces éléments. • Soc. 8 nov. 2017, 🛡 n° 16-18.506 : *RDT 2018. 463, obs. Véricel* 🖉 ; *RJS 1/2018, n° 29.*

346. Entretien des tenues de travail. Les frais exposés par un salarié pour les besoins de son activité professionnelle et dans l'intérêt de l'employeur doivent être supportés par ce dernier ; l'employeur doit assumer la charge de l'entretien du vêtement de travail dont le port est obligatoire et inhérent à l'emploi des salariés concernés. • Soc. 21 mai 2008 : 🛡 *RDT 2008. 536, obs. Frouin* 🖉 ; *JSL 2008, n° 238-5* ; *RJS 2008. 718, n° 896* ; *JCP S 2008. 1538, obs. Bossu* ; *Dr. ouvrier 2008. 533, obs. Taraud.* ♦ Il appartient à l'employeur de définir, dans l'exercice de son pouvoir de direction, les modalités de prise en charge de l'entretien des tenues de travail dont il impose le port au salarié. • Soc. 12 déc. 2012 : 🛡 *D. actu. 23 janv. 2013, obs. Peyronnet* ; *D. 2013. Actu. 20* 🖉 ; *JCP 2013. 1089, obs. Puigelier.* ♦ Comp. CE, 1re et 6e sous-sect. réun., 17 juin 2014 : 🛡 *AJDA 2014. 1295* 🖉 ; *ibid. 1963, note Seurot* 🖉 (l'employeur doit rembourser aux salariés les frais exposés pour les besoins de leur activité professionnelle et dans l'intérêt de l'employeur, dès lors qu'ils résultent d'une sujétion particulière et qu'ils excèdent les charges qui résulteraient de l'entretien et du nettoyage des vêtements ordinairement portés par les salariés).

347. Montant du remboursement. Lorsque le statut collectif octroie une indemnité forfaitaire de repas aux salariés qui se trouvent en déplacement pour raison de service au cours de la période méridienne, l'employeur ne peut subordonner son paiement à la preuve de la réalité des frais engagés. • Soc. 17 déc. 2004 : *Dr. soc.* 2005. 325, obs. Radé ⌀. ♦ L'employeur ne peut fixer unilatéralement les conditions de prise en charge des frais professionnels en deçà de leur coût réel. • Soc. 23 sept. 2009 : 🏛 *D.* 2009. AJ 2431 ⌀ ; *RDT* 2009. 726, obs. Véricel ⌀ ; *RJS* 2009. 818, n° 934 ; *Dr. ouvrier* 2010. 151.

348. Forfait. Une prime de panier et une indemnité de transport ayant pour objet, pour la première, de compenser le surcoût du repas consécutif à un travail posté, de nuit ou selon des horaires atypiques, pour la seconde, d'indemniser les frais de déplacement du salarié de son domicile à son lieu de travail, constituent, nonobstant leur caractère forfaitaire et le fait que leur versement ne soit soumis à la production d'aucun justificatif, un remboursement de frais et non un complément de salaire. • Soc. 11 janv. 2017, 🏛 n° 15-23.341 P : *D.* 2017. Actu. 115 ⌀ ; *RJS* 3/2017, n° 201 ; *JCP S* 2017. 1040, obs. Vachet.

♦ Un faisceau suffisant d'indices se trouve réuni pour permettre au chauffeur de caractériser le lien de subordination dans lequel il se trouvait lors de ses connexions à la plateforme Uber et d'ainsi renverser la présomption simple de non-salariat que font peser sur lui les dispositions de l'art. L. 8221-6 C. trav. Parmi les indices, est relevé notamment que le chauffeur ne peut constituer aucune clientèle propre en dehors de l'application Uber, qu'il ne fixe pas librement ses tarifs ni les conditions d'exercice de sa prestation de transport, qui sont entièrement régis par la société Uber ; la société exerce également un pouvoir de contrôle *via* un système de géolocalisation et un pouvoir de sanction, se réservant la possibilité de restreindre, voire d'interdire définitivement l'accès à l'application en cas de « signalements de comportements problématiques » par les utilisateurs, auquel l'intéressé en l'espèce a été exposé peu important que les faits reprochés soient constitués ou que leur sanction soit proportionnée à leur commission. • Paris, 10 janv. 2019, n° RG 18/08357 : *RJS* 3/2019, n° 144 ; *Dr. ouvrier* 2019. 499, note Gomes ; *JSL* 2019, n° 470-1, obs. Lhernould ; *Com. com. électr.* 2019. Comm. 17, obs. Loiseau ; *AJC* 2019. Actu. 53.

Art. L. 1221-2 (L. n° 2008-596 du 25 juin 2008) « Le contrat de travail à durée indéterminée est la forme normale et générale de la relation de travail. »
Toutefois, (L. n° 2008-596 du 25 juin 2008) « le contrat de travail peut » comporter un terme fixé avec précision dès sa conclusion ou résultant de la réalisation de l'objet pour lequel il est conclu dans les cas et dans les conditions mentionnés au titre IV relatif au contrat de travail à durée déterminée. — [Anc. art. L. 121-5.]

> **COMMENTAIRE**
> V. sur le Code en ligne 🏛.

CDI intérimaire et accord collectif de branche. Le juge ne saurait se fonder sur la L. n° 2015-994 du 17 août 2015, laquelle ne dispose que pour l'avenir, pour dire que les organisations syndicales avaient compétence pour négocier l'ensemble des éléments constitutifs de l'accord collectif de branche du 10 juill. 2013 permettant aux entreprises de travail temporaire d'engager, pour une durée indéterminée, certains travailleurs intérimaires ; en instaurant le CDI intérimaire, cet accord crée une catégorie nouvelle de contrat de travail, dérogeant aux règles d'ordre public absolu qui régissent, d'une part, le contrat de travail à durée indéterminée, d'autre part le contrat de mission, et fixe, en conséquence, des règles qui relèvent de la loi. • Soc. 12 juill. 2018, 🏛 n° 16-26.844 P : *D. actu.* 27 juill. 2018, obs. Ciray ; *D.* 2018. Actu. 1556 ⌀ ; *RDT* 2018. 689, note Ferkane ⌀ ; *RJS* 11/2018, n° 663 ; *JCP S* 2018. 1306, obs. Bousez.

Art. L. 1221-3 Le contrat de travail établi par écrit est rédigé en français.
Lorsque l'emploi qui fait l'objet du contrat ne peut être désigné que par un terme étranger sans correspondant en français, le contrat de travail comporte une explication en français du terme étranger.
Lorsque le salarié est étranger et le contrat constaté par écrit, une traduction du contrat est rédigée, à la demande du salarié, dans la langue de ce dernier. Les deux textes font également foi en justice. En cas de discordance entre les deux textes, seul le texte rédigé dans la langue du salarié étranger peut être invoqué contre ce dernier.
L'employeur ne peut se prévaloir à l'encontre du salarié auquel elles feraient grief des clauses d'un contrat de travail conclu en méconnaissance du présent article. — [Anc. art. L. 121-1, al. 2 à 5.]

BIBL. ▶ Ducamp et Martinez, *JCP S* 2007. 13 (langue française dans les relations de travail).

> **COMMENTAIRE**
> V. sur le Code en ligne 🏛.

CONTRAT DE TRAVAIL **Art. L. 1221-6** 125

Objectifs professionnels. Les documents fixant les objectifs nécessaires à la détermination de la rémunération variable contractuelle rédigés en anglais sont inopposables au salarié. • Soc. 29 juin 2011 : 🏛 *D. actu. 27 juill. 2011, obs. Siro ;* *RDT 2011. 663, obs. Lokiec ;* 🖉 *JSL 2011, n° 306-5, obs. Tourreil ; JCP S 2011. 1493, obs. Martinez* • 11 oct. 2023, 🏛 n° 22-13.770 B : *D. actu. 23 oct. 2023, obs. Serres ; D. 2023. 1800* 🖉 *; JCP S 2023. 1284, obs. Lhernould.*

Art. L. 1221-4 Les procédures d'enchères électroniques inversées étant interdites en matière de fixation du salaire, tout contrat de travail stipulant un salaire fixé à l'issue d'une telle procédure est nul de plein droit. — [*Anc. art. L. 121-10.*]

Art. L. 1221-5 Toute clause attributive de juridiction incluse dans un contrat de travail est nulle et de nul effet. — [*Anc. art. L. 121-3.*]

> *COMMENTAIRE*
>
> V. sur le Code en ligne 🏛.
>
> Sur les clauses attributives de compétence territoriale, V. notes ss. art. R. 1412-1.

Art. L. 1221-5-1 (*L. n° 2023-171 du 9 mars 2023, art. 19-I*) L'employeur remet au salarié un ou plusieurs documents écrits contenant les informations principales relatives à la relation de travail.

Un salarié qui n'a pas reçu les informations mentionnées au premier alinéa ne peut saisir le juge compétent afin de les obtenir qu'après avoir mis en demeure son employeur de lui communiquer les documents requis ou, le cas échéant, de compléter les documents remis.

Un décret en Conseil d'État fixe les modalités d'application du présent article, notamment la liste des informations devant figurer dans les documents mentionnés au premier alinéa. — V. art. R. 1221-34 s.

Les salariés dont le contrat de travail est en cours au 9 mars 2023 peuvent demander à leur employeur de leur fournir ou de compléter, selon des modalités fixées par décret en Conseil d'État, les informations prévues à l'art. L. 1221-5-1 (L. n° 2023-171 du 9 mars 2023, art. 19-II).

> *COMMENTAIRE*
>
> V. sur le Code en ligne 🏛.

SECTION 2 Recrutement

Art. L. 1221-6 Les informations demandées, sous quelque forme que ce soit, au candidat à un emploi ne peuvent avoir comme finalité que d'apprécier sa capacité à occuper l'emploi proposé ou ses aptitudes professionnelles.

Ces informations doivent présenter un lien direct et nécessaire avec l'emploi proposé ou avec l'évaluation des aptitudes professionnelles.

Le candidat est tenu de répondre de bonne foi à ces demandes d'informations. — [*Anc. art. L. 121-6, V1.*]

V. Recomm. relative à la collecte et au traitement d'informations nominatives lors d'opérations de recrutement (Délib. CNIL n° 2002-17 du 21 mars 2002, JO 16 juill.).

V. Circ. DRT n° 93-10 du 15 mars 1993 relative à l'application des dispositions relatives au recrutement et aux libertés individuelles (titre V de la loi du 31 déc. 1992) (BOMT n° 93/10, texte n° 412).

BIBL. ▶ ADAM, *Dr. soc. 1993. 333* 🖉. – GRINSNIR, *Dr. ouvrier 1993. 237*. – MALLET et MORIN, *Dr. soc. 1996. 660* 🖉 (détermination de l'emploi occupé). – RAY, *Dr. soc. 1993. 103* 🖉. – THOMAS, *RDT 2020. 529* 🖉 (la capacité professionnelle : les promesses d'une notion).

> *COMMENTAIRE*
>
> V. sur le Code en ligne 🏛.

1. Permis de conduire. La possession du permis de conduire présente un lien direct avec l'emploi à pourvoir de gérant d'un établissement commercial en zone rurale. • Bourges, 31 mai 1996 : *RJS 1996. 801, n° 1230.*

2. Prêtre-ouvrier. Les renseignements et pièces demandés lors de l'embauchage ont pour but de permettre à l'employeur d'apprécier les qualités du salarié pour l'emploi sollicité et ne sauraient concerner des domaines sans lien direct et nécessaire avec cette activité professionnelle ; par conséquent, le salarié est en droit de ne pas révéler son état de prêtre-ouvrier. • Soc. 17 oct. 1973 : *JCP 1974. II. 17698, note Saint-Jours.*

Art. L. 1221-7 (L. n° 2015-994 du 17 août 2015, art. 48) « Les informations mentionnées à l'article L. 1221-6 et communiquées par écrit par le candidat à un emploi peuvent être examinées dans des conditions préservant son anonymat. »

Les modalités d'application du présent article sont déterminées par décret en Conseil d'État.

COMMENTAIRE

V. sur le Code en ligne 🔒. ☐

Art. L. 1221-8 Le candidat à un emploi est expressément informé, préalablement à leur mise en œuvre, des méthodes et techniques d'aide au recrutement utilisées à son égard.

Les résultats obtenus sont confidentiels.

Les méthodes et techniques d'aide au recrutement ou d'évaluation des candidats à un emploi doivent être pertinentes au regard de la finalité poursuivie. – *[Anc. art. L. 121-7.]*

COMMENTAIRE

V. sur le Code en ligne 🔒. ☐

Art. L. 1221-9 Aucune information concernant personnellement un candidat à un emploi ne peut être collectée par un dispositif qui n'a pas été porté préalablement à sa connaissance. – *[Anc. art. L. 121-8, V1.]*

SECTION 3 Formalités à l'embauche et à l'emploi

BIBL. GÉN. ▶ AHUMADA, *RPDS 1985. 297* ; *ibid. 1988. 405* (registres obligatoires). – RAVOUX et REBOUILLAT, *Dr. soc. 2011. 1190* (la déclaration préalable à l'embauche).

SOUS-SECTION 1 Déclaration préalable à l'embauche

Art. L. 1221-10 L'embauche d'un salarié ne peut intervenir qu'après déclaration nominative accomplie par l'employeur auprès des organismes de protection sociale désignés à cet effet.

L'employeur accomplit cette déclaration dans tous les lieux de travail où sont employés des salariés. – *[Anc. art. L. 320, al. 1er début, et L. 620-3, al. 4.]*

Sur la vérification par les organismes de sécurité sociale, lors de la déclaration nominative effectuée par l'employeur, de la régularité de la situation en France des assurés étrangers, V. CSS, art. L. 114-10-2. – **CSS.**

L'établissement par l'employeur d'une déclaration unique d'embauche implique l'existence d'un contrat de travail apparent. • Soc. 5 déc. 2012 : ⚙ *D. 2012. Actu. 2973* ; *ibid. 2013. 114, chron. Ducloz, Flores, Pécaut-Rivolier, Bailly et Wurtz.*

Art. L. 1221-11 Le non-respect de l'obligation de déclaration préalable à l'embauche, constaté par les agents mentionnés à l'article L. 8271-7, entraîne une pénalité dont le montant est égal à trois cents fois le taux horaire du minimum garanti prévu à l'article L. 3231-12. – *[Anc. art. L. 320, al. 3, phrase 1.]*

Art. L. 1221-12 Un décret en Conseil d'État détermine :

1° Les conditions dans lesquelles la déclaration préalable à l'embauche est réalisée ;

2° Les modalités de recouvrement de la pénalité prévue à l'article L. 1221-11. – *[Anc. art. L. 320, al. 1er fin et al. 4.]* – V. art. R. 1221-1 s.

CONTRAT DE TRAVAIL **Art. L. 1221-16** 127

Art. L. 1221-12-1 (*L. n° 2013-1203 du 23 déc. 2013, art. 27-II-B*) Sont tenus d'adresser les déclarations préalables à l'embauche par voie électronique :
1° Les employeurs dont le personnel relève du régime général de sécurité sociale, autres que les particuliers employant un salarié à leur service, et dont le nombre de déclarations préalables à l'embauche accomplies au cours de l'année civile précédente excède un seuil fixé par décret ;
2° Les employeurs dont le personnel relève du régime de protection sociale agricole et dont le nombre de déclarations préalables à l'embauche accomplies au cours de l'année civile précédente excède un seuil fixé par décret.
Le non-respect de cette obligation entraîne l'application d'une pénalité, fixée par décret, dans la limite de 0,5 % du plafond mensuel de la sécurité sociale par salarié, recouvrée et contrôlée selon les règles, garanties et sanctions relatives au recouvrement des cotisations de sécurité sociale. Les pénalités dues au titre d'une année civile sont versées au plus tard à la première date d'exigibilité des cotisations de sécurité sociale de l'année suivante.

SOUS-SECTION 2 **Registre unique du personnel**

COMMENTAIRE
V. sur le Code en ligne 🔒. ❏

Art. L. 1221-13 Un registre unique du personnel est tenu dans tout établissement où sont employés des salariés.
Les noms et prénoms de tous les salariés sont inscrits dans l'ordre des embauches. Ces mentions sont portées sur le registre au moment de l'embauche et de façon indélébile.
(*L. n° 2014-788 du 10 juill. 2014, art. 3*) « Les nom et prénoms des stagiaires (*L. n° 2017-86 du 27 janv. 2017, art. 20-I*) « et des personnes volontaires en service civique au sens de l'article L. 120-1 du code du service national » accueillis dans l'établissement sont inscrits dans l'ordre d'arrivée, dans une partie spécifique du registre unique du personnel. »
Les indications complémentaires à mentionner sur ce registre, soit pour l'ensemble des salariés, soit pour certaines catégories seulement, (*L. n° 2014-788 du 10 juill. 2014, art. 3*) « soit pour les stagiaires (*L. n° 2017-86 du 27 janv. 2017, art. 20-I*) « et les personnes volontaires en service civique » mentionnés au troisième alinéa, » sont définies par voie réglementaire.

Art. L. 1221-14 Il peut être dérogé à la tenue du registre unique du personnel, pour tenir compte du recours à d'autres moyens, notamment informatiques, dans les conditions prévues à l'article L. 8113-6.

Art. L. 1221-15 Le registre unique du personnel est tenu à la disposition (*Ord. n° 2017-1386 du 22 sept. 2017, art. 4*) « du comité social et économique » et des fonctionnaires et agents chargés de veiller à l'application du présent code et du code de la sécurité sociale.

Commet le délit d'entrave à l'exercice des fonctions de l'inspection du travail l'employeur qui fait valoir que les fonctionnaires qui contrôlaient un établissement, lieu exclusif d'emploi des salariés, avaient tout loisir de venir consulter le registre du personnel au siège de l'entreprise. • Soc. 31 janv. 2012 : 🔒 *D. actu. 30 mars 2012, obs. Ines ; RJS 2012. 405, n° 490.*

Art. L. 1221-15-1 (*L. n° 2014-790 du 10 juill. 2014, art. 2*) La déclaration mentionnée au I de l'article L. 1262-2-1 est annexée au registre unique du personnel de l'entreprise qui accueille les salariés détachés.

SOUS-SECTION 3 **Autres formalités**

Art. L. 1221-16 Dans certains établissements ou professions, définis par voie réglementaire, l'employeur informe le service public de l'emploi de toute embauche ou rupture du contrat de travail. — [*Anc. art. L. 320-1, al. 1er.*] — V. art. R. 1227-3 (*pén.*).

> **Arrêté du 27 février 1987,** *relatif aux établissements assujettis à l'obligation de déclaration des mouvements de main-d'œuvre.* **Art. 1er** Sont soumis aux obligations prévues au premier alinéa de l'article L. 320-1 du code du travail *[L. 1221-16 s.]* dans les conditions fixées à l'article R. 320-1 *[R. 320-1-1]* du même code les établissements agricoles, industriels ou commerciaux publics ou privés, les offices publics et ministériels, les professions libérales, les sociétés civiles, les syndicats professionnels et les associations de quelque nature que ce soit, employant au moins cinquante salariés.
>
> **Art. 2** Les employeurs ne sont pas soumis aux obligations visées à l'article 1er du présent arrêté lorsque le contrat de travail est conclu pour une durée maximum d'un mois non susceptible d'être prorogée.
> Cette dérogation ne s'applique pas aux contrats conclus à titre d'essai.

Art. L. 1221-17 Outre la déclaration préalable à l'embauche prévue à l'article L. 1221-10, une déclaration préalable est effectuée :
1° Lorsqu'un établissement, ayant cessé d'employer du personnel pendant six mois au moins, se propose d'en employer à nouveau ;
2° Lorsqu'un établissement employant du personnel change d'exploitant ;
3° Lorsqu'un établissement employant du personnel est transféré dans un autre emplacement ou s'il fait l'objet d'extension ou de transformation entraînant une modification dans les activités industrielles et commerciales. – *[Anc. art. L. 620-1, al. 2 à 5.]* – V. art. R. 1221-32 et R. 1227-3 *(pén.).*

Art. L. 1221-18 *(L. n° 2007-1786 du 19 déc. 2007, art. 16-V)* Tout employeur de personnel salarié ou assimilé est tenu d'adresser à l'organisme chargé du recouvrement des cotisations et contributions sociales dont il relève, au plus tard le 31 janvier de chaque année, une déclaration indiquant le nombre de salariés partis en préretraite ou placés en cessation anticipée d'activité au cours de l'année civile précédente, leur âge et le montant de l'avantage qui leur est alloué. Cette déclaration indique également le nombre de mises à la retraite d'office à l'initiative de l'employeur intervenant dans les conditions des articles L. 1237-5 à L. 1237-10 et le nombre de salariés âgés de *(L. n° 2008-1330 du 17 déc. 2008)* « cinquante-cinq ans et plus licenciés ou ayant bénéficié de la rupture conventionnelle mentionnée à l'article L. 1237-11 » au cours de l'année civile précédant la déclaration.
Le défaut de production, dans les délais prescrits, de cette déclaration entraîne une pénalité dont le montant est égal à six cents fois le taux horaire du salaire minimum de croissance. Cette pénalité est recouvrée par l'organisme chargé du recouvrement des cotisations et contributions sociales dont relève l'employeur. Son produit est affecté à la Caisse nationale d'assurance vieillesse *(Abrogé par Ord. n° 2018-470 du 12 juin 2018, art. 9)* « des travailleurs salariés ».
Le modèle de déclaration est fixé par arrêté conjoint du ministre chargé de la sécurité sociale et du ministre chargé de l'emploi.
L'obligation de déclaration mentionnée au premier alinéa ne s'applique qu'aux employeurs dont au moins un salarié ou assimilé est parti en préretraite ou a été placé en cessation anticipée d'activité *(L. n° 2008-1330 du 17 déc. 2008)* « ou a été mis en retraite à l'initiative de l'employeur au cours de l'année civile précédente ainsi qu'aux employeurs dont au moins un salarié âgé de cinquante-cinq ans ou plus a été licencié ou a bénéficié de la rupture conventionnelle mentionnée à l'article L. 1237-11 au cours de l'année civile précédente ».

SECTION 4 Période d'essai

(L. n° 2008-596 du 25 juin 2008)

RÉP. TRAV. v° *Période d'essai,* par Aubrée.

BIBL. ▶ Dirringer, Sweeney, Créplet et Sachs ss. la dir. de Peskine, *RDT* 2008. 515 ⌀. – Frouin, *RJS* 2010. Chron. 419. – Neiss, *RDT* 2010. 348 ⌀ (faut-il supprimer la période d'essai ?). – Sauret, *JCP S* 2008. 1364. – Schmitt, *JSL* 2011, n° 305-3 (rupture de la période d'essai et non-respect du délai de prévenance).

CONTRAT DE TRAVAIL **Art. L. 1221-19** 129

> *COMMENTAIRE*
>
> V. sur le Code en ligne.

Art. L. 1221-19 Le contrat de travail à durée indéterminée peut comporter une période d'essai dont la durée maximale est :
 1° Pour les ouvriers et les employés, de deux mois ;
 2° Pour les agents de maîtrise et les techniciens, de trois mois ;
 3° Pour les cadres, de quatre mois.

> *COMMENTAIRE*
>
> V. sur le Code en ligne.

[Jurisprudence postérieure à la loi du 25 juin 2008]

1. Durée conventionnelle plus courte antérieure au 25 juin 2008. Les durées maximales légales de la période d'essai se substituent aux durées plus courtes, renouvellement compris, résultant des conventions de branche conclues avant le 25 juin 2008. • Soc. 31 mars 2016, n° 14-29.184 P : *D. 2016. Actu. 789 ; RJS 6/2016, n° 390 ; JCP S 2016. 1185, obs. Drai ; JSL 2016, n° 409-2, obs. Lhernould.*

2. Impact des RTT sur la durée de la période d'essai. La période d'essai ayant pour but de permettre l'appréciation des qualités du salarié, celle-ci est prolongée du temps d'absence du salarié, tel que celui résultant de la prise de jours de récupération du temps de travail ; en l'absence de dispositions conventionnelles ou contractuelles contraires, la durée de la prolongation de l'essai ne peut être limitée aux seuls jours ouvrables inclus dans la période ayant justifié cette prolongation. • Soc. 11 sept. 2019, n° 17-21.976 P : *D. 2019. Actu. 1767 ; JCP S 2019. 1291, obs. Maymard.*

[Jurisprudence antérieure à la loi du 25 juin 2008]

3. Articulation contrat de travail-convention collective. Le contrat de travail ne peut pas prévoir une période d'essai plus longue que celle prévue par la convention collective ; le salarié ne peut renoncer pendant la durée du contrat de travail aux droits qu'il tient de la convention collective. • Soc. 18 juin 1997, n° 94-43.985 P. ♦ En présence d'une convention collective prévoyant que, sauf accord contraire des parties, le salarié est soumis à une période d'essai de trois mois, le contrat de travail ne peut fixer une période supérieure à cette durée. • Soc. 18 mars 1992 : *RJS 1992. 327, n° 575.* ♦ Sur le respect des dispositions conventionnelles, V. aussi : • Soc. 7 janv. 1988 : *Bull. civ. V, n° 20* • 22 juin 1988 : *Dr. ouvrier 1990. 108, note J. G.* • 18 mars 1992 : *RJS 1992. 327, n° 574.* ♦ Le contrat de travail ne peut contenir une disposition moins favorable que celle de la convention collective et le renouvellement de la période d'essai, que le contrat de travail ne pouvait prévoir dès l'origine, ne peut résulter que d'un accord exprès des parties intervenu au cours de la période initiale et non d'une décision unilatérale de l'employeur. • Soc. 11 mars 2009 : *D. 2009. AJ 955 ; RJS 2009. 447, n° 494.*

4. La non-conformité du contrat aux dispositions de la convention collective a seulement pour effet de ramener la période d'essai à la durée fixée par ladite convention. • Soc. 4 avr. 1979 : *Bull. civ. V, n° 321 ; D. 1979. IR 435.* ♦ V. aussi : • Soc. 10 juin 1976 : *D. 1976. IR 216.* ♦ Les dispositions de la convention collective, postérieures à la conclusion du contrat de travail, se substituent de plein droit aux dispositions moins favorables de ce contrat prévoyant une période d'essai plus longue. • Soc. 19 nov. 1997, n° 95-40.280 P : *GADT, 4ᵉ éd., n° 166.* ♦ Lorsque la convention collective prévoit une période d'essai plus courte que son avenant local, elle s'applique eu égard à l'art. L. 132-13 C. trav. [L. 2252-1 nouv.]. • Soc. 8 juin 1999 : *Dr. soc. 1999. 852, obs. Savatier ; RJS 1999. 581, n° 946.*

5. Computation. Les dispositions de l'art. 642, al. 2, C. pr. civ., propres à la computation des délais, ne s'appliquent pas au calcul de la durée d'une période d'essai. • Soc. 21 janv. 1987 : *Bull. civ. V, n° 29* • 10 juin 1992, n° 88-45.755 P : *D. 1992. IR 200 ; Dr. soc. 1992. 704* • 15 mars 2006 : *D. 2006. IR 1000 ; RJS 2006. 385, n° 516.* ♦ Toute période d'essai exprimée en mois se décompte en jours calendaires. • Soc. 29 juin 2005 : *D. 2005. IR 1959 ; Dr. soc. 2005. 1036, obs. Savatier ; JSL 2005, n° 175-2 ; RJS 2005. 679, n° 944.*

6. Prorogation. En cas de suspension du contrat de travail, la période d'essai est prorogée d'une durée égale à celle de la suspension, notamment en cas de maladie. • Soc. 3 oct. 1957 : *D. 1957. 676.* ♦ ... De congés annuels. • Soc. 27 nov. 1985 : *Bull. civ. V, n° 560.* ♦ ... D'accident du travail. • Soc. 4 févr. 1988 : *Bull. civ. V, n° 94* • 12 janv. 1993, n° 88-44.572 P : *D. 1993. IR 43 ; JCP E 1993. I. 259, n° 8, obs. Dubœuf ; RJS 1993. 93, n° 119 ; CSB 1993. 79, A. 18 ; Dr. soc. 1993. 180.* ♦ ... D'absence pour subir les épreuves de sélection du service national. • Soc. 26 oct. 1999 : *RJS 1999. 837, n° 1436.* ♦ ... De prise de jours de réduction du temps de travail. • Soc. 11 sept. 2019, n° 17-21.976 P : *D. actu. 2 oct. 2019, obs. Ciray.* ♦ Mais l'essai n'est valablement suspendu pendant les congés annuels de l'entreprise et ne peut être prolongé d'une durée correspondante qu'autant que le salarié est lui-même en congé. • Soc. 5 mars 1997, n° 94-40.042 P. • 17 juill. 1996, n° 94-44.057 P. ♦ La période d'essai ne peut être prolongée d'une durée supérieure à l'absence du salarié. • Soc. 23 oct. 1991, n° 88-43.251 P. ♦ En l'absence de dispositions contractuelles ou conventionnelles contraires, la durée de la prolongation de l'essai ne peut être limitée aux seuls jours ouvrables inclus dans la période ayant justifié cette prolongation. • Soc. 14 nov. 1990,

n° 87-42.795 P : D. 1990. IR 282. ♦ La désignation d'un salarié comme mandataire social, avec suspension du contrat de travail pendant la durée de ce mandat, en l'absence de fonctions techniques distinctes, ne met pas fin à la période d'essai en cours ; la période d'essai reprend son cours après la révocation du mandat social. • Soc. 24 avr. 2013 : D. actu. 17 mai 2013, obs. Fleuriot ; D. 2013. Actu. 1145 ; RDT 2013. 483, obs. Payancé ; JSL 2013, n° 345-2, obs. Lhernould.

Art. L. 1221-20 La période d'essai permet à l'employeur d'évaluer les compétences du salarié dans son travail, notamment au regard de son expérience, et au salarié d'apprécier si les fonctions occupées lui conviennent.

COMMENTAIRE

V. sur le Code en ligne.

BIBL. Corrignan-Carsin, JCP E 2005. 1241 (rupture de la période d'essai). – Mouly, Dr. soc. 2005. 614 (résiliation de l'essai fondée sur un motif étranger à ses résultats). – Bataille-Nevejans, Dr. soc. 2004. 335 (période d'essai au cours des relations contractuelles). – Jacotot et Bourrier, D. 1996. Chron. 343 (usage abusif de l'essai). – Corrignan-Carsin, RJS 1995. 551. – Étiennot, RJS 1999. 623. – Frouin, CSB 1995. 239. – Mallard, Dr. soc. 2006. 1157 (licenciement en période d'essai). – Pochet, D. 1994. Chron. 77 (convention collective et essai). – Auvergnon, Dr. soc. 1992. 796 (rupture). – Blaise, RJS 1989. 215. – Bares, RPDS 1987. 205. – Poulain, Dr. soc. 1982. 155 (stages). – Alter, RPDS 1981. 165. – Poulain, Dr. soc. 1980. 469 (liberté de rupture). – Gonidec, D. 1958. Chron. 35 (métropole et outremer). – Ribettes-Tilhet et Wibault, Dr. soc. 1968. 299. – Sinay, Dr. soc. 1963. 150.

1. Principes. La période d'essai doit se situer au commencement de l'exécution du contrat de travail ; les parties ne peuvent en différer le début. • Soc.25 févr. 1997, n° 93-44.923 P : D. 1997. IR 80 (à l'ouverture du magasin dont le salarié avait la charge alors qu'il avait pris ses fonctions antérieurement). • 25 févr. 1997, n° 94-45.381 P. (après un séminaire de formation imposé par l'employeur, pendant lequel le salarié était soumis aux obligations de son contrat de travail). • 24 oct. 1997, n° 94-45.275 P : D. 1997. IR 241 ; JCP 1998. II. 10004, note Corrignan-Carsin ; Dr. soc. 1997. 1092, note Roy-Loustaunau ; RJS 1997. 821, n° 1334 ; CSB 1997. 326, S. 183 (après une période de formation de 6 semaines pour un salarié en contrat de qualification). ♦ Lorsqu'une période d'essai est stipulée postérieurement au commencement de l'exécution du contrat, la durée ainsi exécutée est déduite de la durée de l'essai. • Soc. 28 juin 2000, n° 98-43.835 P : D. 2000. IR 202 ; RJS 2000. 613, n° 892 ; Dr. soc. 2000. 1011, obs. Roy-Loustaunau. ♦ Les juges doivent rechercher, notamment lorsque les circonstances n'ont pas permis au salarié de prendre ses fonctions à la date initialement prévue, si le contrat n'a pas reçu un début d'exécution. • Soc. 18 juin 1996, n° 94-42.997 P. (le défaut d'exécution de l'essai, justifiant le report de son point de départ, n'est pas établi en présence d'un certificat de travail indiquant que le salarié a été employé dès la date d'effet du contrat de travail).

2. Stage. En constatant que le stage initial effectué par le salarié se plaçait dans une phase probatoire, de sorte que les deux parties pouvaient mettre fin au contrat, les juges du fond ont pu estimer, par une interprétation de la volonté des parties, que le stage était assimilable à la période d'essai. • Soc. 29 nov. 1978 : Bull. civ. V, n° 806. ♦ V. aussi : • Soc. 4 mars 1970 : Bull. civ. V, n° 157 • 8 janv. 1997, n° 93-40.291 P : RJS 1997. 87, n° 121. ♦ Contra : • Soc. 13 déc. 1989 : Bull. civ. V, n° 711 (stage prévu en vue de titularisation). ♦ V. également : • Soc. 5 mai 2004, n° 01-47.071 P : Dr. soc. 2004. 787, obs. Roy-Loustaunau ; RJS 2004. 541, n° 790 (stage auquel s'applique les modes de rupture prévus par la convention collective).

3. Les dispositions d'une convention collective qui réservent aux parties une faculté réciproque de résiliation en cours de stage instituent une période d'essai. • Soc. 11 mai 2005 : Dr. soc. 2005. 920, obs. Mouly ; RJS 2005. 528, n° 722.

4. Test professionnel. Un test professionnel se distingue d'une période d'essai par le fait que l'intéressé n'est pas placé dans des conditions normales d'emploi. • Soc. 4 janv. 2000, n° 97-41.154 P : D. 2000. IR 27 ; Dr. soc. 2000. 550, obs. Mouly ; RJS 2000. 103, n° 145 ; CSB 2000. 456, A. 12, obs. Pansier (conduite d'un car vide de passagers, en présence du chauffeur habituel, pendant quelques heures seulement durant deux mois).

5. Changement de fonctions. Une période probatoire en vue d'une promotion professionnelle en cours d'exécution du contrat de travail ne consti-

CONTRAT DE TRAVAIL **Art. L. 1221-21** 131

tue pas une période d'essai. • Soc. 25 avr. 2001 : 🔒 *Dr. soc.* 2001. 756, obs. Roy-Loustaunau ⌀. ♦ Même si, d'un commun accord, de nouvelles fonctions ont été attribuées à un salarié, aucune période d'essai ne peut lui être imposée. • Soc. 26 mai 1998, 🔒 n° 96-40.536 P : *RJS* 1998. 533, n° 821. ♦ *Contra* : • Soc. 17 mai 1982 : *Cah. prud'h.* 1982. 168. ♦ Comp. – • Bourges, 26 févr. 1988 : *D.* 1989. 202, note Mouly.

6. Période probatoire. Si l'employeur peut assortir sa décision d'affectation d'un salarié à un nouveau poste de travail emportant modification du contrat de travail d'une période probatoire, une telle condition requiert l'accord exprès du salarié. • Soc. 16 mai 2012 : 🔒 *D. actu.* 7 juin 2012, obs. Siro ; *D.* 2012. Actu. 1408 ⌀ ; *RJS* 2012. 530, n° 609 ; *JCP S* 2012. 1309, obs. Cailloux-Meurice • Soc. 16 mai 2012 : 🔒 *ibid.* ♦ Si, en cours de contrat, les parties peuvent convenir, à l'occasion d'un changement d'emploi, d'une période probatoire, la rupture de celle-ci ne peut concerner le contrat de travail et a pour effet de replacer le salarié dans ses fonctions antérieures. • Soc. 30 mars 2005, 🔒 n° 02-46.103 P : *D.* 2005. IR 986, obs. Chevrier ⌀ ; *JCP S* 2005. 1369, note Carsin ; *Dr. soc.* 2005. 810, obs. Mouly ⌀ ; *JSL* 2005. n° 167-4. ♦ Dès lors qu'un accord d'entreprise stipule que l'affectation à un poste de responsabilité supérieure est assortie d'une période probatoire et que, durant ou à l'issue de cette période, le salarié ne donnant pas satisfaction sera réintégré dans le même emploi ou un emploi similaire à celui antérieurement occupé, à l'expiration de la période probatoire, le salarié qui n'a pas été réintégré dans son ancien emploi ou un emploi similaire à celui antérieurement occupé est promu définitivement dans son nouveau poste. • Soc. 20 janv. 2021, 🔒 n° 19-10.962 P : *RJS* 3/2021, n° 132.

7. Période d'essai et période probatoire. En présence d'un avenant stipulant une période probatoire pour l'exercice de nouvelles fonctions, la période d'essai prévue au contrat initial prend nécessairement fin. • Soc. 20 oct. 2010 : 🔒 *D. actu.* 22 nov. 2010, obs. Ines ; *D.* 2011. Pan. 1246, obs. Peskine ⌀ ; *JCP S* 2010. 1507, obs. Puigelier.

8. Dès lors qu'un salarié a successivement bénéficié de deux contrats, le second comportant une période d'essai, la volonté claire et non équivoque de renoncer aux garanties légales attachées à l'existence du contrat initial ne peut être déduite de l'acceptation du second contrat. • Soc. 16 juill. 1987 : *Bull. civ. V, n° 484.* ♦ Lorsqu'un salarié a été embauché à plusieurs reprises en contrat à durée déterminée pour exercer les mêmes fonctions, les juges peuvent, pour décider que la clause prévoyant une période d'essai est abusive, tenir compte de l'ancienneté du salarié et considérer que l'employeur connaissait les aptitudes du salarié. • Soc. 7 mars 2000, 🔒 n° 98-40.198 P : *Dr. soc.* 2000. 552, obs. Mouly ⌀ ; *RJS* 2000. 268, n° 370 (contrats successifs signés par une société agissant en qualité de mandataire de divers employeurs d'un même salarié). ♦ En relevant que les deux sociétés étaient coemployeurs du salarié qui était passé de l'une à l'autre sans qu'un changement soit apporté à ses fonctions, une cour d'appel a pu décider que c'est le même contrat de travail qui s'était poursuivi et qu'aucune période d'essai ne pouvait être opposée au salarié. • Soc. 22 janv. 1997, 🔒 n° 93-43.742 P : *RJS* 1997. 165, n° 247.

9. En présence de deux contrats de travail successifs conclus entre les mêmes parties, ou en présence d'un avenant au premier contrat, la période d'essai stipulée dans le second contrat ou dans l'avenant ne peut être qu'une période probatoire dont la rupture a pour effet de replacer le salarié dans ses fonctions antérieures. • Soc. 30 mars 2005, 🔒 n° 03-41.797 P. ♦ En revanche, lorsqu'un salarié a démissionné d'une société d'un groupe pour conclure un contrat de travail avec une autre société du même groupe, une période d'essai peut être prévue par le second contrat de travail puisqu'il s'agit de personnes morales distinctes. • Soc. 20 oct. 2010 : 🔒 *D.* 2010. AJ 2652 ⌀ ; *D.* 2011. Pan. 1246, obs. Peskine ⌀ ; *JCP S* 2011. 1041, obs. Barège.

10. Un contrat de travail peut être assorti d'une période d'essai, alors même que le salarié vient de recevoir une formation dans la même entreprise dans le cadre d'un contrat d'apprentissage. • Soc. 4 mars 1992, 🔒 n° 88-44.217 P : *D.* 1992. Somm. 289, obs. A. Lyon-Caen ⌀ ; *RJS* 1992. 237, n° 403. ♦ Quelle que soit la nature des liens juridiques ayant existé entre les parties à la date de signature de l'engagement à durée indéterminée, il ne leur était pas légalement interdit de convenir d'une période d'essai dans le cadre d'une novation de leurs rapports contractuels. • Soc. 28 juin 1989 : *D.* 1990. 297, note Mouly ⌀. – V. aussi : • Soc. 29 mai 1991 : 🔒 *RJS* 1991. 425, n° 810 • 17 mars 1993 : 🔒 *CSB* 1993. 133, A. 30. ♦ Mais une cour d'appel, qui fait ressortir que la conclusion d'un contrat à durée indéterminée avec une période d'essai n'a pour objet que d'éluder les conséquences légales de la situation née de la poursuite du contrat à durée déterminée, décide à bon droit que la rupture n'est pas intervenue au cours d'une période d'essai. • Soc. 12 avr. 1995 : 🔒 *RJS* 1995. 333, n° 495.

11. Rétrogradation. L'employeur ne saurait imposer à un salarié rétrogradé dans un emploi différent une période d'essai pour cet emploi. • Soc. 17 févr. 1993, 🔒 n° 88-45.539 P : *D.* 1993. 618, note Mouly ⌀ ; *Dr. soc.* 1993. 381 ; *RJS* 1993. 239, n° 394 ; *CSB* 1993. 105, A. 26.

Art. L. 1221-21 La période d'essai peut être renouvelée une fois si un accord de branche étendu le prévoit. Cet accord fixe les conditions et les durées de renouvellement.

La durée de la période d'essai, renouvellement compris, ne peut pas dépasser :
1° Quatre mois pour les ouvriers et employés ;
2° Six mois pour les agents de maîtrise et techniciens ;
3° Huit mois pour les cadres.

COMMENTAIRE

V. sur le Code en ligne 🕮.

[Jurisprudence antérieure à la loi du 25 juin 2008]

1. Disposition contractuelle ou conventionnelle. La possibilité de prolonger ou renouveler la période d'essai doit être expressément prévue par le contrat de travail ou la convention collective. • Soc. 10 nov. 1998, 🕮 n° 96-41.579 P : *RJS 1998. 881, n° 1442.* ♦ Lorsque la convention collective ne prévoit pas la possibilité de renouveler la période d'essai, la clause du contrat de travail prévoyant son éventuel renouvellement est nulle quand bien même la durée totale de la période d'essai renouvelée n'excèderait pas la durée maximale prévue par la convention collective. • Soc. 25 févr. 2009 : 🕮 *RJS 2009. 361, n° 410 ; JCP S 2009. 1158, obs. Mouly* • Soc. 20 déc. 2017, 🕮 n° 16-17.998 P : *RJS 3/2018, n° 155 ; JCP S 2018. 1076, obs. Barège.*

2. Accord exprès. ♦ Le renouvellement de la période d'essai ne pouvant résulter que d'un accord exprès des parties, intervenu au cours de la période initiale, celles-ci ne sauraient convenir d'un renouvellement ou d'une reconduction tacite. • Soc. 10 janv. 2001 : 🕮 *D. 2001. IR 428* ∅ ; *RJS 2001. 206, n° 280.* ♦ La volonté de prolonger ou renouveler la période d'essai ne peut être déduite de la seule apposition par le salarié de sa signature sur un document établi par l'employeur. • Soc. 25 nov. 2009 : 🕮 *D. 2009. AJ 2937* ∅ ; *RJS 2010. 117, n° 142 ; JSL 2010, n° 269-5.* ♦ Si le contrat de travail ne prévoit qu'un seul renouvellement, les parties ne peuvent convenir ultérieurement d'un second renouvellement. • Soc. 6 avr. 1999, 🕮 n° 97-41.266 P : *D. 1999. IR 115 ; Dr. soc. 1999. 629, obs. Gauriau* ∅ ; *RJS 1999. 396, n° 627.* ♦ Comp., sur la validité d'un accord exprès des parties intervenu au cours de la période initiale. • Soc. 23 janv. 1997, 🕮 n° 94-44.357 P : *D. 1998. 170, note Puigelier* ∅ ; *Dr. soc. 1997. 311, obs. C. R* ∅ ; *RJS 1997. 166, n° 248.* ♦ L'acceptation par le salarié du renouvellement de l'essai postérieurement à ce renouvellement n'a pu faire obstacle à l'engagement définitif à l'issue de la période d'essai. • Soc. 28 févr. 1990 : 🕮 *Liaisons soc. Lég. soc. n° 6361, 13.* ♦ Il n'est pas possible de prévoir dès la conclusion du contrat le renouvellement de la période d'essai lorsque la convention collective ne prévoit que la faculté de renouvellement en avertissant le salarié à l'expiration de la première période. • Soc. 31 oct. 1989 : *Bull. civ. V, n° 632* • 19 juill. 1994 : 🕮 *RJS 1994. 573, n° 964* • 22 mai 1996 : 🕮 *RJS 1996. 498, n° 767* • 17 juill. 1996 : 🕮 *RJS 1996. 574, n° 889.* ♦ Est nulle la clause prévoyant le renouvellement de la période d'essai dans la mesure où elle est moins favorable que la convention collective qui ne prévoit pas une telle possibilité. • Soc. 30 mars 1995, 🕮 n° 91-44.079 P : *D. 1995. IR 112* ∅ ; *Dr. soc. 1995. 502* ∅ ; *RJS 1995. 571, n° 863.* – Dans le même sens : • Soc. 7 nov. 1995 : 🕮 *RJS 1995. 785, n° 1223.* • 2 juill. 2008 : 🕮 *D. 2008. AJ 2084* ∅ ; *RJS 2008. 789, n° 954* ♦ Est illicite la prorogation de la période d'essai pour une durée de trois mois, alors que la convention collective n'envisageait qu'une prorogation d'un mois. • Soc. 23 janv. 1992, 🕮 n° 88-45.259 P : *D. 1992. IR 76* ∅ ; *RJS 1992. 156, n° 245 ; CSB 1992. 81, S. 45.*

3. Sanctions. Si l'employeur ne respecte pas les modalités prévues pour le renouvellement de la période d'essai, il en résulte que l'engagement du salarié devient définitif à l'issue de la première période. • Soc. 31 janv. 1995, 🕮 n° 91-42.862 P : *RJS 1995. 153, n° 203* (notification par écrit des motifs du renouvellement). ♦ Sur le respect des modalités prévues pour le renouvellement, V. aussi : • Soc. 19 janv. 1994, 🕮 n° 90-42.994 P. (notification par l'employeur de la prolongation). • 23 janv. 1997, 🕮 n° 94-44.357 P : *D. 1998. 170, note Puigelier* ∅ (accord exprès des parties). • 30 janv. 1991, 🕮 n° 87-42.912 P : *D. 1992. IR 124* (justification de l'existence de circonstances exceptionnelles). ♦ L'acceptation de la prolongation de la période d'essai, qui doit être claire et non équivoque, ne peut résulter de l'absence de réserves du salarié sur le contenu de la lettre l'avisant de cette prorogation. • Soc. 5 mars 1996 : 🕮 *RJS 1996. 225, n° 373.* ♦ Elle ne saurait non plus résulter de la seule poursuite du travail. • Soc. 23 mars 1989, 🕮 n° 86-41.102 P. • 7 févr. 1990 : 🕮 *JS UIMM 1990. 174* • 22 oct. 1997 : 🕮 *RJS 1997. 821, n° 1335.*

4. Règlement transactionnel. A l'expiration de la période d'essai, les parties se trouvant liées par un contrat à durée indéterminée, une transaction visant à rouvrir rétroactivement et artificiellement une nouvelle période d'essai est nulle pour objet illicite, comme visant à faire échec aux règles d'ordre public régissant le licenciement. • Soc. 18 juin 1996, 🕮 n° 92-44.729 P : *RJS 1996. 665, n° 1045 ; CSB 1996. 262.*

CONTRAT DE TRAVAIL **Art. L. 1221-23** 133

Art. L. 1221-22 Les durées des périodes d'essai fixées par les articles L. 1221-19 et L. 1221-21 ont un caractère impératif, à l'exception :
(Abrogé par L. n° 2023-171 du 9 mars 2023, art. 19, à compter du 9 sept. 2023) « — *de durées plus longues fixées par les accords de branche conclus avant la date de publication de la loi n° 2008-596 du 25 juin 2008 portant modernisation du marché du travail ;* »
— de durées plus courtes fixées par des accords collectifs conclus après la date de publication de la loi n° 2008-596 du 25 juin 2008 précitée ;
— de durées plus courtes fixées dans la lettre d'engagement ou le contrat de travail.

COMMENTAIRE

V. sur le Code en ligne 🏛.

1. Durée conventionnelle supérieure et durée raisonnable. Est déclaré non conforme aux exigences de la convention n° 158 de l'OIT l'article d'une convention collective fixant à douze mois la période de stage probatoire de certains de ses agents engagés par contrat à durée indéterminée. ● Soc. 4 juin 2009 : 🏛 *R., p. 324 ; D. 2010. Pan. 342, obs. Mazuyer ; RDT 2009. 579, obs. Tournaux ; RJS 2009. 617, n° 679 ; JCP S 2009. 1335, note Mouly ; Dr. ouvrier 2009. 607, obs. Bizot ; SSL 2009, n° 1406, p. 11.* ♦ De même est déraisonnable, au regard de la finalité de la période d'essai et de l'exclusion des règles de licenciement durant cette période, une période d'essai dont la durée, renouvellement inclus, atteint un an. ● Soc. 11 janv. 2012 : 🏛 *D. actu. 3 févr. 2012, obs. Siro ; D. 2012. Actu. 226 ; D. 2013. Pan. 1026, obs. Porta ; RDT 2012. 150, obs. Tournaux ; Dr. soc. 2012. 321, obs. Mouly ; RJS 2012. 179, n° 207 ; JSL 2012, n° 316-4, obs. Tourreil ; Dr. ouvrier 2012. 508, obs. Bod ; JCP S 2012. 1429, obs. Drai.* ♦ V. aussi : ● Soc. 27 mars 2013 : 🏛 *D. 2013. Actu. 926.* ♦ Une période d'essai dont la durée est de six mois. ● Soc. 10 mai 2012 : 🏛 *D. actu. 25 mai 2012, obs. Siro ; D. 2012. Actu. 1341 ; D. 2013. Pan. 1026, obs. Porta et Lokiec ; RJS 2012. 529, n° 608.*

2. Contrôle de la durée raisonnable par rapport à la catégorie d'emploi. Peuvent être exclus du champ d'application de l'ensemble ou de certaines des dispositions de la convention 158 de l'OIT les travailleurs effectuant une période d'essai ou n'ayant pas la période d'ancienneté requise, à condition que la durée de l'essai soit fixée d'avance et qu'elle soit raisonnable. Une cour d'appel ne peut pas affirmer qu'une période d'essai de 6 mois est déraisonnable au visa de ladite convention et au regard de la finalité de l'essai, sans rechercher, au vu de la catégorie d'emploi occupée, si la durée totale de la période d'essai prévue au contrat de travail n'était pas raisonnable. ● Soc. 7 juill. 2021, n° 19-22.922 B : *D. 2021. 1335 ; Dr. soc. 2021. 845, obs. Tournaux ; RJS 10/2021, n° 517 ; JSL 2021, n° 527-2, obs. Lhernould ; JCP S 2021. 1222, obs. Frouin.*

Art. L. 1221-23 La période d'essai et la possibilité de la renouveler ne se présument pas. Elles sont expressément stipulées dans la lettre d'engagement ou le contrat de travail.

COMMENTAIRE

V. sur le Code en ligne 🏛.

[Jurisprudence antérieure à la loi du 25 juin 2008]

1. Clause contractuelle. Une période d'essai ne se présume pas et doit être fixée dans son principe et dans sa durée, dès l'engagement du salarié. ● Soc. 19 févr. 1997, 🏛 n° 93-44.053 P : *D. 1997. IR 70* (inopposabilité au salarié de la période d'essai mentionnée dans la lettre d'engagement adressée quinze jours après son recrutement).

2. Clause conventionnelle. Lorsque le contrat de travail ne fait pas mention de l'existence d'une période d'essai, l'employeur ne peut se prévaloir de la période d'essai instituée de manière obligatoire par la convention collective que si le salarié a été informé, au moment de son engagement, de l'existence d'une convention collective et mis en mesure d'en prendre connaissance. ● Soc. 29 mars 1995, 🏛 n° 91-44.562 P : *D. 1996. 127, note Pignarre ; Dr. soc. 1995. 454, rapp. Desjardins ; RJS 1995. 537, n° 538 ; JCP 1996. I. 3899, n° 4, obs. Cesaro* ● 23 avr. 1997, 🏛 n° 94-42.525 P : *Dr. soc. 1997. 641, obs. Couturier ; RJS 1997. 427, n° 648* (1ʳᵉ esp.) ● 15 sept. 2010 : 🏛 *D. actu. 28 sept. 2010, obs. Siro ; RJS 2010. 748, n° 828 ; JSL 2010, n° 287-41, obs. Gardair-Rérolle.* ♦ En cas d'absence de contrat écrit, l'employeur ne peut se prévaloir de l'existence d'une période d'essai que si celle-ci est instituée de façon obligatoire par la convention collective, si la disposition conventionnelle se suffit à elle-même et si le salarié a été informé de l'existence de cette convention collective au moment de son engagement et mis en mesure d'en prendre connaissance. ● Soc. 25 mars 1998, 🏛 n° 96-40.496 P : *D. 1998. IR 107 ; RJS 1998. 366, n° 561* ● 1ᵉʳ févr. 2000 : 🏛 *RJS 2000. 172, n° 246.*

♦ Sont insuffisants à cet égard : la mention de la convention collective sur le bulletin de paie. • Soc. 29 mars 1995, ⚖ n° 91-44.562 P : *D. 1995. 127*, note Pignarre *⚖*. ♦ ... Le fait que la convention collective a été tenue en permanence à la disposition des salariés. • Paris, 6 juill. 1995 : *D. 1995. IR 210*.

3. Lorsque la convention collective prévoit que la période d'essai doit figurer dans la lettre d'engagement, elle ne peut être opposée au salarié en l'absence de contrat écrit entre les parties. • Soc. 27 oct. 1999, ⚖ n° 97-44.017 P : *RJS 1999. 836, n° 1434*. • 27 mars 1996 : ⚖ *RJS 1996. 326, n° 510* • 11 déc. 1991, ⚖ n° 88-41.638 P : *RJS 1992. 93, n° 117 (1re esp.).* ♦ Comp. • Soc. 30 oct. 1991, ⚖ n° 88-43.158 P : *D. 1991. IR 273 ; RJS 1991. 696, n° 1285.* ♦ ... Ou lorsque le contrat se borne à mentionner la convention collective applicable. • Soc. 4 mars 1992, ⚖ n° 88-45.049 P. • 18 mars 1992, ⚖ n° 88-44.518 P.

4. La validité de la clause fixant la durée de l'essai doit s'apprécier à la date de sa conclusion et en se référant à la convention collective mentionnée dans le contrat de travail, peu important qu'il soit ultérieurement établi que cette convention n'était pas celle appliquée dans l'entreprise. • Soc. 16 mai 2012 : ⚖ *D. actu. 20 juin 2012, obs. Ines ; Dr. soc. 2012. 745, obs. Mouly ⚖ ; RJS 2012. 591, n° 671.*

5. Usage et document de l'entreprise. Une période d'essai ne peut être instituée par un usage, elle ne peut résulter que du contrat de travail ou de la convention collective. • Soc. 23 nov. 1999, ⚖ n° 97-43.022 P : *D. 2000. IR 3 ⚖ ; RJS 2000. 22, n° 7 ; Dr. soc. 2000. 204, obs. Mouly ⚖ ; JCP E 2000. 709, note Puigelier.* ♦ Un document interne à l'entreprise, lequel n'a pas la valeur d'une convention collective, ne peut rendre une période d'essai de plein droit applicable en l'absence de contrat écrit. • Soc. 26 juin 2001 : *RJS 2001. 678, n° 981.*

Art. L. 1221-24 En cas d'embauche dans l'entreprise (*L. n° 2011-893 du 28 juill. 2011, art. 28*) « dans les trois mois suivant l'issue » du stage intégré à un cursus pédagogique réalisé lors de la dernière année d'études, la durée de ce stage est déduite de la période d'essai, sans que cela ait pour effet de réduire cette dernière de plus de la moitié, sauf accord collectif prévoyant des stipulations plus favorables. (*L. n° 2011-893 du 28 juill. 2011, art. 28*) « Lorsque cette embauche est effectuée dans un emploi en correspondance avec les activités qui avaient été confiées au stagiaire, la durée du stage est déduite intégralement de la période d'essai.

« Lorsque le stagiaire est embauché par l'entreprise à l'issue d'un stage d'une durée supérieure à deux mois, au sens de l'article (*L. n° 2014-788 du 10 juill. 2014, art. 4*) « L. 124-6 » du code de l'éducation, la durée de ce stage est prise en compte pour l'ouverture et le calcul des droits liés à l'ancienneté. »

Art. L. 1221-25 Lorsqu'il est mis fin, par l'employeur, au contrat en cours ou au terme de la période d'essai définie aux articles L. 1221-19 à L. 1221-24 ou à l'article L. 1242-10 pour les contrats stipulant une période d'essai d'au moins une semaine, le salarié est prévenu dans un délai qui ne peut être inférieur à :

1° Vingt-quatre heures en deçà de huit jours de présence ;
2° Quarante-huit heures entre huit jours et un mois de présence ;
3° Deux semaines après un mois de présence ;
4° Un mois après trois mois de présence.

La période d'essai, renouvellement inclus, ne peut être prolongée du fait de la durée du délai de prévenance.

(*Ord. n° 2014-699 du 26 juin 2014, art. 19*) « Lorsque le délai de prévenance n'a pas été respecté, son inexécution ouvre droit pour le salarié, sauf s'il a commis une faute grave, à une indemnité compensatrice. Cette indemnité est égale au montant des salaires et avantages que le salarié aurait perçus s'il avait accompli son travail jusqu'à l'expiration du délai de prévenance, indemnité compensatrice de congés payés comprise. »

COMMENTAIRE

V. sur le Code en ligne 📖.

A. MODALITÉS

1. Forme de la rupture. Bien que l'essai ait été renouvelé par écrit, l'employeur peut notifier verbalement au salarié la rupture du contrat. • Soc. 25 mai 1989, ⚖ n° 85-43.903 P : *D. 1989. IR 197.* ♦ Dans le même sens : • Soc. 25 oct. 1994 : ⚖ *Dr. soc. 1995. 51 ⚖.* ♦ La lettre par laquelle l'employeur notifie au salarié que le contrat sera rompu en cas de refus par celui-ci de prolonger l'essai ne vaut pas par elle-même notification de la rupture. • Soc. 5 juin 1996 : ⚖ *RJS 1996. 498, n° 768.* ♦ En application du principe selon lequel

CONTRAT DE TRAVAIL **Art. L. 1221-25** 135

nul ne peut se constituer de preuve à lui-même, la preuve que la période d'essai a été rompue avant son expiration ne peut résulter d'une attestation établie par un représentant légal de l'employeur. • Soc. 11 mai 1999 : 🔒 *RJS 1999. 516, n° 845*. ♦ La rupture doit être explicite et il ne peut être convenu que le contrat prendra fin du seul fait de l'arrivée à son terme de l'essai. • Soc. 13 nov. 1996, 🔒 n° 93-44.052 P : *D. 1996. IR 262* ∅ ; *CSB 1997. 20, S. 4 ; RJS 1996. 802, n° 1232*. ♦ La procédure disciplinaire s'applique lorsque l'employeur met fin à la période d'essai, en invoquant un motif disciplinaire. • Soc. 10 mars 2004, 🔒 n° 01-44.750 P : *D. 2004. 2189, obs. Géniaut* ∅ ; *Dr. soc. 2004. 733, note Dubertret* ∅ ; *JCP E 2004. 1064, note Corrignan-Carsin ; RJS 2004. 453, n° 646*.

2. Moment de la rupture. La rupture du contrat de travail avant l'échéance du terme de la période d'essai ne s'analyse pas en un licenciement, peu important le non-respect par l'employeur du délai de prévenance. • Soc. 23 janv. 2013 : 🔒 *D. actu. 29 janv. 2013, obs. Perrin* ∅ ; *D. 2013. Actu. 313* ∅ ; *D. 2013. Pan. 1026, obs. Porta* ∅ ; *Dr. soc. 2013. 275, note Mouly* ∅ ; *RJS 4/2013, n° 251 ; JSL 2013, n° 339-2 ; JCP S 2013. 1108, obs. Corrignan-Carsin* • 26 mai 1983 : *Bull. civ. V, n° 280*. ♦ La date de la rupture est celle de la notification et non la date de la lettre annonçant la rupture. • Soc. 16 nov. 1993, 🔒 n° 88-45.383 P : *Dr. soc. 1994. 41 ; RJS 1994. 107, n° 128*. ♦ V. aussi : • Soc. 5 juin 1996 : *RJS 1996. 498, n° 768* • 11 mai 2005 : 🔒 *D. 2006. 701, note Reynès* ∅ ; *Dr. soc. 2005. 920, obs. Mouly* ∅ ; *Dr. ouvrier 2005. A. 65, obs. Pansier ; CSB 2005, A. 65, obs. Pansier ; JSL 2005, n° 170-2* (jour de l'envoi de la lettre recommandée avec demande d'avis de réception notifiant la rupture) • 26 sept. 2006 : 🔒 *D. 2007. Pan. 688, obs. Leclerc* ∅ ; *Dr. soc. 2006. 1193, obs. Savatier* ∅. ♦ Comp. : • Soc. 17 oct. 2000, 🔒 n° 98-42.581 P : *D. 2000. IR 304* ∅ ; *RJS 2000. 804, n° 1240* (la date de la rupture est la date de la présentation de la lettre recommandée à son destinataire).

3. Délai de prévenance légal et délai de prévenance contractuel. Pour rompre la période d'essai, l'employeur doit respecter le délai de prévenance prévu au contrat si celui-ci est plus favorable. • Soc. 15 avr. 2016, 🔒 n° 15-12.588 : *RJS 7/2016, n° 471*.

4. Dépassement du terme de l'essai. La poursuite de la relation de travail au-delà du terme de l'essai donne naissance à un nouveau contrat de travail à durée indéterminée qui ne peut être rompu à l'initiative de l'employeur que par un licenciement, même lorsque l'employeur a rompu l'essai avant son terme mais qu'il a laissé le salarié exécuter son préavis au-delà de la durée maximale. • Soc. 5 nov. 2014 : 🔒 *D. 2014. Actu. 2308* ∅ ; *Dr. soc. 2015. 181, note Mouly* ∅ ; *RJS 1/2015, n° 1*.

5. Dépassement du terme de l'essai et dispense de préavis. Dès lors que l'employeur rompt la période d'essai avant son terme en dispensant le salarié d'exécuter son préavis, peu importe que la fin de ce préavis soit située après la date de fin de la période d'essai. • Soc. 16 sept. 2015, 🔒 n° 14-16.713 P : *D. actu. 16 oct. 2015, obs. Fraisse ; RJS 11/2015, n° 693 ; JSL 2015, n° 397-3, obs. Lhernould*.

6. Information du salarié. La volonté de rupture de l'employeur ne peut produire effet qu'à partir du moment où elle a été portée à la connaissance du salarié ; dès lors n'est pas régulière la rupture notifiée par lettre recommandée reçue par le salarié après l'expiration de la période d'essai. • Soc. 14 mars 1995, 🔒 n° 91-43.658 P : *D. 1995. IR 86 ; RJS 1995. 501, n° 756*. ♦ Dans le même sens : • Soc. 27 mars 1996 : 🔒 *RJS 1996. 327, n° 511* • 20 nov. 1996, 🔒 n° 94-41.533 P : *Dr. soc. 1997. 193 ; RJS 1997. 17, n° 1* (lettre de rupture postée avant l'expiration de l'essai mais parvenue au salarié après cette date). ♦ Lorsqu'une convention collective prévoit un préavis pouvant être signifié jusqu'au dernier jour de la période d'essai, la durée de ce préavis ne doit pas nécessairement s'insérer dans la période d'essai et prendre fin avant le terme de celle-ci. • Soc. 31 oct. 1989 : *RJS 1990. 11, n° 4* • 15 mars 1995, 🔒 n° 91-43.642 P : *RJS 1995. 243, n° 353*.

B. CONDITIONS

7. Caractère discrétionnaire. La décision de l'employeur a un caractère discrétionnaire. • Soc. 22 oct. 1981 : *Bull. civ. V, n° 814*. ♦ La rupture intervenant pendant une période d'essai, l'employeur, qui n'est pas tenu de se prévaloir d'une cause réelle et sérieuse, n'a pas à justifier de l'existence d'une incapacité professionnelle. • Soc. 13 nov. 1985 : *Bull. civ. V, n° 526*. ♦ Les règles du licenciement économique ne s'appliquent pas. • Soc. 2 juin 1981 : *D. 1982. 206, note Mouly*.

8. Abus. Si l'employeur peut discrétionnairement mettre fin aux relations contractuelles avant la fin de l'essai, ce n'est que sous réserve de ne pas faire dégénérer ce droit en abus. • Soc. 6 déc. 1995, 🔒 n° 92-41.398 P : *D. 1996. IR 11* ∅ ; *JCP 1996. II. 22671, note Puigelier ; RJS 1996. 575, n° 891*. ♦ La résiliation du contrat de travail intervenue au cours de la période d'essai pour un motif non inhérent à la personne du salarié est abusive. • Soc. 20 nov. 2007 : *RDT 2008. 29, obs. Pélissier* ∅. ♦ Dès lors qu'il est dûment établi que la résiliation d'un contrat de travail est intervenue au cours de la période d'essai pour un motif sans rapport avec l'appréciation des qualités professionnelles du salarié, l'employeur commet un abus dans l'exercice de son droit de résiliation. • Soc. 10 déc. 2008 : 🔒 *D. 2009. 1062, note Mouly* ∅ ; *RJS 2009. 113, n° 132 ; Dr. soc. 2009. 235, obs. Couturier* ∅ ; *JSL 2009, n° 247-3 ; JCP S 2009. 1123, obs. Everaert-Dumont*. ♦ La rupture opérée par l'employeur peut avoir un caractère fautif lorsque l'intention de nuire ou la légèreté blâmable sont établies.

● Soc. 29 mai 1979 : ⚖ *D. 1980. IR 23, obs. Langlois* ● 26 mai 1983 : *Bull. civ. V, n° 280* ● 28 nov. 1985 : *ibid., n° 566*. ● 5 mars 1987 : *ibid., n° 111* ● 18 juin 1996, ⚖ n° 92-44.891 P : *JCP 1996. II. 22739, note Puigelier ; RJS 1996. 575, n° 891* (rupture pendant une suspension de l'essai pour maladie et avant un renouvellement déjà décidé, en raison de la qualité du remplaçant). ♦ ... Ou le détournement d'objet. ● Soc. 5 oct. 1993, ⚖ n° 90-43.780 P : *D. 1994. Somm. 304, obs. A. Lyon-Caen ⌐ ; RJS 1993. 637, n° 1068 ; CSB 1993. 311, S. 155* (intention établie de l'employeur dès l'origine de limiter l'emploi à la durée de l'essai). – V. aussi ● Soc. 9 oct. 1996 : ⚖ *Dr. soc. 1996. 1099, obs. Couturier ⌐ ; RJS 1996. 745, n° 1148 ; CSB 1996. 328, S. 139*. ♦ Est abusive la rupture faisant suite à une demande d'explication du salarié. ● Soc. 7 janv. 1988 : *Bull. civ. V, n° 13 ; D. 1989. Somm. 167, obs. Fieschi-Vivet*. ♦ ... Ou intervenue une semaine après le début des relations contractuelles alors que le salarié, âgé de 45 ans, venait de démissionner de son emploi précédent, effectuait un stage d'adaptation aux techniques de la société et n'avait pas encore été mis en mesure d'exercer les fonctions qui lui avaient été attribuées. ● Soc. 5 mai 2004, ⚖ n° 02-41.224 P : *D. 2004. IR 1641 ⌐ ; Dr. soc. 2004. 786, obs. Roy-Loustaunau ⌐ ; RJS 2004. 543, n° 792*.

9. Est également fautive la rupture intervenue avant que le salarié n'entre en fonction, sous le prétexte d'une compression des effectifs. ● Soc. 12 mars 1970 : *JCP 1970. II. 16548, note Groutel*. ♦ ... Ou pour des motifs étrangers aux résultats de l'essai. ● Soc. 17 mars 1971 : *Bull. civ. V, n° 216 ; GADT, 4ᵉ éd., n° 42* (mariage du salarié). ♦ ... Ou pour des motifs connus antérieurement au début de la période d'essai (refus d'une clause du contrat de travail). ● Soc. 6 déc. 1995, ⚖ n° 92-41.398 P : *D. 1996. IR 11 ⌐* ● 27 nov. 1990, ⚖ n° 87-41.749 P : *D. 1990. IR 297 ⌐* (interdiction de chéquier). ♦ ... Ou lorsque l'employeur agit avec une précipitation inhabituelle et sans que le salarié, en raison des difficultés matérielles rencontrées, ait pu exercer normalement sa profession et ait été mis en situation de donner la preuve de sa capacité. ● Soc. 2 févr. 1994 : ⚖ *D. 1995. 550, note Przemyski-Zajac ⌐* ● 6 déc. 1995 : ⚖ *préc.* (brièveté du temps d'exécution de l'essai) ● 17 juill. 1996, ⚖ n° 93-46.494 P : *RJS 1996. 576, n° 892* (rupture 4 jours après avoir jugé le salarié apte à un emploi de qualification supérieure).

10. Le fait de ne pas avoir remplacé le salarié dont la période d'essai a été rompue ne caractérise pas, à lui seul, un abus du droit de tout employeur de mettre fin à l'essai. ● Soc. 30 sept. 1992, ⚖ n° 89-41.820 P : *D. 1992. IR 253 ; RJS 1992. 673, n° 1225*.

Sur le caractère fautif de la rupture à l'initiative du salarié, V. ● Soc. 9 mai 1979 : *Bull. civ. V, n° 392 ; D. 1980. IR 30, obs. Langlois.*

11. Il appartient aux juges du fond d'indemniser le préjudice résultant de la rupture abusive de la période d'essai du fait de l'inexécution de ses obligations par l'employeur. ● Soc. 7 févr. 2012 : ⚖ *D. actu. 2 mars 2012, obs. Fleuriot ; D. 2013. Pan. 1026, obs. Porta ⌐ ; RJS 2012. 269, n° 295 ; JCP S 2012. 1177, obs. Puigelier.*

12. Femmes enceintes. Les dispositions de l'art. L. 122-25-2 C. trav. [L. 1225-4 nouv.] relatives aux femmes en état de grossesse ne sont pas applicables pendant la période d'essai. ● Soc. 2 févr. 1983 : *Bull. civ. V, n° 74 ; D. 1984. IR 168, obs. Béraud ; JCP 1984. II. 20176, note Montredon et Pansier*. ♦ Mais si la résiliation du contrat de travail d'une salariée enceinte est possible pendant la période d'essai, c'est à condition qu'elle ne soit pas motivée par son état, en violation des dispositions de l'art. L. 122-25-2 [L. 1225-4 nouv.] qui interdit à l'employeur de prendre en considération l'état de grossesse d'une femme pour résilier son contrat au cours de la période d'essai ; lorsque la salariée démontre que la rupture est intervenue en raison de sa grossesse pendant la période d'essai, elle a droit aux dommages-intérêts prévus à l'art. L. 122-30, al. 1ᵉʳ, [L. 1225-71 nouv.] mais elle ne peut prétendre au paiement des salaires prévus à l'art. L. 122-30, al. 2, [L. 1225-71 nouv.] qui ne sanctionne que la violation des dispositions de l'art. L. 122-25-3 [L. 1225-16 nouv.]. ● Soc. 15 janv. 1997, ⚖ n° 94-43.755 P : *RJS 1997. 97, n° 138 ; CSB 1997. 109, A. 23*.

13. Accidentés du travail. Même intervenue pendant la période d'essai, la résiliation du contrat, prononcée pendant la période de suspension provoquée par un accident, est nulle en raison de l'origine professionnelle de l'accident. ● Soc. 19 avr. 1989, ⚖ n° 86-44.656 P : *D. 1990. 8, note Puigelier ⌐ ; JCP 1990. II. 21499, note Mouly*. – Dans le même sens : ● Soc. 25 févr. 1997, ⚖ n° 93-40.185 P : *D. 1997. IR 75 ⌐* ● 12 mai 2004, ⚖ n° 02-44.325 P : *D. 2004. IR 1770 ⌐ ; RJS 2004. 552, n° 808 ; JSL 2004, n° 147-3.*

14. Procédure disciplinaire. L'employeur qui rompt la période d'essai en raison des fautes commises par le salarié est tenu de respecter les dispositions des art. L. 122-42 s. [L. 1331-2 s. nouv.]. ● Soc. 10 mars 2004 : ⚖ *Dr. soc. 2004. 739, obs. Dubertret ⌐.*

15. Motif discriminatoire. Les dispositions de l'art. L. 122-45 [L. 1333-1 s. nouv.] sont applicables pendant la période d'essai. ● Soc. 16 févr. 2005, ⚖ n° 02-43.402 P : *D. 2005. IR 668 ⌐ ; RJS 2005. 339, n° 469 ; JSL 2005, n° 164-2.* ♦ La période d'essai rompue pour un motif discriminatoire n'ouvre pas droit aux indemnités de rupture du contrat de travail en application de l'art. L. 1231-1 C. trav. ; le salarié peut toutefois prétendre à des dommages-intérêts en réparation du préjudice subi du fait de la rupture illicite. ● Soc. 12 sept. 2018, ⚖ n° 16-26.333 P : *D. 2018. Actu. 1812 ⌐ ; D. actu. 8 oct. 2018, obs. Mlapa ; RJS 11/2018, n° 655 ; JSL 2018, n° 463-2, obs. Lhernould ; JCP S 2019. 1338, obs. Barège.*

CONTRAT DE TRAVAIL   **Art. L. 1222-1**   137

16. Requalification. La rupture du contrat de travail prononcée sans énonciation de motif au prétexte d'une période d'essai illicite s'analyse en un licenciement sans cause réelle et sérieuse. ● Soc. 31 mars 1998, ⚖ n° 95-44.889 P. ♦ La rupture requalifiée en licenciement peut être justifiée par une cause réelle et sérieuse si la lettre de rupture est suffisamment motivée par l'employeur. ● Soc. 13 déc. 2000 : ⚖ *RJS 2001*. 205, n° 278.

Art. L. 1221-26 Lorsqu'il est mis fin à la période d'essai par le salarié, celui-ci respecte un délai de prévenance de quarante-huit heures. Ce délai est ramené à vingt-quatre heures si la durée de présence du salarié dans l'entreprise est inférieure à huit jours.

CHAPITRE II EXÉCUTION ET MODIFICATION DU CONTRAT DE TRAVAIL

SECTION 1 Exécution du contrat de travail

Art. L. 1222-1 Le contrat de travail est exécuté de bonne foi. — *[Anc. art. L. 120-4.]*

RÉP. TRAV. v° *Contrat de travail (exécution)*, par PIGNARRE.

BIBL. ▶ DE MONTVALON, *Dr. soc. 2023*. 443 (placardisation : réflexions juridiques sur le non-travail forcé). – DEL SOL et LEFRANC-HAMONIAUX, *JCP S 2009*. 1666 (protection de l'information confidentielle acquise par les salariés et leurs représentants). – GUISLAIN, *JSL 2014*, n°s 358-1 et 358-2 (la bonne foi, notion cadre régulatrice des relations de travail). – PLET, *Dr. ouvrier 2005*. 98. – VIGNEAU, *Dr. soc. 2004*. 706 (bonne foi et exécution du contrat de travail).

COMMENTAIRE

V. sur le Code en ligne 🔒. ❏

I. BONNE FOI DE L'EMPLOYEUR

1. Bonne foi et obligation de reclassement. L'employeur, tenu d'exécuter de bonne foi le contrat de travail, a le devoir d'assurer l'adaptation des salariés à l'évolution de leur emploi. ● Soc. 25 févr. 1992, ⚖ n° 89-41.634 P : *D. 1992. Somm*. 294, obs. A. Lyon-Caen ; *Dr. soc. 1992*. 379 ● 23 sept. 1992, ⚖ n° 90-44.466 P : *JCP E 1993. II. 430*, note Serret ; *Dr. soc. 1992*. 922.

2. Bonne foi et mise en œuvre d'une clause du contrat de travail. ● Soc. 23 févr. 2005, ⚖ n° 04-45.463 P : *GADT, 4e éd., n° 53 ; Dr. soc. 2005*. 576, obs. Mouly ; *Dr. soc. 2005*. 634, chron. Bouaziz et Goulet ; *RDC 2005*. 761, obs. Radé ; *RJS 2005*. 342, n° 477. ♦ V. notes 103 s. ss. L. 1221-1.

3. Bonne foi et mise à disposition des moyens nécessaires. Caractérise un manquement à l'exécution de bonne foi du contrat de travail l'employeur qui met un salarié dans l'impossibilité de travailler en cessant de le faire bénéficier d'un avantage lié à sa fonction consistant à le faire prendre depuis plus de 10 ans à son domicile par un véhicule de l'entreprise. ● Soc. 10 mai 2006 : ⚖ *D. 2007. Pan*. 179, obs. Jeammeaud ; *RDT 2006*. 7, obs. F. Guiomard ; *Dr. soc. 2006*. 803, obs. Savatier ; *JSL 2006, n° 191-3*. ♦ Sur l'obligation de loyauté dans la conclusion du contrat de travail, V. ● Soc. 13 oct. 1993 : ⚖ *Dr. soc. 1993*. 960.

4. Bonne foi et atteinte à la dignité du salarié. Même ponctuel, et ne constituant donc pas un harcèlement moral, le comportement de l'employeur qui emploie des termes dégradants et humiliants à l'égard d'une salariée constitue une atteinte à sa dignité et justifie la résiliation judiciaire du contrat de travail. ● Soc. 7 févr. 2012 : ⚖ *D. actu. 1er mars 2012*, obs. Astaix ; *D. 2012. Actu*. 507 ; *RDT 2012*. 282, obs. Gardes ; *RJS 2012*. 275, n° 303 ; *JSL 2012, n° 319-2*, obs. Lhernould ; *JCP S 2012*. 1273, obs. Leborgne-Ingelaere. ♦ L'employeur, qui avait bénéficié d'une dérogation l'autorisant à poursuivre l'utilisation de l'amiante malgré l'entrée en vigueur de l'interdiction de cette substance, et qui a continué, en toute illégalité, à utiliser ce matériau pendant 3 ans alors qu'il n'était plus titulaire d'aucune autorisation dérogatoire, a ainsi manqué à son obligation d'exécuter de bonne foi les contrats de travail et porté atteinte à la dignité du salarié ; il doit être condamné à indemniser ce dernier. ● Soc. 8 févr. 2023, ⚖ n° 21-14.451 B : *D. actu. 20 févr. 2023*, obs. Malfettes ; *D. 2023*. 299 ; *Dr. soc. 2023*. 367, obs. Willmann ; *RJS 4/2023, n° 208* ; *ibid. 6/2023*, chron. Morin ; *Dr. ouvrier 2023*. 63, note Bonnechère ; *JCP 2023*. 327, obs. Loiseau ; *JCP S 2023*. 1085, obs. Keim-Bagot ; *SSL 2023, n° 2034*, obs. Adam.

II. BONNE FOI DU SALARIÉ

5. Régime de l'obligation. L'obligation de bonne foi n'est pas suspendue pendant l'absence du salarié pour maladie. ● Soc. 16 juin 1998, ⚖ n° 96-41.558 P : *JCP 1998. II. 10145*, note Corrignan-Carsin ; *RJS 1998*. 54, n° 843 (départ en vacances en Yougoslavie) ● 27 juin 2000, ⚖ n° 98-40.952 P : *D. 2000. IR 249* ; *RJS*

2000. 722, n° 1061. ● 4 juin 2002, ⚖ n° 00-40.894 P : *D. 2002. IR 2027* 🖉 ; *RJS 2002. 742, n° 963* ; *CSB 2002. 388, A. 52*. ♦ L'obligation de bonne foi prend fin avec le contrat de travail. ● Soc. 23 sept. 2020, ⚖ n° 19-15.313 P : *D. 2020. 1899* 🖉 ; *RJS 11/2020, n° 525* ; *JCP E 2021. 1232, obs. Jeansen* ; *JCP S 2020. 3053, obs. Bossu*.

6. *Licenciement.* Le seul risque d'un conflit d'intérêts ne peut constituer une cause réelle et sérieuse de licenciement dès lors qu'aucun manquement du salarié à l'obligation contractuelle de bonne foi n'était caractérisé. ● Soc. 21 sept. 2006, ⚖ n° 05-41.155 P : *RTD civ. 2007. 272, obs. Mestre et Fages* 🖉 ; *RDT 2006. 314, obs. Dockès* 🖉 ; *D. 2006. 2901, obs. Gaba* 🖉 ; *ibid. 2007. Pan., obs. Mathieu-Géniaut* 🖉 ; *RJS 2006. 855, n° 1148* ; *JSL 2006, n° 198-3*. ♦ Mais la salariée, occupant le poste de chef d'équipe et ayant une fonction de référente à l'égard de ses collègues, qui avait exercé pendant ses congés payés des fonctions identiques à celles occupées chez son employeur, pour le compte d'une société directement concurrente qui intervenait dans le même secteur d'activité et dans la même zone géographique, avait ainsi manqué à son obligation de loyauté en fournissant à cette société, par son travail, les moyens de concurrencer son employeur ; la cour d'appel a pu en déduire, sans avoir à caractériser l'existence d'un préjudice particulier subi par l'employeur, que ces agissements étaient d'une gravité telle qu'ils rendaient impossible le maintien de l'intéressée dans l'entreprise. ● Soc. 5 juill. 2017, ⚖ n° 16-15.623 P : *D. 2017. Actu. 1476* 🖉 ; *Dr. soc. 2017. 882, obs. Mouly* 🖉 ; *RJS 10/2017, n° 650* ; *JCP S 2017. 1278, obs. Barège*. ♦ Un salarié qui se contente d'immatriculer en cours de préavis une société concurrente de celle de son employeur, mais n'en commence l'exploitation que postérieurement à la rupture du contrat de travail et alors qu'il n'est plus tenu d'aucune obligation envers son ancien employeur, ne commet aucun manquement à l'obligation de loyauté. ● Soc. 23 sept. 2020, ⚖ n° 19-15.313 P : *préc. note 5*.

7. Les renseignements relatifs à l'état de santé du salarié ne peuvent être confiés qu'au médecin du travail ; aussi, le salarié ne commet aucune faute en ne révélant pas sa qualité de travailleur handicapé avant la notification de son licenciement. ● Soc. 7 nov. 2006 : ⚖ *D. 2006. IR 2873* 🖉 ; *RDT 2007. 116, obs. Véricel* 🖉 ; *RJS 2006. 96, n° 119*.

8. Ne commet pas de faute la salariée qui, compte tenu de la mission dont elle était chargée, signale de bonne foi à sa hiérarchie des faits en rapport avec ses attributions. ● Soc. 8 nov. 2006, ⚖ n° 05-41.504 P : *D. 2007. Pan. 686, obs. Leclerc* 🖉 ; *RDT 2007. 98, obs. Lévy-Amsallen* ; *RJS 2006. 41, n° 27* ; *SSL 2006, n° 1284, p. 12*.

9. *Obligation de veiller à sa propre santé.* La spécificité du métier de sportif professionnel oblige le salarié, en cas de blessure, à se prêter aux soins nécessaires à la restauration de son potentiel physique ; manque à son obligation de loyauté le salarié qui, pendant la période d'arrêt de travail consécutive à son accident du travail, n'a pas honoré le rendez-vous destiné à organiser les séances de kinésithérapie prescrites par le médecin traitant de l'équipe et qui n'est pas demeuré à la disposition du kinésithérapeute pour suivre le protocole de soins. ● Soc. 20 févr. 2019, ⚖ n° 17-18.912 P : *D. actu. 14 mars 2019, obs. Malfettes* ; *D. 2019. 436* 🖉 ; *Dr. soc. 2019. 363, obs. Mouly* 🖉 ; *ibid. 432, avis Grivel* 🖉 ; *RJS 5/2019, n° 279* ; *JS 2019, n° 196, p. 8, obs. Lagarde* 🖉 ; *JSL 2019, n° 473-2, obs. Hautefort* ; *JCP S 2019. 1141, obs. Jacotot*.

Art. L. 1222-2 Les informations demandées, sous quelque forme que ce soit, à un salarié ne peuvent avoir comme finalité que d'apprécier ses aptitudes professionnelles.

Ces informations doivent présenter un lien direct et nécessaire avec l'évaluation de ses aptitudes.

Le salarié est tenu de répondre de bonne foi à ces demandes d'informations. — *[Anc. art. L. 121-6, V2.]*

> **COMMENTAIRE**
> V. sur le Code en ligne 🔒.

Art. L. 1222-3 Le salarié est expressément informé, préalablement à leur mise en œuvre, des méthodes et techniques d'évaluation professionnelles mises en œuvre à son égard.

Les résultats obtenus sont confidentiels.

Les méthodes et techniques d'évaluation des salariés doivent être pertinentes au regard de la finalité poursuivie. — *[Anc. art. L. 121-7, V2.]*

BIBL. ▶ ADAM, *Dr. ouvrier 2008. 855* (évaluation et action collective des salariés). – LUBET et D'ALLENDE, *JCP S 2011. 1240* (évaluation des salariés). – SCIBERRAS et SANDRET, *RDT 2008. Controverse. 498* (à quoi sert l'évaluation des salariés ?).

> **COMMENTAIRE**
> V. sur le Code en ligne 🔒.

CONTRAT DE TRAVAIL **Art. L. 1222-4** 139

1. Les critères d'évaluation des salariés, qui doivent être objectifs et transparents, sont illicites s'ils sont flous, basés sur le comportement du salarié et détachés de toute effectivité du travail accompli alors que l'appréciation des résultats aura un lien avec la rémunération. • TGI Nanterre, 5 sept. 2008 : 🔒 *D.* 2008. 1124, note Lyon-Caen ⌀.

2. Ranking. La mise en œuvre d'un mode d'évaluation des salariés reposant sur la création de groupes affectés de quotas préétablis que les évaluateurs sont tenus de respecter est illicite ; ce qui n'est pas le cas lorsque les quotas ne sont proposés qu'à titre indicatif. • Soc. 27 mars 2013 : 🔒 *JSL* 2013, n° 343-5, obs. Tourreil.

Art. L. 1222-4 Aucune information concernant personnellement un salarié ne peut être collectée par un dispositif qui n'a pas été porté préalablement à sa connaissance. — *[Anc. art. L. 121-8, V2.]*

BIBL. ▶ Brugues-Reix et Masse-Dessen, *RDT 2021.* 357 ⌀ (le pouvoir de l'employeur de faire mener des enquêtes à l'insu du salarié, quelles limites ?). – Ray, *Dr. soc.* 2011. 128 ⌀ (Facebook, le salarié et l'employeur).

> *COMMENTAIRE*
>
> V. sur le Code en ligne 🔒.

1. Surveillance des salariés. L'employeur a le droit de contrôler et de surveiller l'activité de ses salariés pendant le temps du travail, seul l'emploi de procédé clandestin de surveillance est illicite. • Soc. 14 mars 2000, 🔒 n° 98-42.090 P : *D.* 2000. IR 105 ⌀ ; *CSB* 2000. 550, A. 22 ; *RJS* 2000. 281, n° 386. ♦ Le contrôle de l'activité d'un salarié, au temps et au lieu de travail, par un service interne à l'entreprise chargé de cette mission ne constitue pas, en soi, même en l'absence d'information préalable du salarié, un mode de preuve illicite. • Soc. 5 nov. 2014 : 🔒 *D. actu.* 20 nov. 2014, obs. Peyronnet ; *Dr. soc.* 2015. 81, note Boulmier ⌀ ; *RJS* 1/2015, n° 2. ♦ De même, un audit révélant l'exercice par un salarié d'un pouvoir qui excède ce que sa fonction lui permet ne constitue pas un élément de preuve obtenu par un moyen illicite dans la mesure où, bien que n'ayant pas été informé de la mission confiée par l'employeur à la société d'expertise comptable, le salarié n'avait pas été tenu à l'écart des travaux réalisés dans les locaux de l'entreprise. • Soc. 26 janv. 2016, 🔒 n° 14-19.002 P : *D. actu.* 8 févr. 2016, obs. Peyronnet ; *D.* 2015. Pan. 811, obs. Porta ⌀ ; *RJS* 4/2016, n° 226 ; *Gaz. Pal.* 2016. 78, note Frouin ; *JCP S* 2016. 1141, obs. Dauxerre. ♦ L'employeur ne peut mettre en œuvre un dispositif de contrôle qui n'a pas été préalablement porté à la connaissance des salariés. • Soc. 22 mai 1995, 🔒 n° 93-44.078 P : *D.* 1995. IR 150 ; *RJS* 1995. 501, n° 757 ; *ibid.* 489, concl. Chauvy. ♦ ... Même s'il ne pouvait être sérieusement prétendu que le salarié ignorait l'existence de caméras vidéo. • Soc. 7 juin 2006 : 🔒 *D.* 2006. IR 1704 ⌀ ; *RJS* 2006. 853, n° 1143 ; *JSL* 2006, n° 194-3 ; *JCP S* 2006. 1614, obs. Corrignan-Carsin. ♦ Une entreprise ne peut ainsi faire appel, à l'insu du personnel, à une société de surveillance extérieure pour procéder au contrôle de l'utilisation par ses salariés des distributeurs de boissons et de sandwiches. • Soc. 15 mai 2001, 🔒 n° 99-42.219 P : *D.* 2001. IR 1771 ⌀ ; *RJS* 2001. 578, n° 830 •. Soc. 10 janv. 2012 : 🔒 *D.* 2012. Actu. 290 ⌀ ; *RDT* 2012. 223, obs. Gardin ⌀ ; *RJS* 2012. 182, n° 212 ; *SSL* 2012, n° 1529, p. 11, obs. Stulz ; *JCP S* 2012. 1122, obs. Loiseau.

2. Système de surveillance n'ayant pas pour objet le contrôle des salariés. Le système de vidéosurveillance installé par l'employeur dans un entrepôt de marchandises qui n'enregistre pas l'activité de salariés affectés à un poste de travail déterminé peut être retenu comme moyen de preuve de la participation personnelle d'un salarié à des détournements de marchandises. • Soc. 31 janv. 2001 : 🔒 *D.* 2001. Somm. 2169, obs. Paulin ⌀. ♦ Si l'employeur ne peut mettre en œuvre un dispositif de contrôle de l'activité professionnelle qui n'a pas été porté préalablement à la connaissance des salariés, il peut leur opposer les preuves recueillies par les systèmes de surveillance des locaux auxquels ils n'ont pas accès et qui n'ont pas pour objet le contrôle de l'activité des salariés. • Soc. 19 avr. 2005, 🔒 n° 02-46.295 P : *D.* 2005. IR 1248, obs. Chevrier ⌀ ; *JCP S* 2005. 1032, note Césaro ; *JCP E* 2005. 1394, obs. Béal et Devaux. ♦ Dès lors qu'un système de vidéosurveillance destiné à la protection et la sécurité des biens et des personnes dans les locaux de l'entreprise permet aussi de contrôler et de surveiller l'activité des salariés et peut être potentiellement utilisé par l'employeur pour recueillir et exploiter des informations concernant personnellement un salarié aux fins de le licencier, l'employeur doit informer les salariés et consulter les représentants du personnel sur la mise en place et l'utilisation de ce dispositif à cette fin. • Soc. 10 nov. 2021, 🔒 n° 20-12.263 B : *D. actu.* 29 nov. 2021, obs. Couëdel.

3. Autocommutateur téléphonique. La simple vérification des relevés de la durée, du coût et des numéros des appels téléphoniques passés à partir de chaque poste édités au moyen de l'autocommutateur téléphonique de l'entreprise ne constitue un procédé de surveillance illicite pour n'avoir pas été préalablement portée à la connaissance du salarié. • Soc. 29 janv. 2008 : 🔒 *RDT* 2008. 242, obs. Sachs-Durand et de Quenaudon ⌀.

4. Traitement des données personnelles. Un traitement collectant des données ayant pour but d'informer les cadres de permanence des aéroports sur les événements liés à l'exploitation de la flotte et les demandes particulières de pilotes est licite dès lors que ces derniers ont été, d'une part, informés de son existence, ses finalités, les destinataires des données et de leurs droits d'accès, de rectification et de suppression dès sa création et, d'autre part, mis en mesure depuis lors de suivre les événements les concernant, le dispositif ne comportant, par ailleurs, aucune donnée à caractère disciplinaire ou relative à l'état de santé des intéressés et aucun rapprochement n'étant fait entre les données collectées et celles permettant la gestion de leur dossier professionnel. • Soc. 13 juin 2018, n° 16-25.301 P : *D. actu. 2 juill. 2018, obs. Ciray.*

5. Enquête consécutive à une dénonciation de faits de harcèlement moral. Une enquête effectuée au sein d'une entreprise à la suite de la dénonciation de faits de harcèlement moral n'est pas soumise aux dispositions de l'art. L. 1222-4 prohibant la collecte d'informations concernant personnellement un salarié par un dispositif qui n'a pas été porté préalablement à sa connaissance, et ne constitue pas une preuve déloyale comme issue d'un procédé clandestin de surveillance de l'activité du salarié. • Soc. 17 mars 2021, n° 18-25.597 P : *D. actu. 30 mars 2021, obs. Peyronnet ; D. 2021. 637 ; ibid. Pan. 1156, obs. Vernac ; RDT 2021. 454, obs. Mazaud ; Dr. soc. 2021. 657, obs. Mouly ; RJS 5/2021, n° 250 ; JCP 2021. 376, obs. Corrignan-Carsin ; JCP S 2021. 1148, obs. Leborgne-Ingelaere ; JSL 2021, n° 518-1, obs. Hautefort.*

Art. L. 1222-5 L'employeur ne peut opposer aucune clause d'exclusivité pendant une durée d'un an au salarié qui crée ou reprend une entreprise, même en présence de stipulation contractuelle ou conventionnelle contraire. Toutefois, cette interdiction ne s'applique pas à la clause d'exclusivité prévue par l'article L. 7313-6 pour les voyageurs, représentants ou placiers.

Lorsqu'un congé pour la création ou la reprise d'entreprise est prolongé dans les conditions prévues (*L. n° 2016-1088 du 8 août 2016, art. 9*) « aux articles L. 3142-111, L. 3142-117 et L. 3142-119 », les dispositions du premier alinéa s'appliquent jusqu'au terme de la prolongation.

Le salarié reste soumis à l'obligation de loyauté à l'égard de son employeur. — *[Anc. art. L. 121-9, al. 1er début et al. 2 et 3.]*

V. *art. D. 1222-1.*

Sur les clauses d'exclusivité, V. notes 103 s. ss. art. L. 1221-1.

SECTION 2 Modification du contrat de travail pour motif économique

Art. L. 1222-6 Lorsque l'employeur envisage la modification d'un élément essentiel du contrat de travail pour l'un des motifs économiques énoncés à l'article L. 1233-3, il en fait la proposition au salarié par lettre recommandée avec avis de réception.

La lettre de notification informe le salarié qu'il dispose d'un mois à compter de sa réception pour faire connaître son refus. (*Ord. n° 2014-326 du 12 mars 2014, art. 109*) « Le délai est de quinze jours si l'entreprise est en redressement judiciaire ou en liquidation judiciaire. »

A défaut de réponse dans le délai d'un mois, (*Ord. n° 2014-326 du 12 mars 2014, art. 109*) « ou de quinze jours si l'entreprise est en redressement judiciaire ou en liquidation judiciaire, » le salarié est réputé avoir accepté la modification proposée. — *[Anc. art. L. 321-1-2.]*

BIBL. ▶ BLAISE, *Dr. soc. 1994. 189*. – GRUMBACH, *Dr. ouvrier 1996. 71*. – MIR, *Dr. trav., janv. 1995, p. 5*. – PAULIN, *obs. D. 1995. Somm. 365*. – TAQUET, *Dr. trav., janv. 1994, p. 2*.

▶ **Loi du 18 janv. 2005 :** RADÉ, *RDC 2005. 757.*

COMMENTAIRE

V. sur le Code en ligne.

1. Motif économique. La rupture du contrat de travail, résultant du refus par le salarié d'une modification de son contrat de travail imposée par l'employeur pour un motif non inhérent à sa personne, constitue un licenciement pour motif économique ; pour que le licenciement soit justifié il ne suffit pas que la modification initiale soit justifiée par la bonne gestion de l'entreprise, il faut encore qu'elle soit consécutive à des difficultés économiques, à des mutations technologiques ou à une réorganisation de l'entreprise nécessaire à la sauvegarde de sa compétitivité. • Soc. 14 mai 1997, n° 94-43.712 P : *RJS 1997. 434, n° 657 ; Dr. soc. 1997. 740, obs.*

Favennec-Héry ◊ • 11 déc. 2001, ✠ n° 99-42.906 P : *D. 2002. IR 1012* ◊ *; RJS 2002. 226, n° 264* • Soc. 11 juill. 2018, ✠ n° 17-12.747 P : *D. 2018. Actu. 1556* ◊ *; RJS 10/2018, n° 601 ; JSL 2018, n° 461-2, obs. Tissandier ; JCP S 2018. 1294, de Raincourt et Rioche*. ♦ Le refus du salarié d'une modification de son contrat à la suite d'une restructuration de l'entreprise n'est pas une cause justificative de licenciement ; les juges doivent préciser en quoi consistait la restructuration et si elle avait une incidence nécessaire sur l'emploi. • Soc. 7 oct. 1997 : ✠ *Dr. soc. 1997. 1097, obs. Couturier* ◊.

2. Obligation de reclassement. Le refus par le salarié d'une proposition de modification de son contrat de travail pour motif économique ne dispense pas l'employeur de son obligation de reclassement. • Soc. 30 sept. 1997, ✠ n° 94-43.898 P : *RJS 1997. 756, n° 1222 ; Dr. soc. 1997. 1096, obs. Couturier* ◊. ♦ Ne peut être abusif le refus par un salarié du poste de reclassement proposé par l'employeur en application de l'art. L. 122-32-5 C. trav. dès lors que la proposition de reclassement entraîne une modification du contrat de travail. • Soc. 15 juill. 1998, ✠ n° 95-45.362 P : *RJS 1998. 735, n° 1208*.

3. Champ d'application. L'art. L. 321-1-2 [L. 1222-6 nouv.] est inapplicable lorsque la proposition de modification du contrat de travail à un salarié est faite dans l'exécution par l'employeur de son obligation de reclassement. • Soc. 13 janv. 1999 : ✠ *D. 1999. IR 129* ◊ *; RJS 1999. 485, n° 793 ; Dr. soc. 1999. 639, obs. Couturier* ◊ • 17 mai 2006 : ✠ *RDT 2006. 100, obs. Waquet* ◊. ♦ La modification du contrat de travail n'étant soumise à la procédure édictée à l'art. L. 1222-6 C. trav. que lorsque l'employeur envisage la modification d'un élément essentiel du contrat de travail pour l'un des motifs énoncés à l'art. L. 1233-3, elle est valable dans les autres cas, dès lors que le salarié a consenti à l'avenant proposé par l'employeur et qu'il n'invoque pas de vice du consentement. • Soc. 13 sept. 2017, ✠ n° 15-28.569 P : *D. actu. 2 oct. 2017, obs. Siro ; D. 2017. Actu. 1838* ◊ *; RJS 11/2017, n° 727 ; JCP S 2017. 1336, obs. Bailly*.

4. Modification du contrat de travail. Dès lors que les avantages résultant pour les salariés d'un usage d'entreprise ne sont pas incorporés aux contrats de travail, la dénonciation régulière de l'usage par l'employeur ne constitue pas une modification des contrats de travail. • Soc. 3 déc. 1996 : ✠ *D. 1997. IR 11* ◊. ♦ Sur la notion de modification du contrat pour motif économique, V. notes 1 s.

5. Comportement du salarié. Seule une réponse expresse et positive, ou le silence gardé par le salarié pendant plus d'un mois, vaut acceptation de la modification proposée par l'employeur ; une réponse dilatoire ou conditionnelle, telle qu'une demande de prorogation du délai de réflexion supplémentaire, constitue une réponse négative. • Cass., avis, 6 juill. 1998, n° 09-80.005 P : *RJS 1998. 616, n° 959 ; D. 1998. IR 207*.

6. Nature du délai. Le délai d'un mois constitue une période de réflexion destinée à permettre au salarié de prendre parti sur la proposition de modification en mesurant les conséquences de son choix. L'inobservation de ce délai par l'employeur prive de cause réelle et sérieuse le licenciement fondé sur le refus par le salarié de la modification de son contrat de travail. • Soc. 10 déc. 2003 : ✠ *D. 2004. IR 323* ◊ *; JCP E 2004. 1145, obs. Morvan ; RJS 2004. 120, n° 174 ; JSL 2004, n° 138-3*.

7. Non-respect de la procédure. L'employeur qui n'a pas respecté les formalités prescrites ne peut se prévaloir ni d'un refus, ni d'une acceptation de la modification du contrat de travail par le salarié. • Soc. 25 janv. 2005, ✠ n° 02-41.819 P : *D. 2005. IR 458* ◊ *; RJS 2005. 255, n° 344 ; CSB 2005, A. 34, obs. Charbonneau* • 27 mai 2009 : ✠ *D. 2009. AJ 1615* ◊ *; RJS 2009. 624, n° 689 ; JCP S 2009. 1338, obs. Morvan ; JCP E 2009. 1830, obs. Béal ; Dr. ouvrier 2009. 462, obs. Desrues*.

8. Licenciement consécutif au refus de modification. L'apparition de nouvelles difficultés économiques plus de quatorze mois après une proposition de modification de contrat de travail ne peut justifier le licenciement économique de la salariée à raison du refus de la proposition de modification. • Soc. 2 oct. 2001, ✠ n° 99-40.068 P.

9. Modification économique et transfert volontaire du contrat de travail. La procédure de l'art. L. 1222-6 ne s'applique pas au cas de changement d'employeur résultant du transfert d'un service ou de sa gestion à un tiers. • Soc. 8 avr. 2009 : ✠ *RJS 2009. 449, n° 498 ; Dr. soc. 2009. 813, note Mazeaud* ◊ *; Dr. ouvrier 2010. 17, note Chirez ; JCP S 2009. 1339, obs. Morvan*.

10. Défaut de validité de l'accord collectif déterminant le contenu du PSE et modification du contrat de travail. Une modification de contrat de travail intervenue, en application de l'art. L. 1222-6, dans le cadre d'un projet de réorganisation ayant donné lieu à l'élaboration d'un accord collectif portant plan de sauvegarde de l'emploi, ne constitue pas un acte subséquent à cet accord, de sorte que les salariés ayant tacitement accepté cette modification ne sont pas fondés à se prévaloir du défaut de validité de l'accord collectif déterminant le contenu du plan de sauvegarde de l'emploi pour obtenir la nullité de leur contrat de travail. • Soc. 23 nov. 2022, ✠ n° 21-16.162 B : *D. 2022. 2166* ◊ *; RDT 2023. 37, note Kocher* ◊ *; RJS 2/2023, n° 66 ; JSL 2023, n° 556-2, obs. Lhernould ; JCP S 2023. 1019, obs. Rioche*.

SECTION 3 [ABROGÉE] Modification du contrat de travail en cas d'accord de réduction du temps de travail

(Abrogée par Ord. n° 2017-1385 du 22 sept. 2017, art. 3)

Art. L. 1222-7 *La seule diminution du nombre d'heures stipulé au contrat de travail en application d'un accord de réduction de la durée du travail ne constitue pas une modification du contrat de travail.*

COMMENTAIRE

V. sur le Code en ligne 🔒.

1. Modification de l'horaire. La réduction de la durée hebdomadaire du travail qui résulte d'un accord collectif étendu s'impose aux salariés sans qu'il soit besoin d'un accord d'entreprise : la perte effective de rémunération contractuelle qu'entraîne cette réduction constitue toutefois une modification du contrat de travail qui doit faire l'objet de la part du salarié d'une acceptation claire et non équivoque. • Soc. 27 mars 2001, 🏛 n° 99-40.068 P : *D. 2001. Somm. 2165, obs. Escande-Varniol ⌀ ; RJS 2001. 500, n° 751 ; Dr. soc. 2001. 668, obs. Radé ⌀.* ♦ Il n'y a pas de modification du contrat de travail lorsque l'employeur continue à rémunérer les salariés sur la base de leur salaire antérieur à la réduction légale de la durée du travail, ce dont il résulte que les salariés n'ont pas subi de réduction de leur rémunération. • Soc. 12 juill. 2005 : 🏛 *D. 2006. 429, note Capmas-Benoist ⌀ ; Dr. soc. 2005. 1053, obs. Barthélémy ⌀ ; RJS 2005. 700, n° 988.* ♦ La seule modification de la structure de rémunération résultant d'un accord de réduction du temps de travail consistant, sans changer le taux horaire, à compenser la perte consécutive à la réduction du nombre d'heures travaillées par l'octroi d'une indemnité différentielle, dès lors que le montant de la rémunération est maintenu, ne constitue pas une modification du contrat de travail. • Soc. 5 avr. 2006 : 🏛 *D. 2006. IR 1186 ⌀ ; RDT 2006. 188, obs. Tissandier ⌀ ; RJS 2006. 510, n° 741 ; ibid. 539, n° 780.* ♦ V. notes ss. art. L. 1222-1.

2. Mise en œuvre unilatérale des 35 heures. Constitue un licenciement pour motif économique le licenciement prononcé en raison du refus par un salarié de la modification de sa rémunération proposée, non en application d'un accord collectif, mais par suite d'une mise en œuvre unilatérale dans l'entreprise de la réduction du temps de travail à 35 heures. • Soc. 15 mars 2006, 🏛 n° 05-42.946 P.

Art. L. 1222-8 *Lorsqu'un ou plusieurs salariés refusent une modification de leur contrat de travail résultant de l'application d'un accord de réduction de la durée du travail, leur licenciement est un licenciement qui ne repose pas sur un motif économique. Il est soumis aux dispositions relatives à la rupture du contrat de travail pour motif personnel.*

COMMENTAIRE

V. sur le Code en ligne 🔒.

Validité de l'ARTT. Si le refus par le salarié d'accepter la modification de son contrat de travail résultant de la mise en œuvre d'un accord de modulation constitue, en application de l'art. 30-II de la L. n° 2000-37 du 19 janv. 2000 alors applicable, une cause réelle et sérieuse de licenciement, c'est à la condition que cet accord soit conforme aux dispositions légales applicables aux accords de modulation. • Soc. 23 sept. 2009 : 🏛 *RJS 2009. 825, n° 944 ; Dr. ouvrier 2010. 57, obs. Iturrioz.*

SECTION 4 Télétravail

(L. n° 2012-387 du 22 mars 2012, art. 46)

Sur les ANI du 19 juill. 2005 et du 26 nov. 2020 sur le télétravail, V. App. VII. C, v° Télétravail.
BIBL. ▶ Babin, JCP S 2020. 3018 (télétravail et santé). – Canaple et Friedrich, SSL 2011, n° 1510, p. 5. – Cette et Koudadje, Dr. soc. 2022. 518 (indemnité d'occupation du domicile et partage des gains du télétravail). – Cottin, JSL 2022, n° 544 (panorama jurisprudentiel récent (2021-2022). – Favennec-Héry, SSL 2020, n° 1932, p. 6 (télétravail : un régime juridique en construction). – Flament, JCP S 2011. 1073. – Fournier et Guyot, JCP S 2011. 1072. – Gauriau, JCP S 2020. 3017 (suivi du télétravail). – Guyot, JCP S 2012. 1204 ; *ibid.* 2013. 1382 ; *ibid.* 2021. 1139 (indemnisation du télétravail). – Jeansen et Rozec, JCP S 2017. 1096 (nouveau volet portant sur le télétravail). – Lafourcade, JCP S 2016. 1401 (repenser la sécurité du télétravailleur). – Lasfargue et Verkindt, RDT 2013. Controverse 9 ⌀ (loi sur le télétravail : une avancée ?). – Lederlin, Dr. ouvrier 2021. 109 (le télétravail est-il un progrès social ?) ; SSL 2022, n° 1998-1999, p. 8 (le principe de la réversibilité du télétravail à l'épreuve du contrat de travail). – Lhernould, RJS 7/2021 (enjeux juridiques du télétravail transfrontalier). – Marrocchela, JCP S 2020. 3019

CONTRAT DE TRAVAIL — **Art. L. 1222-9**

(panorama de jurisprudence de cours d'appel 2018-2020). – Pralong et Peretti-N'Diaye, *Dr. ouvrier 2021*. 142 (télétravail, compétences et modes de coordination). – Ray, *Dr. soc. 2012*. 444 ⌀ (légaliser le télétravail : une bonne idée ?). – Teyssier, *Dr. soc. 2023*. 38 (télétravail au domicile : une approche juridique des mutations en cours).

▶ **Ordonnance n° 2017-1387 du 22 sept. 2017 :** Coeffard et Thouvenin, *JCP S 2019*. 1334. – Guyot, *JCP S 2017*. 1318 (le droit au télétravail). – Probst, *Dr. soc. 2018*. 516 ⌀. – Ray, *Dr. soc. 2018*. 52 ⌀.

▶ **Télétravail et crise sanitaire :** Guyot, *JCP S 2020*. 3016 (mise en place du télétravail : accords collectifs après la crise sanitaire). – Humbert, *Dr. ouvrier 2021*. 139 (les limites du cadre juridique existant). – Marie, *RJS 1/2021*, chron. (dématérialisation des relations de travail). – Mraouahi, *Dr. ouvrier 2021*. 444 (télétravail et santé : pour un mariage réussi). – Probst et Sourbes, *RDT 2020*. Controverse. 514 (faut-il une autre réforme du télétravail ?). – Ray, *SSL 2020*, n° 1920, p. 3 (du télétravail au travail flexible).

▶ **Contrôle du télétravailleur :** Gouttenoire, *RDT 2021*. 88 ⌀ (régime du contrôle du télétravailleur par la donnée).

COMMENTAIRE
V. sur le Code en ligne 📖. ❑

Art. L. 1222-9 (L. n° 2018-217 du 29 mars 2018, art. 11) I. – Sans préjudice de l'application, s'il y a lieu, des dispositions du présent code protégeant les travailleurs à domicile, le télétravail désigne toute forme d'organisation du travail dans laquelle un travail qui aurait également pu être exécuté dans les locaux de l'employeur est effectué par un salarié hors de ces locaux de façon volontaire en utilisant les technologies de l'information et de la communication.

Est qualifié de télétravailleur au sens de la présente section tout salarié de l'entreprise qui effectue, soit dès l'embauche, soit ultérieurement, du télétravail tel que défini au premier alinéa du présent I.

Le télétravail est mis en place dans le cadre d'un accord collectif ou, à défaut, dans le cadre d'une charte élaborée par l'employeur après avis du comité social et économique, s'il existe.

En l'absence d'accord collectif ou de charte, lorsque le salarié et l'employeur conviennent de recourir au télétravail, ils formalisent leur accord par tout moyen. (L. n° 2018-771 du 5 sept. 2018, art. 68-I) « Lorsque la demande de recours au télétravail est formulée par un travailleur handicapé mentionné à l'article L. 5212-13 (L. n° 2023-622 du 19 juill. 2023, art. 3) « ou un salarié aidant d'un enfant, d'un parent ou d'un proche », l'employeur motive, le cas échéant, sa décision de refus. »

II. – L'accord collectif applicable ou, à défaut, la charte élaborée par l'employeur précise :

1° Les conditions de passage en télétravail, en particulier en cas d'épisode de pollution mentionné à l'article L. 223-1 du code de l'environnement, et les conditions de retour à une exécution du contrat de travail sans télétravail ;

2° Les modalités d'acceptation par le salarié des conditions de mise en œuvre du télétravail ;

3° Les modalités de contrôle du temps de travail ou de régulation de la charge de travail ;

4° La détermination des plages horaires durant lesquelles l'employeur peut habituellement contacter le salarié en télétravail ;

(L. n° 2018-771 du 5 sept. 2018, art. 68-I) « 5° Les modalités d'accès des travailleurs handicapés à une organisation en télétravail, en application des mesures prévues à l'article L. 5213-6 ; »

(L. n° 2021-1774 du 24 déc. 2021, art. 5) « 6° Les modalités d'accès des salariées enceintes à une organisation en télétravail ; »

(L. n° 2023-622 du 19 juill. 2023, art. 3) « 7° Les modalités d'accès des salariés aidants d'un enfant, d'un parent ou d'un proche à une organisation en télétravail. »

III. – Le télétravailleur a les mêmes droits que le salarié qui exécute son travail dans les locaux de l'entreprise.

L'employeur qui refuse d'accorder le bénéfice du télétravail à un salarié qui occupe un poste éligible à un mode d'organisation en télétravail dans les conditions prévues par accord collectif ou, à défaut, par la charte, motive sa réponse.

Le refus d'accepter un poste de télétravailleur n'est pas un motif de rupture du contrat de travail.

L'accident survenu sur le lieu où est exercé le télétravail pendant l'exercice de l'activité professionnelle du télétravailleur est présumé être un accident de travail au sens de l'article L. 411-1 du code de la sécurité sociale.

Pour les salariés dont le contrat de travail conclu antérieurement au 23 sept. 2017, date de publication de l'Ord. n° 2017-1387 du 22 sept. 2017, contient des stipulations relatives au télétravail, sauf refus du salarié, les stipulations et dispositions de l'accord ou de la charte se substituent, s'il y a lieu, aux clauses du contrat contraires ou incompatibles ; le salarié fait connaître son refus à l'employeur dans le délai d'un mois à compter de la date à laquelle l'accord ou la charte a été communiqué dans l'entreprise (Ord. préc., art. 40-VII).

> *COMMENTAIRE*
> V. sur le Code en ligne 🔒.

Art. L. 1222-10 Outre ses obligations de droit commun vis-à-vis de ses salariés, l'employeur est tenu à l'égard du salarié en télétravail :

(Abrogé par Ord. n° 2017-1387 du 22 sept. 2017, art. 21) « *1° De prendre en charge tous les coûts découlant directement de l'exercice du télétravail, notamment le coût des matériels, logiciels, abonnements, communications et outils ainsi que de la maintenance de ceux-ci* ; »

1° D'informer le salarié de toute restriction à l'usage d'équipements ou outils informatiques ou de services de communication électronique et des sanctions en cas de non-respect de telles restrictions ;

2° De lui donner priorité pour occuper ou reprendre un poste sans télétravail qui correspond à ses qualifications et compétences professionnelles et de porter à sa connaissance la disponibilité de tout poste de cette nature ;

3° D'organiser chaque année un entretien qui porte notamment sur les conditions d'activité du salarié et *(Ord. n° 2017-1387 du 22 sept. 2017, art. 21)* « *sa charge de travail* ».

(Abrogé par Ord. n° 2017-1387 du 22 sept. 2017, art. 21) « *5° De fixer, en concertation avec lui, les plages horaires durant lesquelles il peut habituellement le contacter.* »

> *COMMENTAIRE*
> V. sur le Code en ligne 🔒.

Indemnité d'occupation professionnelle. Un salarié peut prétendre à une indemnité pour l'occupation de son domicile à des fins professionnelles dès lors qu'un local professionnel n'est pas mis effectivement à sa disposition. • Soc. 12 déc. 2012 : 🔗 D. 2013. Actu. 21 ⌕ ; Dr. soc. 2013. 353, note Tournaux ⌕ ; JCP S 2013. 1123, obs. Bossu. ♦ La demande en paiement d'une indemnité d'occupation du domicile à des fins professionnelles ne constitue pas une action engagée à raison de sommes afférentes aux salaires. • Soc. 27 mars 2019, 🔗 n° 17-21.014 P.

Art. L. 1222-11 En cas de circonstances exceptionnelles, notamment de menace d'épidémie, ou en cas de force majeure, la mise en œuvre du télétravail peut être considérée comme un aménagement du poste de travail rendu nécessaire pour permettre la continuité de l'activité de l'entreprise et garantir la protection des salariés. *(Abrogé par Ord. n° 2017-1387 du 22 sept. 2017, art. 21)* « *Les conditions et les modalités d'application du présent article sont définies par décret en Conseil d'État.* »

> *COMMENTAIRE*
> V. sur le Code en ligne 🔒.

SECTION 5 Mobilité volontaire sécurisée

(L. n° 2013-504 du 14 juin 2013, art. 6)

V. Circ. Unedic n° 2013-18 du 2 sept. 2013.

BIBL. ▶ JOURDAN, JCP S 2013. 1429. – MARQUET DE VASSELOT, JCP S 2013. 1262. – TOURNAUX, Dr. soc. 2013. 713 ⌕. – VACHET, SSL 2013, n° 1570, p. 7. – VERKINDT, JCP S 2013. 1261.

CONTRAT DE TRAVAIL **Art. L. 1223-5** 145

> *COMMENTAIRE*
> V. sur le Code en ligne 🔒. ❏

Art. L. 1222-12 Dans les entreprises et les groupes d'entreprises, au sens de l'article L. 2331-1, d'au moins trois cents salariés, tout salarié justifiant d'une ancienneté minimale de vingt-quatre mois, consécutifs ou non, peut, avec l'accord de son employeur, bénéficier d'une période de mobilité volontaire sécurisée afin d'exercer une activité dans une autre entreprise, au cours de laquelle l'exécution de son contrat de travail est suspendue.

Si l'employeur oppose deux refus successifs à la demande de mobilité, l'accès au (*Ord. n° 2019-861 du 21 août 2019, art. 1ᵉʳ*) « congé spécifique mentionné à l'article L. 6323-17-1 » est de droit pour le salarié, sans que puissent lui être opposées la durée d'ancienneté mentionnée à l'article (*Ord. n° 2019-861 du 21 août 2019, art. 1ᵉʳ*) « L. 6323-17-1 » ou les dispositions (*Ord. n° 2019-861 du 21 août 2019, art. 1ᵉʳ*) « définies par décret en Conseil d'État ».

Art. L. 1222-13 La période de mobilité volontaire sécurisée est prévue par un avenant au contrat de travail, qui détermine l'objet, la durée, la date de prise d'effet et le terme de la période de mobilité, ainsi que le délai dans lequel le salarié informe par écrit l'employeur de son choix éventuel de ne pas réintégrer l'entreprise.

Il prévoit également les situations et modalités d'un retour anticipé du salarié, qui intervient dans un délai raisonnable et qui reste dans tous les cas possible à tout moment avec l'accord de l'employeur.

Art. L. 1222-14 A son retour dans l'entreprise d'origine, le salarié retrouve de plein droit son précédent emploi ou un emploi similaire, assorti d'une qualification et d'une rémunération au moins équivalentes ainsi que du maintien à titre personnel de sa classification. (*L. n° 2014-288 du 5 mars 2014, art. 5-I*) « Il bénéficie de l'entretien professionnel mentionné au I de l'article L. 6315-1. »

Art. L. 1222-15 Lorsque le salarié choisit de ne pas réintégrer son entreprise d'origine au cours ou au terme de la période de mobilité, le contrat de travail qui le lie à son employeur est rompu. Cette rupture constitue une démission qui n'est soumise à aucun préavis autre que celui prévu par l'avenant mentionné à l'article L. 1222-13.

> *COMMENTAIRE*
> V. sur le Code en ligne 🔒. ❏

Art. L. 1222-16 L'employeur communique semestriellement au (*Ord. n° 2017-1386 du 22 sept. 2017, art. 4*) « comité social et économique » la liste des demandes de période de mobilité volontaire sécurisée avec l'indication de la suite qui leur a été donnée.

CHAPITRE III **FORMATION ET EXÉCUTION DE CERTAINS TYPES DE CONTRATS**

SECTION 1 *[ABROGÉE]* **Contrat de travail nouvelles embauches**

(*Abrogée par L. n° 2008-596 du 25 juin 2008*)

Art. L. 1223-1 à L. 1223-4 *Abrogés par L. n° 2008-596 du 25 juin 2008.*

SECTION 2 **Contrat de mission à l'exportation**

BIBL. ▶ Roy-Loustaunau, *Dr. soc.* 2005. 414 ✎.

Art. L. 1223-5 Un accord collectif de branche ou d'entreprise détermine les contrats de travail conclus pour la réalisation d'une mission à l'exportation accomplie en majeure partie hors du territoire national, dont la rupture à l'initiative de l'employeur à la fin de la mission n'est pas soumise aux dispositions relatives au licenciement économique. — [*Anc. art. L. 321-12-1, al. 1ᵉʳ.*]

Art. L. 1223-6 L'accord collectif de branche ou d'entreprise prévoyant la mise en place du contrat de mission à l'exportation fixe notamment :
1° Les catégories de salariés concernés ;
2° La nature des missions à l'exportation concernées ainsi que leur durée minimale qui ne peut pas être inférieure à six mois ;
3° Les contreparties en termes de rémunération et d'indemnité de licenciement accordées aux salariés, sans que cette indemnité puisse être inférieure au montant de l'indemnité légale de licenciement attribué à due proportion du temps sans condition d'ancienneté et quel que soit l'effectif de l'entreprise ;
4° Les garanties en termes de formation pour les salariés concernés ;
5° Les mesures indispensables au reclassement des salariés.
S'il s'agit d'un accord collectif de branche, il fixe également la taille et le type d'entreprises concernées. − *[Anc. art. L. 321-12-1, al. 2 à 8.]*

Art. L. 1223-7 Les dispositions en matière de protection sociale de la branche ou de l'entreprise sont applicables au bénéficiaire du contrat de mission à l'exportation. − *[Anc. art. L. 321-12-1, al. 9.]*

SECTION 3   Contrat de chantier ou d'opération

(Ord. n° 2017-1387 du 22 sept. 2017, art. 30)

Les dispositions de cette section sont applicables aux contrats conclus postérieurement au 23 sept. 2017, date de publication de l'Ord. n° 2017-1387 du 22 sept. 2017 (Ord. préc., art. 40-VII).

RÉP. TRAV. v° *Contrat de chantier ou d'opération*, par D. CORRIGNAN-CARSIN.

BIBL. ▶ BENTO DE CARVALHO, *Dr. ouvrier* 2021. 548. – BOUSEZ, *JCP S* 2017. 1316. – DECHRISTÉ, *RDT* 2017. 633. – GAMET et ALUOME, *JCP S* 2017. 1355. – TOURNAUX, *Dr. soc.* 2018. 37.

> **COMMENTAIRE**
> V. sur le Code en ligne.

Art. L. 1223-8 Une convention ou un accord collectif de branche étendu fixe les conditions dans lesquelles il est possible de recourir à un contrat conclu pour la durée d'un chantier ou d'une opération.
A défaut d'un tel accord, ce contrat peut être conclu dans les secteurs où son usage est habituel et conforme à l'exercice régulier de la profession qui y recourt au 1er janvier 2017.
Ce contrat est conclu pour une durée indéterminée.

Ces dispositions sont applicables aux contrats conclus postérieurement au 23 sept. 2017, date de publication de l' Ord. n° 2017-1387 du 22 sept. 2017 (Ord. préc., art. 40-VII).

Art. L. 1223-9 La convention ou l'accord collectif prévu à l'article *(Ord. n° 2017-1718 du 20 déc. 2017, art. 1er)* « L. 1223-8 » fixe :
1° La taille des entreprises concernées ;
2° Les activités concernées ;
3° Les mesures d'information du salarié sur la nature de son contrat ;
4° Les contreparties en termes de rémunération et d'indemnité de licenciement accordées aux salariés ;
5° Les garanties en termes de formation pour les salariés concernés ;
6° Les modalités adaptées de rupture de ce contrat dans l'hypothèse où le chantier ou l'opération pour lequel ce contrat a été conclu ne peut pas se réaliser ou se termine de manière anticipée.

V. note ss. art. L. 1223-8.

CHAPITRE IV   TRANSFERT DU CONTRAT DE TRAVAIL

RÉP. TRAV. v^{is} *Transferts d'entreprise (Aspects individuels)*, par A. MAZEAUD. – *Transferts d'entreprise (Aspects collectifs)*, par AUBRÉE.

BIBL. ▶ **Généralités – champ d'application :** ALVAREZ-PUJANA, *Dr. ouvrier* 1994. 97. – BAILLY, *Dr. soc.* 2004. 366. – BAILLY et LHERNOULD, *JCP S* 2011. 1319 (identification du transfert d'entreprise) ; *ibid.* 1345. – BLAISE, *Dr. soc.* 1984. 91 ; *ibid.* 1985. 161 ; *ibid.* 1986. 837 ; *ibid.*

CONTRAT DE TRAVAIL **Art. L. 1223-9** 147

1991. 246 ⊘. - CAMERLYNCK, *D. 1978. Chron. 269* (identité d'entreprise ou identité d'emploi). - CÉSARO, *Dr. soc. 2005. 718* ⊘ (notion de transfert d'entreprise). - CHAGNY, *SSL 2003, n° 1140*, suppl., p. 51. - CHIREZ, *Dr. ouvrier 2010. 17* (changement volontaire d'employeur). - CORREIA, *Dr. ouvrier 2012. 406* (restructurations et gestion des contraintes : l'augmentation des injonctions paradoxales). - COUTURIER, *Dr. soc. 2000. 845* ⊘. - DARMAISIN, *Dr. soc. 1999. 343* ⊘. - DEPREZ, *BS Lefebvre 1986. 364 et 463* ; *Dr. soc. 1987. 657* (location-gérance) ; *RJS 1990. 199* ; *ibid. 1991. 71*. - DEVERS, *D. 2006. 279* ⊘ (doctrine de la Cour de cassation). - DUCHANGE, *RJS 7/2023, chron.* (le contrat de transfert d'entreprise). - DUCROCQ, *Dr. ouvrier 2013. 187* (externalisation de l'activité). - FABRE, *Dr. ouvrier 2010. 331* (négociation des plans de restructuration). - FIN-LANGER, *RDT 2017. 116* ⊘ (la cession d'une entreprise en difficulté, à la croisée des chemins). - FRANCOIS, *Dr. soc. 2020. 924* ⊘ (mort de l'employeur). - HENRY, *Dr. soc. 1998. 1019* ⊘ ; *ibid. 2006. 274* ⊘. - JOSEPH, *Dr. ouvrier 1986. 85*. - LARDY-PÉLISSIER, *Dr. ouvrier 2012. 398*. - A. LYON-CAEN, *Dr. soc. 1986. 848* (arrêts Desquenne et Giral). - MAZAUD et MAZEAUD, *RDT 2017. Controverse 302* ⊘ (vers un déclin de la règle de maintien des contrats de travail en cas de transfert d'entreprise ?). - A. MAZEAUD, *Dr. soc. 2011. 650* ⊘ (adaptation négociée des effectifs de l'entreprise : transfert de salariés par la voie des transferts d'entreprise). - MORAN, *Dr. soc. 1990. 776* ⊘ (transfert conventionnel). - MOREAU, *Dr. soc. 2010. 1052* ⊘ (restructurations dans les groupes multinationaux). - MORVILLE, *CSB 1990, suppl., n° 7, p. 7* ; *ibid. 1991. 53* ⊘ (notion d'entité économique). - MORVAN, *RJS 2004. 587* (transfert international) ; *Dr. soc. 2010. 541* ⊘ (restructurations et confidentialité). - PATAUT, *RDT 2011. 14* ⊘ (licenciement dans les groupes internationaux de sociétés). - PATIN, *JCP S 2011. 1292* (aménagement conventionnel de la reprise des salariés). - PÉLISSIER, *RID comp. 1990. 149* (restructurations). - RADÉ, *Dr. soc. 2006. 289* ⊘ (restructurations et délocalisations). - SAINT-JOURS, *JCP E 1986. I. 15354* (modification du mode de gestion publique ou privée d'un service public). - SUPIOT, *Dr. soc. 2006. 264* ⊘. - TEYSSIÉ, *Dr. soc. 2005. 715* ⊘. - TOUATI, *SSL 1994, n° 700 (suppl.)*. - VACARIE, *JCP CI 1974. II. 11595*. - WAGNER, *Dr. ouvrier 1990. 217* ; *ibid. 1991. 77* (notion de marché). - WAQUET, *CSB 1990. 261* ; *ibid. 1993. 187* ; *RDT 2006. 26* ⊘ ; *ibid. 174* ⊘.

▶ **Droit européen :** ANTONMATTÉI, *Dr. soc. 1997. 728* ⊘ ; *ibid. 1996. 79* (à propos de la directive CE n° 77/187). - DEPREZ, *RJS 1989. 3* (droit communautaire et art. L. 122-12) ; *ibid. 1995. 315* (jurisprudence française et communautaire). - LAULOM, *Dr. soc. 1999. 821* ⊘ ; *Dr. ouvrier 2012. 420*. - LHERNOULD, *RJS 2002. 799*. - A. LYON-CAEN, *SSL 1988. 375*. - RÉMY, *RDT 2011. 132* ⊘. - WAQUET, *Dr. soc. 1995. 1007* ⊘ (application par le juge français de la directive communautaire du 14 février 1977).

▶ **Épargne salariale :** BORDIER et SALOMÉ, *JCP S 2010. 1478* (restructurations juridiques et épargne salariale).

▶ **Restructurations :** GRUMBACH, *Dr. ouvrier 2012. 393* (incidence sur l'emploi de l'organisation et de la réorganisation des groupes). - JACOBY, *Dr. ouvrier 2012. 387* (restructurations : un regard d'économiste).

▶ **Sort du contrat de travail :** AUBRÉE, *Bull. soc. Lefebvre 1998. 285* (exercice du pouvoir disciplinaire à l'égard des salariés transférés). - BAILLY, *SSL 2005, n° 1225, p. 35*. - BOUBLI, *SSL 1988. 408*. - CAMERLYNCK, *D. 1966. Chron. 133* (transfert du salarié). - CHAGNY, *RDT 2007. 78* ⊘ (continuité du contrat et marché de prestation de services). - CHAGNY et RODIÈRES, *RDT 2007. 216* ⊘. - GAURIAU, *Dr. soc. 2005. 852* ⊘. - MAZEAUD, *D. 1998. Chron. 106* ⊘ ; *Dr. soc. 2005. 737* ⊘ ; *ibid. 2009. 265* ⊘ (affectation des salariés pour partie à l'entité transférée). - MORVAN, *Dr. soc. 2013. 135* ⊘ (effets du licenciement « sans effet » dans le transfert d'entreprise). - MOULY, *Dr. soc. 2007. 534* ⊘ (licenciements antérieurs au transfert de l'entreprise). - SAVATIER, *Dr. soc. 1989. 39* (sort des institutions représentatives). - C. EYSSIE, *JCP S 2022. 1046* (transfert d'entreprise et volonté du salarié).

▶ **PSE :** KOCHER, *RDT 2020. 541* ⊘ (transfert d'entreprise, licenciement et PSE : juge compétent).

▶ **Statut collectif – représentants du personnel :** AUZERO, *JCP S 2022. 1088* (modification de la situation juridique de l'employeur et établissement distinct). - COHEN, *Dr. soc. 1997. 263* ⊘ (droit des salariés protégés) ; *ibid. 1989. 49* (existence et patrimoine des comités d'entreprise ou d'établissement). - DEPREZ, *BS Lefebvre 1984. 177* ; *RJS 1993. 143* (sort des usages et des accords atypiques). - FAVENNEC-HÉRY, *Dr. soc. 2005. 729* ⊘ (consultation des représentants du personnel). - A. LYON-CAEN, *Dr. soc. 1979, (n° spéc.) 23*. - MAURIN, *Dr. trav., avr. 1996, p. 3* (sort des institutions représentatives). - OLIVIER, *Dr. soc. 2005. 743* ⊘ (impact sur les normes collectives). - SAVATIER, *Dr. soc. 1993. 156* ⊘ (cession d'entreprise et statut collectif des salariés). - TEYSSIÉ, *Dr. soc. 2005. 759* ⊘ (délocalisation et relations collectives). - VERKINDT, *Dr. soc. 2005. 752* ⊘ (incidences sur les instances de représentation du personnel).

▶ **Mise en cause de l'accord collectif :** Géa, *RJS 5/2020* (accord de performance collective et accord de substitution en cas de transfert d'entreprise).

▶ **Sauvegarde et transfert des entreprises :** Mazeaud, *Dr. soc.* 2006. 12.

▶ **Ouverture à la concurrence dans les transports et transfert des entreprises :** Cavat, *RDT* 2022. 88.

COMMENTAIRE

V. sur le Code en ligne. ❑

Art. L. 1224-1 Lorsque survient une modification dans la situation juridique de l'employeur, notamment par succession, vente, fusion, transformation du fonds, mise en société de l'entreprise, tous les contrats de travail en cours au jour de la modification subsistent entre le nouvel employeur et le personnel de l'entreprise. – *[Anc. art. L. 122-12, al. 2.]*

En cas de modification dans la situation juridique de l'employeur prévue à l'art. L. 1224-1 et lorsque n'a pas été mis en place un CSE au sein de l'entreprise absorbée, les dispositions suivantes sont applicables :

1° Si cette entreprise devient un établissement distinct, en l'absence d'un accord collectif en disposant autrement, il est procédé à des élections en son sein pour la mise en place du CSE d'établissement, sauf si le renouvellement du CSE central dans l'entreprise absorbante doit intervenir dans un délai de moins de 12 mois suivant la modification dans la situation juridique ;

2° Si la modification porte sur un ou plusieurs établissements qui conservent ce caractère, en l'absence d'un accord collectif en disposant autrement, il est procédé à des élections au sein de chaque établissement concerné pour la mise en place du CSE d'établissement, sauf si le renouvellement du CSE central dans l'entreprise absorbante doit intervenir dans un délai de moins de 12 mois suivant la modification dans la situation juridique ;

3° Si la modification porte sur un ou plusieurs établissements qui conservent ce caractère, lorsque l'entreprise absorbante n'est pas pourvue d'instances représentatives du personnel, en l'absence d'un accord collectif en disposant autrement, il est procédé à des élections au sein de chaque établissement concerné pour la mise en place d'un CSE d'établissement. Il est également procédé à des élections pour la mise en place d'un CSE central (Ord. n° 2017-1386 du 22 sept. 2017, art. 9-IV).

Jusqu'au 31 déc. 2020, en cas de vente d'un fonds de commerce réalisée en application de l'art. L. 642-19 C. com., l'art. L. 1224-1 C. trav. n'est pas applicable aux contrats de travail rompus en application de la décision ouvrant ou prononçant la liquidation.

Ces dispositions sont applicables aux procédures en cours à la date du 18 juin 2020 (L. n° 2020-734 du 17 juin 2020, art. 40).

BIBL. ▶ Bailly, *SSL* 2020, n° 1916, p. 5 (l'article L. 1224-1, victime de la crise sanitaire).

COMMENTAIRE

V. sur le Code en ligne. ❑

Directive 2001/23/CE du 12 mars 2001,

Concernant le rapprochement des États membres relative au maintien des droits des travailleurs en cas de transfert d'entreprises, d'établissements ou de parties d'entreprises ou d'établissements (JOCE n° L 83 du 22 mars).

CHAPITRE I. *CHAMP D'APPLICATION ET DÉFINITIONS*

Art. 1er 1. a) La présente directive est applicable à tout transfert d'entreprise, d'établissement ou de partie d'entreprise ou d'établissement à un autre employeur résultant d'une cession conventionnelle ou d'une fusion.

b) Sous réserve du point a) et des dispositions suivantes du présent article, est considéré comme transfert, au sens de la présente directive, celui d'une entité économique maintenant son identité, entendue comme un ensemble organisé de moyens, en vue de la poursuite d'une activité économique, que celle-ci soit essentielle ou accessoire.

c) La présente directive est applicable aux entreprises publiques et privées exerçant une activité économique, qu'elles poursuivent ou non un but lucratif. Une réorganisation adminis-

CONTRAT DE TRAVAIL **Art. L. 1224-1** 149

trative d'autorités administratives publiques ou le transfert de fonctions administratives entre autorités administratives publiques ne constitue pas un transfert au sens de la présente directive.

[...]

Il résulte de l'art. 1er, § 2, de la Dir. 2001/23/CE, que l'art. L. 1224-1 C. trav. n'est applicable que dans la mesure où l'entreprise, l'établissement ou la partie d'entreprise ou d'établissement à transférer se trouve dans le champ d'application territorial du traité sur le fonctionnement de l'Union européenne ; l'art. L. 1224-1 ne peut être invoqué pour justifier la saisine d'une juridiction française d'une action dirigée contre un employeur monégasque et contre une entreprise établie en France.
• Soc. 14 nov. 2019, ⚖ n° 17-26.822 P : *D. 2019. Actu. 2253* ; *RJS 1/2020, n° 11* ; *JCP S 2020. 1013, obs. Coursier.*

....

CHAPITRE II. *MAINTIEN DES DROITS DES TRAVAILLEURS*

Art. 3 1. Les droits et les obligations qui résultent pour le cédant d'un contrat de travail ou d'une relation de travail existant à la date du transfert sont, du fait de ce transfert, transférés au cessionnaire.

Les États membres peuvent prévoir que le cédant et le cessionnaire sont, après la date du transfert, responsables solidairement des obligations venues à échéance avant la date du transfert à la suite d'un contrat de travail ou d'une relation de travail existant à la date du transfert.

[...]

Art. 4 1. Le transfert d'une entreprise, d'un établissement ou d'une partie d'entreprise ou d'établissement ne constitue pas en lui-même un motif de licenciement pour le cédant ou le cessionnaire. Cette disposition ne fait pas obstacle à des licenciements pouvant intervenir pour des raisons économiques, techniques ou d'organisation impliquant des changements sur le plan de l'emploi.

Les États membres peuvent prévoir que le premier alinéa ne s'applique pas à certaines catégories spécifiques de travailleurs qui ne sont pas couverts par la législation ou la pratique des États membres en matière de protection contre le licenciement.

2. Si le contrat de travail ou la relation de travail est résilié du fait que le transfert entraîne une modification substantielle des conditions de travail au détriment du travailleur, la résiliation du contrat de travail ou de la relation de travail est considérée comme intervenue du fait de l'employeur.

La Dir. du 12 mars 2001 reprend l'ensemble des dispositions de la Dir. du 14 févr. 1977 et de la Dir. du 29 juin 1998, tout en les abrogeant.

I. CONDITIONS D'APPLICATION DE L'ART. L. 1224-1

A. MODIFICATION DANS LA SITUATION JURIDIQUE DE L'EMPLOYEUR

1° VENTE

a. Vente d'immeuble

1. Principe. La vente d'un immeuble ne constitue pas une cession d'entreprise. • Soc. 3 oct. 1989 : *Bull. civ. V, n° 556* ; *D. 1989. IR 262* • 23 sept. 2009 : ⚖ *D. 2009. AJ 2430* ; *RJS 2009. 799, n° 900.*

2. Exception. Toutefois, la cession d'un immeuble, important reprise du service de gardiennage et d'entretien qui en relevait, ainsi que des contrats nécessaires à l'exploitation de la résidence, caractérise le transfert d'un ensemble organisé de personnes et d'éléments corporels et incorporels permettant l'exercice d'une activité économique poursuivant un objectif propre. • Soc. 14 févr. 2007 : ⚖ *D. 2007. AJ 801* ; *RDT 2007. 241, obs. Waquet* ; *RJS 2007. 313, n° 411* ; *Dr. soc. 2007. 549, rapp. Bailly et note Mazeaud.*

b. Cession partielle d'activités

3. Cession au sein d'un même groupe. La directive du 14 févr. 1977 peut s'appliquer à un transfert entre deux sociétés filiales d'un même groupe, peu important que les sociétés en cause aient les mêmes propriétaires, la même direction, les mêmes locaux et travaillent au même ouvrage. La directive est applicable dès lors qu'il y a changement dans la personne physique ou morale responsable de l'exploitation de l'entreprise et notamment dans le cas où une société appartenant à un groupe décide de sous-traiter à une autre société du même groupe des marchés de travaux de forage de mines pour autant que l'opération s'accompagne du transfert d'une entité entre deux sociétés. • CJCE 2 déc. 1999, n° C-234/98 : *RJS 2000.* 409, n° 600.

4. UES. La notion d'unité économique et sociale est sans effet sur l'application de l'art. L. 122-12 [art. L. 1224-1 nouv.] auquel elle ne peut faire échec. • Soc. 16 nov. 1993, n° 91-43.314 P : *Dr. soc. 1994.* 44 ; *RJS 1994.* 26, n° 4.

5. Cession partielle. Le transfert d'une branche d'activité dans laquelle le salarié concerné est embauché entraîne par le seul effet de la loi la transmission au nouvel exploitant de son contrat. • Soc. 17 janv. 1979 : *Bull. civ. V, n° 41* ; *D. 1979.* IR 298. ♦ V. pour la vente d'une station d'élevage constituant une entité économique au sein d'une exploitation agricole. • Soc. 20 oct. 1988 : *Bull. civ. V, n° 532.* ♦ Lorsque est autorisée la vente de biens non compris dans le plan de cession et correspondant à un ensemble d'éléments corporels et incorporels permettant l'exercice d'une activité qui poursuit un objectif propre, cette cession emporte de plein droit le transfert des contrats de travail des salariés affectés à cette entité économique autonome. • Soc. 24 oct. 2006 : *D. 2006.* AJ 2789, obs. Lienhard ; *RJS 2006.* 131, n° 195.

6. Cession partielle et modification du contrat de travail. Si par le jeu de l'art. L. 1224-14, une cession partielle d'activité provoque le transfert seulement d'une partie du contrat de travail, et que cette situation entraîne une modification dudit contrat, autre que le seul changement d'employeur, le salarié est en droit de s'y opposer ; l'action du salarié doit être dirigée contre le cessionnaire, à charge pour ce dernier de retourner contre les employeurs précédents successifs responsables de la situation. • Soc. 30 mars 2010 : *JSL 2010, n° 278-6,* obs. Tourreil.

c. Cession d'éléments d'actifs

7. Illustrations. L'art. L. 122-12 [art. L. 1224-1 nouv.] est applicable, notamment, en cas : de cession du matériel de la clientèle. • Soc. 7 juill. 1983 : *Bull. civ. V, n° 425.* ♦ … Du rachat du stock d'une société et de l'installation dans les mêmes locaux en assurant la diffusion des mêmes produits. • Soc. 4 juill. 1990, n° 85-44.263 P : *D. 1990.* IR 190. ♦ … De la cession de la clientèle d'un cabinet d'expertise comptable. • Soc. 9 mars 1994, n° 92-40.916 P : *Dr. soc. 1994.* 154. ♦ … De la cession d'un département de l'entreprise et des brevets attachés à son exploitation. • Soc. 7 juin 1974 : *Bull. civ. V, n° 351* ; *D. 1974.* IR 169. ♦ … De la reprise du matériel d'une société ainsi que du fruit de ses recherches et des homologations ou actions menées auprès de la clientèle. • Soc. 31 mars 1998, n° 94-44.798 P. ♦ … De la cession d'une marque à laquelle était attachée une importante clientèle. • Soc. 19 févr. 1984 : *Bull. civ. V, n° 144.* ♦ … De la reprise des camions et de la clientèle d'une société de transport. • Soc. 7 mars 1989 : *Bull. civ. V, n° 179* ; *D. 1989.* IR 96. ♦ Doit être cassé l'arrêt qui ne recherche pas si, par la cession, en application de l'art. 155 de la loi du 25 janv. 1985 [art. L. 622-17, C. com.], d'unités de production composées de tout ou partie de l'actif mobilier ou immobilier, il n'avait pas été procédé, peu important l'interruption temporaire de l'activité, à un transfert d'entités économiques conservant leur identité et dont l'activité a été poursuivie ou reprise. • Soc. 8 juill. 1992 : *Dr. soc. 1992.* 837 ; *RJS 1992.* 538, n° 964 • 31 mars 1998, n° 92-41.395 P : *Dr. soc. 1998.* 735, obs. Vatinet. ♦ La mise à disposition aux exploitants successifs des éléments d'actifs nécessaires au fonctionnement de l'activité est suffisante pour l'application de l'art. L. 122-12 [art. L. 1224-1 nouv.]. • Soc. 3 avr. 2002, n° 00-40.299 P : *RJS 2002.* 523, n° 655. ♦ La cession globale des unités de production composées de tout ou partie de l'actif mobilier ou immobilier de l'entreprise en liquidation judiciaire susceptible d'être autorisée par le juge commissaire entraîne de plein droit le transfert d'une entité économique autonome conservant son identité. • Soc. 27 oct. 1999, n° 97-43.194 P : *D. 2000.* IR 190 ; *Dr. soc. 1999.* 1114, obs. Vatinet • 19 avr. 2005, n° 03-43.240 P : *RJS 2005.* 524, n° 715 ; *JSL 2005,* n° 168-5. ♦ Le transfert d'une entité économique et autonome ne s'opère que si des moyens corporels ou incorporels significatifs et nécessaires à l'exploitation de l'entité sont repris, directement ou indirectement, par un autre exploitant ; ce qui n'est pas le cas s'agissant d'une ville qui n'a jamais cessé d'exploiter son théâtre avec son personnel et ses moyens, une association s'étant bornée à mettre à sa disposition deux de ses salariés pour participer à son fonctionnement culturel et administratif. • Soc. 17 juin 2009 : *D. 2009.* AJ 1835 ; *RJS 2009.* 686, n° 769. ♦ Le transfert des moyens d'exploitation nécessaires à la poursuite de l'activité de l'entité peut être indirect ; s'il est constaté que la société avait repris, pour la gestion du service de restauration, des éléments d'exploitation nécessaires et significatifs appartenant à la clinique et mis par elle à la disposition des prestataires successifs, un transfert de moyens d'exploitation est ainsi caractérisé. • Soc. 24 nov. 2009 : *RJS 2010.* 129, n° 155.

8. Cession d'actifs postérieure à l'autorisation de licenciement d'un salarié protégé. En l'absence de toute cession d'éléments d'actifs de la société en liquidation judiciaire à la date à laquelle l'inspecteur du travail a autorisé le licenciement d'un salarié protégé, il appartient à la juridiction judiciaire d'apprécier si la cession ultérieure d'éléments d'actifs autorisée par le juge-commissaire ne constitue pas la cession d'un ensemble d'éléments corporels et incorporels permettant l'exercice d'une activité qui poursuit un objectif propre, emportant de plein droit le transfert des contrats de travail des salariés affectés à cette entité économique autonome et rendant sans effet le licenciement prononcé, sans que

CONTRAT DE TRAVAIL **Art. L. 1224-1** 151

cette contestation, qui ne concerne pas le bien-fondé de la décision administrative ayant autorisé le licenciement d'un salarié protégé, porte atteinte au principe de la séparation des pouvoirs. ● Soc. 21 avr. 2022, 🏛 n° 20-17.496 B : *D. 2022. 842* 🖉 ; *RJS 7/2022, n° 365* ; *JCP S 2022. 1186*, obs. Gabroy ; *RPC 2022. Comm. 65*, note Jacotot.

d. Cessions de participation

9. Principe. La cession de participations que détient l'employeur ne constitue pas, à elle seule, une modification de la situation juridique de l'employeur si elle ne s'accompagne pas du transfert, au nouvel associé de moyens d'exploitation matériels ou humains. ● Soc. 29 oct. 2002, 🏛 n° 00-45.166 P : *D. 2002. IR 3307* 🖉 ; *RJS 2003. 22, n° 11* ; *JSL 2002, n° 112-5*.

e. Cession de bail

10. Principe. Lorsque à la fin d'un bail le preneur transfère dans une autre installation piscicole les truites, les alevins et les œufs, ces éléments constituent le moyen de production dont l'absence interdit toute continuation d'exploitation, de telle sorte que ce n'est pas une entreprise, mais un immeuble, qui a fait retour dans le patrimoine du bailleur, lequel ne peut se voir opposer l'art. L. 122-12 [art. L. 1224-1 nouv.]. ● Soc. 19 févr. 1986 : *Bull. civ. V, n° 7* ; *D. 1986. IR 232*.

2° FUSION

11. Hypothèses. Sur la distinction entre fusion et regroupement d'activités, V. ● Soc. 14 mars 1979 : *Bull. civ. V, n° 233*. ♦ L'art. L. 122-12 est sans application dans l'hypothèse d'une simple prise de contrôle majoritaire d'une société par une autre. ● Soc. 12 févr. 1985 : *Bull. civ. V, n° 93* ● 19 déc. 1990 : 🏛 *RJS 1991. 62, n° 310*. ♦ ... Ou dans l'hypothèse d'une prise de participation. ● Soc. 22 janv. 2002, 🏛 n° 00-40.787 P : *RJS 2002. 320, n° 396* ; *JSL 2002, n° 96 S*. ♦ Sur les différents modes de fusion entraînant le maintien du contrat de travail, V. ● Soc. 8 déc. 1976 : *Bull. civ. V, n° 643* (absorption d'une société par une autre) ● 10 mai 1972 : *ibid, n° 336* (entreprises se regroupant en SA) ● 1er juill. 1965 : *Bull. civ. IV, n° 530* (constitution d'une société holding). ♦ V. aussi : ● Soc. 22 févr. 1994 : 🏛 *RJS 1994. 252, n° 379* (application de l'art. L. 122-12 à un salarié transféré dans la perspective d'une fusion entre deux entreprises).

12. Scission. Entraîne le maintien du contrat de travail : la transformation de l'entreprise par scission. ● Soc. 5 févr. 1975 : *Bull. civ. V, n° 54* ; *D. 1975. IR 52* ● 2 mars 1999 : 🏛 *RJS 1999. 297, n° 479*.

3° TRANSFORMATION DU FONDS

13. Hypothèses. Le changement de gérant ne constitue pas une modification dans la situation juridique de l'employeur. ● Soc. 24 janv. 1989, 🏛 n° 85-44.174 P : *D. 1989. IR 53*. ♦ La solution contraire prévaut en cas de modification de la forme juridique de l'entreprise. ● Soc. 19 mai 1958, n° 4-849 P. (personne morale se substituant à un entrepreneur personne physique) ● 22 mars 1962 : *ibid, n° 314 et 315* (SA succédant à une SARL) ● 21 févr. 1990, 🏛 n° 86-41.829 P : *D. 1990. IR 66* 🖉 (liquidation d'un groupement agricole d'exploitation en commun).

4° MISE EN SOCIÉTÉ

14. Hypothèses. Pour un apport en société, V. ● Soc. 7 nov. 1989, 🏛 n° 86-44.802 P. ● 10 juill. 1991 : 🏛 *CSB 1991. 227, S. 141*.

15. La création d'un GIE ne peut entraîner à elle seule le transfert d'une entité économique. ● Soc. 20 nov. 1991, 🏛 n° 88-42.112 P : *Dr. soc. 1992. 75* ; *RJS 1992. 27, n° 7*. ♦ Dans le même sens : ● Soc. 14 juin 1978 : *Bull. civ. V, n° 464* ● 4 févr. 1988 : *ibid, n° 98*. ♦ Mais lorsqu'une entreprise transfère à un groupement son activité principale, les salariés concernés passent de plein droit au service du GIE. ● Soc. 6 mars 1985 : *Bull. civ. V, n° 143*. ♦ La dissolution d'un GIE qui s'accompagne de la cession de ses activités à une société emporte modification dans la situation juridique de l'employeur lorsque cette opération constitue le transfert d'une entité économique autonome conservant son identité et dont l'activité a été poursuivie ou reprise. ● Soc. 10 juin 1997 : 🏛 *RJS 1997. 749, n° 1206*.

5° AUTRES CAS

a. Indifférence d'un lien de droit entre employeurs successifs

16. Jurisprudence communautaire. La directive du 14 févr. 1977 s'applique en l'absence d'un lien de droit entre les deux prestataires successifs. ● CJCE 10 févr. 1988 : *Dr. soc. 1988. 455*, concl. Darmon, note Couturier ; *RTD eur. 1988. 715*, note Rodière ; *D. 1989. 174*, note Pochet.

17. Les art. 1er et 3 de la directive du 14 févr. 1977 du Conseil des communautés européennes et L. 122-12, al. 2 [art. L. 1224-1 nouv.], s'appliquent, même en l'absence d'un lien de droit entre les employeurs successifs, à tout transfert d'une entité économique conservant son identité et dont l'activité est poursuivie ou reprise. ● Cass., ass. plén., 16 mars 1990, 🏛 n° 89-45.730 P : *GADT, 4e éd., n° 63* ; *D. 1990. 305*, note A. Lyon-Caen 🖉 ; *Dr. soc. 1990. 399*, concl. Dontewille, notes Couturier et Prétot 🖉 ; *JCP E 1990. I. 19726*. ● Soc. 17 mars 1988 : *Bull. civ. V, n° 186*, *RJS 1989. 3*, note Déprez ● Riom, 6 mars 1989 : *Dr. ouvrier 1989. 326*, note Wagner. ♦ V. à propos de la jurisprudence antérieure exigeant un lien de droit : ● Soc. 12 juin 1986 : *Bull. civ. V, n° 299* ; *D. 1986. 461*, note Karaquillo ; *Dr. soc. 1986. 608*, concl. Picca ; *JCP 1986. II. 20705*, note Flécheux et Bazex.

b. Perte d'un marché

18. Principe. La simple perte d'un marché de services au profit d'un concurrent ne saurait par elle-même révéler l'existence d'un transfert au sens de la directive. • CJCE 11 mars 1997 : *D. 1997. IR 84*. ♦ L'art. L. 122-12, al. 2 [art. L. 1224-1 nouv.], n'est pas applicable dans le cas de la seule perte de marché. • Cass., ass. plén., 16 mars 1990 : préc. note 17. ♦ Dans le même sens : • Cass., ass. plén., 15 nov. 1985, n° 82-40.301 P : *JCP 1986. 1*, concl. Picca ; *Dr. soc. 1986. 1*, concl. Picca, note Couturier ; *JCP 1986. II. 20705*, note Flécheux et Bazex • Soc. 13 juin 1990, n° 89-40.813 P. • 27 juin 1990, n° 86-40.201 P • 12 déc. 1990 : *Dr. soc. 1991. 246*, note Blaise (société succédant à une autre pour effectuer le transport du personnel d'une raffinerie). • 8 févr. 1994 : *RJS 1994. 170, n° 226* (changement de concessionnaire d'une ligne d'autobus).

19. Illustrations. « L'exécution d'un marché de prestation de services par un nouveau titulaire ne réalise pas, à elle seule, le transfert d'une entité économique ayant conservé son identité et dont l'activité est poursuivie ou reprise », alors même que le cahier des charges prévoit la reprise par l'adjudicataire de 80 % du personnel. • Soc. 6 nov. 1991, n° 90-21.437 P : *D. 1991. IR 293* ; *Dr. soc. 1992. 186*, rapp. Waquet ; *JCP E 1992. II. 316*, note Pochet ; *RJS 1991. 692*, concl. Picca • 16 nov. 1993 : *RJS 1994. 27, n° 5* • 13 déc. 1995 : *Dr. soc. 1996. 429*, obs. A. Mazeaud ; *RJS 1996. 73, n° 99* (absence de transfert des moyens d'exploitation). ♦ De même, il n'y a pas transfert d'une entité économique lorsque seules des activités techniques distinctes, exécutées auparavant par une même entreprise, sont confiées, en l'absence de tout transfert d'ensembles organisés de personnes et d'éléments corporels et incorporels, à de nouveaux prestataires de services pour répondre aux impératifs particuliers du donneur d'ordre. • Soc. 21 nov. 2000, n° 98-45.837 P : *RJS 2001. 121, n° 70* • 10 juill. 2002 : *RJS 2002. 904, n° 1203*. ♦ La seule circonstance que la prestation reprise soit similaire ne suffit pas à conclure au transfert d'une entité économique. • CJCE 10 déc. 1998 : *RJS 1999. 186, n° 315 (2ᵉ esp.)*. ♦ Le juge doit constater que le nouveau titulaire du marché a repris des éléments d'actif corporels ou incorporels nécessaires à l'exploitation de l'entité, à l'occasion de la conclusion du nouveau marché. • Soc. 25 juin 2002, n° 01-41.848 P : *Dr. soc. 2002. 1155*, obs. Mazeaud ; *JSL 2002, n° 111-9*.

20. Reprise du personnel en cas de perte de marché. La reprise par un nouveau prestataire d'une partie du personnel précédemment affecté à un marché, instituée par accord collectif, ne peut être constitutive d'un transfert d'entreprise. • Soc. 3 nov. 2011 : *D. actu. 1ᵉʳ déc. 2011*, obs. Ines ; *D. 2011. Actu. 2805* ; *RJS 2012. 29, n° 11* ; *Dr. ouvrier 2012. 239*, obs. Mazières ; *JCP S 2012. 1098*, obs. Tricoit.

21. Il y a transfert d'une entité économique autonome lorsque l'activité reprise par le nouveau cessionnaire comprend une clientèle, l'usage de portions de la voie publique et la perception de droits de place. • Soc. 16 nov. 1999, n° 98-41.782 P : *RJS 2000. 26, n° 16*.

c. Reprise en gestion directe

22. La directive s'applique dans l'hypothèse de la reprise par une entreprise concédante d'une activité auparavant confiée à une entreprise extérieure. • CJCE 10 déc. 1998, n° C-229/96 : *RJS 1999. 186, n° 315*. ♦ L'art. L. 122-12, al. 2 [art. L. 1224-1 nouv.], s'applique à la reprise par une entreprise des activités de prospection et de vente de ses propres matériels assurées par une société tierce, l'entreprise ayant récupéré « l'universalité du fonds de commerce ». • Soc. 9 juill. 1986 : *Dr. soc. 1986. 837*, note Blaise. ♦ Dans le même sens : • Soc. 22 oct. 1987 : *Bull. civ. V, n° 593* ; *D. 1987. IR 220* (reprise par un journal du service rédactionnel concédé à une autre société) • 23 mai 1989 : *Bull. civ. V, n° 375* ; *D. 1989. IR 197* (reprise par une société du démarchage de sa clientèle) • 10 oct. 1990 : *RJS 1990. 566, n° 840* ; *Dr. soc. 1991. 246*, note Blaise (reprise par une société-mère d'une activité exercée par l'une de ses filiales) • 11 juill. 1994 : *RJS 1994. 574, n° 965* (reprise par une maison de retraite d'un service de restauration) • Soc. 10 janv. 1995 : *RJS 1995. 98, n° 108* (reprise d'activité de prospection de clientèle) • 13 avr. 1999, n° 96-44.254 P : *D. 1999. IR 129* ; *RJS 1999. 486, n° 794* (reprise de la représentation d'une marque en France et de la clientèle y afférente à la société propriétaire de la marque ou sa filiale française) • 5 oct. 1999 : *RJS 1999. 838, n° 1438* (reprise par une compagnie d'assurance du portefeuille confié à un agent général d'assurance). ♦ Le juge doit vérifier que la reprise d'un marché en gestion directe s'accompagne du transfert d'une entité économique. • Soc. 21 juill. 1993 : *RJS 1993. 638, n° 1070*. ♦ L'art. L. 122-12, al. 2 [art. L. 1224-1 nouv.] ne s'applique pas à la reprise par une société mère d'une partie seulement des activités de sa filiale qui a poursuivi l'autre partie de son activité. • Soc. 7 mai 2003 : *RJS 2003. 568, n° 852*.

23. Résiliation du contrat de bail. Le retour d'un immeuble dans le patrimoine du bailleur ne vaut pas transfert d'une entreprise lorsque le preneur a repris les éléments indispensables à l'exploitation de l'entreprise. • Soc. 19 févr. 1986 : *Bull. civ. V, n° 7* ; *D. 1986. IR 232*. ♦ Viole l'art. L. 122-12 [art. L. 1224-1 nouv.] la cour d'appel qui refuse de l'appliquer à la société qui, louant un immeuble dans lequel était exploité un garage y exerce la même activité, de sorte qu'il s'agissait de la même entité économique dont l'activité avait été poursuivie. • Soc. 13 juin 1990, n° 86-44.114 P.

24. Résiliation du contrat de location-gérance. L'art. L. 122-12 [art. L. 1224-1 nouv.] vise aussi bien la conclusion que la cessation du contrat

CONTRAT DE TRAVAIL **Art. L. 1224-1** 153

de location-gérance. • Soc. 23 janv. 1974, n° 73-40.206 P : *D. 1974. IR 51 ; Dr. soc. 1974. 474*, obs. *Savatier* • 27 avr. 1977 : *Bull. civ. V, n° 272 ; D. 1977. IR 254 ; RTD com. 1977. 720*, obs. *Derruppé* (indemnité de rupture mise à la charge du propriétaire) • 18 déc. 2000 : 🔒 *RJS 2001. 209, n° 285.* ♦ ... Ou encore la succession de location-gérance. • Soc. 7 mars 1989, 🔒 n° 85-45.173 P : *D. 1989. IR 97 ; CSB 1989. 89, A. 22.* ♦ V. pour une location-gérance mise en œuvre dans le cadre d'une procédure collective : • Soc. 30 nov. 1978 : *Bull. civ. V, n° 814.* • 19 juin 1987 : *D. 1987. IR 165.*

25. Résiliation du contrat de gestion confié à un prestataire de services. La résiliation, par le propriétaire d'un établissement constituant une entité économique autonome, du contrat de gestion confié à un prestataire de services emportant retour de l'entité au propriétaire, celui-ci est tenu de poursuivre les contrats de travail du personnel attaché à l'entité, dès lors que celle-ci demeure exploitable au jour de sa restitution par le gestionnaire. Le premier employeur qui, en conséquence du refus du repreneur de poursuivre les contrats de travail, a procédé au licenciement des salariés attachés à l'activité transféré, dispose d'un recours en garantie contre celui-ci, lorsque ce refus est illicite. • Soc. 20 avr. 2022, 🔒 n° 20-12.444 B : *D. 2022. 796* 🖉 *; RJS 7/2022, n° 364 ; JCP S 2022. 1161*, obs. *Pagani et Pellissier*.

d. Externalisation

26. Jurisprudence communautaire. La directive peut s'appliquer dans une situation où un entrepreneur confie, par voie contractuelle, à un autre entrepreneur, la responsabilité d'exploiter un service destiné aux salariés, géré auparavant de manière directe, moyennant une rémunération et divers avantages dont les modalités sont déterminées par l'accord conclu entre eux. • CJCE 12 nov. 1992 : *Rec. p. 15755 ; JCP E 1993. II. 426*, note *Pochet*. ♦ La directive s'applique au cas où un entrepreneur confie par voie contractuelle, à un autre entrepreneur la responsabilité d'exécuter les travaux de nettoyage assurés au auparavant de manière directe. • CJCE 14 avr. 1994 : *RJS 1994. 388, n° 630 ; D. 1994. 534*, note *Chauvet* 🖉 *; JCP E 1994. I. 380*, obs. *Antonmattéi*.

27. Jurisprudence française. La reprise par un autre employeur d'une activité secondaire ou accessoire de l'entreprise entraîne le maintien des contrats de travail dès lors que cette activité est exercée par l'entité économique autonome. • Soc. 18 juill. 2000 : 🔒 *Dr. soc. 2000. 850*, note *Couturier* 🖉. ♦ Il n'y a pas transfert d'une entité économique autonome lorsque l'entité transférée ne dispose ni d'un personnel propre ni d'un comptable. • Soc. 18 juill. 2000 (2ᵉ arrêt) : 🔒 *Dr. soc. 2000. 850*, note *Couturier* 🖉. ♦ L'application de l'art. L. 122-12 [art. L. 1224-1 nouv.] est rejetée s'agissant d'une tâche secondaire de nettoyage de locaux exécutée par deux employés et ne s'exerçant pas dans un centre autonome d'activité en ce qu'elle ne constitue pas à elle seule un ensemble organisé de personnes et d'éléments corporels ou incorporels permettant l'exercice d'une activité économique autonome. • Soc. 13 sept. 2005 : 🔒 *JSL 2005, n° 177-4*. ♦ L'activité de restauration d'un centre hospitalier peut constituer une entité économique autonome dont le transfert au profit d'une entreprise extérieure est susceptible d'entraîner l'application de l'art. L. 1224-1, peu importe les règles d'organisation, de fonctionnement et de gestion du service exerçant une activité économique. • Soc. 27 mai 2009 : 🔒 *D. 2009. AJ 1614*, obs. *Perrin* 🖉 *; RDT 2009. 446, Rapp. Bailly* 🖉 *; RJS 2009. 621, n° 697 ; JSL 2009, n° 258-4 ; JCP S 2009. 1356*, obs. *Morvan*. ♦ Comp. : Les établissements de santé, publics ou privés, constituent en eux-mêmes des entités économiques dont aucun service participant à la prise en charge globale des malades, même s'il peut être confié à un tiers, ne peut constituer une entité économique distincte. • Soc. 24 oct. 2000, 🔒 n° 97-45.944 P : *D. 2000. IR 279* 🖉 *; RJS 2001. 15, n° 14 ; Liaisons soc. jurispr., n° 689*.

e. Autres conventions

28. Location-vente. La directive du 14 févr. 1977 s'applique au contrat de location-vente. • CJCE 5 mai 1988 : *D. 1989. Somm.165*, obs. *Jeammaud*.

29. Convention d'assistance technique. La conclusion comme la résiliation d'une convention d'assistance technique entre deux associations n'entre pas dans le champ d'application de l'art. L. 122-12 [art. L. 1224-1 nouv.]. • Soc. 24 janv. 1990, 🔒 n° 86-40.154 P : *D. 1990. IR 45.*

f. Reprise par une personne publique

30. Application de la règle du maintien des contrats. Le transfert d'une activité économique d'une personne morale de droit privé vers une personne morale de droit public entre en principe dans le champ d'application de la directive n° 77/187 ; la notion d'entreprise au sens de cette dernière comprend toute entité économique organisée de manière stable, c'est-à-dire un ensemble de structures de personnes et d'éléments permettant l'exercice d'une activité économique qui poursuit un objectif propre. Une telle notion est indépendante du statut juridique de cette entité et de son mode de financement. • CJCE 26 sept. 2000, n° C-179/99, *Mayeur* : *RJS 2001, n° 138 ; JSL 2000, 69-1.*

31. L'art. L. 122-12 [art. L. 1224-1 nouv.] est applicable en cas de reprise d'une activité par une personne privée chargée de la gestion d'un service public sans qu'il y ait lieu de rechercher si cette activité a un caractère administratif ou industriel et commercial. • Soc. 2 mars 1999, 🔒 n° 97-40.444 P : *RJS 1999. 296, n° 478.* ♦ Il en est de même de la reprise par une commune en régie directe de l'exploitation d'abattoirs municipaux antérieurement affermés à une société. La commune est tenue de respecter les contrats en cours. • T. confl. 15 mars 1999 : n° *Dr. soc. 1999. 676.* ♦ La seule circonstance que le cessionnaire soit un établissement public à caractère administratif lié à son personnel par des rapports de droit public ne peut suffire à caractériser une modification dans l'identité de l'entité économique transférée. • Soc. 25 juin 2002, n° 01-43.467 P : *RJS 2002. 820, n° 1078* • 14 janv. 2003, n° 01-43.676 P : *D. 2003. 1662, obs. Debord ; JCP E 2003. 547, note Crevel ; CSB 2003. 186, A. 25 ; JSL 2003, n° 117-4*. ♦ Comp. : • Soc. 7 févr. 1980 : *Bull. civ. V, n° 115* • 8 nov. 1978 : ibid. n° 743 (reprise par une commune de l'exploitation d'une piscine) • 30 juin 1983 : *Dr. soc. 1984. 91, note Blaise* (reprise d'une crèche de la Croix-Rouge par une commune) • 7 oct. 1992, n° 89-45.712 P • 10 juill. 1995 : *RJS 1995. 572, n° 866 ; JCP 1996. I. 3923, n° 10, obs. Couturier* (reprise d'un service d'eau par une commune en gestion directe dans des conditions qui démontrent l'existence d'un service public à caractère administratif) • 17 déc. 2003 : *Dr. soc. 2004. 321, obs. Waquet ; JCP E 2004. 1145, note Morvan ; RJS 2004. 122, n° 175* (reprise des lits d'une clinique par un centre hospitalier). ♦ L'art. L. 122-12 [art. L. 1224-1 nouv.] n'est pas écarté lorsque l'activité se poursuit sous la forme d'un service public à caractère industriel ou commercial. • Soc. 8 nov. 1978 : *préc.* • 7 oct. 1992, n° 89-41.823 P • 6 déc. 1995 : *RJS 1996. 148, n° 250* • 7 avr. 1998, n° 96-43.063 P : *RJS 1998. 369, n° 569 ; D. 1998. IR 122* (abattoirs publics) • 22 janv. 2002, n° 00-40.756 P : *D. 2002. IR 779 ; JSL 2002, n° 97-4* (abattoirs d'une commune). ♦ Même solution en cas de reprise par un nouveau concessionnaire des installations communales de distribution d'eau. • Soc. 3 mars 1993, n° 91-44.906 P : *Dr. soc. 1993. 380.*

32. La simple expiration de la convention d'occupation temporaire du domaine public par laquelle une société avait été autorisée par une personne publique à exploiter une activité de restauration et de débit de boissons n'emporte pas transfert à cette personne publique de l'entité économique de restauration et de débit de boissons constituée par cette activité, qui n'a pas été reprise par la personne publique. • T. confl. 18 juin 2007 : *RJS 2007. 813, n° 1027.*

33. L'action relative à la reprise des contrats de travail qui oppose une collectivité aux salariés d'une personne de droit privé dont elle a repris l'activité relève de la compétence du juge judiciaire tant que le nouvel employeur public n'a pas placé ces salariés dans une situation de droit public. • T. confl. 19 janv. 2004 : *AJDA 2004. 434, note Donnat et Casas ; Dr. soc. 2004. 433, obs. Mazeaud ; JCP E 2004. 1014, note Duquesne* • 14 févr. 2005 : *RJS 2005. 592, n° 805* • 12 juin 2007 : *RDT 2007. 524, obs. Waquet ; Dr. soc. 2007. 1056, obs. Mazeaud.* ♦ Le juge judiciaire est seul compétent pour statuer sur les litiges nés de la rupture des contrats de travail prononcés par la personne morale de droit public dès lors que ces salariés n'ont jamais été liés à celle-ci par un rapport de droit public et que ces litiges ne mettent en cause que des relations de droit privé. • Soc. 23 nov. 2005 : *D. 2005. IR 3034 ; RJS 2006. 16, n° 12 ; Dr. soc. 2006. 383, note Mazeaud ; JSL 2005, n° 1806.*

B. TRANSFERT D'UNE UNITÉ ÉCONOMIQUE

34. Définition. L'entité doit correspondre à un ensemble organisé d'éléments permettant la poursuite des activités ou de certaines activités de l'entreprise cédante de manière stable. • CJCE 19 sept. 1995 : *JCP E 1995. Pan. 1270.* ♦ Une entité ne saurait être réduite à l'activité dont elle est chargée. Son identité ressort également d'autres éléments tels que le personnel qui la compose, son encadrement, l'organisation de son travail, ses méthodes d'exploitation ou, le cas échéant, les moyens d'exploitation mis à sa disposition. • CJCE 11 mars 1997, n° C13/95 : *D. 1997. IR 84.* ♦ L'entité économique est un ensemble organisé de personnes et d'éléments permettant l'exercice d'une activité économique qui poursuit un objectif propre. La seule circonstance que la prestation fournie par l'ancien et le nouveau concessionnaire soit similaire ne permet pas de conclure au transfert d'une telle entité. • CJCE 10 déc. 1998 : *RJS 1999. 186, n° 315.* ♦ La notion d'entité économique envoie à un ensemble organisé de personnes et d'éléments permettant l'exercice d'une activité économique qui poursuit un objectif propre. • CJCE 2 déc. 1999 : *préc. note 3.* ♦ L'existence d'une entité économique autonome, au sens de l'art. L. 1224-1 C. trav. interprété à la lumière de la Dir. 2001/23/CE, est indépendante des règles d'organisation, de fonctionnement et de gestion du service exerçant une activité économique, en sorte qu'une telle entité économique autonome peut résulter de deux parties d'entreprises distinctes d'un même groupe. • Soc. 28 juin 2023, n° 22-14.834 B : *D. actu. 17 juill. 2023, obs. Malfettes ; D. 2023. 1266 ; RDT 2023. 549, obs. Baugard ; Dr. soc. 2023. 730, obs. Mouly ; RJS 10/2023, n° 507.*

35. Date du transfert d'entité économique. Le transfert d'une entité économique autonome se réalise si des moyens corporels ou incorporels significatifs et nécessaires à l'exploitation de l'entité sont repris, directement ou indirectement, par un nouvel exploitant. Le transfert d'une entité économique autonome s'opère à la date à laquelle le nouvel exploitant est mis en mesure d'assurer la direction de cette entité. • Soc. 23 juin 2021, n° 18-24.597 B : *D. actu. 8 juill. 2021, obs. Malfettes ; D. 2021. 1291 ; RDT 2021. 445, obs. Baugard ; Dr. soc. 2021. 952, obs. Mouly ; RJS 10/2021, n° 529 ; JCP S 2021. 1208, obs. Morvan.*

36. Illustrations. Constitue une entité économique un ensemble organisé de personnes et

CONTRAT DE TRAVAIL **Art. L. 1224-1** 155

d'éléments corporels ou incorporels permettant l'exercice d'une activité économique qui poursuit un objectif propre. • Soc. 7 juill. 1998, ⚖ n° 96-21.451 P : *Dr. soc. 1998. 948*, note A. Mazeaud ⚖ ; *RJS 1998. 815, n° 1346*. ♦ Il en est de même de la cession d'un rayon de boucherie dans un supermarché. • Soc. 26 sept. 1990, ⚖ n° 86-40.813 P : *RJS 1990. 515, n° 754*. ♦ ... De celle d'une activité de menuiserie au sein d'une entreprise de production et de distribution de graines. • Soc. 12 déc. 1990 : ⚖ *Dr. soc. 1991. 246*, note Blaise ⚖. ♦ ... De la cession faite à un concessionnaire de la distribution des véhicules et produits de la marque sur un secteur géographique donné, distribution assurée jusqu'à cette date par le constructeur lui-même. • Soc. 4 oct. 1995, ⚖ n° 93-46.181 P : *D. 1995. IR 235* ⚖ ; *Dr. soc. 1995. 1040*, obs. Blaise ⚖ ; *RJS 1995. 711, n° 1116*. ♦ La reprise de la commercialisation des produits d'une marque et de la clientèle qui y est attachée entraîne en principe le transfert d'une entité économique autonome qui poursuit un objectif propre, conserve son identité et dont l'activité est poursuivie ou reprise. • Soc. 14 mai 2003 : ⚖ *Dr. soc. 2003. 1130*, obs. Mouly ⚖. ♦ De même, la reprise d'une activité sportive par une nouvelle association ayant le même objet, les mêmes adhérents et la même activité dans les mêmes locaux constitue une entité économique autonome ayant conservé son identité et dont l'activité a été poursuivie ou reprise ; peu importe que les locaux, auparavant donnés à bail par une personne de droit privé, soient désormais mis à disposition par la collectivité territoriale. • Soc. 20 déc. 2006 : ⚖ *D. 2007. AJ 448* ⚖ ; *RJS 2006. 231, n° 312*.

37. Procédure collective. L'art. L. 1224-1 s'applique à la poursuite d'une activité hôtelière après le règlement judiciaire de la première société. • Soc. 27 juin 1990, ⚖ n° 87-40.224 P. ♦ .... À la gestion provisoire confiée au cessionnaire par l'administrateur au redressement judiciaire, dans l'attente de la réalisation du plan de cession. • Soc. 26 nov. 1996, ⚖ n° 95-42.006 P. ♦ Mais l'art. L. 1224-1 C. trav. n'est pas applicable aux salariés passés au service d'une société qu'ils ont constituée à l'occasion de leur licenciement pour motif économique, consécutif à la liquidation judiciaire de l'employeur. • Soc. 3 mai 2011 : ⚖ *D. 2011. Actu. 1356*, obs. Ines ⚖ ; *RJS 2011. 535, n° 580* ; *Dr. soc. 2011. 865*, obs. Mazeaud ⚖. ♦ L'art. L. 1224-1, sous la réserve des dispositions prévues à l'art. L. 1224-2, s'applique au transfert d'une entité économique autonome intervenant à l'occasion d'une procédure collective ; le fait qu'une cession ordonnée à l'occasion d'une procédure collective ne concerne que certains des actifs de la société liquidée n'est pas de nature à faire échec à son application. • Soc. 20 déc. 2023, ⚖ n° 21-18.146 B.

38. Location-gérance. Le contrat de location-gérance n'emporte pas en lui-même la disparition du caractère distinct de l'entité transférée ; dès lors que le nom commercial de celle-ci est conservé, que sa comptabilité est autonome, le juge des référés a pu retenir que l'entité économique a conservé son autonomie et que l'institution représentative du personnel se maintient dans la nouvelle entreprise. • Soc. 15 nov. 2011 : ⚖ *D. actu. 15 déc. 2011*, obs. Siro ; *D. 2011. Actu. 2875* ⚖ ; *RJS 2012. 133, n° 156* ; *JCP S 2012. 1060*, obs. Morand.

39. Le changement de concessionnaire exclusif de la vente de véhicules automobiles d'une marque entraîne le transfert d'une entité économique autonome constituée d'un ensemble organisé de personnes et d'éléments corporels ou incorporels permettant l'exercice d'une activité économique qui poursuit un objectif propre, ayant conservé son identité et dont l'activité est poursuivie. • Soc. 11 juin 2002, ⚖ n° 01-43.051 P : *RJS 2002. 732, n° 947* ; *JCP E 2002. 1383*, note Bertin. ♦ Mais l'entité économique ne conserve pas son identité si la vente des véhicules précédemment assurée par un concessionnaire est désormais répartie entre plusieurs entreprises de la région. • Soc. 28 mai 2003 : ⚖ *RJS 2003. 668, n° 984*.

40. Il y a transfert d'une entité économique lorsque l'activité reprise par le nouveau concessionnaire comprend une clientèle, l'usage de portions de la voie publique et la perception de droits de place. • Soc. 16 nov. 1999, ⚖ n° 98-41.782 P : *RJS 2000. 26, n° 16*. ♦ *Contra* : ne constitue pas le transfert d'une entité économique la cession de la distribution d'un produit dès lors que le cédant conserve son propre réseau et distribue ses produits sous un autre nom. • Soc. 20 oct. 1993 : *RJS 1993. 707, n° 1180*.

41. La rédaction d'un hebdomadaire, qui ne constituait pas un service distinct disposant de ses propres moyens, ne caractérise pas une entité économique autonome susceptible d'être transférée à un nouvel exploitant. • Soc. 19 févr. 1992, ⚖ n° 90-45.319 P : *Dr. soc. 1992. 378* ; *RJS 1992. 239, n° 408*. ♦ Un mandat de gestion ne constitue pas à lui seul une entité économique autonome. • Soc. 10 juill. 2001, ⚖ n° 99-45.062 P : *D. 2001. IR 2359* ⚖ ; *RJS 2001. 866, n° 1262*. ♦ Le contrat confiant à une entreprise la gestion de marchandises remises en dépôt dans les locaux et avec les moyens appartenant à une autre entreprise ne caractérise pas le transfert économique autonome. • Soc. 10 juill. 2007 : *RDT 2007. 582*, obs. Waquet ⚖. ♦ Aucune entité économique n'est transférée au cessionnaire lorsque la cession de clientèle et de marques n'entraînent que la transmission d'activités liées à la commercialisation d'une partie des produits de la société cédante et que le personnel n'était pas affecté spécialement à telle ou telle catégorie de marchandises. • Soc. 22 janv. 2002, ⚖ n° 00-40.787 P : *RJS 2002. 320, n° 396* ; *JSL 2002, n° 96-5*. ♦ Il n'y a pas de transfert d'entreprise au sens de l'art. L. 1224-1 lorsque l'activité d'une société a été répartie entre deux sociétés, en sorte que l'entité économique n'a pas conservé son identité. • Soc. 12 janv. 2016, ⚖

n° 14-22.216 P : *D.* 2016. Actu. 206 ⌘ ; *RJS* 3/2016, n° 165 ; *JCP S* 2016. 1142, obs. Icard.

42. Marché d'intérêt national. L'existence d'une entité économique autonome est indépendante des règles d'organisation et de gestion du service au sein duquel s'exerce l'activité économique ; l'application de l'art. L. 122-12 [art. L. 1224-1 nouv.] ne peut être écartée en se fondant sur le régime particulier des marchés d'intérêt national des art. L. 730-1 et L. 730-2 C. com. • Soc. 10 oct. 2006 : ⚖ *RDT* 2006. 381, obs. Waquet ⌘ ; *D.* 2006. IR 2624 ⌘ ; *RJS* 2006. 933, n° 1250.

43. Secteur de main-d'œuvre. Dans certains secteurs dans lesquels l'activité repose essentiellement sur la main-d'œuvre, une collectivité de travailleurs que réunit durablement une activité commune peut correspondre à une entité économique. • CJCE 11 mars 1997, ⚖ *Süzen (Mme) c/ Zehnacker Gebäudereinigung GmbH Krankenhausservice*, n° C-13/95 : *Rec.* 1997, I-1259 ; *D.* 1997. 84 ⌘ ; *Dr. soc.* 1997. 728, note P.-H. Antonmattéi ⌘ ; *RJS* 1997. 492 (marché de nettoyage). • CJCE 10 déc. 1998, ⚖ *Sanchez Hidalgo (Sté) c/ Asociacion de Servicios Aser*, n° C-173/96 : *Rec.* 1997, I-8237 ; *D.* 1999. 24 ⌘ (surveillance de locaux) • CJCE 10 déc. 1998, ⚖ *Vidal (Sté) c/ Gomez Pérez* : *D.* 1999. 24 ⌘, préc., à propos d'une activité de nettoyage reprise par le donneur d'ordres • 24 janv. 2002, *Temco Service Industries (Sté) c/ Imzilyen*, n° C-51/00 : *D.* 2002. 862 ⌘ ; *RJS* 4/2002. 300 ; *LPA* 2002, n° 103, p. 4, note Picca et Sauret (marché de nettoyage).

44. Employé de maison. L'art. L. 122-12, al. 2 [art. L. 1224-1 nouv.], ne s'applique pas en cas de décès de l'employeur d'une employée de maison. • Soc. 5 déc. 1989 : *Bull. civ. V,* n° 695 ; *D.* 1990. IR 11.

C. MAINTIEN DE L'ACTIVITÉ

1° POURSUITE EFFECTIVE DE L'ACTIVITÉ

45. Principe. Le critère décisif pour établir l'existence d'un transfert d'entreprise au sens de la directive est celui du maintien de l'entité économique. Il résulte notamment de la poursuite effective ou de la reprise par le nouveau chef d'entreprise des mêmes activités économiques ou d'activités analogues. • CJCE 14 avr. 1994 : préc. note 26. ♦ L'art. L. 1224-1 s'applique même lorsque la partie d'entreprise cédée ne conserve pas son autonomie du point de vue organisationnel, à condition que le lien fonctionnel entre les facteurs de production transférés soit maintenu et qu'il permette au cessionnaire d'utiliser ces derniers aux fins de poursuivre une activité économique identique analogue. • CJCE 12 févr. 2009 : ⚖ *SSL* 2009, n° 1404, p. 11.

46. Absence de gestion économique propre. La circonstance que les éléments corporels soient repris par le nouvel adjudicataire sans que ces éléments lui aient été cédés aux fins d'une gestion économique propre ne peut conduire à exclure ni l'existence d'un transfert des éléments d'exploitation ni l'existence d'un transfert d'entreprise ou d'établissement au sens de la directive 2001/23/CE du 12 mars 2001 ; le juge national ne peut donc écarter l'application des règles sur le transfert d'entreprise au seul motif d'une absence de poursuite d'une gestion économique propre des éléments d'exploitation. • CJCE 15 déc. 2005, ⚖ n°s C-232/04 et C-233/04.

47. Interruption temporaire de l'activité. Une suspension temporaire d'activité ne fait pas obstacle au maintien du contrat de travail. • Soc. 21 mars 1990 : ⚖ *D.* 1990. IR 107 ⌘ • 13 juin 1990, ⚖ n° 86-44.114 P. • CJCE 17 déc. 1987 : *D.* 1989. Somm. 165, obs. Jeammaud • Soc. 28 mai 1997, ⚖ n° 94-44.644 P : *RJS* 1997. 662, n° 1071 (suspension temporaire de l'activité due à l'accomplissement des démarches nécessaires à l'obtention d'aides publiques à laquelle la réalisation de la cession est subordonnée). ♦ Le fait que la rémunération d'un salarié lui ait été servie pendant la suspension temporaire par un régime de garantie des salaires ou d'assurance-chômage ne fait pas obstacle à l'application de l'art. L. 1224-1 C. trav. • Soc. 28 mars 2006 : ⚖ *D.* 2006. IR 1000 ⌘ ; *RJS* 2006. 484, n° 696 ; *Dr. soc.* 2006. 690, obs. Mazeaud ⌘.

48. Redressement ou liquidation judiciaires. Le fait que le repreneur des éléments constitutifs d'une entité économique autonome ait été placé en redressement judiciaire à l'époque du transfert, n'empêche pas l'application de l'art. L. 122-12. • Soc. 10 juill. 2007 : ⚖ *RDT* 2007. 582, obs. Waquet ⌘.

49. Contrat de location-gérance. A l'issue d'une location-gérance, l'art. L. 122-12 [art. L. 1224-1 nouv.] ne s'applique que pour autant que l'entreprise subsiste et que son exploitation est susceptible d'être poursuivie, ce qui est exclu en cas de ruine du fonds. • Soc. 15 janv. 1981 : *Bull. civ. V,* n° 33 ; *RTD com.* 1981. 719, n° 11, obs. Derruppé. ♦ Dans le même sens : • Soc. 31 oct. 1989 : *Bull. civ. V,* n° 622 ; *D.* 1989. IR 301 • 6 nov. 1991, ⚖ n° 88-45.486 P : *RJS* 1991. 700, n° 1295. ♦ Ainsi, l'art. L. 122-12 [art. L. 1224-1 nouv.] s'applique à la réalisation d'un contrat de location-gérance qui entraîne le retour du fonds à son propriétaire, l'activité n'ayant pas totalement disparu, les autres éléments incorporels du fonds subsistant et les éléments corporels ayant fait retour au propriétaire du fonds qui s'en est ensuite séparé. • Soc. 11 mai 1999 : ⚖ *D.* 1999. IR 156 ; *RJS* 1999. 555, n° 901 • 20 mars 2001, ⚖ n° 99-41.392 P : *RJS* 2001. 505, n° 729. ♦ Lorsque à l'issue d'un contrat de location-gérance le locataire ne restitue que le local et conserve les pièces qui lui permettent d'exploiter la clientèle dans de nouveaux locaux, il en résulte que, malgré la cessation du contrat de location-gérance, le fonds de commerce n'est pas revenu dans le patrimoine du

CONTRAT DE TRAVAIL

Art. L. 1224-1

bailleur et qu'il n'y a pas eu modification dans la situation juridique de l'employeur. • Soc. 31 oct. 1989 : *Bull. civ. V, n° 622 ; D. 1989. IR 301.* ♦ Dans le même sens : • Soc. 16 juin 1988 : *JS UIMM 1988. 245.*

2° ACTIVITÉ IDENTIQUE ET SIMILAIRE

50. Maintien de l'identité de l'entité économique. L'application de l'art. L. 1224-1 est écartée lorsque, à la suite de la cession, le repreneur vend l'intégralité des stocks du fonds cédé et affecte les salariés transférés à des postes sans lien avec leur activité d'origine. • Soc. 24 mars 2021, n° 19-12.208 P : *D. actu. 8 avr. 2021, obs. Couëdel ; D. 2021. Actu. 639* ; *RJS 6/2021, n° 298.*

51. Location-gérance. Si, à l'expiration d'un contrat de location-gérance, le contrat de travail subsiste en principe avec le bailleur, c'est à la condition que la même entreprise continue à fonctionner et fasse retour dans le patrimoine de celui-ci. • Soc. 9 juin 1983 : *Bull. civ. V, n° 318 ; Dr. soc. 1984. 91, note Blaise.* ♦ V. aussi : • Soc. 27 juin 1990, n° 87-40.224 P.

52. Reprise de chantiers. La reprise, par une société spécialement créée à cette fin, de différents chantiers et du personnel d'une autre société, en sorte que les mêmes travaux se sont poursuivis avec les mêmes ouvriers, implique une modification de la situation juridique de l'employeur. • Soc. 9 avr. 1987 : *Bull. civ. V, n° 198.*

53. Autres illustrations. L'application de l'art. L. 122-12 [art. L. 1224-1 nouv.] est écartée lorsqu'une entreprise s'approvisionne en plats cuisinés après avoir résilié le contrat qui l'unissait à une société de restauration. • Soc. 5 juill. 1983 : *Bull. civ. V, n° 391 ; D. 1984. IR 358, obs. Langlois ; Dr. soc. 1984. 91, note Blaise.* ♦ La substitution, à la fourniture de plats préparés par un traiteur extérieur, d'un service de restauration intérieur assuré par un atelier d'apprentissage professionnel destiné aux travailleurs handicapés et encadrés par des éducateurs spécialisés modifie la nature et l'objet de l'entité dont relevaient les salariés du traiteur extérieur, qui ne peuvent donc se prévaloir du transfert de leur contrat de travail auprès de l'entreprise adaptée. • Soc. 12 juill. 2010 : *D. actu. 31 août 2010, obs. Ines ; RJS 2010. 667, n° 723 ; Dr. soc. 2010. 1128, obs. Mazeaud.* ♦ ... Ou lorsque le cédant d'un droit au bail exploitait une activité de vente de tissus, alors que le cessionnaire tient un commerce de prêt-à-porter. • Soc. 9 mai 1989 : *CSB 1989. 151. S. 83.* ♦ V. aussi : • Soc. 18 oct. 1983 : *D. 1984. IR 358, 2e esp., obs. Langlois.* • 23 mai 1984 : *Bull. civ. V, n° 221.* ♦ ... Ou lorsqu'une entreprise confie la charge de sa distribution, qu'elle assurait elle-même antérieurement, à une entreprise de transport de marchandises de la société cédante. • Soc. 12 déc. 1990, n° 87-45.251 P.

II. EFFETS DE L'ART. L. 1224-1

A. CARACTÈRE D'ORDRE PUBLIC

54. Ordre public. Il ne peut être dérogé par des conventions particulières aux dispositions d'ordre public de l'art. L. 122-12, al. 2 [L. 1224-1 nouv.]. • Soc. 13 juin 1990, n° 86-45.216 P : *D. 1990. IR 184.* • 22 juin 1993, n° 90-44.705 P : *Dr. soc. 1993. 769 ; RJS 1993. 503, n° 844.* ♦ V. aussi : • Soc. 14 déc. 1976 : *Bull. civ. V, n° 663* (engagement pris par l'employeur de licencier les salariés refusant le transfert de leur contrat) • 3 mars 1983 : *ibid., n° 134.*

55. Information des salariés. L'art. 7, al. 6, Dir. transfert du 12 mars 2001, relatif à l'obligation d'informer les salariés du transfert et de ses conséquences en l'absence de représentants du personnel, invoquée par les salariés, n'a pas été transposée en droit interne, de sorte qu'il ne peut créer d'obligations à la charge de l'employeur. • Soc. 18 nov. 2009 : *D. 2010. 1267, note Tissandier ; Dr. soc. 2010. 245, obs. Mazeaud ; JSL 2010, n° 272-4* • Soc. 17 déc. 2013 : *D. actu. 27 janv. 2013, obs. Ines ; D. 2014. Actu. 24* ; *RDT 2014. 182, obs. Moizard* ; *RJS 3/2014, n° 197 ; JCP E 2014. 1294, obs. Morvan.*

56. Ni l'interruption de l'activité, ni la délivrance d'un reçu pour solde de tout compte, ni la modification des conditions d'exploitation par le cessionnaire ne peuvent faire échec à l'application de l'art. L. 122-12 [art. L. 1224-1 nouv.]. • Soc. 10 oct. 1990 : *RJS 1991. 82, n° 160.*

57. Lorsque des salariés ont quitté leur premier employeur et ont conclu un nouveau contrat de travail avec l'acquéreur de l'entreprise tout en n'ayant jamais cessé de travailler, le juge doit rechercher s'ils n'avaient pas accepté de changer d'employeur qu'en considération de la cession de l'entreprise déjà décidée, ce qui ne pouvait faire échec aux dispositions d'ordre public de l'art. L. 122-12 [art. L. 1224-1 nouv.]. • Soc. 18 avr. 1989 : *Bull. civ. V, n° 280 ; D. 1989. IR 138.* – V. aussi • Soc. 26 oct. 1994 : *Dr. soc. 1995. 55, obs. Blaise.* ♦ La démission des salariés ne peut faire échec aux dispositions de l'art. L. 122-12 [art. L. 1224-1 nouv.], dès lors qu'ils avaient continué d'exercer leurs fonctions au service du nouvel employeur. • Soc. 12 févr. 1991, n° 88-41.373 P : *RJS 1991. 163, n° 311.* ♦ Dans le même sens : • Soc. 10 juill. 1996 : *CSB 1996. 336, S. 155.* ♦ C'est par le seul effet de la loi que les contrats de travail subsistent et cette transmission s'impose aux salariés comme à l'employeur. • Soc. 16 janv. 1990, n° 88-40.054 P.

58. Renonciation. Un salarié peut renoncer à l'application de l'art. L. 122-12, al. 2 [art. L. 1224-1 nouv.]. • Soc. 20 juin 1985 : *Juri social 1985, F. 75.*

59. Action syndicale. La violation des dispositions de l'art. L. 1224-1 porte atteinte à l'intérêt collectif de la profession représentée par le syndicat, de sorte que l'intervention de ce dernier au côté des salariés à l'occasion d'un litige portant sur l'applicabilité de ce texte est recevable. • Soc. 23 sept. 2009, n° 08-42.109 P : *D. 2009. AJ 2431* ; *RJS 12/2009, n° 957* ; *JCP S 2009. 1584, obs. Kerbourc'h*. ♦ Mais l'action en revendication du transfert d'un contrat de travail est un droit exclusivement attaché à la personne du salarié. • Soc. 12 juill. 2017, n° 16-10.460 P : *D. 2017. Actu. 1534* ; *Dr. soc. 2017. 879, note Mouly* ; *RJS 10/2017, n° 682* ; *SSL 2017, n° 1785, p. 12* ; *JCP S 2017. 1332, obs. Brissy*.

60. Action en reconnaissance de l'AGS. En l'absence de fraude du salarié, l'AGS ne dispose d'aucun droit propre en reconnaissance d'un transfert des contrats de travail et est irrecevable en ses demandes à ce titre. • Soc. 8 déc. 2016, n° 14-28.401 P : *D. 2016. Actu. 2577* ; *RJS 2/2017, n° 95* ; *JCP S 2017. 1032, obs. Fin-Langer*.

B. EFFETS SUR LA PÉRIODE ANTÉRIEURE AU TRANSFERT

61. Validité de principe des licenciements. Sauf fraude à l'ordre des licenciements et aux droits des salariés, l'art. L. 122-12 [art. L. 1224-1 nouv.] ne fait pas nécessairement obstacle à ce que le salarié soit licencié avant même le changement d'employeur, compte tenu de la réorganisation de l'entreprise à laquelle le futur employeur a d'ores et déjà décidé de procéder. • Soc. 8 juin 1979 : *Bull. civ. V, n° 502* • 18 mars 1982 : *ibid., n° 184* ; *D. 1983. IR 168, obs. Pélissier* • 6 nov. 1991 : *D. 1991. IR 286* ; *Dr. soc. 1992. 75* ; *RJS 1991. 700, n° 1296*. ♦ Comp., en l'absence de volonté de réorganisation : • Soc. 4 janv. 1974 : *D. 1974. IR 29* ; *JCP 1974. II. 17878, note Lazerges*. ♦ Si l'art. L. 122-12, al. 2 [art. L. 1224-1 nouv.], ne fait pas obstacle à des licenciements pouvant intervenir antérieurement à la cession pour des raisons économiques ou techniques impliquant une suppression d'emploi, l'intention manifestée par le cessionnaire de poursuivre seul l'exploitation ne saurait constituer pour le cédant une cause légitime de rupture du contrat de travail du salarié employé dans l'entreprise transférée. • Soc. 17 juill. 1990, n° 86-40.155 P : *D. 1991. Somm. 149, obs. Gallot* ; *RJS 1990. 448, n° 650* • 27 juin 1995 : *D. 1995. IR 174* ; *RJS 1995. 650, n° 1013* ; *JCP 1996. I. 3899, obs. Coursier*.

62. Licenciements nuls. Le transfert d'une entité économique autonome entraîne de plein droit le maintien, avec le nouvel employeur, des contrats de travail qui y sont attachés et prive d'effet les licenciements prononcés par le cédant pour motif économique. • Soc. 11 mars 2003, n° 01-41.842 P : *GADT, 4e éd., n° 64* ; *Dr. soc. 2003. 474, rapp. Bailly et note Mazeaud*. ♦ Le changement d'employeurs résultant de plein droit du transfert d'une entité économique autonome s'impose tant aux employeurs successifs qu'aux salariés concernés ; il en résulte que le licenciement prononcé par le cédant est privé d'effet et que le salarié licencié en raison de son refus de changer d'employeur ne peut prétendre au paiement d'indemnités de rupture et de dommages-intérêts. • Soc. 14 déc. 2004, n° 03-41.713 P : *Dr. soc. 2005. 229, obs. Mazeaud* ; *JSL 2005, n° 161-4* ; *RJS 2005. 101, n° 126*. ♦ S'il survient une modification dans la situation juridique de l'employeur, tous les contrats de travail en cours au jour de la modification subsistent entre le nouvel employeur et le personnel de l'entreprise ; il s'ensuit que les licenciements prononcés à l'occasion d'une telle modification sont privés d'effet, et que les salariés licenciés ont le choix de demander au nouvel employeur la poursuite de leur contrat de travail, qui est alors censé n'avoir jamais été rompu, ou la réparation du préjudice qui découle de la rupture par l'auteur du licenciement. • Soc. 15 févr. 2006 : *RJS 2006. 382, n° 533* ; *Dr. soc. 2006. 572, obs. Mazeaud*. ♦ La clause de la convention de cession d'une entité économique autonome appartenant à une entreprise en liquidation judiciaire, qui ne prévoit que la reprise d'une partie des salariés, doit être réputée non écrite car contraire aux dispositions d'ordre public de l'art. L. 122-45, al. 2 [art. L. 1132-2 nouv.] ; mais cela n'affecte pas la validité de l'acte de cession dans son entier. • Cass., ch. mixte, 7 juill. 2006 : *RDT 2006. 388, obs. Waquet* ; *Dr. soc. 2006. 1064, obs. Mazeaud* ; *RJS 2006. 768, n° 1029* ; *JSL 2006, n° 197-4*. ♦ Dans cette hypothèse, le cédant qui a continué à utiliser les services du salarié évincé à tort du transfert par une convention réputée non écrite ne peut obtenir du cessionnaire le remboursement des sommes afférentes à l'exécution ou à la rupture de ces contrats. • Soc. 11 févr. 2009 : *RDT 2009. 304, obs. Guyader* ; *Dr. soc. 2009. 618, obs. Mazeaud* ; *RJS 2009. 280, n° 318*.

63. Procédures collectives. Les licenciements prononcés par un syndic demeurant sans effet si l'exploitation se poursuit, même après une suspension d'activité, c'est à bon droit qu'une cour d'appel a pu décider que l'art. L. 122-12 [art. L. 1224-1 nouv.] devait être appliqué. • Soc. 13 juin 1990, n° 86-45.083 P : *D. 1990. IR 184* ; *CSB 1990, suppl. au n° 22, p. 12, obs. Morville* • 20 oct. 1994 : *Dr. soc. 1995. 57*. ♦ V. aussi : • Soc. 13 juin 1990, n° 86-45.216 P : *CSB suppl. au n° 22, p. 12, obs. Morville* (nullité des licenciements prononcés par le syndic au motif d'une cessation d'activité qui ne s'est pas réalisée et condamnation *in solidum* du syndic et du cessionnaire, l'engagement du syndic de faire son affaire des contrats de travail des salariés ne pouvant avoir d'effet qu'entre les employeurs successifs) • 30 juin 1992, n° 90-44.057 P : *Dr. soc. 1992. 837* ; *CSB 1992. 233, A. 44* ; *RJS 1992. 538, n° 964* (nullité du licenciement des salariés repris par le cessionnaire) • 9 juill. 1997 : *RJS 1997. 825, n° 1340* (même solution). ♦ La décision du juge-commissaire d'autoriser la cession d'éléments d'actifs de l'entreprise n'est pas de nature à faire échec à l'application de l'art.

CONTRAT DE TRAVAIL   **Art. L. 1224-1** 159

L. 122-12, al. 2 [art. L. 1224-1 nouv.]. • Soc. 21 oct. 1998, ⚖ n° 96-42.116 P : *D. 1998. IR 247 ; RJS 1998. 886, n° 1451*. ♦ Les licenciements prononcés par le mandataire-liquidateur avant la cession autorisée par le juge-commissaire sont sans effet. • Soc. 3 avr. 2001 : ⚖ *RJS 2001. 503, n° 725*.

64. Seuls sont transférés les salariés dont l'emploi est attaché à l'activité cédée ; les licenciements des autres salariés autorisés par le juge-commissaire sont valables et il appartient au mandataire-liquidateur d'établir un ordre des licenciements. • Soc. 27 nov. 2001, ⚖ n° 99-43.380 P : *RJS 2002. 237, n° 290*. ♦ Il en va de même de la rupture d'un commun accord des contrats de travail des salariés ayant accepté de bénéficier d'une convention de conversion proposée à l'initiative du mandataire-liquidateur avant la cession ultérieurement autorisée par le juge-commissaire. • Soc. 3 avr. 2001 : ⚖ *RJS 2001. 504, n° 725*. ♦ Sur la licéité des licenciements lorsque la continuation de l'exploitation n'a été envisagée que sous condition du congédiement préalable par la société en règlement judiciaire d'une partie du personnel, selon un plan de redressement arrêté sans fraude. • Soc. 31 janv. 1980, ⚖ n° 78-40.988 P : *D. 1980. 398, note Derrida ; JCP CI 1981. I. 9416, note Cabrillac et Argenson ; Dr. ouvrier 1980. 411, note Saramito* • 21 mars 1990, ⚖ n° 87-41.145 P • 12 déc. 1990, n° 87-45.048 P : *D. 1991. IR 51* ⚖ ; *CSB 1991. 43, A. 15* • 23 juin 1993 : ⚖ *RJS 1993. 516, n° 861* • 31 mars 1998, ⚖ n° 92-41.395 P : *D. 1998. IR 122* ⚖.

65. Recours du liquidateur. Lorsque l'activité d'une société en liquidation judiciaire a été reprise et poursuivie, le liquidateur judiciaire qui a procédé au licenciement des salariés dispose, pour le cas où les dispositions de l'art. L. 1224-1 C. trav. seraient applicables, d'un recours en garantie à l'encontre du repreneur ayant refusé de poursuivre les contrats de travail • Soc. 12 juill. 2017, ⚖ n° 16-12.659 P : *D. 2017. Actu. 1534* ⚖ ; *JCP S 2017. 1331, obs. Fin-Langer*.

66. Annulation de l'autorisation administrative de licenciement. L'annulation de l'autorisation administrative de licenciement d'un salarié protégé ne laissant rien subsister de celle-ci, le contrat de travail du représentant a pu être transféré et sa réintégration doit s'effectuer chez le nouvel employeur. • Soc. 26 sept. 1990 : ⚖ *RJS 1990. 568, n° 842* • 10 oct. 1990 : ⚖ *RJS 1990. 568, n° 843* • Crim. 15 oct. 1991 : ⚖ *D. 1992. IR 23* ⚖. ♦ Lorsque le transfert du contrat de travail d'un salarié protégé entraîne une nulle faute d'autorisation de l'inspecteur du travail, ce contrat est, de fait, rompu par l'entreprise cédante. • Soc. 18 juin 2014 : ⚖ *D. actu. 15 juill. 2014, obs. Ines ; RJS 2014. 607, n° 709*. ♦ Le salarié licencié sans autorisation s'étant borné à demander l'indemnisation de son préjudice et non la poursuite de son contrat, il en résulte que la société ayant repris l'entreprise n'est pas tenue des obligations incombant à l'ancien employeur. • Soc. 28 oct. 1996, ⚖ n° 95-40.994 P : *Dr. soc. 1997. 263, note Cohen* ⚖ ; *RJS 1996. 828, n° 1286*.

67. Collusion frauduleuse. Pour des hypothèses de collusion frauduleuse entre le cédant et le cessionnaire. V. • Soc. 15 oct. 1987 : *D. 1987. IR 223* • 18 févr. 1988 : *Bull. civ. V, n° 114* • 2 mai 1989 : *ibid., n° 318* • 10 mai 1999, ⚖ n° 96-45.250 P : *D. 1999. IR 163* ⚖ ; *RJS 1999. 488, n° 797*. ♦ Les licenciements prononcés par le cédant en application d'un plan de cession mais suivis de réembauchage par le cessionnaire, même si une suspension d'activité a eu lieu entre les licenciements et les réembauchages, sont sans effets. • Soc. 14 déc. 1999, ⚖ n° 98-41.520 P : *RJS 2000. 275, n° 381*. ♦ Les sociétés cédantes et cessionnaires, qui se sont entendues, dans l'acte de cession, sur la poursuite des contrats de travail à des conditions différentes de celles en vigueur au jour du transfert et sur les conséquences éventuelles d'une résiliation des contrats, doivent réparer le préjudice des salariés lié à la rupture de leur contrat ainsi causée par leur action commune et sont condamnées *in solidum* au paiement de dommages-intérêts. • Soc. 28 janv. 2015, ⚖ n° 13-16.719 P : *D. 2015. Actu. 328* ⚖ ; *RJS 4/2015, n° 236 ; JCP G 2015, n° 183, obs. Lefranc-Harmoniaux ; JCP S 2015. 1100, note Chenu*.

68. Situation du salarié illégalement licencié par le cédant. L'employeur ne peut se prévaloir de l'irrégularité d'un licenciement prononcé en violation de l'art. L. 122-12 [art. L. 1224-1 nouv.] pour le considérer comme caduc. • Soc. 20 oct. 1983 : *Bull. civ. V, n° 518*. ♦ Le salarié peut, à son choix, demander au repreneur la poursuite du contrat de travail illégalement rompu ou demander à l'auteur du licenciement illégal la réparation du préjudice en résultant. • Soc. 20 mars 2002, ⚖ n° 00-41.651 P : *D. 2002. IR 1322* ⚖ ; *RJS 2002. 524, n° 656 ; Dr. soc. 2002. 516, note Mazeaud ; JCP E 2002. 1764, obs. Morvan ; CSB 2002. 227, A. 28*. ♦ Comp. : • Soc. 20 janv. 1998 : ⚖ *JCP 1998. II. 10027, rapp. Waquet ; Dr. soc. 1998. 297, obs. Vatinet* ⚖ ; *RJS 1998. 176, n° 280*. ♦ Si le salarié licencié pour motif économique à l'occasion du transfert de l'entreprise peut demander au cédant réparation du préjudice que lui cause la perte de son emploi, c'est à la condition que le contrat de travail ne soit pas poursuivi avec le cessionnaire ; sauf en cas de collusion frauduleuse, les modifications apportées le cessionnaire aux contrats de travail des salariés passés à son service, à la suite du changement d'employeur, ne peuvent constituer un manquement du cédant à ses obligations. • Soc. 13 mai 2009 : ⚖ *D. 2009. AJ 1542, obs. Perrin* ⚖ ; *RDT 2009. 514, obs. Guyader* ⚖ ; *Dr. soc. 2010. 125, obs. Mazeaud* ⚖ ; *RJS 2009. 548, n° 612 ; Dr. ouvrier 2009. 522, obs. Taraud*. ♦ L'absence de condamnation du cédant n'empêche pas celle du cessionnaire qui a refusé de poursuivre le contrat de travail du salarié licencié par l'administrateur judiciaire nonobstant le plan de cession. • Soc. 20 oct. 2004 : ⚖ *RJS 2005. 30, n° 17*.

69. L'opposabilité de l'art. L. 122-12 [art. L. 1224-1 nouv.] n'a pas lieu de s'appliquer lorsque la société repreneuse n'a pu être constituée que parce que les salariés qui l'avaient créée avaient été préalablement licenciés dans le cadre d'une procédure de liquidation judiciaire. ● Soc. 7 mars 1989 : *Bull. civ. V, n° 180 ; D. 1989. IR 96* ● 12 nov. 1997, n° 95-42.533 P : *Dr. soc. 1998. 93, note Vatinet*.

70. Le changement d'employeur s'impose au salarié lorsque le cessionnaire l'informe, avant l'expiration du préavis, de son intention de poursuivre, sans modification, le contrat de travail. ● Soc. 11 mars 2003, n° 01-41.842 P : *GADT, 4e éd., n° 64 ; Dr. soc. 2003. 474, rapp. Bailly et note Mazeaud*.

71. La poursuite de l'activité et la reprise de 25 des contrats de travail qui justifient l'application de l'art. L. 122-12 [art. L. 1224-1 nouv.] autorisent l'ASSEDIC à demander que soit constatée la nullité du licenciement et à ordonner le remboursement des indemnités de rupture qu'elle a indûment versées. ● Soc. 15 déc. 1998, n° 96-44.233 P : *D. 1999. IR 26 ; Dr. soc. 1999. 201, obs. Gauriau*.

72. Délit d'entrave. Le caractère volontaire du délit d'entrave est établi dès lors que le syndic omet, à trois reprises, de rechercher la présence de salariés protégés dans l'opération de transfert, alors que ceux-ci étaient nécessairement concernés par le plan de cession de l'ensemble de l'entreprise, et qu'il ne sollicite pas l'avis de l'inspecteur du travail. ● Crim. 30 janv. 1996, n° 94-83.509 P : *D. 1996. IR 119 ; RJS 1997. 373, n° 572*.

73. Intérêt collectif de la profession. La violation de l'art. L. 1224-1 porte atteinte à l'intérêt collectif de la profession représentée par le syndicat, de sorte que l'intervention de ce dernier au côté des salariés à l'occasion d'un litige portant sur l'applicabilité de ce texte est recevable. ● Soc. 23 sept. 2009 : *D. 2009. AJ 2431 ; RJS 2009. 835, n° 958 ; JCP S 2009. 1584, obs. Kerbourc'h*. ◆ Les syndicats ne sont pas toutefois recevables à agir pour demander communication à leur profit de documents qui auraient dû être transmis au comité d'entreprise par l'employeur à l'occasion d'un transfert d'entreprise et ils ne peuvent agir devant le tribunal de grande instance pour contester l'application des dispositions de l'art. L. 1224-1. ● Soc. 11 sept. 2012 : *D. actu. 28 sept. 2012, obs. Ines ; SSL 2012, n° 1554, p. 10, obs. Tarasewicz et Jacquelet ; Dr. soc. 2012. 1065, obs. Mazeaud ; RJS 2012. 758, n° 882 ; JCP S 2012. 1521, obs. Loiseau*.

C. MAINTIEN DES CONTRATS DE TRAVAIL

1° SALARIÉS CONCERNÉS

74. Salarié en situation irrégulière. Le travailleur étranger non muni d'un titre l'autorisant à exercer une activité salariée en France n'est pas assimilé à un salarié régulièrement engagé au regard des règles régissant le transfert du contrat de travail. ● Soc. 17 avr. 2019, n° 18-15.321 P : *D. actu. 27 mai 2019, obs. Fraisse ; D. 2019. Actu. 893 ; Dr. soc. 2019. 660, note Mouly ; RJS 7/2019, n° 415 ; Dr. ouvrier 2019. 625, obs. Schmid*.

75. Cession partielle d'activités. En présence d'un transfert d'entreprise impliquant plusieurs cessionnaires, l'art. 3, § 1, de la Dir. 2001/23 doit être interprété en ce sens que les droits et les obligations résultant d'un contrat de travail sont transférés à chacun des cessionnaires, au *prorata* des fonctions exercées par le travailleur concerné, à condition que la scission du contrat de travail en résultant soit possible ou n'entraîne pas une détérioration des conditions de travail ni ne porte atteinte au maintien des droits des travailleurs garanti par cette directive, ce qu'il incombe à la juridiction de renvoi de vérifier. ● CJUE 26 mars 2020, *ISS Facility Services NV*, n° C-344/18 : *RDT 2020. 401, note Mihman ; RJS 7/2020, n° 394*. ◆ Il résulte de l'art. L. 1224-1 C. trav., interprété à la lumière de la Dir. 2001/23/CE du 12 mars 2001, que, lorsque le salarié est affecté tant dans le secteur repris, constituant une entité économique autonome conservant son identité et dont l'activité est poursuivie ou reprise, que dans un secteur d'activité non repris, le contrat de travail de ce salarié est transféré pour la partie de l'activité qu'il consacre au secteur cédé, sauf si la scission du contrat de travail, au *prorata* des fonctions exercées par le salarié, est impossible, entraîne une détérioration des conditions de travail de ce dernier ou porte atteinte au maintien de ses droits garantis par la directive. ● Soc. 30 sept. 2020, n° 18-24.881 P : *D. 2020. Actu. 1899 ; Dr. soc. 2021. 28, note Tournaux ; RJS 12/2020, n° 582 ; Dr. ouvrier 2020. 1, note Willocx ; JSL 2020, n° 508-3, obs. Lhernould ; JCP 2020. 1174, obs. Dedessus-Le-Moustier ; JCP S 2020. 3037, obs. Morvan*. ◆ Comp. *ante* : lors de la cession d'une unité de travail, seuls les salariés affectés exclusivement à cette unité sont transférés. ● Soc. 17 mars 1988 : *Bull. civ. V, n° 186 ; RJS 1989. 3, note Déprez*. ◆ Le contrat de travail du salarié qui s'exécutait pour l'essentiel dans le secteur d'activité repris par la société cessionnaire doit être transféré dans son ensemble alors même qu'il avait continué à exercer des tâches dans un secteur encore exploité par la société cédante. ● Soc. 30 mars 2010 : *D. actu. 12 mai 2010, obs. Cortot ; RJS 6/2010, n° 489 ; SSL 2010, n° 1456, p. 11*. ◆ En cas de cession partielle d'entreprise, le contrat de travail d'un salarié n'est transféré au nouvel employeur que s'il exerce l'essentiel de ses fonctions au sein de l'entité transférée ; il se poursuit avec l'employeur initial. ● Soc. 21 sept. 2016, n° 14-30.056 P : *D. 2016. Actu. 1937 ; RDT 2017. 40, obs. Bento de Carvalho ; RJS 12/2016, n° 761 ; JCP S 2017. 1068, obs. Barège*.

76. Le salarié affecté à une entité économique transférée en application du plan de cession arrêté par le tribunal de commerce, à un cessionnaire qui en a poursuivi l'activité, doit être repris par celui-ci, peu important qu'il ne figure pas sur la liste nominative et qu'il ait été en arrêt de travail pour cause d'accident du travail à la date du plan de cession. • Soc. 16 mars 1999 : 🛡 RJS 1999. 403, n° 650.

77. Mandataire social. La qualité de mandataire social dans la société cédée ne fait pas obstacle à l'application de l'art. L. 122-12, al. 2 [art. L. 1224-1 nouv.], en cas de cumul du mandat avec un contrat de travail. • Soc. 13 nov. 2001, 🛡 n° 99-43.016 P : *Dr. soc.* 2002. 115, obs. Couturier ⌀. ♦ Impossibilité de reprise du contrat de travail d'un salarié qui est administrateur de la société qui le reprend : V. • Soc. 22 oct. 1996 : 🛡 *RJS* 1996. 852, n° 1331. ♦ Mais l'art. L. 122-12 [art. L. 1224-1 nouv.] s'applique au contrat de travail d'un salarié administrateur de l'entreprise cédée et qui conserve les mêmes fonctions dans la nouvelle société. • Soc. 14 mai 1997, 🛡 n° 94-40.227 P : *RJS* 1997. 723, n° 1170.

78. Associé. La cession de l'entreprise en redressement judiciaire arrêtée par le tribunal de la procédure collective entraîne de plein droit le transfert d'une entité économique autonome conservant son identité et, par voie de conséquence, la poursuite, par le cessionnaire, des contrats de travail des salariés attachés à l'entreprise cédée, y compris le contrat de travail d'un salarié ayant, par ailleurs, la qualité d'associé de la SARL qui exploitait le fonds cédé, nonobstant toute stipulation contraire. • Soc. 30 avr. 2014 : 🛡 *D. actu.* 20 mai 2014, obs. Ines ; *RJS* 2014. 488, n° 594 ; *JSL* 2014, n° 368-3, obs. Tissandier.

79. Contrat de travail suspendu. Un contrat de travail suspendu pour quelque cause que ce soit reste en cours au sens de l'art. L. 122-12, al. 2 [art. L. 1224-1 nouv.]. • Soc. 8 févr. 1989 : *Bull. civ.* V, n° 103.

80. Détachement. L'art. L. 122-12 [art. L. 1224-1 nouv.] s'applique au salarié bien qu'il ait été en position de détachement lors du transfert de l'unité économique dès lors qu'il était demeuré salarié de la première société. • Soc. 14 mai 1997 ; 🛡 n° 94-41.814 P : *Dr. soc.* 1997. 736, obs. A. Mazeaud ⌀ ; *RJS* 1997. 599, n° 951. ♦ La considération de la personne auprès de laquelle est détaché un fonctionnaire constitue un élément déterminant du détachement qui ne peut être modifié que par l'administration ayant pouvoir de nomination ; il en résulte que les dispositions des art. L. 1224-1 et L. 1224-3 relatives au sort des contrats de travail en cas de modification dans la situation juridique de l'employeur ou de reprise par une personne publique dans le cadre d'un service public administratif de l'activité d'une entité économique employant des salariés de droit privé ne sont pas applicables au contrat de travail liant le fonctionnaire détaché et l'organisme d'accueil au profit duquel, seul, le détachement a été opéré. • Soc. 8 avr. 2014 : 🛡 *D. actu.* 3 juin 2014, obs. Ines ; *RJS* 2014. 421, n° 524 ; *RDT* 2014. 463, obs. Debord ⌀ ; *JCP G* 2014. 508, note Lefranc-Hamoniaux.

81. Rupture antérieure au transfert. Fait une fausse application de l'art. L. 122-12 [art. L. 1224-1 nouv.] la cour d'appel qui accueille une demande de paiement d'une indemnité de clientèle formée contre le nouvel employeur, alors que le contrat de travail avait été rompu avant le transfert et n'était plus en cours au jour de la reprise de l'exploitation. • Soc. 25 avr. 1979 : *Bull. civ.* V, n° 331. ♦ Dans le même sens : • Soc. 26 mars 1980 : *Bull. civ.* V, n° 300 (salarié réembauché par le nouvel employeur après que son contrat initial a été rompu) • 26 févr. 1992, 🛡 n° 89-41.353 P. ♦ Le contrat de travail d'un salarié licencié antérieurement au changement d'employeur ne se poursuit avec le nouvel employeur que pour l'exécution du préavis en cours. • Soc. 24 janv. 1990, 🛡 n° 86-41.497 P : *D.* 1990. *IR* 286 ; *Dr. soc.* 1992. 75 ; *RJS* 1991. 700, n° 1296.

82. Les actes juridiques accomplis par le débiteur au cours de la période d'observation du redressement judiciaire ne sont pas frappés de nullité mais simplement d'inopposabilité à la procédure collective, et l'employeur qui succède à l'employeur en redressement judiciaire ne peut opposer au salarié la méconnaissance de la règle du dessaisissement. • Soc. 5 nov. 2014, 🛡 n° 13-19.662 : *RJDA* 4/2015, n° 291 ; *RJS* 1/2015, n° 6.

83. Qualité de cédant. Peut être considéré comme un « cédant », au sens de l'art. 2, § 1, a) de la Dir. 2001/23/CE, l'entreprise du groupe à laquelle les travailleurs étaient affectés de manière permanente sans toutefois être liés à cette dernière par un contrat de travail, bien qu'il existe au sein de ce groupe une entreprise avec laquelle les travailleurs concernés étaient liés par un tel contrat. • CJUE 21 oct. 2010 : 🛡 *RDT* 2011. 35, obs. Tissandier ⌀.

2° TRANSFERT DES CONTRATS

a. Contrats concernés

84. Contrat d'apprentissage. L'art. L. 122-12 [art. L. 1224-1 nouv.] s'applique au contrat d'apprentissage. • Soc. 4 mars 1987 : *Bull. civ.* V, n° 146 ; *D.* 1982. *IR* 312 • 28 mars 1996, 🛡 n° 93-40.716 P : *RJS* 1996. 367, n° 582. ♦ Le décès de l'employeur n'emporte pas par lui-même la rupture du contrat d'apprentissage, la reprise de l'exploitation du fonds de commerce, dans les mêmes locaux, entraîne l'application de l'art. L. 1224-1 et le transfert du contrat d'apprentissage. • Soc. 14 nov. 2018, 🛡 n° 17-24.464 P : *D.* 2018. *Actu.* 2241 ⌀ ; *RJS* 1/2019, n° 8.

85. Contrat de qualification. Le contrat de qualification, qui constitue un contrat de travail à durée déterminée, est transmis de plein droit au cessionnaire par l'effet de l'art. L. 122-12 [art. L. 1224-1 nouv.] lors du transfert de l'entreprise.

• Soc. 3 mars 1998, n° 95-42.609 P : *Dr. soc. 1998. 704, obs. Vatinet*.

86. Contrat de mission. Lorsqu'une entreprise utilisatrice a recours à un salarié d'une entreprise de travail temporaire en méconnaissance des dispositions des art. L. 1251-5 à L. 1251-7, L. 1251-10 à L. 1251-12, L. 1251-30 et L. 1251-35 C. trav., ce salarié peut faire valoir auprès de l'entreprise utilisatrice les droits correspondant à un contrat de travail à durée indéterminée prenant effet au premier jour de sa mission ; cette requalification produit effet sur la période précédant la modification de la situation juridique de l'entreprise utilisatrice lorsque l'exécution du dernier contrat de mission du salarié intérimaire a été reprise et poursuivie par la nouvelle structure. • Soc. 23 nov. 2022, n° 19-16.608 B : *D. actu. 7 déc. 2022, obs. Malfettes ; RJS 2/2023, n° 67*.

87. VRP. L'art. L. 122-12 [art. L. 1224-1 nouv.] s'applique aux VRP. • Soc. 19 juill. 1981 : *Bull. civ. V, n° 144*. ♦ ... Ainsi qu'aux salariés agricoles. • Cass., ass. plén., 21 janv. 1964 : *JCP 1964. II. 13554*.

b. Transfert par effet de la loi

88. Transfert automatique. L'employeur n'a pas à notifier au salarié le transfert de son contrat. • Soc. 23 oct. 1968 : *D. 1969. 166 ; JCP 1969. II. 475, obs. Savatier*. ♦ Les dispositions de l'art. L. 122-12 [art. L. 1224-1 nouv.] n'obligent pas l'employeur à informer le salarié de la cession de l'entreprise dans laquelle il est employé. • Soc. 14 déc. 1990, n° 87-16.587 P : *RJS 2000. 174, n° 253*. ♦ La remise d'un certificat de travail et le versement d'une indemnité de congés payés sont inopérants pour engendrer la rupture du contrat. • Soc. 6 mai 1975 : *Bull. civ. V, n° 232*. ♦ Sur l'obligation du repreneur d'information des salariés concernés par la modification d'employeur, V. • Soc. 4 juill. 2007 : *RDT 2007. 654, obs. Waquet*.

89. Fraude. Conserve la qualité d'employeur la société qui, ayant appris qu'elle allait perdre la gestion d'un restaurant d'entreprise, y embauche trois salariés dans le seul but de ne plus les conserver à son service. • Soc. 29 mai 1991 : *RJS 1991. 426, n° 813*. ♦ Le fait pour l'employeur d'éluder, par un transfert litigieux, les droits et garanties dont les salariés auraient bénéficié en cas de licenciement économique caractérise une faute au regard de l'exécution loyale des contrats de travail. • Soc. 21 juin 2006 : *Dr. soc. 2006. 1062, obs. Mazeaud ; JCP S 2006. 1696, note Morvan*.

90. Sauf fraude, l'art. L. 122-12 [art. L. 1224-1 nouv.] n'interdit pas à l'employeur de s'engager à conserver à son service les salariés refusant le transfert de leur contrat. • Soc. 9 janv. 1985 : *D. 1985. IR 268*. ♦ Pour un cas de fraude ayant entraîné la condamnation solidaire de deux employeurs, V. • Soc. 4 avr. 1990, n° 86-44.229 P. ♦ Lorsqu'un salarié refuse d'entrer au service d'un cessionnaire, le cédant est libre de lui proposer un nouveau contrat de travail et le refus du salarié ne rend pas le cédant responsable de la rupture. • Soc. 16 janv. 1990, n° 88-40.054 P : *D. 1990. IR 29*.

91. Situation des salariés. Le transfert de son contrat de travail s'impose au salarié. • Soc. 16 janv. 1990, n° 88-40.054 P : *D. 1990. IR 29*. ♦ Le refus du salarié de poursuivre l'exécution du contrat maintenu s'analyse en une démission privative de toute indemnité. • Soc. 29 mai 1985 : *Bull. civ. V, n° 307* ♦ 5 nov. 1987 : *ibid, n° 616 ; D. 1987. IR 230* ♦ 10 oct. 2006 : *D. 2007. 472, note Mouly ; RDT 2006. 390, obs. Waquet ; JSL 2006, n° 200-6 ; SSL 2006, n° 1279, p. 10*. ♦ Le refus du salarié doit être individuel. • Soc. 10 oct. 2006 : *RJS 2006. 935, n° 1251 ; Dr. soc. 2006. 1191, obs. Mazeaud ; JSL 2006, n° 200-6*. ♦ Le délégué du personnel qui refuse la transmission de son contrat ne bénéficie plus des dispositions protectrices attachées à son mandat. • Soc. 29 avr. 1981 : *D. 1981. IR 78, obs. Pélissier*. ♦ Mais, dès l'instant qu'il a été convenu entre la société partiellement cédée et le salarié que celui-ci ne passerait pas au service de la société cessionnaire, le contrat de travail de ce salarié se poursuit sans solution de continuité avec l'employeur. • Soc. 26 mai 1998, n° 96-40.536 P. ♦ Même si l'entreprise a cessé de payer les salaires, le salarié ne peut s'estimer licencié et le contrat de travail se poursuit de plein droit avec le cédant dès lors que le plan de cession ne prévoyait aucun licenciement pour motif économique. • Soc. 6 juill. 1999, n° 97-42.231 P : *Dr. soc. 1999. 959, obs. Radé*.

92. Transfert illégal. Les indemnités accordées au salarié dont le contrat de travail a été cédé alors que les conditions légales n'étaient pas remplies réparent notamment le préjudice résultant de l'absence de bénéfice du régime de licenciement pour motif économique, distinct du dommage résultant de la rupture elle-même des contrats. • Soc. 21 juin 2006 : *RDT 2006. 143, obs. F. Guiomard ; ibid. 2006. 173, obs. Waquet ; JSL 2006, n° 194-6*.

c. Transfert volontaire

93. Nécessité d'un accord exprès. L'application volontaire de l'art. L. 122-12 [art. L. 1224-1 nouv.] nécessite l'accord exprès des salariés. • Soc. 2 avr. 1998 : *RJS 1998. 372*. ♦ Le changement d'employeur prévu et organisé par voie conventionnelle suppose l'accord exprès du salarié, qui ne peut résulter de la seule poursuite de son contrat de travail sous une autre direction. • Soc. 19 mai 2016, n° 14-26.556 P : *D. 2016. Actu. 1144 ; RDT 2016. 482, obs. Reynès ; RJS 8-9/2016, n° 550 ; JCP S 2016. 1242, obs. Bousez*. ♦ Un changement d'employeur qui constitue une novation du contrat de travail, ne s'impose au salarié que si les conditions d'application de l'art. L. 1224-1 C. trav. sont remplies ; en cas d'application de dispositions conventionnelles prévoyant et organisant le transfert des contrats de travail

CONTRAT DE TRAVAIL **Art. L. 1224-1** 163

hors application de ce texte, l'accord exprès du salarié est nécessaire au changement d'employeur et échappe au contrôle de l'inspecteur du travail. • Soc. 3 mars 2010 : ⚖ *D. 2010. AJ 703, obs. Perrin* ⚖ *; Dr. soc. 2010. 606, obs. Struillou* ⚖ *; JCP S 2010. 1220, obs. Drai.* ♦ Deux sociétés qui se succèdent dans l'exécution d'un marché peuvent convenir d'une application volontaire de l'art. L. 122-12. • Soc. 3 avr. 1991, ⚖ n° 88-41.112 P. ♦ Dans le même sens : • Soc. 4 mai 1994, ⚖ n° 90-45.628 P. ♦ Pour une application des dispositions de la convention collective des entreprises de nettoyage de locaux prévoyant une garantie d'emploi du personnel, V. • Soc. 12 juill. 1999, ⚖ n° 97-42.338 P : *RJS 1999. 764, n° 1231* • 12 juill. 2006 : ⚖ *RJS 2006. 860, n° 1154.*

94. Respect des dispositions conventionnelles. Dès lors que la convention collective ne prévoit que le transfert des salariés attachés au marché ayant fait l'objet du changement de prestataire, il en résulte que le marché dévolu au nouveau prestataire doit avoir le même objet et concerner les mêmes locaux. • Soc. 10 juin 1997, ⚖ n° 94-41.252 P : *CSB 1998. 181, A. 38 ; RJS 1998. 450, n° 706.* ♦ La convention collective nationale des entreprises de nettoyage de locaux met à la charge du nouveau prestataire l'obligation de se faire connaître par écrit auprès de l'entreprise sortante pour obtenir la liste du personnel à transférer. En l'absence de dispositions conventionnelles réglant les conséquences de l'inobservation de cette clause, l'entreprise sortante est tenue de maintenir la rémunération des salariés concernés par ce transfert tant que le contrat de travail n'a pas été repris par le nouveau prestataire. • Soc. 21 mars 2000 : ⚖ *RJS 2000. 542, n° 774.* ♦ L'entreprise sortante qui ne respecte pas les formalités prévues par la convention collective est responsable de la rupture des contrats de travail qui n'ont pu être repris. • Soc. 17 mars 1998, ⚖ n° 96-44.089 P : *CSB 1998. 181, A. 38.* ♦ Un manquement de l'entreprise sortante à son obligation de communiquer à l'entreprise entrante les documents prévus par l'accord conventionnel de reprise du personnel, ne peut empêcher le changement d'employeur que s'il met l'entreprise entrante dans l'impossibilité d'organiser la reprise effective du marché. • Soc. 28 nov. 2007 : ⚖ *RDT 2008. 176, obs. Waquet* ⚖ *; Dr. soc. 2008. 391, obs. Mazeaud* ⚖. ♦ La convention par laquelle un salarié quitte le poste qu'il occupait dans une entreprise pour entrer au service d'une autre entreprise appartenant au même groupe, organisant ainsi la poursuite du contrat de travail, hors application de l'art. L. 1224-1, n'emporte pas la transmission au nouvel employeur de l'ensemble des obligations qui incombaient à l'ancien employeur, sauf stipulations expresses en ce sens. Dès lors que la convention tripartite conclue entre la salariée et les deux employeurs successifs, qui avait pour objet la poursuite du contrat de travail au sein d'une autre société du groupe, avec maintien de l'ancienneté, de la même qualification et du même salaire, des droits acquis auprès du précédent employeur au titre des congés payés et du DIF, n'avait pas prévu une application volontaire de l'art. L. 1224-1, le salarié n'était pas recevable à former à l'encontre du nouvel employeur des demandes fondées sur les manquements imputables au premier employeur. Soc. 23 mars 2022, ⚖ n° 20-21.518 B : *D. 2022. 659* ⚖ *; Dr. soc. 2022. 467, obs. Mouly* ⚖ *; RJS 6/2022, n° 282 ; Dr. ouvrier 2022. 358, obs. Mazières ; JSL 2022, n° 541, obs. Nasom-Tissandier ; JCP S 2022. 1132, obs. Morvan.*

95. Licenciement en violation d'une convention de transfert des contrats de travail. Un salarié licencié en méconnaissance d'un dispositif conventionnel relatif à la poursuite des contrats de travail peut demander au repreneur la reprise de son contrat de travail ou demander à l'entrepreneur sortant à l'origine de la rupture du contrat la réparation du préjudice qui en résulte. • Soc. 10 nov. 2021, ⚖ n° 19-24.302 B : *D. actu. 26 nov. 2021, obs. Malfettes ; D. 2021. 2094* ⚖ *; RDT 2022. 103, obs. Kocher* ⚖ *; RJS 1/2022, n° 7.*

96. Conséquences du transfert volontaire. En cas d'application volontaire de l'art. L. 122-12 [art. L. 1224-1 nouv.], les mandats représentatifs ne sont pas maintenus. • Soc. 7 oct. 1992 : ⚖ *RJS 1992. 375, n° 1230.* ♦ L'application volontaire de l'art. L. 122-12 [art. L. 1224-1 nouv.] en vertu d'une clause conventionnelle ne saurait autoriser un employeur à imposer à un représentant du personnel un changement d'employeur qui constitue une modification de son contrat de travail. • Crim. 26 nov. 1996, ⚖ n° 94-86.016 P : *RJS 1997. 204, n° 304.* ♦ Le transfert des salariés attachés à un marché de nettoyage ayant fait l'objet d'un changement de prestataire entraîne la poursuite de leur contrat de travail ; il s'ensuit que doit être prise en compte l'ancienneté qu'ils ont acquise à partir de la date à laquelle le contrat a été exécuté. • Soc. 21 juin 2005 : ⚖ *RJS 2005. 685, n° 958.* ♦ L'application volontaire de l'art. L. 122-12 [art. L. 1224-1 nouv.] en vertu d'une clause conventionnelle autorise le salarié à refuser la mutation, mais le refus de celui-ci d'accepter un changement d'affectation rendu nécessaire par la perte d'un marché, qui ne modifie pas le contrat de travail, constitue un motif de licenciement. • Soc. 9 nov. 2005 : ⚖ *RJS 2006. 20, n° 16 ; Dr. soc. 2006. 264, note Supiot* ⚖ *; JSL 2005, n° 179-2.* ♦ En cas d'application volontaire de l'art. L. 122-12 [art. L. 1224-1 nouv.], le transfert du contrat de travail d'un salarié d'une entreprise à une autre constitue une modification de ce contrat qui ne peut intervenir sans son accord exprès, lequel ne peut résulter de la seule poursuite du travail. • Soc. 10 oct. 2006 : ⚖ *RDT 2006. 391, obs. Waquet* ⚖ *; D. 2006. IR 2691 ; RJS 2006. 34, n° 13 ; JSL 2006, n° 200-6 ; SSL 2006, n° 1279, p. 10.* ♦ Le premier employeur ne peut être tenu d'indemniser le salarié au titre d'un manquement du nouvel employeur aux obligations résultant de la poursuite du contrat de travail, sauf s'il s'y est contractuellement engagé ou si une collusion frauduleuse peut être relevée entre les employeurs successifs. • Soc. 17 juin 2003, ⚖ n° 01-42.171 P : *D. 2004. 1408, note Billiau* ⌀ *; RJS 2003. 62, n° 988.* ♦ Lorsque chacun des employeurs successifs conclut, en l'absence de transfert d'entreprise, un contrat de travail distinct avec les mêmes salariés, ceux-ci peuvent prétendre à des indemnités réparant le préjudice né de la rupture de ces contrats, peu important la reprise de l'ancienneté par le second employeur. • Soc. 10 juin 2015, ⚖ n° 13-27.144 : *D. actu. 29 juin 2015, obs. Ines ; RJS 10/2015, n° 619.*

97. Obligation de réintégration. En cas d'annulation de l'autorisation administrative de licencier, la demande de réintégration du salarié protégé est opposable au repreneur. • Soc. 10 juill. 1995, ⚖ n° 93-46.399 P : *RJS 1995. 600, n° 916.* ♦ Est également opposable au nouvel employeur l'obligation de réintégration du salarié appelé aux obligations du service national. • Soc. 10 déc. 1997, ⚖ n° 95-41.382 P : *D. 1998. IR 29* ⌀ *; Dr. soc. 1998. 201, obs. A. Mazeaud* ⌀ *; RJS 1998. 108, n° 167.*

98. Obligation de non-concurrence. La clause de non-concurrence peut être invoquée par le nouvel employeur. • Soc. 9 avr. 1962 : *Bull. civ. IV, n° 368 ; D. 1962. Somm. 100.* ♦ Dès lors que l'obligation de non-concurrence a été transférée au nouvel employeur, c'est à bon droit que la cour d'appel a décidé que l'ancien employeur ne pouvait plus en demander l'exécution au salarié. • Soc. 15 oct. 1997, ⚖ n° 95-42.454 P : *Dr. soc. 1997. 1095, obs. A. Mazeaud* ⌀ *; RJS 1997. 822, n° 1338.*

99. Égalité de traitement. L'obligation à laquelle est tenu le nouvel employeur, en cas de reprise du contrat de travail du salarié d'une entreprise par application volontaire de l'art. L. 1224-1, de maintenir à son bénéfice les droits qui lui étaient reconnus chez son ancien employeur au jour du transfert, justifie la différence de traitement qui en résulte par rapport aux autres salariés ; dès lors que l'employeur a fait une application volontaire de l'article L. 1224-1, il est fondé à maintenir l'avantage de treizième mois au seul bénéfice des salariés transférés, sans que cela constitue une atteinte prohibée au principe d'égalité de traitement. • Soc. 23 juin 2021, ⚖ n° 18-24.810 B : *D. actu. 8 juill. 2021, obs. Malfettes ; D. 2021. 1291* ⌀ *; Dr. soc. 2021. 696, note Radé* ⌀ *; RJS 10/2021, n° 531.* ♦ La différence de traitement entre les salariés dont le contrat de travail a été transféré en application d'une garantie d'emploi instituée par voie conventionnelle par les organisations syndicales représentatives investies de la défense des droits et intérêts des salariés et à l'habilitation desquelles ces derniers participent directement par leur vote et les salariés de l'employeur entrant, qui résulte de l'obligation à laquelle est tenu ce dernier de maintenir au bénéfice des salariés transférés les droits qui leur étaient reconnus chez leur ancien employeur au jour du transfert, n'est pas étrangère à toute considération de nature professionnelle et se trouve dès lors justifiée au regard du principe d'égalité de traitement. • Soc. 30 nov. 2017, ⚖ n° 16-20.532 P : *D. 2017. Actu. 2483* ⌀ *; RJS 2/2018, n° 100 ; SSL 2017, n° 1795, p. 12, obs. Champeaux ; JSL 2018, n° 446-2, obs. Lhernould ; JCP 2017. 1341, obs. Corrignan-Carsin ; JCP S 2017. 1023, obs. Cesaro.* ♦ Une différence de traitement établie par engagement unilatéral ne peut être pratiquée entre des salariés de la même entreprise et exerçant un travail égal ou de valeur égale, que si elle repose sur des raisons objectives, dont le juge doit contrôler la réalité et la pertinence. Repose sur une justification objective et pertinente le maintien d'une prime d'assiduité au bénéfice de salariés à la suite de leur transfert dès lors qu'il est justifié par la volonté de l'employeur de réduire les disparités entre les salariés dont les contrats de travail se sont poursuivis en application de la garantie d'emploi conventionnelle et ceux recrutés postérieurement sur le même site et placés dans une situation identique. • Soc. 23 juin 2021, ⚖ n° 19-21.772 B : *D. actu. 8 juill. 2021, obs. Malfettes ; D. 2021. 1291* ⌀ *; Dr. soc. 2021. 696, obs. Radé* ⌀ *; RJS 10/2021, n° 532.* ♦ Comp. ante : si le maintien des contrats de travail ne résulte pas de l'application de la loi et n'est pas destiné à compenser un préjudice spécifique à une catégorie de travailleurs, la différence de traitement qui en résulte entre salariés accomplissant le même travail pour le même employeur sur le même chantier n'est pas justifiée par des raisons pertinentes et méconnaît ainsi le principe d'égalité. • Soc. 15 janv. 2014 : ⚖ *D. actu. 5 févr. 2014, obs. Peyronnet ; RJS 2014. 249, n° 300* • 16 sept. 2015, ⚖ n° 13-26.788 P : *D. actu. 1er oct. 2015, obs. Peyronnet ; RJS 12/2015, n° 753 ; JSL 2015, n° 397-2, obs. Hautefort ; JCP S 2015. 1440, note Barège.*

100. Délégation de pouvoirs. La clause d'un contrat de travail instituant une délégation de pouvoirs en faveur du salarié persiste après le changement d'employeur. • Crim. 14 mars 2006 : ⚖ *Dr. soc. 2006. 1057, obs. Duquesne* ⌀ *; JSL 2006, n° 189-3.*

3° AUTRES EFFETS

101. Transaction conclue avec le cédant. Lorsque, par transaction avec le cédant, les salariés ont entendu renoncer expressément à toute demande indemnitaire relative à leur licenciement, le cessionnaire peut s'en prévaloir. • Soc. 14 mai 2008 : ⚖ *RDT 2008. 450, obs. Auzero* ⌀ *; D. 2008. 2117, note Serverin* ⌀ *; RJS 2009. 622, n° 776 ; Dr. soc. 2008. 986, note Radé* ⌀ *; JSL 2008, n° 235-2 ; JCP S 2008. 1422, note Morvan.*

102. Transmission d'une autorisation administrative. L'autorisation administrative accordée à la société absorbée afin de calculer la durée

CONTRAT DE TRAVAIL

hebdomadaire du travail sur une durée supérieure à la semaine est transmise à la société absorbante. • Soc. 6 oct. 2010 : 🏛 *D. actu. 29 oct. 2010, obs. Ines ; RJS 2010. 877, n° 993.*

103. Sur la mise en cause des accords collectifs. V. notes ss. art. L. 2261-14.

104. Sort des usages et engagements unilatéraux. V. note 330 ss. art. L. 1221-1.

105. Contribution aux activités sociales et culturelles. En cas de modification juridique de l'employeur, le montant de la contribution de l'employeur aux activités sociales et culturelles du comité d'entreprise fixé dans l'entreprise d'origine par un usage ou un accord collectif à un montant supérieur à la contribution légale n'est conservé que si l'institution se maintient dans l'entreprise ; tel n'est pas le cas lorsque l'entité faisant l'objet d'un transfert partiel d'activité ne comptait pas d'institutions propres et que subsistent au sein de l'entreprise cédante les institutions représentatives du personnel existantes. • Soc. 13 mai 2009 : 🏛 *JSL 2009, n° 257-4.*

D. PÉRIODE POSTÉRIEURE AU TRANSFERT

106. Règlement intérieur. Le règlement intérieur, acte réglementaire de droit privé, n'a donc pas la nature d'un engagement unilatéral de l'employeur, il n'est donc pas transféré avec les contrats de travail et le cessionnaire ne peut pas appliquer de plein droit le règlement de l'entreprise cédante. L'application de ce règlement en matière disciplinaire constitue un trouble manifestement illicite qu'il appartient au juge des référés de faire cesser. • Soc. 17 oct. 2018, 🏛 n° 17-16.465 P : *D. 2018. Actu. 2143 ; RJS 1/2019, n° 70 ; JSL 2018, n° 465-466-4, obs. Lhernould ; JCP S 2018. 1389, obs. Morvan.* ♦ Dès lors que le règlement intérieur constitue un acte réglementaire de droit privé, dont les conditions d'élaboration sont encadrées par la loi, le règlement intérieur s'imposant à l'employeur et aux salariés avant le transfert de plein droit des contrats de travail de ces derniers en application de l'art. L. 1224-1 n'est pas transféré avec ces contrats de travail. • Soc. 31 mars 2021, 🏛 n° 19-12.289 P : *D. 2021. Actu. 701 ; RDT 2021. 388, obs. Adam ; RJS 6/2021, n° 364.*

1° MODIFICATION DU CONTRAT DE TRAVAIL

107. Intangibilité des contrats. Les contrats de travail en cours sont maintenus dans les conditions mêmes où ils étaient exécutés au moment de la modification. • Soc. 24 janv. 1990, 🏛 n° 86-41.497 P : *D. 1990. IR 38.* ♦ Même solution en cas d'application volontaire de l'art. L. 122-12. • Soc. 1ᵉʳ févr. 1995 : 🏛 *Dr. soc. 1995. 383.* ♦ Par l'effet de l'art. L. 122-12, al. 2 [art. L. 1224-1 nouv.], le salarié bénéficie du maintien de sa qualification. • Soc. 5 janv. 1967 : *Bull. civ. IV, n° 7* ♦ 4 avr. 1990, 🏛 n° 86-43.629 P. ♦ ... De sa rémunération. • Soc. 31 mai 1978 : *Bull. civ. V, n° 409.* ♦ ... De son ancienneté. • Soc. 12 mars 1987 : *Bull. civ. V, n° 139* (calcul de l'indemnité de préavis) • 25 nov. 1982 : *ibid., n° 645* • 24 janv. 1991 : 🏛 *D. 1991. IR 51* (calcul de l'indemnité de licenciement) • 18 déc. 1991, 🏛 n° 88-43.550 P : *CSB 1992. 90, S. 65 ; RJS 1992. 95, n° 121* (droit aux avantages prévus par la convention collective). ♦ ... Et de son logement de fonction. • Soc. 20 mars 1997, 🏛 n° 95-17.470 P : *CSB 1997. A. 36 ; RJS 1997. 429, n° 650.* ♦ Le nouvel employeur est tenu de maintenir les conventions individuelles négociées avec le cédant et ne peut y mettre fin qu'avec l'accord des salariés concernés ou dans les conditions convenues avec lui. • Soc. 27 mai 2009 : 🏛 *D. 2009. AJ 1617 ; RJS 2009. 622, n° 688 ; JSL 2009, n° 259-5 ; JCP S 2009. 1357, obs. Morvan.* ♦ Le salarié repris peut s'opposer aux modifications autres que le changement d'employeur, il revient alors au cessionnaire d'en tirer les conséquences, s'il ne le fait pas le salarié peut en poursuivre la résiliation aux torts du nouvel employeur. • Soc. 30 mars 2010 : 🏛 *RJS 6/2010, n° 489 ; Dr. soc. 2010. 856, obs. Mazeaud.*

108. Droit de modifier les contrats. La poursuite du contrat n'implique pas automatiquement le maintien de tous les avantages acquis, qu'ils soient essentiels ou non, et la rupture du contrat à la suite d'une modification substantielle n'est pas nécessairement dépourvue de cause réelle et sérieuse. • Soc. 14 janv. 1988 : *JCP E 1988. II. 15125, obs. Antonmattéi* • 2 juin 1992 : 🏛 *CSB 1992. 197, A. 38* • 20 oct. 1994 : 🏛 *Dr. soc. 1995. 56.* ♦ Les dispositions de l'art. L. 122-12 ne s'opposent pas à ce que le nouvel employeur, sous réserve de fraude, convienne avec le salarié d'une novation du contrat de travail. • Soc. 10 déc. 1998 : *Bull. civ. V, n° 475* • 17 sept. 2003, 🏛 n° 01-43.687 P : *D. 2003. IR 2483 ; RJS 2003. 961, n° 1368 ; Dr. soc. 2003. 1132, obs. Mouly ; CSB 2003. 481, A. 55 ; JSL 2003, n° 132-5.* ♦ L'acceptation du salarié doit être claire et non équivoque. • Soc. 27 avr. 1984 : *Bull. civ. V, n° 162.*

109. Lien entre la modification proposée et le transfert. Si la modification du contrat de travail a pour objectif affiché la pérennisation d'une activité de la société cédante et si le motif réel du licenciement résulte donc de la réorganisation de la société cessionnaire à la suite du rachat d'une branche d'activité d'une autre société, le licenciement des intéressées a la nature juridique d'un licenciement économique ; s'il est prononcé pour motif personnel, il est dépourvu de cause réelle et sérieuse. • Soc. 17 avr. 2019, 🏛 n° 17-17.880 P : *D. actu. 10 mai 2019, obs. Ilieva ; D. 2019. 1565, obs. Prache ; RDT 2019. 483, note Ranc ; Dr. soc. 2019. 657, note Mouly ; RJS 7/2019, n° 414 ; Dr. ouvrier 2019. 759, obs. Gallon ; JSL 2019, n° 478-5, obs. Lhernould ; JCP S 2019. 1179, obs. Morvan.* ♦ Comp. : lorsqu'un transfert d'entreprise entraîne, par lui-même, une modification du contrat de travail autre que le changement d'employeur, le salarié est en droit de s'y opposer mais l'employeur peut tirer les conséquences de ce refus en engageant une procédure de licenciement qui reposera sur une cause réelle et sérieuse. • Soc. 1er juin 2016, n° 14-21.143 P : *D. actu. 17 juin 2016*, obs. Roussel ; *D. 2016. Actu. 1259* ; *Dr. soc. 2016. 775*, obs. Mouly ; *RJS 8-9/2016, n° 553* ; *SSL 2016, n° 1728*, obs. Bailly.

110. Exception. Mais le fait pour le nouvel employeur de proposer un déclassement au salarié avant même le commencement d'exécution du contrat de travail chez le nouvel employeur caractérise un détournement de procédure destiné à faire échec au transfert de plein droit du contrat de travail. • Soc. 10 mai 1999, n° 96-45.250 P : *RJS 1999. 488, n° 797*.

2° LICENCIEMENTS

111. Principe. Le nouvel employeur conserve le droit de rompre le contrat de travail du salarié transféré. • Soc. 14 nov. 1962 : *Bull. civ. IV, n° 802* ; *Dr. soc. 1963. 286*, note Despax • 30 mai 1980 : *Bull. civ. V, n° 470* ; *D. 1981. IR 126*, obs. Langlois. ♦ Le licenciement décidé par le cessionnaire ne peut être imputé à faute au cédant en l'absence de collusion frauduleuse entre les employeurs successifs. • Soc. 14 déc. 1999 : *Dr. soc. 1999. 211* ; *RJS 2000. 174, n° 253*.

112. Cause réelle et sérieuse. Le même contrat de travail se poursuivant sous une direction différente, le nouvel employeur peut invoquer, à l'appui d'un licenciement, des faits survenus alors que le salarié se trouvait placé sous l'autorité de l'employeur précédent. • Soc. 29 mai 1990 : *D. 1990. IR 167*. ♦ En l'absence de cause réelle et sérieuse, le licenciement est irrégulier et ouvre droit à une indemnisation, mais non à une réintégration du salarié. • Soc. 6 mai 1982 : *Bull. civ. V, n° 280* • 4 mai 1984 : *ibid., n° 177*. ♦ Le licenciement prononcé par le premier employeur étant sans effet s'il est constaté que le salarié a continué d'exercer ses fonctions auprès du nouvel employeur, le licenciement prononcé par ce dernier est sans cause réelle et sérieuse, si le contrat est rompu au prétexte d'une période d'essai illi-cite. • Soc. 31 mars 1998, n° 95-44.889 P : *RJS 1998. 371, n° 571* ; *D. 1998. IR 118*.

113. Le nouvel employeur peut invoquer à l'appui d'un licenciement pour motif personnel des fautes ou négligences commises par le salarié alors qu'il était sous l'autorité de l'ancien employeur. • Soc. 29 mai 1990, n° 87-40.151 P : *RJS 1990, n° 555*. ♦ Dans cette hypothèse, le délai de deux mois après avoir eu connaissance des faits ne doit pas être écoulé. • Soc. 6 mars 2002 : *RJS 5/2002, n° 535*.

114. Survivance de la protection du salarié victime d'un accident du travail. V. • Soc. 29 mai 1990, n° 87-40.151 P.

115. Ancienneté. L'indemnité de licenciement doit être calculée en fonction de l'ancienneté acquise antérieurement auprès du précédent employeur (constructeur automobile ayant cédé au concessionnaire la distribution des véhicules). • Soc. 4 oct. 1995, n° 93-46.181 P : *Dr. soc. 1995. 1041*, obs. Blaise ; *RJS 1995. 711, n° 1116* ; *CSB 1996. 23, A. 8* ; *JCP E 1996. I. 543*, note Antonmattéi.

116. Salariés protégés. Il résulte des dispositions de l'art. L. 433-14 que lorsque l'entreprise perd son autonomie juridique sans devenir un établissement distinct de celle qui l'a reprise, le mandat des membres élus de son comité d'entreprise expire à la date d'effet de cette reprise et que, dans le cas où, moins de six mois après cette date, l'employeur envisage de licencier l'un de ces salariés, le comité d'entreprise qui doit donner son avis sur le projet est celui de l'entreprise à laquelle les droits et obligations résultant du contrat de travail de l'intéressé ont été transférés. • CE 8 janv. 1997 : *RJS 1997. 116, n° 171*.

117. Clause de maintien de l'emploi. La clause obligeant le cessionnaire à exploiter l'activité durant au moins deux ans avec les salariés attachés à l'entité cédée, à peine de dommages-intérêts, n'a pas pour effet de priver l'employeur du pouvoir de prononcer des licenciements pour motif disciplinaire. • Soc. 17 mai 2011 : *D. 2011. Actu. 1493*.

Art. L. 1224-2 Le nouvel employeur est tenu, à l'égard des salariés dont les contrats de travail subsistent, aux obligations qui incombaient à l'ancien employeur à la date de la modification, sauf dans les cas suivants :

1° Procédure de sauvegarde, de redressement ou de liquidation judiciaire ;

2° Substitution d'employeurs intervenue sans qu'il y ait eu de convention entre ceux-ci.

Le premier employeur rembourse les sommes acquittées par le nouvel employeur, dues à la date de la modification, sauf s'il a été tenu compte de la charge résultant de ces obligations dans la convention intervenue entre eux. — [*Anc. art. L. 122-12-1.*]

BIBL. ▶ Savatier, *Dr. soc. 1984. 271*. – Déprez et Chirez, *SSL 1985. 274, D. 32*.

COMMENTAIRE

V. sur le Code en ligne.

CONTRAT DE TRAVAIL **Art. L. 1224-2** 167

I. GÉNÉRALITÉS

1. Directive communautaire. La directive du 14 févr. 1977 et l'art. L. 122-12-1 [art. L. 1224-2 nouv.] n'ont d'effet que dans les rapports entre les employeurs successifs et leurs salariés et non à l'égard des tiers. • Soc. 9 nov. 1995 : ⚖ *Dr. soc. 1996.* 105, obs. A. Mazeaud ⊘ ; *RJS 1996.* 46, n° 66 (le cédant doit s'acquitter du paiement des cotisations sociales).

2. Droits des salariés. L'art. L. 122-12-1 [art. L. 1224-2 nouv.] n'interdit pas au salarié d'agir en paiement directement contre son premier employeur. • Soc. 3 avr. 1991, ⚖ n° 90-41.566 P : *D. 1991. IR 125* ; *CSB 1991.* 148, S. 88 ; *RJS 1991.* 299, n° 561. ♦ Un salarié peut agir indifféremment à l'encontre de deux employeurs successifs en paiement des salaires échus à la date de la modification dans leur situation juridique ; ces derniers sont tenus *in solidum*. • Soc. 6 avr. 2011 : ⚖ *D. 2011. Actu. 1222* ⊘ ; *JCP S 2011. 1327*, obs. Puigelier.

II. OBLIGATIONS DU CESSIONNAIRE

A. ÉTENDUE DE LA GARANTIE

3. Priorité de réembauchage. L'entreprise cessionnaire doit respecter la priorité de réembauchage dont bénéficient les salariés licenciés pour motif économique. • Soc. 26 févr. 1992 : ⚖ *Dr. soc. 1992.* 378.

4. Indemnité de congés payés. L'indemnité de congés payés, qui n'incombait pas au premier employeur au jour de la modification de sa situation juridique, doit être entièrement réglée par le cessionnaire, employeur à la date où s'ouvre la période des congés annuels. • Soc. 17 janv. 1989 : *Bull. civ. V, n° 30* ; *D. 1989. IR 53*. ♦ Sur le recours à la notion d'enrichissement sans cause avant la réforme opérée par la loi du 23 juin 1983, V. • Soc. 2 févr. 1984 : *Bull. civ. V, n°s 43, 44 et 45* ; *D. 1984.* 321, concl. Picca et Écoutin ; *D. 1985. IR 248*, obs. Goineau. ♦ V. à propos des entreprises en difficulté, notes 15 s.

5. Prime annuelle. Le droit à la prime de treizième mois ne naissant, sauf dispositions contraires dont il incombe au salarié de rapporter la preuve, qu'au 31 décembre de l'année concernée, cette prime est due par l'employeur du salarié à cette date. • Soc. 11 mars 1992, ⚖ n° 88-43.447 P : *D. 1992. IR 107* ⊘ • 14 mai 1997, ⚖ n° 94-45.109 P. ♦ ... Ce qui n'exclut pas un recours contre le cédant pour la fraction d'indemnité correspondant au temps pendant lequel les salariés ont été à son service. • Soc. 8 nov. 1988 : *Bull. civ. V, n° 572*. ♦ V. aussi : • Soc. 28 mars 1989 : *Bull. civ. V, n° 262* ; *D. 1989. IR 130* (primes d'ancienneté). ♦ Sur la répartition des cotisations de sécurité sociale, V. • Soc. 3 mai 1989 : *Bull. civ. V, n° 330*.

6. Commissions. En relevant que les commissions dues à un représentant n'étaient en pratique versées qu'après recouvrement des factures, la cour d'appel a constaté un usage d'entreprise en sorte que ces commissions, faute de recouvrement des factures, n'incombaient pas à l'ancien employeur, mais devaient être réglées par la nouvelle société, employeur du représentant au moment de leur exigibilité. • Soc. 24 janv. 1989 : *Bull. civ. V, n° 55*. – V. aussi : • Soc. 16 déc. 1976 : *Bull. civ. V, n° 680*.

7. Indemnité de requalification. L'indemnité de requalification d'un CDD naît dès la conclusion de ce contrat en méconnaissance des exigences légales et pèse ainsi sur l'employeur l'ayant conclu. • Soc. 7 nov. 2006, ⚖ n° 05-41.723 P : *D. 2006. IR 2946* ⊘ ; *RJS 2006.* 67, n° 64 ; *Dr. soc. 2007.* 246, obs. Mazeaud ⊘.

8. Indemnité pour travail dissimulé. L'indemnité pour travail dissimulé n'étant exigible qu'en cas de rupture de la relation de travail, la salariée est fondée à demander à l'employeur qui a prononcé son licenciement, et auprès de qui le contrat a été transféré de plein droit, le paiement de l'indemnité pour travail dissimulé. • Soc. 11 mai 2016, ⚖ n° 14-17.496 P : *D. actu. 30 mai 2016*, obs. Roussel ; *D. 2016. Actu. 1086* ⊘ ; *RJS 7/2016, n° 500*.

9. Salarié protégé. Le salarié licencié sans autorisation s'étant borné à demander l'indemnisation de son préjudice et non la poursuite de son contrat, il en résulte que la société ayant repris l'entreprise n'est pas tenue des obligations incombant à l'ancien employeur. • Soc. 28 oct. 1996, ⚖ n° 95-40.994 P : *Dr. soc. 1997.* 263, note Cohen ⊘ ; *RJS 1996. 828, n° 1286*.

10. Inaptitude et transfert. Dans l'hypothèse d'un transfert d'une entité autonome, le procès-verbal de carence établi par l'entreprise cédante peut être valablement invoqué par le nouvel employeur qui licencie un salarié inapte, dès lors que la structure transférée a conservé son autonomie. • Soc. 6 mars 2019, ⚖ n° 17-28.478 P : *D. actu. 21 mars 2019*, obs. Malfettes ; *RJS 5/2019, n° 284* ; *JCP S 2019. 1107*, obs. Babin.

11. Dette de responsabilité civile. Sauf si la cession intervient dans le cadre d'une procédure collective ou si la substitution d'employeur est intervenue sans qu'il y ait de convention, le nouvel employeur peut être condamné pour la fraction de dommages-intérêts indemnisant une faute de l'ancien employeur pour la période antérieure au transfert. • Soc. 14 mai 2008 : ⚖ *RJS 2009. 611, n° 759* ; *JCP S 2008. 1521*, obs. Martinon ; *JSL 2008, n° 235-6*.

12. Préjudice d'anxiété. Dès lors que le préjudice d'anxiété naît à la date à laquelle les salariés ont connaissance de l'arrêté ministériel d'inscription de l'établissement sur la liste des établissements permettant la mise en œuvre de l'ACAATA et que le transfert des contrats de travail est intervenu antérieurement à l'arrêté ministériel d'inscription de l'établissement sur la liste des établissements permettant la mise en œuvre de l'ACAATA, ce préjudice ne constitue pas une créance due à la date de la modification de la situation juridique de l'employeur et n'est donc pas cédé avec l'entreprise. • Soc. 22 nov. 2017, ⚖ n° 16-20.666 P : D. 2017. Actu. 2483 ⌂ ; RJS 3/2018, n° 210 ; JCP S 2018. 1042, obs. Asquinazi-Bailleux.

13. Provision. En cas de modifications successives intervenues dans la situation juridique de l'employeur, le dernier employeur était tenu de verser au salarié la provision réclamée sur des sommes qui lui étaient dues par un précédent employeur. • Soc. 24 sept. 2002, ⚖ 00-44.939 P : RJS 12/2002, n° 1357 ; JCP E 2003. 68, note Fin-Langer.

14. Requalification du contrat de travail. Les créances salariales nées de la requalification du contrat de travail d'un salarié intervenue parallèlement au transfert d'entreprise sont à la charge exclusive du nouvel employeur. • Soc. 27 mai 2020, ⚖ n° 19-12.471 P : D. 2020. Actu. 1178 ⌂ ; D. actu. 19 juin, obs. Couëdel ; Dr. soc. 2020. 873, obs. J. Mouly ⌂ ; RJS 7/2020, n° 339 ; JSL 2020, n° 501-1, obs. Lhernould.

B. EXCLUSIONS

1° PROCÉDURE COLLECTIVE

15. Conséquences. Lorsque la modification intervient dans le cadre d'une procédure de redressement judiciaire, le nouvel employeur n'est pas tenu des obligations qui incombaient à l'ancien ; il ne doit en conséquence l'indemnité compensatrice de congés payés que pour la fraction postérieure à l'engagement du salarié. • Soc. 19 févr. 1992, ⚖ n° 89-45.112 P : RJS 1992. 241, n° 411 • 1er juill. 1992, ⚖ n° 91-44.262 P : D. 1992. IR 232 ⌂ ; RJS 1992. 602, n° 1076 • 9 oct. 2001 : ⚖ D. 2001. IR 3170 ⌂ ; RJS 2001. 951, n° 1401. ♦ Lorsque la modification de la situation de l'employeur intervient dans le cadre d'une procédure collective, l'indemnité de congés payés, qui s'acquiert mois par mois et qui correspond au travail effectué pour le compte de l'ancien employeur, est inscrite au passif de ce dernier et couverte par l'AGS dans la limite de sa garantie. • Soc. 8 nov. 2023, ⚖ n° 21-19.764 B : D. 2023. 2004 ⌂. ♦ Le nouvel employeur n'a pas à réparer le préjudice subi par le salarié au titre de la période antérieure au changement d'employeur en raison du non-versement des cotisations de retraite par le précédent employeur. • Soc. 2 févr. 2006, ⚖ n° 04-40.474 P : D. 2006. 466 ⌂ ; RDT 2006. 26, obs. Waquet ⌂ ; RJS 5/2006, n° 532. ♦ Il doit les primes de vacances et de treizième mois lors que le droit à ces primes est né postérieurement à la modification. • Soc. 18 nov. 1992 : ⚖ RJS 1993. 25, n° 8. ♦ Comp., pour une prime d'ancienneté ayant pris naissance avant le transfert : • Soc. 12 juill. 1994 : ⚖ RJS 1994. 575, n° 966.

16. Opposabilité des accords. Un accord portant sur la répartition des charges afférentes au licenciement des salariés entre deux employeurs n'est pas opposable à l'AGS et à l'ASSEDIC et n'a aucune incidence sur les droits et obligations de ces organismes. • Soc. 19 mai 1988 : Bull. civ. V, n° 304.

17. Si, lors d'une cession opérée dans le cadre d'une procédure de redressement judiciaire, le nouvel employeur s'engage par convention à prendre en charge certaines créances salariales, les salariés peuvent se prévaloir de cet accord en tant que stipulation pour autrui en leur faveur. • Soc. 12 févr. 1992 : ⚖ RJS 1992. 159, n° 255. ♦ Dans le cadre d'un plan de cession adopté par le tribunal de commerce, dont les salariés peuvent se prévaloir, le nouvel employeur peut s'engager à prendre en charge les droits attachés aux contrats de travail transférés ; le cessionnaire qui s'engage à reprendre des contrats de travail et l'intégralité des droits acquis qui y sont attachés en ce, quels que soient leur fait générateur et leur montant, doit garantir l'entreprise cédante du montant des sommes dues à un salarié au titre des heures supplémentaires, congés payés, astreintes et des jours de réduction de temps de travail accomplis au sein de cette dernière société, dont les droits sont acquis par les salariés au jour de leur accomplissement. • Soc. 30 juin 2016, ⚖ nos 14-26.172 P : D. actu. 25 juill. 2016, obs. Siro ; D. 2016. Actu. 1495 ⌂ ; RJS 10/2016, n° 617 ; JCP S 2016. 1341, obs. Fin-Langer.

2° CESSION SANS CONVENTION

18. Décision de l'autorité cédante. Lorsque la reprise de l'exploitation par le nouveau concessionnaire résulte d'une décision unilatérale de l'autorité concédante, il n'y a pas eu convention entre employeurs successifs au sens de l'art. L. 122-12-1. • Soc. 18 nov. 1992, ⚖ n° 89-42.281 P : Dr. soc. 1993. 65 ; RJS 1993. 25, n° 9. ♦ Sur les modalités d'une répartition conventionnelle des charges entre employeurs successifs, V. • Soc. 30 mai 1980 : Bull. civ. V, n° 470 • 8 juill. 1980 : ibid., n° 614 • 10 févr. 1982 : ibid., n° 77.

19. Succession de contrats de location-gérance. Lorsqu'il est mis fin au contrat de location-gérance et que le fonds de commerce est donné en location à un nouveau gérant, la modification dans la situation juridique de l'employeur intervient en vertu de conventions successives et le dernier exploitant est tenu, à l'égard des salariés dont les contrats de travail subsistent, des obligations nées au service du premier. • Soc. 24 sept. 2002, ⚖ n° 00-44.939 P.

20. Faute inexcusable. Dès lors qu'aucune convention n'est intervenue entre employeurs successifs, un salarié, dont la déclaration des pathologies préexistait au transfert de son contrat de travail, ne peut pas engager une action en reconnaissance de la faute inexcusable à l'encontre de son nouvel employeur. • Civ. 2e, 17 sept. 2015, ⚖ n° 14-24.534 P : RJS 12/2015, n° 751 ; JCP S

III. OBLIGATIONS DU CÉDANT

21. Dettes contractées par le cessionnaire. Sauf collusion frauduleuse entre les employeurs successifs, seul le nouvel employeur est tenu envers le salarié aux obligations et au paiement des créances résultant de la poursuite du contrat de travail après le transfert. ● Soc. 27 mai 2020, ⚓ n° 19-12.471 P : *préc. note 14.*

22. Remboursement du cessionnaire. Le premier employeur est tenu de rembourser les sommes acquittées par le nouvel employeur, sauf s'il a été tenu compte de la charge résultant de ces obligations dans la convention intervenue entre eux. ● Soc. 7 nov. 2006 : ⚓ *préc. note 7.* ♦ Le nouvel employeur est tenu de payer les créances salariales exigibles après le transfert des contrats de travail, mais peut obtenir le remboursement auprès de son prédécesseur à la part correspondant au temps pendant lequel les salariés ont été au service de ce dernier. ● Soc. 18 sept. 2007 : ⚓ *D. 2007. AJ 2472, obs. Ines* ⌀ ; *RJS 2007. 1008, n° 1249.*

23. Aménagements conventionnels. Une convention conclue entre le premier et le second employeur ne peut décharger le premier des droits acquis par le salarié antérieurement à la cession de l'entreprise. ● Soc. 13 oct. 1988 : *Bull. civ. V, n° 492.* ♦ La clause de la convention de cession d'une entité économique autonome appartenant à une entreprise en liquidation judiciaire, qui ne prévoit que la reprise d'une partie des salariés, doit être réputée non écrite car contraire aux dispositions d'ordre public de l'art. L. 122-45, al. 2 [art. L. 1132-2 nouv.] ; mais cela n'affecte pas la validité de l'acte de cession dans son entier. ● Cass., ch. mixte, 7 juill. 2006 : ⚓ *RDT 2006. 388, obs. Waquet* ⌀ ; *Dr. soc. 2006. 1064, obs. Mazeaud* ⌀ ; *RJS 2006. 768, n° 1029 ; JSL 2006, n° 197-4.*

24. Autorité de la chose jugée. Lorsque l'acquéreur d'une entreprise a été condamné sur le fondement de l'art. L. 122-12-1 [art. L. 1224-2 nouv.], al. 1er, au paiement de sommes à l'égard d'un salarié, le jugement n'a pas, en l'absence de tout recours en garantie contre le cédant, autorité de la chose jugée à l'égard de la demande de remboursement formée par l'acquéreur contre le vendeur devant la juridiction commerciale et fondée sur l'al. 2 du même texte. ● Soc. 25 sept. 1990 : *D. 1990. IR 225.*

25. Appel en garantie. Le premier employeur peut former un appel en garantie à l'encontre du repreneur qui a refusé de poursuivre les contrats de travail des salariés attachés à l'activité transférée, contribuant ainsi nécessairement au préjudice subi par le fait de la perte de leurs emplois. ● Soc. 20 mars 2002, ⚓ n° 00-41.651 P : *D. 2002. IR 1322 ; Dr. soc. 2002. 516, note Mazeaud* ⌀.

Art. L. 1224-3 Lorsque l'activité d'une entité économique employant des salariés de droit privé est, par transfert de cette entité, reprise par une personne publique dans le cadre d'un service public administratif, il appartient à cette personne publique de proposer à ces salariés un contrat de droit public, à durée déterminée ou indéterminée selon la nature du contrat dont ils sont titulaires.

Sauf disposition légale ou conditions générales de rémunération et d'emploi des agents non titulaires de la personne publique contraires, le contrat qu'elle propose reprend les clauses substantielles du contrat dont les salariés sont titulaires, en particulier celles qui concernent la rémunération.

(L. n° 2016-483 du 20 avr. 2016, art. 40-IV) « Les services accomplis au sein de l'entité économique d'origine sont assimilés à des services accomplis au sein de la personne publique d'accueil. »

(L. n° 2009-972 du 3 août 2009, art. 24) « En cas de refus des salariés d'accepter le contrat proposé, leur contrat prend fin de plein droit. La personne publique applique les dispositions relatives aux agents licenciés prévues par le droit du travail et par leur contrat. »

BIBL. ▸ Ranc, *RJS* 4/2023, chron., p. 15 (le licenciement pour motif *sui generis*).

COMMENTAIRE

V. sur le Code en ligne 🔒. ☐

I. SOLUTIONS ANTÉRIEURES À LA LOI DU 26 JUILLET 2005

1. Transfert des contrats. Le transfert d'une activité économique d'une personne morale de droit privé vers une personne morale de droit public entre en principe dans le champ d'application de la Dir. 77/187/CEE ; la notion d'entreprise au sens de cette dernière comprend toute entité économique organisée de manière stable, c'est-à-dire un ensemble de structures de personnes et d'éléments permettant l'exercice d'une activité économique qui poursuit un objectif propre. Une telle notion est indépendante du statut juridique de cette entité et de son mode de financement. • CJCE 26 sept. 2000, n° C-179/99, *Mayeur* : *RJS 2001, n° 138* ; *JSL 2000, 69-1*.

2. Sort des contrats. Lorsque l'activité d'une entité économique employant des salariés de droit privé est reprise par une personne publique gérant un service public administratif, il appartient à cette dernière soit de maintenir le contrat de droit privé des intéressés, soit de leur proposer un contrat de droit public reprenant les clauses substantielles de leur ancien contrat ; le refus des salariés d'accepter les modifications qui résulteraient de cette proposition implique leur licenciement par la personne publique, aux conditions prévues par le droit du travail et leur ancien contrat. • CE, sect., 22 oct. 2004 : *Dr. soc. 2005. 37*, concl. Glaser ; *RJS 2005. 26, n° 12* ; *Dr. ouvrier 2005. 78*, note Rey ; *JSL 2004, n° 157-4*. ◆ Lorsque l'activité d'une entité économique employant des salariés de droit privé est, par transfert de cette entité, reprise par une personne publique dans le cadre d'un service public administratif, cette personne doit proposer aux salariés un contrat de droit public ; en cas de refus des salariés d'accepter le contrat proposé, leur contrat prend fin de plein droit, et la personne publique applique les dispositions relatives aux agents licenciés prévues par le droit du travail et leur contrat, ce qui inclut les dispositions légales et conventionnelles relatives au préavis. En revanche, les dispositions relatives à la convocation à l'entretien préalable en cas de licenciement pour motif personnel ne sont pas applicables. • Soc. 10 janv. 2017, n° 15-14.775 P : *D. actu. 3 févr. 2017*, obs. Roussel ; *D. 2017. Actu. 165* ; *Dr. soc. 2017. 375*, obs. Mouly ; *RJS 3/2017, n° 187* ; *JCP S 2017. 1051*. ◆ La directive du Conseil du 14 février 1977 ne s'oppose pas à ce que, en cas de transfert d'entreprise d'une personne morale de droit privé à l'État, celui-ci, en tant que nouvel employeur, procède à une réduction du montant de la rémunération des travailleurs concernés ; pareille réduction constitue une modification substantielle des conditions de travail de sorte que la résiliation des contrats pour ce motif doit être considérée comme intervenue du fait de l'employeur. • CJCE 11 nov. 2004, n° C-425/02. ◆ Lorsque la gestion jusque-là assurée par une personne de droit privée est reprise par une personne morale de droit public normalement liée à son personnel par des rapports de droit public, elle n'a pas pour effet de transformer la nature juridique des contrats de travail en cause, qui demeurent des contrats de droit privé tant que le nouvel employeur public n'a pas placé les salariés dans un régime de droit public. • Soc. 12 juin 2007 : *RDT 2007. 524*, obs. Waquet.

3. Réduction des rémunérations. La directive du Conseil du 14 février 1977 ne s'oppose pas à ce que, en cas de transfert d'entreprise d'une personne morale de droit privé à l'État, celui-ci, en tant que nouvel employeur, procède à une réduction du montant de la rémunération des travailleurs concernés ; pareille réduction constitue une modification substantielle des conditions de travail de sorte que la résiliation des contrats pour ce motif doit être considérée comme intervenue du fait de l'employeur. • CJCE 11 nov. 2004, n° C-425/02.

II. APPLICATION DE LA LOI DU 26 JUILLET 2005

4. Offre d'un contrat de droit public. En cas de reprise d'une entité de droit privé par un établissement public de santé, le recrutement sous contrat de droit public de ses salariés permet d'assurer le respect des dispositions de l'art. L. 1224-3 C. trav. et peut, pour ce motif, être regardé comme justifié par les besoins du service aux termes du 1er al. de l'art. 9 de la L. n° 86-33 du 9 janv. 1986, portant dispositions statutaires relatives à la fonction publique hospitalière. • CE 16 oct. 2017, n° 391963.

5. Maintien des rémunérations. Les dispositions de l'art. 20 de la L. 26 juill. 2005 ne sauraient autoriser, en cas de transfert d'une entité économique à une personne publique, celle-ci à proposer aux intéressés une rémunération inférieure à celle dont ils bénéficiaient auparavant au seul motif que celle-ci dépasserait, à niveaux de responsabilité et de qualification équivalents, celles des agents en fonction dans l'organisme d'accueil ; cependant ces dispositions font obstacle au maintien au profit du salarié transféré, d'une rémunération dont le niveau, même corrigé de l'ancienneté, excède manifestement celui prévu pour les agents non titulaires des personnes publiques. • CE, avis, 21 mai 2007 : *RJS 2007. 808, n° 1023* ● CE 25 juill. 2013 : *Lebon* ; *AJDA 2013. 1597* ; *AJFP 2013. 322* ; *RJS 2013. 661, n° 724* (en l'absence de règles applicables au salarié transféré, il appartient à l'autorité administrative de rechercher si des fonctions en rapport avec ses qualifications et son expérience peuvent lui être confiées en tenant compte de celles qu'il exerce, de sa qualification, de son ancienneté et de la rémunération des agents titulaires exerçant des fonctions analogues).

6. Maintien de l'ancienneté. Le repreneur public doit tenir compte de l'ancienneté des salariés dont le contrat est transféré. • CJUE, 6 sept. 2011, n° C-108/10 : *AJDA 2011. 2339*, chron. Aubert, Broussy et Donnat ; *RDT 2011. 701*, obs. Géa.

7. Justification du licenciement. Si le licenciement d'un salarié qui refuse un contrat de droit public doit être prononcé dans les conditions prévues par le code du travail, le refus de changer de statut opposé par le salarié repris constitue à lui seul une cause de licenciement. • Soc. 30 sept. 2009 : *R., p. 334* ; *D. 2009. AJ 2493*, obs. Perrin ; *Dr. soc. 2010. 404*, Rapp. Bailly ; *RJS 2009. 797, n° 899*.

8. Refus du salarié. En cas de reprise par une personne publique dans le cadre d'un service public administratif de l'activité d'une entité économique employant des salariés de droit privé telle que prévu par l'art. L. 1224-3, le repreneur peut, en vue d'assurer la continuité du service, faire, avant la date prévue pour le transfert, les offres de contrats auxquelles il est tenu et procéder au licenciement des salariés les ayant refusées afin que leur contrat prenne fin à la date effective du transfert. • Soc. 26 juin 2013 : ⚖ *Dr. soc. 2013.* 755, obs. Mazeaud ✐. ♦ En cas de refus des salariés d'accepter le contrat proposé, leur contrat prend fin de plein droit ; la personne publique doit notifier au salarié la rupture du contrat de travail, le défaut de cette notification constitue une irrégularité donnant droit à des dommages-intérêts en fonction du préjudice subi par le salarié. • Soc. 8 déc. 2016, ⚖ n° 15-17.176 P : *D. 2016. Actu. 2577* ✐ *; Dr. soc. 2017. 79, obs. Mouly* ✐ *; RJS 2/2017, n° 96 ; JCP S 2017. 1060, obs. Dumont.*

9. Refus du salarié protégé. Le contrat de droit public proposé en application de l'art. L. 1224-3 C. trav. à un salarié protégé titulaire d'un mandat n'est pas rompu du seul fait du refus du contrat ; la rupture suppose l'obtention d'une autorisation préalable de licencier ; le contrôle de l'inspecteur du travail comprend la vérification que le contrat proposé reprend les clauses substantielles du précédent contrat. • CE 6 juin 2018, ⚖ n° 391860 A : *D. actu. 13 juin 2018, obs. de Montecler ; RDT 2018. 435, concl. Lieber* ✐ *; RJS 8-9/2018, n° 526 ; JSL 2018, n° 458-5, obs. Simonin et Blanc ; JCP S 2018. 1250, obs. Morand.*

10. Retrait de l'offre. Le retrait du contrat de droit public proposé au salarié dont le contrat de travail est repris par une personne publique emporte sa disparition rétroactive, de sorte que les parties se trouvent dans la situation où était la leur avant sa conclusion, le juge doit examiner la nouvelle proposition faite au salarié et les conséquences du refus de ce dernier avant de déterminer si le licenciement est ou non dépourvu de cause réelle et sérieuse. En cas de refus des salariés d'accepter le contrat de droit public qui leur est proposé, leur contrat prend fin de plein droit, et la personne publique applique les dispositions relatives aux agents licenciés prévues par le droit du travail et leur contrat ; les dispositions de l'art. L. 1232-2 C. trav., relatives à la convocation à l'entretien préalable en cas de licenciement pour motif personnel, ne sont toutefois pas applicables. • Soc. 1er févr. 2017, ⚖ n° 15-18.480 : *D. 2017. Actu. 356* ✐ *; Dr. soc. 2017. 375, note Mouly* ✐ *; RJS 4/2017, n° 254 ; JCP S 2017. 1153, obs. Pagani.*

11. Compétence du juge prud'homal. Lorsque l'activité d'une entité économique employant des salariés de droit privé est transférée à une personne publique dans le cadre d'un service public administratif, il appartient à cette personne publique de proposer à ces salariés un contrat de droit public, et en cas de refus des salariés d'accepter les modifications de leur contrat, la personne publique procède à leur licenciement ; si le juge judiciaire est compétent pour statuer sur tout litige relatif à l'exécution et à la rupture du contrat de travail tant que le nouvel employeur n'a pas placé les salariés dans un régime de droit public, il ne peut ni se prononcer sur le contrat de droit public proposé par la personne morale de droit public au regard des exigences de l'article 20 de la loi du 26 juillet 2005, ni lui faire injonction de proposer un tel contrat ; il peut seulement, en cas de difficulté sérieuse, surseoir à statuer en invitant les parties à saisir le juge administratif d'une question préjudicielle portant sur la conformité des offres faites par le nouvel employeur public aux dispositions législatives et réglementaires. • Soc. 1er juin 2010 : ⚖ *D. 2010. Actu. 1564* ✐ *; D. actu. 21 juin 2010, obs. Perrin ; RJS 2010. 582, n° 643 ; Dr. ouvrier 2010. 555, obs. Viegas ; SSL 2010, n° 1452, p. 13, obs. Hautefort.* Soc. 18 févr. 2014 : ⚖ *RJS 2014. 320, n° 375.* ♦ En revanche, la contestation du refus d'une personne publique de reprendre le personnel auparavant salarié d'une société de droit privé dans le cadre d'un marché public relève de la compétence du juge judiciaire. • T. confl. 9 mars 2015, ⚖ n° 3994 : *RJS 5/2015, n° 316.*

12. Répartition des compétences du juge judiciaire et du juge administratif. Quand une personne publique refuse de proposer à un salarié privé qui devrait lui être transféré en application de l'art. L. 1224-3 C. trav. un contrat de droit public, le juge judiciaire ne peut faire injonction à la personne publique de proposer de tels contrats ; dès lors, lorsque les salariés se prévalent de la poursuite de leur emploi au service de la personne de droit public, le juge judiciaire, après avoir constaté la réunion des conditions requises, doit renvoyer les salariés à mieux se pourvoir afin que soit faite injonction à la personne publique de faire les offres de contrat auxquelles elle est tenue. • Soc. 22 sept. 2015, ⚖ n° 13-26.032 P : *D. 2015. Actu. 1959* ✐ *; Dr. soc. 2015. 1025, note Mouly* ✐ *; RJS 12/2015, n° 752 ; JSL 2015, n° 398-5, obs. Tissandier.* ♦ Lorsque, en cas de transfert des contrats de travail à une personne publique, le juge administratif est saisi de recours en annulation dirigés contre un refus de cette personne publique d'accueillir les demandes des salariés et qu'il lui est demandé d'enjoindre à la personne publique de leur proposer des contrats de droit public, il ne peut statuer, en cas de différend sur la réunion des conditions du transfert, qu'à l'issue de la décision du juge judiciaire, saisi à titre préjudiciel. • T. confl., 9 janv. 2017, ⚖ n° 4073.

Art. L. 1224-3-1 (L. n° 2009-972 du 3 août 2009, art. 25) Sous réserve de l'application de dispositions législatives ou réglementaires spéciales, lorsque l'activité d'une personne morale de droit public employant des agents non titulaires de droit public est reprise par une personne morale de droit privé ou par un organisme de droit public gérant un service public industriel et commercial, cette personne morale ou cet organisme propose à ces agents un contrat régi par le présent code.

Le contrat proposé reprend les clauses substantielles du contrat dont les agents sont titulaires, en particulier celles qui concernent la rémunération.

En cas de refus des agents d'accepter le contrat proposé, leur contrat prend fin de plein droit. La personne morale ou l'organisme qui reprend l'activité applique les dispositions de droit public relatives aux agents licenciés.

BIBL. ▶ A. MAZEAUD, *Dr. soc.* 2011. 367.

COMMENTAIRE

V. sur le Code en ligne.

Appréciation du respect des clauses substantielles. Le juge judiciaire, saisi d'un litige relatif à la rupture du contrat de travail consécutive au refus du salarié d'accepter l'offre de la personne publique, a compétence pour apprécier si cette offre reprend les clauses substantielles du contrat dont le salarié est titulaire ; lorsqu'il constate qu'elle ne reprend pas ces clauses et que la personne publique soulève une contestation sérieuse en se prévalant de dispositions régissant l'emploi des agents publics ou de conditions générales de leur rémunération faisant obstacle à leur reprise, le juge judiciaire doit surseoir à statuer jusqu'à ce que la question préjudicielle relative au bien-fondé des motifs invoqués par la personne publique soit tranchée par la juridiction administrative, à moins qu'il apparaisse manifestement, au vu d'une jurisprudence établie, que ces motifs sont ou ne sont pas fondés. • T. confl. 3 juill. 2017, n° 4091 • CE 16 oct. 2017, n° 391963.

Art. L. 1224-3-2 (Ord. n° 2017-1387 du 22 sept. 2017, art. 34) Lorsqu'un accord de branche étendu prévoit et organise la poursuite des contrats de travail en cas de succession d'entreprises dans l'exécution d'un marché, les salariés du nouveau prestataire ne peuvent invoquer utilement les différences de rémunération résultant d'avantages obtenus, avant le changement de prestataire, par les salariés dont les contrats de travail ont été poursuivis.

Ces dispositions issues de l'Ord. n° 2017-1387 du 22 sept. 2017 sont applicables aux contrats de travail conclus à compter du 23 sept. 2017, date de la publication de ladite Ord., quelle que soit la date à laquelle les contrats de travail ont été poursuivis entre les entreprises concernées (Ord. préc., art. 40-IX).

Art. L. 1224-4 Un décret en Conseil d'État détermine les modalités d'application des articles L. 1224-1 et L. 1224-2. — *[Anc. art. L. 122-14-11.]*

CHAPITRE V MATERNITÉ, PATERNITÉ, ADOPTION ET ÉDUCATION DES ENFANTS

RÉP. TRAV. v^{is} *Congés*, par BOUSIGES ; *Maternité*, par MAILLARD-PINON ; *Suspension du contrat de travail*, par FIN-LANGER.

BIBL. GÉN. ▶ AHUMADA, *RPDS* 1986. 321 (protection contre le licenciement). – ALTER, *ibid.* 1980. 341 (interdiction de licencier). – BENOTEAU, *Dr. soc.* 1973. 151 (maternité et contrat de travail). – BERTHOU et MASSELOT, *Dr. soc.* 1999. 942 (égalité de traitement, jurisprudence de la CJCE). – DUMONT, *JCP S* 2007. 1712 (congé de maternité et réformes de 2006 et 2007). – HARDOUIN, *ibid.* 1977. 287 (grossesse et liberté de la femme). – LENOIR, *Dr. ouvrier* 1984. 47 (interdiction de licencier). – J. SAVATIER, *Dr. soc.* 1999. 779 (mise à la retraite à l'âge de 40 ans d'une danseuse de l'opéra en congé de maternité). – SUTTER, *Dr. soc.* 1981. 710 (droit à la maternité et droit à la procréation). – TISSANDIER, *JSL* 2008, n° 240-1 (protection de la grossesse et de la maternité : quelles perspectives ?).

CONTRAT DE TRAVAIL **Art. L. 1225-3-1** 173

SECTION 1 Protection de la grossesse et de la maternité

COMMENTAIRE

V. sur le Code en ligne 🏛.   ❏

SOUS-SECTION 1 Embauche, mutation et licenciement

Art. L. 1225-1 L'employeur ne doit pas prendre en considération l'état de grossesse d'une femme pour refuser de l'embaucher, pour rompre son contrat de travail au cours d'une période d'essai ou, sous réserve d'une affectation temporaire réalisée dans le cadre des dispositions des articles L. 1225-7, L. 1225-9 et L. 1225-12, pour prononcer une mutation d'emploi.

Il lui est en conséquence interdit de rechercher ou de faire rechercher toutes informations concernant l'état de grossesse de l'intéressée. — *[Anc. art. L. 122-25, al. 1er.]* — V. art. R. 1227-5 (pén.).

BIBL. ▶ BECKER et MINE, *RDT* 2017. 729 ⌀ (protection de la femme enceinte contre l'exposition à des risques).

COMMENTAIRE

V. sur le Code en ligne 🏛.   ❏

Principe d'égalité de traitement. Viole le principe de l'égalité de traitement posé par la directive du 9 févr. 1976 l'employeur qui refuse d'embaucher une candidate enceinte au motif que son congé de maternité présentera pour lui des conséquences financières dommageables, peu important, en la circonstance, qu'aucun candidat masculin ne se soit présenté pour le poste à pourvoir. • CJCE 8 nov. 1990 : *CSB* 1991. 5, A. 2 ; *RJS* 1991. 58, n° 108. ♦ Lorsqu'un État a choisi une sanction relevant de la responsabilité civile, la violation de l'interdiction de discrimination suffit à elle seule pour engager la responsabilité de son auteur, sans qu'il puisse être tenu compte des causes d'exonération prévues par le droit national. • Même arrêt. ♦ Est inapplicable une disposition conventionnelle privant une femme du droit d'être notée et, par voie de conséquence, du bénéfice d'une promotion professionnelle, en raison de son absence pour congé de maternité. • Soc. 16 juill. 1998, 🔗 n° 90-41.231 P : *Dr. soc.* 1998. 947, obs. M. T. Lanquetin ⌀ ; *RJS* 1998. 713, n° 1171.

Art. L. 1225-2 La femme candidate à un emploi ou salariée n'est pas tenue de révéler son état de grossesse, sauf lorsqu'elle demande le bénéfice des dispositions légales relatives à la protection de la femme enceinte. — *[Anc. art. L. 122-25, al. 2.]*

COMMENTAIRE

V. sur le Code en ligne 🏛.   ❏

Droit de dissimuler l'état de grossesse. Sur la possibilité pour une salariée de dissimuler au moment de l'embauche son état de grossesse, V. déjà : • Soc. 23 févr. 1972 : *Bull. civ.* V, n° 152. ♦ Le fait que la salariée ait dissimulé son état de grossesse lors de l'embauche ne saurait être une cause de rupture anticipée du contrat de travail à durée déterminée. • CJCE 4 oct. 2001, n° 109/00, *Tele Danmark AS et HK* : *RJS* 2001. 993, n° 1476.

Art. L. 1225-3 Lorsque survient un litige relatif à l'application des articles L. 1225-1 et L. 1225-2, l'employeur communique au juge tous les éléments de nature à justifier sa décision.

Lorsqu'un doute subsiste, il profite à la salariée enceinte. — *[Anc. art. L. 122-25, al. 3 et 4.]*

COMMENTAIRE

V. sur le Code en ligne 🏛.   ❏

Art. L. 1225-3-1 (*L. n° 2016-41 du 26 janv. 2016, art. 87*) Les articles L. 1225-1, L. 1225-2 et L. 1225-3 sont applicables aux salariées bénéficiant d'une assistance médicale à la procréation conformément à l'article L. 2141-2 du code de la santé publique.

Art. L. 1225-4 Aucun employeur ne peut rompre le contrat de travail d'une salariée lorsqu'elle est en état de grossesse médicalement constaté *(L. n° 2016-1088 du 8 août 2016, art. 10)* « , » pendant l'intégralité des périodes de suspension du contrat de travail auxquelles elle a droit au titre du congé de maternité, qu'elle use ou non de ce droit, *(L. n° 2016-1088 du 8 août 2016, art. 10)* « et au titre des congés payés pris immédiatement après le congé de maternité » ainsi que pendant les *(L. n° 2016-1088 du 8 août 2016, art. 10)* « dix » semaines suivant l'expiration de ces périodes.

Toutefois, l'employeur peut rompre le contrat s'il justifie d'une faute grave de l'intéressée, non liée à l'état de grossesse, ou de son impossibilité de maintenir ce contrat pour un motif étranger à la grossesse ou à l'accouchement. Dans ce cas, la rupture du contrat de travail ne peut prendre effet ou être notifiée pendant les périodes de suspension du contrat de travail mentionnées au premier alinéa.

COMMENTAIRE
V. sur le Code en ligne.

I. CHAMP D'APPLICATION DE LA PROTECTION

1. Salariée en situation irrégulière. Les dispositions d'ordre public de l'art. L. 8251-1 C. trav. s'imposant à l'employeur qui ne peut, directement ou indirectement, conserver à son service ou employer pour quelque durée que ce soit un étranger non muni du titre l'autorisant à exercer une activité salariée en France ; une salariée dans une telle situation ne saurait bénéficier des dispositions légales protectrices de la femme enceinte interdisant ou limitant les cas de licenciement. • Soc. 15 mars 2017, n° 15-27.928 P : *D. actu. 25 avr. 2017, obs. Roussel ; D. 2017. Actu. 652 ; Dr. soc. 2017. 566, obs. Mouly ; RJS 5/2017, n° 382 ; JSL 2017, n° 430-2, obs. Pacotte et Margerin ; SSL 2017, n° 1771, p. 11, obs. Wolmark.*

2. Résiliation judiciaire et état de grossesse. Lorsque au jour de la demande de résiliation judiciaire, la salariée n'a pas informé l'employeur de son état de grossesse, la résiliation du contrat aux torts de ce dernier doit s'analyser en un licenciement, non pas nul, mais sans cause réelle et sérieuse. • Soc. 28 nov. 2018, n° 15-29.330 P : *D. 2018. Actu. 2367 ; Dr. soc. 2019. 182, obs. Mouly ; RJS 2/2019, n° 85 ; JCP S 2019. 1029, obs. Barège.*

3. Période d'essai. L'art. L. 122-25-2 [art. L. 1225-4 nouv.] ne s'applique pas à la rupture du contrat pendant la période d'essai. • Soc. 2 févr. 1983 : *Bull. civ. V, n° 74 ; D. 1984. IR 168, obs. Béraud ; JCP 1984. II. 20176, note Montredon et Pansier* • 21 déc. 2006 : *D. 2007. AJ 224, obs. Cortot ; RJS 2006. 239, n° 325 ; JCP E 2007. 1424, note Duquesne.* ♦ Mais si la résiliation du contrat de travail d'une salariée enceinte est possible pendant la période d'essai, c'est à condition qu'elle ne soit pas motivée par son état ; lorsque la salariée démontre que la rupture est intervenue en raison de sa grossesse pendant la période d'essai, elle a droit aux dommages-intérêts prévus à l'art. L. 122-30, al. 1er, mais elle ne peut prétendre au paiement des salaires prévus à l'art. L. 122-30, al. 2, qui ne sanctionne que la violation des dispositions de l'art. L. 122-25-3. • Soc. 15 janv. 1997, n° 94-43.755 P : *RJS 1997. 97, n° 138 ; CSB 1997. 109, A. 23.*

4. Contrat à durée déterminée. Les art. L. 122-25-2 [art. L. 1225-4 nouv.] et L. 122-30 [art. L. 1225-71] sont applicables aux femmes en état de grossesse liées par un contrat à durée déterminée, sans faire obstacle à l'échéance du contrat à l'arrivée du terme. • Soc. 10 nov. 1993 : *D. 1993. IR 258 ; CSB 1993. 317, S. 168 ; RJS 1993. 710, n° 1191.* ♦ Mais les dispositions spécifiques à la protection de la maternité ne privent pas la salariée du droit d'invoquer également les dispositions de l'art. L. 122-3-8 [art. L. 1243-1 s.] qui limite les causes de rupture du contrat à durée déterminée. • Soc. 26 févr. 1997 : *Dr. soc. 1997. 418, obs. Roy-Loustaunau.*

5. Congé parental. La protection de la maternité s'applique à la salariée en congé parental d'éducation. • Soc. 11 févr. 2004, n° 01-43.574 P : *Dr. soc. 2004. 562, obs. Radé ; RJS 2004. 294, n° 426.*

6. Congé pathologique post-natal. Pendant les quatre semaines suivant l'expiration des périodes de suspension du contrat de travail, le licenciement pour faute grave non liée à l'état de grossesse ou pour impossibilité de maintenir le contrat pour un motif étranger à la grossesse ou à l'accouchement est possible. • Soc. 17 févr. 2010 : *D. 2010. 1771, note Lefranc-Harmoniaux et Dedessus-Le Moustier ; RDT 2010. 290, obs. Gardes ; JSL 2010, n° 275-3, obs. Haller ; JCP S 2010. 1230, obs. Martinon ; SSL 2010, n° 1439, p. 10.*

7. Dispense d'activité. La période de protection suivant le congé de maternité n'est suspendue que par la prise des congés payés suivant immédiatement le congé de maternité, son point de départ étant alors reporté à la date de la reprise du travail par la salariée ; la dispense d'activité consentie par l'employeur à la salariée ne permet pas un tel report. • Soc. 14 sept. 2016, n° 15-15.943 P : *D. 2016. Actu. 1864 ; RJS 11/2016, n° 685 ; JCP 2016. 1046, obs. Dedessus-Le Moustier ; ibid. 1382, obs. Dauxerre.*

8. Connaissance par l'employeur. Sur la preuve de la connaissance de la grossesse par l'employeur, indépendamment du respect par la salariée des formalités légales. ● Soc. 31 mars 1978 : *Bull. civ. V, n° 271* ● 27 sept. 1989 : *CSB 1989. 224, S. 114.* ♦ Lorsque au jour de la demande de résiliation judiciaire, la salariée n'a pas informé l'employeur de son état de grossesse, la résiliation du contrat aux torts de ce dernier doit s'analyser en un licenciement, non pas nul, mais sans cause réelle et sérieuse. ● Soc. 28 nov. 2018, ⚖ n° 15-29.330 P : *D. 2018. Actu. 2367*.

9. Fécondation in vitro. L'interdiction de licenciement des travailleuses enceintes ne s'applique pas à une travailleuse qui suit un traitement de fécondation *in vitro* lorsque, à la date du licenciement, les ovules fécondés n'ont pas encore été implantés dans l'utérus ; cependant, la travailleuse qui subit un traitement de fécondation *in vitro* peut se prévaloir de la protection contre la discrimination fondée sur le sexe lorsque le licenciement est fondé essentiellement sur le fait que l'intéressée a subi un tel traitement. ● CJCE 26 févr. 2008, *Sabine Mayr c/ Bäckerei und Konditorei Gerhard Flöckner OHG*, n° 506-06 : *RDT 2008. 313, obs. Kouchner*.

10. Visite médicale de reprise. La visite médicale de reprise après un congé de maternité a pour seul objet d'apprécier l'aptitude de l'intéressée à reprendre son ancien emploi, et n'a pas pour effet de différer jusqu'à cette date la période de protection instituée par l'article L. 122-25-2 C. trav. [art. L. 1225-4 nouv.]. ● Soc. 29 sept. 2004 : ⚖ *D. 2005. 266, note Noël* ; *Dr. soc. 2004. 1091, note Savatier* ; *RJS 2004. 898, n° 1274 (2ᵉ esp.)* ; *JSL 2004, n° 154-4.*

11. N'est pas contraire au principe d'égalité posé par la directive du 9 févr. 1976 le licenciement d'une salariée prononcé en raison d'absences dues à une maladie qui trouve son origine dans la grossesse ou l'accouchement, une telle maladie n'ayant pas à être distinguée de toute autre maladie, dès lors qu'elle apparaît après le congé de maternité. ● CJCE 8 nov. 1990 : *CSB 1991. 7, A 3* ; *RJS 1991. 58, n° 109.*

II. INTERDICTION DE LICENCIER

A. PRINCIPE

12. Interdiction du licenciement. Le licenciement nul par application des dispositions de l'art. L. 122-25-2 [art. L. 1225-4 nouv.] ne prend effet qu'à la date à laquelle la période de protection prévue par l'art. L. 122-26 [art. L. 1225-17 nouv.] prend fin, cette date fixant le point de départ du délai-congé. ● Soc. 12 mars 1991 : ⚖ *CSB 1991. 101, A. 27* ; *RJS 1991. 236* ● 4 avr. 1991, ⚖ n° 89-42.406 P : *D. 1991. IR 125* ● 7 juin 1994 : ⚖ *CSB 1994. 213, S. 122* ● 10 mai 1995, ⚖ n° 92-40.038 P : *D. 1995. IR 150* ; *RJS 1995. 423, n° 641.* ♦ Le licenciement pendant la période de protection caractérise un trouble manifestement illicite que le juge des référés peut faire cesser. ● Soc. 16 juill. 1997 : ⚖ *RJS 1997. 669, n° 1084* ● 19 nov. 1997, ⚖ n° 94-42.540 P : *D. 1998. IR 4* ; *RJS 1998. 23, n° 24.*

13. Mesures préparatoires au licenciement. La protection dont bénéficie la salariée en congé de maternité s'étend aux mesures préparatoires au licenciement ; les juges du fond doivent vérifier si l'engagement d'un salarié durant le congé de maternité de l'intéressée n'a pas eu pour objet de pourvoir à son remplacement définitif, de sorte qu'il caractérisait une mesure préparatoire à son licenciement. ● Soc. 15 sept. 2010 : ⚖ *D. 2010. AJ 2166, obs. Perrin* ; *RDT 2011. 31, obs. Mercat-Bruns* ; *RJS 2010. 755, n° 841* ; *Dr. soc. 2010. 1256, obs. Favennec-Héry* ; *JSL 2010, obs. Hautefort* ; *JCP S 2011. 1005, obs. Bossu*. ♦ L'employeur ne peut pas engager la procédure de licenciement pendant la période de protection, notamment en envoyant la lettre de convocation à l'entretien préalable, un tel envoi constituant une mesure préparatoire au licenciement, peu important que l'entretien ait lieu à l'issue de cette période. ● Soc. 29 nov. 2023, ⚖ n° 22-15.794 B : *D. actu. 19 déc. 2023, obs. Mélin* ; *D. 2023. 2138*. ♦ Le fait de prévoir, dans le cadre d'un projet de restructuration, la suppression de l'emploi d'une femme en congé de maternité et de l'associer au PSE en lui faisant part des postes disponibles au reclassement n'est pas une mesure préparatoire au licenciement. ● Soc. 14 sept. 2016, ⚖ n° 15-15.943 P : *D. 2016. Actu. 1864* ; *RJS 11/2016, n° 685* ; *JSL 2016, n° 419-4, obs. Lhernould* ; *JCP G 2016. 1046, obs. Dedessus-le-Moustier*.

B. SANCTION

14. Réintégration. La réintégration de la salariée dont le licenciement est nul en application de l'art. L. 122-25-2 [art. L. 1225-4 nouv.] doit être ordonnée si elle le demande. ● Soc. 30 avr. 2003, ⚖ n° 00-44.811 P : *GADT, 4ᵉ éd., n° 104* ; *Dr. soc. 2003. 827, note Gauriau* ; *D. 2004. Somm. 178, obs. Lardy-Pélissier* ; *D. 2003. IR 1480* ; *CSB 2003, A. 44* ; *RJS 2003. 557, note Duplat* ; *ibid. 2003. 579, n° 869* ; *JSL 2003, n° 124-4.* ♦ V. déjà ● Soc. 9 oct. 2001, ⚖ n° 99-44.353 P : *D. 2002. 1234, note Damas* ; *RJS 2001. 986, n° 1468.*

15. Indemnisation. La salariée dont le licenciement est nul et qui ne demande pas sa réintégration a droit, d'une part, aux indemnités de rupture et, d'autre part, à une indemnité réparant intégralement le préjudice résultant du caractère illicite du licenciement, dont le montant est souverainement apprécié par les juges du fond dès lors qu'il est au moins égal à celui prévu par l'art. L. 122-14-4. ● Soc. 9 oct. 2001, ⚖ n° 99-44.353 P : *RJS 2001. 986, n° 1468.*

16. Indemnisation en cas de réintégration. En application des dispositions des art. L. 1132-1 et L. 1132-4 C. trav., tout licenciement prononcé à l'égard d'une salariée en raison de son état de grossesse est nul ; dès lors un tel licenciement caractérise une atteinte au principe d'égalité de droits entre l'homme et la femme, garanti par l'al. 3 du préambule de la Constitution du 27 oct. 1946, et la salariée qui demande sa réintégration a droit au paiement d'une indemnité égale au montant de la rémunération qu'elle aurait dû percevoir entre son éviction de l'entreprise et sa réintégration, sans déduction des éventuels revenus de remplacement dont elle a pu bénéficier pendant cette période. • Soc. 29 janv. 2020, n° 18-21.862 P : *D. actu. 26 févr. 2020, obs. de Montvalon ; D. 2020. Actu. 287* ; *RDT 2020. 185, obs. Baugard* ; *RJS 4/2020, n° 171* ; *JSL 2020, n° 494-5, obs. Hautefort*.

C. LICENCIEMENT POUR FAUTE GRAVE OU IMPOSSIBILITÉ DE MAINTENIR LE CONTRAT PENDANT LA PÉRIODE DE PROTECTION « RELATIVE »

17. Période de protection relative. La période de protection de 4 semaines [régime antérieur à la L. du 8 août 2016 ; 10 semaines depuis] suivant le congé maternité étant suspendue par la prise des congés payés, son point de départ est reporté à la date de la reprise du travail par la salariée. • Soc. 30 avr. 2014 : *D. actu. 22 mai 2014, obs. Fraisse* ; *RDT 2014. 547, obs. Gardes* ; *RJS 2014. 459, n° 557* ; *JSL 2014, n° 368-7, obs. Taquet*. ♦ Mais si la période de protection de 4 semaines suivant le congé de maternité est suspendue par la prise des congés payés suivant immédiatement le congé, son point de départ étant alors reporté à la date de la reprise du travail par la salariée, il n'en va pas de même en cas d'arrêt de travail pour maladie. • Soc. 8 juill. 2015, n° 14-15.979 P : *D. actu. 22 juill. 2015, obs. Peyronnet* ; *D. 2015. Actu. 1545* ; *RJS 10/2015, n° 637* ; *SSL 2015, n° 1687, p. 13, obs. Fabre* ; *JSL 2015, n° 394-1, obs. Hautefort* ; *JCP S 2015. 1365, obs. Evaraert-Dumont* • Soc. 1er déc. 2021, n° 20-13.339 B : *D. actu. 4 janv. 2022, obs. Couëdel ; D. 2021. 2238* ; *RDT 2022. 55, obs. Guiomard* ; *RJS 2/2022, n° 98* ; *Dr. ouvrier 2022. 78, obs. Colombet* ; *JSL 2022, n° 534-2, obs. Hautefort* ; *JCP S 2022. 1006, obs. Dauxerre*. ♦ Pendant les 10 semaines suivant l'expiration de son congé de maternité, l'employeur peut rompre le contrat de travail d'une salariée pour une faute grave non liée à son état de grossesse même si elle est en arrêt maladie. • Même arrêt.

18. Faute grave. Pour décider que le licenciement d'une salariée enceinte repose sur une faute grave, les juges doivent avoir constaté que les faits qui lui sont reprochés ne sont pas liés à son état de grossesse. • Soc. 8 mars 2000, n° 97-43.797 P : *D. 2000. IR 90* ; *RJS 2000. 367, n° 527*. ♦ Caractérise la faute grave la participation à des agissements frauduleux commis par un supérieur hiérarchique. • Crim. 8 janv. 1991 : *RJS 1991. 169, n° 321*. ♦ ... Le fait, en vue d'obtenir des prestations complémentaires, de compléter un document qui ne pouvait émaner que de l'employeur en y apposant un paraphe laissant croire que ce dernier l'avait signé. • Soc. 9 déc. 1998 : *RJS 1999. 313, n° 503*.

19. Impossibilité de maintenir le contrat. L'existence d'une cause économique de licenciement ne constitue pas nécessairement l'impossibilité de maintenir le contrat de travail. • Soc. 31 oct. 1996 : *RJS 1996. 755, n° 1168* • 19 nov. 1997 : *D. 1998. IR 3*. ♦ Est nulle la rupture dès lors que la lettre de licenciement vise seulement l'existence d'un motif économique. • Soc. 14 déc. 2016, n° 15-21.898 P : *D. 2017. Actu. 13* ; *RJS 2/2017, n° 94* ; *JCP S 2017. 1049, obs. Everaert-Dumont*. ♦ L'existence d'une clause contractuelle de résiliation d'un contrat de travail en raison de la rupture d'un autre contrat de travail ne constitue pas en soi une impossibilité de maintenir le contrat de travail d'une salariée en état de grossesse. • Soc. 16 juin 2004, n° 02-42.315 P : *RJS 2004. 714, n° 1032*.

20. N'est pas fondé le licenciement justifié par un changement d'activité, alors que la salariée avait été remplacée. • Soc. 25 juin 1969 : *Bull. civ. V, n° 432*. ♦ ... Ou par une inaptitude non formellement établie. • Soc. 8 déc. 1976 : *Bull. civ. V, n° 645 ; D. 1977. IR 35*. ♦ ... Ou par la petite taille de l'entreprise. • Soc. 1er juin 1976 : *Bull. civ. V, n° 336 ; D. 1976. IR 200 ; Dr. ouvrier 1977. 233*.

21. Refus d'un accord de mobilité interne. Le refus de voir appliquer à son contrat de travail les stipulations d'un accord relatif à la mobilité interne ne caractérise pas, par lui-même, l'impossibilité dans laquelle se trouve l'employeur de maintenir le contrat de travail d'une salariée enceinte pour un motif étranger à la grossesse ou à l'accouchement. • Soc. 4 mars 2020, n° 18-19.189 P : *D. 2020. 606* ; *Dr. soc. 2020. 565, obs. Mouly* ; *ibid. 847, étude Bento de Carvalho et Tournaux* ; *RJS 5/2020, n° 233* ; *JCP S 2020. 496-497-3, obs. Hautefort*.

22. Adhésion à un contrat de sécurisation professionnelle (CSP). La salariée, en état de grossesse médicalement constaté à la date d'expiration du délai pour prendre parti sur la proposition d'un CSP, bénéficie de la protection prévue par l'art. L. 1225-4 ; l'adhésion à ce contrat, qui constitue une modalité du licenciement pour motif économique, ne caractérise pas l'impossibilité pour l'employeur de maintenir le contrat de travail pour un motif étranger à la grossesse. • Soc. 4 oct. 2023, n° 21-21.059 B : *D. actu. 26 oct. 2023, obs. Malfettes* ; *D. 2023. 1750* ; *RJS 12/2023, n° 628*.

23. En l'absence de faute grave, l'employeur ne peut invoquer l'impossibilité de maintenir le contrat qu'en justifiant de circonstances indépendantes du comportement de la salariée. • Soc. 27 avr. 1989 : *Bull. civ. V, n° 315*.

24. La preuve de la réorganisation des services rendant impossible le maintien du contrat est à la charge de l'employeur. ● Soc. 22 avr. 1970 : *Bull. civ.* V, n° 265.

25. Motivation de la lettre de licenciement. La lettre de licenciement doit énoncer le ou les motifs qui rendent impossible le maintien du contrat de travail, à défaut le licenciement est nul. ● Soc. 24 oct. 2000, 🔒 n° 98-41.937 P : *D. 2000. IR 303* 🖉 ; *RJS 2000. 806, n° 1245.* ♦ Est nul le licenciement d'une femme enceinte dès lors que la lettre de licenciement mentionnait l'inaptitude de la salariée mais aucun des motifs limitativement exigés par l'art. L. 1225-4 C. trav. ● Soc. 3 nov. 2016, 🔒 n° 15-15.333 P : *D. actu. 22 nov. 2016, obs. Roussel* ; *D. 2016. Actu. 2285* 🖉 ; *ibid. 2017. 241, obs. Wurtz* 🖉 ; *RJS 1/2017, n° 12* ; *JCP S 2016. 1413, obs. Lahalle.*

Art. L. 1225-4-1 (*L. n° 2014-873 du 4 août 2014, art. 9*) Aucun employeur ne peut rompre le contrat de travail d'un salarié pendant les (*L. n° 2016-1088 du 8 août 2016, art. 10*) « dix » semaines suivant la naissance de son enfant.

Toutefois, l'employeur peut rompre le contrat s'il justifie d'une faute grave de l'intéressé ou de son impossibilité de maintenir ce contrat pour un motif étranger à l'arrivée de l'enfant.

BIBL. ▶ GARDES, *Dr. soc.* 2022. 402 🖉 (la protection de la paternité et le droit du travail : un retard encore important).

COMMENTAIRE

V. sur le Code en ligne 🔒.

1. Constitutionnalité. La période de protection de 10 semaines instaurées en faveur du père salarié après la naissance de son enfant, qui a notamment pour objectif de lui permettre de concilier vie professionnelle et vie familiale et de favoriser un meilleur partage des responsabilités parentales en instaurant une période de stabilité et de sécurité du lien contractuel, ne porte aucune atteinte au droit à la protection de la santé des salariés. Par ailleurs, les art. du C. trav. instaurant cette protection ne portent pas atteinte au principe d'égalité entre les hommes et les femmes, la période de protection instaurée en faveur du père, qui n'a pas la même finalité que celle instaurée en faveur de la mère, tendant à favoriser l'égalité en permettant notamment un meilleur partage des responsabilités parentales. Enfin, l'interdiction de licencier, qui comporte des exceptions et est limitée dans le temps, répond à des motifs d'intérêt général et n'apporte pas une atteinte disproportionnée à la liberté d'entreprendre. En conséquence, la question de la constitutionnalité de ces textes n'a pas à être renvoyée au Conseil constitutionnel. ● Soc., QPC, 2 mars 2022, 🔒 n° 21-40.032 B : *D. 2022. 709* ; *RDT 2022. 326, obs. Guiomard* 🖉 ; *RJS 5/2022, n° 237.*

2. Mesures préparatoires au licenciement pendant la période de protection. L'art. L. 1225-4-1 C. trav., qui ne met pas en œuvre l'art. 10 de la Dir. 92/85 du 19 oct. 1992 concernant l'amélioration de la sécurité et de la santé des travailleuses enceintes, accouchées ou allaitantes au travail, interdit à l'employeur de rompre le contrat de travail d'un salarié pendant les 4 semaines suivant la naissance de l'enfant, sauf s'il justifie d'une faute grave ou de son impossibilité de maintenir le contrat pour un motif étranger à l'arrivée de l'enfant ; le licenciement du salarié – père ou second parent – prononcé à l'expiration de la période de protection ne peut être déclaré nul, même si des mesures préparatoires au licenciement ont été prises pendant celle-ci. ● Soc. 30 sept. 2020, 🔒 n° 19-12.036 P : *D. 2020. 1957* 🖉 ; *Dr. soc. 2020. 929, note Grivel* 🖉 ; *RDT 2020. 672, obs. de Montvalon* 🖉 ; *RJS 11/2020, n° 580* ; *JSL 2021, n° 509-510-5, obs. Nassom-Tissandier.*

3. Nullité du licenciement pour des manquements professionnels. Le licenciement d'un salarié intervenu durant les 10 semaines suivant la naissance de son enfant est nul dès lors que les manquements professionnels qui lui sont reprochés dans la lettre de licenciement ne caractérisent ni une faute grave, ni une impossibilité de maintenir son contrat de travail pendant cette période. ● Soc. 27 sept. 2023, 🔒 n° 21-22.937 B : *D. actu. 9 oct. 2023, obs. Mélin* ; *D. 2023. 1698* 🖉 ; *RJS 12/2023, n° 629* ; *JCP S 2023. 1287, obs. Pagani.*

Art. L. 1225-4-2 (*L. n° 2020-692 du 8 juin 2020, art. 8*) Aucun employeur ne peut rompre le contrat de travail d'un salarié pendant les treize semaines suivant le décès de son enfant âgé de moins de vingt-cinq ans ou de la personne âgée de moins de vingt-cinq ans dont le salarié a la charge effective et permanente.

Toutefois, l'employeur peut rompre le contrat s'il justifie d'une faute grave de l'intéressé ou de son impossibilité de maintenir ce contrat pour un motif étranger au décès de l'enfant.

COMMENTAIRE

V. sur le Code en ligne 🔒.

Art. L. 1225-4-3 (L. n° 2023-567 du 7 juill. 2023, art. 3) Aucun employeur ne peut rompre le contrat de travail d'une salariée pendant les dix semaines suivant une interruption de grossesse médicalement constatée ayant eu lieu entre la quatorzième et la vingt et unième semaine d'aménorrhée incluses.

Toutefois, l'employeur peut rompre le contrat s'il justifie d'une faute grave de l'intéressée ou de son impossibilité de maintenir ce contrat pour un motif étranger à l'interruption spontanée de grossesse.

Art. L. 1225-4-4 (L. n° 2023-622 du 19 juill. 2023, art. 1er) Aucun employeur ne peut rompre le contrat de travail d'un salarié pendant un congé de présence parentale prévu à l'article L. 1225-62 ni pendant les périodes travaillées si le congé de présence parentale est fractionné ou pris à temps partiel.

Toutefois, l'employeur peut rompre le contrat s'il justifie d'une faute grave de l'intéressé ou de son impossibilité de maintenir ce contrat pour un motif étranger à l'état de santé de l'enfant de l'intéressé.

Art. L. 1225-5 Le licenciement d'une salariée est annulé lorsque, dans un délai de quinze jours à compter de sa notification, l'intéressée envoie à son employeur, dans des conditions déterminées par voie réglementaire, un certificat médical justifiant qu'elle est enceinte.

Ces dispositions ne s'appliquent pas lorsque le licenciement est prononcé pour une faute grave non liée à l'état de grossesse ou par impossibilité de maintenir le contrat pour un motif étranger à la grossesse ou à l'accouchement. — [Anc. art. L. 122-25-2, al. 2.]

COMMENTAIRE

V. sur le Code en ligne.

1. Notification du licenciement. Le délai de 15 jours court à compter du jour où le licenciement a été effectivement porté à la connaissance de la salariée par la remise en main propre du recommandé. ● Soc. 8 juin 2011 : *D. 2011. Actu. 1768* ; *RJS 2011. 625, n° 680* ; *JCP S 2011. 1388*, obs. Brissy. ♦ En cas de licenciement notifié verbalement, c'est à compter de cette notification que commence à courir le délai fixé par l'alinéa 2 de l'art. 122-25-2 [art. L. 1225-2 nouv.]. ● Soc. 3 oct. 1980 : *Bull. civ. V, n° 711* ● 21 juill. 1986 : *ibid., n° 458*. ♦ Le délai commence à courir à compter de la notification faite à la salariée, même dans des conditions irrégulières. ● Soc. 13 nov. 1996, n° 93-44.873 P : *D. 1996. IR 262* ; *RJS 1996. 815, n° 1259*. ♦ Le délai court à compter du jour où la notification du licenciement a été effectivement portée à la connaissance de la salariée. ● Soc. 3 déc. 1997, n° 95-40.093 P : *RJS 1998. 25, n° 25* ; *CSB 1998. 45, A. 11*. ♦ Le jour de la notification ne compte pas en application des dispositions de l'art. 641, al. 1er, C. pr. civ. ● Soc. 16 juin 2004, n° 02-42.315 P : *RJS 2004. 714, n° 1032*.

2. Lorsqu'une salariée notifie à l'employeur son état de grossesse, son licenciement doit être annulé et si l'employeur, à la suite de la notification, ne revient pas tardivement sur sa décision de licencier, la salariée n'est pas tenue d'accepter la réintégration proposée et doit être indemnisée. ● Soc. 9 juill. 2008 : *JSL 2008, n° 241-2* ; *RJS 2008. 809, n° 988* ; *JCP S 2008. 1483*, note Puigelier. ♦ Dans cette hypothèse, la salariée a droit, outre les indemnités de rupture et une indemnité égale à six mois de salaire réparant intégralement le préjudice subi résultant du caractère illicite du licenciement, aux salaires qu'elle aurait perçus pendant la période couverte par la nullité. ● Soc. 15 déc. 2015, n° 14-10.522 P : *D. 2016. Actu. 82* ; *RJS 2/2016, n° 104* ; *JSL 2016, n° 403-2*, obs. Lhernould.

3. Annulation du licenciement. Lorsqu'une salariée notifie à l'employeur qu'elle est en état de grossesse, son licenciement doit être annulé ; l'employeur ne peut se contenter de suspendre les effets du licenciement. ● Soc. 20 nov. 2001, n° 99-41.507 P : *RJS 2002. 143, n° 168* ● 7 avr. 2004, n° 02-40.333 P. ♦ En relevant que l'employeur n'avait pas aussitôt fait savoir à la salariée que son licenciement était annulé en application de la loi et que la salariée ne s'était pas désistée de son instance, une cour d'appel n'a pas caractérisé une manifestation claire et non équivoque de volonté de la salariée de poursuivre les relations de travail. ● Soc. 30 sept. 1992, n° 88-44.629 P : *Dr. soc. 1992. 922* ; *CSB 1992. 273, A. 51* ; *RJS 1992. 381, n° 1242*. ♦ L'envoi d'un certificat de grossesse dans les formes de l'art. R. 122-9 n'est pas une formalité substantielle ; le délai de quinze jours prévu par l'art. L. 122-25-2 ne s'applique qu'en cas de licenciement par l'employeur ignorant la grossesse. ● Soc. 20 juin 1995, n° 91-44.952 P : *RJS 1995. 582, n° 880* ; *CSB 1995. 261, A. 49*. ♦ Lorsqu'une salariée explique par son état de grossesse quatre mois d'absence injustifiée, dans le délai de 15 jours suivant la notification du licenciement, le licenciement est annulé et la faute grave ne peut être caractérisée. ● Soc. 16 juin 1998, n° 95-42.263 P : *RJS 1998. 627, n° 980*.

CONTRAT DE TRAVAIL **Art. L. 1225-9** 179

4. Annulation du licenciement et proposition de réintégration tardive. Lorsqu'une salariée, en application de l'art. L. 1225-5 C. trav., notifie à l'employeur son état de grossesse, de sorte que le licenciement est annulé, le juge doit apprécier le caractère tardif de la décision de réintégrer cette salariée au regard de la date de connaissance par l'employeur de cet état. • Soc. 15 déc. 2015, ⚖ n° 14-10.522 P : *D. actu.* 8 janv. 2016, obs. Cortot ; *D.* 2016. Actu. 82 ⊘ ; *RJS* 2/2016, n° 104 ; *JCPS* 2016. 1058, obs. Everaert-Dumont.

5. Absence de lien avec l'état de grossesse caractérisée. L'employeur peut licencier une salariée en état de grossesse en dehors des périodes de suspension prévues par l'art. L. 1225-17 pour faute grave ; mais l'absence de lien entre les manquements reprochés à la salariée et son état de grossesse doit être caractérisée par les juges du fond. • Soc. 18 avr. 2008 : ⚖ *JSL* 2008, n° 234-6 ; *RJS* 2009. 620, n° 773 ; *JCP S* 2008. 1354, note Puigelier ; *Dr. soc.* 2008. 879, obs. Savatier ⊘.

Art. L. 1225-6 Les dispositions des articles L. 1225-4 (*L. n° 2023-567 du 7 juill. 2023, art. 3*) « , L. 1225-4-3 » et L. 1225-5 ne font pas obstacle à l'échéance du contrat de travail à durée déterminée.

SOUS-SECTION 2 **Changements temporaires d'affectation**

§ 1 Nécessité médicale

Art. L. 1225-7 La salariée enceinte peut être affectée temporairement dans un autre emploi, à son initiative ou à celle de l'employeur, si son état de santé médicalement constaté l'exige.

En cas de désaccord entre l'employeur et la salariée ou lorsque le changement intervient à l'initiative de l'employeur, seul le médecin du travail peut établir la nécessité médicale du changement d'emploi et l'aptitude de la salariée à occuper le nouvel emploi envisagé.

L'affectation dans un autre établissement est subordonnée à l'accord de l'intéressée.

L'affectation temporaire ne peut excéder la durée de la grossesse et prend fin dès que l'état de santé de la femme lui permet de retrouver son emploi initial.

Le changement d'affectation n'entraîne aucune diminution de rémunération. — [*Anc. art. L. 122-25-1.*]

1. Maternité et poste de travail. Sur la possibilité pour la salariée de refuser sa mutation, V. • Soc. 22 janv. 1981 : *Bull. civ. V*, n° 68. ♦ En cas de nécessité médicale d'affectation temporaire dans un autre emploi, l'employeur ne peut suspendre la rémunération de la salariée enceinte, en attendant de lui trouver un poste compatible avec son état. • Soc. 17 déc. 1997 : ⚖ *RJS* 1998. 114, n° 176.

2. Maternité et reclassement. Lorsque la convention collective prévoit une obligation de reclassement des salariées enceintes déclarées inaptes, elles ont droit au maintien de la rémunération, peu important que le changement d'affectation n'ait pu avoir lieu en l'absence de poste disponible. • Soc. 19 janv. 1999, ⚖ n° 96-44.976 P : *D.* 1999. IR 45 ⊘ ; *RJS* 1999. 219, n° 368.

Art. L. 1225-8 Lorsque la salariée reprend son travail à l'issue du congé de maternité et si pendant sa grossesse elle a fait l'objet d'un changement d'affectation dans les conditions prévues au présent paragraphe, elle est réintégrée dans l'emploi occupé avant cette affectation. — [*Anc. art. L. 122-26, al. 9.*]

§ 2 Travail de nuit

Art. L. 1225-9 La salariée en état de grossesse médicalement constaté ou ayant accouché, qui travaille de nuit dans les conditions déterminées à l'article (*L. n° 2016-1088 du 8 août 2016, art. 8*) « L. 3122-5 », est affectée sur sa demande à un poste de jour pendant la durée de sa grossesse et pendant la période du congé postnatal.

Elle est également affectée à un poste de jour pendant la durée de sa grossesse lorsque le médecin du travail constate par écrit que le poste de nuit est incompatible avec son état. Cette période peut être prolongée pendant le congé postnatal et après son retour de ce congé pour une durée n'excédant pas un mois lorsque le médecin du travail constate par écrit que le poste de nuit est incompatible avec son état.

L'affectation dans un autre établissement est subordonnée à l'accord de la salariée.

Le changement d'affectation n'entraîne aucune diminution de la rémunération. — [*Anc. art. L. 122-25-1-1, al. 1er et 2.*]

Art. L. 1225-10 Lorsque l'employeur est dans l'impossibilité de proposer un autre emploi à la salariée travaillant de nuit, il lui fait connaître par écrit, ainsi qu'au médecin du travail, les motifs qui s'opposent à cette affectation.

Le contrat de travail de la salariée est alors suspendu jusqu'à la date du début du congé légal de maternité et éventuellement durant la période complémentaire qui suit la fin de ce congé en application de l'article L. 1225-9.

La salariée bénéficie d'une garantie de rémunération pendant la suspension du contrat de travail, composée de l'allocation journalière prévue à l'article L. 333-1 du code de la sécurité sociale et d'une indemnité complémentaire à la charge de l'employeur, calculée selon les mêmes modalités que celles prévues à l'article L. 1226-1, à l'exception des dispositions relatives à l'ancienneté. – *[Anc. art. L. 122-25-1-1, al. 3.]*

Art. L. 1225-11 Les dispositions du présent paragraphe ne font pas obstacle à l'application des dispositions des articles :

1° L. 1225-4, relatif à la protection contre la rupture du contrat de travail d'une salariée en état de grossesse médicalement constaté ;

2° L. 1225-17, relatif au congé de maternité ;

3° L. 1225-29, relatif à l'interdiction d'emploi postnatal et prénatal ;

4° L. 1226-2, relatif à l'inaptitude consécutive à une maladie ou un accident non professionnel constatée par le médecin du travail ;

(L. n° 2016-1088 du 8 août 2016, art. 102) « 4° *bis* L. 1226-10, relatif à l'inaptitude consécutive à un accident du travail ou à une maladie professionnelle ;

« 5° L. 4624-3 et L. 4624-4, relatifs » aux mesures individuelles pouvant être proposées par le médecin du travail.

§ 3 Exposition à des risques particuliers

Art. L. 1225-12 L'employeur propose à la salariée qui occupe un poste de travail l'exposant à des risques déterminés par voie réglementaire un autre emploi compatible avec son état :

1° Lorsqu'elle est en état de grossesse médicalement constaté ;

2° Lorsqu'elle a accouché, compte tenu des répercussions sur sa santé ou sur l'allaitement, durant une période n'excédant pas un mois après son retour de congé postnatal. – *[Anc. art. L. 122-25-1-2, al. 1er, phrase 1.]* – V. art. R. 1225-4.

Art. L. 1225-13 La proposition d'emploi est réalisée au besoin par la mise en œuvre de mesures temporaires telles que l'aménagement de son poste de travail ou son affectation dans un autre poste de travail. Elle prend en compte les conclusions écrites du médecin du travail et les indications qu'il formule sur l'aptitude de la salariée à exercer l'une des tâches existantes dans l'entreprise.

Ces mesures temporaires n'entraînent aucune diminution de la rémunération. – *[Anc. art. L. 122-25-1-2, al. 1er, phrase 1 fin et phrase 2.]*

Art. L. 1225-14 Lorsque l'employeur est dans l'impossibilité de proposer un autre emploi à la salariée, il lui fait connaître par écrit, ainsi qu'au médecin du travail, les motifs qui s'opposent à cette affectation temporaire.

Le contrat de travail de la salariée est alors suspendu jusqu'à la date du début du congé de maternité et, lorsqu'elle a accouché, durant la période n'excédant pas un mois prévue au 2° de l'article L. 1225-12.

La salariée bénéficie d'une garantie de rémunération pendant la suspension du contrat de travail, composée de l'allocation journalière prévue à l'article L. 333-1 du code de la sécurité sociale et d'une indemnité complémentaire à la charge de l'employeur, selon les mêmes modalités que celles prévues par les dispositions mentionnées à l'article L. 1226-1, à l'exception des dispositions relatives à l'ancienneté. – *[Anc. art. L. 122-25-1-2, al. 2.]*

Art. L. 1225-15 Les dispositions du présent paragraphe ne font pas obstacle à l'application des articles :

1° L. 1225-4, relatif à la protection contre la rupture du contrat de travail d'une salariée en état de grossesse médicalement constaté ;

CONTRAT DE TRAVAIL **Art. L. 1225-18**

2° L. 1226-2, relatif à l'inaptitude consécutive à une maladie ou un accident non professionnel constatée par le médecin du travail ;

(L. n° 2016-1088 du 8 août 2016, art. 102) « 2° bis L. 1226-10, relatif à l'inaptitude consécutive à un accident du travail ou à une maladie professionnelle ;

« 3° L. 4624-3 et L. 4624-4, relatifs » aux mesures individuelles pouvant être proposées par le médecin du travail.

SOUS-SECTION 3 Autorisations d'absence et congé de maternité

Art. L. 1225-16 La salariée bénéficie d'une autorisation d'absence pour se rendre aux examens médicaux obligatoires prévus par l'article L. 2122-1 du code de la santé publique dans le cadre de la surveillance médicale de la grossesse et des suites de l'accouchement.

(L. n° 2016-41 du 26 janv. 2016, art. 87) « La salariée bénéficiant d'une assistance médicale à la procréation dans les conditions prévues au chapitre I du titre IV du livre I de la deuxième partie du code de la santé publique bénéficie d'une autorisation d'absence pour les actes médicaux nécessaires. »

(L. n° 2014-873 du 4 août 2014, art. 11) « Le conjoint salarié de la femme enceinte (L. n° 2016-41 du 26 janv. 2016, art. 87) « ou bénéficiant d'une assistance médicale à la procréation » ou la personne salariée liée à elle par un pacte civil de solidarité ou vivant maritalement avec elle bénéficie également d'une autorisation d'absence pour se rendre à trois de ces examens médicaux obligatoires (L. n° 2016-41 du 26 janv. 2016, art. 87) « ou de ces actes médicaux nécessaires pour chaque protocole du parcours d'assistance médicale » au maximum. »

Ces absences n'entraînent aucune diminution de la rémunération et sont assimilées à une période de travail effectif pour la détermination de la durée des congés payés ainsi que pour les droits légaux ou conventionnels acquis par la salariée au titre de son ancienneté dans l'entreprise.

Sur l'autorisation d'absence dont bénéficie la salariée donneuse d'ovocytes, V. CSP, art. L. 1244-5, App. II. C.

> *COMMENTAIRE*
> V. sur le Code en ligne. ❏

Art. L. 1225-17 La salariée a le droit de bénéficier d'un congé de maternité pendant une période qui commence six semaines avant la date présumée de l'accouchement et se termine dix semaines après la date de celui-ci.

A la demande de la salariée et sous réserve d'un avis favorable du professionnel de santé qui suit la grossesse, la période de suspension du contrat de travail qui commence avant la date présumée de l'accouchement peut être réduite d'une durée maximale de trois semaines. La période postérieure à la date présumée de l'accouchement est alors augmentée d'autant.

Lorsque la salariée a reporté après la naissance de l'enfant une partie du congé de maternité et qu'elle se voit prescrire un arrêt de travail pendant la période antérieure à la date présumée de l'accouchement, ce report est annulé et la période de suspension du contrat de travail est décomptée à partir du premier jour de l'arrêt de travail. La période initialement reportée est réduite d'autant. — [*Anc. art. L. 122-26, al. 1er et 2.*]

> *COMMENTAIRE*
> V. sur le Code en ligne. ❏

Art. L. 1225-18 Lorsque des naissances multiples sont prévues, la période de congé de maternité varie dans les conditions suivantes :

1° Pour la naissance de deux enfants, cette période commence douze semaines avant la date présumée de l'accouchement et se termine vingt-deux semaines après la date de l'accouchement. La période de suspension antérieure à la date présumée de l'accouchement peut être augmentée d'une durée maximale de quatre semaines. La période de vingt-deux semaines postérieure à l'accouchement est alors réduite d'autant ;

2° Pour la naissance de trois enfants ou plus, cette période commence vingt-quatre semaines avant la date présumée de l'accouchement et se termine vingt-deux semaines après la date de l'accouchement. – *[Anc. art. L. 122-26, al. 1er, phrases 2 et 3.]*

Art. L. 1225-19 Lorsque, avant l'accouchement, la salariée elle-même ou le foyer assume déjà la charge de deux enfants au moins ou lorsque la salariée a déjà mis au monde au moins deux enfants nés viables, le congé de maternité commence huit semaines avant la date présumée de l'accouchement et se termine dix-huit semaines après la date de celui-ci.

A la demande de la salariée et sous réserve d'un avis favorable du professionnel de santé qui suit la grossesse, la période de suspension du contrat de travail qui commence avant la date présumée de l'accouchement peut être réduite d'une durée maximale de trois semaines. La période postérieure à la date présumée de l'accouchement est alors augmentée d'autant.

Lorsque la salariée a reporté après la naissance de l'enfant une partie du congé de maternité et qu'elle se voit prescrire un arrêt de travail pendant la période antérieure à la date présumée de l'accouchement, ce report est annulé et la période de suspension du contrat de travail est décomptée à partir du premier jour de l'arrêt de travail. La période initialement reportée est réduite d'autant.

La période de huit semaines de congé de maternité antérieure à la date présumée de l'accouchement peut être augmentée d'une durée maximale de deux semaines. La période de dix-huit semaines postérieure à la date de l'accouchement est alors réduite d'autant. – *[Anc. art. L. 122-26, al. 1er et 2.]*

Art. L. 1225-20 Lorsque l'accouchement intervient avant la date présumée, le congé de maternité peut être prolongé jusqu'au terme, selon le cas, des seize, vingt-six, trente-quatre ou quarante-six semaines de suspension du contrat auxquelles la salariée a droit, en application des articles L. 1225-17 à L. 1225-19. – *[Anc. art. L. 122-26, al. 2.]*

> *COMMENTAIRE*
>
> V. sur le Code en ligne 🔒.

Art. L. 1225-21 Lorsqu'un état pathologique est attesté par un certificat médical comme résultant de la grossesse ou de l'accouchement, le congé de maternité est augmenté de la durée de cet état pathologique dans la limite de deux semaines avant la date présumée de l'accouchement et de quatre semaines après la date de celui-ci. – *[Anc. art. L. 122-26, al. 3.]*

Lorsqu'un état pathologique est attesté par un certificat médical comme résultant de la grossesse ou de l'accouchement, le congé de maternité est augmenté de la durée de cet état pathologique. Partant, un congé conventionnel supplémentaire dû au terme du congé légal de maternité a vocation à commencer au terme d'une telle prolongation. • Soc. 27 mars 2019, 🔒 n° 17-23.988 P : *D. actu.* 12 avr. 2019, obs. Malfettes ; *RJS* 6/2019, n° 344.

Art. L. 1225-22 Lorsque l'enfant est resté hospitalisé jusqu'à l'expiration de la sixième semaine suivant l'accouchement, la salariée peut reporter à la date de la fin de l'hospitalisation tout ou partie du congé auquel elle peut encore prétendre. – *[Anc. art. L. 122-26, al. 4, phrase 1.]*

Art. L. 1225-23 Lorsque l'accouchement intervient plus de six semaines avant la date prévue et exige l'hospitalisation postnatale de l'enfant, le congé de maternité est prolongé du nombre de jours courant de la date effective de l'accouchement au début des périodes de congé de maternité mentionnées aux articles L. 1225-17 à L. 1225-19. – *[Anc. art. L. 122-26, al. 4.]*

Art. L. 1225-24 Le congé de maternité entraîne la suspension du contrat de travail. La salariée avertit l'employeur du motif de son absence et de la date à laquelle elle entend y mettre fin.

La durée de ce congé est assimilée à une période de travail effectif pour la détermination des droits que la salariée tient de son ancienneté. – *[Anc. art. L. 122-26-2.]*

Art. L. 1225-25 A l'issue du congé de maternité, la salariée retrouve son précédent emploi ou un emploi similaire assorti d'une rémunération au moins équivalente. — [Anc. art. L. 122-28, al. 8.]

> *COMMENTAIRE*
>
> V. sur le Code en ligne 🔒.

1. Conséquences de l'absence. Lorsqu'une prime de fin d'année procédant d'un usage dans l'entreprise prévoit un abattement à partir d'un certain nombre de jours d'absence, il appartient à la salariée de démontrer qu'elle y a droit malgré son absence due à un congé de maternité. ● Soc. 17 déc. 1987 : *Bull. civ. V, n° 750.* – Dans le même sens : ● Soc. 11 avr. 1991 : ⚖ *RJS 1991. 367, n° 684.*

2. Retour sur un poste similaire. En relevant qu'il était de l'intérêt de l'entreprise de conserver au poste anciennement occupé par la salariée le salarié qui l'y avait remplacée et que l'employeur avait proposé à celle-ci un poste similaire sans modifier un élément essentiel de son contrat, une cour d'appel a pu décider que le refus de la salariée d'accepter une simple modification de ses conditions de travail faisait que le licenciement reposait sur une cause réelle et sérieuse. ● Soc. 22 mai 1997, ⚖ n° 94-40.297 P : *CSB 1997. 241, A. 47, note Morville ; RJS 1997. 524, n° 809.*

Art. L. 1225-26 En l'absence d'accord collectif de branche ou d'entreprise déterminant des garanties d'évolution de la rémunération des salariées pendant le congé de maternité et à la suite de ce congé au moins aussi favorables que celles mentionnées dans le présent article, cette rémunération, au sens de l'article L. 3221-3, est majorée, à la suite de ce congé, des augmentations générales ainsi que de la moyenne des augmentations individuelles perçues pendant la durée de ce congé par les salariés relevant de la même catégorie professionnelle ou, à défaut, de la moyenne des augmentations individuelles dans l'entreprise.

Cette règle n'est pas applicable aux accords collectifs de branche ou d'entreprise conclus antérieurement à l'entrée en vigueur de la loi n° 2006-340 du 23 mars 2006 relative à l'égalité salariale entre les femmes et les hommes. — [Anc. art. L. 122-26, al. 10 et 11.]

V. Circ. du 19 avr. 2007 concernant l'application de la loi n° 2006-340 du 23 mars 2006 relative à l'égalité salariale entre les femmes et les hommes (JO 17 mai).

> *COMMENTAIRE*
>
> V. sur le Code en ligne 🔒.

L'employeur ne peut remplacer l'augmentation de salaire prévue en vertu de la loi à sa salariée à son retour de congé de maternité par le versement d'une prime exceptionnelle. ● Soc. 14 févr. 2018, ⚖ n° 16-25.323 P : *D. actu. 8 mars 2018, obs. Siro ; D. 2018. Actu. 465 ✎ ; RJS 4/2018, n° 245 ; JCP S 2018. 1106, obs. Lahalle.*

Art. L. 1225-27 La salariée qui reprend son activité à l'issue d'un congé de maternité a droit à (*L. n° 2014-288 du 5 mars 2014, art. 5-I*) « l'entretien professionnel mentionné au I de l'article L. 6315-1. »

Le manquement de l'employeur à son obligation de proposer à la salariée qui reprend son activité à l'issue d'un congé de maternité un entretien professionnel n'est pas susceptible, à lui seul, d'entraîner la nullité du licenciement postérieur dès lors que l'art. L. 1235-3-1 a pour objet de recenser les hypothèses de nullité du licenciement, et non d'ériger de nouveaux cas de nullité, et qu'une telle nullité ne résulte ni de ce texte, ni de l'art. L. 1225-27, ni de leur combinaison. ● Soc., avis, 7 juill. 2021, ⚖ n° 21-70.011 B : *RJS 10/2021, n° 527 ; JSL 2021, n° 527-4, obs. Hautefort ; JCP S 2021. 1245, obs. Doranges.*

Art. L. 1225-28 (*L. n° 2014-1554 du 22 déc. 2014, art. 45-VI*) « En cas de décès de la mère au cours de la période d'indemnisation définie au premier alinéa de l'article L. 331-6 du code de la sécurité sociale, le père peut suspendre son contrat de travail pendant une période au plus égale à la durée d'indemnisation restant à courir, définie au même premier alinéa, le cas échéant reportée en application du deuxième alinéa du même article. »

L'intéressé avertit son employeur du motif de son absence et de la date à laquelle il entend mettre fin à la suspension de son contrat de travail. Le père bénéficie alors de la protection contre le licenciement prévue aux articles L. 1225-4 et L. 1225-5.

(L. n° 2012-1404 du 17 déc. 2012, art. 94) « Lorsque le père de l'enfant n'exerce pas son droit, le bénéfice de celui-ci est accordé au conjoint salarié de la mère ou à la personne (L. n° 2014-1554 du 22 déc. 2014, art. 45-VI) « salariée » liée à elle par un pacte civil de solidarité ou vivant maritalement avec elle. »

SOUS-SECTION 4 **Interdiction d'emploi prénatal et postnatal**

Art. L. 1225-29 Il est interdit d'employer la salariée pendant une période de huit semaines au total avant et après son accouchement.
Il est interdit d'employer la salariée dans les six semaines qui suivent son accouchement. — *[Anc. art. L. 224-1.]*

> **COMMENTAIRE**
> V. sur le Code en ligne.

SOUS-SECTION 5 **Dispositions particulières à l'allaitement**

Art. L. 1225-30 Pendant une année à compter du jour de la naissance, la salariée allaitant son enfant dispose à cet effet d'une heure par jour durant les heures de travail. — *[Anc. art. L. 224-2, al. 1ᵉʳ.]*

Art. L. 1225-31 La salariée peut allaiter son enfant dans l'établissement. — *[Anc. art. L. 224-3, al. 1ᵉʳ, phrase 1.]*

Art. L. 1225-32 Tout employeur employant plus de cent salariées peut être mis en demeure d'installer dans son établissement ou à proximité des locaux dédiés à l'allaitement. — *[Anc. art. L. 224-4.]*

BIBL. ▶ HERZOG-EVANS, RDT 2007. 14 (des chambres d'allaitement aux crèches d'entreprise).

Mise en demeure par un agent de contrôle de l'inspection du travail. Tout employeur employant plus de 100 salariées peut être mis en demeure par un agent de contrôle de l'inspection du travail d'installer dans son établissement ou à proximité des locaux dédiés à l'allaitement ; lorsque la mise en demeure d'installer une telle salle émane d'une organisation syndicale, alors que la Direccte saisie de la question n'a pas donné suite à cette demande, l'employeur ne peut pas être considéré comme ayant été mis en demeure au sens des dispositions du C. trav. d'installer des locaux dédiés à l'allaitement. ● Soc. 25 nov. 2020, n° 19-19.996 P : *D. actu. 18 déc. 2020, obs. Malfettes ; D. 2020. 2403 ; Dr. soc. 2021. 157, note Laulom ; RDT 2021. 190, obs. Véricel ; RJS 2/2021, n° 73 ; JCP S 2021. 1069, obs. Leborgne-Ingelaere.*

Art. L. 1225-33 Un décret en Conseil d'État détermine, suivant l'importance et la nature des établissements, les conditions d'application de la présente sous-section. — *[Anc. art. L. 224-5.]* — V. art. R. 4152-13.

SOUS-SECTION 6 **Démission**

Art. L. 1225-34 La salariée en état de grossesse médicalement constaté peut rompre son contrat de travail sans préavis et sans devoir d'indemnité de rupture. — *[Anc. art. L. 122-32.]*

SECTION 2 **Congé de paternité et d'accueil de l'enfant** (L. n° 2012-1404 du 17 déc. 2012, art. 94).

Art. L. 1225-35 (L. n° 2012-1404 du 17 déc. 2012, art. 94) « Après la naissance de l'enfant (Abrogé par L. n° 2020-1576 du 14 déc. 2020, art. 73-I, à compter du 1ᵉʳ juill. 2021) « et dans un délai déterminé par décret », le père salarié ainsi que, le cas échéant, le conjoint (L. n° 2020-1576 du 14 déc. 2020, art. 73-I, en vigueur le 1ᵉʳ juill. 2021) « ou concubin » salarié de la mère ou la personne salariée liée à elle par un pacte civil de solidarité (Abrogé par L. n° 2020-1576 du 14 déc. 2020, art. 73-I, à compter du 1ᵉʳ juill. 2021) « ou vivant maritalement avec elle » bénéficient d'un congé de paternité et d'accueil de l'enfant de (L. n° 2020-1576 du 14 déc. 2020, art. 73-I, en vigueur le 1ᵉʳ juill. 2021) « vingt-cinq jours calendaires ou de trente-deux jours calendaires *[ancienne rédaction : onze jours consécutifs ou de dix-huit jours consécutifs]* » en cas de naissances multiples.

CONTRAT DE TRAVAIL **Art. L. 1225-35-1** 185

Le congé de paternité *(L. n° 2012-1404 du 17 déc. 2012, art. 94)* « et d'accueil de l'enfant » entraîne la suspension du contrat de travail.

(L. n° 2020-1576 du 14 déc. 2020, art. 73-I, en vigueur le 1er juill. 2021) « Ce congé est composé d'une période de quatre jours calendaires consécutifs, faisant immédiatement suite au congé de naissance mentionné au 3° de l'article L. 3142-1, et d'une période de vingt et un jours calendaires, portée à vingt-huit jours calendaires en cas de naissances multiples.

« Le délai de prévenance de l'employeur quant à la date prévisionnelle de l'accouchement et aux dates de prise du congé et à la durée de la ou des périodes de congés, le délai dans lequel les jours de congé doivent être pris ainsi que les modalités de fractionnement de la période de congé de vingt et un jours et de vingt-huit jours sont fixés par décret. Le délai de prévenance relatif à la date prévisionnelle de l'accouchement et celui relatif aux dates de prise du ou des congés de la seconde période de vingt et un jours ou de vingt-huit jours ainsi qu'à la durée de ces congés doivent être compris entre quinze jours et deux mois *[ancienne rédaction : Le salarié qui souhaite bénéficier du congé de paternité et d'accueil de l'enfant avertit son employeur au moins un mois avant la date à laquelle il envisage de le prendre, en précisant la date à laquelle il entend y mettre fin]*. »

(L. n° 2018-1203 du 22 déc. 2018, art. 72-III) « Par dérogation aux *(L. n° 2020-1576 du 14 déc. 2020, art. 73-I, en vigueur le 1er juill. 2021)* « quatre *[ancienne rédaction : trois]* » premiers alinéas, lorsque l'état de santé de l'enfant nécessite son hospitalisation immédiate après la naissance dans une unité de soins spécialisée définie par arrêté des ministres chargés de la santé et de la sécurité sociale, *(L. n° 2020-1576 du 14 déc. 2020, art. 73-I, en vigueur le 1er juill. 2021)* « la période de congé de quatre jours consécutifs mentionnée au troisième alinéa est prolongée de droit, à la demande du salarié, *[ancienne rédaction : le congé de paternité et d'accueil de l'enfant est de droit]* » pendant la période d'hospitalisation, dans la limite d'une durée maximale déterminée par décret. » — V. art. D. 1225-8, D. 1225-8-1 et R. 1227-5 (pén.).

Les dispositions issues de la L. n° 2020-1576 du 16 déc. 2020 s'appliquent aux enfants nés ou adoptés à compter du 1er juill. 2021, ainsi qu'aux enfants, nés avant cette date, dont la naissance était supposée intervenir à compter de cette date.

Toutefois, les dispositions relatives à l'information de l'employeur sur la date prévisionnelle de la naissance s'appliquent aux naissances prévues à compter du 1er juill. 2021 (L. préc., art. 73-IV).

Les dispositions issues de la L. n° 2018-1203 du 22 déc. 2018 s'appliquent aux naissances intervenant à compter d'une date fixée par décret, et au plus tard à compter du 1er juill. 2019 (L. préc., art. 72-IV).

V. Arr. du 24 juin 2019 fixant les unités de soins spécialisées visées par l'art. L. 1225-35 C. trav. pour l'attribution du congé de paternité en cas d'hospitalisation immédiate de l'enfant, NOR : SSAS1912500A (JO 25 juin).

Sur l'indemnisation du congé de paternité, V. CSS, art. L. 331-8.

COMMENTAIRE

V. sur le Code en ligne 🏛.

1. Information de l'employeur. L'employeur, informé conformément à l'art. L. 1225-35, al. 3, des dates choisies par le salarié, ne peut ni s'opposer à son départ, ni en exiger le report. • Soc. 31 mai 2012 : 🏛 *D. 2012. Actu. 1555* ⌀ ; *RJS 2012. 625, n° 721* ; *JCP S 2012. 1345, obs. François.*

2. Partenaire homosexuelle. Le bénéfice du congé de paternité est ouvert, à raison de l'existence d'un lien de filiation juridique, au père de l'enfant ; les textes excluent toute discrimination selon le sexe ou l'orientation sexuelle, et ne portent pas atteinte au droit à une vie familiale ; dès lors, une partenaire homosexuelle ne peut prétendre au bénéfice du congé de paternité. • Civ. 2e, 11 mars 2010 : 🏛 *D. 2010. 1395, note Mirkovic* ⌀ ; *RDT 2010. 521, obs. Cros-Courtial* ⌀ ; *JSL 2010, n° 367-2* ; *SSL 2010, n° 1441, p. 9.*

Art. L. 1225-35-1 *(L. n° 2020-1576 du 14 déc. 2020, art. 73-I, en vigueur le 1er juill. 2021)* Il est interdit d'employer le salarié pendant le congé mentionné au 3° de l'article L. 3142-1 et pendant la période de congé de paternité et d'accueil de l'enfant de quatre jours mentionnée au troisième alinéa de l'article L. 1225-35, à l'exception de sa prolongation éventuelle mentionnée au dernier alinéa du même article L. 1225-35 et sans qu'y fasse, le cas échéant, obstacle le non-respect par le salarié du délai de prévenance mentionné à l'avant-dernier alinéa dudit article L. **1225-35.**

Si la naissance de l'enfant intervient alors que le salarié a pris des congés payés ou un congé pour évènements familiaux, l'interdiction d'emploi débute à l'issue de cette période de congés.

L'interdiction d'emploi ne s'applique pas pour le congé mentionné au troisième alinéa de l'article L. **1225-35** lorsque le salarié ne peut pas bénéficier des indemnités et allocations versées dans les conditions prévues à l'article L. **331-8** du code de la sécurité sociale ou par d'autres dispositions législatives ou réglementaires.

V. note ss. art. L. 1225-35.

Art. L. 1225-35-2 (*L. n° 2023-171 du 9 mars 2023, art. 18-I*) La durée du congé de paternité et d'accueil de l'enfant est assimilée à une période de travail effectif pour la détermination des droits que le salarié tient de son ancienneté.

Le salarié conserve le bénéfice de tous les avantages qu'il avait acquis avant le début du congé.

Art. L. 1225-36 A l'issue du congé de paternité (*L. n° 2012-1404 du 17 déc. 2012, art. 94*) « et d'accueil de l'enfant », le salarié retrouve son précédent emploi ou un emploi similaire assorti d'une rémunération au moins équivalente. — *[Anc. art. L. 122-25-4, al. 2.]*

SECTION 3 Congés d'adoption

Art. L. 1225-37 Le salarié à qui l'autorité administrative ou tout organisme désigné par voie réglementaire confie un enfant en vue de son adoption a le droit de bénéficier d'un congé d'adoption d'une durée de (*L. n° 2020-1576 du 14 déc. 2020, art. 73-I, en vigueur le 1er juill. 2021*) « seize *[ancienne rédaction : dix]* » semaines au plus (*L. n° 2022-219 du 21 févr. 2022, art. 25-II*) « , pris dans un délai et fractionné selon des modalités déterminées par décret ». — *V. art. D. 1225-11-1.*

Le congé d'adoption est porté à :

1° Dix-huit semaines lorsque l'adoption porte à trois ou plus le nombre d'enfants dont le salarié ou le foyer assume la charge ;

2° Vingt-deux semaines en cas d'adoptions multiples. — *V. art. R. 1227-5 (pén.).*

Les dispositions issues de la L. n° 2020-1576 du 14 déc. 2020 s'appliquent aux enfants adoptés à compter du 1er juill. 2021 (L. préc., art. 73-IV).

Art. L. 1225-38 Le congé d'adoption suspend le contrat de travail.

Pendant la suspension, les parents salariés bénéficient de la protection contre le licenciement prévue aux articles L. **1225-4** et L. **1225-5.** L'application de ces articles ne fait pas obstacle à l'échéance du contrat de travail à durée déterminée. — *[Anc. art. L. 122-26, al. 5, phrase 4.]*

Art. L. 1225-39 Le licenciement d'un salarié est annulé lorsque, dans un délai de quinze jours à compter de sa notification, l'intéressé envoie à son employeur, dans des conditions déterminées par voie réglementaire, une attestation justifiant l'arrivée à son foyer, dans un délai de quinze jours, d'un enfant placé en vue de son adoption. Cette attestation est délivrée par l'autorité administrative ou par l'organisme autorisé pour l'adoption qui procède au placement. — *V. art. R. 1225-10 s.*

Ces dispositions ne s'appliquent pas lorsque le licenciement est prononcé pour une faute grave non liée à l'adoption ou par impossibilité de maintenir le contrat de travail pour un motif étranger à l'adoption. — *[Anc. art. L. 122-25-2.]*

Art. L. 1225-40 Lorsque la durée du congé d'adoption est répartie entre les deux parents, l'adoption d'un enfant par un couple de parents salariés ouvre droit à (*L. n° 2020-1576 du 14 déc. 2020, art. 73-I, en vigueur le 1er juill. 2021*) « vingt-cinq *[ancienne rédaction : onze]* » jours supplémentaires de congé d'adoption ou à (*L. n° 2020-1576 du 14 déc. 2020, art. 73-I, en vigueur le 1er juill. 2021*) « trente-deux *[ancienne rédaction : dix-huit]* » jours en cas d'adoptions multiples.

(*L. n° 2022-219 du 21 févr. 2022, art. 25-II*) « Le congé ainsi réparti ne peut être d'une durée supérieure, pour chaque parent, à la durée de seize semaines ou, le cas échéant, de dix-huit ou vingt-deux semaines prévue à l'article L. **1225-37.** »

Ces deux périodes peuvent être simultanées. — *V. art. D. 1225-11-1.*

Les dispositions issues de la L. n° 2020-1576 du 14 déc. 2020 s'appliquent aux enfants adoptés à compter du 1ᵉʳ juill. 2021 (L. préc., art. 73-IV).

Art. L. 1225-41 Le salarié titulaire de l'agrément mentionné aux articles L. 225-2 et L. 225-17 du code de l'action sociale et des familles bénéficie du congé d'adoption lorsqu'il adopte ou accueille un enfant en vue de son adoption par décision de l'autorité étrangère compétente, à condition que l'enfant ait été autorisé, à ce titre, à entrer sur le territoire national. — *[Anc. art. L. 122-26, al. 6.]*

Art. L. 1225-42 Le salarié avertit l'employeur du motif de son absence et de la date à laquelle il entend mettre fin à la suspension de son contrat de travail. — *V. art. R. 1225-11.*

La durée du congé d'adoption est assimilée à une période de travail effectif pour la détermination des droits que le salarié tient de son ancienneté. — *[Anc. art. L. 122-26-2.]*

Art. L. 1225-43 A l'issue du congé d'adoption, le salarié retrouve son précédent emploi ou un emploi similaire assorti d'une rémunération au moins équivalente. — *[Anc. art. L. 122-26, al. 8.]*

Art. L. 1225-44 En l'absence d'accord collectif de branche ou d'entreprise déterminant des garanties d'évolution de la rémunération des salariés, pendant le congé d'adoption et à la suite de ce congé, au moins aussi favorables que celles mentionnées dans le présent article, cette rémunération, au sens de l'article L. 3221-3, est majorée, à la suite de ce congé, des augmentations générales ainsi que de la moyenne des augmentations individuelles perçues pendant la durée de ce congé par les salariés relevant de la même catégorie professionnelle ou, à défaut, de la moyenne des augmentations individuelles dans l'entreprise.

Cette règle n'est pas applicable aux accords collectifs de branche ou d'entreprise conclus antérieurement à l'entrée en vigueur de la loi n° 2006-340 du 23 mars 2006 relative à l'égalité salariale entre les femmes et les hommes. — *[Anc. art. L. 122-26, al. 10 et 11.]*

Art. L. 1225-45 Toute stipulation d'une convention ou d'un accord collectif de travail comportant en faveur des salariées en congé de maternité un avantage lié à la naissance s'applique de plein droit aux salariés en congé d'adoption. — *[Anc. art. L. 122-26-3.]*

Art. L. 1225-46 Tout salarié titulaire de l'agrément mentionné aux articles L. 225-2 et L. 225-17 du code de l'action sociale et des familles a le droit de bénéficier d'un congé d'adoption internationale et extra-métropolitaine non rémunéré lorsque, en vue de l'adoption d'un enfant, il se rend à l'étranger *(Ord. n° 2017-1491 du 25 oct. 2017, art. 2, en vigueur le 1ᵉʳ janv. 2018)* « dans une collectivité régie par l'article 73 ou l'article 74 de la Constitution » ou en Nouvelle-Calédonie, depuis un département métropolitain, *(Ord. n° 2017-1491 du 25 oct. 2017, art. 2, en vigueur le 1ᵉʳ janv. 2018)* « une autre collectivité régie par l'article 73 de la Constitution » ou depuis Saint-Barthélemy, Saint-Martin ou Saint-Pierre-et-Miquelon.

Le droit au congé est ouvert pour une durée maximale de six semaines par agrément.

Le salarié informe son employeur au moins deux semaines avant son départ du point de départ et de la durée envisagée du congé.

Le salarié a le droit de reprendre son activité initiale lorsqu'il interrompt son congé avant la date prévue.

A l'issue de son congé, le salarié retrouve son précédent emploi ou un emploi similaire assorti d'une rémunération au moins équivalente. — *V. art. R. 1225-11.*

Art. L. 1225-46-1 *(L. n° 2014-288 du 5 mars 2014, art. 5-I)* Le salarié qui reprend son activité initiale à l'issue des congés d'adoption mentionnés à la présente section a droit à l'entretien professionnel mentionné au I de l'article L. 6315-1.

SECTION 4 Congés d'éducation des enfants

SOUS-SECTION 1 Congé parental d'éducation et passage à temps partiel

BIBL. ▶ CORRIGNAN-CARSIN, *Dr. soc.* 1993. 728 (congé parental : suspension du contrat de travail).

COMMENTAIRE
V. sur le Code en ligne. □

Art. L. 1225-47 Pendant la période qui suit l'expiration du congé de maternité ou d'adoption, tout salarié justifiant d'une ancienneté minimale d'une année *(Abrogé par L. n° 2023-171 du 9 mars 2023, art. 18-I)* « à la date de naissance de son enfant, adopté ou confié en vue de son adoption, ou de l'arrivée au foyer d'un enfant qui n'a pas encore atteint l'âge de la fin de l'obligation scolaire » a le droit :

1° Soit au bénéfice d'un congé parental d'éducation durant lequel le contrat de travail est suspendu ;

2° Soit à la réduction de sa durée de travail, sans que cette activité à temps partiel puisse être inférieure à seize heures hebdomadaires. — *[Anc. art. L. 122-28-1, al. 1er.]* — V. art. R. 1227-5 (pén.).

Sur l'indemnisation éventuelle du congé parental par le compte épargne-temps, V. art. L. 3151-2.

Sur la prestation partagée d'éducation de l'enfant, V. CSS, art. L. 531-4.

1. Ouverture du congé. La possibilité pour un père salarié d'obtenir un congé parental n'est pas subordonnée à l'exercice par la mère d'une activité salariée. ● Soc. 5 mai 1988 : *Dr. ouvrier 1989. 221.* ♦ Le droit au congé parental d'éducation est ouvert aux employés de maison. ● Soc. 19 nov. 2003, n° 01-43.456 P : *RJS 2004. 181, n° 270.*

2. Exercice du droit. Le bénéfice du congé parental d'éducation est soumis à l'information préalable de l'employeur mais ne requiert pas son autorisation ni sa validation. ● Soc. 10 juill. 2014, n° 13-20.372 P : *RJS 11/2014, n° 787 ; JCP S 2014. 1401, obs. Vachet ; JCP E 2015. 1143, obs. Bugada.*

3. Réduction de la durée du travail. L'employeur ne peut assortir un mi-temps de modalités incompatibles avec un tel travail, spécialement en proposant à la salariée de travailler une semaine sur deux, la réduction de la durée du travail devant être calculée par rapport à la durée hebdomadaire. ● Soc. 21 nov. 1990 : *D. 1990. IR 293 ; JCP E 1991. I. 25, n° 5, obs. Chevillard.* ♦ La fixation de l'horaire de travail, à défaut d'accord des parties, relève du pouvoir de direction de l'employeur. ● Soc. 4 juin 2002, n° 00-42.262 P : *RJS 2002. 768, n° 993 ; Dr. soc. 2002. 895, obs. Radé.* ♦ Néanmoins le refus du salarié d'accepter les horaires proposés n'est pas constitutif d'une faute grave dès lors que la proposition de l'employeur n'est pas compatible avec des obligations familiales impérieuses. ● Soc. 1er avr. 2003, n° 00-41.873 P. ● 1er juin 2004, n° 02-43.151 P : *RJS 2004. 631, n° 932.*

4. Congé parental et protection de la maternité. Le bénéfice d'un congé parental d'éducation ne fait pas obstacle aux règles protectrices de la maternité. ● Soc. 11 févr. 2004, n° 01-43.574 P : *Dr. soc. 2004. 562, obs. Radé.*

5. Congé parental à temps partiel et discrimination indirecte. Lorsqu'un travailleur engagé à durée indéterminée et à temps plein est licencié au moment où il bénéficie d'un congé parental à temps partiel, son indemnité de licenciement doit être entièrement déterminée sur la base de la rémunération à temps plein ; une législation nationale qui aboutirait à une réduction des droits découlant de la relation de travail en cas de congé parental serait susceptible de dissuader le travailleur de prendre un tel congé et d'inciter l'employeur à licencier, parmi les travailleurs, plutôt ceux qui se trouvent en congé parental. ● CJUE 8 mai 2019, n° C-486/18 : *RJS 8-9/2019, n° 536 ; SSL 2019, n° 1869, obs. Gandin ; JCP 2019. 548, obs. Berlin.* ♦ Les dispositions du C. trav. prévoyant une indemnité de licenciement et une allocation de congé de reclassement déterminées en partie sur la base de la rémunération réduite perçue par le salarié qui, engagé par un contrat à durée indéterminée à temps complet, bénéficie d'un congé parental à temps partiel lorsque le licenciement intervient, établissent une différence de traitement avec les salariés se trouvant en activité à temps complet au moment où ils sont licenciés ; dans la mesure où un nombre considérablement plus élevé de femmes que d'hommes choisissent de bénéficier d'un congé parental à temps partiel, les dispositions instaurent indirectement une différence de traitement entre les salariés féminins et masculins pour le calcul de ces droits à prestation résultant du licenciement qui n'est pas justifiée par des éléments objectifs étrangers à toute discrimination fondée sur le sexe. Ces dispositions sont contraires à l'art. 157 TFUE en ce qu'elles instaurent une discrimination indirecte fondée sur le sexe. ● Soc. 18 mars 2020, n° 16-27.825 P : *D. 2020. 825 ; RTD civ. 2019. 67, obs. Deumier ; RTD eur. 2019. 416, obs. Jeauneau ; RJS 6/2020, n° 299 ; Dr. ouvrier 2020. 688, note Maillard ; JSL 2020, n° 501-6, obs. Pacotte et Leroy.*

CONTRAT DE TRAVAIL **Art. L. 1225-51** 189

Art. L. 1225-48 Le congé parental d'éducation et la période d'activité à temps partiel ont une durée initiale d'un an au plus. Ils peuvent être prolongés deux fois pour prendre fin au plus tard au terme des périodes définies aux deuxième et (*L. n° 2014-873 du 4 août 2014, art. 8-V*) « quatrième » alinéas, quelle que soit la date de leur début.
Le congé parental d'éducation et la période d'activité à temps partiel prennent fin au plus tard au troisième anniversaire de l'enfant.
(*L. n° 2014-873 du 4 août 2014, art. 8-V*) « En cas de naissances multiples, le congé parental d'éducation peut être prolongé jusqu'à l'entrée à l'école maternelle des enfants. Pour les naissances multiples d'au moins trois enfants ou les arrivées simultanées d'au moins trois enfants adoptés ou confiés en vue d'adoption, il peut être prolongé cinq fois pour prendre fin au plus tard au sixième anniversaire des enfants. »
En cas d'adoption d'un enfant de moins de trois ans, le congé parental et la période d'activité à temps partiel prennent fin à l'expiration d'un délai de trois ans à compter de l'arrivée au foyer de l'enfant.
(*L. n° 2008-67 du 21 janv. 2008, art. 3*) « Lorsque l'enfant adopté ou confié en vue de son adoption est âgé de plus de trois ans mais n'a pas encore atteint l'âge de la fin de l'obligation scolaire, le congé parental et la période d'activité à temps partiel ne peuvent excéder une année à compter de l'arrivée au foyer. »

Art. L. 1225-49 En cas de maladie, d'accident ou de handicap graves de l'enfant appréciés selon des modalités définies par décret en Conseil d'État, le congé parental et la période d'activité à temps partiel prennent fin au plus tard une année après les dates limites définies à l'article L. 1225-48. — [*Anc. art. L. 122-28-1, al. 4.*] — V. art. R. 1225-12.

Art. L. 1225-50 Le salarié informe son employeur du point de départ et de la durée de la période pendant laquelle il entend bénéficier soit d'un congé parental d'éducation, soit d'une réduction de sa durée du travail.
Lorsque cette période suit immédiatement le congé de maternité ou le congé d'adoption, le salarié informe l'employeur au moins un mois avant le terme de ce congé. Dans le cas contraire, l'information est donnée à l'employeur deux mois au moins avant le début du congé parental d'éducation ou de l'activité à temps partiel. — [*Anc. art. L. 122-28-1, al. 5 et 6.*] — V. art. R. 1225-13.

1. Information de l'employeur. Si la salariée qui demande à bénéficier d'un congé parental d'éducation pour la période qui suit immédiatement le congé de maternité doit en informer l'employeur au moins un mois avant la fin de son congé, le non-respect de ce délai ne justifie pas l'irrecevabilité de sa demande. • Soc. 3 juin 1997, n° 95-42.960 P : *RJS 1997. 532, n° 825* • 18 juin 2002 : *RJS 2002. 926, n° 1244* • 1ᵉʳ juin 2004, n° 02-43.151 P : *D. 2004. IR 2273* ; *Dr. soc. 2004. 904, obs. Radé* ; *RJS 2004. 631, n° 932*. ♦ Le salarié qui entend transformer son congé parental en activité à temps partiel doit également en informer son employeur par lettre recommandée avec avis de réception au moins un mois avant le terme initialement prévu ; l'inobservation de cette disposition n'étant pas sanctionnée par une irrecevabilité de la demande. • Soc. 1ᵉʳ juin 2004, n° 02-43.151 P : *D. 2004. IR 2273* ; *Dr. soc. 2004. 904, obs. Radé* ; *RJS 2004. 631, n° 932*. ♦ Une salariée qui n'entend ni prolonger son congé, ni demander sa transformation en activité à mi-temps, n'est pas tenue d'accomplir la formalité de prévenance prévue à l'art. L. 122-28-1 [L. 1225-50 nouv.]. • Soc. 2 juin 1992 : *RJS 1992. 486, n° 880*. ♦ L'obligation d'informer son employeur du point de départ et de la durée de son congé n'est pas une condition du droit du salarié au bénéfice de ce congé mais un moyen de preuve de l'information de l'employeur. • Soc. 12 mars 2002, n° 99-43.501 P : *D. 2002. IR 1534* ; *RJS 2002. 543, n° 691* ; *Dr. soc. 2002. 558, obs. Mouly*.

2. Information de la prolongation du congé parental d'éducation. Il résulte des art. L. 1225-51 et R. 1225-13 que si les formalités d'information d'une prolongation de congé parental ne sont pas une condition du droit du salarié au bénéfice de cette prolongation, ce dernier se trouve, à défaut de justifier d'une demande de prolongation ou d'autres causes de son absence à l'issue du congé parental d'éducation, en situation d'absence injustifiée pouvant justifier un licenciement pour faute grave. • Soc. 3 mai 2016, n° 14-29.190 P : *D. actu. 23 mai 2016, obs. Doutreleau* ; *D. 2016. Actu. 1086* ; *RJS 7/2016, n° 502* ; *JSL 2016, n° 412-4, obs. Tissandier* ; *JCP S 2016. 1251, obs. Everaert-Dumont*.

Art. L. 1225-51 Lorsque le salarié entend prolonger ou modifier son congé parental d'éducation ou sa période d'activité à temps partiel, il en avertit l'employeur au moins un mois avant le terme initialement prévu et l'informe de son intention soit de transformer le congé parental en activité à temps partiel, soit de transformer l'activité à temps partiel en congé parental.

Toutefois, pendant la période d'activité à temps partiel ou à l'occasion des prolongations de celle-ci, le salarié ne peut pas modifier la durée du travail initialement choisie sauf accord de l'employeur ou lorsqu'une convention ou un accord collectif de travail le prévoit expressément. — *[Anc. art. L. 122-28-1, al. 7.]*

1. Omission de la formalité. Si les formalités d'information de l'employeur ne sont pas une condition du droit du salarié au bénéfice de cette prolongation, celui-ci se trouve, à défaut de justifier d'une demande de prolongation ou d'autres causes de son absence à l'issue du congé parental d'éducation, en situation d'absence injustifiée. • Soc. 3 mai 2016, ⚖ n° 14-29.190 P : *D. 2016. Actu. 1086* ⌀ *; RJS 7/2016, n° 502 ; JCP S 2016. 1251, obs. Everaert-Dumont.*

2. Droit à la prolongation du congé. L'employeur qui a accepté une demande initiale de congé parental ne peut refuser la prolongation de ce congé, celle-ci étant de droit dans la limite de la durée prévue à l'art. L. 122-28-1 [L. 1225-48 nouv.].

• Soc. 2 déc. 1997 : *RJS 1998. 42, n° 55.* ♦ Les parties peuvent convenir de la prolongation de la durée du congé parental d'éducation au-delà de la troisième année de l'enfant. • Soc. 11 févr. 2004, ⚖ n° 01-43.574 P : *Dr. soc. 2004. 562, obs. Radé* ⌀.

3. Transformation en activité à temps partiel. Le refus du salarié de se voir imposer la reprise de son activité à temps partiel dans un autre emploi que l'emploi occupé avant le congé maternité n'est pas fautif dès lors que l'employeur ne démontre pas en quoi cet emploi est incompatible avec une activité à temps partiel. • Soc. 10 déc. 2014, ⚖ n° 13-22.135 : *RJS 2/2015, n° 109.*

Art. L. 1225-52 En cas de décès de l'enfant ou de diminution importante des ressources du foyer, le salarié a le droit :
1° S'il bénéficie du congé parental d'éducation, soit de reprendre son activité initiale, soit d'exercer son activité à temps partiel dans la limite de la durée initialement prévue par le contrat de travail ;
2° S'il travaille à temps partiel pour élever un enfant, de reprendre son activité initiale et, avec l'accord de l'employeur, d'en modifier la durée.

Le salarié adresse une demande motivée à l'employeur un mois au moins avant la date à laquelle il entend bénéficier de ces dispositions. — *[Anc. art. L. 122-28-2.]* — V. *art. R. 1227-5 (pén.).*

Défaut d'information de l'employeur. La formalité d'information de l'employeur, en cas de retour anticipé, n'est pas une condition du droit du salarié. • Soc. 26 mars 2002, ⚖ n° 99-42.396 P : *D. 2002. 2636, note Verkindt* ⌀.

Art. L. 1225-53 Le salarié en congé parental d'éducation ou qui travaille à temps partiel pour élever un enfant ne peut exercer par ailleurs aucune activité professionnelle autre que les activités d'assistance maternelle définies par le titre II du livre IV du code de l'action sociale et des familles. — *[Anc. art. L. 122-28-5.]*

Art. L. 1225-54 La durée du congé parental d'éducation *(L. n° 2023-171 du 9 mars 2023, art. 18-I)* « à temps plein » est prise en compte pour moitié pour la détermination des droits que le salarié tient de son ancienneté.

(L. n° 2023-171 du 9 mars 2023, art. 18-I) « Lorsqu'un salarié réduit son temps de travail dans le cadre d'un congé parental, la durée du congé parental d'éducation à temps partiel est assimilée à une période de travail effectif pour la détermination des droits que le salarié tient de son ancienneté.

« Le salarié conserve le bénéfice de tous les avantages qu'il avait acquis avant le début du congé. »

Art. L. 1225-55 A l'issue du congé parental d'éducation ou de la période de travail à temps partiel ou dans le mois qui suit la demande motivée de reprise de l'activité initiale mentionnée à l'article L. 1225-52, le salarié retrouve son précédent emploi ou un emploi similaire assorti d'une rémunération au moins équivalente. — *[Anc. art. L. 122-28-3.]*

1. Réintégration dans le précédent emploi. Si l'emploi précédemment occupé par le salarié est disponible au retour de son congé parental d'éducation, le salarié doit retrouver ce poste, peu important la stipulation d'une clause de mobilité dans le contrat de travail. • Soc. 19 juin 2013 : ⚖ *D. actu. 9 juill. 2013, obs. Fleuriot ; D. 2013. Actu. 1629* ⌀ *; RJS 10/2013, n° 693 ; Dr. ouvrier 2013.*

667 ; JCP S 2013. 1407, obs. Passerone.

2. Emploi similaire. C'est seulement lorsque l'emploi qu'il occupait précédemment n'est plus disponible que le salarié peut se voir proposer un emploi similaire. • Soc. 27 oct. 1993 : 🏛 *Dr. soc. 1993. 963 ; CSB 1993. 311, S. 154 ; RJS 1993. 717, n° 1213* (emploi occupé par une « stagiaire intérimaire »).

3. Les conditions posées par l'art. L. 122-28-3 [L. 1225-55 nouv.] ne sont pas satisfaites lorsque la nouvelle affectation à l'issue du congé comporte une modification substantielle du contrat et alors que la cour d'appel n'a relevé aucun motif économique qui aurait empêché la salariée de retrouver son emploi ou un emploi similaire. • Soc. 1er avr. 1992, 🏛 n° 90-42.529 P : *D. 1992. IR 156 ; Dr. soc. 1992. 476 ; RJS 1992. 350, n° 627.*

4. Ne constituent pas des emplois similaires un emploi de caissière et un emploi de gondolière excluant toute activité de caisse. • Soc. 12 mars 2002, 🏛 n° 99-43.138 P : *Dr. soc. 2002. 663, obs. Radé* ⌀. ♦ ... Ni un emploi de garde-malade et un emploi de lingère. • Soc. 26 mars 2002, 🏛 n° 98-45.176 P : *RJS 2002. 644, n° 831 ; Dr. soc. 2002. 663, obs. Radé* ⌀.

5. Discrimination indirecte. Constitue un indice de discrimination indirecte le fait de maintenir au poste de la salariée en congé de maternité, au moment de son retour, un collègue de sexe masculin, et de ne proposer à la salariée pour l'essentiel que des tâches d'administration et de secrétariat qui sont sans rapport aucun avec son emploi de comptable. • Soc. 14 nov. 2019, 🏛 n° 18-15.682 P : *D. actu. 9 déc. 2019, obs. Ilieva ; D. 2019. Actu. 2254* ⌀ *; RDT 2020. 195, obs. Mercat-Bruns* ⌀ *; RJS 1/2020, n° 27 ; Dr. ouvrier 2020. 117, obs. C. Mathieu ; JSL 2020, n° 489-5, obs. Nasom-Tissandier ; JCP S 2019. 1361, obs. Bossu.*

6. Conséquences du retour dans l'entreprise. Le licenciement du salarié engagé, pour une durée déterminée, pour remplacer une salariée bénéficiant d'un congé parental repose sur une cause réelle et sérieuse lorsqu'il survient au retour de la salariée. • Soc. 19 déc. 1990 : 🏛 *CSB 1991. 47, S. 24.*

7. Licenciement des salariés en congé. Viole l'art. L. 122-28-3 [L. 1225-55 nouv.] l'employeur qui choisit de licencier trois salariées en considération du seul fait qu'elles étaient en congé parental d'éducation. • Soc. 7 oct. 1992, 🏛 n° 89-45.503 P : *Dr. soc. 1992. 924 ; CSB 1992. 255, A. 45, 2e esp. ; RJS 1992. 690, n° 1268.* ♦ Il n'est pas interdit à un employeur de licencier, sans verser d'indemnité de préavis, un salarié pendant la période de suspension pour un motif indépendant du congé parental, en l'occurrence un motif économique. • Soc. 18 oct. 1989, 🏛 n° 87-45.724 P : *D. 1989. IR 291.* ♦ L'employeur qui envisage de licencier un salarié en congé parental d'éducation doit respecter, le cas échéant, les règles protectrices de la maternité. • Soc. 11 févr. 2004, 🏛 n° 01-43.574 P : *RJS 2004. 294, n° 426.*

8. L'art. L. 122-28-3 [L. 1225-55 nouv.] ne fait pas obstacle à ce que l'employeur procède au licenciement économique de la salariée à l'issue de son congé parental dès lors qu'une réorganisation décidée dans l'intérêt de l'entreprise pendant la période de ce congé a entraîné la suppression du poste de l'intéressée. • Soc. 13 juill. 1993 : 🏛 *RJS 1993. 592, n° 994.* ♦ Une salariée se trouvant en congé parental et licenciée pour motif économique ne peut prétendre au paiement de l'indemnité de préavis. • Soc. 28 nov. 1991 : 🏛 *RJS 1992. 114, n° 163.* ♦ En revanche, les salariés en congé parental concernés par un projet de licenciement pour motif économique doivent se voir proposer par l'employeur une convention de conversion. • Soc. 6 juill. 1999, 🏛 n° 97-41.328 P : *Dr. soc. 1999. 815, obs. P. Lyon-Caen* ⌀ *; RJS 1999. 777, n° 1260.*

9. Sanction. L'employeur qui ne satisfait pas à l'obligation qui lui est faite par l'art. L. 122-28-3 [L. 1225-55 nouv.] peut être légitimement condamné au versement des indemnités de rupture. • Soc. 7 oct. 1992, 🏛 n° 89-41.599 P : *CSB 1992. 255, A. 45, 1re esp.*

Art. L. 1225-56 Au cours du congé parental d'éducation ou d'une période d'activité à temps partiel pour élever un enfant, le salarié a le droit de suivre, à son initiative, *(L. n° 2018-771 du 5 sept. 2018, art. 4-IV, en vigueur le 1er janv. 2019)* « un bilan de compétences ».

Pendant cette période, il n'est pas rémunéré.

Il bénéficie de la législation de sécurité sociale relative à la protection en matière d'accidents du travail et de maladies professionnelles prévue à l'article L. 6342-5 pour les stagiaires de la formation professionnelle.

Art. L. 1225-57 Le salarié qui reprend son activité initiale à l'issue du congé parental d'éducation *(L. n° 2014-288 du 5 mars 2014, art. 5-I-10°)* « ou d'une période d'activité à temps partiel pour élever un enfant » a droit à *(L. n° 2014-288 du 5 mars 2014, art. 5-I-11°)* « l'entretien professionnel mentionné au I de l'article L. 6315-1 ».

(L. n° 2014-873 du 4 août 2014, art. 12) « Au cours de cet entretien, l'employeur et le salarié organisent le retour à l'emploi du salarié ; ils déterminent les besoins de formation du salarié et examinent les conséquences éventuelles du congé sur sa rémunération et l'évolution de sa carrière.

« A la demande du salarié, l'entretien peut avoir lieu avant la fin du congé parental d'éducation. »

Art. L. 1225-58 Le salarié bénéficiant d'un congé parental d'éducation ou exerçant son activité à temps partiel pour élever un enfant bénéficie de plein droit du bilan de compétences mentionné à l'article L. 6313-1, dans les conditions d'ancienneté mentionnées à l'article L. 1225-47. — *[Anc. art. L. 122-28-7, al. 4.]*

Art. L. 1225-59 Le salarié reprenant son activité initiale bénéficie d'un droit à une action de formation professionnelle, notamment en cas de changement de techniques ou de méthodes de travail.

Le salarié peut également bénéficier de ce droit avant l'expiration de la période pendant laquelle il entendait bénéficier d'un congé parental d'éducation ou d'une période d'activité à temps partiel. Dans ce cas, il est mis fin au congé parental d'éducation ou à l'exercice d'une activité à temps partiel pour élever un enfant. — *[Anc. art. L. 122-28-7, al. 1ᵉʳ et 2.]*

Le droit à une action de formation professionnelle n'étant pas une liberté fondamentale, le manquement à l'obligation de formation prévue par l'art. L. 1225-59 ne justifie pas l'annulation du licenciement. • Soc. 5 mars 2014 : *D. actu. 26 mars 2014, obs. Fraisse ; D. 2014. Actu. 670 ; RJS 2014. 338, n° 409 ; JSL 2014, n° 364-2, obs. Hautefort.*

Art. L. 1225-60 (Abrogé par Ord. n° 2019-861 du 21 août 2019, art. 1ᵉʳ) *Les salariés mentionnés à la présente section ne sont pas pris en compte dans les 2 % de salariés prévus aux articles L. 6322-7 et L. 6322-8 pouvant être simultanément absents au titre du congé individuel de formation.*

SOUS-SECTION 2 **Congés pour maladie d'un enfant** (*L. n° 2014-459 du 9 mai 2014*).

> **COMMENTAIRE**
>
> V. sur le Code en ligne.

§ 1 Congé pour enfant malade

Art. L. 1225-61 Le salarié bénéficie d'un congé non rémunéré en cas de maladie ou d'accident, constatés par certificat médical, d'un enfant de moins de seize ans dont il assume la charge au sens de l'article L. 513-1 du code de la sécurité sociale.

La durée de ce congé est au maximum de trois jours par an. Elle est portée à cinq jours si l'enfant est âgé de moins d'un an ou si le salarié assume la charge de trois enfants ou plus âgés de moins de seize ans. — *[Anc. art. L. 122-28-8.]*

§ 2 Congé de présence parentale

Art. L. 1225-62 Le salarié dont l'enfant à charge au sens de l'article L. 513-1 du code de la sécurité sociale et remplissant l'une des conditions prévues par l'article L. 512-3 du même code est atteint d'une maladie, d'un handicap ou victime d'un accident d'une particulière gravité rendant indispensables une présence soutenue et des soins contraignants bénéficie, pour une période déterminée par décret, d'un congé de présence parentale. — *V. art. D. 1225-16.*

Le nombre de jours de congés dont peut bénéficier le salarié au titre du congé de présence parentale est au maximum de trois cent dix jours ouvrés. (*L. n° 2019-1446 du 24 déc. 2019, art. 69-II, en vigueur le 30 sept. 2020*) « Le salarié peut, avec l'accord de son employeur, transformer ce congé en période d'activité à temps partiel ou le fractionner ».

La durée initiale du congé est celle définie dans le certificat médical mentionné à l'article L. 544-2 du code de la sécurité sociale. (*L. n° 2019-180 du 8 mars 2019, art. 5*) « Cette durée peut faire l'objet d'un nouvel examen dans les conditions fixées au second alinéa du même article L. 544-2.

« Au-delà de la période déterminée au premier alinéa du présent article, le salarié peut à nouveau bénéficier d'un congé de présence parentale, dans le respect des dispositions du présent article et des articles L. 1225-63 à L. 1225-65 du présent code,

CONTRAT DE TRAVAIL **Art. L. 1225-65-1** 193

dans les situations mentionnées aux 1° et 2° de l'article L. 544-3 du code de la sécurité sociale. » — V. art. R. 1225-15.

(L. n° 2021-1484 du 15 nov. 2021) « A titre exceptionnel et par dérogation aux deux premiers alinéas du présent article, lorsque le nombre maximal de jours de congés mentionné au deuxième alinéa est atteint au cours de la période mentionnée au premier alinéa et qu'un nouveau certificat médical établi par le médecin qui suit l'enfant (L. n° 2023-622 du 19 juill. 2023, art. 4-II) « atteste » le caractère indispensable, au regard du traitement de la pathologie ou du besoin d'accompagnement de l'enfant, de la poursuite des soins contraignants et d'une présence soutenue (Abrogé par L. n° 2023-622 du 19 juill. 2023, art. 4-II) « *est confirmé par un accord explicite du service du contrôle médical prévu à l'article L. 315-1 du code de la sécurité sociale ou du régime spécial de sécurité sociale* », la période mentionnée au premier alinéa du présent article peut être renouvelée une fois au titre de la même maladie, du même handicap ou du fait de l'accident dont l'enfant a été victime, et ce avant la fin du terme initialement fixé. »

Les dispositions issues de la L. n° 2019-1446 du 24 déc. 2019 sont entrées en vigueur à une date fixée par décret et au plus tard le 30 sept. 2020 (L. préc., art. 69-VI).

Pour l'application à Mayotte de cet art., V. art. 61 du Décr. n° 2018-953 du 31 oct. 2018.

Sur l'allocation journalière de présence parentale, V. CSS, art. L. 544-1 s.

Art. L. 1225-63 Le salarié informe l'employeur de sa volonté de bénéficier du congé de présence parentale au moins quinze jours avant le début du congé.

(L. n° 2019-1446 du 24 déc. 2019, art. 69-II, en vigueur le 30 sept. 2020) « Chaque fois qu'il souhaite prendre une demi-journée, un jour ou plusieurs jours de congé, il en informe l'employeur au moins quarante-huit heures à l'avance. En cas de dégradation soudaine de l'état de santé de l'enfant ou en cas de situation de crise nécessitant une présence sans délai du salarié, ce dernier peut bénéficier de ce congé immédiatement. »

Art. L. 1225-64 A l'issue du congé de présence parentale, le salarié retrouve son précédent emploi ou un emploi similaire assorti d'une rémunération au moins équivalente.

En cas de décès de l'enfant ou de diminution importante des ressources du foyer, le salarié qui a accompli la formalité prévue à l'article L. 1225-52 retrouve son précédent emploi ou un emploi similaire assorti d'une rémunération au moins équivalente. — [Anc. art. L. 122-28-9, al. 6 et 7.]

Art. L. 1225-65 La durée du congé de présence parentale est prise en compte (L. n° 2019-180 du 8 mars 2019, art. 5) « en totalité » pour la détermination des droits que le salarié tient de son ancienneté (L. n° 2019-180 du 8 mars 2019, art. 5) « dans l'entreprise ».

(L. n° 2023-171 du 9 mars 2023, art. 18-I) « Le salarié conserve le bénéfice de tous les avantages qu'il avait acquis avant le début du congé. »

§ 3 Don de jours de repos à un parent d'enfant décédé ou gravement malade (L. n° 2020-692 du 8 juin 2020, art. 3-I).

(L. n° 2014-459 du 9 mai 2014)

Art. L. 1225-65-1 Un salarié peut, sur sa demande et en accord avec l'employeur, renoncer anonymement et sans contrepartie à tout ou partie de ses jours de repos non pris, qu'ils aient été affectés ou non sur un compte épargne-temps, au bénéfice d'un autre salarié de l'entreprise qui assume la charge d'un enfant âgé de moins de vingt ans atteint d'une maladie, d'un handicap ou victime d'un accident d'une particulière gravité rendant indispensables une présence soutenue et des soins contraignants. Le congé annuel ne peut être cédé que pour sa durée excédant vingt-quatre jours ouvrables.

(L. n° 2020-692 du 8 juin 2020, art. 3-I) « Un salarié peut, dans les mêmes conditions, renoncer à tout ou partie de ses jours de repos non pris au bénéfice d'un autre salarié de l'entreprise dont l'enfant âgé de moins de vingt-cinq ans est décédé. Cette possibilité est également ouverte au bénéfice du salarié au titre du décès de la personne de moins de vingt-cinq ans à sa charge effective et permanente. Cette renonciation peut intervenir au cours de l'année suivant la date du décès. »

Le salarié bénéficiaire d'un ou plusieurs jours cédés en application (L. n° 2020-692 du 8 juin 2020, art. 3-I) « des deux premiers alinéas » bénéficie du maintien de sa rémunération pendant sa période d'absence. Cette période d'absence est assimilée à une période de travail effectif pour la détermination des droits que le salarié tient de son ancienneté. Le salarié conserve le bénéfice de tous les avantages qu'il avait acquis avant le début de sa période d'absence.

BIBL. ▶ Roche et Cicerchia, *JCP S 2016. 1171* (le don de jours de repos).

COMMENTAIRE

V. sur le Code en ligne 🔒. ❏

Art. L. 1225-65-2 La particulière gravité de la maladie, du handicap ou de l'accident mentionnés au premier alinéa de l'article L. 1225-65-1 ainsi que le caractère indispensable d'une présence soutenue et de soins contraignants sont attestés par un certificat médical détaillé, établi par le médecin qui suit l'enfant au titre de la maladie, du handicap ou de l'accident.

SOUS-SECTION 3 **Démission pour élever un enfant**

Art. L. 1225-66 Pour élever son enfant, le salarié peut, sous réserve d'en informer son employeur au moins quinze jours à l'avance, rompre son contrat de travail à l'issue du congé de maternité ou d'adoption ou, le cas échéant, deux mois après la naissance ou l'arrivée au foyer de l'enfant, sans être tenu de respecter le délai de préavis, ni de devoir de ce fait d'indemnité de rupture. – *[Anc. art. L. 122-28, phrase 1.]* – V. art. R. 1225-18 s., R. 1227-5 (pén.).

1. Nature du délai. Le délai de quinze jours prévu à l'art. L. 122-28 [L. 1225-66 nouv.] est un délai préfix dont l'expiration entraîne pour le salarié la déchéance du droit de ne pas respecter le préavis. ● Soc. 9 juill. 1980 : *Bull. civ. V, n° 642 ; D. 1981. IR 135, obs. Langlois.*

2. Liberté de démissionner. Aucune disposition légale n'imposant à une salariée le choix prioritaire du congé parental, viole l'art. L. 122-28 [L. 1225-66 nouv.] la cour d'appel qui met à sa charge le versement d'une indemnité compensatrice, alors qu'elle résiliait le contrat pour élever son enfant. ● Soc. 11 déc. 1990 : 🔒 *D. 1991. 32 ⊘ ; CSB 1991. 48, S. 27.*

3. Lorsque la salariée use de la faculté de démission offerte par l'art. L. 122-28 [L. 1225-66 nouv.], l'employeur n'est tenu à aucune indemnité de préavis. ● Soc. 18 juin 1997, 🔒 n° 94-44.466 P : *D. 1997. IR 162 ⊘.*

4. Liberté de retravailler. Sur le droit de la salariée résiliant son contrat de travail de reprendre une activité professionnelle chez un autre employeur, V. ● Paris, 2 déc. 1992 : *RJS 1993. 102, n° 136.*

Art. L. 1225-67 Dans l'année suivant la rupture de son contrat, le salarié peut solliciter sa réembauche.

Le salarié bénéficie alors pendant un an d'une priorité de réembauche dans les emplois auxquels sa qualification lui permet de prétendre.

L'employeur lui accorde, en cas de réemploi, le bénéfice de tous les avantages qu'il avait acquis au moment de son départ. – *[Anc. art. L. 122-28, phrase 2.]*

Art. L. 1225-68 Le salarié réembauché dans l'entreprise en application de l'article L. 1225-67 bénéficie d'un droit à une action de formation professionnelle, notamment en cas de changement de techniques ou de méthodes de travail. – *[Anc. art. L. 122-28-7, al. 1er.]*

Art. L. 1225-69 (*Abrogé par Ord. n° 2019-861 du 21 août 2019, art. 1er*) *Les salariés mentionnés à la présente sous-section ne sont pas pris en compte dans les 2 % de salariés prévus aux articles L. 6322-7 et L. 6322-8 pouvant être simultanément absents au titre du congé individuel de formation.*

SECTION 5 **Sanctions**

Art. L. 1225-70 Toute convention contraire aux articles L. 1225-1 à L. 1225-28 et L. 1225-35 à L. 1225-69, relatifs à la maternité, la paternité, l'adoption et l'éducation des enfants est nulle. – *[Anc. art. L. 122-29.]*

Art. L. 1225-71 (*Ord. n° 2017-1387 du 22 sept. 2017, art. 3*) L'inobservation par l'employeur des dispositions des articles L. 1225-1 à L. 1225-28 et L. 1225-35 à

CONTRAT DE TRAVAIL **Art. L. 1225-72**

L. 1225-69 peut donner lieu, au profit du salarié, à l'attribution d'une indemnité déterminée conformément aux dispositions de l'article L. 1235-3-1.

Ces dispositions sont applicables aux licenciements prononcés postérieurement au 23 sept. 2017, date de publication de l'Ord. n° 2017-1387 du 22 sept. 2017 (Ord. préc., art. 40-I).

BIBL. ▶ COUTURIER, *Dr. soc. 1977. 215* (nullités de licenciement) ; *Dr. ouvrier 1988. 133* (réintégration).

COMMENTAIRE

V. sur le Code en ligne 🔒. ☐

Jurisprudence rendue sous l'empire des dispositions antérieures à l'Ord. n° 2017-1387 du 22 sept. 2017.

I. RÉINTÉGRATION

1. Continuation du contrat. En cas de licenciement nul d'une salariée en état de grossesse, le juge des référés peut ordonner la continuation du contrat de travail, sous forme notamment du versement des salaires qui auraient été perçus pendant la période couverte par la nullité. • Soc. 19 nov. 1997, 🔒 n° 94-42.540 P : *D. 1998. IR 4* ⌀ ; *RJS 1998. 23, n° 24*.

2. Droit à réintégration. La réintégration de la salariée dont le licenciement est nul en application de l'art. L. 122-25-2 [L. 1225-1 nouv.] doit être ordonnée si elle le demande. • Soc. 30 avr. 2003, 🔒 n° 00-44.811 P : *GADT, 4ᵉ éd., n° 104 ; Dr. soc. 2003. 827, note Gauriau* ⌀ ; *D. 2004. Somm. 178, obs. Lardy-Pélissier* ⌀ ; *D. 2003. IR 1480* ⌀ ; *CSB 2003, A. 44 ; RJS 2003. 557, note Duplat ; ibid. 2003. 579, n° 869 ; JSL 2003, n° 124-4*. ♦ V. déjà • Soc. 9 oct. 2001, 🔒 n° 99-44.353 P : *D. 2002. 1234, note Damas* ⌀.

3. Lorsque après réception du certificat de grossesse l'employeur revient sur sa décision de licenciement, la salariée n'est pas tenue d'accepter une réintégration tardive. • Soc. 7 juill. 1988 : *Bull. civ. V, n° 434*.

II. INDEMNISATION

4. Principe. Le salarié, dont le licenciement est nul et qui ne demande pas sa réintégration, a droit, sans qu'il y ait lieu de statuer sur les motifs de la rupture, d'une part, aux indemnités de rupture, d'autre part, à une indemnité réparant intégralement le préjudice résultant du caractère illicite du licenciement, dont le montant est souverainement apprécié par les juges du fond dès lors qu'il est au moins égal à celui prévu par l'art. L. 122-14-4 C. trav. [L. 1235-3 nouv.]. • Soc. 9 oct. 2001, 🔒 n° 99-44.353 P : *D. 2002. 1234,* note Damas ⌀ • 17 déc. 2002, 🔒 n° 00-44.660 P • 31 mars 1978 : *Bull. civ. V, n° 260 ; D. 1978. IR 388, obs. Pélissier* (cumul indemnité pour absence de cause réelle et sérieuse) • 7 juill. 1976, 🔒 n° 75-40.044 P : *D. 1976. IR 244 ; Dr. ouvrier 1977. 149* • 4 janv. 1978 : *Bull. civ. V, n° 5* • 16 juill. 1987 : *D. 1987. IR 181* (cumul dommages-intérêts).

5. Indemnité de préavis. Le point de départ du préavis étant fixé à l'expiration de la période de protection prévue par l'art. L. 122-26 [L. 1225-17 à L. 1225-23 nouv.], les juges ne peuvent refuser l'indemnité de préavis sans relever que l'intéressée était, à cette date, dans l'impossibilité de travailler. • Soc. 10 nov. 1993 : 🔒 *RJS 1993. 711, n° 1192 ; Dr. soc. 1994. 50*. ♦ La période de protection étant assimilée à une période effectivement travaillée, l'intéressée a droit à l'indemnité compensatrice de congés payés calculée sur la période couverte par la nullité du licenciement. • Même arrêt.

6. Déductibilité. Le salarié dont le licenciement est nul et qui demande sa réintégration a droit au paiement d'une somme correspondant à la totalité du préjudice subi au cours de la période qui s'est écoulée entre son licenciement et la date à laquelle il a refusé la réintégration que lui proposait son employeur, dans la limite des montants des salaires dont il a été privé. • Soc. 17 févr. 2010 : 🔒 *D. 2010. AJ 657* ⌀ ; *D. 2010. 1771, note Lefranc-Harmoniaux et Dedessus-Le-Moustier* ⌀ ; *Dr. soc. 2010. 591, obs. Radé* ⌀ ; *JCP S 2010. 1244, obs. Martinon*. ♦ Comp. : Les dispositions de l'art. L. 122-30 [L. 1225-71 nouv.] ne souffrant aucune restriction, l'employeur ne peut déduire des salaires versés à titre de sanction de la nullité du licenciement les indemnités versées à la salariée par la sécurité sociale. • Soc. 10 avr. 1991, 🔒 n° 89-42.751 P : *CSB 1991. 142, S. 78 ; RJS 1991. 303, n° 567* • 13 oct. 1993 : 🔒 *RJS 1993. 649, n° 1096*. ♦ ... Ou par les organismes de chômage. • Soc. 10 nov. 1993, 🔒 n° 89-42.302 P : *Dr. soc. 1994. 50 ; RJS 1993. 711, n° 1192 ; JCP E 1994. II. 560, note Mouly*.

SECTION 6 Dispositions d'application

Art. L. 1225-72 Un décret en Conseil d'État détermine les modalités d'application des articles L. 1225-1 à L. 1225-28 et L. 1225-35 à L. 1225-69 ainsi que le régime des sanctions applicables à l'employeur qui méconnaît leurs dispositions. – *[Anc. art. L. 122-31.]* – V. art. R. 1225-1 s.

CHAPITRE VI MALADIE, ACCIDENT ET INAPTITUDE MÉDICALE

RÉP. TRAV. v° *Maladie et inaptitude médicale*, par VERKINDT.
BIBL. ▶ ANTONMATTÉI et a., *SSL 2017, n° 1772*, p. 4 (réforme du constat et de la contestation de l'inaptitude). – DUMAYROU, *RDT 2016. 678* (le reflux de la protection de l'emploi du salarié malade). – GARDIN, *RJS 2/2023, chron.* (le régime de l'inaptitude physique à l'épreuve de la volonté du salarié). – HÉAS, *JCP S 2011. 1279* (état de santé, handicap, discrimination en droit du travail). – VERKINDT, *JCP S 2017. 1310* (la question de l'inaptitude médicale dans l'Ord. n° 2017-1387 du 22 sept. 2017).

▶ **Dossier :** BADEL (dir.), *Dr. ouvrier 2021. 257* (les incapacités de travail).

> *COMMENTAIRE*
> V. sur le Code en ligne.

SECTION 1 Absences pour maladie ou accident

Art. L. 1226-1 Tout salarié ayant *(L. n° 2008-596 du 25 juin 2008)* « une année » d'ancienneté dans l'entreprise bénéficie, en cas d'absence au travail justifiée par l'incapacité résultant de maladie ou d'accident constaté par certificat médical et contre-visite s'il y a lieu, d'une indemnité complémentaire à l'allocation journalière prévue à l'article L. 321-1 du code de la sécurité sociale, à condition :
1° D'avoir justifié dans les quarante-huit heures de cette incapacité *(L. n° 2015-1702 du 21 déc. 2015, art. 63-II)* « , sauf si le salarié fait partie des personnes mentionnées à l'article L. 169-1 du code de la sécurité sociale » ;
2° D'être pris en charge par la sécurité sociale ;
3° D'être soigné sur le territoire français ou dans l'un des autres États membres de la Communauté européenne ou dans l'un des autres États partie à l'accord sur l'Espace économique européen.
Ces dispositions ne s'appliquent pas aux salariés travaillant à domicile, aux salariés saisonniers, aux salariés intermittents et aux salariés temporaires.
Un décret en Conseil d'État détermine les formes et conditions de la contre-visite mentionnée au premier alinéa.
Le taux, les délais et les modalités de calcul de l'indemnité complémentaire sont déterminés par voie réglementaire. – *V. art. D. 1226-1.*

> *COMMENTAIRE*
> V. sur le Code en ligne.

I. SUSPENSION DU CONTRAT DE TRAVAIL

A. DISTINCTION ENTRE MALADIE ET AUTRES CAUSES DE SUSPENSION

1. Notion de maladie. La suspension du contrat de travail ne s'applique pas à des absences à la suite d'une interruption volontaire de grossesse. • Soc. 8 juin 1983 : *Bull. civ. V, n° 308.* ♦ De même, le versement des indemnités conventionnelles ne peut concerner une cure thermale que si celle-ci s'accompagne d'une affection entraînant une incapacité de travail. • Cass., ass. plén., 1er avr. 1993, n° 89-41.756 P : *JCP 1993. II. 22070, note Saint-Jours ; CSB 1993. 143, A. 35 ; RJS 1993. 291, n° 484* • Soc. 29 janv. 1997, n° 93-42.794 : *RJS 1997. 189, n° 283.*

2. Concours de causes de suspension. Cassation de l'arrêt qui déboute le salarié de sa demande en paiement du salaire prévu en cas de maladie par la convention collective en se fondant sur l'incarcération du salarié pendant l'arrêt de travail, constitutive d'un cas de force majeure, alors que la cour d'appel aurait dû rechercher si la cause ayant entraîné la suspension du contrat existait toujours à la date à laquelle l'employeur avait notifié la rupture du contrat. • Soc. 27 mars 1996, n° 92-47.708 : *CSB 1996. 181, S. 75.* ♦ Ne saurait bénéficier des effets attachés à la suspension du contrat le salarié gréviste tombant malade au cours de la grève. • Soc. 1er mars 1972, n° 71-40.257 P : *D. 1972. 620, note Pélissier ; JCP 1972. II. 17262, note Groutel.* ♦ Solution inverse si la maladie précède le déclenchement de la grève. • Soc. 7 oct. 1970 : *Bull. civ. V, n° 502 ; Dr. soc. 1971. 138, obs. Savatier.* – V. aussi • Soc. 4 déc. 1996, n° 93-44.907 P : *GADT, 4e éd., n° 82 ; D. 1997. IR 18 ; RJS 1997. 39, n° 50.*

3. CJCE, handicap et maladie. Le handicap doit s'entendre d'une limitation résultant notamment d'atteintes physiques, mentales ou psychiques et entravant la participation de la personne considérée à la vie professionnelle ; la CJCE protège un principe général de non-discrimination

CONTRAT DE TRAVAIL **Art. L. 1226-1** 197

mais il n'en résulte pas que la maladie en tant que telle puisse être considérée comme un motif venant s'ajouter à ceux au titre desquels la Dir. 2000/78 interdit toute discrimination. • CJCE 11 juill. 2006, n° C-13-05 : *RDT 2006. 141*, obs. F. Guiomard ⌀.

B. OBLIGATIONS DU SALARIÉ

4. Information de l'employeur. Le salarié a l'obligation d'informer l'employeur de l'absence due à la maladie. • Soc. 10 janv. 1980 : *Bull. civ. V, n° 32* • 19 mars 1980 : *Bull. civ. V, n° 270* • 25 févr. 1981 : *Bull. civ. V, n° 159.* ♦ ... Ou de la prolongation de la maladie. • Soc. 29 mai 1973 : *D. 1973. IR 134.* ♦ Le manquement à cette obligation peut caractériser l'existence d'une cause réelle et sérieuse de licenciement. • Soc. 10 janv. 1980 : *préc.* ♦ ... Ou d'une faute grave privative d'indemnités. • Soc. 19 mars 1981 : *Bull. civ. V, n° 238.* ♦ Comp., lorsque l'employeur a eu connaissance de la maladie : • Soc. 17 déc. 1974 : *Bull. civ. V, n° 612 ; D. 1975. IR 22* • 8 févr. 1978 : *Dr. ouvrier 1978. 390, note Bouaziz* • 7 févr. 1980 : *Bull. civ. V, n° 119* • 16 févr. 1989 : *CSB 1989. 87, A. 21* • 6 mai 1998, ⚖ n° 96-40.951 P : *RJS 1998. 458, n° 720* (information par téléphone dès le premier jour d'absence).

5. Certificat médical. Le certificat médical doit être adressé dans le délai prévu par la convention collective. • Soc. 25 mars 1963 : *Bull. civ. IV, n° 287* • 26 nov. 1964 : *ibid. n° 787* • 30 nov. 1977 : *ibid. n° 663.* ♦ Sur les conséquences attachées à la méconnaissance de cette obligation, Comp. : • Soc. 25 mars 1963 : *préc.* (faute grave) • 20 oct. 1982 : *Bull. civ. V, n° 559* (cause réelle et sérieuse de licenciement, malgré la production tardive des certificats). ♦ La faute grave n'est cependant pas caractérisée lorsque le certificat médical prolongeant l'arrêt de travail prête à confusion et qu'il est envoyé avec un seul jour de retard. • Soc. 20 déc. 1977 . *Bull. civ. V, n° 718 ; D. 1978. IR 75.* ♦ Pour un envoi tardif justifié par une grève des P. et T., V. • Soc. 23 juin 1977 : *Bull. civ. V, n° 422.* ♦ L'envoi tardif du certificat médical ne permet pas de considérer le salarié comme démissionnaire. • Soc. 21 mai 1980 : *Bull. civ. V, n° 452* • 20 oct. 1988 : *Dr. ouvrier 1989. 357* • 9 févr. 1989 : *Bull. civ. V, n° 113 ; D. 1989. IR 75* • 7 févr. 1990, ⚖ n° 87-45.340 P : *D. 1990. IR 58.* ♦ Sur le caractère défavorable de certaines dispositions conventionnelles sanctionnant le retard du salarié en lui imputant la rupture du contrat, V. • Soc. 18 déc. 1975 : *GADT, 4ᵉ éd., n° 83 ; D. 1976. 210, note Pélissier* • 11 janv. 1984 : *D. 1985. IR 248, obs. Frossard* • 6 mai 1998, ⚖ n° 96-40.951 P : *RJS 1998. 458, n° 720.* ♦ La falsification d'un certificat médical constitue une faute grave. • Soc. 12 févr. 1985 : *Bull. civ. V, n° 94.* ♦ Ne constitue pas un certificat médical le document attestant la présence du salarié à une consultation médicale, mais ne précisant pas que son état de santé nécessitait une absence pendant les heures de travail. • Soc. 8 févr. 1979 : *Bull. civ. V, n° 130 ; D. 1979. IR 395.*

C. SUSPENSION DU CONTRAT DE TRAVAIL

6. Distinction entre suspension et rupture. La maladie est une cause de suspension et non de rupture du contrat de travail. • Soc. 16 juill. 1987 : *Bull. civ. V, n° 521* • 8 déc. 1988 : *ibid., n° 648.* – Jurisprudence constante.

7. Fin de la suspension, visite de reprise. Seul l'examen pratiqué par le médecin du travail dont doit bénéficier le salarié à l'issue des périodes de suspension lors de la reprise du travail, en application des al. 1ᵉʳ à 3 de l'art. R. 241-51, met fin à la période de suspension ; si l'al. 4 de ce texte prévoit la consultation du médecin du travail préalablement à la reprise du travail dans le but de faciliter la recherche des mesures nécessaires lorsqu'une modification de l'aptitude de l'intéressé est prévisible, cette visite ne constitue pas la visite de reprise et ne dispense pas de l'examen imposé par ce texte lors de la reprise effective de son activité professionnelle. • Soc. 12 nov. 1997, ⚖ n° 94-40.912 : *D. 1997. IR 261* ⌀ *; RJS 1997. 835, n° 1359 (1ʳᵉ esp.) ; ibid. 1998. 163, note Bourgeot et Trassoudaine-Verger ; CSB 1998. 47, A. 12 ; Dr. soc. 1998. 113, note Savatier* ⌀ • 12 nov. 1997, ⚖ n° 95-40.632 : *Dr. soc. 1998. 20, concl. Chauvy* ⌀ *; RJS 1997. 835, n° 1359 (2ᵉ esp.).* ♦ La visite de reprise, dont l'initiative appartient normalement à l'employeur, peut aussi être sollicitée par le salarié soit auprès de l'employeur, soit auprès du médecin du travail, en avertissant l'employeur de cette demande. • Mêmes arrêts. ♦ Constitue la visite médicale de reprise la visite sollicitée par le salarié, dont l'employeur a été averti et au terme de laquelle le médecin du travail a conclu à une inaptitude partielle et le salarié a demandé à être reclassé. • Soc. 10 mars 1998, ⚖ n° 95-43.871 P : *D. 1998. IR 99* ⌀ *; RJS 1998. 280, n° 447.* ♦ La visite médicale de reprise met fin à la période de suspension du contrat de travail, peu important que le salarié continue à bénéficier d'un arrêt de travail de son médecin traitant. • Soc. 6 avr. 1999, ⚖ n° 96-45.056 P : *D. 1999. IR 115* ⌀ *; RJS 1999. 408, n° 659 ; Dr. soc. 1999. 565, obs. Savatier* ⌀. ♦ La visite de reprise peut être initiée par le salarié ; dans ce cas, le refus par l'employeur s'analyse en un licenciement. • Soc. 12 oct. 1999, ⚖ n° 97-40.835 : *D. 1999. IR 257* ⌀ *; Dr. soc. 1999. 1103, obs. Savatier* ⌀ *; RJS 1999. 840, n° 1365.* ♦ En revanche, lorsque le salarié sollicite non une visite de reprise mais son licenciement, le silence de l'employeur ne caractérise pas une volonté de rompre le contrat de travail. • Soc. 4 janv. 2000, ⚖ n° 97-45.321 : *RJS 2000. 187, n° 271.*

8. Suspension du contrat et congés payés. Le salarié qui a acquis le droit aux congés payés et qui n'a pu les prendre en raison de sa maladie est en droit d'en réclamer le bénéfice à son retour dans l'entreprise. • Soc. 3 mai 2000, 🔒 n° 98-41.845 P : *Dr. soc. 2000. 775, obs. Radé*.

D. EFFETS DE LA SUSPENSION DU CONTRAT DE TRAVAIL

9. Obligation de non-activité. L'obligation du salarié de se tenir à la disposition de l'employeur est suspendue. • Versailles, 28 juin 1994 : *RJS 1994. 757, n° 1259.* ♦ Le salarié n'est pas tenu de poursuivre pendant cette période une collaboration ; un employeur ne peut sanctionner un salarié qui rend impossible tout contact avec ses collègues pendant son arrêt maladie. • Soc. 15 juin 1999, 🔒 n° 96-44.772 P : *Dr. soc. 1999. 842, obs. Mazeaud* ; *RJS 1999. 660, n° 1049.*

10. Obligation de loyauté. Les manquements du salarié à ses obligations envers la sécurité sociale ne peuvent justifier son licenciement ; les faits commis au cours de la suspension du contrat ne constituent pas un manquement à ses obligations contractuelles dès lors qu'il n'est pas soutenu qu'il a commis un acte de déloyauté. • Soc. 16 juin 1998, 🔒 n° 96-41.558 P : *JCP 1998. II. 10145, note Corrignan-Carsin ; RJS 1998. 54, n° 843* (départ en vacances en Yougoslavie) • 27 juin 2000, 🔒 n° 98-40.952 P : *D. 2000. IR 249* ; *RJS 2000. 722, n° 1061* • 4 juin 2002, 🔒 n° 00-40.894 P : *D. 2002. IR 2027* ; *RJS 2002. 742, n° 963* ; *CSB 2002. 388, A. 52.* ♦ L'exercice d'une activité pendant un arrêt de travail ne constitue pas en lui-même un manquement à l'obligation de loyauté qui subsiste pendant la durée de cet arrêt. • Soc. 11 juin 2003, 🔒 n° 02-42.818 : *RJS 2003. 680, n° 1002.* ♦ Pour fonder un licenciement, l'activité exercée pendant l'arrêt de travail doit causer préjudice à l'employeur ou à l'entreprise. • Soc. 12 oct. 2011, 🔒 n° 10-16.649 : *D. actu. 10 nov. 2011, obs. Siro ; D. 2011. Actu. 2604* ; *RDT 2011. 698, obs. Maillard-Pinon* ; *RJS 2011. 850, n° 964* ; *JSL 20121, n° 310-7, obs. Lalanne* ; *SSL 2011, n° 1511, p. 9, obs. Marcon ; JCP S 2012. 1027, obs. Bossu.* ♦ L'exercice d'une activité, pour le compte d'une société non-concurrente de celle de l'employeur, pendant un arrêt de travail provoqué par la maladie ne constitue pas en lui-même un manquement à l'obligation de loyauté qui subsiste pendant la durée de cet arrêt ; pour fonder un licenciement, l'acte commis par un salarié durant la suspension du contrat de travail doit causer préjudice à l'employeur ou à l'entreprise, lequel ne saurait résulter du seul paiement par l'employeur des indemnités complémentaires aux allocations journalières. • Soc. 26 févr. 2020, 🔒 n° 18-10.017 P : *D. actu. 25 mars 2020, obs. Malfettes* ; *D. 2020. 489* ; *ibid. 2312, obs. Vernac et Ferkane* ; *AJ contrat 2020. 299, obs. Bucher* ; *RJS 5/2020, n° 232* ; *Dr. ouvrier 2020. 723, obs. Vigneau.*

♦ Sur la violation de l'obligation de loyauté : • Limoges, 16 sept. 2003 : *D. 2003. 517, note Mouly* (séjour aux sports d'hiver) • Soc. 21 oct. 2003, 🔒 n° 01-43.943 : *RJS 2003. 969, n° 1384* ; *Dr. soc. 2004. 114, obs. Savatier* (mécanicien ayant entrepris la réparation d'un véhicule pour son compte en faisant appel à un autre salarié de l'entreprise). ♦ La suspension du contrat de travail provoquée par la maladie ne dispense pas le salarié, tenu d'une obligation de loyauté, de restituer à l'employeur qui lui en fait la demande les éléments matériels détenus par lui et qui sont nécessaires à la poursuite de l'activité de l'entreprise. • Soc. 6 févr. 2001, 🔒 n° 98-46.345 : *D. 2001. Somm. 2167, obs. Escande-Varniol* ; *RJS 2001. 317, n° 434* ; *Dr. soc. 2001. 439, obs. Gauriau*. ♦ Mais la restitution de très nombreux documents ne doit pas impliquer pour le salarié l'exécution d'une prestation de travail. • Soc. 25 juin 2003, 🔒 n° 01-43.155 : *RJS 2003. 793, n° 1147.*

11. Suspension du contrat et pouvoir disciplinaire de l'employeur. Le salarié dont le contrat de travail est suspendu pour maladie et qui reprend son travail avant d'avoir fait l'objet de la visite médicale de reprise est soumis au pouvoir disciplinaire de l'employeur. • Soc. 16 nov. 2005, 🔒 n° 03-45.000 : *RJS 2006. 119, n° 194* ; *Dr. soc. 2006. 231, obs. Savatier* ; *JCP S 2005. 1005, note Pugelier.*

II. INDEMNISATION COMPLÉMENTAIRE

12. Rémunération prise en considération. Lorsque les parties signataires d'une convention collective ont entendu éviter que le salarié subisse du fait de sa maladie un préjudice, elles n'ont pas pour autant institué en sa faveur un avantage lui permettant de recevoir une rémunération supérieure à celle qu'il aurait perçue s'il avait été valide. • Soc. 8 déc. 1983 (2 arrêts) : *Bull. civ. V, n° 600* ; *Dr. soc. 1984. 718, note Savatier* (l'employeur peut suspendre le versement des prestations complémentaires en cas de mise au chômage technique des autres salariés ou lorsque, à la suite d'une grève, les salariés présents mais non-grévistes ont été empêchés de travailler). ♦ Dans le même sens : • Soc. 17 janv. 1996 : 🔒 *RJS 1996. 169, n° 287, 1re esp.* (grève dans l'entreprise) • 31 janv. 1996 : 🔒 *eod. loc., 2e esp.* (réduction d'horaire du salarié). ♦ V. aussi : • Soc. 29 mai 1986 : *Bull. civ. V, n° 266* ; *D. 1987. Somm. 210, obs. A. Lyon-Caen* (intégration dans l'assiette de calcul de l'indemnisation du salarié malade de la prime d'incommodité). ♦ Lorsqu'aux termes de la convention collective nationale applicable, il résulte qu'en cas d'arrêt de travail pour maladie ou accident, l'indemnité versée au salarié sera calculée sur la base de 1/30e du dernier salaire mensuel et que le salaire pris en compte comporte tous les éléments constitutifs du salaire, à l'exclusion des indemnités ayant le caractère d'un remboursement de frais, les heures supplémentaires effectuées par le salarié au cours du mois précédant l'arrêt de travail doivent être prises en compte. • Soc. 17 juill. 1996 : 🔒 *RJS 1996. 667, n° 1049.* ♦

CONTRAT DE TRAVAIL   **Art. L. 1226-1** 199

Doit être cassé le jugement qui a condamné l'employeur à verser des indemnités complémentaires calculées sur l'horaire à plein temps à un salarié ayant obtenu de travailler à temps partiel et bénéficiant d'un arrêt de maladie avant le début du temps partiel. • Soc. 31 janv. 1996 : ⚖ *RJS 1996. 169, n° 287 (2ᵉ esp.).*

13. Cure thermale. Le versement des indemnités complémentaires conventionnelles ne peut être étendu aux absences pour cures thermales, hors le cas d'incapacité de travail. • Cass., ass. plén., 1ᵉʳ avr. 1993, ⚖ n° 89-41.756 P : *JCP 1993. II. 22070,* note Saint-Jours ; *RJS 1993. 291, n° 484 ; CSB 1993. 143, A. 35.*

14. Point de départ de l'indemnisation. En l'absence d'une disposition de la convention collective instituant un délai de carence, le salarié peut prétendre au maintien de sa rémunération dans les conditions prévues par ce texte dès le premier jour de son arrêt de travail pour maladie, peu importe que l'indemnisation complémentaire soit subordonnée à la prise en charge de l'intéressé par la sécurité sociale. • Soc. 12 mars 2002, ⚖ n° 99-43.976 P : *RJS 2002. 536, n° 675.*

15. Subrogation de l'employeur. L'employeur n'est subrogé dans les droits du salarié aux indemnités journalières de la sécurité sociale que dans la limite des sommes qu'il a effectivement versées à l'intéressé au titre de la garantie de rémunération, et doit restituer à celui-ci l'éventuel excédent. • Soc. 7 juill. 1993, ⚖ n° 89-44.060 P : *RJS 1993. 501, n° 840 ; Dr. soc. 1993. 767* • 31 janv. 1996 : ⚖ *préc. note 1.*

16. Incidence de la mention « sortie libre ». La salariée placée en arrêt maladie selon un certificat médical portant la mention « sortie libre » ne perd pas nécessairement le bénéfice des indemnités complémentaires versées par l'employeur si elle est absente sans justification de son domicile lors de la contre-visite ; les juges doivent rechercher si l'employeur avait été informé des horaires et lieux où les contre-visites pouvaient s'effectuer. • Soc. 4 févr. 2009, ⚖ n° 07-43.430 P : *RDT 2009. 301,* obs. Véricel ⌀ ; *RJS 2009. 298, n° 348.*

17. Placement sous contrôle judiciaire et indemnisation de l'arrêt maladie. L'interdiction de se rendre à son travail qu'implique la mesure de placement sous contrôle judiciaire suspend le contrat de travail du salarié, qui n'aurait pu de ce fait se rendre à son poste, même s'il n'avait pas été malade ; le versement des compléments de salaire ne lui est pas dû jusqu'à la levée de la mesure judiciaire. • Soc. 31 mai 2012 : ⚖ *D. 2012. Actu. 1487* ⌀ ; *RJS 2012. 615, n° 706.*

Loi n° 2022-1616 du 23 décembre 2022,

De financement de la sécurité sociale pour 2023.

Art. 27 I. — [...]

II. — A. — En cas de contamination par la covid-19 établie par un examen inscrit à la nomenclature des actes de biologie médicale, les assurés se trouvant dans l'impossibilité de continuer à travailler, y compris à distance, peuvent bénéficier, au titre d'un arrêt de travail établi à raison de leur isolement et dans les conditions mentionnées au B du présent II, des indemnités journalières prévues aux articles L. 321-1 et L. 622-1 du code de la sécurité sociale et L. 732-4 et L. 742-3 du code rural et de la pêche maritime.

Les articles L. 313-1, L. 323-1 et L. 622-1 du code de la sécurité sociale ainsi que le cinquième alinéa de l'article L. 732-4 du code rural et de la pêche maritime ne sont pas applicables aux indemnités journalières versées dans le cadre du premier alinéa du présent A.

Les indemnités journalières versées à ce titre ne sont pas prises en compte dans le calcul des périodes prévues aux 1° et 2° de l'article L. 323-1 du code de la sécurité sociale ni de la durée d'indemnisation prévue au cinquième alinéa de l'article L. 732-4 du code rural et de la pêche maritime.

B. — Par dérogation à l'article L. 321-2 du code de la sécurité sociale et au sixième alinéa de l'article L. 732-4 du code rural et de la pêche maritime, l'arrêt de travail mentionné au A du présent II est établi par l'assurance maladie après une déclaration effectuée via un service en ligne.

C. — Les salariés faisant l'objet d'un arrêt de travail dans les conditions mentionnées au A bénéficient de l'indemnité complémentaire prévue à l'article L. 1226-1 du code du travail, dans les conditions suivantes :

1° La condition d'ancienneté prévue au premier alinéa du même article L. 1226-1 et les conditions prévues aux 1° et 3° dudit article ne sont pas requises et l'exclusion des catégories de salariés mentionnée au cinquième alinéa du même article ne s'applique pas ;

2° Par dérogation au dernier alinéa du même article L. 1226-1, la durée d'indemnisation court à compter du premier jour d'absence et n'est pas prise en compte dans la limite de durée d'indemnisation sur les douze mois antérieurs.

D. — L'application du I de l'article 115 de la loi n° 2017-1837 du 30 décembre 2017 de finances pour 2018 est suspendue en cas de congé de maladie directement en lien avec la covid-19. Le lien direct est établi par la production par l'intéressé de l'arrêt de travail mentionné au B du présent II.

III. — [...]

IV. — [...] Les II et III s'appliquent jusqu'à une date fixée par décret, et au plus tard jusqu'au 31 décembre 2023.

Art. L. 1226-1-1 (*L. n° 2020-1576 du 14 déc. 2020, art. 76-II*) Lorsque la protection de la santé publique le justifie, en cas de risque sanitaire grave et exceptionnel, tel que prévu à l'article L. 16-10-1 du code de la sécurité sociale, notamment d'épidémie, nécessitant l'adoption en urgence de conditions adaptées pour le versement de l'indemnité complémentaire prévue à l'article L. 1226-1 du présent code, dérogatoires au droit commun, celles-ci peuvent être prévues par décret, pour une durée limitée qui ne peut excéder un an.

Dans les conditions et limites fixées par ce décret, les dérogations mises en œuvre en application du premier alinéa du présent article peuvent porter sur :

1° La condition d'ancienneté prévue au premier alinéa de l'article L. 1226-1 ;

2° Le motif d'absence au travail prévu au même premier alinéa ;

3° Les conditions prévues aux 1° et 3° du même article L. 1226-1 ;

4° L'exclusion des catégories de salariés mentionnées au cinquième alinéa dudit article L. 1226-1 ;

5° Les taux de l'indemnité complémentaire prévus par le décret pris pour l'application du dernier alinéa du même article L. 1226-1 ;

6° Les délais fixés par le même décret ;

7° Les modalités de calcul de l'indemnité complémentaire prévues par le même décret.

Le décret mentionné au premier alinéa du présent article détermine la durée et les conditions de mise en œuvre des dérogations et peut leur conférer une portée rétroactive, dans la limite d'un mois avant la date de sa publication.

V. CSS, art. L. 16-10-1.

Art. L. 1226-1-2 (*L. n° 2010-1594 du 20 déc. 2010, art. 84-II*) Le contrat de travail d'un salarié atteint d'une maladie ou victime d'un accident non professionnel demeure suspendu pendant les périodes au cours desquelles il suit les actions mentionnées à l'article L. 323-3-1 du code de la sécurité sociale dans les conditions prévues à ce même article.

L'art. L. 1226-1-1 devient l'art. L. 1226-1-2 (L. n° 2020-1576 du 14 déc. 2020, art. 76-II).

Art. L. 1226-1-3 (*L. n° 2021-1018 du 2 août 2021, art. 27, en vigueur le 31 mars 2022*) Lorsque la durée de l'absence au travail du salarié justifiée par l'incapacité résultant de maladie ou d'accident, constaté[e] par certificat médical et contre-visite s'il y a lieu, est supérieure à une durée fixée par décret, la suspension du contrat de travail ne fait pas obstacle à l'organisation d'un rendez-vous de liaison entre le salarié et l'employeur, associant le service de prévention et de santé au travail. — *V. art. D. 1226-8-1.*

Ce rendez-vous a pour objet d'informer le salarié qu'il peut bénéficier d'actions de prévention de la désinsertion professionnelle, dont celles prévues à l'article L. 323-3-1 du code de la sécurité sociale, de l'examen de préreprise prévu à l'article L. 4624-2-4 du présent code et des mesures prévues à l'article L. 4624-3.

Il est organisé à l'initiative de l'employeur ou du salarié. L'employeur informe celui-ci qu'il peut solliciter l'organisation de ce rendez-vous. Aucune conséquence ne peut être tirée du refus par le salarié de se rendre à ce rendez-vous.

BIBL. ▶ PETKOVA et QUIGER, *SSL* 2022, n° 2005, p. 4 (rendez-vous de liaison : questions pratiques).

Art. L. 1226-1-4 (*L. n° 2021-1018 du 2 août 2021, art. 28, en vigueur le 31 mars 2022*) Les travailleurs déclarés inaptes en application de l'article L. 4624-4 ou pour lesquels le médecin du travail a identifié, dans le cadre de l'examen de préreprise mentionné à l'article L. 4624-2-4, un risque d'inaptitude peuvent bénéficier de la convention de rééducation professionnelle en entreprise mentionnée à l'article L. 5213-3-1.

CONTRAT DE TRAVAIL **Art. L. 1226-2**

SECTION 2 Inaptitude consécutive à une maladie ou un accident non professionnel – Maladie grave

SOUS-SECTION 1 Inaptitude consécutive à une maladie ou un accident non professionnel

RÉP. TRAV. v^is *Maladie et inaptitude médicale,* par Verkindt ; *Suspension du contrat de travail,* par Fin-Langer.

BIBL. ▶ Bouhana, *JSL* 2012, n° 322-1 (inaptitude et reclassement : la protection renforcée des salariés inaptes). – Bourgeot, *Dr. soc.* 1998. 872 ⌀. – Bourgeot et Frouin, *RJS* 2000. 3 (maladie et inaptitude). – Bourgeot et Trassoudaine-Verger, *ibid.* 1998. 163. – De Cet-Bertin, *Dr. soc.* 1996. 1022 ⌀. – Frouin, *Dr. soc.* 2012. 22 ⌀ (rupture pour inaptitude). – Heas, *Dr. ouvrier* 2004. 541 (conséquences de la déclaration d'inaptitude totale). – Savatier, *Dr. soc.* 1993. 123 ⌀ ; *Mél. H. Blaise*, 1995, p. 387 (obligation de reclassement). – Seillan, *ALD* 1993. 126. – Verkindt, *TPS* 1998. 25, chron. 15 ; *Dr. soc.* 2008. 941 ⌀. – Verkindt et Pignarre, *RDT* 2011. Controverse 413 ⌀ (réformer le droit de l'inaptitude ?).

▶ **Loi du 8 août 2016 :** Fantoni Quinton, *SSL* 2020, n° 1891, p. 4 (Mention expresse en cas d'inaptitude médicale : incertitude et cas de conscience). – Ledoux et Godefroy, *RJS* 2/2017, p. 91 (sécurisation relative de la procédure d'inaptitude). – Leplaideur, *SSL* 2017, n° 1765, p. 5 (réforme de l'inaptitude et enjeux).

> **COMMENTAIRE**
> V. sur le Code en ligne 🔒. ❏

Art. L. 1226-2 Lorsque *(L. n° 2016-1088 du 8 août 2016, art. 102, en vigueur le 1er janv. 2017)* « le salarié victime d'une maladie ou d'un accident non professionnel » est déclaré inapte par le médecin du travail *(L. n° 2016-1088 du 8 août 2016, art. 102, en vigueur le 1er janv. 2017)* « , en application de l'article L. 4624-4, » à reprendre l'emploi qu'il occupait précédemment, l'employeur lui propose un autre emploi approprié à ses capacités *(Ord. n° 2017-1387 du 22 sept. 2017, art. 7)* « , au sein de l'entreprise ou des entreprises du groupe auquel elle appartient le cas échéant, situées sur le territoire national et dont l'organisation, les activités ou le lieu d'exploitation assurent la permutation de tout ou partie du personnel.
(Ord. n° 2017-1718 du 20 déc. 2017, art. 1er-I) « Pour l'application du présent article, la notion de groupe désigne le groupe formé par une entreprise appelée entreprise dominante et les entreprises qu'elle contrôle dans les conditions définies à l'article L. 233-1, aux I et II de l'article L. 233-3 et à l'article L. 233-16 du code de commerce. »
Cette proposition prend en compte *(L. n° 2016-1088 du 8 août 2016, art. 102, en vigueur le 1er janv. 2017 ; Ord. n° 2017 1386 du 22 sept. 2017, art. 4)* « , après avis du comité social et économique lorsqu'il existe », » les conclusions écrites du médecin du travail et les indications qu'il formule sur *(L. n° 2016-1088 du 8 août 2016, art. 102, en vigueur le 1er janv. 2017)* « les capacités » du salarié à exercer l'une des tâches existantes dans l'entreprise. *(L. n° 2016-1088 du 8 août 2016, art. 102, en vigueur le 1er janv. 2017)* « Le médecin du travail formule également des indications sur la capacité du salarié à bénéficier d'une formation le préparant à occuper un poste adapté. »
L'emploi proposé est aussi comparable que possible à l'emploi précédemment occupé, au besoin par la mise en œuvre de mesures telles que mutations, *(L. n° 2016-1088 du 8 août 2016, art. 102, en vigueur le 1er janv. 2017)* « aménagements, adaptations ou transformations de postes existants » ou aménagement du temps de travail.

> **COMMENTAIRE**
> V. sur le Code en ligne 🔒. ❏

I. DÉCLARATION D'INAPTITUDE

1. Nécessité d'un avis d'inaptitude. L'art. L. 122-24-4 [L. 1226-2 nouv.] ne peut être appliqué que si le salarié est déclaré, par le médecin du travail, inapte à reprendre l'emploi qu'il occupait précédemment ou inapte à tout emploi dans l'entreprise. ● Soc. 18 juill. 1996, 🔨 n° 95-45.264 P : *Dr. soc. 1996.* 972 ⌀ ; *RJS* 1996. 661, n° 1034. ♦ Si le salarié est apte, il doit être réintégré dans son emploi antérieur ou un emploi similaire. ● Soc. 22 oct. 1997, 🔨 n° 94-44.706 P : *RJS* 12/1997, n° 1360.

2. Avis temporaire. Dès lors que le médecin du travail a déclaré un salarié temporairement inapte, il en résulte que le refus par l'employeur de le laisser accéder à son poste de travail ne constitue ni un trouble manifestement illicite ou une voie de fait. ● Soc. 21 janv. 1997, ⚖ n° 93-43.617 P : *Dr. soc.* 1997. 243, note Savatier ⊘. ♦ Les dispositions des art. L. 1226-2 et L. 1226-4 n'étant applicables qu'en cas d'inaptitude, le salarié ne saurait s'en prévaloir lorsqu'il a été déclaré apte à la reprise de son emploi avec des réserves pendant une durée temporaire. ● Soc. 8 juin 2011, ⚖ n° 09-42.261 P : *D. actu.* 5 juill. 2011, obs. Perrin ; *JCP S* 2011. 1503, obs. Martinon. ♦ Après avoir constaté que le comportement de la salariée était la conséquence de ses troubles pathologiques, une cour d'appel a exactement décidé que l'employeur, qui était informé de ces troubles, ne pouvait la licencier sans avoir fait préalablement constater l'inaptitude par le médecin du travail. ● Soc. 9 juill. 1997, n° 94-45.558 P : *RJS* 1997. 668, n° 1083.

3. Inaptitude à tout emploi dans l'entreprise. L'avis du médecin du travail déclarant un salarié inapte à tout travail s'entend nécessairement d'une inaptitude à tout emploi dans l'entreprise. ● Soc. 7 juill. 2004, ⚖ n° 02-47.458 P : *Dr. soc.* 2004. 1039, obs. Gauriau ⊘ ; *ibid.* 2005. 31, note Savatier ⊘ ; *RJS* 2004. 709, n° 1028 ● 9 juill. 2008, ⚖ n° 07-41. 318 P : *D.* 2008. *AJ* 2229 ⊘ ; *Dr. soc.* 2008. 1138, obs. Savatier ⊘ ; *JCP S* 2008. 1507, obs. Verkindt.

4. Motivation de l'avis d'inaptitude. Le médecin du travail est tenu d'indiquer les considérations de fait de nature à éclairer l'employeur sur son obligation de proposer au salarié un emploi approprié à ses capacités et notamment les objectifs portant sur ces capacités qui le conduisent à recommander certaines tâches en vue d'un éventuel reclassement dans l'entreprise ou, au contraire, à exprimer des contre-indications ; cette motivation exigée du médecin du travail s'impose également à l'inspecteur du travail lorsque celui-ci, en cas de difficulté ou de désaccord, est amené à décider de l'aptitude professionnelle du salarié. ● CE 1ᵉʳ août 2013, ⚖ n° 341604 P : *JSL* 2013, n° 352-3, obs. Hautefort.

5. Constat d'inaptitude et classement en invalidité. Le classement d'un salarié en invalidité 2ᵉ catégorie par la sécurité sociale, qui obéit à une finalité distincte et relève d'un régime juridique différent, est sans incidence sur l'obligation de reclassement du salarié inapte qui incombe à l'employeur par application des dispositions du code du travail. ● Soc. 9 juill. 2008, ⚖ n° 07-41.318 P : *D.* 2008. *AJ* 2229 ⊘ ; *JCP S* 2008. 1507, obs. Verkindt.

6. Avis d'inaptitude et licenciement pour un autre motif. Lorsque le salarié est déclaré inapte par le médecin du travail, l'employeur ne peut prononcer un licenciement pour un motif autre que l'inaptitude, peu important qu'il ait engagé antérieurement une procédure de licenciement pour une autre cause. ● Soc. 8 févr. 2023, ⚖ n° 21-16.258 B : *D. actu.* 22 févr. 2023, obs. Maurel ; *D.* 2023. 300 ⊘ ; *RDT* 2023. 327, obs. Porcher ⊘ ; *Dr. soc.* 2023. 431, obs. Héas ⊘ ; *RJS* 4/2023, n° 194 ; *JSL* 2023, n° 562-1, obs. Dejean de la Bathier ; *SSL* 2023, n° 2035, obs. Bailly ; *JCP* 2023. 282, obs. Corrignan-Carsin ; *JCP S* 2023. 1074, obs. Babin ● CE 12 avr. 2023, ⚖ n° 458974 : *RJS* 7/2023, n° 392 ; *JCP S* 2023. 1190, note Kerbourc'h.

II. OBLIGATION DE RECLASSEMENT

BIBL. Adom, *Dr. soc.* 1995. 461 ⊘ (modification du contrat). – Béraud, *ibid.* 1991. 579 ⊘ (maladie et perte d'emploi). – Berra, *SSL* 1985, n° 274, D3 (inaptitude) ; *ibid.* 1988, suppl. n° 416 (aspects juridiques des problèmes posés par le SIDA). – Blaise, *BS Lefebvre* 1986. 503 (inaptitude) ; *Dr. soc.* 1987. 731 (rémunération du salarié malade) ; *RJS* 1990. 315 (rupture du contrat de travail) ; *ibid.* 1992. 83. – Bourgeot, *Dr. soc.* 1998. 872 ⊘. – Bourgeot et Frouin, *RJS* 2000. 3 (maladie et inaptitude). – Bourgeot et Trassoudaine-Verger, *RJS* 1998. Chron. 163. – Brice, *JCP S* 2008. 1408 (obligations de l'employeur au titre du reclassement du salarié inapte). – Camerlynck, *JCP* 1961. I. 1609 (force majeure). – Candat et Pagnerre, *JCP S* 2010. 1212 (*intuitus personae* dans le reclassement des salariés). – Catala, *JCP* 1975. I. 2748 (contre-visite médicale). – Descamps, *Dr. soc.* 1992. 962 ⊘ (contrôle médical patronal : qualité du médecin contrôleur et modalités d'exercice). – Fabre et Serisay, *JCP E* 1989. II. 15489 (indemnisation). – Frossard, *Dr. soc.* 1991. 568 ⊘ (indemnités complémentaires). – Frouin, *RJS* 1995. 773 (protection de l'emploi des salariés malades ou accidentés). – Hauser, *Dr. soc.* 1991. 553 ⊘ (incapacité juridique et emploi). – Joseph, *Dr. ouvrier* 1989. 123 (reclassement du salarié déclaré inapte) ; *ibid.* 1990. 378 ⊘ ; *ibid.* 2010. 130 ⊘. – Laborde, *Dr. soc.* 1985. 555 (maladie affectant un salarié en mission à l'étranger) ; *ibid.* 1991. 563 ⊘ (santé mentale) ; *ibid.* 615 ⊘ (loi du 12 juill. 1990). – Langlois, *D.* 1992. Chron. 141 ⊘ (contre la suspension du contrat). – Mazeaud, *Dr. soc.* 1992. 234 ⊘ (licenciement). – Puigelier, *JCP E* 1990. II. 15890 (maladie et contrat de travail). – Saint-Jours, *D.* 1975. Chron. 91 (contre-visite médicale). – Savatier, *Dr. soc.* 1984. 710 (salaires d'inactivité) ; *ibid.* 1986. 419 (secret médical) ; *RJS* 1995. 770 (sanctions du contrôle médical patronal). – Vacarie, *Ét. offertes à G. Lyon-Caen*, 1989, p. 331 (travail et santé). – *CSB* 1989. 253. – Verkindt, *TPS* 1998. Chron. 15-25.

A. OBJET

7. Principe. L'employeur, tenu d'une obligation de résultat en matière de protection de la santé et de la sécurité des travailleurs, doit en assurer l'effectivité en prenant en considération les propositions de mesures individuelles telles que mutations ou transformations de postes, justifiées par des considérations relatives notamment à l'âge, à la résistance physique ou à l'état de santé physique et mentale des travailleurs ; en cas de refus, le chef d'entreprise est tenu de faire connaître les motifs qui s'opposent à ce qu'il donne suite à ces recommandations. • Soc. 19 déc. 2007 : 🔒 RDT 2008. 246, obs. Véricel ⌀ ; RJS 2008. 218, n° 270 ; JSL 2007, n° 226-4 ; Dr. soc. 2008. 388, obs. Savatier ⌀.

8. Employeurs successifs. S'il résulte de l'art. L. 1226-6 C. trav. que les dispositions spécifiques relatives à la législation professionnelle ne sont pas applicables aux rapports entre un employeur et son salarié victime d'un accident du travail ou d'une maladie professionnelle survenu ou contractée au service d'un autre employeur, le nouvel employeur est néanmoins tenu, conformément aux art. L. 1226-2 et L. 1226-4 C. trav., de chercher à reclasser, avant toute rupture du contrat de travail, le salarié dont l'inaptitude est médicalement constatée alors qu'il est à son service. • Soc. 29 nov. 2011, 🔒 n° 10-30.728 P : D. 2011. Actu. 3001 ⌀ ; RJS 2/2012, n° 134 ; JCP S 2012. 1108, obs. Abellard ; JCP 2011. 2518, obs. Lefranc-Hamoniaux.

9. Point de départ de l'obligation de reclassement. L'obligation qui pèse sur l'employeur de rechercher un reclassement au salarié déclaré par le médecin du travail inapte à reprendre l'emploi qu'il occupait précédemment naît à la date de la déclaration d'inaptitude par le médecin du travail. • Soc. 5 juill. 2023, 🔒 n° 21-24.703 B : D. actu. 13 juill. 2023, obs. Malfette ; D. 2023. 1318 ⌀.

10. Contenu de l'obligation de reclassement. C'est à l'employeur de prendre l'initiative de reclasser le salarié. • Soc. 4 juin 1998, 🔒 n° 95-41.263 P : RJS 1998. 550, n° 849.

11. L'employeur ne peut être tenu d'imposer à un autre salarié de l'entreprise une modification de son contrat de travail à l'effet de libérer son poste pour le proposer en reclassement à un salarié. • Soc. 15 nov. 2006, 🔒 n° 05-40.408 P : RDT 2007. 96, obs. Frouin ⌀ ; Dr. soc. 2007. 106, obs. Couturier ⌀ ; SSL 2006, n° 1284, p. 11.

12. Tentative sérieuse et loyale de reclassement. Dès lors que la procédure de licenciement a été engagée avant même que l'inaptitude du salarié a été définitivement constatée, la recherche de reclassement n'est pas sérieuse et le licenciement est nécessairement dépourvu de cause réelle et sérieuse. • Soc. 26 janv. 2006, n° 03-40.332 P : D. 2005. IR 522 ⌀ ; ibid. Pan. 2504, obs. Lardy-Pélissier ⌀ ; Dr. soc. 2005. 381, note Lacoste-Mary ⌀ ; JSL 2005, n° 162-6. ♦ La brièveté du délai entre l'avis d'inaptitude et l'engagement de la procédure de licenciement démontre à elle seule que l'employeur n'avait procédé à aucune tentative sérieuse de reclassement et le seul entretien avec un délégué du personnel sur le cas du salarié ne suffit pas à établir la réalité d'une recherche de reclassement. • Soc. 30 avr. 2009, 🔒 n° 07-43.219 P : JSL 2009, n° 257-3.

13. Prise en compte de la volonté du salarié. L'employeur peut prendre en compte la position exprimée par le salarié déclaré inapte à son poste de travail pour déterminer le périmètre de ses recherches de reclassement. • Soc. 23 nov. 2016, 🔒 n°s 15-18.092 et 14-26.398 P : D. 2016. Actu. 2409 ⌀ ; RJS 1/2017, n° 10 ; SSL 2016, n° 1748, obs. Chapellon-Liedhart et Fournet ; JSL 2017, n° 423-2, obs. Hautefort ; JCP S 2017. 1004, obs. Babin.

14. Limite liée à la cessation totale d'activité. La Cour de cassation dispense l'employeur dont l'entreprise cesse totalement son activité et qui n'appartient à aucun groupe de la mise en œuvre de son obligation de reclassement à l'égard d'un salarié déclaré inapte consécutivement à une maladie. • Soc. 9 déc. 2014, 🔒 n° 13-12.535 P : D. actu. 13 janv. 2015, obs. Ines ; RJS 2/2015, n° 88.

15. Salariés protégés. Sur les possibilités de reclassement des salariés protégés, V. • CE 30 avr. 1997, 🔒 n° 158474 P : RJS 1997. 544, n° 839 • 21 oct. 1996, 🔒 n° 111961 P : RJS 1996. 829, n° 1287 • 30 déc. 1996, 🔒 n° 163746 P : RJS 1997. 117, n° 172. ♦ L'aptitude d'un salarié à reprendre son activité professionnelle est appréciée en prenant en compte les fonctions que ce dernier occupait effectivement avant ces périodes. • CE 21 janv. 2015, 🔒 n° 364783 : D. actu. 27 févr. 2015, obs. Fraisse ; RDT 2015. 100, concl. Dumortier ⌀. ♦ Lorsque le juge administratif est saisi d'un litige portant sur la légalité de la décision par laquelle l'autorité administrative a autorisé le licenciement d'un salarié protégé pour inaptitude physique et qu'il se prononce sur le moyen tiré de ce que l'administration a inexactement apprécié le sérieux des recherches de reclassement réalisées par l'employeur, il lui appartient de contrôler le bien-fondé de cette appréciation. • CE 18 nov. 2020, 🔒 n° 427234 : AJDA 2021. 664 ⌀ ; RJS 2/2021, n° 101.

16. Forme de la proposition de reclassement. L'art. L. 1226-2 n'impose pas à l'employeur d'adresser ses propositions de reclassement au salarié physiquement inapte par écrit. • Soc. 31 mars 2016, 🔒 n° 14-28.314 P : D. actu. 3 mai 2016, obs. Ines ; D. 2016. Actu. 789 ⌀ ; RJS 6/2016, n° 405 ; JCP S 2016. 1187, obs. Drai.

17. Refus du salarié. Il appartient à l'employeur de tirer les conséquences du refus par le salarié, déclaré par le médecin du travail inapte à son emploi, du poste de reclassement proposé soit en formulant de nouvelles propositions de reclassement, soit en procédant au licenciement de l'intéressé ; le refus du poste de reclassement ne permet pas d'imputer au salarié la responsabilité de la rupture. • Soc. 18 avr. 2000, 🔒 n° 98-40.314 P : D. 2000. IR 140 ⌀ ; RJS 2000. 455, n° 659 ; Dr. soc. 2000. 782, obs. Frouin ⌀. ♦ L'action tendant à faire prononcer la rupture du contrat de travail exercée par l'employeur s'analyse en un licenciement dont il appartient aux juges du fond d'apprécier le caractère réel et sérieux. • Soc. 22 févr.

2000, n° 97-41.333 P : *D. 2000. IR 82* ; *Dr. soc. 2000. 441*, obs. Mouly ; *RJS 2000. 287*, n° 39. ♦ Ne peut être déclaré abusif le refus par un salarié du poste de reclassement proposé par l'employeur dès lors que la proposition de reclassement entraîne une modification du contrat de travail ; les juges du fond ne peuvent reprocher au salarié une faute grave le privant des indemnités de rupture sans rechercher si le refus du salarié n'était pas motivé par la modification du contrat de travail. • Soc. 14 juin 2000, n° 98-42.882 P : *Dr. soc. 2000. 1026*, note Savatier. ♦ Le refus du salarié ne peut constituer en soi une cause réelle et sérieuse de licenciement lorsque la proposition emporte modification du contrat de travail. • Soc. 9 avr. 2002, n° 99-44.192 P : *D. 2002. IR 1529* ; *JSL 2002*, n° 101-3. ♦ Ne commet pas un manquement à ses obligations le salarié déclaré inapte qui refuse un poste de reclassement en invoquant l'absence de conformité de ce poste à l'avis d'inaptitude du médecin du travail ; il appartient dans ce cas à l'employeur, tenu d'une obligation de sécurité de résultat, de solliciter l'avis du médecin. • Soc. 23 sept. 2009, n° 08-42.525 P : *RDT 2009. 710*, obs. Pasquier ; *RJS 2009. 810*, n° 918.

18. Acceptation de la modification du contrat de travail. Le salarié, déclaré inapte à son ancien emploi, doit donner son accord exprès à la modification du contrat de travail. • Soc. 29 nov. 2011, n° 10-19.435 P : *D. actu. 21 déc. 2011*, obs. Ines ; *RJS 2012. 107*, n° 110 ; *Dr. ouvrier 2012. 243*, note Bouaziz et Goulet ; *JSL 2012*, n° 314-4, obs. Tourreil.

19. Reprise du paiement du salaire. La reprise par l'employeur du paiement des salaires ne le dispense pas de l'obligation de proposer un poste de reclassement. • Soc. 3 mai 2006, n° 04-40.721 P : *D. 2006. IR 1401* ; *RDT 2006. 92*, obs. Lardy-Pélissier.

20. Preuve de l'impossibilité de reclassement. C'est à l'employeur d'apporter la preuve de l'impossibilité où il se trouve de reclasser le salarié ; la sanction de la violation de l'obligation de reclassement ne peut donner lieu qu'au versement d'une indemnité pour licenciement sans cause réelle et sérieuse. • Soc. 5 déc. 1995 : *Dr. soc. 1996. 425*, obs. A. Mazeaud. ♦ Ne satisfait pas aux obligations mises à sa charge par l'art. L. 241-10-1 [L. 4624-1 nouv.] l'employeur qui ne démontre pas en quoi il lui était impossible de modifier l'aération des locaux et de prendre ainsi en compte l'avis du médecin. • Soc. 19 juill. 1995, n° 91-44.544 P : *D. 1995. IR 226* ; *Dr. soc. 1995. 931* ; *CSB 1995. 285*, A. 53 ; *RJS 1995. 652*, n° 1016.

21. Caractère d'ordre public. Les dispositions de l'art. L. 122-24-4 [L. 1226-2 et L. 1226-3 nouv.] excluent la possibilité pour les parties de signer une rupture d'un commun accord du contrat de travail qui aurait pour effet d'éluder les obligations de l'employeur. • Soc. 29 juin 1999, n° 96-44.160 P : *GADT, 4ᵉ éd.*, n° 93 ; *D. 1999. IR 208* ; *Dr. soc. 2000. 178*, note Radé ; *JCP 2000. II. 10235*, note Savatier ; *RJS 1999. 660*, n° 1050 (1ʳᵉ esp.) : nullité d'une convention postérieure à l'avis d'inaptitude émis par le médecin du travail • 29 juin 1999, n° 97-40.426 P : *Dr. soc. 1999. 963*, obs. Verkindt ; *JCP 2000. II. 10235*, note Savatier ; *RJS 1999. 660*, n° 1050 (2ᵉ esp.) : nullité pour objet illicite d'une convention fixant rétroactivement la date de la rupture au jour précédant l'avis d'aptitude partielle émis par le médecin du travail.

B. CADRE

22. Groupe de reclassement. La recherche doit s'apprécier à l'intérieur du groupe auquel appartient l'employeur parmi les entreprises dont les activités, l'organisation ou le lieu d'exploitation lui permettent d'effectuer la mutation de tout ou partie du personnel. • Soc. 19 mai 1998, n° 96-41.265 P : *RJS 1998. 548*, n° 846 • 16 juin 1998, n° 96-41.877 P : *RJS 1998. 623*, n° 975. ♦ La possibilité de permutations au sein d'un groupe est établie dès lors qu'est constatée l'existence de sociétés ayant un papier en-tête identique, les mêmes coordonnées, le même numéro de téléphone et leur siège social au même endroit, et que s'est tenue une réunion ayant eu pour objet d'examiner les possibilités de reclassement au sein de ces sociétés. • Soc. 25 mars 2009, n° 07-41.708 P : *JCP S 2009. 1295*, obs. Barèges. ♦ Ainsi est abusif le licenciement pour inaptitude physique alors que l'employeur ne justifiait pas avoir effectué une recherche effective de reclassement au sein des sept maisons de retraite qu'il gérait, même constituées sous la forme de sociétés indépendantes ; ces dernières étaient toutes situées dans la même région et regroupées sous un même sigle, elles faisaient état dans leur propre documentation de la notion de groupe et avaient développé des outils de communication communs et une possibilité de permutation avait été proposée, lors de l'entretien préalable, à la salariée dans une maison de retraite similaire. • Soc. 24 juin 2009, n° 07-45.656 P : *RDT 2009. 581*, obs. Kocher ; *RJS 2009. 696*, n° 784.

23. Notion de groupe (sous l'empire des dispositions issues de l'Ord. du 20 déc. 2017). La notion de groupe de reclassement désigne une entreprise appelée « entreprise dominante » et les entreprises qu'elle contrôle, dans les conditions définies à l'art. L. 233-1, aux I et II de l'art. L. 233-3 et à l'art. L. 233-16 C. com. ; il résulte de la combinaison des art. L. 233-17-2 et L. 233-18 C. com. que sont comprises dans les comptes consolidés, par mise en équivalence, les entreprises sur lesquelles l'entreprise dominante exerce une influence notable, laquelle n'est pas constitutive d'un contrôle au sens des art. L. 233-1, L. 233-3, I et II, ou L. 233-16 C. com. Ainsi, s'il n'est pas constaté que les conditions de contrôle sont réunies, le juge ne peut retenir l'existence d'un groupe de reclassement. • Soc. 5 juill. 2023, n° 22-10.158

CONTRAT DE TRAVAIL   **Art. L. 1226-2** 205

B : *D. actu. 13 juill. 2023*, obs. Malfettes ; *D. 2023. 1318* ⌀ ; *Dr. soc. 2023.* 829, obs. Gadrat ⌀ ; *RJS 10/2023*, n° 504 ; *JCP S 2023.* 1219, obs. Lhernould.

24. Périmètre du groupe de reclassement. Le périmètre du groupe à prendre en considération au titre de la recherche de reclassement est l'ensemble des entreprises, situées sur le territoire national, appartenant à un groupe dont l'organisation, les activités ou le lieu d'exploitation assurent la permutation de tout ou partie du personnel. ● Même arrêt.

C. PRISE EN COMPTE DES CONCLUSIONS DU MÉDECIN DU TRAVAIL

25. Principe. L'employeur doit suivre les propositions du médecin du travail. ● Soc. 28 oct. 1998, ⚖ n° 96-44.395 P : *RJS 1998.* 898, n° 1473. ♦ Seules les recherches de reclassement compatibles avec les conclusions du médecin du travail émises au cours de la visite de reprise peuvent être prises en considération pour apprécier le respect par l'employeur de son obligation de reclassement. ● Soc. 26 nov. 2008, ⚖ n° 07-44.061 P : *RJS 2009.* 143, n° 164 ; *JCP S 2009.* 1065, obs. Verkindt ● Soc. 6 janv. 2010, ⚖ n° 08-44.177 : *D. 2010. AJ 212* ⌀ ; *ibid. Pan. 2029*, obs. Lardy-Pélissier ⌀ ; *JCP S 2010. 1128*, obs. Verkindt ● CE 7 avr. 2011, ⚖ n° 334211 P : *RJS 2011.* 570, n° 630 ; *Dr. soc. 2011.* 798, concl. Dumortier ⌀ ; *Dr. ouvrier 2011.* 755. ♦ L'employeur ne peut se retrancher derrière l'absence de propositions émanant du médecin du travail. ● Soc. 9 mai 1995, ⚖ n° 91-43.749 P : *RJS 1995.* 421, n° 638.

26. Avis du médecin traitant. L'employeur doit, au besoin en les sollicitant, prendre en considération les propositions du médecin du travail en vue du reclassement du salarié ; la consultation d'un médecin autre que le médecin du travail ne peut se substituer à celle de celui-ci. ● Soc. 28 juin 2006, ⚖ n° 04-47.672 P : *RJS 2006. 785, n° 1057*.

27. Avis d'inaptitude à tout emploi. Lorsque l'avis d'inaptitude physique mentionne expressément que l'état de santé du salarié fait obstacle à tout reclassement dans l'emploi, l'employeur est dispensé de rechercher et de lui proposer des postes de reclassement. ● Soc. 8 févr. 2023, ⚖ n° 21-19.232 B : *D. actu. 22 févr. 2023*, obs. Maurel ; *D. 2023.* 300 ⌀ ; *RJS 4/2023*, n° 193 ; *JCP S 2023. 1093*, obs. Dumont. ♦ Comp. *ante* : L'avis d'inaptitude à tout emploi dans l'entreprise délivré par le médecin du travail ne dispense pas l'employeur, quelle que soit la position prise alors par la salariée, de rechercher les possibilités de reclassement. ● Soc. 10 mars 2004, ⚖ n° 03-42.744 P : *Dr. soc. 2004.* 556, obs. Couturier ⌀ ; *RJS 2004.* 416, n° 622 ● 7 juill. 2004, ⚖ n° 02-43.141 P : *RJS 2004.* 709, n° 1028 ; *JSL 2004*, n° 152-4 ● 20 sept. 2006, ⚖ n° 05-40.526 P : *RJS 2006.* 870, n° 1171 ; *Dr. soc. 2006.* 1117, note Savatier ⌀ ● CE 7 avr. 2011, ⚖ n° 334211 P : *RJS 2011.* 570, n° 630 ; *Dr. soc. 2011.* 798, concl. Dumortier ⌀ ; *Dr. ouvrier 2011.* 755 ● Soc. 9 juill. 2008, ⚖ n° 07-41.318 P : *D. 2008. AJ 2229* ⌀ ; *RJS 2008.* 805, n° 982 ; *JCP S 2008.* 1507, obs. Verkindt ● 16 sept. 2009, ⚖ n° 08-42.212 P : *D. 2009. AJ 2285* ⌀ ; *RJS 2009.* 750, n° 848 ; *Dr. soc. 2009.* 1190, note Savatier ⌀ ; *Dr. ouvrier 2010.* 46, obs. Lacoste-Mary. ♦ Dans la mesure où l'avis alors émis par le médecin du travail, seul habilité à constater une inaptitude au travail, peut faire l'objet tant de la part de l'employeur que du salarié d'un recours administratif devant l'inspecteur du travail, en l'absence d'un tel recours cet avis s'impose aux parties. ● Même arrêt. ♦ La question de la conformité à la Constitution de l'art. L. 1226-2 ne présente pas un caractère sérieux dans la mesure où si l'interprétation jurisprudentielle de l'art. L. 1226-2 C. trav. ne dispense pas l'employeur, lorsque le médecin du travail déclare un salarié « inapte à tout poste dans l'entreprise », de son obligation de reclassement, elle ne l'empêche pas de procéder au licenciement du salarié lorsqu'il justifie, le cas échéant après avoir sollicité à nouveau le médecin du travail sur les aptitudes résiduelles du salarié et les possibilités de reclassement au besoin par la mise en œuvre de mesures telles que mutations, transformations de postes de travail ou aménagement du temps de travail, de l'impossibilité où il se trouve de reclasser le salarié. ● Soc. 13 janv. 2016, ⚖ n° 15-20.822 P : *D. 2016. Actu. 206* ⌀.

28. Dialogue avec le médecin du travail. Les réponses apportées postérieurement au constat régulier de l'inaptitude par le médecin sur les possibilités éventuelles de reclassement peuvent concourir à la justification par l'employeur de l'impossibilité de remplir cette obligation. ● Soc. 15 déc. 2015, ⚖ n° 14-11.858 P : *D. actu. 16 janv. 2016*, obs. Fraisse ; *RJS 2/2016*, n° 103 ; *JSL 2016*, n° 404-3, obs. Lhernould. ♦ Seules les conclusions écrites du médecin du travail émises lors de la visite de reprise peuvent être prises en considération pour apprécier le respect par l'employeur de ses obligations en matière de reclassement ; aucune solution ne peut être recherchée avant que ces conclusions ne soient rendues. ● Soc. 22 févr. 2000, ⚖ n° 97-41.827 P : *RJS 2000.* 288, n° 398.

29. Contestation de la nouvelle affectation. Dans l'hypothèse où le salarié conteste la compatibilité du poste auquel il est affecté avec les recommandations du médecin du travail, il appartient à l'employeur de solliciter un nouvel avis de ce dernier. ● Soc. 6 févr. 2008, ⚖ n° 06-44.413 P : *RDT 2008.* 232, obs. Lévy-Amsalem ⌀ ; *D. 2008. Pan.* 2310, obs. Lardy-Pélissier ⌀ ; *RJS 2008.* 343, n° 440 ; *JCP E 2008.* 1724, note Puigelier. ♦ Ne commet pas un manquement à ses obligations le salarié, dont le médecin du travail a constaté l'inaptitude physique, qui, pour refuser un poste de reclassement proposé par l'employeur, invoque l'incompatibilité de ce poste avec son état de santé : dans ce cas, il appartient à l'employeur, tenu d'une obligation de sécurité de

D. OFFICE DU JUGE

30. Limites. Les tribunaux judiciaires sont incompétents à ordonner une expertise afin de déterminer si l'état de santé rendait le salarié inapte à reprendre son travail. ● Soc. 8 nov. 1994, 91-40.377 P : *RJS 1994. 830, n° 1366.* ♦ Il n'appartient pas au juge du fond de substituer son appréciation sur l'inaptitude d'un salarié à occuper un poste de travail à celle du médecin du travail. ● Soc. 14 janv. 1997, n° 93-46.633 P : *Dr. soc. 1997. 313, obs. Savatier ; RJS 1997. 96, n° 135.* ♦ Le juge judiciaire n'a pas à se prononcer, à l'occasion d'une contestation afférente à la licéité du licenciement d'un salarié déclaré inapte à son poste de travail, sur le respect par le médecin du travail de son obligation de procéder à une étude de poste et des conditions de travail dans l'entreprise. ● Soc. 19 déc. 2007, n° 06-46.147 : *D. 2008. AJ 299, obs. Ines ; RJS 2008. 231, n° 295.*

E. AVIS DES REPRÉSENTANTS DU PERSONNEL

31. Portée de l'obligation de consultation des représentants du personnel. Lorsqu'un salarié est déclaré inapte à l'issue d'une période de suspension du contrat de travail consécutive à un accident du travail, il appartient à l'employeur de consulter les représentants du personnel sur les possibilités de reclassement avant d'engager la procédure de licenciement, même en l'absence de proposition de reclassement. ● Soc. 30 sept. 2020, n° 19-16.488 P : *RJS 12/2020, n° 577.*

32. Non-respect de l'obligation de consultation des représentants du personnel. La méconnaissance des dispositions légales relatives au reclassement du salarié déclaré inapte consécutivement à un accident non professionnel ou une maladie, dont celle imposant à l'employeur de consulter les représentants du personnel, prive le licenciement de cause réelle et sérieuse. ● Soc. 30 sept. 2020, n° 19-11.974 P : *D. actu. 15 déc. 2020, obs. Malfettes ; D. 2020. Actu. 1898 ; Dr. soc. 2021. 78, note Lokiec et Adam ; RJS 12/2020, n° 579 ; Dr. ouvrier 2021. 31,* note *Héas ; JCP S 2020. 3054, obs. Harlé et Clouzeau.*

F. INDEMNISATION

33. Préjudices. Le manquement de l'employeur à son obligation de reclassement a pour conséquence de rendre le licenciement sans cause réelle et sérieuse mais ne peut donner lieu à une indemnité distincte de celle due pour licenciement sans cause réelle et sérieuse. ● Soc. 5 déc. 1995, n° 92-45. 043 : *Dr. soc. 1996. 425, obs. A. Mazeaud.* ♦ Mais s'il est constaté que l'employeur n'a fait aucune offre de reclassement, sans verser de salaire ni mettre en œuvre une procédure régulière de licenciement, le salarié a droit à des indemnités compensatrices de salaire. ● Même arrêt. ♦ L'employeur est tenu de payer les salaires pour la période pendant laquelle il a refusé de fournir au salarié du travail en l'affectant à un emploi vacant dans l'entreprise, poste que le salarié avait occupé lors de sa reprise du travail et pour lequel le médecin du travail l'avait déclaré apte. ● Soc. 16 déc. 1998, n° 97-43.531 P : *RJS 1999. 121, n° 193.*

34. Indemnité compensatrice de préavis. En cas de licenciement pour inaptitude non professionnelle ayant une cause réelle et sérieuse, le salarié ne peut pas obtenir le paiement d'une indemnité compensatrice de préavis qu'il n'a pas pu effectuer. ● Soc. 5 juill. 2023, n° 21-25.797 B : *D. 2023. 1318* ● 22 oct. 1996, n° 93-43.787 : *CSB 1997. 15, A. 5.* ♦ L'indemnité compensatrice de préavis est toutefois due au salarié dont le licenciement est dépourvu de cause réelle et sérieuse en raison du manquement de l'employeur à son obligation de reclassement consécutive à l'inaptitude. ● Soc. 26 nov. 2002, n° 00-41.633 P : *Dr. soc. 2003. 237, obs. Radé ; RJS 2003. 128, n° 178 ; JSL 2003, n°s 114-5 et 115-5* ● 7 déc. 2017, n° 16-22.276 P : *D. actu. 3 janv. 2018, obs. Fraisse ; D. 2017. Actu. 2540 ; RJS 2/2018, n° 98 ; JSL 2018, n° 447-3, obs. Halimi et Dechaumet-Fries ; JCP S 2018. 1004, obs. Verkindt.* ♦ L'indemnité est également due lorsque l'inaptitude a pour origine des faits de harcèlement moral commis par l'employeur rendant le licenciement nul. ● Soc. 8 déc. 2015, n° 14-15.299.

Art. L. 1226-2-1 (*L. n° 2016-1088 du 8 août 2016, art. 102, en vigueur le 1er janv. 2017*) Lorsqu'il est impossible à l'employeur de proposer un autre emploi au salarié, il lui fait connaître par écrit les motifs qui s'opposent à son reclassement.

L'employeur ne peut rompre le contrat de travail que s'il justifie soit de son impossibilité de proposer un emploi dans les conditions prévues à l'article L. 1226-2, soit du refus par le salarié de l'emploi proposé dans ces conditions, soit de la mention expresse dans l'avis du médecin du travail que tout maintien du salarié dans un emploi serait gravement préjudiciable à sa santé ou que l'état de santé du salarié fait obstacle à tout reclassement dans un emploi.

L'obligation de reclassement est réputée satisfaite lorsque l'employeur a proposé un emploi, dans les conditions prévues à l'article L. 1226-2, en prenant en compte l'avis et les indications du médecin du travail.

CONTRAT DE TRAVAIL **Art. L. 1226-4** 207

S'il prononce le licenciement, l'employeur respecte la procédure applicable au licenciement pour motif personnel prévue au chapitre II du titre III du présent livre.

COMMENTAIRE

V. sur le Code en ligne 🏛.

1. Rédaction de l'avis d'inaptitude. Lorsque l'avis d'inaptitude du médecin du travail mentionne que tout maintien du salarié dans un emploi dans cette entreprise serait gravement préjudiciable à la santé du salarié et non pas que tout maintien dans un emploi serait gravement préjudiciable à sa santé, l'employeur n'est pas dispensé de son obligation de procéder à des recherches de reclassement. ● Soc. 13 sept. 2023, 🏛 n° 22-12.970 B : *D. actu. 12 oct. 2023, obs. Demay ; D. 2023. 1597 ⌀ ; Dr. soc. 2023. 895 ⌀ ; RJS 11/2023, n° 569 ; JCP S 2023. 1257, obs. Lahalle.* ♦ L'employeur n'est pas dispensé de rechercher un reclassement hors de l'établissement auquel le salarié est affecté si l'avis d'inaptitude mentionne expressément que l'état de santé du salarié fait obstacle sur le site à tout reclassement dans un emploi. ● Soc. 13 déc. 2023, 🏛 n° 22-19.603 B.

2. Impossibilité de reclassement et dispense de consultation des représentants du personnel. Lorsque le médecin du travail a mentionné expressément dans son avis d'inaptitude que tout maintien du salarié dans un emploi serait gravement préjudiciable à sa santé ou que l'état de santé du salarié fait obstacle à tout reclassement dans un emploi, l'employeur, qui n'est pas tenu de rechercher un reclassement, n'a pas l'obligation de consulter les représentants du personnel. ● Soc. 16 nov. 2022, 🏛 n° 21-17.255 B : *D. actu. 1er déc. 2022, obs. Couëdel ; D. 2022. 2044 ⌀ ; RJS 1/2023, n° 8 ; JSL 2023, n° 551-3, obs. Lhernoult.*

Art. L. 1226-3 Le contrat de travail du salarié déclaré inapte peut être suspendu pour lui permettre de suivre un stage de reclassement professionnel. — *[Anc. art. L. 122-24-4, al. 2.]*

Art. L. 1226-4 Lorsque, à l'issue d'un délai d'un mois à compter de la date de l'examen médical de reprise du travail, le salarié déclaré inapte n'est pas reclassé dans l'entreprise ou s'il n'est pas licencié, l'employeur lui verse, dès l'expiration de ce délai, le salaire correspondant à l'emploi que celui-ci occupait avant la suspension de son contrat de travail.
Ces dispositions s'appliquent également en cas d'inaptitude à tout emploi dans l'entreprise constatée par le médecin du travail.
(L. n° 2012-387 du 22 mars 2012, art. 47) « En cas de licenciement, le préavis n'est pas exécuté et le contrat de travail est rompu à la date de notification du licenciement. Le préavis est néanmoins pris en compte pour le calcul de l'indemnité mentionnée à l'article L. 1234-9. Par dérogation à l'article L. 1234-5, l'inexécution du préavis ne donne pas lieu au versement d'une indemnité compensatrice. »

COMMENTAIRE

V. sur le Code en ligne 🏛.

1. Conformité à la Constitution. La question prioritaire de constitutionnalité portant sur l'art. L. 1226-4 en ce qu'il définit un délai d'un mois avant le terme duquel l'employeur doit reprendre le versement des salaires à défaut de reclassement ou de licenciement du salarié inapte ne présente pas un caractère sérieux dès lors qu'elle se fonde sur une atteinte non caractérisée au principe d'égalité devant la loi et sur la violation d'un principe de sécurité juridique non reconnu comme étant de valeur constitutionnelle. ● Soc., QPC, 5 oct. 2011 : 🏛 *RJS 2012. 36, n° 25.*

I. CHAMP D'APPLICATION

2. Apprentissage. Compte tenu de la finalité de l'apprentissage, l'employeur n'est pas tenu de procéder au reclassement de l'apprenti présentant une inaptitude de nature médicale ; il en résulte que les dispositions du C. trav. relatives à la reprise du versement du salaire à l'issue du délai d'un mois faute de reclassement ou de rupture du contrat ne sont pas applicables au contrat d'apprentissage. ● Soc. 9 mai 2019, 🏛 n° 18-10.618 P : *D. actu. 21 mai 2019, obs. Malfettes ; D. 2019. Actu. 1053 ⌀ ; RDT 2019. 480, note Thomas ⌀ ; RJS 7/2019, n° 407 ; JSL 2019, n° 479-2, obs. Hautefort ; JCP S 2019. 1168, obs. Jeansen.*

3. Marins. L'obligation de reprise du versement des salaires à la suite d'une inaptitude d'origine non professionnelle s'applique au salarié du secteur maritime déclaré inapte. ● Soc. 10 mars 2009 : 🏛 *Dr. soc. 2009. 744, obs. Chaumette ⌀ ; JCP S 2009. 1306, obs. Letombe.*

II. DÉLAI D'UN MOIS

4. Principe (solutions antérieures à la loi du 8 août 2016). L'employeur qui n'a pas licencié le salarié déclaré inapte doit lui verser les salaires dus à l'expiration du délai d'un mois à compter de l'examen médical de reprise. ● Soc. 5 juin 1996, 🏛

n° 94-43.606 P : *Dr. soc. 1996. 972* ⌀ ; *RJS 1996. 505, n° 783*. ♦ Le délai d'un mois fixé par l'art. L. 1226-4, qui court à compter du second examen du médecin du travail constatant l'inaptitude, ne peut être prorogé ni suspendu, peu important que le médecin du travail soit conduit à préciser son avis après la seconde visite. • Soc. 25 mars 2009, ⌂ n° 07-44.748 P : *D. 2009. 1092*, obs. *Maillard* ⌀ ; *ibid. 2009. Pan. 2128*, obs. *Desbarats* ⌀ ; *RDT 2009. 389*, obs. *Odoul-Asorey* ⌀ ; *RJS 2009. 455, n° 507*.

5. Mais ce délai part du deuxième examen en cas d'inaptitude définitive. • Soc. 28 janv. 1998 : ⌂ *Dr. soc. 1998. 276*, note *Savatier* ⌀ ; *RJS 1998. 190, n° 307* • 10 nov. 1998, ⌂ n° 96-44.067 P : *RJS 1998. 896, n° 1470 / Dr. soc. 1999. 189*, obs. *Savatier* ⌀ (si le deuxième examen a tardé, aucune faute ne pouvant être reprochée à l'employeur qui avait saisi le médecin du travail) • 10 juill. 2002 : ⌂ *RJS 2002. 836, n° 1109*.

6. Lorsque l'inaptitude du salarié est constatée dans le cadre d'un seul examen constatant que le maintien du salarié à ce poste entraîne un danger immédiat pour la santé et la sécurité de l'intéressé ou celle d'un tiers, le délai d'un mois court à compter de cet examen unique. • Soc. 6 févr. 2008, ⌂ n° 06-45.551 P.

7. Incidences du recours administratif (solutions antérieures à la loi du 8 août 2016). Ce délai n'est pas suspendu par un recours exercé devant l'inspecteur du travail. • Soc. 4 mai 1999, ⌂ n° 98-40.959 P : *D. 1999. IR 142* ⌀ ; *Dr. soc. 1999. 743*, obs. *Radé* ⌀ ; *RJS 1999. 496, n° 815, p. 496*. ♦ L'employeur qui, un mois après le deuxième avis médical d'inaptitude, n'a toujours pas de réponse à sa demande d'autorisation administrative de licenciement demeure tenu de reprendre le paiement des salaires mais le défaut de paiement ne rend pas le licenciement irrégulier. • Soc. 16 nov. 2005 : ⌂ *RJS 2006. 122, n° 199 ; JSL 2006, n° 182-6*.

III. REPRISE DU PAIEMENT DU SALAIRE

8. Principes. L'obligation de l'employeur au paiement du salaire à l'expiration du délai d'un mois n'étant pas sérieusement contestable, le juge des référés est compétent pour l'ordonner. • Soc. 22 mai 1995 : *D. 1995. IR 160* ; *RJS 1995. 508, n° 771 ; JCP E 1995. I. 499, n° 2*, obs. *Dubœuf*. ♦ Le refus par le salarié des propositions de reclassement formulées par l'employeur ne dispense pas celui-ci de verser au salarié le salaire correspondant à l'emploi qu'il occupait avant la suspension de son contrat de travail. • Soc. 18 avr. 2000, ⌂ n° 98-40.314 P : *D. 2000. IR 140* ⌀ ; *RJS 2000. 455, n° 659 ; Dr. soc. 2000. 782*, obs. *Frouin* ⌀. ♦ L'obligation de reprendre le versement du salaire d'un travailleur déclaré inapte à son emploi, qui n'est ni reclassé, ni licencié à l'expiration du délai d'un mois s'applique même si le médecin du travail a constaté l'inaptitude à tout emploi dans l'entreprise. • Soc. 16 févr. 2005 : ⌂ *D. 2005. IR 794*, obs. *Chevrier* ⌀ ; *Dr. soc. 2005. 578*, obs. *Savatier* ⌀ ; *RJS 2005. 356, n° 504 ; JSL 2005, n° 164-5*. ♦ L'employeur ne peut substituer à cette obligation de reprise du paiement du salaire le paiement d'une indemnité de congés payés non pris, ni contraindre le salarié à prendre ses congés. • Soc. 3 juill. 2013 : ⌂ *D. 2013. Actu. 1752* ⌀ ; *RJS 10/2013, n° 669 ; JSL 2013, n° 350-4*, obs. *Tourreil ; JCP S 2013. 1408*, obs. *Barège*. ♦ L'obligation de reprise de versement du salaire s'applique, peu important que le salarié ait retrouvé un nouvel emploi à temps plein. • Soc. 4 mars 2020, ⌂ n° 18-10.719 P : *D. 2020. 606* ⌀ ; *Dr. soc. 2020. 567*, obs. *Mouly* ⌀ ; *RJS 6/2020, n° 281 ; JSL 2020, n° 296-297-4*, obs. *Nassom-Tissandier ; ibid., n° 298-1*, obs. *Giovenal ; JCP S 2020. 2006*, obs. *Frouin ; JCP E 2020. 1368*, obs. *Jeansen*.

9. Reprise du paiement et obligation de reclassement. La reprise par l'employeur du paiement des salaires ne le dispense pas de l'obligation de proposer un poste de reclassement. • Soc. 3 mai 2006 : ⌂ *D. 2006. IR 1401* ⌀ ; *RDT 2006. 92*, obs. *Lardy-Pélissier* ⌀ ; *Dr. soc. 2006. 802*, obs. *Savatier* ⌀ • Soc. 21 mars 2012, ⌂ n° 10-12.068 P : *D. 2012. Actu. 949* ⌀ ; *RJS 6/2012, n° 525 ; JCP S 2012. 1260*, obs. *Puigelier*.

10. Montant du salaire. Aucune réduction ne peut être opérée sur la somme, fixée forfaitairement au montant du salaire antérieur à la suspension du contrat, que l'employeur doit verser au salarié. • Soc. 10 févr. 1998, ⌂ n° 95-45.210 P : *RJS 1998. 186, n° 302* • 19 mai 1998, ⌂ n° 95-45.637 P : *Dr. soc. 1998. 721*, obs. *Savatier* ⌀. ♦ Notamment, il ne peut être déduit de cette somme les indemnités journalières perçues par le salarié pendant cette période. • Soc. 1er mars 2023, ⌂ n° 21-19.956 B : *Dr. soc. 2023. 556*, note *Mouly* ⌀ ; *RJS 5/2023, n° 243 ; D. 2023. 465* ⌀ ; *JCP S 2023. 1094*, obs. *Lahalle*. ♦ Ce salaire de remplacement a un caractère forfaitaire et ne peut faire l'objet d'aucune déduction au titre de sommes versées par un organisme de prévoyance. • Soc. 16 févr. 2005 : ⌂ *D. 2005. IR 794*, obs. *Chevrier* ⌀ ; *Dr. soc. 2005. 578*, obs. *Savatier* ⌀ ; *RJS 2005. 356, n° 504 ; JSL 2005, n° 164-5*. ♦ Lorsque la rémunération se compose d'une partie fixe et d'une partie variable, le salaire correspondant à l'emploi occupé avant la suspension se compose de l'ensemble des éléments constituant la rémunération. • Soc. 16 juin 1998, ⌂ n° 96-41.877 P : *RJS 1998. 623, n° 975*. ♦ Le salaire, correspondant à l'emploi précédemment occupé par le salarié et auquel il a droit en vertu de l'art. L. 1226-4 C. trav., ouvre droit, par application de l'art. L. 3141-22, à une indemnité de congés payés ; parmi les éléments de rémunération à prendre en compte, doivent figurer les heures supplémentaires. • Soc. 4 avr. 2012 : ⌂ *D. actu. 21 mai 2012*, obs. *Ines, D. 2012. Actu. 1064* ⌀ ; *RJS 2012. 466, n° 542 ; JSL 2012, n° 323-4*, obs. *Hautefort ; JCP S 2012. 1259*, obs. *Jacotot*.

11. Sanctions du défaut de paiement. Lorsqu'un salarié a été licencié à la suite de son inaptitude et de l'impossibilité de le reclasser plus d'un mois après cette constatation, la non-reprise des salaires après le délai d'un mois ne prive pas le licenciement déjà prononcé de cause réelle et sérieuse. • Soc. 20 sept. 2006 : ⚖ *RDT 2006. 383, obs. Lardy-Pélissier et Pélissier ✎ ; D. 2007. 1056, note Pignarre ✎ ; RJS 2006. 871, n° 1172 ; Dr. soc. 2006. 1117, note Savatier ✎ ; JSL 2006, n° 198-5.*

12. Contrat de prévoyance de l'employeur et obligation de licencier. Au cours de la suspension du contrat de travail, l'employeur n'est pas tenu de faire constater l'inaptitude du salarié et une déclaration d'inaptitude même à tout emploi n'a pas nécessairement pour conséquence le licenciement du salarié concerné ; l'assureur auprès duquel l'employeur a souscrit un contrat d'assurance collective de prévoyance ne peut donc arguer d'un manquement contractuel de l'employeur à ses obligations s'il s'est abstenu de mettre en œuvre la procédure de licenciement à l'encontre des salariés invalides. • Soc. 6 oct. 2010 : ⚖ *D. actu. 6 oct. 2010, obs. Siro ; D. 2010. AJ 2521 ✎ ; JCP S 2010. 1552, obs. Barège.*

Art. L. 1226-4-1 (L. n° 2008-596 du 25 juin 2008) En cas de licenciement prononcé dans le cas visé à l'article (L. n° 2016-1088 du 8 août 2016, art. 102, en vigueur le 1er janv. 2017) « L. 1226-2-1 », les indemnités dues au salarié au titre de la rupture sont prises en charge soit directement par l'employeur, soit au titre des garanties qu'il a souscrites à un fonds de mutualisation.

La gestion de ce fonds est confiée à l'association prévue à l'article L. 3253-14.

Art. L. 1226-4-2 (L. n° 2011-525 du 17 mai 2011, art. 49-II) Les dispositions visées à l'article L. 1226-4 s'appliquent également aux salariés en contrat de travail à durée déterminée.

Jurisprudence rendue sous l'empire des dispositions antérieures à la loi du 17 mai 2011.

1. CDD et inaptitude d'origine non professionnelle. Lorsqu'un salarié en contrat à durée déterminée n'est pas en mesure de fournir la prestation de travail en raison de son inaptitude d'origine non professionnelle, les dispositions de l'art. L. 122-24-4, al. 2 [L. 1226-4 nouv.], qui imposent à l'employeur de reprendre le paiement des salaires à défaut de reclassement ou de licenciement ne s'appliquent pas ; en revanche, l'employeur est tenu d'une obligation de reclassement. • Soc. 8 juin 2005, ⚖ n° 03-44.913 P : *D. 2005. IR 1884 ✎ ; Dr. soc. 2005. 918, obs. Roy-Loustaunau ✎ ; JSL 2005, n° 172-4 ; RJS 2005. 605, n° 830.* ♦ Le juge doit rechercher si l'employeur a manqué à son obligation de reclassement et si ce manquement était constitutif d'une faute grave. • Soc. 26 nov. 2008, ⚖ n° 07-40.802 P : *Dr. soc. 2009. 257, note Savatier ✎ ; RJS 2009. 144, n° 166 ; JCP S 2009. 1112, obs. Bousez.*

2. CDD et inaptitude d'origine professionnelle. Il résulte de la combinaison des art. L. 1226-2, L. 1226-4 et L. 1242-15 interprétés à la lumière de la clause 4 de l'accord-cadre du 18 mars 1999, mis en œuvre par la Dir. 1999/70/CE du 28 juin 1999, que, lorsqu'à l'issue d'un délai d'un mois à compter de la date de l'examen médical de reprise, le salarié sous contrat à durée déterminée, victime d'un accident du travail ou d'une maladie non professionnelle, n'est pas reclassé dans l'entreprise, l'employeur doit, comme pour les salariés sous contrat à durée indéterminée, reprendre le paiement du salaire correspondant à l'emploi qu'il occupait avant la suspension du contrat de travail. • Soc. 14 sept. 2016, ⚖ n° 15-16.764 P : *D. actu. 17 oct. 2016, obs. Ines ; D. 2016. Actu. 1822 ✎ ; RDT 2016. 703, note Tournaux ✎ ; Dr. soc. 2016. 963, note Mouly ✎ ; RJS 11/2016, n° 683 ; JSL 2016, n° 418-2, obs. Hautefort ; JCP S 2016. 1340, obs. Jacotot.* ♦ Comp. anté : lorsqu'un salarié n'est pas en mesure de fournir la prestation de travail en raison de son inaptitude d'origine non professionnelle, les dispositions de l'art. L. 122-24-4, al. 2 [art. L. 1226-4 nouv.], qui imposent à l'employeur de reprendre le paiement des salaires à défaut de reclassement ou de licenciement ne s'appliquent pas. • Soc. 8 juin 2005, ⚖ n° 03-44.913 P : *D. 2005. IR 1884 ✎ ; Dr. soc. 2005. 918, obs. Roy-Loustaunau ✎ ; JSL 2005, n° 172-4.*

Art. L. 1226-4-3 (L. n° 2011-525 du 17 mai 2011, art. 49-II) La rupture du contrat à durée déterminée prononcée en cas d'inaptitude ouvre droit, pour le salarié, à une indemnité dont le montant ne peut être inférieur à celui de l'indemnité prévue à l'article L. 1234-9. Cette indemnité de rupture est versée selon les mêmes modalités que l'indemnité de précarité prévue à l'article L. 1243-8.

SOUS-SECTION 2 **Maladie grave**

Art. L. 1226-5 Tout salarié atteint d'une maladie grave au sens du 3° et du 4° de l'article (L. n° 2015-1702 du 21 déc. 2015, art. 59) « L. 160-14 » du code de la sécurité sociale bénéficie d'autorisations d'absence pour suivre les traitements médicaux rendus nécessaires par son état de santé. − *[Anc. art. L. 122-24-5.]*

Art. L. 1226-6

SECTION 3 Accident du travail ou maladie professionnelle

> **COMMENTAIRE**
> V. sur le Code en ligne.

SOUS-SECTION 1 Champ d'application

RÉP. TRAV. v^{is} *Services de santé au travail*, par VÉRICEL ; *Suspension du contrat de travail*, par FIN-LANGER.

BIBL. GÉN. ▶ **Suspension du contrat de travail et garantie d'emploi :** AHUMADA et MILET, *RPDS* 1996. 311. – BÉRAUD, *Dr. soc.* 1991. 579 . – BONNECHÈRE, *Dr. ouvrier* 1981. 399 ; ibid. 1994. 173. – BOURGEOT, *Dr. soc.* 1998. 872 ; *RJS* 2000. Chron. 434. – BOURGEOT et FROUIN, *RJS* 2000. Chron. 3. – BUY, *SSL* 1988, n° 419. – LANGLOIS, *D.* 1992. Chron. 141 . – MORVILLE, *CSB* 1997. 123. – BRISSIER-NICOLAS, *D.* 1982. Chron. 147. – POUPON, *Dr. soc.* 1981. 772. – TEYSSIÉ, *JCP CI* 1981. I. 9502. – VERKINDT, *TPS* 1998. Chron. 15.

▶ **Médecine du travail, visite de reprise :** BOURGEOT, *Dr. soc.* 1998. 872 . – BOURGEOT et FROUIN, *RJS* 2000. 3. – CHAUVY, *Dr. soc.* 1998. 20 . – DUPEYROUX, *Dr. soc.* 1980. 3. – SAVATIER, *Dr. soc.* 1997. 3 ; ibid. 1997. 243 ; ibid. 1998. 113 . – VERKINDT, *TPS* 1998, Chron. 21.

▶ **Obligation de reclassement :** BOURGEOT et TRASSOUDAINE-VERGER, *RJS* 1998. Chron. 163. – CHABBI, *JSL* 2006, n° 181-1. – CHAUMETTE, *Dr. soc.* 1983. 183. – CORRIGNAN-CARSIN, *D.* 1981. Chron. 255. – COUTURIER, *Dr. soc.* 1999. 497 . – FROUIN, *RJS* 1995. 773. – HÉAS, *Dr. soc.* 1999. 504 . – LARDY-PÉLISSIER, *D.* 1998. Chron. 399 . – SAVATIER, *Mél. H. Blaise* 1995. 387 ; *Dr. soc.* 1999. 8 .

▶ **Réparation des accidents du travail et maladies professionnelles :** TABUTEAU, *Dr. soc.* 2001. 304 .

Art. L. 1226-6 Les dispositions de la présente section ne sont pas applicables aux rapports entre un employeur et son salarié victime d'un accident du travail ou d'une maladie professionnelle, survenu ou contractée au service d'un autre employeur. – *[Anc. art. L. 122-32-10.]*

Les dispositions de la section 3 ci-dessus sont applicables dans les rapports entre le salarié requis, victime d'un dommage résultant d'une atteinte à la personne, et son employeur (L. n° 87-565 du 22 juill. 1987 relative à l'organisation de la sécurité civile, art. 11, D. et ALD 1987. 313).

> **COMMENTAIRE**
> V. sur le Code en ligne.

1. Champ d'application. Les règles protectrices des victimes d'un accident du travail ou d'une maladie professionnelle s'appliquent dès lors que l'inaptitude du salarié, quel que soit le moment où elle est constatée ou invoquée, a au moins partiellement pour origine cet accident ou cette maladie et que l'employeur avait connaissance de cette origine professionnelle au moment du licenciement. • Soc. 9 juin 2010 : *RJS* 2010. 596, n° 663. ♦ Les art. L. 1226-6 à L. 1226-22 s'appliquent dès lors que l'inaptitude du salarié, quel que soit le moment où elle est constatée ou invoquée, a au moins partiellement, pour origine un accident ou une maladie professionnelle et que l'employeur avait connaissance de cette origine au moment du licenciement. • Soc. 9 mai 1995, n° 94-44.918 P : *D.* 1995. IR 160 ; *RJS* 1995. 422, n° 639 ; *Dr. soc.* 1995. 672, obs. Corrignan-Carsin . ♦ Si les dispositions spécifiques relatives à la législation professionnelle ne sont pas applicables aux rapports entre un employeur et son salarié victime d'un accident du travail ou d'une maladie professionnelle survenu ou contractée au service d'un autre employeur, le nouvel employeur est néanmoins tenu, conformément aux articles L. 1226-2 et L. 1226-4 C. trav., de chercher à reclasser, avant toute rupture du contrat de travail, le salarié dont l'inaptitude est médicalement constatée alors qu'il est à son service. • Soc. 29 nov. 2011 : *D. actu. 3 janv. 2012*, obs. Perrin ; *JCP S* 2012. 1108, obs. Abellard.

2. Rechute. Le salarié peut prétendre au bénéfice de la protection légale lorsqu'il existe un lien de causalité entre la rechute de l'accident initial survenu chez un précédent employeur et les conditions de travail du salarié ou tout autre événement inhérent à ses fonctions au service du nouvel employeur. • Soc. 16 févr. 1999, n° 97-42.903 P : *D. 1999.* IR 75 ; *RJS* 1999. 312, n° 501 ; *Dr. soc.* 1999. 538, obs. J. Savatier ; *JSL* 1999, n° 32-8, obs. Hautefort ; *JS UIMM* 1999. 263 • 28 mars 2007 : *D. 2007. AJ* 1144 ; *D. 2007. Pan. 2264*, obs. Lardy-Pélissier ; *RDT* 2007. 381, obs. Véricel ; *RJS* 2007. 540, n° 727 ; *JSL* 2008, n° 210-4 • Soc. 9 juin 2010 : *RJS* 2010. 597, n° 663.

3. Travailleur temporaire. Lorsqu'un salarié d'une entreprise de travail temporaire, mis à la disposition d'une entreprise utilisatrice, a été victime d'un accident du travail au sein de celle-ci, et, postérieurement, engagé par cette même société, les art. L. 122-32-1 s. [L. 1226-6 s.] ne sont pas applicables au licenciement de ce salarié pour ab-

CONTRAT DE TRAVAIL **Art. L. 1226-7** 211

sence prolongée due à une rechute consécutive à l'accident du travail, dès lors qu'au moment de l'accident initial, l'employeur du salarié était l'entreprise de travail temporaire et non l'entreprise utilisatrice. • Soc. 27 oct. 1993 : 🏛 *RJS 1993. 736, n° 1249 ; CSB 1993. 303, A. 63.*

4. Maintien des contrats de travail. L'art. L. 122-32-10 [L. 1226-6 nouv.] n'est pas applicable lorsqu'un salarié est repris par un employeur en application de l'art. L. 122-12 [L. 1224-2 nouv.]. • Soc. 9 juill. 1992 : 🏛 *RJS 1992. 546, n° 974.* • 20 janv. 1993, 🏛 n° 91-41.500 P : *Dr. soc. 1993. 300 ; RJS 1993. 156, n° 247.* ♦ Mais l'accord qui, pour le cas de perte d'un marché de services, prévoit et organise la reprise de tout ou partie des contrats de travail ne peut, à lui seul, faire échec aux dispositions de l'art. L. 122-32-10 [art. L. 1226-6 nouv.]. • Soc. 14 mars 2007 : 🏛 *RDT 2007. 311, obs. Waquet ⌀ ; D. 2007. AJ 1018, obs. Cortot ⌀ ; D. 2007. Pan. 2264, obs. Lardy-Pélissier ⌀ ; Dr. soc. 2007. 777, obs. Mazeaud ⌀ ; RJS 2007. 431, n° 584.*

SOUS-SECTION 2 **Suspension du contrat et protection contre la rupture**

Art. L. 1226-7 Le contrat de travail du salarié victime d'un accident du travail, autre qu'un accident de trajet, ou d'une maladie professionnelle est suspendu pendant la durée de l'arrêt de travail provoqué par l'accident ou la maladie.

Le contrat de travail est également suspendu pendant le délai d'attente et la durée du stage de réadaptation, de rééducation ou de formation professionnelle que doit suivre l'intéressé, conformément à l'avis de la commission des droits et de l'autonomie des personnes handicapées mentionnée à l'article L. 146-9 du code de l'action sociale et des familles. Le salarié bénéficie d'une priorité en matière d'accès aux actions de formation professionnelle.

(*L. n° 2010-1594 du 20 déc. 2010, art. 84-II*) « Le contrat de travail est également suspendu pendant les périodes au cours desquelles le salarié suit les actions mentionnées à l'article L. 323-3-1 du code de la sécurité sociale dans les conditions prévues à ce même article, en application du quatrième alinéa de l'article L. 433-1 du même code. »

La durée des périodes de suspension est prise en compte pour la détermination de tous les avantages légaux ou conventionnels liés à l'ancienneté dans l'entreprise. — [*Anc. art. L. 122-32-1.*]

COMMENTAIRE

V. sur le Code en ligne 🏛. ❑

1. Origine professionnelle. L'application des art. L. 122-32-1 s. [L. 1226-7 nouv.] n'est pas subordonnée à l'accomplissement des formalités de déclaration de l'accident du travail à la caisse primaire. • Soc. 30 sept. 1992, 🏛 n° 89-40.453 P : *Dr. soc. 1992. 921.* ♦ La législation protectrice s'applique même si l'origine professionnelle de l'accident ou de la maladie est seulement partielle, dès lors que l'employeur en a eu connaissance. • Soc. 9 mai 1995, 🏛 n° 91-44.918 P : *D. 1995. IR 160 ; RJS 1995. 422, n° 639 ; Dr. soc. 1995. 672, obs. Corrignan-Carsin ⌀* • 2 juill. 1996 : 🏛 *CSB 1996. 256, S. 115* • 10 juill. 2002, 🏛 n° 00-40.436 P : *RJS 2002. 837, n° 1110* • 7 juill. 2004, 🏛 n° 02-43.700 P : *RJS 2004. 711, n° 1029.* ♦ Les règles protectrices applicables aux victimes d'un accident du travail ou d'une maladie professionnelle s'appliquent dès lors que l'employeur a eu connaissance de l'origine professionnelle de la maladie ou de l'accident, et ce, alors même qu'au jour du licenciement, l'employeur a été informé d'un refus de prise en charge au titre du régime des accidents du travail ou des maladies professionnelles. • Soc. 29 juin 2011, 🏛 n° 10-11.699 P : *D. actu. 25 juill. 2011, obs. Ines ; JSL 2011, n° 306-4, obs. Tourreil ; JCP S 2011. 1443, obs. Verkindt.* ♦ Comp. antérieurement : l'opposabilité à l'entreprise d'une décision d'une caisse primaire d'assurance maladie reconnaissant le caractère professionnel d'un accident ou d'une maladie. • Soc. 30 nov. 2000, 🏛 n° 99-11.872 P : *D. 2001. IR 39 ⌀ ; TPS 2001, n° 61.*

2. Preuve. En cas de contestation, il appartient au salarié de faire la preuve du lien de causalité entre un arrêt de travail et un accident du travail antérieur, la prise en charge par la sécurité sociale au titre des accidents du travail n'étant pas de nature à constituer à elle seule cette preuve. • Soc. 31 mars 1993, 🏛 n° 89-40.711 P : *Dr. soc. 1993. 458 ; RJS 1993. 302, n° 507 ; CSB 1993. 173, A. 40* • 30 janv. 1997 : 🏛 *RJS 1997. 183, n° 273.* ♦ L'inopposabilité à l'employeur d'une décision reconnaissant le caractère professionnel d'une maladie n'interdit pas au salarié d'invoquer l'origine professionnelle de sa maladie. • Soc. 8 juin 1994, 🏛 n° 90-43.689 P : *RJS 1994. 513, n° 856 ; D. 1994. IR 177.* ♦ L'employeur est alors en droit de contester le caractère professionnel de la maladie mais il lui appartient d'en rapporter la preuve. • Soc. 9 juill. 2003, 🏛 n° 01-41.514 P : *RJS 2003. 794, n° 1149.*

3. Point de départ de la suspension du contrat. La date de la première constatation d'une maladie professionnelle étant assimilée à la date de l'accident, la résiliation du contrat intervenue au cours de la période de suspension consécutive à cette constatation méconnaît les dispositions légales. • Soc. 21 janv. 1987 : *Bull. civ. V, n° 32* • 5 nov. 1987 : *ibid., n° 619.* ♦ L'incapacité de travail résultant d'un accident du travail ou d'une maladie professionnelle laissant subsister le contrat de travail, dès lors qu'une société a laissé se poursuivre les relations contractuelles au-delà du terme initialement prévu, le contrat à durée déterminée doit être requalifié en contrat à durée indéterminée. • Soc. 17 juin 1997 : ⚖ *CSB 1997. 235, A. 44.* ♦ Lorsque le salarié exerce un recours contre la décision de la caisse de sécurité sociale refusant de reconnaître le caractère professionnel de l'affection, l'employeur doit différer sa décision de licencier dans l'attente d'une décision définitive. • Soc. 27 avr. 1989 : *Bull. civ. V, n° 309.*

4. Terme de la suspension du contrat : visite de reprise du travail par le médecin du travail.
Le contrat de travail est suspendu jusqu'à la visite de reprise du travail par le médecin du travail. • Soc. 22 mars 1989 : *Bull. civ. V, n° 235 ; GADT, 4ᵉ éd., n° 76* • 7 juin 1995 : ⚖ *RJS 1995. 509, n° 773.* ♦ ... Même si elle intervient avant le jour prévu pour la reprise effective du travail. • Dijon, 14 mai 1996 : *RJS 1996. 753, n° 1165.* ♦ ... Et non jusqu'à la date de consolidation. • Soc. 5 févr. 1992, ⚖ *n° 88-45.067 P : D. 1992. IR 91 ; RJS 1992. 168, n° 273.* ♦ Seul l'examen pratiqué par le médecin du travail dont doit bénéficier le salarié à l'issue des périodes de suspension lors de la reprise du travail, en application des al. 1ᵉʳ et 3 de l'art. R. 241-51 C. trav., met fin à la période de suspension du contrat de travail. • Soc. 6 mai 1998, ⚖ *n° 96-40.506 P : Dr. soc. 1998. 713, obs. Savatier ; RJS 1998. 459, n° 721.* ♦ Peu importe que l'arrêt de travail médicalement prescrit soit arrivé à son terme. • Soc. 22 mars 1989 : *préc.* ♦ ... Que le salarié ait été classé en invalidité. • Soc. 12 oct. 1999, ⚖ *n° 97-40.835 P : D. 1999. IR 257 ; Dr. soc. 1999. 1103, obs. Savatier ; RJS 1999. 840, n° 1365.* ♦ ... Qu'à la date de la rupture le salarié ait été déclaré consolidé de son accident par la caisse primaire d'assurance maladie et qu'il soit pris en charge par les organismes sociaux au titre de la maladie. • Soc. 16 mai 2000, ⚖ *n° 98-42.942 P : D. 2000. IR 162 ; RJS 2000. 557, n° 792.* ♦ La visite de reprise à l'issue de laquelle le salarié a été déclaré apte à reprendre son travail selon certains aménagements met également fin à la période de suspension du contrat de travail. • Soc. 26 oct. 1999, ⚖ *n° 97-41.314 P : Dr. soc. 2000. 116, note Savatier ; JCP 1999. IV. 3057.* ♦ De même, met fin à la période de suspension, la visite de reprise déclarant le salarié apte à une reprise avec mi-temps thérapeutique pendant un mois sur un poste sédentaire peu important que le médecin du travail ait ajouté à revoir dans un mois. • Soc. 26 oct. 1999, ⚖ *n° 97-41.314 P : RJS 1999. 849, n° 1457.* ♦ Le salarié n'a pas droit au paiement de son salaire postérieurement à la date de consolidation lorsqu'il n'a pas repris son travail dans l'entreprise. • Soc. 5 févr. 1992 : ⚖ *préc.* ♦ En l'absence de visite de reprise, le licenciement d'un salarié qui a repris son travail est intervenu au cours de la période de protection. • Soc. 22 oct. 1996, ⚖ *n° 94-42.971 P : Dr. soc. 1997. 3, note Savatier.*

5. Saisine de la COTOREP.
Le seul fait de saisir la COTOREP après la visite de reprise n'a pas pour effet d'entraîner une nouvelle suspension du contrat de travail. • Soc. 27 mars 1991, ⚖ *n° 87-42.718 P : D. 1991. IR 125 ; RJS 1991. 302, n° 566.* ♦ Dans le même sens : • Soc. 12 déc. 2000, ⚖ *n° 98-46.036 P : D. 2001. IR 429 ; Dr. soc. 2001. 196, obs. Savatier ; RJS 2001. 131, n° 191 ; TPS 2001, n° 42.*

6. Délai d'attente.
Le contrat de travail étant suspendu pendant la durée de l'arrêt de travail ainsi que pendant le délai d'attente et la durée du stage de réinsertion, de rééducation ou de formation professionnelle, il en résulte que le délai d'attente court du jour de l'expiration de l'arrêt de travail jusqu'au début du stage ou jusqu'au jour où la commission mentionnée à l'art. L. 323-11 décide de refuser ledit stage. • Soc. 10 oct. 1990, ⚖ *n° 87-41.027 P : CSB 1990. 257, S. 162 ; RJS 1990. 570, n° 847.*

7. Préavis.
Le préavis est suspendu pendant la durée de l'arrêt de travail provoqué par l'accident du travail. • Soc. 18 juill. 1996, ⚖ *n° 93-43.581 P : D. 1996. Somm. 253, obs. A. Lyon-Caen ; JCP 1996. II. 22726, note Corrignan-Carsin ; Dr. soc. 1996. 982 ; RJS 1996. 664, n° 1040 ; ibid. 643, chron. Bourgeot.*

8. Congés payés.
L'art. L. 122-32-1 [L. 1226-7 nouv.], qui ne vise que les avantages liés à l'ancienneté et non les droits résultant d'un travail effectif, n'est pas applicable à la détermination de la durée des congés dus au salarié qui doit être appréciée au regard de l'art. L. 223-4 [L. 3141-5 nouv.] limitant à un an la durée ininterrompue de l'arrêt de travail pour cause d'accident du travail ouvrant droit à congés payés. • Soc. 3 mars 1988 : *Bull. civ. V, n° 165* • 12 déc. 1990 : ⚖ *D. 1991. IR 14* • 28 mai 1991, ⚖ *n° 88-40.989 P.* ♦ V. aussi : • Soc. 7 janv. 1988 : *JCP E 1988. II. 15125, 147, n° 9, obs. Revet* (les rechutes ne sont pas prises en compte).

Art. L. 1226-8 (Abrogé par L. n° 2016-1088 du 8 août 2016, art. 102, à compter du 1ᵉʳ janv. 2017) « *Lorsque,* » A l'issue des périodes de suspension définies à l'article L. 1226-7, le salarié (Abrogé par L. n° 2016-1088 du 8 août 2016, art. 102, à compter du 1ᵉʳ janv. 2017) « *est déclaré apte par le médecin du travail, il* » retrouve son emploi ou un emploi similaire assorti d'une rémunération au moins équivalente (L. n° 2016-1088

CONTRAT DE TRAVAIL **Art. L. 1226-8** 213

du 8 août 2016, art. 102, en vigueur le 1er janv. 2017) « , sauf dans les situations mentionnées à l'article L. 1226-10 ».

Les conséquences de l'accident ou de la maladie professionnelle ne peuvent entraîner pour l'intéressé aucun retard de promotion ou d'avancement au sein de l'entreprise.

> *COMMENTAIRE*
>
> V. sur le Code en ligne 🔒.

Jurisprudence rendue sous l'empire des dispositions antérieures à la loi du 8 août 2016.

1. Compétence du médecin du travail. Seul le médecin du travail et non le médecin-conseil de la caisse primaire est compétent pour se prononcer sur l'inaptitude du salarié. ● Soc. 20 juill. 1989 : *Bull. civ. V, n° 535.* ♦ *Adde :* ● Soc. 4 nov. 1988 : *Bull. civ. V, n° 569* (gardien d'immeubles non soumis à la visite de reprise).

2. Visite de reprise. La visite de reprise est obligatoire quel que soit l'état de santé du salarié. ● Soc. 26 juin 1986 : *Bull. civ. V, n° 345* ● 22 mars 1989 : *ibid., n° 235.* ♦ La visite de reprise, dont l'initiative appartient normalement à l'employeur, peut aussi être sollicitée par le salarié, soit auprès de son employeur, soit auprès du médecin du travail en avertissant l'employeur de cette demande. ● Soc. 12 nov. 1997 : 🏛 *D. 1997. IR 256* ⊘. ♦ L'employeur peut refuser la reprise du travail d'un salarié refusant de se soumettre à la visite médicale ; ce refus est constitutif d'une cause réelle et sérieuse de licenciement. ● Soc. 25 mai 1986 : *Bull. civ. V, n° 264.*

3. Avis du médecin. Lorsque le médecin du travail ne se prononce pas sur l'aptitude du salarié, il appartient à l'employeur de solliciter de nouvelles conclusions écrites en vue du reclassement du salarié. ● Soc. 19 avr. 1989 : *Bull. civ. V, n° 288* ● 20 avr. 1989 : *ibid., n° 301* ● 24 nov. 1993, 🏛 n° 90-44.601 P : *D. 1994. IR 38 ; RJS 1994. 41, n° 23.* ♦ L'avis du médecin du travail constatant l'inaptitude du salarié venu le consulter pour une reprise anticipée du travail s'impose aux parties qui peuvent le contester, en cas de difficultés, devant l'inspecteur du travail dans les conditions prévues à l'art. L. 241-10-1 [L. 4624-1]. ● Soc. 22 oct. 1996, 🏛 n° 93-43.787 P : *Dr. soc. 1997. 3, note Savatier* ⊘ *; CSB 1997. 13, A. 13.*

4. Avis d'aptitude. En présence d'un avis d'aptitude du salarié à son poste de travail émis par le médecin du travail, l'employeur est tenu de reprendre le paiement des rémunérations au salarié qui se tient à sa disposition, peu important le recours exercé devant l'inspecteur du travail en raison des difficultés ou désaccords qu'il suscite. ● Soc. 9 avr. 2008, 🏛 n° 07-41.141 P : *Dr. soc. 2008. 1136, obs. Savatier* ⊘ *; RJS 2008. 533, n° 661 ; JCP S 2008. 1367, note Caron.* ♦ La méconnaissance par l'employeur de son obligation de réintégrer le salarié à son poste de travail s'apprécie au regard du dernier avis d'aptitude au poste délivré par le médecin du travail. ● Soc. 9 juill. 2014 : 🏛 *RJS 2014. 586, n° 677.*

5. Avis d'aptitude avec réserves. Le non-respect par l'employeur de l'avis d'aptitude avec réserves émis par la médecine du travail prive le licenciement de cause réelle et sérieuse et peut constituer le harcèlement moral. ● Soc. 28 janv. 2010 : 🏛 *D. 2010. AJ 447* ⊘ *; RDT 2010. 239, obs. Pignarre* ⊘. ♦ Lorsque le salarié est déclaré apte avec réserves et que l'employeur ne peut caractériser l'impossibilité de le réintégrer à son poste initial, le salarié doit le retrouver, si nécessaire aménagé, ou occuper un emploi similaire, en tenant compte des préconisations du médecin du travail. ● Soc. 6 févr. 2013 : 🏛 *D. actu. 7 mars 2013, obs. Siro ; D. 2013. Actu. 441* ⊘ *; JCP S 2013. 1148, obs. Verkindt.*

6. Défaut de double visite médicale de reprise et licenciement économique. Pour le salarié, victime d'un accident du travail, qui a été déclaré, à l'issue de la première visite de reprise, provisoirement apte, l'employeur est tenu, au moment d'engager la procédure de licenciement pour motif économique ou pendant son déroulement, de faire procéder, à l'issue de la période d'aptitude provisoire, à une nouvelle visite médicale. ● Soc. 29 mai 2013 : 🏛 *D. actu. 1er juill. 2013, obs. Fraisse.*

7. Obligation de réintégration. Méconnaît l'art. L. 122-32-4 [L. 1226-8] l'employeur qui licencie le salarié à la fin de son arrêt de travail alors que les griefs invoqués à l'égard du salarié n'étaient pas établis. ● Soc. 12 janv. 1989 : *Bull. civ. V, n° 17* ● 13 juill. 1993, 🏛 n° 92-40.383 P : *Dr. soc. 1993. 878 ; RJS 1993. 580, n° 977 ; CSB 1993. 237, A. 54* ● 14 févr. 1996 : 🏛 *RJS 1996. 157, n° 267* (refus par le salarié d'un nouveau poste de travail proposé par l'employeur, alléguant une prétendue insuffisance professionnelle).

8. Notion d'emploi similaire. La similitude d'emploi implique le maintien de la qualification professionnelle, de la position hiérarchique et des fonctions. ● Soc. 21 juin 1978 : *Bull. civ. V, n° 497.* ♦ Un emploi qui modifie le contrat de travail initial du salarié dans plusieurs éléments essentiels ne constitue pas un emploi similaire au sens de l'art. L. 122-32-4 [L. 1226-8]. ● Soc. 30 janv. 1996 : 🏛 *CSB 1996. 109, A. 25.* ♦ Sur la notion d'emploi similaire, lorsque le contrat de travail comporte une clause de mobilité. ● Soc. 31 oct. 1995 : 🏛 *D. 1996. IR 259* ⊘ *; Dr. soc. 1997. 98, obs. Gauriau* ⊘ *; RJS 1996. 754, n° 1166.* ♦ Sur la notion d'emploi similaire lorsque est proposé un changement de sens de la tournée du chauffeur routier, les chargement et départ de la livraison étant fixés dans un département différent, V. ● Soc. 24 mars 2010 : 🕮 *D. 2010. Actu. 901* ⌀ ; *RJS 2010. 444, n° 505 ; Dr. ouvrier 2010. 437*, obs. Holle ; *JSL 2010, n° 279-4* ; *JCP S 2010. 1287*, obs. Everaert-Dumont.

9. Emploi équivalent. Ce n'est que dans le cas où l'emploi n'existe plus ou n'est plus vacant que la réintégration peut avoir lieu dans un emploi équivalent comportant le même niveau de rémunération, la même qualification et les mêmes perspectives de carrière que l'emploi initial. ● Soc. 22 oct. 1997, 🕮 n° 94-44.706 P : *D. 1997. IR 248* ⌀ ; *RJS 1997. 837, n° 1360*. ◆ L'emploi similaire doit s'accompagner d'une rémunération équivalente : ● Soc. 18 juill. 1964 : *Bull. civ. IV, n° 638*.

10. Refus de réintégrer, indemnisation. L'employeur n'est pas tenu de réintégrer le salarié régulièrement licencié, en cas d'amélioration de son état postérieurement au licenciement. ● Soc. 31 mai 1989 : *Bull. civ. V, n° 407*. ◆ En refusant de réintégrer le salarié au jour de la reprise du travail fixé par le médecin du travail et en le licenciant pour motif économique, l'employeur a rompu le contrat de travail en méconnaissance des dispositions de l'art. L. 122-32-4 [L. 1226-8 nouv.] et le salarié est fondé à réclamer l'indemnité prévue par l'art. L. 122-32-7 [L. 1226-15 nouv.]. ● Soc. 12 nov. 1996, 🕮 n° 93-44.863 P : *RJS 1996. 814, n° 1256*. – Dans le même sens : ● Soc. 22 oct. 1997, 🕮 n° 94-44.706 P : *D. 1997. IR 248* ⌀ ; *RJS 1997. 837, n° 1360*. ◆ Le droit à indemnisation est octroyé dès lors qu'il n'y a pas eu réintégration effective. ● Soc. 6 mai 1982 : *Bull. civ. V, n° 208*. ◆ On peut assimiler au refus de réintégrer le fait pour un employeur de licencier à l'issue d'une procédure mise en œuvre le lendemain de la reprise du travail alors que les motifs invoqués par l'employeur ne sont pas établis et que la rupture a pour cause l'absence du salarié à la suite de son accident. ● Soc. 13 juill. 1993 : 🕮 *RJS 1993. 580, n° 977*.

11. Salariés protégés. Le représentant du personnel licencié à l'issue des périodes de suspension bénéficie de la protection accordée à la fois aux représentants et aux victimes d'accidents du travail ou de maladies professionnelles et a droit à la réparation du préjudice résultant de l'inobservation par l'employeur des règles protectrices qui lui sont applicables à ce double titre. ● Soc. 7 juin 1995, 🕮 n° 91-45.005 P : *RJS 1995. 56, n° 909* ; *CSB 1995. 259, A. 48* ; *JCP 1996. I. 3901, n° 20*, obs. Dubœuf.

Art. L. 1226-9 Au cours des périodes de suspension du contrat de travail, l'employeur ne peut rompre ce dernier que s'il justifie soit d'une faute grave de l'intéressé, soit de son impossibilité de maintenir ce contrat pour un motif étranger à l'accident ou à la maladie. — [Anc. art. L. 122-32-2, al. 1er.]

COMMENTAIRE
V. sur le Code en ligne 🕮. ☐

A. INTERDICTION DE ROMPRE LE CONTRAT

1. Nature de la rupture. La mise à la retraite décidée au cours des périodes de suspension consécutives à un accident du travail est nulle. ● Soc. 7 mars 2007 : 🕮 *JCP S 2007. 1298*, note Verkindt. ◆ Sont aussi visées : les ruptures d'un commun accord. ● Soc. 4 janv. 2000, 🕮 n° 97-44.566 P : *D. 2000. 265*, note C. Radé ⌀ ; *Dr. soc. 2000. 350*, obs. Savatier ⌀ ; *JCP E 2000. 1097*, note Hauser-Costa ; *RJS 2000. 114, n° 168*. ◆ … La rupture de la période d'essai, l'impossibilité de maintenir le contrat pendant cette période ne peut résulter que de circonstances indépendantes du comportement du salarié. ● Soc. 12 mai 2004, 🕮 n° 02-44.325 P : *D. 2004. IR 1770* ⌀ ; *RJS 2004. 552, n° 808*.

2. Information de l'employeur. L'employeur doit être informé du caractère professionnel de l'accident ou de la maladie. ● Soc. 27 avr. 1989 : *Bull. civ. V, n° 309* ● 15 avr. 1992 : 🕮 *RJS 1992. 401, n° 730* ● 3 mars 1994 : 🕮 *RJS 1994. 263, n° 397*. ◆ C'est à la date de la notification du licenciement que s'apprécie cette connaissance. ● Soc. 10 févr. 1998 : 🕮 *RJS 1998. 281, n° 450*. ◆ L'ignorance par l'employeur de l'exercice d'un recours contre la décision de la CPAM ayant refusé de reconnaître le caractère professionnel de l'accident écarte la possibilité de prononcer la nullité du licenciement. ● Soc. 7 juill. 2004, 🕮 n° 02-43.700 P : *JSL 2004, n° 153-6*. ◆ V. aussi ● Soc. 27 avr. 1989 : *Bull. civ. V, n° 309* ● 8 nov. 1995 : 🕮 *CSB 1996. 19, A. 7*. ◆ Sur la portée des décisions des caisses de sécurité sociale, V. notamment : ● Soc. 20 juill. 1994 : 🕮 *CSB 1994. 279, A. 56*. ◆ Est frappé de nullité le licenciement prononcé au cours de la période de suspension du contrat alors que l'employeur connaissait la volonté du salarié de faire reconnaître le caractère professionnel de sa maladie. ● Soc. 17 janv. 2006 : 🕮 *Dr. soc. 2006. 455*, obs. Savatier ⌀ ; *RJS 2006. 288, n° 425*.

3. Période concernée. La résiliation du contrat prononcée pendant la période de suspension provoquée par un accident du travail, alors même qu'elle intervient pendant la période d'essai, est nulle en raison de l'origine professionnelle de l'accident. ● Soc. 19 nov. 1989 : 🕮 *D. 1990. 8*, note Puigelier ⌀ ● 5 juin 1990, 🕮 n° 85-44.522 P : *D. 1990. IR 159* ; *RJS 1990. 385, n° 546* ● 25 févr. 1997, 🕮 n° 93-40.185 P : *D. 1997. IR 75* ⌀ ; *Dr. soc. 1997. 409*, obs. Roy-Loustaunau ⌀.

4. L'employeur, tenu d'une obligation de sécurité de résultat en matière de protection de la

CONTRAT DE TRAVAIL   **Art. L. 1226-9**   215

santé et de la sécurité des travailleurs dans l'entreprise, doit en assurer l'effectivité ; il ne peut dès lors laisser un salarié reprendre son travail après une période d'absence d'au moins 8 jours pour cause d'accident du travail sans le faire bénéficier d'une visite de reprise ; à défaut, l'employeur ne peut résilier le contrat à durée indéterminée du salarié que s'il justifie soit d'une faute grave de l'intéressé, soit de l'impossibilité où il se trouve, pour un motif non lié à l'accident du travail, de maintenir le contrat. ● Soc. 25 mars 2009 : 🔒 *D. 2009. Pan. 2128, obs. Desbarats* 🖉 *; RJS 2009. 558, n° 626 ; Dr. soc. 2009. 741, obs. Savatier* 🖉 *; JSL 2009, n° 258-5 ; JCP S 2009. 1227, obs. Verkindt* ● 13 juill. 2010 : 🔒 *D. 2010. Actu. 1946* 🖉 *; ibid. 2011* 🖉 *. 2011. Pan. 840, obs. Khodri ; RJS 2010. 687, n° 752.* ◆ Dès lors que le salarié a été victime d'un accident du travail ou d'une maladie professionnelle avant la notification du licenciement, ce dernier est nul car contraire aux dispositions de l'art. L. 122-32-2 [L. 1226-9 s.]. ● Soc. 13 oct. 1992 : 🔒 *RJS 1992. 380, n° 1239.* ◆ Lorsque la lettre de licenciement a été envoyée au salarié avant qu'il ne soit victime d'un accident du travail, la circonstance que cette lettre ne lui soit parvenue qu'au cours de la période de suspension de son contrat de travail consécutive à l'accident n'a pas pour conséquence de rendre nul le licenciement précédemment prononcé dont l'effet est reporté à l'expiration de la période de protection. ● Cass., ass. plén., 28 janv. 2005 : 🔒 *D. 2005. Pan. 2503, obs. Lardy-Pélissier* 🖉 *; Dr. soc. 2005. 581, obs. Couturier* 🖉 *; RJS 2006. 269, n° 373 ; Dr. ouvrier 2005. 452, obs. Saramito ; SSL 2005, n° 1202, p. 12.* ◆ De même, peu importe que l'accident se soit produit après l'entretien préalable. ● Soc. 8 oct. 1991, 🔒 n° 89-45.513 P : *D. 1991. IR 241 ; RJS 1991. 634, n° 1190* ● 10 mai 1995, 🔒 n° 91-45.527 P : *D. 1995. IR 137 ; RJS 1995. 422, n° 640.* ◆ Le licenciement ne peut être signifié pendant la période de suspension du contrat même s'il ne prend effet qu'à l'issue de cette période. ● Soc. 5 juin 1996, 🔒 n° 92-44.140 P : *RJS 1996. 589, n° 915, n° 12, obs. Dubœuf-Hild.* ◆ En revanche, la procédure de licenciement peut être engagée avant la fin de la période de suspension. ● Soc. 13 févr. 1996 : 🔒 *RJS 1996. 238, n° 395.*

5. Contrat de sécurisation professionnelle et période de protection. Le salarié, en arrêt de travail d'origine professionnelle à la date d'expiration du délai pour prendre parti sur la proposition d'un contrat de sécurisation professionnelle, bénéficie de la protection prévue par l'art. L. 1226-9 ; l'adhésion à ce contrat, qui constitue une modalité du licenciement pour motif économique, ne caractérise pas l'impossibilité pour l'employeur de maintenir le contrat de travail pour un motif étranger à la maladie ou à l'accident. ● Soc. 14 déc. 2016, 🔒 n° 15-25.981 P : *D. actu. 27 janv. 2017, obs. Roussel.*

6. Congés conventionnels supplémentaires. Les dispositions de la convention collective nationale de la banque stipulant qu'à l'issue de son congé de maternité légal, la salariée a la faculté de prendre un congé supplémentaire rémunéré, de 45 jours calendaires à plein salaire ou de 90 jours calendaires à mi-salaire, n'instaurent pas une période de protection interdisant ou limitant le droit, pour l'employeur, de procéder à un licenciement. ● Soc. 14 déc. 2016, 🔒 n° 15-21.898 P : *D. 2017. Actu. 13* 🖉 *; JSL 2017, n° 425-5, obs. Lhernould ; RJS 2/2017, n° 94 ; JCP S 2017. 1049, obs. Everaert-Dumont.*

7. Salariés concernés. Pour une non-application des dispositions protectrices au salarié temporaire, V. ● Soc. 17 oct. 1983 : *Bull. civ. V, n° 502.* ◆ En faveur d'une application aux concierges et employés d'immeubles à usage d'habitation : ● Soc. 30 juin 1994, 🔒 n° 89-41.654 P : *D. 1994. IR 202 ; CSB 1994. 283, S. 147.* ◆ Les dispositions de l'art. L. 742-1 C. trav. anc. ne font pas obstacle à ce que les art. L. 122-32-1 s. soient appliqués à un marin devenu inapte à la navigation à la suite d'un accident du travail survenu à bord et dont la situation n'est régie par aucune disposition particulière. ● Cass., ass. plén., 7 mars 1997, 🔒 n° 95-40.169 P : *BICC 1ᵉʳ mai 1997, concl. Chauvy, rapp. Badi ; JCP 1997. II. 22863, note Pierchon ; Dr. soc. 1997. 424, obs. Chaumette* 🖉 *.* ◆ Dès lors qu'un salarié en arrêt de travail a été victime d'une agression dans les locaux de l'entreprise où il se trouvait pour répondre à une convocation de l'employeur à un entretien préalable, l'accident doit être pris en charge au titre de la législation sur les accidents du travail, le salarié étant alors sous la dépendance et l'autorité de l'employeur. ● Soc. 11 juill. 1996 : 🔒 *Dr. ouvrier 1997. 97, note Milet.*

8. Accidents concernés. La protection particulière des salariés victimes d'accidents du travail ne s'applique pas aux accidents de trajet. ● Soc. 23 avr. 1980, 🔒 n° 78-40.586 P : *D. 1980. IR 548, obs. Pélissier.* ◆ V. aussi, sur la notion d'accident de trajet : ● Cass., ass. plén., 3 juill. 1987 . *D. 1987. 573, concl. Cabannes ; JCP 1988. II. 20933, note Godard.* ◆ ... Et sur les accidents de mission : ● Cass., ass. plén., 5 nov. 1992, 🔒 n° 89-17.472 P : *D. 1993. Somm. 272, obs. Prétot* 🖉 *; JCP 1993. II. 21980, note Saint-Jours ; RJS 1993. 7, concl. Kessous ; Dr. ouvrier 1993. 15, note Saramito ; Dr. soc. 1992. 1019, concl. Kessous* 🖉 *; CSB 1992. 287, A. 53.* ◆ Constitue un accident du travail l'accident dont a été victime un travailleur à domicile obligé d'effectuer le transport de la marchandise depuis l'entreprise jusqu'à son domicile. ● Soc. 18 janv. 1995, 🔒 n° 91-42.161 P : *Dr. soc. 1995. 266 ; RJS 1995. 219, n° 319 ; JCP 1996. I. 3899, n° 15, obs. Dubœuf.*

9. Maladies. Même en l'absence de constatation de l'affection par les services de la caisse primaire d'assurance-maladie, une cour d'appel peut estimer que la protection s'applique au salarié victime d'une affection résultant de son activité professionnelle et inscrite au tableau des maladies professionnelles. • Soc. 17 mars 1988 : *Bull. civ. V, n° 195.* • 8 juin 1994, ⚖ n° 90-43.689 P : *D. 1994. IR 177 ; RJS 1994. 513, n° 856.* ◆ Seules les affections visées à l'art. L. 461-1 CSS ouvrent droit à l'application des dispositions protectrices du code du travail. • Soc. 21 mars 1996 (1ᵉʳ arrêt), ⚖ n° 92-41.019 P : *RJS 1996. 338, n° 532* • 21 mars 1996 (2ᵉ arrêt) : ⚖ *ibid.*

B. EXCEPTIONS

1° FAUTE GRAVE DU SALARIÉ

10. Notion. La faute grave résulte d'un fait ou d'un ensemble de faits imputables au salarié qui constitue une violation des obligations découlant du contrat de travail ou des relations de travail d'une importance telle qu'elle rend impossible le maintien du salarié dans l'entreprise pendant la durée du préavis. • Soc. 26 févr. 1991, ⚖ n° 88-44.908 P : *D. 1991. IR 82 ; RJS 1991. 239, n° 448.*

11. Un fait commis par un accidenté du travail au cours de la période de suspension du contrat de travail qui ne prend fin qu'avec la visite de reprise du médecin du travail, ne peut justifier un licenciement disciplinaire que si ce fait constitue une faute grave, même si ce licenciement est prononcé à l'issue de la période de suspension. • Soc. 12 mars 2002, ⚖ n° 99-42.934 P : *D. 2002. IR 1177* ⊘ ; *RJS 2002. 534, n° 671* • Soc. 8 janv. 2003, ⚖ n° 01-40.388 P : *D. 2003. IR 313* ⊘ ; *RJS 2003. 228, n° 338 ; Dr. soc. 2003. 444, obs. Savatier* ⊘.

12. Constitue une faute grave à l'origine de son accident de travail le fait pour un chauffeur routier de refuser de porter des lunettes alors que la validité de son permis était subordonnée au port de verres correcteurs. • Soc. 22 juill. 1982 : *Bull. civ. V, n° 503.*

13. Commet une faute grave justifiant le licenciement le salarié qui, trompant son employeur sur son véritable état de santé, cause à l'entreprise une grave perturbation en le privant indûment de ses services. • Soc. 21 mai 1996 : ⚖ *RJS 1996. 504, n° 782.* ◆ ... L'attitude du salarié qui ne remet pas à son employeur les documents médicaux justifiant son absence ne défère pas à la mise en œuvre de celui-ci, le laisse quelques semaines dans l'incertitude empêchant l'examen du médecin du travail. • Soc. 25 mars 1998 : ⚖ *RJS 1998. 460, n° 723.* ◆ A l'inverse, la seule absence de justification de la prolongation de l'arrêt de travail, même à la demande de l'employeur, n'est pas constitutive d'une faute grave. • Soc. 24 oct. 1996 : ⚖ *RJS 1996. 856, n° 1340* • 17 oct. 2000, ⚖ n° 98-41.582 P : *D. 2001. 1752, note Puigelier* ⊘. ◆ Une procédure de licenciement pour un motif non lié à l'accident ou à la maladie peut être engagée au cours des périodes de suspension du contrat de travail provoquées par un accident du travail ou une maladie professionnelle ; dès lors, le délai de prescription de deux mois prévu à l'art. L. 122-44 [L. 1332-4 nouv.] pour engager une procédure disciplinaire n'est pas suspendu, ni interrompu pendant la période de suspension du contrat. • Soc. 17 janv. 1996, ⚖ n° 92-42.031 P : *D. 1996. IR 54* ⊘ ; *JCP E 1996. II. 875, note Corrignan-Carsin ; RJS 1996. 168, n° 285 ; CSB 1996. 107, A. 24.*

2° IMPOSSIBILITÉ DE MAINTENIR LE CONTRAT

a. Motif non lié à l'accident ou à la maladie

14. La déclaration d'accident du travail faite par le salarié à la caisse découlant du refus de l'employeur de déclarer l'accident ne met pas la société « dans l'impossibilité de maintenir le contrat pour un motif inhérent au fonctionnement de l'entreprise, indépendant de l'accident ». • Soc. 16 juill. 1987 : *Bull. civ. V, n° 485.* ◆ Est justifié le licenciement à la fin du chantier pour lequel le salarié avait été engagé, l'impossibilité dans laquelle s'est trouvé l'employeur de maintenir le contrat résultant d'un motif non lié à l'accident du travail dont il avait été victime. • Soc. 5 avr. 1990, ⚖ n° 87-45.575 P : *RJS 1990. 274, n° 365.* – Dans le même sens : • Soc. 20 juin 1990, ⚖ n° 85-43.708 P : *RJS 1990. 451, n° 656* • 23 nov. 1994 : ⚖ *RJS 1995. 25, n° 14.*

b. Motif non lié au comportement du salarié

15. Sauf faute grave, l'employeur ne peut invoquer l'impossibilité où il se trouve de maintenir le contrat qu'en justifiant de circonstances indépendantes du comportement du salarié. • Soc. 13 déc. 1989 : *Bull. civ. V, n° 713 ; D. 1990. IR 12* ⊘.

c. Motif économique

16. Cessation d'activité de l'employeur. L'impossibilité de maintenir le contrat peut résulter de la cessation d'activité de l'employeur. • Soc. 15 mars 2005 : ⚖ *Dr. soc. 2005. 695, obs. Savatier* ⊘. ◆ Mais si le salarié est déclaré inapte, la cessation d'activité ne libère pas l'employeur de son obligation de respecter les règles particulières aux salariés victimes d'un accident du travail ou d'une maladie professionnelle. • Soc. 7 mars 2007 : ⚖ *RDT 2007. 314, obs. Waquet* ⊘ ; *D. 2007. AJ 1019* ⊘ ; *D. 2007. Pan. 2265, obs. Lardy-Pélissier* ⊘ ; *RJS 2007. 433, n° 586 ; JSL 2007, n° 209-3.*

17. Suppression ou restructuration d'emplois. L'impossibilité de maintenir le contrat peut résulter de l'obligation pour l'employeur de supprimer l'emploi de l'intéressé. • Soc. 25 mai 1993, ⚖ n° 89-45.542 P : *2 arrêts ; Dr. soc. 1993. 675.* ◆ ... Ou de respecter les critères d'ordre de licenciement. • Soc. 25 mai 1993, ⚖ n° 91-43.515 P : *Dr. soc. 1993. 675, (3ᵉ esp.) ; RJS 1993. 435, n° 737, (2ᵉ esp.).* ◆ ... Ou d'une restructuration rendue nécessaire par un important déficit d'exploitation. • Soc. 16 mars 1994, ⚖ n° 89-43.586 P : *D. 1994. IR 86* ⊘ ; *Dr. soc. 1994. 517* ⊘ ; *CSB 1994. 143, A. 3 ; RJS 1994. 340, n° 540.* ◆ *Contra,* l'existence d'une cause économique de licenciement ne caractérise pas en soi l'impossibilité de maintenir, pour un motif non lié à l'accident ou à la maladie, le contrat de travail d'un salarié suspendu par l'arrêt de travail provoqué par un accident du travail ou une maladie professionnelle. • Soc. 28 janv. 1998, n° 94-43.194 P. • 17 nov. 2004 : *RJS 2005. 203, n° 269.* ♦ Ne caractérise pas cette impossibilité le fait que l'emploi soit supprimé en raison des difficultés de l'entreprise et en application des critères conventionnels pour fixer l'ordre des licenciements. • Soc. 12 mai 1998, n° 95-45.602 P.

18. Insuffisance de la cause économique. Ni l'existence d'une cause économique de licenciement, ni l'application des critères de l'ordre des licenciements ne suffisent à caractériser l'impossibilité de maintenir le contrat pour un motif non lié à l'accident de travail. • Soc. 21 nov. 2000, n° 98-42.509 P : *Dr. soc. 2000. 198, obs. Savatier ; RJS 2001. 24, n° 35.*

d. Appréciation de l'impossibilité de maintenir le contrat de travail

19. Date de la rupture. L'impossibilité de maintenir le contrat s'apprécie à la date de la rupture. • Soc. 25 mai 1993 : *Dr. soc. 1993. 675 ; RJS 1993. 435, n° 737.*

Art. L. 1226-9-1 (L. n° 2020-546 du 11 mai 2020, art. 6) Les dispositions de la présente sous-section s'appliquent en cas de mise en quarantaine au sens du (L. n° 2022-1089 du 30 juill. 2022, art. 1er-III) « 2° du I de l'article L. 3131-1 » du code de la santé publique.

SOUS-SECTION 3 Inaptitude consécutive à un accident du travail ou à une maladie professionnelle

Art. L. 1226-10 Lorsque (L. n° 2016-1088 du 8 août 2016, art. 102, en vigueur le 1er janv. 2017) « le salarié victime d'un accident du travail ou d'une maladie professionnelle » est déclaré inapte par le médecin du travail (L. n° 2016-1088 du 8 août 2016, art. 102, en vigueur le 1er janv. 2017) « , en application de l'article L. 4624-4, » à reprendre l'emploi qu'il occupait précédemment, l'employeur lui propose un autre emploi approprié à ses capacités (Ord. n° 2017-1387 du 22 sept. 2017, art. 7) « , au sein de l'entreprise ou des entreprises du groupe auquel elle appartient le cas échéant, situées sur le territoire national et dont l'organisation, les activités ou le lieu d'exploitation assurent la permutation de tout ou partie du personnel. »

Cette proposition prend en compte, après avis (Ord. n° 2017-1386 du 22 sept. 2017, art. 4) « du comité économique et social », les conclusions écrites du médecin du travail et les indications qu'il formule sur (L. n° 2016-1088 du 8 août 2016, art. 102, en vigueur le 1er janv. 2017) « les capacités » du salarié à exercer l'une des tâches existant dans l'entreprise. (L. n° 2009-1437 du 24 nov. 2009) « Le médecin du travail formule également des indications sur l'aptitude du salarié à bénéficier d'une formation (L. n° 2016-1088 du 8 août 2016, art. 102, en vigueur le 1er janv. 2017) « le préparant à occuper » un poste adapté. »

L'emploi proposé est aussi comparable que possible à l'emploi précédemment occupé, au besoin par la mise en œuvre de mesures telles que mutations, (L. n° 2016-1088 du 8 août 2016, art. 102, en vigueur le 1er janv. 2017) « aménagements, adaptations ou transformations de postes existants » ou aménagement du temps de travail.

(Ord. n° 2017-1387 du 22 sept. 2017, art. 7 ; Ord. n° 2017-1718 du 20 déc. 2017, art. 1er) « Pour l'application du présent article, la notion de groupe désigne le groupe formé par une entreprise appelée entreprise dominante et les entreprises qu'elle contrôle dans les conditions définies à l'article L. 233-1, aux I et II de l'article L. 233-3 et à l'article L. 233-16 du code de commerce. »

BIBL. ▶ BOURGEOT, *RJS* 2000. 434 (refus par le salarié inapte de reclassement). – CHENU, *JCP S* 2021. 1057 (consultation du CSE sur le reclassement du salarié inapte). – SAVATIER, *Mél. H. Blaise*, 1995, p. 387. – CORRIGNAN-CARSIN, *D.* 1981. Chron. 255 ; *RJS* 1991. 679. – JOSEPH, *Dr. ouvrier* 1989. 123.

COMMENTAIRE

V. sur le Code en ligne.

Jurisprudence rendue sous l'empire des textes antérieurs à la L. n° 2016-1088 du 8 août 2016.

I. AVIS MÉDICAL

1. Objet. Les dispositions des art. L. 1226-2 et L. 1226-4 n'étant applicables qu'en cas d'inaptitude, le salarié ne saurait s'en prévaloir lorsqu'il a été déclaré apte à la reprise de son emploi avec des réserves pendant une durée temporaire. ● Soc. 8 juin 2011 : ⚖ *D. actu. 5 juill. 2011, obs. Perrin ; JCP S 2011. 1503, obs. Martinon* ● Soc. 13 avr. 2016, ⚖ n° 15-10.400 P : *D. actu. 26 mai 2016, obs. Fraisse ; RJS 6/2016, n° 403 ; JSL 2016, n° 411-3, obs. Hautefort ; JCP S 2016. 1196, obs. Verkindt.*

2. Portée de l'avis sur l'obligation de reclassement. L'avis du médecin du travail ne concernant que l'inaptitude à l'emploi que le salarié occupait précédemment, il ne dispense pas l'employeur de rechercher une possibilité de reclassement au sein de l'entreprise, au besoin par la mise en œuvre de mesures telles que mutations, transformations de postes ou aménagement du temps de travail. ● Soc. 5 juill. 1995 : ⚖ *CSB 1995. 255, A. 47.* ♦ L'employeur est tenu de se conformer aux avis successifs d'inaptitude émis par le médecin du travail, peu important que le dernier avis n'ait pas été donné à l'issue d'une nouvelle période de suspension. ● Soc. 5 févr. 1992 : ⚖ *CSB 1992. 85, S. 55 ; RJS 1992. 168, n° 275.* ♦ Seules les conclusions écrites du médecin du travail émises lors de la visite de reprise peuvent être prises en considération pour apprécier le respect par l'employeur de ses obligations en matière de reclassement, aucune solution de reclassement ne peut être recherchée avant que ces conclusions soient rendues. ● Soc. 22 févr. 2000, ⚖ n° 97-41.827 P : *RJS 2000. 288, n° 398.*

II. OBLIGATION DE RECLASSEMENT

A. DOMAINE

3. Contrat en cours. Lorsque le préavis d'un salarié s'est trouvé suspendu pour cause d'accident du travail et que son inaptitude a été déclarée par le médecin du travail, l'employeur n'a pas l'obligation à défaut de reclassement du salarié de le licencier dès lors qu'antérieurement à cet accident le salarié a donné sa démission de manière non équivoque. ● Soc. 15 févr. 2006 : ⚖ *Dr. soc. 2006. 569, obs. Savatier ; RJS 2006. 394, n° 556 ; JSL 2006, n° 187-3.*

4. Initiative du reclassement. L'employeur est tenu, après l'avis d'inaptitude émis par le médecin du travail lors de la visite de reprise, de prendre en considération les propositions du médecin du travail et en cas de refus de reclassement de faire connaître les motifs qui s'y opposent, peu important que le salarié n'ait jamais manifesté son intention de reprendre le travail. ● Soc. 4 juin 1998, ⚖ n° 95-41.263 P : *RJS 1998. 550, n° 849.* ♦ Pour une tentative de reclassement avant l'avis d'inaptitude, V. ● Soc. 7 juill. 2004, ⚖ n° 02-42.891 P : *RJS 2004. 712, n° 1029.* ♦ Seules les recherches de reclassement compatibles avec les conclusions du médecin du travail émises au cours de la visite de reprise peuvent être prises en considération pour apprécier le respect par l'employeur de son obligation de reclassement, y compris lorsque l'avis d'inaptitude est identique à celui émis par le médecin à l'occasion de la première visite médicale. ● Soc. 4 nov. 2015, ⚖ n° 14-11.879 P : *D. actu. 27 nov. 2015, obs. Peyronnet ; D. 2015. Actu. 2323.*

5. Cause de l'inaptitude. L'obligation de reclassement doit être mise en œuvre lorsque l'inaptitude d'un salarié à ses dernières fonctions a pour cause un accident du travail survenu précédemment. ● Soc. 22 janv. 1991, ⚖ n° 87-44.321 P : *D. 1991. IR 43 ; RJS 1991. 168, n° 320.* ♦ Elle n'existe que pour autant que le lien entre l'inaptitude et la maladie professionnelle a été établi, ce qui relève du pouvoir souverain d'appréciation des juges du fond. ● Soc. 23 nov. 1994 : ⚖ *RJS 1995. 106, n° 120.* ♦ Il appartient à ceux-ci de rechercher eux-mêmes l'existence de ce lien de causalité. ● Soc. 23 mai 1996, ⚖ n° 93-41.940 P : *RJS 1996. 590.*

B. MODALITÉS

Jurisprudence rendue sous l'empire des dispositions antérieures à l'Ord. n° 2017-1387 du 22 sept. 2017.

6. Étendue de l'obligation de reclassement. L'employeur doit proposer au salarié un poste approprié à ses nouvelles capacités au besoin en mettant en œuvre des mesures telles que mutation, transformation de poste de travail ou aménagement du temps de travail. ● Soc. 15 juin 1993, ⚖ n° 90-42.892 P : *RJS 1993. 579, n° 975* ● 7 juill. 2004, ⚖ n° 02-47.686 P : *RJS 2004. 711, n° 1029.* ♦ Dès lors que le médecin du travail formule une proposition, l'employeur doit s'y conformer ; l'employeur qui n'a pas donné suite à la proposition du médecin du travail relatif à l'intérêt de faire effectuer une analyse ergonomique pour étudier les possibilités d'adapter le poste de travail du salarié ne respecte pas son obligation de reclassement. ● Soc. 28 oct. 1998, ⚖ n° 96-44.395 P : *RJS 1998. 898, n° 1473.* ♦ Compte tenu de la dimension nationale de la société et du nombre d'emplois qu'elle représente, l'employeur ne peut justifier d'une recherche sérieuse de reclassement si cette recherche n'a duré qu'une seule journée. ● Soc. 29 mai 2013 : ⚖ *D. actu. 17 juin 2013, obs. Fraisse ; D. 2013. 1773, obs. Wurtz ; Dr. soc. 2013. 764, obs. Orif ; JSL 2013, n° 347-2, obs. Hautefort ; SSL 2014, n° 1612, p. 5, note Chapellon-Liedhart.*

7. Avis d'inaptitude et licenciement pour motif économique. Lorsque l'avis d'inaptitude précède le licenciement pour motif économique, l'employeur est tenu de prendre en compte les préconisations du médecin du travail dans ses offres de reclassement. Il en est néanmoins dispensé lorsque l'impossibilité de reclassement ressort d'une cessation totale et définitive d'activité de l'entreprise. • Soc. 4 oct. 2017, ⚖ n° 16-16.441 P : *D. actu. 19 oct. 2017, obs. Fraisse ; D. 2017. Actu. 2034* ∅ *; RJS 12/2017, n° 788 ; JSL 2017, n° 442-6, obs. Pacotte et Layat-Bourhis ; JCP S 2017. 1421, obs. Fin-Langer* • 15 sept. 2021, ⚖ n° 19-25.613 B : *D. 2021. 1677* ∅ *; RJS 11/2021, n° 592 ; JCP S 2021. 1262, obs. Babin ; JSL 2021, n° 529-1, obs. Lhernould ; Gaz. Pal. 26 oct. 2021, p. 76, note Gailhbaud.*

8. Caractère adapté à la proposition. Aucune insuffisance professionnelle ne peut être reprochée au salarié reclassé ni justifier un licenciement si – malgré une formation délivrée en binôme sur le poste pendant quarante-cinq jours – l'intéressé n'ayant aucune compétence informatique et en gestion, c'est une formation initiale qui faisait défaut • Soc. 7 mars 2012 : ⚖ *D. actu. 22 mars 2012, obs. Siro ; RDT 2012. 358, obs. Héas* ∅ *; RJS 2012. 370, n° 432 ; JSL 2012, n° 322-7, obs. Lhernould ; JCP S 2012. 1224, obs. Chenu.*

9. Prise en compte de la volonté du salarié. L'employeur peut tenir compte de la position prise par le salarié déclaré inapte pour limiter le périmètre de sa recherche de reclassement. • Soc. 23 nov. 2016, ⚖ n° 14-26.398 P : *D. 2016. Actu. 2409* ∅ *; RJS 1/2017, n° 10 ; JCP 2016. 1354, obs. Corrignan-Carsin.*

10. Périmètre de l'obligation de reclassement. La recherche des possibilités de reclassement du salarié doit s'apprécier à l'intérieur du groupe auquel appartient l'employeur concerné parmi les entreprises dont les activités, l'organisation ou le lieu d'exploitation lui permettent d'effectuer la permutation de tout ou partie du personnel. • Soc. 24 oct. 1995, ⚖ n° 94-40.188 P : *D. 1996. 634, note Yamba* ∅ *; Dr. soc. 1996. 94, note Corrignan-Carsin* ∅ *; JCP 1996. II. 22594, note Arséguel et Fadeuilhe ; RJS 1995. 792, n° 1240.* – Dans le même sens : • Poitiers, 26 févr. 1992 : *D. 1993. Somm. 252, obs. Boyer-Sauze* ∅ • 19 mai 1998, ⚖ n° 96-41.265 P : *RJS 1998. 548, n° 846* • 16 juin 1998, ⚖ n° 96-41.877 P : *RJS 1998. 623, n° 975.* ♦ Ne constitue pas un poste disponible pour le reclassement d'un salarié inapte l'ensemble des tâches confiées à des stagiaires qui ne sont pas salariés de l'entreprise, mais suivent une formation au sein de celle-ci. • Soc. 11 mai 2017, ⚖ n° 16-12.191 P : *D. actu. 1er juin 2017, obs. Roussel ; D. 2017. Actu. 1049* ∅ *; RJS 7/2017, n° 467 ; JCPS 2017. 1213, obs Babin.*

11. Groupe de reclassement. Sur la notion de groupe de reclassement, V. jurispr. ss. art. L. 1226-2.

12. Poste disponible. Ne constitue pas un poste disponible pour le reclassement d'un salarié déclaré inapte l'ensemble des tâches confiées à des stagiaires qui ne sont pas salariés de l'entreprise, mais suivent une formation au sein de celle-ci. • Soc. 11 mai 2017, ⚖ n° 16-12.191 P : *D. actu. 1er juin 2017, obs. Roussel ; SSL 2017, n° 1774, p. 12, obs. El Yacoubi.* ♦ La seule circonstance que des emplois disponibles relèvent d'une catégorie d'emploi supérieure à celle à laquelle appartient le salarié protégé dont le licenciement est envisagé, alors même qu'il peut en être tenu compte, parmi d'autres éléments, pour apprécier la comparabilité des postes disponibles aux fonctions jusqu'alors exercées, ne saurait, par elle-même, faire obstacle à ce que ces postes soient au nombre de ceux qui doivent être proposés par l'employeur au salarié au titre de ses obligations en matière de reclassement. • CE 21 juill. 2023, ⚖ n° 457196.

13. Télétravail préconisé par le médecin du travail. Lorsque le médecin du travail préconise, pour le salarié déclaré inapte, un poste en télétravail compatible avec ses fonctions, il appartient à l'employeur de proposer ce poste même si le télétravail n'a pas été mis en place dans l'entreprise. • Soc. 29 mars 2023, ⚖ n° 21-15.472 B : *D. 2023. 689* ∅ *; RDT 2023. 426, obs. Véricel* ∅ *; RJS 6/2023, n° 299 ; JCP 2023. 457, obs. Corrignan-Carsin.*

14. Création d'un poste pour un salarié déclaré inapte. Lorsque l'employeur propose un poste au salarié déclaré inapte, il doit s'assurer de la compatibilité de ce poste aux préconisations du médecin du travail, le cas échéant en sollicitant l'avis de ce médecin, peu important que le poste ait été créé lors du reclassement. • Soc. 21 juin 2023, ⚖ n° 21-24.279 B.

C. CONSULTATION DES REPRÉSENTANTS DU PERSONNEL

15. Domaine. La consultation préalable des délégués du personnel dans le cadre des dispositions de l'art. L. 122-32-5 [L. 1226-10 nouv.] constitue une formalité substantielle ; à défaut l'autorisation de licenciement doit être refusée. • CE 22 mai 2002 : ⚖ *RJS 2002. 764, n° 1000.*

16. Absence de délégués du personnel. L'employeur ne peut se soustraire à l'obligation de recueillir l'avis des délégués du personnel au motif de l'absence de délégués du personnel dans l'entreprise dès lors que leur mise en place est obligatoire et qu'aucun constat de carence n'a été établi. • Soc. 7 déc. 1999, ⚖ n° 97-43.106 P : *D. 2000. IR 20* ∅ *; Dr. soc. 2000. 226, obs. Savatier* ∅ *; JCP 2000. II. 10240, obs. Corrignan-Carsin ; RJS 2000. 36, n° 35* • 23 sept. 2009 : ⚖ *RJS 2009. 812, n° 921.* ♦ Dans cette hypothèse, l'employeur ne peut se prévaloir de la consultation du comité d'entreprise à la place des délégués du personnel. • Soc. 22 mars 2000, ⚖ n° 98-41.166 P : *D. 2000. IR 114* ∅ *; RJS 2000. 366, n° 525.* ♦ La consultation du comité d'entreprise en application d'un plan de cession judiciairement prononcé ne peut suppléer la consultation des délégués du personnel par l'administrateur judiciaire. • Soc.

2 oct. 2001, n° 99-45.346 P : *D. 2001. IR 3090* ; *RJS 2001. 960, n° 1420.* ♦ En l'absence de PV de carence justifiant l'absence de délégués du personnel dans l'entreprise, l'employeur ne respecte pas l'obligation de consultation pour avis des délégués du personnel et implique, par application de l'art. L. 1226-10 C. trav., l'octroi au salarié d'une indemnité qui ne peut être inférieure à douze mois de salaire (application dans le temps de la modification de la durée du mandat de 4 à 2 ans et incidence sur le PV de carence). • Soc. 11 mai 2016, n° 14-12.169 : *D. actu. 3 juin 2016, obs. Peyronnet* ; *D. 2016. Actu. 1084* ; *RJS 7/2016, n° 504* ; *JCP S 2016. 1278, obs. Kerbourc'h.* ♦ L'existence d'un établissement distinct ne pouvant être reconnue que si l'effectif de l'établissement permet la mise en place de délégués du personnel, s'il est constaté que l'établissement distinct ne pouvait être constitué pour la mise en place de délégués du personnel, les salariés exerçant sur ce site doivent nécessairement être rattachés à un établissement au sens des délégués du personnel, car ils ne peuvent être privés du droit à la consultation des délégués du personnel en cas d'inaptitude. • Soc. 7 déc. 2016, n° 14-27.232 P : *D. actu. 24 janv. 2017, obs. Ines* ; *D. 2016. Actu. 2575* ; *ibid. 2017. 243, obs. Sabotier* ; *RJS 2/2017, n° 121* ; *SSL 2016, n° 1750, p. 9, obs. Champeaux* ; *JSL 2017, n° 424-2, obs. Hautefort* ; *JCP S 2017. 1042, obs. Kerbourc'h.*

17. Les délégués du personnel doivent être consultés même en présence d'une impossibilité de reclassement. • Soc. 21 févr. 1990, n° 88-42.125 P. • 19 juin 1990, n° 87-41.499 P : *D. 1990. IR 185.*

18. Modalités. L'avis des délégués du personnel ne doit être recueilli qu'après les deux examens médicaux espacés de deux semaines ; la consultation des délégués du personnel entre ces deux examens est irrégulière. • Soc. 15 oct. 2002, n° 99-44.623 P : *D. 2002. IR 2987* ; *Dr. soc. 2002. 1150, obs. Savatier* ; *RJS 2003. 30, n° 27* ; *JSL 2002, n° 113-5* • 16 févr. 2005 : *D. 2005. Pan. 2504, obs. Lardy-Pélissier* ; *Dr. soc. 2005. 580, obs. Savatier* ; *RJS 2005. 359, n° 867.* ♦ L'avis des délégués du personnel sur le reclassement du salarié victime d'un accident du travail doit être recueilli après que l'inaptitude de l'intéressé a été constatée dans les conditions légales et avant que la proposition à l'intéressé d'un poste de reclassement approprié à ses capacités. • Soc. 28 oct. 2009 : *RJS 2010, n° 33, p. 33* ; *Dr. soc. 2010. 126, obs. Couturier*. ♦ Rien n'impose à l'employeur de devoir recueillir l'avis des délégués du personnel de façon collective au cours d'une réunion. • Soc. 29 avr. 2003, n° 00-46.477 P : *D. 2004. Somm. 183, obs. Arséguel* ; *RJS 2003. 581, n° 870.* ♦ L'art. L. 1226-10 C. trav. n'impose aucune forme particulière pour recueillir l'avis des délégués du personnel quant au reclassement d'un salarié déclaré inapte ; la convocation des délégués du personnel par voie électronique satisfait aux exigences de ce texte. • Soc. 23 mai 2017, n° 15-24.713 P : *D. 2017. Actu. 1127* ; *RJS 8-9/2017, n° 555* ; *JSL 2017, n° 435-3, obs. Lhernould* ; *JCP S 2017. 1269, obs. Kerbourc'h* • 30 sept. 2020, n° 19-13.122 P : *RJS 12/2020, n° 578* ; *Dr. ouvrier 2021. 42, obs. Richard* (consultation des représentants du personnel par téléphone). ♦ Les délégués du personnel devant être consultés sur les possibilités de reclassement du salarié déclaré inapte suite à un accident du travail ou une maladie professionnelle sont, dans le cas où l'entreprise comporte des établissements distincts, les délégués de l'établissement dans lequel le salarié exerçait. • Soc. 13 nov. 2008 : *D. 2008. AJ 3016* ; *RJS 2009. 52, n° 33* ; *JCP S 2008. 1670, obs. Pouillaude.* ♦ L'inspecteur du travail saisi d'un projet de licenciement d'un salarié protégé inapte à reprendre son emploi au terme de la suspension du contrat de travail doit vérifier notamment le respect par l'employeur de la procédure de la consultation des délégués du personnel ; la consultation préalable des délégués du personnel constitue une formalité substantielle et, à défaut, l'autorisation de licenciement doit être refusée. • CE 22 mai 2002, n° 221600 : *RJS 8-9/2002, n° 1000.* ♦ L'employeur peut réparer son défaut de consultation des IRP sur les postes de reclassement en les consultant avant de proposer à nouveau le poste de reclassement. • CE 27 févr. 2019, n° 417249 : *D. 2019. Pan. 972, obs. Lokiec* ; *RJS 5/2019, n° 306* ; *JCP S 2019. 1137, obs. Kerbourc'h.*

19. Demande de reconnaissance d'accident du travail ou de maladie professionnelle concomitamment à la procédure d'inaptitude. Dès lors que l'employeur a connaissance de l'origine professionnelle de l'inaptitude, il lui appartient de respecter l'obligation légale de consultation des délégués du personnel antérieurement aux éventuelles propositions de reclassement. • Soc. 25 mars 2015, n° 13-28.229 : *D. actu. 16 avr. 2015, obs. Siro* ; *D. 2015. Actu. 809* ; *RJS 6/2015, n° 404.*

20. Conséquences. L'avis des délégués du personnel concluant à une impossibilité de reclassement ne dispense pas l'employeur de rechercher l'existence d'une telle possibilité. • Soc. 10 nov. 1993 : *Dr. soc. 1994. 48* ; *CSB 1993. 316, S. 166.*

21. Sanction. Un licenciement prononcé en méconnaissance de ces dispositions est constitutif du délit d'entrave. • Crim. 26 janv. 1993, n° 89-85.389 P : *RJS 1993. 249, n° 413* ; *CSB 1993. 118, S. 58.* ♦ La non-consultation des délégués du personnel avant la procédure de licenciement est sanctionnée par l'indemnité prévue par l'art. L. 122-32-7 [L. 1226-15 nouv.]. • Soc. 13 déc. 1995 : *RJS 1996. 158, n° 268* • 17 déc. 1997 : *RJS 1998. 107, n° 164.* ♦ Est également sanctionné par l'indemnité prévue par l'art. L. 122-32-7 [L. 1226-15 nouv.], l'employeur qui a consulté les délégués du personnel mais sans leur fournir toutes les informations nécessaires quant au reclassement du salarié. • Soc. 13 juill. 2004, 🏛 n° 02-41.046 P : *Dr. soc. 2004. 1037, obs. Gauriau* ⌀ *; RJS 2004. 811, n° 1138.* ♦ À défaut de réintégration, le non-respect des obligations relatives à la formalité de consultation des délégués du personnel et celles relatives au reclassement du salarié ne peut être sanctionné que par une seule et même indemnité au titre de l'art. L. 1226-15. • Soc. 16 déc. 2010 : 🏛 *D. actu. 25 janv. 2011, obs. Siro ; D. 2011. Actu. 169* ⌀ *; SSL 2010, n° 1471, p. 12, obs. Champeaux ; JCP S 2011. 1186, obs. Bossu.* ♦ … Ou lorsque l'avis n'a pas été recueilli après le second examen médical. • Soc. 8 avr. 2009 : 🏛 *D. 2009. Pan. 2128, obs. Desbarats* ⌀ *; RJS 2009. 468, n° 524 ; JSL 2009, n° 255-6.*

22. Absence d'obligation de consulter le CHSCT. Dans le cadre de son obligation de reclassement, l'employeur n'est pas tenu de consulter le CHSCT. • Soc. 26 mars 1996 : 🏛 *RJS 1996. 424, n° 667.* ♦ Le juge judiciaire doit pouvoir, en cas de difficulté d'interprétation des normes communautaires et lorsqu'il s'estime en état de le faire, appliquer le droit de l'Union, sans être tenu de saisir au préalable la juridiction administrative d'une question préjudicielle. Dans le cadre de la mise en œuvre de l'obligation de reclassement prévue par l'art. L. 1226-10, l'employeur n'est pas tenu de consulter le CHSCT. • Soc. 9 oct. 2013 : 🏛 *RDT 2014. 56, obs. Signoretto* ⌀.

D. REFUS DU RECLASSEMENT

23. Nature de la rupture résultant du refus du poste de reclassement. La rupture du contrat de travail résultant du refus par le salarié victime d'un accident du travail et déclaré inapte à son emploi du poste de reclassement qui lui est proposé et qui constitue une modification de son contrat de travail s'analyse en un licenciement. • Soc. 17 juill. 1996, n° 93-41.022 P : *D. 1996. IR 206 ; CSB 1996. 331, S. 146* (droit à l'indemnité compensatrice de préavis). ♦ La décision unilatérale de l'employeur d'imposer au salarié reclassé une modification de sa rémunération s'analyse en un licenciement prononcé en violation de l'art. L. 122-32-5. • Soc. 4 déc. 2001, 🏛 n° 99-44.677 P : *D. 2002. IR 136* ⌀ *; RJS 2002. 142, n° 167 ; JSL 2002, n° 93-5.* ♦ La résiliation du contrat, même d'un commun accord, est illégale, peu important que le salarié ait choisi de quitter l'entreprise et refusé la proposition de reclassement. • Soc. 29 juin 1999, 🏛 n° 96-44.160 P : *GADT, 4ᵉ éd., n° 93 ; D. 1999. IR 208* ⌀ *; JCP 2000. II. 10235, note Savatier ; RJS 1999. 660, n° 1050.* ♦ Est déclarée nulle comme ayant un objet illicite toute convention destinée à faire échec à l'application des dispositions spécifiques au salarié malade. • Soc. 29 juin 1999, 🏛 n° 97-40.426 P.

Art. L. 1226-11 Lorsque, à l'issue d'un délai d'un mois à compter de la date de l'examen médical de reprise du travail, le salarié déclaré inapte n'est pas reclassé dans l'entreprise ou s'il n'est pas licencié, l'employeur lui verse, dès l'expiration de ce délai, le salaire correspondant à l'emploi que celui-ci occupait avant la suspension de son contrat de travail.

Ces dispositions s'appliquent également en cas d'inaptitude à tout emploi dans l'entreprise constatée par le médecin du travail. — [*Anc. art. L. 122-32-5, al. 1ᵉʳ, phrases 2 et 3.*]

COMMENTAIRE

V. sur le Code en ligne 🏛. ❏

1. Domaine d'application. La loi n° 92-1446 du 31 déc. 1992 qui vise notamment à renforcer la protection des salariés victimes d'accidents du travail ou de maladies professionnelles, en faisant peser sur l'employeur, si le salarié n'est pas reclassé dans l'entreprise à l'issue d'un délai d'un mois à compter de l'examen de reprise ou s'il n'est pas licencié, l'obligation de verser à l'intéressé, dès l'expiration de ce délai, le salaire correspondant à l'emploi que celui-ci occupait avant la suspension de son contrat, a un caractère d'ordre public et est, en conséquence, immédiatement applicable au contrat de travail en cours, même si la maladie professionnelle a été déclarée antérieurement à son entrée en vigueur. • Soc. 12 nov. 1997, 🏛 n° 94-43.839 P : *D. 1997. IR 256* ⌀ *; RJS 1997. 838, n° 1361 ; CSB 1998. 43, A. 10.*

2. Temps partiel annualisé et temps partiel. La reprise du versement du salaire, prévue par l'art. L. 1226-11 C. trav., au travailleur déclaré inapte par le médecin du travail ne s'applique pas à la période non travaillée et non rémunérée d'un salarié à temps partiel annualisée. • Soc. 12 déc. 2012 : 🏛 *D. 2013. Actu. 21* ⌀ *; JSL n° 337-3, obs. Lhernould.*

3. Apprentissage. Compte tenu de la finalité de l'apprentissage, l'employeur n'est pas tenu de procéder au reclassement de l'apprenti présentant une inaptitude de nature médicale ; il en résulte que les dispositions du C. trav. relatives à la reprise du versement du salaire à l'issue du délai d'un mois faute de reclassement ou de rupture du contrat ne sont pas applicables au contrat d'apprentissage. • Soc. 9 mai 2019, 🏛 n° 18-10.618 P : *D. actu. 21 mai 2019, obs. Malfettes ; D. 2019. Actu. 1053* ⌀ *; RDT 2019. 480, note Thomas* ⌀ *; RJS 7/2019, n° 407 ; JCP S 2019. 1168, obs. Jeansen.*

4. Décompte du délai d'un mois. La reprise du paiement du salaire n'est due qu'à l'expiration de ce délai d'un mois. • Soc. 12 févr. 1997, 🏛

n° 94-40.599 P : *D. 1997. IR 62* • 11 févr. 1998 : ⚖ *RJS 1998. 383, n° 578.* ♦ Le délai d'un mois n'est pas suspendu : par le recours du salarié contre l'avis d'inaptitude physique auprès du médecin inspecteur régional du travail. • Soc. 4 mai 1999, ⚖ n° 98-40.959 P : *D. 1999. IR 142* ; *Dr. soc. 1999. 743, obs. Radé* ; *RJS 1999. 496, n° 815.* ♦ ... Ni par la demande d'autorisation de licencier un salarié protégé effectuée auprès de l'inspecteur du travail. • Soc. 18 janv. 2000, ⚖ n° 97-44.939 P : *D. 2000. IR 49* ; *Dr. soc. 2000. 445, obs. Mazeaud* ; *RJS 2000. 187, n° 272.*

5. Cumul salaire-prestations de sécurité sociale. L'employeur qui, au terme du délai d'un mois suivant la date de l'examen, n'a ni reclassé ni licencié le salarié est tenu de reprendre le versement du salaire, sans pouvoir déduire les prestations de sécurité sociale et de prévoyance versées au salarié. • Soc. 22 oct. 1996 : ⚖ *CSB 1997. 23, S. 11* ; *RJS 1996. 813, n° 1255.*

6. Sanction de la non-reprise du paiement des salaires. Le manquement de l'employeur à son obligation de reprendre le paiement des salaires justifie la rupture du contrat de travail à ses torts et produit les effets d'un licenciement sans cause réelle et sérieuse. • Soc. 4 mai 1999, ⚖ n° 97-40.547 P : *D. 1999. IR 142* ; *Dr. soc. 1999. 741, obs. Savatier* ; *RJS 1999. 497, n° 816.*

7. Exécution d'un CIF. L'exécution d'un congé individuel de formation par un salarié déclaré inapte à son poste de travail suspend le contrat de travail et les obligations, prévues par l'art. L. 1226-11 C. trav. notamment, de reprise du paiement des salaires à l'issue du délai d'un mois lorsque le salarié n'a été ni licencié ni reclassé. • Soc. 16 mars 2011 : ⚖ *D. 2011. Actu. 957*.

8. Reprise du paiement du salaire en cas de substitution à l'avis d'aptitude d'un avis d'inaptitude. La substitution à l'avis d'aptitude délivré par le médecin du travail d'une décision d'inaptitude de l'inspecteur du travail ne faisant pas naître rétroactivement l'obligation pour l'employeur de reprendre le paiement du salaire, cette obligation ne s'impose à celui-ci qu'à l'issue du délai d'un mois suivant la date à laquelle l'inspecteur du travail prend sa décision. • Soc. 20 déc. 2017, ⚖ n° 15-28.367 P : *D. 2018. Actu. 15* ; *RJS 3/2018, n° 168* ; *JCP S 2018. 1062, obs. Babin.*

Art. L. 1226-12 Lorsque l'employeur est dans l'impossibilité de proposer un autre emploi au salarié, il lui fait connaître par écrit les motifs qui s'opposent au reclassement.

L'employeur ne peut rompre le contrat de travail que s'il justifie soit de son impossibilité de proposer un emploi dans les conditions prévues à l'article L. 1226-10, soit du refus par le salarié de l'emploi proposé dans ces conditions *(L. n° 2016-1088 du 8 août 2016, art. 102, en vigueur le 1ᵉʳ janv. 2017)* « , soit de la mention expresse dans l'avis du médecin du travail que tout maintien du salarié dans l'emploi serait gravement préjudiciable à sa santé ou que l'état de santé du salarié fait obstacle à tout reclassement dans l'emploi ».

(L. n° 2016-1088 du 8 août 2016, art. 102, en vigueur le 1ᵉʳ janv. 2017) « L'obligation de reclassement est réputée satisfaite lorsque l'employeur a proposé un emploi, dans les conditions prévues à l'article L. 1226-10, en prenant en compte l'avis et les indications du médecin du travail. »

S'il prononce le licenciement, l'employeur respecte la procédure applicable au licenciement pour motif personnel prévue au chapitre II du titre III.

> *COMMENTAIRE*
> V. sur le Code en ligne 🔒.

Jurisprudence rendue sous l'empire des textes antérieurs à la L. n° 2016-1088 du 8 août 2016.

1. Notification écrite. S'il ne peut proposer un autre emploi, l'employeur est tenu de faire connaître par écrit au salarié les motifs qui s'opposent au reclassement ; une notification verbale ne peut remplacer l'écrit exigé par cette disposition légale. • Soc. 10 mai 2006 : ⚖ *RDT 2006. 184, obs. Pignarre*. ♦ L'employeur a l'obligation de faire connaître au salarié, par écrit, les motifs qui s'opposent au reclassement, lorsqu'il est dans l'impossibilité de lui proposer un autre emploi ; il n'est pas tenu de cette obligation lorsqu'il a proposé au salarié, qui l'a refusé, un emploi, dans les conditions prévues par le code du travail. • Soc. 24 mars 2021, ⚖ n° 19-21.263 P : *D. 2021. Actu. 638* ; *Dr. soc. 2021. 669, obs. Verkindt* ; *RJS 6/2021, n° 296* ; *JSL 2021, n° 520-3, obs. Lhernould* ; *JCP S 2021. 1149, obs. Chenu.*

2. Notification précise. Ne constitue pas l'énoncé d'un motif précis de licenciement l'inaptitude physique, sans mention de l'impossibilité de reclassement. • Soc. 9 avr. 2008 : ⚖ *D. 2008. 2268, note Lefranc-Harmonieux* ; *ibid. Pan. 2311, obs. Lardy-Pélissier* ; *RJS 2009. 617, n° 771* ; *JCP S 2008. 1377, obs. Puigelier* ; *Dr. soc. 2008. 757, obs. Couturier*.

3. Effet d'une déclaration d'inaptitude sur le licenciement pour un motif disciplinaire. Le licenciement d'un salarié déclaré inapte lors de la visite de reprise, à la suite d'un arrêt de travail pour accident d'origine professionnelle, ne peut

CONTRAT DE TRAVAIL **Art. L. 1226-13** 223

avoir pour fondement une faute grave du salarié, fût-elle recherchée dans la fausseté prétendue de la déclaration de l'origine professionnelle de l'accident. • Soc. 20 déc. 2017, n° 16-14.983 P : *D. actu. 24 janv. 2018, obs. Cortot ; D. 2018. Actu. 15 ⌀ ; JCP S 2018. 1063, obs. Babin.*

Jurisprudence rendue sous l'empire de la L. n° 2016-1088 du 8 août 2016.

4. Présomption de satisfaction de l'obligation de reclassement. La présomption de satisfaction à l'obligation de reclassement prévue à l'art. L. 1226-12 ne joue que si l'employeur a proposé au salarié, loyalement, en tenant compte des préconisations et indications du médecin du travail, un autre emploi approprié à ses capacités, aussi comparable que possible à l'emploi précédemment occupé, au besoin par la mise en œuvre de mesures telles que mutations, aménagements, adaptations ou transformations de postes existants ou aménagement du temps de travail. • Soc. 26 janv. 2022, n° 20-20.369 P : *D. actu. 14 févr. 2022, obs. Malfettes ; D. 2022. 221 ⌀ ; RJS 4/2022, n° 178 ; SSL 2022, n° 1989, p. 11, obs. Champeaux ; JSL 2022, n° 540, obs. Hautefort ; JCP S 2022. 1073, obs. Frouin.*

5. Impossibilité de reclassement et dispense de consultation des représentants du personnel. Lorsque le médecin du travail a mentionné expressément dans son avis d'inaptitude que tout maintien du salarié dans l'emploi serait gravement préjudiciable à sa santé ou que l'état de santé du salarié fait obstacle à tout reclassement dans l'emploi, l'employeur, qui n'est pas tenu de rechercher un reclassement, n'a pas l'obligation de consulter les représentants du personnel. • Soc. 8 juin 2022, n° 20-22.500 B : *D. actu. 20 juin 2022, obs. Malfettes ; D. 2022. 1158 ⌀ ; RDT 2022. 457, obs. Ciray ⌀ ; RJS 8-9/2022, n° 430 ; JCP S 2022. 1201, obs. Babin ; JSL 2022, n° 546, obs. Hautefort.*

SOUS-SECTION 4 **Indemnités et sanctions**

Art. L. 1226-13 Toute rupture du contrat de travail prononcée en méconnaissance des dispositions des articles L. 1226-9 et L. 1226-18 est nulle. – *[Anc. art. L. 122-32-2, al. 3.]*

COMMENTAIRE
V. sur le Code en ligne 🏛.

1. Droit à réintégration. Dès lors que la nullité du licenciement est constatée, l'employeur est tenu de faire droit à la demande de réintégration du salarié. • Soc. 25 févr. 1998, n° 95-44.019 P : *CSB 1998. 105, A. 25 ; RJS 1998. 282, n° 451 ; TPS 1998. 8, n° 151.* ♦ Il ne peut être reproché à un salarié, dont le licenciement intervenu en méconnaissance des dispositions de l'art. L. 122-32-2 [L. 1226-13 nouv.] est nul, de ne pas avoir demandé sa réintégration. • Soc. 12 mars 1987, n° 84-42.481 P . *D. 1987. 69 ; JCP 1988. II. 21051, note Mouly* • Soc. 13 nov. 1991, n° 88-42.486 P : *Dr. soc. 1992. 77 ; JCP E 1992. I. 148, note Déprez ; RJS 1992. 38, n° 32.* ♦ ... Ou d'avoir refusé une réintégration ultérieure, un tel refus ne pouvant pas caractériser une démission. • Soc. 16 févr. 1987 : *JCP 1988. II. 21051, note Mouly* • 12 mars 1987 : *préc.* • 26 nov. 1987 : *Bull. civ. V, n° 682 ; JCP E 1988. II. 15125, n° 10, obs. Revet* • 19 févr. 1992, n° 88-43.020 P : *Dr. soc. 1992. 478 ; RJS 1992. 335, n° 588.*

2. Réintégration et indemnité d'éviction. Le salarié dont le licenciement est nul, en application des art. L. 1226-9 et L. 1226-13, et qui demande sa réintégration a droit au paiement d'une somme correspondant à la réparation de la totalité du préjudice subi au cours de la période qui s'est écoulée entre son licenciement et sa réintégration, dans la limite du montant des salaires dont il a été privé ; il y a lieu de déduire des salaires correspondant à la période d'éviction les revenus de remplacement perçus par le salarié au cours de cette même période au titre d'allocations chômage et l'indemnité est assujettie aux cotisations de sécurité sociale. • Soc. 16 oct. 2019, n° 17-31.624 P : *D. 2019. Actu. 2043 ⌀ ; ibid. 1748, obs. Silhol ⌀ ; RJS 1/2020, n° 15 ; JCP S 2019. 1345, obs. Leynaud et Delattre.*

3. Assiette de l'indemnité d'éviction. Le salaire à prendre en compte pour le calcul de l'indemnité est celui qu'aurait perçu le salarié s'il avait continué à travailler, pendant la période s'étant écoulée entre son licenciement et sa réintégration, au poste qu'il occupait avant la suspension du contrat de travail provoquée par l'accident du travail. • Soc. 9 déc. 2020, n° 19-16.448 P : *D. 2021. Actu. 22 ⌀ ; RJS 2/2021, n° 79 ; JCP S 2021. 1044, obs. Babin.* ♦ Les sommes réclamées au titre de l'intéressement et de la participation ne constituant pas des salaires, elles doivent être exclues du calcul de l'indemnité d'éviction versée au salarié réintégré. • Soc. 1er mars 2023, n° 21-16.008 B : *D. actu. 22 mars 2023, obs. Martin et Defrécourt ; D. 2023. 464 ⌀ ; RDT 2023. 564, note Riancho ⌀ ; Dr. soc. 2023. 482, obs. Mouly ⌀ ; JSL 2023, n° 561-4, obs. Hautefort ; JCP S 2023. 1082, obs. Dauxerre.*

4. Acquisition de congés payés pendant la période d'éviction. Sauf lorsque le salarié a occupé un autre emploi durant la période d'éviction comprise entre la date du licenciement nul et celle de la réintégration dans son emploi, il peut prétendre à ses droits à congés payés au titre de cette période en application des dispositions des art.

L. 3141-3 et L. 3141-9. • Soc. 1er déc. 2021, n° 19-24.766 B : *D. actu. 14 déc. 2021, obs. Malfettes* ; *D. 2021. 2236* ; *Dr. soc. 2022. 166, note Mouly* ; *RJS 2/2022, n° 72* ; *JCP 2021. 1362, obs. Dedessus-Le-Moustier* • Soc. 1er mars 2023, n° 21-16.008 B : *préc. note 3.* ♦ Comp. : la réintégration du salarié après que son contrat de travail a été rompu pour un motif illicite ouvre droit pour la période d'éviction, non à une acquisition de jours de congé, mais à une indemnité d'éviction ; l'intéressé ne peut donc pas prétendre à bénéficier effectivement de jours de congé pour cette période. • Soc. 11 mai 2017, n° 15-19.731 P : *D. 2017. Actu. 1048* ; *RJS 7/2017, n° 493* ; *JCP S 2017. 1224, obs. Vachet.*

5. Renonciation du salarié. Si un salarié peut renoncer à invoquer un licenciement et consentir, sur proposition de l'entreprise, à la continuation de son contrat de travail, la seule décision unilatérale de l'employeur de lui verser des indemnités complémentaires à l'indemnisation de sécurité sociale, après son congédiement prononcé pendant la suspension de son contrat due à un accident du travail, ne vaut pas renonciation claire et non équivoque de l'intéressé de se prévaloir de son licenciement. • Soc. 13 nov. 2001, n° 99-43.016 P : *Dr. soc. 2002. 115, obs. Couturier* ; *RJS 2002. 41, n° 25.*

6. Mise en œuvre du droit à réintégration. Le refus par l'employeur de proposer un emploi identique ou d'assurer le reclassement du salarié entraîne la mise en œuvre de l'art. L. 122-32-7 [L. 1226-15 nouv.]. • Soc. 26 oct. 1999, n° 97-41.314 P : *Dr. soc. 2000. 115, obs. Savatier*. ♦ Dans le cas où l'emploi n'existe plus, la réintégration peut avoir lieu dans un emploi équivalent comportant le même niveau de rémunération, la même qualification et les mêmes perspectives de carrière que l'emploi initial. • Soc. 22 oct. 1997, n° 94-44.706 P. ♦ Si l'employeur propose un changement de poste de travail avec une rémunération moindre, cette attitude est assimilable à un refus de réintégrer le salarié. • Soc. 25 févr. 1997, n° 94-41.351 P. ♦ L'employeur est tenu au paiement des salaires pendant la période durant laquelle il a refusé de fournir un travail salarié. • Soc. 16 déc. 1998, n° 97-43.531 P : *RJS 1999. 121, n° 193.*

7. Inapplicabilité des dispositions communes. La nullité du licenciement ouvre droit à des dommages-intérêts calculés en fonction du préjudice subi et non en application des art. L. 122-32-6 et L. 122-32-7 [L. 1226-14 et L. 1226-15 nouv.]. • Soc. 22 mars 1989 : *Bull. civ. V, nos 234 et 235* ; *D. 1989. IR 121* ; *RJS 1989. 229, n° 413, et concl. contraires Picca, ibid., 225* • 30 janv. 1991, n° 87-41.967 P : *RJS 1991. 167, n° 317.* ♦ Les dispositions de l'art. L. 122-14-4 [L. 1235-3 nouv.] ne sont pas applicables, la nullité n'étant pas assimilable à un défaut de cause réelle et sérieuse de licenciement. • Soc. 6 mai 1998 : *RJS 1998. 460, n° 722.* ♦ Le non-respect de la procédure de licenciement entraîne nécessairement un préjudice pour le salarié dont la réparation doit être assurée par l'allocation de dommages-intérêts. • Soc. 21 mai 1996, n° 92-43.824 P : *RJS 1996. 506, n° 784.*

8. Victime d'un licenciement nul et ne demandant pas sa réintégration, le salarié a droit aux indemnités de rupture et à une indemnité réparant l'intégralité du préjudice résultant du caractère illicite du licenciement et au moins égale à celle prévue par l'art. L. 122-14-4 [L. 1235-3 nouv.]. • Soc. 13 nov. 2001, n° 99-43.016 P : *Dr. soc. 2001. 115, obs. Couturier* ; *RJS 2002. 41, n° 25* • 2 juin 2004, n° 02-41.045 P : *Dr. soc. 2004. 909, obs. Couturier* ; *Dr. ouvrier 2005. 33, note Ducrocq* ; *JSL 2004, n° 149-6* • 30 nov. 2010 : *D. actu. 17 déc. 2010, obs. Fleuriot* ; *JCP S 2011. 1121, obs. Asquinazi-Bailleux.*

9. Préavis. Le salarié licencié en cours de suspension ne peut obtenir, sauf dispositions conventionnelles plus favorables, d'indemnité de préavis puisque au moment de la rupture il ne lui est pas possible d'exécuter le préavis. • Soc. 21 mai 1996, n° 92-43.824 P : *RJS 1996. 506, n° 784* • 12 mars 1996, n° 94-41.837 P : *RJS 1996. 339, n° 533.*

10. Indemnité de licenciement. Le salarié peut prétendre à l'indemnité légale de licenciement et, si la convention collective ne l'exclut pas, à l'indemnité conventionnelle de licenciement. • Soc. 12 mars 1996, n° 94-41.837 P : *RJS 1996. 339, n° 533.*

11. Cumul de protections. Le salarié bénéficiaire à la fois de la protection accordée aux représentants du personnel et aux victimes d'accident du travail ou de maladie professionnelle a droit à la réparation du préjudice subi résultant de l'inobservation par l'employeur des règles protectrices qui lui sont applicables à ce double titre. • Soc. 19 sept. 2007 : *D. 2007. AJ 2474* ; *RJS 2007. 941, n° 1191* ; *JSL 2007, n° 220-6.*

Art. L. 1226-14 La rupture du contrat de travail dans les cas prévus au deuxième alinéa de l'article L. 1226-12 ouvre droit, pour le salarié, à une indemnité compensatrice d'un montant égal à celui de l'indemnité compensatrice de préavis prévue à l'article L. 1234-5 ainsi qu'à une indemnité spéciale de licenciement qui, sauf dispositions conventionnelles plus favorables, est égale au double de l'indemnité prévue par l'article L. 1234-9.

Toutefois, ces indemnités ne sont pas dues par l'employeur qui établit que le refus par le salarié du reclassement qui lui est proposé est abusif.

Les dispositions du présent article ne se cumulent pas avec les avantages de même nature prévus par des dispositions conventionnelles ou contractuelles en vigueur au 7 janvier 1981 et destinés à compenser le préjudice résultant de la perte de l'emploi consécutive à l'accident du travail ou à la maladie professionnelle. — [Anc. art. L. 122-32-6.]

BIBL. ▶ CORRIGNAN-CARSIN, *JCP E 1995. I. 491* (refus abusif d'une proposition de reclassement).

COMMENTAIRE

V. sur le Code en ligne 🔒. ❑

A. INDEMNITÉ COMPENSATRICE DE PRÉAVIS

1. Nature de l'indemnité. L'indemnité prévue à l'art. L. 122-32-6 [L. 1226-14] C. trav., au paiement de laquelle l'employeur est tenu en cas de rupture du contrat de travail d'un salarié déclaré par le médecin du travail inapte à son emploi suite à un accident du travail ou à une maladie professionnelle, et dont le montant est égal à celui de l'indemnité prévue à l'art. L. 122-8 [L. 1234-5 nouv.], n'a pas la nature d'une indemnité de préavis. ● Soc. 4 déc. 2001, 🏛 n° 99-44.677 P : *RJS 2/2002, n° 167.* ♦ L'indemnité versée en application de l'art. L. 1226-14 a un caractère forfaitaire interdisant à l'employeur d'opérer une réduction sur le montant de la somme qu'il doit verser au salarié, quelque réduction que ce soit. ● Soc. 18 mai 1999, 🏛 n° 97-40.699 P : *D. 1999. IR 157 ⌀ ; Dr. soc. 1999. 845, obs. J. Savatier ⌀ ; RJS 1999. 495, n° 812* (déduction des indemnités journalières versées pendant la période de délai-congé). ♦ Le montant de cette indemnité ne doit pas être calculé en fonction de la durée du préavis conventionnel mais du préavis légal. ● Soc. 12 juill. 1999 : 🏛 *RJS 1999. 773, n° 1247 ; Dr. soc. 1999. 1105, obs. Savatier ⌀ ; JCP ed. E 1999. 1659, note F. T. ; JSL 1999, n° 42-2, obs. Hautefort.*

2. Montant de l'indemnité. L'employeur est tenu de verser une indemnité compensatrice de préavis au salarié reconnu inapte à reprendre, à l'issue des périodes de suspension provoquées par un accident du travail ou une maladie professionnelle, l'emploi occupé précédemment et dont le contrat de travail a été rompu, d'un montant égal à l'indemnité légale de préavis due en cas de licenciement ; il ne peut bénéficier d'une indemnité compensatrice de préavis prévue par la convention collective, même d'un montant supérieur. ● Soc. 26 janv. 2011 : 🏛 *D. 2011. Actu. 454 ⌀.*

3. Date de rupture du contrat de travail. Le paiement par l'employeur de l'indemnité n'a pas pour effet de faire reculer la date de cessation du contrat de travail, qui est celle de la notification de licenciement et non celle de l'achèvement d'un préavis que le salarié ne peut effectuer en raison de son inaptitude physique. ● Soc. 15 juin 1999, 🏛 n° 97-15.328 P : *D. 1999. IR 191 ⌀ ; Dr. soc. 1999. 1105, obs. Savatier ⌀ ; RJS 1999. 662, n° 1052* ● 4 déc. 2001, 🏛 n° 99-44.677 P : *D. 2002. IR 136 ⌀ ; RJS 2002. 142, n° 167 ; JSL 2002, n° 93-5* ● Soc. 12 déc. 2018, 🏛 n° 17-20.801 P : *D. 2019. Actu. 18 ⌀ ; RJS 3/2019, n° 150 ; JCP S 2019. 1039, obs. Jeansen ; JSL 2019, n° 469-5, obs. Julien-Paturle.*

B. INDEMNITÉ SPÉCIALE DE LICENCIEMENT

4. Conditions. L'indemnité spéciale de licenciement est due quelle que soit l'ancienneté du salarié. ● Soc. 10 nov. 1988 : *Bull. civ. V, n° 589 ; D. 1989. IR 289.* ♦ L'indemnité spéciale de licenciement n'est due que dans le cas du licenciement prononcé en raison de l'impossibilité de reclassement du salarié déclaré inapte ou du refus non abusif par le salarié inapte de l'emploi proposé. ● Soc. 8 avr. 2009 : 🏛 *D. 2009. AJ 1211 ⌀ ; RDT 2009. 444, obs. Guyader ⌀ ; RJS 2009. 466, n° 522.* ♦ ... Lorsque la rupture du contrat de travail prend la forme d'une mise à la retraite, l'indemnité spéciale est due. ● Soc. 4 juin 1998, 🏛 n° 95-41.832 P : *D. 1999. Somm. 37, obs. Bouilloux ⌀ ; RJS 1998. 554, n° 856.* ♦ Dans cette hypothèse, l'indemnité spéciale est due même si la mise à la retraite n'est pas motivée par une impossibilité de reclassement mais par la seule circonstance que les conditions de mise à la retraite sont remplies. ● Soc. 29 janv. 2002, 🏛 n° 99-41.028 P : *D. 2002. IR 863 ⌀ ; Dr. soc. 2002. 465, obs. Vatinet ⌀ ; RJS 2002. 333, n° 424 ; JSL 2002, n° 96-2.* ♦ Le licenciement pour inaptitude consécutive à un accident du travail prononcé postérieurement à la résiliation judiciaire du contrat de travail qui produit les effets d'un licenciement sans cause réelle rend redevable l'employeur de l'indemnité spéciale de licenciement. ● Soc. 20 févr. 2019, 🏛 n° 17-17.744 P : *D. actu. 29 mars 2019, obs. Fraisse ; D. 2019. Pan. 972, obs. Lokiec ⌀ ; RJS 5/2019, n° 281 ; JSL 2019, n° 476-5, obs. Patin ; JCP S 2019. 1098, obs. Babin.* ♦ De même, lorsque le licenciement pour inaptitude prononcé postérieurement à la résiliation judiciaire du contrat de travail produit les effets d'un licenciement nul, l'employeur est redevable de l'indemnité spéciale de licenciement. ● Soc. 15 sept. 2021, 🏛 n° 19-24.498 B : *D. actu. 4 oct. 2021, obs. Couëdel ; D. 2021. 1678 ⌀ ; Dr. soc. 2021. 1040, obs. Mouly ⌀ ; RJS 12/2021, n° 639 ; JCP S 2021. 1270, obs. Frouin.* ♦ L'indemnité spéciale n'est due qu'en cas de déclaration d'inaptitude du salarié, consécutive à un accident du travail ; dès lors le salarié déclaré apte à la reprise du travail et ayant conclu une rupture conventionnelle homologuée après avoir été réintégré ne peut y prétendre. ● Soc. 9 juill. 2014 : 🏛

RJS 2014. 586, n° 677. ♦ Elle n'est due qu'en cas de licenciement à l'issue de la période de suspension ; le salarié ayant vu son contrat rompu au cours de la période de suspension ne peut y prétendre. • Soc. 12 mai 1998, 🛡 n° 96-40.606 P : *D. 1998. IR 149* 🖉. ♦ Sauf stipulation contraire, l'indemnité conventionnelle n'est pas doublée. • Soc. 17 déc. 1987 : *Bull. civ. V, n° 742* • 22 janv. 1992, 🛡 n° 89-40.147 P : *D. 1992. IR 61 ; Dr. soc. 1992. 272 ; RJS 1992. 169, n° 276.* ♦ ... Et elle ne se cumule pas avec l'indemnité spéciale de licenciement. • Soc. 17 oct. 1990 : *préc. note 1.* ♦ Mais le salarié peut prétendre à l'indemnité conventionnelle si celle-ci est d'un montant supérieur ; les juges du fond doivent vérifier si l'indemnité conventionnelle octroyée au salarié est bien d'un montant supérieur à l'indemnité légale doublée. • Soc. 10 mai 2005 : 🛡 *RJS 2005. 532, n° 731.*

5. Salarié protégé et inaptitude. Le juge judiciaire ne peut, sans violer le principe de la séparation des pouvoirs, en l'état d'une autorisation administrative de licenciement pour inaptitude d'un salarié protégé, apprécier la régularité de la procédure d'inaptitude, le respect par l'employeur de son obligation de reclassement et le caractère réel et sérieux du licenciement ; le juge judiciaire demeure en revanche compétent, sans porter atteinte à ce principe, pour rechercher si l'inaptitude du salarié avait ou non une origine professionnelle et accorder, dans l'affirmative, les indemnités spéciales de l'art. L. 1226-14 C. trav. • Soc. 11 sept. 2019, 🛡 n° 17-31.321 P : *D. 2019. Actu. 1767* 🖉 ; *JCP S 2019. 1293, obs. Kerbouc'h.*

6. Marins. Le décret du 1er juin 1999 a rendu applicable aux marins l'ensemble des articles L. 1226-10 à L. 1226-17, sans exclure aucun texte, et n'a apporté aucune restriction quant à l'application de ces dispositions auxquelles le Décr. du 17 mars 1978, qui se borne en son art. 23 à prévoir une indemnité minimale de licenciement, ne saurait faire échec, notamment en ce qui concerne le calcul ou l'assiette de calcul de l'indemnité spéciale de licenciement. • Soc. 19 mai 2010 : 🛡 *D. 2010. Actu. 1422* 🖉 ; *D. actu. 2 juin 2010, obs. Dechristé ; JCP S 2010. 1308, obs. Chaumette ; JSL 2010, n° 280-5.*

7. Employés de maison. Les dispositions de l'art. L. 1226-14 selon lesquelles la rupture du contrat de travail en raison d'une inaptitude d'origine professionnelle ouvre droit, pour le salarié, notamment à une indemnité spéciale de licenciement qui est égale au double de l'indemnité légale, s'appliquent aux employés de maison. • Soc. 10 juill. 2013 : 🛡 *D. 2013. Actu. 1906* 🖉 ; *RJS 2013. 688, n° 761.*

8. L'indemnité prévue par l'art. L. 122-32-6 [L. 1226-14 nouv.] n'est pas allouée lorsque le licenciement intervient en méconnaissance de l'art. L. 122-32-2 [L. 1226-13 nouv.]. • Soc. 22 mars 1989, 🛡 n° 86-43.050 P : *D. 1989. IR 121 ; RJS 1989. 229, n° 413, et concl. contraires Picca ; ibid., 225.* – Dans le même sens : • Soc. 30 janv. 1991, 🛡 n° 87-41.967 P : *D. 1991. IR 21 ; RJS 1991. 167, n° 317.* ♦ ... Ni lorsqu'il est prononcé en violation de l'art. L. 122-32-4 [L. 1226-8 nouv.]. • Soc. 4 déc. 1990 : 🛡 *RJS 1991. 12, n° 12.*

9. Résiliation judiciaire. Le juge, qui a constaté que l'inaptitude de la salariée était consécutive à un accident du travail, prononcé la résiliation judiciaire du contrat de travail et dit que celle-ci produisait les effets d'un licenciement sans cause réelle et sérieuse, décide à bon droit que l'employeur est redevable de l'indemnité spéciale de licenciement prévue par l'art. L. 1226-14. • Soc. 20 févr. 2019, 🛡 n° 17-17.744 P : *préc. note 4.* ♦ La même solution prévaut si la résolution produit les effets d'un licenciement nul. • Soc. 15 sept. 2021, 🛡 n° 19-24.498 B : *préc. note 4.*

10. Évaluation de l'indemnité. L'indemnité spéciale de licenciement est, sauf dispositions conventionnelles plus favorables, égale au double de l'indemnité légale de licenciement. • Soc. 25 mars 2009 : 🛡 *RJS 2009. 467, n° 523 ; JCP S 2009. 1295, obs. Barège.*

11. Assiette. Aux termes de l'art. 5 de l'accord du 10 déc. 1997 sur la mensualisation, le salaire à prendre en considération pour le calcul de l'indemnité de licenciement est le douzième de la rémunération des 12 derniers mois précédant le licenciement ou, selon la formule la plus avantageuse pour l'intéressé, le tiers des trois derniers mois ; il en résulte que, pour le calcul de l'indemnité spéciale de licenciement, le montant du salaire de référence peut être celui perçu par le salarié pendant les douze mois précédant l'arrêt de travail. • Soc. 1er juin 1999, 🛡 n° 97-40.218 P : *RJS 1999. 561, n° 914.*

12. Cumul d'indemnités et d'indemnisations. La perte de droits à la retraite, même en cas de faute inexcusable de l'employeur, est couverte par la majoration forfaitaire de la rente et ne peut faire l'objet d'une réparation distincte. • Cass., ch. mixte, 9 janv. 2015, 🛡 n° 13-12.310 P : *D. 2014. Actu. 164* 🖉 ; *ibid. 2015. Pan. 2290, obs. Porchy-Simon* 🖉 ; *RDT 2015. 345, obs. Morin* 🖉 ; *RJS 3/2015, n° 213 ; JCP 2015. 186, obs. Vachet.* ♦ Le salarié victime d'un accident du travail, dû à la faute inexcusable de l'employeur, ne peut pas obtenir devant le juge prud'homal une indemnité réparant tant la perte de son emploi que de ses droits à la retraite, au motif que celles-ci sont déjà réparées par application des dispositions du code de la sécurité sociale. • Soc. 6 oct. 2015, 🛡 n° 13-26.052 P : *D. actu. 19 nov. 2015, obs. Fraisse ; D. 2015. Actu. 2081* 🖉. ♦ Comp. jurispr. antérieure : lorsqu'un salarié a été licencié en raison d'une inaptitude consécutive à une maladie professionnelle qui a été jugée imputable à une faute inexcusable de l'employeur, il a droit à une indemnité réparant la perte de son emploi due à cette faute de l'employeur, nonobstant la réparation forfaitaire prévue par le code de la sécurité sociale. • Soc. 17 mai 2006 : 🛡 *RDT 2006. 94, obs. Lardy-Pélissier* 🖉 ; *ibid. 103, obs. Meyer* 🖉 ;

CONTRAT DE TRAVAIL **Art. L. 1226-15** 227

D. 2006. IR 1479, obs. Chevrier ; RJS 2006. 698, n° 941. ♦ De même, le préjudice résultant de la perte des droits à la retraite, consécutif au licenciement prononcé pour inaptitude consécutive à un accident du travail alors que la faute inexcusable de l'employeur dans la survenance de cet accident a été reconnue, est un préjudice spécifique que ne couvre pas l'attribution d'une rente majorée à son maximum et une indemnité pour diminution ou perte de possibilité de promotion par le tribunal des affaires de sécurité sociale. • Soc. 26 oct. 2011 : D. actu. 18 nov. 2011, obs. Perrin ; RJS 2012. 38, n° 28 ; JCP S 2012. 1026, obs. Brissy.

C. REFUS ABUSIF DU RECLASSEMENT PROPOSÉ

13. Refus du salarié. Le refus du salarié de reprendre son travail sur un poste incompatible avec les préconisations du médecin du travail ne constitue pas une faute. • Soc. 23 sept. 2009 : RDT 2010. 30, obs. Véricel ; D. 2010. Pan. 672, obs. Pasquier ; RJS 2009. 827, n° 945.

14. Hypothèses d'abus. Le refus du reclassement proposé n'est abusif que s'il s'agit d'un refus sans motif légitime d'un poste approprié aux nouvelles capacités et comparable à l'emploi précédemment occupé. • Soc. 7 mai 1996, n° 92-42.572 P : RJS 1996. 425, n° 668 • 20 févr. 2008, n° 06-44.867 P : Dr. soc. 2008. 614, obs. Savatier. ♦ Dans l'hypothèse d'un refus de reclassement portant sur un poste approprié, pour allouer au salarié l'indemnité spécifique, les juges du fond doivent expliquer en quoi le refus n'est pas abusif. • Même arrêt. ♦ Le refus abusif ne peut avoir pour effet que de le priver des indemnités spécifiques de l'art. L. 122-32-6 mais non de l'indemnité légale de licenciement. • Soc. 19 juill. 1994, n° 90-41.362 P. • 7 mai 1996, n° 92-42.572 P : RJS 1996. 425, n° 668 • 20 févr. 2008, n° 06-44.867 P : Dr. soc. 2008. 614, obs. Savatier. ♦ Lorsque l'offre d'un poste de reclassement emporte modification du contrat de travail, le refus du salarié ne peut être abusif. • Soc. 15 juill. 1998, n° 95-45.362 P : RJS 1998. 735, n° 1208 • 30 nov. 2011 : JCP S 2011. 1440, obs. Barège. ♦ En cas de refus du poste de reclassement emportant modification du contrat de travail du salarié inapte, il appartient à l'employeur de reprendre ses recherches et d'établir qu'il ne dispose d'aucun autre poste compatible avec l'inaptitude du salarié ainsi que de faire connaître par écrit les motifs qui s'opposent à son reclassement. • Soc. 30 nov. 2010 : D. actu. 3 janv. 2011, obs. Perrin ; 2011. 215, obs. Favennec-Héry ; JSL 2011, n° 292-6.

Art. L. 1226-15 Lorsqu'un licenciement est prononcé en méconnaissance des dispositions relatives à la réintégration du salarié, prévues à l'article L. 1226-8, le tribunal saisi peut proposer la réintégration du salarié dans l'entreprise, avec maintien de ses avantages acquis.

Il en va de même en cas de licenciement prononcé en méconnaissance des dispositions relatives au reclassement du salarié déclaré inapte prévues aux articles L. 1226-10 à L. 1226-12.

(Ord. n° 2017-1387 du 22 sept. 2017, art. 3) « En cas de refus de réintégration par l'une ou l'autre des parties, le juge octroie une indemnité au salarié dont le montant est fixé conformément aux dispositions de l'article L. 1235-3-1. Elle se cumule avec l'indemnité compensatrice et, le cas échéant, l'indemnité spéciale de licenciement, prévues à l'article L. 1226-14. »

Lorsqu'un licenciement est prononcé en méconnaissance des dispositions du (L. n° 2016-1088 du 8 août 2016, art. 102) « dernier » alinéa de l'article L. 1226-12, il est fait application des dispositions prévues par l'article L. 1235-2 en cas d'inobservation de la procédure de licenciement.

Les dispositions issues de l'Ord. n° 2017-1387 du 22 sept. 2017 sont applicables aux licenciements prononcés postérieurement à sa publication (Ord. préc., art. 40-I).

COMMENTAIRE

V. sur le Code en ligne. ❑

Jurisprudence rendue sous l'empire des dispositions antérieures à l'Ord. n° 2017-1387 du 22 sept. 2017.

1. Champ d'application. Sur le caractère limitatif des obligations sanctionnées par l'art. L. 122-32-7 [L. 1226-15 nouv.], V. • Soc. 4 janv. 1990, n° 86-40.740 P : D. 1990. IR 30 ; CSB 1990. 33, B. 17. – Dans le même sens : • Soc. 11 déc. 1986 : Bull. civ. V, n° 595 ; D. 1987. IR 5 • 29 mai 1991, n° 88-43.114 P : D. 1991. IR 170 ; Dr. soc. 1991. 637 ; RJS 1991. 432, n° 823. ♦ L'art. L. 122-32-7 [L. 1226-15 nouv.] n'est pas applicable lorsque l'employeur résilie le contrat pendant une période de suspension provoquée par un accident du travail ou une maladie professionnelle ; il appartient aux juges du fond d'apprécier souverainement le préjudice subi par le salarié. • Soc. 22 mars 1989, n° 86-43.050 P : D. 1989. IR 121 ; RJS 1989. 229, n° 413 et concl. contraires Picca, ibid., 225. –

Dans le même sens : • Soc. 30 janv. 1991, n° 87-41.967 P : *D. 1991. IR 21 ; RJS 1991. 167, n° 317* • 26 nov. 2008 : *D. 2009. AJ 25 ; RJS 2009. 145, n° 167 ; Dr. soc. 2009. 257, note Savatier ; JCP S 2009. 1095, obs. Verkindt.* ♦ Mais la non-consultation des délégués du personnel est sanctionnée par l'indemnité prévue à l'art. L. 122-32-7 [L. 1226-15 nouv.]. • Soc. 13 déc. 1995 : *RJS 1996. 158, n° 268.* ♦ ... Ou lorsque l'avis des délégués du personnel n'a pas été recueilli après la seconde visite médicale constatant l'inaptitude. • Soc. 8 avr. 2009 : *D. 2009. Pan. 2128, obs. Desbarats ; RJS 2009. 468, n° 524 ; JSL 2009, n° 255-6.*

2. Il ne peut être reproché à un salarié dont le licenciement intervenu en méconnaissance des dispositions de l'art. L. 122-32-2 [L. 1226-13 nouv.] est nul de ne pas avoir demandé sa réintégration. • Soc. 12 mars 1987, n° 84-42.481 P : *D. 1987. IR 66 ; JCP 1988. II. 21051, note Mouly.*

3. Refus de réintégration. L'art. L. 1226-15 n'est pas applicable lorsque la rupture du contrat de travail est prononcée par l'employeur en méconnaissance de l'art. L. 1226-9 et que le salarié dont le licenciement est nul ne demande pas sa réintégration ; le salarié, dans cette hypothèse a droit, outre les indemnités de rupture, à une indemnité réparant l'intégralité du préjudice résultant du caractère illicite du licenciement et égale au moins à six mois de salaire. • Soc. 6 oct. 2010 : *D. actu. 6 oct. 2010, obs. Ines ; D. 2010. AJ 2521 ; RJS 2010. 834, n° 925 ; JCP S 2011. 1057, obs. Bousez.* ♦ Comp. : Fait une exacte application de l'art. L. 122-32-7 [L. 1226-15 nouv.] la cour d'appel qui décide que l'employeur qui a licencié un salarié victime d'un accident du travail et déclaré apte à la reprise du travail doit être condamné à verser une indemnité qui ne peut être inférieure à douze mois de salaire et à l'indemnité spéciale de licenciement prévue par l'art. L. 122-32-6 [L. 1226-14 nouv.]. • Soc. 5 juin 1990 : *RJS 1990. 390, n° 558.* ♦ Contra, sur le versement de l'indemnité prévue par l'art. L. 122-32-6 [L. 1226-14 nouv.] : • Soc. 4 déc. 1990 : *RJS 1991. 12, n° 12.*

4. Non-respect de la procédure. Doit être cassé l'arrêt qui n'accorde pas d'indemnité pour non-respect de la procédure, en violation de l'art. L. 122-32-7, al. 2 [L. 1226-15, al. 2 nouv.], prévoyant que la méconnaissance de l'al. 5 de l'art. L. 122-32-5 [L. 1226-12 nouv.] est sanctionnée par l'art. L. 122-14-4 [L. 1235-2 à L. 1235-3 nouv.]. • Soc. 20 juin 1990, n° 85-43.708 P : *RJS 1990. 451, n° 656.* – Dans le même sens : • Soc. 7 déc. 1994 : *RJS 1995. 25, n° 16.* ♦ ... Quels que soient l'effectif de l'entreprise et l'ancienneté du salarié. • Soc. 21 mai 1996, n° 92-43.824 P : *RJS 1996. 506, n° 784.* ♦ Sur le non-cumul de l'indemnité pour licenciement irrégulier et de l'indemnité pour non-respect de la procédure, V. • Soc. 15 oct. 1987 : *Bull. civ. V, n° 571* • 29 mai 1991, n° 88-43.114 P.*

5. Le versement de l'indemnité prévue par l'art. L. 122-32-7 [L. 1226-15 nouv.] n'interdit pas au salarié d'obtenir des dommages-intérêts en réparation du préjudice subi du fait de l'absence de notification écrite des motifs s'opposant au reclassement. • Soc. 25 oct. 1995 : *Dr. soc. 1996. 96, note Corrignan-Carsin ; RJS 1995. 793, n° 1241.* ♦ ... Ni de percevoir une indemnité spéciale prévue par accord d'entreprise et destinée à compenser la perte de l'emploi du salarié déclaré inapte. Les deux indemnités n'ayant pas le même objet, elles sont cumulables. • Soc. 17 déc. 1997, n° 95-44.026 P : *RJS 1998. 107, n° 164 ; TPS 1998. 9, n° 66.* ♦ La demande d'indemnité sur le fondement de l'art. L. 122-32-7 [L. 1226-15 nouv.] inclut nécessairement la demande de dommages-intérêts pour violation de l'obligation de notifier par écrit les motifs s'opposant au reclassement. • Soc. 8 juill. 2003, n° 01-43.394 P : *RJS 2003. 795, n° 1151 (1re esp.).*

6. Montant de l'indemnité. L'indemnité allouée en application de l'art. L. 122-32-7, al. 1er [L. 1226-15, al. 1er nouv.], est calculée en fonction de la rémunération brute dont le salarié aurait bénéficié. • Soc. 8 juill. 2003, n° 00-21.862 P : *D. 2003. IR 2206 ; RJS 2003. 795, n° 1151 (2e esp.) ; CSB 2003. 442, A. 52.*

7. Cumul d'indemnités. Un salarié ne peut obtenir deux fois réparation d'un même préjudice ; le salarié licencié à la fois sans autorisation administrative et en méconnaissance des règles applicables aux victimes d'accidents du travail ne peut cumuler les deux indemnités, il ne peut obtenir que l'indemnité la plus élevée. • Soc. 30 juin 2010 : *D. actu. 23 juill. 2010, obs. Ines ; D. 2010. Actu. 1793 ; RJS 2010. 714, n° 795 ; JCP S 2011. 1031, obs. Verkindt.* ♦ Si le salarié licencié en raison d'une inaptitude consécutive à un accident du travail reconnu imputable à la faute inexcusable de l'employeur peut bénéficier d'une indemnité réparant la perte de son emploi, cette indemnité ne se cumule pas avec l'octroi de dommages-intérêts pour licenciement sans cause réelle et sérieuse. • Soc. 29 mai 2013 : *D. actu. 28 juin 2013, obs. Fraisse ; D. 2013. Actu. 1416 ; D. 2013. 1773, obs. Wurtz ; JSL 2013, n° 347-2, obs. Hautefort ; JCP S 2013. 1359, obs. Jeansen.* ♦ A défaut de réintégration, le non-respect des obligations relatives à la formalité de consultation des délégués du personnel et celles relatives au reclassement du salarié ne peut être sanctionné que par une seule et même indemnité au titre de l'art. L. 1226-15. • Soc. 16 déc. 2010, n° 09-67.446 : *D. actu. 25 janv. 2011, obs. Siro ; D. 2011. Actu. 169 ; SSL 2010, n° 1471, p. 12, obs. Champeaux ; JCP S 2011. 1186, obs. Bossu.* ♦ L'omission de la formalité substantielle de consultation des délégués du personnel et la méconnaissance par l'employeur des dispositions relatives à la motivation de la lettre de licenciement du salarié déclaré inapte ne peuvent être sanctionnées que par une

CONTRAT DE TRAVAIL **Art. L. 1226-19** 229

seule indemnité, au moins égale à celle prévue par l'art. L. 1226-15. • Soc. 23 mai 2017, n° 16-10.580 P : *D. actu. 27 juin 2017*, obs. Cortot ; *D. 2017. Actu. 1128* ; *JSL 2017, n° 435-5*, obs. Tissandier ; *RJS 8-9/2017, n° 557* ; *JCP S 2017. 1289*, obs. Jeansen.

Art. L. 1226-16 Les indemnités prévues aux articles L. 1226-14 et L. 1226-15 sont calculées sur la base du salaire moyen qui aurait été perçu par l'intéressé au cours des trois derniers mois s'il avait continué à travailler au poste qu'il occupait avant la suspension du contrat de travail provoquée par l'accident du travail ou la maladie professionnelle.

Pour le calcul de ces indemnités, la notion de salaire est définie par le taux personnel, les primes, les avantages de toute nature, les indemnités et les gratifications qui composent le revenu. – *[Anc. art. L. 122-32-8.]*

1. Calcul du salaire de référence. Le salaire de référence à prendre en considération pour le calcul de l'indemnité légale ou conventionnelle de licenciement est, selon la formule la plus avantageuse pour le salarié, celui des 12 ou des 3 derniers mois précédant l'arrêt de travail pour maladie. • Soc. 23 mai 2017, n° 15-22.223 P : *D. actu. 27 juin 2017*, obs. Cortot ; *D. 2017. Actu. 1128* ; *RJS 7/2017, n° 474* ; *JCP S 2017. 1242*, obs. Jeansen.

2. Salaire de référence et indemnité accordée en cas de rechute d'un accident du travail. En cas de rechute donnant lieu à une nouvelle suspension du contrat de travail liée à un accident professionnel, le salaire de référence servant de base aux indemnités accordées doit être calculé, sauf dispositions conventionnelles plus favorables, sur la base du salaire moyen des trois derniers mois avant la nouvelle période de suspension due à cette rechute. • Soc. 28 sept. 2011 : *D. actu. 18 oct. 2011*, obs. Siro ; *RJS 2011. 852, n° 968* ; *JCP S 2011. 1547*, obs. Gauriau.

Art. L. 1226-17 En cas de procédure de sauvegarde, de redressement ou de liquidation judiciaire, les dispositions relatives aux créances salariales mentionnées aux articles L. 3253-15, L. 3253-19 à L. 3253-21 sont applicables au paiement des indemnités prévues aux articles L. 1226-14 et L. 1226-15. – *[Anc. art. L. 122-32-11.]*

SOUS-SECTION 5   **Salarié titulaire d'un contrat de travail à durée déterminée**

Art. L. 1226-18 Lorsque le salarié victime d'un accident ou d'une maladie professionnelle est titulaire d'un contrat de travail à durée déterminée, l'employeur ne peut rompre le contrat au cours des périodes de suspension du contrat que s'il justifie soit d'une faute grave de l'intéressé, soit d'un cas de force majeure. – *[Anc. art. L. 122-32-2, al. 2.]*

Manquement à l'obligation de loyauté. Pendant la période de suspension du contrat de travail consécutive à un accident du travail ou une maladie professionnelle, l'employeur peut seulement, dans le cas d'une rupture pour faute grave, reprocher au salarié des manquements à l'obligation de loyauté ; le sportif professionnel qui refuse pendant la suspension de son contrat de se prêter aux soins nécessaires à la restauration de son potentiel physique manque à son obligation de loyauté rendant impossible la poursuite du contrat de travail. • Soc. 20 févr. 2019, n° 17-18.912 P : *D. actu. 14 mars 2019*, obs. Malfettes ; *D. 2019. 436* ; *Dr. soc. 2019. 363*, obs. Mouly ; *ibid. 432*, avis Grivel ; *RJS 5/2019, n° 279* ; *JS 2019, n° 196, p. 8*, obs. Lagarde ; *JSL 2019, n° 473-2*, obs. Hautefort ; *JCP S 2019. 1141*, obs. Jacotot.

Art. L. 1226-19 Les périodes de suspension du contrat de travail consécutives à un accident du travail ou à une maladie professionnelle ne font pas obstacle à l'échéance du contrat de travail à durée déterminée.

Toutefois, lorsque ce contrat comporte une clause de renouvellement, l'employeur ne peut, au cours des périodes de suspension, refuser le renouvellement que s'il justifie d'un motif réel et sérieux, étranger à l'accident ou à la maladie. A défaut, il verse au salarié une indemnité correspondant au préjudice subi, qui ne peut être inférieure au montant des salaires et avantages que le salarié aurait reçus jusqu'au terme de la période de renouvellement prévue au contrat. – *[Anc. art. L. 122-32-3.]*

1. Rupture anticipée. Le salarié, victime d'un accident du travail en cours d'exécution d'un contrat à durée déterminée, qui constitue un risque de l'entreprise, a droit à une indemnité de fin de contrat calculée sur la base de la rémunération déjà perçue et de celle qu'il aurait perçue jusqu'au terme de son contrat. • Soc. 9 oct. 1990, n° 87-43.347 P : *RJS 1990. 570, n° 848*.

2. Refus de renouvellement. Pour un exemple de refus de renouvellement injustifié car fondé sur des faits déjà sanctionnés, V. • Soc. 5 mars 1987 : *Bull. civ. V, n° 109.*

3. Suspension d'un CDD requalifié. Dès lors qu'à la date de la rupture du contrat d'accompagnement dans l'emploi à durée déterminée par survenance du terme ce contrat était suspendu en raison d'un accident du travail, la cour d'appel qui requalifie ce contrat en contrat à durée indéterminée ne peut pas dire que cette rupture produisait les effets d'un licenciement sans cause réelle et sérieuse et non nul. • Soc. 14 nov. 2018, ⚖ n° 17-18.891 P : *D. 2018. Actu. 2241 ⌀ ; RJS 1/2019, n° 9 ; JCP S 2018. 1397, obs. Chenu ; JSL 2018, n° 467-2, obs. Lhernould.*

Art. L. 1226-20 Lorsque le salarié est titulaire d'un contrat à durée déterminée, les dispositions des deuxième et (*L. n° 2016-1088 du 8 août 2016, art. 102*) « dernier » alinéas de l'article L. 1226-12 et des articles L. 1226-14 à L. 1226-16, relatives aux conditions de licenciement d'un salarié victime d'un accident du travail ou d'une maladie professionnelle, ne sont pas applicables.

Si l'employeur justifie de son impossibilité de proposer un emploi, dans les conditions prévues aux articles L. 1226-10 et L. 1226-11, au salarié déclaré inapte titulaire d'un tel contrat ou si le salarié refuse un emploi offert dans ces conditions (*L. n° 2016-1088 du 8 août 2016, art. 102*) « ou si l'avis du médecin du travail mentionne expressément que tout maintien du salarié dans l'emploi serait gravement préjudiciable à sa santé ou que l'état de santé du salarié fait obstacle à tout reclassement dans l'emploi », l'employeur est en droit de (*L. n° 2011-525 du 17 mai 2011, art. 49-III*) « procéder à la rupture » du contrat.

(*L. n° 2011-525 du 17 mai 2011, art. 49-III*) « Les dispositions visées aux articles L. 1226-10 et L. 1226-11 s'appliquent également aux salariés en contrat de travail à durée déterminée.

« La rupture du contrat ouvre droit, pour le salarié, à une indemnité dont le montant ne peut être inférieur au double de celui de l'indemnité prévue à l'article L. 1234-9. Cette indemnité de rupture est versée selon les mêmes modalités que l'indemnité de précarité prévue à l'article L. 1243-8 ».

> **COMMENTAIRE**
>
> V. sur le Code en ligne 🔒.

1. Inaptitude d'origine non professionnelle. L'employeur d'un salarié engagé par contrat à durée déterminée, et déclaré par le médecin du travail inapte à son emploi en conséquence d'un accident ou d'une maladie non professionnels, ne peut pas exercer l'action en résolution judiciaire ; une telle action exige que l'inaptitude physique du salarié ait une origine professionnelle. • Cass., avis, 29 avr. 2002 : ⚖ *RJS 2002. 744, n° 966.*

2. Reprise du paiement du salaire. Il résulte de la combinaison des art. L. 1226-2, L. 1226-4 et L. 1242-15 interprétés à la lumière de la clause 4 de l'accord-cadre du 18 mars 1999, mis en œuvre par la Dir. 1999/70/CE du 28 juin 1999, que, lorsqu'à l'issue d'un délai d'un mois à compter de la date de l'examen médical de reprise, le salarié sous contrat à durée déterminée, victime d'un accident du travail ou d'une maladie non professionnelle, n'est pas reclassé dans l'entreprise, l'employeur doit, comme pour les salariés sous contrat à durée indéterminée, reprendre le paiement du salaire correspondant à l'emploi qu'il occupait avant la suspension du contrat de travail. • Soc. 14 sept. 2016, ⚖ n° 15-16.764 P : *D. actu. 17 oct. 2016, obs. Ines ; D. 2016. Actu. 1822 ⌀ ; RDT 2016. 703, note Tournaux ⌀ ; Dr. soc. 2016. 963, note Mouly ⌀ ; RJS 11/2016, n° 683 ; JSL 2016, n° 418-2, obs. Hautefort ; JCP S 2016. 1340, obs. Jacotot.*

Art. L. 1226-21 Lorsque le salarié (*L. n° 2016-1088 du 8 août 2016, art. 102, en vigueur le 1er janv. 2017*) « n'est pas déclaré inapte » à l'issue des périodes de suspension, la rupture du contrat de travail à durée déterminée par l'employeur en méconnaissance des dispositions de l'article L. 1226-8 ouvre droit à une indemnité correspondant au préjudice subi. Cette indemnité ne peut être inférieure au montant des salaires et avantages qu'il aurait reçus jusqu'au terme de la période en cours de validité de son contrat.

Il en va de même pour un salarié déclaré inapte en cas de rupture par l'employeur en méconnaissance des dispositions des articles L. 1226-10 et L. 1226-11 ou du deuxième alinéa de l'article L. 1226-20. – [*Anc. art. L. 122-32-9, al. 3.*]

Art. L. 1226-22 En cas de procédure de sauvegarde, de redressement ou de liquidation judiciaire, les dispositions relatives aux créances salariales mentionnées aux articles L. 3253-15, L. 3253-19 à L. 3253-21 sont applicables au paiement des indemnités prévues aux articles L. 1226-20 et L. 1226-21. — *[Anc. art. L. 122-32-11.]*

SECTION 4 Dispositions particulières aux départements de la Moselle, du Bas-Rhin et du Haut-Rhin

RÉP. TRAV. v° *Alsace-Moselle*, par Grisey Martinez.

Art. L. 1226-23 Le salarié dont le contrat de travail est suspendu pour une cause personnelle indépendante de sa volonté *(L. n° 2008-67 du 21 janv. 2008)* « et pour une durée relativement sans importance » a droit au maintien de son salaire.

Toutefois, pendant la suspension du contrat, les indemnités versées par un régime d'assurances sociales obligatoire sont déduites du montant de la rémunération due par l'employeur. — *[Anc. art. 1er, L. civile du 1er juin 1924.]*

COMMENTAIRE

V. sur le Code en ligne.

1. Constitutionnalité. En prévoyant que ce n'est que pour une durée relativement sans importance que l'employeur est tenu de maintenir le salaire pendant la suspension du contrat de travail pour une cause personnelle indépendante de la volonté du salarié, les dispositions de l'art. L. 1226-23 C. trav., telles qu'interprétées par la Cour de cassation, ne portent pas une atteinte disproportionnée à la liberté d'entreprendre. • Soc., QPC, 10 oct. 2018, n° 18-13.995 P : *RJS 1/2019, n° 65.*

2. État de santé du concubin. Caractérise une cause personnelle indépendante de la volonté du salarié et l'existence d'une durée relativement sans importance, l'absence d'une salariée pour une durée de seulement dix jours justifiée par un certificat médical du médecin traitant attestant que l'état de santé de son concubin nécessitait sa présence indispensable à son chevet. • Soc. 15 mars 2017, n° 15-16.676 P : *D. 2017. Actu. 709 ; RJS 5/2017, n° 380 ; JCPS 2017. 1160, obs. Belloeil.*

Art. L. 1226-24 Le commis commercial qui, par suite d'un accident dont il n'est pas fautif, est dans l'impossibilité d'exécuter son contrat de travail a droit à son salaire pour une durée maximale de six semaines.

Pendant cette durée, les indemnités versées par une société d'assurance ou une mutuelle ne sont pas déduites du montant de la rémunération due par l'employeur. Toute stipulation contraire est nulle.

Est un commis commercial le salarié qui, employé par un commerçant au sens de l'article L. 121-1 du code de commerce, occupe des fonctions commerciales au service de la clientèle. — *[Anc. art. 59 et 63, L. commerciale du 1er juin 1924.]*

CHAPITRE VII DISPOSITIONS PÉNALES

BIBL. ▶ Pagnerre, *D. 2010. 729* (la responsabilité pénale des salariés en quête d'équilibre).

Art. L. 1227-1 Le fait pour un directeur ou un salarié de révéler ou de tenter de révéler un secret de fabrication est puni d'un emprisonnement de deux ans et d'une amende de 30 000 €.

La juridiction peut également prononcer, à titre de peine complémentaire, pour une durée de cinq ans au plus, l'interdiction des droits civiques, civils et de famille prévue par l'article 131-26 du code pénal. — *[Anc. art. L. 152-7.]*

V. *L. n° 68-678 du 26 juill. 1968 modifiée, relative à la communication de documents et renseignements d'ordre économique, commercial, industriel, financier ou technique à des personnes physiques ou morales étrangères.* — **C. pén.**

TITRE III RUPTURE DU CONTRAT DE TRAVAIL À DURÉE INDÉTERMINÉE

RÉP. TRAV. v° *Contrat de travail à durée indéterminée (Rupture - Licenciement - Droit commun)*, par FABRE.

BIBL. ▶ AUZERO, *Dr. soc.* 2010. 289 ⊘ (l'exercice du pouvoir de licencier). - BENTO DE CARVALHO, *RJS* 4/2022 (la violence par menace de l'exercice du droit de licencier). - DUQUESNE, *Dr. soc.* 1993. 847 ⊘ (droits de la défense du salarié menacé de licenciement). - LYON-CAEN, *RDT* 2010. 494 ⊘ (le pouvoir entre droit du travail et droit des sociétés : à propos d'un licenciement dans une SAS). - MAZARS, *Dr. soc.* 2012. 8 ⊘ (rupture du contrat de travail : l'environnement normatif).

CHAPITRE I DISPOSITIONS GÉNÉRALES

Art. L. 1231-1 Le contrat de travail à durée indéterminée peut être rompu à l'initiative de l'employeur ou du salarié *(L. n° 2008-596 du 25 juin 2008)* « , ou d'un commun accord, » dans les conditions prévues par les dispositions du présent titre.

Ces dispositions ne sont pas applicables pendant la période d'essai. – *[Anc. art. L. 122-4.]*

RÉP. TRAV. v^{is} *Contrat de travail (Modification)*, par MAILLARD-PINON ; *Contrat de travail à durée indéterminée (Rupture - Licenciement - Droit commun)*, par FABRE ; *Contrat de travail à durée indéterminée (Rupture - Licenciement - Motif personnel)*, par FABRE ; ... *(Préavis de rupture et indemnité de licenciement)*, par VACHET ; *Période d'essai*, par AUBRÉE ; *Prise d'acte de la rupture*, par GÉA ; *Résiliation judiciaire*, par GÉA.

COMMENTAIRE

V. sur le Code en ligne 🔒.

I. IMPUTABILITÉ DE LA RUPTURE

1. Charge de la preuve. La charge de la preuve de l'imputabilité de la rupture incombe au demandeur. ● Soc. 3 mai 1979, ⚖ n° 78-40.820 P.

2. Éléments de preuve. Les juges du fond peuvent se fonder sur de simples présomptions. ● Soc. 13 déc. 1957, n° 4.831 P : *JCP* 1958. II. 10601.

3. Office du juge. Lorsque l'employeur et le salarié sont d'accord pour admettre que le contrat a été rompu, chacune des parties imputant à l'autre la responsabilité de cette rupture, il incombe au juge de trancher. ● Soc. 14 nov. 2000 : ⚖ *D.* 2000. IR 299 ⊘ ; *RJS* 2001. 18, n° 19. ◆ L'obligation pour le juge de statuer sur la qualification et les conséquences de la rupture s'impose dès lors que ce dernier constate l'existence d'une rupture du contrat de travail, même si celle-ci est contestée par l'une des parties. ● Soc. 8 févr. 2005 : ⚖ *RJS* 2005. 260, n° 353.

4. Caractère d'ordre public. Une convention collective ne peut prévoir que le défaut de justification rapide d'une absence pour maladie entraîne la rupture du contrat du fait du salarié. ● Soc. 21 mai 1980 : *Bull. civ. V, n° 452* ● 18 déc. 1975 : *GADT, 4e éd., n° 83 ; D.* 1976. 210, note Pélissier. ◆ Rapp. : ● Soc. 29 juin 1977 : *D.* 1978. 439, 3e esp., note Jeammaud ● 24 oct. 1985 : *Bull. civ. V, n° 498*. ◆ Aucune clause du contrat ne peut valablement décider qu'une circonstance quelconque constituera en elle-même une cause de licenciement. ● Soc. 12 févr. 2014 : ⚖ *D. actu.* 6 mai 2014, obs. Ines ; *D.* 2014. Actu. 489 ⊘ ; *Dr. soc.* 2014. 479, obs. Mouly ⊘ ; *RJS* 2014. 252, n° 304 ; *JSL* 2014, n° 363-2, obs. Lhernould.

II. RUPTURE À L'INITIATIVE DE L'EMPLOYEUR

A. REPRÉSENTANT DE L'EMPLOYEUR

5. Pouvoir de licencier. Le pouvoir reconnu à un directeur de représenter l'employeur dans toutes les actions liées à la gestion des ressources humaines emportait pouvoir de licencier au nom de ce dernier. ● Soc. 29 sept. 2010 : ⚖ *D.* 2010. AJ 2371, obs. Ines ⊘ ; *JSL* 2011, n° 291-4, obs. Michel ; *RJS* 2010. 850, n° 950 ; *JCP S* 2010. 1541, obs. Bossu.

6. Pouvoir de licencier dans une SAS. **BIBL.** Cœuret et Duquesne, *Dr. soc.* 2011. 382 ⊘. - Lyon-Caen, *RDT* 2010. 494 ⊘ (le pouvoir entre droit du travail et droit des sociétés : à propos d'un licenciement dans une SAS). – Morvan, *JCP S* 2010. 1239 (nullité en droit du travail et délégation de pouvoirs dans les SAS). La règle de la délégation de l'art. L. 227-6 C. com. n'exclut pas la possibilité, pour les représentants légaux de la SAS, de déléguer le pouvoir d'effectuer des actes déterminés tels que celui d'engager ou de licencier les salariés de l'entreprise ; cette délégation pouvant être écrite ou découler des fonctions du salarié qui conduit la procédure de licenciement, par exemple le responsable des ressources humaines. ● Cass., ch. mixte, 19 nov. 2010 : ⚖ *D. actu.* 23 nov. 2010, obs. Lienhard ; *D.* 2011. Chron. C. cass. 123,

RUPTURE DU CONTRAT DE TRAVAIL Art. L. 1231-1 233

obs. Vigneau ⌀ ; ibid. 344, obs. Marmoz ⌀ ; ibid. Pan. 1246, obs. Leclerc ⌀ ; Dr. soc. 2011. 391, note Cœuret et Duquesne ⌀ ; Dr. ouvrier 2011. 455, note Maury ; JSL 2011, n° 291-4, obs. Michel ; JCP S 2010. 1512, obs. Albiol et Boucaya ; SSL 2010, n° 1469, p. 6, note Henriot ; Rev. Sociétés 2011. 100, note Le Cannu ⌀.

7. Ratification. La ratification a posteriori de la délégation du pouvoir de licencier lorsque celle-ci est claire et non équivoque est validée sur le fondement de la théorie du dépassement de pouvoir du mandataire. • Cass., ch. mixte, 19 nov. 2010 : 🔒 D. actu. 23 nov. 2010, obs. Lienhard ; D. 2011. Pan. 1246, obs. Leclerc ⌀ ; Dr. soc. 2011. 391, note Cœuret et Duquesne ⌀ ; JSL 2011, n° 291-4, obs. Michel ; JCP S 2010. 1512, obs. Albiol et Boucaya ; SSL 2010, n° 1469, p. 6, note Henriot • 26 janv. 2011 : 🔒 D. 2011. 375, obs. Lienhard ⌀ ; JCP S 2011. 1229, obs. Albiol et Gallon.

8. Pouvoir de licencier dans une association. Le conseil d'administration d'une association dispose des pouvoirs requis pour licencier dès lors qu'il est relevé que les statuts du groupement conféraient à ce conseil des attributions très étendues en matière de gestion et de direction. • Soc. 12 janv. 2012 : 🔒 Dr. soc. 2012. 323, obs. Duquesne ⌀. ♦ Il entre dans les attributions du président d'une association, sauf disposition statutaire attribuant cette compétence à un autre organe, de mettre en œuvre la procédure de licenciement d'un salarié. • Soc. 23 mars 2022, 🔒 n° 20-16.781 B : D. 2022. 658 ⌀ ; RJS 6/2022, n° 288.

9. Pouvoir de licencier d'un travailleur temporaire. Le travailleur temporaire n'est pas étranger à l'entreprise au sein de laquelle il effectue sa mission ; lorsqu'il a pour mission l'assistance et le conseil du DRH, ainsi que son remplacement éventuel, il a le pouvoir de signer les lettres de licenciement. • Soc. 2 mars 2011 : 🔒 D. actu. 17 mars 2011, obs. Perrin ; RDT 2011. Édito. 149, A. Lyon-Caen ⌀ ; ibid. 307, obs. Ferrier ⌀ ; JSL 2011, n° 298-6, obs. Tourreil ; JCP S 2011. 1213, obs. Guyot.

10. Étendue de la délégation du pouvoir de licencier. En cas de délégation de pouvoir expresse et écrite, il convient de s'en tenir strictement à la lettre de délégation ; le fait que cette dernière attribue au délégataire le pouvoir d'embaucher et de conclure les contrats de travail n'implique nullement de ce dernier ait le pouvoir de les rompre. • Soc. 2 mars 2011 : 🔒 D. actu. 17 mars 2011, obs. Perrin ; RDT 2011. 307, obs. Ferrier ⌀ ; JSL 2011, n° 298-6, obs. Lhernould.

11. Sanction du défaut de pouvoir de licencier. Le licenciement prononcé par une personne dépourvue du pouvoir de licencier est dépourvu de cause réelle et sérieuse. • Soc. 15 nov. 2011 : 🔒 RJS 2012. 117, n° 128 ; JCP S 2012. 1057, obs. Brissy.

12. Licenciement prononcé par un gérant d'affaires. La fille de l'employeur peut valablement prononcer le licenciement de la salariée de ce dernier si toutes les conditions de la gestion d'affaires sont réunies. • Soc. 29 janv. 2013 : 🔒 D. actu. 4 mars 2013, obs. Ines ; JCP S 2013. 1172, obs. Jeansen.

B. PRISE D'ACTE DE LA RUPTURE PAR L'EMPLOYEUR

BIBL. Rép. Trav., v° *Prise d'acte de la rupture*, par Géa.

Casado Bolivar, JSL 2011, n° 307-1. – Collet-Thiry, Dr. ouvrier 2012. 625. – Crépet, Vernac, Sachs, Cothenet et Dabosville, RDT 2007. 159 ⌀ (variations autour de la prise d'acte). – Desain et Rochet, JSL 2007, n° 224-1 (itinéraires d'une résiliation unilatérale *sui generis*). – Douaoui, JCP S 2011. 1554. – Dumont, RJS 2014. 498 (réflexions sur la construction jurisprudentielle de la prise d'acte). – Fabre, SSL 2015, n° 1687 (bilan du nouveau régime). – Flores, RDT 2014. 447 ⌀ (prise d'acte de la rupture et résiliation judiciaire). – Géa, SSL 2009, n° 1418, p. 7 (rétractation de la prise d'acte) ; RJS 2010. Chron. 559. – Gosselin et Géa, RDT 2009. Controverse 688 ⌀ (quelle est la nature juridique de la prise d'acte ?). – Loiseau, RJS 4/2019, p. 419 (prise d'acte : la tentation de l'autonomie). – Mouly, Dr. soc. 2014. 821 ⌀ (prise d'acte : un mode de rupture à préserver). – Nisol, JSL 2014, n° 368-1 (prise d'acte et demande de résiliation judiciaire). – Oppelt, JSL 2012, n° 313-1 (de la règle de droit à la règle de vie dans l'entreprise). – Pécaut-Rivolier, Dr. soc. 2012. 29 ⌀ (prise d'acte et résiliation judiciaire). – Pierchon, JSL 2009, n° 252-1.

13. Interdiction. L'employeur qui prend l'initiative de rompre le contrat de travail ou le considère comme rompu du fait du salarié doit mettre en œuvre la procédure de licenciement. A défaut la rupture s'analyse en un licenciement sans cause réelle et sérieuse. • Soc. 25 juin 2003, 🔒 n° 01-41.150 P : GADT, 4ᵉ éd., n° 87 ; Dr. soc. 2003. 814, avis P. Lyon-Caen et note Couturier et Ray ⌀ ; RJS 2003. 677, n° 994 (1ʳᵉ et 2ᵉ esp.) ; TPS 2003. chron. 18, obs. Aubrée • 13 janv. 2004, 🔒 n° 01-44.853 P : D. 2004. 2188, obs. Frossard ⌀ ; RJS 2004. 274, n° 388 • 11 févr. 2004, 🔒 n° 01-45.220 P. ♦ V. déjà : • Soc. 19 déc. 1990 : 🔒 RJS 1991. 115, n° 212 (l'employeur ne peut prendre acte de la rupture du contrat de travail d'un salarié placé en détention).

III. PRISE D'ACTE DE LA RUPTURE PAR LE SALARIÉ

A. RÉGIME

14. Principe. Lorsque le salarié prend acte de la rupture en raison de faits qu'il reproche à son employeur, cette rupture produit les effets soit d'un licenciement sans cause réelle et sérieuse si les faits invoqués le justifient, soit d'une démission dans le cas contraire. • Soc. 25 juin 2003, 🔒 n° 01-42.335 P : GADT, 4ᵉ éd., n° 86 ; D. 2003. 2396, note J. Pélissier ⌀ ; Dr. soc. 2003. 817, note Couturier et Ray ⌀ ; Dr. soc. 2004. 90, note Mouly ⌀ ; RJS

2003. 677, n° 994 (3ᵉ, 4ᵉ et 5ᵉ esp.) ; ibid. 2003. 647, note Frouin • Soc. 2 févr. 2005, ⚖ n° 02-45.259 P. (contrat d'apprentissage).

15. Démission et prise d'acte. Dès lors qu'une démission non affectée par un vice du consentement est équivoque, elle doit produire effet quant à la rupture du contrat mais elle doit être qualifiée de prise d'acte s'il apparaît que ce sont divers éléments entourant l'exécution du contrat et imputables à l'employeur qui ont déterminé la décision du salarié. • Soc. 9 mai 2007 : ⚖ *GADT*, 4ᵉ éd., n° 88 ; *D.* 2007. *AJ* 1495, obs. Cortot ⦿ ; *RDT* 2007. 452, obs. Auzero ⦿ ; *RJS* 2007. 624, n° 823 ; *JSL* 2007, n° 213-4 ; ibid. n° 221-4. ♦ Ainsi l'art. 41 de la L. n° 98-1194 du 23 déc. 1998 ne s'oppose pas à ce qu'une démission déposée par un salarié atteint d'une maladie professionnelle dans le but de bénéficier de l'Acaata puisse être requalifiée plus tard en prise d'acte de la rupture, sur la demande du salarié invoquant des faits fautifs de la part de l'employeur. • Soc. 17 nov. 2010 : ⚖ *D.* 2010. *AJ* 2847 ⦿ ; *JCP S* 2011. 1107, obs. Dumont. ♦ Mais un salarié ne peut simultanément rétracter sa démission en invoquant un vice du consentement et demander qu'elle soit regardée comme prise d'acte de la rupture aux torts de l'employeur. • Soc. 17 mars 2010 : ⚖ *Dr. soc.* 2010. 593, obs. Couturier ⦿ ; *JCP S* 2010. 1359, obs. Martinon ; *JSL* 2010, n° 278-3, obs. Ballouhey ; *SSL* 2010, n° 1441, p. 10.

16. Période d'essai et prise d'acte. Le salarié n'est pas fondé, au cours de la période d'essai, à prendre acte de la rupture du contrat de travail aux torts de l'employeur ; le salarié peut toutefois être indemnisé du préjudice résultant de la rupture abusive de la période d'essai du fait de l'inexécution de ses obligations par l'employeur. • Soc. 7 févr. 2012 : ⚖ *D. actu.* 2 mars 2012, obs. Fleuriot ; *D.* 2012. *Actu.* 559 ⦿ ; *RDT* 2012. 214, obs. Auzero ⦿ ; *Dr. soc.* 2012. 525, obs. Mouly ⦿ ; *JSL* 2012, n° 318-6, obs. Tourreil.

17. Prise d'acte de la rupture et action en exécution du contrat de travail. Un salarié qui agit en justice contre son employeur en exécution d'une obligation née du contrat de travail peut toujours prendre acte de la rupture du contrat, que ce soit en raison des faits dont il a saisi le conseil de prud'hommes ou pour d'autres faits. • Soc. 21 déc. 2006 : ⚖ *D.* 2007. *AJ* 375 ⦿ ; *RJS* 2006. 233, n° 315.

18. La saisine du conseil de prud'hommes par un salarié pour voir juger que la rupture intervenue est due à l'attitude fautive de l'employeur ne peut être assimilée à une prise d'acte. • Soc. 1ᵉʳ févr. 2012 : ⚖ *Dr. soc.* 2012. 634, obs. Géa ⦿.

19. Prise d'acte et mise en demeure. L'art. 1226 C. civ., dans sa rédaction issue de l'Ord. n° 2016-131 du 16 févr. 2016, n'est pas applicable au salarié qui prend acte de la rupture de son contrat de travail. • Cass., avis, 3 avr. 2019, ⚖ n° 19-70.001 P : *D.* 2019. *Actu.* 767 ⦿ ; *RDT* 2019. 328, obs. Bento de Carvalho ⦿ ; *RJS* 6/2019, n° 346 ; *JSL* 2019, n° 476-2, obs. Lhernould ; *JCP S* 2019. 1140, obs. Loiseau.

20. Prise d'acte et prescription de l'action en justice. En cas de prise d'acte de la rupture par une des parties, l'action visant à imputer cette rupture à l'employeur se prescrit à compter de la date de cette prise d'acte, peu important l'ancienneté des manquements de l'employeur, invoqués à son soutien, que le juge doit examiner. • Soc. 27 nov. 2019, ⚖ n° 17-31.258 P : *RJS* 2/2020, n° 83 ; *JCP S* 2020. 1004, obs. Collet-Thiry.

21. Salariés protégés. Lorsqu'un salarié titulaire d'un mandat électif ou de représentation prend acte de la rupture de son contrat de travail en raison de faits qu'il reproche à son employeur, cette rupture produit, soit les effets d'un licenciement nul pour violation du statut protecteur lorsque les faits invoqués par le salarié la justifiaient, soit, dans le cas contraire, les effets d'une démission. • Soc. 5 juill. 2006 : ⚖ *D.* 2006. *Pan.* 182, obs. Berthier ⦿ ; ibid. 2007. 54, note Mouly ⦿ ; *Dr. soc.* 2006. 815, chron. Ray ⦿. ♦ Un salarié protégé peut prendre acte de la rupture de son contrat de travail en raison de faits qu'il reproche à son employeur quand bien même l'administration du travail, saisie antérieurement à la prise d'acte, a autorisé le licenciement prononcé ultérieurement. • Soc. 12 nov. 2015, ⚖ n° 14-16.369 P : *D. actu.* 3 déc. 2015, obs. Fraisse ; *D.* 2015. *Actu.* 2383 ⦿ ; *JSL* 2016, n° 401-2, obs. Lhernould ; *JCP S* 2015. 1016, obs. Everaert-Dumont. ♦ Dans le cas où un salarié protégé prend acte de la rupture de son contrat de travail entre la décision de l'inspecteur du travail et la décision du ministre statuant sur le recours hiérarchique formé contre cette décision et où le ministre annule la décision de l'inspecteur du travail, la demande d'autorisation de transfert du salarié protégé dont il se retrouve saisi perd son objet. • CE 21 sept. 2020, ⚖ n° 425216.

22. Le salarié protégé, qui a pris acte de la rupture de son contrat de travail, peut justifier des manquements de son employeur aux règles applicables au contrat de travail et aux exigences propres à l'exécution des mandats dont il est investi, peu important les motifs retenus par l'autorité administrative à l'appui de la décision par laquelle elle a rejeté la demande d'autorisation de licenciement antérieurement à la rupture. • Soc. 4 juill. 2012 : ⚖ *D. actu.* 24 juill. 2012, obs. Siro ; *RJS* 2012. 700, n° 824 ; *Dr. ouvrier* 2012. 706, rapp. Wurtz ; *JCP S* 2012. 1422, obs. Marié.

23. La prise d'acte entraîne la rupture immédiate du contrat de travail et ne peut être rétractée ; il en résulte que le salarié protégé dont la prise d'acte est justifiée ne peut pas obtenir sa réintégration au sein de l'entreprise, quand bien même elle produirait les effets d'un licenciement nul. • Soc. 29 mai 2013 : ⚖ *D. actu.* 17 juin 2013, obs. Peyronnet ; *D.* 2013. *Actu.* 1416 ⦿ ; *SSL* 2013, n° 1588, p. 11, obs. Champeaux ; *JSL* 2013, n° 347-4, obs. Lhernould ; *JCP S* 2013. 1338, obs. Dumont.

♦ La prise d'acte légitime du salarié protégé constitue un licenciement nul et celui-ci peut bénéficier non seulement des indemnités de rupture et de l'indemnisation du caractère sans cause réelle et sérieuse de son licenciement, mais également de l'indemnité forfaitaire pour violation du statut protecteur. • Soc. 12 mars 2014 : 🔒 *D. actu. 1er août 2014, obs. Ines ; RJS 2014. 344, n° 415.* ♦ L'indemnité forfaitaire pour violation du statut protecteur est alors égale à la rémunération qu'il aurait perçue depuis son éviction jusqu'à l'expiration de la période de protection, dans la limite de deux ans, durée minimale légale de son mandat, augmentée de six mois. • Soc. 21 sept. 2017, 🔒 n° 15-28.932 P : *D. 2017. Actu. 1915* ⊘ *; RJS 1/2018, n° 28 ; JCP S 2017. 1349, obs. Drai.*

24. Victimes d'accident ou de maladie d'origine professionnelle. Les dispositions législatives protectrices des victimes d'accident du travail ne font pas obstacle à ce qu'un salarié déclaré inapte prenne acte de la rupture du contrat de travail en raison des faits qu'il reproche à son employeur. • Soc. 21 janv. 2009 : 🔒 *D. 2009. Pan. 2128, obs. Desbarats* ⊘ *; RJS 2009. 294, n° 338 ; Dr. soc. 2009. 492, obs. Savatier* ⊘ *; JCP S 2009. 1251, obs. Verkindt ; JSL 2009, n° 251-4.*

25. Absence de formalisme de la prise d'acte. Si la prise d'acte de la rupture du contrat de travail n'est soumise à aucun formalisme et peut valablement être présentée par le conseil du salarié au nom de celui-ci, c'est à la condition qu'elle soit adressée directement à l'employeur. • Soc. 16 mai 2012 : *JSL 2012, n° 325-3, obs. Lhernould.* ♦ Tel n'est pas le cas quand le salarié demande d'abord la résiliation de son contrat de travail en justice avant de prendre acte de la rupture du contrat de travail aux torts de son employeur. • Soc. 29 mars 2015, n° 15-29.992. ♦ L'art. 1226 C. civ., dans sa rédaction issue de l'Ord. n° 2016-131 du 10 févr. 2016, imposant la mise en demeure du débiteur défaillant de satisfaire à son engagement avant toute résolution unilatérale du contrat n'est pas applicable au salarié qui prend acte de la rupture de son contrat de travail. • Avis, 3 avr. 2019, 🔒 n° 19-70.001 P, avis n° 15003 : *D. 2019. Actu. 767* ⊘ *; RJS 6/2019, n° 346 ; JCP 2019. 424, obs. Corrignan-Carsin.*

26. Rupture immédiate du contrat de travail. Le contrat de travail est rompu à la date où l'employeur reçoit la lettre par laquelle le salarié prend acte de la rupture du contrat de travail. • Soc. 8 juin 2005 : ⊘ *RJS 2005. 661, n° 925* (renonciation au bénéfice de la clause de non-concurrence). ♦ La prise d'acte de la rupture par le salarié en raison des faits qu'il reproche à son employeur entraîne la cessation immédiate du contrat de travail. • Soc. 4 juin 2008 : 🔒 *RJS 2008. 706, n° 875 ; Dr. soc. 2008. 1143, obs. Couturier* ⊘ *; JCP S 2008. 1438, obs. Frouin ; JCP E 2008. 2238, obs. Flament.* ♦ Les droits à congé acquis par le salarié vont jusqu'à la date de la prise d'acte. • Soc. 4 avr. 2007 : 🔒 *JCP S 2007. 1568, note Frouin.* ♦ La prise d'acte de la rupture du contrat de travail emportant la cessation immédiate de la relation contractuelle, le salarié, qui avait pris acte de la rupture de son contrat de travail le 4 avril 2011, ne pouvait prétendre au versement de la prime de vacances fixée en juillet de chaque année. • Soc. 21 sept. 2017, 🔒 n° 15-28.933 P : *D. 2017. Actu. 1919* ⊘ *; RJS 1/2018, n° 28.*

27. Rétractation de la prise d'acte. La prise d'acte de la rupture par le salarié ne peut être rétractée. • Soc. 14 oct. 2009 : 🔒 *R., p. 342 et 366 ; D. 2010. Pan. 672, obs. Peskine* ⊘ *; RJS 2009. 801, n° 904 ; JSL 2009, n° 266-2 ; SSL 2009, n° 1418, p. 7, note Géa.* ♦ Il ne peut y avoir renonciation par le salarié à sa prise d'acte du fait de son acceptation postérieure d'une convention de reclassement personnalisé. • Soc. 30 juin 2010 : 🔒 *D. 2010. Actu. 1881* ⊘ *; D. actu. 6 sept. 2010, obs. Perrin ; RJS 2010. 671, n° 730 ; JCP S 2010. 1398, obs. Dumont.*

28. Sort du licenciement postérieur. Le contrat de travail étant rompu par la prise d'acte de la rupture émanant du salarié, peu importe la lettre envoyée postérieurement par l'employeur pour lui imputer cette rupture. • Soc. 19 janv. 2005, 🔒 n° 02-41.113 P : *D. 2005. IR 312* ⊘ *; Dr. soc. 2005. 473, obs. Favennec-Héry* ⊘ *; RJS 2005. 194, n° 254 ; CSB 2005, A. 28, obs. Pansier ; JSL 2005, n° 162-5.* • 28 juin 2006 : 🔒 *D. 2007. Pan. 183, obs. Berthier* ⊘ *; RDT 2006. 240, obs. Pélissier* ⊘ *; RJS 2006. 774, n° 1038.* ♦ Le licenciement auquel l'employeur a procédé après la prise d'acte du salarié doit par conséquent être considéré comme non avenu. • Soc. 19 janv. 2005 : 🔒 *préc.* • 8 juin 2005 : 🔒 *RJS 2005. 661, n° 925* • Soc. 30 juin 2010 : 🔒 *D. 2010. Actu. 1881* ⊘ *; D. actu. 6 sept. 2010, obs. Perrin ; RJS 2010. 671, n° 730 ; JCP S 2010. 1398, obs. Dumont.*

29. Sort de la résiliation judiciaire antérieure. Il n'y a plus lieu de statuer sur la demande de résiliation judiciaire antérieure à la prise d'acte ; le juge doit alors fonder sa décision sur les manquements de l'employeur tant à l'appui de la demande de résiliation judiciaire devenue sans objet qu'à l'appui de la prise d'acte. • Soc. 31 oct. 2006 : 🔒 *D. 2006. IR 2810, obs. Dechristé* ⊘ *; ibid. 2007. Pan. 689, obs. Lokiec* ⊘ *; RDT 2007. 28, obs. Grumbach et Pélissier* ⊘ *; RJS 2006. 55, n° 46 ; JSL 2006, n° 200-3.*

30. Prise d'acte et préavis. La circonstance que le salarié a spontanément accompli ou offert d'accomplir un préavis est sans incidence sur l'appréciation de la gravité des manquements invoqués à l'appui de la prise d'acte ; l'employeur est bien tenu de verser au salarié une indemnité compensatrice de préavis correspondant au solde du préavis non exécuté par le salarié lorsque la prise d'acte produit les effets d'un licenciement sans cause réelle et sérieuse. • Soc. 2 juin 2010 : 🔒 *D. 2010. Actu. 1488, obs. Ines* ⊘ *; ibid. 2011* ⊘ *. Pan. 840, obs. Julien ; JCP S 2010. 1309, obs.*

Dauxerre ; RJS 2010. 588, n° 650 ; JSL 2010, n° 281-282-5, obs. Tourreil ; SSL 2010, n° 1451, p. 13. ♦ En cas de prise d'acte justifiée, l'exécution par le salarié d'une période de préavis prive ce dernier du bénéfice de l'indemnité compensatrice de préavis. • Soc. 21 janv. 2015 : ⚖ *D. actu. 9 févr. 2015, obs. Peyronnet ; D. 2015. Actu. 271 ⌀ ; RJS 4/2015, n° 250 ; JCP S 2015. 1144, note Dumont.*

31. Le juge, qui décide que les faits invoqués par le salarié ayant pris acte de la rupture du contrat de travail justifiaient celle-ci, doit accorder au salarié l'indemnité de préavis et les congés payés afférents, peu important qu'il ait, à sa demande, été dispensé par l'employeur d'exécuter un préavis. • Soc. 20 janv. 2010 : ⚖ *Dr. soc. 2010. 412, note Couturier ⌀.* ♦ ... Peu important son état de maladie au cours de cette période. • Soc. 20 janv. 2010 : ⚖ *D. 2010. AJ 328, obs. Maillard ⌀ ; RDT 2010. 228, obs. Barthes ⌀ ; Dr. soc. 2010. 412, note Couturier ⌀ ; JSL 2010, n° 272-3.*

32. Le salarié dont la prise d'acte est injustifiée doit à l'employeur le montant de l'indemnité compensatrice de préavis. • Soc. 8 juin 2011 : ⚖ *D. actu. 4 juill. 2011, obs. Siro ; D. 2011. Actu. 1682 ⌀ ; RJS 2011. 634, n° 695 ; JSL 2011, n° 304-3, obs. Tourreil.* ♦ Toutefois, si le salarié se trouve, du fait de sa maladie, dans l'incapacité d'effectuer le préavis dont l'exécution avait été convenue ave l'employeur, aucune indemnité compensatrice de préavis ne peut être mise à sa charge. • Soc. 15 janv. 2014 : ⚖ *D. actu. 19 févr. 2014, obs. Fleuriot ; D. 2014. Actu. 216 ⌀ ; RJS 3/2014, n° 203.* ♦ La circonstance que le salarié quitte son emploi à la date de la prise d'acte a pour conséquence que son ancienneté dans l'entreprise doit se calculer à la date de la rupture. • Soc. 28 sept. 2011 : ⚖ *D. actu. 17 oct. 2011, obs. Perrin ; D. 2011. Actu. 2480 ⌀ ; RJS 2011. 838, n° 948 ; JSL 2011, n° 309-4, obs. Lhernould ; JCP S 2011. 1558, obs. Dumont.*

33. Prise d'acte et droit individuel à la formation. Le salarié, dont la prise d'acte de la rupture du contrat de travail est justifiée, doit être indemnisé de la perte de chance d'utiliser les droits qu'il a acquis au titre du droit individuel à la formation. • Soc. 18 mai 2011 : ⚖ *RDT 2011. 503, obs. Fabre ⌀ ; RJS 2011. 610, n° 659 ; JCP S 2011. 1502, obs. Martinon.*

34. Indemnité pour non-respect de la procédure de licenciement. L'indemnité pour non-respect de la procédure de licenciement ne peut être allouée lorsque le contrat de travail a été rompu par une prise d'acte du salarié. • Soc. 19 oct. 2016, ⚖ n° 14-25.067 P : *D. actu. 23 nov. 2016, obs. Ines ; D. 2016. Actu. 2219 ⌀ ; ibid. 2017. Pan. 851, obs. Lokiec ⌀ ; RJS 1/2017, n° 15 ; Dr. soc. 2016. 1060, obs. Mouly ⌀ ; JCP S 2016. 1414, obs. Cailloux-Meurice.*

B. MANQUEMENTS DE L'EMPLOYEUR

35. Charge de la preuve. Le salarié qui prend acte de la rupture en raison de manquements de l'employeur à ses obligations doit établir les manquements qu'il avance ; en cas de doute, la rupture produit les effets d'une démission. • Soc. 19 déc. 2007, ⚖ n° 06-44.754 P : *RDT 2008. 254, obs. Bernard et Grumbach ⌀ ; RJS 2008, n° 259 ; Dr. soc. 2008. 454, note Radé ⌀.*

36. Faits à prendre en compte. Le salarié doit rapporter la preuve d'un manquement suffisamment grave de l'employeur faisant obstacle à la poursuite du contrat de travail, peu important qu'il ait eu lieu en dehors du temps et du lieu de travail, à la condition en revanche que les griefs invoqués à l'appui de la prise d'acte soient en lien étroit avec l'activité professionnelle. • Soc. 23 janv. 2013 : ⚖ *D. 2013. Actu. 313 ⌀.* ♦ Seuls les faits invoqués par le salarié à l'appui de sa prise d'acte de la rupture permettent de requalifier la démission en licenciement. • Soc. 19 oct. 2004, ⚖ n° 02-45.742 P : *D. 2004. IR 2891 ⌀ ; Dr. soc. 2005. 106, obs. Favennec-Héry ⌀ ; RJS 2005. 31, n° 18 ; JCP E 2005. 625, note Mazuyer ; TPS 2005, n° 1, note Verkindt ; JSL 2004, n° 156-5 ; RDC 2005. 375, obs. Radé.* ♦ Ne peuvent justifier une prise d'acte de la rupture du contrat de travail les faits dont le salarié n'avait eu connaissance que postérieurement à la prise d'acte. • Soc. 9 oct. 2013 : ⚖ *D. actu. 29 oct. 2013, obs. Peyronnet ; D. 2013. Actu. 2404 ⌀ ; RDT 2013. 763, obs. Géniaut ⌀ ; RJS 12/2013, n° 791 ; JSL 2013, n° 354-2, obs. Lhernould.*

37. L'écrit par lequel le salarié prend acte de la rupture du contrat de travail en raison de faits qu'il reproche à son employeur ne fixe pas les limites du litige ; le juge est tenu d'examiner les manquements de l'employeur invoqués devant lui par le salarié, même si celui-ci ne les a pas mentionnés dans cet écrit. • Soc. 29 juin 2005 : ⚖ *D. 2005. 2723, note Lokiec ⌀ ; Dr. ouvrier 2005. 533, note Sabatte ; JSL 2005, n° 174-5 ; RJS 2005. 686, n° 959.* ♦ 5 juill. 2006 : ⚖ *D. 2006. IR 2053 ⌀ ; RJS 2006. 808, n° 1091 ; JSL 2006, n° 196-3.*

38. Manquements à l'obligation de sécurité. Apparaît comme suffisamment grave le refus de faire convoquer le salarié par la médecine du travail, au motif qu'il n'avait pas demandé à reprendre le travail. • Soc. 15 oct. 2003, ⚖ n° 01-43.571. ♦ ... Le laxisme persistant de l'employeur dans l'application de la réglementation antitabac lorsque le travailleur était exposé, en dépit de ses réclamations, à un tabagisme passif dans le bureau collectif qu'il occupait. • Soc. 29 juin 2005 : ⚖ *D. 2005. 2565, note Bugada ⌀ ; D. 2006. Pan. 34, obs. Paulin ⌀ ; Dr. soc. 2005. 971, note Savatier ⌀ ; JCP E 2005. 1839, note Miné ; JSL 2005, n° 172-2 ; RJS 2005. 679, n° 945.*

39. Lorsque le salarié fait valoir à l'appui de la prise d'acte que l'employeur n'a pas adapté son poste de travail conformément aux recommandations du médecin du travail, il appartient à l'employeur de justifier qu'il a procédé à une telle adaptation. • Soc. 14 oct. 2009 : ⚖ *D. 2009. 2556 ⌀ ; ibid. 2010. 672, obs. Leclerc, Peskine,*

Porta, Camaji, Fabre, Odoul-Asorey, Pasquier et Borenfreund ; RDT 2009. 712, obs. Pélissier ; ibid. 2010. 30, obs. Véricel.

40. Il appartient à l'employeur qui considère injustifiée la prise d'acte de la rupture par un salarié qui, étant victime d'un accident du travail, invoque une inobservation des règles de prévention et de sécurité, de démontrer que la survenance de cet accident est étrangère à tout manquement à son obligation de sécurité. ● Soc. 12 janv. 2011 : D. actu. 8 févr. 2011, obs. Perrin ; RDT 2011. 445, obs. Véricel ; JSL 2011, n° 294-2, obs. Lhernould ; JCP S 2011. 1168, obs. d'Allende.

41. Comportements suffisamment graves. Lorsque le salarié prend acte de la rupture de son contrat de travail en raison des manquements qu'il reproche à l'employeur, seuls les manquements suffisamment graves pour empêcher la poursuite de la relation de travail font produire à la prise d'acte les effets d'un licenciement sans cause réelle et sérieuse. ● Soc. 17 sept. 2015 n° 14-10.578 : RJS 12/2015, n° 782. ♦ L'appréciation de la gravité des faits relève du pouvoir souverain des juges du fond qui doivent procéder à une appréciation concrète au regard des circonstances de l'espèce ; la Cour de cassation n'exerce sur cette appréciation qu'un contrôle restreint, limité à l'erreur manifeste d'appréciation. ● Soc. 19 déc. 2018, n° 16-20.522 : RJS 3/2019, n° 152. ♦ Apparaît comme suffisamment grave le retard répété dans le paiement des salaires, sans une raison valable. ● Soc. 24 avr. 2003, n° 00-45.404 ● Soc. 30 mai 2018, n° 16-28.127. ♦ ... Ou le refus de verser au salarié des primes qui lui sont normalement dues. ● Soc. 21 janv. 2003, n° 00-44.502 P. ♦ ... Ou encore la violation par l'employeur de son obligation de fournir au salarié le travail convenu. ● Soc. 3 nov. 2010 : D. 2011. Pan. 1246, obs. Porta ; Dr. soc. 2011. 95, obs. Radé ; JSL 2010, n° 289.290-3, obs. Tourreil ; JCP S 2011. 1006, obs. Frouin.

42. Fautes insuffisantes. Le seul décalage d'une journée ou deux de certains paiements s'expliquant par des jours fériés ne peut être considéré comme suffisamment grave pour justifier la rupture du contrat de travail aux torts de l'employeur. ● Soc. 19 janv. 2005, n° 03-45.018 P. ♦ ... Ou le retard dans le paiement des salaires limité à deux mensualités. ● Soc. 29 janv. 2020, n° 17-13.961 : RDT 2020. 479, obs. Pignarre ; RJS 4/2020, n° 174. ♦ De même que la carence de courte durée de l'employeur dans le paiement des salaires dès lors qu'était mise en œuvre la garantie des créances salariales. ● Soc. 14 oct. 2009 : D. 2009. AJ 2549 ; RJS 2009. 814, n° 924. ♦ De même n'est pas constitutive d'un manquement suffisamment grave et légitimant une prise d'acte de la rupture du contrat de travail par le salarié l'absence de réponse de l'employeur dans le délai prévu par le plan à la demande de validation du projet de reclassement externe du salarié. ● Soc. 30 mars 2010 : D. 2010. Actu. 1026 ; D. actu. 10 mai 2010, obs. Cortot ; RJS 6/2010, n° 491 ; JCP S 2010. 1228, obs. Frouin.

IV. FORCE MAJEURE

BIBL. Bousiges, Ét. offertes à J. Savatier, 1992, p. 79. – Boubli, SSL 1984, n° 203.

43. Définition. La force majeure permettant à l'employeur de s'exonérer de tout ou partie des obligations nées de la rupture du contrat de travail s'entend de la survenance d'un événement extérieur irrésistible ayant pour effet de rendre impossible la poursuite dudit contrat. ● Soc. 12 févr. 2003 : Dr. soc. 2003. 388, chron. Cristau ; RJS 2003. 285, rapp. Frouin. ♦ Il n'y a donc pas force majeure lorsque la survenance de l'événement est envisagée dans le contrat de travail. ● Soc. 16 mai 2012 : D. actu. 11 juin 2012, obs. Ines ; D. 2012. 1864, note Fardoux ; RDT 2012. 420, obs. Tournaux ; Dr. soc. 2012. 744, obs. Mouly ; RJS 2012. 541, n° 627 ; JSL 2012, n° 325-5, obs. Tourreil.

44. Effets. L'existence d'un cas de force majeure rend la rupture non imputable à l'employeur et le dispense de verser les indemnités de préavis et de licenciement. ● Soc. 28 févr. 1973 : JCP 1973. II. 17560, note Saint-Jours ● 7 mai 1975, n° 73-40.780 P. ● 19 mars 1987 : Juri-soc. 1987, F. 36.

45. Incendie. L'incendie est considéré comme justifiant la rupture du contrat de travail s'il entraîne la destruction totale des installations d'une société et qu'il en résulte un arrêt durable de l'activité. ● Soc. 30 avr. 1997 : RJS 1997. 609, n° 970 ; CSB 1997. 218, S. 130. ♦ La force majeure ne peut être reconnue lorsque l'incendie n'a pas provoqué la cessation de l'activité de l'entreprise qui a été reportée sur une autre usine. ● Soc. 3 mars 1993 : D. 1994. Somm. 306, obs. Vacarie ; CSB 1993. 49, B. 58. ♦ La force majeure est rejetée lorsque l'aggravation des conséquences de l'incendie est due à la négligence fautive de l'employeur qui n'avait pas pris les mesures adéquates. ● Soc. 7 mars 1985, n° 83-45.688 P. ♦ Si la cessation d'activité consécutive à l'incendie aurait pu être invoquée comme cause économique du licenciement, elle ne pouvait à raison des seuls aléas allégués et des divergences nées entre les associés, caractériser un cas de force majeure. ● Soc. 27 juin 2000 : RJS 2000, n° 940.

46. Cataclysmes naturels. Constituent des cas de force majeure : la destruction totale de l'exploitation à la suite d'un cyclone. ● Crim. 4 janv. 1984, n° 83-90.022 P. ♦ ... La menace d'une éruption volcanique. ● Soc. 19 nov. 1980, n° 78-41.574 P. ♦ En revanche, ne constituent pas un cas de force majeure : l'inondation qui n'entraîne qu'une cessation d'activité temporaire et partielle. ● Soc. 15 févr. 1995 : Dr. soc. 1995. 384, obs. Antonmattéi ; RJS 1995. 256, n° 371. ♦ ... La gelée tardive classée calamité agricole mais qui n'entraîne pas la disparition de l'entreprise. ● Soc.

25 oct. 1995, 🔒 n° 93-40.866 P : *D. 1995. IR 258* ; *RJS 1995. 794, n° 1242*. ♦ ... L'inondation d'une usine implantée sur les berges d'un fleuve dont la crue est régulière. ● Soc. 19 mai 1988, 🔒 n° 86-41.948 P : *D. 1998. IR 164*.

47. Fait du prince. Constituent un fait du prince légitimant la rupture du contrat de travail : la décision de l'État gabonais de remplacer des ressortissants étrangers par des nationaux. ● Soc. 31 mai 1990 : 🔒 *CSB 1990, n° 22, A. 44*. ♦ ... Le refus de renouvellement de la carte de travail d'un salarié étranger. ● Soc. 4 juill. 1978, 🔒 n° 77-41.091 P : *D. 1980. 30, note G. Lyon-Caen*. ♦ ... La décision d'exclusion des salles des jeux prononcée à l'encontre du salarié d'un casino. ● Soc. 7 mai 2002, 🔒 n° 00-42.370 P : *RJS 2002. 633, n° 808*. ♦ En revanche, ne sont pas constitutifs d'une force majeure : la décision ministérielle de fermer un casino motivée par les antécédents judiciaires de l'employeur. ● Soc. 26 janv. 1994, 🔒 n° 92-43.616 P : *D. 1994. IR 58*. ♦ ... Le retrait d'agrément d'une bibliothécaire d'un hôpital soumise à une appréciation du comportement et de la conduite. ● Soc. 11 mai 1988, 🔒 n° 84-40.570 P. ♦ ... Le retrait d'une autorisation d'exploitation d'une sablière donnée à titre précaire et révocable. ● Soc. 21 janv. 1987, 🔒 n° 84-41.232 P : *D. 1987. IR 22*. ♦ ... Le retrait du titre d'accès à une zone sécurisée rendant impossible l'exécution du contrat de travail par le salarié ; en outre, dans de telles circonstances, aucune obligation légale ou conventionnelle de reclassement ne pèse sur l'employeur. ● Soc. 28 nov. 2018, 🔒 n° 17-13.199 P : *D. actu. 20 déc. 2018, obs. Malfettes* ; *D. 2018. Actu. 2368* ; *ibid. 2019. 328, obs. Salomon* ; *Dr. soc. 2019. 360, obs. Mouly* ; *RDT 2019. 11, obs. Dechristé* ; *RJS 2/2019, n° 91* ; *JSL 2019, n° 468-4, obs. Hautefort* ; *JCP S 2019. 1014, obs. Urbain*.

48. Incarcération du salarié. La situation résultant de l'incarcération du salarié ne constitue pas un cas de force majeure ; seule l'existence d'une faute grave pourrait priver le salarié du bénéfice de l'indemnité de licenciement. ● Soc. 15 oct. 1996, 🔒 n° 93-43.668 P : *Dr. soc. 1997. 246, note Antonmattéi* ; *CSB 1997. 7, A. 2* ; *RJS 1996. 816, n° 1262*. ♦ Dans le même sens : ● Soc. 14 mai 1997 : 🔒 *CSB 1997. 218, S. 130* ● Soc. 21 nov. 2000 : 🔒 *RJS 2001. 3, Frouin*.

49. L'employeur conserve néanmoins la possibilité de licencier le salarié en invoquant, notamment, l'impossibilité dans laquelle se trouve le salarié de remplir ses obligations. ● Soc. 28 mai 1997 : 🔒 *CSB 1997. 218, S. 130*.

50. Exclusion des événements tenant à l'employeur. Le décès de l'employeur n'est pas constitutif d'un cas de force majeure. ● Soc. 16 nov. 1977, 🔒 n° 76-40.477 P : *D. 1978. IR 53* ● 29 oct. 1996 : 🔒 *D. 1997. IR 4*. ♦ ... Ni son hospitalisation. ● Soc. 31 mars 1994 : 🔒 *Dr. soc. 1994. 514*. ♦ ... Ni son incarcération. ● Soc. 5 mai 2004 : 🔒 *Dr. soc. 2004. 729, note Savatier* (l'incarcération ne suspend pas le contrat de travail).

51. Exclusion des difficultés économiques. Ne sont pas constitutives d'un cas de force majeure : la fermeture d'un établissement pour insuffisance de clientèle. ● Soc. 13 juill. 1993 : 🔒 *CSB 1993, S. 142*. ♦ ... L'impossibilité pour l'employeur de fournir du travail à ses salariés. ● Soc. 20 févr. 1996, 🔒 n° 93-42.663 P : *D. 1996. 633, note Puigelier* ; *RJS 1996. 232, n° 388*.

V. RUPTURE NÉGOCIÉE

52. V. jurisprudence ss. art. L. 1237-11.

VI. RÉSOLUTION JUDICIAIRE (RÉSILIATION JUDICIAIRE)

BIBL. Champeaux, *SSL 2017, n° 1791, p. 9* (la résiliation judiciaire : où en est-on ?). – Daugareilh, *Dr. soc. 1992. 805*. – Jeammaud, *D. 1980. Chron. 47*. – J. Savatier, *Dr. soc. 1979. 414*. – Pécaut-Rivolier, *Dr. soc. 2012. 29* (prise d'acte et résiliation judiciaire).

A. IRRECEVABILITÉ DE LA DEMANDE DE L'EMPLOYEUR

53. Exclusion. L'employeur, qui dispose du droit de résilier unilatéralement un contrat de travail à durée indéterminée par la voie du licenciement en respectant les garanties légales, n'est pas recevable, hors les cas où la loi en dispose autrement, à demander la résiliation judiciaire dudit contrat. ● Soc. 13 mars 2001 : 🔒 *Dr. soc. 2001. 624, chron. Radé*. ♦ ... Même par voie reconventionnelle. ● Soc. 29 juin 2005 : 🔒 *RJS 2005. 686, n° 961* ; *JSL 2005, n° 174-5* ● Soc. 3 nov. 2005 : 🔒 *D. 2005. IR 2898*. ♦ L'exercice de l'action s'analyse en une manifestation de la volonté de rompre le contrat de travail, valant licenciement, en sorte que le licenciement qu'il prononce postérieurement est dépourvu d'effet sur la rupture précédemment acquise. ● Soc. 5 juill. 2005 : 🔒 *D. 2005. IR 2176* ; *RJS 2005. 692, n° 971*.

B. SALARIÉS SOUMIS À UN RÉGIME PARTICULIER

54. Salariés protégés. La résiliation judiciaire est exclue pour les représentants du personnel. ● Cass., ch. mixte, 21 juin 1974 : 🔒 *Bull. ch. mixte, n° 3* ; *GADT, 4ᵉ éd., n° 151* ; *D. 1974. 593, concl. Touffait* ; *D. 1974. Chron. 235, obs. Sinay* ; *D. 1975. Chron. 103, obs. Latournerie* ● Soc. 18 juin 1996, 🔒 n° 94-46.653 P : *Dr. soc. 1996. 979, obs. Blaise* ; *RJS 1996. 605, n° 944* ; *CSB 1996. 271, A. 54, note Philbert*.

55. Salariés sous contrat à durée déterminée. L'employeur ne peut demander la résolution judiciaire anticipée du contrat de travail à durée déterminée. ● Soc. 15 juin 1999, 🔒 n° 98-44.295 P : *D. 1999. 623, note Radé* ; *JCP E 1999. 2069, note Mouly* (contrat initiative-emploi) ● Soc. 4 déc. 2001, 🔒 n° 99-46.364 P : *Dr. soc. 2002. 406*, note Roy-Loustaunau ⌀ ; RJS 2002. 133, n° 149 ; JSL 2002, n° 94-4 ; D. 2002. 2361, note Mouly ⌀.

56. Salariés malades. L'employeur ne peut demander la résolution judiciaire du contrat de travail d'un salarié absent pour cause de maladie. ● Soc. 9 mars 1999, 🏛 n° 96-41.734 P : D. 1999. 365, note Radé ⌀ ; Dr. soc. 1999. 526, obs. A. Mazeaud ⌀ ; RJS 1999. 315, n° 505.

57. Salariés fautifs. Lorsque l'employeur estime que le salarié ne respecte pas ses obligations, il lui appartient alors de procéder à un licenciement disciplinaire. ● Soc. 30 mai 2000, 🏛 n° 98-40.085 P : RJS 2000. 580, n° 844.

C. RECEVABILITÉ DE LA DEMANDE DU SALARIÉ

58. Recevabilité de l'action en résiliation judiciaire. L'action en résiliation judiciaire du contrat de travail peut être introduite tant que ce contrat n'a pas été rompu, quelle que soit la date des faits invoqués au soutien de la demande. ● Soc. 27 sept. 2023, 🏛 n° 21-25.973 B : D. actu. 11 oct. 2023, obs. Nivert ; D. 2023. 1698 ⌀ ; RJS 12/2023, n° 630.

59. Admission. Les juges du fond peuvent prononcer la résiliation judiciaire du contrat de travail aux torts de l'employeur pour attitude abusive, dès lors qu'en retirant au salarié sa voiture de fonction, il l'a mis dans l'impossibilité d'accomplir son travail tout en refusant de procéder à son licenciement. ● Soc. 7 mars 1996 : 🏛 RJS 1996. 241, n° 400 ● Soc. 26 nov. 2002 : 🏛 Dr. soc. 2003. 671, note Mouly ⌀. ♦ L'absence de visite médicale de reprise ne justifie pas la résiliation judiciaire du contrat de travail aux torts de l'employeur dès lors qu'elle procède d'une erreur des services administratifs de l'employeur et qu'elle n'a pas empêché la poursuite du contrat de travail pendant plusieurs mois. ● Soc. 26 mars 2014 : 🏛 D. actu. 18 avr. 2014, obs. Fraisse ; D. 2014. Actu. 829 ⌀ ; ibid. 1115, obs. Lokiec et Porta ⌀ ; RJS 2014. 385, n° 470. ♦ Une modification de la rémunération ne justifie pas la résiliation judiciaire du contrat si le salarié n'a subi qu'une faible baisse n'empêchant pas la poursuite du contrat de travail. ● Soc. 12 juin 2014 : 🏛 D. actu. 25 juin 2014, obs. Fraisse ; D. 2014. 1628, obs. Driguez ⌀ ; RDT 2014. 447, étude Flores ⌀ ; Dr. soc. 2015. 384, note Moul ⌀ y ; RJS 2014. 520, n° 626. ♦ V. déjà : les juges du fond peuvent prononcer la résiliation judiciaire du contrat de travail aux torts de l'employeur pour attitude abusive, dès lors qu'en retirant au salarié sa voiture de fonction, il l'a mis dans l'impossibilité d'accomplir son travail tout en refusant de procéder à son licenciement. ● Soc. 7 mars 1996 : 🏛 RJS 1996. 241, n° 400 ● 26 nov. 2002 : 🏛 Dr. soc. 2003. 671, obs. Mouly ⌀.

60. Salarié protégé. Si la procédure de licenciement du salarié représentant du personnel est d'ordre public, ce salarié ne peut être privé de la possibilité de poursuivre la résiliation judiciaire de son contrat de travail aux torts de l'employeur en cas de manquement, par ce dernier, à ses obligations. ● Soc. 16 mars 2005 : 🏛 D. 2005. 1613, note Mouly ⌀ ; RDC 2005. 763, obs. Radé ; JSL 2005, n° 165-3 ; RJS 2005. 372, n° 534.

61. Victime de discrimination. Alors même que l'employeur a déjà été condamné pour discrimination et que cette dernière ne s'est pas poursuivie, un salarié peut ultérieurement obtenir la résiliation judiciaire de son contrat de travail pour cette même discrimination. ● Soc. 23 mai 2013 : 🏛 D. actu. 10 juin 2013, obs. Peyronnet ; D. 2013. Actu. 1354 ⌀ ; JCP S 2013. 1310, obs. Drai.

62. Appréciation des manquements. Il relève du pouvoir souverain des juges du fond d'apprécier si l'inexécution de certaines des obligations résultant d'un contrat synallagmatique présente une gravité suffisante pour en justifier la résiliation. ● Soc. 15 mars 2005, 🏛 n° 03-42.070 P : RJS 2005. 448, n° 625 ● 8 avr. 2010 : 🏛 RJS 6/2010, n° 535. ♦ Les juges du fond peuvent, dès lors qu'ils ont caractérisé des manquements de l'employeur antérieurs à l'introduction de l'instance, tenir compte, pour en apprécier la gravité, de leur persistance jusqu'au jour du licenciement. ● Soc. 14 déc. 2011 : 🏛 D. actu. 9 janv. 2012, obs. Perrin ; D. 2012. Actu. 156 ⌀ ; JCP S 2012. 1082, obs. Dumont. ♦ L'absence de visite médicale de reprise ne justifie pas la résiliation judiciaire du contrat de travail aux torts de l'employeur dès lors qu'elle procède d'une erreur des services administratifs de l'employeur et qu'elle n'a pas empêché la poursuite du contrat de travail pendant plusieurs mois. ● Soc. 26 mars 2014 : 🏛 D. actu. 18 avr. 2014, obs. Fraisse ; D. 2014. Actu. 830 ⌀ ; RDT 2014. 544, obs. Bento de Carvalho ⌀ ; RJS 2014. 384, n° 470 ; JSL 2014, n° 366-2, obs. Lhernould. ♦ Une modification mineure de la rémunération, imposée unilatéralement par l'employeur, ne constitue pas un manquement grave de l'employeur justifiant la résiliation judiciaire du contrat de travail. ● Soc. 12 juin 2014 : 🏛 D. actu. 25 juin 2014, obs. Fraisse ; D. 2014. 1628, obs. Driguez ⌀ ; RJS 2014. 520, n° 626 ; JSL 2014, n° 370-2, obs. Arandel ; Dr. Soc. 2015. 384, note Mouly ⌀.

63. Examen de l'ensemble des griefs. Le juge, saisi d'une demande de résiliation judiciaire du contrat de travail, doit examiner l'ensemble des griefs invoqués au soutien de celle-ci, quelle que soit leur ancienneté. Les demandes du salarié ne sauraient être prescrites au motif que le manquement à son obligation de sécurité reproché à l'employeur, relatif à l'exécution du contrat de travail et soumis à la prescription biennale, était connu de l'intéressé au moment où il a été placé en arrêt de travail, 3 ans avant la saisine du conseil de prud'hommes, alors qu'il lui appartenait d'examiner l'ensemble des griefs articulés au soutien de la demande de résiliation judiciaire. ● Soc. 30 juin 2021, 🏛 n° 19-18.533 B : D. 2021. 1294 ⌀ ; Dr. soc. 2021. 847, obs. Radé ⌀ ; RJS 10/2021, n° 533 ; JSL

64. Moment d'appréciation des manquements. En matière de résiliation judiciaire du contrat de travail, sa prise d'effet ne peut être fixée qu'à la date de la décision judiciaire la prononçant dès lors que le contrat n'a pas été rompu avant cette date ; il appartient aux juges du fond d'apprécier les manquements imputés à l'employeur au jour de leur décision. • Soc. 29 janv. 2014 : ⚖ *D. 2014. Actu. 376* ⌘ ; *RDT 2014. 544,* obs. Bento de Carvalho ⌘ ; *RJS 2014. 259, n° 314.*

65. Résiliation judiciaire non fondée. En l'absence d'intention malveillante ou de légèreté blâmable, la mise en œuvre d'une procédure disciplinaire ne saurait justifier une résiliation judiciaire du contrat de travail aux torts de l'employeur et pouvant s'analyser en un licenciement sans cause réelle et sérieuse. • Soc. 25 sept. 2013 : *D. actu. 8 oct. 2013,* obs. Voisin ; *D. 2013. Actu. 2278* ⌘. ♦ Le juge saisit d'une demande de résiliation judiciaire du contrat de travail qui estime que les manquements reprochés à l'employeur ne justifient pas la rupture du contrat de travail doit débouter le salarié de sa demande, sans pouvoir prononcer la rupture aux torts du salarié. • Soc. 26 sept. 2007 : ⚖ *D. 2007. AJ 2539* ⌘ ; *RJS 2007. 1028, n° 1281* ; *JSL, n° 220-3* • 7 juill. 2010 : ⚖ *D. 2011. Pan. 840,* obs. Khodri ⌘ ; *RJS 2010. 686, n° 749* ; *JSL 2010, n° 286-6,* obs. Toureil.

66. Concours avec un licenciement. Lorsqu'un salarié demande la résiliation de son contrat de travail en raison de faits qu'il reproche à son employeur, tout en continuant à travailler à son service, et que ce dernier le licencie ultérieurement pour d'autres faits survenus au cours de la poursuite du contrat, le juge doit d'abord rechercher si la demande de résiliation du contrat de travail était justifiée ; c'est seulement dans le cas contraire qu'il doit se prononcer sur le licenciement notifié par l'employeur. • Soc. 16 févr. 2005, ⚖ *n° 02-46.649 P* : *RJS 2005. 360, n° 509* • 12 juill. 2005 : ⚖ *D. 2005. IR 2242* ⌘ ; *RJS 2005. 693, n° 972* • 22 mars 2006 : ⚖ *RDT 2006. 24,* obs. Pélissier ⌘ ; *RJS 2006. 496, n° 719* ; *SSL 2006, n° 1255, p. 12* • 21 juin 2006 : ⚖ *D. 2007. Pan. 182,* obs. Berthier ⌘ ; *RJS 2006. 786, n° 1058* (s'agissant d'un concours avec un licenciement économique) • 7 févr. 2007 : ⚖ *D. 2007. AJ 730* ⌘ ; *RJS 2007. 458, n° 622* • 12 juin 2012 : ⚖ *D. actu. 11 juill. 2012,* obs. Perrin ; *D. 2012. 556,* obs. Fabre ⌘ ; *RJS 2012. 610, n° 698* ; *JCP S 2012. 1419,* obs. Jacotot (s'agissant d'une adhésion à une convention de reclassement personnalisé). ♦ Même solution lorsque le contrat de travail du salarié est transféré auprès d'un nouvel employeur en application de l'art. L. 1224-1 et que ce dernier le licencie. • Soc. 7 déc. 2011 : ⚖ *D. actu. 6 janv. 2012,* obs. Perrin ; *D. 2012. Actu. 25* ⌘ ; *RJS 2012. 108, n° 111* ; *JSL 2012, n° 316-5,* obs. Tourreil ; *JCP S 2012. 1083,* obs. Puigelier.

67. Régularisation des manquements. Lorsqu'un salarié demande la résiliation de son contrat de travail en raison de faits qu'il reproche à son employeur, et qu'il est licencié ultérieurement, le juge doit d'abord rechercher si la demande de résiliation judiciaire était justifiée. Pour apprécier si les manquements de l'employeur sont de nature à empêcher la poursuite du contrat de travail, il peut tenir compte de la régularisation survenue jusqu'à la date du licenciement. • Soc. 2 mars 2022, ⚖ *n° 20-14.099 B* : *D. actu. 22 mars 2022,* obs. Malfettes ; *D. 2022. 514* ⌘ ; *Dr. soc. 2022. 362,* obs. Mouly ⌘ ; *RJS 5/2022, n° 238* ; *SSL 2022, n° 1992, p. 13,* obs. Champeaux ; *JSL 2022, n° 540,* obs. Nasom-Tissandier ; *JCP S 2022. 1099,* obs. Vidal.

68. Salarié protégé. Le juge judiciaire ne saurait remettre en cause l'analyse par l'inspecteur du travail des griefs invoqués par le salarié, analyse effectuée au soutien de sa décision de refus d'autorisation de licenciement. • Soc. 8 avr. 2014 : ⚖ *Dr. soc. 2014. 679,* obs. Mouly ⌘ ; *RJS 2014. 476, n° 579.* ♦ Dès lors que l'autorisation administrative de licenciement d'un salarié protégé a été annulée par le juge administratif, la juridiction prud'homale ne peut plus se prononcer sur la demande de résiliation judiciaire formée par le salarié protégé, même si sa saisine est antérieure à la rupture du contrat de travail du salarié protégé. • Soc. 11 oct. 2017, ⚖ *n° 16-14.529 P* : *D. 2017. Actu. 2104* ⌘ ; *Dr. soc. 2017. 1082,* obs. Mouly ⌘ ; *RJS 12/2017, n° 810* ; *JJSL 2017, n° 443-444-7,* obs. Lhernould ; *CP S 2017. 1407,* obs. Lahalle.

69. Le contrat de travail étant rompu par l'envoi de la lettre recommandée avec demande d'avis de réception notifiant le licenciement, la demande postérieure du salarié tendant au prononcé de la résiliation judiciaire du contrat est nécessairement sans objet, le juge devant toutefois, pour l'appréciation du bien-fondé du licenciement, prendre en considération les griefs invoqués par le salarié au soutien de sa demande de résiliation dès lors qu'ils sont de nature à avoir une influence sur cette appréciation. • Soc. 20 déc. 2006 : ⚖ *D. 2007. Pan. 689,* obs. Lokiec ⌘ ; *ibid. AJ 308,* obs. Cortot ⌘ ; *RJS 2006. 241, n° 327* • 7 mars 2012 : ⚖ *D. actu. 20 avr. 2012,* obs. Ines ; *D. 2012. Actu. 821* ⌘ ; *RJS 2012. 374, n° 441* ; *JCP S 2012. 1226,* obs. Frottin.

70. Concours avec la mise à la retraite. La mise à la retraite du salarié rompt le contrat de travail, et ce même si ce dernier avait saisi le conseil de prud'hommes d'une demande de résolution judiciaire de son contrat de travail aux torts de l'employeur. • Soc. 12 avr. 2005 : ⚖ *Dr. soc. 2005. 844,* note Gauriau ⌘ ; *JSL 2005, n° 168-4* • 21 févr. 2007 : ⚖ *RDT 2007. 310,* obs. Pélissier ⌘ ; *D. 2007. Pan. 2266,* obs. Pélissier ⌘.

71. Concours résiliation judiciaire et prise d'acte. Un salarié peut saisir le juge d'une demande en résiliation judiciaire puis prendre acte de la rupture ; le juge se prononce alors exclusive-

RUPTURE DU CONTRAT DE TRAVAIL — Art. L. 1231-1

ment sur les griefs invoqués à l'appui de la prise d'acte. • Soc. 15 mars 2006 : ⚖ *RDT 2006. 24, obs. Pélissier* ⊘ *; SSL 2006, n° 1255, p. 12.*

72. Lorsqu'un salarié a demandé la résiliation judiciaire de son contrat de travail, puis a pris acte de la rupture de celui-ci et, enfin, a été licencié pour faute, le juge doit d'abord se prononcer sur la demande de résiliation, et, en cas de rejet, sur la prise d'acte en recherchant si les faits invoqués par le salarié à l'appui de celle-ci étaient ou non fondés et produisaient soit les effets d'un licenciement sans cause réelle et sérieuse, soit les effets d'une démission. • Soc. 3 mai 2006 : ⚖ *D. 2006. Pan. 182, obs. Berthier* ⊘ *; JSL 2006, n° 190-4 ; JCP E 2006. 2297, obs. Béal et Rouspide.*

73. Une demande de résiliation judiciaire formée par un salarié ne peut être assimilée à une prise d'acte de la rupture. • Soc. 21 mars 2007 : ⚖ *D. 2007. AJ 1019* ⊘ *; D. 2007. Pan. 2265, obs. Pélissier* ⊘ *; Dr. soc. 2007. 773, obs. Savatier* ⊘ *; RJS 2007. 435, n° 589 ; JSL 2007, n° 209-5.*

74. Concours rupture conventionnelle et résiliation judiciaire. L'annulation de la rupture conventionnelle n'ayant pas été demandée dans le délai prévu par l'art. L. 1237-14, le juge du fond n'a plus à statuer sur une demande, fût-elle antérieure à cette rupture, en résiliation judiciaire du contrat de travail devenue sans objet. • Soc. 10 avr. 2013 : ⚖ *D. actu. 24 avr. 2013, obs. Peyronnet ; JSL 2013, n° 344-4, obs. Lhernould ; JCP S 2013. 1281, obs. Puigelier.*

75. Résiliation judiciaire et démission. En cas de demande de résiliation judiciaire du contrat suivie d'une démission, cette dernière rompt le contrat et rend la demande initiale sans objet ; le salarié peut néanmoins obtenir réparation de son préjudice si ses griefs sont justifiés. • Soc. 30 avr. 2014 : ⚖ *D. actu. 22 mai 2014, obs. Fraisse ; Dr. soc. 2014. 675, obs. Mouly* ⊘ *; RJS 2014 462, n° 561 ; SSL 2014, n° 1630, obs. Champeaux ; JSL 2014, n° 368-6, obs. Belloeil et Chiss.*

76. Résiliation judiciaire et rupture amiable. Le licenciement pour motif économique des salariés qui ont exprimé l'intention de quitter l'entreprise ne constitue pas une rupture amiable du contrat de travail qui rendrait irrecevables les demandes de résiliation judiciaire du contrat de travail formulées par les salariés. • Soc. 14 sept. 2017, ⚖ n° 16-20.552 P : *D. 2017. Actu. 1840* ⊘ *; RJS 11/2017, n° 736 ; JCP S 2017. 1329, obs. Aknin.*

77. Date d'effet. En matière de résiliation judiciaire du contrat de travail, sa prise d'effet ne peut être fixée qu'à la date de la décision judiciaire la prononçant dès lors qu'à cette date le salarié est toujours au service de l'employeur. • Soc. 11 janv. 2007 : ⚖ *D. 2007. 913, note Pélissier* ⊘ *; RDT 2007. 237, obs. Pélissier* ⊘ *; RJS 2007. 242, n° 328 ; Dr. soc. 2007. 498, obs. Savatier* ⊘ *; JSL 2007, n° 206-4* • Soc. 24 avr. 2013 : ⚖ *D. actu. 13 mai 2013, obs. Dechristé ; D. 2013. Actu. 1142* ⊘ • Soc. 21 sept. 2016, ⚖ n° 14-30.056 P : *D. 2016. Actu. 1937* ⊘ *; RDT 2017. 40, obs. Bento de Carvalho* ⊘ *; RJS 12/2016, n° 761 ; JSL 2016, n° 419-2, obs. Hautefort* • 22 juin 2022, ⚖ n° 20-21.411 B : *D. actu. 7 juill. 2022, obs. Couëdel ; D. 2022. 1211* ⊘ *; RJS 8-9/2022, n° 429 ; JSL 2022, n° 547, obs. Daguerre ; JCP S 2022. 1242, obs. Barège* (demande de résiliation judiciaire d'un CDD).

78. Il en va autrement lorsque l'exécution du contrat de travail s'est poursuivie après la décision prononçant la résiliation. • Soc. 21 janv. 2014 : ⚖ *D. actu. 13 févr. 2014, obs. Peyronnet ; D. 2014. Actu. 285* ⊘ *; RJS 2014. 260, n° 315 ; JSL 2014, n° 362-6, obs. Lhernould.*

79. Effets de la résiliation. La résiliation judiciaire du contrat de travail à l'initiative du salarié et aux torts de l'employeur produit les effets d'un licenciement dépourvu de cause réelle et sérieuse. • Soc. 20 janv. 1998, ⚖ n° 95-43.350 P : *GADT, 4ᵉ éd., n° 89 ; CSB 1998. 85, A. 22 ; JCP 1998. II. 10081, note Mouly ; D. 1998. 350, note Radé* ⊘ • 17 mars 1998, ⚖ n° 96-41.884 P : *D. 1998. IR 207* ⊘ *; RJS 1998. 406, n° 629.* ♦ Le salarié doit être indemnisé par le versement des indemnités de rupture et de l'indemnité pour licenciement sans cause réelle et sérieuse calculée en application de l'art. L. 1235-3 ou L. 1235-5 ; l'indemnité prévue en cas de non-respect de la procédure de licenciement n'est pas due. • Soc. 20 oct. 2010 : ⚖ *D. actu. 17 nov. 2010, obs. Siro ; D. 2010. AJ 2652* ⊘ *; JSL 2010, n° 288-4, obs. Tourreil ; JCP S 2011. 1026, obs. Dumont.* ♦ Dès lors que la résiliation judiciaire du contrat de travail est prononcée aux torts de l'employeur, l'indemnité de préavis est toujours due, quand bien même le salarié serait dans l'impossibilité d'accomplir ledit préavis. • Soc. 28 avr. 2011 : ⚖ *D. actu. 18 mai 2011, obs. Ines ; D. 2011. Actu. 1290* ⊘ *; RJS 2011. 556, n° 611 ; JSL 2011, n° 301-6, obs. Tourreil ; JCP S 2011. 1403, obs. Everaert-Dumont.* ♦ Le salarié dont le contrat de travail a fait l'objet d'une résiliation judiciaire de son contrat prononcée en raison des manquements de son employeur à ses obligations, suffisamment graves pour rendre impossible sa poursuite, ne peut prétendre qu'à l'indemnité de licenciement prévue par la convention collective en cas de licenciement pour motif personnel non disciplinaire et ne peut pas se prévaloir des dispositions de la convention prévoyant une indemnité supérieure en cas de licenciement économique. • Soc. 26 oct. 2016, ⚖ n° 15-15.923 P : *D. 2016. Actu. 2220* ⊘ *; Dr. soc. 2016. 1062, note Mouly* ⊘ *; RJS 1/2017, n° 41 ; JSL 2016, n° 421-422-4, obs. Lhernould.*

80. Sort de la demande de réintégration. Lorsqu'un salarié demande la résiliation judiciaire de son contrat de travail et la nullité de son licenciement au cours d'une même instance, le juge, qui constate la nullité du licenciement, ne peut faire droit à la demande de réintégration. • Soc. 27 janv. 2021, ⚖ n° 19-21.200 P : *D. actu. 17 févr.*

2021, obs. Couëdel ; Dr. soc. 2021. 271, note Radé ; ibid. 559, obs. Mouly ; RJS 4/2021, n° 203 ; Dr. ouvrier 2021. 231, obs. Coulaud ; JSL 2021, n° 516-5, obs. Hautefort ; JCP S 2021. 1068, obs. Pagnerre et Pagani. ♦ Comp. : Lorsqu'un salarié demande la résiliation judiciaire de son contrat de travail et la nullité de son licenciement au cours d'une même instance, puis abandonne en cours d'instance la demande de résiliation judiciaire, le juge, qui constate la nullité du licenciement, doit examiner la demande de réintégration. • Soc. 11 mai 2023, 🛆 n° 21-23.148 B : D. actu. 31 mai 2023, obs. Malfettes ; D. 2023. 956 ; RJS 7/2023, n° 367.

81. Résiliation judiciaire du contrat de travail du salarié protégé : absence de droit à réintégration. La demande de résiliation judiciaire du contrat de travail en raison de la violation du statut protecteur fait obstacle à la demande de réintégration présentée par le salarié protégé. • Soc. 3 oct. 2018, 🛆 n° 16-19.836 P : D. 2018. Actu. 1972 ; D. actu. 6 nov. 2018, obs. Ciray ; RJS 12/2018, n° 754 ; SSL 2018, n° 1834, p. 12, obs. Tournaux ; JCP S 2018. 1359, obs. Kerbourc'h.

VII. ESSAI

82. V. jurispr. ss. art. L. 1221-19 s.

Art. L. 1231-2 Les dispositions du présent titre ne dérogent pas aux dispositions légales assurant une protection particulière à certains salariés. — [Anc. art. L. 122-14-7, al. 1er.]

COMMENTAIRE

V. sur le Code en ligne 🏛.

1. Salariés protégés. Bien que les salariés protégés ne puissent renoncer par avance aux dispositions exorbitantes du droit commun instituées en leur faveur, ils peuvent, lorsque leur licenciement leur a été notifié sans que la procédure légale ait été observée, conclure avec l'employeur un accord en vue de régler les conséquences pécuniaires de la rupture du contrat. • Crim. 4 févr. 1992 : 🛆 D. 1992. IR 175 ; CSB 1992. 171, A. 33 ; RJS 1992. 627, n° 1129. – V. déjà : • Soc. 3 juin 1981 : Bull. civ. V, n° 520.

2. Essai et statut protecteur. Les dispositions légales qui assurent une protection exceptionnelle et exorbitante du droit commun à certains salariés, en raison du mandat ou des fonctions qu'ils exercent dans l'intérêt de l'ensemble des travailleurs, s'appliquent à la rupture du contrat de travail à l'initiative de l'employeur pendant la période d'essai. • Soc. 26 oct. 2005 : 🛆 SSL 2005, n° 1234, p. 13.

3. Entretien préalable et grand licenciement économique. La demande d'autorisation de licenciement d'un salarié protégé doit toujours être précédée de la convocation à un entretien préalable même si le licenciement est envisagé dans une entreprise disposant d'un comité d'entreprise, dans le cadre d'une procédure de licenciement pour motif économique de dix salariés et plus dans une même période de trente jours. • CE 28 sept. 2005 : 🛆 JSL 2005, n° 179-6.

4. Non-respect de la procédure. La circonstance que l'entretien n'ait pas eu lieu ou qu'il ait eu lieu après la demande d'autorisation de licenciement est de nature à rendre illégale l'autorisation de licenciement d'un salarié protégé. • CE 5 juin 1987 : Lebon T. 978. ♦ Les dispositions de l'art. L. 122-14 [L. 1232-2 nouv.], conformément à l'art. L. 122-14-7 [L. 1231-2 nouv.], ne dérogent pas aux dispositions législatives ou réglementaires qui assurent une protection particulière à certains salariés ; l'entretien doit donc être conduit avant l'éventuelle consultation du comité d'entreprise sur le licenciement d'un représentant et avant la demande d'autorisation de licenciement à l'inspecteur du travail. • CE 28 sept. 2005 : 🛆 JCP S 2005. 1336, note Kerbourc'h. ♦ L'autorisation de licenciement ne doit pas être accordée lorsque l'employeur n'a pas indiqué lors de l'entretien préalable les motifs du licenciement du salarié. • CE 19 mars 2008 : 🛆 JSL 2008, n° 238-4 ; JCP S 2008. 1291, note Kerbourc'h.

5. Transaction. Dès lors que le salarié est devenu indésirable dans le pays où il exerçait ses fonctions, il est normal que les parties tentent de régler à l'amiable les conséquences d'une rupture devenue inévitable en cherchant, par la conclusion d'une transaction, qui alors n'est pas contraire à l'art. L. 122-14-7 [L. 1231-2 nouv.], à éviter les aléas d'un litige et à prévenir toute contestation sur le caractère abusif de la rupture ou sur la gravité des fautes reprochées au salarié. • Soc. 17 nov. 1982 : Bull. civ. V, n° 627 ; D. 1984. IR 252, obs. Langlois.

6. Limitation conventionnelle à la liberté de licencier. Les dispositions légales relatives à la résiliation par l'employeur du contrat de travail n'interdisent pas aux partenaires sociaux de limiter à des causes qu'ils énumèrent le pouvoir de licencier de l'employeur. • Soc. 3 févr. 1993, 🛆 n° 91-42.409 P : D. 1994. Somm. 305, obs. Souriac-Rotschild ; JCP 1994. II. 22254, note Duquesne ; RJS 1993. 159, n° 252 • 7 nov. 1995, 🛆 n° 92-40.157 P. • 28 févr. 1996 : 🛆 RJS 1996. 233, n° 390 • 24 oct. 1995, 🛆 n° 93-45.926 P. ♦ Une telle clause est licite dès lors qu'elle ne rend pas impossible la rupture du contrat. • Soc. 10 juill. 2002 : 🛆 RJS 2002. 826, n° 1008 • Soc. 3 déc. 2002, 🛆 n° 00-46.055 P : D. 2003. IR 105 ; Dr. soc. 2003. 235, obs. Savatier ; JSL 2003, n° 116-32. ♦ Elle s'impose au juge. • Soc. 7 juill.

1993, n° 89-45.148 P : *Dr. soc. 1993. 772.* ♦ Le licenciement prononcé en dehors des cas conventionnellement prévus est dépourvu de cause réelle et sérieuse. • Soc. 7 nov. 1995, n° 92-40.157 P : *D. 1996. IR 18 ; RJS 1995. 789,* n° 1233 • 28 févr. 1996 : *RJS 1996. 233,* n° 390. ♦ Les dispositions conventionnelles ne peuvent lier le juge, dans un sens défavorable, dans l'appréciation de la cause réelle et sérieuse. • Soc. 6 mai 1998, n° 96-40.951 P : *RJS 1998. 458,* n° 720.

Art. L. 1231-3 Les dispositions du présent titre sont applicables lorsque le salarié est lié à plusieurs employeurs par des contrats de travail. — *[Anc. art. L. 122-14-7, al. 2.]*

Art. L. 1231-4 L'employeur et le salarié ne peuvent renoncer par avance au droit de se prévaloir des règles prévues par le présent titre. — *[Anc. art. L. 122-14-7, al. 3.]*

COMMENTAIRE

V. sur le Code en ligne. ❏

BIBL. Arséguel et Isoux, *Dr. soc. 1991. 438* (effets de la transaction au regard de l'indemnisation du chômage). – Blaise, *BS Lefebvre 1987. 203 ; Dr. soc. 1980. 39 ; ibid. 1988. 432 ; ibid. 1996. 33* (rupture amiable et transaction). – Califano, *Dr. ouvrier 1989. 419.* – Cheymol et Sainsard, *JSL 1998. 5* (règles de forme du licenciement et transaction). – Chirez, *SSL 6 mai 1996.* – Corrignan-Carsin, *RJS 1996. 407.* – C. David, *Dr. soc. 1981. 684* (aspects fiscaux). – Fourcade, *Dr. soc. 2007. 167.* – Géniaut, *Dr. ouvrier 2020. 277* (transaction et évolutions jurisprudentielles). – Jacquelet et Coulombel, *RJS 5/2019, p. 345* (la transaction en droit social). – Jarrosson, *D. 1997. Chron. 267.* – Jeammaud, *Dr. soc. 1999. 351.* – Khodri, *RDT 2011. 689.* – Lagarde, *JCP 2001. I. 337.* – Lagrange, *LPA 30 août 1996* (jurisprudence récente). – Mouly, *RJS 7/2019, p. 499* (la transaction en droit du travail : quelle autonomie au regard du droit commun). – Pélissier, *ibid. 1981. 228 ; ibid. 1987. 479.* – Poirier, *Dr. ouvrier 1994. 371.* – Radé, *Dr. soc. 2000. 178* (autonomie du droit du licenciement) ; « les effets de la transaction » dans « La transaction dans toutes ses dimensions », Dalloz, coll. *Thèmes et commentaires 2006, p. 87 s. ; Dr. soc. 2021. 510* (la transaction, arme de destruction massive). – Savatier, *Dr. soc. 1985. 692 ; ibid. 1996. 687.* – Soulier, *TPS 1997. Chron. 19.* – Teyssié, *JCP E 1986. I. 15511.* – Taquet, *Gaz. Pal. 1987. 1. Doctr. 265.* – Vacarie, *Dr. soc. 1990. 757* (renonciation du salarié).

I. RENONCIATION

1. Interdiction. L'interdiction de renoncer par avance au droit de se prévaloir des règles de licenciement rend sans effet la signature d'un contrat à durée déterminée alors que le contrat à durée indéterminée est toujours en exécution. • Soc. 25 mars 2009 : *D. 2009. 1580, note Gaba ; RJS 2009. 448,* n° 497 *; JCP S 2009. 1337, obs. Bouzez.*

2. Indisponibilité des règles régissant la rupture du contrat de travail. L'employeur et le salarié ne pouvant renoncer par avance au droit de se prévaloir des règles prévues pour la rupture du contrat de travail à durée indéterminée, il n'y a pas lieu de faire produire un quelconque effet à un accord entre la salariée et son employeur faisant dépendre, à l'avance, la nature et le régime de la rupture du contrat de travail de la réalisation d'un événement futur et incertain relatif à son emploi. • Soc. 25 janv. 2012 : *D. actu. 2 avr. 2012, obs. Perrin ; D. actu. Actu. 368 ; RJS 2012. 280,* n° 313 *; JCP S 2012. 1166, obs. Dumont.* ♦ L'employeur doit indemniser le salarié dont la renonciation au préavis n'est pas valable pour être intervenue avant la notification de son licenciement, peu important la communication d'un plan de mobilité professionnelle avant cette date. • Soc. 7 déc. 2022, n° 21-16.000 B : *D. actu. 16 déc. 2022, obs. Malfettes ; D. 2022. 2225 ; RJS 3/2023,* n° 132 *; JSL 2023,* n° 557-3, obs. Lhernould.

II. TRANSACTION

A. VALIDITÉ DE LA TRANSACTION

1° QUALIFICATION

3. Qualification retenue. Constitue l'exécution d'une transaction intervenue entre des salariés licenciés pour faute lourde et l'employeur s'engageant à verser une indemnité en contrepartie de la renonciation à toute instance ou action, la lettre de licenciement qui, pour faciliter aux salariés la recherche d'un nouvel emploi, ne visait plus la faute lourde. • Soc. 16 févr. 1994 : *RJS 1994. 537,* n° 895.

4. Qualification écartée. Une convention consacrant la rupture immédiate du contrat de travail et comportant pour le salarié le paiement de ses indemnités de licenciement n'est pas une transaction, mais présente un caractère obligatoire pour les parties signataires. • Soc. 5 mars 1986 : *Bull. civ. V,* n° 60. ♦ Sur la distinction entre transaction et rupture amiable, V. • Soc. 14 janv. 1988 : *Dr. soc. 1988. 432,* note H. Blaise • 3 avr. 1990, n° 86-45.189 P : *D. 1990. IR 120 ; CSB 1990. 139, A. 32 ; RJS 1990. 279,* n° 376 • 29 mai 1996, n° 92-45.115 P : *GADT, 4ᵉ éd.,* n° 120 *; D. 1997. 49, note Chazal ; Dr. soc. 1996. 687, note Savatier ; JCP 1996. II. 22711 (2ᵉ esp.), note Taquet ; JCP E 1996. I. 597,* n° 16, obs. Chevillard *; RJS 1996. 508,* n° 789 *; ibid. 417, annexe chron. Corrignan-Carsin ; CSB 1996. 211, A. 48* • 6 nov. 1996 : *CSB 1997. 17, A. 6* • 2 déc. 1997 :

Dr. soc. 1998. 29, concl. P. Lyon-Caen (3 arrêts).

5. Forme. L'emploi du terme « transaction » n'est pas indispensable à l'existence d'un tel contrat. ● Soc. 1er mars 1979 : *Bull. civ. V, n° 202.* ♦ ... Ni les mentions « bon pour accord » ou « lu et approuvé ». ● Soc. 19 mars 1991 : *RJS 1991. 306, n° 573.*

6. Réserves. La mention manuscrite « sous réserve de mes droits » est exclusive de l'accord du salarié pour transiger sur ses droits relatifs à la rupture du contrat de travail. ● Soc. 11 févr. 1997 : *RJS 1997. 449, n° 690.*

7. Transaction et acte collectif. La mise en œuvre d'un accord collectif d'amélioration du plan de sauvegarde de l'emploi dont les salariés tiennent leurs droits ne peut être subordonnée à la conclusion de contrats individuels de formation. ● Soc. 5 avr. 2005 : *D. 2005. IR 1048 ; Dr. soc. 2005. 701, obs. Couturier ; JSL 2005, n° 167-2 ; CSB 2005, A. 57, obs. Pansier.*

8. Transaction et accord atypique. La mise en œuvre d'un accord atypique ou d'un engagement unilatéral de l'employeur dont les salariés tiennent leur droit ne peut pas être subordonnée à la conclusion de contrats individuels de transaction. ● Soc. 5 juin 2019, n° 17-28.377 P : *D. 2019. Actu. 1232 ; RJS 8-9/2019, n° 544 ; JCP 2019. 749, obs. Loiseau ; JCP S 2019. 1236, obs. Dumont.*

9. Transaction et principe d'égalité de traitement. Un salarié ne peut pas invoquer le principe d'égalité de traitement pour revendiquer les droits et avantages d'une transaction conclue par l'employeur avec d'autres salariés pour terminer une contestation ou prévenir une contestation à naître. ● Soc. 12 mai 2021, n° 20-10.796 P : *D. 2021. 966 ; ibid. 1490, chron. Ala et Lanoue ; Dr. soc. 2021. 848, obs. Mouly ; RDT 2021. 523, obs. Géniaut ; RJS 7/2021, n° 374 ; JSL 2021, n° 523-3, obs. Mayoux ; JCP S 2021. 1177, obs. Barège.*

2° CONDITIONS

10. Licéité. Si l'idée de transaction peut être à la base d'un accord pour solde de tout compte, ce dernier ne supprime pas pour autant la possibilité entre employeurs et employés d'une transaction obéissant aux règles des art. 2052 et 2053 C. civ. ● Soc. 13 nov. 1959 : *JCP 1960. II. 11450, note Camerlynck.* – V. aussi ● Soc. 3 juin 1981 : *Bull. civ. V, n° 520* ● 17 nov. 1982 : *Bull. civ. V, n° 627 ; D. 1984. IR 252, obs. Langlois.* ♦ Sur la distinction entre transaction et reçu pour solde de tout compte, V. ● Soc. 15 mars 1962, n° 60-40.716 P. ● 23 janv. 1963 : *Bull. civ. V, n° 88* ● 5 janv. 1984 : *ibid. V, n° 6 ; D. 1985. IR 250, obs. Goineau* (reçu signé en exécution d'une transaction).

11. Situation des salariés protégés. Les salariés protégés ne peuvent, en signant une transaction antérieure au licenciement, renoncer par avance aux dispositions d'ordre public instituées pour protéger leur mandat. ● Soc. 2 déc. 1992, n° 91-42.326 P : *D. 1993. Somm. 264, obs. Frossard ; Dr. soc. 1993. 155, rapp. Waquet ; JCP E 1993. II. 404, note Taquet.* ♦ Mais ils peuvent, lorsqu'un licenciement leur a été notifié sans que la procédure légale ait été observée, conclure avec l'employeur un accord en vue de régler les conséquences pécuniaires de la rupture du contrat. ● Crim. 4 févr. 1992, n° 90-82.330 P : *D. 1992. IR 175 ; JCP E 1993. II. 382, note Taquet ; CSB 1992. 171, A. 33 ; RJS 1992. 627, n° 1129.* ♦ La signature par un représentant du personnel d'une transaction dans le cadre de ses rapports de droit privé avec l'employeur ne le rend pas irrecevable à former un recours pour excès de pouvoir dirigé contre la décision administrative autorisant son licenciement. ● CE 11 mars 1994 : *RJS 1994. 444, n° 731.* ♦ Est valable la transaction signée après qu'un licenciement a été notifié au salarié pendant la suspension de son contrat de travail due à un accident du travail, dès lors qu'elle tend à mettre fin au différend opposant les parties sur les conséquences de ce licenciement. ● Soc. 21 juill. 1993 : *CSB 1993. 235, A. 53.*

12. Objet. La transaction ne peut porter sur l'imputabilité de la rupture, laquelle conditionne l'existence de concessions réciproques. ● Soc. 16 juill. 1997 : *D. 1997. IR 197 ; Dr. soc. 1997. 977, obs. Couturier ; RJS 1997. 671, n° 1089.* ♦ Un acte par lequel l'employeur et le salarié mettent fin au contrat de travail et règlent les suites de cette rupture ne peut pas être qualifié de transaction. ● Soc. 5 déc. 2012 : *D. 2012. Actu. 2970 ; Dr. ouvrier 2013. 56 ; JCP S 2013. 1135, obs. Chenu.* ♦ Est nulle comme ayant un objet illicite, la convention signée entre un employeur et un salarié postérieurement à l'avis du médecin du travail faisant suite à une suspension du contrat de travail pour maladie, et fixant rétroactivement la date de la rupture du contrat de travail à une date antérieure à l'avis médical. ● Soc. 29 juin 1999, n° 97-40.426 P : *RJS 1999. 660, n° 1050.*

13. Transaction conclue au cours de l'exécution du contrat de travail. Une transaction peut également mettre fin à un différend concernant l'exécution même du contrat de travail. ● Soc. 10 mars 1998, n° 95-43.094 P : *RJS 1998. 284, n° 456.* ♦ La renonciation du salarié à ses droits nés ou à naître et à toute instance relative à l'exécution du contrat de travail ne rend pas irrecevable une demande portant sur des faits survenus pendant la période d'exécution du contrat de travail, postérieure à la transaction et dont le fondement est né postérieurement à la transaction. ● Soc. 16 oct. 2019, n° 18-18.287 P : *D. 2019. Actu. 2044 ; RJS 1/2020, n° 13 ; Dr. soc. 2019. 1089, note Mouly ; JCP S 2019. 1356, obs. Rouspide-Katchadourian.*

14. La transaction tendant à qualifier rétroactivement et artificiellement de période d'essai une période où le contrat de travail était devenu définitif a un objet illicite comme visant à faire échec aux règles d'ordre public régissant la rupture unilatérale du contrat de travail. • Soc. 18 juin 1996, 🔒 n° 92-44.729 P : *RJS 1996. 665, n° 1045.*

15. L'employeur peut se faire représenter par son conseil. • Soc. 14 déc. 1995 : 🔒 *RJS 1996. 162, n° 276.*

16. Est justifiée et proportionnée au but recherché l'atteinte à la liberté d'expression du salarié contenue dans une transaction destinée à mettre fin à une intense polémique médiatique entretenue par le salarié après son licenciement, de nature à nuire à la réputation de son employeur, cette transaction comportant l'engagement réciproque de cesser tout propos critique et dénigrant, celle-ci étant précise dans son objet et quant aux personnes physiques et morales ainsi qu'aux programmes que le salarié s'engageait à ne pas critiquer ni dénigrer, et limitée à dix-huit mois. • Soc. 14 janv. 2014, 🔒 n° 12-27.284 P : *D. 2014. Actu. 215 ⌀ ; RDT 2014. 179, note Mathieu ⌀ ; RJS 3/2014, n° 222 ; JCP S 2014. 1226, obs. Bossu.*

17. Sur la preuve de la transaction, V. • Soc. 17 mai 1978 : *Bull. civ. V, n° 354* • 8 juill. 1968 : *ibid., n° 379* (l'acceptation d'un chèque constitue un commencement de preuve par écrit) • 9 avr. 1996 : 🔒 *Dr. soc. 1996. 740, obs. Blaise ⌀* (modes de preuve prévus aux art. 1341 s. C. civ.).

18. Conclusion ; moment. Une transaction, ayant pour objet de mettre fin au litige résultant d'un licenciement, ne peut valablement être conclue qu'une fois la rupture intervenue et définitive. • Soc. 29 mai 1996 : 🔒 *préc. note 4* • 19 nov. 1996, 🔒 n° 93-41.745 P. • 15 janv. 1997, 🔒 n° 93-44.010 P : *Dr. soc. 1997. 419, obs. Pélissier ⌀ ; RJS 1997. 99, n° 141* • 12 nov. 1997 : 🔒 *Dr. soc. 1998. 80, obs. Couturier ⌀ ; RJS 1997. 867, n° 1414* • 2 déc. 1997, 🔒 n° 95-42.008 P : *D. 1998. IR 12 ⌀ ; Dr. soc. 1998. 29, concl. P. Lyon-Caen ⌀ (1ʳᵉ esp.)* • 14 juin 2006 : 🔒 *D. 2006. IR 1771 ⌀ ; ibid. Pan. 183, obs. Berthier ⌀ ; RDT 2006. 172, obs. Lardy-Pélissier ⌀ ; RJS 2006. 700, n° 943 ; JSL 2006, n° 194-5 ; JCP S 2006. 1641, note Asquinazi-Bailleux* (lettre de licenciement retirée de la poste par le salarié postérieurement à la signature de la transaction). ♦ La transaction conclue alors que le licenciement du salarié n'a pas été notifié par lettre recommandée avec avis de réception est nulle, faute de pouvoir attester avec certitude de la date du licenciement. • Soc. 10 oct. 2018, 🔒 n° 17-10.066 P : *D. actu. 26 oct. 2018, obs. Favrel ; D. 2018. Actu. 2025 ⌀ ; RJS 12/2018, n° 725 ; JS Lamy 2018, n° 464-1, obs. Lhernould ; JCP S 2018. 1380, obs. Drai.* ♦ La transaction est valablement conclue par le salarié licencié lorsqu'il a eu connaissance effective des motifs de cette rupture par la réception de la lettre recommandée lui notifiant son licenciement, même lorsque l'effet de la rupture est différé du fait de la signature d'une convention de reclassement personnalisé. • Soc. 31 mai 2011 : 🔒 *D. actu. 21 juin 2011, obs. Perrin ; RJS 2011. 629, n° 685 ; JCP S 2011. 1364, obs. Dumont.* ♦ En l'absence de licenciement prononcé dans les formes légales, la transaction est nulle. • Soc. 2 déc. 1997 : 🔒 *Dr. soc. 1998. 29, concl. P. Lyon-Caen ⌀ (2ᵉ esp.)* • 13 janv. 1998, 🔒 n° 95-40.226 P. ♦ Une transaction est nulle si elle reprend les termes d'un accord conclu antérieurement à la notification du licenciement. • Soc. 9 juill. 2003 : 🔒 *RJS 2003. 802, n° 1163.* ♦ Ainsi, une convention mettant fin à un litige sur les conditions de travail d'un salarié, constatant la rupture du contrat de travail et prévoyant au profit de ce dernier le paiement de diverses indemnités ne peut valablement constituer, ni une rupture d'un commun accord en l'état d'un litige existant entre les parties, ni même une transaction qui ne pouvait intervenir qu'une fois le licenciement prononcé. • Soc. 26 oct. 1999 : 🔒 *RJS 1999. 851, n° 1461 ; Dr. soc. 2000. 178, note Radé ⌀.* ♦ Comp., antérieurement : une transaction peut être conclue même avant la notification du licenciement, dès lors que le principe du licenciement est acquis. • Soc. 28 oct. 1992, 🔒 n° 89-44.953 P : *Dr. soc. 1992. 1003 ⌀.*

19. Fausse date de transaction. Lorsqu'il apparaît que la date portée sur la transaction n'est pas celle à laquelle elle a été signée, il appartient au juge de rechercher à quelle date la transaction a été conclue précisément et, à défaut de pouvoir la déterminer, d'en déduire que l'employeur ne rapportait pas la preuve qui lui incombait que la transaction avait été conclue postérieurement au licenciement, et donc de l'annuler. • Soc. 1ᵉʳ juill. 2009 : 🔒 *D. 2009. AJ 2040, obs. Perrin ⌀ ; RJS 2009. 703, n° 795 ; JSL 2009, n° 263-5 ; JCP S 2009. 1421, obs. Puigelier.*

20. L'accord conclu postérieurement au licenciement ne constitue pas une rupture d'un commun accord mais une transaction obligeant les juges à caractériser les concessions réciproques avant de rejeter les demandes du salarié. • Soc. 20 juin 1995 : 🔒 *Dr. soc. 1996. 33, note Blaise ⌀ ; RJS 1995. 586, n° 889 ; JCP E 1996. II. 793, note Finel* • 21 juin 1995, 🔒 n° 91-45.806 P : *RJS 1995. 586, n° 889 ; Dr. soc. 1995. 938 ; JCP E 1996. II. 793, note Finel.* ♦ V. note 23.

21. Démission. La transaction doit être conclue postérieurement à la remise de la lettre de démission ; il appartient aux juges du fond, dans l'exercice de leur pouvoir souverain d'appréciation de vérifier cette circonstance. • Soc. 1ᵉʳ déc. 2004, 🔒 n° 02-46.341 P : *Dr. soc. 2005. 339, obs. Gauriau ⌀ ; RJS 2005. 113, n° 151.*

22. Rupture conventionnelle. Un salarié et un employeur ayant signé une convention de rupture ne peuvent valablement conclure une transaction, d'une part, que si celle-ci intervient postérieurement à l'homologation de la rupture conventionnelle par l'autorité administrative, d'autre part, que si elle a pour objet de régler un différend relatif non pas à la rupture du contrat de travail, mais à son exécution sur des éléments non compris dans la convention de rupture. ● Soc. 26 mars 2014, n° 12-21.136 P : *D. 2014. 1475, note Ducloz ⌀ ; RDT 2014. 330, note Auzero ⌀ ; RJS 6/2014, n° 501 ; JCP S 2014. 1137, obs. Loiseau ; LPA 29 sept. 2014, p. 7, note Rouspide-Katchadourian ; RPC 2014. 78, obs. Taquet ; Gaz. Pal. 2014. 1760 obs. Colonna et Renaux-Personnic* ● Soc. 25 mars 2015, 🔒 n° 13-23.368 P : *D. 2015. Actu. 808 ⌀ ; RJS 6/2015, n° 408.*

23. Concessions réciproques. Le juge doit rechercher en quoi il y a eu, de la part des parties, concessions réciproques. ● Soc. 19 déc. 1990 : 🔒 *RJS 1991. 307, n° 575* ● 20 juin 1995 : *JCP 1996. II. 22618, note Finel* (concessions de l'employeur non caractérisées) ● 18 déc. 2001, 🔒 n° 99-40.649 P : *Dr. soc. 2002. 360, obs. Gauriau ⌀ ; RJS 2002. 234, n° 283.* ♦ Pour ce faire, il doit vérifier l'existence des motifs invoqués par l'employeur à l'appui du licenciement, même s'il n'a pas à se prononcer sur leur caractère réel et sérieux. ● Soc. 27 févr. 1996 : 🔒 *RJS 1996. 242, n° 405 ; CSB 1996. 175, A. 40 (1re esp.).* ♦ Si, pour déterminer si les concessions sont réelles, le juge peut restituer aux faits leur véritable qualification, il ne peut, sans heurter l'autorité de la chose jugée attachée à la transaction, trancher le litige que cette transaction avait pour objet de clore en se livrant à l'examen des éléments de fait et de preuve. ● Soc. 21 mai 1997, 🔒 n° 95-45.038 P : *Dr. soc. 1997. 747, obs. Couturier ⌀ ; RJS 1997. 526, n° 813* ● 6 avr. 1999 : 🔒 *D. 1999. IR 126 ⌀ ; RJS 1999. 409, n° 662 ; Dr. soc. 1999. 641, obs. Gauriau ⌀* ● 14 juin 2000, 🔒 n° 97-45.065 P : *D. 2000. IR 208 ⌀ ; RJS 2000. 638, n° 946.* ♦ La transaction ne peut porter sur l'imputabilité de la rupture, laquelle conditionne l'existence de concessions réciproques. ● Soc. 16 juill. 1997 : 🔒 *D. 1997. IR 197 ⌀ ; Dr. soc. 1997. 977, obs. Couturier ⌀ ; RJS 1997. 671, n° 1089.* ♦ L'existence de concessions réciproques doit s'apprécier en fonction des prétentions des parties au moment de la signature de l'acte ; si le juge ne peut rechercher si ces prétentions étaient justifiées, il peut néanmoins se fonder sur les faits invoqués lors de la signature de l'acte, indépendamment de la qualification juridique qui leur a été donnée. ● Soc. 27 mars 1996, 🔒 n° 92-40.448 P : *GADT, 4e éd., n° 119 ; Dr. soc. 1996. 741, obs. Blaise ⌀ ; JCP 1996. II. 22711 (1re esp.), note Taquet ; RJS 1996. 343, n° 541 ; CSB 1996. 175, A. 40 (2e esp.) ; Dr ouvrier 1996. 346, note Poirier* ● 26 avr. 2007, 🔒 n° 06-40.718.

24. La transaction qui comporte des concessions réciproques est licite, quelle que soit leur importance relative. ● Soc. 13 mai 1992, 🔒 n° 89-40.844 P : *D. 1992. IR 171.* ♦ Mais les concessions de chacune des parties doivent être appréciables. ● Soc. 19 févr. 1997, 🔒 n° 95-41.207 P : *D. 1997. IR 70.* ♦ Ainsi, est nulle la transaction dont l'indemnité transactionnelle est d'un montant dérisoire. ● Soc. 18 mai 1999, 🔒 n° 96-44.628 P : *Dr. soc. 1999. 749, obs. Gauriau ⌀ ; JCP 1999. IV. 2278* ● 28 nov. 2000, 🔒 n° 98-43.635 P : *RJS 2001. 133, n° 197.* ● 15 mai 2008 : 🔒 *Dr. soc. 2008. 986, obs. Radé ⌀.* ♦ Ne constitue pas une transaction valable l'accord intervenu entre un salarié et un employeur, dès lors que ce dernier, en licenciant pour motif économique, avait ainsi admis l'inexistence d'une faute professionnelle et que l'accord comportait une renonciation du salarié à l'ensemble de ses indemnités sans aucune contrepartie de la part de l'employeur. ● Soc. 18 oct. 1989 : *Bull. civ. V, n° 604 ; D. 1990. Somm. 163, obs. A. Lyon-Caen ⌀* ● 27 mars 1996 : 🔒 *préc. note 23* (renonciation de l'employeur à invoquer la faute grave du salarié, alors que celui-ci n'était constitué que pour un manque de compétence, non constitutif de faute grave). ♦ De même, est nulle faute de concession de l'employeur, la transaction faisant suite à un licenciement non motivé et dont l'indemnité transactionnelle correspondant à 3 mois de salaire était inférieure à l'indemnité minimale de 6 mois de salaire prévue à l'art. L. 122-14-4 [L. 1235-4 nouv.]. ● Soc. 13 oct. 1999 : 🔒 *RJS 1999. 842, n° 1373 ; CSB 1999. 360, A. 45, obs. Charbonneau.* ♦ Dans le même sens : ● Soc. 9 mars 1978 : *Bull. civ. V, n° 184* ● 17 mars 1982 : *ibid., n° 180* ● 3 avr. 1990, 🔒 n° 86-45.189 P : *D. 1990. IR 120 ; CSB 1990. 139, A. 32 ; RJS 1990. 279, n° 376* ● 5 janv. 1994, 🔒 n° 89-40.961 P : *D. 1994. 586, note Puigelier ⌀ ; CSB 1994. 43, A. 13 ; RJS 1994. 119, n° 148* (peu importe l'importance relative des concessions) ● 11 oct. 1994 : *Dr. soc. 1994. 982, obs. Antonmattéi ⌀* ● 19 févr. 1997, 🔒 n° 95-41.207 P : *CSB 1997. 143, A. 29* (en constatant que le salarié avait droit à une indemnité de licenciement conventionnelle de 12 496,66 F, alors que la somme allouée en vertu de la transaction s'élevait à 15 000 F, la cour d'appel a pu décider que la transaction était nulle, faute de concessions réciproques) ● 18 févr. 1998, 🔒 n° 95-42.500 P : *RJS 1998. 285, n° 457 ; Dr. soc. 1998. 402, obs. Savatier ⌀* (somme versée en application de l'accord transactionnel inférieure à l'indemnité conventionnelle à laquelle le salarié pouvait prétendre). ♦ Le seul fait pour l'employeur de dispenser le salarié de l'exécution de son préavis, sans lui verser d'indemnité compensatrice, ne constitue pas une concession de nature à rendre valable la transaction. ● Soc. 23 avr. 1997 : 🔒 *RJS 1997. 448, n° 689.*

25. Peut constituer la base d'une transaction valable l'abandon par le salarié de son droit éventuel à des dommages-intérêts pour rupture abusive en contrepartie de la renonciation de l'employeur à invoquer la faute grave du salarié. ● Soc. 27 janv. 1983 : *Dr. soc. 1985. 692, note Savatier.* ♦ ... Ou le fait pour le salarié d'accepter de démissionner avec une indemnité plus importante que celle qu'il aurait perçue en étant licencié. ● Soc. 21 nov. 1984 : *ibid.* – V. aussi ● Soc. 17 nov. 1982 : *Bull. civ. V, n° 627* ● 1er mars 1979 : *ibid., n° 201* ● 17 mars 1982 : *ibid., n° 180.* ♦ ... Ou le fait pour l'employeur de dispenser un salarié démissionnaire de l'exécution de son préavis et de le libérer de sa clause de non-concurrence alors que le salarié renonce à l'indemnité compensatrice de congés payés correspondant à un mois de salaire. • Soc. 1er déc. 2004 : 🔒 *RJS 2005. 113, n° 151*. ♦ ... Ou l'acceptation par le salarié de restrictions apportées à sa liberté d'expression pour assurer la protection de la réputation et des droits d'autrui dès lors que ces restrictions sont proportionnées au but recherché. • Soc. 14 janv. 2014 : 🔒 *D. actu. 21 janv. 2014, obs. Peyronnet*.

3° SANCTIONS

26. Compétence. Les litiges sur l'interprétation ou l'exécution de la transaction doivent être portés devant la juridiction de droit commun, dès lors qu'il résulte de la commune intention des parties de ne pas se placer sur le terrain du contrat de travail. • Soc. 22 juill. 1986 : *Bull. civ. V, n° 461*. ♦ Le conseil de prud'hommes est compétent pour examiner la demande en nullité d'une transaction en vue d'obtenir des indemnités de rupture. • Soc. 9 févr. 1989 : *Bull. civ. V, n° 118*. ♦ ... Et pour prononcer la résolution d'une transaction. • Soc. 30 janv. 1991 : 🔒 *RJS 1991. 245, n° 460*.

27. Vices du consentement (jurisprudence antérieure à l'Ord. n° 2016-131 du 10 févr. 2016). Une transaction ne peut être remise en cause pour cause d'erreur de droit. • Soc. 18 mars 1986 : *Bull. civ. V, n° 92*. ♦ ... Ni pour cause de lésion. • Soc. 17 mars 1982 : *Bull. civ. V, n° 180* (licéité de la transaction quelle que soit l'importance des concessions). ♦ Mais la transaction peut être rescindée en cas d'erreur sur son objet. • Soc. 17 déc. 1986 : *Bull. civ. V, n° 621* • 24 nov. 1998, 🔒 n° 95-43.523 P : *D. 1999. IR 3 ; RJS 1999. 122, n° 197* (validité de la transaction affectée par la croyance commune des parties que seule l'indemnité légale pouvait être réclamée par le salarié). ♦ Le consentement du salarié fait défaut dès lors qu'il ne sait pas lire le français et qu'il n'a pas compris la signification et la portée de la transaction qu'il a signée. • Soc. 14 janv. 1997 : 🔒 *D. 1997. 612, note Djoudi* ⌀ ; *RJS 1997. 100, n° 142*. ♦ Comp., pour un refus d'annulation pour vice du consentement : • Soc. 12 févr. 1997, 🔒 n° 93-44.042 P : *D. 1997. IR 75* ⌀ ; *RJS 1997. 187, n° 278*. ♦ Sur la prise en compte éventuelle du dol, V. • Soc. 19 mars 1980 : *Bull. civ. V, n° 272* • 7 juin 1995 : 🔒 *D. 1995. IR 198* ⌀ ; *Dr. soc. 1995. 936* ⌀ ; *RJS 1995. 584, n° 888* (transaction annulée pour dol, l'employeur ayant affirmé que la majoration de l'indemnité conventionnelle de licenciement n'était pas imposable). • 12 févr. 1997 : 🔒 *préc.* ♦ V. *a contrario* : • Soc. 16 févr. 1978 : *Bull. civ. V, n° 118* • 26 oct. 1979 : *ibid., n° 812* • 5 janv. 1984 : *ibid., n° 6 ; D. 1985. IR 250, obs. Goineau*.

28. Nullité relative et salariés non protégés. La nullité d'une transaction résultant de ce qu'elle a été conclue avant la notification du licenciement est une nullité relative instituée dans l'intérêt du salarié et ne peut dès lors être invoquée par l'employeur. • Soc. 28 mai 2002, 🔒 n° 99-43.852 P : *D. 2002. 3116, obs. Pousson* ⌀ ; *Dr. soc. 2002. 783, obs. Couturier* ⌀ ; *RJS 2002. 746, n° 970 ; JCP E 2002. 1764, obs. Bousez*. ♦ Comp. : • Soc. 24 oct. 2000, 🔒 n° 98-41.192 P : *RJS 2000. 808, n° 1249*. ♦ Cette nullité se prescrit par cinq ans. • Soc. 14 janv. 2003, 🔒 n° 00-41.880 P : *Dr. soc. 2003. 441, obs. Mouly* ⌀ ; *RJS 2003. 231, n° 343*.

29. Nullité absolue et salariés protégés. La protection exceptionnelle et exorbitante du droit commun des salariés investis de fonctions représentatives a été instituée, non dans le seul intérêt de ces derniers, mais dans celui de l'ensemble de ces derniers ; il en résulte qu'est atteinte d'une nullité absolue d'ordre public toute transaction conclue entre l'employeur et un salarié protégé avant la notification de son licenciement prononcé après autorisation de l'autorité administrative. • Soc. 10 juill. 2002 : 🔒 *D. 2002. IR 2380* ⌀ ; *RJS 2002. 934, n° 1255 ; JSL 2002, n° 110-2*.

30. Restitution. La restitution des sommes versées en exécution de la transaction est la conséquence nécessaire de la nullité de cette dernière. • Soc. 25 avr. 2001 : 🔒 *SSL 2001, n° 1041, p. 5, obs. Chirez*. ♦ Les licenciements notifiés pour motifs personnels alors que la cause réelle en est économique ont un caractère frauduleux qui est de nature à affecter la validité des transactions portant sur ces licenciements, mais qui ne procède pas d'une cause immorale ; la nullité des transactions oblige par conséquent les salariés à restituer à la société les sommes perçues en exécution de ces dernières. • Soc. 10 nov. 2009 : 🔒 *D. 2009. AJ 2870* ⌀ ; *Dr. ouvrier 2010.129, note Chirez ; RJS 2010, n° 35, p. 34 ; JSL 2010, n° 271-3*.

31. Résolution pour inexécution. La transaction ne peut être opposée par l'un des contractants que s'il en a respecté les conditions ; dans le cas contraire, l'autre partie peut demander au juge d'en prononcer la résolution. • Soc. 7 juin 1989 : *Bull. civ. V, n° 428 ; D. 1990. Somm. 163, obs. A. Lyon-Caen* ⌀. ♦ La résolution de la transaction a pour effet de restituer au salarié ses droits primitifs et de lui permettre de faire requalifier la rupture amiable en licenciement. • Même arrêt. ♦ Sur la possibilité d'obtenir la résolution d'une transaction conclue devant le bureau de conciliation, V. • Soc. 30 janv. 1991 : 🔒 *RJS 1991. 245, n° 460*.

B. PORTÉE

1° AUTORITÉ DE LA CHOSE JUGÉE

32. Principe. Une transaction régulière a, entre les parties, l'autorité de la chose jugée en dernier ressort. • Soc. 16 févr. 1978 : *Bull. civ. V, n° 118*.

33. Termes généraux. Dès lors que le salarié a signé une transaction « forfaitaire et définitive », il renonce à toutes réclamations de quelque nature qu'elles soient. • Cass., ass. plén., 4 juill. 1997 : 🔒

GADT, 4ᵉ éd., n° 121 ; BICC 1ᵉʳ nov. 1997, concl. Monnet ; D. 1998. 101, note Boulmier ⌀ ; JCP E 1997. II. 1032, note Corrignan-Carsin ; Dr. soc. 1997. 978, obs. Couturier ⌀ ; RJS 1997. 672, n° 1090 (renonciation à la prime d'intéressement).
♦ Sont nécessairement incluses dans une transaction des sommes dues par un salarié en vertu d'un prêt consenti avant la conclusion de la transaction, l'accord stipulant que les parties se reconnaissaient quittes et libérées l'une envers l'autre, tous comptes se trouvant définitivement réglés et apurés entre elles pour toute cause que ce soit. • Soc. 15 mai 2008 : ⚖ Dr. soc. 2008. 986, obs. Radé ⌀. ♦ Dans le même sens : • Soc. 5 nov. 2014, ⚖ n° 13-18.984 P : JSL 2015, n° 379-3, obs. Hautefort ; RJS 1/2015, n° 26 • 11 janv. 2017, ⚖ n° 15-20.040 P : D. 2017. 2230, obs. Bacache ⌀ ; RJS 3/2017, n° 190 ; JCP E 2017. 1145, obs. Taquet. ♦ La transaction rédigée en termes généraux rend irrecevable l'action du salarié aux fins d'obtenir le versement d'une pension de retraite supplémentaire. • Soc. 30 mai 2018, ⚖ n° 16-25.426 P : RJS 8-9/2018, n° 529 ; JSL 2018, n° 459-2, obs. Lhernould ; JCP S 2018. 1244, obs. Dumont. ♦ La transaction stipulant qu'elle règle irrévocablement tout litige lié à l'exécution et à la rupture du contrat de travail en dehors de l'application des mesures du dispositif d'accompagnement social du licenciement économique, et que les parties déclarent renoncer à intenter ou poursuivre toute instance ou action de quelque nature que ce soit dont la cause ou l'origine aurait trait au contrat de travail, à son exécution ou à sa rupture, a acquis, à la date de sa signature, l'autorité de la chose jugée ; elle fait obstacle aux demandes du salarié relatives au non-respect par l'employeur de ses obligations de reclassement et de réembauche ainsi que de ses obligations découlant du plan de sauvegarde de l'emploi. • Soc. 20 févr. 2019, ⚖ n° 17-19.676 P : D. 2019. Pan. 973, obs. Lokiec ⌀ ; RJS 5/2019, n° 289 ; JCP S 2019. 1108, obs. Teissier ; Gaz. Pal. 28 mai 2019, p. 73, note P. Le Cohu. ♦ Dès lors qu'aux termes de la transaction signée avec l'employeur, le salarié déclare renoncer à toute prétention, réclamation, action ou instance de quelque nature que ce soit à l'encontre de l'employeur pouvant avoir pour cause le paiement de la prime de production, qu'il s'engage à n'intenter aucune instance ou action, d'aucune nature que ce soit, et renonce irrévocablement à toute réclamation au titre de ladite prime, l'employeur ne peut pas être condamné au paiement de cette prime pour la période postérieure à la transaction. • Soc. 23 sept. 2020, ⚖ n° 18-19.684 : RJS 11/2020, n° 531.
♦ Les obligations réciproques des parties au titre d'une clause de non-concurrence sont comprises dans l'objet de la transaction par laquelle ces parties déclarent être remplies de tous leurs droits, mettre fin à tout différend né ou à naître et renoncer à toute action relatifs à l'exécution ou à la rupture du contrat de travail. • Soc. 17 févr. 2021, ⚖ n° 19-20.635 P : D. 2021. 354 ⌀ ; Dr. soc. 2021. 371, obs. Mouly ⌀ ; RJS 5/2021, n° 260 ; JCP S 2021. 1080, obs. Genty et Durif ; JSL 2021, n° 518-3, obs. Lhernould ; SSL 2021, n° 1943, obs. Champeaux ; JCP 2021. 256, obs. Dedessus-Le-Moustier.

34. L'accord qui n'a pris en considération que les divergences des parties sur la rupture et les indemnités y afférentes, sans faire la moindre allusion à la clause de non-concurrence, n'affecte pas l'applicabilité de celle-ci. • Soc. 6 mai 1998, ⚖ n° 96-40.234 P : D. 1998. IR 158 ; RJS 1998. 463, n° 729. ♦ La transaction portant sur la rupture du contrat de travail et formulée en des termes généraux n'inclut pas le litige propre à la discrimination survenu au cours de la carrière. • Soc. 24 avr. 2013 : ⚖ D. actu. 17 mai 2013, obs. Peyronnet.

35. Situation des tiers. Si l'effet relatif des contrats interdit aux tiers de se prévaloir de l'autorité d'une transaction à laquelle ils ne sont pas intervenus, ces mêmes tiers peuvent néanmoins invoquer la renonciation à un droit que renferme cette transaction. • Soc. 14 mai 2008 : ⚖ RDT 2008. 450, obs. Auzero ⌀ ; D. 2008. 2117, note Serverin ⌀ ; RJS 2009. 622, n° 776 ; Dr. soc. 2008. 986, note Radé ⌀ ; JSL 2008, n° 235-2 ; JCP S 2008. 1422, note Morvan.

36. Représentants du personnel. Signée par un représentant du personnel irrégulièrement licencié, la transaction n'empêche pas de poursuivre l'employeur pour atteinte aux fonctions du représentant, mais interdit au salarié, qui a obtenu réparation des conséquences du licenciement et de celles résultant de son irrégularité, de poursuivre le chef d'entreprise pour avoir refusé sa réintégration, mesure qui ne peut se cumuler avec la réparation et qui est nécessairement exclue par l'accord. • Crim. 4 févr. 1992 : ⚖ D. 1992. IR 175 ; RJS 1992. 627, n° 1129.

2° RÉGIMES DES INDEMNITÉS TRANSACTIONNELLES

37. Obligations de l'employeur. S'il est constaté que l'indemnité transactionnelle comprend divers éléments de rémunération autres que la réparation du préjudice né de la perte de l'emploi, l'établissement d'un bulletin de paie détaillant ces éléments est obligatoire pour l'employeur. • Soc. 16 juin 1998, ⚖ n° 96-41.768 P : RJS 1998. 630, n° 984 ; D. 1998. IR 186 ⌀ ; JCP E 1998. 1386, note Taquet.

38. Cotisations sociales. Sur les conditions de l'exclusion de l'indemnité transactionnelle de l'assiette des cotisations de sécurité sociale, V. • Soc. 27 nov. 1985 : JCP E 1986. II. 14730, note Vachet • 28 avr. 1986 : ibid. 1988. II. 15197, note Taquet • 28 oct. 1987 : ibid. 1988. II. 15239, note Vachet • 30 juin 1994, ⚖ n° 92-14.952 P : Dr. soc. 1994. 809, obs. Antonmattéi ⌀ (cassation de l'arrêt qui ne recherche pas si l'indemnité, quelle que soit la qualification retenue par les parties, n'englobait pas des éléments de rémunération soumis à cotisations). ♦ Si, en raison de son caractère salarial, l'indemnité de préavis est soumise à cotisation, elle n'est due que si le délai de préavis n'a pas été respecté, le salarié pouvant alors expressément renoncer à la percevoir en tout ou partie dans le cadre d'un accord de rupture négocié avec l'employeur ; en déduisant du seul fait de l'existence d'un licenciement le droit de l'URSSAF de percevoir des cotisations sur l'indemnité de préavis, la commission de première instance n'a pas donné de base légale à sa décision. ● Soc. 8 févr. 1989 : 🏛 *D.* 1990. 339, note Saint-Jours 🖉 ; *JCP E* 1989. II. 15522, note Taquet. – Dans le même sens : ● Soc. 2 nov. 1989 : *JCP* 1990. IV. 421 ; *CSB* 1990. 17, A. 8.

39. Situation au regard des ASSEDIC. Doit être cassé l'arrêt qui, ayant constaté l'extinction de l'instance à la suite d'une transaction, déboute l'ASSEDIC de sa demande de remboursement des allocations de chômage, alors que, la cour étant dessaisie du litige par l'effet du désistement, elle ne pouvait statuer sur cette demande et porter ainsi atteinte à l'autorité de la chose jugée qu'avait acquise à l'égard de cet organisme, auquel la transaction n'était pas opposable, la disposition du jugement ordonnant le remboursement des allocations. ● Soc. 7 juin 1995, 🏛 n° 91-43.234 P : *JCP E* 1995. II. 764, note Taquet ; *RJS* 1995. 578, n° 876 ; *Dr. soc.* 1995. 937.

40. Régime fiscal. Sur le régime fiscal de l'indemnité transactionnelle, V. ● CE 21 oct. 1985 : *Dr. soc.* 1986. 379, concl. Fouquet, note Prétot.

41. Opposabilité à l'AGS. La créance indemnitaire du salarié pour licenciement sans cause réelle et sérieuse relève du plafond 13, peu important que son montant résulte d'un accord de médiation ; dès lors que ce dernier n'a pas été conclu en vue de frauder aux droits de l'AGS. ● Soc. 25 janv. 2006, 🏛 n° 03-45.444 P : *D.* 2006. IR 395 🖉 ; *RDT* 2006. 120, obs. Serverin 🖉 ; *RJS* 2006. 301, n° 448.

Art. L. 1231-5 Lorsqu'un salarié engagé par une société mère a été mis à la disposition d'une filiale étrangère et qu'un contrat de travail a été conclu avec cette dernière, la société mère assure son rapatriement en cas de licenciement par la filiale et lui procure un nouvel emploi compatible avec l'importance de ses précédentes fonctions en son sein.

Si la société mère entend néanmoins licencier ce salarié, les dispositions du présent titre sont applicables.

Le temps passé par le salarié au service de la filiale est alors pris en compte pour le calcul du préavis et de l'indemnité de licenciement. – *[Anc. art. L. 122-14-8.]*

BIBL. ▶ Catala, *Cah. dr. entr.* 4, 1986, p. 10. – Coursier, *Dr. soc.* 1994. 19 🖉. – Lhernould, *RJS* 10/2022, chron., p. 783 (le droit au retour du salarié mis à disposition d'une filiale étrangère). – A. Lyon-Caen, *Dr. soc.* 1981. 747. – A. Lyon-Caen et de Maillard, *ibid.* 320. – G. Lyon-Caen, *Rev. crit. DIP* 1976. 439. – Martinon, *JCP S* 2013. 1079 (organisation de la mobilité dans les groupes). – Moreau-Bourlès, *Dr. soc.* 1986. 23. – Nivelles, *JSL* 2014, n° 357-1. – Taquet, *SSL* 1993, suppl. n° 651. – Vacarie, *Dr. soc.* 1989. 462.

> *COMMENTAIRE*
> V. sur le Code en ligne 🏛. ☐

A. CONDITIONS

1. Loi française. L'art. L. 122-14-8 [L. 1231-5 nouv.] n'est pas applicable lorsque le droit français a cessé d'être applicable aux relations contractuelles avec la société mère antérieurement à l'expatriation. ● Soc. 30 juin 1993, 🏛 n° 89-41.293 P : *D.* 1993. IR 218 ; *RJS* 1993. 520, n° 866 ; *JCP E* 1993. II. 523, note Coursier (2e esp.).

2. Les obligations de la société mère ne sont pas subordonnées au maintien d'un contrat de travail avec le salarié. ● Soc. 13 nov. 2008, 🏛 n° 07-41.700 P : *D.* 2008. Actu. 2944, obs. Perrin 🖉 ; *ibid.* Pan. 594, obs. Peskine 🖉 ; *RDT* 2009. 29, obs. Amauger-Lattes 🖉 ; *Dr. soc.* 2009. 69, obs. Lhernould 🖉 ; *RJS* 1/2009, n° 68 ; *JCP S* 2009, n° 1018, note Ph. Coursier. ♦ Le seul fait que le salarié n'ait pas, avant son détachement, exercé des fonctions effectives au service de l'employeur qui l'a détaché ne dispense pas celui-ci de son obligation d'assurer son rapatriement à la fin du détachement et de le reclasser dans un autre emploi en rapport avec ses compétences. ● Soc. 7 déc. 2011 : 🏛 *D. actu.* 2 janv. 2012, obs. Fleuriot ; *D.* 2012. Actu. 102 🖉 ; *Dr. soc.* 2012. 266, note Lokiec 🖉 ; *RJS* 2012. 160, n° 193 ; *JSL* 2012, n° 314-6, obs. Lhernould ; *JCP S* 2012. 1066, obs. Dauxerre.

3. L'art. L. 1231-5 C. trav. doit être interprété comme subordonnant les garanties de rapatriement et de réintégration dont répond la société qui met à disposition le salarié au contrôle que celle-ci exerce sur la société d'accueil, auteur du licenciement ; la société mère qui a mis un salarié à disposition d'une filiale étrangère est tenue aux obligations de rapatriement et de réintégration dans la mesure où, à la date du licenciement de ce salarié, elle contrôle cette dernière société. ● Soc. 8 juill. 2021, 🏛 n° 21-70.012 : *Dr. soc.* 2021. 984, obs. Ranc 🖉 ; *RJS* 10/2021, n° 579.

4. Les obligations qui pèsent sur la société mère existent même si le contrat de travail conclu avec la filiale est soumis au droit étranger. • Soc. 30 mars 2011 : ⚖ *D. 2011. Actu. 1087, obs. Ines* ⊘ ; *Dr. soc. 2012. 266, note Lokiec* ⊘ ; *JCP S 2011. 1257, obs. Pagnerre* ; *Dr. ouvrier 2011. 480, note Lacoste-Mary.*

5. Notion de filiale étrangère. Lorsqu'un salarié a été engagé par une société ayant pour mission de gérer le personnel des différentes sociétés d'un groupe, l'art. L. 122-14-8 [L. 1231-5 nouv.] est inapplicable à cette société lorsqu'elle ne forme pas avec les sociétés employant le salarié une société unique d'un point de vue économique. • Soc. 5 mai 1986 : *Bull. civ. V, n° 196.*

6. Sur la nature des liens unissant la société mère et la filiale, V. • Aix-en-Provence, 23 janv. 1980 : *D. 1981. 301, note Mestre et Buy* • 31 mars 1981 : *ibid.* • Soc. 27 juin 1990 : ⚖ *CSB 1990. 226* (arrêt reconnaissant la qualité de société mère à une société qui, tout en ne possédant pas la majorité du capital d'une autre, le contrôle en lui assurant une assistance technique et en passant des actes relevant normalement de l'autorité de cette dernière).

7. La loi ne visant que le cas des salariés mis à disposition d'une filiale étrangère, elle ne bénéficie pas au salarié détaché dans un territoire d'outremer. • Soc. 15 juin 1978 : *Bull. civ. V, n° 479.*

8. Rupture du contrat de travail. Les obligations de la société mère naissent de la rupture du contrat de travail avec la filiale dès lors que celle-ci met fin au contrat de travail, quelle que soit la cause. • Soc. 13 nov. 2008 : ⚖ *D. 2008. 2944, obs. Perrin* ⊘ ; *ibid 2009. Pan. 590, obs. Peskine* ; *RDT 2009. 29, obs. Amauger-Lattes* ⊘ ; *RJS 2009. 75, n° 68* ; *JSL 2008, n° 245-6* ; *Dr. soc. 2009. 69, note Lhernould* ⊘ ; *JCP S 2009. 1055, obs. Coursier* (cession du fonds à une société tierce).

9. Doit être cassé l'arrêt refusant d'appliquer l'art. L. 122-14-8 [L. 1231-5 nouv.], alors qu'il ne résultait pas de la lettre invoquée par l'employeur que le salarié avait manifesté sans équivoque sa volonté de renoncer au bénéfice des dispositions légales dont il n'était pas tenu de solliciter l'application. • Soc. 4 juin 1987 : *Bull. civ. V, n° 359.*

10. Date d'appréciation. Les conditions prévues par l'art. L. 122-14-8 [L. 1231-5 nouv.] s'apprécient à la date du licenciement par la filiale. • Bordeaux, 8 sept. 1998 : *RJS 1999. 182, n° 308.*

B. MISE EN ŒUVRE

11. Rapatriement. La société mère doit, dès qu'elle a connaissance du licenciement du salarié, assurer son rapatriement et lui procurer un nouvel emploi. • Soc. 6 juill. 1982, ⚖ n° 80-41.092 P : *D. 1982. 641, note Mestre et Buy* ; *D. 1983. IR 442, obs. Frossard.* ♦ La cession à un tiers de son fonds par une filiale étrangère dans laquelle le salarié est détaché, met fin *ipso facto* au contrat de travail ; il appartient alors à la société mère de prendre l'initiative du rapatriement du salarié et de lui proposer un reclassement. • Soc. 13 nov. 2008 : ⚖ *D. 2008. 2944, obs. Perrin* ⊘ ; *ibid 2009. Pan. 590, obs. Peskine* ; *RDT 2009. 29, obs. Amauger-Lattes* ⊘ ; *RJS 2009. 75, n° 68* ; *JSL 2008, n° 245-6* ; *Dr. soc. 2009. 69, note Lhernould* ⊘ ; *JCP S 2009. 1055, obs. Coursier.*

12. La société mère a l'obligation d'assurer le rapatriement du salarié et doit supporter les frais d'expatriation lorsque le retard dans l'accomplissement de son obligation lui est imputable. • Soc. 5 mai 1982 : *Bull. civ. V, n° 274* ; *D. 1982. IR 389.*

13. Reclassement. Le salarié rapatrié ne peut prétendre à une rémunération identique à celle dont il bénéficiait au sein de la filiale dans des conditions de travail très différentes ; son refus d'un poste qui ne constituait pas un déclassement caractérise une cause réelle et sérieuse de licenciement. • Soc. 22 mars 1982 : *Bull. civ V, n° 193* • 26 janv. 1983 : *JS UIMM 1987. 300.* ♦ L'application de l'art. L. 1231-5 n'est pas subordonnée au maintien d'un contrat de travail entre le salarié et la société mère ; son application n'est pas affectée par la loi applicable au contrat conclu avec la société filiale. • Soc. 30 mars 2011 : ⚖ *D. 2011. Actu. 1087, obs. Ines* ⊘ ; *Dr. soc. 2012. 266, note Lokiec* ⊘ ; *JCP S 2011. 1257, obs. Pagnerre* ; *Dr. ouvrier 2011. 480, note Lacoste-Mary.*

14. Obligation de la société mère en l'absence d'offre de reclassement compatible. En l'absence d'offre de réintégration sérieuse, précise et compatible avec l'importance des précédentes fonctions du salarié au sein de la société mère, cette dernière est tenue, jusqu'à la rupture du contrat de travail la liant au salarié, au paiement des salaires et des accessoires de rémunération du dernier emploi, dès lors que le salarié s'est tenu à la disposition de l'employeur. • 14 oct. 2020, ⚖ n° 19-12.275 P : *RDT 2020. 745, note Baugard* ; *RJS 12/2020, n° 635* ; *JCPS 2020. 3092, obs. Pagnerre.*

15. Reclassement et modification du contrat de travail. En retenant que l'emploi offert au salarié était, en raison de son niveau hiérarchique et de sa rémunération, supérieur à celui occupé dans l'entreprise lors de sa mise à la disposition d'une filiale, la cour d'appel a fait ressortir que cet emploi était compatible avec l'importance des précédentes fonctions exercées au sein de la société mère. • Soc. 2 avr. 1992 : ⚖ *RJS 6/1992, n° 718.* ♦ Les dispositions de l'art. L. 122-14-8 [L. 1231-5 nouv.] ne font pas obstacle à ce que la société mère, dans le cadre de son obligation de reclassement, propose un autre emploi au salarié, même de catégorie inférieure, par voie de modification du contrat de travail. • Soc. 19 déc. 2000 : ⚖ *D. 2001. IR 429* ⊘ ; *RJS 2001. 262, n° 371.*

16. Réintégration et prise d'acte de la rupture. Le salarié qui a fait l'objet d'un rapatriement en France sans bénéficier d'une offre de réintégration sérieuse, précise et compatible avec l'importance de ses précédentes fonctions au sein

RUPTURE DU CONTRAT DE TRAVAIL **Art. L. 1232-1** 251

de la société mère et sans qu'aucun accord exprès sur ce nouveau poste soit intervenu est fondé à prendre acte de la rupture. • Soc. 21 nov. 2012 : 🏛 *D. actu. 11 déc. 2012, obs. Siro ; JCP S 2013. 1113, obs. Pagnerre.*

17. Le fait que le salarié licencié ait perçu des indemnités de rupture versées par la filiale ne dispense pas la société mère de son obligation de reclassement. • Soc. 4 déc. 1985 : *Bull. civ. V, n° 569.*

C. LICENCIEMENT

18. Motif du licenciement. Si la société filiale met fin au contrat de travail, le salarié peut se prévaloir des règles relatives au licenciement et la société mère, tenue de le réintégrer, ne peut le licencier qu'en invoquant une cause réelle et sérieuse de licenciement. • Soc. 30 mars 1999 : 🏛 *D. 1999. IR 122 ⌀ ; RJS 1999. 456, n° 754.* ◆ ... Fondée sur des faits concernant la société mère. • Soc. 18 mai 1999, 🏛 n° 96-45.439 P : *D. 1999. IR 171 ⌀ ; RJS 1999. 802, n° 1311 ; Dr. soc. 1999. 1110, obs. Moreau ⌀.*

19. Indemnité de licenciement. Le salarié licencié ne peut cumuler, pour une même période de travail, les indemnités versées par la filiale et celles qu'il pouvait obtenir à la suite de son licenciement par la société mère. • Soc. 4 déc. 1985 : *Bull. civ. V, n° 569* • 20 janv. 1993 : *RJS 1993. 96, n° 125.* ◆ Les indemnités de rupture auxquelles peut prétendre le salarié mis fin à la société, au service de laquelle il était engagé, à la disposition d'une filiale étrangère au titre de son licenciement prononcé par la société mère après que la filiale a mis fin à son détachement doivent être calculées par référence aux salaires perçus par le salarié dans son dernier emploi. • Soc. 27 oct. 2004, 🏛 n° 02-40.648 P : *Dr. soc. 2005. 109, obs. Radé ⌀ ; RJS 2005. 73, n° 86* • Soc. 14 oct. 2020, 🏛 n° 19-12.275 P : *préc. note 14.*

20. Indemnité de préavis. La société mère doit verser une indemnité de préavis à un salarié déjà licencié par la filiale, les deux indemnités n'ayant pas la même cause et s'appliquant à des périodes différentes. • Soc. 15 nov. 1989 : *Bull. civ. V, n° 660 ; CSB 1990. 35.*

Art. L. 1231-6 Un décret en Conseil d'État détermine les modalités d'application du présent chapitre. — *[Anc. art. L. 122-14-11.]* — V. art. R. 1231-1.

Art. L. 1231-7 (*L. n° 2019-486 du 22 mai 2019, art. 11-VI et XIV, en vigueur le 1ᵉʳ janv. 2020*) Par dérogation aux articles L. 1111-2 et L. 1111-3, pour l'application de la section 2 du chapitre IV du présent titre, un décret en Conseil d'État fixe les conditions dans lesquelles l'effectif salarié et les règles de franchissement des seuils d'effectif sont déterminés. — V. art. R. 1234-9.

CHAPITRE II LICENCIEMENT POUR MOTIF PERSONNEL

RÉP. TRAV. v° *Contrat de travail à durée indéterminée (Rupture - Licenciement pour motif personnel),* par FABRE.

BIBL. ▶ DUQUESNE, *Dr. soc. 1996. 374 ⌀*. - FABRE, *RDT 2020. 659 ⌀* (actualité du licenciement pour motif personnel). - MORVILLE, *CSB 1996. 93.* - POCHET, *Dr. soc. 1995. 655 ⌀.*

COMMENTAIRE
V. sur le Code en ligne 🔒. ☐

SECTION 1 Cause réelle et sérieuse

Art. L. 1232-1 (*L. n° 2008-596 du 25 juin 2008*) Tout licenciement pour motif personnel est motivé dans les conditions définies par le présent chapitre.
Il est justifié par une cause réelle et sérieuse. — *[Anc. art. L. 122-14-3, al. 1ᵉʳ, phrase 1.]*

BIBL. ▶ **Cause réelle et sérieuse :** CHIREZ, *D. 1988. Chron. 186 ; SSL 1986, n° 322, D. 4.* - COUTURIER, *Ét. offertes à Savatier, 1992, p. 143* (intérêt de l'entreprise). - GAURIAU, *RJS 7/2019, p. 513.* - JOSEPH, *Dr. ouvrier 1984. 51.* - KUHNMUNCH, *Dr. soc. 1988. 384.* - LAGARDE, *JCP 2000. I. 254.* - LANGLOIS, *SSL 1984, n° 225, D. 4.* - SARAMITO, *Dr. ouvrier 1981. 163* (licenciement des cadres). - SIGNORETTO, *RPDS 1985. 133.* - SPORTOUCH, *Dr. soc. 1992. 787 ⌀* (licenciement en cas de redressement ou de liquidation judiciaires). - TEYSSIÉ, *ibid. 1988. 374.* - V. aussi *JCP E 1993. I. 235.*

▶ **Contrôle par la Cour de cassation :** BLAISE, *BS Lefebvre 1986. 227.* - BOTTIN-VAILLANT, *Dr. ouvrier 2011. 601* (faute grave et contrôle de la Cour de cassation : panorama de jurisprudences). - HENRY, *Dr. ouvrier 1990. 157* (loi du 2 août 1989). - PÉLISSIER, *Dr. soc. 1986. 179.* - SAVATIER, *ibid. 1987. 357.* - WAQUET, *ibid. 1992. 980 ⌀.* - V. la table ronde organisée par le parquet général de la Cour de cassation : *Dr. soc. 1986. 175 s.*

▶ **Art. L. 1232-1 C. trav. vs art. 1780 C. civ. :** DOCKÈS, *Dr. soc. 2018. 541 ⌀* (le retour du licenciement abusif). - MOULY, *Dr. soc. 2018. 824 ⌀* (la réactivation de la théorie du licenciement abusif).

> *COMMENTAIRE*
> V. sur le Code en ligne 🔒.

I. GÉNÉRALITÉS

1. Principe. Un licenciement pour une cause inhérente à la personne du salarié doit être fondé sur des éléments objectifs et imputables au salarié. • Soc. 7 déc. 1993 : 🔒 *D. 1994. Somm. 309, obs. A. Lyon-Caen et Papadimitriou* ∅ *; Dr. soc. 1994. 213* • Soc. 20 oct. 2015, 🔒 n° 14-17.624 P : *D. actu. 25 nov. 2015, obs. Fraisse ; D. 2015. Actu. 2187* ∅. ♦ Ne peuvent donc être invoqués des faits imputables à un membre de la famille du salarié. • Soc. 27 janv. 1993 : 🔒 *D. 1993. IR 210 ; Dr. soc. 1993. 187* • 25 avr. 1990, 🔒 n° 87-45.275 P : *D. 1990. IR 134* ∅ • 21 mars 2000, 🔒 n° 98-40.130 P : *D. 2000. IR 114* ∅ *; Dr. soc. 2000. 655, obs. J. Savatier* ∅ *; RJS 2000. 357, n° 509*.

2. Impossibilité d'exécution du contrat. L'impossibilité pour le salarié de fournir sa prestation de travail en raison de la perte d'un élément indispensable à l'exécution de celle-ci dispense l'employeur, en l'absence de dispositions légales ou conventionnelles spécifiques, de lui verser un salaire. • Soc. 28 nov. 2018, 🔒 n°s 17-15.379 et 17-13.199 P : *D. actu. 20 déc. 2018, obs. Malfettes ; D. 2018. Actu. 2368* ∅ *; ibid. 2019. 328, obs. Salomon* ∅ *; Dr. soc. 2019. 360, obs. Mouly* ∅ *; RDT 2019. 11, obs. Dechristé* ∅ *; RJS 2/2019, n° 91 ; JSL 2019, n° 468-4, obs. Hautefort ; JCP S 2019. 1014, obs. Urbain*.

A. VIE PERSONNELLE DU SALARIÉ

BIBL. Bedoura, *D. 1978. Chron. 51* (licenciement des maîtres de l'enseignement confessionnel). – Bouaziz, *Dr. ouvrier 1991. 201*. – Boulmier, *CSB 2003, numéro spécial juill.-août, p. 71* (licenciement et religion). – Despax, *JCP 1963. I. 1776* (incidence de la vie extra-professionnelle). – Escande-Varniol, *RJS 1993. 403* (motif extraprofessionnel). – Grévy, *Dr. soc. 1995. 329* ∅ (vidéosurveillance). – Joseph, *Dr. ouvrier 1990. 378* (état de santé). – Kernaleguen, *Mél. H. Blaise, 1995, p. 269*. – Mouly, *Dr. soc. 2006. 839* ∅. – Roger, *Dr. soc. 1980. 173* (délinquance). – Savatier, *ibid. 1991. 485* ∅ (licenciement d'un sacristain en raison de ses mœurs) ; *ibid. 1992. 329* ∅ (protection de la vie privée). – De Tissot, *ibid. 1995. 222* ∅.

3. Protection de la vie personnelle. En principe il ne peut être procédé au licenciement d'un salarié pour une cause tirée de sa vie privée. • Soc. 20 nov. 1991, 🔒 n° 89-44.605 P : *D. 1992. IR 25 ; Dr. soc. 1992. 79 ; RJS 1992. 26, n° 3* (vol à l'étalage commis par un employé d'une société de gardiennage) • 9 mars 2011, 🔒 n° 09-42.150 P : *D. actu. 18 mars 2011, obs. Astaix ; Dr. ouvrier 2011. 601, note Bottin-Vaillant ; JSL 2011, n° 298-3, obs. Tourreil ; JCP S 2011. 1230, obs. Mouly*. ♦ La réception par le salarié d'une revue qu'il s'est fait adresser sur le lieu de travail ne constitue pas un manquement aux obligations résultant de son contrat ; l'employeur ne pouvait sans méconnaître le respect dû à la vie privée du salarié se fonder sur le contenu d'une correspondance privée pour sanctionner son destinataire et le trouble objectif dans le fonctionnement de l'entreprise ne permettait pas en lui-même de prononcer une sanction disciplinaire. • Cass., ch. mixte, 18 mai 2007, 🔒 n° 05-40.803 P : *D. 2007. AJ 2137* ∅ *; RDT 2007. 527, obs. Montpeyssen* ∅ *; RJS 2007. 615, n° 810 ; JSL 2007, n° 213-2 ; JCP 2007. 1844, note Puigelier ; JCP S 2007. 1538, note Barège et Bossu* (V. art. L. 1121-1) • Soc. 23 juin 2009, 🔒 n° 07-45.256 P : *RDT 2009. 657, obs. Mathieu-Géniaut* ∅ *; RJS 2009. 704, n° 796 ; JCP E 2009. 1934, note Corrignan-Carsin*. ♦ Le fait pour un salarié qui utilise un véhicule dans l'exercice de ses fonctions de commettre, dans le cadre de sa vie personnelle, une infraction entraînant la suspension ou le retrait de son permis de conduire ne saurait être regardé comme une méconnaissance par l'intéressé de ses obligations découlant du contrat de travail. • Soc. 3 mai 2011, 🔒 n° 09-67.464 P : *D. actu. 26 mai 2011, obs. Siro ; D. 2011. Actu. 1357* ∅ *; RJS 2011. 541, n° 588 ; Dr. ouvrier 2011. 601, note Bottin-Vaillant ; JCP S 2011. 1312, obs. Corrignan-Carsin ; SSL 2011, n° 1492, p. 12, obs. Champeaux* • 21 oct. 2003, 🔒 n° 00-45.291 P : *JCP E 2004. 773, note Puigelier* (caractère non fautif du comportement, relevant de sa vie personnelle, d'une secrétaire médicale ayant poursuivi une activité de « voyante tarologue », en l'absence de manquement de la salariée à son obligation contractuelle de confidentialité).

4. Effets sur la vie professionnelle. Un salarié appartenant au personnel navigant d'une compagnie aérienne en tant que membre de l'équipe critique pour la sécurité consommant des drogues dures pendant les escales se trouvant sous l'influence de produits stupéfiants pendant l'exercice de ses fonctions n'a pas respecté les obligations prévues par son contrat de travail et a ainsi fait courir un risque aux passagers. • 27 mars 2012, 🔒 n° 10-19.915 P : *D. actu. 23 avr. 2012, obs. Siro ; D. 2012. Actu. 1065, obs. Poissonnier* ∅ *; D. 2013. Pan. 1026, obs. Porta* ∅ *; Dr. soc. 2012. 526, obs. Mouly* ∅ *; RJS 2012. 454, n° 529 ; JCP S 2012. 1245, obs. Rozec ; SSL 2012, n° 1535, p. 11, obs. Marcon*.

5. Rattachement à la vie de l'entreprise. Les faits de menaces, insultes et comportements agressifs commis à l'occasion d'un séjour organisé par l'employeur dans le but de récompenser les salariés lauréats d'un « challenge » national interne à l'entreprise et à l'égard des collègues ou supérieurs hiérarchiques du salarié se rattachent à la vie de l'entreprise et peuvent justifier un licenciement pour faute grave. • Soc. 8 oct. 2014 : 🔒

D. 2014. Actu. 2056 ⌀. ♦ Se rattachent à la vie professionnelle du salarié, et non à sa vie privée, et peuvent dès lors justifier un licenciement pour faute grave les faits de vol commis par le steward d'une compagnie aérienne pendant le temps d'une escale dans un hôtel partenaire commercial de la société employeur, qui y avait réservé à ses frais les chambres, ces faits ayant été signalés à l'employeur par l'hôtel et la victime n'ayant pas porté plainte en raison de l'intervention de la compagnie aérienne. ● Soc. 8 juill. 2020, 🜲 n° 18-18.317 P : D. 2020. 2312, obs. Vernac et Ferkane ⌀ ; Dr. soc. 2020. 961, obs. Mouly ⌀ ; RDT 2020. 611, obs. Dabosville ⌀ ; RJS 10/2020, n° 450 ; Dr. ouvrier 2020. 827, obs. R. Lokiec ; JSL 2020, n° 504-4, obs. Lhernould ; JCP S 2020. 3011, obs. Loiseau.

6. Trouble objectif. Il peut être procédé à un licenciement dont la cause objective est fondée sur le comportement du salarié qui, compte tenu de la nature de ses fonctions et de la finalité propre de l'entreprise, a créé un trouble caractérisé au sein de cette dernière. ● Soc. 17 avr. 1991, 🜲 n° 90-42.636 P : D. 1991. IR 140 ; JCP 1991. II. 21724, note Sériaux ; Dr. soc. 1991. 485, note Savatier ⌀ ; CSB 1991. 133, A. 33 ; RJS 1991. 297, n° 558 (caractère abusif du licenciement d'un sacristain homosexuel). ♦ Le trouble objectif dans le fonctionnement de l'entreprise ne permet pas en lui-même de prononcer une sanction disciplinaire. ● Cass., ch. mixte, 18 mai 2007 : 🜲 préc. note 3.

7. Troubles caractérisés. Crée un trouble caractérisé constitutif d'une faute grave le fait pour un cadre commercial d'une banque, tenu à une obligation de probité, d'être poursuivi pour vol et trafic de véhicules. ● Soc. 25 janv. 2006, 🜲 n° 04-44.918 P : D. 2006. IR 394 ⌀ ; Dr. soc. 2006. 848, note Mathieu-Géniaut ⌀ ; RJS 2006. 270, n° 392 ; JSL 2006, n° 183-6.

8. Troubles non caractérisés. Dans sa vie privée, le salarié est libre d'acheter les biens, produits ou marchandises de son choix et par conséquent d'acquérir un produit vendu par un concurrent de l'employeur. ● Soc. 30 juin 1992, 🜲 n° 89-43.840 P : D. 1992. IR 209 ; CSB 1992. 202, S. 130 ; RJS 1992. 535, n° 959. ♦ Est dépourvu de cause réelle et sérieuse le licenciement d'un banquier ayant émis des chèques sans provision. ● Soc. 22 janv. 1992, 🜲 n° 90-42.517 P : D. 1992. IR 60 ⌀ ; Dr. soc. 1992. 329, note Savatier ⌀ ; CSB 1992. 73, A. 15 ; RJS 1992. 156, n° 247 ● 16 déc. 1998, 🜲 n° 96-43.540 P : D. 1999. IR 19 ⌀ (insolvabilité d'un employé de banque) ● 26 févr. 2003 : 🜲 Dr. soc. 2003. 625, note Savatier ⌀ (détention provisoire du salarié).

9. Entreprises de tendance. L'autonomie des entreprises de tendance ou identitaires participe de la substance du droit au respect de ses convictions religieuses, prévu par l'art. 9, et leurs intérêts demeurent donc prépondérants sur ceux des salariés. ● CEDH 23 sept. 2010 : 🜲 RDT 2011. 45, obs. Couard ⌀ ; D. 2011. 1637, chron. Marguénaud et Mouly ⌀. ♦ Porte atteinte à la vie privée et familiale du travailleur l'employeur qui licencie le chef de chœur d'une paroisse catholique qui, en entretenant une relation adultère, aurait manqué à son obligation particulière de loyauté. ● CEDH 23 sept. 2011 : RDT 2011. 45, obs. Couard ⌀ ; D. 2011. 1637, chron. Marguénaud et Mouly ⌀. ♦ N'est pas une entreprise de tendance ou de conviction l'association qui a pour objet, non de promouvoir et de défendre des convictions religieuses, politiques ou philosophiques, mais de développer une action orientée vers la petite enfance en milieu défavorisé et d'œuvrer pour l'insertion sociale et professionnelle des femmes sans distinction d'opinion politique et confessionnelle. ● Cass., ass. plén., 25 juin 2014 : 🜲 AJDA 2014. 1293 ⌀ ; D. 2014. 1386 ⌀ ; ibid. 1536 ⌀, entretien Radé ; AJCT 2014. 337 ⌀, tribune de la Morena ; JSL 2014, n° 371-2, obs. Hautefort.

10. Religion. Le refus de subir une visite médicale réglementaire est une cause réelle et sérieuse de licenciement, indépendamment du motif religieux invoqué par le salarié. ● Soc. 29 mai 1986 : Bull. civ. V, n° 262. ♦ Sur la légitimité du licenciement d'une assistante maternelle engagée dans un jardin d'enfants géré par une paroisse protestante en raison de son engagement actif au sein d'une autre communauté religieuse, V. ● CEDH 3 févr. 2011, Siebenhaar : D. actu. 15 févr. 2011, obs. Astaix ; RJS 2011. 541, n° 588 ; JCP S 2011. 1312, obs. Corrignan-Carsin ; SSL 2011, n° 1492, p. 12, obs. Champeaux.

11. Situation matrimoniale. L'inobservation d'une clause d'un règlement intérieur, illicite en ce qu'elle interdisait l'emploi simultané de deux conjoints et portait ainsi atteinte à la liberté du mariage, ne saurait constituer une cause légitime de licenciement. ● Soc. 10 juin 1982 : Bull. civ. V, n° 392 ; JCP 1984. II. 20230, note Hennion-Moreau. ♦ Contra antérieurement : ● Soc. 4 avr. 1979 : Bull. civ. V, n° 315 (risque d'un préjudice pour l'entreprise du fait de l'activité concurrentielle du conjoint du salarié licencié) ● Cass., ass. plén., 19 mai 1978 : 🜲 Bull. ass. plén., n° 1 ; D. 1978. 541, concl. Schmelk, note Ardant ; JCP 1978. II. 19009, rapp. Sauvageot, note Lindon ; Gaz. Pal. 1978. 2. 464, note Viatte (remariage après divorce d'une femme institutrice dans un établissement d'enseignement catholique). ♦ Mais le seul risque d'un conflit d'intérêts né du mariage d'un salarié avec une personne détenant la moitié du capital social d'une société affiliée au réseau de son employeur est abusif. ● Soc. 21 sept. 2006, 🜲 n° 05-41.155 P : RDT 2006. 314, obs. Dockès ⌀ ; D. 2006. 2901, obs. Gaba ⌀ ; ibid. 2007. Pan., obs. Mathieu-Géniaut ⌀ ; RJS 2006. 855, n° 1148 ; JSL 2006, n° 198-3.

12. Salarié mis en examen. La dissimulation par le salarié d'un fait en rapport avec ses activités professionnelles et les obligations qui en résultent peut constituer un manquement à la loyauté à laquelle il est tenu envers son employeur, dès lors qu'elles sont de nature à avoir une incidence sur l'exercice des fonctions ; il en est ainsi s'agissant d'une mise en examen du salarié pour des faits en rapport avec ses activités professionnelles. • Soc. 29 sept. 2014 : ⚖ *D. actu. 20 oct. 2014, obs. Peyronnet.*

13. Liberté d'expression. Sauf abus, le salarié jouit, dans l'entreprise et en dehors de celle-ci, de sa liberté d'expression ; il ne peut être apporté à celle-ci que des restrictions justifiées par la nature de la tâche à accomplir et proportionnées au but recherché. • Soc. 14 déc. 1999, ⚖ n° 97-41.995 P : *GADT, 4ᵉ éd., n° 13 ; D. 2000. IR 40 ⌧ ; Dr. soc. 2000. 163, concl. Duplat, note Ray ⌧* • 2 mai 2001, ⚖ n° 98-45.532 P : *Dr. soc. 2001. 1003, obs. Gauriau ⌧ ; RJS 2001. 579, n° 832 ; JSL 2001, n° 82-5* • 22 juin 2004, ⚖ n° 02-42.446 P : *RJS 2004. 803, n° 1120 ; JSL 2004, n° 152-7.* ♦ L'exercice de la liberté d'expression des salariés en dehors de l'entreprise ne peut justifier un licenciement que s'il dégénère en abus. • Soc. 12 nov. 1996, ⚖ n° 94-43.859 P : *D. 1996. IR 266 ⌧* (diffusion d'une lettre ni diffamatoire ni excessive : abus non caractérisé). ♦ 4 févr. 1997 : ⚖ *Dr. soc. 1997. 413, obs. Savatier ⌧ ; CSB 1997. 137, A. 26, note Philbert* (dénigrement constitutif d'un abus). ♦ Dans le même sens : • Soc. 5 mai 1993 : ⚖ *D. 1994. Somm. 306, obs. Millet ⌧ ; Dr. soc. 1993. 600* (à propos de l'envoi par le salarié d'une lettre à un journal satirique : absence de faute grave). ♦ V. aussi : • Soc. 6 oct. 1993 : ⚖ *Dr. soc. 1994. 353, note de Tissot ⌧* (propos injurieux envers un chef d'État étranger constitutifs d'une faute grave). • 28 avr. 1994, ⚖ n° 92-43.917 P : *Dr. soc. 1994. 703 ⌧ ; RJS 1994. 447, n° 738* (lettre adressée à l'employeur, injurieuse pour un supérieur hiérarchique, et ne constituant pas l'exercice normal de la liberté d'expression du salarié) • 7 oct. 1997, ⚖ n° 93-41.747 P : *RJS 1997. 745, n° 1199* (manquement à l'obligation de discrétion absolue pesant sur les personnels des cabinets médicaux ; faute grave). ♦ N'est pas fautif le fait pour un cadre de haut niveau qui, dans des circonstances difficiles, a été amené à formuler, dans l'exercice de ses fonctions et dans le cadre restreint d'un comité de direction, des critiques, même vives, concernant la nouvelle organisation, au moyen d'un document ne comportant pas de termes injurieux, diffamatoires ou excessifs. • Soc. 14 déc. 1999, ⚖ n° 97-41.995 P : *préc.* ♦ Manque à ses obligations dans des conditions outrepassant sa liberté d'expression justifiant la rupture immédiate du contrat de travail le salarié qui jette le discrédit sur l'étude en des termes excessifs et injurieux auprès de la Chambre des notaires, de la caisse de retraite et de prévoyance et de l'Urssaf. • Soc. 15 déc. 2009, ⚖ n° 07-44.264 P : *R., p. 331 ⌧ ; D. 2010. AJ 156 ⌧ ; JSL 2010, n° 270-3.*

14. Le caractère illicite du motif du licenciement prononcé, même en partie, en raison de l'exercice, par le salarié, de sa liberté d'expression, liberté fondamentale, entraîne à lui seul la nullité du licenciement. • Soc. 29 juin 2022, ⚖ n° 20-16.060 B : *D. 2022. 1265 ⌧ ; RJS 10/2022, n° 501 ; JSL 2022, n° 547, obs. Hautefort.*

15. Refus de vaccination. Dès lors que la réglementation applicable à l'entreprise impose la vaccination des salariés exerçant des fonctions les exposant au risque d'une maladie et que le médecin du travail a prescrit cette vaccination sans contre-indication médicale de nature à justifier le refus du salarié, celui-ci ne peut s'y opposer et son refus constitue une cause réelle et sérieuse de licenciement. • Soc. 11 juill. 2012 : ⚖ *D. actu. 6 sept. 2012, obs. Ines ; RDT 2012. 637, obs. Pontif ⌧ ; RJS 2012. 689, n° 807 ; JSL 2012, n° 323-9, obs. Gaba ; JCP S 2013. 1046, obs. Boulmier.*

16. Infraction au code de la route. Dès lors que les infractions au code de la route reprochées au salarié ont été commises durant les temps de trajet durant lesquels il n'était pas à la disposition de l'employeur, que le véhicule mis à sa disposition n'a subi aucun dommage et que le comportement de l'intéressé n'a pas eu d'incidence sur les obligations découlant de son contrat de travail en tant que mécanicien, ces infractions ne peuvent pas justifier un licenciement disciplinaire dans la mesure où elles ne peuvent pas être regardées comme une méconnaissance par l'intéressé de ses obligations découlant de son contrat, ni comme se rattachant à sa vie professionnelle. • Soc. 4 oct. 2023, ⚖ n° 21-25.421 B : *D. 2023. 1751 ⌧ ; RJS 11/2023, n° 635 ; JCP 2023. 1170, obs. Corrignan-Carsin ; JCP S 2023. 1275, obs. Lhernould.*

B. CAUSE RÉELLE ET SÉRIEUSE

17. Caractère d'ordre public. La notion de cause réelle et sérieuse est d'ordre public. • Soc. 18 déc. 1975, ⚖ n° 74-40.477 P : *GADT, 4ᵉ éd., n° 83 ; D. 1976. 210.*

18. Réalité et sérieux. Les griefs reprochés au salarié ne doivent pas être minimes, non établis ou peu sérieux. • Soc. 23 mars 1977 : *Bull. civ. V, n° 215.* – V. aussi : • Soc. 18 déc. 1975 : *Bull. civ. V, n° 619 ; GADT, 4ᵉ éd., n° 83 ; D. 1976. 210, note Pélissier* • 13 déc. 1979 : *Bull. civ. V, n° 980 ; D. 1980. IR 351.* ♦ V., pour un motif réel, mais non sérieux : • Soc. 5 janv. 1978 : *D. 1978. IR 91.* ♦ La cause peut être réelle et sérieuse même en l'absence de faute grave, d'élément intentionnel et malgré le caractère isolé des faits. • Soc. 25 avr. 1985 : *Bull. civ. V, n° 261 ; D. 1985. IR 381.* ♦ … Ou même en l'absence d'avertissements ou d'observations préalables. • Soc. 13 nov. 1986 : *Bull. civ. V, n° 517.*

19. Cause réelle. Un licenciement pour une cause inhérente à la personne du salarié doit être fondé sur des éléments objectifs. • Soc. 29 nov. 1990, ⚖ n° 87-40.184 P : *GADT, 4ᵉ éd., n° 103 ; D. 1990. 190, obs. J. Pélissier ⌧.* ♦ Ne repose pas sur des éléments objectifs un licenciement fondé sur des divergences de vues relatives à la qualité d'actionnaire du salarié mais étrangères à son activité professionnelle. • Soc. 4 févr. 1993 : 🔒 *RJS 1993*. 328, n° 559 ; *CSB* 1993. 92, S. 36. ♦ Dans le même sens : • Soc. 2 juill. 1992 : 🔒 *BJS 1992. 1099*, note Le Cannu (gérant minoritaire révoqué puis licencié pour une faute commise en sa qualité de gérant et non de salarié) • 23 févr. 2005, 🔒 n° 02-43.770 P : *RJS 2005. 351, n° 489* (non-renouvellement du mandat électif du président de l'assemblée de la collectivité territoriale qui a engagé le salarié) • 8 févr. 2005, 🔒 n° 02-46.720 P : *Dr. soc. 2005. 813*, obs. Roy-Loustaunau / ; *RJS 2005. 258, n° 349* (cause pour laquelle le CDD, requalifié en CDI, avait été conclu, en l'occurrence le retour du salarié remplacé).

20. Perte de confiance. BIBL. Waquet, *RDT 2006. 304* / (notion de « trouble objectif »). ♦ La perte de confiance ne peut jamais constituer en tant que telle une cause de licenciement, même quand elle repose sur des éléments objectifs ; seuls ces éléments objectifs peuvent, le cas échéant, constituer une cause de licenciement. • Soc. 29 mai 2001, 🔒 n° 98-46.341 P : *D. 2002. 921*, obs. Gardin / ; *RJS 2001. 689, n° 999* ; *JSL 2001, n° 84-2*. ♦ V. aussi : • Soc. 29 nov. 1990, 🔒 n° 87-40.184 P : *GADT, 4ᵉ éd., n° 103* ; *D. 1991. 190*, note Pélissier / ; *Dr. soc. 1992. 32*, note Gaudu / ; *CSB 1991. 11, A. 5* (licenciement injustifié d'une secrétaire du seul fait que son époux, ancien salarié de l'entreprise, intentait contre cette dernière une action en justice) • 27 mai 1998, 🔒 n° 96-41.276 P : *JS UIMM. 1998. 366* (licenciement injustifié d'une salariée dont le conjoint a démissionné de la même entreprise pour travailler chez son principal concurrent, le risque de fuites d'informations au profit de celui-ci ne constituant pas un élément objectif) • 9 janv. 1991, 🔒 n° 89-43.918 P : *Dr. soc. 1992. 32*, note Gaudu / ; *D. 1992. Somm. 348*, obs. Serra / • 10 déc. 1991, 🔒 n° 90-44.524 P : *D. 1992. IR 35* / • 19 mai 1993 : 🔒 *CSB 1993. 163, B. 96*. ♦ V. également • Soc. 13 janv. 2004, 🔒 n° 01-47.178 P : *RJS 2004. 277, n° 392*.

21. Office du juge. Les juges du fond ont l'obligation de vérifier la cause exacte du licenciement. • Soc. 26 mai 1998, 🔒 n° 96-41.062 P : *D. 1998. IR 194* /. ♦ Est dépourvu de cause réelle et sérieuse le licenciement pour motif personnel qui cache un licenciement pour motif économique. • Soc. 23 oct. 1991, 🔒 n° 88-44.099 P. ♦ ... Le licenciement pour motif économique qui s'explique en réalité par un motif inhérent à la personne du salarié. • Soc. 24 avr. 1990, 🔒 n° 88-43.555 P : *D. 1990. IR 126* / (âge du salarié) • 2 juin 1993 : 🔒 *Dr. soc. 1993. 677* (refus d'une mutation après un désaccord avec le président de la société) • 29 avr. 1998, 🔒 n° 96-40.582 P, (état physique du salarié) • 14 mai 1996, 🔒 n° 93-40.447 P : *JCP 1996. II. 22722*, note Corrignan-Carsin / ; *Dr. soc. 1996. 743*, obs. Favennec / ; *RJS 1996. 423, n° 665*. ♦ ... Le licenciement qui en réalité sanctionne le refus du salarié de démissionner. • Soc. 5 mars 1987 : *D. 1987. IR 59*. ♦ ... Celui dont les circonstances révèlent que la cause invoquée par l'employeur dissimulait des projets de restructuration qui rendaient nécessaire un licenciement économique. • Soc. 24 janv. 1989 : *Bull. civ. V, n° 56* ; *D. 1989. IR 54* • 23 janv. 1996 : 🔒 *RJS 1996. 584, n° 907*. ♦ ... Ou celui d'un salarié intérimaire fondé sur le prétexte allégué par la société de travail temporaire d'un non-renouvellement du contrat le liant avec l'entreprise utilisatrice, alors qu'il s'agissait d'éviter de garder le salarié pendant la période de fermeture de l'entreprise utilisatrice. • Soc. 15 mars 1978 : *Bull. civ. V, n° 194* ; *D. 1979. 42*, note Corrignan-Carsin. ♦ ... Ou celui d'un couple de concierges qui ne tient compte ni de l'indivisibilité des engagements souscrits par le couple, ni du fait que l'un des époux pouvait assurer momentanément les tâches dévolues à l'autre. • Soc. 14 oct. 1993, 🔒 n° 91-45.409 P : *D. 1994. 251*, note Sordino / ; *Dr. soc. 1994. 237*, note J. Savatier / ; *RJS 1993. 732, n° 1240*.

22. Qualification de la faute. Le juge ne peut aggraver la qualification de la faute retenue par l'employeur ; dès lors, est nul le licenciement prononcé pour cause réelle et sérieuse d'un salarié dont le contrat de travail est suspendu pour cause de maladie professionnelle alors même que les faits qui lui étaient reprochés revêtaient une gravité certaine compte tenu de leur nature même. • Soc. 20 déc. 2017, 🔒 n° 16-17.199 P : *D. actu. 23 janv. 2018*, obs. Cortot ; *D. 2018. Actu. 15* / ; *JSL 2018, n° 449-2*, obs. Desaint ; *SSL 2018, n° 1802, p. 13* ; *RJS 3/2018, n° 187* ; *ibid. 2018, p. 113*, avis Weissmann ; *JCP S 2018. 1061*, obs. Poncet.

II. MOTIFS DISCIPLINAIRES

BIBL. Enclos, *Dr. soc. 1991. 131* /. – Morville, *CSB 1991. 149* (incidence de l'action publique sur le contentieux prud'homal). – Ortscheidt, *Dr. soc. 1987. 11* (droit disciplinaire et droit du licenciement). – Pélissier, *ibid. 1992. 751* /. – Richevaux, *Dr. ouvrier 1995. 504* (délinquance extra-professionnelle). – Savatier, *Dr. soc. 1991. 626* / (licenciement pour faits susceptibles d'incrimination pénale).

A. GÉNÉRALITÉS

23. Faute disciplinaire. Le salarié ne peut être licencié pour des faits commis pendant la suspension de son contrat de travail, sauf acte de déloyauté. • Soc. 16 juin 1998, 🔒 n° 96-41.558 P : *D. 1998. IR 177* / • 21 mars 2000, 🔒 n° 97-44.370 P : *D. 2000. IR 114* / ; *Dr. soc. 2000. 648*, obs. A. Mazeaud /. ♦ Le salarié ne peut se voir reprocher une faute dans l'exécution de son contrat de travail pour des faits commis alors qu'il était détaché en qualité de mandataire social auprès d'une autre société. • Soc. 9 déc. 1997, 🔒 n° 95-42.619 P : *D. 1998. IR 42* /.

24. Salarié relaxé au pénal. Lorsqu'un salarié a été relaxé des fins de poursuites pour recel au seul motif qu'aucun élément de la procédure ne permettait d'établir péremptoirement le caractère frauduleux de ses agissements, cette décision ne fait pas obstacle à ce que le juge prud'homal recherche si la perception de la somme litigieuse ne pouvait pas caractériser une faute civile de nature à le priver des indemnités de licenciement. • Soc. 21 juin 1989 : *D. 1990. 132, 1re esp.,* note Pralus-Dupuy. ♦ Dans le même sens : • Soc. 14 nov. 1991, n° 90-44.663 P : *D. 1991. IR 292* (maintien du licenciement malgré la relaxe au pénal du chef de vol, dès lors que le salarié avait emporté chez lui des documents contrairement aux instructions de l'employeur) • 18 oct. 1995, n° 94-40.735 P : *CSB 1996. 11, A. 3.* ♦ Solution inverse, lorsqu'il résulte de la décision de relaxe que la matérialité des faits n'est pas établie : • Soc. 12 juill. 1989 : *D. 1990. 132, 2e esp.,* note Pralus-Dupuy • 21 nov. 1990, n° 88-44.068 P : *D. 1990. IR 290* • 18 avr. 1991, n° 89-45.069 P : *Dr. soc. 1991. 626,* note Savatier • Versailles, 8 déc. 1993 : *D. 1994. 373, concl. Duplat* • Soc. 20 mars 1997, n° 94-41.918 P : *RJS 1997. 347, n° 530 ; CSB 1997. 171, A. 33* • 3 nov. 2005, n° 03-46.839 P : *D. 2005. IR 2826* (la matérialité des faits de harcèlement sexuel et la culpabilité de celui auquel ils étaient imputés n'étant pas établies). – V. déjà : • Soc. 16 juin 1988 : *D. 1990. 70,* note Pralus-Dupuy. ♦ Comp. : • Soc. 4 janv. 1980 : *Bull. civ. V, n° 8.* ♦ Comp., pour un licenciement motivé par de simples soupçons : • Soc. 10 mai 1979 : *Bull. civ. V, n° 401* • 17 déc. 1985 : *Dr. ouvrier 1986. 306 ; JCP 1985. IV. 78.* ♦ V. notes 20 s. (perte de confiance).

25. Salarié condamné au pénal. Même prononcé sur le seul appel de la partie civile, l'arrêt, rendu par la juridiction correctionnelle, qui déclare établis les faits de vols commis par le salarié au détriment de son employeur, est revêtu de la chose jugée et s'impose au juge prud'homal pour l'appréciation de la légitimité du licenciement. • Soc. 6 juill. 1999, n° 96-40.882 P : *D. 1999. IR 204 ; RJS 1999. 651, n° 1033 ; Dr. soc. 1999. 962,* obs. Savatier ; *JCP 1999. II. 10211,* note Puigelier. ♦ Mais le juge prud'homal conserve la possibilité d'apprécier la gravité de la faute au regard de l'exécution du contrat de travail pour en déduire que les faits ne constituent pas une faute grave. • Soc. 3 mars 2004 : *RJS 2004. 359, n° 515.* ♦ Une cour d'appel ayant constaté que le licenciement du salarié était motivé par des faits de violences volontaires pour lesquels il avait été condamné par le tribunal de police, c'est à bon droit qu'elle a décidé que l'autorité absolue de la chose jugée au pénal s'opposait à ce que l'intéressé soit admis à soutenir devant le juge prud'homal, l'illicéité du mode de preuve jugé probant par le juge pénal. • Soc. 21 sept. 2022, n° 20-16.841 P : *D. actu. 18 oct. 2022,* obs. Maurel ; *RDT 2022. 593,* obs. Guiomard ; *Dr. soc. 2022. 1052,* obs. Mouly ; *RJS 12/2022, n° 630 ; JCP S 2022. 1280,* obs. Segonds.

26. Portée de la présomption d'innocence. Le droit à la présomption d'innocence n'a pas pour effet de priver l'employeur de se prévaloir de faits dont il a connaissance au cours d'une procédure pénale pour licencier le salarié qui n'a finalement pas été poursuivi pénalement. • Soc. 13 déc. 2017, n° 16-17.193 P : *D. actu. 18 janv. 2018,* obs. Fraisse ; *D. 2018. Actu. 14 ; RJS 2/2018, n° 86 ; JSL 2018, n° 447-4,* obs. Farzam-Rochon et Genty.

27. Échelle des fautes. Sur la distinction entre fautes légère, sérieuse, grave et lourde, V. • Soc. 10 juin 1976 : *GADT, 4e éd., n° 101 ; Dr. soc. 1977. 21,* note Pélissier • 3 nov. 1976 : *Bull. civ. V, n° 545 ; D. 1976. IR 325* • 20 janv. 1977 : *Bull. civ. V, n° 42 ; D. 1977. IR 100* • 28 juin 1978 : *D. 1979. IR 26,* obs. Langlois • 29 nov. 1990, n° 88-44.308 P : *Dr. soc. 1991. 105,* note Couturier. ♦ V. jurispr. ss. art. L. 1234-1.

28. Non bis in idem. Un même comportement ne saurait être sanctionné successivement par une mise à pied n'ayant pas un caractère conservatoire, puis par un licenciement. • Soc. 17 avr. 1986 : *Bull. civ. V, n° 153* • 25 juin 1986 : *ibid., n° 333* • 21 mars 1991, n° 89-42.663 P : *D. 1991. IR 125.* ♦ Est sans cause réelle et sérieuse le licenciement à la suite de faits ayant déjà donné lieu à un avertissement. • Soc. 16 juin 1988 : *Bull. civ, n° 367 ; D. 1988. IR 186.* – Dans le même sens : • Soc. 10 juill. 1986 : *D. 1987. Somm. 208,* obs. Langlois • 22 juill. 1986 : *eod. loc.* • 16 juin 1993 : *CSB 1993. 205, A. 48.* ♦ Lorsque l'employeur, bien qu'informé de l'ensemble des faits reprochés au salarié, a choisi de lui notifier un avertissement seulement pour certains d'entre eux, il a épuisé son pouvoir disciplinaire et ne peut prononcer un licenciement pour des faits antérieurs à la date de l'avertissement. • Soc. 16 mars 2010, n° 08-43.057 P : *D. 2010. AJ 832 ; RDT 2010. 443,* obs. Leroy ; *RJS 6/2010, n° 513 ; Dr. ouvrier 2010. 439,* obs. Estevez ; *D. actu. 7 avr. 2010,* obs. Perrin ; *JCP S 2010. 1202,* obs. Cohen-Donsimoni • 25 sept. 2013 : *D. 2013. Actu. 2277 ; RJS 12/2013, n° 816.*

29. Répétition de faits fautifs. La poursuite par un salarié d'un fait fautif autorise l'employeur à se prévaloir de faits similaires, y compris ceux ayant déjà été sanctionnés, pour caractériser une faute grave. • Soc. 30 sept. 2004, n° 02-44.030 P : *RJS 2005. 40, n° 37 ; TPS 2004, n° 356* • Soc. 12 févr. 2013 : *RJS 4/2013, n° 284 ; JCP S 2013. 1171,* obs. Cailloux-Meurice.

B. VARIÉTÉS

1° INSUBORDINATION

BIBL. Gardin, *Dr. soc. 1996. 363.*

30. Principe. Est bien fondé le licenciement d'un salarié qui refuse : d'obtempérer à l'interdiction d'organiser un séminaire-croisière. • Soc. 17 janv. 1980 : *Bull. civ. V, n° 52.* ♦ ... D'initier un autre employé à une technique qu'il est le seul à bien connaître. • Soc. 13 oct. 1982 : *Bull. civ. V, n° 543*. ♦ ... D'effectuer, s'agissant d'une secrétaire, à titre exceptionnel, des travaux de ronéo et de transmission du courrier. • Soc. 16 mars 1983 : *D. 1983. IR 322*. ♦ ... De se plier aux consignes de l'association l'employant comme éducateur spécialisé, l'indépendance dont il se prévaut dans la conception et l'exécution de sa prestation de travail étant incompatible avec sa subordination à l'association. • Soc. 11 janv. 1978 : *Bull. civ. V, n° 27 ; D. 1978. IR 151*. ♦ ... D'un ingénieur-système qui a refusé de travailler un samedi à la mise en service d'un ensemble informatique alors qu'il était prévenu depuis plusieurs mois de cette mission, que la demande de l'employeur entrait dans le cadre des obligations professionnelles de ce salarié et ne portait pas atteinte à sa vie privée. • Soc. 27 nov. 1991, 🔒 n° 88-44.110 P : *D. 1992. 296, note Picod* ⌀ ; *Dr. soc. 1992. 329, note Savatier* ⌀.

31. Le refus, opposé par un salarié, d'exécuter le travail pour lequel il a été embauché constitue une cause réelle et sérieuse de licenciement. • Soc. 17 oct. 1983 : *Bull. civ. V, n° 495 ; D. 1984. IR 43*. ♦ Dans le même sens : • Soc. 24 janv. 1979 : *Bull. civ. V, n° 65 ; D. 1979. IR 330, obs. Langlois* (refus exposé en public par une technicienne de laboratoire d'effectuer un prélèvement, attitude préjudiciable à la bonne marche de l'entreprise) • 7 juill. 1982 : *Bull. civ. V, n° 466* (refus du salarié de rester un peu après l'heure normale de fin de travail pour terminer le déchargement d'un camion) • 2 avr. 2014 : 🔒 *D. actu. 16 mai 2014, obs. Peyronnet ; D. 2014. Actu. 875* ⌀ ; *Dr. soc. 2014. 677* ⌀ ; *RJS 2014. 379, n° 462 ; JSL 2014, n° 367-2, obs. Lhernould* (refus d'un déplacement qui s'inscrivait dans le cadre habituel de son activité d'assistant chef de chantier). ♦ Est justifié le licenciement du salarié, agent de sécurité, qui à l'occasion de son retour d'arrêt de travail a refusé de suivre une formation initiale d'agent de sécurité, alors même que ce suivi de la formation initiale, nécessaire pour permettre d'assurer la sécurité de l'agent et des voyageurs, était imposé à tous les salariés revenant d'une longue absence et amenés à exercer des fonctions de terrain. • Soc. 29 sept. 2014 : 🔒 *D. actu. 20 oct. 2014, obs. Peyronnet*.

32. Hypothèses de refus injustifié. Au contraire, le licenciement n'est pas justifié lorsque le travail refusé n'entre pas dans les attributions ou les qualifications du salarié. • Soc. 20 janv. 1983 : *Bull. civ. V, n° 27* • 7 mai 1981 : *Bull. civ. V, n° 393* • 5 nov. 1992 : 🔒 *RJS 1992. 744, n° 1368* • 28 mars 1995 : 🔒 *Dr. soc. 1995. 505*. ♦ ... Ou lorsque le refus doit être interprété comme l'exigence par le salarié du respect de ses droits. • Soc. 6 nov. 1980 : *D. 1981. IR 266* (refus d'accomplir une nouvelle mission, les six déplacements précédents n'ayant pas été payés) • 13 févr. 1996 : 🔒 *Dr. soc. 1996. 532, obs. Jeammaud* ⌀ (refus du salarié de subir des conditions de travail discriminatoires). ♦

... Ou encore lorsque l'attitude du salarié apparaît plus comme une liberté prise pour aménager son travail que comme une volonté délibérée de s'opposer à l'autorité de son employeur. • Soc. 4 déc. 1980 : *D. 1981. IR 266*. ♦ Constitue un acte d'insubordination l'utilisation d'un titre ou d'un grade contre la décision de l'employeur de lui en interdire l'usage, ce droit de faire usage d'un titre ou d'un grade au temps et lieu de travail n'entrant pas dans la catégorie des libertés fondamentales. • Soc. 23 avr. 2013, 🔒 n° 12-12.411 P : *RJS 7/2013, n° 564 ; JCP S 2013. 1279, obs. Passerone*.

2° ABSENCES INJUSTIFIÉES

33. Abandon de poste. Constitue une cause réelle et sérieuse de licenciement : l'abandon d'un chantier par un chef d'équipe. • Soc. 13 déc. 1979 : *Bull. civ. V, n° 977*. ♦ ... L'abandon brusque sans autorisation et répété par un salarié de son poste de travail. • Soc. 21 févr. 1980 : *Bull. civ. V, n° 172*. ♦ *Contra*, en cas de motif légitime : • Soc. 10 janv. 1980 : *Bull. civ. V, n° 31* (abandon pour se faire soigner d'une blessure intervenue quelques jours plus tôt à l'occasion du travail, cause connue de l'employeur) • 26 mai 1982 : *Bull. civ. V, n° 347* (abandon dû à la mauvaise organisation du chantier situé à l'étranger). ♦ Lorsqu'un salarié refusant de reprendre le travail en raison de faits qu'il reproche à l'employeur est licencié pour faute grave, il appartient au juge d'apprécier la réalité et la gravité de la faute reprochée au salarié. • Soc. 22 juin 2004, 🔒 n° 02-42.392 P : *RJS 2004. 808, n° 1131 ; Dr. ouvrier 2005. 116*.

34. Absences. Les absences non motivées qui perturbent le bon déroulement du travail constituent une cause de licenciement. • Soc. 11 déc. 1985 : *Dr. soc. 1986. 211*. – V. aussi : • Soc. 5 juill. 1978 : *Bull. civ. V, n° 570 ; D. 1979. IR 26, obs. Langlois*. ♦ ... Y compris lorsqu'elles font suite à un congé maladie. • Soc. 4 nov. 1981 : *Bull. civ. V, n° 860*. ♦ *Contra*, pour une prolongation d'une journée d'une absence autorisée par l'employeur pour permettre au salarié de se rendre au chevet de son père : • Soc. 16 déc. 1981 : *Bull. civ. V, n° 969*. ♦ ... Ou lorsque l'absence est due à des troubles de santé liés aux conditions de travail. • Soc. 16 oct. 1991, 🔒 n° 89-40.477 P. – V. aussi : • Soc. 18 déc. 1975 : *GADT, 4ᵉ éd., n° 83 ; D. 1976. 210, note Pélissier* • 17 oct. 1984 : *D. 1985. IR 64*.

35. Le licenciement est justifié en cas d'absence : pour participer, malgré le refus de l'employeur, à une fête religieuse musulmane, attitude qui avait empêché une livraison importante. • Soc. 16 déc. 1981 : *Bull. civ. V, n° 968 ; D. 1982. IR 315, obs. Frossard*. ♦ ... Pour suivre une cure thermale sans urgence et alors que l'employeur s'y était opposé. • Soc. 17 oct. 1979 : *Bull. civ. V, n° 734*. ♦ ... Ou lorsque l'absence répétée rend impossible une organisation rationnelle du travail. • Soc. 12 oct. 1977 : *Bull. civ. V, n° 526 ; D. 1977. IR 492*. ♦

Comp. : • Soc. 16 juill. 1987 : *Bull. civ. V, n° 496 ; Dr. ouvrier 1988. 286*.

36. Est constitutif d'une faute justifiant un licenciement le refus du salarié de reprendre son poste après une période de congés payés épuisant l'intégralité de son droit à congés ; la demande de congés du salarié était sciemment erronée, le salarié ne se prévalant d'aucun droit à congé exceptionnel pour événement familial et ayant été immédiatement informé des anomalies affectant sa demande et enfin, la validation postérieure par le responsable hiérarchique de cette partie de ses congés résultait d'une erreur. • Soc. 9 oct. 2019, 🕀 n° 18-15.029 P : *D. actu. 29 oct. 2019, obs. Malfettes*.

37. Certificat médical. Le fait pour un salarié de s'en tenir aux prescriptions du médecin qu'il a consulté n'a pas un caractère fautif, en l'absence d'un certificat médical de complaisance (certificat établi par un médecin très éloigné du lieu de travail). • Soc. 13 juill. 2004, 🕀 n° 02-45.438 P : *D. 2004. IR 2762 ; RJS 2004. 709, n° 1027*.

38. Prise de congé. La fixation unilatérale par le salarié de sa période de congé autorise son licenciement. • Soc. 29 mai 1979 : *Bull. civ. V, n° 463*. ♦ ... Ainsi que le non-respect des dates de congé. • Soc. 10 juill. 1980 (2 arrêts) : *Bull. civ. V, n°s 644 et 648 ; D. 1981. IR 129, obs. Langlois* • 5 mars 1987 : *Dr. soc. 1987. 357, note Savatier*. ♦ **Comp. :** • Soc. 3 déc. 1981 : *Bull. civ. V, n° 934*.

39. Agit avec une légèreté blâmable et constitutive d'un abus de droit l'employeur qui licencie un salarié après avoir mis fin tardivement et de manière non motivée à un usage permettant de regrouper les congés annuels d'été et d'hiver. • Soc. 12 févr. 1987 : *Bull. civ. V, n° 75*.

40. Non-respect des horaires. Caractérise une cause réelle et sérieuse de licenciement le refus : de travailler le dimanche dans une entreprise bénéficiant d'une dérogation. • Soc. 10 nov. 1981 : *Bull. civ. V, n° 892*. ♦ ... D'exécuter des heures supplémentaires. • Soc. 20 mars 1961, n° 60-40.120 P. ♦ ... De se plier aux nouveaux horaires de travail. • Soc. 15 juin 1966 : *Bull. civ. IV, n° 590*. ♦ ... D'effectuer le service de nuit, attitude qui, de la part d'un chef d'équipe, peut nuire à la bonne marche de l'entreprise. • Soc. 10 mars 1982 : *Bull. civ. V, n° 152*. ♦ **V. aussi :** • Soc. 5 mars 1981 : *Bull. civ. V, n° 187* (salarié qui, omettant d'arrêter le compteur au moment où il cessait son travail, privait la société de tout contrôle sur son temps exact de travail). ♦ Dans le même sens : • Soc. 22 sept. 1993 : 🕀 *RJS 1993. 641, n° 1078*.

41. Lorsque la faute invoquée à l'appui de la demande d'autorisation de licencier soumise à l'inspecteur du travail est la conséquence d'un état pathologique ou d'un handicap du salarié, l'inspecteur ne peut légalement autoriser le licenciement qui présente un caractère discriminatoire. • CE 3 juill. 2013 : 🕀 *Lebon ; AJDA 2013. 2189*.

3° INCIVILITÉS

42. Altercations, injures. Le licenciement peut être justifié par des actes de violence. • Soc. 5 déc. 1979 : *Bull. civ. V, n° 938*. ♦ ... Ou par la participation à une rixe. • Soc. 15 févr. 1978 : *Bull. civ. V, n° 106*. ♦ **Comp.,** en cas de violences exercées par l'employeur : • Soc. 14 mars 1979 : *Bull. civ. V, n° 238 ; D. 1979. IR 424, obs. Pélissier* • 8 nov. 1994 : 🕀 *Dr. soc. 1995. 52, obs. Savatier*.

43. Une altercation entre deux salariés, sans que des coups aient été portés et qui n'était pas de nature à perturber de façon permanente et dommageable le fonctionnement de l'entreprise, ne saurait être analysée comme une cause réelle et sérieuse de licenciement. • Soc. 3 avr. 1981 : *Bull. civ. V, n° 330 ; Dr. ouvrier 1982. 168*.

44. Constituent une cause réelle et sérieuse les propos désobligeants tenus par un salarié à l'un des clients de l'employeur en raison de leur incidence sur le fonctionnement de l'entreprise et sur ses relations avec la clientèle. • Soc. 18 mai 1977 : *Bull. civ. V, n° 329 ; D. 1977. IR 293*. ♦ **V. aussi :** • Soc. 25 janv. 1995 : 🕀 *Dr. soc. 1995. 265* (propos racistes tenus par un directeur à l'égard du personnel).

45. Les injures et les insultes proférées, même en dehors du temps et du lieu de travail, par un salarié à l'égard d'autres salariés peuvent constituer des faits de nature à nuire au bon fonctionnement d'un atelier ou d'un service. • Soc. 22 oct. 1984 : *JS UIMM 1985. 88 ; JCP 1985. IV. 3*. ♦ Les propos injurieux tenus par le salarié en arrêt maladie, lors d'une foire, en dehors de son temps et de son lieu de travail, constituent une faute grave en ce qu'ils concernaient sa supérieure hiérarchique et avaient été prononcés devant trois adultes que le salarié était chargé d'encadrer. • Soc. 10 déc. 2008, 🕀 n° 07-41.820 P : *D. 2009. AJ 105 ; RDT 2009. 168, obs. de Quenaudon ; RJS 2009. 143, n° 163 ; JCP S 2009. 1083, obs. Caron*. ♦ Les faits de menaces, insultes et comportements agressifs commis à l'occasion d'un séjour organisé par l'employeur dans le but de récompenser les salariés lauréats d'un « challenge » national interne à l'entreprise à l'égard des collègues ou supérieurs hiérarchiques du salarié se rattachent à la vie de l'entreprise et peuvent justifier un licenciement pour faute grave. • Soc. 8 oct. 2014 : 🕀 *Dr. soc. 2014. 1064, obs. Mouly ; RJS 2014. 724, n° 837 ; JSL 2014, n° 377-378-3, obs. Lhernould*.

46. La proposition d'un salarié en vue d'une négociation financière de son éventuel licenciement ne constitue pas en soi un comportement fautif en l'absence d'utilisation de termes polémiques ou injurieux. • Soc. 19 juin 2008, 🕀 n° 07-40.939 P : *D. 2008. AJ 1905 ; Dr. soc. 2009. 114, obs. Couturier*.

47. Propos tenus sur les réseaux sociaux. Ne caractérisent ni une faute grave, ni une cause réelle et sérieuse de licenciement, les propos tenus par un salarié, diffusés sur son compte Facebook qui n'est accessible qu'à des personnes agréées par ce dernier et peu nombreuses, à savoir un groupe fermé composé de 14 personnes ; ces propos relevaient d'une conversation de nature privée. • Soc. 12 sept. 2018, 🗝 n° 16-11.690 P : D. 2018. Actu. 1812 ⌀ ; D. actu. 10 oct. 2018, obs. Ciray ; RDT 2019. 44, obs. Dalmasso ⌀ ; RJS 11/2018, n° 656 ; JSL 2018, n° 462-2, obs. Hautefort ; JCP 2018. 1019, obs. Corrignan-Carsin ; SSL 2018, n° 1830, obs. Ray ; JCP S 2018. 1328, obs. Loiseau. ♦ Une conversation privée qui n'est pas destinée à être rendue publique ne peut constituer un manquement du salarié aux obligations découlant du contrat de travail ; le licenciement disciplinaire d'un salarié en raison de propos échangés lors d'une conversation privée avec une collègue au moyen de la messagerie intégrée au compte Facebook personnel de l'intéressé installé sur son ordinateur professionnel n'est pas justifié. • Soc. 22 déc. 2023, 🗝 n° 21-11.330 B. ♦ Mais il résulte des art. 6 et 8 Conv. EDH, 9 C. civ. et 9 C. pr. civ., que le droit à la preuve peut justifier la production en justice d'éléments extraits du compte privé Facebook du salarié portant atteinte à sa vie privée, à la condition que cette production soit indispensable à l'exercice de ce droit et que l'atteinte soit proportionnée au but poursuivi. • Soc. 30 sept. 2020, 🗝 n° 19-12.058 P : D. actu. 21 oct. 2020, obs. Peyronnet ; D. 2020. 2383, note Golhen ⌀ ; ibid. 2021. Pan. 209, obs. Aynès ⌀ ; RDT 2020. 753, note Kahn ⌀ ; ibid. 764, obs. Lhomond ⌀ ; RJS 12/2020, n° 573 ; JSL 2020, n° 507-1, obs. Mayoux ; JCP S 2020. 3042, avis Berriat, obs. Loiseau ; Gaz. Pal. 26 janv. 2021, p. 68, obs. Mayer.

48. Éthylisme. L'état d'ébriété peut constituer une cause réelle et sérieuse de licenciement. • Soc. 3 mars 1977 : *Bull. civ. V, n° 166* ; *D. 1977. IR 183* • 22 mai 1979 : *Bull. civ. V, n° 435.*

49. Tenue vestimentaire. Le refus du salarié de respecter le port d'une tenue vestimentaire ne peut être constitutif d'une faute que si la restriction apportée à sa liberté individuelle est justifiée par la nature de la tâche à accomplir. • Soc. 18 févr. 1998, 🗝 n° 95-43.491 P : *D. 1998. IR 80* ⌀ ; *Dr. soc. 1998. 506, obs. Jeammeaud* ⌀ ; *RJS 1998. 289, n° 461.* ♦ V. • Nancy, 29 nov. 1982 : *D. 1985. 354, note Lapoyade-Deschamps*, confirmé par • Soc. 22 juill. 1986 : *Liaisons soc., Lég. soc., n° 5844.* ♦ La décision d'un employeur d'interdire à un salarié en contact avec la clientèle de se présenter au travail en survêtement est justifiée. • Soc. 6 nov. 2001, 🗝 n° 99-43.988 P : *D. 2001. IR 3397* ⌀ ; *Dr. soc. 2002. 110, obs. Savatier* ⌀. ♦ L'employeur ne peut imposer le port d'un uniforme aux salariés sans contact avec la clientèle. • Soc. 3 juin 2009, 🗝 n° 08-40.346 P : *RDT 2009. 656, obs. Robin* ⌀.

50. Attitude indécente. La faute grave peut résulter d'une attitude indécente d'un salarié à l'égard de ses collègues féminines. • Soc. 28 nov. 1989 : *Bull. civ. V, n° 684.* ♦ ... Ou d'une attitude particulièrement inconvenante choquant la pudeur. • Soc. 12 mars 2002, 🗝 n° 99-42.646 P : *CSB 2002, A. 29* ; *RJS 2002. 420, n° 544.* ♦ ... Ou du comportement indélicat d'un chef de service envers ses jeunes collaboratrices placées sous sa responsabilité et qui rencontraient des difficultés professionnelles : questions sur leur vie privée, commentaires sur leur physique ou leur tenue vestimentaire, invitations pressantes à déjeuner, gestes équivoques, qui ne pouvaient se rattacher à une gestion dynamique du personnel et avaient provoqué un sentiment de malaise chez les intéressées. • Soc. 30 sept. 2003 : 🗝 *RJS 2003. 958, n° 1364.*

4° DÉLOYAUTÉ

51. Abus de fonction. Justifient un licenciement : l'utilisation du véhicule de l'entreprise à des fins personnelles. • Soc. 5 mai 1982 : *Bull. civ. V, n° 275.* ♦ ... La réalisation avec le matériel et les véhicules de l'entreprise de travaux privés. • Soc. 12 déc. 1983 : *Bull. civ. V, n° 605.* ♦ ... La fraude dans l'utilisation d'une pointeuse. • Soc. 5 mars 1981 : *Bull. civ. V, n° 187.* ♦ ... Le détournement par un salarié de son ordinateur et de sa connexion internet pour visiter des sites à caractère érotique et pornographique et pour envoyer et recevoir des messages de même nature (mise en cause de la responsabilité pécuniaire du salarié). • Crim. 19 mai 2004, 🗝 n° 03-83.953 P : *RJS 2004. 804, n° 1121* ; *Dr. ouvrier 2004. 83.*

52. Divers. Constituent des manquements à l'obligation de loyauté, justifiant un licenciement : l'établissement de rapports inexacts. • Soc. 6 mai 1982 : *Bull. civ. V, n° 284.* ♦ ... La confection de fausses notes de frais, susceptible de faire disparaître la confiance nécessaire pour que les relations de travail puissent être utilement maintenues. • Soc. 28 mars 1979 : *Bull. civ. V, n° 282* ; *D. 1979. IR 423, obs. Pélissier.* ♦ ... Le fait d'effectuer une formation au sein d'une société concurrente. • Soc. 10 mai 2001, 🗝 n° 99-40.584 P : *D. 2001. IR 1849* ⌀ ; *RJS 2001. 58, n° 833* ; *Dr. soc. 2001. 888, obs. Mazeaud* ⌀. ♦ ... Des propos particulièrement insultants et injurieux tenus pendant un arrêt de travail et consistant notamment dans le dénigrement des services et des membres du personnel de l'entreprise et entendus en dehors du bureau où ils étaient tenus. • Soc. 25 juin 2002, 🗝 n° 00-44.001 P : *RJS 2002. 827, n° 1094.* ♦ Sur la perte de confiance, V. notes 20 s. ♦ Sur l'obligation de loyauté du salarié en arrêt maladie, V. note 155 ss. art. L. 1221-1.

53. Ne constitue pas un acte de déloyauté la photocopie par le salarié de documents concernant exclusivement des points de désaccord qu'il avait avec son employeur. • Soc. 17 mars 1988 : *SSL 1988. 238.* ♦ Ne constitue pas un manquement à l'obligation de loyauté le fait pour un salarié tout en acceptant une mutation imposée par l'employeur, de rechercher dans un autre établissement de la même entreprise un emploi conforme à ses aspirations. • Soc. 9 déc. 2009, n° 08-41.213 P : RDT 2010. 164, obs. Lardy-Pélissier ; Dr. soc. 2010. 246, obs. Radé ; JCP S 2010. 1229, obs. Bossu.

54. Détournement de matériel : stockage de fichiers personnels. Il appartient au juge d'apprécier non seulement le caractère réel du motif du licenciement disciplinaire mais également son caractère sérieux ; une cour d'appel a pu estimer que l'utilisation parfois abusive de la carte de télépéage mise à la disposition d'un salarié et le téléchargement sur son ordinateur portable professionnel de fichiers personnels volumineux n'étaient pas constitutifs d'une faute grave, et a pu décider, dans l'exercice de son pouvoir souverain, qu'ils n'étaient pas constitutifs d'une cause réelle et sérieuse de licenciement. • Soc. 25 oct. 2017, n° 16-11.173 P : D. 2017. Actu. 2209 ; RJS 1/2018, n° 21 ; JCP G 2017. 1224, obs. Hablot. ♦ Comp. : la seule conservation par un salarié sur son poste informatique d'un fichier dénommé « enculade43.zip » contenant 60 images à caractère pornographique et deux fichiers à caractère zoophile sans caractère délictueux ne constituait pas, en l'absence de constatation d'un usage abusif affectant son travail, un manquement du salarié aux obligations résultant de son contrat susceptible de justifier son licenciement. • Soc. 8 déc. 2009 : RDT 2010. 235, obs. Leroy.

55. Concurrence déloyale. Un salarié ne peut, sans manquer à ses obligations contractuelles, exercer une activité concurrente de celle de son employeur pendant la durée du contrat. • Soc. 8 févr. 1965 : Bull. civ. IV, n° 96 ; D. 1965. Somm. 96. ♦ L'exercice d'une activité concurrente durant une période de suspension du contrat de travail dans des conditions caractérisant un manquement à l'obligation de loyauté rend impossible le maintien du salarié dans l'entreprise sans avoir à caractériser l'existence d'un préjudice particulier. • Soc. 5 juill. 2017, n° 16-15.623 P : D. 2017 ; Actu. 1476 ; Dr. soc. 2017. 882, obs. Mouly ; RJS 10/2017, n° 650 ; JCP S 2017. 1278, obs. Barège.

56. Ne commet pas de faute grave le salarié qui, pendant le préavis, crée une société concurrente, dès lors que l'activité de cette dernière a débuté après l'expiration du contrat de travail. • Soc. 28 avr. 1986 : D. 1987. Somm. 265, obs. Serra. – Dans le même sens : • Soc. 5 déc. 1973 : Bull. civ. V, n° 624. • Com. 4 mai 1971 : ibid. IV, n° 121. ♦ Comp. • Soc. 15 nov. 1984 : ibid. V, n° 442 ; D. 1985. IR 383, obs. Serra. ♦ Ne caractérise pas un manquement à l'obligation de loyauté, et ne constitue pas une cause réelle et sérieuse de licenciement, le fait pour un salarié d'avoir engagé des démarches avancées en vue d'être recruté par une autre société, non concurrente de l'employeur, ce dernier ayant découvert une carte de visite de ladite société au nom de l'intéressé. • Soc. 3 mars 2021, n° 18-20.649.

5° ABUS DE LA LIBERTÉ D'EXPRESSION

57. Principe. Caractérise l'abus par un salarié de sa liberté d'expression et peut décider que le licenciement procède d'une cause réelle et sérieuse la cour d'appel qui relève qu'à la suite du refus d'une promotion, le salarié, journaliste, adresse au président et aux membres du conseil d'administration une lettre de protestation mettant en cause la direction et l'orientation de la société, tentant ainsi de déstabiliser l'entreprise. • Soc. 15 oct. 1996, n° 94-42.911 P : D. 1996. IR 239 ; RJS 1996. 750, n° 1158 ; CSB 1997. 15, A. 15. ♦ En revanche, ne caractérise pas l'abus par un salarié de sa liberté d'expression et ne constitue pas une cause réelle et sérieuse de licenciement le fait pour un cadre de haut niveau qui, dans des circonstances difficiles, a été amené à formuler, dans l'exercice de ses fonctions et dans le cadre restreint d'un comité de direction, des critiques, même vives, concernant la nouvelle organisation au moyen d'un document ne comportant pas de termes injurieux, diffamatoires ou excessifs. • Soc. 14 déc. 1999, n° 97-41.995 P : GADT, 4ᵉ éd., n° 13 ; D. 2000. IR 40 ; Dr. soc. 2000. 163, concl. Duplat, note Ray ; RJS 2000. 128, n° 192 • 22 juin 2004, n° 02-42.446 P : préc. note 13 • 27 mars 2013 : D. 2013. Actu. 925. ♦ Ne caractérise pas non plus un abus de la liberté d'expression l'envoi limité dans le temps de plusieurs courriers, dont seul l'employeur était destinataire, qui répondaient à un avertissement que le salarié estimait injustifié, et qui ne contenaient aucun propos injurieux, diffamatoire ou excessif. • Soc. 2 mai 2001, n° 98-45.532 P : préc. note 13. ♦ La loi sur la liberté de la presse n'est pas applicable à l'abus de la liberté d'expression commis par le salarié ; le licenciement d'un salarié pour faute grave est justifié dès lors que celui-ci a proféré des accusations à caractère diffamatoire à l'encontre de son supérieur hiérarchique, abusant ainsi de sa liberté d'expression. • Civ. 1ʳᵉ, 13 juin 2006, n° 03-47.580 P : D. 2006. IR 2053 ; RJS 2006. 776, n° 1040. ♦ En participant à des propos échangés sur Facebook, propos dénigrants envers son employeur et incitant à la rébellion contre sa hiérarchie, une salariée abuse de son droit d'expression et nuit à l'image de sa société en raison des fonctions qu'elle exerce en sa qualité de chargée de recrutement ; son licenciement repose sur une cause réelle et sérieuse et est constitutif d'une faute grave. • Cons. prud'h. 19 nov. 2010 : D. 2010. AJ 2846, obs. Astaix ; RDT 2011. 31, obs. Kocher ; JSL 2011, n° 291-2, obs. Hautefort ; SSL 2010 n° 1470, p. 10, obs. Ray. ♦ Est nul le licenciement d'un salarié en raison des propos qu'il avait tenus dans un courrier adressé au président du directoire du groupe dans lequel il mettait en cause le directeur d'une filiale ainsi que les choix stratégiques du groupe, dès lors que les termes employés n'étaient ni injurieux, ni excessifs, ni diffamatoires à l'endroit de l'employeur et du supérieur hiérarchique. • Soc. 29 juin 2022, ⚖ n° 20-16.060 B : *D. 2022. 1265* ⊘ *; RJS 10/2022, n° 501 ; JSL 2022, n° 547, obs. Hautefort.*

58. Blague sexiste. Le licenciement d'un animateur, fondé sur la violation d'une clause de son contrat de travail, poursuivait le but légitime de lutte contre les discriminations à raison du sexe et les violences domestiques et celui de la protection de la réputation et des droits de l'employeur ; compte tenu de l'impact potentiel des propos réitérés du salarié, reflétant une banalisation des violences à l'égard des femmes, sur les intérêts commerciaux de l'employeur, cette rupture n'était pas disproportionnée et ne portait donc pas une atteinte excessive à la liberté d'expression du salarié. • Soc. 20 avr. 2022, ⚖ n° 20-10.852 B : *D. actu. 10 mai 2022, obs. Malfettes; D. 2022. 795* ⊘ *; Dr. soc. 2022. 387, avis contraire Grivel* ⊘ *; JCP 2022. 587, obs. Corrignan-Carsin.*

59. Propos antisémites. Le fait pour un salarié d'utiliser la messagerie électronique pour émettre, dans des conditions permettant d'identifier l'employeur, un courriel contenant des propos antisémites est nécessairement constitutif d'une faute grave. • Soc. 2 juin 2004, ⚖ n° 03-45.269 P : *RJS 2004, n° 882* • 4 févr. 1997 : ⚖ *D. 1997. IR 78* ⊘ *; Dr. soc. 1997. 413, obs. Savatier* ⊘ *; RJS 1997. 168, n° 252 ; JSL 2004, n° 148-5.* ♦ Le fait pour un salarié de tenir des propos racistes à l'encontre de ses subordonnés et d'inscrire des mentions à connotations sexuelles sur les fiches d'autres membres du personnel n'est pas constitutif d'une faute lourde en l'absence d'intention de nuire à l'employeur, mais revêt nécessairement un caractère fautif. • Soc. 2 juin 2004, ⚖ n° 02-44.904 P : *RJS 2004. 615, n° 893 ; JSL 2004, n° 148-5.*

6° ACTION EN JUSTICE

60. Principe. Sauf abus, le témoignage en justice d'un salarié ne peut constituer une cause de licenciement. • Soc. 23 nov. 1994, ⚖ n° 90-44.960 P : *D. 1994. IR 4 ; RJS 1995. 101, n° 112 ; Défrénois 1996. 108, note Quétant* • 15 nov. 1990, ⚖ n° 87-45.862 P : *D. 1990. IR 291.* ♦ En raison de l'atteinte qu'il porte à la liberté fondamentale de témoigner, garantie d'une bonne justice, le licenciement prononcé en raison du contenu d'une attestation délivrée par un salarié au bénéfice d'un autre est atteint de nullité, sauf en cas de mauvaise foi de son auteur. • Soc. 29 oct. 2013 : ⚖ *D. actu. 29 nov. 2013, obs. Dechristé ; D. 2013. Actu. 2584* ⊘ *; Dr. soc. 2014. 81, obs. Mouly* ⊘ *; D. 2014. 302, obs. Mariette* ⊘ *; RJS 1/2014, n° 9 ; JSL 2014, n° 357-2.* ♦ Le principe d'égalité des armes s'oppose à ce que l'employeur utilise son pouvoir de licencier afin d'imposer au salarié sa propre solution dans le procès qui les oppose. • Soc. 9 oct. 2013 : ⚖ *D. actu. 29 oct. 2013, obs. Ines.*

61. Sanctions. V. notes ss. art. L. 1132-1 (discrimination), L. 2511-1 (grève), L. 2281-1 (droit d'expression), L. 1225-4 (maternité), L. 1226-9 (accident du travail), L. 3123-1 (temps partiel), L. 1231-2 (salariés protégés). – V. art. L. 1144-3.

III. MOTIFS NON DISCIPLINAIRES

A. INSUFFISANCE PROFESSIONNELLE

BIBL. Bouhana, *JSL 2012, n° 326-1* (licenciement pour insuffisance professionnelle : le pouvoir d'appréciation des juges du fond). – Brissy, *D. 2006. 685* ⊘ (insuffisance de résultats et cause réelle et sérieuse de licenciement). – Enclos, *Dr. soc. 1990. 896* ⊘, *ibid. 1991. 131* ⊘. – Gallot, *ibid. 1992. 766.* – Gaudu, *ibid. 1992. 32* (perte de confiance). – Loliec, *Dr. soc. 2014. 38* (le licenciement pour insuffisance professionnelle). – A. Lyon-Caen, *ibid. 573* (le droit et la gestion des compétences). – Nedelec, *Dr. ouvrier 1978. 161.*

62. Principe. Le licenciement pour insuffisance professionnelle n'a pas à être soumis à la procédure disciplinaire. • Soc. 7 nov. 1984 : *Bull. civ. V, n° 416 ; JS UIMM 1986. 75* • 26 juin 1985 : *BS Lefebvre 1986. 281, obs. Déprez* • 30 oct. 1991, ⚖ n° 87-45.256 P : *D. 1991. IR 273* • 9 mai 2000, ⚖ n° 97-45.163 P : *D. 2000. IR 162* ⊘ *; Dr. soc. 2000. 786, obs. Favennec-Héry* ⊘ *; RJS 2000. 444, n° 639.*

63. L'employeur ne peut invoquer l'insuffisance professionnelle d'un salarié dont il connaissait les capacités limitées et dont il n'avait aucune raison sérieuse de se séparer. • Soc. 10 oct. 1984 : *D. 1985. IR 128.* ♦ Il en va de même lorsque le salarié a commis des erreurs sur une courte période après la mise en place d'un nouveau logiciel, l'employeur n'ayant pas satisfait à son obligation d'adapter le salarié à l'évolution de son emploi. • Soc. 21 oct. 1998 : ⚖ *RJS 1998. 888, n° 1454.* ♦ De la même manière, l'employeur, qui fait effectuer au salarié des tâches ne relevant pas de sa qualification et étrangères à l'activité pour laquelle il a été embauché, ne peut lui reprocher les erreurs commises dans son travail. • Soc. 2 févr. 1999, ⚖ n° 96-44.340 P : *D. 1999. IR 69* ⊘ *; Dr. soc. 1999. 417, obs. Radé* ⊘ *; RJS 1999. 212, n° 350.*

64. L'employeur est seul juge des aptitudes du salarié. • Soc. 4 nov. 1976 : *D. 1976. IR 326* • 7 févr. 1980 : *Bull. civ. V, n° 117* • 15 juin 1983 : *ibid., n° 325.* ♦ Ne constitue pas une cause de licenciement le grief général d'insuffisance professionnelle formulé de façon dubitative. • Soc. 1er juill. 1981 : *Dr. ouvrier 1982. 180.*

65. Peut être licencié pour insuffisance professionnelle le salarié responsable de l'insuffisance des résultats de plusieurs chantiers. • Soc. 29 nov. 1979 : *Bull. civ. V, n° 918.* ♦ ... Celui qui n'a pas les qualités d'ordre et d'organisation nécessaires à un chef de service investi de fonctions de responsabilité. • Soc. 2 févr. 1978 : *Bull. civ. V, n° 85 ; D. 1978. IR 390, obs. Pélissier.* ♦ ... Celui dont l'inaptitude entraîne des pertes sensibles pour la société. • Soc. 5 janv. 1978 : *Bull. civ. V, n° 14 ; D. 1978. IR 150.* ♦ ... Celui qui se rend coupable d'erreurs répétées, même minimes. • Soc. 4 janv. 1979 :

Bull. civ. V, n° 3 ; D. 1979. IR 329, obs. Langlois. ♦ ... Le responsable des ventes qui laisse le taux de vol dépasser le seuil fixé dans son contrat. • Soc. 20 janv. 1977 : *Bull. civ. V, n° 42 ; D. 1977. IR 245.*

66. Les circonstances faisant qu'une chef comptable avait eu une courte période d'essai, que certains contrôles avaient porté sur une période antérieure à sa prise de fonctions et qu'elle avait rencontré des difficultés pour obtenir des pièces justificatives ne sauraient ôter à la rupture pour insuffisance professionnelle son caractère réel et sérieux. • Soc. 24 mai 1978 : *Bull. civ. V, n° 387 ; D. 1978. IR 389.* ♦ Les plaintes d'un important client de l'entreprise constituent une cause légitime de licenciement permettant à l'entreprise de conserver ce client. • Soc. 13 déc. 1979 : *Bull. civ. V, n° 978 ; D. 1981. 26, note Brissier-Nicolas.*

67. Insuffisance des résultats. L'insuffisance des résultats au regard des objectifs fixés ne constitue pas en soi une cause de rupture privant le juge de son pouvoir d'appréciation de l'existence d'une cause réelle et sérieuse de licenciement. • Soc. 3 févr. 1999, n° 97-40.606 P : *D. 1999. IR 68 ⌀ ; JCP 1999. II. 10132, obs. Serret ; RJS 1999. 213, n° 351* (absence de cause réelle et sérieuse pour le licenciement d'un directeur de supermarché dont les objectifs étaient difficiles à atteindre compte tenu des conditions d'exploitation du magasin et de la faible marge de manœuvre dont il disposait). ♦ L'insuffisance des résultats peut constituer une cause réelle et sérieuse de licenciement si elle est due aux circonstances économiques. • Soc. 7 janv. 1981 : *D. 1981. IR 430, obs. Langlois* • 5 oct. 1983 : *Bull. civ. V, n° 472* • 18 mars 1986 : *Bull. civ. V, n° 90.* ♦ Comp. • Soc. 22 sept. 1993 : *D. 1994. Somm. 305, obs. Gendraud ⌀*, affirmant qu'il n'était pas établi que l'insuffisance des résultats ait été le fait du salarié. • 4 juin 1987 : *JS UIMM 1987. 477*, prenant en compte la situation générale du marché. ♦ V. aussi : • Soc. 13 déc. 1994 : *D. 1995. Somm. 359, obs. Borenfreund ⌀ ; CSB 1995. 39, A. 9, deux arrêts* (l'employeur ne peut soutenir que, à la différence de l'insuffisance professionnelle qui doit être étayée par des faits précis, l'insuffisance des résultats constitue en elle-même une cause objective de rupture du contrat de travail dès lors que les objectifs chiffrés n'ont pas été atteints).

68. Objectifs professionnels. Les objectifs peuvent être définis unilatéralement par l'employeur dans le cadre de son pouvoir de direction ; leur non-réalisation peut constituer un motif de licenciement dès lors qu'ils sont réalistes. • Soc. 13 juin 2001, n° 99-41.838 P : *RJS 2001. 689, n° 998.*

69. La cause réelle et sérieuse fait défaut lorsque sont fixés des objectifs irréalisables. • Soc. 4 juin 1987 : *JS UIMM 1987. 476.* ♦ ... Lorsque le salarié rencontre de multiples difficultés dans l'exercice de ses fonctions tenant à des défaillances de l'entreprise. • Soc. 17 déc. 1987 : *D. 1988. Somm. 320, obs. A. Lyon-Caen.* ♦ ... Lorsque l'exécution des commandes a connu un certain flottement dans l'entreprise. • Soc. 8 nov. 1989 : *Bull. civ. V, n° 653.* ♦ ... Ou lorsque l'employeur s'est rendu coupable d'un détournement du pouvoir de direction, constitutif d'un abus de droit, en majorant unilatéralement les quotas dans d'importantes proportions. • Soc. 9 oct. 1986 : *Bull. civ. V, n° 486 ; Dr. ouvrier 1988. 209, note J. G.*

70. L'insuffisance des résultats doit être établie. • Soc. 9 juill. 1981 : *Dr. ouvrier 1982. 184.* ♦ • Notamment par comparaison avec les résultats obtenus antérieurement par le salarié. • Soc. 17 juin 1982, n° 80-40.719 P. ♦ ... Ou par les autres salariés de l'entreprise. • Soc. 18 déc. 1978 : *Bull. civ. V, n° 872 ; D. 1979. IR 329, obs. Langlois.* ♦ La baisse des résultats doit porter sur une certaine durée. • Soc. 29 mai 1979 : *Bull. civ. V, n° 470 ; D. 1979. IR 454* • 21 mai 1986 : *Bull. civ. V, n° 221.*

71. Office du juge. Il appartient aux juges du fond de vérifier si les objectifs sont raisonnables et compatibles avec le marché. • Soc. 30 mars 1999, n° 97-41.028 P : *D. 1999. IR 115 ⌀ ; RJS 1999. 398, n° 461.* ♦ ... Ou si les mauvais résultats du salarié procèdent d'une insuffisance professionnelle ou d'une faute. • Soc. 3 avr. 2001, n° 98-45.818 P : *RJS 2001. 505, n° 729 ; Dr. soc. 2001. 680, obs. Radé ⌀* • 12 févr. 2002, n° 99-42.878 P : *CSB 2002. A. 21, obs. Pansier ; RJS 2002. 420, n° 543.*

72. Insuffisance fautive. Constituent des causes de licenciement : les négligences d'une aide-comptable ayant entraîné un manquant dans la caisse. • Soc. 28 juin 1978 : *Bull. civ. V, n° 513.* ♦ ... Les erreurs répétées d'un comptable, indépendamment de son ancienneté et de ses mérites antérieurs. • Soc. 20 janv. 1982 : *Bull. civ. V, n° 30.* ♦ ... La négligence dont a fait preuve un chef de secteur dans la prospection, ainsi qu'une attitude et un esprit négatifs vis-à-vis de la société, ce comportement ayant entraîné une insuffisance de résultats. • Soc. 26 oct. 1999, n° 97-43.613 P : *RJS 1999. 844, n° 1447.* ♦ *Contra*, pour un fait isolé n'ayant pas affecté les relations commerciales de l'employeur : • Soc. 3 juill. 1986 : *Dr. ouvrier 1986. 453.* ♦ Sont également pris en considération : l'accumulation par un chauffeur-livreur d'accidents de la circulation. • Soc. 11 juin 1981 : *Bull. civ. V, n° 523.* ♦ ... Ou le fait pour un gardien de nuit de s'endormir sur son lieu de travail. • Soc. 4 avr. 1978 : *Bull. civ. V, n° 276.* ♦ Comp. • Soc. 5 juin 1985 : *Bull. civ. V, n° 324.*

73. Absence de responsabilité pécuniaire. Un salarié, licencié pour insuffisance professionnelle, ne répond pas à l'égard de son employeur des risques d'exploitation et sa responsabilité ne peut se trouver engagée qu'en cas de faute lourde, laquelle n'est pas établie s'il n'est pas prouvé que le déficit reproché au salarié a été intentionnel et sciemment organisé. • Soc. 31 mai 1990, n° 88-41.419 P : *D. 1990. IR 167 ; RJS 1990. 386, n° 548.* – Dans le même sens : • Soc. 23 janv. 1992, n° 88-43.275 P : *D. 1992. IR 76 ⌀ ; Dr. soc. 1992. 267 ; RJS 1992. 332, n° 581.*

B. MÉSENTENTE

BIBL. Marraud et Schmitt, *RJS 1994. 730* (désaccords d'un cadre et de son employeur).

74. Principe. La mésentente ne constitue une cause de licenciement que si elle repose sur des faits objectifs imputables au salarié. • Soc. 5 févr. 2002, ⚖ n° 99-44.383 P : *RJS 2002. 328, n° 409.* ♦ La mésentente entre un salarié et tout ou partie du personnel ne peut constituer une cause de licenciement que si elle repose objectivement sur des faits imputables au salarié concerné. • Soc. 27 nov. 2001, ⚖ n° 99-45.163 P : *D. 2002. IR 255* ⊘ ; *RJS 2002. 135, n° 153 ; CSBP 2002, A. 7, obs. Charbonneau.* ♦ En cas de doute sur l'imputabilité de la mésentente, le doute profite au salarié. • Soc. 9 nov. 2004 : ⚖ *RJS 2005. 31, n° 19.*

75. Exemples. En constatant que les relations étaient devenues difficiles et que le climat était aggravé par une incompatibilité d'humeur, les juges ont pu décider que le maintien du contrat était devenu impossible. • Soc. 9 oct. 1986 : *D. 1987. 3, note G. Lyon-Caen.* ♦ V. aussi : • Soc. 26 mai 1981 : *Dr. ouvrier 1982. 173* • 10 déc. 1985 : *Bull. civ. V, n° 594 ; Dr. soc. 1986. 210* (mésentente entre la salariée et l'épouse également salariée du gérant auquel il appartenait, pour assurer le fonctionnement normal de l'entreprise, de se séparer de l'une ou l'autre des salariées) • 4 nov. 1982 : *Bull. civ. V, n° 594* (désaccord entre le directeur général et le P.-D.G., d'autant plus grave qu'il se situait à un haut niveau dans l'entreprise) • 5 janv. 1984 : *Bull. civ. V, n° 2* (discorde entre un chef de ventes et ses vendeurs) • 14 déc. 1984 : *D. 1984. IR 111* (différend entre un manœuvre et le directeur de la société, cette circonstance rendant impossible la continuation du contrat du fait de la petite taille de l'entreprise qui nécessite de bonnes relations professionnelles entre toutes les personnes) • 28 nov. 1991 : ⚖ *D. 1992 Somm, 289, obs. Rotschild-Souriac* ⊘. ♦ Comp., lorsque le climat de discorde trouve son origine en grande partie dans l'attitude du gérant de la société : • Soc. 21 janv. 1987 : *Bull. civ. V, n° 31 ; Dr. soc. 1987. 357, note Savatier.*

76. Caractérisent également la cause réelle et sérieuse de licenciement les divergences entre un responsable et l'employeur en matière économique et financière. • Soc. 6 nov. 1984 : *Bull. civ. V, n° 410.* – Dans le même sens : • Soc. 29 juin 1983 : *Bull. civ. V, n° 365.* ♦ Les divergences de conception peuvent entraîner un licenciement pour perte de confiance. • Soc. 23 juin 1976, ⚖ n° 75-40.756 P : *Dr. soc. 1977. 22, note Pélissier.* ♦ En cas de mésentente entre salariés, il relève du seul pouvoir de l'employeur de choisir lequel d'entre eux doit être congédié. • Soc. 19 juin 1985 : *Bull. civ. V, n° 344.*

77. L'attitude critique du salarié peut être une cause légitime de licenciement. • Soc. 1er juill. 1981 : *Bull. civ. V, n° 620* (critiques émanant d'un médecin sur les méthodes pratiquées dans l'établissement qui l'employait) • 13 mai 1981 : *Bull. civ. V, n° 413* (cadre critiquant publiquement la politique commerciale de la société et mettant en doute sa bonne foi). – Dans le même sens : • Soc. 15 déc. 1977 : *D. 1978. IR 115* • 22 mai 1979 : *Bull. civ. V, n° 436.* ♦ Comp., à propos du caractère légitime de certaines critiques : • Soc. 21 juin 1979 : *Bull. civ. V, n° 568* • 19 oct. 1983 : *ibid., n° 516.*

C. TROUBLE OBJECTIF

BIBL. Béraud, *Dr. soc. 1991. 579* ⊘. – Blaise, *RJS 1990. 315 ; ibid. 1992. 83.* – Bourgeot et Frouin, *RJS 2000. 3.* – Frouin, *RJS 1995. 773.* – Hauser, *Dr. soc. 1991. 553* ⊘. – Humbert, *ibid. 1992. 245* ⊘. – Laborde, *ibid. 1991. 563* ⊘. – Maillard, *SSL 1996, n° 819* (remplacement du salarié en longue maladie). – A. Mazeaud, *Dr. soc. 1992. 234* ⊘. – Pélissier, *ibid. 1991. 608* ⊘. – Puigelier, *JCP E 1990. II. 15890.* – Savatier, *Dr. soc. 1991. 109* ⊘. – Waquet, *RDT 2006. 304* ⊘ (notion de « trouble objectif »).

78. Caractère non discriminatoire. Si l'art. L. 1132-1 fait interdiction de licencier un salarié, notamment en raison de son état de santé ou de son handicap, ce texte ne s'oppose pas au licenciement motivé, non par l'état de santé du salarié, mais par la situation objective de l'entreprise dont le fonctionnement est perturbé par l'absence prolongée ou les absences répétées du salarié ; celui-ci ne peut toutefois être licencié que si ces perturbations entraînent la nécessité pour l'employeur de procéder à son remplacement définitif par l'engagement d'un autre salarié. • Cass., ass. plén., 22 avr. 2011, ⚖ n° 09-43.334 P : *D. 2011. Actu. 1223* ⊘ ; *RDT 2011. 372, obs. Lardy-Pélissier* ⊘ ; *Dr. soc. 2011. 1048, note Boulmier* ⊘ ; *RJS 2011. 546, n° 595 ; JSL 2011, n° 300-2, obs. Lalanne ; JCP S 2011. 1285, obs. Verkindt.* ♦ Déjà : • Soc. 16 juill. 1998, ⚖ n° 97-43.484 P : *D. 1998. IR 200* ⊘ ; *Dr. soc. 1998. 950, obs. A. Mazeaud* ⊘ ; *RJS 1998. 728, n° 1200* • 10 nov. 1998, ⚖ n° 98-40.493 P : *RJS 1998. 869, note Bourgeot ; D. 1998. IR 261* ⊘. ♦ A défaut de remplacement définitif du salarié absent de manière répétée pour maladie, le licenciement motivé par les dysfonctionnements de l'entreprise résultant de ces absences est dépourvu de cause réelle et sérieuse, mais pas nul, sauf à apporter la preuve d'une discrimination liée à l'état de santé de l'intéressé. • Soc. 27 janv. 2016, ⚖ n° 14-10.084 P : *D. actu. 29 févr. 2016, obs. Ines ; D. 2016. Pan. 815, obs. Lokiec* ⊘ ; *RDT 2016. 423, obs. Moizard* ⊘ ; *Dr. soc. 2016. 384, note Mouly* ⊘ ; *RJS 4/2016, n° 235 ; JCP S 2016. 1086, obs. Gauriau.*

79. L'appréciation du bien-fondé du licenciement d'un salarié placé en arrêt maladie, remplacé par voie de mutation interne suppose de vérifier que le recrutement d'un salarié à temps partiel pour occuper le poste laissé vacant par suite de la mutation opérée est de nature à caractériser un remplacement total et définitif du salarié muté. • Soc. 26 janv. 2011, ✥ n° 09-67.073 P : JCP S 2011. 1300, obs. Sébille • 15 janv. 2014 : ✥ D. 2014. Actu. 215 ⌀ ; RJS 3/2014, n° 210. ♦ Déjà : repose sur une cause réelle et sérieuse le licenciement motivé par la nécessité de pourvoir au remplacement du salarié. • Soc. 29 avr. 1976 : Bull. civ. V, n° 245 ; D. 1976. IR 151 • 25 mai 1977 : Bull. civ. V, n° 340 ; D. 1977. IR 29 • 22 mars 1978 : Bull. civ. V, n° 228 ; D. 1978. 554, note Pélissier • 7 nov. 1989 : BS Lefebvre 1990. 36, n° 84. ♦ ... La réorganisation de l'entreprise. • Soc. 11 oct. 1979 : Bull. civ. V, n° 716 ; D. 1980. IR 174. ♦ ... Le préjudice grave causé à l'entreprise par les absences prolongées. • Soc. 7 déc. 1978 : Bull. civ. V, n° 843. ♦ ... Le caractère indispensable de la présence de la seule secrétaire d'une entreprise. • Soc. 30 juin 1982 : D. 1983. 212, note Karaquillo (rupture anticipée d'un contrat à durée déterminée) • 9 mai 1990 : ✥ RJS 1990. 334, n° 467. ♦ Lorsque la demande de licenciement concernant un salarié protégé est fondée sur ses absences répétées pour maladie ou inaptitude temporaire, il appartient à l'autorité administrative de rechercher, sous le contrôle du juge de l'excès de pouvoir, si les absences de l'intéressé sont d'une importance suffisante pour justifier le licenciement, compte tenu de l'ensemble des règles applicables au contrat de travail, des conditions de fonctionnement de l'entreprise et de la possibilité d'assurer son reclassement, notamment par des mutations ou des transformations de postes de travail. • CE 21 oct. 1996 : ✥ RJS 1996. 829, n° 1287 • 30 déc. 1996 : ✥ RJS 1997. 117, n° 172.

80. Le remplacement définitif d'un salarié absent en raison d'une maladie ou d'un accident non professionnel doit intervenir dans un délai raisonnable après le licenciement, délai que les juges du fond apprécient souverainement en tenant compte des spécificités de l'entreprise et des démarches faites par l'employeur en vue d'un recrutement. • Soc. 10 nov. 2004, ✥ n° 02-45.156 : D. 2004. IR 3114 ⌀ ; RJS 2005. 36, n° 30 ; JSL 2004, n° 157-3 • 16 sept. 2009, ✥ n° 08-41.879 P : RJS 2009. 751, n° 849. ♦ Le caractère raisonnable du délai de remplacement du salarié licencié en raison de son absence pour maladie et de la nécessité de son remplacement définitif doit s'apprécier au regard de la date du licenciement. • Soc. 28 oct. 2009, ✥ n° 08-44.241 P : D. 2009. AJ 2755 ⌀ ; RJS 2010. 30, n° 28 ; JCP S 2010. 1129, obs. Caron ; D. actu. 9 nov. 2009, obs. Maillard.

81. Le recours à une entreprise de travail temporaire ne peut caractériser le remplacement définitif d'un salarié. • Soc. 18 oct. 2007, ✥ n° 06-44.251 P : D. 2007. AJ 2808 ⌀ ; RDT 2007. 717, obs. Pélissier ; Dr. soc. 2008. 127, obs. Savatier ⌀. ♦ De même, le fait pour un employeur de n'engager qu'un seul salarié à temps partiel selon un horaire mensuel représentant la moitié du temps de travail du salarié malade ne peut constituer un remplacement définitif permettant le licenciement d'un salarié dont l'absence pour maladie perturbe l'entreprise. • Soc. 6 févr. 2008, ✥ n° 06-44.389 P : D. 2008. Pan. 2310, obs. Lardy-Pélissier ⌀ ; RJS 2008. 323, n° 408. ♦ Est sans cause réelle et sérieuse le licenciement d'un salarié dont le remplacement définitif est intervenu alors qu'il bénéficiait d'une garantie conventionnelle d'emploi de 12 mois. • Soc. 20 sept. 2006, ✥ n° 05-41.385 P : RJS 2006. 872, n° 1174.

82. En cas de licenciement motivé, non pas par l'état de santé du salarié, mais par la situation objective de l'entreprise dont le fonctionnement est perturbé par une absence prolongée ou des absences répétées, un remplacement définitif par l'engagement d'un autre salarié doit s'opérer dans l'entreprise qui l'emploie. • Soc. 25 janv. 2012, ✥ n° 10-26.502 P : D. 2012. Actu. 442, obs. Siro ⌀ ; RDT 2012. 148, obs. Auzero ⌀ ; RJS 2012. 290, n° 332 ; JSL 2012, n° 318-5, obs. Tourreil ; JCP S 2012. 1210, obs. Puigelier.

83. Délai raisonnable de remplacement du salarié absent. Le salarié absent ne peut être licencié que si les perturbations entraînent la nécessité pour l'employeur de procéder à son remplacement définitif par l'engagement d'un autre salarié, lequel doit intervenir à une date proche du licenciement ou dans un délai raisonnable après celui-ci ; ce délai est apprécié souverainement par les juges du fond qui doivent tenir compte des spécificités de l'entreprise et de l'emploi concerné, ainsi que des démarches faites par l'employeur en vue d'un recrutement. Aussi, compte tenu de l'importance du poste de directeur, un remplacement de l'intéressé dans un délai de 6 mois après son licenciement est intervenu dans un délai raisonnable. • Soc. 24 mars 2021, ✥ n° 19-13.188 P : D. actu. 14 avr. 2021, obs. de Montvalon ; D. 2021. Actu. 638 ⌀ ; RJS 6/2021, n° 295 ; SSL 2021, n° 1953, obs. Tournaux ; JSL 2021, n° 519-3, obs. Lhernould ; JCP S 2021. 1108, obs. Frouin.

84. Licenciement lié aux absences et manquement de l'employeur à ses obligations. L'absence de justification de l'employeur de la nécessité de procéder à la modification du contrat de travail du salarié en raison de ses absences répétées pour maladie ne rend pas le licenciement, prononcé en raison du refus du salarié d'accepter la modification, nul mais sans cause réelle et sérieuse. • Soc. 26 nov. 2002, ✥ n° 00-44.517 P : Dr. soc. 2003. 233, obs. Mazeaud ⌀ ; RJS 2003. 115, n° 158 ; JSL 2003, n° 117-6. ♦ Lorsque l'absence prolongée du salarié pour cause de maladie résulte d'un manquement de l'employeur à ses obligations, ses conséquences sur le fonctionnement de l'entreprise ne peuvent être invoquées pour justifier un licenciement. • Soc. 10 mars 2021, ✥ n° 19-11.305 P.

85. Lettre de licenciement. La lettre de licenciement doit faire état, d'une part, de la perturbation du fonctionnement de l'entreprise et, d'autre part, de la nécessité de remplacement ; il appartient alors au juge de vérifier s'il est définitif. • Soc. 19 oct. 2005, 🕮 n° 03-46.847 P : *D. 2005. IR 2769* 🖉 *; ibid. 2006. Pan. 414, obs. Guiomard* 🖉 *; RJS 2006. 29, n° 36 ; Dr. soc. 2006. 109, obs. Savatier* 🖉. ♦ Comp. : la nécessité du remplacement du salarié peut constituer l'énoncé du motif exigé par la loi ; est donc suffisamment motivée la lettre de licenciement qui mentionne la nécessité du remplacement du salarié absent en raison de son état de santé. • Soc. 10 nov. 2004, 🕮 n° 02-45.187 P : *D. 2005. 765, note Gaba* 🖉 *; Liaisons sociales 2004, Jurisprudence n° 886.* ♦ ... Et l'employeur doit se prévaloir de la nécessité d'un remplacement définitif du salarié dans la lettre de licenciement. • Soc. 5 juin 2001, 🕮 n° 99-41.603 P : *Dr. soc. 2001. 1045, obs. Savatier* 🖉 *; RJS 2001. 697, n° 1010* • 8 avr. 2009, 🕮 n° 07-43.909 P : *Dr. soc. 2009. 818, note Favennec-Héry* 🖉.

IV. AMÉNAGEMENTS

A. AMÉNAGEMENTS CONVENTIONNELS

86. Limitation conventionnelle à la liberté de licencier. Les dispositions légales relatives à la résiliation par l'employeur du contrat de travail n'interdisent pas aux partenaires sociaux de limiter à des causes qu'ils énumèrent le pouvoir de licencier de l'employeur. • Soc. 3 févr. 1993, 🕮 n° 91-42.409 P : *D. 1994. Somm. 305, obs. Souriac-Rotschild* 🖉 *; JCP 1994. II. 22254, note Duquesne ; RJS 1993. 159, n° 252* • 7 nov. 1995, 🕮 n° 92-40.157 P. • 28 févr. 1996 : 🕮 *RJS 1996. 233, n° 390* • 21 juin 1995 : 🕮 *CSB 1995. 250* • 24 oct. 1995, 🕮 n° 93-45.926 P. ♦ Une telle clause est licite dès lors qu'elle ne rend pas impossible la rupture du contrat. • Soc. 10 juill. 2002, 🕮 n° 00-41.496 P : *RJS 2002. 826, n° 1008* • 3 déc. 2002, 🕮 n° 00-46.055 P : *D. 2003. IR 105* 🖉 *; Dr. soc. 2003. 235, obs. Savatier* 🖉 *; JSL 2003, n° 116-32.* ♦ Elle s'impose au juge. • Soc. 7 juill. 1993, 🕮 n° 89-45.148 P ; *Dr. soc. 1993. 772.*

87. Le licenciement prononcé en dehors des cas conventionnellement prévus est dépourvu de cause réelle et sérieuse. • Soc. 7 nov. 1995, 🕮 n° 92-40.157 P : *D. 1996. IR 18 ; RJS 1995. 789, n° 1233* • 25 oct. 2005, 🕮 n° 02-45.158 P : *Dr. soc. 2006. 110, obs. Savatier* 🖉. ♦ Les dispositions conventionnelles ne peuvent lier le juge, dans un sens défavorable, dans l'appréciation de la cause réelle et sérieuse. • Soc. 6 mai 1998, 🕮 n° 96-40.951 P : *RJS 1998. 458, n° 720.* ♦ Les clauses conventionnelles relatives aux causes de licenciement ne privent pas le juge du pouvoir d'apprécier le caractère réel et sérieux de la cause de licenciement invoquée par l'employeur. • Soc. 13 oct. 2004, 🕮 n° 02-45.285 P : *RJS 2004. 892, n° 1260 ; TPS 2004, n° 355.*

88. La disposition conventionnelle prévoyant que le licenciement d'un salarié ne pourra avoir lieu, sauf faute grave, que s'il a fait l'objet précédemment d'au moins deux sanctions, telles qu'une observation, un avertissement ou une mise à pied, est une règle de fond impérative plus favorable que la loi dont la méconnaissance rend le licenciement disciplinaire sans cause réelle et sérieuse. • Soc. 12 mars 1991, 🕮 n° 88-42.461 P : *Dr. soc. 1992. 227, note Savatier* 🖉 *; RJS 1991. 237, n° 446* • 21 janv. 1992, 🕮 n° 90-46.104 P : *D. 1992. IR 68 ; RJS 1992. 162, n° 259* • 7 juill. 1993, 🕮 n° 89-45.148 P : *Dr. soc. 1993. 772.* ♦ Ne prive pas le licenciement de cause réelle et sérieuse le fait qu'un salarié se soit présenté seul devant une commission de discipline, dès lors qu'il n'a pas été privé de la possibilité d'assurer utilement sa défense et que les dispositions réglementaires n'imposent pas d'informer le salarié, dans la lettre de convocation devant la commission disciplinaire, de son droit d'y être assisté d'une personne de son choix, d'y demander l'audition de témoins et d'y produire un mémoire écrit et tous documents lui paraissant présenter un intérêt pour sa défense. • Soc. 22 oct. 2014, 🕮 n° 13-17.065 P : *Dr. soc. 2015. 86, note Mouly* 🖉 *; RJS 1/2015, n° 17.*

89. Maladie et protection conventionnelle. Doit être cassé l'arrêt qui, en présence d'une convention collective prévoyant que le licenciement d'un salarié malade ne peut intervenir qu'au bout de quatre mois, retient pour admettre le licenciement d'une salariée que celle-ci totalisait un nombre de jours d'absence dépassant les quatre mois, alors qu'il n'était pas établi qu'elle avait été absente de façon continue pendant plus de quatre mois. • Soc. 7 oct. 1992, 🕮 n° 89-40.083 P : *RJS 1992. 678, n° 1235.* ♦ Comp. : • Soc. 17 janv. 1985 : *Bull. civ. V, n° 41* • 10 déc. 1984 : *ibid., n° 476* • 19 juill. 1983 : *ibid., n° 440.* ♦ En présence d'une convention collective ne prévoyant le licenciement pour maladie que dans le cas d'une absence de plus de six mois, est sans cause réelle et sérieuse le licenciement intervenu avant l'expiration de ce délai. • Soc. 22 oct. 1991, 🕮 n° 90-41.837 P. • 28 nov. 1991, 🕮 n° 90-41.893 P. ♦ Rappr. : • Soc. 14 nov. 1991, 🕮 n° 88-44.094 P. ♦ En présence d'une disposition conventionnelle qui prévoit que « si l'incapacité est telle qu'elle suspend l'exécution du contrat de travail pendant plus de six mois, l'employeur pourra mettre en œuvre la procédure de licenciement », il faut retenir la date de la mise en œuvre de la procédure de licenciement soit la date de la lettre de convocation à l'entretien préalable. • Soc. 29 juin 2011, 🕮 n° 10-11.052 P : *D. actu. 25 juill. 2011, obs. Dechristé ; D. 2011. Actu. 1979* 🖉 *; JSL 2011, n° 310-34, obs. Gardair-Rérolle.* ♦ L'absence pour maladie qui se prolonge au-delà de la période conventionnelle de protection ne constitue pas en elle-même une cause réelle et sérieuse de licenciement. • Soc. 10 oct. 1995, 🕮 n° 91-45.744 P : *RJS 1995. 792, n° 1239.* – V. déjà : • Soc. 6 juill. 1994 : 🕮 *CSB 1994. 229, B. 160.* ♦ La reprise du travail dans le cadre d'un mi-temps thérapeutique interrompt la période d'absence pour maladie et par là même le délai de dix-huit mois résultant d'une disposition conventionnelle, au terme de laquelle l'employeur peut licencier pour absence prolongée ayant nécessité le remplacement du salarié. • Soc. 17 déc. 1996 : ⚖ *RJS 1997. 95, n° 134.* ♦ L'article d'une convention collective prévoyant que l'employeur peut licencier un salarié malade lorsqu'il est obligé de procéder au remplacement de l'intéressé avant son retour ne s'applique pas dans l'hypothèse d'une simple réorganisation. • Soc. 3 juill. 1990, ⚖ n° 87-41.957 P : *D. 1991. Somm. 149, obs. Pélissier* ∅ *; RJS 1990. 449, n° 653.* – V. aussi : • Soc. 20 juin 1990, ⚖ n° 87-44.863 P : *D. 1991. Somm. 149, obs. Pélissier* ∅ *; RJS 1990. 450, n° 654* • 5 janv. 1999 : ⚖ *RJS 1999. 120, n° 191.* ♦ Sur l'obligation de rechercher si la clause conventionnelle prévoyant le remplacement a été respectée : • Soc. 28 janv. 1998, ⚖ n° 95-43.669 P : *RJS 1998. 188, n° 304.* ♦ La convention collective qui offre à l'employeur la possibilité de radier le salarié des effectifs à partir d'une certaine durée d'absence ne peut constituer une clause plus favorable ; la radiation s'analyse alors en un licenciement fondé exclusivement sur l'état de santé, et donc nul. • Soc. 25 févr. 2009, ⚖ n° 07-41.724 P : *RDT 2009. 303, obs. Debord* ∅ *; RJS 2009. 398, n° 465 ; SSL 2009, n° 1397, p. 12.*

90. Non-respect des dispositions conventionnelles. L'inobservation de la règle de procédure prévue par une convention collective, selon laquelle le licenciement du salarié, dont l'absence pour maladie impose le remplacement effectif, doit être précédé de la notification à l'intéressé de son remplacement par lettre recommandée, n'a pas pour effet de rendre le licenciement sans cause réelle et sérieuse. • Soc. 18 déc. 2001, ⚖ n° 99-43.632 P : *RJS 2002. 145, n° 173 ; Dr. soc. 2002. 361, obs. Savatier* ∅.

91. Bénéfice de l'indemnité de licenciement. La convention collective qui autorise l'employeur à procéder au licenciement d'un salarié lorsque ses absences pour maladie dépassent une certaine durée n'a pas pour effet de le priver de l'indemnité légale de licenciement. • Soc. 21 avr. 1988, ⚖ n° 85-42.177 P : *GADT, 4ᵉ éd., n° 75 ; D. 1988. Somm. 322, obs. A. Lyon-Caen ; Dr. soc. 1989. 125, note Savatier ; Barthélémy, ibid. 242* (décision abandonnant la distinction entre initiative de la rupture et imputabilité) • 24 nov. 1988 : *D. 1989. Somm. 169, obs. Pélissier* • 31 oct. 1989 : *Bull. civ. V, n° 630.* ♦ ... Ou de l'indemnité conventionnelle. • Soc. 13 juin 1990, ⚖ n° 87-42.765 P : *RJS 1990. 450, n° 655 ; Dr. soc. 1991. 109, note Savatier* ∅ • 16 mars 1994 : ⚖ *D. 1994. Somm. 308, obs. Langlois* ∅. ♦ Sur le recours à la force majeure, V. • Soc. 14 oct. 1960 : *JCP 1961. II. 11985, et art. Camerlynck, ibid. I. 1609.* ♦ Sur le refus de l'indemnité de préavis, V. • Soc. 25 oct. 1990 : ⚖ *Dr. soc. 1991. 109, note Savatier* ∅.

B. AMÉNAGEMENTS CONTRACTUELS

92. Aucune clause du contrat ne peut valablement décider qu'une circonstance quelconque constituera en elle-même une cause de licenciement. • Soc. 12 févr. 2014 : ⚖ *D. actu. 6 mai 2014, obs. Ines ; JSL 2014, n° 363-2, obs. Lhernould.*

93. Clauses de garantie d'emploi. V. notes 219 s. ss. art. L. 1221-1.

SECTION 2 Entretien préalable

Art. L. 1232-2 L'employeur qui envisage de licencier un salarié le convoque, avant toute décision, à un entretien préalable.

La convocation est effectuée par lettre recommandée ou par lettre remise en main propre contre décharge. Cette lettre indique l'objet de la convocation.

L'entretien préalable ne peut avoir lieu moins de cinq jours ouvrables après la présentation de la lettre recommandée ou la remise en main propre de la lettre de convocation. — *[Anc. art. L. 122-14, al. 1ᵉʳ, phrases 1 et 2.]* — V. art. R. 1232-1.

COMMENTAIRE

V. sur le Code en ligne 📖.

I. DROIT À L'ENTRETIEN PRÉALABLE

A. PRINCIPE

1. Importance. L'énonciation de l'objet de l'entretien dans la lettre de convocation adressée au salarié par un employeur qui veut procéder à son licenciement et la tenue d'un entretien préalable au cours duquel le salarié, qui a la faculté d'être assisté, peut se défendre contre les griefs formulés par son employeur, satisfont à l'exigence de loyauté et de respect des droits du salarié. • Soc. 6 avr. 2016, ⚖ n° 14-23.198 P : *D. actu. 2 mai 2016, obs. Roussel ; D. 2016. Actu. 843* ∅ *; RDT 2016.* 480, obs. Frossard ∅ *; RJS 6/2016, n° 437 ; JSL 2016, n° 409-1, obs. Cottin ; JCP S 2016. 1209, obs. Gauriau.*

2. Caractère obligatoire. L'employeur est tenu de convoquer le salarié : quelle que soit la gravité de la faute invoquée. • Soc. 22 mars 1979 : *Dr. soc. 1979. 292, note Savatier.* ♦ ... Bien que la convention collective ait prévu, en cas d'absence injustifiée, que le contrat pouvait être considéré comme rompu, dès lors qu'elle ne dispensait pas l'employeur de l'entretien préalable. • Soc. 27 nov. 1980 : *Bull. civ. V, n° 856.* – V. aussi : • Soc. 4 avr. 1978 : *Bull. civ. V, n° 274 ; D. 1979. IR 27, obs. Langlois* • 21 févr. 1979 : *Bull. civ. V, n° 155 ;*

D. 1979. 413, note *Pélissier*. ♦ L'entretien préalable ne peut être remplacé ni par une conversation téléphonique... • Soc. 14 nov. 1991 : 🏛 *JCP 1992. 103, n° 135*. ♦ ... Ni par un entretien informel. • Soc. 21 mai 1992, 🏛 n° 91-40.989 P : *D. 1992. IR 177 ; JCP 1992. II. 21969*, note *Duquesne ; RJS 1992. 475, n° 855*. ♦ L'application d'une procédure de révocation conventionnelle ne dispense pas l'employeur de respecter la procédure légale de licenciement. • Soc. 29 juin 1995, 🏛 n° 92-40.932 P : *Dr. soc. 1995. 833*. ♦ La mise à la retraite d'un salarié protégé doit être précédée d'un entretien préalable obligatoire. • CE 17 juin 2009 : 🏛 *JSL 2009, n° 262-4*.

3. Mais le salarié qui refuse le contrat de droit public qui lui est proposé en application de l'art. L. 1224-3 C. trav., et qui est licencié, n'a pas droit à l'entretien préalable. • Soc. 1er févr. 2017, 🏛 n° 15-14.775 P : *D. actu. 3 févr. 2017*, obs. *Roussel* ; *D. 2017. Actu. 165* ⊘ ; *Dr. soc. 2017. 375*, obs. *Mouly* ⊘ ; *RJS 3/2017, n° 187 ; JCP S 2017. 1051* • 1er févr. 2017, 🏛 n° 15-18.480 P : *D. 2017. Actu. 356* ⊘ ; *Dr. soc. 2017. 375*, note *Mouly* ⊘ ; *RJS 4/2017, n° 254 ; JCP S 2017. 1153*, obs. *Pagani*.

4. *Portée.* Doit être cassé l'arrêt qui énonce que l'employeur est libre d'invoquer des faits postérieurs à l'entretien préalable sans être tenu de convoquer l'intéressé à un nouvel entretien préalable. • Soc. 30 mars 1994, 🏛 n° 89-43.716 P : *CSB 1994. 187, S. 100 ; RJS 1994. 414, n° 677*. ♦ Mais la mesure de licenciement n'a pas à être réitérée lorsqu'en raison d'une faute grave du salarié licencié pour motif économique, l'employeur met fin au préavis. • Soc. 22 janv. 1991, 🏛 n° 86-40.617 P. ♦ Une cour d'appel ne peut écarter sans les examiner des griefs énoncés dans la lettre de licenciement, qu'ils aient été ou non évoqués lors de l'entretien préalable. • Soc. 18 mai 1995 : 🏛 *Dr. soc. 1995. 675* ⊘ ; *RJS 1995. 577, n° 874*.

5. Le licenciement d'un salarié qui n'a pu se rendre à l'entretien préalable n'est pas irrégulier, l'employeur n'étant pas tenu de faire droit à sa demande d'une nouvelle convocation. • Soc. 26 mai 2004 : 🏛 *RJS 2004. 616, n° 898*. ♦ L'employeur ne peut se prévaloir du fait que le salarié ne se soit pas rendu à l'entretien préalable, formalité prévue dans le seul intérêt du salarié. • Soc. 15 mai 1991, 🏛 n° 89-42.270 P : *D. 1992. Somm. 289*, obs. *A. Lyon-Caen* ⊘ ; *Dr. soc. 1991. 621* ⊘ ; *RJS 1991. 372, n° 697*.

6. En cas de convocation régulière, il ne dépend pas du destinataire de refuser de la recevoir ou d'empêcher le déroulement normal de la procédure. • Soc. 23 juill. 1980 : *Bull. civ. V, n° 695*. ♦ N'est pas irrégulier le licenciement d'un salarié n'ayant pas reçu la convocation à l'entretien préalable, alors qu'il n'avait pas informé le chef d'entreprise de son changement d'adresse. • Soc. 26 févr. 1992, 🏛 *D. 1992. IR 99 ; RJS 1992. 270, n° 471*. ♦ ... Ni le licenciement du salarié qui n'a pu se rendre à la convocation pour cause de maladie, l'employeur n'étant pas tenu de faire droit à sa demande d'une nouvelle convocation. • Soc. 25 nov. 1992 : 🏛 *JCP E 1993. II. 462*, note *Duquesne ; RJS 1993. 31, n° 23*.

7. *Lieu.* Sauf justification de la nécessité de le fixer en un autre lieu, le lieu de l'entretien préalable est en principe celui où s'exécute le travail ou celui du siège social de l'entreprise. • Soc. 9 mai 2000, 🏛 n° 97-45.294 P : *D. 2000. IR 157* ⊘ ; *RJS 2000. 448, n° 650 ; JCP 2000. II. 10373*. ♦ En exigeant que l'entretien préalable se passe sur les lieux de travail où les salariés exerçaient leur activité, la cour d'appel a ajouté à l'art. L. 122-14 [L. 1232-2 nouv.] une obligation qu'il ne prévoit pas. • Soc. 3 oct. 1995 : 🏛 *Dr. soc. 1995. 933*, obs. *J.-J. D.* ⊘ ♦ L'employeur peut convoquer le salarié au siège social de l'entreprise. • Soc. 24 janv. 1996 : 🏛 *RJS 1996. 153, n° 261*. ♦ Lorsque, pour des raisons légitimes, le lieu de l'entretien préalable n'est pas celui où s'exécute le travail, ou celui du siège social de l'entreprise, le salarié a droit au remboursement de ses frais de déplacement. • Soc. 28 janv. 2005 : 🏛 *D. 2005. IR 387* ⊘ ; *Dr. soc. 2005. 476*, obs. *Radé* ⊘ ; *RJS 2005. 266, n° 363*.

8. *Heure.* La convocation du salarié à l'entretien préalable en dehors du temps de travail ne constitue pas une irrégularité de procédure. Le salarié peut seulement prétendre à la réparation du préjudice subi. • Soc. 7 avr. 2004, 🏛 n° 02-40.359 P : *D. 2004. IR 1210* ⊘ ; *JCP E 2004. 1258*, note *Boulmier ; RJS 2004. 465, n° 670 ; Dr. ouvrier 2005. 35 ; JSL 2004, n° 146-4*.

9. *Report à la demande du salarié.* Lorsque le report de l'entretien préalable intervient à la demande du salarié, l'employeur est simplement tenu d'aviser, en temps utile et par tous moyens, le salarié des nouvelles date et heure de cet entretien. • Soc. 29 janv. 2014 : 🏛 *D. actu. 19 févr. 2014*, obs. *Fraisse ; D. 2014. Actu. 376* ⊘ ; *RJS 2014. 256, n° 308*.

10. *Salariés protégés.* Les dispositions de l'art. L. 1232-14 [L. 1232-2 nouv.], conformément à l'art. L. 122-14-7 [L. 1231-2 nouv.], ne dérogent pas aux dispositions législatives ou réglementaires qui assurent une protection particulière à certains salariés ; l'entretien doit donc être conduit avant l'éventuelle consultation du comité d'entreprise sur le licenciement d'un représentant et avant la demande d'autorisation de licenciement à l'inspecteur du travail. • CE 28 sept. 2005 : 🏛 *JCP S 2005. 1336*, note *Kerbourc'h*.

11. *Sanction.* L'absence d'entretien préalable n'a pas pour effet de priver la cause du licenciement de son caractère réel et sérieux. • Soc. 16 sept. 2015, 🏛 n° 14-10.325 P : *D. 2015. Actu. 1900* ⊘ ; *Dr. soc. 2015. 939*, note *Mouly* ⊘ ; *RJS 12/2015, n° 762 ; JCP S 2015. 1420*, obs. *Dumont*.

B. MISE À PIED CONSERVATOIRE

12. *Validité.* Sur la validité d'une mise à pied conservatoire, V. • Soc. 8 nov. 1978 : *Bull. civ. V, n° 745 ; D. 1979. IR 230*, obs. *Pélissier* (mise à pied constituant une simple mesure provisoire laissant à l'employeur un délai de réflexion) • 4 avr. 1979 : *Bull. civ. V, n° 313* (l'employeur n'est pas lié par la durée de la mise à pied prévue dans le règlement intérieur) • 21 juin 1979 : *Bull. civ. V, n° 562 ; D. 1980. IR 89, obs. Pélissier.* ♦ Conserve un caractère conservatoire la mise à pied décidée dans l'attente d'une mesure d'instruction et qui n'est interrompue que pour éviter de priver le salarié de son salaire pendant une durée excessive. • Soc. 18 nov. 1992 : 🛡 *RJS 1993. 35, n° 34.* ♦ La mise à pied conservatoire peut être requalifiée par les juges en sanction disciplinaire si elle n'est pas immédiatement suivie de l'ouverture d'une procédure de licenciement. • Soc. 18 févr. 1998, 🛡 n° 96-40.219 P. (convention collective prévoyant le licenciement dans un délai de 15 jours en cas de mise à pied conservatoire). ♦ Lorsque les faits reprochés au salarié donnent lieu à l'exercice de poursuites pénales, l'employeur peut, sans engager immédiatement une procédure de licenciement, prendre une mesure de mise à pied conservatoire si les faits le justifient. • Soc. 4 déc. 2012 : 🛡 *D. actu. 22 janv. 2013, obs. Fleuriot ; D. 2012. Actu. 2971 ; RDT 2013. 267, obs. Scaglia ; Dr. soc. 2013. 181, obs. Mouly ; Dr. ouvrier 2013. 134, obs. Varin ; SSL 2012, n° 1565, p. 5, obs. Waquet ; JCP S 2013. 1100, obs. Cohen-Donsimoni.* ♦ En l'absence de justification, le retard pris dans la convocation du salarié à l'entretien préalable emporte la requalification de la mise à pied conservatoire en sanction disciplinaire. • Soc. 30 oct. 2013 : 🛡 *D. actu. 27 nov. 2013, obs. Fraisse ; RDT 2014. 47, obs. Varin ; Dr. soc. 2014. 83, obs. Mouly ; RJS 1/2014, n° 35 ; JSL 2014, n° 357-3, obs. Lhernould.*

13. Procédure. Le prononcé d'une mise à pied conservatoire ne suppose pas le respect de la procédure disciplinaire. • Soc. 26 nov. 1987, 🛡 n° 85-40.367 P : *Dr. soc. 1989. 287, note Ray* • 3 déc. 1987 : *Bull. civ. V, n° 699.* ♦ La mise à pied conservatoire n'implique pas que le licenciement prononcé ultérieurement présente un caractère disciplinaire. • Soc. 3 févr. 2010 : 🛡 *D. 2010. AJ 506 ; ibid. 2010. 1536, note Reynès ; RDT 2010. 299, obs. Adam ; D. actu. 15 févr. 2010, obs. Maillard ; JSL 2010, n° 273-4.*

14. Paiement du salaire. Seule la faute grave peut justifier le non-paiement du salaire pendant la mise à pied. • Soc. 26 nov. 1987 : 🛡 *préc. note 13* • 7 déc. 1989 : *Bull. civ. V, n° 700.* ♦ Rappr. : • Soc. 23 nov. 1978 : *Bull. civ. V, n° 792.*

15. Le paiement par l'employeur des jours de mise à disposition ne manifeste pas à lui seul l'intention d'absoudre la faute grave commise ou de reconnaître son absence de gravité. • Soc. 30 mai 1980 : *JS UIMM 1981. 187.*

II. LETTRE DE CONVOCATION

16. Conseiller du salarié. Sur la mention de la possibilité de recourir à un conseiller, V. notes 1 et 2 ss. L. 1232-4.

17. Contenu de la lettre de convocation et droits de la défense. La lettre de convocation du salarié à un entretien préalable au licenciement doit énoncer l'objet de cet entretien et la faculté pour l'intéressé de se faire assister, mais n'a pas à mentionner précisément les griefs qui lui sont reprochés. • Soc. 6 avr. 2016, 🛡 n° 14-23.198 P : *D. actu. 2 mai 2016, obs. Roussel ; D. 2016. Actu. 843 ; RDT 2016. 480, obs. Frossard ; RJS 6/2016, n° 437 ; JSL 2016, n° 409-1, obs. Cottin ; JCP S 2016. 1209, obs. Gauriau.* ♦ Un guide RH interne destiné au titulaire du pouvoir disciplinaire et explicitant les règles de procédure à suivre ne peut être invoqué par un salarié au soutien d'une contestation de la validité de son licenciement fondée sur l'absence d'indication des griefs dans la convocation à l'entretien. • Soc. 27 mai 2021, 🛡 n° 19-16.117 P : *D. actu. 15 juin 2021, obs. Couëdel ; RJS 8-9/2021, n° 498.*

18. Remise en main propre contre décharge. L'absence de récépissé de remise en main propre de la lettre de convocation ne peut être suppléée par des témoignages. • Soc. 23 mars 2005 : 🛡 *D. 2005. IR 1111.*

19. Modalités d'envoi. L'envoi de la lettre de convocation à l'entretien préalable par télécopie ne peut pallier l'inobservation des prescriptions légales. • Soc. 13 sept. 2006 : 🛡 *RJS 2006. 866, n° 1164.* ♦ L'employeur peut envoyer une convocation à l'entretien préalable de licenciement par Chronopost ; ce mode d'envoi permettant de justifier des dates d'expédition et de réception de la lettre. • Soc. 8 févr. 2011 : 🛡 *D. actu. 3 mars 2011, obs. Dechristé ; D. 2011. Actu. 599 ; JSL 2011, n° 296-5, obs. Lalanne ; JCP S 2011. 1199, obs. Dumont.* ♦ La remise par voie d'huissier de la lettre de convocation à entretien préalable au licenciement ne constitue pas une irrégularité de procédure de licenciement, les modes de convocation prévus par l'art. L. 1232-2 C. trav. n'ayant pas objet que de prévenir toute contestation sur la date de la convocation. • Soc. 30 mars 2011 : 🛡 *D. 2011. Actu. 1088, obs. Siro ; JCP S 2011. 1258, obs. Dumont.*

III. DÉLAI DE CONVOCATION

20. Point de départ du délai de convocation. Le délai de 5 jours court à compter du lendemain de la présentation de la lettre de convocation au salarié à l'entretien préalable ; peu importe la date à laquelle celui-ci la récupère. • Soc. 6 sept. 2023, 🛡 n° 22-11.661 B : *D. 2023. 1593 ; RJS 11/2023, n° 576 ; JCP S 2023. 1248, obs. Lhernould.*

21. Nature du délai. La computation du délai de 5 jours prévu à l'art. L. 122-14 [L. 1232-2 nouv.] obéit aux règles fixées par les art. 641 et 642 C. pr. civ. : le jour de la première présentation de la lettre de convocation qui fait courir le délai ne compte pas si ce délai expire un samedi, un dimanche ou un jour férié, il est prorogé jusqu'au premier jour ouvrable suivant. • Soc. 9 juin 1999, n° 97-41.349 P : *RJS 1999. 557, n° 905*. ♦ Le salarié doit disposer d'un délai de cinq jours pleins pour préparer sa défense, le jour de remise de la lettre ne compte pas dans le délai, pas plus que le dimanche qui n'est pas un jour ouvrable. • Soc. 20 févr. 2008, n° 06-40.949 P : *RJS 2008. 416, n° 530 ; JCP S 2008. 1252, note Kerbourc'h* • Soc. 3 juin 2015, n° 14-12.245 P : *D. actu. 21 juill. 2015, obs. Siro ; D. 2015. Actu. 1278 ; RDT 2015. 761, obs. Vérical ; RJS 8-9/2015, n° 574 ; JSL 2016, n° 392-6, obs. Tissandier ; JCP S 2015. 1311, obs. Dumont.* ♦ Si les dispositions légales (antérieures à l'Ord. du 24 juin 2004) ne prévoient aucun délai minimal entre la convocation et l'entretien, le salarié doit être averti suffisamment à l'avance non seulement du moment, mais aussi de l'objet de l'entretien pour pouvoir y réfléchir et recourir éventuellement à l'assistance d'un membre du personnel. • Soc. 19 mars 1991 : *préc. note 16*. ♦ Dans le même sens : • Soc. 12 déc. 1983 : *Bull. civ. V, n° 607 ; D. 1984. IR 183* (un délai de trois quarts d'heure est insuffisant) • 5 nov. 1987 : *Bull. civ. V, n° 618* • 8 nov. 1989 : *ibid., n° 652* • 22 févr. 1990, n° 87-45.437 P : *D. 1990. IR 70* • 13 juin 1991, n° 89-45.843 P : *D. 1992. Somm. 289, obs. A. Lyon-Caen* • 27 nov. 1996 : *D. 1997. IR 5* • 27 nov. 1996, n° 95-42.798 P : *Dr. soc. 1997. 199 ; RJS 1997. 27, n° 21 ; CSB 1997. 39, A. 8* (délai insuffisant, pour une convocation reçue le vendredi soir pour le mardi suivant, dès lors que l'entreprise était en période de vacances, ce qui avait empêché le salarié de prendre contact avec les délégués du personnel) • 22 janv. 1998, n° 95-45.165 P : *RJS 1998. 181, n° 289* (lettre reçue la veille de l'entretien). ♦ Les juges du fond apprécient souverainement que le délai a été suffisant. • Soc. 13 janv. 1993 : *D. 1993. Somm. 254, obs. Bouilloux ; CSB 1993. 73, A. 15* (en l'espèce, salarié convoqué par lettre remise en main propre pour le jour même). ♦ Le jour de la remise de la lettre de convocation ne compte pas non plus que le dimanche qui n'est pas un jour ouvrable. • Soc. 20 déc. 2006 : *D. 2007. AJ 310 ; RJS 2006. 235, n° 319.*

22. Formalité substantielle. Le délai minimal de 5 jours entre la convocation à l'entretien préalable de licenciement et la tenue de cet entretien constitue une formalité substantielle dont la méconnaissance vicie la procédure de licenciement ; la vaine présentation du pli recommandé contenant la lettre de convocation à l'entretien préalable de licenciement, non accompagnée de la remise d'un avis de passage informant le salarié que le pli était à sa disposition au bureau de poste, ne peut être prise en compte pour apprécier si le délai minimum devant séparer la présentation du pli et cet entretien avait été respecté. • CE 2 mars 2009, n° 312258 A : *AJDA 2009. 1271 ; Dr. soc. 2009. 711, concl. Struillou ; RDT 2009. 457, obs. Grévy ; RJS 7/2009, n° 648* • 9 oct. 2020, n° 427115 : *RJS 1/2021, n° 26.*

23. Report de l'entretien à la demande du salarié. En cas de report, à la demande du salarié, de l'entretien préalable au licenciement, le délai de cinq jours ouvrables court à compter de la présentation de la lettre recommandée ou de la remise en mains propres de la lettre initiale de convocation. • Soc. 24 nov. 2010 : *D. 2010. AJ 2915 ; JSL 2011, n° 292-4, obs. Tourreil ; JCP S 2011. 1080, obs. Drai.* ♦ V. note 9.

24. Sanction. Le non-respect du délai de cinq jours prévu en cas d'absence d'institutions représentatives du personnel constitue une irrégularité qui ne peut être couverte par le fait que le salarié était assisté lors de l'entretien préalable. • Soc. 7 oct. 1998 : *RJS 1998. 819, n° 1353.*

25. Caractère d'ordre public. Le salarié ne peut renoncer au délai de 5 jours institué par l'art. L. 122-14 [L. 1232-2 nouv.]. • Soc. 28 juin 2005 : *D. 2005. 2662, note Gaba ; RJS 2005. 691, n° 967.*

Art. L. 1232-3 Au cours de l'entretien préalable, l'employeur indique les motifs de la décision envisagée et recueille les explications du salarié. — *[Anc. art. L. 122-14, al. 1er, phrase 3.]*

Art. L. 1232-4 Lors de son audition, le salarié peut se faire assister par une personne de son choix appartenant au personnel de l'entreprise.

Lorsqu'il n'y a pas d'institutions représentatives du personnel dans l'entreprise, le salarié peut se faire assister soit par une personne de son choix appartenant au personnel de l'entreprise, soit par un conseiller du salarié choisi sur une liste dressée par l'autorité administrative.

La lettre de convocation à l'entretien préalable adressée au salarié mentionne la possibilité de recourir à un conseiller du salarié et précise l'adresse des services dans lesquels la liste de ces conseillers est tenue à sa disposition. — *[Anc. art. L. 122-14, al. 2, phrases 1, 2 et 4.]*

V. Circ. n° 91-16 du 5 sept. 1991 relative à l'assistance du salarié lors de l'entretien préalable au licenciement (BOMT n° 91/24, texte n° 662).

COMMENTAIRE
V. sur le Code en ligne.

A. PARTICIPANTS

1. Assistance du salarié. La procédure de licenciement est régulière lorsque l'employeur a averti le salarié de la possibilité de se faire assister et que l'absence de la personne choisie n'est pas due à une interdiction ou à une intervention dissuasive de l'entreprise. ● Soc. 5 juin 1985 : *Bull. civ. V, n° 325.* – V. aussi ● Soc. 8 nov. 1983 : *Bull. civ. V, n° 537 ; D. 1984. IR 111.*

2. En précisant dans la lettre de convocation à l'entretien préalable que les salariés pouvaient se faire assister par une personne de leur choix appartenant au personnel de l'entreprise, à l'exception de l'une des autres personnes convoquées, l'employeur a porté à la liberté de choix reconnue par la loi une atteinte qui a entaché d'irrégularité les procédures de licenciement. ● CE 16 juin 1995 : *RJS 1995. 599, n° 914* (rejet de la demande de l'employeur tendant à l'annulation des décisions de refus d'autorisation de licenciement d'un représentant du personnel).

3. Le droit reconnu au salarié de se faire assister par un autre salarié implique que ce dernier ne doit, du fait de son assistance, subir aucune perte de rémunération. ● Soc. 12 févr. 1991, n° 87-45.259 P : *D. 1992. Somm. 289, obs. A. Lyon-Caen ; JCP 1992. II. 21779, note Corrignan-Carsin ; Dr. soc. 1991. 484 ; CSB 1991. 65, A. 19 ; RJS 1991. 169, n° 323.* ♦ Il sera par conséquent remboursé des frais de transport exposés pour se rendre à l'entretien préalable. ● Soc. 25 oct. 2000 : *SSL 2000, n° 1002.* ♦ La disposition du règlement intérieur qui limite le montant de la prise en charge des frais de transport est illégale et le salarié dont le licenciement est envisagé est recevable à soulever par voie d'exception l'illégalité du règlement intérieur du comité d'entreprise qui lui fait grief. ● Soc. 11 avr. 2012 : *D. actu. 11 mai 2012, obs. Siro ; D. 2012. Actu. 1067 ; RJS 2012. 455, n° 531 ; JCP S 2012. 1262, obs. Jeansen.*

4. Assistance du salarié dans l'entreprise. Lorsqu'il n'y a pas d'institution représentative du personnel dans l'entreprise, le salarié peut se faire assister lors de l'entretien préalable par un conseiller de son choix inscrit sur une liste dressée par le représentant de l'État ; la présence d'un délégué syndical dans l'entreprise suffit à écarter le recours à un conseiller extérieur. ● Soc. 19 févr. 2002, n° 00-40.657 P : *D. 2002. IR 1238 ; Dr. soc. 2002. 1073, note Petit ; RJS 2002. 422, n° 547.* ♦ Sur les sanctions attachées à l'omission de la mention relative au conseiller du salarié, V. note 2 ss. art. L. 1235-5. ♦ L'appréciation de l'absence de représentants du personnel devant se faire au niveau de l'entreprise et non de l'établissement, l'employeur ne peut se voir reprocher une telle omission, dès lors que, s'il n'existait pas de représentants du personnel au niveau de l'établissement, il en existait au niveau de l'entreprise. ● Soc. 26 nov. 1996, n° 95-42.457 P : *D. 1997. IR 5 ; Dr. soc. 1997. 200 ; RJS 1997. 26, n° 20.* ♦ Dès lors qu'il n'est pas contesté qu'il existe au sein de l'entreprise des institutions représentatives du personnel, la lettre de convocation à l'entretien préalable n'a pas à mentionner la possibilité donnée par l'art. L. 122-14 [L. 1232-7 nouv.] de se faire assister par un conseiller de son choix. ● Soc. 5 mars 1997 : *CSB 1997. 155, S. 88.* ♦ L'omission de la mention relative au conseiller du salarié, inscrit sur liste départementale, ne peut être sanctionnée sans que soit constatée, au préalable, l'absence de représentants du personnel dans l'entreprise. ● Soc. 7 janv. 1998 : *RJS 1998. 101, n° 157.*
♦ Lorsque l'entreprise n'est pourvue que d'un représentant des salariés désigné en application de l'art. L. 621-8 C. com., la convocation d'un salarié à un entretien préalable doit mentionner la faculté de se faire assister par un conseiller extérieur à l'entreprise. ● Soc. 27 juin 2002, n° 00-41.893 P : *D. 2002. IR 2234 ; Dr. soc. 2002. 1073, note Petit ; JSL 2002, n° 108-5.*

5. Assistance du salarié au sein d'une UES. Lorsque l'employeur relève d'une UES dotée d'institutions représentatives du personnel, le salarié peut se faire assister par une personne de son choix appartenant au personnel d'une entité de l'UES ; la lettre de convocation à l'entretien préalable doit alors mentionner une telle faculté. ● Soc. 8 juin 2011 : *D. actu. 1er juill. 2011, obs. Siro ; D. 2011. Actu. 1692 ; RDT 2011. 568, obs. de Launay ; RJS 2011. 619, n° 672 ; JCP S 2011. 1484, obs. Puigelier.* ♦ Toutefois, la procédure n'est pas entachée d'irrégularité s'il est établi que le salarié a été pleinement informé, en temps utile, des modalités d'assistance auxquelles il a droit. ● CE 12 juin 2019, n° 408970 : *RJS 8-9/2019, n° 510 ; SSL 2019, n° 1873, p. 12, obs. Champeaux.* ♦ Comp. antérieurement : La présence d'une institution représentative du personnel au sein de l'UES dont relève l'employeur dispense de mentionner dans la convocation du salarié à l'entretien préalable à son licenciement la faculté pour le salarié de se faire assister d'un conseiller extérieur à l'entreprise. ● Soc. 21 sept. 2005 : *Dr. soc. 2006. 105, obs. Savatier ; JCP E 2006. 1083, note Béal et Rouspide.*

6. L'entretien préalable au licenciement d'un salarié revêt un caractère strictement individuel qui exclut la possibilité d'avoir recours à un entretien de groupe, même si les faits reprochés aux salariés sont identiques. La présence de plusieurs salariés ne peut être assimilée à l'assistance du salarié prévue par l'art. L. 122-14. ● Soc. 23 avr. 2003, n° 01-40.817 P : *D. 2003. IR 1263 ; RJS 2003. 575, n° 861.*

7. Sur le conseiller du salarié, V. notes ss. art. L. 1232-7.

8. Représentation de l'employeur. La faculté pour l'employeur de se faire représenter n'est pas limitée au seul délégataire du pouvoir de prononcer le licenciement. ● Soc. 14 mai 1987 : *Bull. civ. V, n° 332 ; D. 1987. IR 129.* – Dans le même sens : ● Soc. 14 juin 1994 : *CSB 1994. 201, A. 42 ; RJS*

1994. 511, n° 851. ♦ Mais la finalité même de l'entretien préalable et les règles relatives à la notification interdisent à l'employeur de donner mandat à une personne étrangère à l'entreprise pour procéder à cet entretien et notifier le licenciement. • Soc. 26 mars 2002, n° 99-43.155 P : D. 2002. IR 1323 ; RJS 2002. 532, n° 669 ; Dr. soc. 2002. 784, obs. Mouly ; JCP E 2002. 1764, obs. Bousez ; JSL 2002, n° 100-6 • 7 déc. 2011 : D. 2012. Actu. 24 ; RDT 2012. 94, obs. Auzero ; Dr. soc. 2012. 35, note Cœuret et Duquesne ; ibid. 2012. 415, obs. Couturier ; RJS 2012. 115, n° 124 ; JSL 2012, n° 314-5, obs. Tourreil ; JCP S 2012. 1084, obs. Tricoit • 26 avr. 2017, n° 15-25.204 P : D. actu. 11 mai 2017, obs. Siro ; D. 2017. Act. 1050 ; RDT 2017. 409, obs. Auzero ; RJS 7/2017, n° 476 ; JSL 2017, n° 433-2, obs. Hautefort ; JCP S 2017. 1203, obs. Bousez (licenciement prononcé par un cabinet d'expertise comptable). ♦ Le directeur du personnel, engagé par la société mère pour exercer ses fonctions au sein de la société et de ses filiales en France, n'est pas une personne étrangère à ces filiales et peut recevoir mandat pour procéder à l'entretien préalable et au licenciement d'un salarié employé par ces filiales, sans qu'il soit nécessaire que la délégation de pouvoir soit donnée par écrit. • Soc. 19 janv. 2005 : D. 2005. IR 313 ; Dr. soc. 2005. 475, obs. Savatier ; RJS 2005. 195, n° 255. ♦ Le directeur financier d'une société-mère n'est pas une personne étrangère aux filiales et peut donc procéder au licenciement d'un salarié de ces filiales. • Soc. 30 juin 2015, n° 13-28.146 P : D. 2015. Actu. 1493 ; ibid. 2015. 2301, note Vernac ; RDT 2015. 536, obs. Auzerro ; RJS 10/2015, n° 625 ; JSL 2015, n° 394-5, obs. Tissandier ; JCP E 2015. 1468, obs. Cottin. ♦ Le directeur d'une autre société du groupe mandaté expressément pour la gestion des ressources humaines de l'entité en cause ne doit pas être considéré comme une personne étrangère. • Soc. 28 juin 2023, n° 21-18.142 B : D. actu. 7 juill. 2023, obs. Malfettes ; D. 2023. 1265 ; RDT 2023. 571, obs. Guiomard ; ibid. 624, note Fabre ; JCP S 2023. 1228, obs. Goulay et Collet-Thiry.

BIBL. Cœuret et Duquesne, Dr. soc. 2012. 35 (actualité de la délégation du pouvoir de licencier dans l'entreprise ou le groupe d'entreprises). – Morvan, JCP S 2010. 1239 (nullité en droit du travail et délégation de pouvoirs dans les SAS).

9. Assistance de l'employeur. L'employeur ne peut se faire assister que par une personne appartenant au personnel de l'entreprise. • Soc. 20 juin 1990, n° 87-41.118 P : D. 1990. IR 184 • 26 févr. 1992 : D. 1992. IR 99 ; RJS 1992. 270, n° 471 • 2 avr. 1996 : CSB 1996. 171, A. 38 • 27 mai 1998, n° 96-40.741 P : RJS 1998. 543, n° 839. ♦ Dans le cas contraire, la procédure est irrégulière, peu important l'absence de préjudice et l'objet de l'entretien. • Soc. 28 oct. 2009 : D. 2009. AJ 2755 ; JCP S 2010. 1129, obs. Caron ; D. actu. 9 nov. 2009, obs. Maillard.

10. Le fait pour l'employeur de se faire assister par deux chefs de service, dont la victime des coups reprochés au salarié, et d'avoir requis la présence de deux autres salariés témoins de l'incident, transforme en enquête l'entretien préalable, le détournant ainsi de son objet. • Soc. 10 janv. 1991, n° 88-41.404 P : D. 1991. IR 45 ; Dr. soc. 1991. 258 ; CSB 1991. 51, S. 35 ; RJS 1991. 170, n° 325.

11. Présence d'un huissier. La présence de l'huissier de justice – afin de dresser un procès-verbal de l'entretien – constitue une irrégularité. • Soc. 30 mars 2011 : D. 2011. Actu. 1089, obs. Siro ; JCP S 2011. 1258, obs. Dumont.

12. Témoignage ou attestation en justice. La preuve étant libre en matière prud'homale, rien ne s'oppose à ce que le juge prud'homal retienne une attestation établie par le conseiller ayant assisté le salarié lors de l'entretien préalable à son licenciement, et en apprécie librement la valeur et la portée. • Soc. 27 mars 2001, n° 98-44.666 P : D. 2001. IR 282 ; RJS 2001. 508, n° 732 ; Dr. soc. 2001. 679, obs. Savatier ; JCP E 2001. 1634, note Puigelier.

B. DÉROULEMENT

13. Le salarié qui, au cours de l'entretien préalable, accepte une mutation qu'il refusait jusqu'à présent, prive de cause le licenciement fondé sur ce refus. • Soc. 23 oct. 1984 : Bull. civ. V, n° 400 ; D. 1985. IR 451, obs. Langlois.

14. Sauf abus, les paroles prononcées par le salarié pour réfuter les griefs invoqués contre lui ne peuvent constituer une cause de licenciement. • Soc. 19 juin 1991, n° 89-40.843 P : D. 1992. Somm. 289, obs. A. Lyon-Caen ; JCP 1992. II. 21867, note Taquet ; Dr. soc. 1991. 638 ; RJS 1991. 499, n° 959. ♦ L'entretien préalable doit être mené dans une langue compréhensible par les parties et, à défaut, il doit être fait appel à un interprète accepté par les deux parties. • Soc. 8 janv. 1997, n° 95-41.085 P : Dr. soc. 1997. 317 ; CSB 1997. 47, A. 7 ; RJS 1997. 92, n° 129.

15. Sur l'absence de valeur probante d'un enregistrement sur bande magnétique effectué par le salarié à l'insu de l'employeur, V. • Reims, 4 févr. 1980 : Gaz. Pal. 1980. 2. Somm. 475. ♦ V. aussi : • Paris, 19 févr. 1993 : RJS 1993. 241, n° 396, estimant qu'un tel agissement caractérise un acte objectif illégal justifiant un licenciement pour perte de confiance.

16. Communication des pièces justificatives du licenciement. Si l'art. L. 1232-3 fait obligation à l'employeur d'indiquer au cours de l'entretien préalable au salarié dont il doit recueillir les explications le motif de la sanction envisagée, il ne lui impose pas de communiquer à ce dernier les pièces susceptibles de justifier la sanction. • Soc. 18 févr. 2014 : D. actu. 13 mars 2014, obs. Peyronnet ; D. 2014. Actu. 548 ; RJS 2014. 326, n° 387.

Art. L. 1232-5 Un décret en Conseil d'État détermine les modalités d'application de la présente section. — *[Anc. art. L. 122-14-11.]* — V. art. R. 1232-1 s.

SECTION 3 Notification du licenciement

Art. L. 1232-6 Lorsque l'employeur décide de licencier un salarié, il lui notifie sa décision par lettre recommandée avec avis de réception.

Cette lettre comporte l'énoncé du ou des motifs invoqués par l'employeur.

Elle ne peut être expédiée moins de deux jours ouvrables après la date prévue de l'entretien préalable au licenciement auquel le salarié a été convoqué.

Un décret en Conseil d'État détermine les modalités d'application du présent article *(Ord. n° 2017-1387 du 22 sept. 2017, art. 4 ; L. n° 2018-217 du 29 mars 2018, art. 11)* « . Un arrêté du ministre chargé du travail fixe les modèles que l'employeur peut utiliser pour procéder à la notification du licenciement. »

(Abrogé par L. n° 2018-217 du 29 mars 2018, art. 11) « *Ces modèles rappellent en outre les droits et obligations de chaque partie.* »

Sur les modèles types de lettres de notification de licenciement, V. Décr. n° 2017-1820 du 29 déc. 2017, App., I. B, v° Contrat de travail.

Sur la notification du licenciement par recommandé électronique, V. CPCE, art. L. 100 : « I. — L'envoi recommandé électronique est équivalent à l'envoi par lettre recommandée, dès lors qu'il satisfait aux exigences de l'article 44 du règlement (UE) n° 910/2014 du Parlement européen et du Conseil du 23 juillet 2014 sur l'identification électronique et les services de confiance pour les transactions électroniques au sein du marché intérieur et abrogeant la directive 1999/93/CE.

Dans le cas où le destinataire n'est pas un professionnel, celui-ci doit avoir exprimé à l'expéditeur son consentement à recevoir des envois recommandés électroniques.

Le prestataire peut proposer que le contenu de l'envoi soit imprimé sur papier puis acheminé au destinataire dans les conditions fixées au livre I du présent code » (V. JOAN Q 11 juin 2013, n° 191, p. 6171).

BIBL. ▶ Béraudo, *RJS* 1992. 231 (énonciation des motifs). – Buseine, *Dr. ouvrier* 1999. 14 ; ibid. 432 (formalisme de la lettre de licenciement). – Frouin, *RJS* 1999. 543 (motivation de la lettre de licenciement). – Henry, *Dr. ouvrier* 1989. 180 (énonciation des motifs). – Pochet, *Dr. soc.* 1995. 655. – Savatier, *Dr. soc.* 1991. 99 (énonciation des motifs). – Taquet, *JCP E* 1993. I. 227 (absence de motivation). – Teyssié, *Dr. soc.* 1981. 239 (information du salarié). – Waquet, *RJS* 1993. 631.

▶ **Ordonnance du 22 sept. 2017 :** Fabre, *Dr. soc.* 2018. 4 (motivation du licenciement). – Pagnerre, *RJS* 5/2018, p. 375 (précision de la lettre de licenciement). – Taquet, *JCP S* 2018. 11 (modèles de lettres de notification de licenciement : une intention louable non dénuée de critiques). – Tarasewicz et Coulombel, *RDT* 2017. Controverse 763 (la lettre de licenciement peut-elle être considérée comme une simple formalité ?). – Tournaux, *Dr. soc.* 2018. 520 (derniers ajustements issus de la loi de ratification du 29 mars 2018).

COMMENTAIRE

V. sur le Code en ligne.

I. EXIGENCE D'UNE LETTRE RECOMMANDÉE

A. FORMES DE LA LETTRE DE LICENCIEMENT

1. Exploit d'huissier. La lettre recommandée peut être remplacée par un acte d'huissier. ● Soc. 8 nov. 1978 : *Bull. civ. V,* n° 746 ; *D.* 1979. IR 228, obs. Pélissier. ◆ L'envoi de la lettre recommandée avec avis de réception n'est qu'un moyen légal de prévenir toute contestation sur la date de notification du licenciement. ● Soc. 16 juin 2009 : *RJS* 2009. 631, n° 702 ; *JCP S* 2009. 1421, obs. Drai ● 23 oct. 2013, n° 12-12.700 P : *D.* 2013. Actu. 2526 ; *RJS* 1/2014, n° 24 ; *JCP G* 2013. 1180, obs. Lefranc-Hamoniaux ; *JCP S* 2014. 1074, obs. Everaert-Dumont. ◆ La preuve de la notification du licenciement peut être apportée par le témoignage de la responsable administrative de la société qui établissait que la lettre de licenciement avait été notifiée à la salariée par une remise en main propre et que cette dernière en avait eu connaissance. ● Soc. 29 sept. 2014 : *D.* 2014. Actu. 2003 ; *RJS* 2014. 728, n° 841 ; *JSL* 2014, n° 376-2, obs. Lhernould.

2. Note de service. Une note de service fixant la date de la rupture ne peut valoir lettre de rupture, s'agissant d'un licenciement économique dans le cadre d'une procédure de redressement judiciaire, qu'à la condition d'être notifiée à chacun des salariés licenciés et de contenir l'énoncé d'un motif économique précis. ● Soc. 11 oct.

2005 : D. 2006. Pan. 413, obs. Lokiec.

3. Feuille blanche. Ne constitue pas la notification d'un licenciement l'envoi d'une feuille blanche. ● Soc. 24 janv. 2007 : D. 2007. AJ 507 ; D. 2007. Pan. 2268, obs. Reynès ; JSL 2007, n° 207-2 ; RJS 2007. 319, n° 420.

4. Licenciement verbal. Malgré son irrégularité, le licenciement verbal a pour effet de rompre le contrat de travail. ● Soc. 12 mars 1992 : RJS 1992. 249, n° 425. ♦ Sur les conséquences d'un licenciement verbal, V. ● Soc. 30 sept. 1992 : CSB 1992. 269, A. 49 ● 13 janv. 1993, n° 92-40.939 P : CSB 1993. 53, S. 23. ♦ C'est au salarié qui se prétend licencié verbalement d'en apporter la preuve, que ne constitue pas la seule prise d'acte par lui de la rupture. ● Soc. 30 mai 1996 : RJS 1996. 502, n° 775. ♦ Même si les faits reprochés au salarié sont graves, le licenciement prononcé verbalement est sans cause réelle et sérieuse. ● Soc. 23 juin 1998 : RJS 1998. 621, n° 971. ♦ Le licenciement verbal, même motivé, ne satisfait pas à l'exigence légale de motivation. ● Soc. 9 févr. 1999 : RJS 1999. 302, n° 489.

5. Requalification de la relation contractuelle. Le juge qui requalifie la relation contractuelle en un contrat de travail à durée indéterminée doit rechercher si la lettre de rupture des relations contractuelles vaut lettre de licenciement et si les motifs de rupture énoncés constituent des griefs matériellement vérifiables permettant de décider si le licenciement a une cause réelle et sérieuse. ● Soc. 20 oct. 2015, n° 14-23.712 P : D. 2015. Actu. 2187 ; RDT 2015. 749, note Isidro ; Dr. soc. 2015. 1028, note Mouly ; RJS 1/2016, n° 8 ; JCP S 2015. 1471, obs. Léger.

6. Signature de la lettre de licenciement. Pour être régulière, la lettre de licenciement doit être signée ; toute irrégularité de procédure entraîne pour le salarié un préjudice que l'employeur est tenu de réparer et qu'il appartient au juge d'évaluer. ● Soc. 29 juin 1999, n° 97-42.208 P : D. 1999. IR 199 ; RJS 1999. 655, n° 1039 ● 5 janv. 2005 : RJS 2005. 199, n° 260.

7. Personne habilitée à signer la lettre de licenciement. La finalité même de l'entretien préalable et les règles relatives à la notification du licenciement interdisent à l'employeur de donner mandat à une personne étrangère à l'entreprise pour conduire la procédure de licenciement jusqu'à son terme ; la signature pour ordre de la lettre de licenciement au nom de l'employeur par une telle personne ne peut être admise. ● Soc. 26 avr. 2017, n° 15-25.204 P : D. 2017. Actu. 1050 ; RDT 2017. 409, note Auzero ; RJS 7/2017, n° 476 ; JCP S 2017. 1203, obs. Bousez ; RPC 2017. Comm. 114, obs. Taquet. ♦ Lorsque la lettre de licenciement a été signée pour ordre au nom du directeur des ressources humaines et que la procédure de licenciement a été menée à terme, il en résulte que le mandat de signer la lettre de licenciement a été ratifié. ● Soc. 10 nov. 2009 : D. 2009. AJ 2869, obs. Perrin ; RJS 2010. 24, n° 18 ; JCP S 2009. 1596, obs. Drai. ♦ Dès lors que le travailleur temporaire a pour mission l'assistance et le conseil du directeur des ressources humaines ainsi que son remplacement éventuel, il a le pouvoir de signer les lettres de licenciement. ● Soc. 2 mars 2011 : D. 2011. Actu. 826, obs. Perrin. ♦ Mais s'il est constaté qu'aux termes des statuts d'une association, le président recrute, nomme, licencie et assure la gestion et le pouvoir disciplinaire du personnel salarié de l'association et peut déléguer ses pouvoirs à un administrateur ou à un directeur général avec l'accord du conseil d'administration et que la délégation de pouvoir consentie mentionnait exclusivement la possibilité de recruter et de signer les contrats de travail concernant les cadres et employés du siège comme des résidences, le licenciement du salarié décidé par une personne dépourvue de qualité à agir est sans cause réelle et sérieuse. ● Soc. 2 mars 2011 : D. 2011. Actu. 824 ● 22 mars 2022 n° 20-16.781 : JCP S 2022. 1185, obs. Eliphe. ♦ N'est pas étranger à l'entreprise le directeur financier de la société, propriétaire à 100 % des actions de la société employeur. ● Soc. 30 juin 2015, n° 13-28.146 P : D. 2015. 2301, note Vernac ; RJS 10/2015, n° 625 ; JCP S 2015. 1385, obs. Barège (sur le pouvoir de licencier dans une association, V. note 8).

8. Personne étrangère à l'entreprise. L'envoi de la lettre recommandée avec avis de réception n'est qu'un moyen légal de prévenir toute contestation sur la date de notification du licenciement : la lettre de licenciement remise au salarié par un tiers dont il n'est pas invoqué qu'il était habilité à prononcer une telle mesure constitue une notification irrégulière mais ne prive pas le licenciement de cause réelle et sérieuse. ● Soc. 23 oct. 2013 : D. 2013. Actu. 2526 ; RJS 1/2014, n° 24 ; JSL 2013, n° 355-356-5, obs. Tourreil. ♦ Est irrégulière la lettre de licenciement signée par l'héritier du pharmacien et non par le gérant de la société exploitant la pharmacie. ● Soc. 21 sept. 2016, n° 14-18.593 P : RJS 12/2016, n° 770. ♦ N'est pas étranger à l'entreprise le directeur général de la société mère, de sorte que le licenciement prononcé par lui est régulier. ● Soc. 13 juin 2018, n° 16-23.701 P : D. actu. 19 juill. 2018, obs. Siro ; D. 2018. Actu. 1317 ; RJS 8-9/2018, n° 533 ; JSL 2018, n° 459-5, obs. Tissandier ; JCP S 2018. 1237, obs. François ; SSL 2018, n° 1824, p. 12, obs. Caro.

B. EFFET ATTACHÉ À LA LETTRE DE LICENCIEMENT

1° DATE D'EFFET

9. Date de la rupture. La rupture d'un contrat de travail se situe à la date où l'employeur a manifesté sa volonté d'y mettre fin, c'est-à-dire au jour de l'envoi de la lettre recommandée avec demande d'avis de réception notifiant la rupture. ● Soc. 11 mai 2005 : D. 2006. 701, note Reynès ⌀ ; Dr. soc. 2005. 920, obs. Mouly ⌀ ; Dr. ouvrier 2005. A. 65, obs. Pansier ; CSB 2005. A. 65, obs. Pansier ; JSL 2005, n° 170-2 ● 26 sept. 2006 : ⚖ D. 2007. Pan. 688, obs. Leclerc ⌀ ; Dr. soc. 2006. 1193, obs. Savatier ⌀ ● 28 nov. 2006, ⚖ n° 05-42.202 P.

10. Même solution pour l'ancienneté du salarié qui s'apprécie au jour où l'employeur envoie la lettre recommandée de licenciement. ● Soc. 26 sept. 2006, ⚖ n° 05-43.841 P. ◆ Le droit à l'indemnité de licenciement naît à la date où l'employeur manifeste, par l'envoi de la lettre recommandée, la volonté de résilier le contrat de travail. ● Soc. 11 janv. 2007 : ⚖ D. 2007. 913, note Pélissier ⌀ ; RDT 2007. 237, obs. Pélissier ⌀ ; RJS 2007. 242, n° 328. ◆ Mais le préavis ne court qu'à compter de la date de présentation de cette lettre. ● Soc. 7 nov. 2006, ⚖ n° 05-42.323 P : D. 2007. Pan. 689, obs. Leclerc ⌀ ; RJS 2006. 146, n° 217.

11. La transaction conclue alors que le licenciement du salarié n'a pas été notifié par lettre recommandée avec avis de réception est nulle, faute de pouvoir attester avec certitude de la date du licenciement. ● Soc. 10 oct. 2018, ⚖ n° 17-10.066 P : D. actu. 26 oct. 2018, obs. Favrel ; D. 2018. Actu. 2025 ⌀ ; RJS 12/2018, n° 725 ; JSL 2018, n° 464-1, obs. Lhernould ⌀ ; JCP S 2018. 1380, obs. Drai.

2° RUPTURE DU CONTRAT DE TRAVAIL

12. Caractère ferme. Le licenciement prononcé par un cogérant, alors que l'autre cogérant s'y oppose, est valable, le salarié ne pouvant se prévaloir d'un différend au sein des organes dirigeants de la société. ● Soc. 18 févr. 1998, ⚖ n° 95-43.188 P. ◆ Le fait d'énoncer que, dans l'hypothèse d'une amélioration de la prestation de travail pendant la période de préavis, la poursuite des relations de travail serait envisageable, retire à la mesure de licenciement son caractère réel et sérieux. ● Soc. 23 mai 2000, ⚖ n° 98-40.634 P : RJS 2000. 549, n° 783.

13. Caractère irrévocable et rétractation du licenciement. Dès l'instant où il est notifié, le licenciement ne peut être unilatéralement annulé par l'employeur, qui ne peut revenir sur sa décision de licencier qu'avec l'accord du salarié. ● Soc. 12 mai 1998, ⚖ n° 95-44.353 P. ● 6 juill. 1999 : RJS 1999. 770, n° 1240. ◆ La rétractation de la mesure de licenciement est opposable au salarié dès lors que son comportement témoigne qu'il l'a acceptée. ● Soc. 1ᵉʳ oct. 1996 : ⚖ RJS 1996. 751, n° 1161.

14. Salarié protégé et rétractation du licenciement. Le licenciement ne peut être rétracté par l'employeur qu'avec l'accord du salarié, peu important que la rétractation ait été faite à la demande de l'inspecteur du travail d'annuler la procédure de licenciement engagée et de respecter le statut protecteur ; le juge judiciaire, quand bien même le licenciement ultérieur du salarié a fait l'objet d'une autorisation administrative, demeure compétent, sans porter atteinte au principe de la séparation des pouvoirs, pour apprécier la validité de la rétractation de la mesure de licenciement notifiée antérieurement. ● Soc. 23 nov. 2022, ⚖ n° 20-19.961 B : D. actu. 11 janv. 2023, obs. Maurel ; RJS 2/2023, n° 94 ; JCP S 2023. 1328, obs. Brissy.

15. Détermination de la nature du licenciement. Le caractère disciplinaire ou non d'un licenciement dépend du motif de rupture visé dans la lettre le notifiant, peu important que l'employeur ait antérieurement proposé au salarié une rétrogradation disciplinaire impliquant une modification du contrat de travail qu'il a refusée. ● Soc. 9 mars 2022, ⚖ n° 20-17.005 B : D. actu. 30 mars 2022, obs. Couëdel ; D. 2022. 514 ⌀ ; RDT 2022. 387, note Adam ⌀ ; Dr. soc. 2022. 470, obs. Mouly ⌀ ; RJS 5/2022, n° 245 ; JSL 2022, n° 540, obs. Lhernould ; JCP S 2022. 1114, obs. Frouin.

16. Rupture conventionnelle et renonciation à la rupture. La signature par les parties d'une rupture conventionnelle vaut renonciation commune à la rupture précédemment intervenue à l'initiative de l'une d'elles. ● Soc. 3 mars 2015, ⚖ n° 13-20.549 : D. actu. 16 mars 2015, obs. Ines ; D. 2015. Actu. 632 ⌀ ; RDT 2015. 322, obs. Auzero ⌀ ; JSL 2015, n° 386-2, obs. Tissandier ; RJS 5/2015, n° 329.

17. Pluralité d'employeurs. Est constitutif d'une faute grave le comportement de la salariée qui s'est rendue responsable de la désorganisation totale du système de facture, de manipulations et d'irrégularités dans la tenue des comptes de trois sociétés pour lesquelles elle travaillait ; dès lors la lettre de licenciement émanant uniquement d'un des employeurs peut être invoquée pour justifier la rupture des contrats de travail conclus avec les différentes sociétés. ● Soc. 20 déc. 2006 : ⚖ D. 2007. AJ 310 ⌀ ; RJS 2006. 235, n° 319.

3° RESPONSABILITÉ DE L'EMPLOYEUR

18. Lettre de licenciement et fait justificatif. L'employeur auteur d'une lettre de licenciement motivée par des faits constitutifs de harcèlement sexuel ne peut être poursuivi pour diffamation dès lors qu'ils constituent les motifs du licenciement sans que soient développés d'autres griefs. ● Crim. 12 oct. 2004, ⚖ n° 03-86.262 P : D. 2004. IR 2971 ⌀ ; Dr. soc. 2005. 341, obs. Mouly ⌀ ; RJS 2005. 34, n° 28 ; JSL 2004, n° 157-5 ● Civ. 1ʳᵉ, 7 nov. 2006 : ⚖ D. 2006. IR 2873 ⌀ ; RJS 2006. 44, n° 33 ; JCP 2007. 1579, note Joos.

II. ÉNONCIATION DU OU DES MOTIFS DE LICENCIEMENT

A. CHAMP D'APPLICATION DE L'OBLIGATION DE MOTIVATION

19. Rupture requalifiée. Les juges doivent examiner les conditions de la rupture exigeant l'application des règles du licenciement lorsque le contrat à durée déterminée a été dans un premier temps requalifié, en conséquence le licenciement est sans cause réelle et sérieuse si l'employeur n'a invoqué que la survenance du terme. • Soc. 9 mars 1999, n° 96-44.312 P : *RJS 1999. 313, n° 504 ; Dr. soc. 1999. 625, note J. Savatier*. ♦ Comp. en présence de griefs matériellement vérifiables énoncés dans la lettre indiquant que le contrat à durée déterminée ne serait pas renouvelé. • Soc. 7 mai 2003, n° 00-44.396 P : *Dr. soc. 2003. 882, obs. Roy-Loustaunau ; D. 2003. IR 1479 ; RJS 2003. 674, n° 990.* ♦ L'obligation de motivation de la rupture s'applique en cas de mise à la retraite requalifiée en licenciement. • Versailles, 16 mai 1991 : *Dr. ouvrier 1991. 460.* ♦ ... En cas de rupture au cours de la période d'essai alors que les juges constatent qu'à cette date les parties étaient déjà liées par un contrat à durée indéterminée. • Soc. 18 juin 1996, n° 92-44.729 P : *RJS 1996. 665, n° 1045.* ♦ ... Au cas de force majeure, laquelle est écartée par la juridiction prud'homale. • Soc. 25 oct. 1995, n° 93-40.866 P : *RJS 1995. 794, n° 1242.*

20. Employé de maison. L'obligation de motivation du licenciement est applicable aux employés de maison. • Soc. 13 janv. 1994 : *RJS 1994. 225, n° 329.*

B. ÉNONCIATION DES MOTIFS DANS LA LETTRE DE LICENCIEMENT (jurisprudence rendue sous l'empire des textes antérieurs à l'Ord. n° 2017-1387 du 22 sept. 2017)

1° FORME

21. Convocation à l'entretien préalable. La référence aux motifs contenus dans la lettre de convocation à l'entretien préalable ne constitue pas l'énoncé des motifs exigés par la loi. • Cass., ass. plén., 27 nov. 1998, n° 96-40.199 P : *GADT, 4ᵉ éd., n° 100 ; Dr. soc. 1999. 19, concl. Joinet*.

22. Documents antérieurs. La référence aux motifs contenus dans le procès-verbal d'une réunion de l'ensemble du personnel ne constitue pas l'énoncé des motifs exigés par la loi. • Soc. 3 mars 1998 : *RJS 1998. 278, n° 442.* ♦ *Contra* : constitue une énonciation suffisante des motifs le fait d'invoquer les griefs contenus dans le procès-verbal dressé par les services vétérinaires à l'encontre de l'intéressé, responsable du rayon boucherie d'un magasin. • Soc. 11 juin 1996 : *RJS 1996. 752, n° 1162 ; CSB 1996. 245, A. 52.*

23. Annexes à la lettre de licenciement. Une copie de la lettre de convocation à l'entretien préalable annexée à la lettre de licenciement fait partie intégrante de la lettre de licenciement, laquelle énonce ainsi les motifs de la relation de travail. • Soc. 2 déc. 1998 : *JCP 1999. II. 10019, note Corrignan-Carsin ; RJS 1999. 28, n° 23.*

24. Énonciation postérieure. N'est pas motivée la lettre de licenciement qui annonce une lettre précisant les raisons de cette décision. • Soc. 12 janv. 1994, n° 92-42.745 P. ♦ L'employeur ne peut pas énoncer des motifs en cours d'instance. • Soc. 21 déc. 1989 : *JS UIMM 1990. 135.*

2° MOTIF PRÉCIS

a. Généralités

25. Motif et cause. L'allégation d'un licenciement pour motif personnel ne constitue pas une motivation suffisante. • Soc. 20 janv. 1993, n° 91-41.931 P : *RJS 1993. 161, n° 259.*

26. Date des griefs. L'énonciation d'un motif précis n'implique pas l'obligation de dater les griefs allégués. • Soc. 13 déc. 1994, n° 93-43.945 P : *RJS 1995. 251, n° 365.*

27. Motifs précis, objectifs et vérifiables. L'énonciation des motifs est suffisamment précise si les griefs sont matériellement vérifiables. • Soc. 14 mai 1996 : *RJS 1996. 423, n° 664.* ♦ Des griefs précis, objectifs et vérifiables constituent les motifs exigés par la loi. • Soc. 23 mai 2000, n° 98-40.635 P : *D. 2000. IR 169 ; RJS 2000. 549, n° 783.* ♦ Si la lettre de licenciement doit énoncer des motifs précis et matériellement vérifiables, l'employeur peut, en cas de contestation, invoquer toutes les circonstances de faits justifiant ce motif. • Soc. 15 oct. 2013 : *RJS 12/2013, n° 797.*

b. Illustrations

28. Motifs précis. Constituent le motif précis exigé par la loi : la mauvaise qualité du travail. • Soc. 23 mai 2000, n° 98-40.634 P : *RJS 2000. 549, n° 783.* ♦ ... L'insuffisance professionnelle. • Soc. 20 nov. 1996, n° 93-45.555 P : *RJS 1997. 28, n° 22* • 23 mai 2000, n° 98-42.064 P : *D. 2000. IR 168 ; RJS 2000. 550, n° 783.* ♦ L'insuffisance de résultat. • Soc. 13 déc. 1994, n° 93-43.945 P : *RJS 1995. 251, n° 365.* ♦ ... Des indélicatesses. • Soc. 3 mars 1995, n° 93-46.012 P : *RJS 1995. 507, n° 767 (2 esp.).* ♦ ... Le harcèlement sexuel. • Soc. 3 févr. 1999 : *RJS 1999. 302, n° 490.* ♦ ... Des absences répétées entraînant une désorganisation de l'entreprise. • Soc. 11 juill. 1995 : *Liaisons soc. 1995, A. 1, n° 7323 ; CSB 1995, n° 74, S. 135, p. 296.* ♦ ... Un comportement improductif, une incapacité à effectuer certaines tâches et un manque de rigueur. • Soc. 29 mai 2002 : *RJS 2002. 737, n° 957.*

29. Motifs imprécis. Ne constituent pas l'énoncé d'un motif précis : la gravité des faits reprochés. • Soc. 20 oct. 1994 : *Dr. soc. 1995. 60.* ♦ ... Ni la référence à des fautes professionnelles. • Soc. 8 janv. 1997, n° 94-42.632 P : *RJS 1997. 355, n° 545.* ♦ ... Ou à une faute lourde. • Soc. 16 mars 1999 : *RJS 1999. 402, n° 649.* ♦ ... Ou à une perte de confiance. • Soc. 7 déc. 1999 : *RJS 2000. 31, n° 25* • 14 janv. 1998, n° 96-40.165 P : *RJS 1998. 182, n° 292.* ♦ ... Ou le manque de motivation. ● Soc. 23 mai 2000, n° 98-40.635 P : *RJS 2000. 550, n° 783.* ♦ ... Ou encore les problèmes occasionnés par le salarié. ● Soc. 23 mai 2000, n° 98-40.633 P : *RJS 2000. 550, n° 783.* ♦ ... Les difficultés relationnelles. ● Soc. 25 juin 1997, n° 95-42.451 P : *RJS 1997. 666, n° 1077.* ♦ ... Une incompatibilité d'humeur sans qu'aucun grief matériellement vérifiable ne soit invoqué. ● Soc. 17 janv. 2001, n° 98-44.354 P : *RJS 2001. 214, n° 297 ; JSL 2001, n° 74, p. 16, obs. Maillard-Dierstein.* ♦ ... L'imputation d'un comportement déloyal, sans autre précision. ● Soc. 10 mai 2001, n° 99-40.128 P : *RJS 2001. 587, n° 850.* ♦ ... L'inaptitude au poste occupé sans indication de la nature physique ou professionnelle de l'inaptitude invoquée. ● Soc. 20 févr. 2002 : *RJS 2002. 423, n° 551.* ♦ ... Le retrait d'agrément sans préciser les faits à l'origine de ce retrait. ● Soc. 12 janv. 2011 : *D. actu. 10 févr. 2011, obs. Siro ; D. 2011. Actu. 310 ; JCP S 2011. 1198, obs. Dumont.* ♦ Ne constitue pas un motif de licenciement matériellement vérifiable, l'imputation à la salariée, sans autre précision, d'un comportement irresponsable, « d'une façon de mener ses fonctions », d'un « trouble créé au sein de l'association par des événements de sa vie personnelle et par son comportement ». ● Soc. 27 juin 2018, n° 16-20.898 P.

3° PLURALITÉ DE MOTIFS

30. Possibilités. L'employeur peut invoquer dans la lettre de licenciement plusieurs motifs de rupture inhérents à la personne du salarié, à condition de respecter les règles de la procédure applicable à chaque cause de licenciement. ● Soc. 23 sept. 2003, n° 01-41.478 P : *D. 2004. Somm. 102, obs. Amauger-Lattes ; Dr. soc. 2003. 1119, note Cristau ; JCP E 2004. 561, obs. Cesaro ; RJS 2003. 874, n° 1260 ; ibid. 2003. 863, obs. Duplat ; CSB 2003. 477, A. 54.* ♦ Ainsi, l'employeur qui licencie une salariée en état de grossesse médicalement constaté dont le contrat de travail est suspendu à la suite d'un arrêt de travail provoqué par un accident du travail ou une maladie professionnelle est tenu de préciser dans la lettre de licenciement le ou les motifs non liés à la grossesse, à l'accouchement ou à l'adoption, à l'accident ou à la maladie professionnelle pour lesquels il se trouve dans l'impossibilité de maintenir le contrat de travail pendant les périodes de protection dont bénéficie la salariée, l'existence d'un motif économique de licenciement ne caractérisant pas, à elle seule, cette impossibilité. ● Soc. 21 mai 2008 : *RJS 2008. 713, n° 887 ; JCP S 2008. 1376, obs. Puigelier.* ● 21 janv. 2009 : *D. 2009. AJ 435 ; RJS 2009. 295, n° 339.* ● Soc. 3 nov. 2016, n° 15-15.333 : *D. actu. 22 nov. 2016, obs. Roussel ; D. 2016. Actu. 2285 ; ibid. 2017. 241, obs. Wurtz ; RJS 1/2017, n° 12 ; JCP S 2016. 1413, obs. Lahalle* (énonciation de la seule inaptitude comme motif de licenciement).

4° RÔLE DU JUGE

31. Office du juge. Il appartient aux juges du fond de rechercher, au besoin d'office, si la lettre de licenciement énonce le ou les motifs de licenciement. ● Soc. 26 mai 1999, n° 97-40.803 P : *D. 1999. IR 177 ; RJS 1999. 558, n° 906.* ♦ Au-delà des énonciations de la lettre de licenciement, il incombe au juge de rechercher la véritable cause de licenciement. ● Soc. 10 avr. 1996, n° 93-41.755 P ; *RJS 1996. 335, n° 527 ; CSB 1996. 209, A. 47.* ● 26 mai 1998, n° 96-41.062 P : *RJS 1998. 543, n° 839.* ● 6 avr. 2011 : *D. 2011. Actu. 1145, obs. Perrin ; JSL 2011, n° 300-4, obs. Hautefort ; JCP S 2011. 1337, obs. d'Ornano ; Dr. soc. 2011. 803, note Gaba ; SSL 2011, n° 1489, p. 13, obs. Champeaux.*

32. Examen des griefs énoncés. Le juge a l'obligation d'examiner l'ensemble des griefs invoqués dans la lettre de licenciement. ● Soc. 15 avr. 1996, n° 94-44.222 P : *CSB 1996. 209, A. 47.* ♦ Dès lors que la lettre de licenciement énonce un motif précis, il appartient au juge du fond de vérifier le sérieux et la réalité des faits sur lesquels il se fonde. ● Soc. 3 mai 1995, n° 93-46.012 P : *Dr. soc. 1995. 676, obs. Blaise ; ibid. 1996. 374, note Duquesne ; RJS 1995. 507, n° 767.* ♦ Une cour d'appel ne peut écarter sans les examiner des griefs énoncés dans la lettre de licenciement qu'ils aient été ou non évoqués lors de l'entretien préalable. ● Soc. 18 mai 1995 : *Dr. soc. 1995. 675 ; RJS 1995. 577, n° 874.* ● 28 mai 1997, n° 94-42.835 P. ● 6 avr. 2011 : *D. 2011. Actu. 1145, obs. Perrin ; JSL 2011, n° 300-4, obs. Hautefort ; JCP S 2011. 1337, obs. d'Ornano ; Dr. soc. 2011. 803, note Gaba ; SSL 2011, n° 1489, p. 13, obs. Champeaux.* ♦ Le juge est tenu d'examiner tous les griefs énoncés dans la lettre de licenciement, peu important, lorsque le licenciement est prononcé à la suite du refus par le salarié d'une rétrogradation disciplinaire, que certains de ces griefs se rapportent à des faits postérieurs à l'entretien préalable ou à la rétrogradation. ● Soc. 14 janv. 2014 : *RJS 2014. 256, n° 309.*

33. Cadre du litige. La lettre d'énonciation des motifs de licenciement fixe les limites du litige. ● Soc. 13 nov. 1991, n° 88-43.523 P : *RJS 1992. 35, n° 27.* ● 12 nov. 1997 : *RJS 1997. 892, n° 1456.* ♦ L'employeur ne peut invoquer un autre motif que celui qu'il a notifié au salarié dans la lettre de licenciement. ● Soc. 20 mars 1990, n° 89-40.515 P : *D. 1990. IR 94.* ♦ Peu important à cet égard les réserves d'ordre général émises par l'employeur. ● Soc. 13 nov. 1991, n° 88-43.523 P : *RJS 1992. 35, n° 27.*

34. Qualification des faits. S'agissant d'un licenciement disciplinaire, si la lettre de licenciement fixe les limites du litige en ce qui concerne les griefs articulés à l'encontre du salarié et les conséquences que l'employeur entend en tirer quant aux modalités de rupture, il appartient au

RUPTURE DU CONTRAT DE TRAVAIL

juge de qualifier les faits invoqués. • Soc. 22 févr. 2005 : D. 2005. IR 794 ; RJS 2005. 354, n° 497.

C. SANCTION

35. Défaut de cause réelle et sérieuse (jurisprudence antérieure à l'Ord. du 22 sept. 2017). En l'absence d'énonciation des motifs, le licenciement est sans cause réelle et sérieuse. • Soc. 29 nov. 1990, D. 1991. 99, note J. Savatier ; CSB 1991. 9 • 20 janv. 1998, n° 95-41.575 P : RJS 1998. 174, n° 276. ♦ V. déjà : • Soc. 26 oct. 1976, Janousek, n° 75-40.659 P : D. 1997. 544, note Jeammeaud ; JCP 1979. II. 19254, note Duval. ♦ ... Peu important les motifs allégués au cours de l'entretien préalable. • Soc. 12 janv. 1994, n° 92-42.745 P : RJS 1994. 111, n° 137. ♦ ... La demande du salarié de taire les motifs du licenciement dans la lettre de licenciement. • Soc. 10 janv. 1995, n° 92-44.800 P : RJS 1995. 102, n° 114. ♦ ... L'aveu du salarié avant son licenciement. • Soc. 9 mars 1998, n° 96-40.391 P : RJS 1998. 381, n° 583 • 15 déc. 1998 : RJS 1999. 117, n° 182.

36. L'omission de la formalité substantielle de consultation des délégués du personnel et la méconnaissance par l'employeur des dispositions relatives à la motivation de la lettre de licenciement du salarié déclaré inapte ne peuvent être sanctionnées que par une seule et même indemnité, au moins égale à la somme prévue par l'art. L. 1226-15 C. trav. • Soc. 23 mai 2017, n° 16-10.580 P : D. 2017. 1128 ; RJS 8-9/2017, n° 557 ; JCP S 2017. 1289, obs. Jeansen.

III. EXPÉDITION

37. Délai d'un jour franc. Le délai d'un jour franc antérieur à l'Ord. du 24 juin 2004 est respecté, dès lors que, l'entretien ayant eu lieu un jeudi, il expirait le vendredi à 24 heures et que la lettre a été expédiée le samedi. • Soc. 8 nov. 1983 : Bull. civ. V, n° 537 ; D. 1984. IR 111.

38. Irrégularité de forme. Le non-respect du délai d'un jour franc antérieur à l'Ord. du 24 juin 2004 entre l'entretien préalable et l'envoi de la lettre de licenciement constitue une irrégularité de forme devant être réparée par l'allocation d'une indemnité fixée en fonction du préjudice subi par le salarié, dans les conditions fixées aux art. L. 122-14-4 et L. 122-14-5 [L. 1235-2 et L. 1235-5 nouv.]. • Soc. 27 nov. 2001, n° 99-44.889 P : D. 2002. IR 136 ; RJS 2002. 140, n° 162 • Soc. 5 mars 2002, n° 00-21.453 P : RJS 2002. 424, n° 552.

39. Licenciement disciplinaire et délai d'un mois. S'agissant d'un licenciement disciplinaire, la lettre de licenciement doit être envoyée dans le délai d'un mois prévu à l'art. L. 122-41. • Soc. 16 mars 1995, n° 90-41.213 P : D. 1995. IR 86 ; RJS 1995. 336, n° 498 • 4 mai 1995 : RJS 1995. 417, n° 630. ♦ Lorsque l'employeur est tenu de respecter l'avis d'une instance disciplinaire, le délai d'un mois pour notifier le licenciement ne court qu'à compter de l'avis rendu par cette instance ; la méconnaissance de cette règle rend le licenciement sans cause réelle et sérieuse. • Soc. 3 avr. 1997, n° 94-44.575 P : Dr. soc. 1997. 690, obs. Savatier ; RJS 1997. 529, n° 816. ♦ Lorsque le salarié refuse la modification disciplinaire de son contrat de travail, le délai d'un mois court à compter du nouvel entretien préalable auquel l'employeur doit convoquer le salarié pour envisager une nouvelle sanction. • Soc. 27 mars 2007 : D. 2007. AJ 1081 ; D. 2007. 2268, obs. Amauger-Lattès ; RDT 2007. 459, obs. Frossard ; RJS 2007. 546, n° 735 ; JCP 2007. 1807, note Jacotot ; JSL 2007, n° 210-5.

SECTION 4 Conseiller du salarié

Art. L. 1232-7 Le conseiller du salarié est chargé d'assister le salarié lors de l'entretien préalable au licenciement dans les entreprises dépourvues d'institutions représentatives du personnel.

Il est inscrit sur une liste arrêtée par l'autorité administrative après consultation des organisations représentatives d'employeurs et de salariés au niveau national, dans des conditions déterminées par décret. – V. art. D. 1232-4 s.

La liste des conseillers comporte notamment le nom, l'adresse, la profession ainsi que l'appartenance syndicale éventuelle des conseillers. Elle ne peut comporter de conseillers prud'hommes en activité. – [Anc. art. L. 122-14, al. 2, phrase 3.]

V. Circ. n° 91-16 du 5 sept. 1991 relative à l'assistance du salarié lors de l'entretien préalable au licenciement (BOMT n° 91/24, texte n° 662) ; Circ. n° 92-15 du 4 août 1992 (BOMT n° 92/21, texte n° 721).

COMMENTAIRE

V. sur le Code en ligne. ☐

1. Conseiller du salarié. Lorsqu'il n'y a pas d'institution représentative du personnel dans l'entreprise, le salarié peut se faire assister lors de l'entretien préalable par un conseiller de son choix inscrit sur une liste dressée par le représentant de l'État ; la présence d'un délégué syndical dans l'entreprise suffit à écarter le recours à un conseiller extérieur. • Soc. 19 févr. 2002, n° 00-

40.657 P : *D. 2002. IR 1238* ; *Dr. soc. 2002. 1073*, note *Petit* ; *RJS 2002. 422, n° 547*. ♦ Sur les sanctions attachées à l'omission de la mention relative au conseiller du salarié, V. note 2 ss. art. L. 1235-5. ♦ L'appréciation de l'absence de représentants du personnel devant se faire au niveau de l'entreprise et non de l'établissement, l'employeur ne peut se voir reprocher une telle omission, dès lors que, s'il n'existait pas de représentants du personnel au niveau de l'établissement, il en existait au niveau de l'entreprise. ● Soc. 26 nov. 1996, n° 95-42.457 P : *D. 1997. IR 5* ; *Dr. soc. 1997. 200* ; *RJS 1997. 26, n° 20*. ♦ Dès lors qu'il n'est pas contesté qu'il existe au sein de l'entreprise des institutions représentatives du personnel, la lettre de convocation à l'entretien préalable n'a pas à mentionner la possibilité donnée par l'art. L. 122-14 de se faire assister par un conseiller de son choix. ● Soc. 5 mars 1997 : *CSB 1997. 155, S. 88*. ♦ La présence d'une institution représentative du personnel au sein de l'UES dont relève l'employeur dispense de mentionner dans la convocation d'un salarié à l'entretien préalable à son licenciement la faculté pour le salarié de se faire assister d'un conseiller extérieur à l'entreprise. ● Soc. 21 sept. 2005 : *Dr. soc. 2006. 105*, obs. *Savatier* ; *JCP E 2006. 1083*, note *Béal et Rouspide*. ♦ L'omission de la mention relative au conseiller du salarié, inscrit sur liste départementale, ne peut être sanctionnée sans que soit constatée, au préalable, l'absence de représentants du personnel dans l'entreprise. ● Soc. 7 janv. 1998 : *RJS 1998. 101, n° 157*. ♦ Lorsque l'entreprise n'est pourvue que d'un représentant des salariés désigné en application de l'art. L. 621-8 C. com., la convocation d'un salarié à un entretien préalable doit mentionner la faculté de se faire assister par un conseiller extérieur à l'entreprise. ● Soc. 27 juin 2002, n° 00-41.893 P : *D. 2002. IR 2234* ; *Dr. soc. 2002. 1073*, note *Petit* ; *JSL 2002, n° 108-5*.

2. Justification de la qualité de conseiller du salarié. Il ne peut être reproché à l'employeur d'avoir refusé la présence d'un conseiller du salarié lors de l'entretien préalable de licenciement lorsque ce dernier n'a pas été en mesure de justifier de cette qualité malgré la demande effectuée en ce sens par l'employeur. ● Soc. 25 sept. 2012 : *D. actu. 26 oct. 2012*, obs. *Perrin* ; *RDT 2012. 625*, obs. *Reynès* ; *RJS 2012. 793, n° 924* ; *JCP S 2012. 1477*, obs. *Puigelier*.

Art. L. 1232-8 Dans les établissements (*L. n° 2012-387 du 22 mars 2012, art. 43*) « d'au moins onze salariés », l'employeur laisse au salarié investi de la mission de conseiller du salarié le temps nécessaire à l'exercice de sa mission dans la limite d'une durée qui ne peut excéder quinze heures par mois. – [*Anc. art. L. 122-14-14.*] – V. art. L. 1238-1 (*pén.*).

BIBL. ▶ BOULMIER, *SSL 1996, n° 817*. – MATHIEU, *D. 1991. Chron. 119*. – MAYNIAL, *Dr. soc. 1994. 3*. – PENNEAU, *ALD 1992. 19*. – RAY, *Dr. soc. 1991. 476*. – ROCHE, *Dr. soc. 1994. 10*.

Art. L. 1232-9 Le temps passé par le conseiller du salarié hors de l'entreprise pendant les heures de travail pour l'exercice de sa mission est assimilé à une durée de travail effectif pour la détermination de la durée des congés payés, du droit aux prestations d'assurances sociales et aux prestations familiales ainsi qu'au regard de tous les droits que le salarié tient du fait de son ancienneté dans l'entreprise.

Ces absences sont rémunérées par l'employeur et n'entraînent aucune diminution des rémunérations et avantages correspondants. – [*Anc. art. L. 122-14-15, al. 1er et 2.*] – V. art. L. 1238-1 (*pén.*), D. 1232-9.

Condition de maintien de la rémunération du conseiller du salarié. Il appartient au salarié, investi de la mission de conseiller du salarié, qui réclame, à ce titre, la rémunération du temps passé hors de l'entreprise pendant les heures de travail, de remettre à son employeur les attestations correspondantes des salariés bénéficiaires de l'assistance. ● Soc. 23 juin 2021, n° 19-23.847 B : *D. actu. 21 juill. 2021*, obs. *Clément* ; *RJS 10/2021, n° 549*.

Art. L. 1232-10 Un décret détermine les modalités d'indemnisation du conseiller du salarié qui exerce son activité professionnelle en dehors de tout établissement ou dépend de plusieurs employeurs. – [*Anc. art. L. 122-14-15, al. 3.*] – V. art. L. 1238-1 (*pén.*), D. 1232-10.

Art. L. 1232-11 Les employeurs sont remboursés par l'État des salaires maintenus pendant les absences du conseiller du salarié pour l'exercice de sa mission ainsi que des avantages et des charges sociales correspondants. – [*Anc. art. L. 122-14-15, al. 5.*] – V. art. L. 1238-1 (*pén.*).

Art. L. 1232-12 L'employeur accorde au conseiller du salarié, sur la demande de ce dernier, des autorisations d'absence pour les besoins de sa formation. Ces autorisa-

RUPTURE DU CONTRAT DE TRAVAIL

Art. L. 1232-14 279

tions sont délivrées dans la limite de deux semaines par période de trois ans suivant la publication de la liste des conseillers sur laquelle il est inscrit.

Les dispositions des articles *(L. n° 2016-1088 du 8 août 2016, art. 33)* « **L. 2145-5** à **L. 2145-10** et **L. 2145-12** », relatives au congé de formation économique, sociale *(L. n° 2021-1104 du 22 août 2021, art. 41-II)* « , environnementale » et syndicale, sont applicables à ces autorisations. — V. art. L. 1238-1 *(pén.)*.

Art. L. 1232-13 Le conseiller du salarié est tenu au secret professionnel pour toutes les questions relatives aux procédés de fabrication.

Il est tenu à une obligation de discrétion à l'égard des informations présentant un caractère confidentiel et données comme telles par l'employeur.

Toute méconnaissance de cette obligation peut entraîner la radiation de l'intéressé de la liste des conseillers par l'autorité administrative. — *[Anc. art. L. 122-14, al. 2, phrases 1, 2 et 4.]* — V. art. D. 1232-12.

Art. L. 1232-14 L'exercice de la mission de conseiller du salarié ne peut être une cause de rupture du contrat de travail.

Le licenciement du conseiller du salarié est soumis à la procédure d'autorisation administrative prévue par le livre IV de la deuxième partie. — *[Anc. art. L. 122-14-16.]* — V. art. L. 1238-1 *(pén.)*.

1. Recodification. Sauf dispositions expresses contraires, la recodification est intervenue à droit constant ; il en résulte que s'appliquent au conseiller du salarié les dispositions de l'art. L. 2411-3 C. trav. relatives à la durée de la protection d'un délégué syndical. • Soc. 27 janv. 2010 : D. 2010. AJ 384, obs. Perrin ; JSL 2010, n° 273-6 ; JCP S 2010. 1234, obs. Martinon.

2. Point de départ de la protection. Le conseiller du salarié n'est pas en droit de se prévaloir de la protection résultant d'un mandat extérieur à l'entreprise lorsqu'il est établi qu'il n'en a pas informé son employeur au plus tard lors de l'entretien préalable au licenciement. • Soc. 26 mars 2013, n° 11-28.269 P : Dr. soc. 2013. 363, note Dumortier, Florès, Lallet et Struillou ; RJS 11/2012, n° 883. ♦ Comp. anté. : le point de départ de la protection contre le licenciement des conseillers du salarié est fixé au jour où la liste des conseillers est arrêtée par le préfet, indépendamment des formalités de publicité prévues par l'art. D. 1232-5 C. trav. • Soc. 22 sept. 2010 : D. actu. 12 oct. 2010, obs. Siro ; D. 2010. AJ 2297 ; RJS 2010. 772, n° 864 ; Dr. soc. 2010. 1268, obs. Pécaut-Rivolier ; JSL 2010, n° 287-6, obs. Tourreil ; SSL 2010, n° 1461, p. 9 ; JCP S 2010. 1460, obs. Boulmier.

3. Conditions de la protection. La protection exorbitante de droit commun accordée au salarié chargé d'assister les salariés convoqués en vue d'un licenciement est indépendante de l'accomplissement de missions de conseils, dont la mise en œuvre ne lui appartient pas. • Soc. 14 janv. 2003, n° 00-45.883 P : D. 2003. IR 311 ; Dr. soc. 2003. 445, obs. Duquesne ; RJS 2003. 243, n° 365 • 13 juill. 2004, n° 02-42.681 P : Dr. soc. 2004. 1153, obs. Savatier ; D. 2004. IR 2475 ; RJS 2004. 729, n° 1063.

4. Période d'essai. La rupture du contrat de travail pendant la période d'essai n'est pas soumise aux dispositions particulières de l'art. R. 241-31. • Soc. 26 oct. 2005 : D. 2005. IR 2769 ; ibid. 2006. Pan. 419, obs. Lokiec ; RJS 2006. 63, n° 16.

5. Terme du contrat à durée déterminée. La recodification du code du travail étant intervenue à droit constant, le conseiller du salarié bénéficie de la protection prévue à l'art. L. 2421-8 imposant que, lorsque le contrat à durée déterminée arrive à son terme, l'inspecteur du travail autorise préalablement la cessation du lien contractuel. • Soc. 7 juill. 2021, n° 19-23.989 B : D. 2021. 1335 ; Dr. soc. 2021. 1050, obs. Petit ; RJS 10/2021, n° 550 ; JCP S 2021. 1236, obs. Lahalle.

6. Nullité du licenciement et indemnisation du salarié. Le conseiller du salarié qui ne demande pas sa réintégration ou qui l'a demandée postérieurement à l'expiration de la période de protection en cours au jour du licenciement a droit à une indemnité égale aux salaires qu'il aurait dû percevoir jusqu'à la fin de la période triennale de révision de la liste des conseillers en cours au jour de son éviction. • Soc. 19 juin 2007 : JCP S 2007. 1677, obs. Kerbourc'h ; JSL 2007, n° 216-6.

7. Droit à réintégration. L'art. L. 1232-14 soumettant le licenciement d'un conseiller du salarié à la procédure prévue par le livre IV de la deuxième partie de ce code, il en résulte que les dispositions de l'art. L. 2422-1 lui sont applicables ; à la suite de l'annulation de l'autorisation administrative de licenciement, le conseiller du salarié a droit à réintégration dans son emploi ou dans un emploi équivalent. • Soc. 17 mai 2017, n° 16-14.979 P : D. 2017. Actu. 1129 ; RJS 8-9/2017, n° 590 ; JCP S 2017. 1225, obs. Kerbourc'h.

CHAPITRE III LICENCIEMENT POUR MOTIF ÉCONOMIQUE

RÉP. TRAV. v° *Licenciement pour motif économique (I — Notion)*, par Frossard ; *Licenciement économique (II — Procédure)*, par Paulin ; *Licenciement économique (III — Sauvegarde de l'emploi et reclassement collectif)*, par Willmann.

V. Circ. DGEFP-DRT n° 2005-47 du 30 déc. 2005 relative à l'anticipation et à l'accompagnement des restructurations.

BIBL. GÉN. ▶ **Loi du 2 août 1989 :** Chanut et Jullien, SSL 1989, suppl. n° 469. - Gaudu, ALD 1990. 1 ; Dr. ouvrier 1990. 177. - Philbert et Morville, CSB 1990. 41. - Prétot, Dr. soc. 1989. 701. - Soisson, *ibid.* 1989. 2. - Vincent, JCP E 1989. II. 15604.

▶ Antonmattéi, Dr. soc. 2003. 486 (licenciements économiques et négociation collective). - Bailly, SSL 2009, n° 1385, p. 2 (actualité jurisprudentielle du licenciement économique). - Bélier et Legrand, Dr. soc. 1996. 932 (à propos de l'arrêt *Sietam*). - Bouaziz, Dr. ouvrier 1985. 121 (fraude à la loi et licenciement économique). - Boubli, Dr. soc. 2004. 1094 (sauvegarde de la compétitivité de l'entreprise). - Carré, Dr. soc. 1993. 859 (contrôle prud'homal). - Choley-Combe, ALD 1993. 253 (loi du 27 janv. 1993). - Couturier, Dr. soc. 1993. 219 (loi du 27 janv. 1993) ; Dr. soc. 2015. 793 (le droit du licenciement dans la loi Macron). - Decaix, Dr. soc. 1992. 670 (procédures collectives). - De Launay, Dr. ouvrier 2012. 413 (adaptation des effectifs et licenciements économiques). - Despax, *ibid.* 1987. 184 (de l'accord à la loi). - Fabre, Dr. ouvrier 2010. 331 (négociation des plans de restructuration). - Favennec-Héry, *ibid.* 1992. 581 (gestion des départs) ; *ibid.* 1993. 29 (directive CEE 92/56 du 24 juin 1992) ; RJS 2002. 287 (contrôle *a posteriori* des entreprises) ; Mél. H. Blaise, 1995, p. 209 ; JCP S 2008. 1392 (rupture du contrat de travail pour motif économique et droit du licenciement). - Grumbach, Dr. ouvrier 2010. 199 (état des actions judiciaires contre les licenciements économiques). - Guirlet, SSL 1987, n° 365, suppl. (nouvelles procédures des licenciements économiques) ; JCP E 2004, suppl. n° 6 (juge et licenciement pour motif économique). - Keller, Dr. soc. 1994. 870 (entreprise en période de licenciement économique). - Le Cohu, SSL 1987, n° 373, suppl. D. 15 (déroulement du licenciement collectif). - Lepany, Dr. ouvrier 1994. 25 (du collectif à l'individuel). - Loubejac, Dr. soc. 1986. 213 (suppression de l'autorisation administrative). - Mallet et Teyssier, *ibid.* 1992. 348 (sureffectif). - Martinon, Dr. soc. 2016. 324 (emploi et licenciements économiques). - Métin et De La Garanderie, RDT 2012. Controverse 73 (faut-il un contrôle particulier des licenciements boursiers ?). - Millet et Rivet, JSL 2011, n° 293-1 (retour sur la jurisprudence de la Cour de cassation en 2010). - Normand, *ibid.* 1987. 259 (le contentieux, nouvelles perspectives). - Pélissier, D. 1975. Chron. 135 (licenciements économiques). - Peskine, RDT 2012. 347 (responsabilité des sociétés mères en matière de licenciement pour motif économique). - Petiti, Gaz. Pal. 1987. 1. Doctr. 106 (réforme du licenciement économique). - Philbert, CSB 1996, suppl. au n° 83 de sept.-oct. (revue de jurisprudence) ; CSB 1997. 59 ; CSB 1997, suppl. au n° 93 de sept.-oct. ; Dr. soc. 1998. 35 (droit prétorien du licenciement économique). - Prétot, RJS 1993. 87 (loi du 27 janv. 1993). - Ray, Dr. soc. 1987. 664 (nouveau droit du licenciement, 1985-1987). - Ray et Gaudu, ALD 1987. 89. - Rayroux, Gaz. Pal. 1987. 1. Doctr. 103 (réforme du licenciement). - Sachs, RDT 2011. 550 (la raison économique en droit du travail). - Savatier, Dr. soc. 1995. 235 (distinction des rapports collectifs et des rapports individuels en matière de licenciement économique) ; *ibid.* 1998. 459 (non-application aux employés de maison du droit des licenciements économiques). - Séguin, Dr. soc. 1987. 180 (réforme du licenciement économique). - Signoretto, RPDS 1986. 289 (suppression de l'autorisation administrative) ; *ibid.* 1987. 51 (nouvelles procédures). - Supiot, Dr. soc. 1987. 268 (contrôle prud'homal). - Teyssié, JCP 1986. I. 3258 (loi du 3 juill. 1986) ; JCP E 1987. I. 16212 (licenciement économique, données de base) ; JCP 1996. I. 3902 (propos iconoclastes). - Triboulet, Dr. soc. 1992. 780 (mesures d'accompagnement). - Waquet, *ibid.* 2002. 264 (licenciement économique et loi de modernisation sociale). ▶ *Adde :* Gaz. Pal. 1997. 1. Doctr. 151, n° spécial, ss. dir. B. Boubli.

▶ **Loi du 3 janv. 2003 :** Cohen, Dr. soc. 2003. 271.

▶ **Loi du 18 janv. 2005 :** Dr. ouvrier 2005. 281.

▶ **ANI du 11 janv. 2013 et loi du 14 juin 2013 :** Couturier, Dr. soc. 2013. 814 (un nouveau droit des (grands) licenciements collectifs). - Dutheillet de Lamothe, Dr. soc. 2023. 844 (genèse et mise en œuvre). - Fabre, RDT 2013. 184. - Favennec-Héry, JCP S 2013. 1258. - Lokiec, SSL 2013, n° 1492, p. 57. - Ray, Dr. soc. 2013. 664.

▶ **Ord. du 22 sept. 2017 :** Couturier, Dr. soc. 2018. 17. - Fabre, SSL 2017, n° 1784, p. 3 (Que reste-t-il du droit du licenciement pour motif économique ?). - Géa, RDT 2017. 636 (un nouveau droit du licenciement économique ?).

▶ **Numéro spécial,** RDT 2016. 742 s. ; Dossier, Dr. soc. 2016. 880 s. ; ibid. 2023. 844 s.

▶ **Licenciement pour motif économique dans les groupes de sociétés :** BOULMIER, Dr. soc. 1998. 44 (destruction des emplois et groupes de sociétés). – FAVENNEC-HÉRY, JCP S 2013. 1078 (motif économique, reclassement et groupe de sociétés). – GADRAT, Dr. soc. 2017. 221 (périmètres du groupe en droit du licenciement pour motif économique). – LACABARATS, JCP S 2014-1436. – LEGRAND, Dr. ouvrier 2012. 433 (licenciement économique et responsabilité des groupes de sociétés). – LEVRATTO, RDT 2012. 536 (groupe d'entreprises). – PATAUT, RDT 2011. 14 (licenciement dans les groupes internationaux de sociétés). – REYNÈS, JCP S 2012. 1292 (groupes de sociétés : la théorie du coemploi). – SAINTOURENS, JCP S 2013. 1437. – TARASEWICZ, SSL 2013, n° 1492, p. 61. – URBAN, ibid. 1993. 272 (licenciement économique et groupe de sociétés).

▶ **Droit comparé :** JSL 2016, n° 410.

COMMENTAIRE
V. sur le Code en ligne.

SECTION 1 Champ d'application

Art. L. 1233-1 Les dispositions du présent chapitre sont applicables dans les entreprises et établissements privés de toute nature ainsi que, sauf dispositions particulières, dans les entreprises publiques et les établissements publics industriels et commerciaux. – *[Anc. art. L. 321-2, al. 1er.]*

COMMENTAIRE
V. sur le Code en ligne.

1. Particulier employeur. La procédure prévue dans l'art. L. 321-2 [L. 1233-1 nouv.] ne concerne pas les particuliers employant des salariés pour des travaux domestiques. • Soc. 25 juin 1987 : Bull. civ. V, n° 427 • 10 oct. 1989 : ibid., n° 573 • 18 févr. 1998, n° 95-44.721 P : RJS 1998. 338, n° 539 • 13 avr. 2005, n° 03-42.004 P.

2. Parlementaire employeur. La procédure prévue dans l'art. L. 321-2 [L. 1233-1 nouv.] ne concerne pas la rupture du contrat d'un assistant parlementaire. • Soc. 20 oct. 1988 : Bull. civ. V, n° 535 ; D. 1988. IR 251.

3. Syndicat de copropriétaires. Un syndicat de copropriétaires n'étant pas une entreprise, au sens de l'art. L. 1233-1 C. trav., le licenciement d'un salarié, même s'il repose sur un motif non inhérent à sa personne, n'est pas soumis aux dispositions relatives aux licenciements pour motif économique. • Soc. 1er févr. 2017, n° 15-26.853 P : D. 2017. Actu. 356 ; RJS 4/2017, n° 298 ; JCP S 2017. 1100, obs. Lahalle • 10 oct. 1990, n° 87-45.366 P : GADT, 4e éd., n° 106 ; CSB 1991. 13, A. 6.
♦ Comp. lorsqu'un syndicat de copropriétaires est également chargé d'administrer une résidence de personnes âgées disposant d'un service médical et n'assurant pas seulement l'administration et la conservation de l'immeuble commun : • Soc. 21 nov. 2018, n° 17-12.599 P : D. actu. 11 déc. 2018, obs. Favrel ; D. 2018. Actu. 2311 ; RJS 2/2019, n° 96 ; JCP S 2019. 1003, obs. Dumont.

4. Chambre de commerce et d'industrie. Une chambre de commerce et d'industrie, dans son activité de gestion d'un établissement industriel et commercial, est dans la situation d'un employeur soumis au C. trav., et les art. L. 321-1 s. [L. 1233-1 s. nouv.] lui sont applicables. • Douai, 23 juill. 1993 : JCP E 1993. II. 510 ; RJS 1994. 32, n° 15.

5. Employé de maison employé par une personne morale. Le licenciement d'un employé de maison même s'il repose sur un motif étranger à sa personne n'est pas soumis aux dispositions sur le licenciement économique sauf si l'employeur n'est pas un particulier. • Soc. 21 janv. 2015, n° 13-17.850 : D. 2015. Actu. 272 ; RJS 4/2015, n° 295 ; JCP S 2015. 1087, note Duchange.

SECTION 2 Dispositions communes

SOUS-SECTION 1 Cause réelle et sérieuse

Art. L. 1233-2 *(L. n° 2008-596 du 25 juin 2008)* Tout licenciement pour motif économique est motivé dans les conditions définies par le présent chapitre.
Il est justifié par une cause réelle et sérieuse. – *[Anc. art. L. 122-14-3, al. 1er, phrase 1 milieu.]*

COMMENTAIRE
V. sur le Code en ligne.

SOUS-SECTION 2 Définition du motif économique

Art. L. 1233-3 Constitue un licenciement pour motif économique le licenciement effectué par un employeur pour un ou plusieurs motifs non inhérents à la personne du salarié résultant d'une suppression ou transformation d'emploi ou d'une modification, refusée par le salarié, d'un élément essentiel du contrat de travail, consécutives (*L. n° 2016-1088 du 8 août 2016, art. 67, en vigueur le 1er déc. 2016*) « notamment :

« 1° A des difficultés économiques caractérisées soit par l'évolution significative d'au moins un indicateur économique tel qu'une baisse des commandes ou du chiffre d'affaires, des pertes d'exploitation ou une dégradation de la trésorerie ou de l'excédent brut d'exploitation, soit par tout autre élément de nature à justifier de ces difficultés.

« Une baisse significative des commandes ou du chiffre d'affaires est constituée dès lors que la durée de cette baisse est, en comparaison avec la même période de l'année précédente, au moins égale à :

« *a)* Un trimestre pour une entreprise de moins de onze salariés ;

« *b)* Deux trimestres consécutifs pour une entreprise d'au moins onze salariés et de moins de cinquante salariés ;

« *c)* Trois trimestres consécutifs pour une entreprise d'au moins cinquante salariés et de moins de trois cents salariés ;

« *d)* Quatre trimestres consécutifs pour une entreprise de trois cents salariés et plus ;

« 2° A des mutations technologiques ;

« 3° A une réorganisation de l'entreprise nécessaire à la sauvegarde de sa compétitivité ;

« 4° A la cessation d'activité de l'entreprise.

« La matérialité de la suppression, de la transformation d'emploi ou de la modification d'un élément essentiel du contrat de travail s'apprécie au niveau de l'entreprise. »

(*Ord. n° 2017-1387 du 22 sept. 2017, art. 15*) « Les difficultés économiques, les mutations technologiques ou la nécessité de sauvegarder la compétitivité de l'entreprise s'apprécient au niveau de cette entreprise si elle n'appartient pas à un groupe et, dans le cas contraire, au niveau du secteur d'activité (*Ord. n° 2017-1718 du 20 déc. 2017, art. 1er-I*) « commun à cette entreprise et aux » entreprises du groupe auquel elle appartient, établies sur le territoire national (*L. n° 2018-217 du 29 mars 2018, art. 11*) « , sauf fraude ».

« Pour l'application du présent article, la notion de groupe désigne le groupe formé par une entreprise appelée entreprise dominante et les entreprises qu'elle contrôle dans les conditions définies à l'article L. 233-1, aux I et II de l'article L. 233-3 et à l'article L. 233-16 du code de commerce. »

(*Ord. n° 2017-1387 du 22 sept. 2017, art. 15*) « Le secteur d'activité permettant d'apprécier la cause économique du licenciement est caractérisé, notamment, par la nature des produits biens ou services délivrés, la clientèle ciblée, (*Ord. n° 2017-1718 du 20 déc. 2017, art. 1er-I*) « ainsi que » les réseaux et modes de distribution, se rapportant à un même marché. »

(*Ord. n° 2017-1387 du 22 sept. 2017, art. 11*) « Les dispositions du présent chapitre sont applicables à toute rupture du contrat de travail résultant de l'une des causes énoncées au présent article, à l'exclusion de la rupture conventionnelle visée aux articles L. 1237-11 et suivants et de la rupture d'un commun accord dans le cadre d'un accord collectif visée aux articles L. 1237-17 et suivants. »

Les dispositions issues de l'art. 15 de l'Ord. n° 2017-1387 du 22 sept. 2017 sont applicables aux procédures de licenciements économiques engagées après le 23 sept. 2017, date de publication de l'Ord. (Ord. préc., art. 40-V).

BIBL. ▶ **Notion de motif économique :** BAUGARD, *RDT* 2009. 510 (la qualification du motif économique). – BOUBLI, *JSL* 2006, n° 195-1 (réorganisation et restructuration dans le licenciement de compétitivité) ; *RDT* 2008. 218 (contrôle de la compétitivité de l'entreprise). – BOUDIAS, *D.* 2005. 1244 (modifications des contrats de travail et PSE). – BOULMIER, *Dr. ouvrier* 1997. 406. – CALICE et DIRIART, *JCP S* 2012. 1472. – CHANAL, *SSL* 2016, n° 1707, p. 8 (émancipation des plans de départs volontaires). – DAGAN, *D.* 2002. 2552 (loi de modernisation sociale et licenciement économique). – DERUE, GATUMEL et SOULIER, *JCP E* 1993. I. 235. – DRAI et PARES, *RDT* 2011. *Controverse* 285 (cessation d'activité : l'immixtion du juge est-elle excessive ?). - Dupiré, *JCP S 2012. 1470* (évolution de la jurisprudence sur le motif économique). - Escande-Varniol, *RJS 2000. 260* (intérêt de l'entreprise). - Géa, *RDT 2010. 297* (causes économiques enchevêtrées). - Grangier et Sachs-Durand, *Dr. ouvrier 1990. 165*. - Grumbach, *Dr. ouvrier 1996. 71*. - Henry, *Dr. soc. 1995. 551*. - Jeammaud, *Dr. soc. 1981. 267*. - Jeantin, *Dr. ouvrier 1994. 14* (intérêt du groupe). - Kessous, *Dr. ouvrier 1994. 15* (cadre d'appréciation). - Laborde, *Dr. soc. 1992. 774*. - Langlois, *Gaz. Pal. 5-6 févr. 1997*. - Leclerc, *JSL 2006, n° 195-2* (réorganisation pour motifs économiques : une ...). - Leclerc et Ernandez, *RDT 2016. 398* (les mutations du motif économique de licenciement : éclairages sur la réforme du droit français à partir du droit espagnol). - Loiseau, *JCP S 2011. 1528* (coemploi et groupes de sociétés). - Lokiec, *RDT 2008. 221* (contrôle judiciaire de la compétitivité de l'entreprise) ; *Dr. soc. 2011. 1229* (licenciements boursiers). - G. Lyon-Caen, *Dr. soc. 1995. 483* (délocalisation). - Meftah, *RJS 7/2022, chron.* (détermination du secteur d'activité du groupe auquel appartient l'entreprise). - Moderne, *Dr. soc. 1985. 822* (ambiguïté de la notion dans la jurisprudence administrative). - Monkam, *JSL 2014, n° 365-1* (licenciement économique individuel). - Morvan et Grange, *JCP S 2023. 1118* (pour un renouveau du motif économique de licenciement). - Pélissier, *RJS 1992. 527*. - Péru-Girotte, *Dr. ouvrier 1996. 1* (mutations technologiques). - Philbert, *CSB 1990, suppl. n°s 22 et 28* ; *ibid. 1992. 243* ; *ibid. 1993. 277*. - Picca, *Dr. soc. 1994. 26* (licenciement économique dans les groupes de sociétés). - Radé, *Dr. soc. 2006. 289* (restructurations et délocalisations). - Sachs, *RDT 2011. 550* et *618* (la raison économique en droit du travail). - Savatier, *Dr. soc. 1984. 541* (modification substantielle) ; *ibid. 1993. 647* (délocalisation). - Scheidt, *RPDS 1995. 187*. - Teissier et Cesaro, *JCP S 2023. 119* (périmètres du droit des licenciements pour motif économique). - Urban, *Dr. soc. 1993. 273* (licenciement dans un groupe). - Waquet, *Dr. soc. 2000. 168* (cause économique de licenciement) ; *ibid. 2006. 27*.

▶ **Contrôle judiciaire du motif économique :** Carré, *Dr. ouvrier 1995. 121*. - A. Lyon-Caen, *Dr. ouvrier 1995. 281*. - P. Lyon-Caen, *Dr. soc. 1995. 570*. - Marquet de Vasselot et Martinon, *JCP S 2023. 1120* (contrôles administratifs et judiciaires).

▶ **Indicateurs comptables :** Hollande et Richard, *RDT. Controverse. 304* (les indicateurs comptables ont-ils effacé le pouvoir d'appréciation du juge des difficultés économiques ?). - Tarasewicz, Coulombel et Sachs, *RDT 2016. 662* (les juges doivent-ils plier devant la définition comptable du motif économique de licenciement ?).

▶ **Responsabilité de la société-mère :** Fabre, *RDT 2018. 570* (faute et contestation des suppressions d'emploi).

▶ **GPEC :** Antonmattéi, *Dr. soc. 2007. 1067* (un défi social, économique et juridique). - Bélier et Masanovic, *RDT 2007. 284* (liens entre GPEC et licenciement pour motif économique). - Favennec-Héry, *Dr. soc. 2007. 1068* (environnement juridique). - Igalens, *Dr. soc. 2007. 1074* (intérêts et limites pour la gestion du personnel). - Lokiec, *Dr. soc. 2008. 1238*. - Millet, *JCP S 2007. 1598* (les transformations d'emplois, du licenciement à la gestion prévisionnelle). - Néau-Leduc, *Dr. soc. 2007. 1081* (sanctions). - Vivien, *Dr. soc. 2007. 1093* (réflexions sur la mise en œuvre).

▶ **Rupture conventionnelle :** Fabre, *RDT 2008. 653* (rupture conventionnelle et champ du licenciement pour motif économique : une exclusion troublante).

▶ **Plan de départs volontaires :** Aknin, *JSL 2010, n° 280-1*. - Bonnechère, *Dr. ouvrier 2010. 229*. - Boubli, *JCP S 2010. 1383* (plan de départs volontaires dans un PSE multifonctions). - Favennec-Héry, *JCP S 2010. 1384* (plans de départs volontaires autonomes) ; *Dr. soc. 2011. 622* ; *RJS 2014. 147* (plan de départ volontaire et loi de sécurisation de l'emploi). - Mir, *JCP S 2010. 1382* (départs volontaires dans le cadre d'un accord de GPEC).

▶ **Loi du 8 août 2016 :** Géa, *RDT 2016. 17* (comprendre... ou pas). - Jeansen, *JCP S 2017. 1055*. - Stocki, *SSL 2016, n° 1743, p. 8* (les modifications apportées en matière de licenciement pour motif économique). - Tarasewicz, Coulombel et Sachs, *RDT 2016. 662* (les juges doivent-ils plier devant la définition comptable du motif économique de licenciement ?). - Wolmark, *RDT 2016. 764* (les difficultés économiques à l'épreuve du droit à l'emploi).

▶ **Ordonnance du 22 sept. 2017 :** Couturier, *Dr. soc. 2018. 17* (le droit du licenciement économique). - Géa, *RDT 2017. 793* (l'hypothèse de la création artificielle de difficultés économiques).

▶ **Crise sanitaire :** Ilieva, *Dr. soc. 2021. 162* (suppressions d'emplois induites par la crise sanitaire).

COMMENTAIRE
V. sur le Code en ligne. 🔒

Jurisprudence rendue sous l'empire des dispositions antérieures à la L. du 8 août 2016 et à l'Ord. n° 2017-1387 du 22 sept. 2017.

I. CHAMP D'APPLICATION

1. Sort des ruptures conventionnelles. Lorsqu'elles ont une cause économique et s'inscrivent dans un processus de réduction des effectifs dont elles constituent la ou l'une des modalités, les ruptures conventionnelles doivent être prises en compte pour déterminer la procédure d'information et de consultation des représentants du personnel applicable ainsi que les obligations de l'employeur en matière de plan de sauvegarde de l'emploi. • Soc. 9 mars 2011 : ⚓ *D. actu. 15 mars 2011*, obs. Perrin ; RDT 2011. 226, Rapp. Béraud ⟂ ; ibid. 244, obs. Géa ⟂ ; Dr. soc. 2011. 681, note Loiseau ⟂ ; JSL 2011, n° 298-2, obs. Hautefort ; JCP S 2011. 1200, obs. Favennec-Héry ; Dr. ouvrier 2011. 473, note Chirez ; SSL 2011, n° 1484, p. 7, obs. Pélissier. ♦ Les ruptures conventionnelles du contrat de travail peuvent être prises en compte pour déterminer les obligations de l'employeur en matière de plan de sauvegarde de l'emploi à condition qu'elles aient une cause économique, qu'elles s'inscrivent dans un processus de réduction des effectifs et qu'elles aient été homologuées par l'administration du travail. • Soc. 29 oct. 2013 : ⚓ *D. actu. 28 nov. 2013*, obs. Fraisse ; D. 2013. Actu. 2584 ⟂ ; RJS 1/2014, n° 25 ; JSL 2014, n° 357-4.

2. Le licenciement pour motif économique des salariés qui ont exprimé l'intention de quitter l'entreprise ne constitue pas une rupture amiable du contrat de travail. • Soc. 14 sept. 2017, ⚓ n° 16-20.552 P : D. actu. 16 oct. 2017, obs. Cortot ; D. 2017. Actu. 1840 ⟂ ; RJS 11/2017, n° 736 ; JCP S 2017. 1329, obs. Aknin.

II. MOTIF ÉCONOMIQUE

A. GÉNÉRALITÉS

3. Qualification et justification du licenciement. Le défaut de cause réelle et sérieuse du licenciement ne lui enlève pas sa nature juridique de licenciement économique. • Soc. 13 avr. 1999 : ⚓ GADT, 4ᵉ éd., n° 107 ; Dr. soc. 1999. 638, obs. Couturier ⟂ • 29 janv. 2003, ⚓ n° 00-44.933 P. • 14 févr. 2007 : ⚓ D. 2007. AJ 802 ⟂ ; D. 2007. Pan. 2268, obs. Reynès ⟂ ; RDT 2007. 242, obs. Waquet ⟂ ; RJS 2007. 429, n° 580 ; JCP S 2007. 1297, note Fardoux ; D. 2007. AJ 660, obs. Fabre ⟂ ; RDT 2007. 242, obs. Waquet ⟂ ; Dr. soc. 2007. 659, obs. Couturier ⟂ ; JCP S 2007. 1539, obs. Morvan.

4. Motif inhérent à la personne. N'est pas un licenciement économique celui dont il est constaté que l'âge du salarié, élément inhérent à sa personne, a été le motif essentiel. • Soc. 24 avr. 1990, ⚓ n° 88-43.555 P : D. 1990. IR 126 ; RJS 1990. 340, n° 480. ♦ Même solution lorsque le licenciement s'explique par l'obligation pour l'employeur de régulariser la situation du salarié au regard de la législation du travail. • Soc. 1ᵉʳ avr. 1992, ⚓ n° 88-45.399 P : D. 1992. IR 139 ; Dr. soc. 1992. 479. ♦ ... Ou lorsque le salarié ne remplissait plus les conditions légales pour occuper ses fonctions. • Soc. 3 juin 1998, ⚓ n° 96-40.016 P : D. 1999. Somm. 36, obs. Paulin ⟂ ; RJS 1998. 723, n° 1186 (interne en médecine ne remplissant pas les nouvelles conditions réglementaires de recrutement). ♦ Le motif économique ne saurait être tiré de la seule circonstance que l'emploi initialement occupé par le salarié, représentant du personnel réintégré après annulation de l'autorisation administrative de licenciement, n'est plus disponible et qu'aucun emploi équivalent n'est vacant dans l'entreprise. • CE 3 oct. 1990 : ⚓ D. 1990. IR 270. ♦ Dans le même sens : • CE 18 déc. 1981 : D. 1982. IR 319, obs. Sportouch. ♦ Ne peut être licencié pour motif économique le salarié qui, du fait de plusieurs mandats de représentation du personnel, atteint un crédit d'heures de délégation tel qu'il est dispensé de toute activité professionnelle dans l'entreprise, dès lors que son licenciement ne procurerait à l'entreprise aucun allégement de ses charges. • CE 29 mai 1992 : ⚓ JCP E 1993. I. 262, n° 12, obs. Dugrip.

5. Pluralité de motifs invoqués. En cas de coexistence d'un motif personnel et d'un motif économique, il convient de s'attacher à celui qui a été la cause première du licenciement. • Soc. 10 oct. 1990 : ⚓ GADT, 4ᵉ éd., n° 106 ; CSB 1991. 13, A. 13. ♦ Doit être cassé l'arrêt d'une cour d'appel qui a admis le licenciement pour faute grave d'un salarié à qui l'employeur reprochait ses résultats commerciaux catastrophiques et une démarche commerciale inadaptée et insuffisante sans rechercher si le véritable motif du licenciement n'était pas la fermeture de l'agence dont l'intéressé était directeur. • Soc. 26 mai 1998, ⚓ n° 96-41.062 P : D. 1998. IR 194 ⟂ ; RJS 1998. 543, n° 840.

6. Salariés protégés. Le juge judiciaire ne peut, sans violer le principe de séparation des pouvoirs, en l'état d'une autorisation administrative de licenciement devenue définitive, apprécier le caractère réel et sérieux du motif de licenciement au regard de la cause économique ou du respect par l'employeur de son obligation de reclassement. • Soc. 7 juin 2005, ⚓ n° 02-47.374 P : JCP E 2006. 1130, obs. Morvan • 22 janv. 2014, ⚓ n° 12-22.546 P : D. 2014. 2374, obs. Lokiec et Porta ⟂ • 21 sept. 2022, ⚓ n° 19-12.568 P : AJDA 2023. 219 ⟂ ; RJS 12/2022, n° 622. ♦ Il peut seulement se prononcer, lorsqu'il en est saisi, sur la responsabilité de l'employeur et la demande du salarié protégé en réparation des préjudices que lui aurait causés une faute de l'employeur à l'origine de la cessation d'activité, y compris le préjudice résultant de la perte de son emploi. • Soc. 20 sept. 2023, ⚓ n° 22-13.494 B : D. actu. 5 oct. 2023, obs. Malfettes ; D. 2023. 1653 ⟂ ; JCP 2023. 1131, obs.

Dauxerre ; JCP S 2023. 1269, obs. Kerbouc'h • 25 nov. 2020, 🏛 n° 18-13.771 P : D. 2020. 2348 ⌀ ; ibid. 2021. 370, obs. Ala, Lanoue et Prache ⌀ ; Dr. soc. 2021. 182, obs. Mouly ⌀ ; RJS 2/2021, n° 102 ; JSL 2021, n° 512-4, obs. Lhernould ; JCP S 2021. 1013, obs. Kerbourc'h ; ibid. 1019, obs. Pagnerre.

B. MANIFESTATIONS

1° SUPPRESSION OU TRANSFORMATION D'EMPLOI

7. Principe. La suppression d'emploi doit être la conséquence directe d'un des motifs économiques énoncés par l'art. L. 321-1 [L. 1233-3 nouv.]. • Soc. 17 mars 1998, 🏛 n° 96-40.644 P : RJS 1998. 379, n° 579. ♦ Même en présence d'une restructuration dans le cadre de difficultés économiques, le juge est tenu de vérifier l'effectivité de la suppression d'emploi invoquée par l'employeur. • Soc. 10 janv. 1993, 🏛 n° 92-43.222 P : D. 1995. IR 52. ♦ Il y a suppression d'emploi dès lors qu'à la suite de la réorganisation de l'étude consécutive à la suppression des offices d'avoués, les tâches précédemment effectuées par le salarié avaient été reprises au titre du poste d'avocat collaborateur libéral nouvellement créé, ce dont il résultait que l'emploi salarié de clerc collaborateur d'avoué avait bien été supprimé. • Soc. 8 déc. 2016, 🏛 n° 14-29.492 P : D. 2016. Actu. 2575 ⌀ ; Dr. soc. 2017. 177, obs. Mouly ⌀ ; RJS 2/2017, n° 103.

8. Interdiction de remplacer le salarié. En omettant de rechercher si la restructuration avait entraîné la suppression de l'emploi occupé par le salarié licencié qui avait fait valoir qu'il avait été immédiatement remplacé, une cour d'appel n'a pas donné de base légale à sa décision admettant le caractère économique du licenciement. • Soc. 24 avr. 1990, 🏛 n° 88-43.374 P : RJS 1990. 338, n° 479, 1ʳᵉ esp. ♦ N'est pas justifié le licenciement alors que l'entreprise a embauché ultérieurement un salarié pour occuper un poste similaire. • Soc. 22 févr. 1995, 🏛 n° 93-44.074 P : RJS 1995. 250, n° 361. ♦ De même, le licenciement n'est pas justifié par une suppression d'emploi si un salarié de la société mère a été affecté aux fonctions exercées par le salarié licencié. • Soc. 16 janv. 2001, 🏛 n° 98-44.461 P : D. 2001. IR 594 ⌀ ; RJS 2001. 211, n° 292 ; Dr. soc. 2001. 561, obs. Mouly ⌀.

9. Regroupement d'emplois. Le regroupement de deux emplois caractérise la suppression d'un poste. • Soc. 22 mars 1995, 🏛 n° 93-41.918 P. ♦ N'est pas justifié le licenciement de deux salariés, dès lors qu'ils sont remplacés par une seule personne occupant un emploi de même nature. • Soc. 25 févr. 1992 🏛 n° 90-40.712 P : D. 1992. IR 107 ; Dr. soc. 1992. 380 ; RJS 1992. 164, n° 265.

10. Répartition des tâches. La répartition des tâches exécutées par le salarié licencié entre les salariés demeurés dans l'entreprise est une suppression d'emploi. • Soc. 2 juin 1993, 🏛 n° 90-44.956 P : CSB 1993. 282, obs. Philbert ; Dr. soc. 1993. 678.

11. Recours au travail précaire ou intérimaire. Un licenciement économique n'est pas incompatible avec le recours à des travailleurs temporaires dès lors qu'ils ne sont pas occupés dans les fonctions affectées par les suppressions d'emploi. • Soc. 18 déc. 1991, 🏛 n° 90-42.329 P : D. 1991. IR 45. ♦ Constitue une suppression d'emploi le remplacement d'un salarié par des collaborateurs bénévoles. • Soc. 7 oct. 1992, 🏛 n° 88-45.522 P : D. 1992. IR 252 ⌀ ; Dr. soc. 1992. 923 ⌀ ; RJS 1992. 684, n° 1248 • 20 janv. 1998, 🏛 n° 94-45.094 P : D. 1998. IR 49 ⌀ (époux de l'employeur travaillant bénévolement). ♦ ... Par un avocat collaborateur reprenant les tâches d'un salarié clerc collaborateur d'avoués après la suppression par la loi du 25 janv. 2011 des offices d'avoués. • Soc. 8 déc. 2016, 🏛 n° 14-29.492 P : D. 2016. Actu. 2575 ⌀ ; Dr. soc. 2017. 177, obs. Mouly ⌀ ; RJS 2/2017, n° 103. ♦ ... Ou par un associé. • Soc. 10 mars 1993 : 🏛 RJS 1993. 296, n° 495. ♦ ... Ou par des embauches effectuées pour une courte durée pendant la période estivale. • Soc. 19 mars 1998, 🏛 n° 95-45.364 P. ♦ En revanche, il n'y a pas cause économique réelle et sérieuse lorsque l'employeur recourt à des intérimaires pour occuper les postes des salariés qu'il avait précédemment licenciés sous prétexte d'un retard pris dans les livraisons. • Soc. 1ᵉʳ déc. 1993 : 🏛 RJS 1994. 31, n° 13. ♦ ... Ou a recouru systématiquement à des contrats à durée déterminée pour occuper les mêmes fonctions que celles de deux salariés licenciés pour motif économique. • Soc. 12 févr. 1997, 🏛 n° 95-41.694 P : D. 1998. Somm. 259, obs. Lanquetin ⌀ ; RJS 1997. 175, n° 265. ♦ Solution contraire lorsque l'entreprise a recours à des extras. • Soc. 17 mai 1994 : 🏛 RJS 1994. 509, n° 848.

12. Recours à un prestataire de services. A un caractère économique le licenciement du salarié affecté au nettoyage des locaux de l'entreprise à la suite du transfert de cette activité à une société prestataire de services. • Soc. 26 sept. 1990 : 🏛 RJS 1990. 567, n° 841. ♦ Mais ne peut justifier un licenciement économique la suppression de l'emploi dans lequel le salarié était détaché. • Soc. 3 mars 1993 : 🏛 Dr. soc. 1993. 386.

13. Délocalisation. Doit être cassé l'arrêt qui, après avoir relevé que l'établissement avait été fermé et que la réorganisation de l'entreprise avait été décidée dans l'intérêt du groupe, énonce que les licenciements ne peuvent pas pour autant être considérés comme reposant sur une cause économique réelle et sérieuse, dans la mesure où les emplois des salariés n'ont pas été supprimés mais transférés vers d'autres sites, alors que l'établissement avait été fermé et que l'activité s'exerçait sur d'autres sites, notamment à l'étranger, dans un milieu différent, ce dont il résultait que les emplois y avaient été supprimés. • Soc. 5 avr. 1995, 🏛 Vidéocolor, n° 93-42.690 P : GADT, 4ᵉ éd., n° 114 ; D. 1995. 503, note Keller ; ibid. Somm. 367, obs. de Launay-Gallot ; Dr. soc. 1995. 482, note Waquet ; RJS 1995. 334, n° 497 ; ibid. 321, concl. Chauvy ; JCP 1995. II. 22443, note Picca ; JCP E 1995. I. 499, n° 3, obs. Coursier. ♦ *Contra*, dans la même affaire : • Lyon, 11 mai 1993 : D. 1993. 550, note Keller ; Dr. soc. 1993. 646, note J. Savatier ; Dr. ouvrier 1993. 221, note Henry ; JCP E 1994. II. 547, note Couturier ; RJS 1993. 507, n° 855.

14. Respect de l'ordre des licenciements. Est régulier le licenciement pour cause de sureffectif d'un salarié en raison de l'obligation de l'employeur de respecter un ordre des licenciements, peu important qu'un autre salarié ait été affecté au poste devenu vacant. • Soc. 29 juin 1994, n° 92-44.466 P : D. 1994. IR 214 ; RJS 1994. 576, n° 970 • 13 juin 1996, n° 93-43.298 P : RJS 1996. 502, n° 776 ; Gaz. Pal. 1997. 1. 70, note Philbert.

2° MODIFICATION DU CONTRAT DE TRAVAIL

15. Principes. La modification du contrat doit reposer sur un motif économique. • Soc. 19 févr. 1997 : D. 1997. IR 70 (l'employeur, voulant imposer le travail de nuit que le salarié a refusé, a modifié le contrat sans que cette modification ne soit justifiée par un motif économique) • Soc. 26 janv. 1994, n° 92-41.507 P : D. 1994. IR 59 (diminution des rémunérations justifiée par la nécessité de supprimer les différences entre deux établissements industriels identiques et rendre les coûts de fabrication comparables à ceux des entreprises concurrentes) • 21 oct. 1992, n° 89-44.667 P : RJS 1992. 745, n° 1371 ; CSB 1992. 295, A. 55 (modification du mode de calcul des commissions de démonstratrices dans le souci de maintenir une égalité de rémunération entre plusieurs salariés appartenant à une même catégorie professionnelle). ♦ En revanche, si la réorganisation du système de rémunérations ne se justifie que par la volonté de réaliser des bénéfices plus importants et non par la nécessité de sauvegarder la compétitivité de l'entreprise ou du groupe, ceux-ci n'éprouvant pas de difficultés économiques, le licenciement des salariés qui refusent n'a pas de cause économique. • Soc. 26 nov. 1996 : D. 1997. IR 5 ; Dr. soc. 1997. 103, obs. Couturier. ♦ La proposition de l'employeur de rémunérer les salariés au temps effectif de travail, alors qu'ils bénéficiaient d'un forfait horaire supérieur, étant justifiée par les difficultés économiques de l'entreprise, les licenciements prononcés en raison du refus des intéressés de cette modification substantielle ont un motif économique. • Soc. 20 nov. 1991, n° 89-45.576 P : RJS 1992. 33, n° 25. ♦ Le seul refus par un salarié d'une modification de son contrat de travail ne constitue pas une cause réelle et sérieuse de licenciement, et la rupture résultant du refus d'une telle modification, proposée par l'employeur pour un motif non inhérent à la personne du salarié, constitue un licenciement pour motif économique. Est dépourvu de cause réelle et sérieuse le licenciement fondé sur un motif inhérent à la personne du salarié dès lors que le motif de la modification du contrat de travail refusée par le salarié résidait dans la volonté de l'employeur de réorganiser le service financier de l'entreprise et qu'il n'était pas allégué que cette réorganisation résultait de difficultés économiques ou de mutations technologiques ou qu'elle fût indispensable à la sauvegarde de la compétitivité de l'entreprise. • Soc. 11 juill. 2018, n° 17-12.747 P : D. 2018. Actu. 1556 ; RJS 10/2018, n° 601 ; JSL 2018, n° 461-2, obs. Tissandier ; JCP S 2018. 1294, de Raincourt et Rioche. ♦ Est sans cause réelle et sérieuse le licenciement d'un salarié consécutif à son refus d'une modification de son contrat de travail, dès lors que celle-ci est motivée par la volonté de l'employeur de modifier le taux de rémunération variable applicable au sein du magasin compte tenu de l'augmentation sensible de la surface de vente, et qu'il n'est pas allégué que cette réorganisation résultant de difficultés économiques ou de mutations technologiques ou qu'elle était indispensable à la sauvegarde de la compétitivité de l'entreprise. • Soc. 28 mai 2019, n° 17-17.929 P : D. 2019. 1565, obs. Prache ; RDT 2019. 576, note Loquet ; RJS 8-9/2019, n° 491 ; JCP S 2019. 1221, obs. de Raincourt et S. Rioche.

16. Qualification du licenciement consécutif au refus du salarié. La rupture résultant du refus par le salarié d'une modification de son contrat de travail, imposée par l'employeur pour un motif non inhérent à sa personne, constitue un licenciement économique. • Soc. 28 mai 2019, n° 17-17.929 P : préc. note 15 • Soc. 14 mai 1997, n° 94-43.712 P : RJS 1997. 434, n° 657 • 9 mai 2006 : RDT 2006. 97, obs. Waquet ; ibid. 171, obs. Auzero. ♦ La qualification de licenciement économique ne saurait être refusée du seul fait que la modification du poste de travail ne s'est pas accompagnée d'une suppression d'emploi. • Soc. 9 oct. 1991, n° 89-45.295 P : D. 1992. 127, note Decoopman ; ibid. Somm. 291, obs. A. Lyon-Caen ; JCP 1991. 636, n° 1195. ♦ Le licenciement d'un salarié dont le poste a été transformé par suite de difficultés économiques et qui a refusé le reclassement proposé par l'employeur a un motif économique. • Soc. 25 oct. 1995 : Dr. soc. 1996. 102 (emploi de retoucheuse transformé en emploi de retoucheuse à domicile). ♦ Mais l'apparition de nouvelles difficultés économiques ne peut justifier le licenciement économique d'un salarié à raison de son refus d'une proposition de modification de contrat de travail faite 14 mois plus tôt. • Soc. 2 oct. 2001 : Dr. soc. 2001. 1123, obs. Couturier ; RJS 2001. 865, n° 1261. ♦ Le refus par le salarié de la modification de son taux de rémunération variable proposée par l'employeur pour garantir une égalité de rémunération avec d'autres salariés effectuant un travail de valeur égale n'est pas une cause réelle et sérieuse de licenciement. • Soc. 29 mai 2019, 🔒 n° 17-17.929 P : *D. 2019. 1565*, obs. Prache ⌀ ; *RJS 8-9/2019, n° 491* ; *JCP S 2019. 1221*, obs. de Raincourt et Rioche. ♦ La proposition faite par l'employeur à un salarié d'une modification de son contrat que ce dernier pouvait refuser ne dispense pas l'employeur de son obligation de reclassement. • Soc. 30 sept. 1997, 🔒 n° 94-43.898 P : *RJS 1997. 756, n° 1222*.

17. Gestion prévisionnelle de l'emploi. Lorsqu'un projet de réduction d'effectif consiste à rechercher parmi les salariés ceux qui seraient candidats à des mesures n'entraînant pas la rupture du contrat de travail, il ne s'agit pas d'une proposition de modification du contrat de travail pour motif économique mais d'une mesure de gestion prévisionnelle de l'emploi qui n'est pas soumise à la procédure de licenciement prévue par les art. L. 321-2 s. [L. 1233-1 s. nouv.]. • Soc. 12 janv. 1999, 🔒 n° 97-12.962 P : *D. 1999. IR 46* ⌀ ; *D. Affaires 1999. 190*, obs. Gendraud ; *Dr. soc. 1999. 297*, obs. Favennec-Héry ⌀ ; *JCP 1999. II. 10071*, note Picca ; *RJS 1999. 106, n° 158* ; *JS Lamy 1999, n° 29-1*, obs. Boubli (mesures telles que temps partiel indemnisé, congés sans solde indemnisés, préretraite progressive, mise en disponibilité).

C. CAUSES

1° DIFFICULTÉS ÉCONOMIQUES

18. Notion. Les difficultés économiques doivent être distinguées des fluctuations normales de marché ; ni la réalisation d'un chiffre d'affaires moindre, ni la baisse des bénéfices ne suffit à établir la réalité de difficultés économiques. • Soc. 6 juill. 1999, 🔒 n° 97-41.036c P : *RJS 1999. 767, n° 1236* ; *JS Lamy 1999, n° 42-5*. ♦ Ne repose pas sur un motif économique le licenciement justifié par la seule baisse d'activité et le résultat déficitaire de l'atelier où est affecté le salarié alors qu'aucune difficulté économique au niveau du secteur d'activité du groupe auquel appartient l'entreprise n'a été relevée. • Soc. 26 oct. 1999, 🔒 n° 98-41.521 P : *Dr. soc. 2000. 214*, obs. Radé ⌀. ♦ ... Le licenciement d'un technicien agricole affecté à la surveillance et l'entretien du parc d'un château alors que la situation financière de l'employeur était déficitaire depuis des années et qu'aucune aggravation n'était démontrée. • Soc. 23 mai 2000, 🔒 n° 97-42.221 P : *JCP 2000. IV. 2235*. ♦ En revanche, la suppression du poste du salarié due à la perte de son unique client par l'employeur repose sur un motif économique. • Soc. 19 juill. 2000 : 🔒 *RJS 2000. 727, n° 1064*. ♦ Lorsqu'une cour d'appel relève que la société avait un surendettement bancaire constant de quatre millions de francs et avait subi une baisse de son chiffre d'affaires, elle caractérise l'existence des difficultés économiques invoquées dans la lettre de licenciement pour justifier la suppression des emplois et peut dès lors décider que les licenciements ont une cause économique. • Soc. 30 sept. 1997, 🔒 n° 95-43.199 P : *D. 1997. IR 216* ⌀ ; *Dr. soc. 1997. 1103*, obs. Bélier ⌀ ; *RJS 1997. 759, n° 1227*. ♦ Les difficultés financières ne peuvent justifier le manquement à l'obligation de payer les salaires et il appartient à l'employeur qui ne peut assurer la pérennité du travail et le règlement des salaires, soit de licencier le salarié pour ce motif économique, soit de se déclarer en état de cessation des paiements. • Soc. 20 juin 2006 : 🔒 *RDT 2006. 252*, obs. Pignarre ⌀ ; *D. 2006. IR 1845* ⌀ ; *Dr. soc. 2006. 1051*, obs. Radé ⌀.

19. Indicateurs économiques. La durée d'une baisse significative des commandes ou du chiffre d'affaires de nature à caractériser des difficultés économiques invoquées à l'appui de la rupture du contrat de travail s'apprécie en comparant le niveau des commandes ou du chiffre d'affaires au cours de la période contemporaine de la notification de la rupture par rapport à celui de l'année précédente à la même période. • Soc. 1er juin 2022, 🔒 n° 20-19.957 B : *D. actu. 13 juin 2022*, obs. Malfettes ; *D. 2022. 1044* ⌀ ; *RDT 2022. 384*, obs. Géa ⌀ ; *RJS 8-9/2022, n° 439* ; *JSL 2022, n° 545*, obs. Hautefort ; *JCP S 2022. 1184*, note Morvan. ♦ Si la réalité de l'indicateur économique relatif à la baisse du chiffre d'affaires ou des commandes au cours de la période de référence précédant le licenciement n'est pas établie, il appartient au juge, au vu de l'ensemble des éléments versés au dossier, de rechercher si les difficultés économiques sont caractérisées par l'évolution significative d'au moins un des autres indicateurs économiques énumérés par l'art. L. 1233-3, tels que des pertes d'exploitation ou une dégradation de la trésorerie ou de l'excédent brut d'exploitation (EBE), ou tout autre élément de nature à justifier de ces difficultés. • Soc. 21 sept. 2022, 🔒 n° 20-18.511 B : *D. actu. 12 oct. 2022*, obs. Couëdel ; *D. 2022. 1706* ⌀ ; *RDT 2022. 711*, obs. Géa ⌀ ; *RJS 12/2022, n° 608* ; *JSL 2022, n° 551-2*, obs. Lhernould ; *JCP S 2022. 1278*, obs. Morvan. ♦ L'évolution significative pouvant résulter du caractère sérieux et durable de la dégradation de l'un de ces indicateurs (EBE, en l'espèce). • Soc. 1er févr. 2023, 🔒 n° 20-19.661 B : *D. actu. 14 févr. 2023*, obs. Maurel ; *RJS 4/2023, n° 203* ; *JSL 2023, n° 560-5*, obs. Hautefort ; *JCP S 2023. 1067*, obs. Morvan • Soc. 18 oct. 2023, 🔒 n° 22-18.852 B (sur l'indicateur résultant des pertes d'exploitation).

20. Fraude de l'employeur. Revêt un caractère abusif le licenciement économique en raison de l'organisation par l'employeur de sa propre insolvabilité. • Soc. 9 oct. 1991, 🔒 n° 89-41.705 P : *Dr. soc. 1991. 791* ; *RJS 1991. 636, n° 1194*. ♦ Dans le même sens : • Soc. 12 janv. 1994 : 🔒 *RJS 1994. 110, n° 134* (fraude de l'employeur organisant artificiellement ses difficultés financières) • 5 oct. 1999, 🔒 n° 97-42.057 P (prélèvements personnels de l'employeur supérieurs au chiffre d'affaires). ♦ Un licenciement entaché d'un détournement de pouvoir ne peut avoir une cause économique. • Soc. 13 janv. 1993, 🔒 n° 91-45.894 P.

21. Légèreté blâmable de l'employeur. Fait preuve d'une légèreté blâmable justifiant sa condamnation à verser des dommages-intérêts l'employeur qui connaissait la situation obérée de l'entreprise au moment de l'engagement du salarié. • Soc. 26 févr. 1992 : 🛡 *RJS 1992. 248, n° 422* (embauche en contrat d'adaptation assurant au salarié une formation d'une durée de douze mois). ◆ ... L'employeur qui licencie un salarié quelques jours après sa demande de bénéfice d'une préretraite progressive prévue par le plan social en le privant ainsi d'une mesure à laquelle il pouvait prétendre. • Soc. 10 juill. 2001, 🛡 n° 99-43.024 P : *Dr. soc. 2001. 1125,* obs. Couturier ⁄ ; *RJS 2001. 771, n° 1127* • 30 juin 1993 : 🛡 *Dr. soc. 1993. 774* (dommages-intérêts accordés en raison de circonstances de la rupture traduisant une légèreté blâmable, alors que la cause économique était établie). ◆ Dès lors que les difficultés économiques invoquées à l'appui du licenciement résultent d'agissements fautifs de l'employeur, allant au-delà des seules erreurs de gestion, le licenciement économique est sans cause réelle et sérieuse. • Soc. 24 mai 2018, 🛡 n° 17-12.560 P : *D. 2018. Actu. 1158* ⁄ ; *RDT 2018. 523,* note Vernac ⁄ ; *RJS 8-9/2018, n° 534* ; *Rev. sociétés 2018. 604,* note Couret ⁄. ◆ Pour des illustrations où la légèreté blâmable de l'employeur n'a pas été reconnue, V. • Soc. 22 sept. 2011 🛡 et • Soc. 23 nov. 2011 : 🛡 *RDT 2012. 37,* obs. Fabre ⁄ • Soc. 14 déc. 2005, 🛡 n° 03-66.380 : *D. 2006. IR 98* ⁄ ; *RJS 2006. 115, n° 185* ; *JCP S 2006, n° 181-2* • Soc. 6 avr. 2016, 🛡 n° 14-26.019 P : *D. 2016. Actu. 842* ⁄ ; *RJS 6/2016, n° 444* ; *JCP S 2016. 1203,* obs. Brissy. ◆ Le fait que la cessation d'activité de l'entreprise résulte de sa liquidation judiciaire ne prive pas le salarié de la possibilité d'invoquer l'existence d'une faute de l'employeur à l'origine de la cessation d'activité, de nature à priver le licenciement de cause réelle et sérieuse, mais s'il ressort des constatations que le défaut de déclaration de l'état de cessation des paiements de la société et le détournement d'actif commis par le dirigeant postérieurement à l'ouverture de la procédure collective n'étaient pas à l'origine de la liquidation judiciaire, l'action en contestation de la légitimité du licenciement économique est rejetée. • Soc. 8 juill. 2020, 🛡 n° 18-26.140 P : *D. 2020. Actu. 1469* ⁄ ; *RDT 2020. 676,* obs. Ilieva ⁄ ; *RJS 10/2020, n° 465* ; *JSL 2020, n° 506-4,* obs. Hautefort ; *JCP S 2020. 3010,* obs. Fin-Langer ; *Gaz. Pal. 13 oct. 2020, p. 78* note Gailhbaud.

22. Entreprises à établissements multiples. Lorsque l'entreprise ne fait pas partie d'un groupe, les difficultés économiques s'apprécient au niveau de l'entreprise. • Soc. 7 oct. 1998 : 🛡 *RJS 1998. 817, n° 1350.* ◆ La réalité des difficultés économiques doit être appréciée en fonction de l'activité de l'ensemble des magasins exploités par une entreprise. • Soc. 17 juin 1992, 🛡 n° 89-42.769 P : *Dr. soc. 1992. 710.* ◆ ... Et non au niveau de l'établissement. • Soc. 24 févr. 1993 : 🛡 *Dr. ouvrier 1993. 257.* ◆ Si la réalité de la suppression d'emploi ou de la modification substantielle du contrat de travail est examinée au niveau de l'entreprise, les difficultés économiques doivent être appréciées au regard du secteur d'activité du groupe auquel appartient l'entreprise ». • Soc. 5 avr. 1995, 🛡 *Vidéocolor : préc. note 13.* ◆ Le refus d'une modification du contrat de travail pour motif économique ne peut justifier un licenciement que si est caractérisée l'existence, au niveau du secteur d'activité du groupe auquel la société appartient, de difficultés économiques ou d'une menace pesant sur la compétitivité de ce secteur. • Soc. 14 déc. 2011 : 🛡 *D. 2012. Actu. 104* ⁄ ; *RJS 2012. 196, n° 233* ; *JSL 2012, n° 315-3,* obs. Lalanne ; *JCP S 2012. 1085,* obs. Verkindt. • Soc. 14 déc. 2011 : 🛡 *ibid.*

23. Entreprise appartenant à un groupe national. La réalité du motif économique d'un licenciement doit s'apprécier à l'intérieur du groupe auquel appartient l'employeur concerné, parmi les entreprises dont les activités ou l'organisation leur permettent d'effectuer la permutation de tout ou partie du personnel. • Soc. 25 juin 1992, 🛡 n° 90-41.244 P : *Dr. soc. 1992. 826,* concl. Kessous ⁄ ; *ibid. 1993. 272,* note Urban ⁄ ; *JCP E 1992. I. 197, n° 5,* obs. Coursier • 5 avr. 1995, 🛡 *Vidéocolor,* n° 93-42.690 P : *GADT, 4ᵉ éd., n° 114* ; *D. 1995. 503,* note Keller ⁄ ; *ibid. Somm. 367,* obs. de Launay-Gallot ⁄ ; *Dr. soc. 1995. 482,* note Waquet ⁄ ; *RJS 1995. 334, n° 497* ; *ibid. 321,* concl. Chauvy ; *JCP 1995. II. 22443,* note Picca ; *JCP E 1995. I. 499, n° 3,* obs. Coursier. ◆ Dans le même sens : • Soc. 17 juin 1992, 🛡 n° 89-42.769 P : *D. 1992. IR 200* ⁄ ; *Dr. soc. 1992. 710* ⁄ ; *JCP E 1992. I. 197, n° 5,* obs. Coursier (la réalité des difficultés doit être appréciée en fonction de l'activité de l'ensemble des magasins exploités par une entreprise) • 3 mars 1993 : 🛡 *Dr. soc. 1993. 386* ⁄ ; *JCP E 1993. I. 262, n° 10,* obs. Coursier (en cas de détachement, la réalité du motif économique s'apprécie à l'égard des deux sociétés, celle qui détache et celle qui accueille) • 23 mai 1995 : 🛡 *Dr. soc. 1995. 678* ⁄ ; *RJS 1995. 505, n° 765* (une association gérant une gare routière peut constituer, avec d'autres entreprises de transport, un groupe en voie de constitution au sein duquel les possibilités de reclassement doivent être examinées) • 9 mai 2006 : 🛡 *RDT 2006. 98,* obs. Waquet ⁄. Les difficultés économiques s'apprécient au niveau du secteur d'activité du groupe auquel appartient l'entreprise qui licencie, il est donc possible de licencier du personnel travaillant dans une société bénéficiaire. • Soc. 28 nov. 2007 : 🛡 *D. 2008. AJ 93* ⁄ ; *RJS 2008. 127, n° 160* ; *JSL 2008, n° 226-2.* ◆ Le périmètre d'appréciation du groupe doit s'étendre aux entreprises qui, bien que dépourvues de lien juridique entre elles, sont détenues par une même personne physique. • CE 14 juin 2021, 🛡 n° 417940 : *D. actu. 23 juin 2021,* obs. Norval-Grivet ; *AJDA 2020. 2191* ⁄ ; *RJS 8-9/2021, n° 463.*

24. Entreprise appartenant à un groupe multinational (jurisprudence antérieure à l'Ord. du 22 sept. 2017). Les difficultés économiques invoquées à l'appui d'un licenciement pour motif économique doivent être appréciées au niveau du groupe auquel appartient l'entreprise sans qu'il y ait lieu de réduire le groupe aux sociétés ou entreprises situées sur le territoire national. • Soc. 12 juin 2001, ⚖ n° 99-41.571 P : *D. 2001. IR 2560* ⌀ *; Dr. soc. 2001. 894, obs. Masquefa* ⌀ *; RJS 2001. 691, n° 1001* • 16 nov. 2016, ⚖ n° 14-30.063 P : *D. actu. 21 déc. 2016, obs. Ines ; D. 2017. Pan. 849, obs. Lokiec* ⌀ *; ibid. 239, obs. Salomon* ⌀ *; RDT 2017. 44, obs. Marguerite* ⌀ *; RJS 1/2017, n° 19 ; JSL 2017, n° 423-1, obs. Tissandier ; Rev. sociétés 2017. 243, obs. Petit ; JCP S 2017. 1030, obs. Bossu*. ♦ La spécialisation d'une entreprise dans le groupe ou son implantation dans un pays différent de ceux où sont situées les autres sociétés du groupe ne suffit pas à exclure son rattachement à un même secteur d'activité, au sein duquel doivent être appréciées les difficultés économiques. • Soc. 23 juin 2009, ⚖ n° 07-45.668 : *D. 2009. AJ 1902* ⌀ *; RJS 2009. 688, n° 772 ; JCP E 2009. 2098, note Voloir et Aknin ; SSL 2009, n° 1411, p. 12, obs. Guyader*. ♦ Dès lors, les domaines d'activités dentaire et médical ayant été fusionnés en une seule division, placée sous la responsabilité d'une seule personne, afin de mettre en place une nouvelle orientation stratégique et développer de nouveaux produits nécessitant une prospection ciblée du marché, une haute productivité et une organisation efficace, cette division constituait le secteur d'activité au niveau duquel devait s'apprécier la cause économique du licenciement ; l'employeur limitant les informations produites à la situation du secteur de l'activité dentaire et ne démontrant pas la réalité des difficultés économiques au niveau du secteur d'activité à prendre en considération, le licenciement intervenu était dépourvu de cause réelle et sérieuse. • Soc. 31 mars 2021, ⚖ n° 19-26.054 P : *D. 2021. Actu. 701* ⌀ *; RDT 2021. 385, obs. Kocher* ⌀ *; RJS 6/2021, n° 306 ; RPC 2021. 75, obs. Taquet*.

25. Pacte d'associés. Dès lors qu'il n'était pas établi que la société de gestion du fonds commun de placement à risque détenait directement ou indirectement une fraction du capital de la holding, lui conférant la majorité des droits de vote dans les assemblées générales, elle ne pouvait pas être considérée comme contrôlant la filiale par application des dispositions du C. com. ; la cour d'appel qui a seulement relevé l'existence de liens de contrôle et de surveillance entre la holding et la société de gestion de ce fonds n'a pas constaté que le pacte d'associés définissaient les droits et obligations respectifs de la holding et de ses divers actionnaires, dont le fonds commun de placement à risque géré par la société, conférait à cette dernière le droit d'exercer une influence dominante sur la première au sens des dispositions alors applicables de l'art. L. 233-16, II, 3° C. com. Dès lors qu'il n'était pas démontré l'existence de possibilités de permutation de tout ou partie du personnel entre les deux sociétés, il en résultait que ces sociétés ne faisaient pas partie d'un même groupe au sein duquel le reclassement préalable au licenciement économique devait s'effectuer. • Soc. 20 mars 2019, ⚖ n° 17-19.595 P : *D. 2019. 1531, note Cusacq* ⌀ *; RDT 2019. 332, obs. Kocher* ⌀ *; Dr. soc. 2019. 436, obs. Auzero* ⌀ *; RJS 5/2019, n° 295 ; SSL 2019, n° 1858, p. 12, obs. Bailly ; JSL 2019, n° 475-2*.

26. Date d'appréciation. Le motif économique doit s'apprécier à la date du licenciement mais il peut être tenu compte d'éléments postérieurs à cette date permettant au juge de vérifier si la réorganisation était nécessaire ou non à la sauvegarde de la compétitivité. • Soc. 26 mars 2002, ⚖ n° 00-40.898 P : *RJS 2002. 530, n° 665 ; JSL 2002, n° 100-2*.

27. Notion de secteur d'activité. La spécialisation d'une entreprise dans le groupe ou son implantation dans un pays différent de ceux où sont situées les autres sociétés du groupe ne suffit pas à exclure son rattachement à un même secteur d'activité, au sein duquel doivent être appréciées les difficultés économiques. • Soc. 23 juin 2009, ⚖ n° 07-45.668 : *D. 2009. AJ 1902* ⌀ *; RJS 2009. 688, n° 772 ; JCP E 2009. 2098, note Voloir et Aknin ; SSL 2009, n° 1411, p. 12, obs. Guyader*. ♦ La spécialisation d'une entreprise dans le groupe ou son implantation dans un pays différent de ceux où sont situées les autres sociétés du groupe ne suffit pas à exclure son rattachement à un même secteur d'activité, au sein duquel doivent être appréciées les difficultés économiques. • Soc. 23 juin 2009, ⚖ n° 07-45.668 : *préc.* ♦ La notion de secteur d'activité ne peut couvrir un périmètre inférieur à l'entreprise elle-même ; la cause économique ne peut donc être appréciée à un niveau inférieur à celui de l'entreprise. • Soc. 26 juin 2012, ⚖ n° 11-13.736 : *D. 2012. Actu. 1830* ⌀ *; RJS 2012. 674, n° 782 ; JSL 2012, n° 328-3, obs. Lhernould ; JCP S 2012. 1448, obs. Daniel*.

28. Secteur d'activité et charge de la preuve. C'est à l'employeur de produire l'ensemble des éléments caractérisant l'étendue du secteur d'activité ; à défaut, la réalité des difficultés économiques n'est pas établie et le licenciement est sans cause réelle et sérieuse. • Soc. 4 mars 2009, ⚖ n° 07-42.381 P : *R., p. 369 ; D. 2009. Pan. 2128, obs. Reynès* ⌀ *; RDT 2009. 306, obs. Frouin* ⌀ *; RJS 2009. 366, n° 418 ; JSL 2009, n° 253-2 ; JCP E 2009. 1516, note Béal ; JCP S 2009. 1190, obs. Verkindt ; Dr. ouvrier 2009. 395, obs. Dumoulin ; SSL 2009, n° 1391, p. 11*.

2° *MUTATIONS TECHNOLOGIQUES*

29. Principe. L'introduction de nouvelles technologies dans l'entreprise peut constituer une cause économique de suppression ou transforma-

tion d'emplois, même en l'absence de difficultés économiques. • Soc. 2 juin 1993, n° 90-44.956 P : *CSB 1993. 282, obs. Philbert ; Dr. soc. 1993. 678.*
♦ V. aussi : • Soc. 3 mai 1994 : *RJS 1994. 413, n° 675* (licenciement justifié de salariés les moins qualifiés qui n'étaient pas en mesure de s'adapter aux nouvelles exigences techniques) • Soc. 9 oct. 2002 : *RJS 2003. 1020, n° 1373.*

30. Inadaptation du salarié. Le licenciement est prononcé pour un motif inhérent à la personne du salarié lorsque l'employeur invoque l'inaptitude des salariés à occuper des emplois modifiés par la mutation technologique de l'entreprise. • Soc. 12 déc. 1991, n° 90-44.762 P : *RJS 1992. 101, n° 133.* ♦ Comp. : • Soc. 15 oct. 1992, n° 91-43.632 P : *CSB 1992. 271, A. 50 ; RJS 1992. 684, n° 1247* (a un caractère économique le licenciement d'un salarié qui n'a pu s'adapter aux nouvelles exigences technologiques afférentes à son emploi transformé en raison de l'informatisation de l'entreprise, ni aux autres postes qui lui avaient été proposés). ♦ Comp. : • Soc. 16 janv. 2001 : *V. note 39.*

31. Défaut de titre ou diplôme imposé. Constitue un licenciement pour motif économique, au sens de l'art. L. 321-1 [L. 1333-3 nouv.], le licenciement motivé par l'intervention d'un changement dans la législation ayant pour effet de subordonner la poursuite par le salarié de son contrat de travail à la détention d'un diplôme dont l'intéressé n'est pas titulaire. • CE 15 juin 2005 : *RJS 2005. 709, n° 1003.*

3° RÉORGANISATION DE L'ENTREPRISE

32. Sauvegarde de la compétitivité de l'entreprise. La réorganisation de l'entreprise ne peut constituer un motif économique que si elle est effectuée pour sauvegarder sa compétitivité.
• Soc. 5 avr. 1995 : *préc. note 13.* ♦ V. aussi : • Soc. 5 oct. 1999, n° 98-41.384 P : *D. 1998. IR 242 ; Dr. soc. 2000. 121, obs. Mouly ; RJS 1999. 838, n° 1361* • CE 8 mars 2006 : *Lebon 2006. 116 ; D. 2006. IR 1064 ; RJS 2006. 422, n° 604 ; Dr. soc. 2006. 857, concl. Keller ; JSL 2006, n° 192-3 ; JCP E 2006. 1991, note R. K.* ♦ La réorganisation, si elle n'est pas justifiée par des difficultés économiques ou par des mutations technologiques, doit être indispensable à la sauvegarde de la compétitivité de l'entreprise ou du secteur d'activité du groupe auquel elle appartient. • Soc. 16 déc. 2008 : *D. 2009. AJ 233 ; RDT 2009. 103, obs. Frouin ; RJS 2009. 137, n° 157 ; Dr. soc. 2009. 243, obs. Couturier ; SSL 2009, n° 1282, p. 12.* ♦ Si la sauvegarde de la compétitivité de l'entreprise peut constituer un motif économique de licenciement, c'est à la condition que soit établie une menace pour la compétitivité de l'entreprise, laquelle s'apprécie, lorsque l'entreprise appartient à un groupe, au niveau du secteur d'activité dont relève l'entreprise en cause au sein du groupe. • CE 12 mars 2014, n° 368282 : *D. actu. 2 juill. 2014, obs. Ines.*
♦ Doit être cassé l'arrêt dans lequel la cour d'appel s'est bornée à énoncer qu'était établie l'existence d'une restructuration dans l'entreprise ayant entraîné la suppression du poste du salarié licencié sans rechercher si cette restructuration avait été décidée pour sauvegarder la compétitivité de l'entreprise. • Soc. 23 mai 1995 : *Dr. soc. 1995. 678, obs. Favennec.* ♦ Doit également être cassé l'arrêt dans lequel une cour d'appel énonce qu'à la condition d'être décidée dans l'intérêt de l'entreprise une réorganisation de celle-ci peut constituer une cause économique de modification substantielle du contrat de travail et qu'il n'apparaît pas que cette modification ait été inspirée par un autre souci que celui de l'intérêt de l'entreprise. • Soc. 23 nov. 1999, n° 97-42.979 P : *D. 2000. IR 3 ; Dr. soc. 2000. 216, obs. Radé ; RJS 2000. 60, n° 77.* ♦ Si une réorganisation de l'entreprise, lorsqu'elle n'est pas liée à des difficultés économiques ou à des mutations technologiques, peut constituer une cause économique de licenciement, ce n'est qu'à condition qu'elle soit effectuée pour sauvegarder la compétitivité de l'entreprise et non en vue d'augmenter les profits et de remettre en cause une situation acquise jugée trop favorable aux salariés. • Soc. 30 sept. 1997, n° 94-43.733 P : *Dr. soc. 1997. 1098, obs. Couturier ; RJS 1997. 796, n° 1297.* ♦ Lorsque la suppression d'emplois permanents dans une entreprise, dont le chiffre d'affaires est en nette progression, répond moins à une nécessité économique qu'à la volonté de l'employeur de privilégier le niveau de rentabilité de l'entreprise au détriment de la stabilité de l'emploi, les licenciements ne reposent pas sur un motif économique, une telle réorganisation n'ayant été décidée que pour supprimer des emplois permanents de l'entreprise et non pour sauvegarder sa compétitivité. • Soc. 1er déc. 1999, n° 98-42.746 P : *RJS 2000. 110, n° 159.* ♦ Le simple « tassement d'activité » et la volonté d'améliorer la productivité ne peut justifier un licenciement fondé sur la nécessité de sauvegarder la compétitivité de l'entreprise. • CE 8 mars 2006 : *D. 2006. IR 1064 ; RJS 2006. 422, n° 604 ; Dr. soc. 2006. 857, concl. Keller ; JSL 2006, n° 192-3 ; JCP E 2006. 1991, note R. K.* ♦ Les suppressions de postes provoquées par la réorganisation de l'entreprise à la suite de son intégration dans un groupe n'ont pas pour objet de sauvegarder la compétitivité de l'entreprise mais sont seulement nécessitées par un motif structurel. • Soc. 9 juill. 1997, n° 95-43.722 P : *RJS 1997. 604, n° 960.* ♦ Il en est de même de celles qui font suite au transfert de la totalité d'une usine vers deux autres sites fondé sur des difficultés techniques et administratives.
• Soc. 7 juill. 1998, n° 95-43.281 P : *TPS 1998, n° 313.* ♦ V. aussi • Soc. 13 avr. 1999, n° 97-41.171 P : *RJS 1999. 464, n° 764* (regroupement au siège d'un journal de la rédaction du service hippique afin de privilégier les courses régionales et de concéder à un prestataire de services la couver-

ture des courses parisiennes) • Soc. 17 déc. 2002, n° 00-45.621 P : *D. 2003. 1660*, obs. Escande-Varniol ; *Dr. soc. 2003. 342*, obs. Couturier ; *JSL 2003*, n° 118-4. ♦ Ainsi, ne peut caractériser la nécessité de sauvegarde de la compétitivité de l'entreprise, la recherche par l'employeur d'une meilleure organisation et le fait de privilégier le niveau de rentabilité de l'entreprise. • Soc. 6 mars 2007 : *RDT 2007. 312*, obs. Waquet. ♦ De même sont sans cause réelle et sérieuse, les licenciements qui sont le résultat de la décision de délocalisation en raison d'incitations financières et fiscales attractives, et non pour sauvegarder la compétitivité de l'entreprise. • Soc. 18 sept. 2007 : *RDT 2007. 654*, obs. Waquet. ♦ En revanche, l'évolution du marché des pneumatiques, la baisse des prix de ces produits et l'augmentation du coût des matières premières qui placent l'entreprise dans l'impossibilité de réaliser les investissements nécessaires pour remédier à la faible dimension des sites de production par rapport à ceux des concurrents et à la diversification excessive des fabrications, imposait à l'entreprise de se réorganiser pour pouvoir affronter la concurrence ; la nouvelle organisation mise en place qui procédait d'une gestion prévisionnelle des emplois destinée à prévenir des difficultés économiques à venir et leurs conséquences sur l'emploi était nécessaire à la sauvegarde de la compétitivité de l'entreprise et du secteur d'activité du groupe dont elle relevait. • Soc. 21 nov. 2006 : *D. 2007. AJ 156* ; *Pan. 687*, obs. Peskine ; *RDT 2007. 105*, obs. A. Lyon-Caen. ♦ De même, une réorganisation est nécessaire à la sauvegarde de la compétitivité de l'entreprise lorsqu'est constaté un positionnement défavorable de l'entreprise face aux autres opérateurs, et notamment aux banques, nouveaux intervenants, tant en ce qui concerne le taux de changement que des frais d'acquisition et d'administration menaçant à terme sa survie. • Soc. 23 mai 2007 : *RDT 2007. 456*, obs. Waquet. ♦ La restructuration engagée afin de réduire les charges, et notamment les coûts de fonctionnement du siège est justifiée par un motif économique puisque était relevé que les bilans comptables de la société faisaient ressortir des pertes constantes pour les années 2008 à 2011 en dépit d'une augmentation du chiffre d'affaires. • Soc. 16 nov. 2016, n° 15-12.293 P : *RJS 2/2017*, n° 106.

33. Anticipation de difficultés économiques liées à des évolutions technologiques. Un licenciement économique consécutif à une réorganisation est légitime dès lors que la réorganisation a été mise en œuvre pour prévenir des difficultés économiques liées à des évolutions technologiques et leurs conséquences sur l'emploi. • Soc. 11 janv. 2006 (2 arrêts) : *D. 2006. 1013*, note Pélissier ; *Dr. soc. 2006. 138*, note Ray ; *JSL 2006*, n° 182-2 ; *ibid. 2006*, n° 187-1. ♦ Les juges du fond doivent caractériser l'existence d'une menace pesant sur la compétitivité du secteur d'activité du groupe dont relève l'entreprise. • Soc. 31 mai 2006 : *RDT 2006. 102*, obs. Waquet ; *RJS 2006. 704*, n° 951 ; *JSL 2006*, n° 192-3.

34. Volonté de réaliser des économies. N'a pas un motif économique le licenciement opéré pour des raisons d'économie, le salarié licencié étant remplacé par un salarié moins qualifié occupant le même emploi. • Soc. 24 avr. 1990, n° 88-43.374 P : *D. 1990. IR 134* ; *RJS 1990. 339*, n° 479. ♦ En relevant que le fait qu'un salarié coûtait trop cher ne saurait constituer dans une entreprise où les profits étaient considérables un motif de rupture, une cour d'appel a, à bon droit, décidé que le licenciement ne reposait pas sur un motif économique. • Soc. 24 avr. 1990, n° 88-43.703 P : *D. 1990. IR 126* ; *RJS 1990. 340*, n° 481 ; *Dr. ouvrier 1990. 490*. ♦ Dans le même sens : • Soc. 16 mars 1994, n° 92-43.094 P : *D. 1994. IR 93* ; *Dr. soc. 1994. 515* ; *RJS 1994. 335*, n° 530 (situation financière de l'entreprise lui permettant d'assurer la charge d'un salaire élevé).

35. Office du juge. Dès lors qu'une réorganisation de l'entreprise est nécessaire à la sauvegarde de la compétitivité de l'entreprise, il n'appartient pas au juge d'apprécier le choix opéré par l'employeur entre les différentes solutions de réorganisation possibles. • Cass., ass. plén., 8 déc. 2000 : *GADT*, 4e éd., n° 115 ; *Dr. soc. 2001. 126*, concl. de Caigny, note Cristau ; *Dr. soc. 2001. 417*, chron. Jeammaud et Le Friant ; *D. 2001. 1125*, note Pélissier. ♦ V. • Soc. 7 juin 2006 : *RDT 2006. 241*, obs. Waquet (l'employeur doit justifier que le choix de gestion était nécessaire à la sauvegarde de la compétitivité). ♦ Le juge est tenu de contrôler le caractère sérieux du motif économique du licenciement, de vérifier l'adéquation entre la situation économique de l'entreprise et les mesures affectant l'emploi ou le contrat de travail envisagées par l'employeur, mais il ne peut se substituer à ce dernier quant aux choix qu'il effectua dans la mise en œuvre de la réorganisation. • Soc. 8 juill. 2009 : *RDT 2009. 584*, obs. Géa ; *RJS 2009. 693*, n° 776 ; *JSL 2009*, n° 263-3.

36. Faute de l'employeur. Une faute de l'employeur à l'origine de la menace pesant sur la compétitivité de l'entreprise rendant nécessaire sa réorganisation est susceptible de priver de cause réelle et sérieuse les licenciements prononcés ; l'erreur éventuellement commise dans l'appréciation du risque inhérent à tout choix de gestion ne caractérise pas, à elle seule, une telle faute. • Soc. 4 nov. 2020, n° 18-23.029 P : *D. actu. 25 nov. 2020*, obs. Jardonnet ; *D. 2020. 2175* ; *ibid. 2021. 370*, obs. Ala, Lanoue et Prache ; *Dr. soc. 2021. 34*, note Dalmasso ; *RDT 2021. 50*, obs. Sachs ; *RJS 1/2021*, n° 17 ; *Dr. ouvrier 2021. 81*, note Meftah ; *JSL 2021*, n° 509-510-3, obs. Lhernould ; *JCP S 2020. 3093*, obs. Chatelier.

37. Preuve. L'employeur doit produire les éléments permettant d'établir que les mesures de

4° CESSATION D'ACTIVITÉ DE L'ENTREPRISE

BIBL. Charent, *SSL 2017, n° 1791, p. 11* (la cessation définitive d'activité comme motif économique de licenciement après la loi Travail et les ordonnances Macron).

38. Contrôle du caractère sérieux du motif économique. Il appartient au juge du fond d'apprécier le caractère sérieux du motif économique de licenciement invoqué par l'employeur. • Soc. 12 mai 1998 : *RJS 1998. 454, n° 712*. ... ♦ Et non de se prononcer sur la cause de la cessation de l'activité de l'employeur. • Soc. 1er mars 2000, n° 98-40.340 P : *Dr. soc. 2000. 558, obs. Savatier*. ... ♦ Ou de se substituer à l'employeur dans les choix qu'il effectue dans la mise en œuvre de la réorganisation. • Soc. 8 juill. 2009 : *JSL 2009, n° 263-3*.

39. Hypothèses. La cessation de l'activité de l'entreprise, quand elle n'est pas due à une faute de l'employeur ou à sa légèreté blâmable constitue un motif de licenciement. • Soc. 16 janv. 2001 : *D. 2001. IR 523* ; *Dr. soc. 2001. 413, note Savatier* ; *RJS 2001. 212, n° 294* ; *JSL 2001, n° 73, p. 8* (non-renouvellement du bail commercial).

40. Caractère complet de la cessation d'activité. Seule une cessation complète de l'activité de l'employeur peut constituer en elle-même une cause économique de licenciement, quand elle n'est pas due à une faute ou à une légèreté blâmable de ce dernier. • Soc. 23 mars 2017, n° 15-21.183 P : *D. 2017. Actu. 766* ; *RJS 6/2017, n° 403* ; *JCP S 2017. 1232, obs. Duchange*.

41. Cessation complète d'activité au sein d'un groupe. La circonstance qu'une autre entreprise du groupe ait poursuivi une activité de même nature ne fait pas en soi obstacle à ce que la cessation d'activité de la société soit regardée comme totale et définitive ; le maintien temporaire d'une activité résiduelle nécessaire à l'achèvement de l'exploitation de certains produits avant leur cession à une autre entreprise ne caractérise pas une poursuite d'activité. • Soc. 20 sept. 2023, n° 22-13.485 B : *D. actu. 29 sept. 2023, obs. Malfettes* ; *D. 2023. 1653* ; *RJS 12/2023, n° 636* ; *JCP S 2023. 1258, obs. Lhernould*.

42. Légèreté blâmable. Si, en cas de fermeture définitive et totale de l'entreprise, le juge ne peut, sans méconnaître l'autonomie de ce motif de licenciement, déduire la faute ou la légèreté blâmable de l'employeur de la seule absence de difficultés économiques ou, à l'inverse, déduire l'absence de faute de l'existence de telles difficultés, il ne lui est pas interdit de prendre en compte la situation économique de l'entreprise pour apprécier le comportement de l'employeur. • Soc. 1er févr. 2011 : *RDT 2011. 168, note Géa* ; *Dr. soc. 2011. 372, note Couturier* ; *JSL 2011, n° 296-2, obs. Hautefort* ; *JCP S 2011. 1095, obs. d'Ornano* ; *SSL 2011, n° 1480, p. 12, obs. Aubonnet*.

43. Cessation temporaire. La fermeture temporaire d'un hôtel pour travaux, en revanche, ne constitue pas une cessation d'activité de l'entreprise. • Soc. 15 oct. 2002 : *D. 2002. IR 2914* ; *Dr. soc. 2002. 1156, obs. Duquesne* ; *JSL 2002, n° 112-2*.

44. Cessation partielle. Lorsque les salariés ont pour coemployeurs des entités faisant partie d'un même groupe, la cessation d'activité de l'une d'elles ne peut constituer une cause économique de licenciement qu'à la condition d'être justifiée par des difficultés économiques, une mutation technologique ou la nécessité de sauvegarder la compétitivité du secteur d'activité du groupe dont elles relèvent ; la cessation d'activité qui ne résulte que de choix stratégiques décidés au niveau du groupe, sans que des difficultés économiques les justifient, au niveau du secteur d'activité du groupe ne peut justifier des licenciements pour motif économique • Soc. 18 janv. 2011 : *D. actu. 14 févr. 2011, obs. Perrin* ; *D. 2011. Actu. 382* ; *RDT 2011. 168, note Géa* ; *Dr. soc. 2011. 372, note Couturier* ; *JSL 2011, n° 294-4, obs. Bon* ; *SSL 2011, n° 1476, p. 6, rapp. Bailly* ; *JCP S 2011. 1065, obs. Morvan*. ♦ Seule une cessation complète de l'activité de l'employeur peut constituer en elle-même une cause économique de licenciement, quand elle n'est pas due à une faute ou à une légèreté blâmable de ce dernier. Une cessation partielle de l'activité de l'entreprise ne justifie un licenciement économique qu'en cas de difficultés économiques, de mutation technologique ou de réorganisation de l'entreprise nécessaire à la sauvegarde de sa compétitivité, peu important que la fermeture d'un établissement de l'entreprise résulte de la décision d'un tiers. • Soc. 23 mars 2017 n° 15-21.183 P : *D. 2017. Actu. 766* ; *RJS 6/2017, n° 403* ; *JCP S 2017. 1232, obs. Duchange*.

45. Responsabilité conjointe de la société mère et de la filiale. Une société mère qui intervient auprès de sa filiale peut voir sa responsabilité retenue pour faute et légèreté blâmable si son action ne profite qu'à elle et qu'elle concourt à la déconfiture de sa filiale, même si aucune fraude ou aucune situation de coemploi n'est caractérisée. • Soc. 8 juill. 2014 : *D. 2014. Actu. 1552* ; *RDT 2014. 672, note Fabre* ; *RJS 2014. 585, n° 676* ; *JSL 2014, n° 374-3, obs. Beckhard-Cardoso et Patin*.

46. Responsabilité de la société mère à l'égard des salariés de la filiale. Est retenue la responsabilité de la société mère, condamnée à payer aux salariés des dommages-intérêts pour perte de leur emploi. Il était relevé à son encontre

un ensemble d'agissements préjudiciables à la filiale et imputables à la société mère, celle-ci ayant fait prévaloir son seul intérêt : contribution de la filiale au groupe au-delà de ses moyens financiers, transfert gratuit d'une licence à une autre société du groupe, garantie immobilière au profit d'une autre société, vente d'un stock faisant l'objet d'un droit de rétention, factures partiellement acquittées par les autres sociétés du groupe pour les services rendus par la filiale. Est ainsi caractérisé un comportement fautif et dommageable. ● Soc. 24 mai 2018, n° 16-22.881 P : *D. actu. 13 juin 2018*, obs. Fraisse ; *D. 2018. Actu. 1158* ; *RDT 2018. 523*, obs. Vernac ; *RJS 8-9/2018*, p. 623, avis Weissmann ; *ibid.*, n° 530 ; *SSL 2018*, n° 1820, p. 6, obs. Auzero ; *JSL 2018*, n° 457-1, obs. Hautefort ; *JCP 2018. 672*, obs. Lasserre Capdeville.
♦ La gestion de la société mère doit compromettre la bonne exécution par sa filiale de ses obligations et contribuer à une situation de cessation des paiements ; n'est pas reconnu le caractère fautif de l'actionnaire unique au motif que la situation financière de la filiale était compromise depuis longtemps et que le nouvel actionnaire avait entrepris des actions de redressement en vain. ● Soc. 24 mai 2018, n° 16-18.621 P : *ibid.*
♦ Dès lors que les difficultés économiques invoquées à l'appui du licenciement résultent d'agissements fautifs de l'employeur (remontée de dividendes des filiales dans des proportions manifestement anormales), allant au-delà des seules erreurs de gestion, le licenciement économique est sans cause réelle et sérieuse. ● Soc. 24 mai 2018, n° 17-12.560 P : *ibid.*

47. Contrôle de l'inspection du travail sur un licenciement pour cessation d'activité. Lorsque la demande est fondée sur la cessation d'activité de l'entreprise, celle-ci n'a pas à être justifiée par l'existence de mutations technologiques, de difficultés économiques ou de menaces pesant sur la compétitivité de l'entreprise ; l'autorité administrative doit, dans un tel cas, contrôler, outre le respect des exigences procédurales légales et des garanties conventionnelles, que la cessation d'activité de l'entreprise est totale et définitive, que l'employeur a satisfait, le cas échéant, à l'obligation de reclassement prévue par le code du travail et que la demande ne présente pas de caractère discriminatoire. En revanche, il n'appartient pas à l'administration de rechercher si cette cessation d'activité est due à la faute ou à la légèreté blâmable de l'employeur. Toutefois, l'autorisation accordée ne fait pas obstacle à ce que le salarié, s'il s'y estime fondé, mette en cause devant les juridictions compétentes la responsabilité de l'employeur en demandant réparation des préjudices que lui aurait causés cette faute ou légèreté blâmable dans l'exécution du contrat de travail. ● CE 8 avr. 2013 : *Lebon* ; *AJDA 2013. 769* ; *Dr. soc. 2014. 129*, note Mouly ; *RDT 2013. 394*, concl. Dumortier ; *ibid. 406*, obs. Sachs. ♦ La cessation d'activité de l'entreprise suffit à elle seule à justifier le licenciement pour motif économique d'un salarié protégé à condition qu'elle soit totale et définitive, ce à quoi ne fait pas obstacle la poursuite, par d'autres entreprises du groupe auquel l'entreprise appartient, d'une activité de même nature. ● CE 22 mai 2015, n° 375897 : *D. actu. 11 juin 2015*, obs. Ines ; *Dr. soc. 2015. 602*, note Gadrat ; *RJS 10/2015*, n° 653.

48. Licenciement pour cessation d'activité de salariés protégés et responsabilité de l'employeur. Le fait que la cessation d'activité de l'entreprise résulte de sa liquidation judiciaire ne prive pas le salarié de la possibilité d'invoquer l'existence d'une faute de l'employeur à l'origine de la cessation d'activité, de nature à priver le licenciement de cause réelle et sérieuse, mais s'il ressort des constatations que le défaut de déclaration de l'état de cessation des paiements de la société et le détournement d'actif commis par le dirigeant postérieurement à l'ouverture de la procédure collective n'étaient pas à l'origine de la liquidation judiciaire, l'action en contestation de la légitimité du licenciement économique est rejetée. ● Soc. 8 juill. 2020, n° 18-26.140 P : *préc. note 21*. ♦ S'agissant d'un salarié protégé, la décision d'autorisation de licenciement prise par l'inspecteur du travail, à qui il n'appartient pas de rechercher si la cessation d'activité est due à la faute de l'employeur, ne fait pas obstacle à ce que le salarié, s'il s'y estime fondé, mette en cause devant les juridictions judiciaires la responsabilité de l'employeur en demandant réparation des préjudices que lui aurait causés une faute de l'employeur à l'origine de la cessation d'activité, y compris le préjudice résultant de la perte d'emploi. ● Soc. 25 nov. 2020, n° 18-13.771 P : *préc. note 7* ● Soc. 20 sept. 2023, n° 22-13.494 B : *D. actu. 5 oct. 2023*, obs. Malfettes ; *D. 2023. 1653* ; *JCP 2023. 1131*, obs. Dauxerre.

Directive 98/59/CE du Conseil du 20 juillet 1998,

Concernant le rapprochement des législations des États membres relatives aux licenciements collectifs.

SECTION 1. *Définitions et champ d'application*

Art. 1er 1. Aux fins de l'application de la présente directive :
a) on entend par "licenciements collectifs" : les licenciements effectués par un employeur pour un ou plusieurs motifs non inhérents à la personne des travailleurs lorsque le nombre de licenciements intervenus est, selon le choix effectué par les États membres :

i) soit, pour une période de trente jours :
— au moins égal à 10 dans les établissements employant habituellement plus de 20 et moins de 100 travailleurs,
— au moins égal à 10 % du nombre des travailleurs dans les établissements employant habituellement au moins 100 et moins de 300 travailleurs,
— au moins égal à 30 dans les établissements employant habituellement au moins 300 travailleurs ;
ii) soit, pour une période de quatre-vingt-dix jours, au moins égal à 20, quel que soit le nombre des travailleurs habituellement employés dans les établissements concernés ;
b) on entend par "représentants des travailleurs" : les représentants des travailleurs prévus par la législation ou la pratique des États membres.

Pour le calcul du nombre de licenciements prévus au premier alinéa, point a), sont assimilées aux licenciements les cessations du contrat de travail intervenues à l'initiative de l'employeur pour un ou plusieurs motifs non inhérents à la personne des travailleurs, à condition que les licenciements soient au moins au nombre de cinq.

2. La présente directive ne s'applique pas :
a) aux licenciements collectifs effectués dans le cadre de contrats de travail conclus pour une durée ou une tâche déterminées, sauf si ces licenciements interviennent avant le terme ou l'accomplissement de ces contrats ;
b) aux travailleurs des administrations publiques ou des établissements de droit public (ou, dans les États membres qui ne connaissent pas cette notion, des entités équivalentes).
(Abrogé par Dir. (UE) 2015/1794 du 6 oct. 2015, art. 4) « c) aux équipages de navires de mer. »

SECTION 2. *Information et consultation*

Art. 2 1. Lorsqu'un employeur envisage d'effectuer des licenciements collectifs, il est tenu de procéder, en temps utile, à des consultations avec les représentants des travailleurs en vue d'aboutir à un accord.

2. Les consultations portent au moins sur les possibilités d'éviter ou de réduire les licenciements collectifs ainsi que sur les possibilités d'en atténuer les conséquences par le recours à des mesures sociales d'accompagnement visant notamment l'aide au reclassement ou à la reconversion des travailleurs licenciés.

Les États membres peuvent prévoir que les représentants des travailleurs pourront faire appel à des experts, conformément aux législations et/ou pratiques nationales.

3. Afin de permettre aux représentants des travailleurs de formuler des propositions constructives, l'employeur est tenu, en temps utile au cours des consultations :
a) de leur fournir tous renseignements utiles et
b) de leur communiquer, en tout cas, par écrit :
i) les motifs du projet de licenciement ;
ii) le nombre et les catégories des travailleurs à licencier ;
iii) le nombre et les catégories des travailleurs habituellement employés ;
iv) la période au cours de laquelle il est envisagé d'effectuer les licenciements ;
v) les critères envisagés pour le choix des travailleurs à licencier dans la mesure où les législations et/ou pratiques nationales en attribuent la compétence à l'employeur ;
vi) la méthode de calcul envisagée pour toute indemnité éventuelle de licenciement autre que celle découlant des législations et/ou pratiques nationales.

L'employeur est tenu de transmettre à l'autorité publique compétente au moins une copie des éléments de la communication écrite prévus au premier alinéa, points b) i) à v).

4. Les obligations prévues aux paragraphes 1, 2 et 3 s'appliquent indépendamment du fait que la décision concernant les licenciements collectifs émane de l'employeur ou d'une entreprise qui contrôle cet employeur.

En ce qui concerne les infractions alléguées aux obligations d'information, de consultation et de notification prévues par la présente directive, toute justification de l'employeur fondée sur le fait que l'entreprise qui a pris la décision conduisant aux licenciements collectifs ne lui a pas fourni l'information nécessaire ne saurait être prise en compte.

SECTION 3. *Procédure de licenciement collectif*

Art. 3 1. L'employeur est tenu de notifier par écrit tout projet de licenciement collectif à l'autorité publique compétente.

Toutefois, les États membres peuvent prévoir que, dans le cas d'un projet de licenciement collectif lié à une cessation des activités de l'établissement qui résulte d'une décision de justice, l'employeur n'est tenu de le notifier par écrit à l'autorité publique compétente que sur la demande de celle-ci.

(Dir. (UE) 2015/1794 du 6 oct. 2015, art. 4) « Lorsque le projet de licenciement collectif concerne les membres de l'équipage d'un navire de mer, l'employeur le notifie à l'autorité compétente de l'État du pavillon. »

La notification doit contenir tous renseignements utiles concernant le projet de licenciement collectif et les consultations des représentants des travailleurs prévues à l'article 2, notamment les motifs de licenciement, le nombre des travailleurs à licencier, le nombre des travailleurs habituellement employés et la période au cours de laquelle il est envisagé d'effectuer les licenciements.

2. L'employeur est tenu de transmettre aux représentants des travailleurs copie de la notification prévue au paragraphe 1.

Les représentants des travailleurs peuvent adresser leurs observations éventuelles à l'autorité publique compétente.

Art. 4 1. Les licenciements collectifs dont le projet a été notifié à l'autorité publique compétente prennent effet au plus tôt trente jours après la notification prévue à l'article 3, paragraphe 1, sans préjudice des dispositions régissant les droits individuels en matière de délai de préavis.

Les États membres peuvent accorder à l'autorité publique compétente la faculté de réduire le délai visé au premier alinéa.

2. L'autorité publique compétente met à profit le délai visé au paragraphe 1 pour chercher des solutions aux problèmes posés par les licenciements collectifs envisagés.

3. Dans la mesure où le délai initial prévu au paragraphe 1 est inférieur à soixante jours, les États membres peuvent accorder à l'autorité publique compétente la faculté de prolonger le délai initial jusqu'à soixante jours après la notification lorsque les problèmes posés par les licenciements collectifs envisagés risquent de ne pas trouver de solution dans le délai initial.

Les États membres peuvent accorder à l'autorité publique compétente des facultés de prolongation plus larges.

L'employeur doit être informé de la prolongation et de ses motifs avant l'expiration du délai initial prévu au paragraphe 1.

4. Les États membres peuvent ne pas appliquer le présent article aux licenciements collectifs intervenant à la suite d'une cessation des activités de l'établissement qui résulte d'une décision de justice.

SECTION 4. *Dispositions finales*

Art. 5 La présente directive ne porte pas atteinte à la faculté des États membres d'appliquer ou d'introduire des dispositions législatives, réglementaires ou administratives plus favorables aux travailleurs ou de permettre ou de favoriser l'application de dispositions conventionnelles plus favorables aux travailleurs.

Art. 6 Les États membres veillent à ce que les représentants des travailleurs et/ou les travailleurs disposent de procédures administratives et/ou juridictionnelles aux fins de faire respecter les obligations prévues par la présente directive.

L'art. 2, § 4, 1er al., de la Dir. 98/59/CE du 20 juill. 1998 concernant le rapprochement des législations des États membres relatives aux licenciements collectifs, doit être interprété en ce sens que la notion d'« entreprise qui contrôle cet employeur » vise toute entreprise liée à cet employeur par des liens de participation au capital social de ce dernier ou par d'autres liens juridiques lui permettant d'exercer une influence déterminante dans les organes décisionnels de l'employeur et de le contraindre à envisager ou à procéder à des licenciement collectifs. ● CJUE 7 août 2018, n° C-61/17 : *RDT 2018.* 676, note Auzero ; *RJS 12/2018*, n° 788.

SOUS-SECTION 3 **Obligations d'adaptation et de reclassement**

Art. L. 1233-4 Le licenciement pour motif économique d'un salarié ne peut intervenir que lorsque tous les efforts de formation et d'adaptation ont été réalisés et que le reclassement de l'intéressé ne peut être opéré (*L. n° 2015-990 du 6 août 2015,* *art. 290-I)* « sur les emplois disponibles, situés sur le territoire national dans l'entreprise ou les autres entreprises du groupe dont l'entreprise fait partie » *(Ord. n° 2017-1387 du 22 sept. 2017, art. 16)* « et dont l'organisation, les activités ou le lieu d'exploitation assurent la permutation de tout ou partie du personnel ».

(Ord. n° 2017-1718 du 20 déc. 2017, art. 1ᵉʳ-I) « Pour l'application du présent article, la notion de groupe désigne le groupe formé par une entreprise appelée entreprise dominante et les entreprises qu'elle contrôle dans les conditions définies à l'article L. 233-1, aux I et II de l'article L. 233-3 et à l'article L. 233-16 du code de commerce. »

Le reclassement du salarié s'effectue sur un emploi relevant de la même catégorie que celui qu'il occupe ou sur un emploi équivalent *(L. n° 2010-499 du 18 mai 2010)* « assorti d'une rémunération équivalente ». A défaut, et sous réserve de l'accord exprès du salarié, le reclassement s'effectue sur un emploi d'une catégorie inférieure.

(Ord. n° 2017-1387 du 22 sept. 2017, art. 16) « L'employeur adresse de manière personnalisée les offres de reclassement à chaque salarié ou diffuse par tout moyen une liste des postes disponibles à l'ensemble des salariés, dans des conditions précisées par décret. » — *V. art. D. 1233-2-1*.

Les offres de reclassement proposées au salarié sont écrites et précises.

Les dispositions issues de l'Ord. n° 2017-1387 du 22 sept. 2017 sont applicables aux procédures de licenciement économique engagées après le 23 sept. 2017, date de publication de l'Ord. (Ord. préc., art. 40-V).

BIBL. ▶ **Obligation de reclassement :** ANTONMATTÉI, *Dr. soc.* 2002. 274 (loi de modernisation sociale : nouvelle disposition). – BARA, *JSL* 2005, n° 162-1. – CANDAT et PAGNERRE, *JCP S* 2010. 1212 (l'*intuitus personae* dans le reclassement des salariés). – CASADO, *JCP S* 2011. 1001 (l'obligation de reclassement après la loi du 18 mai 2010). – CHAUVIRÉ, *SSL* 2011, n° 1477, p. 6. – COUTURIER, *Dr. soc.* 1999. 497. – D'ORNANO et ISMAÏL, *JCP S* 2010. 1266 (questionnaire de mobilité préalable au reclassement). – FAVENNEC-HÉRY, *Dr. soc.* 2012. 987 (le groupe de reclassement). – FROSSARD, *Dr. soc.* 2010. 959 (contextes de l'obligation de reclassement). – GÉA, *RDT* 2010. 646 (le législateur face aux propositions indécentes). – GOURY, JASPAR et PENNEC, *JCP S* 2010. 1225 (société de gestion, notion de groupe et obligation de reclassement). – HÉAS, *Dr. soc.* 1999. 504. – LARDY-PÉLISSIER, *D.* 1998. Chron. 399. – MEILLAT, MARTINEZ, DE TROGOFF et THUILLIER, *JCP S* 2012. 1471 (repenser l'obligation de reclassement). – MONKAM, *JSL* 2011, n° 303-1 et n° 304-1. – MORVAN, *JCP S* 2009. 1235 (obligation irréelle de reclassement « extérieure » et les commissions paritaires de l'emploi fantôme). – SAUVAGE et DELMOTTE, *SSL* 2013, n° 1585, p. 3. – STULZ, *SSL* 2005, n° 1200 (obligation de reclassement et priorité de réembauchage).

COMMENTAIRE

V. sur le Code en ligne.

Jurisprudence rendue sous l'empire des dispositions antérieures à l'Ord. n° 2017-1387 du 22 sept. 2017.

I. OBLIGATIONS DE L'EMPLOYEUR

A. OBLIGATION D'ADAPTATION

1. Principe. L'employeur, tenu d'exécuter de bonne foi le contrat de travail, a le devoir d'assurer l'adaptation des salariés à l'évolution de leur emploi. ● Soc. 25 févr. 1992, n° 89-41.634 P : *D. 1992. Somm. 294*, obs. A. Lyon-Caen ; *Dr. soc. 1992. 379* ● 23 sept. 1992, n° 90-44.466 P : *JCP E 1993. II. 430*, note Serret ; *Dr. soc. 1992. 922*. ♦ A. Lyon-Caen, *Dr. soc. 1992. 573*. ♦ Lorsque les départs volontaires prévus dans un plan de sauvegarde de l'emploi s'adressent aux salariés dont le licenciement est envisagé en raison de la réduction d'effectifs, sans engagement de ne pas les licencier si l'objectif de ruptures amiables n'est pas atteint, l'employeur est tenu, à l'égard de ces salariés, d'exécuter au préalable l'obligation de reclassement prévue dans le plan. ● Soc. 19 mai 2016, n°s 15-11.047 P et 15-12.137 P : *D. 2016. Actu. 1142* ; *RJS 8-9/2016, n° 563* ; *JSL 2016, n° 413-5*, obs. Pacotte et Leroy ; *JCP S 2016. 1277*, obs. Grangé.

2. Limites. Si l'employeur a l'obligation d'assurer l'adaptation des salariés à l'évolution de leur emploi, au besoin en leur assurant une formation complémentaire, il ne peut lui être imposé d'assurer la formation initiale qui leur fait défaut. ● Soc. 3 avr. 2001, n° 99-42.188 P : *D. 2001. Somm. 2170*, obs. Bouilloux ; *RJS 2001. 506, n° 731* ; *JSL 2001, n° 79-3* ● 17 mai 2006 : *RDT 2006. 101*, obs. Waquet ; *JCP S 2006. 1616*, obs. Lahalle ● 28 mai 2008 : *D. 2008. AJ 1834* ; *RJS 2008. 704, n° 873* ; *JSL 2008, n° 237-5* ; *Dr. ouvrier 2008. 526*, note A. M. ● 2 juill. 2014 : *D. actu. 15 sept. 2014*, obs. Peyronnet ; *D. 2014. Actu. 1503* ; *RJS 2014. 579, n° 672* ; *JSL 2014, n° 374-2* ● 2 mars 2022, n° 20-13.272 B.

B. OBLIGATION DE RECLASSEMENT

3. Principe. Le licenciement économique d'un salarié ne peut intervenir, en cas de suppression d'emploi, que si le reclassement de l'intéressé dans l'entreprise n'est pas possible. • Soc. 1er avr. 1992, 🕆 n° 89-43.494 P : D. 1992. IR 155 / ; Dr. soc. 1992. 480 / ; RJS 1992. 339, n° 598 • 19 févr. 1992, 🕆 n° 90-46.107 P : JCP E 1992. I. 162, obs. Gatumel. ♦ L'employeur doit exécuter loyalement son obligation de reclassement. • Soc. 7 avr. 2004, 🕆 n° 01-44.191 P : D. 2004. IR 1352 / ; Dr. soc. 2004. 670, obs. Couturier / (recrutement d'une personne extérieure dans l'une des sociétés du groupe à un poste qui aurait pu être offert au salarié alors que le processus de licenciement était en cours). ♦ L'employeur doit exécuter loyalement son obligation de reclassement. • Soc. 7 avr. 2004, 🕆 n° 01-44.191 P : D. 2004. IR 1352 / ; Dr. soc. 2004. 670, obs. Couturier / (recrutement d'une personne extérieure dans l'une des sociétés du groupe à un poste qui aurait pu être offert au salarié alors que le processus de licenciement était en cours). ♦ En l'absence de disposition expresse en ce sens, et la nullité ne se présumant pas, la méconnaissance de l'obligation individuelle de reclassement n'est pas sanctionnée par la nullité de la procédure de licenciement et l'obligation de réintégration. • Soc. 26 févr. 2003, 🕆 n° 01-41.030 P : D. 2003. IR 738 / ; RJS 5/2003, n° 589.

4. Articulation avec le plan de sauvegarde de l'emploi. L'obligation de reclassement doit être respectée même lorsqu'un plan social doit être établi. • Soc. 22 févr. 1995, 🕆 n° 93-43.404 P : Dr. soc. 1995. 389, obs. Ray / ; RJS 1995. 419, n° 633 • Soc. 12 déc. 1995 : 🕆 Dr. soc. 1996. 199, obs. Favennec / • 18 févr. 1998, 🕆 n° 96-40.219 P. ♦ Si le juge judiciaire est compétent pour apprécier le respect par l'employeur de son obligation individuelle de reclassement avant tout licenciement pour motif économique, cette appréciation ne peut porter sur le contrôle du contenu du plan de sauvegarde de l'emploi qui relève de la compétence exclusive de l'autorité administrative puis de la juridiction administrative. • Soc. 21 nov. 2018, 🕆 n° 17-16.766 P : D. actu. 17 déc. 2018, obs. Ciray ; D. 2018. Actu. 2240 / ; RDT 2019. 41, obs. Ranc / ; ibid. 2019. 252, obs. Géa / ; Dr. soc. 2019. 353, note Galy / ; RJS 2/2019, n° 97 ; JCP 2018. 1305, obs. Dedessus-Le-Moustier ; JSL 2018, n° 467-4, obs. Tissandier. ♦ Au stade de l'examen du plan de sauvegarde de l'emploi, il n'appartient pas à l'autorité administrative de contrôler le respect de l'obligation qui incombe à l'employeur qui projette de licencier un salarié pour motif économique, consistant à procéder, préalablement à son licenciement, à une recherche sérieuse des postes disponibles pour le reclassement de ce salarié, qu'ils soient ou non prévus au PSE, en vue d'éviter autant que de possible ce licenciement. • CE 20 juin 2022, 🕆 n° 437767 A : D. actu. 7 sept. 2022, obs. Norval-Grivet ; RJS 10/2022, n° 512.

5. Contenu. L'employeur doit rechercher s'il existe des possibilités de reclassement, prévues ou non par le plan social, et proposer aux salariés dont le licenciement est envisagé des emplois disponibles, de même catégorie ou, à défaut, de catégorie inférieure, fût-ce par voie de modification des contrats de travail, en assurant au besoin l'adaptation de ces salariés à l'évolution de leur emploi. • Soc. 6 juill. 1999 : 🕆 D. 1999. IR 204 / ; RJS 1999. 767, n° 1237 • 8 avr. 1992, 🕆 n° 89-41.548 P : JCP E 1992. II. 360, note Savatier ; Dr. soc. 1992. 626 ; RJS 1992. 339, n° 598. – Dans le même sens : • Soc. 22 janv. 1992, 🕆 n° 89-41.242 P : RJS 1992. 165, n° 267 • 23 sept. 1992 : 🕆 Dr. soc. 1992. 922 ; RJS 1992. 683, n° 1246 • 7 mars 2017, 🕆 n° 15-16.867 P : D. 2017. Actu. 650 / ; RDT 2017. 256, obs. Auzero / ; RJS 5/2017, n° 311 ; JCP S 2017. 1174, obs. Pagnerre.

6. Manquements. L'employeur manque à son obligation de reclassement si, immédiatement après le licenciement, il procède au recrutement de plusieurs employés sur des postes qui auraient pu être occupés par le salarié licencié. • Soc. 26 oct. 1995 : 🕆 Dr. soc. 1996. 101. ♦ Le fait qu'un représentant du personnel ait conclu un contrat de formation-reclassement ne dispense pas l'employeur de rechercher les possibilités de reclassement. • CE 22 janv. 1996 : 🕆 RJS 1996. 183, n° 305, 1re esp. ♦ De même, la proposition d'une modification du contrat de travail que le salarié peut refuser ne dispense pas l'employeur de son obligation de reclassement. • Soc. 30 sept. 1997 : 🕆 D. 1997. IR 216 / ; RJS 1997. 756, n° 1222. • Soc. 25 nov. 2009 : 🕆 D. 2009. AJ 2937 / ; RDT 2010. 103, obs. Fabre / ; RJS 2010. 133, n° 163.

7. Source conventionnelle. La méconnaissance par l'employeur de dispositions conventionnelles qui étendent le périmètre de reclassement et prévoient une procédure destinée à favoriser un reclassement à l'extérieur de l'entreprise, avant tout licenciement, constitue un manquement à l'obligation de reclassement préalable au licenciement et prive celui-ci de cause réelle et sérieuse. • Soc. 28 mai 2008 : 🕆 RDT 2008. 529, obs. Héas (3 arrêts) / ; RJS 2008. 707, n° 877. ♦ V. aussi : • Soc. 18 févr. 2014 : 🕆 RJS 2014. 254, n° 307 • 8 juill. 2014 : 🕆 RJS 2014. 658, n° 773 • Soc. 27 mai 2015, 🕆 n° 13-26.968 : D. actu. 19 juin 2015, obs. Cortot ; D. 2015. Actu. 1213 / ; RJS 8-9/2015, n° 553. ♦ Seule l'absence de saisine de la commission paritaire de l'emploi constitue un manquement à l'obligation préalable au licenciement et prive celui-ci de cause réelle et sérieuse, peu important, en l'absence d'une telle commission, que soient saisis ou non les syndicats d'employeurs conformément aux exigences des art. 14 et 15 de l'ANI du 10 févr. 1969 sur la sécurité de l'emploi. • Soc. 22 oct. 2014 : 🕆 D. actu. 21 nov. 2014, obs. Ines ; RJS 1/2015, n° 13. ♦ L'employeur n'est pas tenu de fournir à la commission paritaire nationale une liste nominative des salariés dont le licenciement est envisagé ni leur profil individuel. • Soc.

17 mars 2015, ⚖ n° 13-24.303 : *D. actu. 19 juin 2015*, obs. Cortot ; *RDT 2015*. 331, obs. Fabre ⌀ ; *RJS 6/2015*, n° 398.

8. Lorsque l'accord de branche, même s'il se réfère à l'accord national interprofessionnel du 10 févr. 1969 sur la sécurité de l'emploi, n'attribue pas de mission en matière de reclassement externe à la commission paritaire de l'emploi et de la formation professionnelle, l'employeur n'a pas à saisir cette commission avant un licenciement économique de plus de 10 salariés. ● Soc. 11 juill. 2016, ⚖ n° 15-12.752 P : *D. 2016. Actu. 1572* ⌀ ; *RDT 2016*. 619, obs. Kocher ⌀ ; *RJS 10/2016*, n° 626 ; *JSL 2016*, n° 416-5, obs. Pacotte et Leroy ● Soc. 16 nov. 2017, ⚖ n° 16-14.572 P : *RJS 1/2018*, n° 27 ; *JSL 2018*, n° 446-6 ; *JCP S 2017*. 1420, obs. Dumont.

9. Coemployeurs. BIBL. Auzero, *SSL 2013*, n° 1600, p. 8 ; *JCP S 2013* n° 1439 (effets avérés et à venir du coemploi). – Bailly, *SSL 2013*, n° 1600, p. 11 ; *JCP S 2013*. 1441 (le coemploi : une situation exceptionnelle). – Cesaro, *RJS 2013*. 3 ; *JCP S 2013*. 1081. – Cesaro et Peskine, *RDT 2014. Controverse 661* ⌀ (le coemploi sur la sellette ?). – Champeaux, *SSL 2013*, n° 1567, p. 11 ; ibid., n° 1600, p. 7. – Davico-Hoarau, *JSL 2013*, n°ˢ 355-356-1 (incertitudes et dangers du coemploi). – Gauriau, *Dr. soc. 2012*. 995 ⌀ (le coemployeur). – Guillon et Janin, *JCP S 2013*. 1442 (le coemploi : les moyens de riposte). – Loiseau, *JCP S 2013*. 1439 (identification du coemploi) ; ibid. *2016*. 1317 (le coemploi mort ou vif). – Mir, Brihi et Lacomble, *JCP S 2013*. 1082. – Morvan, *JCP S 2013*. 1438 (identification du coemployeur). – Pagnerre, *Dr. soc. 2016*. 550 ⌀ (regard historique sur le coemploi) ; *JCP S 2017*. 1188 (le coemploi, un exception française ?). – Thiébart, Champeaux et Renaud, *SSL 2013*, n° 1597, p. 10. ♦ Le licenciement économique prononcé par l'un des coemployeurs mettant fin au contrat de travail, chacun d'eux doit en supporter les conséquences, notamment au regard de l'obligation de reclassement. ● Soc. 28 sept. 2011 : ⚖ *D. 2012*. 901, obs. Lokiec et Porta ⌀ ; *JCP S 2011*. 1548, obs. Guyot. ♦ Hors l'existence d'un lien de subordination, une société faisant partie d'un groupe ne peut être considérée comme un coemployeur à l'égard du personnel employé par une autre, que s'il existe entre elles, au-delà de la nécessaire coordination des actions économiques entre les sociétés appartenant à un même groupe et de l'état de domination économique que cette appartenance peut engendrer, une confusion d'intérêts, d'activités et de directions se manifestant par une immixtion dans la gestion économique et sociale de cette dernière. ● Soc. 2 juill. 2014 : ⚖ *D. 2014. Actu. 1502* ⌀ ; *RDT 2014*. 625, obs. Kocher ⌀ ; *JSL 2014*, n° 372-2, obs. Boulanger, Liault et Kessler. ♦ Ne peuvent suffire à caractériser une situation de coemploi au sein d'un groupe le fait que les dirigeants de la filiale proviennent de la société mère et agissent en étroite collaboration avec la société mère ; que la politique du groupe déterminée par la société mère ait une incidence sur l'activité économique et sociale de sa filiale ou sur la politique de développement ou la stratégie commerciale et sociale de celle-ci ; que la société mère ait pris dans le cadre de cette politique des décisions affectant le devenir de sa filiale et se soit engagée à garantir l'exécution des obligations de cette dernière liées à la fermeture du site et à la suppression des emplois ou se soit engagée au cours du redressement judiciaire de la filiale à prendre en charge le financement du plan de sauvegarde de l'emploi. ● Soc. 6 juill. 2016, ⚖ nᵒˢ 14-27.266 et 14-26.541 P : *D. 2016. Actu. 1504* ⌀ ; ibid. 2096, note Dammann et François ⌀ ; *RDT 2016*. 560, obs. Vernac ⌀ ; *JSL 2016*, n° 416-2, obs. Tissandier ; *JCP G 2016*. 960, note Pagnerre ; *RJS 10/2016*, n° 609 ; *SSL 2016*, n° 1738, note Auzero. ♦ Une situation de coemploi entre une société et son président peut résulter d'une confusion d'intérêts, d'activités et de direction à condition toutefois qu'elle soit détachable du mandat social exercé par le président dans cette société. ● Soc. 24 juin 2014 : ⚖ *D. actu. 24 juill. 2014*, obs. Ines. ♦ Une situation de coemploi est caractérisée lorsqu'est constatée l'immixtion de deux sociétés d'un groupe international dans la gestion économique et sociale d'une filiale française de ce groupe. ● Soc. 6 juill. 2016, ⚖ n° 15-15.481 P : *RDT 2016*. 560, obs. Vernac ⌀ ; *JCP G 2016*. 960, note Pagnerre ; *RJS 10/2016*, n° 609 ; *SSL 2016*, n° 1738, note Auzero.

10. Entreprise en liquidation judiciaire. Dans le cadre d'une entreprise en redressement ou liquidation judiciaire, le mandataire-liquidateur doit procéder, antérieurement au licenciement, à une recherche de reclassement. ● Soc. 10 mai 1999, ⚖ n° 97-40.060 P : *D. 2000. Somm*. 8, obs. Derrida ⌀ ; *RJS 1999*. 490, n° 802. ♦ Mais lorsqu'un jugement arrêtant un plan de cession autorise le licenciement de salariés dont les emplois sont supprimés, le cessionnaire de l'entreprise n'est tenu à l'égard de ces derniers d'aucune obligation de reclassement. ● Soc. 4 juill. 2006 : ⚖ *RDT 2006*. 243, obs. Waquet ⌀.

11. Ne présente pas de caractère sérieux la question tendant à considérer que l'obligation imposée au liquidateur judiciaire de procéder à la fois à la mise en place de mesures préalables de reclassement et au licenciement des salariés, dans le délai de quinze jours suivant le jugement de liquidation, est contraire au principe d'égalité devant la loi. ● Soc., QPC, 19 avr. 2013 : ⚖ *D. actu. 3 mai 2013*, obs. Peyronnet.

II. OBJET DU RECLASSEMENT

12. Moment. L'employeur doit rechercher et proposer aux salariés les postes disponibles avant tout licenciement économique. ● Soc. 15 déc. 1998, n° 96-41.989 P : *RJS 1999*. 116, n° 178. ♦ Le reclassement doit être tenté avant la notification du licenciement. ● Soc. 30 mars 1999 : ⚖ *D. 1999*.

IR 122 ; RJS 1999. 400, n° 645 ; Dr. soc. 1999. 635, obs. Couturier. ♦ Mais l'employeur n'est pas tenu d'un devoir de prévision à long terme, l'obligation de reclassement dont l'employeur est débiteur naît au jour de l'apparition de la cause de licenciement. • Soc. 21 juin 2006 : ⚖ *RDT 2006. 243*, obs. Waquet. ♦ Au titre de son obligation de reclassement, l'employeur doit proposer au salarié les emplois disponibles au moment où il manifeste sa volonté de mettre fin au contrat de travail en notifiant la lettre de licenciement, d'autre part, il peut offrir au salarié la faculté de remettre en cause ce licenciement par l'acceptation des propositions de reclassement interne contenues dans cette lettre. • Soc. 26 juin 2013 : ⚖ *RDT 2013. 626*, obs. Fabre. ♦ Il n'y a pas de manquement à l'obligation de reclassement si l'employeur justifie de l'absence de poste disponible, à l'époque du licenciement, dans l'entreprise, ou s'il y a lieu dans le groupe auquel elle appartient (en l'espèce, les lettres adressées aux membres du GIE justifiant les efforts de reclassement portaient la date de l'entretien préalable). • Soc. 2 juill. 2014 : ⚖ *D. actu. 15 sept. 2014*, obs. Peyronnet ; *RJS 2014. 579, n° 672*.

13. Les possibilités de reclassement s'apprécient au plus tard à la date du licenciement ; l'employeur qui, en licenciant un salarié pour motif économique, a limité sa recherche de reclassement au périmètre de l'entreprise a bien respecté son obligation de reclassement dès lors que l'intégration de celle-ci dans un groupe n'est qu'au stade de projet à la date du licenciement. • Soc. 1er juin 2010 : ⚖ *D. 2010. Actu. 1564* ; *RJS 2010. 591, n° 652* ; *Dr. ouvrier 2010. 546*, obs. Mazières ; *Dr. soc. 2010. 995*, obs. Couturier ; *JCP S 2010. 1311*, obs. Puigelier.

14. Reclassement dans le groupe (jurisprudence rendue sous l'empire des dispositions de l'Ord. du 22 sept. 2017). Le périmètre à prendre en considération pour l'exécution de l'obligation de reclassement se comprend de l'ensemble des entreprises du groupe dont les activités, l'organisation ou le lieu d'exploitation leur permettent d'effectuer la permutation de tout ou partie du personnel, peu important qu'elles appartiennent ou non à un même secteur d'activité. • Soc. 8 nov. 2023, ⚖ n° 22-18.784 B.

15. Reclassement dans le groupe (jurisprudence rendue sous l'empire des dispositions antérieures à l'Ord. du 22 sept. 2017). Sur l'appréciation des possibilités et des conditions de reclassement dans le groupe auquel appartient l'employeur, V. • Soc. 25 juin 1992 : ⚖ *Dr. soc. 1992. 826*, concl. Kessous ; *ibid. 1993. 272*, note Urban ; *JCP E 1992. I. 197, n° 5*, obs. Coursier. • 19 nov. 1992, ⚖ n° 91-45.774 P. • 5 avr. 1995, ⚖ *Vidéocolor, n° 93-42.690 P : GADT, 4e éd., n° 114* ; *D. 1995. 503*, note Keller ; *ibid. Somm. 367*, obs. de Launay-Gallot ; *Dr. soc. 1995. 482*, note Waquet ; *RJS 1995. 334, n° 497* ; *ibid. 321*, concl. Chauvy ; *JCP 1995. II. 22443*, note Picca ; *JCP E 1995. I. 499, n° 3*, obs. Coursier. • 5 avr. 1995, ⚖ *SA TRW Repa : eod. loc.* • 31 janv. 2001 : ⚖ *Dr. soc. 2001. 565*, obs. Couturier. ♦ V. conf., pour des salariés protégés : • CE 11 juin 1993 : ⚖ *JCP E 1993. Pan. 817*. ♦ Il appartient au juge, en cas de contestation sur la consistance ou le périmètre du groupe de reclassement, de former sa conviction au vu de l'ensemble des éléments qui lui sont soumis par les parties. V. • Soc. 16 nov. 2016, ⚖ n° 15-19.927.

16. La seule détention d'une partie du capital d'une société par d'autres sociétés n'implique pas en soi la possibilité d'effectuer entre elles la permutation de tout ou partie du personnel et ne caractérise pas l'existence d'un groupe au sein duquel le reclassement doit s'effectuer. • Soc. 27 oct. 1998, ⚖ n° 96-40.626 P : *RJS 1998. 890, n° 1456* ; *CSB 1998. 322, A. 48* • 10 févr. 2009 : ⚖ *RDT 2009. 377*, obs. Chagny. ♦ En revanche, démontre la permutabilité du personnel la constatation que le contrat de travail de l'intéressé prévoyait la possibilité de son affectation dans des filiales, des sociétés mères ou partenaires de l'employeur et, d'autre part, les déclarations de l'employeur, que plusieurs salariés avaient été affectés dans lesdites sociétés. • Soc. 5 oct. 1999, ⚖ n° 97-41.838 P : *D. 1999. IR 242* ; *RJS 1999. 835, n° 1356* ; *Dr. soc. 1999. 1112*, obs. Couturier.

17. L'adhésion d'une mutuelle de santé à une fédération nationale n'entraîne pas en soi la constitution d'un groupe, au sens des dispositions de l'art. L. 1233-4, dans lequel devrait être recherché le reclassement d'un salarié licencié pour motif économique. • Soc. 11 févr. 2015, ⚖ n° 13-23.573 : *D. actu. 26 févr. 2015*, obs. Ines ; *JSL 2015, n° 385-4*, obs. Tissandier ; *RJS 4/2015, n° 245*.

18. Union syndicale. L'adhésion d'une union syndicale locale à une union départementale et à des organes confédéraux n'entraîne pas en soi la constitution d'un groupe au sens des dispositions de l'art. L. 1233-4, dans lequel devrait être recherché le reclassement d'un salarié licencié pour motif économique, s'il n'est pas précisé en quoi ses activités, son organisation ou son lieu d'exploitation lui permettaient d'effectuer la permutation de tout ou partie du personnel avec d'autres unions affiliées au même syndicat. • Soc. 7 mars 2017, ⚖ n° 15-23.038 P : *D. 2017. Actu. 650* ; *RJS 5/2017, n° 329* ; *JCP S 2017. 1118*, obs. Jeansen.

19. Lorsqu'une procédure de licenciement économique est engagée simultanément dans plusieurs entreprises d'un même groupe, si des salariés d'entreprises différentes se trouvent en concurrence sur des postes de reclassement disponibles dans l'une ou l'autre entreprise du groupe, priorité est donnée, à qualification comparable, aux salariés de l'entreprise au sein de laquelle des postes se trouvent disponibles. • Soc. 11 déc. 2001, ⚖ n° 99-44.291 P : *D. 2002. IR 370* ; *Dr. soc. 2002. 222*, obs. Couturier ; *RJS 2002. 137, n° 155* ; *JSL 2002, n° 93-3*.

20. Dès lors que l'employeur avait recherché et proposé aux intéressés toutes les possibilités de reclassement qui existaient dans l'entreprise et dans le groupe, que les « offres valables d'emplois » (OVE) prévues dans le plan n'étaient destinées qu'à assurer la reconversion professionnelle des salariés, hors de l'entreprise et hors du groupe, après leur licenciement, il apparaît que l'inobservation de ce dispositif par l'employeur n'était pas de nature à caractériser un manquement à son obligation de reclassement, préalable aux licenciements, de sorte qu'il n'y avait pas lieu, pour se prononcer sur la cause des licenciements, de vérifier si cet engagement avait été tenu. • Soc. 21 nov. 2006 : ⚖ *Dr. soc. 2007. 114, obs. Couturier* 🖉 . ◆ Si une entreprise qui appartient à un groupe est tenue de solliciter les autres sociétés du groupe en vue de rechercher un reclassement avant tout licenciement économique, cela ne met aucune obligation à la charge desdites sociétés. • Soc. 13 janv. 2010 : ⚖ *D. 2010. AJ 271* 🖉 ; *ibid. 2010. 1129, note Dondero* 🖉 ; *RDT 2010. 230, obs. Géa* 🖉 ; *Dr. soc. 2010. 474, obs. Couturier* 🖉 ; *Dr. ouvrier 2010. 214, obs. Loiseau* ; *JCP S 2010. 1225, note Olivier* ; *JSL 2010, n° 270-2, obs. Hautefort* ; *SSL 2010, n° 1432, p. 12, obs. Hautefort.*

21. Recherche de reclassement dans le groupe et communication aux entreprises du groupe des profils des salariés concernés. Lorsqu'un employeur envisage un licenciement économique collectif, les recherches de postes disponibles dans les autres sociétés du groupe auquel il appartient n'ont pas à être assorties du profil personnalisé des salariés concernés. • Soc. 17 mars 2021, ⚖ n° 19-11.114 P : *D. actu. 25 mars 2021, obs. Malfettes* ; *D. 2021. Actu. 577* 🖉 ; *Dr. soc. 2021. 660, obs. Lokiec* 🖉 ; *RJS 5/2021, n° 263* ; *JSL 2021, n° 522-2, obs. Millet* ; *JCP S 2021. 1100, obs. Pagnerre* ; *JCP 2021. 377, obs. Dedessus-Le-Moustier.*

22. Charge de la preuve du périmètre du groupe de reclassement. Ne méconnaît pas les règles de la charge de la preuve relatives au périmètre du groupe de reclassement, la cour d'appel qui, appréciant les éléments qui lui étaient soumis tant par l'employeur que par le salarié, a constaté qu'il n'était pas démontré que l'organisation du réseau de distribution auquel appartenait l'entreprise permettait entre les sociétés adhérentes la permutation de tout ou partie de leur personnel. • Soc. 16 nov. 2016, ⚖ n°s 14-30.063 et 15-19.927 : *D. actu. 21 déc. 2016, obs. Ines*. ◆ Si la preuve de l'exécution de l'obligation de reclassement incombe à l'employeur, il appartient au juge, en cas de contestation sur l'existence ou le périmètre du groupe de reclassement, de former sa conviction au vu de l'ensemble des éléments qui lui sont soumis par les parties ; s'il est constaté qu'il n'était pas suffisamment établi que le périmètre de reclassement devait être limité à seulement 35 sociétés du groupe, comme retenu par l'employeur, les juges du fond ont pu en déduire, sans méconnaître les règles relatives à la charge de la preuve, que l'employeur ne justifiait pas du respect de son obligation de reclassement. • Soc. 31 mars 2021, ⚖ n° 19-17.300 P : *RJS 6/2021, n° 308.*

23. Entreprises en liquidation judiciaire. Les emplois maintenus pour les besoins de la liquidation ne peuvent être considérés comme des emplois disponibles pour le reclassement. • Soc. 15 juin 2010 : ⚖ *D. 2010. Actu. 1721* 🖉 ; *D. actu. 9 juill. 2010, obs. Cortot* ; *RJS 2010. 590, n° 651.*

24. Emploi salarié. Seuls les emplois salariés doivent être proposés dans le cadre du reclassement. • Soc. 31 mars 2009 : ⚖ *RJS 2009. 457, n° 509* ; *JCP S 2009. 1309, obs. Dumont.*

III. MISE EN ŒUVRE DU RECLASSEMENT

25. Loyauté. L'employeur doit exécuter loyalement son obligation de reclassement. • Soc. 7 avr. 2004, ⚖ n° 01-44.191 P : *D. 2004. IR 1352* 🖉 ; *Dr. soc. 2004. 670, obs. Couturier* 🖉 (recrutement d'une personne extérieure dans l'une des sociétés du groupe à un poste qui aurait pu être offert au salarié alors que le processus de licenciement était en cours). ◆ L'employeur, tenu d'exécuter de bonne foi le contrat de travail, ne doit proposer au salarié, dont le licenciement économique est envisagé, un emploi de catégorie inférieure qu'à défaut de possibilités de reclassement dans un emploi de même catégorie correspondant à sa qualification. • Soc. 12 juill. 2006 : ⚖ *RJS 2006. 778, n° 1045*. • CE 7 mai 2014, ⚖ n° 368530. ◆ L'employeur doit dans l'exécution de son obligation de reclassement respecter son obligation de loyauté ; celui-ci manque à cette obligation s'il est constaté que, dans la période ayant immédiatement précédé le licenciement d'un salarié chef de service de presse, l'employeur avait envisagé le recrutement d'un attaché de presse puis s'était ravisé et avait licencié l'intéressé après lui avoir offert un reclassement dans un emploi de vendeur avec une rémunération réduite de 75 %. • Soc. 27 oct. 1998, ⚖ n° 96-42.843 P : *RJS 1998. 890, n° 1457.*

26. Offres écrites et précises. Les offres de reclassement adressées au salarié doivent être écrites et précises. • Soc. 20 sept. 2006 : ⚖ *D. 2007. Pan. 687, obs. Leclerc* 🖉 ; *RDT 2006. 315, obs. Waquet* 🖉 ; *D. 2006. IR 2345* 🖉 ; *Dr. soc. 2006. 1151, note Couturier* 🖉 ; *JSL 2006, n° 198-2* ; *RJS 2006. 866, n° 1163.*

27. Offre personnalisée (jurisprudence antérieure à l'Ord. n° 2017-1387 du 22 sept. 2017). L'obligation de reclassement impose à l'employeur de faire des propositions personnelles à l'intéressé et de procéder à un examen individuel des possibilités de reclassement. • Soc. 26 sept. 2006 : ⚖ *RDT 2006. 316, obs. Waquet* 🖉 ; *RJS 2006. 867, n° 1166* (diffusion d'offre de reclassement sous forme de liste sur l'intranet de l'entreprise). ◆ L'offre de reclassement doit être personnalisée ; tel n'est pas le cas de la proposition en termes identiques d'un poste à des salariés exerçant des fonctions et jouissant d'anciennetés différentes. • Soc. 19 janv. 2011 : 🛠 *RDT 2011. 310, obs. Géa* 🖉. ♦ En cas de liquidation judiciaire, une lettre de demande de recherche de reclassement, en l'espèce adressée par le liquidateur à une société du groupe, répond à l'obligation légale de personnalisation dès lors qu'elle comporte une liste des salariés concernés et indique leur classification ainsi que la dénomination de leur emploi. • Soc. 22 oct. 2014 : 🛠 *D. actu. 21 nov. 2014, obs. Ines ; RJS 1/2015, nº 13.*

28. Concours de reclassement entre salariés de la même entreprise. Ne satisfait pas à son obligation de reclassement l'employeur qui, sur un poste ayant fait l'objet d'une proposition de reclassement à plusieurs salariés dont le licenciement était envisagé, choisit de le pourvoir en choisissant un salarié dont le licenciement n'est pas envisagé. • Soc. 23 mars 2011 : 🛠 *RDT 2011. 310, obs. Géa* 🖉.

29. Prise en compte des souhaits exprimés par le salarié. Ne manque pas à son obligation de reclassement, l'employeur qui fait une proposition de poste refusée par le salarié pour des considérations personnelles et justifie de l'absence de poste en rapport avec les compétences de celui-ci dans le périmètre géographique de reclassement souhaité par le salarié. • Soc. 13 nov. 2008 : 🛠 *D. 2009. Pan. 590, obs. Peskine* 🖉 *; RDT 2009. 37, obs. Frouin* 🖉 *; RJS 2009. 47, nº 25 ; JSL 2009, nº 247-5 ; JCP S 2009. 1069, obs. Everaert-Dumont.* ♦ Mais l'employeur ne peut limiter ses recherches de reclassement et ses offres en fonction de la volonté de ses salariés, exprimée à sa demande et par avance, en dehors de toute proposition concrète ; ainsi ne satisfait pas à son obligation de reclassement l'employeur qui s'est borné à solliciter de ses salariés qu'ils précisent, dans un questionnaire renseigné avant toute recherche et sans qu'ils aient été préalablement instruits des possibilités de reclassement susceptibles de leur être proposées, leurs vœux de mobilité géographique en fonction desquels il avait ensuite limité ses recherches et propositions de reclassement. • Soc. 4 mars 2009 : 🛠 *JCP E 2009. 1516, note Béal ; SSL 2009, nº 1391, p. 11.*

30. Délai. L'employeur ne respecte pas son obligation de reclassement s'il procède au licenciement des salariés sans attendre le délai qu'il leur a imparti pour accepter ou refuser le reclassement. • Soc. 24 avr. 2003 : 🛠 *RJS 2003. 574, nº 859.* ♦ Le délai de réflexion fixé par un plan de sauvegarde de l'emploi pour que le salarié se prononce sur les propositions de reclassement qui lui sont faites dans le cadre d'un licenciement pour motif économique constitue une garantie de fond dont le non-respect par l'employeur emporte méconnaissance de son obligation de reclassement et prive le licenciement de cause réelle et sérieuse. • Soc. 16 mai 2007 : 🛠 *RDT 2007. 455, obs. Waquet* 🖉.

31. Salariés protégés. Les possibilités de reclassement dans l'entreprise, et éventuellement au sein du groupe, s'apprécient antérieurement à la date d'autorisation du licenciement, à compter du moment où celui-ci est envisagé. • CE 23 mars 2016, 🛠 nº 386108 : *RJS 6/2016, nº 439.* ♦ Si, après qu'une première demande d'autorisation de licenciement d'un salarié a été refusée par l'administration, celle-ci est à nouveau saisie par l'employeur d'une demande d'autorisation de licencier le même salarié, il lui appartient d'apprécier cette nouvelle demande compte tenu des circonstances de droit et de fait à la date à laquelle elle prend sa nouvelle décision. • Même décision. ♦ L'employeur n'est pas tenu d'adresser à nouveau au salarié, avant de présenter cette seconde demande, celles des propositions de reclassement encore valides qu'il avait déjà faites au salarié avant de présenter sa première demande d'autorisation de licenciement et que ce dernier aurait refusées. • Même décision.

32. Lorsque le licenciement économique d'un salarié protégé a été autorisé par l'inspecteur du travail à qui il appartient de vérifier le respect de l'obligation individuelle de reclassement pour apprécier le caractère réel et sérieux de la cause du licenciement, le juge judiciaire ne peut sans violer le principe de la séparation des pouvoirs contrôler le respect de cette obligation. • Soc. 23 juin 2009, 🛠 nº 07-44.640 P : *D. 2009. Actu. 1903* 🖉 *; RJS 10/2009, nº 820 ; JCP S 2009.1422, obs. Kerbourc'h.*

33. Refus des mesures de reclassement. Les salariés menacés de licenciement économique sont en droit de refuser les mesures de reclassement qui leur sont proposées ; les salariés qui n'adhèrent pas à la mesure de préretraite interne, refusent une mutation géographique et ne recourent pas aux services d'un cabinet d'outplacement ne font qu'exercer leur droit. • Soc. 29 janv. 2003, 🛠 nº 00-46.322 P : *D. 2003. IR 466* 🖉 *; JSL 2003, nº 119-4.*

34. Sanction. En l'absence de disposition expresse en ce sens, et la nullité ne se présumant pas, la méconnaissance de l'obligation individuelle de reclassement n'est pas sanctionnée par la nullité de la procédure de licenciement et l'obligation de réintégration. • Soc. 26 févr. 2003, 🛠 nº 01-41.030 P. ♦ La proposition d'une modification du contrat de travail, que le salarié peut toujours refuser, ne dispense pas non plus l'employeur de son obligation de reclassement.

Art. L. 1233-4-1 (*Abrogé par Ord. nº 2017-1387 du 22 sept. 2017, art. 16*) (*L. nº 2015-990 du 6 août 2015, art. 290-II*) *Lorsque l'entreprise ou le groupe dont l'entreprise fait partie comporte des établissements en dehors du territoire national, le salarié dont le licenciement est envisagé peut demander à l'employeur de recevoir des offres de reclassement dans ces éta-*

blissements. Dans sa demande, il précise les restrictions éventuelles quant aux caractéristiques des emplois offerts, notamment en matière de rémunération et de localisation. L'employeur transmet les offres correspondantes au salarié ayant manifesté son intérêt. Ces offres sont écrites et précises.

Les modalités d'application du présent article, en particulier celles relatives à l'information du salarié sur la possibilité dont il bénéficie de demander des offres de reclassement hors du territoire national, sont précisées par décret. — V. art. D. 1233-2-1.

Cette abrogation est applicable aux procédures de licenciement économique engagées après le 23 sept. 2017, date de publication de l'Ord. n° 2017-1387 du 22 sept. 2017 (Ord. préc., art. 40-V).

Reclassement à l'étranger. L'employeur, qui n'a pas informé le salarié de ce qu'il disposait d'un délai de six jours ouvrables pour manifester son accord et que l'absence de réponse vaudrait refus, ne peut se prévaloir du silence du salarié et reste tenu de formuler des offres de reclassement hors du territoire national. • Soc. 9 oct. 2019, ⚖ n° 17-28.150 P : *D. 2019. Actu. 1998* ∅ ; *RJS 12/2019, n° 671* ; *JCP S 2019. 1346*, obs. Chenu.

COMMENTAIRE

V. sur le Code en ligne 🔒. ❑

SOUS-SECTION 4 Critères d'ordre des licenciements

Art. L. 1233-5 Lorsque l'employeur procède à un licenciement collectif pour motif économique et en l'absence de convention ou accord collectif de travail applicable, il définit les critères retenus pour fixer l'ordre des licenciements, après consultation du (*Ord. n° 2017-1386 du 22 sept. 2017, art. 4 ; Ord. n° 2017-1387 du 22 sept. 2017, art. 18*) « comité social et économique ».

Ces critères prennent notamment en compte :
1° Les charges de famille, en particulier celles des parents isolés ;
2° L'ancienneté de service dans l'établissement ou l'entreprise ;
3° La situation des salariés qui présentent des caractéristiques sociales rendant leur réinsertion professionnelle particulièrement difficile, notamment celle des personnes handicapées et des salariés âgés ;
4° Les qualités professionnelles appréciées par catégorie.
(*L. n° 2013-504 du 14 juin 2013, art. 20-I*) « L'employeur peut privilégier un de ces critères, à condition de tenir compte de l'ensemble des autres critères prévus au présent article. »
(*Ord. n° 2017-1387 du 22 sept. 2017, art. 18*) « Le périmètre d'application des critères d'ordre des licenciements peut être fixé par un accord collectif.
« En l'absence d'un tel accord, ce périmètre ne peut être inférieur à celui de chaque zone d'(*Ord. n° 2017-1718 du 20 déc. 2017, art. 1ᵉʳ-I*) « emplois » dans laquelle sont situés un ou plusieurs établissements de l'entreprise concernés par les suppressions d'emplois. »
« Les conditions d'application de l'avant-dernier alinéa du présent article sont définies par décret. » — V. art. D. 1233-2.

V. art. R. 1238-1 (pén.).

Les dispositions issues de l'Ord. n° 2017-1387 du 22 sept. 2017 sont applicables aux procédures de licenciements économiques engagées après le 23 sept. 2017, date de publication de l'Ord. (Ord. préc., art. 40-V).

BIBL. ▶ Ordre des licenciements : Delage, *Rev. huissiers 1996. 1343.* – Despax, *Dr. soc. 1994. 243* ∅. – Géa, *Dr. soc. 2013. 830* ∅ ; *RDT 2015. 115* ∅ (ordre des licenciements et projet de loi Macron). – Kocher, *RJS 4/2018, p. 283* (contrôle juridictionnel de l'ordre des licenciements). – Legrand, *Dr. soc. 1995. 243* ∅. – Morvan, *JCP S 2013. 1040* (licenciements économiques secondaires). – Saramito, *Dr. ouvrier 1994. 211.* – Savatier, *Dr. soc. 1990. 515* ∅. – Verkindt, *ibid. 1996. 26* ∅ ; *Gaz. Pal. 1997. 1. Doctr. 162* ; *RJS 1997. 811.* – Waquet, *Dr. soc. 1994. 677* ∅.

COMMENTAIRE

V. sur le Code en ligne 🔒. ❑

I. CHAMP D'APPLICATION

1. Existence de licenciements. L'employeur n'est tenu de mettre en œuvre les dispositions de l'art. L. 321-1-1 [L. 1233-5 nouv.] sur les critères d'ordre des licenciements que lorsqu'un licenciement pour motif économique est décidé, et non lorsqu'il s'est borné à prévoir la mise en préretraite ou le reclassement interne de salariés. • Soc. 3 déc. 1996, ⚖ n° 94-22.163 P : *Dr. soc.* 1997. 105, obs. Savatier ✐ ; *Gaz. Pal.* 1997. 1. 64, note Philbert ; *RJS* 1997. 28, n° 23 ; *ibid.* 14, concl. P. Lyon-Caen • 10 mai 1999, ⚖ n° 96-19.828 P : *D.* 1999. IR 157 ✐ ; *RJS* 1999. 492, n° 806 ; *JCP* 2000. II. 10230, note Duquesne. ♦ Mais les critères fixant l'ordre des licenciements doivent être mis en œuvre à l'égard des salariés qui adhèrent à une convention de conversion et dont le licenciement a été décidé. • Soc. 17 juin 1997, ⚖ n° 95-43.162 P : *D.* 1997. IR 166 ✐ ; *JCP* 1998. II. 10013, note Corrignan-Carsin (1re esp.) ; *Dr. soc.* 1997. 694, concl. P. Lyon-Caen ✐ ; *RJS* 1997. 551, n° 852 ; *CSB* 1997. 213, A. 43. ♦ De même, est recevable à invoquer une violation de l'ordre des licenciements le salarié qui a accepté de bénéficier du revenu de substitution mis en place par l'employeur jusqu'à la liquidation des droits à la retraite. • Soc. 13 janv. 2009 : ⚖ *D.* 2009. AJ 376 ✐ ; *RJS* 2009. 212, n° 238 ; *Dr. soc.* 2009. 396, obs. Couturier ; *JCP S* 2009. 1138, obs. Dumont. ♦ A l'inverse, les règles relatives à l'ordre des licenciements ne s'appliquent que si l'employeur doit opérer un choix parmi les salariés à licencier ; tel n'est pas le cas lorsque le licenciement concerne tous les salariés d'une entreprise appartenant à la même catégorie professionnelle. • Soc. 27 mai 1997 : ⚖ *Dr. soc.* 1997. 744, obs. Savatier ✐. ♦ De même, lorsque tous les salariés ayant refusé la modification de leur contrat de travail sont concernés par un licenciement économique, il n'y a pas lieu d'appliquer un ordre des licenciements. • Soc. 27 mars 2012 : ⚖ *D. actu.* 27 avr. 2012, obs. Fleuriot ; *D.* 2012. Actu. 1013 ✐ ; *RDT* 2012. 218, obs. Géa ✐ ; *RJS* 2012. 457, n° 533 ; *JSL* 2012, n° 323-6, obs. Tourreil ; *JCP S* 2012. 1286, obs. Dumont. ♦ Lorsque les licenciements ne concernent que les salariés ayant refusé un reclassement avec modification du contrat de travail en raison d'un changement de lieu de travail, l'employeur n'a pas à faire application des critères de l'ordre des licenciements. • Soc. 28 oct. 2015, ⚖ n° 14-17.712 P.

2. Plan de départ volontaire. Sauf engagement de la part de l'employeur de s'y soumettre, celui-ci n'est pas tenu de mettre en œuvre les dispositions légales ou conventionnelles relatives à l'ordre des licenciements lorsque la rupture du contrat de travail pour motif économique résulte d'un départ volontaire du salarié dans le cadre d'un plan de départ volontaire prévu après consultation des institutions représentatives du personnel. • Soc. 1er juin 2017, ⚖ n° 16-15.456 P : *D. actu.* 29 juin 2017, obs. Cortot ; *D.* 2017. Actu. 1195 ✐ ; *RJS* 8-9/2017, n° 577 ; *JCP S* 2017. 1251, obs. Favennec-Héry.

3. Plan de départ volontaire autonome. Les critères d'ordre se trouvent privés d'objet lorsque l'employeur, soit en l'absence de toute suppression d'emploi, soit après avoir procédé aux licenciements consécutifs à des suppressions d'emploi en respectant ces critères d'ordre, envisage seulement de proposer à des salariés une modification de leur contrat de travail et ne prévoit leur licenciement qu'à raison de leur refus ; par suite, la circonstance que plan de sauvegarde de l'emploi ne comporte pas la pondération des critères d'ordre et la définition de leur périmètre d'application ne fait pas légalement obstacle à ce que l'administration homologue le document unilatéral relatif à ce plan. • CE 10 oct. 2018, ⚖ n° 395280 A : *RDT* 2019. 416, note Fabre ✐ ; *RJS* 12/2018, n° 735 ; *SSL* 2018, n° 1833, p. 5, concl. Lieber.

4. Plan de cession. La clause qui subordonne la cession d'une entreprise en redressement judiciaire au maintien du contrat de travail d'un salarié nommément désigné est dépourvue d'effet à l'égard des autres salariés relevant de la même catégorie professionnelle, les critères d'ordre du licenciement n'ayant pas été appliqués. • Soc. 29 janv. 2008 : ⚖ *RDT* 2008. 237, obs. Waquet ✐ ; *ibid.* 310, obs. Fabre ✐ ; *RJS* 2008. 312, n° 396 ; *Dr. soc.* 2008. 501, obs. Mazeaud ✐ ; *JCP S* 2008. 1410, note Morvan.

5. Document unilatéral de l'employeur portant PSE. En l'absence d'accord collectif ayant fixé les critères d'ordre des licenciements, le document unilatéral de l'employeur portant plan de sauvegarde de l'emploi ne saurait légalement définir des critères d'appréciation qui omettraient l'un des quatre critères d'appréciation prévus par le C. trav. ou neutraliseraient ses effets ; il n'en va autrement que s'il est établi de manière certaine, dès l'élaboration du plan de sauvegarde de l'emploi, que, dans la situation particulière de l'entreprise et pour l'ensemble des personnes susceptibles d'être licenciées, aucune des modulations légalement envisageables pour le critère d'appréciation en question ne pourra être matériellement mise en œuvre lors de la détermination de l'ordre des licenciements. • CE 27 janv. 2020, ⚖ n° 426230 : *RJS* 4/2020, n° 180.

II. PRISE EN COMPTE DES CRITÈRES

6. Fixation des critères. A défaut de convention ou d'accord collectif, l'employeur doit définir pour chaque licenciement collectif les critères retenus pour fixer l'ordre des licenciements. • Soc. 8 avr. 1992 : ⚖ *Dr. soc.* 1992. 627.

7. Consultation des représentants du personnel. L'obligation de consulter les représentants du personnel sur les critères d'ordre est satisfaite dès lors qu'ils ont été soumis au comité d'entreprise, même si ce dernier s'est refusé à émettre un avis. • Soc. 18 févr. 1998, 🏛 n° 95-42.172 P : *RJS 1998. 277, n° 440*.

8. Critères légaux. L'ordre des critères tel qu'il est fixé par la loi ne s'impose pas à l'employeur. • Soc. 20 nov. 1963 : *D. 1964. 139*, note G. Lyon-Caen • 17 nov. 1966 : *JCP 1967. II. 14974*, note Camerlynck. ♦ L'employeur qui n'a pas pris en compte le handicap du salarié alors que cette caractéristique est de nature à rendre plus difficile sa réinsertion professionnelle ne respecte pas les règles relatives à l'ordre des licenciements. • Soc. 11 oct. 2006 : 🏛 *RDT 2007. 32*, obs. Waquet ⊘ ; *RJS 2006. 645, n° 1268* ; *JSL 2006, n° 199-5* ; *JCP E 2006. 2847*, obs. Béal. ♦ Un choix fondé sur des éléments financiers viole les critères d'ordre des licenciements. • Soc. 13 juill. 1993 : 🏛 *Dr. soc. 1993. 879*. ♦ En l'absence d'accord collectif ayant fixé les critères d'ordre des licenciements, le document unilatéral de l'employeur fixant le plan de sauvegarde de l'emploi ne saurait légalement fixer des critères d'ordre des licenciements qui omettraient l'un des quatre critères d'appréciation ou neutraliseraient ses effets (un plan de sauvegarde de l'emploi ne peut donner au critère de « qualification professionnelle » une valeur fixe et, par suite, le neutraliser). • CE 1er févr. 2017, 🏛 n° 387886 A : *D. 2017. Pan. 849*, obs. Lokiec ⊘ ; *RJS 4/2° 17, n° 264*. ♦ Il n'en va autrement que s'il est établi de manière certaine, dès l'élaboration du plan de sauvegarde de l'emploi, que, dans la situation particulière de l'entreprise et pour l'ensemble des personnes susceptibles d'être licenciées, aucune des modulations légalement envisageables pour le critère d'appréciation en question ne pourra être matériellement mise en œuvre lors de la détermination de l'ordre des licenciements. • CE 22 mai 2019, 🏛 n° 413342 : *RJS 7/2019, n° 426*.

9. Pouvoirs de l'employeur. L'employeur a la possibilité de privilégier le critère tiré de la valeur professionnelle des salariés à condition de tenir compte de l'ensemble des autres critères. • Soc. 13 juin 1990, 🏛 n° 87-44.401 P. • 20 janv. 1993, 🏛 n° 91-42.032 P : *CSB 1993. 283*, obs. Philbert ; *Dr. soc. 1993. 303* ; *RJS 1993. 162, n° 261*. – Dans le même sens : • Soc. 3 déc. 1992 : 🏛 *RJS 1993. 33, n° 28* • 2 mars 2004, 🏛 n° 01-44.084 P : *D. 2004. IR 850* ⊘ ; *RJS 2004. 363, n° 528* • 14 janv. 1997, 🏛 n° 95-44.366 P : *GADT, 4e éd., n° 113* ; *D. 1998. Somm. 253*, note A. Lyon-Caen ⊘ ; *Gaz. Pal. 1997. 1. 71*, note Philbert ; *Dr. soc. 1997. 159*, concl. P. Lyon-Caen, note Savatier ⊘ ; *RJS 1997. 92, n° 131* ; *CSB 1997. 79, A. 18*.

10. Critères discriminatoires. Sur la prohibition des critères discriminatoires, V. • Soc. 8 avr. 1992 : 🏛 *D. 1992. IR 155* ; *Dr. soc. 1992. 628* • 7 oct. 1992, 🏛 n° 89-45.503 P : *Dr. soc. 1992. 924* ; *CSB 1992. 255, A. 45, (2e esp.)* ; *RJS 1992. 690, n° 1268* (salariées licenciées pour la seule raison qu'elles étaient en congé parental d'éducation) • 3 mars 1998, 🏛 n° 95-41.610 P : *D. 1998. IR 93* ⊘ ; *Dr. soc. 1998. 507*, obs. Verkindt ⊘ ; *RJS 1998. 342, n° 548* • 4 juill. 2012 : 🏛 *D. 2012. Actu. 1894* ⊘ ; *JCP S 2012. 1407*, obs. Béal et Marguerite. (discrimination au détriment des salariés à temps partiel) • 10 févr. 1998, 🏛 n° 95-42.315 P. (nationalité étrangère).

11. Périmètre d'appréciation (jurisprudence rendue sous l'empire des dispositions antérieures à la L. n° 2015-990). Les critères d'ordre des licenciements s'appliquant à l'ensemble du personnel, l'employeur qui supprime un service et licencie tout le personnel de ce service est tenu de comparer la situation des salariés de ce service à celle des autres salariés de l'entreprise. • Soc. 24 mars 1993, 🏛 n° 90-42.002 P : *GADT, 4e éd., n° 112* ; *RJS 1993. 298, n° 500* ; *CSB 1993. 141, A. 34* • 1er déc. 1998 : 🏛 *RJS 1999. 31, n° 27* (même solution en ce qui concerne la fermeture d'un établissement). ♦ Sauf accord collectif conclu au niveau de l'entreprise ou à un niveau plus élevé, les critères déterminant l'ordre des licenciements doivent être mis en œuvre à l'égard de l'ensemble du personnel de l'entreprise. • Soc. 15 mai 2013 : 🏛 *RDT 2013. 559*, obs. Fabre ⊘ ; *SSL 2013, n° 1585, p. 5*, obs. Champeaux ; *JSL 2013, n° 346-5*, obs. Hautefort.

12. Un accord collectif conclu au niveau de l'entreprise peut prévoir un périmètre, pour l'application des critères déterminant l'ordre des licenciements, inférieur à celui de l'entreprise (agence, bureau, site technique…). • Soc. 14 oct. 2015, 🏛 n° 14-14.339 P : *D. actu. 30 nov. 2015*, obs. Ines ; *D. 2015. Actu. 2131* ⊘ ; *RJS 12/2015, n° 763* ; *JSL 2015, n° 399-400-6*, obs. Tissandier • CE 10 juill. 2017, 🏛 n° 398256 : *RDT 2017. 701*, concl. Dieu ⊘ ; *RJS 10/2017, n° 670*.

13. Un document unilatéral de l'employeur portant sur le plan de sauvegarde de l'emploi ne peut prévoir la mise en œuvre des critères d'ordre des licenciements à un niveau inférieur à l'entreprise. • CE 7 déc. 2015, 🏛 n° 386582 : *RJS 2/2016, n° 120* ; *JCP S 2016. 1048*, obs. Morvan.

14. Salariés concernés. Les salariés dont le contrat de travail est suspendu ne sont pas exclus de l'ordre des licenciements. • Soc. 25 mai 1993, 🏛 n° 90-44.451 P : *Dr. soc. 1993. 675*. ♦ Il peut être procédé au licenciement d'un salarié dont le poste n'est pas supprimé. • Soc. 13 juin 1996, 🏛 n° 93-43.298 P : *D. 1996. IR 171* ⊘ • 29 juin 1994, 🏛 n° 92-44.466 P : *D. 1994. IR 214* ⊘.

15. Loyauté. Manque à son obligation de loyauté l'employeur qui ne prend pas en compte les salariés issus d'une opération de fusion lors de la mise en œuvre des critères d'ordre des licenciements économiques, cette opération étant intervenue un an plus tôt mais l'immatriculation de l'entité acquise en tant qu'établissement secondaire de la société ne devant intervenir que trois semaines plus tard. • Soc. 8 oct. 2014 : 🏛 *D. actu. 28 oct. 2014*, obs. Fraisse ; *RJS 2014. 729, n° 843*.

16. Représentants du personnel. Sur l'application de l'art. L. 321-1-1 [L. 1233-5 nouv.] aux représentants du personnel, V. ● CE 27 juin 1979 : *D. 1980. IR 85, obs. Pélissier.* ◆ Le non-respect des critères prévus par la convention collective ne suffit pas à lui seul, en l'absence de tout indice de discrimination, à révéler l'existence d'un lien entre le licenciement et les mandats détenus par le salarié. ● CE 10 avr. 1991 : 🔒 *RJS 1991. 386, n° 726.*

17. Catégorie professionnelle. Les critères doivent être appréciés dans la catégorie professionnelle à laquelle appartient le salarié. ● Soc. 30 juin 1993, 🔒 n° 91-43.426 P : *RJS 1993. 510, n° 857.* ● 20 janv. 1993, 🔒 n° 91-43.247 P : *D. 1993. IR 63.* ● 12 janv. 1994 : 🔒 *Dr. soc. 1994. 275.* ● 8 juin 1999 : 🔒 *RJS 1999. 559, n° 909.* ◆ Au sein d'une catégorie, il n'est pas possible d'opérer une distinction en procédant par priorité au licenciement des salariés à temps partiel. ● Soc. 3 mars 1998, 🔒 n° 95-41.610 P : *D. 1998. IR 93 ⌀ ; Dr. soc. 1998. 507, obs. Verkindt ⌀ ; RJS 1998. 342, n° 548.* ◆ ... Ni de la fractionner en sous-catégories. ● Soc. 23 mars 1994, 🔒 n° 91-43.735 P : *D. 1994. IR 91.* ◆ En revanche, un employeur peut scinder des fonctions en deux catégories professionnelles s'il parvient à démontrer qu'elles nécessitent une formation de base spécifique ou une formation complémentaire excédant l'obligation d'adaptation. ● Soc. 27 mai 2015 : 🔒 *D. actu. 17 juin 2015, obs. Ines; D. 2015. Actu. 1213 ⌀ ; RJS 8-9/2015, n° 557.*

18. Difficultés d'insertion professionnelle (art. L. 1233-5, 3°). La situation du salarié bénéficiaire d'un contrat d'insertion, ayant pour objet de faciliter l'insertion sociale et professionnelle des personnes rencontrant des difficultés particulières d'accès à l'emploi, constitue l'un des critères à prendre en compte pour fixer l'ordre des licenciements. ● Soc. 12 juill. 2022, 🔒 n° 20-23.651 B : *D. actu. 15 sept. 2022, obs. Couëdel ; D. 2022. 1363 ⌀ ; RJS 10/2022, n° 510 ; JSL 2022, n° 548, obs. Lhernould ; JCP S 2022. 1243, obs. R. Fabre.*

19. Qualités professionnelles. Lorsqu'une convention collective ne prescrit la prise en compte de l'ancienneté qu'à valeur professionnelle égale, une cour d'appel peut débouter un salarié de sa demande en dommages-intérêts pour licenciement abusif en relevant que l'employeur, seul juge de la valeur professionnelle des salariés, avait estimé que les qualités de l'un l'emportaient sur celles de l'autre, alors que tous deux exerçaient les mêmes fonctions. ● Soc. 21 févr. 1990, 🔒 n° 87-41.824 P : *Dr. soc. 1990. 515, note Savatier ⌀ ; CSB 1990. 111.* ◆ Sur l'obligation de respecter l'ordre des critères préalablement déterminé, V. ● Soc. 27 oct. 1999, 🔒 n° 97-43.130 P : *D. 1999. IR 270 ⌀ ; RJS 1999. 848, n° 1453.*

20. Difficultés particulières d'accès à l'emploi (rédaction antérieure à la L. n° 2013-504 du 14 juin 2013). L'employeur qui procède à un licenciement individuel pour motif économique prend notamment en compte, dans le choix du salarié concerné, le critère tenant à la situation des salariés qui présentent des caractéristiques sociales rendant leur réinsertion professionnelle particulièrement difficile, notamment celle des personnes handicapées et des salariés âgés ; la situation du salarié bénéficiaire d'un contrat d'insertion, ayant pour objet de faciliter l'insertion sociale et professionnelle des personnes rencontrant des difficultés particulières d'accès à l'emploi, constitue l'un des critères à prendre en compte pour fixer l'ordre des licenciements. ● Soc. 12 juill. 2022, 🔒 n° 20-23.651 B : *préc. note 18.*

21. Éléments objectifs. En cas de contestation, il appartient à l'employeur de communiquer au juge les éléments objectifs sur lesquels il s'est appuyé pour arrêter son choix. ● Soc. 24 févr. 1993, 🔒 n° 91-45.859 P : *Dr. soc. 1993. 387 ; RJS 1993. 233, n° 384.* ● 4 mai 1994 : 🔒 *Dr. soc. 1994. 677, note Waquet ⌀.* ● 16 sept. 2003 : 🔒 *RJS 2003. 878, n° 1267.* ◆ Dès lors que l'employeur n'apporte aucun élément permettant d'apprécier objectivement le choix opéré parmi les salariés, il peut être sanctionné pour inobservation de l'ordre des licenciements. ● Soc. 20 oct. 1993 : 🔒 *Dr. soc. 1993. 969.*

22. Office du juge. Il appartient au juge de contrôler le respect par l'employeur des prescriptions de l'art. L. 321-1-1 [L. 1233-5 nouv.]. ● Soc. 4 avr. 1990, 🔒 n° 86-42.974 P. ◆ V. aussi ● Soc. 17 mars 1993 : 🔒 *RJS 1993. 298, n° 501 ; Dr. soc. 1993. 459* (le critère tiré de la possession de diplômes n'est pas identique à celui tiré des qualités professionnelles). ◆ Mais les juges ne peuvent substituer leur appréciation à celle de l'employeur pour apprécier les critères fixés par la convention collective, par des motifs qui ne font pas apparaître l'existence d'un détournement de pouvoir. ● Soc. 4 déc. 1991, 🔒 n° 89-45.937 P. ◆ Pour apprécier le respect de l'ordre des licenciements, le juge doit se placer au moment de l'engagement de la procédure et non à l'expiration du congé de conversion. ● Soc. 12 juill. 1994, 🔒 n° 91-43.855 P : *RJS 1994. 668, n° 1128.* ◆ Pour les salariés protégés, même en présence d'une autorisation administrative de licenciement accordée à l'employeur par l'inspecteur du travail, il n'appartient qu'au juge judiciaire d'apprécier la mise en œuvre des critères retenus pour fixer l'ordre des licenciements. ● Soc. 10 déc. 2003 : 🔒 *RJS 2004. 134, n° 195.* ● 27 oct. 2004, 🔒 n° 02-46.935 P : *RJS 2005. 131, n° 179.* ◆ Si le juge ne peut, pour la mise en œuvre de l'ordre des licenciements, substituer son appréciation des qualités professionnelles du salarié à celle de l'employeur, il lui appartient, en cas de contestation, de vérifier que l'appréciation portée par l'employeur sur les aptitudes professionnelles du salarié, pour la mise en œuvre de l'ordre des licenciements, ne procède pas d'une erreur manifeste ou d'un détournement de pouvoir. ● Soc. 24 sept. 2014 : 🔒 *D. actu. 14 oct. 2014, obs. Ines ; RDT 2014. 756, obs. Squire ⌀ ; RJS 2014. 730, n° 844.*

III. SANCTIONS

23. Irrégularité distincte. L'inobservation des règles relatives à l'ordre des licenciements n'a pas pour effet de priver le licenciement de cause réelle et sérieuse. • Soc. 20 janv. 1998, 🏛 n° 96-40.930 P : *D.* 1999. 376, note Bonnin ⌀ ; *RJS* 1998. 183, n° 296 ; *D.* 1998. IR 49 ⌀ • 26 janv. 1999, 🏛 n° 97-40.463 P : *CSB* 1999. 131, A. 23 ; *Dr. soc.* 1999. 530, obs. J. Savatier ⌀ ; *RJS* 1999. 214, n° 353. ◆ *Contra* antérieurement (licenciement sans cause réelle et sérieuse) : • Soc. 23 janv. 1996, 🏛 n° 94-40.443 P : *D.* 1996. 250, note Verkindt ⌀ ; *JCP* 1996. II. 22604, note Duquesne ; *JCP E* 1996. II. 802, note Picca ; *ibid.* I. 597, n° 14, obs. Coursier ; *Dr. soc.* 1996. 478, note Savatier⌀ ; *RJS* 1996. 154, n° 263 ; *CSB* 1996. 71, A. 16. – Boubli, *SSL* 1996, n° 777.

24. Préjudice réparable. L'existence d'un préjudice et l'évaluation de celui-ci relèvent du pouvoir souverain d'appréciation des juges du fond ; s'il est constaté que les salariés n'apportent aucun élément pour justifier le préjudice allégué du fait de l'inobservation des règles relatives à l'ordre des licenciements, aucune indemnité n'est due. • Soc. 26 févr. 2020, 🏛 n° 17-18.136 P : *D. actu. 17 juin 2020*, obs. Jardonnet ; *RJS 5/2020*, n° 238. ◆ Comp. : Cette illégalité entraîne un préjudice, pouvant aller jusqu'à la perte injustifiée de l'emploi, qui doit être intégralement réparé, selon son étendue. • Soc. 14 janv. 1997, 🏛 n° 95-44.366 P : *GADT*, 4ᵉ éd., n° 112 ; *Dr. soc.* 1997. 159, concl. P. Lyon-Caen, note J. Savatier ⌀ ; *RJS* 1997. 92, n° 131 ; *CSB* 1997. 79, A. 18 • 1ᵉʳ déc. 1998 : 🏛 *RJS* 1999. 31, n° 27 (réparation par des dommages-intérêts et non par une indemnité pour licenciement sans cause réelle et sérieuse) • 30 mars 1999, 🏛 n° 97-40.695 P : *RJS* 1999. 404, n° 651. ◆ Comp. : • Douai, 20 mars 1995 : *Dr. soc.* 1995. 680, obs. Verkindt ⌀, accordant une indemnité sur le fondement de l'art. L. 122-14-4 [L. 1235-3 nouv.]. ◆ Le préjudice résultant de la violation des règles fixant l'ordre des licenciements n'est pas réparé par l'allocation d'un franc symbolique. • Soc. 6 juill. 1999, 🏛 n° 97-40.055 P : *D.* 1999. IR 212 ⌀ ; *RJS* 1999. 770, n° 1241.

25. Cumul des indemnités. Lorsque le licenciement d'un salarié est dépourvu de cause réelle et sérieuse, il ne peut cumuler des indemnités pour perte injustifiée de son emploi et pour inobservation de l'ordre des licenciements. • Soc. 5 oct. 1999 🏛 n° 98-41.384 P : *D.* 1999. IR 242 ⌀ ; *Dr. soc.* 2000. 121, obs. Mouly ⌀ ; *RJS* 1999. 838, n° 1361. ◆ En revanche, l'employeur qui omet de répondre au salarié qui lui a demandé les critères retenus pour l'ordre des licenciements, lui cause un préjudice distinct de celui qu'entraîne le défaut de motif économique ; il y a donc cumul des indemnités. • Soc. 24 sept. 2008 : 🏛 *RDT* 2008. 739, obs. Frouin ⌀ ; *RJS* 2008. 980, n° 1176 ; *JSL* 2008, n° 243-2 ; *JCP S* 2008. 1660, note Caron.

Art. L. 1233-6 Les critères retenus par la convention et l'accord collectif de travail ou, à défaut, par la décision de l'employeur ne peuvent établir une priorité de licenciement à raison des seuls avantages à caractère viager dont bénéficie un salarié. — *[Anc. art. L. 321-1-1, al. 2.]* — V. art. R. 1238-2 *(pén.)*.

Art. L. 1233-7 Lorsque l'employeur procède à un licenciement individuel pour motif économique, il prend en compte, dans le choix du salarié concerné, les critères prévus à l'article L. 1233-5. — *[Anc. art. L. 321-1-1, al. 3.]* — V. art. R. 1238-1 *(pén.)*.

SECTION 3 Licenciement de moins de dix salariés dans une même période de trente jours

BIBL. ▶ Blanc-Jouvan, *Dr. soc.* 1987. 194 (licenciement individuel). – Merlin, *Dr. soc.* 1995. 559 ⌀ (contentieux des petits licenciements pour motif économique). – Néret, *Gaz. Pal.* 1997. 1. Doctr. 159 (procédure). – Stulz, *SSL* 1996, n° 774 (étalement des petits licenciements).

SOUS-SECTION 1 Procédure de consultation des représentants du personnel propre au licenciement collectif

COMMENTAIRE
V. sur le Code en ligne 🏛. ❑

Art. L. 1233-8 L'employeur qui envisage de procéder à un licenciement collectif pour motif économique de moins de dix salariés dans une même période de trente jours réunit et consulte *(Ord. n° 2017-1387 du 22 sept. 2017, art. 20)* « le comité social et économique dans les entreprises d'au moins onze salariés », dans les conditions prévues par la présente sous-section.

(Ord. n° 2017-1387 du 22 sept. 2017, art. 20) « Le comité social et économique rend son avis dans un délai qui ne peut être supérieur, à compter de *(Ord. n° 2017-1718 du 20 déc. 2017, art. 1ᵉʳ-I)* « la date de la première réunion » au cours de laquelle il est

consulté, à un mois. *(Ord. n° 2017-1718 du 20 déc. 2017, art. 1ᵉʳ-I)* « En l'absence d'avis rendu dans ce délai », le comité social et économique est réputé avoir été consulté. »

Les dispositions issues de l' Ord. n° 2017-1387 du 22 sept. 2017 sont applicables aux procédures de licenciement économique engagées dans les entreprises ayant mis en place un comité social et économique (Ord. préc., art. 40-VI).

1. Seuils d'effectif. V. jurispr. ss. art. L. 1233-61.

2. Détermination du caractère collectif et reclassement interne. Le licenciement ne présente pas un caractère collectif imposant à l'employeur la consultation du CSE s'il est constaté que 2 des 3 salariés concernés avaient accepté leur reclassement interne au sein du groupe, en sorte que le licenciement économique n'avait été envisagé qu'à l'égard d'un seul salarié. ● Soc. 5 avr. 2023, ⚓ n° 21-10.391 B : *D. actu. 21 avr. 2023*, obs. Albiol et el Kendaoui ; *RJS 6/2023, n° 307 ; JCP S 2023. 1131*, obs. Kerbouc'h.

3. Petits licenciements économiques. L'employeur qui, dans une entreprise d'au moins cinquante salariés, envisage de procéder à un licenciement collectif pour motif économique de moins de 10 salariés dans une même période de trente jours doit, en l'absence de comité d'entreprise, réunir et consulter les délégués du personnel. ● Soc. 29 mai 2013 : ⚓ *D. actu. 14 juin 2013*, obs. Peyronnet ; *D. 2013. Actu. 1416* ✎ ; *JSL 2013, n° 347-5*, obs. Tourrel ; *JCP S 2013. 1409*, obs. Martinon.

Art. L. 1233-9 Dans les entreprises dotées d'un comité *(Ord. n° 2017-1386 du 22 sept. 2017, art. 4)* « social et économique » central d'entreprise, l'employeur réunit le comité *(Ord. n° 2017-1386 du 22 sept. 2017, art. 4)* « social et économique » central et le ou les comités *(Ord. n° 2017-1386 du 22 sept. 2017, art. 4)* « sociaux et économiques » d'établissements intéressés dès lors que les mesures envisagées excèdent le pouvoir du ou des chefs d'établissement concernés ou portent sur plusieurs établissements simultanément. — *[Anc. art. L. 321-2, al. 9, phrase 1.]*

V. note ss. art. L. 1233-5.

Art. L. 1233-10 L'employeur adresse aux représentants du personnel, avec la convocation à la réunion prévue à l'article L. 1233-8, tous renseignements utiles sur le projet de licenciement collectif.

Il indique :

1° La ou les raisons économiques, financières ou techniques du projet de licenciement ;

2° Le nombre de licenciements envisagé ;

3° Les catégories professionnelles concernées et les critères proposés pour l'ordre des licenciements ;

4° Le nombre de salariés, permanents ou non, employés dans l'établissement ;

5° Le calendrier prévisionnel des licenciements ;

6° Les mesures de nature économique envisagées ;

(Ord. n° 2017-1387 du 22 sept. 2017, art. 20) « 7° Le cas échéant, les conséquences des licenciements projetés en matière de santé, de sécurité ou de conditions de travail. »

Les dispositions issues de l'Ord. n° 2017-1387 du 22 sept. 2017 sont applicables aux procédures de licenciement économique engagées dans les entreprises ayant mis en place un comité social et économique (Ord. préc., art. 40-VI).

SOUS-SECTION 2 Procédure à l'égard des salariés

§ 1 Entretien préalable

Art. L. 1233-11 L'employeur qui envisage de procéder à un licenciement pour motif économique, qu'il s'agisse d'un licenciement individuel ou inclus dans un licenciement collectif de moins de dix salariés dans une même période de trente jours, convoque, avant toute décision, le ou les intéressés à un entretien préalable.

La convocation est effectuée par lettre recommandée ou par lettre remise en main propre contre décharge. Cette lettre indique l'objet de la convocation.

L'entretien préalable ne peut avoir lieu moins de cinq jours ouvrables après la présentation de la lettre recommandée ou la remise en main propre de la lettre de convocation. — *[Anc. art. L. 122-14, al. 1ᵉʳ, phrase 1.]* — *V. art. R. 1233-19.*

Art. L. 1233-12 Au cours de l'entretien préalable, l'employeur indique les motifs de la décision envisagée et recueille les explications du salarié. — *[Anc. art. L. 122-14, al. 1ᵉʳ, phrase 3.]*

Art. L. 1233-13 Lors de son audition, le salarié peut se faire assister par une personne de son choix appartenant au personnel de l'entreprise.

Lorsqu'il n'y a pas d'institutions représentatives du personnel dans l'entreprise, le salarié peut se faire assister soit par une personne de son choix appartenant au personnel de l'entreprise, soit par un conseiller du salarié choisi sur une liste dressée par l'autorité administrative.

La lettre de convocation à l'entretien préalable adressée au salarié mentionne la possibilité de recourir à un conseiller et précise l'adresse des services où la liste des conseillers est tenue à la disposition des salariés. — *[Anc. art. L. 122-14, al. 2, phrases 1 et 2.]*

> *COMMENTAIRE*
> V. sur le Code en ligne.

Art. L. 1233-14 Un décret en Conseil d'État détermine les modalités d'application du présent paragraphe. — *[Anc. art. L. 122-14-11.]*

§ 2 Notification du licenciement

Art. L. 1233-15 Lorsque l'employeur décide de licencier un salarié pour motif économique, qu'il s'agisse d'un licenciement individuel ou inclus dans un licenciement collectif de moins de dix salariés dans une même période de trente jours, il lui notifie le licenciement par lettre recommandée avec avis de réception.

Cette lettre ne peut être expédiée moins de sept jours ouvrables à compter de la date prévue de l'entretien préalable de licenciement auquel le salarié a été convoqué.

Ce délai est de quinze jours ouvrables pour le licenciement individuel d'un membre du personnel d'encadrement mentionné au 2° de l'article (Ord. n° 2016-388 du 31 mars 2016, art. 1ᵉʳ-1°, en vigueur le 1ᵉʳ févr. 2017) « **L. 1441-13** ». — *[Anc. art. L. 122-14-1, al. 1ᵉʳ et 3.]* — V. art. R. 1233-20.

Sur la notification du licenciement par recommandé électronique, V. CPCE, art. L. 100 : « I. — L'envoi recommandé électronique est équivalent à l'envoi par lettre recommandée, dès lors qu'il satisfait aux exigences de l'article 44 du règlement (UE) n° 910/2014 du Parlement européen et du Conseil du 23 juillet 2014 sur l'identification électronique et les services de confiance pour les transactions électroniques au sein du marché intérieur et abrogeant la directive 1999/93/CE.

Dans le cas où le destinataire n'est pas un professionnel, celui-ci doit avoir exprimé à l'expéditeur son consentement à recevoir des envois recommandés électroniques.

Le prestataire peut proposer que le contenu de l'envoi soit imprimé sur papier puis acheminé au destinataire dans les conditions fixées au livre I du présent code » (V. JOAN Q 11 juin 2013, n° 191, p. 6171).

1. Principe. Un licenciement économique individuel ou de moins de dix salariés ne peut être notifié au salarié avant l'expiration du délai prévu à l'art. L. 122-14-1, al. 3 [L. 1233-15 nouv.]. ● Soc. 21 mai 1992 : *JCP 1992. II. 21969, note Duquesne.*

2. Notion de licenciement individuel. Mais si l'employeur envisageait de procéder au licenciement de plusieurs salariés, seul le délai de 7 jours est applicable, peu important que finalement seul un salarié cadre ait été licencié. ● Soc. 12 oct. 2004, n° 02-40.685 P : *D. 2004. IR 3193 ; RJS 2004. 896, n° 1268.*

3. Signature de la lettre de licenciement. Dès lors que le travailleur temporaire a pour mission l'assistance et le conseil du directeur des ressources humaines ainsi que son remplacement éventuel, il a le pouvoir de signer les lettres de licenciement. ● Soc. 2 mars 2011 : *D. 2011. Actu. 826, obs. Perrin.* ♦ Mais s'il est constaté qu'aux termes des statuts d'une association, le président recrute, nomme, licencie et assure la gestion et le pouvoir disciplinaire du personnel salarié de l'association et peut déléguer ses pouvoirs à un administrateur ou à un directeur général avec l'accord du conseil d'administration et que la délégation de pouvoir consentie mentionnait exclusivement la possibilité de recruter et de signer les contrats de travail concernant les cadres et employés du siège comme des résidences, le licenciement du salarié décidé par une personne dépourvue de qualité à agir est sans cause réelle et sérieuse. ● Soc. 2 mars 2011 : *D. actu. 8 avr. 2011 ; D. 2011. Actu. 824.*

4. Conventions de rupture. La lettre notifiant au salarié son licenciement tout en lui proposant une convention de conversion doit être motivée.

• Soc. 30 sept. 1997, 🏛 n° 95-43.199 P : *RJS 1997. 785, n° 1274* • 30 sept. 1997, 🏛 n° 96-40.313 P : *RJS 1997. 868, n° 1274* • 27 oct. 1998, 🏛 n° 96-42.921 P : *RJS 1999. 868, n° 1495.* ♦ L'adhésion d'un salarié à une convention d'allocations spéciales FNE le privant du droit de contester la régularité et le bien-fondé du licenciement pour motif économique, il s'en déduit que l'employeur peut se permettre de ne pas énoncer les motifs. • Soc. 8 janv. 1997 : 🏛 *RJS 1997. 127, n° 190.*

Art. L. 1233-16 La lettre de licenciement comporte l'énoncé des motifs économiques invoqués par l'employeur.

Elle mentionne également la priorité de réembauche prévue par l'article L. 1233-45 et ses conditions de mise en œuvre.

(Ord. n° 2017-1387 du 22 sept. 2017, art. 4-II ; L. n° 2018-217 du 29 mars 2018, art. 11) « Un arrêté du ministre chargé du travail fixe les modèles que l'employeur peut utiliser pour procéder à la notification du licenciement. »

(Abrogé par L. n° 2018-217 du 29 mars 2018, art. 11) « *Ces modèles rappellent en outre les droits et obligations de chaque partie.* »

V. Décr. n° 2017-1820 du 29 déc. 2017, Annexe V, App. I. B, v° Contrat de travail.

Les dispositions issues de l'Ord. n° 2017-1387 du 22 sept. 2017 entrent en vigueur à la date de publication des décrets d'application et, au plus tard, le 1er janv. 2018 (Ord. préc., art. 40-X).

COMMENTAIRE

V. sur le Code en ligne 🏛. ☐

I. ÉNONCÉ DES MOTIFS ÉCONOMIQUES

1. Motifs précis et vérifiables. La lettre de licenciement, qui fixe les limites du litige, doit énoncer des faits précis et matériellement vérifiables. • Soc. 1er févr. 2011 : *D. actu. 2 mars 1972, obs. Siro ; D. 2011. Actu. 684* ⌧ *; JSL 2011, n° 297-4, obs. Lalanne ; JCP S 2011. 1169, obs. Jacotot.* ♦ Ne constituent pas un motif précis les mentions trop vagues ou générales telles des motifs économiques sans énonciation de leur nature. • Soc. 5 oct. 1994, 🏛 n° 93-41.248 P : *RJS 1994. 755, n° 1257.* ♦ Ainsi, ne constitue pas un motif précis, la référence à la conjoncture économique. • Soc. 21 juin 1994 : 🏛 *RJS 1994. 664, n° 1125 ; Dr. soc. 1994. 805.*

2. Il n'est pas nécessaire que l'employeur précise dans la lettre de licenciement le niveau d'appréciation de la cause économique quand l'entreprise appartient à un groupe. • Soc. 3 mai 2016, 🏛 n° 15-11.046 : *D. actu. 2 juin 2016, obs. Ines ; D. 2016. Actu. 1004* ⌧ *; RJS 7/2016, n° 491 ; JSL 2016, n° 412-2, obs. Lhernould ; JCP S 2016, n° 1241, note Morvan.*

3. La lettre de licenciement qui vise l'autorisation de licenciement est motivée. • Soc. 30 avr. 1997 : 🏛 *JS UIMM 1997. 411 ; RJS 1997. 458, n° 707* • 10 janv. 1995, 🏛 n° 93-42.020 P : *RJS 1995. 111, n° 138* • 5 avr. 2005, 🏛 n° 03-44.994 P : *D. 2005. IR 1247* ⌧ *; JCP S 2005. 1016, note Verkindt ; RJS 2005. 459, n° 649.* ♦ Est suffisamment motivée la lettre de licenciement qui vise l'ordonnance du juge-commissaire ayant autorisé le licenciement économique d'un salarié d'une entreprise en redressement judiciaire. • Soc. 5 mai 1998, 🏛 n° 95-40.171 P : *RJS 1998. 455, n° 713.* ♦ ... La lettre de licenciement pour motif économique émanant du mandataire judiciaire liquidateur dès lors qu'elle vise le jugement de liquidation en application duquel il est procédé au licenciement. • Soc. 2 mars 2004, 🏛 n° 02-41.931 P : *D. 2004. IR 733* ⌧ *; RJS 2004. 364, n° 530* • 25 mai 2004, 🏛 n° 3-42.063 P : *D. 2004. IR 2270* ⌧. ♦ La seule référence à une décision du tribunal de commerce adoptant un plan de redressement est insuffisante, dès lors qu'il n'est pas précisé dans la lettre de licenciement que le jugement avait autorisé les licenciements pour motif économique. • Soc. 18 nov. 1998 : *RJS 1999. 30, n° 26.* ♦ Comp. : • Soc. 10 juill. 2002 : 🏛 *RJS 2002. 915, n° 1220.* ♦ La lettre de licenciement que l'administrateur est tenu d'adresser au salarié doit comporter le visa de l'ordonnance du juge-commissaire autorisant les licenciements économiques ; à défaut, le licenciement est réputé sans cause réelle et sérieuse. • Cass., ass. plén., 24 janv. 2003 : 🏛 *D. 2003. IR 165* ⌧ *; Dr. ouvrier 2003. 198, note Darves-Bornoz ; RJS 2003. 303 ; CSB 2003. 176, A, 21 ; JSL 2003, n° 118-2* • Soc. 27 mai 2020, n° 18-20.158 P : *RJS 7/2020, n° 347 ; JSL 2020, n° 502-1, obs. Lhernould ; JCP S 2020. 2063, obs. Jeansen.*

4. Variété de lettres suffisamment motivées. Est suffisamment motivée la lettre de licenciement qui : fait état d'une baisse d'activité résultant de la disparition d'un certain nombre de contentieux traités par un cabinet d'avocats et de son incidence sur l'emploi du salarié est fondée sur des faits précis et matériellement vérifiables. • Soc. 16 févr. 2011 : 🏛 *JCP S 2011. 1169, obs. Jacotot.* ♦ ... Fait expressément état de difficultés économiques, en visant une baisse des commandes, une diminution du volume de travail ou du nombre des chantiers et de la suppression de poste du salarié en mentionnant le sureffectif de l'entreprise. • Soc. 23 juin 1999 : 🏛 *RJS 1999. 657, n° 1043.* ♦ ... Mentionne le refus du salarié d'accepter sans réserve les mesures salariales mises en place dans l'entreprise pour faire face aux difficultés économiques rencontrées par cette dernière. • Soc. 13 juill. 1999 : *RJS 1999. 837, n° 1360* • 24 sept. 2002, ⚖ n° 00-44.007 P : *D. 2002. IR 2847* ⌀. ♦ ... Fait état de difficultés économiques, d'une mutation technologique ou d'une réorganisation, et qui indique que cette situation entraîne une suppression d'emploi, une transformation d'emploi ou une modification du contrat de travail. • Soc. 21 déc. 2006 : ⚖ *RDT 2007. 104, obs. Waquet* ⌀ • 27 mars 2012 : ⚖ *D. actu. 27 avr. 2012, obs. Fleuriot ; D. 2012. Actu. 1013* ⌀ *; RDT 2012. 218, obs. Géa* ⌀ *; RJS 2012. 457, n° 533 ; JSL 2012, n° 323-6, obs. Tourreil ; JCP S 2012. 1286, obs. Dumont.* ♦ ... Fait état d'une suppression d'emploi consécutive à une restructuration de l'entreprise, dont il appartient au juge de vérifier qu'elle est destinée à sauvegarder sa compétitivité. • Soc. 2 mars 1999, ⚖ n° 96-45.027 P : *RJS 4/1999, n° 493.* ♦ ... Ou de la nécessité de réorganiser l'entreprise, les juges du fond devant déterminer si cette réorganisation invoquée était justifiée par des difficultés économiques. • Soc. 16 déc. 2008, ⚖ n° 07-41.953 P : *D. 2009. AJ 233* ⌀ *; RDT 2009. 103, obs. Frouin* ⌀ *; RJS 2009. 137, n° 157 ; Dr. soc. 2009. 243, obs. Couturier* ⌀ *; SSL 2009, n° 1282, p. 12.*

5. Variété de lettres insuffisamment motivées. N'est pas suffisamment motivée la lettre de licenciement pour motif économique qui : se bornait à invoquer le refus par la salariée d'accomplir les nouveaux horaires mis en place pour créer deux unités et ne comportait donc pas l'énonciation des raisons économiques prévues par la loi et leur incidence sur l'emploi ou le contrat de travail du salarié. • Soc. 26 sept. 2007 : *D. 2007. AJ 2529, obs. Perrin* ⌀ *; RJS 2007. 1048, n° 1310.* ♦ ... Qui porte la simple mention de « nécessités organisationnelles ». • Soc. 16 mai 2013, ⚖ n° 11-28.494 P : *D. 2013. Actu. 1283* ⌀ *; RJS 7/2013, n° 526 ; JCP S 2013. 1344, obs. Dumont ; RPC 2013. Comm. 141, obs. Taquet.*

6. Incidences sur l'emploi. La lettre de licenciement doit mentionner les raisons économiques prévues par la loi et leur incidence sur l'emploi ou le contrat de travail. • Soc. 30 avr. 1997, ⚖ n° 94-42.154 P : *RJS 1997. 441, n° 675 ; JCP 1997. éd. E II. 1005, note Coursier.* ♦ Ainsi, est insuffisamment précise la lettre énonçant une importante baisse d'activité due à une forte baisse des commandes sans indiquer si le salarié est licencié par suite d'une suppression ou transformation d'emploi ou d'une modification du contrat de travail. • Soc. 22 févr. 2000 : ⚖ *RJS 2000. 286, n° 394.* ♦ Est insuffisante la seule mention de la stagnation du chiffre d'affaires, la diminution de la rentabilité des produits vendus et l'inadéquation entre l'évolution de la grande distribution et les structures en place. • Soc. 2 avr. 1997 : ⚖ *JS UIMM 1997. 313 ; CSB 1997, n° 91, B. 119.* ♦ ... Ou la seule mention de l'arrêt d'exploitation d'une ligne maritime. • Soc. 28 mars 2000, ⚖ n° 98-40.216 P : *Dr. soc. 2000. 656, obs. Chaumette* ⌀ *; RJS 2000. 498, n° 751.*

7. V. aussi notes ss. art. L. 1232-6.

II. PRIORITÉ DE RÉEMBAUCHE

8. Champ d'application. Les dispositions relatives à la priorité de réembauchage ne sont applicables qu'au licenciement prononcé pour motif économique. • Soc. 14 mai 1996, ⚖ n° 93-40.447 P : *JCP 1996. II. 22722, note Corrignan-Carsin ; Dr. soc. 1996. 743, obs. Favennec* ⌀ *; RJS 1996. 423, n° 665.* ♦ Toutefois, en cas de proposition d'une convention de conversion, la lettre de licenciement ou le document adressé au salarié énonçant le motif de la rupture du contrat de travail doit mentionner la priorité de réembauchage. • Soc. 27 oct. 1999 : ⚖ *D. 1999. IR 265* ⌀ *; RJS 1999. 868, n° 1495.*

9. Omission. En cas de manquement de l'employeur à son obligation d'information sur la priorité de réembauche, le salarié ne peut prétendre à réparation que s'il justifie d'un préjudice. • Soc. 30 janv. 2019, ⚖ n° 17-27.796 : *RJS 4/2019, n° 211.* ♦ Comp. *ante* : L'omission de l'indication de la priorité de réembauchage dans la lettre de licenciement pour motif économique est une irrégularité ouvrant droit à indemnité. • Soc. 30 mars 1993 : ⚖ *CSB 1993. 157, S. 81 ; RJS 1993. 295, n° 502.* ♦ Si le salarié démontre en outre que l'omission de mentionner la priorité de réembauchage, dans la lettre de licenciement, l'a empêché d'en bénéficier, l'indemnité spéciale de l'article L. 122-14-4, dernier al. [L. 1235-13 nouv.], est due. • Soc. 7 mai 1998 : ⚖ *RJS 1998. 491, n° 772.*

10. Contrat de sécurisation professionnelle. Est dépourvue de cause réelle et sérieuse la rupture du contrat de travail résultant de l'acceptation par un salarié d'un contrat de sécurisation professionnelle, dès lors qu'il n'a été informé du motif économique et du bénéfice de la priorité de réembauche que postérieurement à son acceptation. • Soc. 22 sept. 2015, ⚖ n° 14-16.218 P : *D. 2015. Actu. 1958* ⌀ *; RJS 12/2015, n° 800 ; JCP S 2015. 1461, obs. Louvet.*

Art. L. 1233-17 Sur demande écrite du salarié, l'employeur indique par écrit les critères retenus pour fixer l'ordre des licenciements. – [*Anc. art. L. 122-14-2, al. 2, phrase 2.*]

1. Renonciation du salarié. Le fait pour un salarié de ne pas user de la faculté qui lui est ouverte par l'art. L. 122-14-2, al. 2 [L. 1232-6 nouv.] de demander à l'employeur les critères retenus pour fixer l'ordre des licenciements ne le prive pas de la possibilité de se prévaloir de l'inobservation de ces critères et de demander réparation du préjudice, pouvant aller jusqu'à la perte injustifiée de son emploi, qui en résulte. • Soc. 19 nov. 1997, ⚖ n° 95-42.016 P : *D. 1998. IR 4* ⌀ *; Dr. soc. 1998. 85,* obs. Vatinet ⊘ • 19 mars 1998, ⚖ n° 95-45.364 P. • 30 mars 1999 ⚖ n° 97-40.695 P : *RJS 1999. 403, n° 651.*

2. Sanction du refus de fournir les critères. Le refus de l'employeur de fournir les critères retenus pour fixer l'ordre des licenciements ne prive pas le licenciement de cause réelle et sérieuse mais entraîne nécessairement un préjudice pour le salarié. • Soc. 26 janv. 1999, ⚖ n° 97-40.463 P : *CSB 1999. 131, A. 23 ; RJS 1999. 214, n° 353.* • 18 oct. 1994 : ⚖ *Dr. ouvrier 1995. 215*, note Pomagrzak ; *RJS 1995. 161, n° 219.*

Art. L. 1233-18 Un décret en Conseil d'État détermine les modalités d'application du présent paragraphe. — *[Anc. art. L. 122-14-11.]* — V. art. R. 1233-1 s.

SOUS-SECTION 3 Information de l'autorité administrative

> **COMMENTAIRE**
>
> V. sur le Code en ligne 🔒   ❏

Art. L. 1233-19 L'employeur qui procède à un licenciement collectif pour motif économique de moins de dix salariés dans une même période de trente jours informe l'autorité administrative du ou des licenciements prononcés. — *[Anc. art. L. 321-2, al. 2 et 4.]* — V. art. R. 1238-2 (pén.).

Art. L. 1233-20 Le procès-verbal de la réunion *(Ord. n° 2017-1386 du 22 sept. 2017, art. 4)* « du comité social et économique consulté » sur un projet de licenciement collectif pour motif économique est transmis à l'autorité administrative. — *[Anc. art. L. 422-1, al. 5, phrase 2.]*

SECTION 4 Licenciement de dix salariés ou plus dans une même période de trente jours

SOUS-SECTION 1 Dispositions générales

§ 1 Possibilité d'un accord et modalités spécifiques en résultant *(L. n° 2013-504 du 14 juin 2013, art. 18-I).*

Art. L. 1233-21 Un accord d'entreprise, de groupe ou de branche peut fixer, par dérogation aux règles de consultation des instances représentatives du personnel prévues par le présent titre et par le livre III de la deuxième partie, *(Ord. n° 2017-1718 du 20 déc. 2017, art. 1ᵉʳ-I)* « les modalités d'information et de consultation du comité social et économique et, le cas échéant, le cadre de recours à une expertise par ce comité » lorsque l'employeur envisage de prononcer le licenciement économique *(L. n° 2012-387 du 22 mars 2012, art. 43)* « d'au moins dix salariés » dans une même période de trente jours.

Les dispositions issues de l'Ord. n° 2017-1387 du 22 sept. 2017 sont applicables aux procédures de licenciement économique engagées dans les entreprises ayant mis en place un comité social et économique (Ord. préc., art. 40-VI).

BIBL. ▶ Gaudu, *Dr. soc. 2008. 915* ⊘. - Patin, *JCP S 2010. 1425* (licenciement pour motif économique : information et consultation du CE et du CHSCT). - Sarrazin, *RDT 2014. 614* ⊘ (les licenciements économiques collectifs sous le regard du juge administratif). - Teissier, *JCP S 2013. 1205* (accords de méthode).

> **COMMENTAIRE**
>
> V. sur le Code en ligne 🔒   ❏

Si des modalités d'information et de consultation différentes ont été fixées par un accord conclu sur le fondement de l'art. L. 1233-21 ou de l'art. L. 1233-24-1, il appartient à l'administration de s'assurer, au regard de ces modalités, que le comité d'entreprise ou, désormais, le comité social et économique, a été mis à même de rendre ses deux avis en toute connaissance de cause dans des conditions qui ne sont pas susceptibles d'avoir faussé sa consultation. • CE 22 mai 2019, ⚖ n° 420780 : *D. 2019. 2160*, note Lokiec ⊘ ; *RDT 2019. 574*, note Géa ⊘ ; *RJS 7/2019, n° 425.*

Art. L. 1233-22 L'accord prévu à l'article L. 1233-21 fixe les conditions dans lesquelles *(Ord. n° 2017-1387 du 22 sept. 2017, art. 20)* « le comité social et économique » :
1° Est réuni et informé de la situation économique et financière de l'entreprise ;
2° Peut formuler des propositions alternatives au projet économique à l'origine d'une restructuration ayant des incidences sur l'emploi et obtenir une réponse motivée de l'employeur à ses propositions ;
(Ord. n° 2017-1387 du 22 sept. 2017, art. 20) « 3° Peut recourir à une expertise ».

Les dispositions issues de l' Ord. n° 2017-1387 du 22 sept. 2017 sont applicables aux procédures de licenciement économique engagées dans les entreprises ayant mis en place un comité social et économique (Ord. préc., art. 40-VI).

Art. L. 1233-23 L'accord prévu à l'article L. 1233-21 ne peut déroger :
1° Aux règles générales d'information et de consultation du *(Ord. n° 2017-1386 du 22 sept. 2017, art. 4)* « comité social et économique » prévues aux articles L. 2323-2, L. 2323-4 et L. 2323-5 ;
2° A la communication aux représentants du personnel des renseignements prévus aux articles L. 1233-31 à L. 1233-33 ;
3° Aux règles de consultation applicables lors d'un redressement ou d'une liquidation judiciaire, prévues à l'article L. 1233-58. — *[Anc. art. L. 320-3, al. 4.]*

V. note ss. art. L. 1233-22.

Art. L. 1233-24 Toute action en contestation visant tout ou partie d'un accord prévu à l'article L. 1233-21 doit être formée, à peine d'irrecevabilité, avant l'expiration d'un délai de trois mois à compter de la date du dépôt de l'accord prévu à l'article L. 2231-6.

V. note ss. art. L. 1233-22.

Art. L. 1233-24-1 *(L. n° 2013-504 du 14 juin 2013, art. 18-I)* Dans les entreprises de cinquante salariés et plus, un accord collectif peut déterminer le contenu du plan de sauvegarde de l'emploi mentionné aux articles L. 1233-61 à L. 1233-63 ainsi que les modalités de consultation du *(Ord. n° 2017-1386 du 22 sept. 2017, art. 4)* « comité social et économique » et de mise en œuvre des licenciements. Cet accord est signé par une ou plusieurs organisations syndicales représentatives ayant recueilli au moins 50 % des suffrages exprimés en faveur d'organisations reconnues représentatives au premier tour des dernières élections des titulaires au *(Ord. n° 2017-1386 du 22 sept. 2017, art. 4)* « comité social et économique », quel que soit le nombre de votants *(Ord. n° 2017-1718 du 20 déc. 2017, art. 1ᵉʳ-I)* « , ou par le conseil d'entreprise dans les conditions prévues à l'article L. 2321-9 ». L'administration est informée sans délai de l'ouverture d'une négociation en vue de l'accord précité. — *V. art. D. 1233-14.*

BIBL. ▶ ANTONMATTÉI, *SSL* 2013, n° 1570, p. 15.

COMMENTAIRE

V. sur le Code en ligne.

1. Conclusion de l'accord de PSE au niveau de l'UES. L'accord collectif majoritaire déterminant le contenu du PSE peut être conclu au niveau de l'UES, même si celle-ci, qui n'a pas la personnalité morale, ne se substitue pas aux entités juridiques qui la composent ; lorsqu'un accord collectif est conclu dans le champ d'une UES, laquelle n'a pas la personnalité morale, il doit être conclu, outre par une ou plusieurs organisations syndicales de salariés représentatives au niveau de l'UES, soit par chacune des entreprises constituant l'UES, soit par l'une d'entre elles, sur mandat exprès préalable des entreprises membres de l'UES. ● CE 2 mars 2022, n° 438136 A : *RDT* 2022. 240, obs. Kocher ⊘ ; *RJS* 5/2022, n° 246 ; *SSL* 2022, n° 1992, p. 7, concl. Dieu.

2. Appréciation du caractère majoritaire de l'accord. Il appartient à l'administration, saisie d'une demande de validation d'un accord collectif conclu sur le fondement de l'art. L. 1233-24-1 C. trav., de vérifier que l'accord d'entreprise qui lui est soumis a été régulièrement signé pour le compte d'une ou plusieurs organisations syndicales représentatives ayant recueilli au moins 50 % des suffrages exprimés en faveur des dernières organisations professionnelles. ● CE 22 juill. 2015, n° 385668 : *RDT* 2015. 514, concl. Dumortier ⊘ ; *ibid.* 528, note Géa ⊘ ; *AJDA* 2015. 1444 ⊘ ; *ibid.* 1632, chron. Lessi et Dutheillet de Lamothe ⊘ ; *RJS* 10/2015, n° 631 ; *JSL* 2015, n° 395-1, obs. Hautefort. ♦ A ce titre, il lui incombe de vérifier que le ou les syndicats signataires satisfont aux critères de représentativité, dont celui de transparence financière. ● CE 6 avr. 2022, 🔓 n° 444460 : *RDT 2022. 307, note Géa* ⌀ *; RJS 6/2022, n° 291 ; SSL 2022, n° 2011, p. 11, note Dutheillet de Lamothe ; SSL 2022, n° 1997, p. 5, concl. Chambon.*

3. Appréciation du caractère majoritaire de l'accord et syndicat catégoriel. Le caractère majoritaire du PSE, accord intercatégoriel *sui generis*, s'apprécie en additionnant les différentes audiences des syndicats signataires, représentatifs au niveau de l'entreprise, sans tenir compte du principe de spécialité statutaire. ● CE 5 mai 2017, 🔓 n° 389620 : *D. actu. 10 mai 2017, obs. Pastor ; D. 2017. Pan. 2277, obs. Lokiec* ⌀ *; RDT 2017. 486, obs. Géa* ⌀ *; ibid. 556, obs. Odoul-Asorey* ⌀ *; RJS 10/2017, p. 715, note Adam ; ibid. 7/2017, n° 480 ; SSL 2017, n° 1769, p. 6, concl. Lieber.*

4. Annulation de la validation d'un accord de PSE non majoritaire. L'annulation par la juridiction administrative d'une décision ayant procédé à la validation de l'accord collectif déterminant le contenu du PSE au motif de l'erreur de droit commise par l'administration en validant un accord qui ne revêtait pas le caractère majoritaire requis par l'art. L. 1233-24-1 n'est pas de nature à entraîner la nullité de la procédure de licenciement collectif pour motif économique mais donne lieu à l'application des dispositions de l'art. L. 1235-16. ● Soc. 13 janv. 2021, 🔓 n° 19-12.522 P : *D. actu. 8 févr. 2021, obs. de Montvalon ; D. 2021. Actu. 84* ⌀ *; RDT 2021. 183, obs. Géa* ⌀ *; ibid. 193, obs. Cavat* ⌀ *; RJS 3/2021, n° 142 ; JSL 2021, n° 515-3, obs. Hautefort ; JCP S 2021. 1029, obs. Urbani-Schwartz et Vincent-Carrière.*

Art. L. 1233-24-2 (L. n° 2013-504 du 14 juin 2013, art. 18-I) L'accord collectif mentionné à l'article L. 1233-24-1 porte sur le contenu du plan de sauvegarde de l'emploi mentionné aux articles L. 1233-61 à L. 1233-63.

Il peut également porter sur :

1° Les modalités d'information et de consultation du *(Ord. n° 2017-1387 du 22 sept. 2017, art. 17)* « comité social et économique » *(L. n° 2016-1088 du 8 août 2016, art. 94)* « , en particulier les conditions dans lesquelles ces modalités peuvent être aménagées en cas de projet de transfert d'une ou de plusieurs entités économiques prévu à l'article L. 1233-61, nécessaire à la sauvegarde d'une partie des emplois » ;

2° La pondération et le périmètre d'application des critères d'ordre des licenciements mentionnés à l'article L. 1233-5 ;

3° Le calendrier des licenciements ;

4° Le nombre de suppressions d'emploi et les catégories professionnelles concernées ;

5° Les modalités de mise en œuvre des mesures de formation, d'adaptation et de reclassement prévues *(Ord. n° 2017-1387 du 22 sept. 2017, art. 17 et 20)* « à l'article L. 1233-4. »

(Abrogé par Ord. n° 2017-1718 du 20 déc. 2017, art. 1er-I) « 6° *Le cas échéant, les conséquences des licenciements projetés en matière de santé, de sécurité ou de conditions de travail.* »

Les dispositions issues de l'art. 20 de l'Ord. n° 2017-1387 du 22 sept. 2017 sont applicables aux procédures de licenciement économique engagées dans les entreprises ayant mis en place un comité social et économique (Ord. préc., art. 40-VI).

Les dispositions issues de la L. n° 2016-1088 du 8 août 2016 sont applicables aux licenciements économiques engagés après le 9 août 2016.

La procédure de licenciement est considérée comme engagée soit à compter de la date d'envoi de la convocation à l'entretien préalable mentionnée à l'art. L. 1233-11, soit à compter de la date d'envoi de la convocation à la première réunion des délégués du personnel ou du comité d'entreprise mentionnée à l'art. L. 1233-30 (L. préc., art. 94-II).

1. Contrôle du PSE. Lorsque l'accord majoritaire ne porte que sur le PSE et ne traite aucun des cinq éléments énumérés par l'art. L. 1233-24-2, l'administration doit valider le PSE et homologuer le document unilatéral reprenant ces cinq éléments ; l'homologation ne peut alors intervenir que si ces éléments, notamment les catégories professionnelles concernées par les suppressions d'emploi, sont définis conformément aux dispositions législatives et aux stipulations conventionnelles. ● CE 30 mai 2016, 🔓 n° 387798 : *RJS 8-9/2016, n° 562 ; JSL 2016, n° 414-4, obs. Hautefort.* ♦ Il résulte des termes mêmes de l'art. L. 1233-24-2 C. trav. que celui-ci n'impose à l'accord collectif portant PSE, ni qu'il fixe des modalités particulières d'information et de consultation du comité d'entreprise, ni qu'il reprenne les stipulations ayant cet objet qui auraient, le cas échéant, été fixées préalablement par un accord dit « de méthode ». ● CE 12 juin 2019, 🔓 n° 420084 B : *RJS 10/2019, n° 568 ; JSL 2019, n° 481-5, obs. Hautefort ; JCP S 2019. 1212, concl. Dieu.*

2. Catégories professionnelles et contrôle opéré par l'Administration. Il appartient à l'administration, lorsqu'elle est saisie d'une demande d'homologation d'un document qui fixe les catégories professionnelles mentionnées au 4° de l'art.

L. 1233-24-2, de s'assurer, au vu de l'ensemble des éléments qui lui sont soumis, notamment des échanges avec les représentants du personnel au cours de la procédure d'information et de consultation ainsi que des justifications qu'il appartient à l'employeur de fournir, que ces catégories regroupent, en tenant compte des acquis de l'expérience professionnelle qui excèdent l'obligation d'adaptation qui incombe à l'employeur, l'ensemble des salariés qui exercent, au sein de l'entreprise, des fonctions de même nature supposant une formation professionnelle commune. L'homologation demandée doit être refusée s'il apparaît que les catégories professionnelles concernées par le licenciement ont été déterminées par l'employeur en se fondant sur des considérations, telles que l'organisation de l'entreprise ou l'ancienneté des intéressés, qui sont étrangères à celles qui permettent de regrouper, compte tenu des acquis de l'expérience professionnelle, les salariés par fonctions de même nature supposant une formation professionnelle commune, ou s'il apparaît qu'une ou plusieurs catégories ont été définies dans le but de permettre le licenciement de certains salariés pour un motif inhérent à leur personne ou en raison de leur affectation sur un emploi ou dans un service dont la suppression est recherchée. • CE 7 févr. 2018, 🔒 n°s 403989, 399838, 407718, 409978 et 403001 : *RJS 4/2018, n°s 260 et 261 ; D. 2018. 823, note Lokiec* ⌀ *; RDT 2018. 213, note Géa* ⌀ *; JCP S 2018. 1086, obs. Poncet et Renaud.* – V. art. L. 1233-57-2 et L. 1233-57-3.

3. Critères d'ordre de licenciement et contrôle opéré par l'Administration. Même avec l'accord des représentants du personnel, l'employeur ne peut pas omettre un critère d'ordre prévu par la loi, dans le document établi unilatéralement et fixant le contenu du plan de sauvegarde de l'emploi, y compris si la neutralisation d'un critère est plus favorable aux salariés ; il appartient à l'autorité administrative de vérifier la conformité de ces critères et de leurs règles de pondération aux dispositions légales et conventionnelles applicables. • CE 22 déc. 2017, 🔒 n° 400649 : *JSL 2018, n° 448-6, obs. Pacotte et Layat-Le Bourhis.*

Art. L. 1233-24-3 (*L. n° 2013-504 du 14 juin 2013, art. 18-I*) L'accord prévu à l'article L. 1233-24-1 ne peut déroger :

1° A l'obligation d'effort de formation, d'adaptation et de reclassement incombant à l'employeur en application (*Ord. n° 2017-1387 du 22 sept. 2017, art. 17*) « de l'article L. 1233-4 » ;

2° Aux règles générales d'information et de consultation du (*Ord. n° 2017-1386 du 22 sept. 2017, art. 4*) « comité social et économique » prévues aux articles L. 2323-2, L. 2323-4 et L. 2323-5 [*L. 2312-14 et L. 2312-15*] (*Ord. n° 2017-1718 du 20 déc. 2017, art. 1ᵉʳ-I*) « sauf lorsque l'accord est conclu par le conseil d'entreprise ; »

3° A l'obligation, pour l'employeur, de proposer aux salariés le contrat de sécurisation professionnelle prévu à l'article L. 1233-65 ou le congé de reclassement prévu à l'article L. 1233-71 ;

4° A la communication aux représentants du personnel des renseignements prévus aux articles L. 1233-31 à L. 1233-33 ;

5° Aux règles de consultation applicables lors d'un redressement ou d'une liquidation judiciaire, prévues à l'article L. 1233-58.

V. notes ss. art. L. 1233-24-2.

§ 1 *BIS* Document unilatéral de l'employeur

(*L. n° 2013-504 du 14 juin 2013, art. 18-II*)

Art. L. 1233-24-4 A défaut d'accord mentionné à l'article L. 1233-24-1, un document élaboré par l'employeur après la dernière réunion du (*Ord. n° 2017-1386 du 22 sept. 2017, art. 4*) « comité social et économique » fixe le contenu du plan de sauvegarde de l'emploi et précise les éléments prévus aux 1° à 5° de l'article L. 1233-24-2, dans le cadre des dispositions légales et conventionnelles en vigueur.

COMMENTAIRE

V. sur le Code en ligne 🔒.

Lorsqu'elle est saisie d'une demande d'homologation d'un document élaboré en application de l'art. L. 1233-24-4 C. trav., il appartient à l'administration, sous le contrôle du juge administratif, de vérifier la conformité de ce document et du plan de sauvegarde de l'emploi dont il fixe le contenu aux dispositions législatives et aux stipulations conventionnelles applicables ; le respect du principe de la séparation des pouvoirs s'oppose à ce que le juge judiciaire se prononce sur le respect par l'employeur de stipulations conventionnelles dont il est soutenu qu'elles s'imposaient au stade de l'élaboration du plan de sauvegarde de l'emploi, la vérification du contenu dudit plan relevant de l'administration sous le contrôle du juge administratif. • Soc. 25 mars 2020, 🔒 n° 18-23.692 P : D. 2020. 1746, obs. Praché ⌀ ; ibid. Pan. 1142, obs. Vernac ⌀ ; RJS 6/2020, n° 288 ; JCP S 2020. 2056, obs. Fin-Langer ; JCP E 2020. 1368, note Pagnerre.

§ 2 Modifications du contrat de travail donnant lieu à dix refus ou plus

Art. L. 1233-25 Lorsqu' [*Lorsque*] au moins dix salariés ont refusé la modification d'un élément essentiel de leur contrat de travail, proposée par leur employeur pour l'un des motifs économiques énoncés à l'article L. 1233-3 et que leur licenciement est envisagé, celui-ci est soumis aux dispositions applicables en cas de licenciement collectif pour motif économique. — [*Anc. art. L. 321-1-3.*]

COMMENTAIRE

V. sur le Code en ligne 🔒.

1. Jurisprudence antérieure à la loi du 29 juill. 1992. Le licenciement de plusieurs salariés qui refusent une modification substantielle de leur contrat de travail pour un motif économique constitue une somme de licenciements individuels. • Soc. 9 oct. 1991 🔒 n° 89-45.295 P : D. 1992. 127, note Decoopman ⌀ ; ibid. Somm. 291, obs. A. Lyon-Caen ⌀ ; RJS 1991. 636, n° 1195 • 22 mars 1995, 🔒 n° 93-44.329 P : D. 1995. Somm. 366, obs. de Launay-Gallot ⌀ ; RJS 1995. 338, n° 500.

2. Jurisprudence antérieure à la loi du 18 janv. 2005. L'employeur qui envisage le licenciement de dix salariés au moins dans une même période de trente jours doit mettre en œuvre un plan de sauvegarde de l'emploi, et ce même si le nombre de salariés effectivement licenciés est inférieur à dix. ♦ En l'absence d'accord de réduction du temps de travail, la proposition unilatérale de l'employeur de modifier le contrat de travail de plus de 10 personnes dans une même période de 30 jours, à l'occasion de la mise en œuvre de la réduction de la durée légale du travail, entre dans les prévisions de l'art. L. 321-1-3 ; la procédure de consultation du comité d'entreprise sur le projet de plan de sauvegarde de l'emploi n'est licite que si les modifications proposées sont conformes aux dispositions légales ou conventionnelles applicables. • Soc. 23 mai 2006 : 🔒 RJS 2006. 708, n° 955 ; JCP S 2006. 1695, note Dumont.

3. Propositions d'une modification du contrat de travail. Dès lors que la restructuration décidée conduit à proposer à au moins dix salariés la modification d'un élément essentiel de leur contrat (transfert sur un autre site) et donc à envisager la rupture de leur contrat de travail, les juges du fond appliquent exactement les dispositions des art. L. 321-1-2 s. en décidant que l'employeur est tenu d'établir et de mettre en œuvre un plan social. • Soc. 3 déc. 1996, 🔒 Framatome, n° 95-17.352 P : GADT, 4ᵉ éd., n° 109 ; D. 1997. IR 23 ⌀ ; JCP 1997. II. 22814, note Barthélémy ; Gaz. Pal. 1997. 1. 64, note Philbert ; CSB 1997. 62 ; RJS 1997. 30, n° 24 ; ibid. 12, concl. P. Lyon-Caen ; Dr. soc. 1997. 18, rapp. Waquet ⌀ ; Dr. ouvrier 1997. 177, note Bied-Charreton • 3 déc. 1996, 🔒 Majorette, n° 95-20.360 P : eod. loc. • 10 juill. 2001, 🔒 n° 99-43.330 P : D. 2001. IR 2360 ⌀ ; RJS 2001. 871, n° 1278 ; JSL 2001, n° 89-3 • 22 févr. 2005 : 🔒 Dr. soc. 2005. 556, note Chagny ⌀. ♦ Comp. : • Soc. 21 janv. 2004 : 🔒 D. 2004. IR 323 ⌀ ; Dr. soc. 2004. 375, obs. Gauriau ⌀ ; SSL, n° 1154. 6, note G. Lyon-Caen ; RJS 2004. 210, n° 301 ; JSL 2004, n° 140-2 (pas de plan social en présence d'un transfert d'activité qui n'affecte pas le contrat de travail, la mention du lieu de travail, en l'absence de clause particulière, n'ayant que valeur d'information).

4. Modification du projet de réorganisation. Lorsque plus de dix salariés refusent la modification de leur contrat de travail pour motif économique, l'employeur n'est pas dans l'obligation de les licencier ; l'employeur peut modifier son projet de réorganisation et procéder à une nouvelle consultation des représentants du personnel sur un projet de licenciement collectif concernant moins de dix salariés. • Soc. 24 janv. 2018, 🔒 n° 16-22.940 P : D. 2018. Actu. 246 ⌀ ; RDT 2018. 290, note Ciray et Jardonnet ⌀ ; RJS 4/2018, n° 259 ; SSL 2018, n° 1804, p. 14, obs. Champeaux ; JSL 2018, n° 450-3, obs. Desmoulin et Biotti ; JCP S 2018. 1088, obs. Dumont.

§ 3 Licenciements successifs

Art. L. 1233-26 Lorsqu'une entreprise ou un établissement (*Ord. n° 2017-1387 du 22 sept. 2017, art. 20*) « employant habituellement au moins cinquante salariés » a procédé pendant trois mois consécutifs à des licenciements économiques de plus de dix salariés au total, sans atteindre dix salariés dans une même période de trente jours, tout nouveau licenciement économique envisagé au cours des trois mois suivants est soumis aux dispositions du présent chapitre.

Art. L. 1233-27 Lorsqu'une entreprise ou un établissement *(Ord. n° 2017-1387 du 22 sept. 2017, art. 20)* « employant habituellement au moins cinquante salariés » a procédé au cours d'une année civile à des licenciements pour motif économique de plus de dix-huit salariés au total, sans avoir été tenu de présenter de plan de sauvegarde de l'emploi en application de l'article L. 1233-26 ou de l'article L. 1233-28, tout nouveau licenciement économique envisagé au cours des trois premiers mois de l'année civile suivante est soumis aux dispositions du présent chapitre.

SOUS-SECTION 2 **Procédure de consultation des représentants du personnel**

§ 1 Réunions des représentants du personnel

Art. L. 1233-28 L'employeur qui envisage de procéder à un licenciement collectif pour motif économique *(L. n° 2012-387 du 22 mars 2012, art. 43)* « d'au moins dix salariés » dans une même période de trente jours réunit et consulte *(Ord. n° 2017-1386 du 22 sept. 2017, art. 4)* « le comité social et économique » dans les conditions prévues par le présent paragraphe.

BIBL. ▶ JEANSEN, *JCP S 2022. 1215.*

Art. L. 1233-29 Dans les entreprises ou établissements employant habituellement moins de cinquante salariés, l'employeur réunit et consulte *(Ord. n° 2017-1386 du 22 sept. 2017, art. 4)* « le comité social et économique.

« Ce dernier tient » deux réunions, séparées par un délai qui ne peut être supérieur à quatorze jours. – V. art. L. 1238-2 *(pén.).*

Art. L. 1233-30 *(L. n° 2013-504 du 14 juin 2013, art. 18-III)* « I. – » Dans les entreprises ou établissements employant habituellement *(L. n° 2012-387 du 22 mars 2012, art. 43)* « au moins cinquante salariés », l'employeur réunit et consulte le *(Ord. n° 2017-1387 du 22 sept. 2017, art. 20)* « comité social et économique » *(L. n° 2013-504 du 14 juin 2013, art. 18-III)* « sur :

« 1° L'opération projetée et ses modalités d'application, conformément à l'article *(L. n° 2015-994 du 17 août 2015, art. 18-XIV)* « L. 2323-31 » *[L. 2312-37 ou L. 2312-39 depuis l'Ord. n° 2017-1386 du 22 sept. 2017]* ;

« 2° Le projet de licenciement collectif : le nombre de suppressions d'emploi, les catégories professionnelles concernées, les critères d'ordre et le calendrier prévisionnel des licenciements, les mesures sociales d'accompagnement prévues par le plan de sauvegarde de l'emploi *(Ord. n° 2017-1387 du 22 sept. 2017, art. 20)* « et, le cas échéant, les conséquences des licenciements projetés en matière de santé, de sécurité ou de conditions de travail ».

« Les éléments mentionnés au 2° du présent I qui font l'objet de l'accord mentionné à l'article L. 1233-24-1 ne sont pas soumis à la consultation du *(Ord. n° 2017-1387 du 22 sept. 2017, art. 20)* « comité social et économique » prévue au présent article. »

Le *(Ord. n° 2017-1387 du 22 sept. 2017, art. 20)* « comité social et économique » tient *(L. n° 2013-504 du 14 juin 2013, art. 18-III)* « au moins » deux réunions *(L. n° 2013-504 du 14 juin 2013, art. 18-III)* « espacées d'au moins quinze jours.

« II. – Le *(Ord. n° 2017-1387 du 22 sept. 2017, art. 20)* « comité social et économique » rend ses deux avis dans un délai qui ne peut être supérieur, à compter de la date de sa première réunion au cours de laquelle il est consulté sur les 1° et 2° du I, à :

« 1° Deux mois » lorsque le nombre des licenciements est inférieur à cent ;

2° *(L. n° 2013-504 du 14 juin 2013, art. 18-III)* « Trois mois » lorsque le nombre des licenciements est au moins égal à cent et inférieur à deux cent cinquante ;

3° *(L. n° 2013-504 du 14 juin 2013, art. 18-III)* « Quatre mois » lorsque le nombre des licenciements est au moins égal à deux cent cinquante.

Une convention ou un accord collectif de travail peut prévoir des délais *(L. n° 2013-504 du 14 juin 2013, art. 18-III)* « différents.

« En l'absence d'avis du *(Ord. n° 2017-1387 du 22 sept. 2017, art. 20)* « comité social et économique » dans ces délais, celui-ci est réputé avoir été consulté. » – V. art. L. 1238-2 *(pén.).*

BIBL. ▶ ODOUL-ASOREY, *RDT 2013. 192.*

COMMENTAIRE
V. sur le Code en ligne.

A. RÉGULARITÉ DE LA PROCÉDURE DE CONSULTATION

1. Mandats expirés. La procédure de consultation est substantiellement viciée lorsque les mandats des membres du comité d'entreprise étaient parvenus à expiration au jour de la consultation. • CE 29 juin 1990 : *JS UIMM 1990. 366.* ♦ La consultation irrégulière du comité d'entreprise résultant de l'expiration du mandat de ses membres n'entraîne pas la nullité du licenciement mais constitue une irrégularité de procédure donnant lieu à l'attribution de dommages-intérêts en fonction du préjudice subi. • Soc. 29 avr. 1998 : *D. 1998. IR 132 ; RJS 1998. 457, n° 716.*

2. Comité d'entreprise commun. La procédure de consultation est régulière dès lors qu'a été consulté le comité d'entreprise commun aux deux sociétés concernées par les licenciements collectifs. • CE 18 janv. 1980 : *D. 1980. 259, note A. Lyon-Caen ; Dr. soc. 1980. 322, concl. Dondoux.*

3. Cession de l'entreprise. Il résulte des dispositions de l'art. L. 433-14 [L. 2324-26 nouv.] que lorsque l'entreprise perd son autonomie juridique sans devenir un établissement distinct de celle qui l'a reprise, le mandat des membres élus de son comité d'entreprise expire à la date d'effet de cette reprise et que, dans le cas où, moins de six mois après cette date, l'employeur envisage de licencier pour un motif économique l'un de ses salariés, le comité d'entreprise qui doit donner son avis est celui de l'entreprise à laquelle les droits et obligations résultant du contrat de travail de l'intéressé ont été transférés. • CE 8 janv. 1997 : *RJS 1997. 116, n° 171.*

4. Groupe. Dès lors que la dépendance économique entre une entreprise et les deux sociétés qui sont ses actionnaires n'est pas de nature à caractériser un lien de subordination juridique entre ces sociétés actionnaires et les salariés de l'entreprise, il n'y a pas lieu d'enjoindre à ces sociétés de mener conjointement la procédure de consultation des représentants du personnel de l'entreprise préalablement aux licenciements économiques que celle-ci envisage. • Soc. 18 oct. 1995 : *CSB 1996. 17, A. 6.*

5. Accord collectif majoritaire. L'employeur n'est pas tenu de soumettre pour avis au comité d'entreprise les éléments du projet de licenciement fixés par l'accord collectif majoritaire soumis à validation de l'administration ; dans cette hypothèse, l'administration doit seulement s'assurer de la présence dans ce plan des mesures prévues aux art. L. 1233-61 et L. 1233-63. • CE 7 déc. 2015, n° 383856 : *RJS 2/2016, n° 119 ; JSL 2016, n° 403-3, obs. Jaglin et Castex.*

B. DÉROULEMENT DE LA CONSULTATION

6. Report de la consultation. En faveur du report de la deuxième et de la troisième réunions du comité d'entreprise en raison de la remise tardive du rapport de l'expert-comptable due à la carence de l'employeur, V. • Soc. 19 oct. 1994 : *RJS 1994. 829, n° 1365.*

7. Cumul des procédures de consultation. La procédure prévue par l'art. L. 321-3 [L. 1233-30 nouv.] et celle de l'art. L. 432-1 [L. 2323-15 nouv.] sont des procédures distinctes qui doivent être l'une et l'autre respectées ; elles peuvent être conduites de manière concomitante mais cela n'est pas une nécessité. • Soc. 2 mars 1999, n° 97-16.489 P : *D. 1999. IR 94 ; Dr. soc. 1999. 592, obs. Cohen ; RJS 1999. 305, n° 494 ; CSB 1999. 199, A. 32 ; JS UIMM 1999. 229.* ♦ Si les représentants du personnel doivent être saisis en temps utile des projets de restructuration et de compression des effectifs, la réorganisation peut être mise en œuvre par l'employeur avant la date d'homologation du plan de sauvegarde de l'emploi par l'autorité administrative. • Soc. 20 avr. 2022, n° 20-20.567 B : *D. actu. 18 mai 2022, obs. Malfettes ; D. 2022. 796 ; RJS 7/2022, n° 372.*

8. Les deux procédures sont respectées lorsque la convocation du comité d'entreprise mentionne deux ordres du jour différents, deux documents distincts se rapportant aux deux ordres du jour sont joints à la convocation et que les procès-verbaux des réunions font ressortir que le comité d'entreprise a bien été consulté sur les deux projets. • Soc. 9 févr. 2000, n° 98-12.143 P : *D. 2000. IR 89 ; Dr. soc. 2000. 446, obs. J. Savatier ; RJS 2000. 184, n° 269.* ♦ Après avoir constaté qu'un comité central d'entreprise a été consulté concomitamment, selon deux procédures distinctes, sur le projet de licenciement collectif pour motif économique des salariés d'un établissement et sur le projet de fermeture de cet établissement, mesure entrant dans les prévisions de l'art. L. 432-1 [L. 2323-15 nouv.], une cour d'appel, statuant en référé, énonce exactement que le comité doit disposer, conformément aux dispositions de l'art. L. 431-5 [L. 2323-4 nouv.], d'un délai d'examen suffisant et que le chef d'entreprise n'est pas fondé à opposer au comité, à l'occasion de cette dernière consultation, le délai mentionné au troisième alinéa de l'art. L. 321-7-1 [L. 1233-35 nouv.], applicable à la seule procédure de licenciement pour motif économique. • Soc. 16 avr. 1996, *Sietam*, n° 93-20.228 P : *JCP E 1996. II. 836, note Picca ; ibid. I. 597, n° 15, obs. Coursier ; Dr. soc. 1996. 484, note A. Lyon-Caen (2ᵉ arrêt) ; RJS 1996. 356, n° 560 ; ibid. 311, concl. Kessous ; CSB 1996. 187, note Philbert. –* Bélier et Legrand, *Dr. soc. 1996. 932.*

9. Aucun texte ne précisant que les dispositions des art. L. 321-1 s. [L. 1233-31 nouv.] sont exclusives de celles de l'art. L. 432-1 [L. 2323-15 nouv.], l'absence notamment d'une convocation du comité d'entreprise comportant à son ordre du jour la question de la fermeture d'un établissement, ou d'un procès-verbal de réunion témoignant que cette question aurait été débattue, démontre que le comité d'entreprise a été placé devant le fait accompli. ● Paris, 1er mars 1994 : *RJS 1994. 436, n° 717* (suspension de la fermeture et procédure de licenciement déclarée nulle et de nul effet). ♦ V. déjà : ● Paris, 5 oct. 1993 : *RJS 1994. 277, n° 428 ; Dr. ouvrier 1994. 350.*

10. Il résulte de la combinaison des art. L. 432-2 [L. 2323-13 nouv.] et L. 432-3 [L. 2323-27 nouv.] que la consultation du comité d'entreprise sur les mesures de nature à affecter le volume ou la structure des effectifs prévue par le premier de ces art. et la consultation du même comité sur un projet de licenciement collectif pour motif économique prévue par le second constituent deux procédures distinctes, qui doivent être respectées l'une et l'autre. Si ces deux procédures peuvent être conduites de manière concomitante, sous réserve du respect des délais les plus favorables, la consultation simultanée du comité d'entreprise sur un projet de fermeture d'établissement et de licenciement économique est nulle si la décision de fermeture d'un établissement avait été préalablement arrêtée par l'employeur. ● Soc. 17 juin 1997, n° 95-18.904 P : *GADT, 4ᵉ éd., n° 111 ; Dr. soc. 1997. 742, obs. Masse-Dessen ; RJS 1997. 592, rapp. Frouin ; ibid. 617, n° 990.*

11. Jurisprudence communautaire. La procédure de consultation doit être déclenchée par l'employeur au moment où la décision le contraignant à envisager ou à projeter des licenciements collectifs a été prise. ● CJCE 10 sept. 2009 : *RDT 2010. 285, note Vernac*. ♦ Seul l'employeur est soumis aux obligations d'information-consultation et de notification, la société mère qui le contrôle n'ayant pas la qualité d'employeur. ● Même arrêt.

12. Invocabilité de la nullité. La nullité de la procédure de licenciement économique ne peut être encourue lorsque sa suspension n'a pas été demandée avant son achèvement. ● Soc. 11 janv. 2007, n° 05-10.350 P. ♦ Mais la nullité est encourue lorsque, le comité d'entreprise n'ayant pas été valablement saisi, l'irrégularité a été soulevée avant le terme de la procédure à un moment où elle pouvait encore être suspendue et reprise mais que l'employeur a néanmoins notifié les licenciements. ● Soc. 14 janv. 2003, n° 01-10.239 P : *D. 2003. IR 399.*

13. Dépassement des délais de consultation. La circonstance que le CSE ait rendu ses avis au-delà des délais légaux est par elle-même sans incidence sur la régularité de la procédure d'information-consultation du comité. L'administration doit contrôler si le CSE a été à même de rendre ses avis en toute connaissance de cause, dans des conditions qui ne sont pas susceptibles d'avoir faussé sa consultation. ● CE 22 mai 2019, n° 420780 : *RDT 2019. 574, note Géa ; RJS 7/2019, n° 425 ; JSL 2019, n° 480-3, obs. Nasom-Tissandier ; SSL 2019, n° 1865, p. 5, concl. Lieber.*

Art. L. 1233-31 L'employeur adresse aux représentants du personnel, avec la convocation à la première réunion, tous renseignements utiles sur le projet de licenciement collectif.

Il indique :

1° La ou les raisons économiques, financières ou techniques du projet de licenciement ;

2° Le nombre de licenciements envisagé ;

3° Les catégories professionnelles concernées et les critères proposés pour l'ordre des licenciements ;

4° Le nombre de salariés, permanents ou non, employés dans l'établissement ;

5° Le calendrier prévisionnel des licenciements ;

6° Les mesures de nature économique envisagées ;

(Ord. n° 2017-1387 du 22 sept. 2017, art. 20) « 7° Le cas échéant, les conséquences de la réorganisation en matière de santé, de sécurité ou de conditions de travail ».

COMMENTAIRE

V. sur le Code en ligne.

1. Information des représentants du personnel. L'art. L. 321-4 [L. 1233-31 nouv.] fait seulement obligation à l'employeur de faire connaître aux représentants du personnel les mesures qu'il envisage de prendre afin que ceux-ci puissent formuler leurs avis, suggestions et propositions en toute connaissance de cause. ● CE 19 déc. 1984 : *Dr. soc. 1985. 485, note Moderne ; AJDA 1985. 87, obs. Hubac et Schoettl.* ♦ L'absence d'informations sérieuses sur les causes des suppressions d'emplois constitue un trouble manifestement illicite que le juge des référés doit faire cesser en interdisant à l'employeur de poursuivre la procédure de licenciement collectif, sauf à celui-ci à la reprendre d'une façon conforme à la loi. ● Paris, 8 sept. 1993 : *RJS 1993. 644, n° 1085.* – V. aussi : ● TGI Nanterre, 16 nov. 1993 : *RJS 1994. 34, n° 17.* ♦ En revanche, la procédure n'a pas à être reprise s'il s'avère que le comité d'entreprise a été correctement informé mais a refusé d'émettre un avis. • TGI Créteil, 10 févr. 2000 : *RJS 2000. 649, n° 968 ; ibid. 2000. 607, note Marquet de Vasselot.*

2. Nombre de salariés licenciés. L'employeur n'a pas à soumettre aux représentants du personnel une liste nominative des salariés licenciés. • Soc. 16 déc. 1992, ⚖ n° 90-44.871 : *CSB 1993. 283, obs. Philbert.* ♦ Mais il doit leur communiquer le nombre de salariés concernés par la mesure de compression des effectifs. • Soc. 2 mars 1999 : ⚖ *Dr. soc. 1999. 531, obs. Cohen ⌀ ; RJS 1999. 307, n° 495 ; D. 1999. IR 87 ⌀.* ♦ A défaut de communiquer un nombre exact, la procédure doit être reprise depuis le début. • Soc. 4 juill. 2000 : ⚖ *D. 2000. IR 221 ⌀ ; RJS 2000. 632, n° 932.*

3. Catégorie professionnelle. La notion de catégorie professionnelle vise nécessairement des types d'emploi dans une acception commune à l'information requise sur les emplois supprimés et aux critères d'ordre des licenciements ; elle se définit comme l'ensemble des salariés exerçant dans l'entreprise des fonctions de même nature supposant une formation professionnelle commune. • Paris, 9 mai 1995 : *Dr. ouvrier 1995. 552, note Bied-Charreton,* confirmé par • Soc. 13 févr. 1997, ⚖ *Samaritaine,* n° 95-16.648 P : *D. 1997. 171, note A. Lyon-Caen ⌀ ; Dr soc. 1997. 249, concl. de Caigny, note Couturier ⌀.*

Art. L. 1233-32 Outre les renseignements prévus à l'article L. 1233-31, dans les entreprises de moins de cinquante salariés, l'employeur adresse aux représentants du personnel les mesures qu'il envisage de mettre en œuvre pour éviter les licenciements ou en limiter le nombre et pour faciliter le reclassement du personnel dont le licenciement ne pourrait être évité.

Dans les entreprises *(L. n° 2012-387 du 22 mars 2012, art. 43)* « d'au moins cinquante salariés », l'employeur adresse le plan de sauvegarde de l'emploi concourant aux mêmes objectifs. – V. art. L. 1233-61 s.

Art. L. 1233-33 *(L. n° 2013-504 du 14 juin 2013, art. 18-IV)* L'employeur met à l'étude, dans le délai prévu à l'article L. 1233-30, les suggestions relatives aux mesures sociales envisagées et les propositions alternatives au projet de restructuration mentionné à l'article *(L. n° 2015-994 du 17 août 2015, art. 18-XIV, en vigueur le 1ᵉʳ janv. 2016)* « L. 2323-31 » formulées par le *(Ord. n° 2017-1386 du 22 sept. 2017, art. 4)* « comité social et économique ». Il leur donne une réponse motivée.

§ 2 Assistance d'un expert *(Ord. n° 2017-1387 du 22 sept. 2017, art. 20).*

Art. L. 1233-34 *(Ord. n° 2017-1387 du 22 sept. 2017, art. 20)* Dans les entreprises d'au moins cinquante salariés, lorsque le projet de licenciement concerne au moins dix salariés dans une même période de trente jours, le comité social et économique peut, le cas échéant sur proposition des commissions constituées en son sein, décider, lors de la première réunion prévue à l'article L. 1233-30, de recourir à une expertise pouvant porter sur les domaines économique et comptable ainsi que sur *(L. n° 2018-217 du 29 mars 2018, art. 11)* « la santé, la sécurité ou » les effets potentiels du projet sur les conditions de travail.

Les modalités et conditions de réalisation de l'expertise, lorsqu'elle porte sur un ou plusieurs des domaines cités au premier alinéa, sont déterminées par un décret en Conseil d'État. – V. art. R. 1233-3-2 s.

L'expert peut être assisté dans les conditions prévues à l'article *(Ord. n° 2017-1718 du 20 déc. 2017, art. 1ᵉʳ-I)* « L. 2315-81 ».

Le comité social et économique peut également mandater un expert afin qu'il apporte toute analyse utile aux organisations syndicales pour mener la négociation prévue à l'article L. 1233-24-1.

Le rapport de l'expert est remis au comité social et économique et, le cas échéant, aux organisations syndicales, au plus tard quinze jours avant l'expiration du délai mentionné à l'article L. 1233-30. – V. art. L. 1238-2 (pén.).

1. Désignation de l'expert. La décision du comité d'entreprise de recourir à l'assistance d'un expert-comptable en matière de PSE doit intervenir lors de la première réunion d'information-consultation prévue à l'art. L. 1233-30 ; en principe, la désignation nominative doit intervenir au cours de cette même réunion, sauf à pouvoir justifier de circonstances de nature à reporter cette désignation. • CE 23 nov. 2016, ⚖ n° 388855 : *RDT 2017. 110, concl. Vialettes ⌀ ; RJS 2/2017, n° 104 ; JSL 2017, n° 423-5, obs. Jaglin et Montalembert.*

2. Rôle de l'autorité administrative. Lorsque l'assistance d'un expert-comptable a été demandée en application de l'art. L. 1233-34 C. trav., l'administration doit s'assurer que celui-ci a pu exercer sa mission dans des conditions permettant au comité d'entreprise de formuler ses avis en toute connaissance de cause. • CE 21 oct. 2015, ⚖ n° 382633 : *RDT 2016.113*, note Gilbert ; *RJS 1/2016, n° 21*.

3. Compétence exclusive du juge administratif. La juridiction administrative est seule compétente pour statuer sur un litige relatif à la communication par l'employeur de pièces demandées par l'expert-comptable désigné dans le cadre de la procédure de consultation du comité d'entreprise en cas de licenciements collectifs pour motif économique prévue à l'art. L. 1233-30 C. trav. • CE 25 sept. 2019, ⚖ n° 428510 B : *D. 2020. Pan. 1143*, obs. Vernac ⁄ ; *RDT 2019. 785*, note Géa ⁄ ; *RJS 12/2019, n° 693* ; *JCP S 2019. 1347*, obs. Piccoli.

Art. L. 1233-35 (*Ord. n° 2017-1387 du 22 sept. 2017, art. 20*) L'expert désigné par le comité social et économique demande à l'employeur, (*Ord. n° 2017-1718 du 20 déc. 2017, art. 1ᵉʳ-I*) « dans les dix jours à compter de sa désignation », toutes les informations qu'il juge nécessaires à la réalisation de sa mission. L'employeur répond à cette demande dans les huit jours. Le cas échéant, l'expert demande, dans les dix jours, des informations complémentaires à l'employeur, qui répond à cette demande dans les huit jours à compter de la date à laquelle (*Ord. n° 2017-1718 du 20 déc. 2017, art. 1ᵉʳ-I*) « la demande de l'expert » est formulée. – V. art. L. 1238-2 (pén.).

BIBL. ▶ BORIE, *SSL 2013, n° 1492, p. 65* (contentieux de l'information dans le cadre du PSE).

Jurisprudence rendue sous l'empire des dispositions antérieures à l'Ord. n° 2017-1387 du 22 sept. 2017.

Double procédure de consultation. Après avoir constaté qu'un comité central d'entreprise a été consulté concomitamment, selon deux procédures distinctes, sur le projet de licenciement collectif pour motif économique des salariés d'un établissement et sur le projet de fermeture de cet établissement, mesure entrant dans les prévisions de l'art. L. 432-1 [L. 2323-15 nouv.], une cour d'appel, statuant en référé, énonce exactement que le comité doit disposer, conformément aux dispositions de l'art. L. 431-5 [L. 2323-4 nouv.], d'un délai d'examen suffisant et que le chef d'entreprise n'est pas fondé à opposer au comité à l'occasion de cette dernière consultation le délai mentionné au troisième alinéa de l'art. L. 321-7-1 [L. 1233-35 nouv.], applicable à la seule procédure de licenciement pour motif économique. • Soc. 16 avr. 1996, ⚖ *Sietam*, n° 93-20.228 P : *JCP E 1996. II. 836*, note Picca ; *ibid. I. 597, n° 15*, obs. Coursier ; *Dr. soc. 1996. 484*, note A. Lyon-Caen ⁄ *(2ᵉ arrêt)* ; *RJS 1996. 356, n° 560* ; *ibid. 311*, concl. Kessous ; *CSB 1996. 187*, note Philbert. – Bélier et Legrand, *Dr. soc. 1996. 932*.

Art. L. 1233-35-1 (*Ord. n° 2017-1387 du 22 sept. 2017, art. 20*) Toute contestation relative à l'expertise est adressée, avant transmission de la demande de validation ou d'homologation prévue à l'article L. 1233-57-4, à l'autorité administrative, qui se prononce dans un délai de cinq jours. Cette décision peut être contestée dans les conditions prévues à l'article L. 1235-7-1.

§ 3 Consultation du comité social et économique central (*Ord. n° 2017-1387 du 22 sept. 2017, art. 20*).

Art. L. 1233-36 (*L. n° 2013-504 du 14 juin 2013, art. 18-VII ; Ord. n° 2017-1387 du 22 sept. 2017, art. 20*) Dans les entreprises dotées d'un comité social et économique central, l'employeur consulte le comité central et le ou les comités sociaux et économiques d'établissement intéressés dès lors que les mesures envisagées excèdent le pouvoir du ou des chefs d'établissement concernés ou portent sur plusieurs établissements simultanément. Dans ce cas, le ou les comités sociaux et économiques d'établissement tiennent leurs réunions après celles du comité social et économique central tenues en application de l'article L. 1233-30. Ces réunions ont lieu dans les délais prévus à l'article L. 1233-30.

Si la désignation d'un (*Ord. n° 2017-1387 du 22 sept. 2017, art. 20*) « expert » est envisagée, elle est effectuée par le comité social et économique central, dans les conditions et les délais prévus » au paragraphe 2.

Art. L. 1233-37 Lorsque le (*Ord. n° 2017-1387 du 22 sept. 2017, art. 20*) « comité social et économique central » recourt à l'assistance d'un expert, (*L. n° 2013-504 du 14 juin 2013, art. 18-VIII*) « l'article L. 1233-50 ne s'applique » pas.

RUPTURE DU CONTRAT DE TRAVAIL **Art. L. 1233-42** 321

SOUS-SECTION 3 **Procédure à l'égard des salariés**

§ 1 Entretien préalable

Art. L. 1233-38 Lorsque l'employeur procède au licenciement pour motif économique (*L. n° 2012-387 du 22 mars 2012, art. 43*) « d'au moins dix salariés » dans une même période de trente jours et qu'il existe un (*Ord. n° 2017-1386 du 22 sept. 2017, art. 4*) « comité social et économique » dans l'entreprise, la procédure d'entretien préalable au licenciement ne s'applique pas.

Un décret en Conseil d'État détermine les modalités d'application du présent article.

V. note ss. art. L. 1233-5.

§ 2 Notification du licenciement

Art. L. 1233-39 (*L. n° 2013-504 du 14 juin 2013, art. 18-IX*) « Dans les entreprises de moins de cinquante salariés, » l'employeur notifie au salarié le licenciement pour motif économique par lettre recommandée avec avis de réception.

La lettre de notification ne peut être adressée avant l'expiration d'un délai courant à compter de la notification du projet de licenciement à l'autorité administrative.

Ce délai ne peut être inférieur à (*L. n° 2013-504 du 14 juin 2013, art. 18-IX*) « trente jours ».

Une convention ou un accord collectif de travail peut prévoir des délais plus favorables aux salariés.

(*L. n° 2013-504 du 14 juin 2013, art. 18-IX*) « Dans les entreprises de cinquante salariés ou plus, lorsque le projet de licenciement concerne dix salariés ou plus dans une même période de trente jours, l'employeur notifie le licenciement selon les modalités prévues au premier alinéa du présent article, après la notification par l'autorité administrative de la décision de validation mentionnée à l'article L. **1233-57-2** ou de la décision d'homologation mentionnée à l'article L. **1233-57-3**, ou à l'expiration des délais prévus à l'article L. **1233-57-4**.

« Il ne peut procéder, à peine de nullité, à la rupture des contrats de travail avant la notification de cette décision d'homologation ou de validation ou l'expiration des délais prévus à l'article L. **1233-57-4**. » — *V. art. L. 1238-3 (pén.), R.* 1233-3-4 et R. 1233-20.*

COMMENTAIRE

V. sur le Code en ligne 📖.

1. Point de départ du délai d'envoi. Le délai à respecter avant de notifier les licenciements court à compter de la notification du projet de licenciement et non à compter de la transmission de la liste des salariés visés. • Soc. 18 févr. 1998 : 🔒 *RJS 1998. 277, n° 440 ; D. 1998. IR 86* 🖉.

2. Délai pour prononcer le licenciement. Il n'existe pas de délai, après que le plan social est devenu définitif, pour prononcer le licenciement. • Soc. 7 oct. 1998, 🔒 *n° 96-40.424 P : D. 1998. IR 233* 🖉 ; *Dr. soc. 1998. 1049, obs. Verkindt* 🖉 ; *RJS 1998. 820, n° 1356*.

3. Délai applicable en cas de procédure collective. Il résulte des art. L. 3253-8 C. trav. et L. 631-7 C. com. que les délais prévus à l'art. L. 1233-39 C. trav. pour l'envoi des lettres de licenciement pour motif économique concernant 10 salariés ou plus dans une même période de 30 jours dans les entreprises de moins de 50 salariés ne sont pas applicables en cas de redressement ou de liquidation judiciaire (inopérance de l'art. L. 1233-59 applicable aux seuls délais de notification prévus par l'art. L. 1233-15 C. trav., relatif au licenciement individuel ou au licenciement collectif pour motif économique de moins de dix salariés). • Soc. 17 mai 2023, 🔒 *n° 21-21.041 B : D. 2023. 1015* 🖉 ; *RJS 8-9/2023, n° 439 ; SSL 2023, n° 2052, p. 1, obs. Bailly ; JCP S 2023. 1180, obs. Bossu*.

Art. L. 1233-40 et L. 1233-41 *Abrogés par L. n° 2013-504 du 14 juin 2013, art. 18-X.*

Art. L. 1233-42 La lettre de licenciement comporte l'énoncé des motifs économiques invoqués par l'employeur.

Elle mentionne également la priorité de réembauche prévue par l'article L. **1233-45** et ses conditions de mise en œuvre.

(Ord. n° 2017-1387 du 22 sept. 2017, art. 4-II ; L. n° 2018-217 du 29 mars 2018, art. 11) « Un arrêté du ministre chargé du travail fixe les modèles que l'employeur peut utiliser pour procéder à la notification du licenciement. »

(Abrogé par L. n° 2018-217 du 29 mars 2018, art. 11) « *Ces modèles rappellent en outre les droits et obligations de chaque partie.* »

V. Décr. n° 2017-1820 du 29 déc. 2017, Annexe VI, App. I. B, v° Contrat de travail.

En cas de manquement de l'employeur à son obligation d'information sur la priorité de réembauche, le salarié ne peut prétendre à réparation que s'il justifie d'un préjudice. ● Soc. 30 janv. 2019, n° 17-27.796.

Art. L. 1233-43 Sur demande écrite du salarié, l'employeur indique par écrit les critères retenus pour fixer l'ordre des licenciements. — *[Anc. art. L. 122-14-2, al. 2, phrase 2.]* — V. art. R. 1233-1.

Art. L. 1233-44 Un décret en Conseil d'État détermine les modalités d'application des premier et deuxième alinéas de l'article L. 1233-39 et des articles L. 1233-42 et L. 1233-43.

§ 3 Priorité de réembauche

BIBL. ▶ CORRIGNAN-CARSIN, *RJS 1994.* 643 ; ibid. 2000. 783. – FROUIN, *SSL 2001, n° 1053*, p. 6. – TEYSSIÉ, *Gaz. Pal. 1997.* 1. Doctr. 180.

Art. L. 1233-45 Le salarié licencié pour motif économique bénéficie d'une priorité de réembauche durant un délai d'un an à compter de la date de rupture de son contrat s'il en fait la demande au cours de ce même délai.

Dans ce cas, l'employeur informe le salarié de tout emploi devenu disponible et compatible avec sa qualification. En outre, l'employeur informe les représentants du personnel des postes disponibles.

Le salarié ayant acquis une nouvelle qualification bénéficie également de la priorité de réembauche au titre de celle-ci, s'il en informe l'employeur. — *[Anc. art. L. 321-14.]*

COMMENTAIRE

V. sur le Code en ligne.

A. DROIT À LA PRIORITÉ DE RÉEMBAUCHE

1. Départ volontaire. Les départs volontaires des salariés prévus par le plan élaboré par l'employeur caractérisent la rupture du contrat de travail pour motif économique et la priorité de réembauche peut être invoquée par tout salarié ayant accepté un départ volontaire. ● Soc. 10 mai 1999 : *D. 1999. IR 157* ; *RJS 1999.* 492, n° 791 ; *Dr. soc. 1999.* 736, obs. Gauriau ● 13 sept. 2005 : *Dr. soc. 2005.* 1059, obs. Couturier ; *SSL 2005, n° 1229*, p. 12. ♦ Pour l'application de cette priorité aux salariés ayant accepté un départ volontaire négocié avec l'employeur dans le cadre d'un plan social, V. ● Paris, 18 juin 1996 : *RJS 1996.* 681, n° 1069. ♦ Sur la solution antérieure : ● Soc. 14 mai 1996, n° 93-40.447 P : *JCP 1996.* II. 22722, note Corrignan-Carsin ; *Dr. soc. 1996.* 743, obs. Favennec ; *RJS 1996.* 423, n° 665.

2. Incidence de l'absence de cause réelle et sérieuse. Le fait que le licenciement, prononcé pour motif économique, soit jugé sans cause réelle et sérieuse, ne rend pas inapplicable et inopposable la priorité de réembauche. ● Soc. 13 avr. 1999, n° 96-45.028 P : *GADT, 4e éd., n° 107* ; *D. 1999. IR 129* ; *RJS 1999.* 433, n° 711 ; *Dr. soc. 1999.* 638, obs. Couturier ; *JCP 1999.* II. 10153, note Rousseau.

3. Salarié ayant retrouvé un emploi. La priorité de réembauche n'est pas exclue du seul fait que le salarié a retrouvé un emploi. ● Soc. 21 nov. 1990 : *D. 1990. IR 297* ; *CSB 1991.* 29, S. 13 ; *RJS 1991.* 40, n° 69. – Dans le même sens : ● Soc. 26 janv. 1994, n° 92-43.839 P : *D. 1994. IR 59* ; *Dr. soc. 1994.* 277 ; *RJS 1994.* 176, n° 238 ● 5 mars 2002, n° 00-41.429 P : *RJS 2002.* 455, n° 605.

4. Reçu pour solde de tout compte. Le reçu pour solde de tout compte ne vaut pas renonciation du salarié pour ses droits futurs éventuels, tel que l'exercice de la priorité de réembauche. ● Soc. 6 avr. 1994, n° 92-41.782 P : *Dr. soc. 1994.* 710 ; *RJS 1994.* 424, n° 694.

B. EXERCICE DE LA PRIORITÉ DE RÉEMBAUCHE

5. Délai d'exercice. Le délai d'un an court à compter de la fin du préavis, que celui-ci soit exécuté ou non. ● Soc. 21 juill. 1993 : *RJS 1993.* 511, n° 858 ● 27 nov. 2001, n° 99-44.240 P : *Dr. soc. 2002.* 224, obs. Savatier ; *RJS 2002.* 139, n° 161. ♦ Ce délai peut être prolongé lorsque le congé de reclassement est pris pendant le préavis, que le salarié est dispensé de l'exécuter, dans la mesure où la durée du congé de reclassement qui excède la durée du préavis entraîne le report du terme de ce dernier jusqu'à la fin du congé de reclassement. • Soc. 11 déc. 2019, n° 18-11.989 P : D. 2020. 560, obs. David ⌀ ; ibid. Pan. 414, obs. Bourzat-Alaphilippe ⌀ ; RJS 2/2020, n° 77 ; JCP S 2020. 1021, obs. Bousez ; LPA 16 mars 2020, p. 12, note Richevaux.

6. Demande explicite. La demande tendant au bénéfice de la priorité de réembauche peut être présentée, soit de manière spontanée, soit en réponse à une sollicitation de l'employeur, pourvu qu'elle soit explicite. • Soc. 11 avr. 2012 : ⌂ D. actu. 16 mai 2012, obs. Perrin ; D. 2012. Actu. 1069 ⌀ ; Dr. soc. 2012. 632, obs. Tournaux ⌀ ; RJS 2012. 459, n° 534 ; JSL 2012, n° 323-3, obs. Guyader ; JCP S 2012. 1287, obs. Dumont.

7. Information du salarié. L'employeur est tenu d'informer l'intéressé dès qu'il a connaissance de l'existence d'un poste. • Soc. 6 avr. 1994 : ⌂ Dr. soc. 1994. 564 ; RJS 1994. 337, n° 535.

8. Emploi proposé. L'obligation faite à l'employeur d'informer le salarié de tout emploi devenu disponible et compatible avec sa qualification peut être limitée aux emplois pour lesquels le salarié a demandé sa réintégration. • Soc. 29 mai 1991, ⌂ n° 88-43.883 P : Dr. soc. 1991. 640 ; RJS 1991. 453, n° 864. ♦ Mais elle n'est pas limitée aux seuls emplois pourvus par des contrats à durée indéterminée. • Soc. 26 janv. 1994 : ⌂ préc. note 3 • 8 avr. 2009 : ⌂ RJS 2009. 459, n° 513 ; JCP S 2009. 1340, note Corrignan-Carsin.

9. Il n'appartient pas à l'employeur de se faire juge de l'aptitude physique d'un salarié, mais il doit lui proposer les emplois dans le cadre de la priorité de réembauche et soumettre l'intéressé à la visite médicale d'embauche au terme de laquelle le médecin du travail est seul habilité à se prononcer sur l'aptitude du candidat à les occuper. • Dijon, 2 mai 1996 : RJS 1996. 838, n° 1303.

10. En rejetant la demande d'un salarié en dommages-intérêts pour non-respect de la priorité de réembauche, le juge doit constater que le poste offert, soit n'était pas conforme à la demande du salarié, soit n'était pas compatible avec sa qualification. • Soc. 29 mai 1991 : ⌂ préc. note 8 • 30 juin 1992, ⌂ n° 91-41.881 P : JCP 1993. II. 22076, 2ᵉ esp., note Corrignan-Carsin • 15 oct. 1996 : ⌂ D. 1998. Somm. 254, obs. Tissandier ⌀. ♦ N'est pas compatible au sens de l'art. L. 321-14 [L. 1233-45 nouv.] l'emploi d'agent de sécurité pour un salarié qui a toujours été employé à des tâches administratives. • Soc. 27 oct. 1998, ⌂ n° 96-45.005 P : RJS 1998. 928, n° 1524.

11. Notion d'emploi disponible. L'emploi d'un salarié en congé annuel n'est pas disponible au sens de l'art. L. 321-14 [L. 1233-45 nouv.]. • Soc. 17 juin 1992, ⌂ n° 91-45.458 P : D. 1992. IR 200 ; JCP 1993. II. 22076, 1ʳᵉ esp., note Corrignan-Carsin ; RJS 1992. 549, n° 984. ♦ Dans le même sens : • Soc. 17 déc. 1992 : ⌂ RJS 1993. 163, n° 263

• 12 déc. 1995 : ⌂ Dr. soc. 1996. 202, obs. Favennec ⌀ ; JCP 1996. II. 22619, note Corrignan-Carsin ; CSB 1996. 105, A. 23 (salarié en arrêt maladie) • 26 nov. 1997 : ⌂ RJS 1998. 124, n° 193 (salariée en congé de maternité).

12. Des postes sont considérés comme étant disponibles lorsque l'employeur a recours au travail temporaire de manière systématique et pour un volume d'heures correspondant à l'emploi de plusieurs salariés. • Soc. 1ᵉʳ mars 2000, ⌂ n° 98-46.233 P : D. 2000. IR 91 ⌀ ; Dr. soc. 2000. 559, obs. Savatier ⌀ ; RJS 2000. 286, n° 395. ♦ La priorité de réembauche ne peut s'exercer que lorsque l'employeur procède à des embauches et non lorsqu'il propose un poste en interne aux salariés de l'entreprise. • Soc. 6 juill. 1999, ⌂ n° 97-43.038 P : D. 1999. IR 204 ; RJS 1999. 695, n° 1113 ; Dr. soc. 1999. 966, obs. Savatier ⌀.

13. Notion d'emploi compatible. Ne sont pas compatibles au sens de l'art. L. 321-14 [L. 1233-45 nouv.] les emplois temporaires liés à l'arrêt momentané d'une chaîne de production. • Soc. 21 oct. 1998, ⌂ n° 96-43.056 P : RJS 1998. 928, n° 1525.

14. Pluralité de bénéficiaires. Lorsque plusieurs salariés ont demandé à bénéficier de la priorité de réembauche, l'employeur n'a pas à suivre un ordre déterminé et peut choisir ses collaborateurs en fonction de l'entreprise. • Soc. 2 déc. 1998, ⌂ n° 96-44.416 P : D. 1999. IR 26 ; RJS 1999. 31, n° 88. ♦ Mais il incombe à l'employeur d'informer préalablement tous les salariés licenciés pour motif économique qui ont manifesté le désir d'user de la priorité de réembauche de tous les postes disponibles et compatibles avec leur qualification. • Soc. 11 avr. 2012 : ⌂ D. actu. 16 mai 2012, obs. Perrin ; D. 2012. Actu. 1069 ⌀ ; Dr. soc. 2012. 632, obs. Tournaux ⌀ ; RJS 2012. 459, n° 534 ; JSL 2012, n° 323-3, obs. Guyader ; JCP S 2012. 1287, obs. Dumont.

15. Transfert d'entreprise. La priorité de réembauche s'exerce à l'égard de l'entreprise et subsiste après le licenciement ou la rupture du contrat de travail en cas de modification dans la situation juridique de l'employeur. • Soc. 26 févr. 1992, ⌂ n° 88-43.891 P : D. 1992. IR 99 ⌀ ; Dr. soc. 1992. 378 ; JCP E 1992. II. 313, note J. Mouly ; RJS 1992. 241, n° 412 • 5 févr. 2002, ⌂ n° 99-46.345 P : Dr. soc. 2002. 561, obs. Savatier ⌀ ; RJS 2002. 321, n° 397. ♦ Seuls peuvent bénéficier de l'art. L. 122-12 [L. 1224-1 nouv.], pour la mise en œuvre de la priorité de réembauche auprès du repreneur, les salariés qui étaient affectés à l'entité transférée. • Soc. 5 mars 2002, ⌂ n° 00-41.429 P : RJS 2002. 455, n° 605.

16. Sanctions. L'indemnité due pour violation de la priorité de réembauchage et l'indemnité due pour licenciement sans cause réelle et sérieuse sont cumulables. • Soc. 5 oct. 1995 : ⌂ RJS 1996. 156, n° 265 • 3 févr. 1998, ⌂ n° 95-42.914 P : RJS 1998. 185, n° 299.

17. Prescription de l'action fondée sur le non-respect par l'employeur de la priorité de réembauche. L'action fondée sur le non-respect par l'employeur de la priorité de réembauche, qui n'est pas liée à la contestation de la rupture du contrat de travail résultant de l'adhésion au contrat de sécurisation professionnelle, soumise au délai de prescription de l'art. L. 1233-67 C. trav., mais à l'exécution du contrat de travail, relève de la prescription de l'art. L. 1471-1 ; l'indemnisation dépendant des conditions dans lesquelles l'employeur a exécuté son obligation, le point de départ de ce délai est la date à laquelle la priorité de réembauche a cessé, soit à l'expiration du délai d'un an à compter de la rupture du contrat de travail. • Soc. 1er févr. 2023, ⚖ n° 21-12.485 B : *D. actu. 9 févr. 2023*, obs. Couëdel ; *D. 2023. 244* ✎ ; *RJS 4/2023*, n° 204 ; *Dr. ouvrier 2023. 383*, obs. Lecoq ; *SSL 2023*, n° 2032, obs. Bailly ; *JCP S 2023. 1058*, obs. Favre.

§ 4 Mesures de reclassement interne

(L. n° 2013-504 du 14 juin 2013, art. 18-XI)

Art. L. 1233-45-1 Dans les entreprises de cinquante salariés ou plus, l'employeur peut, après avis favorable du *(Ord. n° 2017-1386 du 22 sept. 2017, art. 4)* « comité social et économique », proposer des mesures de reclassement interne avant l'expiration du délai mentionné à l'article L. 1233-30.

SOUS-SECTION 4 Information et intervention de l'autorité administrative

§ 1 Information de l'autorité administrative

Art. L. 1233-46 L'employeur notifie à l'autorité administrative tout projet de licenciement pour motif économique *(L. n° 2012-387 du 22 mars 2012, art. 43)* « d'au moins dix salariés » dans une même période de trente jours.

Lorsque l'entreprise est dotée de représentants du personnel, la notification est faite au plus tôt le lendemain de la date prévue pour la première réunion prévue aux articles L. 1233-29 et L. 1233-30.

La notification est accompagnée de tout renseignement concernant la convocation, l'ordre du jour et la tenue de cette réunion. *(L. n° 2013-504 du 14 juin 2013, art. 18-XII)* « Au plus tard à cette date, elle indique, le cas échéant, l'intention de l'employeur d'ouvrir la négociation prévue à l'article L. 1233-24-1. Le seul fait d'ouvrir cette négociation avant cette date ne peut constituer une entrave au fonctionnement du *(Ord. n° 2017-1386 du 22 sept. 2017, art. 4)* « comité social et économique ». » – V. art. L. 1238-4 (pén.), R.* 1233-3-4 et D. 1233-4.

Art. L. 1233-47 *Abrogé par L. n° 2013-504 du 14 juin 2013, art. 18-XIII.*

Art. L. 1233-48 L'ensemble des informations communiquées aux représentants du personnel lors de leur convocation aux réunions prévues par les articles L. 1233-29 et L. 1233-30 est communiqué simultanément à l'autorité administrative. – V. art. R.* 1233-3-4 et D. 1233-5.

L'employeur lui adresse également les procès-verbaux des réunions. Ces procès-verbaux comportent les avis, suggestions et propositions des représentants du personnel.

Art. L. 1233-49 Lorsque l'entreprise est dépourvue de *(Ord. n° 2017-1386 du 22 sept. 2017, art. 4)* « comité social et économique » et est soumise à l'obligation d'établir un plan de sauvegarde de l'emploi, ce plan ainsi que les informations destinées aux représentants du personnel mentionnées à l'article L. 1233-31 sont communiqués à l'autorité administrative en même temps que la notification du projet de licenciement. En outre, le plan est porté à la connaissance des salariés par *(Ord. n° 2014-699 du 26 juin 2014, art. 5)* « tout moyen » sur les lieux de travail. – *[Anc. art. L. 321-4-1, al. 10.]* – V. art. R.* 1233-3-4.

Art. L. 1233-50 Lorsque le *(Ord. n° 2017-1387 du 22 sept. 2017, art. 20)* « comité social » et économique recourt à l'assistance d'un *(Ord. n° 2017-1387 du 22 sept. 2017, art. 20)* « expert », l'employeur en informe l'autorité administrative. Il lui transmet également son rapport et les modifications éventuelles du projet de licenciement. – V. art. R.* 1233-3-4.

Art. L. 1233-51 Lorsque le projet de licenciement donne lieu à consultation du *(Ord. n° 2017-1387 du 22 sept. 2017, art. 20)* « comité social et économique central », l'autorité administrative du siège de l'entreprise est informée de cette consultation et, le cas échéant, de la désignation d'un *(Ord. n° 2017-1387 du 22 sept. 2017, art. 20)* « expert ».

§ 2 Intervention de l'autorité administrative concernant les entreprises non soumises à l'obligation d'établir un plan de sauvegarde de l'emploi *(L. n° 2013-504 du 14 juin 2013, art. 18-XV).*

> **COMMENTAIRE**
>
> V. sur le Code en ligne 🔒.

Art. L. 1233-52 *Abrogé par L. n° 2013-504 du 14 juin 2013, art. 18-XV.*

1. Portée du constat de carence. Le constat de carence dressé par l'administration ne peut être contesté par la voie du recours pour excès de pouvoir. ● CE 17 déc. 1993 : ⚖ *Dr. soc. 1994. 489, concl. Le Chatelier* 🖉 *; RJS 1994. 178, n° 241.* ♦ *Contra* : l'interprétation donnée par la circulaire du 29 janv. 1993 qui n'a pas de valeur réglementaire : même décision. Affirmant que le constat de carence n'a pas valeur de décision. ● Soc. 16 avr. 1996, ⚖ *Sietam,* n° 94-11.660 P : *Dr. soc. 1996. 484, note A. Lyon-Caen (3ᵉ arrêt)* 🖉 *; RJS 1996. 336, n° 530 ; ibid. 313, concl. Kessous ; JCP E 1996. II. 836, note Picca* ● CE 26 mars 1997 : ⚖ *Dr. soc. 1997. 460, concl. Lamy* 🖉 *; RJS 1997. 348, n° 532.*

2. Sanction du non-respect du constat de carence. Il n'a été prévu aucune sanction pour le cas où l'employeur passerait outre au constat de carence. ● Chambéry, 9 nov. 1993 : *RJS 1994. 178, n° 242.* ♦ Ce constat de carence ne peut constituer une preuve ou même une présomption de régularité de la procédure de licenciement. ● Chambéry, 9 nov. 1993 : *préc. note 1.* ♦ Le silence gardé par l'administration dans le délai qui lui est imparti pour dresser le constat de carence ne constitue pas une approbation implicite du contenu du plan social ni même une reconnaissance de son existence. ● Reims, 24 nov. 1993 : *RJS 1994. 35, n° 18 (1ʳᵉ esp.).*

Art. L. 1233-53 *(L. n° 2013-504 du 14 juin 2013, art. 18-XV)* « Dans les entreprises de moins de cinquante salariés, l'autorité administrative vérifie, dans le délai de vingt et un jours à compter de la date de la notification du projet de licenciement, que : »
 1° Les représentants du personnel ont été informés, réunis et consultés conformément aux dispositions légales et conventionnelles en vigueur ;
 2° Les obligations relatives à l'élaboration des mesures sociales prévues par l'article L. 1233-32 ou par des conventions ou accords collectifs de travail ont été respectées ;
 3° Les mesures prévues à l'article L. 1233-32 seront effectivement mises en œuvre.
— V. art. R.* 1233-3-4.

BIBL. ▶ Géa, *RDT 2015. 186* 🖉.

Art. L. 1233-54 et L. 1233-55 *Abrogés par L. n° 2013-504 du 14 juin 2013, art. 18-XV.*

Art. L. 1233-56 Lorsque l'autorité administrative relève une irrégularité de procédure au cours des vérifications qu'elle effectue, elle adresse à l'employeur un avis précisant la nature de l'irrégularité constatée. Elle envoie simultanément copie de ses observations au *(Ord. n° 2017-1386 du 22 sept. 2017, art. 4)* « comité social et économique ».
 (L. n° 2013-504 du 14 juin 2013, art. 18-XV) « L'autorité administrative peut formuler des observations sur les mesures sociales prévues à l'article L. 1233-32. »
 L'employeur répond aux observations de l'autorité administrative et adresse copie de sa réponse aux représentants du personnel. Si cette réponse intervient après le délai d'envoi des lettres de licenciement prévu à l'article L. 1233-39, celui-ci est reporté jusqu'à la date d'envoi de la réponse à l'autorité administrative. Les lettres de licenciement ne peuvent être adressées aux salariés qu'à compter de cette date. — V. art. R.* 1233-3-4.

> **COMMENTAIRE**
>
> V. sur le Code en ligne 🔒.

1. Avis de l'administration. Les avis de l'administration n'ont par eux-mêmes ni pour objet ni pour effet d'empêcher le licenciement et n'obligent l'entreprise qu'à une simple réponse ; alors même qu'ils suspendent l'envoi des lettres de licenciement, ces avis ne constituent pas des décisions susceptibles de faire l'objet d'un recours pour excès de pouvoir. ● CE 26 mars 1997, ⚖ *Sté Bostik : Lebon 113* 🖉 *; Dr. soc. 1997. 460, concl. Lamy* 🖉 *; RJS 1997. 348, n° 532.*

2. Loyauté de la procédure. Un comité d'entreprise qui n'établit pas quelles sont les observations de l'administration qui ne lui auraient pas été communiquées n'a subi aucun grief de nature à altérer la loyauté de la procédure consultative.

● Soc. 12 nov. 1996, 🏛 n° 94-21.994 P :*D. 1997. IR 5* ⌀ ; *Dr. soc. 1997. 107*, obs. Bélier ⌀ ; *RJS 1996. 809*, n° 1250 ; *Gaz. Pal. 1997. 1. 69*, note Philbert ; *CSB 1997. 62.*

§ 3 Intervention de l'autorité administrative concernant les entreprises soumises à l'obligation d'établir un plan de sauvegarde de l'emploi (L. n° 2013-504 du 14 juin 2013, art. 18-XVI).

BIBL. ▶ Antonmattéi, *SSL 2013, n° 1570*, p. 15. – Géa, *RDT 2014. 336* ⌀ (l'homologation du PSE : premières esquisses interprétatives). – Nasom-Tissandier, *RJS 3/2018*, p. 185 (l'appréciation du PSE par le juge administratif ou la quête de l'efficacité).

Art. L. 1233-57 L'autorité administrative peut présenter toute proposition pour compléter ou modifier le plan de sauvegarde de l'emploi, en tenant compte de la situation économique de l'entreprise.

Ces propositions sont formulées avant la dernière réunion du (Ord. n° 2017-1386 du 22 sept. 2017, art. 4) « comité social et économique ». Elles sont communiquées à l'employeur et au (Ord. n° 2017-1386 du 22 sept. 2017, art. 4) « comité social et économique ». (L. n° 2013-504 du 14 juin 2013, art. 18-XVII) « L'employeur adresse une réponse motivée à l'autorité administrative. »

En l'absence de représentants du personnel, ces propositions ainsi que la réponse motivée de l'employeur à celles-ci, qu'il adresse à l'autorité administrative, sont portées à la connaissance des salariés par voie d'affichage sur les lieux de travail. – V. art. R.* 1233-3-4.

Art. L. 1233-57-1 (L. n° 2013-504 du 14 juin 2013, art. 18-XVIII) L'accord collectif majoritaire mentionné à l'article L. 1233-24-1 ou le document élaboré par l'employeur mentionné à l'article L. 1233-24-4 sont transmis à l'autorité administrative pour validation de l'accord ou homologation du document. – V. art. R.* 1233-3-4.

> **COMMENTAIRE**
>
> V. sur le Code en ligne 🏛. ❏
>
> **1. Contestation de la décision.** Les décisions de validation ou d'homologation mentionnées à l'art. L. 1233-57-1 C. trav., qui n'ont pas un caractère réglementaire, sont relatives à l'application de la réglementation du travail et doivent, par suite, être contestées devant le tribunal administratif compétent, déterminé conformément à la règle édictée par l'art. R. 312-10 CJA ; en application de cet article, lorsque l'accord collectif ou le document de l'employeur relatif au projet de licenciement collectif en cause identifie le ou les établissements auxquels sont rattachés les emplois dont la suppression est envisagée et que ces établissements sont situés dans le ressort d'un même tribunal administratif, ce tribunal est compétent pour connaître d'un recours pour excès de pouvoir dirigé contre la décision administrative validant l'accord collectif ou homologuant le document de l'employeur ; dans tous les autres cas, il y a lieu d'estimer que l'établissement à l'origine du litige au sens de l'art. R. 312-10 CJA est l'entreprise elle-même et le tribunal compétent est celui dans le ressort duquel se trouve le siège de cette entreprise. ● CE 24 janv. 2014 : 🏛 *RJS 2014. 257, n° 312* ; *JSL 2014, n° 362-3*, obs. Hautefort. ♦ Lorsque l'autorité administrative est saisie d'une demande de validation d'un accord collectif fixant le contenu d'un plan de sauvegarde de l'emploi pour une opération qui, parce qu'elle modifie de manière importante les conditions de santé et de sécurité ou les conditions de travail des salariés de l'entreprise, requiert la consultation du ou des CHSCT concernés, elle ne peut légalement accorder la validation demandée que si cette consultation a été régulière ; les CHSCT pour lesquels l'art. L. 1233-57-4 C. trav. ne prévoit pas que soient portées à leur connaissance les décisions de validation ou d'homologation n'ont pas qualité pour agir contre ces décisions. ● CE 21 oct. 2015, 🏛 n° 386123 : *SSL 2016, n° 1698, p. 11*, obs. Loiseau ; *JCP S 2016. 1025*, obs. Martinez.
>
> **2. Contrôle de la qualité des signataires de l'accord.** Lorsque le plan fait l'objet d'un accord d'entreprise, l'administration doit contrôler son caractère majoritaire et la qualité des signataires pour engager leurs syndicats. ● CE 22 juill. 2015, 🏛 n° 385668 : *RDT 2015. 514, concl. Dumortier* ⌀ ; *ibid. 528*, note Géa ⌀ ; *AJDA 2015. 1444* ⌀ ; *ibid. 1632*, chron. Lessi et Dutheillet de Lamothe ⌀ ; *RJS 10/2015, n° 631* ; *ibid. 12/2015, p. 715*, note Morand. ♦ Il incombe à l'administration, saisie d'une demande de validation d'un accord portant PSE, de s'assurer de la qualité des signataires ; le moyen tiré de l'absence de qualité des signataires d'un tel accord peut être, le cas échéant, utilement soulevé devant le juge de l'excès de pouvoir saisi de la légalité de la décision de validation. Mais le moyen tiré de ce que l'adminis-

tration n'aurait pas procédé à la vérification de cette qualité est inopérant. ● CE 12 juin 2019, 🏛 n° 420084 : *RJS 10/2019, n° 568 ; JSL 2019, n° 481-5, obs. Hautefort ; JCP S 2019. 1212, concl. Dieu.*

3. Contrôle de la régularité de la procédure d'information-consultation des représentants du personnel. Le juge judiciaire est seul compétent pour se prononcer sur le motif économique justifiant les licenciements, mais l'administration doit, sous le contrôle du juge administratif, s'assurer que le comité d'entreprise a été correctement informé du plan et de la situation économique de l'entreprise. Lorsque l'employeur restreint sa présentation de la situation économique de l'entreprise au niveau d'un secteur d'activité qu'il définit, il doit justifier ce choix. ● CE 22 juill. 2015, 🏛 n° 385816 : *RDT 2015. 514, concl. Dumortier* ∅ *; ibid. 528, note Géa* ∅ *; JCP S 2015, n° 1346, note Martinez et Giudicelli ; RJS 10/2015, n° 630 ; JSL 2015, n° 395-1, obs. Hautefort.* ◆ V. aussi : ● CE 23 mars 2016, 🏛 n° 389158 : *RJS 6/2016, n° 420 ; JSL 2016, n° 409-3, obs. Hautefort.* ◆ Si le juge judiciaire demeure compétent pour apprécier le respect par l'employeur de l'obligation individuelle de reclassement, cette appréciation ne peut méconnaître l'autorité de la chose décidée par l'autorité administrative ayant homologué le document élaboré par l'employeur par lequel a été fixé le contenu du plan de reclassement intégré au plan de sauvegarde de l'emploi. ● Soc. 28 nov. 2018, n° 17-16.766 P : *D. 2018. 2240* ∅ *; ibid. 2019. Pan. 973, obs. Lokiec* ∅ *; RDT 2019. 41, note Ranc* ∅ *; Dr. soc. 2019. 353, note Galy* ∅ *; RJS 2/2019, n° 97 ; JCP 2018. 1305, obs. Dedessus-Le-Moustier ; JCP S 2018. 1418, note Bugada ; Gaz. Pal. 15 janv. 2019, p. 80, obs. Gailhaud.* ◆ L'administration ne peut légalement accorder l'homologation demandée que si le CSE a été mis à même d'émettre régulièrement un avis, d'une part, sur l'opération projetée et ses modalités d'application et, d'autre part, sur le projet de licenciement collectif et le PSE. Il appartient, à ce titre, à l'administration de s'assurer, sous le contrôle du juge de l'excès de pouvoir, seul compétent, qu'aucune décision de cessation d'activité ou de réorganisation de la société, expresse ou révélée par un acte quelconque, n'a été prise par l'employeur avant l'achèvement de la procédure d'information et de consultation du CSE et que l'employeur a adressé à ce dernier, avec la convocation à sa première réunion, ainsi que, le cas échéant, en réponse à des demandes exprimées par cette instance, tous les éléments utiles pour qu'il formule ses deux avis en toute connaissance de cause, dans des conditions qui ne sont pas susceptibles d'avoir faussé sa consultation. ● CE 15 nov. 2022, 🏛 n° 444480 : *D. actu. 25 nov. 2022, obs. Malfettes ; RJS 2/2023, n° 76.*

4. Contrôle du contenu du plan. L'administration doit, enfin, s'assurer que le contenu du plan est conforme aux objectifs fixés par le législateur de maintien dans l'emploi et de reclassement des salariés. ● CE 22 juill. 2015, 🏛 n° 385668 : *RDT 2015. 514, concl. Dumortier* ∅ *; ibid. 528, note Géa* ∅ *; AJDA 2015. 1444* ∅ *; ibid. 1632, chron. Lessi et Dutheillet de Lamothe* ∅ *; RJS 10/2015, n° 631 ; JSL 2015, n° 395-1, obs. Hautefort.*

5. Contrôle sur la régularité de la consultation du CHSCT. L'administration, saisie d'une demande de validation d'un accord collectif ou d'homologation d'un document unilatéral fixant le contenu d'un PSE pour une opération qui, parce qu'elle modifie de manière importante les conditions de santé et de sécurité ou les conditions de travail des salariés de l'entreprise, requiert la consultation du ou des CHSCT concernés, ne peut légalement accorder cette validation ou cette homologation que si cette consultation a été régulière ; il lui appartient, dès lors, de s'assurer, en tenant compte des conditions dans lesquelles l'expert le cas échéant désigné a pu exercer sa mission, que le ou les CHSCT concernés ont pu se prononcer sur l'opération projetée en toute connaissance de cause. ● CE 29 juin 2016, 🏛 n° 386581 : *RJS 10/2016, n° 627 ; SSL 2016, n° 1736, p. 5, concl. Lieber.* ◆ Lorsque la consultation du CHSCT est requise, il peut, au cours de la procédure d'information et de consultation préalable à la transmission d'une demande de validation ou d'homologation relative à un PSE, saisir l'autorité administrative de toute atteinte à l'exercice de sa mission ou de celle de l'expert qu'il a le cas échéant désigné, en formulant, selon le cas, une demande d'injonction ou une contestation relative à l'expertise. ● Même arrêt. ◆ Lorsque l'ensemble des postes de travail d'une entreprise placée en liquidation judiciaire avec poursuite d'activité doivent être supprimés et lorsqu'il n'est pas soutenu qu'avant l'achèvement de cette opération, les conditions de santé et de sécurité dans l'entreprise ou les conditions de travail des salariés ayant vocation à être licenciés sont susceptibles d'être affectées par l'opération projetée, la procédure n'est pas irrégulière, faute de consultation du CHSCT. ● CE 13 févr. 2019, 🏛 n° 404556 : *AJDA 2019. 369* ∅ *; RJS 4/2019, n° 213 ; SSL 2019, n° 1853, concl. Lieber ; JSL 2019, n° 473-4, obs. Cottin ; JCP S 2019. 1122, obs. Pagnerre.*

6. Risques psychosociaux. Le juge judiciaire peut, en référé, suspendre la mise en œuvre d'un projet de réorganisation de l'entreprise qui, bien que pris en application d'un PSE validé par l'administration, génère des risques psychosociaux avérés et attentatoires à la santé des salariés. ● Soc. 14 nov. 2019, 🏛 n° 18-13.887 P : *D. actu. 3 déc. 2019, obs. Ciray ; D. 2019. Actu. 2253* ∅ *; RDT 2020. 48, note Ranc* ∅ *; RJS 1/2020, n° 17 ; Dr. ouvrier 2020. 226, obs. Dirringer ; JSL 2020, n° 489-1, obs. Bonnet ; SSL 2019, n° 1885, p. 8, obs. Champeaux ; JCP S 2019. 1355, obs. Morvan.* ◆ Dans le cadre d'une réorganisation qui donne lieu à l'élaboration d'un plan de sauvegarde de l'emploi, il appartient à l'autorité administrative de vérifier le respect, par l'employeur, de ses obligations en matière de prévention des risques pour assurer la sécurité et protéger la santé physique et mentale des travailleurs ; le juge judiciaire est pour sa part compétent pour assurer le respect par l'employeur de son obligation de sécurité lorsque la situation à l'origine du litige, soit est sans rapport avec le projet de licenciement collectif et l'opération de réorganisation et de réduction des effectifs en cours, soit est liée à la mise en œuvre de l'accord ou du document ou de l'opération de réorganisation. ● T. confl. 8 juin 2020, n° 4189 : *RJS* 8-9/2020, n° 415 ; *JCP S* 2020. 2087, obs. Bugada ; *Gaz. Pal.* 8 sept. 2020, p. 63, obs. Roulet ; *JSL* 2020, n° 503-14, obs. Nassom-Tissandier. ♦ Dans le cadre de son contrôle, l'administration doit vérifier que l'employeur a adressé aux représentants du personnel, des éléments relatifs à l'identification et à l'évaluation des conséquences de la réorganisation de l'entreprise sur la santé ou la sécurité des travailleurs, ainsi que, en présence de telles conséquences, les actions arrêtées pour les prévenir et en protéger les travailleurs, de façon à assurer leur sécurité et protéger leur santé physique et mentale. ● CE 21 mars 2023, n°s 460660 et 460924 : *RDT* 2023. Controverse. 377, note de Montvalon, Rozec et Le Gall ; *ibid.* 476, obs. de Montvalon ; *RJS* 5/2023, n° 250 ; *JSL* 2023, n° 564-2, obs. Hautefort ; *SSL* 2023, n° 2040, p. 5, concl. de Montgolfier, obs. Stocki ; *JCP S* 2023. 1124, obs. Gauriau.

Art. L. 1233-57-2 *(L. n° 2013-504 du 14 juin 2013, art. 18-XVIII)* L'autorité administrative valide l'accord collectif mentionné à l'article L. 1233-24-1 dès lors qu'elle s'est assurée de :

1° Sa conformité aux articles L. 1233-24-1 à L. 1233-24-3 ;

2° La régularité de la procédure d'information et de consultation du *(Ord. n° 2017-1386 du 22 sept. 2017, art. 4)* « comité social et économique » ;

3° La présence dans le plan de sauvegarde de l'emploi des mesures prévues aux articles L. 1233-61 et L. 1233-63 ;

(L. n° 2014-856 du 31 juill. 2014, art. 21) « 4° La mise en œuvre effective, le cas échéant, des obligations prévues aux articles L. 1233-57-9 à L. 1233-57-16, L. 1233-57-19 et L. 1233-57-20. » – V. art. R.* 1233-3-4.

1. Rôle de l'administration. Il appartient à l'autorité administrative saisie d'une demande d'autorisation de licenciement pour motif économique de s'assurer que la procédure de consultation des représentants du personnel a été respectée, que l'employeur a rempli ses obligations de reclassement et que les salariés protégés ont accès aux mesures prévues par le plan dans des conditions non discriminatoires ; il ne lui appartient pas d'apprécier la validité du plan. ● CE 25 févr. 2015, n° 375590 : *SSL* 2015, n° 1670, obs. Kapp ; *RJS* 5/2015, n° 351.

2. Motivation de la décision administrative. Si l'autorité administrative qui valide un accord collectif portant PSE ou qui homologue un document fixant le contenu d'un tel plan doit énoncer les éléments de droit et de fait qui en constituent le fondement, de sorte que les personnes auxquelles ces décisions sont notifiées puissent à leur seule lecture en connaître les motifs, elle n'est pas obligée de prendre explicitement parti sur le respect de chacune des règles dont il lui appartient d'assurer le contrôle en application des dispositions des art. L. 1233-57-2 et L. 1233-57-3 C. trav., ni de retracer dans la motivation de sa décision les étapes de la procédure préalable à son édiction. ● CE 30 mai 2016, n° 384114 : *RDT* 2016. 456, obs. Dechristé.

3. Contrôle de l'administration des catégories professionnelles dans le cadre d'un PSE établi dans un accord collectif majoritaire. La circonstance que, pour déterminer les catégories professionnelles concernées par un licenciement, l'accord collectif déterminant un PSE se fonde sur des considérations étrangères à celles qui permettent de regrouper les salariés par fonctions de même nature supposant une formation professionnelle commune, ou ait pour but de permettre le licenciement de salariés affectés sur un emploi ou dans un service dont la suppression est recherchée, n'est pas, par elle-même, de nature à caractériser une méconnaissance des dispositions de l'art. L. 1233-57-2, dans la limite des motifs discriminatoires. ● CE 7 févr. 2018, n° 403989 A : *D.* 2018. 823, note Lokiec ; *RDT* 2018. 213, note Géa ; *RJS* 4/2018, n° 261 ; *JCP S* 2018. 1086, obs. Poncet et Renaud ; *SSL* 2018, n° 1803, p. 6, interview Piveteau ; *ibid.*, p. 9, concl. Justine-Lieber.

4. Contrôle d'un PSE reposant sur des modifications de contrat de travail. Les critères d'ordre se trouvent privés d'objet lorsque l'employeur, soit en l'absence de toute suppression d'emploi, soit après avoir procédé aux licenciements consécutifs à des suppressions d'emploi en respectant ces critères d'ordre, envisage seulement de proposer à des salariés une modification de leur contrat de travail et ne prévoit leur licenciement qu'à raison de leur refus ; par suite, la circonstance que plan de sauvegarde de l'emploi ne comporte pas la pondération des critères d'ordre et la définition de leur périmètre d'application ne fait pas légalement obstacle à ce que l'administration homologue le document unilatéral relatif à ce plan. ● CE 10 oct. 2018, n° 395280 A : *RJS* 12/2018, n° 735 ; *SSL* 2018, n° 1833, p. 5, concl. Lieber.

5. Accord de prolongation des mandats (absence de contrôle). Il n'appartient pas à l'autorité administrative, lorsque le mandat des membres des institutions représentatives du personnel dans l'entreprise a été prorogé par la voie d'un accord collectif conclu en application des dispositions transitoires du 3° du II de l'art. 9 de l'Ord. n° 2017-1386 du 22 sept. 2017, d'apprécier si ce mandat a été valablement prorogé par cet accord, à moins que l'autorité judiciaire dûment saisie à cet effet ait jugé que tel n'était pas le cas. • CE 19 juill. 2022, 🔒 n° 436401 A : *D. actu. 13 sept. 2022, obs. Norval-Grivet ; RJS 10/2022, n° 511.*

Art. L. 1233-57-3 (*L. n° 2013-504 du 14 juin 2013, art. 18-XVIII*) En l'absence d'accord collectif ou en cas d'accord ne portant pas sur l'ensemble des points mentionnés aux 1° à 5° de l'article L. 1233-24-2, l'autorité administrative homologue le document élaboré par l'employeur mentionné à l'article L. 1233-24-4, après avoir vérifié la conformité de son contenu aux dispositions législatives et aux stipulations conventionnelles relatives aux éléments mentionnés aux 1° à 5° de l'article L. 1233-24-2, la régularité de la procédure d'information et de consultation du (*Ord. n° 2017-1386 du 22 sept. 2017, art. 4*) « comité social et économique », (*L. n° 2014-856 du 31 juill. 2014, art. 21*) « le respect, le cas échéant, des obligations prévues aux articles L. 1233-57-9 à L. 1233-57-16, L. 1233-57-19 et L. 1233-57-20 » et le respect par le plan de sauvegarde de l'emploi des articles L. 1233-61 à L. 1233-63 en fonction des critères suivants :

1° Les moyens dont disposent l'entreprise, l'unité économique et sociale et le groupe ;

2° Les mesures d'accompagnement prévues au regard de l'importance du projet de licenciement ;

3° Les efforts de formation et d'adaptation tels que mentionnés aux articles L. 1233-4 et L. 6321-1.

(*Abrogé par L. n° 2017-1837 du 30 déc. 2017, art. 86-II, à compter du 1er janv. 2019*) « *Elle prend en compte le rapport le plus récent établi par le* (*Ord. n° 2017-1386 du 22 sept. 2017, art. 4*) « *comité social et économique* » *au titre de l'article* (*L. n° 2015-994 du 17 août 2015, art. 18-XIV*) « *L. 2323-56* », *concernant l'utilisation du crédit d'impôt compétitivité emploi.* »

Elle s'assure que l'employeur a prévu le recours au contrat de sécurisation professionnelle mentionné à l'article L. 1233-65 ou la mise en place du congé de reclassement mentionné à l'article L. 1233-71. — V. art. R.* 1233-3-4.

L'abrogation issue de la L. n° 2017-1837 du 30 déc. 2017 s'applique aux rémunérations versées à compter du 1er janv. 2019 (L. préc., art. 86-V).

BIBL. ▶ Géa, *RDT 2015. 254* 🖉 ; *ibid. 2016. 484* 🖉.

1. Contrôle du PSE. Lorsqu'elle est saisie d'une demande d'homologation d'un document élaboré en application de l'art. L. 1233-24-4, il appartient à l'administration, sous le contrôle du juge de l'excès de pouvoir, de vérifier la conformité de ce document et du plan de sauvegarde de l'emploi dont il fixe le contenu aux dispositions législatives et aux stipulations conventionnelles applicables, en s'assurant notamment du respect par le plan de sauvegarde de l'emploi des dispositions des art. L. 1233-61 à L. 1233-63 ; à ce titre elle doit, au regard de l'importance du projet de licenciement, apprécier si les mesures contenues dans le plan sont précises et concrètes et si, à raison, pour chacune, de sa contribution aux objectifs de maintien dans l'emploi et de reclassement des salariés, elles sont, prises dans leur ensemble, propres à satisfaire à ces objectifs compte tenu, d'une part, des efforts de formation et d'adaptation déjà réalisés par l'employeur et, d'autre part, des moyens dont disposent l'entreprise, et le cas échéant, l'unité économique et sociale et le groupe. • CE 13 juill. 2016, 🔒 n° 387448 : *RDT 2016. 706, obs. Dedessus-le-Moustier* 🖉. ♦ Lorsqu'un accord de branche ou toutes autres stipulations conventionnelles applicables prévoient des obligations en matière de reclassement externe qui s'imposent à l'employeur au stade de l'élaboration d'un plan de sauvegarde de l'emploi, l'administration doit s'assurer de la conformité à ces stipulations du contenu du plan. • CE 13 avr. 2018, 🔒 n° 404090 : *JSL 2018, n° 455-3, obs. Hautefort ; SSL 2018, n° 1818, p. 6, concl. Dieu ; RJS 7/2018, n° 482 ; JCP S 2018. 1207, obs. Poncet.*

I. CONTRÔLE PORTANT SUR LES CATÉGORIES PROFESSIONNELLES

2. Définition des catégories professionnelles visées par le PSE. La catégorie professionnelle regroupe l'ensemble des salariés exerçant des fonctions de même nature supposant une formation commune. • Soc. 13 févr. 1997, 🔒 n° 95-16.648 P : *RJS 3/1997, n° 268 ; D. 1997. 171, note Lyon-Caen* 🖉 *; JCP 1997. II. 22843, note Gaudu ; BJS 1997. 484, note Picca.* ♦ Les catégories professionnelles regroupent, en tenant compte des acquis de l'expérience professionnelle qui excèdent l'obligation d'adaptation qui incombe à l'employeur, l'ensemble des salariés qui exercent, au sein de l'entreprise, des fonctions de même nature supposant une formation professionnelle commune. • CE 7 févr. 2018, 🔒 n° 403001 A : *D. 2018. 823, note Lokiec* 🖉 *; RDT 2018. 213, note Géa* 🖉 *; RJS 4/2018, n° 261 ; JCP S 2018. 1086, obs. Poncet et Renaud ; SSL 2018, n° 1803, p. 6, interview*

Piveteau ; ibid., p. 9, concl. Justine-Lieber.

3. Détournement de pouvoir. Les catégories professionnelles définies dans un document unilatéral fixant le contenu d'un PSE se fondant sur des considérations étrangères à celles qui permettent de regrouper les salariés par fonctions de même nature supposant une formation professionnelle commune ou dans le but de cibler certains salariés font obstacle à l'homologation. ● CE 7 févr. 2018, 🔒 *Sté AEG Power Solutions*, n° 407718 A : *D. 2018. 823*, note Lokiec ⌀ ; *RDT 2018. 213*, note Géa ⌀ ; *RJS 4/2018*, n° 261 ; *JCP S 2018. 1086*, obs. Poncet et Renaud ; *SSL 2018*, n° 1803, p. 6, interview Piveteau ; ibid., p. 9, concl. Justine-Lieber. ◆ La circonstance que l'unique site utilisant un procédé industriel sur lequel est fondée la distinction entre deux catégories professionnelles doive fermer ne fait pas obstacle à l'homologation du document unilatéral fixant le contenu du PSE, dès lors que les catégories professionnelles n'ont pas été établies dans le but de permettre le licenciement des salariés de ce site. ● CE 7 févr. 2018, 🔒 n° 403001 A : *D. 2018. 823*, note Lokiec ⌀ ; *RDT 2018. 213*, note Géa ⌀ ; *RJS 4/2018*, n° 261 ; *JCP S 2018. 1086*, obs. Poncet et Renaud ; *SSL 2018*, n° 1803, p. 6, interview Piveteau ; ibid., p. 9, concl. Justine-Lieber. ◆ Les juges du fond apprécient souverainement la définition des catégories professionnelles concernées par les suppressions d'emploi du document unilatéral de l'employeur fixant le contenu d'un plan de sauvegarde de l'emploi (PSE) soumis à homologation, sous réserve de la dénaturation et de l'erreur de droit. ● CE 7 févr. 2018, 🔒 n° 399838 A : *D. 2018. 823*, note Lokiec ⌀ ; *RDT 2018. 213*, note Géa ⌀ ; *RJS 4/2018*, n° 261 ; *JCP S 2018. 1086*, obs. Poncet et Renaud ; *SSL 2018*, n° 1803, p. 6, interview Piveteau ; ibid., p. 9, concl. Justine-Lieber.

II. CONTRÔLE PORTANT SUR LES MOYENS DU GROUPE

4. Périmètre d'appréciation des moyens du groupe pour la définition des mesures d'accompagnement du PSE. Les moyens du groupe au vu desquels l'administration, saisie d'une demande d'homologation d'un document unilatéral fixant le contenu d'un PSE, contrôle le caractère suffisant du plan s'entendent des moyens, notamment financiers, dont dispose l'ensemble des entreprises placées sous le contrôle d'une même entreprise dominante et des moyens de cette entreprise dominante, quel que soit le lieu d'implantation de leurs sièges. ● CE 7 févr. 2018, 🔒 n°s 397900 et 406905 A : *D. 2018. 823*, note Lokiec ⌀ ; *RDT 2018. 213*, note Géa ⌀ ; *RJS 4/2018*, n° 261 ; *JCP S 2018. 1086*, obs. Poncet et Renaud ; *SSL 2018*, n° 1803, p. 14, concl. Dieu. ◆ Le groupe de sociétés auquel fait référence l'art. L. 1233-57-3 n'est pas nécessairement identique à celui pour lequel l'art. L. 2331-1 prévoit la constitution d'un comité de groupe ; les dispositions de l'art. L. 2331-1 ne sauraient, dès lors, être utilement invoquées pour la détermination du périmètre du groupe à prendre en compte dans l'évaluation du caractère suffisant d'un plan de sauvegarde de l'emploi. ● CE 24 oct. 2018, 🔒 n° 397900 : *RDT 2018. 851* ⌀.

III. CONTRÔLE PORTANT SUR LA RECHERCHE D'UN REPRENEUR

5. Appréciation du respect de l'obligation de recherche d'un repreneur. Le respect du principe de la séparation des pouvoirs s'oppose à ce que, en cas de licenciement économique, le juge judiciaire se prononce sur le respect par l'employeur de son obligation de recherche d'un repreneur, qui relève de la seule compétence de la juridiction administrative. ● Soc. 16 janv. 2019, 🔒 n° 17-20.969 P : *D. actu. 21 févr. 2019*, obs. Ines ; *D. 2019. Actu. 132* ⌀ ; *RDT 2019. 252*, obs. Géa ⌀ ; *RJS 4/2019*, p. 259, avis Berriat ; ibid. n° 215 ; *SSL 2019*, n° 1849, p. 13, obs. Champeaux ; *JSL 2019*, n° 471-4, obs. Hautefort ; *JCP S 2019. 1052*, obs. Meiers ● 29 sept. 2021, 🔒 n° 19-23.248 B : *D. 2021. 1770* ⌀ ; *RDT 2021. 647*, obs. Géa et Vernac ⌀ ; *RJS 12/2021*, n° 651 ; *JSL 2021*, n° 529-3, obs. Hautefort ; *JCP S 2021. 1278*, obs. Morvan.

Art. L. 1233-57-4 (L. n° 2013-504 du 14 juin 2013, art. 18-XVIII) L'autorité administrative notifie à l'employeur la décision de validation dans un délai de quinze jours à compter de la réception de l'accord collectif mentionné à l'article L. 1233-24-1 et la décision d'homologation dans un délai de vingt et un jours à compter de la réception du document complet élaboré par l'employeur mentionné à l'article L. 1233-24-4.

Elle la notifie, dans les mêmes délais, au (Ord. n° 2017-1386 du 22 sept. 2017, art. 4) « comité social et économique » et, si elle porte sur un accord collectif, aux organisations syndicales représentatives signataires. La décision prise par l'autorité administrative est motivée.

Le silence gardé par l'autorité administrative pendant les délais prévus au premier alinéa vaut décision d'acceptation de validation ou d'homologation. Dans ce cas, l'employeur transmet une copie de la demande de validation ou d'homologation, accompagnée de son accusé de réception par l'administration, au (Ord. n° 2017-1386 du 22 sept. 2017, art. 4) « comité social et économique » et, si elle porte sur un accord collectif, aux organisations syndicales représentatives signataires.

RUPTURE DU CONTRAT DE TRAVAIL **Art. L. 1233-57-6** 331

La décision de validation ou d'homologation ou, à défaut, les documents mentionnés au troisième alinéa et les voies et délais de recours sont portés à la connaissance des salariés par voie d'affichage sur leurs lieux de travail *(Ord. n° 2014-699 du 26 juin 2014, art. 6)* « ou par tout autre moyen permettant de conférer date certaine à cette information ».

V. art. R.* 1233-3-4 et D. 1233-14-1.

1. Consultation du CHSCT. Lorsque l'autorité administrative est saisie d'une demande de validation d'un accord collectif fixant le contenu d'un plan de sauvegarde de l'emploi pour une opération qui, parce qu'elle modifie de manière importante les conditions de santé et de sécurité ou les conditions de travail des salariés de l'entreprise, requiert la consultation du ou des CHSCT concernés, elle ne peut légalement accorder la validation demandée que si cette consultation a été régulière ; les CHSCT pour lesquels l'art. L. 1233-57-4 C. trav. ne prévoit pas que soient portées à leur connaissance les décisions de validation ou d'homologation n'ont pas qualité pour agir contre ces décisions. ● CE 21 oct. 2015, 🔒 n° 386123 : *RDT 2016. 113, obs. Gilbert ⌀ ; RJS 1/2016, n° 21 ; JSL 2015, n° 399-400-4, obs. Hautefort ; JCP S 2016. 1025, obs. Martinez.*

2. Motivation de la décision. La décision expresse par laquelle l'administration homologue un document fixant le contenu d'un plan de sauvegarde de l'emploi doit énoncer les éléments de droit et de fait qui en constituent le fondement, de sorte que les personnes auxquelles cette décision est notifiée puissent, à sa seule lecture, en connaître les motifs. Si le respect de cette règle de motivation n'implique ni que l'administration prenne explicitement parti sur les éléments qu'il lui incombe de contrôler, ni qu'elle retrace dans la motivation de sa décision les étapes de la procédure préalable à son édiction, il lui appartient, toutefois, d'y faire apparaître les éléments essentiels de son examen, à savoir ceux relatifs à la régularité de la procédure d'information/consultation des instances représentatives du personnel, ceux tenant au caractère suffisant des mesures contenues dans le PSE, ceux relatifs à la recherche, par l'employeur, des postes de reclassement. Il appartient, le cas échéant, à l'administration d'indiquer, dans la motivation de sa décision, tout élément sur lequel elle aurait été, en raison des circonstances propres à l'espèce, spécifiquement amenée à porter une appréciation. ● CE 1ᵉʳ févr. 2017, 🔒 n° 391744 : *RJS 4/2017, n° 265 ; RPC 2017. Comm. 82, obs. Jacotot.* ♦ Lorsque l'administration refuse l'homologation demandée, il lui incombe seulement d'énoncer les éléments de droit et de fait qui constituent le fondement de sa décision. ● CE 24 nov. 2017, 🔒 n° 389443 : *SSL 2018, n° 1797, p. 6, concl. Lieber ; JCP S 2018. 1041, obs. Graujeman.*

3. Décision implicite. Le délai de recours contre une décision implicite d'homologation d'un plan de sauvegarde de l'emploi (PSE) ne court, à l'égard des salariés de l'entreprise, qu'à compter du jour où, postérieurement à la naissance de cette décision implicite, ils ont été destinataires de la demande d'homologation présentée par l'employeur et de son accusé de réception par l'administration, soit par affichage de ces documents sur leurs lieux de travail, soit par tout autre moyen permettant de donner à cette information une date certaine. ● CE 7 févr. 2018, 🔒 n° 399838 B : *JCP S 2018. 1086, obs. Poncet et Renaud ; RPC 2019. Comm. 146, obs. Jacotot.*

Art. L. 1233-57-5 *(L. n° 2013-504 du 14 juin 2013, art. 18-XVIII)* Toute demande tendant, avant transmission de la demande de validation ou d'homologation, à ce qu'il soit enjoint à l'employeur de fournir les éléments d'information relatifs à la procédure en cours ou de se conformer à une règle de procédure prévue par les textes législatifs, les conventions collectives ou un accord collectif est adressée à l'autorité administrative. Celle-ci se prononce dans un délai de cinq jours. – *V. art. R. 1233-3-4 et D. 1233-12.*

> *COMMENTAIRE*
>
> V. sur le Code en ligne 🔒. ☐
>
> L'obligation faite à l'employeur d'adresser aux représentants du personnel et, le cas échéant, aux organisations syndicales la copie des réponses faites au Direccte s'applique lorsque ce dernier a fait des observations ou des propositions en application de l'art. L. 1233-57-6 et non dans le cadre de la procédure d'injonction prévue à l'art. L. 1223-57-5. ● CE 7 déc. 2015, 🔒 n° 383856 : *RJS 2/2016, n° 119 ; JCPS 2016. 1047, obs. Morvan.*

Art. L. 1233-57-6 *(L. n° 2013-504 du 14 juin 2013, art. 18-XVIII)* L'administration peut, à tout moment en cours de procédure, faire toute observation ou proposition à l'employeur concernant le déroulement de la procédure ou les mesures sociales prévues à l'article L. 1233-32. Elle envoie simultanément copie de ses observations au

(Ord. n° 2017-1386 du 22 sept. 2017, art. 4) « comité social et économique » et, lorsque la négociation de l'accord visé à l'article L. 1233-24-1 est engagée, (Ord. n° 2017-1718 du 20 déc. 2017, art. 1ᵉʳ-I) « le cas échéant » aux organisations syndicales représentatives dans l'entreprise.

L'employeur répond à ces observations et adresse copie de sa réponse aux représentants du personnel et, le cas échéant, aux organisations syndicales. – V. art. R.* 1233-3-4.

1. Acte administratif faisant grief. La lettre notifiée au secrétaire du CSE et aux délégués syndicaux, par laquelle le Dreets indique que le PSE dont il est saisi, en vue de l'exercice d'un contrôle susceptible de conduire à une décision de validation ou d'homologation, ne constitue pas l'outil juridique adéquat, dès lors que les conditions de mise en œuvre d'un PSE ne sont pas remplies, mais constitue un acte administratif faisant grief et susceptible comme tel d'un recours. Dès lors, le juge judiciaire ne pouvait pas se prononcer sur les demandes des syndicats et du CSE tendant notamment à suspendre la réorganisation objet du projet soumis au comité. • Soc. 14 déc. 2022, 🕮 n° 21-14.304 B : RDT 2023. 114, note Géa ; RJS 2/2023, n° 77 ; JCP S 2023. 1011, obs. Morvan.

2. Non-communication aux représentants du personnel de ses observations par le Dreets. La non-communication au comité d'entreprise par la Direccte de ses observations à l'employeur sur le plan social d'entreprise, en violation de l'art. L. 1233-57-6 C. trav., ne rend la procédure consultative illégale que si elle a empêché le comité de se prononcer en toute connaissance de cause. • CE 23 mars 2016, 🕮 n° 389158 : SSL 2016, n° 1720, p. 4, concl. Lieber et obs. Champeaux.

Art. L. 1233-57-7 (L. n° 2013-504 du 14 juin 2013, art. 18-XVIII) En cas de décision de refus de validation ou d'homologation, l'employeur, s'il souhaite reprendre son projet, présente une nouvelle demande après y avoir apporté les modifications nécessaires et consulté le (Ord. n° 2017-1386 du 22 sept. 2017, art. 4) « comité social et économique ». – V. art. R.* 1233-3-4.

Art. L. 1233-57-8 (L. n° 2013-504 du 14 juin 2013, art. 18-XVIII) L'autorité administrative compétente pour prendre la décision d'homologation ou de validation mentionnée à l'article L. 1233-57-1 est celle du lieu où l'entreprise ou l'établissement concerné par le projet de licenciement collectif est établi. Si le projet de licenciement collectif porte sur des établissements relevant de la compétence d'autorités différentes, (Décr. n° 2020-88 du 5 févr. 2020, art. 1ᵉʳ) « l'autorité administrative compétente est désignée dans les conditions prévues par décret en Conseil d'État ». – V. art. R.* 1233-3-4.

SECTION 4 BIS Obligation de rechercher un repreneur en cas de projet de fermeture d'un établissement

(L. n° 2014-384 du 29 mars 2014, art. 1ᵉʳ)

Cette section est applicable aux procédures de licenciement collectif engagées à compter du 1ᵉʳ avr. 2014.

Une procédure de licenciement collectif est réputée engagée à compter de la date d'envoi de la convocation à la première réunion du comité d'entreprise mentionnée à l'art. L. 1233-30 C. trav. (L. n° 2014-384 du 29 mars 2014, art. 1ᵉʳ-III).

COMMENTAIRE

V. sur le Code en ligne 🕮. ❑

SOUS-SECTION 1 Information des salariés et de l'autorité administrative de l'intention de fermer un établissement

§ 1 Information des salariés

Art. L. 1233-57-9 Lorsqu'elle envisage la fermeture d'un établissement qui aurait pour conséquence un projet de licenciement collectif, l'entreprise mentionnée à l'article L. 1233-71 réunit et informe le (Ord. n° 2017-1386 du 22 sept. 2017, art. 4) « comité social et économique », au plus tard à l'ouverture de la procédure d'information et de consultation prévue à l'article L. 1233-30.

Art. L. 1233-57-10 L'employeur adresse aux représentants du personnel, avec la convocation à la réunion prévue à l'article L. 1233-57-9, tous renseignements utiles sur le projet de fermeture de l'établissement.

Il indique notamment :

1° Les raisons économiques, financières ou techniques du projet de fermeture ;

2° Les actions qu'il envisage d'engager pour trouver un repreneur ;

3° Les possibilités pour les salariés de déposer une offre de reprise, les différents modèles de reprise possibles, notamment par les sociétés prévues par la loi n° 78-763 du 19 juillet 1978 portant statut des sociétés coopératives de production, ainsi que le droit des représentants du personnel de recourir à un expert prévu à l'article L. 1233-57-17.

> *COMMENTAIRE*
> V. sur le Code en ligne 🔎. ❑

Art. L. 1233-57-11 Dans les entreprises dotées d'un comité *(Ord. n° 2017-1386 du 22 sept. 2017, art. 4)* « social et économique » central d'entreprise, l'employeur réunit et informe le comité *(Ord. n° 2017-1386 du 22 sept. 2017, art. 4)* « social et économique » central et les comités *(Ord. n° 2017-1386 du 22 sept. 2017, art. 4)* « sociaux et économiques » d'établissement intéressés dès lors que les mesures envisagées excèdent le pouvoir des chefs d'établissement concernés ou portent sur plusieurs établissements simultanément. Dans ce cas, les comités *(Ord. n° 2017-1386 du 22 sept. 2017, art. 4)* « sociaux et économiques » d'établissement tiennent leur réunion après la réunion du comité *(Ord. n° 2017-1386 du 22 sept. 2017, art. 4)* « social et économique » central d'entreprise tenue en application de l'article L. 1233-57-9.

§ 2 Information de l'autorité administrative et des collectivités territoriales

Art. L. 1233-57-12 L'employeur notifie sans délai à l'autorité administrative tout projet de fermeture d'un établissement mentionné à l'article L. 1233-57-9.

L'ensemble des informations mentionnées à l'article L. 1233-57-10 est communiqué simultanément à l'autorité administrative. L'employeur lui adresse également le procès-verbal de la réunion mentionnée à l'article L. 1233-57-9, ainsi que tout renseignement concernant la convocation, l'ordre du jour et la tenue de cette réunion.

Art. L. 1233-57-13 L'employeur informe le maire de la commune du projet de fermeture de l'établissement. Dès que ce projet lui a été notifié, l'autorité administrative en informe les élus concernés.

SOUS-SECTION 2 **Recherche d'un repreneur**

§ 1 Obligations à la charge de l'employeur

Art. L. 1233-57-14 L'employeur ayant informé le *(Ord. n° 2017-1386 du 22 sept. 2017, art. 4)* « comité social et économique » du projet de fermeture d'un établissement recherche un repreneur. Il est tenu :

1° D'informer, par tout moyen approprié, des repreneurs potentiels de son intention de céder l'établissement ;

2° De réaliser sans délai un document de présentation de l'établissement destiné aux repreneurs potentiels ;

3° Le cas échéant, d'engager la réalisation du bilan environnemental mentionné à l'article L. 623-1 du code de commerce, ce bilan devant établir un diagnostic précis des pollutions dues à l'activité de l'établissement et présenter les solutions de dépollution envisageables ainsi que leur coût ;

4° De donner accès à toutes informations nécessaires aux entreprises candidates à la reprise de l'établissement, exceptées les informations dont la communication serait de nature à porter atteinte aux intérêts de l'entreprise ou mettrait en péril la poursuite de l'ensemble de son activité. Les entreprises candidates à la reprise de l'établissement sont tenues à une obligation de confidentialité ;

5° D'examiner les offres de reprise qu'il reçoit ;

6° D'apporter une réponse motivée à chacune des offres de reprise reçues, dans les délais prévus à l'article L. 1233-30.

> **COMMENTAIRE**
> V. sur le Code en ligne.
>
> Le respect du principe de la séparation des pouvoirs s'oppose à ce que le juge judiciaire se prononce sur le respect par l'employeur de son obligation de recherche d'un repreneur ; l'appréciation du respect de cette obligation relève de la seule compétence de la juridiction administrative. • Soc. 16 janv. 2019, n° 17-20.969 P : D. actu. 21 févr. 2019, obs. Ines ; D. 2019. Actu. 132 ; RDT 2019. 252, obs. Géa ; RJS 4/2019, p. 259, avis Berriat ; ibid. n° 215 ; SSL 2019, n° 1849, p. 13, obs. Champeaux ; JSL 2019, n° 471-4, obs. Hautefort ; JCP S 2019. 1052, obs. Meiers.

§ 2   Rôle du comité social et économique (Ord. n° 2017-1386 du 22 sept. 2017, art. 4).

Art. L. 1233-57-15   Le (Ord. n° 2017-1386 du 22 sept. 2017, art. 4) « comité social et économique » est informé des offres de reprise formalisées, au plus tard huit jours après leur réception. Les informations qui lui sont communiquées à ce titre sont réputées confidentielles dans les conditions prévues à l'article L. 2325-5. Il peut émettre un avis, dans les délais prévus à l'article L. 1233-30, participer à la recherche d'un repreneur et formuler des propositions.

> **COMMENTAIRE**
> V. sur le Code en ligne.

Art. L. 1233-57-16   Si le (Ord. n° 2017-1386 du 22 sept. 2017, art. 4) « comité social et économique » souhaite participer à la recherche d'un repreneur, l'employeur lui donne accès, à sa demande, aux informations mentionnées aux 4° à 6° de l'article L. 1233-57-14.

Art. L. 1233-57-17   Le (Ord. n° 2017-1386 du 22 sept. 2017, art. 4) « comité social et économique » peut recourir à l'assistance d'un expert de son choix rémunéré par l'entreprise.

Cet expert a pour mission d'analyser le processus de recherche d'un repreneur, sa méthodologie et son champ, d'apprécier les informations mises à la disposition des repreneurs potentiels, d'étudier les offres de reprise et d'apporter son concours à la recherche d'un repreneur par le (Ord. n° 2017-1386 du 22 sept. 2017, art. 4) « comité social et économique » et à l'élaboration de projets de reprise.

L'expert présente son rapport dans les délais prévus à l'article L. 1233-30.

Lorsque le (Ord. n° 2017-1386 du 22 sept. 2017, art. 4) « comité social et économique » recourt à l'assistance d'un expert, l'employeur en informe sans délai l'autorité administrative.

Art. L. 1233-57-18   Dans les entreprises dotées d'un comité (Ord. n° 2017-1386 du 22 sept. 2017, art. 4) « social et économique » central d'entreprise, les comités (Ord. n° 2017-1386 du 22 sept. 2017, art. 4) « sociaux et économiques » d'établissement exercent les attributions confiées au comité (Ord. n° 2017-1386 du 22 sept. 2017, art. 4) « social et économique » en application des articles L. 1233-57-15 à L. 1233-57-17, L. 1233-57-19 et L. 1233-57-20, dans la limite des pouvoirs confiés aux chefs de ces établissements.

§ 3   Clôture de la période de recherche

> **COMMENTAIRE**
> V. sur le Code en ligne.

Art. L. 1233-57-19   L'employeur consulte le (Ord. n° 2017-1386 du 22 sept. 2017, art. 4) « comité social et économique » sur toute offre de reprise à laquelle il souhaite donner suite et indique les raisons qui le conduisent à accepter cette offre, notamment au regard de la capacité de l'auteur de l'offre à garantir la pérennité de l'activité et de l'emploi de l'établissement. Le (Ord. n° 2017-1386 du 22 sept. 2017, art. 4) « comité social et économique » émet un avis sur cette offre dans un délai fixé en application de l'article L. 2323-3 [art. L. 2312-15 et L. 2312-16 depuis l'Ord. n° 2017-1386 du 22 sept. 2017].

(L. n° 2016-1088 du 8 août 2016, art. 94) « Lorsque la procédure est aménagée en application de l'article L. 1233-24-2 pour favoriser un projet de transfert d'une ou de plusieurs entités économiques mentionné à l'article L. 1233-61, l'employeur consulte le (Ord. n° 2017-1386 du 22 sept. 2017, art. 4) « comité social et économique » sur l'offre de reprise dans le délai fixé par l'accord collectif mentionné à l'article L. 1233-24-2. »

Les dispositions issues de la L. n° 2016-1088 du 8 août 2016 sont applicables aux licenciements économiques engagés après le 9 août 2016.

La procédure de licenciement est considérée comme engagée soit à compter de la date d'envoi de la convocation à l'entretien préalable mentionnée à l'art. L. 1233-11, soit à compter de la date d'envoi de la convocation à la première réunion des délégués du personnel ou du comité d'entreprise mentionnée à l'art. L. 1233-30 (L. préc., art. 94-II).

Art. L. 1233-57-20 Avant la fin de la procédure d'information et de consultation prévue à l'article L. 1233-30, si aucune offre de reprise n'a été reçue ou si l'employeur n'a souhaité donner suite à aucune des offres, celui-ci réunit le (Ord. n° 2017-1386 du 22 sept. 2017, art. 4) « comité social et économique » et lui présente un rapport, qui est communiqué à l'autorité administrative. Ce rapport indique :
1° Les actions engagées pour rechercher un repreneur ;
2° Les offres de reprise qui ont été reçues ainsi que leurs caractéristiques ;
3° Les motifs qui l'ont conduit, le cas échéant, à refuser la cession de l'établissement.

Art. L. 1233-57-21 Les actions engagées par l'employeur au titre de l'obligation de recherche d'un repreneur sont prises en compte dans la convention de revitalisation conclue entre l'entreprise et l'autorité administrative en application des articles L. 1233-84 à L. 1233-90.

(L. n° 2014-856 du 31 juill. 2014, art. 22) « Eu égard à la capacité de l'employeur à éviter les licenciements ou à en limiter le nombre par la cession de l'établissement concerné par le projet de fermeture, attestée par les rapports mentionnés aux articles L. 1233-57-17 et L. 1233-57-20, l'autorité administrative peut demander le remboursement des aides pécuniaires en matière d'installation, de développement économique, de recherche ou d'emploi attribuées par une personne publique à l'entreprise, au titre de l'établissement concerné par le projet de fermeture, au cours des deux années précédant la réunion prévue au I de l'article L. 1233-30 et après l'entrée en vigueur de la loi n° 2014-856 du 31 juillet 2014 relative à l'économie sociale et solidaire. »

SOUS-SECTION 3 Dispositions d'application

Art. L. 1233-57-22 Un décret en Conseil d'État détermine les modalités d'application de la présente section. — *V. art. R. 1233-15 s.*

SECTION 5 Licenciement économique dans le cadre d'une sauvegarde, d'un redressement ou d'une liquidation judiciaire (L. n° 2013-504 du 14 juin 2013, art. 18-XIX).

BIBL. ▶ BARBÉ, SSL 1996, n° 794, suppl. — DECAIX, Dr. soc. 1992. 670. — DERRIDA, ibid. 1978, n° spéc. févr., S 62 (licenciement et droit des faillites). — DECHRISTÉ, D. Affaires 1999. 358 (compétence prud'homale et redressement judiciaire). — FABRE, RDT 2014. 259 (aspects sociaux de l'Ord. n° 2014-326 du 12 mars 2014 réformant le droit des entreprises en difficultés). — JACOTOT, Dr. soc. 2014. 423 (l'intervention des représentants du personnel en cas de « grand » licenciement collectif dans une entreprise en difficulté). — NASOM-TISSANDIER, RDT 2019. 320 (l'attraction progressive du droit des entreprises en difficulté sur le droit du travail). — SPORTOUCH, ibid. 1992. 787. — TISSANDIER, JSL 2009, n° 262-1 (incidence de l'appartenance d'une entreprise en difficulté à un groupe de sociétés). — VERNAC, RDT 2007. 434 (droit du licenciement dans la procédure de sauvegarde).

COMMENTAIRE
V. sur le Code en ligne.

Art. L. 1233-58 (L. n° 2013-504 du 14 juin 2013, art. 18-XX) « I. – » En cas de redressement ou de liquidation judiciaire, l'employeur, l'administrateur ou le liquidateur, selon le cas, qui envisage des licenciements économiques, (L. n° 2013-504 du 14 juin 2013, art. 18-XX) « met en œuvre un plan de licenciement dans les conditions prévues aux articles L. 1233-24-1 à L. 1233-24-4.

« L'employeur, l'administrateur ou le liquidateur, selon le cas, réunit et consulte le (Ord. n° 2017-1386 du 22 sept. 2017, art. 4) « comité social et économique » dans les conditions prévues à l'article (L. n° 2015-994 du 17 août 2015, art. 18-XIV, en vigueur le 1er janv. 2016) « L. 2323-31 » [art. L. 2312-37, L. 2312-39 et L. 2312-40 depuis l'Ord. n° 2017-1386 du 22 sept. 2017] ainsi qu'aux articles : »

1° L. 1233-8, pour un licenciement collectif de moins de dix salariés ;

2° L. 1233-29, premier alinéa, pour un licenciement (L. n° 2012-387 du 22 mars 2012, art. 43) « d'au moins dix salariés » dans une entreprise de moins de cinquante salariés ;

3° L. 1233-30, (L. n° 2013-504 du 14 juin 2013, art. 18-XX) « I à l'exception du dernier alinéa, et (Ord. n° 2017-1718 du 20 déc. 2017, art. 1er-I) « dernier alinéa » du II », pour un licenciement (L. n° 2012-387 du 22 mars 2012, art. 43) « d'au moins dix salariés » dans une entreprise (L. n° 2012-387 du 22 mars 2012, art. 43) « d'au moins cinquante salariés » ;

(Ord. n° 2014-326 du 12 mars 2014, art. 110) « 4° L. 1233-34 et L. 1233-35 premier alinéa et, le cas échéant, (Ord. n° 2014-699 du 26 juin 2014, art. 20) « L. 2325-35 et L. 4614-12-1 » du code du travail relatifs au recours à l'expert » ;

5° L. 1233-31 à L. 1233-33, L. 1233-48 et L. 1233-63, relatifs à la nature des renseignements et au contenu des mesures sociales adressés aux représentants du personnel et à l'autorité administrative ;

6° L. 1233-49, L. 1233-61 et L. 1233-62, relatifs au plan de sauvegarde de l'emploi ;

(L. n° 2013-504 du 14 juin 2013, art. 18-XX) « 7° L. 1233-57-5 et L. 1233-57-6, pour un licenciement d'au moins dix salariés dans une entreprise d'au moins cinquante salariés.

« II. – Pour un licenciement d'au moins dix salariés dans une entreprise d'au moins cinquante salariés, l'accord mentionné à l'article L. 1233-24-1 est validé et le document mentionné à l'article L. 1233-24-4, élaboré par l'employeur, l'administrateur ou le liquidateur, est homologué dans les conditions fixées aux articles L. 1233-57-1 à L. 1233-57-3, aux deuxième et troisième alinéas de l'article L. 1233-57-4 et à l'article L. 1233-57-7. »

(L. n° 2015-990 du 6 août 2015, art. 291) « Par dérogation au 1° de l'article L. 1233-57-3, sans préjudice de la recherche, selon le cas, par l'administrateur, le liquidateur ou l'employeur, en cas de redressement ou de liquidation judiciaire, des moyens du groupe auquel l'employeur appartient pour l'établissement du plan de sauvegarde de l'emploi, l'autorité administrative homologue le plan de sauvegarde de l'emploi après s'être assurée du respect par celui-ci des articles L. 1233-61 à L. 1233-63 au regard des moyens dont dispose l'entreprise. »

(Ord. n° 2014-326 du 12 mars 2014, art. 110) « A titre exceptionnel, au vu des circonstances et des motifs justifiant le défaut d'établissement du procès-verbal de carence mentionné à l'article L. 2324-8, l'autorité administrative peut prendre une décision d'homologation. »

(L. n° 2013-504 du 14 juin 2013, art. 18-XX) « Les délais prévus au premier alinéa de l'article L. 1233-57-4 sont ramenés, à compter de la dernière réunion du (Ord. n° 2017-1386 du 22 sept. 2017, art. 4) « comité social et économique », à huit jours en cas de redressement judiciaire et à quatre jours en cas de liquidation judiciaire.

« L'employeur, l'administrateur ou le liquidateur ne peut procéder, sous peine d'irrégularité, à la rupture des contrats de travail avant la notification de la décision favorable de validation ou d'homologation, ou l'expiration des délais mentionnés au (L. n° 2015-990 du 6 août 2015, art. 291) « quatrième » alinéa du présent II.

« En cas de décision défavorable de validation ou d'homologation, l'employeur, l'administrateur ou le liquidateur consulte le (Ord. n° 2017-1386 du 22 sept. 2017, art. 4) « comité social et économique » dans un délai de trois jours. Selon le cas, le document modifié et l'avis du (Ord. n° 2017-1386 du 22 sept. 2017, art. 4) « comité social et économique » ou un avenant à l'accord collectif sont transmis à l'autorité administrative, qui se prononce dans un délai de trois jours.

« En cas de licenciements intervenus en l'absence de toute décision relative à la validation ou à l'homologation ou en cas d'annulation d'une décision ayant procédé à la validation ou à l'homologation, le juge octroie au salarié une indemnité à la charge de l'employeur qui ne peut être inférieure aux salaires des six derniers mois. L'article L. 1235-16 ne s'applique pas. »

(L. n° 2015-990 du 6 août 2015, art. 291) « En cas d'annulation d'une décision de validation mentionnée à l'article L. 1233-57-2 ou d'homologation mentionnée à l'article L. 1233-57-3 en raison d'une insuffisance de motivation, l'autorité administrative prend une nouvelle décision suffisamment motivée, dans un délai de quinze jours à compter de la notification du jugement à l'administration. Cette décision est portée par l'employeur à la connaissance des salariés licenciés à la suite de la première décision de validation ou d'homologation, par tout moyen permettant de conférer une date certaine à cette information.

« Dès lors que l'autorité administrative a édicté cette nouvelle décision, l'annulation pour le seul motif d'insuffisance de motivation de la première décision de l'autorité administrative est sans incidence sur la validité du licenciement et ne donne pas lieu au versement d'une indemnité à la charge de l'employeur. »

(L. n° 2013-504 du 14 juin 2013, art. 18-XX) « III. — En cas de licenciement d'au moins dix salariés dans une entreprise d'au moins cinquante salariés prévu par le plan de sauvegarde arrêté conformément à l'article L. 626-10 du code de commerce, les délais prévus au premier alinéa de l'article L. 1233-57-4 du présent code sont ramenés (Abrogé par Ord. n° 2014-326 du 12 mars 2014, art. 110) « , à compter de la dernière réunion du comité d'entreprise, » à huit jours. (Ord. n° 2014-326 du 12 mars 2014, art. 110) « Ils courent à compter de la date de réception de la demande de validation ou d'homologation qui est postérieure au jugement arrêtant le plan. »

« Lorsque l'autorité administrative rend une décision de refus de validation ou d'homologation, l'employeur consulte le (Ord. n° 2017-1386 du 22 sept. 2017, art. 4) « comité social et économique » dans un délai de trois jours. Selon le cas, le document modifié et l'avis du (Ord. n° 2017-1386 du 22 sept. 2017, art. 4) « comité social et économique », ou un avenant à l'accord collectif, sont transmis à l'autorité administrative, qui se prononce dans un délai de trois jours. » — V. art. L. 1238-5 (pén.).

Les dispositions issues de la L. n° 2015-990 du 6 août 2015 sont applicables aux procédures de licenciement pour motif économique engagées, en application des art. L. 1233-8 ou L. 1233-30, après le 7 août 2015 (L. préc., art. 295).

BIBL. ▶ Frouin, *RJS* 2006. 251 (sanction de l'insuffisance du plan de sauvegarde de l'emploi établi dans le cadre d'une procédure collective).

COMMENTAIRE

V. sur le Code en ligne.

1. Recours à l'expertise. Les dispositions de l'art. L. 321-9 [L. 1233-58 nouv.] ne sont pas exclusives du droit conféré au comité d'entreprise par l'art. L. 434-6 [L. 2325-35 nouv.] de se faire assister d'un expert-comptable, lorsque la procédure de consultation prévue par l'art. L. 421-3 [abrogé] pour licenciement économique doit être mise en œuvre. ● Soc. 7 juill. 1998, n° 96-21.205 P : *RJS* 1998. 622, n° 973. ♦ Même si, en cas de redressement et de liquidation judiciaires, une seule réunion du comité d'entreprise est en principe prévue, le recours à un expert, destiné à éclairer les représentants du personnel chargés de donner leur avis sur le PSE, justifie que le comité d'entreprise soit réuni une seconde fois afin de ne pas priver d'effet le recours à l'expertise ; il appartient alors à l'administration de s'assurer que l'expert a pu exercer sa mission dans des conditions permettant au comité d'entreprise de disposer de tous les éléments utiles pour formuler ses deux avis en toute connaissance de cause et que les deux avis du comité d'entreprise ont été recueillis après que ce dernier a été mis à même de prendre connaissance des analyses de l'expert. ● CE 16 avr. 2021, n° 426287 : *D. actu.* 10 mai 2021, obs. Norval-Grivet ; *RJS* 7/2021, n° 388 ; *Dr. ouvrier* 2022. 18, obs. Ménard ; *SSL* 2021, n° 1957, concl. Dieu ; *RPC* 2021. 140, note Jacotot.

2. Information-consultation du CSE sur le plan de sauvegarde de l'emploi et contrôle de l'administration. Lorsque l'administration prend, à titre exceptionnel, une décision d'homologation du document fixant le contenu d'un PSE, malgré l'absence de mise en place du CSE et alors qu'aucun procès-verbal de carence n'a été établi, celle-ci doit justifier en quoi l'absence de CSE et de PV de carence ne fait pas obstacle à l'homologation du PSE ; il appartient à l'administration d'indiquer dans la motivation de sa décision tout élément sur lequel elle aurait été, en raison des circonstances propres à l'espèce, spécifiquement amenée à porter une appréciation. ● CE 8 déc. 2021, 🗝 n° 435919 A : *RJS 2/2022, n° 64.*

3. L'administrateur judiciaire qui n'a tenu qu'une seule réunion des délégués du personnel après avoir déposé son rapport portant projet de plan de continuation au greffe du tribunal de commerce, la veille de l'audience du tribunal à l'expiration de la période d'observation de vingt mois, ne met pas en mesure les délégués du personnel de faire valoir utilement leurs observations, en sorte que la procédure de consultation prévue par les art. L. 621-56 du code de commerce et L. 321-9 [L. 1233-58 nouv.] du code du travail, interprétés à la lumière de la Directive n° 2002/14/CE du 11 mars 2002 n'a pas été valablement conduite. ● Soc. 12 sept. 2007 : 🗝 *D. 2007. AJ 2308, obs. Lienhard ⊘ ; RJS 2007. 928, n° 1172.*

4. Établissement d'un PSE. Lorsque l'effectif compte au moins 50 salariés au moment où l'administrateur judiciaire a consulté les représentants du personnel sur le plan de cession, un PSE doit être élaboré, peu important qu'entre cette consultation et la notification des licenciements, l'effectif soit passé au-dessous de 50 salariés, du fait d'un transfert de personnel. ● Soc. 19 mai 2015, 🗝 n° 13-26.669 P : *RDT 2015. 610, obs. Dedessus-le-Moustier ⊘ ; JSL 2015, n° 391-4, obs. Hautefort ; RJS 8-9/2015, n° 558.*

5. Insuffisance du PSE et redressement et liquidation judiciaires. Un plan social établi dans le cadre d'une procédure de liquidation judiciaire en considération des moyens financiers alloués par le juge-commissaire peut être jugé insuffisant par le juge prud'homal ; les licenciements économiques consécutifs à ce plan ne sont pas nuls mais dépourvus de cause réelle et sérieuse, ce qui ouvre droit à l'indemnisation des salariés. ● Soc. 2 févr. 2006 : 🗝 *RJS 2006. 280, n° 412 ; JSL 2006, n° 186-4.* ● 28 juin 2006 : 🗝 *RDT 2006. 244, obs. Waquet ⊘.* ♦ Lorsque la nullité des licenciements n'est pas encourue, les salariés dont le licenciement a été autorisé par l'inspecteur du travail peuvent prétendre à la réparation du préjudice causé par l'insuffisance du plan social, dont les juges du fond apprécient le montant. ● Soc. 3 mai 2007 : 🗝 *D. 2007. AJ 1504, obs. Fabre ⊘ ; RJS 2007. 661, n° 873 ; Dr. soc. 2007. 900, obs. Couturier ⊘ ; JSL 2007, n° 216-2.*

6. Annulation de la décision de validation ou d'homologation du PSE (jurisprudence rendue sous l'empire des textes postérieurs à la loi du 14 juin 2013). Lorsque le licenciement est intervenu dans une entreprise en redressement ou en liquidation judiciaire, l'indemnité prévue en cas d'annulation de la décision administrative validant l'accord fixant le PSE ou homologuant le document élaboré par l'employeur à ce sujet est due aux salariés licenciés quel que soit le motif de cette annulation. En l'absence de disposition expresse contraire, cette indemnité se cumule avec l'indemnité de licenciement. ● Soc. 19 déc. 2018, 🗝 n° 17-26.132 P : *D. 2019. Actu. 19 ⊘ ; RJS 3/2019, n° 156 ; JCP S 2019. 1030, obs. Fin-Langer.* ♦ L'annulation de la décision administrative ayant procédé à la validation ou à l'homologation du plan de sauvegarde de l'emploi intervenu dans une entreprise en redressement ou en liquidation judiciaire ne prive pas les licenciements économiques notifiés à la suite de cette décision de cause réelle et sérieuse ; les salariés doivent, en conséquence, être déboutés de leur demande en paiement d'une indemnité compensatrice de préavis et congés payés afférents fondée sur l'absence de cause réelle et sérieuse de la rupture de leur contrat de travail, intervenue à la suite de leur acceptation d'un contrat de sécurisation professionnelle. ● Soc. 25 mars 2020, 🗝 n° 18-23.692 P : *D. actu. 7 mai 2020, obs. Malfettes ; D. 2020. 772 ⊘ ; RJS 6/2020, n° 287.*

7. Appréciation des moyens à mettre en œuvre (jurisprudence rendue sous l'empire des textes antérieurs à la loi du 14 juin 2013). Les juges du fond ne peuvent débouter les salariés licenciés pour motif économique de leurs demandes indemnitaires au titre de l'insuffisance du PSE en retenant notamment que l'employeur et l'administrateur avaient disposé d'une très faible marge de manœuvre, tant en termes de temps que de moyens techniques et financiers mis à leur disposition dans le cadre d'une procédure collective, alors qu'ils auraient dû apprécier la validité du PSE au regard des moyens du groupe auquel appartenait l'entreprise. ● Soc. 16 nov. 2017, 🗝 n° 16-14.572 P : *RJS 1/2018, n° 27 ; JCP S 2017. 1420, obs. Dumont.*

8. Annulation des licenciements postérieurs à la liquidation judiciaire. Les licenciements prononcés par le liquidateur le sont en application de la décision prononçant la liquidation et, sauf fraude, la nullité des licenciements intervenus avant que la société ne soit admise à la procédure de redressement n'emporte pas à elle seule réintégration des salariés de l'entreprise. ● Soc. 26 nov. 2013 : 🗝 *D. 2013. Actu. 2858 ⊘ ; RJS 2014. 89, n° 111 ; JSL 2014, n° 359-4.*

9. Contrôle de l'administration lorsque la liquidation de l'entreprise est prononcée après un placement en redressement judiciaire. Lorsque la liquidation judiciaire d'une entreprise est prononcée après qu'elle a d'abord été placée en redressement judiciaire, l'administration doit procéder au contrôle de la régularité de cette procédure au regard des informations transmises au CSE sur l'opération projetée et ses modalités d'application, ainsi que sur le projet de licenciement collectif et le PSE, tels qu'ils résultent du placement de la société en liquidation judiciaire. En revanche, dès lors que l'opération projetée et ses modalités, d'une part, le projet de licenciement collectif et le PSE, d'autre part, diffèrent nécessairement de ceux résultant du placement de la société en redressement judiciaire, il ne lui appartient pas de procéder au contrôle de la régularité de la procédure d'information-consultation du CSE conduite dans le cadre de la procédure collective antérieure au jugement ayant placé la société en liquidation judiciaire. • CE 27 déc. 2022, 🔒 n° 452898 : *RJS 3/2023, n° 138 ; JSL 2023, n° 559-5, obs. Lançon et Zuccali.*

10. Contrôle de l'administration sur les licenciements de salariés protégés intervenant en période d'observation. Si le salarié dont le licenciement est envisagé bénéficie du statut protecteur, l'administrateur doit solliciter l'autorisation nominative de l'inspecteur du travail qui vérifie, outre le respect des exigences procédurales légales et des garanties conventionnelles, que le licenciement n'est pas en lien avec le mandat du salarié, que la suppression du poste en cause est réelle et a été autorisée par le juge-commissaire, que l'employeur s'est acquitté de son obligation de reclassement, et qu'aucun motif d'intérêt général ne s'oppose à ce que l'autorisation soit accordée ; en revanche, dès lors qu'un licenciement a été autorisé par une ordonnance du juge-commissaire, les motifs de licenciement ne peuvent être discutés devant l'administration. • CE 3 juill. 2013 : 🔒 *Lebon ; AJDA 2013. 2129 ; RDT 2013. 551, concl. Dumortier ; RJS 2013. 677, n° 749.*

11. Non-cumul des indemnités. L'indemnité pour licenciement sans cause réelle et sérieuse ne se cumule pas avec l'indemnité spécifique de l'art. L. 1233-58 résultant de l'annulation de la décision administrative d'homologation, qui répare le préjudice résultant du caractère illicite du licenciement. • Soc. 16 févr. 2022, 🔒 n° 20-14.969 B : *D. actu. 17 mars 2022, obs. Cortot ; D. 2022. 400 ; RJS 5/2022, n° 247 ; JCP 2022. 430, obs. Dedessus-Le-Moustier.*

12. Office du juge administratif saisi d'une demande d'annulation d'une décision d'homologation ou de validation d'un PSE mis en œuvre dans une entreprise en redressement ou liquidation judiciaire. Lorsque le juge administratif est saisi d'une requête dirigée contre une décision d'homologation ou de validation d'un PSE d'une entreprise en redressement ou en liquidation judiciaire, il doit, si cette requête soulève plusieurs moyens, toujours commencer par se prononcer sur les moyens autres que celui tiré de l'insuffisance de la motivation de la décision administrative, en réservant, à ce stade, un tel moyen ; lorsque aucun de ces moyens n'est fondé, le juge administratif doit ensuite se prononcer sur le moyen tiré de l'insuffisance de la motivation de la décision administrative, lorsqu'il est soulevé. • CE 8 déc. 2021, 🔒 n° 435919 : *AJDA 2022. 1310 ; RJS 2/2022, n° 64.* ♦ Si l'entreprise est dépourvue de CSE et ne peut fournir aucun procès-verbal de carence, l'autorité administrative peut, à titre exceptionnel, homologuer le document de l'employeur, sa décision doit indiquer les circonstances et motifs justifiant cette homologation. • Même arrêt. ♦ Lorsque l'autorité administrative prend une nouvelle décision suffisamment motivée, après l'annulation par le juge administratif de la première décision de validation ou d'homologation du PSE d'une entreprise en raison d'une insuffisance de motivation, cette nouvelle décision, qui intervient sans que l'administration procède à une nouvelle instruction de la demande, et au vu des circonstances de fait et de droit existant à la date d'édiction de la première décision, a pour seul objet de régulariser le vice d'insuffisance de motivation entachant cette précédente décision ; en conséquence, les seuls moyens susceptibles d'être invoqués devant le juge administratif à l'appui d'un recours pour excès de pouvoir dirigé contre cette seconde décision sont ceux critiquant ses vices propres. • CE 12 mars 2023, n° 453029 : *RJS 7/2023, n° 369.*

Art. L. 1233-59 Les délais prévus à l'article L. 1233-15 pour l'envoi des lettres de licenciement prononcé pour un motif économique ne sont pas applicables en cas de redressement ou de liquidation judiciaire.

Un décret en Conseil d'État détermine les modalités d'application du présent article.
— [Anc. art. L. 122-14-1, al. 4, et L. 122-14-11.]

Hypothèse d'un licenciement de plus de 10 salariés sur 30 jours dans une entreprise de moins de 50 salariés. V. note ss. art. L. 1233-39.

Art. L. 1233-60 En cas de redressement ou de liquidation judiciaire, l'employeur, l'administrateur ou le liquidateur, selon le cas, informe l'autorité administrative avant de procéder à des licenciements pour motif économique, dans les conditions prévues aux articles L. 631-17, L. 631-19 (II), L. 641-4, dernier alinéa, L. 641-10, troisième alinéa, et L. 642-5 du code de commerce. — [Anc. art. L. 321-8.] — V. art. L. 1238-5 (pén.).

1. Application de la procédure spéciale. Le prononcé du jugement de redressement judiciaire entraîne l'ouverture de la période d'observation dès la première heure du jour de son prononcé, et dès l'instant que la période d'observation est ouverte, il appartient au juge-commissaire d'autoriser le licenciement en vérifiant sa cause économique et son caractère urgent, inévitable et indispensable. • Soc. 12 mai 1998, n° 96-40.606 P.

2. Rôle du liquidateur. L'obligation faite à l'employeur d'établir et de mettre en œuvre les mesures ou le plan social destinés à éviter les licenciements et à en limiter le nombre incombe également au liquidateur. • Paris, 1er juill. 1994 : *D. 1994. IR 228.*

3. Obligations du juge-commissaire. L'ordonnance du juge-commissaire n'a pas à dresser la liste nominative des salariés licenciés. • Soc. 18 juin 1997 : *Dr. soc. 1997. 983,* obs. Vatinet ; *RJS 1997. 605, n° 964.* ♦ Le jugement arrêtant le plan doit indiquer le nombre de salariés dont le licenciement est autorisé ainsi que les activités et catégories professionnelles concernées, d'où il suit qu'une liste nominative des salariés licenciés ou repris par le cessionnaire n'a pas à être dressée et serait en toute hypothèse dépourvue d'effet. • Soc. 12 mai 2021, n° 19-19.454. ♦ L'administrateur judiciaire doit respecter les règles relatives à l'ordre des licenciements ; il ne peut, pour choisir les salariés à licencier, se fonder sur le refus par les salariés de la modification de leur mode de rémunération, condition exigée par le cessionnaire et non prévue par le plan social. • Soc. 6 juill. 1999, n° 97-40.055 P : *D. 1999. IR 212* ; *RJS 1999. 770, n° 1241.* ♦ Dès lors que la lettre de licenciement n'a été adressée au salarié qu'après l'obtention de l'autorisation du juge-commissaire, il importe peu que la procédure ait été engagée auparavant. • Même arrêt.

4. Existence d'un motif économique. Ne repose pas sur un motif économique le licenciement qu'un juge-commissaire n'a pas autorisé, le poste de l'intéressé n'ayant pas été supprimé. • Soc. 30 mai 1990, n° 89-42.075 P : *D. 1990. IR 176.* ♦ Lorsque le plan de cession approuvé par le tribunal de commerce autorise un certain nombre de licenciements pour motif économique, seuls ces licenciements peuvent être prononcés. • Soc. 3 févr. 1998, n° 95-44.291 P : *RJS 1998. 182, n° 294.* ♦ Dès lors, est suffisamment motivée la lettre de licenciement qui vise l'ordonnance du juge-commissaire ayant autorisé le licenciement économique d'un salarié. • Soc. 5 mai 1998, n° 95-40.171 P : *RJS 1998. 455, n° 713* ; *CSB 1998. 212, A. 39.* ♦ Le troisième al. de l'art. L. 1235-10 C. trav., limitant les droits des salariés des entreprises en redressement ou en liquidation judiciaires lorsque la procédure de licenciement est nulle en raison de l'absence ou de l'insuffisance du plan de sauvegarde de l'emploi, n'est pas contraire au principe constitutionnel d'égalité devant la loi. • Cons. const. 28 mars 2013, n° 2013-299 QPC : *D. 2013. Actu. 925* ; *ibid. 1148,* note Jacotot ; *Constitutions 2013. 238,* obs. Radé et Gervier ; *Dr. ouvrier 2013. 685,* obs. Gahdoun.

5. Lorsque l'ordonnance du juge-commissaire est devenue définitive, le caractère économique du motif de licenciement ne peut plus être contesté. • Soc. 9 juill. 1996, n° 93-41.877 P : *D. 1997. 60, 2e esp.,* note Bailly ; *RJS 1996. 587, n° 912* ; *JCP E 1997. II. 915,* note Serret.

6. Licenciement obtenu par fraude. Le licenciement est obtenu par fraude et le salarié peut prétendre à des dommages-intérêts pour licenciement sans cause réelle et sérieuse s'il est constaté que le jour même de son licenciement, le salarié a été remplacé dans son emploi ; peu importe la régularité du jugement arrêtant le plan de cession. • Soc. 8 déc. 2004, n° 02-44.045 P : *RJS 2005. 109, n° 142.* ♦ Le salarié licencié en vertu d'une autorisation par ordonnance du juge-commissaire est recevable à contester la cause économique de son licenciement lorsqu'il prouve que cette autorisation résulte d'une fraude. • Soc. 4 juill. 2018, n° 16-27.922 P : *D. 2018. Actu. 1487* ; *RJS 10/2018, n° 603* ; *JCP S 2018. 1321,* obs. Fin-Langer.

7. Annulation du jugement de liquidation judiciaire. L'organisation d'une réunion d'information des délégués du personnel d'une entreprise en liquidation judiciaire la veille de la notification des licenciements rend la procédure de consultation irrégulière ; l'annulation du jugement de liquidation judiciaire prive de fondement et d'effets les licenciements pour motif économique prononcés en vertu de cette décision par le liquidateur, sauf si la décision d'appel annulant le jugement ouvre une nouvelle procédure de liquidation judiciaire. • Soc. 16 déc. 2008 : *D. 2009. AJ 264* ; *RJS 2009. 139, n° 159* ; *JSL 2009, n° 249-3* ; *JCP S 2009. 1125,* obs. Brissy.

8. Compétence du conseil de prud'hommes. L'ordonnance du juge-commissaire, si elle n'a pas fait l'objet de recours, fixe en application de l'art. 63 du décret du 27 déc. 1985 le nombre de salariés dont le licenciement est autorisé, les activités et les catégories professionnelles concernées ; il résulte de ces dispositions que le conseil de prud'hommes demeure compétent pour statuer, dans le cadre de cette ordonnance tel qu'il est délimité par l'art. 63 du décret et au regard de la situation individuelle des salariés licenciés, sur les demandes formées par ces derniers contre l'employeur. • Soc. 3 oct. 1989, n° 88-42.835 P : *D. 1989. IR 277.* • 6 mars 1990, n° 89-40.028 P : *D. 1990. Somm. 218,* obs. A. Honorat. ♦ Le conseil de prud'hommes est compétent pour toute action qui aurait pu être engagée en l'absence de redressement judiciaire qui en a été seulement l'occasion ; dès lors il est compétent pour statuer sur la demande en annulation d'un plan social. • Soc. 14 oct. 1997, n° 96-18.876 P : *Dr. ouvrier 1998. 139.* ♦ Le conseil de prud'hommes est compétent, dans le cadre de l'ordonnance ou du jugement, au regard de la situation individuelle des salariés ; il est notamment compétent pour statuer sur l'appréciation du respect de l'obligation de reclassement et en cas d'irrégularité relative à la consultation des représentants du personnel. • Soc. 3 mars 1998, n° 95-45.201 P : *RJS 1998.*

275, n° 439; CSB 1998. 145, A. 32; D. 1998. 418, note Bailly ∅; Dr. soc. 1998. 508, obs. Vatinet ∅.
♦ De la même manière, relèvent de la compétence prud'homale les contestations relatives à l'allocation d'une indemnité de licenciement sans cause réelle et sérieuse calculée en fonction du préjudice subi. • Soc. 12 janv. 1999, ⚖ n° 96-41.756 P : D. 1999. IR 40 ∅; RJS 1999. 119, n° 186.
♦ L'action en annulation d'un plan social formée par un syndicat étant fondée sur l'inexécution d'obligations résultant de l'art. L. 321-4-1 [L. 1233-61 nouv.], c'est à bon droit qu'une cour d'appel, sans méconnaître l'autorité de la chose jugée attachée à l'ordonnance du juge-commissaire autorisant l'administrateur à procéder à des licenciements économiques pendant la période d'observation, décide que le tribunal de commerce ne peut en connaître et qu'elle relève de la compétence du juge civil de droit commun. • Soc. 14 oct. 1997 : ⚖ D. 1997. IR 229 ∅; Dr. soc. 1997. 1106, obs. Vatinet ∅.

9. Portée de la mention des catégories professionnelles concernées dans l'ordonnance du juge-commissaire. S'il appartient au juge-commissaire, saisi par l'employeur, d'autoriser tout ou partie des licenciements envisagés par le PSE en indiquant celles des catégories professionnelles au sein desquelles les licenciements sont autorisés, la mention, dans son ordonnance, des catégories professionnelles n'a pas pour effet de leur conférer une autorité de chose jugée dans le litige d'excès de pouvoir relatif à la décision d'homologation du plan et ne fait pas obstacle à ce que la légalité de ces catégories professionnelles soit contestée au soutien d'un recours en excès de pouvoir dirigé contre la décision d'homologation du PSE. • CE 22 mai 2019, ⚖ n° 407401 : RJS 7/2019, p. 519, concl. Lieber; ibid., n° 427.

Art. L. 1233-60-1 (Ord. n° 2014-326 du 12 mars 2014, art. 111) En cas de redressement judiciaire ou de liquidation judiciaire, lorsque l'employeur envisage la modification d'un élément essentiel du contrat de travail pour l'un des motifs économiques énoncés à l'article L. 1233-3, il en fait la proposition au salarié par lettre recommandée avec avis de réception.

La lettre de notification informe le salarié qu'il dispose d'un délai de quinze jours à compter de sa réception pour faire connaître son refus.

À défaut de réponse dans ce délai, le salarié est réputé avoir accepté la modification proposée.

SECTION 6 Accompagnement social et territorial des procédures de licenciement

BIBL. ▶ **Responsabilité sociale de l'entreprise (RSE) :** ABADIE, D. 2018. 302 ∅ (le juge et la responsabilité sociale de l'entreprise). – DESBARATS, Dr. soc. 2018. 525 ∅ (RSE à la française). – MEYRAT, RDT 2010. 572 ∅ (le droit du travail à l'épreuve de l'éthique des affaires).

COMMENTAIRE
V. sur le Code en ligne 🔒. ❏

SOUS-SECTION 1 Plan de sauvegarde de l'emploi

BIBL. ▶ **Plan social/Plan de sauvegarde pour l'emploi :** ARSÉGUEL et FADEUILHE, BJS 1995. 837. – BARTHÉLÉMY et autres, JCP E 1992. I. 127. BOSSU, Dr. soc. 1996. 383 ∅ (sanction d'un plan social non conforme). – COUTURIER, Dr. soc. 1985. 643; ibid. 1987. 21/; ibid. 1999. 197 ∅ (un droit de reclassement). – DEL SOL, JCP E 1995. I. 498 (reclassement). – GAUDU, D. 1995. Chron. 337 ∅ (extinction du plan social). – GÉA, RJS 2000. 511 (l'obligation générale de reclassement). – HÉAS, Dr. soc. 1999. 504 ∅ (les obligations de reclassement). – IMDART, SSL 1991, suppl. n° 573. – LARDY-PÉLISSIER, D. 1998. Chron. 399 ∅. – LEGRAND, Dr. ouvrier 1996. 404 (modification collective des contrats). – LEROY, Dr. ouvrier 2012. 427. – MOUSSY, Dr. ouvrier 1994. 333. – PHILBERT, CSB 1997. 53 (modification des contrats). – PICCA, JCP E 1995. I. 478. – RAY, Dr. soc. 1995. 661 ∅. – SAURET, Gaz. Pal. 1997. 1. Doctr. 168. – SAVATIER, Dr. soc. 1990. 803 ∅ (portée des engagements pris par l'employeur). – TRIBOULET, ibid. 1992. 780 ∅ (mesures d'accompagnement). – VATINET, ibid. 1991. 671 ∅. – WAQUET, RJS 1996. 303. ▶ Adde : BOUBLI, RJS 1996. 131 (obligation de reclassement). – M. HENRY, CSB 1996. 263 (reclassement dans les groupes de sociétés). – LUTTRINGER, Dr. soc. 1987. 234 (formation et reclassement).

▶ **Plan social et nullité des licenciements :** ANTONMATTÉI, RJS 1997. 155 (nullité du licenciement); Dr. soc. 2000. 597 ∅. – BÉLIER et LEGRAND, Dr. soc. 1996. 932 ∅ (arrêts Sietam). – BOSSU, Dr. soc. 1996. 383 ∅ (sanction d'un plan social non conforme). – COUTURIER, ibid. 1999. 593 ∅ (actions en nullité propres aux salariés). – FAVENNEC-HÉRY, Dr. soc. 1997. 341 ∅ (arrêts Samaritaine). – GRUMBACH, Dr. soc. 1997. 331 ∅ (arrêts Samaritaine). – A. LYON-CAEN, Dr. soc. 1997. 185 ∅ (plan social et droit communautaire). – MINÉ, Dr. ouvrier 1996. 187 (arrêts Sietam). – NÉRET, Gaz. Pal. 1997. 1. Doctr. 159. – PHILBERT, CSB 1996. 187 (arrêts Sietam). – PICCA, JCP E 1995. I. 478. – RAY, Dr. soc. 1995. 661 ∅ (plan social et insécurité juridique). –

Sauret, *LPA* 21 nov. 1994 ; *Gaz. Pal.* 1997. 1. *Doctr.* 168 (ingénierie des plans sociaux). – Scheidt, *RPDS* 1997. 59 (nullités des licenciements). – Waquet, *RJS* 1996. 303 (plans sociaux).

▶ **Loi du 27 janv. 1993 – Plan de sauvegarde de l'emploi :** Balmary, *Dr. soc.* 1994. 477 🖉. – Bélier, *SSL* 1993, n° 630. – Champeaux, *SSL* 2015, n° 1665, p. 2 (PSE nouvelle formule). – Chiss, *JCP S* 2005. 1348 (seuil de mise en place d'un plan de sauvegarde de l'emploi). – Choley-Combe, *ALD* 1993. 253. – Couturier, *Dr. soc.* 1993. 219 🖉 ; ibid. 1994. 436 🖉. – Gaudu, ibid. 1994. 492. – Henry, *Dr. ouvrier* 1994. 21. – Morvan, *Dr. soc.* 2011. 632 🖉 (le consentement des salariés dans le plan de sauvegarde de l'emploi). – Moussy, ibid. 1994. 333. – Pélissier, *RJS* 1994. 563. – Prétot, ibid. 1993. 87. – Ray, *Dr. soc.* 1994. 444 🖉. – Sciberras, ibid. 1994. 482 🖉. – Taquet, *JCP E* 1994. I. 314. – Verkindt, *Dr. soc.* 1994. 464 🖉.

▶ **Loi du 17 janv. 2002 :** Couturier, *Dr. soc.* 2002. 279 🖉.

▶ **ANI du 11 janv. 2013 et loi du 14 juin 2013 :** Cesaro, *JCP S* 2013. 1204 (consultation des représentants du personnel et PSE). – Chevrier, Piveteau et Fabre, *SSL* 2017, n° 1763 (PSE : le débat sur les catégories professionnelles). – Danniel, ibid. 2013. 1203 (périmètres du PSE). – Favennec-Héry, ibid. 2013. 1202 (périmètres du PSE). – Feracci et Berard de Malavas, *Dr. soc.* 2023. 870 (le PSE dix ans après la loi de sécurisation de l'emploi). – Krivine et Da Costa, *RDT* 2015. *Controverse* 438 🖉 (que peut-on attendre du juge administratif dans le contentieux des plans de sauvegarde de l'emploi ?). – Lokiec, *Dr. soc.* 2023. 862 (le PSE dix ans après la loi de sécurisation de l'emploi). – Marquet de Vasselot, ibid. 2013. 1207 (clauses indemnitaires du PSE). – Martinon, ibid. 2013. 1206 (clauses générales du PSE). – Morvan et Grangé, ibid. 2013. 1208 (plan de reclassement et PSE). – Nasom-Tissandier, *RJS* 3/2020 (le PSE entre juge administratif et juge judiciaire). – Ray, *Dr. soc.* 2023. 847 (quels enseignements 10 ans plus tard ?). – Rozec, ibid. 2013. 1211 (nouveau contentieux des PSE). – Rudant, Castet et Gssime, *Dr. soc.* 2023. 857 (l'administration garante de la régularité et de la qualité du dialogue social et du PSE). – Teissier, ibid. 2013. 1259 (le temps dans la procédure de consultation en cas de PSE). – Vatinet, ibid. 2013. 1210 (devenir des contentieux des PSE). – Verkindt, ibid. 2013. 1209 (rôle de l'administration et PSE).

▶ **Respect par l'employeur des engagements en matière d'emploi :** Couturier, *Dr. soc.* 1998. 375 🖉. – Gaudu, ibid. 367 🖉. – Gélineau-Larrivet, ibid. 380 🖉.

▶ **Amendement « Michelin » :** Couturier, *Dr. soc.* 1999. 1034 🖉. – Morand, *TPS* 1999, n° 21.

▶ **Loi du 18 janv. 2005 :** Véricel, *Dr. soc.* 2005. 976 🖉 (plan de sauvegarde de l'emploi, acte normatif original).

▶ **PSE et groupes de sociétés :** Petel, *JCP* 2007. 1423.

▶ **Plan de départs volontaires :** Aknin, *JSL* 2010, n° 280-1. – Bonnechère, *Dr. ouvrier* 2010. 229. – Boubli, *JCP S* 2010. 1383 (plan de départs volontaires dans un PSE multifonctions). – Favennec-Héry, *JCP S* 2010. 1384 (plans de départs volontaires autonomes) ; *Dr. soc.* 2011. 622 🖉. – Jourdan, *JCP S* 2010. 1506 (plan de départs volontaires et réduction d'effectifs). – Mir, *JCP S* 2010. 1382 (départs volontaires dans le cadre d'un accord de GPEC).

▶ **Suivi du PSE :** Géa, *RDT* 2017. 200 🖉.

COMMENTAIRE

V. sur le Code en ligne 🔒. ☐

Art. L. 1233-61 Dans les entreprises *(L. n° 2012-387 du 22 mars 2012, art. 43)* « d'au moins cinquante salariés », lorsque le projet de licenciement concerne *(L. n° 2012-387 du 22 mars 2012, art. 43)* « au moins dix salariés » dans une même période de trente jours, l'employeur établit et met en œuvre un plan de sauvegarde de l'emploi pour éviter les licenciements ou en limiter le nombre.

Ce plan intègre un plan de reclassement visant à faciliter le reclassement *(Ord. n° 2017-1718 du 20 déc. 2017, art. 1er-I)* « sur le territoire national » des salariés dont le licenciement ne pourrait être évité, notamment celui des salariés âgés ou présentant des caractéristiques sociales ou de qualification rendant leur réinsertion professionnelle particulièrement difficile.

(Abrogé par Ord. n° 2017-1787 du 22 sept. 2017, art. 19) **« Dans les entreprises mentionnées à l'article L. 1233-71, »** *(L. n° 2016-1088 du 8 août 2016, art. 94)* « Lorsque le plan de sauvegarde de l'emploi comporte, en vue d'éviter la fermeture d'un ou de plusieurs établissements, le transfert d'une ou de plusieurs entités économiques nécessaire à la sauvegarde d'une partie des emplois et lorsque ces entreprises souhaitent accepter

une offre de reprise *(Abrogé par Ord. n° 2017-1787 du 22 sept. 2017, art. 19)* **« dans les conditions mentionnées à l'article L. 1233-57-19 »**, les dispositions de l'article L. **1224-1** relatives au transfert des contrats de travail ne s'appliquent que dans la limite du nombre des emplois qui n'ont pas été supprimés à la suite des licenciements, à la date d'effet de ce transfert. »

Les dispositions issues de la L. n° 2016-1088 du 8 août 2016 sont applicables aux licenciements économiques engagés après le 9 août 2016.

La procédure de licenciement est considérée comme engagée soit à compter de la date d'envoi de la convocation à l'entretien préalable mentionnée à l'art. L. 1233-11, soit à compter de la date d'envoi de la convocation à la première réunion des délégués du personnel ou du comité d'entreprise mentionnée à l'art. L. 1233-30 (L. préc., art. 94-II).

Les abrogations issues de l'Ord. n° 2017-1387 du 22 sept. 2017 sont applicables aux procédures de licenciements économiques engagées après le 23 sept. 2017, date de publication de l'Ord. (Ord. préc., art. 40-V).

BIBL. ▶ CHEZLEMAS, *SSL 2016, n° 1743, p. 11* (les transferts d'entreprise : entre opportunités et contraintes). – GÉA, *RDT 2016. 341* (quand transférer rime avec liquider). – MOULY, *Dr. soc. 2016. 738* (une disposition oubliée de la « loi travail » : l'article 94 sur les licenciements économiques antérieurs au transfert de l'entreprise).

COMMENTAIRE

V. sur le Code en ligne. ❏

I. MISE EN PLACE D'UN PLAN DE SAUVEGARDE DE L'EMPLOI

1. PSE volontaire. Dès lors que l'entreprise comporte moins de cinquante salariés au jour de l'engagement de la procédure de licenciement, le plan de sauvegarde de l'emploi (PSE) volontairement mis en place par l'employeur n'a pas à satisfaire aux exigences des art. L. 1233-61 et L. 1233-62 C. trav. • Soc. 10 juin 2015, n° 14-10.031 P : *D. actu. 1er juill. 2015, obs. Ines ; D. 2015. Actu. 1323 ; RJS 10/2015, n° 628.*

2. Niveau d'appréciation de l'effectif. C'est au niveau de l'entreprise ou de l'établissement concerné par les mesures de licenciement économique envisagées, au moment où la procédure de licenciement collectif est engagée, que s'apprécient les conditions déterminant la consultation des instances représentatives du personnel et l'élaboration d'un plan de sauvegarde de l'emploi. • Soc. 16 janv. 2008 : *RDT 2008. 236, obs. Waquet ; RJS 2008. 311, n° 395* • 30 juin 2004, n° 02-42.672 P : *RJS 2004. 701, n° 1015* • 28 janv. 2009 : *RDT 2009. 233, obs. Frouin ; RJS 2009. 287, n° 331 ; Dr. soc. 2009. 497, obs. Savatier ; JSL 2009, n° 252-4 ; JCP S 2009. 1176, obs. Dumont.* ♦ Comp. : • CJUE 30 avr. 2015, n° C-80/14 : *RDT 2015. 400, obs. Fabre ; JSL 2015, n° 389-7, obs. Monkam* (la CJUE autorise les entreprises à établissements multiples à se placer uniquement au niveau de chaque établissement pour décompter le nombre de licenciements économiques envisagés).

3. Date d'appréciation de l'effectif. La condition d'effectif de 50 salariés au moins qui rend obligatoire l'établissement d'un plan de sauvegarde de l'emploi s'apprécie à la date de l'engagement de la procédure de licenciement. • Soc. 12 juill. 2010 : *D. 2010. Actu. 1974 ; Dr. ouvrier 2010. 678, obs. Cormillot ; JSL 2010, n° 284-2, obs. Hautefort ; JCP S 2010. 1400, obs. Drai.*

4. Salariés entrant dans l'effectif. Seuls les salariés rattachés à l'activité de l'employeur en France bénéficient des lois françaises en droit du travail de sorte que l'effectif à prendre en compte pour déterminer si un plan de sauvegarde de l'emploi doit être mis en place est constitué par les seuls salariés relevant des établissements de la société située en France. • Soc. 23 sept. 2008 : *RDT 2008. 737, obs. Lafuma ; RJS 2008. 983, n° 1181 ; Dr. soc. 2008. 1265, note Lhernould ; SSL 2008, n° 137, p. 12 ; JCP S 2008. 156, note Grangé et Allix.*

5. Transfert de contrat de travail et PSE en cours d'élaboration dans la société absorbante. Si le plan de sauvegarde de l'emploi ne peut pas s'appliquer à un salarié dont le contrat de travail a été rompu avant son adoption, le salarié privé du bénéfice des dispositions du plan en raison des conditions de son licenciement est fondé à en demander réparation. Ainsi, n'a pas donné de base à sa décision la cour d'appel qui a débouté un salarié de sa demande de dommages-intérêts compensatoire au titre de la privation du bénéfice des dispositifs prévus par le PSE de l'entreprise absorbante alors qu'il résultait de ses constatations que le transfert de son contrat de travail était intervenu au moment où un PSE était en cours d'élaboration dans cette entreprise, de sorte que le salarié était concerné par le projet de licenciement économique collectif donnant lieu à l'élaboration du plan, et n'a pas recherché, comme elle y était invitée, si le licenciement avait privé l'intéressé du bénéfice d'une indemnité supra-conventionnelle de licenciement et d'une aide spécifique à la création d'entreprise prévues dans ledit plan. • Soc. 14 avr. 2021, n° 19-19.050 P : *D. actu. 30 avr. 2021, obs. Malfettes ; D. 2021. Actu. 804 ; RJS 7/2021, n° 385 ; JSL 2021, n° 521-3, obs. Hautefort.*

6. Mise en place du PSE et groupe. L'obligation de reclasser les salariés dont le licenciement est envisagé et d'établir un PSE répondant aux moyens du groupe n'incombe qu'à l'employeur, et une société relevant du même groupe n'est pas, en cette seule qualité, débitrice envers les salariés qui sont au service de ce dernier d'une obligation de reclassement et ne répond pas des conséquences d'une insuffisance des mesures de reclassement. • Soc. 13 janv. 2010, n° 08-15.776 P : *D. 2010. AJ 271 ; ibid. 2010. 1129, note Dondero ; RDT 2010. 230, obs. Géa ; Dr. soc. 2010. 474, obs. Couturier ; Dr. ouvrier 2010. 214, obs. Loiseau ; JCP S 2010. 1225, note Olivier ; JSL 2010, n° 270-2, obs. Hautefort ; SSL 2010, n° 1432, p. 12, obs. Hautefort.* ♦ Le juge administratif, lorsqu'il examine le caractère suffisant d'un PSE, au regard des moyens du groupe auquel appartient l'entreprise, doit rechercher si, compte tenu notamment des moyens de ce groupe, les différentes mesures prévues dans le PSE sont propres à satisfaire aux objectifs de maintien dans l'emploi et de reclassement des salariés ; il ne doit pas se contenter de prendre en considération le montant de l'enveloppe destinée au financement des mesures d'accompagnement des salariés dont le licenciement est envisagé. • CE 17 oct. 2016, n° 386306 : *D. 2017. Pan. 850, obs. Lokiec ; RJS 1/2017, n° 21 ; JSL 2016, n° 421-422-1, obs. Hautefort ; SSL 2016, n° 1744, p. 6, concl. Lieber ; JCP S 2017. 1038, obs. Pagnerre.*

7. PSE et UES. Dès lors que la décision de licencier a été prise au niveau d'une unité économique et sociale, les conditions d'effectifs et de nombre de licenciements dont dépend l'obligation d'établir un plan de sauvegarde de l'emploi s'apprécient à ce niveau. • Soc. 16 nov. 2010 : *D. 2010. AJ 2847 ; RDT 2011. 112, obs. Peskine ; Dr. soc. 2011. 105, obs. Pécaut-Rivolier ; ibid. 2011, note Couturier ; JSL 2011, n° 291-5, obs. Tourreil ; Dr. ouvrier 2011. 289, note Darves-Bornoz ; JCP S 2011. 1007, obs. Dauxerre.* ♦ Mais si le jugement qui a reconnu l'existence de l'UES est toujours pendant lors de l'engagement de la procédure de licenciement, c'est au seul niveau de la société employeur que doivent s'apprécier les conditions de mise en œuvre du plan de sauvegarde de l'emploi. • Soc. 28 sept. 2022, n° 21-19.092 B : *D. actu. 17 oct. 2022, obs. Malfettes ; D. 2022. 1706 ; RJS 12/2022, n° 609 ; JSL 2022, n° 551-5, obs. Nasom-Tissandier ; JCP 2022. 1159, obs. Dedessus-le-Moustier ; JCP S 2022. 1271, obs. Daniel.*

8. Incidence de la reconnaissance d'une UES et compétence du juge judiciaire. En l'absence de toute procédure de validation ou d'homologation d'un plan de sauvegarde de l'emploi, il appartient à la juridiction judiciaire d'apprécier l'incidence de la reconnaissance d'une UES quant à la validité des licenciements, dès lors qu'il est soutenu devant elle que les licenciements auraient été décidés au niveau de cette UES, sans que cette contestation, qui ne concerne pas le bien-fondé de la décision administrative ayant autorisé le licenciement d'un salarié protégé, porte atteinte au principe de la séparation des pouvoirs. • Soc. 17 mars 2021, n° 18-16.947 P : *D. 2021. Actu. 638 ; RJS 6/2021, n° 324 ; JCP S 2021. 1109, obs. Auzero.*

9. Ruptures amiables. Le licenciement pour motif économique des salariés qui ont exprimé l'intention de quitter l'entreprise ne constitue pas une rupture amiable du contrat de travail qui rendrait irrecevables les demandes de résiliation judiciaire du contrat de travail formulées par les salariés. • Soc. 14 sept. 2017, n° 16-20.552 P : *D. 2017. Actu. 1840 ; RJS 11/2017, n° 736 ; JCP S 2017. 1329, obs. Aknin.*

10. Ruptures conventionnelles. Lorsqu'elles ont une cause économique et s'inscrivent dans un processus de réduction des effectifs dont elles constituent la ou l'une des modalités, les ruptures conventionnelles doivent être prises en compte pour déterminer la procédure d'information et de consultation des représentants du personnel applicable ainsi que les obligations de l'employeur en matière de plan de sauvegarde de l'emploi. • Soc. 9 mars 2011, n° 10-11.581 P : *D. actu. 15 mars 2011, obs. Perrin ; D. 2012. 901, obs. Lokiec et Porta ; RDT 2011. 226, Rapp. Béraud ; ibid. 244, obs. Géa ; RJS 2011. 347, note Couturier ; JCP S 2011. 1200, note Favennec-Héry.* ♦ Lorsqu'elles constituent une modalité d'un processus de réduction des effectifs pour une cause économique, les ruptures conventionnelles doivent être prises en compte pour déterminer si l'employeur est ou non tenu de respecter les dispositions relatives aux grands licenciements collectifs et notamment celle de mettre en place un plan de sauvegarde de l'emploi, à la condition que les contrats de travail aient été rompus après l'homologation des conventions par l'administration du travail ; ne peuvent en revanche être retenues les conventions qui, faute d'avoir été homologuées, n'ont pas entraîné la rupture du contrat de travail. • Soc. 29 oct. 2013 : *RJS 1/2014, n° 25 ; JCP S 2013. Actu. 447 ; RDT 2013. 764, note Leroy.* ♦ Si les ruptures conventionnelles doivent être prises en compte lorsqu'elles constituent une modalité d'un processus de réduction des effectifs pour une cause économique, c'est à la condition que les contrats de travail aient été rompus après l'homologation des conventions par l'administration du travail. • Soc. 29 oct. 2013 : *RJS 1/2014, n° 25.*

11. Reprise de la procédure irrégulière. Le plan social modifié sans consultation des représentants du personnel, qui comporte des précisions quant aux mesures que l'employeur envisageait de mettre en œuvre pour éviter les licenciements ou en limiter le nombre et pour faciliter le reclassement du personnel dont le licenciement ne pourrait être évité, est nouveau en sorte que la procédure de concertation doit être entièrement reprise. ● Soc. 18 mars 1997, n° 95-13.877 P : *Dr. soc. 1997.* 540, obs. Bélier. ♦ Le comité d'entreprise doit être consulté sur toute modification du projet de licenciement qui survient au cours de la procédure. ● Soc. 2 mars 1999, n° 97-13.115 P : *D. 1999. IR 87 ; Dr. soc. 1999.* 531, obs. Cohen ; *RJS 1999.* 307, n° 495 ; *CSB 1999.* 199, A. 32 ; *JSL 1999,* n° 33-3, obs. Haller ; *JS UIMM 1999.* 228.

II. MISE EN PLACE D'UN PLAN DE RECLASSEMENT

12. Départs volontaires. Un plan de reclassement, qui ne s'adresse qu'aux salariés dont le licenciement ne peut être évité, n'est pas nécessaire dès lors que le plan de réduction des effectifs au moyen de départs volontaires exclut tout licenciement pour atteindre les objectifs qui lui sont assignés en matière de suppression d'emplois. ● Soc. 26 oct. 2010 : *D. 2010.* 2653, obs. Perrin ; *ibid. 2011.* Pan. 1246, obs. Pasquier ; *RDT 2010.* 704, note Géa ; *Dr. soc. 2010.* 1164, note Favennec-Héry ; *JSL 2010,* n° 288-2, obs. Millet ; *SSL 2010,* n° 1465, p. 9 s., rapp. Bailly, note Dockès ; *Dr. ouvrier 2011.* 148, obs. Meyrat ; *JCP S 2010.* 1483, obs. Loiseau. ♦ Tel n'est pas le cas lorsque le projet de réduction d'effectifs implique la suppression de l'emploi de salariés qui ne veulent pas quitter l'entreprise dans le cadre du plan de départs volontaires. ● Soc. 25 janv. 2012 : *D. actu. 21 mars 2012,* obs. Perrin ; *Dr. soc. 2012.* 351, note Favennec-Héry. ● Soc. 9 oct. 2012 : *D. 2012. Actu. 2455 ; RJS 2012.* 795, n° 928 ; *JSL 2012,* n° 332-3, obs. Lhernould ; *SSL 2012,* n° 1559, p. 10, obs. Géa ; *JCP S 2012.* 14897, obs. Cailloux-Meurice. ● Soc. 23 avr. 2013 : *RDT 2013.* 485, obs. Kocher ; *JCP S 2013.* 1399, obs. Martinon. ♦ Lorsque les départs volontaires prévus dans un plan de sauvegarde de l'emploi s'adressent aux salariés dont le licenciement est envisagé en raison de la réduction d'effectifs, sans engagement de ne pas les licencier si l'objectif de ruptures amiables n'est pas atteint, l'employeur est tenu, à l'égard de ces salariés, d'exécuter au préalable l'obligation de reclassement prévue dans le plan. ● Soc. 19 mai 2016, n°s 15-11.047 et 15-12.137 P : *D. 2016. Actu. 1142 ; RJS 8-9/2016,* n° 563 ; *SSL 2016,* n° 1735, p. 4, obs. Aknin ; *JSL 2016,* n° 413-5 ; *JCP S 2016.* 1277, note Grangé ; *RPC 2016. Comm.* 125, note Taquet.

III. PLAN DE DÉPARTS VOLONTAIRES

13. Bénéfice. Lorsque le plan de départ volontaire ne précise pas que le sauvetage d'un emploi doit résulter directement ou indirectement du départ volontaire envisagé et que le départ du salarié avait permis de préserver l'emploi menacé d'un autre salarié, le salarié démissionnaire qui remplissait les conditions auxquelles le PDV subordonnait un départ volontaire pouvait à ce titre prétendre à l'indemnité prévue dans le cadre de ce plan. ● Soc. 12 janv. 2016, n° 13-27.776 : *D. actu. 1er févr. 2016,* obs. Cortot ; *D. 2016. Actu. 261 ; RDT 2016.* 97, obs. Fabre ; *RJS 3/2016,* n° 175 ; *JSL 2016,* n° 405-4, obs. Hautefort ; *JCP S 2016.* 1099, obs. Morvan.

Art. L. 1233-62 Le plan de sauvegarde de l'emploi prévoit des mesures telles que :

1° Des actions en vue du reclassement interne (Ord. n° 2017-1718 du 20 déc. 2017, art. 1er-I) « sur le territoire national, » des salariés sur des emplois relevant de la même catégorie d'emplois ou équivalents à ceux qu'ils occupent ou, sous réserve de l'accord exprès des salariés concernés, sur des emplois de catégorie inférieure ;

(L. n° 2016-1088 du 8 août 2016, art. 94) « 1° bis Des actions favorisant la reprise de tout ou partie des activités en vue d'éviter la fermeture d'un ou de plusieurs établissements ; »

2° Des créations d'activités nouvelles par l'entreprise ;

3° Des actions favorisant le reclassement externe à l'entreprise, notamment par le soutien à la réactivation du bassin d'emploi ;

4° Des actions de soutien à la création d'activités nouvelles ou à la reprise d'activités existantes par les salariés ;

5° Des actions de formation, de validation des acquis de l'expérience ou de reconversion de nature à faciliter le reclassement interne ou externe des salariés sur des emplois équivalents ;

6° Des mesures de réduction ou d'aménagement du temps de travail ainsi que des mesures de réduction du volume des heures supplémentaires réalisées de manière régulière lorsque ce volume montre que l'organisation du travail de l'entreprise est établie sur la base d'une durée collective manifestement supérieure à trente-cinq heures hebdomadaires ou 1 600 heures par an et que sa réduction pourrait préserver tout ou partie des emplois dont la suppression est envisagée.

Les dispositions issues de la L. n° 2016-1088 du 8 août 2016 sont applicables aux procédures de licenciements économiques engagées après le 9 août 2016.

La procédure de licenciement est considérée comme engagée soit à compter de la date d'envoi de la convocation à l'entretien préalable mentionnée à l'art. L. 1233-11, soit à compter de la date d'envoi de la convocation à la première réunion des délégués du personnel ou du comité d'entreprise mentionnée à l'art. L. 1233-30 (L. préc., art. 94-II).

COMMENTAIRE

V. sur le Code en ligne.

1. Périmètre des recherches de reclassement dans le cadre d'un PSE. Un plan social doit comporter des mesures précises pour faciliter le reclassement du personnel et éviter ainsi des licenciements ou en limiter le nombre ; viole l'art. L. 321-4-1 [L. 1233-62 nouv.] l'arrêt qui décide qu'un plan social était conforme à ce texte, alors qu'en ce qui concerne le reclassement des salariés, ce plan ne comportait aucune indication sur le nombre et la nature des emplois qui pouvaient leur être proposés à l'intérieur du groupe, parmi les entreprises dont les activités, l'organisation ou le lieu d'exploitation leur permettent d'effectuer la permutation de tout ou partie du personnel. ● Soc. 17 mai 1995, *Everite*, n° 94-10.535 P : *GADT*, 4ᵉ éd., n° 108 ; *D. 1995*. 436, note Couturier ; *D. 1995*. Somm. 367, obs. de Launay-Gallot ; *Dr. soc. 1995*. 570, concl. P. Lyon-Caen ; *RJS 1995*. 418, n° 632 ; *JCP E 1995*. I. 710, note Saint-Jours ; *JCP 1996*. I. 3899, n° 16, obs. Coursier. ◆ Dans le même sens : ● Soc. 10 juin 1997, n° 95-19.818 P : *Dr. soc. 1997*. 980, obs. Couturier ; *RJS 1997*. 686, n° 1107. – V. aussi : ● Soc. 25 nov. 1997, n° 96-11.101 P : *RJS 1998. 18, n° 17*. ◆ Les moyens du groupe au vu desquels l'administration, saisie d'une demande d'homologation d'un document unilatéral fixant le contenu d'un PSE, contrôle le caractère suffisant du plan s'entendent des moyens, notamment financiers, dont disposent l'ensemble des entreprises placées sous le contrôle d'une même entreprise dominante et des moyens de cette entreprise dominante, quels que soit le lieu d'implantation de leur siège. ● CE 7 févr. 2018, nᵒˢ 397900 et 406905 A : *D. 2018*. 823, note Lokiec ; *RDT 2018*. 213, note Géa ; *RJS 4/2018, n° 261* ; *JCP S 2018*. 1086, obs. Poncet et Renaud ; *SSL 2018, n° 1803*, p. 14, concl. Dieu. ◆ Lorsqu'elle est saisie d'une demande d'homologation d'un document élaboré en application de l'art. L. 1233-24-4, il appartient à l'administration, sous le contrôle du juge de l'excès de pouvoir, de vérifier la conformité de ce document et du plan de sauvegarde de l'emploi dont il fixe le contenu aux dispositions législatives et aux stipulations conventionnelles applicables, en s'assurant notamment du respect par le plan de sauvegarde de l'emploi des dispositions des art. L. 1233-61 à L. 1233-63 ; à ce titre elle doit, au regard de l'importance du projet de licenciement, apprécier si les mesures contenues dans le plan sont précises et concrètes et si, à raison, pour chacune, de sa contribution aux objectifs de maintien dans l'emploi et de reclassement des salariés, elles sont, prises dans leur ensemble, propres à satisfaire à ces objectifs compte tenu, d'une part, des efforts de formation et d'adaptation déjà réalisés par l'employeur et, d'autre part, des moyens dont disposent l'entreprise et, le cas échéant, l'unité économique et sociale et le groupe. ● CE 13 juill. 2016, n° 387448 : *RDT 2016*. 706, obs. Dedessus-le-Moustier.

2. Le plan social qui ne comporte aucune indication sur le nombre, la nature et la localisation des emplois pouvant être offerts dans onze des sociétés composant le groupe ne répond pas aux exigences de l'art. L. 321-4-1 [L. 1233-62 nouv.]. ● Soc. 18 nov. 1998, n° 96-15.974 P : *D. 1999. IR 11* ; *RJS 1999*. 32, n° 30 ; *Dr. soc. 1999*. 98, obs. Gaudu. ◆ ... Qui plus est lorsque les emplois disponibles n'ont été recensés que postérieurement aux réunions du comité d'entreprise par l'intermédiaire de l'antenne-emploi. ● Soc. 12 janv. 1999, n° 96-22.279 P : *RJS 1999*. 118, n° 185 ; *CSB 1999. 84, A. 16*. ◆ Le plan social qui ne contient que des mesures de reclassement impliquant, pour des salariés anciens, un déplacement dans une autre région et se traduisant par une modification de leur contrat de travail ne correspond pas aux prescriptions de l'art. L. 321-4-1 [L. 1233-62 nouv.], l'employeur aurait dû aussi leur proposer d'autres mesures telles que réduction du temps de travail, passage à temps partiel, développement de nouvelles activités. ● Soc. 28 mars 2000, n° 98-21.870 P : *D. 2000. IR 121* ; *Dr. soc. 2000*. 597, note Antonmattéi ; *RJS 2000*. 363, n° 520. ◆ Il en va de même du plan social qui ne contient que des mesures relatives à la conclusion de conventions de préretraite progressive, à la prise de congé de longue durée et à l'incitation à des départs volontaires hors de l'entreprise et ne comporte aucune information précise sur les emplois de reclassement disponibles dans l'entreprise ou les sociétés du groupe. ● Soc. 28 mars 2000, n° 98-40.228 P : *Dr. soc. 2000*. 597, note Antonmattéi ; *RJS 2000*. 360, n° 519 ; *Dr. ouvrier 2000*. 245. ◆ Ne satisfait pas aux exigences de l'article L. 321-4-1 [L. 1233-62 nouv.], le plan de sauvegarde de l'emploi qui se borne à prévoir une commission chargée de centraliser les postes vacants au sein de deux groupes auxquels la société appartient, de mettre en relation les compétences et les offres et d'offrir un conseil à la rédaction de CV et, d'autre part, à renvoyer les salariés à la consultation d'une liste de postes disponibles, sans organiser de façon plus concrète les mesures de reclassement, ni préciser le nombre, la nature et la localisation des emplois offerts à ce titre. ● Soc. 28 nov. 2006 : *RDT 2007*. 103, obs. Waquet ⌀. ♦ Le plan de sauvegarde de l'emploi ne répond pas aux exigences légales lorsqu'il ne comporte pas d'indications en ce qui concerne le nombre, la nature et la localisation des emplois disponibles dans les filiales étrangères alors que les postes de reclassement identifiés comme disponibles dans les sociétés situées en France ne couvraient pas tous les emplois supprimés et qu'il existait des possibilités de reclassement dans les sociétés du groupe situées à l'étranger. • Soc. 28 mars 2012 : 🕮 *D. actu.* 16 mai 2012, obs. Perrin ; *D.* 2012. Actu. 1013 ⌀ ; *JSL* 2012, n° 322-5, obs. Guyader ; *JCP S* 2012. 1483, obs. Chiss. ♦ Mais le plan de reclassement prévu par le PSE d'une entreprise en liquidation judiciaire peut être considéré comme suffisant malgré le défaut de réponse des entreprises du groupe, sollicitées par le liquidateur sur les postes susceptibles d'être proposés aux salariés menacés de licenciement. • CE 1er juin 2022, 🕮 n° 434225 : *RDT* 2022. 508, obs. Kocher ⌀ ; *RJS* 8-9/2022, n° 442, concl. Dieu.

3. Répondent aux exigences légales le plan d'accompagnement stratégique et le plan social soumis au comité d'entreprise qui précisent le nombre d'emplois qui doivent être supprimés, ainsi que les catégories d'emplois concernées, par service, et, d'autre part, le plan social qui mentionne de façon détaillée les postes offerts au reclassement dans l'UES, ainsi que les mutations envisagées au sein du groupe, à l'intention des salariés dont les emplois étaient supprimés. • Soc. 5 déc. 2006 : 🕮 *RDT* 2007. 103, obs. Waquet ⌀.

4. Hiérarchisation des mesures. Un plan social doit d'abord comporter des mesures précises et concrètes susceptibles d'assurer le reclassement des salariés à l'intérieur du groupe auquel la société appartient et, ensuite, à défaut de postes disponibles, le plan doit faciliter les départs à l'extérieur du groupe. • Soc. 11 oct. 2006 : 🕮 *RJS* 2006. 951, n° 1277 ; *JSL* 2006, n° 199-6.

5. Obligations conventionnelles. Lorsqu'un accord de branche ou toutes autres stipulations conventionnelles applicables prévoient des obligations en matière de reclassement externe qui s'imposent à l'employeur au stade de l'élaboration d'un plan de sauvegarde de l'emploi, l'administration doit s'assurer de la conformité du contenu du plan à ces stipulations, notamment de ses mesures fixées au titre du 3° de l'art. L. 1233-62 C. trav. • CE 13 avr. 2018, 🕮 n° 404090 B : *JSL* 2018, n° 455-3, obs. Hautefort ; *SSL* 2018, n° 1818, p. 6, concl. Dieu ; *RJS* 7/2018, n° 482 ; *JCP S* 2018. 1207, obs. Poncet.

6. Égalité de traitement. Le plan social peut contenir des mesures réservées à certains salariés mais tous les salariés d'une entreprise placés dans une situation identique doivent pouvoir bénéficier de l'avantage et les règles déterminant les conditions d'attribution de cet avantage doivent être préalablement définies et contrôlables. • Soc. 10 juill. 2001, 🕮 n° 99-40.987 P : *Dr. soc.* 2001. 1012, obs. Radé ⌀ ; *D.* 2001. IR 2458 ⌀ ; *RJS* 2001. 872, n° 1279 ; *JSL* 2001, n° 87-2. ♦ Un plan de sauvegarde de l'emploi peut contenir des mesures réservées à certains salariés, à condition que tous les salariés de l'entreprise placés dans une situation identique au regard de l'avantage en cause puissent bénéficier de cet avantage, à moins qu'une différence de traitement soit justifiée par des raisons objectives et pertinentes et que les règles déterminant les conditions d'attribution de cet avantage soient préalablement définies et contrôlables ; constitue une rupture d'égalité de traitement entre les salariés le plan de sauvegarde de l'emploi qui réserve des aides aux départs volontaires à certains salariés tandis que tous les salariés seraient concernés par un licenciement économique si les départs volontaires sont insuffisants pour parvenir à la réduction d'effectif prévue. • Soc. 12 juill. 2010 : 🕮 *D.* 2011. Pan. 840, obs. Khodri ⌀ ; *RDT* 2010. 580, obs. Fabre ⌀ ; *RJS* 2010. 679, n° 739 ; *JCP S* 2010. 1505, note Morvan. ♦ V. aussi • Soc. 1er févr. 2011 : 🕮 *RDT* 2011. 437, obs. Fabre ⌀ • Soc. 23 oct. 2013 : 🕮 *RJS* 1/2014, n° 27 ; *JCP G* 2013. 1183, note Miara. ♦ La perception d'une préretraite ou d'une pension d'invalidité est considérée comme un motif objectif et pertinent d'exclusion d'une catégorie de salariés du bénéfice d'une indemnité additionnelle prévue par le plan social, étrangère à toute discrimination liée à l'âge ou à la santé. • Soc. 5 déc. 2012 : 🕮 *D. actu.* 11 janv. 2013, obs. Peyronnet ; *D.* 2012. Actu. 2970 ⌀ ; *Dr. ouvrier* 2013. 345, obs. Bonnechère. ♦ Est une justification objective et pertinente, au regard du principe d'égalité de traitement, le plafonnement forfaitaire d'une indemnité, décidée par l'employeur dans le cadre d'un plan de sauvegarde de l'emploi, reposant sur la volonté de ce dernier de privilégier les salariés percevant de bas salaires. • Soc. 28 oct. 2015, 🕮 n° 14-16.115 : *D. actu.* 17 nov. 2015, obs. Peyronnet ; *D.* 2015. Actu. 2257 ⌀. ♦ Mais fait l'objet d'une différence de traitement non justifiée par des raisons objectives et pertinentes, la salariée qui a refusé une mesure de cessation anticipée d'activité prévue par le plan de sauvegarde de l'emploi et qui, de ce fait, bénéficie d'avantages moins importants que ceux des autres salariés licenciés qui ne remplissaient pas les conditions pour prétendre à un départ anticipé. • Soc. 9 juill. 2015, 🕮 n° 14-16.009 P : *D. actu.* 3 sept. 2015, obs. Ines ; *D.* 2015. Actu. 1545 ⌀ ; *RDT* 2015. 690, obs. Gardin ⌀ ; *RJS* 10/2015, n° 627 ; *JSL* 2015, n° 395-2, obs. Tissandier. ♦ Mais l'employeur ne peut pas se prévaloir du principe d'égalité de traitement entre salariés pour réduire des avantages promis dans le cadre d'un plan social. • Soc. 27 janv. 2015, 🕮 n° 13-22.509 P : *RJS* 4/2015, n° 247 ; *JCP* 2015. 1044, obs. Loiseau ; *JCP S* 2015. 1181, note Dumont.

7. Égalité de traitement et PSE successifs. Lorsque deux procédures de licenciement économique collectif sont successivement engagées dans l'entreprise et accompagnées de plans de sauvegarde distincts, les salariés licenciés dans le cadre de la première procédure ne sont pas dans une situation identique à celles des salariés licenciés dans le cadre de la seconde procédure, qui ne leur permet pas de revendiquer les avantages d'un PSE élaboré dans le cadre d'une procédure qui ne les a pas concernés. • Soc. 29 juin 2017, ✥ n° 15-21.008 P : *D. actu.* 11 juill. 2017, obs. Peyronnet ; *D. 2017. Actu. 1427* ⌀ ; *RDT 2017. 545*, note Fabre ⌀ ; *RJS 10/2017, n° 672 ; SSL 2017, n° 1778, p. 12, obs. Loiseau ; JSL 2017, n° 437-2, obs. Hautefort ; JCP S 2017. 1298, obs. Bossu.*

8. Mesures exclues. Ne peuvent être retenues comme mesure de reclassement les dispositions concernant les conventions de conversion, les préretraites et les primes de départ. • Soc. 13 févr. 1997, ✥ *Samaritaine c/ Comité d'entreprise Samaritaine*, n° 95-16.648 P : *D. 1997. 171*, note A. Lyon-Caen ⌀ ; *Dr. soc. 1997. 249*, concl. de Caigny, note Couturier ⌀, rejetant le pourvoi contre. • Paris, 9 mai 1995 : *Dr. ouvrier 1995. 552*, note Bied-Charreton. ♦ ... Ni des offres de réembauchage n'offrant pas d'avantages autres que ceux résultant des dispositions légales de l'art. L. 321-14 [L. 1233-45 nouv.]. • Paris, 9 mai 1995 : *préc.* ♦ ... Ni la mise en place d'une cellule emploi destinée au reclassement. • Soc. 16 déc. 1998, n° 94-41.989 P : *RJS 1999. 117, n° 79.* ♦ En revanche, l'employeur, qui fait au salarié une proposition d'adhésion à une convention FNE prévoyant une allocation de préretraite progressive pour les travailleurs âgés maintenus dans leur emploi moyennant la transformation de leur emploi à temps plein en emploi à temps partiel, respecte l'obligation de reclassement. • Soc. 6 juin 2000 : ✥ *D. 2000. IR 190* ⌀ ; *RJS 2000. 548, n° 781.* ♦ De même constitue une mesure de reclassement licite la mise en situation de recherche de reclassement pendant une période déterminée avec dispense d'activité et maintien de rémunération dès lors que, pendant cette période, l'employeur remplit son obligation de recherche de reclassement et que le plan de sauvegarde de l'emploi prévoit les mesures nécessaires à cet effet. • Soc. 14 févr. 2007 : ✥ *D. 2007. AJ 660*, obs. Fabre ⌀ ; *RDT 2007. 244*, obs. Waquet ⌀ ; *JCP S 2007. 1539*, note Morvan ; *RJS 2007. 427, n° 578 ; Dr. soc. 2007. 659*, obs. Couturier ⌀ ; *JSL 2007, n° 208-2 ; D. 2007. Pan.* *2261*, obs. Reynès ⌀. ♦ Sur l'irrégularité d'une dispense d'activité dans une hypothèse où il était établi que l'employeur avait imposé cette mesure au salarié, V. • Soc. 15 déc. 2010 : ✥ *RDT 2011. 179*, obs. Fabre ⌀.

9. Ordre des licenciements et plan social. Le plan social n'a pas à contenir la liste des salariés à licencier, l'ordre des licenciements n'étant dressé qu'au moment où les licenciements, qui sont seulement envisagés dans le plan social, sont décidés et mis en œuvre. • Soc. 7 oct. 1998, ✥ n° 96-40.424 P : *D. 1998. IR 233* ⌀ ; *RJS 1998. 820, n° 1356.*

10. Transactions. La mise en œuvre d'un accord collectif dont les salariés tiennent leurs droits ne peut être subordonnée à la conclusion de contrats individuels de transaction. • Soc. 5 avr. 2005, ✥ n° 04-44.626 P : *D. 2005. IR 1048* ⌀ ; *Dr. soc. 2005. 701*, obs. Couturier ⌀ ; *JSL 2005, n° 167-2 ; CSB 2005, A. 57*, obs. Pansier • 20 nov. 2007 : ✥ *RDT 2008. 101*, obs. Fabre ⌀ ; *RJS 2008. 131, n° 163 ; JSL 2007, n° 224-4* • 23 mars 2011 : ✥ *RPC 2001, n° 3, Comm. 91*, obs. Taquet.

11. PSE et clause de garantie d'emploi. Le plan de sauvegarde de l'emploi ne pouvant priver le salarié des droits qu'il tient d'une convention antérieurement conclue avec l'employeur, l'indemnité de garantie d'emploi prévue dans une telle convention s'ajoute à l'aide au reclassement externe prévue dans le PSE. • Soc. 9 oct. 2012 : ✥ *RDT 2012. 696*, obs. Géa ⌀.

12. Démission préalable au licenciement. Lorsqu'un salarié fait partie du personnel concerné par la procédure de licenciement économique et que son départ fait suite à une proposition de formation et d'engagement externe obtenue avant la notification du licenciement et avec le concours du « point information conseil » mis en place dans le cadre du plan de sauvegarde de l'emploi, l'intéressé peut prétendre au bénéfice des indemnités accordées par le plan à chaque salarié concerné en compensation de l'arrêt des activités industrielles. • Soc. 11 juin 2008 : ✥ *RJS 2008. 710, n° 881 ; Dr. soc. 2008. 1144*, obs. Couturier ⌀ ; *JCP S 2008. 1495*, obs. Everaert-Dumont.

Art. L. 1233-63 Le plan de sauvegarde de l'emploi détermine les modalités de suivi de la mise en œuvre effective des mesures contenues dans le plan de reclassement prévu à l'article L. 1233-61.

Ce suivi fait l'objet d'une consultation régulière et détaillée du (*Ord. n° 2017-1386 du 22 sept. 2017, art. 4*) « comité social et économique dont l'avis est » (*L. n° 2013-504 du 14 juin 2013, art. 18-XXIV*) « transmis à l'autorité administrative ».

L'autorité administrative est associée au suivi de ces mesures (*L. n° 2013-504 du 14 juin 2013, art. 18-XXIV*) « et reçoit un bilan, établi par l'employeur, de la mise en œuvre effective du plan de sauvegarde de l'emploi ». – [*Anc. art. L. 321-4, al. 12.*]

Art. L. 1233-64 Les maisons de l'emploi peuvent participer, dans des conditions fixées par voie de convention avec les entreprises intéressées, à la mise en œuvre des mesures relatives au plan de sauvegarde de l'emploi. – [*Anc. art. L. 322-4-1, al. 2.*]

SOUS-SECTION 2 Contrat de sécurisation professionnelle

(L. n° 2011-893 du 28 juill. 2011)

Jusqu'à l'entrée en vigueur des dispositions conventionnelles et réglementaires d'application de l'art. 41 de la L. n° 2011-893 du 28 juill. 2011, la convention de reclassement personnalisé et le contrat de transition professionnelle restent applicables selon les modalités en vigueur au 29 juill. 2011, sous réserve des stipulations des accords collectifs conclus en application de l'art. L. 1233-68 dans sa rédaction antérieure au 28 juill. 2011 (L. préc., art. 44-IV). — V. éditions précédentes.

V. Conv. du 26 janv. 2015 relative au contrat de sécurisation professionnelle, App. III. A, v° Embauche et emploi.

BIBL. ▶ BAUGARD, RDT 2011. 570. — DESAINT et FAVIER, JSL 2011, n° 308-1 (loi pour le développement de l'alternance et la sécurisation professionnelle). — LOUVET, JCP S 2011. 1396.

> *COMMENTAIRE*
> V. sur le Code en ligne.

Art. L. 1233-65 Le contrat de sécurisation professionnelle a pour objet l'organisation et le déroulement d'un parcours de retour à l'emploi, le cas échéant au moyen d'une reconversion ou d'une création ou reprise d'entreprise.

Ce parcours débute par une phase de prébilan, d'évaluation des compétences et d'orientation professionnelle en vue de l'élaboration d'un projet professionnel. Ce projet tient compte, au plan territorial, de l'évolution des métiers et de la situation du marché du travail.

Ce parcours comprend des mesures d'accompagnement, notamment d'appui au projet professionnel, ainsi que des périodes de formation et de travail.

Rupture amiable. En cas de résiliation amiable du contrat de travail d'un salarié conclue en raison de circonstances caractérisant un motif économique, l'employeur est tenu de proposer au salarié les mesures d'évaluation des compétences professionnelles et d'accompagnement prévues par les art. L. 1233-65 s. • Soc. 16 déc. 2008 : *RDT* 2009. 165, obs. Fabre ; *RJS* 2009. 132, n° 151 ; *Dr. soc.* 2009. 374, obs. Couturier ; *SSL* 2009, n° 1282, p. 12.

Art. L. 1233-66 Dans les entreprises non soumises à l'article L. 1233-71, l'employeur est tenu de proposer, lors de l'entretien préalable ou à l'issue de la dernière réunion des représentants du personnel, le bénéfice du contrat de sécurisation professionnelle à chaque salarié dont il envisage de prononcer le licenciement pour motif économique. (L. n° 2015-990 du 6 août 2015, art. 293) « Lorsque le licenciement pour motif économique donne lieu à un plan de sauvegarde de l'emploi dans les conditions prévues aux articles L. 1233-24-2 et L. 1233-24-4, cette proposition est faite après la notification par l'autorité administrative de sa décision de validation ou d'homologation prévue à l'article L. 1233-57-4. »

A défaut d'une telle proposition, l'institution mentionnée à l'article L. 5312-1 propose le contrat de sécurisation professionnelle au salarié. Dans ce cas, l'employeur verse à l'organisme chargé de la gestion du régime d'assurance chômage mentionné à l'article L. 5427-1 une contribution égale à deux mois de salaire brut, portée à trois mois lorsque son ancien salarié adhère au contrat de sécurisation professionnelle sur proposition de l'institution mentionnée au même article L. 5312-1.

(L. n° 2012-1189 du 26 oct. 2012, art. 9) « La détermination du montant de cette contribution et son recouvrement, effectué selon les règles et sous les garanties et sanctions mentionnées au premier alinéa de l'article L. 5422-16, sont assurés par l'institution mentionnée à l'article L. 5312-1. Les conditions d'exigibilité de cette contribution sont précisées par décret en Conseil d'État. » — V. Décr. n° 2013-639 du 17 juill. 2013 (JO 19 juill.).

Les dispositions issues de la L. n° 2015-990 du 6 août 2015 sont applicables aux procédures de licenciement pour motif économique engagées, en application des art. L. 1233-8 ou L. 1233-30, après le 7 août 2015 (L. préc., art. 295).

Par dérogation aux règles de recouvrement applicables aux cotisations et aux contributions de sécurité sociale, la contribution mentionnée à l'art. L. 1233-66 et les versements mentionnés à l'art. L. 1233-69 sont liquidés et appelés par Pôle emploi.

I. — Lorsque le salarié refuse le contrat de sécurisation professionnelle proposé par Pôle emploi se substituant à l'employeur en cas de carence de celui-ci, le règlement de la contribution mentionnée à l'art. L. 1233-66 est exigible dans un délai de quinze jours suivant la date d'envoi de l'avis de versement.

II. — Lorsque le salarié accepte le contrat de sécurisation professionnelle proposé soit par l'employeur, soit par Pôle emploi se substituant à l'employeur en cas de carence de celui-ci, le règlement, selon le cas, des versements mentionnés à l'art. L. 1233-69 ou de la contribution mentionnée à l'art. L. 1233-66 est exigible au plus tard le 25 du deuxième mois civil suivant le début du contrat de sécurisation professionnelle (Décr. n° 2013-639 du 17 juill. 2013).

1. Existence d'un licenciement pour motif économique. En l'absence de licenciement pour motif économique, le contrat de sécurisation professionnelle devenant sans cause, l'employeur est tenu de rembourser les indemnités de chômage éventuellement versées au salarié, sous déduction de la contribution versée à Pôle emploi au titre de ce contrat. • Soc. 10 févr. 2020, n° 20-14.259 P.

2. Date d'application du dispositif CSP. Le dispositif du contrat de sécurisation professionnelle doit avoir été proposé aux salariés dont la procédure de rupture du contrat de travail pour motif économique a été engagée à partir du 24 sept. 2011 (date de publication de l'Arr. du 1er sept. 2011, V. ss. art. L. 1233-66). • Soc. 21 sept. 2016, ⚖ n° 15-10.310 P : *D. actu. 18 oct. 2016*, obs. Cortot ; *D. 2016. Actu. 1937* ⌀ ; *JCP S 2017. 1384*, obs. Fin-Langer.

3. Proposition d'un congé de reclassement. L'obligation de prévoir, dans le PSE, le recours au contrat de sécurisation professionnelle ne s'applique pas si le plan prévoit, pour les salariés dont le licenciement est envisagé, le bénéfice d'un congé de reclassement. • CE 29 juin 2016, ⚖ n° 389278 : *RJS 10/2016, n° 628.*

Art. L. 1233-67 L'adhésion du salarié au contrat de sécurisation professionnelle emporte rupture du contrat de travail. Toute contestation portant sur la rupture du contrat de travail ou son motif se prescrit par douze mois à compter de l'adhésion au contrat de sécurisation professionnelle. Ce délai n'est opposable au salarié que s'il en a été fait mention dans la proposition de contrat de sécurisation professionnelle.

Cette rupture du contrat de travail, qui ne comporte ni préavis ni indemnité compensatrice de préavis[,] ouvre droit à l'indemnité prévue à l'article L. 1234-9 et à toute indemnité conventionnelle qui aurait été due en cas de licenciement pour motif économique au terme du préavis ainsi que, le cas échéant, au solde de ce qu'aurait été l'indemnité compensatrice de préavis en cas de licenciement et après défalcation du versement de l'employeur représentatif de cette indemnité mentionné au 10° de l'article L. 1233-68. Les régimes social et fiscal applicables à ce solde sont ceux applicables aux indemnités compensatrices de préavis.

(L. n° 2014-288 du 5 mars 2014, art. 1er) « Après l'adhésion au contrat de sécurisation professionnelle, le bénéficiaire peut mobiliser le compte personnel de formation mentionné à l'article L. 6323-1. »

Pendant l'exécution du contrat de sécurisation professionnelle, le salarié est placé sous le statut de stagiaire de la formation professionnelle.

Le contrat de sécurisation professionnelle peut comprendre des périodes de travail réalisées dans les conditions prévues au 3° de l'article L. 1233-68 (*Abrogé par L. n° 2015-990 du 6 août 2015, art. 294-I*) « , sans que cela ait pour effet de modifier son terme ».

1. Notification du motif économique. Le salarié doit être informé des motifs économiques conduisant à l'éventuelle rupture de son contrat de travail, avant d'accepter d'adhérer au contrat de sécurisation professionnelle ; à défaut, il peut prétendre à des indemnités pour licenciement sans cause réelle et sérieuse. • Soc. 17 mars 2015, ⚖ n° 13-26.941 P : *D. actu. 2 avr. 2015*, obs. Ines ; *D. 2015. Actu. 736* ⌀ ; *RDT 2015. 328*, obs. Fabre ⌀ ; *RJS 6/2015, n° 430* ; *JCP S 2015. 1192*, obs. Lahalle • 22 sept. 2015, ⚖ n° 14-16.218 P : *D. actu. 21 oct. 2015*, obs. Fraisse ; *D. 2015. 1958* ⌀. ♦ La lettre adressée par l'employeur au salarié avant son adhésion au CSP et qui a pour but de notifier à l'intéressé le motif économique du licenciement envisagé et de lui préciser qu'en cas de refus du contrat de sécurisation professionnelle, elle constituera la notification de son licenciement, n'a pas pour effet de rompre le contrat de travail. • Soc. 1er juin 2022, ⚖ n° 20-17.360 B : *D. 2022. 1044* ⌀ ; *RJS 8-9/2022, n° 443* ; *JSL 2022, n° 545*, obs. Pacotte ; *JCP S 2022. 1176*, obs. Lahalle. ♦ Si le salarié doit également être informé de la priorité de réembauche avant d'accepter l'adhésion au contrat de sécurisation professionnelle, ce défaut d'information n'emporte pas le versement de l'indemnité pour non-respect de la priorité de réembauche dont le montant minimal est de deux mois. • Mêmes arrêts. ♦ L'employeur est tenu, à peine de requalification en licenciement sans cause

RUPTURE DU CONTRAT DE TRAVAIL

réelle et sérieuse, d'énoncer la cause économique de la rupture du contrat dans un écrit remis ou adressé au salarié au cours de la procédure de licenciement et au plus tard au moment de l'acceptation du contrat de sécurisation professionnelle. ● Soc. 27 mai 2020, 🏛 n° 18-20.153 P : *D. actu. 10 juin 2020, obs. Malfettes ; D. 2020. 1746, obs. Prache ⚖ ; RJS 7/2020, n° 347 ; JSL 2020, n° 502-1, obs. Lhernould ; JCP S 2020. 2063, obs. Jeansen.* ♦ Dès lors qu'au cours de la procédure de licenciement aucun écrit énonçant la cause économique de la rupture n'a été remis ou adressé au salarié qui a accepté un contrat de sécurisation professionnelle, l'employeur n'a pas satisfait à son obligation légale d'informer l'intéressé du motif économique de la rupture et le licenciement est sans cause réelle et sérieuse, peu important que des lettres énonçant ce motif lui aient été adressées antérieurement lors de la procédure spécifique de modification de son contrat de travail pour motif économique. ● Soc. 27 mai 2020, 🏛 n° 18-24.531 P : *D. actu. 10 juin 2020, obs. Malfettes ; D. 2020. Actu. 1179 ⚖ ; ibid. 1746, obs. Prache ⚖ ; RJS 7/2020, n° 347 ; JSL 2020, n° 502-2, obs. Hautefort ; JCP S 2020. 2063, obs. Jeansen* ● 18 janv. 2023, 🏛 n° 21-19.349 B : *RJS 3/2023, n° 139 ; SSL 2023, n° 2032, obs. Bailly ; JCP S 2023. 1038, obs. Jeansen.* ♦ Lorsque l'administrateur procède au licenciement d'un salarié d'une entreprise en redressement judiciaire en application d'une ordonnance du juge-commissaire, la lettre de licenciement doit comporter le visa de cette ordonnance ; est dépourvu de cause réelle et sérieuse le licenciement des salariés dont la « note contrat de sécurisation professionnelle », seul document écrit remis antérieurement à leur acceptation du contrat de sécurisation professionnelle, ne visait pas l'ordonnance du juge-commissaire. ● Soc. 27 mai 2020, 🏛 n° 18-20.153 P : *préc.*

2. Précision du motif dans le délai de 15 jours (application de l'art. L. 1235-2). Lorsque la rupture du contrat de travail résulte de l'acceptation par le salarié d'un contrat de sécurisation professionnelle, le document par lequel l'employeur informe celui-ci du motif économique de la rupture envisagée peut être précisé par l'employeur soit à son initiative, soit à la demande du salarié, dans le délai de 15 jours suivant l'adhésion de ce dernier au dispositif. ● Soc. 5 avr. 2023, 🏛 n° 21-18.636 B : *D. actu. 19 avr. 2023, obs. Gabroy ; D. 2023. 692 ⚖ ; RJS 6/2023, n° 310 ; JCP S 2023. 1130, obs. de Jerphanion.*

3. Défaut de motif économique. En l'absence de motif économique de licenciement, le contrat de sécurisation professionnelle n'a pas de cause et l'employeur est alors tenu à l'obligation du préavis et des congés payés afférents, sauf à tenir compte des sommes déjà versées. ● Soc. 10 mai 2016, 🏛 n° 14-27.953 P : *D. 2016. Actu. 1084 ⚖ ; JSL actu. 6 juin 2016, obs. Ines ; RJS 7/2016, n° 492 ; JSL 2016, n° 413-3, obs. Hautefort ; JCP S 2016. 1252, obs. Lahalle* ● 23 nov. 2022, 🏛 n° 21-12.873 B.

4. Opposabilité du délai de prescription. La remise par l'employeur au salarié, lors de la proposition du contrat de sécurisation professionnelle, d'un document d'information édité par les services de l'Unedic mentionnant le délai de prescription applicable en cas d'acceptation du contrat de sécurisation professionnelle constitue une modalité d'information suffisante pour rendre opposable au salarié le délai de recours qui lui est ouvert pour contester la rupture du contrat de travail ou son motif. ● Soc. 11 déc. 2019, 🏛 n° 18-17.707 P : *D. actu. 7 janv. 2020, obs. Malfettes.* ♦ Le délai de prescription de 12 mois à compter de l'adhésion au contrat de sécurisation professionnelle, prévu pour toute contestation portant sur la rupture du contrat de travail ou son motif, est applicable à la contestation portant sur l'inobservation des critères d'ordre des licenciements, qui est relative à la rupture du contrat de travail. ● Soc. 16 déc. 2021, n° 19-18.322 P : *D. 2021. Actu. 21 ⚖ ; RJS 3/2021, n° 147 ; JCP S 2021. 1045, obs de Jerphanion et Forge.*

5. Point de départ du délai de contestation. Même lorsque le salarié a adhéré au contrat de sécurisation professionnelle avant l'expiration du délai de réflexion de 21 jours qui marque la rupture effective de son contrat de travail, c'est à la date d'adhésion du salarié au CSP que le délai de forclusion commence à courir. ● Soc. 13 janv. 2021, 🏛 n° 19-16.564 P : *Dr. soc. 2021. 373, obs. Radé ⚖ ; JCP S 2021. 1067, obs. Jeansen.*

[Jurisprudence antérieure à la L. n° 2014-288 du 5 mars 2014]

6. Motif de la rupture. Si l'adhésion du salarié à une convention de reclassement personnalisé entraîne une rupture qui est réputée intervenir d'un commun accord, elle ne le prive pas de la possibilité d'en contester le motif. ● Soc. 5 mars 2008 : 🏛 *RJS 2008. 452, n° 580 ; JCP S 2008. 1334, note Dumont ; Dr. soc. 2008. 617, obs. Couturier ⚖* ● 12 mars 2014 : 🏛 *RJS 2014. 348, n° 422.* ♦ Le motif de la rupture doit apparaître dans un document écrit adressé au salarié. ● Soc. 27 mai 2009 : 🏛 *RJS 2009. 650, n° 741 ; Dr. ouvrier 2010. 100 ; JCP E 2009. 1769, obs. Taquet et Boukrim ; JCP S 2009. 1373, obs. Bossu.* ♦ Lorsque la rupture du contrat de travail résulte de l'acceptation par le salarié d'une convention de reclassement personnalisé, l'employeur doit remettre personnellement au salarié un document énonçant le motif économique de la rupture. ● Soc. 12 juin 2012 : 🏛 *D. actu. 28 juin 2012, obs. Perrin ; D. 2012. Actu. 1621 ⚖ ; RDT 2012. 556, obs. Fabre ⚖ ; RJS 2012. 712, n° 838.*

7. Ordre des licenciements. L'adhésion du salarié à une convention de reclassement personnalisé entraîne une rupture qui est réputée intervenir d'un commun accord, elle ne le prive pas du droit de contester le caractère réel et sérieux du motif économique invoqué par l'employeur ainsi que de l'ordre des licenciements. ● Cass., avis, 7 avr. 2008 : *RJS 2008. 527, n° 654 ; JCP S 2008.*

1335, note Verkindt. ♦ La contestation portant sur l'inobservation des critères d'ordre des licenciements pour motif économique et se relative à la rupture du contrat de travail et se prescrit par 12 mois à compter de l'adhésion au contrat de sécurisation professionnelle. • Soc. 16 déc. 2020, ⚖ n° 19-18.322 P : *D. 2021. Actu. 21* ; *RJS 3/2021, n° 147* ; *JCP S 2021. 1045*, obs. de Jerphanion et Forge.

8. Transaction. La transaction est valablement conclue par le salarié licencié lorsqu'il a eu connaissance effective des motifs de cette rupture par la réception de la lettre recommandée lui notifiant son licenciement, même lorsque l'effet de la rupture est différé du fait de la signature d'une convention de reclassement personnalisé. • Soc. 31 mai 2011 : ⚖ *D. actu. 21 juin 2011*, obs. Perrin ; *D. 2011. Actu.1623* ; *RJS 2011. 629, n° 685* ; *JCP S 2011. 1364*, obs. Dumont.

[Jurisprudence postérieure à la L. n° 2014-288 du 5 mars 2014]

9. Contrat de sécurisation professionnelle et information du salarié. Le salarié qui adhère à un contrat de sécurisation professionnelle conserve son droit à priorité de réembauchage, et l'employeur doit l'informer de ce droit ainsi que du motif économique du licenciement au plus tard lors de l'acceptation du contrat de sécurisation professionnelle. • Soc. 22 sept. 2015, ⚖ n° 14-16.218 P : *D. actu. 21 oct. 2015*, obs. Fraisse ; *D. 2015. Actu. 1958* ; *RJS 12/2015, n° 800* ; *JSL 2015, n° 397-4*, obs. Pacotte et Daguerre. ♦ Satisfait à son obligation légale d'informer le salarié, avant son acceptation du contrat de sécurisation professionnelle, du motif économique de la rupture, l'employeur qui lui remet une lettre lui proposant un poste au titre du reclassement et qui énonce que la suppression de son poste est fondée sur une réorganisation de la société liée à des motifs économiques tenant à la fermeture de deux établissements. • Soc. 16 nov. 2016, ⚖ n° 15-12.293 P : *RJS 2/2017, n° 106* ; *RPC 2017. Comm. 72*, obs. Taquet. ♦ Satisfait à son obligation d'informer le salarié, avant son acceptation du contrat de sécurisation professionnelle, du motif économique de la rupture, l'employeur qui lui adresse un courrier électronique comportant le compte rendu de la réunion avec le délégué du personnel relative au licenciement pour motif économique envisagé, énonçant les difficultés économiques invoquées ainsi que les postes supprimés, dont celui de l'intéressé. • Soc. 13 juin 2018, ⚖ n° 16-17.865 P : *D. actu. 9 juill. 2018*, obs. Cortot ; *D. 2018. Actu. 1317* ; *RJS 10/2018, n° 604*. ♦ Constitue une modalité d'information suffisante du salarié quant au délai de recours qui lui est ouvert pour contester la rupture du contrat de travail ou son motif, la remise par l'employeur au salarié, lors de la proposition du contrat de sécurisation professionnelle, d'un document d'information édité par les services de l'Unédic mentionnant le délai de prescription applicable en cas d'acceptation du contrat de sécurisation professionnelle, ce qui a eu pour effet, selon l'art. L. 1233-67 C. trav., de rendre opposable au salarié le délai de 12 mois lui permettant de contester la rupture du contrat de travail ou son motif. • Soc. 11 déc. 2019, ⚖ n° 18-17.707 P : *préc. note 4*.

10. CSP et suspension du contrat de travail. Le salarié qui est en arrêt de travail d'origine professionnelle à la date d'expiration du délai pour prendre parti sur la proposition d'un contrat de sécurisation professionnelle bénéficie de la protection prévue par le C. trav. ; l'adhésion à ce contrat, qui constitue une modalité du licenciement pour motif économique, ne caractérise pas l'impossibilité pour l'employeur de maintenir le contrat de travail pour un motif étranger à la maladie ou à l'accident. • Soc. 14 déc. 2016 ⚖ n° 15-25.981 P : *D. actu. 27 janv. 2017*, obs. Roussel ; *D. 2017. Actu. 13* ; *RJS 2/2017, n° 87* ; *JSL 2017, n° 425-3*, obs. Hautefort ; *JCP S 2017. 1050*, obs. Dumont. ♦ Solution similaire s'agissant d'une salariée en état de grossesse médicalement constaté à la date d'expiration du délai dont elle dispose pour prendre parti sur la proposition d'un CSP. • Soc. 4 oct. 2023, ⚖ n° 21-21.059 B : *D. actu. 26 oct. 2023*, obs. Malfettes.

Art. L. 1233-68 Un accord conclu et agréé dans les conditions prévues à la section 5 du chapitre II du titre II du livre IV de la cinquième partie *(L. n° 2018-771 du 5 sept. 2018, art. 64-I, en vigueur le 1ᵉʳ janv. 2019)* « , à l'exception de l'article L. 5422-20-1 et du second alinéa de l'article L. 5422-22, » définit les modalités de mise en œuvre du contrat de sécurisation professionnelle, notamment :

1° Les conditions d'ancienneté pour en bénéficier ;

2° Les formalités afférentes à l'adhésion au contrat de sécurisation professionnelle et les délais de réponse du salarié à la proposition de l'employeur ;

3° La durée du contrat de sécurisation professionnelle et les modalités de son éventuelle adaptation aux spécificités des entreprises et aux situations des salariés intéressés, notamment par la voie de périodes de travail effectuées pour le compte de tout employeur, à l'exception des particuliers, dans le cadre des contrats de travail à durée déterminée prévus à l'article L. 1242-3, renouvelables une fois par dérogation à l'article L. 1243-13, et des contrats de travail temporaire prévus à l'article L. 1251-7 ;

4° Le contenu des mesures mentionnées à l'article L. 1233-65 ainsi que les modalités selon lesquelles elles sont financées, notamment au titre du *(L. n° 2014-288 du 5 mars*

2014, art. 1er-I-4°) « compte personnel de formation », et mises en œuvre par l'un des organismes assurant le service public de l'emploi, y concourant ou y participant mentionnés aux articles L. 5311-2 à L. 5311-4 ;

5° Les dispositions permettant d'assurer la continuité des formations engagées durant le contrat de sécurisation professionnelle ;

6° Les modalités de reprise éventuelle du contrat de sécurisation professionnelle après son interruption du fait d'une reprise d'emploi ;

7° Les obligations du bénéficiaire du contrat de sécurisation professionnelle et les conditions dans lesquelles le contrat peut être rompu, en cas de manquement à ces obligations, à l'initiative des organismes chargés de la mise en œuvre des mesures mentionnées au 4° ;

8° Le montant de l'allocation et, le cas échéant, des incitations financières au reclassement servies au bénéficiaire par l'institution mentionnée à l'article L. 5312-1 pour le compte de l'organisme chargé de la gestion du régime d'assurance chômage mentionné à l'article L. 5427-1, ainsi que les conditions de suspension, d'interruption anticipée et de cumul de cette allocation avec d'autres revenus de remplacement ;

9° Les conditions dans lesquelles les règles de l'assurance chômage s'appliquent aux bénéficiaires du contrat de sécurisation professionnelle, en particulier les conditions d'imputation de la durée d'exécution du contrat sur la durée de versement de l'allocation d'assurance mentionnée à l'article L. 5422-1 ;

10° Les conditions dans lesquelles participent au financement des mesures prévues au 4° :

a) L'organisme chargé de la gestion du régime d'assurance chômage mentionné à l'article L. 5427-1 ;

b) Les employeurs, par un versement représentatif de l'indemnité compensatrice de préavis dans la limite de trois mois de salaire majoré de l'ensemble des cotisations et contributions obligatoires afférentes.

A défaut d'accord ou d'agrément de cet accord, les modalités de mise en œuvre et de financement du contrat de sécurisation professionnelle sont déterminées par décret en Conseil d'État.

V. Conv. du 26 janv. 2015 relative au contrat de sécurisation professionnelle, App. III. A, v° Embauche et emploi.

Jusqu'à l'entrée en vigueur des dispositions conventionnelles et réglementaires d'application de l'art. 41 de la loi relative au contrat de sécurisation professionnelle, la convention de reclassement personnalisé (CRP) reste applicable selon les modalités en vigueur à la date de promulgation de ladite loi. ● Soc. 21 sept. 2016, 🔒 n° 15-10.310 P : D. actu. 18 oct. 2016, obs. Cortot ; D. 2016. Actu. 1937 ⌀ ; JCP S 2017. 1384, obs. Fin-Langer.

Art. L. 1233-69 (L. n° 2015-990 du 6 août 2015, art. 294-III) « L'employeur contribue au financement du contrat de sécurisation professionnelle par un versement représentatif de l'indemnité compensatrice de préavis, dans la limite de trois mois de salaire majoré de l'ensemble des cotisations et contributions obligatoires afférentes. »

(L. n° 2012-1189 du 26 oct. 2012, art. 9) « La détermination du montant de (L. n° 2015-990 du 6 août 2015, art. 294-III) « ce versement » et leur recouvrement, effectué selon les règles et sous les garanties et sanctions mentionnées au premier alinéa de l'article L. 5422-16, sont assurés par l'institution mentionnée à l'article L. 5312-1. Les conditions » d'exigibilité de (L. n° 2015-990 du 6 août 2015, art. 294-III) « ce versement » sont précisées par décret en Conseil d'État. »

(Abrogé par Ord. n° 2019-861 du 21 août 2019, art. 1er) « Les (L. n° 2018-771 du 5 sept. 2018, art. 45-II) « opérateurs de compétences » pour (L. n° 2014-288 du 5 mars 2014, art. 1er-I) « collecter les contributions mentionnées au chapitre I du titre III du livre III de la sixième partie (L. n° 2015-990 du 6 août 2015, art. 294-III) « affectent aux mesures de formation prévues à l'article L. 1233-65 une part des ressources destinées aux actions de professionnalisation et au compte personnel de formation, selon des modalités définies par décret.

« Lorsqu'une entreprise a conclu un accord en application du premier alinéa de l'article L. 6331-10, elle reverse à l'(L. n° 2018-771 du 5 sept. 2018, art. 45-II) « opérateur de compétences » tout ou partie de la contribution prévue au même premier alinéa afin de financer des mesures de formation prévues à l'article L. 1233-65. »

« *Le fonds paritaire de sécurisation des parcours professionnels mentionné à l'article L. 6332-18 peut contribuer au financement de ces mesures de formation.* »

(Ord. n° 2019-861 du 21 août 2019, art. 1ᵉʳ) « L'État et l'organisme mentionné à l'article L. 5427-1 peuvent contribuer au financement des dépenses engagées dans le cadre du contrat de sécurisation professionnelle, y compris les dépenses liées aux coûts pédagogiques des formations. »

(L. n° 2011-893 du 28 juill. 2011, art. 41) « Les régions peuvent contribuer au financement de ces mesures de formation dans le cadre de la programmation inscrite dans le contrat de plan régional de développement des formations *(L. n° 2014-288 du 5 mars 2014, art. 23-XII)* « et de l'orientation » professionnelles mentionné à l'article L. 214-13 du code de l'éducation. »

Art. L. 1233-70 Une convention pluriannuelle entre l'État et des organisations syndicales de salariés et d'employeurs représentatives au niveau national et interprofessionnel détermine les modalités de l'organisation du parcours de retour à l'emploi mentionné à l'article L. 1233-65 et de la mise en œuvre, du suivi et de l'évaluation des mesures qu'il comprend. Cette convention détermine notamment les attributions des représentants territoriaux de l'État dans cette mise en œuvre et les modalités de désignation des opérateurs qui en sont chargés.

Une convention pluriannuelle entre l'État et l'organisme chargé de la gestion du régime d'assurance chômage mentionné à l'article L. 5427-1 détermine les modalités de financement du parcours de retour à l'emploi mentionné à l'article L. 1233-65 et des mesures qu'il comprend. Une annexe financière est négociée annuellement entre l'État et l'organisme chargé de la gestion du régime d'assurance chômage mentionné à l'article L. 5427-1.

A défaut de ces conventions, les dispositions qu'elles doivent comporter sont déterminées par décret en Conseil d'État.

SOUS-SECTION 3 Congé de reclassement

BIBL. ▶ Morvan, *JCP S 2012. 1379* (pratique et théorie du congé de reclassement).

COMMENTAIRE

V. sur le Code en ligne.

Art. L. 1233-71 Dans les entreprises ou les établissements *(L. n° 2012-387 du 22 mars 2012, art. 43)* « d'au moins mille salariés », ainsi que dans les entreprises mentionnées à l'article L. 2331-1 et celles *(L. n° 2016-1088 du 8 août 2016, art. 96)* « répondant aux conditions mentionnées aux articles L. 2341-1 et L. 2341-2 », dès lors qu'elles emploient au total au moins mille salariés, l'employeur propose à chaque salarié dont il envisage de prononcer le licenciement pour motif économique un congé de reclassement qui a pour objet de permettre au salarié de bénéficier d'actions de formation et des prestations d'une cellule d'accompagnement des démarches de recherche d'emploi.

La durée du congé de reclassement ne peut excéder *(L. n° 2013-504 du 14 juin 2013, art. 20-II)* « douze » mois *(L. n° 2020-1576 du 14 déc. 2020, art. 8-III, en vigueur le 1ᵉʳ janv. 2021)* « , pouvant être portés à vingt-quatre mois en cas de formation de reconversion professionnelle ».

Ce congé débute, si nécessaire, par un bilan de compétences qui a vocation à permettre au salarié de définir un projet professionnel et, le cas échéant, de déterminer les actions de formation nécessaires à son reclassement. Celles-ci sont mises en œuvre pendant la période prévue au premier alinéa.

L'employeur finance l'ensemble de ces actions. — V. art. D. 1233-38.

L'obligation de prévoir, dans un plan de sauvegarde de l'emploi (PSE), le recours au contrat de sécurisation professionnelle qui doit, en application de l'art. L. 1233-66 C. trav., être proposé aux salariés dont le licenciement est envisagé, ne saurait s'appliquer lorsque le PSE prévoit, pour les mêmes salariés, le bénéfice d'un congé de reclassement. ● CE 29 juin 2016, n° 389278 : *RJS 10/2016, n° 628.*

Art. L. 1233-72 Le congé de reclassement est pris pendant le préavis, que le salarié est dispensé d'exécuter.

Lorsque la durée du congé de reclassement excède la durée du préavis, le terme de ce dernier est reporté jusqu'à la fin du congé de reclassement.

Le montant de la rémunération qui excède la durée du préavis est égal au montant de l'allocation de conversion mentionnée au 3° de l'article L. 5123-2. (L. n° 2020-1576 du 14 déc. 2020, art. 8-III, en vigueur le 1er janv. 2021) « Les dispositions de l'article L. 5122-4 sont applicables à cette rémunération. » — V. art. R. 5123-2.

1. Nullité du congé de reclassement. Si l'absence de cause réelle et sérieuse de licenciement entraîne la nullité du congé, le salarié licencié ne peut prétendre au paiement d'une indemnité de préavis et l'indemnité de congés payés s'y rapportant que sous déduction des sommes reçues à ce titre pendant la durée du congé. ● Soc. 17 déc. 2013 : ⚖ D. actu. 24 janv. 2014, obs. Peyronnet ; D. 2014. Actu. 24 ⬚ ; JSL 2014, n° 360-6, obs. Chuilon.

2. Droit à participation. Les titulaires d'un congé de reclassement, qui demeurent salariés de l'entreprise jusqu'à l'issue de ce congé, bénéficient de la participation, que leur rémunération soit ou non prise en compte pour le calcul de la réserve spéciale de participation. ● Soc. 7 nov. 2018, ⚖ n° 17-18.936 P : D. actu. 29 nov. 2018, obs. Mlapa ; D. 2018. Actu. 2238 ⬚ ; RJS 1/2019, n° 39 ;

JCP S 2018. 1399, obs. Kovac ; SSL 2019, n° 1851, p. 11, obs. Lepoutre.

3. Conciliation du congé de reclassement avec l'exercice du droit à la priorité de réembauche. Le délai d'un an pendant lequel le salarié bénéficie de la priorité de réembauche court à compter de la date à laquelle prend fin le préavis, qu'il soit exécuté ou non. Lorsque le salarié a bénéficié d'un congé de reclassement excédant la durée du préavis, le terme de celui-ci est reporté jusqu'à la fin du congé. En conséquence, la priorité de réembauche court pendant un an à compter du terme effectif du congé de reclassement, peu important que le licenciement économique ait été jugé sans cause réelle et sérieuse. ● Soc. 11 déc. 2019, ⚖ n° 18-18.653 P : D. 2020. Actu. 23 ⬚ ; RJS 2/2020, n° 90 ; JCP S 2019. 1003, obs. Morvan ; RPC 2020. Comm. 14, note Taquet.

Art. L. 1233-72-1 (L. n° 2011-893 du 28 juill. 2011) Le congé de reclassement peut comporter des périodes de travail durant lesquelles il est suspendu. Ces périodes de travail sont effectuées pour le compte de tout employeur, à l'exception des particuliers, dans le cadre de contrats de travail à durée déterminée tels que prévus à l'article L. 1242-3, renouvelables une fois par dérogation (Ord. n° 2017-1718 du 20 déc. 2017, art. 1er-I) « aux articles L. 1243-13 et L. 1243-13-1 », ou de contrats de travail temporaire tels que prévus à l'article L. 1251-7. Au terme de ces périodes, le congé de reclassement reprend. (L. n° 2013-504 du 14 juin 2013, art. 20-III) « L'employeur peut prévoir un report du terme initial du congé à due concurrence des périodes de travail effectuées. »

Art. L. 1233-73 Les partenaires sociaux peuvent, dans le cadre d'un accord national interprofessionnel, prévoir une contribution aux actions engagées dans le cadre du congé de reclassement. — [Anc. art. L. 321-4-3, al. 6.]

Art. L. 1233-74 Les maisons de l'emploi peuvent participer, dans des conditions fixées par voie de convention avec les entreprises intéressées, à la mise en œuvre des mesures relatives au congé de reclassement. — [Anc. art. L. 322-4-1, al. 2.]

Art. L. 1233-75 Les dispositions de la présente sous-section ne sont pas applicables aux entreprises en redressement ou en liquidation judiciaire. — [Anc. art. L. 321-4-3, al. 5.]

Art. L. 1233-76 Un décret en Conseil d'État détermine les modalités d'application des articles L. 1233-71 à L. 1233-73. — [Anc. art. L. 321-4-3, al. 7.] — V. art. R. 1233-17 s.

SOUS-SECTION 4 [ABROGÉE] Congé de mobilité

(Abrogée par Ord. n° 2017-1387 du 22 sept. 2017, art. 14)

BIBL. ▶ DURLACH, RDT 2007. 440 ⬚ (congé de mobilité et droit du licenciement économique). V. art. L. 1237-18 à L. 1237-18-5.

Art. L. 1233-77 à L. 1233-83 Abrogés par Ord. n° 2017-1387 du 22 sept. 2017, art. 17.

SOUS-SECTION 5   Revitalisation des bassins d'emploi (L. n° 2013-504 du 14 juin 2013, art. 19-I ; L. n° 2014-384 du 29 mars 2014, art. 2-II).

V. Circ. DGEFP/DGCIS/DATAR n° 2012-14 du 12 juill. 2012 relative à la mise en œuvre de l'obligation de revitalisation instituée par l'article L. 1233-84 du code du travail, V. RDT 2012. 629, obs. Héas.

BIBL. ▶ Guyot, JCP S 2013. 1276 (revitalisation des bassins d'emploi).

COMMENTAIRE

V. sur le Code en ligne 🔒.   ☐

Art. L. 1233-84 Lorsqu'elles procèdent à un licenciement collectif affectant, par son ampleur, l'équilibre du ou des bassins d'emploi dans lesquels elles sont implantées, les entreprises mentionnées à l'article L. 1233-71 sont tenues de contribuer à la création d'activités et au développement des emplois et d'atténuer les effets du licenciement envisagé sur les autres entreprises dans le ou les bassins d'emploi.

Ces dispositions ne sont pas applicables dans les entreprises en redressement ou en liquidation judiciaire. – [Anc. art. L. 321-17, al. 1er, phrase 1.] – V. art. D. 1233-37 et D. 1233-43.

Art. L. 1233-85 Une convention entre l'entreprise et l'autorité administrative, conclue dans un délai de six mois à compter de la notification prévue à l'article L. 1233-46, détermine, le cas échéant sur la base d'une étude d'impact social et territorial prescrite par l'autorité administrative, la nature ainsi que les modalités de financement et de mise en œuvre des actions prévues à l'article L. 1233-84.

La convention tient compte des actions de même nature éventuellement mises en œuvre par anticipation dans le cadre d'un accord collectif relatif à la gestion prévisionnelle des emplois et des compétences ou prévues dans le cadre du plan de sauvegarde de l'emploi établi par l'entreprise (L. n° 2016-1088 du 8 août 2016, art. 97) « ou prévues dans le cadre d'une démarche volontaire de l'entreprise faisant l'objet d'un document-cadre conclu entre l'État et l'entreprise. Le contenu et les modalités d'adoption de ce document sont définis par décret. » Lorsqu'un accord collectif de groupe, d'entreprise ou d'établissement prévoit des actions de telle nature, assorties d'engagements financiers de l'entreprise au moins égaux au montant de la contribution prévue à l'article L. 1233-86, cet accord tient lieu, à la demande de l'entreprise, de la convention prévue au présent article entre l'entreprise et l'autorité administrative, sauf opposition de cette dernière motivée et exprimée dans les deux mois suivant la demande. – [Anc. art. L. 321-17, I, al. 2.] – V. art. D. 1233-47, D. 1233-40 s.

Art. L. 1233-86 Le montant de la contribution versée par l'entreprise ne peut être inférieur à deux fois la valeur mensuelle du salaire minimum de croissance par emploi supprimé. Toutefois, l'autorité administrative peut fixer un montant inférieur lorsque l'entreprise est dans l'incapacité d'assurer la charge financière de cette contribution.

En l'absence de convention signée ou d'accord collectif en tenant lieu, les entreprises versent au Trésor public une contribution égale au double du montant prévu au premier alinéa. – [Anc. art. L. 321-17, I, al. 1er, phrases 2 et 3.]

Art. L. 1233-87 Lorsqu'un licenciement collectif effectué par une entreprise (L. n° 2012-387 du 22 mars 2012, art. 43) « d'au moins cinquante salariés » non soumise à l'obligation de proposer un congé de reclassement affecte, par son ampleur, l'équilibre du ou des bassins d'emploi dans lesquels elle est implantée, l'autorité administrative, après avoir, le cas échéant, prescrit une étude d'impact social et territorial prenant en compte les observations formulées par l'entreprise concernée, intervient pour faciliter la mise en œuvre d'actions de nature à permettre le développement d'activités nouvelles et atténuer les effets de la restructuration envisagée sur les autres entreprises dans le ou les bassins d'emploi. L'autorité administrative intervient en concertation avec les organismes participant ou concourant au service public de l'emploi mentionnés aux articles L. 5311-2 et suivants et, le cas échéant, avec la ou les maisons de l'emploi.

RUPTURE DU CONTRAT DE TRAVAIL   **Art. L. 1234-1** 357

L'entreprise et l'autorité administrative définissent d'un commun accord les modalités selon lesquelles l'entreprise prend part, le cas échéant, à ces actions, compte tenu notamment de sa situation financière et du nombre d'emplois supprimés.

Les dispositions du deuxième alinéa ne sont pas applicables aux entreprises en redressement ou en liquidation judiciaire. – [Anc. art. L. 321-17, II.] – V. art. D. 1233-37 et D. 1233-45.

Art. L. 1233-88 Les actions prévues aux articles L. 1233-84 et L. 1233-87 sont déterminées après consultation des collectivités territoriales intéressées, des organismes consulaires et des partenaires sociaux membres de la commission paritaire interprofessionnelle régionale.

Leur exécution fait l'objet d'un suivi et d'une évaluation, sous le contrôle de l'autorité administrative, selon des modalités définies par décret. Ce décret détermine également les conditions dans lesquelles les entreprises dont le siège n'est pas implanté dans le bassin d'emploi affecté par le licenciement collectif contribuent aux actions prévues. – [Anc. art. L. 321-17, III.]

Art. L. 1233-89 Les procédures prévues à la présente sous-section sont applicables indépendamment des autres procédures prévues par le présent chapitre. – [Anc. art. L. 321-17, IV.]

Art. L. 1233-90 Les maisons de l'emploi peuvent participer, dans des conditions fixées par voie de convention avec les entreprises intéressées, à la mise en œuvre des mesures relatives à la revitalisation des bassins d'emploi. – [Anc. art. L. 322-4-1, al. 2.]

Art. L. 1233-90-1 (L. n° 2016-1088 du 8 août 2016, art. 97) Une convention-cadre nationale de revitalisation est conclue entre le ministre chargé de l'emploi et l'entreprise lorsque les suppressions d'emplois concernent au moins trois départements.

Il est tenu compte, pour la détermination du montant de la contribution mentionnée à l'article L. 1233-86, du nombre total des emplois supprimés.

La convention-cadre est signée dans un délai de six mois à compter de la notification du projet de licenciement mentionnée à l'article L. 1233-46.

Elle donne lieu, dans un délai de quatre mois à compter de sa signature, à une ou plusieurs conventions locales conclues entre le représentant de l'État et l'entreprise. Ces conventions se conforment au contenu de la convention-cadre nationale. – V. art. D. 1233-48-1 s.

SECTION 7 Mesures d'adaptation

Art. L. 1233-91 Des décrets en Conseil d'État peuvent déterminer les mesures d'adaptation nécessaires à l'application des dispositions relatives au licenciement pour motif économique dans les entreprises tenues de constituer un (Ord. n° 2017-1386 du 22 sept. 2017, art. 4) « comité social et économique » ou des organismes en tenant lieu en vertu soit de dispositions légales autres que celles figurant dans le code du travail, soit de stipulations conventionnelles. – [Anc. art. L. 321-10.]

CHAPITRE IV CONSÉQUENCES DU LICENCIEMENT

RÉP. TRAV. v° Contrat de travail à durée indéterminée (Préavis de rupture et indemnité de licenciement), par Vachet.

SECTION 1 Préavis et indemnité de licenciement

SOUS-SECTION 1 Préavis et indemnité compensatrice de préavis

Art. L. 1234-1 Lorsque le licenciement n'est pas motivé par une faute grave, le salarié a droit :

1° S'il justifie chez le même employeur d'une ancienneté de services continus inférieure à six mois, à un préavis dont la durée est déterminée par la loi, la convention ou l'accord collectif de travail ou, à défaut, par les usages pratiqués dans la localité et la profession ;

2° S'il justifie chez le même employeur d'une ancienneté de services continus comprise entre six mois et moins de deux ans, à un préavis d'un mois ;

Art. L. 1234-1 — CODE DU TRAVAIL

3° S'il justifie chez le même employeur d'une ancienneté de services continus d'au moins deux ans, à un préavis de deux mois.

Toutefois, les dispositions des 2° et 3° ne sont applicables que si la loi, la convention ou l'accord collectif de travail, le contrat de travail ou les usages ne prévoient pas un préavis ou une condition d'ancienneté de services plus favorable pour le salarié. – [Anc. art. L. 122-6.]

BIBL. ▶ COTTEREAU, JCP S 2008. 1419 (contrôle jurisprudentiel du licenciement pour motif personnel). – FAVENNEC-HÉRY, RJS 2000. 603 (notion de faute grave). – MORVILLE, CSB 1991. 83 (contrôle de la Cour de cassation) ; ibid. 1997. 255 et 1998. 61 (revue de jurisprudence). – PÉLISSIER, Dr. soc. 1992. 751 (licenciement disciplinaire). – POIRIER, Dr. ouvrier 2002. 511 (gradation des fautes). – SAINT-JOURS, D. 1990. Chron. 113 . – SAVATIER, Dr. soc. 1986. 236 ; CSB 1989. 177. – CSB 1995, supplément au n° d'août-septembre. ▶ Délai-congé : SOUHAIR, Dr. ouvrier 1991. 120. – VACHET, JCP E 1989. II. 15647. – VALLÉE, Dr. soc. 1992. 871 (ancienneté). – VARIN, RDT 2009. 639 (la situation de l'employeur face à la faute grave commise par le salarié). – WAQUET, Dr. soc. 2009. 1177 (droit disciplinaire et faute grave).

COMMENTAIRE

V. sur le Code en ligne.

I. FAUTE GRAVE

A. NOTION

1. Définition. La faute grave est celle qui rend impossible le maintien du salarié dans l'entreprise. ● Soc. 27 sept. 2007, n° 06-43.867 P : D. 2007. AJ 2538 ; RDT 2007. 650, obs. Auzero ; RJS 2007. 1014, n° 1261 ; JSL 2007, n° 221-5. ♦ Comp. antérieurement : la faute grave résulte d'un fait ou d'un ensemble de faits imputables au salarié qui constitue une violation des obligations découlant du contrat de travail ou des relations de travail d'une importance telle qu'elle rend impossible le maintien du salarié dans l'entreprise pendant la durée du préavis. ● Soc. 26 févr. 1991, n° 88-44.908 P : D. 1991. IR 82 ; RJS 1991. 239, n° 448. – Dans le même sens : ● Soc. 19 déc. 1978 : Bull. civ. V, n° 884 ● 10 juill. 1980 : ibid., n° 647.

2. Unité de la notion de faute grave. La faute grave exclusive de l'indemnité de licenciement n'est pas différente de celle privative de l'indemnité compensatrice de préavis. ● Soc. 11 oct. 1979 : Bull. civ. V, n° 720. ♦ Sur la nécessité de distinguer faute grave et faute lourde privative de l'indemnité de congés payés, V. ● Soc. 16 oct. 1980 : Bull. civ. V, n° 750. ♦ La clause autorisant le versement d'une indemnité de licenciement en cas de faute grave ne fait pas obstacle au droit de licenciement reconnu à l'employeur. ● Soc. 4 juill. 1990, n° 87-40.433 P : D. 1990. IR 205. ♦ Sauf volonté contraire des parties, le licenciement pour faute grave exclut le versement de l'indemnité contractuelle de licenciement. ● Soc. 31 mars 2009, n° 07-44.564 P : RJS 2009. 470, n° 530 ; JCP S 2009. 1296, obs. Dumont.

3. Caractère personnel. Sur la nécessité d'un fait personnel imputable au salarié pour caractériser la faute grave, V. ● Soc. 25 avr. 1990, n° 87-45.275 P. ● 12 janv. 1993 : Dr. soc. 1993. 187. ♦ Comp. ● Pau, 11 janv. 1991 : D. 1993. 142, note Lecène-Marénaud , retenant la faute grave pour des faits de complicité.

4. Caractère objectif. La faute grave ne suppose ni l'intention maligne... ● Soc. 24 oct. 1989 : Bull. civ. V, n° 611. ♦ ... Ni celle de commettre un acte indélicat. ● Soc. 29 nov. 1984 : D. 1985. IR 159. ♦ ... Ni un comportement volontaire. ● Soc. 5 mars 1987 : D. 1987. IR 66. ♦ Mais la gravité d'une faute, telle une absence non autorisée, ne résulte pas seulement du fait que le salarié ne s'est pas conformé aux consignes de l'employeur, mais aussi de son caractère délibéré et réitéré. ● Soc. 8 juin 1979 : Bull. civ. V, n° 505. ♦ V. conf., pour un refus réitéré d'une modification d'horaire mineure : ● Soc. 24 nov. 1992, n° 91-40.548 P : RJS 1993. 23, n° 5. ♦ ... Ou pour le refus d'une nouvelle affectation n'entraînant pas une modification substantielle du contrat : ● Soc. 18 nov. 1992, n° 91-41.892 P : Dr. ouvrier 1993. 113, note F. S. ; RJS 1993. 24, n° 5. ♦ Le dernier manquement professionnel constaté permet aux juges du fond de retenir l'ensemble des précédents, même s'ils avaient été sanctionnés en leur temps, pour apprécier la gravité des faits reprochés au salarié. ● Soc. 4 nov. 1988 : Bull. civ. V, n° 565 ; D. 1988. IR 276. ♦ La persistance d'un salarié dans une attitude fautive, que cette attitude ait ou non fait l'objet de sanctions disciplinaires, est constitutive d'une faute grave. ● Soc. 30 sept. 2004, n° 02-44.030 P : RJS 2005. 40, n° 37 ; TPS 2004, n° 356. ♦ Comp. ● Soc. 16 juill. 1987 : D. 1987. 440 ● 3 mars 1978 : Bull. civ. V, n° 176 ● 5 avr. 1978 : ibid., n° 288.

5. Prise en compte de la personnalité du salarié. En énonçant que l'appréciation des fautes relevées doit tenir compte de l'ancienneté et des services rendus par le salarié, alors qu'à elles toutes seules les graves irrégularités commises par le salarié ne permettent pas de maintenir le contrat de travail même pendant la durée limitée du préavis, la cour d'appel a violé les art. L. 122-6 et L. 122-9 C. trav. [L. 1234-1 et L. 1234-9 nouv.]. ● Soc. 14 mai 1987 : Bull. civ. V, n° 309. ♦ Rappr., pour la prise en compte de l'absence de sanctions antérieures : • Soc. 14 mars 1979 : *Bull. civ. V, n° 236* • 24 févr. 1982 : *ibid., n° 120* • 13 juin 1990 : 🔒 *RJS 1990. 524, n° 772.* ♦ Le fait isolé, pour une veilleuse de nuit totalisant plus de quatorze années d'ancienneté et n'ayant jamais fait l'objet de reproches pour des faits similaires, de s'endormir momentanément pendant son service ne peut suffire à caractériser un manquement rendant impossible son maintien dans l'entreprise pendant la durée du préavis et n'est donc pas constitutif d'une faute grave. • Soc. 3 juin 1997 : 🔒 *RJS 1997. 518, n° 799.* ♦ Une cour d'appel peut décider que « la disparition du salarié, résultant de faits inconnus dont on ne peut déduire aucune volonté du salarié de refuser d'exécuter son contrat de travail, ne constituait pas une faute grave. » • Soc. 1er oct. 1996, 🔒 n° 94-44.398 P : *D. 1996. IR 231* ; *RJS 1996. 750, n° 1160* ; *Dr. soc. 1996. 1097,* obs. G. Couturier .

6. Délai de réaction de l'employeur. La faute grave étant celle qui rend impossible le maintien du salarié dans l'entreprise pendant la durée du préavis, la mise en œuvre de la procédure de licenciement doit intervenir dans un délai restreint après que l'employeur a eu connaissance des faits fautifs allégués et dès lors qu'aucune vérification n'est nécessaire. • Soc. 16 juin 1998, 🔒 n° 96-42.054 P : *Dr. soc. 1998. 949,* obs. *Savatier* ; *D. 1998. IR 178* • 6 oct. 2010, 🔒 n° 09-41.294 P : *RJS 2010. 824, n° 909* ; *JSL 2010, n° 287-5,* obs. *Lalanne* ; *JCP S 2011. 1135,* obs. *Martinon* • 24 nov. 2010, 🔒 n° 09-40.928 P : *D. actu. 17 déc. 2010,* obs. *Ines* ; *D. 2010. AJ 2915* ; *JSL 2011, n° 292-3,* obs. *Lhernould* ; *JCP S 2011. 1081,* obs. *Dumont.* ♦ Lorsque l'employeur n'a pas été informé exactement des circonstances dans lesquelles un VRP s'est fait voler une collection de montres de valeur et du montant du vol, il n'a pu renoncer à se prévaloir de la gravité de la faute du seul fait d'avoir attendu plus d'un mois et demi pour licencier le salarié. • Soc. 3 juin 1981 : *Bull. civ. V, n° 521.* ♦ Rappr. : • Soc. 13 déc. 1979 : *Bull. civ. V, n° 977.* ♦ N'a pas pour effet de retirer le caractère de faute grave au comportement du salarié le temps mis par l'employeur à prononcer le licenciement dès lors qu'il procédait du souci de ne pas prononcer une sanction brutale et hâtive. • Soc. 10 juin 1998 : 🔒 *CSB 1998. 243, A. 40.* ♦ Le fait pour l'employeur de laisser s'écouler un délai entre la révélation des faits fautifs et l'engagement de la procédure de licenciement ne peut avoir pour effet de retirer à la faute son caractère de gravité, dès lors que le salarié, dont le contrat de travail est suspendu, est absent de l'entreprise. • Soc. 9 mars 2022, 🔒 n° 20-20.872 B : *D. actu. 28 mars 2022,* obs. *Couëdel* ; *RJS 5/2022, n° 242* ; *JSL 2022, n° 541,* obs. *Hautefort* ; *JCP S 2022. 1115,* obs. *Bonardi.*

7. La notification du licenciement faite avec quinze jours de retard n'empêche pas d'invoquer la faute grave. • Soc. 7 mars 1990, 🔒 n° 87-42.250 P : *D. 1990. IR 94.* ♦ *Contra,* lorsque la sanction est prise six mois après les faits : • Soc. 16 févr. 1987 : *D. 1987. IR 47.* ♦ ... Ou trois mois après les faits : • Soc. 13 oct. 1993 : 🔒 *Dr. soc. 1993. 966.* ♦ ... Ou lorsque l'entretien préalable intervient plus d'un an après les faits. • Soc. 13 oct. 1993 : 🔒 *RJS 1993. 641, n° 1080.* ♦ ... Ou lorsque le délai a été jugé excessif : • Soc. 26 juin 1991 : 🔒 *Dr. soc. 1991. 737.*

8. Le moyen tiré de ce qu'un employeur n'a pas mis en œuvre une procédure de licenciement pour faute grave dans un délai restreint après qu'il eu connaissance des faits fautifs invoqués est mélangé en fait et en droit ; il est donc irrecevable comme nouveau lorsqu'il est invoqué pour la première fois devant la Cour de cassation. • Soc. 14 janv. 2003, 🔒 n° 00-43.025 P : *RJS 2003. 221, n° 324.*

9. Attitudes de l'employeur compatibles avec la qualification de faute grave. Le seul fait que l'employeur accepte dans l'intérêt du salarié de taire, dans la lettre de licenciement, la gravité du motif invoqué et de reporter, en raison de sa maladie, la date d'effet du licenciement, sans pour autant l'autoriser à revenir dans l'entreprise, n'implique aucune renonciation à se prévaloir de la gravité de la faute commise. • Soc. 31 mars 1981 : *Bull. civ. V, n° 283.* ♦ Le maintien du salarié dans l'entreprise pendant le temps nécessaire à l'accomplissement de la procédure n'interdit pas à l'employeur d'invoquer la faute grave. • Soc. 19 juill. 1988 : *Cah. prud'h. 1989. 101.*

10. Aucun texte n'oblige l'employeur à prendre une mesure conservatoire avant d'ouvrir une procédure de licenciement pour faute grave. • Soc. 4 nov. 1992, 🔒 n° 91-41.189 P : *JCP E 1993. II. 516,* note *Duquesne* ; *D. 1992. IR 268.* – V. déjà • Soc. 7 juill. 1988 : *Cah. prud'h. 1989. 99.* ♦ Comp. : • Soc. 10 nov. 1987 : *Dr. soc. 1989. 287,* note *Ray,* décision affirmant qu'une cour d'appel peut déduire l'absence de faute grave du fait que l'employeur n'a pas sanctionné immédiatement la faute du salarié et n'a pris à son égard aucune mesure provisoire.

11. Lorsqu'une disposition conventionnelle ne prive le salarié du préavis qu'en cas de force majeure ou de faute lourde, en reconnaissant au salarié le droit au préavis, l'employeur ne se prive pas du droit de lui reprocher une faute grave. • Soc. 18 avr. 2000, 🔒 n° 98-42.803 P.

12. Le seul fait que l'employeur, tout en notifiant la rupture avec effet immédiat, ait décidé de verser au salarié une somme équivalente à l'indemnité compensatrice de préavis ne peut le priver du droit d'invoquer la faute grave. • Soc. 2 févr. 2005, 🔒 n° 02-45.748 P : *D. 2005. IR 522* ; *ibid. Pan. 2506,* obs. *Lardy-Pélissier* ; *RJS 2005. 263, n° 359* ; *2005, n° 163-2* ; *CSBP 2005, A. 38,* obs. *Pansier* • 27 sept. 2007, 🔒 n° 06-43.867 P : V. note 1.

13. Attitudes de l'employeur incompatibles avec la qualification de faute grave. Ne peut invoquer la faute grave l'employeur qui, après avoir eu connaissance des manquements du salarié, lui a néanmoins proposé de reprendre son activité. ● Soc. 24 févr. 1982 : *Bull. civ. V, n° 120.* ◆ ... Laisse le salarié exécuter son préavis. ● Soc. 5 oct. 1989 : *Bull. civ. V, n° 568 ; D. 1989. IR 262* ● 15 mai 1991, 🗝 n° 87-42.473 P : *D. 1991. IR 149 ; Dr. soc. 1991. 513 ; RJS 1991. 371, n° 694.* ● 12 juill. 2005, 🗝 n° 03-41.536 P : *D. 2005. IR 2176* ⟋ *; RJS 2005. 688, n° 963.* ◆ ... Propose une mutation au salarié lors de l'entretien préalable, ce qui implique nécessairement le maintien du contrat de travail. ● Soc. 12 janv. 2005 : 🗝 *RJS 2005. 196, n° 257.* ◆ ... Ne fait aucune remarque à la salariée sur le fait ultérieurement invoqué comme constitutif d'une faute grave. ● Soc. 23 mai 2007, 🗝 n° 06-43.209 P : *D. 2007. AJ 1598, obs. Fabre* ⟋ *; D. 2007. 2284, note Castets-Renard* ⟋ *; RDT 2007. 530, obs. Quenaudon* ⟋ *; JSL 2007, n° 214-4 ; SSL 2007, n° 1311, p. 12 ; JCP S 2007. 1601, note Bossu.* ◆ ... Qui soutient uniquement devant le juge prud'homal que la conduite de l'intéressé constituait un démission. ● Soc. 22 janv. 1992, 🗝 n° 89-42.206 P : *Dr. soc. 1992. 269 ; RJS 1992. 161, n° 257.*

14. Est discriminatoire le licenciement d'un salarié pour faute grave, alors que l'employeur a conservé à son service des salariés ayant eu un comportement identique, démontrant ainsi que ces agissements ne constituaient pas une faute grave. ● Soc. 1er déc. 1988 : *Dr. soc. 1990. 99, note Rongère* ⟋.

15. Avis d'une commission. Dès lors qu'un accord d'entreprise prévoit que la direction ne peut contester l'avis émis par la commission de discipline sur la sanction, la direction se réservant cependant le droit de modifier le niveau de gravité du licenciement, l'employeur renonce à la possibilité de ne pas suivre l'avis de cette commission sauf en ce qui concerne le niveau de gravité du licenciement où il retrouve sa liberté. ● Soc. 23 mai 2017, 🗝 n° 16-11.296 P : *RDT 2017. 490, note Keim-Bagot* ⟋ *; RJS 8-9/2017, n° 542 ; JCP S 2017. 1231, obs. Barège.*

16. Circonstances vexatoires entourant le licenciement pour faute grave. Même lorsqu'il est justifié par une faute grave du salarié, le licenciement peut causer à celui-ci, en raison des circonstances vexatoires qui l'ont accompagné, un préjudice dont il est fondé à demander réparation. ● Soc. 16 déc. 2020, n° 18-23.966 P : *D. 2021. 22* ⟋ *; Dr. soc. 2021. 272, obs. Mouly* ⟋ *; RDT 2021. 46, obs. Baugard* ⟋ *; RJS 3/2021, n° 143 ; JSL 2021, n° 513-4, obs. Lhernould ; Gaz. Pal. 9 mars 2021, p. 74, obs. Mégret ; JCP S 2021. 1058, obs. Barège.*

B. PREUVE

17. Charge de la preuve. La charge de la preuve de la gravité de la faute privative des indemnités de préavis et de licenciement incombe à l'employeur débiteur qui prétend en être libéré. ● Soc. 5 mars 1981 : *Bull. civ. V, n° 187.* ◆ Inversent la charge de la preuve les juges qui se fondent sur les seules énonciations d'un rapport d'expertise établi à l'initiative de l'employeur sans caractère contradictoire et imposent au salarié de rapporter la preuve contraire. ● Soc. 12 mai 1993, 🗝 n° 89-43.953 P.

18. Recevabilité des éléments de preuve. Si l'employeur a le pouvoir de contrôler et de surveiller l'activité de son personnel pendant le temps de travail, il ne peut mettre en œuvre un dispositif de surveillance clandestin et ce à titre déloyal. ● Soc. 18 mars 2008, 🗝 n° 06-45.093 P : *D. 2008. Pan. 2315, obs. Desbarats* ⟋ *; RJS 2008. 523, n° 649 ; JCP S 2008. 1396, note Bossu ; JSL 2008, n° 232-3 ; Dr. soc. 2008. 608, obs. Radé* ⟋. ◆ Ainsi, l'enregistrement effectué par l'employeur à l'insu du salarié au moyen d'une caméra. ● Soc. 20 nov. 1991, 🗝 n° 88-43.120 P : *D. 1992. 73, concl. Chauvy* ⟋ *; Dr. soc. 1992. 28, rapp. Waquet* ⟋ *; RJS 1992. 25, n° 1.* ◆ De même, si un constat d'huissier ne constitue pas un procédé clandestin de surveillance nécessitant l'information préalable du salarié, il est en revanche interdit à cet officier ministériel d'avoir recours à un stratagème pour recueillir une preuve. ● Soc. 18 mars 2008, 🗝 n° 06-40.852 P : *JCP S 2008. 1396, note Bossu ; JSL 2008, n° 232-3 ; Dr. soc. 2008. 610, obs. Radé* ⟋. ◆ En revanche, l'employeur peut opposer à ses salariés les preuves recueillies par un système de surveillance des locaux sans les avoir informé de l'existence de ces procédés. ● Soc. 19 avr. 2005, 🗝 n° 2-46.295 P : *D. 2005. IR 1248* ⟋ *; JCP S 2005. 1032, note Césaro.* ◆ De même, lorsque les faits, non contestés par le salarié, ont été révélés après une intervention sur son poste informatique professionnel et l'examen du disque dur, le licenciement n'est pas irrégulier et peut procéder d'une faute grave. ● Soc. 10 oct. 2007 : 🗝 *RDT 2007. 730, note Quenaudon* ⟋. ◆ Si l'enregistrement d'une conversation téléphonique privée, effectuée à l'insu de l'auteur des propos invoqués, est un procédé déloyal rendant irrecevable la preuve ainsi obtenue, il n'en est pas de même de l'utilisation par destinataire des messages écrits téléphoniquement adressés, dits SMS, dont l'auteur ne peut ignorer qu'ils sont enregistrés par l'appareil récepteur. ● Soc. 23 mai 2007, 🗝 n° 06-43.209 P : *D. 2007. AJ 1598, obs. Fabre* ⟋ *; D. 2007. 2284, note Castets-Renard* ⟋ *; RDT 2007. 530, obs. Quenaudon* ⟋ *; JSL 2007, n° 214-2 ; SSL 2007, n° 1311, p. 12 ; JCP S 2007. 1601, note Bossu.* ◆ V. jurispr. 19 ss. art. L. 1235-1.

19. Office du juge. Les juges du fond n'ont pas à rechercher d'office l'existence d'une faute grave. ● Soc. 30 nov. 1983 : *D. 1984. IR 145.* ◆ Le juge est tenu de vérifier le caractère fautif d'un comportement quelle que soit la qualification retenue par le règlement intérieur. ● Soc. 9 oct. 1985 : *D. 1986. IR 70.* ◆ Une cour d'appel écarte à bon droit une clause du contrat de travail qualifiant par anticipation un comportement de faute grave, la détermination de la gravité de la faute ressortissant à l'appréciation des juges tenus d'appliquer une législation d'ordre public. • Soc. 4 avr. 1973 : *Bull. civ.* V, n° 215. ♦ Les stipulations d'une convention collective ne pouvant valablement restreindre les droits conférés aux salariés par la loi, les tribunaux doivent rechercher si les faits imputés constituent une faute d'une gravité suffisante pour être privative du droit au préavis. • Soc. 28 janv. 1970 : *Bull. civ.* V, n° 58 ; *JCP* 1970. II. 16365, note Groutel. ♦ La méconnaissance du code de déontologie des chirurgiens-dentistes peut être invoquée par l'employeur à l'appui d'un licenciement pour faute grave mais la décision prise par la juridiction ordinale quant à ce manquement et à sa sanction disciplinaire n'a pas autorité de chose jugée devant le juge judiciaire. • Soc. 7 nov. 2006, n° 04-47.683 P : *D.* 2006. IR 2873 ; *RDT* 2007. 39, obs. de Quenaudon ; *RJS* 2006. 60, n° 53 ; *JSL* 2007, n° 207-4. ♦ Le juge ne peut aggraver la qualification de la faute retenue par l'employeur dans la lettre de licenciement. • Soc. 20 déc. 2017, n° 16-17.199 P : *D. actu.* 23 janv. 2018, obs. Cortot ; *D.* 2018. Actu. 15 ; *JSL* 2018, n° 449-2, obs. Desaint ; *SSL* 2018, n° 1802, p. 13 ; *RJS* 3/2018, n° 187 ; ibid. 2018, p. 113, avis Weissmann ; *JCP S* 2018. 1061, obs. Poncet.

20. Contrôle de la Cour de cassation. Les juges du fond ne peuvent, sans s'expliquer sur la gravité de la faute commise par le salarié, le priver de son indemnité de préavis et de licenciement. • Soc. 7 mai 1980 : *Bull. civ.* V, n° 390 ; *D.* 1981. IR 129, obs. Langlois. ♦ Sur le contrôle par la Cour de cassation de la faute grave, par opposition à l'abandon du contrôle de la qualification de la cause réelle et sérieuse, V. • Soc. 20 févr. 1986 : *Bull. civ.* V, n° 28 ; *Dr. soc.* 1986. 236, note Savatier • 1er déc. 1988 : *ibid.* 1990. 99, note Rongère • 25 avr. 1990, n° 87-45.275 P : *CSB* 1990. 180, S. 103 • 21 janv. 1992 : *RJS* 1992. 162, n° 262.

C. ILLUSTRATIONS

1° LIBERTÉ D'EXPRESSION

21. Principe. Sauf abus, le salarié jouit, dans l'entreprise et en dehors de celle-ci, de sa liberté d'expression. V. note. 13 ss. art. L. 1232-1.

22. Faute grave admise. Commet une faute grave : le cadre qui entraîne avec lui ses collaborateurs pour participer à une manifestation au cours de laquelle sont réclamés le départ du nouveau directeur général et le retour de l'ancien et qui, en outre, dénigre la société en annonçant sa « faillite » prochaine et en recommandant aux fournisseurs de se faire payer au plus tôt. • Soc. 28 févr. 1980 : *Bull. civ.* V, n° 202. – V. aussi • Soc. 13 oct. 1976 : *Bull. civ.* V, n° 483 ; *D.* 1976. IR 326. ♦ ... Ou celui d'une banque qui remet à un client la copie d'un rapport qu'il a été chargé d'établir sur la situation de celui-ci dont le compte débiteur était très élevé. • Soc. 20 janv. 1982 : *D.* 1982. IR 251. ♦ ... Le salarié dont les critiques à l'égard des dirigeants excèdent le cadre d'une activité syndicale. • Soc. 11 oct. 1978 : *Bull. civ.* V, n° 654. ♦ ... Ou excèdent le droit d'expression reconnu aux salariés. • Soc. 20 janv. 1993 : *RJS* 1993. 181, n° 296 ; *CSB* 1993. 93, S. 38. ♦ Comp., à propos d'un témoignage en justice contre l'employeur pendant le préavis : • Soc. 11 déc. 1991, n° 89-42.000 P : *RJS* 1992. 94, n° 119. ♦ Commet une faute grave le salarié qui, dans une lettre adressée au président de la Fédération Autisme 42, a sciemment détourné le sens d'une recommandation de lecture du psychiatre de l'établissement et dénigré l'association auprès de tiers exerçant une autorité de tutelle sur celle-ci, donnant ainsi une large publicité à des propos excessifs et diffamatoires traduisant une volonté de nuire à l'association. • Soc. 22 sept. 2021, n° 18-22.204 B : *D. actu.* 12 oct. 2021, obs. Malfettes ; *D.* 2021. 2022 . 132, obs. Vernac et Ferkane ; *RJS* 12/2021, n° 633 ; *JCP S* 2021. 1275, obs. Barège. ♦ ... Commet une faute grave l'animateur qui, dans le cadre d'une émission, fait un trait d'humour sexiste, la cour d'appel qui a fait ressortir que le licenciement, fondé sur la violation par le salarié d'une clause de son contrat de travail d'animateur, poursuivait le but légitime de lutte contre les discriminations à raison du sexe et les violences domestiques et celui de la protection de la réputation et des droits de l'employeur, ayant exactement déduit, compte tenu de l'impact potentiel des propos réitérés du salarié, reflétant une banalisation des violences à l'égard des femmes, sur les intérêts commerciaux de l'employeur, que cette rupture n'était pas disproportionnée et ne portait donc pas une atteinte excessive à la liberté d'expression du salarié (affaire Tex). • Soc. 20 avr. 2022, n° 20-10.852 B : *D. actu.* 10 mai 2022, obs. Malfettes ; *D.* 2022. 1191, note Marguénaud et Mouly ; *RDT* 2022. 492, note Fabre ; *Dr. soc.* 2022. 386, note Grivel ; ibid. 512, obs. Adam ; *RJS* 7/2022, n° 358 ; *JSL* 2022, n° 544, obs. Nasom-Tissandier ; *JCP S* 2022. 1160, obs. Bossu. ♦ Constituent une faute grave les accusations relatives à des abus de biens sociaux et à des détournements de fonds formulées qui n'étaient étayées par aucun élément probant et mettaient en cause la probité de salariés nommément désignés ainsi que la réputation et l'image de la société, le fait qu'elles eussent été formulées dans le cadre des fonctions syndicales de l'intéressé n'étant pas de nature à leur ôter leur caractère fautif. • CE 27 avr. 2022, n° 437735 A : *D. actu.* 19 mai 2022, obs. Maupin ; *AJDA* 2022. 901 ; *RJS* 7/2022, n° 383 ; *JCP S* 2022. 1194, obs. Kerbourc'h.

23. Faute grave écartée. Ne constitue pas une faute grave le fait pour un salarié de porter à la connaissance de l'inspecteur du travail des faits concernant l'entreprise et lui paraissant anormaux, qu'ils soient ou non susceptibles de qualification pénale. • Soc. 14 mars 2000, n° 97-43.268 P : *D.* 2000. IR 105 ; *Dr. soc.* 2000. 555, obs. J. Savatier ; *RJS* 2000. 283, n° 388. ♦ Le fait pour un salarié de porter à la connaissance du procureur de la République des agissements dont les résidents d'un établissement pour soins, au sein duquel il occupe un emploi de moniteur-éducateur, auraient été les victimes et qui, s'ils étaient établis, seraient de nature à caractériser des infractions pénales, ne constitue pas une faute. ● Soc. 12 juill. 2006, 🏛 n° 04-41.075 P : D. 2006. IR 2124 ⊘ ; RJS 2006. 776, n° 1041 ; SSL 2006, n° 1272, p. 11 ● 29 sept. 2010 : 🏛 RDT 2010. 652, obs. Adam ⊘. ♦ Ne commet pas de faute, compte tenu de la mission dont elle est chargée, la salariée qui signale de bonne foi à sa hiérarchie des faits en rapport avec ses attributions ; le juge saisi de la contestation du licenciement doit apprécier les éléments de fait et de preuve qui lui sont soumis sans être lié par la qualification pénale que l'employeur a donné aux faits énoncés dans la lettre de licenciement. ● Soc. 8 nov. 2006, 🏛 n° 05-41.504 P : D. 2007. Pan. 686, obs. Leclerc ⊘ ; RDT 2007. 98, obs. Lévy-Amsallen ⊘ ; RJS 2006. 41, n° 27 ; SSL 2006, n° 1284, p. 12. ♦ Ne commet pas de faute grave le cadre qui, dans un courrier adressé au président du directoire du groupe, mettait en cause le directeur d'une filiale ainsi que les choix stratégiques du groupe, dès lors que les termes employés n'étaient ni injurieux, ni excessifs, ni diffamatoires à l'endroit de l'employeur et du supérieur hiérarchique. ● Soc. 29 juin 2022, 🏛 n° 20-16.060 B : D. 2022. 1265 ⊘ ; RJS 10/2022, n° 501 ; JSL 2022, n° 547, obs. Hautefort.

2° VIE PRIVÉE

24. Principe. Un fait de la vie personnelle ne peut justifier un licenciement disciplinaire. ● 23 juin 2009, 🏛 n° 07-45.256 P : JCP E 2009. 1934, note Corrignan-Carsin. ♦ Ne constitue pas une faute grave la liaison d'un directeur avec l'une de ses subordonnées, dès lors qu'il n'est pas établi que ces faits tirés de sa vie privée aient été à l'origine d'un scandale et aient eu des répercussions sur l'exécution de ses obligations professionnelles. ● Soc. 20 oct. 1976 : Bull. civ. V, n° 508. ♦ V. note 3 ss. art. L. 1232-1.

25. Exceptions. L'employeur peut sanctionner toutes les fautes commises par le salarié qui se rattachent « à la vie de l'entreprise ». ● Soc. 10 déc. 2008, 🏛 n° 07-41.820 P : D. 2009. AJ 105 ⊘ ; RDT 2009. 168, obs. de Quenaudon ⊘ ; RJS 2009. 143, n° 163 ; JCP S 2009. 1083, obs. Caron (propos tenus par un salarié en congé maladie sur le stand de son entreprise dans une foire) ● Soc. 19 oct. 2011, 🏛 n° 09-72.672 : D. actu. 19 oct. 2011, obs. Perrin ; D. 2011. Actu. 2661 ⊘ ; RJS 2012. 24, n° 7 ; JCP S 2012. 1042, obs. Bossu (« les propos à caractère sexuel et les attitudes déplacées du salarié à l'égard de personnes avec lesquelles l'intéressé était en contact en raison de son travail ne relevaient pas de sa vie personnelle ») ● 8 oct. 2014, 🏛 n° 13-16.793 P : D. 2014. Actu. 2056 ⊘ (« les faits de menaces, insultes et comportements agressifs commis à l'occasion d'un séjour organisé par l'employeur dans le but de récompenser les salariés lauréats d'un "challenge" national interne à l'entreprise et à l'égard des collègues ou supérieurs hiérarchiques du salarié, se rattachaient à la vie de l'entreprise »). ♦ L'employeur peut également sanctionner toutes les fautes commises par le salarié qui se rattachent « à la vie professionnelle du salarié ». ● Soc. 2 déc. 2003, 🏛 n° 01-43.227 P : D. 2004. 2462, note Boudias ⊘ ; Dr. soc. 2004. 550, note Savatier ⊘ ; RJS 2/2004, n° 181 ; JCP 2004. II. 10025, obs. Corrignan-Carsin (fait pour un salarié affecté en exécution de son contrat de travail à la conduite de véhicules automobiles de se voir retirer son permis de conduire pour des faits de conduite sous l'empire d'un état alcoolique, même commis en dehors de son temps de travail, se rattache à sa vie professionnelle) ● Soc. 8 juill. 2020, 🏛 n° 18-18.317 P : D. 2020. 2312, obs. Vernac et Ferkane ⊘ ; Dr. soc. 2020. 961, obs. Mouly ⊘ ; RDT 2020. 611, obs. Dabosville ⊘ ; RJS 10/2020, n° 450 ; JSL 2020, n° 504-4, obs. Lhernould ; JCP S 2020. 3011, obs. Loiseau (se rattachent à la vie professionnelle du salarié, et non à sa vie privée, et peuvent dès lors justifier un licenciement pour faute grave les faits de vol commis par le steward d'une compagnie aérienne pendant le temps d'une escale dans un hôtel partenaire commercial de la société employeur, qui y avait réservé à ses frais les chambres, ces faits ayant été signalés à l'employeur par l'hôtel et la victime n'ayant pas porté plainte en raison de l'intervention de la compagnie aérienne).

3° CONCURRENCE DÉLOYALE

26. Faute grave admise. Se rend coupable d'une faute grave le salarié qui entame des pourparlers avec d'autres membres de l'entreprise en vue de créer une entreprise directement concurrente à celle de son employeur, entreprise effectivement créée après son licenciement. ● Soc. 15 nov. 1984 : Bull. civ. V, n° 442 ; D. 1985. IR 383, obs. Serra. – Dans le même sens : ● Soc. 22 janv. 1985 : D. 1985. IR 383, obs. Serra. ♦ Commet des actes de concurrence déloyale le cadre : qui entretient des relations avec une société concurrente. ● Soc. 9 juill. 1981 : Bull. civ. V, n° 689. ♦ ... Ou qui utilise, en vue de les détourner ultérieurement à son profit personnel, ses relations professionnelles avec les fournisseurs et les clients. ● Soc. 22 févr. 1978 : Bull. civ. V, n° 134. ♦ ... Le représentant qui a une activité professionnelle dans une entreprise concurrente et qui la fait bénéficier des connaissances acquises auprès de son employeur. ● Soc. 2 juin 1977 : Bull. civ. V, n° 370. ♦ ... La salariée – chef d'équipe et ayant une fonction de référente à l'égard de ses collègues – qui exerce pendant ses congés payés des fonctions identiques à celles occupées au sein de la société qui l'emploie, pour le compte d'une société directement concurrente qui intervient dans le même secteur d'activité et dans la même zone géographique, manquant ainsi à son obligation de

27. Information sur l'existence d'une clause de non-concurrence. Caractérise la faute grave le fait pour un salarié de ne pas révéler à son employeur l'existence d'une clause de non-concurrence. • Soc. 10 févr. 1965 : *JCP 1965. II. 14181*, note Camerlynck • 23 mars 1977 : *Bull. civ. V, n° 227*.

28. Faute grave écartée. Ne commet pas une faute grave le salarié qui se porte acquéreur d'actions d'une autre société prétendue concurrente, fût-il porteur majoritaire. • Soc. 8 nov. 1989 : *D. 1990. Somm. 333*, obs. Serra ⧫. ♦ Dans le même sens • Soc. 23 sept. 1992, ⚖ n° 90-45.984 P : *D. 1992. IR 238* ⧫ ; *Dr. soc. 1992. 918*. ♦ Sur la possibilité pour le salarié de préparer la constitution d'une société concurrente qui n'entrera en activité qu'après la cessation de son contrat de travail, V. • Soc. 28 avr. 1986 : *D. 1987. Somm. 265*, obs. Serra.

4° FAUTES PROFESSIONNELLES

29. Insuffisance professionnelle. La seule insuffisance professionnelle ne peut être qualifiée de faute grave. • Soc. 19 mars 1987 : *Bull. civ. V, n° 171* ; *D. 1987. IR 75* • 21 févr. 1990, ⚖ n° 87-40.167 P : *D. 1990. IR 70* • 9 mai 2000, ⚖ n° 97-45.163 P : *Dr. soc. 2000. 786*, obs. Favennec-Héry ⧫. ♦ Sauf si elle révèle une volonté délibérée. • Soc. 31 mars 1998, ⚖ n° 95-45.639 P : *RJS 1998, n° 577* ; *JCP E 1998. 1835*, note Mouly.

30. Modification du contrat de travail. Ne peuvent être constitutifs d'une faute grave les faits se rattachant à l'exercice d'une activité nouvelle caractérisant une modification substantielle du contrat, dès lors que la preuve de l'acceptation d'une telle modification n'a pas été rapportée. • Soc. 4 déc. 1991 : ⚖ *RJS 1992. 94, n° 120*. ♦ De même, ne peuvent être constitutives d'une faute grave, les erreurs commises par un salarié à qui l'employeur faisait effectuer des tâches qui ne relevaient pas de sa qualification et qui étaient étrangères à l'activité pour laquelle il avait été embauché. • Soc. 2 févr. 1999, ⚖ n° 96-44.340 P : *D. 1999. IR 69* ⧫ ; *RJS 1999. 212, n° 350* ; *Dr. soc. 1999. 417*, obs. Radé ⧫. ♦ En revanche, le refus d'une nouvelle affectation n'entraînant pas une modification substantielle du contrat : • Soc. 18 nov. 1992, ⚖ n° 91-41.892 P : *Dr. ouvrier 1993. 113*, note F. S. ; *RJS 1993. 24, n° 5*.

31. Fin d'une période de détachement. Constitue une faute grave le refus délibéré et renouvelé d'un salarié d'intégrer à l'issue de sa période de détachement le poste qui correspondait à ses responsabilités et fonctions de responsable administratif et financier, la réintégration de l'intéressé dans un emploi en région parisienne, qui ne résultait pas de la mise en œuvre d'une clause de mobilité géographique, mais du terme du détachement, ne constituant pas une modification du contrat de travail nécessitant son accord. • Soc. 24 juin 2015, ⚖ n° 13-25.522 P : *D. 2015. Actu. 1445* ⧫ ; *RJS 11/2015, n° 699* ; *JCP S 2015. 1328*, obs. Halard.

32. Non-respect d'une clause de mobilité. Caractérise une faute grave : le fait pour des salariés liés par une clause de mobilité, malgré le respect par l'employeur d'un délai de prévenance suffisant pour leur permettre de s'organiser, de persister dans la durée dans une attitude d'obstruction consistant à se présenter de manière systématique, sur leur ancien lieu de travail, et en l'absence de raison légitime avancée. • Cass., ass. plén., 23 oct. 2015, ⚖ n° 13-25.279 P : *D. 2016. 145*, obs. Mariette ⧫ ; *Dr. soc. 2016. 27*, note Mouly ⧫ ; *RJS 1/2016, n° 6* ; *JCP S 2015. 1433*, obs. Dauxerre. ♦ ... Le fait pour un salarié, pendant six semaines, de violer sa clause de mobilité et, malgré plusieurs lettres de mise en demeure, de refuser de rejoindre successivement deux nouvelles affectations et de ne reprendre son travail qu'après avoir été convoqué à l'entretien préalable au licenciement. • Soc. 12 janv. 2016, ⚖ n° 14-23.290 P : *D. 2016. Actu. 261* ⧫ ; *RJS 3/2016, n° 163* ; *JCP S 2016. 1107*, obs. Dumont.

33. Atteintes à l'honneur ou à la réputation. Constitue une faute grave : le comportement professionnel d'un clerc de notaire de nature à mettre en cause la réputation et à engager la responsabilité pécuniaire des notaires associés. • Soc. 31 janv. 1980 : *Bull. civ. V, n° 99*. ♦ ... L'erreur d'une laborantine qui aurait pu avoir des conséquences sérieuses pour la santé publique. • Soc. 20 mars 1980 : *Bull. civ. V, n° 276*. ♦ Peut être licencié immédiatement : le directeur d'une société portant, dans une réunion à laquelle participaient des représentants de sociétés importantes, des accusations relatives à des décisions capitales que venait d'annoncer le directeur général. • Soc. 19 mai 1976 : *Bull. civ. V, n° 292* ; *D. 1976. IR 179*.

34. Violation de l'obligation de sécurité. Caractérise une faute grave : l'absence de contrôle du serrage des roues d'un ensemble routier ayant entraîné un accident. • Soc. 22 avr. 1982 : *D. 1982. IR 479*. ♦ ... La violation des consignes de sécurité et le fait de dormir pendant les heures de travail au lieu d'assurer la surveillance dont le salarié était chargé en tant que gardien de nuit. • Soc. 20 juill. 1977 : *Bull. civ. V, n° 493* ; *D. 1977. IR 417*. ♦ ... Le directeur d'un foyer pour enfants persistant dans son comportement fautif malgré plusieurs avertissements et compromettant ainsi gravement l'équilibre psychologique et moral des enfants. • Soc. 21 nov. 1979 : *Bull. civ. V, n° 870*.

35. Violation de règles déontologiques. Un salarié professionnel de santé, participant à la transmission de données couvertes par le secret médical, ne peut pas se prévaloir, à l'égard de son employeur, d'une violation du secret médical pour contester le licenciement fondé sur des manquements à ses obligations ayant des conséquences sur la santé des patients. • Soc. 15 juin 2022, ⚖ n° 20-21.090 P : *D. actu. 22 juin 2022*, obs. Malfettes ; *D. 2022. 1210* ⌀ ; *RJS 8-9/2022, n° 437* ; *JCP S 2022. 1219*, obs. C. F. Pradel, P. Pradel-Boureux et V. Pradel.

5° ABSENCES

36. Principe. La gravité d'une faute ne résulte pas seulement de l'absence du salarié, en dépit des consignes et maintenue au mépris des télégrammes adressés par l'employeur, mais encore de son caractère délibéré et réitéré. • Soc. 8 juin 1979 : *Bull. civ. V, n° 505*. ♦ La disparition du salarié résultant de faits inconnus dont on ne peut déduire aucune volonté de ne pas exécuter le contrat de travail ne constitue pas une faute grave. • Soc. 1er oct. 1996, ⚖ n° 94-44.398 P : *Dr. soc. 1996. 1097*, obs. Couturier ⌀ ; *RJS 1996. 750, n° 1160* ; *CSB 1996. 330, S. 144*. ♦ La seule absence d'une justification de prolongation d'un arrêt de travail, même à la demande de l'employeur, ne constitue pas une faute grave de nature à justifier un licenciement. • Soc. 17 oct. 2000, ⚖ n° 98-41.582 P : *D. 2001. 1759*, note Puigelier ⌀ ; *RJS 2001. 23, n° 34* ; *JCP 2000. IV. 2808*.

37. Retour de congés payés. La non-reprise du travail après une période de congés payés, malgré l'ordre formel de l'employeur, constitue un refus volontaire de travail résultant d'une mauvaise volonté caractérisée et constituant une faute grave. • Soc. 10 juill. 1980 : *Bull. civ. V, n° 648* ; *D. 1981. IR 129, 2e esp.*, obs. Langlois. – V. aussi • Soc. 6 mai 1976 : *Bull. civ. V, n° 257* ; *D. 1976. IR 165*. ♦ La prise de congé sans aucun accord de l'employeur constitue une faute grave. • Soc. 12 déc. 1983 : *D. 1984. IR 231*.

38. Absentéisme. Peut être sanctionné pour faute grave le salarié qui, pour la seconde fois en huit jours, quitte son poste de travail sans autorisation, ce qui avait entraîné l'arrêt de l'atelier. • Soc. 21 févr. 1980 : *Bull. civ. V, n° 172*. ♦ Le salarié qui, du fait de la grève des postes, se trouve dans l'impossibilité de faire parvenir à temps la justification de la prolongation de son absence, ne peut se voir opposer la clause d'une convention collective prévoyant qu'après un délai de quinze jours d'absence sans justification le contrat peut être considéré comme rompu de fait, ni se voir reprocher une faute suffisamment grave pour être privé de l'indemnité de préavis. • Soc. 8 févr. 1978 : *Dr. ouvrier 1978. 390*. ♦ Comp. : • Soc. 17 mai 1979 : *D. 1980. IR 25*, obs. Langlois.

39. Le seul fait pour un salarié d'avoir effectué dans les locaux de l'entreprise une réparation sur son véhicule personnel, alors qu'il était en arrêt de travail, ne constitue pas une faute grave dès lors que cette réparation avait été effectuée pendant les heures de sortie autorisée et avec l'autorisation de son supérieur hiérarchique. • Soc. 14 mai 1998, ⚖ n° 96-41.867 P : *Dr. soc. 1998. 715*, obs. Jeammaud ⌀. ♦ L'exercice d'une activité pendant un arrêt de travail provoqué par la maladie ne constitue pas en lui-même un manquement à l'obligation de loyauté qui subsiste pendant la durée de cet arrêt. • Soc. 4 juin 2002, ⚖ n° 00-40.894 P : *D. 2002. IR 2027* ⌀ ; *RJS 2002. 742, n° 963* ; *CSB 2002. 388, A. 52*.

6° INDISCIPLINE

40. Illustrations. Constitue un acte d'indiscipline caractérisant une faute grave le refus : d'obéir aux instructions du supérieur hiérarchique. • Soc. 3 janv. 1980 : *Bull. civ. V, n° 2*. ♦ ... De se soumettre à un contrôle rendu nécessaire par d'importants vols de marchandises. • Soc. 20 mai 1980 : *Bull. civ. V, n° 436*. ♦ ... D'accomplir la mission demandée par l'employeur et de lui envoyer une lettre particulièrement insolente. • Soc. 24 janv. 1979 : *Bull. civ. V, n° 67* ; *D. 1979. 619*, note Serra. ♦ ... D'exécuter des heures supplémentaires autorisées. • Soc. 29 janv. 1969 : *Bull. civ. V, n° 57*. ♦ Comp., lorsque le caractère systématique des heures supplémentaires imposées le samedi pourrait avoir pour effet de modifier le contrat : • Soc. 16 mai 1991 : ⚖ *Dr. soc. 1994. 856*, note J. Mouly ⌀. ♦ ... De prolonger l'horaire d'une heure afin de terminer le déchargement urgent de denrées périssables. • Soc. 26 avr. 1979 : *Bull. civ. V, n° 345* ; *D. 1980. IR 25*, obs. Langlois. ♦ V. aussi : • Soc. 8 déc. 1988 : *D. 1988. IR 299* • 13 juill. 1988 : *Bull. civ. V, n° 445* (refus d'exécuter une réparation urgente).

41. Le refus par un salarié de continuer le travail ou de le reprendre après un changement de ses conditions de travail décidé par l'employeur dans l'exercice de son pouvoir de direction constitue, en principe, une faute grave qu'il appartient à l'employeur de sanctionner une seule fois. • Soc. 10 juill. 1996 (1er arrêt), ⚖ n° 93-41.137 P : *GADT, 4e éd., n° 50* ; *JCP 1997. II. 22768*, note Saint-Jours ; *RJS 1996. 580, n° 900* ; *CSB 1996. 317, A. 62*, note Philbert (1re esp.) • 10 juill. 1996 (2e arrêt), ⚖ n° 93-40.966 P : *JCP 1997. II. 22768*, note Saint-Jours ; *Dr. soc. 1996. 976*, obs. H. Blaise ⌀ ; *RJS 1996. 580, n° 900*. ♦ Mais ce refus ne constitue pas nécessairement une faute grave. • Soc. 15 juill. 1998, ⚖ n° 97-43.985 P : *Dr. soc. 1998. 878*, note Couturier ⌀.

42. Le refus persistant de se présenter à la visite médicale de reprise constitue une faute grave. • Soc. 29 nov. 2006, ⚖ n° 04-47.302 P : *RDT 2007. 167*, obs. Auzero ⌀ ; *Dr. soc. 2007. 248*, obs. Savatier ⌀ ; *ibid. 369*, obs. Radé ⌀.

43. Peut se voir reprocher une faute grave le chauffeur coupable d'un délit de fuite dans un accident dont l'employeur a été reconnu civilement responsable. • Soc. 8 juin 1979 : *Bull. civ. V, n° 512* ; *D. 1980. IR 90*, obs. Pélissier ; *JCP 1980. II. 19441*, note Atias. ♦ ... Ou le salarié, travaillant à sa guise, faisant preuve d'indiscipline et nuisant à la bonne marche de l'entreprise. • Soc. 4 févr. 1981 : *Bull. civ. V, n° 100.*

44. L'appréciation des faits constitutifs d'insubordination doit se faire en fonction de la personnalité du salarié lorsque celui-ci comprend mal la langue française. • Soc. 26 janv. 1989 : *Bull. civ. V, n° 83 ; D. 1989. IR 54.*

45. Qualification écartée. La faute grave n'est pas établie lorsque le salarié refuse de continuer à travailler sur un chantier, dès lors que l'employeur n'accorde pas l'indemnité de déplacement prévue par la convention collective. • Soc. 7 févr. 1980 : *Bull. civ. V, n° 120.* ♦ ... De prendre ses congés annuels à une autre date que les années précédentes, alors qu'il n'a pas été avisé de la période ordinaire des vacances au moins deux mois avant l'ouverture de celle-ci. • Soc. 3 mai 1979 : *Bull. civ. V, n° 376 ; D. 1980. IR 30.* ♦ ... De soumettre son véhicule stationné sur la voie publique à un contrôle de l'employeur. • Soc. 9 avr. 1987 : *Bull. civ. V, n° 205 ; JCP 1987. IV. 211.*

7° VIOLENCES, RIXES, INCORRECTIONS, INTEMPÉRANCE

46. Caractère inexcusable. Les violences exercées au temps et au lieu de travail ne peuvent être justifiées par des mobiles tirés de l'organisation défectueuse de l'entreprise. • Soc. 29 juin 1983 : *D. 1984. IR 31.*

47. Illustrations. Sont constitutives d'une faute grave les agressions sur la personne des dirigeants de l'entreprise. • Soc. 16 mars 1978, 🏛 n° 76-41.106 P : *D. 1978. IR 317.* – V. aussi • Soc. 14 déc. 1977 : *Bull. civ. V, n° 696.* ♦ ... Les menaces exercées à l'aide d'un couteau contre d'autres salariés. • Soc. 10 mai 1978 : *Bull. civ. V, n° 341.*

48. La faute grave peut résulter d'une attitude indécente répétée d'un salarié à l'égard de ses collègues féminines. • Soc. 28 nov. 1989 : *Bull. civ. V, n° 684* ♦ Le harcèlement sexuel constitue nécessairement une faute grave. • Soc. 5 mars 2002, 🏛 n° 00-40.717 P : *D. 2002. IR 1118* ⌀ *; RJS 2002. 411, n° 528.* • 19 avr. 2000 : 🏛 *RJS 2000. 438, n° 628.* • 3 mai 1990, 🏛 n° 88-41.513 P : *RJS 2002, n° 528.*

49. Faute non retenue. Ne commet pas de faute grave le salarié pénétrant de force dans l'appartement de son employeur pour des raisons étrangères à l'exécution du contrat de travail. • Soc. 16 juin 1988 : *Bull. civ. V, n° 368 ; Dr. ouvrier 1989. 222.*

50. Éthylisme. Constitue une faute grave le fait pour un salarié en état d'ébriété d'avoir pris un véhicule de son employeur pour son usage personnel, dès lors que, si la juridiction pénale n'a pas retenu la qualification de vol en l'absence d'intention frauduleuse caractérisée, elle n'a pas dénié la matérialité des faits. • Soc. 28 oct. 1981 : *Bull. civ. V, n° 838.*

51. Peut être sanctionné au titre de la faute grave le fait pour un chauffeur-livreur de conduire un véhicule de l'entreprise avec un taux d'alcoolémie constitutif d'une infraction pénale. • Soc. 6 mars 1986 : *Bull. civ. V, n° 84.* ♦ ... Ou le fait pour un inspecteur de clientèle de s'enivrer au cours d'une réunion organisée par un client et de commettre différents actes blâmables. • Soc. 21 mars 1979 : *Bull. civ. V, n° 251.* ♦ ... Ou le fait de s'enivrer en dehors des temps de travail mais au sein de l'entreprise, en violation des dispositions du règlement intérieur et de se livrer à des violences inexcusables. • Soc. 28 mars 2000, 🏛 n° 97-43.823 P :*RJS 2000. 357, n° 511.*

52. Consommation de substance illicite. Le fait de fumer du cannabis ou une substance illicite est une faute grave même s'il s'agit d'un fait isolé n'ayant pas donné lieu à un avertissement préalable. • Soc. 1er juill. 2008, 🏛 n° 07-40.053 P : *RJS 2009. 813, n° 995 ; JCP S 2008. 1509, obs. Bugada ; JSL 2008, n° 238-2.*

8° INSULTES, GROSSIÈRETÉS

53. Principe. Des insultes grossières constituent une faute grave. • Soc. 20 juill. 1978 : *Bull. civ. V, n° 610* • 27 févr. 1980 : *ibid., n° 190* • 10 déc. 1985 : *ibid., n° 596 ; Dr. soc. 1986. 209.* ♦ Même solution pour des propos racistes. • Soc. 25 janv. 1995 : 🏛 *Dr. soc. 1995. 265* ⌀. ♦ Constitue une faute grave la pose d'une affiche dont les termes témoignent de la part de son auteur, membre du comité d'établissement, d'une intention malveillante à caractère nettement diffamatoire. • Soc. 16 oct. 1985 : *Bull. civ. V, n° 461 ; D. 1986. IR 92.* ♦ ... Ou l'envoi d'une lettre particulièrement violente à la suite d'une sanction justifiée. • Soc. 24 janv. 1979 : *Bull. civ. V, n° 67 ; D. 1979. 619, note Serra.*

54. Faute grave non retenue. La faute grave n'est pas établie lorsque les insultes proférées par un salarié ayant vingt années d'ancienneté ne dépassent pas les propos habituellement utilisés dans son milieu professionnel. • Soc. 16 févr. 1987 : *Bull. civ. V, n° 79 ; Dr. soc. 1987. 357, note Savatier.* ♦ Dans le même sens, pour des insultes proférées sous le coup de la colère : • Soc. 8 nov. 1978 : *Bull. civ. V, n° 745 ; D. 1979. IR 230, obs. Pélissier.* ♦ ... Ou justifiées par l'attitude d'un directeur. • Soc. 4 janv. 1968 : *JCP 1969. II. 15835, note Ghestin.* ♦ V. aussi, pour des propos tenus lors d'une réunion sur le reclassement du salarié devenu inapte : • Soc. 3 mai 1994 : 🏛 *RJS 1994. 411, n° 667.* ♦ La mention désobligeante portée sur le double d'un bon de commande adressé par inadvertance au client ne caractérise pas la faute grave. • Soc. 29 avr. 1976 : *Bull. civ. V, n° 244 ; D. 1976. IR 152.*

9° INDÉLICATESSE, MALVERSATIONS

55. Comportements visés. Sont constitutifs d'une faute grave : le fait de prendre des paris pendant le temps de travail et avec le matériel de l'entreprise. • Soc. 14 mars 2000, ⚖ n° 98-42.090 P : *D. 2000. IR 105* ⌐ *; RJS 2000. 281, n° 386*. ♦ Les rapports mensongers établis par un délégué médical sur son activité. • Soc. 22 nov. 1978 : *Bull. civ. V, n° 786*. ♦ Comp., pour une hypothèse où la faute grave n'a pas été retenue, dès lors qu'il n'était pas établi que la rédaction de rapports inexacts ait été répétée, ni qu'elle ait entraîné une diminution du chiffre d'affaires : • Soc. 12 mars 1981 : *Bull. civ. V, n° 214*. ♦ ... La falsification des notes de restaurant pour obtenir des indemnités de repas. • Soc. 21 mai 1980 : *Bull. civ. V, n° 450*. ♦ ... L'établissement de faux bons de commande et de faux dossiers. • Soc. 1er avr. 1976 : *Bull. civ. V, n° 215 ; D. 1976. IR 151*. ♦ ... L'encaissement à titre habituel par un directeur des achats de sommes d'argent de plusieurs fournisseurs, ce qui le plaçait vis-à-vis d'eux dans un état de dépendance contraire aux intérêts de la société. • Soc. 18 déc. 1979 : *Bull. civ. V, n° 1008 ; D. 1980. IR 158*. ♦ ... Le fait pour un directeur de magasin de sortir des marchandises sans passer par la caisse ou sans les payer immédiatement. • Soc. 31 janv. 1979 : *Bull. civ. V, n° 92 ; D. 1979. IR 283*. ♦ ... La production par un salarié au cours d'une instance l'opposant à l'employeur de documents étrangers aux débats et tendant à établir de prétendues malversations de l'employeur. • Soc. 20 juin 1990, n° 87-42.159 P : *D. 1990. IR 1885*. ♦ ... Le vol commis au préjudice d'un client de l'employeur, alors même que l'objet soustrait serait de faible valeur. • Soc. 16 janv. 2007, ⚖ n° 04-47.051 P : *RDT 2007. 240, obs. Dockès*⌐. ♦ Contra, lorsqu'il s'agit de documents établis par le salarié ou qu'il avait eus à sa disposition dans le cadre de ses fonctions : • Soc. 19 juin 1991, ⚖ n° 86-45.504 P : *Dr. soc. 1991. 638 ; RJS 1991. 433, n° 826*.

56. Vol. Le vol commis par un salarié au préjudice d'un client de l'employeur caractérise, alors même que l'objet soustrait serait de faible valeur, une faute grave de nature à rendre impossible la poursuite du contrat de travail pendant la durée du préavis. • Soc. 16 janv. 2007, ⚖ n° 04-47.051 P : *RDT 2007. 240, obs. Dockès*⌐.

57. Jurisprudence antérieure. L'employeur est fondé à licencier pour faute grave, avant toute condamnation pénale, un cadre poursuivi pour le vol d'un tableau dans un musée au cours d'un déplacement professionnel. • Soc. 7 févr. 1985 : *Bull. civ. V, n° 90*. ♦ Le vol commis au préjudice de son employeur par le salarié constitue une faute grave. • Soc. 20 févr. 1986 : *Bull. civ. V, n° 28 ; Dr. soc. 1986. 236, note Savatier* (vol d'une paire de lacets par l'employé d'un magasin). ♦ Comp., pour un refus de la faute grave : • Soc. 15 nov. 1989 : *Bull. civ. V, n° 662 ; D. 1989. IR 306* (salarié « mettant de côté » une pièce de viande) • 21 déc. 1989 : *CSB 1990. 34, B. 25* (consommation d'un paquet de crêpes, la cour d'appel ayant constaté qu'il était habituel dans les boulangeries-pâtisseries que les salariés consomment des denrées pendant leurs heures de travail) • 19 mai 1993 : ⚖ *CSB 1993. 163, B. 95* (soustraction d'une plaque de chocolat).

58. Faute grave écartée. N'est pas caractéristique d'une faute grave : le manquement constaté dans le contenu d'une caisse, dès lors que la vérification quotidienne de ce contenu ne paraissait pas très rigoureuse et que la caissière n'avait fait l'objet d'aucune critique depuis neuf ans. • Soc. 28 juin 1978 : *Bull. civ. V, n° 513 ; D. 1979. IR 26, 2e esp., obs. Langlois*. ♦ ... Ni le fait de retenir la recette d'une séance de cinéma en raison d'anciens impayés. • Soc. 19 juin 1990, ⚖ n° 86-44.330 P : *D. 1990. IR 185*. ♦ Lorsque la somme d'argent disparue dans le coffre d'un chef de magasin est d'un montant tel qu'il empêche toute continuation de l'exécution du contrat en provoquant une perte de confiance, l'employeur peut prononcer le licenciement immédiat et sans indemnités du salarié. • Soc. 17 oct. 1979 : *Bull. civ. V, n° 738*.

59. Autorité de la chose jugée. Lorsqu'un salarié, poursuivi pour recel, bénéficie d'une décision de relaxe fondée sur l'absence de preuve du caractère frauduleux de ses agissements, cette décision ne fait pas obstacle à ce que les juges recherchent si la perception de la somme litigieuse ne pouvait pas caractériser de sa part une faute civile de nature à le priver de tout ou partie de ses indemnités. • Soc. 21 juin 1989 : *D. 1990. 132, note Pralus-Dupuy*⌐. ♦ Lorsque la matérialité des faits est établie, la décision du juge pénal s'impose au juge civil. • Soc. 10 déc. 1991, ⚖ n° 90-44.351 P. • 15 déc. 2004 : ⚖ *RJS 2005. 197, n° 258*. ♦ Le motif de falsification de chèque invoqué dans la lettre de licenciement est inexistant si une décision de relaxe de ce chef a été prononcée. • Soc. 17 nov. 1998 : *JCP 1999. IV. 1016*.

10° CONTRÔLE DES HORAIRES

60. Le non-respect des règles du contrôle des horaires est constitutif d'une faute grave s'agissant de l'omission d'arrêter le compteur lors de la cessation de travail. • Soc. 22 sept. 1993 : ⚖ *RJS 1993. 641, n° 1078*. ♦ ... S'agissant de la falsification de deux feuilles de pointage au préjudice de l'employeur, même si ce fait a été commis sur incitation du supérieur hiérarchique. • Soc. 21 oct. 1998, ⚖ n° 96-43.277 P. ♦ En revanche, le seul refus de se conformer aux formalités de pointage, eu égard à l'absence de conflits sur les horaires, ne peut être constitutif de faute grave, ce refus constitue cependant une faute justifiant un licenciement. • Soc. 17 nov. 1998 : ⚖ *RJS 1999. 113, n° 170*.

11° UTILISATION DU MATÉRIEL DE L'ENTREPRISE

61. Téléphone. Constitue une faute grave le fait, pendant plusieurs mois, et malgré avoir été averti à plusieurs reprises de l'augmentation anormale des communications téléphoniques, de téléphoner quotidiennement de Martinique en métropole à partir du bureau du président. ● Soc. 18 juin 2003 : ⚖ *RJS 2003. 666, n° 979.*

62. Connexions internet. L'usage de la connexion internet de l'entreprise, à des fins non professionnelles, pour une durée totale d'environ 41 heures durant un mois, constitue un comportement rendant impossible le maintien du salarié dans l'entreprise et est constitutif d'une faute grave. ● Soc. 18 mars 2009 : ⚖ *D. 2009. AJ 1093, obs. Dechristé.*

12° NON-RESPECT DES CONSIGNES DE SÉCURITÉ

63. Faute grave retenue. En cas de manquement à l'obligation qui lui est faite par l'art. L. 230-3 [L. 4122-1 nouv.] de prendre soin de sa sécurité et de sa santé, ainsi que celle des autres personnes concernées du fait de ses actes ou de ses omissions au travail, un salarié engage sa responsabilité et une faute grave peut être retenue contre lui, notamment s'il refuse de porter un casque de sécurité. ● Soc. 23 mars 2005, ⚖ n° 03-42.404 P : *D. 2005. 1758, note Gaba ; JSL 2005, n° 166-3 ; RJS 2005. 454, n° 641.*

64. Tabagisme. Constitue une faute grave le comportement du salarié surpris en train de fumer dans les locaux de l'entreprise alors que l'interdiction de fumer résultant d'une décision préfectorale justifiée par la sécurité des personnes et des biens, et que cette interdiction avait bien été portée à la connaissance de tous les salariés. ● Soc. 1er juill. 2008, ⚖ n° 06-46.421 P : *RDT 2008. 750, obs. Véricel ; RJS 2008. 785, avis Petit ; ibid. 2009. 819, n° 1003 ; JCP S 2008. 1509, obs. Bugada ; JSL 2008, n° 238-2.*

II. PRÉAVIS

65. Indisponibilité des règles régissant la rupture du contrat de travail. L'employeur et le salarié ne peuvent renoncer par avance au droit de se prévaloir des règles du licenciement, de sorte que le salarié ne peut, en particulier, renoncer valablement à l'exécution de son préavis avant la notification de son licenciement, peu important la communication d'un plan de mobilité professionnelle avant cette date. L'employeur doit alors indemniser le salarié dont la renonciation au préavis n'est pas valable. ● Soc. 7 déc. 2022, ⚖ n° 21-16.000 B : *D. actu. 16 déc. 2022, obs. Malfettes ; D. 2022. 2225 ; RJS 3/2023, n° 132.*

A. SOURCES

66. Loi applicable. Le droit au préavis et à l'indemnité de licenciement naissant à la date de notification de la rupture, ce sont les dispositions légales ou conventionnelles en vigueur à cette date qui déterminent les droits du salarié, sauf clause expresse contraire. ● Soc. 19 janv. 1994, ⚖ n° 89-41.245 P : *D. 1994. IR 37 ; Dr. soc. 1994. 268 ; CSB 1994. 45, A. 11 ; RJS 1994. 183, n° 250* ● 5 juin 1996, ⚖ n° 92-42.034 : *RJS 1996. 507, n° 788.*

67. Subsidiarité des usages. La convention collective prime sur les usages, même si ces derniers sont plus favorables au salarié. ● Cass., ch. réun. 22 juin 1966 : ⚖ *Bull. ch. réun, n° 1 ; D. 1966. 502, et la note ; JCP 1966. II. 14844, note Voirin* (arrêt rendu à propos de la fixation du point de départ du délai de préavis). ♦ Dans le même sens : ● Soc. 9 févr. 1978 : *Bull. civ. V, n° 96* (primauté de la convention collective ne prévoyant pas le report du point de départ à la fin du mois en cours sur l'usage plus favorable). ♦ Doit être cassé l'arrêt qui, pour condamner l'employeur à verser une indemnité sur le fondement de l'art. L. 122-6, 1° [L. 1234-1 nouv.], se réfère aux usages locaux tout en relevant qu'une convention collective était applicable aux parties. ● Soc. 14 avr. 1983 : *Bull. civ. V, n° 193 ; D. 1984. IR 167, obs. Vachet.*

68. Le juge ne peut fixer un délai-congé supérieur à la durée légale sans constater l'existence dans la localité et la profession d'un usage plus favorable. ● Soc. 8 juill. 1976 : *Bull. civ. V, n° 437 ; D. 1976. IR 244.* – V. aussi ● Soc. 22 avr. 1966 : *Bull. civ. V, n° 367 ; D. 1966. 522.*

69. Convention n° 158 de l'OIT. Le délai de 6 mois constitue une durée d'ancienneté raisonnable au sens de l'art. 2 de la convention n° 158 de l'OIT qui est d'application directe devant les juridictions nationales. ● Soc. 29 mars 2006, ⚖ n° 04-46.499 P : *D. 2006. 2228, note Perrin ; D. 2006. IR 946 ; RJS 2006. 397, n° 561 ; Dr. soc. 2006. 636, Avis Duplat ; JSL 2006, n° 188-2 ; JCP S 2006. 1427, note Vatinet.*

B. SITUATION DES PARTIES

70. Employeur. Le salarié doit, durant la période de préavis, rester à la disposition de l'employeur, sous réserve que la continuation du contrat de travail ne revête pas un caractère vexatoire. ● Soc. 11 mars 1976 : *Bull. civ. V, n° 158.* ♦ V., pour une attitude de l'employeur de nature à bouleverser le salarié : ● Soc. 21 mai 1980 : *Bull. civ. V, n° 451.*

71. En cas de modification du contrat, l'employeur est tenu de verser l'indemnité de préavis, le salarié ne pouvant être contraint d'effectuer le préavis dans les conditions nouvelles imposées unilatéralement. ● Soc. 7 juill. 1988 : *Bull. civ. V, n° 427* ● 5 avr. 1989 : *RJS 1989. 234, n° 421* ● Cass., ass. plén., 18 nov. 1994, ⚖ n° 90-44.754 P : *Gaz. Pal. 1995. 1. 9, concl. Jéol* ● Soc. 9 déc. 1998, ⚖ n° 96-44.789 P : *RJS 1999. 40, n° 45* ● 5 oct. 1999, ⚖ n° 97-42.302 P : *RJS 1999. 842, n° 1370.* ♦ Mais l'employeur qui licencie un salarié à raison du refus par celui-ci d'un changement de ses conditions de travail, sans se prévaloir de la faute grave, est fondé à lui imposer d'exécuter son préavis dans les conditions nouvellement prévues. ● Soc.

25 nov. 1997, n° 95-44.053 P : *D. 1998.* 398, note Puigelier ; *RJS 1998.* 26, n° 28 ; *Dr. soc. 1998.* 82, obs. Favennec-Héry ; *CSB 1998.* 51, A. 13 ; *JCP 1998.* II. 10032, note Corrignan-Carsin.

72. Salarié. Le salarié ne devient créancier de l'indemnité de délai-congé qu'à la condition de rester à la disposition de son employeur, sauf si ce dernier l'en dispense. • Soc. 6 nov. 1975 : *Bull. civ. V, n° 516* • 9 mars 1978 : *ibid., n° 175.* ♦ V., pour une indisponibilité résultant d'un arrêt maladie : • Soc. 10 déc. 1975 : *Bull. civ. V, n° 601* • 12 nov. 1997, n° 94-42.347 P : *RJS 1998.* 22, n° 22. ♦ ... Ou de l'incorporation pour le service national : • Soc. 10 janv. 1980 : *Bull. civ. V, n° 33.*

73. La clause d'un contrat prévoyant une augmentation à une date déterminée, sans réserve, doit s'appliquer à un salarié en cours d'exécution du préavis. • Soc. 6 févr. 1992 : *RJS 1992.* 256, n° 440.

74. Effet interruptif de la faute grave en cours de préavis. La faute grave commise au cours du préavis justifie l'interruption de celui-ci, mais ne prive pas le salarié de l'indemnité de licenciement qui prend naissance à la date de la rupture, même si son exigibilité est reportée à la fin du préavis. • Soc. 23 mai 1984 : *Bull. civ. V, n° 222* ; *D. 1984.* IR 449 • 7 mai 1987 : *D. 1987.* IR 129 • 10 mai 1989 : *Bull. civ. V, n° 350* • 5 av. 1990, n° 87-45.570 P : *D. 1990.* IR 113 • 7 mai 1991, n° 87-42.590 P. • 8 juill. 1992, n° 89-40.619 P • 25 janv. 1995 : *Dr. soc. 1995.* 269 ; *CSB 1995.* 89, S. 45. ♦ La faute grave révélée au cours du préavis, après la notification du licenciement, et commise antérieurement ne peut entraîner la perte du droit à l'indemnité de licenciement. • Soc. 7 mars 1990, n° 86-45.685 P : *CSB 1990.* 129 ; *RJS 1990.* 226, n° 292. ♦ Elle ne peut avoir pour effet que d'interrompre le préavis et de priver le salarié de la partie d'indemnité compensatrice de préavis correspondant à la partie de préavis restant à courir. • Soc. 31 janv. 1996 : *Dr. soc. 1996.* 430. ♦ Mais la faute grave commise au cours de l'exécution son préavis par le salarié, qui n'en était pas dispensé, ayant eu pour effet d'interrompre le préavis, cette interruption doit être prise en compte pour déterminer le montant de l'indemnité de licenciement. • Soc. 11 sept. 2019, n° 18-12.606 P : *D. 2019.* Actu. 1767 ; *JCP S 2019.* 1285, obs. Drai. ♦ Toutefois, la faute grave commise alors que le salarié a été dispensé d'exécuter son préavis ne le prive pas de l'indemnité compensatrice de préavis. • Soc. 9 mai 2000, n° 97-45.294 P : *D. 2000.* IR 157 ; *RJS 2000.* 448, n° 650. ♦ L'interruption immédiate du préavis n'oblige pas l'employeur à réitérer la procédure de licenciement. • Soc. 24 oct. 1989 : *Bull. civ. V, n° 611* ; *D. 1989.* IR 291. ♦ Sur le caractère indifférent des faits postérieurs au licenciement, V. • Soc. 7 févr. 1990, n° 87-40.019 P.

75. Faute lourde. La faute lourde commise au cours du préavis justifie l'interruption de celui-ci, mais ne saurait priver le salarié de son droit à l'indemnité compensatrice de congés payés et de son droit à l'indemnité de licenciement qui prend naissance à la date de notification du congé, même si son exigibilité est reportée à la fin du préavis. • Soc. 5 avr. 1990, n° 88-16.029 P : *D. 1990.* IR 113 ; *CSB 1990.* 131, A. 29. ♦ En cas de faute lourde commise par le salarié au cours du préavis dont il a été dispensé, l'employeur peut seulement prétendre à des dommages-intérêts en raison du préjudice qu'il a subi à cause de cette faute. • Soc. 22 mai 2002, n° 00-40.446 P : *Dr. soc. 2002.* 786, obs. Radé ; *RJS 2002.* 745, n° 968.

76. Heures de recherche d'emploi. V., pour l'affirmation d'un usage non contesté accordant deux heures par jour au salarié pour rechercher un emploi : • Soc. 7 févr. 1957, n° 4.065 P : *Dr. soc. 1957.* 362. ♦ Comp. : • Soc. 26 févr. 1981 : *Cah. prud'h. 1985.* 73, accordant, en l'absence de convention collective, une indemnité pour recherche d'emploi supérieure à celle résultant d'un usage local dans la profession considérée.

77. Le droit à des heures pour rechercher un emploi n'existe que pour autant que le salarié n'a pas trouvé un nouvel emploi. • Soc. 7 févr. 1957 : préc. note 76. ♦ Mais il appartient à l'employeur, qui n'est pas juge des démarches nécessaires au salarié, de démontrer l'inutilité de ces heures. • Soc. 9 avr. 1987 : *Cah. prud'h. 1987.* 122. ♦ Contra : • Soc. 3 févr. 1993 : *CSB 1993.* 85, A. 21 (charge de la preuve incombant au salarié). ♦ L'adhésion à une convention d'allocations spéciales du FNE n'interdit pas la reprise d'une activité professionnelle ; il appartient à l'employeur qui avait reporté les heures pour recherche d'emploi en fin de préavis d'établir qu'elles étaient inutiles. • Soc. 1er mars 1995 : *RJS 1995.* 280, n° 413.

78. La seule fixation par la loi d'un délai-congé minimum n'a pas pour effet d'étendre à toute la durée du préavis légal le bénéfice du temps d'absence pour recherche d'emploi prévue seulement pour la durée d'un préavis conventionnel. • Soc. 7 mai 1987 : *Bull. civ. V, n° 280.*

79. Les heures non utilisées ne peuvent donner droit au paiement d'heures supplémentaires destinées à les remplacer. • Soc. 13 nov. 1974 : *Bull. civ. V, n° 537.* – V. aussi • Soc. 23 juin 1983 : *D. 1983.* IR 402. ♦ Solution inverse, en cas de dispositions conventionnelles prévoyant le paiement des heures non utilisées : • Soc. 3 mai 1994 : *RJS 1994.* 581, n° 979.

80. Est abusif le refus opposé par l'employeur à une demande de regroupement des heures de recherche d'emploi justifié par une convocation à un concours administratif. • Soc. 14 mai 1985 : *Bull. civ. V, n° 295.* ♦ Rappr. : • Soc. 4 avr. 1979 : *Bull. civ. V, n° 319.*

C. DURÉE DU PRÉAVIS

81. Délai préfix. Le délai de préavis est un délai préfix, insusceptible de suspension ou de prorogation. • Soc. 12 juin 1986 : *Bull. civ. V, n° 305* (survenance d'intempéries pendant le délai-congé n'ayant pas pour effet de retarder sa date d'expiration ; V. art. D. 5424-22) • 3 oct. 1968 : *Dr. soc. 1969. 47, note Savatier* (pas de prolongation en cas de grève). ♦ V. cependant notes 71 s. ♦ La réduction de la durée du préavis, par avenant au contrat de travail, constitue une modification du contrat et le refus du salarié de l'accepter ne caractérise pas, à lui seul, un motif de licenciement. • Soc. 15 juill. 1998, ⚖ n° 97-43.985 P : *RJS 1998. 715, n° 1176.*

82. Maladie. Le délai-congé ne peut être prorogé de la durée de la maladie du salarié. • Soc. 28 juin 1989 : *Bull. civ. V, n° 473.* ♦ Sur une prolongation prévue par une convention collective, V. • Soc. 28 mars 1984 : *Liaisons soc. Lég. soc., n° 3491, 3.* ♦ L'allongement du délai-congé ne saurait résulter du paiement bénévole de l'indemnité de préavis, alors que l'employeur n'y était pas obligé, en raison de la maladie du salarié. • Soc. 20 juin 1985 : *Bull. civ. V, n° 357.* ♦ Un salarié, en arrêt-maladie à la date de la rupture du contrat qui informe son employeur de sa possibilité de reprendre le travail en cours de préavis, a droit à une indemnité compensatrice pour le préavis non exécuté du fait de l'employeur, à compter de la date de reprise. • Soc. 10 nov. 1997, ⚖ n° 94-42.347 P : *RJS 1998. 22, n° 22.*

83. Accident du travail. Le préavis est suspendu pendant la durée de l'arrêt de travail provoqué par un accident du travail. • Soc. 18 juill. 1996, ⚖ n° 93-43.581 P : *JCP 1996. II. 22726, note Corrignan-Carsin ; Dr. soc. 1996. 982 ; RJS 1996. 664, n° 1040 ; ibid. 643, chron. Bourgeot.*

84. Congés payés. Les périodes de préavis et de congés payés ne se confondant pas, c'est avec raison qu'un conseil de prud'hommes exclut du montant des droits du salarié au titre du préavis celui afférent aux congés payés. • Soc. 16 févr. 1989 : *Bull. civ. V, n° 136.* ♦ Le versement de l'indemnité de congés payés ne peut, en lui-même, avoir pour effet de reporter le point de départ du délai-congé. • Soc. 4 mars 1992, ⚖ n° 90-14.551 P : *RJS 1992. 256, n° 439.* ♦ La rupture du contrat de travail notifiée pendant le congé annuel ne fait courir le préavis qu'à la date où le congé annuel prend fin. • Soc. 8 nov. 1995 : ⚖ *RJS 1995. 795, n° 1243.* – V. déjà : • Soc. 13 nov. 1967 : *Bull. civ. IV, n° 717.* ♦ Le préavis d'un licenciement qui commence à courir avant la date de départ en congé annuel du salarié, fixée par l'employeur antérieurement au licenciement, est suspendu par la prise de ce congé. • Soc. 14 nov. 1990, ⚖ n° 87-45.288 P : *D. 1990. IR 290.* ♦ Dans le même sens : • Soc. 12 oct. 1978 : *Bull. civ. V, n° 667 ; D. 1979. IR 228, obs. Pélissier* (salarié achevant son préavis à son retour de congé) • 22 juin 1994 : ⚖ *RJS 1994. 581, n° 978.* – V. égal. • Soc. 23 mars 1989 : *RJS 1989. 241, n° 436.* ♦ L'indemnité de préavis s'ajoute à celle de congés payés lorsque c'est l'employeur qui a imposé au salarié de prendre son congé pendant le préavis. • Soc. 24 nov. 1988 : *RJS 1989. 88, n° 155.* ♦ L'initiative prise par le salarié, en accord avec son employeur, de prendre son congé payé pendant la période de préavis n'est pas contraire à l'ordre public. • Cass., ass. plén., 5 mars 1993, ⚖ n° 88-45.233 P : *JCP 1993. II. 22046, note Saint-Jours ; RJS 1993. 236, n° 389 ; Dr. soc. 1993. 459.* – V. déjà, dans la même affaire, • Soc. 7 mai 1987 : *D. 1987. IR 134.*

Art. L. 1234-2 Toute clause d'un contrat de travail fixant un préavis d'une durée inférieure à celui résultant des dispositions de l'article L. 1234-1 ou une condition d'ancienneté de services supérieure à celle énoncée par ces mêmes dispositions est nulle. — *[Anc. art. L. 122-7.]*

Art. L. 1234-3 La date de présentation de la lettre recommandée notifiant le licenciement au salarié fixe le point de départ du préavis. — *[Anc. art. L. 122-14-1, al. 1ᵉʳ, phrase 2.]*

1. Envoi de la lettre recommandée. La rupture du contrat de travail se situe à la date où l'employeur a manifesté sa volonté d'y mettre fin, c'est à dire au jour de l'envoi de la lettre recommandée avec demande d'avis de réception notifiant la rupture ; si le salarié est informé de son licenciement avant la réception de la lettre mais après l'expédition de celle-ci, cette information ne rend pas pour autant le licenciement sans cause réelle et sérieuse. • Soc. 6 mai 2009 : ⚖ *D. 2009. AJ 1486, obs. Maillard ; RJS 2009. 555, n° 622 ; Dr. soc. 2009. 818, note Favennec-Héry ; JSL 2009, n° 258-3.*

2. Paiement du salaire. Même si le salarié ne peut exécuter un préavis en raison de son inaptitude, le salaire est dû jusqu'à la présentation de la lettre de licenciement. • Soc. 12 déc. 2018, ⚖ n° 17-20.801 P : *D. 2019. Actu. 18 ; RJS 3/2019, n° 150 ; JCP S 2019. 1039, obs. Jeansen ; JSL 2019, n° 469-5, obs. Julien-Paturle.*

Art. L. 1234-4 L'inexécution du préavis de licenciement n'a pas pour conséquence d'avancer la date à laquelle le contrat prend fin. — *[Anc. art. L. 122-8, al. 2.]*

Art. L. 1234-5 Lorsque le salarié n'exécute pas le préavis, il a droit, sauf s'il a commis une faute grave, à une indemnité compensatrice.

L'inexécution du préavis, notamment en cas de dispense par l'employeur, n'entraîne aucune diminution des salaires et avantages que le salarié aurait perçus s'il avait accompli son travail jusqu'à l'expiration du préavis, indemnité de congés payés comprise.

L'indemnité compensatrice de préavis se cumule avec l'indemnité de licenciement et avec l'indemnité prévue à l'article L. 1235-2. — *[Anc. art. L. 122-8, al. 1er et al. 3, phrase 1.]*

RÉP. TRAV. v° *Contrat de travail à durée indéterminée (Préavis de rupture et indemnité de licenciement)*, par VACHET.

BIBL. ▶ CHELLE et PRÉTOT, *RJS 1990. 375* (prélèvements sociaux et fiscaux). – DAVID, *Dr. soc. 1981. 684* (régime fiscal). – A. MAZEAUD, *D. 1986. Chron. 235* (sort de l'indemnité de préavis en régime de communauté). – SAVATIER, *Dr. soc. 1985. 194* ; *ibid. 1989. 125*. – SOUHAIR, *Dr. ouvrier 1991. 120*. – VALLÉE, *Dr. soc. 1992. 871* (ancienneté) ; *CSB 1991. 297*.

COMMENTAIRE

V. sur le Code en ligne 🏛.

I. DROIT À L'INDEMNITÉ COMPENSATRICE DE PRÉAVIS

A. PRINCIPES

1° CAS PARTICULIERS

1. Reprise du contrat par une personne publique. Lorsque l'activité d'une entité économique employant des salariés de droit privé est, par transfert de cette entité, reprise par une personne publique dans le cadre d'un service public administratif, cette personne doit proposer aux salariés un contrat de droit public ; en cas de refus des salariés d'accepter le contrat proposé, leur contrat prend fin de plein droit, et la personne publique applique les dispositions relatives aux agents licenciés prévues par le droit du travail et leur contrat, ce qui inclut les dispositions légales et conventionnelles relatives au préavis. ● Soc. 10 janv. 2017, 🏛 n° 15-14.775 P : *D. actu. 3 févr. 2017*, obs. Roussel ; *D. 2017. Actu. 165* ; *Dr. soc. 2017. 375*, obs. Mouly ; *RJS 3/2017, n° 187* ; *JCP S 2017. 1051*.

2. Salarié tenu au préavis. L'indemnité légale de préavis présente un caractère forfaitaire et est indépendante de la réparation du préjudice supplémentaire qui peut être causé à l'employeur en cas de rupture abusive. ● Soc. 21 mars 1979 : *Bull. civ. V, n° 254*. ● 9 mai 1990, 🏛 n° 88-40.044 P. ◆ L'indemnité due par le salarié est égale au montant des salaires qu'il aurait perçus s'il avait exécuté son préavis. ● Soc. 21 mars 1979 : *préc.*

3. L'indemnité due par le salarié à l'employeur en cas de non-respect de son préavis n'ouvre pas droit à des congés payés au profit de l'employeur. ● Soc. 22 nov. 2017, 🏛 n° 16-12.524 P : *D. actu. 9 janv. 2018*, obs. Siro ; *D. 2017. Actu. 2432* ; *RJS 3/2018, n° 178* ; *JCP S 2018. 1013*, obs. Brissy.

2° SALARIÉ DISPENSÉ DE SON PRÉAVIS

4. Hypothèse. La dispense d'exécution du préavis et la renonciation de l'employeur à son exécution par le salarié doivent résulter d'une manifestation de volonté non équivoque. ● Soc. 10 déc. 1985 : *Bull. civ. V, n° 595*. – Dans le même sens : ● Soc. 11 janv. 1984 : *D. 1984. IR 232* ● 3 déc. 1987 : *Bull. civ. V, n° 700*. ◆ La décision de dispense peut être déduite de la signature, à date précise, d'un reçu pour solde de tout compte. ● Soc. 28 janv. 1998, 🏛 n° 95-44.822 P : *RJS 1998. 194, n° 314*. ◆ Ne caractérise pas une telle volonté l'imprécision de la lettre de licenciement quant à l'exécution du préavis. ● Soc. 17 janv. 1979 : *Bull. civ. V, n° 45*. ◆ ... Ni la mention « libre de tout engagement » portée sur le certificat de travail. ● Soc. 10 nov. 1993 : 🏛 *RJS 1993. 713, n° 1199*.

5. Salarié malade en cours de préavis. Ayant dispensé le salarié d'exécuter son préavis, l'employeur est tenu de verser, sans déduction des indemnités journalières de la Sécurité sociale, l'indemnité compensatrice de préavis, peu important que le salarié soit déjà en arrêt de travail pour maladie non professionnelle lors de la dispense d'exécution. ● Soc. 31 oct. 2012 : *D. 2012. Actu. 2670*, obs. Siro ; *RJS 2013. 37, n° 26* ; *JSL 2013, n° 335-2*, obs. Boucheret ; *JCP S 2013. 1033*, obs. Dumont.

B. INDEMNITÉ DE PRÉAVIS

6. Paiement de l'indemnité. L'employeur peut régler le montant de l'indemnité en une seule fois. ● Soc. 19 janv. 1978 : *Bull. civ. V, n° 55* ; *D. 1978. IR 176*, arrêt relevant en outre l'accord du salarié.

7. Calcul de l'indemnité. L'indemnité compensatrice de préavis due au salarié est égale au montant des salaires qu'il aurait perçus s'il avait travaillé pendant la durée du préavis ; le juge ne peut limiter la somme allouée au salarié en considération de son seul salaire mensuel brut, sans prendre en compte les heures supplémentaires et la prime d'ancienneté qu'il aurait perçus s'il avait exécuté le préavis. ● Soc. 27 sept. 2023, 🏛 n° 21-24.782 B ● 4 juin 1987 : *Bull. civ. V, n° 351*. ◆ ... Ou une prime d'assiduité. ● Soc. 27 juin 2001 : 🏛 *RJS 2001. 775, n° 1136*. ◆ ... L'indemnité compensatrice doit tenir compte de l'accord salarial signé au cours de la dispense de préavis. • Soc. 31 mai 2000 : ⚖ *RJS 2000. 559, n° 798.* ♦ Le salarié qui bénéficie d'un véhicule de fonction pouvant être utilisé pour ses besoins personnels doit recevoir une indemnité pour compenser la privation de cet avantage en nature, pendant la durée du préavis qu'il est dispensé d'exécuter. • Soc. 4 mars 1998, ⚖ n° 95-42.858 P. ♦ Également jugé que le salarié peut conserver le véhicule pendant la durée du préavis qu'il est dispensé d'exécuter. • Soc. 8 mars 2000, ⚖ n° 99-43.091 P : *D. 2000. IR 105* ⌀ ; *RJS 2000. 290, n° 402.* ♦ Le salarié dispensé de l'exécution de son préavis ne peut être tenu, même en application d'un engagement pris dans le contrat de travail, de restituer l'avantage en nature constitué par la mise à sa disposition d'un véhicule de fonction pour un usage professionnel et personnel. • Soc. 11 juill. 2012 : ⚖ *D. actu. 30 juill. 2012, obs. Perrin* ; *D. 2012. Actu. 2029* ⌀ ; *RJS 2012. 682, n° 793* ; *JSL 2012, n° 330-2, obs. Lhernould* ; *Dr. ouvrier 2012. 657, obs. Durand* ; *JCP S 2012. 1433, obs. Dumont.* ♦ Il appartient à l'employeur de prendre en charge les frais afférents au délai de résiliation du téléphone portable mis à la disposition du salarié pour les besoins de son travail dont l'abonnement était payé par l'employeur, peu important que le salarié ait été dispensé d'exécuter son préavis. • Soc. 18 oct. 2006 : ⚖ *D. 2006. 2753* ⌀ ; *RJS 2006. 937, n° 1258.*

8. Calcul de l'indemnité. L'indemnité due au salarié est égale au salaire brut, assujetti au paiement par l'employeur des cotisations sociales, que le salarié aurait touché s'il avait travaillé pendant la durée du délai-congé. • Soc. 21 févr. 1990, ⚖ n° 85-43.285 P : *RJS 1990. 225, n° 290* • 24 janv. 1996 : ⚖ *RJS 1996. 160, n° 272.* ♦ De nature salariale, l'indemnité est soumise à la prescription quinquennale. • Soc. 7 mars 1990, ⚖ n° 86-43.406 P : *D. 1990. IR 58* ; *RJS 1990. 225, n° 291.* ♦ ... Ainsi qu'au paiement des cotisations de sécurité sociale, sauf si le salarié renonce expressément à la percevoir en tout ou partie dans le cadre d'un accord de rupture négocié avec l'employeur. • Soc. 8 févr. 1989 : *D. 1990. 339, note Saint-Jours* ⌀. ♦ Rappr. : • Cass., ass. plén., 18 juin 1963 : ⚖ *D. 1963. 643, note Minjoz* ; *Dr. soc. 1964. 123, note G. Lyon-Caen* ; *JCP 1963. II. 13324, note P. A.*

9. En cas de chômage partiel, le salaire à prendre en considération est celui que le salarié aurait perçu sur la base de la durée légale ou conventionnelle de travail applicable à l'entreprise. • Soc. 26 nov. 1997 : ⚖ *Dr. soc. 1998. 83, obs. Silhol* ⌀. ♦ Contra, antérieurement : • Soc. 11 déc. 1990, n° 87-43.822 P (caractère non interprétatif de la L. du 13 janv. 1989 ayant complété l'art. L. 122-8).

10. L'art. L. 122-8 [L. 1234-5 nouv.] étant d'ordre public, une cour d'appel décide à bon droit qu'est illicite la clause selon laquelle les commandes enregistrées avant ou après le préavis, mais non encaissées, ne donneraient pas lieu au règlement de l'intéressement payé sur les encaissements. • Soc. 6 déc. 1990 : ⚖ *CSB 1990. 49, S. 30.* ♦ Dans le même sens : • Soc. 5 juill. 1995, ⚖ n° 93-46.720 P : *RJS 1995. 583, n° 885* (est illégale la clause privant les salariés en cours de préavis d'une prime de fin d'année) • 7 juin 2000 : ⚖ *RJS 2000. 558, n° 797.*

11. L'indemnité doit prendre en compte : les augmentations de salaire décidées en cours de préavis. • Soc. 12 mars 1981 : *Bull. civ. V, n° 213* • 5 mai 1988 : *Dr. ouvrier 1989. 140.* ♦ ... Les heures supplémentaires. • Soc. 18 mai 1967 : *Bull. civ. IV, n° 393* • 20 avr. 2005 : ⚖ *D. 2005. IR 1303* ⌀ ; *ibid. Pan. 2506, obs. Lardy-Pélissier* ⌀ ; *Dr. soc. 2005. 933, obs. Radé* ⌀ ; *RJS 2005. 542, n° 747.* ♦ ... Les primes de fin d'année. • Soc. 17 déc. 1962 : *JCP 1963. II. 13052, note G.H. C.* • 5 nov. 1984 : *Dr. soc. 1985. 194, note Savatier* • 5 juill. 1995, ⚖ n° 93-46.720 P : *RJS 1995. 583, n° 885.* ♦ ... La prime de vacances. • Soc. 9 juin 1983 : *Bull. civ. V, n° 319.* ♦ ... L'indemnité de congés payés. • Soc. 4 juin 1987 : *Bull. civ. V, n° 351.* ♦ ... La prime d'intéressement. • Soc. 10 oct. 1989 : *CSB 1989. 251* • 28 janv. 1998, ⚖ n° 95-42.250 P : *D. 1998. IR 65* ⌀ ; *RJS 1998. 193, n° 312.* ♦ ... Les gratifications prévues par la convention collective. • Soc. 11 oct. 1989 : *Bull. civ. V, n° 581.* ♦ L'indemnité compensatrice est calculée à partir de la durée de travail contractuellement prévue. • Soc. 16 févr. 1999, ⚖ n° 96-45.594 P : *D. 1999. IR 84* ⌀ ; *Dr. soc. 1999. 415, obs. Radé* ⌀ ; *RJS 1999. 296, n° 477.*

12. Sur l'exclusion des indemnités représentatives de frais, V. notamment : • Soc. 9 juin 1983 : *préc. note 28* (indemnité de déplacement) • 8 nov. 1983 : *Bull. civ. V, n° 538* (prime de déplacement) • 17 janv. 1980 : *Bull. civ. V, n° 55* (indemnité de repas). ♦ Comp. : • Soc. 14 mai 1984 : *Bull. civ. V, n° 187.* ♦ Sur l'exclusion d'une gratification bénévole dont l'employeur fixe discrétionnairement les montants et les bénéficiaires et qui est attribuée à l'occasion d'un événement unique : • Soc. 14 oct. 2009 : ⚖ *R., p. 338* ; *D. 2009. AJ 2556* ⌀ ; *RJS 2009. 817, n° 932.*

13. En relevant que la rémunération du salarié était composée d'une partie fixe et d'une partie proportionnelle aux résultats obtenus, la cour d'appel a pu se référer à la moyenne annuelle de la rémunération. • Soc. 7 févr. 1990, ⚖ n° 86-43.413 P.

14. Cumul. Les indemnités journalières versées par la Sécurité sociale au titre de la maladie ne se cumulent pas avec l'indemnité compensatrice de préavis. • Soc. 27 nov. 1991, ⚖ n° 87-42.750 P : *Dr. soc. 1992. 82* ⌀ • 3 mars 1994 : ⚖ *RJS 1994. 265, n° 401* • 9 juill. 2008 : ⚖ *D. 2008. AJ 2229* ⌀ ; *RJS 2008. 811, n° 992* ; *JCP S 2009. 1007, obs. Lahalle.* ♦ Mais il n'appartient pas à l'employeur d'opérer une réduction sur le montant de l'indemnité compensatrice de préavis. • Soc. 10 mai 2006 : ⚖ *D. 2006. IR 1482* ⌀.

15. L'indemnité de préavis ne se cumule ni avec les allocations de chômage... • Soc. 6 mai 1982 :

Bull. civ. V, n° 290. ♦ ... Ni avec les ressources dues pour une période correspondant à un congé de conversion. • Soc. 23 oct. 1991, n° 87-43.973 P : *D. 1991.* IR 286. ♦ Le versement par l'ASSEDIC d'une allocation de chômage, qui n'a qu'un caractère subsidiaire et qui est susceptible de remboursement en cas de paiement de l'indemnité de préavis, ne libère pas l'employeur de ses obligations. • Soc. 24 mars 1988 : *Bull. civ.* V, n° 220 • 16 mai 2000, n° 98-12.571 P : *D. 2000.* IR 174 ; *Dr. soc.* 2000. 812, obs. Radé ; *RJS 2000.* 582, n° 847.

16. Compensation. L'indemnité de délai-congé se substituant au salaire, elle est soumise au régime juridique de celui-ci et ne peut être compensée avec une somme due par le salarié. • Soc. 23 juin 1988 : *Dr. soc.* 1989. 125, note Savatier.

17. Indemnité compensatrice de préavis et requalification du contrat à durée indéterminée. Une cour d'appel qui, en raison de la requalification en contrat à durée indéterminée, retient que l'employeur est tenu de payer une indemnité compensatrice de préavis correspondant à une durée de travail à temps complet, sans préciser si au jour de la rupture le salarié était engagé à temps complet ou à temps partiel, prive sa décision de bas légale. • Soc. 2 juin 2021, n° 20-10.141 P : *D. 2021.* 1088 ; *Dr. soc.* 2021. 818, note Bento de Carvalho ; *RJS* 8-9/2021, n° 427 ; *JSL* 2021, n° 524-3, obs. Nassom-Tissandier.

C. SITUATION DES PARTIES PENDANT LE PRÉAVIS

18. Obligations professionnelles des parties pendant le préavis après dispense. L'inexécution du préavis n'ayant pas pour effet d'avancer la date de la cessation du contrat, le salarié demeure éligible comme délégué du personnel. • Soc. 27 janv. 1983 : *Bull. civ.* V, n° 44. ♦ ... Et comme membre du comité d'entreprise. • Soc. 11 févr. 1981 : *Bull. civ.* V, n° 118. ♦ Mais, ne travaillant plus dans l'entreprise, il ne peut être désigné comme délégué syndical. • Soc. 2 avr. 1981 : *Bull. civ.* V, n° 323. – V. aussi • Soc. 12 juin 1974 : *Bull. civ.* V, n° 368 ; *JCP* 1975. II. 17940, note Groutel.

19. Faute grave en cours de préavis. La faute grave découverte au cours d'un préavis dont le salarié est dispensé de l'exécution n'autorise pas l'employeur à interrompre le versement de l'indemnité compensatrice pour la durée du préavis restant à courir. • Soc. 9 mai 2000, n° 97-45.294 P : *D. 2000.* IR 157 ; *RJS 2000.* 448, n° 650 ; *JCP 2000.* II. 10373.

20. Liberté professionnelle. Un salarié dispensé d'exécuter le préavis peut entrer au service d'une entreprise concurrente. • Soc. 27 nov. 1991, n° 88-43.917 P : *JCP E* 1992. II. 337, note Taquet ; *Dr. soc.* 1992. 83 ; *CSB* 1992. 26, S. 15 ; *RJS* 1992. 105, n° 141 • 19 janv. 1994 : *Dr. soc. 1994.* 269 • 1er oct. 1996 : *D. 1996.* IR 231 . ♦ Le salarié dispensé de l'exécution du préavis n'est plus tenu à une obligation de loyauté envers son employeur. • Soc. 26 mars 1997 : *Dr. soc.* 1997. 538, obs. Couturier.

21. Droits à RTT. Le salarié dispensé de l'exécution de son préavis a le droit de bénéficier des jours de réduction du temps de travail qu'il aurait acquis pendant ce préavis s'il avait travaillé. • Soc. 8 avr. 2009 : *RJS 2009.* 469, n° 527 ; *SSL 2009,* n° 1399, p. 12.

22. La cessation de l'entreprise ayant entraîné le licenciement économique du salarié, ce dernier ne peut voir son indemnité réduite du fait qu'il a trouvé un nouvel emploi au cours du préavis. • Soc. 8 juill. 1985 : *Bull. civ.* V, n° 407. – V. aussi • Soc. 9 juin 1988 : *Cah. prud'h.* 1988. 120.

II. EMPLOYEUR DISPENSÉ DE L'OBLIGATION DE PAYER L'INDEMNITÉ COMPENSATRICE

A. CAS PARTICULIERS

23. Renonciation conventionnelle. L'employeur et le salarié peuvent d'un commun accord renoncer sans indemnités au délai-congé. • Soc. 22 nov. 1979 : *Bull. civ.* V, n° 887.

24. Démission du salarié. L'exécution du préavis étant pour le salarié à la fois une obligation et un droit, le juge doit caractériser les actes du salarié démissionnaire manifestant sans équivoque sa volonté de renoncer à poursuivre l'exécution du préavis. • Soc. 16 juill. 1987 : *Bull. civ.* V, n° 493. ♦ L'obligation de respecter le préavis s'impose aux deux parties, le salarié qui n'a pas été dispensé de son préavis doit à son employeur une indemnité compensatrice même s'il a été licencié. • Soc. 18 juin 2008 : *D. 2008.* AJ 1905 ; *RJS 2008.* 715, n° 889 ; *JSL* 2008, n° 237-3 ; *JCP S 2008.* 1493, obs. Dumont ; *LPA* 2008, n° 146, note Pierroux. ♦ Le salarié qui a interrompu à tort l'exécution du préavis doit une indemnité compensatrice à l'employeur. • Soc. 2 juill. 1985 : *Bull. civ.* V, n° 387.

25. Faute du salarié. Le refus du salarié de poursuivre l'exécution du contrat en raison d'un simple changement des conditions de travail décidé par l'employeur dans l'exercice de son pouvoir de direction le rend responsable de l'inexécution du préavis qu'il refusait d'exécuter aux nouvelles conditions et décharge l'employeur du paiement de l'indemnité compensatrice de préavis. • Soc. 4 avr. 2006 : *RJS 2006.* 478, n° 689 ; *JCP S 2006.* 1426, note Bossu ; *JSL* 2006, n° 189-4 • Soc. 31 mars 2016, n° 14-19.711 P : *D. 2016. Actu.* 790 ; *Dr. soc.* 2016. 572, obs. Mouly ; *RJS* 6/2016, n° 409 ; *JSL* 2016, n° 409-6, obs. Pacotte et Leroy ; *JCP S 2013.* 1231, obs. Verkindt.

B. SALARIÉ INCAPABLE D'EXÉCUTER SON PRÉAVIS

26. Charge de la preuve. C'est à l'employeur qu'il appartient d'apporter la preuve de l'impossibilité dans laquelle se trouve le salarié d'effectuer son préavis, ce qui le dispenserait du versement de l'indemnité compensatrice. • Soc. 13 oct. 1988 : *Bull. civ. V, n° 501 ; D. 1988. IR 247.* ♦ L'impossibilité est souverainement appréciée par les juges du fond. • Soc. 13 oct. 1988 : *Bull. civ. V, n° 500.* ♦ Elle peut notamment résulter de la maladie du salarié. • Soc. 19 juill. 1988 : *Bull. civ. V, n° 472* • 21 juin 1995 : ⚖ *RJS 1995. 580, n° 877* (sauf clause conventionnelle plus favorable). ♦ ... Ou de son incarcération. • Soc. 17 déc. 1984 : *D. 1985. IR 159.* ♦ ... Ou, pour un salarié étranger, du défaut de titre l'autorisant à continuer à travailler en France. • Soc. 14 oct. 1997, ⚖ *n° 94-42.604 P.*

27. Pour bénéficier de l'indemnité de préavis, le salarié en arrêt de maladie doit établir qu'il a informé l'employeur de ce qu'il était apte à effectuer son préavis. • Soc. 5 juin 1990, ⚖ *n° 87-44.756 P : RJS 1990. 384, n° 567* • 12 nov. 1997, ⚖ *n° 94-42.347 P : RJS 1998. 22, n° 22* • 15 janv. 2014 : ⚖ *D. actu. 19 févr. 2014, obs. Fleuriot ; D. 2014. Actu. 216* ⃠.

C. IMPOSSIBILITÉ D'EXÉCUTER LE PRÉAVIS PAR LA FAUTE DE L'EMPLOYEUR

28. Variété des fautes. Lorsque l'inexécution du préavis par le salarié est la conséquence du défaut de paiement des salaires, l'employeur, responsable de la rupture, est tenu au paiement d'une indemnité compensatrice. • Soc. 18 oct. 1989 : *Bull. civ. V, n° 603.* – Dans le même sens : • Soc. 29 mai 1986 : *Bull. civ. V, n° 263* • 7 avr. 1993 : ⚖ *RJS 1993. 353, n° 607.* ♦ Comp. : • Soc. 17 janv. 1979 : *Bull. civ. V, n° 45.* ♦ Le salarié licencié pour avoir refusé la mise en œuvre abusive d'une clause de mobilité a droit à l'indemnité compensatrice de préavis. • Soc. 18 mai 1999, ⚖ *n° 96-44.315 P : D. 2000. Somm. 84, obs. Escande-Varniol* ⃠ *; D. 2001 Somm. 2797, obs. Bossu ; JCP E 2000. 40, obs. Puigelier* ♦ Même solution quand le salarié refuse une modification du contrat de travail. • Soc. 13 mai 2008, ⚖ *n° 06-40.086 D.* ♦ ...Ou lorsque le contrat de travail est rompu par la prise d'acte produisant les effets d'un licenciement sans cause réelle et sérieuse. • Soc. 20 janv. 2010, ⚖ *n° 08-43.476 P : D. 2010. AJ 328, obs. Maillard* ⃠ *; RDT 2010. 228, obs. Barthes* ⃠ *; Dr. soc. 2010. 412, obs. Couturier* ⃠ *; RJS 4/2010, n° 318 ; JCP 2010. 190, obs. Lefranc-Hamoniaux ; LPA 20 mai 2010, note Picca ; JCP S 2010. 1141, obs. Frouin.* ♦ ... Ou lorsque la résiliation judiciaire est imputable à une faute de l'employeur. • Soc. 28 avr. 2011, n°s 09-40.840 P : *D. 2012. 913, obs. Lokiec* ⃠ *; RJS 7/2011, n° 611 ; JCP S 2011. 1403, obs. Everaert-Dumont.*

29. Faute grave non caractérisée. Licencié à tort pour faute grave, le salarié a droit à une indemnité de préavis dont le montant intégral doit lui être versé, nonobstant la suspension du contrat de travail au cours de cette période, l'inexécution du préavis ayant eu pour seule cause la décision de l'employeur de le priver du délai-congé sous le prétexte d'une faute grave inexistante. • Soc. 9 oct. 2001, ⚖ *n° 99-43.518 P : RJS 2001. 962, n° 1423* • 12 mars 1991 : ⚖ *D. 1991. IR 101 ; RJS 1991. 243, n° 457*, deux arrêts (salarié malade au cours du préavis et salarié dont le permis de conduire a été supprimé au cours du préavis) • 4 févr. 1993 : ⚖ *RJS 1993. 165, n° 268 ; CSB 1993. 94, S. 40* • 15 déc. 1993 : ⚖ *Dr. soc. 1994. 215* ⃠ *; RJS 1994. 42, n° 12.*

30. Force majeure non caractérisée. La force majeure dispensant l'employeur de l'exécution du préavis ne peut être invoquée que s'il y a impossibilité définitive de continuer l'exploitation de l'entreprise. • Soc. 16 juill. 1987 : *Bull. civ. V, n° 516.* – V. aussi • Soc. 20 déc. 1988 : *D. 1989. IR 25.* ♦ L'embauche d'un nouveau salarié dans l'emploi qu'occupait le salarié licencié implique que l'activité de l'entreprise n'a pas cessé et qu'il n'y a pas d'impossibilité absolue à ce que l'intéressé exécute son préavis. • Soc. 16 mai 1979 : *D. 1980. IR 26, obs. Langlois.*

31. Sont fondés à demander le paiement des indemnités de préavis les salariés placés en chômage partiel total et bénéficiant des prestations de chômage, l'employeur ne justifiant pas de l'impossibilité dans laquelle il se trouvait de faire exécuter le préavis. • Soc. 16 mars 1989 : *Bull. civ. V, n° 228.*

32. Nullité du licenciement. L'indemnité compensatrice de préavis est due dès lors que la nullité du licenciement est prononcée par les juges, et ce, même si le salarié n'est pas en mesure d'exécuter son délai-congé. • Soc. 5 juin 2001, ⚖ *n° 99-41.188 P : RJS 2001. 696, n° 1009 ; JSL 2001, n° 83-5* • 30 mars 2005, ⚖ *n° 03-41.518 P : RJS 2006. 446, n° 621.*

33. Harcèlement moral. L'employeur qui a commis à l'encontre du salarié des faits de harcèlement moral ayant contribué à l'apparition d'une affection ayant justifié les arrêts de travail pour maladie invoqués au soutien du licenciement est tenu au paiement de l'indemnité compensatrice de préavis. • Soc. 20 sept. 2006 : ⚖ *RJS 2006. 872, n° 1174.*

34. Manquement à l'obligation de reclassement. Quoique inapte à accomplir son préavis, le salarié a le droit à l'indemnité compensatrice lorsque son employeur est condamné en raison d'un manquement à son obligation de reclassement. • Soc. 26 nov. 2002 : ⚖ *Dr. soc. 2003. 237, obs. Radé.* ⃠ ♦ ... Ou pour ne pas avoir repris le paiement des salaires une fois écoulé le délai d'un mois prévu par l'art. L. 1226-4. • Soc. 24 juin 2009 :

D. 2009. AJ 1903 ; RJS 2009. 697, n° 785. ♦ Même si le salarié ne peut exécuter son préavis en raison de son inaptitude, le salaire est dû jusqu'à la présentation de la lettre de licenciement. • Soc. 12 déc. 2018, n° 17-20.801 P : *D. 2019. Actu. 18* ; *RJS 3/2019, n° 150* ; *JCP S 2019. 1039*, obs. Jeansen.

35. Caractère injustifié du licenciement pour absence prolongée et désorganisation de l'entreprise. Lorsque le licenciement, prononcé pour absence prolongée désorganisant l'entreprise et rendant nécessaire le remplacement définitif de l'intéressé, est dépourvu de cause réelle et sérieuse, le juge doit accorder au salarié qui le demande l'indemnité de préavis. • Soc. 17 nov. 2021, n° 20-14.848 B : *D. actu. 10 déc. 2021*, obs. Malfettes ; *D. 2021. 2093* ; *Dr. soc. 2022. 172*, obs. Mouly ; *RJS 1/2022, n° 8* ; *JSL 2022, n° 533-3*, obs. Pacotte ; *JCP S 2022. 1007*, obs. Babin.

Art. L. 1234-6 En cas d'inexécution totale ou partielle du préavis résultant soit de la fermeture temporaire ou définitive de l'établissement, soit de la réduction de l'horaire de travail habituellement pratiqué dans l'établissement en deçà de la durée légale de travail, le salaire à prendre en considération est calculé sur la base de la durée légale ou conventionnelle de travail applicable à l'entreprise, lorsque le salarié travaillait à temps plein, ou de la durée du travail fixée dans son contrat de travail lorsqu'il travaillait à temps partiel. – *[Anc. art. L. 122-8, al. 3, phrase 2.]*

Art. L. 1234-7 La cessation de l'entreprise ne libère pas l'employeur de l'obligation de respecter le préavis. – *[Anc. art. L. 122-12, al. 1er début.]*

Art. L. 1234-8 Les circonstances entraînant la suspension du contrat de travail, en vertu soit de dispositions légales, soit d'une convention ou d'un accord collectif de travail, soit de stipulations contractuelles, soit d'usages, ne rompent pas l'ancienneté du salarié appréciée pour la détermination de la durée du préavis prévue aux 2° et 3° de l'article L. 1234-1.

Toutefois, la période de suspension n'entre pas en compte pour la détermination de la durée d'ancienneté exigée pour bénéficier de ces dispositions. – *[Anc. art. L. 122-10.]*

RÉP. TRAV. v° *Ancienneté dans l'entreprise*, par SAVATIER et FIN-LANGER.

BIBL. ▶ LAIGO et PROT, *SSL 1996, n° 773* (reprise d'ancienneté). – VALLÉE, *Dr. soc. 1992. 871* .

1. Définition. L'ancienneté à prendre en compte s'entend des services continus pour le même employeur, ce qui exclut les périodes au cours desquelles le salarié, employé d'une entreprise de travail temporaire, avait été mis à la disposition de l'entreprise qui l'a ensuite embauché. • Soc. 13 mars 1985 : *Bull. civ. V, n° 162* ; *D. 1985. IR 434.* ♦ En cas de contrats distincts séparés par des périodes d'interruption de services, seule est prise en considération la durée du contrat auquel le licenciement a mis fin. • Soc. 27 oct. 1993 : *RJS 1993. 712, n° 1193.* ♦ Sur l'application de l'art. L. 122-12 [L. 1224-1 nouv.], V. • Soc. 24 janv. 1991 : *D. 1991. IR 51* ♦ 4 oct. 1995 : *D. 1995. IR 235* .

Pour la prise en compte des différentes périodes d'activité d'un salarié au service du même employeur, en vertu des dispositions conventionnelles applicables, V. • Soc. 13 juill. 1993 : *RJS 1993. 581, n° 978.*

2. N'est pas inclus dans le calcul de l'ancienneté le stage préalable à l'embauche effectué au titre de la formation professionnelle des adultes et rémunéré par le centre de formation professionnelle. • Soc. 5 juill. 1989 : *Bull. civ. V, n° 508* ; *D. 1990. Somm. 161*, obs. A. Lyon-Caen . ♦ Comp., pour la prise en compte d'un stage pratique de formation suivi dans l'entreprise dans laquelle le salarié a été ensuite embauché : • Soc. 16 juill. 1987 : *Bull. civ. V, n° 515*.

3. Modes de calcul. S'agissant de l'indemnité de préavis, quelles que puissent être les dates de début et d'expiration du préavis, c'est à la date de présentation de la lettre de licenciement qu'il convient de se placer pour déterminer l'ancienneté du salarié. • Soc. 20 juin 1979 : *Bull. civ. V, n° 554* ; *Dr. soc. 1980. 42*, obs. Savatier. ♦ En revanche, s'agissant de l'indemnité de licenciement, le préavis, même non exécuté, est pris en compte pour le calcul de l'ancienneté du salarié. • Soc. 7 janv. 1976 : *Bull. civ. V, n° 1* • 25 oct. 1978 : *ibid., n° 709* • 4 avr. 1991, n° 87-45.171 P • 25 nov. 1997, n° 94-45.010 P : *RJS 1998. 27, n° 30* ; *Dr. soc. 1998. 84*, obs. Savatier . ♦ Comp., en ce qui concerne l'appréciation de la condition d'âge : • Soc. 5 juin 1996, n° 92-42.034 P : *RJS 1996. 507, n° 788.*

4. Les dispositions conventionnelles énonçant que l'indemnité de licenciement est calculée en fonction des années d'ancienneté n'impliquent pas qu'il soit tenu compte uniquement des années entières de présence. • Soc. 16 mars 1994, n° 88-40.915 P : *RJS 1994. 423, n° 690.* ♦ La durée du préavis est de 2 mois en cas de licenciement pour les salariés ayant une ancienneté égale ou supérieure à 2 ans, et en l'absence de dispositions conventionnelles contraires, la période de suspension du contrat de travail pour maladie n'entre pas en compte pour la détermination de la durée d'ancienneté exigée pour bénéficier de ces dispositions. Une cour d'appel ne saurait décider que les périodes de maladie doivent être incluses dans l'ancienneté pour le calcul du préavis au motif que, contrairement au C. trav., la convention collective applicable n'exclut pas expressément ces périodes du calcul de l'ancienneté. ● Soc. 30 sept. 2020, n° 18-18.265 P ; *RJS 12/2020, n° 583.*

5. Les périodes de suspension du contrat de travail n'entrent pas en compte pour le calcul de la durée de l'ancienneté des services effectués dans l'entreprise. ● Soc. 29 juin 1977 : *Bull. civ. V, n° 432* ● 19 juin 1987 : *ibid., n° 401* ● 26 sept. 1990 : *D. 1990. IR 226* ● 10 févr. 1999, n° 95-43.561 P : *D. 1999. IR 58* ; *RJS 1999. 233,* n° *390.* ◆ L'ancienneté acquise avant la suspension du contrat demeure et doit être prise en considération. ● Soc. 22 juill. 1985 : *Bull. civ. V, n° 425.* ◆ V. aussi ● Soc. 14 mai 1987 : *Bull. civ. V, n° 306* (durée conventionnelle prenant en compte les périodes de suspension uniquement pour le calcul du préavis conventionnel).

SOUS-SECTION 2 Indemnité de licenciement

Art. L. 1234-9 Le salarié titulaire d'un contrat de travail à durée indéterminée, licencié alors qu'il compte *(Ord. n° 2017-1387 du 22 sept. 2017, art. 39)* « 8 mois d'ancienneté ininterrompus » au service du même employeur, a droit, sauf en cas de faute grave, à une indemnité de licenciement.

Les modalités de calcul *(L. n° 2008-596 du 25 juin 2008)* « de cette indemnité » sont fonction de la rémunération brute dont le salarié bénéficiait antérieurement à la rupture du contrat de travail. Ce taux et ces modalités sont déterminés par voie réglementaire. – *V. art. R. 1234-1 s.*

Sur le régime fiscal des indemnités versées à l'occasion de la rupture du contrat de travail, V. CGI, art. 80 duodecies. — **CGI.**

Sur le régime social des indemnités versées à l'occasion de la rupture du contrat de travail, V. CSS, art. L. 242-1 et L. 137-15 s. (forfait social) ; V. Circ. intermin. n° DSS/SD5B/2011/145 du 14 avr. 2011.

RÉP. TRAV. v° *Contrat de travail à durée indéterminée (Préavis de rupture et indemnité de licenciement),* par Vachet.

BIBL. ▶ Blaise, *Dr. soc.* 1980. 365 (révision de l'indemnité de licenciement) ; *RJS* 1992. 83 (maladie et inaptitude). – G.-H. Camerlynck, *JCP* 1957. I. 1391. – Chelle, *Dr. soc.* 1994. 535 (cotisations de sécurité sociale). – C. David, *Dr. soc.* 1981. 684 (régime fiscal et social). – Fouquet et Prétot, *Dr. soc.* 1986. 379 (nature juridique). – A. Mazeaud, *D.* 1986. *Chron.* 235 (indemnités de rupture et régime de communauté) ; *Dr. soc.* 1992. 234 (maladie ou inaptitude) ; *ibid.* 1994. 343 (clause pénale). – Monkam, *JSL* 2012, n° 331-1 (indemnisation du licenciement). – Morin, *RJS 1/2023, Chron.* (repenser la réparation de la perte de l'emploi). – M. et P. Rayroux, *Gaz. Pal.* 1996. 1. *Doctr.* 560. – Ribettes-Thilhet et Wibault, *Dr. soc.* 1970. 17 (clauses conventionnelles). – Savatier, *Dr. soc.* 1985. 194 (calcul) ; *ibid.* 1989. 125 (nature juridique) ; *ibid.* 1991. 109 (indemnité et état de santé du travailleur) ; *ibid.* 1993. 948 (calcul). – Vallée, *ibid.* 1992. 871 (ancienneté).

▶ V. *JCP S* 2016, n° 52, suppl., contentieux de l'indemnisation.

COMMENTAIRE
V. sur le Code en ligne.

1. Définition. L'indemnité légale de licenciement est la contrepartie du droit de l'employeur de résiliation unilatérale du contrat ; l'indemnité pour licenciement sans cause réelle et sérieuse répare le préjudice résultant du caractère injustifié de la perte d'emploi. ● Soc. 27 janv. 2021, n° 18-23.535 P : *D. actu. 11 févr. 2021, obs. de Montvalon ; D. 2021. Actu. 288 ; RDT 2021. 241, obs. Bento de Carvalho ; RJS 4/2021, n° 211 ; Dr. ouvrier 2021. 222, note François ; JSL 2021, n° 516-2, obs. Nassom-Tissandier ; SSL 2021, n° 1944, note Loiseau ; JCP S 2021. 1059, obs. Chatelier.*

I. RÈGLES GÉNÉRALES

2. Sources. Si les indemnités conventionnelles ne sauraient être inférieures au montant légal, elles ne peuvent s'y ajouter. ● Soc. 15 oct. 1969 : *Bull. civ. V, n° 539 ; Dr. soc. 1970. 106, obs. Savatier.*

3. Il appartient au salarié de justifier qu'une convention liant l'employeur prévoit une indemnité de licenciement plus importante que l'indemnité légale. ● Soc. 15 nov. 1978 : *Bull. civ. V, n° 772.*

4. Ne justifient pas leur décision les juges du fond qui accordent au salarié l'indemnité réclamée sans relever ni convention particulière ou collective, ni dispositions légales, ni usage applicable à l'espèce. • Soc. 17 juin 1964 : *Bull. civ. IV, n° 514.* ♦ V. aussi, à propos de l'impossibilité pour le juge de se fonder sur les règles généralement suivies : • Soc. 5 déc. 1963 : *Dr. soc. 1964. 291, obs. Savatier.* ♦ Rappr. : • Soc. 8 janv. 1964 : *D. 1964. 263, note Brèthe de La Gressaye* • 23 mai 1966 : *Bull. civ. IV, n° 492 ; D. 1966. 581.* ♦ L'indemnité de licenciement fixée par le règlement intérieur constitue un engagement unilatéral de l'employeur qui s'applique à défaut de dénonciation. • Soc. 26 mai 1999, n° 96-43.614 P : *D. 1999. IR 171 ; RJS 1999. 562, n° 916.*

5. Naissance du droit. Le droit au préavis et à l'indemnité de licenciement naissant à la date de notification de la rupture, ce sont les dispositions légales ou conventionnelles en vigueur à cette date qui déterminent les droits du salarié, sauf clause expresse contraire. • Soc. 19 janv. 1994 : *D. 1994. IR 37 ; Dr. soc. 1994. 268 ; CSB 1994. 45, A. 11 ; RJS 1994. 183, n° 250* • 5 juin 1996, n° 92-42.034 P : *RJS 1996. 507, n° 788.* ♦ La reconnaissance du statut de travailleur handicapé étant postérieure à la date de l'envoi de la lettre recommandée notifiant la rupture, elle ne permet pas à ce dernier de réclamer le complément d'indemnité prévu conventionnellement pour cette catégorie de travailleurs. • Soc. 26 sept. 2007 : *D. 2007. AJ 2538, obs. Ines ; RJS 2007. 1029, n° 1283.* ♦ Le salarié qui a moins de deux ans d'ancienneté à la date de notification du licenciement ne peut bénéficier de l'indemnité légale de licenciement. • Soc. 25 nov. 1997, n° 94-42.010 P : *RJS 1998. 27, n° 30 ; Dr. soc. 1998. 84, obs. Savatier.* ♦ Si, pour déterminer le montant de l'indemnité de licenciement, l'ancienneté du salarié dans l'entreprise s'apprécie à la date d'expiration normale du délai-congé, qu'il soit ou non exécuté, le droit au bénéfice de cette indemnité naît, sauf clause expresse contraire, à la date de notification du licenciement. • Même arrêt. ♦ Sur la date de la rupture, V. • Soc. 11 mai 2005 : *D. 2006. 701, note Reynès ; Dr. soc. 2005. 920, obs. Mouly.* ♦ La faute grave commise au cours de l'exécution de son préavis par le salarié, qui n'en était pas dispensé, ayant eu pour effet d'interrompre le préavis, cette interruption doit être prise en compte pour déterminer le montant de l'indemnité de licenciement. • Soc. 11 sept. 2019, n° 18-12.606 P : *D. 2019. Actu. 1767 ; JCP S 2019. 1285, obs. Drai.*

6. Demande en justice. La demande en justice de l'indemnité conventionnelle par le salarié implique nécessairement celle de l'indemnité légale pour le cas où la première ne pourrait lui être accordée. • Soc. 3 déc. 1992 : *RJS 1993. 33, n° 29.*

7. Nature juridique. L'indemnité de licenciement ou son équivalent conventionnel n'est pas la contrepartie d'un travail fourni et ne constitue pas un salaire. • Soc. 22 mai 1986, n° 83-42.341 P. ♦ En conséquence, elle est saisissable et cessible. • Soc. 23 juin 1988 : *RJS 1989. 158, obs. Déprez.* ♦ ... Elle peut être compensée avec les sommes dues par le salarié. • Soc. 23 oct. 1980 : *Bull. civ. V, n° 766* • 23 juin 1988 : *Dr. soc. 1989. 125, note Savatier ; D. 1988. IR 213.* ♦ ... Elle est soumise à la prescription de droit commun. • Soc. 20 oct. 1988, n° 85-45.511 P : *D. 1988. IR 263 ; Dr. soc. 1989. 125, note Savatier.* ♦ ... Elle peut être cumulée avec les allocations de chômage. • Soc. 6 mai 1982 : *Bull. civ. V, n° 290.* ♦ ... Elle peut faire l'objet de délais de paiement octroyés par le juge sur le fondement de l'art. 1244-1 C. civ. • Soc. 18 nov. 1992, n° 91-40.596 P : *Dr. soc. 1993. 61.*

8. Paiement. Les salariés disposent d'une action directe contre l'organisme garantissant l'employeur pour le paiement de l'indemnité de licenciement. • Soc. 9 juin 1993 : *D. 1993. IR 169 ; Dr. soc. 1993. 775.* ♦ Sur les conditions de l'action exercée par l'employeur en répétition de sommes indues, V. • Soc. 7 déc. 1993 : *Dr. soc. 1994. 216 ; RJS 1994. 46, n° 36, 2e esp.* (restitution du trop-perçu d'une indemnité calculée sur un taux non applicable).

9. L'employeur et les salariés peuvent convenir du versement d'une indemnité excédant les montants légaux ou conventionnels d'indemnité de licenciement, ce complément ayant, comme l'indemnité elle-même, le caractère de dommages-intérêts réparant le préjudice né de la rupture du contrat et n'ayant pas à être inclus dans l'assiette des cotisations de sécurité sociale. • Soc. 12 oct. 1989 : *JS UIMM 1990. 35.* ♦ Dans le même sens : • Soc. 9 nov. 1989 : *ibid. 1990. 35* (indemnité de départ anticipé) • 27 nov. 1985 : *Bull. civ. V, n° 563 ; JCP E 1986. II. 14730, note Vachet* • 28 avr. 1986 : *Bull. civ. V, n° 182 ; JCP E 1988. II. 15197, note Taquet* • Cass., ass. plén., 2 avr. 1993, n° 89-15.490 P : *D. 1993. IR 124 ; CSB 1993. 147, A. 36* • Soc. 13 janv. 1994, n° 91-21.800 P (indemnité de départ volontaire). ♦ L'employeur qui a versé une indemnité supérieure à l'indemnité conventionnelle en toute connaissance de cause ne peut exercer une action en remboursement du trop-perçu. • Soc. 13 oct. 1999 : *RJS 1999. 850, n° 1460.*

10. Sur les conditions d'imposition de l'indemnité de licenciement, V. • CE 1er juill. 1991 : *JCP E 1992. II. 290, concl. Chahid-Nouraï, note D. F.* • 6 nov. 1991 : *Dr. soc. 1992. 309, concl. Arrighi de Casanova.* ♦ V., pour une indemnité de départ volontaire versée dans le cadre d'un plan social de réduction des effectifs, • CAA Nantes, 4 déc. 1996 : *D. 1997. 418, note Lamulle.*

II. INDEMNITÉ LÉGALE

11. Attribution. Sur la condition d'ancienneté, V. jurisp. ss. art. L. 1234-8.

12. L'ancienneté est interrompue en cas de démission du salarié suivie d'un réembauchage ultérieur. • Soc. 5 avr. 1978 : *Bull. civ. V, n° 287.*

13. L'indemnité de licenciement est due même en cas de licenciement collectif pour motif économique. • Soc. 27 nov. 1980 : *Bull. civ. V, n° 854.*

14. La nullité du contrat ne suffit pas à priver le salarié des indemnités afférentes à la rupture. • Soc. 3 oct. 1985 : *Bull. civ. V, n° 438.* ♦ ... Pas plus que le décès de l'employeur. • Soc. 10 févr. 1982 : *Bull. civ. V, n° 78 ; D. 1982. IR 249* ● 14 mars 1989 : *Liaisons soc. Lég. soc. n° 6238, 17.*

15. Inaptitude physique. La résiliation par l'employeur du contrat de travail du salarié atteint d'une invalidité le rendant inapte à exercer toute activité dans l'entreprise s'analyse en un licenciement qui ouvre droit à l'indemnité légale de licenciement ou, si elle est plus favorable au salarié et si les clauses de la convention ne l'excluent pas, à l'indemnité conventionnelle. • Soc. 29 nov. 1990 : ⚖ *D. 1991. 339, note Decoopman* ⌀ *; Dr. soc. 1991. 109, note Savatier* ⌀ *; RJS 1991. 11, n° 11.* – Dans le même sens : • Soc. 20 nov. 1991, ⚖ n° 88-44.796 P : *D. 1991. IR 292* ⌀ *; Dr. soc. 1992. 78.*

16. Arrêt maladie antérieur au licenciement et méthode de calcul. Le salaire de référence à prendre en considération pour le calcul de l'indemnité légale ou conventionnelle de licenciement est, selon la formule la plus avantageuse pour le salarié, celui des 12 ou des 3 derniers mois précédant l'arrêt de travail pour maladie. • Soc. 23 mai 2017, ⚖ n° 15-22.223 P : *D. actu. 27 juin 2017, obs. Cortot ; D. 2017. Actu. 1128* ⌀ *; RJS 7/2017, n° 474 ; JCP S 2017. 1242, obs. Jeansen.*

17. Calcul. Sur le caractère interprétatif de la L. n° 84-574 du 9 juillet 1984 se référant à la rémunération brute, V. • Soc. 19 nov. 1987 : *Bull. civ. V, n° 659 ; D. 1987. IR 244* ● 19 juill. 1988 : *Dr. soc. 1989. 125, note Savatier.* ♦ Le montant de l'indemnité doit être déterminé sur la base de la rémunération perçue par le salarié, dont peuvent seulement être déduites les sommes représentant le remboursement de frais professionnels. • Soc. 29 mai 1991 : ⚖ *RJS 1991. 437, n° 834.* ♦ Sur l'exclusion d'une gratification bénévole dont l'employeur fixe discrétionnairement les montants et les bénéficiaires et qui est attribuée à l'occasion d'un événement unique, V. • Soc. 14 oct. 2009, ⚖ n° 07-45.587 P : *D. 2009. AJ 2556* ⌀ *; RJS 12/2009, n° 932 ; JCP S 2010. 1102, note Bossu.*

18. Salariés à temps partiel. L'indemnité de licenciement due à une salariée passée à temps partiel dans le cadre d'un congé parental d'éducation doit être calculée sur la base du salaire à temps complet, afin d'éviter qu'elle ne soit victime d'une discrimination indirecte. • Soc. 18 mars 2020, ⚖ n° 16-27.825 P : *D. 2020. 825* ⌀ *; RJS 6/2020, n° 299.*

19. Salariés en chômage partiel. Les indemnités de chômage partiel se substituant aux salaires, c'est à bon droit qu'un conseil de prud'hommes décide que l'indemnité de licenciement doit être calculée sur la base de la rémunération que les salariés auraient perçue s'ils n'avaient pas été au chômage partiel. • Soc. 27 févr. 1991, ⚖ n° 88-42.705 P : *D. 1992. IR 87* ⌀ *; CSB 1991. 106, S. 59 ; RJS 1991. 240, n° 452* ● 9 mars 1999, ⚖ n° 96-44.439 P : *RJS 1999. 347, n° 565.*

20. Cumul. L'indemnité due en cas de violation de l'engagement contractuel de garantie d'emploi répare un préjudice distinct de celui couvert par l'indemnité légale de licenciement et se cumule avec elle. • Soc. 4 mars 2008 : ⚖ *RDT 2008. 304, obs. Auzero* ⌀ *; RJS 2008. 455, n° 585 ; JCP S 2008. 1319, obs. Fardoux.*

III. INDEMNITÉ CONVENTIONNELLE ET CONTRACTUELLE

21. Ouverture du droit. Dès lors qu'une convention collective énumère les causes pour lesquelles le licenciement peut être prononcé, l'indemnité conventionnelle de licenciement qu'elle institue ne peut être accordée que si le licenciement a été prononcé pour l'une de ces causes. • Soc. 25 mars 1992 : ⚖ *D. 1992. 335, n° 589* ● 13 oct. 1992 : ⚖ *CSB 1992. 263, A. 48, note Philbert* ● 18 nov. 1992, ⚖ n° 90-44.362 P. ● 3 févr. 1993, ⚖ n° 91-42.409 P : *CSB 1993. 107, A. 27.* ♦ Toutefois, l'indemnité conventionnelle reste due lorsque le licenciement est dépourvu de cause réelle et sérieuse. • Soc. 15 mai 2002, ⚖ n° 00-42.279 P : *RJS 2002. 635, n° 812* ● 28 juin 2005 : ⚖ *RJS 2005. 694, n° 974.* ♦ Sur l'impossibilité de renoncer au bénéfice de l'indemnité conventionnelle de licenciement. • Soc. 3 mars 1998, ⚖ n° 95-43.779 P.

22. Maladie et inaptitude. Est nulle en raison de son caractère discriminatoire fondé sur l'état de santé du salarié la disposition d'une convention collective excluant les salariés licenciés pour cause d'inaptitude consécutive à une maladie ou à un accident non professionnel du bénéfice de l'indemnité de licenciement qu'elle institue, en l'absence d'élément objectif et pertinent la justifiant. • Soc. 8 oct. 2014 : ⚖ *D. actu. 28 oct. 2014, obs. Peyronnet.*

23. Retraite. N'est pas contraire au droit européen (Dir. 2000/78/CE du Conseil du 27 nov. 2000 art. 2, § 2, et art. 6, § 1) la réglementation nationale prévoyant des indemnités moins importantes pour les salariés qui liquident leur retraite après leur licenciement. • CJUE 6 déc. 2012, ⚖ *Johann c/ Baxter Deutschland GmbH : RDT 2013. 254, note Mercat-Bruns* ⌀ *; JCP S 2013. 1086, obs. Cavallini.* ♦ Dans le même sens. • Soc. 5 déc. 2012 : ⚖ *D. actu. 11 janv. 2013, obs. Peyronnet ; D. 2012. Actu. 2970* ⌀ *; Dr. ouvrier 2013. 345, obs. Bonnechère.*

24. Différences catégorielles. Les différences de traitement entre catégories professionnelles opérées par voie de conventions ou d'accords collectifs, négociés et signés par des organisations syndicales représentatives, investies de la défense des droits et intérêts des salariés et à l'habilitation desquelles ces derniers participent directement par leur vote, sont présumées justifiées de sorte qu'il appartient à celui qui les conteste de démontrer qu'elles sont étrangères à toute considération de nature professionnelle. • Soc. 27 janv. 2015, ⚖ nos 13-22.179, 13-25.437 et 13-14.773 (3 arrêts) : *D. actu. 6 févr. 2015*, obs. Peyronnet ; *D. 2015. Actu. 270* ; *RDT 2015. 339*, obs. Peskine ; *ibid. 472*, obs. Pignarre ; *Dr. soc. 2015. 237*, note Fabre ; *SSL 2015, n° 1663*, p. 7, obs. Pécaut-Rivolier ; *RJS 3/2015, n° 172*. ♦ La même solution prévaut pour les différences de traitement entre salariés exerçant, au sein d'une même catégorie professionnelle, des fonctions distinctes. • Soc. 8 juin 2016, ⚖ n° 15-11.324 P : *D. actu. 15 juin 2016*, obs. Peyronnet ; *D. 2016. Actu. 1259* ; *RJS 8-9/2016, n° 542* ; *D. 2016. 1593*, obs. Ducloz ; *JSL 2016, n° 414-2*, obs. Tissandier ; *JCP S 2016. 1321*, note Bossu. ♦ Comp. anté. : une différence au bénéfice des ingénieurs et cadres peut être valable si elle a pour objet ou pour but de prendre en compte les spécificités de leur catégorie professionnelle. • Soc. 28 mars 2012 : ⚖ *Dr. soc. 2012. 746*, obs. Radé ; *RDT 2012. 500*, obs. Amalric. ♦ Les cadres dirigeants qui ont la responsabilité directe de la mise en œuvre du projet d'entreprise sont plus exposés que les autres salariés au licenciement et directement soumis aux aléas de l'évolution de la politique de la direction générale. • Soc. 24 sept. 2014 : ⚖ *D. actu. 9 oct. 2014*, obs. Peyronnet ; *Dr. soc. 2015. 183*, note Vatinet ; *RJS 2014. 719, n° 828*.

25. Calcul. Viole la convention collective applicable l'arrêt qui exclut du décompte de l'ancienneté le temps d'apprentissage, alors que la convention prévoit expressément qu'il y sera inclus. • Soc. 17 avr. 1986 : *Bull. civ. V, n° 150*. ♦ A défaut de dispositions contraires de la convention collective, les absences pour cause de maladie ne peuvent être prises en considération pour le calcul de l'ancienneté. • Soc. 19 juin 1987 : *Bull. civ. V, n° 401*. – V. aussi • Soc. 23 mai 1979 : *Bull. civ. V, n° 449* • 20 déc. 1977 : *ibid., n° 722* • 2 déc. 1981 : *ibid., n° 931*.

26. Pour établir le salaire de référence d'un ouvrier licencié alors qu'il était en arrêt de travail après un accident du travail, il convient de prendre en compte le salaire moyen perçu par l'intéressé avant l'arrêt de travail, et non les rémunérations et allocations perçues pendant cette absence. • Soc. 16 déc. 1992 : ⚖ *RJS 1993. 166, n° 271*.

27. Bien que le salarié n'ait pas précisé les textes ou les dispositions conventionnelles qui le conduisaient à solliciter pour le calcul de l'indemnité de licenciement la référence au salaire moyen des douze derniers mois, la cour aurait dû rechercher si l'art. 5 de l'accord national interprofessionnel du 10 décembre 1977 annexé à la loi du 19 janvier 1978 relative à la mensualisation et à la procédure conventionnelle, qui fait obligation de retenir le salaire moyen des douze derniers mois lorsqu'il est supérieur à celui des trois derniers mois, était applicable au demandeur. • Soc. 20 févr. 1996, ⚖ n° 92-45.024 P : *CSB 1996. 133, A. 28*.

28. En présence d'une convention collective prévoyant une indemnité de licenciement d'un dixième de mois de salaire par année d'ancienneté à partir de deux ans et jusqu'à cinq ans d'ancienneté et de trois vingtièmes de mois après cinq ans d'ancienneté, les juges du fond ont exactement estimé que l'indemnité devait être calculée sur la base de trois vingtièmes de mois de salaire seulement pour la période au cours de laquelle l'ancienneté était supérieure à cinq ans et sur celle de un dixième de mois pour la période antérieure. • Soc. 23 janv. 1980 : *Bull. civ. V, n° 65*. – V. égal. • Soc. 16 mars 1983 : *Bull. civ. V, n° 166* • 9 avr. 1987 : *ibid., n° 203* • 22 juin 1988 : *ibid., n° 375* • 13 nov. 1991, ⚖ n° 89-17.455 P : *RJS 1992. 36, n° 30*.

29. Lorsqu'il résulte des termes d'une convention collective que l'indemnité de licenciement correspond, à partir de deux ans d'ancienneté, à trois dixièmes de mois par année à compter de la date d'entrée dans l'entreprise, à partir de dix ans d'ancienneté, à un dixième supplémentaire par année passée dans l'entreprise, à partir de vingt ans d'ancienneté, à un dixième en plus par année de présence, il faut en déduire qu'à partir de dix et vingt ans d'ancienneté, l'indemnité est respectivement de quatre dixièmes et de cinq dixièmes de mois de salaire par année passée dans l'entreprise et non par année passée au-delà des dix ou vingt premières années. • Soc. 2 déc. 1981 : *Bull. civ. V, n° 931*. – V. aussi • Soc. 5 mai 1986 : *Bull. civ. V, n° 197*. ♦ Comp. : • Cass., ass. plén., 6 juin 1997 : ⚖ *Dr. soc. 1997. 930*, rapp. Bourrelly ; *BICC 1er oct. 1997*, concl. Monnet (en présence d'une convention collective indiquant qu'en cas de licenciement l'indemnité conventionnelle serait calculée en fonction du nombre d'années d'ancienneté ininterrompue selon le barème suivant : moins de deux ans d'ancienneté, pas d'indemnité, de 2 à 5 ans, 1/10e de mois par année de service, de 5 à 10 ans, 5/20e de mois par année de service, doit être cassé l'arrêt qui, pour fixer le montant de l'indemnité, retient qu'elle doit être calculée par seuils d'ancienneté et non par tranches).

30. Dès lors que la convention collective nationale des imprimeries de labeur et industries graphiques prévoit que l'indemnité de licenciement due aux salariés ayant exercé la fonction de cadre dans l'entreprise pendant au moins deux ans est majorée à raison de l'occupation préalable par l'intéressé d'une fonction d'ouvrier ou d'employé, un salarié ne peut prétendre à l'indemnité due aux salariés ayant exercé les fonctions d'ouvrier. • Soc. 31 janv. 1996, ⚖ n° 91-45.176 P : *RJS 1996. 160, n° 273*. ♦ Sur les modalités de calcul en cas de changement de catégorie professionnelle en cours de carrière, V. aussi • Soc. 17 juill. 1996, ⚖ n° 93-43.492 P : *RJS 1996. 593, n° 921*.

31. Révision. Le juge ne peut exercer le pouvoir modérateur qu'il tient de l'art. 1152 C. civ. à l'égard du montant d'une indemnité de licenciement fixée contradictoirement par les parties signataires d'une convention collective. ● Soc. 14 mai 1987 : *Bull. civ. V, n° 320 ; JCP E 1988. II. 15129, note Défossez ; RTD civ. 1988. 531, obs. Mestre.* ◆ Dans le même sens : ● Soc. 22 févr. 1995, 🔒 n° 93-44.268 P : *Dr. soc. 1995. 479, obs. Savatier* (versement intégral de l'indemnité conventionnelle à un salarié dont le contrat de travail comprenait une clause de reprise de l'ancienneté) ● 17 oct. 1996 : 🔒 *D. 1996. IR 239 ; CSB 1997. 19, S. 3.* ● 9 nov. 2011 : 🔒 *D. 2011. Actu. 2875 ; Dr. soc. 2012. 418, obs. Couturier ; JSL 2012, n° 313-5, obs. Tourreil ; RJS 2012. 43, n° 35 ; JCP S 2012. 1123, obs. Bossu.* ◆ Mais l'indemnité de licenciement, prévue par un contrat de travail qui s'y réfère, non pas à l'application globale d'un accord d'entreprise non obligatoire, mais seulement à la base de calcul de l'indemnité conventionnelle qui y est prévue, est une indemnité contractuelle dont le juge doit vérifier le caractère manifestement excessif ou non. ● Soc. 16 mars 2016, 🔒 n° 14-23.861 P : *D. actu. 8 avr. 2016, obs. Ines ; D. 2016. Actu. 720 ; Dr. soc. 2016. 490, note Mouly ; RJS 5/2016, n° 324 ; JSL 2016, n° 408-2, obs. Pacotte et Halimi ; JCP S 2016. 1174, obs. François.*

32. Indemnité contractuelle. Si les juges ont le pouvoir, même d'office, de réduire cette indemnité contractuelle, s'ils constatent qu'elle présente un caractère excessif, ils ne peuvent annuler la clause du contrat de travail prévoyant le versement d'une indemnité de rupture, sans caractériser en quoi cette indemnité contractuelle est de nature à faire échec au droit de licenciement reconnu à l'employeur. ● Soc. 5 mars 2014 : 🔒 *D. actu. 7 avr. 2014, obs. Fraisse ; D. 2014. Actu. 671 ; Dr. soc. 2014. 481, obs. Mouly ; RJS 2014. 333, n° 400.* ◆ En relevant que l'indemnité contractuelle de licenciement était fixée à un montant manifestement excessif, une cour d'appel a pu estimer qu'elle représentait pour partie une pénalité susceptible d'être réduite par application de l'art. 1152 C. civ. ● Soc. 2 juill. 1984 : *Bull. civ. V, n° 279.* – Dans le même sens : ● Soc. 18 déc. 1979, 🔒 n° 78-40.996 P : *D. 1980. IR 352, obs. Langlois ; Dr. soc. 1980. 370 ; JCP 1980. II. 19432, obs. G. Lyon-Caen* ● 5 juin 1986, 🔒 n° 84-40.951 P : *D. 1986. 558, note Karaquillo* ● 27 févr. 1986 : *Bull. civ. V, n° 49* ● 9 févr. 1989 : *ibid., n° 111* ● 17 avr. 1991 : 🔒 *CSB 1991. 241, A. 55* (décision affirmant que le juge doit rechercher si, au moment de la conclusion du contrat, l'entreprise avait la possibilité financière d'acquitter de telles indemnités sans se mettre dans l'impossibilité de rompre le contrat) ● 17 mars 1998, 🔒 n° 95-43.411 P : *D. 1998. IR 107 ; RJS 1998. 383, n° 590.* ◆ L'appréciation du caractère manifestement excessif d'une indemnité contractuelle relève du pouvoir souverain des juges du fond. ● Soc. 7 mars 1979 : *Bull. civ. V, n° 210 ; Dr. soc. 1980. 365, note Blaise.*

33. En relevant que l'indemnité contractuelle forfaitaire avait été fixée par les parties en tenant compte de l'abandon par l'intéressé d'une clientèle en cours de formation et qu'elle était due même en cas de démission, une cour d'appel a exactement décidé que l'art. 1152 C. civ. n'était pas applicable et que l'indemnité ne pouvait donc faire l'objet d'une modération judiciaire. ● Soc. 28 juin 1995 : 🔒 *CSB 1995. 251, A. 45.* ◆ Même solution lorsque le montant a été fixé en tenant compte de la difficulté pour le salarié de retrouver un emploi équivalent. ● Soc. 17 oct. 1996 : 🔒 *D. 1997. 179, note Défossez ; CSB 1997. 19, S. 3.*

Art. L. 1234-10 La cessation de l'entreprise ne libère pas l'employeur de l'obligation de verser, s'il y a lieu, l'indemnité de licenciement prévue à l'article L. 1234-9. — [*Anc. art. L. 122-12, al. 1er fin.*]

Art. L. 1234-11 Les circonstances entraînant la suspension du contrat de travail, en vertu soit de dispositions légales, soit d'une convention ou d'un accord collectif de travail, soit de stipulations contractuelles, soit d'usages, ne rompent pas l'ancienneté du salarié appréciée pour la détermination du droit à indemnité de licenciement.

Toutefois, la période de suspension n'entre pas en compte pour la détermination de la durée d'ancienneté exigée pour bénéficier de ces dispositions. — [*Anc. art. L. 122-10.*]

RÉP. TRAV. v° *Ancienneté dans l'entreprise*, par Savatier et Fin-Langer.

BIBL. ▶ Laigo et Prot, *SSL 1996, n° 773* (reprise d'ancienneté). - Vallée, *Dr. soc. 1992. 871.*

SOUS-SECTION 3 **Cas de force majeure**

COMMENTAIRE

V. sur le Code en ligne 🔒. ☐

Art. L. 1234-12 La cessation de l'entreprise pour cas de force majeure libère l'employeur de l'obligation de respecter le préavis et de verser l'indemnité de licenciement prévue à l'article L. 1234-9. — [*Anc. art. L. 122-12, al. 1er.*]

La force majeure permettant à l'employeur de s'exonérer de tout ou partie des obligations nées de la rupture du contrat de travail s'entend de la survenance d'un évènement extérieur, imprévisible lors de la conclusion du contrat et irrésistible dans son exécution ; il n'y a donc pas force majeure lorsque la survenance de l'évènement est envisagée dans le contrat de travail. • Soc. 16 mai 2012 : 🔒 *D. actu.* 11 juin 2012, obs. Ines ; *D.* 2012. 1864, note Fardoux ⌀ ; *Dr. soc.* 2012. 744, obs. Mouly ⌀ ; *RJS* 2012. 541, n° 627 ; *JSL* 2012, n° 325-5, obs. Tourreil.

Art. L. 1234-13 Lorsque la rupture du contrat de travail à durée indéterminée résulte d'un sinistre relevant d'un cas de force majeure, le salarié a droit à une indemnité compensatrice d'un montant égal à celui qui aurait résulté de l'application des articles L. 1234-5, relatif à l'indemnité compensatrice de préavis, et L. 1234-9, relatif à l'indemnité de licenciement.

Cette indemnité est à la charge de l'employeur. — *[Anc. art. L. 122-9-1.]*

SOUS-SECTION 4 — Dispositions particulières au secteur public

Art. L. 1234-14 Les dispositions des articles L. 1234-1, L. 1234-8, L. 1234-9 et L. 1234-11 sont applicables, dès lors que les intéressés remplissent les conditions prévues par ces articles :

1° Aux agents et salariés, autres que les fonctionnaires et les militaires, mentionnés à l'article L. 5424-1 ;

2° Aux salariés soumis au même statut légal que celui d'entreprises publiques. — *[Anc. art. L. 122-11.]*

SOUS-SECTION 5 — Dispositions particulières aux départements de la Moselle, du Bas-Rhin et du Haut-Rhin

RÉP. TRAV. v° *Alsace-Moselle*, par Grisey Martinez.

> **COMMENTAIRE**
> V. sur le Code en ligne 🔒

Art. L. 1234-15 Le salarié a droit à un préavis :

1° D'un jour lorsque sa rémunération est fixée par jour ;

2° D'une semaine lorsque sa rémunération est fixée par semaine ;

3° De quinze jours lorsque sa rémunération est fixée par mois ;

4° De six semaines lorsque sa rémunération est fixée par trimestre ou par période plus longue. — *[Anc. art. 7 et 12, L. du 1ᵉʳ juin 1924.]*

Art. L. 1234-16 Ont droit à un préavis de six semaines :

1° Les professeurs et personnes employées chez des particuliers ;

2° Les commis commerciaux mentionnés à l'article L. 1226-24 ;

3° Les salariés dont la rémunération est fixe et qui sont chargés de manière permanente de la direction ou la surveillance d'une activité ou d'une partie de celle-ci, ou ceux à qui sont confiés des services techniques nécessitant une certaine qualification. — *[Anc. art. 5, 7 et 12, L. du 1ᵉʳ juin 1924.]*

Art. L. 1234-17 Pendant le préavis, l'employeur accorde au salarié qui le demande un délai raisonnable pour rechercher un nouvel emploi. — *[Anc. art. 7 et 12, L. du 1ᵉʳ juin 1924.]*

Art. L. 1234-17-1 Les dispositions de la présente sous-section s'appliquent à défaut de dispositions légales, conventionnelles ou d'usages prévoyant une durée de préavis plus longue. Elles s'appliquent également à la rupture du contrat de travail à durée indéterminée à l'initiative du salarié. — *[Anc. art. 1ᵉʳ, L. du 6 mai 1939.]*

SOUS-SECTION 6 — Dispositions d'application

Art. L. 1234-18 Un décret en Conseil d'État détermine les modalités d'application des articles L. 1234-1 à L. 1234-14. — *[Anc. art. L. 122-14-11.]* — V. art. R. 1234-1 s.

RUPTURE DU CONTRAT DE TRAVAIL

SECTION 2 Documents remis par l'employeur

SOUS-SECTION 1 Certificat de travail

Art. L. 1234-19 A l'expiration du contrat de travail, l'employeur délivre au salarié un certificat dont le contenu est déterminé par voie réglementaire. — *[Anc. art. L. 122-16, al. 1er.]* — V. art. D. 1234-6 et R. 1238-3 (pén.).

RÉP. TRAV. v° *Certificat de travail*, par VACHET.

COMMENTAIRE

V. sur le Code en ligne.

1. Obligation de délivrance. L'obligation de délivrer un certificat de travail s'impose à l'employeur même en cas de nullité du contrat. • Soc. 26 janv. 1983 : *Bull. civ. V, n° 33.* ♦ Elle concerne également les héritiers de l'employeur. • Soc. 16 nov. 1977 : *Bull. civ. V, n° 617 ; D. 1978. IR 53.* ♦ ... Et bénéficie aux héritiers du salarié. • Soc. 20 janv. 1960 : *Bull. civ. IV, n° 61 ; D. 1960. 169 ; Dr. soc. 1960. 425* • Crim. 5 déc. 1989 : *RJS 1990. 76, n° 110.* ♦ Elle peut incomber à un liquidateur. • Soc. 24 janv. 1989 : *D. 1989. IR 44.*

2. En cas de modification dans la situation juridique de l'employeur, le certificat délivré par le dernier employeur doit indiquer la totalité de l'ancienneté du salarié et la date d'entrée en fonctions chez le premier employeur. • Soc. 8 janv. 1975 : *Bull. civ. V, n° 1* • 24 nov. 1993, n° 89-42.648 P : *RJS 1994. 43, n° 30.* ♦ Comp. : • Soc. 7 févr. 1989 : *CSB 1989. 59, A. 13.*

3. Modalités de la délivrance. Le certificat de travail est quérable. • Soc. 17 janv. 1973, n° 72-40.203 P : *D. 1973. 369, note Saint-Jours ; JCP 1973. II. 17544, note Groutel.* ♦ Le certificat devient portable lorsque l'employeur est condamné sous astreinte à le délivrer. • Soc. 26 mars 1981 : *Bull. civ. V, n° 265* • 21 juill. 1993 : *CSB 1993. 269, S. 136.* ♦ L'action en délivrance du certificat de travail est soumise à la prescription trentenaire. • Soc. 21 juin 1979 : *Bull. civ. V, n° 560.*

4. La faculté d'ordonner une délivrance du certificat sous astreinte est réservée au juge prud'homal. • Crim. 5 déc. 1989 : *RJS 1990. 76, n° 110.*

5. Sanctions. L'existence d'un préjudice et l'évaluation de celui-ci relevant du pouvoir souverain d'appréciation des juges du fond, le salarié qui n'apporte aucun élément pour justifier le préjudice allégué n'obtiendra pas réparation en cas de délivrance tardive de divers documents de fin de contrat. • Soc. 13 avr. 2016, n° 14-28.293 P : *D. actu. 17 mai 2016, obs. Ines ; D. 2016. Actu. 900 ; RDT 2017. Controverse 374, Bailly et Boulmier ; RJS 6/2016, n° 423 ; SSL 2016, n° 1721, p. 12, obs. Florès et Saada ; JSL 2016, n° 411-2, obs. Dejean de la Bâtie ; JCP S 2016. 1213, obs. Turpin.*

6. Mentions. L'employeur ne peut imposer au salarié des mentions sur le certificat de travail autres que celles prévues à l'art. L. 122-16 [anc.]. • Soc. 4 mars 1992 : n° D. 1992. Somm. 351, obs. Serra ; *CSB 1992. 117, S. 67 ; RJS 1992. 257, n° 442 ; JCP E 1992. I. 162, n° 6, obs. Gatumel* (mention d'une clause de non-concurrence).

7. Le certificat doit comporter : la mention des dates d'entrée et de sortie. • Soc. 23 juin 1988, n° 85-42.985 P : *D. 1989. Somm. 168, obs. Pélissier ; Dr. soc. 1989. 829, note Savatier.* ♦ ... La mention exacte de l'emploi occupé. • Soc. 8 avr. 1970 : *Bull. civ. V, n° 220* • 1er déc. 1971 : *ibid., n° 699 ; D. 1972. 64.* ♦ ... Et non la mention d'un nouveau statut qui a été imposé au salarié qui ne l'a pas accepté. • Soc. 4 nov. 2003 : *RJS 2004. 43, n° 34.*

8. La clause « libre de tout engagement » ne vaut renonciation, de la part de l'employeur, ni à l'exécution du préavis... • Soc. 2 févr. 1978 : *Bull. civ. V, n° 82* • 10 nov. 1993 : *RJS 1993. 713, n° 1199* ♦ ... Ni à la clause de non-concurrence. • Soc. 24 oct. 1979 : *Bull. civ. V, n° 773* • 19 juin 1991, n° 86-45.504 P.

9. Sur la responsabilité de l'employeur à propos des mentions portées sur le certificat, V. • Soc. 11 janv. 1967 : *Bull. civ. IV, n° 34* • 9 janv. 1985 : *D. 1985. IR 237.*

10. Sur la sanction des mentions discriminatoires apposées sur un certificat, V. • Crim. 14 oct. 1986, n° 85-96.369 P : *RSC 1987. 460, obs. A. Lyon-Caen.*

SOUS-SECTION 2 Reçu pour solde de tout compte

Art. L. 1234-20 (L. n° 2008-596 du 25 juin 2008) Le solde de tout compte, établi par l'employeur et dont le salarié lui donne reçu, fait l'inventaire des sommes versées au salarié lors de la rupture du contrat de travail.

Le reçu pour solde de tout compte peut être dénoncé dans les six mois qui suivent sa signature, délai au-delà duquel il devient libératoire pour l'employeur pour les sommes qui y sont mentionnées. — *[Anc. art. L. 122-17.]*

RÉP. TRAV. v^{ls} *Reçu pour solde de tout compte*, par VACHET ; *Transaction*, par VACHET.

Art. L. 1234-20

COMMENTAIRE

V. sur le Code en ligne 🔒.

BIBL. Blaise, *BS Lefebvre 1987. 203* ; *ibid. 1991. 287*. – Boulmier, *Dr. soc. 1996. 927* . – Bugada, *Dr. soc. 2008. 1244* . – Califano, *Dr. ouvrier 1991. 115*. – Marraud, *RJS 1996. 723*. – Philbert, *CSB 1995. 94*. – Pochet, *JCP E 1995. I. 446* (dénonciation). – Quétant, *JSL 2010, n° 272-1* (le reçu pour solde de tout compte, vraie ou fausse résurrection ?). – Savatier, *Dr. soc. 1989. 829*. – Vacarie, *Dr. soc. 1990. 757* (renonciation du salarié).

1. Constitutionnalité. L'art. L. 1234-20, qui attribue au salarié la faculté de dénoncer le reçu pour solde de tout compte, ne méconnaît ni le principe de sécurité juridique ni le principe d'égalité devant la loi. ● Soc., QPC, 18 sept. 2013 : 🔒 *D. actu. 4 oct. 2013*, obs. Ines ; *RJS 12/2013, n° 814*.

A. CONDITIONS DE VALIDITÉ DU REÇU POUR SOLDE DE TOUT COMPTE

[Jurisprudence antérieure à la loi du 25 juin 2008]

2. Forme. Il ne résulte pas de l'art. L. 122-17 [L. 1234-20 nouv.] que la date qui sert de point de départ au délai de forclusion doive résulter d'une mention apposée par le salarié lui-même. ● Soc. 11 oct. 1979 : *Bull. civ. V, n° 718* ; *D. 1980. IR 349*, obs. Langlois. ♦ ... A condition que cette date soit certaine. ● Soc. 10 févr. 1998, 🔒 n° 95-40.271 P : *D. 1998. IR 74* ; *RJS 1998. 193, n° 314* ; *Dr. soc. 1998. 511*, note Marraud (date dactylographiée) ● 20 févr. 2019, 🔒 n° 17-27.600 P : *D. actu. 20 mars 2019*, obs. Fraisse ; *D. 2019. Pan. 973*, obs. Lokiec ; *RJS 5/2019, n° 288* ; *JSL 2019, n° 473-1*, obs. Lhernould ; *JCP S 2019. 1109*, obs. Paoli. ♦ A défaut de mention du délai de forclusion, le caractère tardif de la dénonciation ne peut être opposé au salarié. ● Soc. 4 oct. 1978 : *Bull. civ. V, n° 637*. ♦ Mais l'emploi du terme de forclusion n'est pas indispensable. ● Soc. 18 mars 1992, 🔒 n° 88-43.331 P : *D. 1992. IR 132* ; *RJS 1992. 346, n° 613*. ♦ L'appréciation du caractère « très apparent » de la mention du délai de forclusion ne peut être remise en cause devant la Cour de cassation. ● Soc. 26 nov. 1996, 🔒 n° 94-42.161 P : *RJS 1997. 34, n° 34*. ♦ Le reçu qui n'a pas été rédigé en double exemplaire ou dont l'un des exemplaires n'a pas été remis au salarié ne produit aucun effet. ● Soc. 16 juill. 1997, 🔒 n° 94-41.938 P : *D. 1997. IR 193* ; *Dr. soc. 1997. 973*, obs. Marraud ; *RJS 1997. 670, n° 1088*.

3. Mention manuscrite du salarié. Lorsque la mention « Reçu pour solde de tout compte » inscrite de la main du salarié ne figure pas sur le reçu, le salarié ne peut être forclos à contester ce document qui n'a, dès lors, que la valeur d'un simple reçu des sommes d'argent qui y figurent. ● Soc. 9 mai 1978 : *Bull. civ. V, n° 334* ● 26 juin 1986 : *ibid., n° 340* ● 17 févr. 1993, 🔒 n° 89-45.064 P : *RJS 1993. 236, n° 390* ; *Dr. soc. 1993. 383*. ♦ Même solution lorsque la mention légale, au lieu de précéder la signature du salarié, est placée après celle-ci. ● Soc. 7 nov. 1995 : 🔒 *RJS 1995. 795, n° 1244* ● 7 avr. 1999 : 🔒 *RJS 1999. 409, n° 661*. ♦ Il suffit que la mention légale figure sur l'exemplaire conservé par l'employeur. ● Soc. 9 mars 1989 : *Bull. civ. V, n° 199* ; *D. 1989. IR 107* ; *Dr. soc. 1989. 829*, note Savatier.

4. Moment de l'établissement du reçu. Est nul le reçu signé à un moment où le contrat n'est ni résilié, ni expiré, alors même que le licenciement est d'ores et déjà décidé et non contesté dans son principe. ● Soc. 20 févr. 1986 : *Bull. civ. V, n° 29* ● 9 oct. 1996 : 🔒 *Dr. soc. 1996. 1102*, obs. Marraud ; *RJS 1996. 756, n° 1171* ; *CSB 1996. 332, S. 148*. ♦ Rappr. : ● Soc. 26 mai 1988 : *Bull. civ. V, n° 320* ; *D. 1989. Somm. 168*, obs. Pélissier. ♦ Même solution lorsque le reçu est établi au cours du préavis. ● Soc. 23 juill. 1984 : *D. 1985. IR 64* ● 9 juill. 1996 : 🔒 *RJS 1996. 664, n° 1044* (préavis unilatéralement interrompu par l'employeur). ♦ ... Ou lorsqu'il est signé antérieurement à la notification du licenciement. ● Soc. 7 févr. 1990, 🔒 n° 87-40.172 P : *D. 1990. IR 51* . ♦ Rappr. : ● Soc. 13 oct. 1988 : *Bull. civ. V, n° 499*.

5. Est valable le reçu signé alors que le salarié n'exécute pas son préavis et que, par conséquent, il n'est plus sous la dépendance de l'employeur. ● Soc. 23 juin 1988, 🔒 n° 85-42.985 P : *D. 1989. Somm. 168*, obs. Pélissier ; *Dr. soc. 1989. 829*, note Savatier. – Dans le même sens : ● Soc. 25 oct. 1990 : 🔒 *D. 1990. IR 263* ● 7 avr. 1993 : 🔒 *CSB 1993. 186, S. 103* ● 17 janv. 1996 : 🔒 *RJS 1996. 161, n° 274*. ♦ Le reçu signé à la suite d'une transaction n'est valable que dans la mesure où la transaction l'est également. ● Soc. 6 déc. 1994 : 🔒 *Dr. soc. 1995. 65* ; *RJS 1995. 27, n° 19*.

[Jurisprudence postérieure à la loi du 25 juin 2008]

6. Date certaine. Pour faire courir le délai de six mois à l'expiration duquel le salarié ne peut plus dénoncer le reçu pour solde de tout compte, ce dernier doit comporter la date de sa signature, peu important que celle-ci ne soit pas écrite de la main du salarié, dès l'instant qu'elle est certaine. ● Soc. 20 févr. 2019, 🔒 n° 17-27.600 P : *D. actu. 20 mars 2019*, obs. Fraisse ; *D. 2019. Pan. 973*, obs. Lokiec ; *RJS 5/2019, n° 288* ; *JSL 2019, n° 473-1*, obs. Lhernould ; *JCP S 2019. 1109*, obs. Paoli.

7. Inventaire des sommes versées. Le reçu pour solde de tout compte qui fait état d'une somme globale et renvoie pour le détail des sommes versées au bulletin de paie annexé n'a pas d'effet libératoire. ● Soc. 14 févr. 2018, 🔒 n° 16-16.617 P : *D. actu. 21 mars 2018*, obs. Cortot ; *D. 2018. Actu. 463* ; *Dr. soc. 2018. 481*, note Mouly ; *RJS 4/2018, n° 256* ; *ibid. p. 294*, avis Rémery ; *JSL 2018,* n° 452-4, obs. Pacotte et Margerin ; JCP S 2018. 1114, obs. Rouspide-Katchadourian.

B. DÉNONCIATION DU REÇU POUR SOLDE DE TOUT COMPTE

[Jurisprudence antérieure à la loi du 25 juin 2008]

8. Forme. Dénonce régulièrement le reçu le salarié qui en discute quatre points sur lesquels il demande des explications. • Soc. 28 mars 1995 : 🏛 *Dr. soc. 1995. 507.* ♦ Vaut dénonciation la lettre recommandée dont l'employeur a accusé réception par laquelle le salarié licencié pour inaptitude à son emploi assigne l'employeur en invoquant les art. L. 122-32-5, L. 122-32-6 et L. 122-32-7. • Soc. 21 mai 1997, 🏛 n° 94-42.005 P : *D. 1997. IR 151* ⊘ ; *Dr. soc. 1997. 747, obs. Marraud* ⊘ ; *RJS 1997. 526, n° 812.* ♦ Vaut dénonciation du reçu la lettre émanant du mandataire du salarié et constituant une demande motivée et chiffrée ayant pour objet de compléter l'indemnité de préavis. • Soc. 19 mars 1985 : *Bull. civ. V, n° 190.* ♦ Sur la vérification de la régularité du mandat, V. • Soc. 31 janv. 1985 : *Bull. civ. V, n° 76.* ♦ Un avocat, dès lors qu'il est chargé par le salarié d'introduire une instance prud'homale, a pouvoir d'effectuer la dénonciation, qui constitue le préalable nécessaire à la recevabilité de la demande. • Soc. 8 oct. 1996 : 🏛 *Dr. soc. 1996. 1100, obs. Marraud* ⊘ ; *RJS 1996. 757, n° 1173* ; *CSB 1996. 333, S. 149.*

9. L'art. R. 122-6 [art. D. 1234-8 nouv.] n'imposant qu'une lettre recommandée, les juges du fond ne sauraient exiger un accusé de réception pour faire preuve de la réception de la lettre par l'employeur. • Soc. 21 oct. 1997, 🏛 n° 94-44.563 P : *Dr. soc. 1998. 86, obs. Boulmier* ⊘ ; *RJS 1997. 841, n° 1365.*

10. Ne vaut pas dénonciation : la lettre envoyée à l'employeur par l'inspecteur du travail à la suite d'un courrier que lui a adressé le salarié, la lettre n'ayant pas été adressée par le salarié lui-même. • Soc. 26 juin 1986 : *Bull. civ. V, n° 340.* ♦ ... La référence à un écrit antérieur au reçu. • Soc. 23 juin 1988, 🏛 n° 85-42.985 P : *D. 1989. Somm. 168, obs. Pélissier ; Dr. soc. 1989. 829, note Savatier.* ♦ ... La saisine du conseil de prud'hommes avant la signature du reçu. • Soc. 15 nov. 1989 : *Bull. civ. V, n° 664.* ♦ ... Ou le seul renvoi de l'affaire portée devant le conseil de prud'hommes. • Soc. 22 janv. 1992 : 🏛 *D. 1992. IR 68* ⊘ ; *RJS 1992. 171, n° 279.*

11. La convocation en conciliation reçue par l'employeur dans le délai de deux mois produit les effets d'une dénonciation. • Soc. 1er mars 1989 : *Dr. soc. 1989. 829, note Savatier •* 5 juill. 1989 : *ibid. 837 ; D. 1989. IR 244 •* 26 févr. 1992 : 🏛 *JCP E 1992. I. 162, n° 9, obs. Pierchon* (l'assimilation de la convocation à la dénonciation est limitée aux seuls chefs de demande qui y figurent). – V. aussi : • Soc. 16 févr. 1987 : *Bull. civ. V, n° 82 •* 7 mars 2018, 🏛 n° 16-13.194 P : *D. 2018. Actu. 564* ⊘ ; *Dr. soc. 2018. 481, note Mouly* ⊘ ; *RJS 5/2018, n° 322* ; *SSL 2018, n° 1808, p. 12, obs. Caro ; JSL 2018, n° 452-5, obs. Lhernould.* ♦ Pour une dénonciation résultant d'un procès-verbal de non-conciliation, V. • Soc. 8 nov. 1967 : *D. 1968. 352 ; Dr. soc. 1969. 55, obs. Savatier.* ♦ ... Ou du maintien de la demande lors de l'audience de conciliation, V. • Soc. 2 févr. 1994, 🏛 n° 89-42.778 P : *RJS 1994. 182, n° 246.* ♦ *Contra*, pour le seul dépôt d'une demande de convocation en conciliation : • Soc. 15 nov. 1989 : *Bull. civ. V, n° 663.*

12. Motivation. La lettre de dénonciation qui, même si elle n'est pas explicite sur les moyens sur lesquels le salarié se fonde, comporte l'énoncé des chefs de la demande en paiement des indemnités de rupture, répond aux exigences légales. • Soc. 7 mars 1990, 🏛 n° 87-42.747 P : *CSB 1990. 113, S. 69.* ♦ Sur la nécessité de motiver la demande, V. • Soc. 23 janv. 1959 : *D. 1959. 262 •* 4 juin 1969 : *D. 1969. 515 •* 17 déc. 1987 : *Bull. civ. V, n° 747.*

13. La dénonciation n'a d'effet qu'à l'égard des chefs de demandes qu'elle énonce et de leurs conséquences directes. • Soc. 22 juin 1994, 🏛 n° 89-43.475 P : *D. 1994. IR 213* ⊘.

14. Délai. Sur le respect du délai de deux mois, V. not. : • Soc. 11 oct. 1979 : *Bull. civ. V, n° 718 ; D. 1980. IR 349, obs. Langlois •* 16 févr. 1987 : *Bull. civ. V, n° 82.* ♦ Le reçu doit mentionner qu'il peut être dénoncé dans un délai de deux mois. • Soc. 29 janv. 1997, 🏛 n° 93-42.286 P : *D. 1997. IR 57* ⊘ ; *Dr. soc. 1997. 321, obs. Marraud* ⊘ ; *RJS 1997. 186, n° 276.* ♦ La date de notification de la lettre de dénonciation est, à l'égard du salarié, celle de l'expédition. • Soc. 16 mai 2000, 🏛 n° 96-43.218 P : *D. 2000. IR 175* ⊘ ; *RJS 2000. 560, n° 803.*

15. Délai de dénonciation (jurisprudence postérieure à la loi du 20 août 2008). Les dispositions de l'art. L. 1234-20 C. trav. ne prévoient pas l'obligation pour l'employeur de mentionner sur le reçu pour solde de tout compte le délai de six mois pour dénoncer. • Soc. 4 nov. 2015, 🏛 n° 14-10.657 P : *D. actu. 4 déc. 2015, obs. Doutreleau ; D. 2015. Actu. 2322* ⊘ ; *Dr. soc. 2016. 91, obs. Mouly* ⊘ ; *JSL 2016, n° 402-5, obs. Lhernould.*

16. Le délai de forclusion n'est pas d'ordre public. • Soc. 7 juill. 1971 : *Bull. civ. V, n° 520.* ♦ Il constitue une fin de non-recevoir au sens de l'art. 122 C. pr. civ. et non une exception de procédure au sens de l'art. R. 516-38 C. trav. [art. R. 1451-2 nouv.] ; le moyen tiré de ce que le salarié a signé un reçu peut être opposé même après des conclusions au fond. • Soc. 5 juill. 1989 : *D. 1989. IR 244 ; Dr. soc. 1989. 829, note Savatier.*

C. PORTÉE DU REÇU POUR SOLDE DE TOUT COMPTE

[Jurisprudence antérieure à la loi du 25 juin 2008]

17. Sommes envisagées. Le reçu pour solde de tout compte a un effet libératoire pour l'employeur à l'égard de tous les éléments de rémunération dont le paiement a été envisagé par les parties. • Soc. 8 juill. 1980 : *Bull. civ. V, n° 617.* ♦ Il comprend notamment tous les éléments de rémunération du salarié sans qu'il soit nécessaire qu'ils aient été énumérés. • Soc. 23 févr. 1983 : *Bull. civ. V, n° 103.* ♦ Mais lorsque le reçu, même rédigé en termes généraux, détaille les sommes allouées au salarié, il n'a d'effet libératoire que pour ces sommes. • Soc. 9 avr. 1996, ⚖ n° 94-41.861 P : *RJS 1996. 342, n° 539 ; JCP E 1996. I. 597, n° 17, obs. Antonmattéi ; CSB 1996. 173, A. 39* • 8 juill. 1997, ⚖ n° 94-42.553 P : *Dr. soc. 1997. 975, obs. Marraud* ⊘ • 25 nov. 1997, ⚖ n° 95-43.610 P. • 10 nov. 1998 : ⚖ *CSB 1999. 44, A. 7* • Soc. 18 déc. 2013 : ⚖ *D. actu. 15 janv. 2014, obs. Fleuriot ; Dr. soc. 2014. 176, obs. Mouly* ⊘ *; RJS 3/2014, n° 221.* ♦ Dans le même sens pour un reçu rectificatif, même rédigé en termes généraux, qui ne concerne que les sommes réclamées par le salarié. • Soc. 10 mars 1998, ⚖ n° 95-40.110 P : *RJS 1998. 283, n° 455.* ♦ N'a pas d'effet libératoire le document dénommé « reçu pour solde de tout compte » qui ne comporte aucune précision sur les sommes concernées. • Soc. 19 mai 1998 : ⚖ *Dr. soc. 1998. 721, obs. Marraud* ⊘ *; RJS 1998. 552, n° 853* • 16 mai 2000, ⚖ n° 97-44.886 P : *Dr. soc. 2000. 925, obs. Marraud* ⊘ *; RJS 2000. 560, n° 802* (valeur de simple reçu des sommes qui y figurent).

18. S'il résulte des termes mêmes du reçu qu'il a été donné seulement pour les sommes dues pour la période durant laquelle le salarié a travaillé dans l'établissement, l'indemnité pour licenciement sans cause réelle et sérieuse s'en trouve exclue. • Soc. 25 janv. 1990 : ⚖ *RJS 1990. 153, n° 200 (2ᵉ esp.)* • 19 oct. 1994 : ⚖ *Dr. ouvrier 1995. 215.* ♦ V. également, pour un reçu rédigé au bas d'un bulletin de paie et dont l'effet libératoire ne concerne que les sommes indiquées sur ce bulletin : • Soc. 25 sept. 1990 : ⚖ *CSB 1990. 260, S. 168.* – V. aussi • Soc. 2 juin 1992, ⚖ n° 89-40.191 P : *CSB 1992. 195, A. 37.* ♦ Le fait pour un employeur d'admettre, postérieurement à la signature d'un reçu, devoir au salarié d'autres sommes que celles mentionnées sur ce reçu et de lui proposer la signature d'un reçu rectificatif, fait perdre au reçu initial tout effet libératoire. • Soc. 17 déc. 1996, ⚖ n° 95-44.844 P : *Dr. soc. 1997. 206, obs. Couturier* ⊘ *; RJS 1997. 99, n° 140.* – Dans le même sens : • Soc. 10 févr. 1998, ⚖ n° 95-40.326 P : *Dr. soc. 1998. 512, note Marraud* ⊘.

19. Le cessionnaire de l'entreprise peut opposer à un salarié le reçu pour solde de tout compte et être libéré du versement de l'indemnité compensant l'obligation de non-concurrence souscrite antérieurement auprès du premier employeur. • Soc. 6 déc. 1994 ⊘ *RJS 1995. 16, n° 2 ; Dr. soc. 1995. 192.*

20. Sur la charge de la preuve, comp. : • Soc. 24 oct. 1985 : *Bull. civ. V, n° 497* (la preuve incombe au salarié) • 14 mai 1987 : *ibid. n° 313* (la renonciation ne se présumant pas, ne justifie pas sa décision le conseil de prud'hommes qui ne constate pas que le reçu a envisagé l'indemnité de préavis).

21. Dommages-intérêts. Même rédigé en termes généraux, le reçu fait obstacle à toute demande de dommages-intérêts pour rupture abusive. • Soc. 7 mars 1990, ⚖ n° 87-42.747 P : *CSB 1990. 114, S. 70.* – Dans le même sens : • Soc. 21 mai 1981 : *Bull. civ. V, n° 443* • 3 juin 1981 : *ibid., n° 497* • 1ᵉʳ mars 1989 : *Dr. soc. 1989. 829, note Savatier.* ♦ Comp., lorsque la demande d'une indemnité pour rupture abusive correspond à des griefs non formulés par l'employeur lors de la signature du reçu : • Soc. 16 juill. 1987 : *Dr. ouvrier 1988. 286.* ♦ ... Ou lorsque l'objet du reçu est incertain. • Soc. 7 nov. 1990 : ⚖ *CSB 1990. 286, S. 185.* – V. aussi • Soc. 8 nov. 1984 : *D. 1985. IR 127.*

22. Convention de conversion. Le reçu pour solde de tout compte établi en exécution d'une convention de conversion n'a d'effet libératoire que dans la mesure où la convention de conversion est valable. • Soc. 5 mars 1996, ⚖ n° 92-44.246 P : *Dr. soc. 1996. 535* ⊘ *; RJS 1996. 261, n° 432.*

23. Sommes exclues. Le reçu ne peut avoir d'effet libératoire à l'égard des dettes nées postérieurement à sa signature. • Soc. 9 juin 1988 : *Bull. civ. V, n° 352 ; D. 1989. Somm. 266, obs. Serra* et • 14 févr. 1996, ⚖ n° 93-42.035 P : *D. 1996. IR 71* ⊘ (indemnité de non-concurrence) • 5 nov. 1987 : *Bull. civ. V, n° 619* (indemnité due en vertu de l'art. L. 122-32 constituant un droit éventuel pour le salarié) • 6 déc. 1995 : ⚖ *D. 1996. 523, note Puigelier* ⊘ *; RJS 1996. 18, n° 21* (indemnités pour irrégularité de procédure à la suite d'une annulation de l'autorisation de licenciement d'un délégué syndical intervenue postérieurement à la signature du reçu). ♦ ... Ni à l'égard de droits éventuels futurs. • Soc. 6 avr. 1994, ⚖ n° 92-41.782 P : *Dr. soc. 1994. 710 ; RJS 1994. 424, n° 694.* ♦ ... Ou d'une obligation que le salarié aurait souscrite à l'égard de son employeur. • Soc. 6 juill. 1994 : ⚖ *RJS 1994. 582, n° 982* (reconnaissance de dette). ♦ ... Ou de la prime d'intéressement qui ne peut être fixée qu'à l'issue de l'exercice social. • Soc. 29 janv. 1997, ⚖ n° 92-45.132 P : *D. 1997. 463, note Boulmier* ⊘ *; JCP 1997. II. 22831, note Corrignan-Carsin (2ᵉ esp.) ; Dr. soc. 1997. 320, obs. Marraud* ⊘ *; RJS 1997. 187, n° 277.*

24. La signature d'un reçu pour solde de tout compte rédigée en termes généraux ne peut valoir renonciation du salarié au droit de contester la cause réelle et sérieuse du licenciement ; seule une transaction signée après le licenciement et comportant des concessions réciproques peut l'empêcher d'agir. • Soc. 30 juin 1998, ⚖ n° 96-40.394 P : *D. 1999. Somm. 172, obs. Desbarats* ⊘ *; Dr. soc. 1998. 841, obs. Marraud* ⊘ • 9 déc. 1998, ⚖ n° 96-43.410 P : *D. 1999. IR 45* ⊘ • 4 janv. 2000, ⚖ n° 97-43.052 P : *RJS 2000. 132, n° 200 ; Dr. soc. 2000. 443, obs. Marraud* ⊘ • 18 déc. 2001, ⚖ n° 99-43.632 P : *Dr. soc. 2002. 361, obs. Savatier* ⊘ *; RJS 2002. 145, n° 173.*

25. Lorsque le reçu contient une obligation du salarié étrangère à sa finalité, il ne peut faire preuve de cette obligation que dans les conditions de droit commun. • Soc. 6 juill. 1994 : ⚖ *préc. note 23.* (application de l'art. 1326 C. civ. à une reconnaissance de dette). ♦ Le reçu non daté est dépourvu d'effet libératoire. • Nancy, 5 déc. 1994 : *RJS 1995. 257, n° 376.* ♦ *Contra* : • Paris, 1er déc. 1989 : *RJS 1990. 153, n° 198.*

26. Réserves. La mention « sous réserve de tous mes droits » apposée par le salarié est exclusive de tout accord de sa part et le délai de forclusion ne peut lui être opposé. • Soc. 26 févr. 1985 : *Bull. civ. V, n° 117.* – V. conf. • Soc. 12 mai 1993 : ⚖ *CSB 1993. 194, B. 112.* ♦ Dans le même sens, pour la mention « sous réserve de l'indemnité de licenciement » : • Soc. 13 oct. 1993 : ⚖ *RJS 1993. 649, n° 1097.* ♦ Comp. : • Soc. 24 nov. 1993, ⚖ n° 89-45.727 P : *D. 1994. IR 11* ⊘ ; *CSB 1994. 31, S. 17* (estimant que la mention « sous réserve des commissions restant à payer » n'empêche pas le reçu d'avoir un effet libératoire à l'égard des autres sommes). ♦ Même solution pour le cas d'une réserve limitée à la seule prime d'ancienneté. • Soc. 30 oct. 1996 : ⚖ *D. 1996. IR 262* ⊘ ; *Dr. soc. 1997. 109, obs. Marraud* ⊘ ; *RJS 1996. 818, n° 1264.*

27. Instance prud'homale. La signature d'un reçu pour solde de tout compte après saisine du conseil de prud'hommes ne caractérise pas un désistement d'instance. • Soc. 7 avr. 1993, ⚖ n° 90-41.628 P : *JCP 1993. II. 22175, concl. Chauvy ; RJS 1993. 304, n° 511 ; CSB 1993. 177, A. 42* • 12 mars 1996, ⚖ n° 92-41.159 P : *RJS 1996. 342, n° 540.* ♦ Comp. : • Soc. 8 nov. 1995 : ⚖ *RJS 1996. 162, n° 275*, relevant que le reçu ne portait pas sur les mêmes indemnités que celles faisant l'objet de la demande en justice. ♦ La signature d'un reçu pour solde de tout compte rédigé en termes généraux après la saisine du conseil de prud'hommes est sans effet libératoire à l'égard des demandes déjà présentées. • Soc. 1er oct. 1996 : ⚖ *D. 1996. IR 239* ⊘ ; *RJS 1996. 757, n° 1172 ; CSB 1996. 325, A. 65, note Philbert* • 28 oct. 1997, ⚖ n° 94-45.462 P : *D. 1997. IR 248* ⊘ ; *RJS 1997. 840, n° 1364.* ♦ Mais le reçu conserve, sauf dénonciation motivée, un effet sur les droits envisagés lors de son établissement. • Soc. 30 oct. 1996 : ⚖ *Dr. soc. 1997. 110, obs. Marraud* ⊘ (irrecevabilité des demandes nouvelles postérieures).

28. Trop-perçu. L'effet libératoire attaché n'interdit pas à l'employeur de réclamer au salarié un trop-perçu. • Soc. 9 mars 1983 : *D. 1984. IR 167, obs. crit. Béraud ; JCP CI 1983. I. 11716, note Teyssié.*

[Jurisprudence postérieure à la loi du 25 juin 2008]

29. Incapacité d'exercer le préavis. Si le salarié se trouve, du fait de sa maladie, dans l'incapacité d'effectuer le préavis de quinze jours, dont l'exécution avait été convenue avec l'employeur, aucune indemnité compensatrice de préavis ne peut être mise à sa charge. • Soc. 18 déc. 2013 : ⚖ *D. actu. 15 janv. 2014, obs. Fleuriot ; D. 2014. Actu. 88* ⊘ ; *RJS 2014. 163, avis Lifran.*

CHAPITRE V CONTESTATIONS ET SANCTIONS DES IRRÉGULARITÉS DU LICENCIEMENT

SECTION 1 Dispositions communes

Art. L. 1235-1 (L. n° 2013-504 du 14 juin 2013, art. 21-I) « En cas de litige, lors de la conciliation prévue à l'article L. 1411-1, l'employeur et le salarié peuvent convenir ou le bureau (L. n° 2015-990 du 6 août 2015, art. 258-I) « de conciliation et d'orientation » proposer d'y mettre un terme par accord. Cet accord prévoit le versement par l'employeur au salarié d'une indemnité forfaitaire dont le montant est déterminé, sans préjudice des indemnités légales, conventionnelles ou contractuelles, en référence à un barème fixé par décret en fonction de l'ancienneté du salarié. – V. art. D. 1235-21.

« Le procès-verbal constatant l'accord vaut renonciation des parties à toutes réclamations et indemnités relatives à la rupture du contrat de travail prévues au présent chapitre.

« A défaut d'accord, le juge », à qui il appartient d'apprécier la régularité de la procédure suivie et le caractère réel et sérieux des motifs invoqués par l'employeur, forme sa conviction au vu des éléments fournis par les parties après avoir ordonné, au besoin, toutes les mesures d'instruction qu'il estime utiles.

(L. n° 2013-504 du 14 juin 2013, art. 21-I) « Il justifie dans le jugement qu'il prononce le montant des indemnités qu'il octroie. »

(*Abrogé par Ord. n° 2017-1387 du 22 sept. 2017, art. 2*) (L. n° 2015-990 du 6 août 2015, art. 258-I) « *Le juge peut prendre en compte un référentiel indicatif établi, après avis du Conseil supérieur de la prud'homie, selon les modalités prévues par décret en Conseil d'État.*

« *Ce référentiel fixe le montant de l'indemnité susceptible d'être allouée, en fonction notamment de l'ancienneté, de l'âge et de la situation du demandeur par rapport à l'emploi, sans préjudice des indemnités légales, conventionnelles ou contractuelles.*

« Si les parties en font conjointement la demande, l'indemnité est fixée par la seule application de ce référentiel. »
Si un doute subsiste, il profite au salarié.

Les abrogations issues de l'Ord. n° 2017-1387 du 22 sept. 2017 sont applicables aux licenciements prononcés postérieurement à sa publication (Ord. préc., art. 40-I).

Les al. 1er et 2 de l'art. L. 1235-1 sont applicables à Mayotte à compter du 1er janv. 2022 (Ord. n° 2017-1491 du 25 oct. 2017, art. 33).

BIBL. ▶ BOULMIER, *Dr. soc. 2013. 837* ⊘ (faciliter la conciliation prud'homale). – FRANÇOIS, *SSL 2013, n° 1570, p. 18* (rationalisation des procédures prud'homales). – GRANGE, *JCP S 2019. 1162* (le renouveau du contentieux prud'homal). – GRÉVY et HENRIOT, *RDT 2013. 173* ⊘.

V. *JCP S 2013, n°s 51-52* (licenciement pour motif personnel : contentieux de l'indemnisation). – SERVERIN, *RDT 2016. 634* ⊘ (forfaits, minima, maxima, référentiels : les outils de maîtrise des indemnités de licenciement sans cause réelle et sérieuse).

COMMENTAIRE

V. sur le Code en ligne 🔗.

1. QPC. L'art. L. 1235-1 n'est pas contraire aux libertés individuelles, les mesures d'instruction auxquelles le juge judiciaire peut procéder sont nécessairement soumises à un contrôle d'utilité et de proportionnalité. ● Soc., QPC, 9 mai 2014 : *D. actu. 10 juin 2014, obs. Peyronnet ; RJS 2014. 454, n° 5850*.

2. Rôle du juge. S'agissant d'un licenciement prononcé à titre disciplinaire, si la lettre de licenciement fixe les limites du litige en ce qui concerne les griefs articulés à l'encontre du salarié et les conséquences que l'employeur entend en tirer quant aux modalités de la rupture, il appartient au juge de qualifier les faits invoqués. ● Soc. 22 oct. 2008 : *JCP S 2008. 1671, obs. Brissy.* ◆ Les juges du fond ont l'obligation de vérifier la cause exacte du licenciement. ● Soc. 26 mai 1998, n° 96-41.062 P : *D. 1998. IR 194* ⊘. ◆ Ils peuvent être amenés à restituer leur exacte qualification aux faits invoqués par l'employeur : ils ne sont pas liés par la qualification donnée au licenciement. ● Soc. 16 juin 1993, n° 91-45.102 P. ◆ Les juges peuvent également être amenés à rechercher si les faits sont constitutifs d'une faute et s'ils doivent être qualifiés de faute grave, indépendamment de la qualification qu'a pu en donner le salarié dans une lettre d'aveu. ● Soc. 13 juin 2001, n° 99-42.674 P : *Dr. soc. 2001. 1011, obs. Gauriau* ⊘ *; RJS 2001. 688, n° 997 ; JCP E 2002. 226, note Puigelier.* ◆ Lorsque la lettre de licenciement est exclusivement motivée par l'application d'une clause contractuelle érigeant une circonstance en une cause de licenciement, le juge ne peut rechercher si cette circonstance s'est concrètement réalisée et justifie la rupture du contrat de travail puisqu'aucune clause ne peut valablement décider qu'une circonstance quelconque constituera en elle-même une cause de licenciement. ● Soc. 12 févr. 2014 : *D. actu. 6 mai 2014, obs. Ines ; JSL 2014, n° 363-2, obs. Lhernould.* ◆ Il appartient au juge d'apprécier non seulement le caractère réel du motif du licenciement disciplinaire mais également son caractère sérieux ; une cour d'appel a pu estimer que l'utilisation parfois abusive de la carte de télépéage mise à la disposition d'un salarié et le téléchargement sur son ordinateur portable professionnel de fichiers personnels volumineux n'étaient pas constitutifs d'une faute grave, et a pu décider, dans l'exercice de son pouvoir souverain, qu'ils n'étaient pas constitutifs d'une cause réelle et sérieuse de licenciement. ● Soc. 25 oct. 2017, n° 16-11.173 P : *D. 2017. Actu. 2209* ⊘ *; RJS 1/2018, n° 21 ; JCP G 2017. 1224, obs. Hablot*.

3. Contrôle par la Cour de cassation. Sur le contrôle restreint exercé par la Cour de cassation, V. ● Soc. 10 déc. 1985, n° 82-43.820 P : *D. 1986. 120, note Boré ; Dr. soc. 1986, Table ronde organisée par le Parquet général de la Cour de cassation, p. 175 s.* ● 10 déc. 1985 : *Bull. civ. V, n° 596 ; eod. loc.* ● 12 mai 1998 (2e esp.), n° 95-44.100 P. ◆ Pour une illustration de la formule selon laquelle les juges du fond, par une décision motivée, n'ont fait qu'user des pouvoirs qu'ils détiennent de l'art. L. 122-14-3 [art. L. 1235-1 nouv.] pour décider si le licenciement procède d'une cause réelle et sérieuse, V. ● Soc. 21 janv. 1987 : *D. 1987. 111, concl. Picca, note G. Lyon-Caen* ● 17 déc. 1992 : *CSB 1993. 39, A. 9, note J. M.*

BIBL. Chirez et Labignette, *Dr. soc. 1997. 669* ⊘ (place du doute). – Favennec-Héry, *Dr. soc. 1990. 178* ⊘ *; CSB 1991. 261 ; Dr. soc. 2004. 48* ⊘. – Grumbach, *Dr. ouvrier 1978. 407.* – Henry, *Dr. ouvrier 1990. 157* (loi du 2 août 1989) ; *CSB 1991. 267.* – Nayral de Puybusque, *Gaz. Pal. 1979. 1. Doctr. 287.* – Pautrat, *D. 1994. Chron. 337* ⊘. – Richevaux, *Dr. ouvrier 1987. 175.* – Sinay, *Dr. soc. 1978, n° spéc. avr., p. 22.*

I. CHARGE DE LA PREUVE

4. Rôle des parties. La charge de la preuve de la cause réelle et sérieuse du licenciement n'incombe pas particulièrement à l'une ou l'autre partie. ● Soc. 11 déc. 1997, n° 96-42.045 P. ● 1er déc. 1998 : *RJS 1999. 28, n° 21* ● 23 mars 1977 : *Bull. civ. V, n° 215.* ◆ Mais il appartient à l'employeur d'alléguer les faits sur lesquels il fonde le licenciement. ● Soc. 8 oct. 1987 : *JCP*

1987. IV. 380. ♦ La preuve contraire aux énonciations d'un rapport d'expertise établi non contradictoirement ne peut être mise à la charge du salarié. • Soc. 12 mai 1993, ⚖ n° 89-43.953 P.

5. Rôle du juge. Méconnaît son office le juge qui s'abstient de solliciter du parquet – qui le détient – la remise d'un document invoqué par l'employeur à l'appui d'une mesure de licenciement et dont il a, en vain, tenté d'obtenir la restitution. • Soc. 23 juin 2010 : ⚖ *RJS 2010. 718, n° 802 ; JCP S 2010. 1412, obs. Everaert-Dumont.*

6. Appréciation par le juge. C'est au juge qu'il appartient d'apprécier les éléments produits par les parties, en particulier ceux qui tendent à établir l'existence d'une cause réelle et sérieuse. • Soc. 25 mai 1976, ⚖ n° 75-40.337 P : *D. 1976. IR 206* ♦ 4 nov. 1976 : *D. 1976. IR 326* ♦ 8 nov. 1982 : *D. 1983. 304, note Mouly* ♦ 9 oct. 1986 : *D. 1987. 3, note G. Lyon-Caen*. ♦ Le juge n'est pas tenu de citer les termes de la lettre de licenciement. • Soc. 4 nov. 1992 : ⚖ *GADT, 4ᵉ éd., n° 194 ; JCP E 1993. II. 420, note J. Savatier ; Dr. soc. 1992. 1007* ⌀. ♦ Sur les possibilités d'ordonner une mesure d'instruction, V. • Soc. 15 juin 1977 : *Bull. civ. V, n° 396.*

7. Requalification. Le juge doit rechercher si les faits reprochés au salarié, à défaut de caractériser une faute grave, ne constituent pas néanmoins une cause réelle et sérieuse de licenciement. • Soc. 26 juin 1991, ⚖ n° 90-41.219 P : *Dr. soc. 1991. 738 ; RJS 1991. 498, n° 957.* ♦ V. aussi • Soc. 30 juin 1993 : ⚖ *RJS 1993. 509, n° 856 ; CSB 1993. 201, A. 47, 2ᵉ esp. ; Dr. soc. 1993. 771* (requalification en faute lourde, s'agissant de grévistes, de faits simplement qualifiés de faute grave par l'employeur ayant procédé au licenciement immédiat).

8. Recherche du véritable motif. Les juges du fond ont l'obligation de vérifier la cause exacte du licenciement. • Soc. 26 mai 1998, ⚖ n° 96-41.062 P : *D. 1998. IR 194* ⌀ • 10 avr. 1996, ⚖ n° 93-41.755 P : *RJS 1996. 335, n° 527 ; CSB 1996. 209, A. 47* (annexe) • 23 oct. 1991 : ⚖ *D. 1991. IR 264* ⌀ ; *RJS 1991. 703, n° 1303.* ♦ Dans l'hypothèse d'un salarié en congé maladie licencié pour motif économique, une cour d'appel ne peut pas prononcer la nullité du licenciement pour motif économique d'un salarié en retenant que le véritable motif de la rupture était lié à son état de santé sans rechercher si la cessation d'activité de l'entreprise invoquée à l'appui du licenciement ne constituait pas la véritable cause du licenciement. • Soc. 26 oct. 2022, ⚖ n° 20-17.501 B : *D. 2022. 1910* ⌀ ; *Dr. soc. 2023. 91, obs. Mouly* ⌀ ; *RDT 2022. 704, note Guillemot* ⌀ ; *RJS 1/2023, n° 15 ; SSL 2022. 2021, p. 12, obs. Champeaux ; JSL 2022, n° 553-554-8, obs. Hautefort ; GP 13 déc. 2022, p. 68, obs. Mégret ; JCP S 2022. 1307, obs. Leborgne-Ingelaere.*

9. Licenciement économique. Une cour d'appel, constatant que l'employeur qui détenait les éléments de preuve s'abstenait de les produire, alors qu'en cas de licenciement économique il doit communiquer au juge tous les éléments fournis aux représentants du personnel, peut estimer qu'en raison de la carence de l'employeur, la réalité des motifs économiques n'était pas établie. • Soc. 17 juin 1992, ⚖ n° 89-41.136 P : *Dr. soc. 1992. 709.*

II. MOYENS DE PREUVE

A. DE L'EMPLOYEUR

10. Surveillance des salariés. L'employeur a le droit de contrôler et de surveiller l'activité de ses salariés pendant le temps du travail, seul l'emploi de procédés clandestins de surveillance est illicite. • Soc. 14 mars 2000, ⚖ n° 98-42.090 P : *D. 2000. IR 105* ⌀ ; *CSB 2000. 550, A. 22 ; RJS 281, n° 386.* ♦ L'employeur ne peut mettre en œuvre un dispositif de contrôle qui n'a pas été préalablement porté à la connaissance des salariés. • Soc. 22 mai 1995, ⚖ n° 93-44.078 P : *D. 1995. IR 150* ⌀ ; *RJS 1995. 501, n° 757 ; ibid. 489, concl. Chauvy* • 23 nov. 2005 : ⚖ *RJS 2006. 111, n° 177 ; Dr. soc. 2006. 227* ⌀. ♦ ... Même s'il ne pouvait être sérieusement prétendu que le salarié ignorait l'existence de caméras vidéo. • Soc. 7 juin 2006 : ⚖ *D. 2006. IR 1704* ⌀ ; *RJS 2006. 853, n° 1143 ; JSL 2006, n° 194-3 ; JCP 2006. 1614, obs. Corrignan-Carsin.* ♦ Une entreprise ne peut ainsi faire appel, à l'insu du personnel, à une société de surveillance extérieure pour procéder au contrôle de l'utilisation par ses salariés des distributeurs de boissons et de sandwiches. • Soc. 15 mai 2001, ⚖ n° 99-42.219 P : *D. 2001. IR 1771* ⌀ ; *RJS 2001. 578, n° 830.* ♦ Constituent des moyens de preuve licites les contrôles organisés par l'employeur, et confiés à des cadres, pour observer les équipes de contrôle dans un service public de transport dans leur travail au quotidien sur les amplitudes et horaires de travail, limités au temps de travail, et qui n'avaient impliqué aucune atteinte à la vie privée des salariés observés. • Soc. 5 nov. 2014 : ⚖ *D. actu. 20 nov. 2014, obs. Peyronnet ; D. 2014. Actu. 2308* ⌀ ; *Dr. soc. 2015. 81, note Boulmier* ⌀ ; *RJS 1/2015, n° 2.* ♦ Si les salariés d'une entreprise ont été préalablement informés de la mise en œuvre au sein de celle-ci d'un dispositif dit du « client mystère » permettant l'évaluation professionnelle et le contrôle de l'activité des salariés, l'employeur peut produire les éléments de preuve issus de l'intervention d'un client mystère pour établir la matérialité des faits invoqués à l'appui du licenciement disciplinaire d'un salarié. • Soc. 6 sept. 2023, ⚖ n° 22-13.783 B : *D. actu. 21 sept. 2023, obs. Malfettes ; D. 2023. 1593* ⌀ ; *Dr. soc. 2023. 899, note Barincou* ⌀ ; *ibid. 922, obs. Radé* ⌀ ; *RJS 11/2023, n° 576 ; JCP S 2023. 1276, obs. Bossu.*

11. Système de surveillance n'ayant pas pour objet le contrôle des salariés. Le système de vidéosurveillance installé par l'employeur dans un entrepôt de marchandises qui n'enregistre pas l'activité de salariés affectés à un poste de travail déterminé peut être retenu comme moyen de preuve de la participation personnelle d'un salarié à des détournements de marchandises. • Soc. 31 janv. 2001 : 🕭 *D. 2001. Somm. 2169, obs. Paulin* ⌀. ♦ Si l'employeur ne peut mettre en œuvre un dispositif de contrôle de l'activité professionnelle qui n'a pas été porté préalablement à la connaissance des salariés, il peut leur opposer les preuves recueillies par les systèmes de surveillance des locaux auxquels ils n'ont pas accès et qui n'ont pas pour objet le contrôle de l'activité des salariés. • Soc. 19 avr. 2005, 🕭 n° 02-46.295 P : *D. 2005. IR 1248, obs. Chevrier*⌀.

12. Messagerie professionnelle du salarié. L'absence de déclaration à la CNIL d'un système de messagerie électronique professionnelle ne rend pas illicite la preuve apportée par la production de courriels, dès lors que cette messagerie, non pourvue d'un contrôle individuel de l'activité des salariés, ne portait atteinte ni à la vie privée ni aux libertés individuelles des salariés. • Soc. 1er juin 2017, 🕭 n° 15-23.522 P : *D. 2017. 1553, obs. Salomon* ⌀ ; *RJS 8-9/2017, n° 543 ; JSL 2017, n° 435-2 ; JCP S 2017. 1248, obs. Lipski.*

13. Enquête interne diligentée par l'employeur. Lorsqu'un employeur diligente une enquête interne visant un salarié à propos de faits, venus à sa connaissance, mettant en cause ce salarié, les investigations menées dans ce cadre doivent être justifiées et proportionnées par rapport aux faits qui sont à l'origine de l'enquête et ne sauraient porter d'atteinte excessive au droit du salarié au respect de sa vie privée. • CE 4 mars 2020, n° 418640 : *D. actu. 4 mai 2020, obs. Jardonnet.*

14. Attestation du DRH. Rien ne s'oppose à ce que le juge prud'homal examine une attestation établie par un salarié ayant représenté l'employeur lors de l'entretien préalable et il appartient seulement à ce juge d'en apprécier souverainement la valeur et la portée. • Soc. 23 oct. 2013 : 🕭 *D. 2013. Actu. 2526* ⌀ ; *RJS 1/2014, n° 21 ; JSL 2013, n°s 355-356-4, obs. Hautefort.*

15. Portée des témoignages anonymes/anonymisés. Le juge ne peut pas fonder sa décision uniquement ou de manière déterminante sur des témoignages anonymes ; une cour d'appel ne saurait admettre la légitimité d'un licenciement et la régularité de la procédure suivie en se fondant de manière déterminante sur le rapport de la direction de l'éthique faisant état de témoignages anonymes. • Soc. 4 juill. 2018, 🕭 n° 17-18.241 P : *D. 2018. Actu. 1499* ⌀ ; *RDT 2018. 766, note Kahn dit Cohen* ⌀ ; *RJS 10/2018, n° 600 ; Dr. soc. 2018. 951, obs. Mouly* ⌀ ; *JCP S 2018. 1285, obs. Duquesne.* ♦ Il peut néanmoins prendre en considération des témoignages anonymisés, c'est-à-dire rendus anonymes *a posteriori* afin de protéger leurs auteurs mais dont l'identité est néanmoins connue par l'employeur, lorsque ceux-ci sont corroborés par d'autres éléments permettant d'en analyser la crédibilité et la pertinence. • Soc. 19 avr. 2023, 🕭 n° 21-20.308 B : *D. 2023. 1443, obs. Vernac et Ferkane* ⌀ ; *RDT 2023. 492, obs. Mraouahi* ⌀ ; *RJS 8-9/2023, n° 471 ; JCP S 2023. 1150, obs. Brissy ; Gaz. Pal. 12 sept. 2023, p. 612, obs. Sereno.*

16. Production d'éléments couverts par le secret médical. Un salarié professionnel de santé, participant à la transmission de données couvertes par le secret médical, ne peut pas se prévaloir, à l'égard de son employeur, d'une violation du secret médical pour contester le licenciement fondé sur des manquements à ses obligations ayant des conséquences sur la santé des patients. • Soc. 15 juin 2022, 🕭 n° 20-21.090 B : *D. actu. 22 juin 2022, obs. Malfettes ; D. 2022. 1210* ⌀ ; *RJS 8-9/2022, n° 437 ; JCP S 2022. 1219, obs. C. F. Pradel, P. Pradel-Boureux et V. Pradel.* ♦ La production en justice de documents couverts par le secret médical ne peut être justifiée que lorsqu'elle est indispensable à l'exercice des droits de la défense et proportionnée au but poursuivi. S'il est constaté que la salariée, soumise à une obligation contractuelle de discrétion et de confidentialité, avait communiqué, au cours de l'instance prud'homale qu'elle avait engagée, des documents couverts par le secret médical et qu'elle n'établissait pas que l'absence d'anonymisation de ces pièces était, dans le cadre de l'instance en cause, indispensable pour justifier des fonctions qu'elle exerçait réellement, le juge a pu en déduire que ces faits matériellement établis justifiaient son licenciement pour faute grave, au regard de leurs conséquences relatives à la mise en cause de la responsabilité de l'employeur et de l'importance du secret médical. • Soc. 20 déc. 2023, 🕭 n° 21-20.904 B.

17. Moyen de preuve illicite. Constituent un mode de preuve illicite : tout enregistrement, quels qu'en soient les motifs, d'images ou de paroles à l'insu des salariés. • Soc. 20 nov. 1991, 🕭 « *Néocel* », n° 88-43.120 P : *D. 1992. 73, concl. Chauvy* ⌀ ; *CSB 1992. 13, A. 4 ; RJS 1992. 25, n° 1, rapp. Waquet.* ♦ … Les comptes rendus d'un détective privé qui suivait un salarié à son insu. • Soc. 22 mai 1995 : 🕭 *préc. note 10* ♦ 4 févr. 1998, 🕭 n° 95-43.421 P : *D. 1998. IR 74* ⌀ ; *RJS 1998. 260, n° 415.* ♦ … Un courrier électronique reçu par le salarié sur son poste de travail ; ce courrier, étant exclusivement destiné par une personne dénommée à une autre personne et uniquement accessible par un mot de passe, constitue de la correspondance privée. • Versailles, 21 juin 2001 : *RJS 2001. 868, n° 1268* ♦ Bordeaux, 1er juill. 2003 : *RJS 2003. 868, n° 1254 (1re esp.).* ♦ Toulouse, 6 févr. 2003 : *RJS 2003. 868, n° 1254 (2e esp.).* ♦ … Un constat fait par un huissier ayant fait usage d'une fausse identité. • Soc. 5 juill. 1995, 🕭 n° 92-40.050 P : *RJS 1995. 709, n° 1110.* – Dans le même sens : • TA Pau, 8 févr. 1996 : *Dr. soc. 1996. 492, concl. Rey* ⌀ ; *RJS 1996. 676, n° 1063* (fouille de sac opérée par l'employeur pour établir un vol de marchandises). ♦ Une filature organisée par l'employeur pour contrôler et surveiller l'activité d'un salarié constitue un moyen de preuve illicite dès lors qu'elle implique nécessairement une atteinte à la vie privée de ce dernier, insusceptible d'être justifiée, eu égard à son caractère disproportionné, par les intérêts légitimes de l'employeur. • Soc. 26 nov. 2002, ⚖ n° 00-42.401 P : *D. 2003. 1858*, obs. *Bruguière* ⊘ ; *Dr. soc. 2003. 225*, obs. *Savatier* ⊘ ; *RJS 2003. 111, n° 149* ; *JSL 2003, n° 114-2*. ♦ Comp. : • Soc. 23 nov. 2005 : ⚖ *Dr. soc. 2006. 227*, obs. *Mouly* ⊘ (admission de la pratique de l'utilisation des services d'un détective comme licite dès lors que l'employeur en informe préalablement les salariés). ♦ L'employeur peut produire en justice des éléments extraits du compte privé Facebook d'un salarié, si cette production est indispensable à l'exercice de son droit à la preuve et que l'atteinte à la vie privée du salarié est proportionnée au but poursuivi. • Soc. 30 sept. 2020, ⚖ n° 19-12.058 P : *D. actu. 21 oct. 2020*, obs. *Peyronnet* ; *D. 2020. 2383*, note *Golhen* ⊘ ; *ibid. 2021. Pan. 209*, obs. *Aynès* ⊘ ; *RDT 2020. 753*, note *Kahn* ⊘ ; *ibid. 764*, obs. *Lhomond* ⊘ ; *RJS 12/2020, n° 573* ; *Dr. ouvrier 2020. 793*, note *Leclerc* ; *JSL 2020, n° 507-1*, obs. *Mayoux* ; *JCP S 2020. 3042*, avis *Berriat*, obs. *Loiseau* ; *Gaz. Pal. 26 janv. 2021, p. 68*, obs. *Mayer*.

18. Moyen de preuve licite. Ne constituent pas un mode de preuve illicite : la production d'écoutes téléphoniques dont les salariés étaient avertis. • Soc. 14 mars 2000, ⚖ n° 98-42.090 P : *D. 2000. IR 105* ⊘ ; *CSB 2000. 550, A. 22* ; *RJS 2000. 281, n° 386*. ♦ ... La production par l'employeur de relevés de facturation téléphonique qui lui ont été adressés pour le règlement des communications correspondant au poste du salarié. • Soc. 11 mars 1998, ⚖ n° 96-40.147 : *RJS 1998. 260, n° 415*. ♦ 15 mai 2001, ⚖ n° 99-42.937 P : *D. 2001. IR 2087* ⊘ ; *RJS 2001. 578, n° 830* ; *SSL 2001, n° 1030*. ♦ ... L'utilisation par le destinataire des messages écrits téléphoniquement adressés, dits SMS, dont l'auteur ne peut ignorer qu'ils sont enregistrés par l'appareil récepteur. • Soc. 23 mai 2007, ⚖ n° 06-43.209 : *D. 2007. AJ 1598*, obs. *Fabre* ⊘ ; *D. 2007. 2284*, note *Castets-Renard* ⊘ ; *RDT 2007. 530*, obs. *Quenaudon* ⊘ ; *JSL 2007, n° 214-4* ; *SSL 2007, n° 1311, p. 12* ; *JCP S 2007. 1601*, note *Bossu*. ♦ ... Les fichiers créés par le salarié à l'aide de l'outil informatique mis à sa disposition par l'employeur pour les besoins de son travail, présumés avoir un caractère professionnel s'ils ne sont pas identifiés comme étant personnels. • Soc. 15 déc. 2009, ⚖ n° 07-44.264 : *D. 2010. AJ 156* ⊘ ; *JSL 2010, n° 270-3*. ♦ Le fait que les attestations établissant les griefs invoqués par l'employeur au soutien d'un licenciement soient postérieures à ce dernier ne permet pas de les écarter du débat relatif à l'existence d'une cause réelle et sérieuse. • Soc. 31 mai 2006, ⚖ n° 05-43.197 : *JCP S 2006. 1615*, obs. *Verkindt*. ♦ La collecte des adresses IP par l'exploitation du fichier de journalisation constitue des données à caractère personnel dont le traitement doit faire l'objet d'une déclaration à la CNIL ; à défaut d'une telle déclaration et en cas d'utilisation comme moyen de preuve, leur illicéité n'entraîne pas nécessairement son rejet des débats, le juge devant apprécier si l'utilisation de cette preuve a porté atteinte au caractère équitable de la procédure dans son ensemble, en mettant en balance le droit au respect de la vie personnelle du salarié et le droit à la preuve, lequel peut justifier la production d'éléments portant atteinte à la vie personnelle du salarié à la condition que cette production soit indispensable à l'exercice de ce droit et que l'atteinte soit strictement proportionnée au but poursuivi. • Soc. 25 nov. 2020, ⚖ n° 17-19.523 P : *D. 2021. 117*, note *Loiseau* ⊘ ; *Dr. soc. 2021. 21*, note *Trassoudaine-Verger* ⊘ ; *ibid. 170*, note *Salomon* ⊘ ; *RDT 2021. 199*, obs. *Mraouahi* ⊘ ; *Dalloz IP/IT 2020. 655*, obs. *Crichton* ⊘ ; *Légipresse 2021. 8* ⊘ et les obs. ; *RJS 2/2021, n° 64* ; *JSL 2021, n° 511-3*, obs. *Nassom-Tissandier* ; *Gaz. Pal. 9 mars 2021, p. 70*, obs. *Allouch* ; *JCP S 2021. 1032*, obs. *Bossu*.

19. Conséquences de l'illicéité. Dans un procès civil, l'illicéité ou la déloyauté dans l'obtention ou la production d'un moyen de preuve ne conduit pas nécessairement à l'écarter des débats ; le juge doit, lorsque cela lui est demandé, apprécier si une telle preuve porte une atteinte au caractère équitable de la procédure dans son ensemble, en mettant en balance le droit à la preuve et les droits antinomiques en présence, le droit à la preuve pouvant justifier la production d'éléments portant atteinte à d'autres droits à condition que cette production soit indispensable à son exercice et que l'atteinte soit strictement proportionnée au but poursuivi. Dès lors, une cour d'appel ne peut pas écarter des débats la transcription d'enregistrements clandestins d'entretiens entre l'employeur et le salarié au motif que cette preuve a été obtenue de manière déloyale alors qu'il lui appartient de procéder à un contrôle de proportionnalité. • Cass., ass. plén., 22 déc. 2023, ⚖ n° 20-20.648 B. ♦ L'illicéité d'un moyen de preuve n'entraîne pas nécessairement son rejet des débats, le juge devant apprécier si l'utilisation de cette preuve a porté atteinte au caractère équitable de la procédure dans son ensemble, en mettant en balance le droit au respect de la vie personnelle du salarié et le droit à la preuve, lequel peut justifier la production d'éléments portant atteinte à la vie personnelle d'un salarié à la condition que cette production soit indispensable à l'exercice de ce droit et que l'atteinte soit strictement proportionnée au but poursuivi. • 25 nov. 2020, ⚖ n° 17-19.523 P : *D. 2021. 117*, note *Loiseau* ⊘ ; *Dr. soc. 2021. 21*, note *Trassoudaine-Verger* ⊘ ; *ibid. 170*, note *Salomon* ⊘ ; *RDT 2021. 199*, obs. *Mraouahi* ⊘ ; *Dalloz IP/IT 2020. 655*, obs. *Crichton* ⊘ ; *Légipresse 2021. 8* ⊘ et les obs. ; *RJS 2/2021, n° 64* ; *JSL 2021, n° 511-3*, obs. *Nassom-*

Tissandier ; Gaz. Pal. 9 mars 2021, p. 70, obs. Allouch ; JCP S 2021. 1032, obs. Bossu • Soc. 10 nov. 2021, n° 20-12.263 B : D. actu. 29 nov. 2021, obs. Couëdel ; D. 2021. 2093 ; RJS 2/2022, n° 423 ; JSL 2021, n° 531-532-3, obs. Hautefort ; JCP S 2021. 1305, note Loiseau ; ibid. 1323, obs. Leborgne-Ingelaere.

B. DU SALARIÉ

20. Documents de l'entreprise. BIBL. Bossu et Tourniquet, Droits du salarié sur les documents de l'entreprise qui le concernent, RDT 2016. Controverse 74. ♦ Le salarié peut produire en justice, pour assurer sa défense dans le procès qui l'oppose à l'employeur, les documents de l'entreprise dont il a eu connaissance à l'occasion de l'exercice de ses fonctions. • Soc. 2 déc. 1998, n° 96-44.258 P : RJS 1999. 26, n° 17 ; D. 1999. 431, note Gaba ; ibid. 2000. Somm. 87, obs. Frossard ; JCP 1999. II. 10166, note Bouretz. ♦ Les documents de l'entreprise dont le salarié a eu connaissance à l'occasion de ses fonctions et appréhendés sans l'autorisation de son employeur peuvent être produits en justice s'ils sont strictement nécessaires à l'exercice des droits de sa défense dans le litige l'opposant à son employeur. • Crim. 11 mai 2004, n° 03-85.521 P : Dr. soc. 2004. 938, note Duquesne ; ibid. 1042, obs. Mouly ; RJS 2004. 608, n° 887 • Soc. 30 juin 2004, n° 02-41.720 P : D. 2004. IR 2194 ; RJS 2004. 697, n° 1009 ; JSL 2004, n° 149-2 • Crim. 16 juin 2011 : D. actu. 6 juill. 2011, obs. Ines ; D. 2011. Actu. 1768 ; RDT 2011. 507, obs. Gallois ; Dr. soc. 2011. 1039, note Duquesne ; RJS 2011. 609, n° 658 ; JCP S 2011. 1450, obs. Detraz. ♦ Le juge doit rechercher si le salarié établit que les documents de l'entreprise qu'il s'est appropriés sont strictement nécessaires à l'exercice des droits de sa défense dans le litige qui l'oppose à son employeur. • Soc. 31 mars 2015, n° 13-24.410 P : D. actu. 24 avr. 2015, obs. Ines ; D. 2015. Actu. 871 ; JSL 2015, n° 390-5, obs. Gaba ; RJS 6/2015, n° 433. ♦ Pour une qualification de vol, V. la position antérieure de la chambre criminelle : • Crim. 24 oct. 1990, n° 89-84.485 P • 8 déc. 1998, n° 97-83.318 P : D. 1999. IR 64 ; ibid. 2000. Somm. 87, obs. Frossard ; RTD com. 1999. 772, obs. Bouloc ; Dr. pénal 1999. Comm. 67, obs. Véron ; RJS 1999. 483, n° 790. ♦ V. aussi pour un fait justificatif constitué par la nécessité de produire les documents pour assurer sa défense, en matière de secret professionnel : • Crim. 18 oct. 1993, n° 92-84.261 P. ♦ Sur la légitimité d'un licenciement prononcé à l'encontre d'un salarié qui a produit des informations confidentielles, V. : • Paris, 24 avr. 2001 : D. 2001. IR 3251. ♦ En revanche, se rend coupable de vol le salarié qui photocopie des documents de l'entreprise, non pour assurer sa défense dans un litige prud'homal, mais pour les produire lors de son audition par les gendarmes à la suite d'une plainte déposée contre lui pour diffamation par l'employeur afin de prouver la véracité de ses dires. • Crim. 9 juin 2009 : D. 2010. 306, note Gaba ; RJS 2010. 18, n° 9.

21. Production de bulletin de paie de salariés non demandeurs à l'instance. Un salarié peut – pour établir son droit – produire le bulletin de salaire d'un collègue de travail ; ce document doit être toutefois obtenu loyalement par le demandeur. • Soc. 1er févr. 2011 : JCP S 2011. 1346, note Crépin et Fabre.

C. RISQUE DE LA PREUVE

22. Conséquences du doute. Le doute profite au salarié. • Soc. 16 juin 1993, n° 91-45.462 P : D. 1993. IR 174 (salarié endormi pendant son service de nuit soutenant avoir pris la pause à laquelle il avait droit) • 6 oct. 1999 : RJS 1999. 834, n° 1355 (exclusion de simples soupçons). ♦ Sur la remise en cause de la jurisprudence dite des motifs « en apparence réels et sérieux » par le dernier alinéa de l'art. 122-14-3, V. Favennec-Héry, Dr. soc. 1990. 178.

Art. L. 1235-2 (Ord. n° 2017-1387 du 22 sept. 2017, art. 4) Les motifs énoncés dans la lettre de licenciement prévue aux articles L. 1232-6, L. 1233-16 et L. 1233-42 peuvent, après la notification de celle-ci, être précisés par l'employeur, soit à son initiative soit à la demande du salarié, dans des délais et conditions fixés par décret en Conseil d'État. – V. art. R. 1232-13 et R. 1233-2-2.

La lettre de licenciement, précisée le cas échéant par l'employeur, fixe les limites du litige en ce qui concerne les motifs de licenciement.

À défaut pour le salarié d'avoir formé auprès de l'employeur une demande en application de l'alinéa premier, l'irrégularité que constitue une insuffisance de motivation de la lettre de licenciement ne prive pas, à elle seule, le licenciement de cause réelle et sérieuse et ouvre droit à une indemnité qui ne peut excéder un mois de salaire.

En l'absence de cause réelle et sérieuse du licenciement, le préjudice résultant du vice de motivation de la lettre de rupture est réparé par l'indemnité allouée conformément aux dispositions de l'article L. 1235-3.

Lorsqu'une irrégularité a été commise au cours de la procédure, notamment si le licenciement d'un salarié intervient sans que la procédure requise aux articles L. 1232-2, L. 1232-3, L. 1232-4, L. 1233-11, L. 1233-12 et L. 1233-13 ait été observée ou sans que la procédure conventionnelle ou statutaire de consultation préalable

RUPTURE DU CONTRAT DE TRAVAIL

Art. L. 1235-2

au licenciement ait été respectée, mais pour une cause réelle et sérieuse, le juge accorde au salarié, à la charge de l'employeur, une indemnité qui ne peut être supérieure à un mois de salaire.

Ces dispositions sont entrées en application le 18 déc. 2017 (V. Décr. d'application n° 2017-1703 du 15 déc. 2017).

BIBL. ▶ FABRE, *Dr. soc. 2018. 4* (motivation du licenciement). – LEROY, *Dr. soc. 2022. 805* (précision des motifs de licenciement : la grande illusion ?). – TARASEWICZ, COULOMBEL et HENRY, *RDT 2017. Controverse 763* (la lettre de licenciement peut-elle être considérée comme une simple formalité ?).

> **COMMENTAIRE**
> V. sur le Code en ligne.

I. PRÉCISION DES MOTIFS

1. Entrée en vigueur. Il résulte des dispositions de l'Ord. n° 2017-1387 du 22 sept. 2017 que les dispositions de l'art. L. 1235-2 issu de cette Ord. sont entrées en vigueur à la date de publication du décret d'application prévu au 1er al. de cet art. ; le Décr. n° 2017-1702 du 15 déc. 2017 dispose en son art. 2 qu'il est applicable aux licenciements prononcés postérieurement à sa publication (17 déc.). Dès lors, l'ensemble des dispositions de l'art. L. 1235-2 dans sa rédaction issue de l'Ord. n° 2017-1387, y compris son al. 5 relatif à la sanction des irrégularités de la procédure de licenciement, est applicable aux licenciements prononcés à compter du 18 déc. 2017. • Soc. 22 sept. 2021, n° 19-21.605 B : *D. actu. 11 oct. 2021, obs. Malfettes ; RJS 12/2021, n° 648.*

2. Information du salarié. Aucune disposition n'impose à l'employeur d'informer le salarié de son droit de demander que les motifs de la lettre de licenciement soient précisés. • Soc. 29 juin 2022, n° 20-22.220 B : *D. 2022. 1264 ; RDT 2022. 505, obs. Fabre ; Dr. soc. 2022. 805, note Leroy ; RJS 10/2022, n° 509 ; JCP S 2022. 1200, obs. Miara ; JSL 2022, n° 549, obs. Nasom-Tissandier.*

II. INDEMNISATION DU SALARIÉ

3. Reprise de la procédure. Le licenciement entaché d'une irrégularité formelle étant sanctionné par l'attribution d'une indemnité, les juges ont pu estimer qu'en l'espèce, il n'y avait aucun intérêt à recommencer la procédure de licenciement déjà tentée à deux reprises et devenue inutile en raison de l'écoulement de plus d'une année depuis son prononcé. • Soc. 16 mars 1978, n° 76-41.106 P : *GADT, 4e éd., n° 98 ; Dr. soc. 1979. 291, note Savatier ; D. 1978. IR 292.* ♦ Il appartient au salarié de réclamer l'accomplissement de la procédure. • Soc. 16 juin 1976 : *Bull. civ. V, n° 371 ; D. 1976. IR 216.*

4. Absence de droit à réintégration. L'art. L. 122-14-4 [L. 1235-2] n'autorise pas le juge à prononcer la nullité d'un licenciement en cas d'inobservation des règles de procédure. • Soc. 22 nov. 1979 : *Bull. civ. V, n° 883.* ♦ Dans le même sens : • Soc. 16 mars 1978, n° 76-41.106 P : *GADT, 4e éd., n° 98* • 8 juin 1979 : *D. 1980. IR 90, obs. Pélissier* • 24 janv. 1990 : *D. 1990. IR 45* (un salarié irrégulièrement licencié demeure inéligible). ♦ Une cour d'appel, statuant en référé sur une demande de réintégration formée par un salarié licencié en violation des règles de forme, a exactement estimé qu'il y avait une difficulté sérieuse à étendre la réintégration en dehors des conditions légales à une situation où le législateur n'avait pas voulu l'appliquer. • Soc. 9 févr. 1977 : *Bull. civ. V, n° 95 ; D. 1977. 544, note Jeammaud.* – Dans le même sens : • Soc. 29 juin 1978 : *JCP 1979. II. 19136, note Teyssié ; Dr. soc. 1979. 291, note Savatier.* ♦ Rappr. : • Soc. 4 juin 1987 : *D. 1988. 193, note Mazeaud* (refus de la réintégration en cas de violation de règles conventionnelles de procédure qui pourtant prévoyaient, à titre de sanction, la nullité du licenciement).

5. Prise d'acte. L'indemnité pour non-respect de la procédure de licenciement ne peut être allouée lorsque le contrat de travail a été rompu par une prise d'acte du salarié. • Soc. 19 oct. 2016, n° 14-25.067 P : *D. actu. 23 nov. 2016, obs. Ines ; D. 2016. Actu. 2219 ; ibid. 2017. Pan. 851, obs. Lokiec ; RJS 1/2017, n° 15 ; Dr. soc. 2016. 1060, obs. Mouly ; JCP S 2016. 1414, obs. Cailloux-Meurice.*

6. Non-cumul des indemnités. Les indemnités prévues en cas de rupture dépourvue de motifs réels et sérieux ne se cumulent pas avec celles sanctionnant l'inobservation des règles de forme. • Soc. 29 févr. 1984 : *JCP 1985. II. 20399, note Montredon.* – Dans le même sens : • Soc. 25 mai 1976, n° 75-40.337 P : *D. 1976. IR 207.* ♦ Une demande d'indemnités pour licenciement sans cause réelle et sérieuse tend à faire réparer aussi bien le préjudice subi du fait d'un licenciement sans cause réelle et sérieuse que, le cas échéant, celui résultant de l'irrégularité de procédure. • Soc. 7 nov. 1990 : *D. 1990. IR 282.* – Dans le même sens : • Soc. 14 déc. 1983 : *Bull. civ. V, n° 618 ; D. 1984. IR 144* • 7 juill. 1988 : *Bull. civ. V, n° 427* • 6 févr. 1985 : *D. 1985. IR 237.*

7. Priorité de réembauche. La cour d'appel ayant constaté que le licenciement, même s'il n'avait pas de cause réelle et sérieuse, avait été prononcé pour un motif économique et que la lettre de licenciement ne contenait pas la mention de la priorité de réembauche, a exactement décidé que la sanction de l'art. L. 122-14-4 [L. 1235-2 nouv.] devait s'appliquer. • Soc. 13 mai 1997 : ⚖ *RJS 1997. 606, n° 965 ; JCP E 1997. II. 1036, note Boulmier.*

8. Procédure conventionnelle (solutions antérieures à l'Ord. du 22 sept. 2017). BIBL. Tournaux, *Dr. soc. 2015. 389* (garanties procédurales fondamentales). L'irrégularité commise dans le déroulement de la procédure disciplinaire prévue par une disposition conventionnelle ou un règlement intérieur est assimilée à la violation d'une garantie de fond et rend le licenciement sans cause réelle et sérieuse lorsqu'elle a privé le salarié de droits de sa défense ou lorsqu'elle est susceptible d'avoir exercé une influence sur la décision finale de licenciement pour l'employeur. • Soc. 8 sept. 2021, ⚖ n° 19-15.039 P : *D. actu. 22 sept. 2021, obs. Malfettes ; RDT 2021. 642, obs. Fabre ; RJS 11/2021, n° 602 ; SSL 2021, n° 1968, obs. Champeaux.* ♦ La procédure conventionnelle qui prévoit l'exigence, en cas de faute grave ou lourde, d'un contreseing de la lettre de licenciement constitue une garantie de fond ; de sorte qu'en cas d'omission, le licenciement ne peut avoir de cause réelle et sérieuse. • Soc. 5 avr. 2005, ⚖ n° 02-47.473 P : *Dr. soc. 2005. 700, obs. Couturier.* ♦ La faculté conférée au salarié par une disposition conventionnelle de consulter un organisme chargé de donner un avis sur la mesure disciplinaire envisagée par l'employeur constitue une garantie de fond. • Soc. 1er févr. 2012 : ⚖ *RJS 2012. 283, n° 318 ; JCP S 2012. 1209, obs. Dauxerre.* ♦ Est sans cause réelle et sérieuse le licenciement d'un salarié qui n'a pas été informé par son employeur de la possibilité offerte par la convention collective de saisir une commission paritaire pour avis dans un délai de cinq jours. • Soc. 21 oct. 2008 : ⚖ *RJS 2009. 44, n° 22.* • Soc. 27 juin 2012 : ⚖ *D. actu. 10 sept. 2012, obs. Perrin ; JCP S 2012. 1464, obs. Brissy.* ♦ L'information des délégués du personnel préalable au licenciement disciplinaire instituée par une disposition conventionnelle constitue une garantie de fond dont le non-respect prive le licenciement de cause réelle et sérieuse. • Soc. 17 mars 2015, ⚖ n° 13-23.983 : *D. actu. 22 avr. 2015, obs. Fraisse ; RDT 2015. 333, obs. Varin ; Dr. soc. 2015. 467, note Mouly.* ♦ Lorsque les procédures conventionnelles ont été mises en œuvre par l'employeur, l'absence d'avis du conseil de discipline régulièrement saisi qui résulte de ce que ses membres n'ont pu se départager n'a pas pour effet de mettre en échec le pouvoir disciplinaire de l'employeur et de rendre irrégulière la procédure de licenciement. • Soc. 20 déc. 2006 : ⚖ *JCP S 2007. 1296, note Bossu.* ♦ Le conseil de discipline, ayant un rôle purement consultatif, ne constitue pas un tribunal au sens de l'art. 6, § 1, Conv. EDH, de sorte que les dispositions de ce texte ne lui sont pas applicables ; il en résulte que si l'irrégularité commise dans le déroulement de la procédure disciplinaire prévue par une disposition conventionnelle ou un règlement intérieur est assimilée à la violation d'une garantie de fond et rend le licenciement sans cause réelle et sérieuse lorsqu'elle a privé le salarié des droits de sa défense ou lorsqu'elle est susceptible d'avoir exercé une influence sur la décision finale de licenciement pour l'employeur, elle n'est pas de nature à entacher le licenciement de nullité. • Soc. 6 avr. 2022, ⚖ n° 19-25.244 P : *D. actu. 11 mai 2022, obs. Fraisse ; D. 2022. 709 ; RDT 2022. 326, note Guiomard ; Dr. soc. 2022. 556, obs. Mouly ; SSL 2022, n° 1998-1999, p. 12, obs. Champeaux ; JSL 2022, n° 542, obs. Vaccaro.*

9. Le non-respect d'un délai conventionnel de saisine d'un organisme consultatif ne constitue pas la violation d'une garantie de fond, sauf si cette irrégularité a eu pour effet de priver le salarié de la possibilité d'assurer utilement sa défense devant cet organisme. • Soc. 3 juin 2009 : ⚖ *JSL, n° 259-31 ; JCP S 2009. 1307, obs. Beyneix.* • 18 mai 2011 : ⚖ *RJS 2011. 630, n° 687 ; JCP S 2011. 1402, obs. Dumont.* ♦ Ne prive pas le licenciement de cause réelle et sérieuse le fait qu'un salarié se soit présenté seul devant une commission de discipline, dès lors qu'il n'a pas été privé de la possibilité d'assurer utilement sa défense et que les dispositions réglementaires n'imposent pas d'informer le salarié, dans la lettre de convocation devant la commission disciplinaire, de son droit d'y être assisté d'une personne de son choix, d'y demander l'audition de témoins et d'y produire un mémoire écrit et tous documents lui paraissant présenter un intérêt pour sa défense. • Soc. 22 oct. 2014, ⚖ n° 13-17.065 P : *Dr. soc. 2015. 86, note Mouly ; RJS 1/2015, n° 17.*

10. Le non-respect de la procédure conventionnelle ne donne pas droit au salarié au paiement des salaires pour la période courant entre le prononcé du licenciement et la date de la décision de la commission paritaire ; aucun salaire n'est dû par l'employeur pour la période postérieure à la notification d'un licenciement qui emporte la rupture immédiate du contrat. • Soc. 31 mars 2015 : ⚖ *D. actu. 7 mai 2015, obs. Fraisse ; D. 2015. Actu. 871 ; RJS 6/2015, n° 402.*

11. La limite fixée par la loi au montant des dommages-intérêts ne s'applique pas en cas de violation d'une règle de procédure conventionnelle. • Soc. 29 avr. 1986 : *SSL 1986, n° 311, p. 293.*

12. Office du juge. L'existence d'un préjudice résultant du non-respect de la procédure de licenciement et l'évaluation de celui-ci relèvent du pouvoir souverain d'appréciation des juges du fond ; la cour d'appel ayant estimé que le salarié ne justifiait d'aucun préjudice, le salarié n'était pas fondé à solliciter le paiement d'une indemnité au titre du non-respect de cette procédure. • Soc. 13 sept. 2017, ⚖ n° 16-13.578 P : *D. 2017. Actu. 1766 ; Dr. soc. 2017. 1074, note Mouly ; RJS 11/2017, n° 734 ; JCP S 2017. 1369, obs. Bugada.* —

Comp. *ante* : l'inobservation des règles de forme doit dans tous les cas entraîner une condamnation, fût-elle de principe, à l'indemnité prévue par l'art. L. 122-14-4 [L. 1235-2 nouv.]. ● Soc. 28 mars 1979 : *Dr. soc. 1979. 292, note Savatier.* – Jurisprudence constante : ● Soc. 24 oct. 1979 : *Bull. civ. V, n° 779 ; D. 1980. IR 110* ● 22 oct. 1984 : *D. 1985. IR 145* ● 16 juill. 1987 : *D. 1987. IR 180* ● 23 oct. 1991, ⚓ *n° 88-43.235 P : D. 1991. IR 255 ; Dr. soc. 1991. 956 ; RJS 1991. 705, n° 1308.*

13. Existence d'un préjudice. L'existence d'un préjudice résultant du non-respect de la procédure de licenciement et l'évaluation de celui-ci relèvent du pouvoir souverain d'appréciation des juges du fond ; la cour d'appel ayant estimé que le salarié ne justifiait d'aucun préjudice, le salarié n'était pas fondé à solliciter le paiement d'une indemnité au titre du non-respect de cette procédure. ● Soc. 13 sept. 2017, ⚓ n° 16-13.578 P : *D. 2017. Actu. 1766 ⊘ ; Dr. soc. 2017. 1074, note Mouly ⊘ ; RJS 11/2017, n° 734 ; JCP S 2017. 1369, obs. Bugada.*

14. Évaluation du préjudice. La cour d'appel qui fixe l'indemnité en tenant compte des limites prévues par la loi caractérise, par cette seule estimation, le préjudice subi par le salarié. ● Soc. 8 déc. 1982 : *Bull. civ. V, n° 693.*

15. Sort des indemnités de chômage. Lorsque seule la procédure requise n'a pas été observée, l'employeur n'est pas tenu de rembourser les indemnités de chômage. ● Soc. 26 mars 1980 : *Bull. civ. V, n° 298 ; GADT, 4ᵉ éd., n° 99 ; D. 1980. IR 547, obs. crit. Pélissier.*

Art. L. 1235-2-1 *(Ord. n° 2017-1387 du 22 sept. 2017, art. 4)* En cas de pluralité de motifs de licenciement, si l'un des griefs reprochés au salarié porte atteinte à une liberté fondamentale, la nullité encourue de la rupture ne dispense pas le juge d'examiner l'ensemble des griefs énoncés, pour en tenir compte, le cas échéant, dans l'évaluation qu'il fait de l'indemnité à allouer au salarié, sans préjudice des dispositions de l'article L. 1235-3-1.

Ces dispositions sont applicables aux licenciements prononcés postérieurement à la publication de l'Ord. n° 2017-1387 du 22 sept. 2017 (Ord. préc., art. 40-I).

1. Moyen de défense devant être invoqué pour l'employeur. Les dispositions de l'art. L. 1235-2-1 C. trav. offrent à l'employeur un moyen de défense au fond sur le montant de l'indemnité à laquelle il peut être condamné, devant être soumis au débat contradictoire ; lorsque l'employeur le lui demande, le juge examine si les autres motifs invoqués sont fondés et peut, le cas échéant, en tenir compte pour fixer le montant de l'indemnité versée au salarié qui n'est pas réintégré, dans le respect du plancher de 6 mois prévu par le C. trav. ● Soc. 19 oct. 2022, ⚓ n° 21-15.533 B : *D. actu. 8 nov. 2022, obs. Malfettes ; D. 2022. 2245, obs. Vernac ⊘ ; Dr. soc. 2022. 1049, obs. Radé ⊘ ; RJS 1/2023, n° 13 ; SSL 2022, n° 2019, p. 11, obs. Champeaux ; JCP 2022. 1230, obs. Mélin ; JCP S 2022. 1288, obs. Bugada.*

2. Motif contaminant ou éléments de contexte. La mention dans la lettre de licenciement d'une plainte d'un harcèlement moral par le salarié pour lequel l'employeur a pris les mesures nécessaires ne rend pas nul le licenciement (au titre de la jurisprudence dite « du motif contaminant ») si ce rappel, avant l'énoncé des griefs, a pour objet de donner des éléments de contexte. ● Soc. 4 oct. 2023, ⚓ n° 22-12.387 B.

Art. L. 1235-3 Si le licenciement d'un salarié survient pour une cause qui n'est pas réelle et sérieuse, le juge peut proposer la réintégration du salarié dans l'entreprise, avec maintien de ses avantages acquis.

(Ord. n° 2017-1387 du 22 sept. 2017, art. 2) « Si l'une ou l'autre des parties refuse cette réintégration, le juge octroie au salarié une indemnité à la charge de l'employeur, dont le montant est compris entre les montants minimaux et maximaux fixés dans le tableau ci-dessous :

Ancienneté du salarié dans l'entreprise (en années complètes)	Indemnité minimale (en mois de salaire brut)	Indemnité maximale (en mois de salaire brut)
0	Sans objet	1
1	1	2
2	3	3,5
3	3	4

Art. L. 1235-3

Ancienneté du salarié dans l'entreprise (en années complètes)	Indemnité minimale (en mois de salaire brut)	Indemnité maximale (en mois de salaire brut)
4	3	5
5	3	6
6	3	7
7	3	8
8	3	8
9	3	9
10	3	10
11	3	10,5
12	3	11
13	3	11,5
14	3	12
15	3	13
16	3	13,5
17	3	14
18	3	14,5
19	3	15
20	3	15,5
21	3	16
22	3	16,5
23	3	17
24	3	17,5
25	3	18
26	3	18,5
27	3	19
28	3	19,5
29	3	20
30 et au-delà	3	20

« En cas de licenciement opéré dans une entreprise employant habituellement moins de onze salariés, les montants minimaux fixés ci-dessous sont applicables, par dérogation à ceux fixés à l'alinéa précédent :

Ancienneté du salarié dans l'entreprise (en années complètes)	Indemnité minimale (en mois de salaire brut)
0	Sans objet
1	0,5
2	0,5
3	1
4	1
5	1,5
6	1,5
7	2

Ancienneté du salarié dans l'entreprise (en années complètes)	Indemnité minimale (en mois de salaire brut)
8	2
9	2,5
10	2,5

« Pour déterminer le montant de l'indemnité, le juge peut tenir compte, le cas échéant, des indemnités de licenciement versées à l'occasion de la rupture (*L. n° 2018-217 du 29 mars 2018, art. 11*) « , à l'exception de l'indemnité de licenciement mentionnée à l'article L. 1234-9 ».

« Cette indemnité est cumulable, le cas échéant, avec les indemnités prévues aux articles L. 1235-12, L. 1235-13 et L. 1235-15, dans la limite des montants maximaux prévus au présent article. »

Les dispositions issues de l'Ord. n° 2017-1387 du 22 sept. 2017 sont applicables aux licenciements prononcés postérieurement à sa publication (Ord. préc., art. 40-I).

BIBL. ▶ Adam, *RDT 2017. 643* (libertés fondamentales et barémisation : la grande évasion). – Alessi et Sachs, *RDT 2018. Controverse 802* (la fin annoncée du plafonnement de l'indemnisation du licenciement injustifié : l'Italie montre-t-elle la voie ?). – Baugard et Maurin, *Dr. soc. 2018. 718* (constitutionnalité du barème impératif des indemnités de licenciement sans cause réelle et sérieuse). – Bento de Carvalho, *Dr. soc. 2023. 302* (le recours au droit commun de la responsabilité civile face à l'art. L. 1235-3 C. trav.). – Collet-Thiry, *JCP S 2018. 1150* (plafonnement des indemnités prud'homales). – Dockès, *Dr. ouvrier 2022. 349* (licenciement abusif ou comment dépasser les barèmes Macron). – Fabre, *SSL 2022, n° 2009, p. 9* (l'indemnisation de la perte de l'emploi en quête de cohérence). – Fournier de Crouy, *RDT 2019. 29* (différents usages du barème d'indemnisation). – Gardin, *RJS 2018, p. 3* (sanction du licenciement sans cause réelle et sérieuse). – Gardin et Lhernould, *RJS 5/2019, p. 353* (le barème d'indemnisation face au droit européen et international). – Guiomard, *RDT 2019. 272* (lecture contentieuse de l'effet des barèmes de licenciement). – Icard, *Dr. ouvrier 2021. 469* (barème : les limites du contrôle concret). – Morin, *RJS 2/2023, chron.* (repenser la réparation de la perte de l'emploi). – Mouly, *Dr. soc. 2018. 10* (les indemnisations en matière de licenciement) ; *ibid. 2019. 234* (inconventionnalité du barème : une question de proportionnalité ?). – Mouly et Marguenaud, *Dr. soc. 2023. 14* (le barème Macron dans les griffes du droit européen des droits de l'homme). – Nasom-Tissandier, *RJS 8-9/2002, chron.* (conventionnalité du barème). – Percher, *RDT 2017. 726* (le plafonnement des indemnités de licenciement injustifié à l'aune de l'art. 24 CEDS). – Rouvière, *RDT 2021. 631* (peut-on penser l'indemnisation par barème ?). – Tournaux, *Dr. soc. 2018. 520* (derniers ajustements issus de la loi de ratification du 29 mars 2018). – Picq (dir.), Dossier Licenciement et barème, Prévoir et sécuriser ?, *Dr. soc. 2019. 280*.

▶ **Dossier :** Barème Macron, *Dr. soc. 2022. 727*.

▶ **Évaluation du barème :** Dalmasso et C. Signoretto, *Dr. soc. 2022. 135* (une première évaluation du barème d'indemnités de licenciement sans cause réelle et sérieuse). – Radé, *Dr. soc. 2023. 434*.

COMMENTAIRE

V. sur le Code en ligne. ☐

I. SANCTION DES IRRÉGULARITÉS DE FOND : RÉINTÉGRATION

BIBL. Couturier, *Dr. soc. 1981. 248.* – Desjardins, *ibid. 1992. 766.* – Rozès, *Mél. P. Hébraud, 1981, p. 751.*

1. Réintégration et compatibilité avec le pacte international relatif aux droits économiques, sociaux et culturels. La règle posée par l'art. L. 1235-3 subordonnant la réintégration du salarié licencié sans cause réelle et sérieuse à l'accord de l'employeur n'apporte aucune restriction incompatible avec les dispositions de l'art. 6.1 du Pacte international relatif aux droits économiques, sociaux et culturels du 16 déc. 1966, ni, en tout état de cause, avec celles de l'art. 1er du protocole additionnel n° 1 de la Convention européenne de sauvegarde des droits de l'homme et des libertés fondamentales ; elle ne porte atteinte ni au droit au respect des biens, ni au droit de propriété, et elle opère une conciliation raisonnable entre le droit de chacun d'obtenir un emploi et la liberté d'entreprendre, à laquelle la réintégration de salariés licenciés est susceptible de porter atteinte. ● Soc. 14 avr. 2010 : 🏛 *D. 2010. Actu. 1151* ⊘ ; *D. actu. 4 mai 2010, obs. Maillard* ; *RJS 2010. 440, n° 499* ; *Dr. soc. 2010. 815, note Mouly* ⊘ ; *JSL 2010, n° 279-3*.

2. Faculté pour le juge. La réintégration n'a pas à être obligatoirement proposée par le juge qui peut condamner directement l'employeur à verser une indemnité. ● Soc. 18 déc. 1975 : *GADT, 4ᵉ éd., n° 83* ; *D. 1976. 210, note Pélissier* ; *JCP 1976. II. 18273, note J. D.*

3. Faculté pour le salarié. La réintégration ne peut être que proposée et non imposée. ● Soc. 29 janv. 1981 : *Bull. civ. V, n° 80* ● 6 oct. 1977 : *ibid., n° 515* (réintégration apparaissant peu opportune). ♦ Le juge des référés n'a pas, à cet égard, de pouvoirs plus étendus que les juges du fond. ● Soc. 1ᵉʳ avr. 1981 : *Bull. civ. V, n° 297*.

II. SANCTION DES IRRÉGULARITÉS DE FOND : INDEMNISATION

A. CONFORMITÉ DU DISPOSITIF ISSU DE L'ORDONNANCE DU 22 SEPTEMBRE 2017

4. Conformité à l'art. 6-1 Conv. EDH. L'art. L. 1235-3 n'entre pas dans le champ d'application de l'art. 6, § 1, Conv. EDH ; la CEDH distinguant ce qui est d'ordre matériel et ce qui est d'ordre procédural, l'art. 6, § 1, ne trouve pas à s'appliquer aux limitations matérielles d'un droit consacré par la législation interne. ● Cass., ass. plén., 17 juill. 2019, 🏛 n°ˢ 19-70.010 et 19-70.011 P : *D. 2019. 1916, note Sachs* ⊘ ; *RDT 2019. 569, note Bargain* ⊘ ; *Dr. ouvrier 2019. 539* ; *SSL 2019, n° 1871, p. 5, obs. Icard* ; *JSL 2019, n° 483-1, obs. Hautefort*.

5. Non-conformité à la Charte sociale européenne. Le barème d'indemnité pour licenciement sans cause réelle et sérieuse ne garantit pas au salarié injustement licencié le droit à une indemnité adéquate ou à une autre réparation appropriée au sens de l'art. 24 *b* de la Charte sociale européenne, et viole donc ce texte, dès lors que les plafonds qui y sont prévus ne sont pas suffisamment élevés pour réparer le préjudice subi par l'intéressé et être dissuasifs pour l'employeur, le plafond maximal ne dépassant pas 20 mois de salaire et ne s'appliquant qu'à partir de 29 ans d'ancienneté et le barème étant moins élevé pour les salariés ayant peu d'ancienneté et pour ceux qui travaillent dans des entreprises de moins de 11 salariés, que le juge ne dispose que d'une marge de manœuvre étroite dans l'examen des circonstances individuelles des licenciements injustifiés, de sorte que le préjudice réellement subi peut ne pas être réparé, et alors que les autres voies de droit utilisables sont limitées à certains cas de licenciements injustifiés. ● CEDS 23 mars 2022, 🏛 n° 160/218 : *RJS 1/2023, n° 49* ● CEDS 5 juill. 2022, 🏛 n° 175/2019.

6. Absence d'effet direct de la Charte sociale européenne. L'art. 24 de la Charte sociale européenne n'est pas d'effet direct. ● Cass., ass. plén., 17 juill. 2019, 🏛 n°ˢ 19-70.010 et 19-70.011 B : *préc. note 4*. ♦ Les dispositions de la Charte sociale européenne n'étant pas d'effet direct en droit interne dans un litige entre particuliers, l'invocation de son art. 24 ne peut pas conduire à écarter l'application des dispositions de l'art. L. 1235-3, et il convient d'allouer en conséquence au salarié une indemnité fixée à une somme comprise entre les montants minimaux et maximaux déterminés par ce texte. ● Soc. 11 mai 2022, 🏛 n° 21-15.247 B : *D. actu. 16 mai 2022, obs. Malfettes* ; *D. 2022. 952* ⊘ ; *ibid. 2022. Pan. 1283, obs. Vernac* ⊘ ; *ibid. 2022. 2275, note Sachs* ⊘ ; *RJS 7/2022, n° 367* ; *JSL 2022, n° 543, note Ray, Icard et Hautefort* ; *JCP 2022. 643, obs. Dedessus-le-Moustier* ; *JCP S 2022. 1151, obs. Loiseau*.

7. Absence de violation de l'art. 10 de la Conv. OIT n° 158. L'art. 10 de la Conv. OIT n° 158 sur le licenciement est d'application directe en droit interne ; le terme « adéquat » de l'art. L. 1235-3 doit s'entendre comme réservant aux États parties une marge d'appréciation, cette disposition est donc compatible avec les stipulations de l'art. 10 de la Conv. OIT n° 158. ● Cass., ass. plén., 17 juill. 2019, 🏛 n° 19-70.010 : *préc. note 4* ● Soc. 11 mai 2022, 🏛 n° 21-14.490 P : *D. actu. 16 mai 2022, obs. Malfettes* ; *D. 2022. 952* ⊘ ; *ibid. 2022. Pan. 1283, obs. Vernac* ⊘ ; *ibid. 2022. 2275, note Sachs* ⊘ ; *RJS 7/2022, n° 367* ; *JSL 2022, n° 543, note Ray, Icard et Hautefort* ; *JCP 2022. 643, obs. Dedessus-le-Moustier* ; *JCP S 2022. 1151, obs. Loiseau*.

8. Les dispositions des art. L. 1235-3 et L. 1235-3-1 qui octroient au salarié, en cas de licenciement injustifié, une indemnité à la charge de l'employeur dont le montant est compris entre des montants minimaux et maximaux variant en fonction du montant du salaire mensuel et de l'ancienneté du salarié et qui prévoient que, dans les cas de licenciements nuls, le barème ainsi institué n'est pas applicable, permettent raisonnablement l'indemnisation de la perte injustifiée de l'emploi. Le caractère dissuasif des sommes mises à la charge de l'employeur est également assuré par l'application, d'office par le juge, des dispositions de l'art. L. 1235-4 relatives au remboursement des indemnités de chômage versées au salarié licencié. Par conséquent, les dispositions des art. L. 1235-3 et L. 1235-3-1 sont de nature à permettre le versement d'une indemnité adéquate ou une réparation considérée comme appropriée au sens de l'art. 10 de la Conv. n° 158 de l'OIT, et l'application du barème est compatible avec les stipulations de l'art. 10 de cette Convention. ● Soc. 11 mai 2022, 🏛 n° 21-14.490 P : *D. actu. 16 mai 2022, obs. Malfettes* ; *D. 2022. 952* ⊘ ; *ibid. 2022. Pan. 1283, obs. Vernac* ⊘ ; *RDT 2022. 361, note Wolmark* ⊘ ; *RJS 7/2022, n° 367* ; *ibid. 8-9/2022, chron. Pinatel* ; *JSL 2022, n° 543, note Ray, Icard et Hautefort* ; *JCP*

2022. 643, obs. Dedessus-le-Moustier ; JCP S 2022. 1151, obs. Loiseau ; ibid. 1168, obs. de Sevin et Guilmet.

B. INDEMNISATION DU SALARIÉ

9. Droit à l'indemnité. L'indemnité n'est pas limitée au seul cas d'appréciation par le juge d'une possibilité de réintégration effective ; elle a une portée générale et doit être versée dès qu'il n'y a pas réintégration. ● Soc. 18 déc. 1975 : *D. 1976. 210*, note Pélissier.

10. Incidence du départ à la retraite. Le salarié protégé, licencié en vertu d'une autorisation ultérieurement annulée et ne demandant pas sa réintégration, peut prétendre, s'il remplit les conditions, tant au paiement des indemnités de rupture qu'à celui de l'indemnité pour licenciement sans cause réelle et sérieuse, peu important son départ à la retraite. ● Soc. 27 mars 2012 : ⚖ *D. actu. 25 avr. 2012*, obs. Fleuriot ; *RJS 2012. 489, n° 579* ; *JCP S 2012. 1317*, obs. Asquinazi-Bailleux.

11. Calcul de l'indemnité minimale. L'indemnité due en cas de licenciement sans cause réelle et sérieuse ne peut être inférieure à la rémunération brute du salarié. ● Soc. 22 juin 1993 : ⚖ *RJS 1993. 517, n° 862* ; *CSB 1993. 211*, S. 109 ; *Dr. soc. 1993. 774* ● 13 juill. 2004, ⚖ n° 03-43.780 P : *RJS 2004. 708, n° 1025.* ♦ Le salaire mensuel doit être évalué en tenant compte des primes et avantages en nature éventuels. ● Soc. 3 déc. 1992 : ⚖ *RJS 1993. 33, n° 29.* – V. Savatier, *Dr. soc. 1993. 948* ⌀. ♦ Sur l'exclusion d'une gratification bénévole dont l'employeur fixe discrétionnairement les montants et les bénéficiaires et qui est attribuée à l'occasion d'un événement unique : ● Soc. 14 oct. 2009, ⚖ n° 07-45.587 P. ♦ Sur l'exclusion des plus-values réalisées lors de la levée de stock-options, V. ● Soc. 30 mars 2011 : ⚖ *D. 2011. Actu. 1088* ⌀ ; *JSL 2011, n° 300-6*, obs. Tourreil ; *JCP S 2011. 1286*, obs. Drai ; *SSL 2011, n° 1503, p. 11*, obs. Boudias et Vallat ● Soc. 15 déc. 2021, ⚖ n° 20-18.782 B : *D. 2022. 20* ⌀ ; *Dr. soc. 2022. 174*, obs. Radé ⌀ ; *Dr. soc. 2022. 174*, obs. Radé ⌀ ; *RJS 2/2022, n° 61* ; *JSL 2022, n° 535-1*, obs. Lhernould ; *JCP S 2022. 1016*, obs. Babin ; *JCP 2022. 176*, obs. Bento de Carvalho.

12. Ancienneté du salarié. Le salarié victime d'un licenciement nul et qui ne réclame pas sa réintégration a droit, quelle que soit son ancienneté dans l'entreprise, d'une part, aux indemnités de rupture, et d'autre part, à une indemnité réparant l'intégralité du préjudice résultant du caractère illicite du licenciement et au moins égale à six mois de salaire. ● Soc. 14 avr. 2010 : ⚖ *D. 2010. Actu. 1223* ⌀ ; *RJS 2010. 441, n° 500* ; *JCP S 2010. 1271*, obs. Barège.

13. Détermination du montant dans les limites fixées par la loi. Sur l'appréciation souveraine du préjudice par les juges du fond, sous réserve du respect du montant minimal légal de l'indemnité, V. ● Soc. 6 juill. 1978 : *Bull. civ. V, n° 571* ● 16 févr. 1987 : *D. 1987. IR 54*.

14. Cumul d'indemnités. Lorsque le licenciement est entaché d'une irrégularité de fond et de procédure, les deux indemnités prévues par l'art. L. 122-14-4 [L. 1235-2 et L. 1235-3 nouv.] ne se cumulent pas et seule est attribuée l'indemnité sanctionnant l'absence de cause réelle et sérieuse. ● Soc. 15 mars 1978 : *Bull. civ. V, n° 188* ● 18 déc. 1978 : *ibid., n° 872* ● 24 janv. 1996, ⚖ n° 92-42.805 P : *CSB 1996. 135, A. 29* ● 20 janv. 1998, ⚖ n° 95-42.441 P : *RJS 1998. 173, n° 275.* ♦ En revanche, une indemnité contractuelle, indépendante de celle prévue par les textes, peut se cumuler avec celle sanctionnant les irrégularités de procédure. ● Soc. 5 juin 1986 : ⚖ *D. 1986. 558*, note Karaquillo. ♦ Une telle indemnité peut être assimilée à une clause pénale susceptible d'être modérée par le juge. ● Même arrêt. ♦ Le non-respect de la procédure disciplinaire conventionnelle entraîne un préjudice particulier pour le salarié, distinct de celui causé par le caractère injustifié du licenciement, et qui doit être réparé en tant que tel. ● Soc. 1er juin 1994, ⚖ n° 92-42.295 P : *D. 1994. IR 177* ⌀ ; *Dr. soc. 1994. 800* ; *RJS 1994. 512, n° 854.* ♦ De même, les indemnités versées dans le cadre d'un PSE, prévues en plus de l'indemnité conventionnelle de licenciement, se cumulent avec l'indemnité réparant l'absence de cause réelle et sérieuse. ● Soc. 9 juill. 2015, ⚖ n° 14-14.654 P : *D. actu. 4 sept. 2015*, obs. Cortot ; *D. 2015. Actu. 1545* ⌀ ; *RJS 11/2015, n° 756.*

15. L'indemnité due pour licenciement sans cause réelle et sérieuse se cumule avec l'indemnité due pour violation de la priorité de réembauchage. ● Soc. 5 oct. 1995 : ⚖ *RJS 1996. 156, n° 265.* ♦ Une seule indemnité peut réparer les préjudices distincts dès lors qu'elle tient compte des limites prévues par les 1er et 3e al. de l'art. L. 122-14-4 [L. 1235-2 et L. 1235-3 nouv.]. ● Soc. 3 févr. 1998, ⚖ n° 95-42.914 P · *RJS 1998. 184, n° 299.*

16. L'indemnité pour licenciement sans cause réelle et sérieuse ne se cumule pas avec des dommages-intérêts pour non-respect de l'ordre des licenciements. ● Soc. 7 oct. 1998, ⚖ n° 96-43.067 P : *RJS 1998. 893, n° 1462 (2e esp.)* ● 5 oct. 1999 : ⚖ *RJS 1999. 838, n° 1361* ; *D. 1999. IR 242* ⌀. ♦ La demande d'indemnité pour licenciement sans cause réelle et sérieuse vaut demande implicite de réparation du préjudice résultant d'un licenciement prononcé en violation de l'ordre des licenciements. ● Soc. 27 oct. 1998, ⚖ n° 96-42.493 P : *RJS 1998. 893, n° 1462 (1re esp.).*

17. L'indemnité pour licenciement sans cause réelle et sérieuse ne se cumule pas avec l'indemnité minimale de 6 mois de salaire prévue par l'art. L. 1235-16 et due au salarié en cas d'annulation de la décision administrative ayant validé ou homologué le PSE. ● Soc. 16 févr. 2022, ⚖ n° 19-21.140 B : *D. actu. 17 mars 2022*, obs. Cortot ; *D. 2022. 401* ⌀ ; *RDT 2022. 234*, note Morin ⌀ ; *RJS 5/2022, n° 247.*

18. L'indemnité pour licenciement sans cause réelle et sérieuse ne se cumule pas avec l'indemnité spécifique de l'art. L. 1233-58 résultant de l'annulation de la décision administrative d'homologation, qui répare le préjudice résultant du caractère illicite du licenciement. • Soc. 16 févr. 2022, ✧ n° 20-14.969 B : *D. actu.* 17 mars 2022, obs. Cortot ; *D.* 2022. 400 ⌀ ; *RJS* 5/2022, n° 247 ; *SSL* 2022, n° 1990, p. 13, obs. Champeaux ; *JCP S* 2022. 1139, obs. Dedessus-Le-Moustier.

19. L'indemnité pour licenciement sans cause réelle et sérieuse répare le préjudice résultant du caractère injustifié de la perte d'emploi ; dès lors, les salariés ayant bénéficié d'une telle indemnité en raison de l'insuffisance du plan de sauvegarde de l'emploi et du manquement de l'employeur à son obligation de reclassement ne peuvent pas obtenir la condamnation d'un tiers à l'employeur à leur payer des dommages-intérêts en réparation de leurs préjudices résultant de la perte de leur emploi et de la perte d'une chance d'un retour à l'emploi optimisé en l'absence de moyens adéquats alloués au PSE, ces préjudices ayant déjà été indemnisés. • Soc. 27 janv. 2021, ✧ n° 18-23.535 P : *D.* 2021. 288 ⌀ ; *ibid.* 1152, obs. Vernac et Ferkane ⌀ ; *Dr. soc.* 2021. 516, note Delmas ⌀ ; *RDT* 2021. 241, obs. Bento de Carvalho ⌀ ; *RJS* 4/2021, n° 211 ; *JCP S* 2021. 1059, obs. Chatelier.

20. Préjudice distinct. Caractérisant le comportement fautif de l'employeur pour constater que ce comportement avait causé au salarié un préjudice distinct de celui résultant du licenciement, une cour d'appel en a déduit à bon droit que le salarié pouvait prétendre à des dommages-intérêts se cumulant avec l'indemnité pour licenciement sans cause réelle et sérieuse. • Soc. 12 mars 1987 : *Bull. civ. V, n° 147.* – V. aussi : • Soc. 17 déc. 1986 : *Bull. civ. V, n° 621* • 17 juill. 1996 : ✧ *CSB* 1996. 313, A. 60. ♦ *Contra*, en cas d'absence de lien de causalité entre un licenciement abusif et l'état dépressif du salarié ultérieurement constaté : • Soc. 10 mars 1983 : *Bull. civ. V, n° 141.*

21. Non-cumul des responsabilités contractuelle et délictuelle. L'indemnité pour licenciement sans cause réelle et sérieuse répare le préjudice résultant du caractère injustifié de la perte de l'emploi ; dès lors, les salariés qui ont bénéficié d'une telle indemnité en raison de l'insuffisance du plan de sauvegarde de l'emploi et du manquement de l'employeur à son obligation de reclassement ne peuvent pas obtenir la condamnation d'un tiers à l'employeur à leur payer des dommages-intérêts en réparation de leurs préjudices résultant de la perte de leur emploi et de la perte d'une chance d'un retour à l'emploi optimisé en l'absence de moyens adéquats alloués au PSE, ces préjudices ayant déjà été indemnisés. • Soc. 27 janv. 2021, ✧ n° 18-23.535 P : *D. actu.* 11 févr. 2021, obs. de Montvalon ; *D.* 2021. Actu. 288 ⌀ ; *RJS* 4/2021, n° 211 ; *JSL* 2021, n° 516-2, obs. Nassom-Tissandier ; *JCP S* 2021. 1059, obs. Chatelier.

22. Les menaces et la publicité faite à un licenciement sans cause réelle et sérieuse entraînent pour le salarié un préjudice distinct qui, même en l'absence de dispositions légales, peut être réparé par la publication dans la presse spécialisée de la condamnation de l'employeur. • Soc. 25 janv. 1989 : *JCP* 1989. IV. 110.

23. Pour l'indemnisation du préjudice causé au salarié par l'employeur postérieurement au licenciement (dénigrement), V. • Soc. 3 juill. 1996 : ✧ *CSB* 1996. 330, S. 143.

24. Lorsque le droit de lever des stock-options est réservé aux salariés présents dans l'entreprise, le licenciement – même sans cause réelle et sérieuse – prive le salarié de ce droit mais il en résulte un préjudice distinct qui doit être réparé. • Soc. 29 sept. 2004, ✧ n° 02-40.027 P : *RJS* 2004. 913, n° 1307 ; *JSL* 2004, n° 154-1. ♦ La clause du plan d'option d'achat prévoyant la caducité des options en cas de licenciement du bénéficiaire fait obstacle à l'exercice de ce droit sans qu'il y ait lieu de distinguer selon la qualification du licenciement ; le salarié, privé de la possibilité de lever ses options du fait de son licenciement sans cause réelle et sérieuse, peut seulement solliciter l'indemnisation du préjudice subi. • Soc. 1er déc. 2005 : ✧ *RJS* 2006. 149, n° 254 ; *Dr. soc.* 2006. 452, obs. Radé ⌀.

25. Perte d'une chance d'un avantage retraite. En cas de licenciement illégitime, le salarié peut demander l'indemnisation de la perte d'une chance de pouvoir bénéficier un jour de l'avantage de retraite applicable dans l'entreprise (« retraite chapeau ») ; cette perte de chance constitue un préjudice qui doit être réparé. • Soc. 31 mai 2011 : ✧ *D. actu.* 24 juin 2011, obs. Astaix ; *D.* 2011. Actu. 1623 ⌀ ; *JCP S* 2011. 1428, obs. Bossu.

26. Dommages-intérêts et différé d'indemnisation. Le montant des dommages-intérêts alloués au salarié en raison d'un licenciement sans cause réelle et sérieuse ne doit être exclu de l'assiette de calcul du délai de carence spécifique que pour la part correspondant au minimum fixé par l'article L. 1235-3. • Soc. 25 sept. 2012 : ✧ *D. actu.* 11 oct. 2012, obs. Ines ; *RJS* 2012. 826, n° 978.

27. Précompte des cotisations. Lorsque le juge prud'homal condamne l'employeur à verser au salarié une indemnité de licenciement sans cause réelle et sérieuse, sans préciser si son montant est un montant net ou brut, il y a lieu de considérer qu'il s'agit d'un montant brut ; l'employeur doit donc procéder au précompte de la part salariale des cotisations de sécurité sociale éventuellement dues. • Soc. 3 juill. 2019, ✧ n° 18-12.149 P : *D.* 2019. Actu. 1454 ⌀ ; *RJS* 10/2019, n° 592 ; *JCP S* 2019. 1261, obs. Brissy.

Art. L. 1235-3-1 (Ord. n° 2017-1387 du 22 sept. 2017, art. 2) L'article **L. 1235-3** n'est pas applicable lorsque le juge constate que le licenciement est entaché d'une des nullités prévues au deuxième alinéa du présent article. Dans ce cas, lorsque le salarié ne demande pas la poursuite de l'exécution de son contrat de travail ou que sa réintégration est impossible, le juge lui octroie une indemnité, à la charge de l'employeur, qui ne peut être inférieure aux salaires des six derniers mois.

(L. n° 2018-217 du 29 mars 2018, art. 11) « Les nullités mentionnées au premier alinéa sont celles qui sont afférentes à :

« 1° La violation d'une liberté fondamentale ;

« 2° Des faits de harcèlement moral ou sexuel dans les conditions mentionnées aux articles L. 1152-3 et L. 1153-4 ;

« 3° Un licenciement discriminatoire dans les conditions mentionnées aux articles L. 1132-4 et L. 1134-4 ;

« 4° Un licenciement consécutif à une action en justice en matière d'égalité professionnelle entre les femmes et les hommes dans les conditions mentionnées à l'article L. 1144-3, ou à une dénonciation de crimes et délits ;

« 5° Un licenciement d'un salarié protégé mentionné aux articles L. 2411-1 et L. 2412-1 en raison de l'exercice de son mandat ;

« 6° Un licenciement d'un salarié en méconnaissance des protections mentionnées aux articles L. 1225-71 et L. 1226-13. »

L'indemnité est due sans préjudice du paiement du salaire, lorsqu'il est dû en application des dispositions de l'article L. 1225-71 et du statut protecteur (Ord. n° 2017-1718 du 20 déc. 2017, art. 1er-I) « dont bénéficient certains salariés en application du chapitre I du titre I du livre IV de la deuxième partie du code du travail », qui aurait été perçu pendant la période couverte par la nullité et, le cas échéant, (Ord. n° 2017-1718 du 20 déc. 2017, art. 1er-I) « sans préjudice » de l'indemnité de licenciement légale, conventionnelle ou contractuelle.

Ces dispositions sont applicables aux licenciements prononcés postérieurement à la publication de l'Ord. n° 2017-1387 du 22 sept. 2017 (Ord. préc., art. 40-I).

BIBL. ▶ Bossu, *RJS 12/2022*, chron. (effets de la nullité du licenciement).

COMMENTAIRE

V. sur le Code en ligne. 🏛   ❑

I. NULLITÉ ET DROIT À RÉINTÉGRATION

1. Nullité du licenciement et droit à réintégration. La nullité du licenciement confère au salarié un droit à réintégration dans son emploi. ● Soc. 30 avr. 2003, 🏛 n° 00-44.811 P : *D. 2004 ; Somm. 178, obs. Lardy-Pélissier ; Dr. soc. 2003. 827, note Gauriau ⊘ ; RJS 7/2003, n° 869 ; JCP 2004. I. 145, obs. Bousez.* ♦ En cas de nullité du licenciement, l'employeur est tenu de faire droit à la demande de réintégration du salarié. ● Soc. 14 févr. 2018, 🏛 n° 16-22.360 : *RJS 5/2018, n° 325.* ♦ Mais le salarié dont le licenciement est nul ne peut se voir imposer une réintégration qu'il n'accepte pas. ● Soc. 13 nov. 1991, 🏛 n° 88-42.486 P : *RJS 1/1992, n° 18.*

2. Option du salarié. Dès lors que la nullité du licenciement est constatée, l'employeur est tenu de faire droit à la demande de réintégration du salarié. ● Soc. 25 févr. 1998, 🏛 n° 95-44.019 P : *CSB 1998. 105, A. 25 ; RJS 1998. 282, n° 451 ; TPS 1998. 8, n° 151.* ♦ Mais il ne peut être reproché à un salarié, dont le licenciement est nul, de ne pas avoir demandé sa réintégration. ● Soc. 12 mars 1987, 🏛 n° 84-42.481 P : *D. 1987. IR 66 ; JCP 1988. II. 21051, note Mouly* ● Soc. 13 nov. 1991, 🏛 n° 88-42.486 P : *Dr. soc. 1992. 77 ⊘ ; JCP E 1992. I. 148, note Déprez ; RJS 1992. 38, n° 32.* ♦ ... Ou d'avoir refusé une réintégration ultérieure, un tel refus ne pouvant pas caractériser une démission. ● Soc. 16 févr. 1987 : *JCP 1988. II. 21051, note Mouly* ● 12 mars 1987 : *préc.* ● 26 nov. 1987 : *Bull. civ. V, n° 682 ; JCP E 1988. II. 15125, n° 10, obs. Revet* ● 19 févr. 1992, 🏛 n° 88-43.020 P : *Dr. soc. 1992. 478 ⊘ ; RJS 1992. 335, n° 588.*

3. Résiliation judiciaire produisant les effets d'un licenciement nul. La demande de résiliation judiciaire du contrat de travail en raison de la violation du statut protecteur fait obstacle à la demande de réintégration présentée par le salarié protégé. ● Soc. 3 oct. 2018, 🏛 n° 16-19.836 P : *D. 2018. Actu. 1972 ⊘ ; D. actu. 6 nov. 2018, obs. Ciray ; RJS 12/2018, n° 754 ; SSL 2018, n° 1834, p. 12, obs. Tournaux ; JCP S 2018. 1359, obs. Kerbourc'h.* ♦ Lorsqu'un salarié demande la résiliation judiciaire de son contrat de travail et la nullité de son licenciement au cours d'une même instance, le juge, qui constate la nullité du licenciement, ne peut faire droit à la demande de réintégration. ● Soc. 27 janv. 2021, 🏛 n° 19-21.200 P : *D. actu. 17 févr. 2021, obs. Couëdel ; Dr. soc. 2021. 271, note Radé ⊘ ; ibid. 559, obs. Mouly ⊘ ; RJS*

4/2021, n° 203 ; *Dr. ouvrier 2021*. 231, obs. Coulaud ; *JSL* 2021, n° 516-5, obs. Hautefort ; *JCP S* 2021. 1068, Pagnerre et Pagani.

4. Nullité du licenciement et droit pour le salarié. Lorsque l'employeur refuse de réintégrer le salarié dont le licenciement a été annulé, il est notamment tenu au paiement d'une indemnité égale à la rémunération que le salarié aurait perçue jusqu'à ce que celui-ci prenne acte de la rupture de son contrat de travail ou que le juge en prononce la résiliation ; cette rupture produit alors les effets d'un licenciement illicite. • Soc. 29 mai 2013 : *D. actu. 26 juin 2013*, obs. Ines ; *Dr. soc.* 2014. 44, note Gauriau ⌀ ; *JCP S* 2013. 1336, obs. Mouly.

5. Réintégration impossible. Lorsqu'une société a cessé définitivement son activité et ses actifs ont été vendus, les juges du fond peuvent valablement en déduire que la réintégration, demandée dans les seuls emplois que les salariés occupaient dans cette entreprise avant leur licenciement, était devenue matériellement impossible. • Soc. 15 juin 2005 : *D. 2005. IR 1960* ; *JSL* 2005, n° 172-3. ♦ L'employeur est légitime à invoquer l'impossibilité de réintégration lorsque le salarié, qui obtient la nullité de son licenciement après l'annulation de l'autorisation administrative, est accusé de faits de harcèlement moral. L'obligation de sécurité qui pèse sur l'employeur justifie le refus de réintégration. • Soc. 1er déc. 2021, n° 19-25.735 P.

6. Réintégration impossible. L'emploi ultérieur du salarié chez un autre employeur n'était pas de nature à faire obstacle à la réintégration du salarié. • Soc. 21 oct. 1992, ⚖ n° 90-42.477 • 22 juin 2004, ⚖ n° 02-41.689 : *RJS 10/2004, n° 1066* • 10 févr. 2021, ⚖ n° 19-20.397 P : *D. actu. 3 mars 2021*, obs. Couëdel ; *RJS 4/2021, n° 208* ; *JSL 2021, n° 517-3*, obs. Lhernould. ♦ Ne caractérise pas l'impossibilité matérielle de réintégrer les salariés dans leur emploi ou, à défaut, dans un emploi équivalent le fait que les postes de ces salariés ne soient plus vacants tandis que ceux-ci ont, compte tenu du temps écoulé, retrouvé un emploi. • Soc. 2 févr. 2005, ⚖ n° 02-45.085 P : *D. 2005. 523* ⌀ ; *RJS 4/2005, n° 369*. ♦ De même, la réintégration est réputée possible quand bien même les tâches antérieurement occupées par le salarié ont été confiées à un prestataire de services. • Soc. 14 sept. 2016, ⚖ n° 15-15.944 P : *D. 2017. Pan. 848*, obs. Lokiec ⌀ ; *RJS 11/2016, n° 700* ; *JCP S 2016. 1383*, obs. Chenu. ♦ Il en va également ainsi lorsque le personnel de l'entreprise se montre hostile au retour du salarié. • Soc. 24 juin 2014, ⚖ n° 12-24.623 P : *D. 2014. Actu. 1504* ⌀ ; *RJS 10/2014, n° 708* ; *JCP 2014. 819*, obs. Lefranc-Hamoniaux ; *JCP S 2014. 265*, obs. Miara. ♦ ... lorsque l'entreprise rencontre de graves difficultés économiques. • Soc. 24 juin 1998, ⚖ n° 95-44.757 P : *RJS 8-9/1998, n° 1020* ; *JCP E 1998. 1887*, obs. Puigelier. ♦ ... Ou lorsque le poste du salarié a été supprimé. • Soc. 13 déc. 1994, ⚖ n° 92-42.454 P. ♦ Ne caractérise pas l'impossibilité matérielle de réintégrer les salariés dans leur emploi ou à défaut, dans un emploi équivalent, le fait que les postes de ces salariés ne soient plus vacants tandis que ceux-ci ont, compte tenu du temps écoulé, retrouvé un emploi. • Soc. 2 févr. 2005 : *D. 2005. IR 523* ; *RJS 2006. 268, n° 369*. ♦ ... Ni le refus d'une partie du personnel de travailler à nouveau avec le salarié pour des motifs écartés par l'autorité administrative. • Soc. 24 juin 2014 : *D. actu. 7 juill. 2014*, obs. Avena-Robardet ; *D. 2014. 1504* ; *RJS 2014. 606, n° 708* ; *JSL 2014, n° 371-3*. ♦ Lorsque la nullité du licenciement est prononcée, le fait pour le salarié d'être entré au service d'un autre employeur n'est pas de nature à le priver de son droit à réintégration. • 10 févr. 2021, ⚖ n° 19-20.397 P : *D. actu. 3 mars 2021*, obs. Couëdel ; *Dr. soc. 2021. 472*, obs. Adam ⌀ ; *RJS 4/2021, n° 208* ; *JSL 2021, n° 517-3*, obs. Lhernould.

7. Censure d'une décision d'annulation. La réintégration d'un salarié en exécution d'une décision judiciaire n'a pas pour effet de créer de nouvelles relations contractuelles entre les parties ; l'employeur, après l'annulation de cette décision par la Cour de cassation, est fondé à considérer qu'il avait été mis fin aux fonctions de la salariée sans qu'il soit besoin d'une procédure de licenciement. • Soc. 11 juill. 2016, ⚖ n° 14-29.094 P : *D. 2016. Actu. 1655* ⌀ ; *RJS 10/2016, n° 642* ; *JCP S 2017. 1373*, obs. Kerbourc'h.

II. RÉINTÉGRATION ET INDEMNISATION

8. Demande de réintégration tardive. Le salarié dont la rupture du contrat de travail, suite à sa mise à la retraite d'office, est discriminatoire en raison de l'âge et qui demande sa réintégration a droit, en principe, à une indemnité égale à la rémunération qu'il aurait perçue, après déduction des revenus de remplacement, depuis la date de son éviction jusqu'à celle de sa réintégration ou bien, lorsqu'il a atteint la limite d'âge prévue par le statut auquel il est soumis, jusqu'à cet âge ; toutefois, l'intéressé qui présente de façon abusive sa demande de réintégration tardivement n'a droit, au titre de cette nullité, qu'à la rémunération qu'il aurait perçue du jour de sa demande de réintégration à celui de sa réintégration effective ou à celui auquel il a atteint ledit âge. • Soc. 22 janv. 2020, n° 17-31.158 P : *D. actu. 11 févr. 2020*, obs. Montvalon ; *D. 2020. 220* ⌀ ; *RJS 4/2020, n° 177* ; *JCP S 2020. 1072*, note Barège • 13 janv. 2021, ⚖ n° 19-14.050 P : *D. actu. 4 févr. 2021*, obs. Montvalon ; *D. 2021. 84* ⌀ ; *Dr. soc. 2021. 274*, obs. Mouly ⌀ ; *RJS 4/2021, n° 210* ; *JCP S 2021. 1034*, obs. Kerbourc'h (s'agissant d'un licenciement nul pour violation de la liberté d'expression).

9. Congés payés pendant la période d'éviction. Sauf lorsque le salarié a occupé un autre emploi durant la période d'éviction comprise entre la date du licenciement nul et celle de la réintégration dans son emploi, il peut prétendre à ses droits à congés payés au titre de cette période en application des dispositions des art. L. 3141-3 et L. 3141-9. • Soc. 1er déc. 2021, 🏛 n° 19-24.766 B : *D. actu. 14 déc. 2021, obs. Malfettes.* ♦ Comp. *ante* : Le salarié réintégré après que son contrat de travail a été rompu pour un motif illicite ouvre droit pour la période d'éviction, non à une acquisition de jours de congé, mais à une indemnité d'éviction ; l'intéressé ne peut donc pas prétendre à bénéficier effectivement de jours de congé pour cette période. • Soc. 11 mai 2017, 🏛 n° 15-19.731 P : *D. 2017. Actu. 1048* ⌀ *; RJS 7/2017, n° 493 ; JCP S 2017. 1224, obs. Vachet.*

Art. L. 1235-3-2 (*Ord. n° 2017-1387 du 22 sept. 2017, art. 2*) Lorsque la rupture du contrat de travail est prononcée par le juge aux torts de l'employeur ou fait suite à une demande du salarié dans le cadre de la procédure mentionnée à l'article L. 1451-1, le montant de l'indemnité octroyée est déterminé selon les règles fixées à l'article L. 1235-3 (*L. n° 2018-217 du 29 mars 2018, art. 11*) « , sauf lorsque cette rupture produit les effets d'un licenciement nul afférent aux cas mentionnés au 1° à 6° de l'article L. 1235-3-1, pour lesquels il est fait application du premier alinéa du même article L. 1235-3-1 ».

Ces dispositions sont applicables aux licenciements prononcés postérieurement à la publication de l'Ord. n° 2017-1387 du 22 sept. 2017 (Ord. préc., art. 40-I).

Le barème s'applique aux résiliations judiciaires prononcées depuis le 24 sept. 2017, date d'entrée en vigueur de l'Ord. n° 2017-1387 du 22 sept. 2017 ; il s'applique à la résiliation judiciaire prenant effet à compter de cette date, peu importe que la demande de résiliation soit antérieure à celle-ci. La date à retenir, pour l'application du barème Macron est la date d'effet de la rupture et non pas celle de la demande. • Soc. 16 févr. 2022, 🏛 n° 20-16.184 B : *D. actu. 3 mars 2022, obs. Malfettes ; D. 2022. 357* ⌀ *; SSL 2022, n° 1990, p. 11, obs. Champeaux ; JSL 2022, n° 539, obs. Nasom-Tissandier ; JCP S 2022. 1075, obs. Vidal.*

Art. L. 1235-4 Dans les cas prévus aux articles (*L. n° 2016-1088 du 8 août 2016, art. 122*) « L. 1132-4, L. 1134-4, L. 1144-3, L. 1152-3, L. 1153-4, » L. 1235-3 et L. 1235-11, le juge ordonne le remboursement par l'employeur fautif aux organismes intéressés de tout ou partie des indemnités de chômage versées au salarié licencié, du jour de son licenciement au jour du jugement prononcé, dans la limite de six mois d'indemnités de chômage par salarié intéressé.

Ce remboursement est ordonné d'office lorsque les organismes intéressés ne sont pas intervenus à l'instance ou n'ont pas fait connaître le montant des indemnités versées.

(*L. n° 2018-771 du 5 sept. 2018, art. 64-II ; L. n° 2023-1196 du 18 déc. 2023, art. 6-I, en vigueur le 1er janv. 2024*) « Pour le remboursement prévu au premier alinéa, le directeur général de l'opérateur France Travail ou la personne qu'il désigne au sein de l'opérateur France Travail peut, pour le compte de l'opérateur France Travail, de l'organisme chargé de la gestion du régime d'assurance chômage mentionné à l'article L. 5427-1, de l'État ou des employeurs mentionnés à l'article L. 5424-1, dans des délais et selon des conditions fixés par décret en Conseil d'État, et après mise en demeure, délivrer une contrainte qui, à défaut d'opposition du débiteur devant la juridiction compétente, comporte tous les effets d'un jugement et confère le bénéfice de l'hypothèque judiciaire. » — *V. art. R. 1235-1 s.*

BIBL. ▶ Sur la répétition de l'indu entre les sommes obtenues en justice et les allocations de chômage versées antérieurement, V. Serverin et Grumbach, *RDT 2008. 723* ⌀.

COMMENTAIRE

V. sur le Code en ligne 🏛. ☐

BIBL. Boubli, *Dr. soc. 1981. 258.* – Koechlin, *JCP CI 1982. II. 13875.* – Lafarge, *Juri-soc. 1987, n° 10, p. 33.* – Le Nezet, *Gaz. Pal. 1985. 1. Doctr. 6.* – Pettiti, *Gaz. Pal. 1987. 1. Doctr. 430.* – Prétot, *Dr. soc. 1987. 469.*

1. Droit au procès équitable. Sur le caractère équitable, au sens de l'art. 6 de la convention européenne de sauvegarde des droits de l'homme et de l'art. 14 du pacte des Nations unies du 19 déc. 1966, du procès à l'égard de l'employeur, V. • Soc. 18 janv. 1989 : 🏛 *D. 1989. 320, note Jeammaud ; Dr. soc. 1989. 249, concl. Picca ; JCP E 1989. II. 15525, p. 394, n° 4, obs. Revet ; RTD civ. 1989. 374, obs. Normand.* – Dans le même sens : • Soc. 18 juin 1989 : *Dr. ouvrier 1989. 358* • 19 déc. 1990 : 🏛 *D. 1991. IR 21* ⌀ • 23 mai 2000, 🏛 n° 98-40.635 P : *D. 2000. IR 169* ⌀ *; RJS 2000. 549, n° 783 (2e esp.)* • 23 mai 2000, 🏛 n° 98-40.633 P : *RJS 2000. 549, n° 783 (3e esp.).*

2. Effectif de l'entreprise. Il résulte des art. L. 1235-4 et L. 1235-5 C. trav. que l'employeur qui emploie habituellement moins de onze salariés n'est pas tenu de rembourser aux organismes concernés les indemnités de chômage versées au salarié licencié sans cause réelle et sérieuse. • Soc. 23 sept. 2015, n° 14-13.264 P : *RJS 12/2015, n° 767* ; *JCP S 2015. 1421*, note Cailloux-Meurice. ♦ La seule constatation de l'identité d'exploitant de deux entreprises aux activités distinctes sans lien entre elles est insuffisante pour retenir l'existence d'une seule entité ; le périmètre à prendre en considération pour l'appréciation de l'effectif est celui de l'entreprise dans laquelle est employé le salarié licencié. • Même décision.

3. Entreprise utilisatrice. L'entreprise utilisatrice doit supporter la sanction spécifique prévue à l'art. L. 122-14-4 [art. L. 1235-4 nouv.] relative au remboursement par l'employeur des indemnités de chômage versées par l'ASSEDIC dès lors qu'elle a été condamnée à payer au salarié une indemnité pour licenciement dépourvu de cause réelle et sérieuse. • Soc. 18 oct. 2007 : *D. 2007. AJ 2808* ; *Dr. soc. 2008. 101*, n° 1251.

4. Charge de la preuve. La créance de l'ASSEDIC résultant du seul fait qu'elle a payé des indemnités de chômage aux salariés en raison de leur licenciement, il incombe à l'employeur de démontrer le caractère indu de ce paiement. • Soc. 9 mars 1994, n° 91-21.926 P : *D. 1994. IR 77* ; *RJS 1994. 338, n° 537* • 18 avr. 2000, n° 97-44.925 P : *D. 2000. IR 140* ; *RJS 2000. 454, n° 658*.

5. Conditions. L'art. L. 122-14-4 [art. L. 1235-4 nouv.] ne limite pas son application aux seuls cas où l'employeur commet un abus ou un détournement de pouvoir. • Soc. 14 nov. 1991, n° 88-44.161 P.

6. En l'absence de cause réelle et sérieuse de licenciement, la convention de conversion est privée de cause. • Soc. 7 mars 1995 : *Dr. soc. 1995. 511* ; *RJS 1995. 279, n° 412* (1ʳᵉ esp.) (remboursement aux ASSEDIC des indemnités de chômage et de l'allocation spéciale de conversion). ♦ En l'absence de motif économique, le contrat de sécurisation professionnelle devenant sans cause, l'employeur est tenu de rembourser les indemnités de chômage éventuellement versées aux salariés, sous déduction de la contribution prévue à l'art. L. 1233-69 C. trav. • Soc. 14 sept. 2017, n° 16-11.563 P : *D. 2017. Actu. 1841* ; *RJS 11/2017, n° 733*.

7. Bien que le versement des indemnités ait été suspendu pendant un stage effectué par le salarié, ce dernier ayant été repris en charge par l'ASSEDIC, une cour d'appel a pu retenir qu'après le stage le versement des prestations avait toujours pour cause le licenciement et ainsi justifier sa décision au regard de l'art. L. 122-14-4 [L. 1235-4 nouv.]. • Soc. 25 avr. 1990, n° 88-13.262 P.

8. Pouvoir des juges du fond. Le juge du fond apprécie souverainement, dans la limite prévue par la loi, la part d'indemnités de chômage devant être remboursée aux organismes concernés. • Soc. 22 avr. 1992 : *RJS 1992. 399, n° 727*.

9. Licenciement nul pour fait de grève et remboursement des allocations chômage. Dans la liste des situations permettant au juge d'ordonner le remboursement des indemnités chômage dressée par l'art. L. 1135-4 figure l'art. L. 1132-4 qui prévoit que « toute disposition ou tout acte pris à l'égard d'un salarié en méconnaissance des dispositions du présent chapitre [chapitre II – Principe de non-discrimination] est nul ; il en résulte que les dispositions de l'art. L. 1235-4 C. trav. sont applicables en cas de nullité du licenciement en raison de l'exercice normal du droit de grève. • Soc. 18 janv. 2023, n° 21-20.311 B : *D. 2023. 120* ; *Dr. soc. 2023. 279*, obs. Adam ; *RJS 3/2023, n° 134* ; *JSL 2023, n° 558-3*, obs. Pacotte et Borocco-Dillies ; *JCP S 2023. 1039*, obs. Lahalle.

10. Limites à l'obligation de remboursement. Le remboursement des indemnités de chômage ne peut être ordonné ni lorsque l'employeur a méconnu : la procédure de licenciement. • Soc. 26 mars 1980 : *Bull. civ. V, n° 298* ; *GADT, 4ᵉ éd., n° 99* ; *D. 1980. IR 547*, obs. crit. Pélissier. ♦ ... L'ordre des licenciements. • Soc. 23 mars 1994 : *Dr. soc. 1994. 711*, obs. Verkindt ; *RJS 1994. 415, n° 679*. ♦ ... La priorité de réembauchage dont bénéficiait le salarié. • Soc. 7 nov. 1990 : *D. 1990. IR 290*. ♦ ... Les règles applicables aux victimes d'accidents du travail ou de maladies professionnelles. • Soc. 16 oct. 1991, n° 89-40.481 P : *CSB 1991. 251, A. 59* ; *RJS 1991. 635, n° 1192*. ♦ ... Ni en cas de nullité du licenciement. • Soc. 12 févr. 1991 : *RJS 1991. 171, n° 326* • 12 déc. 2001, n° 99-44.167 P : *Dr. soc. 2002. 225*, obs. Couturier ; *RJS 2002. 167, n° 201* ; *Dr. ouvrier 2002. 125*, note Milet • 24 juin 2009 : *RDT 2010. 32*, obs. Pillet • Soc. 2 mars 2016, n° 14-23.009 P : *D. 2016. Actu. 660* ; *D. 2016. 1588*, obs. Flores ; *RDT 2016. 338*, note Lafargue ; *RJS 5/2016, n° 381* ; *JCP S 2016. 1137*, obs. Jacotot ; *JCP E 2016. 1659*, obs. Duchange.

11. Limites à l'obligation de remboursement (jurisprudence rendue sous l'empire de la L. n° 2016-1088 du 8 août 2016). Le remboursement des indemnités de chômage ne peut être ordonné que dans les cas de nullité du licenciement visés à l'art. L. 1235-4 C. trav. • Soc. 19 oct. 2022, n° 21-15.533 B : *D. actu. 8 nov. 2022*, obs. Malfettes ; *D. 2022. 1861* ; *JCP S 2022. 1288*, obs. Bugada ; *JCP 2022. 1230*, obs. Mélin.

12. Obligation de remboursement et effectif de l'entreprise. La seule constatation de l'identité d'exploitant de deux entreprises aux activités distinctes sans lien entre elles est insuffisante pour retenir l'existence d'une seule entité ; le périmètre à prendre en considération pour l'appréciation de l'effectif est celui de l'entreprise dans laquelle est employé le salarié licencié. • Soc. 23 sept. 2015, n° 14-13.264 P : *RJS 12/2015,* n° 767 ; JCP S 2015. 1421, note Cailloux-Meurice.

13. Régime de solidarité. Le remboursement des sommes versées au titre du régime de solidarité n'est pas soumis à l'art. L. 122-14-4 [L. 1235-2 nouv.]. ● Soc. 16 mars 1989 : *Bull. civ. V, n° 229* ; D. 1989. IR 110.

14. Omission de statuer. Par l'effet de l'art. L. 122-14-4 [L. 1235-4 nouv.], l'organisme qui a versé des indemnités de chômage est partie au litige opposant l'employeur au salarié soutenant avoir été licencié sans cause réelle et sérieuse ; l'ASSEDIC peut donc interjeter appel même si elle n'a pas comparu. ● Soc. 7 juill. 1993 : 🏛 *CSB 1993. 247, S. 129.* ♦ Elle n'est pas recevable à former tierce opposition contre une décision prud'homale omettant de condamner l'employeur au remboursement des allocations chômage. ● Soc. 9 mai 1990, 🏛 n° 87-42.055 P : *RJS 1990. 344, n° 487.* ♦ Comp. : ● Soc. 16 mars 1989 : *D. 1989. IR 110 ; RTD civ. 1989. 621, obs. Perrot.* ♦ Sur la possibilité pour l'ASSEDIC de présenter une requête en omission de statuer, V. ● Soc. 16 févr. 1987 : *Bull. civ. V, n° 90* ● 7 janv. 1992 : 🏛 *RJS 1992. 104, n° 139* ● 7 juin 1995 : 🏛 *RJS 1995. 578, n° 876.* ♦ Une telle requête n'est pas exclusive d'une procédure en référé-provision. ● Soc. 2 juin 1988 : *Dr. ouvrier 1989. 64.* ♦ Sur le délai dont dispose l'ASSEDIC pour présenter la requête en omission de statuer, V. ● Soc. 12 janv. 1993, 🏛 n° 89-41.344 P : *JCP 1994. II. 22189, note Arséguel ; RJS 1993. 235, n° 387 ; CSB 1993. 77, A. 17* (application du délai d'un an de l'art. 463 C. pr. civ.).

15. Transaction. Doit être cassé l'arrêt qui, ayant constaté l'extinction de l'instance à la suite d'une transaction, déboute l'ASSEDIC de sa demande de remboursement des allocations de chômage, alors que, la cour étant dessaisie du litige par l'effet du désistement, elle ne pouvait statuer sur cette demande et porter ainsi atteinte à l'autorité de la chose jugée qu'avait acquise à l'égard de cet organisme, auquel la transaction n'était pas opposable, la disposition du jugement ordonnant le remboursement des allocations. ● Soc. 7 juin 1995, 🏛 n° 91-43.234 P : *JCP E 1995. II. 764 (2 arrêts), note Taquet ; Dr. soc. 1995. 937 ; RJS 1995. 578, n° 876.* – Dans le même sens : ● Soc. 4 oct. 1995, 🏛 n° 93-16.370 P. ♦ V. aussi : ● Soc. 25 oct. 1995, 🏛 n° 91-45.186 P : *RJS 1996. 156, n° 264 ; D. 1995. IR 259* (la cour d'appel ne peut débouter l'ASSEDIC de sa demande en remboursement que si la transaction à l'origine du désistement n'est pas frauduleuse).

Art. L. 1235-5 (Ord. n° 2017-1387 du 22 sept. 2017, art. 2) Ne sont pas applicables au licenciement d'un salarié de moins de deux ans d'ancienneté dans l'entreprise et au licenciement opéré dans une entreprise employant habituellement moins de onze salariés, les dispositions relatives au remboursement des indemnités de chômage, prévues à l'article L. 1235-4, en cas de méconnaissance des articles L. 1235-3 et L. 1235-11.

Ces dispositions sont applicables aux licenciements prononcés postérieurement à la publication de l'Ord. n° 2017-1387 du 22 sept. 2017 (Ord. préc., art. 40-1).

COMMENTAIRE

V. sur le Code en ligne 🏛.

Jurisprudence rendue sous l'empire des dispositions antérieures à l'Ord. n° 2017-1387 du 22 sept. 2017.

I. CHAMP D'APPLICATION

1. Conformité à la Constitution. Sans faire échec à la réparation de l'intégralité du préjudice subi par le salarié, l'art. L. 1235-5 C. trav. retient des critères objectifs et rationnels d'ancienneté du salarié et d'effectifs de l'entreprise en lien direct avec l'objet de la loi et répondant à des raisons d'intérêt général. ● Soc. 10 oct. 2014, 🏛 n° 14-40.037 P : *RJS 1/2015, n° 18*.

2. Conseiller du salarié. Lorsque, en l'absence de représentants du personnel dans l'entreprise, la règle relative à l'assistance du salarié par un conseiller n'a pas été respectée, la sanction prévue par l'art. L. 122-14-4, al. 1er [L. 1235-2 nouv.] (indemnité qui ne peut être supérieure à un mois de salaire) s'applique aux salariés ayant moins de 2 ans d'ancienneté ou ayant été licenciés par un employeur occupant moins de 11 salariés, qu'il s'agisse ou non d'un licenciement pour une cause réelle et sérieuse. Lorsque le licenciement est sans cause réelle et sérieuse, les salariés ont droit à la réparation du préjudice en résultant selon les dispositions de l'art. L. 122-14-5, al. 2 [L. 1235-5 nouv.]. ● Soc. 5 févr. 2003, 🏛 n° 01-01.672 P : *D. 2003. IR 531 ; Dr. soc. 2003. 398, note Gauriau ; JCP E 2003. 907, note Corrignan-Carsin ; RJS 2003. 306, n° 440.* ♦ Comp. la jurisprudence antérieure, accordant aux salariés le bénéfice de toutes les dispositions de l'art. L. 122-14-4 [L. 1235-2 nouv.] : il résulte de l'art. L. 122-14-5 [L. 1235-5 nouv.], dans sa rédaction issue de la loi du 18 janv. 1991, que les sanctions édictées par l'art. L. 122-14-4 [L. 1235-2 nouv.] sont, par exception, applicables aux salariés ayant moins de deux ans d'ancienneté dans l'entreprise et aux licenciements opérés par les employeurs occupant habituellement moins de onze salariés, en cas d'inobservation des dispositions du deuxième alinéa de l'art. L. 122-14 [L. 1232-7 nouv.] relatives à l'assistance du salarié par un conseiller. ● Soc. 19 juill. 1995 : 🏛 *D. 1995. IR 226 ; CSB 1995. 221, A. 41 ; Dr. soc. 1995. 934, obs. J. Savatier ; JCP E 1995. II.*

751, note Corrignan-Carsin ; RJS 1995. 651, n° 1015 ● 3 mars 1999 : ⚖ RJS 1999. 310, n° 499 ● 11 juill. 2000 : ⚖ RJS 2000. 728, n° 1065 ; Dr. soc. 2000. 1012, obs. Roy-Loustaunau. ◆ L'art. L. 122-14-4 est, dans un tel cas, applicable qu'il s'agisse de sanctionner l'irrégularité de la procédure ou celle résultant de l'absence de cause réelle et sérieuse. ● Soc. 13 nov. 1996, ⚖ n° 95-42.378 P : Dr. soc. 1996. 1096, obs. Waquet ; RJS 1996. 810, n° 1252 ; CSB 1997. 41, A. 9 ● 7 oct. 1997 : ⚖ JCP 1998. II. 10022, note Corrignan-Carsin. ◆ L'art. L. 122-14-4 [L. 1235-2 nouv.] est applicable tant en ce qui concerne le calcul de l'indemnité que la condamnation envers les ASSEDIC. ● Soc. 26 juin 2001, ⚖ n° 99-40.900 P : RJS 2001. 772, n° 1130. ◆ Le minimum de 6 mois de salaire prévu par l'art. L. 122-14-4 [L. 1235-3 nouv.] trouve sa limite lorsque le salarié n'a pas 6 mois d'ancienneté. ● Bordeaux, 15 févr. 2000 : RJS 2000. 454, n° 656.

3. Calcul de l'ancienneté. L'ancienneté du salarié s'apprécie au jour où l'employeur envoie la lettre recommandée de licenciement, date à laquelle se situe la rupture du contrat de travail. ● Soc. 26 sept. 2006 : ⚖ RDT 2006. 386, obs. Reynès ; D. 2007. Pan. 688, obs. Leclerc ; RJS 2006. 866, n° 1164 ; JCP E 2006. 2763, note Béal ; Dr. soc. 2006. 1193, obs. Savatier. ◆ Comp. : L'ancienneté est appréciée à la date de présentation de la lettre de licenciement. ● Soc. 2 févr. 1999, ⚖ n° 96-40.773 P : RJS 1999. 309, n° 498. ◆ L'ancienneté à prendre en considération est celle résultant du contrat de travail au cours duquel le licenciement est prononcé, à l'exclusion des contrats antérieurs exécutés pour le compte du même employeur. ● Soc. 27 mai 1992, ⚖ n° 89-40.297 P : RJS 1992. 478, n° 860. ◆ Les périodes de suspension du contrat justifiées par la maladie du salarié doivent être prises en compte. ● Soc. 17 oct. 1979 : Bull. civ. V, n° 737 ● 7 mai 1987 : Bull. civ. V, n° 272 ; D. 1987. IR 124. ◆ Les dispositions de l'art. L. 1235-3 C. trav. ne comportent aucune restriction en cas de suspension d'exécution du contrat de travail ; dès lors, les périodes de suspension pour maladie ne pouvaient être exclues de l'ancienneté de la salariée pour ses droits à indemnisation du licenciement sans cause réelle et sérieuse. ● Soc. 7 déc. 2011 : ⚖ D. 2012. Actu. 25 ; Dr. soc. 2012. 313, obs. Roy-Loustaunau ; RJS 2012. 119, n° 130 ; JCP S 2012. 1067, obs. Chenu. ◆ L'ancienneté se calcule depuis l'embauche, peu important la modification dans la situation juridique de l'employeur. ● Soc. 17 mars 1998, ⚖ n° 95-42.100 P : D. 1998. IR 99 ; RJS 1998. 370, n° 570.

4. Calcul de l'effectif. L'appréciation de l'effectif habituel doit se faire au jour du licenciement. ● Soc. 27 mai 1992, ⚖ n° 89-42.593 P : CSB 1992. 231, A. 43. ◆ ... C'est-à-dire à la date de la présentation de la lettre de licenciement. ● Soc. 2 févr. 1999, ⚖ n° 96-40.773 P : RJS 1999. 309, n° 498. ◆ Toutefois, justifient leur décision d'appliquer l'art. 122-14-5 [L. 1235-5 nouv.] les juges qui, par des constatations échappant au contrôle de la Cour de cassation, établissent que l'effectif du personnel n'a atteint onze salariés que pendant une brève période de vingt jours. ● Soc. 3 déc. 1981 : D. 1982. IR 251. ◆ La loi n'apportant au terme effectif salarié aucune restriction, il convient de compter au nombre des salariés de l'entreprise ceux qui sont également ses dirigeants. ● Soc. 18 janv. 1995, ⚖ n° 91-41.090 P : RJS 1995. 163, n° 223 ● 20 mars 1997 : ⚖ RJS 1997. 350, n° 534 ; CSB 1997. 188, S. 112. ◆ Une cour d'appel n'aurait pu tenir compte de l'effectif global de deux sociétés que si elles avaient été les employeurs conjoints des salariés. ● Soc. 5 mai 1983 : Bull. civ. V, n° 236. ◆ V. aussi ● Soc. 24 avr. 1980 : Bull. civ. V, n° 351. ◆ Comp., en cas de reconnaissance d'une unité économique. ● Soc. 1er juin 1988 : JS UIMM 1988. 510. ◆ Dans le cas d'une société étrangère, seuls les effectifs employés en France sont pris en considération. ● Soc. 7 déc. 1978 : Bull. civ. V, n° 845. ◆ C'est à l'employeur qu'il appartient de démontrer que la condition d'effectif de l'entreprise – occupation habituelle de moins de onze salariés – est satisfaite ou non. ● Soc. 18 avr. 2000, ⚖ n° 97-44.925 P : RJS 2000. 454, n° 658 ; D. 2000. IR 140. ◆ La seule constatation de l'identité d'exploitant de deux entreprises aux activités distinctes sans lien entre elles est insuffisante pour retenir l'existence d'une seule entité. ● Soc. 23 sept. 2015, ⚖ n° 14-13.264 P : RJS 12/2015, n° 767 ; JCP S 2015. 1421, obs. Cailloux-Meurice.

5. Calcul de l'effectif dans une entreprise de droit public employant des personnes dans des conditions de droit public. Sauf dispositions légales contraires, les agents employés dans les conditions du droit public ne sont pas pris en compte aux fins de déterminer l'effectif de l'entreprise pour l'application des dispositions du C. trav. relatives à la sanction du licenciement sans cause réelle et sérieuse. ● Soc. 19 sept. 2018, ⚖ n° 16-27.201 P : D. 2018. Actu. 1869 ; RJS 11/2018, n° 667 ; JCP S 2018. 1346, obs. Pagani et Pellissier.

II. INDEMNISATION

6. Absence de cause réelle et sérieuse. La seule constatation de l'absence de cause réelle et sérieuse de licenciement doit entraîner la condamnation de l'employeur à réparer le préjudice dont il appartient au juge d'apprécier l'étendue. ● Soc. 25 sept. 1991, ⚖ n° 88-41.251 P : Dr. soc. 1991. 762, concl. Picca ; RJS 1991. 638, n° 1200 ● 9 mars 1993, ⚖ n° 91-44.452 P : Dr. soc. 1993. 388 ; RJS 1993. 234, n° 385 ● 7 déc. 1995, ⚖ n° 92-42.942 P : D. 1996. IR 23 ; JCP E 1996. II. 867 ● 14 mai 1998, ⚖ n° 96-42.104 P.

7. Irrégularité de procédure. Toute irrégularité de la procédure de licenciement entraîne pour le salarié un préjudice que l'employeur doit réparer et qu'il appartient au juge d'évaluer. ● Soc. 29 juin 1999, ⚖ n° 97-42.208 P : D. 1999. IR 199

• 13 mai 2009 : 🔓 *D. 2009. AJ 1542, obs. Ines* ⌀ ; *Dr. soc. 2009. 818, note Favennec-Héry* ⌀ (défaut de mention du lieu de l'entretien préalable dans une entreprise n'ayant qu'un seul établissement). ♦ L'inobservation de la procédure entraîne pour le salarié un préjudice, fût-il de principe. • Soc. 23 oct. 1991, 🔓 n° 88-42.507 P : *D. 1991. IR 264*.

8. Cumuls. L'art. L. 122-14-5 [L. 1235-5 nouv.] autorise le versement à titre de dommages-intérêts d'une somme pour licenciement sans cause réelle et sérieuse et d'une somme pour non-respect de la procédure de licenciement. • Soc. 28 janv. 1998, 🔓 n° 95-43.914 P : *CSB 1998. 103, A. 24*. ♦ L'indemnité pour licenciement abusif est calculée en fonction du préjudice subi résultant aussi bien de l'irrégularité du licenciement pour vice de forme que de fond. • Soc. 30 mai 1990, 🔓 n° 88-41.329 P : *D. 1990. 559, note Karaquillo* ⌀. ♦ Comp. : • Soc. 24 avr. 1980 : *Bull. civ. V, n° 351* ; *D. 1981. 473, note Karaquillo*. • 15 nov. 1984 : *Bull. civ. V, n° 441*. • 8 oct. 1987 : *ibid., n° 540*.

9. Cumul avec indemnité contractuelle. Lorsque les parties sont convenues que le salarié percevra, en cas de rupture du contrat de travail, une indemnité contractuelle, celle-ci se cumule avec l'indemnité pour licenciement sans cause réelle et sérieuse. • Soc. 28 févr. 2006 : 🔓 *RJS 2006. 391, n° 553* ; *JSL 2006, n° 187-5*.

10. Modalités d'appréciation. La perte injustifiée de son emploi par le salarié lui cause un préjudice dont il appartient au juge d'apprécier l'étendue. • Soc. 13 sept. 2017, 🔓 n° 16-13.578 P : *D. 2017. Actu. 1766* ⌀ ; *Dr. soc. 2017. 1074, obs. Mouly* ⌀ ; *RJS 11/2017, n° 734* ; *JSL 2017, n° 440-1, obs. Hautefort* ; *JCP S 2017. 1369, obs. Bugada*. ♦ L'étendue du préjudice est appréciée souverainement par les juges du fond. • Soc. 22 janv. 1987 : *D. 1987. IR 23*. ♦ Mais la réparation du préjudice né du non-respect de la procédure n'est pas assurée par l'allocation d'un franc symbolique. • Soc. 11 mars 1998, 🔓 n° 96-41.350 P : *CSB 1998. 143, A. 31* ; *RJS 1998. 382, n° 585* ; *D. 1998. IR 93* ⌀.

11. Dommages-intérêts et différé d'indemnisation. Lorsque le juge évalue souverainement le montant des dommages-intérêts alloués pour licenciement sans cause réelle et sérieuse, le délai de carence spécifique, prévu par les règlements annexés aux conventions d'assurance chômage de 2001 et de 2004, s'applique. • Soc. 15 juin 2010 : *D. actu. 5 juill. 2010, obs. Ines* ; *RJS 2010. 716, n° 798* ; *Dr. ouvrier 2011. 645, note Milet* ; *JCP S 2010. 1372, obs. Dumont*.

12. Traitement social. Les dommages-intérêts alloués pour licenciement sans cause réelle et sérieuse sont exonérés de CSG et de CRDS dans la limite des salaires des six derniers mois fixée par l'art. L. 1235-3, peu important que l'indemnisation ait été allouée par le juge sur le fondement de cet art. ou sur celui de l'art. L. 1235-5, dans leur rédaction alors applicable. • Soc. 13 févr. 2019, 🔓 n° 17-11.487 P : *RJS 4/2019, n° 247* ; *JCP S 2019. 1101, obs. Jeansen*.

Art. L. 1235-6 Un décret en Conseil d'État détermine les modalités d'application de la présente section. — *[Anc. art. L. 122-14-11.]* — V. art. R. 1235-1 s.

SECTION 2 Licenciement pour motif économique

SOUS-SECTION 1 Délais de contestation et voies de recours (L. n° 2013-504 du 14 juin 2013, art. 18-XXV).

Art. L. 1235-7 *(Ord. n° 2017-1387 du 22 sept. 2017, art. 5)* Toute contestation portant sur le licenciement pour motif économique se prescrit par douze mois à compter de la dernière réunion du comité social et économique ou, dans le cadre de l'exercice par le salarié de son droit individuel à contester le licenciement pour motif économique, à compter de la notification de celui-ci. *(Abrogé par Ord. n° 2017-1718 du 20 déc. 2017, art. 1er-I)* « *Ce délai n'est opposable au salarié que s'il en a été fait mention dans la lettre de licenciement.* »

Ces dispositions s'appliquent aux prescriptions en cours à compter du 23 sept. 2017, date de publication de l'Ord. n° 2017-1387 du 22 sept. 2017, sans que la durée totale de la prescription puisse excéder la durée prévue par la loi antérieure. Lorsqu'une instance a été introduite avant le 23 sept. 2017, l'action est poursuivie et jugée conformément à la loi ancienne y compris en appel et en cassation (Ord. préc., art. 40-II).

> **COMMENTAIRE**
>
> V. sur le Code en ligne 🔒. ☐
>
> ***Jurisprudence rendue sous l'empire des textes antérieurs à l'Ord. n° 2017-1387 du 22 sept. 2017.***
> **1. Constitutionnalité.** N'est pas nouvelle et n'a pas de caractère sérieux la question de savoir si les dispositions de l'art. L. 1235-7 portent atteinte aux droits et libertés de la personne garantis par la Constitution et notamment aux principes constitutionnels d'égalité, de l'accès au juge et de l'inviolabilité du droit de propriété, et aux art. 1 et 17 de la DDHC ; l'instauration d'un délai de un an pour

contester la validité d'un licenciement économique ne distingue pas entre les salariés placés dans la même situation, ne prive pas le salarié licencié d'un droit d'accès au juge et est étranger au droit de propriété. ● Cass., QPC, 16 juill. 2010 : ⚖ *RJS* 2010. 683, n° 742.

2. Champ d'application du délai de prescription de 12 mois. Le délai de 12 mois n'est applicable qu'aux contestations de nature à entraîner la nullité de la procédure de licenciement collectif pour motif économique, en raison de l'absence ou de l'insuffisance d'un plan de sauvegarde de l'emploi, et non à la contestation ne visant que l'absence de cause réelle et sérieuse du licenciement. ● Soc. 15 juin 2010 : ⚖ *D. actu.* 25 juin 2010, obs. Perrin ; *RDT* 2010. 512, obs. Fabre ⌧ ; *RJS* 2010. 592, n° 657 ; *Dr. soc.* 2010. 996, obs. Couturier ⌧ ; *JSL* 2010, n° 281-282-4 ; *Dr. ouvrier* 2010. 675, obs. Darves-Bornoz ; *JCP S* 2010. 1413, obs. Morvan. ♦ Sont irrecevables comme prescrites les demandes introduites plus de 12 mois après le licenciement et mettant en cause, d'une part, la régularité des mandats des représentants du personnel dans le cadre de la consultation sur le plan de sauvegarde de l'emploi et, d'autre part, l'insuffisance du plan au regard des mesures de réduction ou d'aménagement du temps de travail et de reclassement, peu important que la nullité de la procédure de licenciement ne soit pas encourue pour l'entreprise en liquidation judiciaire. ● Soc. 20 sept. 2018, ⚖ n° 17-11.546 P : *D.* 2018. *Actu.* 1871 ⌧ ; *RJS* 11/2018, n° 668 ; *JCP S* 2018. 1379, obs. Barège.

3. Point de départ du délai de prescription. Le délai de prescription de 12 mois prévu par l'art. L. 1235-7 qui concerne les contestations, relevant de la compétence du juge judiciaire, fondées sur une irrégularité de la procédure relative au plan de sauvegarde de l'emploi ou sur la nullité de la procédure de licenciement en raison de l'absence ou de l'insuffisance d'un tel plan, telle la demande d'indemnisation prévue à l'art. L. 1233-58, II, al. 7 [nouv.], court à compter de la notification du licenciement. ● Soc. 8 juill. 2020, ⚖ n° 18-25.352 P : *D.* 2020. *Actu.* 1470 ⌧ ; *RJS* 10/2020, n° 460 ; *RPC* 2020. Comm. 134, obs. Taquet.

Art. L. 1235-7-1 (L. n° 2013-504 du 14 juin 2013, art. 18-XXV) L'accord collectif mentionné à l'article L. 1233-24-1, le document élaboré par l'employeur mentionné à l'article L. 1233-24-4, le contenu du plan de sauvegarde de l'emploi, les décisions prises par l'administration au titre de l'article L. 1233-57-5 et la régularité de la procédure de licenciement collectif ne peuvent faire l'objet d'un litige distinct de celui relatif à la décision de validation ou d'homologation mentionnée à l'article L. 1233-57-4.

Ces litiges relèvent de la compétence, en premier ressort, du tribunal administratif, à l'exclusion de tout autre recours administratif ou contentieux.

Le recours est présenté dans un délai de deux mois par l'employeur à compter de la notification de la décision de validation ou d'homologation, et par les organisations syndicales et les salariés à compter de la date à laquelle cette décision a été portée à leur connaissance conformément à l'article L. 1233-57-4.

Le tribunal administratif statue dans un délai de trois mois. Si, à l'issue de ce délai, il ne s'est pas prononcé ou en cas d'appel, le litige est porté devant la cour administrative d'appel, qui statue dans un délai de trois mois. Si, à l'issue de ce délai, elle ne s'est pas prononcée ou en cas de pourvoi en cassation, le litige est porté devant le Conseil d'État.

Le livre V du code de justice administrative est applicable.

Ces dispositions sont applicables aux procédures de licenciement collectif engagées à compter du 1er juill. 2013.

Une procédure de licenciement collectif est réputée engagée à compter de la date d'envoi de la convocation à la première réunion du comité d'entreprise mentionnée à l'art. L. 1233-30 C. trav. (L. n° 2013-504 du 14 juin 2013, art. 18-XXXIII).

BIBL. ▶ Brotons, Favennec, Quinqueton, Stocki et Wargon, *SSL* 2015, n° 1665, p. 4 (contentieux administratif des PSE). – Dumortier, Fabre et Piveteau, *SSL* 2016, n° 1704, p. 2 (PSE, bilan de la jurisprudence du Conseil d'État). – Sarrazin, *RDT* 2014. 614 ⌧ (les licenciements économiques collectifs sous le regard du juge administratif). – Struillou, *SSL* 2013, n° 1492, p. 83 (intervention du juge administratif).

> *COMMENTAIRE*
>
> V. sur le Code en ligne 🔒. ❑

1. Compétence du juge administratif. Toute demande tendant, avant la transmission de la demande d'homologation du plan de sauvegarde de l'emploi, à ce qu'il soit enjoint à l'employeur de fournir les éléments d'information relatifs à la procédure en cours ou de se conformer à une règle de procédure prévue par les textes législatifs est adressée à l'autorité administrative, et les décisions prises à ce titre ainsi que la régularité de la procédure de licenciement collectif ne peuvent faire l'objet d'un litige distinct de celui relatif à la décision d'homologation relevant de la compétence, en premier ressort, du tribunal administratif, à l'exclusion de tout autre recours administratif ou contentieux. • Soc. 28 mars 2018, ⚖ n° 15-21.372 P : *D. actu. 14 mai 2018*, obs. Ines ; *RJS 6/2018*, n° 413 ; *SSL 2018*, n° 1811, p. 11, obs. Champeaux ; *JCP S 2018*. 1164, obs. Bugada. ♦ Le juge administratif est compétent pour apprécier le respect par l'employeur de son obligation de sécurité lors de l'élaboration du PSE ; le juge judiciaire restant toutefois compétent pour assurer le respect de cette obligation lors de la mise en œuvre du plan. • T. confl. 8 juin 2020, ⚖ n° 4189 : *RJS 8-9/2020*, n° 415 ; *JCP S 2020*. 2087, obs. Bugada ; *Gaz. Pal. 8 sept. 2020*, p. 63, obs. Roulet ; *JSL 2020*, n° 503-14, obs. Nassom-Tissandier.

2. Incompétence du juge judiciaire pour suspendre un projet de restructuration avec PSE. Ne relèvent pas de la compétence du juge judiciaire les demandes de représentants du personnel tendant à ce qu'il soit enjoint à l'employeur de suspendre sous astreinte la fermeture de magasins et toute mise en œuvre d'un projet de restructuration avant l'achèvement de la consultation des instances représentatives du personnel relative à ce projet et au projet de licenciement collectif pour motif économique donnant lieu à l'établissement d'un PSE. En effet, toute demande tendant, avant la transmission de la demande de validation d'un accord collectif ou d'homologation d'un document de l'employeur fixant le contenu d'un tel plan, à ce qu'il soit enjoint à l'employeur de fournir les éléments d'information relatifs à la procédure en cours ou de se conformer à une règle de procédure légale doit être adressée à l'autorité administrative et les décisions prises à ce titre ainsi que la régularité de la procédure de licenciement collectif ne peuvent faire l'objet d'un litige distinct de celui relatif à la décision de validation ou d'homologation relevant de la seule compétence de la juridiction administrative. • Soc. 30 sept. 2020, ⚖ n° 19-13.714 P : *D. 2020. 1899* ; *Dr. soc. 2021*. 327, obs. Galy ; *RJS 12/2020*, n° 588 ; *Dr. ouvrier 2021*. 192, obs. Berthier ; *JSL 2020*, n° 508-2, obs. Hautefort ; *SSL 2021*, n° 1928, p. 11, obs. Champeaux ; *JCP S 2020. 3080*, obs. Bugada. ♦ Le juge judiciaire, saisi avant la notification des licenciements pour motif économique, n'est compétent ni pour constater l'absence de cause économique du projet de licenciement collectif ni pour apprécier le respect par l'employeur de son obligation de rechercher un repreneur. • Soc. 29 sept. 2021, ⚖ n° 19-23.248 B : *D. 2021. 1770* ; *RJS 12/2021*, n° 651 ; *JCP S 2021. 1278*, obs. Morvan.

3. Compétence résiduelle du juge judiciaire. Si le juge judiciaire est compétent pour apprécier le respect par l'employeur de son obligation individuelle de reclassement avant tout licenciement pour motif économique, cette appréciation ne peut porter sur le contrôle du contenu du plan de sauvegarde de l'emploi qui relève de la compétence exclusive de l'autorité administrative puis de la juridiction administrative. • Soc. 21 nov. 2018, ⚖ n° 17-16.766 P : *D. actu. 17 déc. 2018*, obs. Ciray ; *D. 2018. Actu. 2240* ; *RDT 2019*. 41, obs. Ranc ; *ibid. 2019*. 252, obs. Géa ; *RJS 2/2019*, n° 97 ; *JCP 2018. 1305*, obs. Dedessus-Le-Moustier ; *JSL 2018*, n° 467-4, obs. Tissandier. ♦ Le juge judiciaire est compétent pour connaître de demandes tendant au contrôle des risques psychosociaux consécutifs à la mise en œuvre d'un projet de restructuration, présentées par un CHSCT, et même en présence d'un plan de sauvegarde de l'emploi validé par l'administration. • Soc. 14 nov. 2019, ⚖ n° 18-13.887 P : *D. actu. 3 déc. 2019*, obs. Ciray ; *D. 2019. Actu. 2253* ; *RDT 2020*. 48, note Ranc ; *RJS 1/2020*, n° 17 ; *Dr. ouvrier 2020*. 226, obs. Dirringer ; *JSL 2020*, n° 489-1, obs. Bonnet ; *SSL 2019*, n° 1885, p. 8, obs. Champeaux ; *JCP S 2019. 1355*, obs. Morvan. ♦ Le juge judiciaire est compétent pour connaître d'un litige relatif au transfert des contrats de travail en application de l'art. L. 1224-1 C. trav. prévoyant le maintien des contrats de travail avec le nouvel employeur ; la validation du PSE ne s'oppose pas à la possibilité pour les salariés licenciés dans ce cadre d'invoquer une fraude aux exigences d'ordre public en matière de transfert du contrat de travail. • Soc. 10 juin 2020, ⚖ n° 18-26.229 P : *D. 2020. Actu. 1304* ; *Dr. soc. 2020*. 975, obs. Mouly ; *RJS 8-9/2020*, n° 416 ; *Dr. ouvrier 2020*. 695, note Ranc ; *JSL 2020*, n° 502-3, obs. Nassom-Tissandier ; *JCP S 2020. 2094*, note Bugada. ♦ Le juge judiciaire est compétent pour connaître d'une demande ne portant ni sur la définition même des catégories professionnelles visées par les suppressions d'emploi au regard des emplois existant dans l'entreprise au moment de l'élaboration du plan de sauvegarde de l'emploi, ni sur la contestation des critères d'ordre et de leurs règles de pondération fixés dans le plan, mais relative à la réalité de la suppression d'emplois et à l'application par l'employeur des critères d'ordre des licenciements. • Soc. 20 avr. 2022, ⚖ n° 20-20.567 B : *D. actu. 18 mai 2022*, obs. Malfettes D. 2022. 796 ; *RJS 7/2022*, n° 372. ♦ Dans le cas où l'obligation de mettre en place le PSE s'apprécie au niveau de l'unité économique et sociale, laquelle n'a été reconnue qu'après la saisine de l'inspecteur du travail, celui-ci n'ayant pas pu intégrer ce point à son contrôle, il appartient à la juridiction judiciaire d'apprécier l'incidence de la reconnaissance de l'UES quant à la validité des licenciements. • Soc. 17 janv. 2021, n° 18-16.947 P : *D. 2021. 638* ; *RJS 6/2021*, n° 324 ; *JCP S 2021*. 1109, obs. Auzero. ♦ Un salarié peut, au soutien de demandes salariales ou indemnitaires formées contre l'employeur, se prévaloir du défaut de validité de l'accord collectif déterminant le contenu du plan de sauvegarde de l'emploi, qui résulte des motifs de la décision du juge administratif annulant la décision de validation de cet accord. • Soc. 27 mai 2021, 🗝 n° 18-26.744 P : D. 2021. 1088 ⌀ ; Dr. soc. 2021. 954, obs. Galy ⌀ ; RJS 8-9/2021, n° 440.

4. Annulation de la validation ou de l'homologation d'un PSE et autorisation administrative de licenciement d'un salarié protégé. L'annulation, pour excès de pouvoir, d'une décision de validation ou d'homologation d'un plan de sauvegarde de l'emploi entraîne, par voie de conséquence, l'illégalité des autorisations de licenciement de salariés protégés accordées, à la suite de cette validation ou de cette homologation, pour l'opération concernée ; il appartient dans ce cas au juge judiciaire de se prononcer sur la cause réelle et sérieuse de leur licenciement. • Soc. 1er juin 2023, 🗝 n° 21-22.857 B : D. actu. 21 juin 2023, obs. Malfettes ; RJS 8-9/2023, n° 462 ; JCP S 2023. 1183, obs. Kerbourc'h.

5. Urgence. Le requérant qui demande la suspension d'une décision validant un accord collectif ou homologuant un document de l'employeur relatif à un PSE ne bénéficie pas d'une présomption d'urgence. • CE 21 févr. 2014 : 🗝 Lebon ; AJDA 2014. 424 ⌀ ; D. 2014. 1115, obs. Lokiec et Porta ⌀ ; RDT 2014. 353, obs. Mayeur-Carpentier⌀ ; RJS 2014. 327, n° 389.

SOUS-SECTION 2 **Actions en justice des organisations syndicales**

Art. L. 1235-8 Les organisations syndicales de salariés représentatives peuvent exercer en justice toutes les actions résultant des dispositions légales ou conventionnelles régissant le licenciement pour motif économique d'un salarié, sans avoir à justifier d'un mandat de l'intéressé.

Le salarié en est averti, dans des conditions prévues par voie réglementaire, et ne doit pas s'y être opposé dans un délai de quinze jours à compter de la date à laquelle l'organisation syndicale lui a notifié son intention.

A l'issue de ce délai, l'organisation syndicale avertit l'employeur de son intention d'agir en justice.

Le salarié peut toujours intervenir à l'instance engagée par le syndicat. − [Anc. art. L. 321-15.] − V. art. D. 1235-18.

L'action du syndicat en dommages-intérêts en raison du manquement de l'employeur à son obligation de reclassement individuel avant licenciement économique est irrecevable, cette faute ne portant pas atteinte aux intérêts collectifs de la profession. • Soc. 18 nov. 2009 : 🗝 RJS 2010. 155, n° 197.

SOUS-SECTION 3 **Éléments à communiquer au juge**

Art. L. 1235-9 En cas de recours portant sur un licenciement pour motif économique, l'employeur communique au juge tous les éléments fournis aux représentants du personnel en application du chapitre III ou, à défaut de représentants du personnel dans l'entreprise, tous les éléments fournis à l'autorité administrative en application de ce même chapitre.

Un décret en Conseil d'État détermine les modalités d'application du présent article. − [Anc. art. L. 122-14-3, al. 1er, phrase 2, et art. L. 122-14-11.] − V. art. R. 1456-1 s.

SOUS-SECTION 4 **Sanction des irrégularités**

Art. L. 1235-10 (L. n° 2013-504 du 14 juin 2013, art. 18-XXVI) « Dans les entreprises d'au moins cinquante salariés, lorsque le projet de licenciement concerne au moins dix salariés dans une même période de trente jours, le licenciement intervenu en l'absence de toute décision relative à la validation ou à l'homologation ou alors qu'une décision négative a été rendue est nul.

« En cas d'annulation d'une décision de validation mentionnée à l'article L. 1233-57-2 ou d'homologation mentionnée à l'article L. 1233-57-3 en raison d'une absence ou d'une insuffisance de plan de sauvegarde de l'emploi mentionné à l'article L. 1233-61, la procédure de licenciement est nulle.

« Les deux premiers alinéas ne sont pas applicables aux » entreprises en redressement ou liquidation judiciaires.

Les dispositions issues de la L. n° 2013-504 du 14 juin 2013 sont applicables aux procédures de licenciement collectif engagées à compter du 1er juill. 2013.

Une procédure de licenciement collectif est réputée engagée à compter de la date d'envoi de la convocation à la première réunion du comité d'entreprise mentionnée à l'art. L. 1233-30 C. trav. (L. préc., art. 18-XXXIII).

RUPTURE DU CONTRAT DE TRAVAIL

COMMENTAIRE

V. sur le Code en ligne 🔒.

[Jurisprudence antérieure à la loi du 14 juin 2013]

1. PSE et groupe de sociétés. La pertinence d'un PSE doit s'apprécier compte tenu des moyens de l'ensemble des entreprises unies par le contrôle ou l'influence d'une entreprise dominante dans les conditions définies à l'art. L. 2331-1 C. trav. sans qu'il y ait lieu de réduire le groupe aux entreprises situées sur le territoire national. • Soc. 16 nov. 2016, 🔒 n° 15-15.190 P : *D. 2016. Actu. 2407* ⌀ ; *D. 2017. 239, obs. Salomon* ⌀ ; *RDT 2017. 44, obs. Kocher* ⌀ ; *RJS 1/2017, n° 22* ; *JCP S 2017. 1030, obs. Bossu*.

2. Établit l'existence d'un groupe de sociétés le fait que la même personne physique dirige la société employeur et se trouvait être, directement ou indirectement, actionnaire majoritaire de dix autres sociétés, en sorte que les conditions du contrôle effectif prévues par l'art. L. 2331-1 C. trav. étaient remplies entre ces sociétés, peu important que ce contrôle soit assuré par une personne physique en qualité de dirigeant de sociétés. • Soc. 21 sept. 2017, 🔒 n° 16-23.223 P : *D. 2017. Actu. 1922, note explicative C. cass* ⌀. ; *RJS 1/2018, n° 26* ; *BJS 2017. 671, note Auzero* ; *JCP S 2017. 1348, obs. Morvan*.

I. HYPOTHÈSES NE DONNANT PAS LIEU À ANNULATION

3. Obligation d'information. Si l'employeur manque à son obligation d'informer chaque salarié du contenu du plan de sauvegarde de l'emploi, ce manquement n'entraîne pas la nullité de la procédure de licenciement, mais permet d'obtenir sa suspension si elle n'est pas terminée ou la réparation du préjudice subi dans le cas contraire. • Soc. 25 juin 2008 : 🔒 *RJS 2008. 802, n° 977* ; *Dr. soc. 2009. 118, obs. Couturier* ⌀.

4. PSE et défaut de cause économique. La procédure de licenciement ne peut être annulée en considération de la cause économique du licenciement, la validité du plan de sauvegarde de l'emploi étant indépendante de la cause du licenciement. • Soc. 3 mai 2012 : 🔒 *D. actu. 15 mai 2012, obs. Ines* ; *D. 2012. Actu. 1274* ⌀ ; *RDT 2012. 608, note Géa* ⌀ ; *Dr. soc. 2012. 600, note Couturier* ⌀ ; *ibid. 606, note Dockès* ⌀ ; *RJS 2012. 427, note Pélissier* ; *ibid. 462, n° 536* ; *Dr. ouvrier 2012. 629* (interview du conseiller doyen P. Bailly par M. Henry) ; *JSL 2012, n° 323-2, obs. Lhernould* ; *SSL 2012, n° 1532, p. 6, obs. Lyon-Caen et Lokiec* ; *JCP S 2012. 1241, note Favennec-Héry* ; *ibid. 1242, obs. Grangé*.

5. Insuffisance du PSE et redressement et liquidation judiciaires. V. note 5 ss. art. L. 1233-58.

II. NULLITÉ DES RUPTURES PRONONCÉES

6. Prise d'acte et insuffisance du PSE. La prise d'acte de la rupture du contrat par un salarié concerné par une procédure de suppression d'emploi pour raison économique, lorsqu'elle est justifiée par l'absence ou l'insuffisance du PSE, produit les effets d'un licenciement nul. • Soc. 25 janv. 2012 : 🔒 *D. actu. 21 mars 2012, obs. Perrin* ; *RDT 2012. 152, obs. Géa* ⌀ ; *Dr. soc. 2012. 351, obs. Favennec-Héry* ⌀ ; *RJS 2012. 243, note Couturier* ; *ibid. 282, n° 328* ; *JSL 2012, n° 317-6, obs. Guyader* ; *SSL 2012, n° 1524, p. 8, note Lokiec et Krivine* ; *JCP S 2012. 1178, obs. Cailloux-Meurice*.

7. PSE adopté par accord collectif. Le salarié peut se prévaloir de la nullité de la procédure de licenciement collectif en raison de l'insuffisance du plan de sauvegarde de l'emploi, sans que l'employeur puisse lui opposer le fait que le plan de sauvegarde de l'emploi faisait l'objet d'un accord collectif. • Soc. 9 oct. 2007 : 🔒 *RDT 2007. 723, obs. Fabre* ⌀.

8. Nullité des actes subséquents. La nullité qui affecte un plan de départs volontaires ne répondant pas aux exigences légales s'étend à tous les actes subséquents, en ce compris la convention de rupture du contrat de travail consécutive à un départ volontaire lorsqu'il a une cause économique et s'inscrit dans un processus de réduction des effectifs, exclusif de tout licenciement, peu important que le salarié n'ait pas été partie ou représenté à l'action en nullité dudit plan. • Soc. 17 oct. 2018, 🔒 n° 17-16.869 P : *D. actu. 22 nov. 2018, obs. Ciray* ; *D. 2018. Actu. 2095* ⌀ ; *RJS 1/2019, n° 17*.

Art. L. 1235-11 Lorsque le juge constate que le licenciement est intervenu alors que la procédure de licenciement est nulle, conformément aux dispositions (*L. n° 2013-504 du 14 juin 2013, art. 18-XXVII*) « des deux premiers alinéas » de l'article L. 1235-10, il peut ordonner la poursuite du contrat de travail ou prononcer la nullité du licenciement et ordonner la réintégration du salarié à la demande de ce dernier, sauf si cette réintégration est devenue impossible, notamment du fait de la fermeture de l'établissement ou du site ou de l'absence d'emploi disponible.

Lorsque le salarié ne demande pas la poursuite de son contrat de travail ou lorsque la réintégration est impossible, le juge octroie au salarié une indemnité à la charge de l'employeur qui ne peut être inférieure aux salaires des *(Ord. n° 2017-1387 du 22 sept. 2017, art. 2)* « six » derniers mois.

Les dispositions issues de l'Ord. n° 2017-1387 du 22 sept. 2017 sont applicables aux licenciements prononcés postérieurement à sa publication (Ord. préc., art. 40-I).

> *COMMENTAIRE*
>
> V. sur le Code en ligne 🏛.

1. Constitutionnalité. Sont conformes à la Constitution les mots « alors que la procédure de licenciement est nulle, conformément aux dispositions des deux premiers alinéas de l'article L. 1235-10 » figurant au 1er al. de l'art. L. 1235-11 C. trav. et le 2e al. du même art., dans sa rédaction résultant de la L. n° 2013-504 du 14 juin 2013 relative à la sécurisation de l'emploi ; la sanction s'applique aussi bien en cas de nullité du licenciement résultant de l'absence ou du refus de validation/homologation du PSE qu'en cas de « nullité de la procédure de licenciement » résultant de l'annulation de la décision de l'autorité administrative pour insuffisance du PSE. • Cons. const. 7 sept. 2018, 🏛 n° 2018-729 QPC : *D. 2018. Actu. 1760* 🖉 *; RJS 11/2018, n° 669 ; JSL 2018, n° 462-1, obs. Tissandier.*

2. Principe. Il résulte de l'art. L. 321-4-1, al. 2 [L. 1235-10 nouv.], que la nullité qui affecte le plan social s'étend à tous les actes subséquents, et en particulier les licenciements prononcés par l'employeur, qui constituent la suite et la conséquence de la procédure de licenciement collectif suivie par application de l'art. L. 321-4-1 [L. 1235-10 nouv.] précité, sont eux-mêmes nuls. Par suite, une cour d'appel, ayant constaté que la procédure de licenciement collectif avait été déclarée nulle, a pu décider que les ruptures prononcées constituaient un trouble manifestement illicite et ordonner pour le faire cesser la poursuite des contrats de travail illégalement rompus. • Soc. 13 févr. 1997, 🏛 *Samaritaine c/ M*me *Benoist,* n° 96-41.874 P : *GADT, 4e éd., n° 110 ; D. 1997. 171, note A. Lyon-Caen* 🖉 *; Dr. soc. 1997. 249, concl. de Caigny, note Couturier* 🖉 *; RJS 1997. 180, n° 269 ; CSB 1997. A. 22, note Philbert ; Dr. ouvrier 1997. 91, note Moussy,* rejetant le pourvoi contre • Paris, 23 févr. 1996 : *Dr. ouvrier 1996. 293, note Bied-Charreton.* ♦ Concernant les indemnités versées à l'occasion du licenciement, la Cour de cassation ne s'est pas expressément prononcée sur leur remboursement à l'employeur, elle a, toutefois, décidé que les licenciements étant nuls et de nul effet, les versements effectués au moment du licenciement sont nécessairement remis en cause. • Soc. 28 mars 2000, 🏛 n° 98-40.228 P : *Dr. soc. 2000. 597, note Antonmattéi* 🖉 *; RJS 2000. 360, n° 519 ; Dr. ouvrier 2000. 245 ; JSL 2000, n° 57-13.* ♦ La nullité, qui affecte un plan de sauvegarde de l'emploi ne répondant pas aux exigences légales, s'étend à la rupture du contrat de travail consécutive à un départ volontaire qui a une cause économique et s'inscrit dans un processus de réduction des effectifs donnant lieu à l'établissement de ce plan. • Soc. 15 mai 2013 : 🏛 *D. actu. 6 juin 2013, obs. Ines ; D. 2013. Actu. 1284* 🖉 *; Dr. ouvrier 2013. 608, obs. Ferrer ; JSL n° 346-4, obs. Lhernould ; JCP S 2013. 1361, obs. Morvan.* ♦ La nullité qui affecte un plan de départ volontaire s'étend à tous les actes subséquents ; il s'ensuit que la convention de rupture consécutive à un départ volontaire lorsqu'il a une cause économique et s'inscrit dans un processus de réduction des effectifs, exclusif de tout licenciement, est elle-même nulle, peu important que les salariés n'aient pas été parties ou représentés à l'action en nullité dudit plan. • Soc. 17 oct. 2018, 🏛 n° 17-16.869 P : *D. actu. 22 nov. 2018, obs. Ciray ; SSL 2018, n° 1837, p. 12, obs. Champeaux.*

3. Prise d'acte. La prise d'acte de la rupture du contrat par un salarié concerné par une procédure de suppression d'emploi pour raison économique, lorsqu'elle est justifiée par l'absence ou l'insuffisance du PSE, produit les effets d'un licenciement nul. • Soc. 25 janv. 2012 : 🏛 *D. actu. 21 mars 2012, obs. Perrin ; RDT 2012. 152, obs. Géa* 🖉 *; Dr. soc. 2012. 351, obs. Favennec-Héry* 🖉 *; RJS 2012. 243, note Couturier ; ibid. 282, n° 328 ; JSL 2012, n° 317-6, obs. Guyader ; SSL 2012, n° 1524, p. 8, note Lokiec et Krivine ; JCP S 2012. 1178, obs. Cailloux-Meurice.*

4. Action individuelle des salariés. Les salariés licenciés pour motif économique ont un droit propre à faire valoir que leur licenciement est nul au regard des dispositions de l'art. L. 321-4-1 [L. 1235-10 nouv.] » ; ainsi, bien que le comité d'entreprise ait vocation à défendre l'intérêt collectif de l'ensemble des salariés pour motif économique, cela ne prive pas les salariés d'un intérêt personnel et légitime à contester leur licenciement. • Soc. 30 mars 1999, 🏛 n° 97-41.013 P : *D. 1999. IR 115* 🖉 *; Dr. soc. 1999. 598, obs. Couturier* 🖉 *; RJS 1999. 405, n° 654 ; Dr. ouvrier 1999. 365, note Tourniquet ; JS UIMM 1999. 259* (validité de la décision du conseil de prud'hommes statuant en référé ordonnant la réintégration des salariés dès lors qu'il a constaté que le plan social était manifestement insuffisant au regard de l'art. L. 321-4-1 [L. 1235-10 nouv.]). ♦ Le salarié a un droit propre à faire valoir l'insuffisance du plan de sauvegarde de l'emploi même s'il a bénéficié de mesures de reclassement. • Soc. 28 nov. 2006 : 🏛 *RDT 2007. 103, obs. Waquet* 🖉 *.* ♦ Cette action peut être exercée dans un délai de cinq ans. • Soc. 28 mars 2000 : 🏛 *préc. note 2.* ♦ Les salariés qui n'ont pas fait l'objet d'une mesure de licenciement économique sont sans intérêt à agir en nullité de la procédure de licenciement collectif pour motif économique en cours. • Soc. 15 janv. 2003, ⚖ n° 00-45.644 P : D. 2003. 1655, obs. Géniaut ⌀ ; RJS 2003. 225, n° 333 ; JSL 2003, n° 117-3.

5. Réparation du préjudice subi. Le salarié dont le licenciement est nul et qui demande sa réintégration a droit au paiement d'une somme correspondant à la réparation de la totalité du préjudice subi au cours de la période qui s'est écoulée entre son licenciement et sa réintégration, dans la limite du montant des salaires dont il a été privé. Il peut être déduit de la réparation du préjudice subi les revenus qu'il a pu tirer d'une autre activité professionnelle et le revenu de remplacement qui a pu lui être servi pendant cette période. • Soc. 3 juill. 2003, ⚖ n° 01-44.522 P : D. 2004. Somm. 180, obs. Reynès ⌀ ; JCP E 2004. 563, obs. Cesaro ; RJS 2003. 786, n° 1141 ; JSL 2003, n° 130-4. ♦ Pour réparer le préjudice résultant de la nullité du licenciement du salarié, le juge doit allouer au salarié une indemnité prenant en considération le salaire des 12 derniers mois exempts d'arrêts de travail pour maladie. • Soc. 26 juin 2019, ⚖ n° 18-17.120 P : D. 2019. Actu. 1396 ⌀ ; RJS 10/2019, n° 564 ; JCP S 2019. 1256, obs. Chenu. ♦ Le salarié protégé, licencié à la fois sans autorisation administrative et en méconnaissance des règles applicables au plan de sauvegarde de l'emploi, ne peut cumuler l'indemnité pour licenciement illicite et celle pour absence ou insuffisance du plan, seule la plus élevée des deux pouvant être obtenue. • Soc. 15 oct. 2013 : ⚖ D. actu. 8 nov. 2013, obs. Ines ; D. 2013. Actu. 2470 ⌀ ; RJS 12/2013, n° 836. ♦ Ce qui a été indûment reçu est sujet à répétition. • Soc. 12 févr. 2008, ⚖ n° 07-40.413 P : RJS 2008. 318, n° 404 ; JCP S 2008. 1336, note Dumont.

6. Réparation intégrale. L'indemnité accordée à chaque salarié en raison de la nullité du PSE répare intégralement le préjudice résultant du caractère illicite du licenciement, de telle sorte que le juge ne peut allouer de surcroît des dommages-intérêts au titre du préjudice résultant de la privation des mesures du plan de sauvegarde de l'emploi. • Soc. 14 sept. 2017, ⚖ n° 16-11.563 P : D. 2017. Actu. 1841 ⌀ ; RJS 11/2017, n° 733.

7. Cadre de la réintégration. Après annulation d'un licenciement pour nullité du plan social, aujourd'hui plan de sauvegarde de l'emploi, l'obligation de réintégration résultant de la poursuite alors ordonnée du contrat de travail ne s'étend pas au groupe auquel appartient l'employeur. • Soc. 15 févr. 2006 : ⚖ D. 2006. IR 530 ⌀ ; RJS 2006. 283, n° 416 ; Dr. soc. 2006. 570, obs. Grévy ⌀ ; JSL 2006, n° 185-3 ; JCP E 2006. 1735, note Morvan.

8. Impossibilité de la réintégration. Le salarié qui en fait la demande doit être réintégré, sauf impossibilité matérielle. • Soc. 25 juin 2003, ⚖ n° 01-43.717 P : RJS 2003. 789, n° 1146 (2ᵉ esp. mise à la retraite) • 25 juin 2003, ⚖ n° 01-46.479 P : D. 2004. 1761, note Julien ⌀ ; Dr. soc. 2003.

1024, obs. Waquet ⌀ ; RJS 2003. 789, n° 1146 (1ʳᵉ esp. concurrence déloyale de la part des salariés) ; CSB 2003. 400, A. 51 ; JSL 2003, n° 131-6 • 15 juin 2005 : ⚖ RJS 2005. 603, n° 826 ; SSL 2005, n° 1221, p. 5 (disparition de l'entreprise et actifs industriels vendus). ♦ Dans ce cas, le juge apprécie le préjudice ayant résulté du caractère illicite du licenciement, d'un montant au moins égal à celui prévu par l'art. L. 122-14-4 C. trav. • Soc. 25 juin 2003 : ⚖ préc.

9. Adhérents à une convention FNE. Le salarié licencié pour motif économique ayant adhéré à une convention FNE ne peut remettre en discussion la régularité et la légitimité de la rupture de son contrat de travail même dans les cas où la convention lui a été proposée dans le cadre d'un plan social dont il entend contester la validité. • Soc. 24 sept. 2002, ⚖ n° 00-42.636 P : D. 2002. IR 2775 ⌀ ; JSL 2002, n° 111-7.

10. Salariés protégés. Les salariés dont le licenciement a été autorisé par l'inspecteur du travail peuvent contester la validité du plan social devant la juridiction judiciaire et lui demander d'en tirer les conséquences légales qui découlent de l'art. L. 321-4-1 C. trav. [L. 1235-10 nouv.], sans que cette contestation, qui ne concerne pas le bien-fondé de la décision administrative qui a autorisé leur licenciement, porte atteinte au principe de la séparation des pouvoirs. • Soc. 25 juin 2003, ⚖ n° 01-43.717 P : D. 2004. Somm. 179, obs. Reynès ⌀ ; RJS 2003. 789, n° 1146 (2ᵉ esp.).

11. Point de départ. L'employeur n'est pas tenu de mettre en œuvre les dispositions prévues au plan social avant qu'il n'ait été définitivement adopté à l'issue des réunions de consultation des représentants du personnel. • Soc. 23 mars 1994 : Dr. soc. 1994. 517 ; RJS 1994. 336, n° 534.

12. Exécution de bonne foi. Les engagements pris par l'employeur pour sauvegarder des emplois en application du plan social doivent être exécutés par lui de bonne foi ; à défaut, il commet une faute causant aux salariés licenciés un préjudice résultant de la perte d'une chance de conserver leur emploi. • Soc. 6 mai 1998, ⚖ n° 95-45.464 P : RJS 1998. 456, n° 715 ; TPS 1998, n° 241.

13. Violation de l'obligation de reclassement. L'employeur qui ne respecte pas les engagements pris dans le plan social pour favoriser les reclassements et limiter les licenciements viole nécessairement l'obligation de reclassement. • Soc. 6 juin 2000 : ⚖ D. 2000. IR 182 ⌀ ; RJS 2000. 553, n° 786.

14. Compétence de la juridiction prud'homale. Le litige opposant les salariés à leur ancien employeur, relatif aux engagements qu'il aurait pris dans le cadre du plan social, relève de la compétence de la juridiction prud'homale. • Soc. 23 févr. 1994, ⚖ n° 92-43.927 P : D. 1994. IR 72 ; Dr. soc. 1994. 516 ; RJS 1994. 259, n° 392, 1ʳᵉ esp. ♦ V. aussi : • Soc. 23 févr. 1994, ⚖ n° 92-42.896 P : RJS 1994. 259, n° 392, 2ᵉ esp. (dommages-intérêts au profit des salariés envers lesquels l'employeur ne tient pas les engagements pris dans le plan social) ● Paris, 1er avr. 1994 : *RJS 1994. 420, n° 684.*

15. Obligation de renseignement. L'employeur n'a pas exécuté son obligation de renseignement de bonne foi en s'abstenant de communiquer aux salariés concernés par le plan social la lettre de l'administration fiscale indiquant que l'indemnité d'aide à la réorientation était assujettie à l'impôt. ● Soc. 2 avr. 1996 : *D. 1998. Somm. 250, obs. Michelet ; RJS 1996. 328, n° 513.*

16. Concours avec une convention ou un accord collectif. Le plan social, même si les mesures qu'il contient ont été adoptées avec l'accord du comité d'entreprise, ne peut déroger aux dispositions plus favorables de la convention collective. ● Soc. 13 juill. 1993, n° 90-43.532 P : *Dr. soc. 1993. 879 ; RJS 1993. 512, n° 859.* ♦ Un plan social ne peut priver un salarié du droit à réintégration qu'il tient de dispositions statutaires. ● Soc. 10 mai 1995 : *Dr. soc. 1995. 682, obs. Ray*.

17. Les dispositions d'un plan social et d'une convention ou d'un accord collectif peuvent se cumuler, sauf si elles ont le même objet ou la même cause, auquel cas ne s'appliquent que les dispositions les plus favorables aux salariés. ● Soc. 23 juin 1999, n° 98-40.158 P : *D. 1999. IR 199 ; Dr. soc. 2000. 392, note Couturier ; RJS 1999. 657, n° 1045.*

18. PSE et transaction. La mise en œuvre d'un accord collectif d'amélioration du plan de sauvegarde de l'emploi dont les salariés tiennent leurs droits ne peut être subordonnée à la conclusion de contrats individuels de formation. ● Soc. 5 avr. 2005 : *D. 2005. IR 1048 ; Dr. soc. 2005. 701, obs. Couturier ; JSL 2005, n° 167-2 ; CSB 2005, A. 57, obs. Pansier.* ♦ Un plan de sauvegarde de l'emploi ne peut prévoir la substitution des mesures qu'il comporte destinées à favoriser le reclassement, par une indemnisation subordonnée à la conclusion d'une transaction emportant renonciation à toute contestation ultérieure de ces mesures par les salariés. ● Soc. 20 nov. 2007 : *RDT 2008. 101, obs. Fabre ; RJS 2008. 131, n° 163 ; JSL 2007, n° 224-4.*

19. Procédure collective. V. note 8 ss. art. L. 1233-58.

Art. L. 1235-12 En cas de non-respect par l'employeur des procédures de consultation des représentants du personnel ou d'information de l'autorité administrative, le juge accorde au salarié compris dans un licenciement collectif pour motif économique une indemnité à la charge de l'employeur calculée en fonction du préjudice subi. — [Anc. art. L. 122-14-4, al. 3, phrase 1.]

1. Indemnisation. L'indemnité pour non-respect de la procédure d'un licenciement économique se cumule avec la réparation qui peut être accordée pour violation des règles de fond. ● Soc. 5 févr. 1992 : *RJS 1992. 166, n° 270.*

2. Irrégularité lors de la consultation du comité d'entreprise. L'irrégularité affectant la procédure de consultation du comité d'entreprise, lors d'une modification du contenu d'un PSE, ouvre seulement droit à la réparation du préjudice subi à ce titre, en application de l'art. L. 1235-12 C. trav., et ne saurait fonder une requalification de la rupture en licenciement sans cause réelle et sérieuse. ● Soc. 28 oct. 2015, n° 14-16.519 P : *D. actu. 17 nov. 2015, obs. Peyronnet ; D. 2015. Actu. 2257.*

Art. L. 1235-13 En cas de non-respect de la priorité de réembauche prévue à l'article L. 1233-45, le juge accorde au salarié une indemnité qui ne peut être inférieure à (Ord. n° 2017-1387 du 22 sept. 2017, art. 2) « un » mois de salaire.

Les dispositions issues de l'Ord. n° 2017-1387 du 22 sept. 2017 sont applicables aux licenciements notifiés postérieurement à sa publication (Ord. préc., art. 40).

Le minimum d'indemnisation prévu par l'art. L. 1235-13 ne s'applique qu'en cas de violation de la priorité de réembauche. ● Soc. 22 sept. 2015, n° 14-16.218 P : *D. actu. 21 oct. 2015, obs. Fraisse ; D. 2015. Actu. 1958 ; RJS 12/2015, n° 800.*

Art. L. 1235-14 Ne sont pas applicables au licenciement d'un salarié de moins de deux ans d'ancienneté dans l'entreprise et au licenciement opéré par un employeur employant habituellement moins de onze salariés, les dispositions relatives à la sanction :

1° De la nullité du licenciement, prévues à l'article L. 1235-11 ;

(*Abrogé par Ord. n° 2017-1387 du 22 sept. 2017, art. 2*) « *2° Du non-respect de la procédure de consultation des représentants du personnel et d'information de l'autorité administrative, prévues à l'article L. 1235-12 ;* »

3° Du non-respect de la priorité de réembauche, prévues à l'article L. 1235-13.

Le salarié peut prétendre, en cas de licenciement abusif, à une indemnité correspondant au préjudice subi.

RUPTURE DU CONTRAT DE TRAVAIL **Art. L. 1235-16** 413

L'abrogation issue de l'Ord. n° 2017-1387 du 22 sept. 2017 est applicable aux licenciements prononcés postérieurement à sa publication (Ord. préc., art. 40-I).

BIBL. ▶ Duquesne, *Dr. soc.* 1995. 877 ⌀. – Vallée, *Dr. soc.* 1992. 871 ⌀.

1. Constitutionnalité de l'art. L. 1235-14, 1°. En retenant un critère d'ancienneté du salarié dans l'entreprise, le législateur s'est fondé sur un critère objectif et rationnel en lien direct avec l'objet de la loi et, en fixant à deux ans la durée de l'ancienneté exigée, il a opéré une conciliation entre le droit d'obtenir un emploi et la liberté d'entreprendre qui n'est manifestement pas déséquilibrée ; le législateur n'a ainsi méconnu ni le principe d'égalité devant la loi, ni le 5ᵉ alinéa du Préambule de la Constitution de 1946. ● Cons. const. 13 avr. 2012 : ⚖ *Constitutions 2012. 334,* obs. Radé ⌀ ; *Dr. ouvrier 2012. 674*, obs. Gadhoun.

2. Information de l'autorité administrative. Jurisprudence rendue sous l'empire des dispositions antérieures à l'Ord. n° 2017-1387 du 22 sept. 2017. L'indemnité prévue pour défaut d'information de l'administration du travail sur le projet de licenciement économique collectif n'est pas due lorsque l'entreprise occupe habituellement moins de onze salariés ou que le salarié a moins de deux ans d'ancienneté. ● Soc. 8 juill. 2009 : ⚖ *D. 2009. AJ 2113* ⌀.

Art. L. 1235-15 Est irrégulière toute procédure de licenciement pour motif économique dans une entreprise où le *(Ord. n° 2017-1386 du 22 sept. 2017, art. 4)* « comité social et économique n'a » pas été mis en place alors qu'elle est assujettie à cette obligation et qu'aucun procès-verbal de carence n'a été établi.

Le salarié a droit à une indemnité à la charge de l'employeur qui ne peut être inférieure à un mois de salaire brut, sans préjudice des indemnités de licenciement et de préavis.

1. Champ d'application. L'art. L. 1235-15 n'est applicable qu'aux licenciements collectifs pour motif économique visés aux art. L. 1233-8 (licenciements de 2 à 9 salariés dans une même période de 30 jours) et L. 1233-28 (licenciements d'au moins 10 salariés dans une même période de 30 jours). ● Soc. 19 mai 2016, ⚖ n° 14-10.251 P : *D. 2016. Actu. 1144* ⌀ ; *RJS 8-9/2016, n° 558 ; JCP S 2016. 1264*, obs. Barège.

2. Contestation du PV de carence. Le procès-verbal de carence doit avoir été contesté dans un délai de 15 jours à compter de la date à laquelle les parties intéressées en ont eu connaissance pour permettre la contestation d'un licenciement dont la régularité était subordonnée à l'établissement d'un tel procès-verbal. ● Soc. 6 juin 2007 : ⚖ *D. 2007. AJ 1787* ⌀ ; *Dr. soc. 2007. 996*, note Verkindt ⌀ ; *RJS 2007. 726, n° 937 ; JCP S 2007. 1569*, note Dauxerre.

3. Préjudice nécessaire. L'employeur qui met en œuvre une procédure de licenciement économique alors qu'il n'a pas accompli, bien qu'il y soit légalement tenu, les diligences nécessaires à la mise en place d'institutions représentatives du personnel et sans qu'un procès-verbal de carence ait été établi, commet une faute qui cause un préjudice aux salariés, privés ainsi d'une possibilité de représentation et de défense de leurs intérêts. ● Soc. 17 oct. 2018, ⚖ n° 17-14.392 P : *D. actu. 26 nov. 2018*, obs. Ciray ; *D. 2018. Actu. 2142* ⌀ ; *RDT 2018. 862*, obs. Ilieva ⌀ ; *RJS 12/2018, p. 863*, Avis Weissmann ; *ibid. n° 730 ; JSL 2018, n° 465-466-1*, obs. Hautefort ; *JCP S 2018. 1394*, obs. François. ◆ Tel n'est pas le cas lorsque l'instance a été mise en place mais que l'employeur n'a pas organisé d'élections partielles après le départ de certains représentants du personnel ; dans cette hypothèse, il appartient au salarié de démontrer l'existence d'un préjudice. ● Soc. 4 nov. 2020, ⚖ n° 19-12.775 P : *D. actu. 7 déc. 2020*, obs. de Montvalon ; *D. 2020. 2174* ⌀ ; *ibid. 2021. 70*, obs. Ala, Lanoue et Prache ⌀ ; *Dr. soc. 2021. 187*, obs. Adam ⌀ ; *RJS 1/2021, n° 28 ; JSL 2021, n° 514-8*, obs. Pacotte et Layat ; *JCP S 2020. 3094*, obs. Kerbourc'h.

Art. L. 1235-16 *(L. n° 2013-504 du 14 juin 2013, art. 18-XXVIII)* L'annulation de la décision de validation mentionnée à l'article L. 1233-57-2 ou d'homologation mentionnée à l'article L. 1233-57-3 pour un motif autre que celui mentionné *(L. n° 2015-990 du 6 août 2015, art. 292)* « au dernier alinéa du présent article et » au deuxième alinéa de l'article L. 1235-10 donne lieu, sous réserve de l'accord des parties, à la réintégration du salarié dans l'entreprise, avec maintien de ses avantages acquis.

À défaut, le salarié a droit à une indemnité à la charge de l'employeur, qui ne peut être inférieure aux salaires des six derniers mois. Elle est due sans préjudice de l'indemnité de licenciement prévue à l'article L. 1234-9.

(L. n° 2015-990 du 6 août 2015, art. 292) « En cas d'annulation d'une décision de validation mentionnée à l'article L. 1233-57-2 ou d'homologation mentionnée à l'article L. 1233-57-3 en raison d'une insuffisance de motivation, l'autorité administrative prend une nouvelle décision suffisamment motivée dans un délai de quinze jours à

compter de la notification du jugement à l'administration. Cette décision est portée par l'employeur à la connaissance des salariés licenciés à la suite de la première décision de validation ou d'homologation, par tout moyen permettant de conférer une date certaine à cette information.

« Dès lors que l'autorité administrative a édicté cette nouvelle décision, l'annulation pour le seul motif d'insuffisance de motivation de la première décision de l'autorité administrative est sans incidence sur la validité du licenciement et ne donne lieu ni à réintégration, ni au versement d'une indemnité à la charge de l'employeur. »

Ces dispositions issues de la L. n° 2013-504 du 14 juin 2013 sont applicables aux procédures de licenciement collectif engagées à compter du 1ᵉʳ juill. 2013.

Une procédure de licenciement collectif est réputée engagée à compter de la date d'envoi de la convocation à la première réunion du comité d'entreprise mentionnée à l'art. L. 1233-30 C. trav. (L. préc., art. 18-XXXIII).

Les dispositions issues de la L. n° 2015-990 du 6 août 2015 sont applicables aux procédures de licenciement pour motif économique engagées, en application des art. L. 1233-8 ou L. 1233-30 C. trav., après le 7 août 2015 (L. préc., art. 295).

1. Pluralité de moyens d'annulation de la décision d'homologation. Sauf en cas de redressement ou de liquidation judiciaire, l'insuffisance de PSE est sanctionnée par la nullité du licenciement ; en présence de plusieurs moyens d'annulation de la décision d'homologation, le juge doit choisir celui dont les effets entraînent la condamnation la plus sévère. ● CE 15 mars 2017, n° 387728 : *RDT 2017. 242, rapp. Dieu* ; *JSL 2017, n° 431-2, obs. Hautefort* ; *RJS 5/2017, n° 331* ; *JCP S 2017. 1173, obs. Morvan.*

2. Articulation des recours devant les juges judiciaire et administratif. Le délai de prescription de douze mois prévu par l'art. L. 1235-7 C. trav. pour exercer l'action fondée sur une irrégularité de la procédure relative au plan de sauvegarde de l'emploi ou sur la nullité de la procédure de licenciement en raison de l'absence ou de l'insuffisance d'un tel plan court à compter de la notification du licenciement ; il importe peu à cet égard, que la demande d'indemnisation soit formée consécutivement à l'exercice par un autre salarié d'une action devant le juge administratif en contestation du caractère majoritaire de l'accord collectif portant plan de sauvegarde de l'emploi (PSE). ● Soc. 11 sept. 2019, n° 18-18.414 P : *D. actu. 8 oct. 2019, obs. Ilieva* ; *D. 2019. Actu. 1766* ; *RJS 11/2019, n° 628* ; *Dr. ouvrier 2020. 174, obs. Vigneau* ; *SSL 2019, n° 1880, p. 11, obs. Tournaux.*

3. Annulation de la validation d'un accord de PSE non majoritaire. L'annulation par la juridiction administrative d'une décision ayant procédé à la validation de l'accord collectif déterminant le contenu du PSE au motif de l'erreur de droit commise par l'administration en validant un accord qui ne revêtait pas le caractère majoritaire requis par l'art. L. 1233-4-1 C. trav. n'est pas de nature à entraîner la nullité de la procédure de licenciement collectif pour motif économique mais donne lieu à l'application des dispositions de l'art. L. 1235-16. ● Soc. 13 janv. 2021, n° 19-12.522 P : *D. actu. 8 févr. 2021, obs. de Montvalon* ; *D. 2021. Actu. 84* ; *RDT 2021. 183, obs. Géa* ; *ibid. 193, obs. Cavat* ; *RJS 3/2021, n° 142* ; *JSL 2021, n° 515-3, obs. Hautefort* ; *JCP S 2021. 1029, obs. Urbani-Schwartz et Vincent-Carrière.* ♦ Le juge judiciaire qui constate que le juge administratif avait, par un arrêt définitif, annulé une décision de validation d'un accord collectif au motif d'un vice en affectant les conditions de conclusion et le privant de son caractère majoritaire peut, sans dénaturer cet arrêt, ni violer le principe de séparation des pouvoirs, écarter l'application des clauses de cet accord. ● Soc. 27 mai 2021, n° 18-26.744 P : *D. 2021. 1088*.

4. Non-cumul des indemnités. L'indemnité minimale de six mois de salaire prévue par l'al. 2 de l'art. L. 1235-16, qui répare le préjudice résultant pour le salarié du caractère illicite de son licenciement, ne se cumule pas avec l'indemnité pour licenciement sans cause réelle et sérieuse, qui répare le même préjudice lié à la perte injustifiée de l'emploi. ● Soc. 16 févr. 2022, n° 19-21.140 B : *D. actu. 17 mars 2022, obs. Cortot* ; *D. 2022. 401* ; *RJS 5/2022, n° 247* ; *JCP E 2022. 1330, obs. Pagnerre.* ♦ L'indemnisation du préjudice causé par l'inobservation des règles de l'ordre des licenciements ne se cumule pas non plus à l'indemnité octroyée au salarié pour réparer l'illicéité de son licenciement. ● Soc. 16 févr. 2022, n° 20-14.969 B : *mêmes références.*

Art. L. 1235-17 Un décret en Conseil d'État détermine les modalités d'application des articles L. 1235-11 à L. 1235-14. — *[Anc. art. L. 122-14-11.] — V. art. R. 1235-1 s.*

RUPTURE DU CONTRAT DE TRAVAIL **Art. L. 1236-8**

CHAPITRE VI RUPTURE DE CERTAINS TYPES DE CONTRATS

SECTION 1 *[ABROGÉE]* Contrat de travail "nouvelles embauches"

(Abrogée par L. n° 2008-596 du 25 juin 2008)

Les contrats « nouvelles embauches » en cours au 26 juin 2008 sont requalifiés en contrats à durée indéterminée de droit commun dont la période d'essai est fixée par voie conventionnelle ou, à défaut, à l'art. L. 1221-19 (L. n° 2008-596 du 25 juin 2008, art. 9-II).

BIBL. ▶ Boutitie, D. 2005. 2777 ⌀. – P. Lyon-Caen, *Dr. soc.* 2006. 1088 ⌀. – Mazeaud, *Dr. soc.* 2006. 591 ⌀. – Morvan, *RDT* 2006. 146 ⌀. – Pélissier, *RDT* 2006. 144 ⌀. – Pierchon, *Le contrat de travail nouvelles embauches : quel contentieux prud'homal ?*, D. 2005. 2982 ⌀. – Rodière, *SSL* 2005, n° 1246, p. 5. – Savatier, *Dr. soc.* 2005. 957 ⌀ (rupture pour motif disciplinaire).

Art. L. 1236-1 à L. 1236-6 *Abrogés par L. n° 2008-596 du 25 juin 2008.*

SECTION 2 Contrat de mission à l'exportation

Art. L. 1236-7 La rupture à l'initiative de l'employeur du contrat de mission à l'exportation prévu à l'article L. 1223-5 est soumise aux dispositions du chapitre II relatives au licenciement pour motif personnel. – *[Anc. art. L. 321-12-1, al. 10.]*

SECTION 3 Contrat de chantier ou d'opération

(Ord. n° 2017-1387 du 22 sept. 2017, art. 31)

Art. L. 1236-8 La rupture du contrat de chantier ou d'opération qui intervient à la fin du chantier ou une fois l'opération réalisée repose sur une cause réelle et sérieuse.
Cette rupture est soumise aux dispositions des articles L. 1232-2 à L. 1232-6, du chapitre IV, de la section 1 du chapitre V et du chapitre VIII du présent titre.

Ces dispositions sont applicables aux contrats conclus postérieurement au 23 sept. 2017, date publication de l'Ord. n° 2017-1387 du 22 sept. 2017 (Ord. préc., art. 40-VIII).

BIBL. ▶ Baugard, *Dr. ouvrier* 2018. 14. – Bousez, *JCP S* 2017. 1316. – Dechristé, *RDT* 2017. 633 ⌀. – Gamet et Aluome, *JCP S* 2017. 1355. – Tournaux, *Dr. soc.* 2018. 37 ⌀.

COMMENTAIRE

V. sur le Code en ligne 🔒.

Jurisprudence rendue sous l'empire des dispositions antérieures à l'Ord. n° 2017-1387 du 22 sept. 2017.

1. Contrat de chantier. Sauf à ce qu'il soit conclu dans les cas énumérés à l'art. L. 122-1-1 [L. 1242-2 nouv.], le contrat de travail conclu pour la durée d'un chantier est un contrat à durée indéterminée ; la mention dans le contrat de la durée prévisible du chantier n'affecte pas cette qualification. • Soc. 7 mars 2007 : 🔒 *JSL* 2007, n° 212-4. ♦ Pour qualifier un contrat de chantier de contrat à durée déterminée, il ne suffit pas que ce contrat ait été conclu dans un cas de recours autorisé au contrat à durée déterminée ; il faut également que ce contrat mentionne expressément qu'il a été conclu dans un de ces cas de recours. • Soc. 2 juin 2010 : 🔒 *RJS 2010.* 585, n° 645 ; *JCP S* 2010. 1397, obs. Bousez. ♦ Un CDI conclu pour la durée d'un chantier peut succéder à un CDD conclu pour faire face à un accroissement temporaire d'activité sur le même chantier. • Soc. 21 nov. 2012, 🔒 n° 10-27.429 : *D. actu. 6 déc. 2012, obs. Ines ; D. 2012. Actu. 2809 ⌀ ; JSL 2013, n° 335-4, obs. Tourreil ; JCP S 2013. 1192, obs. Bousez.*

2. Exécution de plusieurs chantiers. Le contrat de chantier peut être conclu pour un ou plusieurs chantiers déterminés. • Soc. 8 avr. 2009 : 🔒 *RJS 2009.* 465, n° 421 ; *JCP S* 2009. 1317, obs. Bousez.

3. Définition. L'achèvement d'un chantier constitue une cause de licenciement si le contrat a été conclu pour la durée du chantier ; le contrat de travail peut être valablement rompu dès lors que les tâches pour lesquelles le salarié a été embauché sont terminées. • Soc. 12 févr. 2002, 🔒 n° 99-41.239 P : *RJS 2002.* 329, n° 411. ♦ Une cour d'appel ne justifie pas sa décision admettant le licenciement à la fin d'un chantier d'un salarié ayant une ancienneté de dix-huit ans en se bornant à retenir qu'il n'était pas établi qu'il puisse être réemployé dans le groupe. • Soc. 25 avr. 1990, 🔒 n° 87-44.974 P. – V. aussi • Soc. 22 avr. 1977 : *Dr. soc.* 1978. 295, note Savatier • 10 juill. 1986 : *JS UIMM* 1987. 486.

4. Clauses du contrat. La validité d'un licenciement prononcé en raison de la fin d'un chantier est subordonnée à l'indication dans le contrat de travail ou la lettre d'embauche que le contrat est conclu pour un ou plusieurs chantiers déterminés, et à l'achèvement des tâches pour lesquelles le salarié a été embauché. • Soc. 2 juin 2004, ⚖ n° 01-46.891 P : D. 2004. 2082 ⚖.

5. Rupture du contrat de chantier. Lorsque le contrat de travail a été conclu pour la durée d'un chantier, l'achèvement de celui-ci constitue la cause légitime du licenciement. • Soc. 15 nov. 2006 : ⚖ RDT 2007. 34, obs. Waquet ⚖.

6. Rupture du CDI de chantier et retrait du chantier par le client. La résiliation de la mission confiée à l'employeur par son client ne saurait constituer la fin de chantier permettant de justifier la rupture du contrat de travail. • Soc. 9 mai 2019, ⚖ n° 17-27.493 P : D. actu. 4 juin 2019, obs. Ciray ; D. 2019. Actu. 1053 ⚖ ; RDT 2019. 414, obs. Tournaux ⚖ ; Dr. soc. 2019. 663, note Mouly ⚖ ; RJS 7/2019, n° 424 ; JCP S 2019. 1210, obs. Bousez.

7. Accident du travail. Dès lors que le licenciement a pour cause l'achèvement des tâches pour lesquelles le salarié avait été engagé, la rupture du contrat de travail de ce dernier, victime d'un accident du travail, est justifiée par l'impossibilité dans laquelle s'est trouvé l'employeur de maintenir ce contrat pour un motif non lié à l'accident. • Soc. 8 avr. 2009 : ⚖ préc. note 2.

Art. L. 1236-9 (L. n° 2018-217 du 29 mars 2018, art. 11) Si la convention ou l'accord mentionné à l'article L. 1223-8 le prévoit, le salarié licencié à l'issue d'un contrat de chantier ou d'opération peut bénéficier d'une priorité de réembauche en contrat à durée indéterminée dans le délai et selon les modalités fixés par la convention ou l'accord.

CHAPITRE VII AUTRES CAS DE RUPTURE

SECTION 1 Rupture à l'initiative du salarié

SOUS-SECTION 1 Démission

Art. L. 1237-1 En cas de démission, l'existence et la durée du préavis sont fixées par la loi, ou par convention ou accord collectif de travail.

En l'absence de dispositions légales, de convention ou accord collectif de travail relatifs au préavis, son existence et sa durée résultent des usages pratiqués dans la localité et dans la profession.

Un décret en Conseil d'État détermine les modalités d'application du présent article.
— [Anc. art. L. 122-5 et L. 122-14-11.]

BIBL. ▶ Bonnetête, *RPDS* 1980. 111. – Canut, *JSL* 2005, n° 160-1. – Chauchard, *Dr. soc.* 1989. 388 (clause de dédit-formation). – Crépet, Vernac, Sachs, Cothenet et Dabosville, *RDT* 2007. 159 ⚖ (variations autour de la prise d'acte). – Dupuy, *D.* 1980. Chron. 253. – Frouin, *RDT* 2007. 150 ⚖ (démission, prise d'acte et demande en résolution judiciaire). – Gaudu, *D.* 1991. 419 (clause de dédit-formation). – Morville, *CSB* 1990. 115. – P.-H. Mousseron, *ibid.* 1989. 479 (clause de dédit-formation). – Waquet, *RJS* 2007. 903 (démission et prise d'acte).

COMMENTAIRE

V. sur le Code en ligne 🔒.

I. VOLONTÉ DE DÉMISSIONNER

1. Volonté claire et non équivoque. Une démission ne peut résulter que d'une manifestation non équivoque de volonté de la part du salarié. • Soc. 21 mai 1980 : *Bull. civ. V, n° 452* • 27 avr. 1982 : *D. 1983. IR 359*, 2ᵉ esp., obs. Langlois • 20 oct. 1982 : *Bull. civ. V, n° 559* • 9 févr. 1989 : *D. 1989. IR 75* • 7 févr. 1990, ⚖ n° 87-45.340 P : *D. 1990. IR 58* • 21 oct. 1998 : ⚖ *CSB* 1999. 14, A. 4. ♦ A défaut de démission, il est impossible d'imputer au salarié la rupture de son contrat de travail. • Soc. 30 mai 2000, ⚖ n° 98-40.265 P : *D. 2000. IR 175* ⚖ ; *RJS* 2000. 547, n° 780 ; *Dr. soc.* 2000. 785, obs. Couturier ⚖. ♦ Les juges du fond doivent relever les éléments de nature à démontrer que le salarié a manifesté une telle volonté. • Soc. 12 juill. 1989 : *CSB* 1989. 197, S. 99. ♦ Ne constitue pas une démission le départ d'un employé d'une banque qui, pour bénéficier d'une aide au départ, devait obtenir l'accord de la direction. • Soc. 1ᵉʳ févr. 1995 : ⚖ *CSB* 1995. 134, S. 72. ♦ La démission donnée sans réserve par un salarié qui ne justifiait pas qu'un différend antérieur ou contemporain de celle-ci l'avait opposé à son employeur ni n'avait contesté les conditions de la rupture du contrat de travail que quatorze mois plus tard ne peut être jugée équivoque et la rupture requalifiée en un licenciement sans cause réelle et sérieuse. • Soc. 19 déc. 2007 : ⚖ *RDT* 2008. 254, obs. Bernard et Grumbach ⚖ ; *D. 2008. AJ 357*, obs. Maillard ⚖ ; *Dr. soc.* 2008. 454, note Radé ⚖ ; *RJS* 2008. 211, n° 259 ; *JCP S* 2008. 1288, note Frouin.

2. Exemples de volonté non équivoque. Caractérise une volonté non équivoque de démissionner : le refus par le salarié de reprendre le travail après un congé maladie, malgré une mise en demeure de l'employeur, le salarié s'étant mis au service d'une entreprise concurrente. ● Soc. 4 janv. 2000 : 🔒 *RJS 2000. 114, n° 167.* ♦ Manifeste une volonté claire et non équivoque de démissionner le salarié qui, à la suite d'un accident du travail, manifeste son intention de mettre fin au contrat, refuse un reclassement compatible avec son état de santé et s'est engagée, à l'insu de l'employeur, auprès d'une autre entreprise. ● Soc. 31 janv. 1995 : 🔒 *CSB 1995. 121, A. 21.* ♦ De même, la volonté de démissionner doit être considérée comme établie dès lors qu'un salarié abandonne brutalement son poste sans explication dans les jours qui ont suivi son embauche. ● Soc. 27 juin 1996 : 🔒 *RJS 1996. 656, n° 1023.* ♦ ... Ou tente d'imputer la rupture à son employeur afin de rentrer immédiatement au service d'une entreprise concurrente alors que l'employeur insiste pour qu'il reprenne ses fonctions. ● Soc. 20 oct. 1998, 🔒 n° 96-40.692 P : *RJS 1999. 180, n° 307.* ♦ La manifestation de la volonté claire et non équivoque du salarié de démissionner est établie lorsque il a demandé sa radiation de l'effectif afin de percevoir l'allocation des travailleurs de l'amiante et qu'il a réitéré sa volonté de cesser son activité au cours d'un entretien avec l'employeur. ● Soc. 26 nov. 2008 : 🔒 *RJS 2009. 127, n° 148.*

3. Exemples de volonté équivoque. Ne constitue pas une manifestation de volonté suffisante de la part du salarié le fait : de ne pas reprendre le travail dès la fin de son indisponibilité. ● Soc. 25 oct. 1989 : *Bull. civ. V, n° 616 ; D. 1989. IR 284* ● 10 juin 1997 : 🔒 *RJS 1997. 601, n° 955.* ♦ ... De ne pas avoir justifié son absence dans les trois jours comme le prévoyait la convention collective. ● Soc. 21 mai 1980 : *Bull. civ. V, n° 452.* ♦ ... D'être absent sans qu'il y ait eu de mise en demeure de la part de l'employeur. ● Soc. 1er févr. 1995 : 🔒 *Dr. soc. 1995. 386, obs. Favennec* ⬚. ♦ ... D'être resté absent même de façon prolongée. ● Soc. 24 janv. 1996, 🔒 n° 92-43.868 P : *JCP 1996. II. 22716, note Puigelier ; RJS 1996. 151, n° 255* ● 30 oct. 1996 : 🔒 *Dr. soc. 1997. 97, obs. Blaise* ⬚ ; *RJS 1996. 806, n° 1241 (incarcération de plus de six mois, ignorée de l'employeur).* ♦ ... De refuser la poursuite du contrat de travail après l'annulation de la mesure de licenciement. ● Soc. 20 juin 1984 : *Bull. civ. V, n° 255.* ♦ ... D'avoir annoncé son intention de démissionner dans un mouvement d'irritation. ● Soc. 30 nov. 1983 : *Dr. ouvrier 1985. 324.* ♦ ... Ou de mauvaise humeur. ● Soc. 8 janv. 1969 : *JCP 1969. II. 15912, note G.-H. C.* ♦ ... De présenter une démission motivée par la menace de poursuites pénales et rétractée dès le lendemain. ● Soc. 17 juill. 1996 : 🔒 *RJS 1996. 656, n° 1023 ; CSB 1996. 334, S. 151.* ♦ ... De remettre une lettre de démission rédigée par l'employeur et signée par lui et de se rétracter 3 jours après. ● Soc. 26 sept. 2002 : 🔒 *RJS 2002. 1019, n° 1369.* ♦ ... D'envoyer une lettre constatant la rupture du contrat par l'employeur et indiquant l'intention de saisir la juridiction compétente. ● Soc. 19 oct. 1995 : 🔒 *Dr. soc. 1996. 97.* ♦ ... De demander à remplir un imprimé relatif à la liquidation d'une pension de retraite. ● Soc. 12 déc. 1983 : *D. 1984. IR 144.* ♦ ... De ne pas reprendre le travail à l'issue d'un congé sabbatique. ● Soc. 20 oct. 1993 : 🔒 *RJS 1993. 718, n° 1214.* ♦ ... De rechercher un autre emploi dans l'attente de son licenciement, l'entreprise ayant été mise en liquidation judiciaire. ● Soc. 13 avr. 2005, 🔒 n° 03-42.467 P : *RJS 2005. 440, n° 607.* ♦ ... De ne pas répondre aux demandes de justifications de l'employeur en laissant ce dernier dans l'ignorance de la prolongation de l'arrêt maladie. ● Soc. 9 févr. 1989 : *Bull. civ. V, n° 113 ; D. 1989. IR 75.* ♦ L'attitude de l'employeur, qui ne donne à ses salariés aucune information sur le devenir de la relation de travail, l'empêche de se prévaloir de la décision de ceux-ci de conclure un contrat de travail avec la société ayant emporté le marché sur lequel ils étaient affectés pour affirmer qu'ils ont démissionné. ● Soc. 24 avr. 2013 : 🔒 *D. actu. 28 mai 2013, obs. Siro.* ♦ Rappr. : ● Soc. 2 févr. 1977 : *Bull. civ. V, n° 76* ● 27 avr. 1982 : *D. 1983. IR 359, 3e esp., obs. Langlois* ● 7 févr. 1990, 🔒 n° 87-45.340 P : *D. 1990. IR 58.* ♦ Comp. : ● Soc. 27 avr. 1988 : *JS UIMM 1988. 390,* à propos d'une salariée ayant fait part explicitement et implicitement de sa volonté de ne pas reprendre son travail à l'issue de son congé maternité.

4. Ne peut être considéré comme démissionnaire le salarié, père de neuf enfants, propriétaire de sa maison, employé depuis huit ans, dont il est peu probable qu'en pleine crise de l'emploi il ait mis fin volontairement, sans préavis et sans raison apparente, à son contrat. ● Soc. 4 nov. 1977 : *Dr. ouvrier 1978. 71.* ♦ Lorsque l'acceptation hâtive par l'employeur d'une démission non exprimée clairement et contestée formellement par le salarié dissimule une volonté de rompre le contrat à la suite d'une demande d'augmentation de salaire, la démission n'est pas établie. ● Soc. 18 nov. 1976 : *Bull. civ. V, n° 600 ; D. 1976. IR 341.* ♦ Même lorsque le salarié a manifesté son intention de démissionner, sa candidature ultérieure au comité d'établissement implique sa volonté de demeurer au service de l'entreprise. ● Soc. 17 mai 1982 : *D. 1983. IR 359, obs. Langlois.*

5. Réaction de l'employeur. A défaut de démission non équivoque, le refus par le salarié de poursuivre l'exécution du contrat de travail qui n'a fait l'objet d'aucune modification substantielle de la part de l'employeur n'entraîne pas à lui seul la rupture du contrat de travail, même en cas de départ du salarié, mais constitue un manquement aux obligations contractuelles que l'employeur a la faculté de sanctionner, au besoin, en procédant au licenciement de l'intéressé. ● Soc. 25 juin 1992 : 🔒 *Dr. soc. 1992. 818, concl. Chauvy* ⬚ ; *RJS 1992. 536, n° 960.* ♦ Sur la preuve de la démission, V. ● Soc. 8 juill. 1992 : 🔒 *RJS 1992.*

741, n° 1355 (refus d'une nouvelle affectation jugée non constitutive d'une modification substantielle) • 30 sept. 1992 : ⚖ *ibid*. 742, n° 1356. ♦ A défaut de volonté claire et non équivoque du salarié de démissionner, la rupture du contrat de travail consécutive au refus de l'intéressé d'accepter la modification de ses conditions de travail s'analyse en un licenciement. • Soc. 8 nov. 1994, ⚖ n° 93-41.309 P ; *D*. 1995. *Somm*. 358, obs. Borenfreund *⌀* ; *Dr. soc*. 1995. 62. – Dans le même sens : • Soc. 10 avr. 1996, ⚖ n° 93-43.661 P ; *RJS* 1996. 420, n° 656. ♦ En l'absence de volonté claire et non équivoque du salarié de démissionner, il appartient à l'employeur qui lui reproche un abandon de poste de le licencier. • Soc. 10 juill. 2002 : ⚖ *D*. 2002. IR 2654 *⌀* ; *RJS* 2002. 909, n° 1210 ; *JSL* 2002, n° 109-11.

6. En relevant que la démission avait été donnée dans les locaux de la direction et non par lettre recommandée comme le prévoyait le contrat, les juges du fond, ayant estimé que cette situation était intimidante et comportait un élément émotionnel de nature à mettre l'employé dans une position d'infériorité, ont pu caractériser l'existence d'une violence morale génératrice d'un vice du consentement. • Soc. 13 nov. 1986, ⚖ n° 84-41.013 P ; *JS UIMM* 1987. 358. ♦ Rappr. : • Soc. 6 mars 1980 : *Dr. ouvrier* 1981. 25, note Alvarez • 5 mars 1987 : *Cah. prud'h*. 1988. 16 • 4 juin 1987 : *Bull. civ*. V, n° 355. ♦ Comp., pour une démission datée du lieu d'habitation du salarié : • Soc. 22 nov. 1979 : *Bull. civ*. V, n° 886. ♦ V. aussi, pour le cas d'un représentant surpris en flagrant délit de vol et rédigeant aussitôt dans les bureaux de la direction une lettre de démission : • Soc. 12 janv. 1984 : *Dr. soc*. 1985. 692, note Savatier, arrêt affirmant que la lettre de démission n'avait pas été établie dans un état psychologiquement normal et qu'elle ne manifestait pas clairement une volonté de démissionner.

7. Démission équivoque et prise d'acte. Dès lors qu'une démission non affectée par un vice du consentement est équivoque, elle doit produire effet quant à la rupture du contrat mais elle doit être qualifiée de prise d'acte s'il apparaît que ce sont divers éléments entourant l'exécution du contrat et imputables à l'employeur qui ont déterminé la décision du salarié. • Soc. 9 mai 2007 : ⚖ *GADT, 4ᵉ éd., n° 88* ; *D*. 2007. AJ 1495, obs. Cortot *⌀* ; *RDT* 2007. 452, obs. Auzero *⌀* ; *RJS* 2007. 624, n° 823 ; *JSL* 2007, n° 213-4. ♦ V. aussi notes ss. L. 1231-1. ♦ N'est pas équivoque la lettre de démission qui ne comportait aucune réserve, le salarié ne justifiant d'aucun litige antérieur ou contemporain de celle-ci avec son employeur, et n'ayant contesté les conditions de la rupture du contrat de travail que plusieurs mois plus tard. • Soc. 9 mai 2007 : ⚖ *GADT, 4ᵉ éd., n° 88* ; *D*. 2007. AJ 1495, obs. Cortot *⌀* ; *RDT* 2007. 452, obs. Auzero *⌀*. ♦ Dès lors qu'un salarié argue du caractère équivoque de sa démission au motif que la contrainte a vicié son consentement, il exclut de retenir la prise d'acte. • Soc. 7 mars 2012 : ⚖ *JCP S* 2012. 1225, obs. François ; *RJS* 2012. 367, n° 127 ; *SSL* 2012, n° 1532, p. 10, obs. Guyader. ♦ N'est pas équivoque la démission du salarié qui ne comportait aucune réserve, alors que les faits de harcèlement dénoncés s'étaient produits plus de six mois avant la rupture et que l'employeur y avait rapidement mis fin. • Soc. 19 nov. 2014 : ⚖ *D. actu*. 11 déc. 2014, obs. Peyronnet ; *D*. 2014. Actu. 2415 *⌀* ; *RJS* 2/2015, n° 83.

8. Droit de ne pas démissionner. Un salarié ne pouvant par avance renoncer au bénéfice de dispositions d'ordre public, il ne peut accepter d'être déclaré démissionnaire en cas de retour tardif de congé. • Soc. 27 avr. 1989 : *Bull. civ*. V, n° 310. ♦ Dans le même sens : • Soc. 10 oct. 1984 : *Bull. civ*. V, n° 365, à propos d'un représentant du personnel.

9. Rétractation. La volonté de démissionner ayant été exprimée sans équivoque, sa rétractation dans un délai très court n'impliquait pas qu'elle n'eût pas été clairement manifestée. • Soc. 19 mars 1981 : *Bull. civ*. V, n° 239. – V. aussi • Soc. 19 mars 1980 : *Bull. civ*. V, n° 269 • 25 oct. 1994 : ⚖ *RJS* 1994. 826, n° 1358. ♦ Comp. : • Soc. 6 nov. 1996 : *RJS* 1996. 806, n° 1243 (la démission donnée à l'issue d'une entrevue avec l'employeur et suivie le surlendemain d'une rétractation rend équivoque la volonté de démissionner).

10. Démission suivie d'une proposition de rupture conventionnelle. La proposition d'une rupture conventionnelle faite par l'employeur après la démission du salarié ne vaut pas renonciation à la rupture du contrat résultant de cette démission. • Soc. 16 sept. 2015, ⚖ n° 14-10.291 P ; *D*. 2015. Actu. 1899 *⌀* ; *RDT* 2015. 747, obs. Gadrat *⌀* ; *Dr. soc*. 2015. 941, note Mouly *⌀* ; *RJS* 12/2015, n° 756 ; *JSL* 2015, n° 398-4, obs. Pacotte et Bernardeschi.

11. Preuve. Il appartient au salarié qui, ayant démissionné, entend imputer la rupture de son contrat à son employeur, d'en apporter la preuve. • Soc. 8 juill. 1980 : *Bull. civ*. V, n° 618 ; *D*. 1981. IR 316. ♦ Doit être cassé l'arrêt qui estime que l'employeur a tenté de déguiser un licenciement sous l'apparence d'une démission, alors qu'il revenait au salarié d'établir que, contrairement aux apparences découlant du document qui lui était opposé, il n'avait pas eu la volonté de démissionner. • Soc. 18 déc. 1978 : *D*. 1979. IR 329, obs. Langlois.

12. La volonté non équivoque de démissionner peut résulter de présomptions précises et concordantes établissant que le salarié a décidé de démissionner, le rédacteur de la lettre ayant eu mandat de l'envoyer. • Soc. 28 sept. 1983 : *D*. 1984. IR 43. ♦ Pour une démission donnée par oral, V. • Soc. 20 juill. 1967, n° 66-40.455 P.

II. PRÉAVIS

13. Point de départ. Si la rupture du contrat de travail se situe à la date d'envoi de la lettre recommandée avec demande d'avis de réception notifiant le licenciement, le préavis ne court qu'à compter de la date de présentation de cette lettre. • Soc. 7 nov. 2006 : 🏛 *D. 2007. Pan. 689, obs. Leclerc* ⌀ ; *RJS 2006. 146, nº 217*. ♦ Lorsque la convention collective applicable fixe la durée du préavis mais non son point de départ, il est nécessaire de se reporter aux usages. • Soc. 13 déc. 1989 : *CSB 1990. 55, S. 28*. ♦ La rupture du contrat à la suite d'une démission notifiée pendant le congé annuel ne fait courir le délai-congé qu'à la date où le congé prend fin. • Soc. 8 nov. 1995 : 🏛 *RJS 1995. 795, nº 1243*.

14. Durée. Dans le cas de résiliation du contrat de travail à l'initiative du salarié, aucune des deux parties n'est fondée à imposer à l'autre un délai-congé différent de celui prévu par la loi, le contrat ou la convention collective ou les usages. • Soc. 1er juill. 2008 : 🏛 *D. 2008. AJ 2084* ⌀ ; *RDT 2008. 592, obs. Pélissier* ⌀ ; *RJS 2008. 810, nº 989* ; *JCP S 2008. 1508, obs. Fardoux*. ♦ La durée du délai-congé ne peut être fixée que par la convention collective elle-même qui ne peut laisser au contrat de travail la faculté de fixer une durée supérieure. • Soc. 1er avr. 1992, 🏛 nº 90-43.999 P : *Dr. soc. 1992. 478* ; *CSB 1992. 139, A. 26* ; *RJS 1992. 345, nº 610*. – Dans le même sens : • Soc. 4 juin 1987 : *Bull. civ. V, nº 356* ; *D. 1988. Somm. 103, obs. Pélissier* • 16 juin 1988 : *Bull. civ. V, nº 371* • 13 mai 1992 : 🏛 *RJS 1992. 402, nº 731*. ♦ Mais le contrat de travail, qui peut toujours comporter des dispositions plus favorables que la convention collective, peut prévoir, en cas de démission, un préavis plus court. • Soc. 19 juin 1996 : 🏛 *RJS 1996. 592, nº 920*. ♦ Le changement de qualification du salarié, entraînant un préavis conventionnel plus long, est sans incidence sur le préavis contractuel. • Même arrêt.

15. Doit être cassé l'arrêt qui se réfère aux usages locaux tout en relevant l'existence d'une convention collective. • Soc. 14 avr. 1983 : *Bull. civ. V, nº 193* ; *D. 1984. IR 167, obs. Vachet*.

16. Les juges ont l'obligation de relever l'existence de l'usage invoqué dans la localité et la profession considérées. • Soc. 4 févr. 1987 : *Bull. civ. V, nº 59* • 11 juin 1987 : *ibid., nº 382*. – V. aussi • Soc. 17 déc. 1987 : *Bull. civ. V, nº 748* ; *D. 1988. IR 11*. ♦ Il appartient au juge de rechercher si un préavis est dû, notamment en vertu d'une convention collective. • Soc. 9 mai 1983 : *Bull. civ. V, nº 245*. ♦ Un préavis conventionnel n'est opposable au salarié que s'il en a eu connaissance. • Soc. 19 juill. 1994 : 🏛 *Dr. soc. 1994. 898* ; *RJS 1994. 608, nº 1023* ; *CSB 1994. 285, S. 151*.

17. Un employeur n'est pas en droit de se plaindre de ce que le salarié respecte le préavis contractuel même si celui-ci est plus long que celui prévu par la convention collective. • Soc. 11 avr. 1996, 🏛 nº 93-40.789 P : *RJS 1996. 427, nº 671*. – V. aussi • Soc. 2 févr. 1993 : 🏛 *RJS 1993. 165, nº 266* ; *CSB 1993. 83, A. 20*. ♦ S'il prend l'initiative d'y mettre fin, il sera débiteur d'une indemnité compensatrice correspondant à la partie non effectuée. • Soc. 21 nov. 1984 : *Bull. civ. V, nº 448*.

18. Un salarié est en droit de se prévaloir du refus initial par l'employeur d'accepter de le dispenser de l'exécution du préavis. • Soc. 20 juin 1990, 🏛 nº 87-41.136 P : *D. 1991. Somm. 152, obs. Pélissier* ⌀ ; *RJS 1990. 457, nº 669*.

19. Le préavis est suspendu pendant la durée de l'arrêt de travail provoqué par un accident du travail. • Soc. 18 juill. 1996, 🏛 nº 93-43.581 P : *JCP 1996. II. 22726, note Corrignan-Carsin* ; *Dr. soc. 1996. 982* ; *RJS 1996. 664, nº 1040* ; *ibid. 643, chron. Bourgeot*. ♦ Lorsque le préavis d'un salarié s'est trouvé suspendu pour cause d'accident du travail et que son inaptitude a été déclarée par le médecin du travail, l'employeur n'a pas l'obligation, à défaut de reclassement du salarié, de le licencier dès lors qu'antérieurement à cet accident le salarié a donné sa démission de manière non équivoque. • Soc. 15 févr. 2006 : 🏛 *JSL 2006, nº 187-3*.

20. Situation des parties. Le directeur régional démissionnaire qui refuse d'assister pendant le préavis à une réunion des cadres commet une faute grave, justifiant la rupture immédiate du contrat sans indemnités. • Soc. 1er févr. 1983 : *Bull. civ. V, nº 62*.

21. Un salarié démissionnaire qui a obtenu l'autorisation de ne pas effectuer son préavis ne peut : ni se prévaloir des dispositions de l'art. L. 122-8 [L. 1234-1 s. nouv.]. • Soc. 15 avr. 1992 : 🏛 *D. 1992. IR 155* ; *RJS 1992. 403, nº 732*. ♦ ... Ni prétendre à une indemnité compensatrice de congés payés alors qu'il avait été autorisé à prendre ses congés. • Soc. 15 avr. 1992 : *RJS 1992. 403, nº 733*. ♦ Mais la clause prévoyant le versement d'une indemnité au salarié démissionnaire est licite. • Soc. 19 juill. 1995 : 🏛 *Dr. soc. 1995. 933*. ♦ Le salarié démissionnaire dispensé de préavis a la faculté d'entrer, pendant la durée du préavis, au service d'une autre entreprise, fût-elle concurrente. • Soc. 1er oct. 1996 : 🏛 *D. 1996. IR 231* ⌀.

22. Le fait de délivrer à un salarié démissionnaire une attestation portant la mention « libre de tout engagement » n'est pas suffisant pour établir sans équivoque la renonciation de l'employeur à l'exécution complète du préavis. • Soc. 3 déc. 1987 : *Bull. civ. V, nº 700*. ♦ C'est au salarié démissionnaire qu'il appartient de démontrer qu'il a été dispensé d'une partie de l'exécution du préavis. • Soc. 20 mars 1985 : *D. 1985. IR 466*.

23. Doit être cassé l'arrêt refusant à un salarié démissionnaire le versement d'une indemnité de préavis, alors qu'aucun acte du salarié manifestant sans équivoque sa volonté de renoncer au préavis, constituant pour lui à la fois une obligation et un droit, n'a été relevé. • Soc. 16 juill. 1987 : *Bull. civ. V, nº 493*.

24. Indemnité compensatrice due par le salarié. Méconnaît l'art. L. 122-5 [L. 1237-1 nouv.] et l'art. 9 de la convention collective de la pharmacie la cour d'appel qui condamne le salarié n'ayant pas respecté le préavis à verser un franc de dommages-intérêts en relevant que l'employeur n'apportait pas la preuve du préjudice subi, alors que l'indemnité de préavis conventionnelle présente un caractère forfaitaire et est due quelle que soit l'importance du préjudice subi par l'employeur. • Soc. 9 mai 1990 : 🏛 *D. 1990. IR 143.* ♦ Le salarié démissionnaire qui estime la rupture du contrat de travail imputable à l'employeur, doit une indemnité de non-respect du préavis si l'employeur n'est pas déclaré responsable de cette rupture ; cette obligation de respecter le délai-congé s'impose aux parties au contrat de travail sans mise en demeure préalable. • Soc. 24 mai 2005 : 🏛 *RJS 2005. 607, n° 835 ; JSL 2005, n° 171-6.* ♦ Le préjudice de l'employeur doit être estimé au montant du salaire versé en contrepartie du travail, lequel ne peut s'entendre que du salaire de base, sans déduction des cotisations de sécurité sociale. • Soc. 18 déc. 1986 : *JS UIMM 1987. 233* • 21 févr. 1990, 🏛 *n° 87-40.167 P : RJS 1990. 225.* ♦ Dans le même sens : • Soc. 29 mars 1995 : 🏛 *RJS 1995. 342, n° 506* (doivent être comprises les commissions versées à l'intéressé et qui constituent une partie de son salaire).

Art. L. 1237-1-1 (L. n° 2022-1598 du 21 déc. 2022, art. 4) Le salarié qui a abandonné volontairement son poste et ne reprend pas le travail après avoir été mis en demeure de justifier son absence et de reprendre son poste, par lettre recommandée ou par lettre remise en main propre contre décharge, dans le délai fixé par l'employeur, est présumé avoir démissionné à l'expiration de ce délai.

Le salarié qui conteste la rupture de son contrat de travail sur le fondement de cette présomption peut saisir le conseil de prud'hommes. L'affaire est directement portée devant le bureau de jugement, qui se prononce sur la nature de la rupture et les conséquences associées. Il statue au fond dans un délai d'un mois à compter de sa saisine.

Le délai prévu au premier alinéa ne peut être inférieur à un minimum fixé par décret en Conseil d'État. Ce décret détermine les modalités d'application du présent article. — V. art. R. 1237-13.

BIBL. ▶ ADAM, *RJS 3/2023*, chron. (mécanique de la démission présumée). – BENTO DE CARVALHO, *SSL 2022, n° 2018, p. 5.* – DUCHANGE et MEFTAH, *RDT 2022. Controverse. 685* (démission sans volonté de démissionner : quels effets aura cet Objet juridique non identifié ?). – FABRE, *JCP S 2023. 1000.* – MOULY, *Dr. soc. 2023. 158* (une innovation déroutante : la démission sans volonté de démissionner). – PINATEL, *RJS 3/2023*, chron.

SOUS-SECTION 2   Rupture abusive du contrat

Art. L. 1237-2 La rupture d'un contrat de travail à durée indéterminée à l'initiative du salarié ouvre droit, si elle est abusive, à des dommages et intérêts pour l'employeur.

En cas de litige, le juge se prononce conformément aux dispositions de l'article L. 1235-1.

Un décret en Conseil d'État détermine les modalités d'application du présent article. — *[Anc. art. L. 122-13 et L. 122-14-11.]*

COMMENTAIRE

V. sur le Code en ligne 🏛.

1. Exemples de ruptures abusives. Caractérise une rupture abusive : le départ d'un expert-comptable dans le but de nuire à l'employeur. • Soc. 26 juin 1959 : *Bull. civ. IV, n° 833.* ♦ ... La cessation du contrat avant même que le salarié ait pris son emploi, sans motif valable et avec une légèreté blâmable. • Soc. 26 avr. 1967 : *Bull. civ. IV, n° 331.* ♦ ... Le fait pour un salarié de quitter immédiatement son employeur afin de créer une entreprise concurrente. • Soc. 21 mars 1979 : *Bull. civ. V, n° 254.* ♦ V., pour une tentative de débauchage d'un salarié de la même entreprise avant la démission : • Soc. 28 avr. 1988 : *JS UIMM 1988. 392.* ♦ Le passage soudain au service d'une entreprise concurrente peut être constitutif d'une faute lourde. • Soc. 16 mars 1977 : *D. 1977. IR 134.* ♦ Mais n'est pas abusive la démission en vue d'exercer une activité concurrente. • Soc. 18 janv. 1995, 🏛 n° 91-42.613 P : *D. 1996. 27*, note Puigelier ; *D. 1996. Somm. 243*, obs. Serra ; *RJS 1995. 157, n° 213.* ♦ Des faits survenus postérieurement à la démission ne peuvent la rendre abusive. • Même arrêt.

2. La seule inexécution du préavis ne donne pas à la rupture un caractère abusif en l'absence d'intention de nuire ou de légèreté blâmable. • Soc. 14 oct. 1987 : *SSL 1987. 613, n° 382.* ♦ L'employeur doit démontrer l'abus et non seulement l'inexactitude des faits invoqués par le salarié. • Soc. 22 juin 1994, 🏛 n° 89-43.475 P : *D. 1994. IR 202* ; *Dr. soc. 1994. 803* ; *RJS 1994. 576, n° 968.*

3. V., à propos de la démission, notes ss. art. L. 1237-1.

Art. L. 1237-3 Lorsqu'un salarié ayant rompu abusivement un contrat de travail conclut un nouveau contrat de travail, le nouvel employeur est solidairement responsable du dommage causé à l'employeur précédent dans les cas suivants :

1° S'il est démontré que le nouvel employeur est intervenu dans la rupture ;

2° Si le nouvel employeur a engagé un salarié qu'il savait déjà lié par un contrat de travail ;

3° Si le nouvel employeur a continué d'employer le salarié après avoir appris que ce dernier était encore lié à un autre employeur par un contrat de travail. Dans ce cas, sa responsabilité n'est pas engagée si, au moment où il a été averti, le contrat de travail abusivement rompu par le salarié était venu à expiration, soit s'il s'agit de contrats à durée déterminée par l'arrivée du terme, soit s'il s'agit de contrats à durée indéterminée par l'expiration du préavis ou si un délai de quinze jours s'était écoulé depuis la rupture du contrat. — *[Anc. art. L. 122-15.]*

COMMENTAIRE

V. sur le Code en ligne.

1. Conditions. L'art. L. 122-15 [L. 1237-3 nouv.] n'est applicable que lorsque le salarié a rompu abusivement son contrat de travail, et non lorsqu'il a démissionné régulièrement pour entrer au service du nouvel employeur, ce qui, en raison de l'illicéité de la clause de non-concurrence, ne pouvait être considéré comme un abus. ● Soc. 27 févr. 1996 : *RJS 1996. 242, n° 406.*

2. Par application de l'art. L. 122-15 [L. 1237-3 nouv.], doit être condamné à des dommages-intérêts l'hôtel qui a engagé un second chef de cuisine encore sous contrat avec un autre hôtel de la même ville, alors même que ce dernier l'en avait informé. ● Cons. prud'h. Aix-en-Provence, 6 avr. 1993 : *D. 1994. 23, note Quetant.*

3. Clause de non-embauche. N'étant pas partie aux contrats qui lient l'employeur à ses clients, le salarié ne peut contester des clauses qui ne figurent que dans ces contrats (clause de non-embauche), sauf à établir l'existence d'une faute quasi délictuelle de l'employeur lui ayant porté préjudice. ● Soc. 5 juin 1996, n° 92-42.461 P : *D. 1997. Somm. 25, obs. Delebecque.*

SECTION 2 Retraite

SOUS-SECTION 1 Dispositions générales

Art. L. 1237-4 Les stipulations relatives au départ à la retraite des salariés prévues par une convention collective, un accord collectif de travail ou un contrat de travail sont applicables sous réserve qu'elles ne soient pas contraires aux dispositions légales.

Sont nulles toutes stipulations d'une convention ou d'un accord collectif de travail et d'un contrat de travail prévoyant une rupture de plein droit du contrat de travail d'un salarié en raison de son âge ou du fait qu'il serait en droit de bénéficier d'une pension de vieillesse. — *[Anc. art. L. 122-14-12.]*

BIBL. ▶ BARTHÉLÉMY, *Dr. soc. 1992. 890* (nature juridique de l'indemnité de fin de carrière). - BÉRAUD, *ibid. 1992. 812.* - H. BLAISE, *BS Lefebvre 1982. 11 ; ibid. 1987. 499.* - J. BLAISE, *ALD 1988. 99.* - CHORIN, *Dr. soc. 1996. 175* (secteur public). - COUTURIER, *Dr. soc. 1995. 231* (clauses « couperet »). - GUILLEMARD, *Dr. soc. 1989. 851.* - G. LYON-CAEN, *D. 1991. Chron. 111.* - PHILBERT, *Juri-soc. 1987, E.S. 6.* - SARAMITO, *Dr. ouvrier 1988. 211.* - SAVATIER, *Dr. soc. 1987. 1 et 723 ; ibid. 1999. 779.* - TEYSSIÉ, *JCP E 1987. 16672.* - VALENTINI, *Dr. soc. 1978. 346.*

COMMENTAIRE

V. sur le Code en ligne.

1. Nullité des dispositions conventionnelles. Est entachée d'une nullité d'ordre public absolue la disposition de la convention collective de l'édition prévoyant une rupture de plein droit du contrat de travail du salarié en raison de son âge, peu important que ne soit pas exclue une continuation du contrat par accord exprès des parties. ● Soc. 1er févr. 1995, n° 90-42.635 P : *D. 1995. Somm. 362, obs. Bouilloux ; Dr. soc. 1995. 231, note Couturier ; RJS 1995. 166, n° 226 ; CSB 1995. 83, A. 17.* ♦ Dans le même sens : ● Soc. 15 mars 1995, n° 90-46.098 P : *D. 1995. Somm. 362, obs. Bouilloux ; RJS 1995. 255, n° 370* (nullité de l'art. 58 de la convention collective des organismes de sécurité sociale). ♦ L'art. L. 122-14-12, al. 2 [L. 1237-4, al. 2 nouv.], n'ayant été édicté que dans un souci de protection du salarié, l'employeur est irrecevable à s'en prévaloir. • Cass., ass. plén., 6 nov. 1998, n° 97-41.931 P : *GADT, 4ᵉ éd., n° 96* ; *D. 1998. IR 253* ; *Dr. soc. 1999. 94*, obs. Savatier ; *JCP 1999. II. 10004*, note Corrignan-Carsin ; *RJS 1998. 900, n° 1475* ; *JS UIMM 1999. 13* ; *TPS 1999, n° 18* ; *CSB 1999. 9, A. 1.* ♦ Sur la validité des clauses conventionnelles de rupture de plein droit reconnue antérieurement à la loi de 1987, V. not. : • Soc. 24 avr. 1986 : *D. 1987. Somm. 207*, obs. Langlois ; *Dr. soc. 1986. 460*, concl. Franck • 22 mai 1986 : *D. 1987. Somm. 207*, obs. Langlois ; *Dr. soc. 1987. 1*, note Savatier ; *JCP 1986. II. 20714*, note Parléani.

2. Conséquences sur le licenciement du salarié. La rupture du contrat, exactement requalifiée en licenciement, en conséquence de la nullité d'une clause conventionnelle par application de l'art. L. 122-14-12, al. 2 [L. 1237-4, al. 2 nouv.], ne peut être justifiée que par une cause réelle et sérieuse indépendante de l'âge du salarié. • Soc. 6 déc. 1995 : *Dr. soc. 1996. 359*, note Savatier ; *D. 1996. IR 12* ; *CSB 1996. 43, A. 12* ; *RJS 1996. 18, n° 18*.

3. Marins. Les dispositions de l'art. L. 742-1 C. trav. [ancien] ne font pas obstacle à ce que les art. L. 122-14-12 [L. 1237-4 nouv.] et L. 122-14-13 [L. 1237-4 s.] soient appliqués aux marins dont la mise à la retraite n'est pas régie par le code du travail maritime. • Soc. 28 oct. 1997 : *D. 1998. IR 4* ; *RJS 1997. 889, n° 1452* • 21 déc. 2006 : *D. 2007. AJ 217*, obs. Cortot ; *RDT 2007. 238*, obs. Desbarrats ; *Dr. soc. 2007. 243*, obs. Chaumette ; *RJS 2006. 240, n° 326*.

4. Discrimination et âge. V. notes 20 s. ss. art. L. 1132-1.

5. Salarié embauché postérieurement à la liquidation de ses droits à la retraite. Lorsque le salarié a été embauché alors qu'il était déjà titulaire d'une pension de vieillesse à taux plein, il ne peut être mis à la retraite par l'employeur que lorsqu'il atteint l'âge de 65 ans ou, s'il est plus favorable, l'âge fixé par la convention collective ou le contrat de travail. • Soc. 19 janv. 1999, n° 96-43.654 P : *D. 1999. IR 38* ; *RJS 1999. 215, n° 359* ; *Dr. soc. 1999. 292*, obs. J. Savatier ; *JSL 1999, n° 31-6* (salarié bénéficiant lors de l'embauche d'une pension de vieillesse pour 40 années de service dans la marine).

SOUS-SECTION 2 — Mise à la retraite

BIBL. ▸ Numéro spécial, Réforme des retraites, *Dr. soc. 2021. 388* (retraite : quelle(s) réforme(s)).

Art. L. 1237-5 La mise à la retraite s'entend de la possibilité donnée à l'employeur de rompre le contrat de travail d'un salarié ayant atteint l'âge mentionné au 1° de l'article L. 351-8 du code de la sécurité sociale (*L. n° 2008-1330 du 17 déc. 2008, art. 90-I*) « sous réserve des septième à neuvième alinéas : »

Un âge inférieur peut être fixé, dans la limite de celui prévu au premier alinéa de l'article L. 351-1 du code de la sécurité sociale, dès lors que le salarié peut bénéficier d'une pension de vieillesse à taux plein au sens du code de la sécurité sociale :

1° Dans le cadre d'une convention ou d'un accord collectif étendu conclu avant le 1ᵉʳ janvier 2008 fixant des contreparties en termes d'emploi ou de formation professionnelle ;

(*L. n° 2008-1330 du 17 déc. 2008, art. 90-I*) « 2° Pour les bénéficiaires d'une préretraite ayant pris effet avant le 1ᵉʳ janvier 2010 et mise en œuvre dans le cadre d'un accord professionnel mentionné à l'article L. 5123-6 ; »

3° Dans le cadre d'une convention de préretraite progressive conclue antérieurement au 1ᵉʳ janvier 2005 ;

4° Dans le cadre du bénéfice de tout autre avantage de préretraite défini antérieurement à la date de publication de la loi n° 2003-775 du 21 août 2003 portant réforme des retraites (*L. n° 2008-1330 du 17 déc. 2008, art. 90-I*) « et ayant pris effet avant le 1ᵉʳ janvier 2010.

« Avant la date à laquelle le salarié atteint l'âge fixé au 1° de l'article L. 351-8 du code de la sécurité sociale et dans un délai fixé par décret, l'employeur interroge par écrit le salarié sur son intention de quitter volontairement l'entreprise pour bénéficier d'une pension de vieillesse. – V. art. D. 1237-2-1.

« En cas de réponse négative du salarié dans un délai fixé par décret ou à défaut d'avoir respecté l'obligation mentionnée à l'alinéa précédent, l'employeur ne peut faire usage de la possibilité mentionnée au premier alinéa pendant l'année qui suit la date à laquelle le salarié atteint l'âge fixé au 1° de l'article L. 351-8 du code de la sécurité sociale. »

(*L. n° 2010-1330 du 9 nov. 2010, art. 27*) « La même procédure est applicable chaque année jusqu'au soixante-neuvième anniversaire du salarié. »

COMMENTAIRE

V. sur le Code en ligne 🔒.

1. Conformité à la Constitution. L'art. L. 1237-5 qui ouvre à l'employeur la possibilité de mettre d'office à la retraite un salarié ayant atteint l'âge de 65 ans, qui relève de la compétence du législateur en matière de politique de l'emploi et qui est fondé sur des critères objectifs et rationnels, est conforme à la Constitution. • Cons. const., QPC, 4 févr. 2011, 🔒 n° 2010-98. ♦ Le principe d'égalité ne s'oppose pas à ce que le législateur règle de façon différente la mise à la retraite des salariés, selon que la relation de travail est ou non régie par une convention ou un accord collectif étendu, conclu avant le 1er janvier 2008 autorisant, sous certaines conditions, la mise à la retraite avant l'âge de 65 ans, ces situations n'étant pas identiques, et qu'il apparaît que la différence de traitement, instituée par le législateur qui ouvre à la négociation collective de branche, à titre temporaire et sous certaines conditions, la faculté d'aménager le régime de la mise à la retraite, est en rapport direct avec l'objet de la loi qui l'établit. • Soc., QPC, 14 sept. 2012 : 🔒 *D. actu. 9 oct. 2012, obs. Siro ; D. 2012. Actu. 2181* ⊘ *; Dr. soc. 2013. 363, obs. Dumortier, Florès, Lallet et Struillou ; Constitutions 2012. 624, obs. Radé* ⊘ *; RJS 2012. 1468, n° 874.*

2. Conformité au droit de l'Union. Selon la Dir. 2000/78/CE du 27 nov. 2000, les États membres peuvent prévoir que des différences de traitement fondées sur l'âge ne constituent pas une discrimination lorsqu'elles sont objectivement et raisonnablement justifiées, dans le cadre national, par un objectif légitime, notamment par des objectifs légitimes de politique de l'emploi, du marché du travail et de la formation professionnelle. • Soc. 26 nov. 2013 : 🔒 *D. actu. 13 déc. 2013, obs. Peyronnet ; D. 2013. Actu. 2857* ⊘ *; RJS 2014. 93, n° 120* • 20 mai 2014 : 🔒 *D. actu. 5 juin 2014, obs. Peyronnet ; RJS 2014. 519, n° 625.*

3. Mise à la retraite et discrimination. La mise à la retraite prononcée par l'employeur dans le respect des dispositions législatives ne constitue pas une discrimination fondée sur l'âge et ne nécessite pas d'être objectivement justifiée par une politique de l'emploi au sein de l'entreprise. • Soc. 26 nov. 2013 : 🔒 *D. actu. 13 déc. 2013, obs. Peyronnet ; D. 2013. Actu. 2856* ⊘ • 20 mai 2014 : 🔒 *D. actu. 5 juin 2014, obs. Peyronnet.* ♦ Est nulle la mise à la retraite d'un salarié qui ne remplit pas les conditions légales. • Soc. 21 déc. 2006 : 🔒 *D. 2007. AJ 217, obs. Cortot* ⊘ *; RDT 2007. 238, obs. Desbarrats* ⊘ *; RJS 2006. 240, n° 326.* ♦ N'est pas discriminatoire la mise à la retraite d'un salarié dès lors que l'employeur a respecté ses obligations conventionnelles de contrepartie des mises à la retraite d'office, notamment en retenant que l'embauche d'un salarié en qualité de cadre d'exploitation était compensatrice de la mise à la retraite de l'intéressé et que l'employeur avait consacré 5 % de sa contribution légale à la formation des personnels de plus de 45 ans, pour la catégorie d'emploi de ce salarié, la différence de traitement fondée sur l'âge étant objectivement et raisonnablement justifiée par un objectif légitime, et que les moyens pour réaliser cet objectif étaient appropriés et nécessaires. • Soc. 31 mars 2015, 🔒 n° 13-18.667 P : *D. 2015. Actu. 871* ⊘ *; RJS 6/2015, n° 405 ; JCP S 2015. 1266, note Tricoit.*

4. Retraite et grossesse. Sur l'interdiction de mettre à la retraite une salariée (danseuse de l'Opéra de Paris) en état de grossesse, V. • Soc. 15 juin 1999 : 🔒 *Dr. soc. 1999. 782, chron. Savatier* ⊘ (confirmation de • Paris, 26 sept. 1996 : *RJS 1997. 352, n° 537 ; Gaz. Pal. 1997. 1. 21, concl. Bonnet*).

5. Retraite d'un salarié victime d'un accident du travail. Sur la nullité d'une mise à la retraite consécutive à un accident du travail, V. • Soc. 7 mars 2007 : 🔒 *D. 2007. AJ 945* ⊘ *; D. 2007. Pan. 2265, obs. Lardy-Pélissier* ⊘ *; RDT 2007. 381, obs. Véricel* ⊘ *; RJS 2007. 432, n° 585 ; Dr. soc. 2007. 1188, obs. Savatier* ⊘*.* ♦ L'indemnité spéciale de licenciement prévue par l'art. L. 122-32-6 [L. 1226-14 nouv.] est due au salarié y compris lorsque la rupture du contrat de travail résulte d'une mise à la retraite. • Soc. 29 janv. 2002, 🔒 n° 99-41.028 P : *D. 2002. IR 863* ⊘ *; Dr. soc. 2002. 465, obs. Vatinet* ⊘ *; RJS 2002. 333, n° 424 ; JSL 2002, n° 96-2.*

6. Retraite d'un salarié protégé. L'adhésion d'un salarié investi d'un mandat représentatif à un dispositif de préretraite, mis en place par l'employeur dans le cadre d'un plan de réduction d'effectifs, ne dispense pas ce dernier de son obligation d'obtenir l'autorisation de l'administration du travail avant la rupture du contrat de travail. • Soc. 6 juill. 2011 : 🔒 *JCP S 2011. 1406, obs Kerbourc'h.* ♦ L'administration, confrontée à une demande d'autorisation de mise à la retraite d'un salarié protégé, doit vérifier que la mesure envisagée n'est pas en rapport avec les fonctions représentatives exercées ou l'appartenance syndicale de l'intéressé, que les conditions légales de mise à la retraite sont remplies et, enfin, qu'aucun motif d'intérêt général ne s'oppose à ce que l'autorisation soit accordée ; elle doit en outre apprécier la régularité de la procédure de mise à la retraite de ce salarié, en particulier au travers du respect des garanties de procédure légales en cas de licenciement d'un salarié protégé, lesquelles s'appliquent aussi à la mise à la retraite, ainsi que les stipulations d'accords collectifs de travail applicables spécifiquement à la mise à la retraite. • CE 13 févr. 2019, 🔒 n° 403890 : *D. actu. 4 mars 2019, obs. Malfettes ; RJS 4/2019, n° 232.* ♦ L'autorisation donnée par l'inspecteur du travail de mettre d'office à la retraite un salarié protégé qui a atteint l'âge légal de mise à la retraite d'office fait obstacle à ce que ce salarié demande devant la juridiction prud'homale l'indemnisation de la perte d'emploi consécutive à la rupture du contrat de travail fondée sur une cause objective, quand bien même le salarié invoquerait la décision de l'employeur de mise à la retraite au titre d'un harcèlement moral. • Soc. 4 oct. 2023, ⚖ n° 22-12.922 B : D. actu. 17 oct. 2023, obs. Serres ; D. 2023. 1752 ⌀ ; RJS 12/2023, n° 656.

7. Retraite d'un marin. V. • Soc. 21 déc. 2006 : ⚖ RDT 2007. 238, obs. Desbarrats ⌀.

8. Retraite des mineurs. Le salarié mis à la retraite alors qu'il ne remplissait pas les conditions prévues par le statut du mineur doit obtenir des dommages-intérêts au titre de l'absence de cause réelle et sérieuse de la rupture de son contrat de travail. • Soc. 20 mai 2014, ⚖ n° 12-21.021.

9. Mise à la retraite dans un contexte économique difficile. Lorsque la mise à la retraite est envisagée à l'occasion de difficultés économiques, l'employeur doit observer les dispositions relatives aux licenciements économiques en ce qu'elles impliquent la consultation de représentants du personnel et la mise en place d'un plan de sauvegarde de l'emploi, le cas échéant ; mais il n'en résulte pas que la décision de mise à la retraite entraîne les effets d'un licenciement ; le salarié mis à la retraite n'a donc droit qu'à l'indemnité de mise à la retraite. • Soc. 18 mars 2008 : ⚖ D. 2008. AJ 991, obs. Maillard ⌀ ; RDT 2008. 527, obs. Fabre ⌀ ; RJS 2008. 418, n° 532 ; JCP S 2008. 1368, note Everaert-Dumont ; JSL 2008, n° 232-2 ; Dr. soc. 2008. 755, obs. Savatier ⌀. ♦ Lorsque la mise à la retraite résulte de la mise en œuvre d'un plan social, elle doit être assimilée à un licenciement pour motif économique, les salariés concernés ont droit au bénéfice de l'indemnité conventionnelle de licenciement. • Soc. 18 avr. 2000, ⚖ n° 97-45.434 P : GADT, 4ᵉ éd., n° 97 ; D. 2000. IR 141 ⌀ ; Dr. soc. 2000. 790, obs. J. Savatier ⌀ ; RJS 2000. 450, n° 652 ; JCP E 2000. 1666, note Teissier.

10. Dispositif de préretraite conventionnelle. La rupture du contrat de travail d'un salarié qui, ayant adhéré à un dispositif conventionnel de cessation progressive d'activité, part à la retraite à l'issue d'une période de préretraite ne constitue pas une mise à la retraite. • Soc. 15 oct. 2013 : ⚖ D. actu. 31 oct. 2013, obs. Peyronnet ; D. 2013. Actu. 2471 ⌀ • Soc. 20 avr. 2017, ⚖ n° 15-28.304 P : D. actu. 4 mai 2017, obs. Peyronnet ; D. 2017. Actu. 921 ⌀ ; RJS 7/2017, n° 455 ; SSL 2017, n° 1768, p. 8, obs. Loiseau ; JCP S 2017. 1241, obs. Cailloux-Meurice • 1ᵉʳ juin 2017, ⚖ n° 15-23.580 P : D. 2017. Actu. 1195 ⌀ ; JSL n° 436-4, obs. Lhernould ; JCP S 2017. 1252, obs. François.

11. Dispositif dérogatoire de l'art. L. 1237-5, 1°. Il résulte des dispositions de l'art. L. 1237-5, dans sa rédaction issue de la L. n° 2008-1330 du 17 déc. 2008, que l'obligation pour l'employeur souhaitant mettre à la retraite un salarié âgé de 65 à 69 ans, de recueillir l'assentiment de l'intéressé pour rompre son contrat de travail, ne s'applique pas à la mise à la retraite d'un salarié de 60 à 65 ans en application d'un accord de branche conclu et étendu avant le 22 déc. 2006 et qui produit ses effets jusqu'au 31 déc. 2009. • Soc. 31 mars 2015 : ⚖ D. 2015. Actu. 871 ⌀ ; RJS 6/2015, n° 405 ; JCP S 2015. 1266, note Tricoit.

12. Conditions de mise en œuvre de la mise à la retraite. L'employeur est en droit, en application de l'art. L. 122-14-13 [L. 1237-5 nouv.], et sans avoir à motiver spécialement sa décision, de mettre à la retraite un salarié dès lors que celui-ci remplit les conditions d'ouverture du droit à pension de vieillesse et qu'il peut bénéficier d'une pension à taux plein à la date de la rupture. • Soc. 12 janv. 1993, ⚖ n° 89-43.467 P : D. 1993. Somm. 255, obs. Bouilloux ⌀ ; RJS 1993. 98, n° 129 ; Dr. soc. 1993. 185 (Jurisprudence rendue avant la loi du 21 août 2003). ♦ Mais un employeur ne peut mettre à la retraite en application de l'art. L. 1237-5 un salarié qui avait déjà atteint lors de son engagement l'âge de 65 ans. • Soc. 29 juin 2011 : ⚖ D. actu. 29 juill. 2011, obs. Ines ; JCP S 2011. 1485, obs. Sébille • Soc. 17 avr. 2019, ⚖ n° 17-29.017 P : D. actu. 16 mai 2019, obs. Malfettes ; D. 2019. Act. 895 ; RJS 7/2019, n° 419 ; RPC 2019. Comm. 112, note Taquet ; JCP S 2019. 1171, obs. Attali-Colas.

13. Mise à la retraite fautive. Sauf détournement de procédure, l'employeur peut renoncer à poursuivre la procédure de licenciement qu'il a engagée ; si ce détournement n'est pas établi, le salarié qui en remplit les conditions peut être mis à la retraite. • Soc. 16 janv. 2008 : ⚖ RDT 2008. 234, obs. Amauger-Lattès ; RJS 2008. 310, n° 393 ; JCP S 2008. 1234, note Frouin. ♦ Le manque de loyauté lors de la procédure de mise à la retraite, caractérisé par un entretien précipité dont le salarié n'est pas informé préalablement de l'objet et d'un allongement de la durée de préavis dans le but d'éviter une loi modifiant la procédure de mise à la retraite, constitue une discrimination en raison de l'âge et, dès lors, un licenciement nul. • Soc. 15 janv. 2013 : ⚖ D. actu. 7 févr. 2013, obs. Peyronnet ; Dr. soc. 2013. 398, note Gauriau ⌀ ; JSL 2013, n° 338-3 ; JCP S 2013. 1147, obs. Bossu.

14. Rétractation. La mise à la retraite notifiée par l'employeur à son salarié ne peut être rétractée qu'avec l'accord de ce dernier et la rupture du contrat de travail s'analyse en un licenciement sans cause réelle et sérieuse lorsque les conditions prévues à l'art. L. 122-14-13 [L. 1237-5 nouv.] ne sont pas remplies à la date de la mise à la retraite. • Soc. 28 févr. 2006 : ⚖ D. 2006. IR 809 ⌀ ; RJS 2006. 395, n° 559 ; Dr. soc. 2006. 692, obs. Savatier ⌀.

15. Réintégration. Pour percevoir sa pension de retraite, le salarié doit rompre tout lien professionnel avec son employeur ; il en résulte que le salarié dont le contrat a été rompu par l'employeur et qui a fait valoir ses droits à la retraite, ne peut pas ultérieurement solliciter sa réintégration dans son emploi ou un emploi équivalent même si sa mise à la retraite est annulée. • Soc. 14 nov. 2018, n° 17-14.932 P : *D. 2018. Actu. 2239* ; *RJS 1/2019, n° 14.*

16. Obligation de non-concurrence. La contrepartie financière d'une clause de non-concurrence ne peut être affectée par les circonstances de la rupture et la possibilité offerte au salarié mis à la retraite de reprendre une activité concurrentielle. • Soc. 8 oct. 1996, n° 95-40.405 P : *D. 1996. IR 238* ; *Dr. soc. 1996. 1095, obs. Couturier* ; *RJS 1996. 759, n° 1175* ; *CSB 1996. 327, S. 137* • 24 sept. 2008 : *RJS 2008. 987, n° 11191* ; *Dr. soc. 2009. 365, obs. Mouly.*

Art. L. 1237-5-1 A compter du 22 décembre 2006, aucune convention ou accord collectif prévoyant la possibilité d'une mise à la retraite d'office d'un salarié à un âge inférieur à celui fixé au 1° de l'article L. 351-8 du code de la sécurité sociale ne peut être signé ou étendu.

Les accords conclus et étendus avant le 22 décembre 2006, déterminant des contreparties en termes d'emploi ou de formation professionnelle et fixant un âge inférieur à celui mentionné au même 1°, dès lors que le salarié peut bénéficier d'une pension de vieillesse à taux plein et que cet âge n'est pas inférieur à celui fixé au premier alinéa de l'article L. 351-1 du même code, cessent de produire leurs effets au 31 décembre 2009.

Art. L. 1237-6 L'employeur qui décide une mise à la retraite respecte un préavis dont la durée est déterminée conformément à l'article L. 1234-1. — *[Anc. art. L. 122-14-13, al. 5.]*

1. Durée. A défaut de précision dans la convention collective, en cas de mise à la retraite d'un salarié par l'employeur, le préavis applicable est celui prévu en cas de licenciement. • Soc. 15 mai 2007 : *D. 2007. AJ 1599* ; *RJS 2007. 633, n° 834* ; *Dr. soc. 2007. 898, obs. Savatier* ; *JCP S 2007. 1570, note Corrignan-Carsin.*

2. Non-respect. Le non-respect par le salarié de son obligation de préavis ne le prive pas du droit à l'indemnité de départ à la retraite. • Soc. 13 févr. 1996 : *RJS 1996. 239, n° 397.*

Art. L. 1237-7 La mise à la retraite d'un salarié lui ouvre droit à une indemnité de mise à la retraite au moins égale à l'indemnité de licenciement prévue à l'article L. 1234-9.

(L. n° 2023-270 du 14 avr. 2023, art. 26-V, en vigueur le 1er sept. 2023) « Chaque salarié ne peut bénéficier que d'une seule indemnité de départ ou de mise à la retraite. L'indemnité est attribuée lors de la première liquidation complète de la retraite. »

Sur l'indemnité de cessation anticipée d'activité des salariés des établissements de fabrication de matériaux contenant de l'amiante, V. L. n° 98-1194 du 23 déc. 1998, art. 41-V (JO 27 déc.), mod.

Sur le régime social de l'indemnité de mise à la retraite, V. Forfait social, art. L. 137-15 s. CSS.

1. Indemnité de mise à la retraite. L'indemnité de mise à la retraite peut être versée sous la forme d'un capital versé dans le cadre d'une assurance groupe souscrite par l'employeur. • Soc. 8 juill. 2003, n° 01-16.099 P. ♦ Elle ne peut se cumuler avec l'indemnité due par suite de la requalification de la mise à la retraite en licenciement. • Soc. 3 oct. 1991, n° 87-43.037 • 8 juill. 2003 : *préc.* ♦ Le montant de l'indemnité de mise à la retraite dû au salarié est déterminé par les dispositions conventionnelles en vigueur au jour de la rupture du contrat de travail résultant de la mise à la retraite, peu important que celle-ci ait été précédée d'un accord entre l'employeur et le salarié organisant la suspension du contrat de travail et ouvrant droit à des avantages particuliers. • Soc. 30 sept. 2009 : *D. 2009. AJ 2495* ; *RJS 2009. 813, n° 923.* ♦ L'usage dit du « coup de chapeau » pratiqué par l'employeur en faveur de salariés n'ayant pas atteint le dernier échelon indiciaire et leur permettant de bénéficier, six mois avant leur départ à la retraite, à la fois d'une augmentation de salaire et d'une majoration consécutive du montant de leur retraite, et l'indemnité légale de départ à la retraite n'ont pas le même objet et peuvent donc se cumuler. • Soc. 20 nov. 2019, n° 18-19.578 P : *D. 2019. Actu. 2307* ; *RJS 2/2020, n° 86* ; *JCP S 2019. 1375, obs. Asquinazi-Bailleux.*

2. Mise à la retraite anticipée. Une mise à la retraite anticipée ne constitue pas un licenciement sans cause réelle et sérieuse mais un licenciement nul, car discriminatoire *(jurisprudence rendue antérieurement à la loi du 21 août 2003 introduisant l'avant-dernier al. de l'art. L. 122-14-13).* • Soc. 21 déc. 2006 : *D. 2007. AJ 217, obs. Cortot* ; *RDT 2007. 238, obs. Desbarrats* ; *RJS 2006. 240, n° 326.*

Art. L. 1237-8 Si les conditions de mise à la retraite ne sont pas réunies, la rupture du contrat de travail par l'employeur constitue un licenciement. – *[Anc. art. L. 122-14-13, al. 4.]*

1. Relevé de carrière. Le salarié mis à la retraite est tenu de communiquer à son employeur qui le demande son relevé de carrière. ● Soc. 13 mai 2009 : 🔒 *D. 2009. AJ 1543* ; *RJS 2009. 559, n° 627* ; *SSL 2009, n° 1406, p. 13* ; *JCP S 2009. 1358, obs. Drai.*

2. Requalification de la mise à la retraite. La requalification de la retraite en licenciement nul n'ouvre pas droit au paiement d'une indemnité compensatrice de préavis lorsque la rupture du contrat a été précédée d'un délai de préavis d'une durée au moins égale à celle du préavis de licenciement. ● Soc. 30 juin 2010 : 🔒 *D. actu. 19 juill. 2010, obs. Perrin* ; *D. 2010. Actu. 1794, obs. Perrin* ; *RJS 2010. 686, n° 748* ; *JSL 2010, n° 284-4, obs. Julien-Paturle* ; *JCP S 2010. 1454, obs. Bossu.*

3. Mise à la retraite irrégulière d'un salarié protégé après expiration d'un PSE. L'employeur qui attend la fin de la période de protection du salarié pour le mettre à la retraite, après avoir vainement cherché à le licencier dans le cadre du plan de sauvegarde de l'emploi, doit lui verser les indemnités de licenciement prévues par ce plan. ● Soc. 19 mai 2015, 🔒 *n° 13-27.763 P* : *D. actu. 15 sept. 2015, obs. Siro* ; *D. 2015. Actu. 1161* ; *RJS 8-9/2015, n° 577* ; *JCP S 2015. 1330, note Morvan.*

4. Banque de France. Les dispositions de l'art. L. 1237-8 C. trav. sont incompatibles avec le statut de la Banque de France et le salarié ne peut demander l'indemnité de licenciement prévue par l'art. L. 1234-9. ● CE 7 nov. 2019, 🔒 *n° 420450 B* : *AJDA 2019. 2272*.

SOUS-SECTION 3 Départ volontaire à la retraite

Art. L. 1237-9 Tout salarié quittant volontairement l'entreprise pour bénéficier d'une pension de vieillesse a droit à une indemnité de départ à la retraite.

Le taux de cette indemnité varie en fonction de l'ancienneté du salarié dans l'entreprise. Ses modalités de calcul sont fonction de la rémunération brute dont il bénéficiait antérieurement. Ce taux et ces modalités de calcul sont déterminés par voie réglementaire. – *V. art. D. 1237-1.*

(L. n° 2023-270 du 14 avr. 2023, art. 26-V, en vigueur le 1er sept. 2023) « Chaque salarié ne peut bénéficier que d'une seule indemnité de départ ou de mise à la retraite. L'indemnité est attribuée lors de la première liquidation complète de la retraite. »

BIBL. ▶ Amauger-Lattès, *RDT 2007. 99* (L. n° 2006-1640 du 21 déc. 2006).

> *COMMENTAIRE*
> V. sur le Code en ligne 🔒.

1. Pension de vieillesse. Constitue une pension de retraite l'avantage servi par le régime temporaire de retraite des enseignants privés. ● Soc. 10 nov. 1992, 🔒 *n° 89-45.174 P* : *RJS 1992. 750, n° 1378* ● 8 juin 1994, 🔒 *n° 92-40.224 P* : *D. 1994. IR 178* ; *Dr. soc. 1994. 802.* ◆ Sur la notion de pension de retraite à taux plein, s'agissant d'un agent de la RATP (combinaison du régime particulier et du régime général), V. ● Paris, 19 mars 1992 : *JCP E 1992. II. 305, note G.N.* – V. aussi ● Riom, 24 févr. 1994 : *Dr. ouvrier 1994. 285, note F. S.*

2. Départ à la retraite. Le départ volontaire à la retraite dans le cadre d'un plan social constitue une rupture à l'initiative du salarié et n'ouvre pas droit à l'indemnité conventionnelle de licenciement. ● Soc. 25 juin 2002, 🔒 *n° 00-18.907 P* : *RJS 2002. 861, n° 1154.* ◆ Le départ à la retraite du salarié est un acte unilatéral par lequel le salarié manifeste de façon claire et non équivoque sa volonté de mettre fin au contrat de travail ; lorsque le salarié, sans invoquer un vice du consentement de nature à entraîner l'annulation de son départ à la retraite, remet en cause celui-ci en raison de faits ou manquements imputables à son employeur, le juge doit, s'il résulte de circonstances antérieures ou contemporaines de son départ qu'à la date à laquelle il a été décidé, celui-ci était équivoque, l'analyser en une prise d'acte de la rupture qui produit les effets d'un licenciement sans cause réelle et sérieuse si les faits invoqués la justifiaient ou dans le cas contraire d'un départ volontaire à la retraite. ● Soc. 15 mai 2013 : 🔒 *D. actu. 31 mai 2013, obs. Fraisse* ; *D. 2013. Actu. 1284* ; *JCP S 2013. 1335, obs. Everaert-Dumont* ● Soc. 20 oct. 2015, 🔒 *n° 14-17.473 P* : *D. actu. 26 nov. 2015, obs. Fraisse* ; *D. 2015. Actu. 2186.* ◆ En revanche, si la notification du salarié de départ à la retraite est claire et non équivoque, la volonté du salarié met un terme au contrat de travail au jour de cette notification, y compris dans un contexte de requalification en contrat à durée indéterminée lorsque l'intéressé était sous un régime de mise à disposition *via* différents contrats de mission. ● Soc. 27 sept. 2023, 🔒 *n° 21-14.773 B* : *D. actu. 13 oct. 023, obs. Malfettes* ; *D. 2023. 1699* ; *RJS 12/2023, n° 627* ; *JCP S 2023. 1268, obs. Jeansen.*

3. Obligations du salarié. Pour bénéficier de l'indemnité de départ à la retraite, le salarié qui quitte l'entreprise doit prouver qu'il a effectivement fait valoir ses droits à pension. • Soc. 23 sept. 2009 : ⚖ *RJS 2009. 813, n° 922 ; JCP E 2009. 2155, obs. Puigelier.*

4. Indemnité de départ à la retraite. L'indemnité de départ à la retraite a le caractère d'un complément de salaire. • Soc. 7 juill. 1988 : *Bull. civ. V, n° 430.* ♦ Dans le cas d'un établissement privé d'enseignement, elle est due par l'employeur et non par l'État. • Soc. 4 févr. 1988 : *Bull. civ. V, n° 97* • TA Nantes, 27 juin 1996 : *Dr. soc. 1996. 1038, concl. Millet* ∅.

5. Cependant, payable en une seule fois, elle est soumise à la prescription trentenaire. • Soc. 4 mars 1992 : ⚖ *RJS 1992. 243, n° 414.* ♦ L'indemnité de départ à la retraite n'est pas garantie par l'AGS dès lors que le salarié n'a atteint l'âge de la retraite fixé par l'accord d'entreprise qu'après l'ouverture de la procédure collective. • Soc. 12 avr. 1995 : ⚖ *Dr. soc. 1995. 603, obs. Blaise* ∅.

6. L'indemnité de départ à la retraite prévue par un accord de prévoyance a le caractère d'une prestation versée à raison de la participation du bénéficiaire à ce régime de prévoyance, alors que l'indemnité de départ à la retraite fixée par un accord interprofessionnel correspond à une obligation à la charge de l'employeur ; ces deux indemnités n'étant pas de même nature, elles peuvent se cumuler. • Soc. 20 nov. 1991 : ⚖ *D. 1992. IR 8 ; CSB 1992. 29, S. 21.*

7. « Sauf dispositions conventionnelles ou usage de l'entreprise plus favorables, seule l'ancienneté ininterrompue au service du même employeur est prise en compte pour le calcul de l'indemnité de départ volontaire à la retraite. » Soc. 8 juin 1994, ⚖ n° 92-40.224 P : *D. 1994. IR 178* ∅ *; Dr. soc. 1994. 802.*

8. L'employeur ne peut exiger le remboursement de l'indemnité de départ à la retraite au prétexte que le salarié a repris un travail, dès lors que la convention collective ne subordonnait pas son versement à l'absence d'activité professionnelle. • Soc. 17 mars 1993 : ⚖ *RJS 1993. 303, n° 508.*

9. Un avenant modifiant le mode de calcul de l'indemnité de départ à la retraite est dépourvu de tout caractère interprétatif (art. 21 *bis*, conv. coll. des industries chimiques du 30 déc. 1952). • Soc. 12 juin 2014 : ⚖ *RJS 2014. 518, n° 624.*

10. Cumul. Peuvent se cumuler, d'une part, l'avantage résultant de l'usage dit du « coup de chapeau », pratiqué par l'employeur en faveur de salariés n'ayant pas atteint le dernier échelon indiciaire et leur permettant de bénéficier, six mois avant leur départ à la retraite, à la fois d'une augmentation de salaire et d'une majoration consécutive du montant de leur retraite, et, d'autre part, l'indemnité de départ à la retraite de l'art. L. 1237-9 versée par l'employeur à tout salarié quittant volontairement l'entreprise pour bénéficier d'une pension de vieillesse, dès lors qu'ils n'ont pas la même objet. • Soc. 20 nov. 2019, ⚖ n° 18-19.578 P : *D. 2019. Actu. 2307* ∅ *; RJS 2/2020, n° 86 ; JCP S 2019. 1375, obs. Asquinazi-Bailleux.*

Art. L. 1237-9-1 (L. n° 2020-840 du 3 juill. 2020, art. 3) Les salariés bénéficient d'une sensibilisation à la lutte contre l'arrêt cardiaque et aux gestes qui sauvent préalablement à leur départ à la retraite.

Le contenu, le champ d'application et les modalités de mise en œuvre du présent article sont définis par décret. – *V. art. D. 1237-2-2.*

Art. L. 1237-10 Le salarié demandant son départ à la retraite respecte un préavis dont la durée est déterminée conformément à l'article L. 1234-1. – *[Anc. art. L. 122-14-13, al. 5.]*

1. Préavis et accident du travail. Le délai de préavis de départ à la retraite d'un salarié n'est pas reporté en cas d'arrêt de travail consécutif à un accident du travail ou à une maladie professionnelle. • Soc. 1er juin 2016, ⚖ n° 14-24.812 P : *D. actu. 29 juin 2016, obs. Fraisse ; D. 2016. 1589, obs. Wurtz* ∅ *; RJS 8-9/2016, n° 556 ; JCP S 2016. 1254, note Jeansen* • 25 mai 2016, ⚖ n° 15-10.637 P : *D. actu. 8 juin 2016, obs. Cortot ; D. 2016. Actu. 1205* ∅ *; ibid. 1589, obs. Wurtz* ∅ *; RJS 8-9/2016, n° 556 ; JSL 2016, n° 414-6, obs. Pacotte et Daguerre ; JCP S 2016. 1254, obs. Jeansen.*

2. Préavis et nullité du licenciement. Si, en cas de nullité du licenciement, le salarié a droit, en principe, au paiement d'une indemnité compensatrice de préavis, la requalification de la retraite en licenciement nul n'ouvre pas droit au paiement d'une telle indemnité lorsque la rupture du contrat a été précédée d'un délai de préavis d'une durée au moins égale à celle du préavis de licenciement. • Soc. 30 juin 2010, ⚖ n° 09-41.349 : *D. actu. 19 juill. 2010, obs. Perrin ; D. 2010. Actu. 1794, obs. Perrin* ∅ *; RJS 2010. 686, n° 748 ; JSL 2010, n° 284-4, obs. Julien-Paturle ; JCP S 2010. 1454, obs. Bossu.*

SECTION 3 Rupture conventionnelle

(L. n° 2008-596 du 25 juin 2008)

V. Circ. DGT n° 2008-11 du 22 juill. 2008 relative à la demande d'homologation d'une rupture conventionnelle de contrat à durée indéterminée.

V. Circ. DGT n° 2009-04 du 17 mars 2009 relative à la rupture conventionnelle d'un contrat à durée indéterminée.

V. Instr. DGT n° 02 du 23 mars 2010 relative à l'incidence d'un contexte économique difficile sur la rupture conventionnelle d'un contrat à durée indéterminée. — V. RDT 2010. 369, note Géa.

RÉP. TRAV. v° *Ruptures conventionnelles*, par LOKIEC.

BIBL. ▶ AUZERO, RDT 2008. 522 (rupture conventionnelle et illusion de la sécurisation). — BEM, JSL 2011, n° 305-4 (rupture conventionnelle et licenciement sans cause réelle et sérieuse). — BENTO DE CARVALHO, JCP S 2020. 3028 (indemnisation de la rupture conventionnelle viciée : quelles stratégies contentieuses face au « barème Macron »). — BOUAZIZ et COLLET-THIRY, *Dr. ouvrier* 2010. 65 (mode d'emploi). — BOULMIER, JCP S 2010. 1306 (regard critique sur les procédures de rétractation et d'homologation). — BRÉDON et FLAMENT, JCP S 2008. 431. — CHASSAGNARD-PINET et VERKINDT, JCP S 2008. 1365. — COUTURIER, *Dr. soc.* 2015. 32. — COUTURIER et SERVERIN, RDT 2009. Controverse 205 (quel contentieux pour la rupture conventionnelle du CDI ?). — DAMIANO et MOUNIER-BERTAIL, RDT 2012. 333 (rupture conventionnelle : quel bilan ?). — FABRE et RADÉ, *Dr. soc.* 2017. 20 (le juge et la rupture conventionnelle). — FAVENNEC-HÉRY et MAZEAUD, JCP S 2009. 1314 (premier bilan). — FERRER, *Dr. ouvrier* 2010. 647 (premiers arrêts sur la rupture conventionnelle). — FLAMENT, JCP S 2009. 1315 (procédure). — GAUDU, *Dr. ouvrier* 2008. 594. — GAURIAU, *Dr. soc.* 2008. 1065. — GRAS, JCP S 2017. 1180 (la rupture conventionnelle en droit des contrats). — GRUMBACH et SERVERIN, SSL 2010, n° 1435-1436, p. 6 (le juge des référés prud'homal face au refus d'homologation de ruptures conventionnelles). — KIAPEKAKI, JSL 2017, n° 435-1. — LAGESSE et BOUFFIER, *Dr. soc.* 2012. 14 (frontières de la rupture conventionnelle). — LEROY, RJS 10/2013, p. 579 (rupture conventionnelle et la Cour de cassation). — LOKIEC, *Dr. soc.* 2009. 127 (garantir la liberté du consentement contractuel). — LOISEAU, *Dr. soc.* 2010. 297. — MASANOVIC et BARADEL, *Dr. ouvrier* 2009. 182 (les nouveaux modes de rupture du contrat de travail). — PATIN, JCP S 2011. 1022 (rupture conventionnelle et contrat de travail suspendu) ; ibid. 2012. 1002 (l'évolution du contrôle de la rupture conventionnelle). — H. PÉLISSIER et BLANC, JCP S 2009. 1236 (la question du montant de l'indemnité spécifique). — PUJOLAR, *Dr. ouvrier* 2010. 307. — TAILLANDIER, SSL 2012, n° 1552, p. 7. — TAQUET, JCP E 2008. I. 1921.

> **COMMENTAIRE**
>
> V. sur le Code en ligne 🔒.

Art. L. 1237-11 L'employeur et le salarié peuvent convenir en commun des conditions de la rupture du contrat de travail qui les lie.

La rupture conventionnelle, exclusive du licenciement ou de la démission, ne peut être imposée par l'une ou l'autre des parties.

Elle résulte d'une convention signée par les parties au contrat. Elle est soumise aux dispositions de la présente section destinées à garantir la liberté du consentement des parties.

> **COMMENTAIRE**
>
> V. sur le Code en ligne 🔒.

I. RUPTURE AMIABLE DU CONTRAT DE TRAVAIL

A. SOLUTIONS ANTÉRIEURES À LA LOI DU 25 JUIN 2008

BIBL. Blaise, *Dr. soc.* 1996. 33. — Couturier, *Dr. soc.* 2008. 923. — Duquesne, *Dr. soc.* 1995. 576. — Califano, *Dr. ouvrier* 1989. 419. — Blaise, BS Lefebvre 1987. 203. — Leroy, RJS 2012. 249. — Pélissier, *Dr. soc.* 1987. 479. — Taquet, *Gaz. Pal.* 1987. 1. Doctr. 265. — Vatinet, RTD civ. 1987. 252. — Radé, *Dr. soc.* 2000. 178 (autonomie du droit du licenciement). — Rayroux, *Gaz. Pal.* 1986. 2. Doctr. 640. — Teyssié, JCP E 1986. I. 15511. — J. Savatier, *Dr. soc.* 1985. 692 ; RJS 2002. 399. — Teyssié, JCP E 1985. I. 14690. — Sportouch, *Études offertes à Jean Pélissier*, Dalloz, 2004.

1. Liberté contractuelle. Selon l'art. 1134 C. civ., les parties peuvent, par leur consentement mutuel, mettre fin à leur convention. ● Soc. 29 mai 1996, 🔒 n° 92-45.115 P : GADT, 4ᵉ éd., n° 120 ; D. 1997. 49, note Chazal ; *Dr. soc.* 1996. 687, note J. Savatier ; RJS 1996. 508, n° 789 ;

ibid. 417, chron. Corrignan-Carsin ; JCP 1996. II. 22711 (2ᵉ esp.), note Taquet ; CSB 1996. 211, A. 48.

2. Vices du consentement. Constituent des violences, au sens de l'art. 1112 C. civ., qui justifient l'annulation d'un accord de rupture amiable, le comportement d'un employeur qui harcèle de diverses manières une salariée, notamment en lui demandant de lui faire des massages de nature sexuelle, dont il est résulté des troubles psychologiques, angoisses et anxiété pour cette dernière. • Soc. 30 nov. 2004, 🕮 n° 03-41.757 P : *D.* 2005. IR 14 ⌀ ; *Dr. soc.* 2005. 321, obs. Gauriau ⌀ ; RJS 2005. 106, n° 135 ; RDC 2005. 378, note Radé.

3. Rupture amiable et transaction. Le départ négocié étant un mode de rupture, la constatation de la volonté réciproque des parties d'organiser elles-mêmes les conséquences de la rupture du contrat de travail est une transaction consécutive au licenciement et non pas une rupture d'un commun accord. • Soc. 20 juin 1995, 🕮 n° 92-40.194 P : RJS 1995. 585, n° 889 ; CSB 1995. 265, A. 51 • 11 févr. 2009 : 🕮 *D.* 2009. AJ 636 ⌀ ; RJS 2009. 283, n° 322 ; *Dr. soc.* 2009. 557, chron. Radé ⌀. ♦ La rupture du contrat d'un commun accord a pour seul objet de mettre fin aux relations des parties ; elle ne vaut pas transaction et ne peut priver un salarié des droits nés de l'exécution de son contrat de travail. • Soc. 15 déc. 2010 : 🕮 *D.* 2011. Actu. 170 ⌀.

4. Rupture pour motif économique. Le salarié concerné par un projet de licenciement pour motif économique n'est pas privé de la faculté de proposer à son employeur une rupture amiable de son contrat de travail, s'il estime y avoir intérêt. • Soc. 2 déc. 2003, 🕮 n° 01-46.176 P : *Dr. soc.* 2004. 318, obs. Savatier ⌀ ; JCP E 2004. 677, note Petit ; *ibid.* 2004. 1147, obs. Cesaro ; *D.* 2004. Somm. 390, obs. A. Lyon-Caen ⌀ ; RJS 2004. 125, n° 179 ; SSL 2004, n° 1149, p. 12, rapp. Bailly ; JCP E 2004. 14, obs. Taquet ; JSL 2004, n° 138-2 ; RDC 2004. 384, note Radé • 13 sept. 2005 : 🕮 *D.* 2005. IR 2409 ⌀ ; *D.* 2006. Pan. 35, obs. Paulin ⌀ ; JSL 2005, n° 175-3. ♦ La rupture d'un contrat de travail pour motif économique peut résulter d'un départ volontaire dans le cadre d'un accord collectif mis en œuvre après consultation du comité d'entreprise. • Soc. 2 déc. 2003, 🕮 n° 01-46.540 P. ♦ La résiliation du contrat de travail résultant de la conclusion d'un accord de rupture amiable conforme aux prévisions d'un accord collectif soumis aux représentants du personnel, la cause de la rupture ne peut être contestée, sauf fraude ou vice du consentement. • Soc. 8 févr. 2012 : 🕮 *D. actu.* 1ᵉʳ mars 2012, obs. Siro ; *D.* 2012. Actu. 559 ⌀ ; RDT 2012. 220, obs. Géa ⌀ ; RJS 2012. 283, n° 316 ; JSL 2012, n° 318-3, obs. Guyader ; JCP S 2012. 1167, obs. Favennec-Héry.

5. Une opération de réduction d'effectifs réalisée au moyen de départs volontaires est soumise aux dispositions des art. L. 321-1 s. C. trav. • Soc. 10 avr. 1991, 🕮 n° 89-18.485 P : *D.* 1992. Somm. 290, obs. Rotschild-Souriac ⌀ ; RJS 1991. 300, n° 562. ♦ Aucun préavis n'est dû en cas de départ négocié. • Soc. 30 juin 1993, 🕮 n° 92-40.008 P : *Dr. soc.* 1993. 770. ♦ La rupture amiable pour motif économique étant soumise au régime du licenciement pour motif économique, l'employeur doit proposer la CRP au salarié. • Soc. 16 déc. 2008 : 🕮 RDT 2009. 165, obs. Fabre ⌀ ; RJS 2009. 132, n° 151 ; *Dr. soc.* 2009. 374, obs. Couturier ⌀.

6. Salariés protégés. La protection exceptionnelle et exorbitante du droit commun dont bénéficient les salariés protégés exclut la rupture d'un commun accord. • Soc. 2 déc. 1992, 🕮 n° 91-42.326 P : *D.* 1992. Somm. 264, obs. Frossard ⌀ ; RJS 1999. 44, n° 53.

7. Salariés malades. La rupture amiable est exclue pour les salariés déclarés inaptes si elle a pour effet d'éluder l'obligation de paiement du salaire à l'issue du délai d'un mois si le salarié n'a pas été reclassé ou licencié. • Soc. 29 juin 1999 : 🕮 *D.* 1999. IR 208 ⌀ ; RJS 1999. 660, n° 1050. ♦ De même, est illégale la convention mettant fin d'un commun accord au contrat et fixant rétroactivement la rupture du contrat de travail avant l'avis du médecin du travail prévoyant la reprise d'une activité professionnelle à temps partiel dans un poste à déterminer. • Soc. 29 juin 1999 : 🕮 RJS 1999. 660, n° 1050 ; *Dr. soc.* 2000. 178, note Radé ⌀.

8. Intégrité du consentement. La rupture du contrat de travail est intervenue d'un commun accord s'agissant d'une convention conclue entre les parties par l'intermédiaire de leur avocat respectif, dûment mandaté à cet effet, à la suite de pourparlers minutieux et précis et dès lors qu'il est constaté que les parties ont été pleinement informées de leurs droits et que ceux du salarié avaient été préservés. • Soc. 21 janv. 2003, 🕮 n° 00-43.568 P : GADT, 4ᵉ éd., n° 94 ; *Dr. soc.* 2003. 547, obs. Couturier ⌀. ♦ Justifie sa décision de débouter un salarié de ses demandes en paiement d'indemnités de licenciement pour inobservation de la procédure et licenciement sans cause réelle et sérieuse la cour d'appel qui constate, d'une part, qu'un accord de principe avait été conclu entre les parties pour mettre fin au contrat et, d'autre part, qu'il n'était pas démontré que le salarié ait été victime d'une erreur, ni que son consentement eût été obtenu par dol ou violence. • Soc. 19 déc. 1979 : *Bull. civ.* V, n° 1022 ; *Dr. soc.* 1981. 228, note Pélissier.

9. Sort des indemnités. Les indemnités versées par l'employeur aux salariés acceptant de quitter volontairement l'entreprise ont le caractère de dommages et intérêts et ne sont pas à inclure dans l'assiette des cotisations de sécurité sociale. • Cass., ass. plén., 2 avr. 1993, 🕮 n° 89-15.490 P : *D.* 1993. 373, concl. Jéol ⌀.

B. SOLUTIONS POSTÉRIEURES À LA LOI DU 25 JUIN 2008

10. Caractère exclusif. Sauf dispositions légales contraires, la rupture du contrat de travail par accord des parties ne peut intervenir que dans les conditions prévues pour la rupture conventionnelle, à défaut une telle rupture s'analyse en un licenciement sans cause réelle et sérieuse. • Soc. 15 oct. 2014 : ⚖ D. 2014. Actu. 2118 ⌀ ; RDT 2014. 752, obs. Bento de Carvalho ⌀ ; Dr. soc. 2014. 1066, obs. Mouly ⌀ ; ibid. 2015. 32, obs. Couturier ⌀ ; RJS 2014. 737, n° 854 ; JSL 2014, n° 376-3, obs. Taquet ; SSL 2014, n° 1655, p. 6, obs. Casado et Jacquelet.

11. Exclusion de la rupture conventionnelle pour la mobilité intragroupe. Les dispositions de l'art. L. 1237-11 C. trav. relatives à la rupture conventionnelle entre un salarié et son employeur ne sont pas applicables à une convention tripartite conclue entre un salarié et deux employeurs successifs ayant pour objet d'organiser, non pas la rupture, mais la poursuite du contrat de travail. • Soc. 8 juin 2016, ⚖ n° 15-17.555 P : D. actu. 24 juin 2016, obs. Roussel ; D. 2016. Actu. 1258 ⌀ ; Dr. soc. 2016. 779, obs. Mouly ⌀ ; RJS 8-9/2016, n° 555 ; SSL 2016, n° 1730, obs. Favennec ; JSL 2016, n° 414-3, obs. Mo ; JCP S 2016. 1265, obs. Loiseau.

II. RUPTURE CONVENTIONNELLE

12. Vices du consentement. L'appréciation de l'existence d'un vice du consentement entachant la validité de la rupture conventionnelle du contrat de travail relève du pouvoir souverain des juges du fond. • Soc. 16 sept. 2015, ⚖ n° 14-13.830 P : Dr. soc. 2015. 941, note Chenu ⌀ ; RJS 12/2015, n° 771 ; JSL 2015, n° 396-5, obs. Bonnet. ♦ Doit être annulée la rupture conventionnelle du contrat de travail dès lors que la salariée était, au moment de la signature, dans une situation de violence morale du fait d'un harcèlement moral. • Soc. 30 janv. 2013 : ⚖ D. actu. 18 févr. 2013, obs. Peyronnet ; D. 2013. Actu. 368 ⌀ ; ibid. Pan. 1026, obs. Lokiec et Porta ⌀ ; RDT 2013. 258, obs. Taquet ⌀ ; JSL 2013, n° 339-6 ; JCP S 2013. 1112, obs. Leborgne-Ingelaere. ♦ Est nulle la rupture conventionnelle signée dans un contexte conflictuel et alors que l'employeur a induit en erreur le salarié en lui promettant une indemnité au titre de sa clause de non-concurrence avant de le délier de cette dernière. • Soc. 9 juin 2015, ⚖ n° 14-10.192 P : RJS 8-9/2015, n° 563. ♦ Ainsi, l'assistance de l'employeur lors de l'entretien préalable à la signature de la convention de rupture ne peut entraîner la nullité de la rupture conventionnelle que si elle a engendré une contrainte ou une pression pour le salarié qui se présente seul à l'entretien (il a été constaté que ce n'était pas le cas en l'espèce). • Soc. 5 juin 2019, ⚖ n° 18-10.901 P : D. actu. 2 juill. 2019, obs. Fraisse ; D. 2019. Actu. 1232 ⌀ ; RJS 8-9/2019, n° 482 ; JSL 2019, n° 480-1, obs. Lhernould ; JCP 2019. 668, obs. Dedessus-Le-Moustier ; JCP S 2019. 1223, obs. Tricoit. ♦ Si l'existence, au moment de sa conclusion, d'un différend entre les parties au contrat de travail n'affecte pas par elle-même la validité de la convention de rupture, la rupture conventionnelle ne peut être imposée par l'une ou l'autre des parties. • Soc. 8 juill. 2020, ⚖ n° 19-15.441 : RJS 10/2020, n° 459 ; JSL 2020, n° 505-1, obs. Fallik.

13. Harcèlement. En l'absence de vice du consentement établi, l'existence de faits de harcèlement moral n'affecte pas en elle-même la validité de la convention de rupture. • Soc. 23 janv. 2019, ⚖ n° 17-21.550 P : D. actu. 7 févr. 2019, obs. Malfettes ; D. 2019. Actu. 204 ⌀ ; Dr. soc. 2019. 268, obs. Mouly ⌀ ; RJS 4/2019, n° 208 ; SSL 2019, n° 1848, p. 9, obs. Caro ; JSL 2019, n° 471-1, obs. Lhernould. ♦ L'existence de faits de harcèlement moral ou de discrimination syndicale n'est pas de nature, par elle-même, à faire obstacle à ce que l'inspection du travail autorise une rupture conventionnelle, sauf à ce que ces faits aient vicié le consentement du salarié. • CE 13 avr. 2023, ⚖ n° 459213 : RJS 7/2023, n° 394.

14. Existence d'un différend. Sauf vice du consentement de nature à entraîner l'annulation de la rupture conventionnelle, l'existence, au moment de sa conclusion, d'un différend entre les parties au contrat de travail n'affecte pas par elle-même la validité de la convention de rupture conclue en application de l'art. L. 1237-11 C. trav. • Soc. 23 mai 2013 : ⚖ D. 2013. 1355, obs. Ines ⌀ ; ibid. 1768, chron. Florès, Mariette, Ducloz, Wurtz, Sommé et Contamine ⌀ ; RDT 2013. 480, obs. Auzero ⌀ ; SSL 2013, n° 1586, p. 11, obs. Champeaux et Marcon ; JSL 2013, n° 346-3, obs. Avis Aldigé • Soc. 26 juin 2013 : ⚖ D. actu. 26 juill. 2013, obs. Fleuriot ; D. 2013. Actu. 1691 ⌀ ; D. 2013. 1771, obs. Ducloz ⌀ ; RDT 2013. 555, obs. Auzero ⌀ ; Dr. soc. 2013. 860, obs. Tournaux ⌀ ; RJS 10/2013, n° 674 ; SSL 2013, n° 1593, p. 10, obs. Levannier-Gouël ; JSL 2013, n° 349-2, obs. Lhernould • Soc. 15 janv. 2014 : ⚖ D. actu. 6 févr. 2014, obs. Fleuriot ; D. 2014. Actu. 2014 ⌀ ; RJS 3/2014, n° 216 ; JSL 2014, n° 361-2, obs. Lhernould. ♦ La situation de violence morale résultant du harcèlement moral subi par le salarié au moment de la conclusion de la convention de rupture constitue un vice du consentement justifiant l'annulation de la rupture conventionnelle. • Soc. 30 janv. 2013 : ⚖ D. 2013. Pan. 1026, obs. Lokiec et Porta ⌀ ; RDT 2013. 258, obs. Taquet ⌀. ♦ En revanche, la liberté du consentement du salarié qui a conclu une rupture conventionnelle, dont il n'a pas été soutenu qu'elle aurait été conclue sous la contrainte, n'est pas affectée par le fait qu'il avait conçu un projet de création d'entreprise et qu'il n'a pas reçu d'information de son employeur sur la possibilité de prendre contact avec le service public de l'emploi en vue d'envisager la suite de son parcours professionnel. • Soc. 29 janv. 2014 : ⚖ D. actu. 14 févr. 2014, Fraisse ; D. 2014. Actu. 376 ⌀ ; JSL 2014, n° 362-2, obs. Taquet. ♦ De même, lorsque l'entreprise ne dispose pas d'institution représentative, le défaut d'information du salarié sur la possibilité de se faire assister par un conseiller choisi sur une liste dressée par l'autorité administrative lors de l'entretien au cours duquel les parties conviennent de la rupture du contrat de travail par un accord soumis à l'homologation n'a pas pour effet d'entraîner la nullité de cette convention en dehors des conditions de droit commun, et le choix du salarié de se faire assister lors de cet entretien par son supérieur hiérarchique n'affecte pas davantage la validité de cette rupture, d'autant qu'aucune pression ou manœuvre n'a été exercée sur lui. • Soc. 29 janv. 2014 : *D. actu. 14 févr. 2014, obs. Fraisse ; D. 2015. Actu. 808 ; JSL 2014, n° 362-2, obs. Taquet.*

15. Protections particulières. Un salarié victime d'un risque professionnel déclaré apte sous réserve à la reprise du travail peut valablement conclure une rupture conventionnelle sauf à ce que soit démontrée l'existence d'un vice du consentement ou d'une fraude de la part de l'employeur. • Soc. 28 mai 2014 : 🔒 *RDT 2014. 622, obs. Lardy-Pélissier ⌀ ; RJS 2014. 521, n° 627 ; JSL 2014, n° 369-2 ; JCP 2014. 683, note Lefranc-Hamoniaux.* ♦ Sauf cas de fraude ou de vice du consentement, une rupture conventionnelle homologuée peut valablement être conclue par un salarié déclaré inapte à son poste à la suite d'un accident du travail. • Soc. 9 mai 2019, 🔒 n° 17-28.767 P : *D. actu. 20 mai 2019, obs. Fraisse ; D. 2019. Actu. 1053 ⌀ ; D. 2019. 1566, obs. Salomon ⌀ ; RJS 7/2019, n° 417 ; JSL 2019, n° 478-1, obs. Mayoux ; JCP 2019. 574, obs. Corrignan-Carsin ; JCP S 2019. 1222, obs. Tricot.* ♦ Une rupture conventionnelle peut être valablement conclue au cours d'une période de suspension du contrat de travail consécutive à un accident du travail ou à une maladie professionnelle sauf en cas de fraude ou de vice du consentement. • Soc. 30 sept. 2014 : 🔒 *D. actu. 24 oct. 2014, obs. Fraisse ; D. 2014. Actu. 2002 ⌀ ; RDT 2014. 622, obs. Lardy-Pélissier ⌀ ; RJS 2014. 738, n° 855 ; JSL 2014, n° 375-1, obs. Pacotte et Castano* • 16 déc. 2015, 🔒 n° 13-27.212 P : *D. actu. 14 janv. 2016, obs. Cortot ; D. 2016. Actu. 82 ⌀ ; ibid. Pan. 816, obs. Lokiec ⌀ ; RJS 3/2016, n° 170 ; JCP S 2016. 1079, obs. Loiseau.*

16. Sauf en cas de fraude ou de vice du consentement, une rupture conventionnelle peut être valablement conclue pendant un congé de maternité et les quatre semaines suivant l'expiration de ces périodes. • Soc. 25 mars 2015, 🔒 n° 14-10.149 : *D. actu. 24 avr. 2015, obs. Fraisse ; Dr. soc. 2015. 399, note Mouly ⌀ ; JSL 2015, n° 387-2, obs. Lhernould ; RJS 6/2015, n° 407.* ♦ Sauf cas de fraude ou de vice du consentement, une rupture conventionnelle homologuée peut valablement être conclue par un salarié déclaré inapte à son poste à la suite d'un accident du travail. • Soc. 9 mai 2019, 🔒 n° 17-28.767 P : *préc.*

17. Information du salarié. N'est pas nulle la rupture conventionnelle lorsque le salarié avait conçu un projet de création d'entreprise et n'a pas reçu d'information de son employeur sur la possibilité de prendre contact avec le service public de l'emploi en vue d'envisager la suite de son parcours professionnel. • Soc. 29 janv. 2014 : 🔒 *D. actu. 14 févr. 2014, obs. Fraisse ; D. 2014. Actu. 376 ⌀ ; RDT 2014. 255, obs. Auzero ⌀ ; RJS 2014. 261, n° 316 ; JSL 2014, n° 362-2, obs. Taquet.* ♦ Même solution lorsque le salarié n'a pas été informé de la possibilité de se faire assister par un conseiller choisi lors de l'entretien, ni le fait d'y avoir été assisté par son supérieur hiérarchique. • Soc. 29 janv. 2014 : 🔒 *D. actu. 14 févr. 2014, obs. Fraisse ; RDT 2014. 255, obs. Auzero ⌀ ; RJS 2014. 261, n° 316 ; JSL 2014, n° 362-2, obs. Taquet.* ♦ ... Ni le fait que le salarié ait été déclaré apte sous réserve à la reprise du travail. • Soc. 28 mai 2014 : 🔒 *JSL 2014, n° 369-2 ; JCP G 2014. 683, note Lefranc-Hamoniaux.*

18. Intérêt à agir du syndicat. Le litige relatif à la rupture conventionnelle du contrat de travail d'un salarié ne porte pas en lui-même atteinte à l'intérêt collectif de la profession ; un syndicat n'est dès lors pas recevable à solliciter la réparation du préjudice subi par l'intérêt collectif de la profession qu'il représente en raison de la violation par l'employeur des dispositions légales relatives à la rupture conventionnelle. • Soc. 15 janv. 2014 : 🔒 *D. actu. 6 févr. 2014, obs. Fleuriot.*

Art. L. 1237-12 Les parties au contrat conviennent du principe d'une rupture conventionnelle lors d'un ou plusieurs entretiens au cours desquels le salarié peut se faire assister :

1° Soit par une personne de son choix appartenant au personnel de l'entreprise, qu'il s'agisse d'un salarié titulaire d'un mandat syndical ou d'un salarié membre d'une institution représentative du personnel ou tout autre salarié ;

2° Soit, en l'absence d'institution représentative du personnel dans l'entreprise, par un conseiller du salarié choisi sur une liste dressée par l'autorité administrative.

Lors du ou des entretiens, l'employeur a la faculté de se faire assister quand le salarié en fait lui-même usage. Le salarié en informe l'employeur auparavant ; si l'employeur souhaite également se faire assister, il en informe à son tour le salarié.

L'employeur peut se faire assister par une personne de son choix appartenant au personnel de l'entreprise ou, dans les entreprises de moins de cinquante salariés, par une personne appartenant à son organisation syndicale d'employeurs ou par un autre employeur relevant de la même branche.

1. Délai entre l'entretien et la rupture. L'art. L. 1237-12 n'instaure pas de délai entre, d'une part, l'entretien au cours duquel les parties au contrat de travail conviennent de la rupture du contrat et, d'autre part, la signature de la convention de rupture prévue à l'art. L. 1237-11. • Soc. 3 juill. 2013 : 🛡 *D. 2013. Actu. 1752* ⌀ ; *RJS 10/2013, n° 674* ; *SSL 2013, n° 1596, p. 10*, obs. Levannier-Gouël ; *JSL 2013, n° 350-2*, obs. Lhernould.

2. Absence d'information sur le droit d'être assisté lors de l'entretien. Le défaut d'information du salarié, en l'absence de représentants du personnel dans l'entreprise, de la faculté de se faire assister par un conseiller du salarié lors de l'entretien préalable à la rupture n'affecte pas la validité de cette dernière, sauf à ce que ce défaut d'information ait vicié son consentement. • Soc. 29 janv. 2014 : 🛡 *D. 2014. Actu. 376* ⌀ ; *RDT 2014. 255*, obs. Auzero ⌀ ; *RJS 2014. 261, n° 316* ; *JCP S 2014. 1078*, obs. Loiseau. ♦ ... Même solution lorsque le salarié a été assisté lors de l'entretien hiérarchique. • Même décision.

3. Défaut d'entretien. Si le défaut du ou des entretiens prévus par l'art. L. 1237-12 C. trav. relatif à la conclusion d'une convention de rupture entraîne la nullité de la convention, c'est à celui qui invoque cette cause de nullité d'en établir l'existence. • Soc. 1er déc. 2016, 🛡 n° 15-21.609 P : *D. 2016. Actu. 2522* ⌀ ; *ibid. 2017. 235*, obs. Ducloz ⌀ ; *RDT 2017. 124*, obs. Tournaux ⌀ ; *Dr. soc. 2017. 82*, obs. Mouly ⌀ ; *RJS 2/2017, n° 98* ; *SSL 2016, n° 1748*, obs. Champeaux ; *JSL 2017, n° 423-3*, obs. Taquet ; *JCP 2016. 1352*, obs. Jeansen.

4. Assistance de l'employeur. L'assistance de l'employeur lors de l'entretien préalable à la signature de la convention de rupture ne peut entraîner la nullité de la rupture conventionnelle que si elle a engendré une contrainte ou une pression pour le salarié qui se présente seul à l'entretien. • Soc. 5 juin 2019, 🛡 n° 18-10.901 P : *D. actu. 2 juill. 2019*, obs. Fraisse ; *D. 2019. Actu. 1232* ⌀ ; *RJS 8-9/2019, n° 482* ; *JSL 2019, n° 480-1*, obs. Lhernould ; *JCP 2019. 668*, obs. Dedessus-Le-Moustier ; *JCP S 2019. 1223*, obs. Tricoit.

Art. L. 1237-13 La convention de rupture définit les conditions de celle-ci, notamment le montant de l'indemnité spécifique de rupture conventionnelle qui ne peut pas être inférieur à celui de l'indemnité prévue à l'article L. 1234-9.

Elle fixe la date de rupture du contrat de travail, qui ne peut intervenir avant le lendemain du jour de l'homologation.

À compter de la date de sa signature par les deux parties, chacune d'entre elles dispose d'un délai de quinze jours calendaires pour exercer son droit de rétractation. Ce droit est exercé sous la forme d'une lettre adressée par tout moyen attestant de sa date de réception par l'autre partie.

V. Instr. DGT n° 2009-25 du 8 déc. 2009 relative au régime indemnitaire de la rupture conventionnelle d'un contrat à durée indéterminée.

Sur le régime social de l'indemnité rupture conventionnelle, V. CSS, art. L. 242-1, L. 137-15 s. (forfait social).

BIBL. ▶ Auzero, *RDT 2010. 97* ⌀ (précisions sur l'indemnité de rupture conventionnelle).

COMMENTAIRE

V. sur le Code en ligne 🛡.

I. CONVENTION DE RUPTURE

1. Exemplaire de la convention de rupture. La remise d'un exemplaire de la convention de rupture au salarié est nécessaire à la fois pour que chacune des parties puisse demander l'homologation de la convention, dans les conditions prévues par l'art. L. 1237-14 C. trav., et pour garantir le libre consentement du salarié, en lui permettant d'exercer ensuite son droit de rétractation en connaissance de cause ; ayant constaté que tel n'était pas le cas en l'espèce, la cour d'appel en a déduit à bon droit que la convention de rupture était atteinte de nullité. • Soc. 6 févr. 2013 : 🛡 *D. 2013. Actu. 440* ⌀ ; *D. 2013. Pan. 1026*, obs. Lokiec et Porta ⌀ ; *RDT 2013. 258*, obs. Taquet ⌀ ; *JCP S 2013. 1162*, obs. Patin. ♦ Le fait que le formulaire de rupture Cerfa mentionne que la convention a été établie en deux exemplaires ne suffit pas à prouver que l'un des exemplaires a été remis au salarié ; il appartient aux juges du fond de constater qu'un exemplaire lui a été remis, la charge de la preuve ne pesant ni sur le salarié ni sur l'employeur. • Soc. 3 juill. 2019, 🛡 n° 18-14.414 P : *D. actu. 19 juill. 2019*, obs. Favrel ; *D. 2019. Actu. 1453* ⌀ ; *RJS 10/2019, n° 561* ; *JSL 2019, n° 481-3*, obs. Lhernould ; *JCP 2019. 801*, obs. Corrignan-Carsin ; *JCP S 2019. 1267*, obs. Tricoit. ♦ En cas de contestation, il appartient à celui qui invoque cette remise d'en rapporter la preuve. • Soc. 23 sept. 2020, 🛡 n° 18-25.770 P : *D. 2020. Actu. 1898* ⌀ ; *RJS 11/2020, n° 529* ; *Dr. ouvrier 2020. 834*, obs. Gallon ; *JSL 2020, n° 508-5*, obs. Pacotte et Leroy ; *JCP S 2020. 3055*, obs. Jeansen.

2. Signatures de la convention de rupture. Seule la remise au salarié d'un exemplaire de la convention de rupture signé des deux parties lui permet de demander l'homologation de la convention et d'exercer son droit de rétractation en toute connaissance de cause ; dès lors, ne peut être valable une rupture conventionnelle en l'absence de signature de l'employeur sur l'exemplaire de la convention remis au salarié. • Soc. 3 juill. 2019, ⚖ n° 17-14.232 P : *D. actu. 19 juill. 2019*, obs. Favrel ; *D. 2019. Actu. 1453* ⃞ ; *JCP 2019. 801*, obs. Corrignan-Carsin ; *JCP S 2019. 1268*, obs. Tricoit.

3. Mention du délai de rétractation. Est nulle la convention de rupture qui ne mentionne pas la date de sa signature, en ce qu'elle ne permet pas de déterminer le point de départ du délai de rétractation. • Soc. 23 mars 2019, n° 17-23.586 : *RJS 6/2019, n° 347*.

4. Rupture conventionnelle et transaction. Une transaction conclue après une rupture conventionnelle est valable lorsqu'elle intervient postérieurement à l'homologation et qu'elle ne règle pas un différend lié à la rupture du contrat de travail. • Soc. 26 mars 2014 : ⚖ *D. actu. 11 avr. 2014*, obs. Fraisse ; *D. 2014. Actu. 831* ⃞ ; *ibid. 1404*, obs. Ducloz ⃞ ; *RDT 2014. 330*, obs. Auzero ⃞ ; *RJS 2014. 405, n° 501* • 25 mars 2015 : ⚖ *D. actu. 24 avr. 2015*, obs. Fraisse ; *D. 2015. Actu. 808* ⃞ ; *JSL 2015, n° 388-5*, obs. Lhernould ; *RJS 6/2015, n° 408*.

5. Obligation de non-concurrence et point de départ du délai de renonciation. Le délai de quinze jours suivant la présentation de la notification de la rupture du contrat de travail dont dispose contractuellement l'employeur pour dispenser le salarié de l'exécution de l'obligation de non-concurrence a pour point de départ la date de la rupture fixée par la convention de rupture. • Soc. 29 janv. 2014 : ⚖ *D. actu. 14 févr. 2014*, obs. Fraisse ; *D. 2014. Actu. 376* ⃞ ; *RJS 2014. 263, n° 318* ; *JSL 2014, n° 362-5*, obs. Lhernould ; *ibid., n° 365-2*, obs. Jaquet.

6. Erreur dans la convention de rupture. Une erreur commise dans la convention de rupture sur la date d'expiration du délai de quinze jours prévu par l'art. L. 1237-13 ne peut entraîner la nullité de cette convention que si elle a eu pour effet de vicier le consentement de l'une ou l'autre des parties ou de la priver de la possibilité d'exercer son droit à rétractation. • Soc. 29 janv. 2014 : ⚖ *D. actu. 14 févr. 2014*, obs. Fraisse ; *D. 2014. Actu. 375* ⃞ ; *RDT 2014. 255*, obs. Auzero ⃞ ; *RJS 2014. 261, n° 316*.

7. Annulation de la rupture conventionnelle. Lorsque la convention de rupture est annulée, la rupture produit les effets d'un licenciement sans cause réelle et sérieuse et la nullité de la convention emporte obligation à restitution des sommes perçues en exécution de cette convention. • Soc. 30 mai 2018, ⚖ n° 16-15.273 P : *D. actu. 20 juin 2018*, obs. Couëdel ; *D. 2018. Actu. 1211* ⃞ ; *Dr. soc. 2018. 756*, obs. Mouly ⃞ ; *RDT 2018. 594*, note Bento de Carvalho ⃞ ; *RJS 8-9/2018, n° 528* ; *SSL 2018, n° 1826*, obs. Caro ; *JCP S 2018. 1218*, obs. Loiseau.

8. Absence de demande en annulation de la convention de rupture. L'absence de demande en annulation de la convention de rupture n'interdit pas à un salarié d'exiger le respect par l'employeur des dispositions relatives au montant minimal de l'indemnité spécifique de rupture conventionnelle. • Soc. 10 déc. 2014, ⚖ n° 13-22.134 : *Dr. soc. 2015. 282*, note Mouly ⃞ ; *D. 2015. Actu. 19* ⃞ ; *RJS 2/2015, n° 95* ; *JCP G 2015, n° 20*, obs. Corrignan-Carsin ; *JSL 2015, n° 381-2*, obs. Hautefort.

9. Sort de la rupture unilatérale antérieure. La signature par les parties d'une rupture conventionnelle vaut renonciation commune à la rupture précédemment intervenue à l'initiative de l'une d'elles. • Soc. 3 mars 2015, ⚖ n° 13-20.549 : *D. actu. 16 mars 2015*, obs. Ines ; *D. 2015. Actu. 632* ⃞ ; *RDT 2015. 322*, obs. Auzero ⃞ ; *JSL 2015, n° 386-2*, obs. Tissandier ; *RJS 5/2015, n° 329* • 11 mai 2023, ⚖ n° 21-18.117 B : *D. actu. 31 mai 2023*, obs. Malfettes ; *D. 2023. 1014* ⃞ ; *RDT 2023. 473*, obs. Brunie ⃞ ; *RJS 7/2023, n° 368* ; *JCP S 2023. 1172*, obs. Lahalle.

10. Usage du droit de rétractation et exercice du pouvoir disciplinaire. La signature par les parties au contrat de travail d'une rupture conventionnelle, après l'engagement d'une procédure disciplinaire de licenciement, n'emporte pas nécessairement renonciation par l'employeur à l'exercice de son pouvoir disciplinaire : si le salarié exerce son droit de rétractation de la rupture conventionnelle, l'employeur reste fondé à reprendre la procédure disciplinaire par la convocation du salarié à un nouvel entretien préalable et sous réserve du respect du délai de prescription des faits fautifs de deux mois. • Soc. 3 mars 2015, ⚖ n° 13-15.551 P : *D. 2015. Actu. 632* ⃞ ; *Dr. soc. 2015. 376*, note Mouly ⃞ ; *RJS 5/2015, n° 337*.

11. Destinataire de la lettre de rétractation. Le droit de rétractation dont dispose chacune des parties à la convention de rupture doit être exercé par l'envoi à l'autre partie d'une lettre adressée, par tout moyen attestant de sa date de réception. En l'espèce, la lettre de rétractation qui a été adressée non pas à l'employeur, mais à l'administration ne peut être prise en compte. • Soc. 6 oct. 2015 : ⚖ *D. actu. 16 nov. 2015*, obs. Ines ; *Dr. soc. 2015. 1033*, note Mouly ⃞ ; *D. 2015. Actu. 2081* ⃞ ; *JSL 2015, n° 398-1*, note Lhernould.

12. Délai de rétractation. Une partie à la rupture conventionnelle peut valablement exercer son droit de rétractation dès lors qu'elle adresse à l'autre partie dans le délai de 15 jours calendaires une lettre de rétractation, peu important la date de réception de celle-ci. • Soc. 14 févr. 2018, ⚖ n° 17-10.035 P : *D. actu. 5 mars 2018*, obs. Dechristé ; *D. 2018. Actu. 465* ⃞ ; *RJS 4/2018, n° 254* ; *JSL 2018, n° 452-3*, obs. Nasom-Tissandier ; *JCP 2018, n° 281*, note N. Dedessus-le-Moustier ;

JCP S 2018. 1153, obs. Cailloux-Meurice.

13. Demande d'homologation et délai de rétractation. La demande d'homologation ne peut en aucun cas être adressée à l'administration du travail avant l'expiration du délai de rétractation de quinze jours prévu par l'art. L. 1237-13 C. trav. • Soc. 14 janv. 2016, 🗝 n° 14-26.220 P : *D. actu.* 4 févr. 2016, obs. Fraisse ; *D.* 2016. Actu. 205 ; *ibid.* 2016. Pan. 816, obs. Lokiec ; *Dr. soc.* 2016. 291, note Mouly ; *RJS* 3/2016, n° 171 ; *JSL* 2016, n° 404-4, obs. Hautefort. ♦ En cas de refus d'homologation d'une rupture conventionnelle, le salarié doit bénéficier d'un nouveau délai de rétractation dans le cadre d'une nouvelle convention soumise à l'administration pour homologation. • Soc. 13 juin 2018, 🗝 n° 16-24.830 P : *D.* 2018. Actu. 1316 ; *D. actu.* 22 juin 2018, obs. Ciray ; *Dr. soc.* 2018. 759, obs. Mouly ; *RJS* 8-9/2018, n° 527 ; *JSL* 2018, n° 458-1, obs. Lhernould.

II. INDEMNITÉS DE RUPTURE CONVENTIONNELLE

14. Illégalité du montant des indemnités de rupture conventionnelle. Si les parties ont stipulé un montant d'indemnité inférieur à celui prévu par le code du travail, et ont fixé une date de rupture erronée, la nullité de la convention de rupture n'est pas encourue pour autant ; il appartient au juge de rectifier la date de la rupture et de procéder à une condamnation pécuniaire. • Soc. 8 juill. 2015, 🗝 n° 14-10.139 P : *D. actu.* 2 sept. 2015, obs. Ines ; *Dr. soc.* 2015. 1036, note Mouly ; *RJS* 10/2015, n° 639 ; *JSL* 2015, n° 394-2, obs. Pacotte et Bernardeschi ; *JCP S* 2015. 1031, obs. Corrignan-Carsin.

15. Indemnités de rupture conventionnelle et couverture de l'ANI du 11 janv. 2018. L'avenant n° 4 du 18 mai 2009 à l'ANI du 11 janv. 2008, relatif à l'indemnité de rupture conventionnelle, ne s'applique pas aux entreprises qui ne sont pas membres d'une des organisations signataires de cet accord et dont l'activité ne relève pas du champ d'application d'une convention collective de branche signée par une fédération patronale adhérente du Medef, de l'UPA ou de la CGPME ; la société relevant du secteur de l'audiovisuel et l'employeur n'étant pas membre d'une des organisations signataires de l'accord et son activité ne relevant pas du champ d'application d'une de ces organisations, le salarié ne peut pas prétendre à une indemnité spécifique de rupture au moins égale à l'indemnité conventionnelle de licenciement. • Soc. 27 juin 2018, 🗝 n° 17-15.948 : *RJS* 10/2018, n° 592. ♦ V. déjà pour les journalistes : • Soc. 3 juin 2015, 🗝 n° 13-26.799 P : *D.* 2015. Actu. 1276 ; *RDT* 2015. 458, obs. Auzero ; *Dr. soc.* 2015. 746, note Mouly ; *RJS* 8-9/2015, n° 564 ; *JSL* 2016, n° 392-7, obs. Lhernould.

16. Indemnités de rupture conventionnelle et indemnités conventionnelles de licenciement. Le montant de l'indemnité de rupture conventionnelle ne peut être inférieur au montant de l'indemnité conventionnelle de licenciement dès lors que celle-ci est plus favorable que l'indemnité légale, peu important qu'elle soit limitée à certains cas de licenciement seulement. • Soc. 5 mai 2021, 🗝 n° 19-24.650 P : *D. actu.* 18 mai 2021, obs. Malfettes ; *Dr. soc.* 2021. 748, note Mouly ; *RJS* 7/2021, n° 381 ; *JSL* 2021, n° 524-5, obs. Pacotte et Borocco ; *JCP S* 2021. 1190, obs. Tricoit.

17. Naissance de la créance d'indemnité de rupture conventionnelle. La créance d'indemnité de rupture conventionnelle, si elle n'est exigible qu'à la date fixée par la rupture, naît dès l'homologation de la convention ; sont donc fondés à réclamer le paiement de cette indemnité les ayants droit d'un salarié décédé après la date d'homologation administrative, mais avant la date de rupture du contrat de travail envisagée dans la convention. • Soc. 11 mai 2022, 🗝 n° 20-21.103 B : *D. actu.* 21 juin 2022, obs. Clément ; *D.* 2022. 998 ; *RJS* 7/2022, chron., avis Reméry ; *ibid.*, n° 366 ; *JSL* 2022, n° 545, obs. Lhernould ; *JCP* 2022. 864, obs. Billiau.

Accord national interprofessionnel du 11 janvier 2008,

Sur la modernisation du marché du travail.

Sont rendues obligatoires, pour tous les employeurs et tous les salariés compris dans son champ d'application, les dispositions de l'accord national interprofessionnel sur la modernisation du marché du travail du 11 janvier 2008, sous réserve de l'application des dispositions de la loi n° 2008-596 du 25 juin 2008 portant modernisation du marché du travail et des décrets n° 2008-715 et n° 2008-716 du 18 juillet 2008 portant diverses mesures relatives à la modernisation du marché du travail (Arr. du 23 juill. 2008, JO 25 juill.).

Sont rendues obligatoires, pour tous les employeurs et tous les salariés compris dans le champ d'application de l'accord national interprofessionnel sur la modernisation du marché du travail du 11 janvier 2008, les dispositions de l'avenant n° 4 du 18 mai 2009, portant révision des articles 11 et 12 à l'accord national interprofessionnel susvisé (Arr. du 26 nov. 2009, JO 27 nov.).

Art. 12 *Privilégier les solutions négociées à l'occasion des ruptures du contrat de travail.*
[...]

a) La rupture conventionnelle

Sans remettre en cause les modalités de rupture existantes du CDI, ni porter atteinte aux procédures de licenciements collectifs pour cause économique engagées par l'entreprise, il convient, par la mise en place d'un cadre collectif, de sécuriser les conditions dans lesquelles l'employeur et le salarié peuvent convenir en commun des conditions de la rupture du contrat de travail qui les lie.

Ce mode de rupture, exclusif de la démission et du licenciement, qui ne peut être imposé de façon unilatérale par l'une ou l'autre des parties, s'inscrit dans le cadre collectif ci-après :
[...]

• L'accès aux indemnités de rupture et aux allocations du régime d'assurance chômage est assuré :

— par le versement d'une indemnité spécifique non assujettie aux prélèvements sociaux et fiscaux et dont le montant ne peut être inférieur à celui de l'indemnité de rupture prévue à l'article 11 ci-dessus *(Avenant n° 4 du 18 mai 2009)* « ni à l'indemnité conventionnelle de licenciement prévue par la convention collective applicable ».

— par le versement des allocations de l'assurance chômage dans les conditions de droit commun dès lors que la rupture conventionnelle a été homologuée par le directeur départemental du travail.

• La sécurité juridique du dispositif, pour les deux parties, résulte de leur accord écrit qui les lie dès que la réunion de l'ensemble des conditions ci-dessus, garante de leur liberté de consentement, a été constatée et homologuée par le directeur départemental du travail précité au titre de ses attributions propres.

Art. L. 1237-14 A l'issue du délai de rétractation, la partie la plus diligente adresse une demande d'homologation à l'autorité administrative, avec un exemplaire de la convention de rupture. Un arrêté du ministre chargé du travail fixe le modèle de cette demande. – *V. Arr. du 8 févr. 2012 (JO 17 févr.).*

L'autorité administrative dispose d'un délai d'instruction de quinze jours ouvrables, à compter de la réception de la demande, pour s'assurer du respect des conditions prévues à la présente section et de la liberté de consentement des parties. A défaut de notification dans ce délai, l'homologation est réputée acquise et l'autorité administrative est dessaisie.

La validité de la convention est subordonnée à son homologation.

L'homologation ne peut faire l'objet d'un litige distinct de celui relatif à la convention. Tout litige concernant la convention, l'homologation ou le refus d'homologation relève de la compétence du conseil des prud'hommes, à l'exclusion de tout autre recours contentieux ou administratif. Le recours juridictionnel doit être formé, à peine d'irrecevabilité, avant l'expiration d'un délai de douze mois à compter de la date d'homologation de la convention.

Jusqu'au 7 nov. 2017, la déclaration des ruptures conventionnelles de contrats à durée indéterminée est exclue du champ d'application du droit des usagers de saisir l'administration par voie électronique (Décr. n° 2015-1422 du 5 nov. 2015).

BIBL. ▶ QUÉTANT, JSL 2009, n° 247-1 (homologation de la rupture conventionnelle devant le conseil des prud'hommes).

COMMENTAIRE

V. sur le Code en ligne 🔒.

1. Rupture conventionnelle et demande de résiliation judiciaire. La rupture conventionnelle, contre laquelle aucune demande d'annulation n'a été formulée dans le délai prévu par l'art. L. 1237-14, rend sans objet la demande de résiliation judiciaire présentée antérieurement. • Soc. 10 avr. 2013 : 🔒 *D. actu. 24 avr. 2013, obs. Peyronnet.*

2. Rupture conventionnelle et délai pour introduire la demande. Est irrecevable la demande en nullité de la convention de rupture introduite par le salarié postérieurement au délai de 12 mois prévu par l'art. L. 1237-14 C. trav., la convention ayant reçu exécution, et le salarié ayant disposé du temps nécessaire pour agir avant l'expiration du délai de prescription. • Soc. 6 déc. 2017, 🔒 n° 16-10.220 P : *D. actu. 3 janv. 2018, obs. Ndombi ; D. 2017. Actu. 2540 ⊘ ; RDT 2018. 392, obs. Morin ⊘ ; RJS 2/2018, n° 106 ; SSL 2018, n° 1799, p. 12, obs. Caro ; JSL 2018, n° 448-4, obs. Arandel et Rustarazo ; JCP S 2018. 1005, obs. François.*

3. Rupture conventionnelle et fraude. La fraude de l'employeur, qui a recouru à une rupture conventionnelle afin de se soustraire à la mise en place d'un plan de sauvegarde de l'emploi, ne permet pas d'écarter le délai de prescription d'un an prévu par l'art. L. 1237-14 car elle n'a pas été commise dans le but d'épuiser ce délai ; elle a toutefois pour effet de reporter le point de départ de la prescription au jour où le salarié en a eu connaissance. ● Soc. 22 juin 2016, ⚖ n° 15-16.994 P : *RJS 10/2016, n° 620 ; JCP S 2016. 1330, obs. François.*

4. Exemplaire de la convention de rupture. La remise d'un exemplaire de la convention de rupture au salarié est nécessaire pour engager la procédure d'homologation, mais également pour garantir le libre consentement du salarié en lui permettant d'exercer son droit de rétractation prévu par l'art. L. 1237-13 ; il s'agit d'une formalité substantielle puisque, dès lors qu'il est établi que le salarié n'avait pas reçu un exemplaire de la convention de rupture, cette dernière est atteinte de nullité, et la rupture doit alors s'analyser en un licenciement sans cause réelle et sérieuse. ● Soc. 6 févr. 2013 : ⚖ *D. 2013. Actu. 440 ⃗ ; D. actu. 19 févr. 2013, obs. Fraisse ; JCP S 2013. 1162, obs. Patin.* ◆ Doit être annulée la convention qui ne comporte pas la signature de l'employeur sur l'exemplaire remis au salarié, peu important que l'employeur ait toujours la possibilité d'exercer son droit de rétractation, dans le délai de quinze jours imparti, à compter de sa propre signature de ce document qui rappelle expressément l'existence de cette faculté. ● Soc. 3 juill. 2019, ⚖ n° 17-14.232 P : *D. actu. 19 juill. 2019, obs. Favrel ; D. 2019. Actu. 1453 ⃗ ; JCP 2019. 801, obs. Corrignan-Carsin ; JCP S 2019. 1268, obs. Tricoit.* ◆ Un exemplaire de la rupture conventionnelle du contrat de travail doit être remis au salarié, et ce même si la convention de rupture rédigée sur le formulaire Cerfa mentionne qu'elle a été établie en deux exemplaires, dès lors qu'il n'est pas indiqué que chacun des exemplaires a été effectivement remis à chaque partie. ● Soc. 3 juill. 2019, ⚖ n° 18-14.414 P : *D. actu. 19 juill. 2019, obs. Favrel ; D. 2019. Actu. 1453 ⃗ ; RJS 10/2019, n° 561 ; JSL 2019, n° 481-3, obs. Lhernould ; JCP 2019. 801, obs. Corrignan-Carsin ; JCP S 2019. 1267, obs. Tricoit.* ◆ En cas de contestation, il appartient à celui qui invoque cette remise d'en rapporter la preuve. ● Soc. 23 sept. 2020, ⚖ n° 18-25.770 P : *D. 2020. Actu. 1898 ⃗ ; RJS 11/2020, n° 529 ; Dr. ouvrier 2020. 834, obs. Gallon ; JCP S 2020. 3055, obs. Jeansen.*

5. Envoi anticipé de la demande d'homologation. Une partie à une convention de rupture ne peut valablement demander l'homologation de cette convention à l'autorité administrative avant l'expiration du délai de rétractation de quinze jours prévu par l'art. L. 1237-13 C. trav. ● Soc. 14 janv. 2016, ⚖ n° 14-26.220 P : *D. actu. 4 févr. 2016, obs. Fraisse ; D. 2016. Actu. 205 ⃗ ; ibid. Pan. 816, obs. Lokiec ⃗ ; Dr. soc. 2016. 291, note Mouly ⃗ ; RJS 3/2016, n° 171 ; JSL 2016, n° 404-4, obs. Hautefort.*

6. Retrait d'une décision de refus. La décision de refus d'homologation de la convention de rupture ne crée pas de droits acquis au profit des parties ou des tiers, de sorte qu'elle peut être légalement retirée par l'administration. ● Soc. 12 mai 2017, ⚖ n° 15-24.220 P : *D. 2017. Actu. 1048 ⃗ ; RDT 2017. 483, obs. Crouzatier-Durand ; Dr. soc. 2017. 680, obs. Mouly ⃗ ; RJS 7/2017, n° 472 ; JSL 2017, n° 434-1 ; SSL 2017, n° 1770, p. 13, obs. Champeaux et El Yacoubi ; JCP S 2017. 1290, obs. Flament.*

Art. L. 1237-15 Les salariés bénéficiant d'une protection mentionnés aux articles L. 2411-1 et L. 2411-2 peuvent bénéficier des dispositions de la présente section. Par dérogation aux dispositions de l'article L. 1237-14, la rupture conventionnelle est soumise à l'autorisation de l'inspecteur du travail dans les conditions prévues au chapitre I du titre I du livre IV, à la section 1 du chapitre I et au chapitre II du titre II du livre IV de la deuxième partie. Dans ce cas, et par dérogation aux dispositions de l'article L. 1237-13, la rupture du contrat de travail ne peut intervenir que le lendemain du jour de l'autorisation.

(L. n° 2011-867 du 20 juill. 2011) « Pour les médecins du travail, la rupture conventionnelle est soumise à l'autorisation de l'inspecteur du travail, après avis du médecin inspecteur du travail. »

En application de l'art. L. 231-4, 4°, CRPA, et par exception à l'application du délai de deux mois prévu à l'art. L. 231-1 du même code, le silence gardé par l'administration pendant deux mois vaut décision de rejet pour une demande d'autorisation de rupture conventionnelle du contrat de travail des salariés bénéficiant d'une protection mentionnés aux art. L. 2411-1 et L. 2411-2 C. trav. (Décr. n° 2014-1291 du 23 oct. 2014, art. 1ᵉʳ).

1. Le juge judiciaire ne peut pas, en l'état de l'autorisation administrative accordée à l'employeur et au salarié bénéficiant d'une protection pour procéder à la rupture conventionnelle du contrat de travail qui les lie et sans violer le principe de séparation des pouvoirs, apprécier la validité de la rupture, y compris lorsque la contestation porte sur la validité du consentement du salarié et que ce dernier soutient que ce consentement aurait été obtenu par suite d'un harcèlement moral. ● Soc. 20 déc. 2017, ⚖ n° 16-14.880 P : *D. 2018. Actu. 15 ⃗ ; RJS 3/2018, n° 200 ; JSL 2018, n° 448-2, obs. Hautefort ; JCP S 2018. 1071, obs. Kerbourc'h.*

2. Contrôle de l'inspecteur du travail. Il appartient à l'inspecteur du travail saisi d'une demande d'autorisation d'une rupture conventionnelle conclue par un salarié protégé et son employeur de s'assurer, au vu de l'ensemble des pièces du dossier, que la rupture n'est pas au nombre de celles mentionnées à l'art. L. 1237-16, qu'elle n'a été imposée à aucune des parties et que la procédure et les garanties prévues par le code du travail ont été respectées ; à ce titre, il lui incombe notamment de vérifier qu'aucune circonstance, en rapport avec les fonctions représentatives normalement exercées par le salarié ou à son appartenance syndicale, n'a été de nature à vicier son consentement. • CE 13 avr. 2023, n° 459213 : *RJS 7/2023, n° 394.*

Art. L. 1237-16 La présente section n'est pas applicable aux ruptures de contrats de travail résultant :

(Ord. n° 2017-1387 du 22 sept. 2017, art. 12) « 1° Des accords issus de la négociation mentionnée *(Ord. n° 2017-1718 du 20 déc. 2017, art. 1ᵉʳ-I)* « aux articles L. 2242-20 et L. 2242-21 » ; »

2° Des plans de sauvegarde de l'emploi dans les conditions définies par l'article L. 1233-61 ;

(Ord. n° 2017-1387 du 22 sept. 2017, art. 12 ; L. n° 2018-217 du 29 mars 2018, art. 11) « 3° Des accords collectifs mentionnés à l'article L. 1237-17. »

COMMENTAIRE

V. sur le Code en ligne.

Rupture conventionnelle et cause économique. Lorsqu'elles ont une cause économique et s'inscrivent dans un processus de réduction des effectifs dont elles constituent la ou l'une des modalités, les ruptures conventionnelles doivent être prises en compte pour déterminer la procédure d'information et de consultation des représentants du personnel applicable ainsi que les obligations de l'employeur en matière de plan de sauvegarde de l'emploi. • Soc. 9 mars 2011 : *D. actu. 15 mars 2011, obs. Perrin ; RDT 2011. 226, rapp. Béraud ; ibid. 244, obs. Géa ; Dr. soc. 2011. 681, note Loiseau ; JSL 2011, n° 298-2,* obs. Hautefort ; *JCP S 2011. 1200, obs. Favennec-Héry ; Dr. ouvrier 2011. 473, note Chirez ; SSL 2011, n° 1484, p. 7, obs. Pélissier.* ♦ Les ruptures conventionnelles du contrat de travail peuvent être prises en compte pour déterminer les obligations de l'employeur en matière de plan de sauvegarde de l'emploi à condition qu'elles aient une cause économique, qu'elles s'inscrivent dans un processus de réduction des effectifs et qu'elles aient été homologuées par l'administration du travail. • Soc. 29 oct. 2013 : *D. actu. 28 nov. 2013, obs. Fraisse ; D. 2013. Actu. 2584 ; RDT 2013. 764, obs. Leroy.*

SECTION 4 Rupture d'un commun accord dans le cadre d'un accord collectif

(Ord. n° 2017-1387 du 22 sept. 2017, art. 10)

Les modalités d'application de cette section sont fixées par décret *(Ord. n° 2017-1387 du 22 sept. 2017, art. 10-III).* – V. art. D. 1237-4 à D. 1237-12.

BIBL. ▶ BAUGARD, *RJS 10/2018, p. 687* (impact de la rupture conventionnelle collective sur les plans de départs volontaires). – FABRE, *SSL 2018, n° 1800, p. 3* (rupture conventionnelle collective et congé de mobilité : de faux jumeaux). – FILIPETTO, *RDT 2020. 332* (les accords de rupture conventionnelle collective : quelles tendances ?). – LOISEAU, *SSL 2017, n° 1788, p. 9* (coexistence des ruptures amiables dans le cadre d'un PDV et des ruptures conventionnelles collectives). – MEFTAH, *RJS 6/2020* (plans de départs volontaires et ruptures conventionnelles collectives). – MIR et AKNIN, *JCP S 2017. 1317* (les nouvelles ruptures amiables prévues par accord collectif). – MORVAN, *Dr. soc. 2018. 26* (salade des ruptures conventionnelles). – ROZEC, *JCP S 2020. 2088* (RCC : un dispositif en quête de place).

Art. L. 1237-17 Un accord collectif portant gestion prévisionnelle des emplois et des compétences ou rupture conventionnelle collective peut définir les conditions et modalités de la rupture d'un commun accord du contrat de travail qui lie l'employeur et le salarié.

Ces ruptures, exclusives du licenciement ou de la démission, ne peuvent être imposées par l'une ou l'autre des parties. Elles sont soumises aux dispositions de la présente section.

SOUS-SECTION 1 Congés de mobilité

Les congés de mobilité conclus en application d'un accord collectif relatif à la gestion prévisionnelle des emplois et des compétences et acceptés par les salariés avant l'entrée en vigueur de l'Ord. n° 2017-1387 du 22 sept. 2017 continuent à produire leurs effets jusqu'à leur terme dans les conditions applicables antérieurement à cette date (Ord. préc., art. 40-IV).

Les modalités d'application de cette sous-section sont fixées par décret (Ord. n° 2017-1387 du 22 sept. 2017, art. 10-III). — V. art. D. 1237-4 à D. 1237-5.

> **COMMENTAIRE**
> V. sur le Code en ligne 🔒. □

Art. L. 1237-18 (Ord. n° 2017-1718 du 20 déc. 2017, art. 1er-I ; L. n° 2018-217 du 29 mars 2018, art. 11) Un congé de mobilité peut être proposé par l'employeur soit dans le cadre d'un accord portant rupture conventionnelle collective conclu dans les conditions prévues aux articles L. 1237-19 à L. 1237-19-8, soit dans les entreprises ayant conclu un accord collectif portant sur la gestion des emplois et des compétences.

Le congé de mobilité a pour objet de favoriser le retour à un emploi stable par des mesures d'accompagnement, des actions de formation et des périodes de travail.

Art. L. 1237-18-1 Les périodes de travail du congé de mobilité peuvent être accomplies au sein ou en dehors de l'entreprise qui a proposé le congé.

Elles peuvent prendre soit la forme d'un contrat de travail à durée indéterminée, soit celle d'un contrat de travail à durée déterminée conclu en application du 1° de l'article L. 1242-3 dans une limite fixée par l'accord collectif. Dans ce dernier cas, le congé de mobilité est suspendu et reprend à l'issue du contrat pour la durée du congé restant à courir.

Art. L. 1237-18-2 L'accord collectif détermine :

1° La durée du congé de mobilité ;
2° Les conditions que doit remplir le salarié pour en bénéficier ;
3° Les modalités d'adhésion du salarié à la proposition de l'employeur, comprenant les conditions d'expression de son consentement écrit, et les engagements des parties ;
4° L'organisation des périodes de travail, les conditions auxquelles il est mis fin au congé et les modalités d'accompagnement des actions de formation envisagées ;
5° Le niveau de la rémunération versée pendant la période du congé de mobilité ;
6° Les conditions d'information des institutions représentatives du personnel ;
7° Les indemnités de rupture garanties au salarié, qui ne peuvent être inférieures aux indemnités légales dues en cas de licenciement pour motif économique.

Art. L. 1237-18-3 Le montant de la rémunération versée pendant la période du congé de mobilité est au moins égal au montant de l'allocation prévue au 3° de l'article L. 5123-2.

(*L. n° 2020-1576 du 14 déc. 2020, art. 8-III, en vigueur le 1er janv. 2021*) « Cette rémunération est soumise, dans la limite des douze premiers mois du congé pouvant être portés à vingt-quatre mois en cas de formation de reconversion professionnelle, au même régime social que celui de l'allocation versée au bénéficiaire du congé de reclassement prévue au dernier alinéa de l'article L. 1233-72. »

Art. L. 1237-18-4 L'acceptation par le salarié de la proposition de congé de mobilité emporte rupture du contrat de travail d'un commun accord des parties à l'issue du congé.

Les salariés bénéficiant d'une protection mentionnée au chapitre I du titre I du livre IV de la deuxième partie peuvent bénéficier du congé de mobilité. Par dérogation au premier alinéa du présent article, la rupture amiable dans le cadre du congé de mobilité est soumise à l'autorisation de l'inspecteur du travail dans les conditions prévues au chapitre I du titre II du livre IV de la deuxième partie. Dans ce cas la rupture du contrat de travail ne peut intervenir que le lendemain du jour de l'autorisation.

Pour les médecins du travail, la rupture du contrat est soumise à l'autorisation de l'inspecteur du travail, après avis du médecin inspecteur du travail.

Art. L. 1237-18-5 (*Ord. n° 2017-1718 du 20 déc. 2017, art. 1er-I*) L'autorité administrative du lieu où l'entreprise concernée par l'accord de gestion prévisionnelle des

RUPTURE DU CONTRAT DE TRAVAIL **Art. L. 1237-19**

emplois et des compétences est établie est informée par l'employeur des ruptures prononcées dans le cadre du congé de mobilité dans des conditions prévues par décret. — V. art. D. 1237-4 et D. 1237-5.

SOUS-SECTION 2 **Rupture d'un commun accord dans le cadre d'un accord collectif portant rupture conventionnelle collective**

Les modalités d'application de cette sous-section sont fixées par décret (Ord. n° 2017-1387 du 22 sept. 2017, art. 10-III). — V. art. R.* 1237-6 à D. 1237-12.

V. Questions/Réponses sur la rupture conventionnelle collective, 17 avr. 2018, http://travail-emploi.gouv.fr/droit-du-travail/rupture-de-contrats/article/la-rupture-conventionnelle-collective.

BIBL. ▶ Favennec-Héry, JCP S 2022. 1062 (PSE et RCC). - Gadrat, *Dr. soc. 2019. 239* (de l'avantage du recours à la rupture conventionnelle collective). - Martin et Albiol, *SSL 2018, n° 1813, p. 2* (la RCC, un outil de restructuration à froid?). - Morvan, *Dr. soc. 2018. 26*.

> *COMMENTAIRE*
> V. sur le Code en ligne 🏛. ❑

Art. L. 1237-19 Un accord collectif peut déterminer le contenu d'une rupture conventionnelle collective excluant tout licenciement pour atteindre les objectifs qui lui sont assignés en termes de suppression d'emplois.

L'administration est informée sans délai de l'ouverture d'une négociation en vue de l'accord précité. — V. art. D. 1237-7.

1. Délai d'information de l'administration. L'observation du délai d'information imparti par les dispositions des art. L. 1237-19 et D. 1237-7 n'est pas prescrite à peine de nullité de la procédure ; aucun élément, en outre, ne permet de conclure que l'inobservation de ce délai a eu pour conséquence de porter atteinte à une garantie de procédure ou ait exercé une influence sur le sens de la décision litigieuse. • CAA Versailles, 14 mars 2019, 🏛 n° 18VE04158 : *RJS 5/2019, n° 287 ; RPC 2019. Comm. 110, obs. Taquet ; JCP S 2019. 1136, obs. Aknin* (confirmant TA Cergy Pontoise 16 oct. 2018, V. *RDT 2018. 762, obs. Géa*).

2. Contenu du contrôle de l'administration. Il n'appartient pas à l'administration de vérifier la régularité de la procédure de consultation du CHSCT, les dispositions spécifiquement applicables à la procédure de rupture conventionnelle collective ne prévoient aucune consultation de ce comité préalablement à la signature du projet d'accord collectif. • TA Cergy-Pontoise, 16 oct. 2018, n° 1807099 : *préc. note 1.* ♦ Lorsqu'elle est saisie par un employeur d'une demande de validation d'un accord collectif portant rupture conventionnelle collective, l'administration du travail n'est tenue de s'assurer, le cas échéant, que de la seule régularité de la procédure d'information du comité social et économique s'il existe ou, à défaut, du comité d'entreprise, au regard des prescriptions dudit accord, ainsi que le prévoit l'art. L. 1237-19-1 ; il ne lui appartient pas, au titre de ce contrôle, de s'assurer que l'employeur a, avant la signature de l'accord, procédé à une consultation du comité sur le projet de réorganisation, de restructuration et de compression des effectifs qu'impliquerait la mise en œuvre de cet accord ; il ne lui appartient pas non plus de vérifier que le CHSCT a été régulièrement consulté, les dispositions applicables à cette procédure ne prévoyant pas l'intervention de cette instance. • CAA Versailles 14 mars 2019, 🏛 n° 18VE04158 : *RJS 5/2019, n° 287.*

3. Existence d'un motif économique. La circonstance que les suppressions de postes envisagées dans le cadre de l'accord reposent sur un motif économique n'est pas, en elle-même, de nature à imposer la mise en œuvre d'un plan de sauvegarde de l'emploi, dès lors que, dans l'accord, la direction a expressément pris l'engagement de ne procéder à aucun licenciement pendant une période de douze mois suivant les premiers départs. • CAA Versailles, 14 mars 2019, 🏛 n° 18VE04158 : *préc. note 1.* ♦ La circonstance qu'un accord de rupture conventionnelle collective a été conclu ne fait pas obstacle par elle-même à ce que l'employeur établisse et mette en œuvre un plan de sauvegarde de l'emploi, dès lors que ce dernier respecte les stipulations de cet accord qui lui sont applicables. • CAA Paris, 14 mars 2022, 🏛 n° 21PA06607 : *RJS 5/2022, n° 239.* ♦ Pour autant, un accord portant rupture conventionnelle collective, compte tenu de ce qu'il doit être exclusif de toute rupture du contrat de travail imposée au salarié, ne peut être validé par le DREETS lorsqu'il est conclu dans le contexte d'une cessation d'activité de l'établissement ou de l'entreprise en cause conduisant de manière certaine à ce que les salariés n'ayant pas opté pour le dispositif de RCC fassent l'objet, à la fin de l'application de cet accord d'un licenciement pour motif économique, et le cas échéant, d'un PSE. • CE 21 mars 2023, 🏛 n° 459626 : *RDT 2023. 415, obs. Géa ; AJDA 2023. 591 ; JSL 2023, n° 563-1, obs. Hautefort ; SSL 2023, n° 2040, p. 20, obs. Cavat ; ibid. n° 2047, p. 10, note Duteillet de Lamothe ; RJS 6/2023, n° 301 ; JCP S 2023. 1123, obs. Morvan.*

Art. L. 1237-19-1 (*Ord. n° 2017-1718 du 20 déc. 2017, art. 1er-I*) L'accord portant rupture conventionnelle collective détermine :
1° Les modalités et conditions d'information du comité social et économique (*L. n° 2018-217 du 29 mars 2018, art. 11*) « , s'il existe » ;
2° Le nombre maximal de départs envisagés, de suppressions d'emplois associées, et la durée (*L. n° 2018-217 du 29 mars 2018, art. 11*) « pendant laquelle des ruptures de contrat de travail peuvent être engagées sur le fondement de l'accord ; »
3° Les conditions que doit remplir le salarié pour en bénéficier ;
4° Les modalités de présentation et d'examen des candidatures au départ des salariés, comprenant les conditions de transmission de l'accord écrit du salarié au dispositif prévu par l'accord collectif ;
(*L. n° 2018-217 du 29 mars 2018, art. 11*) « 4° bis Les modalités de conclusion d'une convention individuelle de rupture entre l'employeur et le salarié et d'exercice du droit de rétractation des parties ; »
5° Les modalités de calcul des indemnités de rupture garanties au salarié, qui ne peuvent être inférieures aux indemnités légales dues en cas de licenciement ;
6° Les critères de départage entre les potentiels candidats au départ ;
7° Des mesures visant à faciliter (*L. n° 2018-217 du 29 mars 2018, art. 11*) « l'accompagnement et » le reclassement externe des salariés sur des emplois équivalents, telles que (*L. n° 2018-217 du 29 mars 2018, art. 11*) « le congé de mobilité dans les conditions prévues aux articles L. 1237-18-1 à L. 1237-18-5, » des actions de formation, de validation des acquis de l'expérience ou de reconversion ou des actions de soutien à la création d'activités nouvelles ou à la reprise d'activités existantes par les salariés ;
8° Les modalités de suivi de la mise en œuvre effective de l'accord portant rupture conventionnelle collective.

Les 5° et 6° deviennent respectivement les 6° et 5° (L. n° 2018-217 du 29 mars 2018, art. 11).

Art. L. 1237-19-2 L'acceptation par l'employeur de la candidature du salarié dans le cadre de la rupture conventionnelle collective emporte rupture du contrat de travail d'un commun accord des parties (*L. n° 2018-217 du 29 mars 2018, art. 11*) « , le cas échéant dans les conditions prévues à l'article L. 1237-18-4 ».

Les salariés bénéficiant d'une protection mentionnée au chapitre I du titre I du livre IV de la deuxième partie peuvent bénéficier des dispositions de l'accord portant rupture conventionnelle collective. Par dérogation au premier alinéa du présent article, la rupture d'un commun accord dans le cadre de la rupture conventionnelle collective est soumise à l'autorisation de l'inspecteur du travail dans les conditions prévues au chapitre I du titre II du livre IV de la deuxième partie. Dans ce cas la rupture du contrat de travail ne peut intervenir que le lendemain du jour de l'autorisation.

Pour les médecins du travail, la rupture du contrat est soumise à l'autorisation de l'inspecteur du travail, après avis du médecin inspecteur du travail.

Art. L. 1237-19-3 L'accord collectif mentionné à l'article L. 1237-19 est transmis à l'autorité administrative pour validation.
(*L. n° 2018-217 du 29 mars 2018, art. 11*) « L'autorité administrative valide l'accord collectif dès lors qu'elle s'est assurée :
« 1° De sa conformité au même article L. 1237-19 ;
« 2° De la présence des clauses prévues à l'article L. 1237-19-1 ;
« 3° Du caractère précis et concret des mesures prévues au 7° du même article L. 1237-19-1 ;
« 4° Le cas échéant, de la régularité de la procédure d'information du comité social et économique. »

V. art. R.* 1237-6 s. et D. 1237-8.

Art. L. 1237-19-4 L'autorité administrative notifie à l'employeur la décision de validation dans un délai de quinze jours à compter de la réception de l'accord collectif mentionné à l'article L. 1237-19.
Elle la notifie, dans les mêmes délais, au comité social et économique (*L. n° 2018-217 du 29 mars 2018, art. 11*) « , s'il existe, » et aux (*Ord. n° 2017-1718 du 20 déc. 2017, art. 1er-I*) « signataires de l'accord ». La décision prise par l'autorité administrative est motivée.

Le silence gardé par l'autorité administrative *(Ord. n° 2017-1718 du 20 déc. 2017, art. 1ᵉʳ-I)* « à l'issue du délai » prévu au premier alinéa vaut décision d'acceptation de validation. Dans ce cas, l'employeur transmet une copie de la demande de validation, accompagnée de son accusé de réception par l'administration, au comité social et économique *(L. n° 2018-217 du 29 mars 2018, art. 11)* « , s'il existe, » et aux *(Ord. n° 2017-1718 du 20 déc. 2017, art. 1ᵉʳ-I)* « signataires de l'accord ».

La décision de validation ou, à défaut, les documents mentionnés au *(Ord. n° 2017-1718 du 20 déc. 2017, art. 1ᵉʳ-I)* « troisième » alinéa et les voies et délais de recours sont portés à la connaissance des salariés par voie d'affichage sur leurs lieux de travail ou par tout autre moyen permettant de conférer date certaine à cette information.

V. art. D. 1237-9 s.

Art. L. 1237-19-5 L'autorité administrative compétente pour prendre la décision de validation est celle du lieu où l'entreprise ou l'établissement concerné par le projet *(Ord. n° 2017-1718 du 20 déc. 2017, art. 1ᵉʳ-I)* « d'accord portant rupture conventionnelle collective » est établi. Si le projet d'accord portant rupture conventionnelle collective porte sur des établissements relevant de la compétence d'autorités différentes, *(Décr. n° 2020-88 du 5 févr. 2020, art. 1ᵉʳ)* « l'autorité administrative compétente est désignée dans les conditions prévues par décret en Conseil d'État ».

Art. L. 1237-19-6 *(L. n° 2018-217 du 29 mars 2018, art. 11)* En cas de refus de validation, un nouvel accord peut être négocié, qui tient compte des éléments de motivation accompagnant la décision de l'administration. Le comité social et économique, s'il existe, est informé de la reprise de la négociation. Le nouvel accord conclu est transmis à l'autorité administrative, qui se prononce dans les conditions prévues aux articles L. 1237-19-3 et L. 1237-19-4.

Art. L. 1237-19-7 Le suivi de la mise en œuvre de l'accord portant rupture conventionnelle collective fait l'objet *(L. n° 2018-217 du 29 mars 2018, art. 11)* « , s'il existe, » d'une consultation régulière et détaillée du comité social et économique dont les avis sont transmis à l'autorité administrative.

L'autorité administrative est associée au suivi de ces mesures et reçoit un bilan, établi par l'employeur, de la mise en œuvre de l'accord portant rupture conventionnelle collective.

V. art. D. 1237-12.

Art. L. 1237-19-8 L'accord collectif mentionné à l'article L. 1237-19, le contenu de l'accord portant rupture conventionnelle collective, et la régularité de la procédure précédant la décision de l'autorité administrative ne peuvent faire l'objet d'un litige distinct de celui relatif à la décision de validation mentionnée à l'article L. 1237-19-3.

Les recours contre la décision de validation sont formés, instruits et jugés dans les conditions définies à l'article L. 1235-7-1.

Toute autre contestation portant sur la rupture du contrat doit être formée, à peine d'irrecevabilité, avant l'expiration d'un délai de douze mois à compter de la date de la rupture du contrat.

Art. L. 1237-19-9 *(Ord. n° 2017-1718 du 20 déc. 2017, art. 1ᵉʳ-I)* Lorsque les suppressions d'emplois résultant de l'accord collectif prévu à l'article L. 1237-19 affectent, par leur ampleur, l'équilibre du ou des bassins d'emploi dans lesquels ils sont implantés, les entreprises ou les établissements d'au moins mille salariés ainsi que les entreprises mentionnées à l'article L. 2331-1 et celles répondant aux conditions mentionnées aux articles L. 2341-1 et L. 2341-2, dès lors qu'elles emploient au total au moins mille salariés, sont tenus de contribuer à la création d'activités et au développement des emplois et d'atténuer les effets de l'accord portant rupture conventionnelle collective envisagé sur les autres entreprises dans le ou les bassins d'emploi.

Ces dispositions ne sont pas applicables dans les entreprises en redressement ou en liquidation judiciaire.

Art. L. 1237-19-10 Une convention entre l'entreprise et l'autorité administrative, conclue dans un délai de six mois à compter de la validation prévue à l'article L. 1237-19-3, détermine, le cas échéant sur la base d'une étude d'impact social et territorial prescrite par l'autorité administrative, la nature ainsi que les modalités de financement et de mise en œuvre des actions prévues à l'article L. 1237-19-9.

La convention tient compte des actions de même nature éventuellement mises en œuvre par anticipation dans le cadre d'un accord collectif relatif à la gestion prévisionnelle des emplois et des compétences ou prévues dans le cadre d'un accord collectif portant rupture conventionnelle collective établi par l'entreprise ou prévues dans le cadre d'une démarche volontaire de l'entreprise faisant l'objet d'un document-cadre conclu entre l'État et l'entreprise. Le contenu et les modalités d'adoption de ce document sont définis par décret. Lorsqu'un accord collectif de groupe, d'entreprise ou d'établissement prévoit des actions de telle nature, assorties d'engagements financiers de l'entreprise au moins égaux au montant de la contribution prévue à l'article L. 1237-19-11, cet accord tient lieu, à la demande de l'entreprise, de la convention prévue au présent article entre l'entreprise et l'autorité administrative, sauf opposition de cette dernière motivée et exprimée dans les deux mois suivant la demande.

Art. L. 1237-19-11 Le montant de la contribution versée par l'entreprise ne peut être inférieur à deux fois la valeur mensuelle du salaire minimum de croissance par emploi supprimé. Toutefois, l'autorité administrative peut fixer un montant inférieur lorsque l'entreprise est dans l'incapacité d'assurer la charge financière de cette contribution.

En l'absence de convention signée ou d'accord collectif en tenant lieu, les entreprises versent au Trésor public une contribution égale au double du montant prévu au premier alinéa.

Art. L. 1237-19-12 Les actions prévues à l'article L. 1237-19-9 sont déterminées après consultation des collectivités territoriales intéressées, des organismes consulaires et des partenaires sociaux membres de la commission paritaire interprofessionnelle régionale.

Leur exécution fait l'objet d'un suivi et d'une évaluation, sous le contrôle de l'autorité administrative, selon des modalités définies par décret. Ce décret détermine également les conditions dans lesquelles les entreprises dont le siège n'est pas implanté dans le bassin d'emploi affecté par l'accord portant rupture conventionnelle collective contribuent aux actions prévues.

Art. L. 1237-19-13 Les maisons de l'emploi peuvent participer, dans des conditions fixées par voie de convention avec les entreprises intéressées, à la mise en œuvre des mesures relatives à la revitalisation des bassins d'emploi.

Art. L. 1237-19-14 Une convention-cadre nationale de revitalisation est conclue entre le ministre chargé de l'emploi et l'entreprise lorsque les suppressions d'emplois concernent au moins trois départements.

Il est tenu compte, pour la détermination du montant de la contribution mentionnée à l'article L. 1237-19-11, du nombre total des emplois supprimés.

La convention-cadre est signée dans un délai de six mois à compter de la (*Ord. n° 2017-1718 du 20 déc. 2017, art. 1ᵉʳ-I*) « décision de » validation prévue à l'article L. 1237-19-3.

Elle donne lieu, dans un délai de quatre mois à compter de sa signature, à une ou plusieurs conventions locales conclues entre le représentant de l'État et l'entreprise. Ces conventions se conforment au contenu de la convention-cadre nationale.

CHAPITRE VIII **DISPOSITIONS PÉNALES**

BIBL. ▶ MALAVAL, *Dr. soc. 1981*. 294 (droit pénal des licenciements économiques).

Art. L. 1238-1 Le fait de porter ou de tenter de porter atteinte à l'exercice régulier des fonctions de conseiller du salarié, notamment par la méconnaissance des articles L. 1232-8 à L. 1232-12 et L. 1232-14, est puni d'un emprisonnement d'un an et d'une amende de 3 750 €. – [*Anc. art. L. 152-1.*]

RÉP. TRAV. v° *Entrave aux institutions représentatives des salariés et à l'exercice du droit syndical*, par AMAUGER-LATTES.

Une cour d'appel ne peut pas juger sans cause réelle et sérieuse le licenciement pour abandon de poste d'un salarié participant à une activité dans la réserve opérationnelle sans constater l'existence de sa part d'une demande écrite d'autorisation d'absence, laquelle fait courir le délai imparti à l'employeur pour notifier à l'intéressé et à l'autorité militaire son refus de la lui accorder. • Soc. 23 juin 2021, 🔒 n° 19-18.835 D.

Art. L. 1238-2 Le fait de procéder à un licenciement sans accomplir les consultations *(Abrogé par Ord. n° 2017-1386 du 22 sept. 2017, art. 4) « des délégués du personnel prévues à l'article L. 1233-29 et »* du *(Ord. n° 2017-1386 du 22 sept. 2017, art. 4) « comité social et économique »* prévues aux articles *(Ord. n° 2017-1386 du 22 sept. 2017, art. 4) « L. 1233-29 »*, L. 1233-30, L. 1233-34 et L. 1233-35, est puni d'une amende de 3 750 €, prononcée autant de fois qu'il y a de salariés concernés par l'infraction.

Art. L. 1238-3 Le fait de ne pas respecter le délai d'envoi des lettres de licenciement prévu à l'article L. 1233-39 est puni d'une amende de 3 750 €, prononcée autant de fois qu'il y a de salariés concernés par l'infraction. — *[Anc. art. L. 321-11, al. 1er et 4.]*

Art. L. 1238-4 Le fait de procéder à un licenciement sans le notifier à l'autorité administrative dans les conditions prévues à l'article L. 1233-46 est puni d'une amende de 3 750 €, prononcée autant de fois qu'il y a de salariés concernés par l'infraction. — *[Anc. art. L. 321-11, al. 1er et 3.]*

Art. L. 1238-5 En cas de redressement ou de liquidation judiciaire, le fait pour l'employeur, l'administrateur ou le liquidateur de ne pas respecter les dispositions des articles L. 1233-58 et L. 1233-60 est puni d'une amende de 3 750 €, prononcée autant de fois qu'il y a de salariés concernés par l'infraction. — *[Anc. art. L. 321-11, al. 1er et 5.]*

TITRE IV **CONTRAT DE TRAVAIL À DURÉE DÉTERMINÉE**

RÉP. TRAV. v° *Contrat de travail à durée déterminée*, par HABLOT.

BIBL. GÉN. ▶ **Commentaire de la loi du 3 janv. 1979** : BONNETÊTE, *RPDS 1979. 69*. – BUY, *JCP CI 1979. II. 13130*. – CORRIGNAN-CARSIN, *D. 1979. Chron. 227*. – POULAIN, *Dr. soc. 1979. 67*. – SARAMITO, *Dr. ouvrier 1979. 233*.

▶ **Commentaire de l'ordonnance du 5 févr. 1982** : POULAIN, *Dr. soc. 1982. 356*. – RAYROUX, *Gaz. Pal. 1982. 1. Doctr. 164*. – SARAMITO, *Dr. ouvrier 1982. 403*. – TEYSSIÉ, *JCP CI 1982. II. 13830*.

▶ **Commentaire de la loi du 17 janv. 2002** : ROY-LOUSTAUNAU, *Dr. soc. 2002. 304*.

▶ AHUMADA, *RPDS 1986. 38* ; *ibid. 1988. 393* (rupture anticipée). – H. BLAISE, *Dr. soc. 1991. 11* (loi du 12 juill. 1990) ; *ibid. 1993. 41* (rupture avant le terme) ; *RJS 1994. 319*. – CAMERLYNCK, *Ét. offertes à A. Brun, 1974, p. 101*. – CASAUX, *Dr. soc. 1988. 175* (travail saisonnier). – CATALA, *ibid. 1972. 288* (travail saisonnier). – COTTEREAU, *ibid. 1985. 27* (résiliation judiciaire). – COUTURIER, *ibid. 1980, n° spéc. sept.-oct., 38*. – DOMERGUE, *Dr. ouvrier 1997. 112* (formes de l'emploi précaire). – DUNES, *Dr. soc. 1980, n° spéc. sept.-oct., 65*. – ERHEL, *Dr. ouvrier 2020. 300* (les CDD en France : un changement de composition et d'usage depuis les années 2000 ?). – ÉTIENNOT, KESSLER et MOUKKA, *ibid. 1992. 66* (contrat à durée déterminée d'usage). – GOLESTANIAN, *ibid. 2001. 98* (contrat de remplacement). – GOMES, *ibid. 2019. 599* (le modèle du contrat de travail au défi des plateformes numériques). – KARAQUILLO, *RDT 2010. 14* (l'application du code du travail au contrat de travail du sportif professionnel). – KERBOURC'H, *ibid. 1995. 987* (le contrat à durée déterminée irrégulier en droit privé et en droit public). – LACHAISE, *ibid. 1989. 652*. – LUCCHINI, *Dr. ouvrier 2021. 564* (recours au CDD : entre ordre public et négociation collective). – A. LYON-CAEN, *ibid. 1983. 5*. – MORAND, *JCP 1992. I. 129* (contrat de remplacement). – MORVILLE, *CSB 1995. 301 et 339* (jurisprudence récente) ; *ibid. 1996. 223* (revue de jurisprudence) ; *ibid. 1997. 27* (jurisprudence récente). – MOULY, *Dr. soc. 2015. 726* (les suites de contrats temporaires : une jurisprudence contrastée) ; *Dr. ouvrier 2019. 591* (CDD ou de mission : contrats à terme ?). – PÉLISSIER, *Dr. soc. 1980, n° spéc. sept.-oct., 47* (renouvellement) ; *ibid. 1983. 17* (droits des salariés) ; *ibid. 1987. 93* (travail intermittent). – POULAIN, *Ét. offertes à G.H. Camerlynck, 1978, p. 63* ; *Dr. soc. 1989. 300* (travail intermittent). – ROY-LOUSTAUNAU, *JCP E 1992. I. 161* (remplacement d'un salarié absent) ; *RJS 1996. 215* (contrat saisonnier) ; *Dr. soc. 2003. 263* (loi du 3 janv. 2003). – SARAMITO, *Dr. ouvrier 1987. 39*. – SAVATIER, *Dr. soc. 1987. 407* (requalification). – VINCENT, *Gaz. Pal. 1988. 1. Doctr. 13* (emploi à caractère artistique).

▶ **Contrats courts :** Baugard et Coquet, *RDT 2019. Controverse 452* ✐ (quels instruments juridiques pour limiter les contrats courts ?). – Cette et Petit, *Dr. soc. 2018. 816* ✐ (contrats de travail courts : définition, diversité, usages abusifs et modalités de réduction). – Leborgne-Ingelaere, *RJS 2/2022* (les contrats courts en quête d'équilibre).

CHAPITRE I — CHAMP D'APPLICATION

Art. L. 1241-1 Les dispositions du présent titre ne s'appliquent ni au contrat d'apprentissage ni au contrat de mission conclu avec une entreprise de travail temporaire. — *[Anc. art. L. 122-3-14.]*

CHAPITRE II — CONCLUSION ET EXÉCUTION DU CONTRAT

SECTION 1 — Conditions de recours

SOUS-SECTION 1 — Cas de recours

Art. L. 1242-1 Un contrat de travail à durée déterminée, quel que soit son motif, ne peut avoir ni pour objet ni pour effet de pourvoir durablement un emploi lié à l'activité normale et permanente de l'entreprise. — *[Anc. art. L. 122-1, al. 1er.]* — V. art. L. 1248-1 (pén.).

V. Circ. DRT n° 18/90 du 30 oct. 1990 (BOMT n° 90/24, texte n° 567) relative au contrat de travail à durée déterminée et au travail temporaire ; Circ. DRT n° 92-14 du 29 août 1992 (BOMT n° 92/21, texte n° 722) relative au régime juridique du contrat de travail à durée déterminée et du travail temporaire.

COMMENTAIRE

V. sur le Code en ligne 🔒.

1. Caractère temporaire de l'entreprise. Le caractère temporaire d'une entreprise ne fait pas obstacle à la conclusion d'un contrat à durée indéterminée dès lors que l'emploi occupé par le salarié est lié à l'activité normale et permanente de l'entreprise. ● Soc. 4 déc. 1996 : ⚖ *RJS 1997. 20, n° 9.*

2. Illustrations d'emplois liés à l'activité normale et permanente de l'entreprise. En relevant que l'emploi, même s'il était à temps partiel avec des alternances de périodes travaillées et de périodes non travaillées, répondait à un besoin permanent de l'entreprise, une cour d'appel a légalement justifié sa décision de requalifier le contrat à durée déterminée en contrat à durée indéterminée. ● Soc. 8 janv. 1997 : ⚖ *CSB 1997. 69, A. 13* (salarié engagé pendant quatre années en qualité d'opérateur du son par une chaîne de télévision). ◆ Est lié à l'activité normale et permanente de l'entreprise : l'emploi occupé par un salarié recruté pour des remplacements de salariés absents d'une durée très minime, sur des postes interchangeables et alors que le salarié avait travaillé sans discontinuité, exception faite des périodes de fermeture de l'entreprise, pendant près de deux ans. ● Soc. 27 juin 2007, ⚖ n° 06-41.345 P. ◆ Il en va de même pour un salarié employé pendant une période continue de 26 mois pour dispenser des formations de même nature à des stagiaires souhaitant acquérir une formation professionnelle dans le même domaine, préparant un diplôme d'enseignement technique reconnu par l'éducation nationale. ● Soc. 15 févr. 2006, ⚖ n° 04-41.015 P. ◆ La multiplicité du recours aux CDD (589) durant une période de neuf ans pour exercer la même fonction revient à pourvoir durablement un emploi lié à l'activité normale et permanente de l'entreprise. ● Soc. 24 juin 2015, ⚖ n° 13-26.631 P : *D. actu. 28 juill. 2015*, obs. Fraisse ; *D. 2015. Actu. 1445* ✐ ; *RJS 10/2015, n° 654.*

3. Besoin structurel de main-d'œuvre. Le seul fait pour l'employeur, qui est tenu de garantir aux salariés le bénéfice des droits à congés maladie ou maternité, à congés payés ou repos que leur accorde la loi, de recourir à des contrats à durée déterminée de remplacement de manière récurrente, voire permanente, ne saurait suffire à caractériser un recours systématique aux contrats à durée déterminée pour faire face à un besoin structurel de main-d'œuvre et pourvoir ainsi durablement un emploi durable lié à l'activité normale et permanente de l'entreprise. ● Soc. 14 févr. 2018, ⚖ n° 16-17.966 P : *D. 2018. Actu. 464* ✐ ; *RDT 2018. 286*, obs. Baugard ✐ ; *Dr. soc. 2018. 364*, obs. Mouly ✐ ; *RJS 4/2018, n° 240* ; *SSL 2018, n° 1805, p. 9*, obs. Caro ; *JCP 2018. 280*, obs. Dedessus-le-Moustier ; *JCP S 2018. 1096*, obs. Courcol-Bouchard. ◆ La possibilité donnée à l'employeur de conclure avec le même salarié des contrats à durée déterminée successifs pour remplacer un ou des salariés absents ou dont le contrat est suspendu ne peut avoir pour objet ni pour effet de pourvoir durablement un emploi lié à l'activité normale et permanente de l'entreprise. ● Soc. 26 janv. 2005 : ⚖ *D. 2005. Pan. 2499*, obs. Pélissier ✐ ; *Dr. soc. 2005. 573*, obs.

Roy-Loustaunau ⌀ ; RJS 2005. 258, n° 350 ; Dr. ouvrier 2005. 396 ; SSL 2005, n° 1201, p. 14 ; CSB 2005, A. 561, obs. Chabbi • 29 sept. 2004 : 🔒 RJS 2004. 888, n° 1251 • 11 oct. 2006 : 🔒 RJS 2006. 936, n° 1253 ; Dr. soc. 2007. 642, obs. Roy-Loustaunau ⌀ • Soc. 3 juin 2015, 🔒 n° 14-17.705 : D. actu. 23 juin 2015, obs. Fraisse ; D. 2015. Actu. 1277 ⌀ ; RJS 8-9/2015, n° 603.

4. Une convention collective ne peut permettre le recours au contrat d'intervention à durée déterminée pour des salariés occupant déjà dans l'entreprise des emplois liés à son activité normale et permanente dans le cadre de contrats à durée indéterminée, peu important que ces contrats fussent à temps partiel ou intermittents. • Soc. 30 mars 2011 : 🔒 D. 2011. Actu. 1086, obs. Perrin ⌀.

5. Caractère d'ordre public des dispositions relatives aux conditions de recours et de forme du CDD. La convention collective du rugby professionnel, en imposant le recours aux contrats à durée déterminée (CDD) pour le recrutement de joueurs, ne peut faire obstacle à leur requalification lorsqu'ils contreviennent aux dispositions d'ordre public relatives aux conditions de recours et de forme du contrat à durée déterminée. • Soc. 2 avr. 2014 : 🔒 D. actu. 5 mai 2014, obs. Ines ; D. 2014. 1363, note Karaquillo ⌀ ; ibid. 1404, obs. Mariette, Sommé, Ducloz, Wurtz, Contamine et Flores ⌀ ; Dr. soc. 2014. 576, obs. Mouly ⌀ ; ibid. 818, note Barthélémy ⌀ ; RDT 2014. 416, obs. Jacotot ⌀ ; RJS 2014. 382, n° 468 ; JSL 2014, n° 367-17.

6. Utilisation du CESU. Si l'utilisation du chèque emploi-service universel pour les emplois n'excédant pas huit heures hebdomadaires dispense l'employeur d'établir un contrat de travail écrit, elle ne lui permet pas de déroger aux dispositions d'ordre public du C. trav. régissant les cas de recours au contrat à durée déterminée et ses conditions de renouvellement. • Soc. 27 mars 2019, 🔒 n° 18-10.903 P : D. 2019. Actu. 767 ⌀ ; RJS 6/2019, n° 389 ; JCP S 2019. 1149, obs. Bouzez.

Art. L. 1242-2 Sous réserve des dispositions de l'article L. 1242-3, un contrat de travail à durée déterminée ne peut être conclu que pour l'exécution d'une tâche précise et temporaire, et seulement dans les cas suivants :

1° Remplacement d'un salarié en cas :

a) D'absence ;

b) De passage provisoire à temps partiel, conclu par avenant à son contrat de travail ou par échange écrit entre ce salarié et son employeur ;

c) De suspension de son contrat de travail ;

d) De départ définitif précédant la suppression de son poste de travail après consultation du *(Ord. n° 2017-1386 du 22 sept. 2017, art. 4)* « comité social et économique, s'il existe » ;

e) D'attente de l'entrée en service effective du salarié recruté par contrat à durée indéterminée appelé à le remplacer ;

2° Accroissement temporaire de l'activité de l'entreprise ;

3° Emplois à caractère *(L. n° 2016-1088 du 8 août 2016, art. 86)* « saisonnier, dont les tâches sont appelées à se répéter chaque année selon une périodicité à peu près fixe, en fonction du rythme des saisons ou des modes de vie collectifs ou emplois » pour lesquels, dans certains secteurs d'activité définis par décret ou par convention ou accord collectif de travail étendu, il est d'usage constant de ne pas recourir au contrat de travail à durée indéterminée en raison de la nature de l'activité exercée et du caractère par nature temporaire de ces emplois. *(L. n° 2018-727 du 10 août 2018, art. 18)* « Lorsque la durée du contrat de travail est inférieure à un mois, un seul bulletin de paie est émis par l'employeur ; »

4° Remplacement d'un chef d'entreprise artisanale, industrielle ou commerciale, d'une personne exerçant une profession libérale, de son conjoint participant effectivement à l'activité de l'entreprise à titre professionnel et habituel ou d'un associé non salarié d'une société civile professionnelle, d'une société civile de moyens[,] *(L. n° 2015-990 du 6 août 2015, art. 63-VIII)* « d'une société d'exercice libéral ou de toute autre personne morale exerçant une profession libérale ; »

5° Remplacement du chef d'une exploitation agricole ou d'une entreprise mentionnée aux 1° à 4° de l'article L. 722-1 du code rural et de la pêche maritime, d'un aide familial, d'un associé d'exploitation, ou de leur conjoint mentionné à l'article L. 722-10 du même code dès lors qu'il participe effectivement à l'activité de l'exploitation agricole ou de l'entreprise ;

(L. n° 2014-1545 du 20 déc. 2014, art. 6) « 6° Recrutement d'ingénieurs et de cadres, au sens des conventions collectives, en vue de la réalisation d'un objet défini lorsqu'un accord de branche étendu ou, à défaut, un accord d'entreprise le prévoit et qu'il définit :

« *a)* Les nécessités économiques auxquelles ces contrats sont susceptibles d'apporter une réponse adaptée ;

« *b)* Les conditions dans lesquelles les salariés sous contrat à durée déterminée à objet défini bénéficient de garanties relatives à l'aide au reclassement, à la validation des acquis de l'expérience, à la priorité de réembauche et à l'accès à la formation professionnelle continue et peuvent, au cours du délai de prévenance, mobiliser les moyens disponibles pour organiser la suite de leur parcours professionnel ;

« *c)* Les conditions dans lesquelles les salariés sous contrat à durée déterminée à objet défini ont priorité d'accès aux emplois en contrat à durée indéterminée dans l'entreprise. » — *V. art. L. 1248-2 (pén.).*

A titre expérimental et par dérogation au 1° de l'art. L. 1242-2, dans les secteurs définis par décret, un seul contrat à durée déterminée peut être conclu pour remplacer plusieurs salariés.

L'expérimentation ne peut avoir ni pour objet ni pour effet de pourvoir durablement un emploi lié à l'activité normale et permanente de l'entreprise.

La durée de cette expérimentation est de deux ans à compter de la publication du décret préc. (L. n° 2022-1598 du 21 déc. 2022, art. 6). — V. Décr. n° 2023-263 du 12 avr. 2023 (JO 13 avr.).

BIBL. ▶ Bousez, JCP S 2017. 1009 (quelques mesures en faveur des emplois saisonniers). - Casaux, Dr. soc. 1988. 175 (travail saisonnier). - Catala, *ibid.* 1972. 288 (travail saisonnier). - Dousset, JCP S 2007. 1828 (CDD dans le sport professionnel). - Étiennot, Kessler et Moukka, *ibid.* 1992. 66 (CDD d'usage). - Golestanian, Dr. ouvrier 2001. 98 (contrat de remplacement). - Marié, JCP S 2008. 1349 (définition du motif d'accroissement temporaire d'activité dans les contrats à terme fixé). - Morand, JCP 1992. I. 129 (contrat de remplacement). - Mouly, Dr. soc. 2000. 507 (recours au CDD dans le sport professionnel). - Petkova, SSL 2020, n° 1899, p. 13 (CDD multiremplacements). - Roy-Loustaunau, RJS 1996. 215 (complexité des contrats à durée déterminée saisonniers) ; JCP E 1992. I. 161 (remplacement d'un salarié absent) ; RJS 1996. 215 (contrat saisonnier) ; Dr. soc. 2003. 263 (loi du 3 janv. 2003). - Vachet, JSL 2007, n° 213-1 (contrat de remplacement). - Vincent, Gaz. Pal. 1988. I. Doctr. 13 (emploi à caractère saisonnier).

▶ **CDD multi-remplacement :** Verkindt, Dr. soc. 2023. 163.

COMMENTAIRE
V. sur le Code en ligne.

I. GÉNÉRALITÉS

1. Date d'appréciation du cas de recours. La cause du recours au contrat à durée déterminée s'apprécie à la date de conclusion de celui-ci. ● Soc. 11 avr. 1991, n° 87-41.349 P : *D.* 1991. IR 131 ; *RJS* 1991. 368, n° 686.

2. Caractère limitatif des cas. Un stage probatoire de qualification à un emploi permanent n'entre pas dans les prévisions de l'art. L. 122-1 [L. 1242-1 nouv.]. ● Soc. 29 mai 1991, n° 87-41.924 P : *D.* 1991. IR 170 ; *Dr. soc.* 1991. 635 ; *RJS* 1991. 428, n° 816.

3. La nécessité d'une autorisation temporaire de travail ne légitime pas le recours à un contrat à durée déterminée correspondant aux périodes couvertes par les autorisations administratives successives. ● Soc. 10 janv. 1991 : *D.* 1991. IR 39 ; *RJS* 1991. 165, n° 314.

4. Le contrat conclu pour la durée d'un chantier est un contrat à durée indéterminée, à moins qu'il ne soit conclu dans l'un des cas énumérés à l'art. L. 122-1 [L. 1242-2 nouv.]. ● Soc. 29 oct. 1996 : *D.* 1996. IR 258 ; *RJS* 1996. 802, n° 1231 ● 7 févr. 2007 : *D.* 2007. AJ 661 ; *RDT* 2007. 235, obs. Auzero.

5. Office du juge. Les juges du fond ont l'obligation de préciser celui des cas limitativement énumérés qui aurait donné lieu à un contrat à durée déterminée et de vérifier la réalité du cas légal mentionné dans le contrat. ● Soc. 31 oct. 1989 : *Bull. civ.* V, n° 625 ● 5 déc. 1989 : *ibid.*, n° 694. – V. aussi ● Soc. 10 janv. 1990 : *RJS* 1991. 134, n° 313.

6. Preuve du recours autorisé. A défaut pour l'employeur de fournir la moindre indication sur la spécificité des travaux nécessitant un renfort du personnel, le contrat ne satisfait pas aux exigences de l'art. L. 122-1 [L. 1242-2 nouv.], alors que la tâche confiée au salarié relevait en tant que telle de l'activité normale de l'entreprise. ● Soc. 18 janv. 1995 : *RJS* 1995. 154, n° 209. ♦ Ne constitue pas un cas licite de recours à un contrat à durée déterminée l'éventualité d'une réduction de l'activité de l'entreprise. ● Soc. 4 mars 1992, n° 88-42.987 P : *D.* 1992. IR 107 ; *RJS* 1992. 334, n° 586.

7. Preuve de la réalité du motif de recours. Même s'il n'existe pas d'obligation de mentionner dans le contrat de travail à durée déterminée le motif de l'absence du salarié remplacé, en cas de litige sur le motif du recours, il incombe à l'employeur de rapporter la preuve de la réalité du motif énoncé dans le contrat à durée déterminée ;

CONTRAT DE TRAVAIL À DURÉE DÉTERMINÉE **Art. L. 1242-2** 447

en cas de CDD de remplacement, il appartient donc à l'employeur de justifier de la réalité des absences justifiant le recours au CDD. • Soc. 15 sept. 2010 : ⚖ *D. actu. 4 oct. 2010, obs. Siro ; D. 2010. AJ 2165* ⊘ *; RDT 2010. 710, obs. Bonnin* ⊘ *; RJS 2010. 750, n° 834 ; JSL 2010, n° 286-3, obs. Toureil ; Dr. ouvrier 2011. 129, note Marié ; JCP S 2010. 1549, obs. Bousez.*

II. REMPLACEMENT D'UN SALARIÉ (art. L. 1242-2, 1°)

8. Remplacement d'un salarié déterminé. Un contrat conclu pour remplacer l'ensemble du personnel titulaire se trouvant en congé annuel ou maladie ne constitue pas un cas de recours au CDD autorisé. • Soc. 24 févr. 1998, ⚖ n° 95-41.420 P. • 29 sept. 2004, ⚖ n° 02-43.249 P : *D. 2004. IR 2762* ⊘ *; Dr. soc. 2004. 1139, obs. Roy-Loustaunau* ⊘ *; JSL 2004, n° 154-6 ; Dr. ouvrier 2005. 114* • 28 juin 2006 : ⚖ *RDT 2006. 237, obs. Auzero* ⊘ *; D. 2006. IR 1912* ⊘ *; RJS 2006. 772, n° 1034 ; Dr. soc. 2007. 640, obs. Roy-Loustaunau* ⊘ *; JSL 2006, n° 194-4.* ♦ De même, le salarié embauché pour exécuter le complément de travail de plusieurs salariés employés de façon permanente à temps partiel, et non en remplacement d'un salarié absent ne peut relever du cas prévu à l'art. L. 122-1-1, 1° [L. 1242-2, 1° nouv.]. • Soc. 12 juill. 1999, n° 96-45.478 P : *D. 1999. IR 203 ; RJS 1999. 765, n° 1232.*

9. Remplacement d'un seul salarié absent. Le CDD ne peut être conclu que pour le remplacement d'un seul salarié, peu importe que les noms et qualification des salariés remplacés soient précisés dans le contrat. • Soc. 28 juin 2006 : ⚖ *D. 2006. IR 1912* ⊘ *; Dr. soc. 2007. 640, obs. Roy-Loustaunau* ⊘ *; JSL 2006, n° 194-4.* ♦ ... Ou que les salariés absents soient remplacés successivement, dans ce cas il doit y avoir autant de contrats que de salariés remplacés. • Soc. 28 juin 2006 : ⚖ *RDT 2006. 237, obs. Auzero* ⊘ *; D. 2006. IR 1912* ⊘ *; RJS 2006. 772, n° 1034 ; JSL 2006, n° 194-4.* • Soc. 11 juill. 2012 : ⚖ *D. actu. 26 sept. 2012, obs. Siro ; D. 2012. Actu. 1969* ⊘ *; RJS 2012.671, n° 776 ; JSL 2012, n° 330-3, obs. Tourreil ; JCP S 2012. 1395, obs. Bousez.*

10. Remplacement d'un salarié à temps partiel. Un contrat conclu pour assurer à plein temps le remplacement d'un salarié devant reprendre ses activités à mi-temps en cours d'exécution de ce contrat n'entre pas dans les prévisions de l'art. L. 122-1-1 [L. 1242-2 nouv.]. • Soc. 20 mars 1990, ⚖ n° 87-40.521 P. ♦ L'art. L. 122-1-1, 1° [L. 1242-2, 1° nouv.], qui autorise le recours au CDD pour le remplacement d'un salarié absent n'exclut pas la possibilité d'un remplacement partiel. • Soc. 15 oct. 2002, ⚖ n° 00-40.623 P : *RJS 2002. 1014, n° 1361 ; JSL 2002, n° 112-4.*

11. Remplacement d'un salarié absent à son poste de travail habituel. L'autorisation de recourir à un contrat à durée déterminée de remplacement en cas d'absence temporaire d'un salarié s'entend de son absence aussi bien de l'entreprise que de son poste habituel de travail. • Soc. 13 juill. 2010 : ⚖ *D. 2010. Actu. 1884* ⊘ *; RJS 2010. 750, n° 833 ; Dr. ouvrier 2010. 668, obs. Saint-Rat ; JCP S 2010. 1395, obs. Bousez.*

12. Absence d'obligation d'affectation au poste du salarié absent. Le cas prévu par l'art. L. 122-1-1, 1° [L. 1242-2 nouv.], ne comporte pas, pour l'employeur, l'obligation d'affecter le salarié recruté en remplacement au poste même occupé par la personne absente. • Soc. 22 nov. 1995 : ⚖ *D. 1996. IR 5 ; Dr. soc. 1996. 194, obs. Savatier* ⊘ *; JCP 1996. II. 22642, note Roy-Loustaunau ; ibid. I. 3923, n° 5, obs. Chevillard ; RJS 1996. 13, n° 7, 1re esp.* (salarié recruté pour remplacer un salarié appelé à occuper provisoirement le poste vacant) • 15 oct. 2002, ⚖ n° 00-40.623 P : *RJS 2002. 1014, n° 1361 ; JSL 2002, n° 112-4* • 30 avr. 2003, ⚖ n° 01-40.937 P : *Dr. soc. 2003. 880, obs. Roy-Loustaunau* ⊘ *; D. 2003. IR 1602* ⊘ *; CSB 2003, A. 45 ; RJS 2003. 571, n° 854.* ♦ La possibilité de ne pas affecter le salarié au poste occupé par le salarié remplacé ne peut avoir pour effet de faire occuper à l'intéressé un emploi permanent de l'entreprise. • Soc. 16 juill. 1997, ⚖ n° 94-42.398 P : *D. 1997. IR 187* ⊘ *; CSB 1997. 277, A. 50 ; RJS 1997. 663, n° 1073.*

13. Limites du CDD de remplacement. La possibilité donnée à l'employeur de conclure avec le même salarié des contrats à durée déterminée successifs pour remplacer un ou des salariés absents ou dont le contrat est suspendu ne peut avoir pour objet ni pour effet de pourvoir durablement un emploi lié à l'activité normale et permanente de l'entreprise. • Soc. 26 janv. 2005 : ⚖ *D. 2005. Pan. 2499, obs. Pélissier* ⊘ *; Dr. soc. 2005. 573, obs. Roy-Loustaunau* ⊘ *; RJS 2005. 258, n° 350 ; Dr. ouvrier 2005. 396 ; SSL 2005, n° 1201, p 14 ; CSB 2005, A. 561, obs. Chabbi* • 29 sept. 2004 : ⚖ *RJS 2004. 888, n° 1251* • 11 oct. 2006 : ⚖ *RJS 2006. 936, n° 1253 ; Dr. soc. 2007. 642, obs. Roy-Loustaunau* ⊘ • 24 juin 2015, ⚖ n° 14-12.610 P : *D. actu. 28 juill. 2015, obs. Fraisse ; D. 2015. Actu. 1445* ⊘ *; RJS 10/2015, n° 621 ; JSL 2015, n° 393-4, obs. Hautefort ; JCP S 2015. 1343, note Bousez.*

14. Attente de l'entrée en service effective d'un salarié recruté par CDI. L'art. L. 122-1-1,1° [L. 1242-2, 1° nouv.], qui permet d'engager un salarié par CDD pour remplacer un salarié ayant quitté définitivement l'entreprise en cas d'attente de l'entrée en service effective du salarié recruté par CDI appelé à le remplacer, suppose que le poste considéré soit pourvu par un titulaire déjà recruté mais momentanément indisponible et n'autorise en aucun cas l'employeur à recourir à un contrat à durée déterminée afin de pourvoir un emploi lié à l'activité normale et permanente de l'entreprise dans l'attente du recrutement du titulaire du poste. • Soc. 9 mars 2005 : ⚖ *Dr. soc. 2005. 691, obs. Roy-Loustaunau* ⊘ *; RJS 2005. 348,* n° 485 ; Dr. ouvrier 2005. 479, note Moussy. ♦ La conclusion d'un CDD de remplacement dans l'attente de l'entrée en service d'un salarié recruté en CDI suppose que le poste soit pourvu par un titulaire déjà recruté mais momentanément indisponible ; est réputé conclu à durée indéterminée le CDD conclu dans l'attente de l'entrée en service effective d'un salarié recruté par CDI dès lors que le recrutement par concours n'a pas encore eu lieu. • Soc. 15 janv. 2020, ⚖ n° 18-16.399 P : D. 2020. Actu. 219 ⊘ ; RJS 3/2020, n° 124 ; JSL 2020, n° 493-2, obs. Lhernould ; JCP S 2020. 1035, obs. Lahalle.

15. Terme du contrat. Le contrat conclu pour assurer le remplacement d'un salarié absent jusqu'à la date de reprise du travail par ce salarié a pour terme la fin de l'absence de celui-ci et non la cessation du motif de l'absence précisé dans le contrat. • Soc. 24 mars 2004 : ⚖ RJS 2004. 613, n° 890. ♦ Le CDD conclu pour remplacer une salariée absente pour congé de maternité peut se poursuivre pendant un congé parental. • Soc. 9 mars 2005 : ⚖ SSL 2005, n° 1207, p. 15. ♦ Mais le CDD de remplacement conclu pour remplacer un salarié à mi-temps thérapeutique prend fin avec le terme de celui-ci, quand bien même le salarié remplacé, initialement à temps plein, signe un avenant afin de travailler à mi-temps. • Soc. 23 nov. 2016, ⚖ n° 14-10.652 P : D. actu. 1ᵉʳ janv. 2017, obs. Siro ; D. 2016. Actu. 2522 ⊘ ; RJS 2/2017, n° 84 ; JCP S 2017. 1012, obs. Bousez.

III. ACCROISSEMENT TEMPORAIRE DE L'ACTIVITÉ (art. L. 1242-2, 2°)

16. Charge de la preuve. C'est à l'employeur qu'il appartient de rapporter la preuve d'un accroissement temporaire de l'activité justifiant le recours à un CDD ; à défaut il encourt la requalification du CDD en CDI. • Soc. 1ᵉʳ févr. 2000, ⚖ n° 97-44.952 P.

17. Surcroît passager d'activité. Le surcroît d'activité entraîné par le rachat d'un magasin dont l'employeur entendait vérifier la rentabilité s'inscrit dans le cadre de l'activité normale et permanente de l'entreprise et n'est pas temporaire ; il ne constitue pas un motif légitime de recours au CDD. • Soc. 13 janv. 2009 : ⚖ D. 2009. AJ 376 ⊘ ; RJS 2009. 209, n° 231 ; JSL 2009, n° 249-5 ; JCP S 2009. 1159, obs. Bousez. ♦ Si, au moment de l'ouverture de cinq nouveaux magasins, la nouvelle activité d'une société constituait une expérience en sorte que les emplois créés ne constituaient pas des emplois permanents, il n'en était plus de même deux ans après au moment du renouvellement des contrats. • Soc. 29 oct. 1996 : ⚖ RJS 1996. 804, n° 1236. ♦ Ne caractérise pas le surcroît d'activité le recours aux contrats à durée déterminée dans une proportion constante ou voisine d'un mois sur l'autre sans révéler de période justifiant le recours à ce type de contrat, l'aléa d'une variation réduite de la clientèle n'étant pas, en outre, constitutif d'un accroissement temporaire d'activité. • Soc. 1ᵉʳ févr. 2000, ⚖ n° 98-41.624 P : D. 2000. IR 65 ⊘ ; Dr. soc. 2000. 516, note Roy-Loustaunau ⊘ ; CSB 2000. 505, A. 18 ; RJS 2000. 275, n° 381. ♦ L'organisation régulière d'expositions temporaires, à la même fréquence chaque année, aux mêmes périodes annuelles, sur un même site et suivant un mode d'organisation identique, ne correspond pas à un accroissement temporaire d'activité autorisant le recours au CDD. • Soc. 10 déc. 2008 : ⚖ D. 2009. AJ 172 ⊘ ; RDT 2009. 161, obs. Reynès ⊘ ; RJS 2009. 124, n° 143 ; JSL 2009, n° 250-5 ; JCP S 2009. 1160, obs. Bousez. ♦ L'exécution de commandes de l'entreprise, quelles qu'aient pu être les difficultés rencontrées pour en assurer l'exécution n'est pas un accroissement temporaire d'activité. • Soc. 1ᵉʳ févr. 2012 : ⚖ D. actu. 20 févr. 2012, obs. Astaix ; RJS 2012. 278, n° 309 ; JCP S 2012. 1256, obs. Bousez. ♦ Comp. : L'accroissement temporaire d'activité est caractérisé dès lors qu'est constatée l'existence, fût-elle liée à l'activité habituelle de l'entreprise et à une production supplémentaire adaptée à une saison, d'un surcroît d'activité pendant la période pour laquelle le contrat à durée déterminée a été conclu. • Soc. 25 mars 2015, ⚖ n° 13-27.695 : D. actu. 16 avr. 2015, obs. Ines ; RJS 6/2015, n° 392.

18. L'employeur n'a pas l'obligation d'affecter le salarié à des tâches directement liées à ce surcroît d'activité. • Soc. 18 févr. 2003, ⚖ n° 01-40.470 P : Dr. soc. 2003. 650, note Roy-Loustaunau ⊘.

IV. EMPLOI SAISONNIER (art. L. 1242-2, 3°)

19. Notion de saison. Le caractère saisonnier d'un emploi concerne des tâches normalement appelées à se répéter chaque année à des dates à peu près fixes, en fonction du rythme des saisons ou des modes de vie collectifs ; l'activité touristique caractérisée par un accroissement du nombre de visiteurs, chaque année à des dates à peu près fixes permet la conclusion de contrats à durée déterminée successifs couvrant les 5 ou 6 mois de l'année pendant lesquels l'afflux de visiteurs est le plus important. • Soc. 12 oct. 1999, ⚖ n° 97-40.915 P : RJS 1999. 832, n° 1352 ; Dr. soc. 1999. 1097, obs. Roy-Loustaunau ⊘. ♦ En revanche, ne peut avoir d'activité saisonnière l'entreprise productrice, en toute saison, de produits plastiques correspondant à divers et multiples usages. • Soc. 26 oct. 1999, ⚖ n° 97-42.776 P : Dr. soc. 2000. 341, obs. Roy-Loustaunau ⊘ ; RJS 1999. 841, n° 1443. ♦ Lorsque le contrat d'un salarié engagé pour une saison ne comporte aucune indication sur sa durée et son terme et que l'employeur ne démontre pas que le contrat comportait une échéance précise connue à l'avance du salarié, les juges justifient leur décision en constatant que le contrat était à durée indéterminée. • Soc. 2 mai 1967 : Bull. civ. IV, n° 348. ♦ La circonstance que les chantiers de travaux publics sont soumis aux conditions climatiques est insuffisante pour démontrer que l'emploi de chauffeur de carrière serait une tâche appelée à se répéter chaque année à des dates à peu près fixes en fonction du rythme des saisons ou des modes de vie collectifs. • Soc. 17 sept. 2008 : 🏛 *JCP S 2009. 1015, obs. Bousez ; RJS 2008. 974, n° 1168.*

20. Secteurs concernés. Les contrats de travail conclus pour la durée d'une année scolaire ou universitaire ne peuvent être assimilés à des emplois saisonniers. • Soc. 16 janv. 1992, 🏛 n° 89-41.325 P. ♦ V. déjà, dans le même sens : • Soc. 13 nov. 1990, 🏛 n° 87-44.964 P. (pour un chauffeur de car scolaire) • 10 avr. 1991, 🏛 n° 87-42-884 P.(pour un professeur de judo). ♦ V. également • Soc. 2 févr. 1994 : 🏛 *Dr. soc. 1994. 372* (emplois de remontées mécaniques) • 18 janv. 1995 : 🏛 *RJS 1995. 155, n° 210* (professeur de danse) • 13 déc. 1995 : 🏛 *RJS 1996. 75, n° 101* (secrétaire-hôtesse d'une école de ski). ♦ Sur la distinction entre emplois saisonniers et accroissement d'activité, V. • Soc. 22 juin 1994 : 🏛 *RJS 1994. 663, n° 1121.* ♦ L'activité de nettoyage de vitres et de vitrines ne présente pas un caractère saisonnier. • Soc. 16 mars 1995 : 🏛 *RJS 1995. 332, n° 491.* ♦ ... Ni celle de mannequin. • Soc. 7 déc. 1994 : 🏛 *RJS 1995. 17 ; D. 1995. 285, concl. Chauvy ; Dr. ouvrier 1995. 272.* ♦ A un caractère déterminé le contrat d'un salarié animateur d'un club de vacances employé pour des saisons de quelques mois chacune et pour des fonctions de gestion et d'animation liées à une activité saisonnière. • Soc. 11 janv. 1995 : 🏛 *RJS 1995. 99, n° 109.*

21. Office du juge. Le juge ne peut retenir le caractère saisonnier d'emplois sans préciser concrètement la nature et la date des différents emplois ayant donné lieu à la conclusion des contrats saisonniers litigieux ni vérifier si le salarié avait été affecté à l'accomplissement de tâches à caractère strictement saisonnier et non durables, appelées à se répéter chaque année à une époque voisine, en fonction du rythme des saisons. • Soc. 30 sept. 2014 : 🏛 *D. actu. 22 oct. 2014, obs. Fraisse.*

22. Contrat saisonnier et contrat d'usage. L'emploi saisonnier et l'emploi dans le secteur d'activité où existe un usage constant sont deux cas différents de recours possible au contrat à durée déterminée ; un emploi saisonnier est donc possible dans un secteur d'activité ne figurant pas sur la liste prévue à l'art. L. 122-1-1, 3°. • Soc. 17 janv. 1996, 🏛 n° 92-43.172 P : *RJS 1996. 74, n° 100 ; CSB 1996. 101, A. 21.*

23. Relation globale à durée indéterminée. La faculté pour un employeur de conclure des CDD successifs avec le même salarié afin de pourvoir un emploi saisonnier n'est assortie d'aucune limite, au-delà de laquelle s'instaurerait entre les parties une relation de travail globale à durée indéterminée. • Soc. 15 oct. 2002, 🏛 n° 00-41.759 P : *Dr. soc. 2002. 1140, obs. Roy-Loustaunau ; RJS 2002. 1015, n° 1362 ; JSL 2002, n° 113-4* • 26 oct. 2011 : 🏛 *D. 2011. Actu. 2662 ; Dr. soc. 2011. 1307, obs. Roy-Loustaunau ; JCP S 2012. 1206, obs. Bousez.* ♦ ... A moins que le salarié ne soit engagé pour toutes les saisons et pendant la durée totale de chaque saison ou que les contrats saisonniers ne soient associés d'une clause de reconduction pour la saison suivante. • Soc. 16 nov. 2004, 🏛 n° 02-46.777 P : *SSL 2004, n° 1193.*

24. CDD saisonnier et CDI intermittent. La convention collective, qui prévoit, en cas de successions de contrats saisonniers, l'établissement d'un contrat à durée indéterminée (CDI) sur la base des périodes effectives de travail ne saurait créer un contrat de travail intermittent ne répondant pas aux conditions légales et n'ouvre qu'une simple faculté. • Soc. 24 juin 2015, 🏛 n° 13-25.761 P : *D. actu. 24 juill. 2015, obs. Ines ; D. 2015. Actu. 1444 ; RJS 10/2015, n° 620.*

V. CONTRAT D'USAGE (art. L. 1242-3, 3°)

25. Secteurs et emplois concernés. Dans les secteurs d'activités définis par décret ou par voie de convention ou d'accord collectif étendu, certains des emplois en relevant peuvent être pourvus par des contrats de travail à durée déterminée lorsqu'il est d'usage constant de ne pas recourir à un contrat à durée indéterminée, en raison du caractère par nature temporaire de ces emplois ; le juge saisi d'une demande de requalification doit seulement rechercher, par une appréciation souveraine, si, pour l'emploi concerné, et sauf si une convention collective prévoit en ce cas le recours au contrat à durée indéterminée, il est effectivement d'usage constant de ne pas recourir à un tel contrat ; l'existence de l'usage doit être vérifiée au niveau du secteur d'activité défini par l'article D. 121-2 C. trav. [art. D. 1242-1] ou par une convention ou un accord collectif étendu. ♦ Les secteurs d'activités correspondent à l'activité principale de l'entreprise. • Soc. 27 sept. 2006 : 🏛 *RDT 2007. 47, obs. Nadal ; RJS 2006. 986, n° 1329* • Soc. 26 nov. 2003 (4 arrêts) : 🏛 *D. 2004. Somm. 376, obs. Terroux ; Dr. soc. 2004. 629, note Roy-Loustaunau ; CSB 2004. A. 12 ; RJS 2004. 31, n° 9 ; ibid. 2004. 7, note Bailly ; JSL 2004, n° 137-6* • 15 févr. 2006 : *Dr. soc. 2006. 794, obs. Roy-Loustaunau ; RJS 2006. 386, n° 537.* ♦ Une cour d'appel ne saurait refuser la requalification de contrats successifs à durée déterminée conclus avec un salarié par une entreprise du secteur du spectacle au seul motif que ces contrats énonçaient avoir été conclus pour des emplois qu'un accord permettait de pourvoir par CDD, alors que le salarié en cause avait été engagé postérieurement à cet accord ; la cour d'appel aurait dû rechercher si les contrats mentionnaient qu'ils étaient conclus dans le cas du contrat d'usage prévu par le 3° de l'art. L. 122-1-1 [L. 1242-2 nouv.]. • Soc. 27 juin 2007 : 🏛 *D. 2007. AJ 2034 ; RJS 2007. 815, n° 1031 ; JCP S 2007. 1851, obs. Bousez.* ♦ Les CDD conclus dans le secteur d'activité de l'hôtellerie et de la restauration où il est d'usage de ne pas recourir à des CDI ne peuvent être requalifiés malgré une occupation régulière en saison et hors saison sur plusieurs années. • Soc. 25 mai 2005 : ⚖ *Dr. soc. 2005. 916, obs. Roy-Loustaunau* ⌀ ; *RJS 2005. 612, n° 847.* ♦ En l'absence de stipulations conventionnelles prévoyant le recours au CDD d'usage pour l'emploi de repasseur, l'employeur doit rapporter la preuve qu'il est d'usage constant, dans l'hôtellerie, de ne pas recourir à un CDI pour un tel emploi. • Soc. 20 sept. 2006 : ⚖ *RJS 2006. 861, n° 1155 ; Dr. soc. 2007. 488, obs. Roy-Loustaunau* ⌀. ♦ La détermination par accord collectif de la liste précise des emplois pour lesquels il peut être recouru au CDD d'usage ne dispense pas le juge, en cas de litige, de vérifier concrètement l'existence de raisons objectives établissant le caractère par nature temporaire de l'emploi concerné. • Soc. 30 nov. 2010 : ⚖ *D. actu. 4 janv. 2011, obs. Siro ; D. 2011. AJ 22* ⌀ • Soc. 9 oct. 2013 : ⚖ *D. actu. 29 oct. 2013, obs. Ines.*

26. Dans les secteurs mentionnés à l'art. L. 122-1-1, 3° [L. 1242-2, 3° nouv.], seuls les emplois par nature temporaires peuvent donner lieu à la conclusion d'un contrat à durée déterminée. • Soc. 26 juin 1991 : ⚖ *D. 1991. IR 197 ; Dr. soc. 1991. 731* • 21 mars 2000, ⚖ n° 97-45.120 P : *D. 2000. IR 136* ⌀ ; *RJS 2000. 354, n° 505 ; Dr. soc. 2000. 767, obs. Roy-Loustaunau* ⌀. ♦ Pour une illustration dans le secteur du sport professionnel : • Soc. 26 nov. 2003 : ⚖ *préc.* ♦ ... Dans le secteur de l'audiovisuel : • Soc. 26 nov. 2003 : ⚖ *RJS 2004. 31, n° 9 (3ᵉ esp.) ; ibid. 2004. 7, note Bailly.* ♦ Sur les centres de vacances et de loisirs : • Soc. 26 nov. 2003 : ⚖ *RJS 2004. 31, n° 9 (4ᵉ esp.) ; ibid. 2004. 7, note Bailly.* ♦ Pour un emploi de formateur : • Soc. 26 nov. 2003 : ⚖ *RJS 2004. 31, n° 9 (3ᵉ esp.) ; ibid. 2004. 7, note Bailly.* ♦ ... Dans le secteur des activités d'enquête. • Soc. 18 janv. 2018, ⚖ n° 16-11.504 P : *RJS 3/2018, n° 162 ; JCP S 2018. 1105, obs. Bousez.* ♦ Contra : le contrat d'un enseignant engagé à mi-temps pendant deux années n'est pas à durée indéterminée dans la mesure où son emploi correspondait à l'existence d'une tâche déterminée et temporaire. • Soc. 14 nov. 1990 : ⚖ *D. 1990. IR 281* ⌀ ; *RJS 1990. 631, n° 950* • 9 avr. 1996, ⚖ n° 92-43.458 P : *Dr. soc. 1996. 634, obs. Roy-Loustaunau* ⌀ ; *RJS 1996. 330, n° 517, 2ᵉ esp.* (enseignant engagé pour une année en raison de la création d'une classe supplémentaire liée à un surcroît passager d'effectifs). ♦ V. aussi • Soc. 20 juill. 1994 : ⚖ *CSB 1994. 235, A. 47* (le juge doit rechercher si l'emploi occupé par le salarié n'était pas lié à l'activité normale et permanente de l'entreprise) • 25 mars 1998, ⚖ n° 95-41.466 P : *RJS 1998. 375, n° 575* (maître auxiliaire dont le contrat à durée déterminée est renouvelé d'année scolaire en année scolaire pendant huit ans sans autre interruption que celle des vacances scolaires) • 12 mars 1996, ⚖ n° 93-44.767 P : *Dr. soc. 1996. 528, obs. Roy-Loustaunau* ⌀ ; *RJS 1996. 229, n° 385 ; JCP E*

1996. I. 595, n° 5, obs. Antonmattéi (le juge doit rechercher si l'emploi occupé ne présentait pas un caractère temporaire). ♦ Ne peuvent être considérés comme des contrats d'usage les contrats de travail conclus avec des accompagnateurs dès lors que les dispositions de l'art. D. 1242-1 C. trav. ne mentionnent pas le secteur d'activité du tourisme et que la convention collective nationale de travail des guides accompagnateurs et accompagnateurs au service des agences de voyages et de tourisme du 10 mars 1976 n'est pas étendue. • Soc. 15 oct. 2014 : ⚖ *D. 2014. Actu. 2118* ⌀ ; *RJS 2014. 721, n° 834.*

27. Secteur. Seul le sport professionnel entre dans le cadre de l'art. L. 122-1-1, 3° [L. 1242-2, 3° nouv.]. Ainsi, un joueur de football est lié par un contrat à durée déterminée en application de l'art. L. 122-1-1, 3°, C. trav. [L. 1242-2, 3° nouv.] dès lors que ses conditions d'engagement, notamment son niveau de rémunération l'assimile à un footballeur professionnel et qu'il est engagé par le club pour une saison unique. • Soc. 16 mai 2000 : ⚖ *RJS 2000. 622, n° 909.* ♦ Mais l'employeur ne peut se borner à affirmer qu'il est d'usage de ne pas recourir au contrat à durée indéterminée dans le secteur du sport professionnel sans produire aux débats aucun élément concret et précis de nature à établir que le salarié exerçait un emploi par nature temporaire ; dans une telle hypothèse, la requalification de la relation de travail en contrat à durée indéterminée devait être prononcée. • Soc. 4 déc. 2019, ⚖ n° 18-11.989 P : *D. 2020. 560* ⌀ *obs. David ; ibid. Pan. 414, obs. Bourzat Alaphilippe* ⌀ *; Dr. soc. 2020. 189, obs. Mouly* ⌀ *; RJS 2/2020, n° 77 ; JCP S 2020. 1021, obs. Bousez.* ♦ Ne relèvent pas de ce cas les contrats de footballeurs promotionnels, qui ont un statut d'amateurs. • Soc. 12 nov. 1997, ⚖ n° 95-42.247 P : *RJS 1997. 825, n° 1341.* ♦ L'activité de collecte et de gestion des paris dans les hippodromes ne se rattache pas à l'un des secteurs limitativement énumérés à l'art. D. 121-2 [D. 1242-1] dans lesquels il est d'usage constant de ne pas recourir à un contrat à durée indéterminée. • Soc. 24 juin 2003, ⚖ n° 00-42.766 P : *Dr. soc. 2003. 1124, obs. Roy-Loustaunau* ⌀ ; *RJS 2003. 774, n° 1124 ; JSL 2003, n° 130-3.* ♦ Les secteurs d'activité dans lesquels des contrats à durée déterminée peuvent être conclus sont les secteurs correspondant à l'activité principale de l'entreprise. • Soc. 25 févr. 1998, ⚖ n° 95-44.048 P : *RJS 1998. 266, n° 420 ; D. 1998. IR 80* ⌀ ; *Dr. soc. 1998. 395, obs. Roy-Loustaunau* ⌀ • 2 juin 2004 : ⚖ *RJS 2004. 613, n° 889.*

28. Détermination conventionnelle. Est nul l'accord collectif ayant pour finalité de permettre le recours au contrat d'intervention à durée déterminée pour des salariés occupant déjà dans l'entreprise des emplois liés à son activité normale et permanente dans le cadre de contrats à durée indéterminée, peu important que ces contrats fussent à temps partiel ou intermittent. • Soc.

30 mars 2011 : ☊ JCP S 2011. 1410, obs. Bousez.

29. Écrit. Le contrat à durée déterminée d'usage ne dispense pas l'employeur d'établir un contrat écrit comportant la définition précise du motif. • Soc. 28 nov. 2006 : ☊ D. 2006. IR 3011 ⌀ ; Dr. soc. 2007. 487, obs. Roy-Loustaunau ⌀ ; RJS 2006. 141, n° 211. ♦ L'absence ou le caractère erroné, dans le contrat de travail à durée déterminée d'usage, de la désignation du poste de travail n'entraîne pas la requalification en contrat à durée indéterminée lorsque l'emploi réellement occupé est par nature temporaire. • Soc. 21 sept. 2017, ☊ n° 16-17.241 P : D. 2017. Actu. 1915 ⌀ ; JCP S 2017. 1346, obs. Lahalle ; RJS 12/2017, n° 783.

30. CDD d'usage successifs. La conclusion de CDD d'usage successifs avec le même salarié est possible à condition d'être justifiée par des raisons objectives, qui s'entendent de l'existence d'éléments concrets établissant le caractère par nature temporaire de l'emploi concerné. • Soc. 23 janv. 2008 : ☊ GADT, 4ᵉ éd., n° 38 ; RJS 2008. 208, n° 256 • 26 mai 2010 : ☊ RJS 2010. 584, n° 644 ; JCP S 2010. 1396, obs. Bousez. ♦ Si dans les secteurs d'activités définis par décret ou par voie de convention ou d'accord collectif étendu, certains des emplois en relevant peuvent être pourvus par des contrats de travail à durée déterminée, lorsqu'il est d'usage constant de ne pas recourir à un contrat à durée indéterminée, en raison de la nature de l'activité exercée et du caractère par nature temporaire de ces emplois, et que des contrats à durée déterminée successifs peuvent, en ce cas, être conclus avec le même salarié, l'accord-cadre sur le travail à durée déterminée conclu le 18 mars 1999 et mis en œuvre par la Dir. 1999/70/CE du 28 juin 1999, qui a pour objet, en ses clauses 1 et 5, de prévenir les abus résultant de l'utilisation de contrats à durée déterminée successifs, impose de vérifier que le recours à l'utilisation de contrats successifs est justifié par des raisons objectives qui s'entendent de l'existence d'éléments concrets établissant le caractère par nature temporaire de l'emploi. • Soc. 17 déc. 2014, ☊ n° 13-23.176 : D. actu. 28 janv. 2015, obs. Fraisse ; D. 2015. Actu. 85 ⌀ ; Dr. soc. 2015. 185, obs. Mouly ⌀ ; RJS 3/2015, n° 175 ; JSL 2015, n° 381-5, obs. Lhernould ; JCP S 2015. 1077, obs. Chenu. ♦ Dans le secteur de l'édition phonographique où il est d'usage constant, en raison de la nature de l'activité exercée et du caractère par nature temporaire des emplois, de ne pas recourir à un contrat à durée indéterminée, un contrat à durée déterminée et des contrats à durée déterminée successifs peuvent être conclus pour l'enregistrement d'un ou plusieurs phonogrammes ; lorsque le contrat à durée déterminée n'a pas de terme précis, il est conclu pour une durée minimale et a pour terme la réalisation de l'objet pour lequel il a été conclu. • Soc. 4 févr. 2009 : ☊ RJS 2009. 281, n° 320 ; JCP S 2009. 1336, obs. Bousez.

VI. REMPLACEMENT D'UN CHEF D'ENTREPRISE ARTISANALE, INDUSTRIELLE OU COMMERCIALE

31. Remplacement. La faculté offerte à l'employeur de conclure un contrat à durée déterminée dans le cas prévu à l'art. L. 1242-2, 4°, autorisant le remplacement du chef d'entreprise artisanale, industrielle ou commerciale, n'exclut pas la possibilité d'un remplacement qui ne soit que partiel et n'implique pas que ce dernier, lorsque l'entreprise comporte plusieurs agences, y soit physiquement présent pour exercer ses fonctions. • Soc. 26 nov. 2008 : ☊ D. 2009. AJ 25 ⌀ ; RDT 2009. 97, obs. Auzero ⌀ ; RJS 2009. 125, n° 144 ; JCP S 2009. 1161, obs. Bousez.

Art. L. 1242-3 Outre les cas prévus à l'article L. 1242-2, un contrat de travail à durée déterminée peut être conclu :

1° Au titre de dispositions légales destinées à favoriser le recrutement de certaines catégories de personnes sans emploi ;

2° Lorsque l'employeur s'engage, pour une durée et dans des conditions déterminées par décret, à assurer un complément de formation professionnelle au salarié ; – V. art. D. 1242-3.

(L. n° 2020-1674 du 24 déc. 2020, art. 6 et 7) « 3° Lorsque l'employeur confie des activités de recherche au salarié et participe à sa formation à la recherche et par la recherche dans les conditions fixées à l'article L. 412-3 du code de la recherche ;

« 4° Lorsque l'employeur confie au salarié, dans les conditions fixées à l'article L. 431-5 du même code, des activités de recherche en vue de la réalisation d'un objet défini et qu'il s'engage à fournir au salarié une expérience professionnelle complémentaire au diplôme de doctorat prévu à l'article L. 612-7 du code de l'éducation. » – V. art. L. 1248-2 (pén.). – V. art. D. 1242-2. – V. C. éduc., art. L. 412-3, L. 431-5.

1. Stage. N'est pas titulaire d'un contrat de travail à durée déterminée l'élève effectuant un stage dans une entreprise dans le cadre d'une convention conclue entre l'établissement d'enseignement et l'entreprise. • Soc. 3 oct. 1991 : ☊ RJS 1991. 630, n° 1182.

2. Contrats enregistrés. Même non enregistré, un contrat de qualification demeure un contrat à durée déterminée. • Soc. 9 avr. 1996 : ☊ RJS 1996. 369, n° 584.

3. Contrat emploi-solidarité. La rupture d'un contrat emploi-solidarité est soumise au régime

de la rupture des contrats à durée déterminée.
• Soc. 20 mai 1997 : ⚖ *Dr. soc. 1997. 739, obs. Roy-Loustaunau* ⌀.

4. Contrat post-doctoral (art. L. 1242-3, 2°, et D. 1242-3). Un CDD peut être conclu lorsque l'employeur s'engage à assurer un complément de formation professionnelle aux élèves ou anciens élèves d'un établissement d'enseignement effectuant un stage d'application ; l'employeur n'a pas manqué à son obligation d'assurer le complément de formation professionnelle au salarié en contrat de formation postdoctorale qui a suivi cinq actions de formation et acquis, dans le domaine de la recherche, des compétences complémentaires à ses qualifications universitaires. • Soc. 23 nov. 2022, ⚖ n° 21-13.310 B : *D. 2022. 2166* ⌀ ; *RDT 2023. 31, note Morin* ⌀ ; *RJS 2/2023, n° 63* ; *JCP S 2023. 1001, obs. Bouzez*.

Loi n° 2018-771 du 5 septembre 2018,
Pour la liberté de choisir son avenir professionnel.

Art. 78 I. — A titre expérimental, jusqu'au 31 décembre (*L. n° 2022-1726 du 30 déc. 2022, art. 210*) « 2023 », est mise en place pour les entreprises adaptées mentionnées au II du présent article la possibilité d'expérimenter un accompagnement des transitions professionnelles afin de favoriser la mobilité professionnelle des travailleurs handicapés vers les autres entreprises en recourant au contrat à durée déterminée conclu en application du 1° de l'article L. 1242-3 du code du travail.

Cette expérimentation est mise en place avec le concours financier de l'État, dans la limite des crédits inscrits chaque année en loi de finances, et des organismes publics et privés volontaires pour soutenir de nouvelles modalités de mises en emploi des travailleurs handicapés exclus du marché du travail.

Dans le cadre de cette expérimentation, les entreprises adaptées mentionnées au II du présent article, quel que soit leur statut juridique, concluent avec les travailleurs reconnus handicapés sans emploi ou qui courent le risque de perdre leur emploi en raison de leur handicap des contrats à durée déterminée en application de l'article L. 1242-3 du code [du] travail.

1. La durée de ces contrats ne peut être inférieure à quatre mois. Ces contrats peuvent être renouvelés dans la limite d'une durée totale de vingt-quatre mois.

2. A titre dérogatoire, ces contrats peuvent être renouvelés au-delà de la durée maximale prévue au 1 du présent I afin d'achever une action de formation professionnelle en cours de réalisation à l'échéance du contrat. La durée de ce renouvellement ne peut excéder le terme de l'action de formation concernée.

3. A titre exceptionnel, lorsque des difficultés particulières dont l'absence de prise en charge ferait obstacle à l'insertion durable dans l'emploi pour des salariés âgés de cinquante ans et plus, le contrat de travail peut être prolongé par l'employeur au-delà de la durée maximale prévue, après avis de l'organisme ou de l'institution du service public de l'emploi en charge du suivi du travailleur reconnu handicapé, qui examine la situation du salarié au regard de l'emploi, la capacité contributive de l'employeur et les actions d'accompagnement et de formation qui ont été conduites.

La durée initiale peut être prolongée par décisions successives d'un an au plus, dans la limite de la durée de l'expérimentation.

La durée hebdomadaire de travail du salarié embauché dans ce cadre ne peut être inférieure à vingt heures, sauf lorsque le contrat le prévoit pour mettre en œuvre des modalités d'accompagnement du projet professionnel adaptées à ses possibilités afin qu'il obtienne ou conserve un emploi. Elle peut varier sur tout ou partie de la période couverte par le contrat sans dépasser la durée légale hebdomadaire.

4. Ce contrat peut être suspendu, à la demande du salarié, afin de lui permettre :

a) En accord avec son employeur, d'effectuer une période de mise en situation en milieu professionnel dans les conditions prévues aux articles L. 5135-1 et suivants du code du travail ou une action concourant à son insertion professionnelle ;

b) D'accomplir une période d'essai afférente à une offre d'emploi visant une embauche en contrat de travail à durée indéterminée ou à durée déterminée au moins égale à six mois.

En cas d'embauche à l'issue de cette période de mise en situation en milieu professionnel, d'une action concourant à son insertion professionnelle ou de cette période d'essai, le contrat est rompu sans préavis.

Par dérogation aux dispositions relatives à la rupture avant terme du contrat de travail à durée déterminée prévues à l'article L. 1243-2 du même code, le contrat peut être rompu

CONTRAT DE TRAVAIL À DURÉE DÉTERMINÉE **Art. L. 1242-6** 453

avant son terme, à l'initiative du salarié, lorsque la rupture a pour objet de lui permettre de suivre une formation conduisant à une qualification prévue à l'article L. 6314-1 dudit code.

II. — Un cahier des charges national fixe les critères que doivent respecter les entreprises adaptées candidates à l'expérimentation, notamment les objectifs, les moyens et les résultats attendus en termes de sorties vers l'emploi. – V. Arr. du 29 juin 2023, NOR : MTRD2316864A (JO 21 juill.). Le cahier des charges et ses annexes sont consultables à l'adresse suivante : www.travail-emploi.gouv.fr.

Sur proposition du comité de suivi de l'expérimentation, le ministre chargé de l'emploi dresse la liste des structures retenues pour mener l'expérimentation.

Un décret précise les modalités de mise en œuvre de cette expérimentation, notamment le montant de l'aide financière susceptible d'être accordée, le contenu de l'avenant au contrat conclu avec l'État ainsi que les conditions de son évaluation en vue de son éventuelle généralisation.

Au plus tard douze mois avant le terme de l'expérimentation, est réalisée une évaluation afin de déterminer les conditions appropriées pour son éventuelle généralisation. Au terme de l'expérimentation, le Gouvernement présente au Parlement un rapport sur l'application de la présente disposition au regard de son impact sur l'accès à l'emploi des travailleurs reconnus handicapés, sur les formations suivies ainsi que les conséquences sur les finances publiques.

V. Décr. n° 2018-990 du 14 nov. 2018 (JO 15 nov.), mod. par Décr. n° 2023-515 du 27 juin 2023 (JO 29 juin), Arr. du 27 déc. 2022, NOR : MTRD2237390A (JO 4 janv. 2023), Arr. du 3 août 2023, NOR : MTRD2321895A (JO 18 août), Arr. du 16 oct. 2023, NOR : MTRD2328156A (JO 8 nov.) et Arr. du 27 déc. 2023, NOR : MTRD2335660A (JO 4 janv. 2024).

Art. L. 1242-4 A l'issue d'un contrat d'apprentissage, un contrat de travail à durée déterminée peut être conclu dans les cas mentionnés aux articles L. 1242-2 et L. 1242-3 et, en outre, lorsque l'apprenti doit satisfaire aux obligations du service national dans un délai de moins d'un an après l'expiration du contrat d'apprentissage.

SOUS-SECTION 2 **Interdictions**

Art. L. 1242-5 Dans les six mois suivant un licenciement pour motif économique, il est interdit de conclure un contrat de travail à durée déterminée au titre d'un accroissement temporaire de l'activité, y compris pour l'exécution d'une tâche occasionnelle, précisément définie et non durable, ne relevant pas de l'activité normale de l'entreprise.

Cette interdiction porte sur les postes concernés par le licenciement dans l'établissement.

L'interdiction ne s'applique pas :

1° Lorsque la durée du contrat de travail n'est pas susceptible de renouvellement et n'excède pas trois mois ;

2° Lorsque le contrat est lié à la survenance dans l'entreprise, qu'il s'agisse de celle de l'entrepreneur principal ou de celle d'un sous-traitant, d'une commande exceptionnelle à l'exportation dont l'importance nécessite la mise en œuvre de moyens quantitativement ou qualitativement exorbitants de ceux que l'entreprise utilise ordinairement. Cette possibilité de recrutement est subordonnée à l'information et à la consultation préalables du (Ord. n° 2017-1386 du 22 sept. 2017, art. 4) « comité social et économique, s'il existe ».

Les dérogations prévues aux 1° et 2° n'exonèrent pas l'employeur de respecter la priorité de réembauche prévue à l'article **L. 1233-45**. – [Anc. art. L. 122-2-1.] – V. art. L. 1248-3 (pén.).

COMMENTAIRE

V. sur le Code en ligne 🔒. ❏

Art. L. 1242-6 Outre les cas prévus à l'article L. 1242-5, il est interdit de conclure un contrat de travail à durée déterminée :

1° Pour remplacer un salarié dont le contrat de travail est suspendu à la suite d'un conflit collectif de travail ;

2° Pour effectuer certains travaux particulièrement dangereux figurant sur une liste établie par voie réglementaire, dans les conditions prévues à l'article L. 4154-1. — *V. art. D. 4154-1.*

L'autorité administrative peut exceptionnellement autoriser une dérogation à cette interdiction dans des conditions déterminées par voie réglementaire. — *[Anc. art. L. 122-3.] — V. art. L. 1248-3 (pén.). — V. art. D. 1242-5.*

COMMENTAIRE

V. sur le Code en ligne 🔒.

Remplacement des grévistes. Le recours par La Poste à des contrats à durée déterminée est manifestement illicite dès lors qu'il est précisé qu'il est destiné à assurer le remplacement d'un fonctionnaire en grève. Le juge des référés est compétent pour faire cesser ce trouble au moyen d'une condamnation sous astreinte. ● TGI Caen, 5 févr. 1997 : *Dr. ouvrier 1997. 143, note Miné.* ♦ V. également note 91 ss. art. L. 2511-1.

SECTION 2 Fixation du terme et durée du contrat

Art. L. 1242-7 Le contrat de travail à durée déterminée comporte un terme fixé avec précision dès sa conclusion.

Toutefois, le contrat peut ne pas comporter de terme précis lorsqu'il est conclu dans l'un des cas suivants :
1° Remplacement d'un salarié absent ;
2° Remplacement d'un salarié dont le contrat de travail est suspendu ;
3° Dans l'attente de l'entrée en service effective d'un salarié recruté par contrat à durée indéterminée ;
4° Emplois à caractère saisonnier *(L. n° 2016-1088 du 8 août 2016, art. 86)* « définis au 3° de l'article L. 1242-2 » ou pour lesquels, dans certains secteurs d'activité définis par décret ou par voie de convention ou d'accord collectif étendu, il est d'usage constant de ne pas recourir au contrat de travail à durée indéterminée en raison de la nature de l'activité exercée et du caractère par nature temporaire de ces emplois ;
5° Remplacement de l'une des personnes mentionnées aux 4° et 5° de l'article L. 1242-2 ;

(L. n° 2014-1545 du 20 déc. 2014, art. 6) « 6° Recrutement d'ingénieurs et de cadres en vue de la réalisation d'un objet défini, prévu au 6° de l'article L. 1242-2. »

Le contrat de travail à durée déterminée est alors conclu pour une durée minimale. Il a pour terme la fin de l'absence de la personne remplacée ou la réalisation de l'objet pour lequel il a été conclu. — *[Anc. art. L. 122-1-2, al. 1er et III, L. 122-2, al. 4 et 5, phrase 2.] — V. art. L. 1245-1 et L. 1248-4 (pén.).*

BIBL. ▶ Savatier, *Dr. soc. 1996. 141* ℘ (terme du contrat conclu pour remplacer un salarié absent).

COMMENTAIRE

V. sur le Code en ligne 🔒.

1. Fixation d'un terme. Ne répond pas aux exigences légales le contrat qui indique qu'il est conclu jusqu'à l'automatisation de la tâche confiée au salarié et qui, de ce fait, ne comporte pas un terme fixé avec précision. ● Soc. 19 juin 1987 : *Bull. civ. V, n° 400.* — Dans le même sens : ● Soc. 3 févr. 1982 : *Bull. civ. V, n° 59* ● 26 nov. 1987 : *D. 1987. IR 257* ● Angers, 7 janv. 1986 : *D. 1986. IR 365, obs. Karaquillo* ● Soc. 22 janv. 1992, 🕀 n° 88-42.842 P : *D. 1992. IR 60 ; RJS 1992. 96, n° 123* ● 22 juin 1993 : 🕀 *D. 1993. 592, note Roy-Loustaunau* ℘ *; RJS 1993. 505, n° 848 ; CSB 1993. 243, S. 121.* ♦ Le contrat qui comporte une clause de résiliation réciproque a un terme incertain et doit être considéré comme étant à durée indéterminée. ● Soc. 6 nov. 1984 : *Bull. civ. V, n° 410.* — Dans le même sens : ● Soc. 23 avr. 1985 : *Bull. civ. V, n° 244 ; Dr. soc. 1987. 1, note Savatier.* ♦ Rappr. : ● Soc. 31 mai 1989 : *D. 1989. Somm. 407, obs. Mouly,* à propos de la faculté de résilier de gré à gré le contrat d'un joueur de football professionnel conclu avant 1982.

2. Clause de stabilité d'emploi. Lorsqu'un salarié est engagé pour une durée minimum de trois ans, il n'est pas possible de fixer avec précision le terme du contrat qui est alors à durée indéterminée. ● Soc. 8 oct. 1987 : *Bull. civ. V, n° 537 ; D. 1987. IR 204.* — Dans le même sens : ● Soc. 11 mars 1976 : *Bull. civ. V, n° 160* ● 21 mars 1990 : 🕀 *RJS 1990. 267, n° 350* ● 7 déc. 1994 : 🕀 *RJS 1995. 18, n° 4* (footballeur professionnel).

CONTRAT DE TRAVAIL À DURÉE DÉTERMINÉE   **Art. L. 1242-8-1** 455

3. Terme précis. Lorsqu'un contrat conclu pour remplacer un salarié comporte un terme précis et qu'il a été renouvelé deux fois, une cour d'appel a pu estimer que, la relation contractuelle s'étant poursuivie sans solution de continuité, elle s'intégrait dans un ensemble à durée indéterminée. • Soc. 7 mars 1990, 🏛 n° 87-43.651 P. ♦ En optant pour le contrat de date à date pour remplacer un salarié, l'employeur a la faculté de fixer une date antérieure au retour du salarié. • Soc. 26 févr. 1991, 🏛 n° 87-40.410 P. ♦ ... Et celle de conclure, pour une même absence, des contrats successifs de date à date avec le même salarié. • Même arrêt.

4. Terme imprécis. Le contrat à durée déterminée conclu pour remplacer une salariée absente pour congé maternité qui s'est poursuivi pendant le congé parental sollicité par cette dernière a pour terme la fin de l'absence de cette salariée et ne doit pas être requalifié en une relation à durée indéterminée. • Soc. 9 mars 2005 : 🏛 D. 2005. IR 856 ⌀ ; RJS 2005. 350, n° 487 ; JSL 2005, n° 165-4. ♦ Le contrat à durée déterminée conclu pour remplacer un salarié absent qui a pour terme la fin de l'absence du salarié remplacé cesse de plein droit en cas de cessation d'activité définitive du salarié remplacé. • Soc. 17 déc. 1997, 🏛 n° 95-42.913 P : RJS 1998. 97 ; D. 1998. IR 49 ⌀ ; CSB 1998. 75, A. 18 ; Dr. soc. 1998. 223, note Roy-Loustaunau ⌀. ♦ Le licenciement économique du salarié remplacé en raison de la cessation définitive d'activité de l'entreprise, entraîne de plein droit la fin du CDD conclu pour assurer son remplacement. • Soc. 20 avr. 2005, 🏛 n° 03-41.490 P : Dr. soc. 2005. 814, obs. Roy-Loustaunau ⌀ ; RJS 2005. 524, n° 715 ; JSL 2005, n° 171-5. ♦ Le CDD du salarié remplaçant, absent de son poste de travail, ne se poursuit pas au-delà du terme, dès lors que l'employeur lui a notifié le décès du salarié remplacé dans un délai raisonnable. • Soc. 4 févr. 2009 : 🏛 RJS 2009. 282, n° 321 ; JCP S 2009. 1250, obs. Bouzez. ♦ Il incombe à l'employeur de rapporter la preuve de l'événement constitutif du terme et de sa date. • Soc. 13 mai 2003 : 🏛 D. 2003. IR 1479 ⌀ ; RJS 2003. 572, n° 855. ♦ L'employeur n'est pas tenu de notifier par écrit au salarié sous CDD conclu sans terme précis pour le remplacement d'un salarié malade la rupture du contrat arrivé à son terme en raison du licenciement de ce dernier pour inaptitude physique. • Soc. 18 sept. 2019, 🏛 n° 18-12.446 P : D. 2019. Actu. 1843 ⌀ ; RDT 2019. 635, note Auzero ⌀ ; Dr. soc. 2019. 1091, note Mouly ⌀ ; RJS 11/2019, n° 618 ; JCP S 2019. 1308, obs. Bouzez. ♦ Le contrat à durée déterminée ne comportant pas de terme précis ne peut prendre fin qu'au retour du salarié dont l'absence a constitué le motif de recours à un tel contrat, peu important le remplacement par glissement effectué par l'employeur. • Soc. 24 juin 2015, 🏛 n° 14-12.610 P : D. actu. 28 juill. 2015, obs. Fraisse ; D. 2015. Actu. 1445 ⌀ ; RJS 10/2015, n° 621 ; JCP S 2015. 1343, note Bousez.

5. Contrat saisonnier. Ne comportent ni terme précis ni durée minimale les contrats saisonniers qui se bornent à indiquer qu'ils se terminent « à la fin » de certains travaux et « au plus tard » à une certaine date. • Soc. 30 sept. 2014 : 🏛 D. actu. 22 oct. 2014, obs. Fraisse ; RDT 2014. 754, obs. Poirier ⌀ ; RJS 1/2015, n° 7.

6. Durée minimale. Le contrat conclu pour remplacer un salarié absent, s'il ne comporte pas de terme précis, doit comporter une durée minimale, à défaut de quoi il doit être requalifié en contrat à durée indéterminée. • Soc. 29 oct. 1996 : 🏛 D. 1996. IR 258 ⌀ ; RJS 1996. 805, n° 1239. ♦ L'avenant de renouvellement d'un CDD indiquant qu'il est conclu pour la durée du congé maternité contient par là même une durée minimale. • Soc. 25 juin 2013 : 🏛 D. actu. 24 juill. 2013, obs. Fleuriot ; D. 2013. Actu. 1691 ⌀ ; JCP S 2013. 1383, obs. Bousez ; RJS 10/2013, n° 656.

Art. L. 1242-8 (Ord. n° 2017-1387 du 22 sept. 2017, art. 22) Une convention ou un accord de branche étendu peut fixer la durée totale du contrat de travail à durée déterminée. Cette durée ne peut avoir ni pour objet ni pour effet de pourvoir durablement un emploi lié à l'activité normale et permanente de l'entreprise.

Les dispositions du présent article ne sont pas applicables au contrat de travail à durée déterminée conclu en application du 6° de l'article L. 1242-2 et de l'article L. 1242-3. — V. art. L. 1248-5 (pén.).

Les dispositions issues de l'Ord. n° 2017-1387 du 22 sept. 2017 sont applicables aux contrats de travail conclus postérieurement au 23 sept. 2017, date de publication de ladite Ord. (Ord. préc., art. 40-VIII).

COMMENTAIRE
V. sur le Code en ligne 🏛.   ❏

Art. L. 1242-8-1 (Ord. n° 2017-1387 du 22 sept. 2017, art. 22) A défaut de stipulation dans la convention ou l'accord de branche conclu en application de l'article L. 1242-8, la durée totale du contrat de travail à durée déterminée ne peut excéder dix-huit mois compte tenu, le cas échéant, du ou des renouvellements intervenant dans les conditions prévues à l'article L. 1243-13 ou, lorsqu'il s'applique, à l'article L. 1243-13-1.

Cette durée est réduite à neuf mois lorsque le contrat est conclu dans l'attente de l'entrée en service effective d'un salarié recruté par contrat à durée indéterminée ou lorsque son objet consiste en la réalisation des travaux urgents nécessités par des mesures de sécurité.

Elle est également de vingt-quatre mois :

1° Lorsque le contrat est exécuté à l'étranger ;

2° Lorsque le contrat est conclu dans le cadre du départ définitif d'un salarié précédant la suppression de son poste de travail ;

3° Lorsque survient dans l'entreprise, qu'il s'agisse de celle de l'entrepreneur principal ou de celle d'un sous-traitant, une commande exceptionnelle à l'exportation dont l'importance nécessite la mise en œuvre de moyens quantitativement ou qualitativement exorbitants de ceux que l'entreprise utilise ordinairement. Dans ce cas, la durée initiale du contrat ne peut être inférieure à six mois et l'employeur doit procéder, préalablement aux recrutements envisagés, à la consultation du comité social et économique, s'il existe.

Les dispositions du présent article ne sont pas applicables au contrat de travail à durée déterminée conclu en application du 6° de l'article L. **1242-2** et de l'article L. **1242-3**. — V. art. L. 1245-1 et L. 1248-5 (pén.).

V. note ss. art. L. 1242-8.

Jurisprudence rendue sous l'empire des dispositions antérieures à l'Ord. n° 2017-1387 du 22 sept. 2017.

1. Durée maximale. La durée maximale de dix-huit mois est inapplicable aux contrats conclus au titre du 3° de l'art. L. 122-1-1 [L. 1242-2 nouv.]. • Soc. 28 oct. 1997, ⚖ n° 95-43.101 P : *D. 1998. 126*, note Mouly ⌘ ; *D. 1997. IR 247* ⌘ ; *RJS 1997. 827*, n° 1343. ♦ Elle est également inapplicable au contrat conclu pour remplacer un salarié absent qui ne comporte pas de terme précis, dès l'instant qu'il prévoit une durée minimale. • Soc. 26 oct. 1999, ⚖ n° 97-42.255 P : *D. 1999. IR 264* ⌘ ; *Dr. soc. 2000. 341*, obs. Roy-Loustaunau ⌘ ; *RJS 1999. 843*, n° 1443. ♦ En revanche, le contrat à durée déterminée à terme précis motivé par le remplacement d'un salarié absent et conclu pour une durée supérieure à dix-huit mois doit être requalifié en contrat à durée indéterminée. • Soc. 26 févr. 2002 : *RJS 2002. 416*, n° 537.

2. Dérogation. Selon l'art. L. 6161-7, al. 4, CSP, les établissements de santé privés à but non lucratif admis à participer à l'exécution du service public hospitalier peuvent, par dérogation aux dispositions des art. L. 122-1, L. 122-1-1 et L. 122-1-2, recruter des praticiens par CDD pour une période égale au plus à 4 ans ; un praticien peut donc être recruté pour 4 ans par CDD, peu importe qu'il n'ait pas la qualité de praticien hospitalier. • Soc. 29 nov. 2006 : ⚖ *Dr. soc. 2007. 491*, obs. Roy-Loustaunau ⌘.

3. Prorogation. Une grève prolongée au-delà du terme prévu ne peut entraîner la prorogation d'un contrat à durée déterminée qui avait pris fin. • Soc. 21 nov. 1984 : *Bull. civ. V, n° 445* ; *Dr. ouvrier 1985. 35*, note Y.H.N. ♦ Même solution pour la fermeture annuelle de l'entreprise. • Soc. 25 févr. 2004, ⚖ n° 01-43.072 P : *Dr. soc. 2004. 560*, obs. Roy-Loustaunau ⌘ ; *RJS 2004. 357*, n° 511.

4. Prorogation et décision de l'inspecteur du travail. Le CDD dont le terme est prorogé dans l'attente de la décision de l'inspecteur du travail ou en cas de recours hiérarchique devient un CDI dans le cas où l'autorisation est refusée. • Soc. 27 sept. 2007 : ⚖ *D. 2007. AJ 2609* ⌘ ; *RJS 2007. 1050*, n° 1312 ; *Dr. soc. 2008. 760*, obs. Roy-Loustaunau ⌘.

Art. L. 1242-8-2 (Ord. n° 2017-1387 du 22 sept. 2017, art. 22) Le contrat de travail à durée déterminée mentionné au 6° de l'article L. **1242-2** est conclu pour une durée minimale de dix-huit mois et une durée maximale de trente-six mois. Il ne peut pas être renouvelé. — V. art. L. 1248-5 (pén.).

V. note ss. art. L. 1242-8.

Art. L. 1242-9 Lorsque le contrat de travail à durée déterminée est conclu pour remplacer un salarié temporairement absent ou dont le contrat de travail est suspendu ou pour un remplacement effectué au titre des 4° et 5° de l'article L. **1242-2**, il peut prendre effet avant l'absence de la personne à remplacer. — [Anc. art. L. 122-3-7, al. 1er.]

SECTION 3 Période d'essai

Art. L. 1242-10 Le contrat de travail à durée déterminée peut comporter une période d'essai.

Sauf si des usages ou des stipulations conventionnelles prévoient des durées moindres, cette période d'essai ne peut excéder une durée calculée à raison d'un jour par

CONTRAT DE TRAVAIL À DURÉE DÉTERMINÉE **Art. L. 1242-12**

semaine, dans la limite de deux semaines lorsque la durée initialement prévue au contrat est au plus égale à six mois et d'un mois dans les autres cas.

Lorsque le contrat ne comporte pas de terme précis, la période d'essai est calculée par rapport à la durée minimale du contrat. – *[Anc. art. L. 122-3-2.]*

1. Qualification de période d'essai. La période d'essai se situe au début de l'exécution du contrat, même si celui-ci commence par une période de formation théorique dispensée hors de l'entreprise. • Soc. 24 oct. 1997 : 🔒 *JCP 1998. II. 10004*, note Corrignan-Carsin ; *Dr. soc. 1997. 1092*, note Roy-Loustaunau ⊘ ; *RJS 1997. 821, n° 1334* ; *CSB 1997. 326, S. 183*. ♦ Lorsqu'un salarié a été successivement engagé par deux contrats à durée déterminée, puis par un contrat à durée indéterminée comportant une période d'essai de trois mois, alors que les tâches confiées au salarié étaient identiques à celles assurées précédemment, les juges, ayant caractérisé la fraude de l'employeur consistant à imposer une période d'essai hors de proportion avec le temps nécessaire pour tester un salarié de sa catégorie, ont pu allouer une indemnité pour licenciement abusif. • Soc. 9 juin 1988, 🔒 n° 85-43.146 P : *D. 1989. Somm. 167*, obs. Fieschi-Vivet. ♦ La durée à soustraire de la période d'essai est celle du contrat à durée déterminée à l'issue duquel les relations contractuelles se sont poursuivies et ne comprend pas les périodes d'emploi distinctes antérieures. • Soc. 28 juin 1989 : *D. 1990. 297*, note Mouly ⊘. ♦ V., dans le cas où le contrat à durée indéterminée est conclu pour un emploi différent de celui occupé précédemment : • Soc. 17 mars 1993 : 🔒 *CSB 1993. 133, A. 30* (non-imputation sur la période d'essai du contrat à durée déterminée antérieur). ♦ Dans le cas où une interruption sépare deux contrats relevant du même emploi, V. • Soc. 26 févr. 2002 : 🔒 *RJS 2002. 418, n° 539*.

2. Existence de la période d'essai. Le seul fait que la convention collective prévoit une période d'essai ne suffit pas à démontrer que celle-ci ait été convenue dans un contrat conclu pour une durée de quatre semaines sans préciser que les deux premières étaient effectuées à titre d'essai. • Soc. 27 avr. 1982 : *JCP 1983. II. 19986*, note Wagner. – Dans le même sens : • Soc. 17 janv.

1985 : *Bull. civ. V, n° 44* • 11 janv. 1994 : 🔒 *RJS 1994. 108, n° 130*. ♦ L'existence d'une promesse d'embauche ne prévoyant pas de période d'essai ne fait pas obstacle à ce que le CDD finalement conclu entre les parties en prévoit valablement une. • Soc. 12 juin 2014 : 🔒 *D. actu. 11 juill. 2014*, obs. Ines ; *RJS 2014. 505, n° 607* ; *JSL 2014, n° 370-3*, obs. Hautefort.

3. Durée de l'essai. La durée de la période d'essai est indépendante de l'existence d'une clause prévoyant une faculté de renouvellement du contrat. • Soc. 28 mai 1991, 🔒 n° 88-44.357 P : *D. 1991. IR 163* ; *RJS 1991. 429, n° 818*.

4. Viole l'art. L. 122-3-2 [L. 1242-10 nouv.] la cour d'appel qui, pour débouter le salarié de sa demande en paiement de dommages-intérêts pour rupture anticipée d'un contrat à durée déterminée, énonce que les circonstances exceptionnelles dues à la formation insuffisante du salarié autorisent l'employeur à renouveler la période d'essai, alors que les parties ne peuvent valablement convenir d'une période d'essai supérieure à celle fixée par la loi. • Soc. 11 juin 1987 : *Bull. civ. V, n° 377* ; *D. 1987. IR 155*.

5. Décompte de la période d'essai. Si la période d'essai prévue par l'art. L. 122-3-2 [L. 1242-10 nouv.] en jours se décompte en jours travaillés, celles prévues en semaines ou en mois se décomptent en semaines civiles ou mois calendaires. • Soc. 4 févr. 1993 : 🔒 *RJS 1993. 294, n° 490* • 6 juill. 1994 : 🔒 *RJS 1994. 663, n° 1122* (le nombre de jours ouvrés est indifférent). ♦ Toute période d'essai exprimée en jours se décompte en jours calendaires. • Soc. 29 juin 2005 : *D. 2005. IR 1959* ⊘ ; *Dr. soc. 2005. 1036*, obs. Savatier ⊘ ; *JSL 2005, n° 175-2* ; *RJS 2005. 679, n° 944* • 28 avr. 2011 : 🔒 *D. actu. 18 mai 2011*, obs. Ines ; *D. 2011. Actu. 1290* ⊘ ; *RDT 2011. 435*, obs. Tournaux ⊘ ; *RJS 2011. 537, n° 582* ; *JSL 2011, n° 301-4*, obs. Tourreil.

Art. L. 1242-11 Ne sont pas applicables pendant la période d'essai les dispositions relatives :

1° A la prise d'effet du contrat prévue à l'article L. 1242-9 ;
2° A la rupture anticipée du contrat prévue aux articles L. 1243-1 à L. 1243-4 ;
3° Au report du terme du contrat prévue à l'article L. 1243-7 ;
4° A l'indemnité de fin de contrat prévue à l'article L. 1243-8. – *[Anc. art. L. 122-3-9.]*

SECTION 4 Forme, contenu et transmission du contrat

Art. L. 1242-12 Le contrat de travail à durée déterminée est établi par écrit et comporte la définition précise de son motif. A défaut, il est réputé conclu pour une durée indéterminée. – *V. art. L. 1245-1 et L. 1248-6 (pén.).*

Il comporte notamment :

1° Le nom et la qualification professionnelle de la personne remplacée lorsqu'il est conclu au titre des 1°, 4° et 5° de l'article L. 1242-2 ;

2° La date du terme et, le cas échéant, une clause de renouvellement lorsqu'il comporte un terme précis ;

3° La durée minimale pour laquelle il est conclu lorsqu'il ne comporte pas de terme précis ;

4° La désignation du poste de travail en précisant, le cas échéant, si celui-ci figure sur la liste des postes de travail présentant des risques particuliers pour la santé ou la sécurité des salariés prévue à l'article L. 4154-2, la désignation de l'emploi occupé ou, lorsque le contrat est conclu pour assurer un complément de formation professionnelle au salarié au titre du 2° de l'article L. 1242-3, la désignation de la nature des activités auxquelles participe le salarié dans l'entreprise ;

5° L'intitulé de la convention collective applicable ;

6° La durée de la période d'essai éventuellement prévue ;

7° Le montant de la rémunération et de ses différentes composantes, y compris les primes et accessoires de salaire s'il en existe ;

8° Le nom et l'adresse de la caisse de retraite complémentaire ainsi que, le cas échéant, ceux de l'organisme de prévoyance. — *[Anc. art. L. 122-3-1, al. 1er à 10.]*

> **COMMENTAIRE**
>
> V. sur le Code en ligne.

1. Promesse d'embauche. Les dispositions de l'art. L. 1242-12 C. trav. ne s'appliquent pas à une promesse d'embauche. ● Soc. 6 juill. 2016, n° 15-11.138 P : *D. actu. 29 août 2016*, obs. Siro ; *D. 2016. Actu. 1571* ; *RDT 2016. 616*, obs. Auzero ; *Dr. soc. 2016. 867*, obs. Mouly ; *RJS 10/2016, n° 613* ; *JSL 2016, n° 416-3* ; *JCP S 2017. 1359*, obs. Bousez.

I. EXIGENCE D'UN ÉCRIT

2. Établissement de l'écrit. L'écrit peut résulter d'une lettre adressée par le salarié à son employeur établissant qu'il avait bien été engagé pour la saison des vendanges. ● Soc. 23 juin 1988, n° 85-44.624 P : *D. 1988. IR 213* ; *Dr. soc. 1989. 631*, note Poulain. ♦ L'ordre de mission non signé du salarié ne peut être assimilé à un contrat de travail écrit. ● Soc. 31 mai 2006 : *D. 2006. IR 1704* ; *RDT 2006. 170*, obs. Auzero ; *RJS 2006. 687, n° 927* ; *Dr. soc. 2006. 921*, obs. Roy-Loustaunau ; *JCP S 2006. 1691*, note Bousez. ♦ Justifie sa décision le conseil de prud'hommes qui énonce que l'employeur ne peut modifier un élément substantiel du contrat à durée déterminée sans convention écrite et signée par les intéressés. ● Soc. 20 mars 1990 : *RJS 1990. 331, n° 462*. ♦ Faute de comporter la signature du salarié, le contrat ne peut être considéré comme ayant été établi par écrit. ● Soc. 22 oct. 1996 : *RJS 1996. 804, n° 1238* ● 26 oct. 1999, n° 97-41.992 P : *D. 1999. IR 265* ; *Dr. soc. 2000. 202*, obs. Roy-Loustaunau ; *RJS 1999. 842, n° 1444*.

3. Écrit et contrat à durée déterminée d'usage. Le contrat à durée déterminée d'usage ne dispense pas l'employeur d'établir un contrat écrit comportant la définition précise de son motif. ● Soc. 28 nov. 2006 : *D. 2006. IR 3011* ; *Dr. soc. 2007. 487*, obs. Roy-Loustaunau ; *RJS 2006. 687, n° 927*.

4. Défaut d'écrit. À défaut d'écrit, le contrat est présumé conclu à durée indéterminée. ● Soc. 8 oct. 1987 : *Bull. civ. V, n° 538* ; *Dr. soc. 1989. 361*, note Poulain. ♦ En l'absence de contrat écrit, l'employeur ne peut écarter la présomption légale en apportant la preuve de l'existence d'un contrat verbal conclu pour une durée déterminée. ● Soc. 21 mai 1996, n° 92-43.874 P : *GADT, 4e éd., n° 37* ; *D. 1996. 565*, concl. Chauvy ; *JCP 1996. II. 22701*, note Roy-Loustaunau ; *JCP E 1996. I. 595, n° 6*, obs. Chevillard ; *RJS 1996. 501, n° 773* ● 12 nov. 1997, n° 95-41.746 P : *D. 1997. IR 256* ; *Dr. soc. 1998. 75*, obs. Jeammaud ; *RJS 1997. 891, n° 1454*. ♦ Mais le salarié peut rapporter la preuve que le contrat conclu verbalement est à durée déterminée. ● Soc. 10 juill. 2002 : *D. 2002. 3112*, obs. Lattes ; *Dr. soc. 2003. 328*, obs. Roy-Loustaunau ; *RJS 2002. 908, n° 1208* ; *CSB 2002. 499, A. 60* ; *JSL 2002, n° 109-4*.

5. Défaut de signature. Faute de comporter la signature de l'une des parties, les contrats à durée déterminée ne peuvent être considérés comme ayant été établis par écrit et sont réputés conclus pour une durée indéterminée. ● Soc. 14 nov. 2018, n° 16-19.038 P : *D. 2018. Actu. 2239* ; *RJS 1/2019, n° 6*. ♦ Dès lors que certains des CDD litigieux ne sont pas revêtus de la signature de l'employeur, ces contrats ne peuvent pas être considérés comme ayant été établis par écrit et sont, par suite, réputés conclus pour une durée indéterminée. ● Soc. 9 déc. 2020, n° 19-16.138 P : *D. 2021. 23* ; *ibid. 370*, obs. Ala, Lanoue et Prache ; *Dr. ouvrier 2021. 312*, obs. Castel ; *JSL 2020, n° 513-5*, obs. Mo ; *RJS 2/2021, n° 91* ; *JCP S 2021. 1020*, obs. Morand. ♦ La signature d'un contrat de travail à durée déterminée a le caractère d'une prescription d'ordre public dont l'omission entraîne, à la demande du salarié, la requalification en contrat de travail à durée indéterminée ; il n'en va autrement que lorsque le salarié a délibérément refusé de signer le contrat

CONTRAT DE TRAVAIL À DURÉE DÉTERMINÉE Art. L. 1242-12

de travail de mauvaise foi ou dans une intention frauduleuse. • Soc. 10 mars 2021, 🏛 n° 20-13.265.

6. Signature manuscrite numérisée. L'apposition d'une signature sous forme d'une image numérisée ne peut être assimilée à une signature électronique au sens de l'art. 1367 C. civ. mais s'il est constaté qu'il n'était pas contesté que la signature en cause était celle du gérant de la société et permettait parfaitement d'identifier son auteur, lequel était habilité à signer un contrat de travail, l'apposition d'une signature manuscrite numérisée du gérant de la société ne vaut pas absence de signature. • Soc. 14 déc. 2022, 🏛 n° 21-19.841 B : D. actu. 10 janv. 2023, obs. Maurel ; D. 2023. 14 ∅ ; RJS 2/2023, n° 60 ; JSL 2023, n° 557-2, obs. Clerc et Leynaud.

7. Absence de signature et mauvaise foi du salarié. Le refus de signature d'un CDD par le salarié doit caractériser la mauvaise foi ou l'intention frauduleuse ; les juges du fond ne pouvaient refuser la requalification, alors que le salarié avait refusé de rendre les contrats que lui avait transmis l'employeur, et ce malgré un rappel par courrier avec accusé de réception, sans caractériser la mauvaise foi ou l'intention de nuire. • Soc. 7 mars 2012 : 🏛 D. actu. 22 mars 2012, obs. Siro ; D. 2012. Actu. 821 ∅ ; RDT 2012. 284, obs. Reynès ∅ ; RJS 2012. 366, n° 426 ; JSL 2012, n° 321-3, obs. Lhernould ; JCP S 2012. 1257, obs. Bousez. ♦ La signature d'un contrat de travail à durée déterminée a le caractère d'une prescription d'ordre public dont l'omission entraîne, à la demande du salarié, la requalification en contrat à durée indéterminée ; il n'en va autrement que lorsque le salarié a délibérément refusé de signer le contrat de travail de mauvaise foi ou dans une intention frauduleuse. • Soc. 31 janv. 2018, 🏛 n° 17-13.131 : RDT 2018. 373, note Bento de Carvalho ∅.

8. Définition précise du motif. L'énonciation précise du motif exigée par l'art. L. 122-3-1 [L. 1242-12 nouv.] fixe les limites du litige au cas où la qualification du contrat se trouve contestée. • Soc. 4 déc. 1996, 🏛 n° 94-42.987 P : D. 1997. IR 11 ∅ ; Dr. soc. 1997. 90, obs. Roy-Loustaunau ∅. ♦ Constitue le motif précis exigé par l'art. L. 122-3-1, le contrat conclu pour faire face à un surcroît d'activité. • Soc. 24 nov. 1998, 🏛 n° 96-41.742 P : Dr. soc. 1999. 84, obs. Roy-Loustaunau ∅ ; RJS 1999. 25, n° 11. ♦ La mention dans un contrat de travail à durée déterminée selon laquelle le contrat est conclu pour faire face à un accroissement temporaire d'activité constitue le motif précis exigé par l'art. L. 122-3-1 [L. 1242-12 nouv.]. • Soc. 28 sept. 2005 : 🏛 Dr. soc. 2006. 447, obs. Roy-Loustaunau ∅. ♦ Les contrats initiative-emploi à durée déterminée doivent être établis par écrit et comporter la définition précise de leur motif, à défaut de quoi ils sont réputés conclus à durée indéterminée. • Soc. 23 oct. 2001, 🏛 n° 99-44.574 P : RJS 2002. 38, n° 17. ♦ La seule mention « contrat-initiative-emploi », qui fait référence aux dispositions de l'art. L. 122-2 [L. 1242-3 nouv.], suffit à satisfaire à l'exigence de définition du motif. • Soc. 17 oct. 2000, 🏛 n° 97-45.439 P : RJS 2000. 822, n° 1272. ♦ Le contrat à durée déterminée conclu en application de l'art. L. 6161-7 CSP qui autorise les établissements de santé privés à but non lucratif à recruter des praticiens hospitaliers pour une durée égale au plus à quatre ans peut être conclu sans définition précise du motif. • Soc. 29 avr. 2003 : 🏛 RJS 2003. 570, n° 853. ♦ Ne correspond pas à cette exigence du motif précis de recours à un CDD d'usage le contrat d'un sportif indiquant que « le présent engagement réciproque concerne la saison rugbystique 2006/2007 ». • Soc. 7 mars 2012 : 🏛 D. 2012. Actu. 820 ∅ ; RJS 2012. 365, n° 424 ; JCP S 2012. 1255, obs. Bousez.

9. L'absence ou le caractère erroné, dans le contrat de travail à durée déterminée d'usage, de la désignation du poste de travail n'entraîne pas la requalification en contrat à durée indéterminée lorsque l'emploi réellement occupé est par nature temporaire. • Soc. 21 sept. 2017, 🏛 n° 16-17.241 P : D. 2017. Actu. 1915 ∅ ; Dr. soc. 2017. 1077, obs. Mouly ∅ ; JCP S 2017. 1346, obs. Lahalle ; RJS 12/2017, n° 783.

II. MENTIONS OBLIGATOIRES

10. Défaut des mentions obligatoires. L'omission des mentions obligatoires justifie, comme l'absence d'écrit, la requalification du contrat en vertu de la présomption de durée indéterminée. • Soc. 19 nov. 1987 : Bull. civ. V, n° 656 ; D. 1987. IR 244 ; Dr. soc. 1989. 361, note Poulain. – Dans le même sens : • Crim. 25 févr. 1986 : Dr. soc. 1987. 407, note Savatier • Soc. 16 juill. 1987 : Bull. civ. V, n° 481 ; D. 1988. Somm. 97, obs. Béraud ; Dr. soc. 1989. 361, note Poulain.

11. Nom et qualification du salarié remplacé. L'interprétation jurisprudentielle constante qui consiste à considérer que, pour les CDD, la mention de la qualification professionnelle de la personne remplacée requise par l'art. L. 1242-12, 1°, participe de la définition précise du motif de recours à ce type de contrat, permet de s'assurer que la conclusion d'un contrat dérogatoire au CDI l'a été dans l'un des cas limitativement énumérés par le législateur et contribue à assurer la sanction effective du principe d'égalité de traitement entre les salariés en CDD et les salariés en CDI tel qu'instauré par les dispositions précises et inconditionnelles de la clause 4 de l'accord-cadre sur le travail à durée déterminée du 18 mars 1999 repris par la Dir. 1999/70/CE du 28 juin 1999 ; les dispositions de l'art. L. 1242-12, 2°, sont donc justifiées par un motif d'intérêt général de lutte contre la précarité pouvant résulter du recours abusif à l'emploi à durée déterminée, de sorte qu'elles ne portent pas une atteinte disproportionnée à la liberté contractuelle. En conséquence, il n'y a pas lieu de renvoyer la question prioritaire de constitutionnalité au Conseil constitutionnel.

• Soc., QPC, 18 mars 2020, 🕮 n° 19-21.535 P : D. 2021. 140 ⌀ ; Dr. soc. 2021. 374, obs. Tournaux ⌀ ; RDT 2021. 176, obs. Abry-Durand ⌀ ; RJS 6/2020, n° 279. ♦ Doit être approuvée une cour d'appel qui, après avoir retenu que la catégorie « personnel navigant commercial » comportait plusieurs qualifications telles qu'hôtesse et steward, chef de cabine, chef de cabine principal dont les fonctions et rémunérations étaient différentes, et qui, après avoir retenu que les contrats à durée déterminée de remplacement ne comportaient que la mention de la catégorie de « personnel navigant commercial », a décidé à bon droit que la seule mention de la catégorie de « personnel navigant commercial » dont relevait le salarié remplacé ne permettait pas au salarié engagé en sorte que les contrats à durée déterminée conclus pour ce motif étaient irréguliers. • Soc. 20 janv. 2021, 🕮 n° 19-21.535 P : Dr. soc. 2021. 140, obs. Tournaux ⌀ ; RJS 4/2021, n° 198. ♦ Dès lors qu'il est établi que le contrat ne comportait pas le nom de la personne remplacée, il est réputé avoir été conclu pour une durée indéterminée, l'employeur ne pouvant invoquer le fait que le salarié ait eu connaissance du nom de la personne qu'il remplaçait. • Soc. 6 mai 1997, 🕮 n° 94-41.940 P : D. 1997. IR 132 ⌀ ; Dr. soc. 1997. 922, note Roy-Loustaunau ⌀ ; RJS 1997. 437, n° 664, 2e esp. ; CSB 1997. 201, A. 38. – Dans le même sens : • Soc. 20 mai 1997 : 🕮 SSL 1997, n° 842, note Fieschi-Vivet. ♦ De même, l'absence de mention du nom et de la qualification du salarié remplacé entraîne une présomption de contrat à durée indéterminée que l'employeur ne peut écarter. • Soc. 1er juin 1999, 🕮 n° 96-43.617 P : Dr. soc. 1999. 838, obs. Roy-Loustaunau ⌀ ; JCP E 1999. 1929, note Miné ; RJS 1999. 554, n° 898 • 26 oct. 1999 : 🕮 préc. note 2 • Soc. 10 mars 2021, 🕮 n° 20-13.230 P. ♦ Doit également être requalifié en contrat à durée indéterminée, le contrat à durée déterminée du salarié embauché, non pas pour remplacer un salarié déterminé, mais dans le cadre général du remplacement du personnel titulaire qui se trouve en congé annuel ou maladie. • Soc. 24 févr. 1998, 🕮 n° 95-41.420 P : RJS 1998. 266, n° 421 ; Dr. soc. 1998. 608, obs. Roy-Loustaunau ⌀. ♦ En revanche, répond aux exigences légales du CDD de remplacement le contrat qui indique uniquement les fonctions du salarié remplacé, et non sa qualification, dès lors que la mention renvoie à la grille de classification de la convention d'entreprise. • Soc. 3 mai 2018, 🕮 n° 16-20.636 P : RJS 7/2018, n° 470 ; JCP S 2018. 1195, obs. Bousez.

12. Mention de la convention collective applicable. L'omission de la mention de la convention collective applicable ne peut entraîner la requalification du contrat à durée déterminée en contrat à durée indéterminée. • Soc. 26 oct. 1999 : 🕮 préc. note 2.

13. Date de conclusion du contrat. La date de conclusion du contrat qui ne figure pas au titre des mentions obligatoires prévues à l'art. L. 1242-12 C. trav. ne peut entraîner la requalification en contrat à durée indéterminée. • Soc. 20 déc. 2017, 🕮 n° 16-25.251 P : D. 2018. Actu. 14 ⌀ ; RDT 2018. 125, note Tournaux ⌀ ; JCP S 2018. 1068, obs. Bousez.

14. Clause de renouvellement unilatéral. Le droit de renouvellement unilatéral stipulé au bénéfice de l'employeur dans le premier contrat de travail n'entraîne pas une requalification automatique du CDD. • Soc. 13 juin 2007 : 🕮 D. 2007. AJ 1875 ⌀ ; RJS 2007. 815, n° 1030.

Art. L. 1242-12-1 (L. n° 2014-1545 du 20 déc. 2014, art. 6-5°) Lorsque le contrat de travail à durée déterminée est conclu en application du 6° de l'article L. 1242-2, il comporte également :

1° La mention "contrat à durée déterminée à objet défini" ;

2° L'intitulé et les références de l'accord collectif qui institue ce contrat ;

3° Une clause descriptive du projet et la mention de sa durée prévisible ;

4° La définition des tâches pour lesquelles le contrat est conclu ;

5° L'évènement ou le résultat objectif déterminant la fin de la relation contractuelle ;

6° Le délai de prévenance de l'arrivée au terme du contrat et, le cas échéant, de la proposition de poursuite de la relation de travail en contrat à durée indéterminée ;

7° Une clause mentionnant la possibilité de rupture à la date anniversaire de la conclusion du contrat, par l'une ou l'autre partie, pour un motif réel et sérieux et le droit pour le salarié, lorsque cette rupture est à l'initiative de l'employeur, à une indemnité égale à 10 % de la rémunération totale brute du salarié.

Détermination du terme du CDD à objet défini. Un CDD dont l'échéance est la réalisation d'un objet défini, d'une durée minimale de 18 mois et maximale de 36 mois, peut être conclu pour le recrutement d'ingénieurs et de cadres, au sens des conventions collectives. Ce contrat prend fin avec la réalisation de l'objet pour lequel il a été conclu, après un délai de prévenance au moins égal à 2 mois, et peut être rompu par l'une ou l'autre partie, pour un motif réel et sérieux, au bout de 18 mois puis à la date anniversaire de sa conclusion. Il en résulte qu'en dehors des cas de rupture anticipée pour un motif réel et sérieux dans les conditions précitées, ou pour l'une des autres causes prévues par l'art. L. 1243-1 C. trav., est abusive la rupture du CDD à objet défini lors-

CONTRAT DE TRAVAIL À DURÉE DÉTERMINÉE **Art. L. 1242-15** 461

qu'elle intervient avant la réalisation de l'objet pour lequel il a été conclu. • Soc. 4 mars 2020, 🔒 n° 19-10.130 P : *RJS 5/2020, n° 230 ; JSL 2020, n° 498-3, obs. Paturle.*

Art. L. 1242-13 Le contrat de travail est transmis au salarié, au plus tard, dans les deux jours ouvrables suivant l'embauche. — *[Anc. art. L. 122-3-1, al. 11.]* — V. art. L. 1248-7 (pén.).

COMMENTAIRE

V. sur le Code en ligne 🔒. ☐

1. Titre Emploi Service Entreprise. Le recours au TESE ne dispense pas l'employeur de transmettre sans délai au salarié une copie du volet d'identification, conformément aux dispositions de l'art. D. 1273-4 C. trav. • Soc. 3 mai 2016, 🔒 n° 14-29.317 P : *D. actu. 27 mai 2016, obs. Doutreleau ; D. 2016. Actu. 1004 ⌀ ; RJS 7/2016, n° 538 ; JCP S 2016. 1217, obs. Lahalle.*

2. Délai de transmission. L'employeur doit disposer d'un délai de deux jours pleins pour accomplir la formalité de transmission au salarié ; le jour de l'embauche ne compte pas dans le délai non plus que le dimanche qui n'est pas un jour ouvrable. • Soc. 22 oct. 2008 : *D. 2008. AJ 2876 ⌀ ; RJS 2009. 43, n° 17 ; RJS 2009. 43, n° 17 ; JCP S 2009. 1016, obs. Bousez.*

3. Transmission tardive du contrat. La transmission tardive du CDD pour signature équivaut à une absence d'écrit qui entraîne requalification de la relation de travail en CDI. • Soc. 17 juin 2005 : 🔒 *SSL 2005, n° 1221, p. 11 ; D. 2005. IR 1802 ⌀ ; RJS 2005. 595, n° 810.*

4. Conditions de recours et de forme conventionnelles. La convention collective du rugby professionnel, en imposant le recours aux CDD pour le recrutement de joueurs, ne peut faire obstacle à leur requalification lorsqu'ils contreviennent aux dispositions d'ordre public relatives aux conditions de recours et de forme du contrat à durée déterminée. • Soc. 2 avr. 2014 : 🔒 *D. actu. 5 mai 2014, obs. Ines ; D. 2014. 1363, note Karaquillo ⌀ ; ibid. 1404, obs. Mariette, Sommé, Ducloz, Wurtz, Contamine et Flores ⌀ ; Dr. soc. 2014. 576, obs. Mouly ⌀ ; RDT 2014. 416, obs. Jacotot ⌀ ; JSL 2014, n° 367-17.*

SECTION 5 Conditions d'exécution du contrat

Art. L. 1242-14 Les dispositions légales et conventionnelles ainsi que celles résultant des usages applicables aux salariés titulaires d'un contrat de travail à durée indéterminée s'appliquent également aux salariés titulaires d'un contrat à durée déterminée, à l'exception des dispositions concernant la rupture du contrat de travail. — *[Anc. art. L. 122-3-3, al. 1er.]*

BIBL. ▶ VERKINDT, *Dr. soc. 1995. 870* ⌀ (principe d'égalité de traitement des travailleurs précaires).

1. Égalité de traitement. Une convention collective ne saurait mettre en échec l'art. L. 122-3-3 [L. 1242-14 nouv.], qui a une portée générale, en écartant de son champ d'application les salariés bénéficiaires d'un contrat à durée déterminée. • Crim. 14 mai 1985 : *Juri-soc. 1986, F. 4.*

2. Ce n'est que si le régime de congé payé applicable dans l'entreprise n'a pas permis au salarié leur prise effective que celui-ci peut prétendre au versement de l'indemnité compensatrice. • Soc. 25 févr. 1998, 🔒 n° 95-45.005 P : *Dr. soc. 1998. 496, obs. Roy-Loustaunau ⌀.*

3. Rupture anticipée du CDD. Il résulte de l'art. L. 1242-14 C. trav. que les dispositions des art. L. 1232-2 et L. 1235-6 ne sont applicables qu'à la procédure de licenciement et non à celle de la rupture du contrat de travail à durée déterminée, laquelle, lorsqu'elle est prononcée pour faute grave, est soumise aux seules prescriptions des art. L. 1332-1 à L. 1332-3 C. trav., qui ne prévoient aucune formalité pour la convocation à l'entretien préalable à la sanction disciplinaire. • 20 nov. 2013 : 🔒 *D. actu. 12 déc. 2013, obs. Fraisse ; D. 2013. Actu. 2784 ⌀ ; Dr. soc. 2014. 178, obs. Mouly ⌀ ; RJS 2014. 84, n° 104 ; JSL 2014, n° 358-2, obs. Lhernould.*

Art. L. 1242-15 La rémunération, au sens de l'article L. 3221-3, perçue par le salarié titulaire d'un contrat de travail à durée déterminée ne peut être inférieure au montant de la rémunération que percevrait dans la même entreprise, après période d'essai, un salarié bénéficiant d'un contrat de travail à durée indéterminée de qualification professionnelle équivalente et occupant les mêmes fonctions. — *[Anc. art. L. 122-3-3, al. 2.]* — V. art. L. 1248-8 (pén.).

1. Égalité de rémunération. La règle posée par l'art. L. 122-3-3, al. 2 [L. 1242-15 nouv.], s'applique à tous les salariés engagés par contrat à durée déterminée dès le premier jour de leur engagement, qu'ils soient ou non soumis à une période d'essai. • Soc. 17 déc. 1996, ⚖ n° 94-41.460 P : *D. 1997. IR 22* ⚖ ; *Dr. soc. 1997. 192*, obs. Savatier ⚖ ; *RJS 1997. 20, n° 11 ; CSB 1997. 73, A. 15* • 15 oct. 2002, ⚖ n° 00-40.623 P : *RJS 2002. 1014, n° 1361 ; JSL 2002, n° 112-4.*

2. Justification des différences de traitement. Au regard du principe d'égalité de traitement, la seule différence de statut juridique ne permet pas de fonder une différence de rémunération entre des salariés qui effectuent un même travail ou un travail de valeur égale, sauf s'il est démontré, par des justifications dont le juge contrôle la réalité et la pertinence, que la différence de rémunération résulte de l'application de règles de droit public. • Soc. 16 févr. 2012, ⚖ n° 10-21.864 P : *D. actu. 3 avr. 2012*, obs. Perrin ; *D. 2012. Actu. 615* ⚖ ; *ibid. 2013. Pan. 1026*, obs. Porta ⚖ ; *RJS 2012. 381, n° 454 ; JCP S 2012. 1147*, obs. Daniel • Soc. 12 juin 2013, ⚖ n° 12-17.273 P : *D. actu. 1er juill. 2013*, obs. Peyronnet ; *D. 2013. Actu. 1555* ⚖ ; *Dr. soc. 2013. 762*, obs. Mouly ⚖ ; *JCP S 2013. 1348*, obs. Lahalle (application facultative aux agents de droit public d'éléments de rémunération fondés sur un texte réglementaire).

3. Ne méconnaît pas le principe « à travail égal, salaire égal », dont s'inspire l'art. L. 122-3-3 [L. 1242-14 nouv.], l'employeur qui justifie par des raisons objectives et matériellement vérifiables la différence de rémunération entre des salariés effectuant un même travail ou un travail de valeur égale : l'urgence et la difficulté à trouver un remplaçant peuvent constituer un élément objectif et vérifiable autorisant l'employeur à recruter un CDD une personne mieux payée que le titulaire du poste. • Soc. 21 juin 2005 : ⚖ *D. 2005. IR 1807* ⚖ ; *D. 2006. Pan. 33*, obs. Escande-Varniol ⚖ ; *Dr. soc. 2005. 1047*, obs. Radé ⚖ ; *JSL 2005, n° 174-2.*

4. Non-prise en compte de la prime de précarité. Dans la comparaison de rémunération entre des salariés effectuant un même travail ou un travail de valeur égale, il ne faut pas tenir compte de l'indemnité de précarité qui compense la situation dans laquelle le salarié est placé du fait de son CDD ; il faut se placer sur le terrain de l'existence d'une différence de traitement au regard de la rémunération. • Soc. 10 oct. 2012 : ⚖ *D. actu. 31 oct. 2012*, obs. Siro ; *D. 2013. Pan. 1026*, obs. Porta ⚖ ; *RJS 2013. 29, n° 10 ; JCP S 2012. 1529*, obs. Sébille.

Art. L. 1242-16 Le salarié titulaire d'un contrat de travail à durée déterminée a droit à une indemnité compensatrice de congés payés au titre du travail effectivement accompli durant ce contrat, quelle qu'ait été sa durée, dès lors que le régime des congés applicable dans l'entreprise ne lui permet pas de les prendre effectivement.

Le montant de l'indemnité, calculé en fonction de cette durée, ne peut être inférieur au dixième de la rémunération totale brute perçue par le salarié pendant la durée de son contrat.

L'indemnité est versée à la fin du contrat, sauf si le contrat à durée déterminée se poursuit par un contrat de travail à durée indéterminée. – *[Anc. art. L. 122-3-3, al. 3 et 4.]*

SECTION 6 Information sur les postes à pourvoir

Art. L. 1242-17 (L. n° 2023-171 du 9 mars 2023, art. 19-I) A la demande du salarié titulaire d'un contrat de travail à durée déterminée justifiant d'une ancienneté continue d'au moins six mois dans l'entreprise, l'employeur l'informe des postes en contrat à durée indéterminée à pourvoir au sein de l'entreprise.

Un décret fixe les modalités d'application du présent article. – V. art. D. 1242-8.

CHAPITRE III RUPTURE ANTICIPÉE, ÉCHÉANCE DU TERME ET RENOUVELLEMENT DU CONTRAT

SECTION 1 Rupture anticipée du contrat

Art. L. 1243-1 Sauf accord des parties, le contrat de travail à durée déterminée ne peut être rompu avant l'échéance du terme qu'en cas de faute grave *(L. n° 2011-525 du 17 mai 2011, art. 49-I)* « , de force majeure ou d'inaptitude constatée par le médecin du travail ».

(L. n° 2014-1545 du 20 déc. 2014, art. 6) « Lorsqu'il est conclu en application du 6° de l'article L. 1242-2, le contrat de travail à durée déterminée peut, en outre, être rompu par l'une ou l'autre partie, pour un motif réel et sérieux, dix-huit mois après sa conclusion puis à la date anniversaire de sa conclusion. »

CONTRAT DE TRAVAIL À DURÉE DÉTERMINÉE

BIBL. ▶ BLAISE, *Dr. soc.* 1993. 41 ⌀. – KARAQUILLO, *D. 1997. Chron.* 345 ⌀ (protection du salarié et rupture anticipée). – MOULY, *JCP S 2011. 1497* (rupture anticipée du CDD pour inaptitude physique : une nouvelle immixtion des règles du CDI).

> *COMMENTAIRE*
> V. sur le Code en ligne 🏛.

I. CARACTÈRE LIMITATIF DES CAUSES DE RUPTURE

1. Champ d'application. La rupture d'un contrat emploi-solidarité est soumise au régime de la rupture des contrats à durée déterminée. • Soc. 20 mai 1997 : ⚖ *Dr. soc. 1997. 739, obs. Roy-Loustaunau* ⌀.

2. Principe. Le contrat à durée déterminée ne peut être rompu avant l'échéance du terme qu'en cas de faute grave ou de force majeure ; il résulte de ces conditions d'ordre public que le salarié ne peut par avance accepter la rupture du contrat par l'employeur pour d'autres causes que celles prévues par ce texte. • Soc. 16 déc. 1998, ⚖ n° 95-45.341 P : *Dr. soc. 1999. 285, obs. Roy-Loustaunau* ⌀.

3. Application – sport professionnel. La charte du football professionnel qui a la valeur d'une convention collective et qui définit la durée des contrats, leur homologation et le mode de résiliation des engagements conclus ne peut autoriser une rupture anticipée en l'absence d'accord des parties, d'une force majeure, d'une faute grave de l'une ou l'autre des parties. • Soc. 6 mai 1998, ⚖ n° 96-40.867 P : *D. 1998. 612, note Lagarde* ⌀ ; *Dr. soc. 1998. 835, obs. Karaquillo* ⌀ • Soc. 10 févr. 2016, ⚖ n° 14-30.095 P : *D. 2016. Actu. 430* ⌀ ; *RJS 4/2016, n° 233* ; *JCP S 2016. 1135, obs. Jacotot*. ♦ Il résulte des dispositions d'ordre public de l'art. L. 1243-1, auxquelles ni la convention collective de branche du basketball professionnel ni le contrat de travail ne peuvent déroger, que, sauf accord des parties, le contrat de travail à durée déterminée ne peut être rompu avant l'échéance du terme qu'en cas de faute grave ou de force majeure (clause du contrat de travail selon laquelle le salarié devait faire l'objet d'un examen médical au plus tard avant le premier entraînement et que le contrat ne serait considéré comme valide qu'après déclaration d'aptitude à la pratique du basketball). • Soc. 1er juill. 2009 : ⚖ *D. 2010. 871, note Lagarde* ⌀ ; *RJS 2009. 745, n° 840*.

4. Application – clause d'indivisibilité. Les parties à un CDD ne peuvent déroger aux dispositions d'ordre public de l'art. L. 1243-1 C. trav. en introduisant, dans le contrat de travail, une clause d'indivisibilité avec celui du conjoint du salarié. • Soc. 5 juill. 2017, ⚖ n° 16-17.690 P : *D. 2017. Actu. 1477* ⌀ ; *RDT 2017. 540, note Auzero* ⌀ ; *Dr. soc. 2017. 886, note Mouly* ⌀ ; *RJS 10/2017, n° 654* ; *JSL 2017, n° 437-3, obs. Lhernould* ; *JCP S 2017. 1287, obs. Bousez*.

5. CDD et condition suspensive. Les dispositions d'ordre public de l'art. L. 1243-1, dont il résulte que le contrat de travail à durée déterminée ne peut être rompu avant l'échéance du terme que dans les seuls cas visés, ne prohibent pas la stipulation de conditions suspensives. • Soc. 15 mars 2017, ⚖ n° 15-24.028 P : *D. actu. 24 avr. 2017, obs. Siro* ; *D. 2017. Actu. 708* ⌀ ; *RDT 2017. 324, obs. Auzero* ⌀ ; *Dr. soc. 2017. 568, obs. Mouly* ⌀ ; *RJS 5/2017, n° 318* ; *JSL 2017, n° 430-3, obs. Lhernould* ; *JCP S 2017. 1150, obs. Jacotot*.

6. Exclusion de la clause résolutoire. La clause permettant à l'employeur de dénoncer le contrat est nulle. • Soc. 16 déc. 1998, ⚖ n° 95-45.341 P : *Dr. soc. 1999. 285, obs. Roy-Loustaunau* ⌀. ♦ Méconnaît les dispositions d'ordre public de l'art. L. 122-3-8 [L. 1243-1 nouv.] le contrat prévoyant qu'il pourrait y être mis fin dans le cas où le salarié ne donnerait pas satisfaction. • Soc. 11 mai 1988 : *Bull. civ. V, n° 283* ; *D. 1988. IR 155*. ♦ Le contrat qui comporte une clause de dénonciation par l'une ou l'autre des parties est à durée indéterminée. • Soc. 27 mars 1991, ⚖ n° 87-41.535 P : *D. 1991. IR 124* ⌀.

7. Un salarié dont le contrat comporte une clause de résiliation ne peut cependant par avance accepter la rupture par l'employeur de son contrat de travail pour une cause non prévue par les dispositions d'ordre public de l'art. 122-3-8 [L. 1243-1 nouv.]. • Soc. 27 mai 1992, ⚖ n° 89-41.704 P : *JCP E 1992. II. 379, 1re esp., note J. Mouly* ; *RJS 1992. 543, n° 967*. ♦ Dès lors que le contrat a été conclu pour une durée de trois ans, la clause permettant à l'employeur de le dénoncer avant son terme est nulle (clause bilatérale de dénonciation annuelle moyennant préavis). • Soc. 5 juill. 1995 : ⚖ *D. 1996. 280, note J. Mouly* ⌀ • 16 déc. 1998, ⚖ n° 95-45.341 P : *RJS 1999. 109, n° 165*. ♦ Un accord autorisant les parties à mettre fin à tout moment au CDD ne peut en aucun cas intervenir par avance en la forme d'une clause résolutoire prévue au contrat de travail ou par avenant conclu en même temps que le contrat initial, les dispositions prévoyant les cas de rupture autorisés étant d'ordre public. • Metz, 22 mars 2005 : *D. 2006. 489, note Lefranc-Harmonieux* ⌀.

8. Disposition plus favorable au salarié. Les dispositions de l'art. 11. 2 de la convention collective du rugby, qui, en cas de relégation ou de rétrogradation du club, permettent au joueur de rejoindre un autre club professionnel avant le terme du contrat en cours, sans rendre la rupture imputable à l'employeur ni interdire au salarié de rompre le contrat en invoquant une faute grave de l'employeur, dérogent dans un sens favorable au salarié à l'art. L. 1243-1 C. trav. • Soc. 10 févr. 2016, n° 15-16.132 P : D. 2016. Actu. 432 ; ibid. 2017. Pan. 677, obs. Bourzat-Alaphilippe ; RJS 4/2016, n° 233 ; JCP S 2016. 1135, obs. Jacotot ; LPA 10 août 2017, p. 12, obs. Rabu.

9. Exclusion de la résiliation judiciaire demandée par l'employeur. L'action en résiliation judiciaire introduite par l'employeur n'est pas recevable et son exercice s'analyse en une rupture anticipée du contrat à durée déterminée. • Soc. 15 juin 1999, n° 98-44.295 P : D. 1999. 623, note Radé ; Dr. soc. 1999. 836, obs. Roy-Loustaunau • 4 déc. 2001, n° 99-46.364 P : Dr. soc. 2002. 406, obs. Roy-Loustaunau ; RJS 2002. 133, n° 149 ; JSL 2002, n° 94-4. ♦ Comp. antérieurement n'admettant la résiliation judiciaire qu'en cas de faute grave du salarié. • Soc. 20 mars 1990, n° 87-41.422 P : D. 1991. 143, note J. Mouly ; RJS 1990. 272, n° 358.

10. Résiliation judiciaire à la demande du salarié. La cour d'appel qui constate que l'employeur n'a pas satisfait à son obligation de fournir le travail caractérise la faute grave justifiant la résiliation du contrat de travail. • Soc. 14 janv. 2004, n° 01-40.489 P : D. 2004. 1473, note Mouly ; Dr. soc. 2004. 306, obs. Radé.

11. Prise d'acte par le salarié de la rupture. Lorsqu'un salarié rompt le contrat à durée déterminée et qu'il invoque des manquements de l'employeur, il incombe au juge de vérifier si les faits invoqués sont ou non constitutifs de faute grave. • Soc. 30 mai 2007 : D. 2007. AJ 1787 ; RJS 2007. 714, n° 919 ; ibid. 795, note Frouin ; JCP S 2007. 1714, note Bousez ; Dr. soc. 2008. 601, obs. Roy-Loustaunau • 29 nov. 2006 : D. 2007. 1640, note Mouly • 9 avr. 2008 : RDT 2008. 448, obs. Jacotot.

II. ACCORD DES PARTIES

12. La rupture anticipée par accord des parties ne peut résulter que d'une volonté claire et non équivoque. • Soc. 21 mars 1996 : RJS 1996. 334, n° 522. ♦ La rupture d'un commun accord du contrat à durée déterminée prévue par l'art. L. 122-3-8 C. trav. [L. 1243-1 nouv.] a pour seul objet de mettre fin aux relations des parties ; elle ne constitue pas une transaction destinée à mettre fin, par des concessions réciproques, à toute contestation née ou à naître résultant de la rupture du contrat. • Soc. 16 mai 2000, n° 98-40.328 P : D. 2001. 273, note Puigelier ; RJS 2000. 546, n° 778 ; Dr. soc. 2000. 913, obs. Roy-Loustaunau.

III. FAUTE GRAVE

13. Notion. La rupture anticipée d'un contrat à durée déterminée n'est possible pour faute que si celle-ci revêt le caractère d'une faute grave. • Soc. 11 mai 1988 : préc. note 6. – Dans le même sens : • Soc. 29 mai 1986 : D. 1987. 474, note Karaquillo

• 1er juill. 1985 : Dr. soc. 1987. 407, note Savatier. ♦ La faute grave est celle qui rend impossible le maintien du lien contractuel. • Soc. 13 févr. 1963 : JCP 1963. II. 13183, note Bizière. ♦ En différant de sept jours l'effet de la rupture anticipée, l'employeur se prive de la possibilité d'invoquer la faute grave. • Soc. 19 nov. 1992, n° 92-40.578 P : RJS 1993. 26, n° 12 ; CSB 1993. 3, A. 1 • 30 juin 1993 : Dr. soc. 1993. 770 ; RJS 1993. 506 ; CSB 1993. 244, S. 123.

14. Faute grave et CDD successifs. La faute de nature à justifier la rupture anticipée d'un contrat à durée déterminée doit avoir été commise durant l'exécution de ce contrat ; il en résulte qu'en cas de CDD successifs, l'employeur ne peut se fonder sur des fautes commises antérieurement à la prise d'effet du dernier contrat conclu pour justifier la rupture de celui-ci. • Soc. 15 mars 2023, n° 21-17.227 B : D. actu. 28 mars 2023, obs. Gabroy ; D. 2023. 555 ; RJS 5/2023, n° 240 ; JCP S 2023. 1105, obs. Bousez.

15. Constitue une faute grave le fait : de refuser d'exécuter une tâche habituelle. • Soc. 8 janv. 1987 : D. 1987. IR 13. ♦ ... De commettre, s'agissant d'une technicienne de laboratoire, une erreur d'analyse. • Soc. 5 mars 1987 : D. 1988. 241, note Karaquillo. ♦ ... Ou de désorganiser gravement le fonctionnement d'une chaîne en affectant les résultats de l'entreprise. • Soc. 19 juill. 1988 : Bull. civ. V, n° 463. ♦ ... Pour un salarié d'exiger le versement de commissions de la part de fournisseurs. • Soc. 11 janv. 1995 : RJS 1995. 99, n° 109. ♦ Mais ni la maladie, ni l'insuffisance professionnelle ne sont constitutives d'une faute grave. • Soc. 25 avr. 1990 : Liaisons soc. Lég. soc., n° 6378, 11 • 31 oct. 1989 : JCP 1989. IV. 421 • 10 juin 1992, n° 88-44.025 P : D. 1992. IR 200 ; JCP E 1992. II. 379, 2e esp., note J. Mouly ; CSB 1992. 223, A. 39 ; RJS 1992. 542, n° 966 • 2 mars 1994 : Dr. soc. 1994. 512 ; RJS 1994. 253, n° 382 (inaptitude à suivre une formation). ♦ Comp. : • Soc. 30 juin 1982 : D. 1983. 212, note Karaquillo • 22 oct. 1991 : D. 1992. 189, note Karaquillo (incompétence pédagogique). ♦ N'est pas constitutif d'une faute grave le retard apporté par le salarié à la justification de son absence pour maladie. • Soc. 11 mai 1994 : RJS 1994. 410, n° 665 • 17 janv. 1996 : RJS 1996. 75, n° 102. ♦ ... Ou le fait d'avoir sorti irrégulièrement des documents comptables pendant plusieurs jours consécutifs alors qu'était démontré ni la malveillance du salarié, ni le caractère confidentiel des documents. • Soc. 1er oct. 1996 : RJS 1996. 747, n° 1154. ♦ ... Ou le fait de refuser un accroissement de l'amplitude horaire de nuit. • Soc. 7 sept. 2004 : D. 2004. IR 2546 ; Dr. soc. 2004. 1022, obs. Roy-Loustaunau ; RJS 2004. 806, n° 1125 ; Dr. ouvrier 2005. 212. ♦ ... Ou le fait de refuser un changement des conditions de travail. • 20 nov. 2013 : D. actu. 12 déc. 2013, obs. Fraisse ; D. 2013. Actu. 2784 ; Dr. soc. 2014. 178, obs. Mouly ; RJS 2014. 84, n° 104 ; JSL 2014, n° 358-2,

CONTRAT DE TRAVAIL À DURÉE DÉTERMINÉE   **Art. L. 1243-1** 465

obs. Lherould. ♦ En tenant compte de l'âge et de l'inexpérience d'un salarié, une cour d'appel a pu décider que la poursuite en toute connaissance de cause et la dissimulation volontaire d'erreurs ayant perturbé le fonctionnement de l'entreprise ne constituaient pas une faute grave. • Soc. 22 mai 1996 : ⚖ *RJS 1996. 655, n° 1018.* ♦ Ne donne pas de base légale à sa décision le conseil de prud'hommes qui retient la faute grave sans expliquer en quoi consistaient les difficultés relationnelles entre le salarié et son employeur et sans caractériser en quoi elles rendaient impossible le maintien du lien contractuel. • Soc. 4 juin 1996 : ⚖ *RJS 1996. 655, n° 1019.*

16. Garantie d'emploi. Dès lors que le contrat à durée déterminée comporte une clause de garantie d'emploi, la rupture anticipée suppose l'existence d'une faute grave rendant impossible le maintien des relations contractuelles. • Soc. 6 mai 1997, ⚖ n° 94-40.660 P : *D. 1998. 294, note Petit* ⚖ *; JCP 1997. II. 22972, note Mouly ; Dr. soc. 1997. 737, obs. Couturier* ⚖ *; RJS 1997. 428, n° 649.*

17. Procédure disciplinaire. Prononcée pour faute grave, la rupture anticipée d'un contrat à durée déterminée constitue une sanction ; dès lors l'employeur ne peut invoquer d'autres griefs que ceux énoncés dans la lettre notifiant la rupture. • Soc. 26 févr. 1992, ⚖ n° 89-44.090 P : *Dr. soc. 1992. 377* ⚖ *; RJS 1992. 242, n° 413 (2 arrêts) ; CSB 1992. 119, S. 71* (licenciements intervenus avant la loi du 2 août 1989 modifiant l'art. L. 122-14-2). ♦ En conséquence, la rupture anticipée est soumise aux dispositions de l'art. L. 122-41 C. trav. [L. 1332-1 et 1332-3] applicables en matière disciplinaire. • Soc. 11 avr. 1996, ⚖ n° 93-42.632 P : *Dr. soc. 1996. 736, obs. Roy-Loustaunau* ⚖ *; RJS 1996. 334, n° 523* • 4 juin 2008 : ⚖ *RJS 2009. 703, n° 872 ; JCP S 2008. 1518, obs. Bousez* • 14 mai 2014 : ⚖ *D. 2014. Actu. 1157* ⚖ *; RJS 2014. 451, n° 546.* ♦ V. déjà : • Soc. 20 nov. 1991, ⚖ n° 88-41.265 P : *D. 1992. IR 35 ; Dr. soc. 1992. 76 ; RJS 1992. 28, n° 10* (nécessité d'un entretien préalable) • 27 mai 1992, ⚖ n° 89-43.498 P : *D. 1992. 411, note Karaquillo* ⚖ *; JCP E 1992. II. 379, 3ᵉ esp., note Mouly* (l'employeur qui n'a formulé aucun grief au moment de la rupture ne peut invoquer au cours de la procédure un comportement gravement fautif du salarié) • 30 juin 1993, ⚖ n° 91-45.011 P : *Dr. soc. 1993. 770 ; CSB 1993. 233, A. 52* (nécessité de respecter le délai d'un jour franc prévu à l'art. L. 122-41) • 14 déc. 1995 : ⚖ *Dr. soc. 1996. 197* ⚖ *; RJS 1996. 76, n° 103 ; CSB 1996. 69, A. 15* (nécessité d'avertir le salarié dans un délai suffisant du moment et de l'objet de l'entretien préalable). ♦ Toute sanction disciplinaire devant être motivée, la lettre de rupture qui ne comporte aucun motif doit faire considérer que la rupture anticipée du contrat de travail à durée déterminée pour faute lourde n'est pas justifié, peu important que l'employeur ait, comme il le devait, indiqué au salarié au cours de l'entretien préalable les griefs formulés contre lui. • Soc. 23 janv. 1997, ⚖ n° 95-40.526 P : *D. 1998. 29, note Karaquillo* ⚖ *; Dr. soc. 1997. 314, obs. Roy-Loustaunau* ⚖ *; RJS 1997. 189, n° 281.* ♦ La rupture du contrat de travail à durée déterminée pour faute grave n'est soumise qu'aux prescriptions des art. L. 1332-1 à L. 1332-3 C. trav. qui ne prévoient aucune formalité pour la convocation de l'entretien préalable à la sanction disciplinaire. • Soc. 20 nov. 2013 : ⚖ *D. actu. 12 déc. 2013, obs. Fraisse ; D. 2013. Actu. 2784* ⚖ *; JSL 2014, n° 358-2, obs. Lherould.*

18. Faute grave de l'employeur. La rupture anticipée est imputable à l'employeur dès lors que ce dernier n'a pas versé les salaires depuis deux mois. • Soc. 6 déc. 1994 : ⚖ *RJS 1995. 19, n° 5.* ♦ Dans le même sens : • Soc. 8 oct. 1996 : ⚖ *RJS 1996. 748, n° 1155* • 18 juill. 2001, ⚖ n° 3501 FS-D : *RJS 2001. 867, n° 1264* • 9 janv. 2008 : ⚖ *D. 2009. 148, note Karaquillo* ⚖. ♦ Le juge doit caractériser la faute grave. • Soc. 29 nov. 2006 : ⚖ *D. 2007. AJ 21* ⚖ *; RDT 2007. 169, obs. Auzero* ⚖. ♦ Mais ne peut invoquer la faute grave de l'employeur le salarié qui rompt le contrat en se prévalant du comportement de l'employeur et qui poursuit la relation contractuelle plusieurs semaines après la décision de rupture. • Soc. 23 mai 1995 : ⚖ *RJS 1995. 503, n° 760.*

19. La rupture consécutive au refus du salarié d'une modification d'un élément essentiel de son contrat est imputable à l'employeur, et elle est acquise dès le moment où l'employeur, à la suite du refus du salarié, a maintenu sa décision. • Soc. 22 mai 1996 : ⚖ *Dr. soc. 1996. 981, obs. Couturier* ⚖. – V. aussi • Soc. 31 oct. 1996 : ⚖ *Dr. soc. 1997. 92, obs. Blaise* ⚖.

IV. FORCE MAJEURE

20. Illustrations. Ne constituent pas un cas de force majeure : les circonstances économiques. • Soc. 28 avr. 1986 : *D. 1987. 475, obs. Karaquillo.* ♦ ... Les difficultés financières et de fonctionnement d'une entreprise. • Soc. 20 févr. 1996, ⚖ n° 93-42.663 P : *D. 1996. 633, note Puigelier* ⚖. ♦ ... La liquidation judiciaire de l'entreprise, même entraînant sa disparition. • Soc. 20 oct. 1993, ⚖ n° 91-43.922 P : *RJS 1993. 724, n° 1225 ; Dr. soc. 1993. 970.* ♦ ... Le manque de financement nécessaire à l'organisation d'un spectacle théâtral. • Soc. 30 janv. 1996 : ⚖ *Dr. soc. 1996. 422, obs. Antonmattéi* ⚖. ♦ ... Le décès accidentel de l'employeur. • Soc. 29 oct. 1996 : ⚖ *D. 1997. IR 4* ⚖. ♦ ... Ou l'arrêt de la production d'une série télévisée suite au décès de l'acteur principal. • Soc. 12 févr. 2003, ⚖ n° 99-42.985 P : *Dr. soc. 2003. 388, obs. Cristau* ⚖ *; JSL 2003, n° 119-3.* ♦ ... La suppression d'une autorisation précaire et révocable d'exploiter une sablière. • Soc. 21 janv. 1987 : *Bull. civ. V, n° 28.* ♦ ... La fermeture temporaire pour permettre la remise en état d'une entreprise incendiée. • Soc. 2 févr. 1994, ⚖ n° 90-42.104 P : *CSB 1994. 113, A. 24.* ♦ ... Le retour anticipé d'un salarié en congé parental. • Soc. 8 nov. 1995, 🛉 n° 92-40.399 P : *D. 1995. IR 266 ; Dr. soc. 1996. 141, note Savatier ⌀ ; JCP 1996. I. 3923, n° 12, obs. Cesaro ; JCP E 1996. II. 827, note Lachaise ; CSB 1996. 39, A. 10.* ♦ ... La suppression du poste du salarié remplacé. • Soc. 26 mars 2002, 🛉 n° 00-40.652 P : *D. 2002. IR 1322 ⌀ ; RJS 2002. 526, n° 658 ; Dr. soc. 2002. 889, obs. Roy-Loustaunau ⌀.* ♦ ... Pour le salarié, le fait d'avoir trouvé un autre emploi à durée indéterminée. • Soc. 5 oct. 1993 : 🛉 *RJS 1993. 639, n° 1073 ; Gaz. Pal. 1993. 2. Pan. 263.* ♦ ... La maladie du salarié. • Soc. 15 févr. 1995 : 🛉 *RJS 1995. 247, n° 357 ; CSB 1995. 131, S. 67.* ♦ ... L'inaptitude d'origine non professionnelle. • Soc. 8 juin 2005 : 🛉 *D. 2005. IR 1884 ⌀ ; JSL 2005, n° 172-4.* ♦ L'inaptitude physique d'un salarié, footballeur professionnel, consécutive à un accident du travail, ne constitue pas un cas de force majeure justifiant la rupture immédiate de son contrat de travail. • Soc. 23 mars 1999 : 🛉 *D. 1999. 470, note Lagarde ⌀ ; Dr. soc. 1999. 624, obs. Karaquillo ⌀ ; RJS 1999. 345, n° 563.* ♦ Ne constitue pas un cas de force majeure l'événement (guerre du Golfe) qui, contemporain de la signature du contrat, n'est donc pas imprévisible et qui aurait pu être surmonté par l'employeur, fût-ce au prix d'une fermeture temporaire de l'établissement (cabaret) puis d'un ralentissement de l'activité, ce dont il résulte qu'il n'était pas irrésistible. • Soc. 10 déc. 1996 : 🛉 *RJS 1997. 23, n° 14.* ♦ ... Ou, s'agissant d'un contrat de qualification, l'échec du salarié aux épreuves théoriques du certificat de formation professionnelle de chauffeur routier. • Soc. 29 oct. 2008 : 🛉 *RJS 2009. 69, n° 60.* ♦ ... Ou la décision d'arrêter l'encadrement de la thèse s'agissant d'une convention CIFRE. • Soc. 4 nov. 2015, 🛉 n° 14-22.851 P : *D. 2015. Actu. 2323 ⌀ ; RJS 1/2016, n° 10 ; JCP S 2016. 1054, obs. Bousez.*

V. INAPTITUDE

21. La procédure de rupture d'un CDD pour inaptitude du salarié, constatée par le médecin du travail, telle que prévue à l'art. L. 1243-1, ne doit pas donner lieu à une convocation à entretien préalable. • Cass., avis, 21 oct. 2013 : 🛉 *D. 2014. 302, obs. Wurtz ⌀.*

VI. RUPTURE À L'INITIATIVE DU SALARIÉ

22. Faute grave de l'employeur et prise d'acte par le salarié sous CDD de la rupture de son contrat. La conclusion d'un CDD avec un autre employeur ne manifeste pas une volonté claire et non équivoque de rompre le contrat dès lors qu'elle a été précédée d'une demande de résiliation judiciaire ; compte tenu des manquements de l'employeur invoqués par le salarié tant à l'appui de la demande de résiliation judiciaire devenue sans objet qu'à l'appui de la rupture anticipée du contrat de travail à durée déterminée, la résiliation judiciaire est justifiée par les manquements de l'employeur qui constituaient une faute grave. Mais la rupture anticipée du CDD par le salarié ne peut pas être qualifiée de « prise d'acte ». • Soc. 3 juin 2020, 🛉 n° 18-13.628 P : *D. 2020. Actu. 1233 ⌀ ; RDT 2020. 467, obs. Baugard ⌀ ; Dr. soc. 2020. 760, note Mouly ⌀ ; RJS 7/2020, n° 331 ; Dr. ouvrier 2021. 201, obs. Bento de Carvalho ; JSL 2020, n° 503-2, obs. Hautefort ; JCP 2020. 962, obs. Dion.*

Art. L. 1243-2 Par dérogation aux dispositions de l'article L. 1243-1, le contrat de travail à durée déterminée peut être rompu avant l'échéance du terme à l'initiative du salarié, lorsque celui-ci justifie de la conclusion d'un contrat à durée indéterminée.

Sauf accord des parties, le salarié est alors tenu de respecter un préavis dont la durée est calculée à raison d'un jour par semaine compte tenu :

1° De la durée totale du contrat *(L. n° 2015-994 du 17 août 2015, art. 55-I)* « incluant, le cas échéant, son ou ses deux renouvellements », lorsque celui-ci comporte un terme précis ;

2° De la durée effectuée lorsque le contrat ne comporte pas un terme précis.

Le préavis ne peut excéder deux semaines. — *[Anc. art. L. 122-3-8, al. 2.]* — V. art. D. 1243-1.

Les dispositions issues de la L. n° 2015-994 du 17 août 2015 s'appliquent aux contrats en cours (L. préc., art. 55-II).

> **COMMENTAIRE**
>
> V. sur le Code en ligne 🛉. □

Jurisprudence antérieure à la loi du 17 janv. 2002. Le contrat à durée déterminée ne peut être rompu de manière anticipée par une démission. • Soc. 5 janv. 1999, 🛉 n° 97-40.261 P : *RJS 1999. 299, n° 482 ; D. 1999. IR 32 ⌀ ; Dr. soc. 1999. 284, obs. Roy-Loustaunau ⌀.* ♦ Le juge du fond apprécie souverainement le préjudice subi par l'employeur en cas de démission. • Soc. 4 avr. 1990 : *RJS 1990. 332, n° 464* • 3 mars 1993 : 🛉 *CSB 1993. 114, S. 48.* ♦ V., pour la mise en œuvre de la démission : • Soc. 3 oct. 1980 : *Bull. civ. V, n° 703* • 21 juill. 1986 : *ibid., n° 392.* ♦ Sur la possibilité d'un préavis conventionnel, V. • Soc. 24 juin 1970 : *Bull. civ. V, n° 435* • 28 nov. 1973 : *ibid., n° 611* • 23 juin 1988 : *ibid., n° 384.*

CONTRAT DE TRAVAIL À DURÉE DÉTERMINÉE **Art. L. 1243-4** 467

Art. L. 1243-3 La rupture anticipée du contrat de travail à durée déterminée qui intervient à l'initiative du salarié en dehors des cas prévus aux articles L. 1243-1 et L. 1243-2 ouvre droit pour l'employeur à des dommages et intérêts correspondant au préjudice subi. — *[Anc. art. L. 122-3-8, al. 4.]*

La commission par le salarié d'une faute grave permet la rupture anticipée de son contrat à durée déterminée par l'employeur mais n'autorise pas celui-ci à lui réclamer une indemnisation en réparation de son préjudice sur le fondement de l'art. L. 1243-3 C. trav. • Soc. 26 avr. 2017, 🏛 n° 15-21.196 P : *D. actu. 17 mai 2017, obs. Cortot ; D. 2017. Actu. 988 ⌀ ; Dr. soc. 2017. 682, obs. Mouly ⌀ ; RJS 7/2017, n° 461 ; JCP S 2017. 1190, obs. Verkindt.*

Art. L. 1243-4 La rupture anticipée du contrat de travail à durée déterminée qui intervient à l'initiative de l'employeur, en dehors des cas de faute grave (*L. n° 2011-525 du 17 mai 2011, art. 49-I*) « , de force majeure ou d'inaptitude constatée par le médecin du travail », ouvre droit pour le salarié à des dommages et intérêts d'un montant au moins égal aux rémunérations qu'il aurait perçues jusqu'au terme du contrat, sans préjudice de l'indemnité de fin de contrat prévue à l'article L. 1243-8.

Toutefois, lorsque le contrat de travail est rompu avant l'échéance du terme en raison d'un sinistre relevant d'un cas de force majeure, le salarié a également droit à une indemnité compensatrice dont le montant est égal aux rémunérations qu'il aurait perçues jusqu'au terme du contrat. Cette indemnité est à la charge de l'employeur. — *[Anc. art. L. 122-3-8, al. 3, et L. 122-3-4-1.]*

COMMENTAIRE
V. sur le Code en ligne 🏛. ❏

I. DROIT À INDEMNISATION

1. Constitutionnalité. Il résulte de l'art. L. 1243-4 que la rupture anticipée d'un CDD par l'employeur, en dehors des cas autorisés, ouvre droit pour le salarié à des dommages-intérêts d'un montant égal aux rémunérations qu'il aurait perçues jusqu'au terme du contrat ; cette indemnité, destinée à réparer les conséquences de la rupture injustifiée d'un CDD, ne constitue pas une sanction ayant le caractère d'une punition, au sens de l'art. 8 DDH. Le salarié et l'employeur n'étant pas placés dans la même situation au regard des conséquences indemnitaires de la rupture du CDD, le législateur peut régler de façon différente des situations différentes et l'art. L. 1243-4 ne porte aucune atteinte disproportionnée à la liberté contractuelle et à la liberté d'entreprendre. • Soc. 8 févr. 2017, 🏛 n° 16-40.246 P : *D. actu. 8 mars 2017, obs. Fraisse ; RDT 2017. 198, obs. Tournaux ⌀ ; Dr. soc. 2017. 272, obs. Mouly ⌀ ; RJS 4/2017, n° 247.*

2. Principe. La rupture du contrat pour inaptitude physique n'ouvre pas droit au paiement des salaires restant à courir jusqu'au terme du contrat ni à l'attribution de dommages-intérêts compensant la perte de ceux-ci. • Soc. 18 nov. 2003, 🏛 n° 01-44.280 P : *D. 2004. 1194, note Karaquillo ⌀ ; D. 2004. Somm. 377, obs. Wauquier ⌀ ; Dr. soc. 2004. 302, obs. Roy-Loustaunau ⌀ ; ibid. 351, note Langlois ⌀ ; JSL 2004, n° 137-2 ; RJS 2004. 34, n° 12.*

3. Exclusion. Le salarié qui rompt le contrat en violation de l'art. L. 122-3-8 [L. 1243-4 nouv.] n'a droit à aucune indemnisation. • Soc. 23 sept. 2003, 🏛 n° 01-41.495 P : *D. 2003. IR 2411 ⌀ ; JCP E 2004.*

561, note Pétel-Teyssié ; RJS 2003. 963, n° 1370 ; Dr. soc. 2003. 1126, obs. Roy-Loustaunau ⌀ ; CSB 2003. 483, A. 56 • 8 févr. 2005 : 🏛 *D. 2005. IR 593 ⌀ ; Dr. soc. 2005. 571, obs. Roy-Loustaunau ⌀ ; RJS 2005. 259, n° 351* • 30 mai 2007 : 🏛 *D. 2007. AJ 1786 ⌀ ; RJS 2007. 716, n° 918.*

II. PÉRIODE D'INDEMNISATION

A. POINT DE DÉPART

4. Conclusion du contrat. La rupture d'un contrat à durée déterminée en dehors des cas mentionnés à l'art. L. 122-3-8 [L. 1243-1 nouv.] ouvre droit pour le salarié à des dommages-intérêts d'un montant au moins égal aux rémunérations qu'il aurait perçues jusqu'au terme du contrat, peu important que l'exécution du contrat ait ou non commencé. • Soc. 12 mars 2002, 🏛 n° 99-44.222 P : *RJS 2002. 527, n° 659 ; D. 2002. IR 1596 ⌀ ; CSB 2002. 235, A. 31* • 26 sept. 2002, 🏛 n° 00-42.581 P : *D. 2002. IR 2774 ⌀ ; JCP E 2002. 1754, obs. Taquet ; CSB 2002. 501, A. 61 ; JSL 2002, n° 111-4.* ♦ Comp. antérieurement : lorsque le contrat n'a pas reçu de commencement d'exécution lors de la rupture, le salarié ne peut prétendre à l'indemnité prévue à l'art. L. 122-3-8 [L. 1243-1 nouv.], ni à celle prévue à l'art. L. 122-3-8 [L. 1243-8 nouv.]. • Soc. 27 oct. 1993 : *RJS 1993. 708, n° 1181.*

B. DURÉE

5. Terme précis. L'irrégularité d'un CDD encourue en raison du dépassement de la durée maximale prévue permet au salarié d'obtenir des dommages-intérêts d'un montant au moins égal aux rémunérations qu'il aurait perçues jusqu'au terme prévu par le contrat de travail, peu importe que le terme prévu dépasse la durée maximale autorisée. • Soc. 18 oct. 2007 : 🛡 *RDT 2007. 2733, obs. Perrin ; Dr. soc. 2008. 742, obs. Roy-Loustaunau*.

6. *Terme imprécis.* En cas de rupture anticipée injustifiée du fait de l'employeur, les dommages-intérêts doivent être évalués en fonction de la durée prévisible du CDD conclu sans terme précis. • Soc. 13 mai 1992 : 🛡 *RJS 1992. 327, n° 721.* ♦ Cette durée est appréciée souverainement par le juge. • Soc. 13 déc. 2006 : 🛡 *Dr. soc. 2007. 645, obs. Roy-Loustaunau*.

7. *Contrat emploi consolidé.* Le contrat emploi consolidé à durée déterminée ne peut être conclu, en vertu d'une convention avec l'État, que pour une durée initiale de douze mois renouvelable chaque année par avenant dans la limite d'une durée totale de soixante mois, en sorte que sa rupture anticipée ne peut donner lieu à indemnisation que jusqu'au terme de la période de douze mois au cours de laquelle il a été conclu ou renouvelé. • Soc. 28 sept. 2005, 🛡 n° 03-46.974 P.

III. MONTANT DES INDEMNITÉS

8. *Indemnisation d'un préjudice complémentaire.* L'art. L. 1243-4 fixe seulement le minimum des dommages intérêts que doit percevoir le salarié dont le CDD a été rompu de façon illicite ; la rupture illicite des CDD qui a empêché la réalisation de deux des albums faisant l'objet des contrats permet de retenir que les salariés justifiaient d'un préjudice direct et certain résultant de la perte d'une chance de percevoir les gains liés à la vente et à l'exploitation de ces œuvres, préjudice qui constitue une suite immédiate et directe de l'inexécution de la convention. Dans l'exercice de leur pouvoir souverain d'appréciation les juges du fond peuvent procéder à une évaluation forfaitaire et fixer le montant du préjudice soumis à réparation. • Soc. 3 juill. 2019, 🛡 n° 18-12.306 P : *D. actu. 26 juill. 2019, obs. Ilieva ; D. 2019. Actu. 1454 ; RJS 10/2019, n° 554 ; JCP S 2019. 1284, obs. Bousez* • 15 sept. 2021, 🛡 n° 19-21.311 P : *D. actu. 5 oct. 2021, obs. Couëdel ; D. 2021. 1676 ; Dr. 2021. 1042, obs. Radé ; RJS 11/2021, n° 622 ; JSL 2021, n° 528-6, obs. Hautefort ; JCP S 2021. 1267, obs. Bousez*.

9. *Salariés inaptes.* Lorsqu'un salarié n'est pas en mesure de fournir la prestation inhérente à son contrat de travail, son employeur ne peut être tenu de lui verser un salaire, sauf disposition légale, conventionnelle ou contractuelle particulière ; le salarié n'a alors droit à aucune indemnité en cas de rupture anticipée prononcée en violation des dispositions de l'art. L. 122-3-8 [L. 1243-4 nouv.]. • Soc. 8 juin 2004 : *Dr. soc. 2005. 918, obs. Roy-Loustaunau*.

10. *Rémunération de référence.* L'indemnité allouée en application de l'art. L. 122-3-8 [L. 1243-4 nouv.] doit être calculée en fonction de la rémunération brute dont aurait bénéficié le salarié. • Soc. 7 oct. 1992, 🛡 n° 89-43.282 P : *D. 1993. Somm. 257, obs. Escande-Varniol ; CSB 1992. 261, A. 47, 1re esp. ; RJS 1992. 676, n° 1233* • 13 déc. 1995 : 🛡 *RJS 1996. 77, n° 105*.

11. *Non-déductibilité des indemnités journalières de maladie.* L'indemnisation ayant le caractère d'une réparation forfaitaire minimale, elle ne peut subir aucune réduction. • Soc. 31 mars 1993, 🛡 n° 89-43.708 P : *JCP 1993. II. 22130, note Taquet ; Dr. soc. 1993. 596 ; RJS 1993. 295, n° 492* (non-déduction des indemnités journalières de sécurité sociale pour maladie).

12. *Non-cumul avec les indemnités de chômage.* Les indemnités prévues en cas de rupture anticipée du contrat à durée déterminée ne peuvent se cumuler avec les indemnités de chômage servies par les ASSEDIC. • Soc. 14 janv. 1997, 🛡 n° 95-13.044 P : *Dr. soc. 1997. 315, obs. Roy-Loustaunau ; CSB 1997. 75, A. 16 ; RJS 1997. 125, n° 188* • 5 mars 1998 : 🛡 *RJS 1998. 319, n° 509 ; CSB 1998. 153, S. 73*.

13. *Non-cumul avec les avances sur ventes.* Les avances versées en application d'un contrat d'exclusivité et conditionnées par la présence physique de l'artiste nécessairement présent lors de son entrée en studio et lors de l'achèvement de l'enregistrement d'un album, qui n'étaient fonction ni du produit de la vente ni du produit de l'exploitation de cet enregistrement, doivent être prises en compte pour le calcul des dommages-intérêts dus en application de l'art. L. 1243-4 C. trav. • Soc. 8 juill. 2015, 🛡 n° 13-25.681 P : *D. 2015. Actu. 1546 ; RJS 10/2015, n° 680*.

14. *Sort de l'indemnité compensatrice du droit aux congés payés.* Aucune disposition légale n'assimilant à une période de travail effectif la période de travail non effectuée en raison de la rupture anticipée, cette période n'ouvre pas droit à une indemnité compensatrice de congés payés. • Soc. 7 oct. 1992 : 🛡 *D. 1993. Somm. 257, obs. Escande-Varniol ; JCP 1993. II. 22159, note Pagnon ; CSB 1992. 261, A. 47, 2e esp. ; RJS 1992. 676, n° 1232*. – Dans le même sens : • Soc. 8 nov. 1994 : 🛡 *RJS 1994. 825, n° 1356*.

15. *Intérêts moratoires.* Compte tenu de leur caractère indemnitaire, les intérêts moratoires des sommes allouées en application de l'art. L. 122-3-8 [L. 1243-4 nouv.] doivent courir à compter de la décision de justice qui en fixe le montant. • Soc. 1er juill. 1998, 🛡 n° 96-40.398 P : *Dr. soc. 1998. 943, obs. Roy-Loustaunau ; RJS 1998. 617, n° 961 ; D. 1998. IR 189*.

16. *Garantie AGS.* Dans la limite du plafond, l'AGS est tenue de garantir l'intégralité des dommages-intérêts alloués au salarié en raison de la rupture illicite de son contrat intervenue avant l'ouverture de la procédure collective. • Soc. 12 mars 2002, 🛡 n° 99-44.222 P : *D. 2002. IR 1596 ; RJS 2002. 527, n° 659 ; CSB 2002. 235, A. 31*.

17. Traitement fiscal. Les sommes accordées, même à titre transactionnel, en cas de rupture anticipée d'un contrat de travail à durée déterminée ne sont pas au nombre de celles limitativement énumérées par l'art. 80 *duodecies* CGI, auquel renvoie l'art. L. 242-1 CSS. • Civ. 2ᵉ, 6 juill. 2017, 🔒 n° 16-17.959 P : *RJS 10/2017, n° 711 ; JCP S 2017. 1274, obs. Aumeran*.

IV. DROIT À LA RÉINTÉGRATION

18. Il appartient au juge des référés d'ordonner la poursuite des relations contractuelles lorsque la rupture anticipée du CDD est intervenue en violation d'un droit ou d'une liberté fondamentale.
• Soc. 6 févr. 2013 : 🔒 *D. actu. 27 févr. 2013, obs. Ines ; Dr. soc. 2013. 415, note Mouly*. ♦ Lorsque la rupture anticipée d'un CDD en dehors des cas limitativement autorisés par l'art. L. 1243-1 C. trav. fait suite à une action en justice engagée par le salarié contre son employeur, il appartient à ce dernier de démontrer que sa décision de rompre le CDD avant terme est justifiée par des éléments étrangers à toute volonté de sanctionner l'exercice, par le salarié, de son droit fondamental d'agir en justice. • Même arrêt.

SECTION 2   Échéance du terme du contrat et poursuite après échéance

Art. L. 1243-5 Le contrat de travail à durée déterminée cesse de plein droit à l'échéance du terme. *(L. n° 2014-1545 du 20 déc. 2014, art. 6)* « Lorsqu'il est conclu en application du 6° de l'article L. 1242-2, il prend fin avec la réalisation de l'objet pour lequel il a été conclu après un délai de prévenance au moins égal à deux mois. »

Toutefois, ce principe ne fait pas obstacle à l'application des dispositions relatives à la rupture du contrat de travail à durée déterminée :

1° Des salariés victimes d'un accident du travail ou d'une maladie professionnelle, prévues à l'article L. 1226-19 ;

2° Des salariés titulaires d'un mandat de représentation mentionnés à l'article L. 2412-1. — *[Anc. art. L. 122-3-6.]*

Réalisation de l'objet. Il ne peut être mis fin au contrat de travail à durée déterminée de mission que si la mission est terminée, ce qui n'est pas le cas si les opérations afférentes sont « sur le point de prendre fin ». • Soc. 4 mars 2020, 🔒 n° 19-10.130 P : *RJS 5/2020, n° 230 ; JSL 2020, n° 498-3, obs. Paturle*.

Art. L. 1243-6 La suspension du contrat de travail à durée déterminée ne fait pas obstacle à l'échéance du terme. — *[Anc. art. L. 122-3-5.]*

Art. L. 1243-7 Lorsque le contrat de travail à durée déterminée est conclu pour remplacer un salarié temporairement absent ou dont le contrat de travail est suspendu ou pour un remplacement effectué au titre des 4° et 5° de l'article L. 1242-2, le terme du contrat initialement fixé peut être reporté jusqu'au surlendemain du jour où la personne remplacée reprend son emploi. — *[Anc. art. L. 122-3-7, al. 1ᵉʳ début et 2.]*

Obligations de l'employeur. L'employeur qui demande au salarié engagé pour une durée déterminée de prolonger le contrat jusqu'au retour du salarié absent méconnaît ses obligations en mettant fin au contrat, alors que le salarié remplacé n'a pas repris ses activités. • Soc. 26 nov. 1987 : *Bull. civ. V, n° 681*.

Art. L. 1243-8 Lorsque, à l'issue d'un contrat de travail à durée déterminée, les relations contractuelles de travail ne se poursuivent pas par un contrat à durée indéterminée, le salarié a droit, à titre de complément de salaire, à une indemnité de fin de contrat destinée à compenser la précarité de sa situation.

Cette indemnité est égale à 10 % de la rémunération totale brute versée au salarié.

Elle s'ajoute à la rémunération totale brute due au salarié. Elle est versée à l'issue du contrat en même temps que le dernier salaire et figure sur le bulletin de salaire correspondant. — *[Anc. art. L. 122-3-4, al. 1ᵉʳ et 2, phrase 1 et al. 3.]*

1. Assiette. Le salarié victime d'un accident du travail, lequel constitue un risque pour l'entreprise, a droit à une indemnité de fin de contrat calculée sur la base de la rémunération déjà perçue et de celle qu'il aurait perçue jusqu'au terme de son contrat. • Soc. 9 oct. 1990 : 🔒 *RJS 1990. 570, n° 848 ; JS UIMM 1991. 8*.

2. Succession de contrats. En cas de succession de contrats, l'indemnité de fin de contrat se rapportant à chacun des contrats est due. • Soc. 21 juill. 1993 : 🔒 *SSL 1993, n° 662*.

3. Indemnité de précarité, indemnité de requalification et indemnités de rupture. L'indemnité de fin de contrat, qui compense la précarité du salarié sous CDD, est exclue du calcul du salaire de référence servant à l'évaluation de l'indemnité de requalification en CDI et des indemnités de rupture. • Soc. 18 déc. 2013 : 🔒 *D. 2014. Actu. 88* ; *RJS 3/2014, n° 201* ; *JSL 2014, n° 360-4, obs. Lhernould* ; *SSL 2014, n° 1614, p. 13, obs. Champeaux.*

Art. L. 1243-9 En vue d'améliorer la formation professionnelle des salariés titulaires de contrat de travail à durée déterminée, une convention ou un accord collectif de branche étendu ou une convention ou un accord d'entreprise ou d'établissement peut également prévoir de limiter le montant de l'indemnité de fin de contrat à hauteur de 6 %, dès lors que des contreparties sont offertes à ces salariés, notamment sous la forme d'un accès privilégié à la formation professionnelle. Dans ce cas, la convention ou l'accord peut prévoir les conditions dans lesquelles ces salariés peuvent suivre, en dehors du temps de travail effectif, un bilan de compétences. Ce bilan de compétences est réalisé dans le cadre du plan de formation *(Abrogé par L. n° 2018-771 du 5 sept. 2018, art. 45-I, à compter du 1er janv. 2019)* « *au titre de la participation des employeurs au financement de la formation professionnelle* ».

Réduction de l'indemnité de fin de contrat. La réduction du taux de l'indemnité de fin de contrat exige une proposition individuelle d'accès à la formation. • Soc. 11 juill. 2007 : 🔒 *D. 2007. AJ 2166, obs. Dechristé* ; *RJS 2007. 816, n° 1033* ; *JSL n° 219-32* • 23 janv. 2008 : 🔒 *Dr. soc. 2008. 494, obs. Roy-Loustaunau* ; *JCP S 2008. 1248, note Bousez.* ♦ Le simple rappel dans le contrat de travail du dispositif général dans lequel pouvait s'inscrire une formation demandée par la salariée ne constitue pas une offre de formation effective répondant aux exigences légales et conventionnelles permettant à l'employeur de ramener de 10 % à 6 % le montant de l'indemnité de précarité. • Soc. 3 juill. 2012 : 🔒 *D. actu. 11 sept. 2012, obs. Siro* ; *RJS 2012. 671, n° 777* ; *JCP S 2012. 1396, obs. Dumont.*

Art. L. 1243-10 L'indemnité de fin de contrat n'est pas due :
1° Lorsque le contrat est conclu au titre du 3° de l'article L. 1242-2 ou de l'article L. 1242-3, sauf dispositions conventionnelles plus favorables ;
2° Lorsque le contrat est conclu avec un jeune pour une période comprise dans ses vacances scolaires ou universitaires ;
3° Lorsque le salarié refuse d'accepter la conclusion d'un contrat de travail à durée indéterminée pour occuper le même emploi ou un emploi similaire, assorti d'une rémunération au moins équivalente ;
4° En cas de rupture anticipée du contrat due à l'initiative du salarié, à sa faute grave ou à un cas de force majeure. – [*Anc. art. L. 122-3-4, al. 4 à 8.*]

1. Constitutionnalité de l'exclusion du bénéfice de l'indemnité de fin de contrat pour les contrats d'usage. La Cour de cassation estime que la mise en cause de la constitutionnalité du bénéfice de l'indemnité de fin de contrat pour les CDD d'usage présente un caractère sérieux. • Soc. 9 avr. 2014, 🔒 n° 14-40.009 : *Dr. soc. 2014. 682, obs. Mouly* • Cons. const. 13 juin 2014, 🔒 n° 2014-401 QPC : *D. actu. 25 juin 2014, obs. Peyronnet* ; *D. 2014. Actu. 1282* ; *Dr. soc. 2015. 45* ; *JSL 2014, n° 371-6, obs. Tissandier.*

2. Contrats d'usage. L'exclusion suppose que le contrat d'usage ait été conclu par écrit. • Soc. 28 sept. 2011, 🔒 n° 09-43.385 P : *RJS 12/2011, n° 945* ; *JCP S 2012. 1039, obs. Bousez* ; *LPA 12 nov. 2012, p. 6, obs. Minet-Letalle* • 21 sept. 2017, 🔒 n° 16-17.241 P : *D. 2017. Actu. 1915* ; *Dr. soc. 2017. 1077, obs. Mouly* ; *RJS 12/2017, n° 783* ; *JCP S 2017. 1346, obs. Lahalle.*

3. Complément de formation professionnelle. L'indemnité de fin de contrat n'est pas due par un employeur qui s'est engagé à assurer au salarié un complément de formation professionnelle. • Soc. 17 déc. 1996, 🔒 n° 93-46.695 P : *D. 1997. IR 29* ; *Dr. soc. 1997. 194, obs. Roy-Loustaunau* (pas d'indemnités pour un étudiant en médecine effectuant un stage hospitalier).

4. CDD d'insertion. L'indemnité de fin de contrat n'est pas due lorsque le contrat de travail à durée déterminée a été conclu au titre de dispositions légales destinées à favoriser le recrutement de certaines catégories de personnes sans emploi. • Soc. 20 oct. 2010 : 🔒 *D. actu. 18 nov. 2010, obs. Siro* ; *JCP S 2010. 1535, obs. Lahalle.*

5. Étudiant en CDD travaillant pendant les vacances. La prime de précarité n'a pas à être versée aux étudiants en contrat à durée déterminée qui travaillent pendant leurs vacances ; la situation des jeunes n'étant en effet pas comparable à celle des travailleurs en contrat précaire éligibles à l'indemnité de fin de contrat, le législateur français peut donc traiter de manière différente ces deux catégories de travailleurs sans violer le principe de non-discrimination fondé sur l'âge. • CJUE 1er oct. 2015, 🔒 n° C-432/14 : *RJS 1/2016, n° 82* ; *JSL 2015, n° 397-6, obs. Taquet.*

CONTRAT DE TRAVAIL À DURÉE DÉTERMINÉE — Art. L. 1243-11

6. Moment de la proposition de CDI. L'indemnité est due si la proposition de contrat à durée indéterminée a été faite après l'expiration du contrat à durée déterminée. ● Soc. 3 déc. 1997 : CSB 1998. 55 ; RJS 1998. 14, n° 9.

7. Indemnité de précarité et requalification du CDD. En cas de requalification du CDD en CDI pour dépassement de terme, l'indemnité de précarité est due lorsqu'aucun CDI pour occuper le même emploi ou un emploi similaire n'a été proposé au salarié à l'issue de son CDD. ● Soc. 3 oct. 2007 : D. 2007. AJ 2672, obs. Maillard ; ibid. 381, note Lefranc-Hamoniaux ; RDT 2007. 721, obs. Reynès ; RJS 2007. 1011, n° 1254 ; JSL 2007, n° 221-3. ◆ Comp. : l'indemnité de précarité n'est pas due en cas de requalification des CDD en un CDI. ● Soc. 20 sept. 2006 : RJS 2006. 863, n° 1157 ● Soc. 7 juill. 2015, n° 13-17.195 P : D. actu. 8 sept. 2015, obs. Siro ; D. 2015. Actu. 1645 ; RJS 10/2015, n° 623 ; JCP S 2013. 1361, obs. Morand. ◆ Mais l'indemnité de précarité, lorsqu'elle est perçue par le salarié à l'issue du contrat, lui reste acquise nonobstant une requalification en contrat à durée indéterminée. ● Soc. 9 mai 2001, n° 98-44.090 P : D. 2001. IR 2087 ; Dr. soc. 2001. 925, obs. Roy-Loustaunau ; RJS 2001. 583, n° 606 ● 24 juin 2003, n° 00-42.766 P : RJS 2003. 774, n° 1124 ● 30 mars 2005, n° 03-42.667 P : RJS 2005. 439, n° 606.

Art. L. 1243-11 Lorsque la relation contractuelle de travail se poursuit après l'échéance du terme du contrat à durée déterminée, celui-ci devient un contrat à durée indéterminée. — V. art. L. 1245-1.

Le salarié conserve l'ancienneté qu'il avait acquise au terme du contrat de travail à durée déterminée.

La durée du contrat de travail à durée déterminée est déduite de la période d'essai éventuellement prévue dans le nouveau contrat de travail. — [Anc. art. L. 122-3-10, al. 1er et 3.]

BIBL. ▶ KARAQUILLO, D. 1997. Chron. 345 (protection du salarié et action en requalification). – WAQUET, Dr. ouvrier 1997. 122 (pouvoir du juge).

COMMENTAIRE

V. sur le Code en ligne.

1. Contrat réputé à durée indéterminée. Lorsque la relation professionnelle se poursuit après l'échéance du terme, le contrat devient à durée indéterminée. ● Soc. 17 déc. 1985, n° 83-40.107 P. ● 13 nov. 1986 : Dr. soc. 1987. 407, note Savatier. ◆ Lorsqu'un salarié continue à exercer ses fonctions sans que l'avenant de renouvellement contractuellement prévu ait été signé par les parties, le contrat devient un contrat à durée indéterminée. ● Soc. 15 janv. 1997 : RJS 1997. 90, n° 125. ◆ Cette règle est d'application générale dès l'instant que la relation de travail se poursuit à l'expiration du terme d'un contrat de travail à durée déterminée, sans signature d'un nouveau contrat à durée déterminée, et quelle que soit la nature de l'emploi occupé, et le contrat devient un contrat à durée indéterminée, même si, ultérieurement, un nouveau contrat à durée déterminée est signé. ● Soc. 14 juin 2000, n° 99-43.279 P : D. 2000. IR 189 ; Dr. soc. 2000. 911, obs. Roy-Loustaunau ; RJS 2000. 624, n° 914 ● 30 mars 2005, n° 03-42.667 P : RJS 2005. 439, n° 606 ● 20 sept. 2006 : RJS 2006. 862, n° 1157 ; Dr. soc. 2006. 1184, obs. Roy-Loustaunau. ◆ La novation ne se présumant pas, elle ne peut être déduite de la seule conclusion d'un contrat à durée déterminée après une relation de travail requalifiée à durée indéterminée, la seule absence de protestation du salarié ne valant pas, de surcroît, acceptation de sa part. ● Soc. 3 oct. 1991, n° 87-41.176 P : D. 1991. IR 235. ◆ La seule circonstance que la salariée avait travaillé après le terme du contrat à durée déterminée ne permettait pas de déduire son accord, antérieurement à ce terme, pour le renouvellement du contrat initial. ● Soc. 5 oct. 2016, n° 15-17.458 P : D. 2016. Actu. 2070 ; RJS 12/2016, n° 751 ; JSL 2016, n° 420-2, obs. Lhernould ; JCP S 2016. 1403, obs. Drai.

2. Salarié protégé. Le juge judiciaire ne peut, sans violer le principe de séparation des pouvoirs, en l'état d'une autorisation administrative de rupture d'un contrat à durée déterminée arrivé à son terme devenue définitive, en application des art. L. 2412-1, L. 2421-8 et L. 2421-13, statuer sur une demande de requalification du contrat de travail à durée déterminée en un contrat de travail à durée indéterminée, ni prononcer la nullité du licenciement en violation du statut protecteur. ● Soc. 19 janv. 2022, n° 19-18.898 B : D. actu. 9 févr. 2022, obs. Malfettes ; D. 2022. 172 ; RJS 4/2022, n° 201 ; JCP S 2022. 1053, obs. Brissy.

3. Poursuite du contrat. La poursuite des relations contractuelles se fait aux mêmes conditions. ● Soc. 5 janv. 1995, n° 90-45.732 P : Dr. soc. 1995. 191 ; RJS 1995. 100, n° 110 ; CSB 1995. 87, S. 40 ; JCP E 1995. II. 670, note Corrignan-Carsin (maintien de la clause de non-concurrence) ● 7 juill. 1998, n° 95-45.209 P : RJS 1998. 720, n° 1183 ● 28 mai 2008 : JSL 2008, n° 236-3 (durée du travail inchangée). ◆ La circonstance que le contrat à durée déterminée ait été poursuivi à l'échéance du terme ou que le salarié ait été, après l'échéance du terme, engagé par contrat à durée indéterminée ne le prive pas du droit de demander la requalification du contrat à durée déterminée initial qu'il estimait irrégulier en contrat à durée indéterminée. • Soc. 1er févr. 2000, ⚓ n° 98-41.624 P : D. 2000. IR 65 ⊘ ; Dr. soc. 2000. 516, note Roy-Loustaunau ⊘ ; CSB 2000. 505, A. 18 ; RJS 2000. 275, n° 381.

4. Conclusion d'un CDI. Les dispositions de l'art. L. 1243-11 C. trav. ne sont pas applicables lorsque l'activité du salarié se poursuit, après le terme du contrat à durée indéterminée, aux conditions d'un contrat à durée indéterminée conclu entre les parties. • Soc. 21 nov. 2012, ⚓ n° 10-27.429 P : D. actu. 6 déc. 2012, obs. Ines ; D. 2012. Actu. 2809 ⊘ ; JSL 2013, n° 335-4, obs. Tourreil ; JCP S 2013. 1192, obs. Bousez. ♦ Mais dès lors que la poursuite d'un contrat à durée déterminée dans le cadre d'un contrat à durée indéterminée n'a pas donné lieu à l'établissement d'un nouveau contrat, les parties restent soumises aux conditions d'horaires initialement fixées ; la seule absence de protestation du salarié ne vaut pas acceptation d'une réduction d'horaire. • Soc. 22 oct. 1996, ⚓ n° 93-44.697 : RJS 1996. 812, n° 1254.

5. La proposition faite à un salarié à l'issue de son contrat à durée déterminée de l'engager à de nouvelles conditions pour une durée indéterminée ne constitue pas une modification substantielle et le refus du salarié le rend responsable de la rupture du contrat. • Soc. 9 févr. 1989 : *Bull. civ. V, n° 110 ; D. 1989.* IR 75.

6. Échéance du terme et suspension du contrat. L'incapacité de travail résultant d'un accident du travail ou d'une maladie professionnelle laissant subsister le contrat de travail, dès lors qu'une société a laissé se poursuivre les relations contractuelles au-delà du terme initialement prévu, le contrat à durée déterminée doit être requalifié en contrat à durée indéterminée. • Soc. 17 juin 1997 : ⚓ CSB 1997. 235, A. 44.

7. Succession d'un CDD et d'un CDI de chantier. Si un CDI conclu pour la durée d'un chantier peut succéder à un CDD conclu pour faire face à un accroissement temporaire d'activité sur le même chantier, cette succession ne peut entraîner l'application de l'art. L. 1243-1 C. trav. • Soc. 21 nov. 2012 : ⚓ D. actu. 6 déc. 2012, obs. Ines ; D. 2012. Actu. 2809 ⊘ ; JSL 2013, n° 335-4, obs. Tourreil ; JCP S 2013. 1192, obs. Bousez.

8. Période d'essai. L'art. L. 1243-11 C. trav. s'applique dès lors qu'un CDI succède à un ou plusieurs CDD ; la durée des précédents contrats s'impute sur celle de la période d'essai prévue par le CDI. Peu importe que le salarié ait occupé le même emploi, en exécution de différents contrats. • Soc. 9 oct. 2013 : ⚓ D. 2013. Actu. 2405 ⊘ ; RDT 2013. 761, obs. Géniaut ⊘ ; RJS 10/2013, n° 789 ; JSL 2013, n° 354-4, obs. Tourreil.

Art. L. 1243-11-1 (*L. n° 2022-1598 du 21 déc. 2022, art. 2*) Lorsque l'employeur propose que la relation contractuelle de travail se poursuive après l'échéance du terme du contrat à durée déterminée sous la forme d'un contrat à durée indéterminée pour occuper le même emploi ou un emploi similaire, assorti d'une rémunération au moins équivalente pour une durée de travail équivalente, relevant de la même classification et sans changement du lieu de travail, il notifie cette proposition par écrit au salarié. En cas de refus du salarié, l'employeur en informe (*L. n° 2023-1196 du 18 déc. 2023, art. 6-I, en vigueur le 1er janv. 2024*) « l'opérateur France Travail » en justifiant du caractère similaire de l'emploi proposé.

Un décret en Conseil d'État fixe les modalités d'application du présent article. – *V. art. R. 1243-2.*

Art. L. 1243-12 Par dérogation aux dispositions (*Ord. n° 2017-1387 du 22 sept. 2017, art. 25*) « des articles L. 1242-8 et L. 1242-8-1 » relatives à la durée du contrat, lorsqu'un salarié titulaire d'un contrat de travail à durée déterminée est exposé à des rayonnements ionisants et qu'au terme de son contrat cette exposition excède la valeur limite annuelle rapportée à la durée du contrat, l'employeur lui propose une prorogation du contrat pour une durée telle que l'exposition constatée à l'expiration de la prorogation soit au plus égale à la valeur limite annuelle rapportée à la durée totale du contrat.

Cette prorogation est sans effet sur la qualification du contrat à durée déterminée. – *V. art. L. 1248-9 (pén.).*

V. note ss. art. L. 1242-8.

SECTION 3 **Renouvellement du contrat**

Art. L. 1243-13 (*Ord. n° 2017-1387 du 22 sept. 2017, art. 23*) Une convention ou un accord de branche étendu peut fixer le nombre maximal de renouvellements possibles pour un contrat de travail à durée déterminée. Ce nombre ne peut avoir ni pour objet ni pour effet de pourvoir durablement un emploi lié à l'activité normale et permanente de l'entreprise.

Les conditions de renouvellement sont stipulées dans le contrat ou font l'objet d'un avenant soumis au salarié avant le terme initialement prévu.

Ces dispositions ne sont pas applicables au contrat de travail à durée déterminée conclu en application de l'article L. 1242-3. – *V. art. L. 1248-10 (pén.).*

V. note ss. art. L. 1242-8.

Sur la définition de ces mesures par la convention de branche, V. art. L. 2253-1.

COMMENTAIRE

V. sur le Code en ligne 🔒. ☐

Art. L. 1243-13-1 (Ord. n° 2017-1387 du 22 sept. 2017, art. 23) A défaut de stipulation dans la convention ou l'accord de branche conclu en application de l'article L. 1243-13, le contrat de travail à durée déterminée est renouvelable deux fois pour une durée déterminée.

La durée du ou, le cas échéant, des deux renouvellements, ajoutée à la durée du contrat initial, ne peut excéder la durée maximale prévue par les stipulations de la convention ou de l'accord de branche conclu en application de l'article L. 1242-8 ou, à défaut, par les dispositions de l'article L. 1242-8-1.

Les conditions de renouvellement sont stipulées dans le contrat ou font l'objet d'un avenant soumis au salarié avant le terme initialement prévu.

Ces dispositions ne sont pas applicables au contrat de travail à durée déterminée conclu en application de l'article L. 1242-3. – *V. art. L. 1245-1 et L. 1248-10 (pén.).*

V. note ss. art. L. 1242-8.

Jurisprudence rendue sous l'empire des textes antérieurs à l'Ord. n° 2017-1387 du 22 sept. 2017.

1. Renouvellement. La faculté de ne pas renouveler un contrat à durée déterminée, moyennant une notification écrite à la fin du dernier contrat, ne peut s'analyser en un licenciement. • Soc. 26 mai 1988 : *Bull. civ. V, n° 326.* ♦ Lorsque le contrat de travail est renouvelé pour une durée déterminée, le motif du recours à un contrat à durée déterminée doit être apprécié à la date du renouvellement. • Soc. 1er févr. 2000, 🔒 n° 97-44.952 P : *Dr. soc. 2000. 435, obs. Roy-Loustaunau* ; *RJS 2000. 175, n° 255* ; *CSB 2000. 506, A. 18, obs. Pansier.* ♦ Faute de prévoir les conditions de son renouvellement, un contrat à durée déterminée ne peut être renouvelé que par la conclusion d'un avenant avant le terme initialement prévu à défaut ; dès lors que la relation de travail s'est poursuivie après l'échéance du terme, il devient un contrat à durée indéterminée. • Soc. 5 oct. 2016, 🔒 n° 15-17.458 P : *D. 2016. Actu. 2070* ; *RJS 12/2016, n° 751* ; *JSL 2016, n° 420-2, obs. Lhernould* ; *JCP S 2016. 1403, obs. Drai.*

2. Requalification. En constatant que la clause ne prévoyait que la possibilité pour les parties de renouveler le contrat et ne comportait pas de terme, les juges du fond ont pu en déduire que le contrat était devenu un contrat à durée indéterminée. • Soc. 22 avr. 1985 : *Bull. civ. V, n° 244.* ♦ Rappr. : • Soc. 30 mai 1985 : *Bull. civ. V, n° 320.* ♦ Lorsque, compte tenu de la clause de report du terme, le contrat dépassait la durée légale, la cour d'appel a pu décider que ce contrat était à durée indéterminée. • Soc. 3 déc. 1987 : *Bull. civ. V, n° 698* ; *D. 1988. Somm. 317, obs. Langlois.*

CHAPITRE IV SUCCESSION DE CONTRATS

COMMENTAIRE

V. sur le Code en ligne 🔒. ☐

SECTION 1 Contrats successifs avec le même salarié

Art. L. 1244-1 Les dispositions de l'article L. 1243-11 ne font pas obstacle à la conclusion de contrats de travail à durée déterminée successifs avec le même salarié lorsque le contrat est conclu dans l'un des cas suivants :

1° Remplacement d'un salarié absent ;

2° Remplacement d'un salarié dont le contrat de travail est suspendu ;

3° Emplois à caractère saisonnier (*L. n° 2016-1088 du 8 août 2016, art. 86*) « définis au 3° de l'article L. 1242-2 » ou pour lesquels, dans certains secteurs d'activité définis par décret ou par voie de convention ou d'accord collectif étendu, il est d'usage constant de ne pas recourir au contrat de travail à durée indéterminée en raison de la nature de l'activité exercée et du caractère par nature temporaire de ces emplois ;

4° Remplacement de l'une des personnes mentionnées aux 4° et 5° de l'article L. 1242-2.

1. Contrats successifs et contrats d'usage. Lorsqu'un artiste a bénéficié de cinq contrats d'une durée d'un an, une cour d'appel ne peut le débouter de sa demande de requalification de ces contrats en un contrat à durée indéterminée, sans constater que le salarié a été employé en vertu de contrats conclus pour assurer l'exécution d'une tâche déterminée et temporaire et ayant eu, chacun, pour terme la réalisation de l'objet pour lequel ils ont été conclus. • Soc. 25 avr. 1990 : 🔓 *D. 1990. IR 125 ; RJS 1990. 331, n° 463.* ♦ Dans le même sens : • Soc. 18 févr. 1988 : *Bull. civ. V, n° 115 ; D. 1988. IR 67* (enseignant recruté quatre années de suite pour la durée de l'année scolaire ; Comp. : • Soc. 14 nov. 1990 : 🔓 *D. 1990. IR 281* ⌀ ; *RJS 1990. 631, n° 950*, relevant que l'emploi d'un enseignant engagé à mi-temps pendant deux années correspondait à l'existence d'une tâche précise et temporaire) • 13 nov. 1990 : 🔓 *D. 1990. IR 282 ; RJS 1990. 631, n° 949* (conducteur d'un car scolaire interrompant ses activités uniquement pendant les vacances scolaires) • 22 janv. 1991, 🔓 n° 87-45.139 P : *GADT, 4ᵉ éd., n° 36 ; RJS 1991. 166, n° 316* (salarié embauché à deux reprises durant toute la durée d'activité de l'établissement) • 6 juin 1991 : 🔓 *RJS 1991. 429, n° 817* (serveur travaillant pendant toute la période d'activité d'un restaurant) • 22 janv. 1992, 🔓 n° 88-43.428 P : *D. 1992. IR 68 ; RJS 1992. 97, n° 124* (animateur employé pendant cinq années sans autre interruption que les congés légaux) • 10 oct. 1995 : 🔓 *Dr. soc. 1995. 1038* ⌀ (conseiller artistique dans l'audiovisuel) • 14 févr. 1996, 🔓 n° 93-42.035 P : *RJS 1996. 283, n° 474* (requalification du contrat à durée déterminée d'un VRP ayant passé des commandes au-delà du terme de son contrat et qui avaient été acceptées par l'employeur) • 8 janv. 1997 : 🔓 *CSB 1997. 69, A. 13* (salarié engagé pendant quatre années en qualité d'opérateur du son par une chaîne de télévision).

2. Contrats successifs et contrats de remplacement. Le seul fait pour l'employeur de recourir à des contrats à durée déterminée de remplacement de manière récurrente, voire permanente, ne saurait suffire à caractériser un recours systématique aux contrats à durée déterminée pour faire face à un besoin structurel de main-d'œuvre et pourvoir ainsi durablement un emploi durable lié à l'activité normale et permanente de l'entreprise. • Soc. 14 févr. 2018, 🔓 n° 16-17.966 P : *D. actu. 14 mars 2018, obs. Fraisse ; D. 2018. Actu. 464* ⌀ ; *RJS 4/2018, n° 240 ; JSL 2018, n° 451-2, obs. Lhernould ; JCP G 2018. 280, obs. Dedessus-le Moustier.* ♦ Le contrat de travail à durée déterminée conclu pour remplacer un salarié absent autorise la conclusion de plusieurs contrats à durée déterminée successifs avec le même salarié, peu important que les CDD comportent un terme précis et que leur durée totale excède le délai de 18 mois. • Soc. 8 févr. 2006 : 🔓 *D. 2006. IR 529* ⌀ ; *RJS 2006. 375, n° 402* • 26 févr. 1991, 🔓 n° 87-40.410 P.* ♦ En relevant que la salariée avait été liée à une association par trois contrats distincts conclus successivement pour le remplacement de salariés temporairement absents et nommément désignés, la cour d'appel a pu estimer que ces contrats étaient autonomes les uns par rapport aux autres et que leur succession n'avait pas pu avoir pour effet de créer entre les parties une relation de travail à durée indéterminée. • Soc. 12 mars 1987 : *Bull. civ. V, n° 142 ; D. 1988. Somm. 97, obs. Pélissier.* – Dans le même sens : • Soc. 16 févr. 1983 : *Bull. civ. V, n° 82* • 30 janv. 1991, 🔓 n° 87-43.596 P.* ♦ Comp. : Le salarié, employé sur une durée de quatre ans par 94 contrats successifs en ayant conservé la même qualification et le même salaire quel que soit le remplacement assuré, occupe un emploi permanent et est titulaire d'un contrat à durée indéterminée : • Soc. 4 déc. 1996, 🔓 n° 93-41.891 P : *D. 1997. 460, note Mouly* ⌀ ; *CSB 1997. 71, A. 14*, cassant • Limoges, 8 févr. 1993 : *D. 1993. 431, note J. Mouly* ⌀. ♦ V. aussi : • Soc. 7 mars 1990, 🔓 n° 87-43.651 P.

3. Contrats successifs, contrats de remplacement et délai de carence. Lorsque le contrat à durée déterminée est conclu pour remplacer un salarié absent, les dispositions de l'art. L. 1244-1 autorisent la conclusion de plusieurs contrats à durée déterminée successifs, sans qu'il y ait lieu à application d'un délai de carence. Et ce, même si les remplacements concernent des salariés différents. • Soc. 17 nov. 2021, 🔓 n° 20-18.336 B : *D. actu. 6 déc. 2021, obs. Couëdel ; D. 2021. 2094* ⌀ ; *RJS 2/2022, n° 47 ; Dr. ouvrier 2023. 30, obs. Poirier ; JCP S 2022. 1003, obs. Bousez.*

4. Contrats successifs et contrats saisonniers. La faculté pour un employeur de conclure des CDD successifs avec un même salarié afin de pourvoir un emploi saisonnier n'est assortie d'aucune limite de temps, au-delà de laquelle s'instaurerait entre les parties une relation de travail globale à durée indéterminée. • Soc. 15 oct. 2002, 🔓 n° 00-41.759 P : *Dr. soc. 2002. 1140, obs. Roy-Loustaunau* ⌀ ; *JSL 2002, n° 113-4.* ♦ La conclusion de 17 CDD saisonniers n'entraîne pas l'existence d'une relation globale à durée indéterminée dès lors qu'il est constaté que l'intéressé n'avait pas été engagé pour toutes les saisons et alors que les contrats saisonniers n'étaient pas assortis d'une clause de reconduction pour la saison suivante. • Soc. 16 nov. 2004, 🔓 n° 02-46.777 P : *Dr. soc. 2005. 98, obs. Roy-Loustaunau* ⌀ ; *RJS 2005. 104, n° 130 ; Dr. ouvrier 2005. 425, note Marié.* ♦ Dès lors que le salarié n'est pas engagé pendant toute la durée d'ouverture de l'entreprise mais uniquement pendant la saison d'hiver pour une tâche précise et temporaire liée à la pratique du ski, la relation globale à durée indéterminée ne peut être établie. • Soc. 30 mai 2000, n° 98-41.134 P : *D. 2000. IR 175* ; *Dr. soc. 2000. 768*, obs. Roy-Loustaunau ; *RJS 2000. 544, n° 775.* ♦ Les durées des contrats de travail à caractère saisonnier successifs dans la même entreprise sont cumulées pour calculer l'ancienneté du salarié ; ce cumul n'est pas subordonné à l'existence d'une clause de reconduction. ● Soc. 30 sept. 2014, n° 13-21.115 : *D. actu. 22 oct. 2014*, obs. Fraisse ; *RJS 2014. 722, n° 835*.

5. Requalification, reconstitution de carrière et régularisation de la rémunération. Par l'effet de la requalification des contrats à durée déterminée successifs, le salarié est réputé avoir occupé un emploi à durée indéterminée depuis le jour de sa première embauche au sein de l'entreprise ; il est en conséquence en droit d'obtenir la reconstitution de sa carrière ainsi que la régularisation de sa rémunération. ● Soc. 6 nov. 2013 : *D. actu. 26 nov. 2013*, obs. Peyronnet ; *D. 2013. Actu. 2648* ; *RDT 2014. 35*, obs. Reynès ; *RJS 1/2014, n° 15* ; *JSL 2014, n° 357-5*.

Art. L. 1244-2 Les contrats de travail à caractère saisonnier (*L. n° 2016-1088 du 8 août 2016, art. 86*) « définis au 3° de l'article L. 1242-2 » peuvent comporter une clause de reconduction pour la saison suivante.

Une convention ou un accord collectif de travail peut prévoir que tout employeur ayant occupé un salarié dans un emploi à caractère saisonnier lui propose, sauf motif réel et sérieux, un emploi de même nature, pour la même saison de l'année suivante. La convention ou l'accord en définit les conditions, notamment la période d'essai, et prévoit en particulier dans quel délai cette proposition est faite au salarié avant le début de la saison ainsi que le montant minimum de l'indemnité perçue par le salarié s'il n'a pas reçu de proposition de réemploi.

Pour calculer l'ancienneté du salarié, les durées des contrats de travail à caractère saisonnier successifs dans une même entreprise sont cumulées. — [*Anc. art. L. 122-3-15.*]

BIBL. ▶ Roy-Loustaunau, *RJS 1996. 215* (contrat saisonnier).

1. Droits du salarié. La clause contractuelle de reconduction envisagée par l'art. L. 122-3-15 [L. 1244-2 nouv.] a seulement pour effet d'imposer à l'employeur une priorité d'emploi en faveur du salarié, elle ne peut être assimilée à la clause contractuelle prévoyant la reconduction automatique du contrat de travail pour la saison suivante et n'a pas, en toute hypothèse, pour effet de transformer la relation de travail à durée déterminée en relation de travail à durée indéterminée. ● Soc. 30 mai 2000, n° 98-41.134 P : *D. 2000. IR 175* ; *Dr. soc. 2000. 768*, obs. Roy-Loustaunau ; *RJS 2000. 544, n° 775* ● Soc. 8 juill. 2015, n° 14-16.330 P : *D. actu. 14 sept. 2015*, obs. Siro ; *D. 2015. Actu. 1546* ; *RJS 10/2015, n° 620.* ♦ Sauf clause de reconduction, le contrat conclu pour la durée d'une saison reste à durée déterminée même s'il est renouvelé. ● Soc. 31 janv. 1985 : *Bull. civ. V, n° 74* ; *D. 1985. IR 441*, obs. Langlois. ♦ V., pour une solution contraire en présence d'une clause et d'un engagement ininterrompu : ● Soc. 19 nov. 1987 : *Bull. civ. V, n° 665* ; *D. 1988. Somm. 317 (1re esp.)*, obs. Langlois (arrêt rendu sur l'application de textes antérieurs).

2. Portée des dispositions conventionnelles. La violation des dispositions de la convention collective prévues par l'art. L. 1244-2 C. trav. pour la succession de CDD saisonniers permet au salarié d'obtenir une indemnisation ; l'absence de proposition d'un nouveau contrat saisonnier en contradiction avec les règles conventionnelles ne lui permet néanmoins pas d'invoquer la violation d'une garantie de fond comme en matière de licenciement. ● Soc. 3 mai 2016, n° 14-30.085 P : *D. actu. 20 mai 2016*, obs. Cortot ; *D. 2016. Actu. 1085* ; *Dr. soc. 2016. 574*, note Mouly ; *RJS 7/2016, n° 478* ; *JCP S 2016. 1218*, obs. Lahalle. ♦ La reconduction de contrats saisonniers en application d'un mécanisme conventionnel ne peut avoir pour effet la requalification des contrats à durée déterminée en contrat à durée indéterminée et exclut l'application du droit du licenciement à la rupture de contrats saisonniers successifs ; la non-reconduction de contrats à durée déterminée sans motif réel et sérieux ouvre droit à des dommages-intérêts destinés à réparer le préjudice subi. ● Soc. 20 nov. 2019, n° 18-14.118 P : *D. actu. 10 déc. 2019*, obs. Malfettes ; *D. 2019. Actu. 2307* ; *RJS 2/2020, n° 78* ; *JCP S 2019. 1371*, obs. Bousez.

3. Méconnaissance du délai conventionnel de proposition de réemploi. En présence d'une clause de reconduction, la proposition de nouvelle collaboration moins d'un mois avant le début de la nouvelle saison doit être considérée comme tardive et le salarié peut se prévaloir d'une absence de renouvellement de son contrat de travail imputable à l'employeur. ● Soc. 14 févr. 2018, n° 16-19.656 P : *RDT 2018. 376*, obs. Tournaux ; *JCP S 2018. 1144*, obs. Bousez.

4. Requalification. La reconduction systématique sur une longue période de contrats à durée déterminée saisonniers, prévue à la fois par la convention collective de branche et par l'accord d'entreprise, constitue un ensemble à durée indéterminée, même si chaque période n'est garantie que pour la durée de la saison. ● Soc. 29 oct. 2002 : *RJS 2003. 24, n° 15*.

5. Refus de l'offre de reconduction. Le refus par un salarié d'accepter l'offre de réembauche communiquée par l'employeur dans un délai raisonnable entraîne la fin des relations entre les parties. • Soc. 30 mai 2000, n° 98-41.134 P : D. 2000. IR 175 ; Dr. soc. 2000. 768, obs. Roy-Loustaunau.

6. CDD saisonnier et ancienneté. Les durées des contrats de travail à caractère saisonnier successifs dans la même entreprise sont cumulées pour calculer l'ancienneté du salarié ; ce cumul n'est pas subordonné à l'existence d'une clause de reconduction. • Soc. 30 sept. 2014 : D. actu. 22 oct. 2014, obs. Fraisse ; RJS 2014. 722, n° 835.

Art. L. 1244-2-1 (Ord. n° 2017-647 du 27 avr. 2017) Dans les branches où l'emploi saisonnier est particulièrement développé définies par un arrêté du ministre chargé du travail, à défaut de stipulations conventionnelles au niveau de la branche ou de l'entreprise, les contrats de travail à caractère saisonnier dans une même entreprise sont considérés comme successifs, pour l'application de l'article L. 1244-2, lorsqu'ils sont conclus sur une ou plusieurs saisons, y compris lorsqu'ils ont été interrompus par des périodes sans activité dans cette entreprise.

V. Arr. du 5 mai 2017 listant les branches où l'emploi saisonnier est particulièrement développé, NOR : ETST1713866A (JO 6 mai).

BIBL. ▶ TOURNAUX, RDT 2017. 412.

Art. L. 1244-2-2 (Ord. n° 2017-647 du 27 avr. 2017) I. – Dans les branches mentionnées à l'article L. 1244-2-1, à défaut de stipulations conventionnelles au niveau de la branche ou de l'entreprise, l'employeur informe le salarié sous contrat de travail à caractère saisonnier, par tout moyen permettant de conférer date certaine à cette information, des conditions de reconduction de son contrat avant l'échéance de ce dernier.

II. – (L. n° 2018-217 du 29 mars 2018, art. 22-I) « Dans les branches mentionnées à l'article L. 1244-2-1, à défaut de stipulations conventionnelles au niveau de la branche ou de l'entreprise, » tout salarié ayant été embauché sous contrat de travail à caractère saisonnier dans la même entreprise bénéficie d'un droit à la reconduction de son contrat dès lors que :

1° Le salarié a effectué au moins deux mêmes saisons dans cette entreprise sur deux années consécutives ;

2° L'employeur dispose d'un emploi saisonnier, tel que défini au 3° de l'article L. 1242-2, à pourvoir, compatible avec la qualification du salarié.

L'employeur informe le salarié de son droit à la reconduction de son contrat, par tout moyen permettant de conférer date certaine à cette information, dès lors que les conditions prévues aux 1° et 2° sont réunies, sauf motif dûment fondé.

SECTION 2 Contrats successifs sur le même poste

Art. L. 1244-3 (Ord. n° 2017-1387 du 22 sept. 2017, art. 24) A l'expiration d'un contrat de travail à durée déterminée, il ne peut être recouru, pour pourvoir le poste du salarié dont le contrat a pris fin, ni à un contrat à durée déterminée ni à un contrat de travail temporaire, avant l'expiration d'un délai de carence calculé en fonction de la durée du contrat incluant, le cas échéant, son ou ses renouvellements. Les jours pris en compte pour apprécier le délai devant séparer les deux contrats sont les jours d'ouverture de l'entreprise ou de l'établissement concerné.

Sans préjudice des dispositions de l'article L. 1242-1, une convention ou un accord de branche étendu peut fixer les modalités de calcul de ce délai de carence. – V. art. L. 1248-11 (pén.).

Action en requalification du CDD fondée sur le non-respect du délai de carence. Le délai de prescription d'une action en requalification d'un CDD en CDI, fondée sur le non-respect du délai de carence entre deux contrats successifs, court à compter du premier jour d'exécution du second de ces contrats. • Soc. 5 mai 2021, n° 19-14.295 P : D. 2021. Actu. 903 ; Dr. soc. 2021. 851, obs. Tournaux ; RJS 7/2021, n° 375 ; JCP S 2021. 1168, note Bousez.

Art. L. 1244-3-1 (Ord. n° 2017-1387 du 22 sept. 2017, art. 24) A défaut de stipulation dans la convention ou l'accord de branche conclu en application de l'article L. 1244-3, ce délai de carence est égal :

1° Au tiers de la durée du contrat venu à expiration si la durée du contrat incluant, le cas échéant, son ou ses renouvellements, est de quatorze jours ou plus ;

CONTRAT DE TRAVAIL À DURÉE DÉTERMINÉE **Art. L. 1244-4-1** 477

2° A la moitié de la durée du contrat venu à expiration si la durée du contrat incluant, le cas échéant, son ou ses renouvellements, est inférieure à quatorze jours.

Les jours pris en compte pour apprécier le délai devant séparer les deux contrats sont les jours d'ouverture de l'entreprise ou de l'établissement concerné. – V. art. L. 1245-1 et L. 1248-11 (pén.).

V. note ss. art. L. 1242-8.

Jurisprudence rendue sous l'empire des textes antérieurs à l'Ord. n° 2017-1387 du 22 sept. 2017.

1. Situation dans les groupes. En présence de contrats à durée déterminée conclus successivement avec le même salarié, le juge doit rechercher si le fait que le dernier contrat ait été établi au nom d'une autre société du groupe ne révèle pas l'intention frauduleuse d'écarter l'application du délai de carence. • Soc. 7 avr. 1998, ⚖ n° 95-45.223 P : *RJS 1998. 376, n° 576 ; D. 1998. IR 122 ⊘ ; Dr. soc. 1998. 610, obs. Roy-Loustaunau ⊘.* ♦ La rupture anticipée imputable à l'employeur est sans incidence sur le délai de carence en cas de conclusion d'un second contrat ; le point de départ du délai de carence demeure le terme initial du premier contrat. • Soc. 19 janv. 1999, ⚖ n° 96-42.884 P : *RJS 1999. 209, n° 346 ; Dr. soc. 1999. 399, obs. Roy-Loustaunau ⊘ ; JCP E 1999. 500.*

2. Domaine de l'interdiction. Non-application du délai légal d'attente à un contrat conclu en application du 1° et 3° de l'art. L. 1242-2 : V. • Soc. 12 mars 1996, ⚖ n° 92-41.966 P : *RJS 1996. 231, n° 386* • 10 mai 2006 : ⚖ *Dr. soc. 2006. 1046, obs. Roy-Loustaunau ⊘ ; JCP S 2006. 1692, note Bousez* • 11 oct. 2006 : ⚖ *RJS 2006. 936, n° 1254 ; Dr. soc. 2007. 644, obs. Roy-Loustaunau ⊘.*

Art. L. 1244-4 (Ord. n° 2017-1387 du 22 sept. 2017, art. 24) Sans préjudice des dispositions de l'article L. 1242-1, une convention ou un accord de branche étendu peut prévoir les cas dans lesquels le délai de carence prévu à l'article L. 1244-3 n'est pas applicable.

1. Le législateur a entendu confier à une convention ou un accord de branche étendu la possibilité de prévoir les cas dans lesquels le délai de carence prévu à l'art. L. 1244-3 n'est pas applicable. Les stipulations d'une telle convention ou d'un tel accord sont toutefois sans préjudice des dispositions, d'ordre public, de l'art. L. 1242-1, en vertu desquelles un CDD, quel que soit son motif, ne peut avoir ni pour objet ni pour effet de pourvoir durablement un emploi lié à l'activité normale et permanente de l'entreprise. • CE 19 mai 2021, ⚖ n° 426825 : *RJS 8-9/2021, n° 426.*

2. Pas d'exclusion systématique de tout délai de carence. Les dispositions de l'art. L. 1244-4 ne permettent à une convention ou un accord de branche étendu de déroger au principe, prévu par l'art. L. 1244-3, de l'application d'un délai de carence que dans certains cas seulement, qu'il lui appartient alors de définir ; elles font, par suite, obstacle à ce qu'une telle convention ou accord de branche puisse légalement prévoir que le délai de carence ne s'appliquera pas de façon générale dans tous les cas de succession de contrats à durée déterminée. • CE 27 avr. 2022, ⚖ n° 440521 : *AJDA 2022. 902 ⊘ ; RJS 7/2022, n° 360 ; SSL 2022, n° 2002, p. 5, concl. Chambon.*

Art. L. 1244-4-1 (Ord. n° 2017-1387 du 22 sept. 2017, art. 24) A défaut de stipulation dans la convention ou l'accord de branche conclu en application de l'article L. 1244-4, le délai de carence n'est pas applicable :

1° Lorsque le contrat de travail à durée déterminée est conclu pour assurer le remplacement d'un salarié temporairement absent ou dont le contrat de travail est suspendu, en cas de nouvelle absence du salarié remplacé ;

2° Lorsque le contrat de travail à durée déterminée est conclu pour l'exécution de travaux urgents nécessités par des mesures de sécurité ;

3° Lorsque le contrat de travail à durée déterminée est conclu pour pourvoir un emploi à caractère saisonnier défini au 3° de l'article L. 1242-2 ou pour lequel, dans certains secteurs d'activité définis par décret ou par voie de convention ou d'accord collectif étendu, il est d'usage constant de ne pas recourir au contrat de travail à durée indéterminée en raison de la nature de l'activité exercée et du caractère par nature temporaire de cet emploi ;

4° Lorsque le contrat est conclu pour assurer le remplacement de l'une des personnes mentionnées aux 4° et 5° de l'article L. 1242-2 ;

5° Lorsque le contrat est conclu en application de l'article L. 1242-3 ;

6° Lorsque le salarié est à l'initiative d'une rupture anticipée du contrat ;

7° Lorsque le salarié refuse le renouvellement de son contrat, pour la durée du contrat non renouvelé.

V. note ss. art. L. 1242-8.

Jurisprudence rendue sous l'empire des textes antérieurs à l'Ord. n° 2017-1387 du 22 sept. 2017.

Une succession de contrats de travail à durée déterminée, sans délai de carence, n'est licite, pour un même salarié sur un même poste, que si chacun des contrats a été conclu pour l'un des motifs prévus limitativement par l'art. L. 1244-4 C. trav. ; un délai de carence doit être appliqué entre le terme du premier contrat motivé par un accroissement temporaire d'activité, lequel ne rentre pas dans le champ d'application de l'art. L. 1244-1 C. trav. ni dans celui de l'art. L. 1244-4 du même code, et la conclusion du deuxième contrat conclu pour le remplacement d'un salarié absent. • Soc. 30 sept. 2014 : ⚖ *D. actu. 22 oct. 2014, obs. Fraisse ; D. 2014. Actu. 2002* ⌀ *; RJS 2014. 723, n° 836 ; JSL 2014, n° 376-5, obs. Hautefort.* ♦ Pour qu'un CDD puisse succéder sans interruption à un autre CDD, il faut que chacun d'eux, le premier et celui qui le suit, soit conclu pour l'un des motifs prévus par la convention de branche comme permettant de s'affranchir du délai de carence ou, à défaut, pour l'un des motifs énumérés à l'art. L. 1244-4-1 C. trav. • Soc. 10 oct. 2018, ⚖ n° 17-18.294 P : *D. actu. 12 nov. 2018, obs. Ciray ; D. 2018. Actu. 2025* ⌀ *; RJS 12/2018, n° 717 ; JS Lamy 2018, n° 464-2, obs. Hautefort ; JCP S 2018. 1366, obs. Bousez.*

CHAPITRE V REQUALIFICATION DU CONTRAT

BIBL. ▶ CALAIS, *JSL 2013, n° 346-2.* – REYNES, *JSL 2014, n° 371-1* (l'action en requalification des CDD sous le feu de la prescription).

Art. L. 1245-1 Est réputé à durée indéterminée tout contrat de travail conclu en méconnaissance des dispositions des articles L. 1242-1 à L. 1242-4, L. 1242-6 (*Ord. n° 2017-1387 du 22 sept. 2017, art. 4 et 25*) « L. 1242-7, L. 1242-8-1, L. 1242-12, alinéa premier, L. 1243-11, alinéa premier, L. 1243-13-1, L. 1244-3-1 et L. 1244-4-1, et des stipulations des conventions ou accords de branche conclus en application des articles L. 1242-8, L. 1243-13, L. 1244-3 et L. 1244-4.

« La méconnaissance de l'obligation de transmission (*Ord. n° 2017-1718 du 20 déc. 2017, art. 1er-I*) « du contrat de mission au salarié » dans le délai fixé par l'article L. 1242-13 ne saurait, à elle seule, entraîner la requalification en contrat à durée indéterminée. Elle ouvre droit, pour le salarié, à une indemnité, à la charge de l'employeur, qui ne peut être supérieure à un mois de salaire. » – V. art. R. 1245-1.

Les dispositions issues de l'Ord. n° 2017-1387 du 22 sept. 2017 sont applicables aux licenciements prononcés postérieurement à sa publication (Ord. préc., art. 40-I).

1. Pouvoir de qualification du juge. Si un contrat de travail expressément qualifié de contrat à durée déterminée peut être requalifié en contrat à durée indéterminée à la seule demande du salarié ou de l'AGS, la qualification exacte d'un contrat dont la nature juridique est indécise relève de l'office du juge. • Soc. 19 mai 1998, ⚖ n° 97-41.814 P : *RJS 1998. 536, n° 829 ; D. 1998. IR 166* ⌀. ♦ Mais les dispositions relatives à la requalification des CDD en CDI ont été édictées dans un souci de protection du salarié qui peut seul se prévaloir de leur inobservation ; le juge ne peut, toutefois, requalifier d'office un contrat à durée déterminée en contrat à durée indéterminée. • Soc. 30 oct. 2002, ⚖ n° 00-45.572 P : *Dr. soc. 2003. 465, note Roy-Loustaunau* ⌀.

2. Initiative de la demande de requalification. Les dispositions des art. L. 122-1 s. [L. 1242-1 s. nouv.] ont été édictées dans un souci de protection du salarié qui peut seul se prévaloir de leur inobservation. • Soc.16 juill. 1987 : *Bull. civ. V, n° 481 ; D. 1988. Somm. 97, obs. Béraud ; Dr. soc. 1989. 361, note Poulain* • 16 janv. 1991, ⚖ n° 87-43.827 P : *D. 1991. IR 45* • 13 févr. 1991, ⚖ n° 87-44.303 P : *Dr. soc. 1991. 413, note Savatier* ⌀ • 17 janv. 1996 : ⚖ *RJS 1996. 150, n° 252* • 7 mai 1996 : ⚖ *RJS 1996. 421, n° 658* (le juge ne peut d'office requalifier un contrat à durée déterminée en contrat à durée indéterminée) • Soc. 20 févr. 2013 : ⚖ *D. actu. 12 mars 2013, obs. Fleuriot ; D. 2013. Actu. 574* ⌀. ♦ ... Ce qui ne s'oppose pas à une qualification par le juge de la relation entre les parties, en l'absence de tout contrat écrit. • Soc. 7 avr. 1998 : ⚖ *RJS 1998. 374, n° 574.* ♦ ... Toutefois, les syndicats ont qualité pour demander au juge d'instance, juge de l'élection, la requalification des CDD en CDI s'agissant des intérêts que cette qualification peut avoir en matière d'institutions représentatives du personnel et des syndicats, notamment pour la détermination des effectifs de l'entreprise. • Soc. 17 déc. 2014, ⚖ n° 14-13.712 P : *D. 2015. Actu. 84* ⌀ *; Dr. soc. 2015. 284, obs. Petit* ⌀ *; RJS 3/2015, n° 199.*

3. Moyen soulevé d'office. Lorsqu'une juridiction relève d'office un moyen tiré du caractère insuffisant de la mention concernant le motif pour lequel le contrat à durée déterminée avait été conclu, elle est tenue en toute circonstance de respecter le principe de la contradiction. • Soc. 11 mai 2005 : ⚖ *Dr. soc. 2005. 816, obs. Roy-Loustaunau* ⌀.

4. Point de départ de la prescription. Le délai de prescription d'une action en requalification d'un CDD en CDI, fondée sur l'absence d'une mention au contrat susceptible d'entraîner sa requalification, court à compter de la conclusion de ce contrat. • Soc. 3 mai 2018, ⚖ n° 16-

26.437 P : *D. 2018. Actu. 1017* ; *D. actu. 22 mai 2018*, obs. *Couëdel* ; *RJS 7/2018, n° 472* ; *JCP S 2018. 1196*, obs. *Guyot*. ♦ Le délai de prescription d'une action en requalification d'un CDD en CDI fondée sur le motif du recours au CDD énoncé au contrat a pour point de départ le terme du contrat ou, en cas de succession de CDD, le terme du dernier contrat. • Soc. 29 janv. 2020, n° 18-15.359 P : *D. actu. 27 févr. 2020*, obs. *Malfettes* ; *D. 2020. Actu. 286* ; *ibid. 1742*, obs. *David* ; *RDT 2020. 114*, obs. *Baugard* ; *RJS 4/2020, n° 170* ; *Dr. ouvrier 2020. 154*, obs. *Ciray* ; *SSL 2020, n° 1897, p. 8*, obs. *Icard* ; *JSL 2020, n° 494-4*, obs. *Lhernould*. ♦ Le délai de prescription d'une action en requalification d'un CDD en CDI fondée sur l'absence d'établissement d'un écrit, court à compter de l'expiration du délai de deux jours ouvrables imparti à l'employeur pour transmettre au salarié le contrat de travail. • Soc. 15 mars 2023, n° 20-21.774 B : *D. actu. 29 mars 2023*, obs. *Maurel* ; *D. 2023. 556* ; *RJS 5/2023, n° 272* ; *JCP S 2023. 1112*, obs. *Bousez*.

5. Réduction de la durée du délai de prescription. En cas de réduction de la durée du délai de prescription, le nouveau délai court à compter du jour de l'entrée en vigueur de la loi nouvelle sans que la durée totale puisse excéder la durée prévue par la loi antérieure ; le salarié peut donc revendiquer les créances salariales correspondant à cette durée et non encore prescrites au jour de l'introduction de l'instance. • Soc. 29 janv. 2020, n° 18-15.359 P : *préc. note 4*.

6. Objet de la requalification. La requalification d'un contrat de travail à durée déterminée en contrat à durée indéterminée ne porte que sur le terme du contrat et laisse inchangées les stipulations contractuelles relatives à la durée du travail. • Soc. 7 sept. 2017, n° 16-16.643 P : *D. actu. 27 sept. 2017*, obs. *Cortot* ; *D. 2017. Actu. 1839* ; *RJS 11/2017, n° 748* ; *JCP S 2017. 1326*, obs. *de Raincourt et Rioche* • 5 oct. 2017, n° 16-13.581 P : *D. 2017. 2034* ; *ibid. 2018. 818*, note *Porta* ; *Dr. soc. 2017. 1079*, obs. *Mouly* ; *RJS 12/2017, n° 785* ; *JCP S 2017. 1418*, obs. *de Raincourt et Rioche* • 2 juin 2021, n° 19-18.080 P : *D. actu. 22 juin 2021*, obs. *Malfettes* ; *D. 2021. 1088* ; *Dr. soc. 2021. 818*, note *Bento de Carvalho* ; *RJS 8-9/2021, n° 427* ; *JCP S 2021. 1216*, obs. *Bento de Carvalho*. ♦ La conclusion de contrats à durée déterminée successifs à des conditions de rémunération et de temps de travail différentes ne constitue pas une modification du contrat de travail, même si ces contrats sont compris dans la période objet de la requalification de la relation de travail en contrat à durée indéterminée. • Soc. 17 nov. 2021, n° 20-17.526 B : *D. 2021. 2094* ; *RDT 2022. 35*, obs. *Fabre* ; *RJS 1/2022, n° 2* ; *JCP S 2022. 1027*, obs. *Bousez*.

7. AGS. Les dispositions prévues par les art. L. 122-1 s. C. trav. [L. 1241-1 s. nouv.] relatives au contrat à durée déterminée ont été édictées dans un souci de protection du salarié qui peut seul se prévaloir de leur inobservation ; l'AGS n'est pas recevable, sauf fraude qu'il lui appartient de démontrer, à demander la requalification d'un contrat de travail à durée déterminée en contrat à durée indéterminée. • Soc. 11 déc. 2002 : *RJS 2003. 117, n° 161* • 7 avr. 2004, n° 02-40.231 P : *RJS 2004. 460, n° 659*.

8. Rupture du contrat requalifié. Lorsque le CDD devient du seul fait de la poursuite de la relation contractuelle après l'échéance de son terme un CDI, les règles propres à la rupture d'un tel contrat s'appliquent. • Soc. 13 déc. 2007, n° 06-44.004 : *RDT 2008. 97*, obs. *Auzero* ; *RJS 2008. 118, n° 147*. ♦ Le juge qui requalifie une relation de travail à durée déterminée en un contrat à durée indéterminée doit rechercher si la lettre de rupture des relations contractuelles adressée par l'employeur au salarié vaut lettre de licenciement et si les motifs de rupture qu'elle énonce constituent des griefs matériellement vérifiables permettant de décider si le licenciement a une cause réelle et sérieuse. • Soc. 20 oct. 2015, n° 14-23.712 P : *D. actu. 12 nov. 2015*, obs. *Cortot* ; *D. 2015. Actu. 2187* ; *RDT 2015. 749*, obs. *Isidro* ; *Dr. soc. 2015. 1028*, note *Mouly* ; *RJS 1/2016, n° 8*.

9. Effets de la requalification. Les effets de la requalification de contrats à durée déterminée en contrat à durée indéterminée remontent à la date de la conclusion du premier contrat à durée déterminée irrégulier. • Soc. 23 mars 2016, n° 14-22.250 P : *D. 2016. Actu. 720* ; *RJS 6/2016, n° 434* ; *JCP S 2016. 1170*, obs. *Fin-Langer* • 9 déc. 2020, n° 19-16.138 P : *D. 2021. 23* ; *ibid. 370*, obs. *Ala, Lanoue et Prache* ; *JSL 2020, n° 513-5*, obs. *Mo* ; *RJS 2/2021, n° 91* ; *JCP S 2021. 1020*, obs. *Morand*. ♦ La requalification de la relation contractuelle en contrat à durée indéterminée qui confère au salarié le statut de travailleur permanent de l'entreprise a pour effet de replacer ce dernier dans la situation qui aurait été la sienne s'il avait été recruté depuis l'origine dans le cadre d'un contrat de travail à durée indéterminée ; il en résulte que les sommes qui ont pu lui être versées en sa qualité d'« intermittent », destinées à compenser la situation dans laquelle il était placé du fait de son contrat à durée déterminée, lui restent acquises nonobstant une requalification ultérieure en contrat à durée indéterminée. • Soc. 8 févr. 2023, n° 21-17.971 B : *D. actu. 24 févr. 2023*, obs. *Albiol et Irving* ; *D. 2023. 299* ; *RJS 4/2023, n° 188* ; *JCP S 2023. 1073*, obs. *Bousez*.

10. Conséquences indemnitaires de la requalification. La requalification d'un contrat de travail à durée déterminée en contrat à durée indéterminée ne porte que sur le terme du contrat et laisse inchangées les autres stipulations contractuelles ; le juge ne saurait donc, pour condamner l'employeur à payer diverses sommes liées à la requalification de ses contrats à durée déterminée en contrat à durée indéterminée, retenir la moyenne des 12 derniers mois effectivement travaillés avant la baisse du nombre de jours de travail imposée par l'entreprise pour fixer la rémunération mensuelle de référence alors que la détermination des jours de travail, qui résultent de l'accord des parties intervenu lors de la conclusion de chacun des contrats, n'était pas affectée par la requalification en contrat à durée indéterminée. • Soc. 2 juin 2021, ⚖ n° 19-18.080 P : *préc.*

11. Paiement des périodes interstitielles. Le salarié ne peut obtenir le paiement de salaires au titre de périodes d'inactivité séparant des CDD requalifiés ensuite en CDI que s'il s'est tenu à la disposition de l'employeur pendant les périodes intermédiaires. • Soc. 9 déc. 2009, ⚖ n° 08-41.737 P : *RJS 2010, n° 226 ; JCP S 2010. 1043, obs. Bousez.* ♦ Le salarié qui n'établit pas s'être tenu à la disposition de l'entreprise en vue d'effectuer un travail ne justifie pas d'une créance salariale à l'encontre de celle-ci au titre des périodes non travaillées entre ses différents contrats à durée déterminée. • Soc. 28 sept. 2011, ⚖ n° 09-43.385 : *RJS 2011. 836, n° 945 ; JCP S 2012. 1039, obs. Bousez.* ♦ Pour fixer le montant du rappel de salaire dû à un salarié au titre des périodes interstitielles entre ses différents contrats à durée déterminée, il doit être tenu compte de la réalité de la situation de chaque période interstitielle telle que résultant de chacun des contrats à durée déterminée l'ayant précédée ; les juges ne peuvent retenir pour base de calcul la durée moyenne mensuelle de travail obtenue par l'addition des durées des CDD exécutés rapporté au mois. • Soc. 2 juin 2021, ⚖ n° 19-16.183 P : *D. actu. 22 juin 2021, obs. Malfettes ; D. 2021. 1089 ⌀ ; RJS 8-9/21, n° 427 ; JCP 2021. 680, obs. Dedessus-Le-Moustier ; JCP S 2021. 1207, obs. Schoeffer.* ♦ L'employeur ne sera pas condamné au paiement des périodes interstitielles s'il démontre avoir rempli l'obligation de fournir un travail dont il était débiteur du fait de la requalification du contrat de travail intermittent en contrat de travail à temps complet et si le salarié qui, s'est déclaré indisponible ou en congés sans solde, a refusé d'exécuter son travail ou de se tenir à sa disposition. • Soc. 21 sept. 2022, ⚖ n° 21-16.821 B : *D. actu. 7 oct. 2022, obs. Malfettes ; RJS 11/2022, n° 556 ; JCP S 2022. 1301, obs. Bousez.*

12. La requalification d'un contrat de travail à durée déterminée en contrat à durée indéterminée ne porte que sur le terme du contrat, il appartient donc aux juges d'apprécier la valeur et la portée sur la rémunération du salarié des différents contrats conclus par les parties. • Soc. 5 oct. 2017, ⚖ n° 16-13.581 P : *D. 2017. Actu. 2034 ⌀ ; Dr. soc. 2017. 1079, obs. Mouly ⌀ ; RJS 12/2017, n° 785 ; JCP S 2017. 1418, obs. de Raincourt et Rioche.*

13. Requalification, reconstitution de carrière et régularisation de la rémunération. Par l'effet de la requalification des contrats à durée déterminée successifs, le salarié est réputé avoir occupé un emploi à durée indéterminée depuis le jour de sa première embauche au sein de l'entreprise ; il est en conséquence en droit d'obtenir la reconstitution de sa carrière ainsi que la régularisation de sa rémunération. • Soc. 6 nov. 2013 : ⚖ *D. actu. 26 nov. 2013, obs. Peyronnet ; D. 2013. Actu. 2648 ⌀ ; RJS 1/2014, n° 15 ; JSL 2014, n° 357-5* • 3 mai 2016, ⚖ n° 15-12.256 P : *D. 2016. Actu. 1004 ⌀ ; RDT 2016. 477, obs. Tournaux ⌀ ; RJS 7/2016, n° 480 ; JCP S 2016. 1207, obs. Bousez.* ♦ Le calcul des rappels de salaire consécutifs à la requalification de CDD successifs en CDI n'est alors pas affecté par les sommes qui ont pu être versées au salarié au titre de l'assurance chômage entre les différents CDD. • Soc. 16 mars 2016, ⚖ n° 15-11.396 P : *D. actu. 29 mars 2016, obs. Cortot ; JCP S 2016. 1162, obs. Pagani.* ♦ La requalification d'un CDD à temps partiel en CDI n'emporte pas requalification concomitante en contrat de travail à temps plein, sauf à ce que le contrat méconnaisse les règles relatives au CDD et celles afférentes au formalisme imposé au contrat de travail à temps partiel. • Soc. 9 oct. 2013 : ⚖ *D. 2013. 2404 ⌀ ; ibid. 2014. 302, obs. Flores, Ducloz, Sommé, Wurtz, Mariette et Contamine ⌀ ; ibid. 1115, obs. Lokiec et Porta ⌀ ; Dr. soc. 2013. 1055, obs. Mouly ⌀ ; ibid. 2014. 11, chron. Tournaux ⌀ ; RDT 2014. 58, obs. Orif ⌀.*

14. Rupture après requalification. Lorsqu'une décision, exécutoire par provision, ordonne la requalification d'un CDD en CDI, la rupture du contrat de travail intervenue postérieurement à la notification de cette décision au motif de l'arrivée du terme stipulé dans ledit contrat à durée déterminée est nulle. • Soc. 18 déc. 2013 : ⚖ *D. actu. 21 janv. 2014, obs. Ines ; D. 2014. Actu. 88 ⌀ ; ibid. 1115, obs. Lokiec et Porta ⌀ ; Dr. soc. 2014. 290, obs. Mouly ⌀ ; RJS 3/2014, n° 199.* ♦ De même est nul le licenciement prononcé par l'employeur au cours de la procédure d'appel consécutive à un jugement du conseil de prud'hommes en méconnaissance du principe d'égalité des armes. • Soc. 9 oct. 2013 : ⚖ *préc. note 13.*

15. Charge de la preuve. L'employeur, qui, à l'expiration d'un contrat de travail à durée déterminée ultérieurement requalifié en contrat à durée indéterminée, ne fournit plus de travail et ne paie plus les salaires, est responsable de la rupture qui s'analyse en un licenciement et qui ouvre droit, le cas échéant, à des indemnités de rupture sans que le salarié puisse exiger, en l'absence de disposition le prévoyant ou à défaut de violation d'une liberté fondamentale, sa réintégration dans l'entreprise ; en posant une présomption, alors qu'en l'absence de rupture du contrat de travail pour un motif illicite il appartient au salarié de démontrer que la fin de la relation de travail intervenue par le seul effet du terme stipulé dans le contrat à durée déterminée résulte de la volonté de l'employeur de porter atteinte au droit du salarié d'obtenir en justice la requalification du contrat de travail en contrat à durée indéterminée, la cour d'appel, qui a inversé la charge de la preuve, a violé les art. L. 1245-1 et L. 1245-5 C. trav. et l'art. 6, § 1, de la Conv. EDH. • Soc. 21 sept. 2017, ⚖ n° 16-20.460 P : *D. 2017. Actu. 1915* ⧉ ; *JCP S 2017. 1335, obs. Lahalle.*

16. Conditions de droit à réintégration. L'employeur qui, après la requalification d'un contrat à durée déterminée en contrat à durée indéterminée, ne fournit pas de travail et ne paie plus les salaires, est responsable de la rupture, qui s'analyse en un licenciement, sans que le salarié puisse se prévaloir d'un droit à réintégration, en l'absence de disposition le prévoyant. • Soc. 30 oct. 2002, ⚖ n° 00-42.211 P : *RJS 2003. 29, n° 24.* ♦ A défaut de violation d'une liberté fondamentale (le droit à l'emploi n'est pas une liberté fondamentale) : • Soc. 21 sept. 2017, ⚖ n° 16-20.460 P : *D. actu. 30 oct. 2017, obs. Siro ; D. 2017. Actu. 1923, note explicative Cass* ⧉ *.; JCP 2017. 1090, obs. Dedessus-le-Moustier.*

Art. L. 1245-2 Lorsque le conseil de prud'hommes est saisi d'une demande de requalification d'un contrat de travail à durée déterminée en contrat à durée indéterminée, l'affaire est directement portée devant le bureau de jugement qui statue au fond dans un délai d'un mois suivant sa saisine.

Lorsque le conseil de prud'hommes fait droit à la demande du salarié, il lui accorde une indemnité, à la charge de l'employeur, ne pouvant être inférieure à un mois de salaire. Cette disposition s'applique sans préjudice de l'application des dispositions du titre III du présent livre relatives aux règles de rupture du contrat de travail à durée indéterminée. — *[Anc. art. L. 122-3-13, al. 2, phrases 1 et 3.]*

1. Demande principale et demandes dérivées. Comme l'ensemble des modifications introduites par la loi du 12 juill. 1990, la possibilité de saisine directe du bureau de jugement ne s'applique qu'aux contrats conclus après son entrée en vigueur. • Soc. 21 juin 1995, ⚖ n° 92-40.813 P : *RJS 1995. 574, n° 869.* ♦ V. aussi • Soc. 12 mars 1996, ⚖ n° 93-44.767 P : *Dr. soc. 1996. 229* ⧉ *, n° 385 ; JCP E 1996. I. 595, n° 5, obs. Antonmattéi ; RJS 1996. 229, n° 385.* ♦ L'indemnité de l'art. L. 122-3-13 [L. 1245-2 nouv.] n'est pas subordonnée à la mise en œuvre préalable de la procédure de saisine directe du bureau de jugement. • Soc. 4 févr. 2003, ⚖ n° 00-43.558 P : *Dr. soc. 2003. 529, obs. Roy-Loustaunau* ⧉ *; RJS 2003. 295, n° 422.* ♦ La saisine directe ne se limite pas à la demande en requalification, elle s'étend aux conséquences de la requalification. Est donc recevable directement devant le bureau de jugement une demande de requalification accompagnée des demandes d'indemnités consécutives à la rupture du contrat. • Soc. 7 avr. 1998, ⚖ n° 95-43.091 P : *Dr. soc. 1998. 799, note Roy-Loustaunau* ⧉ *.* ♦ La demande principale en requalification devant le bureau de jugement n'exclut pas toutes les autres demandes dérivant du contrat. • Soc. 4 déc. 2002, ⚖ n° 00-40.255 P : *D. 2003. IR 105* ⧉ *; Dr. soc. 2003. 529, obs. Roy-Loustaunau* ⧉ *; JCP E 2003. 134, note Taquet ; ibid. 2003. 496, note Boulmier ; RJS 2003. 118, n° 163.* ♦ Il n'est pas nécessaire que la demande en requalification soit faite à titre principal pour saisir directement le bureau de jugement. • Soc. 22 sept. 2010 : ⚖ *D. actu. 7 oct. 2010, obs. Dechristé ; RJS 2010. 823, n° 907 ; JCP S 2010. 1562, obs. Bousez.* ♦ La procédure accélérée prévue par l'art. L. 122-3-13, al. 2, [L. 1245-2, al. 2, nouv.] n'interdit pas l'introduction d'une action en requalification lorsque les relations de travail sont d'ores et déjà rompues. • Soc. 7 oct. 1998, ⚖ n° 97-43.336 P : *Dr. soc. 1999. 87, obs. Roy-Loustaunau* ⧉ *.*

2. Saisine directe du bureau de jugement et qualification du contrat de travail. La demande visant à reconnaître l'existence d'un contrat de travail est, à juste titre, portée, sans préliminaire de conciliation, directement devant le bureau de jugement dès lors que la juridiction prud'homale est également saisie d'une demande de requalification des contrats à durée déterminée en contrat à durée indéterminée. • Soc. 28 avr. 2011 : ⚖ *RJS 2011. 538, n° 584 ; JCP S 2011. 1411, obs. Bousez.*

3. Référé. Lorsqu'un salarié a introduit une demande de requalification de son CDD en CDI, le juge des référés peut ordonner la poursuite du contrat au-delà de son terme, en attendant qu'il soit statué au fond. • Soc. 8 mars 2017, ⚖ n° 15-18.560 : *RDT 2017. 347, obs. Mraouahi* ⧉ *; ibid. 415, obs. Tournaux* ⧉ *.*

4. La demande de requalification étant indéterminée, le jugement rendu en application de l'art. L. 122-3-13 [L. 1245-2 nouv.] est toujours en premier ressort et à charge d'appel. • Soc. 12 mars 1996, ⚖ n° 92-43.129 P : *RJS 1996. 229, n° 384.*

5. Indemnité de requalification et poursuite à l'échéance du terme. Lorsque le contrat à durée déterminée devient un contrat à durée indéterminée du seul fait de la poursuite de la relation contractuelle de travail après l'échéance de son terme, le salarié ne peut prétendre à une indemnité de requalification, hors les cas où sa demande en requalification s'appuie sur une irrégularité du contrat à durée déterminée initial ou de ceux qui lui ont fait suite. • Soc. 22 mars 2006 : ⚖ *D. 2006. IR 945* ⧉ *; RDT 2006. 21, obs. Pélissier* ⧉ *; Dr. soc. 2006. 796, obs. Roy-Loustaunau* ⧉ *; JSL 2006, n° 188-3 ; RJS 2006. 387, n° 538.* ♦ La circonstance que le CDD ait été poursuivi après l'échéance du terme ou que les parties aient conclu un CDI ne prive pas le salarié du droit de demander la requalification du CDD initial, qu'il estime irrégulier, en CDI et l'indemnité spéciale de requalification prévue par l'art. L. 1245-2 C. trav. • Soc. 29 juin 2011 : 🛡 *Dr. soc. 2012.* 197, obs. Roy-Loustaunau ∅.

6. Indemnité de requalification et violation du statut protecteur. L'indemnité de requalification n'est pas due lorsque le contrat à durée déterminée devient un contrat à durée indéterminée du seul fait de la poursuite de la relation contractuelle après l'échéance de son terme et il en est ainsi lorsque, du fait de l'absence de saisine de l'inspecteur du travail avant le terme du contrat à durée déterminée conclu avec un salarié investi d'un mandat représentatif, le contrat devient à durée indéterminée. • Soc. 5 juin 2019, 🛡 n° 17-24.193 P : *D. actu. 2 juill. 2019*, obs. Ciray ; *D. 2019. Actu* 1291 ; *Dr. soc. 2019.* 786, obs. Mouly ∅ ; *RJS 8-9/2019, n° 511* ; *JCP S 2019.* 1220, obs. Bousez.

7. Attribution de l'indemnité de requalification. Lorsqu'il est fait droit à la demande en requalification du CDD, la juridiction saisie doit d'office condamner l'employeur à payer au salarié une indemnité qui ne peut être inférieure à un mois de salaire. • Soc. 19 janv. 1999, 🛡 n° 96-44.954 P : *RJS 1999.* 208, n° 345 ; *Dr. soc. 1999.* 401, obs. J. Savatier ∅ ; *JCP 1999.* IV. 1449 • 28 nov. 2000, 🛡 n° 98-42.999 P : *RJS 2001.* 151, n° 228 ; *Dr. soc. 2001.* 194, obs. Roy-Loustaunau ∅. ♦ Lorsque le juge requalifie une succession de contrats conclus avec le même salarié en CDI, il ne doit accorder qu'une seule indemnité de requalification dont le montant ne peut être inférieur à un mois de salaire. • Cass., avis, 24 janv. 2005 : 🛡 *RJS 2005.* 351, n° 488 • Soc. 30 mars 2005 : 🛡 *D. 2005. IR 985* ∅ ; *JSL 2005, n° 167-5.* ♦ Le montant minimum de l'indemnité de requalification d'un contrat de travail à durée déterminée en contrat à durée indéterminée est calculé selon la moyenne de salaire mensuel, dû au titre du contrat dans le dernier état de la relation de travail avant la saisine de la juridiction prud'homale ; cette moyenne de salaire mensuel doit être déterminée au regard de l'ensemble des éléments de salaire, y compris lorsqu'ils ont une périodicité supérieure au mois. • Soc. 8 févr. 2023, 🛡 n° 21-16.824 B : *D. actu. 24 févr. 2023*, obs. Albiol et Irving ; *D. 2023.* 299 ∅ ; *RJS 4/2023, n° 189.* ♦ L'indemnité est accordée dès lors que le contrat en cause fait l'objet d'une requalification, peu important qu'il se soit poursuivi après l'arrivée de son terme et soit devenu, par l'effet de l'art. L. 122-3-10 C. trav. [L. 1243-11 nouv.], un contrat à durée indéterminée. • Soc. 9 mars 1999, 🛡 n° 96-41.586 P : *D. 1999. IR 87* ∅ ; *RJS 1999.* 298, n° 481 ; *Dr. soc. 1999.* 518, obs. Roy-Loustaunau ∅ • 18 mai 2004 : 🛡 *RJS 2004.* 544, n° 795. ♦ Elle n'est pas subordonnée à la mise en œuvre préalable de la procédure de saisine directe du bureau de jugement.

• Soc. 4 févr. 2003 : 🛡 *préc. note 1.*

8. Indemnité de requalification et CDD successifs. Lorsque le juge requalifie plusieurs CDD en un CDI, il ne doit accorder qu'une indemnité de requalification, dont le montant ne peut être inférieur à un mois de salaire. • Soc. 25 mai 2005 : 🛡 *D. 2005.* 2860, note Boucris-Maitral ∅ ; *RJS 2005.* 596, n° 813. ♦ Lorsque plusieurs CDD sont requalifiés en CDI, la rupture de la relation de travail s'analyse en un licenciement et le salarié ne peut prétendre qu'aux indemnités de rupture lui revenant à ce titre. • Même arrêt.

9. Indemnité de requalification et modification de la situation juridique de l'employeur. L'indemnité de requalification d'un CDD naît dès la conclusion de ce contrat en méconnaissance des exigences légales et pèse ainsi sur l'employeur l'ayant conclu. • Soc. 7 nov. 2006 : 🛡 *D. 2006. IR 2946* ∅ ; *RDT 2007.* 36, obs. Waquet ∅ ; *RJS 2006.* 67, n° 64.

10. Calcul de l'indemnité de requalification. L'indemnité de requalification ne peut être inférieure au dernier salaire mensuel perçu avant la saisine de la juridiction, au sein de l'entreprise ayant conclu le contrat à durée déterminée. • Soc. 26 avr. 2017, 🛡 n° 15-26.817 P : *D. actu. 24 mai 2017*, obs. Roussel ; *D. 2017. Actu.* 988 ∅ ; *RJS 7/2017, n° 462* ; *JCP S 2017.* 1171, obs. Bousez • 17 juin 2005, 🛡 n° 03-44.900 : *SSL 2005, n° 1221*, p. 11 ; *RJS 2005.* 595, n° 812. ♦ L'indemnité de requalification doit tenir compte des heures supplémentaires effectuées par le salarié. • Soc. 10 juin 2003, 🛡 n° 01-40.779 P : *RJS 2003.* 695, n° 1023.

11. Prescription. L'action indemnitaire exercée sur le fondement de l'art. L. 122-3-13, al. 2 [L. 1245-2, al. 2, nouv.], est soumise à la prescription trentenaire. • Soc. 18 mai 2004 : 🛡 *préc. note 7.*

12. Prescription conventionnelle abrégée (C. civ., art. 2254). L'action en requalification de contrats à durée déterminée en contrat à durée indéterminée et en paiement d'une indemnité de requalification qui en découle ne sont pas des actions en paiement de salaire ; en conséquence, une prescription conventionnelle abrégée d'une année convenue peut être invoquée par l'employeur. • Soc. 22 nov. 2017, 🛡 n° 16-16.561 P : *D. 2017. Actu.* 2432 ∅ ; *RDT 2017.* 812, note Guiomard ∅ ; *RJS 2/2018, n° 96* ; *RDT 2017.* 812, obs. Guiomard ∅ ; *JCP S 2018.* 1036, obs. Bousez.

13. Délai de jugement. L'inobservation du délai prescrivant au juge du fond de statuer dans le mois de sa saisine n'est pas une fin de non-recevoir et n'entraîne pas la nullité du jugement (jugé pour des contrats de travail temporaire). • Soc. 8 déc. 2004, 🛡 n° 02-40.513 P : *D. 2005. IR 245* ∅ ; *RJS 2005.* 168, n° 241.

CHAPITRE VI RÈGLES PARTICULIÈRES DE CONTRÔLE

Art. L. 1246-1 Dans les secteurs des spectacles, de l'action culturelle, de l'audiovisuel, de la production cinématographique et de l'édition phonographique, les agents de

CONTRAT DE TRAVAIL À DURÉE DÉTERMINÉE **Art. L. 1248-1**

contrôle mentionnés à l'article L. 8112-1 ainsi que les agents du *(Ord. n° 2009-901 du 24 juill. 2009, art. 3)* « Centre national du cinéma et de l'image animée », des directions régionales des affaires culturelles, de l'*(L. n° 2008-126 du 13 févr. 2008)* « institution mentionnée à l'article L. 5312-1 » et de l' *(L. n° 2008-126 du 13 févr. 2008)* « organisme gestionnaire du régime d'assurance chômage » se communiquent réciproquement, sur demande écrite, tous renseignements et documents nécessaires à la recherche et à la constatation des infractions aux dispositions du 3° de l'article L. 1242-2 et, le cas échéant, *(Ord. n° 2009-901 du 24 juill. 2009, art. 7)* « des manquements aux dispositions mentionnées au 11° et des infractions aux dispositions mentionnées au 12° de l'article L. 421-1 du code du cinéma et de l'image animée ». — *[Anc. art. L. 122-1-1-1.]*

CHAPITRE VII **ACTIONS EN JUSTICE**

Art. L. 1247-1 Les organisations syndicales représentatives dans l'entreprise peuvent exercer en justice toutes les actions qui résultent du présent titre en faveur d'un salarié, sans avoir à justifier d'un mandat de l'intéressé.

Le salarié en est averti dans des conditions déterminées par voie réglementaire et ne doit pas s'y être opposé dans un délai de quinze jours à compter de la date à laquelle l'organisation syndicale lui a notifié son intention.

Le salarié peut toujours intervenir à l'instance engagée par le syndicat et y mettre un terme à tout moment. — *[Anc. art. L. 122-3-16.]* — V. art. D. 1247-1 s.

1. Information du salarié. Le fait que le salarié soit informé par le syndicat le jour de l'introduction de l'instance n'entache pas l'action d'irrecevabilité dès lors qu'un délai de quinze jours s'est écoulé entre l'information du salarié et le moment où le juge statue. • Soc. 1er févr. 2000, n° 98-41.624 P : *D. 2000. IR 65 ; Dr. soc. 2000. 516, obs. Roy-Loustaunau ; RJS 2000. 275, n° 381.* ♦ L'action est recevable même si le syndicat n'a adressé au salarié qu'une lettre d'intention le jour où il introduisait l'instance. • Soc. 1er févr. 2000, n° 98-46.201 P : *D. 2000. IR 90 ; RJS. 2000. 275, n° 381.*

2. Absence de renonciation tacite. L'opposition d'un salarié à ce qu'une organisation syndicale exerce une action de substitution ne saurait valoir renonciation de ce salarié au droit d'intenter l'action personnelle dont il est titulaire pour obtenir la requalification de ses contrats à durée déterminée en un contrat à durée indéterminée et la règle de l'unicité de l'instance ne peut être opposée à l'intéressé alors qu'il a été partie à la première instance. • Soc. 12 févr. 2008, n° 06-45.397 P : *RJS 2008. 298, n° 374.*

CHAPITRE VIII **DISPOSITIONS PÉNALES**

Art. L. 1248-1 Le fait de conclure un contrat de travail à durée déterminée qui a pour objet ou pour effet de pourvoir durablement un emploi lié à l'activité normale et permanente de l'entreprise, en méconnaissance de l'article L. 1242-1, est puni d'une amende de 3 750 €.

La récidive est punie d'une amende de 7 500 € et d'un emprisonnement de six mois. — *[Anc. art. L. 152-1-4.]*

1. Le juge saisi doit vérifier que le recours à l'utilisation de CDD est justifié par des raisons objectives qui s'entendent de l'existence d'éléments concrets établissant le caractère par nature temporaire de l'emploi. • Soc. 23 janv. 2008 : *GADT, 4e éd., n° 38 ; D. 2008. 1321, note Vigneau ; ibid. Pan. 2306, obs. Reynès.* ♦ Le seul fait que le prévenu appartienne à l'un des secteurs d'activité visés par l'art. D. 1242-1 est insuffisant à caractériser le caractère temporaire nécessaire au CDD d'usage. • Crim. 6 mai 2008 : *RDT 2008. 594, obs. Lévy-Amsallem ; RJS 2009. 702, n° 870 ; Dr. soc. 2008. 1125, obs. Duquesne.*

2. Commet le délit visé aux art. L. 1248-1, al. 1er, et L. 1242-1 C. trav., qui interdisent d'embaucher des salariés par contrat à durée déterminée pour un emploi durable et habituel sur des postes permanents correspondant à l'activité normale de l'entreprise, l'employeur qui a délibérément renouvelé des CDD pendant plusieurs mois, voire plusieurs années, dès lors que ces renouvellements n'étaient pas justifiés par des raisons objectives établissant le caractère par nature temporaire de l'emploi, au sens de l'accord-cadre du 18 mars 1999 sur le travail à durée déterminée, mis en œuvre par la Dir. 1999/70/CE du 28 juin 1999, concernant l'accord-cadre CES, UNICE et CEEP sur le travail à durée déterminée. • Crim. 11 mars 2014, n° 09-88.073.

Art. L. 1248-2 Le fait de conclure un contrat de travail à durée déterminée pour un objet autre que celui prévu au premier alinéa de l'article L. 1242-2 ou en dehors des cas prévus à ce même article et à l'article L. 1242-3 est puni d'une amende de 3 750 €.
La récidive est punie d'une amende de 7 500 € et d'un emprisonnement de six mois.
— *[Anc. art. L. 152-1-4.]*

Art. L. 1248-3 Le fait de méconnaître les dispositions des articles L. 1242-5 et L. 1242-6, relatives aux interdictions en matière de conclusion de contrat de travail à durée déterminée, est puni d'une amende de 3 750 €.
La récidive est punie d'une amende de 7 500 € et d'un emprisonnement de six mois.
— *[Anc. art. L. 152-1-4.]*

Art. L. 1248-4 Le fait de conclure un contrat de travail à durée déterminée ne comportant pas un terme fixé avec précision dès sa conclusion, en méconnaissance de l'article L. 1242-7, est puni d'une amende de 3 750 €.
Le fait pour l'employeur de conclure un tel contrat sans fixer de durée minimale, lorsqu'il ne comporte pas de terme précis, est puni de la même peine.
La récidive est punie d'une amende de 7 500 € et d'un emprisonnement de six mois.
— *[Anc. art. L. 152-1-4.]*

Art. L. 1248-5 Le fait de méconnaître *(Ord. n° 2017-1387 du 22 sept. 2017, art. 25)* « les stipulations d'une convention ou d'un accord de branche prises en application de l'article L. 1242-8 ou, lorsqu'elles s'appliquent, les dispositions des articles L. 1242-8-1 et L. 1242-8-2 », relatives à la durée du contrat de travail à durée déterminée, est puni d'une amende de 3 750 €.
La récidive est punie d'une amende de 7 500 € et d'un emprisonnement de six mois.

V. note ss. art. L. 1242-8.

Art. L. 1248-6 Le fait de ne pas établir par écrit le contrat de travail à durée déterminée et de ne pas y faire figurer la définition précise de son motif, en méconnaissance du premier alinéa de l'article L. 1242-12, est puni d'une amende de 3 750 €.
La récidive est punie d'une amende de 7 500 € et d'un emprisonnement de six mois.
— *[Anc. art. L. 152-1-4.]*

Art. L. 1248-7 Le fait de ne pas transmettre au salarié le contrat de travail à durée déterminée au plus tard dans les deux jours suivant l'embauche en méconnaissance de l'article L. 1242-13 est puni d'une amende de 3 750 €.
La récidive est punie d'une amende de 7 500 € et d'un emprisonnement de six mois.
— *[Anc. art. L. 152-1-4.]*

Art. L. 1248-8 Le fait de verser au salarié titulaire d'un contrat de travail à durée déterminée une rémunération inférieure au montant de la rémunération que percevrait dans la même entreprise, après période d'essai, un salarié bénéficiant d'un contrat de travail à durée indéterminée de qualification professionnelle équivalente et occupant les mêmes fonctions en méconnaissance de l'article L. 1242-15 est puni d'une amende de 3 750 €.
La récidive est punie d'une amende de 7 500 € et d'un emprisonnement de six mois.
— *[Anc. art. L. 152-1-4.]*

Art. L. 1248-9 Le fait de méconnaître les dispositions de l'article L. 1243-12, relatives à la prorogation du contrat de travail à durée déterminée d'un salarié exposé à des rayonnements ionisants, est puni d'une amende de 3 750 €.
La récidive est punie d'une amende de 7 500 € et d'un emprisonnement de six mois.
— *[Anc. art. L. 152-1-4.]*

Art. L. 1248-10 Le fait de renouveler le contrat de travail à durée déterminée en méconnaissance *(Ord. n° 2017-1387 du 22 sept. 2017, art. 25)* « des stipulations d'une convention ou d'un accord de branche prises en application de l'article L. 1243-13 ou, lorsqu'elles s'appliquent, des dispositions de l'article L. 1243-13-1 » est puni d'une amende de 3 750 €.
La récidive est punie d'une amende de 7 500 € et d'un emprisonnement de six mois.

V. note ss. art. L. 1242-8.

Art. L. 1248-11 Le fait de méconnaître *(Ord. n° 2017-1387 du 22 sept. 2017, art. 25)* « les stipulations d'une convention ou d'un accord de branche prises en application de l'article L. 1244-3 ou, lorsqu'elles sont applicables, les dispositions de l'article L. 1244-3-1 », relatives à la succession de contrats sur un même poste, est puni d'une amende de 3 750 €.
La récidive est punie d'une amende de 7 500 € et d'un emprisonnement de six mois.

V. note ss. art. L. 1242-8.

TITRE V CONTRAT DE TRAVAIL TEMPORAIRE, AUTRES CONTRATS DE MISE À DISPOSITION ET PORTAGE SALARIAL
(Ord. n° 2015-380 du 2 avr. 2015, art. 1er).

CHAPITRE I CONTRAT DE TRAVAIL CONCLU AVEC UNE ENTREPRISE DE TRAVAIL TEMPORAIRE

RÉP. TRAV. v° *Travail temporaire*, par VACHET.

BIBL. GÉN. ▶ AHUMADA, *RPDS 1982. 239* ; *ibid. 1986. 109* ; *ibid. 271*. – ALIBERT, *Dr. soc. 1974. 10* (loi du 3 janv. 1972). – ALVAREZ, *Dr. ouvrier 1975. 240*. – ARSÉGUEL, *Ann. Univ. sc. soc. Toulouse, 1987, p. 107*. – CHALARON, *Dr. soc. 1982. 372* ; *ibid. 1981. 627*. – DECOOPMAN, *D. 1982. Chron. 224* (Ord. du 5 févr. 1982). – DOMERGUE, *Dr. ouvrier 1997. 122* (formes de l'emploi précaire). – HENNION-MOREAU, *ALD 1986. 59* (lois du 25 juill. 1985 et du 17 janv. 1986). – A. LYON-CAEN, *Dr. soc. 1983. 5*. – G. LYON-CAEN, *D. 1971. Chron. 93*. – G. LYON-CAEN et RIBETTE-TILHET, *D. 1972. Chron. 63* (sociétés de travail temporaire). – DE MAILLARD, MANDROYAN, PLATTIER et PRIESLEY, *Dr. soc. 1979. 323*. – MARIÉ, *JCP S 2009. 1131* (vers une redéfinition du droit de mise à disposition). – PARTOUCHE, *RDT 2015. 388* (ambition jurisprudentielle d'une moralisation de l'intérim). – PÉLISSIER, *ibid. 1983. 17*. – PRADEL, *Dr. soc. 1984. 521* (droit pénal). – RICCA, *Rev. int. trav. 1982. 157*. – SIMON-DEPITRE, *Rev. crit. DIP 1973. 275* (loi du 3 janv. 1972 et droit international privé). – TEYSSIÉ, *JCP CI 1982. I. 13826* (Ord. du 5 févr. 1982). – VALTICOS, *Rev. int. trav. 1973. 47*.

SECTION 1 Définitions

COMMENTAIRE
V. sur le Code en ligne.

Art. L. 1251-1 Le recours au travail temporaire a pour objet la mise à disposition temporaire d'un salarié par une entreprise de travail temporaire au bénéfice d'un client utilisateur pour l'exécution d'une mission.
Chaque mission donne lieu à la conclusion :
1° D'un contrat de mise à disposition entre l'entreprise de travail temporaire et le client utilisateur, dit "entreprise utilisatrice" ;
2° D'un contrat de travail, dit "contrat de mission", entre le salarié temporaire et son employeur, l'entreprise de travail temporaire.
(L. n° 2009-972 du 3 août 2009, art. 21-IV) « Lorsque l'utilisateur est une personne morale de droit public, le présent chapitre s'applique, sous réserve des dispositions prévues à la section 6. »

V. L. n° 2015-994 du 17 août 2015, art. 56, App. I. B, v° Contrat de travail.

1. Responsabilité contractuelle de l'entreprise de travail temporaire. Toute entreprise de travail temporaire est tenue d'une obligation de prudence dans le recrutement du personnel qu'elle fournit ; si cette obligation est plus rigoureuse à l'égard du personnel appelé à exercer des fonctions de confiance ou des responsabilités particulières, elle n'existe pas moins dans tous les cas.
● Civ. 1re, 26 févr. 1991 : *D. 1991. 605, note Lapoyade Deschamps* ; *RJS 1991. 278, n° 530 a.*

2. Selon l'art. L. 124-1 [L. 1251-1 nouv.], l'entreprise de travail temporaire qui s'est engagée à mettre à la disposition d'un utilisateur des salariés qu'elle embauche en considération d'une qualification convenue est tenue de vérifier si ces salariés sont aptes au travail qui est l'objet de la mission.
● Soc. 21 oct. 1982 : *Bull. civ. V, n° 575.*

3. Clauses relatives à la responsabilité. Sauf faute lourde ou dol, une cour d'appel ne peut refuser à une entreprise de travail temporaire le bénéfice d'une clause la dégageant de toute responsabilité quant aux dommages causés par le personnel temporaire, quand bien même ils résulteraient d'une absence ou d'une insuffisance de contrôle ou d'encadrement de la part de l'entreprise. ● Com. 25 juin 1980 : *Bull. civ. IV, n° 275.*

4. Responsabilité du fait du salarié en mission. L'entreprise de travail temporaire ne peut être déclarée responsable du dommage résultant d'une faute professionnelle commise par le personnel qu'elle a fourni que dans la mesure où une faute peut lui être reprochée dans l'exécution de son contrat. ● Civ. 1re, 28 mai 1980 : *Bull. civ. I, n° 157 ; D. 1981. IR 136*, obs. Langlois. – V. aussi : ● Soc. 29 janv. 1981 : *Bull. civ. V, n° 98*.

5. Responsabilité vis-à-vis du salarié en mission. Le travailleur temporaire n'étant lié par contrat qu'à la société d'intérim – peu important que celle-ci se fût substitué une autre société pour la direction de l'exécution du travail –, une cour d'appel a pu condamner l'entreprise de travail temporaire à rembourser le prix de l'outillage et des vêtements perdus par le salarié à la suite d'un incendie dans les locaux de l'utilisateur. ● Soc. 29 oct. 1974 : *Bull. civ. V, n° 506 ; D. 1974. IR 245*.

6. L'entreprise de travail temporaire, seul employeur du salarié intérimaire victime d'un accident du travail, demeure tenue des conséquences de la faute inexcusable invoquée à l'encontre de la société utilisatrice. ● Soc. 18 juin 1986 : *Bull. civ. V, n° 313*.

Art. L. 1251-2 Est un entrepreneur de travail temporaire, toute personne physique ou morale dont l'activité exclusive est de mettre à la disposition temporaire d'entreprises utilisatrices des salariés qu'en fonction d'une qualification convenue elle recrute et rémunère à cet effet. — [*Anc. art. L. 124-1, al. 1er fin.*] — V. art. L. 1255-1 (pén.).

1. Fourniture d'outils. Ni l'art. L. 124-1 [L. 1251-2 nouv.] ni aucune des dispositions du code du travail relatives à l'organisation du travail temporaire n'interdisent à l'entrepreneur de fournir des outils de travail à ses préposés, dès lors qu'il n'en résulte pour lui aucune source de profits distincte de son activité professionnelle. ● Crim. 15 déc. 1981 : *Bull. crim. n° 333 ; D. 1982. IR 164*.

2. Fonctions dans d'autres sociétés. Il ne saurait être interdit aux dirigeants d'une société de travail temporaire d'occuper des fonctions dans d'autres sociétés. ● Crim. 27 mars 1984 : *D. 1984. IR 390*. ♦ Mais viole l'art. L. 124-1 [L. 1251-2 nouv.] le prévenu qui, dirigeant deux sociétés formant un ensemble économique unique, sous le couvert de personnes morales juridiquement distinctes, a organisé une double activité de location de main-d'œuvre et de prestations de services. ● Crim. 15 févr. 1983 : *Bull. crim. n° 56*. – Dans le même sens : ● Crim. 7 juin 1983 : *Bull. crim. n° 173 ; D. 1984. IR 374*, obs. A. Lyon-Caen ● 23 juin 1987 : *Bull. crim. n° 263* ● 12 déc. 1989 : *JCP E 1990. I. 19601* ● 7 mai 1996, n° 94-84.855 P. ♦ Comp. : ● Crim. 27 mars 1984 : *préc.*

3. CDI intérimaire et portée d'un accord collectif de branche. Le juge ne saurait se fonder sur la loi n° 2015-994 du 17 août 2015, laquelle ne dispose que pour l'avenir, pour dire que les organisations syndicales avaient compétence pour négocier l'ensemble des éléments constitutifs de l'accord collectif de branche du 10 juillet 2013 permettant aux entreprises de travail temporaire d'engager, pour une durée indéterminée, certains travailleurs intérimaires ; en instaurant le CDI intérimaire, cet accord crée une catégorie nouvelle de contrat de travail, dérogeant aux règles d'ordre public absolu qui régissent, d'une part, le contrat de travail à durée indéterminée, d'autre part, le contrat de mission, et fixe, en conséquence, des règles qui relèvent de la loi. ● Soc. 12 juill. 2018, n° 16-26.844 P : *D. actu. 27 juill. 2018*, obs. Ciray ; *D. 2018. Actu. 4556* ; *RDT 2018. 689*, note Ferkane ; *RJS 11/2018, n° 663 ; JCP S 2018. 1306*, obs. Bousez.

Loi n° 2018-771 du 5 septembre 2018,

Pour la liberté de choisir son avenir professionnel.

Art. 79 I. — (*L. n° 2022-1726 du 30 déc. 2022, art. 210*) « A compter du 1er janvier 2019 et jusqu'au 31 décembre 2023 », est mise en place pour les entreprises adaptées mentionnées au II la possibilité d'expérimenter la création d'entreprises de travail temporaire afin de favoriser les transitions professionnelles des travailleurs handicapés vers les autres entreprises. Cette expérimentation doit faciliter l'émergence de structures de travail temporaire tournées vers les travailleurs handicapés et capables de promouvoir en situation de travail les compétences et acquis de l'expérience de ces travailleurs auprès des employeurs autres que des entreprises adaptées.

Cette expérimentation est mise en place avec le concours financier de l'État, dans la limite des crédits inscrits chaque année en loi de finances, et des organismes publics et privés volontaires pour soutenir de nouvelles modalités de mises en emploi des travailleurs handicapés exclus du marché du travail.

L'activité exclusive de ces entreprises adaptées de travail temporaire consiste à faciliter l'accès à l'emploi durable des travailleurs reconnus handicapés sans emploi ou qui courent le risque de perdre leur emploi en raison de leur handicap et à conclure avec ces personnes des contrats de missions.

Une durée de travail hebdomadaire inférieure à la durée minimale mentionnée à l'article L. 3123-27 du code du travail peut être proposée à ces personnes lorsque leur situation de handicap le justifie.

L'activité de ces entreprises adaptées de travail temporaire est soumise à l'ensemble des dispositions relatives au travail temporaire prévues au chapitre I du titre V du livre II de la première partie du même code. Toutefois, par dérogation aux dispositions des articles L. 1251-12 et L. 1251-12-1 dudit code applicables à la durée des contrats, la durée des contrats de mission peut être portée à vingt-quatre mois, renouvellement compris.

II. — Un cahier des charges national fixe les critères que doivent respecter des porteurs des projets économiques, sociaux en faveur de l'emploi des travailleurs handicapés notamment les moyens, les objectifs et résultats attendus en termes de sorties vers l'emploi. Sur proposition du comité de suivi de l'expérimentation, le ministre chargé de l'emploi dresse la liste des candidats retenus pour mener l'expérimentation.

Un décret précise les modalités de mise en œuvre de cette expérimentation, notamment le montant de l'aide financière susceptible d'être accordée ainsi que les conditions de l'évaluation en vue de son éventuelle généralisation.

Au plus tard douze mois avant le terme de l'expérimentation, est réalisée une évaluation afin de déterminer les conditions appropriées pour son éventuelle généralisation.

Au terme de l'expérimentation, le Gouvernement présente au Parlement un rapport sur l'application de la présente disposition au regard de son impact sur l'accès à l'emploi des travailleurs reconnus handicapés, sur les formations suivies ainsi que les conséquences sur les finances publiques.

V. Décr. n° 2019-360 du 24 avr. 2019 (JO 25 avr.), mod. par Décr. n° 2023-515 du 27 juin 2023 (JO 28 juin).

V. Arr. du 27 déc. 2022, NOR : MTRD2237392A (JO 6 janv.), complété par Arr. du 3 août 2023, NOR : MTRD2321892A (JO 22 août).

Art. L. 1251-3 Toute activité de travail temporaire s'exerçant en dehors d'une telle entreprise est interdite, sous réserve des dispositions relatives aux opérations de prêt de main-d'œuvre à but non lucratif autorisées par l'article L. 8241-2. — *[Anc. art. L. 124-1, al. 2.]*

Entreprise étrangère. Le dirigeant d'une entreprise de travail temporaire monégasque ayant son siège à Monaco doit être condamné pour prêt illicite de main-d'œuvre, dans la mesure où il a mis des travailleurs à la disposition de deux entrepreneurs français, sans satisfaire, du fait de son implantation hors du territoire français, aux dispositions légales et réglementaires applicables en matière de travail temporaire. • Crim. 22 juin 1999 : ⚖ *Dr. soc. 1999. 1099, obs. Moreau* ⊘.

Art. L. 1251-4 Par dérogation au principe d'exclusivité prévu à l'article L. 1251-2, les entreprises de travail temporaire peuvent exercer :

1° Des activités de placement privé prévues à l'article *(L. n° 2010-853 du 23 juill. 2010, art. 29-II)* « L. 5321-1 » ;

2° L'activité d'entreprise de travail à temps partagé. — *[Anc. art. L. 124-1, al. 1ᵉʳ début, et L. 124-31.]*

BIBL. ▶ Véricel, *Dr. soc. 2010. 1176* ⊘ (libéralisation totale du marché du placement des demandeurs d'emploi).

SECTION 2 Conditions de recours

SOUS-SECTION 1 Cas de recours

COMMENTAIRE
V. sur le Code en ligne 🏛. ❏

Art. L. 1251-5 Le contrat de mission, quel que soit son motif, ne peut avoir ni pour objet ni pour effet de pourvoir durablement un emploi lié à l'activité normale et permanente de l'entreprise utilisatrice. — *[Anc. art. L. 124-2, al. 1ᵉʳ.]* — V. art. L. 1255-3 *(pén.).*

V. Circ. DRT n° 18/90 du 30 oct. 1990 (BOMT n° 90/24, texte n° 567) relative au contrat de travail à durée déterminée et au travail temporaire ; Circ. DRT n° 92-14 du 29 août 1992 (BOMT n° 92/21, texte n° 722) *relative au régime juridique du contrat de travail à durée déterminée et du travail temporaire.*

1. Besoin structurel de main-d'œuvre. La possibilité donnée à l'entreprise utilisatrice de recourir à des contrats de mission successifs avec le même salarié intérimaire, pour remplacer un ou des salariés absents ou pour faire face à un accroissement temporaire d'activité, ne peut avoir pour objet ni pour effet de pourvoir durablement un emploi lié à son activité normale et permanente ; l'entreprise utilisatrice ne peut recourir de façon systématique aux missions d'intérim pour faire face à un besoin structurel de main-d'œuvre ; tel est le cas du salarié employé près de 4 années consécutives, alors que quel que soit le motif du contrat de mission, le salarié avait occupé le même emploi de manutentionnaire ou d'agent de propreté. • Soc. 13 juin 2012 : ⚖ *D. actu. 10 juill. 2012, obs. Ines ; D. 2012. Actu. 1681* ⌀ *; RJS 2012. 644, n° 749 ; JCP S 2012. 1368, obs. Chenu.* ♦ Est lié à l'activité normale et permanente de l'entreprise : le fait d'affecter le salarié sur un même emploi de manutentionnaire entre 2002 et 2006, puis en 2008 et 2009, quel que soit le motif de recours au travail temporaire. • Soc. 3 juin 2015, ⚖ n° 14-17.705 : *D. actu. 23 juin 2015, obs. Fraisse ; D. 2015. Actu. 1277* ⌀ *; RJS 8-9/2015, n° 603.*

2. Besoin non caractérisé. L'emploi occupé par la salariée coïncide avec l'activité de conditionnement de la carotte, du navet ou du poireau et correspond à des tâches appelées à se répéter chaque année à des dates à peu près fixes en fonction du rythme des saisons, sur la période de septembre à avril. • Soc. 15 oct. 2014, ⚖ n° 13-18.582 P : *D. 2014. Actu. 2118* ⌀ *; RDT 2014. 754, note Poirier* ⌀ *; RJS 1/2015, n° 9 ; JCP S 2015. 1134, obs. Bousez ; LPA 12 août 2015, p. 10, obs. Minet-Letalle.* ♦ Sur l'activité nouvelle pour laquelle le salarié a été engagé et qui a été transférée à une autre société du groupe, V. : • Soc. 12 juill. 2017, ⚖ n° 15-27.286 P : *D. 2017. 2274, note Lokiec* ⌀ *; Dr. soc. 2017. 984, note Mouly* ⌀ *; RJS 10/2017, n° 656 ; JCP S 2017. 1299, obs. Lahalle.*

3. Condamnation in solidum. En recourant, de manière ininterrompue, à une succession de contrats de mission pour des motifs n'entrant pas dans le champ d'application de l'art. L. 1251-37 C. trav., la société utilisatrice est condamnée *in solidum* avec la société de travail temporaire, qui a agi de concert avec elle, à payer les sommes liées à la requalification en CDI de ces contrats de mission successifs qui avaient pour effet de pourvoir durablement un emploi lié à l'activité normale et permanente de l'entreprise utilisatrice. • Soc. 24 avr. 2013 : ⚖ *D. actu. 15 mai 2013, obs. Ines ; D. 2013. Actu. 1143* ⌀ *; Dr. soc. 2013. 576, chron. Tournaux* ⌀ *; JCP S 2013. 1396, obs. Bousez.*

4. Les dispositions de l'art. L. 1251-40 C. trav. qui sanctionnent l'inobservation, par l'entreprise utilisatrice, des dispositions des art. L. 1251-5 s., L. 1251-10 s., L. 1251-30 et L. 1251-35 du même code, n'excluent pas la possibilité, pour le salarié, d'agir contre l'entreprise de travail temporaire lorsque les conditions, à défaut desquelles toute opération de prêt de main-d'œuvre est interdite, n'ont pas été respectées ; il en est ainsi en cas d'absence de contrat de mission ou de motif de recours, ces manquements de l'entreprise de travail temporaire causant nécessairement au salarié intérimaire un préjudice qui doit être réparé. • Soc. 4 déc. 2013, ⚖ n° 11-28.314 P : *RDT 2014. 267, obs. Pignarre* ⌀ *; RJS 2/2014, n° 136 ; JCP S 2014. 1135, note Bousez.* ♦ Ou en cas de non-respect du délai de carence. • Soc. 12 nov. 2020, ⚖ n° 18-18.294 P : *D. 2020. 2294* ⌀ *; Dr. soc. 2021. 184, obs. S. Tournaux* ⌀ *; RJS 1/2021, n° 9 ; JCP S 2020. 3116, obs. François.*

5. L'entreprise de travail temporaire qui manque aux obligations qui lui sont propres en concluant avec un même salarié sur le même poste de travail des contrats de mission successifs sans respecter de délai de carence engage sa responsabilité contractuelle dans ses rapports avec l'entreprise utilisatrice ; il appartient aux juges du fond d'apprécier souverainement si un manquement peut être imputé à l'entreprise de travail temporaire dans l'établissement des contrats de mise à disposition. • Soc. 14 févr. 2018, ⚖ n° 16-21.940 P : *D. 2018. Actu. 462* ⌀ *; RJS 4/2018, n° 243 ; JCP S 2018. 1161, obs. Bousez.*

Art. L. 1251-6 Sous réserve des dispositions de l'article L. 1251-7, il ne peut être fait appel à un salarié temporaire que pour l'exécution d'une tâche précise et temporaire dénommée "mission" et seulement dans les cas suivants :

1° Remplacement d'un salarié, en cas :

a) D'absence ;

b) De passage provisoire à temps partiel, conclu par avenant à son contrat de travail ou par échange écrit entre ce salarié et son employeur ;

c) De suspension de son contrat de travail ;

d) De départ définitif précédant la suppression de son poste de travail après consultation du (*Ord. n° 2017-1386 du 22 sept. 2017, art. 4*) « comité social et économique, s'il existe » ;

e) D'attente de l'entrée en service effective d'un salarié recruté par contrat à durée indéterminée appelé à le remplacer ;

2° Accroissement temporaire de l'activité de l'entreprise ;

3° Emplois à caractère saisonnier *(L. n° 2016-1088 du 8 août 2016, art. 86)* « définis au 3° de l'article L. 1242-2 » ou pour lesquels, dans certains secteurs définis par décret ou par voie de convention ou d'accord collectif étendu, il est d'usage constant de ne pas recourir au contrat de travail à durée indéterminée en raison de la nature de l'activité exercée et du caractère par nature temporaire de ces emplois ;

4° Remplacement d'un chef d'entreprise artisanale, industrielle ou commerciale, d'une personne exerçant une profession libérale, de son conjoint participant effectivement à l'activité de l'entreprise à titre professionnel et habituel ou d'un associé non salarié d'une société civile professionnelle, d'une société civile de moyens[,] *(L. n° 2015-990 du 6 août 2015, art. 63-VIII)* « d'une société d'exercice libéral ou de toute autre personne morale exerçant une profession libérale ; »

5° Remplacement du chef d'une exploitation agricole ou d'une entreprise mentionnée aux 1° à 4° de l'article L. 722-1 du code rural et de la pêche maritime, d'un aide familial, d'un associé d'exploitation, ou de leur conjoint, mentionné à l'article L. 722-10 du même code dès lors qu'il participe effectivement à l'activité de l'exploitation agricole ou de l'entreprise. – *[Anc. art. L. 124-2, al. 2, et L. 124-2-1.]* – V. art. L. 1255-4 (pén.).

A titre expérimental et par dérogation au 1° de l'art. L. 1251-6, dans les secteurs définis par décret, un seul contrat de travail de mission peut être conclu pour remplacer plusieurs salariés.

Cette expérimentation ne peut avoir ni pour objet ni pour effet de pourvoir durablement un emploi lié à l'activité normale et permanente de l'entreprise.

La durée de cette expérimentation est de deux ans à compter de la publication du décret préc. (L. n° 2022-1598 du 21 déc. 2022, art. 6). – V. Décr. n° 2023-263 du 12 avr. 2023 (JO 13 avr.).

1. Accroissement temporaire d'activité. En cas d'accroissement temporaire d'activité, le recours à des salariés intérimaires ne peut être autorisé que pour les besoins d'une ou plusieurs tâches résultant du seul accroissement temporaire de l'activité de l'entreprise, notamment en cas de variations cycliques de production ; il n'est pas nécessaire ni que cet accroissement présente un caractère exceptionnel, ni que le salarié recruté soit affecté à la réalisation même de ces tâches (exclusion du travail temporaire pour une augmentation constante de la production). • Soc. 21 janv. 2004 : ✥ *Dr. soc. 2004. 892*, obs. Roy-Loustaunau ⌀ ; *JSL 2004, n° 139-3* ; *RJS 2004. 243, n° 352* ; *ibid. 194*, rapp. Martinez • 23 févr. 2005 : *Dr. soc. 2005. 685*, obs. Roy-Loustaunau ⌀ ; *RJS 2005. 410, n° 586*. ♦ Les missions d'intérim liées aux sessions mensuelles du Parlement européen relèvent, même si elles sont intermittentes, de l'activité normale et permanente de l'Institution. • Soc. 21 sept. 2011 : *D. actu. 11 oct. 2011*, obs. Astaix ; *RJS 2011. 891, n° 1026* ; *JCP S 2012. 1096*, obs. Bousez. ♦ Caractérise un accroissement temporaire d'activité la forte augmentation du volume des ventes et de conditionnement sur la période de mars à juin pendant deux années successives, ainsi que la forte augmentation, par rapport à l'année précédente, des commandes des quatre clients concernés par les contrats de mission. • Soc. 15 oct. 2014 : ✥ *D. actu. 22 oct. 2014*, obs. Fraisse ; *D. 2014. Actu. 2118* ⌀ ; *RJS 1/2015, n° 9*.

2. Remplacement. L'autorisation de recourir au travail intérimaire en cas d'absence temporaire d'un salarié s'entend de son absence aussi bien de l'entreprise que de son poste de travail. • Soc. 25 févr. 2009 : ✥ *JCP S 2009. 1304*, obs. Bousez. ♦ Dès l'instant qu'un travailleur intérimaire remplace, par glissement interne, un salarié autre que celui effectivement absent, le contrat doit préciser les modalités de ce remplacement et mentionner le nom et la qualification du salarié absent. • Crim. 9 oct. 1995 : ✥ *D. 1996. IR 28* ; *RJS 1996. 13, n° 7* ; *JCP E 1996. II. 853*, note Siau. ♦ La requalification d'une succession de contrats de travail temporaire conclus pour remplacer un ou plusieurs salariés doit être prononcée dès lors que ces remplacements sont d'une durée minime, que les postes occupés sont interchangeables et que les salariés avaient travaillé sans discontinuer, exception faite des périodes de fermeture de l'entreprise, pendant près de deux ans. • Soc. 27 juin 2007 : ✥ *D. 2007. AJ 2034* ⌀ ; *RJS 2007. 886, n° 1139*.

3. Contrat saisonnier. Le caractère saisonnier d'un emploi autorisant un contrat de travail temporaire doit concerner des tâches normalement appelées à se répéter chaque année à des dates à peu près fixes, en fonction du rythme des saisons ou des modes de vie collectifs. • Soc. 9 mars 2005 : ✥ *Dr. soc. 2005. 687*, obs. Roy-Loustaunau ⌀ ; *RJS 2005. 349, n° 486*. ♦ Caractérise une activité saisonnière l'activité de conditionnement de la carotte, du navet ou du poireau qui correspond à des tâches appelées à se répéter chaque année à des dates à peu près fixes en fonction du rythme des saisons, sur la période de septembre à avril. • Soc. 15 oct. 2014 : ✥ *préc. note 1*.

4. Contrat de mission d'usage. Même s'il existe un usage constant dans un secteur d'activité, les emplois liés à l'activité normale et permanente de l'entreprise ne peuvent pas être pourvus par des contrats de travail temporaire ; l'entreprise utilisatrice doit démontrer le caractère par nature temporaire de l'emploi pour lequel elle recourt à un contrat de mission d'usage. • Soc. 12 nov. 2020, 🔒 n° 19-11.402 P : *D. 2020. 2294* ⌀ ; *Dr. soc. 2021. 167*, obs. Bento de Carvalho ⌀ ; *RJS 1/2021, n° 10 ; Dr. ouvrier 2021. 116*, obs. Vigneau ; *JSL 2021, n° 512-7*, obs. Pacotte et Borocco ; *JCP S 2020. 3117*, obs. Bousez.

5. Preuve du motif de recours. En cas de litige sur le motif du recours au travail temporaire, il incombe à l'entreprise utilisatrice de rapporter la preuve de la réalité du motif énoncé dans le contrat de travail. • Soc. 28 nov. 2007 : 🔒 *D. 2008. 1460*, note Fadeuilhe ⌀ ; *RJS 2008. 173, n° 235.*

Art. L. 1251-7 Outre les cas prévus à l'article L. 1251-6, la mise à disposition d'un salarié temporaire auprès d'une entreprise utilisatrice peut intervenir :

1° Lorsque la mission de travail temporaire vise, en application de dispositions légales ou d'un accord de branche étendu, à favoriser le recrutement de personnes sans emploi rencontrant des difficultés sociales et professionnelles particulières ;

2° Lorsque l'entreprise de travail temporaire et l'entreprise utilisatrice s'engagent, pour une durée et dans des conditions fixées par décret ou par accord de branche étendu, à assurer un complément de formation professionnelle au salarié ;

(L. n° 2011-893 du 28 juill. 2011, art. 7) « 3° Lorsque l'entreprise de travail temporaire et l'entreprise utilisatrice s'engagent à assurer une formation professionnelle au salarié par la voie de l'apprentissage, en vue de l'obtention d'une qualification professionnelle sanctionnée par un diplôme ou un titre à finalité professionnelle enregistré au répertoire national des certifications professionnelles. Cette formation est dispensée pour partie dans l'entreprise utilisatrice et pour partie en centre de formation d'apprentis ou section d'apprentissage en application de l'article L. 6221-1 ; »

(L. n° 2023-1196 du 18 déc. 2023, art. 13) « 4° Lorsque le salarié est une personne mentionnée à l'article L. 5212-13, à l'exclusion de celles mentionnées au 5° du même article L. 5212-13 ;

« 5° Lorsque le contrat de mission, d'une durée minimale d'un mois, est conclu en application de l'article L. 5132-6. »

Art. L. 1251-8 Lorsque la mission porte sur l'exercice d'une profession médicale ou paramédicale réglementée, l'entreprise de travail temporaire vérifie que ce salarié est régulièrement autorisé à exercer. – *[Anc. art. L. 124-4, al. 10.]*

SOUS-SECTION 2 **Interdictions**

Art. L. 1251-9 Dans les six mois suivant un licenciement pour motif économique, il est interdit de faire appel à un salarié temporaire au titre d'un accroissement temporaire de l'activité, y compris pour l'exécution d'une tâche occasionnelle, précisément définie et non durable, ne relevant pas de l'activité normale de l'entreprise utilisatrice.

Cette interdiction porte sur les postes concernés par le licenciement dans l'établissement.

L'interdiction ne s'applique pas :

1° Lorsque la durée du contrat de mission n'est pas susceptible de renouvellement et n'excède pas trois mois ;

2° Lorsque le contrat est lié à la survenance dans l'entreprise, qu'il s'agisse de celle de l'entrepreneur principal ou de celle d'un sous-traitant, d'une commande exceptionnelle à l'exportation dont l'importance nécessite la mise en œuvre de moyens quantitativement ou qualitativement exorbitants de ceux que l'entreprise utilise ordinairement. Cette possibilité de recrutement est subordonnée à l'information et à la consultation préalables du (Ord. n° 2017-1386 du 22 sept. 2017, art. 4) « comité social et économique, s'il existe ».

Les dérogations prévues aux 1° et 2° n'exonèrent pas l'employeur de respecter la priorité de réembauche prévue à l'article L. 1233-45. – *[Anc. art. L. 124-2-7.]* – V. art. L. 1255-5 (pén.).

> *COMMENTAIRE*
> V. sur le Code en ligne 🔒.

Art. L. 1251-10 Outre les cas prévus à l'article L. 1251-9, il est interdit de recourir au travail temporaire :

1° Pour remplacer un salarié dont le contrat de travail est suspendu à la suite d'un conflit collectif de travail ;
2° Pour effectuer certains travaux particulièrement dangereux figurant sur une liste établie par voie réglementaire, dans les conditions prévues à l'article L. 4154-1. L'autorité administrative peut exceptionnellement autoriser une dérogation à cette interdiction, dans des conditions déterminées par voie réglementaire ; – V. art. D. 1251-2.
3° Pour remplacer un médecin du travail. – *[Anc. art. L. 124-2-3.]* – V. art. L. 1251-40 et L. 1255-5 *(pén.)*.

1. Remplacement des salariés grévistes. L'art. L. 124-2 [L. 1251-10 nouv.] n'a d'autre objet que d'interdire à l'employeur de recourir au travail temporaire pour remplacer les salariés grévistes et de priver leur action d'efficacité ; il ne saurait être interprété de manière extensive comme interdisant d'employer dans leur qualification professionnelle des travailleurs temporaires embauchés antérieurement à tout conflit. • Crim. 2 déc. 1980 : *D. 1981. 346, note Pélissier.* ♦ L'employeur ne peut pas faire appel à des salariés intérimaires, déjà en poste dans l'entreprise, pour leur faire effectuer les tâches des salariés grévistes en plus de celles qu'ils accomplissaient dans le cadre de leur mission. • Soc. 2 mars 2011 : ⚖ *D. actu. 16 mars 2011, obs. Siro ; D. 2011. Actu. 824 ⌀ ; Dr. soc. 2011. 736, obs. Gauriau ⌀ ; Dr. ouvrier 2011. 469, obs. Marié ; JSL 2011, n° 297-2, obs. Tourreil ; JCP S 2011. 1315, obs. Bousez.*

2. Travaux particulièrement dangereux. La dérogation exceptionnelle accordée par l'autorité administrative à l'interdiction de recourir au travail temporaire pour effectuer certains travaux particulièrement dangereux doit être préalable à l'affectation du salarié temporaire à l'un des travaux dont la liste est fixée à l'art. D. 4154-1 C. trav. • Soc. 30 nov. 2010 : ⚖ *D. actu. 6 janv. 2011, obs. Ines ; D. 2011. AJ 22 ⌀.*

SECTION 3 Contrat de mission

SOUS-SECTION 1 Formation et exécution du contrat

§ 1 Fixation du terme et durée du contrat

Art. L. 1251-11 Le contrat de mission comporte un terme fixé avec précision dès la conclusion du contrat de mise à disposition.
Toutefois, le contrat peut ne pas comporter de terme précis lorsqu'il est conclu dans l'un des cas suivants :
1° Remplacement d'un salarié absent ;
2° Remplacement d'un salarié dont le contrat de travail est suspendu ;
3° Dans l'attente de l'entrée en service effective d'un salarié recruté par contrat à durée indéterminée ;
4° Emplois à caractère saisonnier *(L. n° 2016-1088 du 8 août 2016, art. 86)* « définis au 3° de l'article L. 1242-2 » ou pour lesquels, dans certains secteurs d'activité définis par décret ou par voie de convention ou d'accord collectif étendu, il est d'usage constant de ne pas recourir au contrat de travail à durée indéterminée en raison de la nature de l'activité exercée et du caractère par nature temporaire de ces emplois ;
5° Remplacement de l'une des personnes mentionnées aux 4° et 5° de l'article L. 1251-6.
Le contrat de mission est alors conclu pour une durée minimale. Il a pour terme la fin de l'absence de la personne remplacée ou la réalisation de l'objet pour lequel il a été conclu. – *[Anc. art. L. 124-2-2-I, al. 1ᵉʳ et III.]* – V. art. L. 1251-40 et L. 1255-6 *(pén.).*

1. Chevauchement. Lorsque le salarié dont le remplacement devait être assuré par un salarié temporaire retarde de trois jours son départ en congé, c'est à bon droit que les juges du fond retiennent que ce « léger chevauchement » ne constitue pas une violation de l'art. L. 124-2 [L. 1251-11 nouv.] alors applicable. • Soc. 16 juill. 1987 : *D. 1987. IR 202.*

2. Terme anticipé. En cas de remplacement d'un salarié dont le contrat de travail est suspendu, le terme de la mission peut être fixé antérieurement à la reprise du travail par le salarié remplacé. • Soc. 25 oct. 1989 : *D. 1989. IR 310.*

3. Prolongation exceptionnelle. En présence d'un contrat de travail temporaire conclu jusqu'au lendemain du jour où le salarié remplacé reprend son emploi, il n'y a pas lieu de procéder à sa requalification lorsque à la suite du décès du salarié remplacé les relations contractuelles se sont poursuivies quelque temps, dès lors qu'il n'est pas établi que l'utilisateur a eu connaissance du décès du salarié avant qu'il ne dénonce le contrat. • Soc. 13 nov. 1990 : ⚖ *RJS 1990. 674, n° 1040.*

Art. L. 1251-12 (Ord. n° 2017-1387 du 22 sept. 2017, art. 26) La convention ou l'accord de branche étendu de l'entreprise utilisatrice peut fixer la durée totale du contrat de mission. Cette durée ne peut avoir ni pour objet ni pour effet de pourvoir durablement un emploi lié à l'activité normale et permanente de l'entreprise. – V. art. L. 1255-7 (pén.).

Les dispositions issues de l'Ord. n° 2017-1387 du 22 sept. 2017 sont applicables aux contrats de travail conclus postérieurement au 23 sept. 2017, date de publication de ladite Ord. (Ord. préc., art. 40-VIII).

Art. L. 1251-12-1 (Ord. n° 2017-1387 du 22 sept. 2017, art. 26) A défaut de stipulation dans la convention ou l'accord de branche conclu en application de l'article L. 1251-12, la durée totale du contrat de mission ne peut excéder dix-huit mois compte tenu, le cas échéant, du ou des renouvellements intervenant dans les conditions prévues à l'article L. 1251-35 ou, lorsqu'il s'applique, à l'article L. 1251-35-1.

Cette durée est réduite à neuf mois lorsque le contrat est conclu dans l'attente de l'entrée en service effective d'un salarié recruté par contrat à durée indéterminée ou lorsque son objet consiste en la réalisation de travaux urgents nécessités par des mesures de sécurité.

Elle est également de vingt-quatre mois :

1° Lorsque la mission est exécutée à l'étranger ;

2° Lorsque le contrat est conclu dans le cas du départ définitif d'un salarié précédant la suppression de son poste de travail ;

3° Lorsque survient dans l'entreprise, qu'il s'agisse de celle de l'entrepreneur principal ou de celle d'un sous-traitant, une commande exceptionnelle à l'exportation dont l'importance nécessite la mise en œuvre de moyens quantitativement ou qualitativement exorbitants de ceux que l'entreprise utilise ordinairement. Dans ce cas, la durée initiale du contrat ne peut être inférieure à six mois.

Elle est portée à trente-six mois afin d'être égale à celle du cycle de formation effectué en apprentissage conformément à l'article L. 6222-7-1. – V. art. L. 1251-40 et L. 1255-7 (pén.).

Art. L. 1251-13 Lorsque le contrat de mission est conclu pour remplacer un salarié temporairement absent ou dont le contrat de travail est suspendu ou pour un remplacement effectué au titre des 4° et 5° de l'article L. 1251-6, il peut prendre effet avant l'absence de la personne à remplacer. – [Anc. art. L. 124-2-6, al. 1ᵉʳ.]

§ 2 Période d'essai

Art. L. 1251-14 Le contrat de mission peut comporter une période d'essai dont la durée est fixée par convention ou accord professionnel de branche étendu ou par convention ou accord d'entreprise ou d'établissement.

A défaut de convention ou d'accord, cette durée ne peut excéder :

1° Deux jours si le contrat est conclu pour une durée inférieure ou égale à un mois ;

2° Trois jours si le contrat est conclu pour une durée supérieure à un mois et inférieure ou égale à deux mois ;

3° Cinq jours si le contrat est conclu pour une durée supérieure à deux mois. – [Anc. art. L. 124-4-1, phrases 1 et 2.]

Si les durées des contrats auxquelles se réfère l'art. L. 124-4-1 [L. 1251-14 nouv.] se calculent normalement en mois calendaires, il n'en est pas de même des durées maximales des périodes d'essai qui, en raison de leur brièveté, doivent s'entendre comme étant déterminées en jours ouvrés.
• Soc. 25 janv. 1989 : *D. 1989. IR 48.*

Art. L. 1251-15 La rémunération correspondant à la période d'essai ne peut être différente de celle qui est prévue par le contrat de mission. – [Anc. art. L. 124-4-1, phrase 3.]

§ 3 Contenu et transmission du contrat

Art. L. 1251-16 Le contrat de mission est établi par écrit.

Il comporte notamment :

1° La reproduction des clauses et mentions du contrat de mise à disposition énumérées à l'article L. 1251-43 ;
2° La qualification professionnelle du salarié ;
3° Les modalités de la rémunération due au salarié, y compris celles de l'indemnité de fin de mission prévue à l'article L. 1251-32 ;
4° La durée de la période d'essai éventuellement prévue ;
5° Une clause de rapatriement du salarié à la charge de l'entrepreneur de travail temporaire lorsque la mission s'effectue hors du territoire métropolitain. Cette clause devient caduque en cas de rupture du contrat à l'initiative du salarié ;
6° Le nom et l'adresse de la caisse de retraite complémentaire et de l'organisme de prévoyance dont relève l'entreprise de travail temporaire ;
7° La mention selon laquelle l'embauche du salarié par l'entreprise utilisatrice à l'issue de la mission n'est pas interdite. — [Anc. art. L. 124-4, début al. 1er et al. 2 à 9.] — V. art. L. 1255-2 et R. 1255-1 (pén.).

1. Contrat écrit et signé. La signature d'un contrat écrit, imposée par la loi dans les rapports entre l'entreprise de travail temporaire et le salarié, est destinée à garantir qu'ont été observées les diverses conditions à défaut desquelles toute opération de prêt de main-d'œuvre est interdite, cette prescription étant d'ordre public, son omission entraîne, à la demande du salarié, la requalification en contrat de droit commun à durée indéterminée. ● Soc. 7 mars 2000, 🔒 n° 97-41.463 P : D. 2000. IR 110 ⊘ ; RJS 2000. 408, n° 598 ● 17 sept. 2008 : 🔒 RDT 2008. 661, obs. Auzero ⊘ ; RJS 2008. 1025, n° 1251 ; Dr. ouvrier 2009. 153, obs. Marié ; JCP S 2009. 1017, obs. Bousez. ♦ Mais lorsque l'absence de signature d'un contrat de mission est le fait du salarié qui a délibérément refusé de signer dans une intention frauduleuse, la requalification ne peut être demandée. ● Soc. 24 mars 2010 : 🔒 D. 2010. Actu. 901 ⊘ ; RDT 2010. 366, obs. Auzero ⊘ ; D. actu. 9 avr. 2010, obs. Perrin ; RJS 6/2010, n° 572, p. 499 ; JCP S 2010. 1217, obs. Bousez, JSL 2010, n° 277-6, obs. Toureil ● 11 mars 2015, 🔒 n° 12-27.855 P : D. actu. 25 mars 2015, obs. Ines ; D. 2015. Actu. 688 ⊘ ; RJS 5/2015, n° 377.

2. Indemnité de fin de mission. L'omission de la mention relative à l'indemnité de fin de mission entraîne la requalification du contrat de mission en contrat à durée indéterminée ● Soc. 11 mars 2015, 🔒 n° 12-27.855 P : D. actu. 25 mars 2015, obs. Ines ; D. 2015. Actu. 688 ⊘ ; RJS 5/2015, n° 377.

3. Qualification du salarié remplacé. Le contrat doit notamment comporter la qualification du salarié remplacé, ainsi que, s'il s'agit d'un contrat de mission pour remplacement, le nom et la qualification du salarié remplacé ; la seule mention de l'emploi de « juriste fiscaliste » ne satisfait pas à cette exigence. ● Soc. 21 mars 2007 : 🔒 D. 2007. AJ 1143 ⊘ ; D. 2007. Pan. 2261, obs. Reynès ⊘ ; Dr. soc. 2007. 770, obs. Roy-Loustaunau ⊘ ; RJS 2007. 580, n° 789.

4. Une entreprise de travail temporaire qui a conclu avec ses salariés des contrats à durée indéterminée ne peut prétendre au bénéfice des allocations de chômage partiel, dès lors qu'elle ne pouvait conclure avec lesdits salariés que des contrats de travail temporaire conformes aux dispositions des art. L. 124-1 s. [L. 1251-2 nouv.]. ● CE 13 nov. 1995 : 🔒 RJS 1996. 55, n° 84.

Art. L. 1251-17 Le contrat de mission est transmis au salarié au plus tard dans les deux jours ouvrables suivant sa mise à disposition. — [Anc. art. L. 124-4, al. 1er.] — V. art. L. 1254-2 (pén.).

§ 4 Rémunération

Art. L. 1251-18 La rémunération, au sens de l'article L. 3221-3, perçue par le salarié temporaire ne peut être inférieure à celle prévue au contrat de mise à disposition, telle que définie au 6° de l'article L. 1251-43. — V. art. L. 1255-2 (pén.).

Le paiement des jours fériés est dû au salarié temporaire indépendamment de son ancienneté dès lors que les salariés de l'entreprise utilisatrice en bénéficient. — [Anc. art. L. 124-4-2.]

1. Assiette de la comparaison. La rémunération que perçoit le salarié lié par un contrat de travail temporaire ne peut être inférieure à celle que percevrait dans l'entreprise utilisatrice, après la période d'essai, un salarié de qualification équivalente, occupant le même poste ; cette rémunération doit également comprendre tous les avantages et accessoires payés par l'employeur au travailleur en raison de l'emploi occupé. ● Soc. 16 juill. 1987 : Bull. civ. V, n° 524 ; D. 1987. IR 202. ♦ Le ticket-restaurant, qui constitue un avantage en nature payé par l'employeur, entre dans la rémunération du salarié. ● Soc. 29 nov. 2006 : 🔒 D. 2007. AJ 21 ⊘ ; RJS 2006. 197, n° 295.

2. Un travailleur temporaire dont la rémunération correspond au coefficient du poste qu'il occupe ne peut prétendre au salaire correspondant au coefficient attribué à titre personnel au salarié remplacé compte tenu de son ancienneté. • Soc. 20 avr. 1989 : *D. 1990. Somm. 176, obs. A. Lyon-Caen.*

3. Débiteur de la rémunération. L'obligation de verser au travailleur temporaire mis à la disposition d'une entreprise des salaires conformes aux dispositions légales ou conventionnelles ou aux stipulations contractuelles qui lui sont applicables pèse sur l'entreprise de travail temporaire laquelle demeure l'employeur, à charge pour elle, en cas de manquement à cette obligation, de se retourner contre l'entreprise utilisatrice dès lors qu'une faute a été commise par cette dernière. • Soc. 31 oct. 2012 : *D. actu. 27 nov. 2012, obs. Siro ; D. 2012. Actu. 2669 ; RJS 2013. 76, n° 82 ; JSL 2012, n° 333-334-2, obs. Tourreil ; JCP S 2013. 1043, obs. Bousez.*

4. Action en paiement. En cas de non-respect du principe d'égalité des rémunérations, la demande tendant au versement d'un rappel de salaire doit être dirigée uniquement contre la société de travail temporaire. • Soc. 22 mai 1991 : *RJS 1991. 472, n° 905.* ♦ Celle-ci ne pourrait se retourner contre l'entreprise utilisatrice qu'en établissant une faute à la charge de cette dernière. • Soc. 4 déc. 1996, n° 94-18.701 P : *RJS 1997. 72, n° 107 ; CSB 1997. 49, A. 12* • 30 mars 2005 : *D. 2005. IR 1054 ; Dr. soc. 2005. 1044, obs. Roy-Loustaunau ; JSL 2005, n° 169-4 ; RJS 2005. 487, n° 687.*

5. En cas de défaillance de l'entreprise de travail temporaire, l'utilisateur lui est substitué de plein droit pour le paiement tant du salaire et de ses accessoires que des cotisations sociales. • Soc. 7 mars 1984 : *Bull. civ. V, n° 90.*

6. Jours fériés. Sur la rémunération des jours fériés, V. • Soc. 9 mars 1983 : *Bull. civ. V, n° 246.*

Art. L. 1251-19 Le salarié temporaire a droit à une indemnité compensatrice de congé payé pour chaque mission qu'il effectue, quelle qu'en ait été la durée.

Le montant de l'indemnité est calculé en fonction de la durée de la mission et ne peut être inférieur au dixième de la rémunération totale brute perçue par le salarié pendant la mission. L'indemnité est versée à la fin de la mission.

Pour l'appréciation des droits du salarié, sont assimilées à un temps de mission :

1° Les périodes de congé légal de maternité et d'adoption ;

2° Les périodes, limitées à une durée ininterrompue d'un an, de suspension du contrat de mission pour cause d'accident du travail ou de maladie professionnelle ;

3° Les périodes pendant lesquelles un salarié est rappelé sous les drapeaux, à condition que le point de départ de ces périodes se place au cours d'une mission. – [*Anc. art. L. 124-4-3.*]

1. Constitutionnalité. Il résulte de l'art. L. 1251-19 C. trav. que « tous les éléments de rémunération perçus par les salariés temporaires pendant leur mission entrent dans l'assiette de calcul de l'indemnité compensatrice de congé payé à laquelle ils ont droit » ; la question soulevant l'inconstitutionnalité des dispositions de l'art. L. 1251-19 C. trav. en raison de l'imprécision de la notion de « rémunération totale brute » ne dispose ni d'un caractère nouveau ni d'un caractère sérieux. • Soc. 19 oct. 2016, n° 16-40.236 : *D. actu. 17 nov. 2016, obs. Roussel.*

2. Assiette de calcul de l'indemnité compensatrice de congés payés. Les primes allouées pour l'année entière qui ont pour objet de rémunérer des périodes de travail et de congés réunis ne doivent pas être incluses dans l'assiette de calcul de l'indemnité compensatrice de congés payés versée par l'entreprise de travail temporaire au salarié intérimaire. • Soc. 1er mars 2017, n° 15-16.988 P : *D. actu. 22 mars 2017, obs. Ines ; D. 2017. Actu. 514 ; RJS 5/2017, n° 320 ; JCP S 2017. 1098, obs. Duquesne.* ♦ La détermination de la rémunération totale brute à laquelle se réfère l'art. L. 1251-19 pour le calcul de l'indemnité compensatrice de congés payés due par l'entreprise de travail temporaire au salarié intérimaire n'obéit à aucune spécificité autre que celle de l'inclusion dans son assiette de l'indemnité de fin de mission ; les primes allouées pour l'année entière, période de travail et période de congés confondues, n'ont pas à être incluses dans l'assiette de l'indemnité compensatrice de congés payés. • Soc. 5 avr. 2018, n° 16-25.428 P : *D. 2018. Actu. 801 ; RJS 6/2018, n° 401.*

Art. L. 1251-20 Le salarié temporaire mis à la disposition d'une entreprise du bâtiment ou des travaux publics mentionnées à l'article L. 5424-6 a droit à une indemnité en cas d'arrêt de travail occasionné par les intempéries dès lors que les salariés de l'entreprise utilisatrice, employés sur le même chantier, en bénéficient.

Cette indemnité, calculée selon les modalités prévues aux articles L. 5424-6 à L. 5424-19, est versée par l'entreprise de travail temporaire et n'est soumise à aucune condition d'ancienneté du salarié. – [*Anc. art. L. 124-4-5.*]

TRAVAIL TEMPORAIRE — Art. L. 1251-24

§ 5 Conditions de travail

Art. L. 1251-21 Pendant la durée de la mission, l'entreprise utilisatrice est responsable des conditions d'exécution du travail, telles qu'elles sont déterminées par les dispositions légales et conventionnelles applicables au lieu de travail.

Pour l'application de ces dispositions, les conditions d'exécution du travail comprennent limitativement ce qui a trait :

1° A la durée du travail ;
2° Au travail de nuit ;
3° Au repos hebdomadaire et aux jours fériés ;
4° A la santé et la sécurité au travail ;
5° Au travail des femmes, des enfants et des jeunes travailleurs. — [Anc. art. L. 124-4-6, al. 1er et 2.]

Avis d'inaptitude. L'entrepreneur de travail temporaire doit fournir à l'utilisateur l'avis d'inaptitude aux toxiques formulé par le médecin à l'égard d'un salarié. ● Crim. 23 janv. 1979 : *Dr. soc.* 1979. 160, note Savatier.

Art. L. 1251-22 Les obligations relatives à la médecine du travail sont à la charge de l'entreprise de travail temporaire.

Sauf lorsque cette dernière relève du régime agricole, le suivi médical des salariés est assuré par des services (*L. n° 2021-1018 du 2 août 2021, art. 1er-I, en vigueur le 31 mars 2022*) « de prévention et » de santé au travail faisant l'objet d'un agrément spécifique.

(*L. n° 2021-1018 du 2 août 2021, art. 23, en vigueur le 31 mars 2022*) « Lorsque l'entreprise utilisatrice dispose de son propre service de prévention et de santé au travail, les salariés peuvent être suivis par celui-ci, dans le cadre d'une convention conclue avec l'entreprise de travail temporaire. »

Lorsque l'activité exercée par le salarié temporaire nécessite une surveillance médicale renforcée au sens de la réglementation relative à la santé au travail, les obligations correspondantes sont à la charge de l'entreprise utilisatrice.

A titre expérimental et pour une durée de 3 ans, les professionnels de santé mentionnés au 1er al. du I de l'art. L. 4624-1 peuvent réaliser des actions de prévention collective à destination des salariés d'entreprises de travail temporaire afin de prévenir les risques professionnels auxquels ils sont exposés. Ces actions peuvent être réalisées en lien avec des intervenants extérieurs qualifiés.

Les conditions d'application de cette expérimentation sont déterminées par décret.

Au plus tard 6 mois avant le terme de l'expérimentation, le Gouvernement remet au Parlement un rapport d'évaluation de cette expérimentation (L. n° 2021-1018 du 2 août 2021, art. 24, en vigueur le 31 mars 2022). — V. Décr. n° 2022-681 du 26 avr. 2022, art. 2.

Art. L. 1251-23 Les équipements de protection individuelle sont fournis par l'entreprise utilisatrice.

Toutefois, certains équipements de protection individuelle personnalisés, définis par convention ou accord collectif de travail, peuvent être fournis par l'entreprise de travail temporaire.

Les salariés temporaires ne doivent pas supporter la charge financière des équipements de protection individuelle. — [Anc. art. L. 124-4-6, al. 5 et 6.]

Les dispositions de l'art. L. 1251-23 C. trav. relatives à la charge financière des équipements de protection individuelle des salariés temporaires n'entrent pas dans les prescriptions qui, en application de l'art. L. 1251-16, ont pour objet de garantir les conditions à défaut desquelles toute opération de prêt de main-d'œuvre est interdite et dont la violation implique la requalification du contrat en contrat de travail à durée indéterminée. ● Soc. 17 févr. 2021, n° 19-14.812 P : *D.* 2021. Actu. 428 ; *RJS* 5/2021, n° 254.

Art. L. 1251-24 Les salariés temporaires ont accès, dans l'entreprise utilisatrice, dans les mêmes conditions que les salariés de cette entreprise, aux moyens de transport collectifs et aux installations collectives, notamment de restauration, dont peuvent bénéficier ces salariés.

Lorsque des dépenses supplémentaires incombent au (*Ord. n° 2017-1386 du 22 sept. 2017, art. 4*) « comité social et économique », celles-ci lui sont remboursées suivant des modalités définies au contrat de mise à disposition. – *[Anc. art. L. 124-4-7.]* – V. art. R. 1255-2 (pén.).

Discrimination. Caractérise une discrimination constituant un trouble manifestement illicite la délibération du comité d'entreprise décidant qu'il ne délivrerait plus aux salariés extérieurs à l'entreprise et en particulier aux travailleurs temporaires les cartes d'accès au restaurant dont il assurait la gestion. • Soc. 21 nov. 1990 : CSB 1991. 52, S. 36 ; RJS 1991. 29, n° 47.

§ 6 Information sur les postes à pourvoir

Art. L. 1251-25 (L. n° 2023-171 du 9 mars 2023, art. 19-I) A la demande du salarié temporaire justifiant d'une ancienneté continue d'au moins six mois dans l'entreprise utilisatrice, celle-ci l'informe des postes en contrat à durée indéterminée à pourvoir au sein de l'entreprise.

Un décret fixe les modalités d'application du présent article. – V. art. D. 1251-3-1.

SOUS-SECTION 2 **Rupture anticipée, échéance du terme et renouvellement du contrat**

§ 1 Rupture anticipée du contrat

Art. L. 1251-26 L'entreprise de travail temporaire qui rompt le contrat de mission du salarié avant le terme prévu au contrat lui propose, sauf faute grave de ce dernier ou cas de force majeure, un nouveau contrat de mission prenant effet dans un délai maximum de trois jours ouvrables.

Le nouveau contrat de mission ne peut comporter de modifications d'un élément essentiel en matière de qualification professionnelle, de rémunération, d'horaire de travail et de temps de transport.

A défaut, ou si le nouveau contrat de mission est d'une durée inférieure à celle restant à courir du contrat précédent, l'entrepreneur de travail temporaire assure au salarié une rémunération équivalente à celle qu'il aurait perçue jusqu'au terme du contrat, y compris l'indemnité de fin de mission.

Lorsque la durée restant à courir du contrat de mission rompu est supérieure à quatre semaines, les obligations du présent article peuvent être satisfaites au moyen de trois contrats successifs au plus. – *[Anc. art. L. 124-5, al. 1ᵉʳ à 4.]*

1. Rupture du contrat de mise à disposition. La décision de l'entreprise utilisatrice de rompre le contrat de mise à disposition avant le terme de la mission du salarié intérimaire n'entraîne pas la rupture de plein droit du contrat de travail ; il en résulte qu'en l'absence de rupture anticipée du contrat de travail par l'entreprise de travail temporaire, celle-ci n'est pas tenue de proposer au salarié un nouveau contrat. • Soc. 9 juill. 2003, n° 01-41.326 P : D. 2004. Somm. 184, obs. Fadeuilhe ; RJS 2003. 913, n° 1327 ; JSL 2003, n° 134-6.

2. Indemnisation en cas de rupture anticipée du contrat de mission sans proposition d'une nouvelle mission. Dès lors que le contrat de mission a été rompu avant le terme constitué par la fin de l'absence de la personne remplacée et qu'il n'a pas été proposé au salarié un nouveau contrat de mission prenant effet dans un délai maximum de trois jours ouvrables à compter de la rupture, l'entreprise de travail temporaire est redevable de dommages-intérêts pour rupture anticipée du contrat. • Soc. 13 avr. 2023, n° 21-23.920 B : D. 2023. 791 ; RJS 6/2023, n° 298 ; JSL 2023, n° 566-2, obs. Lhernould.

Art. L. 1251-27 La rupture du contrat de mise à disposition ne constitue pas un cas de force majeure. – *[Anc. art. L. 124-5, al. 5.]*

Art. L. 1251-28 La rupture anticipée du contrat de mission qui intervient à l'initiative du salarié ouvre droit pour l'entreprise de travail temporaire à des dommages et intérêts correspondant au préjudice subi.

Ces dispositions ne s'appliquent pas lorsque le salarié justifie de la conclusion d'un contrat de travail à durée indéterminée.

Sauf accord des parties, le salarié est alors tenu de respecter un préavis dont la durée est calculée à raison d'un jour par semaine, compte tenu :

1° De la durée totale du contrat (L. n° 2015-994 du 17 août 2015, art. 55-I) « incluant, le cas échéant, son ou ses deux renouvellements », lorsque celui-ci comporte un terme précis ;

2° De la durée accomplie lorsque le contrat ne comporte pas un terme précis.

Dans les deux cas, la durée totale du préavis ne peut être inférieure à un jour ni supérieure à deux semaines. — *[Anc. art. L. 124-5, al. 6 et 7.]*

Les dispositions issues de la L. n° 2015-994 du 17 août 2015 s'appliquent aux contrats en cours (L. préc., art. 55-II).

§ 2 Échéance du terme du contrat

Art. L. 1251-29 La suspension du contrat de mission du salarié ne fait pas obstacle à l'échéance de ce contrat. — *[Anc. art. L. 124-4-8.]*

Suspension d'un contrat de mission requalifié et accident du travail. Dès lors que les contrats de mission de travail temporaire ont été requalifiés en contrat à durée indéterminée et qu'il a été constaté que, postérieurement, le salarié avait été placé en arrêt de travail dès la survenance de son accident du travail, en sorte qu'à la date de la rupture le contrat de travail était suspendu, la cour d'appel aurait dû en déduire que la cessation de la relation contractuelle au cours de la période de suspension s'analysait en un licenciement nul. • Soc. 17 févr. 2021, n° 18-15.972 P : *D. 2021. Actu. 427 ; RJS 5/2021, n° 257 ; JCP S 2021. 1079, obs. Morin-Galvi.*

Art. L. 1251-30 Le terme de la mission prévu au contrat de mise à disposition ou fixé par avenant à ce dernier peut être avancé ou reporté à raison d'un jour pour cinq jours de travail. Pour les missions inférieures à dix jours de travail, ce terme peut être avancé ou reporté de deux jours.

L'aménagement du terme de la mission ne peut avoir pour effet ni de réduire la durée de la mission initialement prévue de plus de dix jours de travail ni de conduire à un dépassement de la durée maximale du contrat de mission fixée par *(Ord. n° 2017-1387 du 22 sept. 2017, art. 29)* « les articles L. 1251-12 et L. 1251-12-1 ». — V. art. L. 1251-40.

Art. L. 1251-31 Lorsque le contrat de mission est conclu pour remplacer un salarié temporairement absent ou dont le contrat de travail est suspendu ou pour un remplacement effectué au titre des 4° et 5° de l'article L. 1251-6, le terme de la mission initialement fixé peut être reporté jusqu'au surlendemain du jour où la personne remplacée reprend son emploi. — *[Anc. art. L. 124-2-6, al. 1er début et al. 2.]*

Art. L. 1251-32 Lorsque, à l'issue d'une mission, le salarié ne bénéficie pas immédiatement d'un contrat de travail à durée indéterminée avec l'entreprise utilisatrice, il a droit, à titre de complément de salaire, à une indemnité de fin de mission destinée à compenser la précarité de sa situation.

Cette indemnité est égale à 10 % de la rémunération totale brute due au salarié.

L'indemnité s'ajoute à la rémunération totale brute due au salarié. Elle est versée par l'entreprise de travail temporaire à l'issue de chaque mission effectivement accomplie, en même temps que le dernier salaire dû au titre de celle-ci, et figure sur le bulletin de salaire correspondant. — *[Anc. art. L. 124-4-4, al. 1er à 3.]*

1. Poursuite du contrat. L'indemnité de fin de contrat n'est pas due dès lors qu'un contrat de travail a été conclu immédiatement par l'entreprise utilisatrice ; lorsque la prise d'effet n'est pas concomitante avec sa signature, cette prise d'effet doit intervenir dans un délai raisonnable. • Soc. 8 déc. 2004, n° 01-46.877 P : *D. 2005. IR 111 ; RJS 2005. 167, n° 239.* ♦ En revanche, lorsque, à l'issue d'une mission, le salarié sous contrat de travail temporaire ne bénéficie pas immédiatement d'un contrat de travail à durée indéterminée avec l'utilisateur, il a droit à l'indemnité de fin de contrat (séparation de 9 jours en l'espèce entre la fin de mission et l'acceptation par le salarié de la promesse d'embauche). • Soc. 5 oct. 2016, n° 15-28.672 P : *D. actu. 24 oct. 2016, obs. Peyronnet ; D. 2016. Actu. 2070 ; RDT 2016. 700, obs. Tournaux ; JSL 2016, n° 420-3, obs. Hautefort ; JCP S 2017. 1391, obs. Bousez.*

2. Sort de l'indemnité de précarité. L'indemnité de précarité, qui est destinée à compenser la précarité de la situation du salarié intérimaire, lui reste acquise nonobstant la requalification du contrat de travail temporaire en contrat de travail à durée indéterminée. • Soc. 13 avr. 2005 : *D. 2005. IR 1110 ; Dr. soc. 2005. 1038, obs. Roy-Loustaunau.*

Art. L. 1251-33 L'indemnité de fin de mission n'est pas due :

1° Lorsque le contrat de mission est conclu au titre du 3° de l'article L. 1251-6 si un accord collectif étendu entre les organisations professionnelles d'employeurs et de salariés de la branche du travail temporaire, ou si une convention ou un accord conclu au sein d'entreprises ou d'établissements de cette branche le prévoit ;

2° Lorsque le contrat de mission est conclu dans le cadre de l'article L. 1251-57 ;

(Abrogé par L. n° 2008-1249 du 1ᵉʳ déc. 2008, art. 18) « *3° Lorsque le contrat de mission est conclu dans le cadre d'un contrat d'insertion-revenu minimum d'activité prévu à l'article L. 5134-82 ;* »

4° En cas de rupture anticipée du contrat à l'initiative du salarié, à sa faute grave ou en cas de force majeure. — *[Anc. art. L. 124-4-4, al. 4 à 7.]*

Art. L. 1251-33-1 (*L. n° 2022-1598 du 21 déc. 2022, art. 2*) Lorsque, à l'issue d'une mission, l'entreprise utilisatrice propose au salarié de conclure un contrat à durée indéterminée pour occuper le même emploi ou un emploi similaire, sans changement du lieu de travail, elle notifie cette proposition par écrit au salarié. En cas de refus du salarié, l'entreprise utilisatrice en informe (*L. n° 2023-1196 du 18 déc. 2023, art. 6-I, en vigueur le 1ᵉʳ janv. 2024*) « l'opérateur France Travail » en justifiant du caractère similaire de l'emploi proposé.

Un décret en Conseil d'État fixe les modalités d'application du présent article. — *V. art. R. 1243-2.*

Art. L. 1251-34 Par dérogation aux dispositions (*Ord. n° 2017-1387 du 22 sept. 2017, art. 29*) « des articles L. 1251-12 et L. 1251-12-1 » relatives à la durée maximale du contrat de mission, lorsqu'un salarié temporaire est exposé à des rayonnements ionisants et qu'au terme de son contrat de mission cette exposition excède la valeur limite annuelle rapportée à la durée du contrat, l'entreprise de travail temporaire lui propose, dans les conditions prévues au deuxième alinéa de l'article L. 1251-26, un ou plusieurs contrats prenant effet dans un délai maximum de trois jours ouvrables après l'expiration du contrat précédent, pour une durée telle que l'exposition constatée à l'expiration du ou des nouveaux contrats soit au plus égale à la valeur limite annuelle rapportée à la durée totale des contrats. — *V. art. L. 1255-2 (pén.).*

§ 3 Renouvellement du contrat

Art. L. 1251-35 (*Ord. n° 2017-1387 du 22 sept. 2017, art. 27*) La convention ou l'accord de branche étendu de l'entreprise utilisatrice peut fixer le nombre maximal de renouvellements possibles pour un contrat de mission. Ce nombre ne peut avoir ni pour objet ni pour effet de pourvoir durablement un emploi lié à l'activité normale et permanente de l'entreprise.

Les conditions de renouvellement sont stipulées dans le contrat ou font l'objet d'un avenant soumis au salarié avant le terme initialement prévu. — *V. art. L. 1255-8 (pén.).*

Art. L. 1251-35-1 (*Ord. n° 2017-1387 du 22 sept. 2017, art. 27*) A défaut de stipulation dans la convention ou l'accord de branche conclu en application de l'article L. 1251-35, le contrat de mission est renouvelable deux fois pour une durée déterminée qui, ajoutée à la durée du contrat initial, ne peut excéder la durée maximale prévue en application de l'article L. 1251-12 ou, le cas échéant, de l'article L. 1251-12-1.

Les conditions de renouvellement sont stipulées dans le contrat ou font l'objet d'un avenant soumis au salarié avant le terme initialement prévu. — *V. art. L. 1251-40 et L. 1255-8 (pén.).*

SOUS-SECTION 3 Succession de contrats

Art. L. 1251-36 (*Ord. n° 2017-1387 du 22 sept. 2017, art. 28*) A l'expiration d'un contrat de mission, il ne peut être recouru, pour pourvoir le poste du salarié dont le contrat a pris fin, ni à un contrat à durée déterminée ni à un contrat de mission, avant l'expiration d'un délai de carence calculé en fonction de la durée du contrat de mission incluant, le cas échéant, son ou ses renouvellements. Les jours pris en compte sont les jours d'ouverture de l'entreprise ou de l'établissement utilisateurs.

Sans préjudice des dispositions de l'article L. 1251-5, la convention ou l'accord de branche étendu de l'entreprise utilisatrice peut fixer les modalités de calcul de ce délai de carence. — *V. art. L. 1255-9 (pén.).*

1. Succession de contrats de mission et non-respect du délai de carence. L'entreprise de travail temporaire qui manque aux obligations qui lui sont propres en concluant avec un même salarié sur le même poste de travail des contrats de mission successifs sans respecter de délai de carence engage sa responsabilité contractuelle dans ses rapports avec l'entreprise utilisatrice ; il appartient aux juges du fond d'apprécier souverainement si un manquement peut être imputé à l'entreprise de travail temporaire dans l'établissement des contrats de mise à disposition. ● Soc. 14 févr. 2018, n° 16-21.940 P : *D. actu. 13 mars 2018*, obs. Fraisse ; *D. 2018*. Actu. 462 ; *RJS* 4/2018, n° 243. ♦ Le non-respect du délai de carence caractérisant un manquement par l'entreprise de travail temporaire aux obligations qui lui sont propres dans l'établissement des contrats de mission, cette dernière doit être condamnée *in solidum* avec l'entreprise utilisatrice à supporter les conséquences de la requalification de la relation de travail en contrat à durée indéterminée, à l'exception de l'indemnité de requalification, dont l'entreprise utilisatrice reste seule débitrice. ● Soc. 12 nov. 2020, n° 18-18.294 P : *D. 2020*. 2294 ; *Dr. soc.* 2021. 184, obs. S. Tournaux ; *RJS* 1/2021, n° 9 ; *JCP S* 2020. 3116, obs. François.

2. Succession d'un CTT et d'un CDD et non-respect du délai de carence. Aucune disposition ne prévoit dans le cas de la succession d'un contrat de travail temporaire et d'un contrat de travail à durée déterminée au bénéfice de l'ancienne entreprise utilisatrice la sanction de la requalification en CDI en cas de non-respect du délai de carence. ● Soc. 27 sept. 2023, n° 21-21.154 B : *D. actu. 16 oct. 2023*, obs. Bloch et Hachemi ; *D. 2023*. 1699 ; *RJS* 12/2023, n° 626 ; *JCP S* 2023. 1274, obs. Bousez.

Art. L. 1251-36-1 (*Ord. n° 2017-1387 du 22 sept. 2017, art. 28*) A défaut de stipulation dans la convention ou l'accord de branche conclu en application de l'article L. 1251-36, ce délai de carence est égal :

1° Au tiers de la durée du contrat de mission venu à expiration si la durée du contrat incluant, le cas échéant, son ou ses renouvellements, est de quatorze jours ou plus ;

2° A la moitié de la durée du contrat de mission venu à expiration si la durée du contrat incluant, le cas échéant, son ou ses renouvellements, est inférieure à quatorze jours.

Les jours pris en compte pour apprécier le délai devant séparer les deux contrats sont les jours d'ouverture de l'entreprise ou de l'établissement utilisateurs. – V. art. L. 1255-9 (pén.).

Art. L. 1251-37 (*Ord. n° 2017-1387 du 22 sept. 2017, art. 28*) Sans préjudice des dispositions de l'article L. 1251-5, la convention ou l'accord de branche étendu de l'entreprise utilisatrice peut prévoir les cas dans lesquels le délai de carence prévu à l'article L. 1251-36 n'est pas applicable.

Le législateur a entendu confier à une convention ou un accord de branche étendu la possibilité de prévoir les cas dans lesquels le délai de carence prévu à l'art. L. 1251-36 n'est pas applicable. Les stipulations de telle convention ou d'un tel accord sont sans préjudice des dispositions, d'ordre public, de l'art. L. 1251-5, en vertu desquelles un contrat de mission, quel que soit son motif, ne peut avoir ni pour objet ni pour effet de pourvoir durablement un emploi lié à l'activité normale et permanente de l'entreprise. ● CE 19 mai 2021, n° 426825 : *RJS* 8-9/2021, n° 426.

Art. L. 1251-37-1 (*Ord. n° 2017-1387 du 22 sept. 2017, art. 28*) A défaut de stipulation dans la convention ou l'accord de branche conclu en application de l'article L. 1251-37, le délai de carence n'est pas applicable :

1° Lorsque le contrat de mission est conclu pour assurer le remplacement d'un salarié temporairement absent ou dont le contrat de travail est suspendu, en cas de nouvelle absence du salarié remplacé ;

2° Lorsque le contrat de mission est conclu pour l'exécution de travaux urgents nécessités par des mesures de sécurité ;

3° Lorsque le contrat de travail à durée déterminée est conclu pour pourvoir un emploi à caractère saisonnier défini au 3° de l'article L. 1242-2 ou pour lequel, dans certains secteurs d'activité définis par décret ou par voie de convention ou d'accord collectif étendu, il est d'usage constant de ne pas recourir au contrat de travail à durée indéterminée en raison de la nature de l'activité exercée et du caractère par nature temporaire de cet emploi ;

4° Lorsque le contrat est conclu pour assurer le remplacement de l'une des personnes mentionnées aux 4° et 5° de l'article L. 1251-6 ;

5° Lorsque le salarié est à l'initiative d'une rupture anticipée du contrat ;

6° Lorsque le salarié refuse le renouvellement de son contrat de mission, pour la durée du contrat non renouvelé.

SOUS-SECTION 4 **Embauche par l'entreprise utilisatrice à l'issue d'une mission**

Art. L. 1251-38 Lorsque l'entreprise utilisatrice embauche, après une mission, un salarié mis à sa disposition par une entreprise de travail temporaire, la durée des missions accomplies au sein de cette entreprise au cours des trois mois précédant le recrutement est prise en compte pour le calcul de l'ancienneté du salarié.

Cette durée est déduite de la période d'essai éventuellement prévue dans le nouveau contrat de travail. — *[Anc. art. L. 124-6.]*

1. Ancienneté. Sur l'application de l'art. L. 124-6 [L. 1251-38 nouv.] au calcul de l'ancienneté nécessaire à un salarié pour être désigné comme délégué syndical, V. • Soc. 12 févr. 1991 : D. 1991. IR 70.

2. Essai. Les dispositions de l'art. L. 124-6 [L. 1251-38 nouv.] relatives à la période d'essai impliquent que les fonctions exercées au cours de la mission et du contrat de travail ne soient pas différentes. • Soc. 10 nov. 1993, n° 89-45.303 P : CSB 1993. 319, S. 173 ; RJS 1993. 735, n° 1248. ♦ Sur l'imputation de la durée de la mission sur la période d'essai, V. • Soc. 16 nov. 1995 : RJS 1996. 56, n° 86.

SOUS-SECTION 5 **Requalification du contrat**

Art. L. 1251-39 Lorsque l'entreprise utilisatrice continue de faire travailler un salarié temporaire après la fin de sa mission sans avoir conclu avec lui un contrat de travail ou sans nouveau contrat de mise à disposition, ce salarié est réputé lié à l'entreprise utilisatrice par un contrat de travail à durée indéterminée.

Dans ce cas, l'ancienneté du salarié est appréciée en tenant compte du premier jour de sa mission au sein de cette entreprise. Elle est déduite de la période d'essai éventuellement prévue. — *[Anc. art. L. 124-7, al. 1er.]*

Les dispositions de l'art. L. 1251-39 ne permettent pas au salarié intérimaire d'invoquer la violation par l'entreprise de travail temporaire des prescriptions de l'art. L. 1251-16, pour faire valoir auprès de l'entreprise utilisatrice les droits afférents à un contrat à durée indéterminée. • Soc. 17 sept. 2008 : RDT 2008. 661, obs. Auzero ; Dr. ouvrier 2009. 153, obs. Marié ; JCP S 2009. 1017, obs. Bousez.

Art. L. 1251-40 Lorsqu'une entreprise utilisatrice a recours à un salarié d'une entreprise de travail temporaire en méconnaissance des dispositions des articles L. 1251-5 à L. 1251-7, L. 1251-10 *(Ord. n° 2017-1387 du 22 sept. 2017, art. 29)* « L. 1251-11, L. 1251-12-1, L. 1251-30 et L. 1251-35-1, et des stipulations des conventions ou des accords de branche conclus en application des articles L. 1251-12 et L. 1251-35 », ce salarié peut faire valoir auprès de l'entreprise utilisatrice les droits correspondant à un contrat de travail à durée indéterminée prenant effet au premier jour de sa mission.

(Ord. n° 2017-1387 du 22 sept. 2017, art. 4) « La méconnaissance de l'obligation de transmission *(Ord. n° 2017-1718 du 20 déc. 2017, art. 1er-I)* « du contrat de mission au salarié » dans le délai fixé par l'article L. 1251-17 ne saurait, à elle seule, entraîner la requalification en contrat à durée indéterminée. Elle ouvre droit, pour le salarié, à une indemnité, à la charge de l'employeur, qui ne peut être supérieure à un mois de salaire. »

Les dispositions issues de l'Ord. n° 2017-1387 du 22 sept. 2017 sont applicables aux licenciements prononcés postérieurement à sa publication (Ord. préc., art. 40-I).

Jurisprudence rendue sous l'empire des dispositions postérieures à l'Ord. n° 2017-1387 du 22 sept. 2017.

1. Constitutionnalité. Les dispositions autorisant le juge à anéantir les effets d'un CDI intérimaire légalement convenu entre deux parties en substituant de force un tiers à la relation contractuelle pour y substituer un nouveau CDI ne portent pas atteinte à la liberté contractuelle et au droit au maintien de l'économie des conventions légalement conclues ; ces dispositions sont justifiées par un motif d'intérêt général de lutte contre la précarité pouvant résulter du recours abusif à l'emploi du travail temporaire. • Soc. 25 janv. 2023, n° 22-40.018 B.

Jurisprudence rendue sous l'empire des dispositions antérieures à l'Ord. n° 2017-1387 du 22 sept. 2017.

2. Champ d'application. Les dispositions de l'art. L. 124-7, al. 2 [L. 1251-40 nouv.], ne sont pas applicables à la méconnaissance de l'art. L. 124-7, al. 3 [L. 1251-36 nouv.], relatif au délai de carence. ● Soc. 23 févr. 2005 : 🛡 *D. 2005. IR 666* ⌀ *; Dr. soc. 2005. 685, obs. Roy-Loustaunau* ⌀ *; RJS 2005. 410, n° 586.*

3. Parlement européen. Si l'arrêt de la CJCE du 23 oct. 1985 (n° 282/84) ne permet pas de requalifier le contrat de travail temporaire en contrat à durée indéterminée à l'égard du Parlement européen, il ne fait pas obstacle à la condamnation de cette institution à réparer le préjudice causé aux salariés employés en contrat de travail temporaire. ● Soc. 21 sept. 2011 : *D. actu. 11 oct. 2011, obs. Astaix ; JCP S 2012. 1096, obs. Bousez.*

4. Action contre l'entreprise utilisatrice. Lorsqu'un utilisateur a recours à un salarié d'une entreprise de travail temporaire en violation caractérisée des dispositions des art. L. 124-2 à L. 124-2-4 [L. 1251-5 à L. 1251-7, L. 1251-10 à L. 1251-12, L. 1251-30 et L. 1251-35 nouv.], ce salarié peut faire valoir auprès de l'utilisateur les droits afférents à un contrat à durée indéterminée prenant effet au premier jour de sa première mission irrégulière. ● Soc. 21 janv. 2004 : 🛡 *RJS 2004. 243, n° 352.* ♦ Lorsque le salarié a obtenu la requalification du contrat de travail temporaire en CDI et a fait valoir ses droits auprès de l'entreprise utilisatrice, l'entreprise de travail temporaire ne peut obtenir la restitution des indemnités de précarité qu'elle a versées en application de contrats qui n'ont fait l'objet à son égard d'aucune décision prononçant la nullité ou leur requalification en CDI. ● Soc. 19 janv. 1999, 🛡 n° 96-45.583 P : *D. 1999. IR 50* ⌀ *; RJS 1999. 369, n° 605.* ♦ Ouvrent droit à rappel de salaires les périodes non travaillées séparant deux contrats de mission d'un salarié intérimaire dont les différents contrats ont été requalifiés en relation de travail unique à durée indéterminée avec l'entreprise utilisatrice, dès lors que, n'étant pas établi qu'il ait travaillé pour d'autres entreprises pendant ces périodes, il ne connaissait ses dates de début de mission qu'au fur et à mesure qu'il les effectuait, de sorte qu'il devait se tenir à la disposition de cette société. ● Soc. 10 nov. 2009 : 🛡 *RJS 2010. 77, n° 101 ; Dr. ouvrier 2010. 284, obs. R. Lokiec ; JSL 2009, n° 267.268-3.* ♦ Le travailleur temporaire engagé par plusieurs contrats de mission et dont le contrat de travail est requalifié en contrat de travail à durée indéterminée le liant à l'entreprise utilisatrice ne peut prétendre à rappel de salaire au titre des périodes non travaillées entre plusieurs missions que s'il s'est tenu à la disposition de ladite entreprise pendant ces périodes pour effectuer un travail. ● Soc. 9 déc. 2009 : 🛡 *RJS 2010. 179, n° 226.*

5. Action contre l'entreprise de travail temporaire. Les dispositions de l'art. L. 124-7 [L. 1251-40 nouv.] n'excluent pas la possibilité, pour le salarié, d'agir contre l'entreprise de travail temporaire lorsque les conditions à défaut desquelles toute opération de prêt de main-d'œuvre est interdite n'ont pas été respectées. ● Soc. 13 avr. 2005, 🛡 n° 03-41.967 P : *D. 2005. IR 1110* ⌀ *; Dr. soc. 2005. 1038, obs. Roy-Loustaunau ;* ⌀ *RJS 2005. 489, n° 689* ● 19 avr. 2000, 🛡 n° 97-45.508 P ● Soc. 12 nov. 2020, 🛡 n° 18-18.294 P : *D. 2020. 2294* ⌀ *; Dr. soc. 2021. 184, obs. S. Tournaux* ⌀ *; RJS 1/2021, n° 9 ; JCP S 2020. 3116, obs. François.* ♦ Il en est ainsi lorsqu'aucun contrat de mission n'a été établi par écrit, ce manquement de l'entreprise de travail temporaire causant nécessairement au salarié intérimaire un préjudice qui doit être réparé. ● Soc. 13 déc. 2006 : 🛡 *RJS 2006. 193, n° 293 ; Dr. soc. 2007. 770, obs. Roy-Loustaunau* ⌀.

6. Action contre l'entreprise de travail temporaire et contre l'entreprise utilisatrice. Un salarié intérimaire peut exercer concurremment une action en paiement de dommages-intérêts pour rupture anticipée du contrat de mission à l'encontre de l'entreprise de travail temporaire et une action en requalification du contrat de travail temporaire à l'encontre de l'entreprise utilisatrice, les deux actions ayant des fondements différents. ● Soc. 27 juin 2007 : 🛡 *RJS 2007. 886, n° 1139 ; JSL 2007, n° 219-5* ● 20 mai 2009 : 🛡 *D. 2010. Pan. 342, obs. Escande-Varniol* ⌀ *; RJS 2009. 660, n° 751 ; JSL 2009, n° 258-6 ; JCP S 2009. 1370, obs. Bousez ; Dr. ouvrier 2009. 581, note Marié.*

7. Point de départ du délai de prescription. Lorsqu'une entreprise utilisatrice a recours à un salarié d'une entreprise de travail temporaire, en méconnaissance des dispositions des art. L. 1251-5 à L. 1251-7, L. 1251-10 à L. 1251-12, L. 1251-30 et L. 1251-35, ce salarié peut faire valoir auprès de l'entreprise utilisatrice les droits correspondants à un contrat de travail à durée indéterminée prenant effet au premier jour de sa mission, ce dont il résulte que le délai de prescription prévu par l'art. 2224 C. civ. dans sa rédaction issue de la loi du 17 juin 2008 ne court qu'à compter du terme du dernier contrat de mission. ● Soc. 13 juin 2012 : *D. actu. 10 juill. 2012, obs. Siro.* ♦ La requalification en contrat à durée indéterminée peut porter sur une succession de contrats séparés par des périodes d'inactivité, ces dernières n'ont pas d'effet sur le point de départ du délai de prescription. ● Soc. 11 mai 2022, 🛡 n° 20-12.271 B : *D. 2022. 998* ⌀ *; Dr. soc. 2022. 947, obs. Tournaux* ⌀ *; RJS 7/2022, n° 397 ; JCP S 2022. 1188, obs. Bousez.*

Art. L. 1251-41 Lorsque le conseil de prud'hommes est saisi d'une demande de requalification d'un contrat de mission en contrat de travail à durée indéterminée, l'affaire est directement portée devant le bureau de jugement qui statue au fond dans le délai d'un mois suivant sa saisine.

Si le conseil de prud'hommes fait droit à la demande du salarié, il lui accorde une indemnité, à la charge de l'entreprise utilisatrice, ne pouvant être inférieure à un mois de salaire. Cette disposition s'applique sans préjudice de l'application des dispositions du titre III du présent livre relatives aux règles de rupture du contrat de travail à durée indéterminée. – [Anc. art. L. 124-7-1, phrases 1 et 3.] – V. art. D. 1251-3.

1. Droit à l'emploi et poursuite du contrat. Le droit à l'emploi ne constitue pas une liberté fondamentale qui justifierait la poursuite du contrat de travail au terme de la mission de travail temporaire en cas d'action en requalification en contrat à durée indéterminée. • Soc. 21 sept. 2017, ⚖ n° 16-20.270 P : D. 2017. Actu. 1923, note explicative Cass ⊘. ; RDT 2017. 717, obs. Galy ⊘ ; RJS 12/2017, n° 786 ; JCP 2017. 1090, obs. Dedessus-le-Moustier.

2. Requalification du contrat. Le salarié intérimaire, qui a obtenu la requalification de la relation de travail en contrat à durée indéterminée, peut prétendre à une indemnité de requalification qui s'ajoute à l'indemnité de précarité. • Soc. 30 mars 2005 : ⚖ D. 2005. Pan. 2500, obs. Pélissier ⊘ ; CSB 2005, A. 53, obs. Pansier ; JSL 2005, n° 167-5.

3. Requalification de contrats successifs et indemnité de requalification. Lorsqu'une succession de missions d'intérim est requalifiée en CDI, une seule indemnité de requalification est accordée au salarié dont le montant ne peut être inférieur à un mois de salaire et la requalification de plusieurs contrats de travail temporaire en une relation contractuelle à durée indéterminée n'entraîne le versement d'indemnités qu'au titre de la rupture du CDI. • Soc. 13 avr. 2005, ⚖ n° 03-44.996 P : D. 2005. IR 1110, obs. Chevrier ⊘ ; Dr. soc. 2005. 1038, obs. Roy-Loustaunau • 15 mars 2006 : ⚖ JSL 2006, n° 187-4 • 10 mai 2012 : ⚖ D. actu. 30 mai 2012, obs. Dechristé ; D. 2012. Actu. 1340 ⊘ ; Dr. soc. 2012. 562, n° 660 ; JCP S 2012. 1406, obs. Bousez. ♦ En cas de requalification de plusieurs missions d'intérim en un contrat à durée indéterminée le liant à l'entreprise utilisatrice, l'intéressé ne peut prétendre à un rappel de salaire au titre des périodes non travaillées entre plusieurs missions que s'il s'est tenu à la disposition de l'employeur pendant ces périodes pour effectuer un travail. • Soc. 9 déc. 2009 : ⚖ JSL 2010, n° 270-5.

4. Charge de l'indemnité de requalification. Il résulte de l'art. L. 1251-41 qu'en cas de requalification d'un contrat de mission en contrat à durée indéterminée, le juge doit accorder au salarié, à la charge de l'utilisateur, une indemnité qui ne peut être inférieure à un mois de salaire, aussi le salarié ne peut prétendre au paiement, par l'entreprise de travail temporaire, d'une indemnité de requalification. • Soc. 13 juin 2012 : ⚖ D. actu. 10 juill. 2012, obs. Siro • Soc. 1ᵉʳ déc. 2005 : ⚖ D. 2006. IR 16 ⊘ ; JSL 2005, n° 180-4.

5. Indemnité de requalification et accessoires du salaire. L'indemnité de requalification prévue par l'art. L. 1251-41 C. trav. doit être calculée sur le salaire de base mais aussi sur les accessoires du salaire. • Soc. 3 mai 2016, ⚖ n° 14-29.739 P : D. actu. 25 mai 2016, obs. Roussel ; D. 2016. Actu. 1004 ⊘ ; RDT 2016. 477, obs. Tournaux ⊘ ; RJS 7/2016, n° 482 ; JCP S 2016. 1274, obs. Bousez.

6. Indemnité de préavis et indemnité de précarité. Le salarié intérimaire qui a obtenu la requalification de la relation de travail en CDI, peut prétendre à une indemnité de préavis qui s'ajoute à l'indemnité de précarité. • Soc. 30 mars 2005 : ⚖ Dr. soc. 2005. 1044, obs. Roy-Loustaunau ⊘ • 15 mars 2006 : ⚖ JSL 2006, n° 187-4.

7. Indemnité de travail dissimulé. L'indemnité forfaitaire légale égale à 6 mois de salaire prévue par l'art. L. 324-11-1 en cas de travail dissimulé peut se cumuler avec l'indemnité compensatrice de préavis, de congés payés sur préavis et l'indemnité conventionnelle de licenciement. • Soc. 25 mai 2005 : ⚖ D. 2005. IR 1507 ⊘ ; Dr. soc. 2005. 916, obs. Roy-Loustaunau ⊘ ; RJS 2005. 665, n° 929.

8. Indemnité de requalification et poursuite de la relation de travail. Le salarié a droit à l'indemnité spéciale de requalification y compris lorsque la relation de travail se poursuit avec l'entreprise utilisatrice dans le cadre du contrat requalifié et ce alors même qu'aucune interruption de la rémunération n'a eu lieu entre la fin des contrats de mission et la poursuite des relations dans le cadre du contrat à durée indéterminée. • Soc. 19 févr. 2014 : ⚖ RJS 2014. 361, n° 443 ; BICC 15 mai 2014, n° 895.

SECTION 4 Contrat de mise à disposition et entreprise de travail temporaire

SOUS-SECTION 1 Contrat de mise à disposition

Art. L. 1251-42 Lorsqu'une entreprise de travail temporaire met un salarié à la disposition d'une entreprise utilisatrice, ces entreprises concluent par écrit un contrat de mise à disposition, au plus tard deux jours ouvrables suivant la mise à disposition. – [Anc. art. L. 124-3, al. 1ᵉʳ.] – V. art. L. 1255-10 (pén.).

BIBL. ▶ Kerbourc'h, Dr. soc. 2009. 530 ⊘ (qu'est-ce qu'une mise à disposition de personnel ?). – Loiseau, JCP S 2023. 1064 (qualification des plateformes de mise à disposition de personnel). – Vatinet, Dr. soc. 2011. 666 ⊘.

1. Sanction du défaut d'écrit. La formalité d'un contrat écrit étant destinée à garantir le respect des diverses conditions à défaut desquelles toute opération de prêt de main-d'œuvre est interdite, l'omission de cette prescription d'ordre public entraîne la nullité absolue du contrat. • Soc. 17 avr. 1980 : *Bull. civ. V, n° 318* • 12 juin 1981 : *ibid., n° 558.*

2. En cas de nullité du contrat de mise à disposition, l'entreprise de travail temporaire est en droit d'obtenir de l'entreprise utilisatrice la valeur de ses prestations et les avantages que cette dernière en a retirés. • Soc. 6 mai 1996 : ⚖ *Dr. soc. 1996. 969, obs. Couturier* ⌀. ♦ V. aussi, antérieurement : • Soc. 5 févr. 1992, ⚖ n° 89-16.274 P : *D. 1992. IR 104 ; RJS 1992. 219, n° 372* • 7 nov. 1995, ⚖ n° 93-18.620 P : *Dr. soc. 1996. 195, obs. Savatier* ⌀ *; RJS 1995. 825, n° 1303 ; JCP 1996. II. 22626, note Petit et Picq ; ibid. I. 3923, n° 4, obs. Rault.*

3. Lorsque l'entrepreneur de travail temporaire conclut un contrat de mise à disposition méconnaissant les exigences essentielles de la réglementation propre au travail temporaire, il se place en dehors du champ d'application de celle-ci ; il en résulte que le contrat liant le salarié est soumis au droit commun. • Soc. 31 oct. 1989 : *Bull. civ. V, n° 640 ; D. 1989. IR 326.* ♦ Tel est le cas lorsque le contrat de mission ne comporte pas la mention du terme de la mission. • Soc. 19 avr. 2000, ⚖ n° 97-45.508 P : *D. 2000. IR 160* ⌀ *; RJS 2000. 500, n° 754.*

4. Refus de conclure. Le refus, par une société recourant aux services d'une entreprise de travail temporaire, de conclure le contrat de mise à disposition prévu par l'art. L. 124-3 [L. 1251-42 nouv.] constitue un refus d'embauche au sens de l'art. 225-2, 3°, C. pén., dès lors qu'il fait obstacle à l'embauche, par l'entreprise de travail temporaire, du salarié visé dans le contrat. • Crim. 2 sept. 2003 : ⚖ *D. 2004. 3103, obs. Gamet* ⌀.

5. Poursuite de la mission. Lorsque l'entreprise utilisatrice continue à faire travailler un travailleur temporaire après la fin de sa mission sans avoir conclu avec l'entrepreneur de travail temporaire un contrat écrit de mise à disposition dans les deux jours ouvrables suivant le début de la nouvelle mission, le salarié est réputé lié à l'utilisateur par un contrat à durée indéterminée ; celui-ci ne peut écarter cette présomption légale en apportant la preuve de l'existence d'un contrat verbal ou de la signature tardive du contrat de mise à disposition. • Soc. 14 oct. 1998, n° 96-42.758 P : *D. 1998. IR 250.*

6. Faillite de l'utilisateur. En cas de redressement judiciaire de l'entreprise utilisatrice, l'entreprise de travail temporaire ne peut demander le bénéfice du privilège des salariés pour obtenir le paiement de ses prestations. • Com. 12 juill. 1993 : ⚖ *D. 1993. Somm. 369, obs. Honorat* ⌀.

Art. L. 1251-43 Le contrat de mise à disposition établi pour chaque salarié comporte :

1° Le motif pour lequel il est fait appel au salarié temporaire. Cette mention est assortie de justifications précises dont, notamment, dans les cas de remplacement prévus aux 1°, 4° et 5° de l'article L. 1251-6, le nom et la qualification de la personne remplacée ou à remplacer ;

2° Le terme de la mission ;

3° Le cas échéant, la clause prévoyant la possibilité de modifier le terme de la mission dans les conditions prévues aux articles L. 1251-30 et L. 1251-31. Cette disposition s'applique également à l'avenant prévoyant le renouvellement du contrat de mise à disposition ;

4° Les caractéristiques particulières du poste de travail à pourvoir et, notamment si celui-ci figure sur la liste des postes présentant des risques particuliers pour la santé ou la sécurité des salariés prévue à l'article L. 4154-2, la qualification professionnelle exigée, le lieu de la mission et l'horaire ;

5° La nature des équipements de protection individuelle que le salarié utilise. Il précise, le cas échéant, si ceux-ci sont fournis par l'entreprise de travail temporaire ;

6° Le montant de la rémunération avec ses différentes composantes, y compris, s'il en existe, les primes et accessoires de salaire que percevrait dans l'entreprise utilisatrice, après période d'essai, un salarié de qualification professionnelle équivalente occupant le même poste de travail. — *[Anc. art. L. 124-3, al. 2 à 8, et L. 124-2-5.]* — V. art. L. 1254-10 (pén.).

Motif détaillé. Le simple renvoi à l'un des cas énumérés par la loi ne saurait tenir lieu des mentions exigées par l'art. L. 124-3 [L. 1251-43 nouv.], le législateur ayant clairement manifesté sa volonté de distinguer le motif dont l'indication détaillée dans chaque situation doit permettre de contrôler la réalité des cas où il peut être fait appel au travail temporaire. • Crim. 8 juin 1982 : *D. 1982. IR 406.*

Art. L. 1251-44 Toute clause tendant à interdire l'embauche par l'entreprise utilisatrice du salarié temporaire à l'issue de sa mission est réputée non écrite. — *[Anc. art. L. 124-3, al. 9.]*

SOUS-SECTION 2 Entreprise de travail temporaire

§ 1 Règles de contrôle

Art. L. 1251-45 L'activité d'entrepreneur de travail temporaire ne peut être exercée qu'après déclaration faite à l'autorité administrative et obtention d'une garantie financière conformément à l'article L. 1251-49.

Une déclaration préalable est également exigée lorsqu'un entrepreneur de travail temporaire déplace le siège de son entreprise ou ouvre des succursales, agences ou bureaux annexes.

Toute entreprise de travail temporaire cessant ses activités en fait la déclaration à l'autorité administrative. — [Anc. art. L. 124-10, al. 1er et 2 et al. 5.] — V. art. L. 1255-2 (pén.) et R. 1251-4 s.

Art. L. 1251-46 L'entreprise de travail temporaire fournit le relevé des contrats de mission (L. n° 2008-126 du 13 févr. 2008) « à l'institution mentionnée à l'article L. 5312-1 », notamment pour la vérification des droits des salariés au revenu de remplacement prévu à l'article L. 5421-2.

(L. n° 2008-126 du 13 févr. 2008) « Cette institution communique » les informations à l'autorité administrative pour l'exercice de ses missions de contrôle. — [Anc. art. L. 124-11, al. 1er et 2.] — V. art. R. 1255-3 (pén.) et art. R. 1251-7.

Art. L. 1251-47 Lorsqu'un entrepreneur de travail temporaire exerce son activité sans avoir accompli les déclarations prévues à l'article L. 1251-45 ou sans avoir obtenu la garantie financière prévue à l'article L. 1251-49 et qu'il en résulte un risque sérieux de préjudice pour le salarié temporaire, le juge judiciaire peut ordonner la fermeture de l'entreprise pour une durée qui ne peut excéder deux mois. Il est saisi par l'inspecteur du travail (L. n° 2019-1446 du 24 déc. 2019, art. 22) « ou par l'agent de contrôle de l'organisme de recouvrement mentionné aux articles L. 213-1 ou L. 752-1 du code de la sécurité sociale ou à l'article L. 723-3 du code rural et de la pêche maritime » après que celui-ci a adressé à l'entrepreneur de travail temporaire une mise en demeure restée infructueuse.

Lorsque ces mesures entraînent le licenciement du personnel permanent, celui-ci a droit, en dehors de l'indemnité de préavis et de l'indemnité de licenciement, aux indemnités prévues aux articles L. 1235-2, L. 1235-3 ou L. 1235-5. — V. art. R. 1251-10.

Art. L. 1251-48 Un décret en Conseil d'État détermine :

1° Le contenu et les modalités des déclarations prévues à l'article L. 1251-45 ainsi que le délai de leur présentation à l'autorité administrative ;

2° La nature des informations que doit comporter le relevé des contrats de mission prévu à l'article L. 1251-46 ainsi que la périodicité et les modalités de présentation de celui-ci. — [Anc. art. L. 124-10, al. 6, et L. 124-11, al. 3.] — V. art. R. 1251-4 s.

§ 2 Garantie financière et défaillance de l'entreprise de travail temporaire

Art. L. 1251-49 L'entrepreneur de travail temporaire justifie, à tout moment, d'une garantie financière assurant, en cas de défaillance de sa part, le paiement :

1° Des salaires et de leurs accessoires ;

2° Des indemnités résultant du présent chapitre ;

3° Des cotisations obligatoires dues à des organismes de sécurité sociale ou à des institutions sociales ;

4° Des remboursements qui peuvent, le cas échéant, incomber aux employeurs à l'égard des organismes de sécurité sociale et institutions sociales dans les conditions prévues à l'article L. 244-8 du code de la sécurité sociale. — [Anc. art. L. 124-8, al. 1er à 5.] — V. art. L. 1255-2 et R. 1255-6 (pén.).

Obligations de l'URSSAF. L'URSSAF est tenue, pour permettre l'information des entreprises utilisatrices, de faire état du montant et de l'objet des redressements notifiés à l'entreprise de travail temporaire, fussent-ils contestés. • Soc. 5 janv. 1995 : ⚖ RJS 1995. 129, n° 167.

Art. L. 1251-50 La garantie financière ne peut résulter que d'un engagement de caution pris par une société de caution mutuelle, un organisme de garantie collective, une compagnie d'assurance, une banque ou un établissement financier habilité à donner caution.

Elle est calculée en pourcentage du chiffre d'affaires annuel de l'entreprise intéressée.

Elle ne peut être inférieure à un minimum fixé annuellement par décret, compte tenu de l'évolution moyenne des salaires. — *[Anc. art. L. 124-8-1 et L. 124-8-2.]* — *Montant minimum fixé pour 2024 à 143 871 € (Décr. n° 2023-1308 du 28 déc. 2023, JO 29 déc.).*

Art. L. 1251-51 L'entreprise de travail temporaire fournit à l'entreprise utilisatrice, sur sa demande, une attestation des organismes de sécurité sociale précisant sa situation au regard du recouvrement des cotisations dues à ces organismes. — *[Anc. art. L. 124-8, al. 7.]*

Art. L. 1251-52 En cas de défaillance de l'entreprise de travail temporaire et d'insuffisance de la caution, l'entreprise utilisatrice est substituée à l'entreprise de travail temporaire pour le paiement des sommes qui restent dues aux salariés temporaires et aux organismes de sécurité sociale ou aux institutions sociales dont relèvent ces salariés, pour la durée de la mission accomplie dans l'entreprise. — *[Anc. art. L. 124-8, al. 6.]*

Art. L. 1251-53 Les conditions d'application du présent paragraphe sont déterminées par décret en Conseil d'État. — *[Anc. art. L. 124-8, al. 8.]* — *V. art. R. 1251-12 s.*

§ 3 Statut des salariés permanents et temporaires de l'entreprise de travail temporaire

Art. L. 1251-54 Pour calculer les effectifs d'une entreprise de travail temporaire, il est tenu compte :

1° Des salariés permanents de cette entreprise, déterminés conformément à l'article L. 1111-2 ;

2° Des salariés temporaires qui ont été liés à cette entreprise par des contrats de mission pendant une durée totale d'au moins trois mois au cours de la dernière année civile. — *[Anc. art. L. 620-11.]*

1. Section syndicale. Sont adhérents du syndicat, dans les entreprises de travail temporaire, les salariés intérimaires qui remplissent les conditions visées à l'art. L. 1251-54, 2° C. trav., peu important qu'ils ne soient pas titulaires d'un contrat de mission lors de la désignation du représentant de la section syndicale, dès lors qu'ils n'ont pas fait connaître à l'entrepreneur de travail temporaire qu'ils n'entendent plus bénéficier d'un nouveau contrat et que ce dernier ne leur a pas notifié sa décision de ne plus faire appel à eux pour de nouveaux contrats. • Soc. 11 mai 2016, n° 15-17.200 P : *D. actu. 31 mai 2016, obs. Doutreleau ; RJS 7/2016, n° 506 ; JCP S 2016. 1281, obs. Kerbourc'h.*

2. Éligibilité. Sont éligibles aux CHSCT (même solution pour les CSE aujourd'hui), dans les entreprises de travail temporaire, les salariés intérimaires qui remplissent les conditions visées à l'art. L. 1251-54, 2°, peu important qu'ils ne soient pas titulaires d'un contrat de mission lors de la réunion du collège désignatif, dès lors qu'ils n'ont pas fait connaître à l'entrepreneur de travail temporaire qu'ils n'entendent plus bénéficier d'un nouveau contrat et que ce dernier ne leur a pas notifié sa décision de ne plus faire appel à eux pour de nouveaux contrats. • Soc. 30 sept. 2015, n° 14-25.704 P : *D. actu. 28 oct. 2015, obs. Fraisse ; D. 2015. Actu. 2017.*

Art. L. 1251-55 Pour l'application aux salariés temporaires des dispositions légales qui se réfèrent à une condition d'ancienneté dans l'entreprise de travail temporaire, l'ancienneté s'apprécie en totalisant les périodes pendant lesquelles ces salariés ont été liés à l'entreprise de travail temporaire par des contrats de mission. — *[Anc. art. L. 124-15.]*

Art. L. 1251-56 Pour l'application des dispositions prévues au 1° de l'article L. 6322-63, la durée minimum de présence dans l'entreprise de travail temporaire des salariés temporaires s'apprécie en totalisant les périodes pendant lesquelles ces salariés ont été liés à leur employeur par des contrats de mission. — *[Anc. art. L. 124-17.]*

Art. L. 1251-57 Sans préjudice du principe d'exclusivité prévu par l'article L. 1251-2, sont assimilées à des missions les périodes consacrées par les salariés temporaires :

1° A des stages de formation, bilans de compétences ou actions de validation d'acquis de l'expérience. Ces périodes sont accomplies soit à l'initiative de l'employeur dans le cadre du plan de formation de l'entreprise (L. n° 2011-893 du 28 juill. 2011) « , du contrat d'apprentissage » ou du contrat de professionnalisation, soit à l'initiative du salarié dans le cadre d'un (Ord. n° 2019-861 du 21 août 2019, art. 1er) « congé spécifique mentionné à l'article L. 6323-17-1 » ou d'un congé de bilan de compétences ;

2° A des actions de formation en lien avec leur activité professionnelle dans les conditions prévues par convention ou accord collectif étendu ou par convention ou accord d'entreprise ou d'établissement.

Art. L. 1251-58 Les règles particulières au travail temporaire relatives à la représentation du personnel figurent au livre III de la deuxième partie.

Les règles particulières au travail temporaire relatives à la participation des salariés aux fruits de l'expansion des entreprises figurent au livre III de la troisième partie. — [Anc. art. L. 124-19.]

SECTION 4 BIS Contrat de travail à durée indéterminée intérimaire

(L. n° 2018-771 du 5 sept. 2018, art. 116-I)

BIBL. ▶ ENJOLRAS, *Dr. ouvrier 2021.* 555. – TOURNAUX, *Dr. soc. 2018.* 810 ⌀.

Art. L. 1251-58-1 Une entreprise de travail temporaire peut conclure avec le salarié un contrat à durée indéterminée pour l'exécution de missions successives. Chaque mission donne lieu à :

1° La conclusion d'un contrat de mise à disposition entre l'entreprise de travail temporaire et le client utilisateur, dit "entreprise utilisatrice" ;

2° L'établissement, par l'entreprise de travail temporaire, d'une lettre de mission.

1. CDI intérimaire et portée d'un accord collectif de branche. Le juge ne saurait se fonder sur la L. n° 2015-994 du 17 août 2015, laquelle ne dispose que pour l'avenir, pour dire que les organisations syndicales avaient compétence pour négocier l'ensemble des éléments constitutifs de l'accord collectif de branche du 10 juill. 2013 permettant aux entreprises de travail temporaire d'engager, pour une durée indéterminée, certains travailleurs intérimaires ; en instaurant le CDI intérimaire, cet accord crée une catégorie nouvelle de contrat de travail, dérogeant aux règles d'ordre public absolu qui régissent, d'une part, le contrat de travail à durée indéterminée, d'autre part le contrat de mission, et fixe, en conséquence, des règles qui relèvent de la loi. • Soc. 12 juill. 2018, ⚖ n° 16-26.844 P : *D. actu. 27 juill. 2018*, obs. Ciray ; *D. 2018. Actu.* 1556 ⌀ ; *RDT 2018.* 689, note Ferkane ⌀ ; *RJS 11/2018,* n° 663 ; *JCP S 2018.* 1306, obs. Bousez.

2. Portée de la loi du 5 sept. 2018. L'art. 116-II de la L. du 5 sept. 2018 a validé rétroactivement les contrats de travail intérimaires à durée indéterminée conclus sur le fondement de l'accord de branche du 10 juill. 2013, dont l'arrêté d'extension a été annulé par le Conseil d'État (V. CE 28 nov. 2018, n° 379677) sous réserve des actions contentieuses engagées antérieurement ; le fonds mis en place par l'accord pouvait exiger, auprès des entreprises de travail temporaire ayant recouru au CDI intérimaire, la contribution prévue l'accord de branche du 10 juill. 2013 au titre des contrats conclus entre le 6 mars 2014 et le 19 août 2015. • Soc. 29 sept. 2021, ⚖ n° 20-16.494 P : *D. actu. 15 oct. 2021*, obs. de Montvalon ; *D. 2021. 1817* ⌀.

Art. L. 1251-58-2 Le contrat de travail mentionné à l'article L. 1251-58-1 est régi par les dispositions du code du travail relatives au contrat à durée indéterminée, sous réserve des dispositions de la présente section.

Il peut prévoir des périodes sans exécution de mission. Ces périodes sont assimilées à du temps de travail effectif pour la détermination des droits à congés payés et pour l'ancienneté.

Il est établi par écrit et comporte notamment les mentions suivantes :

1° L'identité des parties ;

2° Le cas échéant, les conditions relatives à la durée du travail, notamment le travail de nuit ;

3° Les horaires pendant lesquels le salarié doit être joignable pendant les périodes sans exécution de mission ;

4° Le périmètre de mobilité dans lequel s'effectuent les missions, qui tient compte de la spécificité des emplois et de la nature des tâches à accomplir, dans le respect de la vie personnelle et familiale du salarié ;

5° La description des emplois correspondant aux qualifications du salarié ;
6° Le cas échéant, la durée de la période d'essai ;
7° Le montant de la rémunération mensuelle minimale garantie ;
8° L'obligation de remise au salarié d'une lettre de mission pour chacune des missions qu'il effectue.

Art. L. 1251-58-3 Le contrat mentionné à l'article L. 1251-58-1 liant l'entreprise de travail temporaire au salarié prévoit le versement d'une rémunération mensuelle minimale garantie au moins égale au produit du montant du salaire minimum de croissance fixé en application des articles L. 3231-2 à L. 3231-12 par le nombre d'heures correspondant à la durée légale hebdomadaire pour le mois considéré, compte tenu, le cas échéant, des rémunérations des missions versées au cours de cette période.

Art. L. 1251-58-4 Les missions effectuées par le salarié lié par un contrat de travail à durée indéterminée avec l'entreprise de travail temporaire sont régies par les articles L. 1251-5 à L. 1251-63, sous réserve des adaptations prévues à la présente section et à l'exception des articles L. 1251-14, L. 1251-15, L. 1251-19, L. 1251-26 à L. 1251-28, L. 1251-32, L. 1251-33 et L. 1251-36.

Art. L. 1251-58-5 Pour l'application des articles L. 1251-5, L. 1251-9, L. 1251-11, L. 1251-13, L. 1251-16, L. 1251-17, L. 1251-29, L. 1251-30, L. 1251-31, L. 1251-34, L. 1251-35, L. 1251-41 et L. 1251-60 au contrat à durée indéterminée conclu par une entreprise de travail temporaire avec un salarié, les mots : "contrat de mission" sont remplacés par les mots : "lettre de mission".

Art. L. 1251-58-6 (L. n° 2022-1598 du 21 déc. 2022, art. 7) La durée totale du contrat de mission prévue à l'article L. 1251-12-1 n'est pas applicable au salarié lié par un contrat à durée indéterminée avec l'entreprise de travail temporaire.

Art. L. 1251-58-7 Pour l'application du 1° de l'article L. 6322-63, la durée minimale de présence dans l'entreprise s'apprécie en totalisant les périodes durant lesquelles le salarié exécute ou non une mission lorsque ce dernier est lié à l'entreprise de travail temporaire par un contrat à durée indéterminée.

Art. L. 1251-58-8 Pour l'application de l'article L. 2314-20, la durée passée dans l'entreprise est calculée en totalisant les périodes durant lesquelles le salarié exécute ou non une mission lorsque ce dernier est lié à l'entreprise de travail temporaire par un contrat à durée indéterminée.

SECTION 5 Actions en justice

Art. L. 1251-59 Les organisations syndicales représentatives peuvent exercer en justice toutes les actions résultant de l'application du présent chapitre en faveur d'un salarié sans avoir à justifier d'un mandat de l'intéressé.

Le salarié est averti dans des conditions déterminées par voie réglementaire et ne doit pas s'y être opposé dans un délai de quinze jours à compter de la date à laquelle l'organisation syndicale lui a notifié son intention.

Le salarié peut toujours intervenir à l'instance engagée par le syndicat et y mettre un terme à tout moment. – [Anc. art. L. 124-20.] – V. art. D. 1251-32.

SECTION 6 Dispositions applicables aux employeurs publics

(L. n° 2009-972 du 3 août 2009, art. 21-V)

Art. L. 1251-60 Les personnes morales de droit public peuvent faire appel aux salariés de ces entreprises pour des tâches non durables, dénommées missions, dans les seuls cas suivants :

1° Remplacement momentané d'un agent en raison d'un congé de maladie, d'un congé de maternité, d'un congé parental ou d'un congé de présence parentale, d'un passage provisoire en temps partiel, de sa participation à des activités dans le cadre d'une réserve opérationnelle, sanitaire, civile ou autre, ou de l'accomplissement du service civil ou national, du rappel ou du maintien sous les drapeaux ;

2° Vacance temporaire d'un emploi qui ne peut être immédiatement pourvu dans les conditions prévues par la loi n° 84-16 du 11 janvier 1984 portant dispositions statutaires relatives à la fonction publique de l'État, la loi n° 84-53 du 26 janvier 1984 portant dispositions statutaires relatives à la fonction publique territoriale et la loi n° 86-33 du 9 janvier 1986 portant dispositions statutaires relatives à la fonction publique hospitalière *(L. n° 2016-41 du 26 janv. 2016, art. 136)* « et par le chapitre II du titre V du livre I de la sixième partie du code de la santé publique » ;

3° Accroissement temporaire d'activité ;

4° Besoin occasionnel ou saisonnier *(L. n° 2016-1088 du 8 août 2016, art. 86)* « défini au 3° de l'article L. 1242-2 ».

Lorsque le contrat est conclu au titre des 1°, 3° et 4°, la durée totale du contrat de mission ne peut excéder dix-huit mois. Elle est réduite à neuf mois lorsque l'objet du contrat consiste en la réalisation de travaux urgents nécessités par des mesures de sécurité. Elle est portée à vingt-quatre mois lorsque la mission est exécutée à l'étranger.

Lorsque le contrat est conclu au titre du 2°, la durée totale du contrat de mission ne peut excéder douze mois. Elle est réduite à neuf mois si le contrat est conclu dans l'attente de la prise de fonctions d'un agent.

Le contrat de mission peut être renouvelé une fois pour une durée déterminée qui, ajoutée à la durée du contrat initial, ne peut excéder les durées prévues à l'alinéa précédent.

Art. L. 1251-61 Les salariés mis à disposition par une entreprise de travail temporaire auprès d'une personne morale de droit public sont soumis aux règles d'organisation et de fonctionnement du service où ils servent et aux obligations s'imposant à tout agent public. Ils bénéficient de la protection prévue par l'article 11 de la loi n° 83-634 du 13 juillet 1983 portant droits et obligations des fonctionnaires.

Il ne peut leur être confié de fonctions susceptibles de les exposer aux sanctions prévues aux articles 432-12 et 432-13 du code pénal.

Art. L. 1251-62 Si la personne morale de droit public continue à employer un salarié d'une entreprise de travail temporaire après la fin de sa mission sans avoir conclu avec lui un contrat ou sans nouveau contrat de mise à disposition, ce salarié est réputé lié à la personne morale de droit public par un contrat à durée déterminée de trois ans. Dans ce cas, l'ancienneté du salarié est appréciée à compter du premier jour de sa mission. Elle est déduite de la période d'essai éventuellement prévue.

Art. L. 1251-63 Les litiges relatifs à une mission d'intérim opposant le salarié et la personne publique utilisatrice gérant un service public administratif sont portés devant la juridiction administrative.

CHAPITRE II CONTRAT CONCLU AVEC UNE ENTREPRISE DE TRAVAIL À TEMPS PARTAGÉ

SECTION 1 Définitions

Art. L. 1252-1 Le recours au travail à temps partagé a pour objet la mise à disposition d'un salarié par une entreprise de travail à temps partagé au bénéfice d'un client utilisateur pour l'exécution d'une mission.

Chaque mission donne lieu à la conclusion :

1° D'un contrat de mise à disposition entre l'entreprise de travail à temps partagé et le client utilisateur dit "entreprise utilisatrice" ;

2° D'un contrat de travail, dit "contrat de travail à temps partagé", entre le salarié et son employeur, l'entreprise de travail à temps partagé.

Profession d'expert-comptable et entreprise de travail à temps partagé. Si les dispositions applicables aux entreprises de travail à temps partagé n'excluent pas, par elles-mêmes, le recours à des salariés comptables, le juge doit vérifier concrètement si les conditions d'exercice, par l'entreprise en question, de son activité d'entreprise de travail à temps partagé ne caractérisent pas une fraude au monopole de la profession d'expert-comptable. • Com. 20 févr. 2019, n° 17-22.047 P : *RJDA 6/2019, n° 435.*

SECTION 1 Groupement d'employeurs entrant dans le champ d'application d'une même convention collective

BIBL. ▶ FADEUILHE, JOUBERT et LOPEZ, RDT 2019. 268 ⌀ (expérience d'une négociation collective territoriale).

SOUS-SECTION 1 Objet

Art. L. 1253-1 Des groupements de personnes entrant dans le champ d'application d'une même convention collective peuvent être constitués dans le but de mettre à la disposition de leurs membres des salariés liés à ces groupements par un contrat de travail. (*L. n° 2009-1437 du 24 nov. 2009*) « Cette mise à disposition peut avoir pour objet de permettre le remplacement de salariés suivant une action de formation prévue par le présent code. »

Ils peuvent également apporter à leurs membres leur aide ou leur conseil en matière d'emploi ou de gestion des ressources humaines.

(*L. n° 2014-288 du 5 mars 2014, art. 20-IV*) « Les groupements qui organisent des parcours d'insertion et de qualification pour les salariés rencontrant des difficultés d'insertion qu'ils mettent à la disposition de leurs membres peuvent être reconnus comme des groupements d'employeurs pour l'insertion et la qualification dans des conditions fixées par décret.

« Les groupements mentionnés au présent article ne » peuvent se livrer qu'à des opérations à but non lucratif. – *V. art. L. 1255-13 (pén.) et D. 1253-1 s.*

1. Responsabilité du dirigeant du groupement. Est coupable du délit d'exercice illégal de la profession d'expert-comptable le président d'un groupement d'employeurs qui a mis à la disposition des adhérents du groupement des salariés qui ont procédé à des travaux réservés aux experts-comptables. • Crim. 19 mai 2004, ⚖ n° 03-83.647

P : RJS 2004. 852, n° 1211.

2. Groupement d'employeurs et UES. L'absence de complémentarité entre l'activité d'un groupement d'employeurs et celle de ses membres fait obstacle à la reconnaissance d'une UES. • Soc. 24 juin 2014, ⚖ n° 13-11.593.

SOUS-SECTION 2 Constitution et adhésion

Art. L. 1253-2 Les groupements d'employeurs sont constitués sous l'une des formes suivantes :

1° Association régie par la loi du 1ᵉʳ juillet 1901 relative au contrat d'association ;

2° Société coopérative au sens de la loi n° 47-1775 du 10 septembre 1947 portant statut de la coopération et de la loi n° 83-657 du 20 juillet 1983 relative au développement de certaines activités d'économie sociale ;

3° Association régie par le code civil local ou coopérative artisanale dans les départements de la Moselle, du Bas-Rhin et du Haut-Rhin. – *[Anc. art. L. 127-1, al. 2, phrase 2.]* – *V. art. L. 1255-13 (pén.)*.

AGS. L'AGS garantit les sommes dues par un groupement d'employeurs à ses salariés ; l'AGS doit faire l'avance des sommes nécessaires au règlement des créances résultant de la rupture des contrats de travail intervenant pendant le maintien provisoire de l'activité autorisé par le jugement de liquidation judiciaire de l'employeur, dès lors que le représentant des créanciers ne dispose pas des fonds nécessaires, peu importent que les associés du groupement placé en liquidation judiciaire soient solidairement responsables du passif salarial. • Soc. 9 mars 2004, n° 02-41.852 P : D. 2004. 2191, obs. Giraudet ⌀.

Art. L. 1253-3 (*Ord. n° 2021-584 du 12 mai 2021, art. 3*) Sont également considérées comme des groupements d'employeurs :

1° Les sociétés coopératives existantes qui développent, au bénéfice exclusif de leurs membres, les activités mentionnées à l'article L. 1253-1 ;

2° Les sociétés interprofessionnelles de soins ambulatoires mentionnées à l'article L. 4041-1 du code de la santé publique et employant des salariés dans les conditions prévues au *a* du 3° de l'article L. 4041-2 du même code qui développent, au bénéfice exclusif de tout ou partie de leurs associés, les activités mentionnées à l'article L. 1253-1 du présent code.

Le présent chapitre leur est applicable dans des conditions déterminées par décret en Conseil d'État.

Art. L. 1253-4 et L. 1253-5 *Abrogés par L. n° 2011-893 du 28 juill. 2011.*

Art. L. 1253-6 Lorsqu'un groupement d'employeurs se constitue, il en informe l'inspection du travail.

La liste des membres du groupement est tenue en permanence à la disposition de l'*(L. n° 2016-1088 du 8 août 2016, art. 113)* « agent de contrôle de l'inspection du travail mentionné à l'article L. 8112-1 » au siège du groupement. — *[Anc. art. L. 127-1, al. 4.]* — *V. art. L. 1255-13 (pén.).*

Art. L. 1253-7 Les employeurs qui adhèrent à un groupement d'employeurs informent les institutions représentatives du personnel existant dans leur entreprise de la constitution et de la nature du groupement d'employeurs. — *[Anc. art. L. 127-1, al. 7.]* — *V. art. L. 1255-13 (pén.).*

Art. L. 1253-8 Les membres du groupement sont solidairement responsables de ses dettes à l'égard des salariés et des organismes créanciers de cotisations obligatoires. *(L. n° 2011-893 du 28 juill. 2011, art. 35 et 36)* « Par dérogation, les statuts des groupements d'employeurs peuvent prévoir, sur la base de critères objectifs, des règles de répartition de ces dettes entre les membres du groupement, opposables aux créanciers. Ils peuvent également prévoir des modalités de responsabilité spécifiques pour les collectivités territoriales membres du groupement. » — *V. art. L. 1255-13 (pén.).*

Art. L. 1253-8-1 *(L. n° 2016-1088 du 8 août 2016, art. 89)* Pour l'application du présent code, à l'exception de sa deuxième partie, les salariés mis à la disposition, en tout ou partie, d'un ou de plusieurs de ses membres par un groupement d'employeurs ne sont pas pris en compte dans l'effectif de ce groupement d'employeurs.

SOUS-SECTION 3 **Conditions d'emploi et de travail**

Art. L. 1253-9 Les contrats de travail conclus par le groupement sont établis par écrit. Ils comportent notamment :
1° Les conditions d'emploi et de rémunération ;
2° La qualification professionnelle du salarié ;
3° La liste des utilisateurs potentiels ;
4° Les lieux d'exécution du travail.
(L. n° 2011-893 du 28 juill. 2011, art. 31) « Ils garantissent l'égalité de traitement en matière de rémunération, d'intéressement, de participation et d'épargne salariale entre le salarié du groupement et les salariés des entreprises auprès desquelles il est mis à disposition. » — *V. art. L. 1255-13 (pén.).*

Art. L. 1253-10 Les salariés du groupement bénéficient de la convention collective dans le champ d'application de laquelle le groupement a été constitué. — *[Anc. art. L. 127-2, al. 2.]* — *V. art. L. 1255-13 (pén.).*

Art. L. 1253-11 Sans préjudice des conventions de branche ou des accords professionnels applicables aux groupements d'employeurs, les organisations professionnelles représentant les groupements d'employeurs et les organisations syndicales de salariés représentatives peuvent conclure des accords collectifs de travail *(Abrogé par L. n° 2011-893 du 28 juill. 2011, art. 34)* « *portant sur la polyvalence, la mobilité et le travail à temps partagé des salariés de ces groupements* ». — *[Anc. art. L. 127-8.]*

Art. L. 1253-12 Pendant la durée de la mise à disposition, l'utilisateur est responsable des conditions d'exécution du travail telles qu'elles sont déterminées par les dispositions légales et conventionnelles applicables au lieu de travail.

Pour l'application de ces dispositions, les conditions d'exécution du travail comprennent limitativement ce qui a trait à :
1° La durée du travail ;
2° Le travail de nuit ;
3° Le repos hebdomadaire et les jours fériés ;
4° La santé et la sécurité au travail ;

5° Le travail des femmes, des enfants et des jeunes travailleurs ;
(L. n° 2011-893 du 28 juill. 2011, art. 37) « 6° L'exercice de la fonction de maître d'apprentissage définie à la section 3 du chapitre III du titre II du livre II de la sixième partie. »

Art. L. 1253-13 Les obligations relatives à la médecine du travail sont à la charge du groupement.
Lorsque l'activité exercée par le salarié mis à disposition nécessite une surveillance médicale renforcée au sens de la réglementation relative à la médecine du travail, les obligations correspondantes sont à la charge de l'utilisateur. – [Anc. art. L. 127-3, al. 3.]

Art. L. 1253-14 Les salariés du groupement ont accès dans l'entreprise utilisatrice aux moyens collectifs de transport et aux installations collectives, notamment de restauration, dont peuvent bénéficier les salariés de l'entreprise utilisatrice, dans les mêmes conditions que ces derniers. – [Anc. art. L. 127-4.] – V. art. R. 1255-8.

Art. L. 1253-15 Un salarié mis à disposition par un groupement d'employeurs peut bénéficier d'une délégation de pouvoir du chef d'entreprise de l'entreprise utilisatrice dans les mêmes conditions qu'un salarié de cette entreprise. – [Anc. art. L. 127-3-1.]

SOUS-SECTION 4 **Actions en justice**

Art. L. 1253-16 Les organisations syndicales représentatives dans l'entreprise utilisatrice ou dans le groupement peuvent exercer en justice les actions civiles nées en vertu des dispositions du présent chapitre en faveur des salariés du groupement.
Elles peuvent exercer ces actions sans avoir à justifier d'un mandat de l'intéressé pourvu que celui-ci ait été averti et n'ait pas déclaré s'y opposer.
Le salarié peut toujours intervenir à l'instance engagée par le syndicat. – [Anc. art. L. 127-6.]

SECTION 2 **Groupement d'employeurs n'entrant pas dans le champ d'application d'une même convention collective**

Art. L. 1253-17 Des personnes n'entrant pas dans le champ d'application de la même convention collective peuvent constituer un groupement d'employeurs à condition de déterminer la convention collective applicable à ce groupement.
Le groupement ainsi constitué ne peut exercer son activité qu'après déclaration auprès de l'autorité administrative qui peut s'opposer à l'exercice de cette activité dans des conditions déterminées par voie réglementaire. – [Anc. art. L. 127-7.] – V. art. L. 1255-13 (pén.) et D. 1253-4.

Art. L. 1253-18 Sous réserve des dispositions particulières applicables aux groupements d'employeurs mentionnés à l'article L. 1253-17, les dispositions de la section 1 s'appliquent aux groupements d'employeurs n'entrant pas dans le champ d'application d'une même convention collective.

SECTION 3 **Groupement d'employeurs composé d'adhérents de droit privé et de collectivités territoriales**

Art. L. 1253-19 Dans le but de favoriser le développement de l'emploi sur un territoire, des personnes de droit privé peuvent créer, avec des collectivités territoriales et leurs établissements publics (L. n° 2016-1088 du 8 août 2016, art. 90) « ou avec des établissements publics de l'État », des groupements d'employeurs (L. n° 2016-1088 du 8 août 2016, art. 90) « sous l'une des formes mentionnées à l'article L. 1253-2. »
Les collectivités territoriales et leurs établissements publics ne peuvent constituer plus de la moitié des membres des groupements créés en application du présent article. – [Anc. art. L. 127-10.]

Art. L. 1253-20 (L. n° 2011-893 du 28 juill. 2011) Les tâches confiées aux salariés du groupement mis à disposition d'une collectivité territoriale ne peuvent constituer l'activité principale du groupement. Le temps consacré par chaque salarié aux tâches effectuées pour le compte des collectivités territoriales adhérentes ne peut excéder, sur l'année civile, *(L. n° 2016-1888 du 28 déc. 2016, art. 49)* « les trois quarts » de la durée du travail contractuelle ou conventionnelle ou, à défaut, légale, calculée annuellement.

Art. L. 1253-21 Dans les conditions prévues au 8° de l'article 214 du code général des impôts, le groupement organise la garantie de ses dettes à l'égard des salariés et des organismes créanciers de cotisations obligatoires. – *[Anc. art. L. 127-12.]*

Art. L. 1253-22 Sous réserve des dispositions de la présente section, les dispositions des sections 1 et 2 s'appliquent aux groupements d'employeurs composés d'adhérents de droit privé et de collectivités territoriales. – *[Anc. art. L. 127-14.]*

Art. L. 1253-23 Un décret en Conseil d'État détermine les modalités de choix de la convention collective applicable au groupement ainsi que les conditions d'information de l'autorité administrative de la création du groupement. – *[Anc. art. L. 127-13.]* – *V. art. D. 1253-5.*

SECTION 4 Dispositions applicables à l'ensemble des groupements d'employeurs

(L. n° 2016-1088 du 8 août 2016, art. 88)

Art. L. 1253-24 Un groupement d'employeurs est éligible aux aides publiques en matière d'emploi et de formation professionnelle dont auraient bénéficié ses entreprises adhérentes si elles avaient embauché directement les personnes mises à leur disposition.
Un décret fixe la nature des aides concernées et détermine les conditions d'application du présent article. – *V. art. D. 1253-50 s.*

V. Arr. du 16 déc. 2016 (JO 18 déc.).

CHAPITRE IV PORTAGE SALARIAL

(Ord. n° 2015-380 du 2 avr. 2015, art. 2, ratifiée par L. n° 2016-1088 du 8 août 2016, art. 85)

Les dispositions de ce chapitre sont applicables à Mayotte à compter du 1ᵉʳ janv. 2022 (Ord. n° 2017-1491 du 25 oct. 2017, art. 33).

Sur la possibilité - à titre expérimental pour une durée de trois ans - pour les entreprises de portage salarial de conclure des contrats de professionnalisation à durée déterminée, V. L. n° 2020-1577 du 14 déc. 2020, art. 16, ss. art. L. 1254-24.

RÉP. TRAV. v° *Portage salarial*, par LARONZE.

BIBL. ▶ CASAUX-LABRUNÉE, *Dr. ouvrier* 2011. 424 (le contrat de travail au défi du portage salarial) ; *Dr. soc.* 2007. 58 (portage salarial : travail salarié ou indépendant ?). – COSTA, HANET, MARCHIKA et MENGER, *Dr. soc.* 2007. 46 (travailler par mission, le cas du portage). – DUPEYROUX, *Dr. soc.* 2007. 81. – ENJOLRAS, *RJS* 10/2022, chron., p. 797 (l'entrepreneuriat salarié). – FABRE, *SSL* 2010, n° 1435-1436, p. 11. – KANTOROWICZ, *JCP S* 2017. 1309. – KERBOURC'H, *Dr. soc.* 2007. 72 (portage salarial : prestation de services ou prêt de main-d'œuvre illicite ?). – WILLMANN, *Dr. soc.* 2015. 416 (le portage salarial, ce mal-aimé).

> *COMMENTAIRE*
> V. sur le Code en ligne.

SECTION 1 Définition et champ d'application

Art. L. 1254-1 Le portage salarial désigne l'ensemble organisé constitué par :
1° D'une part, la relation entre une entreprise dénommée "entreprise de portage salarial" effectuant une prestation *(L. n° 2016-1088 du 8 août 2016, art. 85)* « et » une entreprise cliente *(L. n° 2016-1088 du 8 août 2016, art. 85)* « bénéficiant de cette prestation », qui donne lieu à la conclusion d'un contrat commercial de prestation de portage salarial ;
2° D'autre part, le contrat de travail conclu entre l'entreprise de portage salarial et un salarié désigné comme étant le "salarié porté", lequel est rémunéré par cette entreprise.

1. Portage et obligation de fournir du travail aux salariés. Les contrats de portage salarial sont soumis aux règles d'ordre public du droit du travail ; la société de portage, en sa qualité d'employeur, doit fournir du travail au salarié porté. • Soc. 17 févr. 2010 : 🟥 *D. 2010. AJ 576, obs. Cortot* ⌀ *; ibid. 2010. 799, note Mouly* ⌀ *; RDT 2010. 292, obs. Pélissier* ⌀ *; JSL 2010, n° 274-5, obs. Haller ; SSL 2010, n° 1434, p. 3, note Gosselin* • Soc. 4 févr. 2015, 🟥 n° 13-25.627 P : *D. actu. 23 févr. 2015, obs. Ines ; RJS 4/2015, n° 297.*

2. Portage et contrat de travail à temps partiel. Les contrats de portage salarial sont soumis aux règles d'ordre public du droit du travail ; la société de portage, en sa qualité d'employeur, a l'obligation d'indiquer dans le contrat de travail à temps partiel la durée hebdomadaire ou mensuelle du travail et sa répartition entre les jours de la semaine ou du mois. • Soc. 17 févr. 2010 : 🟥 *D. 2010. AJ 576, obs. Cortot* ⌀ *; ibid. 2010. 799, note Mouly* ⌀ *; RDT 2010. 292, obs. Pélissier* ⌀ *; JSL 2010, n° 274-5, obs. Haller ; SSL 2010, n° 1434, p. 3, note Gosselin.*

3. Portage et assurance chômage. Lorsque sont définis des éléments démontrant un lien de subordination entre une société de portage salarial et un salarié « porté », des indemnités de chômage en cas de licenciement peuvent être dues à ce dernier. • Soc. 16 déc. 2009 : 🟥 *SSL 2010, n° 1434, p. 3, note Gosselin.*

4. Portage et ANI. Le paragraphe III de l'art. 8 de la loi du 25 juin 2008 est inconstitutionnel en ce qu'il permet à la convention collective de fixer des règles relevant de la compétence de la loi ; cette méconnaissance de la compétence du législateur dans la détermination des conditions essentielles de l'exercice de l'activité économique de portage salarial ainsi que dans la fixation des principes applicables au « salarié porté » affecte l'exercice de la liberté d'entreprendre ainsi que les droits collectifs des travailleurs. • Cons. const., QPC, 11 avr. 2014, 🟥 *décis. n° 2014-388 : JO 13 avr. 2014, p. 6692 ; D. 2014. Actu. 876* ⌀ *; Dr. soc. 2015. 41* ⌀ *; RJS 2014. 423, n° 527.*

5. Portage salarial et marchandage. La démonstration du préjudice, constitutif du délit de marchandage, n'est pas possible dès lors que le statut des travailleurs portés leur permet d'offrir leurs services à d'autres clients que la société. • Crim. 17 janv. 2012 : 🟥 *JCP S 2012. 1282, obs. Morvan ; Dr. pénal 2012, n° 9, obs. Segonds.*

Art. L. 1254-2 I. — Le salarié porté justifie d'une expertise, d'une qualification et d'une autonomie qui lui *(L. n° 2016-1088 du 8 août 2016, art. 85)* « permettent » de rechercher lui-même ses clients et de convenir avec eux des conditions d'exécution de sa prestation et de son prix.

II. — Le salarié porté bénéficie d'une rémunération minimale définie par accord de branche étendu. A défaut d'accord de branche étendu, le montant de la rémunération mensuelle minimale est fixé à 75 % de la valeur mensuelle du plafond de la sécurité sociale prévu à l'article L. 241-3 du code de la sécurité sociale pour une activité équivalant à un temps plein.

III. — L'entreprise de portage n'est pas tenue de fournir du travail au salarié porté.

Un accord de branche étendu peut prévoir, pour les salariés portés mentionnés à l'art. L. 1254-2, l'adaptation du montant et de la répartition de la contribution versée par les employeurs de dix salariés et plus au titre de leur participation au financement de la formation professionnelle continue. Ce montant ne peut être inférieur à 1,6 % du montant des rémunérations versées pendant l'année en cours et la répartition de la contribution ne peut déroger aux parts minimales consacrées, en vertu de dispositions légales ou réglementaires, au financement du fonds paritaire de sécurisation des parcours professionnels, du congé individuel de formation, du compte personnel de formation, du plan de formation et de la professionnalisation (Ord. n° 2015-380 du 2 avr. 2015, art. 8).

Portage salarial et liberté d'entreprendre. La Fédération des entreprises de portage salarial qui, pour demander l'annulation de l'Arr. du 28 avr. 2017 par lequel le ministre du travail a étendu, sous certaines réserves, à tous les employeurs et tous les salariés compris dans son champ d'application, les stipulations de la convention collective de branche des salariés en portage salarial du 22 mars 2017, soutient que les stipulations de l'art. L. 1254-2 C. trav. et l'art. 2.2 de la convention collective méconnaissent la liberté d'entreprendre garantie par l'art. 4 DDHC, dès lors qu'elles feraient obstacle à ce qu'exercent en qualité de salarié porté des personnes qui ne parviennent pas à trouver un emploi après plusieurs années de recherche, ou des personnes qui choisissent ce statut pour commencer une nouvelle activité, ne critique ni la compétence des parties à la convention collective pour adopter de telles stipulations ni la conformité à la loi de ces stipulations, mais doit être regardée comme critiquant, au regard de la liberté d'entreprendre, le principe, posé par la loi, de conditions pour l'exercice d'une activité en qualité de salarié porté. Or, une telle critique ne saurait être portée devant le Conseil d'État, statuant au contentieux en dehors de la procédure prévue à l'art. 61-1 de la Const., c'est-à-dire *via* une question prioritaire de constitutionnalité. • CE 6 nov. 2019, 🟥 n° 412051 : *RJS 1/2020, n° 56 ; Gaz. pal. 28 janv. 2020 p. 29, note Seiller.*

SECTION 2 Conditions et interdictions de recours au portage salarial

Art. L. 1254-3 L'entreprise cliente ne peut avoir recours à un salarié porté que pour l'exécution d'une tâche occasionnelle ne relevant pas de son activité normale et permanente ou pour une prestation ponctuelle nécessitant une expertise dont elle ne dispose pas. – *V. art. L. 1255-16 (pén.).*

Art. L. 1254-4 I. – La prestation dans l'entreprise cliente ne peut avoir pour objet :
1° De remplacer un salarié dont le contrat de travail est suspendu à la suite d'un conflit collectif de travail ;
2° D'effectuer certains travaux particulièrement dangereux figurant sur la liste prévue à l'article L. 4154-1 sauf dérogation prévue au même article.
II. – La durée de cette prestation ne peut excéder la durée de trente-six mois.

V. art. L. 1255-16 (pén.).

Art. L. 1254-5 Les activités de services à la personne mentionnées à l'article L. 7231-1 ne peuvent faire l'objet d'un contrat de travail en portage salarial. – *V. art. L. 1255-14 et L. 1255-15 (pén.).*

Art. L. 1254-6 Les dispositions des titres III et IV du livre II de la huitième partie ne sont pas applicables au portage salarial exercé dans les conditions définies au présent chapitre.

SECTION 3 Contrat de travail

SOUS-SECTION 1 Dispositions communes

Art. L. 1254-7 Le contrat de travail est conclu entre l'entreprise de portage salarial et le salarié porté pour une durée déterminée ou indéterminée.

Art. L. 1254-8 La seule rupture du contrat commercial de prestation de portage salarial n'entraîne pas la rupture du contrat de travail du salarié. L'entreprise de portage salarial est redevable de la rémunération due au salarié porté correspondant à la prestation réalisée dans les conditions prévues aux articles L. 1254-15 et L. 1254-21.

Art. L. 1254-9 Le montant de l'indemnité d'apport d'affaire mentionnée aux articles L. 1254-15, L. 1254-21 et L. 1254-25 est défini par accord de branche étendu. A défaut d'accord de branche étendu, il est fixé à 5 % de la rémunération due au salarié porté *(Abrogé par L. n° 2016-1088 du 8 août 2016, art. 85)* « *et de l'indemnité* ».

SOUS-SECTION 2 Le contrat de travail à durée déterminée

Art. L. 1254-10 Le contrat de travail à durée déterminée est conclu entre l'entreprise de portage salarial et le salarié porté pour la réalisation d'une prestation dans une entreprise cliente.

§ 1 Fixation du terme et durée du contrat

Art. L. 1254-11 Le contrat de travail comporte un terme fixé avec précision dès sa conclusion.
Toutefois, il peut ne pas comporter de terme précis lorsque le terme de l'objet pour lequel il a été conclu n'est pas connu. Il est alors conclu pour une durée minimale. Il a pour terme la réalisation de l'objet pour lequel il a été conclu. – *V. art. L. 1255-14 (pén.).*

Art. L. 1254-12 La durée totale du contrat à durée déterminée ne peut excéder dix-huit mois compte tenu, le cas échéant, *(L. n° 2015-994 du 17 août 2015, art. 55-I)* « du ou des renouvellements » dans les conditions prévues à l'article L. 1254-17. – *V. art. L. 1255-14 (pén.).*

Les dispositions issues de la L. n° 2015-994 du 17 août 2015 s'appliquent aux contrats en cours (L. préc., art. 55-II).

Art. L. 1254-13 Par dérogation à l'article L. 1254-12, pour permettre au salarié porté de prospecter de nouveaux clients, le terme du contrat peut être reporté par

> **Loi n° 2018-771 du 5 septembre 2018,**
> *Pour la liberté de choisir son avenir professionnel.*
>
> *EXPÉRIMENTATION DU TRAVAIL À TEMPS PARTAGÉ POUR LES PERSONNES EN DIFFICULTÉ D'INSERTION*
>
> **Art. 115** I. — A titre expérimental, jusqu'au 31 décembre *(L. n° 2020-1577 du 14 déc. 2020, art. 15)* « 2023 » et par dérogation aux articles L. 1252-1 à L. 1252-13 du code du travail, un entrepreneur de travail à temps partagé peut proposer un contrat de travail à temps partagé aux fins d'employabilité aux personnes rencontrant des difficultés particulières d'insertion professionnelle, qui sont inscrites à Pôle emploi depuis au moins six mois, bénéficiaires de minima sociaux, handicapées, ou âgées de plus de cinquante ans ou de niveaux de formation V, V *bis* ou VI.
>
> II. — Le contrat de travail à temps partagé aux fins d'employabilité est un contrat à durée indéterminée.
>
> Lorsqu'il est recouru au travail à temps partagé aux fins d'employabilité dans les conditions prévues au I, le dernier salaire horaire de base est garanti au salarié pendant les périodes dites d'intermissions.
>
> III. — Le salarié bénéficie durant son temps de travail d'actions de formation prises en charge par l'entrepreneur de travail à temps partagé et sanctionnées par une certification professionnelle enregistrée au répertoire national des certifications professionnelles mentionné à l'article L. 6113-1 du code du travail ou par l'acquisition d'un bloc de compétences au sens du même article L. 6113-1.
>
> Sans préjudice des dispositions de l'article L. 6323-14 du même code, l'employeur abonde le compte personnel de formation à hauteur de 500 € supplémentaires par salarié à temps complet et par année de présence. L'abondement est calculé, lorsque le salarié n'a pas effectué une durée de travail à temps complet sur l'ensemble de l'année, à due proportion du temps de travail effectué. L'employeur s'assure de l'effectivité de la formation.
>
> IV. — L'entrepreneur de travail à temps partagé aux fins d'employabilité communique à l'autorité administrative, tous les six mois, les contrats signés, les caractéristiques des personnes recrutées, les missions effectuées et les formations suivies ainsi que leur durée, le taux de sortie dans l'emploi et tout document permettant d'évaluer l'impact du dispositif en matière d'insertion professionnelle des personnes mentionnées au I.
>
> V. — Le présent article est applicable aux contrats conclus jusqu'au 31 décembre *(L. n° 2020-1577 du 14 déc. 2020, art. 15)* « 2023.
>
> « VI. — Au plus tard le 30 juin 2021, le Gouvernement remet au Parlement un rapport intermédiaire sur les conditions d'application de ce dispositif à la date de sa présentation.
>
> « Au plus tard le 30 juin 2023, le Gouvernement remet au Parlement un rapport final sur les conditions d'application de ce dispositif et sur son éventuelle pérennisation.
>
> « Les rapports mentionnés aux deux premiers alinéas du présent VI sont établis après concertation avec les organisations syndicales de salariés et les organisations professionnelles d'employeurs et après avis de la Commission nationale de la négociation collective, de l'emploi et de la formation professionnelle. »

Art. L. 1252-2 Est un entrepreneur de travail à temps partagé toute personne physique ou morale dont l'activité exclusive, nonobstant les dispositions de l'article L. 8241-1, est de mettre à disposition d'entreprises utilisatrices du personnel qualifié qu'elles ne peuvent recruter elles-mêmes en raison de leur taille ou de leurs moyens.

Les salariés mis à disposition le sont pour des missions qui peuvent être à temps plein ou à temps partiel. — *[Anc. art. L. 124-24, al. 1ᵉʳ et 2.]*

Art. L. 1252-3 Les entreprises de travail temporaire peuvent exercer l'activité d'entreprise de travail à temps partagé. — *[Anc. art. L. 124-31.]*

SECTION 2 Contrat de travail à temps partagé

Art. L. 1252-4 Le contrat de travail à temps partagé est réputé être à durée indéterminée. — *[Anc. art. L. 124-27, al. 1ᵉʳ.]*

Art. L. 1252-5 Lorsque la mise à disposition du salarié s'effectue hors du territoire métropolitain, le contrat de travail à temps partagé contient une clause de rapatriement du salarié à la charge de l'entreprise de travail à temps partagé.

Cette clause devient caduque en cas de rupture du contrat de travail à l'initiative du salarié. — *[Anc. art. L. 124-27, al. 3.]*

Art. L. 1252-6 La rémunération versée au salarié mis à disposition ne peut être inférieure à celle d'un salarié de niveau de qualification professionnelle identique ou équivalent occupant le même poste ou les mêmes fonctions dans l'entreprise utilisatrice. — *[Anc. art. L. 124-28.]*

Art. L. 1252-7 Pendant la durée de la mise à disposition, l'entreprise utilisatrice est responsable des conditions d'exécution du travail telles quelles sont déterminées par les dispositions légales et conventionnelles applicables au lieu de travail. — *[Anc. art. L. 124-30.]*

Art. L. 1252-8 Le salarié mis à disposition a accès dans l'entreprise utilisatrice aux moyens de transport collectifs et aux installations collectives, notamment de restauration, dont peuvent bénéficier les salariés de cette entreprise, dans les même[s] conditions que ces derniers.

Lorsque des dépenses supplémentaires incombent au (*Ord. n° 2017-1386 du 22 sept. 2017, art. 4*) « comité social et économique », celles-ci lui sont remboursées suivant des modalités définies au contrat de mise à disposition. — *[Anc. art. L. 124-29.]*

Art. L. 1252-9 La rupture du contrat de travail à temps partagé est réalisée selon les dispositions prévues au titre III, relative aux règles de rupture du contrat de travail à durée indéterminée. — *[Anc. art. L. 124-27, al. 2.]*

SECTION 3 **Contrat de mise à disposition et entreprise de travail à temps partagé**

Art. L. 1252-10 Le contrat de mise à disposition établi pour chaque salarié comporte :
1° Le contenu de la mission ;
2° La durée estimée de la mission ;
3° La qualification professionnelle du salarié ;
4° Les caractéristiques particulières du poste de travail ou des fonctions occupées ;
5° Le montant de la rémunération et ses différentes composantes. — *[Anc. art. L. 124-26, al. 1er.]*

Art. L. 1252-11 Toute clause tendant à interdire le recrutement du salarié mis à disposition par l'entreprise utilisatrice à l'issue de sa mission est réputée non écrite. — *[Anc. art. L. 124-26, al. 2.]*

Art. L. 1252-12 L'entreprise de travail à temps partagé peut apporter à ses seules entreprises utilisatrices des conseils en matière de gestion des compétences et de la formation. — *[Anc. art. L. 124-25.]*

Art. L. 1252-13 L'entrepreneur de travail à temps partagé justifie, à tout moment, d'une garantie financière assurant, en cas de défaillance de sa part, le paiement :
1° Des salaires et de leurs accessoires ;
2° Des cotisations obligatoires dues à des organismes de sécurité sociale ou à des institutions sociales. — *[Anc. art. L. 124-32.]*

CHAPITRE III CONTRATS CONCLUS AVEC UN GROUPEMENT D'EMPLOYEURS

BIBL. GÉN. ▶ Arséguel, *RF compt.* 1986, n° 174, 33. - Béraud, in Flexibilité du droit du travail, objectif ou réalité ?, ELA, 1986, p. 67. - Fadeuilhe et Joubert, *RDT* 2015. Controverse 84 (quelle utilité des groupements d'employeurs ?). - Fieschi-Vivet, D. 1986. Chron. 120. - Pouey, *JCP S* 2007. 1807. - Teyssié, *Dr. soc.* 1986. 85.

COMMENTAIRE
V. sur le Code en ligne.

accord entre l'entreprise de portage salarial et le salarié porté pour une durée maximale de trois mois. – V. art. L. 1255-14 (pén.).

§ 2 Forme, contenu et transmission du contrat

Art. L. 1254-14 Le contrat de travail est établi par écrit avec la mention : "contrat de travail en portage salarial à durée déterminée". – V. art. L. 1255-14 (pén.).

Art. L. 1254-15 Le contrat de travail comporte notamment les clauses et mentions suivantes :
1° Clauses et mentions relatives à la relation entre l'entreprise de portage salarial et le salarié porté :
 a) La date du terme et, le cas échéant, une clause de renouvellement lorsqu'il comporte un terme précis ;
 b) Les modalités de calcul et de versement de la rémunération, de l'indemnité d'apport d'affaire, des charges sociales et fiscales, des frais de gestion et, le cas échéant, des frais professionnels ;
 c) S'il y a lieu, les modalités de déduction des frais professionnels ;
 d) Le descriptif des compétences, des qualifications et des domaines d'expertise du salarié porté ;
 e) La durée de la période d'essai éventuellement prévue ;
 f) Les modalités d'acquisition, de prise et de paiement des congés payés conformément aux dispositions des articles L. 3141-1 et suivants ;
 g) Les nom et adresse de la caisse de retraite complémentaire ainsi que, le cas échéant, ceux de l'organisme de prévoyance dont relève l'entreprise de portage salarial ;
 h) La périodicité de l'établissement par le salarié porté de comptes rendus d'activité ;
 i) L'identité du garant financier de l'entreprise de portage salarial ;
2° Clauses et mentions relatives à la réalisation de la prestation de service de portage salarial :
 a) L'identité et l'adresse de l'entreprise cliente ;
 b) Le descriptif de l'objet de la prestation et ses conditions d'exécution par le salarié porté ;
 c) La durée de la prestation ;
 d) Le cas échéant, la durée minimale de la prestation et la nature de l'événement ou du résultat objectif déterminant la fin de la relation contractuelle, lorsque le terme est incertain et lié à la réalisation de la prestation ;
 e) Le prix de la prestation convenu entre le salarié porté et l'entreprise cliente comprenant notamment le montant de la rémunération, de l'indemnité d'apport d'affaire, des prélèvements sociaux et fiscaux, des frais de gestion et le cas échéant des frais professionnels ;
 f) La responsabilité de l'entreprise cliente relative aux conditions d'exécution du travail du salarié porté, en particulier les questions liées à sa santé, à sa sécurité et à la durée du travail, pendant l'exécution de sa prestation dans ses locaux ou sur son site de travail ;
 g) S'il y a lieu, la nature des équipements de protection individuelle mis à disposition par l'entreprise cliente ;
 h) L'identité de l'assureur et le numéro d'assurance garantissant la responsabilité civile souscrite pour le compte du salarié porté pour les dommages provoqués dans l'entreprise cliente pendant l'exécution de la prestation. – V. art. L. 1255-14 (pén.).

Art. L. 1254-16 Le contrat est transmis au salarié porté au plus tard dans les deux jours ouvrables suivant sa conclusion. – V. art. L. 1255-14 (pén.).

§ 3 Renouvellement du contrat

Art. L. 1254-17 Le contrat de travail à durée déterminée est renouvelable (L. n° 2015-994 du 17 août 2015, art. 55-I) « deux » fois pour une durée déterminée qui, ajoutée à la durée du contrat initial, ne peut excéder la durée maximale prévue à l'article L. 1254-12, sous réserve de la dérogation prévue à l'article L. 1254-13.

Les conditions de renouvellement sont stipulées dans le contrat ou font l'objet d'un avenant soumis au salarié avant le terme initialement prévu. – V. art. L. 1255-14 (pén.).

Les dispositions issues de la L. n° 2015-994 du 17 août 2015 s'appliquent aux contrats en cours (L. préc., art. 55-II).

§ 4 Dispositions finales

Art. L. 1254-18 Les dispositions du titre IV du livre II de la première partie du présent code ne sont pas applicables, à l'exception des articles L. 1242-10, L. 1242-16, L. 1243-1 à L. 1243-6 et L. 1243-8.

SOUS-SECTION 3 **Le contrat de travail à durée indéterminée**

Art. L. 1254-19 Le contrat de travail à durée indéterminée est conclu entre l'entreprise de portage salarial et le salarié porté pour la réalisation de prestations dans une ou plusieurs entreprises clientes.
Les dispositions des titres I, II et III du livre II de la première partie du présent code sont applicables à ce contrat, sous réserve des dispositions de la présente sous-section.

Art. L. 1254-20 Le contrat de travail est établi par écrit avec la mention : "contrat de travail en portage salarial à durée indéterminée". – *V. art. L. 1255-14 (pén.).*

Art. L. 1254-21 I. – Le contrat de travail comporte les clauses et mentions relatives à la relation entre l'entreprise de portage salarial et le salarié porté :
1° Les modalités de calcul et de versement de la rémunération due au salarié porté pour la réalisation de la prestation, de l'indemnité d'apport d'affaire, des prélèvements sociaux et fiscaux, des frais de gestion et, le cas échéant, des frais professionnels ; ces modalités sont appliquées au prix de chaque prestation convenu entre le salarié porté et l'entreprise cliente mentionné au 5° de l'article L. 1254-23 ;
2° S'il y a lieu, les modalités de déduction des frais professionnels ;
3° Le descriptif des compétences, des qualifications et des domaines d'expertise du salarié porté ;
4° Les modalités d'acquisition, de prise et de paiement des congés payés déterminés en fonction de la prestation réalisée conformément aux dispositions des articles L. 3141-1 et suivants ;
5° La durée de la période d'essai éventuellement prévue ;
6° Les nom et adresse de la caisse de retraite complémentaire ainsi que, le cas échéant, ceux de l'organisme de prévoyance dont relève l'entreprise de portage salarial ;
7° La périodicité de l'établissement par le salarié porté de comptes rendus d'activité ;
8° L'identité du garant financier de l'entreprise de portage salarial.

II. – Les périodes sans prestation à une entreprise cliente ne sont pas rémunérées. – *V. art. L. 1255-14 (pén.).*

Événements familiaux ouvrant droit à une autorisation exceptionnelle d'absence. Le salarié porté qui effectue une prestation pour une entreprise cliente lorsque survient un des événements familiaux ouvrant droit à une autorisation exceptionnelle d'absence bénéficie de jours d'absence dans les conditions prévues par la loi et sans réduction de sa rémunération et ces jours d'absence, assimilés à du temps de travail effectif, sont pris en compte pour la détermination de la durée du congé annuel. ● Soc. 11 févr. 2021, n° 20-70.005 P : *D. actu. 4 mars 2021*, obs. Couëdel ; *Dr. soc. 2021. 561*, obs. Tournaux ; *RJS 5/2021*, n° 288.

SECTION 4 **Le contrat commercial de prestation de portage salarial**

Art. L. 1254-22 L'entreprise de portage salarial conclut avec l'entreprise cliente du salarié porté un contrat commercial de prestation de portage salarial au plus tard dans les deux jours ouvrables suivant le début de la prestation. Ce contrat reprend les éléments essentiels de la négociation de la prestation entre le salarié porté et l'entreprise cliente.
L'entreprise de portage adresse au salarié porté par tout moyen une copie de ce contrat dans le même délai. – *V. art. L. 1254-16 et L. 1255-14 (pén.).*

Art. L. 1254-23 Le contrat conclu par écrit comporte les clauses et mentions suivantes :
1° L'identité du salarié porté ;

2° Le descriptif des compétences, des qualifications et des domaines d'expertise du salarié porté ;
3° Le descriptif de la prestation et ses conditions d'exécution par le salarié porté ;
4° La date du terme de la prestation et, le cas échéant, la durée minimale de la prestation lorsque le terme est incertain et lié à la réalisation de la prestation ;
5° Le prix de la prestation convenu entre le salarié porté et l'entreprise cliente ;
6° La responsabilité de l'entreprise cliente relative aux conditions d'exécution du travail du salarié porté, en particulier les questions liées à sa santé, à sa sécurité et à la durée du travail, pendant l'exécution de sa prestation dans ses locaux ou sur son site de travail ;
7° S'il y a lieu, la nature des équipements de protection individuelle mis à disposition par l'entreprise cliente ;
8° L'identité du garant financier de l'entreprise de portage salarial ;
9° L'identité de l'assureur et le numéro d'assurance garantissant la responsabilité civile souscrite pour le compte du salarié porté pour les dommages provoqués dans l'entreprise cliente pendant l'exécution de la prestation. – *V. art. L. 1254-16 et L. 1255-14 (pén.).*

SECTION 5 L'entreprise de portage salarial

Art. L. 1254-24 L'entreprise de portage salarial exerce à titre exclusif l'activité de portage salarial.
Seule une entreprise de portage salarial peut conclure des contrats de travail en portage salarial. – *V. art. L. 1255-14 (pén.).*

Loi n° 2020-1577 du 14 décembre 2020,

Relative au renforcement de l'inclusion dans l'emploi par l'activité économique et à l'expérimentation « territoires zéro chômeur de longue durée ».

Art. 16 A titre expérimental pour une durée de trois ans à compter du 1er janvier 2021, les entreprises de portage salarial peuvent conclure, lorsqu'ils sont à durée déterminée, des contrats de professionnalisation en application de l'article L. 1242-3 du code du travail.

Les dispositions du chapitre IV du titre V du livre II de la première partie du même code sont applicables.

Les dispositions du chapitre V du titre II du livre III de la sixième partie dudit code sont applicables, à l'exception des articles L. 6325-3, L. 6325-3-1, L. 6325-4-1, L. 6325-6-1, L. 6325-8, L. 6325-9 et L. 6325-11 à L. 6325-14-1.

Par dérogation au premier alinéa de l'article L. 6325-1, le contrat de professionnalisation a pour objet de permettre d'acquérir une des qualifications prévues aux 1° et 3° de l'article L. 6314-1 et de favoriser l'insertion ou la réinsertion professionnelle.

L'entreprise de portage salarial s'engage à assurer une formation au salarié porté lui permettant d'acquérir une qualification professionnelle en lien avec l'objet du contrat et le développement de son activité professionnelle. Le salarié porté s'engage à suivre la formation prévue au contrat.

L'entreprise de portage salarial et le salarié porté désignent conjointement sur proposition de l'entreprise de portage salarial un tuteur, chargé d'accompagner le salarié porté. Ce tuteur est choisi parmi les salariés volontaires, qualifiés de l'entreprise de portage salarial. Il ne peut exercer simultanément ses fonctions à l'égard de plus de cinq salariés bénéficiaires de contrats de professionnalisation en portage salarial.

L'action de professionnalisation d'un contrat de professionnalisation à durée déterminée ou qui se situe au début d'un contrat de professionnalisation à durée indéterminée est d'une durée minimale comprise entre six mois et vingt-quatre mois.

Dans le cadre du contrat de professionnalisation à durée déterminée ou d'actions de professionnalisation engagées dans le cadre de contrats à durée indéterminée, les actions de positionnement, d'évaluation et d'accompagnement ainsi que les enseignements généraux, professionnels et technologiques sont mis en œuvre par un organisme de formation ou, lorsqu'elle dispose d'un service de formation, par l'entreprise de portage salarial elle-même.

Ils sont d'une durée minimale comprise entre 15 %, sans être inférieure à soixante heures, et 25 % de la durée totale du contrat.

> Au plus tard trois mois avant son terme, le Gouvernement présente au Parlement un rapport d'évaluation de cette expérimentation.

Art. L. 1254-25 L'entreprise de portage salarial met en place et gère pour chaque salarié porté un compte d'activité.

Le salarié porté est informé une fois par mois des éléments imputés sur ce compte, et notamment :

1° De tout versement effectué par l'entreprise cliente à l'entreprise de portage au titre de la réalisation de sa prestation ;
2° Du détail des frais de gestion ;
3° Des frais professionnels ;
4° Des prélèvements sociaux et fiscaux ;
5° De la rémunération nette ;
6° Du montant de l'indemnité d'apport d'affaire.

V. art. L. 1255-14 (pén.).

Art. L. 1254-26 I. — L'entreprise de portage salarial justifie, à tout moment, d'une garantie financière assurant, en cas de défaillance de sa part, le paiement :

1° Des salaires et de leurs accessoires ;
2° Des indemnités résultant du présent chapitre ;
3° Des cotisations obligatoires dues à des organismes de sécurité sociale ou à des institutions sociales ;
4° Des remboursements qui peuvent, le cas échéant, incomber aux employeurs à l'égard des organismes de sécurité sociale et institutions sociales dans les conditions prévues à l'article L. 244-8 du code de la sécurité sociale.

II. — La garantie financière ne peut résulter que d'un engagement de caution pris par une société de caution mutuelle, un organisme de garantie collective, une compagnie d'assurance, une banque ou un établissement financier habilité à donner caution.

Elle est calculée en pourcentage de la masse salariale annuelle de l'entreprise intéressée, sans pouvoir être inférieure à un minimum fixé annuellement par décret, compte tenu de l'évolution moyenne des salaires. — *V. art. D. 1254-1.*

III. — L'entreprise de portage salarial fournit à l'entreprise cliente du salarié porté, sur sa demande, une attestation des organismes de sécurité sociale précisant sa situation au regard du recouvrement des prélèvements dus à ces organismes.

V. art. L. 1255-14 (pén.).

Art. L. 1254-27 L'activité d'entrepreneur de portage salarial ne peut être exercée qu'après déclaration faite à l'autorité administrative et obtention de la garantie financière.

Un décret en Conseil d'État détermine le contenu et les modalités de la déclaration prévue au présent article. — *V. art. L. 1255-14 (pén.).*

Art. L. 1254-28 Les obligations relatives à la médecine du travail sont à la charge de l'entreprise de portage salarial. — *V. art. L. 1255-14 (pén.).*

Art. L. 1254-29 Pour calculer les effectifs d'une entreprise de portage salarial, il est tenu compte :

1° Des salariés permanents fonctionnels de cette entreprise déterminés conformément à l'article L. 1111-2 ;
2° Des salariés portés qui ont effectué des prestations de portage salarial dans le cadre de contrats de travail conclus avec cette entreprise pendant une durée d'au moins trois mois au cours de la dernière année civile.

Art. L. 1254-30 Pour l'application aux salariés portés des dispositions légales qui se réfèrent à une condition d'ancienneté dans l'entreprise de portage salarial, l'ancienneté s'apprécie en totalisant les périodes pendant lesquelles ces salariés ont effectué des prestations de portage salarial dans le cadre de contrats de travail conclus avec cette entreprise.

Art. L. 1254-31 Pour l'application des dispositions prévues au 1° de l'article L. 6322-63, la durée minimum de présence dans l'entreprise de portage salarial des salariés portés s'apprécie en totalisant les périodes pendant lesquelles ces salariés ont effectué des prestations de portage salarial dans le cadre de contrats de travail conclus avec cette entreprise.

CHAPITRE V DISPOSITIONS PÉNALES

SECTION 1 Travail temporaire

Art. L. 1255-1 Le fait de méconnaître les dispositions relatives aux conditions d'exercice de l'activité de travail temporaire, prévues à l'article L. 1251-2, est puni d'une amende de 3 750 €.

La récidive est punie d'un emprisonnement de six mois et d'une amende de 7 500 €.
(L. n° 2011-525 du 17 mai 2011, art. 169) « La juridiction peut prononcer, en outre, l'interdiction d'exercer l'activité d'entrepreneur de travail temporaire pour une durée de deux à dix ans. Lorsque cette mesure entraîne le licenciement du personnel permanent, celui-ci a droit, en dehors de l'indemnité de préavis et de l'indemnité de licenciement, aux indemnités prévues aux articles L. 1235-2, L. 1235-3 ou L. 1235-5. » – [Anc. art. L. 1254-1.]

BIBL. ▶ PRADEL, Dr. soc. 1984. 521 (travail temporaire et droit pénal).

Non-cumul des peines. Sur l'application du principe du non-cumul des peines délictuelles, V. • Crim. 25 juill. 1990 : ⚖ RJS 1990. 614, n° 939. – V. aussi • Crim. 27 nov. 1990 : ⚖ RJS 1991. 145, n° 273 (responsabilité pénale du dirigeant de fait d'une société se livrant au trafic de main-d'œuvre).

Art. L. 1255-2 Est puni d'une amende de 3 750 €, le fait pour l'entrepreneur de travail temporaire :

1° De recruter un salarié temporaire en ayant conclu un contrat ne comportant pas les mentions prévues aux 1° et 3° de l'article L. 1251-16 ou comportant ces mentions de manière volontairement inexacte ou sans lui avoir transmis dans le délai prévu à l'article L. 1251-17 un contrat de mission écrit ;

2° De méconnaître les dispositions relatives à la rémunération minimale prévues au premier alinéa de l'article L. 1251-18 ;

3° De méconnaître l'obligation de proposer au salarié temporaire un ou des contrats dans les conditions prévues à l'article L. 1251-34 ;

4° De mettre un salarié temporaire à la disposition d'une entreprise utilisatrice sans avoir conclu avec celle-ci un contrat écrit de mise à disposition dans le délai prévu à l'article L. 1251-42 ;

5° D'exercer son activité sans avoir fait les déclarations prévues à l'article L. 1251-45 ;

6° D'exercer son activité sans avoir obtenu la garantie financière prévue à l'article L. 1251-49.

La récidive est punie d'un emprisonnement de six mois et d'une amende de 7 500 €.

La juridiction peut prononcer en outre l'interdiction d'exercer l'activité d'entrepreneur de travail temporaire pour une durée de deux à dix ans. Les dispositions du deuxième alinéa de l'article L. 1251-47 sont applicables. – [Anc. art. L. 1254-2.] – V. art. L. 1255-11 (pén.).

Art. L. 1255-3 Le fait pour l'utilisateur de conclure un contrat de mise à disposition ayant pour objet ou pour effet de pourvoir durablement un emploi lié à l'activité normale et permanente de l'entreprise, en méconnaissance de l'article L. 1251-5, est puni d'une amende de 3 750 €.

La récidive est punie d'un emprisonnement de six mois et d'une amende de 7 500 €.
– [Anc. art. L. 1254-3.]

Art. L. 1255-4 Le fait pour l'utilisateur de recourir à un salarié temporaire pour un objet autre que celui prévu au premier alinéa de l'article L. 1251-6 ou en dehors des cas mentionnés à ce même article est puni d'une amende de 3 750 €.

La récidive est punie d'un emprisonnement de six mois et d'une amende de 7 500 €.
– [Anc. art. L. 1254-4.]

Art. L. 1255-5 Le fait pour l'utilisateur de méconnaître les interdictions de recourir au travail temporaire, prévues aux articles L. 1251-9 et L. 1251-10, est puni d'une amende de 3 750 €.
La récidive est punie d'un emprisonnement de six mois et d'une amende de 7 500 €.
— *[Anc. art. L. 1254-5.]*

Art. L. 1255-6 Le fait pour l'utilisateur de méconnaître les dispositions relatives au terme du contrat, prévues à l'article L. 1251-11, est puni d'une amende de 3 750 €.
La récidive est punie d'un emprisonnement de six mois et d'une amende de 7 500 €.
— *[Anc. art. L. 1254-6.]*

Art. L. 1255-7 Le fait pour l'utilisateur de méconnaître les dispositions relatives à la durée de la mission, prévues (*Ord. n° 2017-1387 du 22 sept. 2017, art. 29*) « par les stipulations de la convention ou de l'accord de branche conclu en application de l'article L. 1251-12 ou, le cas échéant, aux dispositions de l'article L. 1251-12-1 », est puni d'une amende de 3 750 €.
La récidive est punie d'un emprisonnement de six mois et d'une amende de 7 500 €.

Art. L. 1255-8 Le fait pour l'utilisateur de méconnaître les dispositions relatives aux conditions de renouvellement du contrat, prévues (*Ord. n° 2017-1387 du 22 sept. 2017, art. 29*) « par les stipulations de la convention ou de l'accord de branche conclu en application de l'article L. 1251-35 ou, le cas échéant, aux dispositions de l'article L. 1251-35-1 », est puni d'une amende de 3 750 €.
La récidive est punie d'un emprisonnement de six mois et d'une amende de 7 500 €.

Art. L. 1255-9 Le fait pour l'utilisateur de méconnaître les dispositions relatives à la succession de contrats sur un même poste, prévues (*Ord. n° 2017-1387 du 22 sept. 2017, art. 29*) « par les stipulations de la convention ou de l'accord de branche conclu en application de l'article L. 1251-36 ou, le cas échéant, aux dispositions de l'article L. 1251-36-1 », est puni d'une amende de 3 750 €.
La récidive est punie d'un emprisonnement de six mois et d'une amende de 7 500 €.

Art. L. 1255-10 Est puni d'une amende de 3 750 €, le fait pour l'utilisateur de recourir à un salarié temporaire :
1° Soit sans avoir conclu avec un entrepreneur de travail temporaire un contrat écrit de mise à disposition, dans le délai prévu à l'article L. 1251-42 ;
2° Soit en ayant omis de communiquer, dans le contrat de mise à disposition, l'ensemble des éléments de rémunération conformément au 6° de l'article L. 1251-43.
La récidive est punie d'un emprisonnement de six mois et d'une amende de 7 500 €.
— *[Anc. art. L. 1254-10.]*

Art. L. 1255-11 Le fait de méconnaître, directement ou par personne interposée, l'interdiction d'exercer l'activité d'entrepreneur de travail temporaire prononcée par la juridiction en application du dernier alinéa (*Ord. n° 2016-413 du 7 avr. 2016, art. 10 ; L. n° 2016-1088 du 8 août 2016, art. 85*) « de l'article L. 1255-1 ou L. 1255-2 » est puni d'un emprisonnement de six mois et d'une amende de 6 000 €.

Art. L. 1255-12 Dans tous les cas prévus à la présente section, la juridiction peut ordonner, à titre de peine complémentaire, l'affichage du jugement aux frais de l'entrepreneur de travail temporaire ou de l'utilisateur condamné, dans les conditions prévues à l'article 131-35 du code pénal, et son insertion, intégrale ou par extraits, dans les journaux qu'elle désigne. Ces frais ne peuvent excéder le montant maximum de l'amende encourue. — *[Anc. art. L. 1254-12.]*

SECTION 2 Groupements d'employeurs

Art. L. 1255-13 Le fait de méconnaître les dispositions des articles L. 1253-1 à L. 1253-10 et L. 1253-17, est puni d'une amende de 3 750 €.
La récidive est punie d'un emprisonnement de six mois et d'une amende de 7 500 €.
La juridiction peut également ordonner, à titre de peine complémentaire, l'affichage du jugement aux frais de la personne condamnée, à la porte du siège du groupement et aux portes des entreprises utilisatrices, dans les conditions prévues à l'article 131-35 du code pénal, et son insertion, intégrale ou par extraits, dans les journaux qu'elle

désigne. Ces frais ne peuvent excéder le montant maximum de l'amende encourue. — [Anc. art. L. 1254-13.]

SECTION 3 Portage salarial

(L. n° 2016-1088 du 8 août 2016, art. 85)

Art. L. 1255-14 Est puni de 3 750 € d'amende le fait pour un entrepreneur de portage salarial :
1° De conclure un contrat de travail en portage salarial pour une activité de services, en méconnaissance de l'article L. 1254-5 ;
2° De conclure un contrat de travail en portage salarial sans respecter les dispositions prévues à l'article L. 1254-7 ;
3° De conclure un contrat de travail en portage salarial à durée déterminée ne comportant pas un terme précis ou ne fixant pas de durée minimale lorsque le contrat ne comporte pas un terme précis, en méconnaissance de l'article L. 1254-11 ;
4° De méconnaître les durées maximales du contrat de travail en portage salarial à durée déterminée prévues aux articles L. 1254-12, L. 1254-13 et L. 1254-17 ;
5° De conclure un contrat de travail en portage salarial ne comportant pas la mention obligatoire prévue aux articles L. 1254-14 ou L. 1254-20 ;
6° De conclure un contrat de travail en portage salarial ne comportant pas l'ensemble des clauses et mentions prévues aux articles L. 1254-15 ou L. 1254-21 ;
7° De ne pas transmettre au salarié porté le contrat de travail en portage salarial dans le délai prévu à l'article L. 1254-16 ;
8° De ne pas conclure avec une entreprise cliente d'une personne portée le contrat commercial de prestation de portage salarial dans le délai prévu à l'article L. 1254-22 ou de ne pas avoir délivré dans le même délai au salarié porté une copie de ce contrat ;
9° De conclure avec une entreprise cliente d'une personne portée un contrat commercial de prestation de portage salarial ne comportant pas les mentions prévues à l'article L. 1254-23 ;
10° De méconnaître les dispositions relatives aux conditions d'exercice de l'activité de portage salarial prévues à l'article L. 1254-24 ;
11° De méconnaître l'obligation de mettre en place et de gérer pour chaque salarié porté un compte d'activité, conformément à l'article L. 1254-25 ;
12° D'exercer son activité sans avoir souscrit de garantie financière, en méconnaissance de l'article L. 1254-26 ;
13° D'exercer son activité sans avoir effectué la déclaration préalable prévue à l'article L. 1254-27 ;
14° De ne pas respecter, en méconnaissance de l'article L. 1254-28, les obligations relatives à la médecine du travail définies aux articles L. 4121-1 à L. 4121-5.
La récidive est punie de six mois d'emprisonnement et de 7 500 € d'amende.
La juridiction peut prononcer en outre l'interdiction d'exercer l'activité d'entreprise de portage salarial pour une durée de deux à dix ans.

Art. L. 1255-15 Est puni de 3 750 € d'amende le fait pour une entreprise autre que celle mentionnée à l'article L. 1255-14 de conclure un contrat de travail en portage salarial sans remplir les conditions requises pour exercer cette activité en application des articles L. 1254-24 à L. 1254-27.

Art. L. 1255-16 Est puni de 3 750 € d'amende le fait pour une entreprise cliente :
1° De recourir à un salarié porté en dehors des cas prévus à l'article L. 1254-3 ;
2° De méconnaître les interdictions de recourir à un salarié porté prévues aux articles L. 1254-4 et L. 1254-5 ;
3° De ne pas conclure avec l'entreprise de portage salarial le contrat commercial de prestation de portage salarial dans le délai prévu à l'article L. 1254-22 ;
4° De conclure avec l'entreprise de portage salarial un contrat commercial de prestation de portage salarial ne comportant pas les mentions prévues à l'article L. 1254-23.
La récidive est punie de six mois d'emprisonnement et de 7 500 € d'amende.

Art. L. 1255-17 Le fait de méconnaître, directement ou par personne interposée, l'interdiction d'exercer l'activité de portage salarial prononcée par la juridiction en application du dernier alinéa de l'article L. 1255-14 est puni de six mois d'emprisonnement et de 6 000 € d'amende.

Art. L. 1255-18 Dans tous les cas prévus à la présente section, la juridiction peut ordonner, à titre de peine complémentaire, l'affichage ou la diffusion de l'intégralité ou d'une partie de la décision, ou d'un communiqué informant le public des motifs et du dispositif de celle-ci, aux frais de l'entrepreneur de portage salarial ou de l'entreprise cliente condamnée, dans les conditions prévues à l'article 131-35 du code pénal, et son insertion, intégrale ou par extraits, dans les publications qu'elle désigne. Elle détermine, le cas échéant, les extraits de la décision et les termes du communiqué qui devront être affichés ou diffusés.

TITRE VI SALARIÉS DÉTACHÉS TEMPORAIREMENT PAR UNE ENTREPRISE NON ÉTABLIE EN FRANCE

V. Instr. DGT/RT1/2021 du 19 janv. 2021 relative au détachement international de salariés en France.

BIBL. ▶ Bavozet, *JCP S 2017. 1369.* - Lafuma, *RDT 2017. 562* (contradiction dans le régime du détachement?). - Lhernould, *RJS 12/2020, chron.* (le (nouveau) droit français du détachement) ; *JCP S 2023. 1224* (droit du travailleur détaché à une « rémunération égale ». - Lipski, *JCP S 2023. 1282* (détachement intragroupe d'un salarié non-ressortissant d'un État membre de l'Union européenne par une entreprise étrangère au sein d'une entreprise française). - Pataut, *RDT 2014. 23* (détachement et fraude à la loi). - Robin-Olivier, *RDT 2014. 134* (vers un nouveau régime du détachement des travailleurs).

▶ Dossier spécial : Salomon, *AJ pénal 2016. 359* (dossier droit pénal social : fraudes liées au détachement transnational) - *Dr. soc. 2016. 584* (détachement des travailleurs en France et dans l'Union européenne).

▶ L. n° 2018-771 du 5 sept. 2018 : Coursier, *JCP S 2018. 1314.*

> *COMMENTAIRE*
> V. sur le Code en ligne.

CHAPITRE I DISPOSITIONS GÉNÉRALES

Art. L. 1261-1 Les dispositions du présent titre sont applicables sous réserve, le cas échéant, de celles des traités, conventions ou accords régulièrement ratifiés ou approuvés et publiés, et notamment des traités instituant les communautés européennes ainsi que de celles des actes des autorités de ces communautés pris pour l'application de ces traités. – *[Anc. art. L. 341-1.]* – *V. art. R. 1261-1.*

Art. L. 1261-2 Les obligations et interdictions qui s'imposent aux entreprises françaises lorsqu'elles font appel à des prestataires de services, notamment celles relatives au travail illégal mentionnées à l'article L. 8211-1, s'appliquent dans les mêmes conditions lorsque les prestations de services sont réalisées par des entreprises établies hors de France détachant du personnel sur le territoire national, selon des modalités définies par décret en Conseil d'État. – *[Anc. art. L. 342-5.]* – *V. art. R. 1261-1 s.*

Art. L. 1261-3 Est un salarié détaché au sens du présent titre tout salarié d'un employeur régulièrement établi et exerçant son activité hors de France et qui, travaillant habituellement pour le compte de celui-ci (*L. n° 2018-771 du 5 sept. 2018, art. 94*) « hors du territoire national », exécute son travail à la demande de cet employeur pendant une durée limitée sur le territoire national dans les conditions définies aux articles L. 1262-1 et L. 1262-2.

CHAPITRE II CONDITIONS DE DÉTACHEMENT ET RÉGLEMENTATION APPLICABLE

BIBL. ▶ Chatzilaou, *RDT 2021. 204* (détachement de conducteurs dans le secteur routier). - Lhernould, *Dr. soc. 2006. 1191*. - Mihman et Rocca, *RDT 2021. Controverse 151* (quelle approche juridique de la mobilité du travail en Europe ?). - Moizard et Gazin, *RDT 2012. 240* (détachement des travailleurs intérimaires dans l'Union européenne). - Pataut, *RDT 2014. 23* (détachement et fraude à la loi).

SALARIÉS DÉTACHÉS **Art. L. 1262-2-1** 525

SECTION 1 **Conditions de détachement**

Art. L. 1262-1 Un employeur établi hors de France peut détacher temporairement des salariés sur le territoire national, à condition qu'il existe un contrat de travail entre cet employeur et le salarié et que leur relation de travail subsiste pendant la période de détachement.

Le détachement est réalisé :

1° Soit pour le compte de l'employeur et sous sa direction, dans le cadre d'un contrat conclu entre celui-ci et le destinataire de la prestation établi ou exerçant en France ;

2° Soit entre établissements d'une même entreprise ou entre entreprises d'un même groupe ;

3° Soit pour le compte de l'employeur sans qu'il existe un contrat entre celui-ci et un destinataire. — *[Anc. art. L. 342-1, I et III.]* — V. art. R. 1261-1.

Portée du non-respect des conditions de détachement. La circonstance qu'une entreprise détache un salarié en dehors des conditions définies aux art. L. 1262-1 et L. 1262-2 C. trav. n'a pour conséquence que l'exclusion des règles de coordination prises en transposition de la Dir. 96/71 du 16 déc. 1996 ; le non-respect par l'employeur étranger des règles relatives au détachement, sur le territoire français, à l'égard d'un de ses salariés, n'a pas pour effet de voir reconnaître la qualité d'employeur à l'entreprise établie sur le territoire national et bénéficiaire dudit détachement. • Soc. 5 avr. 2023, ⚖ n° 21-21.318 B : *D. actu. 11 mai 2023, obs. Maurel ; RJS 6/2023, n° 352 ; JSL 2023, n° 564-3, obs. Tissandier ; JCP S 2023. 1113, obs. Lhernould.*

Art. L. 1262-2 (*Ord. n° 2019-116 du 20 févr. 2019, art. 1ᵉʳ, en vigueur le 30 juill. 2020*) « A la condition qu'il existe un contrat de travail entre l'entreprise de travail temporaire et le salarié et que leur relation de travail subsiste pendant la période de détachement, une entreprise exerçant une activité de travail temporaire établie hors du territoire national peut détacher temporairement des salariés :

« 1° Auprès d'une entreprise utilisatrice établie sur le territoire national ;

« 2° Auprès d'une entreprise utilisatrice établie hors du territoire national et exerçant temporairement une activité sur le territoire national. »

(*L. n° 2016-1088 du 8 août 2016, art. 112*) « Les dispositions du chapitre I du titre V du présent livre relatives au travail temporaire sont applicables aux salariés détachés dans le cadre d'une mise à disposition au titre du travail temporaire, à l'exception des articles L. 1251-32 et L. 1251-33 pour les salariés titulaires d'un contrat de travail à durée indéterminée dans leur pays d'origine. »

Art. L. 1262-2-1 (*L. n° 2014-790 du 10 juill. 2014, art. 1ᵉʳ*) I. — L'employeur qui détache un ou plusieurs salariés, dans les conditions prévues aux (*L. n° 2018-771 du 5 sept. 2018, art. 91-I*) « 1° et 2° de l'article L. 1262-1 et à l'article L. 1262-2 », adresse une déclaration, préalablement au détachement, à l'inspection du travail du lieu où débute la prestation.

II. — L'employeur mentionné au I du présent article désigne un représentant de l'entreprise sur le territoire national, chargé d'assurer la liaison avec les agents mentionnés à l'article L. 8271-1-2 pendant la durée de la prestation.

(*L. n° 2016-1088 du 8 août 2016, art. 105 et 112*) « III. — L'accomplissement des obligations mentionnées aux I et II du présent article ne présume pas du caractère régulier du détachement. »

(*Ord. n° 2019-116 du 20 févr. 2019, art. 2, en vigueur le 30 juill. 2020*) « IV. — L'entreprise utilisatrice établie hors du territoire national mentionnée au 2° de l'article L. 1262-2 qui, pour exercer son activité sur le territoire national, a recours à des salariés détachés mis à disposition par une entreprise de travail temporaire également établie hors du territoire national, informe préalablement au détachement l'entreprise de travail temporaire qui emploie le ou les salariés détachés du détachement de ces salariés sur le territoire national et des règles applicables à ces salariés, dont la liste est arrêtée par le ministre chargé du travail.

« En cas de contrôle, l'entreprise utilisatrice justifie par tout moyen aux services de l'inspection du travail du respect des dispositions prévues au premier alinéa. — *V. Arr. du 28 juill. 2020, NOR : MTRT2010970A (JO 29 juill.).*

« V. – L'entreprise utilisatrice établie sur le territoire national mentionnée au 1° de l'article L. 1262-2 qui a recours à des salariés détachés mis à disposition par une entreprise exerçant une activité de travail temporaire dans les conditions prévues à l'article L. 1262-2 informe l'employeur de ces salariés des règles applicables à ces salariés en matière de rémunération pendant leur mise à disposition sur le territoire national. » – *V. art. L. 1264-1 (pén.) et R. 1263-8-1.*

Art. L. 1262-2-2 (*L. n° 2015-990 du 6 août 2015, art. 283*) Les conditions dans lesquelles les employeurs mentionnés aux articles L. 1262-1 et L. 1262-2 sont tenus de transmettre, par voie dématérialisée, la déclaration mentionnée au I de l'article L. 1262-2-1 du présent code ou l'attestation mentionnée à l'article (*Ord. n° 2022-1293 du 5 oct. 2022, art. 2, en vigueur le 1ᵉʳ janv. 2023*) « L. 1331-1-1 » du code des transports sont fixées par décret en Conseil d'État pris après avis de la Commission nationale de l'informatique et des libertés. – *V. Décr. n° 2016-1044 du 29 juill. 2016 (JO 31 juill.), mod. par Décr. n° 2020-916 du 28 juill. 2020, art. 5.*

Art. L. 1262-3 (*L. n° 2015-990 du 6 août 2015, art. 280-II*) « Un employeur ne peut se prévaloir des dispositions applicables au détachement de salariés lorsqu'il exerce, dans l'État dans lequel il est établi, des activités relevant uniquement de la gestion interne ou administrative, ou lorsque son activité est réalisée sur le territoire national de façon habituelle, stable et continue. » Il ne peut notamment se prévaloir de ces dispositions lorsque son activité comporte la recherche et la prospection d'une clientèle ou le recrutement de salariés sur ce territoire.

Dans ces situations, l'employeur est assujetti aux dispositions du code du travail applicables aux entreprises établies sur le territoire national.

L'exercice sur le territoire français par une société de transport aérien britannique d'une activité pouvant être qualifiée d'habituelle, stable et continue devenue à caractère permanent [implantation par la société dans l'aéroport de locaux constituant les lieux exclusifs de prise et de fin de service du personnel navigant et de recrutement de salariés majoritairement français et résidant en France] est exclusif des dispositions relatives au détachement transnational, et non de la liberté de prestation de services au sens des art. 52 s. du Traité de Rome ; dès lors, n'ayant pas procédé aux formalités d'immatriculation sur le territoire national et aux déclarations fiscales et sociales attachées à l'exercice d'une activité économique, la société est condamnée pour travail dissimulé par dissimulation d'activité. • Crim. 11 mars 2014 : 🔒 *D. 2014. Actu. 670* ⊘ *; Dr. soc. 2014. 827, chron. Salomon* ⊘ *; RJS 2014. 424, n° 528.*

SECTION 2 Réglementation applicable

Art. L. 1262-4 (*Ord. n° 2019-116 du 20 févr. 2019, art. 3, en vigueur le 30 juill. 2020*) I. – L'employeur détachant temporairement un salarié sur le territoire national lui garantit l'égalité de traitement avec les salariés employés par les entreprises de la même branche d'activité établies sur le territoire national, en assurant le respect des dispositions légales et des stipulations conventionnelles applicables aux salariés employés par les entreprises de la même branche d'activité établies sur le territoire national, en matière de législation du travail, pour ce qui concerne les matières suivantes :

1° Libertés individuelles et collectives dans la relation de travail ;

2° Discriminations et égalité professionnelle entre les femmes et les hommes ;

3° Protection de la maternité, congés de maternité et de paternité et d'accueil de l'enfant, congés pour événements familiaux ;

4° Conditions de mise à disposition et garanties dues aux salariés par les entreprises exerçant une activité de travail temporaire ;

5° Exercice du droit de grève ;

6° Durée du travail, repos compensateurs, jours fériés, congés annuels payés, durée du travail et travail de nuit des jeunes travailleurs ;

7° Conditions d'assujettissement aux caisses de congés et intempéries ;

8° Rémunération au sens de l'article L. 3221-3, paiement du salaire, y compris les majorations pour les heures supplémentaires ;

9° Règles relatives à la santé et sécurité au travail, âge d'admission au travail, emploi des enfants ;

10° Travail illégal ;

11° Remboursements effectués au titre de frais professionnels correspondants [*correspondant*] à des charges de caractère spécial inhérentes à sa fonction ou à son emploi supportés par le salarié détaché, lors de l'accomplissement de sa mission, en matière de transport, de repas et d'hébergement.

II. – L'employeur détachant temporairement un salarié sur le territoire national pendant une période excédant une durée de douze mois est soumis, à compter du treizième mois, aux dispositions du code du travail applicables aux entreprises établies sur le territoire national, à l'exception des dispositions du chapitre I, des sections 1, 2 et 5 du chapitre II, des chapitres III et IV du titre II, des titres III, IV et VII du livre II de la première partie du code du travail.

En cas de remplacement d'un salarié détaché par un autre salarié détaché sur le même poste de travail, la durée de détachement de douze mois mentionnée à l'alinéa précédent est atteinte lorsque la durée cumulée du détachement des salariés se succédant sur le même poste est égale à douze mois.

Lorsque l'exécution de la prestation le justifie, l'employeur mentionné au premier alinéa du II bénéficie, sur déclaration motivée adressée à l'autorité administrative préalablement à l'expiration du délai de douze mois, dans les conditions fixées par décret en Conseil d'État, de la prorogation de l'application des règles relevant des matières énumérées au I pour une durée d'au plus six mois supplémentaires. – *V. art. R. 1262-18-1.*

Pour l'application du II de l'art. L. 1262-4 aux détachements en cours au 30 juill. 2020, la durée de 12 mois s'apprécie en tenant compte des périodes de détachement déjà accomplies à cette date (Ord. n° 2019-116 du 20 févr. 2019, art. 7-I).

Art. L. 1262-4-1 (L. n° 2016-1088 du 8 août 2016, art. 105) « I. – » (L. n° 2014-790 du 10 juill. 2014, art. 1ᵉʳ) Le donneur d'ordre ou le maître d'ouvrage qui contracte avec un prestataire de services qui détache des salariés, dans les conditions mentionnées aux articles L. 1262-1 et L. 1262-2, vérifie auprès de ce dernier, avant le début du détachement, qu'il s'est acquitté des obligations mentionnées aux I et II de l'article L. 1262-2-1.

(L. n° 2015-990 du 6 août 2015, art. 280-II) « A défaut de s'être fait remettre par son cocontractant une copie de la déclaration mentionnée au I de l'article L. 1262-2-1, le maître d'ouvrage ou le donneur d'ordre adresse, dans les quarante-huit heures suivant le début du détachement, une déclaration à l'inspection du travail du lieu où débute la prestation. Un décret détermine les informations que comporte cette déclaration. »

(L. n° 2016-1088 du 8 août 2016, art. 105) « Les conditions dans lesquelles le maître d'ouvrage ou le donneur d'ordre est tenu de transmettre, par voie dématérialisée, la déclaration mentionnée au deuxième alinéa du présent I sont fixées par décret en Conseil d'État pris après avis de la Commission nationale de l'informatique et des libertés.

« II. – Le maître d'ouvrage vérifie avant le début du détachement que chacun des sous-traitants directs ou indirects de ses cocontractants, qu'il accepte en application de l'article 3 de la loi n° 75-1334 du 31 décembre 1975 relative à la sous-traitance, et que chacune des entreprises exerçant une activité de travail temporaire avec laquelle un de ces sous-traitants ou un de ces cocontractants a contracté qui détachent des salariés dans les conditions mentionnées aux articles L. 1262-1 et L. 1262-2 se sont acquittés de l'obligation mentionnée au I de l'article L. 1262-2-1. »

(L. n° 2018-771 du 5 sept. 2018, art. 96-I) « III. – Le donneur d'ordre ou le maître d'ouvrage qui contracte avec un prestataire de services qui détache des salariés, dans les conditions mentionnées aux articles L. 1262-1 et L. 1262-2, vérifie lors de la conclusion du contrat que son cocontractant s'est acquitté, le cas échéant, du paiement des sommes dues au titre des amendes prévues aux articles L. 1263-6, L. 1264-1, L. 1264-2 et L. 8115-1. » – *V. art. L. 1264-2 (pén.) et R. 1263-12-1.*

Art. L. 1262-4-2 (L. n° 2014-790 du 10 juill. 2014, art. 1ᵉʳ) L'article L. 1262-4-1 ne s'applique pas au particulier qui contracte avec un prestataire de services établi hors de France pour son usage personnel, celui de son conjoint, de son partenaire lié par un pacte civil de solidarité, de son concubin ou de ses ascendants ou descendants.

Art. L. 1262-4-3 (L. n° 2015-990 du 6 août 2015, art. 280-II) Le maître d'ouvrage ou le donneur d'ordre, informé par écrit par l'un des agents de contrôle mentionnés à l'article L. 8271-1-2 du non-paiement partiel ou total du salaire minimum légal ou conventionnel dû au salarié, détaché au sens de l'article L. 1261-3, par son cocontractant, par un sous-traitant direct ou indirect ou par un cocontractant d'un sous-traitant, enjoint aussitôt, par écrit, à ce sous-traitant ou à ce cocontractant, ainsi qu'au donneur d'ordre immédiat de ce dernier, de faire cesser sans délai cette situation.

A défaut de régularisation de la situation signalée dans un délai fixé par décret, le maître d'ouvrage ou le donneur d'ordre, s'il ne dénonce pas le contrat de prestation de service [services], est tenu solidairement avec l'employeur du salarié au paiement des rémunérations, indemnités et charges dues, dans des conditions fixées par décret en Conseil d'État. – V. art. R. 1263-15 s.

Le présent article ne s'applique pas au particulier qui contracte avec une entreprise pour son usage personnel, celui de son conjoint, de son partenaire auquel il est lié par un pacte civil de solidarité, de son concubin ou de ses ascendants ou descendants.

Art. L. 1262-4-4 (L. n° 2016-1088 du 8 août 2016, art. 105) Lorsqu'un salarié détaché est victime d'un accident du travail, une déclaration est envoyée à l'inspection du travail du lieu où s'est produit l'accident.

Cette déclaration est effectuée, dans un délai et selon des modalités fixés par décret en Conseil d'État, par :

1° L'employeur (Abrogé par L. n° 2018-771 du 5 sept. 2018, art. 91-II) « , ou son représentant désigné en application de l'article L. 1262-2-1 », lorsque le salarié est détaché selon les modalités mentionnées au 3° de l'article L. 1262-1 ;

2° Le donneur d'ordre ou le maître d'ouvrage cocontractant d'un prestataire de services qui détache des salariés dans les conditions mentionnées aux 1° et 2° de l'article L. 1262-1 ou à l'article L. 1262-2. – V. art. L. 1264-1 s. (pén.).

Art. L. 1262-4-5 (L. n° 2016-1088 du 8 août 2016, art. 105) Sur les chantiers de bâtiment ou de génie civil relevant de l'article L. 4532-10, le maître d'ouvrage porte à la connaissance des salariés détachés, par voie d'affichage sur les lieux de travail, les informations sur la réglementation qui leur est applicable en application de l'article L. 1262-4. L'affiche est facilement accessible et traduite dans l'une des langues officielles parlées dans chacun des États d'appartenance des salariés détachés.

Un décret détermine les conditions de mise en œuvre de cette obligation, notamment le contenu des informations mentionnées au premier alinéa. – V. art. L. 1264-2 (pén.) et D. 1263-21.

Art. L. 1262-4-6 (Abrogé par L. n° 2018-771 du 5 sept. 2018, art. 92) (L. n° 2016-1088 du 8 août 2016, art. 106) I. – *Tout employeur établi hors de France qui détache un salarié sur le territoire national est assujetti à une contribution destinée à compenser les coûts de mise en place et de fonctionnement du système dématérialisé de déclaration et de contrôle mentionné à l'article L. 1262-2-2, ainsi que les coûts de traitement des données de ce système.*

Le montant forfaitaire de cette contribution, qui ne peut excéder 50 € par salarié, est fixé par décret en Conseil d'État.

La contribution est recouvrée selon les règles applicables en matière de créances étrangères à l'impôt et au domaine.

II. – En cas de manquement de l'employeur à son obligation de déclaration en application du I de l'article L. 1262-2-1, la contribution mentionnée au I du présent article est mise à la charge du maître d'ouvrage ou du donneur d'ordre tenu d'accomplir une déclaration en application du II de l'article L. 1262-4-1. – V. art. R. 1263-20.

Art. L. 1262-5 Un décret en Conseil d'État détermine :

1° Les conditions et modalités d'application des dispositions relevant des matières énumérées à l'article L. 1262-4 ;

2° Les conditions dans lesquelles des formalités déclaratives sont exigées des prestataires étrangers ;

3° Les dispenses de formalités dont ils bénéficient ;

SALARIÉS DÉTACHÉS **Art. L. 1263-3** 529

(*L. n° 2014-790 du 10 juill. 2014, art. 1ᵉʳ*) « 4° Les modalités de désignation et les attributions du représentant mentionné au II de l'article L. 1262-2-1 ;
« 5° Les modalités selon lesquelles (*L. n° 2015-990 du 6 août 2015, art. 280-II*) « sont satisfaites les obligations » prévues à l'article L. 1262-4-1 ;
« 6° Les modalités de mise en œuvre de l'article L. 1264-3 ; »
(*L. n° 2015-990 du 6 août 2015, art. 280-II*) « 7° Les conditions d'application de l'article L. 1263-7, notamment la nature des documents devant être traduits en langue française et leurs modalités de conservation sur le territoire national. » — *V. art. R. 1263-1 s.*

SECTION 3 Conditions particulières de détachement

(*L. n° 2018-771 du 5 sept. 2018, art. 89*)

Art. L. 1262-6 Sans préjudice de l'article L. 1262-3 et de la section 2 du présent chapitre, les employeurs détachant un ou plusieurs salariés dans les conditions prévues aux 1° et 2° de l'article L. 1262-1 pour des prestations et opérations de courte durée ou dans le cadre d'évènements ponctuels et dont les salariés détachés exercent l'une des activités dont la liste est fixée par arrêté du ministre chargé du travail sont dispensés des obligations prévues aux I et II de l'article L. 1262-2-1.
L'arrêté mentionné au premier alinéa du présent article précise, pour chaque activité identifiée, la durée maximale d'activité en France sur une période de référence.
Un décret en Conseil d'État détermine, le cas échéant, les adaptations dont bénéficient les employeurs mentionnés au même premier alinéa pour l'application de l'article L. 1263-7, notamment la nature des documents devant être traduits en langue française et leurs modalités de conservation sur le territoire national.

V. Arr. du 4 juin 2019 établissant la liste des activités mentionnées à l'art. L. 1262-6 C. trav., NOR : MTRT1914009A (JO 5 juin).

Art. L. 1262-7 Les dispositions de la présente section ne sont pas applicables aux entreprises de travail temporaire définies à l'article L. 1251-2 et aux agences de mannequins définies à l'article L. 7123-12.

CHAPITRE III **CONTRÔLE**

Art. L. 1263-1 Les agents de contrôle mentionnés à l'article L. 8112-1 et les autorités chargées de la coordination de leurs actions sont habilités à se communiquer réciproquement tous les renseignements et documents nécessaires pour faire appliquer les dispositions du présent titre.
Ils peuvent également communiquer ces renseignements et documents aux agents investis de pouvoirs analogues dans les États étrangers et aux autorités chargées de la coordination de leurs actions dans ces États.
(*L. n° 2016-1088 du 8 août 2016, art. 109*) « Les agents de contrôle mentionnés à l'article L. 8271-1-2 disposent d'un droit d'accès aux données issues des déclarations de détachement transmises à l'inspection du travail en application des articles L. 1262-2-1 et L. 1262-4-1 qui sont nécessaires à l'accomplissement de leur mission de lutte contre le travail illégal. »

Art. L. 1263-2 La nature des informations communicables et les conditions dans lesquelles est assurée la protection des données à caractère personnel sont précisées par décret en Conseil d'État. — [*Anc. art. L. 342-6, al. 2.*] — *V. art. R. 1263-1 s.*

Art. L. 1263-3 (*L. n° 2015-990 du 6 août 2015, art. 280-I*) Lorsqu'un agent de contrôle de l'inspection du travail mentionné (*L. n° 2016-1088 du 8 août 2016, art. 113*) « à l'article L. 8112-1 » constate un manquement grave, commis par un employeur établi hors de France qui détache des salariés sur le territoire national, (*Abrogé par L. n° 2016-1088 du 8 août 2016, art. 105*) « *à l'article L. 3231-2 relatif au salaire minimum de croissance,* » à l'article L. 3131-1 relatif au repos quotidien, à l'article L. 3132-2 relatif au repos hebdomadaire, à l'article (*L. n° 2016-1088 du 8 août 2016, art. 8*) « L. 3121-18 » relatif à la durée quotidienne maximale de travail ou à l'article (*L. n° 2016-1088 du 8 août 2016, art. 8*) « L. 3121-20 » relatif à la durée hebdomadaire maximale de travail (*L. n° 2016-1088 du 8 août 2016, art. 105*) « , constate le non-paiement total ou partiel du salaire minimum légal ou conventionnel, » constate un manquement de l'employeur ou de son représentant à l'obligation mentionnée à l'article L. 1263-7 en vue du contrôle du respect des dispositions des articles L. 3231-2, L. 3131-1, L. 3132-2, *(L. n° 2016-1088 du 8 août 2016, art. 8-XI)* « L. 3121-18 et L. 3121-20 » du présent code *(L. n° 2018-771 du 5 sept. 2018, art. 96-II)* « , » constate des conditions de travail ou d'hébergement incompatibles avec la dignité humaine sanctionnées à l'article 225-14 du code pénal *(L. n° 2018-771 du 5 sept. 2018, art. 96-II)* « ou constate que l'employeur qui s'est vu notifier l'une des amendes administratives prévues aux articles L. 1263-6, L. 1264-1, L. 1264-2 ou L. 8115-1 du présent code ne s'est pas acquitté du paiement des sommes dues », il enjoint par écrit à cet employeur de faire cesser la situation dans un délai fixé par décret en Conseil d'État. — V. art. R. 1263-11-1 s.

Il en informe, dans les plus brefs délais, le maître d'ouvrage ou le donneur d'ordre de l'employeur concerné.

Le fait pour l'employeur d'avoir communiqué à l'agent de contrôle des informations délibérément erronées constitue un manquement grave au sens du premier alinéa.

(L. n° 2016-1088 du 8 août 2016, art. 111) « Pour l'application du présent article, lorsque l'employeur établi hors de France détache sur le territoire national des salariés exerçant des activités relevant du code rural et de la pêche maritime, la référence à l'article L. 3132-2 du présent code est remplacée par la référence à l'article L. 714-1 du code rural et de la pêche maritime. »

Art. L. 1263-4 *(L. n° 2015-990 du 6 août 2015, art. 280-I)* A défaut de régularisation par l'employeur de la situation constatée dans le délai mentionné à l'article L. 1263-3, l'autorité administrative compétente peut, dès lors qu'elle a connaissance d'un rapport d'un agent de contrôle de l'inspection du travail constatant le manquement et eu égard à la répétition ou à la gravité des faits constatés, ordonner, par décision motivée, la suspension par l'employeur de la réalisation de la prestation de services concernée pour une durée ne pouvant excéder un mois.

L'autorité administrative met fin à la mesure dès que l'employeur justifie de la cessation du manquement constaté.

Art. L. 1263-4-1 *(L. n° 2016-1088 du 8 août 2016, art. 107)* L'agent de contrôle de l'inspection du travail ou l'agent de contrôle assimilé mentionné au dernier alinéa de l'article L. 8112-1 qui n'a pas reçu, à l'issue du délai de quarante-huit heures à compter du début du détachement d'un salarié, la déclaration de détachement mentionnée au deuxième alinéa du I de l'article L. 1262-4-1 peut saisir d'un rapport motivé l'autorité administrative compétente. Celle-ci peut ordonner, au regard de la gravité du manquement, par décision motivée, la suspension de la réalisation de la prestation de services, pour une durée ne pouvant excéder un mois.

L'autorité administrative met fin à la suspension dès la réception de la déclaration de détachement transmise par l'employeur, le donneur d'ordre ou le maître d'ouvrage, pour les salariés concernés.

La sanction prévue au premier alinéa du présent article peut être cumulée avec l'amende administrative prévue aux articles L. 1264-1 et L. 1264-2.

Un décret en Conseil d'État détermine les modalités d'application du présent article.

Art. L. 1263-4-2 *(L. n° 2018-771 du 5 sept. 2018, art. 96-III)* L'agent de contrôle de l'inspection du travail ou l'agent de contrôle assimilé mentionné au dernier alinéa de l'article L. 8112-1 qui constate, le cas échéant à réception de la déclaration mentionnée à l'article L. 1262-2-1, l'absence de paiement des sommes dues au titre de l'une des amendes prévues aux articles L. 1263-6, L. 1264-1, L. 1264-2 ou L. 8115-1 qui a été notifiée à un employeur établi à l'étranger détachant un ou plusieurs salariés dans les conditions prévues aux articles L. 1262-1 ou L. 1262-2 saisit par rapport motivé l'autorité administrative compétente. Celle-ci informe sans délai l'entreprise concernée avant le début de la prestation du manquement constaté et lui enjoint de faire cesser ce manquement en procédant au paiement des sommes dues.

En l'absence de régularisation avant le début de la prestation, l'autorité administrative peut ordonner au regard de la gravité du manquement, par décision motivée, l'interdiction de la prestation de services pour une durée de deux mois renouvelable. La prestation ne peut débuter en l'absence de régularisation du manquement.

L'autorité administrative autorise la prestation dès le paiement des sommes mentionnées au premier alinéa du présent article.

Art. L. 1263-5 (L. n° 2015-990 du 6 août 2015, art. 280-I) La décision de suspension de la prestation de services prononcée par l'autorité administrative (L. n° 2016-1088 du 8 août 2016, art. 107) « en application des articles L. 1263-4 (L. n° 2018-771 du 5 sept. 2018, art. 96-IV) « , L. 1263-4-1 ou L. 1263-4-2 » n'entraîne ni rupture, ni suspension du contrat de travail, ni aucun préjudice pécuniaire pour les salariés concernés.

Art. L. 1263-6 (L. n° 2015-990 du 6 août 2015, art. 280-I) Le fait pour l'employeur de ne pas respecter la décision administrative mentionnée à l'article L. 1263-4 (L. n° 2018-771 du 5 sept. 2018, art. 96-V) « , à l'article L. 1263-4-1 ou à l'article L. 1263-4-2 » est passible d'une amende administrative, qui est prononcée par l'autorité administrative compétente, sur le rapport motivé d'un agent de contrôle de l'inspection du travail mentionné (L. n° 2016-1088 du 8 août 2016, art. 113) « à l'article L. 8112-1 ».

Pour fixer le montant de l'amende, l'autorité administrative prend en compte les circonstances et la gravité du manquement, le comportement de son auteur ainsi que ses ressources et ses charges. L'amende est inférieure ou égale à 10 000 € par salarié concerné par le manquement.

Le délai de prescription de l'action de l'administration pour la sanction du manquement par une amende administrative est de deux années révolues à compter du jour où le manquement a été commis.

(Ord. n° 2016-413 du 7 avr. 2016, art. 9) « L'employeur peut contester la décision de l'administration devant le tribunal administratif, à l'exclusion de tout recours hiérarchique. »

L'amende est recouvrée comme les créances de l'État étrangères à l'impôt et au domaine. (L. n° 2018-771 du 5 sept. 2018, art. 97-I) « L'opposition à l'exécution ou l'opposition aux poursuites n'a pas pour effet de suspendre l'action en recouvrement de la créance. »

Art. L. 1263-7 (L. n° 2015-990 du 6 août 2015, art. 280-I) L'employeur détachant temporairement des salariés sur le territoire national, ou son représentant mentionné au II de l'article L. 1262-2-1, présente sur le lieu de réalisation de la prestation à l'inspection du travail des documents traduits en langue française permettant de vérifier le respect des dispositions du présent titre. – V. art. L. 1264-1 (pén.).

Art. L. 1263-8 (L. n° 2018-771 du 5 sept. 2018, art. 90) L'autorité administrative, saisie par un ou plusieurs employeurs détachant de manière récurrente des salariés dans les conditions prévues aux 1° et 2° de l'article L. 1262-1 ou par un organisme ayant mandat, peut aménager les modalités selon lesquelles les obligations prévues aux I et II de l'article L. 1262-2-1 et à l'article L. 1263-7 sont satisfaites lorsque sont apportées à l'appui de leur demande les informations attestant du respect des dispositions légales et des stipulations conventionnelles dans les matières énumérées à l'article L. 1262-4.

Les aménagements consentis pour une durée ne dépassant pas un an sont notifiés au demandeur.

Pendant la durée ainsi fixée, l'autorité administrative peut demander communication des documents prévus à l'article L. 1263-7.

L'autorité administrative met fin aux aménagements accordés en application du premier alinéa du présent article soit lorsque les modalités définies sur le fondement du même premier alinéa n'ont pas été respectées, soit en cas de constat d'un manquement aux règles applicables dans les matières énumérées à l'article L. 1262-4.

La demande de renouvellement des aménagements est assortie de tout élément attestant du respect des dispositions légales et des stipulations conventionnelles dans les matières énumérées au même article L. 1262-4 pour la période écoulée.

Un décret en Conseil d'État détermine la nature des aménagements pouvant être accordés en application du présent article.

CHAPITRE IV AMENDES ADMINISTRATIVES

(L. n° 2014-790 du 10 juill. 2014, art. 1er)

Art. L. 1264-1 La méconnaissance par l'employeur qui détache un ou plusieurs salariés d'une des obligations mentionnées à l'article L. 1262-2-1 *(Ord. n° 2019-116 du 20 févr. 2019, art. 4, en vigueur le 30 juill. 2020)* « , au troisième alinéa du II de l'article L. 1262-4 » *(L. n° 2016-1088 du 8 août 2016, art. 105)* « , à l'article L. 1262-4-4 » *(L. n° 2015-990 du 6 août 2015, art. 280)* « ou à l'article L. 1263-7 » est passible d'une amende administrative, dans les conditions prévues à l'article L. 1264-3.

Art. L. 1264-2 *(L. n° 2016-1088 du 8 août 2016, art. 105 et 112)* I. — Le maître d'ouvrage *(Ord. n° 2019-116 du 20 févr. 2019, art. 5)* « , le donneur d'ordre ou l'entreprise utilisatrice » est passible d'une amende administrative, dans les conditions prévues à l'article L. 1264-3 :

1° En cas de méconnaissance d'une des obligations mentionnées au I de l'article L. 1262-4-1, lorsque son cocontractant n'a pas rempli au moins l'une des obligations lui incombant en application de l'article L. 1262-2-1 ;

2° En cas de méconnaissance de l'obligation mentionnée à l'article L. 1262-4-4 ;

3° En cas de méconnaissance de l'obligation mentionnée à l'article L. 1262-4-5 ;

(Ord. n° 2019-116 du 20 févr. 2019, art. 5, en vigueur le 30 juill. 2020) « 4° En cas de manquement à l'obligation d'information prévue au V de l'article L. 1262-2-1 et en cas de manquement de l'employeur tel que prévu au 4° de l'article L. 8115-1. »

II. — La méconnaissance par le maître d'ouvrage de l'obligation mentionnée au II de l'article L. 1262-4-1 est passible d'une amende administrative, dans les conditions prévues à l'article L. 1264-3, lorsque l'un des sous-traitants directs ou indirects de ses cocontractants ou l'une des entreprises exerçant une activité de travail temporaire ne s'est pas acquitté de l'obligation mentionnée au I de l'article L. 1262-2-1. La méconnaissance par l'entreprise utilisatrice de l'obligation mentionnée au IV de l'article L. 1262-2-1 est passible d'une amende administrative dans les conditions prévues à l'article L. 1264-3.

Art. L. 1264-3 L'amende administrative mentionnée aux articles L. 1264-1 et L. 1264-2 est prononcée par l'autorité administrative compétente, après constatation par un des agents de contrôle de l'inspection du travail mentionnés aux articles L. 8112-1 et L. 8112-5.

Le montant de l'amende est d'au plus *(L. n° 2018-771 du 5 sept. 2018, art. 95-I)* « 4 000 € » par salarié détaché et d'au plus *(L. n° 2018-771 du 5 sept. 2018, art. 95-I)* « 8 000 € » en cas de réitération dans un délai *(L. n° 2018-771 du 5 sept. 2018, art. 95-I)* « de deux ans » à compter du jour de la notification de la première amende. Le montant total de l'amende ne peut être supérieur à *(L. n° 2015-990 du 6 août 2015, art. 279)* « 500 000 € ».

Pour fixer le montant de l'amende, l'autorité administrative prend en compte les circonstances et la gravité du manquement, le comportement de son auteur *(Ord. n° 2019-116 du 20 févr. 2019, art. 6, en vigueur le 30 juill. 2020)* « , notamment sa bonne foi, » ainsi que ses ressources et ses charges.

Le délai de prescription de l'action de l'administration pour la sanction du manquement par une amende administrative est de deux années révolues à compter du jour où le manquement a été commis.

(Ord. n° 2016-413 du 7 avr. 2016, art. 9) « L'employeur, le maître d'ouvrage ou le donneur d'ordre peut contester la décision de l'administration devant le tribunal administratif, à l'exclusion de tout recours hiérarchique. »

L'amende est recouvrée comme les créances de l'État étrangères à l'impôt et au domaine. *(L. n° 2018-771 du 5 sept. 2018, art. 97-II)* « L'opposition à l'exécution ou l'opposition aux poursuites n'a pas pour effet de suspendre l'action en recouvrement de la créance. »

Art. L. 1264-4 *(L. n° 2016-1088 du 8 août 2016, art. 108)* La sanction ou l'amende administrative pécuniaire notifiée par l'autorité compétente d'un État membre de l'Union européenne autre que la France et infligée à un prestataire de services établi en France à l'occasion d'un détachement de salariés, dans les conditions mentionnées

CESU **Art. L. 1271-1** 533

par la directive 96/71/CE du Parlement européen et du Conseil du 16 décembre 1996 concernant le détachement de travailleurs effectué dans le cadre d'une prestation de services, est constatée par l'État en application de l'article 15 de la directive 2014/67/UE du Parlement européen et du Conseil du 15 mai 2014 relative à l'exécution de la directive 96/71/CE concernant le détachement de travailleurs effectué dans le cadre d'une prestation de services et modifiant le règlement (UE) n° 1024/2012 concernant la coopération administrative par l'intermédiaire du système d'information du marché intérieur ("règlement IMI").

La sanction ou l'amende est recouvrée selon les règles applicables en matière de créances étrangères à l'impôt et au domaine. *(L. n° 2018-771 du 5 sept. 2018, art. 97-III)* « L'opposition à l'exécution ou l'opposition aux poursuites n'a pas pour effet de suspendre l'action en recouvrement de la créance. »

Les titres de perception sont émis par le ministre chargé du travail.

L'action en recouvrement du comptable public se prescrit *(L. n° 2020-1721 du 29 déc. 2020, art. 160-VII, en vigueur le 1ᵉʳ janv. 2022)* « conformément aux dispositions de l'article L. 274 du livre des procédures fiscales *[ancienne rédaction : par cinq ans à compter de l'émission du titre de perception]* »

Le produit de ces sanctions ou amendes est versé au budget général de l'État.

CHAPITRE V ACTIONS EN JUSTICE

(L. n° 2014-790 du 10 juill. 2014, art. 9)

Art. L. 1265-1 Les organisations syndicales représentatives peuvent exercer en justice toutes les actions résultant de l'application du présent titre en faveur d'un salarié, sans avoir à justifier d'un mandat de l'intéressé.

Il suffit que celui-ci ait été averti, dans des conditions déterminées par voie réglementaire, et ne s'y soit pas opposé dans un délai de quinze jours à compter de la date à laquelle l'organisation syndicale lui a notifié son intention.

L'intéressé peut toujours intervenir à l'instance engagée par le syndicat et y mettre un terme à tout moment.

TITRE VII CHÈQUES ET TITRES SIMPLIFIÉS DE TRAVAIL

Les dispositions des chapitres I et II sont applicables à Mayotte à compter du 1ᵉʳ janv. 2020 (Ord. n° 2017-1491 du 25 oct. 2017, art. 33-2°).

BIBL. ▶ TOURNAUX, *RDT 2014.* 537 (la maturité des chèques et titres emploi simplifiés de travail).

CHAPITRE I CHÈQUE EMPLOI-SERVICE UNIVERSEL

SECTION 1 Objet et modalités de mise en œuvre

Art. L. 1271-1 *(Ord. n° 2015-682 du 18 juin 2015, art. 2)* Le chèque emploi-service universel est un titre emploi ou un titre spécial de paiement.

A. – Le titre emploi permet :

1° De déclarer *(L. n° 2017-1836 du 30 déc. 2017, art. 14-III, en vigueur le 1ᵉʳ janv. 2019)* « les salariés mentionnés au 3° de l'article L. 133-5-6 du code de la sécurité sociale ; »

2° De déclarer les stagiaires aides familiaux placés au pair mentionnés au 6° de l'article L. 133-5-6 *(L. n° 2017-1836 du 30 déc. 2017, art. 14-III, en vigueur le 1ᵉʳ janv. 2019)* « du même code » ;

(L. n° 2015-1776 du 28 déc. 2015, art. 56-II) « 3° De déclarer les accueillants familiaux mentionnés à l'article L. 441-1 du code de l'action sociale et des familles. »

B. – Le titre spécial de paiement permet d'acquitter tout ou partie du montant :

1° De la rémunération *(L. n° 2016-1827 du 23 déc. 2016, art. 42-II, en vigueur le 1ᵉʳ janv. 2019)* « et des cotisations et contributions sociales afférentes » des salariés occupant des emplois entrant dans le champ des services à la personne mentionnés à l'article L. 7231-1, des assistants maternels agréés en application de l'article L. 421-1 du code de l'action sociale et des familles ;

2° Des prestations de services fournies par les organismes agréés ou déclarés au titre des articles L. 7232-1 et L. 7232-1-1 ;

3° Dans les conditions et limites fixées par décret, des prestations de services fournies par les organismes et établissements spécialisés mentionnés à l'article L. 1271-10 ;
4° Des prestations de services fournies par les organismes ou personnes mentionnés (L. n° 2023-1196 du 18 déc. 2023, art. 19-II) « au premier alinéa » de l'article L. 2324-1 du code de la santé publique ;
5° Des prestations de services fournies par les organismes ou les personnes organisant un accueil sans hébergement prévu au même article L. 2324-1 ;
6° Des prestations de services fournies par les personnes organisant un accueil des enfants scolarisés en école maternelle ou élémentaire limité aux heures qui précèdent ou suivent la classe ;
7° Des prestations d'aide à domicile délivrées à ses ascendants bénéficiaires de l'allocation personnalisée d'autonomie par des salariés ou des organismes de services à la personne ;
8° Des prestations de transport de voyageurs par taxi financées par les prestations sociales destinées spécifiquement aux personnes âgées ou à mobilité réduite ;
(L. n° 2015-1776 du 28 déc. 2015, art. 56-II) « 9° Des contreparties financières définies à l'article L. 442-1 du code de l'action sociale et des familles. »

Les dispositions issues de la L. n° 2016-1827 du 23 déc. 2016 s'appliquent aux rémunérations dues au titre des périodes courant à compter du 1ᵉʳ janv. 2018 (L. préc., art. 42-III).

Art. L. 1271-2 *Abrogé par L. n° 2017-1836 du 30 déc. 2017, art. 14-III.*

Art. L. 1271-3 *Abrogé par Ord. n° 2015-682 du 18 juin 2015, art. 8.*

Art. L. 1271-4 (L. n° 2013-1203 du 23 déc. 2013, art. 27-III-D) « Pour les salariés dont le nombre d'heures de travail effectuées n'excède pas un seuil fixé par décret, » la rémunération portée sur le chèque emploi-service universel inclut une indemnité (L. n° 2013-1203 du 23 déc. 2013, art. 27-III-D) « compensatrice » de congés payés dont le montant est égal à un dixième de la rémunération brute. Pour l'appréciation des conditions d'ouverture de droits aux prestations sociales, le temps d'emploi effectif indiqué sur la déclaration est majoré à due proportion. (L. n° 2013-1203 du 23 déc. 2013, art. 27-III-D) « Le présent alinéa est applicable également au-delà du seuil précité en cas d'accord entre l'employeur et le salarié. »
Le chèque emploi-service universel ne peut être utilisé pour la rémunération directe ou le paiement de prestations réalisées par des salariés qui consacrent tout ou partie de leur temps de travail à une activité contribuant à l'exercice de la profession de leur employeur ou de l'acheteur des prestations, et pour le compte de celui-ci.

Art. L. 1271-5 Pour les emplois dont la durée de travail n'excède pas (L. n° 2023-171 du 9 mars 2023, art. 19-I) « trois » heures par semaine (L. n° 2023-171 du 9 mars 2023, art. 19-I) « au cours d'une période de référence de quatre semaines », l'employeur et le salarié qui utilisent le chèque emploi-service universel sont réputés satisfaire aux obligations mises à la charge de l'un ou de l'autre par les articles L. 1242-12 et L. 1242-13, pour un contrat de travail à durée déterminée, et (L. n° 2016-1088 du 8 août 2016, art. 8) « L. 3123-6 », pour un contrat de travail à temps partiel, ou par les articles L. 741-2 et L. 741-9 du code rural et de la pêche maritime.
(L. n° 2023-171 du 9 mars 2023, art. 19-I) « L'obligation prévue à l'article L. 1221-5-1 du présent code ne s'applique pas aux emplois mentionnés au premier alinéa du présent article. »
Pour les emplois de durée supérieure, un contrat de travail est établi par écrit.

1. Dépassement. Les parties sont liées par un contrat de travail à temps plein lorsque le contrat ne mentionne pas la durée de travail, qu'une clause oblige le salarié à consacrer exclusivement son activité à son employeur et que ce dernier se borne à alléguer que la durée du travail ne dépassait pas – conformément à ses déclarations pour les cotisations sociales – 67 heures par mois. ● Soc. 13 juin 2007 : 🕮 D. 2007. AJ 1875 ⌀ ; JCP S 2007. 1777, note Lahalle.

2. En cas d'utilisation du chèque emploi-service, l'emploi d'un salarié plus de 8 heures par semaine sans contrat écrit fait présumer que l'emploi est à temps complet ; l'employeur qui conteste cette présomption doit rapporter la preuve, d'une part, de la durée exacte hebdomadaire ou mensuelle convenue, d'autre part, que le salarié n'était pas placé dans l'impossibilité de prévoir à quel rythme il devait travailler et qu'il n'avait pas à se tenir constamment à la disposition de l'employeur (décision rendue sous l'art. L. 129-2 abrogé par la L. 26 juill. 2005 qui a créé le CESU). ● Soc. 9 avr. 2008 : 🕮 D. 2008. AJ 1280, note Maillard ⌀ ; RJS 2008. 581, n° 729 ; Dr. soc. 2008. 874, obs.

Roy-Loustaunau ; *JCP S* 2008. 1477, *note Bousez.*

3. Contrat à durée déterminée. Si l'utilisation du chèque emploi-service universel pour les emplois n'excédant pas 8 heures hebdomadaires dispense l'employeur d'établir un contrat de travail écrit, elle ne lui permet pas de déroger aux dispositions d'ordre public du C. trav. régissant les cas de recours au contrat à durée déterminée et ses conditions de renouvellement. ● Soc. 27 mars 2019, n° 18-10.903 P : *D.* 2019. Actu. 767 ; *RJS* 6/2019, n° 389 ; *JCP S* 2019. 1149, *obs. Bousez.*

Art. L. 1271-6 Un autre moyen de paiement peut être utilisé en remplacement du titre spécial de paiement, dans la limite des interdictions de paiement en espèces fixées par les articles L. 112-6 à L. 112-8 du code monétaire et financier. — *[Anc. art. L. 129-5, al. 4.]*

Art. L. 1271-7 Les prestations sociales obligatoires ou facultatives ayant le caractère de prestations en nature destinées à couvrir tout ou partie du coût des services mentionnés au *(L. n° 2015-1776 du 28 déc. 2015, art. 56-II)* « B » de l'article L. 1271-1 peuvent être versées sous la forme *(Ord. n° 2015-682 du 18 juin 2015, art. 2)* « de titre spécial de paiement ».

Art. L. 1271-8 Les personnes morales de droit public peuvent acquérir des *(Ord. n° 2015-682 du 18 juin 2015, art. 2)* « titres spéciaux de paiement » préfinancés, dans les conditions prévues à l'article L. 1271-12, à un prix égal à leur valeur libératoire augmentée, le cas échéant, d'une commission.

SECTION 2 Dispositions financières

Art. L. 1271-9 *Abrogé par Ord. n° 2015-682 du 18 juin 2015, art. 8.*

Art. L. 1271-10 Le chèque emploi-service universel, lorsqu'il a la nature d'un titre spécial de paiement, est émis par des organismes et établissements spécialisés ou les établissements, mentionnés à l'article L. 1271-9, qui ont été habilités dans des conditions déterminées par décret et qui en assurent le remboursement aux personnes mentionnées à l'article L. 1271-1. — *[Anc. art. L. 129-7, al. 2.]* — V. art. D. 1271-8 s.

Art. L. 1271-11 Tout émetteur de chèque emploi-service universel ayant la nature d'un titre spécial de paiement, qui n'est pas soumis aux dispositions des articles L. 312-4 à L. 312-18 du code monétaire et financier, se fait ouvrir un compte bancaire ou postal sur lequel sont obligatoirement versés, jusqu'à leur remboursement, les fonds perçus en contrepartie de la cession de ce titre, à l'exclusion de tout autre fonds. — *[Anc. art. L. 129-7, al. 3.]*

Art. L. 1271-12 Le chèque emploi-service universel, lorsqu'il a la nature d'un titre spécial de paiement, peut être préfinancé en tout ou partie par une personne au bénéfice de ses salariés, agents, ayants droit, retraités, administrés, sociétaires *(L. n° 2009-526 du 12 mai 2009, art. 28)* « , adhérents ou assurés, ainsi que du chef d'entreprise ou, si l'entreprise est une personne morale, de son président, de son directeur général, de son ou ses directeurs généraux délégués, de ses gérants ou des membres de son directoire, dès lors que ce titre peut bénéficier également à l'ensemble des salariés de l'entreprise selon les mêmes règles d'attribution ».

Dans ce cas, le titre de paiement comporte lors de son émission une valeur faciale qui ne peut excéder un montant déterminé par arrêté conjoint des ministres chargés du travail, de la sécurité sociale et de l'économie. — V. Arr. du 19 déc. 2007 (JO 27 déc.), mod. par Arr. du 7 avr. 2011 (JO 8 avr.).

La personne qui assure le préfinancement de ces chèques peut choisir d'en réserver l'utilisation à certaines catégories de services au sein des activités mentionnées à l'article L. 1271-1.

Art. L. 1271-13 Le titre spécial de paiement est nominatif. Il mentionne le nom de la personne bénéficiaire.

Un décret peut prévoir les cas dans lesquels :

1° Le titre spécial de paiement est stipulé payable à une personne dénommée, notamment lorsqu'il est préfinancé par une personne publique ou une personne privée chargée d'une mission de service public ;

2° Le titre spécial de paiement n'est pas nominatif jusqu'à son attribution à son bénéficiaire, en cas d'urgence. – *[Anc. art. L. 129-8, al. 2.]*

Art. L. 1271-14 Les caractéristiques du chèque emploi-service universel, en tant que titre spécial de paiement, sont déterminées par arrêté conjoint des ministres chargés du travail, de la sécurité sociale et de l'économie. – *[Anc. art. L. 129-8, al. 3.]* – V. Arr. du 19 déc. 2007 (JO 27 déc.), mod. par Arr. du 7 avr. 2011 (JO 8 avr.).

Art. L. 1271-15 Le chèque emploi-service universel est :
1° Soit encaissable auprès des établissements, institutions et services mentionnés à l'article L. 1271-9 ;
2° Soit remboursable auprès des organismes et établissements habilités mentionnés à l'article L. 1271-10. – *[Anc. art. L. 129-10.]*

Art. L. 1271-15-1 (L. n° 2010-853 du 23 juill. 2010, art. 31-I) Dans des conditions fixées par décret, les émetteurs perçoivent de la part des personnes morales ou des entrepreneurs individuels rémunérés par chèque emploi-service universel une rémunération relative au remboursement de ces titres.

Par dérogation au premier alinéa, les émetteurs ne perçoivent aucune rémunération pour les prestations visées aux (L. n° 2015-1776 du 28 déc. 2015, art. 56-II) « 4°, 5° et 6° du B » de l'article L. 1271-1.

SECTION 3 Contrôle

Art. L. 1271-16 Les informations relatives aux personnes mentionnées au 1° (L. n° 2015-1776 du 28 déc. 2015, art. 56-II) « et au 3° du A » de l'article L. 1271-1 rémunérées par les chèques emploi-service universels préfinancés dans les conditions définies à l'article L. 1271-12 sont communiquées à l'organisme ou à l'établissement chargé de leur remboursement à seule fin de contrôle du bon usage de ces titres.

Ces communications s'opèrent selon des modalités propres à garantir la confidentialité des données. Les personnes concernées sont informées de l'existence de ce dispositif de contrôle. – *[Anc. art. L. 129-11.]*

SECTION 4 Dispositions d'application

Art. L. 1271-17 Des décrets déterminent les modalités d'utilisation et de fonctionnement du chèque emploi-service universel, notamment :
1° Celles relatives à l'encaissement et au remboursement des chèques emploi-service universels et aux obligations de contrôle, de vérification et de vigilance des organismes et établissements émettant ceux qui ont la nature de titre spécial de paiement ;
2° Celles relatives aux chèques emploi-service universels préfinancés pour la rémunération de personnes ou le paiement de services mentionnés à l'article L. 421-1 du code de l'action sociale et des familles et (L. n° 2023-1196 du 18 déc. 2023, art. 19-II) « au premier alinéa » de l'article L. 2324-1 du code de la santé publique ;
3° Celles relatives aux chèques emploi-service universels préfinancés pour la rémunération de personnes mentionnées au 2° de l'article L. 722-20 du code rural et de la pêche maritime employées par des particuliers pour la mise en état et l'entretien de jardins ;
4° Celles relatives aux échanges d'information entre l'organisme de recouvrement habilité et les organismes ou établissements mentionnés à l'article L. 1271-10 ;
5° Celles relatives aux modalités de fonctionnement du compte prévu par l'article L. 1271-11. – *[Anc. art. L. 129-5, al. 5, phrase 2, et L. 129-17, II, al. 1er.]* – V. art. D. 1271-13 s.

CHAPITRE II CHÈQUE-EMPLOI ASSOCIATIF

Art. L. 1272-1 à L. 1272-3 *Abrogés par Ord. n° 2015-682 du 18 juin 2015, art. 8.*

Art. L. 1272-4 Les associations (L. n° 2014-856 du 31 juill. 2014, art. 80) « et les fondations » utilisant le chèque-emploi associatif sont réputées satisfaire à l'ensemble des formalités liées à l'embauche et à l'emploi de leurs salariés. Il en va ainsi notamment des formalités suivantes :

1° La déclaration préalable à l'embauche, prévue par l'article L. 1221-10 ;
2° L'inscription sur le registre unique du personnel, prévue par l'article L. 1221-13 ;
3° L'établissement d'un contrat de travail écrit, l'inscription des mentions obligatoires et la transmission du contrat au salarié, prévues aux articles L. 1242-12 et L. 1242-13 pour les contrats de travail à durée déterminée ;
4° L'établissement d'un contrat de travail écrit et l'inscription des mentions obligatoires, prévues à l'article (*L. n° 2016-1088 du 8 août 2016, art. 8*) « L. 3123-6 », pour les contrats de travail à temps partiel ;
5° Les déclarations au titre de la médecine du travail et du régime des prestations du revenu de remplacement mentionnées à l'article L. 5421-2. — *[Anc. art. L. 128-1, al. 3.]*

1. Travail intermittent. Lorsqu'un contrat de travail intermittent est conclu, la remise au salarié d'un chèque-emploi associatif ne dispense pas l'employeur de son obligation de lui remettre un contrat écrit. • Soc. 20 mai 2015, n° 14-13.127 : *D. actu. 10 juin 2015, obs. Ines ; D. 2015. Actu. 1161 ; RDT 2015. 461, obs. Tournaux*.

2. Portée. Les associations utilisant le chèque-emploi associatif sont réputées satisfaire à l'ensemble des formalités liées à l'embauche et à l'emploi de leurs salariés, notamment à celles relatives à l'établissement d'un contrat de travail écrit et à l'inscription des mentions obligatoires, prévues à l'art. L. 3123-14, pour les contrats de travail à temps partiel ; ni la convention collective nationale de l'animation du 28 juin 1988, ni l'accord du 15 avr. 2013, relatif au chèque-emploi associatif qui prévoit que l'employeur est tenu de fournir un contrat de travail écrit au personnel rémunéré par chèque-emploi associatif, conformément à l'art. 4.2 de la convention collective de l'animation, ne font obstacle à ce dispositif. • Soc. 4 mars 2020, n° 18-22.778 P : *RJS 5/2020, n° 273*.

Art. L. 1272-5 *Abrogé par Ord. n° 2015-682 du 18 juin 2015, art. 8.*

CHAPITRE III TITRE EMPLOI-SERVICE ENTREPRISE

(L. n° 2008-776 du 4 août 2008, art. 55-I)

Art. L. 1273-1 et L. 1273-2 *Abrogés par Ord. n° 2015-682 du 18 juin 2015, art. 8.*

Art. L. 1273-3 Le recours au service "Titre Emploi-Service Entreprise" permet notamment à l'entreprise :
1° D'obtenir le calcul des rémunérations dues aux salariés en application du présent code et des stipulations des conventions collectives ainsi que de l'ensemble des cotisations et contributions créées par la loi et des cotisations et contributions conventionnelles rendues obligatoires par celle-ci ;
2° De souscrire, dans les conditions mentionnées à l'article L. 133-5 du code de la sécurité sociale, les déclarations obligatoires relatives aux cotisations et contributions sociales qui doivent être adressées aux organismes gérant les régimes mentionnés au même code, à l'institution mentionnée à l'article L. 5312-1 du présent code et, le cas échéant, aux caisses de congés payés mentionnées à l'article (*L. n° 2016-1088 du 8 août 2016, art. 8*) « L. 3141-32 » du même code.

(*L. n° 2016-1088 du 8 août 2016, art. 66*) « Est nulle de plein droit toute demande de données ou d'informations déjà produites par une entreprise au titre des informations mentionnées au premier alinéa de l'article L. 133-5-8 du code de la sécurité sociale, effectuée auprès de cette entreprise par les organismes auxquels sont reversés des cotisations et contributions sociales en application du 1° de l'article L. 133-5-7 du même code. »

Art. L. 1273-4 *Abrogé par Ord. n° 2015-682 du 18 juin 2015, art. 8.*

Art. L. 1273-5 L'employeur qui utilise le "Titre Emploi-Service Entreprise" est réputé satisfaire, par la remise au salarié et l'envoi à l'organisme habilité des éléments du titre emploi qui leur sont respectivement destinés, aux formalités suivantes :
1° Les règles d'établissement du contrat de travail, dans les conditions prévues par l'article L. 1221-1 ;
2° La déclaration préalable à l'embauche prévue par l'article L. 1221-10 ;
3° La délivrance d'un certificat de travail prévue à l'article L. 1234-19 ;
4° L'établissement d'un contrat de travail écrit, l'inscription des mentions obligatoires et la transmission du contrat au salarié, prévus aux articles L. 1242-12 et L. 1242-13 pour les contrats de travail à durée déterminée ;

5° L'établissement d'un contrat de travail écrit et l'inscription des mentions obligatoires, prévus à l'article (L. n° 2016-1088 du 8 août 2016, art. 8) « L. 3123-6 », pour les contrats de travail à temps partiel.

Transmission tardive au salarié. La transmission tardive du volet destiné au salarié équivaut à une absence d'écrit qui entraîne la requalification de la relation de travail en contrat à durée indéterminée. • Soc. 3 mai 2016, 🕮 n° 14-29.317 P : *D. actu. 27 mai 2016*, obs. Doutreleau ; *D. 2016. Actu. 1004* ⦰ ; *RJS 7/2016, n° 538* ; *JCP S 2016. 1217*, obs. Lahalle.

Art. L. 1273-6 L'employeur ayant recours au "Titre Emploi-Service Entreprise" peut donner mandat à un tiers en vue d'accomplir les formalités correspondantes.

Art. L. 1273-7 *Abrogé par Ord. n° 2015-682 du 18 juin 2015, art. 8.*

LIVRE III LE RÈGLEMENT INTÉRIEUR ET LE DROIT DISCIPLINAIRE

TITRE I CHAMP D'APPLICATION

CHAPITRE UNIQUE

> *COMMENTAIRE*
> V. sur le Code en ligne 🕮. ❏

Art. L. 1311-1 Les dispositions du présent livre sont applicables dans les établissements des employeurs de droit privé.
Elles s'appliquent également dans les établissements publics à caractère industriel et commercial. – *[Anc. art. L. 122-33, al. 1ᵉʳ.]*

Les établissements publics de culte ne sont pas soumis à l'obligation d'établir un règlement intérieur. • CE 11 mars 1988 : *D. 1988. IR 112*, confirmant • TA Strasbourg, 24 déc. 1985 : *Dr. soc. 1986. 519*, concl. Kintz.

Art. L. 1311-2 (*L. n° 2019-486 du 22 mai 2019, art. 11-VI, en vigueur le 1ᵉʳ janv. 2020*) « L'établissement d'un règlement intérieur est obligatoire dans les entreprises ou établissements employant au moins cinquante salariés.
« L'obligation prévue au premier alinéa s'applique au terme d'un délai de douze mois à compter de la date à laquelle le seuil de cinquante salariés a été atteint, conformément à l'article L. 2312-2. »
(*L. n° 2012-387 du 22 mars 2012, art. 43*) « Des dispositions spéciales peuvent être établies pour une catégorie de personnel ou une division de l'entreprise ou de l'établissement. » – *V. art. R. 1323-1 (pén.) et L. 1321-5 s.*

1. Nécessité d'un règlement intérieur. Une sanction disciplinaire autre que le licenciement ne peut être prononcée contre un salarié par un employeur employant habituellement au moins vingt salariés que si elle est prévue par le règlement intérieur. • Soc. 23 mars 2017, 🕮 n° 15-23.090 P : *D. actu. 4 avr. 2017*, obs. Peyronnet ; *D. 2017. Actu. 766* ⦰ ; *Dr. soc. 2017. 573*, obs. Mouly ⦰ ; *RJS 6/2017, n° 389* ; *JCP S 2017. 1151*, obs. Dumont.

2. Établissements multiples. La loi n'interdit pas à une entreprise comportant plusieurs établissements où sont employés habituellement au moins 20 salariés d'établir un règlement unique pour l'ensemble de ces établissements, dès lors qu'ils ne présentent pas au regard des art. L. 122-34 et L. 122-35 des particularités exigeant l'édiction de dispositions propres à l'un ou plusieurs d'entre eux. • CE 5 juin 1987 : *D. 1989. Somm. 65*, obs. Chelle et Prétot ; *Dr. soc. 1987. 653*, note Savatier ; *Dr. ouvrier 1987. 415*, note Alexandre • 5 mai 1993 : 🕮 *RJS 1993. 438, n° 741.*

3. Transfert d'entreprise. Le règlement intérieur, acte réglementaire de droit privé, n'a donc pas la nature d'un engagement unilatéral de l'employeur, il n'est donc pas transféré avec les contrats de travail et le cessionnaire ne peut pas appliquer de plein droit le règlement de l'entreprise cédante. L'application de ce règlement en matière disciplinaire constitue un trouble manifestement illicite qu'il appartient au juge des référés de faire cesser. • Soc. 17 oct. 2018, 🕮 n° 17-16.465 P : *D. 2018. Actu. 2143* ⦰ ; *RJS 1/2019, n° 70* ; *JSL 2018, n° 465-466-4*, obs. Lhernould ; *JCP S 2018. 1389*, obs. Morvan.

4. Preuve du seuil d'effectif imposant la mise en place d'un règlement intérieur. Une sanction disciplinaire autre que le licenciement ne peut être prononcée contre un salarié par un employeur employant habituellement au moins 20 salariés (50 sous l'empire des dispositions issues de la L. n° 2019-486 du 22 mai 2019, en vigueur le 1er janv. 2020) que si elle est prévue par le règlement intérieur qu'il prescrit ; il appartient à l'employeur, en cas de litige, de faire la preuve que le seuil d'effectif de l'entreprise imposant la mise en place du règlement intérieur n'était pas atteint au jour du prononcé de la sanction. • Soc. 6 janv. 2021, 🗝 n° 19-14.440 P : D. actu. 9 févr. 2021, obs. Atlan.

TITRE II RÈGLEMENT INTÉRIEUR

RÉP. TRAV. v° *Règlement intérieur et notes de service*, par Mouly et Chalaron.

BIBL. GÉN. ▶ Alexandre, *Dr. ouvrier 1987*. 409 (rôle du juge administratif). - Bachelier, *Dr. soc. 1988*. 785. - Berra, SSL 1988, suppl. n° 425. - Berthon et Chenu, *Dr. soc. 2007. 1142* ∅ (contrôle juridictionnel de la légalité du règlement intérieur). - Bossu, *Dr. ouvrier 2023. 250.* - Chaumette, *Dr. soc. 1998. 1012* ∅ (règlement intérieur et tabac). - Chelle et Prétot, *AJDA 1989. 203* ; RJS 1993. 563 (contrôle administratif). - Frayssinet, *Dr. soc. 1992. 596* ∅ (nouvelles technologies et libertés). - Gaudemet, *RFDA 1987. 863*. - Jeammaud, *Dr. soc. 1983. 520* (contrôle de la légalité) ; *ibid. 1985. 479* (séparation des pouvoirs et action en nullité). - G. Lyon-Caen, *D. 1969. Chron. 247* ; *ibid. 1983. Chron. 7*. - Mole, *Dr. soc. 1992. 603* ∅ (nouvelles technologies et libertés). - Pélissier, *ibid. 1982. 75*. - Pettiti, *JCP E 1989. II. 15553* (le droit des fouilles dans l'entreprise). - Philbert, *Juri-soc. 1982, n° 50*. - Rivero, *Dr. soc. 1979. 1*. - Robineau, *BS Lefebvre 1987. 451*. - Saint-Girons, *LPA 31 août 1995*. - Saramito, *Dr. soc. 1983. 533*. - Savatier, *ibid. 1987. 645* (contrôle administratif) ; *ibid. 1992. 24* ∅ (prescription des poursuites disciplinaires). - Soinne, *ibid. 1983. 509*. - Supiot, *ibid. 1992. 215* ∅. - Teyssié, *JCP E 1988. II. 15123 et 15271* ; *ibid. 1989. II. 15504*. - Véricel, *Dr. soc. 1991. 120* ∅ (pouvoir normatif de l'employeur). - Waquet, *AJDA 1991. 590* ∅ (contrôle du règlement intérieur).

CHAPITRE I CONTENU ET CONDITIONS DE VALIDITÉ

Art. L. 1321-1 Le règlement intérieur est un document écrit par lequel l'employeur fixe exclusivement :

1° Les mesures d'application de la réglementation en matière de santé et de sécurité dans l'entreprise ou l'établissement, notamment les instructions prévues à l'article L. 4122-1 ;

2° Les conditions dans lesquelles les salariés peuvent être appelés à participer, à la demande de l'employeur, au rétablissement de conditions de travail protectrices de la santé et de la sécurité des salariés, dès lors qu'elles apparaîtraient compromises ;

3° Les règles générales et permanentes relatives à la discipline, notamment la nature et l'échelle des sanctions que peut prendre l'employeur. — *[Anc. art. L. 122-34, al. 1er et 2, phrase 1, al. 3 et 4.]* — V. art. R. 1323-1 (pén.).

Sur le régime juridique des chartes éthiques, dispositifs d'alerte professionnelle et règlement intérieur, V. Circ. DGT n° 2008-22 du 19 nov. 2008. — V. de Quénaudon et Gomez-Mustel, RDT 2009. 39 ∅*.*

BIBL. ▶ Adam, *Dr. ouvrier 2006. 281* (à propos du *whistleblowing*) ; *RJS 2010. 187* (sur la liberté du salarié de dénoncer des faits répréhensibles). - André-Hesse et d'Allende, *JCP S 2010. 1213* (chartes éthiques, codes de conduite et dispositifs d'alerte professionnelle : aspects pratiques). - Rapp. Antonmattéi et Vivien, *Dr. soc. 2007. 522* ∅ (chartes d'éthique, alerte professionnelle et droit du travail français : état des lieux et perspectives). - Barège, *LGDJ, n° 608/15* (l'éthique et le rapport du travail). - Bouton, *RDT 2008. 182* ∅ (protection du donneur d'alerte en matière de corruption). - Cœuret et De Sevin, *RJS 2006. 75* (les dispositifs d'alerte et le droit du travail français). - Deumier et Jacques, *RTD civ. 2009. 77* ∅. - Hannoun, *RDT 2008. 288* ∅ (l'impact de la financiarisation de l'économie sur le droit du travail). - Meyrat, *RDT 2010. 572* ∅ (le droit du travail à l'épreuve de l'éthique des affaires). - Porta, *Dr. ouvrier 2010. 244* (juge et éthique : affirmation d'un contrôle). - De Quénaudon, *RDT 2010. 721* ∅ (quelques observations sur l'alerte professionnelle). - Rozec, *JCP S 2010. 1548* (la norme ISO 26 000 : un nouveau souffle pour la responsabilité sociale des entreprises). - Stulz et Meiers, *RDT 2008. Controverse 705* ∅ (alerte financière, procédure de prévention du risque). - Taquet, *JSL 2013, n° 338-1* (quelques décisions importantes en matière de règlements intérieurs). - Waquet, *RDT 2008. Controverse 709* ∅ (brouillard persistant sur les systèmes d'alerte).

COMMENTAIRE

V. sur le Code en ligne 🗝.

A. NATURE JURIDIQUE

1. Nature réglementaire. Le règlement intérieur s'impose à tous les membres du personnel comme au chef d'entreprise et constitue un acte réglementaire de droit privé. • Soc. 25 sept. 1991, n° 87-42.396 P : *D. 1991. IR 241 ; Dr. soc. 1992. 25, note Savatier ; AJDA 1992. 94, obs. Prétot ; RJS 1991. 641, n° 1207.* ◆ Le contrôle de légalité dévolu à l'inspecteur du travail par l'art. L. 122-37, al. 1er [L. 1321-1 nouv.], ne saurait lui ôter sa nature pour le transformer en acte administratif. • Soc. 16 déc. 1992, n° 90-14.337 P : *D. 1993. 334, note Prétot ; Dr. soc. 1993. 267, note Jeammaud ; RJS 1993. 105, n° 148 ; CSB 1993. 43, A. 10.* ◆ La mise en conformité d'un règlement intérieur avec les dispositions de la loi du 4 août 1982 n'est pas en elle-même de nature à modifier les engagements antérieurement pris par l'employeur à l'égard du personnel. • Soc. 22 janv. 1992, n° 88-42.240 P : *D. 1992. 378, note Mathieu.* – Dans le même sens : • Soc. 23 mai 1995 : *RJS 1995. 505, n° 765.*

2. Aucune disposition législative ou réglementaire, ni aucun principe ne s'oppose à ce qu'un règlement intérieur s'applique à toutes les personnes travaillant dans l'entreprise, qu'elles soient ou non liées par un contrat de travail ; cependant, les dispositions relatives à la nature et à l'échelle des sanctions ainsi qu'à la procédure disciplinaire ne peuvent s'appliquer qu'aux salariés liés à l'employeur par un contrat de travail lui conférant un pouvoir disciplinaire. • CE 4 mai 1988, *BDW, n° 74589 B : D. 1990. Somm. 134, obs. Chelle et Prétot ;* • 12 nov. 1990, *Sté Atochem : AJDA 1991. 484, note Prétot ; RJS 1991. 98, n° 174.*

3. Renvoi par le contrat de travail. Le fait que le contrat de travail se réfère à des dispositions du règlement intérieur prévoyant certains avantages pécuniaires, qui ne font pas partie du contenu du règlement intérieur, n'a pas pour effet de contractualiser ces avantages qui constituent un engagement unilatéral de l'employeur qui peut être dénoncé. • Soc. 10 mars 2004, n° 03-40.505 P : *Dr. soc. 2004. 834, note Véricel ; RJS 2004. 260, n° 534 ; Dr. ouvrier 2004. 547, note Meyrat.* ◆ L'engagement unilatéral de l'employeur ne peut être rétracté qu'après information des représentants et des salariés dans un délai suffisant pour permettre d'éventuelles négociations. • Soc. 10 janv. 1995, n° 91-40.573 P : *D. 1995. Somm. 357, obs. Dockès ; RJS 1995. 109, n° 130 ; CSB 1995. 91.*

4. Sort en cas de cession d'entreprise. Le règlement intérieur s'imposant aux salariés avant le transfert de plein droit de leurs contrats de travail, vers une société nouvellement créée, n'est pas transféré avec ces contrats de travail dès lors que ce règlement constitue un acte réglementaire de droit privé dont les conditions sont encadrées par la loi, l'art. R. 1321-5 C. trav. imposant en effet à une telle entreprise nouvelle d'élaborer un règlement intérieur dans les trois mois de son ouverture. • Soc. 17 oct. 2018, n° 17-16.465 P : *D. 2018. Actu. 2143 ; RJS 1/2019, n° 70 ; JSL 2018, n° 465-466-4, obs. Lhernould ; JCP S 2018. 1389, obs. Morvan.*

B. CARACTÈRE LIMITATIF

5. Principe. Aucune autre matière que celles qui sont limitativement énumérées à l'art. L. 122-34 [L. 1321-1 nouv.] ne peut faire l'objet d'une clause dans un règlement intérieur. • Soc. 12 déc. 1990, n° 87-45.799 P : *D. 1991. IR 12 ; RJS 1991. 99, n° 176.* ◆ Comp. : • Soc. 25 juin 1987 : *cité note 14.*

6. Illustrations. Sont étrangères au champ d'application du règlement intérieur les clauses : relatives à l'utilisation d'un parc de stationnement des véhicules de l'entreprise. • CE 8 juill. 1988, *SA Comptoir Lyon, Alemand, Louyot, n° 71484 B : D. 1990. Somm. 134, obs. Chelle et Prétot.* ◆ ... Celles relatives à l'utilisation des crédits d'heures par les représentants du personnel. • Même arrêt. ◆ ... Celles par lesquelles l'employeur décline toute responsabilité en cas de perte ou de vol dans les armoires-vestiaires et parcs de stationnement. • CE 26 nov. 1990, *Sté Vinycuir : RJS 1991. 101, n° 179.* ◆ ... Celles relatives à l'accomplissement des heures supplémentaires. • CE 9 oct. 1987, *RNUR : JS UIMM 1988, n° 88-498, 623.* ◆ ... Celles fixant l'ordre de passage à la douche et le temps de rémunération compté à ce titre, le règlement ne devant fixer que des mesures ayant le caractère de prescriptions générales et permanentes. • Même arrêt. ◆ ... Ou celles concernant les modalités d'affichage des avis des délégués du personnel. • Même arrêt. ◆ ... Ou celles relatives au changement de lieu de travail. • Soc. 2 oct. 1997 : *RJS 1997. 763, n° 1236* • 19 nov. 1997 : *RJS 1998. 30, n° 35 ; JCP 1998. II. 10069, note Puigelier ; D. 1998. IR 4.*

7. La consigne d'incendie est un document particulier régi par une procédure propre ; elle n'a pas à figurer dans un règlement intérieur et ne peut être regardée comme une adjonction au sens de l'art. L. 122-39 [L. 1321-5 nouv.]. • CE 3 juin 1988, *Crédit Lyonnais : BS Lefebvre 1988. 372, n° 1114.*

8. Signature par le salarié. La signature du règlement intérieur ne manifeste pas de la part du salarié la volonté claire et non équivoque d'accepter l'intégration à son contrat de travail d'une disposition étrangère à l'objet limitativement énuméré du règlement intérieur. • Soc. 19 nov. 1997 : *préc. note 6.*

C. CLAUSES RELATIVES À L'HYGIÈNE, À LA SÉCURITÉ ET À LA PRÉVENTION DES RISQUES PROFESSIONNELS

9. Obligations légales ou réglementaires. L'employeur n'est pas tenu de reproduire dans le règlement intérieur les dispositions législatives ou réglementaires relatives à l'hygiène ou à la sécurité, ni d'y dresser la liste exhaustive de toutes les prescriptions particulières qui pourraient s'appliquer dans l'entreprise. • CE 4 mai 1988, 🔒 *BDW*, n° 74589 B : *D. 1990. Somm. 134*, obs. Chelle et Prétot ⊘ • 12 nov. 1990, 🔒 *Sté Atochem*, n° 95823 : *AJDA 1991. 484*, note Prétot ⊘ ; *RJS 1991. 98, n° 174*. ♦ Mais le rappel des mesures d'application relatives à l'hygiène et à la sécurité n'est pas contraire à l'art. L. 122-34 [L. 1321-1 nouv.]. • CE 11 juill. 1990, 🔒 *Sté Panicucci* : *RJS 1990. 520, n° 767* ; *JCP E 1991. I. 123*, note Godard • 9 déc. 1994 : 🔒 *RJS 1995. 107, n° 127*. ♦ Les mesures d'application de la législation relative à la lutte contre le tabagisme peuvent figurer sur le règlement intérieur puisqu'elles visent les lieux de travail et répondent à un impératif d'hygiène ; dès lors, l'autorité administrative ne peut enjoindre à l'employeur de retirer de son règlement intérieur les clauses s'y rapportant. • CE 18 mars 1998 : 🔒 *Lebon 99* ⊘ ; *RJS 1998. 466, n° 733*. ♦ Le document interne par lequel l'employeur se borne à rappeler les dispositions législatives et réglementaires applicables dans l'entreprise en matière de sécurité ne crée pas de nouvelles obligations générales et permanentes s'imposant aux salariés et ne constitue donc pas une adjonction au règlement intérieur ; une cour d'appel ne peut pas annuler les sanctions disciplinaires prononcées contre des salariés sans rechercher si le manuel et la fiche de sécurité dont l'inobservation leur était reprochée créaient de nouvelles obligations générales et permanentes s'imposant à eux. • Soc. 23 juin 2021, 🔒 n° 19-15.737 B : *D. actu. 12 juill. 2021*, obs. Couëdel ; *D. 2021. 1292* ⊘ ; *Dr. soc. 2021. 856*, obs. Adam ⊘ ; *RJS 10/2021, n° 582* ; *JCP S 2021. 1210*, obs. Cohen-Donsimoni.

10. Responsabilité du salarié. La référence faite à une éventuelle responsabilité civile ou pénale, à la supposer justifiée, du salarié qui ne signalerait pas une défaillance ou une anomalie dans le matériel ou l'outillage ne constitue pas une mesure d'application de la réglementation en matière d'hygiène et de sécurité. • CE 4 mai 1988, *Solgec* : *JCP 1988. IV. 231*. ♦ ... Ni la phrase selon laquelle chaque salarié « doit également par son comportement préserver la sécurité des autres », qui se borne à formuler une recommandation invitant les salariés à la vigilance. • CE 11 juill. 1990 : 🔒 *préc. note 9* • 9 déc. 1994 : 🔒 *préc. note 9*. ♦ Même solution à propos d'une clause invitant les salariés à se montrer vigilants. • CE 21 sept. 1990 : 🔒 *CSB 1991. 178, S. 104*.

11. Droit de retrait. L'autorité administrative ne peut exiger que soient mentionnées dans le règlement intérieur les dispositions de l'art. L. 231-8 [L. 4131-1 nouv.] relatives au droit de retrait du salarié en cas de danger grave ou imminent. • CE 4 mai 1988, *Solgec* : *préc. note 10*.

12. Clause relative à l'interdiction de consommation d'alcool. S'il incombe à l'employeur qui estime devoir limiter ou interdire la consommation d'alcool sur le lieu de travail d'établir que cette restriction est justifiée par la nature de la tâche à accomplir et proportionnée au but recherché, cette exigence n'implique pas qu'il doive être en mesure de faire état de risques qui se seraient déjà réalisés. • CE 14 mars 2022, 🔒 n° 434343 B : *AJDA 2022. 1715* ⊘ ; *JCP S 2022. 1130*, obs. Cohen-Donsimoni.

D. CLAUSES RELATIVES À LA DISCIPLINE

13. Nécessité. Une sanction disciplinaire autre que le licenciement ne peut être prononcée contre un salarié par un employeur employant habituellement au moins 20 salariés (aujourd'hui 50) que si elle est prévue par le règlement intérieur prescrit par l'art. L. 1311-2 C. trav. • Soc. 23 mars 2017, 🔒 n° 15-23.090 P : *D. actu. 4 avr. 2017*, obs. Peyronnet ; *D. 2017. Actu. 766* ⊘ ; *Dr. soc. 2017. 573*, obs. Mouly ⊘ ; *RJS 6/2017, n° 389* ; *JCP S 2017. 1151*, obs. Dumont.

14. Mise à pied. Si la mise à pied peut figurer dans l'échelle des sanctions prévues par le règlement intérieur, celui-ci doit en préciser la durée maximale. • CE 21 sept. 1990 : 🔒 *RJS 1990. 639, n° 966* • Soc. 26 oct. 2010 : 🔒 *D. actu. 16 nov. 2010*, obs. Perrin ; *D. 2010. AJ 2652* ⊘ ; *RDT 2010. 719*, obs. Fabre ⊘ ; *JSL 2010, n° 289.290-5*, obs. Tourreil ; *JCP S 2010. 1509*, obs. Bousez ; *SSL 2010, n° 1466, p. 10*, obs. Champeaux • Soc. 7 févr. 2015, n° 13-15.630 (y compris lorsqu'une convention collective applicable dans l'entreprise fixe une durée maximale de mise à pied). ♦ Comp. : • Soc. 25 juin 1987, 🔒 n° 84-42.314 P : *D. 1988. Somm. 98*, obs. Pélissier ; *Dr. soc. 1988. 251*, note Savatier, affirmant que « la sanction de la mise à pied est inhérente au pouvoir disciplinaire de l'employeur, lequel a la faculté d'en faire usage même si le règlement intérieur ne prévoit pas cette sanction » (décision rendue sur des faits antérieurs à 1982). ♦ Lorsque la mise à pied ne figure pas au nombre des sanctions prévues par une convention collective, l'introduction d'une telle sanction dans l'échelle des mesures disciplinaires fixées par le règlement intérieur ne constitue pas une disposition nécessairement plus favorable aux salariés ; par suite, les stipulations du règlement intérieur sont contraires à la convention et de ce fait à l'art. L. 122-35. • CE 28 janv. 1991 : 🔒 *D. 1992. Somm. 153*, obs. Chelle et Prétot ⊘ ; *Dr. soc. 1992. 227*, note Savatier ⊘ ; *RJS 1991. 172, n° 329*.

15. Échelle des sanctions. Est sans cause réelle et sérieuse le licenciement d'un salarié à la suite d'une absence non autorisée, alors que le règlement intérieur prévoyait que les absences injustifiées ne donneraient lieu, pour la première fois, qu'à un avertissement sans sanction et que le renvoi avec préavis ne pourrait être décidé qu'au quatrième avertissement. • Soc. 13 oct. 1993 : 🔒 *Dr. soc. 1993. 964* ; *RJS 1993. 652, n° 1102*. ♦ V. aussi • Soc. 17 déc. 1997 : 🔒 *Dr. soc. 1998. 284*, obs. Jeammaud 🖉 ; RJS 1998. 112, n° 173 • 15 janv. 2002 : 🔒 RJS 2002. 337, n° 435.

16. Précision des sanctions. L'administration est en droit d'exiger qu'une disposition du règlement intérieur précise qu'elle ne vise que les absences répétées et non justifiées, seules ces dernières pouvant constituer des fautes disciplinaires. • CE 4 mai 1988, Solgec : JCP 1988. IV. 231.

17. Mesures autorisées. Sont au nombre des règles générales et permanentes relatives à la discipline celles qui : fixent les conditions de circulation dans et hors de l'établissement. • CE 9 oct. 1987, RNUR : JS UIMM 1988, n° 88-498, 623. ♦ ... Prescrivent le respect de l'horaire de travail. • Même arrêt. ♦ ... Indiquent que le personnel est responsable des matières et de l'outillage qui lui sont confiés. • CE 8 juill. 1988, 🔒 SA Comptoir Lyon, Alemand, Louyot, n° 71484 B : D. 1990. Somm. 134, obs. Chelle et Prétot 🖉. ♦ ... Ou qui disposent que « le personnel ne peut refuser les modifications de l'horaire décidées par la direction », l'employeur n'étant pas tenu de faire figurer dans le règlement intérieur les conditions légales autorisant la modification des horaires. • CE 25 janv. 1989 : Dr. soc. 1990. 201, concl. de Clausade 🖉.

18. Mesures interdites. Sont étrangères au champ d'application du règlement intérieur les dispositions visant des agissements susceptibles d'être perpétrés lors de l'exercice du droit de grève. • CE 12 oct. 1992 : 🔒 D. 1992. IR 260 ; Dr. soc. 1993. 162, concl. Le Chatelier 🖉 ; RJS 1993. 34, n° 32 ; AJDA 1993. 227, note Prétot 🖉. ♦ Dans le même sens : • CE 21 oct. 1994 : 🔒 D. 1996. Somm. 225, obs. Chelle et Prétot 🖉 ; RJS 1995. 29, n° 25 ; Dr. ouvrier 1995. 350 (le règlement n'a pas non plus pour objet d'énoncer les règles jurisprudentielles encadrant de manière générale l'exercice d'une liberté constitutionnelle, tel le droit de grève).

19. Code d'éthique professionnelle. Les codes d'éthique professionnelle rédigés à la suite de la loi américaine « Sarbanes-Oxley » définissant les règles applicables à la diffusion des informations confidentielles et des informations à usage interne dont les salariés peuvent avoir connaissance dans le cadre de leur contrat de travail ne doivent porter atteinte ni à la liberté individuelle d'expression ni au droit d'expression collectif ; le dispositif doit faire l'objet d'une autorisation de la CNIL. • Soc. 8 déc. 2009 : 🔒 R., p. 328 et 365 ; D. 2010. AJ 96, obs. Perrin 🖉 ; ibid. 548, note Desbarats 🖉 ; RDT 2010. 171, obs. Guyader 🖉 ; RJS 2010. 104, Rapp. Morin ; ibid. n° 145 ; Dr. ouvrier 2010. 244, note Porta ; JSL 2010, n° 269-2 ; SSL 2009, n° 1425, p. 6, avis Aldigé.

20. Dépistage de stupéfiants. Le règlement intérieur peut prévoir des contrôles aléatoires de consommation de substances stupéfiantes pour les seuls postes dits « hypersensibles drogue et alcool » et pour lesquels l'emprise de la drogue constitue un danger particulièrement élevé pour le salarié ou pour les tiers ; ce contrôle peut être effectué par le supérieur hiérarchique qui doit respecter le secret professionnel sur ses résultats. • CE 5 déc. 2016, 🔒 n° 394178 : Dr. soc. 2017. 244, obs. Mouly 🖉 ; RJS 2/2017, n° 80 ; SSL 2016, n° 1750, p. 5, obs. Champeaux et Fantoni Quinton ; JCP S 2017. 1022, obs. Noël.

Loi n° 2016-1691 du 9 décembre 2016,

Relative à la transparence, à la lutte contre la corruption et à la modernisation de la vie économique.

Art. 17 I. — Les présidents, les directeurs généraux et les gérants d'une société employant au moins cinq cents salariés, ou appartenant à un groupe de sociétés dont la société mère a son siège social en France et dont l'effectif comprend au moins cinq cents salariés, et dont le chiffre d'affaires ou le chiffre d'affaires consolidé est supérieur à 100 millions d'euros sont tenus de prendre les mesures destinées à prévenir et à détecter la commission, en France ou à l'étranger, de faits de corruption ou de trafic d'influence selon les modalités prévues au II.

Cette obligation s'impose également :

1° Aux présidents et directeurs généraux d'établissements publics à caractère industriel et commercial employant au moins cinq cents salariés, ou appartenant à un groupe public dont l'effectif comprend au moins cinq cents salariés, et dont le chiffre d'affaires ou le chiffre d'affaires consolidé est supérieur à 100 millions d'euros ;

2° Selon les attributions qu'ils exercent, aux membres du directoire des sociétés anonymes régies par l'article L. 225-57 du code de commerce et employant au moins cinq cents salariés, ou appartenant à un groupe de sociétés dont l'effectif comprend au moins cinq cents salariés, et dont le chiffre d'affaires ou le chiffre d'affaires consolidé est supérieur à 100 millions d'euros.

Lorsque la société établit des comptes consolidés, les obligations définies au présent article portent sur la société elle-même ainsi que sur l'ensemble de ses filiales, au sens de l'article L. 233-1 du code de commerce, ou des sociétés qu'elle contrôle, au sens de l'article L. 233-3 du même code. Les filiales ou sociétés contrôlées qui dépassent les seuils mentionnés au présent I sont réputées satisfaire aux obligations prévues au présent article dès lors que la société qui les contrôle, au sens du même article L. 233-3, met en œuvre les mesures et procédures prévues au II du présent article et que ces mesures et procédures s'appliquent à l'ensemble des filiales ou sociétés qu'elle contrôle.

II. — Les personnes mentionnées au I mettent en œuvre les mesures et procédures suivantes :

1° Un code de conduite définissant et illustrant les différents types de comportements à proscrire comme étant susceptibles de caractériser des faits de corruption ou de trafic d'influence. Ce code de conduite est intégré au règlement intérieur de l'entreprise et fait l'objet, à ce titre, de la procédure de consultation des représentants du personnel prévue à l'article L. 1321-4 du code du travail ;

2° Un dispositif d'alerte interne destiné à permettre le recueil des signalements émanant d'employés et relatifs à l'existence de conduites ou de situations contraires au code de conduite de la société ;

3° Une cartographie des risques prenant la forme d'une documentation régulièrement actualisée et destinée à identifier, analyser et hiérarchiser les risques d'exposition de la société à des sollicitations externes aux fins de corruption, en fonction notamment des secteurs d'activités et des zones géographiques dans lesquels la société exerce son activité ;

4° Des procédures d'évaluation de la situation des clients, fournisseurs de premier rang et intermédiaires au regard de la cartographie des risques ;

5° Des procédures de contrôles comptables, internes ou externes, destinées à s'assurer que les livres, registres et comptes ne sont pas utilisés pour masquer des faits de corruption ou de trafic d'influence. Ces contrôles peuvent être réalisés soit par les services de contrôle comptable et financier propres à la société, soit en ayant recours à un auditeur externe à l'occasion de l'accomplissement des audits de certification de comptes prévus à l'article L. 823-9 du code de commerce ;

6° Un dispositif de formation destiné aux cadres et aux personnels les plus exposés aux risques de corruption et de trafic d'influence ;

7° Un régime disciplinaire permettant de sanctionner les salariés de la société en cas de violation du code de conduite de la société ;

8° Un dispositif de contrôle et d'évaluation interne des mesures mises en œuvre.

Indépendamment de la responsabilité des personnes mentionnées au I du présent article, la société est également responsable en tant que personne morale en cas de manquement aux obligations prévues au présent II.

[...]

Art. L. 1321-2 Le règlement intérieur rappelle :

1° Les dispositions relatives aux droits de la défense des salariés définis aux articles L. 1332-1 à L. 1332-3 ou par la convention collective applicable ;

2° Les dispositions relatives aux harcèlements moral et sexuel (*L. n° 2016-1088 du 8 août 2016, art. 4*) « et aux agissements sexistes » prévues par le présent code ;

(*L. n° 2022-401 du 21 mars 2022, art. 4, en vigueur le 1er sept. 2022*) « 3° L'existence du dispositif de protection des lanceurs d'alerte prévu au chapitre II de la loi n° 2016-1691 du 9 décembre 2016 relative à la transparence, à la lutte contre la corruption et à la modernisation de la vie économique. » — V. art. R. 1323-1 (pén.).

COMMENTAIRE

V. sur le Code en ligne 🔒. ❑

Art. L. 1321-2-1 (*L. n° 2016-1088 du 8 août 2016, art. 2*) Le règlement intérieur peut contenir des dispositions inscrivant le principe de neutralité et restreignant la manifestation des convictions des salariés si ces restrictions sont justifiées par l'exercice d'autres libertés et droits fondamentaux ou par les nécessités du bon fonctionnement de l'entreprise et si elles sont proportionnées au but recherché.

BIBL. ▶ COURCOL-BOUCHARD, *JCP S 2018. 1043* (religion dans l'entreprise). – DUCHANGE, *JCP S 2018. 1044* (le pouvoir réglementaire de l'employeur en matière religieuse). – MOIZARD, *RDT 2016. 817* (la neutralité des salariés dans l'entreprise). – PAGNERRE, *Dr. soc. 2016. 880*.

Clause de neutralité. L'employeur, investi de la mission de faire respecter au sein de la communauté de travail l'ensemble des libertés et droits fondamentaux de chaque salarié, peut prévoir dans le règlement intérieur de l'entreprise ou dans une note de service soumise aux mêmes dispositions que le règlement intérieur, une clause de neutralité interdisant le port visible de tout signe politique, philosophique ou religieux sur le lieu de travail, dès lors que cette clause générale et indifférenciée n'est appliquée qu'aux salariés se trouvant en contact avec les clients ; en présence du refus d'une salariée de se conformer à une telle clause dans l'exercice de ses activités professionnelles auprès des clients de l'entreprise, il appartient à l'employeur de rechercher, si tout en tenant compte des contraintes inhérentes à l'entreprise et sans que celle-ci ait à subir une charge supplémentaire, il lui est possible de proposer à la salariée un poste de travail n'impliquant pas de contact visuel avec ces clients, plutôt que de procéder à son licenciement. • Soc. 22 nov. 2017, n° 13-19.855 P : *D. actu. 30 nov. 2017, obs. Peyronnet ; SSL 2017, n° 1792, p. 16, obs. Adam.*

Art. L. 1321-3 Le règlement intérieur ne peut contenir :
1° Des dispositions contraires aux lois et règlements ainsi qu'aux stipulations des conventions et accords collectifs de travail applicables dans l'entreprise ou l'établissement ;
2° Des dispositions apportant aux droits des personnes et aux libertés individuelles et collectives des restrictions qui ne seraient pas justifiées par la nature de la tâche à accomplir ni proportionnées au but recherché ;
3° Des dispositions discriminant les salariés dans leur emploi ou leur travail, à capacité professionnelle égale, en raison de leur origine, de leur sexe, de leurs mœurs, de leur orientation (*L. n° 2017-86 du 27 janv. 2017, art. 207-III*) « sexuelle ou identité de genre », de leur âge, de leur situation de famille ou de leur grossesse, de leurs caractéristiques génétiques, de leur appartenance ou de leur non-appartenance, vraie ou supposée, à une ethnie, une nation ou une race, de leurs opinions politiques, de leurs activités syndicales ou mutualistes, de leurs convictions religieuses, de leur apparence physique, de leur nom de famille ou en raison de leur état de santé ou de leur handicap. — [*Anc. art. L. 122-35, al. 1er et 2.*] — V. *art. R. 1323-1* (pén.).

A. CLAUSES CONTRAIRES AUX LOIS ET RÈGLEMENTS

1° CLAUSES LICITES

1. Changements d'horaires. N'est pas contraire aux lois et règlements une clause disposant que « le personnel ne peut refuser les modifications de l'horaire décidées par la direction », l'employeur n'étant pas tenu de faire figurer dans le règlement intérieur les conditions légales autorisant la modification des horaires. • CE 25 janv. 1989 : *Dr. soc. 1990. 201, concl. de Clausade.*

2. Assiduité. Sont licites les clauses disposant qu'il est interdit de commencer son travail après l'heure et de le terminer avant l'heure sans accord exprès du responsable hiérarchique et que les absences irrégulières peuvent donner lieu à des sanctions, ces dispositions n'ayant pas pour objet et ne pouvant pas avoir pour effet de faire obstacle aux droits des représentants du personnel. • CE 9 nov. 1990 : *RJS 1991. 99, n° 175.* ♦ Dans le même sens, à propos de clauses réservant le cas de dispositions législatives, réglementaires ou conventionnelles plus favorables : • CE 6 mars 1989, *Sté Bentin : D. 1990. Somm. 134, obs. Chelle et Prétot* • 11 juill. 1990 : *RJS 1990. 523, n° 769.*

3. Secret professionnel. Est licite la clause indiquant que les employés d'une banque sont soumis au secret professionnel. • CE 3 juin 1988, *Crédit Lyonnais : JCP 1988. IV. 270,* confirmant • TA Paris, 2 févr. 1987 : *Dr. soc. 1987. 645, note Savatier.*

2° CLAUSES ILLICITES

4. Situation de danger. Est contraire aux art. L. 231-8 et L. 231-8-1 [L. 4131-1 et L. 4131-3 nouv.] la clause imposant aux salariés de signaler par écrit l'existence d'une situation qu'ils estiment dangereuse. • CE 12 juin 1987, *Sté Gantois : Lebon 208 ; D. 1989. Somm. 65, obs. Chelle et Prétot ; Dr. soc. 1987. 651, note Savatier.* • 9 oct. 1987, *RNUR : JCP 1987. IV. 402* • 11 mai 1990 : *RJS 1990. 397, n° 574.*

5. Retenues pour fait de grève. Est illicite comme contraire à la prohibition des amendes pécuniaires et à l'interdiction des mesures discriminatoires liées à l'exercice du droit de grève la clause prévoyant qu'une prime exceptionnelle et révocable pouvait être réduite notamment en cas d'absence pour grève. • CE 12 juin 1987, *Sté Hapian,* n° 81252 B : *D. 1988. Somm. 104, obs. Pélissier ; Dr. soc. 1987. 651, note Savatier.* ♦ V. aussi • Soc. 9 juin 1993, n° 89-41.476 P. (prohibition de la clause instituant un cas de responsabilité pécuniaire de plein droit).

6. Conventions et accords collectifs de travail. Pour une illustration de l'appréciation de la légalité du règlement intérieur au regard d'une convention collective, V. • CE 6 mars 1989, *Sté Bentin : préc. note 2.* ♦ L'inspecteur du travail doit tenir compte des conventions et accords collectifs de travail, peu important que ceux-ci aient été conclus avant l'entrée en vigueur de la loi du 4 août 1982. • CE 28 janv. 1991 : *D. 1992.*

Somm. 153, obs. Chelle et Prétot ⌀ ; Dr. soc. 1992. 227, note Savatier ⌀ ; RJS 1991. 172, n° 329.

7. Lorsque la mise à pied ne figure pas au nombre des sanctions prévues par une convention collective, l'introduction d'une telle sanction dans l'échelle des mesures disciplinaires fixée par le règlement intérieur ne constitue pas une disposition nécessairement plus favorable aux salariés ; par suite, les stipulations du règlement intérieur sont contraires à la convention et de ce fait à l'art. L. 122-35. • CE 28 janv. 1991 : ⛨ préc. note 6. ♦ Comp. : • Soc. 25 juin 1987, ⛨ n° 84-42.314 P : D. 1988. Somm. 98, obs. Pélissier ; Dr. soc. 1988. 251, note Savatier, affirmant que « la sanction de la mise à pied est inhérente au pouvoir disciplinaire de l'employeur lequel a la faculté d'en faire usage même si le règlement intérieur ne prévoit pas cette sanction » (décision rendue sur des faits antérieurs à 1982).

B. CLAUSES RESTREIGNANT LES DROITS DES PERSONNES ET LES LIBERTÉS INDIVIDUELLES ET COLLECTIVES

8. Liberté de communication. Sont illicites au regard de l'art. L. 122-35 [L. 1321-6 nouv.] les clauses interdisant toutes conversations étrangères au service. • CE 25 janv. 1989, Sté Sita : Dr. soc. 1990. 201, concl. de Clausade ⌀.

9. Liberté de conscience. Aucune disposition législative ne fait obstacle à ce que le respect du caractère propre des établissements d'enseignement privé figure au nombre des obligations imposées par le règlement intérieur, sous réserve que ce dernier précise, d'une part, que le respect de ce caractère ne saurait porter atteinte à la liberté de conscience des intéressés et, d'autre part, que les obligations qui en découlent doivent s'apprécier eu égard à la nature des fonctions exercées par le personnel qui y est soumis. • CE 20 juill. 1990, ⛨ Assoc. Saint Joseph : D. 1990, IR 213 ; Dr. soc. 1990. 862, concl. Pochard ⌀ • 23 juill. 1993, ⛨ Institution privée mixte de Monistrol-sur-Loire : Dr. soc. 1993. 842, concl. Pochard ⌀ ; AJDA 1993. 728, concl. Pochard ⌀.

10. Liberté religieuse. Le principe de laïcité instauré par l'art. 1er de la Constitution n'est pas applicable aux salariés des employeurs de droit privé qui ne gèrent pas un service public et ne peut dès lors être invoqué pour les priver de la protection que leur assurent les dispositions du code du travail. A ce titre, est illicite une clause du règlement intérieur instaurant une restriction générale et imprécise à la liberté religieuse, les restrictions à la liberté religieuse devant être justifiées par la nature de la tâche à accomplir, répondre à une exigence professionnelle essentielle et être déterminantes et proportionnées au but recherché. • Soc. 19 mars 2013 : ⛨ AJDA 2013. 1069, note Dreyfus ⌀ ; D. 2013. 761, édito. Rome ⌀ ; ibid. 956, avis Aldigé ⌀ ; ibid. 963, note Mouly ⌀ ; ibid. Pan. 1026, obs. Lokiec et Porta ⌀ ; AJCT 2013. 306, obs. Ficara ⌀ ; Dr. soc. 2013. 388, étude Dockès ⌀ ; RDT 2013. 385, étude Adam ⌀. ♦ Les restrictions doivent s'apprécier concrètement au regard des conditions de fonctionnement de l'entreprise et tenir compte de la taille de l'entreprise, de la nature particulière de l'activité et des données propres aux clients de l'entreprise. • Cass., ass. plén., 25 juin 2014 : ⛨ AJDA 2014. 1293 ⌀ ; D. 2014. 1386 ⌀ ; ibid. 1536 ⌀, entretien Radé ; AJCT 2014. 337 ⌀, tribune de la Morena ; JSL 2014, n° 371-2, obs. Hautefort.

11. Respect de la vie privée. Sont illicites les clauses obligeant les salariés à signaler à l'employeur et au médecin du travail les symptômes d'une maladie professionnelle. • CE 4 mai 1988, Solgec : JCP 1988. IV. 231. ♦ ... Autorisant la direction à se faire ouvrir à tout moment les vestiaires ou armoires individuelles. • CE 12 juin 1987, Sté Gantois : Lebon 208 ; D. 1989. Somm. 65, obs. Chelle et Prétot ; Dr. soc. 1987. 651, note Savatier • 9 oct. 1987, RNUR : JCP 1987. IV. 402. ♦ ... Interdisant le mariage entre les salariés de l'entreprise. • Soc. 10 juin 1982 : JCP 1984. II. 20230, note Hennion-Moreau. ♦ ... Interdisant à des caissières le passage des membres de leur famille et précisant qu'il s'agissait d'une faute grave. • CE 9 déc. 1995 : D. 1995. IR 23 ; RJS 1995. 108, n° 129. ♦ ... Exigeant des salariés d'un établissement bancaire qu'ils informent leur employeur des comptes bancaires qu'ils peuvent détenir dans d'autres établissements. • CE 3 oct. 1997 : ⛨ RJS 1997. 845, n° 1371. ♦ ... Exigeant des salariés le port d'une blouse blanche pendant le travail, dès lors que cette restriction à la liberté individuelle des salariés de se vêtir n'est pas justifiée par la nature de la tâche à accomplir. • Soc. 18 févr. 1998, ⛨ n° 95-43.491 P : RJS 1998. 289, n° 461 ; D. 1998. IR 80 ⌀ ; Dr. soc. 1998. 506, obs. Jeammaud ⌀ ; JCP E 1998. 1094, note Alliot.

12. Mais est licite la clause imposant une tenue de travail justifiée par les tâches à accomplir. • CE 16 déc. 1994 : ⛨ RJS 1995. 108, n° 128. ♦ ... Imposant le port d'un badge d'identification dans une centrale nucléaire. • CE 29 déc. 1995, ⛨ Eurodif-Production : Dr. soc. 1996. 391, concl. Maugüé ⌀ (2e esp.) ; RJS 1996. 167, n° 283.

13. Respect du domicile. S'agissant d'un établissement spécialisé dans l'accueil des mineurs en difficulté, l'interdiction faite aux membres du personnel éducatif de recevoir à leur domicile des mineurs placés dans l'établissement est une sujétion professionnelle pouvant figurer dans le règlement intérieur ; cette restriction à la liberté du salarié, justifiée par la nature du travail à accomplir et proportionnée au but recherché, est légitime. • Soc. 13 janv. 2009 : ⌀ D. 2009. AJ 375, obs. Perrin ⌀ ; RJS 2009. 203, n° 225 ; JSL, n° 249-2 ; SSL 2009, n° 1386, p. 12 ; JCP S 2009. 1122, obs. Bossu.

14. Liberté d'aller et venir. Est illicite la clause interdisant aux salariés d'un hôtel l'utilisation d'un parking voisin de l'entreprise et appartenant au domaine public. • Soc. 1er juin 1994 : ☩ *RJS 1994. 514, n° 860 ; CSB 1994. 257, S. 143.* ♦ Mais est licite la clause interdisant au personnel de sortir de l'entreprise sans un bon indiquant l'heure et le motif de sortie, dès lors que le règlement intérieur fait par ailleurs expressément référence aux droits des représentants du personnel. • CE 1er févr. 1993 : ☩ *RJS 1993. 237, n° 392.*

15. Non-discrimination. Est illicite la clause réservant aux seuls membres du personnel navigant commercial masculin la possibilité de poursuivre leur carrière jusqu'à cinquante-cinq ans. • CE 6 févr. 1981 : *AJDA 1981. 489, concl. Dondoux* • Soc. 7 déc. 1993, ☩ n° 88-41.422 P : *D. 1994. Somm. 304, obs. Lanquetin* ⟋ *; JCP 1994. II. 22245, note Waquet ; RJS 1994. 41, n° 25.*

16. Alcool. Est valable la clause « tolérance zéro alcool » d'un règlement intérieur si celui-ci identifie les postes concernés, l'employeur pouvant établir le caractère proportionné de l'interdiction en se fondant sur le document unique d'évaluation des risques. • CE 8 juill. 2019, ☩ n° 420434 : *RJS 10/2019, n° 612 ; JCP S 2019. 1278, obs. Rozec.* ♦ Comp. *ante* : si l'employeur peut, lorsque des impératifs de sécurité le justifient, insérer dans le règlement intérieur des dispositions qui limitent la consommation de boissons alcoolisées de manière plus stricte que l'interdiction posée par l'art. R. 4228-20 C. trav., de telles dispositions doivent, conformément à l'art. L. 1321-3, rester proportionnées au but de sécurité recherché. • CE 12 nov. 2012, ☩ n° 349365 : *D. actu. 9 janv. 2013, obs. Siro ; D. 2012. Actu. 2809* ⟋ *; RDT 2013. 413, obs. Olszak* ⟋ *; JCP S 2013. 1099, obs. Rozec.*

17. Contrôle de l'alcoolémie. Les dispositions d'un règlement intérieur autorisant à établir, sur le lieu de travail, l'état d'ébriété d'un salarié en recourant à un contrôle de son alcoolémie sont licites, dès lors, d'une part, que les modalités de ce contrôle en permettent la contestation, d'autre part, qu'eu égard à la nature du contrat de travail confié à ce salarié, un tel état d'ébriété est de nature à exposer les personnes ou les biens à un danger, de sorte qu'il peut constituer une faute grave. • Soc. 22 mai 2002, ☩ n° 99-45.878 P : *D. 2002. IR 1806* ⟋ *; RJS 2002. 921, n° 1233.* ♦ Ne constitue pas une atteinte à une liberté fondamentale le recours à un contrôle d'alcoolémie – prévu au règlement intérieur – permettant de constater l'état d'ébriété d'un salarié au travail, dès lors qu'eu égard à la nature du travail confié à ce salarié, un tel état d'ébriété est de nature à exposer les personnes ou les biens ; peu important qu'il s'effectue, pour des raisons techniques, hors de l'entreprise. • Soc. 31 mars 2015, ☩ n° 13-25.436 : *D. actu. 4 mai 2015, obs. Ines ; D. 2015. Actu. 809* ⟋ *; Dr. soc. 2015.469, note Mouly* ⟋ *; RJS 6/2015, n° 384.* ♦ Excède par sa généralité l'étendue des sujétions que l'employeur peut légalement imposer en vue d'assurer la sécurité dans son entreprise la clause interdi-

sant à tout membre du personnel de pénétrer ou séjourner en état d'ébriété dans l'établissement, état que l'employeur se réserve de constater au moyen d'un éthylomètre ; elle ne peut être justifiée qu'à l'égard de salariés occupés à l'exécution de certains travaux ou la conduite de certaines machines. • CE 8 juill. 1988, ☩ *SA Comptoir Lyon, Alemand, Louyot*, n° 71484 B : *D. 1990. Somm. 134, obs. Chelle et Prétot* ⟋. – V. déjà : • CE 1er févr. 1980, *Sté Corona* : *Dr. soc. 1980. 310, concl. Bacquet.* ♦ Comp., lorsque le dépistage n'est prévu que pour certaines catégories de salariés : • CE 9 oct. 1987, *RNUR* : *JCP 1987. IV. 402* • 12 nov. 1990 : ☩ *RJS 1991. 100, n° 178.*

18. Stupéfiants. V. note 20 ss. art. L. 1321-1.

19. Droit de grève. Sont licites les clauses ayant pour objet de prévoir des mesures de sécurité applicables dans des établissements traitant et fabriquant des produits dangereux, alors même qu'elles peuvent comporter certaines restrictions à l'exercice du droit de grève. • CE 12 nov. 1990, ☩ *Sté Atochem* : *AJDA 1991. 484, note Prétot* ⟋ *; RJS 1991. 98, n° 174* • 29 déc. 1995, ☩ *Eurodif-Production* : *Dr. soc. 1996. 391, concl. Maugüé* ⟋ *(1re esp.) ; RJS 1996. 166, n° 282.* ♦ Est licite la mesure qui impose aux salariés d'un établissement de soins de prévenir l'employeur de toute absence volontaire avec un délai suffisant, mais dans le but exclusif d'assurer la sécurité et la santé des patients, ce qui apporte au droit de grève une restriction proportionnée à la tâche à accomplir et proportionnée au but recherché. • CAA Douai 20 déc. 2002 : *RJS 2003. 803, n° 1165 ; ibid. 2003. 761, concl. Yeznikian* ⟋. ♦ Comp. : L'employeur ne peut, sauf dispositions législatives contraires, se fonder sur le règlement intérieur pour réquisitionner des salariés grévistes, même pour un motif de sécurité ; il ne peut donc sanctionner un salarié refusant de déférer à une telle réquisition. • Soc. 15 déc. 2009 : ☩ *D. 2010. AJ 154, obs. Ines* ⟋ *; JSL 2010, n° 270-6 ; Dr. ouvrier 2010. 278, obs. F.*

20. Fouille. Le fait qu'une société soit spécialisée dans la métallurgie et la chimie des métaux précieux ne saurait légalement justifier la fouille par le service de surveillance des sacs, effets et véhicules du personnel. • CE 8 juill. 1988, ☩ *SA Comptoir Lyon, Alemand, Louyot* : préc. note 17. ♦ Est en revanche justifié en pareil cas le recours à des appareils de détection. • Même arrêt. ♦ Une clause relative à la fouille n'est licite que si elle précise, d'une part, qu'elle n'aura lieu qu'en cas de nécessité, notamment à la suite de disparitions de matériel et s'il existe des risques particuliers de vol, d'autre part, que le salarié sera averti de son droit de s'opposer à un tel contrôle et d'exiger la présence d'un témoin, enfin, que ce contrôle sera effectué dans des conditions préservant la dignité et l'intimité de la personne. • CE 11 juill. 1990, ☩ *Sté Griffine-Maréchal* : *D. 1990. IR 213 ; RJS 1990. 523, n° 769.* – V. égal. : • CE 19 juin 1989 : *BS Lefebvre 1989. 498.*

RÈGLEMENT INTÉRIEUR **Art. L. 1321-5** 547

21. Confidentialité. Ont été jugées licites les clauses indiquant que tous les documents nécessaires à l'activité du personnel d'une agence de secrétariat sont confidentiels. • CE 26 sept. 1990, ⚖ Sté Agence lyonnaise de secrétariat : RJS 1990. 639, n° 967.

22. Dispositions informatives. Est licite la clause se contentant d'avertir les salariés de ce que la responsabilité du conducteur d'un véhicule de l'entreprise dans un accident peut constituer une faute disciplinaire. • CE 8 juin 1988, Sté Midi-Peintures : BS Lefebvre 1988. 372, n° 1117.

Art. L. 1321-4 Le règlement intérieur ne peut être introduit qu'après avoir été soumis à l'avis du (Ord. n° 2017-1386 du 22 sept. 2017, art. 4) « comité social et économique ».

Le règlement intérieur indique la date de son entrée en vigueur. Cette date doit être postérieure d'un mois à l'accomplissement des formalités de dépôt et de publicité.

En même temps qu'il fait l'objet des mesures de publicité, le règlement intérieur, accompagné de l'avis du (Ord. n° 2017-1386 du 22 sept. 2017, art. 4) « comité social et économique », est communiqué à l'inspecteur du travail.

Ces dispositions s'appliquent également en cas de modification ou de retrait des clauses du règlement intérieur. — [Anc. art. L. 122-36.] — V. art. R. 1323-1 (pén.).

1. Consultation des représentants du personnel. La consultation des représentants du personnel est une formalité substantielle, protectrice de l'intérêt des salariés. • Soc. 4 juin 1969, n° 68-40.377 P : Dr. soc. 1969. 515, obs. Savatier. ♦ Le règlement intérieur qui, en méconnaissance de l'art. L. 1321-4, n'a pas été soumis à l'avis des délégués du personnel de l'établissement distinct auquel il s'applique est inopposable aux salariés protégés. • CE 20 mars 2017, ⚖ n° 391226 : Dr. soc. 2017. 571, obs. Mouly ⌀ ; RJS 6/2017, n° 450 ; JCP S 2017. 1172, obs. Kerbourc'h.

2. Défaut de consultation des représentants du personnel et action syndicale. Un syndicat est recevable à demander en référé que soit suspendu le règlement intérieur d'une entreprise en raison du défaut d'accomplissement par l'employeur des formalités substantielles tenant à la consultation des représentants du personnel ; en revanche, un syndicat n'est pas recevable à demander la nullité de l'ensemble du règlement intérieur ou son opposabilité à tous les salariés de l'entreprise. • Soc. 21 sept. 2022, ⚖ n° 21-10.718 B : D. actu. 10 oct. 2022, obs. Couédel ; D. 2022. 1705 ⌀ ; RDT 2023. 202, note Odoul-Asorey ⌀ ; Dr. soc. 2023. 93, obs. Petit ⌀ ; RJS 12/2022, n° 643 ; SSL 2022, n° 2015, p. 14, obs. Champeaux ; JSL 2022, n° 550-2, obs. Nasom-Tissandier ; JCP 2022. 1085, obs. Dedessus-Le-Moustier ; JCP S 2022. 1293, obs. Gauriau.

3. Communication à l'inspection du travail. La carence de l'employeur dans l'accomplissement de la formalité de communication du règlement intérieur à l'inspection du travail ne prive pas le salarié de la possibilité de se prévaloir du règlement. • Soc. 28 mars 2000, ⚖ n° 97-43.411 P : D. 2000. IR 121 ⌀ ; RJS 2000. 369, n° 530 ; Dr. soc. 2000. 653, obs. Savatier ⌀. ♦ L'employeur qui ne justifie pas avoir préalablement consulté les représentants du personnel et communiqué le règlement à l'inspecteur du travail ne peut reprocher à un salarié un manquement aux obligations édictées par ce règlement et par une note de service. • Soc. 9 mai 2012 : ⚖ D. actu. 7 juin 2012, obs. Fleuriot ; D. 2012. Actu. 1340 ⌀ ; RDT 2012. 564, obs. Pontif ⌀ ; Dr. soc. 2012. 1027, obs. Ray ⌀ ; RJS 2012. 544, n° 633 ; Dr. ouvrier 2013. 26, obs. Varin.

4. Établissements multiples. Dans le cas d'une entreprise à établissements multiples, dotée d'un règlement intérieur unique, l'inspecteur du travail compétent est celui dans le ressort duquel se trouve le siège social de l'entreprise. • CE 5 juin 1987 : Lebon 207 ⌀ ; D. 1989. Somm. 65, obs. Chelle et Prétot ; Dr. soc. 1987. 653, obs. Savatier ; Dr. ouvrier 1987. 415, note Alexandre.

5. Modification du règlement intérieur. Les clauses du règlement intérieur ne peuvent être modifiées que si le projet a été soumis à l'avis du CHSCT (même solution pour un CSE aujourd'hui) pour les matières relevant de sa compétence. • Soc. 11 févr. 2015, ⚖ n° 13-16.457 : D. actu. 2 mars 2015, obs. Fraisse ; D. 2015. Actu. 435 ⌀ ; RDT 2015. 262, obs. Duquesne ⌀ ; JSL 2015, n° 385-5, obs. Pacotte et Bernardeschi ; RJS 4/2015, n° 255. ♦ Toutefois, lorsque le règlement est modifié, à la suite d'un contrôle, sur injonction de l'inspection du travail à laquelle l'employeur ne peut que se conformer sans qu'il y ait eu une nouvelle consultation, la cour d'appel a pu estimer que n'était pas caractérisé de trouble manifestement illicite. • Soc. 26 juin 2019, ⚖ n° 18-11.230 P : D. actu. 30 juill. 2019, obs. Ciray ; D. 2019. Actu. 1395 ⌀ ; RJS 10/2019, n° 610 ; JSL 2019, n° 482-2, obs. Hautefort ; JCP S 2019. 1224, obs. Maes-Audebert. ♦ Dès lors, de telles modifications sont opposables au salarié. • Soc. 23 juin 2021, ⚖ n° 19-15.737 P : D. actu. 12 juill. 2021, obs. Couédel ; D. 2021. 1292 ⌀ ; Dr. soc. 2021. 856, obs. Adam ⌀ ; RJS 10/2021, n° 582 ; JCP S 2021. 1210, obs. Cohen-Donsimoni.

Art. L. 1321-5 Les notes de service ou tout autre document comportant des obligations générales et permanentes dans les matières mentionnées aux articles L. 1321-1 et L. 1321-2 sont, lorsqu'il existe un règlement intérieur, considérées comme des adjonctions à celui-ci. Ils sont, en toute hypothèse, soumis aux dispositions du présent titre.

Toutefois, lorsque l'urgence le justifie, les obligations relatives à la santé et à la sécurité peuvent recevoir application immédiate. Dans ce cas, ces prescriptions sont immédiatement et simultanément communiquées (Ord. n° 2017-1386 du 22 sept. 2017, art. 4) « au secrétaire du comité social et économique » ainsi qu'à l'inspection du travail. – [Anc. art. L. 122-39.] – V. art. R. 1323-1 (pén.).

1. Adjonctions au règlement intérieur. Sont soumises au même régime que le règlement intérieur lui-même : la note imposant aux caissières le nettoyage quotidien de leur emplacement de travail et d'une partie de l'entreprise. • Crim. 26 juin 1990 : ⚖ RJS 1990. 458, n° 673 ; CSB 1990. 219. ♦ ... La lettre envoyée à plusieurs salariés, rédigée en termes strictement identiques, instaurant une obligation de prévenir l'employeur avec un délai suffisant dans tous les cas d'absence volontaire de leur poste de travail. • CAA Douai, 20 déc. 2002 : RJS 2003. 803, n° 1165 ; ibid. 2003. 761, concl. Yeznikian.

2. Code de déontologie. Le code de déontologie mis en place par un prestataire de service d'investissement, en application du code monétaire et financier, constitue une adjonction au règlement intérieur ; il a été soumis à l'avis des institutions représentatives du personnel, a été transmis à l'inspecteur du travail et a fait l'objet des formalités de dépôt et de publicité prévues par les textes pour le règlement intérieur ; il est opposable au salarié à la date de son entrée en vigueur. • Soc. 5 mai 2021, ⚖ n° 19-25.699 P : D. actu. 19 mai 2021, obs. Couëdel ; D. 2021. Actu. 907 ⌀ ; Dr. soc. 2021. 750, obs. Adam ⌀ ; RJS 7/2021, n° 415 ; JSL 2021, n° 521-4, obs. Lhernould ; JCP S 2021. 1170, obs. Cohen-Donsimoni.

3. Absence d'adjonction. N'est pas assimilée au règlement intérieur : la note qui se borne à fixer une modalité d'application du règlement intérieur. • Soc. 7 oct. 1992, ⚖ n° 89-45.283 P : JCP 1993. II. 22148, note Corrignan-Carsin ; Dr. soc. 1992. 917 ⌀ (à propos de l'obligation du port d'une tenue vestimentaire). ♦ La note de service relative aux communications téléphoniques personnelles qui concerne le fonctionnement d'un service général de l'entreprise et, ne relevant pas des matières mentionnées à l'art. L. 122-34 [art. L. 1321-1 nouv.], ne peut être regardée comme une adjonction au règlement intérieur. • CE 12 nov. 1990, ⚖ Cie de Signaux et d'Entreprises électriques : RJS 1991. 100, n° 178. ♦ La consigne d'incendie est un document particulier régi par une procédure propre ; elle n'a pas à figurer dans un règlement intérieur et ne peut être considérée comme une adjonction au sens de l'art. L. 122-39 [L. 1321-5 nouv.]. • CE 3 juin 1988, Crédit Lyonnais : BS Lefebvre 1988. 372, n° 1114. ♦ Le guide memento des règles de gestion RH de la Poste constitue un document interne à cette entreprise se bornant à expliciter les règles de droit, à destination des délégataires du pouvoir disciplinaire en charge de les appliquer. • Soc. 27 mai 2021, ⚖ n° 19-16.117 P : D. actu. 15 juin 2021, obs. Couëdel ; RJS 8-9/2021, n° 498.

Art. L. 1321-6 Le règlement intérieur est rédigé en français. Il peut être accompagné de traductions en une ou plusieurs langues étrangères.

Il en va de même pour tout document comportant des obligations pour le salarié ou des dispositions dont la connaissance est nécessaire pour l'exécution de son travail.

Ces dispositions ne sont pas applicables aux documents reçus de l'étranger ou destinés à des étrangers. – [Anc. art. L. 122-35, al. 3, et L. 122-39-1.] – V. art. R. 1323-1 (pén.).

BIBL. ▶ BÉAL et ROUSPIDE, JCP E 2006. 1837 (rédaction en français des documents nécessaires à l'exécution du travail). – SAINT-DIDIER, Dr. soc. 2014. 120 ⌀ (encadrement juridique des langues au travail).

1. Principe. Satisfait à son obligation l'employeur qui fixe dans un document rédigé en français et diffusé sur le site intranet de l'entreprise les objectifs permettant la détermination de la rémunération variable. • Soc. 21 sept. 2017, ⚖ n° 16-20.426 P : RJS 12/2017, n° 795 ; JCP S 2017. 1357, obs. Martinez ; CCE 2017, n° 88, obs. Loiseau.

2. Respect de l'exigence du français. Les documents fixant les objectifs nécessaires à la détermination de la rémunération variable contractuelle rédigés en anglais sont inopposables au salarié. • Soc. 29 juin 2011 : ⚖ D. actu. 27 juill. 2011, obs. Siro ; RDT 2011. 663, obs. Lokiec ; ⌀ JSL 2011, n° 306-5, obs. Tourreil ; JCP S 2011. 1493, obs. Martinez. ♦ ... Dès lors qu'il n'est pas constaté qu'ils ont été reçus de l'étranger.

• Soc. 11 oct. 2023, ⚖ n° 22-13.770 B : D. actu. 23 oct. 2023, obs. Serres ; D. 2023. 1800 ⌀ ; JCP S 2023. 1284, obs. Lhernould.

3. Exception. Si tout document comportant des dispositions dont la connaissance est nécessaire au salarié pour l'exécution de son travail doit, en principe, être rédigé en français, sont soustraits à cette obligation les documents liés à l'activité de l'entreprise de transport aérien dont le caractère international implique l'utilisation d'une langue commune, et dès lors que, pour garantir la sécurité des vols, il est exigé des utilisateurs, comme condition d'exercice de leurs fonctions, qu'ils soient aptes à lire et comprendre des documents techniques rédigés en langue anglaise. • Soc. 12 juin 2012 : ⚖ D. actu. 3 juill. 2012, obs.

Fleuriot; D. 2012. Actu. 1681 ⊘ ; RJS 2012. 648, n° 757 ; SSL 2012, n° 1544, p. 8, rapp. Lambremon ; JSL 2012, n° 327-3, obs. Lhernould ; JCP S 2012. 1381, obs. Martinez. ♦ La règle de l'art. L. 1321-6, al. 3, ne s'applique pas aux documents reçus de l'étranger ou destinés à des étrangers. ● Soc. 24 juin 2015, ⚖ n° 14-13.829 P : D. 2015. Actu. 1445 ⊘ ; Dr. soc. 2015. 743, note Mouly ⊘ ; RJS 10/2015, n° 642 ; JSL 2015, n° 393-3, obs. Lhernould ; JCP S 2015, n° 1309, note Guyot.

CHAPITRE II CONTRÔLE ADMINISTRATIF ET JURIDICTIONNEL

SECTION 1 Contrôle administratif

Art. L. 1322-1 L'inspecteur du travail peut à tout moment exiger le retrait ou la modification des dispositions contraires aux articles L. 1321-1 à L. 1321-3 et L. 1321-6. – V. art. R. 1323-1 (pén.).

1. Inspecteur compétent. Dans le cas d'une entreprise à établissements multiples, dotée d'un règlement intérieur unique, l'inspecteur du travail compétent est celui dans le ressort duquel se trouve le siège social de l'entreprise. ● CE 5 juin 1987 : Lebon 207 ⊘ ; D. 1989. Somm. 65, obs. Chelle et Prétot ; Dr. soc. 1987. 651, note Savatier ; Dr. ouvrier 1987. 415, note Alexandre ● 5 mai 1993 : ⚖ RJS 1993. 438, n° 741.

2. Étendue des compétences. L'inspecteur du travail peut, à l'occasion d'une modification d'un règlement, exercer son contrôle sur l'ensemble des dispositions qui y figurent, qu'elles soient nouvelles ou qu'elles reprennent une rédaction antérieure. ● CE 21 oct. 1994 : ⚖ D. 1996. Somm. 225, obs. Chelle et Prétot ⊘ ; RJS 1995. 29, n° 25 ; Dr. ouvrier 1995. 350.

3. Office du juge administratif. Le juge administratif est compétent pour apprécier la légalité d'un règlement intérieur, alors même qu'il a été établi par un employeur qui n'est pas chargé d'un service public et ne dispose d'aucune prérogative de puissance publique. ● CE 12 juin 1987, Sté Gantois : Lebon 208 ; D. 1989. Somm. 65, obs. Chelle et Prétot ; Dr. soc. 1987. 651, note Savatier.

4. Le refus de l'inspecteur du travail d'exiger le retrait ou la modification d'une clause est une décision faisant grief que les salariés de l'entreprise peuvent déférer au juge de l'excès de pouvoirs. ● CE 10 juill. 1987, Sénégats : Lebon T. 968 (sol. impl.).

5. Office du juge judiciaire. Il appartient aux juges judiciaires de connaître des contestations qui s'élèvent sur la validité des dispositions du règlement intérieur, l'art. L. 122-37, al. 3 [L. 1322-4 nouv.], n'interdisant pas à la juridiction judiciaire de droit commun de connaître d'une action principale en annulation d'une ou plusieurs clauses dudit règlement. Dès lors, une cour d'appel distingue à bon droit les clauses modifiées à la suite de la décision de l'inspecteur du travail et celles sur lesquelles l'autorité administrative ne s'est pas prononcée. ● Soc. 16 déc. 1992, ⚖ n° 90-14.337 P : D. 1993. 334, note Prétot ⊘ ; Dr. soc. 1993. 267, note Jeammaud ⊘ ; RJS 1993. 105, n° 148 ; CSB 1993. 43, A. 10, rejetant le pourvoi contre ● Versailles, 30 nov. 1989 : BS Lefebvre 1990. 106, n° 187.

6. La déclaration d'illégalité d'un texte réglementaire prononcée par le juge administratif, même décidée à l'occasion d'une autre instance, s'impose au juge civil qui ne peut faire application de ce texte illégal. ● Soc. 7 déc. 1993, ⚖ n° 88-41.422 P : D. 1994. Somm. 304, obs. Lanquetin ⊘ ; JCP 1994. II. 22245, note Waquet ; RJS 1994. 41, n° 25 (constitue un licenciement abusif le refus de la compagnie Air France de poursuivre la carrière d'une salariée jusqu'à cinquante-cinq ans, fondé sur une disposition du règlement intérieur déclarée illégale).

Art. L. 1322-1-1 (L. n° 2018-727 du 10 août 2018, art. 21) L'inspecteur du travail se prononce de manière explicite sur toute demande d'appréciation de la conformité de tout ou partie d'un règlement intérieur aux dispositions des articles L. 1321-1 à L. 1321-3 et L. 1321-6 formulée par un employeur.

La demande mentionnée au premier alinéa n'est pas recevable dès lors que l'autorité administrative s'est déjà prononcée par une décision expresse en application de l'article L. 1322-2.

La décision prend effet dans le périmètre d'application du règlement intérieur concerné et est opposable pour l'avenir à l'autorité administrative tant que la situation de fait exposée dans la demande ou la législation au regard de laquelle la situation a été appréciée n'ont pas été modifiées ou jusqu'à ce que l'inspecteur du travail notifie au demandeur une modification de son appréciation.

La décision de l'inspecteur du travail est motivée. Elle est notifiée à l'employeur et communiquée, pour information, aux membres du comité social et économique.

La décision de l'inspecteur du travail peut faire l'objet d'un recours hiérarchique, dans des conditions définies par voie réglementaire.

La décision prise sur ce recours est notifiée à l'employeur et communiquée, pour information, aux membres du comité social et économique.

V. art. R. 1321-6.

Art. L. 1322-2 La décision de l'inspecteur du travail est motivée.

Elle est notifiée à l'employeur et communiquée, pour information, aux membres du *(Ord. n° 2017-1386 du 22 sept. 2017, art. 4)* « comité social et économique ». — *[Anc. art. L. 122-37, al. 2.] — V. art. R. 1323-1 (pén.).*

1. Personnes astreintes à l'obligation de motivation. L'obligation de motivation qui pèse sur la décision de l'inspecteur du travail s'étend à celle du directeur régional. • CE 9 oct. 1987 : *JCP E 1988. II. 15123, n° 71* • 23 juill. 1993 : ⚱ *D. 1994. Somm. 241, obs. Chelle et Prétot ⊘ ; Dr. soc. 1993. 842, concl. Pochard ⊘ ; AJDA 1993. 728, concl. Pochard ⊘.* ♦ ... Ainsi qu'à celle du ministre du travail saisi, dans les conditions du droit commun, d'un recours hiérarchique contre la décision du directeur régional. • CE 23 juill. 1993 : ⚱ *préc.*

2. Recours hiérarchique. Les dispositions de l'art. L. 122-38 [L. 1322-3 nouv.] ne font pas obstacle à ce que, conformément aux principes généraux du droit, la décision du directeur régional puisse faire l'objet d'un recours hiérarchique auprès du ministre du travail ; saisi d'un tel recours ou agissant de sa propre autorité, le ministre peut contrôler aussi bien les dispositions du règlement intérieur jugées contraires aux lois et règlements par le directeur régional que celles que ce dernier a implicitement estimées légales en s'abstenant d'en exiger la modification ou le retrait. • CE 18 mars 1998 : ⚱ *Lebon 94 ⊘ ; RJS 1998. 467, n° 734.*

3. Le directeur régional et le ministre peuvent, dans l'exercice de leur pouvoir hiérarchique, contrôler la légalité de dispositions du règlement intérieur dont l'inspecteur du travail s'est abstenu d'exiger la modification ou le retrait. • CE 23 juill. 1993 : ⚱ *préc. note 1.*

Art. L. 1322-3 La décision de l'inspecteur du travail peut faire l'objet d'un recours hiérarchique, dans des conditions déterminées par voie réglementaire.

La décision prise sur ce recours est notifiée à l'employeur et communiquée, pour information, aux membres du *(Ord. n° 2017-1386 du 22 sept. 2017, art. 4)* « comité social et économique ». — *[Anc. art. L. 122-38, al. 1er début et al. 2 fin.] — V. art. R. 1323-1 (pén.).*

SECTION 2 Contrôle juridictionnel

Art. L. 1322-4 Lorsque, à l'occasion d'un litige individuel, le conseil de prud'hommes écarte l'application d'une disposition contraire aux articles L. 1321-1 à L. 1321-3 et L. 1321-6, une copie du jugement est adressée à l'inspecteur du travail et aux membres du *(Ord. n° 2017-1386 du 22 sept. 2017, art. 4)* « comité social et économique ». — *[Anc. art. L. 122-37, al. 3.] — V. art. R. 1323-1 (pén.).*

CHAPITRE III DISPOSITIONS PÉNALES

Le présent chapitre ne comprend pas de dispositions législatives.

TITRE III DROIT DISCIPLINAIRE

RÉP. TRAV. v° *Droit disciplinaire*, par SAVATIER et MOULY.

BIBL. GÉN. ▶ Commentaires de la loi du 4 août 1982 : ADAM, *Dr. soc.* 2015. 590 ⊘ (de quoi la « faute » et la « sanction » sont-elles le nom ?). – BÉLIER, *Dr. soc.* 1982. 407. – BERRA, *SSL* 1983, n° 143, 111. – BOUAZIZ, *Dr. ouvrier* 1982. 449. – JAVILLIER, *Dr. soc.* 1983. 537. – G. LYON-CAEN, *D.* 1983. Chron. 7. – PHILBERT, *Juri-soc.* 1982, Étude et synthèse, 1. – TEYSSIÉ, *JCP CI* 1983. II. 14017. – TOUTAIN, *Dr. soc.* 1983. 564. – VENIN, *ibid.* 486.

▶ **Droit disciplinaire :** ADAM, *RJS* 2012. 431 (la sanction disciplinaire ou le « songe de Nabuchodonosor »). – ADOM, *Dr. soc.* 1997. 10 ⊘ (pouvoir disciplinaire et action syndicale). – AUBERT-MONPEYSSEN, *Ann. Université Toulouse, t. XXXV*, 1987, p. 191. – BAREGE, *Dr. ouvrier* 2023. 260 (mettre en place un droit disciplinaire). – BÉRAUD, *Ét. offertes à G. Lyon-Caen*, 1989, p. 381. – BOUBLI, *Dr. soc.* 1990. 493 ⊘. – BRÈTHE DE LA GRESSAYE, *ibid.* 1960. 633. – CŒURET, *Dr. soc.* 1998. 25 ⊘ (titulaires du pouvoir disciplinaire). – DÉPREZ, *RJS* 1991. 351 (évolution de la jurisprudence en matière disciplinaire) ; *JCP E* 1992. I. 148 (modification substantielle résultant d'une sanction). – FROSSARD, *Dr. soc.* 1987. 496 ; *D.* 2004. 2450 ⊘ (évolutions du droit disciplinaire). – GAYAT, *Dr. ouvrier* 1998. 515 (contestation de la sanction et autorité de la chose jugée au pénal). – MATHIEU, *RDT* 2018. 278 ⊘ (place de la présomption d'innocence en droit disciplinaire). – A. Mazeaud, *ibid.* 1994. 343 (clause pénale). – Michel, *Dr. soc.* 2004. 817 (évolutions possibles des sanctions). – Mouly, *Dr. soc.* 2003. 395. – Ortscheidt, *ibid.* 1987. 11. – Pélissier, *Juri-soc.* 1987, n° 10, 45 ; *Mél. Vincent*, 1981, p. 273 ; *Ét. offertes à Savatier*, 1992, p. 367 (ambiguïté du droit disciplinaire) ; *D.* 1992. *Chron.* 30 (modification substantielle et droit disciplinaire) ; *Dr. soc.* 1992. 751 (licenciement disciplinaire). – Ray, *ibid.* 1990. 95. – Savatier, *ibid.* 1988. 251 ; *ibid.* 1989. 504 ; *ibid.* 1992. 227 (droit disciplinaire conventionnel et légal). – Supiot, *ibid.* 1992. 215. – Verdier, *SSL* 1988, suppl. n° 410, D 7. – Waquet, *Dr. soc.* 1998. 803 (droit disciplinaire et modification).

CHAPITRE I SANCTION DISCIPLINAIRE

Art. L. 1331-1 Constitue une sanction toute mesure, autre que les observations verbales, prise par l'employeur à la suite d'un agissement du salarié considéré par l'employeur comme fautif, que cette mesure soit de nature à affecter immédiatement ou non la présence du salarié dans l'entreprise, sa fonction, sa carrière ou sa rémunération. – *[Anc. art. L. 122-40.]*

COMMENTAIRE

V. sur le Code en ligne.

1. Présomption d'innocence et sanction disciplinaire. Le droit à la présomption d'innocence qui interdit de présenter publiquement une personne poursuivie pénalement comme coupable, avant condamnation, d'une infraction pénale n'a pas pour effet d'interdire à un employeur de se prévaloir de faits dont il a régulièrement eu connaissance au cours d'une procédure pénale à l'appui d'un licenciement à l'encontre d'un salarié qui n'a pas été poursuivi pénalement ; la procédure disciplinaire est indépendante de la procédure pénale, de sorte que l'exercice par l'employeur de son pouvoir disciplinaire ne méconnaît pas le principe de la présomption d'innocence lorsque l'employeur prononce une sanction pour des faits identiques à ceux visés par la procédure pénale. ● Soc. 13 déc. 2017, n° 16-17.193 P : *D.* 2018. 822, note Lokiec ; *Dr. soc.* 2018. 299, note Mouly ; *JCP S* 2018. 1060, obs. Duquesne.

2. Champ d'application. Les dispositions d'ordre public des art. L. 122-40 et L. 122-41 [L. 1331-1 et L. 1332-1 nouv.] sont applicables de droit aux agents de la SNCF. ● Soc. 19 juin 1991 : *D.* 1991. *IR* 187 ; *RJS* 1991. 504, n° 964. – V. aussi : ● Soc. 22 nov. 1995 : *D.* 1996. *IR* 5.

A. FAUTE DISCIPLINAIRE

BIBL. Enclos, *Dr. soc.* 1991. 131 (fautes disciplinaires des salariés en formation alternée). – Saint-Jours, *D.* 1990. *Chron.* 113.

3. Notion de faute disciplinaire. Viole l'art. L. 122-40 [L. 1331-1 nouv.] le conseil de prud'hommes qui refuse d'admettre le caractère disciplinaire d'un licenciement et déclare inapplicables les garanties disciplinaires conventionnelles, alors que le licenciement était motivé par l'avertissement précédent, les retards réitérés et les absences non motivées, un comportement désinvolte et l'introduction de personnes étrangères dans l'entreprise. ● Soc. 8 mars 1990, n° 88-40.770 P.

4. Salariés protégés. Une sanction disciplinaire ne peut être prononcée qu'en raison de faits constituant un manquement du salarié à ses obligations professionnelles envers l'employeur ; le retard reproché aux salariés qui concerne l'exercice de leurs mandats représentatifs ne peut justifier une sanction disciplinaire. ● Soc. 30 juin 2010 : *D.* 2010. *Actu.* 4883 ; *D. actu.* 6 sept. 2010, obs. Ines ; *RJS* 2010. 711, n° 789 ; *Dr. soc.* 2010. 1264, obs. Duquesne.

5. Insuffisance professionnelle. L'insuffisance ou l'inaptitude professionnelle n'est pas une faute disciplinaire. ● Soc. 4 déc. 1986 : *Bull. civ.* V, n° 579 (ne donne pas de base légale à sa décision le juge qui alloue à un salarié licencié sur le fondement de la mauvaise qualité de son travail des dommages-intérêts au motif que son employeur ne l'avait pas convoqué à un entretien préalable, sans dire en quoi la mauvaise qualité du travail procède d'un comportement fautif) ● 11 déc. 1986 : *Bull. civ.* V, n° 594 ; *D.* 1987. *IR* 2 ● 25 oct. 1990 : *CSB* 1990. 282, S. 176. ♦ Contra : ● Soc. 29 oct. 1998 : *RJS* 1998. 903, n° 1481 (application de la procédure disciplinaire lorsque sont reprochés au salarié des efforts insuffisants dans l'accomplissement de son travail). ♦ V. aussi : ● Soc. 26 févr. 1992 : *Dr. soc.* 1992. 377 ; *CSB* 1992. 119, S. 71 ; *RJS* 1992. 242, n° 413, affirmant à propos d'un salarié congédié pour manque de qualification que, « prononcée pour faute grave, la rupture anticipée du contrat à durée déterminée constituait une sanction ».

6. Droit de se soigner. Le fait pour un salarié de s'en tenir aux prescriptions de son médecin traitant n'a pas un caractère fautif. ● Soc. 10 oct. 1995 : *D.* 1996. 95, note Saint-Jours ; *Dr. soc.* 1995. 984, concl. Frouin ; *RJS* 1995. 709, n° 1111 ; *ibid.* 770, chron. Savatier (cassation de l'arrêt ayant refusé d'annuler un blâme infligé à un salarié en congé de maladie qui n'a pas repris le travail à la date fixée par le médecin mandaté par l'employeur). ♦ Toutefois, lorsqu'une visite médicale demandée par le salarié n'a donné lieu à aucune réserve de la part du médecin du travail, le refus du salarié d'exécuter son travail constitue une faute grave, peu important l'avis du médecin traitant. • Soc. 9 oct. 2001, 🔒 n° 98-46.144 P : *Dr. soc. 2002. 217, obs. Savatier* 🖉 *; RJS 2001. 957, n° 1416 ; JSL n° 91-2.*

7. *Exception d'inexécution.* Le refus par un salarié de reprendre le travail peut être légitimé par un manquement de l'employeur à ses obligations. • Soc. 23 juin 2009 : 🔒 *RJS 2009. 705, n° 798 ; JCP S 2009. 1419, obs. Dumont.*

8. *Suspension du contrat de travail.* Le fait que le contrat d'un représentant du personnel soit suspendu en raison de sa mise au chômage technique ne lui fait pas perdre ses mandats et ne fait pas obstacle à sa présence dans l'entreprise ; les fautes reprochées au salarié ayant été commises dans les locaux de travail sur lesquels l'employeur exerce normalement son autorité, le pouvoir disciplinaire de ce dernier trouvait à s'y appliquer. • CE 13 nov. 1987, 🔒 *Fonderies et aciéries électriques* : *Lebon 369* 🖉 *; D. 1989. Somm. 141, obs. Chelle et Prétot ; Dr. soc. 1988. 190, concl. Robineau ; JCP 1988. II. 21013, note Moderne.*

B. SANCTIONS DISCIPLINAIRES

BIBL. Frossard, *RDT 2012. 685* 🖉 (caractères de la sanction disciplinaire). – Girault, *JCP CI 1984. II. 14131* (rétrogradation). – A. Mazeaud, *Dr. soc. 1988. 153* (grève perlée et sanction disciplinaire). – Pélissier, *ibid. 1983. 545* (définition des sanctions). ♦ Modification du contrat résultant d'une sanction disciplinaire : Deprez, *JCP E 1992. I. 148.* – A. Mazeaud, *Dr. soc. 1991. 16.* – Pélissier, *D. 1992. Chron. 30* 🖉.

9. *Individualisation des sanctions.* S'il est interdit à l'employeur, à peine de nullité de la mesure, de pratiquer une discrimination, au sens de l'art. L. 122-45 C. trav. [L. 1132-1 à L. 1132-4 nouv.], il lui est permis, dans l'intérêt de l'entreprise et dans l'exercice de son pouvoir d'individualisation des mesures disciplinaires, de sanctionner différemment des salariés qui ont participé à une même faute. • Soc. 15 mai 1991, 🔒 n° 89-42.270 P : *D. 1991. IR 156 ; Dr. soc. 1991. 619, rapp. Waquet, concl. Franck* 🖉 *; CSB 1991. 189, A. 43 ; RJS 1991. 440, n° 841* • 29 janv. 1992, 🔒 n° 89-44.501 P : *RJS 1992. 173, n° 283* • 14 mai 1998, 🔒 n° 96-41.755 P : *Dr. soc. 1998. 709, obs. Jeammaud* 🖉. ♦ Pour un exemple de discrimination, V. • Crim. 7 févr. 1989 : *D. 1989. IR 127 ; Dr. soc. 1989. 504, note Savatier* (l'employeur commet un détournement de pouvoir en prononçant des sanctions sensiblement plus graves en raison de l'activité syndicale des salariés concernés).

10. *Sanction disciplinaire et règlement intérieur.* Une sanction disciplinaire autre que le licenciement ne peut être prononcée contre un salarié par un employeur employant habituellement au moins vingt salariés que si elle est prévue par le règlement intérieur. • Soc. 23 mars 2017, 🔒 n° 15-23.090 P : *D. actu. 4 avr. 2017, obs. Peyronnet ; D. 2017. Actu. 766* 🖉 *; Dr. soc. 2017. 573, obs. Mouly* 🖉 *; RJS 6/2017, n° 389 ; JCP S 2017. 1151, obs. Dumont.*

11. *Sources de la sanction.* Lorsqu'une convention collective fixe les règles générales et permanentes relatives à la discipline, notamment la nature et l'échelle des sanctions que peut prendre l'employeur, limite la durée d'une mesure de suspension de contrat de travail, le dépassement de cette durée entraîne la nullité de la sanction. • Soc. 24 nov. 2010 : 🔒 *RDT 2011. 249, obs. Duquesne* 🖉. ♦ V. note 14 s. ss. L. 1321-1.

12. En présence d'un règlement intérieur prévoyant le licenciement comme sanction de certaines fautes, l'employeur a la possibilité de prononcer une sanction moins grave. • Soc. 20 avr. 1989 : *Bull. civ. V, n° 299 ; D. 1989. IR 174.*

13. Constitue une sanction le refus d'un détachement dans des circonstances faisant apparaître que cette mesure a été prise à la suite d'agissements considérés par l'employeur comme fautifs. • Soc. 10 avr. 1991, 🔒 n° 87-42.633 P : *D. 1991. IR 139 ; RJS 1991. 376, n° 704.* ♦ ... De même que la rétractation d'une autorisation de détachement. • Versailles, 9 déc. 1992 : *Dr. soc. 1993. 350, concl. Duplat* 🖉.

14. Une procédure de demande d'explications écrites, mise en œuvre à la suite de faits qualifiés de refus d'obéissance et ayant donné lieu à la conservation des demandes formulées par l'employeur et des réponses écrites du salarié dans le dossier individuel de celui-ci, constitue une sanction disciplinaire. • Soc. 30 janv. 2013 : 🔒 *D. actu. 1er mars 2013, obs. Ines ; D. 2013. Actu. 369* 🖉 *; JSL 2013, n° 339-3 ; JCP S 2013. 1196, obs. Everaert-Dumont.*

15. La procédure de demande d'explications écrites en vigueur au sein d'une entreprise et au terme de laquelle le procès-verbal consignant les échanges est conservé au dossier du salarié constitue une sanction disciplinaire. • Soc. 19 mai 2015, 🔒 n° 13-26.916 : *D. 2015. Actu. 1161* 🖉 *; Dr. soc. 2015. 652, note Mouly* 🖉 *; JSL 2015, n° 391-3, obs. Pacotte et Layat-Le Bourhis ; RJS 8-9/2015, n° 568.* ♦ En revanche, ne constitue pas une sanction disciplinaire l'envoi à la salariée par l'employeur d'un document qui n'est qu'un compte-rendu d'un entretien au cours duquel il a énuméré divers griefs et insuffisances qu'il imputait à la salariée, sans traduire une volonté de sa part de les sanctionner. • Soc. 12 nov. 2015, 🔒 n° 14-17.615 P : *D. 2015. Actu. 2383* 🖉 *; RJS 1/2016, n° 28.*

16. *Changement d'affectation du salarié dans un souci de sécurité des tiers.* Ne constitue pas une sanction disciplinaire le changement d'affectation d'un salarié consécutif au retrait de son habilitation à la conduite de certains véhicules lorsque ce changement a pour seul objet, conformément au règlement de sécurité de l'exploitation d'un système de transport public guidé, d'assurer la sécurité des usagers, du personnel d'exploitation et des tiers. • Cass., ass. plén., 6 janv. 2012 : 🏛 *D. 2012. Actu. 156* 🖉 *; RDT 2012. 145, note Lokiec* 🖉 *; RJS 2012. 205, n° 245 ; Dr. ouvrier 2012. 362, note Durand ; JSL 2012, n° 315-2, obs. Hautefort ; JCP S 2012. 1197, obs. Dumont ; SSL 2012, n° 1523, p. 10, obs. Waquet* • Soc. 8 oct. 2014 : 🏛 *D. 2014. 2056* 🖉 *; Dr. soc. 2014. 1068, obs. Mouly* 🖉 *; RJS 2014. 740, n° 859.*

17. La révocation des mandats sociaux du salarié ne constitue pas une sanction disciplinaire et n'interdit pas que le licenciement soit prononcé en raison des mêmes faits. • Soc. 7 avr. 1993 : 🏛 *Dr. soc. 1993. 837, note Puigelier* 🖉 *; RJS 1993. 389, n° 673 ; CSB 1993. 154, S. 75.*

18. Avertissement. L'avertissement constitue une sanction disciplinaire au sens de l'art. L. 122-40 [L. 1331-1 nouv.]. • Soc. 21 mars 2001 : 🏛 *Dr. ouvrier 2001. 21, obs. Gayat.* ♦ La lettre par laquelle l'employeur adresse divers reproches au salarié et le met en demeure d'apporter un maximum de soin à l'exécution de son travail sanctionne un comportement fautif et constitue un avertissement, en sorte que les mêmes faits ne pouvaient plus justifier un licenciement. • Soc. 13 oct. 1993 : 🏛 *CSB 1993. 261, A. 57 ; RJS 1994. 120, n° 152* • 4 juin 2009 : 🏛 *RDT 2010. 109, obs. Varin.* ♦ Constitue un avertissement la lettre adressée par l'employeur reprochant au salarié diverses erreurs et le mettant en demeure de faire un effort pour redresser la situation sous peine de déclassement ou de licenciement. • Soc. 13 nov. 2001, 🏛 *n° 99-42.709 P : D. 2001. IR 3585* 🖉 *; RJS 2002. 62, n° 60.* ♦ De même encore, constitue un avertissement le message électronique adressé par l'employeur à un salarié dans lequel il lui fait part de divers reproches et l'invite de façon impérative à un changement radical avec mise au point ultérieure. • Soc. 26 mai 2010 : 🏛 *RDT 2011. 378, obs. de Quénaudon* 🖉. ♦ Les remarques faites par un agent de maîtrise dépourvu de toute qualification pour exercer un quelconque pouvoir disciplinaire ne constituent pas une sanction, mais une simple constatation des faits destinée à la direction. • Soc. 4 mai 1995 : 🏛 *RJS 1995. 427, n° 648.* ♦ Ne constitue pas non plus une sanction l'injonction faite au salarié de cesser tout rapport avec la clientèle à la suite de son comportement et de s'en tenir à l'étude de certains dossiers. • Soc. 10 juill. 1995 : 🏛 *RJS 1995. 654, n° 1020.* ♦ Constitue une sanction disciplinaire la lettre adressée à un salarié et stigmatisant son comportement considéré comme fautif en ce qu'elle lui rappelait sa présence non autorisée et fautive à plusieurs reprises dans un local électrique et l'invitait de manière impérative à respecter les règles régissant l'accès à un tel local, et alors que l'employeur se référait à cet écrit dans un avertissement ultérieurement prononcé. • Soc. 10 févr. 2021, 🏛 *n° 19-18.903 P : RJS 4/2021, n° 233.*

19. L'avertissement constituant une sanction disciplinaire au sens de l'art. L. 122-40 C. trav. [L. 1331-1 nouv.], il ne peut être soutenu qu'il échapperait à l'amnistie au motif qu'il aurait été infligé pour des faits n'appelant pas une telle sanction. • Crim. 21 mars 2000, 🏛 *n° 98-84.714 P.*

20. Avertissement et entretien préalable. L'employeur n'est, en principe, pas tenu de convoquer le salarié à un entretien avant de lui notifier un avertissement ; il en va autrement lorsque, au regard des dispositions d'un règlement intérieur, l'avertissement peut avoir une influence sur le maintien du salarié dans l'entreprise (tel est le cas lorsque le règlement intérieur, instituant ainsi une garantie de fond, subordonne le licenciement d'un salarié à l'existence de deux sanctions antérieures pouvant être constituées notamment par un avertissement). • Soc. 3 mai 2011 : 🏛 *D. actu. 30 mai 2011, obs. Siro ; D. 2011. Actu. 1357* 🖉 *; RJS 2011. 553, n° 609 ; JSL 2011, n° 301-2, obs. Lhernould ; JCP S 2011. 1400, obs. Bossu.*

21. Mise à pied disciplinaire. La sanction de la mise à pied est inhérente au pouvoir disciplinaire de l'employeur, lequel a la faculté d'en faire usage même si le règlement intérieur ne prévoit pas cette sanction. • Soc. 25 juin 1987, 🏛 *n° 84-42.314 P : D. 1988. Somm. 98, obs. Pélissier ; Dr. soc. 1988. 251, note Savatier* (décision rendue sur des faits antérieurs à 1982). ♦ Lorsque la mise à pied ne figure pas au nombre des sanctions prévues par une convention collective, l'introduction d'une telle sanction dans l'échelle des mesures disciplinaires fixée par le règlement intérieur ne constitue pas une disposition nécessairement plus favorable aux salariés ; par suite, les stipulations du règlement intérieur sont contraires à la convention et de ce fait à l'art. L. 122-35 [L. 1321-3 nouv.]. • CE 28 janv. 1991 : 🏛 *D. 1992. Somm. 153, obs. Chelle et Prétot* 🖉 *; Dr. soc. 1992. 227, note Savatier* 🖉 *; RJS 1991. 172, n° 329.* ♦ Si la mise à pied peut figurer dans l'échelle des sanctions prévues par le règlement intérieur, celui-ci doit en préciser la durée maximale. • CE 21 sept. 1990 : 🏛 *RJS 1990. 639, n° 966* • Soc. 26 oct. 2010 : 🏛 *D. actu. 16 nov. 2010, obs. Perrin ; D. 2010. AJ 2652* 🖉 *; RDT 2010. 719, obs. Fabre* 🖉 *; SSL 2010, n° 1466, p. 10, obs. Champeaux.*

22. Mise à pied conservatoire. Lorsque à l'issue de la mise à pied le salarié a repris son travail jusqu'au jour de son licenciement, il en résulte que la mise à pied constituait non pas une mesure conservatoire, mais une sanction disciplinaire. • Soc. 14 janv. 1992 : 🏛 *RJS 1992. 173, n° 281.* ♦ De même, lorsque la mise à pied n'est pas suivie de l'ouverture d'une procédure de licenciement dans le délai de 15 jours, elle présente un caractère disciplinaire. • Soc. 18 févr. 1998, 🏛 *n° 96-40.219 P : RJS 1998. 289, n° 462 ; Dr. soc. 1998. 499, obs. Jeammaud* 🖉. ♦ Lorsque la mise à pied, nonobstant sa qualification de mise à pied conservatoire, n'a pas été suivie immédiatement de l'ouverture d'une procédure de licenciement, cette mesure présente un caractère disciplinaire ; en conséquence, l'employeur ne peut sanctionner une nouvelle fois le salarié pour les mêmes faits en prononçant ultérieurement son licenciement. • Soc. 30 oct. 2013 : 🔒 *D. actu. 27 nov. 2013,* obs. Fraisse.

23. Licéité. Est licite une mise à pied de quatorze jours prononcée à l'encontre d'un représentant du personnel lorsque, compte tenu des circonstances, elle n'est ni excessive quant à sa durée, ni discriminatoire, la preuve n'ayant pas été rapportée qu'elle ait été prise à l'encontre de l'intéressé en considération de ses fonctions représentatives. • Crim. 9 nov. 1982 : *Bull. crim. n° 249* ; *JS UIMM 1983. 136*. ♦ Comp. : • Crim. 7 févr. 1989 : *préc. note 9.*

24. Est licite la réduction d'une prime d'assiduité consécutive à l'absence du salarié mis à pied. • Soc. 19 juill. 1994, 🔒 n° 90-43.785 P : *D. 1995. Somm. 357,* obs. Borenfreund ⌘ ; *Dr. soc. 1994. 893* ; *JCP 1995. I. 3817, n° 1,* obs. Darmaisin ; *RJS 1994. 583, n° 984* ; *CSB 1994. 256, S. 137.*

25. Insubordination. Le refus de se soumettre à une sanction disciplinaire qui constitue la réitération d'actes d'insubordination peut être constitutif d'une faute grave. • Soc. 25 mai 2004, 🔒 n° 02-41.900 P : *RJS 2004. 622, n° 912*. ♦ Le refus d'exécuter une mise à pied et de quitter les lieux malgré l'ordre de sa hiérarchie et l'intervention d'un huissier de justice constitue, de la part du salarié, un acte d'insubordination qui a gravement perturbé le bon fonctionnement de l'entreprise et délibérément porté atteinte à l'autorité de l'employeur, rendant intolérable la poursuite du contrat même pendant le préavis. • Soc. 25 mai 1989 : *Bull. civ. V, n° 393.* ♦ Comp. : • Soc. 13 juin 1990 : 🔒 *JS UIMM 1990. 391*. ♦ Sur la mise à pied conservatoire, V. jurispr. ss. art. L. 1332-3.

26. Modification du contrat de travail à titre disciplinaire. Une modification du contrat prononcée à titre disciplinaire ne peut être imposée au salarié. Cependant, en cas de refus, l'employeur peut dans le cadre de son pouvoir disciplinaire prononcer une sanction autre au lieu et place de la sanction refusée. • Soc. 16 juin 1998, 🔒 n° 95-45.033 P : *GADT, 4ᵉ éd., n° 67* ; *Dr. soc. 1998. 3,* obs. Radé ⌘ ; *RJS 1998. 555, n° 858* ; *JCP E 1998. 1793,* note Pouget ; *D. 1998. IR 176* • 7 juill. 2004, 🔒 n° 02-44.476 P : *RJS 2004. 717, n° 1038*. ♦ Dans l'hypothèse d'une rétrogradation refusée par le salarié, l'employeur peut, dans l'exercice de son pouvoir disciplinaire, prononcer une autre sanction, y compris un licenciement pour faute grave aux lieu et place de la sanction refusée. • Soc. 11 févr. 2009, 🔒 n° 06-45.897 P : *R., p. 371* ; *D. 2009. AJ 569,* obs. Maillard ⌘ ; *RJS 2009. 296, n° 343* ; *JSL 2009, n° 251-3* ; *JCP E 2009. 1384,* obs. Béal ; *SSL 2009, n° 1388, p. 11* • Soc. 10 févr. 2021, 🔒 n° 19-20.918 P.

27. Rétrogradation. La rétrogradation consécutive à une modification du travail et à une baisse des responsabilités ne constitue pas une sanction pécuniaire illicite. • Soc. 24 mars 1988 : *Bull. civ. V, n° 203* ; *D. 1988. Somm. 316,* obs. Langlois • 7 juill. 2004, 🔒 n° 02-44.476 P : *RJS 2004. 717, n° 1038.* ♦ La baisse de rémunération consécutive à une rétrogradation dans un emploi différent prononcée à titre de sanction ne constitue ni une sanction pécuniaire illicite, ni une deuxième sanction. • Soc. 17 févr. 1993, 🔒 n° 88-45.539 P : *D. 1993. 618,* note J. Mouly ⌘ ; *Dr. soc. 1993. 381* ; *RJS 1993. 239, n° 394* ; *CSB 1993. 105, A. 26* • 22 juin 1994 : 🔒 *Dr. soc. 1994. 801.* ♦ Dans l'hypothèse d'une rétrogradation refusée par le salarié, l'employeur peut, dans l'exercice de son pouvoir disciplinaire, prononcer une autre sanction, y compris un licenciement pour faute grave aux lieu et place de la sanction refusée. • Soc. 11 févr. 2009 : 🔒 *préc. note 26.*

28. Mutation. L'usage d'une clause de mobilité à titre de sanction disciplinaire ne constitue pas un abus de l'employeur mais ce dernier doit justifier une faute du salarié. • Soc. 15 janv. 2002, 🔒 n° 99-45.979 P : *RJS 2002. 360, n° 471.* ♦ Ne constitue pas une sanction illicite la diminution de salaire entraînée par la mutation du salarié à une fonction ou à un poste différent et de niveau inférieur. • Soc. 20 avr. 1989 : *Bull. civ. V, n° 299* ; *D. 1989. IR 174.* ♦ Ne caractérise pas une sanction disciplinaire la réorganisation des tâches confiées à un salarié afin qu'il ne soit plus en contact avec un client qui s'était plaint de lui, mesure qui permettait à l'entreprise de conserver un marché. • Soc. 16 janv. 1990 : 🔒 *JS UIMM 1990. 131.* ♦ V. aussi, pour une affectation temporaire dans un emploi de bureau : • Soc. 3 juill. 1991 : 🔒 *D. 1991. IR 232* ; *RJS 1991. 503, n° 963, 1ʳᵉ esp.* ♦ Solution inverse, lorsque le changement d'affectation résulte de faits considérés par l'employeur comme fautifs : • Soc. 19 juin 1991 : 🔒 *D. 1991. IR 196* ; *Dr. soc. 1991. 733* ; *RJS 1991. 503, n° 963, 2ᵉ esp.* • 10 juill. 1996 : 🔒 *CSB 1996. 329, S. 141.* ♦ L'acceptation par le salarié de sa mutation après la sanction dont il a fait l'objet ne peut valoir renonciation à se prévaloir de la nullité de cette sanction. • Soc. 11 déc. 1996 : 🔒 *Dr. soc. 1997. 198,* obs. A. Mazeaud ⌘.

29. Refus d'une augmentation de salaire. Le seul fait de ne pas accorder à un salarié, en raison de ses qualités professionnelles insuffisantes, l'augmentation de salaire dont bénéficient les autres salariés ne constitue pas à l'égard de ce salarié une sanction. • Soc. 29 mai 1990 : 🔒 *D. 1990. IR 167* ; *RJS 1990. 398, n° 575* • 23 oct. 1991, 🔒 n° 88-41.223 P : *Dr. soc. 1991. 955.* – V. aussi : • Crim. 26 avr. 1988 : *Bull. crim. n° 180* ; *D. 1988. Somm. 316,* obs. Langlois. ♦ Mais l'exclusion de certains salariés du bénéfice de l'avantage consenti sous la forme d'une mesure générale, applicable à l'ensemble du personnel, en l'occurrence une augmentation de salaires, se présente comme une sanction puisqu'elle était fondée sur un comportement jugé reprochable. • Soc. 19 juill. 1995 : 🔒 *RJS 1995. 655, n° 1021.*

30. Refus d'avancement. Si la décision de l'employeur de retarder un avancement prévu à l'ancienneté est une sanction disciplinaire, il n'en est pas de même du refus d'un avancement fondé sur un critère de choix, un tel refus pouvant éventuellement donner lieu à une action en responsabilité civile lorsqu'il est abusif. • Soc. 20 mars 1990, 🏛 n° 88-41.769 P : *RJS 1990. 280, n° 377* ♦ 3 févr. 1993, 🏛 n° 89-43.624 P : *Dr. soc. 1993. 296* ; *RJS 1993. 155, n° 241*. ♦ Sur la nécessité de vérifier l'absence de détournement de pouvoir, V. • Soc. 15 avr. 1992, 🏛 n° 88-41.555 P. – Dans le même sens : • Soc. 10 mai 1989 : *Bull. civ. V, n° 348* ; *Dr. soc. 1990. 83, note Ray* ∅. – V. aussi • Soc. 22 janv. 1991 : 🏛 *RJS 1991. 173, n° 330* • 18 mars 1992, 🏛 n° 88-45.745 P : *D. 1992. IR 107* ; *JCP E 1993. II. 412, note Favennec-Héry* ; *Dr. soc. 1992. 475* ; *RJS 1992. 347, n° 615*. ♦ Mais constitue une sanction le refus d'un avancement qui était de droit, sauf insuffisance professionnelle, dès lors que font défaut les éléments objectifs susceptibles de matérialiser une telle insuffisance. • Soc. 15 avr. 1992 : 🏛 *RJS 1992. 405, n° 736*. ♦ La simple lettre faisant état de prestations insuffisantes et produite lors d'une réunion d'une commission paritaire de préparation du tableau d'avancement n'est pas constitutive d'une sanction, quand bien même il en aurait été tenu compte. • Soc. 22 janv. 1991, 🏛 n° 87-42.844 P : *D. 1991. IR 44* ; *RJS 1991. 173, n° 330*.

31. Mise à disposition. N'use pas de son pouvoir disciplinaire l'employeur qui demande à des salariés de rester à leur domicile à la disposition de l'entreprise. • Soc. 27 févr. 1985 : *Bull. civ. V, n° 122* ; *D. 1985. IR 442, obs. Langlois*.

32. Sanction disciplinaire et compétence du juge des référés. Il appartient au juge des référés, même en présence d'une contestation sérieuse, de mettre fin au trouble manifestement illicite que constitue toute sanction prononcée à l'encontre d'un salarié gréviste auquel une faute lourde ne peut être reprochée. • Soc. 10 févr. 2021, 🏛 n°s 19-18.903 à 19-18.905 P : *RJS 4/2021, n° 233*.

Art. L. 1331-2 Les amendes ou autres sanctions pécuniaires sont interdites.
Toute disposition ou stipulation contraire est réputée non écrite. — [Anc. art. L. 122-42.] — V. art. L. 1334-1 (pén.).

BIBL. ▶ Despres et Etcheparre, *SSL 2021, n° 1970* (clauses de *clawback*). – Déprez, *RJS 1991. 351* (évolution de la jurisprudence en matière disciplinaire). – Lachaume, *Dr. soc. 1985. 122 et 1989. 512* (prohibition des amendes disciplinaires à la SNCF). – A. Mazeaud, *Dr. soc. 1988. 153* (grève perlée et sanction disciplinaire) ; *ibid. 1991. 469* ∅ (élargissement du domaine de la sanction pécuniaire).

COMMENTAIRE
V. sur le Code en ligne 🏛.

A. GÉNÉRALITÉS

1. Principe général du droit. En édictant l'interdiction des sanctions pécuniaires, le législateur a énoncé un principe général du droit du travail, applicable aux entreprises publiques dont le personnel est doté d'un statut réglementaire, et qui n'est pas incompatible avec les nécessités de la mission de service public confiée à la SNCF. • CE 1er juill. 1988 : *GADT, 4e éd., n° 9* ; *Lebon 268* ; *D. 1990. Somm. 140, obs. Chelle et Prétot* ∅ ; *Dr. soc. 1988. 775, concl. Van Ruymbeke* ; *ibid. 1989. 512, note Lachaume* ; *JCP 1989. II. 21252, note Saint-Jours* • Soc. 26 oct. 2016, 🏛 n° 14-28.055 P : *D. 2016. Actu. 2221* ∅ ; *RJS 1/2017, n° 2* ; *JCP S 2016. 1412, obs. Pagani et M. Pélissier*.

B. ABSENCE DE SANCTION PÉCUNIAIRE

2. Contrepartie d'une absence de travail. Ne constituent pas une sanction pécuniaire la réduction du salaire résultant de l'application d'une disposition du règlement intérieur relative à l'horaire mobile. • Soc. 10 nov. 1988 : *Bull. civ. V, n° 587* ; *D. 1988. IR 282*. ♦ ... Ni la retenue de salaire effectuée à l'encontre des salariés qui avaient usé de la faculté offerte par l'art. L. 231-8-1 [L. 4131-1 nouv.] sans que soit établi qu'ils avaient un motif raisonnable de penser que la situation présentait un danger grave et imminent. • Soc. 11 juill. 1989 : *Bull. civ. V, n° 516* ; *D. 1989. IR 235*. ♦ ... Ni la privation des indemnités complémentaires pour maladie, dès lors que le salarié n'a pas justifié son absence lors de la contre-visite médicale. • Soc. 9 déc. 1992 : 🏛 *RJS 1993. 168, n° 276*.

3. Dette du salarié. Ne constituent pas une sanction pécuniaire, la retenue du montant de l'indemnité que l'employeur estime lui être due par le salarié pour non-respect du délai de préavis. • Crim. 8 déc. 1992, 🏛 n° 91-85.461 P. ♦ ... Ni la réclamation au salarié, lors de son licenciement, de sommes indûment perçues par lui. • Soc. 18 nov. 1992, 🏛 n° 90-40.010 P : *Dr. soc. 1993. 57* ; *RJS 1993. 35, n° 33*.

4. Individualisation des rémunérations. Ne constitue pas une sanction pécuniaire à l'égard des autres salariés le fait d'accorder une augmentation de salaire à certains salariés en fonction de leurs qualités professionnelles. • Soc. 29 mai 1990 : 🏛 *D. 1990. IR 167* ; *RJS 1990. 398, n° 575* • 23 oct. 1991, 🏛 n° 88-41.223 P : *Dr. soc. 1991.*

955. – V. aussi ● Crim. 26 avr. 1988 : *Bull. crim. n° 180 ; D. 1988. Somm. 316, obs. Langlois.*

C. SANCTIONS PROHIBÉES

5. Blocage des rémunérations. L'exclusion de certains salariés du bénéfice d'un avantage consenti sous la forme d'une mesure générale, applicable à l'ensemble du personnel, en l'occurrence une augmentation de salaire, se présente comme une sanction puisqu'elle était fondée sur un comportement jugé reprochable. ● Soc. 19 juill. 1995 : ⚖ *RJS 1995. 655, n° 1021.*

6. Privation du droit d'option. La privation de la faculté de lever les options en cas de licenciement pour faute grave constitue une sanction pécuniaire prohibée qui ne peut être prévue par le plan de stock-option. ● Soc. 21 oct. 2009 : *D. 2009. AJ 2613, obs. Perrin ⊘ ; ibid. 2010. 1197, note Guyader ⊘ ; RDT 2010. 28, obs. Auzero ⊘ ; RJS 2010. 62, n° 79 ; Dr. soc. 2010. 117, obs. Couturier ⊘.*

7. Non-versement de primes. La privation d'une prime de fin d'année en cas de faute grave constitue une sanction pécuniaire prohibée qui ne peut faire l'objet d'une disposition conventionnelle. ● Soc. 11 févr. 2009 : ⚖ *R., p. 339 ; D. 2009. AJ 568, obs. Maillard ⊘ ; RJS 2009. 297, n° 344 ; JSL 2009, n° 253-4 ; JCP S 2009. 1185, obs. Dumont.* ◆ Dès lors qu'une prime de fin d'année présente, eu égard à sa constance, sa généralité et sa fixité, un caractère obligatoire, faisant d'elle un élément du salaire, l'employeur ne saurait prévoir, au titre de ses conditions d'attribution, l'absence de sanctions disciplinaires. ● Soc. 19 mai 1988, ⚖ n° 85-45.235 P : *D. 1988. Somm. 331, obs. A. Lyon-Caen.* ◆ Dès l'instant que la réduction d'une prime intervient en raison de faits considérés comme fautifs, il s'agit d'une sanction pécuniaire prohibée. ● Soc. 7 mai 1991 : ⚖ *D. 1991. IR 149 ; Dr. soc. 1991. 511 ⊘ ; RJS 1991. 377, n° 705* (prime de rendement) ● 2 déc. 1992, ⚖ n° 89-43.162 P : *Dr. soc. 1993. 185 ; CSB 1993. 35, A. 7 ; RJS 1993. 36, n° 35* (prime de travail accordée aux agents de la SNCF) ● 16 févr. 1994, ⚖ n° 90-45.915 P : *Dr. soc. 1994. 379 ; CSB 1994. 107, A. 22, 1re esp. ; RJS 1994. 264, n° 409* (prime dite « de rétribution pour la qualité et la production ») ● 22 nov. 1995 : ⚖ *D. 1996. IR 5 ; Dr. soc. 1996. 117 ; RJS 1996. 21, n° 24 ; JCP 1996. I. 3923, n° 8, obs. Darmaisin* (prime de travail accordée aux agents de la SNCF). ◆ De même est une sanction pécuniaire la suppression d'une prime d'objectifs en raison de faits considérés comme fautifs par l'employeur. ● Soc. 4 juin 1998, ⚖ n° 95-45.167 P : *RJS 1998. 556, n° 859 ; D. 1998. IR 160 ⊘.* ◆ ... Ou le non-paiement d'une prime dont l'octroi est subordonné à une condition de présence l'année suivant son versement, une telle condition portant atteinte à la liberté du travail. ● Soc. 18 avr. 2000, ⚖ n° 97-44.235 P : *D. 2000. IR 150 ⊘ ; Dr. soc. 2000. 645, obs. Radé ⊘ ; CSB 2000, A. 33, p. 649, obs. Pansier.* ◆ En revanche, la seule circonstance que le versement d'une prime ayant le caractère d'un élément de salaire soit subordonné à la condition d'un défaut d'absence ne constitue pas une sanction pécuniaire. ● Soc. 10 juin 1992, ⚖ n° 88-44.717 P : *RJS 1992. 479, n° 863.*

8. Erreurs de caisse. Constitue une sanction pécuniaire illicite la retenue sur salaire à la suite d'un manquant dans la caisse, peu important à cet égard les dispositions de la convention collective ou du règlement intérieur qui ne peuvent instituer un cas de responsabilité pécuniaire de plein droit. ● Soc. 9 juin 1993, ⚖ n° 89-41.476 P.

9. Mauvaise exécution du contrat de travail. Constituent une sanction prohibée : la diminution de la rémunération du salarié sous prétexte que son travail est mal effectué. ● Soc. 7 déc. 1995 : ⚖ *CSB 1996. 81, A. 20.* ◆ ... Le refus de versement, en raison de la mauvaise qualité du travail du salarié, de gratifications fondées sur les résultats de l'entreprise et prévues par le contrat de travail. ● Soc. 17 juill. 1996 : ⚖ *Defrénois 1997. 974, note Quétant ; CSB 1996. 329, S. 142.* ◆ ... La retenue sur salaire pour refus de participation à une réunion de travail. ● Soc. 19 nov. 1997, ⚖ n° 95-44.309 P : *D. 1998. IR 12 ⊘ ; RJS 1998. 32, n° 37 ; Dr. soc. 1998. 196, obs. Marraud ⊘.*

10. Sanction pécuniaire et clause d'objectifs. La clause en exécution de laquelle l'employeur prélève une somme fixe sur la rémunération du salarié au titre de l'avantage en nature lié à l'utilisation du véhicule de l'entreprise au motif que son chiffre d'affaires était insuffisant est nulle. ● Soc. 20 oct. 2010 : ⚖ *D. actu. 12 nov. 2010, obs. Perrin ; RJS 2011. 44, n° 38.*

11. SNCF. Est justifiée la décision du juge des référés affirmant que la retenue pratiquée sur les salaires des agents de la SNCF en raison de la mauvaise exécution de leurs obligations constitue une sanction pécuniaire et qu'il convient de faire cesser le trouble illicite qui en résulte. ● Soc. 20 févr. 1991, ⚖ n° 90-41.119 P : *D. 1991. IR 81 ; Dr. ouvrier 1991. 217, note Bied-Charreton ; RJS 1991. 246, n° 461.* – Dans le même sens : ● Soc. 17 avr. 1991, ⚖ n° 89-43.127 P : *Dr. soc. 1991. 469, note A. Mazeaud ⊘ ; RJS 1991. 309, n° 580* ● 2 déc. 1992 : ⚖ *préc. note 7* ● 22 nov. 1995, ⚖ n° 91-43.809 P : *D. 1996. IR 5 ; Dr. soc. 1996. 204 ⊘ ; RJS 1996. 22, n° 24 ; JCP E 1996. I. 543, n° 8, obs. Darmaisin* (abaissement du coefficient de la prime de travail et diminution corrélative du salaire à la suite de manquement à la discipline). ◆ Comp., en cas de retenues pour absences ou retard : ● Soc. 8 juill. 1992 : ⚖ *Dr. soc. 1992. 841 ; CSB 1992. 240, S. 142.* ◆ V. aussi : ● Soc. 12 avr. 1995 : ⚖ *D. 1995. IR 128 ; Dr. soc. 1995. 599, obs. Savatier ⊘,* considérant que la réduction pour baisse de la production ne s'analyse en une sanction pécuniaire qu'à l'égard des salariés qui ne sont pas rémunérés en fonction du rendement.

12. Sanctions déguisées. Une cour d'appel juge à bon droit qu'une réduction des horaires de travail ne correspondant ni à un déclassement, ni à un changement d'affectation, utilisée comme mesure disciplinaire, constitue une sanction pécuniaire nulle. • Soc. 24 oct. 1991 : 🏛 *RJS 1991. 707, n° 1314*. ♦ Dans le même sens : • Paris, 13 juill. 1993 : *JCP E 1993. Pan. 1359*.

13. Grève. La retenue sur le salaire des intéressés à qui l'employeur reprochait une mauvaise exécution de leurs obligations contractuelles à la suite d'une baisse de rendement volontaire constitue une sanction pécuniaire interdite par l'art. L. 122-42 [L. 1331-2 nouv.] et frappée de nullité. • Soc. 17 avr. 1991 : 🏛 *préc. note 11*. ♦ Comp. : • Soc. 14 avr. 1983 : *Dr. soc. 1983. 642*, note Savatier • 8 oct. 1987 : *Bull. civ. V, n° 539 ; Dr. soc. 1988. 153*, note A. Mazeaud. • 12 avr. 1995 : 🏛 *préc. note 11*.

14. Le temps consacré à la remise en marche des machines à l'issue d'un mouvement de grève même répété ne saurait justifier une retenue sur salaire au motif de la perte de production qui suit le mouvement, même à l'encontre des salariés grévistes, dès l'instant que la grève est reconnue licite. • Soc. 6 juin 1989 (trois arrêts), 🏛 n° 85-46.435 P : *D. 1990. Somm. 170*, obs. Borenfreund ⊘ ; *RJS 1989. 333*, concl. Franck ; *JCP 1990. II. 21452*, note Saint-Jours. ♦ Dans le même sens : • Soc. 4 févr. 1988 : *Bull. civ. V, n° 91 ; D. 1988. IR 57 ; JCP E 1988. II. 15235, n° 20*, obs. Teyssié • 16 mai 1989 : *Bull. civ. V, n°s 362 et 364 ; GADT, 4e éd., n° 205 ; D. 1990. Somm. 170*, obs. Borenfreund ⊘ ; *JCP 1990. II. 21452*, note Saint-Jours ; *Dr. ouvrier 1989. 242*, note Debliquis (le fait qu'un quotidien n'ait pas paru ne remet pas en cause le paiement des heures effectuées pour sa préparation) • 10 juill. 1991, 🏛 n° 89-43.147 P. ♦ Comp., en cas de grève illicite : • Soc. 7 janv. 1988 : *Bull. civ. V, n° 10 ; D. 1988. Somm. 326*, obs. Langlois ; *Dr. soc. 1988. 153*, note A. Mazeaud ; *ibid. 251*, note Savatier ; *JCP 1990. II. 21452*, note Saint-Jours.

15. Il appartient à l'employeur souhaitant opérer une retenue de salaire supérieure à la durée de la grève d'apporter la preuve que la reprise du travail n'a pas effectivement eu lieu après chacun des débrayages. • Soc. 10 juill. 1991 : 🏛 *préc. note 14*.

16. La réduction d'une prime en raison du refus jugé fautif exprimé par un salarié non gréviste d'occuper le poste d'un salarié gréviste constitue une sanction pécuniaire. • Soc. 16 févr. 1994 : 🏛 *préc. note 7*.

17. Service minimum. Les grévistes effectuant à la demande de l'employeur un service minimum ont droit à la rémunération du service effectué. • Soc. 20 févr. 1991, 🏛 n° 90-41.119 P : *D. 1991. IR 81* ; *Dr. ouvrier 1991. 217*, note Bied-Charreton. ♦ Comp. : • CE 17 mars 1997 : 🏛 *D. 1997. IR 117* ⊘ ; *Dr. soc. 1997. 534*, obs. Ray ⊘ ; *RJS 1997. 404, n° 626, 1re esp.* (si les notes de service de la direction d'EDF-GDF prévoient que les grévistes, présents à leur poste, doivent assurer les tâches de maintien de la sûreté et de la sécurité des installations et qu'ils seront rémunérés à hauteur de 20 % du salaire normalement dû, ces notes n'ont pas institué une sanction pécuniaire en méconnaissance du principe général du droit dont s'inspire l'art. L. 122-42 [L. 1331-2 nouv.]).

CHAPITRE II PROCÉDURE DISCIPLINAIRE

SECTION 1 Garanties de procédure

Art. L. 1332-1 Aucune sanction ne peut être prise à l'encontre du salarié sans que celui-ci soit informé, dans le même temps et par écrit, des griefs retenus contre lui. — [*Anc. art. L. 122-41, al. 1er.*]

L'art. L. 122-41 [L. 1332-1 nouv.] édicte un principe général du droit du travail. • CE 28 juill. 1993 : 🏛 *AJDA 1993. 739*, chron. Maugüé et Touvet ⊘.

Art. L. 1332-2 Lorsque l'employeur envisage de prendre une sanction, il convoque le salarié en lui précisant l'objet de la convocation, sauf si la sanction envisagée est un avertissement ou une sanction de même nature n'ayant pas d'incidence, immédiate ou non, sur la présence dans l'entreprise, la fonction, la carrière ou la rémunération du salarié.

Lors de son audition, le salarié peut se faire assister par une personne de son choix appartenant au personnel de l'entreprise.

Au cours de l'entretien, l'employeur indique le motif de la sanction envisagée et recueille les explications du salarié.

La sanction ne peut intervenir moins (*L. n° 2012-387 du 22 mars 2012, art. 48*) « de deux jours ouvrables », ni plus d'un mois après le jour fixé pour l'entretien. Elle est motivée et notifiée à l'intéressé. — [*Anc. art. L. 122-41, al. 2.*] — V. art. R. 1332-1 s.

BIBL. ▶ Déprez, *RJS 1989. 263*. – Ray, *Dr. soc. 1989. 287*. – Reynès, *Gaz. Pal. 1993. 2. Doctr. 1353*. ▶ Procédure irrégulière : Savatier, *Dr. soc. 1995. 349* ⊘.

1. Engagement d'une procédure disciplinaire et faute de l'employeur. Un manquement de l'employeur à ses obligations contractuelles ne saurait résulter du seul engagement d'une procédure disciplinaire qui n'a pas été menée à son terme dès lors que sa mise en œuvre ne procède pas d'une légèreté blâmable ou d'une intention malveillante. • Soc. 25 sept. 2013 : *RDT 2013. 702, obs. Tournaux* ; *RJS 12/2013, n° 818* ; *JCP S 2013. 1487, obs. Everaert-Dumont.*

2. Avertissement. Lorsque la sanction envisagée est un avertissement, l'employeur n'est pas tenu d'observer la procédure de l'entretien préalable, quel que soit le nombre des avertissements invoqués et quand bien même il serait accompagné d'une menace de licenciement en cas de récidive. • Soc. 19 janv. 1989 (2 arrêts), n° 86-40.615 P : *D. 1989. IR 36 et 53* ; *Dr. soc. 1989. 504, note Savatier* • 13 nov. 1990 : *D. 1990. IR 281.* ♦ Mais, dès lors que l'employeur a choisi de convoquer le salarié selon les modalités fixées par le code du travail, il est tenu d'en respecter tous les termes, quelle que soit la sanction finalement infligée. • Soc. 16 avr. 2008 : *D. 2008. Pan. 2314, obs. Amauger-Lattes* ; *RJS 2008. 540, n° 672* ; *JSL 2008, n° 235-5* • Soc. 9 oct. 2019, n° 18-15.029 P : *D. actu. 29 oct. 2019, obs. Malfettes* ; *JSL 2020, n° 491-5, obs. Vaccaro* ; *RJS 12/2019, n° 673* ; *JCP S 2019. 1353, obs. Jeansen.* ♦ Mais lorsque, au regard des dispositions d'une convention collective, un avertissement peut avoir une influence sur le maintien du salarié dans l'entreprise, l'employeur est tenu de convoquer le salarié avant de le lui notifier. • Soc. 22 sept. 2021, n° 19-12.538 B : *D. actu. 8 oct. 2021, obs. Malfettes* ; *RJS 12/2021, n° 633* ; *Dr. ouvrier 2022. 25, obs. Bied-Charreton* ; *JSL 2021, n° 530-2, obs. Lhernould.*

3. Entretien préalable. La rupture d'un contrat à durée déterminée pour un motif disciplinaire oblige l'employeur à convoquer le salarié à un entretien préalable. • Soc. 5 mars 1987 : *D. 1988. 241, note Karaquillo.* – Dans le même sens : • Soc. 20 nov. 1991, n° 88-41.265 P : *D. 1992. IR 35* • 26 févr. 1992, n° 89-44.090 P : *Dr. soc. 1992. 377* • 27 mai 1992 : *D. 1992. 411, note Karaquillo.* ♦ La procédure disciplinaire s'applique lorsque l'employeur met fin à la période d'essai, en invoquant un motif disciplinaire. • Soc. 10 mars 2004, n° 01-44.750 P : *Dr. soc. 2004. 733, note Dubertret* ; *JCP E 2004. 1064, note Corrignan-Carsin* ; *RJS 2004. 453, n° 646.*

4. La lettre de convocation satisfait aux exigences légales lorsque le salarié n'a pu se méprendre sur l'objet de l'entretien. • Soc. 25 mai 1989 : *Bull. civ. V, n° 393.* ♦ Elle n'a pas à indiquer le motif de la sanction envisagée. • Soc. 17 déc. 1992, n° 89-44.651 P : *Dr. soc. 1993. 184.*

5. Prévenance. Si les dispositions légales ne prévoient aucun délai minimal entre la convocation et l'entretien, le salarié doit être averti suffisamment à l'avance non seulement du moment, mais aussi de l'objet de l'entretien pour pouvoir y réfléchir et recourir éventuellement à l'assistance d'un membre du personnel. • Soc. 19 mars 1991, n° 88-41.619 P : *D. 1991. IR 113* ; *CSB 1991. 128, A. 30.* ♦ Dans le même sens : • Soc. 12 déc. 1983 : *Bull. civ. V, n° 607* ; *D. 1984. IR 183* (un délai de trois quarts d'heure est insuffisant) • 5 nov. 1987 : *Bull. civ. V, n° 618* • 8 nov. 1989 : *ibid., n° 652* • 22 févr. 1990, n° 87-45.437 P : *D. 1990. IR 70* (décisions rendues en matière de licenciement).

6. Personnes présentes. Lors de l'entretien préalable, l'employeur ne peut se faire assister que par une personne appartenant au personnel de l'entreprise. • Soc. 20 juin 1990, n° 87-41.118 P : *D. 1990. IR 184* ; *RJS 1990. 455, n° 664.* ♦ Lors de l'entretien préalable, l'employeur peut se faire assister d'une personne appartenant à l'entreprise, susceptible d'apporter les éléments de fait intervenant à titre d'information dans la discussion, sans précision du niveau hiérarchique de l'intéressé ; il n'y a pas de détournement de l'objet de l'entretien s'agissant d'un salarié assistant l'employeur qui n'est intervenu qu'en une seule occasion pour confirmer des propos reprochés au salarié en cause. • Soc. 5 mai 2010 : *D. 2010. Actu. 1290* ; *D. actu. 25 mai 2010, obs. Maillard* ; *JCP S 2010. 1310, obs. Dumont.*

7. Obligations de l'employeur. La procédure n'est pas respectée lorsque l'employeur ne fournit aucune explication au salarié au cours de l'entretien préalable. • Soc. 5 févr. 1992 : *Dr. soc. 1992. 267* ; *RJS 1992. 176, n° 285.* ♦ Les paroles prononcées par un salarié au cours de l'entretien préalable à une sanction disciplinaire ne peuvent, sauf abus, constituer une cause de licenciement. • Soc. 8 janv. 1997, n° 94-42.639 P : *RJS 1997. 355, n° 545.*

8. Entretiens préalables et refus de la rétrogradation disciplinaire. Lorsque le salarié refuse une mesure de rétrogradation disciplinaire notifiée après un premier entretien préalable, l'employeur qui envisage de prononcer un licenciement au lieu de la sanction refusée doit convoquer l'intéressé à un nouvel entretien et le délai d'un mois court à compter de la date fixée pour ce nouvel entretien. • Soc. 27 mars 2007 : *D. 2007. AJ 1081* ; *D. 2007. 2268, obs. Amauger-Lattès* ; *RDT 2007. 459, obs. Frossard* ; *RJS 2007. 546, n° 735* ; *JCP 2007. 1807, note Jacotot* • 28 avr. 2011 : *D. actu. 20 mai 2011, obs. Siro* ; *D. 2011. Actu. 1290* ; *RJS 2011. 555, n° 610* ; *JSL 2011, n° 301-3, obs. Gaba* ; *JCP S 2011. 1325, obs. Dumont.* ♦ L'absence d'un nouvel entretien préalable ne prive pas de cause réelle et sérieuse le licenciement prononcé au lieu et place d'une sanction disciplinaire modifiant le contrat de travail et refusée par le salarié. • Soc. 16 sept. 2015, n° 14-10.325 P : *Dr. soc. 2015.939, note Mouly.* ♦ Lorsque le salarié refuse une mesure disciplinaire emportant modification de son contrat de travail, notifiée après un entretien préalable de licenciement, l'employeur qui y substitue une sanction disciplinaire, autre qu'un licenciement, n'est pas tenu de convoquer l'intéressé à un nouvel entretien préalable. ● Soc. 25 mars 2020, n° 18-11.433 P : D. 2020. 770.

9. Prononcé de la sanction. L'employeur ne peut invoquer pour justifier une sanction un fait distinct de celui ayant motivé l'exercice du pouvoir disciplinaire. ● Soc. 26 janv. 1989 : Bull. civ. V, n° 77 ; D. 1989. IR 53.

10. La seule référence à l'entretien préalable faite lors de la notification de la sanction ne satisfait pas aux exigences de l'art. L. 122-41 [L. 1332-2 nouv.], bien qu'une lettre adressée ultérieurement ait porté à la connaissance du salarié les griefs retenus. ● Soc. 17 janv. 1995, n° 91-43.815 P : Dr. soc. 1995. 349, note Savatier ; RJS 1995. 170, n° 234. ♦ La sanction disciplinaire devant être motivée, si la lettre de rupture d'un contrat à durée déterminée ne comporte aucun motif, la rupture n'est pas justifiée, peu important que l'employeur ait, comme il le devait, indiqué au salarié au cours de l'entretien préalable les griefs formulés contre lui. ● Soc. 23 janv. 1997, n° 95-40.526 P : D. 1998. 29, note Karaquillo ; Dr. soc. 1997. 314, obs. Roy-Loustaunau ; RJS 1997. 189, n° 281.

11. Délai minimal d'envoi de la lettre de licenciement. L'inobservation du délai d'un jour franc entre l'entretien préalable et l'envoi de la lettre de licenciement constituent une irrégularité de forme devant être réparée par l'allocation d'une indemnité fixée en fonction du préjudice subi par le salarié, dans les conditions fixées aux art. L. 122-14-4 et L. 122-14-5 [L. 1235-3 et L. 1235-5 nouv.]. ● Soc. 27 nov. 2001, n° 99-44.889 P : D. 2002. IR 136 ; RJS 2002. 140, n° 162.

12. Délai maximal entre l'entretien et la notification. Le non-respect du délai d'un mois rend le licenciement sans cause réelle et sérieuse même si le retard de notification est dû à une nouvelle convocation à un entretien, le salarié ne s'étant pas présenté au premier entretien. ● Soc. 14 sept. 2004, n° 03-43.796 P : D. 2004. IR 2621 ; RJS 2004. 809, n° 1135 ; JSL 2004, n° 156-6 ● 17 janv. 1990, n° 86-45.212 P : D. 1990. IR 45 ; RJS 1990. 79, n° 113 ; CSB 1990. 81. ♦ Comp. : l'employeur, informé de l'impossibilité dans laquelle se trouve le salarié de se présenter à l'entretien préalable, peut en reporter la date et c'est alors à compter de cette date que court le délai d'un mois. ● Soc. 7 juin 2006 : D. 2006. IR 1771 ; RJS 2006. 701, n° 945 ; JSL 2006, n° 194-2 ; JCP S 2006. 1640, note Verkindt. ♦ Si la réunion d'un conseil de discipline interrompt le délai d'un mois, c'est à la condition que l'employeur ait informé le salarié de sa décision de saisir le conseil avant l'expiration de ce délai. ● Soc. 9 déc. 1997, n° 94-43.161 P : RJS 1998. 33, n° 38 ● 10 mai 2006 : D. 2006. IR 1482 ; Dr. soc. 2006. 798, obs. Savatier. ♦ Dans le même sens : ● Soc. 17 févr. 1993, n° 89-44.745 P : Dr. soc. 1993. 380 ; RJS 1993. 241, n° 397 ; CSB 1993. 137, A. 32 (le dépassement n'est possible que s'il est constaté que l'employeur a été dans l'impossibilité de procéder dans le délai aux investigations rendues nécessaires par les déclarations faites par le salarié lors de l'entretien préalable). ♦ Est sans cause réelle et sérieuse le licenciement pour faute grave notifié plus d'un mois après l'entretien préalable. ● Soc. 15 oct. 1997, n° 95-43.389 P : JCP E 1997. Pan. 1324 ● 7 juill. 1998, n° 96-40.487 P : RJS 1998. 739, n° 1218 ● 20 juin 2002 : Dr. ouvrier 2003. 335, obs. Darves-Bornoz.

13. Le fait que le salarié soit en arrêt de travail pour maladie le jour où doit commencer une mise à pied disciplinaire décidée antérieurement ne peut permettre à l'employeur d'en différer l'exécution, sauf fraude du salarié. ● Soc. 21 oct. 2003, n° 01-44.169 P : JCP E 2004. 726, note Puigelier ; RJS 2003. 971, n° 1388 ; Dr. soc. 2004. 115, obs. Savatier ; JSL 2003, n° 134-3. ♦ Le licenciement disciplinaire doit intervenir dans le délai d'un mois à compter de la date de l'entretien préalable, ce délai n'étant ni suspendu, ni interrompu pendant la période de suspension du contrat de travail provoquée par un accident de travail, une maladie professionnelle ou une maladie non professionnelle du salarié. ● Soc. 27 févr. 2013 : D. actu. 20 mars 2013, obs. Peyronnet ; D. 2013. Actu. 716 ; JCP S 2013. 1161, obs. Mouly.

14. Dispositions conventionnelles. L'obligation de saisir le conseil de discipline prévue par le statut du personnel de la RATP dépend de la sanction prononcée et non de la sanction envisagée. ● Soc. 8 nov. 2023, n° 21-25.654 B. ♦ La saisine d'une instance disciplinaire a pour effet d'interrompre le délai prévu par l'art. L. 122-41 [L. 1332-2 nouv.] et de le suspendre pendant toute la durée de cette saisine, le licenciement intervenu dans le délai d'un mois de l'avis donné par une seconde commission est donc régulier. ● Soc. 31 oct. 2000, n° 95-45.349 P : RJS 2001. 26, n° 38 ● 23 juin 2004, n° 02-41.877 P : RJS 2004. 718, n° 1039. ♦ La comparution devant un conseil de discipline à la suite d'une procédure régulièrement engagée ne constitue ni un trouble illicite, ni un dommage imminent autorisant le juge des référés à ordonner à l'employeur de surseoir à la procédure en attendant le jugement sur le fond de l'affaire. ● Soc. 19 avr. 1989 : Bull. civ. V, n° 290 ; D. 1989. IR 139. ♦ L'intervention d'une commission instituée conventionnellement constitue une garantie de fond pour le salarié, dont le non-respect prive le licenciement de cause réelle et sérieuse et justifie l'allocation au salarié de dommages-intérêts à ce titre. ● Soc. 23 mars 1999, n° 97-40.412 P : RJS 1999. 407, n° 657 ; Dr. soc. 1999. 634, obs. Savatier ● 18 oct. 2006 : D. 2006. IR 2753 ; RJS 2006. 937, n° 1258 ; SSL 2006, n° 1282, p. 12. ♦ Comp. : si l'avis conforme de la commission est une condition nécessaire du licenciement pour faute grave, il n'en résulte pas que le licenciement prononcé en violation de cette règle est, à ce seul titre, dépourvu de cause réelle et sérieuse. • Soc. 3 déc. 2002, ⚖ n° 00-46.055 P : *D. 2003. IR 105* ⌀ ; *Dr. soc. 2003. 235, obs. Savatier* ⌀ ; *JSL 2003, n° 116-32*. ♦ En constatant que l'employeur avait engagé les poursuites dans le délai de deux mois et qu'il n'avait pu prononcer la sanction en raison du grave accident de la circulation dont avait été victime le salarié et qui avait retardé la procédure disciplinaire conventionnelle, la cour d'appel a pu décider que la procédure de licenciement était régulière, le licenciement étant intervenu dans le délai de quinze jours après l'avis donné par le conseil de discipline. • Soc. 8 juill. 1997 : ⚖ *RJS 1997. 675, n° 1094*. ♦ Le non-respect du délai prévu par l'accord d'entreprise ne constitue pas la violation d'une garantie de fond privant le licenciement de cause réelle et sérieuse. • Soc. 18 oct. 2006 : ⚖ *D. 2006. IR 2753* ⌀ ; *RJS 2006. 939, n° 1259*. ♦ Le non-respect d'un délai conventionnel de saisine d'un organisme consultatif ne constitue pas la violation d'une garantie de fond, sauf si cette irrégularité a eu pour effet de priver le salarié de la possibilité d'assurer utilement sa défense devant cet organisme. • Soc. 3 juin 2009 : ⚖ *RJS 2009. 639, n° 716 ; JSL, n° 259-31 ; JCP S 2009. 1307, obs. Beyneix*.

15. Articulation de la procédure conventionnelle et de la procédure légale. Ni la convocation, ni la comparution du salarié devant un conseil de discipline ne dispensent l'employeur du respect de la procédure légale. • Soc. 20 oct. 1988 : *Bull. civ. V, n° 533 ; D. 1988. IR 257*. ♦ Lorsqu'une convention collective prévoit que la décision de licenciement est prise après avis d'un conseil de discipline, cet avis n'a pas à être préalable à l'entretien. • Soc. 28 sept. 2005 : *D. 2005. IR 2627 ; JCP S 2005. 1334, note Puigelier*.

16. Incidence d'une procédure conventionnelle ou statutaire. Si l'employeur n'est en principe pas tenu de convoquer un salarié à un entretien avant de lui notifier un avertissement pour une sanction de même nature, il en va autrement lorsque, au regard des dispositions d'une convention collective, la sanction peut avoir une influence sur le maintien du salarié dans l'entreprise ; tel est le cas lorsque la convention collective, instituant une garantie de fond, subordonne le licenciement d'un salarié à l'existence de deux sanctions antérieures. • Soc. 22 sept. 2021, ⚖ n° 18-22.204 B : *D. actu. 8 oct. 2021, obs. Malfettes ; D. 2022. 132, obs. Vernac et Ferkane* ⌀ ; *RJS 12/2021, n° 633 ; JSL 2021, n° 529-2, obs. Nasom-Tissandier ; JCP S 2021. 1275, obs. Barège ; Dr. ouvrier 2022. 25, obs. Bied-Charreton*.

17. Non-respect de la procédure conventionnelle. L'utilisation par l'employeur d'une sanction disciplinaire en violation des dispositions conventionnelles applicables cause nécessairement au salarié un préjudice dont le juge apprécie souverainement le montant. • Soc. 4 déc. 2013 : ⚖ *D. actu. 16 janv. 2014, obs. Ines ; D. 2013. Actu. 2920* ⌀ ; *RJS 2014. 100, n° 128*.

Art. L. 1332-3 Lorsque les faits reprochés au salarié ont rendu indispensable une mesure conservatoire de mise à pied à effet immédiat, aucune sanction définitive relative à ces faits ne peut être prise sans que la procédure prévue à l'article L. 1332-2 ait été respectée. – *[Anc. art. L. 122-41, al. 3.]*

BIBL. ▶ Mise à pied conservatoire : BLAISE, *Dr. soc. 1986. 220*.

1. Qualification. L'autorisation d'absence rémunérée concomitante à la lettre déclenchant la procédure de licenciement peut constituer une mise à pied conservatoire. • Soc. 30 sept. 2004, ⚖ n° 02-43.638 P : *RJS 2004. 894, n° 1264 ; JSL 2004, n° 154-5*. ♦ La mise à pied prononcée dans la lettre de convocation à l'entretien préalable fixant pour la sanction à intervenir un terme postérieur à la notification de la lettre de licenciement est une mise à pied conservatoire. • Même arrêt. ♦ La mise à pied prononcée par l'employeur dans l'attente de sa décision dans la procédure de licenciement engagée dans le même temps a un caractère conservatoire. • Soc. 18 mars 2009 : ⚖ *D. 2009. Pan. 2128, obs. Amauger-Lattes* ⌀ ; *RJS 2009. 472, n° 534 ; JSL 2009, n° 255-5 ; JCP S 2009. 1199, obs. Corrignan-Carsin*.

2. Si une mise à pied avec privation de salaire peut constituer une mesure conservatoire, le maintien de la privation de salaire, malgré la sanction moindre définitivement retenue, constitue une sanction illicite. • Soc. 5 nov. 1987 : *Bull. civ. V, n° 617 ; D. 1988. Somm. 98, obs. Pélissier ; Dr. soc. 1989. 287, note Ray*.

3. Le changement d'affectation décidé par l'employeur, dans l'attente d'une décision pénale définitive et de l'avis du conseil de discipline, en raison de la gravité des faits reprochés est une mesure conservatoire qui n'interdit pas une sanction ultérieure. • Soc. 20 déc. 2006 : ⚖ *JCP S 2007. 1296, note Bossu*.

4. Procédure. Le prononcé d'une mise à pied conservatoire n'a pas à être précédé d'un entretien préalable. • Soc. 26 nov. 1987, ⚖ n° 85-40.367 P : *D. 1987. IR 257 ; Dr. soc. 1989. 287, note Ray ; Dr. ouvrier 1988. 312*.

5. Durée. Une mise à pied conservatoire, qui ne peut être justifiée que par une faute grave, est nécessairement à durée indéterminée quelle que soit la qualification retenue par l'employeur. • Soc. 6 nov. 2001, ⚖ n° 99-43.012 P : *D. 2002. 1454, note Puigelier* ⌀ ; *RJS 2002. 147, n° 176*.

6. Salaire. Seule une faute grave peut justifier le non-paiement du salaire pendant une mise à pied conservatoire. • Soc. 26 nov. 1987 : ⚖ *préc. note 4* . ♦ 7 déc. 1989 : *Bull. civ. V, n° 700*. ♦ Le rappel des salaires est dû si les faits retenus à titre de faute grave sont différents de ceux ayant motivé la mise à pied conservatoire. • Soc. 20 mars 1996, n° 93-40.553 P : *JCP 1997. II. 22763,* note Puigelier ; *RJS 1996. 346, n° 544 ; CSB 1996. 167, A. 36.*

7. Conversion. A condition que la sanction soit justifiée, rien n'interdit à un employeur, qui a mis un salarié à pied à titre conservatoire pendant la durée de la procédure disciplinaire, de prononcer contre lui une mise à pied disciplinaire couvrant la période de mise à pied conservatoire. • Soc. 29 mars 1995, n° 93-41.863 P : *RJS 1995. 369, n° 553.* ♦ La durée de la mise à pied conservatoire s'impute alors sur la durée de la mise à pied disciplinaire. • Soc. 5 juill. 2006 : *RJS 2006. 875, n° 1180 ; JSL 2006, n° 197-3.* – Savatier, *RJS 1995. 478.* ♦ Comp. : • Soc. 5 nov. 1986 : *Bull. civ. V, n° 502* (nullité de la mise à pied d'un représentant du personnel à la suite du refus de l'autorisation de licenciement).

SECTION 2 Prescription des faits fautifs

BIBL. ▶ BAB, *SSL 1999, n° 961, p. 6* (délais d'exercice du pouvoir disciplinaire). – DE QUENAUDON, *Dr. soc. 1984. 173.* – SAVATIER, *ibid. 1992. 24* (règlement intérieur et prescription).

Art. L. 1332-4 Aucun fait fautif ne peut donner lieu à lui seul à l'engagement de poursuites disciplinaires au-delà d'un délai de deux mois à compter du jour où l'employeur en a eu connaissance, à moins que ce fait ait donné lieu dans le même délai à l'exercice de poursuites pénales. — [*Anc. art. L. 122-44, al. 1er.*]

COMMENTAIRE

V. sur le Code en ligne.

1. Connaissance des faits fautifs. Dès lors que les faits sanctionnés avaient été commis plus de deux mois avant l'engagement des poursuites disciplinaires, il appartient à l'employeur d'apporter la preuve qu'il n'en a eu connaissance que dans les deux mois ayant précédé l'engagement de ces poursuites. • Soc. 24 mars 1988 : *Bull. civ. V, n° 203 ; D. 1988. Somm. 316,* obs. Langlois • CE 31 janv. 1990 : *RJS 1990. 243, n° 325 ; AJDA 1990. 573,* note Prétot. ♦ Le délai court du jour où l'employeur a eu connaissance exacte et complète des faits reprochés. • Soc. 17 févr. 1993, n° 88-45.539 P : *Dr. soc. 1993. 381 ; RJS 1993. 239, n° 394 ; CSB 1993. 105, A. 26* (en l'espèce, jour de la remise d'un rapport de l'inspection générale de la banque employeur du salarié sanctionné) • 30 avr. 1997, n° 94-41.320 P : *D. 1998. 53,* note Puigelier ; *Dr. soc. 1998. 25,* note Cœuret ; *CSB 1997. 205, A. 40* • CE 9 mars 2005 : *RJS 2005. 551, n° 762.* ♦ Le supérieur hiérarchique qui a connaissance des faits fautifs d'un salarié doit être considéré comme l'employeur même s'il n'est pas titulaire du pouvoir disciplinaire, que ce soit pour le point de départ du délai d'engagement de la procédure disciplinaire ou concernant la possibilité de sanctionner des faits antérieurs à une précédente sanction. • Soc. 23 juin 2021, n°s 19-24.020 B et 20-13.762 B : *D. actu. 7 juill. 2021,* obs. EFL ; *D. 2021. 1290 ; RDT 2022. 42,* note Meiffret-Delsanto ; *Dr. soc. 2021. 958,* obs. Adam ; *RJS 10/2021, n° 520 ; JSL 2021, n° 525-2,* obs. Lhernould.

2. Prescription ; cumul des procédures disciplinaire et de licenciement. Viole l'art. L. 122-44 C. trav. [L. 1232-4 nouv.] la cour d'appel qui, pour admettre l'existence d'une cause réelle et sérieuse, relève qu'il importe peu que la date des faits ne soit pas précisément déterminée, alors qu'il s'agissait d'un licenciement pour faute. • Soc. 18 oct. 1990, n° 88-43.106 P : *D. 1990. IR 259 ; Dr. ouvrier 1992. 140.* – Dans le même sens : • Soc. 28 juin 1990, n° 88-43.674 P : *RJS 1990. 454, n° 663* • 16 mars 1995, n° 90-41.213 P : *D. 1995. IR 86 ; RJS 1995. 336, n° 498* (en cas de licenciement disciplinaire, la lettre de licenciement doit être envoyée dans le délai d'un mois prévu à l'art. L. 122-41 [L. 1332-2 nouv.]) • CE 1er févr. 1995 : *RJS 1995. 270, n° 399 ; ibid. 242,* concl. Bachelier (application de l'art. L. 122-44 au licenciement des représentants du personnel). ♦ *Contra,* lorsqu'il s'agit d'un licenciement fondé sur l'insuffisance professionnelle : • Soc. 30 oct. 1991, n° 87-45.256 P : *D. 1991. IR 273.*

3. Déclenchement des poursuites disciplinaires. Le délai de deux mois concerne le déclenchement des poursuites disciplinaires et non le prononcé de la sanction. • Soc. 17 déc. 1987 : *Bull. civ. V, n° 741 ; D. 1988. IR 11.* ♦ C'est la date de la convocation à l'entretien préalable qui constitue l'engagement des poursuites disciplinaires. • CE 12 févr. 1990 : *RJS 1990. 243, n° 325.* ♦ ... Ou la date du prononcé d'une mise à pied conservatoire. • Soc. 13 janv. 1993 : *RJS 1993. 169, n° 277.* – Dans le même sens : • Soc. 15 avr. 1996 : *RJS 1996. 510, n° 792.* ♦ Comp., pour l'envoi d'une lettre se bornant à retirer au salarié ses pouvoirs dans l'attente d'une décision définitive : • Soc. 7 janv. 1992, n° 87-44.014 P : *D. 1992. IR 44 ; Dr. soc. 1992. 192 ; RJS 1992. 107, n° 168.*

4. Interruption du délai de deux mois. La maladie du salarié n'entraîne ni l'interruption ni la suspension du délai de 2 mois. • Soc. 13 juill. 1993, n° 91-42.964 P : *Dr. soc. 1993. 877 ; CSB 1993. 245, S. 125 ; RJS 1993. 587, n° 985.* ♦ Même solution en cas de maladie professionnelle ou d'accident du travail. • Soc. 17 janv. 1996, n° 92-42.031 P : *JCP 1996. II. 22614,* note Corrignan-Carsin ; *JCP E 1996. I. 595, n° 9,* obs. Darmaisin ; *RJS*

1996. 168, n° 285 ; CSB 1996. 107, A. 24. ♦ Même solution en cas d'incarcération. • Soc. 10 mars 1998, ⚖ n° 95-42.715 P : *D. 1998. IR 98* ⌀. ♦ Même solution en cas de rupture conventionnelle. • Soc. 3 mars 2015 : ⚖ *D. 2015. Actu. 632* ⌀ *; ibid. 1388, obs. Sommé* ⌀ *; Dr. soc. 2015. 376, note Mouly* ⌀ *; RJS 5/2015, n° 337.* ♦ L'ouverture d'une enquête policière préliminaire à l'encontre d'un salarié pour des faits de violence n'a pas pour effet de mettre en mouvement l'action publique et n'est pas un acte interruptif du délai de prescription des faits fautifs. • Soc. 13 oct. 2016, ⚖ n° 15-14.006 P : *D. 2016. Actu. 2170* ⌀ *; RJS 12/2016, n° 745 ; JSL 2016, n° 421-422-6, obs. Giovenal.* ♦ En revanche, le délai de deux mois pour engager les poursuites disciplinaires est interrompu par la mise en mouvement de l'action publique jusqu'à la décision définitive de la juridiction pénale, que l'action publique ait été déclenchée sur l'initiative du ministère par une plainte avec constitution de partie civile ou par une citation directe de la victime, quelle que soit celle-ci. • Soc. 12 janv. 1999, ⚖ n° 98-40.020 P : *RJS 1999. 125, n° 200 ; JCP 1999. IV. 1399.* ♦ La convocation à un entretien préalable en vue d'une sanction disciplinaire interrompt le délai de prescription de deux mois ; si l'entretien préalable n'a pas lieu, un nouveau délai commence à courir à compter de la date de cette convocation que ni la décision d'un conseil d'administration ni la maladie du salarié n'ont pour effet de suspendre. • Soc. 9 oct. 2001, ⚖ n° 99-41.217 P : *RJS 2001. 964, n° 1430 ; JSL 2001, n° 91-6* • 18 janv. 2011 : ⚖ *D. actu. 9 févr. 2011, obs. Siro ; JCP G 2011. 150, obs. Lefranc-Hamoniaux.* ♦ V. également • Soc. 29 sept. 2014, ⚖ n° 12-28.679 P : *D. actu. 20 oct. 2014, obs. Peyronnet* (procédure de licenciement disciplinaire à l'encontre d'un salarié protégé). ♦ La notification par l'employeur, après l'engagement de la procédure disciplinaire, d'une proposition de modification du contrat de travail au salarié en cause interrompt le délai de prescription de deux mois, et le refus du salarié de cette modification du contrat interrompt à nouveau ce délai ; dès lors, la sanction disciplinaire doit intervenir dans les deux mois de ce refus. • Soc. 15 janv. 2013 : ⚖ *D. actu. 1er févr. 2013, obs. Ines ; ibid. 2013. Actu. 255* ⌀ *; JSL 2013, n° 338-4 ; JCP S 2013. 1251, obs. Bugada.* ♦ Lorsque l'employeur fixe le délai à l'expiration duquel l'absence de réponse du salarié vaut refus de la sanction disciplinaire proposée, le silence de l'intéressé passé cette date constitue le point de départ du nouveau délai de prescription des faits fautifs. • Soc. 27 mai 2021, ⚖ n° 19-17.587 P : *D. 2021. 1088* ⌀ *; Dr. soc. 2021. 755, obs. Mouly* ⌀ *; RJS 8-9/2021, n° 418 ; SSL 2021, n° 1969, obs. Tournaux ; JSL 2021, n° 523-2, obs. Lhernould.*

5. Poursuites pénales. Si, lorsqu'un fait fautif a donné lieu à des poursuites pénales, le délai de deux mois pour engager les poursuites disciplinaires est interrompu jusqu'à la décision définitive de la juridiction pénale lorsque l'employeur est partie à la procédure pénale, il ne court à nouveau dans le cas contraire qu'à compter du jour où l'employeur a eu connaissance de l'issue définitive de la procédure pénale, ce qu'il lui appartient d'établir. • Soc. 15 juin 2010 : ⚖ *D. 2010. Actu. 1722* ⌀ *; RDT 2010. 585, obs. Duquesne* ⌀ *; RJS 2010. 692, n° 758 ; JCP S 2010. 1344, obs. Brissy.* ♦ Commet une erreur de droit l'inspecteur du travail qui refuse l'autorisation de licenciement d'un représentant du personnel en constatant que plus de deux mois s'étaient écoulés avant l'engagement de la procédure disciplinaire, alors que des poursuites pénales avaient été engagées avant l'expiration de ce délai. • CE 8 juin 1990 : ⚖ *D. 1992. Somm. 101, obs. Chelle et Prétot* ⌀ *; RJS 1990. 472, n° 697 ; CSB 1990. 211.* ♦ La disposition d'un règlement intérieur selon laquelle aucune sanction ne peut être appliquée au-delà d'un délai de deux mois à compter du jour où l'employeur a eu connaissance des faits, à moins que des poursuites pénales aient été engagées dans le même délai, n'interdit pas à l'employeur d'invoquer, à l'appui d'une mesure prononcée pour des faits commis dans le délai de deux mois la précédant, des agissements antérieurs. • Soc. 25 sept. 1991 : ⚖ *D. 1991. IR 241 ; Dr. soc. 1992. 24, note Savatier* ⌀ *; RJS 1991. 641, n° 1207.*

6. Poursuite des faits fautifs. L'art. L. 122-44 [L. 1332-4 nouv.] ne s'oppose pas à la prise en considération d'un fait antérieur à deux mois dans la mesure où le comportement du salarié s'est poursuivi dans ce délai. • Soc. 7 mai 1991, ⚖ n° 87-43.737 P : *D. 1991. IR 149 ; RJS 1991. 378, n° 706* • 12 janv. 1993 : ⚖ *RJS 1993. 106, n° 150* • 13 janv. 2004 : ⚖ *RJS 2004. 214, n° 308.* ♦ L'employeur ne peut pas fonder une demande d'autorisation de licenciement sur des faits prescrits en application de cette disposition, sauf si ces faits procèdent d'un comportement fautif de même nature que celui dont relèvent les faits non prescrits donnant lieu à l'engagement des poursuites disciplinaires. • CE 1er oct. 2012 : ⚖ *RDT 2012. 701, obs. Duquesne* ⌀ *; Dr. ouvrier 2013. 619, obs. Grévy.* ♦ Mais l'employeur ne saurait invoquer des faits antérieurs prescrits lorsque les faits reprochés dans le délai ne revêtent pas eux-mêmes un caractère fautif. • CE 1er févr. 1995 : ⚖ *RJS 1995. 270, n° 399 ; ibid. 242, concl. Bachelier ; D. 1996. Somm. 227, obs. Chelle et Prétot* ⌀. ♦ Le refus d'annulation d'une sanction disciplinaire prise après annulation d'une première sanction pour les mêmes faits est légalement justifié lorsque le juge a fait ressortir que les poursuites avaient été engagées dans le délai légal. • Soc. 4 févr. 1993, ⚖ n° 88-42.599 P : *Dr. soc. 1993. 429, note Savatier* ⌀ *; RJS 1993. 167, n° 275 ; CSB 1993. 71, A. 14.* ♦ Le juge peut également à la fois annuler une sanction et retenir que le licenciement ne constitue pas la réitération d'une sanction des mêmes faits. • Soc. 27 juin 2001 : ⚖ *RJS*

DROIT DISCIPLINAIRE   **Art. L. 1333-1**   563

2001. 876, n° 1285 ; TPS 2001, n° 318. ♦ L'employeur ne peut pas fonder une demande d'autorisation de licenciement sur des faits prescrits en application de l'art. L. 1332-4, sauf si ces faits relèvent d'un comportement fautif identique aux faits non prescrits donnant lieu à l'engagement des poursuites disciplinaires. ● CE 14 oct. 2009 : 🛡 *JCP S 20089. 1585, obs. Noury.*

7. Transfert d'entreprise. Lorsque l'art. L. 1224-1 est applicable, le nouvel employeur ne peut invoquer à l'appui du licenciement du salarié des manquements commis par celui-ci alors qu'il se trouvait sous l'autorité de l'ancien employeur, que si le délai de 2 mois depuis la connaissance des faits par le cédant n'est pas écoulé. ● Soc. 27 mai 2009 : 🛡 *D. 2009. AJ 1615 ⌀ ; RJS 2009. 624, n° 689 ; JCP S 2009. 1338, obs. Morvan ; JCP E 2009. 1830, obs. Béal ; Dr. ouvrier 2009. 462, obs. Desrues.*

Art. L. 1332-5 Aucune sanction antérieure de plus de trois ans à l'engagement des poursuites disciplinaires ne peut être invoquée à l'appui d'une nouvelle sanction. – *[Anc. art. L. 122-44, al. 2.]*

Interdiction de prendre en considération des faits de plus de trois ans. Si des manquements antérieurs, sanctionnés en leur temps, peuvent être retenus pour caractériser une faute grave à la suite d'un nouveau manquement, c'est à la condition que ces faits ne soient pas antérieurs de plus de trois ans à l'engagement des nouvelles poursuites disciplinaires. ● Soc. 10 nov. 1992, 🛡 n° 89-43.108 P : *Dr. soc. 1993. 56.* ♦ Sur l'exigence que les sanctions antérieures soient expressément mentionnées dans la lettre de licenciement, V. ● Soc. 17 déc. 1992 : 🛡 *CSB 1993. 39, A. 9, note J. M.*

CHAPITRE III   CONTRÔLE JURIDICTIONNEL

Art. L. 1333-1 En cas de litige, le conseil de prud'hommes apprécie la régularité de la procédure suivie et si les faits reprochés au salarié sont de nature à justifier une sanction.

L'employeur fournit au conseil de prud'hommes les éléments retenus pour prendre la sanction.

Au vu de ces éléments et de ceux qui sont fournis par le salarié à l'appui de ses allégations, le conseil de prud'hommes forme sa conviction après avoir ordonné, en cas de besoin, toutes les mesures d'instruction qu'il estime utiles. Si un doute subsiste, il profite au salarié. – *[Anc. art. L. 122-43, al. 1er.]*

BIBL. ▶ Contrôle judiciaire : Crozafon, *Dr. soc. 1985. 201.* – Feltin, *SSL 1988, suppl. n° 410, D 48.* – Ray, *Dr. soc. 1987. 365.* – Savatier, *Dr. soc. 1986. 50.* – Vennin, *Dr. soc. 1990. 769 ⌀.* ▶ Preuve : Favennec-Héry, *Dr. soc. 1985. 172 ; CSB 1991. 261.* – Nayral de Puybusque, *Gaz. Pal. 1983. 2. Doctr. 440 ; SSL 1983, n° 174. 52.*

COMMENTAIRE

V. sur le Code en ligne 🛡. ☐

1. Avertissement. Le contrôle judiciaire peut s'exercer sur un avertissement, fût-il la sanction la plus légère prévue par le règlement intérieur. ● Soc. 3 mars 1988 : *Bull. civ. V, n° 153 ; D. 1988. Somm. 315, obs. Langlois.*

2. Procédure irrégulière. En revanche les juges n'ont pas le pouvoir d'annuler un licenciement ou la rupture d'un contrat à durée déterminée pour faute grave lorsque la procédure est irrégulière. ● Soc. 12 nov. 2003 : 🛡 *D. 2003. IR 2931 ⌀ ; Dr. soc. 2004. 304, obs. Roy-Loustaunau ⌀ ; RJS 2004. 44, n° 36.*

3. Référence à des faits amnistiés. Les dispositions concernant l'amnistie n'ont pas, par elles-mêmes, pour objet d'interdire à un employeur qu'il soit fait référence devant une juridiction à des faits qui ont motivé une sanction disciplinaire amnistiée dès lors que cela est strictement nécessaire à l'exercice devant la juridiction de ses droits à la défense. ● Soc. 4 juin 2014 : 🛡 *D. actu. 20 juin 2014, obs. Peyronnet ; Dr. soc. 2014. 775, obs. Boulmier ⌀ ; RJS 2014. 523, n° 629.*

4. Acceptation par le salarié de la modification à titre disciplinaire et action en contestation. L'acceptation par le salarié de la modification de son contrat de travail proposée par l'employeur à titre de sanction n'emporte pas renonciation du droit à contester la régularité et le bien-fondé de la sanction ; malgré l'acceptation, le juge reste tenu de s'assurer de la réalité des faits invoqués par l'employeur, de leur caractère fautif et de la proportionnalité de la sanction prononcée à la faute reprochée au salarié. ● Soc. 14 avr. 2021, 🛡 n° 19-12.180 P : *D. actu. 5 mai 2021, obs. Couëdel ; D. 2021. Actu. 803 ⌀ ; RDT 2021. 382, obs. Baugard ⌀ ; RJS 7/2021, n° 369 ; JSL 2021, n° 522-3, obs. Lhernould ; JCP S 2021. 1150, obs. Cohen-Donsimoni.*

Art. L. 1333-2 Le conseil de prud'hommes peut annuler une sanction irrégulière en la forme ou injustifiée ou disproportionnée à la faute commise. — *[Anc. art. L. 122-43, al. 2.]*

*1. **Modalités du contrôle judiciaire.*** Une cour d'appel, statuant en référé, ne peut trancher le fond du litige en prononçant l'annulation d'une sanction disciplinaire prononcée irrégulièrement. ● Soc. 7 janv. 1988, n° 85-42.761 P : *JCP E 1988. II. 15125, n° 6, obs. Antonmattéi.* – Dans le même sens : ● Soc. 4 nov. 1988 : *Bull. civ. V, n° 568 ; Dr. soc. 1989. 504, note Savatier* ● 23 mars 1989 : *ibid.*

2. La demande tendant à l'annulation d'une mise à pied présentant un caractère indéterminé, le jugement rendu en premier ressort est susceptible d'appel. ● Soc. 23 avr. 1986 : *Dr. soc. 1986. 501, note Savatier.*

*3. **Étendue du contrôle.*** Le juge tient de l'art. L. 122-43 C. trav. [L. 1333-2 nouv.] le pouvoir d'apprécier dans tous les cas où une sanction disciplinaire, autre que le licenciement, est prononcée, si elle est disproportionnée à la faute commise. ● Soc. 14 nov. 2000, n° 98-45.309 P : *Dr. soc. 2001. 207, obs. Savatier.* ♦ Ne donne pas de base légale à sa décision le conseil de prud'hommes qui ne précise pas en quoi la sanction prononcée était disproportionnée avec la faute commise ou injustifiée. ● Soc. 23 avr. 1986 : *Bull. civ. V, n° 160.* ♦ Comp. : ● Soc. 12 févr. 1987 : *D. 1988. Somm. 98, obs. Pélissier.* ♦ Sur l'annulation d'une sanction en raison d'un doute subsistant sur la réalité des faits reprochés au salarié, V. ● Soc. 13 janv. 1992 : *RJS 1992. 173, n° 281.* ♦ Usant du pouvoir que leur donne l'art. L. 122-43 [L. 1333-2 nouv.], les juges du fond ont pu interpréter le refus de travailler du salarié, non comme un acte d'insubordination, mais comme un refus d'être soumis à des conditions de travail discriminatoires, le caractère arbitraire et renouvelé des agissements hostiles de l'employeur caractérisant un détournement du pouvoir disciplinaire. ● Soc. 13 févr. 1996 : *Dr. soc. 1996. 532, obs. Jeammaud.*

4. Si le conseil de prud'hommes peut annuler une sanction irrégulière, injustifiée ou disproportionnée, il ne peut la modifier. ● Soc. 23 avr. 1986 : *Bull. civ. V, n° 161 ; Dr. soc. 1986. 501, note Savatier.* ♦ Comp. : ● Soc. 27 févr. 1985 : *D. 1985. IR 442, obs. Langlois*, décision admettant la réduction d'une mise à pied à la durée prévue par le règlement intérieur.

5. Sur le contrôle exercé par la Cour de cassation, V. ● Soc. 13 oct. 1988 : *Bull. civ. V, n° 499 ; Dr. soc. 1989. 504, note Savatier* (affirmant qu'en l'espèce le juge du fond n'a fait qu'user de la faculté résultant de l'art. L. 122-43 [L. 1333-2 nouv.] en décidant qu'il n'y avait pas lieu d'annuler la sanction). – V. aussi ● Soc. 6 mars 1990 : *CSB 1990. 108.*

*6. **Annulation.*** Une sanction disciplinaire, même irrégulière en la forme, n'est pas nécessairement annulable. ● Soc. 23 mars 1989 : *Dr. soc. 1989. 504, note Savatier.* – Dans le même sens : ● Soc. 13 oct. 1988 : *préc. note 5.* ● 14 nov. 1995 : *D. 1995. IR 266 ; RJS 1995. 796, n° 1246* (en décidant que l'irrégularité en la forme d'une mise à pied justifie son annulation, les juges du fond ne font qu'user du pouvoir qu'ils tiennent de l'art. L. 122-14-3). ♦ Comp. : ● Soc. 17 janv. 1990, n° 86-45.212 P : *D. 1990. IR 45 ; RJS 1990. 79, n° 113 ; CSB 1990. 81*, qui, pour casser un arrêt ayant refusé d'annuler une mise à pied prononcée plus d'un mois après l'entretien préalable, affirme que, le délai d'un mois étant une règle de fond, son expiration interdit à l'employeur aussi bien de convoquer le salarié à un nouvel entretien préalable pour les mêmes faits que de sanctionner disciplinairement ces faits, sauf si dans l'intervalle une procédure imposée par une disposition conventionnelle a été mise en œuvre.

7. L'annulation d'une sanction pour disproportion laisse subsister la procédure antérieure. ● Soc. 4 févr. 1993, n° 88-42.599 P : *Dr. soc. 1993. 429, note Savatier ; RJS 1993. 167, n° 275 ; CSB 1993. 71, A. 14* (légalité d'une deuxième sanction prise moins d'un mois après annulation de la première, même sans nouvel entretien préalable). ♦ Lorsque la sanction a été annulée faute d'entretien préalable et qu'aucun acte d'engagement des poursuites n'a précédé la sanction annulée, la prescription n'a pas été interrompue et la nouvelle sanction est elle-même irrégulière. ● Soc. 18 janv. 1995, n° 90-42.087 P : *D. 1995. IR 48 ; Dr. soc. 1995. 349, note Savatier ; RJS 1995. 169, n° 234 ; CSB 1995. 75, A. 14 ; JCP 1996. I. 3899, n° 10, obs. Darmaisin.*

8. Le juge saisi d'une contestation de la nouvelle sanction, pour les mêmes faits, après annulation de la première pour disproportion, ne peut fonder son rejet sur l'autorité de la chose jugée, celle-ci ne s'attachant qu'au dispositif de la décision. ● Soc. 4 févr. 1993 : *préc. note 7.*

9. L'annulation d'une sanction disciplinaire entraînant le rétablissement du salarié dans ses droits, le juge doit rechercher, lorsqu'un salarié dont la rétrogradation a été annulée n'a pas été réintégré dans son emploi précédent, si un autre emploi de la même catégorie n'était pas disponible. ● Soc. 16 nov. 1993 : *D. 1994. 457, note Bossu ; CSB 1994. 25, S. 6 ; RJS 1994. 45, n° 33.*

*10. **Indemnisation.*** L'appréciation du préjudice subi du fait de l'inobservation de la procédure disciplinaire ressortit au pouvoir souverain des juges du fond. ● Soc. 8 juill. 1985 : *Bull. civ. V, n° 406* ● 20 oct. 1988 : *ibid., n° 534.*

11. L'employeur qui a engagé de façon inconsidérée et humiliante des poursuites disciplinaires n'ayant finalement abouti à aucune sanction doit réparation du préjudice moral causé au salarié. ● Soc. 27 janv. 1993, n° 91-45.777 P : *RJS 1993. 240, n° 395.*

Art. L. 1333-3 Lorsque la sanction contestée est un licenciement les dispositions du présent chapitre ne sont pas applicables.

Dans ce cas, le conseil de prud'hommes applique les dispositions relatives à la contestation des irrégularités de licenciement prévues par le chapitre V du titre III du livre II.
— *[Anc. art. L. 122-43, al. 3.]*

> **COMMENTAIRE**
>
> V. sur le Code en ligne 🔒.

CHAPITRE IV DISPOSITIONS PÉNALES

Art. L. 1334-1 Le fait d'infliger une amende ou une sanction pécuniaire en méconnaissance des dispositions de l'article L. 1331-2 est puni d'une amende de 3 750 €.

LIVRE IV LA RÉSOLUTION DES LITIGES – LE CONSEIL DE PRUD'HOMMES

Les titres I à VI de ce livre IV sont applicables à Mayotte à compter du 1er janv. 2022 (Ord. n° 2017-1491 du 25 oct. 2017, art. 33).

RÉP. TRAV. v° *Conseil de prud'hommes*, par FLORES ; v° *Preuve dans le contentieux du travail*, par LECLERC.

BIBL. GÉN. ▶ ALIBERT, D. 1979. Chron. 169 (commentaire de la loi du 18 janv. 1979). – BECKERS et SUTRA, RDT 2014. Controverse 731 (faut-il prendre au sérieux l'arbitrage en matière prud'homale ?). – BECKERS, LAGESSE et MARSHALL, RDT 2014. Controverse 85 (réformer le conseil de prud'hommes ?). – BLOHORN-BRENNEUR, D. 2006. 1324. – BONAFÉ-SCHMITT, *Travail et Emploi*, 1983, n° 18, p. 89. – BOUBLI et DESCHAMPS, SSL 1987, n° 373, suppl. D. 55. – BOULMIER, Dr. soc. 2015. 430 (le volet prud'homal du projet de loi Macron). – BUGADA, JCP S 2016. 1283 (réformes de la justice prud'homale : état des lieux). – CHARLOT, Dr. soc. 1985. 493 (président du TGI et droit du travail). – CHEVILLART, Dr. soc. 2010. 919 (conseils de prud'hommes et procédure prud'homale : quelles réformes ?). – DORAUT et PIERCHON, SSL 2001, n° 1034, suppl. – GAVAUDAN et CHABAS, JCP S 2016. 1287 (nouvelle procédure prud'homale). – GRUMBACH et SERVERIN, RDT 2008. 224 (le contentieux prud'homal après la négociation sur la modernisation du marché du travail). – GRUMBACH, GUIOMARD et SERVERIN, RDT 2009, n° spécial (l'action prud'homale). – GUIOMARD, RDT 2013. 500 (justice prud'homale et rapports) ; *ibid.* 2014. 129 et 200 (quelles réformes pour la justice sociale ?) ; RDT 2015. 164 (les conseils de prud'hommes, de l'élection à la désignation : un contrôle constitutionnel léger). – GUIOMARD et GRÉVY, RDT 2015. 58 (réforme de la juridiction prud'homale : du rapport Lacabarats au projet de loi Macron). – JAVILLIER, *Journées de la Soc. de législ. comparée*, 1986, vol. 8, p. 103. – JEAMMAUD, Dr. soc. 1993. 445 (état du contentieux). – JEANTIN, Dr. soc. 1995. 586 (juge des requêtes en matière prud'homale). – LACABARATS et JEAMMAUD, RDT 2013. Controverse 536 (dispersion du contentieux du travail ?). – LAUBIE, Dr. ouvrier 2019. 731 (saisine du conseil de prud'hommes ; de l'oral à l'écrit). – LÉNINE, Dr. soc. 1998. 57 (à propos des conseils de prud'hommes). – ORIF, Dr. soc. 2015. 819 (loi du 6 août 2015. Réforme de la procédure prud'homale). – MARSHALL et HENRY, RDT 2016. Controverse 457 (vers une normalisation de la justice prud'homale ?). – MÉTIN et DOUDET, SSL 2012, n° 1529, p. 8 (délais déraisonnables de la procédure prud'homale). – NORMAND, SSL 1988, n° 410, suppl. D. 51. – ORLIAC, Dr. soc. 1992. 373 (propositions de réforme). – PASQUIER, RDT 2015. 275 (neutralité et impartialité devant le conseil de prud'hommes). – PASQUIER et TEISSIÉ, RDT 2014. Controverse 153 (faut-il caler le temps de la justice sur celui de l'entreprise ?). – RAYROUX, Gaz. Pal. 1979. 1. Doctr. 28. – RICHEVAUX, Dr. ouvrier 1986. 434. – ROLLAND, Dr. soc. 1988. 323. – SERVERIN, RDT 2012. 471 (procès des délais de procédure prud'homale) ; RDT 2014. 770 (quelle réforme du contentieux prud'homal en appel ?). – SUPIOT, Dr. soc. 1982. 595 ; *ibid.* 1985. 774 (protection du droit d'agir en justice). – TAILLANDIER, SSL 2016, n° 1696, p. 12 (le conseil de prud'hommes). – TÉTARD-BLANQUART, JCP S 2011. 1447 (du risque de partialité devant le conseil de prud'hommes). – TOURNAUX, RJS 6/2020 (droit d'agir en justice du salarié).

▶ **Loi du 6 août 2015 :** ANGOTTI et GAURIAU, Dr. soc. 2017. 611 (Les avocats travaillistes face au défi des nouvelles procédures).

▶ **Loi Travail (L. n° 2016-1088 du 8 août 2016) :** BECKERS, RDT 2017. 279 (réforme prud'homale, l'illusion de l'efficacité). – GUIOMARD, RDT 2016. 838 (l'autonomie collective face aux juges). - Henriot, *RDT 2017. 143* (ne rien changer ou presque pour que tout change. Que reste-t-il de la prud'homie ?).

▶ **Jurisprudence sociale :** Lhernould, *Dr. soc. 2010. 893* (l'obligation d'adaptation du droit du travail français à la jurisprudence de la CJUE). - Marguénaud et Mouly, *Dr. soc. 2010. 883* (la jurisprudence sociale de la CEDH : bilan et perspectives).

▶ **Modes alternatifs de règlement des litiges en droit du travail :** Casaux-Labrunee et Otis, *Dr. soc. 2017. 624* (le juge médiateur). - Icard, *Dr. soc. 2017. 33*. - Lacabarats, *Dr. soc. 2017. 41*.

▶ **Déjudiciarisation :** Kirat, *RDT 2019. 242* (déjudiciariser les licenciements : des économistes au législateur). - Lahalle, *JCP S 2018. 1386* (baisse du contentieux prud'homal). - Seifert, Filhot et Mason, *RDT 2019. 277* (déjudiciarisation en Allemagne, Angleterre et Brésil). - Serverin et Vigneau, *RDT 2019. Controverse 227*.

▶ **Délais de jugement :** Lehnisch, Mariani et Régent, *RDT 2021. 728*.

▶ **Preuve dans le contentieux du travail :** Bailly, *RJS 3/2022, p. 191* (variations sur l'administration de la preuve dans le contentieux du travail). - Barbier, *RDT 2022. 95* (articulation charge de la preuve et droit à la preuve). - Henriot, *RDT 2018. 120* (le droit à la preuve, au service de l'égalité des armes). - Mraouahi, *Dr. ouvrier 2022. 89* (régime des enquêtes internes en droit du travail).

> *COMMENTAIRE*
> V. sur le Code en ligne.

TITRE I ATTRIBUTIONS DU CONSEIL DE PRUD'HOMMES

Sur la question prioritaire de constitutionnalité applicable lorsqu'une disposition législative porte atteinte aux droits et libertés garantis par la Constitution, V. Ord. n° 58-1067 du 7 nov. 1958, art. 23-1 s. – **C. const.**

BIBL. ▶ Barthélémy, Grumbach et Serverin, *RDT 2010. Controverse 205* (faut-il renforcer les modes alternatifs de résolution des litiges entre employeurs et salariés ?). - Boubli, *SSL 1985, n° 274, D. 83* (compétence d'attribution). - Buy, *Dr. soc. 1983, n° 174, D. 24* (application des conventions collectives). - Despax, *RJS 1994. 87* (personnel des banques). - Pierot, *Dr. soc. 1985. 842* (maîtres de l'enseignement privé sous contrat). - Radé, *Dr. soc. 2010. 873* (la question prioritaire de constitutionnalité et le droit du travail : a-t-on ouvert la boîte de Pandore ?). - Rochois, *RPDS 1985. 69*. - Taquet, *JCP E 1993. I. 260* (licenciement des avocats et notaires salariés).

▶ **Licenciements économiques :** Carre, *Dr. soc. 1993. 859*. - Normand, *Dr. soc. 1987. 259*. - Supiot, *Dr. soc. 1987. 268*.

▶ **Entreprises en difficultés :** Arséguel, *Dr. soc. 1987. 807*. - Cottereau, *SSL 1986, n° 322, suppl. D. 50* (redressement judiciaire). - Dechristé, *D. Affaires 1999. 358* (étendue du contrôle prud'homal). - Delebecque, *D. Affaires 1988, n° 419, suppl. D. 73* (redressement et liquidation judiciaires). - Étiennot, *RJS 1993. 222* (contentieux de la créance salariale). - Morvan, *Dr. soc. 1998. 442* (contrôle judiciaire).

▶ **Secteur public :** Chorin, *Dr. soc. 1993. 953* (entreprises publiques à statut et code du travail) ; *SSL 1993, n° 632, suppl.* (entreprises publiques et droit du travail). - Lachaume, *Dr. soc. 1986. 44* (critère de l'agent public) ; *Ét. offertes à Savatier, 1992, p. 283* (situation juridique des agents des services publics industriels et commerciaux). - Renaud, *Dr. soc. 1987. 131* (non-titulaires). - Saint-Jours, *JCP 1993. I. 3640* (petits emplois publics). - Zapata, *Dr. soc. 1986. 697* (le juge administratif et l'application du code du travail aux personnels du secteur public).

CHAPITRE I COMPÉTENCE EN RAISON DE LA MATIÈRE

Art. L. 1411-1 Le conseil de prud'hommes règle par voie de conciliation les différends qui peuvent s'élever à l'occasion de tout contrat de travail soumis aux dispositions du présent code entre les employeurs, ou leurs représentants, et les salariés qu'ils emploient.

Il juge les litiges lorsque la conciliation n'a pas abouti. – *[Anc. art. L. 511-1, al. 1er, phrase 1 fin et phrase 2.]*

Sur le règlement des litiges nés à l'occasion du contrat de travail des avocats salariés, V. L. n° 71-1130 du 31 déc. 1971, art. 7, mod. par L. n° 90-1259 du 31 déc. 1990, art. 6 (D. et ALD 1991.

81), L. n° 91-647 du 10 juill. 1991, art. 71 (D. et ALD 1991. 310), L. n° 2009-526 du 12 mai 2009 (JO 13 mai) ; Décr. n° 91-1197 du 27 nov. 1991, art. 142 à 153 (JO 28 nov.), mod. par Décr. n° 95-1110 du 17 oct. 1995, art. 14 (JO 19 oct.), Décr. n° 2009-1544 du 11 déc. 2009 (JO 13 déc.). — ... des notaires salariés, V. Ord. n° 45-2590 du 2 nov. 1945, art. 1er ter, ajouté par L. n° 90-1259 du 31 déc. 1990, art. 45, préc. ; Décr. n° 93-82 du 15 janv. 1993, art. 14 à 22 (JO 22 janv.), mod. Décr. n° 2006-1299 du 24 oct. 2006 (JO 25 oct.), Décr. n° 2009-452 du 22 avr. 2009 (JO 23 avr.). — **C. pr. civ.**

BIBL. ▶ Buratti et Vigneau, *RDT 2013. Controverse 743* (le bureau de conciliation exerce-t-il suffisamment ses pouvoirs ?).

COMMENTAIRE

V. sur le Code en ligne.

1. Portée d'une clause de médiation préalable. En raison de l'existence en matière prud'homale d'une procédure de conciliation préliminaire et obligatoire, une clause du contrat de travail qui institue une procédure de médiation préalable en cas de litige survenant à l'occasion de ce contrat n'empêche pas les parties de saisir directement le juge prud'homal de leur différend. ● Soc., avis, 14 juin 2022, n° 22-70.004 B : *D. 2022. 1158 ; RDT 2022. 529, note Mraouahi ; RJS 8-9/2022, n° 471 ; JCP S 2022. 1204, obs. Bugada ; JSL 2022, n° 546, obs. Nasom-Tissandier* ● Soc. 5 déc. 2012 : *D. actu. 8 janv. 2013, obs. Ines ; D. 2012. Actu. 2969 ; ibid. 2013. 121, obs. Bailly ; RDT 2013. 124, obs. Serverin ; Dr. soc. 2013. 178, obs. Boulmier ; JCP S 2013. 1075, obs. François.* ♦ Licite, la clause d'un contrat de collaboration libérale instituant une procédure de conciliation obligatoire et préalable à la saisine du juge auquel est soumis un litige né dudit contrat, dont la mise en œuvre suspend jusqu'à son issue le cours de la prescription, constitue une fin de non-recevoir qui s'impose au juge si les parties l'invoquent. ● Soc. 21 sept. 2022, n° 21-14.171 B : *D. actu. 20 oct. 2022, obs. Clément ; RJS 12/2022, n° 629 ; JSL 2022, n° 553-554-4, obs. Nasom-Tissandier ; JCP S 2022. 1257, obs. Bugada.*

COMPÉTENCE D'ATTRIBUTION

A. LITIGES NÉS DU CONTRAT DE TRAVAIL

2. Rupture des pourparlers. La compétence du conseil de prud'hommes est exclue lorsque le litige concerne la rupture prétendument abusive de pourparlers. ● Soc. 19 juin 1959, n° 58-40.512 P.

3. Promesse d'embauche. Est relatif à la formation d'un contrat de travail, et relève donc de la compétence du conseil de prud'hommes, le litige relatif à une promesse d'embauche stipulée dans une « convention de stage d'accès à l'entreprise ». ● Soc. 5 avr. 2005, n° 02-45.636 P : *RJS 2005. 466, n° 656.*

4. Stage. Doit être cassé l'arrêt déniant la compétence du juge prud'homal pour connaître d'une demande en paiement de salaires et d'indemnités consécutives à la rupture d'une convention de stage, alors que ce dernier, en se poursuivant au-delà de la durée prévue par la convention, ne s'était pas déroulé dans le cadre d'un enseignement alterné. ● Soc. 15 nov. 1990 : *RJS 1991. 37, n° 63 ; JCP 1990. IV. 16.*

5. Discriminations. Le conseil de prud'hommes est compétent pour connaître de tout litige relatif à l'art. L. 122-45 [L. 1132-1 à L. 1132-4 nouv.], notamment la demande fondée sur une discrimination dans une procédure de recrutement. ● Soc. 20 déc. 2006 : *D. 2007. AJ 446 ; RJS 2006. 286, n° 397.*

6. Existence du contrat de travail. La reconnaissance de l'existence d'un contrat de travail est un droit exclusivement attaché à la personne qui ne peut être exercé ni par un créancier ni par les organes de la procédure collective. ● Soc. 13 juill. 2004, n° 02-43.444 P : *TPS 2005, n° 30, note Boubli.* ♦ Le juge prud'homal est compétent pour connaître d'un litige survenu après la rupture du contrat de travail dès lors qu'il est en relation avec le contrat ayant lié les parties. ● Soc. 1er mars 1961 : *Bull. civ. IV, n° 273* (pour une action en dommages-intérêts pour diffamation) ● 30 nov. 1977 : *Bull. civ. V, n° 669* (pour une action en responsabilité en raison de griefs ayant leur cause dans le contrat de travail, même terminé). ♦ Comp., pour une action dirigée par un salarié contre son ancien employeur à qui il reprochait d'avoir divulgué à un employeur potentiel une procédure judiciaire les opposant : ● Aix-en-Provence, 16 mars 1993 : *RJS 1993. 371, n° 641* (incompétence prud'homale). ♦ Sur la condamnation, par un conseil de prud'hommes, d'un employeur à dommages-intérêts envers un autre employeur pour débauchage de salarié, V. ● Cons. prud'h. Aix-en-Provence, 6 avr. 1993 : *D. 1994. 23, note Quétant.* ♦ Compétence prud'homale pour connaître d'une action en responsabilité contre l'ancien employeur qui n'a pas payé, à l'époque du contrat de travail, les cotisations sociales. ● Soc. 20 janv. 1971 : *Bull. civ. V, n° 38.* – Dans le même sens : ● Soc. 1er avr. 1997, n° 94-43.381 P : *Dr. soc. 1997. 755, obs. Savatier.*

7. Action en responsabilité extra-contractuelle. Le conseil de prud'hommes n'est pas compétent pour statuer sur la demande en responsabilité extra-contractuelle formée par les salariés d'une filiale à l'encontre d'une société tierce ayant, par sa faute, concouru à la déconfiture de leur employeur et à la perte de leur emploi. • Soc. 13 juin 2018, n° 16-25.873 P : *D. actu. 29 juin 2018*, obs. Fraisse ; *D. 2018. Actu. 1308* ; *RJS 8-9/2018, n° 562* ; *SSL 2018, n° 1851, p. 6, obs. Métin* ; *JCP S 2018. 1291, obs. Bugada*.

8. Garantie d'emploi. Bien que contenue dans un acte distinct, la clause de garantie d'emploi s'est incorporée au contrat de travail dont elle est devenue l'un des éléments, le litige relatif à la violation de cette clause relève de la compétence du juge des prud'hommes. • Soc. 19 mars 1986 : *Bull. civ. V, n° 97*.

9. Le versement par le salarié d'une « garantie » n'étant intervenu qu'en raison de la signature du contrat de travail, le différend sur le remboursement de la somme est né à l'occasion du contrat de travail. • Soc. 14 mai 1987 : *Bull. civ. V, n° 331*.

10. Licenciement. Le conseil de prud'hommes est compétent pour connaître : de l'action en nullité ou en résolution d'une transaction conclue à l'occasion d'un licenciement. • Soc. 9 févr. 1989 : *Bull. civ. V, n° 118* ; *D. 1989. IR 77* • 7 juin 1989 : *Bull. civ. V, n° 428* ; *D. 1990. Somm. 163*, obs. A. Lyon-Caen. ♦ ... De la demande de publication d'une décision condamnant l'employeur pour licenciement irrégulier. • Soc. 25 janv. 1989 : *Bull. civ. V, n° 64*. ♦ ... Des litiges opposant les anciens salariés à leur employeur à propos de l'exécution d'un plan social. • Soc. 25 févr. 1994, n° 92-43.927 P : *D. 1994. IR 75* ; *Dr. soc. 1994. 516*.

11. Salaires. Le conseil de prud'hommes est compétent pour connaître des litiges relatifs à l'interprétation et à l'application des textes relatifs à la garantie des créances issues du contrat de travail. • Soc. 24 janv. 1990, n° 89-41.572 P : *D. 1990. IR 41*.

12. Concurrence. Le conseil de prud'hommes est compétent pour connaître de l'application d'une clause de non-concurrence. • Soc. 15 mai 1974 : *Bull. civ. V, n° 297* ; *GADT, 4e éd., n° 19*. Mais le conseil de prud'hommes est incompétent pour statuer sur la demande en réparation de l'employeur pour des actes de concurrence déloyale commis par un ancien salarié postérieurement à la rupture de son contrat de travail. • Soc. 2 oct. 1997 : *CSB 1997. 331, S. 192*. ♦ Comp. : • Versailles, 23 mai 1996 : *Gaz. Pal. 1997. 2. 411*, note Rayroux. ♦ Dans le cadre d'un litige opposant deux sociétés commerciales, pour statuer sur la validité et sur la violation de la clause de non-concurrence souscrite par le salarié de l'une d'elles qui recherche la responsabilité de l'autre pour complicité de la violation de cette clause, le juge des référés commercial est compétent ; sa décision présente un caractère provisoire et il se prononce pas sur le fond. • Com. 9 juin 2021, n° 19-14.485 P : *D. actu. 2 juill. 2021*, obs. Heyraud ; *D. 2021. Actu. 1138* ; *JCP E 2021, n° 1332* ; *RJDA 2021, n° 694*.

13. Conventions accessoires. Le conseil de prud'hommes est compétent pour connaître des litiges relatifs à un contrat de solidarité. • Soc. 24 mars 1993, n° 90-12.300 P : *D. 1993. IR 110*. ♦ ... Des litiges relatifs à la souscription d'un contrat d'assurance décès invalidité au profit de l'ensemble du personnel. • Soc. 8 mars 1995 : *Dr. soc. 1995. 506*. ♦ ... Ou à propos d'un différend né de l'exécution d'un contrat d'assurance souscrit au profit de l'ensemble de son personnel, lequel constitue un avantage complémentaire et accessoire au contrat de travail. • Soc. 19 janv. 1999, n° 96-44.688 P : *D. 1999. IR 40* ; *Dr. soc. 1999. 315*, obs. Langlois. ♦ ... Ou encore d'un différend relevant du contentieux littéraire et artistique né à l'occasion du contrat de travail, dès lors que c'est en raison de sa qualité de conseiller littéraire salarié de la société d'édition que l'intéressé prétend avoir fait œuvre de création. • Soc. 2 juin 2004, n° 02-17.516 P : *RJS 2004. 650, n° 948* ; *D. 2004. 2087*. ♦ ... Ou encore en cas de conflit relatif à des options de souscription d'actions consenties par l'employeur. • Soc. 21 juin 2005 : *D. 2005. IR 2104* ; *RJS 2005. 716, n° 1014*. ♦ ... Ou lorsque les faits litigieux concernant des droits de propriété intellectuelle opposant un photographe à son employeur sont nés à l'occasion du contrat de travail. • Soc. 21 mai 2008 : *RDT 2008. 472*, obs. Serverin et Grumbach ; *RJS 2009. 647, n° 816* ; *JCP S 2008. 1428*, note Blanc-Jouvan.

14. Inégalité de traitement dans l'octroi d'actions d'une société. La demande en paiement de dommages-intérêts d'un salarié, en réparation du préjudice causé par l'inégalité de traitement alléguée dans l'octroi d'actions d'une société à certains de ses salariés, constitue un différend né à l'occasion du contrat de travail et relève donc de la compétence du conseil de prud'hommes. • Soc. 11 sept. 2012 : *D. actu. 1er oct. 2012*, obs. Perrin ; *D. 2012. Actu. 2181* ; *RJS 2012. 768, n° 891* ; *JCP S 2012. 1517*, obs. Lahalle.

15. Mise en œuvre d'un pacte d'actionnaires. Si la juridiction prud'homale demeure incompétente pour statuer sur la validité d'un pacte d'actionnaires, elle est compétente pour connaître, fût-ce par voie d'exception, d'une demande en réparation du préjudice subi par un salarié au titre de la mise en œuvre d'un pacte d'actionnaires prévoyant en cas de licenciement d'un salarié la cession immédiate de ses actions. • Soc. 7 juin 2023, n° 21-24.514 B : *D. 2023. 1178* ; *JCP S 2023. 1193*, obs. Brissy.

16. Procès-verbal de conciliation. La demande de nullité d'un procès-verbal de conciliation prud'homale, en ce qu'il tend à faire prononcer la nullité d'une transaction conclue à l'occasion de la rupture du contrat de travail, relève de la compétence du conseil de prud'hommes. • Soc. 28 févr. 2007 : *RDT 2007. 259*, obs. Serverin ; *JCP S 2007. 1620*, note Bousez. ♦ Les parties peuvent toujours saisir la juridiction prud'homale d'une action en contestation d'une transaction quand bien même elle aurait été constatée dans un procès-verbal dressé par le bureau de conciliation. • Soc. 29 sept. 2010 : 🛡 *D. 2010. AJ 2436* ⌀ ; *RJS 2010. 867, n° 976 ; JCP S 2010. 1504, obs. Sébille ; RJS 2010. 867, n° 976.*

17. Logement de fonction. Le juge des référés du tribunal de grande instance est compétent pour prononcer l'expulsion d'un logement de fonction d'un occupant sans droit ni titre, dès lors qu'il n'existe aucun doute sur l'expiration du contrat de travail. • Soc. 21 nov. 1962 : *Bull. civ. IV, n° 829 ; JCP 1963. II. 13216* • 29 mai 1963 : *Bull. civ. IV, n° 443.*

18. Entreprises en difficulté. Le conseil de prud'hommes demeure compétent pour statuer, dans le cadre de l'ordonnance rendue par le juge-commissaire autorisant des licenciements économiques, et au regard de la situation individuelle des salariés licenciés, sur les demandes formées par ceux-ci contre leur employeur. • Soc. 3 oct. 1989 : *Bull. civ. V, n° 559 ; D. 1989. IR 277* • 6 mars 1990, 🛡 *n° 89-40.028 P : D. 1990. Somm. 218, obs. A. Honorat* ⌀ • 21 févr. 1996 : 🛡 *JCP E 1997. II. 862, note Serret* (appréciation par le conseil de prud'hommes du caractère réel et sérieux du motif de licenciement) • 14 oct. 1997, 🛡 *n° 96-18.876 P : D. 1997. IR 229* ⌀ ; *RJS 1997. 831, n° 1353* (compétence du conseil de prud'hommes pour connaître de l'action en annulation d'un plan social) • 3 mars 1998, 🛡 *n° 95-45.201 P : RJS 1998. 275, n° 439 ; CSB 1998. 145, A. 32 ; D. 1998. 418, note Bailly* ⌀ ; *Dr. soc. 1998. 508, obs. Vatinet* ⌀ (compétence du conseil de prud'hommes pour statuer sur le respect de l'obligation de reclassement et sur les irrégularités relatives à la consultation des représentants du personnel) • 12 janv. 1999, 🛡 *n° 96-41.756 P : D. 1999. IR 40* ⌀ (compétence du conseil de prud'hommes pour statuer sur les contestations relatives à l'allocation de l'indemnité de licenciement sans cause réelle et sérieuse) • 27 oct. 1998, 🛡 *n° 95-42.220 P : D. 1998. IR 247 ; Dr. soc. 1999. 202, obs. Vatinet* ⌀ (compétence du conseil de prud'hommes pour statuer sur la régularité d'un licenciement prononcé au vu d'une ordonnance obtenue par fraude, la fraude résultant de l'existence d'une liste nominative de salariés à licencier et du remplacement immédiat de l'un d'entre eux). ♦ Mais lorsque l'ordonnance du juge-commissaire est devenue définitive, le caractère réel du motif du licenciement ne peut plus être contesté. • Soc. 9 juill. 1996, 🛡 *n° 93-41.877 P : D. 1997. 60, note Bailly* ⌀ ; *JCP 1997. I. 4004, n° 9, obs. Pétel ; JCP E 1997. II. 915, note Serret ; RJS 1996. 587, n° 912.* ♦ ... Peu important que cette ordonnance ait été ou non notifiée personnellement aux intéressés. • Soc. 5 mars 1997 : 🛡 *D. 1997. 522, note Bailly* ⌀. ♦ Sur l'obligation imposée par l'art. 126 de la loi du 25 janv. 1985 de saisir directement le bureau de jugement lorsque la demande concerne des créances ne figurant pas sur le relevé établi par le représentant des créanciers, V. • Soc. 4 déc. 1991 : *RJS 1992. 40, n° 37*

• 7 oct. 1998, 🛡 *n° 89-42.970 P : RJS 1998. 825, n° 1366 ; D. 1998. IR 235.*

19. Immatriculation à la Sécurité sociale. Le conseil de prud'hommes est compétent pour obliger une société à remplir les formalités nécessaires à l'immatriculation d'un salarié au régime général de la Sécurité sociale. • Soc. 16 nov. 1977 : *Bull. civ. V, n° 618.* ♦ V. aussi • Soc. 26 févr. 1964 : *ibid. IV, n° 168* • 20 janv. 1971 : *ibid. V, n° 38* • 16 janv. 1992, 🛡 *n° 87-42.292 P : D. 1992. IR 88* ⌀ (salarié agissant contre son ancien employeur à qui il est reproché de n'avoir pas déclaré un accident du travail).

20. Accident du travail. L'action en responsabilité engagée par le salarié à l'encontre de son employeur qui, en réalité, demande la réparation du préjudice résultant de l'accident du travail dont il a été victime, ne peut être portée que devant le tribunal des affaires de la Sécurité sociale ; la juridiction prud'homale est incompétente pour en connaître. • Soc. 30 sept. 2010 : 🛡 *D. actu. 21 oct. 2010, obs. Perrin ; D. 2010. AJ 2372* ⌀ ; *Dr. ouvrier 2010. 662, note Meyer.*

21. Préjudice lié à la rupture du contrat de travail d'un salarié consécutive à un accident du travail ou à une maladie professionnelle. Si l'indemnisation des préjudices nés d'un accident du travail ou d'une maladie professionnelle relève de la juridiction de la Sécurité sociale, la juridiction prud'homale est exclusivement compétente pour statuer sur le bien-fondé de la rupture du contrat de travail et pour allouer une indemnisation au titre du licenciement sans cause réelle et sérieuse. • Soc. 3 mai 2018, 🛡 n°^{os} 16-26.850 et 17-10.306 P : *D. 2018. 1706, obs. Salomon* ⌀ ; *RDT 2018. 468, note Guiomard* ⌀ ; *RJS 7/2018, n° 475 ; JSL 2018, n° 455-1, obs. Pacotte et Leroy ; JCP 2018. 607, obs. Dedessus-Le-Moustier* • 10 oct. 2018, 🛡 *n° 17-11.019 P : D. actu. 9 nov. 2018, obs. Cortot ; D. 2018. Actu. 2026* ⌀ ; *RJS 12/2018, n° 774 ; JCP S 2018. 1375, obs. Babin.*

22. Accord transactionnel. Le différend qui oppose l'employeur à un ancien salarié au sujet de l'inexécution d'une obligation figurant dans l'accord transactionnel réglant les conséquences de la rupture du contrat de travail relève de la compétence exclusive du conseil de prud'hommes. • Com. 15 nov. 2011 : 🛡 *D. 2011. Actu. 2939* ⌀.

23. Actions de l'employeur. Le conseil de prud'hommes est également compétent pour examiner : une demande de compensation formée par une société entre les sommes dues à titre de salaires et une dette contractée par le salarié. • Soc. 2 juill. 1968 : *Bull. civ. V, n° 344.* ♦ ... Une demande en restitution d'un trop-perçu et en remboursement d'un prêt. • Soc. 6 nov. 1968 : *Bull. civ. V, n° 486* • 20 avr. 1989 : *ibid., n° 304.* ♦ Comp. : • Soc. 25 mai 1981 : *ibid., n° 462* • 18 déc. 1986 : *D. 1987. IR 12* (emprunt ayant fait l'objet de traites qui ne peuvent être qualifiées d'avances sur salaire). ♦ ... Un litige relatif à un contrat de dépôt de marchandises, accessoire d'un contrat de représentation. • Soc. 3 nov. 1976 : *Bull. civ. V, n° 550.*

B. LITIGES INDIVIDUELS

24. Interprétation d'une convention collective. Le conseil de prud'hommes est compétent quand bien même il y a lieu d'interpréter et d'appliquer une convention collective. • Soc. 10 mars 1965, ⚖ n° 60-40.177 P : *GADT, 4ᵉ éd., n° 31 ; D. 1965. 624, note Villebrun ; RTD civ. 1965. 867, obs. Hébraud* • 20 oct. 1988 : *Bull. civ. V, n° 548.* ♦ V. égal., en cas d'action groupée de plusieurs salariés : • Soc. 26 mars 1981 : *Bull. civ. V, n° 264* • 26 nov. 1981 : *ibid., n° 920 ; JCP CI 1982. I. 10527, obs. Teyssié* • 3 oct. 1991, ⚖ n° 87-43.250 P. (demande tendant à l'application à cinq salariés des dispositions de l'art. L. 223-8 relatives au fractionnement des congés payés) • 15 janv. 1997, ⚖ n° 94-44.914 P : *RJS 1997. 128, n° 191 ; CSB 1997. 112, S. 60* (demandes fondées sur un accord de fin de grève). ♦ Mais le litige entre un employeur et des syndicats quant à la (seule) interprétation d'accords collectifs relève de la compétence du tribunal de grande instance. • Soc. 21 nov. 2012 : ⚖ *D. 2012. Actu. 2809 ⌀ ; JCP S 2013. 1094, obs. Lahalle.*

25. Application d'une convention collective. Constitue une action individuelle relevant de la compétence du conseil des prud'hommes l'action du salarié tendant à obtenir l'exécution des engagements énoncés dans le cadre d'une convention ou d'un accord ou des dommages-intérêts pour violation à son égard de ces engagements. • Soc. 12 juill. 2006 : ⚖ *RDT 2007. 48, obs. Tissandier ⌀ ; RJS 2006. 816, n° 1108.* ♦ Lorsque des salariés, sans présenter aucune demande personnelle, entendent faire statuer le juge prud'homal, en référé, sur la portée d'une disposition de la convention collective, le litige ne présente pas de caractère individuel. • Soc. 30 avr. 1997, ⚖ n° 95-43.227 P : *RJS 1997. 468, n° 725 ; CSB 1997. 216, S. 124 ; TPS 1997, n° 271, obs. Boubli.* ♦ Lorsqu'un salarié se borne à demander l'application générale d'une convention collective sans formuler de prétention particulière, la compétence du conseil de prud'hommes doit être écartée. • Soc. 6 mai 1998, ⚖ n° 96-41.712 P : *D. 1998. IR 146 ⌀ ; RJS 1998. 488, n° 768 ; Dr. soc. 1998. 731, obs. Couturier ⌀.*

26. Participation. Les litiges individuels opposant un ou plusieurs salariés à leur employeur en matière de participation ou d'intéressement relèvent de la compétence des conseils de prud'hommes. • Soc. 28 févr. 2018, ⚖ n° 16-13.682 P : *D. 2018. Actu. 515 ⌀ ; RJS 5/2018, n° 354 ; JCP S 2018. 1131, obs. Brissy.*

27. Conflits collectifs. Le juge des prud'hommes est compétent pour connaître des litiges portant sur les voies de fait commises individuellement par chacun des salariés au cours d'un conflit collectif. • Soc. 25 oct. 1978 : *Bull. civ. V, n° 710.*

28. Usages. Un litige ne perd pas son caractère individuel lorsque la solution à intervenir est susceptible d'avoir une répercussion pratique étendue. • Soc. 11 juin 1975 : *Bull. civ. V, n° 321.* ♦ Dès lors qu'un litige ne porte pas sur l'établissement, la révision ou le renouvellement d'une convention collective, mais sur la seule application d'accords et d'usages, il relève de la compétence du conseil de prud'hommes. • Soc. 26 mars 1981 : *Bull. civ. V, n° 264.* – V. aussi • Soc. 21 févr. 1991 : ⚖ *CSB 1991. 89, B. 48.*

C. PERSONNE MORALE DE DROIT PRIVÉ

29. Gestion d'un service public. Constitue un contrat de travail relevant de la compétence prud'homale le contrat passé par une personne morale de droit privé, même si elle assure des missions de service public. • Soc. 10 juill. 1975 : *Dr. soc. 1976. 139, note Lachaume.* ♦ Dans le même sens, à propos de salariés d'établissements privés d'enseignement sous contrat d'association : • Soc. 29 nov. 1979 (deux arrêts) : *JCP 1980. II. 19346, note Saint-Jours* • 17 oct. 1983 : *Bull. civ. V, n° 498 ; D. 1984. IR 20* • Cass., ass. plén., 20 déc. 1991 : ⚖ *Dr. soc. 1992. 439, note Savatier ⌀ ; JCP 1992. II. 21850, note Saint-Jours ; RJS 1992. 126, n° 185.* ♦ V. aussi : • Cass., ass. plén., 5 nov. 1993 : ⚖ *JCP 1993. II. 22180, concl. Jéol, note Saint-Jours ; RJS 1993. 725, n° 1227, concl. Jéol* (établissement d'enseignement privé agricole). ♦ Pour une association, V. : • T. confl. 4 mai 1987 : *JCP 1988. II. 20955, note Plouvin* • Soc. 26 juin 1991 : ⚖ *D. 1991. IR 220 ; RJS 1991. 518, n° 994* • 4 mai 1993 : ⚖ *RJS 1993. 453, n° 776.* ♦ À propos d'une fondation gérant un hôpital privé, V. : • Soc. 1ᵉʳ mars 1995 : ⚖ *CSB 1995. 129, S. 61.*

Art. L. 1411-2 Le conseil de prud'hommes règle les différends et litiges des personnels des services publics, lorsqu'ils sont employés dans les conditions du droit privé. – [Anc. art. L. 511-1, al. 7.]

1. SPA. Les personnels non statutaires travaillant pour le compte d'un service public à caractère administratif sont des agents contractuels de droit public, quel que soit leur emploi ; les litiges les opposant à l'organisme employeur relèvent de la compétence de la juridiction administrative. • T. confl. 25 mars 1996, ⚖ *Berkani c/ CROUS de Lyon-Saint-Étienne, n° 96-03.000 P : D. 1996. 598, note Saint-Jours ⌀ ; Dr. soc. 1996. 735, obs. Prétot ⌀ ; JCP 1996. II. 22664, note Moudoudou ; RFDA 1996. 819, concl. Martin ⌀ ; AJDA 1996. 355, chron. Stahl et Chauvaux ⌀ ; RJS 1996. 542, n° 851 ; Gaz. Pal. 1996. 2. 386, note S. Petit* • 7 oct. 1996, ⚖ n° 96-03.034 P. – Dans le même sens :

• Soc. 9 juill. 1996, n° 93-44.699 P : *RJS 1996.* *619, n° 966* ; *CSB 1996. 275, A. 55* • 28 oct. 1996, n° 90-44.957 P. • 15 janv. 1997, n° 94-44.625 P : *CSB 1997. 111, S. 59* • Soc. 21 sept. 2017, n° 15-22.847 P : *JCP S 2017. 1363*, obs Pagani. ♦ Mais le litige opposant un agent et l'Établissement public de sécurité ferroviaire qui l'a embauché selon les dispositions du code du travail relève de la compétence du juge judiciaire. • T. confl. 9 oct. 2017, n° 4096.

2. SPIC. Les agents des services publics et établissements publics à caractère industriel et commercial sont soumis à un régime de droit privé à l'exception du directeur et du chef comptable. • CE 8 mars 1957, *Jalenques de Labeau : Lebon 157* • T. confl. 22 févr. 1960, *Lagarrigue : Lebon 858* • CE 15 déc. 1967 : *D. 1968. 387*, note Leclercq ; *AJDA 1968. 228*, note Braibant • Soc. 13 déc. 1979 : *Bull. civ V, n° 991* • T. confl. 3 juin 1996, n° 96-02.971 P : *RJS 1996. 685, n° 1076.* ♦ Il appartient aux juges judiciaires de se prononcer au fond sur un litige opposant la SNCF à l'un de ses agents. • Soc. 22 mai 1995, n° 94-40.775 P : *JCP 1996. I. 3899, n° 1*, obs. Pierchon • 25 mars 1997 : *TPS 1997, n° 221*, obs. Boubli • 18 déc. 2007 : *JSL 2008, n° 226-5* ; *Dr. soc. 2008. 246*, obs. Radé. ♦ Mais le juge administratif est compétent dès lors qu'il s'agit d'examiner la légalité d'une décision fixant les modalités de retenues sur salaires en cas de grève, décision ayant un caractère réglementaire et administratif. • T. confl. 22 juin 1992 : *RJS 1992. 634, n° 1144.*

3. Il appartient au juge, saisi d'un litige opposant un établissement public à l'un de ses agents contractuels, de rechercher s'il s'agit d'un établissement public administratif ou d'un établissement public à caractère industriel et commercial, ce caractère s'appréciant au regard de son objet, de l'origine de ses ressources et de ses modalités de fonctionnement. • Soc. 24 juin 2014, n° 13-11.142 P : *D. 2014. Actu. 1455* ; *RJS 10/2014, n° 727* ; *JCP S 2014. 1440*, obs. Lahalle.

4. La Poste. Puisque coexistent au sein de La Poste deux catégories de personnels, dont celle des fonctionnaires, et que le changement de statut de La Poste n'a eu aucune incidence sur la qualité de fonctionnaire de l'intéressée, ses relations avec son employeur étant régies par le droit public, le litige relatif à la requalification de sa relation de travail en une relation unique à durée indéterminée à compter du 28 juillet 1985, à l'effet de réévaluer ses droits à la retraite, relevait de la compétence de la juridiction administrative. • Soc. 27 nov. 2013 : *RDT 2014. 108*, obs. Debord.

5. Coemploi. L'action engagée par la salariée d'un organisme de droit privé à l'encontre d'une telle personne publique fondée sur l'immixtion de cette dernière dans la gestion de la personne privée et sur la reconnaissance par voie de conséquence de la qualité de co-employeur relève de la compétence des juridictions administratives. • Soc. 6 avr. 2016, n° 14-26.019 P : *D. 2016. Actu. 842* ; *RJS 6/2016, n° 444* ; *JCP S 2016. 1203*, obs. Brissy.

Art. L. 1411-3
Le conseil de prud'hommes règle les différends et litiges nés entre salariés à l'occasion du travail. — [*Anc. art. L. 511-1, al. 4.*]

1. Compétence. Constitue un différend né entre salariés à l'occasion du travail le litige opposant ceux qui avaient entendu poursuivre leur travail et ceux qui, selon ces derniers, y avaient fait obstacle. • Soc. 3 mars 1983 : *Bull. civ V, n° 129* ; *D. 1984. IR 169*, obs. Frossard ; *Dr. soc. 1983. 639*, note Savatier. ♦ De même constitue un différend né entre salariés à l'occasion du travail le litige entre deux musiciens portant sur la redistribution des cachets versés à l'occasion du travail qu'ils exécutaient en commun pour les mêmes employeurs, dans le cadre de contrats de travail individuels conclus avec les organisateurs de spectacle, peu important l'absence de lien de subordination entre les intéressés. • Soc. 18 mars 2008 : *RJS 2008. 470, n° 607* ; *JCP S 2008. 1327*, obs. Lahalle.

2. Incompétence. En revanche, échappe à la compétence prud'homale l'action d'un salarié contre d'autres salariés ayant fourni des attestations qu'il estime diffamatoires à son égard dans une instance prud'homale l'opposant à l'employeur. • Soc. 26 mars 1997 : *RJS 1997. 384, n° 590* ; *CSB 1997. 183, S. 101.*

Art. L. 1411-4
Le conseil de prud'hommes est seul compétent, quel que soit le montant de la demande, pour connaître des différends mentionnés au présent chapitre. Toute convention contraire est réputée non écrite.

Le conseil de prud'hommes n'est pas compétent pour connaître des litiges attribués à une autre juridiction par la loi, notamment par le code de la sécurité sociale en matière d'accidents du travail et maladies professionnelles. — [*Anc. art. L. 511-1, al. 5 et 6, phrases 1 et 2.*]

COMMENTAIRE

V. sur le Code en ligne.

A. COMPÉTENCE DU CONSEIL DE PRUD'HOMMES

1. Compétence exclusive. Institués pour régler par voie de conciliation les différends pouvant s'élever notamment à l'occasion du contrat de travail, les conseils de prud'hommes sont seuls compétents pour en connaître en premier ressort, peu important leur connexité avec un autre litige non susceptible de leur être soumis. ● Soc. 15 mai 1974 : *GADT, 4ᵉ éd., n° 19 ; D. 1974. 702*, note Serra ● 21 avr. 1977 : *Bull. civ. V, n° 261 ; D. 1978. 9*, note Serra (incompétence du TGI pour connaître d'une action dirigée contre un ancien salarié pour violation de la clause de non-concurrence alors qu'il est saisi également d'une action exercée contre le nouvel employeur). ♦ Le caractère exclusif et d'ordre public de la compétence d'attribution du conseil de prud'hommes interdit d'y faire échec pour cause de connexité, sauf en cas d'indivisibilité, laquelle ne peut résulter que d'une impossibilité juridique d'exécution simultanée de deux décisions qui seraient contraires. ● Soc. 17 déc. 2013 : *D. actu. 27 janv. 2014*, obs. Kebir ; *D. 2014. Actu. 87*.

2. Organismes conventionnels. La création d'organismes conventionnels chargés de régler les différends ou de procéder à la conciliation des parties ne saurait faire obstacle à la saisine des conseils de prud'hommes. ● Soc. 9 déc. 1981 : *Bull. civ. V, n° 954 ; JCP CI 1982. I. 10527*, obs. Teyssié ● 19 juill. 1988 : *Bull. civ. V, n° 475 ; GADT, 4ᵉ éd., n° 22 ; D. 1989. Somm. 278*, obs. Julien.

3. L'avis donné par une commission paritaire dans un but de conciliation sur l'interprétation d'une disposition conventionnelle ne lie pas le juge. ● Cass., ass. plén., 6 févr. 1976 : *GADT, 4ᵉ éd., n° 20 ; Dr. soc. 1976. 472*, note Savatier ; *JCP 1976. II. 18481*, note Groutel.

4. Clause compromissoire. Dans un avenant au contrat de travail, qualifié par les parties de charte associative, l'existence d'une clause compromissoire ne fait pas obstacle à la compétence exclusive du conseil de prud'hommes pour déterminer si le contrat en question doit être qualifié de contrat de travail et la clause compromissoire considérée comme non écrite. ● Soc. 30 nov. 2011 : *D. actu. 3 janv. 2012*, obs. Perrin ; *Dr. soc. 2012. 309*, obs. Gauriau ; *RJS 2012. 148, n° 181 ; JCP S 2012. 1049*, obs. Brissy.

5. Clause de conciliation/médiation préalable. En raison de l'existence en matière prud'homale d'une procédure de conciliation préliminaire et obligatoire, une clause du contrat de travail qui institue une procédure de conciliation préalable en cas de litige survenant à l'occasion de ce contrat n'empêche pas les parties de saisir directement le juge prud'homal de leur différend. ● Soc. 5 déc. 2012 : *D. actu. 8 janv. 2013*, obs. Ines ; *D. 2012. Actu. 2969 ; ibid. 2013. 121*, obs. Bailly ; *RDT 2013. 124*, obs. Serverin ; *Dr. soc. 2013. 178*, obs. Boulmier ; *JCP S 2013. 1075*, obs. François. ♦ La même solution prévaut en présence d'une clause de médiation préalable. ● Soc., avis, 14 juin 2022, n° 22-70.004 B : *D. actu. 22 oct. 2022*, obs. Clément ; *D. 2022. 1158 ; RDT 2022. 529*, obs. Mraouahi ; *Rev. prat. rec. 2022. 7*, chron. Cholet, Laher, Salati et Yatera ; ibid. 24, chron. Gorchs-Gelzer ; *RTD civ. 2022. 706*, obs. Cayrol ; *RJS 8-9/2022, n° 471*.

B. EXCEPTIONS

6. Contentieux électoral. Le tribunal d'instance, étant compétent pour apprécier si le demandeur remplit les conditions nécessaires pour être électeur, l'est également pour déterminer l'existence à cette date du contrat de travail de l'intéressé en vue de se prononcer sur son électorat. ● Soc. 8 févr. 2012 : *D. actu. 29 mars 2012*, obs. Ines ; *RJS 2012. 400, n° 480 ; JCP S 2012. 1172*, obs. Brissy ● 5 juin 1985 : *Bull. civ. V, n° 327* ● 8 avr. 1992, n° 91-60.250 P.

7. Participation. Le conseil de prud'hommes est incompétent en cas de litiges relatifs : à la participation. ● Soc. 20 oct. 1977 : *Dr. soc. 1978. 127*, note Savatier.

8. Brevets d'invention. Le conseil de prud'hommes est incompétent en cas de litige relatif à un brevet d'une invention faite par un salarié. ● Soc. 18 févr. 1988 : *Bull. civ. V, n° 126 ; D. 1989. Somm. 278*, obs. Julien.

9. Pacte d'actionnaires. Le conseil des prud'hommes n'est pas compétent pour statuer sur les conditions de mise en œuvre d'un pacte d'actionnaires. ● Soc. 18 oct. 2007 : *D. 2007. AJ 2809*.

10. Maladie. En relevant que l'affection contractée par un salarié ne pouvait être considérée ni comme un accident du travail, ni comme une maladie professionnelle, la cour d'appel a pu déduire que le conseil de prud'hommes était compétent pour statuer sur la demande d'indemnisation du salarié. ● Soc. 1ᵉʳ juin 1972 : *Bull. civ. V, n° 400*. ♦ Le juge prud'homal est compétent pour la réparation du préjudice d'anxiété antérieur à la déclaration de la maladie. ● Soc. 28 mai 2014 : *D. actu. 16 juin 2014*, obs. Fraisse ; *D. 2014. 1404*, obs. Wurtz ; *RJS 2014. 537, n° 648*.

11. SIVP. Les contrats relatifs au SIVP ne constituent pas des contrats de travail et les différends s'élevant entre l'entreprise d'accueil et les stagiaires ne relèvent pas de la compétence des conseils de prud'hommes. ● Soc. 8 nov. 1989 : *Bull. civ. V, n° 651*. ♦ Mais lorsque le stagiaire a travaillé à temps complet et qu'il n'a pu bénéficier de la formation prévue, un contrat de travail s'est substitué au contrat de formation et le litige relève des juridictions prud'homales. ● Soc. 11 oct. 1990, n° 89-43.510 P. – Dans le même sens : ● Soc. 27 oct. 1993 : *Dr. soc. 1993. 960*.

12. Détenus. Les relations de travail des personnes incarcérées ne faisant pas l'objet d'un contrat de travail (C. pr. pén., art. 717-3), le conseil de prud'hommes est incompétent pour en connaître. • Soc. 17 déc. 1996 : 🕮 *D. 1997. IR 18* ⌀ *; Dr. soc. 1997. 344, note Giudicelli-Delage et Massé* ⌀ *; CSB 1997. 83, S. 37.*

13. Centres d'aide par le travail. Les travailleurs handicapés ne sont pas liés aux centres d'aide par le travail par un contrat de travail (incompétence de la juridiction prud'homale). • Soc. 18 mars 1997, 🕮 n° 94-41.716 P : *Dr. soc. 1997. 525, obs. Verkindt* ⌀ *; RJS 1997. 489, n° 765.*

14. Marins. Le litige portant sur la rupture d'un contrat d'engagement maritime relève, par application de l'art. R. 321-6-5° COJ, de la compétence d'attribution du tribunal d'instance. • Soc. 12 nov. 1997 : 🕮 *RJS 1997. 867, n° 1414.* ♦ ... L'appel étant jugé comme en matière prud'homale. • Soc. 14 oct. 1997 : 🕮 *TPS 1997, n° 335.*

15. Des stipulations particulières ne peuvent déroger à une disposition d'ordre public régissant la répartition des compétences entre les juridictions administrative et judiciaire. • Soc. 12 févr. 1985 : *Bull. civ. V, n° 107.* ♦ Une clause attributive de compétence à la juridiction administrative ne peut permettre à elle seule de déduire le caractère administratif du contrat de travail d'une femme de service. • Soc. 3 juill. 1990 : 🕮 *D. 1990. IR 197 ; RJS 1990. 539, n° 803.*

Art. L. 1411-5 Le conseil de prud'hommes donne son avis sur les questions que lui pose l'autorité administrative. — *[Anc. art. L. 511-2.]*

Art. L. 1411-6 Lorsqu'un organisme se substitue habituellement aux obligations légales de l'employeur, il peut être mis en cause aux côtés de celui-ci en cas de litige entre l'employeur et les salariés qu'il emploie. — *[Anc. art. L. 511-1, al. 2.]*

1. Absence de substitution. Doit être cassé l'arrêt qui condamne, sur le fondement de l'al. 2 de l'art. L. 511-1 [L. 1411-6 nouv.], une association d'aide aux personnes âgées au versement de diverses sommes à des gardes-malades, alors que son rôle s'était limité à remplir certaines tâches administratives pour le compte de l'employeur. • Soc. 2 juin 1993, 🕮 n° 90-40.275 P : *D. 1993. IR 165 ; RJS 1993. 423, n° 710.* ♦ L'institution de prévoyance ne se substituant pas aux obligations légales de l'employeur ne pouvait être mise en cause aux côtés de celui-ci devant le conseil de prud'hommes par le salarié. • Soc. 16 nov. 2010, 🕮 n° 10-12.156 P : *Dr. soc. 2011. 221, obs. Lautrette et Barthélémy* ⌀ *; RJS 3/2011, n° 272 ; JCP S 2011. 1053, obs. Chiss.*

2. Substitution. L'association qui établit les fiches de paie se substitue régulièrement à l'employeur pour l'accomplissement de cette obligation légale, de sorte qu'elle peut être appelée en garantie devant la juridiction saisie du litige opposant l'employeur à un salarié au sujet de sa rémunération. • Soc. 28 févr. 2006 : 🕮 *D. 2006. IR 811* ⌀ *; RJS 2006. 443, n° 640 ; Dr. soc. 2006. 680, obs. Savatier* ⌀ *; JSL 2006, n° 186-3.*

CHAPITRE II COMPÉTENCE TERRITORIALE

Le présent chapitre ne comprend pas de dispositions législatives.

TITRE II INSTITUTION, ORGANISATION ET FONCTIONNEMENT

CHAPITRE I DISPOSITIONS GÉNÉRALES

Art. L. 1421-1 Le conseil de prud'hommes est une juridiction *(Abrogé par Ord. n° 2016-388 du 31 mars 2016, art. 1er-2°, à compter du 1er janv. 2018)* « *élective et* » paritaire.

Il est composé, ainsi que ses différentes formations, d'un nombre égal de salariés et d'employeurs. — *[Anc. art. L. 511-1, al. 1er, phrase 1 début et L. 512-1.]*

Paritarisme. Sur l'obligation pour les pouvoirs publics de respecter le principe du paritarisme, V. • CE 11 févr. 1977 : *GADT, 4e éd., n° 27 ; Dr. soc. 1978. 39, concl. Gentot.* ♦ En raison de leur caractère paritaire et de la nature de leurs attributions, les conseils de prud'hommes constituent un ordre de juridiction au sens de l'art. 34 de la Constitution. • Cons. const. 13 juin 1991 : *RJS 1991. 519, n° 996.*

Art. L. 1421-2 (*L. n° 2015-990 du 6 août 2015, art. 258-I*) Les conseillers prud'hommes exercent leurs fonctions en toute indépendance, impartialité, dignité et probité et se comportent de façon à exclure tout doute légitime à cet égard. Ils s'abstiennent, notamment, de tout acte ou comportement public incompatible avec leurs fonctions.

Ils sont tenus au secret des délibérations.

Leur est interdite toute action concertée de nature à arrêter ou à entraver le fonctionnement des juridictions lorsque le renvoi de l'examen d'un dossier risquerait d'entraîner des conséquences irrémédiables ou manifestement excessives pour les droits d'une partie.

Art. L. 1421-3 (*L. n° 2023-1059 du 20 nov. 2023, art. 30*) I. — Dans un délai de six mois à compter de leur installation, les conseillers prud'hommes remettent une déclaration exhaustive, exacte et sincère de leurs intérêts :

1° Au président ou au vice-président du conseil, pour les conseillers prud'hommes ;

2° Au premier président de la cour d'appel, pour les présidents des conseils de prud'hommes du ressort de cette cour.

La déclaration d'intérêts mentionne les liens et les intérêts de nature à influencer ou à paraître influencer l'exercice indépendant, impartial et objectif des fonctions que le déclarant a ou a eus au cours des cinq années précédant sa prise de fonctions.

La remise de la déclaration d'intérêts donne lieu à un entretien déontologique du conseiller prud'homme avec l'autorité à laquelle la déclaration a été remise. Cet entretien a pour objet de prévenir tout éventuel conflit d'intérêts. Il peut être renouvelé à tout moment à la demande du conseiller ou de l'autorité. A l'issue de l'entretien, la déclaration peut être modifiée par le déclarant.

Toute modification substantielle des liens et des intérêts détenus fait l'objet, dans un délai de deux mois, d'une déclaration complémentaire dans les mêmes formes et peut donner lieu à un entretien déontologique.

La déclaration d'intérêts ne peut pas être communiquée aux tiers.

Lorsqu'une procédure disciplinaire est engagée, la commission nationale de discipline et le ministre de la justice peuvent obtenir communication de la déclaration d'intérêts.

Un décret en Conseil d'État précise les conditions d'application du présent I, notamment le modèle, le contenu et les conditions de remise, de mise à jour et de conservation de la déclaration d'intérêts.

II. — Le fait, pour une personne tenue de remettre une déclaration d'intérêts en application du premier alinéa du I, de ne pas adresser sa déclaration ou d'omettre de déclarer une partie substantielle de ses intérêts est puni de trois ans d'emprisonnement et de 45 000 € d'amende.

Peuvent être prononcées, à titre complémentaire, l'interdiction des droits civiques, selon les modalités prévues aux articles 131-26 et 131-26-1 du code pénal, ainsi que l'interdiction d'exercer une fonction publique, selon les modalités prévues à l'article 131-27 du même code.

Le fait de publier ou de divulguer, de quelque manière que ce soit, tout ou partie des déclarations ou des informations mentionnées au présent article est puni des peines prévues à l'article 226-1 dudit code.

Ces dispositions entrent en vigueur à compter du 1er renouvellement des conseillers prud'hommes suivant le 20 nov. 2023 (L. n° 2023-1059 du 20 nov. 2023, art. 60-VIII).

CHAPITRE II **INSTITUTION**

Art. L. 1422-1 Il est créé au moins un conseil de prud'hommes dans le ressort de chaque (*Ord. n° 2019-964 du 18 sept. 2019, art. 35, en vigueur le 1er janv. 2020*) « tribunal judiciaire ». Le ressort du conseil, s'il est unique, s'étend à l'ensemble de celui du (*Ord. n° 2019-964 du 18 sept. 2019, art. 35, en vigueur le 1er janv. 2020*) « tribunal judiciaire ».

Pour des raisons d'ordre géographique, économique ou social, plusieurs conseils de prud'hommes peuvent être créés dans le ressort d'un (*Ord. n° 2019-964 du 18 sept. 2019, art. 35, en vigueur le 1er janv. 2020*) « tribunal judiciaire ». – [*Anc. art. L. 511-3, al. 1er et 2.*]

Art. L. 1422-2 Les aérodromes dont l'emprise s'étend sur le ressort de plusieurs conseils de prud'hommes peuvent être rattachés par décret au ressort de l'un d'eux pour l'application des dispositions concernant la compétence territoriale en matière prud'homale. – [*Anc. art. L. 511-3, al. 3.*]

Art. L. 1422-3 Des décrets en Conseil d'État portent création ou suppression des conseils de prud'hommes et fixation, modification ou transfert de leur ressort et de leur siège. — [Anc. art. L. 511-3, al. 3, phrase 1.] — V. art. R. 1422-2 s.

CHAPITRE III ORGANISATION ET FONCTIONNEMENT

SECTION 1 Sections

Art. L. 1423-1 Le conseil de prud'hommes est divisé en sections autonomes.
Il comporte une formation commune de référé. — [Anc. art. L. 512-2, al. 1er début et fin.] — V. art. R. 1423-1.

Art. L. 1423-1-1 (Ord. n° 2016-388 du 31 mars 2016, art. 1er-3°, en vigueur le 1er janv. 2018) Sous réserve des dispositions relatives à la section de l'encadrement définies à l'article L. 1423-1-2, les affaires sont réparties entre les sections du conseil des prud'hommes au regard du champ d'application de la convention ou de l'accord collectif de travail dont le salarié partie au litige relève et d'un tableau de répartition, dans des conditions définies par décret.

Les différends et litiges attribués aux sections antérieurement au 1er janv. 2018 demeurent de leur compétence.

Avant le 1er janv. 2018, les avis et les convocations donnés aux parties pour les affaires non encore attribuées à une section peuvent être délivrés pour une comparution à une date postérieure à cette date devant la section à laquelle les procédures seront transférées en vertu des art. L. 1423-1-1 à L. 1423-1-4 (Ord. n° 2016-388 du 31 mars 2016, art. 4).

Art. L. 1423-1-2 (Ord. n° 2016-388 du 31 mars 2016, art. 1er-3°, en vigueur le 1er janv. 2018) Relèvent de la section de l'encadrement les affaires dont le salarié partie au litige relève des catégories suivantes :
1° Les ingénieurs ainsi que les salariés qui, même s'ils n'exercent pas de commandement, ont une formation équivalente constatée ou non par un diplôme ;
2° Les salariés qui, ayant acquis une formation technique, administrative, juridique, commerciale ou financière, exercent un commandement par délégation de l'employeur ;
3° Les agents de maîtrise qui ont une délégation écrite de commandement ;
4° Les voyageurs, représentants ou placiers.

V. note ss. art. L. 1423-1-1.

Art. L. 1423-2 Un décret fixe, pour chaque conseil de prud'hommes, le nombre de conseillers à (Ord. n° 2016-388 du 31 mars 2016, art. 1er-4°, en vigueur le 1er févr. 2017) « nommer » par collège dans les différentes sections.

V. Décr. n° 2021-1102 du 19 août 2021 (JO 22 août).

SECTION 2 Président et vice-président

Art. L. 1423-3 Les conseillers prud'hommes réunis en assemblée générale, en assemblée de section, en assemblée de chambre, sous la présidence du doyen d'âge, élisent parmi eux un président et un vice-président.
(L. n° 2015-990 du 6 août 2015, art. 258-I) « A sa demande et au moins une fois par an, le juge départiteur mentionné à l'article L. 1454-2 assiste à l'assemblée générale du conseil de prud'hommes. » — V. art. R. 1423-11 s.

Art. L. 1423-4 Le président du conseil de prud'hommes est alternativement un salarié ou un employeur. Le sort détermine la qualité de celui qui est élu la première fois.
Lorsque le président est choisi parmi les conseillers prud'hommes salariés, le vice-président ne peut l'être que parmi les conseillers prud'hommes employeurs, et réciproquement. — [Anc. art. L. 512-8.]

Art. L. 1423-5 Les conseillers prud'hommes salariés élisent un président ou un vice-président ayant la qualité de salarié.
Les conseillers prud'hommes employeurs élisent un président ou un vice-président ayant la qualité d'employeur.
Le vote par mandat est possible. Toutefois, un conseiller ne peut détenir qu'un seul mandat. — [Anc. art. L. 512-7, al. 2.]

Art. L. 1423-6 Le président et le vice-président sont élus pour une année. Ils sont rééligibles sous la condition d'alternance prévue à l'article L. 1423-4.

(*L. n° 2009-526 du 12 mai 2009, art. 29*) « Ils restent en fonction jusqu'à l'installation de leurs successeurs. »

Art. L. 1423-7 Les dispositions des articles L. 1423-4 et L. 1423-6 sont applicables aux présidents et vice-présidents de section et de chambre. – *[Anc. art. L. 512-10.]*

SECTION 3 **Difficultés de constitution et de fonctionnement**

Art. L. 1423-8 Lorsqu'un conseil de prud'hommes ne peut se constituer (*Abrogé par L. n° 2015-990 du 6 août 2015, art. 258-I*) « *ou ne peut fonctionner* », le premier président de la cour d'appel, saisi sur requête du procureur général, désigne un autre conseil de prud'hommes ou, à défaut, (*L. n° 2015-990 du 6 août 2015, art. 258-I*) « un ou plusieurs juges du ressort de la cour d'appel » pour connaître des affaires inscrites au rôle du conseil de prud'hommes ou dont ce conseil aurait dû être ultérieurement saisi.

Art. L. 1423-9 Lorsqu'il a été fait application de l'article L. 1423-8 et que le conseil de prud'hommes normalement compétent est de nouveau en mesure de fonctionner, le premier président de la cour d'appel, saisi dans les mêmes conditions, constate cet état de fait et fixe la date à compter de laquelle les affaires seront à nouveau portées devant ce conseil.

(*L. n° 2009-526 du 12 mai 2009, art. 30*) « Le premier président précise également la date à compter de laquelle les affaires qui ont été provisoirement transférées à un autre conseil de prud'hommes ou (*L. n° 2015-990 du 6 août 2015, art. 258-I*) « un ou plusieurs juges du ressort de la cour d'appel » seront soumises au conseil de prud'hommes compétent pour en connaître. »

Art. L. 1423-10 Lorsque le président du conseil de prud'hommes constate une difficulté provisoire de fonctionnement d'une section, il peut, après avis conforme du vice-président, sous réserve de l'accord des intéressés, affecter temporairement les conseillers prud'hommes d'une section à une autre section pour connaître des litiges relevant de cette dernière. Ces affectations sont prononcées pour une durée de six mois renouvelable deux fois dans les mêmes conditions.

A défaut de décision du président du conseil de prud'hommes ou lorsque le vice-président a émis un avis négatif, le premier président de la cour d'appel, saisi sur requête du procureur général, peut constater la difficulté de fonctionnement et procéder lui-même, après accord des intéressés, aux affectations temporaires mentionnées au premier alinéa.

Les décisions d'affectation temporaire en cas de difficultés de fonctionnement sont prises par ordonnance non susceptible de recours. – *[Anc. art. L. 512-11, al. 2 à 4.]*

Art. L. 1423-10-1 (*L. n° 2015-990 du 6 août 2015, art. 258-I*) En cas d'interruption du fonctionnement du conseil de prud'hommes ou de difficultés graves rendant ce fonctionnement impossible dans des conditions normales, le premier président de la cour d'appel désigne un ou plusieurs juges du ressort de la cour d'appel pour connaître des affaires inscrites au rôle du conseil de prud'hommes. Il fixe la date à compter de laquelle les affaires sont provisoirement soumises à ces juges.

Lorsque le premier président de la cour d'appel constate que le conseil est de nouveau en mesure de fonctionner, il fixe la date à laquelle les affaires seront portées devant ce conseil.

Art. L. 1423-11 En cas d'interruption durable de son fonctionnement ou de difficultés graves rendant ce fonctionnement impossible dans des conditions normales, le conseil de prud'hommes peut être dissous par décret motivé.

Dans ce cas, les nouvelles (*Ord. n° 2016-388 du 31 mars 2016, art. 1er, en vigueur le 1er janv. 2018*) « nominations » ont lieu dans un délai (*Ord. n° 2016-388 du 31 mars 2016, art. 1er, en vigueur le 1er janv. 2018*) « maximum de quatre mois » à partir de la parution du décret de dissolution. Les fonctions des membres ainsi (*Ord. n° 2016-388 du 31 mars 2016, art. 1er, en vigueur le 1er janv. 2018*) « nommés » prennent fin en même temps que celles des membres des autres conseils de prud'hommes.

Jusqu'à l'installation du nouveau conseil, les litiges sont portés devant le conseil de prud'hommes le plus proche du domicile du demandeur dans le même ressort de cour d'appel ou, à défaut, devant le *(Ord. n° 2019-964 du 18 sept. 2019, art. 35, en vigueur le 1er janv. 2020)* « tribunal judiciaire ».

SECTION 4 Bureau de conciliation et d'orientation, bureau de jugement et formation de référé *(L. n° 2015-990 du 6 août 2015, art. 258-I).*

Art. L. 1423-12 Le bureau de jugement se compose *(L. n° 2015-990 du 6 août 2015, art. 258-I)* « de deux conseillers prud'hommes employeurs et de deux conseillers prud'hommes salariés », incluant le président ou le vice-président siégeant alternativement.

Viole l'art. L. 515-2 [L. 1423-12 nouv.] le conseil de prud'hommes qui statue composé, selon les mentions du jugement, de deux conseillers employeurs et d'un conseiller salarié. • Soc. 28 févr. 1996 : ⚜ *RJS 1996. 263, n° 436.*

Art. L. 1423-13 *(L. n° 2015-990 du 6 août 2015, art. 258-I)* Le bureau de conciliation et d'orientation, la formation de référé et le bureau de jugement dans sa composition restreinte se composent d'un conseiller prud'homme employeur et d'un conseiller prud'homme salarié.

SECTION 5 Dépenses du conseil de prud'hommes

Art. L. 1423-14 Le local nécessaire au conseil de prud'hommes est fourni par le département dans lequel il est établi.
Toutefois, lorsqu'une commune a mis un local à la disposition du conseil de prud'hommes, elle ne peut le reprendre, sauf à la demande expresse du département dans lequel le conseil est établi. — *[Anc. art. L. 51-10-1.]*

Art. L. 1423-15 Les dépenses de personnel et de fonctionnement du conseil de prud'hommes sont à la charge de l'État. — *[Anc. art. L. 51-10-2, al. 1er.]*

1. Pouvoirs du ministre du Travail. Le ministre chargé du travail peut procéder à la répartition des crédits particuliers que la loi de finances pour 2008 avait mis à sa disposition en vue de financer des campagnes d'information tendant à favoriser la participation des électeurs au scrutin prud'homal ; cette répartition ne peut être fondée sur les résultats obtenus par les syndicats ayant participé aux dernières élections prud'homales de 2002 car ce critère ne tient pas compte des évolutions ultérieures de la représentativité des syndicats et n'est donc pas pertinent au regard de l'objet de la mesure ; un tel critère est contraire au principe d'égalité. • CE 30 déc. 2009 : ⚜ *JCP S 2010. 1210, obs. Lahalle.*

2. Compétence du juge administratif. Il appartient à la juridiction administrative de connaître des demandes, relatives aux dépenses de personnel et de fonctionnement du conseil de prud'hommes qui, en application de l'article L. 1423-15 C. trav., sont à la charge de l'État, et se rapportent à l'organisation du service public de la justice. • T. confl. 9 juill. 2012, ⚜ n° 3840.

SECTION 6 Dispositions d'application

Art. L. 1423-16 Un décret en Conseil d'État détermine les conditions d'application du présent chapitre. — *V. art. R. 1423-1 s.*

TITRE III CONSEIL SUPÉRIEUR DE LA PRUD'HOMIE

CHAPITRE UNIQUE

Art. L. 1431-1 Le Conseil supérieur de la prud'homie, organisme consultatif, siège auprès du garde des sceaux, ministre de la justice et du ministre chargé du travail.
En font partie, outre les représentants des ministères intéressés, des représentants, en nombre égal, des organisations syndicales et des organisations professionnelles représentatives au plan national.
Un décret en Conseil d'État détermine la composition, les attributions ainsi que les règles d'organisation et de fonctionnement du Conseil supérieur de la prud'homie. — *[Anc. art. L. 511-4, al. 1er et 2.]* — *V. art. R. 1431-1 s.*

Art. L. 1431-2 L'employeur laisse aux salariés de son entreprise, membres du Conseil supérieur de la prud'homie, le temps nécessaire pour remplir leurs fonctions. Ce temps est assimilé à une durée de travail effectif au sens de l'article L. 1442-6.

L'exercice des fonctions de membre du Conseil supérieur de la prud'homie par un salarié ne peut être la cause d'une sanction ou d'une rupture du contrat de travail par l'employeur. — *[Anc. art. L. 511-4, al. 3.]*

TITRE IV CONSEILLERS PRUD'HOMMES

CHAPITRE I DÉSIGNATION DES CONSEILLERS PRUD'HOMMES

(Ord. n° 2016-388 du 31 mars 2016, art. 1ᵉʳ-6°, en vigueur le 1ᵉʳ févr. 2017)

L'Ord. n° 2016-388 du 31 mars 2016 est ratifiée par la L. n° 2016-1088 du 8 août 2016, art. 35.

SECTION 1 Dispositions générales

Art. L. 1441-1 Les conseillers prud'hommes sont nommés conjointement par le garde des sceaux, ministre de la justice, et le ministre chargé du travail tous les quatre ans par conseil de prud'hommes, collège et section, sur proposition des organisations syndicales et professionnelles selon les modalités fixées au présent chapitre.

V. Arr. du 2 déc. 2022 portant nomination des conseillers prud'hommes pour le mandat prud'homal 2023-2025, NOR : JUSB2234026A (JO 9 déc.).

Art. L. 1441-2 Les conseillers prud'hommes sont nommés durant l'année suivant chaque cycle de mesure de l'audience syndicale définie au 5° de l'article L. 2121-1 pour le collège des salariés et de l'audience patronale définie au 6° de l'article L. 2151-1 pour le collège des employeurs.

V. ndlr ss. art. L. 1441-1.

Art. L. 1441-3 Un décret en Conseil d'État détermine les conditions d'application du présent chapitre. — *V. art. R. 1441-1 s.*

SECTION 2 Détermination des sièges attribués aux organisations

Art. L. 1441-4 Le garde des sceaux, ministre de la justice, et le ministre chargé du travail arrêtent le nombre de sièges attribués pour la durée du mandat aux organisations syndicales et professionnelles par conseil de prud'hommes, collège et section, en fonction du nombre de conseillers défini à l'article L. 1423-2 et *(L. n° 2016-1088 du 8 août 2016, art. 35)* « , pour les organisations syndicales de salariés, des suffrages obtenus au niveau départemental par chaque organisation dans le cadre de la mesure de l'audience définie au 5° de l'article L. 2121-1 ; pour les organisations professionnelles d'employeurs, l'audience patronale prévue au 6° de l'article L. 2151-1 déterminée au niveau national.

« Pour l'appréciation de l'audience patronale, sont pris en compte, chacun à hauteur de 50 %, le nombre des entreprises qui emploient au moins un salarié adhérentes à des organisations professionnelles d'employeurs et le nombre de salariés employés par ces mêmes entreprises. »

Les sièges sont attribués à la représentation proportionnelle suivant la règle de la plus forte moyenne.

Art. L. 1441-5 A peine d'irrecevabilité, les contestations relatives à la répartition du nombre des sièges, opérée en application de l'article L. 1441-4, sont formées devant le Conseil d'État par une organisation syndicale ou professionnelle dans un délai de quinze jours à compter de sa publication.

SECTION 3 Candidatures

SOUS-SECTION 1 Candidats

§ 1 Conditions de candidature

Art. L. 1441-6 Peuvent être candidats, sous réserve des dispositions de l'article L. 1441-7 :

CONSEIL DE PRUD'HOMMES — Art. L. 1441-11

1° Les salariés et les employeurs ;
2° Les personnes à la recherche d'un emploi inscrites sur la liste des demandeurs d'emploi ;
3° Les personnes ayant cessé d'exercer toute activité professionnelle.

Art. L. 1441-7 Les conditions requises des candidats sont les suivantes :
1° Être de nationalité française ;
2° Ne pas avoir au bulletin n° 2 du casier judiciaire de mentions incompatibles avec l'exercice des fonctions prud'homales et n'être l'objet d'aucune interdiction, déchéance ou incapacité relative à leurs droits civiques ;
3° Être âgés de vingt et un ans au moins ;
4° Avoir exercé une activité professionnelle de deux ans ou justifier d'un mandat prud'homal dans les dix ans précédant la candidature.

Art. L. 1441-8 Les conditions de candidature définies aux 1° et 2° de l'article L. 1441-7 s'apprécient à la date de nomination.
Les conditions de candidature définies aux 3° et 4° de l'article (*Ord. n° 2017-1718 du 20 déc. 2017, art. 1ᵉʳ-I*) « L. 1441-7 » et celles relatives au conseil des prud'hommes, au collège et à la section de candidature s'apprécient à la date d'ouverture du dépôt des candidatures, fixée par voie réglementaire.

Art. L. 1441-9 Nul ne peut être candidat :
1° Sur plus d'une liste mentionnée à l'article L. 1441-18 ;
2° Dans plus d'une section ;
3° Dans un conseil de prud'hommes, un collège ou une section autres que ceux au titre desquels il remplit les conditions pour être candidat ;
(*L. n° 2023-1059 du 20 nov. 2023, art. 31*) « 4° Dans un conseil de prud'hommes où il a déjà exercé cinq mandats. »

Les dispositions issues de la L. n° 2023-1059 du 20 nov. 2023 entrent en vigueur à compter du 1ᵉʳ renouvellement des conseillers prud'hommes suivant le 20 nov. 2023 (L. préc., art. 60-VIII).

Art. L. 1441-10 Ne peut être candidat le conseiller prud'homme déclaré déchu en application de l'article L. 1442-14.
Le conseiller prud'homme nommé, qui refuse de se faire installer, qui est déclaré démissionnaire ou qui est réputé démissionnaire en application de l'article L. 1442-1, ne peut être candidat pendant un délai de quatre ans à compter de son refus, de la décision du tribunal qui le déclare démissionnaire ou de l'expiration du délai prévu au troisième alinéa de l'article L. 1442-1.

§ 2 Conseil de prud'hommes de candidature

Art. L. 1441-11 Les personnes relevant du 1° de l'article L. 1441-6, à l'exception des employés de maison et de leurs employeurs, sont candidates dans la section du conseil de prud'hommes dans le ressort duquel elles exercent leur activité principale, ou dans la section de même nature de l'un des conseils de prud'hommes limitrophes. Les voyageurs, représentants (*L. n° 2023-1059 du 20 nov. 2023, art. 28-1°*) « , les placiers ou les salariés qui exercent à domicile ou en dehors de toute entreprise ou établissement » peuvent en outre être candidats dans le conseil de prud'hommes dans le ressort duquel est situé leur domicile (*L. n° 2023-1059 du 20 nov. 2023, art. 28-1°*) « et dans l'un des conseils de prud'hommes limitrophes ».
Les personnes relevant des 2° et 3° de l'article L. 1441-6 sont candidates dans la section du conseil de prud'hommes dans le ressort duquel elles exerçaient leur dernière activité professionnelle (*L. n° 2023-1059 du 20 nov. 2023, art. 28-1°*) « ou dans le ressort duquel est situé leur domicile », dans la section de même nature de l'un des conseils de prud'hommes limitrophes (*Abrogé par L. n° 2023-1059 du 20 nov. 2023, art. 28-1°*) « ou dans celle du conseil de prud'hommes dans le ressort duquel est situé leur domicile ».
Les employés de maison et leurs employeurs sont candidats dans la section du conseil de prud'hommes dans le ressort duquel est situé leur domicile, ou dans la section de même nature de l'un des conseils de prud'hommes limitrophes.

Pour les personnes qui sont candidates dans la section de l'agriculture, les ressorts du conseil de prud'hommes ou du conseil de prud'hommes limitrophe sont déterminés en fonction du ressort de cette section.

§ 3 Collège de candidature

Art. L. 1441-12 Peuvent être candidats dans le collège des employeurs :
1° Les personnes employant pour leur compte ou pour le compte d'autrui un ou plusieurs salariés ;
2° Le cas échéant, sur mandat exprès de ces personnes et si elles ne sont pas elles-mêmes candidates, les conjoints collaborateurs mentionnés à l'article L. 121-4 du code de commerce pour les artisans, commerçants et professionnels libéraux et à l'article L. 321-5 du code rural et de la pêche maritime pour les agriculteurs ;
3° Les associés en nom collectif, les présidents des conseils d'administration, les directeurs généraux et directeurs, ainsi que les cadres détenant sur un service, un département ou un établissement de l'entreprise une délégation particulière d'autorité, établie par écrit, permettant de les assimiler à un employeur ;
4° Les personnes ayant cessé d'exercer toute activité et dont la dernière activité professionnelle relevait des catégories mentionnées au 1° ou au 3°.

Pour les personnes mentionnées au 2°, les conditions prévues à l'article L. 1441-7 doivent être remplies en la personne de l'artisan, du commerçant, du professionnel libéral ou du chef d'exploitation ou de l'entreprise agricole mandant, et en celle de son conjoint collaborateur mandataire. Pour ce dernier, il est toutefois substitué à la condition d'exercice d'une activité professionnelle de deux ans dans les dix ans précédant la candidature, mentionnée audit article, une durée équivalente d'appartenance au statut de conjoint collaborateur, appréciée à la date d'ouverture du dépôt des candidatures, fixée par voie réglementaire.

Art. L. 1441-13 Peuvent être candidats dans le collège des salariés :
1° Les salariés non cadres ;
2° Les cadres ne détenant pas la délégation particulière d'autorité mentionnée au 3° de l'article L. 1441-12 ;
3° Les salariés titulaires d'un contrat d'apprentissage ou de formation en alternance ;
4° Les personnes à la recherche d'un emploi inscrites sur la liste des demandeurs d'emploi ;
5° Les personnes mentionnées aux 1°, 2°, 3° et 4° ayant cessé d'exercer toute activité professionnelle.

§ 4 Section de candidature

Art. L. 1441-14 Relèvent de la section de l'encadrement du collège des salariés, à l'exception de celles qui ont une délégation particulière d'autorité, les personnes relevant des catégories mentionnées aux 1°, 2°, 3° et 4° de l'article L. 1423-1-2.

Art. L. 1441-15 Relèvent de la section de l'encadrement du collège des employeurs les employeurs et assimilés, comprenant les cadres qui ont une délégation particulière d'autorité, tels que définis à l'article L. 1441-12, qui n'emploient que des salariés relevant des catégories définies à l'article L. 1423-1-2.

Peuvent relever de la section de l'encadrement du collège des employeurs, les employeurs et assimilés, comprenant les cadres qui ont une délégation particulière d'autorité, tels que définis à l'article L. 1441-12, qui emploient au moins un des salariés relevant des catégories définies à l'article L. 1423-1-2.

Art. L. 1441-16 L'appartenance des salariés candidats aux sections est déterminée au regard du champ d'application de la convention ou de l'accord collectif de travail dont ils relèvent, selon le tableau de répartition mentionné à l'article L. 1423-1-1, à l'exception des personnes mentionnées à l'article L. 1441-14 et des cadres mentionnés au 3° de l'article L. 1441-12.

Art. L. 1441-17 Sous réserve des dispositions relatives à la section de l'encadrement définies à l'article L. 1441-15, pour le collège des employeurs, les employeurs et assimilés, tels que définis à l'article L. 1441-12, relèvent de la section de leur choix dont relève au moins un de leurs salariés.

SOUS-SECTION 2 Liste de candidats

Art. L. 1441-18 La déclaration des candidatures résulte du dépôt d'une liste de candidats pour chaque conseil de prud'hommes par les mandataires des organisations auxquelles ont été attribués des sièges en application de l'article L. 1441-4.

Cette liste est déposée par voie dématérialisée dans des conditions déterminées par décret. – *V. art. D. 1441-22-1 et D. 1441-24-1.*

Art. L. 1441-19 La liste de candidats est composée alternativement d'un candidat de chaque sexe.

(*L. n° 2023-1059 du 20 nov. 2023, art. 32-1°*) « En cas de dépôt d'une liste incomplète de candidats, il peut être dérogé à la règle mentionnée au premier alinéa. Les organisations syndicales et professionnelles peuvent proposer des candidats du même sexe dans la limite de 50 % du nombre de sièges qui leur sont attribués, ou de 50 % plus un siège s'il s'agit d'un nombre impair. »

Art. L. 1441-20 Aucune liste ne peut comporter un nombre de candidats supérieur au nombre de postes attribués par section et conseil de prud'hommes.

Art. L. 1441-21 Ne peuvent être enregistrées par l'autorité administrative les déclarations de candidatures qui ne respectent pas les conditions fixées par les articles L. 1441-18 à L. 1441-20 à la date de clôture du dépôt des candidatures.

Art. L. 1441-22 Le mandataire de la liste notifie à l'employeur de chacun des salariés candidats le nom du salarié de son entreprise qu'il entend présenter sur sa liste de candidats. Cette notification intervient à compter de la date d'ouverture du dépôt des candidatures.

Art. L. 1441-23 L'employeur laisse au salarié de son entreprise désigné, dans le cadre du renouvellement prud'homal, en tant que mandataire de liste, le temps nécessaire pour remplir ses fonctions. Ce temps est assimilé à une durée de travail effectif conformément aux dispositions de l'article L. 1442-6.

L'exercice des fonctions de mandataire de liste par un salarié ne peut être la cause d'une sanction ou d'une rupture du contrat de travail par l'employeur. Les délégués syndicaux appelés à exercer ces fonctions sont autorisés à utiliser à cet effet le crédit d'heures dont ils disposent au titre de leur mandat.

SECTION 4 Contestations relatives à la nomination

Art. L. 1441-24 A peine d'irrecevabilité, les contestations relatives à la nomination dans les conditions fixées à l'article L. 1441-1 sont portées par tout candidat ou mandataire de liste dans un délai de dix jours à compter de cette nomination, devant le tribunal administratif qui statue en premier et dernier ressort.

SECTION 5 Désignations complémentaires

Art. L. 1441-25 Durant le mandat, en cas de vacance de sièges, il peut être procédé à des désignations complémentaires, dans les conditions fixées par les articles L. 1441-26 à L. 1441-31.

Art. L. 1441-26 Dans le cas prévu à l'article L. 1441-25, les conseillers prud'hommes sont nommés conjointement par le garde des sceaux, ministre de la justice, et le ministre chargé du travail, par conseil de prud'hommes, collège et section, pour la durée du mandat restant à courir, sur proposition des organisations syndicales et professionnelles selon les modalités fixées à la présente section.

Art. L. 1441-27 Les dispositions des sections 3 et 4 relatives à la candidature et à la contestation de la nomination s'appliquent aux désignations complémentaires, à l'exception des dispositions des articles L. 1441-19, L. 1441-20 et L. 1441-21.

Art. L. 1441-28 La déclaration de candidature résulte du dépôt par voie dématérialisée d'une liste de candidats par conseil de prud'hommes par les mandataires des organisations auxquelles ont été attribués des sièges en application de l'article L. 1441-4 et dont la totalité des sièges n'est pas pourvue.

Art. L. 1441-29 (*L. n° 2023-1059 du 20 nov. 2023, art. 32-2°*) La liste de candidats est composée, pour chaque organisation, de manière à ce que l'écart entre le nombre de femmes et le nombre d'hommes parmi les conseillers désignés dans chaque conseil ne soit pas supérieur à un.

En cas de dépôt d'une liste incomplète de candidats, il peut être dérogé à la règle mentionnée au premier alinéa. Les organisations syndicales et professionnelles peuvent proposer des candidats du même sexe dans la limite de 50 % du nombre de sièges qui leur sont attribués, ou de 50 % plus un siège s'il s'agit d'un nombre impair.

Art. L. 1441-30 Aucune liste ne peut comporter un nombre de candidats supérieur au nombre de postes restant à pourvoir par section et conseil de prud'hommes.

Art. L. 1441-31 Ne peuvent être enregistrées par l'autorité administrative les déclarations de candidature qui ne respectent pas les conditions fixées par les articles L. 1441-28 à L. 1441-30 à la date de clôture du dépôt des candidatures.

CHAPITRE I *[ANCIEN]* ÉLECTION

Ce chapitre, abrogé par l'Ord. n° 2016-388 du 31 mars 2016, demeure applicable jusqu'au 31 janv. 2017 (Ord. préc., art. 1ᵉʳ-6° et 4). – V. ce chapitre dans la version en ligne du code du travail 🔒.

CHAPITRE II STATUT DES CONSEILLERS PRUD'HOMMES

BIBL. GÉN. ▶ Daigre, *Dr. soc.* 1981. 701 (l'avocat, conseiller prud'homme). – Desdevises, *ibid.* 1987. 713. – Heas, *Dr. soc.* 2017. 588 ⊘. – Serverin, *RDT* 2007. 120 ⊘ (L. n° 2006-1770 du 30 déc. 2006, art. 51).

SECTION 1 Formation

Art. L. 1442-1 L'État organise, dans des conditions déterminées par décret, la formation des conseillers prud'hommes et en assure le financement.

(L. n° 2015-990 du 6 août 2015, art. 258-I) « Les conseillers prud'hommes suivent une formation initiale à l'exercice de leur fonction juridictionnelle et une formation continue. La formation initiale est commune aux conseillers prud'hommes employeurs et salariés. Elle est organisée par l'État.

« Tout conseiller prud'homme qui n'a pas satisfait à l'obligation de formation initiale dans un délai fixé par décret est réputé démissionnaire. » – *V. art. D. 1442-1 s.*

BIBL. ▶ Lacoste-Mary, *Dr. soc.* 2017. 594 ⊘ (la place des instituts du travail dans la formation prud'homale : contribution à la construction d'une université ouverte).

Art. L. 1442-2 *(L. n° 2015-990 du 6 août 2015, art. 258-I)* « Pour les besoins de leur formation prévue à l'article L. 1442-1, les employeurs accordent aux salariés de leur entreprise membres d'un conseil de prud'hommes des autorisations d'absence, qui peuvent être fractionnées, dans la limite de :

« 1° Cinq jours par mandat, au titre de la formation initiale. *(L. n° 2018-771 du 5 sept. 2018, art. 45-I, en vigueur le 1ᵉʳ janv. 2019)* « Ces absences sont rémunérées par l'employeur au titre des activités prud'homales indemnisables prévues à l'article L. 1442-5 ; »

« 2° Six semaines par mandat, au titre de la formation continue. »

Les dispositions de l'article *(L. n° 2016-1088 du 8 août 2016, art. 33)* « L. 2145-10 » sont applicables à ces autorisations.

Ces absences sont rémunérées par l'employeur. *(Abrogé par L. n° 2018-771 du 5 sept. 2018, art. 45-I, à compter du 1ᵉʳ janv. 2019)* « *Elles sont admises au titre de la participation des employeurs au financement de la formation professionnelle, dans les conditions prévues à l'article L. 6331-1.* » – *V. art. L. 1443-3 (pén.).*

Par dérogation au 2° de l'art. L. 1442-2, les employeurs accordent aux salariés de leur entreprise, membres d'un conseil de prud'hommes, sur leur demande et pour les besoins de leur formation continue, des autorisations d'absence dans la limite de six jours par an au titre de la prolongation du mandat prévue par l'art. 2-I de l'Ord. n° 2020-388 du 1ᵉʳ avr. 2020 (Ord. préc., art. 2-II).

Sur le calcul de la durée de la formation des salariés conseillers prud'hommes (application combinée des art. L. 514-3 et L. 221-4), V. ● Soc. 19 nov. 1996, 🔒 n° 94-43.012 P : *JCP* 1997. I. 4037, n° 1, obs. Pierchon ; *RJS* 1996. 842, n° 1311 ; *CSB* 1997. 51, S. 20 ; *TPS* 1997, n° 36, obs. Boubli.

SECTION 2 Exercice du mandat

Art. L. 1442-3 Les conseillers prud'hommes sont *(Ord. n° 2016-388 du 31 mars 2016, art. 1er, en vigueur le 1er janv. 2018)* « nommés pour quatre ans. Leur mandat prend fin de plein droit *(L. n° 2023-1059 du 20 nov. 2023, art. 31-2°)* « à la fin de l'année civile au cours de laquelle ils ont atteint l'âge de soixante-quinze ans ou » en cas de perte de la nationalité française, pour quelque cause que ce soit ».

Lorsque le mandat des prud'hommes sortants vient à expiration avant la période fixée pour l'installation de leurs successeurs, ils restent en fonctions jusqu'à cette installation.

Les dispositions issues de la L. n° 2023-1059 du 20 nov. 2023 entrent en vigueur à compter du 1er renouvellement des conseillers prud'hommes suivant le 20 nov. 2023 (L. préc., art. 60-VIII).

Art. L. 1442-4 *Abrogé par Ord. n° 2016-388 du 31 mars 2016, art. 1er-8°, à compter du 1er janv. 2018.*

Art. L. 1442-5 Les employeurs laissent aux salariés de leur entreprise, membres d'un conseil de prud'hommes, le temps nécessaire pour se rendre et participer aux activités prud'homales déterminées par décret en Conseil d'État. — *[Anc. art. L. 514-1, al. 1er.]* — *V. art. L. 1443-3 (pén.) et art. R. 1423-55.*

Art. L. 1442-6 Le temps passé hors de l'entreprise pendant les heures de travail par les conseillers prud'hommes du collège salarié pour l'exercice de leurs fonctions est assimilé à un temps de travail effectif pour la détermination des droits que le salarié tient de son contrat de travail, des dispositions légales et des stipulations conventionnelles.

Les absences de l'entreprise des conseillers prud'hommes du collège salarié, justifiées par l'exercice de leurs fonctions, n'entraînent aucune diminution de leurs rémunérations et des avantages correspondants.

(L. n° 2009-526 du 12 mai 2009, art. 31) « La demande de remboursement aux employeurs des salaires maintenus aux conseillers prud'hommes du collège salarié, ainsi que des avantages et des charges sociales y afférents, est adressée au greffe du conseil de prud'hommes au plus tard dans l'année civile qui suit l'année de l'absence du salarié de l'entreprise. A défaut, la demande de remboursement est prescrite. » — *V. art. L. 1443-3 (pén.).*

Art. L. 1442-7 Le salarié membre d'un conseil de prud'hommes, travaillant en service continu ou discontinu posté, a droit à un aménagement d'horaires de son travail de façon à lui garantir un temps de repos minimum. — *[Anc. art. L. 514-1, al. 4.]* — *V. art. L. 1443-3 (pén.).*

V. • Soc. 8 avr. 2009 : ⚖ *D. 2009. AJ 1361* ; *RJS 2009. 498, n° 570* ; *JCP S 2009. 1398, obs. Lahalle.*

Art. L. 1442-8 Les fonctions de conseiller prud'homme sont gratuites vis-à-vis des parties. — *[Anc. art. L. 514-8.]*

Art. L. 1442-9 Les articles 4 et 5 du code civil et 434-7-1 du code pénal sont applicables aux conseils de prud'hommes et à leurs membres pris individuellement. — *[Anc. art. L. 514-9.]* — *Ces dispositions concernent le déni de justice et les arrêts de règlement.*

Art. L. 1442-10 Un décret détermine les modalités d'indemnisation des salariés qui exercent leur activité professionnelle en dehors de tout établissement ou dépendent de plusieurs employeurs. — *[Anc. art. L. 514-1, al. 5.]* — *V. art. L. 1443-3 (pén.) et R. 1423-54 s.*

SECTION 3 Discipline et protection

SOUS-SECTION 1 Discipline

V. Circ. DSJ du 7 août 2018 relative à la déontologie et à la discipline des conseillers prud'hommes, NOR WSB1821882C, D. actu. 5 sept. 2018, obs. Coustet.

Art. L. 1442-11 *(L. n° 2015-990 du 6 août 2015, art. 258-I, en vigueur au plus tard le 1er févr. 2017)* L'acceptation par un conseiller prud'homme d'un mandat impératif, avant ou après son entrée en fonction et sous quelque forme que ce soit, constitue un manquement grave à ses devoirs.

(Ord. n° 2016-388 du 31 mars 2016, art. 1er-9°) « Ce » fait entraîne la déchéance du mandat de l'intéressé dans les conditions prévues aux articles L. 1442-13-2 à L. 1442-14, L. 1442-16-1 et L. 1442-16-2.

V. Circ. n° NOR JUSB1821882C du 7 août 2018 relative à la déontologie et à la discipline des conseillers prud'hommes.

Art. L. 1442-12 Tout conseiller prud'homme qui, sans motif légitime et après mise en demeure, refuse de remplir le service auquel il est appelé peut être déclaré démissionnaire. — [Anc. art. L. 514-11, al. 1er.]

Art. L. 1442-13 (L. n° 2015-990 du 6 août 2015, art. 258-I, en vigueur au plus tard le 1er févr. 2017) Tout manquement à ses devoirs dans l'exercice de ses fonctions par un conseiller prud'homme est susceptible de constituer une faute disciplinaire.

Art. L. 1442-13-1 (L. n° 2015-990 du 6 août 2015, art. 258-I, en vigueur au plus tard le 1er févr. 2017) En dehors de toute action disciplinaire, les premiers présidents de cour d'appel peuvent rappeler à leurs obligations les conseillers prud'hommes des conseils de prud'hommes situés dans le ressort de leur cour.

Art. L. 1442-13-2 (L. n° 2015-990 du 6 août 2015, art. 258-I, en vigueur au plus tard le 1er févr. 2017) Le pouvoir disciplinaire est exercé par une Commission nationale de discipline qui est présidée par un président de chambre à la Cour de cassation, désigné par le premier président de la Cour de cassation, et qui comprend :
1° Un membre du Conseil d'État, désigné par le vice-président du Conseil d'État ;
2° Un magistrat et une magistrate du siège des cours d'appel, désignés par le premier président de la Cour de cassation sur une liste établie par les premiers présidents des cours d'appel, chacun d'eux arrêtant le nom d'un magistrat et d'une magistrate du siège de sa cour d'appel après avis de l'assemblée générale des magistrats du siège de la cour d'appel ;
3° Un représentant et une représentante des salariés, conseillers prud'hommes ou ayant exercé les fonctions de conseiller prud'homme, désignés par les représentants des salariés au Conseil supérieur de la prud'homie en son sein ;
4° Un représentant et une représentante des employeurs, conseillers prud'hommes ou ayant exercé les fonctions de conseiller prud'homme, désignés par les représentants des employeurs au Conseil supérieur de la prud'homie en son sein.
Des suppléants en nombre égal sont désignés dans les mêmes conditions. (Abrogé par Ord. n° 2017-1387 du 22 sept. 2017, art. 38) « Les membres de la Commission nationale de discipline sont désignés pour trois ans. »
(L. n° 2018-217 du 29 mars 2018, art. 11) « Les membres de la Commission nationale de discipline sont désignés pour quatre ans, dans des conditions précisées par décret en Conseil d'État. » — V. art. R. 1442-22.

Art. L. 1442-13-3 (L. n° 2015-990 du 6 août 2015, art. 258-I) La Commission nationale de discipline peut être saisie par le ministre de la justice ou par le premier président de la cour d'appel dans le ressort de laquelle le conseiller prud'homme siège, après audition de celui-ci par le premier président.

Art. L. 1442-14 (L. n° 2015-990 du 6 août 2015, art. 258-I) Les sanctions disciplinaires applicables aux conseillers prud'hommes sont :
1° Le blâme ;
2° La suspension pour une durée ne pouvant excéder six mois ;
3° La déchéance assortie d'une interdiction d'exercer les fonctions de conseiller prud'homme pour une durée maximale de dix ans ;
4° La déchéance assortie d'une interdiction définitive d'exercer les fonctions de conseiller prud'homme.

Art. L. 1442-14-1 (L. n° 2023-1059 du 20 nov. 2023, art. 28-2°) La cessation des fonctions d'un conseiller prud'homme pour quelque cause que ce soit ne fait pas obstacle à l'engagement de poursuites et au prononcé de sanctions disciplinaires.
Dans ce cas, les sanctions disciplinaires applicables sont :
1° L'interdiction d'exercer les fonctions de conseiller prud'homme pour une durée maximale de dix ans ;
2° L'interdiction définitive d'exercer les fonctions de conseiller prud'homme.

Art. L. 1442-15 Le conseiller prud'homme ayant fait l'objet d'une interdiction, déchéance ou incapacité relative à ses droits civiques est déchu de plein droit de ses fonctions à la date de la condamnation devenue définitive. — [Anc. art. L. 514-14.]

Art. L. 1442-16 (*L. n° 2015-990 du 6 août 2015, art. 258-I*) Sur proposition du ministre de la justice ou du premier président de la cour d'appel dans le ressort de laquelle le conseiller prud'homme mis en cause siège, le président de la Commission nationale de discipline peut suspendre un conseiller prud'homme, pour une durée qui ne peut excéder six mois, lorsqu'il existe contre l'intéressé, qui a été préalablement entendu par le premier président, des faits de nature à entraîner une sanction disciplinaire. La suspension peut être renouvelée une fois par la Commission nationale pour une durée qui ne peut excéder six mois. Si le conseiller prud'homme fait l'objet de poursuites pénales, la suspension peut être ordonnée par le président de la Commission nationale jusqu'à l'intervention de la décision pénale définitive.

Art. L. 1442-16-1 (*L. n° 2015-990 du 6 août 2015, art. 258-I*) La Commission nationale de discipline ne peut délibérer que si quatre de ses membres au moins, y compris le président, sont présents. En cas de partage égal des voix, celle du président est prépondérante.

Art. L. 1442-16-2 (*L. n° 2015-990 du 6 août 2015, art. 258-I*) Les décisions de la Commission nationale de discipline et celles de son président sont motivées.

Art. L. 1442-17 (*L. n° 2023-1059 du 20 nov. 2023, art. 29-1°*) Le conseiller prud'homme à l'égard duquel a été prononcée la mesure d'incapacité prévue à l'article L. 1441-10 peut, d'office ou à sa demande, en être relevé.

Art. L. 1442-18 Les demandes en relèvement d'incapacité sont adressées au ministre de la justice. Elles ne sont recevables que s'il s'est écoulé un délai d'un an depuis le refus d'installation ou la démission.

Toute demande rejetée après un examen au fond ne peut être renouvelée qu'après un nouveau délai d'un an.

Le relèvement est prononcé par (*L. n° 2023-1059 du 20 nov. 2023, art. 29-2°*) « arrêté du ministre de la justice ».

SOUS-SECTION 2 **Protection**

Art. L. 1442-19 L'exercice des fonctions de conseiller prud'homme et la participation aux activités mentionnées aux articles L. 1442-2 et L. 1442-5 ne peuvent être une cause de sanction ou de rupture du contrat de travail.

Le licenciement du conseiller prud'homme est soumis à la procédure d'autorisation administrative prévue par le livre IV de la deuxième partie. — [*Anc. art. L. 514-2, al. 1er.*]

I. CHAMP D'APPLICATION DE LA PROTECTION

1. Point de départ de la période de protection. La protection du conseiller prud'homme court à compter de la proclamation des résultats des élections le lendemain du jour du scrutin prévue par l'art. D. 1441-162 C. trav., indépendamment de la publication au recueil des actes administratifs de la préfecture du département prévue par l'art. D. 1441-164. ● Soc. 22 sept. 2010 : ⚖ *D. actu.* 12 nov. 2010, obs. Siro ; *SSL* 2010, n° 1461, p. 9, obs. Champeaux. ♦ La période de protection spéciale des candidats aux élections de conseillers prud'hommes peut courir également à compter de la connaissance par l'employeur de la candidature du salarié. ● Soc. 12 sept. 2007 : ⚖ *D. 2007. AJ* 2392, obs. Ines ; *RJS* 2007. 951, n° 1201.

2. Information de l'employeur. Il appartient au salarié qui se prévaut d'une protection en raison d'un mandat extérieur à l'entreprise d'établir qu'il a informé le liquidateur de l'existence du mandat au plus tard lors de l'entretien préalable au licenciement, ou, s'il s'agit d'une rupture ne nécessitant pas un entretien préalable, au plus tard avant la notification de l'acte de rupture, ou que le liquidateur en avait connaissance. ● Soc. 1er juin 2017, ⚖ n° 16-12.221 P : *D. actu.* 4 juill. 2017, obs. Roussel ; *D.* 2017. *Actu.* 1195 ; *RJS* 8-9/2017, n° 595 ; *JCP S* 2017. 1245, obs. Lahalle.

3. Rupture de la période d'essai. Les dispositions légales qui assurent une protection exceptionnelle et exorbitante du droit commun à certains salariés, en raison du mandat ou des fonctions qu'ils exercent dans l'intérêt de l'ensemble des travailleurs, s'appliquent à la rupture du contrat de travail à l'initiative de l'employeur pendant la période d'essai. ● Soc. 26 oct. 2005 : ⚖ *D. 2006. 115*, obs. Mouly ; *ibid.* 2006. Pan. 419, obs. Lokiec ; *JCP E* 2005. 1801, note Boulmier ; *JSL* 2005, n° 178-2.

4. Mise à la retraite. Les dispositions légales qui assurent une protection exceptionnelle et exorbitante du droit commun à certains salariés, en raison du mandat ou des fonctions qu'ils exercent dans l'intérêt de l'ensemble des travailleurs, s'appliquent à la rupture du contrat de travail à l'initiative de l'employeur pendant la période d'essai. ● Soc. 26 oct. 2005 : ⚖ *D. 2006. 115*, obs. Mouly.

5. Conseiller prud'homme protégé. Le statut protecteur s'applique indifféremment aux élus des collèges salariés ou employeurs. ● Crim. 22 avr. 1986 : *Bull. crim. n° 133* ● CE 27 juin 1997 : ⚖ *JS UIMM 1998. 34* ; *Dr. soc. 1998. 408* ⌀. ♦ Il concerne également le salarié appelé à remplacer un conseiller prud'homme défaillant ou démissionnaire. ● Soc. 3 mars 1988 : *Bull. civ. V, n° 155* ; *D. 1988. IR 79*.

6. Périodes de protection. La protection prévue en faveur du candidat aux élections prud'homales s'étend au salarié élu licencié avant qu'il n'ait prêté serment ou qu'il n'ait été installé. ● Soc. 24 oct. 1995 : ⚖ *RJS 1995. 735, n° 1160*. ♦ Sur la date d'entrée en fonctions déterminant le début d'application des règles protectrices, V. ● Soc. 16 juin 1988 : *Bull. civ. V, n° 369* ; *D. 1988. IR 191* (prestation de serment et installation dans les fonctions). ♦ Elle s'applique également au conseiller muté tant qu'il n'a pas démissionné ou n'a pas été déclaré démissionnaire. ● Soc. 4 oct. 1995 : ⚖ *RJS 1995. 736, n° 1161*. ♦ ... Ou au salarié mis à la retraite. ● Soc. 2 déc. 1998, ⚖ n° 96-44.668 P ; *D. 1999. IR 35* ⌀ ; *RJS 1999. 69, n° 101*.

7. Incidences de la déloyauté. Seule une fraude du salarié peut le priver de la protection attachée à son mandat, le manquement à son obligation de loyauté à l'égard de l'employeur ne pouvant avoir d'incidence que sur le montant de l'indemnité due au titre de la violation de son statut protecteur. ● Soc. 16 févr. 2011 : ⚖ *D. actu. 4 mars 2011, obs. Ines* ; *D. 2011. Actu. 684* ⌀ ; *Dr. soc. 2011. 724, obs. Pécaut-Rivolier* ⌀ ; *JCP S 2011. 1233, obs. Corrignan-Carsin*.

II. NON-RESPECT DE LA PROCÉDURE SPÉCIALE DE LICENCIEMENT

8. Méconnaissance du statut protecteur. Compte tenu de l'opposabilité à tous des résultats des élections prud'homales de la possibilité de consulter la liste des conseillers élus en préfecture et de la publication de cette liste au recueil des actes administratifs de la préfecture, l'employeur ne peut justifier le non-respect de la procédure spéciale de licenciement par son ignorance du statut de conseiller prud'homme du salarié. ● Soc. 9 juin 1998, ⚖ n° 96-43.015 P : *RJS 1998. 576, n° 894* ; *D. 1998. IR 167* ⌀. ♦ Dans le même sens, V. : ● Crim. 30 nov. 1999, ⚖ n° 99-81.885 P : *RSC 2000. 408, obs. Cerf* ⌀. ♦ La sanction de la méconnaissance par l'employeur du statut protecteur est la rémunération que le salarié aurait perçue jusqu'à l'expiration de la période de protection. ● Soc. 10 juill. 1990 : ⚖ *D. 1990. IR 197* ● 1er juin 1994 : ⚖ *CSB 1994. 207, A. 44*. ♦ Cette indemnisation est versée dans la limite de la durée de la protection accordée aux représentants du personnel. ● Soc. 28 mars 2000, ⚖ n° 97-44.373 P : *D. 2000. IR 129* ⌀ ; *RJS 2000. 391, n° 567* ; *Dr. soc. 2000. 658, obs. Mouly* ⌀.

9. Réintégration. A la suite de l'annulation de l'autorisation administrative de licenciement, le conseiller prud'homme a droit à réintégration dans son emploi ou dans un emploi équivalent. ● Soc. 12 mai 1998, ⚖ n° 95-44.214 P : *Dr. soc. 1998. 728, obs. Keller* ⌀ ; *RJS 1998. 494, n° 777*.

10. Non-réintégration et indemnisation. Le salarié protégé, auquel est assimilé le conseiller prud'homme, qui ne demande pas la poursuite de son contrat de travail illégalement rompu, a le droit d'obtenir, d'une part au titre de la méconnaissance du statut protecteur, le montant de la rémunération qu'il aurait dû percevoir entre son éviction et l'expiration de la période de protection dans la limite de la durée de protection accordée aux représentants du personnel et, d'autre part, non seulement les indemnités de rupture, mais une indemnité réparant l'intégralité du préjudice résultant du caractère illicite du licenciement et au moins égale à celle prévue par l'art. L. 122-14-4 [L. 1235-3 nouv.]. ● Soc. 12 juin 2001 : ⚖ *D. 2001. Somm. 3011* ⌀ ; *Dr. soc. 2001. 900, obs. Savatier* ⌀ ; *JCP 2001. II. 10599, note Corrignan-Carsin* ; *RJS 2001. 720, n° 1053* ; *JSL 2001, n° 86-6*. ♦ Si le conseiller prud'homme n'est pas réintégré lorsque l'annulation du licenciement est devenue définitive, il a droit à une indemnité correspondant au préjudice subi entre son licenciement et sa réintégration effective. ● Soc. 30 nov. 2004, ⚖ n° 01-44.739 P : *D. 2005. IR 17* ⌀ ; *JSL 2005, n° 159-4* ; *SSL 2005, n° 1198, p. 12*.

CHAPITRE III **DISPOSITIONS PÉNALES**

Art. L. 1443-1 Le fait de porter atteinte ou de tenter de porter atteinte soit à la libre désignation des candidats à (*Ord. n° 2016-388 du 31 mars 2016, art. 1er-13°*) « la nomination » des conseillers prud'hommes, soit à l'indépendance ou à l'exercice régulier des fonctions de conseiller prud'homme, notamment par la méconnaissance des articles L. 1442-2, L. 1442-5 à L. 1442-7 et L. 1442-10, est puni d'un emprisonnement d'un an et d'une amende de 3 750 €.

RÉP. TRAV. v° *Entrave aux institutions représentatives des salariés et à l'exercice du droit syndical*, par AMAUGER-LATTES.

Art. L. 1443-2 *Abrogé par Ord. n° 2016-388 du 31 mars 2016, art. 1er-12°.*

TITRE V PROCÉDURE DEVANT LE CONSEIL DE PRUD'HOMMES

BIBL. ▶ Adam, *Dr. soc. 2017. 638* (l'action de groupe discrimination). – Guiomard, *RDT 2014. 568* (quelle place faire aux actions de groupe en droit du travail ?).

CHAPITRE I DISPOSITIONS GÉNÉRALES

Art. L. 1451-1 (*L. n° 2014-743 du 1er juill. 2014*) Lorsque le conseil de prud'hommes est saisi d'une demande de qualification de la rupture du contrat de travail à l'initiative du salarié en raison de faits que celui-ci reproche à son employeur, l'affaire est directement portée devant le bureau de jugement, qui statue au fond dans un délai d'un mois suivant sa saisine. – V. art. R. 1451-1 s.

BIBL. ▶ Grévy, *RDT 2014. 704* (la procédure prud'homale applicable à la prise d'acte en quête de célérité). – Loiseau, *JCP S 2017. 1148* (la prise d'acte civilisée).

> *COMMENTAIRE*
>
> V. sur le Code en ligne.

L'art. L. 1451-1 C. trav. ne fait pas de distinction entre une rupture du contrat de travail par prise d'acte du salarié aux torts de l'employeur et une rupture résultant d'une démission dont il est demandé la requalification ; n'est donc pas prescrite la demande du salarié ayant contesté une démission donnée sans réserve directement devant le bureau de jugement moins de 2 ans après. • Soc. 18 sept. 2019, n° 18-15.765 P : *D. 2019. Actu. 1843*.

CHAPITRE II SAISINE DU CONSEIL DE PRUD'HOMMES ET RECEVABILITÉ DES DEMANDES

Le présent chapitre ne comprend pas de dispositions législatives.

CHAPITRE III ASSISTANCE ET REPRÉSENTATION DES PARTIES

Art. L. 1453-1 A (*L. n° 2019-222 du 23 mars 2019, art. 5-II*) Par dérogation au premier alinéa de l'article 4 de la loi n° 71-1130 du 31 décembre 1971 portant réforme de certaines professions judiciaires et juridiques, les parties peuvent se défendre elles-mêmes ou se faire assister ou représenter devant le conseil de prud'hommes, outre par un avocat, par :
1° Les salariés ou les employeurs appartenant à la même branche d'activité ;
2° Les défenseurs syndicaux ;
3° Leur conjoint, leur partenaire lié par un pacte civil de solidarité ou leur concubin.
L'employeur peut également se faire assister ou représenter par un membre de l'entreprise ou de l'établissement fondé de pouvoir ou habilité à cet effet.
Le représentant, s'il n'est pas avocat, doit justifier d'un pouvoir spécial. Devant le bureau de conciliation et d'orientation, cet écrit doit l'autoriser à concilier au nom et pour le compte du mandant, et à prendre part aux mesures d'orientation.

Ces dispositions s'appliquent aux instances introduites à compter du 25 mars 2019 (L. n° 2019-222 du 23 mars 2019, art. 109-II).

Propre représentation du défenseur syndical. Un salarié, défenseur syndical, partie à une instance prud'homale, ne peut pas assurer sa propre représentation en justice ; le défenseur syndical, qui exerce un mandat de représentation en justice, ne pouvant pas confondre en sa personne les qualités de mandant et de mandataire et la déclaration d'appel, formée par une personne qui n'en a pas le pouvoir, est nulle. • Soc. 17 mars 2021, n° 19-21.349 P : *D. actu. 7 avr. 2021, obs. Couëdel ; RDT 2021. 335, obs. Guiomard ; Dr. soc. 2021. 564, obs. Petit ; JSL 2021, n° 520-2, obs. Nassom-Tissandier ; JCP S 2021. 1119, obs. Brissy ; Gaz. Pal. 20 juill. 2020, p. 46, obs. Orif.*

Art. L. 1453-1 Les mineurs qui ne peuvent être assistés de leur père, mère ou tuteur peuvent être autorisés par le conseil de prud'hommes à agir devant lui. – *[Anc. art. L. 516-1.]*

Art. L. 1453-2 (*L. n° 2015-990 du 6 août 2015, art. 258-I*) Les personnes habilitées à assister ou à représenter les parties en matière prud'homale, si elles sont par ailleurs conseillers prud'hommes, ne peuvent pas exercer une mission d'assistance ou un mandat de représentation devant le conseil de prud'hommes auquel elles appartiennent.

L'exigence d'un tribunal indépendant et impartial imposée par l'art. 6, § 1, de la Conv. EDH interdit qu'un conseiller prud'homal en fonction lors de l'introduction de l'instance puisse représenter ou assister une partie devant le conseil de prud'hommes auquel il appartient. • Soc. 16 sept. 2008 : ⚖ *RJS 2008. 921, n° 1118 ; JCP S 2009. 1024, obs. Boubli* • 17 avr. 1986 : *Bull. civ. V, n° 157* • 2 févr. 2005 : ⚖ *D. 2005. IR 596 ; RJS 2005. 299, n° 428 ; CSB 2005, A. 37, obs. Pansier.*

Art. L. 1453-3 Le président et le vice-président du conseil de prud'hommes ne peuvent pas assister ou représenter les parties devant les formations de ce conseil. — *[Anc. art. L. 516-3, al. 3.]*

Art. L. 1453-4 (*L. n° 2015-990 du 6 août 2015, art. 258-I*) Un défenseur syndical exerce des fonctions d'assistance ou de représentation devant les conseils de prud'hommes et les cours d'appel en matière prud'homale.

Il est inscrit sur une liste arrêtée par l'autorité administrative sur proposition des organisations d'employeurs et de salariés (*Abrogé par Cons. const. n° 2021-928 QPC du 14 sept. 2021*) « *représentatives au niveau national et interprofessionnel, national et multiprofessionnel ou dans au moins une branche* », dans des conditions définies par décret. — *V. art. D. 1453-2-1.*

(*Ord. n° 2017-1718 du 20 déc. 2017, art. 1ᵉʳ-I*) « Le défenseur syndical intervient sur le périmètre d'une région administrative. »

V. Circ. Min. Justice du 5 juill. 2016, n° C3/42-2016/1.5.4.4/GM/RMB sur l'exonération de paiement de timbre fiscal en cas d'appel en matière prud'homale.

BIBL. ▶ Morin, *JCP S 2016. 1284* (le nouveau défenseur syndical).

1. Conformité à la Constitution. Est conforme à la Constitution le 3ᵉ al. de l'art. L. 1453-4, dans sa rédaction résultant de l'Ord. n° 2017-1718 du 20 févr. 2017, relatif au périmètre régional d'intervention du défenseur syndical, sous la réserve que la partie ayant choisi de se faire assister par un défenseur syndical devant le conseil de prud'hommes puisse continuer à être représentée, dans tous les cas, par ce même défenseur devant la cour d'appel compétente. • Cons. const. 12 mars 2020, ⚖ n° 2019-831 : *D. 2020. 544 ; RJS 6/2020, n° 314.*

2. Périmètre de compétence et appel. L'acte de notification d'un jugement de conseil de prud'hommes rendu en premier ressort doit donc, pour faire courir le délai de recours, indiquer que le défenseur syndical que peut constituer l'appelant est soit celui qui l'a assisté en première instance soit un défenseur syndical territorialement compétent pour exercer ses fonctions devant la cour d'appel concernée. • Soc. 29 sept. 2021, ⚖ n° 20-16.518 B : *D. 2021. 1769 ; RJS 12/2021, n° 678 ; JCP S 2021. 1296, obs. Bugada ; Gaz. Pal. 19 oct. 2021. 40, obs. Berlaud.*

COMMENTAIRE

V. sur le Code en ligne 🔒. ❏

Art. L. 1453-5 (*L. n° 2015-990 du 6 août 2015, art. 258-I*) Dans les établissements d'au moins onze salariés, le défenseur syndical dispose du temps nécessaire à l'exercice de ses fonctions, dans la limite de dix heures par mois.

Art. L. 1453-6 (*L. n° 2015-990 du 6 août 2015, art. 258-I*) Le temps passé par le défenseur syndical hors de l'entreprise pendant les heures de travail pour l'exercice de sa mission est assimilé à une durée de travail effectif pour la détermination de la durée des congés payés et du droit aux prestations d'assurances sociales et aux prestations familiales ainsi qu'au regard de tous les droits que le salarié tient du fait de son ancienneté dans l'entreprise.

Ces absences sont rémunérées par l'employeur et n'entraînent aucune diminution des rémunérations et avantages correspondants.

Les employeurs sont remboursés par l'État des salaires maintenus pendant les absences du défenseur syndical pour l'exercice de sa mission ainsi que des avantages et des charges sociales correspondants.

Un décret détermine les modalités d'indemnisation du défenseur syndical qui exerce son activité professionnelle en dehors de tout établissement ou qui dépend de plusieurs employeurs.

Art. L. 1453-7 (*L. n° 2015-990 du 6 août 2015, art. 258-I*) L'employeur accorde au défenseur syndical, à la demande de ce dernier, des autorisations d'absence pour les besoins de sa formation. Ces autorisations sont délivrées dans la limite de deux semaines par période de quatre ans suivant la publication de la liste des défenseurs syndicaux sur laquelle il est inscrit.

L'article L. 3142-12 est applicable à ces autorisations. Ces absences sont rémunérées par l'employeur.

Art. L. 1453-8 (L. n° 2015-990 du 6 août 2015, art. 258-I) Le défenseur syndical est tenu au secret professionnel pour toutes les questions relatives aux procédés de fabrication.

Il est tenu à une obligation de discrétion à l'égard des informations présentant un caractère confidentiel et données comme telles par la personne qu'il assiste ou représente ou par la partie adverse dans le cadre d'une négociation.

Toute méconnaissance de ces obligations peut entraîner la radiation de l'intéressé de la liste des défenseurs syndicaux par l'autorité administrative.

Constitutionnalité. Sont conformes à la Constitution les deux premiers al. de l'art. L. 1453-8 C. trav. relatifs à l'obligation de confidentialité du défenseur syndical, en ce que les parties représentées par un défenseur syndical bénéficient des mêmes garanties quant au secret professionnel que celles dont la défense est assurée par un avocat. • Cons. const. 7 avr. 2017, 🕮 n° 2017-623 QPC : *D. 2017. Actu. 824* ⌀ ; *RJS 6/2017, n° 424 ; SSL 2017, n° 1766, p. 14.*

Art. L. 1453-9 (L. n° 2015-990 du 6 août 2015, art. 258-I) L'exercice de la mission de défenseur syndical ne peut être une cause de sanction disciplinaire ou de rupture du contrat de travail.

Le licenciement du défenseur syndical est soumis à la procédure d'autorisation administrative prévue au livre IV de la deuxième partie.

CHAPITRE IV CONCILIATION ET JUGEMENT

BIBL. GÉN. ▶ BAUGARD, *Dr. soc. 2017. 599* ⌀. – BOULMIER, *Dr. soc. 2012. 121* ⌀ (contentieux individuels du travail et conciliation/médiation : état des lieux [dégradé]). – CLÉMENT, JEAMMAUD, SERVERIN et VENNIN, *Dr. soc. 1987. 55* (les règlements non juridictionnels des litiges prud'homaux). – DESCHAMPS, *SSL 1986, n° 322, suppl. D. 63* (conciliation et référé). – DRICA, *Dr. ouvrier 1998. 431* (référé et discriminations). – GEOFFROY et KELLER, *Dr. soc. 1988. 819* (paritarisme et juridisation, le cas des juridictions provisoires). – LAUWERIÈRE, *SSL 1997, n° 851* (parité et efficacité de la juridiction prud'homale). – SPORTOUCH, *Dr. soc. 1987. 503* (le recours au juge du provisoire).

SECTION 1 Conciliation, orientation et mise en état de l'affaire (L. n° 2015-990 du 6 août 2015, art. 258-I).

Art. L. 1454-1 (L. n° 2015-990 du 6 août 2015, art. 258-I) Le bureau de conciliation et d'orientation est chargé de concilier les parties.

Dans le cadre de cette mission, le bureau de conciliation et d'orientation peut entendre chacune des parties séparément et dans la confidentialité.

Art. L. 1454-1-1 (L. n° 2015-990 du 6 août 2015, art. 258-I) En cas d'échec de la conciliation, le bureau de conciliation et d'orientation peut, par simple mesure d'administration judiciaire :

1° Si le litige porte sur un licenciement ou une demande de résiliation judiciaire du contrat de travail, renvoyer les parties, avec leur accord, devant le bureau de jugement dans sa composition restreinte mentionnée à l'article L. 1423-13. La formation restreinte doit statuer dans un délai de trois mois ;

2° Renvoyer les parties, si elles le demandent ou si la nature du litige le justifie, devant le bureau de jugement mentionné à l'article L. 1423-12 présidé par le juge mentionné à l'article L. 1454-2. L'article L. 1454-4 n'est pas applicable.

A défaut, l'affaire est renvoyée devant le bureau de jugement mentionné à l'article L. 1423-12.

La formation saisie connaît de l'ensemble des demandes des parties, y compris des demandes additionnelles ou reconventionnelles.

Art. L. 1454-1-2 (L. n° 2015-990 du 6 août 2015, art. 258-I) Le bureau de conciliation et d'orientation assure la mise en état des affaires.

Lorsque l'affaire n'est pas en état d'être jugée devant le bureau de jugement, celui-ci peut assurer sa mise en état.

Un ou deux conseillers rapporteurs peuvent être désignés pour que l'affaire soit mise en état d'être jugée. Ils prescrivent toutes mesures nécessaires à cet effet.

Les agents de contrôle mentionnés à l'article L. 8271-1-2 communiquent aux conseillers rapporteurs, à la demande de ceux-ci et sans pouvoir opposer le secret professionnel, les renseignements et documents relatifs au travail dissimulé, au marchandage ou au prêt illicite de main-d'œuvre dont ils disposent.

(*L. n° 2016-1088 du 8 août 2016, art. 68*) « Le bureau de conciliation et d'orientation, les conseillers rapporteurs désignés par le bureau de conciliation et d'orientation ou le bureau de jugement peuvent fixer la clôture de l'instruction par ordonnance, dont copie est remise aux parties ou à leur conseil. Cette ordonnance constitue une mesure d'administration judiciaire. »

Art. L. 1454-1-3 (*L. n° 2015-990 du 6 août 2015, art. 258-I*) Si, sauf motif légitime, une partie ne comparaît pas, personnellement ou représentée (*Ord. n° 2017-1787 du 22 sept. 2017, art. 35*) « selon des modalités prévues par décret en Conseil d'État », le bureau de conciliation et d'orientation peut juger l'affaire, en l'état des pièces et moyens que la partie comparante a contradictoirement communiqués. – *V. art. R. 1454-20 s.*

Dans ce cas, le bureau de conciliation et d'orientation statue en tant que bureau de jugement dans sa composition restreinte mentionnée à l'article L. 1423-13.

SECTION 2 **Départage**

BIBL. ▶ Desdevises, *Dr. soc.* 1986. 802 (départition partielle). – Hunter-Falck et Boulmier, *RDT* 2015. Controverse 10 (quel statut pour le juge départiteur ?). – Jaubert et Sant, *ibid.* 1985. 567 (juge départiteur). – Keller, *ibid.* 1993. 165 (départage). – Lahalle, *JCP S* 2012. 1035 (simplification de la procédure de saisie des rémunérations et spécialisation des juges départiteurs). – Serverin et Vennin, *ibid.* 1995. 904 (départage).

▶ Loi du 6 août 2015 : Flores et Pecaut-Rivolier, *Dr. soc.* 2017. 605 (les nouveaux juges départiteurs).

Art. L. 1454-2 En cas de partage, l'affaire est renvoyée devant (*Abrogé par Ord. n° 2017-1787 du 22 sept. 2017, art. 35*) « *le même bureau de conciliation et d'orientation* » le même bureau de jugement ou la même formation de référé, présidé par un juge du (*Ord. n° 2019-964 du 18 sept. 2019, art. 35, en vigueur le 1er janv. 2020*) « tribunal judiciaire » dans le ressort duquel est situé le siège du conseil de prud'hommes. L'affaire est reprise dans le délai d'un mois.

(*Ord. n° 2017-1387 du 22 sept. 2017, art. 35*) « En cas de partage devant le bureau de conciliation et d'orientation, ce dernier renvoie l'affaire devant le bureau de jugement présidé par le juge du (*Ord. n° 2019-964 du 18 sept. 2019, art. 35, en vigueur le 1er janv. 2020*) « tribunal judiciaire » dans le ressort duquel est situé le siège du conseil de prud'hommes. »

(*L. n° 2015-990 du 6 août 2015, art. 258-I*) « Les juges chargés de ces fonctions sont désignés chaque année, notamment en fonction de leurs aptitudes et connaissances particulières, par le président du (*Ord. n° 2019-964 du 18 sept. 2019, art. 35, en vigueur le 1er janv. 2020*) « tribunal judiciaire ». »

1. Il résulte de la combinaison des art. L. 515-3 [L. 1454-2 à L. 1454-4 nouv.] et R. 516-2 qu'en cas de partage des voix, l'instance se poursuit devant le conseil de prud'hommes présidé désormais par le juge d'instance et que les parties peuvent donc, en cet état de la procédure, former des demandes nouvelles. ● Soc. 28 avr. 1994, ⚖ n° 88-44.515 P : *D. 1994. IR 130*.

2. La décision constatant le partage de voix n'est pas une décision sur le fond du litige, de sorte que la transaction est intervenue avant le jugement sur le fond. ● Civ. 2ᵉ, 5 mars 2009 : ⚖ *RDT 2009. 329*, obs. Grumbach et Serverin.

Art. L. 1454-3 Lorsqu'un conseiller prud'homme est empêché de siéger à l'audience de départage, il est remplacé dans les limites et selon les modalités déterminées par décret. – [*Anc. art. L. 515-3, al. 2.*] – *V. art. R. 1454-30.*

Art. L. 1454-4 Si, lors de l'audience de départage, (*Abrogé par Ord. n° 2017-1787 du 22 sept. 2017, art. 35*) « *le bureau de conciliation et d'orientation* », le bureau de jugement ou la formation de référé ne peut se réunir au complet, le juge départiteur statue dans des conditions déterminées par décret en Conseil d'État. – *V. art. R. 1454-31.*

Lorsque sont réunies les conditions de l'art. L. 515-3, al. 3 [L. 1454-4 nouv.], le juge départiteur doit statuer seul, les conseillers présents ne pouvant avoir voix délibérative. ● Soc. 18 janv. 1989 : *Dr. soc. 1989. 394*, obs. Desdevises.

SECTION 3 Demande de requalification en contrat de travail d'une convention de stage

(L. n° 2014-788 du 10 juill. 2014, art. 1ᵉʳ-V)

Art. L. 1454-5 Lorsque le conseil de prud'hommes est saisi d'une demande de requalification en contrat de travail d'une convention de stage mentionnée à l'article L. 124-1 du code de l'éducation, l'affaire est directement portée devant le bureau de jugement, qui statue au fond dans un délai d'un mois suivant sa saisine.

CHAPITRE V RÉFÉRÉ

Le présent chapitre ne comprend pas de dispositions législatives.

CHAPITRE VI LITIGES EN MATIÈRE DE LICENCIEMENTS POUR MOTIF ÉCONOMIQUE

Art. L. 1456-1 En cas de litige portant sur les licenciements pour motif économique, la section ou la chambre statue en urgence selon des modalités et dans des délais déterminés par décret en Conseil d'État. — *[Anc. art. L. 516-5.]* — *V. art. R. 1456-1 s.*

CHAPITRE VII RÉCUSATION

BIBL. ▶ Desdevises, *Dr. soc.* 1987. 713 (statut du conseiller prud'homme) ; SSL 2003, n° 1142. 5. – P. Lyon-Caen, *RJS* 2003. 936 (la juridiction prud'homale et l'article 6-1 de la Conv. EDH. – Quétant, *JSL* 2004, n° 139-1.

Art. L. 1457-1 Le conseiller prud'homme peut être récusé :
1° Lorsqu'il a un intérêt personnel à la contestation, le seul fait d'être affilié à une organisation syndicale ne constituant pas cet intérêt personnel ;
2° Lorsqu'il est conjoint, partenaire lié par un pacte civil de solidarité, concubin, parent ou allié jusqu'au degré de cousin germain inclusivement d'une des parties ;
3° Si, dans l'année qui a précédé la récusation, il y a eu action judiciaire, criminelle ou civile entre lui et une des parties ou son conjoint, partenaire lié par un pacte civil de solidarité, concubin ou ses parents ou alliés en ligne directe ;
4° S'il a donné un avis écrit dans l'affaire ;
5° S'il est employeur ou salarié de l'une des parties en cause. — *[Anc. art. L. 518-1.]* — *V. art. R. 1457-1 s.*

Le conseil de prud'hommes doit, dès qu'il a connaissance de la demande de récusation, suspendre l'instance jusqu'à ce qu'elle ait été définitivement tranchée ; il ne peut statuer sur cette demande ni examiner l'affaire au fond en présence du conseiller prud'homme dont la récusation a été sollicitée. ● Soc. 3 juin 2009 : ⚖ *RJS* 2009. 651, n° 742 ; *JCP S* 2009. 1379, obs. Lahalle.

TITRE VI VOIES DE RECOURS

CHAPITRE I APPEL

Le présent chapitre ne comprend pas de dispositions législatives.

CHAPITRE II POURVOI EN CASSATION

Art. L. 1462-1 Les jugements des conseils de prud'hommes sont susceptibles d'appel. Toutefois, ils statuent en dernier ressort en dessous d'un taux fixé par décret. — *[Anc. art. L. 511-1, al. 6, phrase 2.]* — *V. art. R. 1462-1 s.*

CHAPITRE III OPPOSITION

Le présent chapitre ne comprend pas de dispositions législatives.

TITRE VII PRESCRIPTION DES ACTIONS EN JUSTICE

(L. n° 2013-504 du 14 juin 2013, art. 21-III)

BIBL. ▶ BATARD, *Dr. ouvrier 2019. 521* (la prescription en matière prud'homale). – ICARD, *RJS 5/2019, p. 331* (prescription en droit du travail) ; *SSL 2021, n° 1963*.

CHAPITRE UNIQUE

Art. L. 1471-1 Toute action portant sur l'exécution *(Ord. n° 2017-1718 du 20 déc. 2017, art. 1er-I)* « du contrat de travail » se prescrit par deux ans à compter du jour où celui qui l'exerce a connu ou aurait dû connaître les faits lui permettant d'exercer son droit.

(Ord. n° 2017-1387 du 22 sept. 2017, art. 6) « Toute action portant sur la rupture du contrat de travail se prescrit par douze mois à compter de la notification de la rupture. »

(Ord. n° 2017-1718 du 20 déc. 2017, art. 1er-I) « Les deux premiers alinéas ne sont toutefois pas applicables » aux actions en réparation d'un dommage corporel causé à l'occasion de l'exécution du contrat de travail, aux actions en paiement ou en répétition du salaire et aux actions exercées en application des articles L. 1132-1, L. 1152-1 et L. 1153-1. Elles ne font obstacle ni aux délais de prescription plus courts prévus par le présent code et notamment ceux prévus aux articles L. 1233-67, L. 1234-20, L. 1235-7 *(Ord. n° 2017-1387 du 22 sept. 2017, art. 10 ; L. n° 2018-217 du 29 mars 2018, art. 11)* « , L. 1237-14 et L. 1237-19-8, » ni à l'application du dernier alinéa de l'article L. 1134-5.

Les dispositions issues de l'Ord. n° 2017-1387 du 22 sept. 2017 s'appliquent aux prescriptions en cours à compter du 23 sept. 2017, date de publication de l'Ord., sans que la durée totale de la prescription puisse excéder la durée prévue par la loi antérieure. Lorsqu'une instance a été introduite avant le 23 sept. 2017, l'action est poursuivie et jugée conformément à la loi ancienne y compris en appel et en cassation (Ord. préc., art. 40-II).

BIBL. ▶ BUGADA et ICARD, *RDT 2021. Controverse 556* ⊘ (faut-il simplifier la prescription en droit du travail ?). – FRANÇOIS, *SSL 2013, n° 1570, p. 18* (rationalisation des procédures prud'homales). – GAURIAU, *Dr. soc. 2013. 833* ⊘. – ROBINAUD, *Dr. ouvrier 2021. 86* (la réduction des délais de prescription en droit du travail).

COMMENTAIRE

V. sur le Code en ligne 🔒.

1. Conventionnalité. La réduction de 5 à 2 ans par la loi n° 2013-504 du 14 juin 2013 du délai de prescription applicable à toute action portant sur l'exécution ou la rupture du contrat de travail ne méconnaît pas les exigences de l'art. 6, § 1, Conv. EDH, dès lors que le délai biennal a pour finalité de garantir la sécurité juridique en fixant un terme aux actions du salarié dûment informé des voies et délais de recours qui lui sont ouverts devant la juridiction prud'homale. ● Soc. 20 avr. 2022, ⚖ n° 19-17.614 B : *D. 2022. 796* ⊘ ; *RDT 2022. 461, obs. Mardon* ⊘ ; *Dr. soc. 2022. 559, note Mouly* ⊘ ; *RJS 7/2022, n° 396* ; *JCP S 2022. 1173, obs. Brissy* ; *Dr. soc. 2022. 559, obs. Mouly* ⊘ ; *RDT 2022. 380, obs. Géniaut* ⊘ ; *ibid. 461, obs. Mardon* ⊘ ; *RJS 7/2022, n° 396* ; *JSL 2022, n° 544, obs. van Gaver et Arnould* ; *JCP S 2022. 1173, obs. Brissy*.

I. NATURE DE LA CRÉANCE INVOQUÉE

2. Durée de la prescription fondée sur la nature de la créance invoquée. La durée de la prescription est déterminée par la nature de la créance invoquée. ● Soc. 30 juin 2021, ⚖ n° 18-23.932 B : *D. actu. 20 juill. 2021, obs. Couëdel* ; *D. 2021. 1292* ⊘ ; *RJS 10/2021, n° 544* ; *JCP S 2021. 1219, obs. Guyot* (l'action en paiement d'un rappel de salaire fondée sur l'invalidité d'une convention de forfait en jours est soumise à la prescription triennale prévue par l'art. L. 3245-1) ● 30 juin 2021, ⚖ n° 19-10.161 B : *D. actu. 20 juill. 2021, obs. Couëdel* ; *D. 2021. 1293* ⊘ ; *Dr. soc. 2021. 853, obs. Radé* ⊘ ; *RDT 2021. 577, note Baugard* ⊘ ; *RJS 10/2021, n° 548* ; *RPC 2021. Comm. 133, note Taquet* (la demande de rappel de salaire fondée sur la requalification d'un contrat de travail à temps partiel en contrat de travail à temps complet est soumise à la prescription triennale de l'art. L. 3245-1) ● 30 juin 2021, ⚖ n° 19-14.543 B : *D. actu. 20 juill. 2021, obs. Couëdel* ; *D. 2021. 1293* ⊘ ; *Dr. soc. 2021. 853, obs. Radé* ⊘ ; *RJS 10/2021, n° 522* (l'action relative à l'utilisation des droits affectés sur un compte épargne-temps, acquis en contrepartie du travail, a une nature salariale et est soumise à la prescription triennale prévue par l'art. L. 3245-1) ● 30 juin 2021, ⚖ n° 20-12.960 B : *D. actu. 20 juill. 2021, obs. Couëdel* ; *D. 2021. 1292* ⊘ ; *RJS 10/2021, n° 524* (la demande de rappel de salaire fondée non pas sur une discrimination mais sur une atteinte au principe d'égalité de traitement relève de la prescription triennale).

3. Action en qualification de contrat de travail. Il résulte de la combinaison des art. 2224 C. civ. et L. 1471-1, al. 1er, C. trav. (dans sa version antérieure à l'Ord. n° 2017-1387 du 22 sept. 2017), que l'action par laquelle une partie demande de qualifier un contrat, dont la nature juridique est indécise ou contestée, de contrat de travail, revêt le caractère d'une action personnelle et relève de la prescription de l'art. 2224 C. civ. ; la qualification dépendant des conditions dans lesquelles est exercée l'activité, le point de départ de ce délai est la date à laquelle la relation contractuelle dont la qualification est contestée a cessé. C'est à cette date que le titulaire connaît l'ensemble des faits lui permettant d'exercer son droit. ● Soc. 11 mai 2022, ✥ nᵒˢ 20-18.084 et 20-14.421 B : *D. 2022. 998* ; *Dr. soc. 2022. 757, obs. Radé* ; *RJS 7/2022, nᵒ 398* ; *JSL 2022, nᵒ 545, obs. Nasom-Tissandier* ; *JCP 2022. Chron. nᵒ 864, note Loiseau*.

II. ACTION PORTANT SUR L'EXÉCUTION DU CONTRAT DE TRAVAIL

4. Réparation du préjudice d'anxiété. L'action relative à la réparation du préjudice d'anxiété, mettant en cause l'obligation de sécurité de l'employeur, porte sur l'exécution du contrat de travail et se prescrit par deux ans. ● Soc. 8 juill. 2020, ✥ nᵒ 18-26.585 P : *D. 2020. Actu. 1467* ; *RJS 10/2020, nᵒ 472* ; *JCP S 2020. 3026, obs. Asquinazi-Bailleux*. ♦ L'action par laquelle un salarié, ayant travaillé dans un des établissements mentionnés à l'art. 41 de la L. nᵒ 98-1194 du 23 déc. 1998 et figurant sur une liste établie par arrêté ministériel pendant une période où y étaient fabriqués ou traités l'amiante ou des matériaux contenant de l'amiante, demande réparation du préjudice d'anxiété, au motif qu'il se trouve, du fait de l'employeur, dans un état d'inquiétude permanente généré par le risque de déclaration à tout moment d'une maladie liée à l'amiante, se rattache à l'exécution du contrat de travail et se prescrit par deux ans. ● Soc. 12 nov. 2020, ✥ nᵒ 19-18.490 P : *D. 2020. 2293* ; *Dr. soc. 2020. 1049, obs. Radé* ; *RJS 1/2021, nᵒ 36* ; *JSL 2021, nᵒ 512-6, obs. Hautefort* ; *JCP S 2021. 1023, obs. Aumeran*. ♦ Le point de départ du délai de prescription de l'action par laquelle un salarié demande à son employeur, auquel il reproche un manquement à son obligation de sécurité, la réparation de son préjudice d'anxiété, est la date à laquelle le salarié a eu connaissance du risque élevé de développer une pathologie grave résultant de son exposition à l'amiante, et ne peut être antérieur à la date à laquelle cette exposition a pris fin. ● Soc. 8 juill. 2020 : *préc.*

5. Paiement d'une indemnité de transport. L'indemnité de transport relevant du régime des frais professionnels, l'action en paiement de cette prime n'était pas soumise aux dispositions de l'art. L. 3245-1 C. trav. issues de la L. nᵒ 2013-504 du 14 juin 2013 se rapportant à l'action en paiement ou en répétition du salaire. ● Soc. 20 nov. 2019, ✥ nᵒ 18-20.208 P : *D. 2019. Actu. 2305* ; *RJS 2/2020, nᵒ 91* ; *RPC 2020. Comm. 11, obs. Taquet* ; *JCP S 2019. 1372, obs. Dumont*. ♦ Cette action est relative à l'exécution du contrat et se prescrit par deux ans. ● Même décision (sol. impl.).

6. Paiement d'une somme au titre de la participation aux résultats de l'entreprise. La demande en paiement d'une somme au titre de la participation aux résultats de l'entreprise, laquelle n'a pas une nature salariale, relève de l'exécution du contrat de travail et est soumise à la prescription biennale de l'art. L. 1471-1 C. trav. ● Soc. 13 avr. 2023, ✥ nᵒ 21-22.455 B : *D. 2023. 790* ; *RJS 6/2023, nᵒ 329* ; *SSL 2023, nᵒ 2049, p. 11, obs. Kovac et Gaudemet-Toulemonde* ; *JCP 2023. 851, obs. Loiseau*.

7. Action fondée sur le non-respect par l'employeur de la priorité de réembauche. L'action fondée sur le non-respect par l'employeur de la priorité de réembauche, qui n'est pas liée à la contestation de la rupture du contrat de travail mais à l'exécution du contrat de travail, relève de la prescription de l'art. L. 1471-1. ● Soc. 1ᵉʳ févr. 2023, ✥ nᵒ 21-12.485 B : *D. actu. 9 févr. 2023, obs. Couëdel* ; *D. 2023. 244* ; *RJS 4/2023, nᵒ 204* ; *SSL 2023, nᵒ 2032, obs. Bailly*.

III. POINT DE DÉPART DU DÉLAI DE PRESCRIPTION

8. Action en requalification de contrat à durée déterminée. Toute action portant sur l'exécution du contrat de travail se prescrit par deux ans à compter du jour où celui qui l'exerce a connu ou aurait dû connaître les faits lui permettant d'exercer son droit ; par l'effet de la requalification des contrats à durée déterminée, le salarié est réputé avoir occupé un emploi à durée indéterminée depuis le jour de son engagement par un contrat à durée déterminée irrégulier. Il en résulte que le délai de prescription d'une action en requalification d'un contrat à durée déterminée en contrat à durée indéterminée fondée sur le motif du recours au contrat à durée déterminée énoncé au contrat a pour point de départ le terme du contrat ou, en cas de succession de contrats à durée déterminée, le terme du dernier contrat, et que le salarié est en droit, lorsque la demande en requalification est reconnue fondée, de se prévaloir d'une ancienneté remontant au premier contrat irrégulier. ● Soc. 29 janv. 2020, ✥ nᵒ 18-15.359 P : *D. actu. 27 févr. 2020, obs. Malfettes* ; *D. 2020. Actu. 286* ; *RJS 4/2020, nᵒ 170* ; *JSL 2020, nᵒ 494-4, obs. Lhernould*. ♦ Le délai de prescription d'une action en requalification d'un contrat à durée déterminée en contrat à durée indéterminée, fondée sur l'absence d'une mention au contrat susceptible d'entraîner sa requalification, court à compter de la conclusion de ce contrat. ● Soc. 3 mai 2018, ✥ nᵒ 16-26.437 P : *D. actu. 22 mai 2018, obs. Couëdel* ; *D. 2018. Actu. 1017* ; *Dr. soc. 2018. 765, obs. Mouly* ; *RJS 7/2018, nᵒ 472* ● 23 nov. 2022, ✥ nᵒ 21-13.059 B : *D. actu. 12 janv. 2023, obs. Couëdel* ; *D. 2022. 2167* ; *RJS 2/2023, nᵒ 99* ; *JCP S 2022. 1315, obs. Bousez* ● 11 mai 2023, ✥ nᵒ 20-22.472 B : *D. 2023. 1014* ; *RJS 7/2023, nᵒ 398* ; *JSL 2023, nᵒ 556-1, obs. Vaccaro* ; *JCP 2023. 851, obs. Loiseau* ; *JCP S 2023. 1169, obs. Bousez*.

9. Action en requalification du CDD fondée sur le non-respect du délai de carence. Le délai de prescription d'une action en requalification d'un CDD en CDI, fondée sur le non-respect du délai de carence entre deux contrats successifs, court à compter du premier jour d'exécution du second de ces contrats. ● Soc. 5 mai 2021, ⚖ n° 19-14.295 P.

10. Action en requalification d'un contrat de mission fondée sur le motif du recours. L'action en requalification d'un contrat de mission fondée sur le motif du recours au contrat de mission énoncé au contrat a pour point de départ le terme du contrat ou, en cas de succession de contrats de mission, le terme du dernier contrat et le salarié est en droit, lorsque la demande en requalification est reconnue fondée, de faire valoir auprès de l'entreprise utilisatrice les droits correspondant à un contrat de travail à durée indéterminée prenant effet au premier jour de sa mission. ● Soc. 30 juin 2021, ⚖ n° 19-16.655 B : *D. actu. 20 juill. 2021*, obs. Couëdel ; *D. 2021. 1294* ⚖ ; *RJS 10/2021, n° 526 ; JCP S 2021. 1231*, obs. Fallik Maymard.

11. Action fondée sur le non-respect par l'employeur de la priorité de réembauche. L'indemnisation dépendant des conditions dans lesquelles l'employeur a exécuté son obligation, le point de départ de ce délai est la date à laquelle la priorité de réembauche a cessé, soit à l'expiration du délai d'un an à compter de la rupture du contrat de travail. ● Soc. 1er févr. 2023, ⚖ n° 21-12.485 B : *D. actu. 9 févr. 2023*, obs. Couëdel ; *RJS 4/2023, n° 204*.

12. Action en contestation de la rupture du contrat de travail. Lorsque le statut du personnel ouvre la voie du recours gracieux au salarié licencié pour faute grave, le délai de prescription de l'action en contestation du licenciement court à compter de la notification de la décision du directeur général statuant sur recours gracieux. ● Soc. 8 sept. 2021, ⚖ n° 19-22.251 B : *D. actu. 23 sept. 2021*, obs. Couëdel ; *D. 2021. 1631* ⚖ ; *Dr. soc. 2021. 957*, obs. Radé ⚖ ; *RJS 11/2021, n° 601*.

13. Départ à la retraite. En cas de départ à la retraite d'un salarié, la prescription de l'action en contestation de la rupture court à compter de la date à laquelle il a notifié à l'employeur sa volonté de partir à la retraite ; toutefois, lorsque le départ à la retraite s'inscrit dans un dispositif, auquel a adhéré le salarié, mis en place par un accord collectif réservant expressément une faculté de rétractation de la part du salarié, la prescription de l'action en contestation de la rupture ne court qu'à compter de la rupture effective de la relation de travail. ● Soc. 4 oct. 2023, ⚖ n° 22-14.126 B : *D. actu. 23 oct. 2023*, obs. Malfettes ; *D. 2023. 1751* ⚖ ; *JCP S 2023. 1277*, obs. Jeansen.

LIVRE V DISPOSITIONS RELATIVES À L'OUTRE-MER

TITRE I DISPOSITIONS GÉNÉRALES

CHAPITRE UNIQUE

Art. L. 1511-1 Dans la présente partie et sous réserve, le cas échéant, des dispositions du présent livre, les mots : "national", "nationales", "nationaux", "France", "territoire français", "sol français", "ensemble du territoire" ou "ensemble du territoire national" visent les départements de métropole, *(Ord. n° 2017-1491 du 25 oct. 2017, art. 2, en vigueur le 1er janv. 2018)* « la Guadeloupe, la Guyane, la Martinique, Mayotte, La Réunion, Saint-Barthélemy, Saint-Martin et Saint-Pierre-et-Miquelon ».

Lorsque les dispositions de la présente partie prévoient une sanction pénale d'interdiction du territoire français, cette interdiction s'applique sur l'ensemble du territoire de la République française.

TITRE II GUADELOUPE, GUYANE, MARTINIQUE, MAYOTTE, LA RÉUNION, SAINT-BARTHÉLEMY, SAINT-MARTIN ET SAINT-PIERRE-ET-MIQUELON *(Ord. n° 2017-1491 du 25 oct. 2017, art. 2)*.

CHAPITRE I DISPOSITIONS GÉNÉRALES

Art. L. 1521-1 Les dispositions de la présente partie s'appliquent *(Ord. n° 2017-1491 du 25 oct. 2017, art. 2, en vigueur le 1er janv. 2018)* « en Guadeloupe, en Guyane, en Martinique, à Mayotte et à La Réunion » *(Ord. n° 2008-205 du 27 févr. 2008)* « , à Saint-Barthélemy, à Saint-Martin » et à Saint-Pierre-et-Miquelon, sous réserve des adaptations prévues par le présent titre.

Art. L. 1521-2 Pour l'application de la présente partie *(Ord. n° 2017-1491 du 25 oct. 2017, art. 2)* « en Guadeloupe, en Guyane, en Martinique et à La Réunion » et en l'absence de mention particulière spécifique à ces collectivités, les références à la caisse régionale d'assurance maladie sont remplacées par celles de la caisse générale de sécurité sociale dans les départements d'outre-mer.

Art. L. 1521-2-1 (*Ord. n° 2015-1578 du 3 déc. 2015, art. 1ᵉʳ*) Pour l'application de la présente partie en Guyane et en Martinique, et en l'absence de mention particulière spécifique à ces collectivités :

1° Les attributions dévolues au préfet, dans la région ou dans le département, sont exercées par le représentant de l'État dans la collectivité territoriale ;

2° Les attributions dévolues au conseil départemental, au conseil régional où à leur président sont exercées par l'assemblée de Guyane ou par son président et par l'assemblée de Martinique ou par le président du conseil exécutif de Martinique ou, dans le cas prévu à l'article L. 7223-5 du code général des collectivités territoriales, par le président de l'assemblée de Martinique ;

3° Les références faites au département, au département d'outre-mer, à la région ou à la région d'outre-mer, au conseil départemental et au conseil régional sont remplacées par les références à la Guyane et à la Martinique.

Art. L. 1521-2-2 (*Ord. n° 2017-1491 du 25 oct. 2017, art. 2*) Pour l'application de la présente partie à Mayotte et en l'absence de mention particulière spécifique à cette collectivité :

1° Les attributions dévolues au préfet dans la région ou dans le département sont exercées par le préfet de Mayotte ;

2° Les attributions dévolues au conseil régional ou à son président sont exercées par le conseil départemental de Mayotte ou par son président ;

3° Les attributions dévolues à la (*Décr. n° 2020-1545 du 9 déc. 2020, art. 28-X*) « direction régionale de l'économie, de l'emploi, du travail et des solidarités » ou respectivement à son directeur sont exercées par la direction des entreprises, de la concurrence, de la consommation, du travail et de l'emploi de Mayotte ou son directeur ;

4° Les attributions dévolues à une direction régionale ou à son directeur sont exercées par la direction compétente à Mayotte ou son directeur ;

5° Les références au département ou à la région sont remplacées, selon le cas, par des références à Mayotte ou au Département de Mayotte ;

6° Les références à la chambre départementale d'agriculture sont remplacées par des références à la chambre de l'agriculture, de la pêche et de l'aquaculture de Mayotte ;

7° Les références à la caisse régionale d'assurance maladie ou à la caisse d'assurance retraite et de la santé au travail et aux unions de recouvrement des cotisations de sécurité sociale et d'allocations familiales sont remplacées par des références à la caisse de sécurité sociale de Mayotte ;

8° Les références au recouvrement dans les conditions prévues au chapitre VII du titre III du livre I du code de la sécurité sociale, ou à sa section 1, sont remplacées par des références au recouvrement par la caisse de sécurité sociale en matière de cotisations de sécurité sociale à la charge des employeurs assises sur les gains et rémunérations de leurs salariés ;

9° Les références au plafond de la sécurité sociale, ou au plafond de la sécurité sociale prévu à l'article L. 241-3 du code de la sécurité sociale, sont remplacées par des références au plafond de la sécurité sociale applicable à Mayotte ;

10° Les références au régime général de sécurité sociale sont remplacées par des références au régime de sécurité sociale prévu par l'ordonnance n° 96-1122 du 20 décembre 1996 relative à l'amélioration de la santé publique, à l'assurance maladie, maternité, invalidité et décès, au financement de la sécurité sociale à Mayotte et à la caisse de sécurité sociale de Mayotte, l'ordonnance n° 2002-149 du 7 février 2002 relative à l'extension et à la généralisation des prestations familiales et à la protection sociale dans la collectivité départementale de Mayotte, l'ordonnance n° 2002-411 du 27 mars 2002 relative à la protection sanitaire et sociale à Mayotte et l'ordonnance n° 2006-1588 du 13 décembre 2006 relative au régime de prévention de réparation et de tarification des accidents du travail et des maladies professionnelles à Mayotte ;

11° Les références aux exonérations de cotisations sociales mentionnées à l'article L. 241-13 du code de la sécurité sociale sont remplacées par des références aux exonérations de cotisations sociales mentionnées à l'article 28-7 de l'ordonnance n° 96-1122 du 20 décembre 1996 relative à l'amélioration de la santé publique, à l'assurance maladie, maternité, invalidité et décès, au financement de la sécurité sociale à Mayotte et à la caisse de sécurité sociale de Mayotte ;

12° Les références au code de la sécurité sociale sont remplacées par des références à la législation applicable à Mayotte en matière de sécurité sociale ;

13° Les documents dont le présent code prévoit la transmission par lettre recommandée peuvent toujours être remis en main propre contre décharge ou par tout autre moyen donnant date certaine à sa réception ;

14° Les dispositions du présent code qui prévoient la transmission ou la réception de documents, l'organisation de réunions et de scrutins, ou l'accomplissement de tout autre formalité par voie électronique par le public ou les salariés, sont remplacées par des dispositions permettant la transmission ou la réception de ces documents, l'organisation de ces réunions et de ces scrutins, ou l'accomplissement de ces formalités par toute voie utile.

15° à 19° abrogés par L. n° 2019-791 du 26 juill. 2019, art. 36 et Ord. n° 2017-1491 du 25 oct. 2017, art. 32, mod.

Art. L. 1521-3 Pour l'application de la présente partie à Saint-Pierre-et-Miquelon et en l'absence de mention particulière spécifique à cette collectivité :

1° Les attributions dévolues au préfet, dans la région ou dans le département, sont exercées par le représentant de l'État ;

2° Les attributions dévolues au conseil régional ou à son président sont exercées par le conseil général de Saint-Pierre-et-Miquelon ou par son président ;

3° Les attributions dévolues au *(Ord. n° 2019-964 du 18 sept. 2019, art. 23, en vigueur le 1ᵉʳ janv. 2020)* « tribunal judiciaire, à son président ou à son greffe » sont attribuées au tribunal de première instance, à son président ou à son greffe ;

4° Les attributions dévolues au *(L. n° 2011-525 du 17 mai 2011, art. 170)* « directeur régional des entreprises, de la concurrence, de la consommation, du travail et de l'emploi » ou au directeur du travail, de l'emploi et de la formation professionnelle des départements d'outre-mer sont exercées par le chef du service du travail, de l'emploi et de la formation professionnelle de Saint-Pierre-et-Miquelon ;

5° Les références au code général des impôts sont remplacées par les références équivalentes du code des impôts de Saint-Pierre-et-Miquelon ;

6° Les références au département ou à la région sont remplacées par celles de Saint-Pierre-et-Miquelon ;

7° Les références à la caisse régionale d'assurance maladie sont remplacées par celles de la caisse de prévoyance sociale. — *[Anc. art. L. 800-3, al. 1ᵉʳ à 7.]*

Art. L. 1521-4 *(Ord. n° 2008-205 du 27 févr. 2008)* Pour l'application de la présente partie à Saint-Barthélemy et à Saint-Martin et en l'absence de mention particulière spécifique à l'une ou l'autre de ces collectivités :

1° Les attributions dévolues au préfet, dans la région ou dans le département, sont exercées par le représentant de l'État dans chacune de ces collectivités ;

2° Les attributions dévolues au conseil régional ou à son président et au conseil général ou à son président sont exercées par le conseil territorial ou par son président ;

3° Les références au département ou à la région sont remplacées par des références à Saint-Barthélemy et à Saint-Martin ;

4° Les références à la caisse régionale d'assurance maladie sont remplacées par des références à la caisse générale de sécurité sociale.

CHAPITRE II DISPOSITIFS SIMPLIFIÉS DE DÉCLARATION ET DE RECOUVREMENT DE COTISATIONS ET DE CONTRIBUTIONS SOCIALES *(Ord. n° 2015-682 du 18 juin 2015, art. 3).*

Art. L. 1522-1 Les dispositions des articles L. 1271-1 à L. 1271-16 *(Ord. n° 2015-682 du 18 juin 2015, art. 3)* « et de la sous-section 2 de la section 1 du chapitre III *bis* du livre I du code de la sécurité sociale » relatives au chèque emploi-service universel s'appliquent *(Ord. n° 2015-682 du 18 juin 2015, art. 3)* « en Guadeloupe, en Guyane, en Martinique, *(Ord. n° 2017-1491 du 25 oct. 2017, art. 34-I, en vigueur le 1ᵉʳ janv. 2020)* « à Mayotte[,] » à La Réunion » *(Ord. n° 2008-205 du 27 févr. 2008)* « , à Saint-Barthélemy, à Saint-Martin » et à Saint-Pierre-et-Miquelon ».

Art. L. 1522-2 (Ord. n° 2015-682 du 18 juin 2015, art. 3) Les dispositions de la sous-section 2 de la section 1 du chapitre III *bis* du livre I du code de la sécurité sociale relatives au chèque emploi associatif et du chapitre II du titre VII du livre II de la première partie du présent code s'appliquent en Guadeloupe, en Guyane, en Martinique, *(Ord. n° 2017-1491 du 25 oct. 2017, art. 34-I, en vigueur le 1ᵉʳ janv. 2020)* « à Mayotte[,] » à La Réunion, à Saint-Barthélemy, à Saint-Martin et à Saint-Pierre-et-Miquelon.

Art. L. 1522-3 (Ord. n° 2015-682 du 18 juin 2015, art. 3 ; Ord. n° 2017-1491 du 25 oct. 2017, art. 2) « I. – Les dispositions de la sous-section 2 de la section 1 du chapitre III *bis* du livre I du code de la sécurité sociale relatives au titre emploi-service entreprise et du chapitre III du titre VII du livre II de la première partie du présent code s'appliquent en Guadeloupe, en Guyane, en Martinique, à La Réunion, à Saint-Barthélemy, à Saint-Martin et à Saint-Pierre-et-Miquelon. »

(Ord. n° 2017-1491 du 25 oct. 2017, art. 2) « II. – Les dispositions de la sous-section 2 de la section 1 du chapitre III *bis* du livre I du code de la sécurité sociale relatives au titre emploi-service entreprises sont applicables à Mayotte dans les conditions définies à l'article 28-11 de l'ordonnance n° 96-1122 du 20 décembre 1996 relative à l'amélioration de la santé publique, à l'assurance maladie, maternité, invalidité et décès, au financement de la sécurité sociale à Mayotte et à la caisse de sécurité sociale de Mayotte. »

Art. L. 1522-4 (Ord. n° 2015-682 du 18 juin 2015, art. 3) Les dispositions de la sous-section 2 de la section 1 du chapitre III *bis* du livre I du code de la sécurité sociale relatives aux particuliers qui emploient des salariés exerçant une activité de garde d'enfants mentionnés au 4° de l'article L. 133-5-6 du même code et du chapitre I du titre III du livre cinquième du même code s'appliquent en Guadeloupe, en Guyane, en Martinique, *(Ord. n° 2017-1491 du 25 oct. 2017, art. 34-I, en vigueur le 1ᵉʳ janv. 2022)* « à Mayotte[,] » à La Réunion, à Saint-Barthélemy et à Saint-Martin.

CHAPITRE III LE CONSEIL DE PRUD'HOMMES

Art. L. 1523-1 (Ord. n° 2016-388 du 31 mars 2016, art. 1ᵉʳ-14°) Pour l'application de l'article L. 1441-4 aux conseils de prud'hommes de Guadeloupe, les mots : "au niveau départemental" sont remplacés par les mots : "en Guadeloupe, à Saint-Barthélemy et à Saint-Martin".

CHAPITRE IV DISPOSITIONS RELATIVES À MAYOTTE

(Ord. n° 2017-1491 du 25 oct. 2017, art. 2, en vigueur le 1ᵉʳ janv. 2018)

Art. L. 1524-1 Pour l'application à Mayotte de l'article L. 1221-22, le deuxième alinéa est remplacé par un alinéa ainsi rédigé :

"– de durées plus longues fixées par les accords collectifs de branche conclus avant le 1ᵉʳ janvier 2018, dans la limite d'une durée de cinq ans ;".

Sans préjudice de l'application des dispositions des art. L. 1524-1 et L. 1524-3 C. trav. et sous réserve de ne pas être moins favorables que celles du code du travail et de l'Ord. n° 2017-1491 du 25 oct. 2017, les dispositions des accords et conventions collectifs de travail conclus avant le 1ᵉʳ janv. 2018 continuent à produire leurs effets dans les conditions applicables avant cette date et jusqu'à leur résiliation par arrivée du terme, ou à l'expiration de la procédure de révision ou de dénonciation (Ord. préc., art. 31).

Art. L. 1524-2 Pour l'application à Mayotte des articles L. 1225-10 et L. 1225-14, les mots : "l'allocation journalière prévue à l'article L. 333-1 du code de la sécurité sociale" sont remplacés par les mots : "l'indemnité journalière prévue en cas de maternité visée à l'article 20-6 de l'ordonnance n° 96-1122 du 20 décembre 1996 relative à l'amélioration de la santé publique, à l'assurance maladie, maternité, invalidité et décès, au financement de la sécurité sociale à Mayotte et à la caisse de sécurité sociale de Mayotte".

Art. L. 1524-3 Pour l'application à Mayotte du dernier alinéa de l'article L. 1225-26 et du dernier alinéa de l'article L. 1225-44, les mots : "à l'entrée en vigueur de la loi n° 2006-340 du 23 mars 2006 relative à l'égalité salariale entre les femmes et les hommes" sont remplacés par les mots : "au 1ᵉʳ janvier 2018".

V. note ss. art. L. 1524-1.

Art. L. 1524-4 Pour l'application à Mayotte de l'article L. 1225-28, les mots : ″définie au premier alinéa de l'article L. 331-6 du code de la sécurité sociale″ sont remplacés par les mots : soit entre la naissance de l'enfant et la fin de l'indemnisation au titre du régime d'assurance maternité, ″soit entre la naissance de l'enfant et la fin du maintien de traitement lié à la maternité″ et les mots : ″définie au même premier alinéa, le cas échéant reportée en application du deuxième alinéa du même article″ sont supprimés.

Art. L. 1524-5 Pour l'application à Mayotte du premier alinéa de l'article L. 1225-61, les mots : ″au sens de l'article L. 513-1 du code de la sécurité sociale″ sont remplacés par les mots : ″au sens du premier alinéa de l'article 6 de l'ordonnance n° 2002-149 du 7 février 2002 relative à l'extension et à la généralisation des prestations familiales et à la protection sociale dans la collectivité départementale de Mayotte″.

Art. L. 1524-6 Pour l'application à Mayotte de l'article L. 1225-62 :
a) Les mots : ″au sens de l'article L. 513-1 du code de la sécurité sociale″ sont remplacés par les mots : ″au sens du premier alinéa de l'article 6 de l'ordonnance n° 2002-149 du 7 février 2002 relative à l'extension et à la généralisation des prestations familiales et à la protection sociale dans la collectivité départementale de Mayotte″ ;
b) Les mots : ″et remplissant l'une des conditions prévues par l'article L. 512-3 du même code″ sont remplacés par les mots : ″et remplissant les conditions prévues au premier alinéa de l'article 5 de la même ordonnance″ ;
c) Les mots : ″celle définie dans le certificat médical mentionné à l'article L. 544-2 du code de la sécurité sociale″ sont remplacés par les mots : ″définie dans un certificat médical, établi selon des modalités fixées par décret en Conseil d'État″.

Art. L. 1524-7 Pour l'application à Mayotte de l'article L. 1226-1, les mots : ″prévue à l'article L. 321-1 du code de la sécurité sociale″ sont remplacés par les mots : ″prévue au 7° de l'article 20-1 de l'ordonnance n° 96-1122 du 20 décembre 1996 relative à l'amélioration de la santé publique, à l'assurance maladie, maternité, invalidité et décès, au financement de la sécurité sociale à Mayotte et à la caisse de sécurité sociale de Mayotte″.

Art. L. 1524-8 Pour l'application à Mayotte de l'article L. 1226-7, les mots : ″en application du quatrième alinéa de l'article L. 433-1 du même code″ sont supprimés.

Art. L. 1524-9 Pour l'application à Mayotte de l'article L. 1237-5 :
a) Les mots : ″au 1° de l'article L. 351-8 du code de la sécurité sociale″ sont remplacés à trois reprises par les mots : ″au deuxième alinéa de l'article 6 de l'ordonnance n° 2002-411 du 27 mars 2002 relative à la protection sanitaire et sociale à Mayotte″ ;
b) Les mots : ″au premier alinéa de l'article L. 351-1 du code de la sécurité sociale″ sont remplacés par les mots : ″au premier alinéa de l'article 6 de la même ordonnance″.

Art. L. 1524-10 Pour son application à Mayotte, l'article L. 1237-5-1 est ainsi rédigé :

Art. L. 1237-5-1 — A compter de la date de publication de l'ordonnance n° 2017-1491 du 25 octobre 2017, aucune convention ou accord collectif prévoyant la possibilité d'une mise à la retraite d'office d'un salarié à un âge inférieur à celui fixé au deuxième alinéa de l'article 6 de l'ordonnance n° 2002-411 du 27 mars 2002 relative à la protection sanitaire et sociale à Mayotte ne peut être signé ou étendu.

Les accords conclus et étendus avant le 1ᵉʳ janvier 2018, déterminant des contreparties en termes d'emploi ou de formation professionnelle et fixant un âge inférieur à celui mentionné au même alinéa, dès lors que le salarié peut bénéficier d'une pension de vieillesse à taux plein et que cet âge n'est pas inférieur à celui fixé au premier alinéa de l'article 6 de la même ordonnance, cessent de produire leurs effets au 31 décembre 2021.

Art. L. 1524-11 Le montant minimum de la garantie financière minimale des entrepreneurs de travail temporaire à Mayotte est fixé annuellement par décret. — *V. Décr. n° 2023-51 du 1ᵉʳ févr. 2023 (JO 2 févr.).*

Art. L. 1524-12 (*L. n° 2020-734 du 17 juin 2020, art. 44*) Pour son application à Mayotte, l'article L. 1423-1-1 est ainsi rédigé :

Art. L. 1423-1-1 Sous réserve des dispositions relatives à la section encadrement, les affaires sont réparties entre les sections du conseil des prud'hommes dans des conditions définies par décret en Conseil d'État.

Art. L. 1524-13 (L. n° 2020-734 du 17 juin 2020, art. 44) Pour son application à Mayotte, l'article L. 1441-16 est ainsi rédigé :

Art. L. 1441-16 L'appartenance des salariés candidats à une section autre que celle mentionnée aux articles L. 1441-14 et L. 1441-15 est déterminée par décret en Conseil d'État.

TITRE III MESURES DE COORDINATION AVEC LES AUTRES COLLECTIVITÉS ULTRAMARINES (Ord. n° 2017-1491 du 25 oct. 2017, art. 2, en vigueur le 1ᵉʳ janv. 2018).

CHAPITRE I FORMATION ET EXÉCUTION DU CONTRAT DE TRAVAIL

Art. L. 1531-1 Le contrat de travail des salariés des entreprises établies dans un département de métropole, (Ord. n° 2017-1491 du 25 oct. 2017, art. 2, en vigueur le 1ᵉʳ janv. 2018) « en Guadeloupe, en Guyane, en Martinique, à Mayotte, à La Réunion » (Ord. n° 2008-205 du 27 févr. 2008) « , à Saint-Barthélemy, à Saint-Martin » ou à Saint-Pierre-et-Miquelon et exerçant leur activité (Abrogé par Ord. n° 2017-1491 du 25 oct. 2017, art. 2, à compter du 1ᵉʳ janv. 2018) « *à Mayotte ou* » à Wallis-et-Futuna est régi par les dispositions légales ou conventionnelles applicables à l'entreprise qui les emploie pendant une durée maximum de vingt-quatre mois.

Art. L. 1531-2 Le contrat de travail des salariés mentionnés à l'article L. 1531-1 est écrit.

Il prévoit les modalités selon lesquelles le salarié est indemnisé des dépenses auxquelles l'exposent sa venue, son séjour dans le pays ou lieu de son emploi et son retour à sa résidence habituelle. Il prévoit également la prise en charge par l'employeur des frais occasionnés au salarié et, le cas échéant, à sa famille par sa prise de congé dès lors que l'intéressé a exercé son activité pendant au moins douze mois.

Le contrat de travail est remis au salarié, sauf impossibilité majeure, au plus tard huit jours avant la date de son départ vers son lieu de travail. — [*Anc. art. L. 800-6, II, al. 2 et 3.*]

Art. L. 1531-3 L'article L. 1226-1 est applicable aux salariés d'une entreprise ou d'un établissement situé en métropole ou (Ord. n° 2017-1491 du 25 oct. 2017, art. 2, en vigueur le 1ᵉʳ janv. 2018) « en Guadeloupe, en Guyane, en Martinique, à Mayotte, à La Réunion » (Ord. n° 2008-205 du 27 févr. 2008) « , à Saint-Barthélemy, à Saint-Martin » ou à Saint-Pierre-et-Miquelon qui ont été soignés (Abrogé par Ord. n° 2017-1491 du 25 oct. 2017, art. 2, à compter du 1ᵉʳ janv. 2018) « *à Mayotte,* » en Nouvelle-Calédonie, en Polynésie française, à Wallis-et-Futuna ou dans les Terres australes et antarctiques françaises.

CHAPITRE II RUPTURE DU CONTRAT DE TRAVAIL À DURÉE INDÉTERMINÉE

Art. L. 1532-1 Lorsque les salariés et les entreprises interviennent dans les collectivités de la République française exclues du champ d'application géographique défini à l'article L. 1511-1, les dispositions de l'article L. 1231-5 sont applicables au salarié mis, par la société mère au service de laquelle il était précédemment engagé et dont le siège social est situé dans un département métropolitain, (Ord. n° 2017-1491 du 25 oct. 2017, art. 2, en vigueur le 1ᵉʳ janv. 2018) « en Guadeloupe, en Guyane, en Martinique, à Mayotte, à La Réunion » (Ord. n° 2008-205 du 27 févr. 2008) « , à Saint-Barthélemy, à Saint-Martin » ou à Saint-Pierre-et-Miquelon, à la disposition d'une filiale établie (Abrogé par Ord. n° 2017-1491 du 25 oct. 2017, art. 2, à compter du 1ᵉʳ janv. 2018) « *à Mayotte,* » à Wallis-et-Futuna ou dans les Terres australes et antarctiques françaises et à laquelle il est lié par un contrat de travail.

DEUXIÈME PARTIE LES RELATIONS COLLECTIVES DE TRAVAIL

BIBL. ▶ Bélier et Petit, *RDT 2010. Controverse 76* ⌀ (faut-il instaurer un canal unique de représentation du personnel ?). - Pécaut-Rivolier, *Dr. soc. 2013. 316* ⌀ (détermination des unités de représentation).

▶ **Commentaire de la loi du 17 août 2015** : *Dr. soc., numéro spécial, nov. 2015*. - de Brier, *RDT 2016. 599* ⌀ (les aménagements conventionnels des institutions représentatives du personnel après la loi du 17 août 2015). - Desbarats, *Dr. soc. 2015. 853* ⌀ (représentation du personnel dans l'entreprise : avancées, reculs ou *statu quo*). - Gauriau, *Dr. soc. 2015. 878* ⌀ (négociation dans les entreprises dépourvues de syndicats). - Petit, *Dr. soc. 2015. 850* ⌀ (entre amélioration et simplification de la représentation collective des salariés).

LIVRE I LES SYNDICATS PROFESSIONNELS

V. Circ. DGT n° 6 du 27 juill. 2011, *Questions-réponses sur la loi du 20 août 2008*, JCP S 2011. 1477, obs. Jeansen et Pagnerre.

RÉP. TRAV. v^{is} *Syndicats professionnels (Droit syndical dans l'entreprise), ... (Constitution et fonctionnement), ... (Prérogative et action)*, par Ferkane.

RÉP. PÉN. v^{is} *Syndicat professionnel : constitution et fonctionnement ; Syndicat professionnel : droit syndical dans l'entreprise*, par Ferkane.

BIBL. GÉN. ▶ Adam, *Dr. soc. 1983. 597* (institutionnalisation des syndicats) ; *ibid. 1990. 833* ⌀ ; *ibid. 1998. 107* ⌀. - Akandji-Kombé, *Dr. ouvrier 2013. 299* (pour un renouvellement de la Cour EDH relative à la liberté d'expression syndicale). - Amadieu, *ibid. 1986. 495* (syndicalisme d'entreprise). - Balzarini, *Ét. offertes à A. Brun, 1974, p. 47* (syndicats et État). - Borenfreund, *Dr. soc. 2009. 700* ⌀ (renouveau du droit syndical, entre faveur et défiance). - Boubli, *SSL 2006, suppl. n° 1263*. - Brihi, *JCP S 2011. 1268* (la QPC et le droit syndical). - Cointepas, *Dr. soc. 1992. 250* ⌀ (déclin syndical). - Cottereau, *ibid. 1986. 580* (représentation collective). - Dupeyroux, *ibid. 1991. 1* (néo-libéraux et syndicats). - Durand-Sachs, *Dr. ouvrier 1993. 39* (légitimité syndicale). - Flament, *Dr. soc. 2009. 436* ⌀ (représentativité des organisations patronales). - Gauriau, *JCP S 2009. 1109* ; *Dr. ouvrier 2023. 294* (le syndicat et les lois Auroux). - Jeammaud, *D. 1997. Chron. 19* ⌀ (constitution de syndicat et fraude à la loi). - G. Lyon-Caen, *Dr. soc. 1965. 166* (syndicalisme et pouvoir démocratique) ; *ibid. 1970. 69* (syndicats et partis politiques) ; *ibid. 1984. 5* (droit syndical et mouvement syndical) ; *ibid. 1986. 742* (corporatisme) ; *Dr. ouvrier 1988. 47* (légitimité de l'action syndicale). - Nadal, *Dr. soc. 2014. 703* ⌀ (amélioration négociée des moyens de fonctionnement et d'action des syndicats de salariés). - Odoul-Asorey, *RDT 2014. 481* ⌀ (élections professionnelles et droit syndical) ; *Dr. soc. 2020. 125* ⌀ (syndicats et gestion de l'entreprise). - Pécaut-Rivolier, *RDT 2014. 403* ⌀ (la liberté syndicale) ; *ibid. 1991. 926* ⌀. - Ouardia, *Dr. ouvrier 1995. 537* (libertés publiques et abus de droit). - Pécaut-Rivolier et Petit, *Dr. soc. 2010. 1168* ⌀ (redéploiement des forces syndicales). - Petit, *Dr. soc. 2014. 340* ⌀ (la protection de la liberté syndicale par la Constitution). - Portier, *Dr. soc. 2020. 155* ⌀ (les défis du syndicalisme : la représentation de tous les travailleurs, les mouvements sociaux et la question climatique). - Radé, *Dr. soc. 2014. 697* ⌀ (le financement des syndicats à l'heure de la réforme de la démocratie sociale). - Savatier, *Ét. offertes à G. Lyon-Caen, 1989, p. 179* (fonction représentative des syndicats). - Soubie, *Dr. soc. 1992. 11* ⌀ (déclin syndical) ; *ibid. 1991. 926* ⌀. - Supiot, *ibid. 1990. 118* ⌀ (la fraternité et la loi). - Tusseau, *RDT 2007. 636* ⌀ (les concepts de pluralisme syndical). - Verdier, *Ét. offertes à G.-H. Camerlynck, 1978, p. 263* (représentation élue et représentation syndicale) ; *Dr. soc. 1990. 127* ⌀ (syndicalisme et fraternité) ; *Ét. offertes à H. Sinay, 1994, p. 69* (liberté et égalité). - Verkindt, *JCP S 2012. 1233* (syndicat, syndicalisme et démocratie sociale).

▶ **Commentaire de la loi du 20 août 2008** : *Dr. soc., numéro spécial, juin 2009*. - Béal, *JSL 2010, n° 283-1* (la période transitoire). - Bélier et Legrand, *éd. Liaisons, 2009* (la négociation collective après la loi du 20 août 2008). - Bonlarron, *JSL 2011, n° 305-2* (la loi du 20 août 2008 et sa jurisprudence la plus récente). - Borenfreund, *RDT 2008. 360* ⌀ (position commune) ; *ibid. 712* ⌀ (le nouveau régime de la représentativité syndicale). - Césaro, *JCP S 2012. 1237* (représentation des syndicats dans l'entreprise). - Gauriau, *JCP S 2008. 1448* (rénovation de la démocratie sociale) ; *ibid. 2010. 1354* (droit syndical et question prioritaire de constitutionnalité). - Grévy, Peskine et Nadal, *RDT 2008. 431* ⌀ (position commune). - Mazeaud, *JCP S 2012. 1240* (un nouveau droit syndical ou un droit syndical rénové ?). - Néron, *RDT 2009. 426* ⌀ (rénovation de la démocratie sociale : perspectives et prospectives).

Pécaut-Rivolier et Struillou, *RDT 2009. 490* (la représentation du personnel dans l'entreprise après la loi du 20 août 2008). - Petit, *RJS 2009. 419* (le tourbillon législatif et jurisprudentiel de l'année 2008). - Radé, *Dr. soc. 2010. 821* (syndicats catégoriels et réforme de la démocratie sociale) ; *ibid. 2011. 134* (l'exercice du droit syndical après la loi du 20 août 2008). - Teyssié, *JCP S 2012. 1232*.

▶ **Commentaire de la loi du 5 mars 2014** : *Dr. soc., numéro spécial, mars 2014.* - Teyssié, *JCP S 2014. 16*. - Borenfreund, Souriac et Nadal, *RDT 2014. 196*. - Lexbase hebdo, *éd. soc., n° 563 du 20 mars 2014.*

▶ **Commentaire de la loi du 17 août 2015** : *Dr. soc., numéro spécial, nov. 2015.* - Boulmier, *Dr. soc. 2015. 861* (les syndicats, commis de cuisine de la malbouffe sociale). - Verkindt, *Dr. soc. 2015. 954* (l'association des syndicats à l'élaboration de la loi).

▶ **Commentaire de l'ordonnance n° 2017-1386 du 22 septembre 2017** : Dossier spécial « Quelle place pour les syndicats dans le nouveau modèle social ? », *Dr. soc. 2019. 188*. - Van Der Vlist, *RDT 2020. 91* (le sort des représentations élues et syndicales après le 31 décembre 2019).

COMMENTAIRE

V. sur le Code en ligne.

TITRE I CHAMP D'APPLICATION

CHAPITRE UNIQUE

Art. L. 2111-1 Les dispositions du présent livre sont applicables aux employeurs de droit privé ainsi qu'à leurs salariés.

Elles sont également applicables au personnel des personnes publiques employé dans les conditions du droit privé, sous réserve des dispositions particulières ayant le même objet résultant du statut qui régit ce personnel. — *[Anc. art. L. 410-1 et L. 412-1, al. 3.]*

COMMENTAIRE

V. sur le Code en ligne.

A. JURISPRUDENCE ANTÉRIEURE À LA LOI DU 20 AOÛT 2008

1. Collectivités territoriales. Les collectivités territoriales ne sont pas au nombre des organismes visés par l'art. L. 412-11 [L. 2143-3 nouv.]. • Soc. 7 nov. 1989 : *D. 1989. IR 315.*

2. Représentation officielle d'un État étranger. Le principe de la souveraineté des États fait obstacle à ce qu'il soit fait application au sein de la représentation officielle d'un État étranger des règles du code du travail français relatives à la représentation du personnel et à celle, des syndicats. • Soc. 4 nov. 2009 : *D. 2009. AJ 2812* ; *Dr. soc. 2010. 177, avis Duplat* ; *RJS 2010. 50, n° 57.*

3. France Télécom. Pour une illustration de l'application de l'art. L. 412-1, al. 3 [L. 2111-1 nouv.], V. : • Soc. 22 févr. 1995, *France Télécom*, n° 94-60.011 P : *D. 1995. IR 76 ; Dr. soc. 1995. 394 ; RJS 1995. 264, n° 390.*

4. Caisse des dépôts et consignations. Non-application des textes du code du travail sur le droit syndical à la Caisse des dépôts et consignations, le statut de celle-ci excluant l'emploi de personnel dans les conditions du droit privé. • Soc. 28 nov. 1995 : *RJS 1996. 26, n° 35.*

B. JURISPRUDENCE POSTÉRIEURE À LA LOI DU 20 AOÛT 2008

5. SNCF. La SNCF étant un établissement public, les dispositions statutaires relatives à la représentativité syndicale peuvent légalement déroger aux dispositions de l'art. L. 2143-3 C. trav. ayant le même objet. • CE 11 oct. 2010, n° 327660 : *Lebon ; D. actu. 21 oct. 2010, obs. de Montecler ; Dr. soc. 2011. 186, concl. Vialettes ; JCP S 2010. 1515, obs. Tauran.* ♦ Eu égard à l'effectif et aux conditions de fonctionnement des établissements locaux regroupés au sein des « comités d'établissements » de la SNCF, au niveau desquels s'exercent les négociations entre les représentants des salariés et ceux de l'établissement, les dispositions litigieuses pouvaient, sans méconnaître les exigences qui découlent du principe de représentativité, principe général du droit applicable à l'ensemble des relations collectives de travail, ni être entachées d'une erreur manifeste d'appréciation, prévoir que la représentativité syndicale serait, y compris pour des représentants non représentatifs propres à des établissements locaux, appréciée en fonction des élections aux seuls « comités d'établissements » ; ni ces dispositions ni l'arrêté du 6 mars 2009 qui les approuve n'ont méconnu le principe d'égalité ou le droit, consacré par le Préambule de la Constitution de 1946, pour tout salarié, de participer par l'intermédiaire de ses délégués à la détermination collective des conditions de travail. • Même arrêt.

Art. L. 2111-2 Les dispositions du présent livre s'appliquent sans préjudice d'autres droits accordés aux syndicats par des lois particulières. — *[Anc. art. L. 411-20.]*

TITRE II REPRÉSENTATIVITÉ SYNDICALE

COMMENTAIRE
V. sur le Code en ligne 📖. ☐

CHAPITRE I CRITÈRES DE REPRÉSENTATIVITÉ

Art. L. 2121-1 (*L. n° 2008-789 du 20 août 2008*) La représentativité des organisations syndicales est déterminée d'après les critères cumulatifs suivants :
 1° Le respect des valeurs républicaines ;
 2° L'indépendance ;
 3° La transparence financière ;
 4° Une ancienneté minimale de deux ans dans le champ professionnel et géographique couvrant le niveau de négociation. Cette ancienneté s'apprécie à compter de la date de dépôt légal des statuts ;
 5° L'audience établie selon les niveaux de négociation conformément aux articles L. 2122-1, L. 2122-5, L. 2122-6 et L. 2122-9 ;
 6° L'influence, prioritairement caractérisée par l'activité et l'expérience ;
 7° Les effectifs d'adhérents et les cotisations.

Sur la liste des organisations syndicales reconnues représentatives au niveau national et interprofessionnel, V. Arr. du 28 juill. 2021, ss. art. L. 2122-11.

BIBL. ▶ ADAM, *Dr. soc. 1972.* 90. – ARSÉGUEL, *ibid. 1981.* 349 (représentativité dans les conventions médicales) ; *RDT 2006.* 268 ⌀ (réforme de la représentativité). – BORENFREUND, *ibid. 1988.* 476 ; *ibid. 1991.* 685 ⌀ (représentation et idée de représentation). – DESPAX, *ibid. 1979.* 259 (représentativité au regard des conventions collectives, à propos de l'avis du Conseil d'État du 23 nov. 1978). – DUPIRÉ, *JCP S 2013.* 1472 (négociation collective transnationale). – FAVENNEC-HÉRY, *Dr. soc. 2006.* 989 ⌀ (collectivité du personnel et représentations) ; *ibid. 2009.* 630 ⌀ ; *JCP S 2012.* 1234. – LESIRE-OGREL, *ibid. 1959.* 286 (syndicats indépendants). – A. LYON-CAEN, *Travail et Emploi,* mars 1988. – MICHEL, *Dr. ouvrier 2003.* 133 (critère de l'indépendance). – MORIN, *Dr. soc. 2010.* 548 ⌀ (période transitoire). – MORVAN, *Dr. soc. 2020.* 39 ⌀ (le syndicat national des notaires : un cas d'école de la représentativité patronale). – OFFERLÉ et FLAMENT, *RDT 2010. Controverse* 269 ⌀ (quelle représentativité pour les organisations patronales ?). – PAGNERRE, *JCP S 2009.* 1050 (respect des valeurs républicaines ou « éthique syndicale »). – SAVATIER, *Mél. Beaulieu,* 1968, p. 435. – SUPIOT, *Dr. soc. 1983.* 63 (syndicats et négociation collective) ; *Études offertes à H. Sinay,* 1994, p. 59 (parité, égalité, majorité). – TEYSSIÉ, CESARO et MARTINON, *JCP S 2011.* 1102 (représentativité des organisations professionnelles d'employeurs). – VERDIER, *Études offertes à A. Weill,* p. 569 (négociation collective et représentativité) ; *Dr. soc. 1991.* 5 ⌀ (représentation et représentativité) ; *RDT 2006.* 284 ⌀ (réforme de la représentativité syndicale).

▶ **Position commune du 9 avril 2008** : GAURIAU, *JCP S 2009.* 197 (première lecture sur la représentativité syndicale).

▶ **Loi du 20 août 2008** : BORENFREUND, *RDT 2008.* 712 ⌀ (le nouveau régime de la représentativité syndicale) ; *Dr. soc. 2013.* 300 ⌀ (représentativité syndicale et négociation collective). – COLLOMP, *Dr. soc. 2011.* 60 ⌀ (bilan des deux premières années d'application). – FLAMENT, *JCP S 2009.* 1386 (la représentativité après la loi du 20 août 2008 : nouvelles questions). – GRÉVY, *Dr. soc. 2013.* 311 ⌀ (capacité d'intervention des syndicats face au nouveau régime de la représentativité). – HÉAS, *RDT 2011.* 91 ⌀ (représentativité des organisations salariées et patronales). – LARONZE, *JCP S 2011.* 1518 (remarques sur une éventuelle réforme de la réforme à la lumière des arrêts du 18 mai 2011). – MAGGI-GERMAIN, *Dr. soc. 2011.* 1072 ⌀ (représentativité des organisations professionnelles d'employeurs). – MORIN, *Dr. soc. 2011.* 62 ⌀ (nouveaux critères de la représentativité). – NADAL, *Dr. soc. 2013.* 323 ⌀ (fluctuation de la représentativité syndicale et perturbations de la vie juridique des conventions et accords collectifs). – NEAU-LEDUC, *Dr. soc. 2009.* 910 ⌀ (perte de la représentativité et sort de l'accord collectif d'entreprise). – NÉRON, *JCP S 2010.* 1451 (à propos des syndicats catégoriels et du représentant de la section syndicale). – PERNOT, *RDT 2011.* 427 ⌀ (la loi du 20 août 2008 et la

SYNDICATS PROFESSIONNELS   Art. L. 2121-1   603

portabilité des suffrages) ; *Dr. soc.* 2013. 306 ⌀ (affiliation syndicale et sens de la représentation syndicale). – Petit, *Dr. ouvrier* 2009. 585. – Bonneau et Cœuret, *SSL* 2010, n° 1447, p. 4 (représentativité syndicale à l'épreuve de la question prioritaire de constitutionnalité). – Struillou, *Dr. ouvrier* 2013. 91 (le concept politico-juridique de représentativité).

COMMENTAIRE

V. sur le Code en ligne 🔒.

I. CONFORMITÉ DE LA RÉFORME

1. Conformité au droit international. Le droit de mener des négociations collectives avec l'employeur est, en principe, devenu l'un des éléments essentiels du « droit de fonder avec d'autres des syndicats et de s'affilier à des syndicats pour la défense de ses intérêts » énoncé à l'art. 11 Conv. EDH, étant entendu que les États demeurent libres d'organiser leur système de manière à reconnaître, le cas échéant, un statut spécial aux syndicats représentatifs. ● CEDH 12 nov. 2008 : ⚖ *D.* 2009. 739, chron. *Marguénaud et Mouly* ⌀ ; *RDT* 2009. 288, étude *Herviou* ⌀.

2. Si le droit de mener des négociations collectives énoncé à l'art. 11 Conv. EDH, est, en principe, devenu l'un des éléments essentiels du droit de fonder des syndicats et de s'affilier à des syndicats, pour la défense de ses intérêts, les États demeurent libres de réserver ce droit aux syndicats représentatifs, ce que ne prohibent ni les art. 5 et 6 de la Charte sociale européenne, ni l'art. 28 de la Charte des droits fondamentaux de l'Union européenne, ni les conventions n°s 98 et 135 de l'OIT ; le fait pour les salariés, à l'occasion des élections professionnelles, de participer à la détermination des syndicats aptes à les représenter dans les négociations collectives n'a pas pour effet d'affaiblir les représentants syndicaux au profit des représentants élus, chacun conservant les attributions qui lui sont propres. ● Soc. 14 avr. 2010 : ⚖ *D.* 2010. 1150, obs. *Ines* ⌀ ; *RDT* 2010. 276, obs. *Béraud* ⌀ ; ibid. 374, obs. *Akandji-Kombé* ⌀ ; *Dr. ouvrier* 2009. 623, obs. *Rennes* ; *SSL* 2009, n° 1421, p. 10, note *Akandji-Kombé* (cassation de ● TI Brest, 27 oct. 2009) ● Soc. 10 nov. 2010 : ⚖ *D. actu.* 1er déc. 2010, obs. *Perrin* ; *D.* 2010. AJ 2780 ⌀ ; *RDT* 2011. 24, note *Borenfreund* ⌀ ; *Dr. soc.* 2011. 414, note *Petit* ⌀ ; *JCP S* 2011. 1116, note *Gauriau*.

3. Conformité à la Constitution. L'exigence d'un seuil raisonnable d'audience subordonnant la représentativité d'une organisation syndicale ne constitue pas une atteinte au principe de la liberté syndicale et la représentation légitimée par le vote, loin de violer le principe de participation des salariés à la détermination collective de leurs conditions de travail par l'intermédiaire des syndicats, en assure au contraire l'effectivité. ● Cass., QPC, 18 juin 2010, ⚖ n°s 10-40.005 et 10-40.007 : *D.* 2010. Actu. 1720 ⌀ ; ibid. 2011 ⌀. Pan. 840, obs. *Nicod* ; *D. actu.* 8 juill. 2010, obs. *Ines* ; *RDT* 2010. 564, Rapp. *Béraud* ⌀.

4. Le principe d'égalité ne s'oppose ni à ce que le législateur règle de façon différente des situations différentes, ni à ce qu'il déroge à l'égalité pour des raisons d'intérêt général, pourvu que, dans l'un et l'autre cas, la différence de traitement qui en résulte soit en rapport avec l'objet de la loi qui l'établit ; en prévoyant que, pour les organisations syndicales catégorielles, le seuil de 10 % est calculé dans les seuls collèges dans lesquels elles ont vocation à présenter des candidats, le législateur institue une différence de traitement en lien direct avec l'objet de la loi et ne méconnaît pas le principe d'égalité. ● Cons. const., QPC, 7 oct. 2010 : ⚖ *D. actu.* 12 oct. 2010, obs. *Ines* ; *SSL* 2010, n° 1463, p. 10, obs. *Champeaux*. ♦ De la même manière, les dispositions des art. L. 2121-1, L. 2122-1 et L. 2143-3, en ce qu'elles réservent aux organisations syndicales catégorielles affiliées à une confédération syndicale catégorielle interprofessionnelle nationale certaines modalités d'appréciation de la représentativité, ne méconnaissent ni l'art. 5 de la convention n° 135 de l'OIT, ni l'art. 11 de Conv. EDH, ni les art. 5 et 6 de la charte sociale européenne. ● Soc. 28 sept. 2011 : ⚖ *D.* 2011. Actu. 2405 ⌀ ; *Dr. soc.* 2011. 1241, note *Petit* ⌀ ; *RJS* 2011. 864, n° 992 ; *JCP S* 2012. 1072, obs. *Gauriau*.

5. Liberté syndicale et représentativité pour la durée du cycle électoral. Les dispositions légales telles qu'interprétées par la jurisprudence constante de la Cour de cassation, selon laquelle la représentativité des organisations syndicales est établie pour toute la durée du cycle électoral y compris en cas de modification du périmètre de l'entreprise, qui sont justifiées par un objectif de stabilité de la mesure de la représentativité syndicale pour toute la durée d'un cycle électoral de façon à permettre l'effectivité de la négociation collective au sein de l'entreprise et qui sont similaires à celles retenues par le législateur pour la représentativité syndicale au niveau de la branche professionnelle et au niveau national et interprofessionnel, ne méconnaissent ni la liberté syndicale ni le principe de participation des travailleurs. ● Soc. 16 juin 2021, ⚖ n° 21-13.141 P : *RDT* 2021. 593, obs. *Thomas* ⌀ ; *RJS* 8-9/2021, n° 459 ; *Dr. ouvrier* 2021. 508, note *Véricel*.

II. APPLICATION DANS LE TEMPS

A. ENTRÉE EN VIGUEUR

6. Entrée en vigueur de la loi du 20 août 2008. Si les dispositions de la loi du 20 août 2008 modifiant les règles des élections professionnelles sont applicables à compter de sa publication, il résulte de l'art. 11-IV de ce texte qu'elles régissent les élections professionnelles organisées sur la base d'un protocole préélectoral dont la première réunion de négociation est postérieure à cette date ; ainsi, dans la mesure, d'une part, où le protocole a été négocié et signé avant la publication de la loi et, d'autre part, où le syndicat n'était pas représentatif à cette date, il ne pouvait pas présenter de candidats à ces élections professionnelles. ● Soc. 21 oct. 2009 : ⚖ *D. 2009. AJ 2811* ⌀ ; *RJS 2010. 58, n° 71.* ◆ Comp. : le syndicat non représentatif mais qui réunit les conditions posées par le nouvel art. L. 2314-3 peut présenter des listes de candidats au premier tour des élections alors même qu'il n'a pas participé aux négociations du protocole d'accord préélectoral qui se sont ouvertes avant la promulgation de la loi. ● TI Puteaux, 10 oct. 2008 : ⚖ *RJS 2009. 163, n° 197* ; *SSL 2008, n° 1374, p. 14.*

B. RÉGIME TRANSITOIRE

7. Date d'appréciation. Le droit des syndicats de prétendre exercer les prérogatives reconnues aux syndicats représentatifs s'apprécie à la date à laquelle ils se l'exercent. ● Soc. 10 mars 2010 : ⚖ *D. 2010. AJ 820, obs. Ines* ⌀ ; *RDT 2010. 308, obs. Borenfreund* ⌀ ; *Dr. soc. 2010. 548, note Morin* ⌀ ; *JSL 2010, n° 276-4.*

8. Fin de la période transitoire. Par application de l'al. 2 de l'art. 13 de la loi n° 2008/789 du 20 août 2008, dès lors que les résultats de l'élection ont donné lieu à la proclamation d'élus, la période transitoire prend fin. ● Soc. 18 mai 2011 : ⚖ *D. actu. 7 juin 2011, obs. Perrin* ; *RDT 2011. 451, obs. Odoul-Asorey* ⌀ ; *RJS 2011. 562, n° 623* ; *JCP S 2011. 1353, obs. Pagnerre.* ◆ L'organisation dans l'entreprise d'élections qui ont donné lieu à l'établissement d'un procès-verbal de carence impliquant qu'aucune organisation syndicale ne s'est présentée au scrutin, qui ne permettent pas d'évaluer l'audience syndicale ne mettent pas fin à la période transitoire, instituée par les art. 11, IV, et 13 de la loi n° 2008-789 du 20 août 2008, laquelle prend fin au plus tard le 22 août 2012, V. ● Soc. 10 févr. 2010 : ⚖ *D. 2010. AJ 587* ⌀ ; *ibid. Pan. 2029, obs. Arséguel* ⌀ ; *Dr. soc. 2010. 599, obs. Pécaut-Rivolier* ; *JSL 2010, n° 274-6* ; *SSL 2010, n° 1447, p. 9, obs. Mazeaud* ; *D. actu. 3 mars 2010, obs. Cortot.* ◆ Lorsque la désignation d'un délégué syndical s'effectue au niveau d'une UES, le seuil de 10 % fixé par l'art. L. 2121-1 se calcule en additionnant la totalité des suffrages obtenus lors des élections au sein des différentes entités composant l'UES, la période transitoire ne prend donc fin que lorsque des élections se sont déroulées dans chacune des entités de l'UES, pour lesquelles la date fixée pour la première réunion de la négociation du protocole d'accord préélectoral est postérieure à la publication de la loi du 20 août 2008, et au plus tard le 22 août 2012. ● Soc. 5 avr. 2011 : ⚖ *D. actu. 27 avr. 2011, obs. Ines* ; *D. 2011. Actu. 114* ⌀ ; *Dr. soc. 2011. 869, obs. Petit* ⌀ ; *JCP S 2011. 1328, obs. Gauriau.*

9. Représentativité présumée. L'art. 11, IV, de la loi du 20 août 2008 n'a pas prévu qu'il puisse être rapporté une preuve contraire à la présomption de représentativité des syndicats affiliés ; la représentativité de la fédération CGT commerce-distribution-services, affiliée à l'une des confédérations reconnues représentatives au plan national antérieurement à l'entrée en vigueur de la loi, ne peut être contestée pendant la période transitoire prévue par la loi : ● Soc. 8 juill. 2009, ⚖ *Sté Okaidi : D. 2009. 2393, note Loiseau* ⌀ ; *RDT 2009. 729, obs. Grévy* ⌀ ; *RJS 2009. 676, avis Duplat* ; *JSL 2009, n° 262-3* ; *JCP S 2009. 1416, note Gauriau* ; *SSL 2009, n° 1408, p. 10, note Pécaut-Rivolier* ; *ibid., n° 1412, p. 6, obs. Borenfreund* ; *Dr. soc. 2009. 950, rapp. Pécaut-Rivolier et obs. Morin* ⌀ ; *Dr. ouvrier 2009. 517, obs. Michel.*

10. Représentativité prouvée. Si les dispositions transitoires des art. 11, IV, et 13 de la loi du 20 août 2008 ont maintenu, jusqu'aux résultats des premières élections professionnelles postérieures à la date de publication de la loi, à titre de présomption qui n'est pas susceptible de preuve contraire, la représentativité des syndicats à qui cette qualité était reconnue avant cette date, les nouvelles dispositions légales, interprétées à la lumière des art. 6 et 8 du Préambule de la Constitution du 27 octobre 1946, n'excluent pas qu'un syndicat qui ne bénéficie pas de cette présomption puisse établir sa représentativité : soit par affiliation postérieure à l'une des organisations syndicales représentatives au niveau national ou interprofessionnel : ● Soc. 10 mars 2010 : ⚖ *RDT 2010. 308, obs. Borenfreund* ⌀ ; *Dr. soc. 2010. 548, note Morin* ⌀ ; *JCP S 2010. 1204, obs. Gauriau* ; *JSL 2010, n° 276-4.* ◆ ... Soit en apportant la preuve qu'il remplit les critères énoncés à l'art. L. 2121-1 C. trav. dans sa rédaction issue de cette loi à la seule exception de l'obtention d'un score électoral de 10 %, auquel il devra satisfaire dès les premières élections professionnelles organisées dans l'entreprise. ● Soc. 10 mars 2010 : ⚖ *D. 2010. AJ 820, obs. Ines* ⌀ ; *RDT 2010. 308, obs. Borenfreund* ⌀ ; *Dr. soc. 2010. 548, note Morin* ⌀ ; *JSL 2010, n° 276-4.*

11. Incidence d'un changement d'affiliation. Les dispositions transitoires de la loi du 20 août 2008 excluent qu'un syndicat bénéficiant de la présomption de représentativité en raison de son affiliation à une confédération représentative au niveau national la conserve à ce titre après s'être désaffilié de cette confédération. ● Soc. 18 mai 2011 : ⚖ *D. actu. 8 juin 2011, obs. Perrin* ; *D. 2011. Actu. 1492* ⌀ ; *RDT 2011. 489, note Grévy* ⌀ ; *Dr. soc. 2011. 1063, note Petit* ⌀ ; *RJS 2011. 563, n° 625* ; *Dr. ouvrier 2011. 520, obs. Ménard* ; *JSL 2011, n° 302-6, obs. Tourreil* ; *JCP S 2011. 1365, obs. Gauriau.* ◆ Pour apprécier l'influence d'un syndicat, critère de sa représentativité caractérisée prioritairement par l'activité et l'expérience, le juge doit prendre en considération l'ensemble de ses actions, y compris celles qu'il a menées alors qu'il était affilié à une confédération syndicale dont il s'est par la suite désaffilié. ● Soc. 28 sept. 2011 : ⚖ *D. 2011. Actu. 2405* ⊘ ; *JCP S 2011. 1537*, obs. Gauriau.

III. CRITÈRES DE REPRÉSENTATIVITÉ

A. APPRÉCIATION

12. Méthode d'évaluation. Si les critères posés par l'art. L. 2121-1 doivent être tous réunis pour établir la représentativité d'un syndicat et si ceux tenant au respect des valeurs républicaines, à l'indépendance et à la transparence financière doivent être satisfaits de manière autonome, ceux relatifs à l'influence prioritairement caractérisée par l'activité et l'expérience, aux effectifs d'adhérents et aux cotisations, à l'ancienneté dès lors qu'elle est au moins égale à deux ans et à l'audience électorale dès lors qu'elle est au moins égale à 10 % des suffrages exprimés doivent faire l'objet d'une appréciation globale. ● Soc. 29 févr. 2012 : *D. actu. 14 mars 2012*, obs. Siro ; *D. 2012. Actu. 687* ⊘ ; *RDT 2012. 299*, obs. Odoul-Asorey ⊘ ; *Dr. soc. 2012. 529*, obs. Pécaut-Rivolier ; *RJS 2012. 392, n° 471* ; *Dr. ouvrier 2012. 315*, rapp. Béraud ; *JSL 2012, n° 320-5*, obs. Ferté ; *JCP S 2012. 1168*, obs. Gauriau. ● 14 nov. 2013 : ⚖ *Dr. soc. 2014. 84*, obs. Radé ⊘ ; *ibid. 180*, obs. F. Petit ⊘ ; *RDT 2014. 127*, obs. Odoul-Asorey ⊘ ; *RJS 2014. 116, n° 147*.

13. Cycle électoral. La représentativité des organisations syndicales, dans un périmètre donné, est établie pour toute la durée du cycle électoral. ● Soc. 13 févr. 2013 : ⚖ *D. actu. 11 mars 2013*, obs. Siro ; *RDT 2013. 418*, obs. Odoul-Asorey ⊘ ; *Dr. soc. 2013. 374*, obs. Petit ⊘ ; *Dr. ouvrier 2013. 429*, obs. Canut ; *JSL 2013, n° 340-6* ; *JCP S 2013. 1164*, obs. Jeansen. ♦ ... Peu important la perte ou l'ajout de nouveaux établissements en cours de cycle. ● Soc. 19 févr. 2014 : ⚖ *D. actu. 10 avr. 2014*, obs. Ines ; *RDT 2014. 272*, obs. Odoul-Asorey ⊘ ; *RJS 2014. 340, n° 412* ; *JSL 2014, n° 365-6*, obs. Pacotte et Renucci. ♦ Peu importe que le périmètre de l'entreprise ait été restreint par la cession d'une activité. ● Soc. 19 févr. 2014 : ⚖ *D. actu. 10 avr. 2014*, obs. Ines ; *Dr. soc. 2014. 648*, note Icard ⊘ ; *RJS 2014. 340, n° 412* ; *JSL 2014, n° 365-6*, obs. Pacotte et Renucci. ♦ ... Ou qu'il ait été étendu par la prise en location-gérance de plusieurs établissements. ● Soc. 19 févr. 2014 : ⚖ *D. actu. 10 avr. 2014*, obs. Ines ; *RDT 2014. 272*, obs. Odoul-Asorey ⊘ ; *Dr. soc. 2014. 648*, note Icard ⊘ ; *RJS 2014. 340, n° 412* ; *JSL 2014, n° 365-6*, obs. Pacotte et Renucci. ♦ ... Ou qu'un établissement en ait absorbé un autre. ● Soc. 5 janv. 2022, ⚖ n° 21-13.141 P : *RJS 3/2022, n° 145* ; *JCP S 2022. 1058*, obs. Gauriau.

14. Affiliation confédérale en cours de cycle électoral. Dès lors qu'un syndicat n'a pas participé aux dernières élections professionnelles, il n'est pas représentatif dans l'entreprise et ne peut pas y procéder à des désignations de délégués syndicaux ; l'affiliation confédérale intervenue après l'organisation des élections professionnelles ne permet donc pas au syndicat nouvellement créé d'exercer les prérogatives liées à la représentativité syndicale, quand bien même la confédération a obtenu plus de 10 % des suffrages dans l'entreprise. ● Soc. 4 juill. 2018, ⚖ n° 17-20.710 P : *D. actu. 23 juill. 2018*, obs. Couëdel ; *D. 2018. 2205*, obs. Porta ⊘ ; *RDT 2018. 774*, obs. Odoul-Asorey ⊘ ; *JCP S 2018. 1296*, obs. Gauriau ; *RJS 10/2018, n° 616*.

15. Lorsque le transfert des contrats de travail ne porte pas sur une entité susceptible d'emporter le maintien des mandats représentatifs, les organisations syndicales représentatives peuvent désigner comme délégué syndical un salarié dont le contrat de travail a été nouvellement transféré. ● Soc. 19 févr. 2014 : ⚖ *D. actu. 10 avr. 2014*, obs. Ines ; *Dr. soc. 2014. 486*, obs. Petit ⊘ ; *ibid. 648*, note Icard ⊘ ; *RJS 2014. 340, n° 412*.

B. CRITÈRES

1° RESPECT DES VALEURS RÉPUBLICAINES

16. Charge de la preuve. La condition de respect des valeurs républicaines n'a à être examinée par le juge que si elle est contestée par l'employeur qui a la charge de la preuve à cet égard. ● Soc. 8 juill. 2009, ⚖ *Véolia* : *D. 2009. AJ 1980* ⊘ ; *ibid. 2010. Pan. 342*, obs. Debord ⊘ ; *JCP S 2009. 1364*, obs. Pagnerre ; *Dr. soc. 2009. 950*, rapp. Pécaut-Rivolier et obs. Morin ⊘ ; *JSL 2009, n° 262-5* ; *SSL 2009, p. 6*, note Pécaut-Rivolier. ♦ C'est à celui qui conteste le respect, par une organisation syndicale, des valeurs républicaines, d'apporter la preuve de sa contestation. ● Soc. 13 oct. 2010 : ⚖ *D. 2010. AJ 2521*, obs. Perrin ⊘ ; *D. 2011. 289*, obs. Petit ⊘ ; *RJS 2010. 851, n° 954* ; *Dr. ouvrier 2010. 686*, obs. Leduc ; *Dr. soc. 2011. 112*, obs. Radé ⊘ ; *JSL 2010, n° 288-3*, obs. Hautefort ; *SSL 2010, n° 1463, p. 9*, obs. Bateman ; *JCP S 2010. 1943*, note Pagnerre.

17. Non-respect écarté. La preuve peut consister dans le fait que le syndicat poursuive dans son action un objet illicite, peu important à cet égard les mentions figurant dans les statuts. ● Soc. 13 oct. 2010 : ⚖ préc. note 16. ♦ La candidature d'un syndicat défendant l'indépendance du peuple corse dans ses statuts et promouvant dans une profession de foi une priorité d'embauche, à qualification égale, au bénéfice des travailleurs locaux ne peut être remise en cause en l'absence de constatation que ce syndicat poursuit dans son action un objectif illicite, contraire aux valeurs républicaines. ● Soc. 9 sept. 2016, ⚖ n° 16-20.605 P : *D. actu. 26 sept. 2016*, obs. Peyronnet ; *D. 2017. Pan. 2271*, obs. Porta ⊘ ; *RDT 2016. 715*, obs. Odoul-Asorey ⊘ ; *Dr. soc. 2016. 966* ⊘ ; *SSL 2016, n° 1737, p. 11*, obs. Champeaux ; *JSL 2016, n° 418-6*, obs. Pacotte et Leroy ; *JCP S 2017. 1343*, obs. Pagnerre.

18. Non-respect avéré. Méconnaît les valeurs républicaines un syndicat qui prône des discriminations, directes ou indirectes, en raison de l'origine du salarié ; mais c'est à celui qui conteste le respect de ces valeurs par une organisation syndicale d'en apporter la preuve. • Soc. 12 déc. 2016, ⚖ n° 16-25.793 P : *D. 2016. Actu. 2576* ⌀ *; D. 2017. Pan. 2272, obs. Porta* ⌀ *; Dr. soc. 2017. 180, note J. Mouly* ⌀ *; JSL 2017, n° 424-3, obs. Lhernould ; RJS 2/2017, n° 128 ; JCP S 2017. 1034, obs. Pagnerre.*

2° INDÉPENDANCE

19. Jurisprudence rendue sous l'empire des dispositions antérieures à la loi du 20 août 2008. N'a pas été considéré comme indépendant le syndicat : qui demande des cotisations à taux réduit. • Soc. 29 oct. 1973 : *Bull. civ. V, n° 530.* ♦ ... Qui ne demande aucune cotisation et qui était le seul à obtenir une subvention de la direction de l'entreprise. • Soc. 31 janv. 1973 : *Bull. civ. V, n° 50* • 27 oct. 1982 : *ibid., n° 591* (cotisation fixée à trois francs par mois). ♦ V. aussi, pour un syndicat soutenant l'employeur au cours d'une grève : • Soc. 11 janv. 1979 : *Bull. civ. V, n° 31 ; D. 1979. IR 326, obs. Langlois.* ♦ Rapp. • Soc. 23 févr. 1973 et • 4 avr. 1973 : *Dr. soc. 1973. 589, note Savatier.* ♦ ... Dont la quasi-totalité des adhérents appartenait au seul service du chef du personnel. • Soc. 26 févr. 1975 : *Bull. civ. V, n° 102.* ♦ Le défaut d'indépendance doit être établi par la partie qui l'allègue. • Soc. 22 juill. 1981, ⚖ n° 81-60.695 P : *D. 1982. IR 391, obs. Langlois.*

20. Cycle électoral. L'absence d'indépendance d'un syndicat lors de l'exercice d'une prérogative syndicale, judiciairement établie, ne le prive pas de la possibilité d'exercer, plus tard, les prérogatives liées à la qualité d'organisation syndicale représentative dès lors qu'il réunit, lors de l'exercice de ces prérogatives, tous les critères exigés. • Soc. 27 sept. 2017, ⚖ n° 16-60.264 P : *D. actu. 13 oct. 2017, obs. Cortot ; D. 2017. 2271, obs. Porta* ⌀ *; RDT 2017. 807, note Ferkane* ⌀ *; JCP S 2017. 1371, obs. Pagnerre.*

21. Indépendance vis-à-vis de l'employeur et indépendance financière. Ni le fait pour un syndicat de faire l'objet d'une procédure de redressement judiciaire, ni celui de disposer de l'appui financier de la confédération à laquelle il est affilié ne lui fait perdre son indépendance financière. • Soc. 26 févr. 2020, ⚖ n° 19-19.397 P : *Dr. soc. 2021. 82, obs. Petit* ⌀ *; RJS 5/2020, n° 244 ; Dr. ouvrier 2020. 654, obs. Chevalier ; JCP S 2020. 2000, obs. Pagnerre ; JCP E 2020. 1368, obs. Dauxerre.*

3° TRANSPARENCE FINANCIÈRE

22. Conformité à la Constitution. D'une part, en imposant aux syndicats une transparence financière, le législateur a entendu permettre aux salariés de s'assurer de l'indépendance, notamment financière, des organisations susceptibles de porter leurs intérêts ; d'autre part, il résulte de la jurisprudence constante de la Cour de cassation qu'un syndicat non représentatif peut rapporter la preuve de sa transparence financière soit par la production des documents comptables requis en application des art. L. 2135-1, L. 2135-4 et L. 2315-5 C. trav., soit par la production de tout autre document équivalent ; dès lors, en imposant à l'ensemble des syndicats, y compris non représentatifs, de satisfaire à l'exigence de transparence financière, les dispositions de l'art. L. 2121-1 ne méconnaissent ni la liberté syndicale ni le principe de participation des travailleurs. • Cons. const. 30 avr. 2020, ⚖ n° 2020-835 QPC : *D. 2020. 989* ⌀ *; RDT 2020. 690, obs. Jubert-Tomasso* ⌀ *; RJS 7/2020, n° 358 ; JCP 2020. 805 (§ 18), obs. Mathieu et Cassard-Valembois ; Gaz. cap pal. 21 juill. 2020, p. 18, note Le Monnier de Gouville* • Soc. 24 juin 2020, ⚖ n° 20-10.544 B : *D. actu. 24 juill. 2021, obs. Clément ; RDT 2020. 690, note Jubert-Tomasso* ⌀ *; RJS 8-9/2020, n° 426.*

23. Rôle du critère. L'exercice par un syndicat des prérogatives dans l'entreprise est subordonné à la satisfaction du critère de transparence financière. • Soc. 22 févr. 2017, ⚖ n° 16-60.123 P : *D. actu. 20 mars 2017, obs. Roussel ; RDT 2017. 433, obs. Odoul-Asorey* ⌀ *; Dr. soc. 2017. 575, obs. Mouly* ⌀ *; RJS 5/2017, n° 347 ; JCP S 2017. 1108, obs. Pagnerre.*

24. Indices. Les documents comptables dont la loi impose la confection et la publication ne constituent que des éléments de preuve de la transparence financière, leur défaut pouvant dès lors être suppléé par d'autres documents produits par le syndicat et que le juge doit examiner. • Soc. 29 févr. 2012 : *préc. note 12.* ♦ Comme le fait d'avoir fait approuver ses comptes par un expert-comptable et de les avoir publiés à la Direccte. • Soc. 17 oct. 2018, ⚖ n° 17-19.732 P : *D. 2018. Actu. 2095* ⌀ *; RJS 1/2019, n° 35 ; SSL 2018, n° 1841, p. 12, obs. Levannier-Gouël ; JSL 2019, n° 465-466-6, obs. Cottin ; JCP S 2018. 1372, obs. Pagnerre.* ♦ Les formalités d'approbation et de publicité des comptes peuvent être encore en cours au moment de la désignation d'un représentant de section syndicale, le critère de transparence financière peut être regardé comme satisfait dès lors que le syndicat produit un audit d'expert-comptable attestant de la régularité et de la sincérité de ses comptes sur l'exercice précédent. • Soc. 10 févr. 2021, ⚖ n° 19-18.040 P : *D. actu. 2 mars 2021, obs. Malfettes ; Dr. soc. 2021. 478, note Petit* ⌀ *; RJS 4/2021, n° 226.* ♦ En revanche, le respect du critère de transparence financière ne peut être retenu, s'agissant d'un syndicat qui ne justifiait pas de la publication des comptes sur son site internet ou par toute autre mesure de publicité équivalente au jour de la désignation de son représentant qui était contestée. • Soc. 17 oct. 2018, ⚖ n° 18-60.030 P : *ibid.*

25. Moment d'appréciation. L'exercice à considérer pour apprécier le critère de transparence financière s'incarne dans celui précédant l'année au cours de laquelle est exercée la prérogative syndicale ; aucune exigence légale n'impose de vérifier le respect de l'obligation de transparence financière au regard des deux derniers exercices clos de l'organisation syndicale. • Soc. 10 févr. 2021, n° 19-18.040 P : *préc. note 24.* ♦ C'est à la date de l'exercice de la prérogative syndicale que la condition de la transparence financière doit être appréciée et l'approbation des comptes d'un syndicat pour un exercice clos doit avoir lieu au plus tard à la clôture de l'exercice suivant. • Soc. 2 févr. 2022, n° 21-60.046 B : *D. 2022. 221 ; RJS 4/2022, n° 197 ; JCP S 2022. 1094, obs. Pagnerre.*

4° ANCIENNETÉ

26. Indifférence de la modification du champ statutaire. La modification par le syndicat de son champ statutaire n'a pas pour effet de remettre en cause l'ancienneté acquise par le syndicat à compter du dépôt initial de ses statuts. • Soc. 14 nov. 2012 : *D. 2012. Actu. 2745 ; Dr. soc. 2013. 73, obs. Petit.* ♦ La modification de l'objet statutaire ou du caractère intercatégoriel ou catégoriel d'une organisation syndicale décidée conformément à ses statuts ne fait pas perdre à cette organisation sa personnalité juridique. Dès lors, un syndicat qui décide, lors d'un congrès extraordinaire, de se concentrer sur la représentation d'une catégorie de personnel et de changer de nom, quelle que soit la finalité de cette modification, conserve l'ancienneté acquise antérieurement à la modification de ses statuts. • Soc. 14 mars 2018, n° 17-21.434 P : *D. 2018. Actu. 622 ; RDT 2018. 389, obs. Couëdel ; RJS 5/2018, n° 343 ; JCP S 2018. 1155, obs. Gauriau.*

27. Indifférence du changement d'affiliation confédérale. Le syndicat qui change d'affiliation confédérale ou confédérale ne perd pas son ancienneté. • Soc. 3 mars 2010, n° 09-60.283 P : *D. 2010. AJ 712 ; RDT 2010. 203 ; Dr. soc. 2010. 723, obs. Petit ; RJS 5/2010, n° 445 ; JCP S 2010. 1190, obs. Gauriau ; JCP E 2010. 1570, obs. Pochet.*

5° AUDIENCE ÉLECTORALE

28. Sur l'audience vérifiée sur le plan national et interprofessionnel, V. art. L. 2122-9.

29. Sur l'audience vérifiée au niveau de la branche, V. art. L. 2122-5.

30. Sur l'audience vérifiée au niveau du groupe, V. art. L. 2122-4.

31. Sur l'audience vérifiée au niveau de l'entreprise, V. art. L. 2122-1.

32. Audience électorale et cassation d'un jugement d'annulation des élections. La cassation du jugement annulant des élections professionnelles n'entraîne pas l'annulation des élections organisées dans l'entreprise en application de ce jugement ; c'est le résultat de ces secondes élections, non contestées, qui doit être pris en compte pour établir la représentativité des syndicats. • Soc. 12 avr. 2016, n° 15-18.652 P : *D. actu. 12 mai 2016, obs. Cortot ; JSL 2016, n° 411-5, obs. Pacotte et Daguerre.*

6° INFLUENCE

33. Influence (jurisprudence rendue sous l'empire des dispositions antérieures à la loi du 20 août 2008). L'indépendance est souverainement appréciée par les juges du fond. • Soc. 3 déc. 2002, n° 01-60.729 P : *GADT, 4ᵉ éd., n° 129 ; D. 2003. IR 43 ; Dr. soc. 2003. 298, obs. Verdier ; JSL 2003, n° 116-4* • 13 sept. 2005 : *Dr. soc. 2006. 235, obs. Verkindt ; JCP S 2005. 1378, note Lahalle.* ♦ Sur le contrôle opéré par la Cour de cassation, V. • Soc. 21 mai 2003 : *RJS 2003. 885, n° 1283.*

34. Expérience (jurisprudence rendue sous l'empire des dispositions antérieures à la loi du 20 août 2008). A défaut d'expérience propre, un syndicat peut se prévaloir notamment de l'expérience de ses dirigeants. • Soc. 23 juill. 1980 : *Bull. civ. V, n° 686.* – Dans le même sens : • Soc. 12 juill. 1994 : *Dr. soc. 1994. 812 ; RJS 1994. 595, n° 1007.* ♦ La rapidité de l'accroissement en adhésions et en ressources peut faire présumer l'existence d'une autorité et d'une expérience suffisantes dans l'entreprise. • Soc. 25 févr. 1971 : *Bull. civ. V, n° 161.*

35. Pour apprécier l'influence d'un syndicat, le juge doit prendre en considération l'ensemble de ses actions, y compris celles qu'il a menées alors qu'il était affilié à une confédération syndicale dont il s'est par la suite désaffilié. • Soc. 28 sept. 2011 : *préc. note 11.*

7° EFFECTIFS D'ADHÉRENTS ET COTISATIONS

36. Effectifs (jurisprudence rendue sous l'empire des dispositions antérieures à la loi du 20 août 2008). Le critère numérique ne peut résulter de simples demandes d'adhésion. • Soc. 4 oct. 1994 : *Dr. ouvrier 1995. 191.* ♦ Est représentatif le syndicat qui a un nombre suffisant d'adhérents dont les cotisations lui permettent d'assurer son indépendance vis-à-vis de l'employeur. • Soc. 8 janv. 1997, n° 95-60.995 P : *RJS 1997. 114, n° 167, 1ʳᵉ esp.* ♦ La faiblesse des effectifs pouvait être compensée par une activité et un dynamisme suffisant de la part d'un syndicat, de sorte que le juge ne pouvait au seul vu du nombre d'adhérents s'interdire d'examiner les autres critères de représentativité. • Soc. 8 nov. 1988 : *Bull. civ. V, n° 576 ; D. 1988. IR 291.* – V. aussi • Soc. 2 nov. 1993 : *RJS 1993. 721, n° 1219.*

37. Jurisprudence rendue sous l'empire des dispositions antérieures à la loi du 20 août 2008. Satisfait au critère de l'effectif le syndicat qui dénombre plus de 120 adhérents sur 175 salariés et dont l'activité et les effectifs sont de fait suffisants. • Soc. 14 nov. 2013 : *préc. note 12.*

38. Cotisations (jurisprudence rendue sous l'empire des dispositions antérieures à la loi du 20 août 2008). N'est pas représentatif le syndicat dont la cotisation est insuffisante pour lui permettre d'avoir une action spécifique et indépendante. • Soc. 31 janv. 1973 : *préc. note 19* • 22 juill. 1981 : ⚖ *préc. note 19* • 22 avr. 1982 : *Bull. civ. V, n° 256.* ♦ Comp. • Soc. 28 juin 1978 : *Bull. civ. V, n° 534 ; D. 1979. IR 24, obs. Langlois.*

39. Entreprises de travail temporaire. Dans les entreprises de travail temporaire sont adhérents à un syndicat les salariés intérimaires qui remplissent les conditions visées à l'art. L. 1251-54, 2° C. trav., peu important qu'ils ne soient pas titulaires d'un contrat de mission lors de la désignation du représentant de la section syndicale, dès lors qu'ils n'ont pas fait connaître à l'entrepreneur de travail temporaire qu'ils n'entendent plus bénéficier d'un nouveau contrat et que ce dernier ne leur a pas notifié sa décision de ne plus faire appel à eux pour de nouveaux contrats. • Soc. 11 mai 2016, ⚖ n° 15-17.200 P : *D. actu. 31 mai 2016, obs. Doutreleau ; RJS 7/2016, n° 506 ; JCP S 2016. 1281, obs. Kerbourc'h.*

Art. L. 2121-2 S'il y a lieu de déterminer la représentativité d'un syndicat ou d'une organisation professionnelle autre que ceux affiliés à l'une des organisations représentatives au niveau national, l'autorité administrative diligente une enquête.

L'organisation intéressée fournit les éléments d'appréciation dont elle dispose. — [*Anc. art. L. 133-3.*] — V. art. R. 2121-1 s.

En application de l'art. L. 231-5 CRPA, et par exception à l'application du délai de deux mois prévu à l'art. L. 231-1 du même code, le délai à l'expiration duquel le silence gardé par l'administration vaut décision de rejet est fixé à six mois pour une demande de réalisation d'une enquête afin de déterminer la représentativité d'un syndicat ou d'une organisation professionnelle autre que ceux affiliés à des organisations représentatives au niveau national (Décr. n° 2014-1289 du 23 oct. 2014, art. 1ᵉʳ).

Représentativité et périmètre utile de négociation. Le ministre chargé du travail est compétent pour arrêter la liste des organisations syndicales représentatives et leurs audiences respectives dans un périmètre utile pour une négociation en cours ou à venir, y compris lorsque celui-ci ne correspond pas à une « branche professionnelle » au sens de l'art. 2122-1 ; dès lors, les partenaires sociaux qui souhaitent négocier dans un champ professionnel qui n'a pas donné lieu à l'établissement d'une liste des syndicats représentatifs par arrêté du ministère du travail doivent, avant d'engager la négociation collective, demander à ce qu'il soit procédé à la détermination des organisations représentatives dans le champ de négociation pour s'assurer que toutes les organisations syndicales représentatives dans ce périmètre sont invitées à la négociation. • Soc. 10 févr. 2021, ⚖ n° 19-13.383 P : *D. 2021. Actu. 289 ⊘ ; RDT 2021. 329, obs. Nadal ⊘ ; Dr. soc. 2021. 346, étude Antonmattéi, Enjolras et Mariano ⊘ ; RJS 4/2021, n° 229 ; JCP 2021. 233, obs. Dedessus-Le-Moustier.* ♦ Le juge de l'excès de pouvoir exerce un contrôle normal sur le refus du ministre du travail de diligenter une enquête de représentativité, sur le fondement de l'art. L. 2121-2, dans tout périmètre utile pour une négociation en cours ou à venir. • CE 6 avr. 2022, ⚖ n° 439658.

CHAPITRE II **SYNDICATS REPRÉSENTATIFS**

(*L. n° 2008-789 du 20 août 2008*)

SECTION 1 **Représentativité syndicale au niveau de l'entreprise et de l'établissement**

V. Circ. DGT n° 20 du 13 nov. 2008 relative à la loi portant rénovation de la démocratie sociale et du temps de travail, Fiche n° 1.

> **COMMENTAIRE**
> V. sur le Code en ligne 🔒

Art. L. 2122-1 Dans l'entreprise ou l'établissement, sont représentatives les organisations syndicales qui satisfont aux critères de l'article L. 2121-1 et qui ont recueilli au moins 10 % des suffrages exprimés au premier tour des dernières élections des titulaires au (*Ord. n° 2017-1386 du 22 sept. 2017, art. 4*) « comité social et économique », quel que soit le nombre de votants.

> **COMMENTAIRE**
> V. sur le Code en ligne 🔒

1. Ordre public absolu. Le critère de mesure de l'audience électorale lors du premier tour de l'élection des membres titulaires du comité d'entreprise est d'ordre public absolu. • Soc. 18 mai 2011 : 🔒 *D. actu. 14 juin 2011, obs. Siro ; D. 2011. Actu. 1491* ; *RDT 2011. 419, note Borenfreund* ; *RJS 2011. 567, n° 627 ; SSL 2011, n° 1495, p. 5, rapp. Pécaut-Rivolier ; ibid. 2012, n° 1524, p. 4, obs. Morin ; JCP S 2011. 1314, obs. Dauxerre.*

2. Ordre de prise en compte des scores (solution antérieure à l'Ord. du 22 sept. 2017). L'audience recueillie par les organisations syndicales aux élections des délégués du personnel ne peut être prise en compte, pour apprécier la représentativité, que s'il ne s'est pas tenu dans l'entreprise d'élections au comité d'entreprise ou à la délégation unique du personnel permettant de mesurer cette audience. • Soc. 13 juill. 2010 : 🔒 *D. 2010. AJ 1947* ; *RJS 2010. 769, n° 860 ; Dr. soc. 2010. 1133, obs. Petit* ; *JCP S 2010. 1402, obs. Gauriau.* ♦ L'audience recueillie par les organisations syndicales aux élections des délégués du personnel ne peut être prise en compte, pour apprécier leur représentativité, que s'il ne s'est pas tenu dans l'entreprise d'élections au comité d'entreprise ou d'établissement. • Soc. 14 déc. 2010 : 🔒 *D. actu. 12 janv. 2011, obs. Perrin ; D. 2011. Actu. 169* ; *JCP S 2011. 1116, note Gauriau.*

3. Mesure d'audience et niveaux de négociation. Selon l'art. L. 2121-1, 5°, C. trav., la représentativité des organisations syndicales est subordonnée à une audience électorale établie selon les niveaux de négociation à laquelle le délégué syndical est appelé à participer ; il se déduit de l'application combinée des art. L. 2121-1, 5°, L. 2232-17, L. 2122-1, L. 2143-3 et L. 2343-12 que, sauf accord collectif en disposant autrement, le périmètre de désignation des délégués syndicaux est le même que celui retenu lors des dernières élections, pour la mise en place du comité d'entreprise ou d'établissement. • Soc. 18 mai 2011 : 🔒 *D. actu. 14 juin 2011, obs. Siro ; D. 2011. Actu. 1492* ; *RDT 2011. 449, obs. Brousse* ; *RJS 2011. 563, n° 624 ; JCP S 2011. 1404, obs. Kerbourc'h ; JSL 2011, n° 302-4, obs. Millet.*

4. Mesure de l'audience tous collèges confondus. Satisfait au critère d'audience électorale le syndicat qui a obtenu 10 % des voix au premier tour des élections tous collèges confondus, peu important qu'il n'ait pas présenté de candidat dans chacun des collèges. • Soc. 22 sept. 2010 : 🔒 *D. actu. 8 oct. 2010, obs. Ines ; D. 2010. AJ 2297* ; *RJS 2010. 770, n° 861 ; JCP S 2010. 1459, obs. Kerbourc'h.* ♦ Le critère d'audience électorale nécessaire à l'établissement de la représentativité des syndicats intercatégoriels prend nécessairement en compte les suffrages exprimés par l'ensemble des salariés de l'entreprise, peu important que certains soient électeurs dans des collèges spécifiques, des dispositions dérogatoires créant un collège spécifique ne faisant échec à l'application desdites dispositions. • Soc. 12 avr. 2012 : 🔒 *D. actu. 30 mai 2012, obs. Ines ; D. 2012. Actu. 1067* ; *Dr. soc. 2012. 639, obs. Petit* ; *JCP S 2012. 1277, obs. Pécaut-Rivolier.*

5. Mesure de l'audience et collège unique incluant salariés de droit privé et fonctionnaires. En principe, la représentativité des organisations syndicales au sein des sociétés composant une UES où a été institué, pour l'élection des représentants du personnel, un collège électoral unique incluant des salariés de droit privé et des fonctionnaires, doit être appréciée au regard de la totalité des suffrages exprimés par l'ensemble des électeurs composant ce collège, sauf dispositions légales particulières. • Cass., avis, 2 juill. 2012 : *D. 2012. Actu. 1895* ; *RFDA 2012. 991, Rapp. Struillou* ; *RJS 2012. 694, n° 816 ; JCP S 2012. 1411, obs. Pécaut-Rivolier* • Soc. 26 juin 2013 : 🔒 *D. actu. 17 juill. 2013, obs. Ines ; D. 2013. Actu. 1693*.

6. Ratures. Le nombre de voix recueillies par les organisations syndicales à prendre en considération pour le décompte des suffrages exprimés en leur faveur est le nombre de suffrages exprimés au profit de chaque liste, sans qu'il y ait lieu, s'agissant de la mesure de la représentativité de ces organisations, de tenir compte d'éventuelles ratures de noms de candidats ; tout bulletin exprimé en faveur d'une organisation syndicale doit être pris en compte pour une unité, quand bien même le nom de certains candidats aurait été rayé. • Soc. 6 janv. 2011 : 🔒 *D. actu. 25 janv. 2011, obs. Siro ; D. 2011. 245* , *communiqué C. cass. ; RDT 2011. 189, obs. Odoul-Asorey* ; *RJS 2011, n° 247 ; Dr. soc. 2011. 340, obs. Petit* ; *JCP S 2011. 1246, obs. Bossu* • 6 janv. 2011 : 🔒 *D. actu. 26 janv. 2011, obs. Perrin ; RDT 2011. 189, obs. Odoul-Asorey* ; *Dr. soc. 2011. 340, obs. Petit* ; *JCP S 2011. 103, note Dedessus-Le-Moustier ; ibid. 1232, obs. Kerbourc'h.*

7. Syndicats partageant une affiliation confédérale commune. Une organisation syndicale ne peut revendiquer à son profit, au sein d'une entreprise, le score obtenu par un syndicat qui lui est affilié qu'à la condition que cette affiliation ait été mentionnée sur les bulletins de vote au moyen desquels les électeurs ont exprimé leur choix ou ait été portée à leur connaissance certaine par le syndicat. • Soc. 12 avr. 2012 : 🔒 *D. actu. 24 mai 2012, obs. Ines ; D. 2012. Actu. 1067* ; *RDT 2012. 375, obs. Odoul-Asorey* ; *Dr. soc. 2012. 641, obs. Petit* ; *RJS 2012. 486, n° 576 ; JSL 2012, n° 323-5, obs. Tourreil.*

8. Établissement. Le score électoral participant à la détermination de la représentativité d'un syndicat est celui obtenu aux élections au comité d'entreprise ou au comité d'établissement quand bien même, en application d'un accord collectif, le périmètre en son sein duquel le syndicat désigne un délégué serait plus restreint que celui du comité et correspondrait à un établissement au sein duquel sont élus les délégués du personnel. • Soc. 10 nov. 2010 : ⚖ *D. actu. 1ᵉʳ déc. 2010, obs. Perrin ; D. 2010. AJ 2780* 🖉 *; RDT 2011. 24, note Borenfreund* 🖉 *; JCP S 2011. 1116, note Gauriau.* ♦ Lorsqu'une entreprise possède plusieurs établissements, un syndicat ne peut désigner un délégué syndical dans un établissement qu'à la condition d'avoir obtenu un score minimal de 10 % des voix des collèges de cet établissement et ce, quand bien même il aurait obtenu un score supérieur au seuil minimal requis sur la moyenne de l'ensemble des établissements. • Soc. 14 déc. 2010 : ⚖ *D. actu. 13 janv. 2011, obs. Astaix ; JCP S 2011. 1116, note Gauriau.* ♦ Lorsque sont mis en place les comités d'établissement, seuls peuvent désigner un délégué syndical, au sein du périmètre couvert par l'un des comités, les syndicats qui ont obtenu au moins 10 % des suffrages exprimés au premier tour des dernières élections des titulaires de ce comité ; ni un accord collectif ni un engagement unilatéral de l'employeur ne peuvent avoir pour effet de modifier ce périmètre légal d'appréciation de la représentativité syndicale. • Soc. 6 janv. 2011 : ⚖ *D. actu. 19 janv. 2011, obs. Astaix ; D. 2011. Actu. 245* 🖉 *; RDT 2011. 255, obs. Adoul-Asorey* 🖉 *; RJS 2011, n° 248 ; Dr. soc. 2011. 414, note Petit* 🖉 *; JCP S 2011. 1116, note Gauriau.*

9. UES. Lorsque la désignation s'effectue au niveau d'une UES, le seuil de 10 % se calcule en additionnant la totalité des suffrages obtenus lors des élections au sein des différentes entités composant l'UES : • Soc. 22 sept. 2010 : ⚖ *D. actu. 11 oct. 2010, obs. Siro ; D. 2010. AJ 2298* 🖉 *; ibid. 2011. Pan. 1246, obs. Odoul-Asorey* 🖉 *; RJS 2010. 770, n° 862* • Soc. 14 déc. 2022, ⚖ n° 21-15.585 B : *D. actu. 16 janv. 2023, obs. Albiol et Blanc ; RDT 2023. 128, obs. Wolmark* 🖉 *; RJS 3/2023, n° 147.* ♦ Une unité économique et sociale ne pouvant être reconnue qu'entre des entités juridiques distinctes prises dans l'ensemble de leurs établissements et de leur personnel, toutes les organisations syndicales représentatives présentes dans ces entités doivent être invitées à la négociation portant sur la reconnaissance entre elles d'une unité économique et sociale. • Soc. 10 nov. 2010 : ⚖ *D. actu. 2 déc. 2010, obs. Ines ; D. 2010. AJ 2779* 🖉 *; RDT 2011. 24, note Borenfreund* 🖉 *; JCP S 2010. 1555, obs. Jeanssen.* ♦ La reconnaissance d'un établissement distinct pour la mise en place d'un comité d'établissement permet nécessairement la désignation d'un délégué syndical dans ce même périmètre. • Même arrêt.

10. Incidence du changement d'affiliation. L'affiliation confédérale sous laquelle un syndicat a présenté des candidats au premier tour des élections des membres titulaires du comité d'entreprise constitue un élément essentiel du vote des électeurs ; en cas de désaffiliation après ces élections, le syndicat ne peut continuer à se prévaloir des suffrages ainsi recueillis pour se prétendre représentatif. • Soc. 18 mai 2011, ⚖ nᵒˢ 10-60.300, 10-60.069 et 10-21.705 : *D. actu. 8 juin 2011, obs. Perrin ; D. 2011. Actu. 1492* 🖉 *; RDT 2011. 489, note Grévy* 🖉 *; Dr. soc. 2011. 1063, note Petit* 🖉 *; RJS 2011. 563, n° 625 ; Dr. ouvrier 2011. 520, obs. Ménard ; JSL 2011, n° 302-6, obs. Tourreil ; JCP S 2011. 1365, obs. Gauriau.* ♦ L'affiliation confédérale sous laquelle un syndicat a présenté des candidats au premier tour des élections des membres titulaires du comité d'entreprise constitue un élément essentiel du vote des électeurs ; en cas de désaffiliation intervenant après ces élections, le syndicat ne peut plus se prévaloir des suffrages ainsi obtenus pour se rendre représentatif quand bien même la décision de désaffiliation émane de la confédération. • Soc. 28 nov. 2012 : ⚖ *D. actu. 14 déc. 2012, obs. Peyronnet ; D. 2012. Actu. 2898* 🖉 *; Dr. soc. 2013. 184, obs. Petit* 🖉 *; JCP S 2013. 1072, obs. Pagnerre.* ♦ Lorsqu'un syndicat représentatif dans l'entreprise se désaffilie de la confédération ou de l'une de ses fédérations ou unions lors des élections professionnelles, cette confédération, la fédération ou l'union peut désigner un représentant syndical au comité d'entreprise ou d'établissement, ce qui met fin au mandat du salarié désigné par le syndicat avant sa désaffiliation. • Soc. 6 mars 2019, ⚖ n° 18-15.238 P : *D. actu. 28 mars 2019, obs. Cortot ; RJS 5/2019, n° 303 ; JCP S 2019. 1125, obs. Patin ; JCP 2019. 311, obs. Dedessus-Le-Moustier.* ♦ Lorsqu'un syndicat se désaffilie de la confédération sous le sigle de laquelle il avait présenté des candidats lors des dernières élections professionnelles, il devient irrecevable à contester la désignation de représentants syndicaux par la fédération ou par un syndicat affilié à la fédération appartenant à cette même confédération. • Soc. 28 juin 2023, ⚖ n° 22-16.020 B : *Dr. soc. 2023. 932, obs. Petit* 🖉 *; RJS 12/2023, n° 668 ; JCP S 2023. 1289, obs. Millet-Ursin.*

11. Contestation des résultats du premier tour. En application de l'art. L. 2122-1, sont représentatives dans l'entreprise ou l'établissement les organisations syndicales qui satisfont aux critères de l'art. L. 2121-1 et qui ont recueilli au moins 10 % des suffrages exprimés au premier tour des dernières élections des titulaires au comité d'entreprise ; il faut en déduire que la contestation des résultats du premier tour des élections n'est recevable que si elle est faite dans les 15 jours suivant ce premier tour. • Soc. 26 mai 2010, ⚖ n° 09-60.453 P : *D. actu. 17 juin 2010, obs. Perrin ; D. 2010. AJ 1489* 🖉 *; ibid. Pan. 2029, obs. Arséguel* 🖉 *; Dr. soc. 2010. 1001, obs. Petit* 🖉 *; JCP S 2010, n° 1348, note Kerbourc'h.* ♦ La contestation des résultats du premier tour des élections, lorsqu'elle porte sur la détermination des suffrages recueillis par les organisations syndicales, n'est recevable que si elle est faite dans les quinze jours suivant le premier tour ; le délai court à compter de la proclamation des résultats ou de la publication du procès-verbal de carence. • Soc. 31 janv. 2012 : ⚖ *D. actu. 19 mars 2012, obs. Ines ; Dr. soc. 2012. 430, obs. Petit* 🖉 *; RJS 2012. 319, n° 372 ; JCP S 2012. 1360, obs. Brissy.*

Art. L. 2122-2 Dans l'entreprise ou l'établissement, sont représentatives à l'égard des personnels relevant des collèges électoraux dans lesquels leurs règles statutaires leur donnent vocation à présenter des candidats les organisations syndicales catégorielles affiliées à une confédération syndicale catégorielle interprofessionnelle nationale qui satisfont aux critères de l'article L. 2121-1 et qui ont recueilli au moins 10 % des suffrages exprimés au premier tour des dernières élections des titulaires au *(Ord. n° 2017-1386 du 22 sept. 2017, art. 4)* « comité social et économique » dans ces collèges, quel que soit le nombre de votants.

BIBL. ▶ ANTONMATTÉI, *Dr. soc. 2011. 1254* (négociation collective et syndicats catégoriels). – GUYOT, *JCP S 2012. 1023* (élections partielles et représentativité). – MARTINON, *JCP S 2011. 1207* (négociation catégorielle) ; *ibid. 2012. 1235* (représentativité des syndicats catégoriels). – WOLMARK, *SSL 2013, n° 1574* (un syndicat catégoriel peut-il signer seul un accord catégoriel ?).

COMMENTAIRE

V. sur le Code en ligne 🔒.   ◻

1. Conformité à la Constitution. Le principe d'égalité ne s'oppose ni à ce que le législateur règle de façon différente des situations différentes, ni à ce qu'il déroge à l'égalité pour des raisons d'intérêt général, pourvu que, dans l'un et l'autre cas, la différence de traitement qui en résulte soit en rapport avec l'objet de la loi qui l'établit ; en prévoyant que, pour les organisations syndicales catégorielles, le seuil de 10 % est calculé dans les seuls collèges dans lesquels elles ont vocation à présenter des candidats, le législateur institue une différence de traitement en lien direct avec l'objet de la loi et ne méconnaît pas le principe d'égalité. • Cons. const., QPC, 7 oct. 2010 : 🏛 *D. actu. 12 oct. 2010, obs. Ines ; RJS 2010. 851, n° 953 ; SSL 2010, n° 1463, p. 10, obs. Champeaux*. ♦ V. aussi • Cons. const., QPC, 12 nov. 2010 : *SSL 2010, n° 1468, p. 14* • Soc. 28 sept. 2011 : 🏛 *RJS 2011. 864, n° 992*. • Soc. 14 déc. 2011 : 🏛 *Dr. soc. 2012. 213, obs. Petit* ; *RJS 2012. 163, n° 196*.

2. Syndicat catégoriel et mesure de l'audience. Dès lors que le syndicat, même affilié à une confédération nationale catégorielle, présente conformément à ses statuts des candidats dans plusieurs collèges, sa représentativité est établie en fonction des suffrages obtenus dans l'ensemble des collèges, et non plus sur le seul collège « cadres ». • Soc. 28 sept. 2011 : 🏛 *D. 2011. Actu. 2406* ; *Dr. soc. 2011. 1241, note Petit* ; *RJS 2011. 871, n° 1002 ; SSL 2011, n° 1508, p. 4, note Favennec-Héry ; Dr. ouvrier 2012. 27, obs. Saltzmann ; JCP S 2011. 1535, obs. Gauriau*. ♦ La représentativité d'un syndicat catégoriel, dont les statuts lui permettent de présenter des candidats dans tous les collèges, s'apprécie tous collèges confondus même s'il n'a pas présenté de candidats dans certains d'entre eux. • Soc. 27 mars 2013 : 🏛 *D. actu. 11 avr. 2013, obs. Fleuriot ; D. 2013. Actu. 924* ; *RDT 2013. 571, obs. Borenfreund* ; *Dr. soc. 2013. 463, obs. Petit* ; *JSL 2013, n° 344-5, obs. Tourreil ; JCP S 2013. 1241, obs. Gauriau* • Soc. 31 janv. 2012 : 🏛 *D. actu. 16 mars 2012, obs. Perrin ; Dr. soc. 2012. 373, note Petit* ; *RJS 2012. 312, n° 364 ; JCP S 2012. 1212, obs. Everaert-Dumont* • Soc. 8 oct. 2014, 🏛 *n° 14-11.317 P : RJS 1/2015, n° 72*. ♦ Lorsque les élections des membres du comité d'entreprise ou d'établissement se déroulent au sein d'un collège unique réunissant toutes les catégories professionnelles, un syndicat affilié à la CFE-CGC peut valablement y présenter des candidats. Dans le cas où l'entreprise est divisée en établissements distincts, la représentativité de ce syndicat dans l'entreprise toute entière doit être appréciée sur l'ensemble des suffrages exprimés dans les collèges où il pouvait présenter des candidats, peu important qu'il n'ait pas fait usage de cette faculté dans les établissements comportant un collège unique et n'ait présenté de candidats que dans ceux en comportant plusieurs. • Soc. 4 juill. 2012 : 🏛 *D. actu. 3 sept. 2012, obs. Siro ; RJS 2012. 703, n° 828 ; JCP S 2012. 1400, obs. Pécaut-Rivolier*. ♦ Lorsque les statuts du syndicat ne l'autorisent à représenter que les salariés techniciens, agents de maîtrise, cadres et cadres dirigeants et que la mention « quel que soit le statut » se réfère uniquement au statut public ou privé des agents, le champ statutaire de ce syndicat doit être considéré comme catégoriel, peu important le contenu des tracts diffusés par lui pendant la campagne électorale. • Soc. 14 nov. 2013 : 🏛 *Dr. soc. 2014. 183, obs. Petit* ; *RJS 2014. 115, n° 146*.

3. Syndicat catégoriel et capacité collective. Un syndicat représentatif catégoriel ne peut négocier et signer seul un accord d'entreprise intéressant l'ensemble du personnel, quand bien même son audience électorale rapportée à l'ensemble des collèges électoraux, est supérieure à 30 % des suffrages exprimés au premier tour des dernières élections professionnelles dans l'entreprise. • Soc. 2 juill. 2014 : 🏛 *D. actu. 5 sept. 2014, obs. Ines ; D. 2014. Actu. 1503* ; *RDT 2014. 701, obs. Borenfreund* ; *Dr. soc. 2014. 864, obs. Antonmattéi* ; *ibid. 1070, obs. Petit* ; *RJS 2014. 612, n° 716 ; JSL 2014, n° 373-5, obs. Mo*. ♦ Un syndicat représentatif catégoriel peut, avec des syndicats représentatifs intercatégoriels, et sans avoir à établir sa représentativité au sein de toutes les catégories de personnels, négocier et signer un accord d'entreprise intéressant l'ensemble du personnel. • Soc. 31 mai 2011 : ⚖ *D. 2011. Actu. 1624, obs. Ines* ⌀ *; RDT 2011. 513, obs. Tissandier* ⌀ *; Dr. soc. 2011. 1132, obs. Petit* ⌀ *; RJS 2011. 647, n° 716 ; JSL 2011, n° 303-5, obs. Tourreil ; Dr. ouvrier 2011. 748, obs. Wolmark ; SSL 2011, n° 1496, p. 4, note Adam ; JCP S 2011. 1405, obs. Bossu.*

4. Syndicats catégoriels et affiliation à une organisation catégorielle. Les organisations syndicales catégorielles doivent notamment être affiliées à une confédération syndicale catégorielle interprofessionnelle nationale ; à défaut, la représentativité du syndicat dans l'entreprise s'apprécie au regard des suffrages qu'il a recueillis dans l'ensemble des collèges électoraux. • Soc. 24 sept. 2013 : ⚖ *D. actu. 24 oct. 2013, obs. Ines ; RJS 12/2013, n° 832 ; JCP S 2013. 1469, obs. Brissy.*

5. Syndicats catégoriels et intercatégoriels affiliés à une même confédération. Le syndicat catégoriel, dont la représentativité est acquise sur le fondement des art. L. 6524-2 et L. 6524-3 C. transp. à l'égard du personnel navigant technique, dispose d'un droit propre pour désigner des délégués syndicaux selon les effectifs de l'entreprise, distinct de celui du syndicat intercatégoriel affilié à la même confédération. • Soc. 28 nov. 2012 : ⚖ *D. actu. 20 déc. 2012, obs. Ines ; D. 2012. Actu. 2898* ⌀ *; RDT 2013. 345, obs. Odoul-Asorey* ⌀ *; Dr. soc. 2013. 187, obs. Petit* ⌀ *; JCP S 2013. 1115, obs. Gauriau.*

6. Changement de caractère. La modification de l'objet statutaire ou du caractère intercatégoriel ou catégoriel d'une organisation syndicale décidée conformément à ses statuts ne fait pas perdre à cette organisation sa personnalité juridique. • Soc. 14 mars 2018, ⚖ n° 17-21.434 P : *D. 2018. Actu. 622* ⌀ *; RDT 2018. 389, obs. Couëdel* ⌀ *; RJS 5/2018, n° 343 ; JCP S 2018. 1155, obs. Gauriau.*

Art. L. 2122-3 Lorsqu'une liste commune a été établie par des organisations syndicales, la répartition entre elles des suffrages exprimés se fait sur la base indiquée par les organisations syndicales concernées lors du dépôt de leur liste. A défaut d'indication, la répartition des suffrages se fait à part[s] égale[s] entre les organisations concernées.

> *COMMENTAIRE*
>
> V. sur le Code en ligne 🕮.

1. Liste commune. Une liste de candidats présentée par deux syndicats affiliés à la même confédération ne constitue pas une liste commune au sens de l'art. L. 2122-3 C. trav. et ne peut, par suite, donner lieu à une répartition entre eux des suffrages qu'elle a recueillis en vue de les faire bénéficier, chacun, d'une représentativité propre. • Soc. 10 mai 2012 : ⚖ *D. actu. 8 juin 2012, obs. Siro ; RDT 2012. 506, obs. Odoul-Asorey* ⌀ *; Dr. soc. 2012. 750, obs. Pécaut-Rivolier* ⌀ *; RJS 2012. 548, n° 640 ; JCP S 2012. 1302, obs. Petit.*

2. La liste commune, formée entre un syndicat catégoriel et un syndicat intercatégoriel, est valable dès lors que cette liste ne comprend de candidats que dans les collèges dans lesquels les statuts des deux organisations syndicales leur donnent vocation à en présenter. • Soc. 5 nov. 2014 : ⚖ *D. actu. 5 nov. 2014, obs. Ines ; Dr. soc. 2015. 187, note Petit* ⌀ *; RJS 1/2015, n° 48.*

3. Règles de répartition. La répartition des suffrages, lorsque les syndicats formant une liste commune ont choisi qu'elle ne soit pas à parts égales, doit être portée à la connaissance de l'employeur et des électeurs de l'entreprise ou de l'établissement concerné avant le déroulement des élections ; à défaut, la répartition s'opère à parts égales. • Soc. 13 janv. 2010 : ⚖ *RDT 2010. 242, obs. Nadal* ⌀ *; JSL 2010, n° 271-2 ; SSL 2010, n° 1429, p. 8* • 24 oct. 2012 : ⚖ *D. actu. 23 nov. 2012, obs. Ines ; RJS 2013. 61, n° 60 ; JCP S 2012. 1499, obs. Jeansen.* ♦ Lorsqu'une liste commune a été établie par des organisations syndicales, la répartition entre elles des suffrages exprimés se fait sur la base indiquée par les organisations syndicales concernées lors du dépôt de leur liste, et à défaut, à parts égales ; il en résulte que la répartition des suffrages, lorsque les syndicats formant une liste commune ont choisi qu'elle ne soit pas à parts égales, doit être portée tant à la connaissance de l'employeur qu'à celle des électeurs de l'entreprise ou de l'établissement concerné avant le déroulement des élections. • Soc. 2 mars 2011 : ⚖ *D. actu. 20 mars 2011, obs. Ines ; D. 2011. Actu. 759* ⌀ *; Dr. soc. 2011. 600, obs. Petit* ⌀ *; JCP S 2011. 1202, obs. Béal.* ♦ La répartition des suffrages exprimés est librement déterminée par les organisations syndicales pourvu qu'elle soit portée à la connaissance de l'employeur et des électeurs de l'entreprise ou de l'établissement concerné avant le déroulement des élections, peu important que cette répartition des suffrages aboutisse à faire bénéficier l'une des organisations syndicales de l'intégralité des suffrages exprimés. • Soc. 5 nov. 2014 : ⚖ préc. note 2.

4. Délégué supplémentaire. Lorsque plusieurs syndicats ont constitué une liste commune aux élections du comité d'entreprise, chacun d'eux peut désigner un délégué syndical supplémentaire dès lors qu'il remplit à lui seul toutes les conditions pour ce faire, sans préjudice de la possibilité pour les syndicats ayant constitué cette liste d'en désigner un ensemble. • Soc. 22 févr. 2017, ⚖ n° 15-28.775 P : *D. 2017. Actu. 575* ⌀ *; D. actu. 14 mars 2017, obs. Ines ; RJS 5/2017, n° 348.*

Art. L. 2122-3-1 (*L. n° 2014-288 du 5 mars 2014, art. 30-XVI et XVII*) Lors du dépôt de la liste, le syndicat indique, le cas échéant, son affiliation à une organisation syndicale. A défaut d'indication, l'organisation syndicale ne recueille pas les suffrages exprimés en faveur du syndicat qui lui est affilié pour la mesure de l'audience prévue au 5° de l'article L. 2121-1.

SECTION 2 Représentativité syndicale au niveau du groupe

BIBL. ▶ ALBIOL et VERNERET, *SSL 2019, n° 1848* (appréciation de la représentativité syndicale au niveau du groupe).

Art. L. 2122-4 La représentativité des organisations syndicales au niveau de tout ou partie du groupe est appréciée conformément aux règles définies aux articles L. 2122-1 à L. 2122-3 relatifs à la représentativité syndicale au niveau de l'entreprise, par addition de l'ensemble des suffrages obtenus dans les entreprises ou établissements concernés.

(*L. n° 2016-1088 du 8 août 2016, art. 23*) « Si le périmètre des entreprises ou établissements compris dans le champ d'un accord de groupe est identique à celui d'un accord conclu au cours du cycle électoral précédant l'engagement des négociations, la représentativité des organisations syndicales est appréciée par addition de l'ensemble des suffrages obtenus dans ces entreprises ou établissements soit pour le cycle en cours, lorsque les élections se sont tenues à la même date, soit lors des dernières élections intervenues au cours du cycle précédant le cycle en cours, lorsque les élections se sont tenues à des dates différentes.

« Dans le cas contraire, la représentativité est appréciée par addition de l'ensemble des suffrages obtenus lors des dernières élections organisées dans les entreprises ou établissements compris dans le périmètre de l'accord. »

BIBL. ▶ ANTONMATTÉI, *SSL 2017, n° 1751, p. 3* (périmètre de négociation de l'entreprise).

COMMENTAIRE
V. sur le Code en ligne 🔒. ☐

SECTION 3 Représentativité syndicale au niveau de la branche professionnelle

V. Circ. DGT n° 20 du 13 nov. 2008 relative à la loi portant rénovation de la démocratie sociale et du temps de travail, Fiche n° 8.

Art. L. 2122-5 Dans les branches professionnelles, sont représentatives les organisations syndicales qui :
1° Satisfont aux critères de l'article L. 2121-1 ;
2° Disposent d'une implantation territoriale équilibrée au sein de la branche ;
3° Ont recueilli au moins 8 % des suffrages exprimés (*L. n° 2010-1215 du 15 oct. 2010*) « résultant de l'addition au niveau de la branche, d'une part, des suffrages exprimés » au premier tour des dernières élections des titulaires aux (*Ord. n° 2017-1386 du 22 sept. 2017, art. 4*) « comités sociaux et économiques », quel que soit le nombre de votants, (*L. n° 2010-1215 du 15 oct. 2010*) « et, d'autre part, des suffrages exprimés au scrutin concernant les entreprises de moins de onze salariés dans les conditions prévues aux articles L. 2122-10-1 et suivants ». La mesure de l'audience s'effectue tous les quatre ans.

Sur la liste des organisations syndicales reconnues représentatives au niveau national et interprofessionnel, V. Arr. du 28 juill. 2021, ss. art. L. 2122-11.

COMMENTAIRE
V. sur le Code en ligne 🔒. ☐

Art. L. 2122-6 (*L. n° 2010-1215 du 15 oct. 2010*) Dans les branches concernant exclusivement les activités agricoles mentionnées aux 1° à 4° de l'article L. 722-1 et au 2° de l'article L. 722-20 du code rural et de la pêche maritime, le seuil fixé au 3° de l'article L. 2122-5 du présent code est apprécié au regard des suffrages exprimés aux élections des membres représentant les salariés de la production agricole aux chambres départementales d'agriculture mentionnées à l'article L. 511-7 du code rural et de la pêche maritime.

Art. L. 2122-6-1 (*L. n° 2015-994 du 17 août 2015, art. 24*) Pour les personnels mentionnés à l'article L. 123-2 du code de la sécurité sociale (*Ord. n° 2017-1491 du 25 oct. 2017, art. 3, en vigueur le 1er janv. 2018*) « et, à Mayotte, à l'article 25-1 de l'ordonnance n° 96-1122 du 20 décembre 1996 relative à l'amélioration de la santé publique, à l'assurance maladie, maternité, invalidité et décès, au financement de la sécurité sociale à Mayotte et à la Caisse de sécurité sociale à Mayotte » qui ne disposent pas de modalités de représentation applicables à leurs spécificités, le seuil fixé au 3° de l'article L. 2122-5 du présent code est apprécié au regard des suffrages exprimés lors de l'élection des membres représentant les salariés aux commissions paritaires nationales instituées par leur convention collective nationale spécifique.

Un décret en Conseil d'État définit les modalités d'application du présent article.

Art. L. 2122-7 Sont représentatives au niveau de la branche à l'égard des personnels relevant des collèges électoraux dans lesquels leurs règles statutaires leur donnent vocation à présenter des candidats les organisations syndicales catégorielles qui sont affiliées à une confédération syndicale catégorielle interprofessionnelle nationale et qui remplissent les conditions de l'article L. 2122-5 dans ces collèges (*Abrogé par L. n° 2010-1215 du 15 oct. 2010*) « ou bien les conditions de l'article L. 2122-6 ».

BIBL. ▸ ANTONMATTÉI, *Dr. soc.* 2011. 89 (négociation collective et syndicats catégoriels : le début des ennuis). – ARTERO et BÉAL, *RDT*. 2010. *Controverse* 556 (doit-on maintenir des règles particulières pour les syndicats catégoriels ?). – RADÉ, *Dr. soc.* 2010. 821 (syndicats catégoriels et réforme de la démocratie sociale). – WOLMARK, *SSL* 2013, n° 1574 (un syndicat catégoriel peut-il signer seul un accord catégoriel ?).

> **COMMENTAIRE**
> V. sur le Code en ligne.
>
> L'art. L. 2122-7 C. trav., qui conduit à ne prendre en considération que les seuls suffrages recueillis dans les collèges électoraux dans lesquels un syndicat a statutairement vocation à présenter des candidats, est applicable à une organisation syndicale catégorielle pour la détermination de son caractère d'organisation syndicale représentative.
> • CE 8 nov. 2017, n° 390059 : *RDT* 2017. 777, concl. Dieu ; *RJS* 5/2018, n° 351 ; *JCP S* 2017. 1425, obs. Dauxerre.

Art. L. 2122-8 Lorsque la représentativité des organisations syndicales est établie, celles-ci fixent, en lien avec les organisations d'employeurs, la liste des sujets qui font l'objet de la négociation collective de branche ainsi que les modalités de son organisation.

SECTION 4 Représentativité syndicale au niveau national et interprofessionnel

V. Circ. DGT n° 20 du 13 nov. 2008 *relative à la loi portant rénovation de la démocratie sociale et du temps de travail, Fiche n° 8.*

Art. L. 2122-9 Sont représentatives au niveau national et interprofessionnel les organisations syndicales qui :

1° Satisfont aux critères de l'article L. 2121-1 ;

2° Sont représentatives à la fois dans des branches de l'industrie, de la construction, du commerce et des services ;

3° Ont recueilli au moins 8 % des suffrages exprimés (*L. n° 2010-1215 du 15 oct. 2010*) « résultant de l'addition au niveau national et interprofessionnel des suffrages exprimés » au premier tour des dernières élections des titulaires aux (*Ord. n° 2017-1386 du 22 sept. 2017, art. 4*) « comités sociaux et économiques », quel que soit le nombre de votants, (*L. n° 2010-1215 du 15 oct. 2010*) « des suffrages exprimés au scrutin concernant les entreprises de moins de onze salariés dans les conditions prévues aux articles L. 2122-10-1 et suivants ainsi que des suffrages exprimés aux élections des membres représentant les salariés aux chambres départementales d'agriculture dans les conditions prévues à l'article L. 2122-6 ». La mesure de l'audience s'effectue tous les quatre ans.

> **COMMENTAIRE**
> V. sur le Code en ligne.

Art. L. 2122-10 Une confédération syndicale catégorielle interprofessionnelle nationale est représentative à l'égard des personnels relevant des collèges électoraux dans lesquels ses règles statutaires lui donnent vocation à présenter des candidats à condition :

1° De satisfaire aux critères de l'article L. 2121-1 et du 2° de l'article L. 2122-9 ;

2° D'avoir recueilli au moins 8 % des suffrages exprimés au sein de ces collèges, à l'issue de l'addition des résultats mentionnés au 3° de l'article L. 2122-9.

BIBL. ▶ RADÉ, *Dr. soc.* 2010. 821 ∅ (syndicats catégoriels et réforme de la démocratie sociale).

COMMENTAIRE
V. sur le Code en ligne 🏛. ❏

SECTION 4 BIS Mesure de l'audience des organisations syndicales concernant les entreprises de moins de onze salariés

(L. n° 2010-1215 du 15 oct. 2010)

Art. L. 2122-10-1 En vue de mesurer l'audience des organisations syndicales auprès des salariés des entreprises de moins de onze salariés, à l'exception de ceux relevant des branches mentionnées à l'article L. 2122-6, un scrutin est organisé au niveau régional tous les quatre ans. Ce scrutin a lieu au cours d'une période fixée par décret.

Par dérogation à l'art. L. 2122-10-1, les deux prochains scrutins visant à mesurer l'audience syndicale auprès des salariés des entreprises de moins de onze salariés sont respectivement organisés au premier semestre de l'année 2021 et au deuxième semestre de l'année 2024, au cours d'une période fixée par décret (Ord. n° 2020-388 du 1er avr. 2020, art. 1er-I, mod. par L. n° 2020-734 du 17 juin 2020, art. 43).

V. Décr. n° 2021-233 du 1er mars 2021.

BIBL. ▶ COUÉDEL, *D. actu.* 4 avr. 2020 (coronavirus : report des élections professionnelles). – PETIT, *Dr. soc.* 2012. 48 ∅ (les scrutins sur sigle dans les très petites entreprises).

COMMENTAIRE
V. sur le Code en ligne 🏛. ❏

Art. L. 2122-10-2 Sont électeurs les salariés des entreprises qui emploient moins de onze salariés au 31 décembre de l'année précédant le scrutin, titulaires d'un contrat de travail au cours de ce mois de décembre, âgés de seize ans révolus et ne faisant l'objet d'aucune interdiction, déchéance ou incapacité relative à leurs droits civiques. — *V. art. R. 2122-8 s.*

Par dérogation à l'art. L. 2122-10-2, sont électeurs au prochain scrutin visant à mesurer l'audience syndicale auprès des salariés des entreprises de moins de onze salariés, les salariés des entreprises qui emploient moins de onze salariés au 31 déc. 2019, titulaires d'un contrat de travail au cours de ce mois de décembre, âgés de seize ans révolus, et ne faisant l'objet d'aucune interdiction, déchéance ou incapacité relative à leurs droits civiques (Ord. n° 2020-388 du 1er avr. 2020, art. 1er-II).

Art. L. 2122-10-3 Par dérogation à leurs obligations relatives au secret professionnel, les caisses de sécurité sociale communiquent aux services du ministre chargé du travail les données relatives aux entreprises employant un ou plusieurs salariés ainsi que les données relatives à ces salariés portées sur les déclarations sociales et nécessaires à la constitution de la liste électorale.

Art. L. 2122-10-4 La liste électorale est établie par l'autorité compétente de l'État. Les électeurs sont inscrits dans deux collèges, d'une part un collège "cadres", d'autre part un collège "non-cadres", en fonction des informations relatives à l'affiliation à une institution de retraite complémentaire portées sur les déclarations sociales des entreprises, dans les conditions fixées par décret en Conseil d'État. — *V. art. R. 2122-12 s.*

Art. L. 2122-10-5 Tout électeur ou un représentant qu'il aura désigné peut saisir le juge judiciaire d'une contestation relative à une inscription sur la liste électorale, dans des conditions fixées par décret en Conseil d'État. — *V. art. R. 2122-21 s.*

Le juge saisi d'une contestation vérifie que les électeurs concernés remplissent les conditions fixées aux articles L. 2122-10-2 et L. 2122-10-4.

Art. L. 2122-10-6 Les organisations syndicales de salariés qui satisfont aux critères de respect des valeurs républicaines *(L. n° 2014-288 du 5 mars 2014, art. 30-XXI)* « , d'indépendance et de transparence financière », légalement constituées depuis au moins deux ans et auxquelles les statuts donnent vocation à être présentes dans le champ géographique concerné, ainsi que les syndicats affiliés à une organisation syndicale représentative au niveau national et interprofessionnel se déclarent candidats auprès des services du ministre chargé du travail dans des conditions déterminées par décret en Conseil d'État. – *V. art. R. 2122-33 s.*

> ***Champ géographique.*** A vocation à être présente dans le champ géographique d'une région l'organisation syndicale dont les statuts couvrent une partie de son ressort géographique. • Soc. 30 sept. 2016, ⚖ n° 16-60.288 P : *RJS 12/2016, n° 790 ; JCP S 2017. 1006, obs. Pagnerre.*

Art. L. 2122-10-7 Le scrutin a lieu par voie électronique et par correspondance. Lorsqu'il n'en dispose pas, l'employeur n'a pas l'obligation de mettre à la disposition des salariés le matériel informatique permettant le vote par voie électronique.

Les conditions de déroulement du scrutin et de confidentialité du vote sont déterminées par décret en Conseil d'État. Ledit décret précise également les modalités de l'information délivrée aux salariés. – *V. art. R. 2122-43 s.*

Art. L. 2122-10-8 Les règles établies par les articles L. 10 et L. 67 du code électoral s'appliquent aux opérations électorales.

Art. L. 2122-10-9 L'employeur laisse aux salariés le temps nécessaire pour voter depuis leur lieu de travail, tout en garantissant la confidentialité de leur vote. Lorsque le vote a lieu pendant les horaires de travail, ce temps est considéré comme temps de travail et payé à l'échéance normale.

Art. L. 2122-10-10 L'employeur laisse aux salariés de son entreprise désignés dans le cadre de ce scrutin en tant qu'assesseur, délégué et mandataire des organisations syndicales candidates le temps nécessaire pour remplir leurs fonctions. Le temps effectivement passé pour l'exercice de ces fonctions, y compris hors de l'entreprise, pendant les horaires de travail est considéré comme temps de travail et payé à l'échéance normale.

L'exercice par un salarié des fonctions d'assesseur, délégué et mandataire des organisations syndicales candidates ne peut être la cause d'une sanction ou d'une rupture du contrat de travail par l'employeur.

Art. L. 2122-10-11 Les contestations relatives au déroulement des opérations électorales sont de la compétence du juge judiciaire dans des conditions fixées par décret en Conseil d'État. – *V. art. R. 2122-93 s.*

SECTION 5 Dispositions d'application

Art. L. 2122-11 Après avis du Haut Conseil du dialogue social, le ministre chargé du travail arrête la liste des organisations syndicales reconnues représentatives par branche professionnelle et des organisations syndicales reconnues représentatives au niveau national et interprofessionnel en application des articles L. 2122-5 à L. 2122-10.

Le Haut Conseil du dialogue social comprend des représentants d'organisations représentatives d'employeurs au niveau national et d'organisations syndicales de salariés nationales et interprofessionnelles, des représentants du ministre chargé du travail et des personnalités qualifiées.

Un décret en Conseil d'État détermine ses modalités d'organisation et de fonctionnement. – *V. art. R.* 2122-1 s. et R. 2122-99.*

> **1. Négociation dans un périmètre « original » et détermination de la représentativité.** Sans préjudice de l'application des règles d'appréciation de la représentativité des organisations syndicales propres aux accords interbranches ou aux accords de fusion de branches, le ministre chargé du travail est compétent pour, s'il y a lieu, arrêter, sous le contrôle du juge administratif, la liste des organisations syndicales représentatives et leurs audiences respectives dans un périmètre utile pour une négociation en cours ou à venir, y compris lorsque celui-ci ne correspond pas à une

SYNDICATS PROFESSIONNELS

« branche professionnelle » au sens de l'art. L. 2122-11 C. trav.; les partenaires sociaux qui souhaitent négocier dans un champ professionnel qui n'a pas donné lieu à l'établissement d'une liste des syndicats représentatifs par arrêté du ministère du Travail, en application de ce texte ou à l'issue d'une enquête de représentativité en application de l'art. L. 2121-2, doivent, avant d'engager la négociation collective, demander, dans les conditions précitées, à ce qu'il soit procédé à la détermination des organisations représentatives dans le champ de négociation pour s'assurer que toutes les organisations syndicales représentatives dans ce périmètre sont invitées à la négociation.

● Soc. 10 févr. 2021, n° 19-13.383 P : *D. 2021. Actu. 289* ; *RDT 2021. 329*, obs. Nadal ; *Dr. soc. 2021. 346*, étude Antonmattéi, Enjolras et Mariano ; *RJS 4/2021*, n° 229 ; *JCP 2021. 233*, obs. Dedessus-Le-Moustier.

2. Constitution d'une branche professionnelle en cours de cycle électoral. Le ministre est compétent pour prendre, nonobstant la clôture du cycle électoral, une décision fixant la liste des organisations syndicales reconnues représentatives dans le champ d'une branche professionnelle, notamment lorsque celle-ci a été constituée postérieurement à la dernière mesure d'audience.
● CE 6 avr. 2022, n° 434612 B.

Arrêté du 28 juillet 2021,

Fixant la liste des organisations syndicales reconnues représentatives au niveau national et interprofessionnel.

Art. 1ᵉʳ Sont reconnues représentatives au niveau national et interprofessionnel les organisations syndicales suivantes :
— la Confédération française démocratique du travail (CFDT) ;
— la Confédération générale du travail (CGT) ;
— la Confédération générale du travail-Force ouvrière (CGT-FO) ;
— la Confédération française de l'encadrement-Confédération générale des cadres (CFE-CGC) ;
— la Confédération française des travailleurs chrétiens (CFTC).

Art. 2 Au niveau interprofessionnel, pour la négociation des accords collectifs en application de l'article L. 2232-6 du code du travail, le poids des organisations syndicales représentatives est le suivant :
— la Confédération française démocratique du travail (CFDT) : 31,01 % ;
— la Confédération générale du travail (CGT) : 26,59 % ;
— la Confédération générale du travail-Force ouvrière (CGT-FO) : 17,64 % ;
— la Confédération française de l'encadrement-Confédération générale des cadres (CFE-CGC) : 13,77 % ;
— la Confédération française des travailleurs chrétiens (CFTC) : 11,00 %.

Art. L. 2122-12 Un décret détermine les modalités de recueil et de consolidation des résultats aux élections professionnelles pour l'application du présent chapitre. — *V. art. R. 2122-99 et D. 2122-6 s.*

Art. L. 2122-13 (*L. n° 2010-1215 du 15 oct. 2010*) Avant l'ouverture du scrutin prévu à l'article L. 2122-10-1, le ministre chargé du travail présente au Haut Conseil du dialogue social les modalités retenues pour son organisation.

TITRE III STATUT JURIDIQUE, RESSOURCES ET MOYENS (*L. n° 2008-789 du 20 août 2008*).

RÉP. TRAV. vⁱˢ *Syndicats professionnels (Constitution et fonctionnement)*, par GRÉVY ; ... (*Prérogatives et action*), par FERKANE.

BIBL. GÉN. ▶ AHUMADA, *RPDS 1984. 197*. – DURAND, *Dr. soc. 1946. 372* (syndicats patronaux). – NAGY, *Ét. offertes à A. Brun, 1974, p. 395*.

CHAPITRE I OBJET ET CONSTITUTION

BIBL. GÉN. ▶ SAVATIER, *Dr. soc. 1989. 304* (formalisme). – VERDIER, *Dr. soc. 1978. 380* (effets du non-dépôt des statuts).

Art. L. 2131-1 Les syndicats professionnels ont exclusivement pour objet l'étude et la défense des droits ainsi que des intérêts matériels et moraux, tant collectifs qu'individuels, des personnes mentionnées dans leurs statuts. – [Anc. art. L. 411-1.] – V. art. L. 2136-1 (pén.).

COMMENTAIRE

V. sur le Code en ligne 🔒. □

1. Recours en annulation. Toute personne justifiant d'un intérêt à agir peut contester la qualité de syndicat professionnel d'un groupement dont l'objet ne satisfait pas aux exigences des articles L. 411-1 et L. 411-2 [L. 2131-1 et L. 2131-2 nouv.], et en demander la nullité, indépendamment du droit pour le procureur de la République d'en requérir la dissolution en cas d'infractions commises par ses dirigeants ou administrateurs. ● Cass., ch. mixte, 10 avr. 1998 (1er arrêt), n° 97-13.137 P : *D. 1998. IR 126 ; RJS 1998. 481, n° 754 ; CSB 1998. 177, A. 37, note A. Philbert ; Dr. soc. 1998. 565, obs. Merlin* ⌀ ; *JCP E 1998, n° 31, p. 1259, note Menjucq* ● 10 avr. 1998 (2e arrêt), n° 97-16.970 P : *RJS 1998. 481, n° 754 ; CSB 1998. 177, A. 37, note A. Philbert ; Dr. soc. 1998. 565, obs. Merlin* ⌀. ♦ Ne peut revendiquer la qualité de syndicat professionnel un groupement qui est l'instrument d'un parti politique qui est à l'origine de sa création et dont il sert exclusivement les intérêts et les objectifs en prônant des distinctions fondées sur la race, la couleur, l'ascendance, l'origine nationale ou ethnique. ● Cass., ch. mixte, 10 avr. 1998 (3e arrêt), n° 97-17.870 P : *GADT, 4e éd., n° 123 ; D. 1998. IR 126* ⌀ ; *RJS 1998. 481, n° 754 ; CSB 1998. 177, A. 37, note A. Philbert ; Dr. soc. 1998. 565, obs. Merlin* ⌀.

2. Jugé qu'une association ayant pour but de défendre les intérêts juridiquement protégés des médecins ostéopathes est fondée à demander la dissolution du syndicat des ostéopathes diplômés d'État en kinésithérapie dont l'objet est illicite au regard des dispositions du code de la santé publique. ● *Paris, 29 janv. 1997 : Gaz. Pal. 12-14 oct. 1997. Somm. 25.*

3. Objet syndical. Les dispositions de l'art. L. 411-1 C. trav. [L. 2131-1 nouv.] ne font pas obstacle à ce que les unions locales de ces organisations participent dans les communes à des actions contribuant au développement économique ou social local ; par suite, les communes et leurs groupements peuvent accorder des subventions à des organisations syndicales en vue de la réalisation d'actions de cette nature à la condition qu'elles se rattachent de façon suffisamment directe à un intérêt public local et sous réserve qu'elles ne soient pas attribuées pour des motifs politiques ou pour apporter un soutien à l'une des parties dans un conflit collectif du travail. ● *CE 4 avr. 2005,* 🔒 *Cne d'Argentan : Lebon 137* ⌀. ♦ L'activité de l'union des Syndicats anti-précarité (SAP) consistant exclusivement à proposer des services rémunérés d'assistance et de conseil juridique, l'objet de l'organisation n'est pas conforme aux dispositions de l'art. L. 2131-1 C. trav. ● *Soc. 15 nov. 2012 :* 🔒 *D. 2012. Actu. 2745* ⌀ ; *ibid. 120, obs. Pécaut-Rivolier* ⌀ ; *RDT 2013. 277* ⌀ ; *Dr. soc. 2013. 69, obs. Petit* ⌀ ; *SSL 2012, n° 1561, p. 9, Avis Aldigé ; JCP S 2012. 1533, Rapp. Pécaut-Rivolier.*

4. Changement d'affiliation. Le changement d'affiliation d'une union syndicale doit être décidé dans les conditions prévues par les statuts ; à défaut de disposition statutaire spécifique, la décision est prise aux conditions statutaires prévues pour la dissolution de l'organisation syndicale et à défaut, dans le silence des statuts, à l'unanimité des syndicats adhérents. ● *Soc. 31 mai 2011 :* 🔒 *D. actu. 27 juin 2011, obs. Siro ; D. 2011. Actu. 1623* ⌀ ; *Dr. soc. 2011. 1133, obs. Petit* ⌀ ; *RJS 2011. 640, n° 703 ; Dr. ouvrier 2012. 59, obs. Mazières.*

Art. L. 2131-2 Les syndicats ou associations professionnels de personnes exerçant la même profession, des métiers similaires ou des métiers connexes concourant à l'établissement de produits déterminés ou à la même profession libérale peuvent se constituer librement. – *V. art. R. 2146-1 (pén.).*

Par dérogation à ces dispositions, les particuliers occupant des employés de maison peuvent se grouper en syndicat pour la défense des intérêts qu'ils ont en commun en tant qu'employeur de ces salariés. – [*Anc. art. L. 411-2.*]

1. Liberté syndicale. Les travailleurs tirent de l'art. 11 Conv. EDH le droit de fonder des syndicats. ● *CEDH 12 nov. 2008,* 🔒 *Demir et Baykara : cons. 127 ; D. 2009. 739, note Marguénaud et Mouly* ⌀ ; *RDT 2009. 288, note Hervieu* ⌀.

2. La liberté syndicale s'entend du droit des professionnels de constituer librement une organisation syndicale ou d'adhérer librement à celle de leur choix. ● *Cons. const. 19 nov. 2010 :* 🔒 *QPC n° 2010-68, § 7.*

3. Syndicats « primaires » et unions de syndicats. Si les unions de syndicats peuvent être intercatégorielles, les syndicats professionnels primaires doivent respecter dans leurs statuts les prescriptions de l'art. L. 2131-2 et ne peuvent dès lors prétendre représenter tous les salariés et tous les secteurs d'activité. ● *Soc. 21 oct. 2020,* 🔒 *n° 20-18.669 P : D. 2020. 2069* ⌀ ; *Dr. soc. 2021. 84, obs. Petit* ⌀ ; *RDT 2021. 63, obs. Gomes* ⌀ ; *RJS 1/2021, n° 24 ; JCP S 2020. 3083, obs. Gauriau.*

4. Association. Ne répond pas aux conditions de l'art. L. 411-2 [L. 2131-1 nouv.] une association dont peut faire partie « tout salarié, quel que soit le type de son travail ou sa branche d'activité ».

SYNDICATS PROFESSIONNELS **Art. L. 2131-6** 619

• Soc. 8 oct. 1996, n° 95-40.521 P : *TPS 1997, n° 29, obs. Boubli.* ♦ Si l'art. L. 2131-2 exclut de la définition des syndicats les activités désintéressées, il ne distingue pas selon que les activités rémunérées concernées sont exercées à titre exclusif, accessoire ou occasionnel. • Soc. 13 janv. 2009 : R., *p. 363* ; *D. 2009. AJ 301, obs. Ines* ; *RJS 2009. 221, n° 256* ; *JCP S 2009. 1343, obs. Martinon* ; *SSL 2009, n° 1389, p. 11.* ♦ Les syndicats ou associations professionnels qui regroupent des personnes exerçant la même profession, des métiers similaires ou connexes, qui ont pour objet exclusif l'étude et la défense des droits ainsi que des intérêts matériels et moraux tant collectifs qu'individuels des personnes mentionnées dans leurs statuts, ont la capacité d'ester en justice, dès lors qu'ils ont satisfait à l'obligation de dépôt de leurs statuts en mairie. • Soc. 13 oct. 2010 : *JCP S 2011. 1010, obs. Gauriau.*

5. Application du droit de la sécurité sociale. Les dispositions législatives sur la création, l'organisation et le fonctionnement des syndicats ne sauraient soustraire à la réglementation de la sécurité sociale. • Soc. 20 oct. 1994 : *D. 1996. Somm. 43, obs. Prétot* ; *RJS 1994. 861, n° 1431* (obligation de communiquer les éléments comptables permettant de vérifier les déductions faites au titre des frais professionnels).

6. Liberté syndicale et local syndical. Aucune des prérogatives inhérentes à la liberté syndicale n'autorise les syndicats à fixer leur siège statutaire au sein de l'entreprise sans accord de l'employeur. Dès lors, celui-ci peut dénoncer l'usage les y autorisant sous réserve de ne pas porter une atteinte injustifiée et disproportionnée à l'exercice du droit syndical. • Soc. 6 juin 2018, n° 16-25.527 P : *D. 2018. 2204, obs. Porta* ; *RJS 8-9/2018, n° 54* ; *JCP S 2018. 1297, obs. Pagnerre.*

Art. L. 2131-3 Les fondateurs de tout syndicat professionnel déposent les statuts et les noms de ceux qui, à un titre quelconque, sont chargés de l'administration ou de la direction.

Ce dépôt est renouvelé en cas de changement de la direction ou des statuts. — [*Anc. art. L. 411-3.*] — V. art. R. 2146-2 (pén.).

BIBL. ▶ GSSIME, *D. 2011. 2133* (les statuts du syndicat : un régime opaque).

COMMENTAIRE

V. sur le Code en ligne.

1. Principe. Un syndicat n'a d'existence légale que du jour du dépôt de ses statuts en mairie. • Soc. 7 mai 1987 : *Dr. soc. 1989. 304, note Savatier.* ♦ Mais le renouvellement de ce dépôt en cas de changement de la direction ou des statuts ne constitue qu'une formalité dont l'absence ne prive pas, à elle seule, le syndicat d'une des fonctions essentielles de son existence. • Soc. 7 mai 2002, n° 00-60.487 P : *Dr. soc. 2002. 790, obs. Duquesne* ; *RJS 2002. 656, n° 852* • 11 mai 2004, n° 03-60.158 P. ♦ Un syndicat peut valablement agir en justice dès lors qu'il a, préalablement à l'assignation dont il est l'auteur, observé les formalités de dépôt des statuts en mairie, quand bien même il s'agirait de statuts modifiés faisant suite à un dépôt initial irrégulier.

• Soc. 7 juill. 2010 : *RJS 2010. 706, n° 785* ; *Dr. soc. 2010. 1129, obs. Petit* ; *JCP S 2010. 1401, obs. Gauriau.*

2. Un syndicat ne peut se prévaloir de l'inobservation des formalités qui lui incombent pour se soustraire à ses obligations. • Soc. 21 juill. 1986 : *Bull. civ. V, n° 346* ; *Juri-soc. 1986, F. 72.*

3. Entrave. Les obstacles opposés à l'action d'un syndicat qui, n'ayant pas déposé ses statuts, ne jouit pas des droits reconnus aux syndicats, ne sont pas de nature à constituer le délit d'entrave. • Crim. 28 juin 1988, n° 86-92.752 P : *D. 1989. Somm. 208, obs. Mayaud* ; *Dr. soc. 1989. 304, note Savatier.*

Art. L. 2131-4 Tout adhérent d'un syndicat professionnel peut, s'il remplit les conditions fixées par l'article L. 2131-5, accéder aux fonctions d'administration ou de direction de ce syndicat. — [*Anc. art. L. 411-6.*] — V. art. R. 2146-3.

Art. L. 2131-5 Tout membre français d'un syndicat professionnel chargé de l'administration ou de la direction de ce syndicat doit jouir de ses droits civiques et n'être l'objet d'aucune interdiction, déchéance ou incapacité relative à ses droits civiques.

Sous les mêmes conditions, tout ressortissant étranger âgé de dix-huit ans accomplis adhérent à un syndicat peut accéder aux fonctions d'administration ou de direction de ce syndicat. — [*Anc. art. L. 411-4.*] — V. art. R. 2146-4 (pén.).

Art. L. 2131-6 En cas de dissolution volontaire, statutaire ou prononcée par décision de justice, les biens du syndicat sont dévolus conformément aux statuts ou, à défaut de dispositions statutaires, suivant les règles déterminées par l'assemblée générale.

En aucun cas les biens du syndicat ne peuvent être répartis entre les membres adhérents. — *[Anc. art. L. 411-9.]*

BIBL. ▶ CARBONNIER, *Dr. soc.* 1949. 138. - G. LYON-CAEN, *Dr. ouvrier* 1949. 2. - ROSENTHAL, *Dr. soc.* 1960. 17.

Contentieux de la scission. Sur le contentieux né de la scission CFTC-CFDT, V. notamment • Soc. 9 mai 1968 : *GADT*, 4ᵉ éd., n° 122 ; *D.* 1968. 601, note Brèthe de la Gressaye ; *Dr. soc.* 1969. 285, note Verdier.

CHAPITRE II **CAPACITÉ CIVILE**

RÉP. TRAV. v° *Syndicats professionnels (Prérogatives et action)*, par FERKANE.

Art. L. 2132-1 Les syndicats professionnels sont dotés de la personnalité civile. — *[Anc. art. L. 411-10.]*

BIBL. ▶ FRANÇOIS, *Mél. O. Kahn-Freund*, 1980, p. 67.

> *COMMENTAIRE*
>
> V. sur le Code en ligne 🔒. ❏

Art. L. 2132-2 Les organisations de salariés constituées en syndicats professionnels sont seules admises à négocier les conventions et accords collectifs de travail.

Tout accord ou convention visant les conditions collectives du travail est conclu dans les conditions déterminées par le livre II. — *[Anc. art. L. 411-17, phrases 2 et 3.]*

BIBL. ▶ FERKANE, *Dr. soc.* 2020. 119 ⌀ (syndicats et négociation collective).

> *COMMENTAIRE*
>
> V. sur le Code en ligne 🔒. ❏

Art. L. 2132-3 Les syndicats professionnels ont le droit d'agir en justice.

Ils peuvent, devant toutes les juridictions, exercer tous les droits réservés à la partie civile concernant les faits portant un préjudice direct ou indirect à l'intérêt collectif de la profession qu'ils représentent. — *[Anc. art. L. 411-11.]*

BIBL. ▶ ALVAREZ-PUJANA, *RPDS* 1989. 347. - BOITEL, *Dr. ouvrier* 1960. 369. - DUPEYRON, *D.* 1952. Chron. 253. - DURAND, *D.* 1960. Chron. 21. - GUIOMARD, *Dr. soc.* 2020. 130 ⌀. - FINIDORI, *Dr. soc.* 2014. 929 ⌀ (les réponses en droit pénal du travail : l'action civile). - GABA, *D.* 2010. Chron. 724 ⌀ (action syndicale : intervention volontaire dans un procès prud'homal) ; *JSL* 2013, n° 335-1 (action syndicale : concurrence ou complémentarité avec les prérogatives des IRP et les droits individuels). - GUILBERTEAU, *RSC* 1973. 633. - KEDDOURI, *JCP S* 2023. 1051 (action exercée par les syndicats dans l'intérêt collectif de la profession). - MAYAUD, *Dr. soc.* 1987. 510. - PETIT, *JCP S* 2016. 1291. - VERDIER, *ibid.* 1963. 235.

> *COMMENTAIRE*
>
> V. sur le Code en ligne 🔒. ❏

I. PRINCIPES

1. Conformité à la liberté syndicale. Est conforme à la Constitution l'art. L. 2132-3 C. trav. en ce qu'il découle de la liberté syndicale consacrée par l'art. 6 du préambule de la Constitution du 27 oct. 1946, l'art. 11 de la Convention européenne des droits de l'homme et l'art. de la Convention n° 87 de l'OIT, et ne constitue pas une atteinte à la liberté personnelle des salariés ni à leur droit d'agir en justice. • Soc. 5 juin 2013 : ⚖ *D. actu.* 28 juin 2013, obs. Ines ; *RDT* 2014. 484, obs. Grévy ⌀.

2. Habilitation à agir en justice. Le représentant d'un syndicat en justice doit, s'il n'est pas avocat, justifier d'un pouvoir spécial ou d'une disposition des statuts l'habilitant à agir en justice ; le défaut de pouvoir d'une personne figurant au procès comme représentant du syndicat est une irrégularité de fond affectant la validité de l'acte qui ne peut plus être couverte après l'expiration du délai ouvert par l'art. R. 423-3. • Soc. 20 déc. 2006 : ⚖ *JCP S* 2007. 1608, note Kerbourc'h.

3. Juridictions civiles. Fait une fausse application de l'art. 411-11 [L. 2132-3 nouv.] la cour d'appel qui déclare irrecevable l'intervention d'un syndicat, alors que le litige soulevait une question de principe dont la solution était susceptible d'être étendue à toutes les entreprises adhérentes à ce syndicat et de porter un préjudice au moins indirect à l'intérêt collectif de la profession qu'il représentait. • Soc. 2 juin 1983 : *Bull. civ.* V, n° 305 ;

D. 1984. IR 368, obs. Verdier. ♦ Dans le même sens : ● Soc. 6 nov. 1984 : D. 1985. IR 454, obs. Verdier (détermination de la nature d'un contrat conclu par un membre du syndicat) ● Civ. 1re, 28 nov. 1995 : n° JCP 1996. I. 3925, n° 16, obs. Chevillard (recevabilité de l'intervention du Syndicat des avocats de France à une instance disciplinaire mais lors qu'était en cause une question de principe relative à l'exercice des droits de la défense). ♦ Une action fondée sur l'atteinte à la vie privée n'est pas ouverte à un syndicat, chargé de la défense des intérêts de la profession. ● Civ. 1re, 19 déc. 1995, n° 93-18.939 P : D. 1996. IR 16 ; JCP 1996. I. 3925, n° 15, obs. Raimbault.

4. Juridictions pénales. Pour exercer les droits réservés à la partie civile relativement aux faits portant un préjudice direct ou indirect à l'intérêt collectif de la profession qu'ils représentent, les syndicats professionnels doivent avoir une existence légale au moment où ces faits ont été commis. ● Crim. 22 mai 2007, n° 06-84.748 : D. 2007. AJ 1785 ; RJS 2007. 751, n° 971 ; JCP S 2007. 1764, obs. Gauriau. ♦ L'action civile d'un syndicat est recevable dès lors que les termes de l'arrêt impliquent qu'il représente la profession sans qu'il soit nécessaire, en outre, qu'il ait été reconnu comme représentatif dans l'entreprise. ● Crim. 22 nov. 1977 : D. 1978. IR 62.

5. Juridictions administratives. Sur la recevabilité de l'action syndicale devant la juridiction administrative, V. not. : ● CE 1er déc. 1972, Obrégo, n° 80195 : D. 1973. 190, note J. Robert ; Dr. soc. 1973. 346, concl. Grévisse ● 31 janv. 1975, Wolff : JCP 1975. II. 18099, note Albertini ● 31 janv. 1975, Exerter : eod. loc. ♦ L'action en annulation d'un arrêté d'extension d'un avenant exercée par un syndicat qui défend les intérêts collectifs d'entreprises étrangères au champ d'application de la convention collective concernée est irrecevable. ● CE 11 déc. 2009, n° 314885 : Lebon ; AJDA 2010. 575.

6. Notion de préjudice d'un syndicat. Lorsqu'un syndicat se prévaut du préjudice porté à l'intérêt collectif de la profession, il appartient au juge de rechercher s'il est caractérisé ; la seule circonstance que le syndicat n'établisse pas un préjudice moral qui lui serait propre ne suffit pas à justifier le rejet de ses prétentions indemnitaires. ● CE 15 déc. 2021, n° 443511 : AJDA 2021. 2558 ; Dr. ouvrier 2022. 60, note Thomas.

7. Intérêt à agir du syndicat. L'intérêt à agir d'un syndicat n'est pas subordonné à la démonstration préalable du bien-fondé de l'action et l'action du syndicat, en ce qu'elle ne tend pas à obtenir du juge qu'il condamne l'employeur à régulariser la situation individuelle des salariés concernés, est recevable. ● Soc. 22 nov. 2023, n° 22-14.807 B : D. actu. 21 déc. 2023, obs. Gailhbaud.

II. ILLUSTRATIONS

8. Droits syndicaux. Tout syndicat peut agir en raison d'une atteinte à la liberté syndicale. ● Soc. 26 nov. 1969 : Bull. civ. V, n° 640. ♦ Un syndicat a intérêt à contester les modalités d'une expertise lorsque la mission de l'expert est susceptible de porter atteinte au droit syndical. ● Soc. 2 déc. 2014, n° 13-24.029 : D. actu. 13 janv. 2015, obs. Fraisse ; RJS 2/2015, n° 118.

9. Droit de grève. Tout syndicat peut agir en raison d'une atteinte au droit de grève. ● Soc. 4 févr. 1976 : Bull. civ. V, n° 72 ● 21 févr. 1978 : ibid., n° 130 ● 27 mars 1968 : JCP 1969. II. 16047, note Verdier ● 5 oct. 1994, n° 92-16.632 P : D. 1995. Somm. 373, obs. Frossard ; Dr. soc. 1994. 983 ; Dr. ouvrier 1995. 31, note Lévy et Bloch ; RJS 1994. 770, n° 1282.

10. Élections. Les conditions de négociation d'un protocole préélectoral mettant en jeu l'intérêt collectif de la profession, tout syndicat non signataire du protocole, invité ou non à participer à cette négociation, a intérêt à agir pour en contester le déroulement. ● Soc. 23 sept. 2009, n° 08-60.535 : R., p. 378 ; D. 2009. AJ 2339, obs. Perrin ; D. 2010. Pan. 672, obs. Odoul ; Dr. soc. 2010. 161, note Petit ; RJS 2009. 837, n° 963 ; JSL 2009, n° 264-5 ; SSL 2009, n° 1415, p. 7, avis Duplat. ♦ Tout syndicat peut agir en contestation d'une élection. ● Soc. 27 nov. 1975 : ibid., n° 582 ● 12 juill. 2006, n° 05-60.353 P. ♦ Une organisation syndicale qui a vocation à participer au processus électoral a nécessairement intérêt à agir en contestation des élections. ● Soc. 20 sept. 2018, n° 17-26.226 P : D. actu. 18 oct. 2018, obs. Kébir ; RDT 2018. 694, note Guiomard ; RJS 12/2018, n° 757 ; JCP S 2018. 1330, obs. Dauxerre.

11. IRP. L'action en justice d'un syndicat tendant à imposer à un employeur la réunion, l'information et la consultation des institutions représentatives du personnel lorsque celles-ci sont obligatoires est recevable, le défaut de respect des prérogatives des IRP portant atteinte à l'intérêt collectif de la profession. ● Soc. 24 juin 2008, n° 07-11.411 : D. 2008. AJ 1904 ; RDT 2008. 666, obs. Fabre ; RJS 2008. 822, n° 1008 ; JSL 2008, n° 241-5 ; JCP S 2008. 1634, note Gauriau.

12. Mais les syndicats ne sont toutefois pas recevables à agir pour demander communication à leur profit de documents qui auraient dû être transmis au comité d'entreprise par l'employeur à l'occasion d'un transfert d'entreprise et ils ne peuvent agir devant le tribunal de grande instance pour contester l'application des dispositions de l'art. L. 1224-1. ● Soc. 11 sept. 2012, n° 11-22.014 : D. 2012. Actu. 2179 ; D. actu. 28 sept. 2012, obs. Ines ; Dr. soc. 2012. 1065, obs. Mazeaud ; RJS 2012. 758, n° 882 ; JCP S 2012. 1521, obs. Loiseau. ♦ De même, un syndicat n'a pas qualité et intérêt à agir à ce que le comité d'entreprise bénéficie des informations qui lui sont destinées, en application des dispositions légales et d'un accord d'entreprise, dès lors que l'intéressé n'en sollicite pas la communication et ne s'est pas associé à la demande du syndicat. ● Soc. 16 déc. 2014, n° 13-22.308 : D. actu.

22 janv. 2015, obs. Fleuriot ; RDT 2015. 200, obs. Odoul-Asdorey ; RJS 2/2015, n° 116. ♦ L'action des organisations syndicales ne peut que s'associer à l'action menée par une des institutions représentatives du personnel mais ne peut se substituer à elles en se prévalant d'un défaut de consultation. • Soc. 14 déc. 2016, n° 14-17.152 : RDT 2016. 195, obs. Vigneau ; RJS 3/2016, n° 188.

13. Accords collectifs. Les syndicats professionnels sont recevables à demander l'exécution d'une convention ou d'un accord collectif de travail, même non étendu, son inapplication causant nécessairement un préjudice à l'intérêt collectif de la profession. • Soc. 3 mai 2007, n° 05-12.340 : D. 2007. IR 1505, obs. Fabre ; ibid. 536, obs. Borenfreud ; RJS 2007. 662, n° 875 ; JSL 2007, n° 218-4 • 30 nov. 2010, n° 09-42.990 : D. 2011. AJ 22 ; JSL 2011, n° 292-36, obs. Gardair-Rérolle ; JCP S 2011. 1066, obs. Pagnerre • Soc. 11 juin 2013, n° 12-12.818 : D. 2013. Actu. 1555 ; D. actu. 8 juill. 2013, obs. Fraisse. ♦ Comp. : • Soc. 12 juin 2001, n° 00-14.435 P : D. 2001. IR 2240 ; Dr. soc. 2001. 1019, obs. Antonmattéi ; RJS 2001. 715, n° 1045 ; JSL 2001, n° 83-4 • 26 mai 2004, n° 02-18.756 P : Dr. soc. 2004. 845, note Verdier ; RJS 2004. 627, n° 924 • 25 mars 2009, n° 07-44.748 : D. 2009. 1092, obs. Maillard ; ibid. 2128, obs. Pélissier, Aubert, M.-C. Amauger-Lattès, Desbarats, Lardy-Pélissier et Reynès ; RDT 2009. 389, obs. Odoul-Asorey. ♦ La violation des dispositions d'un accord de branche cause un préjudice à l'intérêt collectif de la profession, qu'il appartient aux juges du fond d'évaluer. • Soc. 20 janv. 2021, n° 19-16.283 P : D. 2021. 139 ; Dr. soc. 2021. 281, obs. Radé ; RJS 4/2021, n° 213.

14. Un syndicat est également recevable à agir en justice afin de faire déterminer l'étendue des droits individuellement acquis par les salariés à la suite de la dénonciation d'un accord collectif. • Soc. 2 déc. 2008, n° 07-44.132 : D. 2009. AJ 172 ; RDT 2009. 116, obs. Tissandier ; RJS 2009. 166, n° 200 ; Dr. soc. 2009. 240, obs. Radé ; JSL 2009, n° 247-2 ; JCP S 2009. 1098, obs. Dauxerre. ♦ ... Ou du transfert d'une entreprise. • Soc. 23 sept. 2009, n° 08-42.109 : D. 2009. AJ 2431 ; D. 2010. 724, note Gaba ; RJS 2009. 835, n° 958 ; JCP S 2009. 1584, obs. Kerbourc'h.

15. L'action en annulation d'un arrêté d'extension d'un avenant exercée par un syndicat qui défend les intérêts collectifs d'entreprises étrangères au champ d'application de la convention collective concernée est irrecevable. • CE 11 déc. 2009, n° 314885 B : AJDA 2010. 575 .

16. Cession d'entreprise. La violation de l'art. L. 1224-1 porte atteinte à l'intérêt collectif de la profession représentée par le syndicat, de sorte que l'intervention de ce dernier aux côtés des salariés à l'occasion d'un litige portant sur l'applicabilité de ce texte est recevable. • Soc. 23 sept. 2009, n° 08-42.109 : D. 2009. AJ 2431 ; D. 2010. 724, note Gaba ; RJS 2009. 835, n° 958 ; JCP S 2009. 1584, obs. Kerbourc'h.

17. Rémunération. Tout syndicat peut agir en contestation de l'affectation d'une augmentation de salaire au versement de cotisations salariales à une caisse de retraite. • Soc. 21 janv. 1997, n° 94-19.019 P. ♦ ... En application de dispositions de la L. n° 2007-1223 du 21 août 2007, dite « loi TEPA », relatives à l'exonération des cotisations sociales aux salariés relevant de la modalité 2 soumis au forfait horaire de 38 h 30 et à la définition du seuil de déclenchement des heures supplémentaires au regard des dispositions conventionnelles applicables. • Soc. 7 sept. 2017, n° 16-11.495 P : D. 2017. 2278, obs. Porta ; RJS 11/2017, n° 742. ♦ Est de nature à porter atteinte à l'intérêt collectif de la profession le non-respect des dispositions de l'art. L. 3123-21 C. trav., dans sa rédaction applicable en la cause, aux termes desquelles toute modification de la répartition de la durée du travail entre les jours de la semaine ou les semaines du mois est notifiée au salarié sept jours avant la date à laquelle elle doit avoir lieu. • Soc. 21 sept. 2017, n° 16-14.282 P : D. 2017. Actu. 1981 ; RJS 12/2017, n° 806 ; JCP S 2017. 1370, obs. Petit.

18. Cotisations de retraite complémentaire. Si un syndicat peut agir en justice pour faire constater une irrégularité commise par l'employeur affectant le paiement de cotisations de retraite complémentaire d'une catégorie de salariés et demander l'allocation de dommages-intérêts en réparation de l'atteinte portée à l'intérêt collectif, il ne peut prétendre obtenir la condamnation de l'employeur à régulariser la situation des salariés concernés. • Soc. 30 mars 2022, n° 20-15.022 B.

19. Égalité de traitement. L'action du syndicat qui ne tend pas au paiement de sommes déterminées à des personnes nommément désignées, mais à l'application du principe d'égalité de traitement, relève de la défense de l'intérêt collectif de la profession. • Soc. 12 févr. 2013, n° 11-27.689 : D. 2013. Actu. 513 ; ibid. Pan. 1026, obs. Porta ; D. actu. 11 mars 2013, obs. Peyronnet ; Dr. ouvrier 2013. 359 ; JCP S 2013. 1398, obs. Cottin et Martinon. ♦ Relève de la défense de l'intérêt collectif de la profession l'action d'un syndicat, fondée sur le principe d'égalité de traitement, tendant d'une part à solliciter des augmentations générales de salaire revalorisées, dans le cadre de la négociation annuelle obligatoire de l'art. L. 2242-8, au regard de la qualification professionnelle et suivant un coefficient identique, et, d'autre part, à mettre fin à l'inégalité invoquée, la circonstance que seuls quelques salariés de l'entreprise seraient concernés par la violation du principe d'égalité de traitement alléguée étant sans incidence sur le droit d'agir du syndicat. • Soc. 22 nov. 2023, n° 22-11.238 B : D. 2023. 2089 ; RDT 2023. 791 .

20. Emploi. Tout syndicat peut agir en défense de l'emploi des salariés de l'entreprise. • Soc. 10 janv. 2012, n° 09-16.691 : *D. 2012. Actu. 290* ; *D. actu. 23 févr. 2012, obs. Ines* ; *RJS 2012. 218, n° 263* ; *JCP S 2012. 1215, obs. Brissy.*

21. La violation des dispositions relatives au travail temporaire, en diminuant la possibilité d'embauche de travailleurs permanents, est de nature à porter atteinte à l'intérêt collectif de la profession. • Soc. 23 mars 2016, n° 14-23.276 P : *D. 2016. Actu. 720* ; *D. actu. 19 avr. 2016, obs. Cortot* ; *RJS 6/2016, n° 434* ; *JCP S 2016. 1243, note Gauriau.* ♦ ... De même que celles relatives au contrat à durée déterminée. • Soc. 10 févr. 2016, n° 14-26.304 P : *D. 2016. Actu. 432* ; *RJS 4/2016, n° 265* ; *JCP S 2016. 1110, obs. Bousez* • Soc. 23 mars 2016, n° 14-22.250 P : *D. 2016. Actu. 720* ; *RJS 6/2016, n° 434* ; *JCP S 2016. 1179, obs. Fin-Langer.*

22. Temps de travail. Recevabilité de l'action civile d'un syndicat patronal pour non-respect du repos dominical. • Cass., ass. plén., 7 mai 1993, n° 91-12.611 P : *D. 1993. 437, concl. Jéol* ; *JCP 1993. II. 2083, note Saint-Jours* ; *JCP E 1993. II. 470, note Savatier* ; *Gaz. Pal. 1993. 2. Somm. 553, obs. Roubach* ; *RJS 1993. 357, n° 620* ; *CSB 1993. 179, A. 43* ; *Dr. soc. 1993. 606.* – Dans le même sens : • Soc. 17 févr. 1994, n° 90-11.037 : *RJS 1994. 274, n° 423.* ♦ Mais seules les organisations syndicales représentant la profession exercée par les sociétés qui n'ont pas respecté un arrêté préfectoral de fermeture sont recevables à agir. • Soc. 2 févr. 1994, n° 90-14.771 P : *D. 1994. IR 67* ; *Dr. soc. 1994. 377, note Savatier* ; *RJS 1994. 188, n° 258.*

23. Convention de forfait. Si un syndicat peut agir en justice pour contraindre un employeur à mettre fin à un dispositif irrégulier de recours au forfait en jours, sous réserve de l'exercice éventuel par les salariés concernés des droits qu'ils tiennent de la relation contractuelle, et à satisfaire aux obligations conventionnelles de nature à assurer le respect des durées maximales raisonnables de travail ainsi que les repos quotidiens et hebdomadaires, ses demandes tendant à obtenir, d'une part, la nullité ou l'inopposabilité des conventions individuelles de forfait en jours des salariés concernés et, d'autre part, que le décompte du temps de leur travail soit effectué selon les règles du droit commun, qui n'ont pas pour objet la défense de l'intérêt collectif de la profession, ne sont pas recevables. • Soc. 15 déc. 2021, n° 19-18.226 B : *D. actu. 14 janv. 2022, obs. Renard* ; *D. 2022. 414, obs. Ala et Lanoue* ; *RDT 2022. 317, obs. Vericel* ; *Dr. soc. 2022. 286, obs. Petit* ; *RJS 2/2022, n° 76* ; *JSL 2022, n° 535-4, obs. Hautefort* ; *JCP S 2022. 1021, obs. Gauriau.* ♦ Si un syndicat peut agir en justice pour contraindre un employeur à mettre fin à un dispositif irrégulier, au regard des art. 2 et 4 de l'Ord. n° 2020-323 du 25 mars 2020, de prise des jours de repos acquis au titre de la réduction du temps de travail ou d'une convention de forfait ou résultant de l'utilisation de droits affectés à un compte épargne-temps, sa demande tendant à obtenir que les salariés concernés soient rétablis dans leurs droits, ce qui implique de déterminer, pour chacun d'entre eux, le nombre exact de jours de repos que l'employeur a utilisés au titre des mesures dérogatoires, qui n'a pas pour objet la défense de l'intérêt collectif de la profession, n'est pas recevable. • Soc. 6 juill. 2022, n° 21-15.189 B : *D. 2022. 1313* ; *Dr. soc. 2022. 840, obs. Leroy* ; *RJS 10/2022, n° 526* ; *JSL 2022, n° 247, obs. Paturle* ; *JCP 2022. 883 obs. Dedessus-Le-Moustier.*

24. Santé et sécurité. Constituent une atteinte à l'intérêt collectif des salariés intervenant dans le secteur ferroviaire en sous-traitance les manquements de la SNCF, en sa qualité d'entreprise utilisatrice, à ses obligations en matière d'hygiène et de sécurité applicables aux travaux effectués dans un établissement par une entreprise extérieure. • Soc. 8 févr. 2023, n° 20-23.312 B : *D. actu. 20 févr. 2023, obs. Malfettes* ; *D. 2023. 299* ; *RDT 2023. 273* , *obs Nivert.*

25. Règlement intérieur. Un syndicat est recevable à demander en référé que soit suspendu le règlement intérieur d'une entreprise en raison du défaut d'accomplissement par l'employeur des formalités substantielles tenant à la consultation des représentants du personnel ; en revanche, un syndicat n'est pas recevable à demander la nullité de l'ensemble du règlement intérieur ou son opposabilité à tous les salariés de l'entreprise. • Soc. 21 sept. 2022, n° 21-10.718 B : *D. actu. 10 oct. 2022, obs. Couëdel* ; *D. 2022. 1705* ; *RDT 2023. 202, note Odoul-Asorey* ; *Dr. soc. 2023. 93, obs. Petit* ; *RJS 12/2022, n° 643* ; *SSL 2022, n° 2015, p. 14, obs. Champeaux* ; *JSL 2022, n° 550-2, obs. Nasom-Tissandier* ; *JCP 2022. 1085, obs. Dedessus-Le-Moustier* ; *JCP S 2022. 1293, obs. Gauriau.* ♦ Un syndicat est recevable à demander en référé que soit suspendu le règlement intérieur d'une entreprise en raison du défaut d'accomplissement par l'employeur des formalités substantielles tenant à la consultation des représentants du personnel ; en revanche, un syndicat n'est pas recevable à demander la nullité de l'ensemble du règlement intérieur ou son opposabilité à tous les salariés de l'entreprise. • Soc. 21 sept. 2022, n° 21-10.718 B : *D. actu. 10 oct. 2022, obs. Couëdel* ; *D. 2022. 1705* ; *RDT 2023. 202, note Odoul-Asorey* ; *Dr. soc. 2023. 93, obs. Petit* ; *RJS 12/2022, n° 643* ; *SSL 2022, n° 2015, p. 14, obs. Champeaux* ; *JSL 2022, n° 550-2, obs. Nasom-Tissandier* ; *JCP 2022. 1085, obs. Dedessus-Le-Moustier* ; *JCP S 2022. 1293, obs. Gauriau.* ♦ En revanche, un syndicat n'est pas recevable à demander au tribunal judiciaire par voie d'action au fond la nullité de l'ensemble du règlement intérieur ou son inopposabilité à tous les salariés de l'entreprise, en raison du défaut d'accomplissement par l'employeur des formalités substantielles tenant à la consultation des institutions représentatives du personnel. • Même arrêt.

26. Nullité du licenciement pour discrimination syndicale. Est recevable comme étant de nature à porter préjudice à l'intérêt collectif de la profession, l'intervention volontaire du syndicat dans le cadre d'un litige sur le licenciement d'un salarié non protégé dont il est soutenu qu'il a été prononcé de façon discriminatoire en considération de l'appartenance ou de l'activité syndicale du salarié. • Soc. 13 janv. 2021, ⚖ n° 19-17.182 P : *D. actu. 27 janv. 2021, obs. Malfettes ; Dr. soc. 2021. 280, obs. Petit ; RJS 3/2021, n° 157 ; Gaz. Pal. 27 avr. 2021, p. 55, note Orif ; JCP S 2021. 1086, obs. Gauriau.*

Art. L. 2132-4 Les meubles et immeubles nécessaires aux syndicats professionnels pour leurs réunions, bibliothèques et formations sont insaisissables. – *[Anc. art. L. 411-12, al. 2.]*

> **COMMENTAIRE**
> V. sur le Code en ligne ⚖. ☐

1. Absence d'immunité civile. L'insaisissabilité des biens d'un syndicat n'est pas absolue et la disposition de l'art. L. 411-12 [L. 2132-4 nouv.], relative seulement aux voies d'exécution, ne peut avoir pour effet de soustraire les syndicats aux règles de la responsabilité civile. • Crim. 24 janv. 1978 : *Bull. crim. n° 29 ; Dr. ouvrier 1978. 366, note Alvarez.* – V. aussi • TGI Nanterre, 13 févr. 1989 : *D. 1990. 127, note Prévault.*

2. Subventions publiques. L'octroi de subventions à une organisation syndicale ne présente aucun caractère d'utilité communale. • CE 21 juin 1995 : ⚖ *RJS 1995. 595, n° 907 ; Dr. ouvrier 1997. 38, note Hamon, obs. Rennes.*

Art. L. 2132-5 Les syndicats professionnels peuvent :
1° Créer et administrer des centres d'informations sur les offres et les demandes d'emploi ;
2° Créer, administrer et subventionner des institutions professionnelles de prévoyance, des organismes d'éducation, de formation, de vulgarisation ou de recherche dans les domaines intéressant la profession ;
3° Subventionner des sociétés coopératives de production ou de consommation, financer la création d'habitations à loyer modéré ou l'acquisition de terrains destinés à la réalisation de jardins ouvriers ou d'activités physiques et sportives. – *[Anc. art. L. 411-13, L. 411-14 et L. 411-16.]*

Art. L. 2132-6 Les syndicats professionnels peuvent constituer entre leurs membres des caisses spéciales de secours mutuels et de retraites.
Les fonds de ces caisses sont insaisissables dans les limites déterminées par le code de la mutualité.
Toute personne qui se retire d'un syndicat conserve le droit d'être membre des sociétés de secours mutuels et de retraite pour la vieillesse à l'actif desquelles elle a contribué par des cotisations ou versement de fonds. – *[Anc. art. L. 411-15.]*

CHAPITRE III UNIONS DE SYNDICATS

BIBL. ▶ BONNEAU, *JCP S 2010. 1439* (le principe d'unicité syndicale).

Art. L. 2133-1 Les syndicats professionnels régulièrement constitués peuvent se concerter pour l'étude et la défense de leurs intérêts matériels et moraux. – *[Anc. art. L. 411-21.]*

Art. L. 2133-2 Les unions de syndicats sont soumises aux dispositions des articles L. 2131-1, L. 2131-3 à L. 2131-5, L. 2141-1 et L. 2141-2.
Elles font connaître le nom et le siège social des syndicats qui les composent.
Leurs statuts déterminent les règles selon lesquelles les syndicats adhérents à l'union sont représentés dans le conseil d'administration et dans les assemblées générales. – *[Anc. art. L. 411-22.]*

Art. L. 2133-3 Les unions de syndicats jouissent de tous les droits conférés aux syndicats professionnels par le présent titre. – *[Anc. art. L. 411-23.]*

> **COMMENTAIRE**
> V. sur le Code en ligne ⚖. ☐

1. Droit de l'union des syndicats. Sauf stipulation contraire de ses statuts, une union de syndicats, à laquelle la loi a reconnu la même capacité civile qu'aux syndicats eux-mêmes, peut exercer les droits conférés à ceux-ci et, notamment, celui de désigner un représentant au comité d'entreprise. • Cass., ass. plén., 30 juin 1995 : ⚖ *GADT, 4ᵉ éd., n° 126 ; D. 1995. IR 167 ; Dr. ouvrier 1995. 310 ; RJS 1995. 595, n° 908 ; ibid. 566, concl. Jéol ; JCP E 1995. II. 741, note Saint-Jours.* ♦ Ainsi, deux fédérations de syndicats des personnels des secteurs financiers regroupant des syndicats dont l'objet est la défense des intérêts des salariés de la Caisse d'épargne peuvent se prévaloir d'une atteinte aux intérêts collectifs de l'un des groupes professionnels qu'elles représentent. • Soc. 18 déc. 2000 : ⚖ *Dr. soc. 2001. 216, obs. Savatier ; RJS 2001. 228, n° 315.* ♦ L'employeur, qui est informé par une fédération de sa volonté de déposer une liste de candidats en lieu et place des organisations syndicales qui lui sont affiliées, peut, sans saisir un tribunal, tirer les conséquences de cette décision et ne pas retenir les candidatures déposées par les syndicats affiliés. • Soc. 4 juin 2014 : ⚖ *D. actu. 1ᵉʳ juill. 2014, obs. Ines ; Dr. soc. 2014. 861, obs. Petit ; RJS 2014. 533, n° 643.* ♦ Un syndicat ne peut exercer les droits conférés à un autre syndicat en l'absence de lien d'affiliation entre eux, peu important qu'ils soient tous deux adhérents à la même union ou confédération syndicale. • Même arrêt. ♦ Une fédération ou une union de syndicats peut signer un protocole d'accord préélectoral dans une entreprise où elle possède un adhérent, que celle-ci soit ou non représentative ; le syndicat professionnel adhérent ne peut ultérieurement contester la validité de ce protocole et demander l'annulation à ce titre des élections professionnelles dans l'entreprise. • Soc. 22 mars 2023, ⚖ n° 22-13.535 B : *D. actu. 17 avr. 2023, obs. Ciray ; D. 2023. 601 ; RJS 6/2023, n° 327 ; JCP S 2023. 1099, obs. François.*

2. Jurisprudence postérieure à la loi du 20 août 2008. Sauf stipulation contraire de ses statuts, une union de syndicats, à laquelle la loi a reconnu la même capacité civile qu'aux syndicats eux-mêmes, peut exercer les droits conférés à ceux-ci ; l'affiliation des syndicats à une union permet à cette dernière de se prévaloir des adhérents du syndicat pour l'exercice des prérogatives en découlant. • Soc. 13 janv. 2010 : ⚖ *D. 2010. AJ 271 ; Dr. ouvrier 2010. 361, note Masson ; SSL 2010, n° 1429, p. 6, note Pécaut-Rivolier ; Dr. soc. 2010. 597, obs. Petit ; D. actu. 27 janv. 2010, obs. Perrin.*

3. Désignation de délégués syndicaux. Les unions syndicales ne peuvent procéder aux désignations de délégués syndicaux ou représentants syndicaux légalement ou conventionnellement prévues que si elles sont représentatives dans l'entreprise ou l'établissement dans lequel ces désignations doivent prendre effet ; en l'absence d'affiliation à une organisation syndicale reconnue représentative, la représentativité d'une union jouissant d'une personnalité civile propre dans une entreprise ou un établissement est distincte de celle de ses membres. • Soc. 4 avr. 2007 : ⚖ *RDT 2007. 599, obs. Tissandier.*

CHAPITRE IV **MARQUES SYNDICALES**

Art. L. 2134-1 Les syndicats professionnels peuvent déposer leurs marques ou labels en remplissant les formalités prévues par les articles L. 712-1 et suivants du code de la propriété intellectuelle. Ils peuvent, dès lors, en revendiquer la propriété exclusive dans les conditions prévues par ce code.

Les marques ou labels peuvent être apposés sur tout produit ou objet de commerce pour en certifier les conditions de fabrication. Ils peuvent être utilisés par tout individu ou entreprise commercialisant ces produits. – *[Anc. art. L. 413-1.]*

BIBL. ▶ DORIGNON, *Dr. ouvrier 2011. 641* (communication syndicale au prisme du droit des marques : la vie des affaires en question).

Action pour la défense des marques syndicales. Une lettre d'information syndicale gratuite n'ayant pour objet que de donner aux salariés concernés des informations sur leurs droits au travail, ne comportant pas de publicité, est l'expression d'une communication uniquement syndicale et est étrangère à la vie des affaires ; l'action en contrefaçon du titulaire de la marque est donc rejetée. • Com. 10 mai 2011 : ⚖ *D. actu. 27 mai 2011, obs. Daleau ; RDT 2011. 649, obs. Marié.*

Art. L. 2134-2 L'utilisation des marques syndicales ne des labels ne peut avoir pour effet de porter atteinte aux dispositions des articles L. 2141-5 à L. 2141-8.

Tout accord ou disposition tendant à obliger l'employeur à n'embaucher ou à ne conserver à son service que les adhérents du syndicat propriétaire de la marque ou du label est nul. – *[Anc. art. L. 413-2.]* – *V. art. L. 2136-2 (pén.).*

CHAPITRE V RESSOURCES ET MOYENS

(L. n° 2008-789 du 20 août 2008)

> **COMMENTAIRE**
>
> V. sur le Code en ligne 🔗.

SECTION 1 Certification et publicité des comptes des organisations syndicales et professionnelles

(L. n° 2008-789 du 20 août 2008)

BIBL. ▶ RAY, Dr. soc. 2008. 140 ⌀ (sur le financement des syndicats).

Art. L. 2135-1 Les syndicats professionnels et leurs unions mentionnés aux articles L. 2131-2, L. 2133-1 et L. 2133-2 relatifs à la création de syndicats professionnels et les associations de salariés ou d'employeurs régies par la loi du 1er juillet 1901 relative au contrat d'association ou, dans les départements de la Moselle, du Bas-Rhin et du Haut-Rhin, par le droit local *(L. n° 2011-525 du 17 mai 2011, art. 44)* « sont soumis aux obligations comptables définies à l'article L. 123-12 du code de commerce. Lorsque leurs ressources annuelles n'excèdent pas un seuil fixé par décret, ils peuvent adopter une présentation simplifiée de leurs comptes avec la possibilité de n'enregistrer leurs créances et leurs dettes qu'à la clôture de l'exercice. Si leurs ressources annuelles n'excèdent pas un second seuil fixé par décret, ils peuvent tenir un livre enregistrant chronologiquement l'ensemble des mouvements de leur patrimoine. Les conditions d'application du présent article sont fixées par décret. » — V. art. D. 2135-1 s.

Art. L. 2135-2 Les syndicats professionnels et leurs unions et les associations de salariés ou d'employeurs mentionnés à l'article L. 2135-1 qui contrôlent une ou plusieurs personnes morales au sens de l'article L. 233-16 du code de commerce, sans entretenir avec elles de lien d'adhésion ou d'affiliation, sont tenus, dans des conditions déterminées par décret pris après avis de l'Autorité des normes comptables :
a) Soit d'établir des comptes consolidés. *(L. n° 2012-387 du 22 mars 2012, art. 57)* « L'article *(Ord. n° 2023-1142 du 6 déc. 2023, art. 31-VII, en vigueur le 1er janv. 2024)* « L. 821-41 » du code de commerce n'est pas applicable lorsque les ressources de l'ensemble constitué par les syndicats professionnels et leurs unions et les associations de salariés ou d'employeurs et les personnes morales qu'ils contrôlent ne dépassent pas, à la clôture d'un exercice, le seuil mentionné à l'article L. 2135-6 du présent code ; »
b) Soit de fournir, en annexe à leurs propres comptes, les comptes de ces personnes morales, ainsi qu'une information sur la nature du lien de contrôle. Dans ce cas, les comptes de ces personnes morales doivent avoir fait l'objet d'un contrôle légal *(L. n° 2012-387 du 22 mars 2012, art. 57)* « , sauf lorsque les ressources de l'ensemble constitué par les syndicats professionnels et leurs unions et les associations de salariés ou d'employeurs et les personnes morales qu'ils contrôlent ne dépassent pas, à la clôture d'un exercice, le seuil mentionné au même article L. 2135-6 ».

Art. L. 2135-3 Les syndicats professionnels de salariés ou d'employeurs, leurs unions et les associations de salariés ou d'employeurs mentionnés à l'article L. 2135-1 peuvent, lorsque leurs statuts le prévoient, établir des comptes combinés intégrant la comptabilité des personnes morales et entités avec lesquelles ils ont des liens d'adhésion ou d'affiliation, dans des conditions déterminées par décret pris après avis de l'Autorité des normes comptables.

Art. L. 2135-4 Les comptes sont arrêtés par l'organe chargé de la direction et approuvés par l'assemblée générale des adhérents ou par un organe collégial de contrôle désigné par les statuts.

Art. L. 2135-5 Les syndicats professionnels de salariés ou d'employeurs, leurs unions et les associations de salariés ou d'employeurs mentionnés à l'article L. 2135-1 tenus d'établir des comptes assurent la publicité de leurs comptes dans des conditions déterminées par décret pris après avis de l'Autorité des normes comptables. – *V. art. D. 2135-8.*

Le premier alinéa est applicable au syndicat ou à l'association qui combine les comptes des organisations mentionnées à l'article L. 2135-3. Ces organisations sont alors dispensées de l'obligation de publicité.

Art. L. 2135-6 (*L. n° 2014-288 du 5 mars 2014, art. 29-II*) Les syndicats professionnels d'employeurs, leurs unions et les associations d'employeurs mentionnées à l'article L. 2135-1 qui souhaitent établir leur représentativité sur le fondement du titre V du présent livre I sont tenus de nommer au moins un commissaire aux comptes et (*L. n° 2019-486 du 22 mai 2019, art. 27-IV*) « , lorsque les conditions définies (*Ord. n° 2023-1142 du 6 déc. 2023, art. 31-VII, en vigueur le 1er janv. 2024*) « au troisième alinéa du I de l'article L. 821-40 » sont réunies, » un suppléant.

L'obligation prévue au premier alinéa du présent article est applicable aux syndicats professionnels de salariés, à leurs unions, aux associations de salariés mentionnés au même article L. 2135-1 et aux syndicats professionnels, à leurs unions et aux associations d'employeurs autres que ceux mentionnés au premier alinéa du présent article dont les ressources dépassent un seuil fixé par décret. – *V. art. D. 2135-9.*

SECTION 2 Mise à disposition des salariés auprès des organisations syndicales

(*L. n° 2008-789 du 20 août 2008*)

BIBL. ▸ Teyssié, *JCP S* 2021. 1290.

Art. L. 2135-7 Avec son accord exprès et dans les conditions prévues à l'article L. 2135-8, un salarié peut être mis à disposition d'une organisation syndicale ou d'une association d'employeurs mentionnée à l'article L. 2231-1.

Pendant cette mise à disposition, les obligations de l'employeur à l'égard du salarié sont maintenues. (*Ord. n° 2017-1386 du 22 sept. 2017, art. 5*) « La convention ou l'accord prévu à l'article L. 2135-8 prévoit notamment des aménagements de nature à permettre à l'employeur de respecter l'obligation de formation d'adaptation définie à l'article L. 6321-1. »

(*L. n° 2015-994 du 17 août 2015, art. 25-I*) « Les éventuelles indemnités de fonction payées par l'organisation syndicale sont assimilées à des salaires. Les cotisations et charges afférentes sont acquittées par l'organisation syndicale. »

Le salarié, à l'expiration de sa mise à disposition, retrouve son précédent emploi ou un emploi similaire assorti d'une rémunération au moins équivalente.

Les dispositions de l'art. L. 2135-7 n'instituent pas un droit des organisations syndicales à bénéficier d'une mise à disposition de salariés. ● CE 18 déc. 2017, ⚖ n° 398819 A.

Art. L. 2135-8 Une convention collective ou un accord collectif de branche étendus ou un accord d'entreprise détermine les conditions dans lesquelles il peut être procédé à une mise à disposition de salariés auprès d'organisations syndicales ou d'associations d'employeurs.

La compétence conférée par les art. L. 2135-7 et L. 2135-8 C. trav. aux signataires d'accords de branche étendus pour fixer les conditions dans lesquelles des salariés peuvent être mis à disposition des fédérations syndicales représentatives au niveau de la branche permet à ces parties signataires de fixer notamment le nombre maximum de salariés susceptibles d'être mis à la disposition des différentes organisations ainsi que sa répartition entre ces organisations. ● CE 18 déc. 2017, ⚖ n° 398819. ◆ L'audience des différentes fédérations représentatives au niveau de la branche sanitaire, sociale et médico-sociale privée à but non lucratif crée, entre ces fédérations, une différence de situation qui justifie une différence de traitement dans la répartition des salariés susceptibles d'être mis à leur disposition. ● Même arrêt.

SECTION 3 Financement mutualisé des organisations syndicales de salariés et des organisations professionnelles d'employeurs

(*L. n° 2014-288 du 5 mars 2014, art. 31-I*)

Sur la contribution « organisations syndicales », V. Lettre-circ. ACOSS n° 2015-044 du 31 juill. 2015.

BIBL. ▶ Radé et Maggi-Germain, *RDT 2016. Controverse 134* 🖉 (quelle égalité dans le financement du paritarisme ?).

> *COMMENTAIRE*
> V. sur le Code en ligne 🏛. ❑

Art. L. 2135-9 Un fonds paritaire, chargé d'une mission de service public, apportant une contribution au financement des organisations syndicales de salariés et des organisations professionnelles d'employeurs, au titre de leur participation à la conception, à la mise en œuvre, à l'évaluation ou au suivi d'activités concourant au développement et à l'exercice des missions définies à l'article L. 2135-11, est créé par un accord conclu entre les organisations représentatives des salariés et des employeurs au niveau national et interprofessionnel. Cet accord détermine l'organisation et le fonctionnement du fonds conformément à la présente section.

L'accord portant création du fonds paritaire est soumis à l'agrément du ministre chargé du travail. A défaut d'accord ou d'agrément de celui-ci, les modalités de création du fonds et ses conditions d'organisation et de fonctionnement sont définies par voie réglementaire.

Le fonds paritaire est habilité à recevoir les ressources mentionnées à l'article L. 2135-10 et à les attribuer aux organisations syndicales de salariés et aux organisations professionnelles d'employeurs dans les conditions prévues aux articles L. 2135-11 à L. 2135-17.

Art. L. 2135-10 (*L. n° 2014-288 du 5 mars 2014, art. 31-I*) I. — Les ressources du fonds paritaire sont constituées par :

1° Une contribution des employeurs mentionnés à l'article L. 2111-1 du présent code, assise sur les rémunérations versées aux salariés mentionnés au même article et comprises dans l'assiette des cotisations de sécurité sociale définie à l'article L. 242-1 du code de la sécurité sociale et à l'article L. 741-10 du code rural et de la pêche maritime, dont le taux est fixé par un accord conclu entre les organisations représentatives des salariés et des employeurs au niveau national et interprofessionnel et agréé par le ministre chargé du travail ou, à défaut d'un tel accord ou de son agrément, par décret. Ce taux ne peut être ni supérieur à 0,02 % ni inférieur à 0,014 % ; – *V. art. D. 2135-34.*

2° Le cas échéant, une participation volontaire d'organismes à vocation nationale dont le champ d'intervention dépasse le cadre d'une ou de plusieurs branches professionnelles, gérés majoritairement par les organisations syndicales de salariés et les organisations professionnelles d'employeurs. La liste des organismes pouvant verser une participation au fonds est fixée par l'accord mentionné au 1° ou, à défaut d'accord ou de son agrément, par décret ;

3° Une subvention de l'État ;

4° Le cas échéant, toute autre ressource prévue par des dispositions législatives ou réglementaires, par accord conclu entre les organisations syndicales de salariés et les organisations professionnelles d'employeurs représentatives au niveau national et interprofessionnel ou par accord de branche étendu.

II. — La contribution mentionnée au 1° du I du présent article est recouvrée et contrôlée, selon les règles et sous les mêmes garanties et sanctions applicables au recouvrement des cotisations du régime général de sécurité sociale assises sur les rémunérations, par les organismes mentionnés aux articles L. 213-1 et L. 752-4 du code de la sécurité sociale et à l'article L. 723-1 du code rural et de la pêche maritime, selon des modalités précisées par voie réglementaire. – *V. art. R. 2135-29.*

(*L. n° 2023-1250 du 26 déc. 2023, art. 13-II, en vigueur le 1ᵉʳ janv. 2024*) « III. — L'accord mentionné au 4° du I du présent article peut donner mandat à des organisations syndicales de salariés et à des organisations professionnelles d'employeurs représentatives au niveau de la branche de conclure une convention avec les organismes mentionnés aux articles L. 225-1-1 du code de la sécurité sociale et L. 723-11 du code rural et de la pêche maritime, afin de confier aux organismes mentionnés au II du présent article le recouvrement de la contribution mentionnée au 4° du I. Cette contribution est alors versée à l'association gestionnaire du fonds paritaire mentionnée à l'article L. 2135-9 du présent code, qui en assure la répartition entre les branches affectataires.

« La convention prévue au premier alinéa du présent III respecte les conditions suivantes :

« 1° Elle prévoit :

« *a)* Un montant minimal de collecte de la contribution, fixé par arrêté ;

« *b)* Sa durée de mise en œuvre, qui ne peut être inférieure à huit ans ;

« *c)* Par dérogation aux trois derniers alinéas du 5° de l'article L. 225-1-1 du code de la sécurité sociale, un niveau de frais prélevés sur le rendement de la contribution correspondant aux coûts réels de mise en œuvre et de gestion de la contribution ; ces frais sont majorés lorsque la convention est dénoncée avant que la durée prévue au *b* du présent 1° ne soit échue ;

« *d)* Un délai de préavis lorsque l'une des parties envisage de dénoncer l'accord. Ce délai ne peut être inférieur ni à la moitié de la durée restante de la convention ni à douze mois.

« Les *b* et *c* ne sont pas applicables lorsque la branche concernée est engagée dans une procédure de restructuration des branches professionnelles en application des articles L. 2261-32 à L. 2261-34 ;

« 2° La contribution faisant l'objet de la convention est :

« *a)* Assise sur les revenus d'activité pris en compte pour la détermination de l'assiette définie à l'article L. 242-1 du code de la sécurité sociale et à l'article L. 741-10 du code rural et de la pêche maritime et calculée selon un taux proportionnel, qui ne peut être modulé qu'en fonction de seuils d'effectifs définis par arrêté conjoint des ministres chargés de la sécurité sociale et du travail ou des éléments d'identification de la branche déclarés par l'employeur ;

« *b)* Due pour les périodes au titre desquelles les revenus sont attribués et déclarés mensuellement ;

« *c)* Recouvrée selon les règles et sous les garanties et les sanctions applicables en matière de cotisations et de contributions de sécurité sociale ;

« *d)* Recouvrée à compter du début de l'année civile suivant une période d'au moins six mois à compter de la signature de la convention, sans que ce recouvrement puisse intervenir avant le 1er janvier 2026.

« Le modèle de la convention prévue au premier alinéa du présent III est fixé par arrêté conjoint des ministres chargés de la sécurité sociale et du travail.

« La liste des informations relatives aux entreprises redevables communiquées à l'association gestionnaire du fonds paritaire par les organismes chargés du recouvrement est fixée par décret.

« Une convention entre l'association gestionnaire du fonds paritaire mentionnée à l'article L. 2135-9 et l'institution mentionnée à l'article L. 6123-5 prévoit les modalités de communication des données relatives aux entreprises redevables de la contribution mentionnée au 4° du I du présent article. »

Les dispositions introduites par l'Ord. n° 2021-797 du 23 juin 2021 qui devaient entrer en vigueur le 1er janv. 2024 pour les contributions dues à compter de cette date ont été abrogées par l'art. 13-VIII de la L. n° 2023-1250 du 26 déc. 2023.

BIBL. ▶ ANDOLFATTO et LABBE, *Dr. soc.* 2017. 255 (le financement des partenaires sociaux après la loi Sapin du 5 mars 2014).

Art. L. 2135-11 Le fonds paritaire contribue à financer les activités suivantes, qui constituent des missions d'intérêt général pour les organisations syndicales de salariés et les organisations professionnelles d'employeurs concernées :

1° La conception, la gestion, l'animation et l'évaluation des politiques menées paritairement *(Abrogé par Ord. n° 2017-1388 du 22 sept. 2017, art. 4)* « *et dans le cadre des organismes gérés majoritairement par les organisations syndicales de salariés et les organisations professionnelles d'employeurs,* » au moyen de la contribution mentionnée au 1° du I de l'article L. 2135-10 et, le cas échéant, des participations volontaires versées en application du 2° du même I ;

2° La participation des organisations syndicales de salariés et des organisations professionnelles d'employeurs à la conception, à la mise en œuvre et au suivi des politiques publiques relevant de la compétence de l'État, notamment par *(L. n° 2015-994 du 17 août 2015, art. 25-II)* « l'animation et la gestion d'organismes de recherche, » la négociation, la consultation et la concertation, au moyen de la subvention mentionnée au 3° dudit I ;

3° La formation économique, sociale *(L. n° 2021-1104 du 22 août 2021, art. 41-II)* « , environnementale » et syndicale des salariés appelés à exercer des fonctions syndicales ou des adhérents à une organisation syndicale de salariés amenés à intervenir en faveur des salariés, définie aux articles L. 2145-1 et L. 2145-2, notamment l'indemnisation des salariés bénéficiant de congés de formation, l'animation des activités des salariés exerçant des fonctions syndicales *(L. n° 2016-1088 du 8 août 2016, art. 33)* « , » leur information au titre des politiques mentionnées aux 1° et 2° du présent article *(L. n° 2016-1088 du 8 août 2016, art. 33)* « ainsi que les formations communes mentionnées à l'article L. 2212-1 », au moyen *(L. n° 2018-217 du 29 mars 2018, art. 4)* « de la contribution prévue au 1° du I de l'article L. 2135-10 » et de la subvention prévue au 3° du même I ;

4° Toute autre mission d'intérêt général à l'appui de laquelle sont prévues d'autres ressources sur le fondement du 4° dudit I.

L'Ord. n° 2017-1718 du 20 déc. 2017 avait supprimé la possibilité pour le fonds paritaire de financer la formation économique, sociale et syndicale des salariés appelés à exercer des fonctions syndicales au moyen de la contribution prévue au 1° du I de l'art. L. 2135-10. La loi de ratification n° 2018-217 du 29 mars 2018 a rétabli cette possibilité (L. préc., art. 4-III).

Art. L. 2135-12 Bénéficient des crédits du fonds paritaire au titre de l'exercice des missions mentionnées à l'article L. 2135-11 :

1° Les organisations de salariés et d'employeurs représentatives au niveau national et interprofessionnel, leurs organisations territoriales, les organisations professionnelles d'employeurs représentatives au niveau national et multi-professionnel ainsi que celles qui sont représentatives au niveau de la branche *(L. n° 2016-1088 du 8 août 2016, art. 36)* « ou, dans le secteur de la production cinématographique, de l'audiovisuel et du spectacle, les organisations professionnelles d'employeurs représentatives de l'ensemble des professions de ce secteur dont les statuts prévoient qu'elles ont vocation à percevoir ces crédits », *(Ord. n° 2017-1718 du 20 déc. 2017, art. 1er-I)* « ainsi que les employeurs ayant maintenu la rémunération, avec les cotisations et contributions sociales afférentes, des salariés d'entreprise participant aux négociations conformément à l'article L. 2232-8, » au titre de l'exercice de la mission mentionnée au 1° du même article L. 2135-11 ;

2° Les organisations de salariés et d'employeurs représentatives au niveau national et interprofessionnel, les organisations syndicales de salariés dont la vocation statutaire revêt un caractère national et interprofessionnel qui recueillent plus de 3 % des suffrages exprimés lors des élections prévues au 3° de l'article L. 2122-9 et les organisations professionnelles d'employeurs représentatives au niveau national et multi-professionnel mentionnées à l'article L. 2152-2, au titre de l'exercice de la mission mentionnée au 2° de l'article L. 2135-11 ;

3° Les organisations syndicales de salariés représentatives au niveau national et interprofessionnel et celles dont la vocation statutaire revêt un caractère national et interprofessionnel et qui recueillent plus de 3 % des suffrages exprimés lors des élections prévues au 3° de l'article L. 2122-9, au titre de l'exercice de la mission mentionnée au 3° de l'article L. 2135-11 ;

(L. n° 2023-1250 du 26 déc. 2023, art. 13-II, en vigueur le 1er janv. 2024) « 4° Les associations désignées par accord de la branche professionnelle concernées *[concernée]*, attributaires des ressources mentionnées au 4° du I de l'article L. 2135-10 lorsqu'elles sont recouvrées dans les conditions prévues au III du même article L. 2135-10. »

Les dispositions introduites par l'Ord. n° 2021-797 du 23 juin 2021 qui devaient entrer en vigueur le 1er janv. 2024 pour les contributions dues à compter de cette date ont été abrogées par l'art. 13-VIII de la L. n° 2023-1250 du 26 déc. 2023.

Art. L. 2135-13 *(Ord. n° 2017-1388 du 22 sept. 2017, art. 4)* « I. – » Le fonds paritaire répartit ses crédits :

1° A parité entre les organisations syndicales de salariés, d'une part, et les organisations professionnelles d'employeurs, d'autre part, au titre de la mission mentionnée au 1° de l'article L. 2135-11, au niveau national et au niveau de la branche. Les modalités de répartition des crédits entre organisations syndicales de salariés, d'une part, et entre organisations professionnelles d'employeurs, d'autre part, sont déterminées, par voie réglementaire, de façon uniforme pour les organisations syndicales de salariés et en fonction de l'audience (Abrogé par Ord. n° 2017-1388 du 22 sept. 2017, art. 4) « *ou du nombre des mandats paritaires exercés* » pour les organisations professionnelles d'employeurs[.] (L. n° 2016-1088 du 8 août 2016, art. 35) « Pour l'appréciation de cette audience, sont pris en compte, chacun à hauteur de 50 %, d'une part, le nombre des entreprises adhérentes à des organisations professionnelles d'employeurs représentatives qui emploient au moins un salarié et, d'autre part, le nombre de salariés employés par ces mêmes entreprises ; »

2° Sur une base forfaitaire identique, fixée par décret, pour chacune des organisations syndicales de salariés et des organisations professionnelles d'employeurs représentatives au niveau national et interprofessionnel, et sur une base forfaitaire identique d'un montant inférieur, fixée par décret, pour chacune des organisations syndicales de salariés dont la vocation statutaire revêt un caractère national et interprofessionnel et qui ont recueilli plus de 3 % des suffrages exprimés lors des élections prévues au 3° de l'article L. 2122-9 et pour chacune des organisations professionnelles d'employeurs représentatives au niveau national et multi-professionnel mentionnées à l'article L. 2152-2, au titre de la mission mentionnée au 2° de l'article L. 2135-11 ;

3° Sur la base d'une répartition, définie par décret, en fonction de l'audience de chacune des organisations syndicales de salariés dont la vocation statutaire revêt un caractère national et interprofessionnel et qui ont recueilli plus de 3 % des suffrages exprimés lors des élections prévues au 3° de l'article L. 2122-9, au titre de la mission mentionnée au 3° de l'article L. 2135-11.

(Ord. n° 2017-1388 du 22 sept. 2017, art. 4) « II. – Pour l'attribution des crédits du fonds aux organisations mentionnées à l'article L. 2135-12 est prise en compte l'année suivant celle au cours de laquelle :

« 1° Est déterminée leur représentativité et mesurée leur audience en application des dispositions des articles L. 2122-5 et L. 2122-9 s'agissant des organisations syndicales de salariés et des articles L. 2152-1, L. 2152-2 et L. 2152-4 s'agissant des organisations professionnelles d'employeurs ;

« 2° A été publié l'arrêté de fusion des champs conventionnels pris en application des dispositions de l'article L. 2261-32 ou l'arrêté d'extension de l'accord de fusion desdits champs et est appréciée la représentativité et mesurée l'audience des organisations syndicales de salariés et des organisations professionnelles d'employeurs concernées conformément aux dispositions des 1° et 3° du présent article. »

Conformité à la Constitution. En prévoyant que le montant des crédits alloués aux organisations syndicales de salariés au titre de la mission liée au paritarisme est réparti de façon uniforme entre elles, alors même que d'autres règles sont prévues pour la répartition du montant des crédits alloués aux organisations professionnelles d'employeurs à ce titre, le législateur a traité différemment des situations différentes ; cette différence de traitement étant en rapport avec l'objet de la loi qui l'établit, le grief tiré de la méconnaissance du principe d'égalité devant la loi doit être écarté.
● Cons. const. 27 nov. 2015, n° 2015-505 QPC : *JO* 29 nov. ; *SSL* 2016, n° 1701, p. 4, obs. Izard.

Art. L. 2135-14 Les organisations syndicales de salariés représentatives au niveau national et interprofessionnel et celles dont la vocation statutaire revêt un caractère national et interprofessionnel et qui ont recueilli plus de 3 % des suffrages exprimés lors des élections prévues au 3° de l'article L. 2122-9 perçoivent les sommes dues aux organisations territoriales et organisations syndicales représentatives au niveau de la branche qui leur sont affiliées. Elles contribuent au financement de ces dernières au titre des missions mentionnées aux 1° et 2° de l'article L. 2135-11.

Art. L. 2135-15 I. – Le fonds mentionné à l'article L. 2135-9 est géré par une association paritaire, administrée par un conseil d'administration composé de représentants des organisations syndicales de salariés et des organisations professionnelles d'employeurs représentatives au niveau national et interprofessionnel. (L. n° 2016-1088 du 8 août 2016, art. 35) « Au sein de ce conseil, chaque organisation professionnelle d'employeurs dispose d'un nombre de voix proportionnel à son audience au niveau national et interprofessionnel. Pour l'appréciation de cette audience, sont pris en compte à hauteur, respectivement, de 30 % et de 70 %, le nombre des entreprises adhérentes à des organisations professionnelles d'employeurs représentatives au niveau national et interprofessionnel et le nombre de salariés employés par ces mêmes entreprises. »

La présidence de l'association est assurée alternativement par un représentant des organisations syndicales de salariés et un représentant des organisations professionnelles d'employeurs représentatives au niveau national et interprofessionnel.

Les organisations syndicales de salariés, dont la vocation statutaire revêt un caractère national et interprofessionnel et qui ont recueilli plus de 3 % des suffrages exprimés lors des élections prévues au 3° de l'article L. 2122-9, et les organisations professionnelles d'employeurs représentatives au niveau national et multi-professionnel sont destinataires des projets de délibération et de décision du conseil d'administration relatifs à la répartition des crédits mentionnée à l'article L. 2135-13 et elles peuvent faire connaître leurs observations.

L'association adopte un règlement intérieur, agréé par le ministre chargé du travail.

II. – Le ministre chargé du travail désigne un commissaire du Gouvernement auprès de l'association paritaire mentionnée au I.

Le commissaire du Gouvernement assiste de droit aux séances de toutes les instances de délibération et d'administration de l'association. Il est destinataire de toute délibération du conseil d'administration. Il a communication de tous les documents relatifs à la gestion du fonds.

Lorsque le commissaire du Gouvernement estime qu'une délibération du conseil d'administration ou qu'une décision prise par une autre instance ou autorité interne de l'association gestionnaire du fonds n'est pas conforme aux dispositions de la présente section, à des stipulations de l'accord national et interprofessionnel agréé ou à des dispositions réglementaires, il saisit le président du conseil d'administration, qui lui adresse une réponse motivée.

Lorsque le commissaire du Gouvernement estime qu'une délibération ou une décision mentionnée au troisième alinéa du présent II et concernant l'utilisation de la subvention de l'État prévue au 3° du I de l'article L. 2135-10 n'est pas conforme à la destination de cette contribution, définie aux articles L. 2135-11 et L. 2135-12, il peut s'opposer, par décision motivée, à sa mise en œuvre.

Les modalités d'application du présent article sont déterminées par voie réglementaire. – *V. art. R. 2135-19 s.*

Art. L. 2135-16 Les organisations syndicales de salariés et les organisations professionnelles d'employeurs bénéficiant de financements du fonds paritaire établissent un rapport annuel écrit détaillant l'utilisation qui a été faite des crédits perçus.

Elles rendent public ce rapport et le transmettent au fonds dans les six mois suivant la fin de l'exercice sur lequel porte le rapport.

En l'absence de transmission du rapport dans le délai prévu au deuxième alinéa ou lorsque les justifications des dépenses engagées sont insuffisantes, le fonds peut, après mise en demeure de l'organisation concernée de se conformer à ses obligations, non suivie d'effet dans le délai que la mise en demeure impartit et qui ne peut être inférieur à quinze jours, suspendre l'attribution du financement à l'organisation en cause ou en réduire le montant.

Avant le 1ᵉʳ octobre de chaque année, le fonds remet au Gouvernement et au Parlement un rapport sur l'utilisation de ses crédits. Ce rapport est publié selon des modalités fixées par voie réglementaire. – *V. art. R. 2135-19.*

Art. L. 2135-17 Les organismes gérés majoritairement par les organisations syndicales de salariés et les organisations professionnelles d'employeurs qui figurent sur la liste mentionnée au 2° du I de l'article L. 2135-10 et dont le conseil d'administration a décidé le versement d'une participation au fonds paritaire n'assurent aucun financement direct ou indirect des organisations syndicales de salariés et des organisations professionnelles d'employeurs, à l'exception de la contribution mentionnée à ce même 2°. Le présent article s'applique sous la seule réserve de la possibilité de rembourser, sur présentation de justificatifs, les frais de déplacement, de séjour et de restauration engagés par les personnes qui siègent au sein des organes de direction de tels organismes.

SYNDICATS PROFESSIONNELS **Art. L. 2141-1** 633

Art. L. 2135-18 Sauf dispositions contraires, les conditions d'application de la présente section sont déterminées par décret en Conseil d'État.

CHAPITRE VI DISPOSITIONS PÉNALES

(L. n° 2008-789 du 20 août 2008)

Art. L. 2136-1 Le fait pour un directeur ou un administrateur d'un syndicat professionnel ou d'une union de syndicats de méconnaître les dispositions de l'article L. 2131-1, relatives à l'objet des syndicats, est puni d'une amende de 3 750 €.

La dissolution du syndicat ou de l'union de syndicats peut en outre être prononcée à la diligence du procureur de la République.

Toute fausse déclaration relative aux statuts et aux noms et qualités des directeurs ou administrateurs est punie d'une amende de 3 750 €. — *[Anc. art. L. 481-1.]*

Sur la possibilité pour tout syndicat intéressé de poursuivre l'annulation de la constitution d'un syndicat pour cause de nullité absolue de son objet, V. note 1 ss. art. L. 2131-1.

Art. L. 2136-2 Le fait pour un employeur d'enfreindre les dispositions de l'article L. 2134-2, relatives à l'utilisation des marques syndicales ou des labels, est puni d'une amende de 3 750 €.

La récidive est punie d'un emprisonnement d'un an et d'une amende de 7 500 €. — *[Anc. art. L. 481-3.]*

Sur les infractions en matière de marques syndicales, V. aussi CPI, art. L. 716-11. — **CPI.**

TITRE IV EXERCICE DU DROIT SYNDICAL

RÉP. TRAV. v^{is} *Syndicats professionnels (Droit syndical dans l'entreprise)*, par FERKANE ; *Syndicats professionnels (Prérogatives et action)*, par FERKANE.

BIBL. GÉN. ▶ Présence syndicale dans l'entreprise : ADOM, *Dr. soc.* 1997. 10 (pouvoir disciplinaire et action syndicale). - BOITEL, *Dr. ouvrier* 1970. 2. - BRÊTHE DE LA GRESSAYE, *Dr. soc.* 1969. 153. - CHALARON, *Ét. offertes à Jauffret*, 1974, p. 184. - DÉPREZ, BS Lefebvre 1983. 47. - DESPAX, JCP 1969. I. 2276. - GAURIAU, *Dr. soc.* 2009. 641 (représentants des syndicats dans l'entreprise) ; JCP S 2013. 1419 (TIC et action syndicale). - JAVILLIER, *Dr. soc.* 1984. 31. - MOULY, D. 2010. Doctr. 282 (confidentialité de l'affiliation syndicale). - NOTAT, *ibid.* 1991. 94 (accords AXA). - PÉLISSIER, *ibid.* 1984. 41. - PETIT, RPDS 1971. 247. - SINAY, D. 1969. Chron. 77 ; *Dr. soc.* 1969. 447. - SOUBIE, *Dr. soc.* 1984. 15. - VERDIER, JCP CI 1982. II. 13806 ; RJS 1989. 391.

CHAPITRE I PRINCIPES

Art. L. 2141-1 *(L. n° 2008-496 du 27 mai 2008, art. 6, 7°)* Tout salarié peut librement adhérer au syndicat professionnel de son choix et ne peut être écarté pour l'un des motifs visés à l'article L. 1132-1. — *[Anc. art. L. 411-5.]*

BIBL. ▶ MEYRAT, *Dr. soc.* 2020. 107 (liberté syndicale, liberté fondamentale).

COMMENTAIRE

V. sur le Code en ligne.

1. Liberté syndicale négative. Sur la reconnaissance, déduite des termes de l'art. 11 de la Conv. EDH, d'une liberté syndicale « négative », à savoir le droit de ne pas adhérer à un syndicat ou de s'en retirer, V. • CEDH 25 avr. 1996 : D. 1997. 363, note Marguénaud et Mouly ; Gaz. Pal. 1997. 2. 471, note Pettiti • 11 janv. 2006, n°s 52562/99 et 52620/99 : *Dr. soc.* 2006. 1022, chron. Marguénaud et Mouly. ♦ Dans le même sens mais sur le fondement des dispositions constitutionnelles, V. • Cons. const., QPC, 19 nov. 2010, n° 2010-68, § 7.

2. Anonymat des salariés. L'adhésion du salarié à un syndicat relève de sa vie personnelle et ne peut être divulguée sans son accord. • Soc. 8 juill. 2009, Okaïdi : D. 2009. 2393, note Loiseau ; RDT 2009. 729, obs. Grévy ; RJS 2009. 676, avis Duplat ; JSL 2009, n° 262-3 ; JCP S 2009. 1416, note Gauriau ; SSL 2009, n° 1408, p. 10, note Pécaut-Rivolier ; *ibid.*, n° 1412, p. 6, obs. Borenfreund ; *Dr. soc.* 2009. 950, rapp. Pécaut-Rivolier et obs. Morin ; *Dr. ouvrier* 2009. 517, obs. Michel.

3. Parité. L'obligation faite aux organisations syndicales de présenter aux élections professionnelles des listes comportant alternativement des candidats des deux sexes à proportion de la part de femmes et d'hommes dans le collège électoral concerné ne constitue pas une atteinte disproportionnée au principe de la liberté syndicale reconnu par les textes européens et internationaux et procède à une nécessaire et équilibrée conciliation avec le droit fondamental à l'égalité entre les sexes instauré par les dispositions de droit européen et international. • Soc., QPC, 13 févr. 2019, 🔒 n° 18-17.042 P : *D. 2019. Actu. 313* ⌀ *; RJS 4/2019, n° 236 ; JCP 2019. 239, obs. Dedessus-Le-Moustier ; JCP S 2019. 1110, obs. Cavallini.*

4. Carrières syndicales. L'accord collectif qui prévoit, dans le cadre des dispositions visant à faciliter l'exercice de mandats syndicaux ou représentatifs par la valorisation des compétences mises en œuvre par les salariés dans l'exercice de ces mandats, l'élaboration par l'employeur, après négociation avec les organisations syndicales représentatives dans l'entreprise, d'un référentiel dont l'objet est d'identifier ces compétences ainsi que leur degré d'acquisition dans le but de les intégrer au parcours professionnel du salarié et dont le juge a vérifié le caractère objectif et pertinent, ne porte pas atteinte au principe de la liberté syndicale, l'employeur étant tenu en tout état de cause dans la mise en œuvre de l'accord au respect des prescriptions des art. L. 1132-1 et L. 2141-5, al. 1ᵉʳ, C. trav. • Soc. 9 oct. 2019, 🔒 n° 18-13.529 P : *D. actu. 24 oct. 2019, obs. Ilieva ; D. 2019. Actu. 1940* ⌀ *; ibid. 2159, note Lokiec* ⌀ *; RJS 12/2019, n° 708 ; Dr. ouvrier 2020. 124, obs. Nicod ; JSL 2020, n° 489-6, obs. Hautefort ; JCP S 2019. 1321, obs. Kerbourc'h.*

5. Chèque syndical. Un accord collectif peut instituer des mesures de nature à favoriser l'activité syndicale dans l'entreprise, et dans ce cadre, en vue d'encourager l'adhésion des salariés de l'entreprise aux organisations syndicales, prévoir la prise en charge par l'employeur d'une partie du montant des cotisations syndicales annuelles, dès lors que le dispositif conventionnel ne porte aucune atteinte à la liberté du salarié d'adhérer ou de ne pas adhérer au syndicat de son choix, ne permet pas à l'employeur de connaître l'identité des salariés adhérant aux organisations syndicales et bénéficie tant aux syndicats représentatifs qu'aux syndicats non représentatifs dans l'entreprise. • Soc. 27 janv. 2021, 🔒 n° 18-10.672 P : *D. actu. 15 févr. 2021, obs. Clément ; D. 2021. 241* ⌀ *; RDT 2021. 262, obs. Jubert-Tomasso* ⌀ *; Dr. soc. 2021. 822, note Auzero* ⌀ *; RJS 4/2021, n° 224 ; Dr. ouvrier 2021. 589, obs. Chevalier ; JCP S 2021. 1082, obs. Pagnerre.*

Art. L. 2141-2 Les personnes qui ont cessé d'exercer leur activité professionnelle peuvent adhérer ou continuer à adhérer à un syndicat professionnel de leur choix. — *[Anc. art. L. 411-7.]* — V. art. R. 2146-5 *(pén.).*

Art. L. 2141-3 Tout membre d'un syndicat professionnel peut s'en retirer à tout instant, même en présence d'une clause contraire. — *[Anc. art. L. 411-8.]*

Le syndicat peut réclamer la cotisation correspondant aux six mois qui suivent le retrait d'adhésion.

1. Droit de démissionner. Il résulte de l'art. L. 411-8 [L. 2141-3 nouv.] que la démission d'un syndicat professionnel est l'exercice d'un droit reconnu par la loi, ce qui exclut qu'elle puisse constituer l'inexécution d'une obligation relevant du domaine d'application de l'art. 1226 C. civ. • Civ. 1ʳᵉ, 23 mars 1983 : *Bull. civ. I, n° 112 ; D. 1983. IR 268.*

2. Le libre retrait d'un adhérent ne peut être limité par une clause conventionnelle. • Soc. 23 juin 1988 : *Bull. civ. V, n° 394 ; D. 1989. Somm. 205, obs. Frossard ; ibid. Somm. 269, obs. Serra.* ♦

Dans le même sens : • Com. 9 nov. 1993, 🔒 n° 91-20.722 P : *D. 1994. 399, note Lombard* ⌀ *; ibid. Somm. 220, obs. Serra* ⌀ (illicéité d'une clause de non-concurrence limitant la liberté de retrait d'un syndicat).

3. Conséquences de la démission. Les termes d'un règlement intérieur prévoyant, en cas de démission, le non-remboursement des cotisations déjà versées n'interdit pas au syndicat de demander la cotisation prévue par l'art. L. 411-8 [L. 2141-3 nouv.]. • Soc. 30 janv. 1991, 🔒 n° 89-16.485 P.

Art. L. 2141-4 L'exercice du droit syndical est reconnu dans toutes les entreprises dans le respect des droits et libertés garantis par la Constitution de la République, en particulier de la liberté individuelle du travail.

Les syndicats professionnels peuvent s'organiser librement dans toutes les entreprises conformément aux dispositions du présent titre. — *[Anc. art. L. 412-1, al. 1ᵉʳ et 2.]* — V. art. L. 2146-1 *(pén.).*

1. Activité syndicale. L'exercice d'une activité syndicale n'implique pas nécessairement la qualité de délégué syndical. • Crim. 29 oct. 1996, 🔒 n° 94-85.028 P : *D. 1997. IR 32* ⌀ *; CSB 1997. 103, A. 21 ; Dr. ouvrier 1997. 227, obs. Richevaux.*

2. Liberté d'expression. Un syndicat a le droit de communiquer librement des informations au public sur un site internet, mais cette liberté peut être limitée dans la mesure de ce qui est nécessaire pour éviter la divulgation d'informations confidentielles portant atteinte aux droits des tiers. • Soc. 5 mars 2008 : 🔒 *RJS 2008. 440, n° 563 ; JCP E 2008. 1554, note Raynaud ; JSL 2008, n° 231-6.* ♦ Sur la conciliation nécessaire de la liberté d'expression et de la liberté syndicale avec le but légitime consistant à protéger la réputation des personnes physiques visées par des caricatures ou textes, V. ● CEDH 12 sept. 2011, 🔒 *Palmo Sanchez : D. actu. 29 sept. 2011, obs. Perrin; RJS 2012. 83, note Lafuma; JSL 2011, n° 308-4, obs. Tourreil; SSL 2011, n° 1510, p. 13.*

3. Local syndical. Aucune des prérogatives inhérentes à la liberté syndicale n'autorise les syndicats à fixer leur siège statutaire au sein de l'entreprise sans accord de l'employeur. Dès lors, celui-ci peut dénoncer l'usage les y autorisant sous réserve de ne pas porter une atteinte injustifiée et disproportionnée à l'exercice du droit syndical. ● Soc. 6 juin 2018, 🔒 n° 16-25.527 P : *D. 2018. 2204, obs. Porta ⌀ ; RJS 8-9/2018, n° 548 ; JCP S 2018. 1297, obs. Pagnerre.*

Art. L. 2141-5 Il est interdit à l'employeur de prendre en considération l'appartenance à un syndicat ou l'exercice d'une activité syndicale pour arrêter ses décisions en matière notamment de recrutement, de conduite et de répartition du travail, de formation professionnelle, d'avancement, de rémunération et d'octroi d'avantages sociaux, de mesures de discipline et de rupture du contrat de travail.

(*L. n° 2015-994 du 17 août 2015, art. 4*) « Un accord détermine les mesures à mettre en œuvre pour concilier la vie personnelle, la vie professionnelle et les fonctions syndicales et électives, en veillant à favoriser l'égal accès des femmes et des hommes. Cet accord prend en compte l'expérience acquise, dans le cadre de l'exercice de mandats, par les représentants du personnel désignés ou élus dans leur évolution professionnelle.

« Au début de son mandat, le représentant du personnel titulaire, le délégué syndical ou le titulaire d'un mandat syndical bénéficie, à sa demande, d'un entretien individuel avec son employeur portant sur les modalités pratiques d'exercice de son mandat au sein de l'entreprise au regard de son emploi. Il peut se faire accompagner par une personne de son choix appartenant au personnel de l'entreprise. Cet entretien ne se substitue pas à l'entretien professionnel mentionné à l'article L. 6315-1.

« Lorsque l'entretien professionnel est réalisé au terme d'un mandat de représentant du personnel titulaire ou d'un mandat syndical (*Ord. n° 2017-1386 du 22 sept. 2017, art. 5*) « , celui-ci » permet de procéder au recensement des compétences acquises au cours du mandat et de préciser les modalités de valorisation de l'expérience acquise. » (*Ord. n° 2017-1386 du 22 sept. 2017, art. 5*) « Pour les entreprises dont l'effectif est inférieur à deux mille salariés, ce recensement est réservé au titulaire de mandat disposant d'heures de délégation sur l'année représentant au moins 30 % de la durée de travail fixée dans son contrat de travail ou, à défaut, de la durée applicable dans l'établissement. »

Les dispositions du 4ᵉ al. issues de l'Ord. n° 2017-1386 du 22 sept. 2017 sont applicables aux mandats prenant effet après le 31 déc. 2019 (Ord. préc., art. 12).

V. art. L. 2146-2 (pén.).

BIBL. ▶ Alvarez-Pujana, *Dr. ouvrier 1990. 77* (entrave). – Béraud, *Dr. soc. 1986. 384* (liberté syndicale et Convention européenne des droits de l'homme). – Carby-Hall, *Rev. int. dr. comp. 1991. 775* (les « closed shop »). – Carles, *RPDS 2001. 237* (action juridique contre les discriminations syndicales). – Chiss, *JCP S 2012. 1160* (professionnalisation et gestion de carrière des représentants du personnel). – Cœuret, *Dr. ouvrier 1987. 447* (entrave et discrimination). – Cohen, *D. 1973. Chron. 83* (droit syndical et expression d'opinions politiques) ; *Dr. soc. 1978. 268* (entrave au droit syndical). – Despax, *BS Lefebvre 1986. 121* (carrière professionnelle des représentants du personnel). – Desset, *RPDS 1984. 229* ; *ibid. 1989. 45* (libertés syndicales dans l'entreprise). – Dutertre, *Dr. soc. 1972. 221* (entrave). – Grévy, *ibid. 1994. 884* ⌀ (carrière des délégués syndicaux). – Guillaume, *RDT 2020. 111* ⌀ (enquête sur les pratiques négociées autour des parcours syndicaux). – Hervieu, *RDT 2009. 288* ⌀ (la Cour européenne des droits de l'homme, alchimiste de la liberté syndicale). – Milet, *RPDS 2001. 221* (droit du travail et discriminations syndicales). – Minoret-Gibert, *Dr. soc., n° spéc. avr. 1979, 101* (entrave). – Radé, *Dr. soc. 1999. 773* ⌀ (rémunération et discrimination syndicale). – Spyropoulos, *Dr. soc. 1956. 264* (monopole syndical d'emploi). – Verdier, *ibid. 1993. 866* ⌀ (liberté syndicale) ; *Ét. offertes à H. Sinay, 1994, p. 69* (liberté et égalité).

▶ **Ord. n° 2017-1386 du 22 sept. 2017 :** Dauxerre, *JCP S 2021. 3035* (carrière des représentants du personnel). – Ndjoko, *Dr. soc. 2022. 811* (validation ou valorisation de l'expérience syndicale). – Gauriau, *JCP S 2017. 1308* (valorisation des activités syndicales). – Maggi-Germain, *Dr. soc. 2018. 32* ⌀ (reconnaissance des compétences liées au mandat). – Meftah, *RDT 2019. 234* ⌀ (carrière des salariés titulaires de mandat).

COMMENTAIRE

V. sur le Code en ligne 🔒.

1. Appréciation souveraine des juges du fond. La discrimination doit être appréciée par des motifs exempts d'insuffisance comme de contradiction et déduite de l'appréciation souveraine des juges du fond des faits et circonstances de la cause. • Crim. 3 avr. 2007 : ⚖ *D. 2007. AJ 1424* ⌀ ; *Dr. soc.* 2007. 902, obs. Duquesne ⌀.

I. CAS DE DISCRIMINATION

2. Discriminations à l'embauche. Il est interdit à tout employeur de prendre en considération l'appartenance à un syndicat ou l'exercice d'une activité syndicale pour arrêter ses décisions en ce qui concerne notamment l'embauchage. • Soc. 13 mai 1969 : *JCP* 1970. II. 16208, note Verdier ; *D. 1969*. 528, note Savatier. ◆ L'employeur ne peut donc pas poser une question sur l'affiliation syndicale, cette question impliquant par elle-même la prise en considération de l'appartenance syndicale. • Même arrêt. ◆ Un candidat ne peut être sanctionné pour avoir refusé de donner des renseignements qu'il n'avait pas à fournir. • Soc. 17 oct. 1973 : *Bull. civ. V, n° 484*. ◆ Enfin, un employeur ne peut rétracter une promesse d'embauche en raison de l'activité syndicale du mari d'une candidate. • Soc. 20 nov. 1959 : *Bull. civ. IV, n° 1162*. ◆ ... Ni refuser le renouvellement d'un contrat à durée déterminée. • Soc. 4 juin 1969 : *JCP* 1970. II. 16208, note Verdier ; *D. 1969*. 545.

3. Conditions de travail. Le comportement prévu par l'art. L. 412-2 [L. 2141-5 nouv.] peut être réalisé par tout moyen, et non seulement par un licenciement irrégulier. • Crim. 5 avr. 1973 : *Dr. soc.* 1974. 291, obs. Savatier ; *JCP* 1974. II. 17796, note Verdier. ◆ Constitue ainsi une discrimination l'affectation des employés dans un atelier spécial. • Soc. 1er févr. 1979 : *Dr. soc.* 1979. 424, obs. Savatier. ◆ ... La prise en considération, pour la répartition du travail, de l'absentéisme occasionné par la prise des heures de délégation. • Soc. 19 mai 1987 : *Dr. ouvrier* 1988. 452. ◆ ... Le fait d'imposer à un représentant syndical des sujétions ayant pour finalité essentielle la modification des conditions d'exercice de son mandat et l'isolement de ses collègues. • Crim. 4 janv. 1991 : ⚖ *RJS* 1991. 181, n° 346. ◆ ... La mise en position d'un salarié syndiqué en sous-activité permanente. • Crim. 2 déc. 1986 : *RPDS* 1987. 359.

4. Influence et financement syndical. Un accord collectif peut établir des règles de répartition inégalitaire d'une contribution au financement du dialogue social entre les organisations syndicales représentatives mais l'inégalité doit être justifiée par des raisons objectives matériellement vérifiables liées à l'influence de chaque syndicat dans le champ de l'accord. • Soc. 10 oct. 2007 : ⚖ *D. 2007. AJ 2673* ⌀.

5. L'employeur ne doit pas prendre en considération les activités syndicales pour arrêter ses décisions en matière de carrières. • Crim. 25 mai 1982 : *Bull. civ. V, n° 135* • Soc. 24 sept. 2008 : ⚖ *D. 2009. 1393*, note Boillot ⌀. ◆ Le délit prévu par l'art. L. 412-2 [L. 2141-5 nouv.] est constitué s'agissant de l'exclusion, à compter de la prise de responsabilités syndicales, du bénéfice des promotions et d'une prime de jour. • Soc. 16 févr. 1985 : *Dr. ouvrier* 1986. 313. ◆ ... Ou d'une disparité d'avancement de salariés syndicalistes résultant du refus de l'employeur de leur accorder la promotion obtenue par d'autres salariés placés dans la même situation. • Soc. 26 avr. 2000, ⚖ n° 98-42.643 P : *D. 2000. 467, n° 685* ⌀. ◆ Pour une hypothèse d'évaluation. • Soc. 17 oct. 2006 : ⚖ *D. 2007. Pan.* 692, obs. F. Guiomard ⌀ ; *RJS* 2006. 29, n° 4 ; *Dr. soc.* 2006. 1186, obs. Radé ⌀ ; *SSL* 2006, n° 1282, p. 10.

6. Rémunération et avantages sociaux. Doit être sanctionnée en tant que discrimination syndicale la suppression d'avantages sociaux aux salariés ayant créé un syndicat. • Crim. 21 avr. 1977 : *Bull. civ. V, n° 126*. ◆ ... La privation d'une augmentation de salaire dès que le salarié a été désigné comme délégué syndical. • Soc. 28 juin 1994 : ⚖ *Dr. ouvrier* 1995. 359. ◆ ... La privation des titres-restaurant en raison des absences pour activités syndicales. • Crim. 30 avr. 1996 : ⚖ *RJS* 1996. 672, n° 1059 • Soc. 3 mars 2010 : ⚖ *D. 2010. AJ 770* ⌀ ; *Dr. soc.* 2010. 605, obs. Radé ⌀ ; *JCP S* 2010. 1246, obs. Martinon ; *Dr. actu.* 22 mars 2010, obs. Maillard (prime de panier). ◆ V. égal. notes 11 et 12 ss. art. L. 2141-5. ◆ Le comité d'entreprise ne peut faire varier le montant de ses aides en fonction de l'appartenance syndicale des salariés. • Soc. 16 avr. 2008, ⚖ n° 06-44.839 P : *D. 2008. AJ 1417*, obs. Ines ⌀ ; *RDT* 2008. 467, note Signoretto ⌀ ; *RJS* 2008. 555, n° 691.

7. Détermination des objectifs professionnels. L'employeur doit, sauf à se rendre coupable de discrimination, adapter la clientèle confiée au salarié en fonction de ses seules heures consacrées à l'exécution de ses obligations contractuelles et appliquer au montant de la prime de clientèle un traitement identique à celui prévu au profit des autres salariés et soumis à des abattements eux-mêmes proportionnés au temps de travail de production de la salariée. • Soc. 6 juill. 2010 : ⚖ *D. 2010. AJ 1884* ⌀.

8. Évaluation professionnelle. Sauf application d'un accord collectif visant à en assurer la neutralité ou à le valoriser, l'exercice d'activités syndicales ne peut être pris en considération dans l'évaluation professionnelle d'un salarié. • Soc. 23 mars 2011 : ⚖ *RDT* 2011. 386, obs. Signoretto ⌀.

9. Primes. L'utilisation des heures de délégation ne doit entraîner aucune perte de salaire pour le représentant du personnel ou le représentant syndical ; en conséquence, celui-ci ne peut être privé du fait de l'exercice de son mandat du paiement d'une indemnité compensant une sujétion particulière de son emploi qui constitue un complément de salaire, telles les primes d'équipe et de temps de repas versées aux membres de son équipe. • Soc. 19 sept. 2018, 🏛 n° 17-11.638 P : *D. 2018. Actu. 1868* ⌀ *; D. actu. 16 oct. 2018, obs. Cortot ; RJS 12/2018, n° 750.*

10. Seules sont exclues de la rémunération due au représentant du personnel au titre des heures de délégation les sommes correspondant au remboursement de frais professionnels qu'il n'a pas exposés, comme des indemnités, même forfaitaires, destinées à compenser soit les frais supplémentaires entraînés par le déplacement des ouvriers qui travaillent sur un chantier dont l'éloignement leur interdit de regagner leur lieu de résidence, soit les frais supplémentaires qu'entraîne pour eux la fréquence des déplacements inhérents à la mobilité de leur lieu de travail. • Soc. 19 sept. 2018, 🏛 n°s 16-24.041 et 17-11.514 P : *D. 2018. Actu. 1869* ⌀ *; D. actu. 16 oct. 2018, obs. Cortot ; RJS 12/2018, n° 750 ; JCP S 2018. 1340, obs. Pagnerre.*

11. Sanctions et licenciement. S'agissant de sanctions disciplinaires, commet une discrimination syndicale l'employeur qui sanctionne exclusivement les délégués syndicaux grévistes. • Soc. 21 nov. 1989 : *Dr. ouvrier 1990. 410.* ♦ ... Ou qui inflige un avertissement à une déléguée syndicale 12 jours après sa désignation alors qu'en 18 ans de services elle n'avait jamais fait l'objet d'observations. • Crim. 17 févr. 1981 : *RPDS 1981. Somm. 195.* ♦ De même, la mise à pied d'un délégué syndical peu de temps après sa désignation, constitue tant le délit de discrimination syndicale que celui d'entrave à l'exercice du droit syndical pour lequel il a été poursuivi. • Crim. 25 janv. 2000, 🏛 n° 99-82.476 P. ♦ Le licenciement pour appartenance syndicale est nul même s'il intervient pendant la période d'essai. • Soc. 25 mars 1985 : *Bull. civ. V, n° 202.* ♦ Le licenciement d'un salarié en raison de ses activités syndicales étant nul de plein droit le juge doit ordonner si l'intéressé le demande, la poursuite de l'exécution du contrat de travail qui n'a pas été valablement rompu. • Soc. 17 mars 1999 : 🏛 *D. 1999. 535, obs. Grévy ; RJS 1999. 422, n° 694.*

12. Pressions contre les syndicats. Constitue un moyen de pression au sens de l'art. L. 412-2 [L. 2141-5 nouv.] la circulaire adressée par une fédération patronale à ses adhérents les invitant à répondre favorablement aux demandes d'un nouveau syndicat ouvrier. • Soc. 16 mars 1977 : *D. 1977. IR 188.* ♦ ... Ou la diffusion d'une note reprochant à une fraction du personnel de se laisser entraîner par des éléments irréfléchis vers un syndicat qualifié de politique. • Crim. 5 mai 1976 : *Bull. civ. V, n° 143.* ♦ Un employeur ne peut pas non plus subventionner un syndicat représentatif et non un autre, selon qu'il a signé ou non une convention ou un accord collectif. • Soc. 29 mai 2001, 🏛 n° 98-23.078 P : *RJS 2001. 712, n° 1042 ; Dr. soc. 2001. 821, obs. Borenfreund* ⌀. ♦ V. pour une prestation de « coaching » antisyndical. • Lyon, 7e ch. B, 14 févr. 2007 : *RDT 2007. 332, obs. Grumbach et Serverin* ⌀. ♦ L'information donnée par l'employeur de la demande d'organisation d'un référendum de validation d'un accord d'entreprise aux autres organisations syndicales représentatives ne constitue pas un manquement à son obligation de neutralité. • Soc. 9 oct. 2019, 🏛 n° 19-10.816 P : *D. actu. 5 oct. 2019, obs. Ciray.*

13. Mesure de rétorsion à une demande d'organisation des élections professionnelles. Lorsque les faits invoqués dans la lettre de licenciement ne caractérisent pas une cause réelle et sérieuse de licenciement, il appartient à l'employeur de démontrer que la rupture du contrat de travail ne constitue pas une mesure de rétorsion à la demande antérieure du salarié d'organiser des élections professionnelles au sein de l'entreprise. • Soc. 28 juin 2023, 🏛 n° 22-11.699 B : *D. 2023. 1265* ⌀.

14. Discrimination entre délégués syndicaux. Le délit de discrimination peut être constitué par la disparité de situation entre délégués syndicaux permanents et autres délégués syndicaux de l'entreprise non contestée et non fondée sur des éléments objectifs étrangers à l'exercice du mandat syndical. • Soc. 25 juin 2002, 🏛 n° 99-42.909 P : *RJS 2003. 44, n° 54.* ♦ Mais le principe d'égalité, qui est de valeur constitutionnelle et que le juge doit appliquer, interdit à l'employeur de refuser la désignation d'un délégué syndical par un syndicat représentatif au motif que l'effectif est inférieur à cinquante salariés, dès lors qu'il a accepté la désignation dans les mêmes conditions d'un délégué syndical – non délégué du personnel – par un autre syndicat représentatif. • Soc. 5 mai 2004, 🏛 n° 03-60.175 P : *Dr. soc. 2004. 694, note Jeammaud* ⌀ *; RJS 2004. 562, n° 829.*

15. Différences de traitement autorisées. Un accord collectif peut établir des règles de répartition inégalitaire d'une contribution au financement du dialogue social entre les organisations syndicales représentatives, mais l'inégalité doit être justifiée par des raisons objectives matériellement vérifiables liées à l'influence de chaque syndicat dans le champ de l'accord. • Soc. 10 oct. 2007 : 🏛 *D. 2007. AJ 2673* ⌀ *; RJS 2007. 1043, n° 1305 ; Dr. soc. 2008. 106, note Borenfreund* ⌀. ♦ ... Ou de leur représentativité. • Soc. 22 sept. 2010 : 🏛 *D. 2010. AJ 2233* ⌀. ♦ Pour la prise en compte dans son évolution professionnelle de l'expérience acquise par le salarié dans l'exercice de ses mandats représentatifs ou syndicaux, un accord collectif peut prévoir un dispositif, facultatif pour l'intéressé, permettant une appréciation par l'employeur, en association avec l'organisation syndicale, des compétences mises en œuvre dans l'exercice du mandat, susceptible de donner lieu à une offre de formation et dont l'analyse est destinée à être intégrée dans l'évolution de carrière du salarié. • Soc. 9 oct. 2019, ⚖ n° 18-13.529 P : *D. actu. 24 oct. 2019, obs. Ilieva ; D. 2019. Actu. 1940* ⌀ *; ibid. 2159, note Lokiec* ⌀ *; RDT 2020. Controverse. 10, obs. Simonpoli, Meftah et Roussel ; RJS 12/2019, n° 708 ; SSL 2019, n° 1881, p. 13, obs. Champeaux ; JCP 2019. 1118, obs. Dedessus-Le-Moustier ; JCP S 2019. 1321, obs. Kerbourc'h.*

II. SANCTIONS DE LA DISCRIMINATION

16. Référé-probatoire. Saisi d'une demande de communication de pièces sur le fondement de l'art. 145 C. pr. civ., il appartient au juge d'abord, de rechercher si cette communication n'est pas nécessaire à l'exercice du droit à la preuve de la discrimination syndicale alléguée et proportionnée au but poursuivi et s'il existe ainsi un motif légitime de conserver ou d'établir avant tout procès la preuve de faits dont pourrait dépendre la solution d'un litige, ensuite, si les éléments dont la communication est demandée sont de nature à porter atteinte à la vie personnelle d'autres salariés, de vérifier quelles mesures sont indispensables à l'exercice du droit à la preuve et proportionnées au but poursuivi, au besoin en cantonnant le périmètre de la production de pièces sollicitée. • Soc. 1er juin 2023, ⚖ n° 22-13.238 B : *D. 2023. 1123* ⌀ *; RJS 8-9/2023, n° 423 ; JCP S 2023. 1158, obs. Loiseau.*

17. Charge de la preuve. Il appartient au salarié qui se prétend lésé par une mesure discriminatoire de soumettre au juge les éléments de faits susceptibles de caractériser une atteinte au principe d'égalité de traitement et il incombe à l'employeur qui conteste le caractère discriminatoire d'établir que la disparité de situation constatée est justifiée par des éléments objectifs étrangers à toute discrimination. • Soc. 28 mars 2000, ⚖ n° 97-45.258 P : *RJS 2000. 350, n° 498 (2e esp.) ; Dr. soc. 2000. 589, obs. Lanquetin* ⌀ • 26 avr. 2000, ⚖ n° 98-42.643 P : *D. 2000. IR 160* ⌀ *; RJS 2000. 468, n° 985* • 28 sept. 2004 : ⚖ *Dr. soc. 2004. 1147, obs. Radé* ⌀. ♦ Le délit de discrimination syndicale ne peut être établi – s'agissant d'une évolution de carrière défavorable – sans procéder à une étude comparative des salaires et coefficients des représentants du personnel et des autres salariés de l'entreprise, à diplôme équivalent et même ancienneté. • Crim. 9 nov. 2004, ⚖ n° 04-81.397 P : *RJS 2005. 288, n° 405.* ♦ L'art. L. 2141-5 n'institue aucune dérogation à la charge de la preuve en matière pénale, laquelle incombe à la partie poursuivante en vertu de l'article préliminaire du code de procédure pénale et de l'article 6, § 2, de la Conv. EDH relatifs à la présomption d'innocence ; il appartient à la juridiction de jugement de rechercher l'existence d'une relation de causalité entre les mesures jugées discriminatoires et l'appartenance ou l'activité syndicale de la partie poursuivante. • Crim. 11 avr. 2012 : ⚖ *D. 2012. Actu. 1410* ⌀ *; RDT 2012. 426, obs. Duquesne* ⌀ *; RJS 2012. 696, n° 818 ; JCP S 2012. 1324, obs. Brissy.* ♦ Sur le pouvoir discrétionnaire des juges du fond pour ordonner la production forcée de pièces détenues par l'employeur. • Soc. 3 déc. 2008 : ⚖ *RDT 2009. 105, obs. Keim-Bagot et Varnek* ⌀. ♦ La mention, sur des fiches d'évaluation, des activités prud'homales et syndicales d'un salarié laisse supposer l'existence d'une discrimination. • Soc. 1er juill. 2009 : ⚖ *JSL 2009, n° 263-2* • Soc. 11 janv. 2012, ⚖ n° 10-16.655 P : *D. 2012. 2632, note Porta et Lokiec* ⌀ *; RJS 3/2012, n° 266.*

18. Contrôle de la justification. Lorsque l'employeur justifie une absence de promotion, présumée discriminatoire, par des critères objectifs de compétence, il appartient au juge de vérifier si, en application de ces critères et des évaluations antérieures des candidats à la promotion, le salarié qui invoque une discrimination à son encontre aurait ou non dû être promu. • Soc. 24 sept. 2014, ⚖ n° 13-10.233.

19. Obligations du salarié. Le salarié qui se prétend lésé par une mesure discriminatoire doit soumettre au juge les éléments de fait susceptibles de caractériser une atteinte au principe d'égalité de traitement pour permettre au juge de rechercher si cette différence de traitement est fondée sur des critères objectifs de compétence professionnelle. • Soc. 4 juill. 2000, ⚖ n° 98-43.285 P : *D. 2001. Somm. 737, note Wauquier* ⌀ *; RJS 2000. 745, n° 1109 ; Dr. soc. 2000. 919, obs. Mouly* ⌀.

20. Annulation de la décision discriminatoire. Tout syndicat victime d'une mesure prise contrairement aux dispositions de l'art. L. 412-2 [L. 2141-5 nouv.] est recevable et bien-fondé à en demander l'annulation. • Soc. 10 juill. 2001, ⚖ n° 99-21.884 P : *D. 2001. IR 2364* ⌀ *; Dr. soc. 2001. 1035, obs. Verdier* ⌀ *; RJS 2001. 786, n° 1156.* ♦ Le salarié qui a fait l'objet d'une discrimination doit être rétabli dans ses conditions de travail antérieures. • Soc. 23 juin 2004, ⚖ n° 02-41.011 P : *RJS 2004. 819, n° 1163.*

21. Réparation en nature. La réparation intégrale d'un dommage oblige à placer celui qui l'a subi dans la situation où il se serait trouvé si le comportement dommageable n'avait pas eu lieu ; les dispositions de l'art. L. 412-2 ne font pas obstacle à ce que le juge ordonne le reclassement d'un salarié victime d'une discrimination prohibée. • Soc. 23 nov. 2005, ⚖ n° 03-40.826 P.

III. ACCORD COLLECTIF DE CONCILIATION ENTRE VIE PERSONNELLE, VIE PROFESSIONNELLE ET FONCTIONS SYNDICALES ET ÉLECTIVES

22. Dispositif conventionnel d'évaluation des compétences d'un représentant syndical. L'accord collectif qui prévoit, dans le cadre des dispositions visant à faciliter l'exercice de mandats syndicaux ou représentatifs par la valorisation des compétences mises en œuvre par les salariés dans

SYNDICATS PROFESSIONNELS   **Art. L. 2141-7-1** 639

l'exercice de ces mandats, l'élaboration par l'employeur, après négociation avec les organisations syndicales représentatives dans l'entreprise, d'un référentiel dont l'objet est d'identifier ces compétences ainsi que leur degré d'acquisition dans le but de les intégrer au parcours professionnel du salarié et dont le juge a vérifié le caractère objectif et pertinent, ne porte pas atteinte au principe de la liberté syndicale, l'employeur étant tenu en tout état de cause dans la mise en œuvre de l'accord au respect des prescriptions des art. L. 1132-1 et L. 2141-5, al. 1er C. trav. • Soc. 9 oct. 2019, 🕆 n° 18-13.529 P : *préc.*

Art. L. 2141-5-1 (*L. n° 2015-994 du 17 août 2015, art. 6*) En l'absence d'accord collectif de branche ou d'entreprise déterminant des garanties d'évolution de la rémunération des salariés mentionnés aux 1° à 7° de l'article L. 2411-1 et aux articles L. 2142-1-1 et L. 2411-2 au moins aussi favorables que celles mentionnées au présent article, ces salariés, lorsque le nombre d'heures de délégation dont ils disposent sur l'année dépasse 30 % de la durée du travail fixée dans leur contrat de travail ou, à défaut, de la durée applicable dans l'établissement, bénéficient d'une évolution de rémunération, au sens de l'article L. 3221-3, au moins égale, sur l'ensemble de la durée de leur mandat, aux augmentations générales et à la moyenne des augmentations individuelles perçues pendant cette période par les salariés relevant de la même catégorie professionnelle et dont l'ancienneté est comparable ou, à défaut de tels salariés, aux augmentations générales et à la moyenne des augmentations individuelles perçues dans l'entreprise.

Constitutionnalité. Les dispositions de l'art. L. 2141-5-1 ne méconnaissent pas le principe d'égalité devant la loi puisque le salarié, investi d'un mandat représentatif du personnel ou d'un mandat syndical, qui dispose d'un nombre d'heures de délégation dépassant sur l'année 30 % de sa durée du travail n'est pas dans la même situation que le salarié qui n'est titulaire d'aucun mandat ou qui dispose d'un nombre d'heures de délégation ne dépassant pas 30 % de sa durée de travail ; par ailleurs, ces dispositions qui tendent à favoriser le dialogue social par la présence de représentants syndicaux et de représentants du personnel au sein des entreprises et ainsi à assurer l'effectivité de l'exercice de la liberté syndicale et du droit des travailleurs à participer à la détermination collective des conditions ne portent pas une atteinte disproportionnée à la liberté d'entreprendre, à la liberté contractuelle et au droit de propriété de l'employeur. • Soc. 10 oct. 2023, 🕆 n° 23-13.261 B : *D. actu. 20 oct. 2023, obs. Malfettes.*

Art. L. 2141-6 Il est interdit à l'employeur de prélever les cotisations syndicales sur les salaires de son personnel et de les payer au lieu et place de celui-ci. — *[Anc. art. L. 412-2, al. 2.] — V. art. L. 2146-2 (pén.).*

Art. L. 2141-7 Il est interdit à l'employeur ou à ses représentants d'employer un moyen quelconque de pression en faveur ou à l'encontre d'une organisation syndicale. — *[Anc. art. L. 412-2, al. 7.] — V. art. L. 2146-2 (pén.).*

DIDL. ▶ Patin, JCP S 2012. 1428 (l'obligation de neutralité au cours de la campagne électorale dans l'entreprise).

1. Moyen de pression. Un moyen de pression est constitué lorsqu'une entreprise confie à un cabinet de conseils en ressources humaines la mission de réduire l'influence d'un syndicat, mission matérialisée par la tenue de réunions avec le personnel durant lesquelles l'action du syndicat est critiquée. • Crim. 2 sept. 2008 : 🕆 *RJS 2008. 999, n° 1208 ; Dr. soc. 2009. 505, obs. Duquesne ⌀ ; JSL 2008, n° 242-5 ; JCP S 2009. 1019, obs. Cesaro.*

2. Neutralité de l'employeur. Le principe d'égalité de traitement entre les organisations syndicales quant aux moyens alloués par l'employeur en vue des élections professionnelles s'applique dans le périmètre de ces élections et, dès lors, au sein de chaque établissement distinct lorsque l'entreprise ne dispose pas d'un établissement unique ; n'est pas contraire au principe d'égalité de traitement l'attribution de moyens identiques à toutes les organisations syndicales au sein de l'établissement quel que soit le nombre de collèges dans lesquels elles présentent des candidats. • Soc. 20 sept. 2018, 🕆 n° 17-60.306 P : *D. 2018. 2206, note Lokiec ⌀ ; RJS 11/2018, n° 683 ; JCP S 2018. 1339, obs. Bossu.* ♦ Dès lors que la demande de consultation des salariés en cas d'accord minoritaire est régulière, en l'absence de notification par le syndicat à l'origine de la demande, l'information donnée par l'employeur de cette demande aux autres organisations syndicales représentatives ne constitue pas un manquement à l'obligation de neutralité. • Soc. 9 oct. 2019, 🕆 n° 19-10.816 P : *D. actu. 5 nov. 2019, obs. Ciray.*

Art. L. 2141-7-1 (*Ord. n° 2017-1385 du 22 sept. 2017, art. 13 ; L. n° 2018-217 du 29 mars 2018, art. 2*) L'employeur informe chaque année les salariés, par tout moyen, de la disponibilité des adresses des organisations syndicales de salariés représentatives dans la branche dont relève l'entreprise sur le site du ministère du travail.

Art. L. 2141-8 Les dispositions des articles L. 2141-5 à L. 2141-7 sont d'ordre public.

Toute mesure prise par l'employeur contrairement à ces dispositions est considérée comme abusive et donne lieu à dommages et intérêts. — *[Anc. art. L. 412-2, al. 4 et 5.]* — *V. art. L. 2146-2 (pén.).*

Art. L. 2141-9 Les syndicats représentatifs dans l'entreprise bénéficient des dispositions applicables à la section syndicale et au délégué syndical prévues par les chapitres III et IV. — *[Anc. art. L. 412-4, al. 1er.]* — *V. art. L. 2146-1 (pén.).*

COMMENTAIRE

V. sur le Code en ligne.

Art. L. 2141-10 Les dispositions du présent titre ne font pas obstacle aux conventions ou accords collectifs de travail comportant des clauses plus favorables, notamment celles qui sont relatives à l'institution de délégués syndicaux ou de délégués syndicaux centraux dans tous les cas où les dispositions légales n'ont pas rendu obligatoire cette institution.

Aucune limitation ne peut être apportée aux dispositions relatives à l'exercice du droit syndical par note de service ou décision unilatérale de l'employeur. — *[Anc. art. L. 412-21.]*

BIBL. ▶ ALIPRANTIS, *Dr. soc.* 1979. 7 (droit conventionnel). — BARÈS, *RPDS* 1984. 253 (conventions, accords et usages). — BORENFREUND, *Dr. soc.* 1992. 893 (licéité des accords relatifs au droit syndical et à la représentation du personnel).

COMMENTAIRE

V. sur le Code en ligne.

1. Exercice du droit syndical. Les dispositions d'une convention ou d'un accord collectif qui tendent à améliorer l'exercice du droit syndical dans les entreprises ou les institutions représentatives du personnel sont applicables de plein droit à tous et en particulier aux syndicats représentatifs sans qu'il y ait lieu de distinguer entre ceux qui ont signé ou adhéré à la convention ou à l'accord collectif et ceux qui n'ont pas signé la convention ou l'accord collectif et ceux qui n'y ont pas adhéré ; le principe d'égalité, de valeur constitutionnelle, ne permet pas à un employeur de subventionner un syndicat représentatif et non un autre, selon qu'il a signé ou non une convention ou un accord collectif. ● Soc. 29 mai 2001 : *Dr. soc.* 2001. 821, chron. Borenfreund ; *D.* 2002. 34, note Petit.

2. Participation aux organismes conventionnels. La participation aux organismes paritaires ou aux institutions créées par une convention ou un accord collectif peut être réservée aux syndicats signataires ou adhérents. ● Soc. 20 nov. 1991, n° 89-12.787 P : *GADT*, 4e éd., n° 163 ; *D.* 1991. IR 286 ; *Dr. soc.* 1992. 53, rapp. Waquet ; *CSB* 1992. 9, A. 3, note Philbert ; *Dr. ouvrier* 1992. 72, note Pascré ; *RJS* 1992. 52, n° 57. ♦ L'employeur lié par un accord collectif prévoyant la désignation d'un représentant syndical au CHSCT ne peut refuser à un syndicat le bénéfice de cette disposition sous le prétexte qu'il n'en est pas signataire. ● Même arrêt. ♦ Des employeurs et des syndicats représentatifs peuvent instituer, par voie d'accord collectif, en vue de négocier des accords portant sur des sujets d'intérêt commun aux personnels des entreprises concernées du groupe, une représentation syndicale de groupe composée de délégués choisis par les organisations syndicales selon des modalités préétablies, dès lors que les négociations pour lesquelles il lui donne compétence ne se substituent pas à la négociation d'entreprise ; un tel accord, qui ne requiert pas l'unanimité des organisations syndicales représentatives, est opposable aux organisations non signataires en sorte que, si elles entendent participer aux négociations de groupe qu'il prévoit, elles sont tenues de désigner leurs représentants conformément à ses dispositions. ● Soc. 30 avr. 2003 : *Dr. soc.* 2003. 732, chron. Gauriau.

3. Désignation de délégués syndicaux surnuméraires. Une confédération syndicale et les organisations syndicales qui lui sont affiliées ne peuvent désigner ensemble un nombre de délégués syndicaux supérieur à celui prévu par la loi ; seule une convention ou un accord collectif exprès peut prévoir, par des dispositions plus favorables, la désignation sur un même périmètre de délégués syndicaux par chacun des syndicats affiliés à une même confédération. ● Soc. 15 juin 2011 : *D.* 2011. Actu. 1769 ; *Dr. soc.* 2011. 1126, obs. Petit ; *RJS* 2011. 643, n° 708 ; *JCP S* 2011. 1366, obs. Pagnerre.

4. Régime applicable aux représentants conventionnels. Le salarié désigné par une organisation syndicale pour exercer un mandat syndical dans une institution représentative du personnel instituée par voie conventionnelle mais ne relevant pas d'une catégorie de même nature que celle prévue par la loi ne bénéficie d'heures de délégation que si celles-ci sont prévues par l'accord ou la convention. • Soc. 15 mars 2006, 🕆 n° 04-45.247 P : *RJS 2006. 513, n° 746.* ♦ Les institutions représentatives du personnel, créées par voie conventionnelle, ouvrent à leurs membres le bénéfice de la procédure spéciale protectrice prévue en faveur des représentants du personnel et des syndicats lorsqu'elles sont de même nature que celles prévues par le code du travail. • Soc. 23 oct. 2007 : 🕆 *RDT 2008. 46, obs. Grévy ⌀ ; Dr. soc. 2008. 256, obs. Verkindt ⌀.*

5. Accord dérogatoire pour la mise en place d'un comité d'établissement et d'exclusion des délégués syndicaux. Lorsqu'un accord collectif ne déroge à la condition d'effectif de 50 salariés que pour la mise en place des comités d'établissement et écarte expressément cette dérogation pour les désignations des représentants syndicaux, la désignation des délégués syndicaux par les organisations syndicales ne peut s'effectuer qu'aux conditions prévues par les textes légaux. • Soc. 9 avr. 2014 : 🕆 *D. 2014. 2374, obs. Lokiec et Porta ⌀ ; RJS 2014. 397, n° 492.*

6. Ordre public social. Une convention ou un accord collectif comportant des clauses plus favorables peut valablement déroger aux dispositions légales en les étendant à toutes les entreprises et en supprimant les restrictions légales relatives à leur importance et à leur effectif. • Soc. 9 avr. 1974 (deux arrêts) : *Bull. civ. V, n° 235.* ♦ Sur l'appréciation du caractère plus favorable ou moins favorable des dispositions de la convention collective relatives au cadre de la représentation syndicale, V. • Soc. 20 mai 1992, 🕆 n° 91-60.297 P : *D. 1993. Somm. 262, obs. Frossard ⌀* • 5 mai 1993 : 🕆 *RJS 1993. 362, n° 631.* ♦ Sur la constatation d'un usage permettant à un syndicat de désigner un délégué dans une entreprise de moins de cinquante salariés, V. • Soc. 19 juill. 1983 : *Bull. civ. V, n° 452 ; D. 1984. IR 371, obs. Verdier.* ♦ Sur la notion d'accord plus favorable en matière d'heures de délégation au bénéfice de représentants du personnel conventionnels, V. • Soc. 5 mai 1993, 🕆 n° 90-12.996 P : *Dr. soc. 1993. 656, note Cohen ⌀.*

7. Représentation syndicale et engagement unilatéral de l'employeur. L'employeur qui décide unilatéralement d'autoriser la désignation de délégués syndicaux alors même que la condition d'effectif n'est pas remplie peut unilatéralement décider de revenir à l'application des textes légaux qui n'ont cessé d'être applicables, sous réserve de ne pas méconnaître le principe d'égalité entre tous les syndicats concernés et, pour répondre à l'exigence de loyauté qui s'impose en la matière, de les en informer préalablement. • Soc. 25 janv. 2012 : 🕆 *D. actu. 5 mars 2012, obs. Ines ; JCP S 2012. 1112, obs. François.*

8. Carrière syndicale. Pour la prise en compte dans son évolution professionnelle de l'expérience acquise par le salarié dans l'exercice de ses mandats représentatifs ou syndicaux, un accord collectif peut prévoir un dispositif, facultatif pour l'intéressé, permettant une appréciation par l'employeur, en association avec l'organisation syndicale, des compétences mises en œuvre dans l'exercice du mandat, susceptible de donner lieu à une offre de formation et dont l'analyse est destinée à être intégrée dans l'évolution de carrière du salarié. • Soc. 9 oct. 2019, 🕆 n° 18-13.529 P : *D. actu. 24 oct. 2019, obs. Ilieva ; D. 2019. Actu. 1940 ⌀ ; D. 2019. 2159, note Lokiec ⌀ ; RDT 2020. Controverse. 10, obs. Simonpoli, Meftah et Roussel ; RJS 12/2019, n° 708 ; SSL 2019, n° 1881, p. 13, obs. Champeaux ; JCP 2019. 1118, obs. Dedessus-Le-Moustier ; JCP S 2019. 1321, obs. Kerbourc'h.*

9. Prise en charge patronale des cotisations syndicales. Si un accord collectif peut prévoir la prise en charge par l'employeur d'une partie du montant des cotisations syndicales annuelles, c'est aux conditions que le dispositif conventionnel ne porte aucune atteinte à la liberté du salarié d'adhérer ou de ne pas adhérer au syndicat de son choix, ne permette pas à l'employeur de connaître l'identité des salariés adhérant aux organisations syndicales et bénéficie tant aux syndicats représentatifs qu'aux syndicats non représentatifs dans l'entreprise. • Soc. 27 janv. 2021, 🕆 n° 18-10.672 P : *D. actu. 15 févr. 2021, obs. Clément ; D. 2021. 241 ⌀ ; RDT 2021. 262, obs. Jubert-Tomasso ⌀ ; RJS 4/2021, n° 224 ; SSL 2021, n° 1947, obs. Champeaux ; JCP S 2021. 1082, obs. Pagnerre.*

Art. L. 2141-11 Pour l'application du présent titre, les modalités de calcul des effectifs sont celles prévues aux articles L. 1111-2 et L. 1251-54. − *[Anc. art. L. 412-5.]* − V. art. L. 2146-1 (pén.).

Jurisprudence rendue sous l'empire de l'ancien art. L. 412-5.

1. Travailleurs intérimaires. L'al. 2 de l'art. L. 412-5 [ancien] ne permet la prise en compte des travailleurs intérimaires au prorata de leur temps de présence que pendant la période de référence des douze mois précédant la désignation du délégué syndical. • Soc. 26 janv. 1984 : *Bull. civ. V, n° 38 ; D. 1984. IR 248.* ♦ Sur l'application d'un coefficient multiplicateur aux enseignants des établissements privés, V. • Soc. 20 déc. 1988 : *Bull. civ. V, n° 676 ; D. 1989. Somm. 160, obs. Béraud.*

2. Démonstrateurs. Sont compris dans les effectifs les démonstrateurs détachés par des entreprises extérieures pour exécuter leur tâche au sein d'un grand magasin dans les mêmes conditions que les autres employés, ce qui implique l'existence d'un lien de subordination entre ces démonstrateurs et la direction. ● Soc. 28 mars 1989 : *Bull. civ. V, n° 267.* – Dans le même sens : ● Soc. 7 juin 1984 : *ibid., n° 242* ● 21 mai 1986 : *ibid., n° 234.* ♦ Comp. : ● Soc. 1er mars 1984 : *Bull. civ. V, n° 88,* affirmant que la mission dévolue aux délégués syndicaux, notamment en matière de négociation d'accords collectifs, doit s'exercer dans le cadre de l'entreprise ou de l'établissement dont seuls les salariés doivent être pris en compte pour la détermination du nombre de délégués et non les démonstrateurs mis à disposition par une entreprise extérieure.

3. Autres salariés entrant dans l'effectif. Sont également inclus dans les effectifs, notamment : les « extras ». ● Soc. 18 juin 1981 : *Bull. civ. V, n° 585.* ♦ ... Les salariés engagés à l'essai. ● Soc. 7 avr. 1976 : *Bull. civ. V, n° 196.* ♦ ... Les stagiaires. ● Soc. 28 avr. 1977 : *Bull. civ. V, n° 284.* ♦ ... Les salariés mis à disposition. ● Soc. 28 mars 2000, ⚖ n° 98-60.440 P : *D. 2000. IR 125* ⌀ *; JSL, n° 58-11 ;* *Dr. soc. 2000. 797,* obs. Roy-Loustaunau ⌀ *; RJS 2000. 377, n° 545.*

4. Salariés exclus de l'effectif. Ne doivent pas être décomptés les salariés qui, placés en dispense d'activité, n'exécutent plus aucun travail et ne perçoivent plus aucune rémunération. ● Soc. 27 févr. 1985 : *D. 1985. IR 435,* obs. A. Lyon-Caen ● 23 avr. 1986 : *Bull. civ. V, n° 164.* ♦ Comp., lorsque le salarié continue à percevoir une rémunération : ● Soc. 5 mars 1986 : *D. 1986. IR 381,* obs. Frossard.

5. Lorsqu'un commissionnaire de transport, en qualité d'intermédiaire, organise le transport en concluant avec le transporteur un contrat de transport, son exécution par les salariés du transporteur exclut qu'ils soient, au sens de l'art. L. 412-5 [L. 2141-11 nouv.], mis à la disposition du commissionnaire, peu important les directives générales données par celui-ci au transporteur. ● Soc. 15 févr. 2006, ⚖ n° 05-60.088 P : *Dr. soc. 2006. 576,* obs. Savatier ⌀.

Art. L. 2141-12 Des décrets en Conseil d'État déterminent les modalités d'application du présent titre aux activités, qui par nature conduisent à une dispersion ou à une mobilité permanente du personnel, liées à l'exercice normal de la profession. – *[Anc. art. L. 412-4, al. 3.]* – V. art. L. 2146-1 (pén.).

Art. L. 2141-13 (L. n° 2015-994 du 17 août 2015, art. 2) Le ministre chargé du travail publie un rapport sur les salariés de très petites entreprises non couverts par une convention collective, un accord de branche, un ensemble d'accords ou un statut spécial, et met en place un plan d'action destiné à améliorer la couverture conventionnelle.

CHAPITRE II SECTION SYNDICALE

BIBL. ▶ Brice, *JCP S 2009. 1157.* – Cœuret, *Dr. soc. 1973. 27* (nature juridique de la section syndicale). – Savatier, *ibid. 1989. 304* (formation d'une section syndicale).

COMMENTAIRE

V. sur le Code en ligne 🔒. ☐

SECTION 1 Constitution

V. Circ. DGT n° 20 du 13 nov. 2008 relative à la loi portant rénovation de la démocratie sociale et du temps de travail, Fiche n° 3.

Art. L. 2142-1 (L. n° 2008-789 du 20 août 2008) Dès lors qu'ils ont plusieurs adhérents dans l'entreprise ou dans l'établissement, chaque syndicat qui y est représentatif, chaque syndicat affilié à une organisation syndicale représentative au niveau national et interprofessionnel ou chaque organisation syndicale qui satisfait aux critères de respect des valeurs républicaines et d'indépendance et est légalement constituée depuis au moins deux ans et dont le champ professionnel et géographique couvre l'entreprise concernée peut constituer au sein de l'entreprise ou de l'établissement une section syndicale qui assure la représentation des intérêts matériels et moraux de ses membres conformément à l'article L. 2131-1. – *V. art. L. 2146-1 (pén.).*

COMMENTAIRE

V. sur le Code en ligne 🔒. ☐

I. CONDITION DE CRÉATION DE LA SECTION SYNDICALE

A. NOMBRE D'ADHÉRENTS

1. Constitutionnalité. L'exigence, pour la création d'une section syndicale, d'une ancienneté minimale de deux ans de l'organisation syndicale au sein de l'entreprise est une condition raisonnable et proportionnée qui ne porte pas atteinte à la liberté syndicale. • Soc. 30 nov. 2011 : 🕮 *Dr. soc. 2012. 205, obs. Pécaut-Rivolier* ⌀ ; *RJS 2012. 221, n° 268* ; *JCP S 2012. 1088, obs. Gauriau*.

2. Existence d'adhérents. La constitution d'une section syndicale exige la présence d'au moins deux adhérents dans l'entreprise. • Soc. 8 juill. 2009, *Okaidi et Véolia* : *D. 2009. 2393, note Loiseau* ⌀ ; *RDT 2009. 729, obs. Grévy* ⌀ ; *RJS 2009. 676, avis Duplat* ; *JSL 2009, n° 262-3* ; *JCP S 2009. 1416, note Gauriau* ; *SSL 2009, n° 1408, p. 10, note Pécaut-Rivolier* ; *ibid., n° 1412, p. 6, obs. Borenfreund* ; *Dr. soc. 2009. 950, rapp. Pécaut-Rivolier et obs. Morin* ⌀ ; *Dr. ouvrier 2009. 517, obs. Michel*. ♦ Peu important les effectifs de celle-ci. • Soc. 4 nov. 2009 : 🕮 *R., p. 360* ; *D. 2009. AJ 2812* ⌀ ; *RJS 2010. 56, n° 65*. ♦ La section doit comporter au moins deux adhérents, l'un d'eux pouvant être désigné en qualité de représentant de la section syndicale. • Soc. 26 mai 2010 : 🕮 *RJS 2010. 615, n° 687* ; *JCP S 2010. 1335, obs. Gauriau* ; *Dr. soc. 2010. 861, obs. Pécaut-Rivolier* ⌀. ♦ La condition relative à la constitution d'une section syndicale comptant au moins deux adhérents pour pouvoir désigner un délégué syndical d'établissement s'apprécie au niveau de cet établissement. • Soc. 23 juin 2010 : 🕮 *D. actu. 16 juill. 2010, obs. Ines* ; *RJS 2010. 711, n° 789* ; *Dr. soc. 2010. 1135, obs. Petit* ⌀ ; *JCP S 2010. 1403, obs. Gauriau*.

3. Intérimaires. Sont adhérents dans les entreprises de travail temporaire, les salariés intérimaires qui remplissent les conditions visées à l'art. L. 1251-54, al. 2, C. trav., peu important qu'ils ne soient pas titulaires d'un contrat de mission lors de la désignation du représentant de la section syndicale, dès lors qu'ils n'ont pas fait connaître à l'entrepreneur de travail temporaire qu'ils n'entendent plus bénéficier d'un nouveau contrat et que ce dernier ne leur a pas notifié sa décision de ne plus faire appel à eux pour de nouveaux contrats. • Soc. 11 mai 2016, 🕮 n° 15-17.200 P : *D. actu. 31 mai 2016, obs. Doutreleau* ; *RJS 7/2016, n° 506* ; *JCP S 2016. 1281, obs. Kerbourc'h*.

4. Preuve du nombre d'adhérents. En cas de contestation sur l'existence d'une section syndicale, le syndicat doit apporter les éléments de preuve utiles à établir la présence d'au moins deux adhérents dans l'entreprise, dans le respect du contradictoire à l'exclusion des éléments susceptibles de permettre l'identification des adhérents du syndicat, dont seul le juge peut prendre connaissance. • Soc. 8 juill. 2009, *Okaidi* : préc. note 2. ♦ Lorsqu'un syndicat fait valoir que des salariés s'opposent à la révélation de leur adhésion, il appartient au juge d'aménager la règle du contradictoire, en autorisant le syndicat à fournir au seul juge les éléments nominatifs de preuve. • Soc. 14 déc. 2010 : 🕮 *D. actu. 20 janv. 2011, obs. Ines* ; *D. 2011. Actu. 85* ⌀ ; *JCP S 2011. 1069, obs. Jeansen* • Soc. 14 nov. 2012 : 🕮 *D. 2012. Actu. 2745* ⌀ ; *Dr. soc. 2013. 73, obs. Petit* ⌀ ; *RJS 2013. 56, n° 55*.

B. TRANSPARENCE FINANCIÈRE

5. Exigence. Tout syndicat doit, pour pouvoir exercer des prérogatives dans l'entreprise, satisfaire au critère de transparence financière. • Soc. 22 févr. 2017, 🕮 n° 16-60.123 P : *D. 2017. Actu. 514* ⌀ ; *RDT 2017. 433, note Odoul-Asorey* ⌀ ; *Dr. soc. 2017. 575, note Petit* ⌀ ; *RJS 5/2017, n° 347* ; *JCP E 2017. 1514, obs. Duchange* ; *JCP S 2017. 1108, obs. Pagnerre*. ♦ En imposant aux syndicats une obligation de transparence financière, le législateur a entendu permettre aux salariés de s'assurer de l'indépendance, notamment financière, des organisations susceptibles de porter leurs intérêts ; dès lors qu'un syndicat non représentatif peut rapporter la preuve de sa transparence financière soit par la production des documents comptables requis par le C. trav., soit par la production de tout autre document équivalent, imposer à l'ensemble des syndicats, y compris non représentatifs, de satisfaire à l'exigence de transparence financière ne méconnaît ni la liberté syndicale ni le principe de participation des travailleurs. • Soc., QPC, 24 juin 2020, 🕮 n° 20-10.544 P : *RDT 2020. 690, obs. Jubert-Tomasso* ⌀ ; *RJS 8-9/2020, n° 426*.

C. MISE EN PLACE

6. Cadre. Un syndicat non représentatif peut désigner un représentant de section syndicale, soit au niveau des établissements distincts, soit au niveau de l'entreprise, mais aucune disposition légale n'institue un représentant de section syndicale central. • Soc. 29 oct. 2010 : 🕮 *D. 2010. AJ 2779* ⌀ ; *RDT 2010. 50, obs. Nicod* ⌀ ; *Dr. soc. 2011. 114, obs. Petit* ⌀ ; *SSL 2010, n° 1469, p. 12* ; *JCP S 2011. 1011, obs. Pagnerre*.

7. Accords plus favorables. Ne méconnaît pas le principe constitutionnel d'égalité la disposition d'un accord collectif, plus favorable que la loi, qui subordonne à une condition de représentativité la possibilité de constituer une section syndicale nationale, dont l'objet est différent de celui de la section syndicale prévue par l'art. L. 2142-1 C. trav. • Soc. 22 sept. 2010 : 🕮 *D. actu. 18 oct. 2010, obs. Cortot* ; *D. 2010. AJ 2233* ⌀ ; *RJS 2010. 777, n° 871* ; *Dr. soc. 2011. 114, obs. Petit* ⌀ ; *JCP S 2010. 1499, obs. Gauriau*.

8. Syndicat à l'origine de la création. Sauf stipulation contraire de ses statuts, une union de syndicats à laquelle la loi a reconnu la même capacité civile qu'aux syndicats eux-mêmes peut exercer les droits conférés à ceux-ci ; l'affiliation d'un syndicat à une union permet à cette dernière de se prévaloir des adhérents du syndicat pour créer une section syndicale. • Soc. 18 nov. 2009 : ⚖ *D. actu. 15 déc. 2009, obs. Perrin* • 13 janv. 2010 : ⚖ *D. 2010. AJ 271* ⌀ ; *Dr. ouvrier 2010. 361, note Masson ; SSL 2010, n° 1429, p. 6, note Pécaut-Rivolier ; Dr. soc. 2010. 597, obs. Petit* ⌀ ; *D. actu. 27 janv. 2010, obs. Perrin.* ♦ ... Dès lors que sa dénomination statutaire lui donne compétence pour agir dans le champ professionnel dont relève l'entreprise. • Soc. 18 nov. 2009 : *préc.*

9. En cas de concurrence dans une même entreprise ou établissement entre deux syndicats qui, sans être tous deux affiliés à l'organisation syndicale interprofessionnelle nationale utilisant ce sigle, se présentent sous le même sigle confédéral national, sans opposition fondée sur une utilisation illicite, seule la désignation notifiée en premier lieu doit, par application de la règle chronologique, être validée. • Soc. 17 févr. 2016, ⚖ n° 14-23.854 P : *RDT 2016. 496, obs. Odoul-Asorey* ; *RJS 4/2016, n° 268* ; *JCP S 2016. 1167, obs. Kerbourc'h.*

10. Champ de compétence d'un syndicat. Le champ professionnel de compétence d'un syndicat est déterminé par ses statuts et, le cas échéant, par son règlement intérieur. • Soc. 8 févr. 2012 : ⚖ *JCP S 2012. 1211, obs. Pagnerre.*

11. Contestations. L'absence de contestations, à l'occasion des élections professionnelles, de la capacité d'un syndicat à présenter des candidats au premier tour du scrutin n'empêche pas que soit contestée, postérieurement à ces élections, la représentativité de ce syndicat dans le champ géographique et professionnel que couvre l'entreprise, peu important que le litige porte sur les critères également imposés pour la présentation des candidats. • Soc. 26 juin 2013 : ⚖ *D. 2013. Actu. 1693* ⌀ ; *Dr. soc. 2013. 862, obs. Petit* ⌀ ; *RJS 10/2013, n° 698.*

II. STATUT DE LA SECTION SYNDICALE

12. Absence de personnalité morale. Simple émanation du syndicat, la section syndicale est dépourvue de personnalité morale. • Soc. 22 mars 1979 : *Dr. soc. 1980. 44, note Savatier* • 18 juill. 1979 : *ibid.* • CE 26 avr. 1989 : *D. 1990. Somm. 139, obs. Chelle et Prétot* ⌀ • Soc. 19 déc. 1990, ⚖ n° 89-14.576 P : *GADT, 4ᵉ éd., n° 213.*

13. Absence de formalisme. La constitution d'une section syndicale n'est soumise à aucune condition de forme. • Soc. 19 déc. 1973 : *Dr. soc. 1974. 342, obs. Savatier* ; *JCP 1974. II. 17763, note Thuillier.* ♦ ... Ni d'effectif de l'entreprise. • Soc. 24 févr. 1993, ⚖ n° 91-60.237 P : *RJS 1993. 253, n° 417.*

14. Désignation d'un délégué syndical. Lorsqu'un syndicat représentatif désigne un délégué syndical dans une entreprise qui emploie au moins cinquante salariés, l'existence d'une section syndicale est établie par cette seule désignation. • Soc. 27 mai 1997, ⚖ n° 96-60.239 P : *GADT, 4ᵉ éd., n° 135* ; *D. 1997. 416, note Verdier* ⌀ ; *JCP 1997. II. 22899, note Arségual* ; *JCP E 1997. II. 980, note Duquesne* ; *Dr. soc. 1997. 757, obs. Grévy* ⌀ ; *RJS 1997. 540, n° 834* ; *ibid. 503, rapp. Barberot* ; *CSB 1997. 203, A. 39, note Philbert.* ♦ De même, l'existence d'une section syndicale est établie du seul fait de la désignation d'un représentant syndical au comité d'entreprise. • Soc. 17 mars 1998, ⚖ n° 96-60.396 P : *D. 1998. IR 106* ⌀ ; *RJS 1998. 391, n° 606.*

Contra, antérieurement : en cas de contestation de la désignation d'un délégué syndical, la charge de la preuve de l'existence d'une section syndicale incombe au syndicat, auteur de la désignation. • Soc. 19 nov. 1986 : *Bull. civ. V, n° 547* ; *D. 1987. Somm. 213, obs. Verdier.* ♦ Une telle preuve peut se faire par tous moyens. • Soc. 28 nov. 1973 : *Dr. soc. 1974. 342, obs. Savatier* • 4 févr. 1982 : *Bull. civ. V, n° 74.* ♦ Elle peut notamment résulter de la production de bulletins d'adhésion au syndicat ne faisant pas apparaître les noms des signataires par crainte de représailles à leur égard. • Soc. 12 déc. 1990, ⚖ n° 89-60.811 P : *D. 1991. IR 28* ; *RJS 1991. 33, n° 53.* – Dans le même sens : • Soc. 6 juill. 1977 : *Bull. civ. V, n° 472* ; *Dr. ouvrier 1978. 45* • 8 juill. 1977 : *ibid. 1978. 160* • 6 juill. 1981 : *D. 1981. IR 518.* ♦ Le juge ne peut dispenser un syndicat de communiquer le nom de ses adhérents à l'employeur s'il constate l'existence de risques de représailles. • Soc. 20 déc. 1988 : *Bull. civ. V, n° 679* • 4 mai 1993 : ⚖ *Dr. soc. 1993. 866, note Verdier* ; *RJS 1993. 364, n° 632 (2ᵉ esp.)* ; *CSB 1993. 161, B. 84.* ♦ V. aussi, sur l'office du juge, • Soc. 12 janv. 1993 : ⚖ *Dr. soc. 1993. 866, note Verdier* ⌀ ; *CSB 1993. 69, A. 13* • 20 oct. 1993 : ⚖ *Dr. soc. 1993. 972, note Verdier.*

15. Disparition. C'est à l'employeur qui invoque la disparition d'une section syndicale d'en rapporter la preuve. • Soc. 24 janv. 1989 : *Bull. civ. V, n° 54* ; *D. 1989. IR 48* ; *Dr. ouvrier 1990. 75* • 17 juin 1992, ⚖ n° 91-60.152 P : *D. 1993. Somm. 260, obs. Frossard* ⌀.

SECTION 2 Représentant de la section syndicale

(L. n° 2008-789 du 20 août 2008)

V. Circ. DGT n° 20 du 13 nov. 2008 relative à la loi portant rénovation de la démocratie sociale et du temps de travail, Fiche n° 4.

BIBL. ▶ Pagnerre, *JCP S 2009. 1156.*

Art. L. 2142-1-1 Chaque syndicat qui constitue, conformément à l'article L. 2142-1, une section syndicale au sein de l'entreprise ou de l'établissement (*L. n° 2012-387 du*

SYNDICATS PROFESSIONNELS

Art. L. 2142-1-1 645

22 mars 2012, art. 43) « d'au moins cinquante salariés » peut, s'il n'est pas représentatif dans l'entreprise ou l'établissement, désigner un représentant de la section pour le représenter au sein de l'entreprise ou de l'établissement.

Le représentant de la section syndicale exerce ses fonctions dans le cadre des dispositions du présent chapitre. Il bénéficie des mêmes prérogatives que le délégué syndical, à l'exception du pouvoir de négocier des accords collectifs.

Le mandat du représentant de la section syndicale prend fin, à l'issue des premières élections professionnelles suivant sa désignation, dès lors que le syndicat qui l'a désigné n'est pas reconnu représentatif dans l'entreprise. Le salarié qui perd ainsi son mandat de représentant syndical ne peut pas être désigné à nouveau comme représentant syndical au titre d'une section jusqu'aux six mois précédant la date des élections professionnelles suivantes dans l'entreprise.

COMMENTAIRE

V. sur le Code en ligne 🔒.   ☐

1. Conventionnalité. Le délai de carence imposé au représentant de la section syndicale dont le mandat a pris fin à l'issue des dernières élections professionnelles garantit aux salariés la libre détermination de leurs représentants et ne heurte pas la liberté syndicale. ● Soc. 14 nov. 2013 : 🔒 *D. actu. 2 déc. 2013, obs. Voisin ; D. 2013. Actu. 2704 ⌀ ; RJS 1/2014, n° 57.*

2. Champ géographique et professionnel couvrant l'entreprise. La désignation d'un représentant de section syndicale ne nécessite pas de rapporter la preuve de la présence effective du syndicat dans tous les sites de l'établissement où s'exerce la désignation. ● Soc. 8 juill. 2009, 🔒 *Sté BNP Paribas : R., p. 359 ; D. 2009. AJ 1980 ⌀ ; ibid. 2010. Pan. 342, obs. Debord ⌀ ; RJS 2009. 714, n° 815 ; Dr. soc. 2009. 950, rapp. Pécaut-Rivolier et obs. Morin ⌀ ; JSL 2009, n° 262-5 ; JCP S 2009. 1416, note Gauriau ; SSL 2009, p. 6, note Pécaut-Rivolier.*

3. Périmètre de désignation. Si les niveaux de représentation ne peuvent se cumuler, un syndicat non représentatif peut choisir de désigner un représentant de la section syndicale pour l'ensemble de l'entreprise plutôt que de désigner un tel représentant dans le cadre des établissements où sont implantés des comités d'établissement. ● Soc. 20 juin 2012 : 🔒 *D. actu. 17 juill. 2012, obs. Fleuriot ; RJS 2012.699, n° 822.*

4. Modification du périmètre de désignation. Les dispositions de l'art. L. 2142-1-1, al. 3, ne sont pas opposables au syndicat lorsqu'une modification est intervenue dans le périmètre des élections entre la date à laquelle le salarié a été désigné représentant de section syndicale et celle des élections marquant le terme de son mandat. ● Soc. 25 sept. 2013 : 🔒 *D. actu. 14 oct. 2013, obs. Voisin ; D. 2013. Actu. 2279 ⌀ ; RJS 12/2013, n° 834 ; JCP S 2013. 1490, obs. Brissy.* ◆ Les dispositions de l'art. L. 2142-1-1 C. trav. qui interdisent de désigner immédiatement après l'organisation des élections professionnelles en qualité de représentant de section syndicale le salarié qui exerçait cette même fonction au moment des élections, ne sont pas opposables au syndicat dès lors que le périmètre de ces élections est différent de celui retenu lors des élections précédentes, sur une partie duquel le représentant exerçait son mandat. ● Soc. 6 janv. 2016, 🔒 *n° 15-60.138 P : D. 2016. Actu. 132 ⌀ ; RJS 3/2016, n° 189 ; JCP G 2016, n° 87, note Dedessus-Le-Moustier.*

5. Effectif de l'entreprise. L'effectif d'au moins 50 salariés de l'entreprise doit avoir été atteint pendant 12 mois, consécutifs ou non, au cours des trois années précédentes. ● Soc. 8 juill. 2015, 🔒 *n° 14-60.691 P : D. 2015. Actu. 1606 ⌀ ; RJS 10/2015, n° 652.*

6. Nombre de RSS. Les dispositions légales n'autorisent la désignation par une organisation syndicale que d'un seul représentant de la section syndicale, quel que soit l'effectif de l'entreprise ou de l'établissement. ● Soc. 14 déc. 2010 : 🔒 *D. actu. 11 janv. 2011, obs. Fleuriot ; D. 2011. Actu. 85 ⌀ ; JSL 2011, n° 293-6, obs. Tourreil ; JCP S 2011. 1068, obs. Pagnerre.*

7. Désignation d'un délégué syndical central et d'un RSS d'établissement. L'organisation syndicale, qui a désigné un délégué syndical central au niveau de l'entreprise au sein de laquelle elle est représentative, peut désigner un représentant de la section syndicale au sein de l'un des établissements de l'entreprise où elle n'est pas représentative. ● Soc. 13 févr. 2013 : 🔒 *D. actu. 5 mars 2013, obs. Ines ; D. 2013. Actu. 512 ⌀ ; Dr. soc. 2013. 376, obs. Petit ⌀ ; Dr. ouvrier 2013. 558, obs. Rennes ; JSL 2013, n° 341-5 ; JCP S 2013. 1230, obs. Guyot.* ◆ Comp. : La désignation par un syndicat représentatif d'un délégué syndical central au niveau de l'entreprise est exclusive de la désignation d'un RSS au niveau d'un établissement. ● Soc. 10 mai 2012 : 🔒 *D. actu. 8 juin 2012, obs. Ines ; D. 2012. Actu. 1410 ⌀ ; RDT 2012. 508, obs. Odoul-Asorey ⌀ ; Dr. soc. 2012. 753, obs. Petit ⌀ ; RJS 2012. 549, n° 641 ; JCP S 2012. 1289, obs. Jeansen.* ◆ Un syndicat non représentatif peut choisir de désigner un représentant de la section syndicale pour l'ensemble de l'entreprise plutôt que de désigner un tel représentant dans le cadre des établissements où sont implantés des comités d'établissement. ● Soc. 20 juin 2012 : *JSL*

2012, n° 327-5, obs. Guyader ; JCP S 2012. 1374, obs. Gauriau.

8. Conditions de la désignation du RSS. L'exercice par un syndicat de prérogatives dans l'entreprise – comme la désignation d'un RSS – est subordonné à la satisfaction du critère de transparence financière. • Soc. 22 févr. 2017, ⚖ n° 16-60.123 P : *D. actu. 20 mars 2017*, obs. Roussel. ♦ La régularité de la désignation d'un représentant de la section syndicale ne nécessite pas que le syndicat à l'origine de la désignation remplisse les critères fixés par les art. L. 2121-1 et L. 2122-1 relatifs à la représentativité ; il suffit qu'il réunisse, à la date de la désignation, les conditions posées par les art. L. 2142-1 et L. 2142-1-1. • Soc. 8 juill. 2009, ⚖ *Véolia* : *JSL 2009*, n° 262-5 ; *SSL 2009*, p. 6, note Pécaut-Rivolier. ♦ Un syndicat non représentatif peut créer une section syndicale et désigner un représentant de cette section soit au niveau de l'entreprise, soit au niveau de chacun des établissements distincts de cette entreprise. • Soc. 31 mai 2011 : ⚖ *D. actu. 17 juin 2011*, obs. Siro ; *Dr. soc. 2011*. 1131, obs. Petit ⌀ ; *RJS 2011*. 642, n° 707 ; *JCP S 2011*. 1352, obs. Pagnerre.

9. L'art. L. 2142-1-1 n'interdit pas à un syndicat de désigner comme représentant de la section syndicale un salarié le représentant au sein du comité d'entreprise et dont le mandat a pris fin par suite de la perte de représentativité de son organisation. • Soc. 4 nov. 2009 : ⚖ *D. 2009. AJ 2812* ⌀ ; *Dr. soc. 2010.* 247, obs. Petit ⌀ ; *RJS 2010.* 57, n° 67 ; *JCP S 2009.* 1583, obs. Pagnerre. ♦ N'est pas non plus interdite la désignation en qualité de représentant de la section syndicale d'un salarié qui exerçait avant les élections les fonctions de délégué syndical. • Soc. 20 mars 2013 : ⚖ *D. actu. 10 avr. 2013*, obs. Ines ; *D. 2013. Actu. 844* ⌀ ; *Dr. soc. 2013.* 464, obs. Petit ⌀ ; *JCP S 2013.* 1232, obs. Jeansen.

10. Salarié mis à disposition. Les travailleurs mis à disposition d'une entreprise, qui, intégrés de façon étroite et permanente à la communauté de travail, remplissent les conditions pour être inclus dans le calcul des effectifs en application de l'article L. 1111-2, 2°, C. trav., peuvent, à ce même titre, en l'absence de dispositions légales y faisant obstacle, être désignés représentants de la section syndicale au sein de cette entreprise. • Soc. 29 févr. 2012 : *D. actu. 3 avr. 2012*, obs. Ines ; *D. 2012. Actu. 687* ; *Dr. soc. 2012.* 534, obs. Petit ⌀ ; *RJS 2012.* 395, n° 473 ; *JSL 2012*, n° 320-6, obs. Guyader ; *JCP S 2012.* 1180, obs. Dauxerre.

11. Salarié intérimaire. Le salarié intérimaire remplissant les conditions d'ancienneté requises peut être désigné représentant de la section syndicale entre deux missions dès lors qu'il n'a pas fait connaître à l'entrepreneur de travail temporaire qu'il n'entend plus bénéficier d'un nouveau contrat et que ce dernier ne lui a pas notifié sa décision de ne plus faire appel à lui pour de nouveaux contrats. • Soc. 11 mai 2016, ⚖ n° 15-17.200 P : *D. actu. 31 mai 2016*, obs. Doutreleau.

12. Affiliation confédérale. En cas de concurrence dans une même entreprise ou établissement entre deux syndicats qui, sans être tous deux affiliés à l'organisation syndicale interprofessionnelle nationale utilisant ce sigle, se présentent, sous le même sigle confédéral national, sans opposition fondée sur une utilisation illicite, seule la désignation notifiée en premier lieu doit, par application de la règle chronologique, être validée. • Soc. 17 févr. 2016, ⚖ n° 14-23.854 P : *RDT 2016.* 496, obs. Odoul-Asorey ⌀ ; *RJS 4/2016*, n° 268 ; *JCP S 2016.* 1167, obs. Kerbourc'h.

13. Désignation d'un RSS et perte de représentativité. Le salarié, désigné en qualité de représentant de section syndicale au niveau de l'entreprise, ne peut, à l'issue des élections professionnelles, lorsque le syndicat n'est pas reconnu représentatif dans l'entreprise, être désigné en qualité de représentant de section syndicale au niveau de l'entreprise ou de l'un de ses établissements, avant l'expiration du délai visé par cet art. • Soc. 4 juin 2014 : ⚖ *D. actu. 24 juin 2014*, obs. Fraisse ; *RDT 2014.* 564, obs. Nicod ⌀ ; *Dr. soc. 2014.* 862, obs. Petit ⌀ ; *RJS 2014.* 532, n° 642.

14. Prérogatives du RSS. L'exercice des fonctions de représentant syndical au comité d'entreprise ne relève pas, eu égard aux compétences du comité d'entreprise et aux règles relatives à son organisation, des prérogatives du délégué syndical dont bénéficie le représentant de la section syndicale. • CE 20 févr. 2013 : ⚖ *Rec. 2013.* 860 ; *D. actu. 19 mars 2013*, obs. Ines.

15. Délai de l'art. L. 2142-1-1 et désignation du même RSS. Les dispositions de l'art. L. 2142-1-1, qui interdisent de désigner immédiatement après l'organisation des élections professionnelles en qualité de représentant de section syndicale le salarié qui exerçait cette même fonction au moment des élections, ne sont pas opposables au syndicat dès lors que la nouvelle désignation intervient à la suite des élections professionnelles organisées en exécution d'un jugement ayant procédé à l'annulation des élections professionnelles à l'issue desquelles le salarié avait précédemment été désigné en qualité de représentant de section syndicale. • Soc. 4 nov. 2020, ⚖ n° 19-13.151 P : *D. 2020. 2242* ⌀ ; *ibid. 2021. 370*, chron. Ala, Lanoue et Prache ⌀ ; *RJS 2/2021*, n° 98 ; *JCP S 2020. 3108*, obs. Kerbourc'h.

16. Opposabilité de l'interdiction d'une nouvelle désignation à l'issue des élections professionnelles. L'interdiction de désigner en qualité de RSS jusqu'aux 6 mois précédant la date des élections professionnelles suivantes dans l'entreprise un salarié, précédemment désigné en qualité de RSS dont le mandat a pris fin lors des dernières élections professionnelles dès lors que le syndicat qui l'a désigné n'est pas reconnu représentatif dans l'entreprise, est opposable à toute organisation syndicale non représentative dans l'entreprise, qu'elle soit ou non celle ayant précédemment désigné le salarié en qualité de représentant de section syndicale. ● Soc. 19 avr. 2023, n° 21-23.483 B : *D. actu. 10 mai 2023*, obs. Malfettes ; *D. 2023. 793* ⌀ ; *Dr. soc. 2023. 933*, obs. Petit ⌀ ; *RJS 7/2023*, n° 388 ; *JCP S 2023. 1162*, obs. Gauriau.

Art. L. 2142-1-2 Les dispositions des articles L. 2143-1 et L. 2143-2 relatives aux conditions de désignation du délégué syndical, celles des articles L. 2143-7 à L. 2143-10 et des deuxième et troisième alinéas de l'article L. 2143-11 relatives à la publicité, à la contestation, à l'exercice et à la suppression de son mandat et celles du livre IV de la présente partie relatives à la protection des délégués syndicaux sont applicables au représentant de la section syndicale.

> *COMMENTAIRE*
> V. sur le Code en ligne 🔒.

1. Accord visant le délégué syndical. Les dispositions plus favorables de l'accord collectif relatives au délégué syndical ne s'appliquent pas au représentant de la section syndicale, sauf stipulation expresse. ● Soc. 26 mai 2010 : *D. actu. 10 juin 2010*, obs. Maillard.

2. Indemnisation pour violation du statut protecteur. le représentant de section syndicale qui ne demande pas la poursuite du contrat de travail illégalement rompu a droit à une indemnité pour violation du statut protecteur égale à la rémunération qu'il aurait perçue depuis son éviction jusqu'à l'expiration de la période de protection, dans la limite de trente mois, durée minimale légale du mandat des représentants élus du personnel augmentée de six mois. ● Soc. 15 mai 2019, n° 18-11.036 P : *D. actu. 13 juin 2019*, obs. Malfettes ; *D. 2019. Actu. 1111* ⌀ ; *RJS 7/2019, n° 444* ; *JCP 2019. 805*, obs. Bossu ; *JCP S 2019. 1202*, obs. Kerbourc'h.

Art. L. 2142-1-3 Chaque représentant de la section syndicale dispose d'un temps nécessaire à l'exercice de ses fonctions. Ce temps est au moins égal à quatre heures par mois. Les heures de délégation sont de plein droit considérées comme temps de travail et payées à l'échéance normale.

L'employeur qui entend contester l'utilisation faite des heures de délégation saisit le juge judiciaire.

(L. n° 2016-1088 du 8 août 2016, art. 28) « Sauf accord collectif contraire, lorsque le représentant du personnel élu ou désigné est un salarié mentionné à l'article L. 3121-58, le crédit d'heures est regroupé en demi-journées qui viennent en déduction du nombre annuel de jours travaillés fixé dans la convention individuelle du salarié. Une demi-journée correspond à quatre heures de mandat. Lorsque le crédit d'heures ou la fraction du crédit d'heures restant est inférieur à quatre heures, le représentant du personnel en bénéficie dans des conditions définies par un décret en Conseil d'État. »

Art. L. 2142-1-4 Dans les entreprises qui emploient moins de cinquante salariés, les syndicats non représentatifs dans l'entreprise qui constituent une section syndicale peuvent désigner, pour la durée de son mandat, un *(Ord. n° 2017-1386 du 22 sept. 2017, art. 4)* « membre de la délégation du personnel au comité social et économique » comme représentant de la section syndicale. Par disposition conventionnelle, ce mandat de représentant peut ouvrir droit à un crédit d'heures. Le temps dont dispose le *(Ord. n° 2017-1386 du 22 sept. 2017, art. 4)* « membre de la délégation du personnel au comité social et économique » pour l'exercice de son mandat peut être utilisé dans les mêmes conditions pour l'exercice de ses fonctions de représentant de la section syndicale.

> *COMMENTAIRE*
> V. sur le Code en ligne 🔒.

Délégué du personnel titulaire. Dans les entreprises de moins de cinquante salariés, seul un délégué du personnel titulaire disposant d'un crédit d'heures à ce titre peut être désigné comme représentant de section syndicale. ● Soc. 27 mars 2013 : *D. actu. 12 avr. 2013*, obs. Ines ; *Dr. soc. 2013. 466*, obs. Petit ⌀ ; *JCP S 2013. 1231*, obs. Gauriau.

SECTION 3 Cotisations syndicales

Art. L. 2142-2 La collecte des cotisations syndicales peut être réalisée à l'intérieur de l'entreprise. — [*Anc. art. L. 412-7.*] — V. art. L. 2146-1 (*pén.*).

SECTION 4 — Affichage et diffusion des communications syndicales

BIBL. ▸ Petit, *RPDS 1979*. 37 (affichage). – Ray, *Dr. soc. 2007*. 423 (droit syndical et TIC). – Saramito, *Dr. ouvrier 1973*. 365 (affichage) ; *ibid. 1975*. 115 (publications et tracts).

Art. L. 2142-3 L'affichage des communications syndicales s'effectue librement sur des panneaux réservés à cet usage, distincts de ceux affectés aux communications (Ord. n° 2017-1386 du 22 sept. 2017, art. 4) « du comité social et économique ».

Un exemplaire des communications syndicales est transmis à l'employeur, simultanément à l'affichage.

Les panneaux sont mis à la disposition de chaque section syndicale suivant des modalités fixées par accord avec l'employeur. – [*Anc. art. L. 412-8, al. 1er à 3.*] – V. art. L. 2146-1 (pén.).

COMMENTAIRE

V. sur le Code en ligne.

Art. L. 2142-4 Les publications et tracts de nature syndicale peuvent être librement diffusés aux travailleurs de l'entreprise dans l'enceinte de celle-ci aux heures d'entrée et de sortie du travail. – [*Anc. art. L. 412-8, al. 4.*] – V. art. L. 2146-1 (pén.).

COMMENTAIRE

V. sur le Code en ligne.

1. Droit conventionnel. Les dispositions d'un accord collectif ne peuvent restreindre les droits syndicaux que les représentants des salariés tiennent des lois et règlements en vigueur ; un accord d'entreprise ne peut prévoir plus de restrictions aux modalités de distribution de tracts syndicaux que celles prévues par le règlement statutaire des salariés de l'entreprise fixé par décret. • Soc. 27 mai 2008 : *RDT 2008. 612, obs. Nadal* ; *RJS 2008. 726, n° 914* ; *JSL 2008, n° 237-6* ; *JCP S 2008. 1633, note Gauriau*.

2. Lieu de distribution de tracts. Lorsque la distribution des tracts syndicaux a lieu en dehors de l'entreprise, l'employeur ne peut invoquer les dispositions de l'art. L. 412-8 [L. 2142-3 et L. 2142-4 nouv.] ; il ne peut ainsi interdire aux syndicats de distribuer des tracts à ses clients. • Soc. 28 févr. 2007 : *D. 2007. AJ 869* ; *D. 2007. Pan. 2271, obs. Amauger-Lattès* ; *RDT 2007. 466, obs. Peskine* ; *JSL 2007, n° 209-2*. ♦ L'art. L. 2142-4 se borne à organiser la diffusion des tracts aux travailleurs dans l'enceinte de l'entreprise, n'y sont incluses ni la voie publique, ni les parties communes de l'immeuble où l'entreprise occupe des locaux, ni l'établissement d'un client au sein duquel les salariés de l'entreprise effectuent des missions. • Soc. 18 janv. 2011 : *RDT 2011. 190, obs. Grévy* ; *Dr. ouvrier 2011. 391, obs. Masson* ; *SSL 2011, n° 1479, p. 12, obs. Levannier-Gouël*. ♦ Le chef d'entreprise ne peut fixer unilatéralement le lieu exclusif de distribution des tracts ou publications de nature syndicale ; en l'absence d'accord des parties sur la fixation de ce lieu, la distribution ne revêt un caractère illégal que si elle est faite dans des conditions de nature à apporter un trouble injustifié à l'exécution normale du travail ou à la marche de l'entreprise. • Crim. 27 nov. 1973 : *Bull. crim. n° 437* ; *Dr. ouvrier 1974. 178, note Alvarez*. – Dans le même sens : • Crim. 30 janv. 1973 : *Bull. crim. n° 54* ; *Dr. ouvrier 1974. 143* • 21 févr. 1979 : *Bull. crim. n° 81* ; *D. 1979. IR 488* • Soc. 8 nov. 1978 : *D. 1979. IR 229, note Pélissier*. ♦ Le comité d'entreprise, bien que gérant la cantine de l'entreprise, n'assure pas à lui seul la police des locaux et ne saurait les mettre, sauf accord ou usage contraires, à la disposition des organisations syndicales en vue de la distribution de tracts ou l'affichage de documents syndicaux. • Soc. 9 juin 1983 : *Bull. civ. V, n° 316* ; *D. 1984. IR 353, obs. Langlois*.

3. Heures de distribution de tracts. Lorsqu'est mis en place dans l'entreprise un système d'horaires variables, la distribution des tracts syndicaux peut être effectuée pendant la plage horaire concernée, peu important qu'elle corresponde à la pause déjeuner. • Soc. 5 janv. 2022, n° 20-15.005 B : *D. actu. 25 janv. 2022, obs. Couëdel* ; *D. 2022. 73* ; *Dr. soc. 2022. 368, obs. Petit* ; *RJS 3/2022, n° 146* ; *Dr. ouvrier 2022. 196, obs. Paulin* ; *JSL 2022, n° 536-4, obs. Nassom-Tissandier* ; *JCP S 2022. 1035 obs. Fardin*.

4. Moyens de diffusion des tracts. La diffusion de tracts syndicaux ne peut se faire par voie postale. • Crim. 25 mai 1982 : *Bull. crim. n° 135*. ♦ La diffusion de tracts et de publications syndicaux sur la messagerie électronique des salariés n'est possible qu'à la condition, soit d'être autorisée par l'employeur, soit d'être organisée par voie d'accord d'entreprise. • Soc. 25 janv. 2005 : *D. 2005. IR 390* ; *Dr. soc. 2005. 705, obs. Sainfel et Tanguy* ; *RJS 2005. 287, n° 404* ; *JSL 2005, n° 162-2* ; *SSL 2005, n° 1225 (suppl.), p. 9, note Ray* ; *CSB 2005, A. 32, obs. Charbonneau*. ♦ L'envoi d'un tract par messagerie électronique (intranet), qui ne peut être assimilé à un courrier interne, en l'absence d'accord de l'entreprise, constitue un trouble manifestement illicite. • Rouen, 18 mars 2003 : *RJS 2003. 886, n° 1284*.

Art. L. 2142-5 Le contenu des affiches, publications et tracts est librement déterminé par l'organisation syndicale, sous réserve de l'application des dispositions relatives à la presse. — [Anc. art. L. 412-8, al. 5.] — V. art. L. 2146-1 (pén.).

> *COMMENTAIRE*
>
> V. sur le Code en ligne 🔒.
>
> **1. Contenu des tracts et affiches.** Bien que consacrant une extension notable de la liberté d'expression syndicale, l'art. L. 412-8, al. 5 [L. 2142-5 nouv.], comporte une double limitation tenant, d'une part, à l'application des dispositions sur la presse et, d'autre part, au fait que ce droit d'expression s'inscrit nécessairement dans l'objet même des syndicats professionnels. • Versailles, 25 févr. 1985 : *D. 1985. IR 422.* ♦ L'emploi dans l'art. L. 411-1 [L. 2131-1 nouv.] des notions d'« intérêts collectifs et moraux » implique la possibilité d'une défense des intérêts idéologiques des membres de la profession, y compris dans des domaines où des préoccupations d'ordre professionnel et d'ordre politique sont imbriquées. • Même arrêt. ♦ Comp. : • Pau, 23 févr. 1984 : *Dr. ouvrier 1984. 479* • Versailles, 18 avr. 1984 : *JS UIMM n° 454, 393.* ♦ Sur la notion de tract diffamatoire, V. • Crim. 18 juin 1985 : *Bull. crim. n° 234* • 31 janv. 1989 : *JS UIMM 1989, n° 519, 373* • 23 nov. 1993 : 🔒 *RJS 1994. 125, n° 161* (attaques personnelles excédant les limites admissibles d'une polémique née d'un conflit social).
>
> **2. Recours au juge.** Il appartient au chef d'entreprise, qui ne dispose pas d'un droit de contrôle sur la teneur des affiches syndicales, de saisir la justice pour obtenir la suppression de l'affiche prétendument injustifiée. • Crim. 19 févr. 1979 : *Bull. crim. n° 73* ; *D. 1979. IR 427.* ♦ Comp. : • Crim. 30 janv. 1973 : *Bull. crim. n° 55.*
>
> **3. Responsabilité des militants.** Un salarié n'engage pas sa responsabilité civile pour avoir refusé de retirer l'affichage d'un panneau syndical, même s'il présentait un caractère injurieux. • Civ. 2ᵉ, 11 juin 1998 : 🔒 *D. 1998. IR 180* ; *RCA 1998. Comm. 291.*
>
> **4. Campagne électorale.** Le fait qu'un syndicat effectue des communications à des fins électorales avant la date de début de campagne fixée par le protocole préélectoral ne constitue pas un trouble manifestement illicite. En effet, le contenu des affiches, publications et tracts est librement déterminé par l'organisation syndicale, sous réserve de l'application des dispositions relatives à la presse, et les membres d'un syndicat doivent pouvoir exprimer devant l'employeur leurs revendications tendant à améliorer la situation des travailleurs au sein de leur entreprise. • Soc. 15 nov. 2017, 🔒 n° 16-24.798 P : *RJS 1/2018, n° 52.*

Art. L. 2142-6 (L. n° 2016-1088 du 8 août 2016, art. 58) Un accord d'entreprise peut définir les conditions et les modalités de diffusion des informations syndicales au moyen des outils numériques disponibles dans l'entreprise.

A défaut d'accord, les organisations syndicales présentes dans l'entreprise et satisfaisant aux critères de respect des valeurs républicaines et d'indépendance, légalement constituées depuis au moins deux ans peuvent mettre à disposition des publications et tracts sur un site syndical accessible à partir de l'intranet de l'entreprise, lorsqu'il existe.

L'utilisation par les organisations syndicales des outils numériques mis à leur disposition doit satisfaire l'ensemble des conditions suivantes :

1° Être compatible avec les exigences de bon fonctionnement et de sécurité du réseau informatique de l'entreprise ;
2° Ne pas avoir des conséquences préjudiciables à la bonne marche de l'entreprise ;
3° Préserver la liberté de choix des salariés d'accepter ou de refuser un message.

BIBL. ▶ Géa, *RDT 2021. 660* (digitalisation du dialogue social).

> *COMMENTAIRE*
>
> V. sur le Code en ligne 🔒.
>
> *Jurisprudence rendue sous l'empire des textes antérieurs à la L. n° 2016-1088 du 8 août 2016.*
>
> **1. Constitutionnalité.** Les dispositions de l'art. L. 2142-6 qui ne méconnaissent ni la liberté d'expression garantie par l'art. 11 de la DDHC de 1789 ni aucun autre droit ou liberté que la Constitution garantit, doivent être déclarées conformes à la Constitution. • Soc. QPC, 11 juill. 2013 : 🔒 *JCP S 2013. 1457, obs. Icard.*
>
> **2. Égalité syndicale.** Les dispositions d'un accord collectif visant à faciliter la communication des organisations syndicales ne peuvent, sans porter atteinte au principe d'égalité, être limitées aux seuls syndicats représentatifs et doivent bénéficier à tous les syndicats qui ont constitué une section syndicale. • Soc. 21 sept. 2011, 🔒 n° 10-19.017 : *D. 2011. Actu. 2342* ; *D. actu. 4 oct. 2011, obs. Ines* ; *Dr. soc. 2011. 1311, obs. Petit* ; *RJS 2011.*

784, n° 885 ; Dr. ouvrier 2012. 56, obs. Nicod ; JCP S 2011. 1536, obs. Gauriau • Soc. 11 janv. 2012, 🔒 n° 11-14.292 : D. 2012. Actu. 291 ⌀ ; D. actu. 22 févr. 2012, obs. Ines ; Dr. soc. 2012. 320, obs. Petit ⌀ ; RJS 2012. 226, n° 274.

3. Lien entre le contenu des messages et la situation sociale existant dans l'entreprise. Commet une faute disciplinaire le salarié qui, se prévalant d'une fonction syndicale, diffuse un message par intranet qui n'a aucun lien avec la situation sociale de l'entreprise, ni avec son activité syndicale alors que l'accord d'entreprise relatif à l'exercice du droit syndical mettait à la disposition des organisations syndicales la messagerie électronique de l'entreprise pour la publication d'informations syndicales en subordonnant cette faculté à l'existence d'un lien entre le contenu de l'information et la situation sociale existant dans l'entreprise. • Soc. 22 janv. 2008 : 🔒 RDT 2008. 324, obs. Borenfreund ⌀ ; RJS 2008. 350, n° 446 ; Dr. soc. 2008. 505, obs. Verkindt ⌀ ; JCP S 2008. 1254, note Gauriau.

4. Utilisation de la messagerie électronique de l'entreprise en l'absence d'accord d'entreprise. Ne constitue pas une diffusion au sens de l'art. L. 2142-6 C. trav. le fait d'envoyer avec son ordinateur et sa messagerie personnels un tract signé de l'intersyndicale à l'adresse électronique de 35 points de vente d'un réseau bancaire. • Soc. 10 janv. 2012 : 🔒 D. 2012. Actu. 223, obs. Petit ⌀ ; RDT 2012. 167, obs. Odoul-Asorey ⌀ ; Dr. soc. 2012. 217, obs. Pécaut-Rivolier ⌀ ; RJS 2012. 220, n° 265 ; SSL 2012, n° 1522, p. 10, obs. Ray.

5. Un syndicat peut, en dépit des dispositions d'un protocole préélectoral déterminant une période de campagne électorale, effectuer en dehors de cette période des communications à des fins électorales. • Soc. 15 nov. 2017, 🔒 n° 16-24.798 P : RJS 1/2018, n° 52 ; JCP 2017. 1283, obs. Corrignan-Carsin.

6. Encadrement conventionnel. Doivent être qualifiés de spams, au sens des art. 10.4.1. et 10.4.2. de l'avenant n° 3 du 11 mars 2010 à l'accord d'entreprise relatif au dialogue social du 2 juill. 2007 conclu au sein de la société Le Crédit lyonnais (LCL), les courriels adressés par un syndicat à tous les salariés de l'entreprise. • Soc. 12 juill. 2017, 🔒 n° 15-27.742 P : D. 2017. Actu. 1536 ⌀ ; Dr. soc. 2017. 1087, obs. Petit ⌀ ; RJS 10/2017, n° 683 ; JCP S 2017. 1300, obs. Duquesne.

7. Accessibilité du site intranet aux salariés. Porte atteinte au principe d'égalité le fait pour une convention ou un accord collectif de réserver aux seuls syndicats représentatifs au niveau de l'entreprise les facilités permettant de rendre mutuellement accessibles, sous forme de « lien », les sites syndicaux mis en place sur l'intranet de l'entreprise, dès lors que l'affichage et la diffusion des communications syndicales à l'intérieur de l'entreprise sont liés à la constitution par les organisations syndicales d'une section syndicale, laquelle n'est pas subordonnée à une condition de représentativité. • Soc. 23 mai 2012 : 🔒 D. 2012. Actu. 1486 ⌀ ; RJS 2012. 627, n° 723 ; JSL 2012, n° 326-6, obs. Tourrel ; JCP S 2012. 1298, obs. Petit.

Art. L. 2142-7 Dans les entreprises de travail temporaire, les communications syndicales portées sur le panneau d'affichage sont remises aux salariés temporaires en mission ou adressées par voie postale, aux frais de l'entrepreneur de travail temporaire, au moins une fois par mois. – [Anc. art. L. 412-8, al. 6.] – V. art. L. 2146-1 (pén.).

Obligation de l'employeur. Les salariés mis à disposition d'une entreprise extérieure, qui demeurent rattachés à leur entreprise d'origine, doivent pouvoir accéder aux informations syndicales ; il appartient à l'employeur de prendre toutes les mesures nécessaires, en accord avec l'entreprise utilisatrice, pour que la diffusion des communications syndicales puisse être assurée auprès des salariés mis à disposition. • Soc. 17 mars 2021, 🔒 n° 19-21.486 P : D. actu. 2 avr. 2021, obs. Malfettes ; RDT 2021. 401, obs. Bonardi ⌀ ; Dr. soc. 2021. 668, obs. Petit ⌀ ; RJS 6/2021, n° 320 ; JCP S 2021. 1136, obs. Gauriau.

SECTION 5 Local syndical

Art. L. 2142-8 Dans les entreprises ou établissements (L. n° 2012-387 du 22 mars 2012, art. 43) « d'au moins » deux cents salariés, l'employeur met à la disposition des sections syndicales un local commun convenant à l'exercice de la mission de leurs délégués.
(L. n° 2008-789 du 20 août 2008) Dans les entreprises ou établissements (L. n° 2012-387 du 22 mars 2012, art. 43) « d'au moins mille salariés », l'employeur met en outre à la disposition de chaque section syndicale constituée par une organisation syndicale représentative dans l'entreprise ou l'établissement un local convenable, aménagé et doté du matériel nécessaire à son fonctionnement. – [Anc. art. L. 412-9, al. 1er et 2.] – V. art. L. 2146-1 (pén.).

COMMENTAIRE
V. sur le Code en ligne 🔒.

1. Constitutionnalité. N'est pas transmise la QPC portant sur l'obligation pour une entreprise d'au moins deux cents salariés de fournir un local commun aux sections syndicales (C. trav., art. L. 2142-8, al. 1er), celle-ci posant un équilibre raisonnable entre le besoin, pour les organisations syndicales, de disposer d'un local et la charge économique imposée à l'employeur compte tenu de la taille de l'entreprise. ● Soc., QPC, 10 avr. 2014 : 🔒 *D. actu. 7 mai 2014*, obs. Peyronnet.

2. Local séparé. Le local syndical doit être distinct de celui affecté au délégué du personnel. ● Crim. 23 janv. 1979 : *Bull. crim. n° 33.* ♦ ... Ou au comité d'entreprise, sauf accord de ce dernier. ● Crim. 9 nov. 1971 : *Bull. crim. n° 305 ; D. 1972. 334, 2ᵉ esp., note Verdier.*

3. Horaires d'ouverture. Sauf accord contraire, l'employeur n'est pas tenu de mettre le local à la disposition de la section syndicale pendant les heures de fermeture de l'entreprise. ● Crim. 16 mars 1993, 🔒 *n° 91-84.767 P : D. 1994. Somm. 317*, obs. Soral ∅ ; *RJS 1993. 361, n° 630 ; CSB 1993. 183, S. 96.*

4. Téléphone. L'usage d'un répondeur téléphonique n'est qu'une modalité de l'usage du téléphone autorisé par l'employeur et ne nécessite pas d'accord particulier de ce dernier. ● Soc. 27 oct. 1981 : *Bull. civ. V, n° 832.*

5. Déplacement du local syndical. Constitue un trouble apporté à la liberté syndicale manifestement illicite, l'installation des locaux syndicaux dans une annexe située dans l'enceinte de l'entreprise qui nécessite – pour s'y rendre – de passer sous un portique électronique, de présenter un badge et de subir éventuellement une fouille, sans que de telles mesures soient justifiées par des impératifs de sécurité et proportionnées au but recherché. ● Soc. 26 sept. 2007 : 🔒 *D. 2007. AJ 2609* ∅ ; *RJS 2007. 1044, n° 1306 ; JSL 2007, n° 221-2* ● 13 janv. 2010 : 🔒 *D. 2010. AJ 270* ∅ ; *RDT 2010. 178*, obs. Grévy ∅ ; *JSL 2010, n° 271-4.*

6. Contentieux. Les contestations relatives à l'attribution d'un local syndical relèvent de la compétence du tribunal de grande instance. ● Soc. 16 avr. 1986 : *Bull. civ. V, n° 148.*

Art. L. 2142-9 Les modalités d'aménagement et d'utilisation par les sections syndicales des locaux mis à leur disposition sont fixées par accord avec l'employeur. – *[Anc. art. L. 412-9, al. 3.] – V. art. L. 2146-1 (pén.).*

SECTION 6 Réunions syndicales

Art. L. 2142-10 Les adhérents de chaque section syndicale peuvent se réunir une fois par mois dans l'enceinte de l'entreprise en dehors des locaux de travail suivant des modalités fixées par accord avec l'employeur.

Les sections syndicales peuvent inviter des personnalités syndicales extérieures à l'entreprise à participer à des réunions organisées par elles dans les locaux syndicaux mis à leur disposition en application de l'article L. 2142-8, ou, avec l'accord du chef d'entreprise, dans d'autres locaux mis à leur disposition.

Des personnalités extérieures autres que syndicales peuvent être invitées par les sections syndicales à participer à une réunion, avec l'accord de l'employeur. – *[Anc. art. L. 412-10, al. 1ᵉʳ à 3.] – V. art. L. 2146-1 (pén.).*

BIBL ▶ Dessft, *RPDS 1988. 55* (invitation de personnalités extérieures à l'entreprise).

Art. L. 2142-11 Les réunions syndicales ont lieu en dehors du temps de travail des participants à l'exception des représentants du personnel qui peuvent se réunir sur leur temps de délégation. – *[Anc. art. L. 412-10, al. 4.] – V. art. L. 2146-1 (pén.).*

CHAPITRE III DÉLÉGUÉ SYNDICAL

RÉP. TRAV. v° *Syndicats professionnels (Droit syndical dans l'entreprise)*, par Ferkane.
BIBL. GÉN. ▶ Béraud, *Dr. soc. 1988. 666* (rôle des délégués en cours de grève). – Bouaziz, *Dr. ouvrier 1986. 161* (cadre de la représentation du personnel) ; *ibid. 183* (unité économique et sociale). – Chalaron, *Dr. soc. 1982. 209* (établissement distinct). – Cohen, *RPDS 1971. 5* (mission du délégué syndical) ; *ibid. 1973. 197* (établissement distinct) ; *ibid. 1987. 93* (unité économique et sociale). – Desjardins, *RJS 1993. 215* (établissement distinct). – Despax, *JCP 1972. I. 2465* (groupe de sociétés) ; *RJS 1990. 435* (dissociation d'une unité économique). – Duquesne, *Dr. soc. 2008. 1084* ∅. – Franchi-Dutard, *Dr. ouvrier 1986. 197* (effectif). – Glais, *Gaz. Pal. 1987. 1. Doctr. 309* (établissements distincts). – Grinsnir, *Dr. ouvrier 1986. 171* (groupe et entreprise). – Klein, *Gaz. Pal. 1969. 2. Doctr. 6* (établissement distinct). – Lenoir, *Dr. ouvrier 1986. 164* (unité économique et sociale). – De Lestang, *Dr. soc., n° spéc. avr. 1979, 5* (unité économique et sociale). – Murcier, *Dr. soc. 1984. 107* (entreprises de moins de cinquante salariés). – Notat, *ibid. 1991. 93* ∅ (accords AXA). – Orliac, *Gaz. Pal. 1969. 2. Doctr. 27* (missions du délégué). – Petit, *RPDS 1978. 101* (désignation). – Rey, *Dr. soc. 1991. 430* ∅

(décisions de l'administration du travail). - SALVAGE, *ibid.* 1976. 396 (compétence générale du délégué) ; *ibid.* 1986. 24 (attributions du délégué en cas de grève). - SAINT-JEVIN, *ibid.* 1979. 357 (élus du personnel et délégués syndicaux). - SARAMITO, *Dr. ouvrier* 1976. 463 (désignation). - SAVATIER, *Ét. offertes à J. Brèthe de la Gressaye*, 1967, p. 726 (fusion de sociétés) ; *Dr. soc.* 1970. 231 (loi du 27 déc. 1968) ; *Ét. offertes à A. Brun*, 1974, p. 527 (groupe de sociétés) ; *Dr. soc.* 1977. 231 (activités politiques dans l'entreprise) ; *ibid.* 1984. 53 (grève et action syndicale) ; *ibid.* 1984. 77 (jurisprudence sur le nouveau droit syndical) ; *ibid.* 1985. 472 (effectifs et représentation syndicale) ; *ibid.* 1986. 11 (unité économique et sociale) ; *ibid.* 1986. 703 (établissement ou entreprise). - TEYSSIÉ, *JCP E* 1987. I. 16705 (désignation). - VERDIER, *Dr. soc.* 2000. 190 (désignation : charge de la preuve et définition de la fraude).

COMMENTAIRE

V. sur le Code en ligne.

SECTION 1 Conditions de désignation

V. Circ. DGT n° 20 du 13 nov. 2008 relative à la loi portant rénovation de la démocratie sociale et du temps de travail, Fiche n° 2.

SOUS-SECTION 1 Conditions d'âge et d'ancienneté

Art. L. 2143-1 Le délégué syndical doit être âgé de dix-huit ans révolus, travailler dans l'entreprise depuis un an au moins et n'avoir fait l'objet d'aucune interdiction, déchéance ou incapacité relative à ses droits civiques.

Ce délai d'un an est réduit à quatre mois en cas de création d'entreprise ou d'ouverture d'établissement. — *[Anc. art. L. 412-14, al. 1er et al. 2, phrase 1.]* — V. art. L. 2146-1 (pén.).

COMMENTAIRE

V. sur le Code en ligne.

A. TRAVAIL DANS L'ENTREPRISE

1. Salarié non permanent. Il appartient au syndicat d'apprécier si un salarié ne travaillant pas en permanence dans l'entreprise sera en mesure d'y remplir sa mission. • Soc. 5 nov. 1982 : *Bull. civ. V*, n° 604 • 4 déc. 1991, n° 90-60.523 P : *RJS 1992.* 116, n° 169 • Soc. 17 juill. 1996, n° 95-60.896 P : *Dr. soc. 1996.* 1107, obs. Couturier ; *RJS 1996.* 604, n° 942.

2. Salarié détaché. Dès lors qu'un salarié remplit les conditions nécessaires, il peut être désigné comme délégué syndical dans l'entreprise dans laquelle il est détaché. • Soc. 30 mai 2001, n° 99-60.466 P : *RJS 2001.* 787, n° 1157 • 5 mars 1997, n° 96-60.041 P : *RJS 1997.* 368, n° 564 (fonctionnaire détaché auprès d'un organisme de droit privé). ♦ Comp. : • Soc. 7 nov. 1989 : *Bull. civ. V*, n° 647 • 7 mai 1987 : *D. 1987.* IR 133. ♦ Il n'appartient qu'aux organisations syndicales qui utilisent les facultés de désignation offertes par la loi d'apprécier si un salarié, détaché au sein d'une autre structure, est en mesure d'accomplir sa mission syndicale au sein de son entreprise d'origine. • Soc. 27 mai 2009 : RDT 2009. 530, obs. Peskine ; *RJS 2009.* 646, n° 732.

3. Salarié intérimaire. Il résulte de la combinaison des art. L. 412-11, L. 412-14, L. 423-8 et L. 423-9 [L. 2143-3, L. 2143-1, L. 2314-16 et L. 2314-17 nouv.] qu'un salarié élu délégué du personnel remplit par là même les conditions d'ancienneté et de présence dans l'entreprise pour être désigné délégué syndical dans un établissement de l'entreprise de travail temporaire. • Soc. 4 févr. 2004, n° 02-60.028 P : *Dr. soc. 2004.* 565, obs. Savatier ; *RJS 2004.* 420, n° 626 (2e esp.).

4. Contrat de travail rompu. Ne peut être désigné comme délégué syndical le salarié dont le contrat de travail a cessé de produire ses effets. • Soc. 14 juin 1978 : *Bull. civ. V*, n° 476 (salarié licencié) • 22 juill. 1975 : *Dr. ouvrier 1976.* 355 (salarié démissionnaire) • 12 déc. 1979 : *Bull. civ. V*, n° 974 (travailleur temporaire dont la mission est expirée). Peut être désigné : un salarié mis à pied. • Soc. 27 avr. 1978 : *Bull. civ. V*, n° 302 ; *D. 1978.* IR 391, obs. Pélissier. ♦ ... Ou en cours de réintégration. • Soc. 17 juill. 1996 : *Dr. ouvrier 1997.* 151. ♦ ... Ou en cours de préavis. • Soc. 1er juin 1976 : *Bull. civ. V*, n° 342 • Crim. 9 mars 1982 : *Dr. ouvrier 1982.* 399 (le mandat prend fin à l'expiration du délai-congé sans que l'employeur ait à respecter la procédure protectrice de licenciement). ♦ Contra, lorsque le salarié a été dispensé du préavis : • Soc. 24 févr. 1971 : *D. 1971.* 361, note Dupeyroux ; *Dr. soc. 1971.* 463, note Savatier • 12 juin 1974 : *Bull. civ. V*, n° 368 ; *JCP 1975.* II. 17940, note Groutel • 2 avr. 1981 : *Bull. civ. V*, n° 323 ; *D. 1982.* IR 83, obs. Pélissier.

5. Salarié réintégré. Le salarié réintégré à la suite de l'annulation de l'autorisation de licenciement n'est pas réintégré de plein droit dans son mandat, de sorte qu'une nouvelle désignation est nécessaire de la part du syndicat. • Soc. 24 janv. 1990 : 🗠 D. 1990. IR 88 • 22 janv. 2002, 🗠 n° 00-60.356 P : RJS 2002. 353, n° 458. ♦ La nouvelle désignation en qualité de délégué syndical ne peut concerner un autre établissement que celui où le salarié est réintégré. • Crim. 17 déc. 1996, 🗠 n° 95-84.938 P : RJS 1997. 285, n° 432.

6. Maître contractuel de l'enseignement privé. Les maîtres contractuels de l'enseignement privé intégrés de façon permanente à la communauté de travail de l'établissement dans lequel ils exercent entrent dans le champ d'application de l'art. L. 412-14 [L. 2143-1 nouv.] et peuvent être désignés délégués syndicaux. • Cass., avis, 15 janv. 2007 : D. 2007. AJ 446, obs. Dechristé ; JSL 2007, n° 207-3 ; RJS 2007. 281, n° 391.

B. CONDITION D'ANCIENNETÉ

7. Calcul de l'ancienneté. L'ancienneté d'un an requise par la loi pour la désignation d'un délégué syndical peut résulter d'un ou de plusieurs contrats de travail successifs et distincts séparés par une ou plusieurs périodes de suspension. • Soc. 15 mai 1991, 🗠 n° 90-60.310 P : D. 1991. IR 166 ; Dr. soc. 1991. 517 ; RJS 1991. 384, n° 723. ♦ Sur la prise en compte des heures de délégation, V. • Soc. 18 nov. 1992, 🗠 n° 90-60.562 P : RJS 1993. 42, n° 49, concl. Chauvy. ♦ Lorsqu'un salarié est embauché par une entreprise après y avoir effectué des missions en tant que travailleur temporaire, les périodes de mise à disposition doivent être prises en compte pour le calcul de l'ancienneté. • Soc. 12 févr. 1991, 🗠 n° 90-60.354 P : D. 1991. IR 70 ; RJS 1991. 182, n° 348. ♦ Mais il n'est pas tenu compte d'une période de stage ayant fait l'objet d'une convention et précédant le début de l'emploi salarié. • Soc. 26 nov. 2003 : 🗠 RJS 2004. 154, n° 226.

8. Un salarié élu délégué du personnel remplit par là même les conditions d'ancienneté et de présence dans l'entreprise pour être désigné délégué syndical dans un établissement. • Soc. 4 févr. 2004, 🗠 n° 02-60.028 P.

9. Ancienneté dans le groupe. L'ancienneté acquise par un salarié dans une société d'un groupe doit être prise en compte pour le calcul de l'ancienneté requise pour être désigné délégué syndical dans l'une de ces sociétés. • Soc. 7 mars 2001, 🗠 n° 99-60.442 P : RJS 2001. 611, n° 688 ; Dr. soc. 2001. 570, obs. Savatier ⌀ ; SSL 2001, n° 1023, p. 12.

C. DROITS CIVIQUES

10. Présomption. Les salariés étant présumés jouir de leurs droits civiques, sauf preuve contraire, un employeur ne saurait exiger d'un délégué syndical la production d'un extrait de casier judiciaire en vue de contester sa désignation. • Soc. 25 oct. 1978 : Bull. civ. V, n° 712 ; D. 1979. IR 229 • 7 déc. 1977 : D. 1978. IR 196, obs. Langlois. ♦ Sur l'articulation des art. L. 412-14 et L. 412-11 [L. 2143-1 et L. 2143-3 nouv.], V. • Soc. 7 nov. 1990 : 🗠 D. 1990. IR 286 ; RJS 1990. 654, n° 996.

D. COMPATIBILITÉ

11. Principe. Ne peuvent exercer un mandat de représentation les salariés qui, soit disposent d'une délégation écrite particulière d'autorité leur permettant d'être assimilés au chef d'entreprise, soit représentent effectivement l'employeur devant les institutions représentatives du personnel. • Soc. 29 juin 2005 : 🗠 D. 2005. IR 2040 ⌀ ; RJS 2005. 708, n° 1002 • 12 juill. 2006 : 🗠 RJS 2006. 886, n° 1200. ♦ Comp. antér. : • Soc. 21 mai 2003, 🗠 n° 01-60.882 P : Dr. soc. 2003. 1027, obs. Mouly ⌀ ; RJS 2003. 703, n° 1036 (1re esp. : responsable des ressources humaines, 2e esp. : directeur d'agence ; en l'absence de délégation particulière d'autorité, établie par écrit, permettant de l'assimiler au chef d'entreprise, un salarié, quelle que soit sa fonction, ne peut être exclu du droit d'exercer des fonctions de représentant syndical).

12. Représentants de l'employeur. Ne peut être désigné comme délégué syndical le salarié qui préside le comité d'entreprise. • Soc. 24 juin 1998 : 🗠 RJS 1998. 640, n° 1012. ♦ Comp. : • Soc. 24 juin 1998 : 🗠 ibid., 2e esp. (salarié amené à présider le comité d'établissement mais qui n'a encore jamais exercé cette présidence à la date de sa désignation). ♦ ... Ou le comité d'établissement. • Soc. 27 oct. 2004, 🗠 n° 03-60.359 P. • 25 janv. 2006, 🗠 n° 05-60.158 P. ♦ ... Ou le CHSCT. • Soc. 25 janv. 2006, 🗠 n° 04-60.515 P. ♦ ... Ou qui dirige les réunions avec les délégués du personnel. • Soc. 12 juill. 2006 : 🗠 préc. note 11.

13. Délégation particulière d'autorité. Ne peut être désigné comme délégué syndical le salarié qui dirige l'activité de l'entreprise, a autorité sur les services et recrute le personnel. • Soc. 29 juin 2005, 🗠 n° 04-60.093 P. ♦ Exemples de salariés ayant reçu une délégation particulière d'autorité. • Soc. 1er févr. 2006, 🗠 n° 05-60.163 P. • 16 avr. 2008 : 🗠 RJS 2008. 556, n° 693 ; JCP S 2008. 1369, note Kerbourc'h. ♦ Peu importe que la délégation n'ait pas fait l'objet d'une acceptation expresse du salarié. • Soc. 4 avr. 2007 : 🗠 RDT 2007. 600, obs. Grévy ⌀ ; RJS 2007. 560, n° 759 ; JSL 2007, n° 212-5 ; JCP S 2007. 1574, note Martinon. ♦ Mais le contrat de travail qui se borne à déterminer les attributions que l'intéressé tient de sa position hiérarchique n'emporte pas délégation écrite particulière d'autorité permettant d'assimiler le salarié au chef d'entreprise. • Soc. 8 juill. 2009 : 🗠 RJS 2009. 763, n° 897 ; JCP S 2009. 1407, obs. Puigelier.

Art. L. 2143-2 Dans les entreprises de travail temporaire, la condition d'ancienneté pour être désigné délégué syndical est fixée à six mois pour les salariés temporaires.

Elle est appréciée en totalisant les périodes pendant lesquelles ces salariés ont été liés à ces entreprises par des contrats de mission au cours des dix-huit mois précédant la désignation du délégué syndical. Ce délai est réduit à six mois en cas de création d'entreprise ou d'ouverture d'établissement. – *[Anc. art. L. 412-14, al. 2, phrases 2 et 3.]*

SOUS-SECTION 2 **Conditions d'effectifs**

§ 1 Entreprises de cinquante salariés et plus

Art. L. 2143-3 (*L. n° 2018-217 du 29 mars 2018, art. 6*) Chaque organisation syndicale représentative dans l'entreprise ou l'établissement d'au moins cinquante salariés, qui constitue une section syndicale, désigne parmi les candidats aux élections professionnelles qui ont recueilli à titre personnel et dans leur collège au moins 10 % des suffrages exprimés au premier tour des dernières élections au comité social et économique, quel que soit le nombre de votants, dans les limites fixées à l'article L. 2143-12, un ou plusieurs délégués syndicaux pour la représenter auprès de l'employeur.

Si aucun des candidats présentés par l'organisation syndicale aux élections professionnelles ne remplit les conditions mentionnées au premier alinéa du présent article ou s'il ne reste, dans l'entreprise ou l'établissement, plus aucun candidat aux élections professionnelles qui remplit les conditions mentionnées au même premier alinéa, ou si l'ensemble des élus qui remplissent les conditions mentionnées audit premier alinéa renoncent par écrit à leur droit d'être désigné délégué syndical, une organisation syndicale représentative peut désigner un délégué syndical parmi les autres candidats, ou, à défaut, parmi ses adhérents au sein de l'entreprise ou de l'établissement ou parmi ses anciens élus ayant atteint la limite de durée d'exercice du mandat au comité social et économique fixée au deuxième alinéa de l'article L. 2314-33.

La désignation d'un délégué syndical peut intervenir lorsque l'effectif d'au moins cinquante salariés a été atteint pendant douze mois consécutifs.

Elle peut intervenir au sein de l'établissement regroupant des salariés placés sous la direction d'un représentant de l'employeur et constituant une communauté de travail ayant des intérêts propres, susceptibles de générer des revendications communes et spécifiques. – *V. art. R. 2143-1 s.*

COMMENTAIRE

V. sur le Code en ligne 🔒. ❑

I. RÉFORME INTERVENUE AVEC LA LOI DU 20 AOÛT 2008

1. Conformité au droit international. L'obligation faite aux syndicats représentatifs de choisir, en priorité, le délégué syndical parmi les candidats ayant obtenu au moins 10 % des voix ne heurte aucune prérogative inhérente à la liberté syndicale tendant à assurer la détermination par les salariés eux-mêmes des personnes les plus aptes à défendre leurs intérêts dans l'entreprise et à conduire les négociations pour leur compte, elle ne constitue pas une ingérence arbitraire dans le fonctionnement syndical : ● Soc. 14 avr. 2010 : 🔒 *D. 2010. AJ 1150, obs. Ines ⌀ ; ibid. Pan. 2029, obs. Reynès ⌀ ; RDT 2010. 276, Rapp. Béraud ⌀ ; ibid. 2010. 374, obs. Akandji-Kombé ⌀ ; Dr. soc. 2010. 647, note Pécaut-Rivolier ⌀ ; Dr. ouvrier 2010. 405, note Braun et Rennes ; JSL 2010, n° 278-5, obs. Julien-Paturle ; RJS 2010. 460, n° 529 ; JCP S 2010. 1259, obs. Gauriau ; SSL 2010, n° 1442, p. 10.* Cassation de ● TI Brest, 27 oct. 2009 : 🔒 *D. 2009. AJ 2690, obs. Dechristé ⌀ ; RDT 2010. 117, obs. Tissandier ⌀ ; Dr. ouvrier 2009. 623, obs. Rennes ; ibid 2010. 418, obs. Bied-Chareton ; SSL 2009, n° 1421, p. 10, note Akandji-Kombé.* ♦ Les art. L. 2324-2 et L. 2122-1 ne portent atteinte ni au principe de liberté syndicale ni au principe de participation ni au principe d'égalité devant la loi. ● Cass., QPC, 18 juin 2010 : 🔒 *D. 2010. Actu. 1720 ⌀ ; D. actu. 8 juill. 2010, obs. Ines ; D. 2011. Pan. 840, obs. Nicod ⌀ ; RDT 2010. 564, rapp. Béraud ⌀ ; RJS 2010. 706, n° 786.*

2. Conformité à la Constitution. En imposant aux syndicats représentatifs de choisir, en priorité, le délégué syndical parmi les candidats ayant obtenu au moins 10 % des suffrages exprimés au premier tour des dernières élections professionnelles, l'art. L. 2143-3 associe les salariés à la désignation des personnes reconnues les plus aptes à défendre leurs intérêts dans l'entreprise et à conduire les négociations pour leur compte ; en adoptant cet article, le législateur n'a pas méconnu le principe de la liberté syndicale énoncé par le sixième alinéa du Préambule de 1946. ● Cons. const. 12 nov. 2010, n°s 2010-63, 2010-64 et 2010-65 QPC : *D. 2011. 1713, obs. Bernaud et Gay ⌀ ; Constitutions 2011. 89, obs. Radé ⌀.*

SYNDICATS PROFESSIONNELS **Art. L. 2143-3** 655

3. Période transitoire. Pendant la période transitoire prévue à l'art. 11, IV, de la loi du 20 août 2008, le maintien de la présomption irréfragable de représentativité vaut à l'égard de tous les syndicats affiliés à une organisation syndicale représentative au niveau national ou interprofessionnel, sans qu'il y ait lieu de distinguer entre les affiliations antérieures ou postérieures à la date d'entrée en vigueur de la loi ; en revanche les nouveaux critères permettant d'établir une représentativité syndicale sont d'application immédiate, exception faite du critère de l'audience électorale auquel les syndicats devront satisfaire dès les premières élections professionnelles organisées dans l'entreprise. • Soc. 10 mars 2010 : ⚖ *D. 2010. AJ 820, obs. Ines* ⊘ *; ibid. 2010. Pan. 2029, obs. Amauger-Lattès* ⊘ *; Dr. soc. 2010. 602, obs. Petit* ⊘. ♦ Jusqu'aux résultats des élections suivant l'entrée en vigueur de la loi du 20 août 2008, est présumé représentatif au niveau de l'entreprise ou de l'établissement tout syndicat affilié à l'une des organisations syndicales de salariés présumées représentatives au niveau national et interprofessionnel à la date de publication de la loi : cette règle n'empêche pas un syndicat ne bénéficiant pas de cette présomption d'établir cette représentativité. • Soc. 10 mars 2010 : ⚖ *D. 2010. Pan. 2029, obs. Amauger-Lattès* ⊘ *; RDT 2010. 308, obs. Borenfreund* ⊘ *; Dr. soc. 2010. 548, note Morin* ⊘ *; JCP S 2010. 1204, obs. Gauriau ; JSL 2010, n° 276-4.* ♦ Les nouvelles dispositions n'excluent pas qu'un syndicat qui ne bénéficie pas du maintien de la représentativité puisse l'établir en application des critères énoncés à l'article L. 2121-1, à l'exception de l'obtention d'un score électoral de 10 %, auquel il devra satisfaire dès les premières élections professionnelles organisées dans l'entreprise. • Soc. 26 mai 2010 : ⚖ *D. 2010. Actu. 1489* ⊘ *; D. actu. 16 juin 2010, obs. Maillard ; RJS 2010. 613, n° 683 ; JCP S 2010. 1335, obs. Gauriau.* ♦ La représentativité établie pendant la période transitoire peut être contestée pendant cette même période. • 31 mars 2010 : *RJS 2010. 431, n° 530 ; Dr. soc. 2010. 865, obs. Petit* ⊘. ♦ L'existence d'un accord d'entreprise conclu antérieurement à l'entrée en vigueur de la loi du 5 mars 2014, et prévoyant comme périmètre l'entreprise, ne peut priver un syndicat du droit de désigner un délégué syndical au niveau de l'établissement ; l'art. L. 2143-3 C. trav. étant d'ordre public quant au périmètre de désignation des délégués syndicaux. • Soc. 31 mai 2016, ⚖ n° 15-21.175 P : *D. actu. 16 juin 2016, obs. Roussel ; D. 2016. Actu. 1260* ⊘ *; RDT 2016. 575, note Odoul-Asorey* ⊘ *; RJS 8-9/2016, n° 573 ; JCP S 2016. 1280, obs. Pagnerre* • Soc. 2 mars 2022, ⚖ n° 20-18.442 B : *D. 2022. 463* ⊘ *; ibid. 1280, obs. Vernac et Ferkane* ⊘ *; Dr. soc. 2022. 531, note Auzero et Bento de Carvalho* ⊘ *; ibid. 562, obs. Petit* ⊘ *; RDT 2022. 395, obs. Baugard* ⊘ *; RJS 5/2022, n° 262 ; SSL 2022, n° 1991, p. 9, obs. Champeaux ; JCP S 2022. 1102, obs. Dauxerre.*

4. Application au délégué syndical suppléant. Les dispositions de l'art. L. 2143-3 s'appliquent au délégué syndical suppléant. • Soc. 25 mars 2020, ⚖ n° 19-11.581 P : *D. 2020. 771* ⊘ *; ibid. 2312, obs. Vernac et Ferkane* ⊘ *; Dr. soc. 2020. 667, obs. Petit* ⊘ *; RJS 6/2020, n° 303 ; JCP S 2020. 2039, obs. Gauriau.*

II. CADRE DE LA DÉSIGNATION

A. CALCUL DE L'EFFECTIF

5. Méthode de calcul. Le calcul des effectifs doit être effectué mois par mois au cours des trois années précédentes et non en calculant la « moyenne » de chacune de ces années. • Soc. 17 déc. 1984 : *Bull. civ. V, n° 503.* ♦ Même solution pour l'application de l'al. 3 de l'art. L. 412-11 [L. 2143-4 nouv.]. • Soc. 26 janv. 1984 : *Bull. civ. V, n° 38.* ♦ Sur l'articulation des art. L. 412-11 et L. 412-14 [L. 2143-3 et L. 2143-1 nouv.], V. • Soc. 7 nov. 1990 : ⚖ *D. 1990. IR 286 ; RJS 1990. 654, n° 996.* ♦ Sur la charge de la preuve de l'effectif, V. • Soc. 11 déc. 1996 : ⚖ *RJS 1997. 43, n° 59.*

6. Calcul de l'effectif et période de référence à compter du 1ᵉʳ janv. 2018. Il résulte de l'al. 3 de l'art. L. 2143-3 C. trav., dans sa rédaction issue de l'Ord. n° 2017-1718 du 20 déc. 2017, applicable à compter du 1ᵉʳ janv. 2018, que la désignation d'un délégué syndical peut intervenir lorsque l'effectif d'au moins cinquante salariés a été atteint pendant les douze mois consécutifs précédant la désignation. • Soc. 29 mai 2019, ⚖ n° 18-19.890 P : *RJS 8-9/2019, n° 502 ; JCP S 2019. 1238, obs. Bossu.*

7. Établissement nouveau. Pour déterminer le seuil d'effectif à partir duquel un délégué syndical peut être désigné dans un établissement nouvellement créé, il convient de prendre en compte l'ancienneté que les salariés affectés à cet établissement ont acquise dans l'entreprise. • Soc. 29 mars 2005 : ⚖ *RJS 2005. 548, n° 758.*

B. EXISTENCE D'UNE SECTION SYNDICALE

8. Preuve. Lorsqu'un syndicat représentatif désigne un délégué syndical dans une entreprise qui emploie au moins cinquante salariés, l'existence d'une section syndicale est établie par cette seule désignation. • Soc. 27 mai 1997, ⚖ n° 96-60.239 P : *GADT, 4ᵉ éd., n° 135 ; D. 1997. 416, note Verdier* ⊘ *; JCP 1997. II. 22899, note Arséguel ; JCP E 1997. II. 980, note Duquesne ; Dr. soc. 1997. 757, obs. Grévy* ⊘ *; RJS 1997. 540, n° 834 ; ibid. 503, rapp. Barberot ; CSB 1997. 203, A. 39, note Philbert.* ♦ Sur la jurisprudence antérieure exigeant au minimum, pour la validité de la désignation, qu'elle intervienne au moment où une section syndicale est constituée ou en voie de constitution, V. • Soc. 7 juill. 1983 : *Bull. civ. V, n° 437 ; Dr. soc. 1984. 77, obs. Savatier* • 9 janv. 1985 : *D. 1985. IR 461, obs. Verdier.*

9. Lorsque la désignation d'un délégué syndical doit s'effectuer dans le cadre d'un établissement distinct, elle est subordonnée à la création d'une section syndicale dans cet établissement. • Soc. 21 juill. 1986, n° 85-60.681 P : *D. 1987. Somm. 212, obs. Verdier.*

C. ÉTABLISSEMENT DISTINCT

10. Critères. Caractérise un établissement distinct permettant la désignation de délégués syndicaux le regroupement, sous la direction d'un représentant de l'employeur, d'au moins cinquante salariés constituant une communauté de travail ayant des intérêts propres susceptibles de générer des revendications communes et spécifiques, peu important que le représentant de l'employeur ait le pouvoir de se prononcer sur ces revendications. • Soc. 24 avr. 2003, n° 01-60.876 P : *D. 2004. Somm. 99, obs. Desbarats* ; *D. 2003. IR 1341* ; *RJS 2003. 602, n° 908* • 15 déc. 2004 : *Dr. soc. 2005. 346, obs. Savatier* ; *RJS 2005. 214, n° 290.* ◆ Cette désignation n'est pas conditionnée par l'étendue des pouvoirs délégués par le chef d'entreprise à la personne qui le représente sur place. • Soc. 26 nov. 2003 : *RJS 2004. 154, n° 225.* ◆ Aussi une société composée de deux sites géographiques éloignés doit être découpée en deux établissements distincts alors qu'il a été constaté que chacun des sites regroupe au moins cinquante salariés, que sur chaque site se trouve un responsable chargé d'organiser le travail et qu'enfin, les deux sites présentent des diversités incontestables tant au niveau des produits fabriqués que des contraintes techniques ou des conditions de travail. • Soc. 2 oct. 2001, n° 00-60.170 P : *GADT, 4ᵉ éd., n° 134* ; *D. 2002. 775, obs. Wolmark* ; *Dr. soc. 2001. 1129, obs. Savatier* ; *RJS 2001. 968, n° 1444* ; *JSL 2001, n° 89-7* • 27 oct. 2004, n° 03-60.284 P : *RJS 2005. 52, n° 56.* ◆ Comp., nécessité de la présence d'un représentant de l'employeur qualifié pour recevoir les revendications et, le cas échéant, y faire droit. • Soc. 18 juill. 2000, n° 99-60.354 P : *RJS 2000. 747, n° 1110* ; *JCP 2000. IV. 2624* • 18 déc. 2000 : *RJS 2000. 1226, n° 314* • 20 mars 1991, n° 90-60.386 P : *D. 1993. Somm. 261, obs. Frossard* ; *Dr. soc. 1991. 696, note Savatier* ; *RJS 1991. 321, n° 604* • 15 mai 1991 : *RJS 1991. 449, n° 857* • 26 mai 1999, n° 98-60.155 P : *D. 2000. 91, note Arséguel* ; *RJS 1999. 577, n° 940.* ◆ Notion identique en matière d'élections des délégués du personnel : • Soc. 10 oct. 1990, n° 89-61.558 P : *D. 1990. IR 241* ; *Dr. soc. 1991. 40, note Savatier* ; *RJS 1990. 582, n° 876.* ◆ V., déjà, pour une référence au rôle joué par le mode de direction de l'établissement : • Soc. 20 juill. 1978 : *Bull. civ. V, n° 630* • 6 juill. 1983 : *ibid., n° 419* • 23 avr. 1986 : *ibid., n° 170.* ◆ Il ne suffit pas de constater que le site concerné a servi de cadre aux dernières élections des délégués du personnel. • Soc. 24 mai 2016, n° 15-20.168 P : *RJS 8-9/2016, n° 573* ; *JCP S 2016. 1280, obs. Pagnerre.*

11. Caractère facultatif et d'ordre public. Même si les dispositions de l'art. L. 2143-3, al. 4, n'ouvrent qu'une faculté aux organisations syndicales représentatives, elles sont d'ordre public quant au périmètre de désignation des délégués syndicaux ; ni un accord collectif de droit commun ni l'accord d'entreprise prévu par l'art. L. 2313-2 concernant la mise en place du CSE et des CSE d'établissements ne peuvent priver un syndicat du droit de désigner un délégué syndical au niveau d'un établissement au sens de l'art. L. 2143-3 C. trav. • Soc. 9 mars 2022, n° 20-18.442 B : *D. 2022. 464* ; *ibid. 1280, obs. Vernac et Ferkane* ; *Dr. soc. 2022. 531, note Auzero et Bento de Carvalho* ; *ibid. 562, obs. Petit* ; *RDT 2022. 395, obs. Baugard* ; *RJS 5/2022, n° 262* ; *JCP E 2022. 1330, obs. Pagnerre* • Soc. 9 nov. 2022, n° 21-20.525 B : *D. 2022. 1972* ; *Dr. soc. 2023. 95, obs. Petit* ; *RJS 2/2023, n° 92.*

12. Périmètre. Pour l'exercice du droit syndical, un établissement distinct ne peut être reconnu qu'au sein d'une même entreprise ou d'une même unité économique et sociale. • Soc. 20 déc. 2006 (2 arrêts) : *RDT 2007. 399, note Peskine.*

13. Nombre. Dès lors qu'est reconnue, au sein d'une entreprise, l'existence d'un établissement distinct, il en résulte que l'entreprise en comporte au moins deux. • Soc. 15 janv. 2002, n° 00-60.326 P : *Dr. soc. 2002. 368, obs. Savatier* ; *RJS 2002. 351, n° 455* • 14 févr. 1989 : *Bull. civ. V, n° 126* ; *D. 1990. Somm. 173, obs. Borenfreund.*

14. Niveau de désignation. Dans une entreprise comptant deux établissements distincts dont l'un a moins de cinquante salariés, il y a lieu de désigner un délégué syndical unique pour l'ensemble de l'entreprise. • Soc. 12 mars 1991, n° 89-61.554 P : *Dr. soc. 1991. 696, note Savatier* ; *RJS 1991. 321, n° 604.* ◆ Lorsqu'une unité économique et sociale a été reconnue entre plusieurs établissements, les conditions légales de désignation d'un délégué syndical doivent s'apprécier dans ce cadre. • Soc. 27 mai 1997 : *Dr. soc. 1997. 759, obs. Savatier* (refus de la désignation effectuée par un syndicat catégoriel non représentatif dans cette unité).

15. Le découpage en établissements distincts ne peut avoir pour effet de laisser subsister au sein de l'entreprise un centre d'activités de moins de 50 salariés privés de représentation syndicale ; ce centre doit être rattaché à un établissement déjà reconnu, à moins qu'il ne constitue, par regroupement avec d'autres centres, le cas échéant, un établissement distinct en application d'un accord collectif ou par décision du juge, si celui-ci constate que cet ensemble remplit les conditions de l'établissement distinct. • Soc. 30 mai 2001, n° 00-60.006 P : *Dr. soc. 2002. 126, obs. Cohen* ; *RJS 2001. 708, n° 1035.* ◆ En cas de regroupement d'établissements entre eux ou par rattachement à un centre plus important, le délégué syndical ne doit pas nécessairement être désigné dans l'éta-

SYNDICATS PROFESSIONNELS   **Art. L. 2143-3** 657

blissement doté d'au moins cinquante salariés. • Soc. 25 oct. 1995 : 🗊 *RJS 1996. 30, n° 39.*

16. La division d'une entreprise en établissements distincts ne met pas fin au mandat d'un délégué syndical désigné antérieurement. • Crim. 17 déc. 1996, 🗊 n° 94-85.783 P : *RJS 1997. 288, n° 436.*

D. UNITÉ ÉCONOMIQUE ET SOCIALE

17. Principe. Malgré le silence de la loi, la notion d'unité économique et sociale de personnes morales juridiquement distinctes s'applique en matière de désignation des délégués syndicaux. • Soc. 3 juill. 1985 : *Bull. civ. V, n° 401 ; Dr. soc. 1986. 11, note Savatier.*

18. Date d'appréciation. L'existence d'une unité économique et sociale doit être appréciée à la date de la requête introductive. • Soc. 27 juin 1990, 🗊 n° 89-60.033 P : *Dr. ouvrier 1991. 17, note Cohen ; RJS 1990. 580, n° 872* • 8 avr. 1992, 🗊 n° 91-60.241 P : *D. 1992. IR 151 ; Dr. soc. 1992. 629 ; RJS 1992. 413, n° 757.* ♦ C'est à celui qui allègue la disparition d'une unité économique et sociale de prouver les modifications intervenues. • Soc. 27 juin 1990, n° 88-60.196 P. ♦ Une unité économique et sociale ne peut être reconnue sans que toutes les sociétés dont l'autonomie est en discussion ne soient appelées en la cause. • Soc. 13 mai 1985 : *Bull. civ. V, n° 289.*

19. L'existence d'un comité de groupe n'est pas incompatible avec la désignation d'un délégué syndical au sein d'une unité économique et sociale formée par un certain nombre de sociétés du groupe, la finalité de ces institutions étant différente. • Soc. 9 mai 1989 : *Bull. civ. V, n° 346 ; D. 1989. IR 178.* ♦ Toutefois, la coexistence entre unité économique et sociale et comité de groupe est impossible lorsque le groupe et l'unité économique et sociale sont constitués exactement des mêmes sociétés et qu'un comité de groupe existe déjà : dans ce cas, la Cour de cassation a précisé que la notion d'unité économique et sociale et celle de comité de groupe sont incompatibles. • Soc. 20 oct. 1999, 🗊 n° 98-60.398 P : *GADT, 4ᵉ éd., n° 132 ; D. 1999. IR 253 ; RJS 2000. 54, n° 68* (cassation du jugement d'un tribunal d'instance ayant reconnu l'existence d'une unité économique et sociale entre plusieurs sociétés alors qu'il existait au même niveau un comité de groupe).

20. En caractérisant la fraude par laquelle un employeur créait des entreprises juridiquement distinctes qui n'étaient que des fictions destinées à masquer la réalité d'une entreprise unique, le tribunal n'est pas tenu de spécifier chacun des éléments constitutifs de celle-ci. • Soc. 29 avr. 1985 : *Dr. soc. 1986. 11, note Savatier.* – V. aussi : • Crim. 23 avr. 1970 : *GADT, 4ᵉ éd., n° 131 ; D. 1970. 444 ; JCP 1972. II. 17046* • Soc. 8 juin 1972 : *Bull. civ. V, n° 418 ; JCP 1973. II. 17316.*

21. Un accord collectif emportant reconnaissance d'une unité économique et sociale entre plusieurs sociétés peut en étendre les effets au-delà de la seule mise en place d'institutions représentatives du personnel. • Soc. 12 juill. 2006, 🗊 n° 04-40.331.

22. Délégué de site. Une unité économique et sociale ne peut exister qu'entre des entreprises juridiquement distinctes et non entre les établissements d'une ou plusieurs entreprises. Par suite, il ne peut y avoir de désignation d'un délégué syndical commun à un site pour des établissements dépendant de sociétés distinctes. • Soc. 13 janv. 1999, 🗊 n° 97-60.782 P : *RJS 1999. 140, n° 230.*

23. Critères. Lorsque trois sociétés, bien que juridiquement distinctes, constituent, non des entreprises séparées, mais en raison de « leur compénétration, de la confusion de leurs activités et de leur communauté d'intérêts et de direction, un ensemble économiquement unique, les effectifs de ce dernier doivent être envisagés globalement au point de vue de la désignation des délégués syndicaux ». • Soc. 19 déc. 1972 : *D. 1973. 381, note Despax.* – Dans le même sens : • Soc. 4 juill. 1979 : *Bull. civ. V, n° 614* • 4 févr. 1981 : *ibid., n° 104.* ♦ Comp. : • Soc. 29 mai 1980 : *Bull. civ. V, n° 466 ; D. 1981. IR 122, obs. Langlois.* ♦ Sur la prise en compte de la mission spécifique du délégué syndical, V. • Soc. 11 févr. 1982 : *Bull. civ. V, n° 93.* ♦ Sur la reconnaissance d'une unité économique et sociale entre un groupe d'associations, nonobstant la spécificité de l'une d'elles (service médical du travail interentreprises), V. • Soc. 27 mai 1997 : 🗊 *préc. note 14.*

24. Ne justifie pas sa décision le tribunal qui caractérise seulement l'aspect économique des relations entre les éléments du même ensemble sans relever aucune circonstance de nature à établir l'existence d'une communauté de travailleurs constitutive d'une unité sociale. • Soc. 23 juill. 1980 : *Bull. civ. V, n° 681 ; D. 1981. IR 122, obs. Langlois* • 24 juin 1982 : *Bull. civ. V, n° 422* • 23 juill. 1985 : *Dr. soc. 1986. 11, note Savatier* • 7 févr. 1990, 🗊 n° 89-60.497 P. ♦ En faveur du caractère prépondérant de l'unité sociale en matière de désignation du délégué syndical, V. • Soc. 29 mai 1980 : *préc. note 23* • 22 juill. 1981 : *Bull. civ. V, n° 756.*

25. Pouvoir de direction unique. L'unité économique et sociale entre plusieurs personnes juridiquement distinctes nécessite notamment que les éléments qui la composent soient soumis à un pouvoir de direction unique ; l'appartenance des sociétés concernées à un même groupe sans que soit caractérisée la concentration entre les mains du pouvoir de direction des sociétés concernées est inopérante. • Soc. 15 mai 2001, 🗊 n° 00-60.048 P : *Dr. soc. 2001. 777, obs. Savatier ⌀ ; JCP E 2001. 1479, obs. Dusquesnes* • 3 mars 1998, n° 95-45.541 P : *D. 1998. IR 111 ⌀* • 23 juin 1988 : *ibid., n° 398* • 8 avr. 1992 : 🗊 *préc. note 18*, soulignant que la communauté de travailleurs n'implique pas nécessairement une permutabilité des salariés

• 17 mai 1994 : RJS 1994. 520, n° 869 • 23 mai 2000, n° 98-60.212 P : D. 2000. IR 172 ; RJS 2000. 567, n° 823 ; Dr. soc. 2000. 856, obs. J. Savatier, concl. P. Lyon-Caen (exclusion entre syndicats de copropriétaires). ♦ La circonstance qu'une société n'ait pas de salariés ne fait pas obstacle à la reconnaissance d'une unité économique et sociale entre deux sociétés pour la désignation d'un délégué syndical. • Soc. 24 nov. 2004, n° 03-60.329 P : D. 2004. IR 13 ; Dr. soc. 2005. 230, obs. Savatier ; RJS 2005. 127, n° 170.

26. Le fait qu'une société n'a pas de personnel ne l'exclut pas de l'unité économique et sociale. • Soc. 21 janv. 1997, n° 95-60.833 P : Dr. soc. 1997. 347, note Savatier ; RJS 1997. 201, n° 300 (2ᵉ esp.) ; Dr. ouvrier 1997. 170, note Cohen (1ʳᵉ esp.). ♦ L'unité économique nécessite la présence en son sein d'une entité juridique qui exerce le pouvoir de direction sur l'ensemble des salariés inclus dans l'unité sociale. • Soc. 23 mai 2000, n° 98-60.212 P : D. 2000. IR 207 ; Dr. soc. 2000. 856, obs. Savatier, concl. P. Lyon-Caen ; RJS 2000. 567, n° 823 (absence d'unité économique entre des sociétés de syndics de copropriétés correspondant à un ensemble de résidences-services qui ne sont que des mandataires des différents syndicats de copropriétaires). ♦ Une société holding peut être comprise dans une UES formée par les sociétés qu'elle coiffe. • Soc. 26 janv. 2005 : D. 2005. IR 521 ; RJS 2005. 283, n° 398.

27. La gestion d'une entreprise ne peut donner lieu à elle seule à la constitution d'une unité économique et sociale. • Soc. 22 janv. 1992, n° 90-60.514 P : D. 1992. IR 72 ; Dr. soc. 1992. 272 ; RJS 1992. 191, n° 313.

28. En constatant l'existence d'une complémentarité des activités, une concentration des pouvoirs de direction et une communauté de travail et d'intérêts professionnels du personnel, le tribunal a caractérisé l'unité économique et sociale existant entre plusieurs sociétés, quelle que soit l'institution représentative à mettre en place. • Soc. 5 mai 1988 : Bull. civ. V, n° 273 ; D. 1988. IR 147. ♦ Dans le même sens : la notion d'unité économique et sociale n'est pas relative et sa reconnaissance par le juge est indépendante de la finalité des institutions représentatives comprises dans son périmètre. • Soc. 13 juill. 2004, n° 03-60.412 P : D. 2004. IR 2689 ; RJS 2004. 727, n° 1058. ♦ Une unité économique et sociale peut exister entre deux sociétés, même si l'activité de l'une, dans son ensemble, n'est complémentaire que de l'activité d'un secteur de production de l'autre, la permutabilité des salariés existant et les personnels des deux sociétés étant gérés en commun. • Soc. 12 janv. 2005 : D. 2005. Pan. 2508, obs. Lardy-Pélissier ; Dr. soc. 2005. 479, obs. Savatier ; RJS 2005. 215, n° 292 ; JSL 2005, n° 161-6 ; CSB 2005, A. 30, obs. Charbonneau.

29. Le syndicat qui désigne un délégué syndical auprès de plusieurs personnes morales constituant selon lui une unité économique et sociale doit indiquer la composition de celle-ci dans la désignation qu'il notifie aux représentants légaux de chacune des entreprises concernées. • Soc. 12 juill. 1995 : RJS 1995. 727, n° 1144 • 26 avr. 2000, n° 99-60.030 P : RJS 2000. 568, n° 824 ; D. 2000. IR 159 ; Dr. soc. 2000. 798, obs. Savatier .

30. UES et désignation d'un délégué syndical. Il ne peut être procédé à la désignation d'un délégué syndical au sein d'une UES que lorsque des élections ont été organisées, permettant ainsi de déterminer la représentativité des syndicats et l'audience des candidats dans le périmètre de l'UES. • Soc. 29 mai 2013 : D. 2013. 2599, obs. Lokiec et Porta ; Dr. soc. 2013. 653, obs. Petit . ♦ Lorsque la désignation d'un délégué syndical s'effectue au niveau d'une personne morale regroupant en partie trois établissements distincts au sens du comité social et économique (CSE) d'établissement, le seuil de 10 % fixé par l'art. L. 2121-1 C. trav. se calcule en additionnant la totalité des suffrages obtenus lors des élections au sein de ces différents établissements. • Soc. 14 déc. 2022, n° 21-15.585 B : D. actu. 16 janv. 2023, obs. Albiol et Blanc ; RDT 2023. 128, obs. Wolmark ; RJS 3/23 info. 147.

31. Périmètre du comité d'entreprise. Si le périmètre de désignation des délégués syndicaux est en principe le même que celui retenu lors des dernières élections pour la mise en place du comité d'entreprise ou d'établissement, une convention ou un accord collectif peut prévoir un périmètre distinct mais ni un usage ni un engagement unilatéral de l'employeur ne peuvent modifier ces dispositions. • Soc. 10 mai 2012 : D. actu. 18 juin 2012, obs. Ines ; D. 2012. Actu. 1410 ; RJS 2012. 546, n° 637 ; JCP S 2012. 1373, obs. Jeansen. ♦ Il importe peu que cet accord ait été conclu avant l'entrée en vigueur de la L. du 20 août 2008. • Soc. 14 nov. 2012 : D. actu. 3 nov. 2012, obs. Siro ; RJS 2013. 50, n° 50 ; Dr. ouvrier 2013. 282, obs. Rennes ; JCP S 2012. 1541, obs. Jeansen. ♦ Une telle désignation suppose toutefois que le périmètre constitue un établissement distinct. • Soc. 14 nov. 2012 : D. actu. 3 déc. 2012, obs. Siro.

III. CONDITIONS RELATIVES AUX SYNDICATS

32. Syndicat. La désignation du délégué syndical doit être faite par le syndicat représentatif et non par la section syndicale. • Soc. 6 juill. 1977 : Bull. civ. V, n° 472. – V. aussi • Soc. 2 mai 1973 : Dr. soc. 1974. 147, obs. Savatier. ♦ La désignation est une simple fonction pour l'organisation représentative. • Soc. 9 janv. 1985 : Bull. civ. V, n° 19 ; D. 1985. IR 457, obs. Verdier.

33. Double affiliation. Lorsqu'un syndicat représentatif a désigné un délégué syndical, la désignation d'un autre délégué par un deuxième syndicat affilié à la même confédération n'emporte pas caducité du premier mandat que seul le syndicat désignataire peut révoquer. ● Soc. 22 juin 2005 : ⚖ *Dr. soc. 2005. 1062*, obs. Verkindt ⊘. ♦ Sauf accord collectif plus favorable, une confédération syndicale et les organisations syndicales qui lui sont affiliées ne peuvent désigner ensemble un nombre de délégués syndicaux supérieur à celui prévu par la loi. ● Soc. 29 oct. 2010 : ⚖ *D. 2010. AJ 2778*, obs. Perrin ⊘ ; *RJS 2011. 117*, obs. Petit.

34. Conflit de désignation. En cas de concurrence dans une même entreprise ou établissement entre deux syndicats qui, sans être tous deux affiliés à l'organisation syndicale interprofessionnelle nationale utilisant ce sigle, se présentent, sous le même sigle confédéral national, sans opposition fondée sur une utilisation illicite, seule la désignation notifiée en premier lieu doit, par application de la règle chronologique, être validée. ● Soc. 17 févr. 2016, ⚖ n° 14-25.711 P et 14-23.854 P : *D. 2016. Actu. 488* ⊘ ; *RDT 2016. 496*, obs. Odoul-Asorey ⊘ ; *JSL 2016, n° 407-3*, obs. Tissandier.

35. Compétence statutaire des unions. Un syndicat ne peut désigner un délégué syndical que dans le champ d'application géographique et professionnel déterminé par ses statuts, peu important son adhésion à une organisation reconnue représentative au plan national et interprofessionnel. ● Soc. 11 févr. 2009 : ⚖ *RJS 2009. 317, n° 374 ; JCP S 2009. 1242*, obs. Kerbourc'h. ♦ Le champ professionnel tel que déterminé par les statuts d'un syndicat et lui donnant vocation à représenter les salariés d'une UES, doit s'apprécier par référence à l'activité principale. ● Soc. 26 sept. 2012 : ⚖ *D. actu. 25 oct. 2012*, obs. Perrin ; *RJS 2012. 814, n° 957 ; JSL 2012, n° 332-4*, obs. Tourreil ; *JCP S 2012. 1534*, obs. Gauriau.

36. Liste commune. Lorsqu'aucune des organisations syndicales ayant constitué une liste commune n'a recueilli au moins 10 % des suffrages exprimés au premier tour des dernières élections au comité d'entreprise, elles ne peuvent séparément désigner un délégué syndical en se prévalant du score obtenu par la liste commune. ● Soc. 14 janv. 2014, ⚖ n° 12-28.929 P : *Dr. soc. 2014. 485*, obs. Petit ⊘ ; *JCP S 2014. 1242*, obs. Pagnerre.

37. Niveau. Un syndicat représentatif dans l'entreprise ne saurait, dans un établissement où il n'a pas été reconnu représentatif, bénéficier de moins de prérogatives que celles reconnues aux syndicats non représentatifs, et est en droit, faute de pouvoir procéder à la désignation d'un délégué syndical, de désigner un représentant de la section syndicale dans cet établissement, peu important qu'il ait désigné un délégué syndical central. ● Soc. 13 févr. 2013, ⚖ n° 12-19.662 : *D. 2013. Actu. 512* ⊘ ; *D. actu. 5 mars 2013*, obs. Ines ; *Dr. soc. 2013. 376*, obs. Petit ⊘ ; *Dr. ouvrier 2013. 558*, obs. Rennes ; *JSL 2013, n° 341-5 ; JCP S 2013. 1230*, obs. Guyot.

IV. CONDITIONS RELATIVES AUX SALARIÉS

38. Caractère d'ordre public. Ni un accord collectif, ni un engagement unilatéral de l'employeur ne peuvent avoir pour effet de modifier l'obligation légale faite aux organisations syndicales représentatives de choisir en priorité le délégué syndical parmi les candidats ayant obtenu au moins 10 % des voix au premier tour des dernières élections professionnelles. ● Soc. 29 mai 2013 : ⚖ *D. actu. 24 juin 2013*, obs. Fleuriot ; *D. 2013. Actu. 1416* ⊘ ; *JCP S 2013. 1316*, obs. Pagnerre.

39. Affiliation syndicale du salarié. L'affiliation confédérale sous laquelle un syndicat a présenté des candidats au premier tour des élections des membres titulaires des comités d'entreprise constitue un élément essentiel du vote des électeurs. ● Soc. 18 mai 2011 : ⚖ *D. actu. 8 juin 2011*, obs. Perrin ; *RDT 2011. 486*, obs. Grévy ⊘ ; *RJS 2011. 563, n° 625 ; Dr. ouvrier 2011. 520*, obs. Ménard ; *JCP S 2011. 1365*, obs. Gauriau. ♦ Mais le score électoral exigé d'un candidat pour sa désignation en qualité de délégué syndical est un score personnel qui l'habilite à recevoir mandat de représentation par un syndicat représentatif ; tout salarié ayant obtenu le score personnel requis peut être mandaté par une organisation syndicale représentative pour le représenter auprès de l'employeur. ● Soc. 28 sept. 2011 : ⚖ *D. actu. 27 oct. 2011*, obs. Perrin ; *D. 2011. Actu. 2406* ⊘ ; *RDT 2011. 713*, obs. Grévy ⊘ ; *Dr. soc. 2011. 1241*, note Petit ⊘ ; *RJS 2011. 867, n° 997 ; SSL 2011, n° 1510*, obs. Boulmier ; *JSL 2011, n° 309-7*, obs. Tourreil ; *JCP S 2012. 1089*, obs. Gauriau.

40. Appartenance successive à plusieurs syndicats. Dès lors qu'un salarié remplit les conditions prévues par la loi, il n'appartient qu'au syndicat désignataire d'apprécier si ce salarié est en mesure de remplir sa mission, peu important l'appartenance successive à plusieurs syndicats. ● Soc. 13 janv. 2010 : ⚖ *D. 2010. AJ 270*, obs. Maillard ⊘ ; *SSL 2010, n° 1429, p. 8 ; Dr. soc. 2010. 865*, obs. Petit ⊘. ♦ ... Ou qu'il ait été élu lors des dernières élections sur des listes présentées par un autre syndicat. ● Soc. 17 avr. 2013 : ⚖ *D. actu. 24 mai 2013*, obs. Ines ; *D. 2013. Actu. 1072* ⊘ ; *RDT 2013. 495*, obs. Grévy ⊘. ♦ L'obligation de choisir un délégué syndical en priorité parmi les candidats qui ont recueilli au moins 10 % des suffrages exprimés au premier tour des dernières élections professionnelles n'a pas pour objet ou pour effet de priver l'organisation syndicale du droit de disposer d'un représentant dès lors qu'elle a présenté des candidats à ces élections dans le périmètre de désignation ; elle peut, à ce titre, désigner un salarié candidat sur la liste d'un autre syndicat, qui a obtenu au moins 10 % des voix et qui l'accepte librement, et n'est pas tenue, préalablement, de le proposer à l'ensemble des candidats ayant obtenu au moins 10 %, toutes listes syndicales confondues. ● Soc. 27 févr. 2013, ⚖ n° 12-15.807 P : *D. 2013. 645* ⊘ ; *ibid. Pan. 2604*, obs. Porta ⊘ ; *Dr. soc. 2013. 468*, obs. Petit ⊘ ; *RJS 5/2013, n° 395 ; JCP S 2013. 1199*, obs. Arandel et Franco.

41. Mutation. Un salarié ayant obtenu au moins 10 % des suffrages exprimés aux élections professionnelles dans un établissement distinct de celui où il a été muté peut être désigné dans l'entreprise d'accueil. • Soc. 19 févr. 2014, ⚖ n° 13-14.608 P : *D. 2014. 2381*, obs. Porta ⌀ ; *RDT 2014. 272*, obs. Grévy ⌀ ; *Dr. soc. 2014. 486*, obs. Petit ⌀ ; *RJS 5/2014, n° 412* ; *JCP S 2014. 1121*, obs. Jeansen et Pagnerre. ♦ ... Uniquement si le syndicat désignataire n'y dispose plus de candidats remplissant la condition de score électoral pour être désignés. • Soc. 3 nov. 2016, ⚖ n° 15-60.203 P : *D. 2016. Actu. 228* ⌀ ; *D. 2017. Pan. 2273*, obs. Porta ⌀ ; *RDT 2017. 141*, obs. Odoul-Asorey ⌀ ; *RJS 1/2017, n° 39* ; *JSL 2016, n° 421-422-3*, obs. Patin ; *JCP S 2016, n° 1425*, obs. Cormier Le Goff.

42. Absence de priorité entre scrutins. L'art. L. 2143-3, selon lequel la désignation du délégué syndical se fait parmi les candidats aux élections professionnelles qui ont recueilli au moins 10 % des suffrages exprimés au premier tour des dernières élections au comité d'entreprise ou de la délégation unique du personnel ou des délégués du personnel, n'opère aucune priorité entre ces scrutins ; une organisation syndicale représentative peut désigner en tant que délégué syndical un salarié candidat à la fois à l'élection des membres du comité d'entreprise et à celle des délégués du personnel et n'ayant obtenu plus de 10 % qu'aux seules élections de délégué du personnel. • Soc. 28 sept. 2011 : ⚖ *D. actu. 2 nov. 2011*, obs. Perrin ; *RDT 2011. 716*, obs. Odoul-Asorey ⌀ ; *RJS 2011. 866, n° 996* ; *JCP S 2011. 1509*, obs. Jeansen.

43. Élections prises en compte. L'art. L. 2143-3 C. trav. n'exige pas que le scrutin couvre l'intégralité du périmètre au sein duquel s'apprécie la représentativité de l'organisation syndicale ou celui au sein duquel doit s'exercer le mandat qu'elle confère au salarié. • Soc. 28 nov. 2012 : ⚖ *D. actu. 21 déc. 2012*, obs. Siro ; *D. 2012. Actu. 2898* ⌀ ; *RDT 2013. 281*, obs. Odoul-Asorey ⌀ ; *Dr. soc. 2013. 185*, obs. Petit ⌀.

44. Conséquence de l'annulation des élections des membres du comité d'entreprise. L'annulation des élections des membres du comité d'entreprise n'a pas d'effet rétroactif. Elle est donc sans incidence sur la régularité des désignations, en qualité de délégué syndical et de représentant syndical au comité d'entreprise, des salariés dont le mandat prend fin lors des nouvelles élections renouvelant l'institution représentative du personnel. • Soc. 11 mai 2016, ⚖ n° 15-60.171 P : *D. 2016. Actu. 1085* ⌀ ; *RDT 2016. 497*, note Odoul-Asorey ⌀ ; *Dr. soc. 2016. 871*, note Petit ⌀ ; *RJS 7/2016, n° 512* ; *JSL 2016, n° 414-7*, obs. Gssime ; *JCP S 2016. 1279*, obs. Kerbourc'h.

45. Désignation du délégué syndical et absence de présentation de candidats. Le syndicat qui n'a présenté dans le périmètre de désignation lors des élections professionnelles aucun candidat susceptible d'être désigné délégué syndical ne peut en désigner un parmi ses adhérents. • Soc. 12 avr. 2012 : ⚖ *D. actu. 31 mai 2012*, obs. Ines ; *D. 2012. Actu. 1067* ⌀ ; *RDT 2012. 434*, obs. Grévy ⌀ ; *RJS 2012. 487, n° 577* ; *JCP S 2012. 1288*, obs. Pagnerre. ♦ Un syndicat représentatif dans l'entreprise qui n'a pas présenté de candidat au sein d'un établissement distinct ne peut y désigner de délégué syndical mais seulement un représentant de section syndicale. • Soc. 14 déc. 2015, ⚖ n° 14-26.517 P : *D. actu. 13 janv. 2016*, obs. Siro ; *RDT 2016. 193*, note Odoul-Asorey ⌀ ; *RJS 2/2016, n° 138* ; *JCPS 2016. 1049*, obs. Gauriau.

46. Désignation du délégué syndical et absence de candidat ayant obtenu plus de 10 % des suffrages. Lorsqu'un syndicat représentatif ne dispose plus de candidats ayant obtenu personnellement le score de 10 % aux dernières élections, il peut désigner comme délégué syndical un de ses adhérents n'ayant pas été candidat ; les conditions que doit remplir le salarié pour être désigné comme délégué syndical ne peuvent priver le syndicat représentatif du droit de disposer d'un représentant dès lors qu'elle a présenté des candidats aux élections dans le périmètre de la désignation. • Soc. 27 févr. 2013 : ⚖ *D. actu. 21 mars 2013*, obs. Siro ; *D. 2013. Actu. 645* ; *JSL 2013, n° 341-4* ; *JCP S 2013. 1199*, obs. Arandel et Franco. ♦ S'il n'est pas exclu qu'un syndicat puisse désigner un salarié candidat sur la liste d'un autre syndicat, qui a obtenu au moins 10 % des voix et qui l'accepte librement, l'art. L. 2143-3 n'exige pas de l'organisation syndicale qu'elle propose, préalablement à la désignation d'un délégué syndical en application de l'al. 2 de l'art. préc., à l'ensemble des candidats ayant obtenu au moins 10 %, toutes listes syndicales confondues, d'être désigné délégué syndical. • Soc. 27 févr. 2013 : ⚖ *D. actu. 21 mars 2013*, obs. Siro ; *Dr. soc. 2013. 468*, obs. Petit ⌀ ; *JCP S 2013. 1199*, obs. Arandel et Franco. ♦ Par la loi n° 2018-217 du 29 mars 2018, le législateur a entendu éviter l'absence de délégué syndical dans les entreprises ; il en résulte que, s'il n'est pas exclu qu'un syndicat puisse désigner un salarié candidat sur la liste d'un autre syndicat, qui a obtenu au moins 10 % des voix et qui l'accepte librement, l'art. L. 2143-3 C. trav. n'exige pas de l'organisation syndicale qu'elle propose, préalablement à la désignation d'un délégué syndical en application de l'al. 2 de l'art. préc., à l'ensemble des candidats ayant obtenu au moins 10 %, toutes listes syndicales confondues, d'être désigné délégué syndical. • Soc. 8 juill. 2020, ⚖ n° 19-14.605 P : *RJS 10/2020, n° 482* ; *Dr. ouvrier 2020. 764* ; *JCP S 2020. 3012*, obs. François.

47. Renonciation des candidats ayant obtenu plus de 10 % à être désignés. La mention de l'art. L. 2143-3, al. 2, selon laquelle « si l'ensemble des élus qui remplissent les conditions mentionnées audit premier alinéa renoncent par écrit à leur droit d'être désigné délégué syndical, le syndicat peut désigner un délégué syndical parmi les autres candidats ou, à défaut, parmi ses adhérents au sein de l'entreprise ou de l'établissement ou parmi ses anciens élus ayant atteint la limite de durée d'exercice du mandat au comité social et économique fixée au deuxième alinéa de l'article

L. 2314-33 », doit être interprétée en ce sens que lorsque tous les élus ou tous les candidats qu'elle a présentés aux dernières élections professionnelles ont renoncé préalablement à être désignés délégué syndical, l'organisation syndicale peut désigner comme délégué syndical l'un de ses adhérents au sein de l'entreprise ou de l'établissement ou l'un de ses anciens élus ayant atteint la limite de trois mandats successifs au comité social et économique. • Soc. 9 juin 2021, ⚖ n° 19-24.678 P : *D. 2021. 1138* ⌀ *; RJS 8-9/2021, n° 461 ; Dr. ouvrier 2021. 502, note Poirier ; JCP S 2021. 1224, obs. Pagnerre*.

48. Caractère non définitif de la renonciation au droit d'être désigné délégué syndical. La renonciation par l'élu ou le candidat, ayant recueilli au moins 10 % des suffrages exprimés au premier tour des dernières élections au CSE, au droit d'être désigné délégué syndical, qui permet au syndicat représentatif de désigner un adhérent ou un ancien élu n'a pas pour conséquence de priver l'organisation syndicale de la possibilité de désigner ultérieurement, au cours du même cycle électoral, l'auteur de la renonciation en qualité de délégué syndical. • Soc. 19 avr. 2023, ⚖ n° 21-23.483 B : *D. actu. 10 mai 2023, obs. Malfettes ; D. 2023. 792* ⌀.

49. Renonciation et désignation d'un adhérent. Un syndicat représentatif peut désigner un adhérent comme délégué syndical si les candidats qu'il a présentés ont renoncé au droit d'être désignés ; la renonciation considérée est celle des candidats présentés par l'organisation syndicale aux dernières élections professionnelles ayant recueilli au moins 10 % des suffrages exprimés. • Soc. 5 avr. 2023, ⚖ n° 21-24.752 B : *D. actu. 14 avr. 2023, obs. Malfettes ; D. 2023. 691* ⌀ *; RJS 7/2023, n° 389 ; JCP S 2023. 1192, obs. Pagnerre*. ♦ Cette renonciation n'est pas requise si le salarié, candidat à l'élection et ayant obtenu 10 % des voix, ne règle plus ses cotisations syndicales et n'est donc plus membre du syndicat ; l'organisation syndicale qui ne dispose plus d'autres candidats en mesure d'exercer un mandat de délégué syndical à son profit peut désigner à sa place un adhérent. • Soc. 19 avr. 2023, ⚖ n° 21-60.127 B : *D. actu. 10 mai 2023, obs. Malfettes*.

50. Mesure par collège. Le score minimal de 10 % des suffrages exprimés au profit d'un salarié, tel que fixé par l'art. L. 2143-3, se calcule sur le seul collège au sein duquel sa candidature est présentée. • Soc. 29 juin 2011 : ⚖ *D. 2011. Actu. 1979* ⌀ *; Dr. soc. 2011. 1128, obs. Petit* ⌀ *; JCP S 2011. 1376, obs. Dauxerre ; SSL 2011, n° 1510, obs. Boulmier*.

V. FIN DU MANDAT

51. Fin du cycle électoral. Le mandat de délégué syndical prenant fin lors du renouvellement des institutions représentatives dans l'entreprise, la désignation, à l'issue de ces nouvelles élections d'un délégué syndical, fait courir à compter de la date de cette désignation le délai prévu par l'art. R. 2324-24 C. trav. même si le salarié désigné exerçait cette mission avant le nouveau scrutin. • Soc. 22 sept. 2010 : ⚖ *D. 2010. AJ 2298* ⌀ *; ibid. 2011. Pan. 1246, obs. Odoul-Asorey* ⌀ *; SSL 2010, n° 1464, p. 5, note Grévy*. • Soc. 31 janv. 2012 : ⚖ *D. 2012. Actu. 508* ⌀ *; Dr. soc. 2012. 373, note Petit* ⌀ *; RJS 2012. 312, n° 365 ; JCP S 2012. 1213, obs. Kerbourc'h*. ♦ Comp. : expiration du mandat du représentant syndical au comité. • Soc. 10 mars 2010 : ⚖ *D. 2010. AJ 833* ⌀ *; ibid. Pan. 2029, obs. Arséguel* ⌀ *; RDT 2010. 453, obs. Signoretto* ⌀ *; JCP S 2010. 1205, obs. Kerbourc'h*.

52. Révocation. En cas de désaffiliation de l'organisation syndicale ayant procédé à la désignation d'un délégué syndical, la confédération syndicale, la fédération ou l'union à laquelle le syndicat désignataire était affilié, peut révoquer le mandat de ce délégué. • Soc. 16 nov. 2013 : *D. actu. 19 nov. 2013, obs. Fraisse ; RJS 12/2013, n° 835*.

Art. L. 2143-4 Dans les entreprises (*L. n° 2012-387 du 22 mars 2012, art. 43*) « d'au moins cinq cents salariés », tout syndicat représentatif (*L. n° 2008-789 du 20 août 2008*) « dans l'entreprise » peut désigner un délégué syndical supplémentaire s'il a obtenu un ou plusieurs élus dans le collège des ouvriers et employés lors de l'élection du (*Ord. n° 2017-1386 du 22 sept. 2017, art. 4*) « comité social et économique » et s'il compte au moins un élu dans l'un des deux autres collèges.

(*L. n° 2008-789 du 20 août 2008*) « Ce délégué supplémentaire est désigné parmi les candidats aux élections professionnelles qui ont recueilli au moins 10 % des suffrages exprimés au premier tour des dernières élections au (*Ord. n° 2017-1386 du 22 sept. 2017, art. 4*) « comité social et économique », quel que soit le nombre de votants. » — [*Anc. art. L. 412-11, al. 3.*] — V. art. L. 2146-1 (pén.).

BIBL. ▶ Kerbouc'h, *JCP S 2022. 1128*.

COMMENTAIRE

V. sur le Code en ligne 🔒. ❑

1. Cadre de la désignation. La désignation d'un délégué syndical supplémentaire ne peut intervenir que dans le cadre de l'établissement qui a été défini pour les élections des membres du comité d'établissement et à raison d'un seul délégué par syndicat représentatif. • Soc. 9 févr. 1984,

⚖ n° 83-60.963 P : *D. 1985. IR 251, obs. Frossard ; Dr. soc. 1985. 472, note Savatier.* ♦ Doit être cassé le jugement qui admet la désignation d'un délégué supplémentaire dans un établissement de moins de cinq cents salariés appartenant à une entreprise dépassant ce seuil. • Soc. 30 janv. 1985, ⚖ n° 84-60.437 P : *D. 1985. IR 425, obs. Verdier ; Dr. soc. 1985. 472, note Savatier.* ♦ L'élection au comité d'établissement doit être assimilée, pour l'application de l'al. 3 de l'art. L. 412-11, à l'élection à un comité d'entreprise, dès lors que l'établissement dans lequel l'élection est intervenue occupe au moins cinq cents salariés. • Soc. 9 févr. 1984, ⚖ n° 83-61.063 P : *D. 1984. IR 251, obs. Frossard.*

2. Détermination de l'effectif. La détermination de l'effectif de cinq cents salariés doit se faire selon les dispositions de l'art. L. 412-11, al. 2. • Soc. 26 janv. 1984 : *Bull. civ. V, n° 38 ; D. 1985. IR 252, obs. Frossard.* ♦ Les travailleurs intérimaires ne peuvent être pris en compte que pour la période de référence de douze mois précédant la désignation du délégué syndical. • Même arrêt. ♦ Lorsqu'une entreprise est divisée en établissements distincts pour l'élection des comités d'établissements, la désignation d'un délégué syndical supplémentaire prévue par l'art. L. 2143-4 étant subordonnée aux résultats des élections, la condition d'effectif prévue par ce texte s'apprécie par établissement. • Soc. 14 janv. 2009 : ⚖ *RDT 2009. 247, obs. Borenfreund* 🖉 ; *RJS 2009. 223, n° 259 ; JCP S 2009. 1202, obs. Kerbourc'h.* ♦ Dès lors que la désignation d'un délégué syndical supplémentaire est subordonnée, d'une part, au caractère représentatif du syndicat, d'autre part, à l'obtention d'élus dans au moins deux collèges, l'effectif d'au moins 500 salariés, au sens de l'art. L. 2143-4, doit s'apprécier, dans l'établissement, à la date des dernières élections au CSE, lesquelles, au regard du score électoral et du nombre d'élus obtenus par le syndicat, ouvrent le droit pour ce dernier de désigner un délégué syndical supplémentaire pour toute la durée du cycle électoral. • Soc. 8 déc. 2021, ⚖ n° 20-17.688 B : *D. actu. 7 janv. 2022, obs. Couëdel ; D. 2021. 2236* 🖉 ; *RDT 2022. 252, obs. Morin* 🖉 ; *Dr. soc. 2022. 182, obs. Petit* 🖉 ; *RJS 2/2022, n° 79 ; JCP S 2022. 1014, obs. Kerbourc'h.*

3. Collèges. Un syndicat qui a obtenu deux élus dans le premier collège et deux élus dans un collège conventionnel regroupant des salariés qui auraient relevé de l'un des autres collèges prévus par la loi peut désigner un délégué syndical supplémentaire appartenant à tout autre collège que le premier. • Soc. 21 nov. 1984 : *Bull. civ. V, n° 458* • 8 oct. 1987 : *Bull. civ. V, n° 557* • 21 oct. 1998, ⚖ n° 97-60.457 P : *RJS 1998. 917, n° 1508* • 18 juin 2003, ⚖ n° 01-60.911 P : *RJS 2003. 816, n° 1189.*

4. Délégués supplémentaires. Lorsqu'une convention collective autorise les syndicats à désigner un nombre de délégués syndicaux supérieur au nombre légal, ils ne sauraient être privés du droit de désigner un délégué supplémentaire de l'encadrement. • Soc. 10 déc. 1986, ⚖ n° 86-60.301 P : *D. 1987. Somm. 212, obs. Verdier.* ♦ Le mandat de délégué syndical supplémentaire désigné par un syndicat compte tenu des résultats qu'il a obtenus à une élection cesse lors de l'élection suivante ; au cas où des syndicats ont présenté des listes communes aux élections, un seul délégué syndical supplémentaire peut être désigné d'un commun accord entre les syndicats ayant présenté ces listes. • Soc. 18 nov. 2008 : ⚖ *D. 2008. AJ 3090* 🖉.

5. Liste commune et délégué supplémentaire. Lorsque plusieurs syndicats ont constitué une liste commune aux élections du comité d'entreprise, chacun d'eux peut désigner un délégué syndical supplémentaire dès lors qu'il remplit à lui seul toutes les conditions pour ce faire, sans préjudice de la possibilité pour les syndicats ayant constitué cette liste d'en désigner un ensemble. • Soc. 22 févr. 2017, ⚖ n° 15-28.775 P : *D. actu. 14 mars 2017, obs. Ines ; D. 2017. Actu. 575* 🖉 ; *RJS 5/2017, n° 348.* – Comp. ante : • Soc. 18 nov. 2008 : ⚖ *D. 2008. AJ 3090* 🖉 ; *RJS 2009. 157, n° 190.*

6. Syndicats affiliés à une même confédération et délégué syndical supplémentaire. Deux syndicats affiliés à la même confédération peuvent, dès lors qu'ils ont présenté des listes distinctes dans des collèges différents, faire valoir qu'ils remplissent ensemble les conditions pour désigner un délégué syndical supplémentaire en raison de la présence d'élus dans au moins deux collèges. • Soc. 29 mai 2019, ⚖ n° 18-60.129 P : *D. 2019. Actu. 1177* 🖉 ; *RJS 8-9/2019, n° 509 ; JCP S 2019. 1302, obs. Pagnerre.*

Art. L. 2143-5 Dans les entreprises (*L. n° 2012-387 du 22 mars 2012, art. 43*) « d'au moins deux mille salariés » comportant au moins deux établissements (*L. n° 2012-387 du 22 mars 2012, art. 43*) « d'au moins cinquante salariés chacun », chaque syndicat représentatif (*L. n° 2008-789 du 20 août 2008*) « dans l'entreprise » peut désigner un délégué syndical central d'entreprise, distinct des délégués syndicaux d'établissement.

(*L. n° 2008-789 du 20 août 2008*) « Ce délégué syndical central est désigné par un syndicat qui a recueilli au moins 10 % des suffrages exprimés au premier tour des dernières élections des titulaires au (*Ord. n° 2017-1386 du 22 sept. 2017, art. 4*) « comité social et économique », quel que soit le nombre de votants, en additionnant les suffrages de l'ensemble des établissements compris dans ces entreprises. »

SYNDICATS PROFESSIONNELS — Art. L. 2143-6

L'ensemble des dispositions relatives au délégué syndical d'entreprise est applicable au délégué syndical central.

Dans les entreprises de moins de deux mille salariés comportant au moins deux établissements (*L. n° 2012-387 du 22 mars 2012, art. 43*) « d'au moins cinquante salariés chacun », chaque syndicat représentatif peut désigner l'un de ses délégués syndicaux d'établissement en vue d'exercer également les fonctions de délégué syndical central d'entreprise. — [Anc. art. L. 412-12.] — V. art. L. 2146-1 (pén.).

BIBL. ▶ Dauxerre, *JCP S 2022. 1305*.

COMMENTAIRE

V. sur le Code en ligne.

1. Niveau de représentativité. Pour désigner un délégué syndical central, un syndicat doit être représentatif dans l'entreprise tout entière. ● Soc. 14 févr. 1989, n° 88-60.246 P : *D. 1990. Somm. 174*, obs. Borenfreund ● 25 janv. 2006, n° 04-60.437 P : *D. 2006. IR 397* ; *RJS 2006. 417, n° 598* ; *Dr. soc. 2006. 869*, note Borenfreund. ♦ Et non pas dans certains établissements seulement. ● Soc. 31 mars 1999, n° 98-60.205 P : *RJS 1999. 423, n° 696*.

2. Unité économique et sociale. Un délégué syndical central peut être désigné au sein d'une unité économique et sociale comportant au moins deux établissements distincts de 500 salariés chacun ou plus. ● Soc. 2 oct. 1985 : *Dr. ouvrier 1986. 169* ● 23 févr. 2005, n° 04-60.289 P. — V. aussi ● Soc. 20 juill. 1983 : *Dr. soc. 1984. 81*, note Savatier ● 23 juill. 1985 : *Dr. soc. 1986. 11*, note Savatier. ♦ Mais aucun texte n'institue de « représentation syndical » pour une unité économique et sociale. ● Soc. 12 mars 1987 : *Bull. civ. V, n° 162* ; *D. 1988. Somm. 330*, obs. Borenfreund.

3. Délégué syndical et établissement distinct. Le périmètre de désignation des délégués syndicaux précédemment reconnu par une décision judiciaire ne peut être remis en cause qu'au vu d'éléments nouveaux. ● Soc. 21 janv. 2009 : *R., p. 364* ; *D. 2009. AJ 433*, obs. Maillard ; *RJS 2009. 316, n° 373* ; *JCP S 2009. 1344*, obs. Martinon.

4. Délégué central d'entreprise. Un syndicat peut désigner comme délégué syndical central un délégué syndical d'établissement, peu important que celui-ci soit l'unique délégué dont dispose le syndicat dans l'entreprise. ● Soc. 16 déc. 1992, n° 91-60.214 P : *Dr. soc. 1993. 282*, note Borenfreund ; *RJS 1993. 43, n° 52* ; *CSB 1993. 51, S. 19*.

5. Absence de condition d'audience personnelle. L'art. L. 2143-5 ne subordonne pas la désignation d'un délégué syndical central à l'obtention par ce dernier d'un score électoral de 10 % des suffrages exprimés. ● Soc. 16 nov. 2011 : *D. 2011. Actu. 2940* ; *Dr. soc. 2012. 106*, obs. Petit ; *RJS 2012. 138, n° 165* ; *JCP S 2012. 1089*, obs. Gauriau.

6. Délégués syndicaux supplémentaires : accord collectif et égalité de traitement. Une disposition conventionnelle plus favorable peut instaurer, pour son application, une différence de traitement entre syndicats représentatifs dès lors, d'une part, que la disposition ne prive pas ces syndicats de l'exercice de leur droits légaux et, d'autre part, que cette différence est justifiée par des raisons objectives matériellement vérifiables liées à l'influence de chaque syndicat en rapport avec l'objet de l'accord. ● Soc. 29 mai 2013 : *D. 2013. Actu. 1417* ; *ibid. 1733*, obs. Petit ; *RDT 2013. 639*, obs. Odoul-Asorey.

§ 2 Entreprises de moins de cinquante salariés

Art. L. 2143-6 Dans les établissements qui emploient moins de cinquante salariés, les syndicats représentatifs (*L. n° 2008-789 du 20 août 2008*) « dans l'établissement » peuvent désigner, pour la durée de son mandat, un (*Ord. n° 2017-1386 du 22 sept. 2017, art. 4*) « membre de la délégation du personnel au comité social et économique » comme délégué syndical.

Sauf disposition conventionnelle, ce mandat n'ouvre pas droit à un crédit d'heures. Le temps dont dispose le (*Ord. n° 2017-1386 du 22 sept. 2017, art. 4*) « membre de la délégation du personnel au comité social et économique » pour l'exercice de son mandat peut être utilisé dans les mêmes conditions pour l'exercice de ses fonctions de délégué syndical. — [Anc. art. L. 412-11, al. 4.] — V. art. L. 2146-1 (pén.).

COMMENTAIRE

V. sur le Code en ligne.

1. Entreprises de moins de cinquante salariés. Si, dans une entreprise comptant moins de cinquante salariés, chaque syndicat représentatif peut désigner un délégué du personnel comme délégué syndical, il n'en va pas de même dans un établissement de moins de cinquante salariés qui dépend d'une entreprise dont l'effectif global est au moins égal à ce chiffre. • Cass., ass. plén., 14 juin 1985 : ⚖ *Dr. soc. 1985. 741, concl. Cabannes, note Savatier* ◊ *Soc. 28 mai 1997* : ⚖ *RJS 1997. 539, n° 833.* – V. déjà • Soc. 6 juill. 1983 (deux arrêts) : *Bull. civ. V, n° 417 ; Dr. soc. 1984. 84, note Savatier ; D. 1984. IR 370, obs. Verdier.* ♦ Dans le même sens, s'agissant d'une unité économique et sociale : • Soc. 27 mai 1997 : ⚖ *Dr. soc. 1997. 759, obs. Savatier* ◊. ♦ L'art. L. 2143-6 concerne les conditions de désignation des délégués syndicaux dans les entreprises de moins de 50 salariés ; il en résulte que ce texte, qui n'a pas modifié le champ d'application du dernier al. de l'art. L. 412-11 qu'il remplace, n'est pas applicable dans les entreprises dont l'effectif global est d'au moins 50 salariés. • Soc. 29 avr. 2009 : ⚖ *D. 2009. AJ 1421, obs. Ines* ◊ ; *RDT 2009. 529, obs. Grévy* ◊ ; *RJS 2009. 574, n° 643 ; Dr. soc. 2009. 776, note Radé* ◊.

2. Conditions. La désignation d'un délégué du personnel comme délégué syndical dans une entreprise de moins de cinquante salariés est possible sans que le syndicat ait à justifier de la constitution d'une section syndicale. • Soc. 12 déc. 1990, ⚖ n° 88-60.671 P : *D. 1991. IR 28 ; CSB 1991. 46, S. 22.* ♦ Ni un usage de l'entreprise ni un engagement unilatéral de l'employeur ne permettent, dans une entreprise de moins de 50 salariés, à un syndicat présent dans l'entreprise de désigner en tant que délégué syndical un salarié dépourvu de la qualité de délégué du personnel. • Soc. 20 mars 2001, ⚖ n° 99-60.496 P : *RJS 2001. 527, n° 762 ; Dr. soc. 2001. 568, obs. Savatier* ◊.

3. Possibilité de désigner un représentant élu sur les listes présentées par d'autres syndicats. Dès lors qu'un salarié remplit les conditions prévues par la loi pour être désigné délégué syndical, il n'appartient qu'au syndicat désignataire d'apprécier s'il est en mesure de remplir sa mission, peu important que ce salarié ait précédemment exercé des fonctions de représentant d'un autre syndicat ou qu'il ait été élu lors des dernières élections sur des listes présentées par un autre syndicat. • Soc. 19 avr. 2023, ⚖ n° 21-17.916 B : *D. actu. 10 mai 2023, obs. Malfettes ; D. 2023. Pan. 1450, obs. Ferkane* ◊ ; *Dr. soc. 2023. 930, obs. Petit* ◊ ; *RJS 7/2023, n° 390 ; JSL 2023, n° 565-4, obs. Hautefort.* ♦ Comp. *ante* : • Soc. 2 nov. 1994,

⚖ n° 94-60.008 : *D. 1995. Somm. 374, obs. Borenfreund* ◊ ; *RJS 1994. 845, n° 1400 ; Dr. ouvrier 1995. 577* • 6 juill. 1999, ⚖ n° 98-60.329 P : *D. 2000. 148, note Petit* ◊ ; *RJS 1999. 681, n° 1088 ; Dr. soc. 1999. 1052, obs. Mouly* ◊ (possibilité de désigner comme délégué syndical un délégué du personnel élu en tant que candidat libre). ♦ Le mandat de délégué syndical ne prend pas fin du fait de la cessation du mandat électif lorsque le délégué du personnel suppléant a été désigné en qualité de délégué syndical, et que l'employeur n'a pas contesté la désignation dans le délai de quinze jours. • Soc. 24 sept. 2008, ⚖ n° 06-42.269 : *RDT 2009. 51, obs. Tissandier* ◊.

4. Protection supplémentaire du représentant du personnel désigné comme délégué syndical. Dans les entreprises de moins de 50 salariés, seul un délégué du personnel peut être désigné délégué syndical pour le terme de son mandat de délégué du personnel, la protection supplémentaire est donc celle de six mois attachée à sa qualité de délégué du personnel et non celle d'un an attachée à la qualité de délégué syndical s'il a exercé plus d'un an. • Soc. 4 nov. 2020, ⚖ n° 19-12.279 P : *D. actu. 23 nov. 2020, obs. Malfettes.*

5. Délégué du personnel suppléant. Dans une entreprise qui emploie moins de cinquante salariés, un délégué du personnel suppléant assurant le remplacement du délégué du personnel titulaire peut, pour la durée de ce remplacement, être désigné comme délégué syndical. • Soc. 20 juin 2012 : ⚖ *D. actu. 10 juill. 2012, obs. Fleuriot ; D. 2012. Actu. 1746* ◊ ; *RJS 2012. 699, n° 823 ; JCP S 2012. 1361, obs. Gauriau.* ♦ Seul un membre suppléant du CSE disposant d'un crédit d'heures de délégation en application, soit de l'art. L. 2315-9, soit des clauses du protocole préélectoral tel que prévu à l'art. L. 2314-7, soit du fait qu'il remplace momentanément un membre titulaire en application de l'art. L. 2314-37, soit enfin en application d'un accord collectif dérogatoire au sens de l'art. L. 2315-2, peut être désigné, dans les entreprises de moins de cinquante salariés, en qualité de délégué syndical. • Soc. 23 mars 2022, ⚖ n°s 20-16.333 et 20-21.269 B : *D. actu. 6 avr. 2022, obs. Couëdel ; D. 2022. 657* ◊ ; *RJS 6/2022, n° 310 ; JCP S 2022. 1141, obs. Armillei.*

SOUS-SECTION 3 Formalités

Art. L. 2143-7 Les noms du ou des délégués syndicaux sont portés à la connaissance de l'employeur dans des conditions déterminées par décret. Ils sont affichés sur des panneaux réservés aux communications syndicales.

La copie de la communication adressée à l'employeur est adressée simultanément à l'(*L. n° 2016-1088 du 8 août 2016, art. 113*) « agent de contrôle de l'inspection du travail mentionné à l'article L. 8112-1 ».

La même procédure est appliquée en cas de remplacement ou de cessation de fonctions du délégué. – [*Anc. art. L. 412-16, al. 1er à 3.*] – V. art. L. 2146-1 (*pén.*) et D. 2143-4.

Art. L. 2143-7

1. Formalités. Sur les formes que doit revêtir la notification à l'employeur, V. • Soc. 11 juill. 1975 : *Bull. civ. V, n° 406* • 1er mars 1979 : *Bull. civ. V, n° 199* • 12 mars 1991 : 🗝 *Dr. soc. 1991. 696, note Savatier* ⬚ ; *RJS 1991. 321, n° 604* • 25 janv. 1995 : 🗝 *RJS 1995. 182, n° 259* (pas de notification par télécopie). ♦ Lorsqu'une unité économique et sociale est reconnue, la notification doit être faite à l'ensemble des sociétés du groupe, sous peine d'être inopposable à celles auxquelles elle n'a pas été notifiée. • Soc. 19 juin 1987 : *Bull. civ. V, n° 409.*

2. Le défaut d'affichage de la désignation du délégué syndical permet seulement aux salariés de l'entreprise et aux autres syndicats de la contester, mais il n'a pas pour effet de la rendre nulle à l'égard de l'employeur informé par lettre recommandée avec accusé de réception. • Soc. 28 mai 1975 : *Bull. civ. V, n° 285* ; *D. 1975. IR 148.* – V. aussi • Soc. 19 juill. 1979 : *D. 1980. IR 92, obs. Pélissier.*

3. Le syndicat qui désigne un délégué syndical auprès de plusieurs personnes morales constituant selon lui une unité économique et sociale doit indiquer la composition de celle-ci dans la désignation qu'il notifie aux représentants légaux de chacune des entreprises concernées. • Soc. 12 juill. 1995 : 🗝 *RJS 1995. 727, n° 1144.*

4. Communication de la désignation. La désignation d'un délégué syndical peut être valablement notifiée au chef d'établissement qui a reçu de l'employeur toutes les responsabilités du chef d'entreprise en matière d'hygiène et de sécurité du travail et, de façon générale, tous les pouvoirs permettant de l'assimiler le chef de cet établissement au chef d'entreprise. • Soc. 9 juin 1999, 🗝 n° 98-60.365 P/ *RJS 1999. 577, n° 941.* ♦ La formalité de l'alinéa 2 n'est prévue que comme mode d'information de la désignation et non pour sa validité. • Soc. 2 avr. 1996 : 🗝 *RJS 1996. 359, n° 565.*

5. Niveau de l'affichage. Est irrégulier l'affichage de la désignation d'un délégué syndical central et d'un représentant syndical au comité central d'entreprise qui n'a lieu que dans un seul établissement de l'entreprise et non pas au siège de l'entreprise également siège du comité central d'entreprise où la désignation est destinée à prendre en premier titre effet. • Soc. 15 févr. 2006, 🗝 n° 05-60.178 P.

6. Précision de la désignation. Le syndicat qui désigne un délégué syndical doit indiquer, à peine de nullité, soit l'entreprise soit l'établissement, lieu de la désignation dans la lettre qu'il notifie au chef d'entreprise. • Soc. 18 juill. 2000, 🗝 n° 99-60.431 P. ♦ Le syndicat qui mandate un salarié doit indiquer, à peine de nullité de la désignation, que ce dernier est désigné soit en qualité de représentant syndical au comité d'établissement, soit en qualité de délégué syndical dans l'entreprise ou l'établissement distinct. • Soc. 29 mars 2005 : 🗝 *RJS 2005. 549, n° 759.*

7. UES. Ce n'est qu'au cas où un syndicat désire faire reconnaître l'existence d'une UES entre plusieurs personnes juridiquement distinctes qu'il doit notifier la désignation du délégué syndical à toutes les sociétés ou personnes constituant l'UES ; dans le cas où l'UES résulte d'un accord collectif, la désignation ne doit être notifiée qu'à celui qui remplit la fonction de chef d'établissement. • Soc. 30 mai 2001, 🗝 n° 99-60.535 P : *D. 2001. IR 2243* ⬚ ; *RJS 2001. 708, n° 1036.* ♦ La désignation d'un représentant syndical d'une UES n'est valablement notifiée à une seule des personnes qui la composent que lorsque celle-ci représente toutes les sociétés de l'UES. • Soc. 26 nov. 2003, 🗝 n° 02-60.388 P : *RJS 2003. 152, n° 222* • Soc. 15 juin 2022, 🗝 n° 21-10.509 B : *D. actu. 28 juin 2022, obs. Malfettes* ; *RJS 8-9/2022, n° 458.*

8. Remplacement. Hormis le cas de fraude, une organisation syndicale a la faculté de remplacer selon les formes prescrites par l'art. L. 412-16 [L. 2143-7 nouv.] un délégué syndical, même temporairement. • Soc. 16 mai 1990, 🗝 n° 89-60.690 P : *RJS 1990. 351, n° 504.* ♦ Mais, en l'absence de disposition légale le prévoyant, la réitération de désignations successives et limitées instaurant un système de suppléance habituelle des délégués syndicaux pendant leurs congés de fins de semaine ne peut être mise en place que par un accord collectif. • Soc. 14 janv. 2004 : 🗝 *JSL 2004, n° 140-4.* ♦ L'appréciation d'une fraude éventuelle dans le remplacement d'un délégué syndical relève du pouvoir souverain des juges du fond. • Soc. 10 juill. 1997 : 🗝 *TPS 1997, n° 265, obs. Teyssié.* ♦ Sauf indication contraire dans la lettre de notification, la désignation d'un nouveau délégué en remplacement d'un précédent est réputée faite dans le périmètre identique à celui au sein duquel avait été effectuée la désignation de la personne remplacée ; la mention du remplacement suffit à rendre la seconde désignation précise dès lors que le périmètre de désignation du premier délégué n'est pas contesté. • Soc. 11 févr. 2009 : 🗝 *RJS 2009. 375, n° 375* ; *JCP S 2009. 1203, obs. Kerbourc'h.*

9. La loi n'ayant pas instauré de délégué suppléant, la lettre annonçant à l'employeur le retour d'un salarié dans ses fonctions de délégué syndical constitue une nouvelle désignation susceptible de recours. • Soc. 12 févr. 1992 : 🗝 *CSB 1992. 82, S. 47* ; *RJS 1992. 192, n° 314.* – Dans le même sens : • Soc. 16 avr. 1996 : 🗝 *RJS 1996. 359, n° 566.*

SOUS-SECTION 4 Contestations

Art. L. 2143-8 Les contestations relatives aux conditions de désignation des délégués syndicaux légaux ou conventionnels sont de la seule compétence du juge judiciaire. Le recours n'est recevable que s'il est introduit dans les quinze jours suivants l'accomplissement des formalités prévues au premier alinéa de l'article L. 2143-7.

Passé ce délai, la désignation est purgée de tout vice sans que l'employeur puisse soulever ultérieurement une irrégularité pour priver le délégué désigné du bénéfice des dispositions du présent chapitre.

Lorsqu'une contestation rend indispensable le recours à une mesure d'instruction, les dépenses afférentes à cette mesure sont à la charge de l'État. — *[Anc. art. L. 412-15, al. 1er et 2 et al. 4.]* — V. art. L. 2146-1 (pén.).

BIBL. ▶ MONCADA-NOVAK, *Gaz. Pal. 1979. 2. Doctr. 550* (contentieux de la désignation). – MOULY, *Dr. soc. 1987. 106* (fraude dans la désignation des délégués). – REY, *ibid. 1991. 430* (rôle de l'administration du travail).

COMMENTAIRE

V. sur le Code en ligne. ☐

I. COMPÉTENCE DU JUGE JUDICIAIRE

1. Compétence du tribunal de proximité (anciennement d'instance). Sur la compétence du tribunal d'instance, V. notamment • Crim. 10 févr. 1972 : *Bull. crim. n° 56 ; JCP 1972. II. 17233*, note Verdier • Soc. 10 nov. 1971 : *Bull. civ. V, n° 653* • 4 mars 1976 : *D. 1976. IR 115*. ◆ Le tribunal territorialement compétent est celui du lieu où la désignation est destinée à prendre effet. • Soc. 7 oct. 1998, n° 97-60.303 P : *RJS 1998. 836, n° 1382*. ◆ Comp. jurisprudence antérieure. • Soc. 11 janv. 1995, n° 94-60.036 P. ◆ La décision du tribunal d'instance, seulement susceptible de recours en cassation, ne peut faire l'objet d'une tierce opposition. • Soc. 28 nov. 1995 : *RJS 1996. 30, n° 40* • 26 nov. 2003, n° 02-60.689 P.

2. Compétence matérielle. Le tribunal d'instance (tribunal de proximité depuis le 1er janv. 2020), étant compétent pour apprécier si le demandeur remplit les conditions nécessaires pour être électeur, l'est également pour déterminer l'existence à cette date du contrat de travail de l'intéressé en vue de se prononcer sur son électorat. • Soc. 8 févr. 2012 : *D. actu. 29 mars 2012, obs. Ines ; JCP S 2012. 1172, obs. Brissy* • 5 juin 1985 : *Bull. civ. V, n° 327* • 8 avr. 1992, n° 91-60.250 P.

3. L'art. L. 412-15, al. 1er, C. trav. [L. 2143-8 nouv.] ne prévoit que le tribunal d'instance (tribunal de proximité depuis le 1er janv. 2020) statue en dernier ressort que sur les constatations relatives aux conditions de désignation des délégués syndicaux et non en ce qui concerne la suppression de leur mandat en raison de la baisse des effectifs ; il s'ensuit que le jugement est rendu en premier ressort, à charge d'appel, et le pourvoi en cassation irrecevable. • Soc. 15 févr. 2006, n° 05-60.138 P.

4. Le tribunal d'instance (tribunal de proximité depuis le 1er janv. 2020) saisi d'une contestation portant sur la désignation d'un délégué syndical statue sans frais et ne peut condamner une partie aux dépens. • Soc. 2 juin 2004 : *Dr. soc. 2004. 913, obs. Savatier* • 13 oct. 2004, n° 03-60.406 P.

II. DÉLAI DE FORCLUSION

A. DOMAINE

5. Principe. Le délai de quinze jours prévu à peine de forclusion concerne toutes les contestations relatives aux conditions de désignation des délégués syndicaux, quels que soient les motifs allégués. • Soc. 21 juill. 1986 : *Bull. civ. V, n° 452* • CE 13 mai 1987 : *D. 1987. IR 151* • Soc. 20 mars 1990, n° 89-61.330 P : *D. 1990. IR 104 ; RJS 1990. 241, n° 321*. ◆ Le délai de 15 jours n'est pas opposable à l'action de l'employeur ayant pour objet l'existence éventuelle d'un accord collectif octroyant des heures de délégation au délégué syndical désigné dans les conditions prévues à l'art. L. 412-11, al. 4 [L. 2143-6 nouv.]. • Soc. 28 sept. 2005, n° 04-11.286 P.

6. Objet de la demande. La contestation par l'employeur de la représentativité d'un syndicat ayant créé une section syndicale pour laquelle il demande des moyens d'action n'est soumise à aucun délai. • Soc. 23 sept. 1992, n° 89-21.050 P : *D. 1992. IR 246 ; RJS 1992. 692, n° 1272*. ◆ La demande de l'employeur visant uniquement à faire constater le remplacement d'un délégué syndical par un autre salarié n'est pas soumise à un délai de forclusion. • Soc. 8 févr. 2012 : *D. actu. 28 mars 2012, obs. Ines ; Dr. soc. 2012. 373*, note Petit ; *JCP S 2012. 1214, obs. Gauriau*.

7. Désignation concurrente. Lorsqu'un premier syndicat représentatif a désigné un délégué, la désignation d'un autre délégué syndical par un deuxième syndicat affilié à la même confédération n'emporte pas caducité du premier mandat que seul le syndicat désignataire peut révoquer. • Soc. 22 juin 2005, n° 04-60.391 P.

8. Délégué au sein d'une UES. L'absence de contestation dans les délais de la désignation d'un délégué syndical dans le périmètre d'une unité économique et sociale interdit la remise en cause du mandat du délégué syndical et constitue un élément que le juge doit prendre en considération dans l'action en reconnaissance de cette unité ; elle n'établit toutefois pas à elle seule son existence. • Soc. 4 mars 2009 : ⚖ *D. 2009. AJ 876*, obs. Ines ⊘ ; *RDT 2009. 392*, obs. Peskine ⊘ ; *RJS 2009. 672*, note Cœuret.

9. Désignation par une confédération. Une confédération ne peut procéder au remplacement de délégués syndicaux désignés antérieurement par une union départementale dont la désignation non contestée était devenue définitive, sans qu'au préalable le mandat des intéressés ait été révoqué par l'instance qui les avait désignés. • Soc. 8 déc. 2004, ⚖ n° 03-60.445 P : *Dr. soc. 2005. 347*, obs. Savatier ⊘ ; *RJS 2005. 1287, n° 171*.

10. Désignation multiple. En présence de deux délégués syndicaux désignés par le même syndicat, il appartient au tribunal de convoquer toutes les parties au litige avant de statuer sur la validité de la désignation du délégué. • Soc. 20 févr. 2002, ⚖ n° 00-60.363 P. ♦ Lorsqu'une organisation syndicale désigne un délégué syndical surnuméraire, cette désignation ouvre, à compter de la dernière désignation litigieuse ou de la décision prise par l'organisation syndicale pour mettre fin à cette situation, un nouveau délai de contestation de l'ensemble des désignations en cause ; il appartient alors aux syndicats de justifier des dispositions statutaires déterminant le syndicat ayant qualité pour procéder aux désignations des délégués syndicaux ou à leur remplacement, ou de la décision prise par l'organisation syndicale d'affiliation pour régler le conflit conformément aux dispositions statutaires prévues à cet effet ; à défaut, par application de la règle chronologique, seule la désignation notifiée en premier lieu doit être validée ; le tribunal d'instance, saisi du litige, doit convoquer l'ensemble des syndicats et des délégués syndicaux concernés par les désignations contestées. • Soc. 29 oct. 2010 : ⚖ *D. actu. 17 nov. 2010*, obs. Perrin.

11. Le juge saisi d'une contestation relative à la désignation d'un troisième délégué syndical dans une entreprise ne peut, pour apprécier la validité de cette désignation, substituer au cadre dans lequel elle a été effectuée celui d'un établissement. • Soc. 11 juin 1987 : *Bull. civ. V, n° 388* ; *D. 1988. Somm. 329*, obs. Borenfreund.

B. DÉLAI DE QUINZE JOURS

1° DÉCOMPTE

12. Recours formé au greffe. Lorsqu'il est formé au greffe du tribunal d'instance (tribunal de proximité depuis le 1er janv. 2020), le recours prévu à l'art. L. 2143-8 a pour date celle de l'envoi de la lettre. • Soc. 26 sept. 2012 : ⚖ *D. actu. 25 oct. 2012*, obs. Perrin ; *RJS 2012. 814, n° 957* ; *JSL 2012, n° 332-4*, obs. Tourreil ; *JCP S 2012. 1534*, obs. Gauriau. ♦ C'est le jour de réception de la lettre recommandée au greffe qui détermine l'expiration du délai de quinze jours. • Soc. 3 déc. 2002, ⚖ n° 01-60.663 P.

13. Interruption du délai de forclusion. L'action aux fins d'annulation des élections d'un candidat et celle du syndicat tendant aux mêmes fins, la saisine du tribunal par le salarié interrompt le délai de forclusion au bénéfice du syndicat, qui est recevable à demander l'annulation des élections dans le collège auquel appartient le candidat. • Soc. 27 févr. 2013 : ⚖ *D. actu. 25 mars. 2013*, obs. Ines.

14. Modalités de l'information. Le délai de l'art. L. 412-15 [L. 2143-8 nouv.] court, à l'égard des organisations syndicales et des salariés de l'entreprise, du jour où le nom du délégué syndical a été porté à leur connaissance par affichage ou par tout autre moyen. • Soc. 4 févr. 1997, ⚖ n° 95-60.982 P : *Dr. soc. 1997. 322* ⊘ ; *RJS 1997. 287, n° 435*.

15. La désignation du délégué syndical est portée à la connaissance du chef d'entreprise, soit par lettre recommandée, soit par lettre remise au chef d'entreprise contre récépissé. • Soc. 29 oct. 2008, ⚖ n° 08-60.016 P.

16. Le point de départ du délai de contestation de la désignation d'un délégué syndical central court à compter de l'affichage de sa désignation sur des panneaux destinés aux communications syndicales situés au siège de l'entreprise. • Soc. 23 sept. 2009, ⚖ n° 08-60.520 P.

17. Concernant la désignation d'un délégué syndical dans une unité économique et sociale, le délai court à compter de la notification de cette désignation auprès des représentants légaux de chacune des personnes morales constituant l'unité économique et sociale. • Soc. 12 janv. 2000 : ⚖ *D. 2000. IR 54* ⊘ ; *RJS 2000. 124, n° 185* • Soc. 27 janv. 1999, ⚖ n° 97-60.441 P : *JCP E 1999. 500* ; *D. Affaires 1999. 318*, note Dechristé.

2° SANCTIONS

18. Incompétence. La contestation ne peut être déclarée irrecevable lorsqu'elle a été introduite, dans le délai imparti, devant un tribunal incompétent puis s'est poursuivie devant la juridiction désignée. • Soc. 2 mars 2004, ⚖ n° 02-60.828 P : *RJS 2004. 385, n° 564*.

19. Irrecevabilité. Est irrecevable une contestation formée par lettre parvenue au secrétariat-greffe du tribunal après expiration des délais légaux. • Soc. 9 juill. 1996, ⚖ n° 95-60.754 P.

20. Exception. L'expiration du délai de l'art. L. 412-15 [L. 2143-8 nouv.] interdit la remise en cause, même par voie d'exception, de la validité de la désignation d'un délégué syndical. • Soc. 10 oct. 1990 : ⚖ *D. 1990. IR 254* ; *RJS 1990. 585*, n° 881 (salarié d'une entreprise de moins de cinquante salariés non délégué élu et néanmoins désigné comme délégué syndical).

21. Désignation purgée de tout vice. La désignation en qualité de délégué syndical un mois avant son élection comme délégué du personnel, sans que cette désignation ait été contestée dans le délai, est purgée de tout vice à la date de l'élection ; le mandat syndical est indépendant de celui de délégué élu. • Soc. 14 janv. 2009 : 🛆 *Dr. soc. 2009. 445*, note Duquesne.

22. Lorsque l'employeur ne conteste pas la désignation d'un délégué du personnel suppléant comme délégué syndical, il ne peut plus ultérieurement invoquer la perte de son mandat électif pour prétendre que le mandat de délégué élu serait caduc. • Soc. 24 sept. 2008 : 🛆 *RDT 2009. 51*, obs. Tissandier.

3° EXCEPTIONS

23. Fraude. Doit être cassé le jugement qui ne répond pas à des conclusions déterminantes invoquant une fraude, dès lors que la forclusion n'a pu être opposée à l'employeur qu'en raison de la fraude. • Soc. 5 mars 1986 : *Bull. civ. V, n° 78 ; D. 1986. IR 391*, obs. Frossard. – V. aussi • Soc. 26 avr. 1979 : *D. 1980. IR 28*, obs. Langlois. ♦ La collusion frauduleuse ne peut résulter d'une désignation en qualité de délégué syndical pendant une procédure de licenciement disciplinaire à son encontre lorsque la désignation a lieu après l'expiration du délai d'un mois suivant le jour de l'entretien préalable et avant la notification du licenciement. • Soc. 16 mars 1999 : 🛆 *Dr. soc. 1999. 468*, concl. P. Lyon-Caen. ♦ Lorsque l'employeur connaît la fraude avant la désignation, il ne peut l'invoquer après l'expiration du délai impératif institué par l'art. L. 412-15 [L. 2143-8 nouv.]. • Crim. 22 oct. 1991 : 🛆 *CSB 1992. 59*, obs. Philbert, *Dr. pénal 1992*. Comm. 48, obs. Robert.

24. Fait postérieur. Échappe à la forclusion la contestation fondée sur un fait survenu postérieurement tel que : la cessation de l'unité économique et sociale qui avait permis la désignation d'un délégué central. • Soc. 10 janv. 1989, 🛆 n° 87-60.209 P : *D. 1989. Somm. 206*, obs. Béraud. ♦ ... La réorganisation de l'entreprise. • Soc. 28 mars 1989 : *D. 1990. Somm. 173*, obs. Borenfreund • 13 juin 1989 : *Bull. civ. V, n° 438 ; D. 1989. IR 236.* ♦ ... La diminution des effectifs entraînant une modification du nombre des délégués. • Soc. 11 juin 1987 : *D. 1988. Somm. 104*, obs. Frossard. ♦ ... La disparition de la section syndicale. • Soc. 24 janv. 1989 : *Dr. soc. 1994. 304*, note Savatier • 24 janv. 1996, 🛆 n° 95-60.072 P : *RJS 1996. 176, n° 297.* ♦ Une nouvelle désignation intervenant pour le même salarié, même si l'employeur n'avait pas contesté la précédente. • Soc. 31 mars 2010 : *RJS 2010. 431, n° 530 ; Dr. soc. 2010. 865*, obs. Petit.

25. Le jugement statuant sur la représentativité d'un syndicat, à l'occasion d'une contestation de la désignation par lui de délégués syndicaux, ne constitue pas un fait nouveau permettant de contester, hors délai de forclusion, la désignation postérieure d'un représentant syndical au comité d'entreprise par le même syndicat (jurispr. rendue sous l'empire du régime issu de la loi du 20 août 2008). ♦ Pour une décision rendue sous l'empire du régime antérieur à la loi de 2008, V. • Soc. 11 oct. 1994, n° 96-60.380 P : *D. 1995. Somm. 355*, obs. Frossard ; *RJS 1994. 772, n° 1284.*

26. La contestation doit être introduite dans les quinze jours suivant la connaissance du fait nouveau. • Soc. 29 oct. 1986 : *Bull. civ. V, n° 498* • 10 mai 1994 : 🛆 *RJS 1994. 439, n° 722.* ♦ Lorsque le juge est saisi en même temps d'une contestation de désignation et d'une demande de révocation, il statue en premier ressort sur tous les chefs de demande. • Soc. 6 févr. 1997 : 🛆 *RJS 1997. 203, n° 303.*

27. N'est plus recevable le recours envoyé le 30 mai 2014 en vue de demander l'annulation de la désignation d'un délégué syndical central effectuée le 9 avril 2014 dès lors que les sociétés ayant formé ce recours reconnaissent dans leur requête avoir pris connaissance de la désignation du délégué syndical central le 15 avril 2014, le délai de quinze jours étant forclos. • Soc. 17 févr. 2016, 🛆 n° 14-60.815 P : *D. 2016. Actu. 488 ; RJS 5/2016, n° 349 ; JCP S 2016. 1124*, obs. Brissy.

SECTION 2 Mandat

Art. L. 2143-9 Les fonctions de délégué syndical sont compatibles avec celles de (Ord. n° 2017-1386 du 22 sept. 2017, art. 4) « membre de la délégation du personnel au comité social et économique ou de représentant syndical à ce comité ». *V. art. L. 2146-1 (pén.).*

> *COMMENTAIRE*
>
> V. sur le Code en ligne 🛆.

Art. L. 2143-10 En cas de modification dans la situation juridique de l'employeur telle que mentionnée à l'article L. 1224-1, le mandat du délégué syndical ou du délégué syndical central subsiste lorsque l'entreprise qui fait l'objet de la modification conserve son autonomie juridique.

SYNDICATS PROFESSIONNELS **Art. L. 2143-11** 669

Il en est de même lorsque la modification porte sur un établissement au sens de l'article L. 2143-3. — *[Anc. art. L. 412-16, al. 4.]* — V. art. L. 2146-1 (pén.).

COMMENTAIRE
V. sur le Code en ligne 🔒.

1. Restructuration. Il résulte de l'art. L. 412-16 [L. 2143-10 nouv.], tel qu'interprété à la lumière de la Dir. 98/50/CE du 29 juin 1998, qu'en cas de modification dans la situation juridique de l'employeur au sens de l'art. L. 122-12, al. 2 [L. 1224-1 nouv.], le mandat des délégués syndicaux de l'entreprise qui a fait l'objet de la modification subsiste lorsque cette entreprise conserve en fait son autonomie ; peu importe que cette entreprise ait perdu son autonomie juridique. • Soc. 18 déc. 2000 : 🔒 *D. 2001. IR 358* ⌀ *; Dr. soc. 2001. 326, obs. Savatier* ⌀ *; RJS 2001. 220, n° 310* • 24 mai 2006 : 🔒 *RJS 2006. 881, n° 1193 ; JCP S 2006. 1618, obs. Cesaro.* ♦ Mais dès lors que le transfert ne porte que sur certains contrats de travail et non sur une entité susceptible d'emporter le maintien des mandats représentatifs, le salarié qui avait obtenu le score électoral nécessaire pour être désigné délégué syndical avant le transfert ne remplit plus cette condition dans la nouvelle entreprise. • Soc. 14 déc. 2011 : 🔒 *D. actu. 25 janv. 2012, obs. Ines ;* *D. 2012. Actu. 224* ⌀ *; Dr. soc. 2012. 211, obs. Pécaut-Rivolier* ⌀ *; RJS 2012. 222, n° 269 ; JSL 2012, n° 315-5, obs. Guyader.*

2. Fusion-absorption. Dans une hypothèse de fusion-absorption, les mandats des représentants du personnel et des représentants syndicaux qui s'exerçaient au sein de la société absorbante subsistent après la fusion. • Soc. 13 oct. 2010 : 🔒 *D. actu. 5 nov. 2010, obs. Ines ; D. 2010. AJ 2586* ⌀ *; ibid. 2011. Pan. 1246, obs. Camaji* ⌀ *; RDT 2010. 715, obs. Géa* ⌀ *; RJS 2010. 945, n° 946 ; JCP S 2011. 1047, obs. Bossu.*

3. La division de l'entreprise en établissements distincts, qui n'entraîne pas une modification de la situation juridique de l'employeur, n'ayant pas mis fin au mandat des délégués syndicaux, le maintien en fonction de ceux-ci, dans leur établissement d'affectation, n'avait pas à être notifié au chef d'entreprise. • Crim. 17 déc. 1996, 🔒 n° 94-85.783 P : *RJS 1997. 288, n° 436.*

Art. L. 2143-11 (L. n° 2008-789 du 20 août 2008) « Le mandat de délégué syndical prend fin » (L. n° 2014-288 du 5 mars 2014, art. 30-XVIII) « au plus tard lors du premier tour des élections de l'institution représentative du personnel renouvelant l'institution dont l'élection avait permis de reconnaître la représentativité de l'organisation syndicale l'ayant désigné. »
En cas de réduction importante et durable de l'effectif en dessous de cinquante salariés, la suppression du mandat de délégué syndical est subordonnée à un accord entre l'employeur et l'ensemble des organisations syndicales représentatives.
A défaut d'accord, l'autorité administrative peut décider que le mandat de délégué syndical prend fin. — V. art. L. 2146-1 (pén.).

BIBL. ▶ GSSIME, *JSL 2014, n° 376-1* (prorogation des mandats des représentants du personnel à l'occasion du renouvellement des institutions).

COMMENTAIRE
V. sur le Code en ligne 🔒.

I. CADUCITÉ DES MANDATS À L'ISSUE DES NOUVELLES ÉLECTIONS

1. Renouvellement des institutions représentatives dans l'entreprise. Le mandat de délégué syndical prenant fin lors du renouvellement des institutions représentatives dans l'entreprise, la désignation, à l'issue de ces nouvelles élections, d'un délégué syndical fait courir à compter de la date de cette désignation le délai prévu par l'art. R. 2324-24 C. trav. même si le salarié désigné exerçait cette mission avant le nouveau scrutin. • Soc. 22 sept. 2010 : 🔒 *D. 2010. AJ 2298* ⌀ *; D. 2011. Pan. 1246, obs. Odoul-Asorey* ⌀ *; RJS 2010. 770, n° 862 ; SSL 2010, n° 1464, p. 5, note Grévy ; Dr. ouvrier 2010. 655, note Petit ; JCP S 2010. 1479, obs. Chiss et Souchon.*

II. RÉDUCTION DE L'EFFECTIF

2. Hypothèse visée. La procédure prévue par l'art. L. 412-15 [L. 2143-8 nouv.] n'est applicable que lorsque la réduction des effectifs entraîne la suppression du mandat des délégués syndicaux et non lorsqu'elle a pour seule conséquence la réduction du nombre des délégués. • Soc. 21 juill. 1986 : *Bull. civ. V, n° 450* • 10 oct. 2000, 🔒 n° 98-60.484 P. ♦ En annulant la désignation d'un salarié désigné comme délégué syndical en remplacement du précédent, au motif que l'effectif de l'entreprise n'atteignait plus cinquante salariés, le juge du fond a par là même supprimé le poste de délégué syndical, alors que la loi ne lui en donnait pas le pouvoir. • Soc. 12 mai 1986 : *Bull. civ. V, n° 209 ; D. 1986. IR 390, obs. Frossard.* ♦ Le mandat de délégué syndical ne cesse pas de plein droit par la seule baisse des effectifs de l'entreprise. • Soc. 23 juin 1998, n° 96-42.548 P : *D. 1998. IR 210* ; *Dr. soc. 1998. 846*, obs. Borenfreund.

3. *Sur l'appréciation du caractère important et durable de la réduction d'effectifs*, V. • Soc. 25 mai 1978 : *D. 1978. IR 392*, obs. Pélissier • 13 mai 1980 : *Bull. civ. V, n° 432* • 9 juill. 1981 : *Bull. civ. V, n° 701*.

4. Rôle de l'administration. La légalité de la décision de suppression du mandat par l'administration doit être subordonnée à la vérification par cette dernière que la recherche d'accord a existé mais a échoué. • CAA Marseille, 18 déc. 2008 : *RDT 2009. 175*, obs. Dieu.

III. CHANGEMENT DE STRUCTURE

5. Reconnaissance d'une UES. La reconnaissance d'une UES impose la mise en place des institutions représentatives du personnel qui lui sont appropriées et il appartient aux syndicats représentatifs de désigner des délégués syndicaux dans le cadre de cette UES et de mettre fin aux mandats antérieurs ; les mandats des délégués syndicaux désignés antérieurement à la reconnaissance de l'UES deviennent caducs par suite de cette reconnaissance. • Soc. 29 avr. 2009 : *RJS 2009. 575, n° 644 ; JSL 2009, n° 257-6 ; JCP S 2009. 1365*, obs. *Voloir et Aknin*.

6. Absorption. Le mandat du représentant syndical au comité d'entreprise de l'entreprise absorbante ne prend pas fin lors des élections complémentaires organisées pour la représentation des salariés dont le contrat de travail a été transféré. • Soc. 13 juin 2019, n° 18-14.981 P : *D. actu. 4 juill. 2019*, obs. Cortot ; *D. 2019. Actu. 1291* ; *RJS 8-9/2019, n° 505 ; JCP S 2019. 1248*, obs. Jeansen.

IV. RENONCIATION

7. Liberté. Le délégué syndical peut renoncer à son mandat en informant l'organisation syndicale qui l'a désigné de sa renonciation. • Soc. 6 avr. 2016, n° 14-23.198 P : *D. 2016. Actu. 843* ; *RDT 2016. 480*, obs. Frossard ; *RJS 6/2016, n° 437 ; JCP S 2016. 1209*, obs. Gauriau.

V. RÉVOCATION

8. Révocation. En cas de désaffiliation de l'organisation syndicale ayant procédé à la désignation d'un délégué syndical, la confédération syndicale, la fédération ou l'union à laquelle le syndicat désignataire était affilié, peut révoquer le mandat de ce délégué. • Soc. 16 nov. 2013 : *D. actu. 19 nov. 2013*, obs. Fraisse ; *RJS 12/2013, n° 835*.

Art. L. 2143-12 Le nombre des délégués syndicaux de chaque section syndicale dans chaque entreprise ou établissement est calculé dans des conditions déterminées par décret en Conseil d'État compte tenu de l'effectif des salariés.

Le nombre ainsi fixé peut être dépassé en application des dispositions de l'article L. 2143-4 et du premier alinéa de l'article L. 2143-5. – [*Anc. art. L. 412-13, al. 1er et 2.*] – V. art. R. 2143-1 s. – V. art. L. 2146-1 (pén.).

SECTION 3 Exercice des fonctions

SOUS-SECTION 1 Heures de délégation

BIBL. ▶ Heures de délégation : Cohen, *RPDS 1989. 75 ; Dr. soc. 1993. 656* (représentants conventionnels). – Dauxerre, *JCP S 2023. 1065* (moyens du délégué syndical central). – Desset, *RPDS 1983. 339 ; ibid. 1989. 151*. – Frossard, *RJS 1991. 155* (contestation de l'usage des heures de délégation). – Grinsnir, *Dr. ouvrier 1988. 455*. – Lenoir et Wallon, *Dr. soc. 1988. 213* (informatique, travail et libertés). – Mole, *ibid. 1990. 59* (informatique et liberté du travail). – Petit, *RPDS 1979. 309*. – Ray, *Dr. soc. 1986. 757* (contrôle des heures de délégation). – Roux, *ibid. 1978. 31*. – Teyssié, *SSL 1989, suppl. au n° 322*. – Verdier, *Dr. soc. 1988. 713 ; ibid. 1989. 637* (contestation de l'utilisation des heures de délégation) ; *JCP E 1989. II. 15366* (mention des heures de délégation sur le bulletin de paie).

COMMENTAIRE

V. sur le Code en ligne.

Art. L. 2143-13 Chaque délégué syndical dispose d'un temps nécessaire à l'exercice de ses fonctions.

Ce temps est au moins égal à :

1° (*L. n° 2016-1088 du 8 août 2016, art. 28*) « Douze » heures par mois dans les entreprises ou établissements de cinquante à cent cinquante salariés ;

2° (*L. n° 2016-1088 du 8 août 2016, art. 28*) « Dix-huit » heures par mois dans les entreprises ou établissements de cent cinquante et un à (*L. n° 2012-387 du 22 mars 2012, art. 43*) « quatre cent quatre-vingt-dix-neuf salariés » ;

SYNDICATS PROFESSIONNELS — Art. L. 2143-13

3° (L. n° 2016-1088 du 8 août 2016, art. 28) « Vingt-quatre » heures par mois dans les entreprises ou établissements (L. n° 2012-387 du 22 mars 2012, art. 43) « d'au moins cinq cents salariés ».

Ce temps peut être dépassé en cas de circonstances exceptionnelles.

(L. n° 2016-1088 du 8 août 2016, art. 28) « Sauf accord collectif contraire, lorsque le représentant du personnel élu ou désigné est un salarié mentionné à l'article L. 3121-58, le crédit d'heures est regroupé en demi-journées qui viennent en déduction du nombre annuel de jours travaillés fixé dans la convention individuelle du salarié. Une demi-journée correspond à quatre heures de mandat. Lorsque le crédit d'heures ou la fraction du crédit d'heures restant est inférieur à quatre heures, le représentant du personnel en bénéficie dans des conditions définies par un décret en Conseil d'État. »
— V. art. L. 2146-1 (pén.).

COMMENTAIRE

V. sur le Code en ligne.

1. Mission des délégués syndicaux. La mission des délégués syndicaux consiste à représenter leur organisation syndicale auprès du chef d'entreprise. • Soc. 19 mars 1987 : *Bull. civ. V, n° 174 ; D. 1987. IR 79.* ♦ Elle peut être exercée en tout lieu dans l'intérêt des salariés de l'entreprise ou de l'établissement au titre desquels ils ont été désignés, dès lors qu'elle entre dans le cadre de l'objet défini par l'art. L. 411-1 [L. 2131-1 nouv.]. • Soc. 23 janv. 1990 : *GADT, 4e éd., n° 141 ; D. 1990. IR 48 ; CSB 1990. 80 ; RJS 1990. 90, n° 136* (peut être imputée sur les heures de délégation la participation, lors d'une visite du chef de l'État, à une manifestation politique ayant trait à la défense de l'emploi dans l'entreprise). ♦ Dans le même sens : • Soc. 10 juill. 1990, n° 86-42.819 P : *D. 1992. Somm. 299, obs. Borenfreund ; RJS 1990. 471, n° 693 ; Dr. ouvrier 1991. 111* (visite d'une entreprise en grève dont la production concernait l'entreprise dans laquelle les délégués avaient été désignés) • 1er avr. 1992, n° 88-45.752 P : *D. 1992. IR 168 ; RJS 1992. 355, n° 636* (présence à des audiences judiciaires afin de s'informer sur un litige mettant en cause d'autres représentants du personnel de l'entreprise) • 12 juill. 1995 : *RJS 1995. 727, n° 1145* (participation à une réunion du conseil départemental du syndicat dont l'ordre du jour comporte l'étude de la convention collective applicable dans l'entreprise à laquelle appartient le délégué). ♦ Solution inverse lorsque l'intérêt des salariés de l'entreprise ou de l'établissement n'est pas en cause : V. • Soc. 13 juin 1996, n° 95-41.460 P : *RJS 1996. 766, n° 1186* (participation à une manifestation de soutien, dans une autre entreprise, à des salariés pénalement poursuivis).

2. Activités reconnues. Entre dans les missions dévolues aux délégués syndicaux la vérification de l'application des mesures de sécurité. • Crim. 4 nov. 1981 : *D. 1982. IR 119.* ♦ ... Le contrôle des conditions de travail des salariés, où qu'ils se trouvent employés, l'action syndicale s'étendant à l'ensemble des secteurs soumis à l'autorité de l'employeur. • Crim. 5 oct. 1982 : *Bull. crim. n° 207.* ♦ La participation, lors d'une visite du chef de l'État, à une manifestation politique ayant trait à la défense de l'emploi dans l'entreprise. • Soc. 23 janv. 1990 : *GADT, 4e éd., n° 141 ; D. 1990. IR 48 ; CSB 1990. 80 ; RJS 1990. 90, n° 136.* ♦ ... La visite d'une entreprise en grève dont la production concerne l'entreprise dans laquelle les délégués ont été désignés. • Soc. 10 juill. 1990, n° 86-42.819 P : *D. 1990. IR 210 ; RJS 1990. 471, n° 693 ; Dr. ouvrier 1991. 111.* ♦ ... La participation à une réunion dans une filiale tenue à l'occasion d'une action revendicative du personnel qui devait se répercuter sur l'ensemble du personnel. • Soc. 6 janv. 1983 : *JCP 1983. IV. 90.* ♦ ... La présence à des audiences judiciaires afin de s'informer sur un litige mettant en cause d'autres représentants du personnel de l'entreprise. • Soc. 1er avr. 1992, n° 91-60.241 P : *D. 1992. IR 168 ; RJS 1992. 355, n° 636.*

3. Missions hors fonction. N'entre pas dans le cadre de leur mission et ne peut être imputée sur les heures de délégation : l'assistance aux opérations d'un scrutin à caractère national. • Soc. 19 mars 1987 : *préc. note 1.* ♦ ... L'action en justice pour assurer le respect de la procédure des élections professionnelles. • Soc. 10 oct. 1990 : *D. 1990. IR 246* • 2 juin 1993 : *RJS 1993. 445, n° 761 ; Dr. soc. 1993. 681.*

4. La possibilité de répartir entre eux les heures de délégation des délégués syndicaux d'établissement ne peut être étendue au délégué syndical central. • Soc. 3 mars 1993, n° 89-43.497 P : *D. 1994. Somm. 316, obs. Borenfreund ; Dr. soc. 1993. 390 ; RJS 1993. 254, n° 420 ; CSB 1993. 153, S. 74.*

5. Heures de délégation et temps de trajet. En l'absence de prévision contraire par la loi, un usage ou un engagement unilatéral de l'employeur, le temps de trajet, pris pendant l'horaire normal de travail en exécution des fonctions représentatives, s'impute sur les heures de délégation. • Soc. 10 déc. 2014 : *D. actu. 8 janv. 2015, obs. Fleuriot.*

6. Heures de délégation et temps de pause. Le nombre d'heures de délégation légalement fixées au profit des salariés investis de mandats représentatifs ne peut être augmenté par un accord sur la réduction du temps de travail assimilant à un travail effectif la durée des pauses accordées aux salariés en situation de travail. • Soc. 9 déc. 2014 : 🔒 *D. actu. 19 janv. 2015, obs. Ines ; RJS 2/2015, n° 111.*

7. Information de la répartition des heures de délégation. En l'absence de précision dans un accord d'entreprise sur le délai, la périodicité et la forme de l'information relative à la répartition des heures de délégations entre les délégués syndicaux, une notification écrite n'est pas nécessaire et l'information orale donnée à l'employeur est suffisante. • Soc. 20 mars 2007 : 🔒 *Dr. soc. 2007. 831, note Duquesne.*

8. Si le crédit d'heures d'un représentant du personnel à temps partiel dépasse le tiers de son temps de travail mensuel, les heures de délégation qui sont prises en dehors du temps de travail pour l'exercice du mandat doivent être considérées de plein droit comme temps de travail et payées comme tel ; peu importe que l'intéressé reçoive en outre une allocation au titre de la préretraite progressive. • Soc. 20 mars 2002, 🔒 n° 99-45.516 P : *D. 2002. IR 1237 ; RJS 2002. 579, n° 750 ; JSL 2002, n° 101-5.*

9. Rôle des usages d'entreprise. Justifie sa décision déboutant l'employeur de sa demande en remboursement d'heures de délégation le conseil de prud'hommes qui constate l'existence d'un usage d'entreprise que ne prohibe aucune disposition légale ou réglementaire et en vertu duquel la société rémunérait le temps passé par les délégués syndicaux à la défense des intérêts des travailleurs étrangers à l'entreprise. • Soc. 7 mars 1989, 🔒 n° 84-44.378 P : *D. 1989. IR 108 ; RJS 1989. 181, n° 340.*

10. Confidentialité des appels téléphoniques. Pour l'accomplissement de leur mission légale et la préservation de la confidentialité qui s'y attache, les salariés investis d'un mandat électif ou syndical dans l'entreprise doivent pouvoir y disposer d'un matériel ou procédé excluant l'interception de leurs communications téléphoniques et l'identification de leurs correspondants. • Soc. 6 avr. 2004, 🔒 n° 02-40.498 P : *D. 2004. IR 1122 ; RJS 2004. 485, n° 713 ; Dr. ouvrier 2005. 75 ; JSL 2004, n° 146-5 ; CSB 2004. A. 45, obs. Pansier* • 4 avr. 2012 : 🔒 *D. 2012. Actu. 1066, obs. Siro ; Dr. soc. 2012. 469, note Pécaut-Rivolier ; RJS 2012. 483, n° 572 ; Dr. ouvrier 2012. 805, obs. Estevez ; JSL 2012, n° 322-4, obs. Hautefort ; JCP S 2012. 1263, obs. d'Ornano* (application aux membres du conseil et administrateurs des caisses de sécurité sociale).

11. Établissements d'enseignement privé sous contrat. Le paiement des heures de délégation des maîtres des établissements d'enseignement privé sous contrat prises en dehors de leur temps de travail incombe à l'établissement au sein duquel ils exercent leurs mandats prévus par le C. trav. dans l'intérêt de la communauté constituée par l'ensemble du personnel de l'établissement ; les heures de délégation dont dispose chaque délégué syndical pour l'exercice de ses fonctions ne se confondent pas avec les décharges d'activités de service accordées au représentant syndical en application de l'art. 16 du Décr. 28 mai 1982 relatif à l'exercice du droit syndical dans la fonction. • Soc. 13 oct. 2010 : 🔒 *D. actu. 15 nov. 2010, obs. Ines ; D. 2010. AJ 2586 ; RJS 2010. 874, n° 990 ; RJS 2011. 1157, obs. Kerbourc'h.*

Art. L. 2143-14 Dans les entreprises ou établissements où, en application des articles L. 2143-3 et L. 2143-4, sont désignés pour chaque section syndicale plusieurs délégués, ceux-ci peuvent répartir entre eux le temps dont ils disposent au titre de leur mandat de délégué syndical. Ils en informent l'employeur. – *[Anc. art. L. 412-20, al. 2.]* – *V. art. L. 2146-1 (pén.).*

Art. L. 2143-15 Le délégué syndical central prévu au premier alinéa de l'article L. 2143-5 dispose de *(L. n° 2016-1088 du 8 août 2016, art. 28)* « vingt-quatre » heures par mois pour l'exercice de ses fonctions.

Ces heures s'ajoutent à celles dont il peut disposer à un titre autre que celui de délégué syndical d'établissement.

(L. n° 2016-1088 du 8 août 2016, art. 28) « Sauf accord collectif contraire, lorsque le représentant du personnel élu ou désigné est un salarié mentionné à l'article L. 3121-58, le crédit d'heures est regroupé en demi-journées qui viennent en déduction du nombre annuel de jours travaillés fixé dans la convention individuelle du salarié. Une demi-journée correspond à quatre heures de mandat. Lorsque le crédit d'heures ou la fraction du crédit d'heures restant est inférieur à quatre heures, le représentant du personnel en bénéficie dans des conditions définies par un décret en Conseil d'État. » – *V. art. L. 2146-1 (pén.).*

> **COMMENTAIRE**
> V. sur le Code en ligne 🔒.

Art. L. 2143-16 Chaque section syndicale dispose, au profit de son ou ses délégués syndicaux et des salariés de l'entreprise appelés à négocier la convention ou l'accord d'entreprise, en vue de la préparation de la négociation de cette convention ou de cet accord, d'un crédit global supplémentaire dans la limite d'une durée qui ne peut excéder :

1° (*L. n° 2016-1088 du 8 août 2016, art. 28*) « Douze » heures par an dans les entreprises (*L. n° 2012-387 du 22 mars 2012, art. 43*) « d'au moins cinq cents salariés » ;

2° (*L. n° 2016-1088 du 8 août 2016, art. 28*) « Dix-huit » heures par an dans celles (*L. n° 2012-387 du 22 mars 2012, art. 43*) « d'au moins mille salariés ». — V. art. L. 2146-1 (pén.).

> **COMMENTAIRE**
>
> V. sur le Code en ligne.

Art. L. 2143-16-1 (*L. n° 2015-994 du 17 août 2015, art. 9*) Chaque délégué syndical peut utiliser des heures de délégation, hormis celles mentionnées à l'article L. 2143-16, pour participer, au titre de son organisation, à des négociations ou à des concertations à un autre niveau que celui de l'entreprise ou aux réunions d'instances organisées dans l'intérêt des salariés de l'entreprise ou de la branche.

Art. L. 2143-17 Les heures de délégation sont de plein droit considérées comme temps de travail et payées à l'échéance normale.

L'employeur qui entend contester l'utilisation faite des heures de délégation saisit le juge judiciaire. — [*Anc. art. L. 412-20, al. 5.*] — V. art. L. 2146-1 (pén.).

> **COMMENTAIRE**
>
> V. sur le Code en ligne.

1. Bons de délégation. Sur les conditions de licéité des bons de déplacement, V. • Crim. 23 févr. 1982 : *Bull. crim. n° 59* • 25 mai 1982 : *ibid., n° 135* (bons illicites dès lors qu'ils traduisent un contrôle *a priori* de l'employeur) • 12 avr. 1988 : *Bull. crim. n° 155*.

2. La pratique des bons de délégation, visant à avertir le chef de service ou le supérieur de l'intention du représentant syndical de se mettre en délégation, ne peut être détournée de son seul objet d'information préalable d'un déplacement pour l'exercice du mandat dans ou en dehors de l'entreprise ; l'employeur, fût-il approuvé en comité d'entreprise, ne peut étendre la pratique des bons de délégation prévue par l'accord d'entreprise pour la circulation des mandatés à un cas qui n'y est pas prévu. • Soc. 10 mai 2006, n° 05-40.802.

3. Sauf circonstances exceptionnelles, c'est seulement pendant leurs heures de délégation ou en dehors de leurs heures habituelles de travail que les délégués syndicaux peuvent se déplacer librement dans l'entreprise ou en dehors de celle-ci. • Crim. 8 oct. 1991 : *D. 1992. Somm. 298*, obs. Borenfreund. ♦ A propos de déplacements non constitutifs d'une gêne importante, V. • Crim. 27 sept. 1988 : *Dr. ouvrier 1989. 66 ; CSB 1988. 85, A. 22.*

4. Les déplacements pour assister aux réunions du syndicat n'entrent pas dans le cadre légal des activités d'un délégué syndical. • Soc. 16 janv. 1985 : *D. 1985. IR 226* • 25 janv. 1989 : *JCP 1989. IV. 109*.

5. Non-discrimination. Il résulte des dispositions de l'art. L. 412-20 [L. 2143-17 nouv.] que le délégué syndical ne doit subir aucune perte de rémunération du fait de l'exercice de sa mission. • Soc. 14 mars 1989 : *Bull. civ. V, n° 212* (paiement d'une majoration prévue pour le travail de nuit) • 28 mars 1989 : *ibid., n° 266* • 2 juin 2004, n° 01-44.474 P : *D. 2004. 2088 ; Dr. ouvrier 2004. 572.*

6. Maître des établissements de l'enseignement privé. Le paiement des heures de délégation des maîtres des établissements privés sous contrat prises en dehors de leur temps de travail incombe à l'établissement au sein duquel ils exercent leurs mandats dans l'intérêt de la communauté constituée par l'ensemble du personnel de l'établissement. • Soc. 31 mars 2009 : *RJS 2009. 503, n° 578 ; JCP S 2009. 1321, obs. Kerbourc'h.*

7. Mandat de représentation et arrêt de travail. L'attribution d'indemnités journalières à l'assuré se trouvant dans l'incapacité physique de continuer ou de reprendre le travail est subordonnée à l'obligation pour le bénéficiaire de s'abstenir de toute activité non autorisée et, d'autre part, les heures de délégation sont de plein droit considérées comme temps de travail ; l'exercice de son activité de représentation par le représentant du personnel ou d'un syndicat, dont le mandat n'est pas suspendu, ne peut ouvrir droit à indemnisation que s'il a été préalablement autorisé par le médecin traitant. • Cass., ch. mixte, 21 mars 2014 : *D. actu. 12 mai 2014*, obs. Fraisse ; *D. 2014. Actu. 782 ; RJS 2014. 398, n° 493 ; JSL 2014, n° 365-5*, obs. Pacotte et Bourhis.

8. Assiette de calcul. Seules sont exclues de la rémunération due au représentant du personnel au titre des heures de délégation les sommes correspondant au remboursement de frais professionnels qu'il n'a pas exposés, l'employeur devant lui payer les primes d'équipe et de temps de repas versées aux membres de son équipe. • Soc. 19 sept. 2018, ⚖ n° 17-11.638 P : *D. 2018. Actu. 1868* ⌀ ; *D. actu. 16 oct. 2018*, obs. Cortot ; *RJS 12/2018, n° 750*. ♦ ... mais pas le supplément familial et l'indemnité de résidence qui ne sont pas destinés à compenser une sujétion particulière de l'emploi. • Soc. 8 déc. 2016, ⚖ n° 15-10.165 P : *D. 2016. Actu. 2578* ⌀ ; *RJS 2/2017, n° 122* ; *JCP S 2017. 1015*, obs. Dauxerre.

9. Contestation des heures de délégation (compétence du juge des référés). Le refus de l'employeur de payer les heures de délégation à l'échéance normale constitue un trouble manifestement illicite que le juge des référés peut faire cesser en ordonnant le versement d'une provision, peu important l'existence d'une contestation sérieuse élevée par l'employeur. • Soc. 1er juin 2022, ⚖ n° 20-16.836 B : *D. 2022. 1044* ⌀ ; *RJS 8-9/2022, n° 454* ; *JCP S 2022. 1193*, obs. Kerbouc'h.

10. Contestation des heures de délégation (incompétence du juge des référés). La contestation de l'usage des heures de délégation par l'employeur doit se faire une fois les heures payées, devant les juges du fond. • Soc. 19 mai 2016, ⚖ n° 14-26.967 P : *D. actu. 1er juin 2016*, obs. Roussel ; *D. 2016. Actu. 1145* ⌀ ; *RJS 8-9/2016, n° 570* ; *JSL 2016, n° 413-4*, obs. Tissandier ; *JCP S 2016. 1256*, obs. Flament. ♦ L'employeur ne peut non plus saisir le juge des référés pour obtenir la justification des nécessités du mandat qui oblige le salarié à utiliser ses heures de délégation en dehors du temps de travail. • Soc. 5 avr. 2023, ⚖ n° 21-17.851 B : *D. 2023. 690* ⌀ ; *RJS 6/2023, n° 320* ; *JCP S 2023. 1152*, obs. François.

Art. L. 2143-18 Les heures utilisées pour participer à des réunions qui ont lieu à l'initiative de l'employeur ne sont pas imputables sur les temps de délégation. — *[Anc. art. L. 412-20, al. 6.]* — V. art. L. 2146-1 *(pén.)*.

1. Réunions organisées par l'employeur. Ne constitue pas une réunion organisée à l'initiative de l'employeur l'audience d'une juridiction statuant sur une instance introduite par l'employeur. • Soc. 9 avr. 1987 : *Bull. civ. V, n° 226* ; *D. 1987. IR 116*.

2. Aucun texte n'impose à l'employeur l'obligation de rembourser aux délégués syndicaux les frais de déplacement qu'ils peuvent engager pour se rendre à des réunions qu'il organise. • Soc. 29 oct. 1987 : *Bull. civ. V, n° 608* ; *D. 1987. IR 234*. ♦

V. conf. • Soc. 20 oct. 1988 : *Bull. civ. V, n° 550* ; *D. 1988. IR 259* (réunion organisée par l'inspection du travail).

3. Travail effectif. Les heures passées par le salarié titulaire d'un mandat de représentation du personnel aux réunions organisées à l'initiative de l'employeur doivent être payées comme du temps de travail effectif. • Soc. 27 nov. 2013, ⚖ n° 12-24.465 P : *D. 2013. Actu. 2857* ⌀ ; *RJS 2/2014, n° 144* ; *JCP S 2014. 1099*, obs. Dumont.

Art. L. 2143-19 Dans les entreprises de travail temporaire, les heures de délégation utilisées entre deux missions, conformément à des dispositions conventionnelles, par un délégué syndical salarié temporaire pour l'exercice de son mandat sont considérées comme des heures de travail.

Ces heures sont réputées être rattachées, pour ce qui concerne leur rémunération et les charges sociales y afférentes, au dernier contrat de travail avec l'entreprise de travail temporaire au titre de laquelle il avait été désigné comme délégué syndical. — *[Anc. art. L. 412-20, al. 7.]* — V. art. L. 2146-1 *(pén.)*.

SOUS-SECTION 2 **Déplacements et circulation**

Art. L. 2143-20 Pour l'exercice de leurs fonctions, les délégués syndicaux peuvent, durant les heures de délégation, se déplacer hors de l'entreprise.

Ils peuvent également, tant durant les heures de délégation qu'en dehors de leurs heures habituelles de travail, circuler librement dans l'entreprise et y prendre tous contacts nécessaires à l'accomplissement de leur mission, notamment auprès d'un salarié à son poste de travail, sous réserve de ne pas apporter de gêne importante à l'accomplissement du travail des salariés. — *[Anc. art. L. 412-17, al. 3.]* — V. art. L. 2146-1 *(pén.)*.

BIBL. ▶ COHEN, *RPDS 1973. 347* (liberté de déplacement). - DESSET, *RPDS 1979. 341* ; *ibid. 1986. 343* (liberté de déplacement). - TEYSSIÉ, *Dr. soc. 1984. 618* (loi du 9 juill. 1984).

1. Déplacements. Une cour d'appel relève à bon droit que la liberté de déplacement des délégués syndicaux est d'ordre public et qu'elle ne peut être limitée par un règlement intérieur et subordonnée à une autorisation de l'employeur. • Crim. 4 févr. 1986 : *Bull. crim. n° 46.* – V. aussi • Crim. 10 févr. 1972 : *JCP 1972. II. 17233*, note Verdier. ♦ Sur les conditions de licéité des bons de déplacement, V. • Crim. 23 févr. 1982 : *Bull. crim. n° 59*. • 25 mai 1982 : *ibid. n° 135* (bons illicites dès lors qu'ils traduisent un contrôle *a priori* de l'employeur) • 4 févr. 1986 : *préc.* • 12 avr. 1988 : *Bull. crim. n° 155.* ♦ À propos de déplacements non constitutifs d'une gêne importante, V. • Crim. 27 sept. 1988 : *Dr. ouvrier 1989. 66* ; *CSB 1988. 85, A. 2.*

2. Téléphone. Pour l'accomplissement de leur mission légale et la préservation de la confidentialité qui s'y attache, les salariés investis d'un mandat électif ou syndical dans l'entreprise doivent pouvoir y disposer d'un matériel ou procédé excluant l'interception de leurs communications téléphoniques et l'identification de leurs correspondants. • Soc. 6 avr. 2004, 🏛 n° 02-40.498 P : *D. 2004. IR 1122* ⌀ ; *RJS 2004. 485, n° 713* ; *Dr. ouvrier 2005. 75* ; *JSL 2004, n° 146-5* ; *CSB 2004. A. 45, obs. Pansier.* ♦ Un employeur ne peut imposer aux représentants du personnel de remplir des bons de délégation à la suite de conversations téléphoniques avec les autres salariés mandatés ; la pratique des bons de délégation ne pouvant être détournée de son objet d'information préalable d'un déplacement pour l'exercice du mandat. • Soc. 10 mai 2006 : 🏛 *RDT 2006. 257, obs. Grévy* ⌀ ; *D. 2006. IR 1480* ⌀ ; *JSL 2006, n° 191-5.*

3. Liberté de déplacement. Sauf circonstances exceptionnelles, c'est seulement pendant leurs heures de délégation ou en dehors de leurs heures habituelles de travail que les délégués syndicaux peuvent se déplacer librement dans l'entreprise ou en dehors de celle-ci. • Crim. 8 oct. 1991 : 🏛 *D. 1992. Somm. 298, obs. Borenfreund* ⌀.

4. Limites à la liberté de circulation au sein des locaux de travail des représentants du personnel. Des impératifs de sécurité ou le caractère confidentiel de certaines zones peuvent permettre d'apporter des restrictions proportionnées et justifiées à la liberté de déplacement des représentants du personnel, notamment la mise en place d'une procédure spécifique d'accès à certaines zones. • Soc. 9 juill. 2014, 🏛 n° 13-16.151 P : *RJS 11/2014, n° 788.* ♦ La liberté de circulation est un principe d'ordre public qui ne peut donner lieu à restrictions qu'au regard d'impératifs de santé, d'hygiène ou de sécurité, ou en cas d'abus ; une gêne anormale pour le travail des salariés et pour la clientèle autorise l'employeur à apporter des restrictions à cette libre circulation. • Soc. 10 févr. 2021, 🏛 n° 19-14.021 P : *D. actu. 8 mars 2021, obs. Clément* ; *AJDA 2021. 366* ⌀ ; *D. 2021. 289* ⌀ ; *RJS 4/2021, n° 227* ; *JSL 2021, n° 517-4, obs. Hautefort* ; *JCP S 2021. 1087, obs. Jerphanion.*

SOUS-SECTION 3 Secret professionnel

Art. L. 2143-21 Les délégués syndicaux sont tenus au secret professionnel pour toutes les questions relatives aux procédés de fabrication. − *[Anc. art. L. 432-7, al. 1er.]* − V. art. L. 2146-1 *(pén.).*

SECTION 4 Attributions complémentaires dans les entreprises de moins de trois cents salariés

Art. L. 2143-22 Dans les entreprises de moins de trois cents salariés et dans les établissements appartenant à ces entreprises, le délégué syndical est, de droit, représentant syndical au *(Ord. n° 2017-1386 du 22 sept. 2017, art. 4)* « comité social et économique ».

Le délégué syndical est, à ce titre, destinataire des informations fournies au *(Ord. n° 2017-1386 du 22 sept. 2017, art. 4)* « comité social et économique ». − V. art. L. 2146-1 *(pén.).*

BIBL. ▶ DAUXERRE, *JCP S 2018. 1263* (représentant syndical auprès du CSE).

COMMENTAIRE

V. sur le Code en ligne 🔒. ❏

1. Désignation d'un représentant syndical dans les entreprises de moins de 50 salariés. Le législateur n'a prévu la possibilité de désigner un représentant syndical au CSE distinct du délégué syndical que dans les entreprises de plus de 300 salariés. Dans les entreprises de moins de 50 salariés dans lesquelles la désignation d'un délégué syndical en application des dispositions de droit commun de l'art. L. 2143-3 est exclue, les dispositions de l'art. L. 2143-22 prévoyant que, dans les entreprises de moins de 300 salariés et dans les établissements appartenant à ces entreprises, le délégué syndical est de droit représentant syndical au CSE ne sont pas applicables. La désignation dérogatoire, maintenue par le législateur, d'un membre de l'institution représentative du personnel prévue dans les entreprises de moins de 50 salariés comme délégué syndical, sans crédit d'heures de délégation supplémentaire, en application des dispositions de l'art. L. 2143-6, n'a pas pour conséquence de rendre applicable la possibilité de désigner un représentant syndical auprès du CSE des entreprises de moins de 50 salariés. • Soc. 8 sept. 2021, 🏛 n° 20-13.694 B : *D. 2021. Actu. 1631* ⌀ ; *RDT 2021. 658, obs. Odoul-Asorey* ⌀ ; *Dr. soc. 2021. 1048, obs. Petit* ⌀ ; *RJS*

11/2021, n° 614 ; JCP S 2021. 1263, obs. Gauriau.

2. Représentant syndical au comité. Dans les entreprises de moins de trois cents salariés et dans les établissements appartenant à ces entreprises, le délégué syndical est, de droit, représentant syndical au comité (d'entreprise ou d'établissement), peu important que le syndicat désignataire n'ait pas eu plusieurs élus. ● Soc. 20 juin 2012 : 🏛 *D. actu.* 23 juill. 2012, obs. Ines ; *D.* 2012. Actu. 1746 ; *RJS* 2012. 693, n° 813 ; *JCP S* 2012. 1452, Rapp. Pécaut-Rivolier (comp. art. L. 2324-2, applicable aux entreprises de plus de 300 salariés). ♦ A défaut de convention collective ou d'accord collectif en sens contraire, deux syndicats affiliés à la même fédération ne peuvent désigner ensemble qu'un seul représentant syndical. ● Soc. 29 mai 1991, 🏛 n° 89-61.563 P : *D.* 1992. Somm. 285, obs. Borenfreund ; *RJS* 1991. 446, n° 851 ● 30 mai 2001, 🏛 n° 00-60.150 P : *RJS* 2001. 784, n° 1154 ● 5 mars 2008 : 🏛 *RDT* 2008. 468, note Borenfreund ; *RJS* 2008. 436, n° 558 ; *JCP S* 2008. 1545, obs. Gauriau. ♦ Comp. : ● Soc. 1er avr. 1981 : *Dr. ouvrier* 1981. 344, note Bouis. ♦ Dès lors qu'il résulte des statuts de la fédération qu'un syndicat adhérent doit se conformer à ses décisions, la liste de candidats aux élections professionnelles présentée au nom de la fédération par l'un de ses mandataires est la seule dont il convient de tenir compte, peu important qu'un syndicat adhérent ait présenté une autre liste. ● Soc. 6 avr. 2005, 🏛 n° 04-60.244 P : *RJS* 2005. 463, n° 652.

3. Date d'appréciation de l'effectif de 300 salariés. C'est à la date des dernières élections que s'apprécient les conditions d'ouverture du droit pour un syndicat de désigner un représentant au comité social et économique. ● Soc. 22 mars 2023, 🏛 n° 22-11.461 B : *D. actu.* 4 avr. 2023, obs. Malfettes ; *D.* 2023. 601 ; *RJS* 6/2023, n° 321 ; *JCP S* 2023. 1098, obs. Dauxerre.

4. RSS et représentant syndical. La désignation d'un représentant syndical au comité d'entreprise est une prérogative que la loi réserve aux syndicats qui ont obtenu une légitimité électorale, soit en étant reconnus représentatifs dans les entreprises de moins de trois cents salariés, soit en ayant des élus au comité d'entreprise dans les autres entreprises. Il en résulte que le représentant de section syndicale n'est pas de droit représentant syndical au comité d'entreprise ou d'établissement. ● Soc. 14 déc. 2011 : 🏛 *D.* 2012. Actu. 156 ; *RDT* 2012. 235, obs. Odoul-Asorey ; *Dr. soc.* 2012. 216, obs. Petit ; *RJS* 2012. 135, n° 157 ; *JCP S* 2012. 1075, obs. Pagnerre ● Soc. 23 mars 2022, 🏛 n° 20-20.397 B : *D. actu.* 7 avr. 2022, obs. Couëdel ; *D.* 2022. 657 ; *RJS* 6/2022, n° 303 ; *JCP S* 2022. 1149, obs. Pagnerre.

5. Contestation de la désignation d'un délégué syndical de droit. La contestation de la qualité de représentant syndical de droit au comité d'entreprise d'un délégué syndical constitue une contestation de la désignation d'un représentant syndical au sens de l'art. R. 2324-24 et se trouve en conséquence soumise aux délais prévus par ce texte. ● Soc. 25 janv. 2012 : 🏛 *JCP S* 2012. 1181, obs. Kerbourc'h.

6. Employeur et validité de la désignation. L'employeur n'étant pas juge de la validité de la désignation d'un représentant syndical, dès lors que le mandat d'un représentant syndical n'est pas judiciairement annulé, la méconnaissance par l'employeur des obligations lui incombant à l'égard des représentants syndicaux au comité d'entreprise résultant des dispositions des art. L. 2324-2 et L. 2143-22 C. trav. est constitutive d'un trouble manifestement illicite qu'il appartient au juge des référés de faire cesser. ● Soc. 24 oct. 2012 : 🏛 *D.* 2012. Actu. 2612 ; *Dr. soc.* 2013. 81, obs. Petit ; *JCP S* 2012. 1543, obs. Gauriau.

SECTION 5 Conditions de désignation dérogatoire

(L. n° 2008-789 du 20 août 2008)

Art. L. 2143-23 Par dérogation à l'article L. 2142-1-1 et lorsqu'en raison d'une carence au premier tour des élections professionnelles, un délégué syndical n'a pu être désigné au sein de l'entreprise ou de l'établissement ou lorsqu'il n'existe pas de délégué syndical dans l'entreprise ou l'établissement, le représentant de la section syndicale visé aux articles L. 2142-1-1 et L. 2142-1-4 désigné par une organisation syndicale de salariés affiliée à une organisation syndicale représentative au niveau national et interprofessionnel peut disposer, sur mandatement par son organisation syndicale, du pouvoir de négocier et conclure un accord d'entreprise ou d'établissement.

Si, à l'issue des élections professionnelles suivant le mandatement du représentant de la section syndicale, l'organisation syndicale à laquelle il est adhérent n'est pas reconnue représentative et nomme un autre représentant de la section syndicale, celui-ci ne peut pas être mandaté jusqu'aux six mois précédant les dates des élections professionnelles dans l'entreprise.

Ces dispositions ne sont pas applicables dans les entreprises qui entrent dans le champ des art. L. 2232-21 à L. 2232-29 et de l'art. 14 de la L. n° 2008-789 du 20 août 2008, ni dans les entreprises qui entrent dans le champ des conventions de branche ou des accords professionnels conclus en application des art. L. 2232-21 à L. 2232-29 du code du travail dans leur rédaction antérieure au 21 août 2008, date de publication de la L. n° 2008-789 du 20 août 2008 (L. préc., art. 6-III).

COMMENTAIRE
V. sur le Code en ligne 🔒.

CHAPITRE IV DISPOSITIONS COMPLÉMENTAIRES RELATIVES AUX ENTREPRISES DU SECTEUR PUBLIC

Art. L. 2144-1 Le présent chapitre s'applique, à titre complémentaire, aux établissements et entreprises mentionnés à l'article 1er de la loi n° 83-675 du 26 juillet 1983 relative à la démocratisation du secteur public. – *[Anc. art. L. 412-22.]*

Art. L. 2144-2 L'employeur engage avec les organisations syndicales représentatives dans l'entreprise une négociation sur les modalités complémentaires d'exercice du droit syndical.

Cette négociation porte notamment sur les points suivants :

1° Le temps dont chaque salarié dispose, sans perte de rémunération, pour participer aux réunions organisées par les sections syndicales dans l'enceinte de l'entreprise et pendant le temps de travail ;

2° Les conditions dans lesquelles des salariés, membres d'organisations syndicales représentatives dans l'entreprise, peuvent obtenir, dans la limite d'un quota déterminé par rapport aux effectifs de l'entreprise, une suspension de leur contrat de travail en vue d'exercer, pendant une durée déterminée, des fonctions de permanent au service de l'organisation syndicale à laquelle ils appartiennent, avec garantie de réintégration dans leur emploi ou un emploi équivalent au terme de cette période ;

3° Les conditions et les limites dans lesquelles les membres des sections syndicales représentatives dans l'entreprise, chargés de responsabilités au sein de leurs sections syndicales, peuvent s'absenter, sans perte de rémunération, pour participer aux réunions statutaires de leurs organes dirigeants et pour exercer leurs responsabilités ;

4° Les conditions et les limites dans lesquelles les membres des sections syndicales, chargés de responsabilités au sein de leurs organisations syndicales, peuvent s'absenter, sans perte de rémunération, pour participer à des réunions syndicales tenues en dehors de l'entreprise ;

5° Les conditions dans lesquelles la collecte des cotisations syndicales peut être facilitée.

La ou les organisations syndicales non signataires de l'accord mentionné au présent article sont réputées adhérer à cet accord, sauf refus manifesté dans le délai d'un mois à compter de sa signature. – *[Anc. art. L. 412-23.]*

CHAPITRE V CONGÉS ET FORMATION ÉCONOMIQUE, SOCIALE, ENVIRONNEMENTALE ET SYNDICALE DES SALARIÉS APPELÉS À EXERCER DES FONCTIONS SYNDICALES *(L. n° 2016-1088 du 8 août 2016, art. 33 ; L. n° 2021-1104 du 22 août 2021, art. 41-II).*

SECTION 1 Formation économique, sociale, environnementale et syndicale *(L. n° 2016-1088 du 8 août 2016, art. 33 ; L. n° 2021-1104 du 22 août 2021, art. 41-II).*

Art. L. 2145-1 Les salariés appelés à exercer des fonctions syndicales bénéficient du congé de formation économique, sociale *(L. n° 2021-1104 du 22 août 2021, art. 41-II)* « , environnementale » et syndicale prévu à l'article *(L. n° 2016-1088 du 8 août 2016, art. 33)* « L. 2145-5 ».

La durée totale des congés pris à ce titre dans l'année par un salarié ne peut excéder dix-huit jours.

Art. L. 2145-2 La formation des salariés appelés à exercer des responsabilités syndicales, notamment au sein d'organismes de caractère économique et social, *(L. n° 2014-288 du 5 mars 2014, art. 31-II)* « et des adhérents à une organisation syndicale amenés à intervenir en faveur des salariés » peut être assurée :

1° Soit par des centres spécialisés, directement rattachés aux organisations syndicales représentatives ;

2° Soit par des instituts internes aux universités.

Toutefois, des organismes dont la spécialisation totale ou partielle serait assurée en accord avec des organisations syndicales peuvent participer à la formation des salariés appelés à exercer des responsabilités syndicales *(L. n° 2014-288 du 5 mars 2014, art. 31-II)* « et des adhérents à une organisation syndicale amenés à intervenir en faveur des salariés ». Pour bénéficier des dispositions de l'article L. 2145-3, ces organismes doivent avoir reçu l'agrément du ministre chargé du travail. — *[Anc. art. L. 452-1.]*

En application de l'art. L. 231-5 CRPA, et par exception à l'application du délai de deux mois prévu à l'art. L. 231-1 du même code, le silence gardé par l'administration pendant deux mois vaut décision de rejet pour une demande d'agrément des organismes de formation économique, sociale et syndicale des salariés appelés à exercer des responsabilités syndicales (Décr. n° 2014-1289 du 23 oct. 2014, art. 1ᵉʳ).

Art. L. 2145-3 *(L. n° 2014-288 du 5 mars 2014, art. 31-III et VI)* L'État apporte une aide financière à la formation des salariés mentionnés à l'article L. 2145-1 et des adhérents à une organisation syndicale amenés à intervenir en faveur des salariés par la subvention mentionnée au 3° du I de l'article L. 2135-10 et par une subvention aux instituts mentionnés au 2° de l'article L. 2145-2.

Art. L. 2145-4 Un décret en Conseil d'État détermine les modalités d'application du présent chapitre. — *[Anc. art. L. 452-4.]* — *V. art. R. 2145-1 s.*

SECTION 2 Congés de formation économique, sociale, environnementale et syndicale *(L. n° 2016-1088 du 8 août 2016, art. 33 ; L. n° 2021-1104 du 22 août 2021, art. 41-II).*

Les art. L. 3142-7 à L. 3142-15 deviennent, respectivement, les art. L. 2145-5 à L. 2145-13 (L. n° 2016-1088 du 8 août 2016, art. 33).

Art. L. 2145-5 Tout salarié qui souhaite participer à des stages ou sessions de formation économique *(L. n° 2021-1104 du 22 août 2021, art. 41-II)* « , sociale et environnementale » ou de formation syndicale organisés soit par des centres rattachés *(L. n° 2015-990 du 6 août 2015, art. 268)* « aux organisations syndicales mentionnées au 3° de l'article L. 2135-12 », soit par des instituts spécialisés, a droit, sur sa demande, à un ou plusieurs congés.

Art. L. 2145-6 *(Ord. n° 2017-1386 du 22 sept. 2017, art. 6)* Le salarié bénéficiant du congé de formation économique, sociale *(L. n° 2021-1104 du 22 août 2021, art. 41-II)* « , environnementale » et syndicale a droit au maintien total par l'employeur de sa rémunération.

L'employeur verse les cotisations et contributions sociales afférentes à la rémunération maintenue. *(Abrogé par Ord. n° 2017-1718 du 20 déc. 2017, art. 1ᵉʳ-I)* « *Le montant du salaire et des contributions et cotisations afférentes au salaire maintenu à la charge du salarié sont déduits de la contribution définie au 1° de l'article L. 2135-10.* »

Ces dispositions s'appliquent aux rémunérations correspondant à un congé de formation économique, sociale et syndicale effectué au 1ᵉʳ janv. 2018.

Art. L. 2145-7 La durée totale des congés de formation économique *(L. n° 2021-1104 du 22 août 2021, art. 41-II)* « , sociale et environnementale » et de formation syndicale pris dans l'année par un salarié ne peut excéder douze jours. Elle ne peut excéder dix-huit jours pour les animateurs des stages et sessions.

La durée de chaque congé ne peut être inférieure à *(L. n° 2014-288 du 5 mars 2014, art. 31-V)* « une demi-journée ».

Art. L. 2145-8 Le nombre total de jours de congés susceptibles d'être pris chaque année par l'ensemble des salariés de l'établissement au titre des formations prévues à la présente sous-section ainsi qu'aux articles L. 2325-44 et L. 4614-14 relatifs *(Ord. n° 2017-1386 du 22 sept. 2017, art. 4, en vigueur au plus tard le 1ᵉʳ janv. 2018)* « à la formation des membres de la délégation du comité social et économique », ne peut dépasser un maximum fixé par voie réglementaire compte tenu de l'effectif de l'établissement.

Cet arrêté fixe également, compte tenu de l'effectif de l'établissement, le nombre maximum de jours de congés pouvant être utilisés par les animateurs et par les sala-

Art. L. 2145-9 Les demandeurs d'emploi peuvent participer aux stages de formation économique *(L. n° 2021-1104 du 22 août 2021, art. 41-II)* « , sociale et environnementale » et de formation syndicale dans la limite des durées de douze et dix-huit jours par période annuelle prévues pour les salariés.

Les travailleurs *(Abrogé par L. n° 2018-771 du 5 sept. 2018, art. 49-III, à compter du 1er janv. 2019)* « involontairement » privés d'emploi continuent de bénéficier du revenu de remplacement auquel ils ont droit pendant la durée des stages considérés.

Art. L. 2145-10 La durée du ou des congés de formation économique *(L. n° 2021-1104 du 22 août 2021, art. 41-II)* « , sociale et environnementale » et de formation syndicale ne peut être imputée sur celle du congé payé annuel.

Elle est assimilée à une durée de travail effectif pour la détermination de la durée des congés payés, du droit aux prestations d'assurances sociales et aux prestations familiales ainsi que pour l'ensemble des autres droits résultant pour l'intéressé de son contrat de travail.

Art. L. 2145-11 Le congé de formation économique *(L. n° 2021-1104 du 22 août 2021, art. 41-II)* « , sociale et environnementale » et de formation syndicale est de droit, sauf dans le cas où l'employeur estime, après avis conforme du *(Ord. n° 2017-1386 du 22 sept. 2017, art. 4)* « comité social et économique », que cette absence pourrait avoir des conséquences préjudiciables à la production et à la bonne marche de l'entreprise.

Le refus du congé par l'employeur est motivé.

En cas de différend, le refus de l'employeur peut être directement contesté devant le bureau de jugement du conseil de prud'hommes dans des conditions fixées par décret en Conseil d'État. – *V. art. R. 3143-2 (pén.).*

Art. L. 2145-12 Les conventions ou accords collectifs de travail peuvent :
1° Contenir des dispositions plus favorables que celles prévues par la présente sous-section, notamment en matière de rémunération ;
2° Préciser les périodes de congé les mieux adaptées aux nécessités de chaque profession ;
3° Fixer les modalités du financement de la formation, destiné à couvrir les frais pédagogiques ainsi que les dépenses d'indemnisation des frais de déplacement et d'hébergement des stagiaires et animateurs ;
4° Définir les procédures amiables permettant de régler les difficultés qui peuvent survenir pour l'application des dispositions qui précèdent ;
5° Prévoir la création de fonds mutualisés en vue d'assurer la rémunération des congés et le financement de la formation.

Des accords d'établissement peuvent fixer la répartition des congés par service ou par catégorie professionnelle.

L'abrogation de l'art. L. 3142-8 C. trav. par la L. n° 2014-288 du 5 mars 2014 n'a pas remis en cause les dispositions de l'art. L. 2145-12, dont il se déduit que les conventions collectives ou accords collectifs antérieurs prévoyant, en application de l'art. L. 3142-14 C. trav., la prise en charge par l'employeur de tout ou partie du salaire, demeurent, par la volonté du législateur, applicables.
• Soc., QPC, 12 juill. 2017, n° 17-16.435 QPC.

Art. L. 2145-13 Les conditions d'application des dispositions relatives au congé de formation économique *(L. n° 2021-1104 du 22 août 2021, art. 41-II)* « , sociale et environnementale » et de formation syndicale, ainsi qu'au personnel des entreprises publiques énumérées par le décret prévu par l'article L. 2233-1 sont déterminées par décret en Conseil d'État.

CHAPITRE VI **DISPOSITIONS PÉNALES**

Art. L. 2146-1 Le fait d'apporter une entrave à l'exercice du droit syndical, défini par les articles L. 2141-4, L. 2141-9 et L. 2141-11 à L. 2143-22, est puni d'un emprisonnement d'un an et d'une amende de 3 750 €. – *[Anc. art. L. 481-2.]*

RÉP. TRAV. v^is *Syndicats professionnels (Droit syndical dans l'entreprise)*, par Ferkane ; ... *(Prérogatives et action)*, par Ferkane ; *Entrave aux institutions représentatives des salariés et à l'exercice du droit syndical*, par Amauger-Lattes.

BIBL. ▶ Alvarez-Pujana, *Dr. ouvrier* 1990. 77. – Borricand, *D.* 1980. *Chron.* 323. – Chalaron, *Dr. soc.* 1984. 505. – Cœuret, *ibid.* 1987. 447. – Cohen, *Dr. soc.* 1978. 268. – Poirier, *Dr. soc.* 1995. 885. – Pradel, *ibid.* 1990. 37.

> *COMMENTAIRE*
> V. sur le Code en ligne.

1. Les obstacles opposés à l'action d'un syndicat qui, n'ayant pas déposé ses statuts, ne jouit pas de droits reconnus aux syndicats, ne sont pas de nature à constituer le délit d'entrave. ● Crim. 28 juin 1988 : *Bull. crim. n° 295 ; D. 1989. Somm. 208*, obs. Mayaud ; *Dr. soc.* 1989. 304, note Savatier.

2. Le juge pénal étant tenu de statuer sur toute question dont dépend l'application de la loi pénale, il n'importe que les faits constitutifs de discrimination syndicale n'aient pas été soumis à la juridiction prud'homale à l'occasion d'un litige individuel du travail. ● Crim. 20 févr. 1996, n° 94-85.863 P.

3. Désignation. Se rend coupable du délit d'entrave l'employeur qui conteste la désignation d'un délégué syndical par d'autres moyens que la voie judiciaire. ● Crim. 10 févr. 1972 : *D. 1972. 474*, rapp. Malaval ; *JCP 1972. II. 17233*, note Verdier.

4. Affichage. Commet le délit d'entrave l'employeur qui fait retirer du panneau d'affichage syndical un document au motif qu'il contiendrait une expression injurieuse, alors que l'employeur ne dispose pas d'un droit de contrôle sur la teneur des communications et qu'il lui appartient de saisir le juge pour obtenir la suppression d'un affichage prétendument irrégulier. ● Crim. 19 févr. 1979 : *Bull. crim. n° 73 ; D. 1979. IR 427.* – V. aussi ● Crim. 27 mars 1979 : *Bull. crim. n° 123* ● 25 nov. 1980 : *ibid., n° 316* ● 27 janv. 1981 : *ibid., n° 39.* ◆ Comp. – ● Crim. 30 janv. 1973 : *Bull. crim. n° 55.* ◆ L'entrave est caractérisée dès lors qu'un délégué syndical est sanctionné pour avoir affiché sans respecter l'obligation de communiquer simultanément les documents à l'employeur. ● Crim. 25 mai 1982 : *Bull. crim. n° 135 ; Dr. ouvrier 1983. 152.*

5. Tracts. Le chef d'entreprise ne peut fixer unilatéralement le lieu exclusif de distribution des tracts ou publications de nature syndicale ; en l'absence d'accord des parties sur la fixation de ce lieu, la distribution ne revêt un caractère illégal que si elle est faite dans des conditions de nature à apporter un trouble injustifié à l'exécution normale du travail ou à la marche de l'entreprise. ● Crim. 27 nov. 1973 : *Bull. crim. n° 437 ; Dr. ouvrier 1974. 178*, note Alvarez. – Dans le même sens : ● Crim. 30 janv. 1974 : *Bull. crim. n° 54 ; Dr. ouvrier 1974. 143* ● 21 févr. 1979 : *Bull. crim. n° 81 ; D. 1979. IR 488* ● Soc. 8 nov. 1978 : *D. 1979. IR 229*, obs. Pélissier.

6. Déplacements. Une cour d'appel relève à bon droit que la liberté de déplacement des délégués syndicaux est d'ordre public et qu'elle ne peut être limitée par un règlement intérieur et subordonnée à une autorisation de l'employeur. ● Crim. 4 févr. 1986 : *Bull. crim. n° 46.* – V. aussi ● Crim. 10 févr. 1972 : *JCP 1972. II. 17233*, note Verdier. ◆ Sur les conditions de licéité des bons de déplacement, V. ● Crim. 23 févr. 1982 : *Bull. crim. n° 59* ● 25 mai 1982 : *ibid., n° 135* (bons illicites dès lors qu'ils traduisent un contrôle *a priori* de l'employeur.) ● 4 févr. 1986 : *préc.* ● 12 avr. 1988 : *Bull. crim. n° 155.* ◆ A propos de déplacements non constitutifs d'une gêne importante, V. ● Crim. 27 sept. 1988 : *Dr. ouvrier 1989. 66.*

7. Discriminations. Caractérise l'élément matériel du délit d'entrave le fait : de prendre des mesures destinées à isoler un délégué syndical. ● Crim. 5 déc. 1973 : *Bull. crim. n° 453* ● 4 janv. 1991, n° 88-87.675 P. ◆ ... De prononcer des sanctions disciplinaires en considération de l'activité syndicale des salariés. ● Crim. 7 févr. 1989 : *Dr. soc. 1989. 504*, note Savatier. ◆ ... De mettre au chômage partiel un représentant le lendemain de son élection. ● Crim. 7 févr. 1989 : *RSC 1989. 536*, obs. Lazerges.

8. Doit être pénalement condamné l'employeur qui refuse à un délégué syndical toute information sur l'implantation des chantiers, les effectifs et les horaires des salariés, le mettant ainsi dans l'impossibilité d'accomplir sa mission. ● Crim. 5 oct. 1982 : *Bull. crim. n° 207.*

9. Mutation. S'il est vrai que toute mutation de poste ou de fonction imposée contre son gré à un salarié protégé est de nature à caractériser l'élément matériel d'une atteinte portée à ses prérogatives statutaires, encore faut-il, pour qu'il en soit ainsi, que l'employeur ne puisse apporter la pleine justification de la mesure critiquée. ● Crim. 28 oct. 1980 : *Bull. crim. n° 282.* – Dans le même sens : ● Crim. 4 janv. 1991, n° 88-87.675 P ● 28 janv. 1997 : *Dr. soc. 1997. 456*, note Cohen (justification non rapportée).

10. Le transfert sans autorisation d'un délégué syndical, alors que les dispositions de l'art. L. 2212-12 n'étaient pas applicables, ne constitue pas une méconnaissance de l'al. 7 de l'art. L. 412-18, mais caractérise un licenciement déguisé constitutif du délit d'entrave prévu par l'al. 1er du même texte. ● Crim. 10 mai 1988 : *Bull. crim. n° 202 ; BS Lefebvre 1988. 320*, note Guirimand.

11. Licenciement. La protection exceptionnelle et exorbitante du droit commun dont bénéficie le salarié protégé exclut que la rupture du contrat soit poursuivie, à l'initiative de l'employeur, par d'autres moyens que le licenciement. ● Cass., ass. plén., 28 janv. 1983, 🕆 n° 80-93.511 P : *D. 1983. 269, concl. Cabannes ; D. 1984. IR 254, obs. Langlois ; Dr. soc. 1984. 511, note Couvrat et Massé ; Gaz. Pal. 1983. 1. 262, note Doucet.* – V. déjà ● Cass., ch. mixte, 21 juin 1974 : 🕆 *GADT, 4ᵉ éd., n° 151 ; D. 1974. 593, concl. Touffait ; Dr. soc. 1974. 454.*

12. Monopole de négociation. Constitue un délit d'entrave à l'exercice du droit syndical dans l'entreprise la conclusion d'un accord entre l'employeur et les institutions représentatives du personnel portant sur une matière qui relève de la négociation annuelle obligatoire, en dépit de l'existence d'une représentation syndicale dans l'entreprise. ● Crim. 18 nov. 1997, 🕆 n° 96-80.002 P : *GADT, 4ᵉ éd., n° 158 ; RJS 1998. 56, n° 76 ; CSB 1998. 37, A. 7.*

13. Bousculade. Ne peut être constitutif d'un délit d'entrave à l'exercice du droit syndical le fait pour un cadre d'entreprise d'avoir dirigé sa voiture automobile en direction d'un groupe de grévistes et légèrement heurté l'un d'entre eux ; un tel fait était de nature à impressionner les salariés en grève pour soutenir le syndicat, ce comportement était, en lui-même, impropre à caractériser l'élément matériel de l'infraction. ● Crim. 28 avr. 2009, 🕆 n° 07-82.901 P : *RDT 2010. 116, obs. Hasnaoui* ⌀.

14. Droit conventionnel. Le manquement à l'obligation de mettre en place un conseil d'établissement, institué par une convention collective étendue dans les entreprises de moins de cinquante salariés et ayant les mêmes rôle et attributions que le comité d'entreprise, est puni de la sanction qu'entraîne la violation des dispositions obligeant la mise en place de ce comité. ● Crim. 5 mars 2013, 🕆 n° 11-83.984 : *D. 2013. Actu. 715* ⌀ *; D. actu. 3 avr. 2013, obs. Ines ; RDT 2014. 54, obs. Frossard* ⌀ *; JCP S 2013. 1197, obs. Duquesne.*

Art. L. 2146-2 Le fait pour l'employeur de méconnaître les dispositions des articles L. 2141-5 à L. 2141-8, relatives à la discrimination syndicale, est puni d'une amende de 3 750 €.

La récidive est punie d'un emprisonnement d'un an et d'une amende de 7 500 €. — [*Anc. art. L. 481-3.*]

COMMENTAIRE
V. sur le Code en ligne 🔒. ☐

TITRE V **REPRÉSENTATIVITÉ PATRONALE**

(L. n° 2014-288 du 5 mars 2014, art. 29-I)

BIBL. ▶ Maggi-Germain, Héas, Bois, Barthélémy, Tallard, Vincent, Caillaud, Yon, Aubry, Antonmattéi, Le Crom, Offerlé, Pernot, Nicolas, Tellier, Roy, Burban, Darrigrand, Chassang, Cochonneau, Braun, Grignard et Medeuf-Andrieu, *Dr. soc. 2014. 196* ⌀ (réformer la représentativité des organisations professionnelles d'employeurs).

COMMENTAIRE
V. sur le Code en ligne 🔒. ☐

CHAPITRE I **CRITÈRES DE REPRÉSENTATIVITÉ**

Art. L. 2151-1 I. — La représentativité des organisations professionnelles d'employeurs est déterminée d'après les critères cumulatifs suivants :

1° Le respect des valeurs républicaines ;

2° L'indépendance ;

3° La transparence financière ;

4° Une ancienneté minimale de deux ans dans le champ professionnel et géographique couvrant le niveau de négociation. Cette ancienneté s'apprécie à compter de la date de dépôt légal des statuts ;

5° L'influence, prioritairement caractérisée par l'activité et l'expérience ;

6° L'audience, qui se mesure en fonction du nombre d'entreprises (*L. n° 2015-994 du 17 août 2015, art. 23-I*) « volontairement » adhérentes (*L. n° 2016-1088 du 8 août 2016, art. 35*) « ou de leurs salariés soumis au régime français de sécurité sociale » et, selon les niveaux de négociation, en application du 3° des articles L. 2152-1 ou L. 2152-4.

(*L. n° 2015-994 du 17 août 2015, art. 23-I*) « II. — Pour l'application du présent titre, sont considérées comme des organisations professionnelles d'employeurs les syndicats professionnels d'employeurs mentionnés à l'article L. 2131-1 et les associations d'employeurs mentionnées à l'article L. 2231-1. »

V. Arr. du 18 nov. 2021 ss. art. L. 2152-6.

Pour les organisations professionnelles d'employeurs ultramarines, V. L. n° 2017-256 du 28 févr. 2017, art. 18.

COMMENTAIRE

V. sur le Code en ligne 🏛. ❏

1. Constitutionnalité du critère de mesure de l'audience. Sont conformes à la Constitution les dispositions qui fondent la mesure de l'audience des organisations professionnelles d'employeurs sur le nombre d'entreprises adhérentes, sans pondération en fonction de leur taille ou de leur chiffre d'affaires. ● Cons. const. 3 févr. 2016, 🛡 n° 2015-519 QPC : *D. 2016. Actu. 320* ⌀ ; *RDT 2016. 354, obs. Nadal* ⌀.

2. Indépendance. La satisfaction au critère de l'indépendance par une organisation d'employeurs suppose de vérifier que les conditions de son organisation, de son financement et de son fonctionnement permettent d'assurer effectivement la défense des intérêts professionnels qu'elle entend représenter, notamment dans le cadre de la négociation des conventions et accords collectifs. ● CE 2 mars 2011, 🛡 *Synd. national des entreprises du secteur privé marchand de la filière équestre des loisirs et du tourisme : Lebon 77 ; AJDA 2011. 1046* ⌀ ; *RDT 2011. 582, obs. Nadal* ⌀.

3. Transparence financière. Le juge administratif peut valablement considérer que, en l'absence de toute publication de ses documents comptables dans les conditions prévues par l'art. D. 2135-8 C. trav., alors qu'il ne ressortait pas des pièces du dossier qui lui était soumis et qu'il n'était pas soutenu que ces comptes auraient fait l'objet d'une mesure de publicité équivalente, l'union des professionnels de la beauté ne remplissait pas le critère de transparence financière et ne pouvait, par suite, être légalement reconnue représentative par le ministre chargé du Travail. ● CE 18 juill. 2018, 🛡 n° 406516 : *JCP S 2018. 1372, obs. Pagnerre* ● 6 avr. 2022, 🛡 n° 444460 B.

4. Influence. Il est tenu compte pour déterminer la représentativité des organisations professionnelles d'employeurs de l'influence, prioritairement caractérisée par l'activité et l'expérience ; la circonstance que les actions d'une organisation professionnelle d'employeurs ne concernent pas exclusivement le secteur de la convention collective concernée n'est pas, par elle-même, de nature à l'empêcher de satisfaire ce critère, qui doit donner lieu à une appréciation globale avec l'ancienneté de l'organisation et son audience. ● CE 16 avr. 2021, 🛡 n° 434192 B : *D. actu. 6 mai 2021, obs. Clément.*

CHAPITRE II ORGANISATIONS PROFESSIONNELLES D'EMPLOYEURS REPRÉSENTATIVES

SECTION 1 Représentativité patronale au niveau de la branche professionnelle

Art. L. 2152-1 Dans les branches professionnelles, sont représentatives les organisations professionnelles d'employeurs :

1° Qui satisfont aux critères mentionnés aux 1° à 5° de l'article L. 2151-1 ;

2° Qui disposent d'une implantation territoriale équilibrée au sein de la branche ;

3° Dont les entreprises *(L. n° 2015-994 du 17 août 2015, art. 23-II)* « et les organisations » adhérentes à jour de leur cotisation représentent *(L. n° 2016-1088 du 8 août 2016, art. 35)* « soit » au moins 8 % de l'ensemble des entreprises adhérant à des organisations professionnelles d'employeurs de la branche satisfaisant aux critères mentionnés aux 1° à 4° de l'article L. 2151-1 et ayant fait la déclaration de candidature prévue à l'article L. 2152-5 *(L. n° 2016-1088 du 8 août 2016, art. 35)* « , soit au moins 8 % des salariés de ces mêmes entreprises ». Le nombre d'entreprises adhérant à ces organisations *(L. n° 2016-1088 du 8 août 2016, art. 35)* « ainsi que le nombre de leurs salariés sont attestés », pour chacune d'elles, par un commissaire aux comptes, qui peut être celui de l'organisation, dans des conditions déterminées par voie réglementaire. La mesure de l'audience s'effectue tous les quatre ans.

Dans les branches couvrant exclusivement les activités agricoles mentionnées aux 1° à 4° de l'article L. 722-1 du code rural et de la pêche maritime *(L. n° 2014-1545 du 20 déc. 2014, art. 7)* « ainsi que celles des coopératives d'utilisation de matériel agricole », *(L. n° 2016-1088 du 8 août 2016, art. 35)* « les seuils fixés au 3° du présent article sont appréciés » au niveau national dans les secteurs d'activités *[activité]* concernés, et les entreprises et exploitations adhérentes sont celles relevant, l'année précédant la mesure de l'audience, du a du 3° de l'article L. 723-15 du code rural et de la pêche maritime *(L. n° 2016-1088 du 8 août 2016, art. 35)* « , quel que soit le nombre d'heures effectuées par les salariés concernés ». *(L. n° 2015-994 du 17 août 2015, art. 23-II)* « Dans ces branches, les associations d'employeurs constituées conformément à la loi du 1er juillet 1901 relative au contrat d'association et dont l'objet statutaire est la défense d'intérêts professionnels sont également assimilées aux organisations professionnelles d'employeurs mentionnées au II de l'article L. 2151-1 du présent code. »

COMMENTAIRE

V. sur le Code en ligne 🔒.

1. Constitutionnalité du critère de mesure de l'audience. Sont conformes à la Constitution les dispositions qui fondent la mesure de l'audience des organisations professionnelles d'employeurs sur le nombre d'entreprises adhérentes, sans pondération en fonction de leur taille ou de leur chiffre d'affaires. • Cons. const. 3 févr. 2016, 🔒 n° 2015-519 QPC : *D. 2016. Actu. 320* 🖉.

2. Contrôle de la qualification juridique des faits. Le juge de cassation exerce un contrôle de qualification juridique des faits sur le point de savoir si une organisation d'employeurs remplit chacun des critères prévus à l'art. L. 2152-1 pour être regardée comme représentative. • CE 16 avr. 2021, 🔒 n° 434192 B.

SECTION 2 Représentativité au niveau national et multi-professionnel

Art. L. 2152-2 Sont représentatives au niveau national et multi-professionnel les organisations professionnelles d'employeurs :
1° Qui satisfont aux critères mentionnés aux 1° à 5° de l'article L. 2151-1 ;
2° *(L. n° 2015-994 du 17 août 2015, art. 23-II)* « Qui sont représentatives ou » dont les organisations adhérentes sont représentatives sur le fondement de l'article L. 2152-1 du présent code dans au moins dix *(L. n° 2015-994 du 17 août 2015, art. 23-II)* « conventions collectives » relevant soit des activités agricoles mentionnées aux 1° à 4° de l'article L. 722-1 et au 2° de l'article L. 722-20 du code rural et de la pêche maritime, *(Abrogé par Ord. n° 2017-1388 du 22 sept. 2017, art. 3)* « soit des professions libérales définies à l'article 29 de la loi n° 2012-387 du 22 mars 2012 relative à la simplification du droit et à l'allégement des démarches administratives, » soit de l'économie sociale et solidaire, *(L. n° 2016-925 du 7 juill. 2016, art. 42)* « soit du secteur du spectacle vivant et enregistré, » et ne relevant pas du champ couvert par les organisations professionnelles d'employeurs représentatives au niveau national et interprofessionnel ;
3° Auxquelles adhèrent au moins quinze organisations relevant de l'un des trois champs d'activités *[activité]* mentionnés au 2° du présent article ;
4° Qui justifient d'une implantation territoriale couvrant au moins un tiers du territoire national soit au niveau départemental, soit au niveau régional.

COMMENTAIRE

V. sur le Code en ligne 🔒.

Art. L. 2152-3 Préalablement à l'ouverture d'une négociation nationale et interprofessionnelle, puis préalablement à sa conclusion, les organisations professionnelles d'employeurs représentatives à ce niveau informent les organisations représentatives au niveau national et multi-professionnel des objectifs poursuivis par cette négociation et recueillent leurs observations.

SECTION 3 Représentativité patronale au niveau national et interprofessionnel

Art. L. 2152-4 Sont représentatives au niveau national et interprofessionnel les organisations professionnelles d'employeurs :
1° Qui satisfont aux critères mentionnés aux 1° à 5° de l'article L. 2151-1 ;
2° Dont les organisations adhérentes sont représentatives à la fois dans des branches de l'industrie, de la construction, du commerce et des services ;
3° Dont les entreprises et les organisations adhérentes à jour de leur cotisation représentent *(L. n° 2016-1088 du 8 août 2016, art. 35)* « soit » au moins 8 % de l'ensemble des entreprises adhérant à des organisations professionnelles d'employeurs

satisfaisant aux critères mentionnés aux 1° à 4° de l'article L. 2151-1 et ayant fait la déclaration de candidature prévue à l'article L. 2152-5 (*L. n° 2016-1088 du 8 août 2016, art. 35*) « , soit au moins 8 % des salariés de ces mêmes entreprises ». Le nombre d'entreprises adhérant à ces organisations (*L. n° 2016-1088 du 8 août 2016, art. 35*) « , ainsi que le nombre de leurs salariés, sont attestés », pour chacune d'elles, par un commissaire aux comptes, qui peut être celui de l'organisation, dans des conditions déterminées par voie réglementaire. La mesure de l'audience s'effectue tous les quatre ans.

Lorsqu'une organisation professionnelle d'employeurs adhère à plusieurs organisations professionnelles d'employeurs ayant statutairement vocation à être présentes au niveau national et interprofessionnel, elle répartit entre ces organisations, pour permettre la mesure de l'audience prévue au présent article, ses entreprises adhérentes. Elle ne peut affecter à chacune de ces organisations une part d'entreprises inférieure à un pourcentage fixé par décret, compris entre 10 % et 20 %. (*L. n° 2016-1088 du 8 août 2016, art. 35*) « La clé de répartition retenue s'applique au nombre de salariés de ces entreprises. » L'organisation professionnelle d'employeurs indique la répartition retenue dans la déclaration de candidature prévue à l'article L. 2152-5. Les entreprises adhérentes sont informées de cette répartition. — V. art. D. 2152-9-1.

> *COMMENTAIRE*
>
> V. sur le Code en ligne 🔒.
>
> **1. Constitutionnalité du critère de mesure de l'audience électorale.** Sont conformes à la Constitution les dispositions qui fondent la mesure de l'audience des organisations professionnelles d'employeurs sur le nombre d'entreprises adhérentes, sans pondération en fonction de leur taille ou de leur chiffre d'affaires. • Cons. const. 3 févr. 2016, ⚖ n° 2015-519 QPC : *D. 2016. Actu. 320* 🖉.
>
> **2.** Il appartient à l'employeur qui conteste qu'un accord interprofessionnel étendu, conclu antérieurement à la première mesure de la représentativité patronale au niveau interprofessionnel effectuée en application des dispositions de l'art. L. 2152-4, soit applicable à la branche professionnelle dont il relève, compte tenu de son activité, de démontrer que l'organisation patronale représentative n'est pas adhérente d'une des organisations patronales interprofessionnelles ayant signé l'accord interprofessionnel. • Soc. 9 juin 2021, ⚖ n° 19-15.593 P : *D. 2021. 1137* 🖉 ; *RJS 8-9/2021, n° 472.*

SECTION 4 Déclaration de candidature

Art. L. 2152-5 Pour l'établissement de leur représentativité en application du présent chapitre, les organisations professionnelles d'employeurs se déclarent candidates, dans des conditions déterminées par voie réglementaire.

Elles indiquent à cette occasion le nombre de leurs entreprises adhérentes et le nombre des salariés qu'elles emploient.

(*L. n° 2016-1088 du 8 août 2016, art. 35*) « Pour l'application de l'article L. 2135-13, elles indiquent également, à cette même occasion, le nombre de leurs entreprises adhérentes employant au moins un salarié. »

SECTION 5 Dispositions d'application

Art. L. 2152-6 Après avis du Haut Conseil du dialogue social, le ministre chargé du travail arrête la liste des organisations professionnelles d'employeurs reconnues représentatives par branche professionnelle et des organisations professionnelles d'employeurs reconnues représentatives au niveau national et interprofessionnel ou multi-professionnel. (*L. n° 2015-994 du 17 août 2015, art. 23-II*) « A cette fin, il vérifie que les critères définis au présent chapitre sont respectés et s'assure notamment que le montant des cotisations versées par les entreprises et, le cas échéant, les organisations professionnelles adhérentes est de nature à établir la réalité de leur adhésion. »

V. note ss. art. L. 2151-1.

Arrêté du 18 novembre 2021,

Fixant la liste des organisations professionnelles d'employeurs reconnues représentatives au niveau national et interprofessionnel.

Art. 1er Sont reconnues représentatives au niveau national et interprofessionnel les organisations professionnelles d'employeurs suivantes :
— Mouvement des entreprises de France (MEDEF) ;
— Confédération des petites et moyennes entreprises (CPME) ;
— Union des entreprises de proximité (U2P).

Art. 2 Au niveau interprofessionnel, pour l'opposition à l'extension des accords collectifs prévue au titre de l'article L. 2261-19, le poids des organisations professionnelles d'employeurs représentatives est le suivant :
— Mouvement des entreprises de France (MEDEF) : 66,33 % ;
— Confédération des petites et moyennes entreprises (CPME) : 28,64 % ;
— Union des entreprises de proximité (U2P) : 5,03 %.

Art. L. 2152-7 Sauf dispositions contraires, les conditions d'application du présent chapitre sont déterminées par décret en Conseil d'État.

LIVRE II LA NÉGOCIATION COLLECTIVE – LES CONVENTIONS ET ACCORDS COLLECTIFS DE TRAVAIL

Les dispositions issues de l'Ord. n° 2017-1382 du 22 sept. 2017 entrent en vigueur à la date de publication des décrets pris pour son application, et au plus tard le 1er janv. 2018 (Ord. préc., art. 5).

BIBL. ▶ **Négociation dans l'entreprise** : FABRE, *Dr. soc.* 2015. 882 ⌀ (réforme des obligations de négocier dans l'entreprise) ; *ibid.* 2020. 539 ⌀ et 630 ⌀ (dynamiques de l'accord collectif : retour sur 10 ans de réforme). - GAURIAU, *Dr. soc.* 2015. 878 ⌀ (négociation dans les entreprises dépourvues de syndicats). - LOISEAU, *RJS* 6/2021 (le préalable de négociation). - MEFTAH, *RJS* 2/2022 (combinaison des accords collectifs : une ingénierie en quête de cohérence). - MIAS, *RDT* 2017. 316 ⌀ (quelles négociations collectives dans les entreprises ?). - ODOUL-ASOREY, *Dr. soc.* 2015. 987 ⌀ (la négociation collective confortée par le principe de précaution ?).

▶ **Dossier CSE** : acteurs et actions en matière de négociation collective, *Dr. ouvrier* 2020. 589.

▶ **Négociation collective, accord collectif et sanction** : AUZERO, *Dr. soc.* 2023. 212 ⌀ (nullité de l'accord collectif invoquée par les syndicats). - BERGERON, *Dr. soc.* 2023. 217 ⌀ (illégalité de l'accord collectif invoquée par voie d'exception). - FABRE, *Dr. soc.* 2023. 203 ⌀ (sanctions du défaut de négociation collective). - FRANÇOIS, *Dr. soc.* 2023. 196 ⌀ (classification des sanctions). - GAMET, *Dr. soc.* 2023. 239 ⌀ (droit pénal conventionnel). - MARIANO, *Dr. soc.* 2023. 225 ⌀ (caducité de l'accord collectif). - MARTINON, *Dr. soc.* 2023. 234 ⌀ (actions en exécution de l'accord collectif).

▶ **Loi du 8 août 2016** : ANTONMATTÉI et ENJOLRAS, *Dr. soc.* 2016. 933 ⌀. - BORENFREUND et FAVENNEC-HÉRY, *RDT* 2016. *Controverse* 309 ⌀ (le renforcement de la légitimité des accords collectifs justifie-t-il un effacement de la volonté individuelle des salariés ?). - BORENFREUND, *RDT* 2016. 781 ⌀ (les rapports de l'accord collectif avec la loi et le contrat de travail). - CESARO, *JCP S* 2016. 1301 (révision, transition et extinction des accords collectifs). - GRIGNARD, *Dr. soc.* 2017. 429 ⌀ (place de la négociation d'entreprise). - NICOD, *RDT* 2016. 800 ⌀ (les rapports entre accords collectifs). - FERKANE, *RDT* 2016. 832 ⌀. - LOISEAU, PÉCAUT-RIVOLIER et PIGNARRE, *Dr. soc.* 2016. 886 ⌀ (l'ordre public social a-t-il un avenir ?). - MARTINON et PESKINE, *Dr. soc.* 2017. 115 ⌀ (Le juge et le contenu de l'accord collectif). - NADAL, *Dr. soc.* 2017. 123 ⌀ (Le juge et l'accord collectif). - ODOUL-ASOREY, *RDT* 2016. 803 ⌀ (accord collectif majoritaire). - PÉCAUT-RIVOLIER, *RDT* 2016. 791 ⌀ ; *JCP S* 2016. 1300. - TISSANDIER, *RDT* 2016. 791 ⌀ (les rapports entre accords collectifs).

▶ **Dossier spécial** : *JCP S* 2016. 1147 (articulation des normes en droit du travail) ; *JCP S* 2016. 1441 (regroupement des branches).

▶ **Ordonnance du 22 septembre 2017** : ANTONMATTÉI, *Dr. soc.* 2017. 1027 ⌀ (l'irrésistible ascension de l'accord d'entreprise). - ANTONMATTÉI, CHENU, JARRY, MORAND et NEAU-LEDUC, *RJS* 2017,

p. 867 (analyse des nouvelles règles de la négociation collective). – Bauduin, RDT 2017. 525 ⌀ (le renforcement du dialogue social au prisme du droit constitutionnel). – Cesaro, JCP S 2017. 1306 (l'automne dans les branches professionnelles et quelques mesures portant sur la négociation collective). – Izard, SSL 2017, n° 1794, p. 4. – Pagnerre et Jeansen, JCP S 2017. 1314 (l'obligation de négocier, de la loi au contrat collectif). – Pasquier, RDT 2018. 44 ⌀ (les nouveaux visages de la loyauté dans la négociation collective).

TITRE I DISPOSITIONS PRÉLIMINAIRES

CHAPITRE I CHAMP D'APPLICATION

COMMENTAIRE
V. sur le Code en ligne 🔒.

Art. L. 2211-1 Les dispositions du présent livre sont applicables aux employeurs de droit privé ainsi qu'à leurs salariés.
Elles sont également applicables :
1° Aux établissements publics à caractère industriel et commercial ;
2° Aux établissements publics à caractère administratif lorsqu'ils emploient du personnel dans les conditions du droit privé. – *[Anc. art. L. 131-2 et L. 461-1, al. 1er, phrase 1 début et al. 3.]*

COMMENTAIRE
V. sur le Code en ligne 🔒.

1. Organismes de sécurité sociale. Sur l'agrément ministériel nécessaire pour qu'une convention collective concernant le personnel des organismes de sécurité sociale puisse entrer en vigueur, V. • Soc. 8 nov. 1979 et • 5 déc. 1979 : *D. 1980. IR 347, obs. Langlois* • 23 mars 1982 : *Bull. civ. V, n° 213* • CE 18 janv. 1980 : *Dr. soc. 1980. 282, concl. Latournerie* • 24 oct. 1984 : *ibid. 1985. 285, concl. Lasserre* • 18 juin 1993 : 🕮 *D. 1994. Somm. 241, obs. Chelle et Prétot* ⌀ ; *RJS 1993. 540, n° 904*.

♦ Sur l'abrogation de l'agrément, V. Prétot, *Dr. soc. 1992. 729* ⌀.

2. La procédure d'agrément ne fait pas obstacle à l'existence, dans les organismes de sécurité sociale, d'usages plus favorables aux salariés et qui n'ont pas à être agréés par l'autorité de tutelle.
• Soc. 22 janv. 1991, 🕮 n° 87-40.113 P. – V. aussi • Soc. 7 déc. 1993 : 🕮 *D. 1994. 559, note Soubise* ⌀.

CHAPITRE II FORMATION DES ACTEURS DE LA NÉGOCIATION COLLECTIVE

(L. n° 2016-1088 du 8 août 2016, art. 33)

COMMENTAIRE
V. sur le Code en ligne 🔒.

Art. L. 2212-1 Les salariés et les employeurs ou leurs représentants peuvent bénéficier de formations communes visant à améliorer les pratiques du dialogue social dans les entreprises, dispensées par les centres, instituts ou organismes de formation. L'Institut national du travail, de l'emploi et de la formation professionnelle apporte son concours à la création et à la mise en œuvre de ces formations. Ces formations peuvent être suivies par des magistrats judiciaires ou administratifs et par d'autres agents de la fonction publique.
Ces formations peuvent être en tout ou partie financées par les crédits du fonds prévu à l'article L. 2135-9.
Les conditions d'application du présent article sont prévues par décret en Conseil d'État. – *V. art. R. 2212-1 s.*

BIBL. ▶ Thuderoz, *RDT 2021. 493* ⌀ (les formations communes syndicats/entreprises).

Art. L. 2212-2 Des conventions ou des accords collectifs d'entreprise ou de branche peuvent définir :
1° Le contenu des formations communes prévues à l'article L. 2212-1 et les conditions dans lesquelles elles sont dispensées ;

2° Les modalités de leur financement, pour couvrir les frais pédagogiques, les dépenses d'indemnisation et les frais de déplacement et d'hébergement des stagiaires et animateurs.

TITRE II OBJET ET CONTENU DES CONVENTIONS ET ACCORDS COLLECTIFS DE TRAVAIL

RÉP. TRAV. v^is *Conventions et accords collectifs de travail (Droit de la négociation collective)*, par Nadal ; ... *Conclusion, effets, application et sanctions)*, par Nadal ; *Accord de groupe*, par Pagnerre.
BIBL. GÉN. ▶ **Commentaires de la loi n° 82-957 du 13 nov. 1982 :** Delors, *Dr. soc. 1983. 85*. - Langlois, *ibid. 1982. 284*. - Pascré, *Dr. ouvrier 1983. 39*. - Soubie, *Dr. soc. 1982. 280*. - Supiot, *ibid. 1983. 63*. - Teyssié, *JCP CI 1983. 14065*.

▶ **Commentaires de l'accord interprofessionnel du 31 oct. 1995 :** Cohen, *Dr. soc. 1996. 18* (réduction « négociée » des avantages). - Favennec-Héry, *ibid. 20* (temps de travail). - Freyssinet et Souriac, *RDT 2013. Controverse 156* (peut-on faire confiance à la négociation interprofessionnelle ?). - Goin, *ibid. 3*. - Morin, *ibid. 11* (niveaux de négociation).

▶ Antonmattéi, *Dr. soc. 1997. 35* (statut collectif des salariés) ; *ibid. 1997. 164* (développement de la négociation collective). - Auzéro, *Dr. ouvrier 2010. 324* (articulation des normes conventionnelles). - Barbérot, *Dr. ouvrier 1998. 332* (représentativité et négociation collective). - Barthélemy, *Dr. soc. 1986. 597* ; *ibid. 1997. 40* (travailleurs indépendants) ; *ibid. 2009. 907* (vers de nouvelles évolutions de la négociation collective). - Bonnechère, *Dr. soc. 1990. 40* (déréglementation et théorie des sources en droit du travail). - Boulouis, *Ét. offertes à Savatier, 1992, p. 105* (convention collective et droit communautaire). - Cesaro, *Dr. soc. 2010. 780* (négociation collective dans les groupes). - Chevillard, *Dr. soc. 1993. 363* (notion de disposition plus favorable). - Dockès, *Dr. soc. 1994. 227* (engagement unilatéral de l'employeur). - Dupeyroux, *Dr. soc. 1996. 163* (accords collectifs de prévoyance). - Fabre, *Dr. soc. 2020. 539* (dynamiques de l'accord collectif de travail - 10 ans de réforme). - Frossard, *RDT 2009. 83* (supplétivité des règles en droit du travail). - Gauriau, *Dr. soc. 2008. 1061* (accords collectifs relatifs à la diversité). - Jobert, *Dr. soc. 2013. 332* (négociation d'entreprise dans la crise). - Jolivet et Langlois, *JCP S 2020. 3000* (aménagements conventionnels dans l'entreprise). - Langlois, *Dr. soc. 1988. 395* (droit civil et contrat collectif) ; *ibid. 1991. 933* (droit public et droit social en matière de négociation collective) ; *ibid. 2009. 1037* (la négociation collective au-delà du travail) ; *Ét. offertes à H. Sinay, 1994, p. 23* (pluralité de conventions collectives). - Lhernould, *Dr. soc. 2008. 34* (la négociation collective communautaire). - Lhuillier, *Dr. soc. 1995. 162* (interprétation). - Lombard, *AJDA 1991. 605* (accords collectifs et personnel soumis à un statut législatif ou réglementaire). - A. Lyon-Caen, *Ét. offertes à Savatier, 1992, p. 331* (droit social et droit de la concurrence). - G. Lyon-Caen, *Dr. soc. 1979. 350* (critique de la négociation collective) ; *ibid. 2003. 355* (réforme de la négociation collective) ; *Dr. ouvrier 1992. 313* (infiltration du droit du travail par le droit de la concurrence) ; *ibid. 1996. 479* (Constitution française et négociation collective) ; *Dr. soc. 1998. 316* (l'emploi, objet de la négociation collective). - Martinon, *Dr. soc. 2010. 789* (relations collectives de travail dans les groupes de sociétés à caractère transnational). - Masanovic, *Dr. soc. 1991. 181* (exécution forcée des obligations). - Mathieu, *D. 1997. Chron. 152* (droit constitutionnel de la négociation collective). - Mazeaud, *Mél. offerts à Jestaz, Dalloz 2006* (sources du droit du travail à l'épreuve du dialogue social). - Mine, *RDT 2006. 318* (conclusions rendues en 2006 par le comité européen des droits sociaux concernant la France). - Moreau, *Dr. soc. 1995. 171* (interprétation). - Morin, *RJS 1993. 74* (signature des accords collectifs) ; *Dr. soc. 1997. 25* (Conseil constitutionnel et droit à la négociation collective) ; *ibid. 1998. 419* (loi et négociation collective) ; *ibid. 1999. 681* (négociation collective territoriale) ; *ibid. 2003. 743* (accords collectifs de groupe). - Morin et Teyssié, *Dr. soc. 1988. 741* (accord-cadre). - Pernot, *Dr. ouvrier 2023. 369* (dualisme des clauses de l'accord collectif). - Perrot, *Dr. ouvrier 1994. 422* (transformations de la négociation collective). - Poirier, *Dr. soc. 1995. 885* (clause dérogatoire *in pejus*) ; *Dr. ouvrier 2013. 78* ; *ibid. 250* (la négociation collective, reflet des finalités du droit du travail). - Prétot, *RJS 1994. 819* (principes généraux du droit et accords dérogatoires). - de Quénaudon, *Ét. offertes à H. Sinay, 1994, p. 263* (volonté patronale et actes atypiques). - Ray, *Journées Soc. lég. comparée, 1990, p. 445* (déréglementation et négociation collective) ; *Dr. soc. 2004. 590* (accords majoritaires) ; *ibid. 2006. 981* (rapport Chertier) ; *ibid. 2008. 3* (la négociation collective de demain). - Renucci, *Dr. soc. 2008. 52* (dialogue sociale et négociation collective à l'échelle communautaire). - Rotschild-Souriac, *Dr. soc. 1982. 729* (le droit à la négociation) ; *ibid. 1991. 491* (accord de groupe) ; *ibid. 2004. 579* (articulation des niveaux de négociations). - Saramito, *Dr. ouvrier 2003. 1* (droit des organisations syndicales de salariés non signataires). -

SAVATIER, *Dr. ouvrier 1995*. 235 (distinction rapports collectifs et rapports individuels). – SOURIAC-ROTSCHILD, *Dr. soc. 1996*. 395 (contrôle de la légalité interne). – SOURIAC, *RDT 2009*. 14 (réformes de la négociation collective). – SUPIOT, *Dr. soc. 1983*. 63 (syndicats et négociation collective) ; *ibid. 1989*. 195 (déréglementation des relations de travail et autoréglementation de l'entreprise). – STRUILLOU, *SSL 2012*, n° 1555, p. 6 (la place de la négociation collective dans la hiérarchie des normes de droit). – VERDIER et LANGLOIS, *D. 1972*. Chron. 253 (théorie des sources du droit : loi et accord collectif). – WAQUET, *Dr. soc. 1994*. 399 (contrat de travail et statut collectif).

▶ **Dossier spécial :** *Dr. soc. 2020*. 481 (juges et accords collectifs).

CHAPITRE I OBJET DES CONVENTIONS ET ACCORDS

Art. L. 2221-1 Le présent livre est relatif à la détermination des relations collectives entre employeurs et salariés. Il définit les règles suivant lesquelles s'exerce le droit des salariés à la négociation collective de l'ensemble de leurs conditions d'emploi, de formation professionnelle et de travail ainsi que de leurs garanties sociales. – *[Anc. art. L. 131-1.]*

> *COMMENTAIRE*
> V. sur le Code en ligne.

1. Conv. EDH. Le droit de mener des négociations collectives avec l'employeur est, en principe, devenu l'un des éléments essentiels du « droit de fonder avec d'autres des syndicats et de s'affilier à des syndicats pour la défense de ses intérêts » énoncé à l'art. 11 Conv. EDH, étant entendu que les États demeurent libres d'organiser leur système de manière à reconnaître, le cas échéant, un statut spécial aux syndicats représentatifs comme les autres travailleurs, les fonctionnaires, mis à part des cas très particuliers, doivent en bénéficier, sans préjudice toutefois des effets des « restrictions légitimes » pouvant être imposées aux « membres de l'administration de l'État » au sens de l'art. 11 § 2. • CEDH 12 nov. 2008, *Demir et Baykara : D. 2009*. 739, note Marguénaud et Mouly ; *RDT 2009*. 288, étude Hervieu.

2. Constitution. Il est loisible au législateur, après avoir défini les droits et obligations touchant aux conditions de travail ou aux relations de travail, de laisser aux employeurs et aux salariés ou à leurs organisations représentatives le soin de préciser, après une concertation appropriée, les modalités concrètes de mise en œuvre des normes qu'il édicte. • Cons. const. 25 juill. 1989 : *Dr. soc. 1989*. 627 ; *ibid.* 701, note Prétot. – V. aussi • Cons. const. 6 nov. 1996 : *GADT, 4ᵉ éd., n° 157 ; D. 1998*. 152, note Mathieu, obs. Trémeau ; *RTD civ. 1997*. 785, obs. Libchaber ; *Dr. soc. 1997*. 25, note Morin ; *RJS 1996*. 833, n° 1296 • Cons. const. 29 avr. 2004 : *D. 2004*. 3029, obs. Prétot et Chelle ; *ibid. 2005*. 1125, obs. Ogier-Bernaud et Severino ; *RFDA 2005*. 409, note Dardalhon ; *RTD civ. 2005*. 93, obs. Deumier • Cons. const. 29 juill. 2005 : *décision n° 2005-523 DC* • Cons. const. 7 août 2008 : *décision n° 2008-568 DC*.

3. Principe fondamental du droit du travail. Le droit de passer des accords collectifs se rattache aux principes fondamentaux du droit du travail. • CE 21 juill. 1970 : *Dr. soc. 1971*. 112, note Vénézia.

4. Champ d'application. Toute convention collective a pour objet de régler les conditions générales de travail et les rapports entre les employeurs et les salariés ; aussi n'est pas applicable une convention collective nationale à un travailleur indépendant qui n'emploie pas de salarié. • Soc. 21 mars 2007 : *D. 2007. AJ 1081 ; RJS 2007*. 473, n° 641 ; *JCP S 2008*. 1241.

Art. L. 2221-2 La convention collective a vocation à traiter de l'ensemble des matières mentionnées à l'article L. 2221-1, pour toutes les catégories professionnelles intéressées.

L'accord collectif traite un ou plusieurs sujets déterminés dans cet ensemble. – *[Anc. art. L. 132-1.]*

BIBL. ▶ BONNIN, *Dr. ouvrier 1998*. 340 (objet de l'accord et choix de l'organe de représentation). – BRIENS, *JCP E 1987. II*. 16724 (accords en matière de retraite et de prévoyance). – CHAUCHARD, *Dr. soc. 1982*. 678 (accords de fin de conflit). – DUPEYROUX, *ibid. 1990*. 741 (régime de retraite et de prévoyance) ; *ibid. 1994*. 820 (protection sociale complémentaire). – GUILLOUX, *ibid. 1986*. 151 ; *ibid. 1990*. 818 (formation professionnelle). – JAVILLIER, *ibid. 1989*. 445 (mobilité du personnel). – LANQUETIN et MASSE-DESSEN, *ibid. 1989*. 551 (droits des femmes). – LUTTRINGER, *Ét. offertes à H. Sinay, 1994, p. 43* (formation professionnelle). – NADAUD, *Dr. soc. 1989*. 168 (secteur hospitalier privé). – PÉLISSIER, *ibid. 1984*. 678 (salaires). – DE QUÉNAUDON, *ibid. 1981*. 401 (protocoles de fin de conflit). – RAY, *ibid. 1988*. 99 (temps de travail). – SOUBIE, *ibid. 1985. 614* (accords « donnant-donnant »). – Souriac et Morand, *RDT 2012. Controverse 194* ⌀ (accords de compétitivité : quels engagements sur l'emploi ?). – Tonin, *JCP E 1987. II. 16138* (nouvelles technologies). – V. aussi *Dr. soc. 1997. 1004 s.* ⌀ (n° spécial sur la négociation collective).

COMMENTAIRE

V. sur le Code en ligne 🏛. ❑

1. Notion d'accord collectif. La clause selon laquelle les parties signataires d'une convention collective se déclarent favorables à la création d'un système permettant la représentation d'une catégorie du personnel dans un collège qui lui serait propre constitue une déclaration d'intention et non un accord clairement établi. • Soc. 9 déc. 1985 : *Bull. civ. V, n° 582 ; D. 1986. Somm. 384, obs. Frossard.* ♦ La clause selon laquelle « en tout état de cause, l'objectif des 35 heures sera atteint pour tous en 1985 », qui ne détermine pas à quelles conditions précises la durée du travail sera réduite et quels seront les effets de cette réduction sur le montant des rémunérations, ne constitue qu'un accord de principe ne liant pas les parties. • Soc. 19 déc. 1989, ⚖ n° 88-13.388 P : *GADT, 4ᵉ éd., n° 162 ; D. 1991. 62, note Schmidt-Szalewski* ⌀ ; *Dr. soc. 1990. 149, rapp. Waquet* ⌀. ♦ Une simple lettre, par laquelle un syndicat désigne un délégué du personnel titulaire pour la durée de son mandat comme délégué syndical et qui fixe à son profit avec l'approbation de son employeur un crédit d'heures de délégation pour ses fonctions syndicales, ne constitue pas un accord collectif d'entreprise. • Soc. 28 sept. 2005, ⚖ n° 04-11.286 P.

2. Méthode d'interprétation. Une convention collective, si elle manque de clarté, doit être interprétée comme la loi, c'est-à-dire d'abord en respectant la lettre du texte, ensuite en tenant compte d'un éventuel texte législatif ayant le même objet et, en dernier recours, en utilisant la méthode teleologique consistant à rechercher l'objectif social du texte. • Soc. 8 févr. 2023, ⚖ n° 21-16.805 B : *RJS 4/2023, n° 191 ; JCP S 2023. 1083, obs. Petkova.*

3. Catégories de salariés visées. Les parties signataires d'une convention collective peuvent exclure de son champ d'application une catégorie de salariés. • Soc. 13 juin 1984 : *JCP 1984. IV. 269.* ♦ Dans le même sens : • Soc. 4 oct. 1989 : *RJS 1989. 534, n° 902* (en excluant les femmes de ménage à temps partiel de son champ d'application, la convention collective nationale de la banque ne contrevient pas à l'égalité des droits des salariés à plein temps et à temps partiel, l'art. L. 212-4-2 [L. 3123-2 nouv.] permettant aux accords collectifs de prévoir des modalités spécifiques aux salariés à temps partiel). • Cass., ass. plén., 26 avr. 1991, ⚖ n° 87-43.726 P : *D. 1991. IR 149* ⌀ (exclusion des auxiliaires). ♦ Mais une convention collective peut, sans introduire une discrimination prohibée fondée sur la nationalité, prévoir une suspension du contrat de travail pour les salariés, quelle que soit leur nationalité, qui accomplissent leurs obligations du service national prévues par le code français du service national. • Soc. 1ᵉʳ mars 1995, ⚖ n° 91-41.390 P : *D. 1995. IR 86 ; RJS 1995. 300, n° 451.* ♦ Le juge doit rechercher quelles sont les véritables fonctions exercées par le salarié. • Soc. 9 nov. 1978 : *Bull. civ. V, n° 755* • 13 juin 1984 : *ibid., n° 247.*

4. Cas particulier des VRP. La convention collective nationale interprofessionnelle des VRP du 30 oct. 1975 est, selon ses propres dispositions, seule applicable, sauf stipulation expresse, au personnel ayant la qualité de représentant ; c'est donc à tort qu'un jugement a fait bénéficier un représentant des dispositions plus favorables d'une autre convention collective. • Soc. 21 févr. 1979 : *D. 1979. IR 425, obs. Pélissier* • 27 nov. 1985 : *Bull. civ. V, n° 565.* ♦ La convention collective de la branche d'activité dont relève l'entreprise n'est susceptible de s'appliquer aux VRP que si elle comporte des dispositions particulières. • Soc. 10 mars 2004, ⚖ n° 02-40.668 P : *D. 2004. IR 850* ⌀ ; *RJS 2004. 370, n° 540.*

5. La clause par laquelle les parties signataires d'un accord collectif s'engagent à renoncer à toute réclamation concernant la période antérieure à la date de signature de l'accord ne peut engager que les seules parties à l'accord et ne saurait interdire aux salariés de faire valoir en justice les droits qu'ils ont acquis par application de la loi. • Soc. 12 sept. 2007 : ⚖ *D. 2007. AJ 2393* ⌀.

Art. L. 2221-3 Les dispositions concernant la détermination des garanties collectives dont bénéficient les salariés en complément de celles résultant de l'organisation de la sécurité sociale sont fixées par le titre I du livre IX du code de la sécurité sociale.

CHAPITRE II CONTENU ET DURÉE DES CONVENTIONS ET ACCORDS

SECTION 1 Détermination du champ d'application des conventions et accords

Art. L. 2222-1 Les conventions et accords collectifs de travail, ci-après désignés "conventions" et "accords" dans le présent livre, déterminent leur champ d'application territorial et professionnel. Le champ d'application professionnel est défini en termes d'activités économiques.

Pour ce qui concerne les professions agricoles mentionnées aux 1° à 3°, 6° et 7° de l'article L. 722-20 du code rural et de la pêche maritime, le champ d'application des conventions et accords peut, en outre, tenir compte du statut juridique des entreprises concernées ou du régime de protection sociale d'affiliation de leurs salariés.

(L. n° 2016-1088 du 8 août 2016, art. 26) « Les conventions et accords collectifs de travail dont le champ d'application est national s'appliquent, sauf stipulations contraires, en Guadeloupe, en Guyane, en Martinique, à Mayotte, à La Réunion, à Saint-Barthélemy, à Saint-Martin et à Saint-Pierre-et-Miquelon, dans un délai de six mois à compter de leur date d'entrée en vigueur. Ce délai est imparti aux organisations syndicales de salariés et d'employeurs habilitées à négocier dans ces collectivités pour conclure des accords dans le même champ si elles le souhaitent. »

Le dernier al. est applicable à compter du 1er avr. 2017, pour les conventions et accords conclus après cette date en Guadeloupe, en Guyane, en Martinique, à La Réunion, à Saint-Barthélemy, à Saint-Martin et à Saint-Pierre-et-Miquelon et, à compter du 1er janv. 2018, à Mayotte.

L'application en Guadeloupe, en Guyane, en Martinique, à Mayotte, à La Réunion, à Saint-Barthélemy, à Saint-Martin et à Saint-Pierre-et-Miquelon des conventions et accords conclus avant le 1er avr. 2017 est réexaminée à l'occasion de la négociation de leurs avenants, qui peuvent décider de leur application pour tout ou partie à ces collectivités.

Dans un délai de douze mois à compter du 9 août 2016, les organisations syndicales de salariés et les organisations professionnelles d'employeurs habilitées à négocier en Guadeloupe, en Guyane, en Martinique, à Mayotte, à La Réunion, à Saint-Barthélemy, à Saint-Martin ou à Saint-Pierre-et-Miquelon engagent, dans chacune de ces collectivités, des négociations permettant d'améliorer la couverture conventionnelle en outre-mer, le cas échéant en reprenant ou en adaptant des stipulations des conventions collectives nationales existantes, dans les conditions prévues à l'art. L. 2622-2 C. trav. (L. n° 2016-1088 du 8 août 2016, art. 26, II à IV).

COMMENTAIRE

V. sur le Code en ligne.

Doit être réputée non écrite la clause de la convention collective nationale du personnel des services interentreprises excluant de son champ d'application certains services interentreprises de médecine du travail appliquant antérieurement à son entrée en vigueur une autre convention collective sans rapport avec cette activité. • Soc. 19 mai 2010 : ⚡ *RJS 2010. 621, n° 694 ; JCP S 2010. 1301, obs. Vachet ; SSL 2010, n° 1450, p. 10.*

Art. L. 2222-2 Lorsque le champ d'application d'un avenant ou d'une annexe diffère de celui de la convention ou de l'accord qu'il modifie ou complète, il doit être précisé conformément aux dispositions de l'article L. 2222-1. — *[Anc. art. L. 132-5, al. 4.]*

SECTION 2 Détermination des thèmes, du calendrier et de la méthode de négociation (L. n° 2016-1088 du 8 août 2016, art. 16 ; Ord. n° 2017-1385 du 22 sept. 2017, art. 5).

Art. L. 2222-3 (Ord. n° 2017-1385 du 22 sept. 2017, art. 5) Dans les conditions prévues au titre IV du livre II de la deuxième partie du présent code, la convention ou l'accord collectif de travail définit :
1° le calendrier des négociations ;
2° les modalités de prise en compte, dans la branche ou l'entreprise, des demandes relatives aux thèmes de négociation émanant d'une ou des organisations syndicales de salariés représentatives.

COMMENTAIRE

V. sur le Code en ligne.

Art. L. 2222-3-1 (L. n° 2016-1088 du 8 août 2016, art. 16) Une convention ou un accord collectif peut définir la méthode permettant à la négociation de s'accomplir dans des conditions de loyauté et de confiance mutuelle entre les parties.

Cette convention ou cet accord précise la nature des informations partagées entre les négociateurs, notamment, au niveau de l'entreprise, en s'appuyant sur la base de données définie à l'article L. 2323-8. Cette convention ou cet accord définit les principales étapes du déroulement des négociations et peut prévoir des moyens supplémentaires ou spécifiques, notamment s'agissant du volume de crédits d'heures des représentants syndicaux ou des modalités de recours à l'expertise, afin d'assurer le bon déroulement de l'une ou de plusieurs des négociations prévues.

Sauf si la convention ou l'accord en stipule autrement, la méconnaissance de ses stipulations n'est pas de nature à entraîner la nullité des accords conclus dès lors qu'est respecté le principe de loyauté entre les parties.

Ces dispositions s'appliquent aux accords conclus après le 9 août 2016 (L. n° 2016-1088 du 8 août 2016, art. 16-IV).

> **COMMENTAIRE**
>
> V. sur le Code en ligne 🔒 ❑

Art. L. 2222-3-2 (L. n° 2016-1088 du 8 août 2016, art. 16) Un accord conclu au niveau de la branche définit la méthode applicable à la négociation au niveau de l'entreprise. Cet accord s'impose aux entreprises n'ayant pas conclu de convention ou d'accord en application de l'article L. 2222-3-1. Si un accord mentionné au même article L. 2222-3-1 est conclu, ses stipulations se substituent aux stipulations de cet accord de branche.

Sauf si l'accord prévu au premier alinéa du présent article en stipule autrement, la méconnaissance de ses stipulations n'est pas de nature à entraîner la nullité des accords conclus dans l'entreprise dès lors qu'est respecté le principe de loyauté entre les parties.

Ces dispositions s'appliquent aux accords conclus après le 9 août 2016 (L. n° 2016-1088 du 8 août 2016, art. 16-IV).

SECTION 2 BIS Préambule des conventions et accords

(L. n° 2016-1088 du 8 août 2016, art. 16)

Art. L. 2222-3-3 La convention ou l'accord contient un préambule présentant de manière succincte ses objectifs et son contenu.

L'absence de préambule n'est pas de nature à entraîner la nullité de la convention ou de l'accord.

Ces dispositions s'appliquent aux accords conclus après le 9 août 2016 (L. n° 2016-1088 du 8 août 2016, art. 16-IV).

> **COMMENTAIRE**
>
> V. sur le Code en ligne 🔒 ❑

SECTION 3 Détermination de la durée des conventions et accords

Art. L. 2222-4 La convention ou l'accord est conclu pour une durée déterminée ou indéterminée.

(L. n° 2016-1088 du 8 août 2016, art. 16) « A défaut de stipulation de la convention ou de l'accord sur sa durée, celle-ci est fixée à cinq ans.

« Lorsque la convention ou l'accord arrive à expiration, la convention ou l'accord cesse de produire ses effets. »

Les dispositions issues de la L. n° 2016-1088 du 8 août 2016 s'appliquent aux accords conclus après le 9 août 2016 (L. préc., art. 16-IV).

> **COMMENTAIRE**
>
> V. sur le Code en ligne 🔒 ❑

Jurisprudence rendue sous l'empire des dispositions antérieures à la L. n° 2016-1088 du 8 août 2016.

1. Stipulation contraire. N'est pas une « stipulation contraire », au sens de l'art. L. 132-6 [L. 2222-4 nouv.], la clause d'un accord collectif à durée déterminée prévoyant sa renégociation à l'arrivée du terme. • Soc. 26 juin 1991 : 🔒 *RJS 1991. 513, n° 983.*

2. Avenants. Les dispositions de l'art. L. 132-6 [L. 2222-4 nouv.] qui confèrent à la convention collective une durée déterminée ou indéterminée n'imposent pas que l'avenant pris pour l'application d'une convention mentionne explicitement qu'il a été pris pour une durée déterminée. • CE 30 déc. 1998 : 🔒 *RJS 1999. 237, n° 398.*

3. Caducité. Un accord à durée déterminée conclu en application de la loi de Robien et prévoyant des embauches est devenu caduc après le plan de cession décidé par le tribunal de commerce et prévoyant des licenciements. Il n'est donc pas opposable au repreneur. • Soc. 17 juin 2003, 🔒 n° 01-15.710 P : *D. 2003. IR 1946* ⌀ *; RJS 2003. 696, n° 1024.*

4. Poursuite de l'exécution. La convention collective à durée déterminée qui arrive à expiration ne continue à produire ses effets comme convention collective à durée indéterminée qu'à défaut de stipulations contraires. • Soc. 16 juill. 1987 : *Bull. civ. V, n° 500.* ♦ V. aussi • Soc. 26 mai 1983 : *Bull. civ. V, n° 282* • 25 janv. 1994 : 🔒 *CSB 1994. 69, A. 14 ; RJS 1994. 197, n° 279* (maintien d'une clause relative à l'ancienneté). ♦ L'accord collectif à durée déterminée relatif à la réduction du temps de travail prévoyant seulement que la non-application des réductions de charges patronales entraînera systématiquement sa renégociation, et non qu'à défaut de renégociation il cesserait de produire ses effets, ne devient pas caduc mais a été tacitement reconduit. • Soc. 28 sept. 2010 : 🔒 *D. actu. 15 oct. 2010, obs. Perrin ; RJS 2010. 859, n° 963 ; JCP S 2010. 1475, obs. Drai.*

SECTION 4 Détermination des modalités de suivi, renouvellement, révision et dénonciation (L. n° 2016-1088 du 8 août 2016, art. 16).

Art. L. 2222-5 La convention ou l'accord prévoit les formes selon lesquelles et le délai au terme duquel il pourra être renouvelé ou révisé. – *[Anc. art. L. 132-7, al. 1er.]*

BIBL. ▶ COLIN, *RJS 2001. 5* (parties à la révision). – DESPAX, *Dr. soc. 1989. 631.* – LANQUETIN, *Ét. offertes à H. Sinay, 1994, p. 35.* – MARQUET DE VASSELOT, *JCP S 2011. 1361* (révision de l'accord collectif : le sort de l'accord dépourvu de clause de révision). – MORIN, *RJS 1993. 74* (signature des accords collectifs). – PALLI, *RDT 2010. 155* ⌀ (la révision des conventions collectives à l'épreuve de la réforme de la représentativité syndicale). – PASCRÉ, *Dr. ouvrier 1993. 123* (loi du 31 déc. 1992). – ROCHE, *Dr. soc. 1992. 680* ⌀ (arrêt Basirico). – P. RODIÈRE, *SSL 1993, n° 655* (loi du 31 déc. 1992). – SAVATIER, *RJS 1989. 491.* – TAIB et SAVOLDELLI, *JCP E 1997. I. 667* (révision d'un accord d'entreprise ou d'établissement). – VACHET, *Dr. soc. 1993. 134* ⌀ (loi du 31 déc. 1992).

▶ **Révision des accords collectifs après la loi du 4 mai 2004 :** MORAND, *TPS 2005.* – MORIN, *RJS 2005. 87.* – VACHET, *JSL 2006. 4.*

COMMENTAIRE

V. sur le Code en ligne 📖.

Absence de clause de révision (jurispr. rendue sous l'empire des dispositions antérieures à la loi du 8 août 2016). Lorsque l'accord initial ne prévoit pas les modalités de sa révision, il résulte de l'art. L. 2261-7 que, d'une part, le consentement unanime des signataires est nécessaire pour engager la procédure de révision et que, d'autre part, les organisations syndicales signataires sont seules habilitées pour signer l'avenant de révision selon les règles applicables à chaque niveau de négociation. • Soc. 13 nov. 2008 : 🔒 *D. 2008. AJ 3090* ⌀ *; ibid 2009. Pan. 590, obs. Leclerc ; RJS 2009. 166, n° 199 ; JCP S 2009. 1116, obs. Kerbourc'h.* ♦ Les accords collectifs doivent prévoir à quelle époque et dans quelles formes ils pourront être renouvelés ou révisés mais les parties conservent la faculté de les modifier avec le consentement de l'ensemble des signataires pendant la durée de l'accord. L'absence de prévision dans l'accord initial d'une procédure de révision avant terme ne saurait, à elle seule, les priver de cette faculté. • Soc. 11 mai 2004, 🔒 n° 02-14.844 P : *RJS 2004. 564, n° 833 ; JSL 2004, n° 147-2.* ♦ En présence d'un délai de révision prévu par la convention, l'avenant de révision conclu sans que soit respecté ce préavis est nul. • Soc. 27 oct. 2004, 🔒 n° 03-14.264 P : *RJS 2005. 58, n° 64 ; Dr. ouvrier 2005. 195, note Nadal.*

Art. L. 2222-5-1 (*L. n° 2016-1088 du 8 août 2016, art. 16*) La convention ou l'accord définit ses conditions de suivi et comporte des clauses de rendez-vous.

L'absence ou la méconnaissance des conditions ou des clauses mentionnées au premier alinéa n'est pas de nature à entraîner la nullité de la convention ou de l'accord.

Ces dispositions s'appliquent aux accords conclus après le 9 août 2016 (L. n° 2016-1088 du 8 août 2016, art. 16-IV).

> **COMMENTAIRE**
> V. sur le Code en ligne 📖.

Art. L. 2222-6 La convention ou l'accord prévoit les conditions dans lesquelles il peut être dénoncé, et notamment la durée du préavis qui doit précéder la dénonciation. — *[Anc. art. L. 132-8, al. 1er, phrase 2.]*

TITRE III CONDITIONS DE NÉGOCIATION ET DE CONCLUSION DES CONVENTIONS ET ACCORDS COLLECTIFS DE TRAVAIL

BIBL. ▶ Béal et Terrenoire, *JCP S 2017*. 1378 (conclusion des conventions d'entreprise négociées selon les règles de droit commun après l'ordonnance n° 2017-1385).

CHAPITRE I CONDITIONS DE VALIDITÉ

SECTION 1 Capacité à négocier

Art. L. 2231-1 La convention ou l'accord est conclu entre :
(*L. n° 2008-789 du 20 août 2008*) « — d'une part, une ou plusieurs organisations syndicales de salariés représentatives dans le champ d'application de la convention ou de l'accord ; »
— d'autre part, une ou plusieurs organisations syndicales d'employeurs, ou toute autre association d'employeurs, ou un ou plusieurs employeurs pris individuellement.
Les associations d'employeurs constituées conformément aux dispositions de la loi du 1er juillet 1901 relative au contrat d'association, qui ont compétence pour négocier des conventions et accords, sont assimilées aux organisations syndicales pour les attributions conférées à celles-ci par le présent titre. — *[Anc. art. L. 132-2, al. 2 à 4.]*

V. L. n° 96-985 du 12 nov. 1996, art. 6, permettant la négociation d'accords collectifs dans des conditions dérogatoires aux art. L. 132-2, L. 132-19 et L. 132-20.

BIBL. ▶ Cohen, *RJS 1998*. 435 (consultation du comité d'entreprise avant la conclusion d'un accord collectif). - Ferkane, *Dr. soc. 2020*. 119 (syndicats et négociation collective). - Kessler, *Dr. soc. 1988*. 33 (capacité de conclure des conventions collectives). - Morin, *ibid. 1988*. 24 (titulaires du droit à la négociation). - Pecyna, *ibid. 1984*. 345 (mécanismes juridiques de transformation des conventions collectives). - Peskine, *Dr. soc. 2014*. 438 (la célébration de l'accord collectif). - Roche, *ibid. 1992*. 680 (arrêt Basirico). - Saramito, *Dr. ouvrier 2003*. 1 (droit des organisations syndicales non signataires). - Supiot, *ibid. 1983*. 63 (syndicats et négociation collective). - Teyssié, *D 2004*. 2060 (la négociation des conventions et accords collectifs après la loi du 4 mai 2004).

> **COMMENTAIRE**
> V. sur le Code en ligne 📖.

1. Dispositions statutaires. Une organisation représentative peut négocier dès lors que le champ d'application professionnel ou géographique de la convention n'excède pas la compétence de cette organisation telle qu'elle résulte de ses statuts. ● CE, avis, 23 nov. 1978 : *Dr. soc. 1979*. 259, note Despax. ♦ Une organisation syndicale catégorielle représentative au niveau national ne peut conclure un accord engageant l'ensemble du personnel d'une entreprise que si elle démontre qu'elle est représentative de l'ensemble du personnel de cette entreprise. ● Soc. 24 juin 1998, n° 97-11.281 P : *RJS 1998*. 653, n° 1030.

2. Champ d'application professionnel. Le champ professionnel tel que déterminé par les statuts d'un syndicat et lui donnant vocation à représenter les salariés d'une UES doit s'apprécier par référence à l'activité principale. ● Soc. 26 sept. 2012 : *D. actu. 25 oct. 2012*, obs. Perrin ; *RJS 2012*. 814, n° 957 ; *JSL 2012*, n° 332-4, obs. Tourreil ; *JCP S 2012*. 1534, obs. Gauriau.

3. Conditions de validité et ordre public. Les conditions de validité d'un accord collectif étant d'ordre public, un tel accord ne peut subordonner sa validité à des conditions de majorité différentes de celles prévues par la loi et exiger, notamment, sa signature par toutes les organisations syndicales dans l'entreprise. ● Soc. 4 févr. 2014 : *D. actu. 24 mars 2014*, obs. Ines ; *D. 2014*. Actu. 428 ; *RDT 2014*. 350, obs. Tissandier ; *Dr. soc. 2014*. 483, obs. Petit ; *RJS 2014*. 275, n° 336.

4. Pratiques des rencontres bilatérales. La nullité d'une convention ou d'un accord collectif est encourue lorsque toutes les organisations syndicales n'ont pas été convoquées à sa négociation, ou si l'existence de négociations séparées est établie, ou encore si elles n'ont pas été mises à même de discuter les termes du projet soumis à la signature en demandant, le cas échéant, la poursuite des négociations jusqu'à la procédure prévue pour celle-ci. • Soc. 8 mars 2017, n° 15-18.080 P : *D. 2017. Actu. 652* ; *RDT 2017. 434*, obs. *Odoul-Asorey* ; *RJS 5/2017, n° 355* ; *JCP S 2017. 1183*, obs. *Béal et Terrenoire*.

5. Signature. L'efficacité d'une convention collective n'est pas subordonnée à la signature de tous les syndicats représentatifs ni à un arrêté d'extension. • Soc. 19 févr. 1981 : *JCP 1981. IV. 155* • 5 déc. 1987 : *JS UIMM 1987. 348.* ♦ Un avenant non signé ne peut être intégré à la convention collective, mais peut avoir acquis valeur d'usage de la profession. • Soc. 20 févr. 1991, n° 87-41.022 P : *D. 1991. IR 82* ; *RJS 1991. 260, n° 493.* ♦ L'avenant interprétatif a la même valeur juridique que l'accord en cause, dès lors qu'il est signé par l'ensemble des parties à l'accord initial ; il s'impose avec effet rétroactif à la date d'entrée en vigueur de l'accord qu'il interprète. • Soc. 1er déc. 1998, n° 98-40.104 P : *RJS 1999. 149, n° 244*.

6. Action en nullité. Les syndicats qui ont participé à une négociation sont recevables à agir en nullité contre un accord collectif, dès l'instant qu'ils invoquent une nullité absolue, même s'ils ne l'ont pas signé. • Soc. 9 juill. 1996, n° 95-13.010 P : *RJS 1996. 610, n° 953.*

7. Principe de concordance. Un accord collectif ne peut être conclu ou révisé sans que l'ensemble des organisations syndicales représentatives dans l'entreprise ou le cas échéant dans l'établissement aient été invitées à la négociation ; un accord d'entreprise négocié sans qu'ait été invité à la négociation un syndicat représentatif au niveau concerné au motif qu'il ne disposait pas de délégué syndical dans l'établissement au sein duquel cette négociation était engagée ne peut être validé. • Soc. 8 juill. 2009 : *RDT 2009. 664*, obs. *Tissandier* ; *RJS 2009. 716, n° 817.* ♦ Lorsque les partenaires sociaux décident, en vertu du principe de la liberté contractuelle, de procéder à la fusion de plusieurs branches professionnelles existantes, doivent être invitées à cette négociation, en application du principe de concordance, toutes les organisations syndicales représentatives dans une ou plusieurs des branches professionnelles préexistantes à la fusion. • Soc. 21 avr. 2022, n° 20-18.799 P : *RJS 8-9/2022, n° 465* ; *RJS 8-9/2022, n° 465* ; *JCP E 2023. 1098*, obs. *Dauxerre*.

Art. L. 2231-2 Les représentants des organisations mentionnées à l'article L. 2231-1 sont habilités à contracter, au nom de l'organisation qu'ils représentent, en vertu :

1° Soit d'une stipulation statutaire de cette organisation ;

2° Soit d'une délibération spéciale de cette organisation ;

3° Soit de mandats spéciaux écrits qui leur sont donnés individuellement par tous les adhérents de cette organisation.

Les associations d'employeurs déterminent elles-mêmes leur mode de délibération. – [*Anc. art. L. 132-3.*]

Sur la nécessité de vérifier les conditions d'habilitation des représentants des organisations signataires, V. • Soc. 23 avr. 1969 : *JCP 1969. II. 16136*, note *Despax* • 21 avr. 1983 : *JCP 1983. IV. 198.*

SECTION 2 **Conditions de forme**

Art. L. 2231-3 La convention ou l'accord est, à peine de nullité, un acte écrit. – [*Anc. art. L. 132-2, al. 1er.*]

Écrit. Nécessité d'un écrit pour la validité d'un accord collectif : V. • Soc. 27 mars 1996, n° 93-46.631 P : *Dr. soc. 1996. 641*, obs. *Savatier* ; *RJS 1996. 366, n° 579.* ♦ L'accord collectif est un acte écrit à peine de nullité et doit dès lors, pour être valable, comporter la signature des parties qui l'ont signé. • Soc. 8 janv. 2002, n° 00-10.886 P : *D. 2002. 2431*, note *Olszak* ; *RJS 2002. 250, n° 310* ; *JSL 2002, n° 95-4.*

Art. L. 2231-4 Les conventions et accords ainsi que les conventions d'entreprise ou d'établissement sont rédigés en français.

Toute clause rédigée en langue étrangère est inopposable au salarié à qui elle ferait grief. – [*Anc. art. L. 132-2-1.*]

SECTION 3 **Notification, publicité et dépôt** (*L. n° 2016-1088 du 8 août 2016, art. 16*).

Art. L. 2231-5 La partie la plus diligente des organisations signataires d'une convention ou d'un accord en notifie le texte à l'ensemble des organisations représentatives à l'issue de la procédure de signature. – [*Anc. art. L. 132-2-2, IV.*]

Art. L. 2231-5-1 (L. n° 2016-1088 du 8 août 2016, art. 16) Les conventions et accords de branche, de groupe, interentreprises, d'entreprise et d'établissement sont rendus publics et versés dans une base de données nationale, dont le contenu est publié en ligne dans un standard ouvert aisément réutilisable. *(L. n° 2018-217 du 29 mars 2018, art. 8)* « Ils sont publiés dans une version ne comportant pas les noms et prénoms des négociateurs et des signataires. »

Après la conclusion de la convention ou de l'accord *(L. n° 2018-217 du 29 mars 2018, art. 8)* « de groupe, interentreprises, d'entreprise ou d'établissement », les parties peuvent acter qu'une partie de la convention ou de l'accord ne doit pas faire l'objet de la publication prévue au premier alinéa. Cet acte, ainsi que la version intégrale de la convention ou de l'accord et la version de la convention ou de l'accord destinée à la publication, sont joints au dépôt prévu à l'article L. 2231-6. *(L. n° 2018-217 du 29 mars 2018, art. 8)* « L'employeur peut occulter les éléments portant atteinte aux intérêts stratégiques de l'entreprise. » — *V. art. R. 2231-1-1.*

Les conditions d'application du présent article sont définies par décret en Conseil d'État.

(L. n° 2018-217 du 29 mars 2018, art. 8) « Les accords d'intéressement, de participation, les plans d'épargne d'entreprise, interentreprises *(Ord. n° 2019-766 du 24 juill. 2019, art. 7-IV, en vigueur le 1ᵉʳ oct. 2019)* « , les plans d'épargne pour la retraite collectif ou les plans d'épargne retraite d'entreprise collectifs » ainsi que les accords mentionnés aux articles L. 1233-24-1 et L. 2254-2 ne font pas l'objet de la publication prévue au présent article. »

Ces dispositions s'appliquent aux accords conclus à compter du 1ᵉʳ sept. 2017 (L. n° 2016-1088 du 8 août 2016, art. 16-IV).

Les dispositions issues de l'Ord. n° 2019-766 du 24 juill. 2019 entrent en vigueur à une date fixée par Décr. et au plus tard le 1ᵉʳ janv. 2020 (Ord. préc., art. 9-I). La date d'entrée en vigueur est fixée au 1ᵉʳ oct. 2019 (Décr. n° 2019-807 du 30 juill. 2019, art. 9-I).

La base nationale des conventions et accords collectifs est consultable sur www.legifrance.gouv.fr (rubrique « Accords collectifs »). Elle concerne tous les accords conclus depuis le 1ᵉʳ sept. 2017.

BIBL. ▶ JEANSEN et THULEAU, *RJS* 11/2018, p. 783 (publicité des accords collectifs, entre transparence et secret).

COMMENTAIRE

V. sur le Code en ligne.

Art. L. 2231-6 Les conventions et accords font l'objet d'un dépôt dans des conditions déterminées par voie réglementaire. — *[Anc. art. L. 132-10, al. 1ᵉʳ début.]*

1. Défaut de dépôt. Conserve son caractère d'accord d'entreprise l'accord exécuté bien que le dépôt légal n'en ait pas été fait, dès lors que les parties n'avaient pas entendu subordonner à ce dépôt l'entrée en vigueur de l'accord. • Soc. 22 avr. 1985 : *Bull. civ. V, n° 249.*

2. Accord étendu. Un accord collectif soumis à extension est applicable dès la parution de son arrêté d'extension, totale ou partielle. • Soc. 31 oct. 2006 : *D. 2006. IR 2811.*

Art. L. 2231-7 (Abrogé par L. n° 2016-1088 du 8 août 2016, art. 21) Les conventions et accords, lorsqu'ils sont soumis à la procédure d'opposition, ne peuvent être déposés qu'à l'expiration du délai d'opposition.

SECTION 4 **Opposition**

COMMENTAIRE

V. sur le Code en ligne.

Art. L. 2231-8 L'opposition à l'entrée en vigueur d'une convention ou d'un accord est exprimée par écrit et motivée. Elle précise les points de désaccord.

Cette opposition est notifiée aux signataires. — *[Anc. art. L. 132-2-2, V, al. 1ᵉʳ.]*

1. Destinataires. Pour être régulière, l'opposition à un accord collectif doit être notifiée aux signataires de cet accord, donc à chacune des organisations syndicales l'ayant signé ; tel est le cas lorsqu'elle est adressée, dans les délais, soit à l'un des délégués syndicaux ayant représenté le syndicat signataire à la négociation de l'accord, soit directement à l'organisation syndicale représentative l'ayant désigné. • Soc. 8 juill. 2014 : 🔒 *D. 2014. Actu. 1552* ⌀ ; *RDT 2014. 766, obs. Odoul-Asorey* ⌀ ; *RJS 2014. 611, n° 715.*

2. Délai de prescription. Le délai de prescription de huit jours imparti aux organisations syndicales majoritaires pour faire opposition à l'application d'un accord majoritaire ne s'interrompt qu'à la date de réception de l'opposition par l'organisation syndicale signataire de l'accord. • Soc. 10 janv. 2017, 🔒 n° 15-20.335 P : *D. 2017. Actu. 164* ⌀ ; *ibid. Pan. 2275, obs. Lokiec* ⌀ ; *RJS 3/2017,* n° 215 ; *JSL 2017, n° 426-3, obs. Hautefort* ; *JCP S 2017. 1061, obs. Kerbourc'h* ; *Gaz. Pal. 7 mars 2017, p. 59, note Bugada.*

3. Opposition électronique. L'opposition à l'entrée en vigueur d'une convention ou d'un accord d'entreprise, formée par des personnes mandatées par le ou les syndicats n'ayant pas signé l'accord, peut valablement être notifiée aux signataires de l'accord par la voie électronique. • Soc. 23 mars 2017, 🔒 n° 16-13.159 P : *D. actu. 6 avr. 2017, obs. Siro* ; *D. 2017. Actu. 767* ⌀ ; *ibid. Pan. 2275, obs. Lokiec* ⌀ ; *RJS 6/2017, n° 419* ; *JSL 2017, n° 431-3, obs. Lhernould* ; *JCP S 2017. 1279, obs. Bugada.*

Art. L. 2231-9 Les conventions et accords frappés d'opposition majoritaire ainsi que ceux qui n'ont pas obtenu l'approbation de la majorité des salariés, en application des dispositions du chapitre II, sont réputés non écrits. – *[Anc. art. L. 132-2-2, V, al. 2, phrase 1.]*

Dans la mesure où deux accords, l'un pour les cadres, l'autre pour les non-cadres, ont été négociés avec les syndicats, mais que le second a été frappé d'opposition majoritaire et est réputé non écrit, la différence de traitement entre cadres et non-cadres qui en résulte se trouve justifiée par un élément objectif et pertinent. • Soc. 30 mai 2018, 🔒 n° 16-16.484 P : *D. 2018. 1706, note Sabotier* ⌀ ; *RDT 2018. 610, note Ferkane* ⌀ ; *RJS 8-9/2018, n° 524* ; *JCP S 2018. 1247, obs. Vachet.*

CHAPITRE II RÈGLES APPLICABLES À CHAQUE NIVEAU DE NÉGOCIATION

SECTION 1 Accords interprofessionnels

BIBL. ▶ FROSSARD, *Dr. soc. 2000. 617* ⌀ (encadrement des conventions collectives d'entreprise par les conventions collectives de champ d'application plus large) ; *RDT 2009. 83* ⌀ (supplétivité des règles en droit du travail). – MORIN, *Dr. soc. 1996. 11* ⌀ (articulation des niveaux de négociation dans l'accord interprofessionnel sur la politique contractuelle du 31 oct. 1995). – RADÉ, *Dr. soc. 2010. 285* ⌀. – SOURIAC, *Dr. soc. 2004. 579* ⌀ (articulation des niveaux de négociation) ; *RDT 2009. 14* ⌀ (réformes de la négociation collective).

COMMENTAIRE

V. sur le Code en ligne 🔒. ☐

Art. L. 2232-1 Le champ d'application territorial des accords interprofessionnels peut être national, régional ou local. – *[Anc. art. L. 132-11.]*

BIBL. ▶ BORENFREUND, *Dr. soc. 2004. 607* ⌀ (négociation dans les entreprises dépourvues de délégués syndicaux).

Art. L. 2232-2 (L. n° 2008-789 du 20 août 2008) La validité d'un accord interprofessionnel est subordonnée à sa signature par une ou plusieurs organisations syndicales de salariés représentatives ayant recueilli, aux élections prises en compte pour la mesure de l'audience prévue au 3° de l'article L. 2122-9, au moins 30 % des suffrages exprimés en faveur d'organisations reconnues représentatives à ce niveau, quel que soit le nombre de votants, et à l'absence d'opposition d'une ou plusieurs organisations syndicales de salariés représentatives ayant recueilli la majorité des suffrages exprimés en faveur des mêmes organisations à ces mêmes élections, quel que soit le nombre de votants.

(Abrogé par L. n° 2010-1215 du 15 oct. 2010, art. 5-I) « *Sont également pris en compte les résultats de la mesure de l'audience prévue à l'article L. 2122-6, lorsqu'ils sont disponibles.* »

L'opposition est exprimée dans un délai de quinze jours à compter de la date de notification de cet accord, dans les conditions prévues à l'article L. 2231-8.

> *COMMENTAIRE*
>
> V. sur le Code en ligne.

Art. L. 2232-2-1 (L. n° 2008-789 du 20 août 2008) La représentativité reconnue à une organisation syndicale catégorielle affiliée à une confédération syndicale catégorielle au titre des salariés qu'elle a statutairement vocation à représenter lui confère le droit de négocier toute disposition applicable à cette catégorie de salariés.

Lorsque l'accord interprofessionnel ne concerne qu'une catégorie professionnelle déterminée relevant d'un collège électoral, sa validité est subordonnée à sa signature par une ou plusieurs organisations syndicales de salariés représentatives ayant recueilli, aux élections prises en compte pour la mesure de l'audience prévue au 3° de l'article L. 2122-9, au moins 30 % des suffrages exprimés dans ce collège en faveur d'organisations reconnues représentatives à ce niveau, quel que soit le nombre de votants, et à l'absence d'opposition d'une ou plusieurs organisations syndicales de salariés représentatives ayant recueilli dans ce collège la majorité des suffrages exprimés en faveur des mêmes organisations à ces mêmes élections, quel que soit le nombre de votants.

> *COMMENTAIRE*
>
> V. sur le Code en ligne.

Art. L. 2232-3 Les accords interprofessionnels comportent, en faveur des salariés d'entreprises participant aux négociations, de même qu'aux réunions des instances paritaires qu'ils instituent, des stipulations relatives aux modalités d'exercice du droit de s'absenter, à la compensation des pertes de salaires ou au maintien de ceux-ci, ainsi qu'à l'indemnisation des frais de déplacement. – *[Anc. art. L. 132-17, al. 1er.]*

Art. L. 2232-4 Les accords interprofessionnels instituent des commissions paritaires d'interprétation. – *[Anc. art. L. 132-17, al. 2.]*

BIBL. ▶ GÉA, RJS 11/2020 (l'interprétation des conventions et accords collectifs). – MOREAU, *Dr. soc.* 1995. 359 (portée des avis rendus par une commission paritaire d'interprétation) ; D. 1996. Chron. 69. – PESKINE, RDT 2021. 118 (interprétation judiciaire des accords collectifs).

> *COMMENTAIRE*
>
> V. sur le Code en ligne.

1. Commission de conciliation. L'avis donné par une commission paritaire prévue par une convention collective dans un but de conciliation ne lie pas le juge. • Cass., ass. plén.,6 févr. 1976 : GADT, 4e éd., n° 20 ; *Dr. soc.* 1976. 472, note Savatier ; JCP 1976. II. 18481, note Groutel.

2. Commission des litiges. Les décisions rendues par une commission des litiges instituée par une convention collective ne constituent pas des sentences arbitrales et ne s'imposent pas aux parties en cause. • Soc. 15 oct. 1998, n° 96-42.427 P : *RJS* 1998. 839, n° 1386.

3. Commission de suivi. V. aussi : • Soc. 11 oct. 1994, n° 90-41.818 P : D. 1995. Somm. 369, obs. Soubise ; *Dr. soc.* 1994. 984 ; RJS 1994. 772, n° 1285 (affirmant qu'en l'absence de dispositions de la convention collective prévoyant que l'avis de la commission nationale paritaire aura la valeur d'un avenant à la convention, le juge n'est pas tenu de suivre cet avis) • 11 juill. 2007 : *Dr. soc.* 2007. 1172, obs. Savatier ; RJS 2007. 848, n° 1089.

4. Méthode d'interprétation. Une convention collective, si elle manque de clarté, doit être interprétée comme la loi, c'est-à-dire d'abord en respectant la lettre du texte, ensuite en tenant compte d'un éventuel texte législatif ayant le même objet et, en dernier recours, en utilisant la méthode téléologique consistant à rechercher l'objectif social du texte. • Soc. 25 mars 2020, n° 18-12.467 P : D. 2020. 771 ; RDT 2020. 476 ; RJS 6/2020, n° 309 ; JCP S 2020. 2079, obs. Gauriau.

5. Portée de l'avis d'une commission d'interprétation. L'avis d'une commission d'interprétation instituée par un accord collectif ne s'impose au juge que si l'accord lui donne la valeur d'un avenant ; un avenant ne peut être considéré comme interprétatif qu'autant qu'il se borne à reconnaître, sans rien innover, un état de droit préexistant qu'une définition imparfaite a rendu susceptible de controverse. • Soc. 11 mai 2022, n° 20-15.797 B : D. actu. 14 juin 2022, obs. Cortot ; RJS 7/2022, n° 386 ; JCP S 2022. 1221, obs. Bauduin.
♦ Si l'interprétation donnée par une commission paritaire conventionnelle du texte d'un accord collectif n'a pas de portée obligatoire pour le juge, ce dernier peut, après analyse du texte, faire sienne l'interprétation de la commission. • Soc.

1er févr. 2023, ⚖ n° 21-13.206 B : *RJS 4/2023, 2023, n° 560-1*, obs. Guilhot et Mureau. n° 210 ; *JCP S 2023. 1075*, obs. Kerbourc'h ; *JSL*

SECTION 2 Conventions de branche et accords professionnels

BIBL. ▶ MORVAN, *Dr. soc. 2009. 679* ⌀ (articulation des normes sociales à travers les branches).

▶ **Loi du 8 août 2016 :** ROZEC, *JCP S 2016. 1302* (la négociation de branche : enjeux et méthode au cœur de la réforme).

▶ **Ordonnance du 22 septembre 2017 :** ADAM, *Dr. soc. 2017. 1039* ⌀ (accord de branche).

COMMENTAIRE
V. sur le Code en ligne 🔒. ☐

Art. L. 2232-5 Le champ d'application territorial des conventions de branches et des accords professionnels peut être national, régional ou local.
(Ord. n° 2017-1385 du 22 sept. 2017, art. 1er) « Sauf disposition contraire, les termes "convention de branche" désignent la convention collective et les accords de branche, les accords professionnels et les accords interbranches. »

COMMENTAIRE
V. sur le Code en ligne 🔒. ☐

Métropole. Les clauses d'une convention collective qui ne règlent les rapports de travail que sur le territoire métropolitain ne sont pas applicables au contrat de travail exécuté à l'étranger. • Soc. 29 mai 1963 : *JCP 1964. II. 13523*, note Simon-Depitre • 22 nov. 1972 : *ibid. 1973. II. 17404*, note G. Lyon-Caen. ♦ Le transfert du siège social d'une entreprise dans un autre département remet en cause l'application d'une convention collective dont le champ d'application était limité au département qu'a quitté l'entreprise. • Soc. 21 mai 1997 : ⚖ *Dr. soc. 1997. 762*, obs. Couturier ⌀ ; *RJS 1997. 549, n° 848*.

Art. L. 2232-5-1 *(Ord. n° 2017-1385 du 22 sept. 2017, art. 1er)* « La branche a pour missions :
« 1° De définir les conditions d'emploi et de travail des salariés ainsi que les garanties qui leur sont applicables dans les matières mentionnées aux articles L. 2253-1 et L. 2253-2 dans les conditions prévues par lesdits articles. »
(Ord. n° 2017-1385 du 22 sept. 2017, art. 1er) « 2° » De réguler la concurrence entre les entreprises relevant de son champ d'application.

BIBL. ▶ CHAGNY, *JCP S 2018. 1057* (branches professionnelles et régulation de la concurrence).

COMMENTAIRE
V. sur le Code en ligne 🔒. ☐

Art. L. 2232-5-2 *(L. n° 2016-1088 du 8 août 2016, art. 24)* Les branches ont un champ d'application national. Toutefois, certaines des stipulations de leurs conventions et accords peuvent être définies, adaptées ou complétées au niveau local.
Les organisations d'employeurs constituées conformément à l'article L. 2131-2 affiliées ou adhérentes aux organisations d'employeurs reconnues représentatives dans la branche sont habilitées à négocier, dans le périmètre de la branche, des accords collectifs dont le champ d'application est régional, départemental ou local, et à demander l'extension de ces accords.

Art. L. 2232-6 *(L. n° 2008-789 du 20 août 2008)* La validité d'une convention de branche ou d'un accord professionnel est subordonnée à sa signature par une ou plusieurs organisations syndicales de salariés représentatives ayant recueilli, aux élections prises en compte pour la mesure de l'audience prévue au 3° de l'article L. 2122-5 ou, le cas échéant [,] *(L. n° 2010-1215 du 15 oct. 2010)* « aux élections visées » à l'article L. 2122-6, au moins 30 % des suffrages exprimés en faveur d'organisations reconnues représentatives à ce niveau, quel que soit le nombre de votants, et à l'absence d'opposition d'une ou plusieurs organisations syndicales de salariés représentatives ayant recueilli la majorité des suffrages exprimés en faveur des mêmes organisations à ces mêmes élections *(Abrogé par L. n° 2010-1215 du 15 oct. 2010)* « *ou, le cas échéant, dans le cadre de la même mesure d'audience* », quel que soit le nombre de votants.

L'opposition est exprimée dans un délai de quinze jours à compter de la date de notification de cet accord ou de cette convention, dans les conditions prévues à l'article L. 2231-8.

> **COMMENTAIRE**
> V. sur le Code en ligne 🔒. ❑

Art. L. 2232-7 *(L. n° 2008-789 du 20 août 2008)* La représentativité reconnue à une organisation syndicale catégorielle affiliée à une confédération syndicale catégorielle au titre des salariés qu'elle a statutairement vocation à représenter lui confère le droit de négocier toute disposition applicable à cette catégorie de salariés.

Lorsque la convention de branche ou l'accord professionnel ne concerne qu'une catégorie professionnelle déterminée relevant d'un collège électoral, sa validité est subordonnée à sa signature par une ou plusieurs organisations syndicales de salariés représentatives ayant recueilli, aux élections prises en compte pour la mesure de l'audience prévue au 3° de l'article L. 2122-5 ou, le cas échéant [,] *(L. n° 2010-1215 du 15 oct. 2010)* « *aux élections visées* » à l'article L. 2122-6, au moins 30 % des suffrages exprimés dans ce collège en faveur d'organisations reconnues représentatives à ce niveau, quel que soit le nombre de votants, et à l'absence d'opposition d'une ou plusieurs organisations syndicales de salariés représentatives ayant recueilli dans ce collège la majorité des suffrages exprimés en faveur des mêmes organisations à ces mêmes élections *(Abrogé par L. n° 2010-1215 du 15 oct. 2010)* « *ou, le cas échéant, dans le cadre de la même mesure d'audience* », quel que soit le nombre de votants.

> **COMMENTAIRE**
> V. sur le Code en ligne 🔒. ❑

Art. L. 2232-8 Les conventions de branche et les accords professionnels comportent, en faveur des salariés d'entreprises participant aux négociations, de même qu'aux réunions des instances paritaires qu'ils instituent, des dispositions relatives aux modalités d'exercice du droit de s'absenter, à la compensation des pertes de salaires ou au maintien de ceux-ci, ainsi qu'à l'indemnisation des frais de déplacement.

(Ord. n° 2017-1386 du 22 sept. 2017, art. 5) « Pour les entreprises dont l'effectif est inférieur à un seuil défini par décret en Conseil d'État, la rémunération ainsi que les cotisations et contributions sociales afférentes à la rémunération des salariés d'entreprise participant aux négociations sont prises en charge par le fonds paritaire mentionné à l'article L. 2135-9 » *(L. n° 2018-217 du 29 mars 2018, art. 4-I)* « sur la base d'un montant forfaitaire fixé par arrêté pris par le ministre chargé du travail ». – *V. art. R. 2232-1-3 s.; Arr. du 23 mai 2019, JO 12 juin (NOR : MTRT1915162A).*

Les dispositions issues de l'Ord. n° 2017-1386 du 22 sept. 2017 entrent en vigueur à la date d'entrée en vigueur des décrets pris pour leur application, et au plus tard le 1ᵉʳ janv. 2018 (Ord. préc., art. 9).

L'art. L. 2232-8, dans sa rédaction résultant de la loi de ratification du 29 mars 2018, est applicable au maintien de rémunération et de cotisations et contributions sociales afférentes à la rémunération des salariés ayant participé aux négociations engagées après le 31 déc. 2017 (L. n° 2018-217 du 29 mars 2018, art. 4-II).

Art. L. 2232-9 *(L. n° 2016-1088 du 8 août 2016, art. 24)* I. – Une commission paritaire permanente de négociation et d'interprétation est mise en place par accord ou convention dans chaque branche. – *V. art. D. 2232-1-1.*

II. – La commission paritaire exerce les missions d'intérêt général suivantes :

1° Elle représente la branche, notamment dans l'appui aux entreprises et vis-à-vis des pouvoirs publics ;

2° Elle exerce un rôle de veille sur les conditions de travail et l'emploi ;

3° Elle établit un rapport annuel d'activité qu'elle verse dans la base de données nationale mentionnée à l'article L. 2231-5-1. Ce rapport comprend un bilan des accords collectifs d'entreprise conclus dans le cadre du titre II, des chapitres I et III du titre III et des titres IV et V du livre I de la troisième partie, en particulier de l'impact de ces accords sur les conditions de travail des salariés et sur la concurrence entre les entreprises de la branche, et formule, le cas échéant, des recommandations destinées à répondre aux difficultés identifiées. (*L. n° 2018-771 du 5 sept. 2018, art. 104-II, en vigueur au plus tard le 1er janv. 2019*) « Il comprend également un bilan de l'action de la branche en faveur de l'égalité professionnelle entre les femmes et les hommes, notamment en matière de classifications, de promotion de la mixité des emplois et d'établissement des certificats de qualification professionnelle, des données chiffrées sur la répartition et la nature des postes entre les femmes et les hommes ainsi qu'un bilan des outils mis à disposition des entreprises pour prévenir et agir contre le harcèlement sexuel et les agissements sexistes. »

Elle peut rendre un avis à la demande d'une juridiction sur l'interprétation d'une convention ou d'un accord collectif dans les conditions mentionnées à l'article L. 441-1 du code de l'organisation judiciaire.

Elle peut également exercer les missions de l'observatoire paritaire mentionné à l'article L. 2232-10 du présent code.

Un décret définit les conditions dans lesquelles les conventions et accords d'entreprise conclus dans le cadre du titre II, des chapitres I et III du titre III et des titres IV et V du livre I de la troisième partie du présent code sont transmis aux commissions mentionnées au I du présent article. — *V. art. D. 2232-1-2.*

III. — La commission paritaire est réunie au moins trois fois par an en vue des négociations mentionnées au chapitre I du titre IV du présent livre. Elle définit son calendrier de négociations dans les conditions prévues à l'article L. 2222-3.

BIBL. ▶ FROUIN, *JCP S* 2018. 1058.

COMMENTAIRE

V. sur le Code en ligne 🔒. ☐

Art. L. 2232-10 Les conventions de branche ou les accords professionnels instituent des observatoires paritaires de la négociation collective.

Ils fixent les modalités suivant lesquelles, en l'absence de stipulation conventionnelle portant sur le même objet, ces observatoires sont destinataires des accords d'entreprise ou d'établissement conclus pour la mise en œuvre d'une disposition législative. — [*Anc. art. L. 132-17-1.*]

Art. L. 2232-10-1 (*L. n° 2016-1088 du 8 août 2016, art. 63*) Un accord de branche (*Abrogé par Ord. n° 2017-1385 du 22 sept. 2017, art. 2*) « *étendu* » peut comporter, le cas échéant sous forme d'accord type indiquant les différents choix laissés à l'employeur, des stipulations spécifiques pour les entreprises de moins de cinquante salariés.

Ces stipulations spécifiques peuvent porter sur l'ensemble des négociations prévues par le présent code.

L'employeur peut appliquer cet accord type au moyen d'un document unilatéral indiquant les choix qu'il a retenus après en avoir informé (*Ord. n° 2017-1386 du 22 sept. 2017, art. 4*) « le comité social et économique », s'il en existe dans l'entreprise, ainsi que les salariés, par tous moyens.

COMMENTAIRE

V. sur le Code en ligne 🔒. ☐

SECTION 3 Conventions et accords d'entreprise ou d'établissement

BIBL. GÉN. ▶ AMAUGER-LATTES et DESBARATS, *Dr. soc.* 2003. 365 🖉 (pour une réactivation du mandatement). – ANTONMATTÉI, *Dr. soc.* 2009. 883 🖉. – AUBERT-MONPEYSSEN, *D.* 1998. 480 🖉 (accord de maintien de l'emploi). – BARTHÉLÉMY, *Dr. soc.* 1988. 401 (consensualisme ou formalisme) ; *ibid.* 554 (dérogations et concessions) ; *JCP E* 1985. II. 14995 (niveau de négociation des accords dérogatoires). – BÉLIER, *Dr. soc.* 1983. 74 (double niveau de négociation) ; *ibid.* 1986. 49 (déréglementation). – BLANC-JOUVAN, *ibid.* 1982. 718 (droit comparé). – BORENFREUND, *ibid.* 1990. 626 🖉 (accords dérogatoires). – CHALARON, *ibid.* 1998. 355 🖉 (accord dérogatoire et temps de travail). – DESPAX, *Ét. offertes à G. Lyon-Caen*, p. 267 (paradoxe de la négociation d'entreprise) ; *Dr. soc.* 1988. 8. – DIDRY, *Dr. ouvrier* 2021. 478 (entreprises en négociation : l'entreprise à la lumière des relations professionnelles, rapport DARES). – GAUDU, *ibid. 1982. 705* (entreprise en difficulté). – Guibal, *ibid. 1986. 602* (plaidoyer pour un contrat collectif d'entreprise). – Javillier, *ibid. 1982. 691* (contenu des accords d'entreprise) ; *ibid. 1988. 68* (négociation en matière de rémunération). – G. Lyon-Caen, *ibid. 1982. 687* (unité de négociation et capacité de négociation). – Masanovic, *Dr. ouvrier 1991. 181* (exécution forcée des obligations). – Murcier, *Dr. soc. 1985. 104* (niveaux de négociation). – Ollier, *ibid. 1982. 680*. – Pascré, *Dr. ouvrier 1985. 266* (« contrat collectif d'entreprise »). – Praderie, *Dr. soc. 1990. 477* ⧸ (accord « Renault »). – Ray, *Dr. soc. 2009. 887* ⧸ (l'accord d'entreprise majoritaire). – Rodière, *ibid. 1982. 711* (articulation des négociations). – Rotschild-Souriac, *ibid. 1988. 731* (incertitudes de la négociation d'entreprise). – Saramito, *Dr. ouvrier 1990. 253* (accords dérogatoires). – Savatier, *Dr. soc. 1998. 330* ⧸ (accords collectifs conclus par des salariés mandatés). – Supiot, *Dr. soc. 1989. 195* (déréglementation des relations du travail et autoréglementation de l'entreprise). – Taib et Savoldelli, *JCP E 1997. I. 667* (révision d'un accord d'entreprise ou d'établissement). – Tissandier, *Dr. soc. 1997. 1045* ⧸ (articulation des niveaux de négociation). – Couturier, *Dr. soc. 2000. 185* ⧸ (négociation d'établissement et discriminations entre les salariés). ▶ V. aussi : *Dr. soc., n° spéc., 1982, p. 672 s. ; ibid. 1988, p. 2 s. ; ibid. 1990, p. 577 s. – Cah. dr. entr. 1986, n° 1.*

COMMENTAIRE

V. sur le Code en ligne 🔒 ▢

SOUS-SECTION 1 Champ d'application

Art. L. 2232-11 La présente section détermine les conditions dans lesquelles s'exerce le droit des salariés à la négociation dans l'entreprise et dans le groupe.

(Ord. n° 2017-1385 du 22 sept. 2017, art. 1er) « Sauf disposition contraire, les termes "convention d'entreprise" désignent toute convention ou accord conclu *(L. n° 2018-217 du 29 mars 2018, art. 2-I)* « soit au niveau du groupe, » soit au niveau de l'entreprise, soit au niveau de l'établissement. »

BIBL. ▶ Aknin et Daviot, *JCP S 2018. 1215*.

COMMENTAIRE

V. sur le Code en ligne 🔒 ▢

SOUS-SECTION 2 Entreprises pourvues d'un ou [de] plusieurs délégués syndicaux

BIBL. ▶ Cesaro, *Dr. soc. 2009. 658* ⧸ (négociation dans les entreprises pourvues de délégués syndicaux). – Labrousse, *JCP S 2011. 1253* (négociations et accords collectifs : composition de la délégation syndicale).

▶ **Dossier Référendum dans l'entreprise :** Petit (dir.), *Dr. soc. 2018. 404* ⧸.

§ 1 Conditions de validité

Art. L. 2232-12 *(L. n° 2008-789 du 20 août 2008)* La validité d'un accord d'entreprise ou d'établissement est subordonnée à sa signature par *(L. n° 2016-1088 du 8 août 2016, art. 21)* « , d'une part, l'employeur ou son représentant et, d'autre part, » une ou plusieurs organisations syndicales de salariés représentatives ayant recueilli *(L. n° 2016-1088 du 8 août 2016, art. 21)* « plus de 50 % » des suffrages exprimés *(L. n° 2016-1088 du 8 août 2016, art. 21)* « en faveur d'organisations représentatives » au premier tour des dernières élections des titulaires au *(Ord. n° 2017-1386 du 22 sept. 2017, art. 4)* « comité social et économique », quel que soit le nombre de votants *(Abrogé par L. n° 2016-1088 du 8 août 2016, art. 21)* « *, et à l'absence d'opposition d'une ou de plusieurs organisations syndicales de salariés représentatives ayant recueilli la majorité des suffrages exprimés à ces mêmes élections, quel que soit le nombre de votants* ».

(L. n° 2016-1088 du 8 août 2016, art. 21) « Si cette condition n'est pas remplie et si l'accord a été signé à la fois par l'employeur et par des organisations syndicales représentatives ayant recueilli plus de 30 % des suffrages exprimés en faveur d'organisations représentatives au premier tour des élections mentionnées au premier alinéa, quel que soit le nombre de votants, une ou plusieurs de ces organisations ayant recueilli plus de 30 % des suffrages disposent d'un délai d'un mois à compter de la signature de l'accord pour indiquer qu'elles souhaitent une consultation des salariés visant à valider l'accord.

(Ord. n° 2017-1385 du 22 sept. 2017, art. 10) « Au terme de ce délai, l'employeur peut demander l'organisation de cette consultation, en l'absence d'opposition de l'ensemble de ces organisations. »

« Si, à l'issue d'un délai de huit jours à compter de cette demande *(Ord. n° 2017-1385 du 22 sept. 2017, art. 10)* « ou de l'initiative de l'employeur », les éventuelles signatures d'autres organisations syndicales représentatives n'ont pas permis d'atteindre le taux de 50 % mentionné au premier alinéa et si les conditions mentionnées au deuxième alinéa sont toujours remplies, cette consultation est organisée dans un délai de deux mois.

« La consultation des salariés, qui peut être organisée par voie électronique, se déroule dans le respect des principes généraux du droit électoral et selon les modalités prévues par un protocole spécifique conclu entre l'employeur et *(Ord. n° 2017-1385 du 22 sept. 2017, art. 10)* « une ou plusieurs organisations syndicales représentatives ayant recueilli plus de 30 % des suffrages exprimés en faveur d'organisations représentatives au premier tour des élections mentionnées au premier alinéa, quel que soit le nombre de votants. »

« Participent à la consultation les salariés des établissements couverts par l'accord et électeurs au sens des articles L. 2314-15 et L. 2314-17 à L. 2314-18-1.

« L'accord est valide s'il est approuvé par les salariés à la majorité des suffrages exprimés.

« Faute d'approbation, l'accord est réputé non écrit.

« Un décret définit les conditions de la consultation des salariés organisée en application du présent article. » — V. art. D. 2232-2 s.

Les dispositions issues de la L. n° 2016-1088 du 8 août 2016 s'appliquent à compter du 1er janv. 2017 aux accords collectifs qui portent sur la durée du travail, les repos et les congés et, dès la publication de la L. du 8 août 2016 (soit le 9 août 2016), aux accords mentionnés à l'art. L. 2254-2.

Elles s'appliquent à compter du 1er mai 2018 aux autres accords collectifs, à l'exception de ceux mentionnés à l'art. L. 5125-1 (L. préc., art. 21-IX, mod. par Ord. n° 2017-1385 du 22 sept. 2017, art. 10).

Les dispositions issues de l'Ord. n° 2017-1385 du 22 sept. 2017 s'appliquent dès le 23 sept. 2017, date de publication de l'Ord., aux accords qui portent sur la durée du travail, les repos et les congés et aux accords mentionnés à l'art. L. 2254-2. Elles s'appliquent à compter du 1er mai 2017 aux autres accords collectifs (Ord. préc., art. 17).

BIBL. ▶ BOULMIER, *Dr. soc.* 2016. 907 (comment l'art. L. 2232-12 favorise une collusion « minorité syndicale/employeur »). — PETIT, *Dr. soc.* 2016. 903 (le référendum en entreprise comme voie de secours).

▶ **Ordonnance du 22 sept. 2017 :** GOURGUES et YON, *RDT* 2018. 838 (référendums d'entreprise et conflictualité sociale. Éléments pour un bilan des réformes du droit du travail).

COMMENTAIRE

V. sur le Code en ligne.

1. Vote blanc ou nul. Les salariés consultés sur le texte d'un accord collectif minoritaire peuvent exprimer un vote blanc ou nul, que le scrutin ait lieu par vote physique ou par voie électronique ; il importe peu que le protocole d'accord préélectoral ne l'ait pas prévu, cette faculté étant ouverte à tout électeur en application de sa liberté fondamentale de voter. ● Soc. 15 juin 2022, n° 21-60.107 B : *D.* 2022. 1211 ; *Dr. soc.* 2022. 1051, obs. Petit ; *RJS* 8-9/2022, n° 466 ; *JSL* 2022, n° 549, obs. Julien-Paturle.

2. Consultation de l'ensemble des salariés. Dans les établissements pourvus d'un ou plusieurs délégués syndicaux participent à la consultation les salariés des établissements couverts par l'accord et ayant la qualité d'électeurs aux élections professionnelles ; il en résulte que doivent être consultés l'ensemble des salariés de l'établissement qui remplissent les conditions pour être électeurs dans l'entreprise sans préjudice de l'application, le cas échéant, des dispositions de l'art. L. 2232-13 C. trav. relatives aux accords catégoriels. ● Soc. 9 oct. 2019, n° 19-10.816 P : *D. actu.* 5 oct. 2019, obs. Ciray ; *Dr. soc.* 2020. 96, obs. Petit ; *Dr. ouvrier* 2019. 15, note Viart. ◆ Ainsi n'est pas légitime l'exclusion des salariés d'une rentreprise en CDD, même s'ils ne sont pas concernés par le contenu de l'accord. Ceux-ci doivent être consultés dès lors que les conditions pour être électeurs sont remplies. ● Soc. 5 janv. 2022, n° 20-60.270 B : *D. actu.* 27 janv. 2022, obs. Cuvillier ; *Dr. soc.* 2022. 281, obs. Petit ; *RJS* 3/2022, n° 151 ; *JSL* 2022, n° 536-5, obs. Buisson et Atlani ; *JCP S* 2022. 1050, obs. Pagnerre.

3. Juge compétent. Dans le cadre de la consultation pour l'approbation par les salariés des accords négociés en application de l'art. L. 2232-12 C. trav., les contestations relatives à la liste des salariés devant être consultés et à la régularité de la consultation sont de la compétence du tribunal judiciaire qui statue en dernier ressort. • Soc. 5 janv. 2022, 🔒 n° 20-60.270 B : *préc. note 2.* ♦ La contestation de la régularité de la consultation doit, en conséquence, être formée dans le délai de quinze jours suivant la proclamation des résultats du scrutin. • Même arrêt.

Jurisprudence rendue sous l'empire des textes antérieurs à la L. n° 2016-1088 du 8 août 2016.

4. Constitutionnalité. Il est loisible au législateur, d'une part, de renvoyer à la négociation collective la définition des modalités d'organisation de la consultation et, d'autre part, d'instituer des règles visant à éviter que des organisations syndicales non signataires de l'accord puissent faire échec à toute demande de consultation formulée par d'autres organisations. Toutefois, en prévoyant que seules les organisations syndicales qui ont signé un accord d'entreprise ou d'établissement et ont souhaité le soumettre à la consultation des salariés sont appelées à conclure le protocole fixant les modalités d'organisation de cette consultation, les dispositions contestées instituent une différence de traitement qui ne repose ni sur une différence de situation ni sur un motif d'intérêt général en rapport direct avec l'objet de la loi. Le 4ᵉ al. de l'art. L. 2232-12 C. trav. et le 5ᵉ al. du § II de l'art. L. 514-3-1 C. rur., dans leur rédaction antérieure à la L. n° 2016-1088 du 8 août 2016, doivent donc être déclarés contraires à la Constitution. • Cons. const. 20 oct. 2017, 🔒 n° 2017-664 QPC : *D. 2017. Actu. 2103* ⊘ *; RJS 1/2018, n° 61.*

5. Application de la loi du 20 août 2008. En cas d'absence de quorum au premier tour des élections professionnelles en entreprise antérieurement au 21 août 2008, la validité des accords collectifs d'entreprise ou d'établissement n'est subordonnée à l'approbation des salariés que lorsque le scrutin n'a pas donné lieu à dépouillement. • Soc. 16 nov. 2011 : 🔒 *D. actu. 12 déc. 2011, obs. Perrin ; D. 2011. Actu. 2939* ⊘ *; Dr. soc. 2012. 109, obs. Petit* ⊘ *; RJS 2012. 147, n° 179 ; JCP S 2012. 1142, obs. Bossu.*

6. Notification de l'accord. Ni la validité d'un accord, ni son applicabilité aux salariés ne sont subordonnées à sa notification aux organisations syndicales, laquelle a seulement pour effet de faire courir le délai d'opposition de celles qui n'en sont pas signataires, si elles remplissent les conditions pour l'exercer ; seules les organisations syndicales disposant du droit d'opposition sont recevables à se prévaloir d'une absence de notification de l'accord. • Soc. 13 oct. 2010 : 🔒 *D. actu. 10 nov. 2010, obs. Ines ; D. 2010. AJ 2586* ⊘ *; Dr. soc. 2011. 219, obs. Pécaut-Rivolier* ⊘ *; JCP S 2010. 1516, obs. Brissy.*

7. Personnes exerçant le droit d'opposition. L'opposition doit être formée par des personnes mandatées par le ou les syndicats n'ayant pas signé l'accord et être notifiée aux organisations syndicales signataires. • Soc. 20 mars 1996, 🔒 n° 93-40.939 P : *D. 1996. IR 98 ; RJS 1996. 366, n° 580.* ♦ Est irrégulière et privée d'effets l'opposition dont les destinataires n'étaient pas habilités à représenter les organisations syndicales au niveau de l'entreprise. • Soc. 9 févr. 1994, 🔒 n° 91-14.580 P : *Dr. soc. 1994. 382, obs. Borenfreund* ⊘ *; CSB 1994. 105, A. 21 ; RJS 1994. 199, n° 282.*

8. Appréciation de la majorité. Pour apprécier la condition de majorité des électeurs inscrits nécessaire à la recevabilité de l'exercice du droit d'opposition d'un syndicat non signataire, le quorum des dernières élections doit avoir été atteint au premier tour et le nombre de voix à prendre en compte est le total de celles recueillies pour les titulaires. • Soc. 18 nov. 1998, 🔒 n° 97-14.139 P : *Dr. soc. 1999. 104, obs. Barthélemy* ⊘ *; D. 1999. IR 4 ; RJS 1999. 58, n° 81.*

9. Le scrutin étant de liste, le nombre de voix recueillies à prendre en compte pour le calcul de la majorité des électeurs inscrits est la moyenne des voix obtenues par les candidats de la liste calculée en divisant le total des voix obtenues par chacun des candidats de cette liste par le nombre de candidats. • Soc. 13 mai 2003, 🔒 n° 01-02.042 P : *RJS 2003. 614, n° 921.*

10. Le terme de « majorité », se suffisant à lui-même, implique au moins la moitié des voix plus une. • Soc. 10 juill. 2013 : 🔒 *D. 2013. Actu. 1840* ⊘ *; RDT 2013. 641, obs. Odoul-Asorey* ⊘ *; RJS 10/2013, n° 703 ; JSL 2013, n° 351-6 ; JCP S 2013. 1468, obs. Pagnerre.*

11. Délai d'opposition. Pour être recevable, l'opposition des organisations syndicales ayant recueilli la majorité des suffrages exprimés lors des dernières élections professionnelles doit être reçue par l'organisation syndicale avant l'expiration de ce délai. • Soc. 10 janv. 2017, 🔒 n° 15-20.335 P : *D. 2017. Actu. 164* ⊘ *; RJS 3/2017, n° 215 ; JCP S 2017. 1061, obs. Kerbourc'h.*

12. Expression de l'opposition. La validité de l'opposition ne peut être subordonnée à la condition, que la loi n'a prévoit pas, d'une volonté des syndicats opposants de joindre leur opposition respective lors de la notification de l'opposition ou postérieurement au cours de la procédure judiciaire. • Soc. 13 oct. 2010 : 🔒 *D. actu. 10 nov. 2010, obs. Ines ; D. 2010. AJ 2586* ⊘.

13. Portée de l'opposition. Dès lors qu'un texte frappé d'opposition est réputé non écrit et qu'une opposition régulière a été faite, le maintien en vigueur de l'accord constitue un trouble manifestement illicite, peu important l'existence d'une manifestation sérieuse sur la nature dérogatoire de l'accord. • Soc. 25 mai 2004, 🔒 n° 02-18.783 P : *RJS 2004. 641, n° 943.*

Art. L. 2232-13 *(L. n° 2008-789 du 20 août 2008)* La représentativité reconnue à une organisation syndicale catégorielle affiliée à une confédération syndicale catégorielle au titre des salariés qu'elle a statutairement vocation à représenter lui confère le droit de négocier toute disposition applicable à cette catégorie de salariés.

Lorsque la convention ou l'accord ne concerne qu'une catégorie professionnelle déterminée relevant d'un collège électoral, sa validité est subordonnée à sa signature par *(L. n° 2016-1088 du 8 août 2016, art. 21)* « , d'une part, l'employeur ou son représentant et, d'autre part, » une ou plusieurs organisations syndicales de salariés représentatives ayant recueilli *(L. n° 2016-1088 du 8 août 2016, art. 21)* « plus de 50 % » des suffrages exprimés *(L. n° 2016-1088 du 8 août 2016, art. 21)* « en faveur d'organisations représentatives » dans ce collège au premier tour des dernières élections des titulaires au *(Ord. n° 2017-1386 du 22 sept. 2017, art. 4)* « comité social et économique », quel que soit le nombre de votants *(Abrogé par L. n° 2016-1088 du 8 août 2016, art. 21)* « *, et à l'absence d'opposition d'une ou de plusieurs organisations syndicales de salariés représentatives ayant recueilli la majorité des suffrages exprimés dans ce collège à ces mêmes élections, quel que soit le nombre de votants* ».

(L. n° 2016-1088 du 8 août 2016, art. 21) « Les règles de validité de la convention ou de l'accord sont celles prévues à l'article L. 2232-12. Les taux de 30 % et de 50 % mentionnés au même article sont appréciés à l'échelle du collège électoral. La consultation des salariés, le cas échéant, est également organisée à cette échelle. »

V. notes ss. art. L. 2232-12.

Jurisprudence rendue sous l'empire des textes antérieurs à la L. n° 2016-1088 du 8 août 2016.

1. Accord intercatégoriel. En application du principe de spécialité, un syndicat représentatif catégoriel ne peut négocier et signer seul un accord d'entreprise intéressant l'ensemble du personnel, quand bien même son audience électorale, rapportée à l'ensemble des collèges électoraux, est supérieure à 30 % (solution antérieure au 1er mai 2018) des suffrages exprimés au premier tour des dernières élections des titulaires au comité d'entreprise ou de la délégation unique du personnel ou, à défaut, des délégués du personnel. • Soc. 2 juill. 2014, ⚖ n° 13-14.622 : D. 2014. Actu. 1503 ⚖ ; D. actu. 5 sept. 2014, obs. Ines ; RDT 2014. 701, obs. Borenfreund ⚖ ; Dr. soc. 2014. 864, obs. Antonmattéi ⚖ ; ibid. 1070, obs. Petit ⚖ ; RJS 2014. 612, n° 716 ; JSL 2014, n° 373-5, obs. Mo.

2. Accord catégoriel. Des organisations syndicales intercatégorielles représentatives dans l'entreprise peuvent signer un accord collectif concernant le personnel navigant commercial, lequel comporte des salariés ne relevant pas de la catégorie professionnelle représentée par la confédération syndicale nationale interprofessionnelle catégorielle, quand bien même un collège spécifique a été créé par voie conventionnelle pour ce personnel. • Soc. 27 sept. 2017, ⚖ n° 15-28.216 P : D. 2017. Actu. 1981 ⚖ ; RJS 12/2017, n° 816 ; JSL 2017, n° 442-5, obs. Nasom-Tissandier ; JCP S 2017. 1350, obs. Jeansen.

Art. L. 2232-14 *(L. n° 2008-789 du 20 août 2008)* En cas de carence au premier tour des élections professionnelles, lorsque les dispositions prévues au premier alinéa de l'article L. 2143-23 sont appliquées, la validité de l'accord d'entreprise ou d'établissement négocié et conclu avec le représentant de la section syndicale est subordonnée à son approbation par les salariés à la majorité des suffrages exprimés dans des conditions déterminées par décret et dans le respect des principes généraux du droit électoral. Faute d'approbation, l'accord est réputé non écrit.

> **COMMENTAIRE**
>
> V. sur le Code en ligne 📖.

Absence de quorum (solution antérieure à la loi du 20 août 2008). Lorsque le quorum prévu par les art. L. 423-10 et L. 433-10 [L. 2314-18 et L. 2324-22 nouv.] n'est pas atteint au premier tour des élections professionnelles à la proportionnelle, il n'y a pas lieu de décompter les suffrages exprimés en faveur de chacune des listes syndicales, de sorte qu'il y a carence au sens de l'art. L. 132-2-2 III. • Soc. 20 déc. 2006 : ⚖ RDT 2007. 328, obs. Grévy ⚖ ; D. 2007. 1180, note Vivant et Chis ⚖ ; Dr. soc. 2007. 453, note Verkindt ⚖ ; JCP S 2007. 1588, note Kerbourc'h.

Art. L. 2232-15 *Abrogé par L. n° 2008-789 du 20 août 2008.*

§ 2 Modalités de négociation

Art. L. 2232-16 La convention ou les accords d'entreprise sont négociés entre l'employeur et les organisations syndicales de salariés représentatives dans l'entreprise.

Une convention ou des accords peuvent être conclus au niveau d'un établissement ou d'un groupe d'établissements dans les mêmes conditions.

(L. n° 2018-217 du 29 mars 2018, art. 2-I) « Le présent article est applicable à la révision et à la dénonciation de la convention ou de l'accord qu'elles qu'aient été ses modalités de négociation et de ratification. »

COMMENTAIRE

V. sur le Code en ligne.

I. NOTION D'ACCORD D'ENTREPRISE

BIBL. Barthélémy, *Dr. soc. 1993. 88* (référendum en droit social). – Borenfreund, *ibid. 1991. 692*. – Despax, *ibid. 1982. 672*. – Déprez, *RJS 1989. 447* ; *ibid. 1992. 3*. – Chauchard, *Dr. soc. 1982. 678* (accords de fin de conflit). – Freyria, *ibid. 1988. 43* ; *ibid. 464*. – Loiseau, *SSL 1991, suppl. n° 537*. – De Quénaudon, *Dr. soc. 1981. 401* (protocoles de fin de conflit) ; *Ét. offertes à H. Sinay, 1994, p. 263* (volonté patronale et accords atypiques). – Savatier, *Dr. soc. 1985. 188*. – Supiot, *ibid. 1992. 215* (réglementation patronale de l'entreprise). – Vatinet, *ibid. 1982. 675* (négociation au sein du comité d'entreprise). – Vachet, *ibid. 1990. 620*.

1. Définition. Constitue une négociation d'entreprise celle menée entre quatre sociétés et un syndicat qui n'avait pour objet que de conclure un accord au niveau de chacune des entreprises en cause. • Soc. 29 juin 1994, n° 91-18.640 P : *D. 1994. IR 203 ; Dr. soc. 1995. 43, note Savatier* ; *JCP 1995. I. 3817, n° 7, obs. Antonmattéi* ; *RJS 1994. 606, n° 1022* ; *CSB 1994. 269, A. 52*. ♦ Caractérise un accord d'entreprise l'accord signé entre les syndicats et un représentant de l'employeur investi d'une délégation du président du conseil d'administration et qui, aux yeux des salariés, bénéficiait d'un mandat apparent. • Soc. 23 mars 1994 : *Dr. soc. 1994. 520 ; RJS 1994. 364, n° 583*. ♦ Dès lors qu'un accord est conclu, notamment par un ou plusieurs employeurs et des délégués syndicaux, il constitue un accord collectif dans ses dispositions qui relèvent du champ de la négociation collective, peu important que des clauses y soient étrangères. • Soc. 15 oct. 2013 : *D. actu. 5 nov. 2013, obs. Ines ; RJS 2013. 122, n° 153*.

2. Accords atypiques. L'accord intervenu entre l'employeur et les délégués du personnel est dépourvu de toute valeur en tant qu'accord collectif. • Soc. 25 févr. 1997 : *RJS 1998. 313, n° 497*. ♦ Bien qu'un accord ait été conclu en l'absence de toute section syndicale ou de délégué du personnel et la direction, il n'en constitue pas moins un engagement de l'employeur envers ses salariés. • Soc. 7 janv. 1988 : *Dr. soc. 1988. 464, note Freyria*. ♦ Dans le même sens : • Soc. 17 mars 1970 : *Dr. soc. 1970. 375, obs. Savatier* • 2 avr. 1987 : *BS Lefebvre 1987. 339, note Déprez* • 30 oct. 1991, n° 88-40.936 P. (procès-verbal signé à l'issue d'une occupation des locaux : le non-respect par une société de l'engagement de reprendre une partie des salariés d'une société en liquidation justifie sa condamnation à réparer le dommage résultant pour les salariés de la perte d'une chance d'être repris) • 28 févr. 1996, n° 92-45.334 P : *RJS 1996. 259, n° 428* (engagement pris lors de la réunion mensuelle des délégués du personnel). ♦ Même solution lorsque l'accord a été conclu devant le comité d'établissement en présence des délégués syndicaux. • Soc. 22 avr. 1992 : *CSB 1992. 167, A. 31 ; RJS 1992. 419, n° 767*. ♦ Comp., en cas d'accords dérogatoires : • Crim. 22 janv. 1991 : *D. 1991. IR 90 ; CSB 1991. 91, A. 22 ; RJS 1991. 250, n° 473*.

3. Une décision prise par l'employeur après consultation des salariés ou d'institutions représentatives du personnel autres que les organisations syndicales ne constitue pas un accord d'entreprise au sens de l'art. L. 132-19 [L. 2232-16 nouv.] ; l'employeur peut donc prendre une telle décision sans apporter nécessairement une entrave à l'exercice du droit syndical, notamment lorsque, comme en l'espèce, elle ne tend qu'à modifier des engagements antérieurs. • Crim. 28 mars 1995 : *RJS 1995. 663, n° 1033 ; JCP 1996. I. 3901, n° 22, obs. Antonmattéi*.

4. Même si l'accord invoqué, en l'occurrence l'engagement de l'employeur de verser un treizième mois constaté dans le procès-verbal d'une réunion du comité d'entreprise, n'a pas la force obligatoire d'une convention collective, il constitue un engagement de l'employeur dont la violation pouvait porter préjudice à l'intérêt collectif de la profession représenté par le syndicat qui était dès lors recevable à agir de ce chef. • Soc. 14 juin 1984 : *Dr. soc. 1985. 188, note Savatier*. – V. aussi : • Soc. 1er juin 1988 : *Dr. soc. 1989. 79, obs. Savatier*.

5. Portée. L'accord atypique n'ayant que la valeur d'un engagement unilatéral de l'employeur, il ne peut s'appliquer que s'il est plus favorable au salarié que les dispositions de la convention collective. • Soc. 19 nov. 1997, n° 95-43.945 P : *Dr. soc. 1998. 89, obs. Couturier*.

6. La garantie de l'AGS ne s'applique pas aux arrérages de préretraite prévus par un accord entre l'employeur et le comité d'entreprise. • Soc. 10 avr. 1991 : ⚖ *D. 1991. IR 143 ; RJS 1991. 311, n° 584.*

7. Sur l'impossibilité de conclure un accord dérogatoire avec le comité d'entreprise, V. • Crim. 22 janv. 1991 : ⚖ *préc. note 2.*

8. V., en faveur de l'assimilation d'un référendum à un accord d'entreprise établi dans l'intérêt des salariés et prévoyant l'adhésion à une institution de prévoyance : • Soc. 5 janv. 1984 : *Dr. soc. 1985. 188, note Savatier.*

9. La signature d'un accord avec les délégués du personnel n'autorise pas l'employeur à cesser d'appliquer l'accord d'entreprise non dénoncé. • Soc. 3 juill. 1991 : ⚖ *D. 1991. IR 236 ; CSB 1991. 213, A. 47 ; RJS 1991. 649, n° 1222.*

10. Dénonciation. La dénonciation par l'employeur, responsable de l'organisation, de la gestion et de la marche générale de l'entreprise, d'un usage ou d'un autre accord collectif ne répondant pas aux conditions de l'art. L. 132-19 [L. 2232-16 nouv.], est opposable à l'ensemble des salariés concernés qui ne peuvent prétendre à la poursuite du contrat de travail aux conditions antérieures, dès lors que cette décision a été précédée d'une information donnée, en plus des intéressés, aux institutions représentatives du personnel, dans un délai permettant d'éventuelles négociations. • Soc. 25 févr. 1988 : ⚖ *D. 1988. Somm. 319, obs. A. Lyon-Caen ; JCP E 1988. II. 15228, n° 1, obs. Teyssié* • 22 janv. 1992, ⚖ *n° 89-42.841 P : JCP E 1993. II. 401 (1ʳᵉ esp.), note Déprez.* – V. aussi : • Soc. 1ᵉʳ mars 1989 : *JS UIMM 1989. 185* • 17 mars 1993 : ⚖ *Dr. soc. 1993. 457* • 7 déc. 1993 : ⚖ *D. 1994. Somm. 313, obs. Borenfreund* ⊘.

11. Transfert d'entreprise. En cas de cession d'entreprise dans le cadre de l'art. L. 122-12 [L. 1224-1 nouv.], l'engagement de portée collective pris par l'ancien employeur est opposable au nouveau. • Soc. 16 déc. 1992, ⚖ *n° 88-43.834 P : Dr. soc. 1993. 156, note Savatier* ⊘ *; RJS 1993. 115, n° 167 ; CSB 1993. 192.* – Déprez, *RJS 1993. 143.* ♦ En faveur de l'opposabilité d'un accord atypique : • Soc. 23 févr. 1994 : ⚖ *RJS 1994. 285, n° 443.*

II. NÉGOCIATION ET NON-DISCRIMINATION SYNDICALE

12. Pouvoirs du juge des référés. Une cour d'appel ne fait qu'user des pouvoirs qu'elle tient de l'art. 809 C. pr. civ. en prenant les mesures propres à remédier à la discrimination dont faisait l'objet un syndicat. • Soc. 13 juill. 1988, ⚖ n° n° 86-16.302 P : *D. 1989. Somm. 202, obs. Goineau.*

13. Invitation à la négociation. Tous les syndicats représentatifs qui ont un délégué syndical dans l'entreprise doivent être appelés à la négociation des conventions et accords collectifs d'entreprise, y compris lorsque la négociation porte sur des accords de révision. • Soc. 18 déc. 1991, ⚖ n° 89-21.193 P. ♦ Dans le même sens : • Soc. 10 mai 1995 : ⚖ *RJS 1995. 442, n° 676.* ♦ Même solution s'agissant de la négociation d'un accord de remplacement. • Soc. 9 févr. 2000, ⚖ n° 97-22.619 P : *D. 2000. IR 73* ⊘ *; RJS 2000. 203, n° 306.* ♦ Comp. • Soc. 2 avr. 1981, ⚖ n° 80-60.405 P : *D. 1982. IR 82, obs. Pélissier ; JCP CI 1981. I. 10032, obs. Teyssié* (possibilité de conclure sur un point particulier un accord avec un seul syndicat sans qu'il en résulte une discrimination, dès lors que l'employeur était prêt à signer un tel accord avec d'autres syndicats). ♦ Constitue une entrave à l'exercice du droit syndical le fait de ne pas appeler, contrairement aux prescriptions de l'art. L. 2232-16, un syndicat représentatif ayant un délégué syndical dans l'entreprise à des négociations portant sur la révision d'accords collectifs, même si ces accords n'ont pas été signés par ce syndicat. • Crim. 28 oct. 2008 : ⚖ *RDT 2009. 245, obs. Odoul-Asorey* ⊘ *; Dr. soc. 2009. 504, obs. Duquesne* ⊘.

14. Négociations séparées. Un des négociateurs ne peut critiquer les modifications apportées au projet d'accord collectif soumis à la signature après la dernière séance de discussion lorsque l'existence de négociations séparées n'est pas établie et lorsque aucune partie n'a sollicité la réouverture des négociations en raison de ces modifications avant l'expiration du délai de signature. • Soc. 12 oct. 2006 : ⚖ *D. 2006. Pan. 693, obs. Wolmark* ⊘ *; RDT 2007. 186, obs. Souriac* ⊘ *; RJS 2006. 967, n° 1298 ; JSL 2006, n° 199-4.* ♦ Est nul l'accord conclu qui est différent du projet discuté lors de la dernière réunion, et ce alors que les organisations syndicales avaient fait valoir leur refus de signer un procès-verbal de désaccord, de sorte que la négociation était seulement interrompue, sans qu'aucune procédure de signature ne soit prévue, et sans qu'il soit allégué que l'accord finalement signé avait été préalablement soumis à l'ensemble des organisations syndicales. • Soc. 10 oct. 2007 : ⚖ *RDT 2008. 188, obs. Souriac* ⊘ *; RJS 2007. 1053, n° 1315.*

Art. L. 2232-17 La délégation de chacune des organisations représentatives parties à des négociations dans l'entreprise comprend le délégué syndical de l'organisation dans l'entreprise ou, en cas de pluralité de délégués, au moins deux délégués syndicaux.

Chaque organisation peut compléter sa délégation par des salariés de l'entreprise, dont le nombre est fixé par accord entre l'employeur et l'ensemble des organisations mentionnées au premier alinéa. A défaut d'accord, le nombre de salariés qui complète la délégation est au plus égal, par délégation, à celui des délégués syndicaux de la délégation. Toutefois, dans les entreprises pourvues d'un seul délégué syndical, ce nombre peut être porté à deux. — *[Anc. art. L. 132-20, al. 1er et 2.]*

1. Composition de la délégation syndicale aux négociations. En cas de pluralité de délégués syndicaux, et sauf accord plus favorable conclu entre l'employeur et l'ensemble des organisations participant à la négociation, la délégation de chaque organisation est légalement composée de deux d'entre eux, et éventuellement complétée par un nombre égal de salariés. • Soc. 5 janv. 2011 : *D. actu. 27 janv. 2011, obs. Perrin ; D. 2011. Actu. 246*.

2. Amélioration conventionnelle. Si l'art. L. 132-20 [L. 2232-17 nouv.] ne prévoit pas la participation à la délégation syndicale chargée de négocier d'un représentant syndical non salarié de l'entreprise, il n'interdit pas la présence dans la délégation d'un tel représentant en vertu d'un accord ou d'un usage plus favorable. • Soc. 19 oct. 1994, n° 91-20.292 P : *D. 1995. Somm. 370, obs. Borenfreund ; Dr. soc. 1994. 958, rapp. Waquet ; RJS 1994. 852, n° 1413 ; Dr. ouvrier 1995. 148*.

3. Suspension du mandat. Un délégué syndical est investi de plein droit du pouvoir de négocier et de conclure un accord d'entreprise ; il appartient à l'organisation syndicale d'informer en temps utile les parties qu'elle entend suspendre le mandat donné à son délégué. • Soc. 19 févr. 1992, n° 90-10.896 P : *CSB 1992. 109, A. 19 ; RJS 1992. 271, n° 472* • 24 mars 1993 : *Dr. soc. 1993. 463*.

Art. L. 2232-18 Le temps passé à la négociation est rémunéré comme temps de travail à échéance normale. — *[Anc. art. L. 132-20, al. 3.]*

Art. L. 2232-19 Lorsqu'une entreprise emploie soit dans ses locaux, soit dans un chantier dont elle assume la direction en tant qu'entreprise générale, des travailleurs appartenant à une ou plusieurs entreprises extérieures, les délégués syndicaux des organisations représentatives dans ces entreprises sont, à leur demande, entendus lors des négociations. — *[Anc. art. L. 132-21.]*

Art. L. 2232-20 L'objet et la périodicité des négociations ainsi que les informations nécessaires à remettre préalablement aux délégués syndicaux de l'entreprise ou de l'établissement sont fixés par accord entre l'employeur et les organisations syndicales représentatives dans l'entreprise, (L. n° 2016-1088 du 8 août 2016, art. 16) « dans les conditions prévues aux articles L. 2222-3 et L. 2222-3-1 et » sans préjudice des dispositions prévues aux articles L. 2242-1 et suivants relatives à la négociation annuelle obligatoire en entreprise.

Les dispositions issues de la L. n° 2016-1088 du 8 août 2016 s'appliquent aux accords conclus après le 9 août 2016 (L. préc., art. 16-IV).

1. Information des syndicats. L'employeur est tenu, dans le cadre de la négociation préélectorale, de fournir aux syndicats participant à la négociation les éléments nécessaires au contrôle de l'effectif de l'entreprise et de la régularité de la liste électorale. • Soc. 13 mai 2009 : *JCP S 2009. 1406, obs. Kerbourc'h*.

2. Obligation de loyauté et obligation d'informer les négociateurs d'un accord préélectoral. L'employeur, tenu de mener loyalement les négociations d'un accord préélectoral, doit mettre à disposition des organisations participant à la négociation les éléments d'information indispensables à celle-ci ; il doit, à la demande d'un syndicat, communiquer des éléments sur l'identité des salariés et leur niveau de classification, lorsque ces éléments sont nécessaires pour un contrôle réel de la répartition du personnel et des sièges dans les collèges. • Soc. 9 oct. 2019, n° 19-10.780 P : *D. actu. 6 oct. 2019, obs. de Montvalon*.

SOUS-SECTION 3 **Modalités de négociation dans les entreprises dépourvues de délégué syndical ou de conseil d'entreprise**

(Ord. n° 2017-1385 du 22 sept. 2017, art. 8)

BIBL. ▶ Béal et Marguerite, JCP S 2017. 1398. — Canut, Dr. soc. 2017. 1033. — Fouvet, Dr. soc. 2023. 384. — Teyssié, JCP S 2018. 1112.

COMMENTAIRE

V. sur le Code en ligne.

§ 1 Modalités de ratification des accords dans les entreprises dont l'effectif habituel est inférieur à onze salariés

BIBL. ▶ BAUDUIN, *Dr. soc. 2018. 682* (négociation collective dans les entreprises de moins de 50 salariés). – FABRE, *Dr. ouvrier 2018. 441* (regards constitutionnels sur la négociation dans les très petites entreprises).

Art. L. 2232-21 (L. n° 2018-217 du 29 mars 2018, art. 2-I) Dans les entreprises dépourvues de délégué syndical et dont l'effectif habituel est inférieur à onze salariés, l'employeur peut proposer un projet d'accord ou un avenant de révision aux salariés, qui porte sur l'ensemble des thèmes ouverts à la négociation collective d'entreprise prévus par le présent code. La consultation du personnel est organisée à l'issue d'un délai minimum de quinze jours courant à compter de la communication à chaque salarié du projet d'accord. Les conditions d'application de ces dispositions, en particulier les modalités d'organisation de la consultation du personnel, sont fixées par décret en Conseil d'État. – V. art. R. 2232-10 s.

> **COMMENTAIRE**
> V. sur le Code en ligne 🔒.

Art. L. 2232-22 (L. n° 2018-217 du 29 mars 2018, art. 2-I) Lorsque le projet d'accord ou d'avenant de révision mentionné à l'article L. 2232-21 est approuvé à la majorité des deux tiers du personnel, il est considéré comme un accord d'entreprise valide.

L'accord ou l'avenant de révision ainsi conclu peut être dénoncé à l'initiative de l'employeur dans les conditions prévues par l'accord ou à défaut de stipulation expresse par les articles L. 2261-9 à L. 2261-13.

L'accord ou l'avenant de révision peut également être dénoncé à l'initiative des salariés dans les conditions prévues par l'accord ou à défaut de stipulation expresse par les mêmes articles L. 2261-9 à L. 2261-13, sous réserve des dispositions suivantes :
– les salariés représentant les deux tiers du personnel notifient collectivement et par écrit la dénonciation à l'employeur ;
– la dénonciation à l'initiative des salariés ne peut avoir lieu que pendant un délai d'un mois avant chaque date anniversaire de la conclusion de l'accord.

Art. L. 2232-22-1 (L. n° 2018-217 du 29 mars 2018, art. 2-I) Les modalités de révision et de dénonciation prévues à l'article L. 2232-22 sont applicables aux accords collectifs quelles qu'aient été les modalités de leur conclusion lorsque l'entreprise vient à remplir postérieurement les conditions prévues aux articles L. 2232-21 et L. 2232-23.

§ 2 Modalités de négociation dans les entreprises dont l'effectif habituel est compris entre onze et cinquante salariés

Art. L. 2232-23 (L. n° 2018-217 du 29 mars 2018, art. 2-I) Dans les entreprises dont l'effectif habituel est compris entre onze et vingt salariés, en l'absence de membre élu de la délégation du personnel du comité social et économique, les articles L. 2232-21, L. 2232-22 et L. 2232-22-1 s'appliquent.

> **COMMENTAIRE**
> V. sur le Code en ligne 🔒.

Art. L. 2232-23-1 I. – Dans les entreprises dont l'effectif habituel est compris entre onze et moins de cinquante salariés, en l'absence de délégué syndical dans l'entreprise ou l'établissement, les accords d'entreprise ou d'établissement peuvent être négociés, conclus (L. n° 2018-217 du 29 mars 2018, art. 2-I) « , révisés ou dénoncés » :
1° Soit par un ou plusieurs salariés expressément mandatés par une ou plusieurs organisations syndicales représentatives dans la branche ou, à défaut, par une ou plusieurs organisations syndicales représentatives au niveau national et interprofessionnel, étant membre ou non de la délégation du personnel du comité social et économique. A cet effet, une même organisation ne peut mandater qu'un seul salarié ;
2° Soit par un ou des membres (Ord. n° 2017-1718 du 20 déc. 2017, art. 1ᵉʳ-I) « titulaires » de la délégation du personnel du comité social et économique.

Les accords ainsi négociés, conclus *(L. n° 2018-217 du 29 mars 2018, art. 2-I)* « , révisés ou dénoncés » peuvent porter sur toutes les mesures qui peuvent être négociées par accord d'entreprise ou d'établissement sur le fondement du présent code.

(Abrogé par L. n° 2018-217 du 29 mars 2018, art. 2-I) (Ord. n° 2017-1718 du 20 déc. 2017, art. 1ᵉʳ-I) « Pour l'appréciation de la condition de majorité prévue à l'alinéa précédent, lorsqu'un accord est conclu par un ou des membres de la délégation du personnel un comité social et économique central, il est tenu compte, pour chacun des membres de la délégation du personnel au comité social et économique central, d'un poids égal au rapport entre le nombre de suffrages exprimés dans l'établissement en faveur de ce membre et du nombre total des suffrages exprimés dans chaque établissement en la faveur de chacun des membres composant la délégation du personnel au comité social et économique central. »

II. — La validité des accords ou des avenants de révision conclus avec un ou des membres de la délégation du personnel du comité social et économique, mandaté ou non, est subordonnée à leur signature par des membres du comité social et économique représentant la majorité des suffrages exprimés *(L. n° 2018-217 du 29 mars 2018, art. 2-I)* « en faveur des membres du comité social et économique » lors des dernières élections professionnelles.

(L. n° 2018-217 du 29 mars 2018, art. 2-I) « Pour l'appréciation de la condition de majorité prévue au premier alinéa du présent II, lorsqu'un accord est conclu par un ou des membres titulaires de la délégation du personnel du comité social et économique central, il est tenu compte, pour chacun des membres titulaires de la délégation, d'un poids égal au rapport entre le nombre de suffrages exprimés dans l'établissement en faveur de ce membre et du nombre total des suffrages exprimés dans chaque établissement en faveur des membres titulaires composant ladite délégation. »

La validité des accords ou des avenants de révision conclus avec un ou plusieurs salariés mandatés, s'ils ne sont pas membres de la délégation du personnel du comité social et économique, est subordonnée à leur approbation par les salariés à la majorité des suffrages exprimés, dans des conditions déterminées par décret et dans le respect des principes généraux du droit électoral.

BIBL. ▶ ADAM, *SSL 2019, n° 1873, p. 5* (négociation collective sans délégué syndical : la loi de l'antiarithmétique).

COMMENTAIRE

V. sur le Code en ligne 🔒. ❏

§ 3 Modalités de négociation dans les entreprises dont l'effectif habituel est au moins égal à cinquante salariés *(Ord. n° 2017-1718 du 20 déc. 2017, art. 1ᵉʳ-I)*.

Art. L. 2232-24 Dans les entreprises dont l'effectif habituel est au moins égal à cinquante salariés, en l'absence de délégués syndicaux dans l'entreprise ou l'établissement, les membres *(Ord. n° 2017-1718 du 20 déc. 2017, art. 1ᵉʳ-I)* « titulaires » de la délégation du personnel du comité social et économique peuvent négocier, conclure *(L. n° 2018-217 du 29 mars 2018, art. 2-I)* « , réviser ou dénoncer » des accords collectifs de travail s'ils sont expressément mandatés à cet effet par une ou plusieurs organisations syndicales représentatives dans la branche dont relève l'entreprise ou, à défaut, par une ou plusieurs organisations syndicales de salariés représentatives au niveau national et interprofessionnel. Une même organisation ne peut mandater qu'un seul salarié.

Les organisations syndicales représentatives dans la branche dont relève l'entreprise ou, à défaut, les organisations syndicales représentatives au niveau national et interprofessionnel sont informées par l'employeur de sa décision d'engager des négociations.

La validité des accords ou des avenants de révision conclus en application du présent article est subordonnée à leur approbation par les salariés à la majorité des suffrages exprimés, dans des conditions déterminées par décret et dans le respect des principes généraux du droit électoral.

COMMENTAIRE

V. sur le Code en ligne 🔒. ❏

Art. L. 2232-25 Dans les entreprises dont l'effectif habituel est au moins égal à cinquante salariés, en l'absence de membre de la délégation du personnel du comité social et économique mandaté en application de l'article L. 2232-24, les membres *(Ord. n° 2017-1718 du 20 déc. 2017, art. 1ᵉʳ-I)* « titulaires » de la délégation du personnel du comité social et économique qui n'ont pas été expressément mandatés par une organisation mentionnée à l'article L. 2232-24 peuvent négocier, conclure *(L. n° 2018-217 du 29 mars 2018, art. 2-I)* « , réviser ou dénoncer » des accords collectifs de travail.

Cette négociation ne porte que sur les accords collectifs de travail relatifs à des mesures dont la mise en œuvre est subordonnée par la loi à un accord collectif, à l'exception des accords collectifs mentionnés à l'article L. 1233-21.

La validité des accords ou des avenants de révision conclus en application du présent article est subordonnée à leur signature par des membres de la délégation du personnel du comité social et économique représentant la majorité des suffrages exprimés *(L. n° 2018-217 du 29 mars 2018, art. 2-I)* « en faveur des membres du comité social et économique » lors des dernières élections professionnelles.

(L. n° 2018-217 du 29 mars 2018, art. 2-I) « Pour l'appréciation de la condition de majorité prévue au troisième alinéa, lorsqu'un accord est conclu par un ou des membres titulaires de la délégation du personnel du comité social et économique central, il est tenu compte, pour chacun des membres titulaires de la délégation, d'un poids égal au rapport entre le nombre de suffrages exprimés dans l'établissement en faveur de ce membre et du nombre total des suffrages exprimés dans chaque établissement en faveur des membres titulaires composant ladite délégation. »

Art. L. 2232-25-1 Pour l'application des articles L. 2232-24 et L. 2232-25, l'employeur fait connaître son intention de négocier aux membres de la délégation du personnel du comité social et économique par tout moyen permettant de lui conférer une date certaine.

Les élus qui souhaitent négocier le font savoir dans un délai d'un mois et indiquent, le cas échéant, s'ils sont mandatés par une organisation mentionnée à l'article L. 2232-24.

A l'issue de ce délai, la négociation s'engage avec les salariés qui ont indiqué être mandatés par une organisation mentionnée au même article L. 2232-24 ou, à défaut, avec des salariés élus non mandatés, conformément à l'article L. 2232-25.

Art. L. 2232-26 Dans les entreprises dont l'effectif habituel est *(Ord. n° 2017-1718 du 20 déc. 2017, art. 1ᵉʳ-I)* « au moins égal à cinquante salariés » dépourvues de délégué syndical lorsque, à l'issue de la procédure définie à l'article L. 2232-25-1, aucun membre de la délégation du personnel du comité social et économique n'a manifesté son souhait de négocier, les accords d'entreprise ou d'établissement peuvent être négociés, conclus *(L. n° 2018-217 du 29 mars 2018, art. 2-I)* « , révisés ou dénoncés » par un ou plusieurs salariés expressément mandatés par une ou plusieurs organisations syndicales représentatives dans la branche ou, à défaut, par une ou plusieurs organisations syndicales représentatives au niveau national et interprofessionnel. A cet effet, une même organisation syndicale ne peut mandater qu'un seul salarié.

Les organisations syndicales représentatives dans la branche de laquelle relève l'entreprise ou, à défaut, les organisations syndicales représentatives au niveau national et interprofessionnel sont informées par l'employeur de sa décision d'engager des négociations.

Le présent article s'applique de droit dans les entreprises dépourvues de délégué syndical dans lesquelles un procès-verbal de carence a établi l'absence de représentants élus du personnel.

Les accords négociés et conclus par un ou plusieurs salariés mandatés sur le fondement du présent article peuvent porter sur toutes les mesures qui peuvent être négociées par accord d'entreprise ou d'établissement sur le fondement du présent code.

L'accord signé par un salarié mandaté doit avoir été approuvé par les salariés à la majorité des suffrages exprimés, dans des conditions déterminées par décret et dans le respect des principes généraux du droit électoral.

NÉGOCIATION COLLECTIVE

§ 4 Conditions de négociation des accords conclus dans les entreprises dépourvues de délégué syndical ou de conseil d'entreprise

Art. L. 2232-27 Pour l'application des articles (*Ord. n° 2017-1718 du 20 déc. 2017, art. 1er-I*) « L. 2232-23-1 » et L. 2232-26, chaque salarié mandaté dispose du temps nécessaire à l'exercice de ses fonctions dans les limites d'une durée qui, sauf circonstances exceptionnelles, ne peut excéder dix heures par mois. Les heures de délégation sont de plein droit considérées comme temps de travail et payées à l'échéance normale. L'employeur qui entend contester l'utilisation faite des heures de délégation saisit le juge judiciaire.

Le temps passé aux négociations prévues aux articles (*Ord. n° 2017-1718 du 20 déc. 2017, art. 1er-I*) « L. 2232-23-1 », L. 2232-24 et L. 2232-25 n'est pas imputable sur les heures de délégation prévues à l'article L. 2315-7. Chaque membre de la délégation du personnel du comité social et économique appelé à participer à une négociation en application des articles (*Ord. n° 2017-1718 du 20 déc. 2017, art. 1er-I*) « L. 2232-23-1 », L. 2232-24 et L. 2232-25 dispose du temps nécessaire à l'exercice de ses fonctions dans les limites d'une durée qui, sauf circonstances exceptionnelles, ne peut excéder dix heures par mois. Les heures de délégation sont de plein droit considérées comme temps de travail et payées à l'échéance normale. L'employeur qui entend contester l'utilisation faite des heures de délégation saisit le juge judiciaire.

Art. L. 2232-28 Ne peuvent être mandatés les salariés qui, en raison des pouvoirs qu'ils détiennent, peuvent être assimilés à l'employeur, ainsi que les salariés apparentés à l'employeur mentionnés au premier alinéa de l'article L. 2314-19.

Art. L. 2232-29 La négociation entre l'employeur et les membres de la délégation du personnel du comité social et économique, mandatés ou non, ou les salariés de l'entreprise mandatés se déroule dans le respect des règles suivantes :
1° Indépendance des négociateurs vis-à-vis de l'employeur ;
2° Élaboration conjointe du projet d'accord par les négociateurs ;
3° Concertation avec les salariés ;
4° Faculté de prendre l'attache des organisations syndicales représentatives de la branche.
Par ailleurs, les informations à remettre aux membres de la délégation du personne du comité social et économique, mandatés ou non, ou aux salariés mandatés préalablement à la négociation sont déterminées par accord entre ceux-ci et l'employeur.

Art. L. 2232-29-1 Les accords d'entreprise ou d'établissement conclus selon les modalités définies aux paragraphes (*Ord. n° 2017-1718 du 20 déc. 2017, art. 1er-I*) « 1 à 3 de la présente sous-section » ne peuvent entrer en application qu'après leur dépôt auprès de l'autorité administrative dans des conditions prévues par voie réglementaire.

Art. L. 2232-29-2 Pour l'application de la présente sous-section, le calcul de l'effectif se fait selon les modalités définies (*Ord. n° 2017-1718 du 20 déc. 2017, art. 1er-I*) « aux articles L. 1111-2 et L. 1251-54 ».

SECTION 4 Conventions ou accords de groupe

RÉP. TRAV. v° *Accord de groupe*, par PAGNERRE.

BIBL. ▶ ANTONMATTÉI, *Dr. soc.* 2004. 601. – AUZERO, *RDT* 2006. 230. – DEVAUX, *JCP S* 2012. 1441 (la négociation d'UES). – GADRAT, *Dr. soc.* 2010. 651. – TEYSSIÉ, *Dr. soc.* 2005. 643.

▶ **Loi du 8 août 2016 :** BÉAL, *SSL* 2016, n° 1742 (accord de groupe : de la renaissance à l'émancipation). – MILAN et FERKANE, *RDT* 2017. Controverse 76 (faut-il désormais craindre la négociation de groupe ?).

COMMENTAIRE
V. sur le Code en ligne. ❑

Art. L. 2232-30 La convention ou l'accord de groupe fixe son champ d'application constitué de tout ou partie des entreprises constitutives du groupe. — [*Anc. art. L. 132-19-1, al. 1er, phrase 1.*]

BIBL. ▶ PAGNERRE, *JCP S* 2022. 1274 (de l'entrée dans le périmètre d'un accord de groupe ou sa sortie).

COMMENTAIRE

V. sur le Code en ligne 🔒. ☐

1. Représentation syndicale de groupe. Des employeurs et des syndicats représentatifs peuvent instituer, par voie d'accord collectif, en vue de négocier des accords portant sur des sujets d'intérêt commun aux personnels des entreprises concernées du groupe, une représentation syndicale de groupe dès lors que les négociations pour lesquelles ils lui donnent compétence ne se substituent pas à la négociation d'entreprise. • Soc. 30 avr. 2003, 🔒 n° 01-10.027 P : *D.* 2003. IR 1336 ⌀ ; *RJS* 2003. 607, n° 916 ; *ibid.* 2003. 743, note *Morin* ; *SSL* 2000, n° 1144, note *Grangé et El Aougri*. ♦ Un tel accord ne requiert pas l'unanimité des organisations syndicales représentatives et est opposable aux organisations non signataires. • Même arrêt.

2. Critères de l'accord de groupe. Un accord intitulé « accord d'entreprise » ne peut s'appliquer en tant qu'accord de groupe que pour autant qu'il se fixe un champ d'application constitué de tout ou partie des entreprises constitutives du groupe. • Soc. 21 mars 2018, 🔒 n° 16-21.741 P : *RJS* 6/2018, n° 435 ; *JCP S* 2018. 1186, obs. *Cailloux-Meurice*.

Art. L. 2232-31 La convention ou l'accord de groupe est négocié et conclu entre :
— d'une part, l'employeur de l'entreprise dominante ou un ou plusieurs représentants, mandatés à cet effet, des employeurs des entreprises concernées par le champ de la convention ou de l'accord ;
— d'autre part, les organisations syndicales de salariés représentatives dans le groupe ou dans l'ensemble des entreprises concernées par le champ de la convention ou de l'accord. — *[Anc. art. L. 132-19-1, al. 1ᵉʳ, phrase 2.]*

COMMENTAIRE

V. sur le Code en ligne 🔒. ☐

Art. L. 2232-32 (L. n° 2016-1088 du 8 août 2016, art. 23) « Les organisations syndicales de salariés représentatives dans chacune des entreprises ou chacun des établissements compris dans le périmètre de l'accord sont informées préalablement de l'ouverture d'une négociation dans ce périmètre. »
Pour la négociation en cause, les organisations syndicales de salariés représentatives (L. n° 2016-1088 du 8 août 2016, art. 23) « à l'échelle de l'ensemble des entreprises comprises dans le périmètre de cet accord » peuvent désigner un ou des coordonnateurs syndicaux de groupe choisis parmi les délégués syndicaux du groupe et habilités à négocier et signer la convention ou l'accord de groupe.

Art. L. 2232-33 (L. n° 2016-1088 du 8 août 2016, art. 23) L'ensemble des négociations prévues par le présent code au niveau de l'entreprise peuvent être engagées et conclues au niveau du groupe dans les mêmes conditions, sous réserve des adaptations prévues à la présente section.
Lorsqu'un accord sur la méthode prévu à l'article L. 2222-3-1 conclu au niveau du groupe le prévoit, l'engagement à ce niveau de l'une des négociations obligatoires prévues au chapitre II du titre IV du présent livre dispense les entreprises appartenant à ce groupe d'engager elles-mêmes cette négociation. L'accord sur la méthode définit les thèmes pour lesquels le présent article est applicable.
Les entreprises sont également dispensées d'engager une négociation obligatoire prévue au chapitre II du titre IV du présent livre lorsqu'un accord portant sur le même thème a été conclu au niveau du groupe et remplit les conditions prévues par la loi.

COMMENTAIRE

V. sur le Code en ligne 🔒. ☐

Art. L. 2232-34 (L. n° 2016-1088 du 8 août 2016, art. 23) La validité d'un accord conclu au sein de tout ou partie d'un groupe est appréciée selon les conditions prévues aux articles L. 2232-12 et L. 2232-13. Les taux de 30 % et de 50 % mentionnés aux mêmes articles sont appréciés à l'échelle de l'ensemble des entreprises ou établissements compris dans le périmètre de cet accord. La consultation des salariés, le cas échéant, est également effectuée dans ce périmètre.

> **COMMENTAIRE**
> V. sur le Code en ligne 🏛.

Art. L. 2232-35 (*L. n° 2016-1088 du 8 août 2016, art. 23*) Les accords conclus en application de la présente section sont soumis aux conditions de forme, de notification et de dépôt prévues aux sections 2 et 3 du chapitre I du présent titre.

> **COMMENTAIRE**
> V. sur le Code en ligne 🏛.

SECTION 5 Accords interentreprises

(*L. n° 2016-1088 du 8 août 2016, art. 23*)

Art. L. 2232-36 Un accord peut être négocié et conclu au niveau de plusieurs entreprises entre, d'une part, les employeurs et, d'autre part, les organisations syndicales représentatives à l'échelle de l'ensemble des entreprises concernées.

BIBL. ▶ JEANSEN, *JCP S* 2016. 1411 (l'accord interentreprises, d'une norme spéciale à une norme générale).

Art. L. 2232-37 La représentativité des organisations syndicales dans le périmètre de cet accord est appréciée conformément aux règles définies aux articles L. 2122-1 à L. 2122-3 relatives à la représentativité syndicale au niveau de l'entreprise, par addition de l'ensemble des suffrages obtenus dans les entreprises ou établissements concernés lors des dernières élections précédant l'ouverture de la première réunion de négociation.

Art. L. 2232-38 La validité d'un accord interentreprises est appréciée conformément aux articles L. 2232-12 et L. 2232-13. Les taux de 30 % et de 50 % mentionnés aux mêmes articles sont appréciés à l'échelle de l'ensemble des entreprises comprises dans le périmètre de cet accord. La consultation des salariés, le cas échéant, est également effectuée dans ce périmètre.

CHAPITRE III CONVENTIONS ET ACCORDS DE TRAVAIL CONCLUS DANS LE SECTEUR PUBLIC

Art. L. 2233-1 Dans les entreprises publiques et les établissements publics à caractère industriel ou commercial et les établissements publics déterminés par décret assurant à la fois une mission de service public à caractère administratif et à caractère industriel et commercial, lorsqu'ils emploient du personnel dans les conditions du droit privé, les conditions d'emploi et de travail ainsi que les garanties sociales peuvent être déterminées, en ce qui concerne les catégories de personnel qui ne sont pas soumises à un statut particulier, par des conventions et accords conclus conformément aux dispositions du présent titre.

Ces dispositions s'appliquent aux entreprises privées lorsque certaines catégories de personnel sont régies par le même statut particulier que celles d'entreprises ou d'établissements publics. – [*Anc. art. L. 134-1, al. 1er et 2.*]

BIBL. ▶ BAZEX, *Dr. soc.* 1989. 784 (détermination unilatérale ou négociation).

> **COMMENTAIRE**
> V. sur le Code en ligne 🏛.

1. Compétence du juge judiciaire. Sur la compétence du juge judiciaire, V. • T. confl. 11 oct. 1976 : *Lebon* 703 • Soc. 2 mars 1977 : *Bull. civ. V*, n° 156 ; *D.* 1977. 550, note Saint-Jours. ♦ Toute contestation portant sur la légalité ou l'application et la dénonciation d'une convention collective ou d'un accord d'entreprise conclu en application des dispositions du livre II C. trav. relève, sauf loi contraire, de la compétence judiciaire, hormis le cas où la contestation concerne des dispositions qui n'ont pas pour objet la détermination des conditions d'emploi, de formation professionnelle et de travail ainsi que des garanties sociales des personnels des entreprises et établissements publics visés par les art. L. 2233-1 et L. 2233-2 C. trav. mais qui régissent l'organisation du service public. • CE 26 sept. 2014, ⚖ n° 380164 : *Gaz. Pal. 2015. 398, obs. Seiller ; PA 25 nov. 2014, p. 6, note M.-C. Rouault.* ♦ Relève de la compétence administrative la définition des conditions matérielles de l'exercice du droit syndical à La Poste, hors le cas où elle ferait l'objet d'un accord conclu sur le fondement de l'art. 31-2 de la L. n° 90-568 du 2 juill. 1990 mod. • T. confl. 6 juill. 2020, n° 4188 A : *AJDA 2021. 1218, note Bernard ⊘ ; ibid. 2020. 2298 ⊘.* ♦ Mais le litige relatif à la mise en œuvre des dispositions relatives à l'exercice du droit syndical à La Poste relève de la compétence judiciaire, quand bien même ces dispositions résultent d'un accord antérieur à l'entrée en vigueur de l'art. 31-2 de la L. du 2 juill. 1990, issu de la loi n° 2005-516 du 20 mai 2005. • Soc. 27 mai 2021, ⚖ n° 19-15.630 P : *RJS 8-9/2021, n° 499.*

2. Compétence du juge administratif. Les conditions d'emploi et de travail du personnel de l'industrie électrique et gazière ne sont pas déterminées par des conventions et accords collectifs de travail, sous réserve des dispositions des art. L. 161-1 et L. 161-4 C. énergie, mais par un statut qui, constituant un élément de l'organisation du service public exploité, le caractère d'un règlement administratif et que les mesures d'accompagnement financier de la mobilité d'entreprise, sont elles-mêmes, eu égard à l'art. 28, § 1, du statut, des éléments de ce statut réglementaire, et dont l'appréciation de la légalité échappe à la compétence du juge judiciaire. • Soc. 28 juin 2023, ⚖ n° 21-19.784 B : *JCP S 2023. 1232, obs. Pagani et Péllisier.*

3. Salariés concernés. Les conventions et accords collectifs de travail s'appliquent au personnel enseignant des établissements d'enseignement privé sous contrat d'association. • Soc. 17 oct. 1983 : *Bull. civ. V, n° 498.*

4. Conformité aux statuts. Les conventions ou accords collectifs de travail négociés au sein des entreprises ou établissements publics à caractère industriel et commercial peuvent seulement compléter les dispositions statutaires ; il en résulte que les dispositions du statut ne peuvent être contredites que par des accords collectifs. • Soc. 12 juill. 1999 : ⚖ *D. 1999. IR 210 ⊘ ; RJS 1999. 724, n° 1161.*

5. Si l'art. 202 de la loi de modernisation sociale du 17 janv. 2002 a validé les accords y compris en leurs dispositions ayant pour effet de modifier les règles statutaires applicables aux personnels concernés, les accords qui concernent l'ensemble du personnel de France Telecom, qu'il s'agisse des fonctionnaires ou de personnels de droit privé, ont conservé leur nature d'accords collectifs, de sorte que leur dénonciation relève des dispositions des art. L. 2261-9 s. • Soc. 5 mars 2008 : ⚖ *RDT 2008. 540, obs. Borenfreund ⊘ ; JCP S 2008. 1397, note Everaert-Dumont.*

Art. L. 2233-2 Dans les entreprises et établissements mentionnés à l'article L. 2233-1, des conventions ou accords d'entreprises peuvent compléter les dispositions statutaires ou en déterminer les modalités d'application dans les limites fixées par le statut. – *[Anc. art. L. 134-1, al. 3.]*

Art. L. 2233-3 Les dispositions d'une convention de branche ou d'un accord professionnel ou interprofessionnel ayant fait l'objet d'un arrêté d'extension ou d'élargissement sont applicables aux entreprises et établissements mentionnés à l'article L. 2233-1 qui, en raison de l'activité exercée, se trouvent dans le champ d'application mentionné par l'arrêté, en ce qui concerne les catégories de personnel ne relevant pas d'un statut particulier. – *[Anc. art. L. 134-2.]*

CHAPITRE IV **COMMISSIONS PARITAIRES LOCALES**

Art. L. 2234-1 Des commissions paritaires professionnelles ou interprofessionnelles peuvent être instituées au niveau local, départemental ou régional, par accord conclu dans les conditions prévues à l'article L. 2231-1.

(*L. n° 2010-1215 du 15 oct. 2010*) « Les accords passés en application du premier alinéa peuvent prévoir que la composition de ces commissions tient compte des résultats de la mesure de l'audience prévue au chapitre II du titre II du livre I de la présente partie. Ils peuvent également prévoir que ces commissions n'exercent qu'une partie des missions définies à l'article L. 2234-2. »

Art. L. 2234-2 Les commissions paritaires :

1° Concourent à l'élaboration et à l'application de conventions et accords collectifs de travail, négocient et concluent des accords d'intérêt local, notamment en matière d'emploi et de formation continue ;

2° Examinent les réclamations individuelles et collectives ;

3° Examinent toute autre question relative aux conditions d'emploi et de travail des salariés intéressés. – *[Anc. art. L. 132-20, al. 2 à 5.]*

NÉGOCIATION COLLECTIVE   **Art. L. 2234-7**   715

Art. L. 2234-3 Les accords instituant des commissions paritaires professionnelles ou interprofessionnelles fixent, en faveur des salariés participant aux négociations, de même qu'aux réunions des commissions paritaires, les modalités d'exercice du droit de s'absenter, de la compensation des pertes de salaires ou du maintien de ceux-ci, ainsi que de l'indemnisation des frais de déplacement.

Ces accords déterminent également les modalités de protection contre le licenciement des salariés membres de ces commissions et les conditions dans lesquelles ils bénéficient de la protection prévue par les dispositions du livre IV relatif aux salariés protégés. – [*Anc. art. L. 132-20, al. 6.*]

CHAPITRE IV *BIS* OBSERVATOIRE D'ANALYSE ET D'APPUI AU DIALOGUE SOCIAL ET À LA NÉGOCIATION

(Ord. n° 2017-1385 du 22 sept. 2017, art. 9)

Art. L. 2234-4 *(Ord. n° 2017-1718 du 20 déc. 2017, art. 1ᵉʳ-I)* « Un observatoire d'analyse et d'appui au dialogue social et à la négociation » est institué au niveau départemental par décision de l'autorité administrative compétente. Il favorise et encourage le développement du dialogue social et la négociation collective au sein des entreprises de moins de cinquante salariés du département.

Art. L. 2234-5 L'*(Ord. n° 2017-1718 du 20 déc. 2017, art. 1ᵉʳ-I)* « observatoire d'analyse et d'appui au dialogue social et à la négociation » est composé :

1° De membres, salariés et employeurs ayant leur activité dans la région, désignés par les organisations syndicales de salariés *(Ord. n° 2017-1718 du 20 déc. 2017, art. 1ᵉʳ-I)* « représentatives au niveau interprofessionnel et du département » et par les organisations professionnelles d'employeurs représentatives au niveau national interprofessionnel et multiprofessionnel. Chaque organisation répondant à ces critères dispose d'un siège au sein de l'observatoire ;

2° De représentants de l'autorité administrative compétente dans le département.

(Ord. n° 2017-1718 du 20 déc. 2017, art. 1ᵉʳ-I) « Il est présidé successivement par un représentant désigné par une organisation syndicale de salariés et par un représentant désigné par une organisation professionnelle d'employeurs remplissant chacun la condition d'activité réelle. »

Le secrétariat est assuré par l'autorité administrative compétente dans le département.

Art. L. 2234-6 L'observatoire exerce les missions suivantes :

1° Il établit un bilan annuel du dialogue social dans le département ;

2° Il est saisi par les *(Ord. n° 2017-1718 du 20 déc. 2017, art. 1ᵉʳ-I)* « organisations syndicales de salariés et les organisations professionnelles d'employeurs » de toutes difficultés rencontrées dans le cadre d'une négociation ;

3° Il apporte son concours et son expertise juridique aux entreprises de son ressort dans le domaine du droit social.

Art. L. 2234-7 Un décret *(Abrogé par Ord. n° 2017-1718 du 20 déc. 2017, art. 1ᵉʳ-I)* « *en Conseil d'État* » précise les conditions d'application de la présente partie et notamment les conditions de désignation des membres. – V. art. D. 2622-4.

CHAPITRE V DISPOSITIONS PÉNALES

Le présent chapitre ne comprend pas de dispositions législatives.

TITRE IV DOMAINES ET PÉRIODICITÉ DE LA NÉGOCIATION OBLIGATOIRE

COMMENTAIRE

V. sur le Code en ligne 📖.

CHAPITRE I NÉGOCIATION DE BRANCHE ET PROFESSIONNELLE

(Ord. n° 2017-1385 du 22 sept. 2017, art. 6)

SECTION 1 Ordre public

Art. L. 2241-1 Les organisations liées par une convention de branche ou, à défaut, par des accords professionnels se réunissent, au moins une fois tous les quatre ans pour les thèmes mentionnés aux 1° à 5° et au moins une fois tous les cinq ans pour les thèmes mentionnés aux 6° et 7°, pour négocier :

1° Sur les salaires ;

2° Sur les mesures tendant à assurer l'égalité professionnelle entre les femmes et les hommes et sur les mesures de rattrapage tendant à remédier aux inégalités constatées *(L. n° 2018-771 du 5 sept. 2018, art. 106)* « ainsi que sur la mise à disposition d'outils aux entreprises pour prévenir et agir contre le harcèlement sexuel et les agissements sexistes » ;

(L. n° 2019-485 du 22 mai 2019, art. 1er) « 2° bis Sur les mesures destinées à faciliter la conciliation entre la vie professionnelle et la vie personnelle des salariés proches aidants ; »

3° Sur les conditions de travail, la gestion prévisionnelle des emplois et des compétences, et sur la prise en compte des effets de l'exposition aux facteurs de risques professionnels énumérés à l'article L. 4161-1 ;

4° Sur les mesures tendant à l'insertion professionnelle et au maintien dans l'emploi des travailleurs handicapés ;

5° Sur les priorités, les objectifs et les moyens de la formation professionnelle des salariés ;

6° Sur l'examen de la nécessité de réviser les classifications *(Ord. n° 2017-1718 du 20 déc. 2017, art. 1er-I)* « , en prenant en compte l'objectif d'égalité professionnelle entre les femmes et les hommes et de mixité des emplois » ;

7° Sur l'institution d'un ou plusieurs plans d'épargne interentreprises ou plans d'épargne pour la retraite *(Ord. n° 2019-766 du 24 juill. 2019, art. 7-IV, en vigueur le 1er oct. 2019)* « d'entreprise » collectifs interentreprises lorsqu'il n'existe aucun accord conclu à ce niveau en la matière.

Les dispositions issues de l'Ord. n° 2019-766 du 24 juill. 2019 entrent en vigueur à une date fixée par Décr. et au plus tard le 1er janv. 2020 (Ord. préc., art. 9-I). La date d'entrée en vigueur est fixée au 1er oct. 2019 (Décr. n° 2019-807 du 30 juill. 2019, art. 9-II).

Art. L. 2241-2 Les organisations liées par une convention de branche ou, à défaut, par des accords professionnels ouvrent une négociation sur les modalités d'organisation du temps partiel dès lors qu'au moins un tiers de l'effectif de la branche professionnelle occupe un emploi à temps partiel. Cette négociation porte notamment sur la durée minimale d'activité hebdomadaire ou mensuelle, le nombre et la durée des périodes d'interruption d'activité, le délai de prévenance préalable à la modification des horaires et la rémunération des heures complémentaires.

Art. L. 2241-3 Une commission mixte est réunie dans les conditions prévues à l'article L. 2261-20 si la négociation n'a pas été engagée sérieusement et loyalement.

L'engagement sérieux et loyal des négociations implique que la partie patronale ait communiqué aux organisations syndicales les informations nécessaires pour leur permettre de négocier en toute connaissance de cause et ait répondu de manière motivée aux éventuelles propositions des organisations syndicales.

SECTION 2 Champ de la négociation collective

Art. L. 2241-4 Les organisations *(Ord. n° 2017-1718 du 20 déc. 2017, art. 1er-I)* « liées par une convention de branche ou, à défaut, par des accords professionnels » peuvent engager, à la demande de l'une d'entre elles, une négociation précisant le calendrier, la périodicité, les thèmes et les modalités de négociation dans la branche ou le secteur professionnel considéré.

Respect du pluralisme syndical. L'art. L. 132-12 [L. 2241-1 nouv.], qui impose une obligation de négocier aux organisations liées par une convention, n'est pas exclusif du droit des autres organisations représentatives de participer aux négociations pouvant conduire à la révision de la convention antérieurement conclue et, partant, de l'obligation de les inviter à cette négociation.

● Soc. 12 sept. 2007 : 🗎 *D. 2007. AJ 2393* 🖉 ; *RJS 2007. 944, n° 1196* ; *JCP S 2008. 1325*, obs. *Neau-Leduc*.

Art. L. 2241-5 L'accord conclu à l'issue de la négociation mentionnée à l'article L. 2241-4 précise :

1° Les thèmes des négociations *(L. n° 2018-217 du 29 mars 2018, art. 2-I)* « et leur périodicité, » de telle sorte que soient négociés :

a) Au moins tous les quatre ans les thèmes mentionnés aux 1° à 5° de l'article L. 2241-1 ;

b) Au moins tous les cinq ans les thèmes mentionnés aux 6° et 7° de l'article L. 2241-1 ;

c) Le thème mentionné à l'article L. 2241-2 lorsque les conditions mentionnées à cet article sont réunies ;

2° *(Abrogé par L. n° 2018-217 du 29 mars 2018, art. 2-I)* « *La périodicité et* » Le contenu de chacun des thèmes ;

3° Le calendrier et les lieux des réunions ;

4° Les informations que les organisations professionnelles d'employeurs remettent aux négociateurs sur les thèmes prévus par la négociation qui s'engage et la date de cette remise ;

5° Les modalités selon lesquelles sont suivis les engagements souscrits par les parties.

La durée de l'accord ne peut excéder *(L. n° 2018-217 du 29 mars 2018, art. 2-I)* « cinq » ans.

Art. L. 2241-6 Un accord conclu dans l'un des domaines énumérés à l'article L. 2241-1 peut fixer la périodicité de sa renégociation, dans la limite de quatre ans pour les domaines énumérés aux 1° à 5° et dans la limite de cinq ans pour les domaines énumérés aux 6° et 7°.

SECTION 3 **Dispositions suplétives**

SOUS-SECTION 1 **Modalités de la négociation**

Art. L. 2241-7 A défaut d'accord prévu à l'article L. 2241-5 ou en cas de non-respect de ses stipulations, les organisations liées par une convention de branche ou, à défaut, par des accords professionnels engagent les négociations mentionnées aux articles L. 2241-1 et L. 2241-2 dans les conditions précisées par les sous-sections 2 à 6 de la présente section.

SOUS-SECTION 2 **Négociation annuelle**

Art. L. 2241-8 Les organisations liées par une convention de branche ou, à défaut, par des accords professionnels, se réunissent, au moins une fois par an, pour négocier sur les salaires.

Ces négociations prennent en compte l'objectif d'égalité professionnelle entre les femmes et les hommes, ainsi que les mesures permettant de l'atteindre.

Art. L. 2241-9 La négociation sur les salaires est l'occasion, pour les parties, d'examiner au moins une fois par an au niveau de la branche les données suivantes :

1° L'évolution économique, la situation de l'emploi dans la branche, son évolution et les prévisions annuelles ou pluriannuelles établies, notamment pour ce qui concerne les contrats de travail à durée déterminée et les missions de travail temporaire ;

2° Les actions éventuelles de prévention envisagées compte tenu de ces prévisions ;

3° L'évolution des salaires effectifs moyens par catégories professionnelles et par sexe, au regard, le cas échéant, des salaires minima hiérarchiques.

Les informations nécessaires à la négociation sont déterminées par voie réglementaire.

Art. L. 2241-10 Lorsque le salaire minimum national professionnel des salariés sans qualification au sens du 4° du II de l'article L. 2261-22 est inférieur au salaire minimum interprofessionnel de croissance, les organisations liées par une convention de branche ou, à défaut, par des accords professionnels se réunissent pour négocier sur les salaires.

A défaut d'initiative de la partie patronale dans les *(L. n° 2022-1158 du 16 août 2022, art. 7)* « quarante-cinq jours », la négociation s'engage dans les quinze jours suivant la demande d'une organisation syndicale de salariés représentative au sens de l'article L. 2231-1.

SOUS-SECTION 3 **Négociation triennale**

§ 1 Égalité professionnelle entre les femmes et les hommes

Art. L. 2241-11 Les organisations liées par une convention de branche ou, à défaut, par des accords professionnels se réunissent pour négocier tous les trois ans sur les mesures tendant à assurer l'égalité professionnelle entre les femmes et les hommes et sur les mesures de rattrapage tendant à remédier aux inégalités constatées. La mise en œuvre de ces mesures de rattrapage, lorsqu'elles portent sur des mesures salariales, est suivie dans le cadre de la négociation annuelle obligatoire sur les salaires prévue à l'article L. 2241-8.

La négociation porte notamment sur :
1° Les conditions d'accès à l'emploi, à la formation et à la promotion professionnelle ;
2° Les conditions de travail et d'emploi et notamment celles des salariés à temps partiel.
Les informations nécessaires à la négociation sont déterminées par voie réglementaire.

§ 2 Conditions de travail et gestion prévisionnelle des emplois et des compétences

Art. L. 2241-12 Les organisations liées par une convention de branche ou, à défaut, par des accords professionnels se réunissent, au moins une fois tous les trois ans, pour négocier sur les conditions de travail, la gestion prévisionnelle des emplois et des compétences, *(L. n° 2021-1104 du 22 août 2021, art. 40-I)* « notamment pour répondre aux enjeux de la transition écologique, » et sur la prise en compte des effets de l'exposition aux facteurs de risques professionnels énumérés à l'article L. 4161-1.

La négociation sur la gestion prévisionnelle des emplois et des compétences peut se décliner à l'échelle du territoire et s'appuie sur les travaux de l'observatoire prospectif des métiers et des qualifications mis en place par la commission paritaire nationale de l'emploi au niveau de chaque branche, tout en veillant à l'objectif de mixité des métiers. Cet observatoire porte une attention particulière aux mutations professionnelles liées aux filières et aux métiers de la transition écologique et énergétique.

Par ailleurs, les organisations mentionnées au premier alinéa se réunissent tous les trois ans pour négocier sur les matières définies aux articles L. 2242-15 et L. 2242-16.

BIBL. ▶ CHAGNY, *Dr. soc.* 2008. 72 (une négociation pour les restructurations : la GPEC). – MEIERS, *RDT* 2009. 651 (le nouveau dispositif en faveur de l'insertion durable des seniors dans l'emploi). – VATINET, *JCP S* 2013. 1274.

§ 3 Travailleurs handicapés

Art. L. 2241-13 Les organisations liées par une convention de branche ou, à défaut, par des accords professionnels se réunissent pour négocier, tous les trois ans, sur les mesures tendant à l'insertion professionnelle et au maintien dans l'emploi des travailleurs handicapés.

La négociation porte notamment sur les conditions d'accès à l'emploi, à la formation et à la promotion professionnelle ainsi que sur les conditions de travail, d'emploi et de maintien dans l'emploi.

Les informations nécessaires à la négociation sont déterminées par voie réglementaire.

§ 4 Formation professionnelle et apprentissage

BIBL. ▶ BOTERDAEL, *Dr. soc.* 2014. 1013 (caractéristiques de la négociation collective de branche en matière de formation professionnelle).

Art. L. 2241-14 Les organisations liées par une convention de branche ou, à défaut, par un accord professionnel se réunissent au moins tous les trois ans pour négocier sur les priorités, les objectifs et les moyens de la formation professionnelle des salariés.

Cette négociation porte notamment sur l'égal accès à la formation des salariés selon leur catégorie professionnelle et la taille de leur entreprise, les abondements supplémentaires du compte personnel de formation, la validation des acquis de l'expérience, l'accès aux certifications, le développement du tutorat et la valorisation de la fonction de tuteur ou de maître d'apprentissage, en particulier les actions aidant à l'exercer et les conditions de son exercice par des salariés âgés de plus de cinquante-cinq ans.

La négociation sur la validation des acquis de l'expérience visée à l'alinéa précédent porte sur :

1° Les modalités d'information des entreprises et des salariés sur les actions de validation des acquis de l'expérience mises en œuvre en vue de l'obtention d'une qualification mentionnée à l'article L. 6314-1 ;

2° Les conditions propres à favoriser l'accès des salariés, dans un cadre collectif ou individuel, à la validation des acquis de l'expérience ;

3° Les modalités de prise en charge par les (*L. n° 2018-771 du 5 sept. 2018, art. 45-II*) « opérateurs de compétences » des dépenses afférentes à la participation d'un salarié à un jury d'examen ou de validation des acquis de l'expérience.

SOUS-SECTION 4 Négociation quinquennale

§ 1 Classifications

Art. L. 2241-15 Les organisations liées par une convention de branche ou, à défaut, par des accords professionnels se réunissent, au moins une fois tous les cinq ans, pour examiner la nécessité de réviser les classifications.

Ces négociations prennent en compte l'objectif d'égalité professionnelle entre les femmes et les hommes et de mixité des emplois.

Lorsqu'un écart moyen de rémunération entre les femmes et les hommes est constaté, les organisations liées par une convention de branche ou, à défaut, par des accords professionnels font de sa réduction une priorité.

A l'occasion de l'examen mentionné au premier alinéa, les critères d'évaluation retenus dans la définition des différents postes de travail sont analysés afin d'identifier et de corriger ceux d'entre eux susceptibles d'induire des discriminations entre les femmes et les hommes et afin de garantir la prise en compte de l'ensemble des compétences des salariés.

BIBL. ▶ BRIGUET-LAMARRE, *JCP S 2019. 1235* (action en reclassification conventionnelle).

§ 2 Épargne salariale

BIBL. ▶ LIEUTIER, *Dr. soc. 2014. 754* (l'intervention des syndicats et des institutions représentatives du personnel en matière d'épargne salariale et d'actionnariat salarié) ; *ibid. 2015. 777* (réforme de l'épargne salariale, de l'épargne retraite et de l'actionnariat salarié).

Art. L. 2241-16 Les organisations liées par une convention de branche ou, à défaut, par des accords professionnels se réunissent, une fois tous les cinq ans, pour engager une négociation sur l'institution d'un ou plusieurs plans d'épargne interentreprises ou plans d'épargne pour la retraite (*Ord. n° 2019-766 du 24 juill. 2019, art. 7-IV, en vigueur le 1ᵉʳ oct. 2019*) « d'entreprise » collectifs interentreprises lorsqu'il n'existe aucun accord conclu à ce niveau en la matière.

Les dispositions issues de l'Ord. n° 2019-766 du 24 juill. 2019 entrent en vigueur à une date fixée par Décr. et au plus tard le 1ᵉʳ janv. 2020 (Ord. préc., art. 9-I). La date d'entrée en vigueur est fixée au 1ᵉʳ oct. 2019 (Décr. n° 2019-807 du 30 juill. 2019, art. 9-II).

SOUS-SECTION 5 Dispositions communes à la négociation annuelle et à la négociation quinquennale

Art. L. 2241-17 Les négociations annuelle et quinquennale prévues aux articles L. 2241-8 et L. 2241-15 visent également à définir et à programmer les mesures permettant de supprimer les écarts de rémunération entre les femmes et les hommes.

Art. L. 2241-18 L'accord visant à supprimer les écarts de rémunération conclu à la suite des négociations annuelle et quinquennale fait l'objet d'un dépôt auprès de l'autorité administrative dans les conditions définies à l'article L. 2231-6.

En l'absence de dépôt d'un accord ou de transmission d'un procès-verbal de désaccord auprès de cette autorité, contenant les propositions des parties en leur dernier état, la commission mixte mentionnée à l'article L. 2261-20 est réunie à l'initiative du ministre chargé du travail afin que s'engagent ou se poursuivent les négociations prévues à l'article L. 2241-17.

SOUS-SECTION 6 [ABROGÉE] **Temps partiel**

(Abrogée par Ord. n° 2017-1718 du 20 déc. 2017, art. 1ᵉʳ-I)

CHAPITRE II **NÉGOCIATION OBLIGATOIRE EN ENTREPRISE**

(Ord. n° 2017-1385 du 22 sept. 2017, art. 7)

SECTION 1 **Ordre public**

Art. L. 2242-1 Dans les entreprises où sont constituées une ou plusieurs sections syndicales d'organisations représentatives, l'employeur engage au moins une fois tous les quatre ans :
1° Une négociation sur la rémunération, notamment les salaires effectifs, le temps de travail et le partage de la valeur ajoutée dans l'entreprise ;
2° Une négociation sur l'égalité professionnelle entre les femmes et les hommes, portant notamment sur les mesures visant à supprimer les écarts de rémunération, et la qualité de vie (*L. n° 2021-1018 du 2 août 2021, art. 4, en vigueur le 31 mars 2022*) « et des conditions de » travail.

BIBL. ▶ VÉRICEL, *Dr. soc.* 2021. 904 (place de la représentation du personnel et du dialogue social en matière de santé au travail et de prévention, après la loi du 2 août 2021).

Art. L. 2242-2 Dans les entreprises et les groupes d'entreprises au sens de l'article L. 2331-1 d'au moins trois cents salariés, ainsi que dans les entreprises et groupes d'entreprises de dimension communautaire au sens des articles L. 2341-1 et L. 2341-2 comportant au moins (*Ord. n° 2017-1718 du 20 déc. 2017, art. 1ᵉʳ-I*) « un établissement ou une entreprise d'au moins cent cinquante » salariés en France l'employeur engage, au moins une fois tous les quatre ans, en plus des négociations mentionnées à l'article L. 2242-1, une négociation sur la gestion des emplois et des parcours professionnels.

Art. L. 2242-3 En l'absence d'accord relatif à l'égalité professionnelle entre les femmes et les hommes à l'issue de la négociation mentionnée au 2° de l'article L. 2242-1, l'employeur établit un plan d'action annuel destiné à assurer l'égalité professionnelle entre les femmes et les hommes. Après avoir évalué les objectifs fixés et les mesures prises au cours de l'année écoulée, ce plan d'action, fondé sur des critères clairs, précis et opérationnels, détermine les objectifs de progression prévus pour l'année à venir, définit les actions qualitatives et quantitatives permettant de les atteindre et évalue leur coût. Ce plan d'action est déposé auprès de l'autorité administrative. (*Abrogé par L. n° 2018-771 du 5 sept. 2018, art. 104-IV*) « *Une synthèse de ce plan d'action, comprenant au minimum des indicateurs et des objectifs de progression définis par décret, est portée à la connaissance des salariés par l'employeur par voie d'affichage sur les lieux de travail et, éventuellement, par tout autre moyen adapté aux conditions d'exercice de l'activité de l'entreprise. Elle est également tenue à la disposition de toute personne qui la demande et publiée sur le site internet de l'entreprise lorsqu'il en existe un.* »

En l'absence d'accord prévoyant les mesures visant à supprimer les écarts de rémunération entre les femmes et les hommes, la négociation (*Abrogé par L. n° 2018-217 du 29 mars 2018, art. 2-I*) « annuelle » sur les salaires effectifs prévue au 1° de l'article L. 2242-1 porte également sur la programmation de mesures permettant de supprimer les écarts de rémunération et les différences de déroulement de carrière entre les femmes et les hommes.

Art. L. 2242-4 Tant que la négociation mentionnée (*Ord. n° 2017-1718 du 20 déc. 2017, art. 1ᵉʳ-I*) « aux articles L. 2242-1 et L. 2242-2 » est en cours, l'employeur ne peut, dans les matières traitées, arrêter de décisions unilatérales concernant la collectivité des salariés, sauf si l'urgence le justifie.

BIBL. ▶ SAVATIER, *Dr. soc.* 1990. 316 / (décisions unilatérales de l'employeur à défaut d'accord) ; *ibid.* 1995. 43 / (décisions unilatérales en cours de négociation).

1. Délit d'entrave. Constitue le délit d'entrave à l'exercice du droit syndical la conclusion d'un accord entre l'employeur et des institutions représentatives du personnel portant sur l'aménagement du temps de travail, matière qui relève de la négociation annuelle obligatoire, en dépit de l'existence d'une représentation syndicale dans l'entreprise. • Crim. 18 nov. 1997, ⚖ n° 96-80.002 P : GADT, 4ᵉ éd., n° 158 ; RJS 1998. 56, n° 76 ; CSB 1998. 37, A. 7.

2. La dénonciation d'une convention collective portant notamment sur l'augmentation des rémunérations et la prime de vacances constitue une décision unilatérale qui ne peut être prise par l'employeur pendant le cours de la négociation annuelle obligatoire. • Soc. 29 juin 1994, ⚖ n° 91-18.640 P : D. 1994. IR 203 ; Dr. soc. 1995. 43, note Savatier / ; JCP 1995. I. 3817, n° 7, obs. Antonmattéi ; RJS 1994. 606, n° 1022 ; CSB 1994. 269, A. 52.

Art. L. 2242-5 Si, au terme de la négociation, aucun accord n'a été conclu, il est établi un procès-verbal de désaccord dans lequel sont consignées, en leur dernier état, les propositions respectives des parties et les mesures que l'employeur entend appliquer unilatéralement.

Ce procès-verbal donne lieu à dépôt, à l'initiative de la partie la plus diligente, dans des conditions prévues par voie réglementaire.

Art. L. 2242-6 Les accords collectifs d'entreprise sur les salaires effectifs ne peuvent être déposés auprès de l'autorité administrative, dans les conditions prévues à l'article L. 2231-6, qu'accompagnés d'un procès-verbal d'ouverture des négociations portant sur les écarts de rémunération entre les femmes et les hommes, consignant les propositions respectives des parties. Le procès-verbal atteste que l'employeur a engagé sérieusement et loyalement les négociations. L'engagement sérieux et loyal des négociations implique que, dans les entreprises où sont constituées une ou plusieurs sections syndicales d'organisations représentatives, l'employeur ait convoqué à la négociation les organisations syndicales représentatives dans l'entreprise et fixé le lieu et le calendrier des réunions. L'employeur doit également leur avoir communiqué les informations nécessaires pour leur permettre de négocier en toute connaissance de cause et avoir répondu de manière motivée aux éventuelles propositions des organisations syndicales.

BIBL. ▶ GEBEL, *JCP S* 2022. 1225.

Art. L. 2242-7 Dans les entreprises où sont constituées une ou plusieurs sections syndicales d'organisations représentatives, l'employeur qui n'a pas rempli l'obligation de négociation sur les salaires effectifs mentionnée au 1° de l'article L. 2242-1 est soumis à une pénalité. Si aucun manquement relatif à cette obligation n'a été constaté lors d'un précédent contrôle au cours des six années civiles précédentes, la pénalité est plafonnée à un montant équivalent à 10 % des exonérations de cotisations sociales mentionnées à l'article L. 241-13 du code de la sécurité sociale au titre des rémunérations versées chaque année où le manquement est constaté, sur une période ne pouvant excéder trois années consécutives à compter de l'année précédant le contrôle. Si au moins un manquement relatif à cette obligation a été constaté lors d'un précédent contrôle au cours des six années civiles précédentes, la pénalité est plafonnée à un montant équivalent à 100 % des exonérations de cotisations sociales mentionnées au même article L. 241-13 au titre des rémunérations versées chaque année où le manquement est constaté, sur une période ne pouvant excéder trois années consécutives comprenant l'année du contrôle.

Dans le cas où la périodicité de la négociation sur les salaires effectifs a été portée à une durée supérieure à un an en application de l'article L. 2242-11 du présent code, le premier alinéa n'est pas applicable pendant la durée fixée par l'accord. Au terme de cette durée, il est fait application du premier alinéa du présent article.

Lorsque l'autorité administrative compétente constate le manquement mentionné au premier alinéa, elle fixe le montant de la pénalité en tenant compte notamment des efforts constatés pour ouvrir les négociations, de la situation économique et financière de l'entreprise, de la gravité du manquement et des circonstances ayant conduit au manquement, dans des conditions fixées par décret.

La pénalité est recouvrée dans les conditions prévues à la section 1 du chapitre VII du titre III du livre I du code de la sécurité sociale.

Le produit de la pénalité est affecté au régime général de sécurité sociale, selon les mêmes modalités que celles retenues pour l'imputation de la réduction mentionnée à l'article L. 241-13 du même code.

Art. L. 2242-8 Les entreprises d'au moins cinquante salariés sont soumises à une pénalité à la charge de l'employeur en l'absence d'accord relatif à l'égalité professionnelle entre les femmes et les hommes à l'issue de la négociation mentionnée au 2° de l'article L. 2242-1 ou, à défaut d'accord, par un plan d'action mentionné à l'article L. 2242-3. Les modalités de suivi de la réalisation des objectifs et des mesures de l'accord et du plan d'action sont fixées par décret. Dans les entreprises d'au moins 300 salariés, ce défaut d'accord est attesté par un procès-verbal de désaccord.

(*L. n° 2018-771 du 5 sept. 2018, art. 104-III*) « La pénalité prévue au premier alinéa du présent article peut également être appliquée, dans des conditions déterminées par décret, en l'absence de publication des informations prévues à l'article L. 1142-8 ou en l'absence de mesures définies dans les conditions prévues à l'article L. 1142-9. »

Le montant de la pénalité prévue au premier alinéa du présent article est fixé au maximum à 1 % des rémunérations et gains au sens du premier alinéa de l'article L. 242-1 du code de la sécurité sociale et du premier alinéa de l'article L. 741-10 du code rural et de la pêche maritime versés aux travailleurs salariés ou assimilés au cours des périodes au titre desquelles l'entreprise (*L. n° 2018-771 du 5 sept. 2018, art. 104-III*) « ne respecte pas l'une des obligations mentionnées aux premier et deuxième alinéas » du présent article. Le montant est fixé par l'autorité administrative, dans des conditions prévues par décret en Conseil d'État, en fonction des efforts constatés dans l'entreprise en matière d'égalité professionnelle (*L. n° 2018-771 du 5 sept. 2018, art. 104-III*) « et salariale » entre les femmes et les hommes ainsi que des motifs de sa défaillance quant au respect des obligations fixées (*L. n° 2018-771 du 5 sept. 2018, art. 104-III*) « aux mêmes premier et deuxième alinéas ».

Le produit de cette pénalité est affecté au fonds mentionné à l'article L. 135-1 du code de la sécurité sociale.

V. Instr. DGT/DPSIT/RT3/2017/124 du 4 avr. 2017 relative à la mise en œuvre du dispositif de pénalité financière et à la mise en place d'une procédure dite de « rescrit » en matière d'égalité professionnelle entre les femmes et les hommes.

Jurisprudence rendue sous l'empire des dispositions antérieures à la L. n° 2015-994 du 17 août 2015.

1. Réduction Fillon et négociation annuelle sur les salaires. Pour bénéficier de la réduction des cotisations à sa charge sur les bas salaires, l'employeur est seulement tenu d'engager la négociation annuelle obligatoire et non de parvenir à la conclusion d'un accord ; l'employeur qui justifie avoir convoqué le seul délégué syndical de l'entreprise, par lettre remise en main propre à une première réunion ayant pour objet la négociation annuelle obligatoire a engagé pour l'année considérée la négociation obligatoire sur les salaires, de sorte qu'il remplit la condition prévue pour la réduction de ses cotisations. ● Civ. 2e, 7 nov. 2019, ⚖ n° 18-21.499 P : *RJS 1/2020, n° 37 ; JCP S 2019. 1365, obs. Anfray.*

2. Demande de communication de la liste des entreprises sanctionnées. Eu égard à l'objet de la demande des associations requérantes tendant à la communication de la liste nominative des entreprises franciliennes sanctionnées pour défaut d'accord ou de plan d'action relatifs à l'égalité professionnelle entre les femmes et les hommes avec lesquelles des sanctions qui leur ont été infligées, la communication d'une telle liste porterait par elle-même préjudice, au sens de l'art. L. 311-6 CRPA, aux entreprises concernées. Par ailleurs, s'il n'est pas contesté que les associations requérantes contribuent au débat public en prenant position en faveur de l'égalité entre les femmes et les hommes, elles ne sauraient se prévaloir des stipulations de l'art. 10 Conv. EDH, eu égard à la nature des informations demandées, qui portent sur des sanctions infligées à des personnes morales de droit privé à raison de la méconnaissance d'obligations légales relatives à l'engagement de négociations ou de plans d'action en matière d'égalité professionnelle entre les femmes et les hommes, et au but poursuivi, qui consiste pour l'essentiel à révéler publiquement le nom des entreprises sanctionnées à ce titre, pour revendiquer un droit d'accès à ces informations pour l'exercice de leur droit à la liberté d'expression. ● CE 3 juin 2020, ⚖ n° 421615 B : *AJDA 2020. 1588 ; RJS 8-9/2020, n° 402.*

Art. L. 2242-9 L'autorité administrative se prononce sur toute demande d'appréciation de la conformité d'un accord ou d'un plan d'action aux dispositions de l'article L. 2242-8 formulée par un employeur.

Le silence gardé par l'autorité administrative, à l'issue d'un délai fixé par décret en Conseil d'État, vaut rejet de cette demande.

La demande mentionnée au premier alinéa n'est pas recevable dès lors que les services chargés de l'application de la législation du travail ont engagé un contrôle sur le respect des dispositions de l'article L. 2242-8. Ces services informent l'employeur par tout moyen lorsque ce contrôle est engagé.

Lorsque l'entreprise est couverte par l'accord relatif à l'égalité professionnelle à l'issue de la négociation mentionnée au 2° de l'article L. 2242-1, la réponse établissant la conformité lie l'autorité administrative pour l'application de la pénalité prévue à l'article L. 2242-8 pendant la période comprise entre la date de réception de la réponse par l'employeur et le terme de la périodicité de renégociation sur le thème de l'égalité professionnelle résultant de l'application de l'article L. 2242-11 ou de l'article L. 2242-12 ou, à défaut, du 2° de l'article L. 2242-13.

Lorsque l'entreprise est couverte par un plan d'action en application des dispositions de l'article L. 2242-3, la réponse établissant la conformité lie l'autorité administrative pour l'application de la pénalité prévue à l'article L. 2242-8 pendant la période comprise entre la date de réception de la réponse par l'employeur et le terme de la première année suivant le dépôt du plan d'action.

SECTION 2 Champ de la négociation collective

Art. L. 2242-10 Dans les entreprises mentionnées à l'article L. 2242-1, peut être engagée, à l'initiative de l'employeur ou à la demande d'une organisation syndicale de salariés représentative, une négociation précisant le calendrier, la périodicité, les thèmes et les modalités de négociation dans le groupe, l'entreprise ou l'établissement.

Art. L. 2242-11 L'accord conclu à l'issue de la négociation mentionnée à l'article L. 2242-10 précise :

1° Les thèmes des négociations *(L. n° 2018-217 du 29 mars 2018, art. 2-I)* « et leur périodicité, » de telle sorte qu'au moins tous les quatre ans soient négociés les thèmes mentionnés aux 1° et 2° de l'article L. 2242-1 *(Ord. n° 2017-1718 du 20 déc. 2017, art. 1er-I)* « et à l'article L. 2242-2 » ;

2° *(Abrogé par L. n° 2018-217 du 29 mars 2018, art. 2-I)* « *La périodicité et* » Le contenu de chacun des thèmes ;

3° Le calendrier et les lieux des réunions ;

4° Les informations que l'employeur remet aux négociateurs sur les thèmes prévus par la négociation qui s'engage et la date de cette remise ;

5° Les modalités selon lesquelles sont suivis les engagements souscrits par les parties.

La durée de l'accord ne peut excéder quatre ans.

Art. L. 2242-12 Un accord conclu dans l'un des domaines énumérés aux 1° et 2° de l'article L. 2242-1 *(Ord. n° 2017-1718 du 20 déc. 2017, art. 1er-I)* « et à l'article L. 2242-2 » peut fixer la périodicité de sa renégociation, dans la limite de quatre ans.

SECTION 3 Dispositions supplétives

SOUS-SECTION 1 Modalités de la négociation obligatoire

Art. L. 2242-13 A défaut d'accord prévu à l'article L. 2242-11 ou en cas de non-respect de ses stipulations, l'employeur engage, dans les entreprises mentionnées à ce même article :

1° Chaque année, une négociation sur la rémunération, le temps de travail et le partage de la valeur ajoutée dans l'entreprise, dans les conditions prévues à la sous-section 2 de la présente section ;

2° Chaque année, une négociation sur l'égalité professionnelle entre les femmes et les hommes et la qualité de vie *(L. n° 2021-1018 du 2 août 2021, art. 4, en vigueur le 31 mars 2022)* « et des conditions de » travail, dans les conditions prévues à la sous-section 3 de la présente section ;

3° Tous les trois ans, dans les entreprises d'au moins trois cents salariés mentionnées à l'article L. 2242-2, une négociation sur la gestion des emplois et des parcours professionnels, dans les conditions prévues à la sous-section 4 de la présente section.

À défaut d'une initiative de l'employeur depuis plus de douze mois, pour chacune des deux négociations annuelles, et depuis plus de trente-six mois, pour la négociation triennale, suivant la précédente négociation, cette négociation s'engage obligatoirement à la demande d'une organisation syndicale représentative.

La demande de négociation formulée par l'organisation syndicale est transmise dans les huit jours par l'employeur aux autres organisations représentatives.

Dans les quinze jours qui suivent la demande formulée par une organisation syndicale, l'employeur convoque les parties à la négociation.

Jurisprudence rendue sous l'empire des dispositions antérieures à l'Ord. n° 2017-1385 du 22 sept. 2017.

1. Niveau. La négociation annuelle doit être engagée au niveau de l'entreprise, l'employeur ne pouvant exercer la faculté de l'engager par établissement ou par groupe d'établissements qu'autant qu'aucune organisation syndicale représentative dans l'établissement ou le groupe d'établissements ne s'y oppose. ● Soc. 21 mars 1990, n° 88-14.794 P : *D. 1991. Somm. 155, obs. Goineau*.

2. Parties à la négociation. L'employeur respecte les prescriptions légales dès lors qu'il conduit avec l'ensemble des organisations syndicales représentées dans l'entreprise des négociations, la validité de l'accord n'étant pas subordonnée à la signature de l'ensemble des organisations syndicales. ● Soc. 1er juin 1994, n° 92-18.896 P : *Dr. soc. 1994. 715, obs. A. Lyon-Caen ; RJS 1994. 531, n° 884* (cassation de l'arrêt ayant annulé l'accord d'entreprise signé avec certains syndicats avant la tenue d'une troisième réunion destinée à poursuivre les négociations).

3. Durée du travail. La négociation sur la durée effective du temps de travail dans l'entreprise n'est pas indissociable en soi de la négociation sur l'aménagement du temps de travail. ● Soc. 7 nov. 1990 : *D. 1990. IR 290 ; Dr. soc. 1991. 292, note Despax*.

4. Salaire. La négociation annuelle obligatoire sur les salaires effectifs devant concerner la situation de l'ensemble des salariés, l'employeur ne peut refuser d'inclure dans cette négociation les modifications qu'il se proposait d'apporter au calcul de la paie d'une catégorie de salariés. ● Crim. 28 mars 1995 : *RJS 1995. 663, n° 1033*.

5. Le nouveau contrat collectif d'assurance qu'une société d'assurance entend mettre sur le marché, ayant pour effet de fixer le montant des salaires effectifs d'une catégorie de personnes, soulève une question relevant de la négociation obligatoire. ● Soc. 28 nov. 2000, n° 98-19.594 P : *Dr. soc. 2001. 212, obs. radé ; RJS 2001. 140, n° 212*.

6. Issue de la négociation. La clause selon laquelle « en tout état de cause, l'objectif des 35 heures sera atteint pour tous en 1985 », qui ne détermine pas à quelles conditions précises la durée du travail sera réduite et quels seront les effets de cette réduction sur le montant des rémunérations, ne constitue qu'un accord de principe ne liant pas les parties. ● Soc. 19 déc. 1989, n° 88-13.388 P : *GADT, 4e éd., n° 162 ; D. 1991. 62, note Schmidt-Szalewski ; Dr. soc. 1990. 149, rapp. Waquet*.

7. Validité de l'accord conclu. Un comité d'établissement, qui n'est ni partie à un accord d'entreprise ni de droit partie à sa négociation, n'a pas, quel que soit son intérêt à agir, qualité pour en critiquer la validité. ● Soc. 1er juin 1994 : *préc. note 2*.

Art. L. 2242-14 Lors de la première réunion sont précisés :
1° Le lieu et le calendrier de la ou des réunions ;
2° Les informations que l'employeur remettra aux délégués syndicaux et aux salariés composant la délégation sur les thèmes prévus par la négociation qui s'engage et la date de cette remise.

SOUS-SECTION 2 **Négociation sur la rémunération, le temps de travail et le partage de la valeur ajoutée**

Art. L. 2242-15 La négociation annuelle sur la rémunération, le temps de travail et le partage de la valeur ajoutée dans l'entreprise porte sur :
1° Les salaires effectifs ;
2° La durée effective et l'organisation du temps de travail, notamment la mise en place du travail à temps partiel. Dans ce cadre, la négociation peut également porter sur la réduction du temps de travail ;
3° L'intéressement, la participation et l'épargne salariale, à défaut d'accord d'intéressement, d'accord de participation, de plan d'épargne d'entreprise, de plan d'épargne pour la mise à la retraite collectif ou d'accord de branche comportant un ou plusieurs de ces dispositifs. S'il y a lieu, la négociation porte également sur l'affectation d'une

partie des sommes collectées dans le cadre du plan d'épargne pour la retraite collectif mentionné à l'article L. 3334-1 *(Ord. n° 2019-766 du 24 juill. 2019, art. 7-IV, en vigueur le 1ᵉʳ oct. 2019)* « du présent code ou du plan d'épargne retraite d'entreprise collectif mentionné à l'article L. 224-14 du code monétaire et financier » et sur l'acquisition de parts de fonds investis dans les entreprises solidaires mentionnés à l'article L. 3334-13 *(Ord. n° 2019-766 du 24 juill. 2019, art. 7-IV, en vigueur le 1ᵉʳ oct. 2019)* « du présent code ou à l'article L. 224-3 du code monétaire et financier ». La même obligation incombe aux groupements d'employeurs ;

4° Le suivi de la mise en œuvre des mesures visant à supprimer les écarts de rémunération et les différences de déroulement de carrière entre les femmes et les hommes.

Les dispositions issues de l'Ord. n° 2019-766 du 24 juill. 2019 sont entrées en vigueur à une date fixée par Décr. et au plus tard le 1ᵉʳ janv. 2020 (Ord. préc., art. 9-I). La date d'entrée en vigueur est fixée au 1ᵉʳ oct. 2019 (Décr. n° 2019-807 du 30 juill. 2019, art. 9-II).

Art. L. 2242-16 La négociation prévue à l'article L. 2242-15 donne lieu à une information par l'employeur sur les mises à disposition de salariés auprès des organisations syndicales ou des associations d'employeurs mentionnées à l'article L. 2231-1.

Dans les entreprises qui ne sont pas soumises à cette obligation annuelle de négocier, l'employeur communique aux salariés qui en font la demande une information sur les mises à disposition de salariés auprès des organisations syndicales ou des associations d'employeurs mentionnées à l'article L. 2231-1.

SOUS-SECTION 3 **Égalité professionnelle entre les femmes et les hommes et qualité de vie et des conditions de travail** *(L. n° 2021-1018 du 2 août 2021, art. 4, en vigueur le 31 mars 2022).*

Art. L. 2242-17 La négociation annuelle sur l'égalité professionnelle entre les femmes et les hommes et la qualité de vie *(L. n° 2021-1018 du 2 août 2021, art. 4, en vigueur le 31 mars 2022)* « et des conditions de » travail porte sur :

1° L'articulation entre la vie personnelle et la vie professionnelle pour les salariés ;

2° Les objectifs et les mesures permettant d'atteindre l'égalité professionnelle entre les femmes et les hommes, notamment en matière de suppression des écarts de rémunération, d'accès à l'emploi, de formation professionnelle, de déroulement de carrière et de promotion professionnelle, de conditions de travail et d'emploi, en particulier pour les salariés à temps partiel, et de mixité des emplois. Cette négociation s'appuie sur les données mentionnées au 2° de l'article L. 2312-36.

Cette négociation porte également sur l'application de l'article L. 241-3-1 du code de la sécurité sociale et sur les conditions dans lesquelles l'employeur peut prendre en charge tout ou partie du supplément de cotisations ;

(L. n° 2018-771 du 5 sept. 2018, art. 107) « 3° Les mesures permettant de lutter contre toute discrimination en matière de recrutement, d'emploi et d'accès à la formation professionnelle, en favorisant notamment les conditions d'accès aux critères définis aux II et III de l'article L. 6315-1 ; »

4° Les mesures relatives à l'insertion professionnelle et au maintien dans l'emploi des travailleurs handicapés, notamment les conditions d'accès à l'emploi, à la formation et à la promotion professionnelles, les conditions de travail et d'emploi et les actions de sensibilisation de l'ensemble du personnel au handicap ;

5° Les modalités de définition d'un régime de prévoyance et, dans des conditions au moins aussi favorables que celles prévues à l'article L. 911-7 du code de la sécurité sociale, d'un régime de remboursements complémentaires de frais occasionnés par une maladie, une maternité ou un accident, à défaut de couverture par un accord de branche ou un accord d'entreprise.

Dans les entreprises de travaux forestiers mentionnées au 3° de l'article L. 722-1 du code rural et de la pêche maritime, la négociation définie au premier alinéa du présent 5° porte sur l'accès aux garanties collectives mentionnées à l'article L. 911-2 du code de la sécurité sociale ;

6° L'exercice du droit d'expression directe et collective des salariés prévu au chapitre I du titre VIII du présent livre, notamment au moyen des outils numériques disponibles dans l'entreprise ;

7° Les modalités du plein exercice par le salarié de son droit à la déconnexion et la mise en place par l'entreprise de dispositifs de régulation de l'utilisation des outils numériques, en vue d' assurer le respect des temps de repos et de congé ainsi que de la vie personnelle et familiale. A défaut d'accord, l'employeur élabore une charte, après avis du comité social et économique. Cette charte définit ces modalités de l'exercice du droit à la déconnexion et prévoit en outre la mise en œuvre, à destination des salariés et du personnel d'encadrement et de direction, d'actions de formation et de sensibilisation à un usage raisonnable des outils numériques ;

(*L. n° 2019-1428 du 24 déc. 2019, art. 82-II, en vigueur le 1er janv. 2020*) « 8° Dans les entreprises mentionnées à l'article L. 2143-3 du présent code et dont cinquante salariés au moins sont employés sur un même site, les mesures visant à améliorer la mobilité des salariés entre leur lieu de résidence habituelle et leur lieu de travail, notamment en réduisant le coût de la mobilité, en incitant à l'usage des modes de transport vertueux ainsi que par la prise en charge des frais mentionnés aux articles L. 3261-3 et L. 3261-3-1. »

BIBL. ▶ **Droit à la déconnexion :** DE MONTVALON, *SSL* 2016, n° 1743, p. 19. – KAPP, *SSL* 2020, n° 1927, p. 10. – MATHIEU, PERETIE et PICAULT, *RDT Controverse 592* (le droit à la déconnexion : une chimère ?). – RAY, *Dr. soc.* 2016. 912.

Art. L. 2242-18 La négociation sur l'insertion professionnelle et le maintien dans l'emploi des travailleurs handicapés se déroule sur la base d'un rapport établi par l'employeur présentant la situation par rapport à l'obligation d'emploi des travailleurs handicapés prévue par les articles L. 5212-1 et suivants.

Art. L. 2242-19 La négociation prévue à l'article L. 2242-17 peut également porter sur la prévention des effets de l'exposition aux facteurs de risques professionnels prévue à l'article L. 4161-1. L'accord conclu sur ce thème dans le cadre du présent article vaut conclusion de l'accord mentionné à l'article L. 4163-3, sous réserve du respect des autres dispositions prévues au (*Ord. n° 2017-1718 du 20 déc. 2017, art. 1er-I*) « chapitre III du titre VI du livre I de la quatrième partie du présent code ».

Les dispositions de cet art. sont applicables à Mayotte à compter du 1er janv. 2022 (Ord. n° 2017-1491 du 25 oct. 2017, art. 33).

Art. L. 2242-19-1 (*L. n° 2021-1018 du 2 août 2021, art. 4, en vigueur le 31 mars 2022*) La négociation prévue à l'article L. 2242-17 peut également porter sur la qualité des conditions de travail, notamment sur la santé et la sécurité au travail et la prévention des risques professionnels. Elle peut s'appuyer sur les acteurs régionaux et locaux de la prévention des risques professionnels.

BIBL. ▶ LOISEAU, *JCP S* 2022. 1086.

SOUS-SECTION 4 **Gestion des emplois et des parcours professionnels**

Art. L. 2242-20 Dans les entreprises et les groupes d'entreprises au sens de l'article L. 2331-1 d'au moins trois cents salariés, ainsi que dans les entreprises et groupes d'entreprises de dimension communautaire au sens des articles L. 2341-1 et L. 2341-2 comportant au moins (*Ord. n° 2017-1718 du 20 déc. 2017, art. 1er-I*) « un établissement ou une entreprise d'au moins cent cinquante » salariés en France, l'employeur engage tous les trois ans, notamment sur le fondement des orientations stratégiques de l'entreprise et de leurs conséquences mentionnées à l'article L. 2323-10, une négociation sur la gestion des emplois et des parcours professionnels et sur la mixité des métiers portant sur :

1° La mise en place d'un dispositif de gestion prévisionnelle des emplois et des compétences, (*L. n° 2021-1104 du 22 août 2021, art. 40-I*) « notamment pour répondre aux enjeux de la transition écologique, » ainsi que sur les mesures d'accompagnement susceptibles de lui être associées, en particulier en matière de formation, d'abondement du compte personnel de formation, de validation des acquis de l'expérience, de bilan de compétences ainsi que d'accompagnement de la mobilité professionnelle et géographique des salariés autres que celles prévues dans le cadre de l'article L. 2254-2 ;

2° Le cas échéant, les conditions de la mobilité professionnelle ou géographique interne à l'entreprise prévue à l'article L. 2254-2, qui doivent, en cas d'accord, faire l'objet d'un chapitre spécifique ;

3° Les grandes orientations à trois ans de la formation professionnelle dans l'entreprise et les objectifs du (*L. n° 2018-771 du 5 sept. 2018, art. 8-IV, en vigueur le 1ᵉʳ janv. 2019*) « plan de développement des compétences », en particulier les catégories de salariés et d'emplois auxquels ce dernier est consacré en priorité, les compétences et qualifications à acquérir pendant la période de validité de l'accord ainsi que les critères et modalités d'abondement par l'employeur du compte personnel de formation ;

4° Les perspectives de recours par l'employeur aux différents contrats de travail, au travail à temps partiel et aux stages, ainsi que les moyens mis en œuvre pour diminuer le recours aux emplois précaires dans l'entreprise au profit des contrats à durée indéterminée ;

5° Les conditions dans lesquelles les entreprises sous-traitantes sont informées des orientations stratégiques de l'entreprise ayant un effet sur leurs métiers, l'emploi et les compétences ;

6° Le déroulement de carrière des salariés exerçant des responsabilités syndicales et l'exercice de leurs fonctions.

Un bilan est réalisé à l'échéance de l'accord.

Jurisprudence rendue sous l'empire des dispositions antérieures à l'Ord. n° 2017-1385 du 22 sept. 2017.

1. GPEC et PSE. La régularité de la consultation du comité d'entreprise sur un projet de licenciement économique n'est pas subordonnée au respect préalable pour l'employeur de l'obligation de consulter le comité d'entreprise sur l'évolution annuelle des emplois et des qualifications prévue par l'art. L. 2323-56 ni de celle d'engager tous les 3 ans une négociation portant sur la gestion prévisionnelle des emplois et des compétences imposée par l'art. L. 2242-15 [anc.]. • Soc. 30 sept. 2009, ⚖ n° 07-20.525 P : *D. 2009. AJ 2494*, obs. Ines ⊘ ; *ibid. 2010. Pan. 672*, obs. Fabre ⊘ ; *RDT 2009. 715*, obs. Géa ⊘ ; *RJS 2009. 807, n° 915*; *Dr. ouvrier 2010. 147*, obs. Tillie et Katz ; *JCP E 2009. 2154*, obs. Béal et Terrenoire ; *JSL 2009, n° 264-2*.

2. Sanction pénale. L'obligation faite à l'employeur, dans les entreprises et groupes d'entreprises de 300 salariés et plus, d'engager tous les 3 ans une négociation portant sur les matières énumérées aux art. L. 2242-145, L. 2242-16 et L. 2242-19 [anc.] est dépourvue de sanction pénale. • Crim. 17 déc. 2010, n° 10-83.902 : *D. actu. 17 janv. 2011*, obs. Perrin.

Art. L. 2242-21 La négociation prévue à l'article L. 2242-20 peut également porter :

1° Sur les matières mentionnées aux articles L. 1233-21 et L. 1233-22 selon les modalités prévues à (*Ord. n° 2017-1718 du 20 déc. 2017, art. 1ᵉʳ-I*) « ces mêmes articles » ;

2° Sur la qualification des catégories d'emplois menacés par les évolutions économiques ou technologiques ;

3° Sur les modalités de l'association des entreprises sous-traitantes au dispositif de gestion prévisionnelle des emplois et des compétences de l'entreprise ;

4° Sur les conditions dans lesquelles l'entreprise participe aux actions de gestion prévisionnelle des emplois et des compétences mises en œuvre à l'échelle des territoires où elle est implantée ;

5° Sur la mise en place de congés de mobilités dans les conditions prévues par les articles L. 1237-18 et suivants ;

6° Sur la formation et l'insertion durable des jeunes dans l'emploi, l'emploi des salariés âgés et la transmission des savoirs et des compétences, les perspectives de développement de l'alternance, ainsi que les modalités d'accueil des alternants et des stagiaires et l'amélioration des conditions de travail des salariés âgés.

1. Sanction pénale. L'obligation faite à l'employeur, dans les entreprises et groupes d'entreprises de trois cent salariés et plus, d'engager tous les trois ans une négociation portant sur les matières énumérées aux art. L. 2242-15, L. 2242-16 et L. 2242-19 est dépourvue de sanction pénale. • Crim. 17 déc. 2010 : *D. actu. 17 janv. 2011*, obs. Perrin.

2. GPEC. La recodification du code du travail en 2008 est, sauf dispositions expresses contraires, intervenue à droit constant. Dès lors, le déplacement de l'ancien art. L. 320-2 relatif notamment à la négociation sur la gestion prévisionnelle des emplois et des compétences dans le chapitre relatif à la négociation obligatoire ne peut avoir pour effet de lui rendre applicables les dispositions prévues pour la négociation annuelle obligatoire. • Soc. 26 oct. 2016, ⚖ n° 14-26.935 P : *D. 2016. Actu. 2219* ⊘ ; *RJS 12/2016, n° 798*; *JCP S 2016. 1434*, obs. Bossu.

CHAPITRE III **DISPOSITIONS PÉNALES**

Art. L. 2243-1 Le fait de se soustraire aux obligations prévues à l'article L. 2242-1, relatives à la convocation des parties à la négociation (*Abrogé par L. n° 2015-994 du 17 août 2015, art. 19-VI, à compter du 1ᵉʳ janv. 2016*) « **annuelle** » et à l'obligation périodique de négocier, est puni d'un emprisonnement d'un an et d'une amende de 3 750 €. – *[Anc. art. L. 153-2.]*

Le comportement de l'employeur au cours des réunions consacrées à la négociation n'entre pas dans les prévisions de l'art. L. 153-2 [L. 2243-1 nouv.]. ● Crim. 4 oct. 1989 : *D. 1990. Somm. 166, obs. A. Lyon-Caen* ⌀ ; *Dr. soc. 1990. 154, note Savatier* ⌀.

Art. L. 2243-2 Le fait de se soustraire aux obligations prévues aux articles *(L. n° 2015-994 du 17 août 2015, art. 19-VI)* « L. 2242-1 et L. 2242-20 » est puni d'un emprisonnement d'un an et d'une amende de 3 750 €. – *[Anc. art. L. 153-2.]*

BIBL. ▶ PUECH, *Dr. soc. 1984. 49.* – SAVATIER, *ibid. 1990. 154* ⌀. – SOUBIE, *ibid. 1983. 55.*

TITRE V ARTICULATION DES CONVENTIONS ET ACCORDS

BIBL. ▶ JEAMMAUD, *RDT 2018. 177* ⌀ (les principes dits « de faveur » ont-ils vécu ?). – MACHU et PÉLISSE, *RDT 2019. 407* ⌀ *et 559* ⌀ (vies et victoire d'un instrument juridique). – MELLOT, *Dr. ouvrier 2022. 49* (de la décentralisation de la négociation collective à la concentration du pouvoir).

> **COMMENTAIRE**
> V. sur le Code en ligne 🔒.   ❑

CHAPITRE I RAPPORTS ENTRE CONVENTIONS OU ACCORDS ET LOIS ET RÈGLEMENTS

> **COMMENTAIRE**
> V. sur le Code en ligne 🔒.   ❑

Art. L. 2251-1 Une convention ou un accord peut comporter des stipulations plus favorables aux salariés que les dispositions légales en vigueur. Ils ne peuvent déroger aux dispositions qui revêtent un caractère d'ordre public. – *[Anc. art. L. 132-4.]*

BIBL. ▶ ALIPRANTIS, *Rev. int. dr. comp. 1987. 7* (conflits de conventions collectives). – BOCQUILLON, *Dr. soc. 2001. 255* ⌀ (principe de faveur). – BONNECHÈRE, *Dr. ouvrier 1988. 171* (ordre public et flexibilité). – CHALARON, *Dr. trav., juin 1996* (maintien des avantages acquis). – CHEVILLARD, *Dr. soc. 1993. 363* ⌀ (notion de disposition plus favorable). – FAVOREU, *D. 1995. Chron. 160* ⌀ (dispositions à caractère rétroactif). – LAULOM et MERLEY, *RDT 2009. 219* ⌀ (la fabrication du principe de faveur). – G. LYON-CAEN, *Dr. soc. 1973. 89* (ordre public). – MACHU et PÉLISSE, *RDT 2019. 407* ⌀ *et 559* ⌀ (la technique dérogatoire). – MORAND, *ibid. 1990. 776* ⌀ (ordre public et transfert conventionnel des contrats de travail). – PHILBERT, *CSB 1994. 59* (suppression d'un avantage). – POIRIER, *Dr. soc. 1995. 885* ⌀ (clause dérogatoire *in pejus*). – PRÉTOT, *RJS 1994. 819* (principes généraux du droit et accords dérogatoires). – RADÉ, *Dr. soc. 1996. 37* ⌀ (droit de grève et négociation collective). – SOURIAC-ROTSCHILD, *ibid. 1996. 395* ⌀ (contrôle de la légalité interne). – VERKINDT, *SSL 2017, n° 17251, p. 5* (notion d'ordre public conventionnel).

> **COMMENTAIRE**
> V. sur le Code en ligne 🔒.   ❑

I. GÉNÉRALITÉS

1. Existence d'un concours. Si, en cas de concours de dispositions légales et conventionnelles, les avantages qu'elles instituent ne peuvent se cumuler, c'est à la condition qu'ils aient le même objet et la même cause. ● Soc. 6 oct. 2010 : ⚖ *D. 2010. AJ 2436* ⌀ ; *RJS 2010. 844, n° 943.* ◆ Peuvent ainsi se cumuler l'avantage consistant en une majoration d'indemnité de congés payés en fonction de l'ancienneté du salarié et la cinquième semaine de congés payés instituée par Ord. 16 janv. 1982. ● Même arrêt.

II. PRINCIPE DE FAVEUR

2. Principe fondamental. Constitue un principe fondamental du droit du travail le principe selon lequel une convention collective de travail peut contenir des dispositions plus favorables que celles des lois et règlements. ● Cons. const. 25 juill. 1989 : *Dr. soc. 1989. 627 ; ibid. 701, note Prétot.* ◆ Il est loisible au législateur, après avoir défini les droits et obligations touchant aux conditions de travail ou aux relations de travail, de laisser aux employeurs et aux salariés ou à leurs organisations représentatives le soin de préciser, après une concertation appropriée, les modalités concrètes de mise en œuvre des normes qu'il édicte. ● Même décision. – V. aussi ● Cons. const. 6 nov. 1996, ⚖ n° 96-383 DC : *GADT, 4ᵉ éd., n° 157 ; Dr. soc. 1997. 25, note Morin* 🖉 *; RJS 1996. 833, n° 1296.* ♦ En faveur de la reconnaissance d'un principe général du droit : ● CE, ass., 8 juill. 1994 : ⚖ *RJS 1994. 840, n° 1386, note Prétot.* ♦ Si le principe de faveur constitue un principe fondamental du droit du travail au sens de l'article 34 de la Constitution, dont il appartient au législateur de déterminer le contenu et la portée, il ne résulte d'aucune disposition législative antérieure à la Constitution de 1946 et ne saurait, dès lors, être regardé comme un principe fondamental reconnu par les lois de la République au sens du Préambule de la Constitution de 1946. ● Soc. 29 janv. 2014 : ⚖ *D. actu. 19 févr. 2014, obs. Peyronnet.*

III. ORDRE PUBLIC

3. Une convention collective ne saurait légalement déroger ni aux dispositions qui, par leurs termes mêmes, présentent un caractère impératif, ni aux principes fondamentaux énoncés dans la Constitution ou aux règles du droit interne – ou, le cas échéant, international –, lorsque ces principes ou règles débordent le domaine du droit du travail ou intéressent des avantages ou garanties échappant, par leur nature, aux rapports conventionnels. ● CE, avis, 22 mars 1973 : *Dr. soc. 1973. 514.* ♦ V. aussi ● Soc. 25 nov. 1992 : ⚖ *Dr. soc. 1993. 63* (inopposabilité aux salariés des clauses moins favorables que le droit local d'Alsace-Moselle).

4. Illustration. Sont illicites les clauses : supprimant l'indemnité de préavis. ● Soc. 28 janv. 1970 : *JCP 1970. II. 16365, note Groutel.* ♦ ... Prévoyant une indemnité de licenciement moins avantageuse que l'indemnité légale. ● Soc. 14 févr. 1980 : *Bull. civ. V, n° 149.* ♦ ... Limitant la liberté d'établissement des listes de candidats aux élections de délégués du personnel. ● Soc. 27 oct. 1982 : *Bull. civ. V, n° 590.* ♦ ... Réduisant les temps de repos fixés par décret. ● Crim. 9 mars 1982 : *D. 1983. IR 200, obs. Vachet.* ♦ ... Modifiant la compétence d'agents publics. ● CE 29 déc. 1995 : ⚖ *RJS 1996. 177, n° 298.*

5. Sauf disposition légale contraire, un accord collectif ne peut suspendre les clauses contractuelles des contrats de travail qui lui seraient contraires et prévoir que le licenciement des salariés ayant refusé l'application de cet accord entraînant une modification de leur contrat de travail reposerait sur un motif de licenciement et serait prononcé, indépendamment du nombre de salariés concernés, selon les modalités d'un licenciement individuel pour motif économique. ● Soc. 16 févr. 2022, ⚖ n° 20-17.644 B : *D. actu. 7 mars 2022, obs. Malfettes ; D. 2022. 358* 🖉.

6. Sur l'affirmation du caractère d'ordre public absolu de l'art. L. 423-16, dans sa rédaction due à la loi du 20 déc. 1993, V. ● Soc. 8 nov. 1994 : ⚖ *D. 1995. Somm. 354, obs. Frossard* 🖉 *; Dr. soc. 1995. 68, obs. Cohen* 🖉 *; RJS 1994. 843, n° 1393* (doit être cassé le jugement décidant que les élections des délégués du personnel se dérouleraient chaque année sur le fondement de la convention collective jugée plus favorable).

7. Une demande soumise à un conseil de prud'hommes ne peut être déclarée par celui-ci irrecevable au motif de l'absence de saisine préalable par le salarié d'un organisme institué par une disposition conventionnelle, le recours à un tel organisme constituant pour le salarié, même s'il est prévu en matière disciplinaire, une simple faculté qui ne le prive pas du droit de saisir directement la juridiction normalement compétente. ● Soc. 14 mars 1973 : *Dr. soc. 1973. 438, obs. Savatier.* – V. déjà ● Soc. 27 avr. 1964 : *Dr. soc. 1966. 629, note Hébraud.* ♦ La stipulation conventionnelle selon laquelle aucun licenciement pour faute grave ne peut intervenir sans que soit saisie une commission constitue une garantie de fond pour le salarié ; aussi le licenciement intervenu sans que la commission ait statué ne peut avoir de cause réelle et sérieuse. ● Soc. 23 mars 1999 : ⚖ *RJS 1999. 407, n° 657 ; Dr. soc. 1999. 634, obs. J. Savatier* 🖉.

8. La possibilité, prévue par l'art. L. 2143-3, al. 4, de désignation d'un délégué syndical au sein de l'établissement regroupant des salariés placés sous la direction d'un représentant de l'employeur et constituant une communauté de travail ayant des intérêts propres, susceptibles de générer des revendications communes et spécifiques, même si elles n'ouvrent qu'une faculté aux organisations syndicales représentatives, sont d'ordre public quant au périmètre de désignation des délégués syndicaux. ● Soc. 2 mars 2022, ⚖ n° 20-18.442 B : *D. 2022. 464* 🖉 *; ibid. 1280, obs. Vernac et Ferkane* 🖉 *; Dr. soc. 2022. 531, note Auzero et Bento de Carvalho* 🖉 *; ibid. 562, obs. Petit* 🖉 *; RDT 2022. 395, obs. Baugard* 🖉 *; RJS 5/2022, n° 262 ; SSL 2022, n° 1991, p. 9, obs. Champeaux ; JCP S 2022. 1102, obs. Dauxerre.*

9. Une absence de courte durée, sans autorisation, ne traduit pas la volonté du salarié de démissionner, peu important à cet égard les termes de la convention collective. ● Soc. 4 févr. 1981 : *Bull. civ. V, n° 102.* – V. aussi : ● Soc. 18 déc. 1975 : *D. 1976. 210, note Pélissier.*

10. Conditions de validité et ordre public. Les conditions de validité d'un accord collectif étant d'ordre public, un tel accord ne peut subordonner sa validité à des conditions de majorité différentes de celles prévues par la loi et exiger, notamment, sa signature par toutes les organisations syndicales dans l'entreprise. ● Soc. 4 févr. 2014, ⚖ n° 12-35.333 : *D. 2014. Actu. 428* 🖉 *; D. actu. 24 mars 2014, obs. Ines ; RDT 2014. 350, obs. Tissandier* 🖉 *; Dr. soc. 2014. 483, obs. Petit* 🖉 *; RJS 2014. 275, n° 336.*

11. Méthode de comparaison. La détermination de la clause la plus favorable doit être effectuée en tenant compte des intérêts de l'ensemble des salariés et non de ceux de l'un d'entre eux. • Soc. 25 janv. 1984 : *Bull. civ. V, n° 33*. ♦ Pour une illustration de la méthode de comparaison analytique, V. not. • Soc. 6 juill. 1983 : *Bull. civ. V, n° 416* • 22 oct. 1984 : *ibid., n° 396* • 14 avr. 1988 : *ibid., n° 236*. ♦ Comp. : • Soc. 25 janv. 1984 : *préc.*, affirmant que la comparaison doit être effectuée globalement par référence à l'ensemble des clauses relatives à une même catégorie d'avantages.

12. La détermination du régime le plus favorable doit résulter d'une appréciation globale avantage par avantage et non pas pour chaque salarié pris individuellement, le fait que l'accord national du 10 déc. 1997 ait acquis un caractère législatif étant sur ce point indifférent. • Soc. 17 janv. 1996, 🔒 n° 93-20.066 P : *D. 1996. IR 66 ; Dr. soc. 1996. 643*, obs. Barthélémy ∅ *; RJS 1996. 172, n° 290*.

13. La suppression de la moitié de la prime semestrielle étant compensée par une prime sur les résultats et cette suppression ayant en outre pour contrepartie le maintien des salariés dans leur emploi menacé, sauf à eux à opter pour un départ volontaire, l'accord était plus favorable aux salariés. • Soc. 19 févr. 1997, 🔒 n° 94-45.286 P : *D. 1997. IR 75* ∅ *; Dr. soc. 1997. 432*, obs. Couturier ∅ *; CSB 1997. 133, A. 24*.

14. Modifications législatives. Les lois modifiant pour l'avenir les textes relatifs aux conventions collectives n'abrogent pas les conventions conclues antérieurement selon les dispositions alors en vigueur. • Soc. 3 févr. 1971 : *Bull. civ. V, n° 72* • 17 oct. 1974 : *ibid., n° 482*. ♦ Les dispositions d'ordre public sont immédiatement applicables. • Soc. 6 juill. 1983 : *Bull. civ. V, n° 416* • 27 févr. 1986 : *JS UIMM 1986. 300* • 18 mars 1986 : *Bull. civ. V, n° 95* (application immédiate de la loi du 12 juill. 1977 relative au congé parental). ♦ La seule application d'une loi ne peut constituer un avantage acquis lorsqu'elle vient à être modifiée. • Soc. 3 mars 1993 : 🔒 *RJS 1993. 245, n° 405*.

15. Abrogation d'un dispositif législatif prévoyant une prime conventionnelle obligatoire. L'abrogation d'un dispositif législatif prévoyant en faveur des salariés de certaines entreprises une prime obligatoire de participation, assortie de dispositifs d'exonération de charges, ne rend pas caduc de plein droit un accord collectif instaurant cette prime dans l'entreprise ; dès lors qu'un accord d'entreprise est à durée indéterminée, qu'il spécifie les conditions d'attribution de la prime de partage de profits, sans la conditionner au maintien de la législation en vigueur ou à l'octroi d'exonérations particulières et qu'il précise les conditions de sa dénonciation, il demeure applicable. • Soc. 26 juin 2019, 🔒 n° 17-28.287 P : *D. 2019. Actu. 1345* ∅ *; RJS 10/2019, n° 584 ; JSL 2019, n° 481-2*, obs. Chastagnol *; JCP 2019. 775*, obs. Dedessus-Le-Moustier *; JCP S 2019. 1246*, obs. Chenu.

16. La clause qui, en reproduisant l'ancien art. R. 420-1, prévoyait un nombre de délégués supérieur à celui fixé par les nouvelles dispositions subsiste par l'effet de l'accord des parties. • Soc. 22 oct. 1984 : *Bull. civ. V, n° 396*.

17. Dès lors que des congés supplémentaires liés à l'ancienneté ont été fixés par la convention collective des grands magasins du 31 janv. 1973 en fonction de la durée des congés légaux applicable à cette date, les salariés, s'ils avaient la faculté de choisir le régime qui leur était globalement le plus favorable, ne pouvaient cumuler les congés légaux fixés par l'ord. du 16 janv. 1982 avec les congés liés à l'ancienneté. • Cass., ass. plén., 26 avr. 1991, 🔒 n° 90-40.222 P : *JCP E 1991. II. 216*, concl. Don Graziani.

CHAPITRE II RAPPORTS ENTRE ACCORDS DE BRANCHE OU PROFESSIONNELS ET ACCORDS COUVRANT UN CHAMP TERRITORIAL OU PROFESSIONNEL PLUS LARGE

BIBL. ▶ SOURIAC, *Dr. soc. 2004. 579* ∅ (articulation des niveaux de négociation). – VACHET, *Dr. soc. 2009. 896* ∅.

COMMENTAIRE

V. sur le Code en ligne 🔒.

Art. L. 2252-1 Une convention de branche ou un accord professionnel ou interprofessionnel peut comporter des stipulations moins favorables aux salariés que celles qui leur sont applicables en vertu d'une convention ou d'un accord couvrant un champ territorial ou professionnel plus large, sauf si cette convention ou cet accord stipule expressément qu'on ne peut y déroger en tout ou partie.

Lorsqu'une convention ou un accord de niveau supérieur à la convention ou à l'accord intervenu est conclu, les parties adaptent les stipulations de la convention ou accord antérieur moins favorables aux salariés si une stipulation de la convention ou de l'accord de niveau supérieur le prévoit expressément. – *[Anc. art. L. 132-13.]*

> *COMMENTAIRE*
>
> V. sur le Code en ligne.

CHAPITRE III RAPPORTS ENTRE ACCORDS D'ENTREPRISE OU D'ÉTABLISSEMENT ET ACCORDS COUVRANT UN CHAMP TERRITORIAL OU PROFESSIONNEL PLUS LARGE

> *COMMENTAIRE*
>
> V. sur le Code en ligne.

Art. L. 2253-1 (Ord. n° 2017-1385 du 22 sept. 2017, art. 1er) La convention de branche définit les conditions d'emploi et de travail des salariés. Elle peut en particulier définir les garanties qui leur sont applicables dans les matières suivantes :

1° Les salaires minima hiérarchiques ;

2° Les classifications ;

3° La mutualisation des fonds de financement du paritarisme ;

4° La mutualisation des fonds de la formation professionnelle ;

5° Les garanties collectives complémentaires mentionnées à l'article L. 912-1 du code de la sécurité sociale ;

6° Les mesures énoncées à l'article L. 3121-14, au 1° de l'article L. 3121-44, à l'article L. 3122-16, au premier alinéa de l'article L. 3123-19 et aux articles L. 3123-21 et L. 3123-22 du présent code et relatives à la durée du travail, à la répartition et à l'aménagement des horaires ;

7° Les mesures relatives aux contrats de travail à durée déterminée et aux contrats de travail temporaire énoncées aux articles L. 1242-8, *(Ord. n° 2017-1718 du 20 déc. 2017, art. 1er-I)* « L. 1243-13 », L. 1244-3, *(Ord. n° 2017-1718 du 20 déc. 2017, art. 1er-I)* « L. 1244-4, » L. 1251-12, L. 1251-35 *(Ord. n° 2017-1718 du 20 déc. 2017, art. 1er-I)* « , L. 1251-36 et L. 1251-37 » du présent code ;

8° Les mesures relatives au contrat à durée indéterminée de chantier *(Ord. n° 2017-1718 du 20 déc. 2017, art. 1er-I)* « ou d'opération » énoncées aux articles L. 1223-8 *(Ord. n° 2017-1718 du 20 déc. 2017, art. 1er-I)* « et L. 1223-9 » du présent code ;

9° L'égalité professionnelle entre les femmes et les hommes ;

10° Les conditions et les durées de renouvellement de la période d'essai mentionnées à l'article L. 1221-21 du code du travail ;

11° Les modalités selon lesquelles la poursuite des contrats de travail est organisée entre deux entreprises lorsque les conditions d'application de l'article L. 1224-1 ne sont pas réunies ;

12° Les cas de mise à disposition d'un salarié temporaire auprès d'une entreprise utilisatrice mentionnés aux 1° et 2° de l'article L. 1251-7 du présent code ;

13° La rémunération minimale du salarié porté, ainsi que le montant de l'indemnité d'apport d'affaire, mentionnée aux articles L. 1254-2 et L. 1254-9 du présent code.

Dans les matières énumérées aux 1° à 13°, les stipulations de la convention de branche *(Ord. n° 2017-1718 du 20 déc. 2017, art. 1er-I)* « ou de l'accord couvrant un champ territorial ou professionnel plus large » prévalent sur la convention d'entreprise conclue antérieurement ou postérieurement à la date *(L. n° 2018-217 du 29 mars 2018, art. 2-I)* « de leur entrée en vigueur », sauf lorsque la convention d'entreprise assure des garanties au moins équivalentes. *(L. n° 2018-217 du 29 mars 2018, art. 2-I)* « Cette équivalence des garanties s'apprécie par ensemble de garanties se rapportant à la même matière. »

BIBL. ▶ Auzero, *Dr. soc. 2017. 1018* (conventions d'entreprise et conventions de branche). – Bugada, *JCP S 2018. 1056* (articulation des dispositions de branche et d'entreprise). – Coursier et Coleu, *JCP S 2021. 1145* (hiérarchie des normes et « garanties au moins équivalentes » en matière de protection sociale complémentaire). – Didry, *Dr. ouvrier 2020. 79* (enjeux du salaire minimum hiérarchique dans les conventions collectives de branche). – Gardin, *RJS 7/2021* (de l'usage très inégal des accords de branche dans les accords d'entreprise relatifs à l'égalité professionnelle entre les femmes et les hommes). – Géa, *RDT 2021. 37* (de l'usage de la référence aux « garanties au moins équivalentes »). – Sauret, *JCP S 2018. 1055* (conventions de branche : de variations de périmètres entre ordre public conventionnel et régulation de la concurrence).

Art. L. 2253-1 — CODE DU TRAVAIL

COMMENTAIRE

V. sur le Code en ligne 🔒.

Faute pour l'art. L. 2253-1 de définir la notion de salaires minima hiérarchiques, laquelle n'est pas davantage éclairée par les travaux préparatoires de l'Ord. du 22 sept. 2017, il est loisible à la convention de branche, d'une part, de définir les SMH et, le cas échéant, à ce titre de prévoir qu'ils ont vocation à être comparés soit aux seuls salaires de base, soit aux rémunérations effectives des salariés résultant de leurs salaires de base et de certains compléments de salaire, d'autre part, d'en fixer le montant par niveau hiérarchique. ● CE 7 oct. 2021, 🔒 n° 433053 : *D. actu.* 13 oct. 2021, obs. *Norval-Grivet* ; *RDT* 2022. 175, note *Cordelier* ⌀ ; *Dr. soc.* 2021. 1003 ⌀ ; *RJS* 12/2021, concl. *Chambon* ; ibid., n° 671 ; *SSL* 2021, n° 1971, rapp. *Chambon*, chron. *Morel et Le Goff* ; *Gaz. Pal.* 19 oct. 2021, p. 36, obs. *Finck et Seroc* ; *JCP S* 2021. 1300, obs. *Pinatel* ; ibid. 2022. 1120, note *Giroudet*. ♦ Lorsque la convention de branche stipule que les SMH s'appliquent aux rémunérations effectives des salariés résultant de leurs salaires de base et de compléments de salaire qu'elle identifie, elle ne fait pas obstacle à ce que le montant de ces minima soit atteint dans une entreprise par des modalités de rémunération différentes de celles qu'elle mentionne, un accord d'entreprise pouvant réduire ou supprimer les compléments de salaire qu'elle mentionne au titre de ces minima, dès lors toutefois que sont prévus d'autres éléments de rémunération permettant aux salariés de l'entreprise de percevoir une rémunération effective au moins égale au montant des SMH fixé par la convention. ● Même arrêt.

Ancien art. L. 2253-1 Une convention ou un accord d'entreprise ou d'établissement peut adapter les stipulations des conventions de branche ou des accords professionnels ou interprofessionnels applicables dans l'entreprise aux conditions particulières de celle-ci ou des établissements considérés.

Une convention ou un accord peut également comporter des stipulations nouvelles et des stipulations plus favorables aux salariés. — [Anc. art. L. 132-23, al. 1er.]

---

1. Dérogations autorisées par la loi du 4 mai 2004. Un accord collectif d'entreprise, même conclu postérieurement à l'entrée en vigueur de la loi du 4 mai 2004, ne peut déroger par des clauses moins favorables à une convention collective de niveau supérieur conclue antérieurement à cette date, à moins que les signataires de la convention n'en aient disposé autrement. ● Soc. 9 mars 2011 : 🔒 *D.* 2011. Actu. 887, obs. *Ines* ⌀ ; *RDT* 2011. 324, obs. *Nadal* ⌀ ; *Dr. soc.* 2011. 731, obs. *Antonmattéi* ⌀ ; *JSL* 2011, n° 298-35, obs. *Gardair-Rérolle* ; *JCP S* 2011. 1245, obs. *Pagnerre*. ♦ Un accord de branche relatif à l'aménagement et à la réduction du temps de travail, applicable antérieurement à l'entrée en vigueur de la L. n° 2004-391 du 4 mai 2004, peut valablement prévoir qu'il ne remet pas en cause les accords d'entreprise conclus avant son extension. ● Soc. 15 avr. 2015, 🔒 n° 13-18.032 : *D. actu.* 19 mai 2015, obs. *Siro* ; *JSL* 2015, n° 390-3, obs. *Hautefort* ; *RJS* 7/2015, n° 510.

I. MÉTHODE D'APPRÉCIATION DU CARACTÈRE PLUS FAVORABLE

2. Avantages en concours. En cas de concours de conventions collectives, les avantages ayant le même objet ou la même cause ne peuvent, sauf stipulations contraires, se cumuler, le plus favorable d'entre eux pouvant seul être accordé. ● Cass., ass. plén., 18 mars 1988 : 🔒 *GADT*, 4e éd., n° 179 ; *D.* 1989. 221, note *Chauchard* ; *Dr. ouvrier* 1988. 518, note *Ballet* (non-cumul entre une indemnité spéciale de licenciement accordée par une convention régionale du notariat et des avantages supplémentaires accordés par la convention nationale).

3. En cas de concours d'instruments conventionnels collectifs, les avantages ayant le même objet ou la même cause ne peuvent, sauf stipulations contraires, se cumuler, le plus favorable d'entre eux pouvant seul être accordé ; aussi peuvent se cumuler les jours de récupération, qui sont acquis par le salarié au titre d'un accord d'aménagement et de réduction du temps de travail et représentent la contrepartie des heures de travail qu'il a exécutées en sus de l'horaire légal ou de l'horaire convenu, qui n'ont ni la même cause ni le même objet que les congés payés d'ancienneté auxquels il a droit, en sus de ses congés légaux annuels. ● Cass., ass. plén., 24 oct. 2008 : 🔒 *RDT* 2009. 43, obs. *Véricel* ⌀ ; ibid. 114, obs. *Nadal* ⌀ ; *RJS* 2008. 994, n° 1200 ; *SSL* 2008, n° 1376, p. 13.

4. Avantages issus d'une convention collective et d'un contrat de travail. Si, en cas de concours de stipulations contractuelles et de dispositions conventionnelles, les avantages qu'elles instituent ne peuvent se cumuler, c'est à la condition qu'ils aient le même objet et la même cause. ● Soc. 13 juin 2012 : 🔒 *D. actu.* 17 juill. 2012, obs. *Ines* ; *D.* 2012. Actu. 1622 ⌀ ; *RJS* 2012. 630, n° 726 ; *JSL* 2012, n° 326-2, obs. *Hautefort* ; *JCP S* 2012. 1397, obs. *Bossu*.

5. Avantages issus d'une convention collective et d'un usage. Les avantages prévus par un usage d'entreprise et les dispositions conventionnelles qui ont le même objet ne se cumulent pas. ● Soc. 4 nov. 2015, 🔒 n° 14-11.172 P : *RDT* 2016. 188, obs. *Véricel* ⌀ ; *JCP S* 2015. 1010, obs. *d'Allende*.

6. Méthode analytique. En faveur de la méthode analytique de comparaison des avantages concurrents, V. • Soc. 8 juill. 1980 : *D. 1981. IR 131, obs. Langlois* • 3 juin 1982 : *Bull. civ. V, n° 357* • 27 févr. 1986 : *ibid., n° 50* • 30 avr. 1987 (3 arrêts) : *ibid., n° 245* • 14 avr. 1988 : *ibid., n° 236*. ♦ Comp., antérieurement, pour une appréciation globale des avantages en concours : • Soc. 12 juin 1963 : *JCP 1963. II. 13357, note Camerlynck ; Dr. soc. 1963. 419, obs. Savatier*.

7. Cas particuliers des accords « donnant-donnant ». La suppression de la moitié de la prime semestrielle étant compensée par une prime sur les résultats et cette suppression ayant en outre pour contrepartie le maintien des salariés dans leur emploi menacé, sauf à eux à opter pour un départ volontaire, l'accord était plus favorable aux salariés. • Soc. 19 févr. 1997, 🗎 n° 94-45.286 P : *D. 1997. IR 75 ⌀ ; Dr. soc. 1997. 432, obs. Couturier ⌀ ; CSB 1997. 133, A. 24*. ♦ S'il est caractérisé par les juges du fond que les dispositions de l'accord de groupe étaient globalement plus favorables à l'ensemble des salariés du groupe que celles des accords d'entreprise, la renonciation à certains avantages étant compensée par les engagements de maintien de l'emploi, il convient d'appliquer l'accord de groupe en vertu du principe de faveur. • Soc. 8 janv. 2020, 🗎 n° 18-17.708 P : *RDT 2020. 191, obs. Meftah ⌀ ; RJS 3/2020, n° 143 ; Dr. ouvrier 2020. 501, obs. Bégué ; JSL 2020, n° 493-3, obs. Hautefort*.

8. Appréciation globale des intérêts en cause. La détermination de la clause la plus favorable doit être effectuée en tenant compte des intérêts de l'ensemble des salariés et non de ceux de l'un d'entre eux. • Soc. 25 janv. 1984 : *Bull. civ. V, n° 33*. ♦ La détermination du caractère plus avantageux doit être appréciée globalement pour l'ensemble du personnel, avantage par avantage. • Soc. 18 janv. 2000, 🗎 n° 96-44.578 P : *D. 2000. IR 43 ⌀ ; RJS 2000. 204, n° 307*.

II. ILLUSTRATIONS

9. Accords de prévoyance. Un accord d'entreprise prévoyant l'adhésion de l'employeur à un régime de prévoyance plus favorable que celui de l'accord national interprofessionnel du 10 déc. 1977 sur la mensualisation se substitue entièrement à ce dernier. • Soc. 17 oct. 1991 : 🗎 *Dr. soc. 1992. 450, note Barthélémy ⌀*. *Contra* : l'accord national interprofessionnel du 10 déc. 1977 ayant acquis un caractère législatif, un accord collectif peut y déroger dans un sens plus favorable ; la détermination du régime le plus favorable doit alors résulter d'une appréciation globale avantage par avantage. • Soc. 17 janv. 1996, 🗎 n° 93-20.066 P : *D. 1996. IR 66 ⌀ ; Dr. soc. 1996. 643, obs. Barthélémy ⌀ ; RJS 1996. 172, n° 290*.

10. Obligation de non-concurrence. Une convention d'établissement qui impose directement aux salariés une obligation de non-concurrence sans contrepartie pécuniaire, alors que la convention collective ne prévoit que la possibilité pour l'employeur d'incorporer aux contrats de travail une clause de non-concurrence, comporte une clause moins favorable aux salariés, et ne doit pas recevoir application. • Soc. 17 févr. 1993 : 🗎 *CSB 1993. 99, A. 23*.

11. Accords maintenus en vigueur. Le fait qu'un accord d'entreprise antérieur à une convention collective nationale et non révisé dans les conditions prévues par cette convention soit demeuré en vigueur ne fait pas obstacle à ce que soient applicables les dispositions de la convention nationale rendues obligatoires par un arrêté d'extension, dans la mesure où ces dispositions étaient plus favorables aux salariés que celles de l'accord d'entreprise. • Soc. 7 oct. 1997 : 🗎 *RJS 1997. 781, n° 1266* • 19 nov. 1997, 🗎 n° 95-40.280 P : *GADT, 4ᵉ éd., n° 166 ; RJS 1998. 55, n° 75 ; JCP 1998. II. 10043, note Rousseau* (substitution immédiate de la clause la plus favorable). ♦ Comp., lorsque l'objet des avantages est différent : • Soc. 16 mars 1989 : *Bull. civ. V, n° 225 ; D. 1990. Somm. 163, obs. Rotschild-Souriac* • 24 juin 1992 : 🗎 *RJS 1992. 631, n° 1135*.

12. La clause de la convention collective instaurant un collège électoral particulier pour les démonstrateurs est moins favorable que les dispositions de l'art. L. 421-2 [L. 2312-8 nouv.], dès lors que celles-ci consacrent leur intégration dans la communauté de travail et dans l'entité du grand magasin. • Cass., ass. plén., 6 juill. 1990 : 🗎 *D. 1990. IR 196 ; Dr. soc. 1990. 867, concl. Dontenwille ⌀*.

III. APPLICATION AUX AUTRES CONFLITS ENTRE NORMES

13. Concours avec un usage. A le supposer établi, un usage prend fin par l'effet de l'existence d'une convention collective plus récente. • Soc. 8 déc. 1982 : *D. 1983. IR 103* • 14 nov. 1984 : *JCP 1985. IV. 31*. Rappr. : • Soc. 11 déc. 1985 : *Dr. soc. 1986. 907, note Déprez* (primauté de la convention sur un usage antérieur plus favorable). ♦ Comp. : • Soc. 12 avr. 1995 : 🗎 *Dr. soc. 1995. 684, obs. Dockès ⌀* (faisant prévaloir l'engagement unilatéral de l'employeur pris dans le cadre d'un document intitulé « règlement de préretraite » sur la modification du règlement de retraite moins favorable au salarié). ♦ Mais dès lors qu'une convention collective ne contient aucune disposition spécifique sur une matière relevant d'un usage, cet accord collectif n'a pu remettre en cause l'usage préexistant. • Soc. 9 juill. 1996, 🗎 n° 93-40.865 P : *D. 1996. IR 216 ⌀ ; Dr. soc. 1996. 983, obs. Savatier ⌀ ; CSB 1996. 325, A. 65*.

14. Seul un accord collectif conclu dans le champ d'application géographique de l'usage ou dans un champ plus large peut le remettre en cause. • Soc. 8 avr. 2010 : 🗎 *RDT 2010. 450, obs. Boulmier ⌀ ; RJS 6/2010, n° 536 ; JCP S 2010.1274, obs. Dumont*.

Art. L. 2253-2 (Ord. n° 2017-1385 du 22 sept. 2017, art. 1ᵉʳ) Dans les matières suivantes, lorsque la convention de branche (Ord. n° 2017-1718 du 20 déc. 2017, art. 1ᵉʳ-I) « ou l'accord couvrant un champ territorial ou professionnel plus large » le stipule expressément, la convention d'entreprise conclue postérieurement à cette convention (L. n° 2018-217 du 29 mars 2018, art. 2-I) « ou à cet accord » ne peut comporter des stipulations différentes de celles qui lui sont applicables en vertu de cette convention (L. n° 2018-217 du 29 mars 2018, art. 2-I) « ou de cet accord » sauf lorsque la convention d'entreprise assure des garanties au moins équivalentes :
1° la prévention des effets de l'exposition aux facteurs de risques professionnels énumérés à l'article L. 4161-1 ;
2° l'insertion professionnelle et le maintien dans l'emploi des travailleurs handicapés ;
3° l'effectif à partir duquel les délégués syndicaux peuvent être désignés, leur nombre et la valorisation de leurs parcours syndical ;
4° les primes pour travaux dangereux ou insalubres.
(L. n° 2018-217 du 29 mars 2018, art. 2-I) « L'équivalence des garanties mentionnée au premier alinéa du présent article s'apprécie par ensemble de garanties se rapportant à la même matière. »

Dans les matières mentionnées à l'art. L. 2253-2, les clauses des conventions et accords de branche et des accords couvrant un champ territorial ou professionnel plus large conclues sur le fondement du 2ᵉ al. de l'ancien art. L. 2253-3 faisant obstacle à des clauses dérogatoires de conventions ou accords d'entreprise ou d'établissement continuent de produire effet si un avenant confirme, avant le 1ᵉʳ janv. 2019, la portée de ces clauses au regard de la convention ou de l'accord d'entreprise ou d'établissement. Les stipulations confirmant ces clauses s'appliquent aux accords étendus.

Dans les matières mentionnées à l'art. L. 2253-2, les clauses des conventions et accords de branche et des accords couvrant un champ territorial ou professionnel plus large mentionnées par l'art. 45 de la L. n° 2004-391 du 4 mai 2004 relative à la formation professionnelle tout au long de la vie et au dialogue social continuent de produire effet si un avenant confirme, avant le 1ᵉʳ janv. 2019, la portée de ces clauses au regard de la convention ou de l'accord d'entreprise ou d'établissement. Les stipulations confirmant ces clauses s'appliquent aux accords étendus (Ord. n° 2017-1385 du 22 sept. 2017, art. 16 ; L. n° 2018-217 du 29 mars 2018, art. 2-II).

> *COMMENTAIRE*
> V. sur le Code en ligne 🔒.

Art. L. 2253-3 (Ord. n° 2017-1385 du 22 sept. 2017, art. 1ᵉʳ) Dans les matières autres que celles mentionnées aux articles L. 2253-1 et L. 2253-2, les stipulations de la convention d'entreprise conclue antérieurement ou postérieurement à la date d'entrée en vigueur de la convention de branche (Ord. n° 2017-1718 du 20 déc. 2017, art. 1ᵉʳ-I) « ou de l'accord couvrant un champ territorial ou professionnel plus large » prévalent sur celles ayant le même objet prévues par la convention de branche (Ord. n° 2017-1718 du 20 déc. 2017, art. 1ᵉʳ-I) « ou l'accord couvrant un champ territorial ou professionnel plus large ». En l'absence d'accord d'entreprise, la convention de branche (Ord. n° 2017-1718 du 20 déc. 2017, art. 1ᵉʳ-I) « ou l'accord couvrant un champ territorial ou professionnel plus large » s'applique.

Pour l'application de cet art., les clauses des accords de branche et des accords couvrant un champ territorial ou professionnel plus large, quelle que soit leur date de conclusion, cessent de produire leurs effets vis-à-vis des accords d'entreprise à compter du 1ᵉʳ janv. 2018 (Ord. n° 2017-1385 du 22 sept. 2017, art. 16 ; L. n° 2018-217 du 29 mars 2018, art. 2-II).

> *COMMENTAIRE*
> V. sur le Code en ligne 🔒.

Ancien art. L. 2253-3 En matière de salaires minima, de classifications, de garanties collectives complémentaires mentionnées à l'article L. 912-1 du code de la sécurité sociale (L. n° 2016-1088 du 8 août 2016, art. 24) « , de prévention (Ord. n° 2017-1389 du 22 sept. 2017, art. 2-4°, en vigueur le 1ᵉʳ oct. 2017) « des effets de l'exposition aux facteurs de risques professionnels mentionnés à l'article L. 4161-1 », d'égalité professionnelle entre les femmes et les hommes mentionnée à l'article L. 2241-3 » et de mutualisation des fonds de la formation professionnelle, une convention ou un accord d'entreprise ou d'établissement ne peut comporter des clauses dérogeant à celles des conventions de branche ou accords professionnels ou interprofessionnels.

Dans les autres matières, la convention ou l'accord d'entreprise ou d'établissement peut comporter des stipulations dérogeant en tout ou en partie à celles qui lui sont applicables en vertu d'une convention ou d'un accord couvrant un champ territorial ou professionnel plus large, sauf si cette convention ou cet accord en dispose autrement.

V. note ss. art. L. 2253-3.

> **COMMENTAIRE**
> V. sur le Code en ligne 🔒.

Art. L. 2253-4 Sans préjudice des dispositions de l'article L. 2253-3, les clauses salariales d'une convention ou d'un accord d'entreprise ou d'établissement peuvent prévoir des modalités particulières d'application des majorations de salaires décidées par les conventions de branche ou les accords professionnels ou interprofessionnels applicables dans l'entreprise.

Toutefois, d'une part, l'augmentation de la masse salariale totale doit être au moins égale à l'augmentation qui résulterait de l'application des majorations accordées par les conventions ou accords précités pour les salariés concernés, d'autre part, les salaires minima hiérarchiques doivent être respectés. – *[Anc. art. L. 132-24.]*

CHAPITRE III BIS RAPPORTS ENTRE LES ACCORDS DE GROUPE, LES ACCORDS INTERENTREPRISES, LES ACCORDS D'ENTREPRISE ET LES ACCORDS D'ÉTABLISSEMENT

(L. n° 2016-1088 du 8 août 2016, art. 23)

BIBL. ▶ Pettex-Sabarot, *JCP S* 2018.1405 (la négociation à l'épreuve des articles L. 2253-5 à L. 2253-7).

Art. L. 2253-5 Lorsqu'un accord conclu dans tout ou partie d'un groupe le prévoit expressément, ses stipulations se substituent aux stipulations ayant le même objet des conventions ou accords conclus antérieurement ou postérieurement dans les entreprises ou les établissements compris dans le périmètre de cet accord.

> **COMMENTAIRE**
> V. sur le Code en ligne 🔒.

Art. L. 2253-6 Lorsqu'un accord conclu au niveau de l'entreprise le prévoit expressément, ses stipulations se substituent aux stipulations ayant le même objet des conventions ou accords conclus antérieurement ou postérieurement dans les établissements compris dans le périmètre de cet accord.

> **COMMENTAIRE**
> V. sur le Code en ligne 🔒.

Art. L. 2253-7 Lorsqu'un accord conclu au niveau de plusieurs entreprises le prévoit expressément, ses stipulations se substituent aux stipulations ayant le même objet des conventions ou accords conclus antérieurement ou postérieurement dans les entreprises ou les établissements compris dans le périmètre de cet accord.

CHAPITRE IV RAPPORTS ENTRE CONVENTIONS ET ACCORDS COLLECTIFS DE TRAVAIL ET CONTRAT DE TRAVAIL

> **COMMENTAIRE**
> V. sur le Code en ligne 🔒.

Art. L. 2254-1 Lorsqu'un employeur est lié par les clauses d'une convention ou d'un accord, ces clauses s'appliquent aux contrats de travail conclus avec lui, sauf stipulations plus favorables. – *[Anc. art. L. 135-2.]*

BIBL. ▶ Ancel, *RDT* 2016. 240 ⌀ (articulation du contrat de travail et des accords collectifs au regard de la force obligatoire du contrat). – Barthélémy et Cette, *Dr. soc.* 2018. 70 ⌀. – Benamara-

Bouaziz, *Dr. ouvrier 1990*. 12 (interprétation des conventions collectives). – Buy, *SSL 1983*, n° 174, p. 24 (conseil de prud'hommes et application des conventions collectives). – Camerlynck, *Dr. soc. 1960*. 628 (renonciation du salarié). – Dockès, *Dr. soc. 1993*. 826 (avantage individuel acquis). – Frouin, *RJS 1996*. 137 (interprétation des conventions collectives). – Gauriau, *JCP S 2022*. 1174 (l'accord collectif est-il contractuellement dépendant ?). – Hafsaoui et Ochi, *SSL 2016*, n° 1732 (Baroud d'honneur pour l'article L. 2254-1 ?). – Morand, *Dr. soc. 2009*. 900. – Jeammaud, *RDT 2016*. 228 (incidence de l'accord collectif sur le contrat de travail). – Lokiec, *Dr. soc. 2017*. 1024 (accord collectif et contrat de travail). – Vachet, *JCP E 1992*. I. 186 (interprétation des conventions collectives).

> **COMMENTAIRE**
> V. sur le Code en ligne.

I. APPLICATION AUX CONTRATS DE TRAVAIL

1. Indifférence de l'affiliation syndicale. L'application d'une convention collective est indépendante de l'affiliation syndicale des salariés.
• Soc. 25 janv. 1968 : *Bull. civ. V, n° 60*.

2. Maintien conventionnel des avantages individuels acquis. Le maintien des avantages acquis prévu par la clause doit s'entendre des avantages ayant effectivement bénéficié dans le passé au salarié. • Soc. 31 mars 1998, n° 95-43.670 P : *RJS 1998*. 401, n° 621 ; *D. 1998*. IR 123 ; *Dr. soc. 1998*. 732, obs. Jeammaud. ♦ En indiquant que les « avantages prévus à la présente convention ne pourraient être la cause de la caducité des avantages individuels acquis antérieurement », la convention vise seulement les avantages ayant leur fondement dans le contrat de travail et non les avantages collectifs consentis par une convention collective expressément annulée. • Soc. 20 janv. 1971 : *Bull. civ. V, n° 36*. ♦ Les dispositions d'un protocole d'accord prévoyant le maintien des avantages résultant de conventions locales ou d'accords d'entreprise ne concernent que les salariés en fonctions au moment de la signature de ce protocole. • Soc. 10 oct. 1995 : *Dr. soc. 1995*. 1045 ; *RJS 1995*. 730, n° 1153. ♦ Une clause de maintien des avantages acquis ne peut concerner le droit aux indemnités de préavis et de licenciement qui ne naissent qu'au moment de la rupture du contrat de travail et qui ne peuvent constituer un avantage individuel acquis. • Soc. 5 juin 1996 : *RJS 1996*. 678, n° 1065. ♦ A la date d'entrée en vigueur d'une nouvelle convention, le droit d'un salarié à un mode de calcul de la retenue faite en cas de service non fait, postérieurement à cette entrée en vigueur, est un droit simplement éventuel et non ouvert qui n'a donc pas le caractère d'un avantage acquis. • Soc. 18 févr. 1997 : *RJS 1997*. 463, n° 714. ♦ V. aussi notes 5 s. ss. art. L. 2261-13.

II. APPLICATION DES DISPOSITIONS PLUS FAVORABLES DES CONTRATS DE TRAVAIL

BIBL. Langlois, *Ét. offertes à G. Lyon-Caen, 1989*, p. 243 (application de la disposition la plus favorable). ♦ Avantages acquis : Boubli, *SSL 1996*, n° 802 (convention ou accord collectif et usage). – Camerlynck, *Dr. soc. 1959*. 406 (clause de maintien des avantages acquis). – Chalaron, *Dr. trav., juin 1996* (maintien des avantages acquis). – Chevillard, Fabre, Gatumel, Lagoutte et Morand, *JCP E 1993*. I. 307. – Déprez, *Dr. soc. 1990*. 426 (révocation d'avantages acquis devant le comité d'entreprise). – Despax, *ibid*. 156. – Langlois, *ibid. 1986*. 881. – Rodière, *ibid*. 873.

A. SITUATIONS CONCERNÉES

3. Existence de dispositions conventionnelles. L'art. L. 135-2 [L. 2254-1 nouv.] ne fait pas obstacle à ce que des accords particuliers interviennent sur des questions laissées en dehors du champ conventionnel. • Soc. 11 déc. 1990 : *D. 1991*. IR 24 ; *RJS 1991*. 120, n° 223. ♦ Ainsi, si l'annexe applicable à une catégorie professionnelle déterminée d'une convention collective prévoit la possibilité d'une clause de non-concurrence, il ne s'en déduit pas qu'une telle clause ne peut être imposée à un salarié d'une autre catégorie. • Même arrêt. ♦ *Contra*, sur ce point : • Soc. 12 nov. 1997 : *RJS 1997*. 841, n° 1367.

4. Existence de dispositions contractuelles concurrentes. Lorsque le statut d'un salarié dans l'entreprise résulte exclusivement de dispositions conventionnelles, les modifications régulièrement apportées à ces dispositions s'imposent, sauf clause contraire, à lui, sans qu'il puisse prétendre au maintien des droits acquis. • Soc. 30 mars 1994 : *Dr. soc. 1994*. 521, obs. Ray. – V. déjà : • Soc. 17 mars 1993 : *GADT, 4ᵉ éd.*, n° 164 ; *Dr. soc. 1993*. 464 • 16 nov. 1993, n° 90-43.233 P : *D. 1993*. IR 259 ; *Dr. soc. 1994*. 53 ; *RJS 1993*. 259, n° 3.

5. Détermination conventionnelle d'un élément de rémunération. Dès lors que les modalités de calcul d'un élément de rémunération ne résultent pas du contrat de travail mais de la convention collective, doivent être seules appliquées les stipulations de celle-ci. • Soc. 25 mars 2009 : *RJS 2009*. 493, n° 563 ; *JCP S 2009*. 1282, obs. Drai.

B. RÈGLEMENT DES CONCOURS

6. Non-cumul des avantages issus d'une convention collective et d'un contrat de travail. Si, en cas de concours de stipulations contractuelles et de dispositions conventionnelles, les avantages qu'elles instituent ne peuvent se cumuler, c'est à la condition qu'ils aient le même objet et la même cause. • Soc. 13 juin 2012 : ⚖ *D. actu. 17 juill. 2012, obs. Ines ; RJS 2012. 630, n° 726 ; JSL 2012, n° 326-2, obs. Hautefort.* ♦ Comp. : en cas de concours entre les stipulations contractuelles et les dispositions conventionnelles, les avantages ayant le même objet *ou* la même cause ne peuvent, sauf stipulations contraires, se cumuler, le plus favorable d'entre eux pouvant seul être accordé. • Soc. 11 mai 2022, ⚖ n° 21-11.240 B : *D. actu. 23 mai 2022, obs. Couëdel ; D. 2022. 951 ; RJS 7/2022, n° 387 ; JCP S 2022. 1172, obs. Dauxerre.*

1° CARACTÈRE D'ORDRE PUBLIC DU PRINCIPE DE FAVEUR

7. Nullité de la renonciation. Doit être cassé l'arrêt qui, pour débouter une salariée de sa demande, relève qu'informée par l'employeur que celui-ci ne pourrait la conserver à son service s'il devait lui verser le salaire prévu par la convention récemment étendue, elle avait accepté en connaissance de cause d'être payée à ses conditions habituelles de rémunération plutôt que d'être licenciée. • Soc. 3 mars 1988 : *Bull. civ. V, n° 161 ; GADT, 4e éd., n° 161 ; D. 1988. Somm. 324, obs. Langlois.* – V. aussi • Soc. 6 juill. 1994, ⚖ n° 90-45.206 P : *JCP 1995. II. 22365, concl. Chauvy ; CSB 1994. 271, A. 53* • 7 nov. 1995 : ⚖ *RJS 1995. 785, n° 1223.*

8. Prescription. La nullité d'une convention résultant de la violation de l'interdiction pour un salarié de renoncer, tant que son contrat de travail est en cours, aux avantages qu'il tire d'une convention collective ou de dispositions statutaires d'ordre public, est une nullité relative qui se prescrit par cinq ans ; le délai de prescription débute au jour de la signature de la convention, de sorte que, au-delà de ce délai, le salarié est forclos à agir et la convention s'applique. • Soc. 23 janv. 2019, ⚖ n° 17-21.867 P : *D. 2019. Actu. 204 ; RJS 4/2019, n° 262 ; JSL 2019, n° 473-6, obs. Gssime.*

9. En l'absence d'une modification de l'accord d'entreprise, un employeur ne peut, quel que soit le nombre de salariés ayant accepté sa proposition, imposer à un salarié une modification des conditions de versement de la prime de fin d'année telles qu'elles avaient été fixées par un accord d'entreprise. • Soc. 13 mai 1982 : *Bull. civ. V, n° 305.*

10. Illicéité d'une note de service dérogatoire. La note de service intervenue en violation des dispositions d'un accord d'entreprise constitue une voie de fait autorisant le juge des référés à déclarer nulles et de nul effet les dispositions de cette note de service. • Soc. 11 mai 1988 : *Dr. ouvrier 1989. 28.*

2° OBJET DU PRINCIPE DE FAVEUR

11. Application de la convention collective. Dès leur entrée en vigueur, les dispositions plus favorables de la convention collective se substituent de plein droit à celles des contrats de travail dans les entreprises relevant de son champ d'application. • Soc. 20 févr. 1986 : *Bull. civ. V, n° 35* • 19 nov. 1997 : ⚖ *GADT, 4e éd., n° 166 ; D. 1998. IR 5 ; Dr. soc. 1998. 12, note Savatier ; TPS 1998, n° 12* (raccourcissement de la durée de la période d'essai). ♦ Est nulle la clause d'un contrat de travail moins favorable au salarié que la convention collective. • Soc. 30 mars 1995, n° 93-12.947 P : *Dr. soc. 1995. 502 ; RJS 1995. 785, n° 1223.*

12. Application du contrat plus favorable. Les clauses plus favorables contenues dans un contrat de travail écartent celles moins favorables d'une convention collective. • Soc. 23 févr. 1977 : *Bull. civ. V, n° 132* • 15 oct. 1981 : *Bull. civ. V, n° 793* • 22 mars 1995, ⚖ n° 93-40.793 P : *RJS 1995. 358, n° 539.* ♦ Un accord collectif ne peut modifier le contrat de travail en sorte qu'un salarié est en droit de demander l'application des dispositions contractuelles plus favorables. • Soc. 25 févr. 1998 : ⚖ *RJS 1998. 313, n° 497* • 13 nov. 2001, ⚖ n° 99-42.978 P : *RJS 2002. 35, n° 12.* ♦ Mais dès l'instant que chaque salarié a accepté une réduction d'une prime en contrepartie d'un jour et demi de congé supplémentaire, cet avantage résultant d'un accord de volonté s'est incorporé au contrat de travail et subsiste malgré l'entrée en vigueur d'un accord collectif moins favorable. • Soc. 22 mars 1995 : ⚖ *préc.*

13. Égalité de traitement. Dès lors que, sauf disposition légale contraire, un accord collectif ne peut modifier le contrat de travail d'un salarié, seules les dispositions plus favorables de cet accord pouvant se substituer aux clauses du contrat, cette règle constitue un élément objectif pertinent propre à justifier la différence de traitement entre les salariés engagés antérieurement à l'entrée en vigueur d'un accord collectif et ceux engagés postérieurement, et découlant du maintien, pour les premiers, des stipulations de leur contrat de travail. • Soc. 7 déc. 2017, ⚖ n° 16-15.109 P : *D. 2017. Actu. 2541 ; D. actu. 8 janv. 2018, obs. Peyronnet ; RJS 2/2018, n° 91 ; JCP S 2018. 1052, obs. Barège ; JSL 2018, n° 447-2, obs. Lhernould* • Soc. 3 mai 2018, ⚖ n° 16-11.588 P : *D. 2018. Actu. 1018 ; D. actu. 18 mai 2018, obs. Peyronnet ; RJS 7/2018, n° 467 ; JSL 2018, n° 455-2, obs. Lhernould.*

Art. L. 2254-2 *(Ord. n° 2017-1385 du 22 sept. 2017, art. 3)* I. — Afin de répondre aux nécessités liées au fonctionnement de l'entreprise ou en vue de préserver, ou de développer l'emploi, un accord *(L. n° 2018-217 du 29 mars 2018, art. 2-I)* « de performance collective » peut :

— aménager la durée du travail, ses modalités d'organisation et de répartition ;

— aménager la rémunération au sens de l'article L. 3221-3 dans le respect *(L. n° 2018-217 du 29 mars 2018, art. 2-I)* « des salaires minima hiérarchiques » mentionnés au 1° du I de l'article L. 2253-1 ;
— déterminer les conditions de la mobilité professionnelle ou géographique interne à l'entreprise.

II. — L'accord définit dans son préambule ses objectifs et peut préciser :

1° Les modalités d'information des salariés sur son application et son suivi pendant toute sa durée, ainsi que, le cas échéant, l'examen de la situation des salariés au terme de l'accord ;

2° Les conditions dans lesquelles fournissent des efforts proportionnés à ceux demandés aux salariés pendant toute sa durée :
— les dirigeants salariés exerçant dans le périmètre de l'accord ;
— les mandataires sociaux et les actionnaires, dans le respect des compétences des organes d'administration et de surveillance ;

3° Les modalités selon lesquelles sont conciliées la vie professionnelle et la vie personnelle et familiale des salariés ;

(L. n° 2018-217 du 29 mars 2018, art. 2-I) « 4° Les modalités d'accompagnement des salariés ainsi que l'abondement du compte personnel de formation au-delà du montant minimal défini au décret mentionné au VI du présent article. »

Les dispositions des articles L. 3121-41, L. 3121-42, L. 3121-44 et L. 3121-47 s'appliquent si l'accord met en place *(L. n° 2018-217 du 29 mars 2018, art. 2-I)* « ou modifie » un dispositif d'aménagement du temps de travail sur une période de référence supérieure à la semaine.

(L. n° 2018-217 du 29 mars 2018, art. 2-I) « Les articles L. 3121-53 à L. 3121-66 s'appliquent si l'accord met en place ou modifie un dispositif de forfait annuel, à l'exception de l'article L. 3121-55 et du 5° du I de l'article L. 3121-64 en cas de simple modification.

« Lorsque l'accord modifie un dispositif de forfait annuel, l'acceptation de l'application de l'accord par le salarié conformément aux III et IV du présent article entraîne de plein droit l'application des stipulations de l'accord relatives au dispositif de forfait annuel. »

III. — Les stipulations de l'accord se substituent de plein droit aux clauses contraires et incompatibles du contrat de travail, y compris en matière de rémunération, de durée du travail et de mobilité professionnelle ou géographique interne à l'entreprise.

Le salarié peut refuser la modification de son contrat de travail résultant de l'application de l'accord.

IV. — Le salarié dispose d'un délai d'un mois pour faire connaître son refus par écrit à l'employeur à compter de la date à laquelle ce dernier *(L. n° 2018-217 du 29 mars 2018, art. 2-I)* « a informé les salariés, par tout moyen conférant date certaine et précise, de l'existence et du contenu de l'accord, ainsi que du droit de chacun d'eux d'accepter ou de refuser l'application à son contrat de travail de cet accord ».

V. — *(L. n° 2018-217 du 29 mars 2018, art. 2-I)* « L'employeur dispose d'un délai de deux mois à compter de la notification du refus du salarié pour engager une procédure de licenciement. Ce licenciement repose » sur un motif spécifique qui constitue une cause réelle et sérieuse. Ce licenciement est soumis aux seules modalités et conditions définies aux articles L. 1232-2 à L. 1232-14 ainsi qu'aux articles L. 1234-1 à L. 1234-11, L. 1234-14, L. 1234-18, L. 1234-19 et L. 1234-20.

VI. — Le salarié peut s'inscrire et être accompagné comme demandeur d'emploi à l'issue du licenciement et être indemnisé dans les conditions prévues par les accords mentionnés à l'article L. 5422-20. *(L. n° 2018-217 du 29 mars 2018, art. 2-I)* « En l'absence des stipulations mentionnées au 4° du II du présent article, » l'employeur abonde le compte personnel de formation du salarié dans des conditions et limites définies par décret. Cet abondement n'entre pas en compte dans les modes de calcul des *(L. n° 2018-771 du 5 sept. 2018, art. 1er-IV, en vigueur le 1er janv. 2019)* « droits crédités » chaque année sur le compte et du plafond mentionné à l'article L. 6323-11.
— V. art. R. 6323-3-2.

BIBL. ▶ Aluome, *JCP S* 2019. 1138 (l'accord de performance collective et le consentement du salarié). – Bento de Carvalho, *RJS* 6/2023, chron. (contrôle juridictionnel des usages de l'accord de performance collective). – Cavat, *RDT* 2020. 165 ⌀ ; *ibid.* 2022. 300 (rappel à l'ordre de

NÉGOCIATION COLLECTIVE **Art. L. 2261-1** 739

l'OIT : pour un véritable contrôle judiciaire des APC et des licenciements subséquents). – Gauriau, *Dr. soc. 2018*. 504 (l'accord de performance collective depuis la loi n° 2018-217 du 29 mars 2018). – Géa, *RJS 5/2020* (accord de performance collective et accord de substitution en cas de transfert d'entreprise). – Lokiec, *SSL 2020, n° 1918, p. 3*. – Lokiec, Cormier Le Goff et Taraud, *Dr. soc. 2020*. 511 (juges et accords de performance collective). – Lopès, *JCP S 2020*. 3051 (accord de performance collective et refus du salarié). – Meftah, *RJS 10/2020*. – Meyer, *SSL 2020, n° 1918, p. 9* (exigence de loyauté et négociation des APC). – Ollivier et Taillardat-Pietri, *SSL 2018, n° 1827, p. 6* (l'APC : opportunités et précautions d'emploi). – Pagnerre, *Dr. soc. 2018. 694*. – Passette, *Dr. ouvrier 2021. 574*. – RANC, *RJS 4/2023, chron., p. 15* (le licenciement pour motif *sui generis*). – Rozec et Dauzet, *JCP S 2017. 1321* (l'accord « à froid » après l'ordonnance du 22 sept. 2017 : de la négociation d'adaptation). – Tarasewicz et Cavat, *RDT 2020. Controverse. 584* (l'accord de performance collective : un instrument adéquat pour gérer une crise conjoncturelle ?). – Tessier, *JCP S 2020. 3029*.

▶ **Dossier** : *SSL 2020, n° 1933*.

COMMENTAIRE

V. sur le Code en ligne. ☐

1. Appréciation du motif du licenciement consécutif au refus d'application de l'accord [décision rendue à propos d'un accord de mobilité, dispositif abrogé]. Il appartient au juge d'apprécier le caractère réel et sérieux du motif du licenciement consécutif au refus par le salarié de voir son contrat de travail modifié en application d'un accord de mobilité interne. Cette appréciation se fait au regard de la conformité de l'accord aux exigences légales et de sa justification par l'existence des nécessités du fonctionnement de l'entreprise, conformément aux stipulations de la Conv. OIT n° 158. ● Soc. 2 déc. 2020, n° 19-11.986 P : *D. actu. 18 déc. 2020, obs. Montvalon*.

2. Accord de performance collective et suppression de poste. Un accord de performance collective ne peut pas avoir pour objet ou pour effet de supprimer des postes, s'agissant uniquement d'aménager les conditions de travail, concernant la durée et l'organisation du travail, la rémunération et la mobilité professionnelle et géographique des salariés ; l'employeur, qui seul dispose des éléments probatoires, doit justifier du remplacement par de nouveaux salariés de l'ensemble des salariés licenciés pour n'avoir pas accepté la modification de leur contrat de travail. ● Nancy, 6 févr. 2023, n° 21/03031 : *RDT 2023. 261, note Cavat ; RJS 5/2023, n° 267*.

3. Conditions de conclusion d'un APC. Dans les entreprises de 11 à 49 salariés, l'accord conclu avec des représentants élus du personnel, mandatés ou non, est valide à condition d'être signé par des membres titulaires du comité social et économique représentant la majorité des suffrages exprimés lors des dernières élections professionnelles. ● Nancy, 6 févr. 2023, n° 21/03031 : *RDT 2023. 261, note Cavat ; RJS 5/2023, n° 267*.

Art. L. 2254-3 à L. 2254-6 *Abrogés par Ord. n° 2017-1385 du 22 sept. 2017, art. 3.*

TITRE VI APPLICATION DES CONVENTIONS ET ACCORDS COLLECTIFS

CHAPITRE I CONDITIONS D'APPLICABILITÉ DES CONVENTIONS ET ACCORDS

SECTION 1 Date d'entrée en vigueur

Art. L. 2261-1 Les conventions et accords sont applicables, sauf stipulations contraires, à partir du jour qui suit leur dépôt auprès du service compétent, dans des conditions déterminées par voie réglementaire. – *[Anc. art. L. 132-10, al. 3.]* – V. art. R. 2231-1 s.

Jusqu'au 7 nov. 2017, le dépôt des accords d'entreprise est exclu du champ d'application du droit des usagers de saisir l'administration par voie électronique (Décr. n° 2015-1422 du 5 nov. 2015).

COMMENTAIRE

V. sur le Code en ligne. ☐

Non-rétroactivité. Une convention ou un accord collectif, même dérogatoire, ne peut priver un salarié des droits qu'il tient de la loi pour la période antérieure à la signature de l'accord.

- Soc. 11 juill. 2000 : D. 2001. 149, note Radé
- 24 janv. 2007 : RDT 2007. 250, obs. Véricel ; Dr. soc. 2007. 649, obs. Barthélémy. ♦ Il résulte de l'art. 2 C. civ. qu'une convention ou un accord collectif, même dérogatoire, ne peut priver un salarié des droits qu'il tient du principe d'égalité de traitement pour la période antérieure à l'entrée en vigueur de l'accord. • Soc. 28 nov. 2018, n° 17-20.007 P : RJS 2/2019, n° 131. ♦ La seule circonstance que le contrat de travail d'un salarié ait été rompu avant la date de signature de l'accord collectif ne saurait justifier que ce salarié ne bénéficie pas, à la différence des salariés placés dans une situation identique ou similaire et dont le contrat de travail n'était pas rompu à la date de signature de l'accord, des avantages salariaux institués par celui-ci, de façon rétroactive, pour la période antérieure à la cessation du contrat de travail. • Soc. 13 janv. 2021, n° 19-20.736 P : D. actu. 28 janv. 2021, obs. Clément ; RDT 2021. Controverse 223, note Ferkane et Mariano ; Dr. soc. 2021. 276, note Radé ; RJS 3/2021, n° 137 ; JCP S 2021. 1060, obs. Bonardi ; JSL 2021, n° 317-5, obs. Pacotte et Leroy.

SECTION 2 Détermination de la convention collective applicable

COMMENTAIRE

V. sur le Code en ligne.

Art. L. 2261-2 La convention collective applicable est celle dont relève l'activité principale exercée par l'employeur.

En cas de pluralité d'activités rendant incertaine l'application de ce critère pour le rattachement d'une entreprise à un champ conventionnel, les conventions collectives et les accords professionnels peuvent, par des clauses réciproques et de nature identique, prévoir les conditions dans lesquelles l'entreprise détermine les conventions et accords qui lui sont applicables. – *[Anc. art. L. 132-5-1.]*

BIBL. ▶ Frossard, *Dr. soc.* 2006. 17.

COMMENTAIRE

V. sur le Code en ligne.

I. DÉTERMINATION DE LA CONVENTION COLLECTIVE APPLICABLE DANS LES RELATIONS COLLECTIVES

1. Valeur du code APE. La référence à la nomenclature des activités économiques établie par l'INSEE (code APE) ne peut être à elle seule créatrice d'obligations ou exonératrice de l'application des lois. • Soc. 4 mars 1964, n° 60-12.454 P. • 25 févr. 1969 : *Dr. soc. 1969. 516*, obs. Savatier • 14 nov. 1973 : *Bull. civ. V, n° 566 ; Dr. soc. 1974. 146*, obs. Savatier • 19 janv. 1984 : *Bull. civ. V, n° 29 ; D. 1985. IR 251*, obs. Frossard.

2. Critère de l'activité réelle. L'application d'une convention collective est déterminée par l'activité réelle de l'entreprise, et non par les mentions contenues dans les statuts de la personne morale dont elle dépend. • Soc. 16 nov. 1993, n° 90-44.807 P : *Dr. soc. 1994. 52.* ♦ Faisant également référence à l'activité réelle : • Soc. 7 déc. 2005, n° 04-15.662 P.

3. Activité principale. La convention collective applicable est celle dont relève l'activité principale de l'employeur, le caractère principal de cette activité relève de l'appréciation souveraine des juges du fond. • Soc. 15 mars 2017, n° 15-19.958 P : *D. actu. 20 avr. 2017*, obs. Cortot ; *D. 2021. Actu. 709 ; ibid. Pan. 2276*, obs. Lokiec ; *RJS 5/2017, n° 356 ; JCP S 2017. 1184*, obs. Pagnerre. ♦ Les juges doivent rechercher quelle est la nature de l'activité principale de l'entreprise et vérifier si cette activité entre dans le champ d'application de la convention collective invoquée par le salarié. • Soc. 16 juill. 1987 : *Bull. civ. V, n° 501.* – Jurisprudence constante : • Soc. 3 juin 1964 : *Dr. soc. 1964. 638*, obs. Savatier • 14 juin 1978 : *Bull. civ. V, n° 470* • 13 mai 1981 : *ibid., n° 415* • 17 oct. 1983 : *ibid., n° 497* • 7 janv. 1988 : *ibid., n° 19* • 14 oct. 1992, n° 89-41.738 P • 8 avr. 2010 : *RJS 6/2010, n° 535.* ♦ Pour la détermination de l'activité principale en fonction de l'effectif affecté à chaque activité, V. : • Soc. 23 avr. 2003 : *D. 2003. IR 1546 ; RJS 2003. 609, n° 919.*

4. Le champ d'application professionnel est déterminé par l'activité de l'entreprise et non par les fonctions exercées par les salariés. • Soc. 4 nov. 1988 : *Bull. civ. V, n° 566 ; D. 1988. IR 276* • 6 déc. 1995 : *D. 1996. IR 12 ; RJS 1996. 35, n° 48* • 13 nov. 1996 : *RJS 1997. 208, n° 311.* ♦ Ainsi, la convention collective nationale du Notariat s'applique à tout salarié travaillant dans un office notarial, y compris les femmes de ménage. • Soc. 4 mai 1999, n° 96-44.778 P : *RJS 1999. 511, n° 835.*

5. Chiffre d'affaires de l'entreprise. Les juges ne peuvent se fonder sur le seul chiffre d'affaires de l'entreprise pour caractériser l'activité principale. • Soc. 20 juin 2013 : *D. 2013. Actu. 1628 ; RJS 10/2013, n° 679 ; JCPS 2013. 1373*, obs. Passeronne.

6. Pluralité d'activités. Lorsqu'il est établi que les diverses activités de l'entreprise s'exercent dans des ateliers distincts, avec un personnel distinct et non interchangeable, les juges peuvent estimer que les salariés ont droit à la convention collective correspondant à leur activité respective. • Soc. 11 déc. 1968 : *Bull. civ. IV, n° 572* • 9 déc. 1970 : *ibid., n° 700* • 24 janv. 1990 : ⚶ *JS UIMM 1990. 172.* ♦ Il en est ainsi dans l'hypothèse où des salariés exercent une activité nettement différenciée dans un centre d'activité autonome. • Soc. 6 déc. 1995 : ⚶ *préc. note 4.* – V. déjà : • Soc. 21 mars 1990 : ⚶ *D. 1992. Somm. 296, obs. Borenfreund (2ᵉ esp.)* ⌀. ♦ Ne constitue pas un centre d'activité autonome un établissement dont le personnel de direction et la force de vente sont rattachés au siège de la société. • Soc. 23 avr. 2003, ⚶ *n° 01-41.196 P ; D. 2003. IR 1546* ⌀ *; RJS 2003. 609, n° 919.*

7. Pluralité d'établissements. V., en faveur de l'application distributive des conventions collectives : • Soc. 6 oct. 1965 : *Dr. soc. 1966. 221, obs. Savatier* • 29 avr. 1976 : *Bull. civ. V, n° 246* • 19 juin 1980 : *ibid., n° 547* • 5 nov. 1987 : *ibid., n° 615* • 16 nov. 2004 : *Dr. soc. 2005. 219, obs. Radé* ⌀. ♦ Comp., lorsque l'établissement ne peut être dissocié ni en fait ni en droit de l'ensemble de l'entreprise : • Soc. 15 janv. 1969 : *Dr. soc. 1969. 319, obs. Savatier.* ♦ Un employeur ne peut se trouver délié des clauses d'une convention collective du seul fait de l'exécution du travail par le salarié sur un chantier situé dans un autre département. • Soc. 18 janv. 1989 : *JS UIMM 1989. 140.* – Dans le même sens : • Soc. 8 déc. 1977 : *Bull. civ. V, n° 691.*

8. Groupes de sociétés. Le salarié employé dans une filiale ne peut réclamer le bénéfice de la convention collective applicable dans la société mère, alors qu'il s'agit de deux sociétés juridiquement distinctes et que la filiale n'a été partie à aucune convention collective. • Soc. 7 nov. 1973, ⚶ *n° 72-40.456 P : Dr. soc. 1974. 289, note Savatier.* – Dans le même sens : • Soc. 23 oct. 1980 : *Bull. civ. V, n° 772* • 30 juin 1988 : *ibid., n° 410.*

9. Même lorsqu'un accord d'entreprise a été étendu à l'ensemble des entreprises d'un groupe, le personnel d'une société du groupe demeure soumis à la convention collective nationale correspondant à ses activités dès lors que celles-ci demeurent spécifiques et dissociables des autres activités du groupe. • Soc. 20 mars 1980 : ⚶ *D. 1980. IR 552, obs. Pélissier ; ibid. 526, obs. Langlois ; JCP 1982. II. 19755, note Rodière ; Dr. soc. 1980. 339, note Savatier.*

10. Changement d'activité. Lorsque, du fait du changement d'activité de l'entreprise, une convention collective cesse de lui être applicable, il n'en résulte aucune modification des contrats de travail en vigueur. • Soc. 17 mars 1993 : ⚶ *GADT, 4ᵉ éd., n° 164 ; Dr. soc. 1993. 464.*

11. Champ d'application territorial. Une convention collective n'est pas applicable aux établissements autonomes situés hors de son champ d'application territorial. • Soc. 20 nov. 1991 : ⚶ *Dr. soc. 1992. 84 ; RJS 1992. 53, n° 59.* ♦ Dès lors que le siège social d'une entreprise se trouve en dehors du champ d'application territorial d'une convention collective, celle-ci ne s'applique à un établissement que si ce dernier est autonome. • Soc. 25 oct. 1995 : ⚶ *RJS 1995. 803, n° 1259.* ♦ Lorsque le siège social d'une entreprise est transféré d'un département à un autre, la convention collective départementale qui était applicable dans le premier département est mise en cause du fait de ce transfert, sans qu'une dénonciation soit nécessaire. • Soc. 21 mai 1997, n° 93-46.617 P.

12. Valeur des clauses d'option. La convention collective applicable aux salariés est nécessairement celle dont relève l'activité principale ; il ne peut être dérogé à ce principe par une clause d'une convention de branche offrant à certaines entreprises le choix entre deux conventions. • Soc. 26 nov. 2002, ⚶ *n° 00-46.873 P : Dr. soc. 2003. 183, obs. Antonmattéi* ⌀. ♦ La clause qui exclut certains employeurs dont l'activité principale relève de la convention de son champ d'application est réputée non écrite, dans la mesure où le critère de rattachement est d'ordre public. • Soc. 19 mai 2010 : ⚶ *RJS 2010. 621, n° 694 ; JCP S 2010. 1301, obs. Vachet ; SSL 2010, n° 1450, p. 10.* ♦ Mais une autre convention collective peut s'appliquer à tout ou partie du personnel en application d'un accord collectif d'entreprise. • Soc. 23 avr. 2003 : ⚶ *préc. note 6.*

13. Engagement unilatéral de l'employeur. Ne donne pas de base légale à sa décision la cour d'appel qui applique à un salarié muté au service d'un nouvel employeur les dispositions plus avantageuses de la convention collective à laquelle était soumis l'employeur précédent, sans relever d'éléments attestant de façon certaine la volonté du second employeur de maintenir la première convention. • Soc. 17 févr. 1982 : *Bull. civ. V, n° 102 ; D. 1983. IR 200, obs. Vachet.* ♦ Sur les mutations à l'intérieur d'un groupe, V. • Soc. 1ᵉʳ juill. 1965 : *Dr. soc. 1966. 103, note Savatier* • 23 mai 1966 : *ibid. 1967. 182, note Savatier.* ♦ Le contrat de travail entraîne l'application du statut collectif en vigueur dans l'entreprise, lequel peut résulter d'un engagement unilatéral de l'employeur, et le salarié ne peut y renoncer dans son contrat de travail, sauf disposition contractuelle plus favorable. • Soc. 18 oct. 2006 : ⚶ *D. 2006. IR 2751* ⌀ *; RJS 2006. 996, n° 1339.*

14. Production de l'accord applicable en justice. Si le juge n'est pas tenu de rechercher s'il existe un accord d'entreprise applicable au contrat de travail qui lui est soumis, il doit, lorsqu'une partie invoque un accord d'entreprise précis se procurer par tous moyens ce texte qui contient la règle de droit éventuellement applicable au litige, au besoin en invitant les parties à lui en faire parvenir un exemplaire. • Soc. 7 nov. 2006, ⚶ *n° 05-42.323 P.* • 3 mai 2007 : ⚶ *D. 2007. AJ 1423* ⌀.

II. DÉTERMINATION DE LA CONVENTION COLLECTIVE APPLICABLE DANS LES RELATIONS INDIVIDUELLES

15. Portée de la mention d'une convention collective sur le contrat de travail. Si, dans les relations collectives de travail, une seule convention collective est applicable, laquelle est déterminée par l'activité principale de l'entreprise, dans les relations individuelles, le salarié, à défaut de se prévaloir de cette convention, peut demander l'application de la convention collective mentionnée dans le contrat de travail. • Soc. 5 juill. 2023, ⚖ n° 22-10.424 B.

16. Portée de la mention d'une convention collective sur le bulletin de paie. La mention de la convention collective sur le bulletin de paie vaut présomption de l'applicabilité de la convention collective à l'égard du salarié, l'employeur étant admis à apporter la preuve contraire. • Soc. 15 nov. 2007, ⚖ n° 06-44.008 : GADT, 4ᵉ éd., n° 168 ; D. 2008. 325, note Reynès ⊘ ; RDT 2008. 44, obs. Tissandier ⊘. ♦ Comp. : La mention de la convention collective sur le bulletin de paie fait irréfragablement présumer la volonté de l'employeur d'en faire application dans l'entreprise. • Soc. 18 nov. 1998, ⚖ n° 96-42.991 P : JCP G 1999. II. 10088, note Lhernould • 18 juill. 2000, ⚖ n° 97-44.897 P : Dr. soc. 2000. 921, obs. Frouin ⊘ ; ibid. 1024, obs. Lhernould ⊘ ; D. 2001. 1201, note Reynès ⊘.

SECTION 3 Adhésion

Art. L. 2261-3 Peuvent adhérer à une convention ou à un accord toute organisation syndicale représentative de salariés ainsi que toute organisation syndicale ou association d'employeurs ou des employeurs pris individuellement.

Toutefois, si l'activité qu'ils exercent ou qu'exercent leurs adhérents n'entre pas dans le champ d'application de la convention ou de l'accord, leur adhésion est soumise aux dispositions des articles L. 2261-5 ou L. 2261-6, selon le cas.

L'adhésion est notifiée aux signataires de la convention ou de l'accord et fait l'objet d'un dépôt dans des conditions prévues par voie réglementaire, à la diligence de son ou de ses auteurs. — *[Anc. art. L. 132-9.]*

COMMENTAIRE

V. sur le Code en ligne ⚖.

1. Accords concernés. Aucune disposition légale ne s'oppose à ce qu'une convention collective dénoncée fasse l'objet, pendant le temps où elle reste en vigueur, d'une adhésion qui ne saurait avoir pour effet de la modifier, ni de la prolonger. • Soc. 1ᵉʳ déc. 1983 : Bull. civ. V, n° 589.

2. Loi applicable. La loi applicable aux conditions de l'adhésion d'un syndicat à un accord collectif est celle qui régit les conditions de sa conclusion. • Soc. 25 nov. 1997, ⚖ n° 95-20.204 P.

3. Preuve de l'adhésion. L'affiliation à un syndicat et l'adhésion à toutes les dispositions d'une convention collective ne peut résulter de la seule réception d'une circulaire diffusée par celui-ci, ni de l'application du barème des salaires qu'il recommande. • Soc. 15 janv. 1981 : Bull. civ. V, n° 36.

4. Champ d'application de la convention. Lorsque l'activité de l'entreprise adhérente à un syndicat signataire n'est pas comprise dans le champ d'application professionnel de la convention, l'application volontaire de celle-ci a la valeur d'un usage que l'employeur peut dénoncer. • Soc. 4 déc. 1992, n° 88-44.074 P : D. 1992. IR 25 ; Dr. soc. 1992. 197.

5. Limites de l'adhésion. Il n'est pas interdit à un groupement patronal de limiter par une délibération spéciale l'opposabilité de son engagement à ceux de ses membres dont il aurait reçu mandat spécialement à cet effet. • Soc. 29 avr. 1985 : Bull. civ. V, n° 262 ; D. 1988. 231, note Borenfreund.

Art. L. 2261-4 Lorsqu'une organisation syndicale de salariés ou une organisation d'employeurs représentatives dans le champ d'application de la convention ou de l'accord adhère à la totalité des clauses d'une convention de branche ou d'un accord professionnel ou interprofessionnel, cette organisation a les mêmes droits et obligations que les parties signataires.

Elle peut notamment siéger dans les organismes paritaires et participer à la gestion des institutions créées par la convention de branche ou l'accord professionnel ou interprofessionnel, ainsi que prendre part aux négociations portant sur la modification ou la révision du texte en cause. — *[Anc. art. L. 132-15.]*

INSTITUTIONS REPRÉSENTATIVES — Art. L. 2311-1

Goff et Krivine, *Dr. soc.* 2019. 204 (de la négociation sur le CSE à celle du conseil d'entreprise, seul habilité à négocier). – Lanouzière et Odoul-Asorey, *RDT* 2017. Controverse 691 (la fusion des IRP porte-t-elle atteinte à leur capacité d'intervention en matière de santé et de sécurité des conditions de travail ?). – Le Crom, *Dr. soc.* 2018. 82 (regard historique sur la fusion des institutions représentatives du personnel). – Loiseau, *Dr. soc.* 2017. 1044. – Odoul-Asorey, *RDT* 2018. 142. – Pagnerre et Jeansen, *RJS* 8-9/2020, p. 571 (le CSE soumis aux évolutions de l'entreprise). – Stocki et Guedes Da Costa, *SSL* 2018, n° 1798 (tout ce qu'il faut savoir sur le CSE). – Teissié, *JCP S* 2018. 1001 (santé et sécurité dans le droit du comité social et économique) ; *JCP S* 2018. 1075 (phase transitoire de mise en place du CSE). – Vericel, *RDT* 2017. 647 (le CHSCT n'est pas soluble dans le comité social et économique). – Verkindt, *Dr. soc.* 2018. 708 (disparition du CHSCT).

▶ **Mise en place du CSE :** Barthélémy Avocats, *SSL* 2020, n° 1890, p. 6 (quels risques pour les retardataires ?). – Petit, *RJS* 8-9/2021 (gérer le passage du comité d'entreprise au CSE). – Van Der Vlist, *RDT* 2020. 91 (le sort des représentations élues et syndicales après le 31 décembre 2019).

▶ **Disparition du CSE :** Dintzner et Taillardat-Piétri, *SSL* 2021, n° 178, p. 6.

▶ **Négociation et CSE :** Cœuret, *Dr. soc.* 2019. 378 (mise en place négociée du CSE). – Dirringer et Petit, *Dr. soc.* 2019. 385 (négociation préélectorale). – Laffue, *Dr. soc.* 2019. 373 (négociation de la transition entre les anciennes institutions représentatives et le CSE).

CHAPITRE I — CHAMP D'APPLICATION

COMMENTAIRE

V. sur le Code en ligne.

Art. L. 2311-1 Les dispositions du présent titre sont applicables aux employeurs de droit privé ainsi qu'à leurs salariés.

Elles sont également applicables :

1° Aux établissements publics à caractère industriel et commercial ;

2° Aux établissements publics à caractère administratif lorsqu'ils emploient du personnel dans les conditions du droit privé.

Ces dispositions peuvent, compte tenu des caractères particuliers de certains des établissements mentionnés aux 1° et 2° et des instances de représentation du personnel éventuellement existantes, faire l'objet d'adaptations, par décrets en Conseil d'État, sous réserve d'assurer les mêmes garanties aux salariés de ces établissements.

Comp. anc. art. L. 2311-1 (Délégué du personnel).

Comp. anc. art. L. 2321-1 (Comité d'entreprise).

BIBL. ▶ Baudouin et Peyfort, *JCP S* 2020. 3044 (la représentation du personnel et le dialogue social au sein d'un GIE).

I. EMPLOYEURS DE DROIT PRIVÉ

1. Entreprise à but non lucratif. La législation sur les comités d'entreprise s'applique à une entreprise à but non lucratif. ● Crim. 29 mars 1973 : *D.* 1973. Somm. 81 ; *JCP* 1974. II. 17651, 1re esp., note Catala. ♦ ... A une fondation. ● Soc. 28 avr. 1981 : *Bull. civ. V,* n° 345. ♦ ... A un GIE. ● Crim. 29 avr. 1986 : *Bull. crim.* n° 147. ♦ ... Ou à une association. ● Soc. 4 avr. 1990, n° 88-11.746 P : *D.* 1990. IR 111 ; *Dr. soc.* 1990. 871, concl. Graziani (union de syndicats de copropriétaires).

2. Salariés concernés. L'art. L. 421-1 [L. 2311-1] n'exige pas que des liens contractuels existent entre les salariés et la personne morale ou physique pour laquelle ils travaillent. ● Crim. 29 avr. 1986 : *Bull. crim.* n° 147 ; *Dr. ouvrier* 1986. 201 (des délégués doivent être mis en place dans un GIE dont le personnel, mis à disposition à concurrence de moitié par chacun des deux membres, a intérêt à disposer d'une représentation spécifique. – Dans la même affaire, V. ● Crim. 14 mai 1991, n° 90-83.131 : *RJS* 1991. 578, n° 1107). ♦ Sur la mise en place de délégués dans une fondation associée au service public de l'enseignement, V. ● Soc. 28 avr. 1981 : *Bull. civ. V,* n° 345.

3. Personnels de France Télécom. Le personnel de France Télécom ayant conservé le statut de fonctionnaire malgré la transformation de l'établissement public en une société de droit privé est placé sous l'autorité de celle-ci et est amené à participer avec les salariés de l'entreprise à l'organisation et au fonctionnement de leur entreprise par l'intermédiaire des IRP. ● Soc. 5 mars 2008, n° 07-11.123 P : *D.* 2008. IR 296 ; *RDT* 2008. 306, obs. Debord ● 17 mai 2011, n° 10-15.577 : *D. actu.* 9 juin 2011, obs. Ines ; *D.* 2011. Actu. 1424 ; *RDT* 2011. 496, obs. Debord ; *JCP S* 2011. 1486, obs. Brissy. ♦ Dans cette hypothèse, il revient au atif de veiller à ce que les mesures d'un fonctionnaire, qui se trouve mandat représentatif exercé dans l'in-agents de droit public que de salariés ivé, ne soient pas en rapport avec ses ou son appartenance syndicale et qu'el-mpromettent pas le respect du principe cipation. • Même arrêt. ♦ Dans le cas où, à France Télécom, un fonctionnaire se investi d'un mandat représentatif qu'il e, en vertu de la loi, dans l'intérêt tant ents de droit public que de salariés de droit vé, le juge administratif est compétent pour spendre l'exécution d'une décision de mutation i non seulement serait en rapport avec l'exer-ice normal par l'agent de ses fonctions représentatives mais également aurait pour effet d'y faire obstacle et pour juger de la légalité de la décision prononçant la mutation. • CE 24 févr. 2011, n° 335453 : *Lebon* 61 ; *RDT* 2011. 558, concl. Botteghi ; *SSL* 2011, n° 1487, p. 12, obs. Magina.

4. *Entreprises étrangères*. Les lois relatives à la représentation des salariés et à la défense de leurs droits et intérêts sont des lois de police s'imposant à toutes les entreprises et organismes assimilés qui exercent leur activité en France et qui sont tenus de mettre en place les institutions qu'elles prévoient. • Soc. 3 mars 1988 : *Bull. civ.* V, n° 164. ♦ Ces institutions remplissent l'ensemble des attributions définies par la loi à l'exception de celles qui seraient incompatibles avec la présence à l'étranger du siège social. • Même arrêt. ♦ V. aussi • CE 29 juin 1973 : *GADT*, 4ᵉ éd., n° 17 ; *Dr. soc.* 1974. 42, concl. Questiaux, note Savatier (instauration d'un comité central au lieu d'exercice principal des activités) • Cass., ch. mixte, 28 févr. 1986 : *Bull. civ.* V, n°ˢ 1 et 2 ; *D.* 1987. 173, 2ᵉ et 4ᵉ esp., concl. Franck.

II. ÉTABLISSEMENT PUBLIC, INDUSTRIEL ET COMMERCIAL (EPIC)

5. *SPIC*. La commune qui exploite en régie un service public industriel et commercial dont le personnel relève du droit privé est tenue de respecter les obligations résultant de l'art. L. 421-1 [L. 2311-1] et de procéder à l'organisation d'élections de délégués du personnel. • Soc. 19 sept. 2007, n° 06-60.203 : *RJS* 2007. 939, n° 1188.

III. ÉTABLISSEMENT PUBLIC ADMINISTRATIF (EPA)

6. *EPA d'enseignement et de formation professionnelle*. La protection accordée aux délégués du personnel ne bénéficie pas au représentant des salariés au conseil d'administration d'un établissement public administratif d'enseignement et de formation professionnelle. • Soc. 14 oct. 2015, n° 14-14.196 P : *D.* 2015. Actu. 2131 ; *RJS* 12/2015, n° 791.

Art. L. 2311-2 Un comité social et économique est mis en place dans les entreprises d'au moins onze salariés.

Sa mise en place n'est obligatoire que si l'effectif d'au moins onze salariés est atteint pendant douze mois consécutifs.

Les modalités de calcul des effectifs sont celles prévues aux articles L. 1111-2 et L. 1251-54.

Comp. anc. art. L. 2312-1 et L. 2312-8 (Délégué du personnel).

Comp. anc. art. L. 2322-2 et L. 2322-6 (Comité d'entreprise).

Salariés mis à disposition. Les salariés mis à disposition d'une entreprise qui remplissent les conditions posées par l'art. L. 1111-2 C. trav. doivent être pris en compte pour l'application de l'art. L. 2312-2 [anc.], peu important que certains d'entre eux aient choisi, en application des art. L. 2314-18-1 [anc.] d'être électeurs dans l'entreprise qui les emploie. • Soc. 19 janv. 2011, n° 10-60.296 : *D. actu.* 15 févr. 2011, obs. Ines ; *Dr. soc.* 2011. 470, obs. Petit ; *JSL* 2011, n° 295-6, obs. Tourreil ; *JCP S* 2011. 1172, obs. Pagnerre.

CHAPITRE II ATTRIBUTIONS

BIBL. ▶ Auzero, *RJS* 4/2021 (l'expression du CSE). – Favennec et Rozec, *JCP S* 2018. 1225 (missions du CSE). – Lagesse et Armillei, *JCP S* 2017. 1376 (répartition des compétences consultatives des comités sociaux et économiques dans les entreprises à structure complexe).

COMMENTAIRE
V. sur le Code en ligne. ☐

SECTION 1 Dispositions générales

Art. L. 2312-1 Les attributions du comité social et économique des entreprises de moins de cinquante salariés sont définies par la section 2 du présent chapitre.

Les attributions du comité social et économique des entreprises d'au moins cinquante salariés sont définies par la section 3 du présent chapitre.

7° Les liaisons entre deux réunions avec la direction de l'entreprise ou de l'établissement et avec les institutions élues de représentants du personnel.

Les accords peuvent, en outre, prévoir la possibilité de donner aux conseils d'atelier ou de bureau des responsabilités portant sur un ou plusieurs des domaines de compétence mentionnés au 5°. – *[Anc. art. L. 462-3.]*

CHAPITRE III DISPOSITIONS PÉNALES

Art. L. 2283-1 Le fait pour l'employeur de refuser d'engager la négociation en vue de la conclusion d'un accord définissant les modalités d'exercice du droit d'expression des salariés, prévue à l'article L. 2281-5, est puni d'un emprisonnement d'un an et d'une amende de 3 750 €. – *[Anc. art. L. 486-1, al. 1ᵉʳ.]*

Art. L. 2283-2 Dans les entreprises et organismes où aucun délégué syndical n'a été désigné ou dans lesquelles l'accord définissant les modalités d'exercice du droit d'expression des salariés, prévu à l'article L. 2281-5, n'a pas été conclu, le fait de refuser de consulter *(Ord. n° 2017-1386 du 22 sept. 2017, art. 4)* « le comité social et économique » est puni d'un emprisonnement d'un an et d'une amende de 3 750 €. – *[Anc. art. L. 486-1, al. 2.]*

LIVRE III LES INSTITUTIONS REPRÉSENTATIVES DU PERSONNEL

RÉP. TRAV. v° *Représentants du personnel (Élections)*, par Petit.

BIBL. ▶ Boulmier, *JSL 2011, n° 309-1* (complémentarité des institutions représentatives du personnel). – Desbarats, *Dr. soc. 2015. 853* (loi du 17 août 2015. Représentation du personnel dans l'entreprise : avancées, reculs ou *statu quo*). – Petit, *Dr. soc. 2015. 873* (vers une représentation universelle des salariés).

▶ **Loi du 8 août 2016 :** Kerbourc'h, *JCP S 2017. 1303* (réforme des institutions représentatives).

▶ **Ordonnance du 22 septembre 2017 :** Kerbourc'h, *JCP S 2017. 1313* (refonte des institutions représentatives du personnel). – Lanouzière, *SSL 2017, n° 1793, p. 5* (du CHSCT au CE).

TITRE PRÉLIMINAIRE

(L. n° 2018-771 du 5 sept. 2018, art. 82-I, en vigueur le 1ᵉʳ janv. 2019)

CHAPITRE UNIQUE

Art. L. 2301-1 Pour l'application du présent livre et par dérogation à l'article L. 1111-3, les salariés mentionnés aux 2° et 4° du même article L. 1111-3 sont pris en compte dans le calcul des effectifs de l'entreprise.

Ces dispositions s'appliquent pour le calcul des effectifs enregistrés dans les entreprises à compter du 1ᵉʳ janv. 2019 (L. n° 2018-771 du 5 sept. 2018, art. 82-II).

TITRE I COMITÉ SOCIAL ET ÉCONOMIQUE

(Ord. n° 2017-1386 du 22 sept. 2017, art. 1ᵉʳ)

V. 117 Questions-réponses sur le comité social et économique, https://travail-emploi. gouv.fr/IMG/pdf/qr_comite_social_et_economique_18_12_2019.pdf.

Ndlr : Les décisions rendues sous l'empire des dispositions antérieures à l'Ord. n° 2017-1386 du 22 sept. 2017 qui réalise la fusion des anciennes instances de représentation du personnel qu'étaient les délégués du personnel, le comité d'entreprise et le CHSCT ont été redistribuées sous les articles du code issus de cette ordonnance.

Les « Titre I [ancien] Délégué du personnel » et « Titre II [ancien] Comité d'entreprise » (Bibl. et annotations jurisprudentielles) ont été maintenus dans la version numérique du code.

BIBL. ▶ Antonmattéi, Chenu, François, Morand, Neau-Leduc, Vachet et Verlindt, *RJS 4/2018, p. 263.* – Bledniak, *SSL 2017, n° 1782, p. 10* (le CSE : la lettre n'honore pas les promesses). – Borenfreund, *RDT 2017. 608* (la fusion des IRP, appauvrissement et confusion dans la représentation). – Cormier-Le Goff, *SSL 2019, n° 1847* (négociation sur le CSE). – Cormier-Le

1° Le niveau, le mode d'organisation, la fréquence et la durée des réunions permettant l'expression des salariés ;

2° Les outils numériques disponibles dans l'entreprise, permettant l'expression des salariés ;

3° Les mesures destinées à assurer, d'une part, la liberté d'expression de chacun et, d'autre part, la transmission à l'employeur des demandes et propositions des salariés ainsi que celle des avis émis par les salariés dans les cas où ils sont consultés par l'employeur, sans préjudice des dispositions relatives aux institutions représentatives du personnel ;

4° Les mesures destinées à permettre aux salariés intéressés, aux organisations syndicales représentatives, au comité social et économique de prendre connaissance des demandes, avis et propositions émanant des groupes ainsi que des suites qui leur sont réservées ;

5° Les conditions spécifiques d'exercice du droit à l'expression dont bénéficie le personnel d'encadrement ayant des responsabilités hiérarchiques, outre leur participation dans les groupes auxquels ils sont rattachés du fait de ces responsabilités.

L'art. L. 2281-11 devient l'art. L. 2281-10 (Ord. n° 2017-1386 du 22 sept. 2017, art. 7).

Art. L. 2281-11 *(Ord. n° 2017-1386 du 22 sept. 2017, art. 7)* Dans les entreprises où aucun délégué syndical n'a été désigné ou dans lesquelles un accord portant sur l'égalité professionnelle entre les femmes et les hommes et la qualité de vie *(L. n° 2021-1018 du 2 août 2021, art. 4, en vigueur le 31 mars 2022)* « et des conditions de » travail n'a pas été conclu, l'employeur consulte le comité social et économique sur les modalités d'exercice du droit d'expression des salariés.

Dans les entreprises où aucun délégué syndical n'a été désigné, cette consultation a lieu au moins une fois par an.

L'art. L. 2281-12 devient l'art. L. 2281-11 (Ord. n° 2017-1386 du 22 sept. 2017, art. 7).

CHAPITRE II ENTREPRISES ET ÉTABLISSEMENTS DU SECTEUR PUBLIC

Art. L. 2282-1 Les dispositions du présent chapitre s'appliquent, à titre complémentaire, aux entreprises mentionnées à l'article 1er de la loi n° 83-675 du 26 juillet 1983 relative à la démocratisation du secteur public. — *V. L. n° 83-675 du 26 juill. 1983, art. 1er.* — **C. sociétés.** — *[Anc. art. L. 462-1.]*

Art. L. 2282-2 L'ensemble des salariés, y compris le personnel d'encadrement direct, de chaque atelier ou bureau constituant une unité de travail bénéficient du droit de réunion en conseil d'atelier ou de bureau.

Les salariés se réunissent par atelier ou par bureau au moins une fois tous les deux mois et à raison d'au moins six heures par an pendant le temps de travail. Le temps consacré à ces réunions ne peut donner lieu à réduction de rémunération. Les salariés s'y expriment dans tous les domaines intéressant la vie de l'atelier ou du bureau.

Le personnel d'encadrement ayant la responsabilité directe de l'atelier ou du bureau est associé à l'organisation des réunions et aux suites à leur donner. — *[Anc. art. L. 462-3.]*

Art. L. 2282-3 Les stipulations comprises dans les accords sur le droit d'expression doivent être complétées par des dispositions portant sur :

1° La définition des unités de travail retenues comme cadre des réunions de conseils d'atelier ou de bureau. Ces unités doivent avoir une dimension réduite ;

2° La fréquence et la durée de réunion ;

3° Les modalités d'association du personnel d'encadrement à l'organisation des réunions et aux suites à leur donner ;

4° Le cas échéant, les modalités de participation des salariés travaillant en équipes successives ou dans des conditions qui les isolent de l'ensemble des autres salariés ;

5° Le domaine de compétence des conseils d'atelier ou de bureau qui doit comprendre les conditions et l'organisation du travail, l'application concrète des programmes d'activité et d'investissement de l'entreprise pour l'atelier ou le bureau, la recherche d'innovation technologique et de meilleure productivité dans l'atelier ou le bureau ;

6° Les modalités et la forme de l'intervention du conseil d'atelier ou de bureau ;

Art. L. 2281-3 Les opinions que les salariés, quelle que soit leur place dans la hiérarchie professionnelle, émettent dans l'exercice du droit d'expression ne peuvent motiver une sanction ou un licenciement. — *[Anc. art. L. 461-1, al. 2.]*

1. Contenu du droit à l'expression directe et collective. Les propos tenus par le salarié hors de l'entreprise ne constituent pas l'exercice du droit d'expression prévu par l'art. L. 461-1 [L. 2281-3 nouv.]. • Soc. 16 nov. 1993, n° 91-45.904 P : *D. 1994. Somm. 306, obs. Millet ; RJS 1994. 61, n° 63 ; Dr. soc. 1994. 42* • 7 oct. 1997, n° 93-41.747 P : *RJS 1997. 745, n° 1199.* ♦ ... Non plus que l'envoi par le salarié d'une lettre à son employeur. • Soc. 28 avr. 1994, n° 92-43.917 P : *Dr. soc. 1994. 703 ; RJS 1994. 447, n° 738.*

2. Droit à l'expression directe et collective et caractérisation de l'abus. Sauf abus, les opinions que le salarié émet dans l'exercice du droit à l'expression directe et collective sur le contenu, les conditions d'exercice et l'organisation du travail ne peuvent pas motiver une sanction ou un licenciement ; ne caractérise pas un abus de ce droit, le fait pour un salarié d'avoir remis en cause les directives qui lui étaient données par sa supérieure hiérarchique, tentant d'imposer au directeur général un désaveu public de cette dernière, au cours d'une réunion d'expression collective en présence de la direction et de plusieurs salariés. • Soc. 21 sept. 2022, n° 21-13.045 B : *D. actu. 17 oct. 2022, obs. Malfettes ; D. 2022. 1708 ; JSL 2022, n° 550-1, obs. Hautefort ; RJS 12/2022, n° 603 ; JCP S 2022. 1262, obs. Bossu.*

Art. L. 2281-4 Le droit des salariés à l'expression directe et collective s'exerce sur les lieux et pendant le temps de travail.

Le temps consacré à l'expression est rémunéré comme temps de travail. — *[Anc. art. L. 461-2.]*

Art. L. 2281-5 *(Ord. n° 2017-1386 du 22 sept. 2017, art. 7)* Les modalités d'exercice du droit d'expression sont définies dans le cadre de la négociation portant sur l'égalité professionnelle entre les femmes et les hommes et la qualité de vie *(L. n° 2021-1018 du 2 août 2021, art. 4, en vigueur le 31 mars 2022)* « et des conditions de » travail prévue à l'article L. 2242-1. — *V. art. L. 2283-1 et 2283-2 (pén.).*

Art. L. 2281-6 Lorsqu'un accord sur le droit d'expression existe, l'employeur provoque une réunion, au moins une fois tous les trois ans, avec les organisations syndicales représentatives en vue d'examiner les résultats de cet accord et engage sa renégociation à la demande d'une organisation syndicale représentative. — *[Anc. art. L. 461-3, al. 4.]*

L'art. L. 2281-7 devient l'art. L. 2281-6 (Ord. n° 2017-1386 du 22 sept. 2017, art. 7).

Art. L. 2281-7 A défaut d'initiative de l'employeur dans le délai d'un an en cas d'accord, ou de trois ans en l'absence d'accord, la négociation s'engage obligatoirement à la demande d'une organisation syndicale représentative dans les quinze jours suivant la présentation de cette demande.

Cette demande est transmise aux autres organisations syndicales représentatives par l'employeur dans les huit jours.

Le point de départ du délai d'un an ou de trois ans est la date d'ouverture de la négociation précédente. — *[Anc. art. L. 461-3, al. 6.]*

L'art. L. 2281-8 devient l'art. L. 2281-7 (Ord. n° 2017-1386 du 22 sept. 2017, art. 7).

Art. L. 2281-8 L'accord ou le procès-verbal de désaccord, établi en application de l'article *(Ord. n° 2017-1718 du 20 déc. 2017, art. 1er-I)* « L. 2242-5 », est déposé auprès de l'autorité administrative dans des conditions prévues par voie réglementaire.

L'art. L. 2281-9 devient l'art. L. 2281-8 (Ord. n° 2017-1386 du 22 sept. 2017, art. 7).

Art. L. 2281-9 Dans les entreprises comportant des établissements ou groupes d'établissements distincts, la négociation peut avoir lieu au niveau des établissements ou des groupes d'établissements à condition que l'ensemble des établissements et groupes d'établissements distincts soient couverts par la négociation. — *[Anc. art. L. 461-3, al. 5.]*

L'art. L. 2281-10 devient l'art. L. 2281-9 (Ord. n° 2017-1386 du 22 sept. 2017, art. 7).

Art. L. 2281-10 *(Ord. n° 2017-1386 du 22 sept. 2017, art. 7)* A défaut d'accord prévu à l'article L. 2242-11 ou en cas de non-respect de ses stipulations, l'accord traitant du droit d'expression comporte des stipulations sur :

9° De suivre annuellement l'évolution du taux d'activité des personnes de plus de cinquante ans afin de faire au ministre chargé du travail toute proposition de nature à favoriser leur maintien ou leur retour dans l'emploi ;
(L. n° 2018-771 du 5 sept. 2018, art. 36-II) « 10° D'émettre un avis sur :
(Abrogé par L. n° 2023-1196 du 18 déc. 2023, art. 6-IV, à compter du 1er janv. 2024)
« a) Le projet de convention pluriannuelle définie à l'article L. 5312-3 ; »
« b) L'agrément des accords d'assurance chômage mentionnés à l'article L. 5422-20 ;
« c) Les plans de formations organisés par l'État en application des I et II de l'article L. 6122-1. »

CHAPITRE II **ORGANISATION ET FONCTIONNEMENT**

Art. L. 2272-1 La Commission nationale de la négociation collective (L. n° 2018-771 du 5 sept. 2018, art. 36-III, en vigueur le 1er janv. 2019) « , de l'emploi et de la formation professionnelle » comprend des représentants de l'État, du Conseil d'État, ainsi que des représentants des organisations d'employeurs représentatives au niveau national et des organisations syndicales de salariés représentatives au niveau national.
(L. n° 2018-771 du 5 sept. 2018, art. 36-III, en vigueur le 1er janv. 2019) « Lorsqu'elle est consultée dans le domaine de la politique de l'emploi, de l'orientation et de la formation professionnelle initiale et continue et sur les documents mentionnés au 10° de l'article L. 2271-1, elle comprend également des représentants des régions, des départements et des collectivités ultra-marines. »
(L. n° 2020-1525 du 7 déc. 2020, art. 19, en vigueur le 1er juin 2021) « Lorsqu'elle est consultée sur les dispositifs d'intéressement, de participation et d'épargne salariale, elle comprend également des personnalités choisies en raison de leur compétence et de leur expérience. »

Art. L. 2272-2 Un décret en Conseil d'État détermine les modalités d'organisation et de fonctionnement de la Commission nationale de la négociation collective (L. n° 2018-771 du 5 sept. 2018, art. 36-IV, en vigueur le 1er janv. 2019) « , de l'emploi et de la formation professionnelle ». – V. art. R. 2272-1 s.

TITRE VIII **DROIT D'EXPRESSION DIRECTE ET COLLECTIVE DES SALARIÉS**

> *COMMENTAIRE*
> V. sur le Code en ligne 🔒.

CHAPITRE I **DISPOSITIONS COMMUNES**

V. Circ. DRT n° 3 du 4 mars 1986 concernant le droit d'expression des salariés.

RÉP. TRAV. v° *Droit d'expression des salariés*, par ADAM.

BIBL. GÉN. ▶ ADAM, *Dr. soc.* 1982. 288. – BONAFÉ-SCHMITT, *ibid.* 1986. 111. – BONNECHÈRE, *Dr. ouvrier* 1982. 461. – BOYER, *Dr. soc.* 1983. 445. – N. CATALA, *ibid.* 1983. 557. – CHONNIER, *SSL* 2011, n° 1507, p. 4 (Internet et le droit d'expression des salariés). – DE MONTVALON, *RDT* 2022. 561 ⌀ (encourager l'expression des salariés pour améliorer les conditions de travail). – DESSET, *RPDS* 1982. 349 ; *ibid.* 1986. 101. – JACQUIER, *Dr. soc.* 1983. 561. – LOISEAU, *RDT* 2014. 396 ⌀ (la liberté d'expression du salarié). – MARTINEZ, *SSL* 1986, suppl. n° 304. – RENNES, *Dr. ouvrier* 1986. 279. – TEYSSIÉ, *JCP CI* 1983. II. 14017. – DE TISSOT, *Dr. soc.* 1992. 952 ⌀. – VATINET, *Ét. offertes à G. Lyon-Caen*, 1989, p. 395. ▶ Sur l'affaire Clavaud, V. : COUTURIER, *Dr. ouvrier* 1988. 133. – HENRY, *ibid.* 1987. 1. – G. LYON-CAEN, *ibid.* 1986. 203. – TRICOIT, *Dr. ouvrier* 2023. 266. – VERDIER, *D.* 1988. *Chron.* 63.

Art. L. 2281-1 Les salariés bénéficient d'un droit à l'expression directe et collective sur le contenu, les conditions d'exercice et l'organisation de leur travail.
(Ord. n° 2017-1386 du 22 sept. 2017, art. 7) « L'accès de chacun au droit d'expression collective peut être assuré par le recours aux outils numériques sans que l'exercice de ce droit ne puisse méconnaître les droits et obligations des salariés dans l'entreprise. »

Art. L. 2281-2 L'expression directe et collective des salariés a pour objet de définir les actions à mettre en œuvre pour améliorer leurs conditions de travail, l'organisation

1. Principe de légalité. Ne peut recevoir une qualification pénale le manquement à l'obligation de négocier avec les organisations syndicales le report de l'heure de fermeture du magasin qui n'a pas été instituée par une convention ou un accord collectif étendu, en application d'une disposition législative expresse, dans une matière déterminée, comme le prévoit l'article L. 2263-1 C. trav. ; cette méconnaissance ne peut donner lieu qu'à des recours civils. • Crim. 19 juin 2012 : 🔒 D. actu. 17 sept. 2012, obs. Ines ; D. 2012. Actu. 2029 ⌀ ; Dr. soc. 2012. 1067, obs. Mouly ⌀ ; Dr. ouvrier 2012. 757, note Canut ; RJS 2013. 63, n° 63 ; JCP S 2012. 1466, obs. Jeansen.

2. Institution conventionnelle d'un comité d'établissement. Le manquement à l'obligation de mettre en place un conseil d'établissement, institué par une convention collective étendue dans les entreprises de moins de cinquante salariés et ayant les mêmes rôle et attributions que le comité d'entreprise, est puni de la sanction qu'entraîne la violation des dispositions obligeant la mise en place de ce comité. • Crim. 5 mars 2013 : 🔒 D. actu. 3 avr. 2013, obs. Ines ; D. 2013. Actu. 715 ⌀ ; RDT 2014. 54, obs. Frossard ⌀ ; JCP S 2013. 1197, obs. Duquesne.

TITRE VII COMMISSION NATIONALE DE LA NÉGOCIATION COLLECTIVE, DE L'EMPLOI ET DE LA FORMATION PROFESSIONNELLE (L. n° 2018-771 du 5 sept. 2018).

CHAPITRE I MISSIONS

Art. L. 2271-1 La Commission nationale de la négociation collective (L. n° 2018-771 du 5 sept. 2018, art. 36-II, en vigueur le 1er janv. 2019) « , de l'emploi et de la formation professionnelle » est chargée :

1° De proposer au ministre chargé du travail toutes mesures de nature à faciliter le développement de la négociation collective, en particulier en vue d'harmoniser les définitions conventionnelles des branches ;

2° D'émettre un avis sur les projets de loi, d'ordonnance et de décret relatifs aux règles générales portant sur les relations individuelles et collectives du travail, notamment celles concernant la négociation collective (L. n° 2020-1525 du 7 déc. 2020, art. 19, en vigueur le 1er juin 2021) « et les dispositifs d'intéressement, de participation et d'épargne salariale relevant du livre III de la troisième partie » (L. n° 2018-771 du 5 sept. 2018, art. 36-II, en vigueur le 1er janv. 2019) « , ainsi que dans le domaine de la politique de l'emploi, de l'orientation et de la formation professionnelle initiale et continue ; »

3° De donner un avis motivé au ministre (L. n° 2020-1525 du 7 déc. 2020, art. 19, en vigueur le 1er juin 2021) « compétent » sur l'extension et l'élargissement des conventions et accords collectifs ainsi que sur l'abrogation des arrêtés d'extension ou d'élargissement ;

4° De donner, à la demande d'au moins la moitié des membres de la commission d'interprétation compétente préalablement saisie, un avis sur l'interprétation de clauses d'une convention ou d'un accord collectif ;

5° De donner (L. n° 2008-1258 du 3 déc. 2008) « , après avoir pris connaissance du rapport annuel établi par un groupe d'experts désigné à cet effet, » un avis motivé au ministre chargé du travail sur la fixation du salaire minimum de croissance dans les cas prévus par les articles L. 3231-6 et L. 3231-10 ;

6° De suivre l'évolution des salaires effectifs et des rémunérations minimales déterminées par les conventions et accords collectifs ainsi que l'évolution des rémunérations dans les entreprises publiques ;

7° D'examiner le bilan annuel de la négociation collective ;

8° De suivre annuellement l'application dans les conventions collectives du principe "à travail égal salaire égal", du principe de l'égalité professionnelle entre les femmes et les hommes et du principe d'égalité de traitement entre les salariés sans considération d'appartenance ou de non-appartenance, vraie ou supposée, à une ethnie, une nation ou une race, ainsi que des mesures prises en faveur du droit au travail des personnes handicapées, de constater les inégalités éventuellement persistantes et d'en analyser les causes. La Commission nationale a qualité pour faire au ministre chargé du travail toute proposition pour promouvoir dans les faits et dans les textes ces principes d'égalité ;

2022, n° 541, obs. Chatelier ; JCP 2022. 321 obs. Dedessus-le-Moustier ; JCP S 2022. 1093, obs. Cesaro. ♦ La même exception est ouverte à un syndicat non signataire de l'accord. ● Soc. 2 mars 2022, 🔒 n° 20-18.442 B : D. 2022. 464 ⌀ ; ibid. 1280, obs. Vernac et Ferkane ⌀ ; Dr. soc. 2022. 531, note Auzero et Bento de Carvalho ⌀ ; ibid. 562, obs. Petit ⌀ ; RDT 2022. 395, obs. Baugard ⌀ ; SSL 2022, n° 1995, p. 9, note Antonmattéi ; RJS 5/2022, n° 262 ; JCP S 2022. 1102, obs. Dauxerre.

4. Irrecevabilité d'un CSE signataire. Le CSE signataire d'un accord de participation n'est pas recevable à invoquer, par voie d'exception, l'illégalité de la clause de l'accord qui, dans le silence de la loi, a déterminé le mode de calcul des capitaux propres d'une succursale française d'une société étrangère. ● Soc. 19 oct. 2022, 🔒 n° 21-15.270 B : D. actu. 7 nov. 2022, obs. Couëdel ; D. 2022. 2254, obs. Ferkane ⌀ ; Dr. soc. 2023. 190, obs. Chenu ⌀ ; RDT 2023. 48, obs. Baugard ⌀ ; RJS 1/2023, n° 28 ; SSL 2022, n° 2022, p. 9, obs. Lucchini ; Dr. ouvrier 2023. 20, obs. Pernot ; JCP S 2022. 1292, obs. Bento de Carvalho.

Art. L. 2262-14-1 (L. n° 2018-217 du 29 mars 2018, art. 2-I) Lorsque le juge est saisi d'une action en nullité mentionnée à l'article L. 2262-14, il rend sa décision dans un délai de six mois.

Art. L. 2262-15 (Ord. n° 2017-1385 du 22 sept. 2017, art. 4) En cas d'annulation par le juge de tout ou partie d'un accord ou d'une convention collective, celui-ci peut décider, s'il lui apparaît que l'effet rétroactif de cette annulation est de nature à emporter des conséquences manifestement excessives en raison tant des effets que cet acte a produits et des situations qui ont pu se constituer lorsqu'il était en vigueur que de l'intérêt général pouvant s'attacher à un maintien temporaire de ses effets, que l'annulation ne produira ses effets que pour l'avenir ou de moduler les effets de sa décision dans le temps, sous réserve des actions contentieuses déjà engagées à la date de sa décision sur le même fondement.

COMMENTAIRE

V. sur le Code en ligne 🔒

Jurisprudence rendue sous l'empire des dispositions de l'Ord. du 22 sept. 2017.

1. Modulation des effets de l'annulation d'un accord collectif. La possibilité pour le juge de moduler les effets de sa décision dans le temps lorsqu'il annule tout ou partie d'un accord collectif s'applique à tous les accords collectifs, quelle que soit leur date de conclusion. ● Soc. 13 janv. 2021, 🔒 n° 19-13.977 P : D. actu. 29 janv. 2021, obs. Cortot ; D. 2021. 84 ⌀ ; Dr. soc. 2021. 377, obs. Bergeron-Canut ⌀ ; RJS 3/2021, n° 167 ; JSL 2021, n° 514-3, obs. Hautefort ; SSL 2021, n° 1943, note Peskine ; JCP 2021. 240, obs. Loiseau ; JCP S 2021. 1081, obs. Pagnerre. ♦ Le juge peut donner un délai raisonnable aux parties pour négocier un nouvel accord. ● Même arrêt. ♦ Le juge ne peut en revanche rejeter les demandes de dommages et intérêts au titre de l'atteinte à l'intérêt collectif de la profession formées par des organisations syndicales, à l'origine de l'action ayant conduit à l'annulation de la clause d'un accord collectif, au motif que les effets de l'annulation ont été reportés, dès lors que les actions contentieuses étaient déjà engagées à la date de sa décision d'annulation de la clause. ● Même arrêt.

Jurisprudence rendue sous l'empire des dispositions antérieures à l'Ord. du 22 sept. 2017.

2. La nullité d'un accord collectif relatif à la mise en place d'institutions représentatives du personnel n'a pas d'effet rétroactif ; la demande d'annulation de la désignation des membres du CHSCT organisée en exécution d'un accord passé entre l'employeur et le comité d'entreprise en 2015 pour couvrir l'illicéité d'un précédent accord passé entre les CHSCT de deux établissements doit être annulée dès lors que cet accord n'a été déclaré invalide qu'en 2017 par un arrêt de la Cour de cassation et a reçu exécution. ● Soc. 6 juin 2018, 🔒 n° 17-21.068 P : D. 2018. Actu. 1262 ⌀ ; RDT 2018. 689, note Ferkane ⌀ ; RJS 8-9/2018, n° 547 ; SSL 2018. 16, obs. Caro ; JSL 2018, n° 459-4, obs. Hautefort ; JCP S 2018. 1277, obs. François.

CHAPITRE III DISPOSITIONS PÉNALES

Art. L. 2263-1 Lorsqu'en application d'une disposition législative expresse dans une matière déterminée, une convention ou un accord collectif de travail étendu déroge à des dispositions légales, les infractions aux stipulations dérogatoires sont punies des sanctions qu'entraîne la violation des dispositions légales en cause. — [Anc. art. L. 153-1.]

BIBL. ▶ GAMET, Dr. soc. 2023. 239 ⌀ (droit pénal conventionnel).

Art. L. 2262-13 (Ord. n° 2017-1385 du 22 sept. 2017, art. 4) Il appartient à celui qui conteste la légalité d'une convention ou d'un accord collectif de démontrer qu'il n'est pas conforme aux conditions légales qui le régissent.

COMMENTAIRE

V. sur le Code en ligne 🔒.

Art. L. 2262-14 (Ord. n° 2017-1385 du 22 sept. 2017, art. 4) Toute action en nullité de tout ou partie d'une convention ou d'un accord collectif doit, à peine d'irrecevabilité, être engagée dans un délai de deux mois à compter :

1° De la notification de l'accord d'entreprise prévue à l'article L. 2231-5, pour les organisations disposant d'une section syndicale dans l'entreprise ;

2° De la publication de l'accord prévue à l'article L. 2231-5-1 dans tous les autres cas.

Ce délai s'applique sans préjudice des articles L. 1233-24, L. 1235-7-1 et L. 1237-19-8 du code du travail.

Ces dispositions s'appliquent aux conventions ou accords conclus postérieurement au 23 sept. 2017. Lorsqu'une instance a été introduite avant cette date, l'action est poursuivie et jugée conformément à la loi ancienne. Cette loi s'applique également en appel et en cassation.

Pour les conventions ou accords conclus avant le 23 sept. 2017 et pour lesquels aucune instance n'a été introduite avant cette date, le délai de deux mois mentionné à l'art. L. 2262-14 court à compter de cette date (Ord. n° 2017-1385 du 22 sept. 2017, art. 15).

BIBL. ▶ Baugard et Pagnerre, JCP S 2019. Débat. 1297 et 1298 (illégalité d'un accord collectif invoquée par un salarié). – Pernot et Bento de Carvalho, Dr. soc. 2020. 43 (quelle place pour le contentieux des accords collectifs par voie d'exception après les « ordonnances Macron » ?). – Teyssié, JCP S 2021. 1220 (annulation des accords collectifs).

COMMENTAIRE

V. sur le Code en ligne 🔒.

I. ACTION EN NULLITÉ

1. Point de départ du délai de recours de l'action en nullité. Le délai de forclusion pour agir en nullité d'un accord de branche court à compter de la date à laquelle l'accord de branche a été rendu public par sa publication au BOCC qui, en conférant date certaine, répond à l'objectif de sécurité juridique, le versement dans une base de données nationale, dont le contenu est publié en ligne dans un standard ouvert aisément réutilisable, n'est qu'une mesure complémentaire répondant à l'objectif d'accessibilité de la norme de droit. ● Soc. 21 sept. 2022, ⚖ n° 20-23.500 B : D. actu. 12 oct. 2022, obs. Ciray ; D. 2022. 1706 ; RDT 2023. 568, note Ferkane ; Dr. soc. 2023. 60, obs. François ; RJS 11/2022, n° 574 ; JCP S 2022. 1266, obs. Pernot.

2. Constitutionnalité. Dans la mesure où l'art. L. 2262-14 ne prive pas les salariés de la possibilité de contester, sans condition de délai, par la voie de l'exception, l'illégalité d'une clause de convention ou d'accord collectif, à l'occasion d'un litige individuel le mettant en œuvre, l'art. L. 2262-14 ne méconnaît pas le droit à un recours juridictionnel effectif ; il ne méconnaît pas non plus le principe de participation, la liberté syndicale ou la liberté d'entreprendre, ni aucune autre exigence constitutionnelle. ● Cons. const. 21 mars 2018, ⚖ n° 2018-761 DC : D. 2019. 202, et les obs. ; ibid. 2020. 843, obs. REGINE ; ibid. 1324, obs. Debaets et Jacquinot ; Constitutions 2018. 83, chron. Ponseille ; ibid. 89, chron. Duffuler-Vialle ; RSC 2019. 85, obs. Mayaud. ◆ Le délai de recours contre un accord dont certains passages n'ont pas été publiés dans la base de données nationale en application de l'art. L. 2231-5-1 ne saurait, sans méconnaître le droit à un recours juridictionnel effectif, courir à l'encontre des personnes autres que les syndicats disposant d'une section syndicale dans l'entreprise qu'à compter du moment où elles en ont valablement eu connaissance. ● Même décision.

II. EXCEPTION D'ILLÉGALITÉ

3. Recevabilité. Eu égard au droit à un recours juridictionnel effectif garanti tant par l'art. 16 DDH que par l'art. 47 Charte UE et l'art. 6 Conv. EDH, un comité social et économique est recevable à invoquer par voie d'exception, sans condition de délai, l'illégalité d'une clause d'un accord collectif aux motifs que cette clause viole ses droits propres résultant des prérogatives qui lui sont reconnues par la loi. ● Soc. 2 mars 2022, ⚖ n°s 20-16.002 B et 20-20.077 B : D. 2022. 463 ; ibid. 1280, obs. Vernac et Ferkane ; Dr. soc. 2022. 531, note Auzero et Bento de Carvalho ; ibid. 539, note Icard ; RDT 2022. 395, obs. Baugard ; RJS 5/2022, n° 262 ; Dr. ouvrier 2022. 163, note Pernot ; SSL 2022, n° 1995, p. 9, note Antonmattéi ; JSL

1. Titulaires du droit d'action. Le comité d'entreprise n'a pas qualité pour demander en justice, en son nom propre, l'exécution des engagements contractés par l'employeur dans une convention ou un accord collectif de travail ; seules les organisations syndicales, qui ont le pouvoir de conclure un tel accord, peuvent exercer en leur nom propre cette action. • Soc. 20 sept. 2006 : 🕮 *D. 2006. IR 2417* ⌀ ; *RDT 2007. 254*, obs. Borenfreund ⌀ ; *RJS 2006. 971, n° 1300* • Soc. 19 nov. 2014 : 🕮 *D. 2014. Actu. 2414* ⌀ ; *RDT 2015. 126*, obs. Odoul-Asorey ⌀ ; *RJS 2/2015, n° 129* • Soc. 14 déc. 2016, 🕮 n° 15-20.812 : *D. 2017. 2278*, obs. Porta ⌀ ; *JCP E 2017. 1514*, obs. Jeansen ; *JCP S 2017. 1045*, obs. Cauriau.

2. Conditions du droit d'action. Lorsque l'une des parties signataires a dénoncé une convention collective, elle ne peut plus en demander l'exécution en justice. • Soc. 27 oct. 1982 : *Bull. civ. V, n° 588.*

3. Étendue du droit d'action. Est recevable en l'absence de tout litige l'action d'un syndicat tendant à voir reconnaître à certaines catégories de salariés des droits qui leur étaient jusqu'à présent refusés. • Soc. 6 déc. 1979 : *Bull. civ. V, n° 957* ; *D. 1980. IR 366*, obs. Langlois. ♦ Est recevable l'action demandant la condamnation de la société à procéder aux augmentations prévues par un accord collectif au bénéfice d'une catégorie de cadres en ce qu'elle n'a pas pour objet le paiement de sommes déterminées à des personnes déterminées mais l'application de l'accord. • Soc. 22 févr. 2006 : 🕮 *RDT 2006. 329*, obs. Tissandier ⌀. L'action est réservée aux seuls syndicats liés par les dispositions de la convention. • Soc. 10 mai 1994, 🕮 n° 92-14.097 P : *RJS 1994. 446, n° 736* • 3 mars 1998, 🕮 n° 96-11.115 P : ♦ Un syndicat départemental, membre de la fédération signataire d'un accord collectif du travail, est lié par l'accord au sens de l'art. L. 135-5. • Soc. 20 sept. 2006 : 🕮 *D. 2006. IR 2417* ⌀ ; *RJS 2006. 971, n° 1300.*

4. L'action fondée sur l'art. L. 135-5 [L. 2262-11 nouv.] ne permet à celui qui l'exerce que d'obtenir l'exécution des engagements contractés et, le cas échéant, des dommages-intérêts, et non la condamnation de l'employeur au paiement de sommes dues aux adhérents en application d'une convention ou d'un accord collectif, cette dernière possibilité relevant de l'art. L. 135-4 [L. 2262-12 nouv.]. • Soc. 20 juin 1990, 🕮 n° 88-12.516 P : *D. 1990. IR 202* ; *CSB 1990. 199, S. 119* ; *RJS 1990. 478, n° 710.* ♦ V. conf., pour un rappel d'indemnité de congés payés : • Soc. 12 janv. 1994 : 🕮 *Dr. soc. 1994. 281.* ♦ La demande formée par une organisation syndicale dans le cadre d'une action collective visant à la défense des intérêts d'une collectivité de travailleurs ne doit pas tendre au paiement de sommes déterminées à des personnes nommément désignées, sans quoi le syndicat ne peut invoquer la défense d'un intérêt collectif. • Soc. 19 nov. 2014 : 🕮 préc. note 1. ♦ Est recevable l'action des syndicats tendant à l'application de dispositions d'un accord de branche relatives à la rémunération d'une catégorie de salariés et à la reconnaissance de l'irrégularité de la mise en œuvre de ces dispositions en l'absence de formalisation d'une convention individuelle de forfait. • Soc. 14 déc. 2016, 🕮 n° 15-20.812 : *D. 2017. 2278*, obs. Porta ⌀ ; *JCP E 2017. 1514*, obs. Jeansen ; *JCP S 2017. 1045*, obs. Cauriau.

5. Droits des salariés. L'employeur qui, par deux accords d'établissements s'engage à maintenir une activité sur un site en contrepartie d'une réduction du temps de travail, engage sa responsabilité si, par la suite, il décide la fermeture et le transfert de ce site par une décision unilatérale. Le non-respect de cet engagement autorise les salariés à demander une réparation pour la période postérieure au transfert. • Soc. 22 janv. 1998, 🕮 n° 95-45.400 P : *RJS 1998. 208, n° 337* ; *D. 1998. IR 93* ; *Dr. ouvrier 1998. 321* ; *JCP E 1998. 1140*, note Morvan.

Art. L. 2262-12 Les personnes liées par une convention ou un accord peuvent intenter toute action visant à obtenir l'exécution des engagements contractés et, le cas échéant, des dommages-intérêts contre les autres personnes ou les organisations ou groupements, liés par la convention ou l'accord, qui violeraient à leur égard ces engagements. — [*Anc. art. L. 135-6.*]

1. Office du juge. Il n'appartient pas au juge de rechercher s'il existe une convention collective applicable au contrat de travail qui lui est soumis. • Soc. 5 oct. 1993, 🕮 n° 89-41.644 P : *D. 1994. 588, 1re esp.*, note Encinas de Munagorri ⌀ ; *RJS 1993. 664, n° 1124* ; *CSB 1994. 5, A. 1.* ♦ Mais lorsqu'une partie invoque devant lui une convention collective précise, il incombe au juge de se procurer le texte qui contient la règle de droit éventuellement applicable au litige, au besoin en invitant les parties à lui en faire parvenir un exemplaire. • Soc. 3 mars 1993, 🕮 n° 89-45.868 P : *D. 1994. 588, 2e esp.*, note Encinas de Munagorri ⌀ ; *RJS 2007. 664, n° 876* • 5 oct. 1993 : 🕮 préc. • 3 mai 2007 : 🕮 *D. 2007. AJ 1423* ⌀. ♦ V. aussi : • Soc. 8 oct. 1992, 🕮 n° 91-41.504 P. • 20 févr. 1996, 🕮 n° 92-45.024 P : *CSB 1996. 133, A. 28.*

2. Responsabilité de l'employeur. Le non-respect par l'employeur d'un accord collectif, ayant pour objet le maintien de l'emploi en contrepartie d'une réduction de rémunération pour les salariés, peut donner lieu à l'octroi de dommages-intérêts au profit de ces derniers. • Soc. 22 janv. 1998, 🕮 n° 95-45.400 P : *Dr. soc. 1998. 375*, obs. G. Couturier ⌀.

Art. L. 2262-7 Lorsqu'il démissionne d'une organisation signataire d'une convention ou d'un accord, l'employeur en informe sans délai le personnel dans les conditions définies à l'article L. 2262-6. — *[Anc. art. L. 135-8, al. 2.]*

Art. L. 2262-8 Il peut être donné communication et délivré copie des textes conventionnels déposés auprès de l'autorité administrative, dans les conditions déterminées par décret en Conseil d'État. — *[Anc. art. L. 132-10, al. 4.]* — V. art. R. 2262-1 s.

SECTION 3 **Actions en justice**

BIBL. ▶ MOULY, *Dr. soc.* 2018. 702.

Art. L. 2262-9 Les organisations ou groupements ayant la capacité d'agir en justice, dont les membres sont liés par une convention ou un accord, peuvent exercer toutes les actions en justice qui en résultent en faveur de leurs membres, sans avoir à justifier d'un mandat de l'intéressé, pourvu que celui-ci ait été averti et n'ait pas déclaré s'y opposer.

L'intéressé peut toujours intervenir à l'instance engagée par l'organisation ou le groupement. — *[Anc. art. L. 135-4, al. 1er.]*

COMMENTAIRE

V. sur le Code en ligne.

1. Conditions. Doit être cassé l'arrêt qui accueille la demande d'un syndicat, alors que ce dernier n'a pas indiqué le nom de ses adhérents, ni précisé la qualité exacte et la rémunération de ceux de ses membres au nom desquels il déclare agir, ce qui rend impossible la détermination de leurs droits individuels, la vérification de ce qu'ils avaient été avertis de l'action et le prononcé d'une condamnation au profit de chacun d'eux. • Soc. 3 nov. 1972 : *Bull. civ. V, n° 595.*

2. Les actions prévues par l'art. L. 135-4 [L. 2262-9 et L. 2262-10 nouv.] afin d'obtenir l'application d'une convention ou d'un accord collectif ne sont pas réservées aux seules organisations signataires mais sont ouvertes à toutes celles signataires ou non dont les membres adhérents se trouvent liés par la convention ou l'accord collectif. • Soc. 14 févr. 2001, n° 98-46.149 P : *D. 2001. Somm. 2172, obs. Géniaut ; RJS 2001. 342, n° 479 ; Dr. soc. 2001. 572, obs. Miné ; Dr. ouvrier 2001. 174, n° 632.* • 9 avr. 2002, n° 99-45.963 P : *RJS 2002. 637, n° 816.*

3. Intervention. Le désistement de la partie principale n'interdit pas au syndicat qui est intervenu dans l'instance de poursuivre celle-ci. • Soc. 25 oct. 1961 : *D. 1962. 3, note Verdier ; Dr. soc. 1962. 229, obs. Savatier.*

Art. L. 2262-10 Lorsqu'une action née de la convention ou de l'accord est intentée soit par une personne, soit par une organisation ou un groupement, toute organisation ou tout groupement ayant la capacité d'agir en justice, dont les membres sont liés par la convention ou l'accord, peut toujours intervenir à l'instance engagée, à raison de l'intérêt collectif que la solution du litige peut présenter pour ses membres. — *[Anc. art. L. 135-4, al. 2.]*

1. Intérêt à agir. Viole l'art. L. 135-4, al. 2 [L. 2262-10 nouv.], le jugement qui rejette l'intervention d'un syndicat dans l'instance engagée par un salarié contre son employeur en paiement de sommes par application de la convention collective, au motif que le syndicat n'a pas d'intérêt à agir, le préjudice collectif n'étant pas établi. • Soc. 28 nov. 1995 : *D. 1996. IR 12.*

2. Bien-fondé. L'intérêt à agir n'est toutefois pas subordonné à la démonstration préalable du bien-fondé de l'action, laquelle est née d'une contestation sur l'application d'un accord collectif de travail. • Soc. 11 juill. 2000 : *RJS 2000. 817, n° 1262.*

Art. L. 2262-11 Les organisations ou groupements ayant la capacité d'agir en justice, liés par une convention ou un accord, peuvent intenter en leur nom propre toute action visant à obtenir l'exécution des engagements contractés et, le cas échéant, des dommages-intérêts contre les autres organisations ou groupements, leurs propres membres ou toute personne liée par la convention ou l'accord. — *[Anc. art. L. 135-5.]*

COMMENTAIRE

V. sur le Code en ligne.

15. L'accord d'entreprise qui stipule que la direction et les organisations syndicales conviennent de se rencontrer pour définir les nouvelles modalités et établir, si possible, un avenant au présent accord, interdit à l'entreprise de procéder de manière unilatérale sans avoir au préalable engagé de négociation avec les syndicats. • Soc. 1er mars 2017, n° 14-22.269 P : D. 2017. Actu. 576 ; D. actu. 29 mars 2017, obs. Fraisse ; RDT 2017. 804, obs. Véricel ; RJS 5/2017, n° 336.

Art. L. 2262-2 L'adhésion à une organisation ou à un groupement signataire emporte les conséquences de l'adhésion à la convention ou à l'accord collectif de travail lui-même, sous réserve que les conditions d'adhésion prévues à l'article L. 2261-3 soient réunies. — *[Anc. art. L. 135-1, al. 2.]*

Art. L. 2262-3 L'employeur qui démissionne de l'organisation ou du groupement signataire postérieurement à la signature de la convention ou de l'accord demeure lié par ces derniers. — *[Anc. art. L. 135-1, al. 3.]*

Effets de la démission. L'employeur ne peut se prévaloir de sa démission du syndicat signataire pour ne pas appliquer la convention collective. • Soc. 26 nov. 1987 : *Bull. civ. V, n° 688 ; D. 1987. IR 251.* – V. déjà : • Soc. 9 avr. 1970 : *D. 1970. 688, note Despax* • 21 janv. 1976 : *Bull. civ. V, n° 39.* ♦ La démission de l'employeur n'a pas d'effet rétroactif, l'employeur demeure lié par les textes ainsi que par les accords postérieurs à sa démission lorsqu'ils ne sont que l'application de la convention ou de l'accord. • Soc. 10 févr. 1999, n° 96-40.851 P : *D. 1999. IR 60 ; RJS 1999. 236, n° 396 ; Dr. soc. 1999. 422, obs. Langlois.*

Art. L. 2262-4 Les organisations de salariés et les organisations ou groupements d'employeurs, ou les employeurs pris individuellement, liés par une convention ou un accord, sont tenus de ne rien faire qui soit de nature à en compromettre l'exécution loyale. Ils ne sont garants de cette exécution que dans la mesure déterminée par la convention ou l'accord. — *[Anc. art. L. 135-3.]*

SECTION 2 Information et communication

Art. L. 2262-5 Les conditions d'information des salariés et des représentants du personnel sur le droit conventionnel applicable dans l'entreprise et l'établissement sont définies par convention de branche ou accord professionnel.

En l'absence de convention ou d'accord, les modalités d'information relatives aux textes conventionnels applicables sont définies par voie réglementaire. — *[Anc. art. L. 135-7, I.]* — V. art. R. 2262-1 s.

COMMENTAIRE

V. sur le Code en ligne.

1. Inopposabilité. Lorsque le salarié n'a pas été, au moment de son engagement, informé de l'existence d'une convention collective et mis en mesure d'en prendre connaissance, l'employeur ne peut se prévaloir à son égard des dispositions de cette convention collective (existence d'une période d'essai). • Soc. 29 mars 1995, n° 91-44.562 P : *D. 1996. 127, note Pignarre ; Dr. soc. 1995. 454, rapp. Desjardins ; RJS 1995. 357, n° 538 ; JCP 1996. I. 3899, n° 4, obs. Cesaro* • 14 févr. 1996 : *RJS 1996. 257, n° 426 (2e esp.).* ♦ Inversement, V. • Soc. 8 janv. 1997 : *GADT, 4e éd., n° 165 ; D. 1997. IR 35.*

2. Modalités de l'information. L'obligation de non-concurrence prévue par la convention collective est opposable au salarié, en l'absence de mention dans le contrat de travail, dès lors qu'il a été informé de l'existence d'une convention collective applicable et mis en mesure d'en prendre connaissance. • Soc. 8 janv. 1997, n° 93-44.009 P : *D. 1997. 332, note Crionnet ; Dr. soc. 1997. 323, obs. Couturier ; RJS 1997. 123, n° 184.*

3. Sanction. Le manquement de l'employeur à son obligation d'information n'a pas pour effet de rendre inopposables au salarié les dispositions d'un texte conventionnel dont il ne remplit pas les conditions d'application. • Soc. 10 déc. 2008, n° 06-46.363.

Art. L. 2262-6 L'employeur fournit chaque année au *(Ord. n° 2017-1386 du 22 sept. 2017, art. 4)* « comité social et économique, et aux délégués syndicaux », la liste des modifications apportées aux conventions ou accords applicables dans l'entreprise.

A défaut de délégués du personnel, cette information est communiquée aux salariés.

597, n° 21, obs. Chevillard ; RJS 1996. 524, n° 817 ; CSB 1996. 199, A. 42.

II. APPLICATION VOLONTAIRE

6. Hypothèses. Une cour d'appel peut déduire d'un certain nombre de circonstances que l'employeur s'est soumis volontairement à une convention collective et qu'il était tenu de verser la prime prévue par cet accord. • Soc. 27 janv. 1982 : *Bull. civ. V, n° 49.* – Dans le même sens : • Soc. 29 mai 1986 : *Bull. civ. V, n° 268* • 7 juill. 1980 : *D. 1981. IR 132*, obs. Langlois • 10 avr. 1991 : 🔒 *RJS 1991. 389, n° 733.* ♦ *Contra*, en cas d'opposition des salariés : • Soc. 12 févr. 1985 : *Bull. civ. V, n° 96 ; D. 1985. IR 454*, obs. Langlois. ♦ L'application volontaire ne peut résulter que d'une volonté claire et non équivoque de l'employeur. • Soc. 5 oct. 1993 : 🔒 *RJS 1993. 663, n° 1122.*

7. Le seul fait qu'un employeur ait en quelques circonstances accordé à un salarié des avantages prévus par une convention collective est insuffisant pour qu'il puisse en être déduit qu'il a entendu le faire bénéficier de l'ensemble de ses dispositions. • Soc. 27 avr. 1988 : *Bull. civ. V, n° 252* • 25 févr. 1985 : *D. 1985. IR 270.*

8. Les parties peuvent conventionnellement déterminer les modalités de salaire en reproduisant dans le contrat de travail certaines clauses d'une convention collective sans qu'il soit possible de restreindre la portée de leurs stipulations en se reportant à d'autres clauses de la même convention collective non visées dans le contrat et moins avantageuses. • Soc. 6 juin 1974 : *Bull. civ. V, n° 343.* ♦ La mention dans le contrat de travail de l'application d'une disposition collective dont ne relève pas l'employeur est limitée à celles de ses prévisions transposables dans l'entreprise considérée. • Soc. 16 déc. 2005 : 🔒 *D. 2006. IR 99* ✎.

9. Portée de l'application. L'employeur peut limiter à certaines catégories de salariés l'application volontaire d'une convention collective. • Soc. 3 févr. 1993 : 🔒 *D. 1993. Somm. 264*, obs. Dockès ✎ ; *RJS 1993. 179, n° 294* (application volontaire au bénéfice d'un seul salarié) • 5 oct. 1993 : 🔒 *RJS 1993. 663, n° 1122.* ♦ L'application volontaire d'une convention collective peut être partielle. • Soc. 21 mai 1996 : 🔒 *RJS 1996. 677, n° 1064.* ♦ L'application d'une convention nationale de branche n'implique pas l'application volontaire d'un accord départemental applicable dans la même branche. • Soc. 4 mars 2020, 🔒 n° 18-11.585 P : *RJS 5/2020, n° 246 ; JSL 2020, n° 498-4,* obs. Lhernould.

10. L'application dans une entreprise des clauses d'une convention collective non obligatoire n'implique pas nécessairement l'engagement d'appliquer également à l'avenir les dispositions de ses avenants éventuels ou d'un accord de substitution. • Soc. 21 oct. 1998, 🔒 n° 97-44.337 P : *RJS 1998. 922, n° 1517 ; Dr. soc. 1999. 103*, obs. Bélier ✎ • 21 mars 2006 : 🔒 *RDT 2006. 37*, obs. Pignarre ✎. ♦ L'application volontaire d'une convention collective par un employeur ne lui rend pas opposable un avenant à ladite convention non signé par le groupement patronal dont il est membre. • Soc. 29 mai 1996, n° 93-43.412 P.

11. Une cour d'appel qui relève qu'un avenant non signé était appliqué dans l'entreprise et qu'il régissait les rapports entre employeurs et salariés au sein d'une chambre syndicale établit ainsi qu'il y avait acquis valeur d'usage de la profession. • Soc. 20 févr. 1991, 🔒 n° 87-41.022 P : *D. 1991. IR 82 ; RJS 1991. 260, n° 493.* ♦ Sous réserve de prévenir individuellement les salariés et les instances représentatives du personnel, dans un délai permettant d'éventuelles négociations, un employeur peut toujours mettre fin à un usage, même lorsque celui-ci porte sur l'application volontaire d'une convention ou d'un accord. • Soc. 10 mai 1994 : 🔒 *Dr. soc. 1994. 718*, obs. Bélier ✎ • 31 janv. 1996 : 🔒 *RJS 1996. 188, n° 313, 2e esp.* ♦ C'est à l'employeur qui soutient que l'application de la convention collective à titre d'usage a été dénoncée de rapporter la preuve de ce qu'il a respecté un délai de prévenance suffisant. • Soc. 22 oct. 1996, 🔒 n° 93-43.845 P : *D. 1996. IR 246* ✎ *; RJS 1996. 859, n° 1344.*

12. Lorsque l'activité de l'entreprise adhérente à un syndicat signataire n'est pas comprise dans le champ d'application professionnel de la convention, l'application volontaire de celle-ci a la valeur d'un usage que l'employeur peut dénoncer. • Soc. 4 déc. 1991, 🔒 n° 88-40.454 P : *D. 1992. IR 25 ; Dr. soc. 1992. 197.*

13. Conclusion d'un accord moins favorable. Lorsque l'application volontaire d'une convention collective dans une entreprise résulte d'un usage ou d'un engagement unilatéral de l'employeur, la conclusion d'un accord d'entreprise ayant le même objet met fin à cet usage ou à cet engagement. • Soc. 26 sept. 2012 : 🔒 *D. actu. 22 oct. 2012,* obs. Ines *; D. 2012. Actu. 2316* ✎ *; RJS 2012. 825, n° 976 ; JSL 2012, n° 332-2,* obs. Hautefort *; JCP S 2012. 1540,* obs. Daniel.

III. INTERPRÉTATION DES CONVENTIONS COLLECTIVES

14. Principe d'interprétation stricte. Pour une illustration de l'interprétation stricte par la jurisprudence des catégories professionnelles visées par une convention collective, V. • Soc. 12 mars 1987 : *Bull. civ. V, n° 154,* affirmant que les droits relatifs aux seuls salariés énumérés par la convention ne peuvent être appliqués à un salarié appartenant à une autre catégorie d'emploi sauf volonté contraire des parties. – Dans le même sens : • Soc. 2 juill. 1987 : *Bull. civ. V, n° 447* • 17 déc. 1987 : *ibid., n° 756* • Cass., ass. plén., 26 avr. 1991, 🔒 n° 87-43.726 P : *D. 1991. IR 149.* ♦ *Contra*, lorsque seule la fonction n'a pas été prévue dans la convention : • Soc. 30 janv. 1991 : 🔒 *CSB 1991. 71, S. 39.*

Art. L. 2261-34 (*L. n° 2016-1088 du 8 août 2016, art. 25*) Jusqu'à la mesure de la représentativité des organisations professionnelles d'employeurs qui suit la fusion de champs conventionnels prononcée en application du I de l'article L. 2261-32 ou de la conclusion d'un accord collectif regroupant le champ de plusieurs conventions préexistantes, sont admises à négocier les organisations professionnelles d'employeurs représentatives dans le champ d'au moins une branche préexistant à la fusion ou au regroupement.

La même règle s'applique aux organisations syndicales de salariés.

Les taux mentionnés au dernier alinéa de l'article L. 2261-19 et à l'article L. 2232-6 sont appréciés au niveau de la branche issue de la fusion ou du regroupement.

Constitutionnalité de l'art. L. 2261-34. Les dispositions du 1er al. de l'art. L. 2261-34 ne peuvent, sans méconnaître la liberté contractuelle, être interprétées comme privant les organisations d'employeurs et de salariés, en cas de perte de leur caractère représentatif à l'échelle de la nouvelle branche à l'issue de la mesure de l'audience suivant la fusion, de la possibilité de continuer à participer aux discussions relatives à l'accord de remplacement, à l'exclusion de la faculté de signer cet accord, de s'y opposer ou de s'opposer à son éventuelle extension ; sous cette réserve, les mots « la fusion de champs conventionnels prononcée en application du I de l'article L. 2261-32 » ne méconnaissent aucun autre droit ou liberté que la Constitution garantit, et sont conformes à la Constitution. ● Cons. const. 29 nov. 2019, ⚖ n° 2019-816 QPC.

CHAPITRE II EFFETS DE L'APPLICATION DES CONVENTIONS ET ACCORDS

SECTION 1 Obligations d'exécution

Art. L. 2262-1 Sans préjudice des effets attachés à l'extension ou à l'élargissement, l'application des conventions et accords est obligatoire pour tous les signataires ou membres des organisations ou groupements signataires. — [*Anc. art. L. 135-1, al. 1er.*]

BIBL. ▶ MORANO, *JCP E* 2004. 1756 (application volontaire d'une convention collective non obligatoire).

COMMENTAIRE

V. sur le Code en ligne 🔗.

I. APPLICATION DES CONVENTIONS COLLECTIVES

1. Principe. Sont soumis aux obligations d'une convention collective tous ceux qui l'ont signée personnellement, ainsi que ceux qui sont ou deviennent membres des organisations signataires, les organisations adhérentes à ces dernières et ceux qui sont ou deviennent membres de l'une de ces organisations. ● Soc. 3 nov. 1976 : *Bull. civ. V, n° 549* ● 30 nov. 1977 : *ibid., n° 654*. ◆ L'employeur non affilié à l'un des groupements signataires n'est pas lié par l'accord collectif. ● Soc. 10 févr. 1960 : *Dr. soc. 1960. 426, obs. Savatier* ● 7 nov. 1973 : ⚖ *ibid. 1974. 289, obs. Savatier.* ◆ Sur l'adhésion, V. jurispr. ss. art. L. 2261-3.

2. Preuve de l'affiliation à une organisation signataire. La recherche de l'affiliation de l'employeur à une organisation signataire d'un accord relève de l'office du juge. ● Soc. 31 mai 2011 : ⚖ *D. actu. 30 juin 2011, obs. Ines ; JCP S 2011. 1420, obs. Drai.*

3. Organisation patronale. Il n'est pas interdit à un groupement patronal de limiter par une délibération spéciale l'opposabilité de son engagement à ceux de ses membres dont il aurait reçu mandat spécialement à cet effet. ● Soc. 29 avr. 1985 : *Bull. civ. V, n° 262 ; D. 1988. 231, note Borenfreund.*

4. Faute d'affiliation à l'une des organisations signataires, un employeur n'est pas tenu des avenants à une convention collective étendue qui n'ont pas fait l'objet d'arrêtés d'extension. ● Soc. 9 nov. 1978 : *Bull. civ. V, n° 755* ● 24 janv. 1980 : *ibid., n° 78* ● Cass., ass. plén., 6 avr. 1990, ⚖ n° 89-41.674 P : *D. 1991. Somm. 153, obs. Goineau* ⌀ *; CSB 1990. 157, A. 34 ; RJS 1990. 345, n° 490.*

5. Il résulte de la combinaison des art. L. 132-2, L. 132-7 et L. 135-1 [L. 2231-1, L. 2231-2, L. 2222-5, L. 2261-7, L. 2261-8 et L. 2262-1 à L. 2262-3 nouv.] que si, sous réserve de l'exercice du droit d'opposition, l'avenant portant révision de tout ou partie de la convention ou de l'accord collectif, signé par une ou plusieurs organisations syndicales de salariés représentatives, se substitue de plein droit aux stipulations de la convention ou de l'accord qu'il modifie, cet avenant n'est opposable qu'aux employeurs qui l'ont signé ou qui sont membres d'un groupement qui l'a signé. ● Soc. 29 mai 1996, ⚖ n° 94-43.888 P : *Dr. soc. 1996. 608, rapp. Frouin* ⌀ *; JCP 1996. II. 22662, concl. Kessous ; JCP E 1996. I.*

• Cons. const. 29 nov. 2019, ⚖ n° 2019-816 QPC : *D. 2019. Actu. 2306* ⌀ ; *RDT 2020. 200*, obs. Nadal ⌀ ; *RJS 2/2020, n° 104* ; *Dr. ouvrier 2020. 85*, note Thomas ; *JSL 2020, n° 490-3*, obs. Nisom-Tissandier ; *JCP S 2019. 1350*, obs. Bugada ; *SSL 2019, n° 1886, p. 2*.

2. Intérêt général attaché à la restructuration des branches professionnelles. La fusion du champ d'application des conventions collectives de deux branches, susceptible d'être décidée par le ministre chargé du travail suppose, d'une part que ces deux branches présentent des conditions sociales et économiques analogues, d'autre part ne peut être engagée par les partenaires sociaux qu'eu égard à l'intérêt général s'attachant à la restructuration des branches en cause. Il appartient au juge de l'excès de pouvoir, saisi d'une contestation sur ce point, de s'assurer que la fusion décidée par le ministre, en particulier le choix de la branche de rattachement, répond à l'intérêt général de la restructuration des branches. • CE 1er juill. 2021, ⚖ n° 435510 : *JCP S 2021. 1247*, obs. Cette et Koudadje • CE 12 avr. 2023, ⚖ n° 457280 A.

3. Syndicats invités à la négociation. Lorsque les partenaires sociaux décident, en vertu du principe de la liberté contractuelle, de procéder à la fusion de plusieurs branches professionnelles existantes, doivent être invitées à cette négociation, en application du principe de concordance, toutes les organisations syndicales représentatives dans une ou plusieurs des branches professionnelles préexistantes à la fusion. • Soc. 21 avr. 2022, ⚖ n° 20-18.799 B : *RJS 8-9/2022, n° 465* ; *JCP E 2023. 1098*, obs. Dauxerre ; *JCP S 2022. 1195*, obs. Bauduin. ♦ Les partenaires sociaux, en application du principe de la liberté contractuelle, sont libres de décider, pour la mise en œuvre de l'art. L. 2232-9, al. 1er, du périmètre de la commission paritaire permanente de négociation et d'interprétation et, dès lors, du champ d'application de la convention collective de la branche correspondante. • Même décision. ♦ Il appartient au seul ministre du travail, en application du III de l'art. L. 2261-32, eu égard à l'intérêt général attaché à la restructuration des branches professionnelles, de refuser le cas échéant d'étendre la convention collective, ses avenants ou ses annexes, après avis de la Commission nationale de la négociation collective. • Même décision.

4. Procédure applicable. La loi n'impose pas que les observations des organisations et personnes intéressées produites sur un projet de fusion de branches à la suite de l'avis publié au *Journal officiel* doivent être communiquées à la sous-commission de la restructuration des branches professionnelles, que celle dernière ne puisse émettre d'avis tant que le délai de 15 jours imparti à ces personnes pour présenter des observations n'est pas expiré. • CE 12 avr. 2023, ⚖ n° 457280 A.

Art. L. 2261-33 (*L. n° 2016-1088 du 8 août 2016, art. 25*) En cas de fusion des champs d'application de plusieurs conventions collectives en application du I de l'article L. 2261-32 ou en cas de conclusion d'un accord collectif regroupant le champ de plusieurs conventions existantes, les stipulations conventionnelles applicables avant la fusion ou le regroupement, lorsqu'elles régissent des situations équivalentes, sont remplacées par des stipulations communes, dans un délai de cinq ans à compter de la date d'effet de la fusion ou du regroupement. Pendant ce délai, la branche issue du regroupement ou de la fusion peut maintenir plusieurs conventions collectives.

Eu égard à l'intérêt général attaché à la restructuration des branches professionnelles, les différences temporaires de traitement entre salariés résultant de la fusion ou du regroupement ne peuvent être utilement invoquées pendant le délai mentionné au premier alinéa du présent article.

A défaut d'accord conclu dans ce délai, les stipulations de la convention collective de la branche de rattachement s'appliquent.

1. Constitutionnalité de l'art. L. 2261-33. Compte tenu de l'objectif d'intérêt général de limiter l'éparpillement des branches professionnelles, la privation d'effet des stipulations de la convention collective de la branche rattachée qui régissent, non des situations propres à cette branche, mais des situations équivalentes à celles régies par la convention collective de la branche de rattachement, ne méconnaît pas le droit au maintien des conventions légalement conclues ; toutefois, ces dispositions ne sauraient, sans porter une atteinte excessive au droit au maintien des conventions légalement conclues, mettre fin de plein droit à l'application des stipulations de la convention collective de branche rattachée qui régissent des situations spécifiques à cette branche. • Cons. const. 29 nov. 2019, ⚖ n° 2019-816 QPC.

2. Conventionnalité. Les requérants ne peuvent utilement contester, par la voie de l'exception, l'inconventionnalité des dispositions des art. L. 2261-33 et L. 2261-34 et des dispositions, autres que celles des 1er et 2e alinéas, de l'art. L. 2261-32 prévoyant les conditions auxquelles est subordonnée la fusion de branches professionnelles par le ministre du travail, dès lors que l'arrêté attaqué n'est pris ni sur leur fondement ni pour leur application. • CE 22 mars 2021, ⚖ n° 430839 A.

5° En l'absence de mise en place ou de réunion de la commission prévue à l'article L. 2232-9 ; – *V. art. R. 2261-15, II.*

(*L. n° 2018-771 du 5 sept. 2018, art. 34-I, en vigueur le 1er janv. 2019*) « 6° En l'absence de capacité à assurer effectivement la plénitude de ses compétences en matière de formation professionnelle et d'apprentissage. »

(Abrogé par Cons. const. n° 2019-816 QPC du 29 nov. 2019) « *Cette procédure peut également être engagée pour fusionner plusieurs branches afin de renforcer la cohérence du champ d'application des conventions collectives.* »

Un avis publié au *Journal officiel* invite les organisations et personnes intéressées à faire connaître, dans un délai déterminé par décret, leurs observations sur ce projet de fusion. – *V. art. D. 2261-14.*

Le ministre chargé du travail procède à la fusion après avis motivé de la Commission nationale de la négociation collective.

Lorsque deux organisations professionnelles d'employeurs ou deux organisations syndicales de salariés représentées à cette commission proposent une autre branche de rattachement, par demande écrite et motivée, le ministre consulte à nouveau la commission dans un délai et selon des modalités fixés par décret. – *V. art. R. 2261-15 et D. 2261-15.*

Une fois le nouvel avis rendu par la commission, le ministre peut prononcer la fusion.

II. – Le ministre chargé du travail peut, après avis motivé de la Commission nationale de la négociation collective, prononcer l'élargissement du champ d'application géographique ou professionnel d'une convention collective, afin qu'il intègre un secteur territorial ou professionnel non couvert par une convention collective.

Un avis publié au *Journal officiel* invite les organisations et personnes intéressées à faire connaître, dans un délai déterminé par décret, leurs observations sur ce projet d'élargissement du champ d'application. – *V. art. D. 2261-14.*

Lorsque deux organisations professionnelles d'employeurs ou deux organisations syndicales de salariés représentées à cette commission proposent un projet alternatif d'élargissement du champ d'application, par demande écrite et motivée, le ministre consulte à nouveau la commission dans un délai et selon des modalités fixés par décret. – *V. art. D. 2261-15.*

Une fois le nouvel avis rendu par la commission, le ministre peut prononcer l'élargissement du champ de la convention collective concernée.

III. – Pour les branches mentionnées au I, le ministre chargé du travail peut, eu égard à l'intérêt général attaché à la restructuration des branches professionnelles, refuser d'étendre la convention collective, ses avenants ou ses annexes, après avis de la Commission nationale de la négociation collective.

IV. – Pour les branches mentionnées au I, le ministre chargé du travail peut, eu égard à l'intérêt général attaché à la restructuration des branches professionnelles, après avis de la Commission nationale de la négociation collective (*L. n° 2020-1525 du 7 déc. 2020, art. 19, en vigueur le 1er juin 2021*) « , de l'emploi et de la formation professionnelle » et du Haut Conseil du dialogue social, décider de ne pas arrêter la liste des organisations professionnelles mentionnée à l'article L. 2152-6 ni la liste des organisations syndicales reconnues représentatives pour une branche professionnelle mentionnée à l'article **L. 2122-11**.

V. – Sauf dispositions contraires, un décret en Conseil d'État détermine les conditions d'application du présent article. – *V. art. D. 2261-14 s.*

Sur la fusion des champs conventionnels, V. Arr. du 27 juill. 2018, NOR : MTRT1821573A (JO 7 août) ; Arr. du 16 nov. 2018, NOR : MTRT1831364A (JO 27 nov.) ; Arr. du 23 janv. 2019, NOR : MTRT1902685A (JO 31 janv.), mod. par. Arr. du 13 févr. 2019, NOR : MTRT1904775A (JO 19 févr.) ; Arr. du 9 avr. 2019, NOR : MTRT1910561A (JO 19 avr.) ; Arr. du 1er août 2019, NOR : MTRT1922975A (JO 23 août) ; Arr. du 5 août 2021, NOR : MTRT2124297A (JO 7 août).

1. Constitutionnalité de l'art. L. 2261-32. En prévoyant au 8e al. du § I de l'art. L. 2261-32 que la procédure de fusion peut être engagée pour fusionner plusieurs branches afin de renforcer la cohérence du champ d'application des conventions collectives, le législateur n'a pas déterminé au regard de quels critères cette cohérence pourrait être appréciée et a laissé à l'autorité ministérielle une latitude excessive dans l'appréciation des motifs susceptibles de justifier la fusion ; cette disposition est contraire à la Constitution en ce qu'elle porte atteinte à la liberté contractuelle.

intervenu, il appartient au juge administratif de reporter l'effet dans le temps de l'annulation à une date ultérieure lorsque l'effet rétroactif de l'annulation est de nature à emporter des conséquences manifestement excessives en raison tant des effets que cet acte a produit et des situations qui ont pu se constituer lorsqu'il était en vigueur que de l'intérêt général pouvant s'attacher à un maintien temporaire de ses effets. • CE 5 juill. 2022, n° 45006 : *préc. note 1.*

Art. L. 2261-28 L'arrêté d'extension d'une convention ou d'un accord devient caduc à compter du jour où la convention ou l'accord en cause cesse de produire effet. − *[Anc. art. L. 133-15, al. 1er.]*

Art. L. 2261-29 L'arrêté d'élargissement devient caduc à compter du jour où l'arrêté d'extension du texte intéressé cesse de produire effet. − *[Anc. art. L. 133-15, al. 2.]*

Art. L. 2261-30 Si une convention ou un accord est ultérieurement conclu dans un secteur territorial ou professionnel ayant fait l'objet d'un arrêté d'élargissement, celui-ci devient caduc à l'égard des employeurs liés par cette convention ou cet accord.

L'arrêté d'extension emporte abrogation de l'arrêté d'élargissement dans le champ d'application pour lequel l'extension est prononcée. − *[Anc. art. L. 133-15, al. 3.]*

Art. L. 2261-31 Les dispositions de la présente sous-section ne sont pas applicables :
1° Aux accords relatifs à l'assurance chômage prévus à l'article L. 5422-20 ;
2° Aux accords conclus dans le cadre d'une convention ou d'un accord de participation des salariés aux résultats de l'entreprise et qui tendent à fixer la nature et les modalités de gestion des droits reconnus aux salariés qui en bénéficient. − *[Anc. art. L. 133-17.]*

Est légal l'arrêté d'extension d'une convention collective n'ayant pas pour objet exclusif l'instauration d'un régime complémentaire de retraite. • CE 20 févr. 1987 : *Lebon 68 ; D. 1987. IR 60.*

SECTION 8 Restructuration des branches professionnelles

(L. n° 2014-288 du 5 mars 2014, art. 29-IV)

BIBL. ▶ Antonmattéi (dir.), *Dossier Dr. soc. 2018. 868* (restructuration des branches). – *SSL 2017, n° 1757* (accord collectif sur l'avenir des branches). – *JCP S 2016. 1441* (regroupement des branches). – Arnaud-Micha, *JCP S 2022. 1126* (restructuration des branches : de la fusion à l'harmonisation). – Barthélémy, Cette et Koudadje, *Dr. soc. 2020. 455* (restructuration des branches professionnelles : pertinence économique, régime juridique et difficultés de conception). – Bugada, *JCP S 2022. 1119* (transparence et restructuration des branches). – Cesaro, *JCP S 2019. 1254* (restructuration des branches, révision et fédération). – Gomes, *Dr. soc. 2020. 366* (vers une reconnaissance constitutionnelle de la liberté de négociation collective). – Guirlet et Taillardat-Piétri, *SSL 2022, n° 1993, p. 7.* – Sauret, *JCP S 2022. 1122* (branches professionnelles et prospectives).

> *COMMENTAIRE*
> V. sur le Code en ligne.

Art. L. 2261-32 *(L. n° 2016-1088 du 8 août 2016, art. 25)* I. − Le ministre chargé du travail peut, eu égard à l'intérêt général attaché à la restructuration des branches professionnelles, engager une procédure de fusion du champ d'application des conventions collectives d'une branche avec celui d'une branche de rattachement présentant des conditions sociales et économiques analogues :
1° Lorsque la branche *(Ord. n° 2017-1385 du 22 sept. 2017, art. 12)* « compte moins de 5 000 salariés » ;
2° Lorsque la branche a une activité conventionnelle caractérisée par la faiblesse du nombre des accords ou avenants signés *(L. n° 2022-1158 du 16 août 2022, art. 7)* « , notamment ceux assurant un salaire minimum national professionnel, au sens du 4° du II de l'article L. 2261-22, au moins égal au salaire minimum interprofessionnel de croissance, » et du nombre des thèmes de négociations couverts ; − *V. art. R. 2261-15, I.*
3° Lorsque le champ d'application géographique de la branche est uniquement régional ou local ;
4° Lorsque moins de 5 % des entreprises de la branche adhèrent à une organisation professionnelle représentative des employeurs ;

négociation collective. Cette procédure doit être de nature à préserver les droits des tiers. – *V. art. R. 2261-5.*

(L. n° 2022-1158 du 16 août 2022, art. 8) « Lorsque le salaire minimum interprofessionnel de croissance a augmenté au moins deux fois en application des articles L. 3231-5, L. 3231-6 à L. 3231-9 ou L. 3231-10 au cours des douze mois précédant la conclusion d'un avenant mentionné au premier alinéa du présent article, la durée maximale de la procédure mentionnée au même premier alinéa est fixée par voie réglementaire, sans pouvoir excéder deux mois. »

Dans les professions agricoles, les avenants salariaux à des conventions collectives régionales ou départementales étendues peuvent être étendus par arrêté. – *V. art. R. 2261-5.*

Art. L. 2261-27 Quand l'avis motivé favorable de la Commission nationale de la négociation collective *(L. n° 2020-1525 du 7 déc. 2020, art. 19, en vigueur le 1er juin 2021)* « , de l'emploi et de la formation professionnelle » a été émis sans opposition écrite et motivée soit de deux organisations d'employeurs, soit de deux organisations de salariés représentées à cette commission, le ministre chargé du travail peut étendre par arrêté une convention ou un accord ou leurs avenants ou annexes :

1° Lorsque le texte n'a pas été signé par la totalité des organisations les plus représentatives intéressées ;

2° Lorsque la convention ne comporte pas toutes les clauses obligatoires énumérées à l'article L. 2261-22 ;

3° Lorsque la convention ne couvre pas l'ensemble des catégories professionnelles de la branche, mais seulement une ou plusieurs d'entre elles.

En cas d'opposition dans les conditions prévues au premier alinéa, le ministre chargé du travail peut consulter à nouveau la commission sur la base d'un rapport précisant la portée des dispositions en cause ainsi que les conséquences d'une éventuelle extension.

Le ministre chargé du travail peut décider l'extension, au vu du nouvel avis émis par la commission. Cette décision est motivée.

1. Conditions de l'opposition. Ne méconnaît pas l'art. L. 133-11 [L. 2261-27 nouv.] le ministre du Travail qui prononce l'extension de l'avenant litigieux non signé par deux organisations représentatives, alors que la commission nationale de la négociation collective a émis un avis favorable et que seul le représentant d'une des organisations de salariés représentées à cette commission s'est opposé à cette extension. • CE 13 avr. 1988 : D. 1990. Somm. 136, obs. Chelle et Prétot ⌀.

2. Portée de l'extension. L'art. L. 133-11 [L. 2261-27 nouv.] n'autorisant pas le ministre du Travail à étendre le champ d'application professionnel ou territorial d'une convention, une telle extension peut éventuellement être décidée en application des art. L. 133-12 et L. 133-13. • CE 3 juin 1983 : D. 1984. IR 367, obs. Langlois.

Art. L. 2261-27-1 *(Ord. n° 2017-1388 du 22 sept. 2017, art. 1er)* Le ministre chargé du travail, de sa propre initiative ou à la demande écrite et motivée d'une organisation d'employeurs ou d'une organisation de salariés représentative dans le champ d'application d'une convention, d'un accord ou de leurs avenants, saisit un groupe d'experts chargé d'apprécier les effets économiques et sociaux susceptibles de résulter de leur extension.

Un décret détermine les modalités d'application du présent article, notamment les conditions de désignation des experts mentionnés au premier alinéa garantissant leur indépendance. – *V. art. D. 2261-4-1 s.*

1. Caractère obligatoire de la saisine sollicitée. Dès lors qu'une organisation d'employeurs ou de salariés représentative dans le champ d'application de la convention, de l'accord ou de l'avenant qu'il est envisagé d'étendre par arrêté adresse au ministre chargé du travail une demande écrite et motivée en vue de la saisine du groupe d'experts, le ministre doit procéder à la saisine de ce groupe d'experts en vue de recueillir son avis avant la saisine de la Commission nationale de la négociation collective, de l'emploi et de la formation professionnelle. À défaut, la procédure préalable à l'édition de l'arrêté attaqué est entachée d'irrégularité et l'organisation patronale ou syndicale privée d'une garantie est fondée à demander l'annulation de l'arrêté. • CE 5 juill. 2022, ⚖ n° 450066 : RJS 10/2022, n° 533 ; SSL 2022, n° 2018, p. 9, concl. Dieu ; JCP S 2022. 1227, obs. Dauxerre.

2. Report des effets de l'annulation. Si l'annulation d'un acte administratif implique, en principe, que cet acte est réputé n'être jamais

convention ou d'un accord sous réserve qu'elles soient complétées par un accord collectif ultérieur, dont il n'est pas en mesure d'apprécier, comme il lui appartient de le faire avant de signer l'arrêté d'extension, la conformité avec les textes législatifs et réglementaires en vigueur. • CE 26 févr. 2003, ⚖ n° 241949 A : *AJDA 2003. 960* ⌀ ; *RJS 5/2003, n° 647, concl. Fombeur, p. 380* • 12 avr. 2022, ⚖ n° 442247 A : *RJS 6/2022, n° 316, concl. Dieu, p. 461.*

3. Dispositions devenues illégales. Le ministre chargé du travail ne peut légalement étendre des stipulations qui, à la date de la décision qu'il prend sur cette extension, sont contraires à des dispositions légales, quand bien même ces dispositions législatives n'étaient pas en vigueur à la date de la signature de l'avenant à étendre. • CE 12 avr. 2022, ⚖ n° 442247 B : *RJS 6/2022, n° 316.*

4. Exclusion d'activités. Lorsqu'il apparaît que les champs d'application de chacune des conventions de branche en cause se recoupent, il appartient au ministre, préalablement à l'extension envisagée, soit d'exclure du champ d'application de celle-ci les activités économiques déjà couvertes par la convention déjà étendue, soit d'abroger l'arrêté d'extension de celle-ci en tant qu'il s'applique à ces activités dans le secteur territorial considéré. • CE 15 mai 2006 : *RDT 2006. 326, obs. Nadal* ⌀ ; *RJS 2006. 894, n° 1210.* ♦ V. aussi • CE 2 mars 1962 : *Dr. soc. 1962. 346, concl. Nicolay.* ♦ Ce qui n'est pas le cas, cependant, lorsque l'accord susceptible d'être étendu a pour objet exclusif de fixer le champ d'application de futurs accords collectifs. • CE 23 juill. 2010 : ⚖ *Lebon ; Dr. soc. 2010. 1085, concl. Courrèges* ⌀.

5. Période d'essai. Est valable la réserve faite par le ministre du Travail lors de l'extension d'une convention collective et consistant à subordonner le renouvellement de l'essai à un accord exprès des parties intervenu au cours de la période initiale. • CF 15 mars 2017, ⚖ n° 387060 : *D. 2017. 2277, obs. Lokiec* ⌀ ; *Dr. soc. 2017. 471, concl. Dieu* ⌀.

6. Intitulé ambigu. Si l'intitulé d'une convention ou d'un accord collectif est dépourvu par lui-même d'effet juridique, le ministre chargé du travail peut, lorsqu'il procède à l'extension d'une convention ou d'un accord, exclure de son intitulé les termes contradictoires ou qui créent une ambiguïté avec les stipulations de cette convention ou de cet accord définissant son champ d'application et qui, le cas échéant, sont de nature à créer une confusion avec une autre convention ou un autre accord. • CE 11 juill. 2014 : ⚖ *RJS 2014. 679, n° 801.*

7. Respect effectif du principe « à travail égal, salaire égal ». Doit être annulé l'arrêté d'extension d'une grille des salaires minimaux pris sous la réserve que la différence entre salariés ayant la même qualification et accomplissant les mêmes tâches ne contrevienne pas au principe « à travail égal, salaire égal » dans la mesure où une telle réserve n'est pas de nature à garantir l'application du principe qu'elle énonce, notamment à l'égard de salariés relevant d'employeurs différents. • CE 23 juill. 2010, ⚖ n° 316588. ♦ Ne constitue pas une discrimination fondée sur l'âge et ne porte pas atteinte au principe « à travail égal, salaire égal » la faculté accordée aux employeurs, par les stipulations d'une convention collective, de procéder, sous le contrôle du juge et suivant des critères préalablement définis, à un abattement, limité dans son taux et sa durée, sur le minimum salarial de tous les cadres nouvellement diplômés dépourvus d'expérience dans la mesure où elle est en relation avec les fonctions exercées et encadrée par les entretiens réguliers auxquels l'employeur doit procéder avec les intéressés pendant la période concernée. • CE 16 oct. 2017, ⚖ n° 390011 : *RJS 1/2018, n° 7.*

8. Extension-fusion. Si l'art. L. 2261-32 conditionne l'exercice par le ministre du travail de son pouvoir de fusion de branches professionnelles à l'existence de conditions sociales et économiques analogues entre les branches concernées, l'extension, sur le fondement des art. L. 2261-15 et L. 2261-25, d'un accord collectif ayant pour objet le rapprochement de branches professionnelles n'est pas subordonnée au respect d'une telle condition. • CE 5 juill. 2022, ⚖ n° 444949 B. ♦ Il appartient au ministre chargé du travail, saisi d'une demande d'extension d'un tel accord, d'apprécier, sous le contrôle du juge de l'excès de pouvoir, si des motifs d'intérêt général sont de nature à s'opposer à l'extension, alors même que la restructuration des branches répond, en principe et par elle-même, à des considérations d'intérêt général. • Même arrêt.

Ancien art. L. 2261-25 *Le ministre chargé du travail peut exclure de l'extension, après avis motivé de la Commission nationale de la négociation collective, les clauses qui seraient en contradiction avec les dispositions légales.*

Il peut également exclure les clauses pouvant être distraites de la convention ou de l'accord sans en modifier l'économie, mais ne répondant pas à la situation de la branche ou des branches dans le champ d'application considéré.

Il peut, dans les mêmes conditions, étendre, sous réserve de l'application des dispositions légales, les clauses incomplètes au regard de ces dispositions. — [Anc. art. L. 133-8, al. 4.]

Art. L. 2261-26 Lorsque les avenants à une convention étendue ne portent que sur les salaires, ils sont soumis à une procédure d'examen accéléré dont les modalités sont définies par voie réglementaire après consultation de la Commission nationale de la

mais pas pour un accord collectif de branche qui ne traite que de l'aménagement et de la réduction du temps de travail. • CE 26 févr. 2003 : ⚖ *RJS 2003. 611, n° 920.*

Art. L. 2261-23 A défaut de convention au niveau national, les conditions d'extension prévues à l'article L. 2261-22 sont applicables aux conventions de branche conclues à d'autres niveaux territoriaux, sous réserve des adaptations nécessitées par les conditions propres aux secteurs territoriaux considérés. – *[Anc. art. L. 133-6.]*

Art. L. 2261-23-1 *(Ord. n° 2017-1385 du 22 sept. 2017, art. 2)* Pour pouvoir être étendus, la convention de branche ou l'accord professionnel doivent, sauf justifications, comporter, pour les entreprises de moins de cinquante salariés, les stipulations spécifiques mentionnées à l'article L. 2232-10-1.

Ces dispositions s'appliquent aux conventions et accords conclus postérieurement au 23 sept. 2017, date de publication de l'Ord. du 22 sept. 2017 (Ord. n° 2017-1718 du 20 déc. 2017, art. 4-I).

> **COMMENTAIRE**
> V. sur le Code en ligne 🔗

SOUS-SECTION 3 Procédures d'extension et d'élargissement

Art. L. 2261-24 La procédure d'extension d'une convention de branche ou d'un accord professionnel ou interprofessionnel est engagée à la demande d'une des organisations d'employeurs ou de salariés représentatives mentionnées à l'article L. 2261-19 ou à l'initiative du ministre chargé du travail, après avis motivé de la Commission nationale de la négociation collective *(L. n° 2020-1525 du 7 déc. 2020, art. 19, en vigueur le 1er juin 2021)* « , de l'emploi et de la formation professionnelle ».
Saisi de cette demande, le ministre chargé du travail engage sans délai la procédure d'extension.

Art. L. 2261-25 Le ministre chargé du travail peut exclure de l'extension, après avis motivé de la Commission nationale de la négociation collective, les clauses qui seraient en contradiction avec des dispositions légales. *(Ord. n° 2017-1388 du 22 sept. 2017, art. 1er)* « Il peut également refuser, pour des motifs d'intérêt général, notamment pour atteinte excessive à la libre concurrence *(L. n° 2018-217 du 29 mars 2018, art. 16)* « ou au regard des objectifs de la politique de l'emploi », l'extension d'un accord collectif. »
Il peut également exclure les clauses pouvant être distraites de la convention ou de l'accord sans en modifier l'économie, mais ne répondant pas à la situation de la branche ou des branches dans le champ d'application considéré.
Il peut, dans les mêmes conditions, étendre, sous réserve de l'application des dispositions légales, les clauses incomplètes au regard de ces dispositions.
(Ord. n° 2017-1388 du 22 sept. 2017, art. 1er) « Il peut, dans les mêmes conditions, étendre les clauses appelant des stipulations complémentaires de la convention ou de l'accord, en subordonnant, sauf dispositions législatives contraires, leur entrée en vigueur à l'existence d'une convention d'entreprise prévoyant ces stipulations. »

Les conventions et accords conclus antérieurement au 1er janv. 2018 demeurent régis, pour leur extension, par les dispositions des art. L. 2261-19 et L. 2261-25 dans leur rédaction antérieure à l'Ord. n° 2017-1388 du 22 sept. 2017 (Ord. préc., art. 5).

Les dispositions du dernier al. de l'art. L. 2261-25 C. trav., dans sa rédaction issue de l'Ord. n° 2017-1388 du 22 sept. 2017 susvisée, s'appliquent aux conventions et accords quelle que soit la date à laquelle ils ont été conclus (Ord. n° 2017-1718 du 20 déc. 2017, art. 4).

> **COMMENTAIRE**
> V. sur le Code en ligne 🔗

1. Étendue de la compétence du juge administratif. Le juge administratif peut prononcer la nullité d'un arrêté portant extension d'un avenant à une convention collective lorsque ce dernier comporte des stipulations illicites dont l'examen lui revient si l'illicéité ressort manifestement d'une jurisprudence établie par la Cour de cassation. • CE 7 mai 2015, ⚖ n° 375882 : *D. actu. 5 juin 2015, obs. Ines.*

2. Clauses incomplètes au regard des textes législatifs et réglementaires. Le ministre du Travail ne peut étendre certaines clauses d'une

2° L. 2222-5 et L. 2222-6, relatifs aux modalités de renouvellement, de révision et de dénonciation ;

3° L. 2232-3 et L. 2232-9, relatifs aux garanties accordées aux salariés participant à la négociation.

II. — Elle contient en outre des clauses portant sur :

1° L'exercice du droit syndical et la liberté d'opinion des salariés, le déroulement de carrière des salariés exerçant des responsabilités syndicales et l'exercice de leurs fonctions ;

2° Les *(Ord. n° 2017-1386 du 22 sept. 2017, art. 4)* « comités sociaux et économiques et, le cas échéant, le financement des activités sociales et culturelles gérées par eux » ;

3° Les éléments essentiels servant à la détermination des classifications professionnelles et des niveaux de qualification ;

4° Le salaire minimum national professionnel des salariés sans qualification et l'ensemble des éléments affectant le calcul du salaire applicable par catégories professionnelles, ainsi que les procédures et la périodicité prévues pour sa révision ;

5° Les congés payés ;

6° Les conditions de recrutement des salariés ;

7° Les conditions de la rupture du contrat de travail ;

8° Les modalités d'organisation et de fonctionnement de la formation professionnelle tout au long de la vie ;

9° L'égalité professionnelle entre les femmes et les hommes, la suppression des écarts de rémunération et les mesures tendant à remédier aux inégalités constatées ;

10° L'égalité de traitement entre salariés et la prévention des discriminations ;

11° Les conditions propres à concrétiser le droit au travail des personnes handicapées ;

12° En tant que de besoin dans la branche :

a) Les conditions particulières de travail des femmes enceintes, venant d'accoucher ou allaitant et des jeunes travailleurs ;

b) Les conditions d'emploi et de rémunération du personnel à temps partiel ;

c) Les conditions d'emploi et de rémunération des travailleurs à domicile ;

d) Les garanties des salariés appelés à exercer leur activité à l'étranger ;

e) Les conditions d'emploi des salariés temporaires ou d'entreprises extérieures ;

f) Les conditions de rémunération des salariés, auteurs d'une invention dévolue à l'employeur en vertu des dispositions du troisième alinéa de l'article L. 611-7 du code de la propriété intellectuelle ; — *V. ce texte, App. I, B. Contrat de travail.*

g) Les garanties des salariés résidant dans un département métropolitain et appelés à travailler *(Ord. n° 2017-1491 du 25 oct. 2017, art. 3, en vigueur le 1er janv. 2018)* « en Guadeloupe, en Guyane, en Martinique, à Mayotte, à La Réunion » *(Ord. n° 2008-205 du 27 févr. 2008)* « , à Saint-Barthélemy, à Saint-Martin » « à Saint-Pierre-et-Miquelon, *(Abrogé par Ord. n° 2017-1491 du 25 oct. 2017, art. 3, à compter du 1er janv. 2018)* « Mayotte, » Wallis-et-Futuna et dans les Terres australes et antarctiques françaises ;

13° Les procédures conventionnelles de conciliation suivant lesquelles seront réglés les conflits collectifs de travail susceptibles de survenir entre les employeurs et les salariés liés par la convention ;

14° Les modalités d'accès à un régime de prévoyance *(L. n° 2013-504 du 14 juin 2013, art. 1er-IV)* « ou à un régime de remboursements complémentaires de frais occasionnés par une maladie, une maternité ou un accident dans des conditions au moins aussi favorables que celles prévues au II de l'article L. 911-7 du code de la sécurité sociale » ;

15° Les modalités de mise en œuvre des dispositifs d'intéressement, de participation et d'épargne salariale ;

16° Les modalités de prise en compte dans la branche ou l'entreprise des demandes relatives aux thèmes de négociation émanant d'une ou des organisations syndicales de salariés représentatives.

BIBL. ▶ Dauxerre, *JCP S 2022. 1253.*

Accord de réduction du temps de travail. Le contenu obligatoire prévu par l'art. L. 133-5 [L. 2261-22 nouv.] est requis pour les conventions collectives de branche destinées à être étendues,

précédemment étendues ne peuvent faire l'objet d'un arrêté d'extension que s'ils ont été négociés et signés par les organisations syndicales d'employeurs et de salariés représentatives ; la représentativité doit être appréciée par le ministre du travail au niveau du champ d'application des accords considérés, toutefois si ce champ recouvre plusieurs branches d'activités distinctes, la représentativité peut être appréciée dans le cadre des branches d'activités concernées. ● CE 3 avr. 1998 : ⚖ *Lebon 1998. 127* ⌀ ; *RJS 1998. 571, n° 887*. ♦ Sur la prise en compte des salariés du secteur public qui relèvent du code du travail, V. ● CE 5 nov. 2004 : ⚖ *RJS 2005. 58, n° 65*.

5. Preuve de la représentativité. Rien ne dispense les organisations syndicales d'employeurs de faire la preuve de leur représentativité dans le champ d'application de la convention ou de l'accord dont l'extension est en cause. ● CE 30 juin 2003 : ⚖ *GADT, 4ᵉ éd., n° 175* ; *Dr. soc. 2003. 1112, concl. Fombeur* ⌀.

6. Représentativité des signataires. L'organisation patronale signataire d'un accord étendu ne peut engager tous les employeurs d'un secteur professionnel et géographique que si elle en est représentative. ● Soc. 16 mars 2005 : ⚖ *D. 2005. IR 178* ⌀ ; *Dr. soc. 2005. 640, note Langlois* ⌀ ; *JSL 2005, n° 167-3* ; *RJS 2005. 382, n° 547*.

7. Contrôle restreint du juge judiciaire. Le juge judiciaire n'a pas à vérifier, en présence d'un accord professionnel étendu, que l'employeur, compris dans le champ d'application professionnel et territorial de cet accord, en est signataire ou relève d'une organisation patronale représentative dans le champ de l'accord et signataire de celui-ci ; en effet, lorsqu'il s'agit d'un accord collectif professionnel, l'arrêté d'extension suppose nécessairement, sous le contrôle du juge administratif, vérification de la représentativité dans ce champ des organisations syndicales et patronales signataires ou invitées à la négociation. ● Soc. 27 nov. 2019, ⚖ n° 17-31.442 P : *D. actu. 8 janv. 2020, obs. Ilieva* ; *D. 2019. Actu. 2305* ⌀ ; *RJS 2/2020, n° 103* ; *JSL 2020, n° 490-1, obs. Hautefort* ; *JCP 2019. 1333, obs. Dedessus-le-Moustier*. ♦ L'extension d'un accord collectif par arrêté du ministre du travail rend les stipulations de l'accord obligatoires pour tous les salariés et employeurs compris dans le champ d'application de ce dernier ; dès lors, il appartient seulement au juge du fond saisi d'un litige relatif à l'exonération de contributions sociales d'une prime exceptionnelle prévue par un accord régional ou territorial étendu de déterminer si l'employeur est compris dans le champ d'application de ce dernier. ● Civ. 2ᵉ, 12 mars 2020, ⚖ n° 18-14.382 P : *RJS 5/2020, n° 247*. ♦ Si le juge judiciaire n'a pas compétence pour vérifier la régularité des conditions de négociation et de conclusion d'un accord collectif étendu, il lui appartient en revanche de statuer sur les contestations pouvant être élevées par une ou plusieurs entreprises déterminées sur le champ sectoriel d'un accord interprofessionnel étendu, dès lors que ce dernier ne précise pas ce champ. ● Soc. 9 juin 2021, ⚖ n° 19-15.593 P : *D. 2021. 1137* ⌀ ; *RJS 8-9/2021, n° 472*.

Ancien art. L. 2261-19 *Pour pouvoir être étendus, la convention de branche ou l'accord professionnel ou interprofessionnel, leurs avenants ou annexes, doivent avoir été négociés et conclus (L. n° 2016-1088 du 8 août 2016, art. 24) «au sein de la commission paritaire mentionnée à l'article L. 2232-9».*

Cette commission est composée de représentants des organisations syndicales d'employeurs et de salariés représentatives dans le champ d'application considéré.

(L. n° 2014-288 du 5 mars 2014, art. 29-III) «Pour pouvoir être étendus, la convention de branche ou l'accord professionnel ou interprofessionnel, leurs avenants ou annexes, ne doivent pas avoir fait l'objet de l'opposition, dans les conditions prévues à l'article L. 2231-8, d'une ou de plusieurs organisations professionnelles d'employeurs reconnues représentatives au niveau considéré dont les entreprises adhérentes emploient plus de 50 % de l'ensemble des salariés des entreprises adhérant aux organisations professionnelles d'employeurs reconnues représentatives à ce niveau. »

Art. L. 2261-20 A la demande de l'une des organisations syndicales d'employeurs et de salariés représentatives, ou de sa propre initiative, l'autorité administrative peut provoquer la réunion d'une commission mixte paritaire.

Lorsque deux de ces organisations en font la demande, l'autorité administrative convoque la commission mixte paritaire. — [Anc. art. L. 133-1, al. 2.]

Art. L. 2261-21 En cas de litige portant sur l'importance des délégations composant la commission mixte, celles-ci sont convoquées dans des conditions déterminées par décret en Conseil d'État. — [Anc. art. L. 133-4.] — V. art. R. 2261-10.

Art. L. 2261-22 I. — Pour pouvoir être étendue, la convention de branche conclue au niveau national contient des clauses portant sur la détermination des règles de négociation et de conclusion, prévues aux articles :

1° L. 2222-1 et L. 2222-2, relatifs au champ d'application territorial et professionnel ;

Somm. 78, 1ʳᵉ esp., obs. Chelle et Prétot. ♦ Lorsque des salariés sont partiellement soumis à un accord collectif, même moins favorable que l'accord élargi, la condition posée par l'art. L. 133-12 [L. 2261-17 nouv.] n'est pas satisfaite, ce qui justifie l'annulation de l'arrêté d'élargissement.

• Même arrêt.

4. Conséquences de l'annulation. Un arrêté d'élargissement qui a fait l'objet d'une annulation doit être réputé n'être jamais intervenu. • Soc. 7 mai 1991 : 🛡 *RJS 1991. 389, n° 734.*

Art. L. 2261-18 Lorsqu'une convention de branche n'a pas fait l'objet d'avenant ou annexe pendant cinq ans au moins ou, qu'à défaut de convention, des accords n'ont pu y être conclus depuis cinq ans au moins, cette situation peut être assimilée au cas d'absence ou de carence des organisations au sens de l'article L. 2261-17 et donner lieu à l'application de la procédure prévue à cet article. — *[Anc. art. L. 133-13.]*

SOUS-SECTION 2 — Conditions d'extension des conventions et accords

Art. L. 2261-19 Pour pouvoir être étendus, la convention de branche ou l'accord professionnel ou interprofessionnel, leurs avenants ou annexes, doivent avoir été négociés et conclus *(L. n° 2016-1088 du 8 août 2016, art. 24)* « au sein de la commission paritaire mentionnée à l'article L. 2232-9 ».

Cette commission est composée de représentants des organisations syndicales d'employeurs et de salariés représentatives dans le champ d'application considéré.

(L. n° 2014-288 du 5 mars 2014, art. 29-III) « Pour pouvoir être étendus, la convention de branche ou l'accord professionnel ou interprofessionnel, leurs avenants ou annexes, ne doivent pas avoir fait l'objet *(Ord. n° 2017-1388 du 22 sept. 2017, art. 1ᵉʳ)* « dans un délai d'un mois à compter de la publication par l'autorité administrative d'un avis d'extension au *Journal officiel* de la République française, de l'opposition écrite et motivée », d'une ou de plusieurs organisations professionnelles d'employeurs reconnues représentatives au niveau considéré dont les entreprises adhérentes emploient plus de 50 % de l'ensemble des salariés des entreprises adhérant aux organisations professionnelles d'employeurs reconnues représentatives à ce niveau. » *(Ord. n° 2017-1388 du 22 sept. 2017, art. 1ᵉʳ)* « Cette opposition est notifiée et déposée dans les conditions prévues par les articles L. 2231-5 et L. 2231-6. »

Les conventions et accords conclus antérieurement au 1ᵉʳ janv. 2018 demeurent régis pour leur extension par les dispositions des art. L. 2261-19 et L. 2261-25 C. trav. dans leur rédaction antérieure à l'Ord. n° 2017-1388 du 22 sept. 2017 (Ord. préc., art. 5).

BIBL. ▶ A. LYON-CAEN, *RDT* 2014. Édito 145. – NADAL, *RDT* 2014. 195.

COMMENTAIRE

V. sur le Code en ligne 🛡.

1. Convocation des syndicats représentatifs. Viole les dispositions de l'art. L. 133-1 [L. 2261-19 nouv.] l'arrêté d'extension d'une convention collective nationale de branche négociée et conclue au sein d'une commission à laquelle n'a pas été associé un syndicat représentatif. • Soc. 20 mai 1988 : *JS UIMM 1989. 376.* ♦ Un syndicat représentant tant les chefs d'établissement propriétaires que les chefs d'établissement salariés n'est pas fondé à critiquer la décision du ministre du travail refusant de l'inviter à participer à des négociations en tant qu'organisation représentant les employeurs. • CE 24 juin 1987 : *D. 1987. IR 173.* ♦ Est illégal l'arrêté d'extension d'un avenant à une convention collective dès lors que cet avenant n'a pas été signé par les trois organisations patronales les plus représentatives à l'égard des trois branches d'activités mentionnées dans le champ d'application professionnel de la convention initiale. • CE 15 déc. 1978 : *D. 1979. IR 332, obs. Langlois.*

2. Commission. Doit être annulé l'arrêté d'extension d'un accord relatif à l'aménagement de la durée du travail qui n'a pas été négocié et conclu en commission. • CE 26 oct. 1988 : *D. 1990. Somm. 136, obs. Chelle et Prétot* ∅ ; *Dr. soc. 1989. 237, note Aufrère-Philbert ; Dr. ouvrier 1989. 228, note Pascré.*

3. Pouvoir des partenaires sociaux. Les partenaires sociaux, en application du principe de la liberté contractuelle, sont libres de décider, pour la mise en œuvre de l'art. L. 2232-9, 1ᵉʳ al., du périmètre de la commission paritaire permanente de négociation et d'interprétation et, dès lors, du champ d'application de la convention collective de la branche correspondante. • Soc. 21 avr. 2022, 🛡 n° 20-18.799 B : *RJS 8-9/2022, n° 465 ; JCP E 2023. 1098, obs. Dauxerre ; JCP S 2022. 1195, obs. Bauduin.*

4. Appréciation de la représentativité. Les accords modifiant ou complétant les conventions

1. Avenants et annexes. Les avenants ou annexes à une convention ou à un accord étendu ne sont pas applicables aux entreprises non signataires ou non adhérentes s'ils n'ont pas eux-mêmes fait l'objet d'un arrêté d'extension. • Cass., ass. plén., 6 avr. 1990, 🏛 n° 89-41.674 P : *D. 1991. Somm. 153, obs. Goineau* 🖉 *; CSB 1990. 157, A. 34 ; RJS 1990. 345, n° 490* • Soc. 4 mai 1993, 🏛 n° 91-41.646 P : *D. 1993. IR 140.*

2. Annulation de la convention ou de l'accord collectif. L'arrêté d'extension d'un avenant est subordonné à l'extension valablement opérée de la convention collective qu'il complète. • CE 7 mai 2015, 🏛 n° 375882 : *D. actu. 5 juin 2015, obs. Ines.*

Art. L. 2261-17 En cas d'absence ou de carence des organisations de salariés ou d'employeurs se traduisant par une impossibilité persistante de conclure une convention ou un accord dans une branche d'activité ou un secteur territorial déterminé, le ministre chargé du travail peut, à la demande d'une des organisations représentatives intéressées ou de sa propre initiative, sauf opposition écrite et motivée de la majorité des membres de la Commission nationale de la négociation collective *(L. n° 2020-1525 du 7 déc. 2020, art. 19, en vigueur le 1ᵉʳ juin 2021)* « , de l'emploi et de la formation professionnelle » :

1° Rendre obligatoire dans le secteur territorial considéré une convention ou un accord de branche déjà étendu à un secteur territorial différent. *(Abrogé par Ord. n° 2017-1388 du 22 sept. 2017, art. 2) « Le secteur territorial faisant l'objet de l'arrêté d'élargissement doit présenter des conditions économiques analogues à celles du secteur dans lequel l'extension est déjà intervenue »* ;

2° Rendre obligatoire dans le secteur professionnel considéré *(Ord. n° 2017-1388 du 22 sept. 2017, art. 2)* « tout ou partie d'une convention ou d'un accord » professionnel déjà étendu à un autre secteur professionnel. *(Abrogé par Ord. n° 2017-1388 du 22 sept. 2017, art. 2) « Le secteur professionnel faisant l'objet de l'arrêté d'élargissement doit présenter des conditions analogues à celles du secteur dans lequel l'extension est déjà intervenue, quant aux emplois exercés »* ;

3° Rendre obligatoire dans une ou plusieurs branches d'activité non comprises dans son champ d'application un accord interprofessionnel étendu.

(Ord. n° 2017-1388 du 22 sept. 2017, art. 2) « Dans les cas prévus aux 1° et 2°, le secteur professionnel ou territorial faisant l'objet de l'arrêté d'élargissement doit présenter des conditions analogues à celles du secteur dans lequel l'extension est déjà intervenue, quant aux emplois exercés. »

Lorsque l'élargissement d'une convention ou d'un accord a été édicté conformément aux alinéas précédents, rendre obligatoires leurs avenants ou annexes ultérieurs eux-mêmes étendus dans le ou les secteurs visés par cet élargissement.

COMMENTAIRE

V. sur le Code en ligne 🏛.

1. Pouvoir d'appréciation du ministre. Le ministre chargé du travail n'est pas tenu, lorsque les conditions posées par l'art. L. 2261-17 sont satisfaites, de procéder à un élargissement. Il dispose, à cet égard, d'un pouvoir d'appréciation lui permettant de ne pas y procéder pour des motifs d'intérêt général, sous le contrôle du juge de l'excès de pouvoir, alors même que l'harmonisation de la couverture conventionnelle des salariés répond, en principe et par elle-même, à des considérations d'intérêt général. Des différences significatives existant en matière d'emploi entre les champs professionnels relevant de la convention collective nationale des services de l'automobile dont il est demandé l'élargissement et ceux relevant de la convention collective auto-moto de La Réunion, le ministre chargée du travail a fait une exacte application des dispositions légales en retenant que le secteur automobile de La Réunion, tel que délimité par la convention régionale, ne présente pas des conditions analogues, quant aux emplois exercés, à celles du secteur couvert par la convention nationale précitée. • CE 28 sept. 2022, 🏛 n° 442574 : *RJS 1/2023, n° 29.*

2. Contenu de l'arrêté. Le ministre du travail n'est pas tenu d'énumérer les branches d'activité pour lesquelles il entend rendre obligatoires les stipulations d'un accord interprofessionnel étendu, dès lors que la condition d'absence ou de carence des organisations d'employeurs ou de salariés se trouve remplie pour chacune des branches d'activité à laquelle est élargie l'application de l'accord. • CE 17 janv. 1986 : *Lebon 11 ; D. 1988. Somm. 78, 2ᵉ esp., obs. Chelle et Prétot.*

3. Syndicats contestant la légalité. Une organisation professionnelle n'est recevable à contester la légalité d'un arrêté ministériel portant élargissement d'un accord interprofessionnel étendu qu'en tant qu'il s'applique aux professions qu'elle représente. • CE 17 janv. 1986 : *Lebon 9 ; D. 1988.*

1° ARRÊTÉ D'EXTENSION

1. Avis préalable. Sur l'obligation, pour la commission nationale de la négociation collective, de motiver son avis, V. • CE 19 juin 1992 : 🏛 *Dr. ouvrier 1993. 264*, note Pascré • 19 mai 2006 : 🏛 *RJS 2006. 893, n° 1209.*

2. Refus en opportunité. Le ministre dispose d'un pouvoir d'appréciation lui permettant de refuser l'extension d'un accord de branche pour des motifs d'intérêt général tenant, notamment, aux objectifs de la politique économique et sociale ou à la protection de la situation des tiers, sous le contrôle du juge de l'excès de pouvoir. • CE 21 nov. 2008 : 🏛 *RJS 2009. 323, n° 386 ; SSL 2009, n° 1384, p. 11.*

3. Office du juge administratif. Le juge administratif vérifie la représentativité, dans le champ d'application professionnel et territorial de l'accord, des organisations syndicales et patronales signataires ou invitées à la négociation. • Soc. 27 nov. 2019, 🏛 n° 17-31.442 P : *D. actu. 8 janv. 2020*, obs. Ilieva ; *D. 2019. Actu. 2305* 📄 ; *RJS 2/2020, n° 103* ; *JSL 2020, n° 490-1*, obs. Hautefort ; *JCP 2019. 1333*, obs. Dedessus-le-Moustier. ♦ Lorsque la légalité de l'arrêté d'extension est subordonnée à l'appréciation de la validité de la convention collective, le juge administratif doit surseoir à statuer et renvoyer l'examen de la question préjudicielle au juge judiciaire. • CE 4 mars 1960 : *Dr. soc. 1960. 274*, concl. Nicolay • 7 mars 1986 : *D. 1988. Somm. 78*, obs. Chelle et Prétot • 3 mai 1993 : 🏛 *RJS 1993. 449, n° 767.* ♦ Toutefois, le juge saisi au principal peut trancher la question lui-même s'il apparaît manifestement, au vu d'une jurisprudence établie, que la contestation peut être accueillie ; s'agissant du cas particulier du droit de l'Union européenne, le juge saisi doit opérer le contrôle de conventionalité directement. • CE 23 mars 2012 : 🏛 *Lebon 2013. 858* ; *D. 2012. Actu. 1012* 📄 ; *RDT 2012. 376*, obs. Tissandier 📄 ; *RJS 2012. 493, n° 582.*

4. Office du juge judiciaire. Le juge judiciaire n'a pas à vérifier, en présence d'un accord professionnel étendu, que l'employeur, compris dans le champ d'application professionnel et territorial de cet accord, en est signataire ou relève d'une organisation patronale représentative dans le champ de l'accord et signataire de celui-ci, dès lors que cette vérification incombe au ministre sous le contrôle du juge administratif. • Soc. 27 nov. 2019, 🏛 n° 17-31.442 P : *préc. note 3* • 8 déc. 2021, 🏛 n° 20-11.738 B : *D. 2021. 2237* 📄 ; *RDT 2022. 321*, obs. Lafuma 📄 ; *RJS 2/2022, n° 48* ; *JCP S 2022. 1019*, obs. Icard. ♦ L'extension d'un accord collectif par arrêté du ministre du Travail rend les stipulations de l'accord obligatoires pour tous les salariés et employeurs compris dans le champ d'application de ce dernier ; dès lors, il appartient seulement au juge judiciaire saisi d'un litige relatif à l'exonération de contributions sociales d'une prime exceptionnelle prévue par un accord régional ou territorial étendu de déterminer si l'employeur est compris dans le champ d'application de ce dernier. • Civ. 2e, 12 mars 2020, 🏛 n° 18-14.382 P : *RJS 5/2020, n° 247.*

5. Abrogation partielle. L'abrogation partielle d'un arrêté d'extension ne peut modifier sur un point essentiel l'économie des dispositions demeurées obligatoires. • CE 19 févr. 1982 : *Dr. soc. 1982. 567*, concl. Dondoux. – V. aussi • CE 16 avr. 1982 : *D. 1983. IR 363*, obs. Langlois.

2° PORTÉE DE L'EXTENSION

6. Effets de l'extension. L'arrêté d'extension d'une convention collective n'a pas pour effet de valider les stipulations qu'elle renferme, l'appréciation de la validité de celles-ci relevant de l'appréciation des tribunaux de l'ordre judiciaire. • Civ. 2e, 12 juill. 1963 : *JCP 1964. II. 13495*, note P.S. et Ch. G. • 20 juill. 1964 : *Dr. soc. 1965. 55*, obs. Savatier.

7. Extension et chevauchement des champs d'application de conventions collectives. Il appartient également au ministre, lorsqu'il apparaît que le champ d'application professionnel défini par une convention ou un accord collectif dont l'extension est envisagée recoupe celui d'une autre convention ou accord collectif étendu par arrêté, préalablement à l'extension projetée, soit d'exclure du champ de cette extension les activités économiques déjà couvertes par la convention ou l'accord collectif précédemment étendu, soit d'abroger l'arrêté d'extension de cette convention ou de cet accord collectif en tant qu'il s'applique à ces activités. • CE 18 sept. 2019, 🏛 nos 410738, 410801 et 410936 : *RDT 2020. 62*, Rapp. Dieu 📄.

8. Sur la notion de branche d'activités professionnelles à laquelle s'applique une convention étendue, V. • CE 30 sept. 1983 : *D. 1984. IR 367*, obs. Langlois.

Art. L. 2261-16 Le ministre chargé du travail peut également, conformément à la procédure d'extension prévue à la sous-section 3, rendre obligatoires, par arrêté, les avenants ou annexes à une convention ou à un accord étendu.

L'extension des avenants ou annexes à une convention ou à un accord étendu porte effet dans le champ d'application de la convention ou de l'accord de référence, sauf dispositions expresses déterminant un champ d'application différent. – *[Anc. art. L. 133-9.]*

tion ou d'un accord collectif n'entraîne pas la mise en cause de cette convention ou de cet accord.

Art. L. 2261-14-2 (*L. n° 2016-1088 du 8 août 2016, art. 17*) Dès lors qu'est envisagée une fusion, une cession, une scission ou toute autre modification juridique qui aurait pour effet la mise en cause d'une convention ou d'un accord, les employeurs des entreprises concernées et les organisations syndicales de salariés représentatives dans l'entreprise qui emploie les salariés dont les contrats de travail sont susceptibles d'être transférés peuvent négocier et conclure la convention ou l'accord de substitution prévu au premier alinéa de l'article L. 2261-14.

La durée de cette convention ou de cet accord ne peut excéder trois ans. La convention ou l'accord entre en vigueur à la date de réalisation de l'événement ayant entraîné la mise en cause et s'applique à l'exclusion des stipulations portant sur le même objet des conventions et accords applicables dans l'entreprise ou l'établissement dans lequel les contrats de travail sont transférés.

A l'expiration de cette convention ou de cet accord, les conventions et accords applicables dans l'entreprise ou dans l'établissement dans lequel les contrats de travail des salariés ont été transférés s'appliquent à ces salariés.

BIBL. ▶ Delmas, *Dr. soc. 2022.* 151 (l'accord de transition : un outil de sécurisation risqué).

Art. L. 2261-14-3 (*L. n° 2016-1088 du 8 août 2016, art. 17*) Dès lors qu'est envisagée une fusion, une cession, une scission ou toute autre modification juridique qui aurait pour effet la mise en cause d'une convention ou d'un accord, les employeurs et les organisations syndicales de salariés représentatives dans les entreprises ou établissements concernés peuvent négocier et conclure une convention ou un accord se substituant aux conventions et accords mis en cause et révisant les conventions et accords applicables dans l'entreprise ou l'établissement dans lequel les contrats de travail sont transférés. Cette convention ou cet accord entre en vigueur à la date de réalisation de l'événement ayant entraîné la mise en cause.

Art. L. 2261-14-4 (*L. n° 2016-1088 du 8 août 2016, art. 17*) La validité des conventions et des accords mentionnés aux articles L. 2261-14-2 et L. 2261-14-3 s'apprécie dans les conditions prévues aux articles L. 2232-12 et L. 2232-13.

Les taux mentionnés aux mêmes articles L. 2232-12 et L. 2232-13 sont appréciés :

1° Dans le périmètre de l'entreprise ou de l'établissement employant les salariés dont les contrats de travail sont transférés, dans le cas mentionné à l'article L. 2261-14-2 ;

2° Dans le périmètre de chaque entreprise ou établissement concerné, dans le cas mentionné à l'article L. 2261-14-3.

Le cas échéant, la consultation des salariés est effectuée dans ces mêmes périmètres.

SECTION 7 Extension et élargissement

BIBL. ▶ **Ordonnance du 22 sept. 2017 :** Dauxerre, *JCP S* 2017. 1307 (sécurisation des dispositifs d'extension et d'élargissement des conventions et accords collectifs).

SOUS-SECTION 1 Principes

Art. L. 2261-15 Les stipulations d'une convention de branche ou d'un accord professionnel ou interprofessionnel, répondant aux conditions particulières déterminées par la sous-section 2, peuvent être rendues obligatoires pour tous les salariés et employeurs compris dans le champ d'application de cette convention ou de cet accord, par arrêté du ministre chargé du travail, après avis motivé de la Commission nationale de la négociation collective (*L. n° 2020-1525 du 7 déc. 2020, art. 19, en vigueur le 1er juin 2021*) « , de l'emploi et de la formation professionnelle ».

L'extension des effets et des sanctions de la convention ou de l'accord se fait pour la durée et aux conditions prévues par la convention ou l'accord en cause. – [*Anc. art. L. 133-8, al. 1er et 3.*]

BIBL. ▶ Procédure d'extension : Aufrère-Philbert, *Dr. soc.* 1989. 237. – Pascré, *Dr. ouvrier* 1986. 241.

COMMENTAIRE
V. sur le Code en ligne.

organisations syndicales de salariés représentatives doivent être invitées à cette nouvelle négociation. • Soc. 9 févr. 2000, ⚖ n° 97-22.619 P : D. 2000. IR 73 ⃝ ; RJS 2000. 203, n° 306.

12. Survie temporaire de l'accord de droit syndical. L'accord prévoyant la désignation de délégués syndicaux au sein de la société absorbée a vocation à s'appliquer pendant une durée de quinze mois suivant l'absorption de la société, ce délai ayant pour but de permettre l'organisation de négociations afin d'adapter l'accord à la nouvelle structure de l'entreprise ou de définir de nouvelles dispositions, de sorte que sa caducité ne pouvait pas être invoquée ; le protocole préélectoral qui ne contient pas de dispositions relatives au nombre de délégués syndicaux ne se substitue pas à celles contenues dans l'accord conclu au sein de la société absorbée. • Soc. 13 déc. 2017, ⚖ n° 16-26.553 P : D. actu. 2 févr. 2018, obs. Siro ; RJS 2/2018, n° 131 ; JCP S 2017. 1054, obs. Gauriau.

13. Application immédiate des dispositions applicables dans l'entreprise. L'employeur entrant ne peut subordonner le bénéfice dans l'entreprise d'accueil des avantages collectifs, qu'ils soient instaurés par voie d'accords collectifs, d'usages ou d'un engagement unilatéral de l'employeur, à la condition que les salariés transférés renoncent aux droits qu'ils tiennent d'un usage ou d'un engagement unilatéral en vigueur dans leur entreprise d'origine au jour du transfert ou qu'ils renoncent au maintien des avantages en cas de mise en cause de l'accord collectif. • Soc. 13 oct. 2016, ⚖ n° 14-25.411 P : D. 2016. Actu. 2220 ⃝ ; RJS 12/2016, n° 777.

14. Égalité de traitement. Les différences de traitement observées postérieurement à des opérations de fusion, entre des salariés appartenant à la même entreprise mais à des établissements distincts, opérées par voie d'accords d'entreprise négociés et signés par les organisations syndicales représentatives au sein de l'entreprise investies de la défense des droits et intérêts des salariés de l'ensemble de cette entreprise et à l'habilitation desquelles ces derniers participent directement par leur vote, sont présumées justifiées, de sorte qu'il appartient à celui qui les conteste de démontrer qu'elles sont étrangères à toute considération de nature professionnelle. • Soc. 4 oct. 2017, ⚖ n° 16-17.517 P : D. 2017. Actu. 1981 ⃝ ; RJS 12/2017, n° 780 ; JSL 2017, n° 442-2, obs. Lhernould ; JCP S 2017. 1391, obs. Cesaro ; Gaz. Pal. 12 déc. 2017, jur. p. 51, obs. Harir. ♦ La différence de traitement entre les salariés dont le contrat de travail a été transféré en application d'une garantie d'emploi instituée par voie conventionnelle par les organisations syndicales représentatives investies de la défense des droits et intérêts des salariés et à l'habilitation desquelles ces derniers participent directement par leur vote et les salariés de l'employeur entrant, qui résulte de l'obligation à laquelle est tenu ce dernier de maintenir au bénéfice des salariés transférés les droits qui leur étaient reconnus chez leur ancien employeur au jour du transfert, n'est pas étrangère à toute considération de nature professionnelle et se trouve dès lors justifiée au regard du principe d'égalité de traitement. • Soc. 30 nov. 2017, ⚖ n° 16-20.532 P : D. 2017. Actu. 2483 ⃝ ; RJS 2/2018, n° 100 ; SSL 2017, n° 1795, p. 12, obs. Champeaux ; JSL 2018, n° 446-2, obs. Lhernould ; JCP 2017. 1341, obs. Corrignan-Carsin ; JCP S 2017. 1023, obs. Cesaro.

15. Sort du règlement intérieur. Le règlement intérieur s'imposant aux salariés avant le transfert de plein droit de leurs contrats de travail, vers une société nouvellement créée, n'est pas transféré avec ces contrats de travail dès lors que ce règlement constitue un acte réglementaire de droit privé dont les conditions sont encadrées par la loi, l'art. R. 1321-5 C. trav. imposant à une telle entreprise nouvelle d'élaborer un règlement intérieur dans les trois mois de son ouverture. • Soc. 17 oct. 2018, ⚖ n° 17-16.465 P : D. 2018. Actu. 2143 ⃝ ; RJS 1/2019, n° 70 ; JSL 2018, n° 465-466-4, obs. Lhernould ; JCP S 2018. 1389, obs. Morvan.

Ancien art. L. 2261-14 Lorsque l'application d'une convention ou d'un accord est mise en cause dans une entreprise déterminée en raison notamment d'une fusion, d'une cession, d'une scission ou d'un changement d'activité, cette convention ou cet accord continue de produire effet jusqu'à l'entrée en vigueur de la convention ou de l'accord qui lui est substitué ou, à défaut, pendant une durée d'un an à compter de l'expiration du délai de préavis prévu à l'article L. 2261-9, sauf clause prévoyant une durée supérieure.

Lorsque la convention ou l'accord mis en cause n'a pas été remplacé par une nouvelle convention ou un nouvel accord dans les délais précisés au premier alinéa, les salariés des entreprises concernées conservent les avantages individuels qu'ils ont acquis, en application de la convention ou de l'accord, à l'expiration de ces délais.

Une nouvelle négociation doit s'engager dans l'entreprise concernée, à la demande d'une des parties intéressées, dans les trois mois suivant la mise en cause, soit pour l'adaptation aux dispositions conventionnelles nouvellement applicables, soit pour l'élaboration de nouvelles stipulations.
— [Anc. art. L. 132-8, al. 7.]

Art. L. 2261-14-1 (L. n° 2008-789 du 20 août 2008) La perte de la qualité d'organisation représentative de toutes les organisations syndicales signataires d'une conven-

convention collective dont relève le cessionnaire s'applique immédiatement au salarié, les dispositions plus favorables de l'accord mis en cause continuant cependant à lui bénéficier dans les conditions prévues par l'art. L. 2261-14. ● Soc. 10 févr. 2010 : ⚖ *D. 2010. AJ 586*, obs. Perrin ⊘ ; *Dr. soc. 2010. 476*, obs. Radé ⊘ ; *JSL 2010, n° 275-31*, obs. Gardair-Rerolle.

4. Effet mécanique sur le statut du salarié. Si, du fait de l'absence d'accord de substitution, un salarié peut conserver son statut de cadre et la rémunération résultant de la convention collective mise en cause par un transfert d'entreprise jusqu'à la fin du délai de survie de cette convention, il ne peut pas prétendre au maintien pour l'avenir de ce statut, qui ne résultait pas de son contrat de travail mais des dispositions de cette convention collective qui ne s'appliquait plus. ● Soc. 20 avr. 2017, ⚖ n° 15-28.789 P : *D. actu. 19 mai 2017*, obs. Roussel ; *RJS 7/2017, n° 507* ; *JSL 2017, n° 432-3*, obs. Tissandier ; *SSL 2017, n° 1767, p. 13*, obs. Champeaux ; *JCP S 2017. 1214*, obs. Chenu.

5. Maintien par engagement unilatéral du statut collectif de l'entreprise absorbée. La mise en cause de l'application de la convention ou de l'accord collectif résulte de la survenance de la fusion, cession, scission, changement d'activité sans qu'il soit besoin d'une dénonciation. Si, conformément au droit commun des accords collectifs de travail, le nouvel employeur peut, en l'absence d'adaptation aux dispositions conventionnelles nouvellement applicables ou d'élaboration de nouvelles dispositions, maintenir, en vertu d'un engagement unilatéral, tout ou partie des dispositions conventionnelles en vigueur dans l'entreprise absorbée, ce n'est qu'à la condition, s'agissant d'avantages ayant le même objet ou la même cause, que cet accord soit plus favorable que celui applicable au sein de l'entreprise absorbante. ● Soc. 24 mars 2021, ⚖ n° 19-15.920 P : *D. 2021. Actu. 639* ⊘ ; *Dr. soc. 2021. 665*, obs. Radé ⊘ ; *RJS 6/2021, n° 328* ; *JCP S 2021. 1110*, obs. Aluome.

6. Caractère d'ordre public. L'employeur ne peut faire échec aux dispositions de l'art. L. 132-8 [L. 2261-14 nouv.] par une procédure de modification des contrats de travail ; les salariés ne peuvent renoncer aux avantages tirés d'une convention, ou d'un accord, même pendant la durée de survie de celle-ci. ● Soc. 19 oct. 1999 : ⚖ *Dr. soc. 2000. 228*, obs. Bélier ⊘.

7. Transfert d'entreprise et sort des avenants postérieurs. L'article 3, paragraphe 1, de la directive 77/187/CEE, du Conseil, du 14 février 1977, concernant le rapprochement des législations des États membres relatives au maintien des droits des travailleurs en cas de transferts d'entreprises, d'établissements ou de parties d'établissements doit être interprété en ce sens qu'il ne s'oppose pas à ce que, lorsque le contrat de travail renvoie à une convention collective liant le cédant, le cessionnaire, qui n'est pas partie à une telle convention, ne soit pas lié par des conventions collectives postérieures à celle qui était en vigueur au moment du transfert d'établissement. ● CJCE 9 mars 2006, C-499-04 : *RDT 2006. 112* ⊘.

8. Négociation de la substitution. Une négociation doit s'engager dans l'entreprise soit pour adapter les anciennes dispositions soit pour en élaborer de nouvelles. ● Soc. 14 mai 1992, ⚖ n° 88-45.316 P : *GADT, 4ᵉ éd., n° 170* ; *D. 1993. 67*, note Decoopman ⊘ ; *Dr. ouvrier 1993. 183*, note Saramito ; *Dr. soc. 1992. 631* ⊘ ; *CSB 1992. 193, A. 36* ; *RJS 1992. 420, n° 768* ; ibid. 451, note Déprez. ♦ L'employeur et les organisations syndicales ont qualité pour négocier un accord d'entreprise ou d'établissement permettant l'adaptation du statut collectif en vigueur dans l'entreprise cédée à la convention collective de branche nouvellement applicable. ● Soc. 9 févr. 1994, ⚖ n° 91-16.000 P : *D. 1994. Somm. 314*, obs. Souriac-Rotschild ⊘ ; *Dr. soc. 1994. 384*, obs. Bélier ⊘ ; *RJS 1994. 197, n° 280, 2ᵉ esp.*

9. L'absence de négociation consécutive à la mise en cause d'une convention ou d'un accord collectif n'a pas pour effet de prolonger l'application de la convention ou de l'accord au-delà des délais prévus par l'art. L. 132-8, al. 3 [L. 2261-10 nouv.]. ● Soc. 23 juin 1999 : ⚖ *Dr. soc. 1999. 973*, obs. Gauriau ⊘.

10. L'accord de substitution peut être moins favorable sans que les salariés puissent se prévaloir de l'ancien. ● Soc. 3 mars 1998, ⚖ n° 96-11.115 P ● 27 juin 2000, ⚖ n° 99-41.135 P. ♦ La convention collective applicable dans l'entreprise d'accueil à l'issue de la période de survie de la convention collective applicable dans l'entreprise cédée ne constitue pas l'accord d'adaptation prévu par l'art. L. 132-8, al. 7 [L. 2261-14 nouv.] ; les partenaires sociaux doivent négocier un accord d'adaptation, à défaut, les avantages individuels acquis sont incorporés dans le contrat de travail. ● Soc. 19 oct. 1999 : ⚖ *Dr. soc. 2000. 228*, obs. Bélier ⊘.

11. Négociation anticipée. Il n'est pas interdit d'engager les négociations rendues nécessaires par la mise en cause d'un accord collectif avant que se réalise l'événement entraînant cette mise en cause ; l'employeur n'est tenu de reprendre la négociation après cet événement que lorsque les organisations syndicales représentatives ne sont plus les mêmes dans la nouvelle entreprise. ● Soc. 13 oct. 2010 : ⚖ *D. actu. 5 nov. 2010*, obs. Ines ; *D. 2010. AJ 2586* ⊘ ; *RDT 2010. 715*, obs. Géa ; *RJS 2010. 845, n° 946*. ♦ Comp. : même si des discussions en vue du remplacement par un nouvel accord d'un accord collectif existant peuvent bien être engagées avant toute dénonciation de cet accord, la nouvelle négociation qui doit s'engager, en cas de dénonciation d'un accord par la totalité des signataires, en vue de la signature éventuelle d'un accord de substitution, ne peut avoir lieu qu'après la dénonciation. Toutes les

« 1° S'applique jusqu'au terme qui aurait été celui de la convention ou de l'accord en l'absence de mise en cause si ce terme est postérieur à la date à laquelle la convention ou l'accord mis en cause cesse de produire ses effets en application du premier alinéa ;
« 2° Ne s'applique pas si ce terme est antérieur à la date à laquelle cette convention ou cet accord cesse de produire ses effets en application du premier alinéa. »
Une nouvelle négociation doit s'engager dans l'entreprise concernée, à la demande d'une des parties intéressées, dans les trois mois suivant la mise en cause, soit pour l'adaptation aux dispositions conventionnelles nouvellement applicables, soit pour l'élaboration de nouvelles stipulations.

Ces dispositions s'appliquent à compter de la date où les accords ou conventions dénoncés ou mis en cause cessent de produire leurs effets, y compris si la date de leur dénonciation ou de leur mise en cause est antérieure à la publication (le 9 août 2016) de la L. n° 2016-1088 du 8 août 2016 (L. préc., art. 17-IV).

Les dispositions issues de l'art. 21 de la L. n° 2018-217 du 29 mars 2018 s'appliquent à tous les accords ou conventions dénoncés ou mis en cause ayant cessé de produire leurs effets à compter du 9 août 2016, y compris si la date de leur dénonciation ou de leur mise en cause est antérieure à cette date (L. préc., art. 21-II).

BIBL. ▶ ALLUOME, *JCP S 2020. 3097* (caducité et mise en cause de l'accord collectif). – ALLUOME et ARMILLEI, *JCP S 2020. 3114* (négociation collective des accords de substitution en l'absence de délégué syndical). – LEGRAND, *RDT 2008. Controverse 10* (à règle automatique, justification indiscutable). – MAZEAUD, *Dr. soc. 2008. 66* (accords collectifs et restructurations). – MORIN, *RDT 2008. Controverse 10* (la notion de mise en cause dans la jurisprudence de la Cour de cassation).

COMMENTAIRE

V. sur le Code en ligne 🔒.

Jurisprudence rendue sous l'empire des textes antérieurs à la L. n° 2016-1088 du 8 août 2016.

1. Dénonciation et mise en cause. La mise en cause d'une convention ou d'un accord collectif prévue par l'al. 7 de l'art. L. 132-8 [L. 2261-14 nouv.] doit être assimilée à une dénonciation faisant, notamment, courir le préavis prévu par l'al. 1er de l'art. L. 132-8 [L. 2222-6 et L. 2261-9 nouv.]. • Soc. 22 juin 1993, n° 91-41.983 P : *Dr. soc. 1993. 659, rapp. Waquet ; RJS 1993. 538, n° 902.* ♦ La cession d'une entité économique autonome entre dans les prévisions de l'art. L. 132-8, al. 7 [L. 2261-14 nouv.]. • Soc. 24 févr. 1993, n° 90-40.104 P : *D. 1993. Somm. 259, obs. Goineau ; RJS 1993. 258, n° 429 ; CSB 1993. 191.* ♦ Lorsque l'application d'une convention ou d'un accord collectif est remise en cause en raison de la disparition des organismes signataires, ladite convention ou ledit accord continue de produire effet, conformément aux 3e et 6e al. de l'art. L. 132-8 [L. 2261-8 et L. 2261-13 nouv.]. • Soc. 16 mars 1995, : n° 93-11.868 P : *D. 1995. Somm. 369, obs. Dockès ; Dr. soc. 1995. 370, concl. Kessous ; JCP 1995. II. 22419, rapp. Frouin ; JCP E 1995. II. 722, note Pochet ; RJS 1995. 273, n° 402.* ♦ En faveur de la licéité d'un protocole d'accord conclu entre la direction et le comité d'entreprise afin de permettre un changement de convention collective dans l'hypothèse d'une restructuration, V. : • Soc. 1er juin 1988, n° 85-45.294 P : *Dr. soc. 1989. 79, obs. Savatier ; RTD civ. 1989. 320, obs. Mestre.*

2. Hypothèses. La cession d'une entité économique autonome entre dans les prévisions de l'art. L. 132-8, al. 7 [L. 2261-14 nouv.]. • Soc. 24 févr. 1993, n° 90-40.104 P : *D. 1993. Somm. 259, obs. Goineau ; RJS 1993. 258, n° 249 ; CSB 1993. 191.* ♦ Il en est de même lorsque l'application d'une convention ou d'un accord collectif est remise en cause en raison de la disparition des organismes signataires. • Soc. 16 mars 1995, n° 91-40.210 P : *D. 1995. Somm. 369, obs. Dockès ; Dr. soc. 1995. 370, concl. Kessous ; JCP 1995. II. 22419, rapp. Frouin ; JCP E 1995. II. 722, note Pochet ; RJS 1995. 273, n° 402* • Soc. 13 oct. 2016, n° 14-18.905 P : *RJS 12/2016, n° 798 ; JSL 2017, n° 425-4, obs. Mayoux ; JCP S 2016. 1434, obs. Bossu.* ♦ Le transfert du siège social de l'entreprise d'un département à un autre entraîne la mise en cause de l'application de la convention collective propre au département. • Soc. 21 mai 1997, n° 93-46.617 P : *D. 1997. IR 151.* ♦ La cession des parts d'une société commerciale à un nouvel actionnaire, qui ne réalise à elle seule ni une fusion ni une cession, ni une scission d'entreprise, ne met en cause l'application d'aucune convention ou accord. • Soc. 18 janv. 2006, n° 03-43.023 P : *RDT 2006. 186, obs. Nadal ; RJS 2006. 324, n° 479.*

3. Effets. La mise en cause d'une convention ou d'un accord collectif prévue par l'al. 7 de l'art. L. 132-8 [L. 2261-14 nouv.] doit être assimilée à une dénonciation faisant courir le délai prévu par l'al. 1er de l'art. L. 132-8 [L. 2261-9 nouv.] à défaut d'accord qui lui est substitué. • Soc. 22 juin 1993, n° 91-41.983 P : *Dr. soc. 1993. 659, rapp. Waquet ; RJS 1993. 538, n° 902 ; D. 1994. Somm. 299.* ♦ En cas de transfert du contrat de travail par application de l'art. L. 1224-1 C. trav., la

obs. Savatier ● 11 déc. 1986 : *Bull. civ. V, n° 596* ● 19 juin 1987 : *ibid., n° 402.*

3. Rémunération. Ne constitue pas un avantage individuel acquis l'application pour l'avenir du mode de calcul ou de réévaluation de la rémunération tel qu'il résulte de la convention ou de l'accord dénoncé. ● 24 avr. 2013 : *D. 2013. Actu. 1144 ⌀ ; D. actu. 21 mai 2013, obs. Siro ; RDT 2013. 497, obs. Souriac ⌀ ; Dr. ouvrier 2013. 593, note Lanquetin ; JSL 2013, n° 345-3, obs. Hautefort ; JCP S 2013. 1225, obs. Loiseau.* ♦ Même solution pour les modalités de calcul de l'incidence des absences sur le montant de la prime de productivité prévues à l'accord dénoncé. ● Soc. 28 févr. 2006, ⚖ n° 04-14.202 P. ♦ En revanche, lorsque la structure de la rémunération a été fixée par un accord dénoncé et non remplacé avant l'expiration du délai de survie, elle constitue un avantage individuel acquis. ● Soc. 1er juill. 2008 : *D. 2008. AJ 2083, obs. Ines ⌀ ; RDT 2008. 753, obs. Nicod ⌀ ; Dr. soc. 2008. 1276, obs. Radé ⌀ ; JSL 2008, n° 240-5.* ♦ Le maintien de la rémunération du temps de pause en l'absence d'accord de substitution après dénonciation d'accord constitue un avantage individuel acquis. ● Soc. 5 nov. 2014 : *D. 2014. Actu. 2308 ⌀ ; D. actu. 28 nov. 2014, obs. Fraisse ; JSL 2015, n° 379-6, obs. Tissandier.*

4. Durée du travail. Le jour supplémentaire de congé accordé aux employés, dont le repos hebdomadaire coïncidait avec un jour férié dont les salariées avaient déjà bénéficié à titre personnel, a la nature d'un avantage individuel acquis. ● Soc. 23 mai 2006, ⚖ n° 04-42.779 P : *RJS 8-9/2006, n° 985.*

5. Rémunération du temps de pause. L'avantage procuré par un accord collectif mis en cause est un avantage collectif, et non un avantage individuel acquis, lorsque son maintien est incompatible avec le respect par l'ensemble des salariés concernés de l'organisation collective du temps de travail qui leur est applicable suite à la mise en cause. ● Soc. 8 juin 2011 : *D. 2011. Actu. 1693 ⌀ ; D. actu. 28 juin 2011, obs. Ines ; RDT 2011. 652, obs. Nicod ⌀ ; JSL 2011, n° 304-5, obs. Tourreil ; SSL 2011, n° 1507, p. 8, obs. Colin ; ibid. n° 1516, p. 12, obs. D. Fabre ; JCP S 2011. 1407, obs. Dumont.*

6. Conditions de travail. L'avantage constitué par une heure quotidienne d'entraînement physique par les agents de la RATP chargés de la sécurité se rapporte aux conditions de travail de l'ensemble des agents et a donc nécessairement une nature collective. ● Soc. 1er juin 2005 : *D. 2006. Pan. 36, obs. Berthier ⌀ ; Dr. soc. 2005. 1064, obs. Radé ⌀ ; JCP E 2006. 1356, note Vachet ; RJS 2005. 632, n° 878.*

SECTION 6 Mise en cause

BIBL. ▶ ALUOME, *JCP S 2020. 1305* (accord tripartite de transition). – VACHET, *SSL 2017, n° 17251, p. 11* (mise en cause d'un accord collectif et accord anticipé de substitution).

Art. L. 2261-14 Lorsque l'application d'une convention ou d'un accord est mise en cause dans une entreprise déterminée en raison notamment d'une fusion, d'une cession, d'une scission ou d'un changement d'activité, cette convention ou cet accord continue de produire effet jusqu'à l'entrée en vigueur de la convention ou de l'accord qui lui est substitué ou, à défaut, pendant une durée d'un an à compter de l'expiration du délai de préavis prévu à l'article L. 2261-9, sauf clause prévoyant une durée supérieure.

(*L. n° 2016-1088 du 8 août 2016, art. 17*) « Lorsque la convention ou l'accord qui a été mis en cause n'a pas été remplacé par une nouvelle convention ou un nouvel accord dans le délai fixé au premier alinéa du présent article, les salariés des entreprises concernées (*L. n° 2018-217 du 29 mars 2018, art. 21*) « bénéficient d'une garantie de » rémunération dont le montant annuel, pour une durée de travail équivalente à celle prévue par leur contrat de travail, ne peut être inférieur à la rémunération versée (*L. n° 2018-217 du 29 mars 2018, art. 21*) « , en application de la convention ou de l'accord mis en cause, » lors des douze derniers mois. Cette (*L. n° 2018-217 du 29 mars 2018, art. 21*) « garantie de » rémunération s'entend au sens de l'article L. 242-1 du code de la sécurité sociale, à l'exception de la première phrase du deuxième alinéa du même article L. 242-1. »

(*L. n° 2018-217 du 29 mars 2018, art. 21*) « Cette garantie de rémunération peut être assurée par le versement d'une indemnité différentielle entre le montant de la rémunération qui était dû au salarié en vertu de la convention ou de l'accord mis en cause et de son contrat de travail et le montant de la rémunération du salarié résultant de la nouvelle convention ou du nouvel accord, s'il existe, et de son contrat de travail. »

(*L. n° 2016-1088 du 8 août 2016, art. 17*) « Lorsque la mise en cause concerne une convention ou un accord à durée déterminée, le deuxième alinéa du présent article :

6. Contractualisation. Les avantages individuels sont intégrés au contrat de travail, il appartient alors à l'employeur qui entend les modifier ou les supprimer de procéder, en cas de refus des salariés, au licenciement. • Soc. 6 nov. 1991, ⚐ n° 87-44.507 P : *D. 1992. Somm. 294*, obs. Souriac-Rotschild ⌀ ; *Dr. soc. 1992. 81* ; *JCP E 1992. I. 264*, note Pochet ; *CSB 1991. 275, A. 59* ; *RJS 1991. 720, n° 1342*.

7. Caractère d'ordre public. Les stipulations du contrat de travail ne peuvent écarter le principe du maintien des avantages individuels acquis. • Soc. 24 oct. 1995 : ⚐ *RJS 1995. 805, n° 1261*.

8. Égalité salariale. En l'absence d'un accord d'adaptation, le maintien aux salariés transférés des avantages individuels acquis en application de l'accord mis en cause par l'absorption ne pouvait constituer à lui seul pour les autres salariés de l'entreprise auxquels cet avantage n'était pas appliqué un trouble manifestement illicite. • Soc. 11 janv. 2005 : ⚐ *D. 2005. 1270*, note Bugada ⌀ ; *Dr. soc. 2005. 323*, obs. Radé ⌀ ; *RJS 2005. 220, n° 299*. ♦ Mais au regard de l'application du principe « à travail égal, salaire égal », la seule circonstance que les salariés aient été engagés avant ou après la dénonciation d'un accord collectif ne saurait justifier des différences de traitement entre eux, à l'exception de celles résultant, pour les salariés engagés avant la dénonciation, des avantages individuels acquis par ces derniers ayant pour objet de compenser, en l'absence de conclusion d'un accord de substitution, le préjudice subi du fait de la dénonciation. • Soc. 11 juill. 2007 : ⚐ *RDT 2007. 661*, obs. Pignarre ⌀ ; *RJS 2007. 834, n° 1065* ; *Dr. soc. 2007. 1122*, note Radé ⌀. ♦ Le maintien d'un avantage acquis en cas de mise en cause de l'application d'un accord collectif ne méconnaît pas le principe « à travail égal, salaire égal », que ce maintien résulte d'une absence d'accord ou d'un tel accord. • Soc. 4 déc. 2007 : ⚐ *RDT 2008. 115*, obs. Tissandier ⌀ ; *RJS 2008. 154, n° 205* ; *Dr. soc. 2008. 244*, obs. Radé ⌀ • 12 févr. 2008, ⚐ n° 06-45.397 P. ♦ Mais un employeur peut faire bénéficier par engagement unilatéral les salariés engagés postérieurement à la dénonciation d'un accord collectif d'avantages identiques à ceux dont bénéficient, au titre des avantages individuels acquis, les salariés engagés antérieurement à la dénonciation de l'accord. • Soc. 24 avr. 2013 : ⚐ *D. actu. 21 mai 2013*, obs. Siro.

9. Sur le maintien conventionnel des avantages individuels acquis sur le fondement de l'accord remplacé : V. note ss. art. L. 2254-1.

B. GARANTIE DE RÉMUNÉRATION (DROIT POSITIF)

10. Pas encore de décisions significatives.

Ancien art. L. 2261-13 *Lorsque la convention ou l'accord qui a été dénoncé n'a pas été remplacé par une nouvelle convention ou un nouvel accord dans un délai d'un an à compter de l'expiration du préavis, les salariés des entreprises concernées conservent les avantages individuels qu'ils ont acquis, en application de la convention ou de l'accord, à l'expiration de ce délai.*

Lorsqu'une stipulation prévoit que la convention ou l'accord dénoncé continue à produire ses effets pendant un délai supérieur à un an, les dispositions du premier alinéa s'appliquent à compter de l'expiration de ce délai. — [Anc. art. L. 132-8, al. 6.]

BIBL. ▶ Avantages acquis : AUBRÉE, *RJS 2000. 699*. – BOUBLI, *SSL 2001, n° 1030 suppl.* – CHEVILLARD, FABRE, GATUMEL, LAGOUTTE et MORAND, *JCP E 1993. I. 307*. – DÉPREZ, *RJS 1992. 3*. – DESPAX, *Dr. soc. 1990. 156* ⌀. – DOCKÈS, *ibid. 1993. 826* ⌀ (avantage individuel acquis). – LANGLOIS, *ibid. 1986. 881*. – PHILBERT, *CSB 1994. 59* (suppression d'un avantage). – RODIÈRE, *Dr. soc. 1986. 873*. – SAVATIER, *Dr. soc. 1995. 178* ⌀. – WAGNER, *JCP 1991. I. 81*. ▶ Restructurations : AUBRÉE, *RJS 1999. 275* (accord substitué). – BÉLIER, *Dr. soc. 1989. 71*. – CHAUCHARD, *Dr. soc. 1995. 373* ⌀. – DÉPREZ, *RJS 1992. 451*. – DUPEYROUX, *Dr. soc. 1989. 6*. – POCHET, *JCP E 1995. I. 442*. – RAY, *Dr. soc. 1989. 56*. – SAVATIER, *ibid. 1993. 156* ⌀ ; *CSB 1995. 133*.

I. CARACTÈRES DE LA RÈGLE

1. Ordre public. L'employeur entrant ne peut subordonner le bénéfice dans l'entreprise d'accueil des avantages collectifs, qu'ils soient instaurés par voie d'accords collectifs, d'usages ou d'un engagement unilatéral de l'employeur, à la condition que les salariés transférés renoncent aux droits qu'ils tiennent d'un usage ou d'un engagement unilatéral en vigueur dans leur entreprise d'origine au jour du transfert ou qu'ils renoncent au maintien des avantages individuels acquis en cas de mise en cause d'un accord collectif. • Soc. 13 oct. 2016, ⚐ n° 14-25.411 P : *D. 2016. Actu. 2220* ⌀ ; *RJS 12/2016, n° 777*.

II. DÉFINITION

2. Indemnités de rupture. L'avantage individuel acquis est celui qui correspond à un droit déjà ouvert et non à un droit simplement éventuel ; l'indemnité de licenciement dont le droit ne naît qu'au moment de la rupture du contrat de travail ne peut constituer un avantage individuel acquis avant cette rupture. • Soc. 23 juin 1999, ⚐ n° 97-43.162 P : *Dr. soc. 1999. 973*, obs. Gauriau ⌀. ♦ Le droit à l'indemnité de départ né par le fait et au moment de la rupture du contrat ne constitue pas un avantage individuel acquis au regard d'une clause de maintien des avantages acquis. • Soc. 5 mars 1969, n° 68-40.082 P : *Dr. soc. 1969. 508*, la sécurité sociale, à l'exception de la première phrase du deuxième alinéa du même article L. 242-1.

(*L. n° 2018-217 du 29 mars 2018, art. 21*) « Cette garantie de rémunération peut être assurée par le versement d'une indemnité différentielle entre le montant de la rémunération qui était dû au salarié en vertu de la convention ou de l'accord dénoncé et de son contrat de travail et le montant de la rémunération du salarié résultant de la nouvelle convention ou du nouvel accord, s'il existe, et de son contrat de travail. »

Lorsqu'une stipulation prévoit que la convention ou l'accord dénoncé continue à produire ses effets pendant un délai supérieur à un an, le premier alinéa du présent article s'applique à compter de l'expiration de ce délai si une nouvelle convention ou un nouvel accord n'a pas été conclu.

Ces dispositions s'appliquent à compter de la date où les accords ou conventions dénoncés ou mis en cause cessent de produire leurs effets, y compris si la date de leur dénonciation ou de leur mise en cause est antérieure à la publication de la L. n° 2016-1088 du 8 août 2016 (L. préc., art. 17-IV).

> **COMMENTAIRE**
>
> V. sur le Code en ligne.

I. CHAMP D'APPLICATION

1. Entreprises à statut (jurisprudence antérieure à la loi du 8 août 2016). En application de l'art. L. 134-1 [L. 2233-1 nouv.], des conventions ou accords collectifs de travail négociés au sein des entreprises publiques ou établissements publics à caractère industriel et commercial peuvent seulement compléter les dispositions statutaires ; il en résulte que les dispositions du statut ne peuvent être contredites par des accords collectifs et que les dispositions de l'art. L. 132-8, al. 6 et 7 [L. 2261-13 et L. 2261-14 nouv.] ne s'appliquent pas. ● Soc. 17 mai 2005, n° 03-13.582 P.

II. ACCORD DE REMPLACEMENT

2. Délai (jurisprudence antérieure à la loi du 8 août 2016). En l'absence de conclusion d'un accord de substitution, le bénéfice de la convention collective antérieure au-delà du délai de 1 an, est inopposable à l'employeur. ● Soc. 16 mai 1990 : *D. 1991. Somm.* 154, obs. J. Pélissier ● 23 juin 1999, n° 97-43.162 P : *D. 1999. IR 191* ● 12 oct. 2005 : *D. 2005. IR 2627*.

3. Exclusions (jurisprudence antérieure à la loi du 8 août 2016). Lorsque, à la suite de la dénonciation d'une convention collective, la convention de substitution exclut de son champ d'application les activités de services auxquels appartenaient certains salariés, ces derniers, en l'absence de signature d'un accord propre à cette activité dans le délai prévu par l'art. L. 132-8 [L. 2261-10 nouv.], conservent le bénéfice des avantages individuels acquis en vertu de la convention dénoncée, avantages qui s'étaient incorporés à leur contrat de travail. ● Soc. 7 juin 2005 : *Dr. soc. 2005.* 937, obs. Savatier.

4. Annulation (jurisprudence antérieure à la loi du 8 août 2016). L'annulation d'un accord de substitution équivaut à une absence d'accord de substitution ; s'il n'a pas été remplacé dans les délais prescrits par l'art. 132-8 [L. 2261-10 nouv.], les salariés conservent les avantages individuels acquis en application de la convention ou de l'accord collectif dénoncé. ● Soc. 9 nov. 2005 (2 arrêts) : *D. 2005. Pan.* 416, obs. Peskine ; *JCP 2005. 1010*, note Néau-Leduc ; *JSL 2005, n° 179-4*.

III. MAINTIEN DES AVANTAGES

A. MAINTIEN DES AVANTAGES INDIVIDUELS ACQUIS (SOLUTION ANTÉRIEURE À LA LOI DU 8 AOÛT 2016)

5. Principe. En l'absence de conclusion d'un accord de substitution, les salariés conservent, à l'expiration du délai d'un an faisant suite au préavis, conformément à l'al. 6 de l'art. L. 132-8 [L. 2261-13 nouv.], les avantages individuels acquis sous l'empire des dispositions conventionnelles antérieures. ● Soc. 1er déc. 1993 : *D. 1994. 335*, note Dockès ; *D. 1994. Somm. 314*, obs. Souriac–Rotschild ; *Dr. soc. 1994. 220* ; *RJS 1994. 130, n° 168* ; *CSB 1997. 7, A. 2*, note Philbert. ♦ Les salariés engagés après la dénonciation, s'ils peuvent prétendre au bénéfice des avantages prévus par la convention ou l'accord dénoncé tant que la convention ou l'accord dénoncé continue à produire effet quand ils remplissent les conditions pour y prétendre, ne les conservent pas au titre d'avantages individuels acquis après que la convention ou l'accord dénoncé a cessé de produire effet. ● Soc. 15 mai 2001, n° 99-41.669 P : *D. 2001. IR 1849* ; *RJS 2001. 620, n° 897* ; *Dr. ouvrier 2001. 441*. ♦ L'accord dénoncé non remplacé continue à produire ses effets jusqu'à l'expiration du délai prévu à l'art. L. 2261-13 ; un salarié ne peut invoquer un avantage individuel acquis que s'il a été embauché pendant la période de survie de l'accord et que le fait générateur du droit est né avant l'expiration de ce délai. ● Soc. 17 avr. 2008 : *D. 2008. AJ 1486*, obs. Perrin ; *RDT 2008. 611*, obs. Peskine ; *RJS 2009. 641, n° 809* ; *JSL 2008, n° 235-4* ; *JCP S 2008. 1356*, note Drai.

prévoir le maintien de certaines des dispositions de la convention collective dénoncée puis remplacée, à l'instar de l'engagement pris à l'égard de certains salariés, de leur conserver le bénéfice d'une prime, et qui s'entend du montant applicable à la date d'entrée en vigueur du nouvel accord. ● Soc. 11 févr. 2015, ⚖ n° 13-13.689 P : D. 2015. Pan. 2349, obs. Lokiec ⌀ ; RJS 4/2015, n° 272 ; JCP S 2015. 1147, obs. Lahalle.

9. En l'absence de conclusion d'un accord de substitution, le bénéfice de la convention collective antérieure au delà du délai de 1 an, est inopposable à l'employeur. ● Soc. 16 mai 1990 : D. 1991. Somm. 154, obs. J. Pélissier ⌀ ● 23 juin 1999, ⚖ n° 97-43.162 P : D. 1999. IR 191 ⌀ ; RJS 1999. 690, n° 1103 ● 12 oct. 2005 : ⚖ D. 2005. IR 2627 ⌀.

10. Sur la jurisprudence antérieure à la loi du 31 déc. 1992. Un nouvel accord, s'il n'a pas été signé par l'ensemble des signataires initiaux de la convention collective et adhérents ultérieurs, ne peut, à défaut de dénonciation régulière de la convention, être opposé à des salariés qui réclament le bénéfice d'un avantage prévu par ladite convention et supprimé par l'accord. ● Soc. 9 mars 1989, ⚖ Basirico, n° 86-44.025 P : D. 1990. 227, note Meunier ⌀ ; ibid. Somm. 165, obs. A. Lyon-Caen ⌀ ; Dr. soc. 1989. 631, note Despax ● Cass., ass. plén., 20 mars 1992, ⚖ Basirico, n° 90-42.196 P : D. 1992. IR 108 ; Dr. soc. 1992. 360, rapp. Tricot ⌀ ; JCP E 1992. II. 324, note Vachet ; CSB 1992. 103, A. 18 ; RJS 1992. 359, n° 645. ◆ V. aussi : ● Crim. 6 déc. 1983, ⚖ n° 83-90.880 P ● Soc. 10 mai 1989, ⚖ n° 86-40.850 : D. 1991. Somm. 153, obs. Goineau ⌀.

SOUS-SECTION 3 Dénonciation par une partie des signataires employeurs ou salariés

Art. L. 2261-11 Lorsque la dénonciation est le fait d'une partie seulement des signataires employeurs ou des signataires salariés, elle ne fait pas obstacle au maintien en vigueur de la convention ou de l'accord entre les autres parties signataires.

Dans ce cas, les dispositions de la convention ou de l'accord continuent de produire effet à l'égard des auteurs de la dénonciation jusqu'à l'entrée en vigueur de la convention ou de l'accord qui lui est substitué ou, à défaut, pendant une durée d'un an à compter de l'expiration du délai de préavis, sauf clause prévoyant une durée déterminée supérieure. – *[Anc. art. L. 132-8, al. 4.]*

COMMENTAIRE

V. sur le Code en ligne 🔒. ❑

L'accord de substitution peut prévoir le maintien de certaines des dispositions de la convention collective dénoncée puis remplacée, à l'instar de l'engagement pris à l'égard de certains salariés, de leur conserver le bénéfice d'une prime, et qui s'entend du montant applicable à la date d'entrée en vigueur du nouvel accord. ● Soc. 11 févr. 2015, ⚖ n° 13-13.689 P : D. 2015. Pan. 2349, obs. Lokiec ⌀ ; RJS 4/2015, n° 272 ; JCP S 2015. 1147, obs. Lahalle.

Art. L. 2261-12 Lorsque la dénonciation d'une convention de branche ou d'un accord professionnel ou interprofessionnel émane d'une organisation seule signataire, soit pour la partie employeurs, soit pour la partie salariés, concernant un secteur territorial ou professionnel inclus dans le champ d'application du texte dénoncé, ce champ d'application est modifié en conséquence. – *[Anc. art. L. 132-14.]*

SOUS-SECTION 4 Maintien de la rémunération perçue

(L. n° 2016-1088 du 8 août 2016, art. 17)

BIBL. ▶ CESARO, JCP S 2016. 1301 (révision, transition, extinction des conventions et accords collectifs après la loi du 8 août 2016). – MORAND, SSL 2017, n° 17251, p. 8 (RAM : interrogations) ; ibid. 2018, n° 1827, p. 4 (rémunération annuelle garantie : tentatives d'explications pratiques). – PAGNERRE et JEANSEN, JCP S 2016. 1420 (des avantages individuels acquis au maintien de la rémunération annuelle : une notion byzantine chasse l'autre).

Art. L. 2261-13 Lorsque la convention ou l'accord qui a été dénoncé n'a pas été remplacé par une nouvelle convention ou un nouvel accord dans un délai d'un an à compter de l'expiration du préavis, les salariés des entreprises concernées *(L. n° 2018-217 du 29 mars 2018, art. 21)* « bénéficient d'une garantie de » rémunération dont le montant annuel, pour une durée de travail équivalente à celle prévue par leur contrat de travail, ne peut être inférieur à la rémunération versée *(L. n° 2018-217 du 29 mars 2018, art. 21)* « , en application de la convention ou de l'accord dénoncé et du contrat de travail, » lors des douze derniers mois. Cette *(L. n° 2018-217 du 29 mars 2018, art. 21)* « garantie de » rémunération s'entend au sens de l'article L. 242-1 du code de

remplacement par un nouvel accord d'un accord collectif existant peuvent bien être engagées avant toute dénonciation de cet accord, la nouvelle négociation qui doit s'engager, en cas de dénonciation d'un accord par la totalité des signataires, en vue de la signature éventuelle d'un accord de substitution, ne peut avoir lieu qu'après la dénonciation. Toutes les organisations syndicales de salariés représentatives doivent être invitées à cette nouvelle négociation. ● Soc. 9 févr. 2000, ⚖ n° 97-22.619 P : *D. 2000. IR 73* ⊘ ; *RJS 2000. 305, n° 306*.

2. Adoption d'une recommandation patronale pendant la négociation de l'accord de substitution et principe de loyauté. En ce qu'elle était destinée à prévoir au profit de tous les salariés des entreprises adhérentes de la FEHAP, quelle que soit leur date d'engagement, le maintien des avantages conventionnels suite à la dénonciation partielle de la convention collective de 1951, et qu'elle n'avait vocation à entrer en vigueur qu'après son agrément par le ministre des affaires sociales, et postérieurement à l'expiration du délai pendant lequel la fédération patronale devait tenter loyalement la négociation d'un accord de substitution, l'adoption d'une recommandation patronale ne constitue pas un manquement au principe de loyauté, peu important que son contenu soit similaire à celui d'un accord de substitution négocié ayant fait l'objet ultérieurement d'une opposition syndicale majoritaire. ● Soc. 10 nov. 2021 ⚖ n° 21-17.717 B : *D. 2021. 2092* ⊘ ; *D. actu. 1er déc. 2021*, obs. de Montvalon ; *Dr. soc. 2021. 1008*, note Laulom ⊘ ; *RJS 1/2022, n° 27* ; *JCP S 2021. 1311*, obs. Millet-Ursin.

3. Qualification d'accord de substitution. Dès lors que les parties à un accord collectif expriment leur intention de conclure un accord de substitution au sens des dispositions de l'art. L. 2261-10 C. trav., l'accord substitué dans sa version antérieure cesse d'être applicable à la date d'entrée en vigueur de l'accord de substitution. ● Soc. 6 juin 2018, ⚖ n° 16-22.361 P : *D. 2018. 2212*, obs. Porta ⊘ ; *RJS 8-9/2018, n° 555* ; *JSL 2018, n° 458-4*, obs. Hautefort ; *JCP S 2018. 1278*, obs. Dumont.

4. Survie provisoire. Les salariés ne peuvent valablement renoncer aux avantages qu'ils tirent d'un accord collectif, aussi tout avenant au contrat de travail conclu alors qu'un accord d'entreprise plus favorable est encore en vigueur est nul s'il emporte renonciation aux dispositions de cet accord. ● Soc. 26 mai 1998, ⚖ n° 96-41.053 P : *RJS 1998. 570, n° 886* ; *D. 1998. IR 166* ⊘. ◆ La clause prévoyant le maintien en vigueur de la convention collective dénoncée jusqu'à la prise d'effet de la nouvelle sans fixer de délai ne peut constituer l'exception prévue par l'art. L. 132-8, al. 3 [L. 2261-10 nouv.]. ● Soc. 12 févr. 1991, ⚖ n° 89-45.314 P : *D. 1991. IR 83* ; *JCP E 1991. I. 181*, note Pochet ; *RJS 1992. 3*, note Déprez ; *CSB 1991. 53, A. 16*. ◆ Ni les dispositions de la convention collective, ni un éventuel manquement de l'employeur à son obligation de négocier ne sont de nature à assurer le maintien des accords dénoncés au-delà de la durée prévue par l'art. L. 132-8 [L. 2261-10 nouv.]. ● Soc. 12 févr. 1991 : ⚖ *préc.*

5. Effets. Un accord de substitution ne peut entrer en vigueur et remplacer l'accord dénoncé avant l'expiration du préavis de dénonciation, prévu par l'al. 1er de l'art. L. 132-8 [L. 2222-6 et L. 2261-9 nouv.]. ● Soc. 7 janv. 1997, ⚖ n° 93-45.664 P : *Dr. soc. 1997. 325*, obs. Couturier ⊘ ; *RJS 1997. 124, n° 186*. ◆ Mais une cour d'appel ne saurait retenir qu'un accord de substitution à un accord collectif dénoncé ne peut pas entrer en vigueur et remplacer ce dernier avant l'expiration du préavis de dénonciation après avoir relevé que les signataires de l'accord de substitution avaient choisi, sans ambiguïté et de manière expresse, de faire application des dispositions légales permettant de mettre fin à l'application de l'accord dénoncé à la date de l'entrée en vigueur de l'accord de substitution. ● Soc. 6 juin 2018, ⚖ n° 16-22.361 P : *D. 2018. Actu. 1261* ⊘ ; *JSL 2018, n° 458-4*, obs. Hautefort. ◆ Une fois l'accord de substitution signé, il s'applique même si les dispositions qu'il prévoit ne sont pas plus favorables que celles de l'ancienne convention collective. ● Soc. 3 mars 1998, ⚖ n° 96-11.115 P. ◆ L'accord de substitution est valable pour l'avenir seulement ; il ne peut remettre en cause la retraite anticipée d'un salarié en vertu de l'accord collectif substitué. ● Soc. 5 janv. 1999, ⚖ n° 96-42.930 P : *RJS 1999. 149, n° 242* ; *Dr. soc. 1999. 307*, obs. Savatier ⊘.

6. Annulation de l'accord de substitution. L'annulation d'un accord de substitution équivaut à une absence d'accord de substitution ; s'il n'a pas été remplacé dans les délais prescrits par l'art. L. 132-8 [L. 2261-10 nouv.], les salariés conservent les avantages individuels acquis (solution antérieure à la loi du 8 août 2016) en application de la convention ou de l'accord collectif dénoncé. ● Soc. 9 nov. 2005 (2 arrêts) : ⚖ *D. 2005. IR 2898* ⊘ ; *ibid. 2006. Pan. 416*, obs. Peskine ⊘ ; *RJS 2006. 50, n° 69* ; *JCP S 2005. 1010*, note Neau-Leduc ; *JSL 2005, n° 179-4*.

7. Champ d'application. Lorsque, à la suite de la dénonciation d'une convention collective la convention de substitution exclut de son champ d'application les activités de services auxquels appartenaient certains salariés, ces derniers, en l'absence de signature d'un accord propre à cette activité dans le délai prévu par l'art. L. 132-8 [L. 2261-10 nouv.], conservent le bénéfice des avantages individuels acquis (solution antérieure à la loi du 8 août 2016) en vertu de la convention dénoncée, avantages qui s'étaient incorporés à leur contrat de travail. ● Soc. 7 juin 2005 : ⚖ *D. 2005. IR 1730* ⊘ ; *Dr. soc. 2005. 937*, obs. Savatier ⊘ ; *RJS 2005. 632, n° 879*.

8. Maintien partiel de certaines dispositions antérieures. L'accord de substitution peut

1. Conditions de cessation d'effet. Une convention collective ne peut cesser de produire effet qu'à la suite d'une dénonciation ou d'une mise en cause ; un employeur ne peut décider unilatéralement de ne plus appliquer une convention collective à laquelle son entreprise est soumise. • Soc. 13 nov. 2001, 🛡 n° 99-42.709 P : *D. 2001. IR 3585 ⌀ ; RJS 2002. 62, n° 60.* ♦ La cession des parts d'une société commerciale à un nouvel actionnaire, qui ne réalise à elle seule ni une fusion ni une cession, ni une scission d'entreprise, ne met en cause l'application d'aucune convention ou accord. • Soc. 18 janv. 2006 : 🛡 *RDT 2006. 186, obs. Nadal ⌀ ; RJS 2006. 324, n° 479.*

2. Notification de la dénonciation. Est irrégulière la dénonciation notifiée à une section syndicale. • Soc. 24 févr. 1993 : 🛡 *Dr. soc. 1993. 464.* ♦ L'information du comité d'entreprise par l'employeur de sa décision de dénoncer un accord collectif ne constitue pas la dénonciation régulière prévue par l'art. L. 132-8 [L. 2261-9 nouv.]. • Soc. 16 févr. 1989 : 🛡 *D. 1989. IR 87 ; Dr. soc. 1990. 426, note Déprez ⌀.*

3. Dénonciation partielle. Une convention collective forme entre les parties signataires un ensemble contractuel dont certaines dispositions ne peuvent être écartées partiellement que d'un commun accord ou dans les conditions fixées par les parties. • Soc. 21 nov. 1973, 🛡 n° 72-40.228 P. • 16 oct. 1974, 🛡 n° 73-11.562 P. ♦ A défaut d'accord, la dénonciation d'une convention collective qui ne vise que certains de ses avenants et annexes est nulle, plusieurs accords pris en application des dispositions de la convention collective n'étant pas visés. • Soc. 16 mars 1995, n° 93-12.383 P : *Dr. soc. 1995. 365, concl. Kessous ⌀ ; RJS 1995. 359, n° 540.*

4. Dénonciation irrégulière. La dénonciation irrégulière d'une convention collective constitue une voie de fait autorisant le juge des référés à prononcer la nullité de la note de service dénonçant l'accord. • Soc. 11 mai 1988 : 🛡 *Dr. ouvrier 1989. 28.* ♦ La dénonciation irrégulière d'un accord d'entreprise est de nature à entraîner la responsabilité de l'employeur envers l'organisation syndicale signataire. • Soc. 18 déc. 1991, 🛡 n° 89-21.193 P : *JCP E 1993. II. 388, note Déprez.* ♦ Sur l'irrégularité d'une dénonciation partielle, V. note 3. ♦ Sur les sanctions pénales éventuellement encourues par l'employeur en cas de dénonciation unilatérale d'accords relatifs aux représentants du personnel, V. : • Crim. 24 févr. 1977, 🛡 n° 75-92.688 P • 6 nov. 1979, 🛡 n° 78-94.345 P • 22 mai 1979, 🛡 n° 78-91.966 P.

SOUS-SECTION 2 Dénonciation par la totalité des signataires employeurs ou salariés

Art. L. 2261-10 Lorsque la dénonciation émane de la totalité des signataires employeurs ou des signataires salariés, la convention ou l'accord continue de produire effet jusqu'à l'entrée en vigueur de la convention ou de l'accord qui lui est substitué ou, à défaut, pendant une durée d'un an à compter de l'expiration du délai de préavis, sauf clause prévoyant une durée déterminée supérieure.

Une nouvelle négociation s'engage, à la demande d'une des parties intéressées, dans les trois mois qui suivent *(L. n° 2016-1088 du 8 août 2016, art. 17)* « le début du préavis mentionné à l'article L. 2261-9. Elle peut donner lieu à un accord, y compris avant l'expiration du délai de préavis. »

Il en est de même, à la demande d'une des organisations syndicales représentatives de salariés intéressées, en cas de dénonciation de la convention ou de l'accord dans les conditions prévues à l'article L. 2261-12, s'agissant du secteur concerné par la dénonciation.

(L. n° 2008-789 du 20 août 2008) « Lorsqu'une des organisations syndicales de salariés signataires de la convention ou de l'accord perd la qualité d'organisation représentative dans le champ d'application de cette convention ou de cet accord, la dénonciation de ce texte n'emporte d'effets que si elle émane d'une ou plusieurs organisations syndicales de salariés représentatives dans son champ d'application ayant recueilli la majorité des suffrages exprimés dans les conditions prévues au chapitre II du titre III. » – *[Anc. art. L. 132-8, al. 3 et 5.]*

> *COMMENTAIRE*
>
> V. sur le Code en ligne 🛡. ❑

1. Engagement d'une négociation. Une négociation doit s'engager dans l'entreprise en vue de l'élaboration de la convention ou de l'accord substitué visé par l'art. L. 132-8, al. 3 et 7 [L. 2261-10 et L. 2261-14 nouv.], soit pour adapter les anciennes dispositions, soit pour en élaborer de nouvelles. • Soc. 14 mai 1992, 🛡 n° 88-45.316 P : *GADT, 4ᵉ éd., n° 170 ; D. 1993. 67, note Decoopman ⌀ ; Dr. ouvrier 1993. 183, note Saramito ; Dr. soc. 1992. 631 ⌀ ; CSB 1992. 193, A. 36 ; RJS 1992. 420, n° 768 ; ibid. 451, note Déprez.* ♦ Même si des discussions en vue du

NÉGOCIATION COLLECTIVE

Art. L. 2261-9 745

1. Négociation. En application des dispositions combinées des art. L. 132-7 et L. 132-19 [L. 2261-7, L. 2261-18 et L. 2232-16 nouv.], tous les syndicats représentatifs dans l'entreprise doivent être appelés à la négociation des conventions et accords collectifs, y compris lorsque la négociation porte sur des accords de révision ; mais ces derniers ne peuvent être conclus qu'avec les organisations syndicales signataires de l'accord initial. • Soc. 26 mars 2002, 🛱 n° 00-17.231 P : *D. 2002. 3231, note Petit* ⌀ ; *RJS 2002. 553, n° 704* ; *Dr. soc. 2002. 617, note Morin* ⌀ ; *JCP E 2002. 1764, obs. Darmaisin* ; *JSL 2002, n° 100-5.* ♦ Un accord collectif ne peut être conclu ou révisé sans que l'ensemble des organisations syndicales représentatives ait été invité à sa négociation. • Soc. 17 sept. 2003, 🛱 n° 01-10.706 P : *GADT, 4ᵉ éd., n° 160* ; *D. 2004. Somm. 388, obs. Odoul-Asorey* ⌀ ; *JCP E 2004. 566, obs. Darmaisin* ; *RJS 2003. 896, n° 1297* ; *D. 2003. IR 2608* ⌀.

2. Opposition. La date certaine de signature de l'avenant qui constitue le point de départ du délai de 15 jours pour contester l'entrée en vigueur de l'avenant est appréciée souverainement par les juges du fond. • Soc. 10 juill. 2002 : *D. 2002. IR 2580* ; *RJS 2002. 859, n° 1153*.

3. Application. Il résulte de la combinaison des art. L. 132-2, L. 132-7 et L. 135-1 [L. 2231-1, L. 2231-3, L. 2222-5, L. 2261-7, L. 2261-8, L. 2262-1 à L. 2262-3 nouv.] que si, sous réserve de l'exercice du droit d'opposition, l'avenant portant révision de tout ou partie de la convention ou de l'accord collectif, signé par une ou plusieurs organisations syndicales de salariés représentatives, se substitue de plein droit aux stipulations de la convention ou de l'accord qu'il modifie, cet avenant n'est opposable qu'aux employeurs qui l'ont signé ou qui sont membres d'un groupement qui l'a signé.

• Soc. 29 mai 1996, 🛱 n° 94-43.888 P : *Dr. soc. 1996. 608, rapp. Frouin* ⌀ ; *JCP 1996. II. 22662, concl. Kessous* ; *JCP E 1996. I. 597, n° 21, obs. Chevillard* ; *RJS 1996. 524, n° 817.* – V. aussi : • Soc. 10 juin 1998, 🛱 n° 96-43.111 P.

4. Jurisprudence antérieure à la loi du 31 déc. 1992. Un nouvel accord, s'il n'a pas été signé par l'ensemble des signataires initiaux de la convention collective et adhérents ultérieurs, ne peut, à défaut de dénonciation régulière de la convention, être opposé à des salariés qui réclament le bénéfice d'un avantage prévu à ladite convention et supprimé par l'accord. • Soc. 9 mars 1989, 🛱 *Basirico*, n° 86-44.025 P : *D. 1990. 227, note Meunier* ⌀ ; *ibid. Somm. 165, obs. A. Lyon-Caen* ⌀ ; *Dr. soc. 1989. 631, note Despax* • Cass., ass. plén., 20 mars 1992, 🛱 *Basirico* : *D. 1992. IR 108* ⌀ ; *Dr. soc. 1992. 360, rapp. Tricot* ⌀ ; *JCP E 1992. II. 324, note Vachet* ; *CSB 1992. 103, A. 18* ; *RJS 1992. 359, n° 645* • 20 mars 1992, 🛱 *Cie gén. de géophysique* : *eod. loc.* – V. aussi : • Soc. 10 mai 1989 : *Bull. civ. V, n° 352* ; *D. 1991. Somm. 153, obs. Goineau* ⌀.

5. Avenant interprétatif. Un accord ne peut être considéré comme interprétatif qu'autant qu'il se borne à reconnaître, sans rien innover, un état de droit préexistant qu'une définition imparfaite a rendu susceptible de controverse, ce qui n'est pas le cas d'un avenant qui prévoit que l'indemnité bonifiée de fin de carrière avait pour objet d'indemniser les salariés pour l'ensemble des préjudices de toute nature éventuellement subis par les salariés du fait d'une exposition potentielle à l'amiante et de réparer forfaitairement ce « préjudice », dès lors qu'il a ajouté au droit préexistant résultant de l'accord initial. • Soc. 4 févr. 2015, 🛱 n° 14-13.646 : *D. 2015. Actu. 380* ⌀ ; *RJS 4/2015, n° 270* ; *JCP S 2015. 1138, obs. Asquinazi-Bailleux*.

SECTION 5 Dénonciation

BIBL. ▶ DESPAX, *Dr. soc.* 1984. 531. – PENNEAU, *ibid.* 1989. 82. ▶ Restructuration et mise en cause de la convention collective : AUBRÉE, *RJS* 1999. 275 (accord substitué). – AUREISE, *Action juridique*, 1993, n° 102, p. 11. – BÉLIER, *Dr. soc.* 1989. 71. – CHAUCHARD, *ibid.* 1992. 373. – DÉPREZ, *RJS* 1992. 451. – DOCKÈS, *Dr. soc.* 2011. 1257 ⌀ (les titulaires du droit de dénoncer efficacement une convention collective). – DUPEYROUX, *Dr. soc.* 1989. 6. – MASQUEFA, La restructuration, LGDJ 2000. – PÉLISSIER, *RJS* 1989. 56. – POCHET, *JCP E* 1995. I. 442. – RAY, *Dr. soc.* 1989. 56. – SAVATIER, *ibid.* 1993. 156 ⌀ ; *ibid.* 1995. 178 ⌀ ; *CSB* 1995. 133. – WAGNER, *JCP E* 1991. 81.

SOUS-SECTION 1 Procédure

Art. L. 2261-9 La convention et l'accord à durée indéterminée peuvent être dénoncés par les parties signataires.

En l'absence de stipulation expresse, la durée du préavis qui doit précéder la dénonciation est de trois mois.

La dénonciation est notifiée par son auteur aux autres signataires de la convention ou de l'accord.

Elle est déposée dans des conditions prévues par voie réglementaire. — *[Anc. art. L. 132-8, al. 1ᵉʳ, phrases 1 et 3, et al. 2.]*

COMMENTAIRE
V. sur le Code en ligne 📕.

l'entrée en vigueur d'un autre accord collectif dont le champ d'application couvre dans son intégralité le champ professionnel et géographique de l'accord abrogé par l'avenant de révision. • Soc. 4 oct. 2023, n° 22-23.551 B : *D. 2023. 1752* ; *RJS 12/2023, n° 660*.

Jurisprudence rendue sous l'empire des textes antérieurs à la L. n° 2016-1088 du 8 août 2016.

2. Textes concernés. L'erreur matérielle incluse dans un accord d'entreprise échappe au mécanisme de révision ; le juge devant laquelle l'erreur est invoquée doit statuer sur l'existence de celle-ci et en tirer les conséquences, si l'erreur est avérée. • Soc. 20 sept. 2005 : *JSL 2005, n° 178-6*.

3. Négociation. En application des dispositions combinées des art. L. 132-7 et L. 132-19 [L. 2261-7, L. 2261-18 et L. 2232-16], tous les syndicats représentatifs dans l'entreprise doivent être appelés à la négociation des conventions et accords collectifs, y compris lorsque la négociation porte sur des accords de révision ; mais ces derniers ne peuvent être conclus qu'avec les organisations syndicales signataires de l'accord initial. • Soc. 26 mars 2002, n° 00-17.231 P : *D. 2002. 3231, note Petit* ; *RJS 2002. 553, n° 704* ; *Dr. soc. 2002. 617, note Morin* ; *JCP E 2002. 1764, obs. Darmaisin* ; *JSL 2002, n° 100-5*. ♦ Un accord collectif ne peut être conclu ou révisé sans que l'ensemble des organisations syndicales représentatives ait été invité à sa négociation. • Soc. 17 sept. 2003, n° 01-10.706 P : *GADT, 4ᵉ éd., n° 160* ; *D. 2004. Somm. 388, obs. Odoul-Asorey* ; *JCP E 2004. 566, obs. Darmaisin* ; *RJS 2003. 896, n° 1297* ; *D. 2003. IR 2608* • 12 sept. 2007 : *D. 2007. AJ 2393* ; *RJS 2007. 944, n° 1196*.

4. Absence de clause de révision. Les organisations syndicales de salariés représentatives, signataires d'une convention ou d'un accord ou qui y ont adhéré, sont seules habilitées à signer les avenants portant révision de cette convention ou de cet accord : l'organisation syndicale de salariés, qui, signataire d'un accord d'entreprise, n'est plus représentative pour la durée du cycle électoral au cours duquel la révision d'un accord d'entreprise est proposée, ne peut pas s'opposer à la négociation d'un tel accord. • Soc. 21 sept. 2017, n° 15-25.531 P : *D. 2017. Actu. 1922, note explicative C. cass.* ; *RDT 2017. 807, obs. Ferkane* ; *RJS 11/2017, n° 757* ; *JSL 2017, n° 440-5, obs. Favier* ; *JCP S 2017. 1392, obs. Cesaro* ; *JCP G 2017. 1059, obs. Dedessus-le-Moustier*. ♦ Comp. antér. : lorsque l'accord initial ne prévoit pas les modalités de sa révision, il résulte de l'art. L. 2261-7 que, d'une part, le consentement unanime des signataires est nécessaire pour engager la procédure de révision et que, d'autre part, les organisations syndicales signataires sont seules habilitées pour signer l'avenant de révision selon les règles applicables à chaque niveau de négociation. • Soc. 13 nov. 2008 : *D. 2008. AJ 3090* ; *ibid 2009. Pan. 590, obs. Leclerc* ; *RJS 2009. 166, n° 199* ; *JCP S 2009. 1116, obs. Kerbourc'h*.

5. Intérêt collectif de la profession. Toute organisation ou tout groupement ayant la capacité d'agir en justice, dont les membres sont liés par la convention ou l'accord, peut toujours intervenir à l'instance engagée, à raison de l'intérêt collectif que la solution du litige peut présenter pour ses membres ; aussi est recevable l'intervention volontaire d'une organisation d'employeurs à une action portant sur les conditions de révision d'un avenant à un accord collectif étendu dans une branche. • Soc. 10 févr. 2021, n° 19-13.383 P : *D. 2021. Actu. 289* ; *RDT 2021. 329, obs. Nadal* ; *Dr. soc. 2021. 346, étude Antonmattéi, Enjolras et Mariano* ; *RJS 4/2021, n° 229* ; *JCP 2021. 233, obs. Dedessus-Le-Moustier*.

Art. L. 2261-7-1 (*L. n° 2016-1088 du 8 août 2016, art. 17*) I. — Sont habilitées à engager la procédure de révision d'une convention ou d'un accord d'entreprise ou d'établissement :

1° Jusqu'à la fin du cycle électoral au cours duquel cette convention ou cet accord a été conclu, une ou plusieurs organisations syndicales de salariés représentatives dans le champ d'application de la convention ou de l'accord et signataires ou adhérentes de cette convention ou de cet accord ;

2° A l'issue de cette période, une ou plusieurs organisations syndicales de salariés représentatives dans le champ d'application de la convention ou de l'accord.

II. — La validité d'un avenant de révision s'apprécie conformément à la section 3 du chapitre II du titre III du présent livre II.

Art. L. 2261-8 L'avenant portant révision de tout ou partie d'une convention ou d'un accord se substitue de plein droit aux stipulations de la convention ou de l'accord qu'il modifie.

Il est opposable, dans des conditions de dépôt prévues à l'article L. 2231-6, à l'ensemble des employeurs et des salariés liés par la convention ou l'accord. — [*Anc. art. L. 132-7, al. 3.*]

COMMENTAIRE

V. sur le Code en ligne.

1. Illicéité des réserves. L'adhésion aux clauses d'une convention de branche ou d'un accord professionnel ou interprofessionnel ne peut être assortie de réserves. • Soc. 16 juin 1960 : *JCP 1960. II. 11831, note Camerlynck.*

2. Nécessité de l'adhésion. Une cour d'appel peut décider qu'une organisation syndicale non signataire et non adhérente à un accord ayant créé un comité paritaire de la formation professionnelle, ne pouvait désigner de représentants à ce comité. • Soc. 9 juill. 1997 : *Dr. soc. 1997. 994, obs. Couturier ; CSB 1997. 237, A. 45.* ◆ Seules peuvent prétendre participer aux organismes paritaires ou aux institutions créés par un accord collectif de travail les organisations d'employeurs et de salariés signataires de cet accord ou celles qui y ont adhéré. • Soc. 5 mai 1998, n° 96-13.498 P : *GADT, 4ᵉ éd., n° 159 ; RJS 1998. 476, n° 750.*

Art. L. 2261-5 Si l'adhésion a pour objet de rendre la convention de branche ou l'accord professionnel ou interprofessionnel applicable dans un secteur territorial ou professionnel non compris dans son champ d'application, elle doit prendre la forme d'un accord collectif entre les parties intéressées conformément aux dispositions de l'article L. 2231-1 et les parties signataires de cette convention ou de cet accord. Le champ d'application en est modifié en conséquence. — *[Anc. art. L. 132-16.]*

Art. L. 2261-6 Lorsque l'entreprise n'entre pas dans le champ d'application territorial ou professionnel soit d'une convention de branche, soit d'un accord professionnel ou interprofessionnel, l'adhésion de l'employeur à une telle convention ou à un tel accord est subordonnée à un agrément des organisations mentionnées à l'article L. 2232-16, après négociation à ce sujet. — *[Anc. art. L. 132-25.]*

SECTION 4 Révision

COMMENTAIRE

V. sur le Code en ligne.

Art. L. 2261-7 (L. n° 2016-1088 du 8 août 2016, art. 17) I. — Sont habilitées à engager la procédure de révision d'un accord interprofessionnel, d'une convention ou d'un accord de branche :
1° Jusqu'à la fin du cycle électoral au cours duquel la convention ou l'accord est conclu :
a) Une ou plusieurs organisations syndicales de salariés représentatives dans le champ d'application de la convention ou de l'accord et signataires ou adhérentes de la convention ou de l'accord ;
b) Une ou plusieurs organisations professionnelles d'employeurs signataires ou adhérentes. Si la convention ou l'accord est étendu, ces organisations doivent être en outre représentatives dans le champ d'application de la convention ou de l'accord ;
2° A l'issue de ce cycle :
a) Une ou plusieurs organisations syndicales de salariés représentatives dans le champ d'application de la convention ou de l'accord ;
b) Une ou plusieurs organisations professionnelles d'employeurs de la branche. Si la convention ou l'accord est étendu, ces organisations doivent être représentatives dans le champ d'application de la convention ou de l'accord.
II. — Les avenants de révision obéissent aux conditions de validité des accords prévues, selon le cas, aux sections 1 et 2 du chapitre II du titre III du présent livre II.
Lorsque l'avenant de révision a vocation à être étendu, sa validité est subordonnée à sa signature par une ou plusieurs organisations professionnelles d'employeurs représentatives dans son champ d'application, dans les conditions prévues au chapitre I du titre V du livre I de la présente deuxième partie.

BIBL. ▶ JEANSEN, *JCP S 2016. 1063* (contribution à la définition de l'avenant de révision).

COMMENTAIRE

V. sur le Code en ligne.

1. Avenant de révision-extinction. Les partenaires sociaux sont en droit de conclure, dans les conditions fixées par l'art. L. 2261-7, un avenant de révision d'un accord collectif de branche à durée indéterminée mettant fin à cet accord dès lors que cette extinction prend effet à compter de

(Ord. n° 2017-1718 du 20 déc. 2017, art. 1er-I) « Les attributions du comité social et économique sont définies en fonction de l'effectif de l'entreprise. »

Art. L. 2312-2 Lorsque, postérieurement à la mise en place du comité social et économique, l'effectif de l'entreprise atteint au moins cinquante salariés pendant douze mois consécutifs, le comité exerce l'ensemble des attributions récurrentes d'information et de consultation définies par la section 3 à l'expiration d'un délai de douze mois à compter de la date à laquelle le seuil de 50 salariés a été atteint pendant douze mois consécutifs. Dans le cas où, à l'expiration de ce délai de douze mois, le mandat du comité restant à courir est inférieur à un an, ce délai court à compter de son renouvellement.

Lorsque l'entreprise n'est pas pourvue d'un comité social et économique, dans le cas où l'effectif de l'entreprise atteint au moins cinquante salariés pendant douze mois consécutifs, le comité exerce l'ensemble des attributions définies par la section 3 à l'expiration d'un délai d'un an à compter de sa mise en place.

Art. L. 2312-3 Lors de son renouvellement, le comité social et économique exerce exclusivement les attributions prévues à la section 2 et cesse d'exercer les attributions prévues à la section 3 lorsque l'effectif de cinquante salariés n'a pas été atteint pendant les douze mois précédant le renouvellement de l'instance.

Art. L. 2312-4 Les dispositions du présent chapitre ne font pas obstacle aux dispositions plus favorables relatives aux attributions du comité social et économique résultant d'accords collectifs de travail ou d'usages.

Élections complémentaires. Si la loi ne prévoit pas d'élections complémentaires de représentants du personnel dans le cas d'augmentation d'effectifs de l'entreprise, de telles élections tendant à désigner des délégués en plus de ceux dont le mandat est en cours, et pour la durée des mandats restant à courir, peuvent néanmoins être organisées à la condition qu'elles soient prévues par un accord collectif signé par tous les syndicats présents dans l'entreprise. • Soc. 13 oct. 2010, ⚖ n° 09-60.206 : *D.* 2010. AJ 2587, obs. Perrin ✎ ; *RDT* 2010. 727, obs. Odoul-Asorey ✎ ; *Dr. soc.* 2011. 109, obs. Petit ✎ ; *RJS* 2010. 856, n° 960 ; *JCP S* 2011. 1009, obs. Kerbourc'h. ♦ Le salarié désigné en qualité de représentant syndical au comité d'entreprise de l'entreprise absorbante antérieurement aux élections complémentaires organisées au sein de cette même entreprise continue à bénéficier du statut protecteur postérieurement à ces élections, la représentativité des organisations syndicales étant établie pour toute la durée du cycle électoral. • Soc. 13 juin 2019, ⚖ n° 18-14.981 P : *D. actu.* 4 juill. 2019, obs. Cortot ; *D.* 2019. Actu. 1291 ✎ ; *RJS* 8-9/2019, n° 505 ; *JCP S* 2019. 1248, obs. Jeansen.

SECTION 2 Attributions du comité social et économique dans les entreprises d'au moins onze salariés et de moins de cinquante salariés

---

COMMENTAIRE

V. sur le Code en ligne 🔗

Art. L. 2312-5 La délégation du personnel au comité social et économique a pour mission de présenter à l'employeur les réclamations individuelles ou collectives relatives aux salaires, à l'application du code du travail et des autres dispositions légales concernant notamment la protection sociale, ainsi que des conventions et accords applicables dans l'entreprise.

Elle contribue à promouvoir la santé, la sécurité et *(L. n° 2018-217 du 29 mars 2018, art. 6)* « l'amélioration des » conditions de travail dans l'entreprise et réalise des enquêtes en matière d'accidents du travail ou de maladies professionnelles ou à caractère professionnel. *(L. n° 2021-1018 du 2 août 2021, art. 3, en vigueur le 31 mars 2022)* « L'employeur lui présente la liste des actions de prévention et de protection prévue au 2° du III de l'article L. 4121-3-1. »

(L. n° 2018-217 du 29 mars 2018, art. 6) « Elle exerce le droit d'alerte dans les conditions prévues aux articles L. 2312-59 et L. 2312-60. »

Dans une entreprise en société anonyme, lorsque les membres de la délégation du personnel du comité social et économique présentent des réclamations auxquelles il ne pourrait être donné suite qu'après délibération du conseil d'administration, ils sont reçus par celui-ci, sur leur demande, en présence du directeur ou de son représentant ayant connaissance des réclamations présentées.

Les membres de la délégation du personnel du comité peuvent saisir l'inspection du travail de toutes les plaintes et observations relatives à l'application des dispositions légales dont elle est chargée d'assurer le contrôle.

Comp. anc. art. L. 2313-1 (Délégué du personnel).

Comp. anc. art. L. 4612-1 et L. 4612-5 (CHSCT).

BIBL. ▶ BONAFÉ-SCHMITT, *Dr. soc. 1981.* 637 (compétence des délégués en matière de réclamations individuelles). – BOSSU, *ibid. 1998. 127* (action des délégués pour la défense des droits fondamentaux des salariés). – MIALON, *ibid. 1986.* 94 (responsabilité civile des organes représentatifs du personnel).

1. Généralités. La mission des délégués du personnel ne peut concerner que les problèmes intéressant directement les salariés qui les ont élus. • Soc. 24 mars 1993, n° 88-42.887 P : *Dr. soc. 1993.* 746, note Savatier ; *RJS 1993. 308, n° 521* ; *CSB 1993. 153, S. 73.* ♦ Les délégués du personnel ont essentiellement pour mission de présenter aux employeurs toutes les réclamations individuelles et collectives qui n'auraient pas été directement satisfaites. • Soc. 6 oct. 1977 : *Bull. civ. V, n° 518.* – Dans le même sens : • Soc. 8 juin 1979 : *Bull. civ. V, n° 511 ; D. 1980. IR 41* • 16 déc. 1981 : *D. 1982. IR 321, obs. Béraud.*

2. L'employeur ne peut imposer aux salariés de présenter eux-mêmes leurs réclamations. • Crim. 3 juill. 1968 : *D. 1969. 597, note Verdier ; JCP 1968. II. 15605.* ♦ Comp. : • Soc. 1er juill. 1985 : *Bull. civ. V, n° 379 ; D. 1986. IR 47.* ♦ V., sur le délit d'entrave résultant de la mise en place par l'employeur d'un « facilitateur de communication » : • Crim. 20 mars 1984 : *Bull. crim. n° 118 ; D. 1984. IR 388.*

3. Sauf circonstances exceptionnelles, le rôle du délégué du personnel doit s'exercer à l'intérieur de l'établissement. • Soc. 29 juin 1978 : *Bull. civ. V, n° 537* • 21 juill. 1982 : *ibid., n° 493 ; D. 1983. IR 441, obs. Béraud* • 10 juill. 1990, n° 86-42.819 : *D. 1990. IR 210 ; RJS 1990. 471, n° 693.*

4. Attributions. Entrent dans les attributions des délégués du personnel : l'organisation d'une réunion qui a pour but d'expliquer et d'appuyer les revendications exprimées par les grévistes. • Soc. 8 nov. 1988, n° 85-45.100 P : *D. 1989. Somm. 205, obs. Frossard.* ♦ ... Le fait de pénétrer dans l'usine mise en chômage technique, cette mesure suspendant leur contrat de travail, mais non leur mandat. • Crim. 25 mai 1983 : *Bull. crim. n° 153 ; Dr. ouvrier 1984. 197, note Henry.* – V. aussi • Crim. 4 nov. 1981 : *Dr. ouvrier 1983. 71.*

5. Si l'art. L. 422-1 [L. 2313-1 anc.], dans le domaine des salaires, ne limite pas la mission des délégués du personnel aux seules réclamations tendant à l'application des règles de droit, l'employeur, dans les entreprises où existent des sections syndicales, est fondé, en présence de revendications des délégués du personnel portant sur l'augmentation des salaires et la réduction du temps de travail, à répondre qu'elles relèvent de la négociation collective instituée par l'art. L. 132-27 [L. 2242-8 anc.]. • Crim. 26 janv. 1993, n° 85.389 P : *Dr. soc. 1993. 746, note Savatier ; RJS 1993. 249, n° 413 ; CSB 1993. 103, A. 25.* – Déjà dans le même sens : • Crim. 24 mai 1973 : *GADT, 4e éd., n° 139 ; D. 1973. 599, note Savatier.* ♦ V., en faveur de la compétence des seuls délégués syndicaux en matière de réaménagement d'une convention collective, les délégués du personnel étant compétents pour réclamer l'adaptation de la convention aux conditions particulières de l'entreprise : • Soc. 13 mai 1980 : *Bull. civ. V, n° 424 ; D. 1981. IR 123, obs. Langlois.* – V. aussi • Crim. 27 sept. 1989 : *CSB 1988, n° 4, A. 22, 85.* ♦ S'agissant de la signature d'accords atypiques, V. notes ss. art. L. 2232-16.

6. En assurant sa propre défense lors d'une contestation par l'employeur de l'utilisation des heures de délégation, le salarié protégé est dans l'exercice de son mandat. • Soc. 16 mai 1990, n° 87-40.763 P. ♦ Et, dans la même affaire, • Cass., ass. plén., 31 oct. 1996, n° 94-44.770 P : *BICC 15 déc. 1996, concl. Monnet, note Marc ; D. 1996. IR 257 ; JCP 1996. II. 22748, note Corrignan-Carsin ; JCP 1997. I. 4006, n° 2, obs. Pétel-Teyssié ; Dr. soc. 1997. 270, note Verdier ; RJS 1996. 823, n° 1276 ; LPA 6 déc. 1996, note Picca* • Soc. 26 mai 1999, n° 97-40.966 P : *Dr. soc. 1999. 773, chron. Radé.*
♦ Mais le temps consacré à soutenir devant le conseil de prud'hommes une demande en paiement de rappel de salaire pour son propre compte n'entre pas dans la catégorie des heures de délégations rémunérées par l'employeur. • Soc. 3 févr. 1998, n° 96-42.062 P : *RJS 1998. 308, n° 489.*

7. Le temps consacré à l'information personnelle du délégué ne peut être pris sur son crédit d'heures que pour autant qu'il se rattache directement à une difficulté particulière de son entreprise. • Soc. 8 mars 1984 : *Bull. civ. V, n° 92 ; D. 1984. IR 414* • 9 avr. 1986 : *Bull. civ. V, n° 117 ; D. 1986. IR 193* • 8 juill. 1998, n° 96-42.060 : *RJS 1998. 639, n° 1009.*

8. Limites. Ne font pas partie des attributions des délégués du personnel le fait : de tenir un bureau de vote lors des élections des organismes de sécurité sociale. • Soc. 9 déc. 1985, n° 84-44.252 P : *D. 1986. IR 385, obs. Frossard.* ♦ ... D'assister un salarié devant les prud'hommes. • Soc. 4 déc. 1980 : *Bull. civ. V, n° 875* • 21 févr. 1990, n° 86-44.111 P : *D. 1990. IR 64.* ♦ ... D'assister un salarié lors d'un entretien demandé

INSTITUTIONS REPRÉSENTATIVES **Art. L. 2312-8** 783

spontanément par ce dernier. • Crim. 11 févr. 2003, n° 01-88.014 : *Dr. soc. 2003. 631, chron. Duquesne* ; *RJS 2003, n° 772.* ♦ ... D'obtenir communication des appréciations portées par un chef de service sur ses agents. • Soc. 19 juin 1987 : *Bull. civ. V, n° 403.* ♦ ... De transformer des entretiens avec le personnel en manifestation revendicative. • Crim. 25 mai 1982 : *Bull. crim. n° 135.* ♦ ... De haranguer le personnel dans les ateliers pour les engager à prendre part à une journée nationale de défense de la sécurité sociale. • Grenoble, 18 juin 1984 : *D. 1985. IR 60.* ♦ ... De se rendre auprès d'un syndicat patronal pour y déposer des pétitions. • Soc. 28 avr. 1986 : *Bull. civ. V, n° 188* ; *JCP 1987. II. 20748, note Vachet.* ♦ ... De participer à une réunion syndicale. • Soc. 5 juill. 1979 : *Bull. civ. V, n° 452* • 21 juill. 1982 : *ibid., n° 493* ; *D. 1983. IR 441* • 24 mars 1993, n° 88-42.887 : *préc. note 1.* ♦ ... De prendre part à une « exposition économique » organisée par un syndicat. • Soc. 15 nov. 1988 : *D. 1988. IR 291.* ♦ ... De participer à une manifestation pacifiste. • Soc. 26 sept. 1990, n° 87-45.688 P : *D. 1992. Somm. 300, obs. Borenfreund*.

9. Délégués suppléants. Les délégués du personnel suppléants ne participent pas à la désignation des membres du CHSCT, sauf s'ils remplacent un membre titulaire. • Soc. 19 nov. 1986 : *Bull. civ. V, n° 548.*

Art. L. 2312-6 Les attributions de la délégation du personnel au comité social et économique s'exercent au profit des salariés, ainsi que :
1° Aux travailleurs au sens de l'article L. 4111-5, en matière de santé, sécurité et conditions de travail ;
2° Aux salariés d'entreprises extérieures qui, dans l'exercice de leur activité, ne se trouvent pas placés sous la subordination directe de l'entreprise utilisatrice, pour leurs réclamations individuelles et collectives, intéressant les conditions d'exécution du travail qui relèvent du chef d'établissement utilisateur ;
3° Aux salariés temporaires pour leurs réclamations intéressant l'application des dispositions des articles :
a) L. 1251-18 en matière de rémunération ;
b) L. 1251-21 à L. 1251-23 en matière de conditions de travail ;
c) L. 1251-24 en matière d'accès aux moyens de transport collectifs et aux installations collectives.

Art. L. 2312-7 Les travailleurs conservent le droit de présenter eux-mêmes leurs observations à l'employeur ou à ses représentants.

Comp. anc. art. L. 2313-10 (Délégué du personnel).

SECTION 3 Attributions du comité social et économique dans les entreprises d'au moins cinquante salariés

RÉP. TRAV. v° *CSE : Attributions générales en matière économique (entreprises de 50 salariés et plus)*, par WOLMARK.

COMMENTAIRE
V. sur le Code en ligne.

SOUS-SECTION 1 Attributions générales

BIBL. ▶ MORIN, *Dr. ouvrier 2020. 424* (CSE et protection de la santé des travailleurs).

Art. L. 2312-8 (*L. n° 2021-1104 du 22 août 2021, art. 40-I*) « I. – » Le comité social et économique a pour mission d'assurer une expression collective des salariés permettant la prise en compte permanente de leurs intérêts dans les décisions relatives à la gestion et à l'évolution économique et financière de l'entreprise, à l'organisation du travail, à la formation professionnelle et aux techniques de production (*L. n° 2021-1104 du 22 août 2021, art. 40-I*) « , notamment au regard des conséquences environnementales de ces décisions.

« II. – » Le comité est informé et consulté sur les questions intéressant l'organisation, la gestion et la marche générale de l'entreprise, notamment sur :
1° Les mesures de nature à affecter le volume ou la structure des effectifs ;
2° La modification de son organisation économique ou juridique ;
3° Les conditions d'emploi, de travail, notamment la durée du travail, et la formation professionnelle ;
4° L'introduction de nouvelles technologies, tout aménagement important modifiant les conditions de santé et de sécurité ou les conditions de travail ;

5° Les mesures prises en vue de faciliter la mise, la remise ou le maintien au travail des accidentés du travail, des invalides de guerre, des invalides civils, des personnes atteintes de maladies chroniques évolutives et des travailleurs handicapés, notamment sur l'aménagement des postes de travail.

(*L. n° 2021-1104 du 22 août 2021, art. 40-I*) « III. — Le comité est informé et consulté sur les conséquences environnementales des mesures mentionnées au II du présent article.

« IV. — » Le comité social et économique mis en place dans les entreprises d'au moins cinquante salariés exerce également les attributions prévues à la section 2.

Comp. anc. art. L. 2323-1.

BIBL. ▸ Sereno, *Dr. soc.* 2019. 402 (les accords sur l'information-consultation du CSE).

▸ **Loi Climat et dialogue social :** Kandelman et Rozelier, *SSL* 2022, n° 1996, p. 5. – Zeimet, *SSL* 2021, n° 1973 (les nouvelles consultations du CSE issues de la loi Climat).

COMMENTAIRE

V. sur le Code en ligne.

I. COMPÉTENCE GÉNÉRALE

1. Principe de spécialité. Le comité d'entreprise n'a pas qualité pour intenter une action ou intervenir dans une action tendant au respect ou à l'exécution de dispositions légales ou conventionnelles, cette action étant réservée aux organisations syndicales. • Soc. 14 déc. 2016, n° 15-20.812 P : *D.* 2017. *Actu.* 12 ; *ibid. Pan.* 2278, obs. Porta ; *JCP S* 2017. 1045, obs. Cauriau.

2. Si un CSE justifie d'un intérêt lui donnant qualité pour demander l'annulation d'une décision de l'Autorité de la concurrence autorisant la prise de contrôle exclusive de l'entreprise, il n'est pas fondé à le faire en se basant sur la méconnaissance de ses attributions consultatives, dès lors qu'aucune disposition du C. trav. ou du C. com. n'impose à cette autorité de s'assurer, préalablement à l'édiction de sa décision sur une opération de concentration, que les dispositions relatives à la consultation du CSE ont été respectées par l'entreprise concernée. • CE 9 mars 2021, n° 433214 : Lebon ; *AJDA* 2021. 534 ; *Légipresse* 2021. 227, étude Derieux ; *RJS* 6/2021, n° 317 ; *JCP S* 2021. 1095, obs. Duquesne ; *Gaz. Pal.* 7 sept. 2021, p. 75, obs. Doithier ; *BJT* 5/2021, p. 11, obs. Aubonnet et Svara.

3. Importance de la décision. Le juge doit rechercher quelle est l'importance de la décision de l'employeur au regard de l'organisation, de la gestion et de la marche générale de l'entreprise. • Crim. 12 févr. 1991, n° 89-86.881 : *RJS* 1991. 255, n° 482. ♦ L'incrimination prévue par l'art. L. 432-1 C. trav. [L. 2323-12 anc.] n'est ni obscure ni imprécise. En effet, l'obligation d'informer et de consulter le comité d'entreprise, prévue par l'al. 1er de ce même texte, s'entend des mesures de nature à affecter le volume ou la structure des effectifs, la durée du travail, les conditions d'emploi, de travail et de formation professionnelle, dès lors que lesdites mesures sont importantes et ne revêtent pas un caractère ponctuel ou individuel. • Crim. 13 janv. 1998, n° 96-81.478 P.

4. Toute fermeture de l'entreprise, même provisoire, est subordonnée à une consultation préalable du comité. • Crim. 6 févr. 1979, n° 77-91.923 P : *D.* 1979. *IR* 422, obs. Pélissier ; *Dr. ouvrier* 1980. 135, note Alvarez • 23 avr. 1981, n° 80-92.095 : *D.* 1982. *IR* 77, obs. Pélissier. ♦ La décision d'avancer le calendrier d'exécution d'un plan de restructuration a nécessairement une répercussion sur la marche générale de l'entreprise et doit donc faire l'objet d'une nouvelle consultation du comité d'entreprise. • Crim. 19 sept. 2006, n° 05-86.668 : *Dr. soc.* 2006. 1197, obs. Duquesne ; *RJS* 2006. 962, n° 1293.

5. Causes de la décision. Le comité d'entreprise est informé et consulté sur les questions intéressant l'organisation et la marche générale de l'entreprise sans qu'il y ait lieu de distinguer selon que la mise en œuvre de ces mesures résulte d'une décision unilatérale de l'employeur ou qu'elle lui soit imposée par un accord collectif étendu. • 21 nov. 2012, n° 11-10.625 : *D. actu.* 13 déc. 2012, obs. Ines ; *D.* 2012. *Actu.* 2809 ; *Dr. ouvrier* 2013. 118, obs. Ménard ; *JSL* 2013, n° 335-6, obs. Hautefort ; *SSL* 2013, n° 1579, p. 8, obs. Stocki.

6. Décisions non soumises à consultation. N'ont pas à être soumises à l'avis du comité les mesures présentant un caractère provisoire et exceptionnel. • Crim. 15 avr. 1982 : *Bull. crim.* n° 90 • 25 mai 1982 : *D.* 1982. *IR* 388. ♦ ... Et qui, au surplus, ne concerne qu'un petit nombre de salariés. • Crim. 20 févr. 2007, n° 06-85.917 : *Dr. soc.* 2007. 758, note Duquesne. ♦ Tel est le cas de la décision de soumettre 8 salariés aux mêmes conditions de travail que le reste du personnel. • Crim. 19 févr. 1980 : *Bull. crim.* n° 65 ; *JCP* 1981. II. 19595, note Salvage. ♦ ... De celle de modifier les horaires de quelques salariés. • Crim. 15 avr. 1982 : *préc.* • 25 mai 1982 : *préc.* • Soc. 1er juill. 1997, n° 95-12.000 : *RJS* 1997. 619, n° 991 ; *CSB* 1997. 239, A. 46, note Philbert (adaptation, pour un seul salarié, de l'horaire individualisé). ♦ ... Ou de proposer à une quin-

INSTITUTIONS REPRÉSENTATIVES   Art. L. 2312-8 785

zaine de jeunes salariés, précédemment titulaires de contrats d'adaptation, des contrats d'embauche à durée indéterminée avec un régime d'alternance entre des périodes de travail posté et des périodes de travail à la journée. • Crim. 12 avr. 2005, n° 04-83.101 : *Dr. soc. 2005. 856, obs. Duquesne*. ♦ Comp., lorsque la mesure envisagée, tout en étant limitée, peut avoir des conséquences importantes : • Soc. 13 avr. 1976 : *Bull. civ. V, n° 207* • Crim. 7 oct. 1980 : *Dr. ouvrier 1981. 272* • 7 oct. 1980 : *D. 1981. IR 263, obs. Pélissier* • CE 3 mars 1978 : *D. 1978. 609, note Jeammaud ; Dr. soc. n° spéc. avr. 1978. 51, concl. Dondoux*.

7. Obligation de l'employeur. Ni l'urgence... • Crim. 22 juill. 1981 : *Dr. ouvrier 1982. 352.* ♦ ... Ni l'accord des salariés ne sauraient dispenser l'employeur d'informer et de consulter le comité. • Crim. 25 mai 1989 : *Dr. ouvrier 1982. 352* • 25 oct. 1988 : *ibid. 1989. 216* (le projet de dépôt d'une requête en suspension provisoire des poursuites doit être soumis au comité d'entreprise malgré l'urgence de la mesure et son caractère conservatoire). ♦ Seule la force majeure est susceptible de constituer un fait justificatif. • Crim. 30 oct. 1984 : *Bull. crim. n° 330 ; D. 1985. IR 126.*

8. Même lorsqu'il confie à un représentant le soin de présider le comité d'entreprise, le chef d'entreprise doit, lorsqu'il prend une mesure entrant dans les prévisions de l'art. L. 432-1 C. trav. [L. 2323-6 anc.], en l'espèce l'adoption de plans de rémunération ou « pay-plans » applicables aux cadres commerciaux, s'assurer de la consultation de ce comité sans pouvoir opposer l'argument pris d'une délégation de pouvoirs. • Crim. 3 mars 1998, n° 96-85.098 P : *D. 1998. IR 121 ; JCP E 1998, n° 20-21, p. 784 ; RJS 1998. 475, n° 749 ; JS UIMM 1998. 261.*

9. Opérations complexes. Lorsque la mesure qui requiert la consultation du comité s'inscrit dans une procédure complexe comportant des décisions échelonnées, le comité doit être consulté à l'occasion de chacune d'entre elles. • Soc. 7 févr. 1996, n° 93-18.756 : *Dr. soc. 1996. 539, obs. Cohen ; RJS 1996. 250, n° 417.* ♦ Sur l'articulation de la consultation du comité d'entreprise et du comité d'entreprise européen, V. • TGI Nanterre, 1er août 2003 : *D. 2004. Somm. 379, obs. Sachs* • TGI Paris, 10 oct. 2003 : *ibid.*

10. Exclusion des principes de la commande publique. Eu égard à la mission du comité d'entreprise définie par l'art. L. 2323-1 [anc.], le comité d'entreprise ne relève pas des personnes morales de droit privé créées pour satisfaire spécifiquement des besoins d'intérêt général au sens de l'art. 10 de l'Ord. n° 2015-899 du 23 juill. 2015 relative aux marchés publics, quand bien même il exerce sa mission au sein d'une personne morale visée audit article. • Avis, 4 avr. 2018, n° 18-70.002 P : *D. 2018. Actu. 801 ; JCP S 2018. 1176, obs. Pagani*.

11. Articulation de la consultation « orientations stratégiques » et des consultations ponctuelles. La consultation ponctuelle sur la modification de l'organisation économique ou juridique de l'entreprise ou en cas de restructuration et compression des effectifs n'est pas subordonnée au respect préalable par l'employeur de l'obligation de consulter le CSE sur les orientations stratégiques de l'entreprise ; les juges d'appel ne pouvaient suspendre la consultation sur le projet soumis au comité jusqu'à la clôture de celle sur les orientations stratégiques (la notice explicative de la décision précise que cette solution s'applique à toutes les consultations ponctuelles). • Soc. 21 sept. 2022, n° 20-23.660 B : *D. 2022. 1709 ; RJS 11/2022, n° 572 ; SSL 2022, n° 216, obs. Aubonnet ; JSL 2022, n° 550-3, obs. Mureau ; ibid., n° 553-554-6, obs. Arandel et Benyahya ; ibid. 2023, n° 2038, p. 4, obs. Gssime ; JCP S 2022. 1254, obs. Loiseau.*

II. EFFECTIFS

12. Généralités. Le comité d'entreprise doit être consulté sur des modifications d'affectation du personnel qui, loin de revêtir un simple caractère administratif et comptable, tendent en réalité à modifier le volume et la structure de l'entreprise. • Crim. 27 nov. 1990, n° 89-81.454 : *RJS 1991. 112, n° 205.*

13. Doit être soumise à la consultation du comité d'entreprise la politique de réduction des effectifs, résultant non de la conjonction inopinée de divers départs naturels mais d'une stratégie délibérée de compression des effectifs menée dans un souci d'adaptation à la conjoncture économique. • Crim. 4 nov. 1997, n° 96-84.594 P : *RJS 1998. 306, n° 48.* ♦ ... Le projet consistant à rechercher parmi les salariés ceux qui seraient candidats à des mesures n'entraînant pas la rupture du contrat de travail. • Soc. 12 janv. 1999, n° 97-12.962 P : *D. Affaires 1999. 190, obs. Gendraud ; Dr. soc. 1999. 297, obs. Favennec-Héry ; RJS 1999. 106, n° 158 ; JCP 1999. II. 10071, note Picca ; JS Lamy 1999, n° 29-2 ; TPS 1999, n° 97* (mesures telles que temps partiel indemnisé, congés sans solde indemnisés, préretraite progressive, mise en disponibilité).

14. Mise en chômage technique. La mise au chômage technique du personnel constitue une mesure de nature à affecter la durée du travail et les conditions d'emploi du personnel, nécessitant la consultation du comité d'entreprise. • Crim. 30 oct. 1984 : *Bull. crim. n° 330 ; D. 1985. IR 126.*

15. Objet de la consultation. Lorsque le comité d'entreprise est informé et consulté sur une mesure de nature à affecter le volume ou la structure des effectifs, la consultation et l'information doivent porter sur l'ensemble des salariés de l'entreprise ; les mêmes règles s'appliquent au comité d'établissement. • Soc. 3 déc. 1996, *IBM Montpellier, n° 94-22.163 P : JCP 1997. II. 22786, note Duquesne ; Dr. soc. 1997. 105, obs. Savatier ; Gaz. Pal. 1997. 1. 67, note Philbert ;*

RJS 1997. 28, n° 23 ; ibid. 14, concl. P. Lyon-Caen (l'information et la consultation du comité ne peuvent être limitées à la seule question du service supprimé ; elles doivent porter sur les conséquences pour l'ensemble du personnel de cette réorganisation).

16. Autonomie des procédures. Après avoir constaté qu'un comité central d'entreprise a été consulté concomitamment, selon deux procédures distinctes, sur le projet de licenciement collectif pour motif économique des salariés d'un établissement et sur le projet de fermeture de cet établissement, mesure entrant dans les prévisions de l'art. L. 432-1 [L. 2323-6 anc.], une cour d'appel, statuant en référé, énonce exactement que le comité doit disposer, conformément aux dispositions de l'art. L. 431-5 [L. 2323-4 anc.], d'un délai d'examen suffisant et que le chef d'entreprise n'est pas fondé à opposer au comité, à l'occasion de cette dernière consultation, le délai mentionné au 3e al. de l'art. L. 321-7-1 [L. 1233-35 anc.], applicable à la seule procédure de licenciement pour motif économique. ● Soc. 16 avr. 1996, *Sietam*, n° 93-20.228 P : *Dr. soc. 1996. 484, note A. Lyon-Caen (2e arrêt) ; RJS 1996. 356, n° 560 ; ibid. 311, concl. Kessous ; JCP E 1996. II. 836, note Picca ; ibid. I. 597, n° 15, obs. Coursier.* – Bélier et Legrand, *Dr. soc. 1996. 932*. ♦ Dans le même sens, sur la compétence du juge des référés : ● Soc. 17 juin 1997, n° 95-18.904 P : *GADT, 4e éd., n° 111 ; Dr. soc. 1997. 742, obs. Masse-Dessen ; RJS 1997. 617, n° 990 ; ibid. 592, rapp. Frouin ; CSB 1997. 213, A. 43.* ♦ Si les deux procédures, qui sont distinctes, peuvent être conduites de manière concomitante, sous réserve du respect des délais les plus favorables, la consultation simultanée du comité d'entreprise sur un projet de fermeture d'établissement et de licenciement collectif est nulle si la décision de fermeture d'un établissement avait déjà été préalablement arrêtée par l'employeur. ● Soc. 17 juin 1997, n° 95-18.904 : *préc.*

III. ORGANISATION ÉCONOMIQUE ET JURIDIQUE DE L'ENTREPRISE

17. Cession d'actions ou de parts. Lorsque la transmission négociée d'une partie du capital est utilisée comme un moyen de placer une société sous la dépendance d'une autre, une telle opération équivaut à la cession de l'entreprise au regard de l'art. L. 432-1 [L. 2323-19 anc.]. ● Crim. 2 mars 1978, n° 76-92.008 P : *GADT, 4e éd., n° 142 ; JCP 1979. II. 19052, note Salvage ; Dr. soc. 1978. 369, note Savatier ; RTD com. 1979. 261, n° 10, obs. Houin ; Rev. sociétés 1979. 553, note Bouloc.* – Dans le même sens : ● Crim. 4 avr. 1979 : *Bull. crim. n° 140 ; D. 1980. 125, note Bousquet* ● 10 nov. 1981 : *Bull. crim. n° 300 ; D. 1982. IR 313, obs. Béraud* ● 22 mars 1983 : *Bull. crim. n° 90 ; D. 1984. IR 162, obs. Reinhard*.

18. Privatisation. En cas de privatisation d'une société appartenant au secteur public, seul son comité d'entreprise doit être préalablement consulté, non ceux de ses filiales. ● CE 26 juill. 1996, n° 92070 : *RJS 1996. 670, n° 1055 ; LPA 14 août 1996, concl. Bonichot.* ♦ Lorsque le choix des acquéreurs de la participation publique dans le capital de la société à privatiser relève du ministre de l'économie, la procédure de privatisation exclut la consultation du comité d'entreprise sur le choix à opérer entre les offres des candidats à l'acquisition. ● CE 13 juin 1997, n° 183798 : *RJS 1997. 691, n° 1111*.

19. Prise de participation. En cas de prise de participation, le chef d'entreprise est tenu de consulter le comité sans que cette obligation soit limitée aux seuls projets économiques et financiers importants. ● Soc. 3 févr. 2004, n° 03-80.784 P : *D. 2004. IR 922 ; RJS 2004. 381, n° 561.* ♦ L'art. L. 432-1 [L. 2323-19 anc.] n'établit aucune distinction selon que l'entreprise prend une participation dans une société déjà constituée ou à constituer. ● Même arrêt.

20. Organisation de l'entreprise. Le comité d'entreprise doit être informé et consulté préalablement : à la réorganisation interne d'un service. ● Crim. 25 oct. 1977 : *Bull. crim. n° 321 ; D. 1978. IR 243.* ♦ ... A la mise en place d'un nouveau système d'organisation des caisses. ● Crim. 7 oct. 1980 : *D. 1981. IR 263, obs. Pélissier.* ♦ ... A la réalisation d'opérations de transfert. ● Crim. 6 nov. 1977 : *Bull. crim. n° 242 ; Dr. soc. 1976. 392, note Savatier* ● 6 déc. 1977 : *Bull. crim. n° 386 ; D. 1978. IR 210* ● 25 mars 1997, n° 94-41.180 : *Dr. ouvrier 1997. 382, note Cohen* (réorganisation du service entretien par recours à une entreprise extérieure). ♦ ... A la réorganisation juridique de l'entreprise dès lors qu'elle a des effets sur l'emploi. ● Soc. 9 juill. 1996, n° 94-19.722 : *RJS 1996. 602, n° 940.* ♦ ... A la création d'une agence, s'agissant d'un établissement bancaire et bien que concernant dans l'immédiat peu de salariés. ● Crim. 13 janv. 1998, n° 96-81.478 : *préc. note 3*.

21. OPA sur une société mère. En l'absence de comité d'entreprise européen, le comité d'entreprise d'une société contrôlée par une société mère ayant son siège dans un autre État membre de l'Union européenne doit être consulté sur tout projet concernant l'organisation, la gestion et la marche générale de l'entreprise, notamment sur les mesures de nature à affecter le volume ou la structure des effectifs résultant des modifications de l'organisation économique ou juridique de l'entreprise, y compris lorsqu'une offre publique d'acquisition porte sur les titres de la société mère. ● Soc. 19 déc. 2018, n° 18-14.520 P : *D. actu. 7 févr. 2019, obs. Ciray ; D. 2019. Actu. 20 ; RJS 3/2019, n° 167 ; JCP S 2019. 1066, obs. Teissier*.

IV. CONDITIONS DE TRAVAIL

22. Modes de rémunération. Le comité central d'entreprise, ayant à étudier les incidences d'un nouveau mode de rémunération, peut s'informer des préférences des salariés par une consultation du personnel dont les frais s'imputent sur son budget, son information n'étant pas limitée aux renseignements dont ses membres disposent à titre individuel ou aux observations présentées par les délégués du personnel. • Soc. 19 déc. 1990, ⚖ n° 89-16.072 : *D. 1991. IR 22 ; Dr. soc. 1991. 267, rapp. Waquet* ⌀ .

23. L'employeur est tenu de fournir au comité d'entreprise des informations précises et complètes sur les modes de rémunération de salariés sur le point d'être embauchés. • Crim. 6 oct. 1992, ⚖ n° 90-87.498 P.

24. Les modalités de commercialisation d'un nouveau contrat collectif d'assurance qui affectent globalement le mode de rémunération et qui concernent les conditions de travail du personnel intéressé, relèvent de l'information-consultation du comité d'entreprise, peu importanfaut que la rémunération effective soit ou non plus avantageuse pour les salariés. • Soc. 28 nov. 2000, ⚖ n° 98-19.594 P : *Dr. soc. 2001. 212, obs. Radé* ⌀ ; *RJS 2001. 140, n° 212.*

25. Durée du travail. La consultation du comité d'entreprise est requise uniquement lors de la mise en place du temps partiel, mais non pour chaque embauche d'un salarié à temps partiel ou pour la transformation d'un emploi à temps plein en emploi à temps partiel. • Crim. 24 févr. 1987 : *JS UIMM 1987. 332.*

26. Horaire de travail. Se rend coupable d'entrave l'employeur qui, avant d'appliquer un changement dans les horaires de travail d'une agence, s'est borné à en informer le comité en se refusant à toute discussion. • Crim. 3 mars 1981 : *D. 1982. IR 77, obs. Pélissier* • 11 janv. 2000, ⚖ n° 99-80.229 P : *D. 2000. IR 103* ⌀ (modification du moment d'une pause par référendum sans avoir consulté le comité d'entreprise).

27. Formation professionnelle. L'employeur ne peut s'opposer aux investigations de la commission de la formation destinées à informer le comité sur les besoins du personnel. • Crim. 7 janv. 1981 : *D. 1981. IR 423, obs. Langlois.* ♦ Il ne peut s'opposer à l'entrée dans l'entreprise de personnes étrangères invitées par la commission à titre d'experts. • Crim. 12 avr. 1983 : *Dr. ouvrier 1983. 340.* ♦ Les dispositions qui prescrivent que le comité d'entreprise donne son avis tous les ans sur le projet de plan de formation professionnelle pour l'année à venir impliquent que cet avis soit donné avant la fin de l'année précédant celle de l'exécution du plan. • Crim. 26 nov. 1991, ⚖ n° 90-84.546 : *RJS 1992. 186, n° 305.* ♦ Sur les sanctions fiscales entraînées par la non-consultation du comité d'entreprise, V. • CE 28 juin 1989 : *Dr. soc. 1989. 712, concl. Fouquet* • 10 janv. 1990, ⚖ n° 74019 : *RJS 1990. 169, n° 238.*

28. Mutuelle. Il n'appartient pas au comité d'entreprise d'imposer aux salariés l'adhésion à une mutuelle. • Soc. 27 mars 1996, ⚖ n° 92-44.933 P : *RJS 1996. 357, n° 562.* ♦ V. aussi • Soc. 5 juin 1996, ⚖ n° 93-42.653 P : *Dr. soc. 1996. 984, obs. Laigre* ⌀ (inefficacité d'un avis du comité estimant que l'adhésion est obligatoire).

V. NOUVELLES TECHNOLOGIES

29. Technologie nouvelle. Caractérisent l'introduction d'une nouvelle technologie : le remplacement d'un ordinateur de la « troisième génération » par un ordinateur de même type, mais plus performant. • Soc. 2 juill. 1987 : *Bull. civ. V, n° 438 ; Dr. ouvrier 1988. 234, note D. J. ; JCP 1988. II. 20924.* ♦ ... La mise en œuvre d'un nouveau système informatique dans un ensemble de services d'une banque, système sensiblement différent du précédent et nécessitant une formation particulière. • Soc. 9 juill. 1997, ⚖ n° 95-20.294 : *RJS 1997. 772, n° 1252 ; TPS 1997, n° 264, obs. Teyssié.* ♦ ... Ou la mise en réseau informatique d'une société de presse, la pagination par ordinateur entraînant une inversion totale des modalités de la rédaction et de la production. • Crim. 13 déc. 1994, ⚖ n° 93-85.092 : *D. 1995. IR 53 ; RJS 1995. 179, n° 252 ; Gaz. Pal. 1996. 1. 43, note Berenguer-Guillon.* ♦ ... Ou l'acquisition d'une nouvelle rotative, aboutissant en fait à une nouvelle méthode de fabrication du journal. • Montpellier, 4 déc. 1995 : *RJS 1996. 87, n° 136.* ♦ Solution contraire en cas d'installation d'un micro-ordinateur dans un service. • Crim. 29 mars 1994, ⚖ n° 93-80.962 : *RJS 1994. 594, n° 1005.* ♦ Sur le caractère cumulatif des conditions posées par l'art. L. 432-2, V. • Soc. 15 oct. 1987 : *Bull. civ. V, n° 569 ; D. 1987. IR 218 ; Dr. ouvrier 1988. 235, note D. J.*

30. Projet. Doit être cassée la décision admettant le recours à un expert en informatique sans qu'il ait été constaté que l'étude confiée par l'employeur à un technicien avait abouti à l'établissement d'un projet. • Soc. 3 mars 1988 : *Bull. civ. V, n° 152 ; D. 1988. Somm. 312, obs. A. Lyon-Caen.* ♦ Sur l'analyse des incidences que doit présenter le projet, V. • Soc. 2 juill. 1987 : *préc. note 29.* ♦ N'est pas tardive une demande d'expertise technologique, même postérieure au choix et à l'acquisition du nouveau logiciel, dès lors que la mise en œuvre de celui-ci est encore à l'état de projet. • Soc. 28 oct. 1996, ⚖ n° 94-15.914 P : *Dr. soc. 1996. 1105, obs. Cohen* ⌀ ; *RJS 1997. 109, n° 160.*

31. Projet important. Les juges du fond ne peuvent se déterminer par des motifs d'ordre général pour estimer que le comité d'entreprise devait être saisi d'un projet d'introduction d'une nouvelle technologie sans rechercher si, compte tenu des circonstances de l'espèce, le projet était important. • Crim. 22 oct. 1991, ⚖ n° 89-85.768 : *CSB 1992. 62, obs. Philbert ; RJS 1992. 119, n° 174.* ♦ Est important un projet qui constitue un nouveau système informatique affectant 600 postes de travail et impliquant une nouvelle formation. • Soc. 28 oct. 1996, ⚖ n° 94-15.914 : *préc. note 30.*

Art. L. 2312-9 Dans le champ de la santé, de la sécurité et des conditions de travail, le comité social et économique :

1° Procède à l'analyse des risques professionnels auxquels peuvent être exposés les travailleurs, notamment les femmes enceintes, ainsi que des effets de l'exposition aux facteurs de risques professionnels mentionnés à l'article L. 4161-1 ;

2° Contribue notamment à faciliter l'accès des femmes à tous les emplois, à la résolution des problèmes liés à la maternité, l'adaptation et à l'aménagement des postes de travail afin de faciliter l'accès et le maintien des personnes handicapées à tous les emplois au cours de leur vie professionnelle ;

3° Peut susciter toute initiative qu'il estime utile et proposer notamment des actions de prévention du harcèlement moral, du harcèlement sexuel et des agissements sexistes définis à l'article L. 1142-2-1. Le refus de l'employeur est motivé.

Comp. anc. art. L. 4612-1, L. 4612-2 et L. 4612-3 (CHSCT).

Art. L. 2312-10 Lors des visites de l'agent de contrôle de l'inspection du travail mentionné à l'article L. 8112-1, les membres de la délégation du personnel au comité social et économique sont informés de sa présence par l'employeur et peuvent présenter leurs observations.

L'agent de contrôle se fait accompagner par un membre de la délégation du personnel du comité, si ce dernier le souhaite.

Comp. anc. art. L. 2313-11 (Délégué du personnel).

Comp. anc. art. L. 4612-7 (CHSCT).

SOUS-SECTION 2   **Modalité d'exercice des attributions générales**

Art. L. 2312-11 Le comité exerce ses missions sans préjudice des dispositions relatives aux délégués syndicaux et à l'expression collective des salariés.

Comp. anc. art. L. 2323-1, dernier al. (Comité d'entreprise).

Art. L. 2312-12 Le comité social et économique formule, à son initiative, et examine, à la demande de l'employeur, toute proposition de nature à améliorer les conditions de travail, d'emploi et de formation professionnelle des salariés, leurs conditions de vie dans l'entreprise ainsi que les conditions dans lesquelles ils bénéficient de garanties collectives complémentaires mentionnées à l'article L. 911-2 du code de la sécurité sociale.

Comp. anc. art. L. 2323-1, al. 3 (Comité d'entreprise).

Art. L. 2312-13 Le comité social et économique procède, à intervalles réguliers, à des inspections en matière de santé, de sécurité et des conditions de travail. Il réalise des enquêtes en matière d'accidents du travail ou de maladies professionnelles ou à caractère professionnel. Le comité peut demander à entendre le chef d'une entreprise voisine dont l'activité expose les travailleurs de son ressort à des nuisances particulières. Il est informé des suites réservées à ses observations.

Le comité peut faire appel à titre consultatif et occasionnel au concours de toute personne de l'entreprise qui lui paraîtrait qualifiée.

Comp. anc. art. L. 4612-5 et L. 4612-6 (CHSCT).

Art. L. 2312-14 Les décisions de l'employeur sont précédées de la consultation du comité social et économique, sauf, en application de l'article L. 2312-49, avant le lancement d'une offre publique d'acquisition.

Les projets d'accord collectif, leur révision ou leur dénonciation ne sont pas soumis à la consultation du comité.

Les entreprises ayant conclu un accord *(Ord. n° 2017-1718 du 20 déc. 2017, art. 1er-I)* « relatif à la gestion prévisionnelle des emplois et des compétences ne sont pas soumises, dans ce domaine, » à l'obligation de consultation du comité social et économique.

Comp. anc. art. L. 2323-2 (Comité d'entreprise).

1. Notion de décision. Si une décision s'entend d'une manifestation de volonté d'un organe dirigeant qui oblige l'entreprise, il ne s'en déduit pas qu'elle implique nécessairement des mesures précises et concrètes. Un projet, même formulé en termes généraux, doit être soumis à consultation du comité d'entreprise lorsque son objet est assez déterminé pour que son adoption ait une incidence sur l'organisation, la gestion et la marche générale de l'entreprise, peu important qu'il ne soit pas accompagné de mesures précises et concrètes d'application, dès lors que la discussion ultérieure de ces mesures n'est pas de nature à remettre en cause, dans son principe, le projet adopté. • Soc. 12 nov. 1997, ⚖ n° 96-12.314 P : GADT, 4ᵉ éd., n° 143 ; D. 1998. Somm. 245, obs. A. Lyon-Caen ⌀ ; Dr. soc. 1998. 87, obs. Cohen ⌀ ; RJS 1997. 855, n° 1391 ; ibid. 818, rapp. Frouin ; JS UIMM 1998. 138.

Comp., antérieurement : la décision de procéder à une fusion ne revêt pas un caractère définitif du seul fait qu'elle ait été rendue publique, alors qu'elle n'avait pas encore été approuvée par les organes compétents. • Crim. 28 nov. 1984 : Bull. crim. n° 375 ; D. 1985. IR 436, obs. Langlois ; JCP E 1985. I. 14481, note Godard. ♦ V. aussi • Crim. 29 mai 1990, ⚖ n° 89-84.747 : RJS 1990. 405, n° 593 (l'annonce à la presse d'un projet de fusion n'a pas pour effet de le transformer en décision définitive) • 4 déc. 1990, ⚖ n° 89-84.570 : RJS 1991. 113, n° 206 • 6 avr. 1993, ⚖ n° 92-80.864 P : RJS 1993. 360, n° 627 (... non plus que l'information directe des salariés concernés) • 4 avr. 1995, ⚖ n° 93-80.312 : RJS 1995. 435, n° 666 (annonce à la presse d'un projet de licenciement économique).

2. Négociation d'entreprise (jurisprudence remise en cause par la L. n° 2015-994 du 17 août 2015). Le comité d'entreprise doit être consulté sur toute question ou mesure visées par l'art. L. 432-1 C. trav. [L. 2323-6 anc.] sans qu'il y ait lieu de distinguer selon que la décision en cause est une décision unilatérale ou prend la forme d'un accord collectif d'entreprise. La consultation doit être concomitante à l'ouverture de la négociation ou avoir lieu au plus tard avant la signature de l'accord. Le défaut de consultation n'entraîne pas la nullité de l'accord ni son inopposabilité, mais seulement les sanctions propres au fonctionnement du comité d'entreprise. • Soc. 5 mai 1998, ⚖ n° 96-13.498 P : GADT, 4ᵉ éd., n° 159 ; JCP E 1998. 1407, note Aubert-Monpeyssen ; Dr. ouvrier 1998. 350, note Boulmier ; D. 1998. IR 144 ; Dr. soc. 1998. 579, rapp. Frouin ⌀ ; ibid. 585, note Frouin ; RJS 6/1998, n° 750 ; CSB 1998. 167, A. 34 ; TPS 1998. 15, n° 244

• 18 sept. 2019, ⚖ n° 17-31.274 P : D. actu. 3 oct. 2019, obs. Ilieva ; D. 2019. Actu. 1843 ⌀ ; RJS 12/2019, n° 699 ; JCP S 2019. 1310, obs. Morand ; Gaz. Pal. 3 déc. 2019, p. 49, obs. de Brier (à propos d'un accord de modulation). ♦ La même obligation de consultation prévaut lorsque le chef d'entreprise envisage de réviser l'accord. • Paris, 6 mars 2002 : RJS 2002. 598. ♦ ... Ou de le dénoncer. • Soc. 5 mars 2008, ⚖ n° 07-40.273 : JSL 2008, n° 231-4 ; RJS 2008. 449, n° 576.

3. Le juge des référés ne peut donc ordonner la suspension de la procédure de conclusion de l'accord. • Soc. 19 mars 2003, ⚖ n° 01-12.094 P.

4. Notion de restructuration. La transmission négociée d'une partie du capital social s'analysant comme une opération de restructuration et de réorganisation susceptible d'avoir des incidences sur les effectifs, le juge des référés est fondé à reporter la réunion de consultation pour avis du comité à une date lui permettant d'émettre un avis en connaissance de cause. • Soc. 16 avr. 1996, ⚖ Sietam, n° 93-15.417 P : Dr. soc. 1996. 484, note A. Lyon-Caen ⌀ (1ᵉʳ arrêt) ; RJS 1996. 354, n° 559 ; ibid. 316, concl. Kessous ; JCP E 1996. II. 836, note Picca ; ibid. I. 597, n° 15, obs. Coursier. ♦ Le respect de la procédure de consultation n'avait pas pour effet de différer une opération patrimoniale. • Même arrêt.

5. Accord de GPEC et objet de la dispense de consultation. Si en présence d'un accord relatif à la gestion prévisionnelle des emplois et des compétences, le comité social et économique n'a pas à être consulté sur cette gestion prévisionnelle dans le cadre de la consultation récurrente sur les orientations stratégiques, sont, en revanche, soumises à consultation les mesures ponctuelles intéressant l'organisation, la gestion et la marche générale de l'entreprise au sens de l'art. L. 2312-8 C. trav., notamment celles de nature à affecter le volume ou la structure des effectifs, quand bien même elles résulteraient de la mise en œuvre de l'accord de gestion prévisionnelle des emplois et des compétences. • Soc. 29 mars 2023, ⚖ n° 21-17.729 B : D. actu. 5 avr. 2023, obs. Malfettes ; D. 2023. 648 ⌀ ; RDT 2023. 429, obs. Signoretto ⌀ ; RJS 6/2023, n° 322 ; Dr. ouvrier 2023. 353, note Dirringer ; JSL 2023, n° 563-2, obs. Clerc et Boulanger ; SSL 2023, n° 2042, p. 10, obs. Guillouet.

Art. L. 2312-15 Le comité social et économique émet des avis et des vœux dans l'exercice de ses attributions consultatives.

Il dispose à cette fin d'un délai d'examen suffisant et d'informations précises et écrites transmises ou mises à disposition par l'employeur, et de la réponse motivée de l'employeur à ses propres observations.

Il a également accès à l'information utile détenue par les administrations publiques et les organismes agissant pour leur compte, conformément aux dispositions légales relatives à l'accès aux documents administratifs.

Le comité peut, s'il estime ne pas disposer d'éléments suffisants, saisir le président du (Ord. n° 2019-738 du 17 juill. 2019, art. 15) « tribunal judiciaire statuant selon la procédure accélérée au fond » pour qu'il ordonne la communication par l'employeur des éléments manquants. *(Abrogé par Ord. n° 2019-738 du 17 juill. 2019, art. 15)* « *Le juge statue dans un délai de huit jours.* » — *Les dispositions de l'Ord. n° 2019-738 du 17 juill. 2019 s'appliquent aux demandes introduites à compter du 1er janv. 2020 (Ord. préc., art. 30).*

Cette saisine n'a pas pour effet de prolonger le délai dont dispose le comité pour rendre son avis. Toutefois, en cas de difficultés particulières d'accès aux informations nécessaires à la formulation de l'avis motivé du comité, le juge peut décider la prolongation du délai prévu au deuxième alinéa.

L'employeur rend compte, en la motivant, de la suite donnée aux avis et vœux du comité.

Comp. anc. art. L. 2323-3, L. 2323-4 et L. 2323-5 (Comité d'entreprise).

BIBL. ▶ Devos, JCP S 2019. 1147 (les nouveaux moyens d'action des IRP face au délai préfix). – Milet, *Dr. ouvrier 2020. 437* (l'accès à l'information des représentants du personnel). – Nassom-Tissandier, *RJS 4/2021* (le droit à l'information-consultation du CSE à l'épreuve des délais préfix).

1. *Constitutionnalité.* Sont conformes à la Constitution le 4e al. de l'art. L. 2323-3 [anc.] et le dern. al. de l'art. L. 2323-4 [anc.] C. trav., dans leur rédaction résultant de la L. n° 2013-504 du 14 juin 2013 compte tenu des garanties prévues par le législateur pour assurer le respect du principe de participation. • Cons. const. 4 août 2017, ⚖ n° 2017-652 QPC : *D. 2017. Actu. 1658* ⬚ ; *RJS 10/2017, n° 680 ; BJS 2017. 665, obs. Auzero ; SSL 2017, p. 12, obs. Champeaux.*

2. La consultation du comité d'entreprise nécessite un avis du comité, lequel ne peut résulter d'une simple appréciation formulée à la suite d'une communication faite en réunion par l'employeur sans transmission préalable d'informations écrites. • Crim. 27 mars 2012, ⚖ n° 11-80.565 : *D. actu. 18 avr. 2012, obs. Siro ; RJS 2012. 547, n° 638 ; SSL 2012, n° 1547, p. 8, obs. Cœuret et Duquesne.*

3. Si un accord conclu entre l'employeur et la majorité de leurs membres titulaires fixe les délais impartis au comité central d'entreprise et au comité d'établissement pour rendre leur avis sur le projet de réorganisation d'une partie des activités de l'employeur, ces deux institutions sont irrecevables à solliciter, après l'expiration de ces délais, tant la caducité de l'accord, que la consultation du CHSCT. • Soc. 3 nov. 2016, ⚖ n° 15-16.082 P : *D. 2016. Actu. 2287* ⬚ ; *RJS 1/2017, n° 34.*

4. *Information du comité.* Le chef d'entreprise ne peut se contenter de lire devant le comité un document complexe qu'il refuse ensuite de communiquer. • Crim. 4 nov. 1982 : *Bull. crim. n° 241.* ♦ Tenu de fournir des informations précises et écrites, il n'a pas l'obligation de communiquer le projet lui-même. • Crim. 6 avr. 1993, ⚖ n° 92-80.864 P : *RJS 1993. 360, n° 627.* ♦ En matière de durée du travail, l'information du comité d'entreprise est nécessairement écrite et individualisée. • Crim. 15 févr. 2005, ⚖ n° 04-84.301 P. ♦ La question de l'introduction d'un nouvel outil informatique fixée à l'ordre du jour du comité d'entreprise doit être précédée d'informations précises et écrites transmises par l'employeur, qui ne peut se contenter d'une simple communication au cours de la réunion : une appréciation et une objection formulées par le comité d'entreprise à l'issue de cette réunion ne peuvent s'analyser comme un avis motivé au sens de l'art. L. 2323-4 [anc.] C. trav. • Crim. 27 mars 2012, ⚖ n° 11-80.565 : *D. actu. 18 avr. 2012, obs. Siro ; JCP S 2012. 1276, obs. Passerone.*

5. Le délit d'entrave est caractérisé s'il est établi que le chef d'entreprise a manifestement voulu placer le comité d'entreprise devant le fait accompli. • Crim. 7 oct. 1980 : *D. 1981. IR 263, obs. Pélissier.* – V. aussi • Crim. 21 nov. 1978 : *Bull. crim. n° 324.* ♦ 9 janv. 1990, ⚖ n° 87-81.168 : *JS UIMM 1990. 147.* ♦ ... A refusé de lui transmettre en temps utile un document nécessaire à la consultation. • Crim. 18 nov. 1997, ⚖ n° 96-80.002 P : *GADT, 4e éd., n° 158 ; RJS 1998. 56, n° 76.*

6. Le délit d'entrave au fonctionnement régulier du comité d'entreprise, consistant notamment en une communication incomplète ou tardive des documents énumérés par l'art. D. 932-1 [anc.], est réputé commis au lieu où cette obligation aurait dû recevoir exécution, c'est-à-dire au siège social du comité et de la commission qui en est l'émanation. • Crim. 13 janv. 1998, ⚖ n° 96-81.477 P : *JS UIMM 1998. 301.* ♦ Pour une solution identique dans le cas d'une omission d'information écrite et préalable, V. : • Crim. 13 janv. 1998, ⚖ n° 96-81.478 P.

7. *Délai d'examen suffisant.* Constitue un trouble manifestement illicite la mise en œuvre de projets alors que le comité d'établissement n'a pas disposé d'un délai suffisant compte tenu de la nature et des implications des différents projets. • Soc. 25 juin 2003, ⚖ n° 01-12.990 : *RJS 2003. 982, n° 1411.*

8. *Comité d'entreprise et comités d'établissement.* Un accord-cadre définissant les dispositions essentielles concernant l'ensemble du personnel mais renvoyant pour son application pratique à une mise au point sur le plan régional nécessite une consultation des comités d'établissement ; le défaut constitue un trouble manifestement illicite auquel il peut être mis fin par la suspension de la mise en application de l'accord.

INSTITUTIONS REPRÉSENTATIVES **Art. L. 2312-16** 791

• Soc. 13 nov. 2001, 🕀 n° 99-10.891 P : *D. 2001. IR 3585* ⌀ ; *D. 2002. 764*, obs. Katz ⌀ ; *RJS 2002. 55, n° 51* ; *JSL 2001, n° 92-2*.

9. Action en justice des syndicats. Les syndicats ne sont pas recevables à agir pour demander communication à leur profit de documents qui auraient dû être transmis au comité d'entreprise. • Soc. 11 sept. 2012, 🕀 n° 11-22.014 : *D. actu. 28 sept. 2012*, obs. Ines ; *D. 2012. 2179* ⌀ ; ibid. 2622, obs. Lokiec et Porta ⌀ ; *RJS 2012. 758, n° 882* ; *JCP S 2012. 1521*, obs. Loiseau.

10. Point de départ du délai préfix d'information-consultation. Le délai de consultation imposé au comité d'entreprise ne commence pas à courir lorsque l'employeur n'a pas mis à disposition la base de données économiques et sociales légalement obligatoire. • Soc. 28 mars 2018, 🕀 n° 17-13.081 P : *D. 2018. Actu. 729* ⌀ ; *RJS 6/2018, n° 426* ; *SSL 2018, n° 1812, p. 9*, note Beziz ; *JCP 2018. 462*, obs. Dedessus-le-Moustier ; *JCP S 2018. 1167*, obs. Guedes Da Costa.

11. Saisine du juge pour information insuffisante et expiration du délai de consultation. La saisine du juge des référés par un CHSCT en vue d'obtenir la communication de pièces et d'informations par l'employeur dans le cadre de sa consultation et de celle du comité d'entreprise sur le projet de cession de l'entreprise est irrecevable dès lors que cette demande a été formulée après l'expiration du délai imparti au comité d'entreprise pour donner son avis. • Soc. 15 nov. 2017, 🕀 n° 15-26.338 P : *D. 2017. Actu. 2375* ⌀ ; *JSL 2018, n° 447-6* ; *JCP S 2017. 1424*, obs. Cottin.

12. Prolongation du délai de consultation. La saisine du juge par le comité avant l'expiration des délais de consultation permet à ce dernier d'ordonner la production des éléments d'information complémentaires et, en conséquence, de prolonger ou de fixer le délai de consultation à compter de leur communication ; peu importe que les délais de consultation soient expirés à la date du jugement. • Soc. 26 févr. 2020, 🕀 n° 18-22.759 P : *D. actu. 26 mars 2020*, obs. Couëdel ; *D. 2020. Actu. 440* ⌀ ; ibid. 1744, obs. Lanoue ⌀ ; *RDT 2020. 559*, note Signoretto ⌀ ; *RJS 5/2020, n° 240* ; *Dr. ouvrier 2020. 524*, obs. Odoul-Asorey ; *SSL 2020, n° 1898, p. 13*, obs. Mallevays et Février ; *JSL 496-497-6*, obs. Huguéville ; *JCP S 2020. 1074*, obs. Morvan ; *JCP E 2020. 1368*, obs. Duchange ; *Gaz. Pal. 2020. 80*, obs. Le Cohu. ♦ Comp. : si, en cas de difficultés particulières d'accès aux informations nécessaires à la formulation de l'avis motivé du comité d'entreprise, le juge peut décider la prolongation du délai prévu à l'art. L. 2323-3 C. trav., aucune disposition légale ne l'autorise à accorder un nouveau délai après l'expiration du délai initial. • Soc. 21 sept. 2016, 🕀 n° 15-13.363 P : *D. 2016. Actu. 1936* ⌀ ; ibid. Pan. 2254, obs. Lokiec ⌀ ; *RDT 201. 55*, obs. Signoretto ; *RJS 12/2016, n° 785* ; *JSL 2016, n° 419-3*, obs. Cottin ; *JCP S 2016. 1342*, note Morvan. ♦ La saisine du président du TGI avant l'expiration des délais dont dispose le comité d'entreprise pour rendre son avis permet au juge, dès lors que celui-ci retient que les informations nécessaires à l'institution représentative du personnel et demandées par cette dernière pour formuler un avis motivé n'ont pas été transmises ou mises à disposition par l'employeur, d'ordonner la production des éléments d'information complémentaires et, en conséquence, de prolonger ou de fixer le délai de consultation réglementaire à compter de la communication de ces éléments complémentaires. • Soc. 27 mai 2020, 🕀 n° 18-26.483 P : *D. 2020. Actu. 1178* ⌀ ; *RJS 7/2020, n° 354* ; *SSL 2020, n° 1916, p. 16*, obs. Carrière ; *JCP S 2020. 2070*, obs. Kerbourc'h. ♦ Le délai préfix de consultation du CSE peut être prolongé d'un commun accord entre l'employeur et le comité, sans qu'un vote en ce sens soit spécifiquement intervenu au cours d'une réunion ; le commun accord est caractérisé lorsque l'employeur a abondé la base de données économiques et sociales, provoqué une réunion extraordinaire du comité d'entreprise et fixé, conjointement avec le secrétaire du comité d'entreprise, la date de restitution des travaux d'expertise et de remise des avis du comité d'entreprise après l'expiration du délai de consultation. • Soc. 8 juill. 2020, 🕀 n° 19-10.987 P : *D. 2020. Actu. 1470* ⌀ ; *RJS 10/2020, n° 477* ; *BJT oct. 2020, p. 12*, obs. Auzero ; *JSL 2020, n° 504-2*, obs. Hautefort ; *JCP S 2020. 2098*, obs. Kerbourc'h.

13. Exclusivité de la procédure accélérée au fond. Toute demande du CSE tendant à obtenir la communication par l'employeur d'éléments manquants dans la base de données économiques, sociales doit être portée devant le président du tribunal judiciaire, statuant selon la procédure accélérée au fond et, que cette demande soit formée ou non dans le cadre d'une procédure d'information-consultation en cours. • Soc. 24 nov. 2021, 🕀 n° 20-13.904 B : *RJS 2/2022, n° 75* ; *Dr. ouvrier 2022. 67*, obs. Hamoudi ; *JCP S 2022. 1029*, obs. Guedes Da Costa.

Art. L. 2312-16 Sauf dispositions législatives spéciales, l'accord défini à l'article L. 2312-19 et à l'article L. 2312-55 ou, en l'absence de délégué syndical, un accord entre l'employeur et le comité social et économique ou, le cas échéant, le comité social et économique central, adopté à la majorité des membres titulaires de la délégation du personnel du comité, ou, à défaut d'accord, un décret en Conseil d'État fixe les délais dans lesquels les avis du comité social et économique ou, le cas échéant, du comité social et économique central sont rendus dans le cadre des consultations prévues au présent code. — V. art. R. 2312-6.

Ces délais permettent au comité social et économique ou, le cas échéant, au comité central d'exercer utilement sa compétence, en fonction de la nature et de l'importance des questions qui lui sont soumises.

A l'expiration de ces délais ou du délai mentionné au cinquième alinéa de l'article L. 2312-15, le comité ou, le cas échéant, le comité central, est réputé avoir été consulté et avoir rendu un avis négatif.

Comp. anc. art. L. 2323-3 (Comité d'entreprise).

BIBL. ▶ LAGESSE et VALENTINO, *SSL 2017, n° 1791, p. 4, et n° 1792, p. 6* (à propos des délais de consultation).

Primauté des délais conventionnels. Les dispositions de l'art. R. 2312-6 n'ont vocation à s'appliquer qu'en l'absence d'accord collectif de droit commun ou d'un accord entre le CSE et l'employeur fixant d'autres délais que ceux prévus à cet art. • Soc. 29 juin 2022, ⚖ n° 21-11.077 B : *D. 2022. 1313 ; RJS 10/2022, n° 524.*

SOUS-SECTION 3 Consultations et informations récurrentes

§ 1 Ordre public

Art. L. 2312-17 Le comité social et économique est consulté dans les conditions définies à la présente section sur :

1° Les orientations stratégiques de l'entreprise ;

2° La situation économique et financière de l'entreprise ;

3° La politique sociale de l'entreprise, les conditions de travail et l'emploi.

(L. n° 2021-1104 du 22 août 2021, art. 40-I) « Au cours des consultations, le comité est informé des conséquences environnementales de l'activité de l'entreprise. »

(Ord. n° 2023-1142 du 6 déc. 2023, art. 26-I, en vigueur le 1ᵉʳ janv. 2025) « Au cours de ces consultations, le comité est consulté sur les informations en matière de durabilité prévues aux articles L. 232-6-3 et L. 233-28-4 du code du commerce et sur les moyens de les obtenir et de les vérifier, dès lors que l'entreprise remplit l'une des conditions suivantes :

« 1° Elle est soumise à l'obligation prévue au I de l'article L. 232-6-3 du code du commerce ou dispensée *[de]* son application conformément au second alinéa du V de ce même article ;

« 2° Elle est soumise à l'obligation prévue au I de l'article L. 233-28-4 du code du commerce ou dispensée de son application conformément au V de ce même article. »

Comp. anc. art. L. 2323-6 (Comité d'entreprise).

Art. L. 2312-18 Une base de données économiques *(L. n° 2021-1104 du 22 août 2021, art. 41-I)* « , sociales et environnementales » rassemble l'ensemble des informations nécessaires aux consultations et informations récurrentes que l'employeur met à disposition du comité social et économique. Ces informations comportent en particulier *(L. n° 2021-1774 du 24 déc. 2021, art. 13-I)* « l'ensemble » des indicateurs relatifs à l'égalité professionnelle entre les femmes et les hommes, notamment sur les écarts de rémunération *(L. n° 2021-1774 du 24 déc. 2021, art. 14-I)* « et de répartition entre les femmes et les hommes parmi les cadres dirigeants et les membres des instances dirigeantes définies à l'article L. 23-12-1 du code de commerce, » *(L. n° 2018-771 du 5 sept. 2018, art. 104)* « et les informations sur la méthodologie et le contenu des indicateurs prévus à l'article L. 1142-8 » *(L. n° 2021-1774 du 24 déc. 2021, art. 14-I)* « du présent code ».

Les éléments d'information transmis de manière récurrente au comité sont mis à la disposition de leurs membres dans la base de données et cette mise à disposition actualisée vaut communication des rapports et informations au comité, dans les conditions et limites fixées par un décret en Conseil d'État. — *V. art. R. 2312-7 s.*

Lorsque les dispositions du présent code prévoient également la transmission à l'autorité administrative des rapports et informations mentionnés au deuxième alinéa, les éléments d'information qu'ils contiennent sont mis à la disposition de l'autorité admi-

INSTITUTIONS REPRÉSENTATIVES   **Art. L. 2312-21**   793

nistrative à partir de la base de données et la mise à disposition actualisée vaut transmission à cette autorité.

Comp. anc. art. L. 2323-8 et L. 2323-9 (Comité d'entreprise).

BIBL. ▶ CERCLE MAURICE COHEN, RDT 2019. 428 (réalité de la BDES).

§ 2   Champ de la négociation

Art. L. 2312-19 Un accord d'entreprise, conclu dans les conditions prévues au premier alinéa de l'article L. 2232-12 ou, en l'absence de délégué syndical, un accord entre l'employeur et le comité social et économique, adopté à la majorité des membres titulaires de la délégation du personnel du comité, peut définir :

1° Le contenu, la périodicité et les modalités des consultations récurrentes du comité social et économique mentionnées à l'article L. 2312-17 ainsi que la liste et le contenu des informations nécessaires à ces consultations ;

2° Le nombre de réunions annuelles du comité prévues à l'article L. 2315-27, qui ne peut être inférieur à six ;

3° Les niveaux *(Ord. n° 2017-1718 du 20 déc. 2017, art. 1ᵉʳ-I)* « auxquels » les consultations sont conduites et, le cas échéant, leur articulation ;

4° Les délais mentionnés à l'article L. 2312-15 dans lesquels les avis du comité sont rendus.

Il peut également prévoir la possibilité pour le comité social et économique d'émettre un avis unique portant sur tout ou partie des thèmes de consultation prévus à l'article L. 2312-17.

La périodicité des consultations prévue par l'accord ne peut être supérieure à trois ans.

Comp. anc. art. L. 2323-7 (Comité d'entreprise).

Les accords mentionnés aux art. L. 2312-19, L. 2312-21 et L. 2312-55, dans leur rédaction issue de l'Ord. n° 2017-1386 du 22 sept. 2017, peuvent être négociés à compter de sa publication. Ils s'appliquent aux instances représentatives du personnel existantes à la date de leur conclusion (Ord. préc., art. 8).

COMMENTAIRE

V. sur le Code en ligne.   ❑

1. Accord réservant les consultations récurrentes au seul CSE central et expertise. Lorsqu'en vertu d'un accord d'entreprise, les consultations récurrentes ressortent au seul CSE central, le CSE d'établissement ne peut procéder à la désignation d'un expert dans le cadre des consultations récurrentes. ● Soc. 9 mars 2022, n° 20-19.974 B : D. 2022. Pan. 1287, obs. Ferkane ; Dr. soc. 2022. 539, note Icard ; RJS 6/2022, n° 305 ;
JSL 2022, n° 540, obs. Mureau ; BJT 2022. 18, obs. Auzero.

2. Primauté des délais conventionnels. Les dispositions de l'art. R. 2312-6 n'ont vocation à s'appliquer qu'en l'absence d'accord collectif de droit commun ou d'un accord entre le CSE et l'employeur fixant d'autres délais que ceux prévus à cet art. ● Soc. 29 juin 2022, n° 21-11.077 B : D. 2022. 1313 ; RJS 10/2022, n° 524.

Art. L. 2312-20 Un accord de groupe peut prévoir que la consultation sur les orientations stratégiques est effectuée au niveau du comité de groupe. Il prévoit les modalités de transmission de l'avis du comité de groupe :

1° A chaque comité social et économique du groupe, qui reste consulté sur les conséquences de ces orientations stratégiques ;

2° A l'organe chargé de l'administration de l'entreprise dominante de ce groupe, définie à l'article L. 2331-1.

Comp. anc. art. L. 2323-11 (Comité d'entreprise).

Art. L. 2312-21 Un accord d'entreprise conclu dans les conditions prévues au premier alinéa de l'article L. 2232-12 ou, en l'absence de délégué syndical, un accord entre l'employeur et le comité social et économique, adopté à la majorité des membres titulaires de la délégation du personnel du comité, définit :

1° L'organisation, l'architecture et le contenu de la base de données économiques *(L. n° 2021-1104 du 22 août 2021, art. 41-I)* « , sociales et environnementales » ;

2° Les modalités de fonctionnement de la base de données économiques *(L. n° 2021-1104 du 22 août 2021, art. 41-I)* « , sociales et environnementales », notamment les droits d'accès et le niveau de mise en place de la base dans les entreprises comportant des établissements distincts, son support, ses modalités de consultation et d'utilisation.

La base de données comporte au moins les thèmes suivants : l'investissement social, l'investissement matériel et immatériel, l'égalité professionnelle entre les femmes et les hommes au sein de l'entreprise, les fonds propres, l'endettement, l'ensemble des éléments de la rémunération des salariés et dirigeants, les activités sociales et culturelles, la rémunération des financeurs, les flux financiers à destination de l'entreprise *(L. n° 2021-1104 du 22 août 2021, art. 41-I)* « et les conséquences environnementales de l'activité de l'entreprise ».

L'accord peut également intégrer dans la base de données les informations nécessaires aux négociations obligatoires prévues à l'article L. 2242-1, au 1° de l'article L. 2242-11 ou à l'article L. 2242-13 et aux consultations ponctuelles du comité social et économique prévues à l'article L. 2312-8 et à la sous-section 4.

L'organisation, l'architecture, le contenu et les modalités de fonctionnement de la base de données sont tels qu'ils permettent au comité social et économique et, le cas échéant, aux délégués syndicaux d'exercer utilement leurs compétences.

A défaut d'accord prévu à l'alinéa premier, un accord de branche peut définir l'organisation, l'architecture, le contenu et les modalités de fonctionnement de la base de données économiques *(L. n° 2021-1104 du 22 août 2021, art. 41-I)* « , sociales et environnementales » dans les entreprises de moins de trois cents salariés.

V. note ss. art. L. 2312-19.

COMMENTAIRE

V. sur le Code en ligne.

1. Mise en place de la BDESE et obligation de négociation. Le contenu de la BDESE étant, en l'absence d'accord, déterminé par les dispositions légales et réglementaires, la négociation préalable d'un accord prévu à l'art. L. 2312-21 ne présente pas de caractère obligatoire ; l'employeur n'a commis aucun manquement en s'abstenant d'engager des négociations avec les organisations syndicales en vue de la conclusion d'un accord sur l'organisation, l'architecture, le contenu et les modalités de fonctionnement de la base, de sorte qu'il n'y avait pas lieu à référé sur la demande de suspension de la mise en place de cette base de données. • Soc. 4 oct. 2023, n° 21-25.748 B : *D. actu. 19 oct. 2023, obs. Mélin ; Dr. soc. 2023. 927, obs. François ; RJS 12/2023, n° 652.*

2. Point de départ du délai préfix d'information-consultation sur les orientations stratégiques en l'absence de BDES. Lorsque la loi ou l'accord collectif prévoit la communication ou la mise à disposition de certains documents, le délai de consultation ne court qu'à compter de cette communication. Tel est le cas, dans le cadre de la consultation sur les orientations stratégiques de l'entreprise, de la base de données prévue à l'art. L. 2323-7-2 [anc.], alors applicable, qui est, aux termes de l'art. L. 2323-7-1 alors applicable, le support de préparation de cette consultation ; le comité d'entreprise soutenant que l'employeur n'a pas mis à sa disposition la base de données économiques et sociales rendue obligatoire, le délai de consultation n'a pas commencé à courir. • Soc. 28 mars 2018, n° 17-13.081 P : *D. 2018. Actu. 729 ; RJS 6/2018, n° 426 ; SSL 2018, n° 1812, p. 9, note Beziz ; JCP 2018. 462, obs. Dedessus-le-Moustier ; JCP S 2018. 1167, obs. Guedes Da Costa.*

3. Fusion-absorption et contenu de la BDES. Les informations figurant dans la base de données économiques et sociales portent sur les deux années précédentes et intègrent des perspectives sur les trois années suivantes ; il en résulte que dans le cas d'une opération de fusion, les informations fournies doivent porter, sauf impossibilité pour l'employeur de se les procurer, sur les entreprises parties à l'opération de fusion, pour les années visées aux articles précités. • Soc. 27 nov. 2019, n° 18-22.532 P : *D. actu. 22 janv. 2019, obs. Ciray ; D. 2019. Actu. 2357 ; RJS 2/2020, n° 96 ; BJS 2020. 9, obs. Auzero ; JCP S 2020. 1017, obs. Kerbourc'h.*

§ 3 Dispositions supplétives

Art. L. 2312-22 En l'absence d'accord prévu à l'article L. 2312-19, le comité social et économique est consulté chaque année sur :

1° Les orientations stratégiques de l'entreprise dans les conditions définies au sous-paragraphe 1ᵉʳ ;

2° La situation économique et financière de l'entreprise dans les conditions définies au sous-paragraphe 2 ;

3° La politique sociale de l'entreprise, les conditions de travail et l'emploi dans les conditions définies au sous-paragraphe 3.

(L. n° 2021-1104 du 22 août 2021, art. 40-I) « Au cours de ces consultations, le comité est informé des conséquences environnementales de l'activité de l'entreprise. »

Les consultations prévues aux 1° et 2° sont conduites au niveau de l'entreprise, sauf si l'employeur en décide autrement et sous réserve de l'accord de groupe prévu à l'article L. 2312-20. La consultation prévue au 3° est conduite à la fois au niveau central et au niveau des établissements lorsque sont prévues des mesures d'adaptation spécifiques à ces établissements.

Comp. anc. art. L. 2323-6 (Comité d'entreprise).

BIBL. ▶ ARMILLEI, *Dr. soc. 2021. 47* (consultation du CSE sur les orientations stratégiques).

Doit être annulée la délibération du CSE d'établissement et la désignation d'un expert-comptable en vue de la consultation sur la situation économique et financière de l'entreprise, dès lors qu'aucun accord collectif d'entreprise ne prévoyait la consultation de ce comité et que l'employeur n'avait pas décidé de le consulter, de sorte que la consultation récurrente sur la situation économique et financière de l'entreprise relevait du seul CSE central ; le CSE d'établissement ne pouvait recourir à une expertise à ce titre. ● Soc. 20 sept. 2023, n° 21-25.233 B : *D. actu. 6 oct. 2023, obs. Maurel ; D. 2023. 1652 ; RJS 11/2023, n° 589 ; JCP S 2023. 1260, obs. Dauxerre.*

Art. L. 2312-23 En l'absence d'accord prévu à l'article L. 2312-21, la base de données économiques *(L. n° 2021-1104 du 22 août 2021, art. 41-I)* « , sociales et environnementales » est mise en place dans les conditions définies au sous-paragraphe 4.

SOUS-§ 1 *Consultation annuelle sur les orientations stratégiques de l'entreprise*

Art. L. 2312-24 Le comité social et économique est consulté sur les orientations stratégiques de l'entreprise, définies par l'organe chargé de l'administration ou de la surveillance de l'entreprise, et sur leurs conséquences sur l'activité, l'emploi, l'évolution des métiers et des compétences, l'organisation du travail, le recours à la sous-traitance, à l'intérim, à des contrats temporaires et à des stages. Cette consultation porte, en outre, sur la gestion prévisionnelle des emplois et des compétences *(L. n° 2018-771 du 5 sept. 2018, art. 8-V, en vigueur le 1er janv. 2019)* « , » sur les orientations de la formation professionnelle *(L. n° 2018-771 du 5 sept. 2018, art. 8-V, en vigueur le 1er janv. 2019)* « et sur le plan de développement des compétences ».

Le comité émet un avis sur les orientations stratégiques de l'entreprise et peut proposer des orientations alternatives. Cet avis est transmis à l'organe chargé de l'administration ou de la surveillance de l'entreprise, qui formule une réponse argumentée. Le comité en reçoit communication et peut y répondre.

Comp. anc. art. L. 2323-10, al. 1er et 2 (Comité d'entreprise).

COMMENTAIRE

V. sur le Code en ligne 🔒   ☐

SOUS-§ 2 *Consultation annuelle sur la situation économique et financière de l'entreprise*

Art. L. 2312-25 I. – La consultation annuelle sur la situation économique et financière de l'entreprise porte également sur la politique de recherche et de développement technologique de l'entreprise, y compris sur l'utilisation du crédit d'impôt pour les dépenses de recherche.

II. – En vue de cette consultation, l'employeur met à la disposition du comité, dans les conditions prévues par l'accord mentionné à l'article L. 2312-21 ou à défaut d'accord au sous-paragraphe 4 :

1° Les informations sur l'activité et sur la situation économique et financière de l'entreprise ainsi que sur ses perspectives pour l'année à venir. Ces informations sont tenues à la disposition de l'autorité administrative ;

(Ord. n° 2023-1142 du 6 déc. 2023, art. 26, en vigueur le 1er janv. 2025) « 2° Pour toutes les sociétés commerciales, les documents obligatoirement transmis annuellement

à l'assemblée générale des actionnaires ou à l'assemblée des associés, les communications et les copies transmises aux actionnaires dans les conditions prévues aux articles L. 225-100 à L. 225-102, L. 225-108 et L. 225-115 à L. 225-118 du code de commerce, ainsi que le rapport des commissaires aux comptes et le cas échéant le rapport de certification des informations en matière de durabilité. Le conseil peut convoquer les commissaires aux comptes pour recevoir leurs explications sur les différents postes des documents communiqués ainsi que sur la situation financière de l'entreprise ; »

3° Pour les sociétés commerciales mentionnées à l'article L. 232-2 du code de commerce et les groupements d'intérêt économique mentionnés à l'article L. 251-13 du même code, les documents établis en application du même article L. 251-13 et des articles L. 232-3 et L. 232-4 dudit code. Ces documents sont réputés confidentiels, au sens de l'article L. 2315-3 du présent code ;

4° Pour les entreprises ne revêtant pas la forme de société commerciale, les documents comptables qu'elles établissent ;

5° Les informations relatives à la politique de recherche et de développement technologique de l'entreprise.

(Ord. n° 2023-1142 du 6 déc. 2023, art. 26, en vigueur le 1er janv. 2025) « Le cas échéant, les documents mentionnés au 2° comprennent également le rapport sur les enjeux de durabilité prévu aux articles L. 232-6-4 et L. 233-28-5 du code de commerce. »

Comp. anc. art. L. 2323-12 et L. 2323-13 (Comité d'entreprise).

SOUS-§ 3 *Consultation annuelle sur la politique sociale de l'entreprise, les conditions de travail et l'emploi*

Art. L. 2312-26 I. — La consultation annuelle sur la politique sociale de l'entreprise, les conditions de travail et l'emploi porte sur l'évolution de l'emploi, les qualifications, le programme pluriannuel de formation, les actions de formation envisagées par l'employeur, l'apprentissage, les conditions d'accueil en stage, les actions de prévention en matière de santé et de sécurité, les conditions de travail, les congés et l'aménagement du temps de travail, la durée du travail, l'égalité professionnelle entre les femmes et les hommes et les modalités d'exercice du droit d'expression des salariés dans les entreprises non couvertes par un accord sur l'égalité professionnelle et la qualité de vie *(L. n° 2021-1018 du 2 août 2021, art. 4, en vigueur le 31 mars 2022)* « et des conditions de » travail contenant des dispositions sur ce droit.

Le comité peut se prononcer par un avis unique portant sur l'ensemble des thèmes énoncés au premier alinéa ou par des avis séparés organisés au cours de consultations propres à chacun de ces thèmes.

II. — A cette fin, l'employeur met à la disposition du comité, dans les conditions prévues par l'accord mentionné à l'article L. 2312-21 ou à défaut d'accord au sous-paragraphe 4 :

1° Les informations sur l'évolution de l'emploi, des qualifications, de la formation et des salaires, sur les actions en faveur de l'emploi des travailleurs handicapés, sur le nombre et les conditions d'accueil des stagiaires, sur l'apprentissage et sur le recours aux contrats de travail à durée déterminée, aux contrats de mission conclus avec une entreprise de travail temporaire ou aux contrats conclus avec une entreprise de portage salarial ;

2° Les informations et les indicateurs chiffrés sur la situation comparée des femmes et des hommes au sein de l'entreprise, mentionnés au 2° de l'article L. 2312-36, ainsi que l'accord relatif à l'égalité professionnelle entre les femmes et les hommes issu de la négociation mentionnée au 2° de l'article L. 2242-1 ou, à défaut, le plan d'action mentionné à l'article L. 2242-3 ;

3° Les informations sur le *(Ord. n° 2019-861 du 21 août 2019, art. 1er)* « plan de développement des compétences » du personnel de l'entreprise ;

4° Les informations sur la mise en œuvre des contrats *(Abrogé par Ord. n° 2019-861 du 21 août 2019, art. 1er)* « *et des périodes* » de professionnalisation et du compte personnel de formation ;

INSTITUTIONS REPRÉSENTATIVES   **Art. L. 2312-27**   797

(L. n° 2018-771 du 5 sept. 2018, art. 8-II, en vigueur le 1ᵉʳ janv. 2019) « 4° bis Les informations sur la mise en œuvre des entretiens professionnels et de l'état des lieux récapitulatifs prévus à l'article L. 6315-1 ; »

5° Les informations sur la durée du travail portant sur :

a) Les heures supplémentaires accomplies dans la limite et au-delà du contingent annuel applicable dans l'entreprise ;

b) A défaut de détermination du contingent annuel d'heures supplémentaires par voie conventionnelle, les modalités de son utilisation et de son éventuel dépassement dans les conditions prévues aux articles L. 3121-28 à L. 3121-39 ;

c) Le bilan du travail à temps partiel réalisé dans l'entreprise ;

d) Le nombre de demandes individuelles formulées par les salariés à temps partiel pour déroger à la durée hebdomadaire minimale prévue au premier alinéa de l'article L. 3123-7 et aux articles L. 3123-19 et L. 3123-27 ;

e) La durée, l'aménagement du temps de travail, la période de prise des congés payés prévue aux articles L. 3141-13 à L. 3141-16, les conditions d'application des aménagements de la durée et des horaires prévus à l'article L. 3121-44 lorsqu'ils s'appliquent à des salariés à temps partiel, le recours aux conventions de forfait et les modalités de suivi de la charge de travail des salariés concernés ;

6° Les informations sur les mesures prises en vue de faciliter l'emploi des accidentés du travail, des invalides de guerre et assimilés, des invalides civils et des travailleurs handicapés, notamment celles relatives à l'application de l'obligation d'emploi des travailleurs handicapés ;

7° Les informations sur l'affectation de la contribution sur les salaires au titre de l'effort de construction ainsi que sur les conditions de logement des travailleurs étrangers que l'entreprise se propose de recruter ;

8° Les informations sur les modalités d'exercice du droit d'expression des salariés prévues à l'article L. 2281-11 ;

9° Les informations relatives aux contrats de mise à disposition conclus avec les entreprises de travail temporaires, aux contrats d'accompagnement dans l'emploi, aux contrats initiative emploi et les éléments qui l'ont conduit à faire appel, au titre de l'année écoulée, et qui pourraient le conduire à faire appel pour l'année à venir, à des contrats de travail à durée déterminée, à des contrats de mission conclus avec une entreprise de travail temporaire ou à des contrats conclus avec une entreprise de portage salarial.

Comp. anc. art. L. 2323-15 et L. 2323-17 (Comité d'entreprise).

1. Mission de l'expert désigné dans le cadre de la consultation sur la politique sociale. L'analyse de l'évolution de la rémunération dans toutes ses composantes et l'analyse de la politique de recrutement et des modalités de départ, en particulier des ruptures conventionnelles et des licenciements pour inaptitude, entrent dans la mission de l'expert désigné dans le cadre de la consultation sur la politique sociale de l'entreprise, les conditions de travail et l'emploi. ● Soc. 23 mars 2022, n° 20-17.186 B : *D. 2022. 658* ; *RJS 6/2022*, n° 304 ; *JSL 2022*, n° 541, obs. Paturle.

2. Documents utiles pour l'expert désigné dans le cadre de la consultation sur la politique sociale. Il appartient à l'expert de déterminer les documents utiles à sa mission et la communication à l'expert des DSN, en ce que celles-ci se rapportent à l'évolution de l'emploi, aux qualifications et à la rémunération des salariés au sein de l'entreprise, est nécessaire à l'exercice de sa mission d'expertise dans le cadre de la consultation sur la politique sociale de l'entreprise, les conditions de travail et l'emploi. ● Soc. 23 mars 2022, n° 20-17.186 B : *préc. note 1.*

Art. L. 2312-27 Dans le cadre de la consultation sur la politique sociale, l'employeur présente également au comité social et économique :

1° Un rapport annuel écrit faisant le bilan de la situation générale de la santé, de la sécurité et des conditions de travail dans l'entreprise et des actions menées au cours de l'année écoulée dans ces domaines. Les questions du travail de nuit et de prévention des effets de l'exposition aux facteurs de risques professionnels mentionnés à l'article L. 4161-1 sont traitées spécifiquement ; – V. art. R. 4121-3.

(L. n° 2021-1018 du 2 août 2021, art. 3, en vigueur le 31 mars 2022) « 2° Le programme annuel de prévention des risques professionnels et d'amélioration des conditions de travail mentionné au 1° du III de l'article L. 4121-3-1 ».

Lors de l'avis rendu sur le rapport et sur le programme annuels de prévention, le comité peut proposer un ordre de priorité et l'adoption de mesures supplémentaires.

Lorsque certaines des mesures prévues par l'employeur ou demandées par le comité n'ont pas été prises au cours de l'année concernée par le programme, l'employeur énonce les motifs de cette inexécution, en annexe au rapport annuel.

Le procès-verbal de la réunion du comité consacrée à l'examen du rapport et du programme est joint à toute demande présentée par l'employeur en vue d'obtenir des marchés publics, des participations publiques, des subventions, des primes de toute nature ou des avantages sociaux ou fiscaux.

Comp. anc. art. L. 4612-16 et L. 4312-17 (CHSCT).

Art. L. 2312-28 Dans les entreprises et organismes mentionnés au premier alinéa de l'article L. 2311-1 ainsi que dans les entreprises mentionnées à l'article L. 2312-35, la consultation sur la politique sociale de l'entreprise, les conditions de travail et l'emploi prévue au 3° de l'article L. 2312-17 porte, en outre, sur le bilan social de l'entreprise lorsque l'entreprise compte au moins trois cents salariés. A cette fin, l'employeur met à la disposition du comité social et économique, dans les conditions prévues par l'accord mentionné à l'article L. 2312-21 ou à défaut d'accord au sous-paragraphe 4, les données relatives à ce bilan social.

Dans les entreprises comportant des établissements distincts, le comité social et économique d'établissement est consulté sur le bilan social particulier à chaque établissement dont l'effectif est au moins de trois cents salariés.

Comp. anc. art. L. 2323-20 (Comité d'entreprise).

Art. L. 2312-29 Lorsque l'effectif de l'entreprise ou de l'établissement atteint le seuil d'assujettissement de trois cents salariés conformément aux dispositions de l'article L. 2312-34, le premier bilan social de l'entreprise ou de l'établissement porte sur l'année suivant celle au cours de laquelle le seuil a été atteint.

Le premier bilan social peut ne concerner que l'année écoulée. Le deuxième bilan peut ne concerner que les deux dernières années écoulées.

Lorsque l'effectif de l'entreprise ou de l'établissement devient inférieur au seuil d'assujettissement de trois cents salariés, un bilan social est néanmoins présenté pour l'année en cours.

Comp. anc. art. L. 2323-21 (Comité d'entreprise).

Art. L. 2312-30 Le bilan social récapitule les principales données chiffrées permettant d'apprécier la situation de l'entreprise dans le domaine social, d'enregistrer les réalisations effectuées et de mesurer les changements intervenus au cours de l'année écoulée et des deux années précédentes.

Le bilan social comporte des informations sur l'emploi, les rémunérations et charges accessoires, les conditions de santé et de sécurité, les autres conditions de travail, la formation, les relations professionnelles, le nombre de salariés détachés et le nombre de travailleurs détachés accueillis ainsi que sur les conditions de vie des salariés et de leurs familles dans la mesure où ces conditions dépendent de l'entreprise.

Comp. anc. art. L. 2323-22 (Comité d'entreprise).

Art. L. 2312-31 Les informations du bilan social sont mises à la disposition de tout salarié qui en fait la demande.

Elles sont mises à la disposition de l'agent de contrôle de l'inspection du travail mentionné à l'article L. 8112-1 avec l'avis du comité social et économique dans un délai de quinze jours à compter de la réunion de ce dernier.

Comp. anc. art. L. 2323-24 (Comité d'entreprise).

Art. L. 2312-32 Dans les sociétés par actions, le dernier bilan social accompagné de l'avis du comité social et économique prévu à l'article L. 2312-28 est adressé aux actionnaires ou mis à leur disposition dans les mêmes conditions que les documents prévus aux articles L. 225-108 et L. 225-115 du code de commerce.

Comp. anc. art. L. 2323-25 (Comité d'entreprise).

INSTITUTIONS REPRÉSENTATIVES **Art. L. 2312-36** 799

Art. L. 2312-33 Le bilan social sert de base à l'application des dispositions de l'article L. 6331-12 ainsi que de celles qui prévoient l'établissement de programmes annuels de formation.

Comp. anc. art. L. 2323-26 (Comité d'entreprise).

Art. L. 2312-34 Le seuil de trois cents salariés mentionné au présent chapitre est réputé franchi lorsque l'effectif de l'entreprise dépasse ce seuil pendant douze mois consécutifs.

L'employeur dispose d'un délai d'un an à compter du franchissement de ce seuil pour se conformer complètement aux obligations d'information et de consultation du comité social et économique qui en découlent.

Comp. anc. art. L. 2323-26-1 (Comité d'entreprise).

Art. L. 2312-35 Un décret en Conseil d'État précise le contenu des informations prévues au présent paragraphe.

Des décrets en Conseil d'État déterminent les mesures d'adaptation nécessaires à l'application des dispositions des articles L. 2312-28 à L. 2312-33 dans les entreprises tenues de constituer un comité social et économique ou des organismes de représentation du personnel qui en tiennent lieu en vertu soit de dispositions légales autres que celles du code du travail, soit de stipulations conventionnelles.

Ces décrets sont pris après avis des organisations syndicales représentatives dans les entreprises intéressées.

Le nombre et la teneur de ces informations sont adaptés à la taille de l'entreprise et de l'établissement par arrêté du ou des ministres compétents.

Certaines branches d'activité peuvent être dotées, dans les mêmes formes, de bilans sociaux spécifiques.

Comp. anc. art. L. 2323-27 (Comité d'entreprise).

SOUS-§ 4 *La base de données économiques, sociales et environnementales (L. n° 2021-1104 du 22 août 2021, art. 41-I).*

Art. L. 2312-36 En l'absence d'accord prévu à l'article L. 2312-21, une base de données économiques *(L. n° 2021-1104 du 22 août 2021, art. 41-I)* « , sociales et environnementales », mise régulièrement à jour, rassemble un ensemble d'informations que l'employeur met à disposition du comité social et économique.

La base de données est accessible en permanence aux membres de la délégation du personnel du comité social et économique ainsi qu'aux membres de la délégation du personnel du comité social et économique central d'entreprise, et aux délégués syndicaux.

Les informations contenues dans la base de données portent sur les thèmes suivants :
1° Investissements : investissement social (emploi, évolution et répartition des contrats précaires, des stages et des emplois à temps partiel, formation professionnelle *(L. n° 2018-771 du 5 sept. 2018, art. 10, en vigueur le 1er janv. 2019)* « , évolution professionnelle » et conditions de travail), investissement matériel et immatériel *(Abrogé par Ord. n° 2023-1142 du 6 déc. 2023, art. 26-I, à compter du 1er janv. 2025)* « et, pour *(Ord. n° 2017-1718 du 20 déc. 2017, art. 1er-I)* « les sociétés mentionnées aux I et II de l'article L. 225-102-1 du code du commerce, les informations en matière environnementale présentées en application du III du même article » » ;
2° Égalité professionnelle entre les femmes et les hommes au sein de l'entreprise : diagnostic et analyse de la situation comparée des femmes et des hommes pour chacune des catégories professionnelles de l'entreprise en matière d'embauche, de formation, de promotion professionnelle, de qualification, de classification, de conditions de travail, de sécurité et de santé au travail, de rémunération effective et d'articulation entre l'activité professionnelle et la vie personnelle et familiale, analyse des écarts de salaires et de déroulement de carrière en fonction de l'âge, de la qualification et de l'ancienneté, évolution des taux de promotion respectifs des femmes et des hommes par métiers dans l'entreprise, part des femmes et des hommes dans le conseil d'administration ;
3° Fonds propres et endettement ;
4° Ensemble des éléments de la rémunération des salariés et dirigeants ;

5° Activités sociales et culturelles ;
6° Rémunération des financeurs ;
7° Flux financiers à destination de l'entreprise, notamment aides publiques et crédits d'impôts ;
8° Sous-traitance ;
9° Le cas échéant, transferts commerciaux et financiers entre les entités du groupe ;
(L. n° 2021-1104 du 22 août 2021, art. 41-I) « 10° Conséquences environnementales de l'activité de l'entreprise. »

Ces informations portent sur les deux années précédentes et l'année en cours et intègrent des perspectives sur les trois années suivantes.

Le contenu de ces informations ainsi que les modalités de fonctionnement de la base sont déterminés par un décret en Conseil d'État, le contenu pouvant varier selon que (Ord. n° 2017-1718 du 20 déc. 2017, art. 1ᵉʳ-I) « l'effectif de l'entreprise est inférieur ou au moins égal à » trois cents salariés. – V. art. R. 2312-7 s.

Les membres de la délégation du personnel du comité social et économique, du comité social et économique central d'entreprise et les délégués syndicaux sont tenus à une obligation de discrétion à l'égard des informations contenues dans la base de données revêtant un caractère confidentiel et présentées comme telles par l'employeur.

Comp. anc. art. L. 2323-8 et L. 2323-19 (Comité d'entreprise).

BIBL. ▶ Cercle Maurice Cohen, *RDT 2019. 428* ⌀ (réalité de la BDES). – Guedes da Costa et Michaud, *JCP S 2018. 1170* (la BDES après l'ordonnance du 22 septembre 2017).

COMMENTAIRE

V. sur le Code en ligne 🔒. ❏

1. BDES et régime transitoire de l'ordonnance du 22 septembre 2017. Selon l'art. 9 de l'Ord. n° 2017-1386 du 22 sept. 2017, pendant la durée des mandats en cours, les dispositions du titre II du livre III de la deuxième partie relatives au comité d'entreprise demeurent applicables dans leur rédaction antérieure à la date de publication de l'ordonnance. Il en résulte que, sauf accord conclu pendant la période transitoire en application de l'art. 8 de l'Ord. précitée sur le fondement de l'art. L. 2312-21, créé par la même ordonnance, et tant que n'a pas été mis en place au sein de l'entreprise un comité social et économique, il ne peut être exigé de l'employeur de mettre à disposition la base de données économiques et sociales (BDES) telle qu'elle est réorganisée et complétée par ladite ordonnance dans les dispositions reprises à l'art. L. 2312-36, de sorte que le contenu de la BDES demeure régi par les dispositions de l'art. R. 2323-12, pris en application de l'art. L. 2323-8 maintenu en vigueur au titre des dispositions transitoires. • Soc. 10 nov. 2021, 🔓 n° 19-20.123 B : *D. actu. 25 nov. 2021, obs. Malfettes ; D. 2021. 2093 ⌀ ; Dr. soc. 2022. 184, obs. Petit ⌀ ; RJS 1/2022, n° 21 ; JCP S 2021. 1309, obs. Kerbourc'h.*

2. Mise en place de la BDESE et obligation de négociation. Le contenu de la BDESE étant, en l'absence d'accord, déterminé par les dispositions légales et réglementaires, la négociation préalable d'un accord prévu à l'art. L. 2312-21 ne présente pas de caractère obligatoire ; l'employeur n'a commis aucun manquement en s'abstenant d'engager des négociations avec les organisations syndicales en vue de la conclusion d'un accord sur l'organisation, l'architecture, le contenu et les modalités de la base, de sorte qu'il n'y avait pas lieu à référé sur la demande de suspension de la mise en place de cette base de données. • Soc. 4 oct. 2023, 🔓 n° 21-25.748 B : *D. actu. 19 oct. 2023, obs. Mélin.*

SOUS-SECTION 4 Consultations et informations ponctuelles

§ 1 Ordre public

Art. L. 2312-37 Outre les thèmes prévus à l'article L. 2312-8, le comité social et économique est consulté dans les conditions définies à la présente section dans les cas suivants :
1° Mise en œuvre des moyens de contrôle de l'activité des salariés ;
2° Restructuration et compression des effectifs ;
3° Licenciement collectif pour motif économique ;
(L. n° 2018-217 du 29 mars 2018, art. 6) « 3° *bis* Opération de concentration ; »
4° Offre publique d'acquisition ;
5° Procédures de sauvegarde, de redressement et de liquidation judiciaire.

INSTITUTIONS REPRÉSENTATIVES **Art. L. 2312-39** 801

Articulation de la consultation « orientations stratégiques » et des consultations ponctuelles. La consultation ponctuelle sur la modification de l'organisation économique ou juridique de l'entreprise ou en cas de restructuration et compression des effectifs n'est pas subordonnée au respect préalable par l'employeur de l'obligation de consulter le CSE sur les orientations stratégiques de l'entreprise ; les juges d'appel ne pouvaient suspendre la consultation sur le projet soumis au comité jusqu'à la clôture de celle sur les orientations stratégiques. ● Soc. 21 sept. 2022, ⚖ n° 20-23.660 B : *D. 2022. 1709 ⌀ ; RJS 11/2022, n° 572 ; SSL 2022, n° 216, obs. Aubonnet ; JCP S 2022. 1254, obs. Loiseau.*

SOUS-§ 1 *Méthodes de recrutement et moyens de contrôle de l'activité des salariés*

Art. L. 2312-38 Le comité social et économique est informé, préalablement à leur utilisation, sur les méthodes ou techniques d'aide au recrutement des candidats à un emploi ainsi que sur toute modification de celles-ci.

Il est aussi informé, préalablement à leur introduction dans l'entreprise, sur les traitements automatisés de gestion du personnel et sur toute modification de ceux-ci.

Le comité est informé et consulté, préalablement à la décision de mise en œuvre dans l'entreprise, sur les moyens ou les techniques permettant un contrôle de l'activité des salariés.

Comp. anc. art. L. 2323-3 (Comité d'entreprise).

1. Surveillance extérieure. Illicéité du recours, à l'insu du personnel, à une société de surveillance extérieure à l'entreprise pour procéder au contrôle de l'utilisation par ses salariés des distributeurs de boissons et sandwichs. ● Soc. 15 mai 2001, ⚖ n° 99-42.219 : *D. 2001. 3015, note Aubert-Montpeyssen ⌀.*

2. Vidéosurveillance. Licéité du système de vidéosurveillance installé par l'employeur dans un entrepôt de marchandise qui n'enregistrait pas l'activité de salariés affectés à un poste de travail déterminé. ● Soc. 31 janv. 2001, ⚖ n° 98-44.290 : *JCP E 2001. 1145, note Puigelier.* ♦ Mais illicéité d'un système de vidéo surveillance de la clientèle également utilisé pour contrôler ses salariés. ● Soc. 7 juin 2006, ⚖ n° 04-43.866.

3. Badges. Il résulte de la combinaison des art. 16, 27 et 34 de la L. n° 78-17 du 6 janv. 1978 relative à l'informatique, aux fichiers et aux libertés, 226-16 C. pén., L. 121-8 et L. 432-2-1 C. trav. [L. 1221-9 et L. 2323-32 anc.] qu'à défaut de déclaration à la CNIL d'un traitement automatisé d'informations nominatives concernant un salarié, son refus de déférer à une exigence de son employeur impliquant la mise en œuvre d'un tel traitement ne peut lui être reproché. ● Soc. 6 avr. 2004, ⚖ n° 01-45.227 P : *D. 2004. 2736, note de Quénaudon ⌀ ; Dr. ouvrier 2004. 378, note Adam.*

4. Audit interne. Si un système de contrôle et d'évaluation individuels des salariés ne peut être instauré qu'après information et consultation du comité d'entreprise, tel n'est pas le cas d'un audit mis en œuvre pour apprécier, à un moment donné, l'organisation d'un service. ● Soc. 12 juill. 2010, ⚖ n° 09-66.339 : *D. 2010. Actu. 1948 ⌀ ; D. actu. 30 août 2010, obs. Ines ; D. 2011. Pan. 840, obs. Amalric ⌀ ; Dr. soc. 2010. 1008, obs. Pécaut-Rivolier ⌀ ; RJS 2010. 664, n° 719 ; JSL 2010, n° 285-2, obs. Hautefort ; JCP S 2010. 1457, obs. Barège.* ♦ Dès lors qu'une salariée, qui n'a pas été préalablement informée de la mission confiée par l'employeur à une société d'expertise comptable et de commissariat aux comptes, n'a pas été tenue à l'écart des travaux réalisés dans les locaux de son employeur, aux fins d'entretiens avec l'intéressée et de sondage sur des pièces comptables ou juridiques, la cour d'appel peut en déduire que la réalisation de cet « audit » ne constitue pas un élément de preuve obtenu par un moyen illicite. ● Soc. 26 janv. 2016, ⚖ n° 14-19.002 P : *D. 2015. Pan. 811, obs. Porta ⌀ ; RJS 4/2016, n° 226 ; JCP S 2016. 1141, obs. Dauxerre.*

5. Outil de traçabilité. Dès lors que l'outil de traçabilité d'un établissement bancaire, destiné au contrôle des opérations et procédures internes, à la surveillance et à la maîtrise des risques, permettait également de restituer l'ensemble des consultations effectuées par un employé et était utilisé par l'employeur afin de vérifier si le salarié procédait à des consultations autres que celles des clients de son portefeuille, l'employeur aurait dû informer et consulter le comité d'entreprise sur l'utilisation de ce dispositif à cette fin et, à défaut, il convenait d'écarter des débats les documents résultant de ce moyen de preuve illicite. ● Soc. 11 déc. 2019, ⚖ n° 18-11.792 P : *D. 2020. 22 ⌀ ; RJS 2/2020. 71 ; JCP E 2020. 1181, obs. Cesaro ; Gaz. Pal. 21 juill. 2020, p. 68, obs. Orif.*

SOUS-§ 2 *Restructuration et compression des effectifs*

Art. L. 2312-39 Le comité social et économique est saisi en temps utile des projets de restructuration et de compression des effectifs.

Il émet un avis sur l'opération projetée et ses modalités d'application dans les conditions et délais prévus à l'article L. 1233-30, lorsqu'elle est soumise à l'obligation d'établir un plan de sauvegarde de l'emploi.

Cet avis est transmis à l'autorité administrative.

Le présent article n'est pas applicable en cas d'accords collectifs visés aux articles L. 1237-17 et suivants.

Comp. anc. art. L. 2323-31 (Comité d'entreprise).

Mise en œuvre du PSE avant la décision d'homologation ou de validation. Si le comité social et économique est saisi en temps utile des projets de restructuration et de compression des effectifs, la réorganisation peut être mise en œuvre par l'employeur avant la date d'homologation du plan de sauvegarde de l'emploi par l'autorité administrative. • Soc. 23 mars 2022, n° 20-15.370 B : *D. 2022. 658 ; RJS 6/2022, n° 293.*

SOUS-§ 3 *Licenciement collectif pour motif économique*

Art. L. 2312-40 Lorsque l'employeur envisage de procéder à un licenciement collectif pour motif économique, le comité social et économique est consulté dans les conditions prévues par le titre III du livre II de la première partie *(Ord. n° 2017-1718 du 20 déc. 2017, art. 1ᵉʳ-I)* « du » présent code.

SOUS-§ 4 *Opération de concentration*

Art. L. 2312-41 Lorsqu'une entreprise est partie à une opération de concentration, telle que définie à l'article L. 430-1 du code de commerce, l'employeur réunit le comité social et économique au plus tard dans un délai de trois jours à compter de la publication du communiqué relatif à la notification du projet de concentration, émanant soit de l'autorité administrative française en application de l'article L. 430-3 du même code, soit de la Commission européenne en application du règlement (CE) n° 139/2004 du Conseil du 20 janvier 2004 sur les concentrations.

Au cours de cette réunion, le comité social et économique ou, le cas échéant, la commission économique peut proposer *(Ord. n° 2017-1718 du 20 déc. 2017, art. 1ᵉʳ-I)* « le recours à un expert-comptable dans les conditions prévues aux articles L. 2315-92 et L. 2315-93 ». Dans ce cas, le comité ou la commission économique tient une deuxième réunion afin d'entendre les résultats des travaux de l'expert.

Les dispositions du premier alinéa sont réputées satisfaites lorsque le comité social et économique se réunit suite au dépôt d'une offre publique d'acquisition en application des dispositions du sous-paragraphe 5.

Comp. anc. art. L. 2323-34 (Comité d'entreprise).

1. Cession. L'art. L. 432-1 bis [L. 2323-34 anc.] ne prévoit pas que le comité d'entreprise puisse être assisté d'un expert rémunéré par l'entreprise en cas d'information-consultation sur un projet de cession de l'entreprise. • Soc. 14 mars 2006, n° 05-13.670 P : *RDT 2006. 115, obs. Peskine.*

2. Entreprises concernées. Il résulte des dispositions combinées du Règl. (CE) n° 802/2004 du 7 avr. 2004, concernant la mise en œuvre du Règl. (CE) n° 139/2004 relatif au contrôle des concentrations entre entreprises, et des art. L. 2323-1 et L. 2323-20 C. trav. [anc.] que, pour l'application de ces textes, sont parties à l'opération de concentration l'ensemble des entités économiques qui sont affectées, directement ou indirectement, par la prise de contrôle. • Soc. 26 oct. 2010, n° 09-65.565 : *D. actu. 30 nov. 2010, obs. Siro ; D. 2010. AJ 2709 ; ibid. 2011. Pan. 1246, obs.* Odoul-Asorey ; *RDT 2011. 123, obs. Lafuma ; JCP S 2010. 1543, obs. Lipski ; SSL 2010, n° 1467, p. 11, note Olcaz-Godefert ; JSL 2010, n° 289.290-7, obs. Lhernould.* ♦ Tel n'est pas le cas de la filiale d'une société envisageant d'acquérir le capital d'un groupe, dès lors qu'n'étaient démontrées ni l'existence d'une situation de concurrence entre la filiale et les filiales du groupe, ni celle de conséquences actuelles ou futures mais certaines ou prévisibles de cette opération sur l'emploi et l'activité de cette filiale et, par là, sur la situation de ses salariés ; la filiale ne peut être retenue comme partie à l'opération de concentration et l'entreprise n'a donc pas à prendre en charge l'expert-comptable du comité d'entreprise de la filiale. • Soc. 2 juill. 2014, n° 13-17.357 : *D. 2014. Actu. 1550 ; RJS 2014. 603, n° 704.*

SOUS-§ 5 *Offre publique d'acquisition*

BIBL. ▶ Teyssié, *JCP S 2022. 1224.*

Art. L. 2312-42 Lors du dépôt d'une offre publique d'acquisition, l'employeur de l'entreprise sur laquelle porte l'offre et l'employeur qui est l'auteur de cette offre réunissent immédiatement leur comité social et économique respectif pour les en informer.

L'employeur auteur de l'offre réunit le comité social et économique dans les conditions prévues à l'article L. 2312-49.

Au cours de la réunion du comité social et économique de l'entreprise qui fait l'objet de l'offre, l'employeur indique si l'offre a été sollicitée ou non. Le comité social et économique décide s'il souhaite procéder à l'audition de l'auteur de l'offre et désigner un expert-comptable dans les conditions prévues *(Ord. n° 2017-1718 du 20 déc. 2017, art. 1er-I)* « aux articles L. 2315-92 et L. 2315-93 ». Il peut également se prononcer sur le caractère amical ou hostile de l'offre.

Comp. anc. art. L. 2323-35 (Comité d'entreprise).

Information du CE d'une filiale d'une société mère faisant l'objet d'une OPA. En l'absence de comité d'entreprise européen, le comité d'entreprise d'une société contrôlée par une société mère ayant son siège dans un autre État membre de l'Union européenne doit être consulté sur tout projet concernant l'organisation, la gestion et la marche générale de l'entreprise, notamment sur les mesures de nature à affecter le volume ou la structure des effectifs résultant des modifications de l'organisation économique ou juridique de l'entreprise, y compris lorsqu'une offre publique d'acquisition porte sur les titres de la société mère. ● Soc. 19 déc. 2018, 🔒 n° 18-14.520 P : *D. actu. 1er févr. 2019, obs. Ciray ; D. 2019. Actu. 20 ; RDT 2019. 200, obs. Ferkane ; RJS 3/2019, n° 167 ; JCP 2019. 170, obs. Dedessus-le-Moustier ; SSL 2019, n° 1850, p. 7, obs. Chenu ; JCP S 2019. 1066, obs. Teissier ; JSL 2019, n° 472-5, obs. Tissandier.*

Art. L. 2312-43 L'audition de l'auteur de l'offre mentionnée au dernier alinéa de l'article L. 2312-42 se tient dans un délai d'une semaine à compter du dépôt du projet d'offre publique d'acquisition.

Lors de son audition, l'auteur de l'offre peut se faire assister des personnes de son choix. Il présente au comité social et économique sa politique industrielle et financière, ses plans stratégiques pour la société concernée et les répercussions de la mise en œuvre de l'offre sur l'ensemble des intérêts, l'emploi, les sites d'activité et la localisation des centres de décision de cette société.

Le comité social et économique peut se faire assister de l'expert-comptable désigné en application du dernier alinéa du même article L. 2312-42.

Comp. anc. art. L. 2323-36 (Comité d'entreprise).

Art. L. 2312-44 L'auteur de l'offre adresse au comité social et économique qui en fait l'objet, dans les trois jours suivant sa publication, la note d'information mentionnée au *(Ord. n° 2019-1067 du 21 oct. 2019, art. 24)* « III » de l'article L. 621-8 du code monétaire et financier.

Comp. anc. art. L. 2323-37 (Comité d'entreprise).

Art. L. 2312-45 L'expert-comptable désigné en application du dernier alinéa de l'article L. 2312-42 établit un rapport qui évalue la politique industrielle et financière et les plans stratégiques que l'auteur de l'offre envisage d'appliquer à la société objet de l'offre, ainsi que les répercussions de leur mise en œuvre sur l'ensemble des intérêts, l'emploi, les sites d'activité et la localisation des centres de décision de cette dernière société. Il dispose d'un délai de trois semaines à compter du dépôt du projet d'offre publique d'acquisition.

Comp. anc. art. L. 2323-38 (Comité d'entreprise).

Art. L. 2312-46 I. — Préalablement à l'avis motivé rendu par le conseil d'administration ou le conseil de surveillance sur l'intérêt de l'offre et sur les conséquences de celle-ci pour la société visée, ses actionnaires et ses salariés, le comité social et économique *(Ord. n° 2017-1718 du 20 déc. 2017, art. 1er-I)* « de la société » faisant l'objet de l'offre est réuni et consulté sur le projet d'offre. Au cours de cette réunion, il examine le rapport établi par l'expert-comptable en application de l'article L. 2312-45 et peut demander la présence de l'auteur de l'offre.

Le comité social et économique émet son avis dans un délai d'un mois à compter du dépôt du projet d'offre publique d'acquisition. En absence d'avis dans ces délais, il est réputé avoir été consulté.

L'avis du comité social et économique ainsi que le rapport de l'expert-comptable sont reproduits dans la note en réponse établie par la société faisant l'objet de l'offre ou, s'il y a lieu, dans la note d'information commune établie par l'auteur de l'offre et la société faisant l'objet de l'offre.

II. — Les membres de la délégation du personnel du comité social et économique peuvent, s'ils estiment ne pas disposer d'éléments suffisants, saisir le président du *(Ord. n° 2019-738 du 17 juill. 2019, art. 15, en vigueur le 1ᵉʳ janv. 2020)* « tribunal judiciaire statuant selon la procédure accélérée au fond » en dernier ressort pour qu'il ordonne la communication, par la société faisant l'objet de l'offre et par l'auteur de l'offre, des éléments manquants. *(Abrogé par Ord. n° 2019-738 du 17 juill. 2019, art. 15)* « *Le juge statue dans un délai de huit jours.* » — *Les dispositions de l'Ord. n° 2019-738 du 17 juill. 2019 s'appliquent aux demandes introduites à compter du 1ᵉʳ janv. 2020 (Ord. préc., art. 30).*

Cette saisine n'a pas pour effet de prolonger le délai dont dispose le comité social et économique pour rendre son avis. Toutefois, en cas de difficultés particulières d'accès aux informations nécessaires à la formulation de l'avis du comité social et économique, le juge peut décider la prolongation du délai prévu au deuxième alinéa du I, sauf lorsque ces difficultés résultent d'une volonté manifeste de retenir ces informations de la part de la société faisant l'objet de l'offre.

Comp. anc. art. L. 2323-39 (Comité d'entreprise).

Art. L. 2312-47 A la demande de l'employeur auteur de l'offre, l'employeur de l'entreprise sur laquelle porte l'offre peut réunir son comité social et économique dans les deux jours ouvrables suivant l'annonce de cette offre. Les articles L. 2312-42 à L. 2312-46 s'appliquent. Les délais prévus à ces mêmes articles courent à compter de l'annonce de l'offre.

En cas de modification significative des informations présentées au comité social et économique entre l'annonce et le dépôt de l'offre, l'avis rendu, le cas échéant, par le comité social et économique est caduc. Ce dernier est réuni dans les deux jours suivant le dépôt de l'offre et rend un avis dans les conditions prévues auxdits articles L. 2312-42 à L. 2312-46.

Comp. anc. art. L. 2323-40 (Comité d'entreprise).

Art. L. 2312-48 La société ayant déposé une offre et dont l'employeur, ou le représentant qu'il désigne parmi les mandataires sociaux ou les salariés de l'entreprise, ne se rend pas à la réunion du comité social et économique à laquelle il a été invité dans les conditions prévues aux articles L. 2312-42 et L. 2312-46, ne peut exercer les droits de vote attachés aux titres de la société faisant l'objet de l'offre qu'elle détient ou viendrait à détenir. Cette interdiction s'étend aux sociétés qui la contrôlent ou qu'elle contrôle au sens de l'article L. 233-16 du code de commerce.

Une sanction identique s'applique à l'auteur de l'offre, personne physique, qui ne se rend pas à la réunion du comité social et économique à laquelle il a été invité dans les conditions prévues aux articles L. 2312-42 et L. 2312-46.

La sanction est levée le lendemain du jour où l'auteur de l'offre a été entendu par le comité social et économique de la société faisant l'objet de l'offre.

La sanction est également levée si l'auteur de l'offre n'est pas convoqué à une nouvelle réunion du comité social et économique dans les quinze jours qui suivent la réunion à laquelle il avait été préalablement convoqué.

Comp. anc. art. L. 2323-41 (Comité d'entreprise).

Art. L. 2312-49 Par dérogation à l'article *(Ord. n° 2017-1718 du 20 déc. 2017, art. 1ᵉʳ-I)* « L. 2312-14 », l'employeur qui lance une offre publique d'acquisition portant sur le capital d'une entreprise n'est pas tenu de consulter le comité social et économique avant ce lancement.

En revanche, il réunit le comité social et économique dans les deux jours ouvrables suivant la publication de l'offre ou de l'annonce de l'offre dans le cas prévu à l'article L. 2312-47 en vue de lui transmettre des informations écrites et précises sur le contenu de l'offre et sur les conséquences en matière d'emploi qu'elle est susceptible d'entraîner.

Comp. anc. art. L. 2323-42 (Comité d'entreprise).

INSTITUTIONS REPRÉSENTATIVES **Art. L. 2312-54** 805

Art. L. 2312-50 Si l'offre publique d'acquisition est déposée par une entreprise dépourvue de comité social et économique, l'employeur en informe directement les salariés. De même, à défaut de comité social et économique dans l'entreprise qui fait l'objet de l'offre, l'employeur de cette entreprise en informe directement les salariés. Dans ce cas et dans les trois jours suivant la publication de la note d'information mentionnée au *(Ord. n° 2019-1067 du 21 oct. 2019, art. 24)* « III » de l'article L. 621-8 du code monétaire et financier, l'auteur de l'offre la transmet à l'employeur faisant l'objet de l'offre qui la transmet lui-même aux salariés sans délai.

Comp. anc. art. L. 2323-43 (Comité d'entreprise).

Art. L. 2312-51 Si, à l'issue de l'offre publique, l'auteur de l'offre a acquis le contrôle de l'entreprise faisant l'objet de l'offre au sens des articles L. 233-1, L. 233-3 et L. 233-16 du code de commerce, il rend compte au comité social et économique de cette société, au cours du sixième, du douzième et du vingt-quatrième mois suivant la clôture de l'offre, de la manière dont il a mis en œuvre les déclarations d'intention et, le cas échéant, les engagements qu'il a pris auprès du comité social et économique, dans le cadre des auditions prévues aux articles L. 2312-43 et L. 2312-46 du présent code, en matière d'emploi, de maintien des sites d'activité et de localisation des centres de décision exprimés dans la note d'information mentionnée au *(Ord. n° 2019-1067 du 21 oct. 2019, art. 24)* « III » de l'article L. 621-8 du code monétaire et financier.

Comp. anc. art. L. 2323-44 (Comité d'entreprise).

Art. L. 2312-52 Les articles L. 2312-45 à L. 2312-51 du présent code ne s'appliquent pas aux offres mentionnées aux articles L. 225-207 et *(Ord. n° 2020-1142 du 16 sept. 2020, art. 18, en vigueur le 1ᵉʳ janv. 2021)* « L. 22-10-62 » du code de commerce ou lorsque la société fait l'objet d'une offre publique engagée par des entités, agissant seules ou de concert au sens de l'article L. 233-10 du même code, détenant plus de la moitié du capital ou des droits de vote de la société faisant l'objet de l'offre.

Comp. anc. art. L. 2323-45 (Comité d'entreprise).

SOUS-§ 6 *Procédures de sauvegarde, de redressement et de liquidation judiciaire*

Art. L. 2312-53 Le comité social et économique est informé et consulté :
1° Avant le dépôt au greffe d'une demande d'ouverture d'une procédure de redressement judiciaire ou de liquidation judiciaire ;
2° Lors d'une procédure de sauvegarde, dans les situations prévues aux articles L. 623-3 et L. 626-8 du code de commerce ;
3° Lors d'une procédure de redressement judiciaire, dans les situations et conditions prévues aux articles L. 631-17, L. 631-18, L. 631-19 et L. 631-22 du code de commerce ;
4° Lors d'une procédure de liquidation judiciaire, dans les situations et conditions prévues au I de l'article L. 641-1, à l'article L. 641-4, au troisième alinéa de l'article L. 641-10, *(Ord. n° 2017-1718 du 20 déc. 2017, art. 1ᵉʳ-I)* « aux premier et avant-dernier alinéas de l'article L. 642-5 » et au deuxième alinéa de l'article L. 642-9 du code de commerce.

En cas de licenciements économiques prononcés dans les cas prévus aux 3° et 4°, le comité est réuni et consulté dans les conditions prévues à l'article L. 1233-58 du présent code.

Comp. anc. art. L. 2323-48 (Comité d'entreprise).

Art. L. 2312-54 La ou les personnes désignées par le comité social et économique, selon les dispositions de l'article L. 661-10 du code de commerce, sont entendues par la juridiction compétente :
1° Lors d'une procédure de sauvegarde dans les situations prévues aux articles L. 621-1, L. 622-10, L. 626-9 et L. 626-26 du code de commerce ;
2° Lors d'une procédure de redressement judiciaire dans les situations et conditions prévues à l'article L. 631-7, au II de l'article L. 631-15, au I de l'article L. 631-19 et à l'article L. 631-22 du code de commerce ;

3° Lors d'une procédure de liquidation judiciaire dans les situations prévues au premier alinéa de l'article L. 642-5 et aux articles L. 642-6, L. 642-13 et L. 642-17 du code de commerce.

Comp. anc. art. L. 2323-49 (Comité d'entreprise).

§ 2 Champ de la négociation

Art. L. 2312-55 Un accord d'entreprise, conclu dans les conditions prévues au premier alinéa de l'article L. 2232-12 ou, en l'absence de délégué syndical, un accord entre l'employeur et le comité social et économique, adopté à la majorité des membres titulaires de la délégation du personnel du comité peut définir :
1° Le contenu des consultations et informations ponctuelles du comité social et économique prévues aux articles L. 2312-8 et L. 2312-37 dans le respect des dispositions du paragraphe 1 de la présente sous-section ;
2° Les modalités de ces consultations ponctuelles, notamment le nombre de réunions ;
3° Les délais mentionnés à l'article L. 2312-15 dans lesquels les avis du comité sont rendus.

Les accords mentionnés à cet art., dans leur rédaction issue de l'Ord. n° 2017-1386 du 22 sept. 2017, peuvent être négociés à compter de sa publication. Ils s'appliquent aux instances représentatives du personnel existantes à la date de leur conclusion (Ord. préc., art. 8).

Art. L. 2312-56 Un accord de groupe peut prévoir que les consultations *(L. n° 2018-217 du 29 mars 2018, art. 6)* « et informations » ponctuelles mentionnées aux articles L. 2312-8 et L. 2312-37 sont effectuées au niveau du comité de groupe. Il prévoit les modalités de transmission de l'avis du comité de groupe :
1° A chaque comité social et économique des entreprises du groupe, qui reste consulté sur les conséquences des projets sur l'entreprise ;
2° A l'organe chargé de l'administration de l'entreprise dominante de ce groupe, définie à l'article L. 2331-1.

§ 3 Dispositions supplétives

SOUS-§ 1 *Information remise lors de la mise en place*

Art. L. 2312-57 A défaut d'accord, un mois après chaque élection du comité social et économique, l'employeur lui communique une documentation économique et financière précisant :
1° La forme juridique de l'entreprise et son organisation ;
2° Les perspectives économiques de l'entreprise telles qu'elles peuvent être envisagées ;
3° Le cas échéant, la position de l'entreprise au sein du groupe ;
4° Compte tenu des informations dont dispose l'employeur, la répartition du capital entre les actionnaires détenant plus de 10 % du capital et la position de l'entreprise dans la branche d'activité à laquelle elle appartient.

Comp. anc. art. L. 2323-28 (Comité d'entreprise).

Sur le refus de la production spontanée des pièces, V. • TGI Paris, réf., 5 févr. 2009, n° 09/51089 : *RDT 2009. 250, obs. Grumbach*.

SOUS-§ 2 *Restructuration et compression des effectifs*

Art. L. 2312-58 A défaut d'accord, lorsque le projet de restructuration et de compression des effectifs soumis au comité social et économique est de nature à affecter le volume d'activité ou d'emploi d'une entreprise sous-traitante, l'entreprise donneuse d'ordre en informe immédiatement l'entreprise sous-traitante.

Le comité social et économique de cette dernière, en est immédiatement informé et reçoit toute explication utile sur l'évolution probable de l'activité et de l'emploi.

Comp. anc. art. L. 2323-32 (Comité d'entreprise).

INSTITUTIONS REPRÉSENTATIVES **Art. L. 2312-59** 807

SOUS-SECTION 5 Droits d'alerte

§ 1 Alerte en cas d'atteinte aux droits des personnes

Art. L. 2312-59 Si un membre de la délégation du personnel au comité social et économique constate, notamment par l'intermédiaire d'un travailleur, qu'il existe une atteinte aux droits des personnes, à leur santé physique et mentale ou aux libertés individuelles dans l'entreprise qui ne serait pas justifiée par la nature de la tâche à accomplir, ni proportionnée au but recherché, il en saisit immédiatement l'employeur. Cette atteinte peut notamment résulter de faits de harcèlement sexuel ou moral ou de toute mesure discriminatoire en matière d'embauche, de rémunération, de formation, de reclassement, d'affectation, de classification, de qualification, de promotion professionnelle, de mutation, de renouvellement de contrat, de sanction ou de licenciement.

L'employeur procède sans délai à une enquête avec le membre de la délégation du personnel du comité et prend les dispositions nécessaires pour remédier à cette situation.

En cas de carence de l'employeur ou de divergence sur la réalité de cette atteinte, et à défaut de solution trouvée avec l'employeur, le salarié, ou le membre de la délégation du personnel au comité social et économique si le salarié intéressé averti par écrit ne s'y oppose pas, saisit le bureau de jugement du conseil de prud'hommes qui statue selon (Ord. n° 2019-738 du 17 juill. 2019, art. 15) « la procédure accélérée au fond ».
— Les dispositions de l'Ord. n° 2019-738 du 17 juill. 2019 s'appliquent aux demandes introduites à compter du 1er janv. 2020 (Ord. préc., art. 30).

Le juge peut ordonner toutes mesures propres à faire cesser cette atteinte et assortir sa décision d'une astreinte qui sera liquidée au profit du Trésor.

Comp. anc. art. L. 2313-2 (Délégués du personnel).

BIBL. ▶ TARAUD, *Dr. ouvrier 2022. 123* (enquêtes et expertises diligentées à la demande du CSE ou d'un élu).

1. Exercice des prérogatives. Le délégué du personnel est dans l'exercice de sa mission lorsqu'il dénonce la discrimination dont il fait l'objet devant le conseil de prud'hommes ; ce temps doit donc s'imputer sur ses heures de délégation. • Soc. 26 mai 1999, n° 97-40.966 P : *D. 1999. IR 168 ; Dr. soc. 1999. 738, chron. Radé ; RJS 1999. 573, n° 935.*

2. Le droit de saisine directe du bureau de jugement est recevable s'agissant d'un délégué du personnel qui a exercé son droit d'alerte dans des circonstances exceptionnelles et dès lors qu'aucune suite n'a été donnée par l'employeur. • Soc. 28 mars 2006, n° 04-41.016 : *RDT 2006. 116, obs. Leclerc ; RJS 2006. 479, n° 690.*

3. Illustrations. Est admise au titre du droit d'alerte une action en justice des délégués du personnel afin de réclamer la suppression d'enregistrements vidéo réalisés à l'insu du salarié pour le licencier. • Soc. 10 déc. 1997, n° 95-42.661 : *D. 1998. 28 ; Dr. soc. 1998. 127, note B. Bossu ; ibid. 202, obs. G. Couturier ; RJS 1/1998, n° 62 ; PA 3 avr. 1997, n° 17, concl. Chauvy* • Soc. 3 nov. 2010, n° 09-42.360. ♦ De même, un représentant du personnel peut exercer son droit d'alerte pour s'assurer que l'employeur n'a pas abusivement consulté les messages personnels stockés sur l'ordinateur professionnel d'un salarié. • Soc. 17 juin 2009, n° 08-40.274 P : *D. 2010. 2674, obs. Bretzner ; RDT 2009. 591 obs. Marino ; RJS 8-9/2009, n° 74 ; JCP S 2009. 1362, note Jeansen.*

4. Limites. Les dispositions de l'art. L. 422-1-1 [L. 2313-2 anc.] ne donnent pas au délégué le droit d'agir au titre de la relation de travail, mais le seul droit d'engager une procédure d'alerte pour assurer dans l'entreprise la protection des droits des personnes et des libertés individuelles et collectives. • Paris, 6 déc. 1994 : *RJS 1995. 269, n° 396* (irrecevabilité de la demande introduite par un délégué du personnel visant à obtenir l'annulation d'un licenciement) • Soc. 10 déc. 1997, n° 95-42.661 P : *RJS 1998. 47, n° 62 ; D. 1998. IR 28* (droit d'agir à l'effet d'obtenir le retrait d'éléments de preuve obtenus frauduleusement par l'employeur). ♦ Ne rentre pas dans les prévisions de l'art. L. 2313-2 [anc.], l'exercice d'un droit d'alerte fondé sur une demande de paiement d'arriérés de salaire ou d'heures supplémentaires. • Soc. 3 févr. 1998, n° 96-42.062 P : *D. 1998. 63 ; RJS 4/1998, n° 489.* ♦ ... Ni une action en nullité des licenciements intervenus consécutivement à une atteinte aux droits des personnes ou aux libertés individuelles. • Soc. 3 nov. 2010, n° 09-42.360. ♦ ... Ni une demande d'annulation d'une sanction disciplinaire, pour laquelle le salarié dispose d'une voie de recours spécifique. • Soc. 9 févr. 2016, n° 14-18.567 : *RDT 2016. 491, obs. P. Adam ; RJS 4/2016, n° 262.* ♦ ... Ni l'exercice d'un droit d'alerte, fondé sur le mode de calcul des indemnités compensatrices de congés payés des salariés intérimaires. • Soc. 14 oct. 2020, n° 19-11.508 P : *D. 2020. 2069 ; RDT 2020. 760, obs. Odoul-Asorey ; Dr. ouvrier 2021. 102, obs.*

Gentilhomme ; JCP S 2020. 3119, obs. Barège.

5. Succession d'une action en substitution du syndicat et de l'action du salarié concerné. Ni le principe de l'autorité de la chose jugée, ni celui de l'unicité de l'instance ne font obstacle à ce que, suite à un jugement rendu par la juridiction prud'homale sur le fondement de l'art. L. 2313-1 [anc.], dont l'objet est de faire ordonner les mesures propres à faire cesser une atteinte aux droits des personnes, à leur santé physique et mentale ou aux libertés individuelles, le salarié intéressé engage ultérieurement une action au titre de l'exécution et de la rupture de son contrat de travail en rapport avec le même sujet. • Soc. 8 sept. 2021, n° 20-14.011 B : *D. actu. 27 sept. 2021*, obs. Clément ; *D. 2021. 1632* ; *RDT 2021. 597*, obs. Guiomard ; *JCP S 2021. 1261*, obs. Brissy.

§ 2 Alerte en cas de danger grave et imminent

Art. L. 2312-60 Un membre de la délégation du personnel au comité social et économique exerce les droits d'alerte en situation de danger grave et imminent ainsi qu'en matière de santé publique et d'environnement dans les conditions prévues, selon le cas, aux articles L. 4132-1 à L. 4132-5 et L. 4133-1 à L. 4133-4.

§ 3 *[ABROGÉ]* Alerte en cas d'utilisation non conforme du crédit d'impôt pour la compétitivité et l'emploi

Art. L. 2312-61 et L. 2312-62 Abrogés par L. n° 2017-1837 du 30 déc. 2017, art. 86-II.

§ 4 Droit d'alerte économique

Art. L. 2312-63 Lorsque le comité social et économique a connaissance de faits de nature à affecter de manière préoccupante la situation économique de l'entreprise, il peut demander à l'employeur de lui fournir des explications.

Cette demande est inscrite de droit à l'ordre du jour de la prochaine séance du comité.

Si le comité n'a pu obtenir de réponse suffisante de l'employeur ou si celle-ci confirme le caractère préoccupant de la situation, il établit un rapport. Dans les entreprises employant au moins mille salariés et en l'absence d'accord prévu à l'article L. 2315-45, ce rapport est établi par la commission économique prévue par l'article L. 2315-46.

Ce rapport, au titre du droit d'alerte économique, est transmis à l'employeur et au commissaire aux comptes.

Comp. anc. art. L. 2323-50 (Comité d'entreprise).

COMMENTAIRE

V. sur le Code en ligne.

1. Prérogative du seul CSE central. Dans les entreprises divisées en établissements distincts, l'exercice du droit d'alerte économique étant subordonné à l'existence de faits de nature à affecter de manière préoccupante la situation économique de l'entreprise, les CSE d'établissement ne sont pas investis de cette prérogative qui appartient au seul CSE central. • Soc. 15 juin 2022 n° 21-13.312 B : *D. actu. 5 juill. 2022*, obs. Cortot ; *D. 2022. 1158* ; *RJS 8-9/ 2022, n° 457* ; *JSL 2022, n° 549*, obs. Hautefort ; *JCP S 2022. 1192*, obs. Duquesne.

2. Droit réservé aux comités d'entreprise. L'exercice du droit d'alerte étant subordonné à l'existence de faits de nature à affecter de manière préoccupante la situation économique de l'entreprise, les comités d'établissement ne sont pas investis de cette prérogative. • Soc. 1er mars 2005, n° 03-20.429 : *Dr. soc. 2005. 587*, obs. Couturier ; *JSL 2005, n° 165-7* ; *RJS 2005. 376, n° 538* ; *Dr. ouvrier 2005. 435*, obs. Saramito ; *CSB 2005, A. 43* • 6 avr. 2005, n° 02-31.130 P : *RJS 2005. 457, n° 644* • 12 oct. 2005, n° 04-15.794 : *JCP S 2005. 1377*, note Neau-Leduc.

3. La procédure d'alerte, qui n'est limitée ni dans son objet ni dans sa durée, n'interdit nullement, quand elle est engagée, le déclenchement des procédures normales d'information ou de consultation prévues par les art. L. 432-1 et L. 321-1 s. [L. 2323-6 s. et L. 1233-28 s. nouv.]. • Versailles, 6 déc. 1996 : *BICC 15 sept. 1997, n° 1061* ; *JCP E 1997. Pan. 289.*

4. Notion de situation préoccupante. L'appréciation du caractère préoccupant de la situation dont se saisit le comité d'entreprise qui exerce le droit d'alerte relève du pouvoir souverain des juges du fond et échappe au contrôle de la Cour de cassation. • Soc. 11 mars 2003, n° 01-13.434

P. ♦ Le comité d'entreprise n'a pas abusé de son droit d'alerte, dès lors que les juges ont relevé, d'une part, que la réorganisation en cause était de nature à affecter la situation de l'entreprise, et, d'autre part, que les réponses de la direction aux questions du comité étaient contradictoires, insuffisantes ou incohérentes. • Soc. 18 janv. 2011, ⛉ n° 10-30.126 : *D. actu. 11 févr. 2011, obs. Siro ; D. 2011. Actu. 382 ⌀ ; Dr. soc. 2011. 342, obs. Couturier ⌀ ; Dr. ouvrier 2011.359 ; JCP S 2011. 1218, obs. Barège ; SSL 2011, n° 1478, p. 11, obs. Debourg.*

5. Trouble manifestement illicite. Le déclenchement d'une procédure d'alerte ne constitue pas un trouble manifestement illicite. • Soc. 8 mars 1995, ⛉ n° 91-16.002 P : *D. 1995. IR 85 ; Dr. soc. 1995. 393, obs. Cohen ⌀ ; RJS 1995. 266, n° 393* (cassation de l'arrêt ayant retenu l'existence d'un trouble manifestement illicite, tout en relevant le refus de l'employeur de fournir des explications au comité). ♦ Le recours au droit d'alerte est justifié dès lors que le comité invoque des faits qu'il estime être de nature préoccupante. • Même arrêt.

Art. L. 2312-64 Le comité social et économique ou, le cas échéant, la commission économique peut se faire assister, une fois par exercice comptable, de l'expert-comptable prévu à l'article L. 2315-92, convoquer le commissaire aux comptes et s'adjoindre avec voix consultative deux salariés de l'entreprise choisis pour leur compétence et en dehors du comité social et économique.

Ces salariés disposent de cinq heures chacun pour assister le comité ou la commission économique en vue de l'établissement du rapport prévu à l'article L. 2312-63. Ce temps est rémunéré comme temps de travail.

Comp. anc. art. L. 2323-51 (Comité d'entreprise).

Art. L. 2312-65 Le rapport du comité social et économique ou, le cas échéant, de la commission économique conclut en émettant un avis sur l'opportunité de saisir de ses conclusions l'organe chargé de l'administration ou de la surveillance dans les sociétés ou personnes morales qui en sont dotées, ou d'en informer les associés dans les autres formes de sociétés ou les membres dans les groupements d'intérêt économique.

Au vu de ce rapport, le comité social et économique peut décider, à la majorité des membres présents de procéder à cette saisine ou de faire procéder à cette information. Dans ce cas, l'avis de l'expert-comptable est joint à la saisine ou à l'information.

Comp. anc. art. L. 2323-52 (Comité d'entreprise).

Art. L. 2312-66 Dans les sociétés à conseil d'administration ou à conseil de surveillance, la demande d'explication sur le caractère préoccupant de la situation économique de l'entreprise est inscrite à l'ordre du jour de la prochaine séance du conseil d'administration ou du conseil de surveillance, à condition que celui-ci ait pu être saisi au moins quinze jours à l'avance. La réponse de l'employeur est motivée.

Dans les autres personnes morales, ces dispositions s'appliquent à l'organe chargé de l'administration ou de la surveillance, lorsqu'elles en sont dotées.

Dans les autres formes de sociétés ou dans les groupements d'intérêt économique, lorsque le comité social et économique a décidé d'informer les associés ou les membres de la situation de l'entreprise, le gérant ou les administrateurs leur communiquent le rapport de la commission économique ou du comité.

Comp. anc. art. L. 2323-66 (Comité d'entreprise).

Art. L. 2312-67 Les informations concernant l'entreprise communiquées en application du présent paragraphe ont par nature un caractère confidentiel. Toute personne pouvant y accéder est tenue à leur égard à une obligation de discrétion.

Comp. anc. art. L. 2323-54 (Comité d'entreprise).

Art. L. 2312-68 A défaut de la consultation prévue à l'article L. 2312-25, les aides publiques en faveur des activités de recherche et de développement technologique sont suspendues.

Comp. anc. art. L. 2323-55 (Comité d'entreprise).

Art. L. 2312-69 Chaque trimestre, dans les entreprises d'au moins trois cents salariés, l'employeur met à la disposition du comité social et économique, dans les conditions prévues par l'accord mentionné à l'article L. 2312-21 ou à défaut d'accord au sous-paragraphe 4 du paragraphe 3 de la sous-section 3 de la présente section, des informations sur :

1° L'évolution générale des commandes et l'exécution des programmes de production ;

2° Les éventuels retards de paiement de cotisations sociales par l'entreprise ;

3° L'évolution des effectifs et de la qualification des salariés par sexe.

Un décret en Conseil d'État précise le contenu des informations prévues au 3° du présent article. − V. art. R. 2312-21.

Comp. anc. art. L. 2323-60 (Comité d'entreprise).

§ 5 Droit d'alerte sociale

Art. L. 2312-70 Lorsque le nombre des salariés titulaires d'un contrat de travail à durée déterminée et le nombre de salariés temporaires connaît un accroissement important par rapport à la situation existant lors de la dernière réunion du comité social et économique ayant abordé ce sujet, l'examen de cette question est inscrit de plein droit à l'ordre du jour de la prochaine réunion ordinaire du comité si la majorité des membres du comité le demande.

Lors de cette réunion ordinaire, l'employeur communique au comité le nombre de salariés titulaires d'un contrat de travail à durée déterminée et de salariés temporaires, les motifs l'ayant amené à y recourir ainsi que le nombre des journées de travail accomplies par les intéressés depuis la dernière communication faite à ce sujet.

Comp. anc. art. L. 2323-58 (Comité d'entreprise).

Art. L. 2312-71 Lorsque le comité social et économique a connaissance de faits susceptibles de caractériser un recours abusif aux contrats de travail à durée déterminée, aux contrats conclus avec une entreprise de portage salarial et au travail temporaire, ou lorsqu'il constate un accroissement important du nombre de salariés titulaires de contrats de travail à durée déterminée et de contrats de mission, il peut saisir l'agent de contrôle de l'inspection du travail mentionné à l'article L. 8112-1.

Sans préjudice des compétences qu'il détient en vertu des articles L. 8112-1 et suivants et de l'article L. 8113-7, l'agent de contrôle de l'inspection du travail mentionné à l'article L. 8112-1 adresse à l'employeur le rapport de ses constatations.

L'employeur communique ce rapport au comité en même temps que sa réponse motivée aux constatations de l'agent de contrôle de l'inspection du travail mentionné à l'article L. 8112-1. Dans sa réponse, l'employeur précise, en tant que de besoin, les moyens qu'il met en œuvre dans le cadre d'un plan de résorption de la précarité destiné à limiter le recours à ces formes de contrats de travail.

Comp. anc. art. L. 2323-59 (Comité d'entreprise).

SOUS-SECTION 6 Participation aux conseils d'administration ou de surveillance des sociétés

BIBL. ▶ GÉA, *RDT* 2020. 99 ⌀ (loi PACTE : quelle contribution au renouveau du droit du travail). − GOMEZ et HOLLANDTS, *RDT* 2015. 451 ⌀ (représentation des salariés aux conseils d'administration. Enjeux, obstacles et préconisations). − KOEHL, *RDT* 2020. 237 ⌀ (participation des salariés dans les organes de direction : l'introuvable cogestion). − MICHINEAU, *La lettre du CREDA n° 2015-28* (la représentation des salariés au sein du conseil d'administration après la loi du 17 août 2015). − URBAN, *RDT* 2013. 689 ⌀ (la représentation des salariés dans les conseils des sociétés par actions : quels progrès ?). − VATINET, *Rev. sociétés* 2014. 75 ⌀ (représentation des salariés dans les conseils d'administration ou de surveillance). − VERNAC, *RDT* 2018. 261 ⌀ (du bon gouvernement de l'entreprise en société).

Art. L. 2312-72 Dans les sociétés, deux membres de la délégation du personnel du comité social et économique et appartenant l'un à la catégorie des cadres techniciens et agents de maîtrise, l'autre à la catégorie des employés et ouvriers, assistent avec voix consultative à toutes les séances du conseil d'administration ou du conseil de surveillance, selon le cas.

Dans les sociétés où sont constitués trois collèges électoraux, en application de l'article L. 2314-11, la délégation du personnel au conseil d'administration ou au conseil de surveillance est portée à quatre membres. Deux de ces membres appartiennent à la catégorie des ouvriers et employés, le troisième à la catégorie de la maîtrise et le quatrième à la catégorie des ingénieurs, chefs de service et cadres administratifs, commerciaux ou techniques assimilés sur le plan de la classification.

Comp. anc. art. L. 2323-62 (Comité d'entreprise).

Art. L. 2312-73 Les membres de la délégation du personnel au conseil d'administration ou au conseil de surveillance ont droit aux mêmes documents que ceux adressés ou remis aux membres de ces instances à l'occasion de leurs réunions.

Ils peuvent soumettre les vœux du comité social et économique au conseil d'administration ou au conseil de surveillance, lequel donne un avis motivé sur ces vœux.

Comp. anc. art. L. 2323-63 (Comité d'entreprise).

Art. L. 2312-74 Dans les entreprises mentionnées à l'article 1er de la loi n° 83-675 du 26 juillet 1983 relative à la démocratisation du secteur public, à l'exception de celles qui figurent à l'annexe III de cette loi et dans les sociétés relevant du I de l'article 7 de l'ordonnance n° 2014-948 du 20 août 2014 relative à la gouvernance et aux opérations sur le capital des sociétés à participation publique, la représentation du comité social et économique auprès du conseil d'administration ou de surveillance est assurée par le secrétaire du comité ou de l'organe qui en tient lieu.

Comp. anc. art. L. 2323-64 (Comité d'entreprise).

Art. L. 2312-75 Dans les sociétés anonymes et les sociétés en commandite par actions dans lesquelles le conseil d'administration ou de surveillance comprend au moins un administrateur ou un membre élu ou désigné par les salariés au titre des articles L. 225-27, L. 225-27-1, L. 225-79, L. 225-79-2 et L. 226-5-1 du code de commerce, la représentation du comité social et économique auprès de ces conseils est assurée par un membre titulaire du comité social et économique désigné par ce dernier.

Comp. anc. art. L. 2323-65 (Comité d'entreprise).

Art. L. 2312-76 Dans les sociétés par actions simplifiées, les statuts précisent l'organe social auprès duquel les membres de la délégation du personnel du comité social et économique exercent les droits définis par la présente sous-section.

Comp. anc. art. L. 2323-66 (Comité d'entreprise).

Art. L. 2312-77 Dans les sociétés, le comité social et économique peut demander en justice la désignation d'un mandataire chargé de convoquer l'assemblée générale des actionnaires en cas d'urgence.

Il peut également requérir l'inscription de projets de résolutions à l'ordre du jour des assemblées.

Deux membres du conseil, désignés par le comité social et économique et appartenant l'un à la catégorie des cadres techniciens et agents de maîtrise, l'autre à la catégorie des employés et ouvriers, ou les personnes mentionnées aux articles L. 2312-74 et L. 2312-75 peuvent assister aux assemblées générales. Ils sont entendus, à leur demande, lors de toutes les délibérations requérant l'unanimité des associés.

Comp. anc. art. L. 2323-67 (Comité d'entreprise).

SOUS-SECTION 7 Attributions en matière d'activités sociales et culturelles

§ 1 Attributions générales

Art. L. 2312-78 Le comité social et économique assure, contrôle ou participe à la gestion de toutes les activités sociales et culturelles établies dans l'entreprise prioritairement au bénéfice des salariés, de leur famille et des stagiaires, quel qu'en soit le mode de financement, dans des conditions déterminées par décret en Conseil d'État.

Ce décret détermine notamment les conditions dans lesquelles les pouvoirs du comité peuvent être délégués à des organismes créés par lui et soumis à son contrôle, ainsi que les règles d'octroi et d'étendue de la personnalité civile des comités sociaux et économiques et des organismes créés par eux. Il fixe les conditions de financement des activités sociales et culturelles.

V. art. R. 2312-35 s.

Comp. anc. art. L. 2323-83 (Comité d'entreprise).

BIBL. ▶ **Activités sociales et culturelles :** Chalaron, *Dr. soc. 1978*. 1 (limites du pouvoir ouvrier intégré) ; *ibid., n° spéc. avr. 1979*, p. 63 (notion d'œuvres sociales). – Savatier, *Dr. soc., n° spéc. avr. 1979*, p. 71 (conflits entre le chef d'entreprise et le comité sur la gestion des œuvres sociales) ; *ibid. 1994*. 789 (responsabilité civile du comité pour ses activités sociales) ; *RJS 1999*. 199 (extension de la notion d'activités sociales et culturelles).

▶ **Cotisations de sécurité sociale sur les avantages versés par les comités :** Barthélemy, *Dr. soc. 1986*. 332. – Cohen, *Dr. ouvrier 1984*. 449. – Descamps, *Dr. soc. 1991*. 80. – Donnadieu, *ibid. 1987*. 37. – Dupeyroux, *ibid. 1988*. 499. – Prétot, *ibid. 1986*. 164. – Saint-Jours, *RDSS 1985*. 66. – Savatier, *Dr. soc. 1993*. 80. – Taquet, *SSL suppl. n° 551*. – Vachet, *JCP 1988. II. 15345*. – Vellieux, *Dr. soc. 1984*. 720.

▶ **Patrimoine du comité :** Cohen, *Dr. soc. 1989*. 49 (incidences des restructurations) ; *Dr. ouvrier 1993*. 397 (dévolution). – Fromont, *ibid. 1992*. 45 (droit des procédures collectives et comité d'entreprise). – Savatier, *ibid. 1989*. 311 (dévolution).

▶ **Protection sociale complémentaire :** Boudias, *SSL 1997, n° 824*. – Brouillet et Chalaron, *Gaz. Pal. 1991. 2. Doctr. 476* (loi Évin). – Moussy, *Dr. ouvrier 1991*. 435.

▶ **Autres thèmes :** Couturier, *Dr. soc. 1983*. 371 (budgets des comités d'entreprise). – Savatier, *ibid. 1983*. 395 (délibérations) ; *ibid. 1989*. 206 (vote du président).

COMMENTAIRE

V. sur le Code en ligne.

A. CRITÈRES DES ACTIVITÉS SOCIALES ET CULTURELLES

1° Caractère social et culturel

1. Définition. Constitue une activité sociale et culturelle toute activité, non obligatoire légalement, quels que soient sa dénomination, la date de sa création et son mode de financement, exercée principalement au bénéfice du personnel de l'entreprise, sans discrimination, en vue d'améliorer les conditions collectives d'emploi, de travail et de vie du personnel au sein de l'entreprise. ● Soc. 13 nov. 1975 : *Bull. civ. V, n° 533 ; Dr. ouvrier 1976*. 254.

2. Détermination des activités. Sur le caractère non limitatif de l'énumération de l'art. R. 432-2 [R. 2323-20 anc.], V. ● Cass., ch. réun., 20 mai 1965, n° 63-13.144 : *Dr. soc. 1965. 558, obs. J. Savatier ; JCP 1965. II. 14358, note F. R.* ◆ V. notes ss. art. R. 2323-20.

3. Entrent dans le cadre des activités sociales et culturelles : le financement des congés d'éducation ouvrière. ● Cass., ch. réun., 20 mai 1965, n° 63-13.144 : *préc. note 2.* ◆ ... La mise à disposition d'une cantine pour la tenue d'une réunion syndicale. ● Crim. 9 nov. 1971 : *Bull. crim. n° 305 ; D. 1972. 334, note Verdier ; JCP 1972. II. 17074, note Pélissier.* ◆ Comp. : ● Soc. 9 juin 1983 : *Bull. civ. V, n° 316 ; D. 1984. IR 353, obs. Langlois.* ◆ ... L'aide accordée à d'anciens salariés, licenciés dans le cadre d'un licenciement collectif pour motif économique, à effet d'agir en justice pour obtenir le respect des engagements pris par l'employeur dans le plan social dont le comité d'entreprise avait examiné les dispositions. ● Soc. 26 janv. 1999, n° 97-10.522 P : *D. 1999. IR 51 ; Dr. soc. 1999. 300, obs. Cohen ; RJS 1999. 230, n° 386 ; JSL 1999, n° 31-2, obs. Haller.* ◆ Mais ne peuvent être pris en charge les frais de déplacement des salariés à une manifestation syndicale. ● Soc. 7 mai 1980 : *Bull. civ. V, n° 387 ; Dr. ouvrier 1981*. 23 ● 18 mai 1983 : *Bull. civ. V, n° 266.* ◆ ... Ni ceux liés à l'embauche par le comité d'un économiste. ● Soc. 16 déc. 1980 : *Bull. civ. V, n° 900 ; D. 1981. IR 264, obs. Pélissier.*

4. Une cantine constitue une œuvre sociale fonctionnant non seulement dans l'intérêt des salariés, mais aussi dans celui de l'entreprise dans la mesure où elle contribue à sa bonne marche. ● Soc. 14 janv. 1981 : *Bull. civ. V, n° 25 ; D. 1981. IR 425, obs. Langlois ; JCP 1981. II. 19663, concl. Gauthier* (responsabilité du comité d'entreprise pour les fautes commises dans la gestion de la cantine).

5. Ne constitue pas une dépense sociale la subvention accordée à une association sportive d'intérêt général, étrangère à l'entreprise et dont le personnel n'est pas le principal bénéficiaire. ● Soc. 7 mai 1987, n° 84-10.914 P : *D. 1987. 340 ; ibid. Somm. 461, obs. Karaquillo ; ibid. 1988. Somm. 93, obs. Fieschi-Vivet.* ◆ Ne relève pas d'une activité sociale et culturelle la soirée annuelle offerte par l'employeur à ses collaborateurs se déroulant dans un cadre festif mais qui a pour objet de présenter le bilan annuel et les perspectives de la société et d'assurer une cohésion au sein de l'entreprise. ● Soc. 9 juill. 2014, n° 13-18.577 : *D. 2014. Actu. 1594 ; RJS 2014. 604, n° 705.*

6. Est étrangère aux attributions du comité d'entreprise l'organisation d'une réunion politique dans un but de propagande et de recrutement. ● Crim. 7 nov. 1979 : *D. 1980. IR 346, obs. Langlois.*

2° Caractère bénévole

7. Entrent dans les prévisions de la loi les prestations complémentaires servies au personnel par une caisse patronale financée par une cotisation de l'employeur, dès lors qu'un tel service ne correspondait pas à une obligation légale ou conventionnelle incombant à l'employeur, peu important que ces avantages puissent présenter un caractère de complément de rémunération au regard de la législation de la Sécurité sociale. • Soc. 11 mai 1988, 🛡 n° 84-10.617 P : *Dr. soc. 1988. 499, note Dupeyroux.* ♦ V. conf., pour la prise en charge volontaire par l'employeur d'une partie de la cotisation des salariés à une mutuelle : • Soc. 22 juin 1993, 🛡 n° 91-17.686 P : *D. 1994. 160, note Saint-Jours ⌀ ; ibid. 1995. 14, note Langlois ⌀ ; Dr. soc. 1993. 777 ⌀ ; RJS 1993. 444, n° 760 ; CSB 1993. 243, S. 119 ; SSL 1993, n° 655, rapp. Boubli.*

8. Aucune distinction ne pouvant être établie selon la date d'embauche des salariés, doit être cassé l'arrêt qui estime que, pour les salariés dont le contrat de travail mentionnait l'affiliation à une association de retraite complémentaire, la prise en charge des cotisations par l'employeur n'avait plus un caractère bénévole. • Soc. 18 juin 1981 : *Bull. civ. V, n° 569.*

9. Constitutionnalité. L'obligation faite à l'employeur de verser sa contribution au titre de sa contribution aux activités sociales et culturelles, des sommes économisées sur les activités gérées directement, ne porte pas atteinte à la liberté contractuelle de l'employeur dès lors que c'est sa volonté qu'il décide d'agir pour le compte du comité d'entreprise, acceptant ainsi implicitement mais nécessairement un mandat tacite de ce dernier, et demeure libre de cesser à tout moment d'assurer lui-même cette gestion pour le compte d'autrui. • Soc. 29 oct. 2015, 🛡 n° 15-12.525 P : *D. actu. 9 nov. 2015, obs. Doutreleau.*

3° Gestion des activités

10. Gestion déléguée. Un comité d'entreprise peut adhérer à une association émanant d'un syndicat et destinée à lui faciliter la gestion des œuvres sociales. • Soc. 15 mai 1984, 🛡 n° 82-13.807 P • 21 juill. 1986, 🛡 n° 85-13.424 : *D. 1987. Somm. 199, obs. A. Lyon-Caen ; ibid., n° 386.*

11. La subvention versée régulièrement par l'entreprise à une crèche créée à son initiative constitue une dépense sociale, peu important que l'œuvre n'ait pas été gérée directement par la société, mais par la Croix-Rouge. • Soc. 9 mai 1979, 🛡 n° 77-11.416 P : *D. 1979. IR 468.* ♦ Mais le comité d'entreprise n'est pas recevable à demander la fixation du montant de la contribution de l'employeur à l'activité sociale de restauration dont celui-ci avait la gestion alors que le comité d'entreprise n'a pas demandé le transfert de cette gestion à son profit. • Soc. 12 nov. 2003, 🛡 n° 02-10.610 : *RJS 2004. 65, n° 73.*

12. Délégation à l'employeur. L'employeur a la possibilité de gérer une activité sociale et culturelle pour le compte du comité. • Soc. 28 janv. 1971, 🛡 n° 69-13.861 P. – V. aussi : • Crim. 28 oct. 1980, n° 80-90.717 P • 30 mars 2010, 🛡 n° 09-12.074 : *D. 2010. Actu. 1026 ⌀ ; RDT 2010. 455, obs. Brousse ⌀ ; D. actu. 22 avr. 2010, obs. Ines ; RJS 6/2010, n° 527 ; Dr. soc. 2010. 724, obs. Pécaut-Rivolier ⌀ ; JSL 2010, n° 277-2, obs. Hautefort ; JCP S 2010. 1233, obs. Dumont ; SSL 2012, n° 1520, p. 5, note Boubli.*

13. Principe de neutralité politique. Dans la gestion des œuvres sociales, le comité d'entreprise est tenu de respecter le principe de neutralité politique. • T. civ. Seine, 9 janv. 1953 : *Dr. soc. 1953. 151, concl. Albaut ; JCP 1953. II. 7718, note Brèthe de La Gressaye* • Soc. 15 mai 1984, 🛡 n° 82-13.807 : *préc. note 10.*

14. Principe de non-discrimination. Un comité d'entreprise a la possibilité d'octroyer des bourses de congé-éducation ouvrières si elles sont offertes à tous les salariés sans discrimination. • Cass., ch. réun. 20 mai 1965, 🛡 n° 63-13.144 : *Dr. soc. 1965. 558, note J. Savatier ; JCP 1965. II. 14358, note F. R.* ♦ N'est pas discriminatoire le versement d'une allocation de secours opéré sans intention de favoriser les grévistes et destiné à aider les seules familles dans le besoin. • Soc. 8 juin 1977 : *Bull. civ. V, n° 380 ; D. 1977. IR 315 ; JCP 1979. II. 19089, note Legrand* • 11 juin 1996, 🛡 n° 94-14.988 : *RJS 1996. 517, n° 804.* ♦ Solution inverse, lorsque le versement est fait sans référence à la situation de chacun des grévistes : • Soc. 15 mai 1983 : *Bull. civ. V, n° 266 ; D. 1983. IR 352.* ♦ Pour une illustration de mesure discriminatoire dans l'accès au restaurant géré par le comité, V. • Soc. 21 nov. 1990, 🛡 n° 89-13.056 P : *CSB 1991. 52, S. 36.*

15. Sur la licéité d'une mesure discriminatoire lorsqu'elle est due à la seule initiative de l'employeur, V. • Soc. 24 févr. 1983, 🛡 n° 81-14.118 P : *D. 1984. Somm. 162, obs. Frossard ; Dr. soc. 1983. 635, note Savatier* (la prise en charge par l'employeur des cotisations des salariés affiliés à une mutuelle de l'entreprise cesse d'être une œuvre sociale dès lors qu'elle n'est plus offerte à l'ensemble du personnel, mais seulement aux salariés ayant adhéré avant une certaine date).

16. Respect de la vie privée. Constitue une atteinte au secret de la vie privée le fait d'exiger la communication de la déclaration des revenus pour l'allocation d'une prime de vacances, dès lors que ce document contient des renseignements qui ne sont pas indispensables pour l'attribution d'une telle prime. • Civ. 1re, 29 mai 1984 : *Bull. civ. I, n° 176.*

17. Qualité de contractant non professionnel. Lorsqu'il exerce la mission légale de gestion des activités sociales et culturelles, le comité d'entreprise n'agit pas à des fins professionnelles, en sorte que, non-professionnel, il bénéficie des dispositions des art. L. 215-1 à L. 215-3, et L. 241-3 C. consom. • Civ. 1re, 15 juin 2016, 🛡 n° 15-17.369 P : *D. 2017. Pan. 540, obs. Sauphanor-Brouillaud ⌀ ; RDT 2016. 456, obs. Dechristé ⌀ ; RJS 10/2016,* n° 635 ; JCP S 2016. 1351, obs. Kerbourc'h • 5 juill. 2017, n° 16-20.748 P : D. 2018. 584, obs. Aubry.

B. PORTÉE

18. Monopole de gestion du comité. L'employeur ne peut, sans commettre le délit d'entrave, s'opposer à l'exercice par le comité de ses compétences sociales et culturelles. • Crim. 19 déc. 1963 : Dr. soc. 1964. 355, rapp. Costa • 7 oct. 1965 : D. 1965. 811 • 22 nov. 1977 : Bull. crim. n° 362 ; D. 1978. IR 52 (création par l'employeur d'une association pour tenter de supplanter le comité dans la gestion des activités sociales et culturelles). ♦ Tenu de transférer au comité les activités sociales et culturelles, l'employeur doit mettre à sa disposition un local aménagé et le matériel nécessaire à l'exercice de ses fonctions, ce qui n'entraîne pas l'obligation de fournir au comité les renseignements contenus dans le fichier de l'entreprise. • Soc. 2 juin 1993, n° 91-13.901 P : Dr. soc. 1993. 680 ; JCP 1993. II. 22096, rapp. Waquet ; RJS 1993. 443, n° 759, concl. Picca ; CSB 1993. 195, A. 44, note Philbert. ♦ Contra, sur renvoi : • Lyon, 5 déc. 1994 : CSB 1995. 28 ; RJS 1995. 226, n° 394.

19. L'employeur ne peut décider seul d'imputer sur sa contribution les cotisations versées à une caisse d'invalidité, dès lors que cette décision empiète sur les pouvoirs de gestion du comité central, alors même que cette œuvre est gérée paritairement et qu'il a été constaté que le régime de prévoyance n'avait pas été pris en compte pour déterminer le montant de la contribution patronale. • Soc. 17 oct. 1990, n° 87-16.587 : D. 1990. IR 257 ; JCP E 1991. II. 152, note Saint-Jours ; Dr. ouvrier 1991. 83, note Cohen.

20. Lorsque l'employeur fournit pour l'arbre de Noël des marchandises invendues, cette dotation n'est pas à inclure dans le calcul de la contribution due par l'employeur qui n'entendait pas se créer une obligation à partir d'une gratification faite ponctuellement et en fonction des possibilités existantes. • Soc. 31 janv. 1989 : CSB 1989. 74, S. 27.

21. Responsabilité. L'usager d'un centre de vacances est en droit d'invoquer une responsabilité contractuelle de la part du comité d'entreprise et de son centre de vacances sur le fondement de l'obligation de sécurité. • Grenoble, 15 juin 1993 : Dr. soc. 1994. 789, note J. Savatier. ♦ V. aussi : • Civ. 1re, 16 mars 1994, n° 92-17.050 : Dr. soc. 1994. 789, note J. Savatier ; RJS 1994. 521, n° 873 (la responsabilité d'un comité à la suite d'une défaillance d'une agence de voyages ne peut être engagée en l'absence de faute de sa part). ♦ Un comité d'entreprise, n'étant pas lui-même un groupement sportif au sens de la L. du 16 juill. 1984, ne peut voir sa responsabilité engagée pour défaut d'information en matière d'assurance dans la pratique du sport (art. 38 de la L. préc.). • Civ. 2e, 19 mars 1997, n° 94-19.249 P : D. 1998. Somm. 50, obs. Groutel (3e esp.) ; RJS 1997. 456, n° 703.

22. Paiement des cotisations de sécurité sociale. Dès lors que les avantages versés par un comité d'entreprise ne présentaient pas le caractère de secours liés à des situations individuelles particulièrement dignes d'intérêt mais étaient attribués aux seuls salariés de l'entreprise, en raison de leur qualité et à l'occasion du travail accompli, ils sont soumis à cotisation, peu important qu'ils aient été versés par le comité d'entreprise sur les fonds affectés aux activités sociales et culturelles. • Soc. 11 mai 1988, n° 85-18.557 P : D. 1988. 550, note Saint-Jours ; Dr. soc. 1988. 501, note Dupeyroux ; JCP CI 1988. II. 15345, note Vachet. – Dans le même sens : • Soc. 11 mai 1988 : Bull. civ. V, n° 287, arrêts nos 1 et 3 • 11 mai 1988 : ibid., n° 282 • 11 janv. 1990, n° 87-16.181 P : D. 1990. 339, note Saint-Jours • 20 déc. 1990, n° 89-11.308 : RJS 1991. 129, n° 244. ♦ Comp. : • Soc. 9 juin 1992, n° 89-18.539 P : D. 1993. Somm. 273, obs. Prétot ; Dr. soc. 1993. 80, note J. Savatier ; RJS 1992. 703, n° 1295 (décision affirmant qu'échappent au paiement des cotisations sociales les activités sociales et culturelles énumérées à l'art. R. 432-2, mais non les avantages non compris dans la liste de ce texte). – Dans le même sens : • Soc. 13 mai 1993, n° 91-14.362 P : RJS 1993. 377, n° 652 (3e esp.). ♦ Comp. cependant : • Soc. 27 janv. 1994, n° 91-14.628 : Dr. soc. 1994. 387, obs. Dupeyroux.

23. Constituent ainsi des avantages à inclure dans l'assiette des cotisations de sécurité sociale : la participation du comité au paiement de la part salariale des cotisations à un régime obligatoire de retraite complémentaire. • Soc. 11 mai 1988 : Bull. civ. V, n° 287, arrêt n° 2. ♦ … Les bourses d'études, les aides scolaires, les primes de mariage et de naissance, de départ à la retraite, de service national, les compléments de prestations sociales, les allocations de transport scolaire, de garde d'enfants, les primes de crèche, les aides aux mères. • Soc. 11 mai 1988 : Bull. civ. V, n° 287, arrêts nos 3, 4, 5 et 6 • 11 mai 1988 : ibid., n° 282 • 17 avr. 1996, n° 94-17.315 : JCP 1997. II. 22762, note Daverat ; RJS 1996. 453, n° 717 (bourses). ♦ … Les indemnités pour perte de salaires en cas de congé syndical. • Soc. 11 mai 1988 : Bull. civ. V, n° 287, arrêt n° 4. ♦ … Les bons d'achat. • Même arrêt. ♦ … Les sommes versées sur un « compte dotal » ouvert au bénéfice des enfants des salariés dont le financement est assuré par un concours financier de la société, peu important que les sommes et avantages soient perçus par l'intermédiaire de tiers. • Civ. 2e, 16 juin 2016, n° 15-18.079 P : Dr. soc. 2016. 872, obs. Boulmier ; RJS 10/2016, n° 654 ; JCP S 2016. 1325, obs. Michalletz. – V. déjà : • Cass., ass. plén., 28 janv. 1972 : D. 1972. 205 ; JCP 1972. II. 17055, concl. Lindon ; Dr. soc. 1973. 64, note Groutel • Crim. 20 nov. 1979 : D. 1980. IR 345, note Langlois • Soc. 25 mars 1985 :

D. 1985. 476, note Saint-Jours ; Dr. soc. 1986. 164, obs. Prétot. – V. aussi • Soc. 9 juin 1992, ⚖ n° 89-18.539 : préc. note 22 • 4 mars 1993, ⚖ n° 90-21.547 : D. 1993. IR 79 • 20 janv. 1994, ⚖ n° 89-18.539 : RJS 1994. 210, n° 304 • 5 mai 1994, ⚖ n° 91-16.001 : RJS 1994. 456, n° 752.

24. Échappent à l'assiette des cotisations les secours exceptionnels fondés sur l'état de gêne personnelle du bénéficiaire. • Civ. 2ᵉ, 9 nov. 1965 : Dr. soc. 1966. 242, note G. Lyon-Caen • Soc. 14 mars 1969 : ibid. 1970. 65, note G. L.-C. ♦ ... Ou attribués en fonction de situations individuelles particulièrement dignes d'intérêt. • Soc. 17 avr. 1996, ⚖ n° 94-17.315 : préc. note 23 (allocations pour enfants handicapés).

25. Versement des cotisations de sécurité sociale. Le versement des cotisations incombe à l'employeur. • Soc. 11 mai 1988 : Bull. civ. V, n° 287, arrêts nᵒˢ 5 et 6. ♦ Le comité d'entreprise est tenu de remettre à l'employeur un bordereau nominatif relatif aux sommes qu'il a versées, à l'exclusion des secours non inclus dans l'assiette. • Soc. 3 oct. 1984 : Bull. civ. V, n° 343 ; D. 1985. IR 60. ♦ L'employeur n'est pas tenu de supporter définitivement la charge des cotisations, dès lors que les avantages ont été attribués en dehors de toute intervention de sa part, l'initiative du comité ne pouvant avoir pour conséquence d'augmenter indirectement la contribution patronale au financement des activités sociales et culturelles. • Soc. 11 mai 1988 : Bull. civ. V, n° 287, arrêt n° 4 • 9 juin 1992, ⚖ n° 89-18.539 : préc. note 22 • 13 mai 1993, ⚖ n° 91-14.362 : préc. note 22 • 27 janv. 1994, ⚖ n° 91-14.628 : préc. note 22.

Art. L. 2312-79 Les salariés sont informés de la politique de l'entreprise concernant ses choix de mécénat et de soutien aux associations et aux fondations.

Comp. anc. art. L. 2323-84 (Comité d'entreprise).

Art. L. 2312-80 Le comité social et économique assure ou contrôle la gestion des activités physiques ou sportives et peut décider de participer à leur financement.

Il émet également un avis sur la conclusion des conventions, prévues à l'article L. 221-8 du code du sport, destinées à faciliter l'emploi d'un sportif, arbitre ou juge de haut niveau et sa reconversion professionnelle.

Comp. anc. art. L. 2323-85 (Comité d'entreprise).

§ 2 Financement

Art. L. 2312-81 La contribution versée chaque année par l'employeur pour financer des institutions sociales du comité social et économique est fixée par accord d'entreprise. *(Abrogé par L. n° 2018-217 du 29 mars 2018, art. 6)* « A défaut, elle ne peut être inférieure au total de plus élevé des sommes affectées aux dépenses sociales de l'entreprise atteint au cours des trois dernières années précédant la prise en charge des activités sociales et culturelles par le comité, à l'exclusion des dépenses temporaires lorsque les besoins correspondants ont disparu. »

(L. n° 2018-217 du 29 mars 2018, art. 6) « A défaut d'accord, le rapport de cette contribution à la masse salariale brute ne peut être inférieur au même rapport existant pour l'année précédente. »

Comp. anc. art. L. 2323-86 (Comité d'entreprise).

BIBL. ▶ PETIT, RJS 1/2021 (budgets du comité social et économique). – ROCHE, JCP S 2018. 1159 (budget du comité économique et social).

BOULMIER, Dr. soc. 2012. 686 (trilogie 2012 des budgets du comité d'entreprise : carence, abus de confiance, ingérence). – COHEN, RPDS 1994. 43 ; Dr. soc. 1996. 690 ; Dr. ouvrier 1997. 195 (contribution et baisse des effectifs). – COUTURIER, Dr. soc. 1983. 371. – DENKIEWICZ, LPA 6 août 1993 (contribution et réduction des effectifs). – DENKIEWICZ et LE COHU, TPS 1997, Chron. 12 (révision de la contribution de l'employeur). – MORAND, Dr. soc. 1989. 707. – SAVATIER, ibid. 1990. 205 ; ibid. 1994. 30 (réduction de la contribution) ; ibid. 1994. 682 (incidence de la création d'un nouvel établissement).

1. Existence d'une contribution antérieure. Lorsqu'il n'est pas établi que des sommes étaient affectées aux dépenses sociales de l'entreprise avant la création des comités d'entreprise, les conditions d'application de l'art. L. 432-9 [L. 2323-86 anc.] ne sont pas remplies. • Soc. 9 juill. 1997, ⚖ n° 95-21.462 P : D. 1997. IR 179 ; Dr. soc. 1997. 991, obs. Cohen ; RJS 1997. 687, n° 1108 ; CSB 1997. 292, S. 159.

2. Montant de la contribution antérieure. Doit être pris en considération l'ensemble des dépenses sociales pour l'année de référence y compris celles afférentes au fonctionnement d'activités gérées par l'entreprise. • Soc. 28 janv. 1971 : Bull. civ. V, n° 60. ♦ Le montant de la contribution de l'employeur au financement des activités sociales et culturelles doit être fixé en tenant compte de la totalité des dépenses sociales de la période de référence, y compris la TVA facturée à l'employeur. • Soc. 21 sept. 2016, ⚖ n° 14-25.847 P : *D. actu. 20 oct. 2016, obs. Ines ; D. 2016. Actu. 1935*. ♦ Sur l'intangibilité du mode de calcul, alors même que l'employeur fournit des locaux d'une valeur d'usage supérieure, V. • Soc. 4 juin 1982 : *Bull. civ. V, n° 371 ; D. 1983. 135, note Rongère*.

3. Compte 641. L'évolution de la jurisprudence qui a exclu de l'assiette de référence de calcul de la subvention de fonctionnement et de la contribution aux activités sociales et culturelles diverses sommes figurant au compte 641 mais n'ayant pas la nature juridique de salaires, conduit à priver de pertinence le recours à ce compte pour la mise en œuvre des dispositions des art. L. 2325-43 et L. 2325-86 [anc.]. Sauf engagement plus favorable, la masse salariale servant au calcul de la subvention de fonctionnement du comité d'entreprise comme de la contribution aux activités sociales et culturelles, s'entend de la masse salariale brute constituée par l'ensemble des gains et rémunérations soumis à cotisations de sécurité sociale en application de l'art. L. 242-1 CSS. • Soc. 7 févr. 2018, ⚖ n° 16-24.231 P : *D. 2018. Actu. 299 ; Dr. soc. 2018. 572, obs. Vatinet ; JSL 2018, n° 450-1, obs. Lhernould ; SSL 2018, n° 1805, p. 13, interview Teissier ; RDT 2018. 316, obs. Ottan ; ibid. 387, obs. Ciray ; JCP S 2018. 1089, obs. Teissier ; RJS 4/2018, n° 267*. ♦ Les sommes attribuées en application de l'accord d'intéressement n'ont pas le caractère de rémunération, au sens de l'art. L. 242-1 CSS ; les indemnités légales et conventionnelles de licenciement, les indemnités de retraite et les sommes versées au titre de l'intéressement sont déduites de la masse salariale pour l'application des art. L. 2323-86 et L. 2325-43 [anc.]. • Même arrêt. ♦ Les sommes attribuées en application de l'accord d'intéressement ainsi que la rémunération versée aux salariés mis à disposition par leur employeur ne sont pas incluses dans l'assiette de calcul des budgets du comité d'entreprise. • Soc. 7 févr. 2018, n° 17-11.497 P : *D. actu. 11 juill. 2018, obs. Fraisse ; D. 2018. Actu. 126*. ♦ Comp. anté. : Sauf engagement plus favorable, la masse salariale servant au calcul de la contribution patronale aux activités sociales et culturelles s'entend de la masse salariale brute correspondant au compte 641 à l'exception des sommes qui correspondent à la rémunération des dirigeants sociaux et à des remboursements de frais, ainsi que celles qui, hormis les indemnités légales et conventionnelles de licenciement, de retraite et de préavis, sont dues au titre de la rupture du contrat de travail. • Soc. 20 mai 2014, ⚖ n° 12-29.142 : *D. actu. 18 juin 2014, obs. Fraisse ; RJS 2014. 473, n° 577 ; JSL 2014, n° 369-5, obs. Robinet*. ♦ Comp. • Soc. 30 mars 2011, ⚖ n° 09-71.438 : *RJS 6/2011, n° 534*. ♦ Seule la rémunération du mandat social peut être exclue de la masse salariale servant de calcul à la contribution patronale aux activités sociales et culturelles ; les salaires versés aux dirigeants titulaires d'un contrat de travail doivent donc y demeurer. • Soc. 3 nov. 2016, ⚖ n° 15-19.385 P : *D. 2016. Actu. 2288 ; RJS 1/2017, n° 33 ; JSL 2017, n° 431-4, obs. Giovenal ; JCP S 2016. 1436, obs. Broud et Cunha*.

4. Indemnités de rupture. Les indemnités spécifiques de rupture conventionnelle, dans leur partie supérieure à celles correspondant aux indemnités légales et conventionnelles, n'entrent pas dans le calcul de la masse salariale brute. • Soc. 22 mars 2017, ⚖ n° 15-19.973 P : *D. actu. 27 avr. 2017, obs. Cortot ; D. 2017. Actu. 766 ; ibid. 2017. 1554, obs. Sabotier ; RJS 6/2017, n° 414 ; JCP S 2017. 1194, obs. Broud*. ♦ Les indemnités compensatrices de congés payés, de conversion monétaire de compte épargne-temps et de contrepartie obligatoire en repos ont un caractère salarial et doivent être incluses dans l'assiette de calcul des sommes dues au comité d'entreprise au titre des contributions financières de l'employeur. • Même arrêt.

5. Ne sont pas prises en compte les dépenses revêtant un caractère temporaire, tels des frais de premier établissement. • Soc. 31 janv. 1989 : *CSB 1989. 74, S. 27* (aménagement d'un terrain de tennis).

6. Quelles qu'aient été les modalités de financement convenues lors de la prise en charge des précédentes œuvres sociales, le comité d'établissement peut prétendre, lors du transfert de nouvelles œuvres, au financement correspondant à celles-ci. • Soc. 13 nov. 1975 : *Bull. civ. V, n° 533 ; GADT, 4ᵉ éd., n° 146 ; Dr. ouvrier 1976. 254*.

7. Doivent être incluses dans la masse salariale les indemnités de panier, sauf s'il s'agit de frais professionnels. • Soc. 7 juill. 1988 : *Bull. civ. V, n° 430 ; Dr. ouvrier 1989. 120*. ♦ ... Les indemnités de congés payés. • Crim. 19 mars 1991, ⚖ n° 90-81.889 : *D. 1991. IR 147 ; RJS 1991. 319, n° 601*.

8. Le montant de la contribution de l'employeur au financement de ces activités est fixé en tenant compte de la totalité des dépenses sociales de la période de référence ; la taxe sur la valeur ajoutée facturée à l'employeur au titre de l'activité sociale de transport doit être comprise dans l'assiette des dépenses sociales acquittées par l'employeur au cours de la période de référence précédant l'interruption ou le transfert de cette activité au comité d'entreprise. • Soc. 21 sept. 2016, ⚖ n° 14-25.847 P : *D. 2016. Actu. 1935 ; RJS 12/2016, n° 783 ; JCP S 2016. 1385, obs. Guyot*.

9. Baisse de la masse salariale. Le chiffre le plus avantageux atteint au cours des 3 dernières années n'est maintenu qu'autant que la masse salariale reste constante, lorsqu'elle diminue, la contribution doit subir la même variation. • Soc. 6 juin 2000, ⚖ n° 98-22.159 : *JSL 2000, n° 61*.

10. Renonciation. Le comité d'entreprise ne peut renoncer conventionnellement à percevoir une partie de la contribution patronale. • Soc.

24 févr. 1983, 🔒 n° 81-14.118 P : *D. 1984. IR 162, obs. Frossard ; Dr. soc. 1983. 635, note Savatier.*

11. Aménagements conventionnels. Est opposable au comité d'entreprise l'accord dans lequel le montant de la subvention, bien que calculé sur une masse salariale plus étroite que celle définie par les textes, est supérieur à celui qui aurait résulté de la simple application de la loi. • Soc. 23 mars 1982, 🔒 n° 81-10.305 P.

12. Dénonciation des usages et accords. L'employeur peut dénoncer un usage ou un accord conclu avec le comité d'entreprise ou d'établissement, ayant pour objet de fixer sa contribution aux activités sociales et culturelles du comité, à la double condition, d'une part, que la dénonciation soit précédée d'une information donnée au comité dans un délai suffisant pour permettre l'ouverture de négociations, d'autre part, que cette dénonciation n'ait pas pour effet de réduire la subvention de l'entreprise en dessous des minima fixés, soit par l'art. L. 432-9 [L. 2323-86 nouv.], soit par une convention collective, soit par l'art. R. 432-11, 1°, al. 2, C. trav. • Soc. 5 déc. 1989, 🔒 *Bar Lorforge*, n° 89-21.052 P : *GADT, 4ᵉ éd., n° 148 ; Dr. soc. 1990. 205, note Savatier ⊘ ; Dr. ouvrier 1992. 76, note Cohen.* ♦ Il n'a pas à justifier sa décision. • Soc. 20 oct. 1993, 🔒 n° 89-18.949 P : *Dr. soc. 1994. 30, note Savatier ⊘ ; RJS 1993. 719, n° 1217 ; CSB 1993. 259, A. 56.* ♦ Dans ce dernier cas (minimum fixé par l'art. R. 432-11, 1°, al. 2), le chiffre le plus avantageux atteint au cours des 3 dernières années n'est maintenu qu'autant que la masse salariale reste constante ; si elle diminue, la contribution subit la même variation. • Soc. 1ᵉʳ avr. 1997, 🔒 n° 95-10.478 P : *GADT, 4ᵉ éd., n° 149 ; Dr. soc. 1997. 542, note Cohen ⊘ ; RJS 1997. 364, n° 559 ; CSB 1997. 169, A. 32 ; TPS 1997, n° 152, obs. Teyssié* • 9 juill. 1997 : 🔒 préc. note 1.

13. Cas des entreprises à établissements multiples. La détermination du montant global de la subvention doit se faire dans le cadre de l'entreprise. • Soc. 18 mars 1971, 🔒 n° 69-11.020 P : *D. 1971. 527, note Dupeyroux ; Dr. soc. 1971. 466, note Savatier* • 9 juill. 1996 : 🔒 *RJS 1996. 671, n° 1057* • 17 sept. 2003, 🔒 n° 01-11.532 P : *Dr. soc. 2003. 1135, obs. Cohen ⊘ ; RJS 2003. 885, n° 1282.* ♦ Il convient de se référer à la date de prise en charge des œuvres sociales dans les divers établissements, sauf accord plus favorable. • Soc. 26 sept. 1989, 🔒 n° 88-11.796 P : *D. 1989. IR 256 ; Dr. soc. 1990. 205, note Savatier ⊘.*

14. La loi n'interdit nullement la coexistence au sein d'une même entreprise des deux modes possibles de répartition de la contribution patronale. • Soc. 27 mai 1987, 🔒 n° 85-12.637 P : *D. 1987. IR 146* (répartition, pour une partie des établissements, au prorata de la masse salariale, pour une autre, au prorata des effectifs). ♦ Sur le rôle de l'usage, V. • Soc. 7 mai 1987, 🔒 n° 85-14.691 P. ♦ Sur les conséquences attachées à la création d'un nouvel établissement, V. • Versailles, 11 juin 1993 : *Dr. soc. 1994. 682, note Savatier ⊘.*

15. Lorsqu'une entreprise est divisée en établissements dotés chacun d'un comité d'établissement, un accord collectif peut prévoir de répartir la contribution patronale aux activités sociales et culturelles selon les effectifs des établissements, et non selon leur masse salariale ; cette répartition ne peut priver un comité d'établissement de la contribution calculée sur la masse salariale pour la fraction de la contribution correspondant au minimum calculé selon l'art. L. 2323-86 C. trav. • Soc. 12 nov. 2015, 🔒 n° 14-12.830 P : *D. 2015. Actu. 2383 ⊘.*

16. Création d'une UES. La contribution au financement des activités sociales et culturelles du comité d'entreprise doit être calculée dans l'entreprise, c'est-à-dire dans l'UES, le cas échéant ; le taux légal de cette contribution est alors appliqué à chaque établissement de l'UES, en l'absence d'usage plus favorable. • Soc. 25 sept. 2012, 🔒 n° 10-26.224 : *D. actu. 17 oct. 2012, obs. Ines ; Dr. soc. 2012. 1074, obs. Boulmier ⊘ ; RJS 2012. 816, n° 960 ; JCP S 2012. 1500, obs. Guyot.*

17. Effets d'une scission. Si par l'effet d'une scission, le comité d'établissement devient le comité d'entreprise d'une entreprise nouvelle, la contribution patronale aux activités sociales et culturelles ne peut être inférieure au total le plus élevé des sommes affectées au cours de 3 dernières années. • Soc. 30 nov. 2004, 🔒 n° 02-13.837 P : *Dr. soc. 2005. 352, obs. Cohen ⊘ ; JSL 2005, n° 159-5 ; SSL 2004, n° 1195, p. 13.*

18. Transfert partiel d'établissement. En cas de modification juridique de l'employeur au sens de l'art. L. 1224-1, le montant de la contribution de l'employeur aux activités sociales et culturelles du comité d'entreprise, s'il a été fixé dans l'entreprise d'origine par un usage ou un accord collectif à un montant supérieur à la contribution légale, n'est conservé que sI l'Institution se maintient dans la nouvelle entreprise. • Soc. 13 mai 2009, 🔒 n° 08-12.514 : *RJS 2009. 565, n° 638 ; JCP S 2009. 1376, obs. Kerbourc'h.*

19. Versement. L'employeur est en droit de fractionner le versement de la subvention, le fait qu'elle soit annuelle n'impliquant pas qu'il s'agisse d'une dette unique. • Soc. 18 mars 1971, 🔒 n° 69-11.020 : préc. note 13 • 6 juill. 1976, 🔒 n° 74-13.188 P : *D. 1976. IR 241.*

20. Imputations. L'employeur ne peut déduire de la subvention de fonctionnement les salaires et charges du personnel mis à disposition du comité pour la gestion des activités sociales et culturelles. • Crim. 4 oct. 1989 : *D. 1990. Somm. 158, obs. Lyon-Caen ; Dr. soc. 1990. 205, note Savatier ⊘* • Soc. 4 avr. 1990, n° 88-13.219 P : *D. 1990. IR 106* • Crim. 11 févr. 1992, 🔒 n° 90-87.500 : *D. 1992. IR 174 ; RJS 1992. 620, n° 1120.* – Dans le même sens : • Soc. 21 sept. 1993, 🔒 n° 91-12.214 : *RJS 1993. 658, n° 1114.* ♦ Tout accord autorisant l'employeur à déduire de la subvention de fonctionnement les salaires et charges du personnel mis à disposition pour la gestion des activités sociales et culturelles est illicite comme contrevenant aux dispositions d'ordre public de l'art. L. 434-8 [L. 2325-43 anc.]. ● Soc. 26 sept. 1989, ⚖ n° 87-20.096 : *D. 1990. Somm. 158, obs. Lyon-Caen*⚖ *; CSB 1989. 221, S. 108 ; Dr. soc. 1990. 205, note Savatier*⚖ ● 4 avr. 1990, n° 88-13.219 : *préc.* ♦ La rémunération versée aux salariés temporaires n'a pas à être incluse dans la masse salariale brute de l'entreprise utilisatrice pour servir de base au calcul de la subvention de fonctionnement et de la contribution patronale aux activités sociales et culturelles dès lors que, lorsque la présence des salariés temporaires entraîne des dépenses supplémentaires pour le comité d'entreprise, celles-ci lui sont remboursées suivant des modalités définies au contrat de mise à disposition. ● Soc. 10 mars 2010, ⚖ n° 08-21.529 : *Dr. soc. 2010. 724, obs. Pécaut-Rivolier*⚖ *; JCP S 2010. 1233, obs. Dumont.*

21. Sort du budget en cas de carence du comité d'entreprise. L'obligation légale et annuelle de versement de la subvention de fonctionnement et de contribution au financement des institutions sociales à la charge de l'employeur n'est pas suspendue par la carence du comité d'entreprise, et même si l'obligation conjointe du délégué du personnel et du chef d'entreprise n'est pas assurée, le comité d'entreprise reste créancier, en principe, de ces sommes. ● Soc. 13 sept. 2005, ⚖ n° 04-10.961 : *D. 2005. IR 2408, obs. Chevrier*⚖ *; ibid. 2006. Pan. 418, obs. Leclerc*⚖ *; JSL 2005, n° 176-2 ; SSL 2005, n° 1232, p. 11.*

22. Gestion par l'employeur de l'activité de restauration. Le montant de la contribution patronale aux activités sociales et culturelles du comité d'entreprise doit être fixé en tenant compte de la totalité des dépenses sociales de la période de référence, y compris celles relatives à l'activité de restauration dont la gestion a été laissée à l'entreprise elle-même. ● Soc. 30 mars 2010, ⚖ n° 09-12.074 : *D. 2010. Actu. 1026*⚖ *; RDT 2010. 455, obs. Brousse*⚖ *; D. actu. 22 avr. 2010, obs. Ines ; Dr. soc. 2010. 724, obs. Pécaut-Rivolier*⚖ *; JSL 2010, n° 277-2 ; SSL 2012, n° 1520, p. 5, note Boubli.*

Art. L. 2312-82 Dans les entreprises comportant plusieurs comités sociaux et économiques d'établissement, la détermination du montant global de la contribution patronale versée pour financer les activités sociales et culturelles du comité est effectuée au niveau de l'entreprise dans les conditions prévues à l'article L. 2312-81.

La répartition de la contribution entre les comités d'établissement est fixée par un accord d'entreprise au prorata des effectifs des établissements ou de leur masse salariale ou de ces deux critères combinés. A défaut d'accord, cette répartition est effectuée au prorata de la masse salariale de chaque établissement.

Comp. anc. art. L. 2323-86-1 (Comité d'entreprise).

Art. L. 2312-83 Pour l'application du présent paragraphe, la masse salariale brute est constituée par l'ensemble des gains et rémunérations soumis à cotisations de sécurité sociale en application des dispositions de l'article L. 242-1 du code de la sécurité sociale ou de l'article L. 741-10 du code rural et de la pêche maritime, à l'exception des indemnités versées à l'occasion de la rupture du contrat de travail à durée indéterminée.

(Abrogé par L. n° 2018-217 du 29 mars 2018, art. 6) « *Les sommes effectivement distribuées aux salariés lors de l'année de référence en application d'un accord d'intéressement ou de participation sont incluses dans la masse salariale brute.* »

Art. L. 2312-84 En cas de reliquat budgétaire les membres de la délégation du personnel du comité social et économique peuvent décider, par une délibération, de transférer tout ou partie du montant de l'excédent annuel du budget destiné aux activités sociales et culturelles au budget de fonctionnement ou à des associations dans des conditions et limites fixées par décret en Conseil d'État.

Comp. anc. art. L. 2323-87 (Comité d'entreprise).

CHAPITRE III MISE EN PLACE ET SUPPRESSION DU COMITÉ SOCIAL ET ÉCONOMIQUE

BIBL. ▶ Cesaro et Teissier, *JCP S 2018. 1224* (implantation du CSE). - Ferkane, *Dr. ouvrier 2020. 408* (places dévolues à la loi, à l'accord collectif et à la décision unilatérale de l'employeur dans la mise en place du CSE).

INSTITUTIONS REPRÉSENTATIVES **Art. L. 2313-4** 819

SECTION 1 Cadre de mise en place du comité social et économique

SOUS-SECTION 1 Mise en place au niveau de l'entreprise

§ 1 Mise en place du comité social et économique et des comités sociaux et économiques d'établissement

> *COMMENTAIRE*
>
> V. sur le Code en ligne 🔒.   ☐

Art. L. 2313-1 Un comité social et économique est mis en place au niveau de l'entreprise.

Des comités sociaux et économiques d'établissement et un comité social et économique central d'entreprise sont constitués dans les entreprises *(L. n° 2018-217 du 29 mars 2018, art. 6)* « d'au moins cinquante salariés » comportant au moins deux établissements distincts.

BIBL. ▶ BARBE, *JCP S 2018*. 1317 (CSE et délégués syndicaux dans les entreprises à établissements multiples). – CŒURET et DUQUESNE, *RJS 5/2018*, p. 363. – DAUXERRE, *JCP S 2018*. 1102. – JENSEN et PAGNERRE, *RDT 2018*. 358 ⌀ (détermination des établissements distincts dans la tourmente de la réforme). – KOCHER, *Dr. ouvrier 2022*. 157 (les acteurs, le juge et l'établissement distinct). – SIGNORETTO, *RDT 2018*. 352 ⌀ (plaidoyer pour une évolution de la notion d'établissement distinct).

Défaut de mise en place et de PV de carence. L'employeur qui n'a pas accompli, bien qu'il y soit légalement tenu, les diligences nécessaires à la mise en place d'institutions représentatives du personnel, sans qu'un procès-verbal de carence ait été établi, commet une faute qui cause un préjudice aux salariés, privés ainsi d'une possibilité de représentation et de défense de leurs intérêts. ● Soc. 28 juin 2023, ⚖ n° 22-11.699 B : *D. 2023. 1265⌀ ; ibid. 1538, chron. Ala, Lanoue et Valéry ⌀ ; Dr. soc. 2023. 739, obs. Adam ⌀ ; RJS 10/2023, n° 499.*

Art. L. 2313-2 Un accord d'entreprise, conclu dans les conditions prévues au premier alinéa de l'article L. 2232-12, détermine le nombre et le périmètre des établissements distincts.

BIBL. ▶ JEANSEN, *JCP S 2023*. 1290 (sort des établissements distincts lors du renouvellement des CSE).

1. Première mise en place du CSE et sort des mandats en cours. Un accord d'entreprise qui prévoit la mise en place d'un CSE à une certaine date a implicitement et nécessairement pour conséquence la réduction des mandats en cours des membres des anciens comités d'entreprise qui prennent fin au jour de la mise en place du CSE. ● Soc. 10 févr. 2021, ⚖ n° 19-14.021 P : *D. actu. 5 mars 2021, obs. Clément ; D. 2021. 289⌀ ; RJS 4/2021, n° 227.*

2. Autonomie des partenaires sociaux. Les signataires d'un accord conclu selon les conditions mentionnées aux art. L. 2313-2 et L. 2313-3 C. trav. déterminent librement les critères permettant la fixation du nombre et du périmètre des établissements distincts au sein de l'entreprise, à la condition toutefois, eu égard au principe de participation consacré par l'alinéa 8 du Préambule de la Constitution du 27 oct. 1946, qu'ils soient de nature à permettre la représentation de l'ensemble des salariés. ● Soc. 1er févr. 2023, ⚖ n° 21-15.371 B : *D. actu. 13 févr. 2023, obs. Malfettes ; D. 2023. 244⌀ ; RDT 2023. 130, obs. Wolmark⌀ ; Dr. soc. 2023. 567, obs. Chenu⌀ ; RJS 4/2023, n° 209 ; JSL 2023, n° 559-3, obs. Guillouet et Lehembre ; SSL 2023, n° 2035, obs. Dutheillet de Lamothe ; JCP 2023. 207, obs. Dauxerre ; ibid. 285, obs. Duquesne et Heintz ; JCP S 2023. 1054, obs. Pagnerre.*

Art. L. 2313-3 En l'absence d'accord conclu dans les conditions mentionnées à l'article L. 2313-2 et en l'absence de délégué syndical, un accord entre l'employeur et le comité social et économique, adopté à la majorité des membres titulaires élus de la délégation du personnel du comité, peut déterminer le nombre et le périmètre des établissements distincts.

Art. L. 2313-4 En l'absence d'accord conclu dans les conditions mentionnées aux articles L. 2313-2 et L. 2313-3, l'employeur fixe le nombre et le périmètre des établissements distincts, compte tenu de l'autonomie de gestion du responsable de l'établissement, notamment en matière de gestion du personnel.

1. Absence d'accord et tentative loyale de négociation. Ce n'est que lorsque – à l'issue d'une tentative loyale de négociation – un accord collectif n'a pu être conclu que l'employeur peut fixer par décision unilatérale le nombre et le périmètre des établissements distincts. ● Soc. 17 avr. 2019, n° 18-22.948 P : *D. actu. 14 mai 2019, obs. Ciray ; D. 2019. 1562, obs. Le Masne de Chermont ⌀ ; RDT 2019. 589, note Nicod ⌀ ; Dr. soc. 2019. 574, note Gadrat ⌀ ; RJS 6/2019, n° 363 ; SSL 2019, n° 1861, p. 11, obs. Crédoz-Rosier ; JSL 2019, n° 477-2, obs. Hautefort ; ibid. 2020, n° 500-2, obs. Loiseau ; JCP 2019. 576, obs. Duquesne et Heintz ; JCP S 2019. 1172, obs. Kerbourc'h.*

2. Perte de la qualité d'établissement distinct. Le constat de la perte de qualité d'établissement distinct relève des art. L. 2313-1 s., puisqu'il conduit à modifier le nombre et le périmètre des établissements distincts au niveau desquels les CSE sont mis en place dans l'entreprise ; la contestation de la décision unilatérale de l'employeur décidant de la perte de qualité d'établissement distinct n'est donc ouverte devant le Direccte (Dreets) qu'aux seules organisations syndicales, représentatives ou ayant constitué une section syndicale dans l'entreprise, qui représentent les intérêts des salariés dans le cadre de la détermination des périmètres de mise en place des comités sociaux et économiques. ● Soc. 20 oct. 2021, n° 20-60.258 B : *D. actu. 9 nov. 2021, obs. Malfettes ; Dr. soc. 2022. 185, obs. Petit ⌀ ; RDT 2022. 50, obs. Wolmark ⌀ ; RJS 1/2022, n° 19 ; JCP 2021. 1170, note Dedessus-Le-Moustier ; JCP S 2021. 1299, obs. Daniel.*

3. Éléments pris en compte. Lorsqu'ils sont saisis d'un recours dirigé contre la décision unilatérale de l'employeur, le DIRECCTE et le tribunal d'instance se fondent, pour apprécier l'existence d'établissements distincts au regard du critère d'autonomie de gestion ainsi défini, sur les documents relatifs à l'organisation interne de l'entreprise que fournit l'employeur, et sur les documents remis par les organisations syndicales à l'appui de leur contestation de la décision unilatérale prise par ce dernier. ● 22 janv. 2020, n° 19-12.011 P : *D. actu. 11 févr. 2020, obs. Malfettes ; D. 2020. Actu. 221 ⌀ ; RDT 2020. 415, obs. Signoretto ⌀ ; Dr. soc. 2020. 281, obs. Petit ⌀ ; RJS 4/2020, n° 189 ; JSL 2020, n° 494-2, obs. Ranc et Parier ; JCP S 2020. 1045, obs. Duquesne* ● 9 juin 2021 n° 19-23.745 B : *D. 2022. 132, obs. Vernac et Ferkane ⌀ ; Rev. sociétés 2022. 112, note Petit ⌀ ; Dr. soc. 2021. 762, obs. Petit ⌀ ; RDT 2022. 50, obs. Wolmark ⌀.* ◆ La centralisation de fonctions support ou l'existence de procédures de gestion définies au niveau du siège ne sont pas de nature à exclure en elles-mêmes l'autonomie de gestion des responsables d'établissement. ● Mêmes décisions.

Art. L. 2313-5 En cas de litige portant sur la décision de l'employeur prévue à l'article L. 2313-4, le nombre et le périmètre des établissements distincts sont fixés par l'autorité administrative du siège de l'entreprise dans des conditions prévues par décret en Conseil d'État. *(Ord. n° 2017-1718 du 20 déc. 2017, art. 1ᵉʳ-I)* « Lorsqu'elle intervient dans le cadre d'un processus électoral global, la saisine de l'autorité administrative suspend ce processus jusqu'à la décision administrative et entraîne la prorogation des mandats des élus en cours jusqu'à la proclamation des résultats du scrutin. »

La décision de l'autorité administrative peut faire l'objet d'un recours devant le juge judiciaire, à l'exclusion de tout autre recours administratif ou contentieux.

V. art. R. 2313-1 s.

V. Ord. n° 2020-389 du 1ᵉʳ avr. 2020, art. 1ᵉʳ, ss. art. L. 2314-4.

I. CRITÈRES DE L'ÉTABLISSEMENT DISTINCT

1. Définition. L'établissement distinct permettant l'élection de délégués du personnel se caractérise par le regroupement d'au moins onze salariés constituant une communauté de travail ayant des intérêts propres, susceptible de générer des réclamations communes et spécifiques et travaillant sous la direction d'un représentant de l'employeur, peu important que celui-ci ait le pouvoir de se prononcer sur ces réclamations. ● Soc. 29 janv. 2003, n° 01-60.628 P : *Dr. soc. 2003. 453, obs. Savatier ⌀ ; RJS 2003. 327, n° 479* ● 13 juill. 2004, n° 03-60.173 P : *Dr. soc. 2004. 1155, obs. Savatier ⌀ ; RJS 2004. 728, n° 1061.* ◆ L'existence d'un établissement distinct ne peut être reconnue que si l'effectif de l'établissement permet la mise en place de délégués du personnel. ● Soc. 7 déc. 2016, n° 14-27.232 P : *D. 2016. Actu. 2575 ⌀ ; D. actu. 24 janv. 2017, obs. Ines ; D. 2017. 243, obs. Sabotier ⌀ ; RJS 2/2017, n° 121 ; SSL 2016, n° 1750, p. 9, obs. Champeaux ; JSL 2017, n° 424-2, obs. Hautefort ; JCP S 2017. 1042, obs. Kerbourc'h.*

2. Autonomie de gestion. Caractérise un établissement distinct l'établissement qui présente, notamment en raison de l'étendue des délégations de compétence dont dispose son responsable, une autonomie suffisante en ce qui concerne la gestion du personnel et l'exécution du service. ● Soc. 19 déc. 2018, n° 18-23.655 P : *D. 2019. Actu. 19 ⌀ ; RDT 2019. 119, obs. Wolmark ⌀ ; RJS 3/2019, n° 165 ; JSL 2019, n° 469-4, obs. Hautefort ; JCP S 2019. 1021, obs. Duquesne* ● 22 janv. 2020, n° 19-12.011 P : *D. actu. 11 févr. 2020, obs. Malfettes ; D. 2020. Actu. 221 ⌀ ; RDT 2020. 415, obs. Signoretto ⌀ ; Dr. soc. 2020. 281,* obs. Petit ⌀ ; RJS 4/2020, n° 189 ; JSL 2020, n° 494-2, obs. Ranc et Parier ; JCP S 2020. 1045, obs. Duquesne. ♦ L'existence de procédures de gestion définies au niveau du siège ainsi que la centralisation de fonctions support dans l'entreprise ne font pas échec à la reconnaissance d'une autonomie de gestion des responsables d'établissement, et donc à l'existence d'établissements distincts. • Soc. 11 déc. 2019, ⚖ n° 19-17.298 P : D. actu. 10 janv. 2020, obs. Malfettes ; RDT 2020. 133, obs. Signoretto ⌀ ; RJS 2/2020, n° 95 ; Dr. ouvrier 2020. 702, obs. Milet ; JCP S 2020. 1015, obs. Duquesne et Heintz. ♦ Le juge doit rechercher au regard des éléments produits par l'employeur et les organisations syndicales si les responsables des établissements distincts concernés ont effectivement une autonomie de décision suffisante en ce qui concerne la gestion du personnel et l'exécution du service et si la reconnaissance à ce niveau d'établissement pour la mise en place des comités sociaux et économiques est de nature à permettre l'exercice effectif des prérogatives de l'institution représentative du personnel. • Soc. 9 juin 2021, ⚖ n° 19-23.153 P : D. 2021. 1138 ⌀ ; RDT 2022. 50, note Wolmark ⌀ ; Dr. soc. 2021. 762, obs. Petit ⌀ ; RJS 8-9/2021, n° 456 ; JSL 2021, n° 525-3, obs. Hautefort ; SSL 2021, n° 1961, obs. Crédoz-Rosier ; JCP S 2021. 1171, obs. Dauxerre ; JCP 2021. 807, obs. Duquesne.

II. RECONNAISSANCE DE LA QUALITÉ D'ÉTABLISSEMENT DISTINCT

3. Office du juge judiciaire. Relèvent de la compétence du tribunal d'instance, en dernier ressort, à l'exclusion de tout autre recours, les contestations élevées contre la décision de l'autorité administrative fixant le nombre et le périmètre des établissements distincts : il appartient en conséquence au tribunal d'instance d'examiner l'ensemble des contestations, qu'elles portent sur la légalité externe ou sur la légalité interne de la décision de l'autorité administrative, et, s'il les dit mal fondées, de confirmer la décision, s'il les accueille partiellement ou totalement, de statuer à nouveau, par une décision se substituant à celle de l'autorité administrative, sur les questions demeurant en litige. • Soc. 19 déc. 2018 ⚖ n° 18-23.655 P : D. 2019. Actu. 19 ⌀ ; RJS 3/2019, n° 165 ; JCP S 2019. 1021, obs. Duquesne.

4. Office du juge judiciaire et date d'appréciation de l'autonomie de gestion d'un établissement distinct. Lorsqu'il est saisi de contestations de la décision de l'autorité administrative quant à la fixation du nombre et du périmètre des établissements distincts, il appartient au juge de se prononcer sur la légalité de cette décision au regard de l'ensemble des circonstances de fait dont il est justifié à la date de la décision administrative et, en cas d'annulation de cette dernière décision, de statuer à nouveau, en fixant ce nombre et ce périmètre d'après l'ensemble des circonstances de fait à la date où le juge statue. • Soc. 8 juill. 2020, ⚖ n° 19-11.918 P : D. 2020. Actu. 1466 ⌀ ; RJS 10/2020, n° 476 ; JSL 2020, n° 504-5, obs. Nassom-Tissandier ; JCP 2020. 921, obs. Dedessus-Le-Moustier ; JCP S 2020. 3023, obs. Duquesne.

5. Tribunal judiciaire. Lorsqu'un différend portant sur la qualité d'établissement distinct survient au moment où doivent avoir lieu les élections dans le cadre de l'établissement en cause, le tribunal d'instance doit reporter la date des élections jusqu'à la décision de l'autorité administrative. • Soc. 23 janv. 2002, ⚖ n° 00-60.362 P : RJS 2002. 348, n° 451. ♦ Déjà en faveur de la compétence du tribunal d'instance pour trancher les litiges relatifs à la détermination des établissements distincts, V. • T. confl. 8 févr. 1965 : D. 1965. 393 ; JCP 1965. II. 14109, note Lindon ; Dr. soc. 1966. 101.

6. Le tribunal territorialement compétent est celui du lieu où se situe l'établissement. • Civ. 2ᵉ, 11 juill. 1968, n° 67-60.048 P.

7. Décision de l'autorité administrative. La décision de l'autorité administrative n'a pas à être motivée. • CE 11 oct. 1985 : RFDA 1986. 497, obs. Gaudemet • 28 juill. 1993, ⚖ n° 110705 : RJS 1993. 657, n° 1112. ♦ L'annulation de la décision administrative rend sans objet les litiges relatifs aux établissements concernés. • Soc. 19 mars 1986 : Bull. civ. V, n° 99.

8. La saisine, par les syndicats représentant le personnel de l'autorité administrative, du différend les opposant à l'employeur sur la détermination des établissements de l'entreprise implique nécessairement qu'ils ont entendu dénoncer l'accord relatif aux établissements distincts dans l'entreprise. • CE 5 juin 2002, ⚖ n° 242005 : RJS 2003. 43, n° 53.

9. Détermination de l'établissement distinct. Le périmètre de l'établissement distinct, déterminé à l'occasion d'un précédent scrutin par accord préélectoral ou décision de l'autorité administrative, demeure celui dans lequel doivent se dérouler les élections lorsqu'il n'a été modifié ni par un protocole préélectoral signé dans les conditions fixées par les art. L. 2314-3-1 et L. 2324-4-1, ni par une décision administrative. • Soc. 26 sept. 2012, ⚖ n° 11-26.659 : D. actu. 17 oct. 2012, obs. Ines ; D. 2012. Actu. 2315 ⌀ ; RDT 2013. 46, obs. Signoretto ⌀ ; Dr. soc. 2013. 71, obs. Petit ⌀ ; RJS 2012. 813, n° 956 ; JSL 2012, n° 331-5, obs. Tourreil ; JCP S 2012. 1486, obs. d'Ornano.

III. PERTE DE LA QUALITÉ D'ÉTABLISSEMENT DISTINCT

10. Décision unilatérale et perte de qualité d'établissement distinct. Le constat de la perte de qualité d'établissement distinct relève des art. L. 2313-1 s., puisqu'il conduit à modifier le nombre et le périmètre des établissements distincts au niveau desquels les CSE sont mis en place dans l'entreprise. La contestation de la décision unilatérale de l'employeur décidant de la perte de qualité d'établissement distinct n'est donc ouverte devant le DREETS qu'aux seules organisations syndicales, représentatives ou ayant constitué une section syndicale dans l'entreprise, qui représentent les intérêts des salariés dans le cadre de la détermination des périmètres de mise en place des CSE. Les salariés ne sont pas recevables à demander la suspension des effets d'une telle décision unilatérale et l'organisation d'élections sur un périmètre n'étant plus reconnu comme constituant un établissement distinct. ● Soc. 20 oct. 2021, ⚖ n° 20-60.258 B : *D. actu. 9 nov. 2021*, obs. *Malfettes* ; *Dr. soc. 2022. 185*, obs. *Petit* ; *RDT 2022. 50*, obs. *Wolmark* ; *RJS 1/2022, n° 19* ; *JCP 2021. 1170*, note *Dedessus-Le-Moustier* ; *JCP S 2021. 1299*, obs. *Daniel*.

Art. L. 2313-6 La perte de la qualité d'établissement distinct dans les cas prévus aux articles L. 2313-2 à L. 2313-5 emporte la cessation des fonctions des membres de la délégation du personnel du comité social et économique de cet établissement, sauf si un accord contraire, conclu entre l'employeur et les organisations syndicales représentatives dans les conditions prévues au premier alinéa de l'article L. 2232-12, ou à défaut d'accord d'entreprise, un accord entre l'employeur et le comité social et économique concerné, permet aux membres de la délégation du personnel du comité d'achever leur mandat.

§ 2 Les représentants de proximité

BIBL. ▶ Dabosville, *RDT 2019. 387* (une nouvelle figure de représentants du personnel). – Jeansen, *JCP S 2018. 1084* (les représentants du personnel à dessiner). – Niel, *SSL 2018. 8* (à quoi sert le représentant de proximité ?). – Parvex et Chaze, *SSL 2021, n° 1964* (représentants de proximité : un marché de dupes ou une ambition à réaffirmer ?). – Rioche, *JCP S 2019. 1343*. – Simonneau, *Dr. ouvrier 2020. 432* (les représentants de proximité. : substituts ou compléments ?).

▶ **Dossier spécial :** Dabosville, *Dr. soc. 2022. 225* (représentant de proximité et CSE). – Ilieva, *Dr. soc. 2022. 218* (missions et moyens). – Langaney, *Dr. soc. 2022. 208* et *213* (implantation et désignation). – Michelon et Remond, *Dr. soc. 2022. 239* (représentation de proximité et organisations syndicales). – Pelisse et Peskine, *Dr. soc. 2022. 232* (proximité et nouvelles règles de représentation du personnel à la SNCF). – Pelisse et Wolmark, *Dr. soc. 2022. 199*.

Art. L. 2313-7 L'accord d'entreprise défini à l'article L. 2313-2 peut mettre en place des représentants de proximité.

L'accord définit également :

1° Le nombre de représentants de proximité ;

2° Les attributions des représentants de proximité, notamment en matière de santé, de sécurité et de conditions de travail ;

3° Les modalités de leur désignation ;

4° Leurs modalités de fonctionnement, notamment le nombre d'heures de délégation dont bénéficient les représentants de proximité pour l'exercice de leurs attributions.

Les représentants de proximité sont membres du comité social et économique ou désignés par lui pour une durée qui prend fin avec celle du mandat des membres élus du comité.

1. Mise en place des représentants de proximité. Les représentants de proximité ne peuvent être mis en place que par l'accord d'entreprise qui détermine le nombre et le périmètre des établissements distincts du comité social et économique ou, si les établissements distincts ont été fixés unilatéralement, par un accord d'entreprise spécifique. ● Soc. 1ᵉʳ juin 2023, ⚖ n° 22-13.303 B : *Dr. soc. 2023. 697*, étude *François* ; *RDT 2023. 489*, note *Peskine* ; *RJS 8-9/2023, n° 456* ; *JCP S 2023. 1188*, obs. *Loiseau*.

2. Contestation. La contestation des désignations de représentants de proximité, qui sont membres du comité social et économique ou désignés par lui pour une durée qui prend fin avec celle du mandat des membres élus, doit être formée devant le tribunal judiciaire statuant sur requête, les parties étant dispensées de constituer avocat ; les contestations relatives aux conditions de désignation des représentants de proximité sont de la compétence du tribunal judiciaire du lieu où la désignation est destinée à prendre effet, peu important les modalités de cette désignation définies par l'accord d'entreprise qui met en place ces représentants. ● Soc. 1ᵉʳ févr. 2023, ⚖ n° 21-13.206 B : *RJS 4/2023, n° 210* ; *JCP S 2023. 1075*, obs. *Kerbourc'h* ; *JSL 2023, n° 560-1*, obs. *Guilhot et Mureau*.

INSTITUTIONS REPRÉSENTATIVES   **Art. L. 2313-8**

SOUS-SECTION 2 Mise en place du comité social et économique au niveau de l'unité économique et sociale

BIBL. ▶ Ranc et Pagnerre, *RDT 2019. Controverse 81* ⊘ (prise en compte de la variété des organisations productives : faut-il redéfinir l'UES ?). – Rioche, *JCP S 2019. 1011* (CSE et UES).

Art. L. 2313-8 Lorsqu'une unité économique et sociale regroupant au moins onze salariés est reconnue par accord collectif ou par décision de justice entre plusieurs entreprises juridiquement distinctes, un comité social et économique commun est mis en place.
Des comités sociaux et économiques d'établissement et un comité social et économique central d'entreprise sont constitués dans les unités économiques et sociales comportant au moins deux établissements.
Un accord d'entreprise conclu au niveau de l'unité économique et sociale dans les conditions prévues au premier alinéa de l'article L. 2232-12 détermine le nombre et le périmètre des établissements distincts.
En l'absence d'un tel accord *(Ord. n° 2017-1718 du 20 déc. 2017, art. 1er-I)* « et en l'absence de délégué syndical désigné au niveau de l'unité économique et sociale », un accord entre les entreprises regroupées au sein de l'unité économique et *(Ord. n° 2017-1718 du 20 déc. 2017, art. 1er-I)* « sociale » et le comité social et économique, adopté à la majorité des membres titulaires élus de la délégation du personnel du comité, peut déterminer le nombre et le périmètre des établissements distincts.
En l'absence d'accord d'entreprise ou d'accord conclu avec le comité social et économique, l'un des employeurs mandatés par les autres fixe le nombre et le périmètre des établissements distincts, compte tenu de l'autonomie de gestion du responsable de l'établissement, notamment en matière de gestion du personnel.
En cas de litige portant sur cette décision, le nombre et le périmètre des établissements distincts sont fixés par l'autorité administrative du siège de l'entreprise qui a pris la décision dans des conditions prévues par décret en Conseil d'État. *(Ord. n° 2017-1718 du 20 déc. 2017, art. 1er-I)* « Lorsqu'elle intervient dans le cadre d'un processus électoral global, la saisine de l'autorité administrative suspend ce processus jusqu'à la décision administrative et entraîne la prorogation des mandats des élus en cours jusqu'à la proclamation des résultats du scrutin. »
La décision de l'autorité administrative peut faire l'objet d'un recours devant le juge judiciaire, à l'exclusion de tout autre recours administratif ou contentieux.

Comp. anc. art. L. 2322-4 (Comité d'entreprise).

V. Ord. n° 2020-389 du 1er avr. 2020, art. 1er, ss. art. L. 2314-4.

BIBL. ▶ Auzero, *RJS 7/2020, p. 579* (division de l'UES en établissements distincts). – Pagnerre, *JCP S 2018. 1065* (accord de reconnaissance de l'UES).

COMMENTAIRE

V. sur le Code en ligne 🔒.   ☐

I. CRITÈRES DE L'UNITÉ ÉCONOMIQUE ET SOCIALE

A. DÉTERMINATION

1. Caractère cumulatif des indices économiques et sociaux. Le juge doit relever tout à la fois l'existence d'une unité sociale et d'une unité économique. ● Soc. 29 avr. 1981, n° 80-60.374 P.
◆ En l'absence d'éléments caractérisant une unité économique, le juge n'a pas à rechercher une unité sociale. ● Soc. 5 déc. 1985, ⚖ n° 84-60.994 P. – Dans le même sens : ● Soc. 23 juill. 1980, ⚖ n° 80-60.041 P : *D. 1981. IR 122*, obs. Langlois. ◆ L'existence d'une unité économique et sociale résulte de la concentration des pouvoirs, de la complémentarité des sociétés qui concourent toutes, par la distribution ou l'assainissement, à la gestion des contrats d'exploitation de l'eau ; les ressources humaines sont gérées par les directions régionales soumises à la direction nationale et les salariés qui contribuent à l'activité identifiée sont mobiles entre les sociétés en cause, relèvent de la même convention collective, du même accord d'intéressement, du même accord de prévoyance obligatoire. ● Soc. 26 mai 2004, ⚖ n° 02-60.935 : *Dr. soc. 2004. 915*, obs. Savatier ⊘.

2. Indépendance des qualifications. Si le refus de reconnaissance d'une unité économique et sociale pour l'élection des délégués du personnel n'implique pas que l'élection des membres du comité d'entreprise doive se dérouler dans le cadre d'entreprises distinctes, la finalité des institutions étant différente, les critères de l'unité économique étant les mêmes, le juge peut se référer à une précédente décision constatant l'absence d'une telle unité dès lors qu'aucune modification n'était intervenue. • Soc. 2 nov. 1993, ⚖ n° 92-60.446 : *D. 1994. Somm. 295*, obs. Borenfreund ⧉ ; *CSB 1993. 320, S. 175* ; *RJS 1993. 718, n° 1215*. – Dans la même sens : • Soc. 25 oct. 1995, ⚖ n° 94-60.584 : *RJS 1995. 801, n° 1254*. ◆ Comp. : • Soc. 18 juill. 1978, ⚖ n° 78-60.589 P : *D. 1979. IR 22*, obs. Langlois ; *Dr. ouvrier 1979. 167*, note J. H.

3. Entreprises juridiquement distinctes. L'unité économique et sociale ne peut réunir des établissements distincts. • Soc. 17 déc. 1984, ⚖ n° 84-60.909 P : *Dr. soc. 1985. 256*, note Savatier. ◆ Il ne peut y avoir d'unité économique et sociale reconnue par convention ou par décision de justice qu'entre des personnes juridiquement distinctes prises dans l'ensemble de leurs établissements et de leurs personnels. • Soc. 7 mai 2002, ⚖ n° 00-60.424 P : *D. 2002. 3119*, obs. Desbarats ⧉ ; *Dr. soc. 2002. 715*, note Savatier ⧉ ; *ibid. 720*, note Antonmattéi ⧉ ; *JCP E 2002. 1688*, note Salgado. ◆ Une unité économique et sociale ne pouvant exister qu'entre des personnes morales juridiquement distinctes, elle ne saurait unir une entreprise et l'établissement d'une autre société, alors qu'un établissement ne peut constituer une entreprise juridiquement distincte. • Soc. 21 nov. 1990, ⚖ n° 89-61.217 P : *D. 1990. IR 288* ; *RJS 1991. 28, n° 44*.

4. UES et holding. Le constat de la concentration des pouvoirs par une société holding dans des sociétés dont elle est l'associée unique, combinée à une complémentarité des activités de ces dernières et à l'existence d'une communauté de travail entre elles, permet la reconnaissance d'une UES entre lesdites sociétés, peu important que la holding ne soit pas intégrée au périmètre de cette UES. • Soc. 15 avr. 2015, ⚖ n° 13-24.253 : *D. actu. 20 mai 2015*, obs. Cortot ; *JSL 2015, n° 390-2*, obs. Tissandier ; *RJS 6/2015, n° 419*.

B. INDICES

1° Indices économiques

5. L'unité économique et sociale nécessite la présence en son sein de l'entité juridique qui exerce le pouvoir de direction sur l'ensemble des salariés inclus dans l'unité sociale. • Soc. 23 mai 2000, ⚖ n° 99-60.006 P : *Dr. soc. 2000. 852*, concl. Lyon-Caen, obs. Savatier ⧉. ◆ Il doit s'agir d'une direction unique. • Soc. 15 mai 2001, ⚖ n° 00-60.048 P : *Dr. soc. 2001. 777*, obs. Savatier ⧉.

6. Indices économiques. L'unité économique et sociale repose en général sur l'existence : d'une direction commune. • Soc. 22 juill. 1975 : *Bull. civ. V, n° 421* • 29 oct. 1975 : *ibid., n° 499*. ◆ ... De services administratifs communs. • Soc. 22 juill. 1975 : *préc.* • 4 mars 1976 : *Bull. civ. V, n° 142*.

7. Coordination des actions. De liens financiers étroits. • Soc. 4 janv. 1980 : *Bull. civ. V, n° 11* • 21 juill. 1981 : *ibid., n° 731*. ◆ Comp. : • Soc. 8 juill. 1977 : *Bull. civ. V, n° 484* ; *D. 1977. IR 416*.

8. Variété. Caractérisent l'unité économique : la convergence des intérêts entre les personnes morales concernées, et la communauté de leurs dirigeants. • Soc. 20 juill. 1978, ⚖ n° 78-60.579 P. • 27 févr. 1980, ⚖ n° 79-60.314 P • 14 janv. 1982 : *D. 1982. IR 248* • 27 juin 1990, ⚖ n° 89-60.033 : *D. 1990. IR 196*. ◆ ... La complémentarité des activités, l'imbrication des capitaux et l'existence de services communs. • Soc. 20 juill. 1978, ⚖ n° 78-60.579 : *préc.* • 17 mai 1979 : *Gaz. Pal. 1979. 2. Somm. 486* • 27 févr. 1980, ⚖ n° 79-60.314 : *préc.* • 14 janv. 1982 : *préc.* • 6 juill. 1982, ⚖ n° 81-60.947 P. • 19 juill. 1983 : *Bull. civ. V, n° 453* • 12 mars 1986, ⚖ n° 85-60.518 : *préc.* • 9 juill. 1986, ⚖ n° 85-60.682 : *ibid., n° 366* • 24 mars 1988, ⚖ n° 87-60.107 : *ibid., n° 215*. ◆ ... Même si l'activité de l'une, dans son ensemble, n'est complémentaire que de l'activité d'un secteur de production de l'autre. • Soc. 12 janv. 2005, ⚖ n° 03-60.477 P. ◆ Une UES peut exister entre deux sociétés même si l'activité de l'une, dans son ensemble, n'est complémentaire que de l'activité d'un secteur de production de l'autre, si tous les salariés des deux sociétés constituent une seule communauté de travailleurs ; ainsi, les éléments constitutifs d'une unité économique et sociale sont réunis entre des sociétés d'opérations et la société holding qui détient le pouvoir peut y être intégrée. • Soc. 26 janv. 2005, ⚖ n° 04-60.192 : *D. 2005. 521* ⧉ ; *Dr. soc. 2005. 479*, obs. Savatier ⧉. ◆ En revanche, l'absence de complémentarité entre l'activité d'un groupement d'employeurs et celle de ses membres fait obstacle à la reconnaissance d'une UES. • Soc. 24 juin 2014, ⚖ n° 13-11.593 : *RJS 10/2014, n° 746*.

9. L'unité économique et sociale fait défaut lorsque deux sociétés ont une activité totalement différente bien que l'une soit la filiale de l'autre. • Crim. 16 mars 1982 : *D. 1983. IR 163*, obs. Frossard. ◆ Est également insuffisant : la seule identité des stratégies commerciales ou financières. • Soc. 3 mars 1988, ⚖ n° 86-60.507 P. ◆ ... Ou le seul fait de poursuivre un objectif commun. • Soc. 5 mars 1981, ⚖ n° 80-60.140 P. ◆ ... Ou la seule dépendance administrative et financière à l'égard d'une autorité de tutelle et la participation des mêmes personnes ès qualités aux conseils d'administration, sans que soit constatée la concentration des pouvoirs de direction. • Soc. 24 nov. 1992, ⚖ n° 91-60.368 P : *D. 1993. IR 8* ; *RJS 1993. 41, n° 47*. ◆ ... La seule mise en place d'un service médical commun. • Soc. 24 mai 2000, ⚖ n° 99-60.165 : *RJS 2000. 743, n° 1104*. – V. aussi : • Crim. 7 févr. 1978, ⚖ n° 77-90.614 P : *D. 1978. IR 317* • Soc. 8 juill. 1977, ⚖ n° 77-60.524 P : *D. 1977. IR 416* • 2 oct. 1985, ⚖ n° 84-60.969 P : *D. 1986. IR 92*. ◆ ... L'existence d'un accord de méthode permettant d'harmoniser le régime social de l'ensemble des personnels, les diverses sociétés ayant conclu distinctement des accords ne concernant que chaque métier exercé en leur sein. ● Soc. 5 mai 2004, 🏛 n° 03-60.057 P : *Dr. soc. 2004. 944, note Savatier*⌀ ; *RJS 2004. 560, n° 824.*

2° Indices sociaux

10. Généralités. Lorsque le juge n'est pas en mesure de caractériser l'existence d'une communauté formée par le personnel qu'auraient manifestée notamment l'identité des contrats de travail, la similitude de gestion des situations individuelles et des œuvres sociales ou la permutabilité du personnel, il ne peut reconnaître l'existence d'une unité économique et sociale. ● Soc. 17 déc. 1986, 🏛 n° 85-60.667 P. – Dans le même sens : ● Soc. 27 mars 1985, 🏛 n° 83-61.155 : *D. 1985. IR 436, obs. Langlois* ● 15 mai 1990, 🏛 n° 89-61.521 P : *D. 1990. IR 152.*

11. Le fait qu'une société n'a pas de personnel ne l'exclut pas de l'unité économique et sociale. ● Soc. 21 janv. 1997, 🏛 n° 95-60.833 P : *Dr. soc. 1997. 347, note Savatier*⌀ ; *RJS 1997. 201, n° 300 (2e esp.)* ; *Dr. ouvrier 1997. 170, note Cohen (1re esp.).*

12. Manifeste l'existence d'une unité sociale le fait que les salariés forment une communauté ayant des intérêts propres à défendre. ● Soc. 29 mai 1980 : *D. 1981. IR 122, obs. Langlois* ● 23 juill. 1980 : *eod. loc.*

13. Identité des statuts. L'identité des locaux, des conditions de travail, des avantages sociaux ou de la couverture conventionnelle. ● Soc. 22 juill. 1975, 🏛 n° 75-60.121 : *Bull. civ. V, n° 424* ● 29 oct. 1975 : *ibid., n° 499.* ◆ ... L'identité du statut social. ● Soc. 2 mai 2000, 🏛 n° 99-60.085 : *Dr. soc. 2000. 799, obs. Savatier*⌀. ◆ L'identité de statut peut découler : d'un règlement intérieur commun. ● 12 mars 1986, 🏛 n° 85-60.518 P. ◆ ... De conditions de travail semblables. ● Soc. 12 juin 1981, 🏛 n° 80-60.444 P. ● 22 juill. 1981, 🏛 n° 81-60.505 : *ibid., n° 742* ● 14 mai 1987, 🏛 n° 86-60.443 : *ibid., n° 327.* ◆ ... De la soumission à un même statut conventionnel. ● Soc. 14 mai 1987, 🏛 n° 86-60.443 : *préc.* ◆ Même si une UES peut être reconnue entre deux sociétés soumises à des accords collectifs différents. ● Soc. 12 janv. 2005, 🏛 n° 03-60.477 : *préc. note 8.* ◆ Ne constituent pas une unité sociale, malgré l'existence d'un accord de méthode permettant d'harmoniser le régime social de l'ensemble des personnels, diverses sociétés qui ont conclu distinctement des accords ne concernant que chaque métier exercé en leur sein, seuls certains cadres ou personnels à des postes fonctionnels ayant été mutés. ● Soc. 5 mai 2004, 🏛 n° 03-60.057 : *préc. note 9.*

14. Interchangeabilité du personnel. L'unité sociale se caractérise par l'interchangeabilité du personnel. ● Soc. 22 juill. 1975 : *préc. note 6* ● 29 oct. 1975 : *préc. note 6* ● 12 janv. 1984 : *Bull. civ. V, n° 21* ● 18 juill. 2000, 🏛 n° 99-60.353 : *GADT, 4e éd., n° 133* ; *Dr. soc. 2000. 1037, obs. Savatier*⌀. ◆ Comp. : ● Soc. 23 oct. 1985 : *Dr. soc. 1986. 11, note Savatier.*

15. L'identité des mentions figurant dans les bulletins de paie associée au constat de la permutabilité du personnel. ● Soc. 18 juill. 2000, 🏛 n° 99-60.353 : *D. 2000. IR 235* ⌀ ; *Dr. soc. 2000. 1037, obs. J. Savatier*⌀ ; *RJS 2000. 743, n° 1107.*

16. Éléments insuffisants. La conclusion d'un accord d'intéressement de participation ou de mise en place d'un plan d'épargne d'entreprise au sein d'un groupe de ces entreprises juridiquement distinctes ne postule pas l'existence d'une unité économique et sociale. ● Soc. 13 oct. 2010, 🏛 n° 09-60.473 : *D. actu. 3 nov. 2010, obs. Perrin* ; *RJS 2010. 848, n° 948* ; *JCP S 2010. 1514, obs. Daniel.*

B. VARIÉTÉS

17. Fédération d'associations. Des associations fédérées dans une association départementale peuvent constituer une unité économique et sociale. ● Soc. 27 mars 1985, 🏛 n° 83-61.155 : *D. 1985. IR 436, obs. Langlois* ; *Dr. soc. 1985. 540, concl. Picca.*

18. Sociétés. ● Soc. 4 mars 1976 : *Bull. civ. V, n° 142* (unité économique et sociale entre deux sociétés exploitant chacune un cinéma) ● 31 mars 1982 : *ibid., n° 244* ; *D. 1983. IR 161, obs. Frossard* (unité économique et sociale entre trois sociétés dont une société holding) ● 6 juill. 1982 : *Bull. civ. V, n° 454* ; *D. 1983. IR 440, obs. Béraud* (arrêt concernant une société et ses cinq filiales) ● 17 mars 1983 : *Bull. civ. V, n° 176* ; *D. 1984. IR 161, obs. Frossard* (décision concernant cinq sociétés, dont deux sociétés holding).

19. UES et groupe. Au sein d'un groupe, une unité économique et sociale peut être reconnue par convention ou par décision de justice entre des entités juridiquement distinctes qu'elles soient ou non dotées de la personnalité morale, dès lors que sont caractérisées entre ces structures, d'une part, une concentration des pouvoirs de direction à l'intérieur du périmètre considéré ainsi qu'une similarité ou une complémentarité des activités déployées par ces différentes entités et, d'autre part, une communauté de travailleurs résultant de leur statut social et de conditions de travail similaires pouvant se traduire en pratique par une certaine mutabilité des salariés. ● Soc. 21 nov. 2018, 🏛 n° 16-27.690 P : *D. 2018. Actu. 2241* ⌀ ; *RDT 2019. 51, obs. Tissandier* ⌀ ; *RJS 2/2019, n° 110* ; *JCP S 2019. 1010, obs. Pagnerre* ; *Dr. soc. 2019. 141, obs. Radé* ⌀ ; *SSL 2018, n° 1842-1843, p. 21, obs. Auzero* ; *JSL 2019, n° 467-1, obs. Hautefort.* ◆ Comp. : Les notions d'UES et de groupe sont incompatibles. ● Soc. 20 oct. 1999, 🏛 n° 98-60.398 : *JCP E 2000. 980, note Morin.* ◆ Leurs périmètres respectifs servant à la mise en place d'institutions représentatives du personnel différentes doivent être comparés à la date de la requête tendant à la reconnaissance de l'unité économique et sociale compte tenu de leur évolution depuis leur mise en place. • Soc. 25 janv. 2006, ⚖ n° 04-60.234 : *Dr. soc. 2006. 468, obs. Savatier* 🖉. ♦ Mais la simple annonce de la constitution d'un groupe pouvant inclure les diverses sociétés en cause ne peut à elle seule faire obstacle à la reconnaissance d'une unité économique et sociale entre ces sociétés, antérieurement à la mise en place d'un comité de groupe. • Soc. 17 déc. 2003, ⚖ n° 02-60.445 P. ♦ Dès lors qu'à la date de la requête introductive d'instance, aucune instance représentative commune aux sociétés du groupe n'était en place. • Soc. 4 avr. 2007, ⚖ n° 06-60.188 : *RDT 2007. 463, obs. Nadal* 🖉.

20. Assemblée nationale. Les députés composant l'Assemblée nationale ne constituent pas une unité économique et sociale. • Soc. 18 févr. 2004, ⚖ n° 02-60.567 P.

II. CONDITIONS DE LA RECONNAISSANCE

A. UES CONVENTIONNELLE

21. Accord de droit commun. La reconnaissance ou la modification d'une unité économique et sociale ne relève pas du protocole d'accord préélectoral mais de l'accord collectif signé, aux conditions de droit commun, par les organisations syndicales représentatives au sein des entités faisant partie de cette UES et satisfaisant nécessairement aux conditions de majorité de l'art. L. 2232-12. • Soc. 14 nov. 2013, ⚖ n° 13-12.712 : *D. actu. 29 nov. 2013, obs. Ines ; RDT 2014. 276, obs. Odoul-Asorey* 🖉 *; Dr. soc. 2014. 186, obs. Petit* 🖉 *; RJS 1/2014, n° 54 ; JSL 2014, n° 358-4*. ♦ Comp. : à défaut de l'être par décision de justice, une unité économique et sociale ne peut être reconnue que par une convention entre tous les partenaires sociaux. • Soc. 23 juin 1988, ⚖ n° 87-60.245 P : *D. 1988. IR 230*. ♦ Les dispositions d'une convention collective qui améliorent le fonctionnement des institutions représentatives du personnel ne font pas obstacle à la reconnaissance postérieure d'une unité économique et sociale. • Soc. 18 juin 2003, ⚖ n° 02-60.033 : *RJS 2003. 888, n° 1285 ; CSB 2003. 444, A. 53*.

22. UES reconnue conventionnellement avant l'entrée en vigueur de l'Ord. n° 2017-1386 du 22 sept. 2017. Lorsqu'une UES a été reconnue par voie conventionnelle, l'entrée en vigueur de l'Ord. n° 2017-1386 du 22 sept. 2017 n'affecte pas l'existence de cette UES ; mais les stipulations de ces accords qui ont procédé à la détermination du nombre et des périmètres des établissements distincts pour les élections des membres élus des comités d'établissements, des délégués du personnel ou des membres des CHSCT au sein de l'UES cessent de produire effet à compter de la date du premier tour des élections des membres de la délégation du personnel du comité social et économique. • Soc. 25 mars 2020, ⚖ n° 18-18.401 P : *D. 2020. 772* 🖉 *; RJS 6/2020,* n° 300 *; JSL 2020, n° 499-3, obs. Ranc ; JCP S 2020. 2023, obs. Kerbour'ch ; JCP E 2020. 1335, obs. Chenu*.

23. Concours d'une reconnaissance conventionnelle et d'une décision administrative relative au nombre et périmètre des établissements distincts. L'accord conclu entre les sociétés constituant l'UES et les organisations syndicales représentatives, après réouverture des négociations sur le nombre et le périmètre des établissements distincts au sein de l'UES en vue de la mise en place des CSE, entérinant la décision du Direccte, a pour effet de rendre caduque cette décision administrative ; en conséquence, le pourvoi formé à l'encontre du jugement confirmant cette décision devient sans objet. • Soc. 17 mars 2021, ⚖ n° 19-21.057 P : *RJS 6/2021, n° 315 ; JCP S 2021. 1102, obs. Daniel*.

24. Nullité de l'accord. La nullité d'un accord collectif relatif à la mise en place d'institutions représentatives du personnel n'a pas d'effet rétroactif. • Soc. 6 juin 2018, ⚖ n° 17-21.068 P : *D. 2018. Actu. 1262* 🖉 *; RDT 2018. 689, note Ferkane* 🖉 *; RJS 8-9/2018, n° 547 ; JCP S 2018. 1277, obs. François*.

B. UES judiciaire

25. Action autonome. Si la reconnaissance de l'existence de l'unité économique et sociale peut être liée à l'action tendant à la mise en place de la représentation institutionnelle dans l'entreprise, les parties intéressées peuvent également agir directement en reconnaissance de l'unité économique et sociale avant la mise en place des institutions représentatives. • Soc. 2 juin 2004, ⚖ n° 03-60.135 P : *D. 2004. IR 1861* 🖉 *; RJS 2004. 635, n° 936 ; JSL 2004, n° 149-4 ; JCP E 2004. 1060, note Duquesne* • 13 juill. 2004, ⚖ n° 03-60.412 P : *Dr. soc. 2004. 944, note Savatier* 🖉 *; JSL 2004, n° 153-3*.

26. Compétence matérielle. En l'absence d'accord, les litiges relèvent du tribunal d'instance. • Soc. 24 avr. 1980, ⚖ n° 79-61.033 P. • 28 avr. 1988, ⚖ n° 87-10.825 P : *BS Lefebvre 1988. 319, note Faucher* • 29 oct. 2003, ⚖ n° 02-60.820 : *RJS 2004. 61, n° 70*. ♦ En cas de disparition d'une unité économique et sociale, le tribunal compétent est celui du lieu du siège social de la société requérante. • Soc. 10 janv. 1989 : *D. 1989. Somm. 206, obs. Béraud*. ♦ La reconnaissance judiciaire d'une UES impose la mise en place des institutions représentatives du personnel qui lui sont appropriées ; l'action tendant à cette reconnaissance relève en conséquence de la compétence d'attribution du tribunal d'instance et il en est de même de l'action aux fins de modification, par voie d'élargissement ou de réduction, du périmètre d'une UES. • Cass., avis, 19 mars 2007, n° 007000 P : *D. 2007. AJ 1020* 🖉 *; RDT 2007. 540, obs. Waquet* 🖉 *; RJS 2007. 556, n° 753 ; JSL 2007, n° 211-4*. ♦ Il ne résulte ni de l'art. L. 2322-4 C.

trav., ni d'aucun autre texte que l'appel contre la décision statuant sur la demande de reconnaissance d'une unité économique et sociale doit être formé selon les règles de la procédure sans représentation obligatoire. • Soc. 15 avr. 2015, ⚖ n° 14-16.196 P : *RJS 6/2015, n° 495 ; JCP S 2015. 1261, note Brissy.*

27. Compétence territoriale. Est territorialement compétent pour trancher les litiges relatifs à la détermination d'une unité économique et sociale le tribunal d'instance du siège social de l'une des personnes morales concernées. • Soc. 30 mars 1978, ⚖ n° 78-60.060 P • 7 mai 1981, ⚖ n° 80-60.207 P • 7 janv. 1982 : *D. 1983. IR 161, obs. Frossard* • 6 janv. 1984, ⚖ n° 83-60.961 P. ♦ Le demandeur doit mettre en cause toutes les personnes morales concernées. • Soc. 17 déc. 1976, ⚖ n° 76-60.142 P. ♦ En cas de disparition d'une unité économique et sociale, le tribunal compétent est celui du lieu du siège social de la société requérante. • Soc. 10 janv. 1989 : *D. 1989. Somm. 206, obs. Béraud.*

28. Jugement susceptible d'appel. Il ne résulte ni de l'art. L. 2322-4 [anc.], ni d'aucun autre texte que la décision judiciaire qui tend à la reconnaissance d'une UES est rendue en dernier ressort ; si, dans ses arrêts antérieurs, la Cour de cassation jugeait qu'étaient en dernier ressort les décisions rendues sur une demande de reconnaissance d'une UES formée à l'occasion d'un litige électoral, l'entrée en vigueur de la L. du 20 août 2008 conduit à revenir sur cette jurisprudence dès lors que la demande de reconnaissance ne peut plus désormais être formulée à l'occasion d'un contentieux en matière d'élection professionnelle ou de désignation de représentants syndicaux pour lesquels le tribunal d'instance a compétence en dernier ressort ; la demande de reconnaissance d'une UES, qu'elle ait pour objet ou pour conséquence la mise en place d'institutions représentatives correspondantes, est indéterminée et le jugement est susceptible d'appel. • Soc. 31 janv. 2012, ⚖ n° 11-20.232 : *D. actu. 13 mars 2012, obs. Ines ; D. 2012. Actu. 443 ⊘ ; RDT 2012. 168, obs. Grumbach ⊘ ; RJS 2012. 308, n° 359 ; JSL 2012, n° 317-5, obs. Tourreil ; JCP S 2012. 1131, note Boubli.* ♦ Comp. : la demande étant indéterminée, la décision judiciaire qui statue sur l'existence d'une UES, en dehors de tout litige électoral, est rendue en premier ressort. • Soc. 12 sept. 2007, ⚖ n° 06-60.275 : *D. 2007. AJ 2392 ⊘ ; RDT 2007. 743, obs. Grumbach ⊘ ; RJS 2007. 940, n° 1189 ; JCP S 2007. 1817, obs. Dauxerre.*

29. Les comités des entreprises entre lesquelles est poursuivie la reconnaissance d'une unité économique et sociale ne sont pas parties intéressées, au sens de l'art. R. 433-4, à une action tendant à la mise en place d'un comité d'entreprise commun. • Soc. 15 nov. 1988 : *D. 1988. IR 291.* ♦ Mais un comité d'entreprise a qualité pour demander en justice la mise en place d'un comité d'entreprise commun. • Soc. 27 juin 1990, ⚖ n° 89-60.003 P : *RJS 1990. 467, n° 690.* ♦ La reconnaissance judiciaire d'une UES ne peut être demandée par une personne étrangère à la collectivité de travail dont il s'agit d'assurer la représentation. • Soc. 16 nov. 2010, ⚖ n° 09-40.555 : *D. actu. 5 janv. 2011, obs. Ines ; D. 2010. AJ 2845 ⊘ ; JCP S 2011. 1156, obs. Bossu.*

30. Caractère déclaratif de la reconnaissance. L'existence d'une unité économique et sociale doit être appréciée à la date de la requête introductive. • Soc. 27 juin 1990, ⚖ n° 89-60.033 P : *Dr. ouvrier 1991. 17, note Cohen ; RJS 1990. 580, n° 872* • 21 janv. 1997, ⚖ n° 95-60.992 P : *Dr. soc. 1997. 347, note Savatier ⊘ ; RJS 1997. 201, n° 300 (1re esp.) ; Dr. ouvrier 1997. 170, note Cohen (2e esp.)* (caractère déclaratif du jugement de reconnaissance). ♦ Comp. : • Soc. 22 oct. 1984 : *Bull. civ. V, n° 394 ; D. 1985. IR 101.*

III. EFFETS DE LA RECONNAISSANCE

A. EFFETS COLLECTIFS

31. UES et établissements distincts. La détermination du nombre d'établissements distincts au sein d'une unité économique et sociale, en vue de l'élection des délégués du personnel, est de la compétence du tribunal d'instance et non de la direction départementale du travail et de l'emploi. • Soc. 7 oct. 1998, ⚖ n° 97-60.517 P : *Dr. soc. 1998. 1050, obs. Savatier ⊘.* ♦ Est territorialement compétent le tribunal d'instance du siège social de l'une des personnes morales concernées. • Soc. 30 mars 1978 : *Bull. civ. V, n° 247* • 7 mai 1981 : *Bull. civ. V, n° 408* • 7 janv. 1982 : *D. 1982. IR 161, obs. Frossard* • 6 janv. 1984 : *Bull. civ. V, n° 8.*

32. Mise en place du comité. Le tribunal d'instance qui constate que l'UES revendiquée par une société n'est pas encore reconnue ne fait qu'exercer son pouvoir en ordonnant l'organisation de ces élections. • Soc. 7 mai 2002, ⚖ n° 00-60.282 P : *RJS 2002. 760, n° 995.* ♦ La reconnaissance judiciaire d'une unité économique et sociale impose la mise en place des institutions représentatives du personnel qui lui sont appropriées et les mandats en cours cessent au jour des élections organisées au sein de l'unité économique et sociale quelle que soit l'échéance de leur terme. • Soc. 26 mai 2004, ⚖ n° 02-60.935 : *préc. note 1.*

33. Modifications du périmètre et élections. Il appartient aux parties de définir lors de chaque scrutin la composition et le périmètre de l'UES ; doit donc être cassé le jugement qui rejette la demande d'annulation des élections au comité d'entreprise d'une unité économique et sociale dont il était allégué que le périmètre avait changé depuis les dernières élections, alors que cette modification n'avait fait l'objet ni d'un protocole préélectoral unanime, ni d'une décision de justice préalablement à ces élections. • Soc. 31 mars 2009, ⚖ n° 08-60.494 : *D. 2009. AJ 1147 ⊘.*

B. EFFETS INDIVIDUELS

34. Absence de personnalité morale. Si la reconnaissance d'une UES permet l'expression collective de l'intérêt des travailleurs appartenant à cette collectivité, elle ne se substitue pas aux entités juridiques qui la composent, de sorte qu'elle n'a pas la personnalité morale et si un accord collectif reconnaissant une UES peut étendre ses effets au-delà des institutions représentatives du personnel et créer des obligations pour les différentes entités juridiques composant une UES, il ne peut faire d'une UES l'employeur des salariés. ● Soc. 16 déc. 2008, n° 07-43.875 : D. 2009. 986, note Petit ; RDT 2009. 228, obs. Lardy-Pélissier ; RJS 2009. 219, n° 254 ; Dr. soc. 2009. 500, obs. Savatier ; JCP S 2009 1140, obs. Blanc-Jouvan.

SOUS-SECTION 3   Mise en place du comité social et économique interentreprises

Art. L. 2313-9 Lorsque la nature et l'importance de problèmes communs aux entreprises d'un même site ou d'une même zone le justifient, un accord collectif interentreprises conclu entre les employeurs des entreprises du site ou de la zone et les organisations syndicales représentatives au niveau interprofessionnel ou au niveau départemental peut mettre en place un comité social et économique interentreprises.

L'accord définit :

1° Le nombre de membres de la délégation du personnel du comité social et économique interentreprises ;

2° Les modalités de leur élection ou désignation ;

3° Les attributions du comité social et économique interentreprises ;

4° Les modalités de fonctionnement du comité social et économique interentreprises.

L'accord collectif peut également décider que dans les entreprises d'au moins onze salariés du site ou de la zone ayant mis en place un comité social et économique, un membre de la délégation du personnel de chaque comité social et économique participe aux réunions mensuelles.

SECTION 2   Suppression du comité social et économique

Art. L. 2313-10 A l'expiration du mandat des membres de la délégation du personnel du comité social et économique, l'instance n'est pas renouvelée si l'effectif de l'entreprise est resté en dessous de onze salariés pendant au moins douze mois consécutifs.

Comp. anc. art. L. 2312-3 (Comité d'entreprise).

Baisse des effectifs. La baisse des effectifs d'une entreprise ne met pas fin, à elle seule, aux institutions représentatives du personnel (transfert d'une partie du personnel à une autre entreprise). ● Soc. 3 févr. 1998, n° 96-60.207 P : RJS 1998. 201, n° 326. ♦ De même, la durée du mandat ne peut être remise en cause par l'accroissement des effectifs. ● Soc. 18 févr. 1998, n° 97-60.017 : RJS 1998. 302, n° 483.

CHAPITRE IV   COMPOSITION, ÉLECTIONS ET MANDAT

SECTION 1   Composition

Art. L. 2314-1 Le comité social et économique comprend l'employeur et une délégation du personnel comportant un nombre de membres déterminé par décret en Conseil d'État compte tenu du nombre des salariés. – V. art. R. 2314-1.

La délégation du personnel comporte un nombre égal de titulaires et de suppléants. Le suppléant assiste aux réunions en l'absence du titulaire.

(Ord. n° 2017-1718 du 20 déc. 2017, art. 1er-I) « Le nombre de membres et le nombre d'heures de délégation peuvent être modifiés par accord dans les conditions prévues par l'article L. 2314-7 ».

(L. n° 2018-771 du 5 sept. 2018, art. 105-III, en vigueur au plus tard le 1er janv. 2019) « Un référent en matière de lutte contre le harcèlement sexuel et les agissements sexistes est désigné par le comité social et économique parmi ses membres, sous la forme d'une résolution adoptée selon les modalités définies à l'article L. 2315-32, pour une durée qui prend fin avec celle du mandat des membres élus du comité. » – V. art. L. 2317-1 (pén.).

Comp. anc. art. L. 2324-1 (Comité d'entreprise).

Comp. anc. art. L. 2314-1 (Délégués du personnel).

BIBL. ▶ LECLERCQ, *SSL 2019, n° 1847, p. 15* (anticiper l'absence temporaire d'un membre titulaire du CSE).

COMMENTAIRE

V. sur le Code en ligne.

1. Nombre de représentants. Le nombre des délégués à élire est fonction de l'effectif atteint à la date du premier tour de scrutin. • Soc. 15 mars 1984, n° 83-61.073 P. ♦ 21 juill. 1986, n° 85-60.475 P.

2. Majoration conventionnelle. Une augmentation du nombre des sièges ne peut être imposée, ni par un syndicat. • Soc. 20 juill. 1981, n° 81-60.520 P. ♦ ... Ni par le juge. • Soc. 18 mai 1983, n° 82-60.656 P. ♦ ... Ni par un usage ou un engagement unilatéral de l'employeur. • Soc. 20 juin 2000, n° 99-60.153 P : *D. 2000. IR 195* ; *RJS 2000. 744, n° 1108*. ♦ L'unanimité pour la conclusion de la convention ou l'accord augmentant le nombre des membres du comité d'entreprise n'est pas exigée. • Soc. 8 déc. 2004, n° 03-60.508 : *D. 2005. IR 168* ; *RJS 2005. 283, n° 399*.

3. L'augmentation par voie conventionnelle du nombre de délégués nécessite la signature du protocole d'accord préélectoral par toutes les organisations syndicales. • Soc. 19 juin 1987, n° 86-60.339 P. ♦ Mais l'al. 3, de l'art. L. 433-1 C. trav. n'exige pas l'unanimité pour la conclusion de la convention collective ou de l'accord augmentant le nombre des membres du comité d'entreprise. • Soc. 8 déc. 2004, n° 03-60.508 P.

4. L'employeur qui avait admis pendant plusieurs années la possibilité pour chaque organisation syndicale de désigner un nombre de représentants au comité d'entreprise supérieur au nombre légal ne peut demander l'annulation de la désignation d'un représentant par un syndicat en remplacement de son second représentant faute d'avoir préalablement informé les organisations syndicales concernées de sa décision de revenir à l'application des textes légaux. • Soc. 4 mars 2009, n° 08-60.411 P : *D. 2009. Pan. 2128, obs. Amauger-Lattes* ; *RDT 2009. 459, obs. Tissandier* ; *RJS 2009. 386, n° 449*. ♦ De même, doit être annulée la désignation par un syndicat d'un second délégué syndical dès lors que l'employeur n'avait pas contesté de telles désignations antérieurement opérées par d'autres syndicats et n'alléguait pas avoir préalablement informé les organisations concernées d'une décision de revenir à l'application des textes légaux. • Soc. 4 mars 2009, n° 08-60.401 : *D. 2009. AJ 955*.

Art. L. 2314-2 Sous réserve des dispositions applicables dans les entreprises de moins de trois cents salariés, prévues à l'article L. 2143-22, chaque organisation syndicale représentative dans l'entreprise ou l'établissement peut désigner un représentant syndical au comité. Il assiste aux séances avec voix consultative. Il est choisi parmi les membres du personnel de l'entreprise et doit remplir les conditions d'éligibilité au comité social et économique fixées à l'article L. 2314-19. – V. art. L. 2317-1 (pén.).

Comp. anc. art. L. 2324-2.

COMMENTAIRE

V. sur le Code en ligne.

I. CONDITIONS RELATIVES AUX SYNDICATS

1. Date d'appréciation de la condition d'effectif. Les conditions d'ouverture du droit pour un syndicat de désigner un représentant au comité social et économique s'apprécient à la date des dernières élections. • Soc. 22 mars 2023, n° 22-11.461 B : *D. actu. 4 avr. 2023, obs. Malfettes* ; *D. 2023. 601* ; *RJS 6/2023, n° 321* ; *JCP S 2023. 1098, obs. Dauxerre*.

2. Exclusion des syndicats non représentatifs. Si l'art. L. 2142-1 prévoit que le représentant de section syndicale bénéficie des mêmes prérogatives que le délégué syndical, à l'exception du pouvoir de négocier des accords collectifs, cette assimilation ne s'applique qu'aux attributions liées à la constitution d'une section syndicale si bien qu'il n'est pas de droit représentant syndical au CSE d'entreprise ou d'établissement. • Soc. 23 mars 2022, n° 20-20.397 B : *D. actu. 7 avr. 2022, obs. Couëdel* ; *D. 2022. 657* ; *RJS 6/2022, n° 303* ; *JCP S 2022. 1149, obs. Pagnerre*.

3. Désignation facultative. La désignation de représentants syndicaux au comité d'entreprise est une simple faculté pour les syndicats. • Soc. 14 févr. 1984 : *Bull. civ. V, n° 69*. ♦ Cette faculté peut s'exercer à tout moment dès lors que l'entreprise compte au moins trois cents salariés. • Soc.

3 avr. 2002, ⚖ n° 01-60.576 P : *RJS 2002. 549, n° 696*.

4. Employeur et validité de la désignation. L'employeur n'étant pas juge de la validité de la désignation d'un représentant syndical, dès lors que le mandat d'un représentant syndical n'est pas judiciairement annulé, la méconnaissance par l'employeur des obligations lui incombant à l'égard des représentants syndicaux au comité d'entreprise est constitutive d'un trouble manifestement illicite qu'il appartient au juge des référés de faire cesser. • Soc. 24 oct. 2012, ⚖ n° 11-20.346 : *D. 2012. Actu. 2612* 🖉 ; *JCP S 2012. 1543, obs. Gauriau*.

5. Conséquences de la fusion de deux établissements sur la représentativité syndicale. En cas de fusion de deux établissements, le syndicat qui n'a pas présenté de candidats dans l'établissement absorbant lors des dernières élections professionnelles n'est pas représentatif au sein de cet établissement et ne peut procéder à la désignation d'un délégué syndical et d'un représentant syndical au CSE auprès de cet établissement, peu important qu'il ait été reconnu représentatif dans l'établissement absorbé. • Soc. 5 janv. 2022, ⚖ n° 21-13.141 P : *RJS 3/2022, n° 145* ; *JCP S 2022. 1058, obs. Gauriau*.

II. CONDITIONS RELATIVES AU REPRÉSENTANT

6. Appartenance à l'entreprise. Un salarié n'appartient pas à l'entreprise (succursale parisienne d'une compagnie aérienne étrangère), et ne peut donc être désigné comme représentant syndical, s'il s'agit d'un membre du personnel navigant technique de ladite compagnie, exerçant exclusivement son activité sur des appareils ayant la nationalité ivoirienne. • Cass., ch. mixte, 28 févr. 1986 : *Bull. civ. n° 2* ; *D. 1987. 173, concl. Franck* ; *Dr. soc. 1986. 406, note Gaudemet-Tallon*. ♦ ... S'il appartient au personnel d'un autre établissement, peu important l'existence d'une unité économique et sociale entre l'établissement dans lequel l'intéressé a été désigné et celui auquel il appartient. • Soc. 26 avr. 2000, ⚖ n° 98-60.493 P : *Dr. soc. 2000. 800, obs. J. Savatier* 🖉. ♦ Le salarié désigné n'a pas à appartenir à une catégorie particulière du personnel. • Soc. 17 mars 1988 : *JCP E 1988. II. 15276, n° 12, obs. Teyssié*. ♦ Un membre élu du comité ne peut être désigné comme représentant syndical. • Soc. 26 mai 1977 : *Bull. civ. V, n° 360* • 17 juill. 1990, ⚖ n° 89-60.729 P : *D. 1990. IR 196* ; *RJS 1990. 466, n° 689, 1re esp*.

7. Les démonstrateurs, étant intégrés dans la communauté des travailleurs salariés du BHV et dans l'entité du grand magasin, y sont électeurs et éligibles et en cette qualité peuvent être désignés représentants syndicaux au comité d'entreprise. • Soc. 30 avr. 2003, ⚖ n° 01-60.841 P : *GADT, 4e éd., n° 138*.

8. Cumul des mandats d'élu et de représentant syndical au CSE. Un salarié ne peut siéger simultanément dans le même comité social et économique en qualité à la fois de membre élu, titulaire ou suppléant, et de représentant syndical auprès de celui-ci, dès lors qu'il ne peut, au sein d'une même instance et dans le même temps, exercer les fonctions délibératives qui sont les siennes en sa qualité d'élu, et les fonctions consultatives liées à son mandat de représentant syndical lorsqu'il est désigné par une organisation syndicale ; en enjoignant à la salariée, élue membre suppléant du CSE, d'opter entre cette fonction et celle de représentant syndical à ce même comité, et à défaut, en déclarant nulle cette désignation, le tribunal d'instance a statué à bon droit. • Soc. 11 sept. 2019 ⚖ n° 18-23.764 P : *D. actu. 1er oct. 2019, obs. Favrel* ; *D. 2019. Actu. 1766* 🖉 ; *RJS 11/2019, n° 640* ; *JCP S 2019. 1292, obs. François*. ♦ Un accord collectif ne peut déroger à cette impossibilité de cumul. • Soc. 22 janv. 2020, ⚖ n° 19-13.269 P : *D. actu. 25 févr. 2020, obs. Ciray* ; *D. 2020. Actu. 221* 🖉 ; *Dr. soc. 2020. 472, obs. Petit* 🖉 ; *RJS 4/2020, n° 193* ; *JSL 2020, n° 493-4, obs. Julien-Paturle* ; *JCP S 2020. 1053, obs. Kerbourc'h*.

9. La condition de représentativité des syndicats comme critère déterminant pour la désignation d'un représentant syndical au comité d'entreprise dans les entreprises d'au moins 300 salariés ne permet pas à un syndicat représentatif au niveau de l'entreprise de désigner un RS au CE d'un établissement dans lequel il n'a pas atteint le seuil des 10 % des suffrages exprimés lors des dernières élections des membres du comité d'établissement. • Soc. 8 juill. 2015, ⚖ n° 14-60.726 P : *D. 2015. Actu. 1606* 🖉 ; *RDT 2016. 49, obs. Odoul-Asorey* 🖉 ; *JCP S 2015. 1314, obs. François* ; *RJS 10/2015, n° 650*.

10. Indépendance vis-à-vis de l'employeur. Le salarié titulaire d'une délégation particulière d'autorité établie par écrit permettant de l'assimiler au chef d'entreprise ne peut être désigné délégué syndical ou représentant syndical au comité d'entreprise. • Soc. 29 juin 2005, ⚖ n° 04-60.093 P. ♦ Il en va de même du salarié qui représente l'employeur en qualité de président du comité d'établissement. • Soc. 27 oct. 2004, ⚖ n° 03-60.359 P. ♦ ... ou du CHSCT ou qui exerce au niveau de l'entreprise à l'égard des représentants du personnel les obligations relevant exclusivement du chef d'entreprise. • Soc. 24 mai 2006, ⚖ n° 05-60.231 • 12 juill. 2006, ⚖ n° 05-60.300 (directeur d'établissement qui présidait notamment les réunions de délégués du personnel de l'établissement). ♦ Le simple fait qu'un salarié soit responsable des ressources humaines ne suffit pas à s'opposer à sa désignation comme représentant syndical. • Soc. 21 mai 2003, ⚖ n° 01-60.882 P.

11. Extinction du mandat. Le mandat de représentant syndical au comité d'entreprise prend fin lors du renouvellement des membres de cette institution ; il s'ensuit que tout intéressé peut faire constater l'expiration du mandat sans que puisse lui être opposé le délai de 15 jours. • Soc. 10 mars 2010, ⚖ n° 09-60.347 : D. 2010. AJ 833 ⌀ ; ibid. Pan. 2029, obs. Arséguel ⌀ ; RDT 2010. 453, obs. Signoretto ⌀ ; JCP S 2010. 1205, obs. Kerbourc'h.

12. Contestation de la qualité de représentant syndical de droit au comité d'entreprise. La contestation de la qualité de représentant syndical de droit au comité d'entreprise d'un délégué syndical constitue une contestation de la désignation d'un représentant syndical et se trouve en conséquence soumise au délai prévu par l'art. R. 2324-24 C. trav. • Soc. 25 janv. 2012, ⚖ n° 11-10.978 : RJS 2012. 310, n° 362.

Art. L. 2314-3 I. — Assistent avec voix consultative aux réunions prévues aux premier et deuxième alinéas de l'article L. 2315-27 sur les points de l'ordre du jour relatifs aux questions relatives à la santé, *(L. n° 2018-217 du 29 mars 2018, art. 6)* « à la sécurité et aux » conditions de travail et, le cas échéant, aux réunions de la commission santé, sécurité et conditions de travail :

1° Le médecin du travail, qui peut donner délégation à un membre de l'équipe pluridisciplinaire du service *(L. n° 2021-1018 du 2 août 2021, art. 1ᵉʳ-I, en vigueur le 31 mars 2022)* « de prévention et » de santé au travail ayant compétence en matière de santé au travail ou de conditions de travail ;

2° Le responsable interne du service de sécurité et des conditions de travail ou, à défaut, l'agent chargé de la sécurité et des conditions de travail.

II. — L'agent de contrôle de l'inspection du travail mentionné à l'article L. 8112-1 ainsi que les agents des services de prévention des organismes de sécurité sociale sont invités ;

1° Aux réunions de la ou des commissions santé, sécurité et conditions de travail ;

2° A l'initiative de l'employeur ou à la demande de la majorité de la délégation du personnel du comité social et économique, aux réunions de ce comité mentionnées aux premier et deuxième alinéas de l'article L. 2315-27 ;

3° Aux réunions du comité consécutives à un accident de travail ayant entraîné un arrêt de travail d'au moins huit jours ou à une maladie professionnelle ou à caractère professionnel. — V. art. L. 2317-1 (pén.).

Comp. anc. art. L. 4613-1 et L. 4613-2 (CHSCT).

SECTION 2 Élection

COMMENTAIRE
V. sur le Code en ligne 🔒.

SOUS-SECTION 1 Organisation des élections

Art. L. 2314-4 Lorsque le seuil de onze salariés a été franchi dans les conditions prévues au deuxième alinéa de l'article L. 2311-2, l'employeur informe le personnel tous les quatre ans de l'organisation des élections par tout moyen permettant de conférer date certaine à cette information. Le document diffusé précise la date envisagée pour le premier tour. Celui-ci doit se tenir, au plus tard, le quatre-vingt-dixième jour suivant la diffusion. — V. art. L. 2317-1 (pén.).

Comp. anc. art. L. 2324-3 (Comité d'entreprise).

Comp. anc. art. L. 2314-2 (Délégués du personnel).

COMMENTAIRE
V. sur le Code en ligne 🔒.

L'employeur qui, bien qu'il y soit légalement tenu, n'accomplit pas les diligences nécessaires à la mise en place d'institutions représentatives du personnel sans qu'un procès-verbal de carence ait été établi commet une faute qui cause nécessairement un préjudice aux salariés, privés ainsi d'une possibilité de représentation et de défense de leurs intérêts. • Soc. 17 mai 2011, ⚖ n° 10-12.852 : D. actu. 10 juin 2011, obs. Siro ; D. 2011. Actu. 1424 ⌀ ; RJS 2011. 645, n° 714 ; JSL 2011, n° 302-5, obs. Tourreil ; Dr. ouvrier 2012. 677, avis Aldigé, obs. Saltzmann ; JCP S 2011. 1419, obs. Kerbourc'h.

Art. L. 2314-5 Sont informées, par tout moyen, de l'organisation des élections et invitées à négocier le protocole d'accord préélectoral et à établir les listes de leurs candidats aux fonctions de membre de la délégation du personnel les organisations syndicales qui satisfont aux critères de respect des valeurs républicaines et d'indépendance, légalement constituées depuis au moins deux ans et dont le champ professionnel et géographique couvre l'entreprise ou l'établissement concernés.

Les organisations syndicales reconnues représentatives dans l'entreprise ou l'établissement, celles ayant constitué une section syndicale dans l'entreprise ou l'établissement, ainsi que les syndicats affiliés à une organisation syndicale représentative au niveau national et interprofessionnel y sont également invités par courrier.

Dans le cas d'un renouvellement de l'institution, cette invitation est effectuée deux mois avant l'expiration du mandat des délégués en exercice. Le premier tour des élections a lieu dans la quinzaine précédant l'expiration de ce mandat.

L'invitation à négocier mentionnée au présent article doit parvenir au plus tard quinze jours avant la date de la première réunion de négociation.

Par dérogation aux premier et deuxième alinéas, dans les entreprises dont l'effectif est compris entre onze et vingt salariés, l'employeur invite les organisations syndicales mentionnées aux mêmes alinéas à cette négociation à la condition qu'au moins un salarié se soit porté candidat aux élections dans un délai de trente jours à compter de l'information prévue à l'article L. 2314-4.

Le salarié bénéficie de la protection prévue aux articles L. 2411-7, L. 2412-3 et L. 2413-1 à compter de la date à laquelle l'employeur a eu connaissance de l'imminence de sa candidature. – V. art. L. 2317-1 (pén.).

Comp. anc. art. L. 2324-4 (Comité d'entreprise).

Comp. anc. art. L. 2314-3 (Délégués du personnel).

1. Constitutionnalité et conventionnalité du critère de l'ancienneté. L'exigence d'une ancienneté minimale de 2 ans subordonnant la présentation par une organisation syndicale de candidats au premier tour des élections professionnelles constitue une condition justifiée et proportionnée pour garantir la mise en œuvre du droit de participation des travailleurs par l'intermédiaire de leurs représentants et l'exercice par le syndicat de prérogatives au sein de l'entreprise, sans priver le salarié de la liberté d'adhérer au syndicat de son choix. ● Soc. 20 oct. 2011, 🔒 n° 11-60.203 : *D. 2011. Actu. 2733* ⌐ ; *Dr. soc. 2011. 1310, obs. Petit* ⌐ ; *RJS 2012. 53, n° 55.* ♦ V. pour la conventionnalité de l'article : ● Soc. 29 févr. 2012, 🔒 n° 11-60.203 : *D. actu. 23 mars 2012, obs. Siro ; D. 2012. Actu. 687* ⌐ ; *JCP S 2012. 1198, obs. Guyot* (même formulation).

I. ACCORD PRÉÉLECTORAL

A. NÉGOCIATION

2. Refus de réunir les organisations syndicales intéressées. Le refus de l'employeur d'organiser une réunion pour élaborer le protocole d'accord préélectoral entraîne l'annulation des élections. ● Soc. 7 juill. 1983 : *Bull. civ. V, n° 434* ● 28 févr. 2018, 🔒 n° 17-60.112 P : *RDT 2018. 310, note Ferkane* ⌐ ; *RJS 5/2018, n° 348 ; JCP S 2018. 1116, obs. Jeansen.*

3. Refus de négocier avec certains syndicats. L'employeur étant tenu de rechercher, avec toutes les organisations syndicales intéressées au sens de l'art. L. 2314-3 C. trav. [anc.], un accord sur la répartition du personnel dans les collèges électoraux et des sièges entre les différentes catégories, ainsi que sur les modalités d'organisation et de déroulement des opérations électorales, son refus de négocier avec une organisation syndicale intéressée entraîne, en lui-même, l'annulation des élections. ● Soc. 28 févr. 2018, 🔒 n° 17-60.112 P : *RDT 2018. 310, note Ferkane* ⌐ ; *RJS 5/2018, n° 348 ; JCP S 2018. 1116, obs. Jeansen.*

4. Invitation à négocier. Le simple affichage d'une note d'information ne constitue pas l'invitation à négocier le protocole préélectoral que doit adresser le chef d'entreprise, sauf s'il est établi que les organisations syndicales avaient eu connaissance de cet affichage. ● Soc. 19 juin 1987 : *Bull. civ. V, n° 406 ; D. 1988. Somm. 94, obs. Béraud* ● 20 déc. 1988 : *Bull. civ. V, n° 677 ; D. 1989. Somm. 160, obs. Béraud* ● 16 mai 1990, 🔒 n° 89-61.365 P : *D. 1990. IR 158* ⌐ ● 17 mai 1994 : 🔒 *RJS 1994. 605, n° 1021* ● 29 oct. 1996 : 🔒 *ibid. 1996. 830, n° 1289* ● 25 nov. 1998 : 🔒 *Dr. ouvrier 1999. 88, obs. Boulmier.*

5. Date d'envoi des invitations à négocier. La méconnaissance par l'employeur du délai d'un mois entre l'invitation des syndicats à négocier le protocole préélectoral et l'expiration des mandats en cours ne peut être une cause d'annulation du protocole ; aucun délai n'étant fixé par l'art. L. 2314-3 [anc.] entre cette invitation et la date de la réunion de négociation, celle-ci doit être adressée en temps utile. ● Soc. 25 janv. 2012 : 🔒 *RJS 2012. 317, n° 370.*

6. Syndicats intéressés. L'employeur qui n'invite pas toutes les organisations syndicales représentatives dans l'entreprise commet une irrégularité entraînant l'annulation des élections. • Soc. 9 avr. 1987, 🛡 n° 86-60.432 P : *D. 1988. Somm. 94, obs. Béraud.* ♦ Mais seule une organisation syndicale représentative peut se prévaloir de cette nullité. • Soc. 7 avr. 1993 : 🛡 *RJS 1993. 311, n° 526.*

7. Un syndicat affilié à une organisation syndicale représentative sur le plan national est, peu important qu'il n'ait aucun adhérent dans l'entreprise, un syndicat intéressé au sens de l'art. L. 423-18 [L. 2314-5] et doit être invité à négocier le protocole d'accord préélectoral. • Soc. 4 juill. 1990, 🛡 n° 89-60.035 P : *D. 1992. Somm. 287, obs. Borenfreund* ⊘ ; *RJS 1990. 535, n° 795* • 12 déc. 1995 : 🛡 *RJS 1996. 33, n° 45* • 4 févr. 1997, 🛡 n° 95-60.983 P. • 14 févr. 2007 : 🛡 *D. 2007. AJ 801* ⊘ ; *SSL 2007, n° 1302, p. 10, note Guyader.* ♦ Dans l'hypothèse où la négociation préélectorale s'ouvre au niveau de l'établissement, l'employeur est tenu d'inviter à cette négociation tous les syndicats représentatifs implantés dans l'entreprise. • Soc. 15 févr. 2006 : 🛡 *D. 2006. IR 600* ⊘ ; *RDT 2006. 189, obs. Borenfreund* ⊘ ; *RJS 2006. 424, n° 607.* ♦ La convocation est valablement délivrée aux organisations représentatives, que ce soit au niveau des syndicats constitués dans les différentes branches à celui des unions syndicales auxquelles elles ont adhéré. • Soc. 15 déc. 1999, 🛡 n° 98-60.468 P : *RJS 2000. 57, n° 73* • Cass., ass. plén., 5 juill. 2002 : 🛡 *GADT, 4ᵉ éd., n° 137* ; *D. 2002. 3112, obs. Arseguel* ; *RJS 2002. 858, n° 1149.* ♦ Le défaut d'invitation d'une organisation syndicale intéressée à la négociation du protocole d'accord préélectoral est une irrégularité qui doit, par sa nature, entraîner l'annulation des élections. • Soc. 1ᵉʳ avr. 1998 : 🛡 *D. 1998. IR 121* ; *Dr. soc. 1998. 724, note G. Couturier* ⊘ ; *RJS 1998. 397, n° 616.* ♦ Ayant relevé que deux syndicats affiliés à une même confédération ont régulièrement désigné deux délégués syndicaux distincts, c'est à bon droit qu'un tribunal d'instance décide qu'ils doivent l'un et l'autre être convoqués à la négociation du protocole d'accord préélectoral. • Soc. 12 janv. 1999, 🛡 n° 97-60.337 P : *D. 1999. Somm. 169, obs. Lardy-Pélissier* ⊘.

8. Invitation de la seule confédération syndicale. L'invitation d'une organisation syndicale reconnue représentative au niveau national et interprofessionnel à la négociation du protocole d'accord préélectoral est valablement adressée à la confédération syndicale représentative nationale et interprofessionnelle. • Soc. 15 nov. 2017, 🛡 n° 16-60.268 P : *RDT 2018. 226, obs. Odoul-Asorey* ⊘ ; *RJS 1/2018, n° 53* ; *JSL 2018, n° 446-3, obs. Nasom-Tissandier* ; *JCP S 2017. 1413, obs. Jeansen.*

9. Contrôle de l'effectif de l'entreprise. L'employeur est tenu, dans le cadre de la négociation préélectorale, de fournir aux syndicats participant à la négociation les éléments nécessaires au contrôle de l'effectif de l'entreprise et de la régularité de la liste électorale. • Soc. 13 mai 2009, 🛡 n° 08-60.530 : *JCP S 2009. 1406, obs. Kerbourc'h.* ♦ L'employeur est tenu à une obligation de loyauté dans le cadre de la négociation du protocole d'accord préélectoral ; pour satisfaire à cette obligation, il peut soit mettre à disposition des syndicats qui demandent à en prendre connaissance le registre unique du personnel et des DADS des années concernées dans des conditions permettant l'exercice effectif de leur consultation, soit communiquer des copies ou extraits desdits documents, expurgés des éléments confidentiels, notamment relatifs à la rémunération des salariés. • Soc. 6 janv. 2016, 🛡 n° 15-10.975 P : *D. 2016. Actu. 132* ⊘ ; *D. actu. 1ᵉʳ févr. 2016, obs. Siro* ; *RDT 2016. 284, obs. Nicod* ⊘ ; *JCP G 2016. 86, obs. Corrignan-Carsin.*

10. Contestation relative à l'existence d'une section syndicale. Une contestation relative à l'existence d'une section syndicale peut être soulevée à l'occasion d'un litige relatif à l'invitation des organisations syndicales à la négociation du protocole d'accord préélectoral ; il appartient au syndicat de justifier que la section syndicale qu'il a constituée comportait au moins deux adhérents à la date de l'invitation à la négociation du protocole d'accord préélectoral. • Soc. 8 déc. 2021, 🛡 n° 20-16.696 B : *Dr. soc. 2022. 187, obs. Petit* ⊘ ; *RJS 2/2022, n° 83* ; *JCP S 2022. 1012, obs. Pagnerre.*

11. Représentant syndical. Le syndicat qui participe à la négociation peut être représenté par une personne extérieure à l'entreprise. • Soc. 21 juill. 1986, 🛡 n° 85-60.543 P : *D. 1987. Somm. 203, obs. Rotschild-Souriac.* ♦ Un délégué syndical n'a qualité pour signer un accord préélectoral que s'il a reçu mandat à cet effet. • 17 avr. 1991, 🛡 n° 89-61.556 P. ♦ Sur la possibilité d'une adhésion tacite, V. • Soc. 23 juin 1983 : *Bull. civ. V, n° 359* • 22 juin 1993 : 🛡 *RJS 1993. 536, n° 899.* ♦ V. aussi, en cas de conflit entre un syndicat de l'entreprise et celui de l'établissement : • Soc. 13 juin 1990, n° 86-61.514 P : *RJS 1990. 409, n° 597.*

12. Organisation syndicale ou délégué syndical. Si la convocation à négocier le protocole préélectoral est valablement adressée au syndicat pris en la personne du délégué syndical désigné, aucune irrégularité n'entache la négociation dès lors qu'il est établi que l'organisation syndicale représentative a été destinataire d'une convocation. • Soc. 2 mars 2005 : 🛡 *RJS 2005. 380, n° 543* ; *CSB 2005, A. 44.*

13. Composition de la délégation syndicale. Les règles applicables à la composition de la délégation syndicale invitée à la négociation du protocole préélectoral sont les mêmes que celles applicables à la négociation de tout accord collectif ; chaque délégation peut comprendre, sauf accord de l'employeur, jusqu'à trois ou quatre membres selon que l'effectif de l'entreprise permettrait la désignation d'un seul ou de plusieurs délégués syndicaux. • Soc. 31 janv. 2012 : 🛡 *D. actu. 21 févr.*

2012, obs. Dechristé ; D. 2012. Actu. 507 ⌀ ; RJS 2012. 318, n° 371.

14. Accord unanime (jurisprudence antérieure à la loi du 20 août 2008). La négociation des accords préélectoraux n'est pas régie par les dispositions relatives à la négociation collective. • Soc. 6 mai 1985 : *Bull. civ. V, n° 276 ; D. 1985. IR 349.* ♦ L'accord fixant les modalités d'organisation et de déroulement des opérations électorales doit, pour être valable, recueillir l'adhésion de toutes les organisations syndicales représentatives. • Soc. 7 nov. 1990 : ⚖ *RJS 1990. 657, n° 1001.*

15. L'application d'un protocole d'accord non unanime, alors que le juge d'instance a été saisi de la fixation des modalités du scrutin, avant la date de celui-ci, entraîne l'annulation des élections, même si cette circonstance n'a pas faussé les résultats du scrutin. • Soc. 3 févr. 1998, ⚖ n° 96-60.206 P : *RJS 1998. 207, n° 334.*

16. En présence d'un accord préélectoral, les dispositions de nature électorale ne s'imposent au juge et aux parties qu'en cas d'accord unanime mais les dispositions qui améliorent le fonctionnement des institutions représentatives ont la force obligatoire d'un accord collectif signé par une organisation représentative. • Soc. 23 juin 1999, ⚖ n° 96-44.717 P : *D. 1999. IR 191* ⌀ ; *RJS 1999. 688, n° 1098* (accord préélectoral octroyant des heures de délégation supplémentaires aux candidats élus).

17. Dès lors qu'une organisation syndicale a manifesté son intention de participer à la négociation préélectorale, l'employeur, à défaut d'accord préélectoral valide, a l'obligation de saisir l'autorité administrative pour faire procéder à la répartition des sièges et des électeurs au sein des collèges électoraux. • Soc. 9 mai 2018, ⚖ n° 17-26.522 P : *RJS 7/2018, n° 492.*

18. Échec des négociations. En cas de carence des organisations syndicales pour la négociation d'un protocole, il appartient à l'employeur de fixer seul les modalités des opérations électorales ; n'est pas valide un protocole d'accord signé par l'employeur avec les candidats libres. • Soc. 5 févr. 1997 : ⚖ *RJS 1997. 207, n° 309.* ♦ A défaut de conclusion d'un accord préélectoral et en l'absence de saisine du tribunal d'instance afin que celui-ci fixe les modalités de déroulement des élections sur lesquelles aucun accord n'a pu intervenir, l'employeur peut unilatéralement fixer les modalités d'organisation et de déroulement des opérations de vote. • Soc. 26 sept. 2012 : ⚖ *D. actu. 22 oct. 2012, obs. Perrin ; RJS 2012. 823, n° 973 ; JCP S 2012. 1478, obs. Petit.*

19. Dès lors qu'une organisation syndicale a manifesté son intention de participer à la négociation préélectorale, l'employeur, à défaut d'accord préélectoral valide, a l'obligation de saisir l'autorité administrative pour faire procéder à la répartition des sièges et des électeurs au sein des collèges électoraux. • Soc. 9 mai 2018, ⚖ n° 17-26.522 P : *RJS 7/2018, n° 492.*

B. RÉGIME

20. Seules les organisations syndicales qui n'ont pas été convoquées par lettre à la négociation préélectorale peuvent se prévaloir de cette omission pour faire annuler le processus électoral • Soc. 24 oct. 2012 : ⚖ *D. actu. 28 nov. 2012, obs. Ines ; RJS 2013. 62, n° 61.* ♦ Un salarié, en tant que candidat aux élections, a qualité et intérêt à en demander l'annulation et peut par là même invoquer le manquement de l'employeur à son obligation d'inviter l'ensemble des organisations syndicales intéressées à la négociation du protocole préélectoral pour contester la validité des élections. • Soc. 27 févr. 2013 : ⚖ *D. actu. 25 mars 2013, obs. Ines ; JCP S 2013. 1183, obs. Jeansen.* ♦ Cette saisine peut interrompre le délai de forclusion au bénéfice du syndicat qui n'a pas été invité à négocier le protocole préélectoral. ♦ Même arrêt. ♦ La partie qui a signé un accord électoral n'est pas recevable à en contester l'application. • Soc. 10 juin 1997, ⚖ n° 96-60.118 P : *Dr. soc. 1997. 987, obs. Borenfreund* ⌀ ; *RJS 1997. 546, n° 843 (2ᵉ et 3ᵉ esp.)* (un syndicat ayant signé l'accord au niveau national n'est pas recevable à en contester l'application au niveau local).

21. Sauf dénonciation, les dispositions d'un protocole d'accord préélectoral n'ont pas à être renouvelées expressément. • Soc. 20 juin 1979 : *Bull. civ. V, n° 557.*

22. Alors qu'un accord collectif, dénoncé par les parties signataires, continue, à défaut de conclusion d'un nouvel accord, à produire effet pendant une durée d'un an, un protocole d'accord préélectoral dénoncé avant les élections ne leur est plus applicable. • Soc. 9 déc. 1985 : *Bull. civ. V, n° 582 ; D. 1986. IR 384, obs. Frossard.* – Dans le même sens : • Soc. 26 mars 1981 : *Bull. civ. V, n° 262* • 3 oct. 1984 : *ibid., n° 345 ; D. 1985. IR 438, obs. Verdier* • 22 févr. 1996 : ⚖ *RJS 1996. 256, n° 425.*

23. Respect du protocole. Les opérations électorales doivent se dérouler conformément au protocole préélectoral, négocié entre le chef d'entreprise et les organisations syndicales dans le respect des principes généraux du droit électoral ; le chef d'entreprise ne peut donc pas unilatéralement modifier les modalités d'organisation et de déroulement des opérations électorales arrêtées par le protocole négocié. • Soc. 12 juill. 2006, ⚖ n° 05-60.332 P : *RJS 11/2006, n° 1205.*

24. Les conditions de négociation d'un protocole préélectoral mettant en jeu l'intérêt collectif de la profession, tout syndicat non signataire du protocole, invité ou non à participer à cette négociation, a intérêt à agir pour en contester le déroulement. • Soc. 23 sept. 2009 : ⚖ *R., p. 378 ; D. 2009. AJ 2339, obs. Perrin* ⌀ ; *ibid. 2010. Pan. 672, obs. Odoul* ⌀ ; *Dr. soc. 2010. 161, note Petit* ⌀ ; *RJS 2009. 837, n° 963 ; JSL 2009, n° 264-5 ; SSL 2009, n° 1415, p. 7, avis Duplat.*

INSTITUTIONS REPRÉSENTATIVES **Art. L. 2314-6** 835

II. LISTES DES CANDIDATS

25. Nombre. Les syndicats d'une entreprise affiliés à la même confédération représentative sur le plan national ne peuvent présenter qu'une seule liste de candidats au nom de la confédération nationale lors des élections professionnelles dans l'entreprise. ● Soc. 16 oct. 2001, 🏛 n° 00-60.203 P : *D.* 2002. 769, obs. Odoul-Asourey ⌀ ; *Dr. soc.* 2001. 1128, obs. Cohen ⌀ ; *RJS* 2002. 61, n° 58. ♦ En cas de dépôt de listes concurrentes, il appartient aux syndicats de justifier des dispositions statutaires déterminant le syndicat ayant qualité pour procéder au dépôt d'une liste de candidats, ou de la décision prise par l'organisation syndicale d'affiliation pour régler le conflit ; à défaut, par application de la règle chronologique, seule la liste de candidats déposée en premier lieu doit être retenue. ● Soc. 24 janv. 2018, 🏛 n° 16-22.168 P : *RJS* 4/2018, n° 271 ; *JSL* 2018, n° 450-2, obs. Tissandier ; *JCP G* 2018. 181, obs. Hablot ; *JCP S* 2018. 1115, obs. Pagnerre. ♦ Comp. : Aucune disposition n'interdit à une confédération représentative au plan national de rassembler des organisations syndicales représentant la même catégorie de personnel et présentant des listes de candidats au premier tour des élections. ● Soc. 18 avr. 1989 : *Bull. civ.* V, n° 283 ; *D.* 1990. Somm. 161, obs. Borenfreund ⌀ .

26. Candidats. Un syndicat a la faculté de présenter, soit ses propres adhérents, soit des salariés non syndiqués ou adhérents à une autre organisation syndicale même non représentative. ● Soc. 18 févr. 1981 : *Bull. civ.* V, n° 136 ● Soc. 28 mars 2012 : 🏛 *D. actu.* 3 mai 2012, obs. Ines ; *Dr. soc.* 2012. 532, obs. Petit ⌀ ; *RJS* 2012. 490, n° 580.

27. Est nulle la clause conventionnelle imposant la présentation de listes complètes. ● Soc. 27 oct. 1982 : *Bull. civ.* V, n° 590. ♦ Le regroupement sur une même liste d'un nombre de candidats supérieur à celui des sièges à pourvoir contrevient aux dispositions légales d'ordre public. ● Soc. 21 mai 1986 : *Bull. civ.* V, n° 222 ● 27 oct. 1999, 🏛 n° 98-60.419 P : *RJS* 1999. 859, n° 1477.

28. L'accord préélectoral peut fixer une date limite au dépôt des candidatures. ● Crim. 3 févr. 1987 : *Bull. crim.* n° 58 ; *D.* 1988. Somm. 94, obs. Béraud ● Soc. 19 juin 1987 : *Bull. civ.* V, n° 405 ● 16 mai 1990, 🏛 n° 89-60.002 P.

29. La liste des candidats ne peut être valablement déposée avant toute décision sur la répartition du personnel dans les collèges électoraux et la répartition des sièges entre les différentes catégories. ● Soc. 2 mai 1989 : *Bull. civ.* V, n° 321.

Art. L. 2314-6 Sauf dispositions législatives contraires, la validité du protocole d'accord préélectoral conclu entre l'employeur et les organisations syndicales intéressées est subordonnée à sa signature par la majorité des organisations syndicales ayant participé à sa négociation, dont les organisations syndicales représentatives ayant recueilli la majorité des suffrages exprimés lors des dernières élections professionnelles ou, lorsque ces résultats ne sont pas disponibles, la majorité des organisations représentatives dans l'entreprise. — V. art. L. 2317-1 (pén.).

Comp. anc. art. L. 2324-4-1 (Comité d'entreprise).

Comp. anc. art. L. 2314-3-1 (Délégués du personnel).

1. Champ d'application. Les clauses du protocole préélectoral sont soumises aux conditions de majorité requises des syndicats signataires définies par les art. L. 2314-3-1 et L. 2324-4-1 [anc.] ; lorsqu'un protocole préélectoral répond à ces conditions, il ne peut être contesté devant le juge judiciaire qu'en ce qu'il contiendrait des stipulations contraires à l'ordre public, notamment en ce qu'elles méconnaîtraient les principes généraux du droit électoral. ● Soc. 6 oct. 2011, 🏛 n° 11-60.035 : *D. actu.* 18 oct. 2011, obs. Siro ; *D.* 2011. Actu. 2480 ⌀ ; *RJS* 2011. 873, n° 1004 ; *ibid.* 2012. 9, note Struillou ; *JCP S* 2012. 1125, obs. Kerbourc'h. ♦ Sauf dispositions législatives contraires, la validité du protocole d'accord préélectoral conclu entre l'employeur et les organisations syndicales intéressées est subordonnée à sa signature par la majorité des organisations syndicales ayant participé à sa négociation, dont les organisations syndicales représentatives ayant recueilli la majorité des suffrages exprimés lors des dernières élections professionnelles ; le terme « majorité », se suffisant à lui-même, implique au moins la moitié des voix plus une. ● Soc. 15 nov. 2017, 🏛 n° 16-21.903 P : *RDT* 2018. 226, obs. Odoul-Asorey ⌀ ; *Dr. soc.* 2018. 305, obs. Petit ⌀ ; *RJS* 2/2018, n° 126 ; *JSL* 2018, n° 446-3, obs. Nasom-Tissandier ; *JCP S* 2017. 1414, obs. Jeansen. ♦ Le protocole d'accord préélectoral qui répond à la condition de double majorité ne peut être contesté devant le juge judiciaire qu'en ce qu'il contiendrait des stipulations contraires à l'ordre public ; le recours au vote par correspondance pour les élections professionnelles n'est contraire à aucune règle d'ordre public. ● Soc. 13 févr. 2013, 🏛 n° 11-25.696 : *D.* 2013. Actu. 513 ⌀ ; *D. actu.* 8 mars 2013, obs. Perrin ; *Dr. soc.* 2013. 372, obs. Petit ⌀ ; *JCP S* 2013. 1218, obs. Everaert-Dumont.

2. Participation des organisations syndicales à la négociation. Doivent être considérées comme ayant participé à la négociation les organisations syndicales qui, invitées à celle-ci, s'y sont présentées, même si elles ont ensuite décidé de s'en retirer. ● Soc. 26 sept. 2012, 🏛 n° 11-60.231 : *D. actu.* 5 oct. 2012, obs. Ines ; *D.* 2012. Actu. 2315 ⌀ ; *RDT* 2012. 639, obs. Odoul-Asorey ⌀ ; *RJS*

2012. 766, n° 889 ; Dr. ouvrier 2013. 31, obs. Rennes ; JCP S 2012. 1420, rapp. Pécaut-Rivolier.

3. Date d'appréciation des conditions de validité. Les conditions de validité d'un protocole préélectoral doivent être appréciées au jour de sa signature et ne sauraient dépendre du résultat d'élections postérieures ; il appartient au juge de vérifier si le résultat des élections précédentes est disponible. • Soc. 5 avr. 2011, n° 10-18.733 : *D. actu.* 2 mai 2011, obs. Fleuriot ; *D.* 2011. Actu. 1148 ; *Dr. soc.* 2011. 872, obs. Petit ; *JCP S* 2011. 1342, obs. Kerbourc'h.

4. Validation de l'accord et contrariété à l'ordre public. La stipulation du protocole préélectoral qui n'affecte aucun siège ni un collège est contraire à l'ordre public, en ce qu'elle méconnaît les principes généraux du droit électoral, et doit pouvoir être contestée bien que le protocole réponde aux conditions de validité prévues par les art. L. 2314-3-1 et L. 2324-4-1 [L. 2314-6 nouv.]. • Soc. 4 juill. 2012, n° 11-60.229 : *D. actu.* 11 sept. 2012, obs. Ines ; *RJS* 2012. 705, n° 830. ♦ Un protocole préélectoral ne peut exclure de l'éligibilité au comité d'entreprise des salariés qui remplissent les conditions légales pour en être membres. • Soc. 20 mars 2013 ; n° 12-11.702 : *D.* 2013. Actu. 844 ; *D. actu.* 12 avr. 2013, obs. Ines ; *Dr. soc.* 2013. 472, obs. Petit.

5. Pluralité d'accords. Il ne résulte d'aucun texte que le protocole préélectoral doit être matérialisé par un seul et même accord global sur l'ensemble des matières relevant de la négociation. • Soc. 28 sept. 2011 : *RJS* 2011. 874, n° 1005.

6. Modification du protocole préélectoral. Si des modifications négociées entre le chef d'entreprise et les organisations syndicales intéressées peuvent être apportées à un protocole préélectoral, ces modifications ne peuvent résulter que d'un avenant soumis aux mêmes conditions de validité que le protocole lui-même. • Soc. 3 oct. 2018, n° 17-21.836 P : *D. actu.* 31 oct. 2018, obs. Ciray ; *D.* 2018. Actu. 1972 ; *RJS* 12/2018, n° 755 ; *JCP S* 2018. 1368, obs. Bossu.

7. Vote électronique. Si le protocole préélectoral fixant les modalités de mise en œuvre du vote électronique doit, pour être valable, satisfaire aux conditions de majorité prévues aux art. L. 2314-3-1 et L. 2324-4-1 [anc.], l'accord d'entreprise autorisant le recours au vote électronique est soumis aux seules conditions de validité prévues à l'art. L. 2232-12. • Soc. 28 sept. 2011, n° 10-27.370 : *D. actu.* 20 oct. 2011, obs. Ines ; *D.* 2011. Actu. 2406 ; *RDT* 2012. 164, obs. Signoretto ; *RJS* 2011. 874, n° 1005 ; *JCP S* 2011. 1549, obs. Petit.

8. Vote par correspondance. Le protocole d'accord préélectoral qui répond à la condition de double majorité ne peut être contesté devant le juge judiciaire qu'en ce qu'il contiendrait des stipulations contraires à l'ordre public ; le recours au vote par correspondance pour les élections professionnelles n'est contraire à aucune règle d'ordre public. • Soc. 13 févr. 2013, n° 11-25.696 : *D. actu.* 8 mars 2013, obs. Perrin.

9. Contestation du protocole. Dès lors que la contestation du protocole préélectoral a été introduite judiciairement avant le premier tour des élections, ou postérieurement par un syndicat n'ayant pas signé le protocole et ayant émis des réserves expresses avant de présenter des candidats, le manquement à l'obligation de négociation loyale constitue une cause de nullité de l'accord, peu important que celui-ci ait été signé aux conditions de validité prévues par l'art. L. 2314-6 C. trav. • Soc. 9 oct. 2019, n° 19-10.780 P : *D. actu.* 6 nov. 2019, obs. de Montvalon ; *D.* 2019 act. p. 1998 ; *RJS* 12/19 info. 712 ; *JCP S* 2019 n° 1337 note B. Bossu. ♦ Mais un syndicat qui soit a signé le protocole préélectoral, soit a présenté des candidats sans émettre de réserves ne peut, après proclamation des résultats des élections professionnelles, contester la validité du protocole d'accord préélectoral et demander l'annulation des élections, quand bien même invoquerait-il une méconnaissance par le protocole préélectoral de règles d'ordre public. • Soc. 24 nov. 2021, n° 20-20.962 B : *D. actu.* 9 déc. 2021, obs. Malfettes ; *D.* 2022. 421, obs. Lanoue ; *Dr. soc.* 2022. 158, obs. François ; *RJS* 2/2022, n° 86 ; *JCP S* 2022. 1013, obs. Pagnerre. ♦ De même, un syndicat professionnel, affilié à une fédération ou à une union de syndicats qui a signé le protocole d'accord préélectoral, que celle-ci soit représentative ou non, ne peut contester la validité de ce protocole et en demander l'annulation. • Soc. 22 mars 2023, n° 22-13.535 B : *D. actu.* 17 avr. 2023, obs. Ciray ; *D.* 2023. 601 ; *RJS* 6/2023, n° 327 ; *JCP S* 2023. 1099, obs. François.

Art. L. 2314-7 Le protocole préélectoral peut modifier le nombre de sièges ou le volume des heures individuelles de délégation dès lors que le volume global de ces heures, au sein de chaque collège, est au moins égal à celui résultant des dispositions légales au regard de l'effectif de l'entreprise. — V. art. L. 2317-1 (pén.).

Comp. anc. art. L. 2324-1 (Comité d'entreprise).

Comp. anc. art. L. 2314-1 (Délégués du personnel).

Art. L. 2314-8 En l'absence de comité social et économique, l'employeur engage la procédure définie à l'article L. 2314-5 à la demande d'un salarié ou d'une organisation syndicale dans le mois suivant la réception de cette demande.

Lorsque l'employeur a engagé le processus électoral et qu'un procès-verbal de carence a été établi, la demande ne peut intervenir (*Ord. n° 2017-1718 du 20 déc. 2017,*

INSTITUTIONS REPRÉSENTATIVES   **Art. L. 2314-9** 837

art. 1ᵉʳ-I) « qu'à l'issue d'un délai » de six mois après l'établissement de ce procès-verbal. — V. art. L. 2317-1 *(pén.)*.

Comp. anc. art. L. 2324-5 (Comité d'entreprise).

Comp. anc. art. L. 2314-4 (Délégués du personnel).

1. Défaut d'organisation des élections et préjudice des salariés. L'employeur qui n'a pas accompli, bien qu'il y soit légalement tenu, les diligences nécessaires à la mise en place d'institutions représentatives du personnel et sans qu'un procès-verbal de carence ait été établi, commet une faute qui cause un préjudice aux salariés, privés ainsi d'une possibilité de représentation et de défense de leurs intérêts. • Soc. 17 oct. 2018, n° 17-14.392 P : *D. 2018. Actu. 2142* ; *ibid. 2019. Pan.* 973, obs. Lokiec ; *RDT 2018.* 862, note Illieva ; *Dr. soc. 2018.* 88, note Mouly ; *RJS 12/2018, n° 730 ; RPC. 2019.* 19, obs. Jacotot ; *JCP S 2018.* 1394, obs. François. ♦ Comp. ante : L'employeur qui, bien qu'il y soit légalement tenu, n'accomplit pas les diligences nécessaires à la mise en place d'institutions représentatives du personnel, sans qu'un procès-verbal de carence ait été établi, commet une faute qui cause nécessairement un préjudice aux salariés, privés ainsi d'une possibilité de représentation et de défense de leurs intérêts. • Soc. 17 mai 2011, n° 10-12.852 P : *D. 2011.* 1424 ; *ibid. 2012.* 2624, note Porta ; *RJS 8-9/2011, n° 714 ; JCP 2011.* 694, obs. Dedessus-le-Moustier ; *JCP S 2011.* 1419, obs. Kerbourc'h.

2. Défaut d'organisation d'élections partielles et préjudice des salariés. L'employeur qui, bien qu'il y soit légalement tenu, n'accomplit pas les diligences nécessaires à la mise en place d'institutions représentatives du personnel, sans qu'un procès-verbal de carence ait été établi, commet une faute qui cause nécessairement un préjudice aux salariés, privés ainsi d'une possibilité de représentation et de défense de leurs intérêts ; il appartient au salarié de démontrer l'existence d'un préjudice lorsque, l'institution représentative du personnel ayant été mise en place, des élections partielles doivent être organisées du fait de la réduction du nombre des membres élus de l'institution représentative du personnel, les salariés n'étant pas dans cette situation privés d'une possibilité de représentation et de défense de leurs intérêts. • Soc. 4 nov. 2020, n° 19-12.775 P : *D. actu. 7 déc. 2020, obs. de Montvalon ; D. 2020.* 2174 ; *ibid. 2021.* 370, obs. Ala, Lanoue et Prache ; *Dr. soc. 2021.* 187, obs. Adam ; *RJS 1/2021, n° 28 ; JSL 2021, n° 514-8, obs. Pacotte et Layat ; JCP S 2020.* 3094, obs. Kerbourc'h.

Art. L. 2314-9 Lorsque le comité social et économique n'a pas été mis en place ou renouvelé, un procès-verbal de carence est établi par l'employeur. L'employeur porte à la connaissance des salariés par tout moyen permettant de donner date certaine à cette information, le procès-verbal dans l'entreprise et le transmet dans les quinze jours, par tout moyen permettant de conférer date certaine à l'agent de contrôle de l'inspection du travail mentionné à l'article L. 8112-1. Ce dernier communique une copie du procès-verbal de carence aux organisations syndicales de salariés du département concerné. — V. art. L. 2317-1 *(pén.)*.

Comp. anc. art. L. 2324-8 (Comité d'entreprise).

Comp. anc. art. L. 2314-5 (Délégués du personnel).

BIBL. ▶ Dauxerre, *JCP S 2021.* 1242.

1. Notion. La lettre adressée à l'inspecteur du travail par laquelle un employeur justifie l'absence de comité d'entreprise ne constitue pas un procès-verbal de carence. • CE 28 juin 1989 : *Dr. soc. 1989.* 712, concl. Fouquet. ♦ En revanche, la lettre demandant, en l'absence d'accord d'un syndicat, à l'inspecteur du travail de se prononcer sur la répartition des salariés entre les différents collèges et sur la répartition des sièges vaut procès-verbal de carence. • Même arrêt.

2. Effet. Un procès-verbal de carence, dressé à l'issue du premier tour, ne fait pas obstacle à l'organisation d'un nouveau premier tour par le juge d'instance, dès lors que celui-ci, statuant en référé, est saisi avant la date du second tour. • Soc. 7 janv. 1998, n° 97-60.301 : *RJS 1998.* 121, n° 186.

3. Demande émanant d'un salarié. Viole l'art. L. 423-18 [L. 2314-9 nouv.] le jugement qui déclare irrecevable la demande émanant de salariés tendant à l'organisation d'élections avant l'expiration d'un délai de 1 an à la suite d'un procès-verbal de carence. • Soc. 12 nov. 1987 : *Bull. civ. V, n° 641 ; D. 1987. IR 235* • 17 mars 2004, n° 02-60.699 P : *D. 2004. IR 1122* ; *RJS 2004.* 490, n° 72. ♦ En revanche, cette demande peut être rejetée s'il existe un accord signé par l'ensemble des syndicats représentatifs dans l'entreprise pour proroger les mandats des membres du comité d'établissement et des délégués du personnel. • Soc. 27 mai 1999, n° 98-60.327 P : *Dr. soc. 1999.* 849, obs. Cohen ; *RJS 1999.* 571, n° 933.

Art. L. 2314-10 Des élections partielles sont organisées à l'initiative de l'employeur si un collège électoral n'est plus représenté ou si le nombre des membres titulaires de la délégation du personnel du comité social et économique est réduit de moitié ou plus, sauf si ces événements interviennent moins de six mois avant le terme du mandat des membres de la délégation du personnel du comité social et économique.

Les élections partielles se déroulent dans les conditions fixées à l'article L. 2314-29 pour pourvoir tous les sièges vacants dans les collèges intéressés, sur la base des dispositions en vigueur lors de l'élection précédente.

Les candidats sont élus pour la durée du mandat restant à courir.

Comp. anc. art. L. 2314-7 (Délégués du personnel).

Comp. anc. art. L. 2324-10 (Comité d'entreprise).

1. Champ d'application. Des élections partielles peuvent être organisées lorsque le nombre des membres titulaires de la délégation du personnel du CSE est réduit de moitié ou plus, à la suite de la constatation par le juge, après l'élection, du non-respect par une liste de candidats des prescriptions prévues à la 1re phr. du 1er al. de l'art. L. 2314-30, et l'annulation de l'élection des derniers élus du sexe surreprésenté en suivant l'ordre inverse de la liste des candidats. ● Soc. 22 sept. 2021, n° 20-16.859 B : *D. 2021. 1724* ; *RJS 12/2021, n° 667* ; *JCP S 2021. 1276*, obs. Kerbourc'h.

2. Élections partielles et vacances de sièges. Les élections partielles doivent concerner les sièges de titulaires et de suppléants dans le collège considéré, même si, faute de candidats, les postes de suppléants n'avaient pas été pourvus lors des dernières élections. ● Soc. 24 mai 2016, n° 15-19.866 P : *RJS 8-9/2016, n° 578* ; *JCP S 2016.* 1348, obs. Kerbourc'h.

3. Annulation des élections partielles. Les élections partielles peuvent être annulées en présence d'une contestation du protocole d'accord en vigueur lors de l'élection précédente portant sur la répartition des personnels dans le collège. ● Soc. 15 déc. 2004, n° 04-60.058 : *RJS 2005. 218, n° 296*.

4. Règles de parité et d'alternance. Lorsque plusieurs sièges sont à pourvoir dans le cadre d'élections partielles, les organisations syndicales sont tenues de présenter une liste conforme à l'art. L. 2314-30 C. trav., c'est-à-dire respectant la proportion de la part des hommes et des femmes dans le collège électoral considéré et devant comporter au moins un candidat au titre du sexe sous-représenté. ● Soc. 9 nov. 2022, n° 21-60.183 B : *D. 2022. 1972* ; *RJS 1/2023, n° 27* ; *JCP S 2022. 1308*, obs. Kerbourc'h.

SOUS-SECTION 2 Collèges électoraux

Art. L. 2314-11 Les membres de la délégation du personnel du comité social et économique sont élus sur les listes établies par les organisations syndicales pour chaque catégorie de personnel :
– d'une part, par le collège des ouvriers et employés ;
– d'autre part, par le collège des ingénieurs, chefs de service, techniciens, agents de maîtrise et assimilés.

Dans les entreprises d'au moins cinq cent un salariés, les ingénieurs, les chefs de service et cadres administratifs, commerciaux ou techniques assimilés ont au moins un délégué titulaire au sein du second collège, élu dans les mêmes conditions.

En outre, dans les entreprises, quel que soit leur effectif, dont le nombre des ingénieurs, chefs de service et cadres administratifs, commerciaux ou techniques assimilés sur le plan de la classification est au moins égal à vingt-cinq au moment de la constitution ou du renouvellement de l'instance, ces catégories constituent un troisième collège.

(Ord. n° 2017-1718 du 20 déc. 2017, art. 1er-I) « Par dérogation aux alinéas précédents, dans les établissements ou les entreprises n'élisant qu'un membre de la délégation du personnel titulaire et un membre de la délégation du personnel suppléant, il est mis en place [,] pour chacune de ces élections, un collège électoral unique regroupant l'ensemble des catégories professionnelles. »

Comp. anc. art. L. 2314-8 (Délégués du personnel).

Comp. anc. art. L. 2324-11 (Comité d'entreprise).

1. Collège des cadres. Dès lors que la présence d'un cadre dans l'effectif n'était pas contestée, et en l'absence d'accord en faveur d'une dérogation au nombre légal des collèges, les élections devaient être organisées sur la base de deux collèges. ● Soc. 27 mai 1997, n° 96-60.141 : *JS UIMM 1997. 371.* – V. déjà dans le même sens : ● Civ. 2e, 18 avr. 1969 : *Bull. civ. II, n° 105*.

INSTITUTIONS REPRÉSENTATIVES **Art. L. 2314-13** 839

2. Lorsque les effectifs d'une entreprise sont supérieurs à 25 salariés et que 2 cadres y sont employés, les élections doivent se dérouler sur la base de 2 collèges, la circonstance qu'il n'y ait qu'un seul cadre éligible étant indifférente. • Soc. 17 avr. 1991, ⚖ n° 90-60.537 P : *CSB 1991. 141, S. 75 ; RJS 1991. 388, n° 731.* – Déjà dans le même sens : • Soc. 3 mars 1971 : *Bull. civ. V, n° 176.* ♦ Il importe peu que certains d'entre eux soient exclus de l'électorat en raison des pouvoirs qu'ils exercent et qui permettent de les assimiler au chef d'entreprise. • Soc. 30 mai 2001, ⚖ n° 99-60.564 P : *RJS 2001. 711, n° 1040 ; JSL 2001, n° 87-4.*

3. *Caractère d'ordre public.* Il ne peut être dérogé à la règle prévoyant la constitution d'un collège spécial à la catégorie des cadres dès lors que leur nombre est au moins égal à 25 dans l'entreprise. • Soc. 13 oct. 2004, ⚖ n° 03-60.275

P : *Dr. soc. 2005. 111, obs. Savatier ⌀ ; RJS 2004. 913, n° 1305 ; TPS 2004, n° 368.*

4. *Effectivité de chaque collège.* Le respect des dispositions légales relatives aux collèges électoraux impose que soit attribué à chaque collège au moins un siège afin qu'une catégorie de personnel ne soit pas exclue de toute participation aux élections des représentants du personnel et de toute représentation dans les instances élues ; le tribunal ne peut rejeter la contestation de la validité d'un protocole préélectoral au motif que l'autorité administrative avait estimé remplie la condition de double majorité fixée par la loi, alors qu'il constatait que le protocole n'affectait aucun siège au premier collège. • Soc. 4 juill. 2012, ⚖ n° 11-60.229 P : *D. 2012. 2625, note Porta ⌀ ; RJS 10/2012, n° 830 ; JCP S 2013. 1364, obs. Kerbourc'h.*

Art. L. 2314-12 Un accord peut modifier le nombre et la composition des collèges électoraux à condition d'être signé par toutes les organisations syndicales représentatives dans l'entreprise.

L'accord conclu ne fait pas obstacle à la création du troisième collège dans les conditions prévues au (*Ord. n° 2017-1718 du 20 déc. 2017, art. 1er-I*) « dernier » alinéa de l'article L. 2314-11.

L'accord est communiqué, à sa demande, à l'agent de contrôle de l'inspection du travail mentionné à l'article L. 8112-1.

Comp. anc. art. L. 2314-10 (Délégués du personnel).

Comp. anc. art. L. 2324-12 (Comité d'entreprise).

1. *Accords préélectoraux.* Le juge du fond doit faire application des accords préélectoraux, même non unanimes, qui s'imposent aux parties, tant en ce qui concerne les dates de dépôt des listes de candidats et de scrutin qu'en ce qui concerne la répartition des sièges et des personnels dans les collèges. • Soc. 8 nov. 2006, ⚖ n° 05-60.283.

2. *Contestations des accords préélectoraux.* Un syndicat non signataire ne peut plus contester les modalités d'application de l'accord préélectoral dès lors qu'il n'a pas exprimé de réserves en présentant ses candidats. • Soc. 19 sept. 2007, ⚖ n° 06-60.222 : *D. 2007. AJ 2473, obs. Ines ⌀ ; RJS 2007. 943, n° 1193 ; JSL 2007, n° 220-4.*

3. *Dérogation au nombre de collèges.* Peuvent décider la mise en place d'un collège unique pour les élections des délégués du personnel au sein d'un établissement distinct doté d'un comité d'établissement, à l'unanimité, les organisations syndicales représentatives au sein de cet établissement distinct. • Soc. 22 nov. 2017, ⚖ n° 16-24.801 P : *RDT 2018. 226, note Odoul-Asorey ⌀ ; Dr. soc. 2018. 305, note Petit ⌀ ; RJS 2/2018, n° 12 ; JCP S 2018. 1025, obs. Kerbourc'h.* ♦ Seul un accord signé entre l'employeur et l'ensemble des organisations syndicales représentatives dans l'entreprise peut déroger au nombre légal de collèges électoraux ; en l'absence d'un tel accord, il n'appartient pas au tribunal d'instance d'autoriser une dérogation au nombre légal de collèges. • Soc. 26 juin 2013, ⚖ n° 12-27.480 : *D. actu. 24 oct. 2013, obs. Fleuriot ; JCP S 2013. 1400, obs. Guyot.* ♦ Le juge peut invalider un accord préélectoral et procéder à une nouvelle répartition des collèges électoraux lorsque la composition légale aboutit à priver de représentation une partie des salariés. • Soc. 16 oct. 2013, n° 12-27.480 : *D. actu. 25 juill. 2013, obs. Peyronnet ; RJS 10/2013, n° 702.*

Art. L. 2314-13 (*Ord. n° 2017-1718 du 20 déc. 2017, art. 1er-I*) La répartition des sièges entre les différentes catégories de personnel et la répartition du personnel dans les collèges électoraux font l'objet d'un accord entre l'employeur et les organisations syndicales conclu selon les conditions de l'article L. 2314-6.

Cet accord mentionne la proportion de femmes et d'hommes composant chaque collège électoral.

Lorsque au moins une organisation syndicale a répondu à l'invitation à négocier de l'employeur et que l'accord mentionné au premier alinéa du présent article ne peut être obtenu, l'autorité administrative décide de cette répartition entre les collèges électoraux. Pour ce faire, elle se conforme soit aux modalités de répartition prévues par l'accord mentionné à l'article L. 2314-12, soit, à défaut d'accord, à celles prévues à l'article L. 2314-11.

La saisine de l'autorité administrative suspend le processus électoral jusqu'à la décision administrative et entraîne la prorogation des mandats des élus en cours jusqu'à la proclamation des résultats du scrutin.

La décision de l'autorité administrative peut faire l'objet d'un recours devant le juge judiciaire, à l'exclusion de tout autre recours administratif ou contentieux.

Comp. anc. art. L. 2314-11 (Délégués du personnel).

Comp. anc. art. L. 2324-13 (Comité d'entreprise).

I. RÔLE DU PROTOCOLE PRÉÉLECTORAL

1. Protocole préélectoral n'accordant aucun siège à un collège. Si un accord préélectoral prévoit la création de deux collèges, mais qu'aucun siège n'était attribué à l'un des collèges, une telle disposition a pour effet de priver une catégorie de personnels de toute participation aux élections des représentants du personnel et de toute représentation dans les instances élues ; dès lors, le salarié relevant de ce collège peut être inscrit dans le seul collège auquel tous les sièges sont attribués et y est éligible. • Soc. 9 nov. 2011, n° 10-25.766 : *D. actu.* 2 déc. 2011, obs. Ines ; *Dr. soc.* 2012. 200, obs. Petit ; *RJS* 2012. 59, n° 64 ; *JCP S* 2012. 1227, obs. Martinon. ♦ Tel est le cas d'un collège électoral composé exclusivement de salariés mis à disposition, inéligibles aux élections du comité d'entreprise. • Soc. 16 oct. 2013, n° 13-11.324 : *Dr. soc.* 2014. 88, obs. Petit ; *RJS* 1/2014, n° 62 ; *SSL* 2013, n° 1610, p. 13.

2. Répartition des ETAM dans les collèges. Les clauses du protocole préélectoral répartissant les ETAM entre les collèges ouvriers et employés n'ont pas pour objet d'en modifier la composition et ne sont dès lors pas soumises à la condition d'unanimité mais à celles de majorité fixées par l'art. L. 2314-3-1 [anc.]. • Soc. 13 févr. 2013, n° 11-25.468 : *D.* 2013. Actu. 513 ; *RJS* 4/2013, n° 304 ; *JCP S* 2013. 1219, obs. Barège.

3. Existence de plusieurs bureaux de vote et mention dans le protocole préélectoral. Il résulte de l'art. L. 2314-13 que les listes électorales sont établies par collège au sein du périmètre de mise en place du CSE ; lorsque plusieurs bureaux de vote sont installés, les électeurs doivent être informés du bureau auquel ils sont rattachés, il n'est pas nécessaire que cette information figure dans le protocole d'accord préélectoral. • Soc. 3 mars 2021, n° 19-22.944 P : *D. actu.* 19 mars 2021, obs. Couëdel ; *RJS* 5/2021, n° 278.

4. Mention de la proportion de femmes et d'hommes dans le protocole préélectoral. La proportion de femmes et d'hommes composant chaque collège électoral doit figurer dans le protocole préélectoral en fonction des effectifs connus lors de la négociation du protocole ; à défaut, elle est fixée par l'employeur en fonction de la composition du corps électoral existant au moment de l'établissement de la liste électorale, sous le contrôle des organisations syndicales.

• Soc. 12 mai 2021, n° 20-60.118 P : *D.* 2021. 1490, obs. Ala et Lanoue ; *RJS* 8-9/2021, n° 468 ; *JCP S* 2021. 1185, obs. Pagnerre ♦ 29 sept. 2021, n° 20-60.246 B : *D.* 2021. 1769 ; *Dr. soc.* 2021. 1049, note Petit ; *RJS* 12/2021, n° 668.

II. RÔLE DE L'AUTORITÉ ADMINISTRATIVE

5. Manifestation d'un syndicat et absence d'accord valide. Dès lors qu'une organisation syndicale a manifesté son intention de participer à la négociation préélectorale, l'employeur, à défaut d'accord préélectoral valide, a l'obligation de saisir l'autorité administrative pour faire procéder à la répartition des sièges et des électeurs au sein des collèges électoraux. • Soc. 9 mai 2018, n° 17-26.522 P : *RJS* 7/2018, n° 492 ; *JCP S* 2018. 1220, obs. Kerbourc'h.

6. Compétence de l'autorité administrative. A défaut d'accord, les litiges relatifs à la détermination d'un établissement distinct sont de la compétence exclusive du directeur départemental du travail et de l'emploi. • Soc. 8 juill. 1976, n° 76-60.045 P : *D.* 1976. IR 242 ♦ 17 mai 1978, n° 78-60.045 P. ♦ 31 janv. 1979, n° 78-60-707 P. ♦ Même solution pour la détermination d'un établissement distinct au sein d'une unité économique et sociale. • Soc. 30 mars 1978, n° 78-60.060 P. ♦ Sur la portée de la décision administrative, V. • Crim. 31 mars 1992, n° 90-83.938 : *D.* 1992. IR 199 ; *RJS* 1992. 621, n° 1121.

7. Conditions de saisine de l'administration. Dès lors que le délégué syndical a obtenu la communication des informations qu'il demandait quant aux effectifs, que le syndicat a participé à la négociation d'un protocole électoral à l'occasion de trois réunions et que ces négociations n'ont pas abouti à un accord, les dispositions de l'art. L. 2314-13 prévoyant la saisine de l'autorité administrative pour décider de la répartition des sièges entre les différentes catégories de personnel et de la répartition du personnel dans les collèges électoraux à défaut d'accord des parties sont applicables et ce, même si les mandats des élus en cours sont expirés. • Soc. 22 janv. 2020, n° 19-12.896 P : *Dr. soc.* 2020. 474 ; *RJS* 4/2020, n° 197 ; *JSL* 2020, n° 494-3 ; *JCP S* 2020. 1054, obs. Kerbourc'h. ♦ Ce n'est que lorsque, à l'issue d'une tentative loyale de négociation, un accord préélectoral n'a pas pu être conclu que l'autorité administrative peut décider de la répartition des sièges et du

INSTITUTIONS REPRÉSENTATIVES **Art. L. 2314-18** 841

personnel entre les collèges électoraux. ● Soc. 12 juill. 2022, n° 21-11.420 B : *D. 2022. 1363* ; *RDT 2022. 590*, obs. Maurel ; *Dr. soc. 2022. 849*, obs. François ; *RJS 10/2022, n° 532* ; *JCP S 2022. 1239*, obs. Kerbourc'h ; *ibid. 1244*, obs. Jerphanion.

8. Effet de la saisine de l'administration sur le processus électoral. Lorsque l'autorité administrative a été saisie pour fixer la répartition du personnel et des sièges dans les collèges électoraux, les mandats des élus en cours sont prorogés de plein droit jusqu'à la proclamation des résultats du scrutin. ● Soc. 8 nov. 2023, n° 22-22.524 B.

9. Interprétation préalable de l'accord fixant les établissements distincts et compétence judiciaire. Dès lors que la détermination du périmètre des établissements distincts est préalable à la répartition des salariés dans les collèges électoraux de chaque établissement, il incombe à l'autorité administrative, sous le contrôle du juge judiciaire à qui sa décision peut être déférée, de procéder à la répartition sollicitée par application de l'accord collectif définissant les établissements distincts et leurs périmètres respectifs. Il appartient ensuite au tribunal judiciaire, saisi du recours formé contre la décision rendue par la Direccte, d'apprécier la légalité de cette décision, au besoin après l'interprétation de l'accord collectif en cause, d'abord en respectant la lettre du texte de l'accord collectif, ensuite, si celui-ci manque de clarté, au regard de l'objectif que la définition des périmètres des établissements distincts soit de nature à permettre l'exercice effectif des prérogatives de l'institution représentative du personnel.

● Soc. 14 déc. 2022, n° 21-19.551 B : *D. actu. 4 janv. 2023*, obs. Malfettes ; *D. 2023. 12* ; *RJS 3/2023, n° 150* ; *JSL 2023, n° 557-5*, obs. Pacotte et Lampert ; *JCP 2023. 60*, obs. Dedessus-Le-Moustier ; *JCP S 2023. 1020*, obs. Kerbourc'h.

10. Répartition des sièges par l'autorité administrative. Il appartient à la Direccte, pour fixer la répartition des sièges au sein des collèges électoraux, d'appliquer un critère de proportionnalité entre l'effectif de chaque collège et le nombre de sièges à pourvoir, tout en prenant en compte les circonstances particulières notamment liées à la composition du corps électoral de l'entreprise et au nombre de collèges. ● Soc. 6 juin 2018, n° 17-21.175 P : *JCP S 2018. 1348*, obs. Kerbourc'h.

11. Pouvoirs de l'autorité administrative. L'autorité administrative qui, lorsqu'elle est saisie en l'absence d'accord pour procéder à la répartition des sièges entre les collèges, ne peut modifier leur nombre défini par la loi doit attribuer à chacun de ceux-ci un nombre égal de titulaires et de suppléants, ces derniers ayant vocation, en principe, à remplacer un membre titulaire appartenant au même collège en cas de cessation de fonction. ● CE 17 nov. 2010, n° 335930 : *Lebon à paraître* ; *JCP S 2011. 1067*, obs. Jeansen.

12. Portée de la décision administrative. La décision administrative prise en vertu de l'art. L. 433-2 C. trav. [L. 2324-13 anc.] étant d'application immédiate et s'imposant au juge judiciaire tant qu'elle n'a pas été annulée, le tribunal d'instance ne peut suspendre les élections. ● Soc. 8 déc. 2004, n° 03-60.508 P.

Art. L. 2314-14 Lorsque aucune organisation syndicale représentative dans l'entreprise n'a pris part à la négociation, l'employeur répartit le personnel et les sièges (*Ord. n° 2017-1718 du 20 déc. 2017, art. 1ᵉʳ-I*) « entre les différents » collèges électoraux.

Art. L. 2314-15 Des dispositions sont prises par accord préélectoral, conclu conformément à l'article L. 2314-6, pour faciliter, s'il y a lieu, la représentation des salariés travaillant en équipes successives ou dans des conditions qui les isolent des autres salariés.

Comp. anc. art. L. 2314-12 (Délégués du personnel).

Art. L. 2314-16 Sans préjudice des dispositions des articles L. 2314-11 et L. 2314-12, dans les entreprises de travail temporaire, la répartition des sièges peut faire l'objet d'un accord préélectoral, conclu conformément à l'article L. 2314-6, en vue d'assurer une représentation équitable du personnel permanent et du personnel temporaire.

Comp. anc. art. L. 2314-13 (Délégués du personnel).

Art. L. 2314-17 Lorsque le juge judiciaire, saisi préalablement aux élections, décide de mettre en place un dispositif de contrôle de leur régularité, de la liberté, et de la sincérité du scrutin, les frais entraînés par ces mesures sont à la charge de l'employeur.

Comp. anc. art. L. 2314-14 (Délégués du personnel).

SOUS-SECTION 3 **Électorat et éligibilité**

Art. L. 2314-18 (*L. n° 2022-1598 du 21 déc. 2022, art. 8, en vigueur le 31 oct. 2022*) Sont électeurs l'ensemble des salariés âgés de seize ans révolus, travaillant depuis trois mois au moins dans l'entreprise et n'ayant fait l'objet d'aucune interdiction, déchéance ou incapacité relative à leurs droits civiques.

Comp. anc. art. L. 2314-15 (Délégués du personnel).

Comp. anc. art. L. 2324-14 (Comité d'entreprise).

BIBL. ▶ **Loi Marché du travail du 21 déc. 2022 :** François, *Dr. soc. 2023. 163* ⌀. - Kerbouc'h, *JCP S 2023. 1088.*

I. TRAVAIL DANS L'ENTREPRISE

1. Date d'appréciation. Les conditions d'électorat doivent être remplies à la date du premier tour de scrutin. ● Soc. 7 mars 1990, ⚖ n° 89-60.283 P ● 7 juill. 1999, ⚖ n° 98-60.396 : *RJS 1999. 687, n° 1096*. ◆ Un salarié affecté auparavant dans un autre établissement distinct, dès lors qu'il est présent dans les effectifs au premier tour, est en droit de voter aux élections professionnelles dans son nouvel établissement d'affectation, peu important qu'il ait déjà exercé ce droit lors des précédentes élections au sein de son établissement d'origine. ● Soc. 20 sept. 2018, ⚖ n° 17-60.306 P : *RJS 11/2018, n° 683*. ◆ En cas de recours à un vote électronique se déroulant sur plusieurs jours, les conditions d'ancienneté dans l'entreprise pour être électeur et éligible s'apprécient à la date du premier jour du scrutin. ● Soc. 23 mars 2022, ⚖ n° 20-20.047 B : *D. actu. 31 mars 2022, obs. Malfettes ; RJS 6/2022, n° 313*.

2. Appartenance à l'entreprise. Sont électeurs : les salariés dont le contrat de travail est suspendu. ● Soc. 17 déc. 1984 : *Bull. civ. V, n° 494* (chômage technique) ● 4 juill. 1990, ⚖ n° 88-60.761 : *RJS 1990. 477, n° 703*. ◆ ... Les salariés occasionnels. ● Soc. 18 juin 1981 : *Bull. civ. V, n° 576 ; D. 1982. IR 396, 2ᵉ esp., obs. Langlois* ● 4 juin 1986 : *Bull. civ. V, n° 275* (médecins vacataires). ◆ ... Les bénéficiaires d'un congé parental d'éducation. ● Soc. 8 avr. 1992, ⚖ n° 90-60.531 P : *D. 1992. IR 162 ; Dr. soc. 1992. 628*. ◆ ... Les représentants du personnel irrégulièrement licenciés, avant même qu'ils aient obtenu leur réintégration. ● Soc. 12 déc. 1990, ⚖ n° 88-60.724 : *D. 1991. IR 22*. ◆ ... Les salariés en dispense d'activité percevant une garantie de ressources. ● Soc. 12 déc. 1990, ⚖ n° 88-60.782 P : *CSB 1991. 39, A. 13* ● 2 déc. 1992, ⚖ n° 91-60.275 : *RJS 1993. 46, n° 58* ● 24 mars 1993, ⚖ n° 91-60.254 : *Dr. soc. 1993. 460*.

3. Sont électeurs, bien que non comptés dans les effectifs de l'entreprise, les salariés titulaires d'un contrat emploi-solidarité. ● Soc. 8 avr. 1992, ⚖ n° 91-60.264 P : *D. 1992. IR 153 ; RJS 1992. 357, n° 640*. ◆ ... Les salariés titulaires d'un contrat à durée déterminée remplaçant un salarié absent. ● Soc. 17 mai 1994, ⚖ n° 93-60.329 : *RJS 1994. 605, n° 1020*.

4. Salariés dispensés d'activité. Les travailleurs, bien que dispensés de toute activité qui continuent à percevoir une garantie de ressources financée par l'entreprise, entrent dans le calcul des effectifs de cette entreprise, de sorte que les dispositions contraires, moins favorables, contenues dans un dispositif conventionnel, ne pouvaient leur être opposées. ● Soc. 26 mai 2004, ⚖ n° 03-60.125 P.

5. Détachement. L'affectation définitive d'un salarié détaché dans une entreprise d'accueil ne fait pas obstacle à son inscription sur les listes électorales établies dans l'entreprise d'origine. ● Soc. 12 juin 2002, ⚖ n° 01-60.058 : *RJS 2002. 467, n° 1003 ; D. 2002. IR 2715* ⌀. ◆ Comp. : lorsque les circonstances font apparaître l'existence d'un lien de subordination avec l'entreprise d'accueil : ● Cass., ass. plén., 29 févr. 1980, ⚖ n° 79-60.051 P : *D. 1980. IR 545, obs. Pélissier* ● Soc. 18 avr. 1980 : *ibid*. ● 5 nov. 1982 : ⚖ *D. 1984. IR 250, obs. A. Lyon-Caen*. ◆ ... Ou lorsque le salarié a perdu tout lien avec l'établissement. ● Soc. 29 mai 1991, ⚖ n° 90-60.211 : *Dr. soc. 1991. 642*. ◆ Mais ne sont pas électeurs, lors de la mise en place d'un comité d'entreprise au sein d'un GIE, les salariés détachés dans le GIE, ce dernier ne se substituant pas aux sociétés participantes dans la prise en compte des intérêts de leurs salariés qui n'ont pas le même intérêt au sort et à la gestion du groupement que les salariés de ce dernier. ● Soc. 11 juill. 1989 : *Dr. soc. 1989. 822, note Le Friand et A. Lyon-Caen*.

6. Statuts particuliers. Est nulle la décision du gouverneur de la Banque de France dérogeant aux conditions légales d'ancienneté qui n'étaient incompatibles ni avec les nécessités du service public, ni avec le statut de l'établissement. ● CE 11 oct. 1989 : *Dr. ouvrier 1990. 112*.

7. Fonctionnaires. Les fonctionnaires sont intégrés à la communauté des travailleurs de l'entreprise et peuvent se prévaloir de la qualité de salarié pour l'expression au sein de celle-ci des droits qui y sont attachés, dès lors, ils sont électeurs et éligibles pour les élections des membres du comité d'entreprise. ● Soc. 23 mai 2006, ⚖ n° 05-60.119 : *RDT 2006. 258, obs. Peskine* ⌀ ; *D. 2006. IR 703* ⌀ ; *RJS 2006. 717, n° 975 ; Dr. soc. 2006. 933, obs. Cohen* ⌀ ; *JSL 2006, n° 192-6*.

II. ANCIENNETÉ

8. Cumul. L'ancienneté peut être acquise par des contrats successifs. ● Soc. 19 juill. 1979 : *Bull. civ. V, n° 652*. – V. aussi ● Soc. 20 déc. 1988 : *Dr. soc. 1989. 300, note Poulain*. ◆ L'ancienneté n'est pas interrompue par la suspension du contrat de travail. ● Soc. 13 juin 1979 : *Bull. civ. V, n° 528*. ◆ Aucune disposition ne restreint l'ancienneté à la présence du salarié dans le dernier établissement où ont lieu les élections. • Soc. 22 juill. 1980 : *Bull. civ. V, n° 663* • 7 janv. 1985 : *ibid., n° 5.*

9. Temps de travail effectif. Les heures de délégation étant considérées de plein droit comme temps de travail, elles doivent être prises en compte pour le calcul de l'ancienneté. • Soc. 20 nov. 1991, 🔒 n° 90-60.397 P : *D. 1991. IR 290 ; RJS 1992. 50, n° 55.*

10. Intermittence. Un salarié vacataire occupé par intermittence dans l'entreprise est électeur s'il a travaillé au moins à deux reprises dans les trois mois précédant l'élection. • Soc. 20 oct. 1999, 🔒 n° 98-60.380 : *D. 1999. IR 254* ⌀ ; *RJS 2000. 300, n° 424.* ♦ Sur la possibilité pour le juge judiciaire d'adapter les exigences légales en matière d'ancienneté au caractère intermittent du travail de certaines catégories du personnel, le directeur départemental du travail et de l'emploi n'étant compétent que dans le cas où l'application des dispositions législatives aurait pour effet de réduire l'effectif des électeurs au-dessous d'un certain seuil, V. • Soc. 31 mars 1982 : *Bull. civ. V, n° 245* • 18 mai 1983 : *ibid., n° 272.* ♦ Est nulle la décision du gouverneur de la Banque de France dérogeant aux conditions légales qui n'étaient incompatibles ni avec les nécessités du service public, ni avec le statut de l'établissement. • CE 11 oct. 1989 : *Dr. ouvrier 1990. 112.*

11. Date d'appréciation de la condition d'ancienneté. Les conditions d'électorat et d'éligibilité pour les élections professionnelles s'apprécient au jour du premier tour du scrutin, nonobstant toute clause contraire du protocole préélectoral. • Soc. 1er déc. 2010, 🔒 n° 10-60.163 : *D. 2011. 22* ⌀ ; *Dr. soc. 2011. 228, obs. Pécaut-Rivolier* ⌀ • 26 sept. 2012, 🔒 n° 11-25.420 : *D. actu. 28 oct. 2012, obs. Dechristé ; JCP S 2013. 1303, obs. Kerbourc'h.*

III. CARACTÈRE D'ORDRE PUBLIC

12. Droits civiques. Les salariés étant présumés jouir de leurs droits civiques, sauf preuve contraire soumise, le cas échéant, à la vérification du juge, un tribunal ne peut autoriser un employeur à leur demander leur carte d'électeur.

• Soc. 15 juin 1995, 🔒 n° 94-60.461 P : *RJS 1995. 521, n° 798.*

13. Protocole préélectoral. Un protocole préélectoral ne peut exclure de l'éligibilité au comité d'entreprise des salariés qui remplissent les conditions légales pour en être membres. • Soc. 20 mars 2013, 🔒 n° 12-11.702 : *D. actu. 12 avr. 2013, obs. Ines ; JCP S 2013. 1304, obs. Pagnerre.* ♦ En cas de recours à un vote électronique se déroulant sur plusieurs jours, les conditions d'ancienneté dans l'entreprise pour être électeur et éligible s'apprécient à la date du premier jour du scrutin. • Soc. 23 mars 2022, 🔒 n° 20-20.047 B : *préc.*

14. Inconstitutionnalité (sous l'empire des dispositions antérieures à la L. n° 2022-1598 du 21 déc. 2022). En privant des salariés de toute possibilité de participer en qualité d'électeur à l'élection du CSE, au seul motif qu'ils disposent d'une délégation écrite particulière d'autorité leur permettant d'être assimilés au chef d'entreprise ou d'un pouvoir de représentation de celui-ci devant les institutions représentatives du personnel, les dispositions de l'art. L. 2314-18, telles qu'interprétées par la jurisprudence de la Cour de cassation, portent une atteinte manifestement disproportionnée au principe de participation des travailleurs ; l'art. L. 2314-18 doit être déclaré contraire à la Constitution. Toutefois, la date d'abrogation de cette disposition est reportée au 31 oct. 2022, les mesures prises avant cette date en application des dispositions déclarées inconstitutionnelles ne peuvent être contestées sur le fondement de cette inconstitutionnalité. • Cons. const. 21 nov. 2021, n° 2021-947 QPC : *D. 2021. 2137* ⌀ ; *Dr. soc. 2022. 189, obs. Petit* ⌀ ; *RJS 2/2022, n° 84 ; JCPS 2022. 1001, obs. Bauduin.* ♦ Comp. ante. : Ne peut être électeur au CSE d'établissement le directeur du magasin qui, même s'il ne dispose pas d'une pleine liberté dans l'embauche, la discipline et le licenciement des salariés de son magasin à raison de son appartenance au groupe, représente l'employeur vis-à-vis des salariés et en exerce alors tous les attributs – embauche, discipline, licenciement –, et représente effectivement l'employeur devant les représentants de proximité. • Soc. 31 mars 2021, 🔒 n° 19-25.233 P : *RDT 2021. 460, obs. Odoul-Asorey* ⌀ ; *RJS 6/2021, n° 326.*

Art. L. 2314-19 Sont éligibles les électeurs âgés de dix-huit ans révolus, et travaillant dans l'entreprise depuis un an au moins, à l'exception des conjoint, partenaire d'un pacte civil de solidarité, concubin, ascendants, descendants, frères, sœurs et alliés au même degré de l'employeur *(L. n° 2022-1598 du 21 déc. 2022, art. 8)* « ainsi que des salariés qui disposent d'une délégation écrite particulière d'autorité leur permettant d'être assimilés au chef d'entreprise ou qui le représentent effectivement devant le comité social et économique ».

Les salariés travaillant à temps partiel simultanément dans plusieurs entreprises ne sont éligibles que dans l'une de ces entreprises. Ils choisissent celle dans laquelle ils font acte de candidature.

Comp. anc. art. L. 2314-16 (Délégués du personnel).

Comp. anc. art. L. 2324-15 (Comité d'entreprise).

1. Suspension du contrat. La suspension du contrat de travail ne fait pas perdre au salarié l'ancienneté acquise et le salarié dont le contrat de travail est suspendu est éligible. • Soc. 26 sept. 2002, n° 01-60.708 P.

2. Démonstrateurs. Les démonstrateurs étant intégrés dans la communauté des travailleurs salariés du BHV et dans l'entité du grand magasin, y sont électeurs et éligibles. • Soc. 30 avr. 2003, n° 01-60.841 P : *GADT, 4ᵉ éd., n° 138.*

3. Exclusion du critère du travail à temps partiel. Lorsque des salariés travaillent simultanément dans plusieurs entreprises, ils doivent choisir celle dans laquelle ils font acte de candidature. • Soc. 16 nov. 2011, n° 11-13.256 : *D. actu. 8 déc. 2011, obs. Ines ; D. 2012. Actu. 22, obs. Petit ; JCP S 2012. 1059, obs. Dumont* • Soc., QPC, 31 mai 2011, n° 11-13.256 : *D. actu. 8 déc. 2011, obs. Ines.*

4. Cadres. Les salariés qui soit disposent d'une délégation écrite particulière d'autorité leur permettant d'être assimilés au chef d'entreprise, soit représentent effectivement l'employeur devant les institutions représentatives du personnel ne peuvent exercer un mandat de représentation. • Soc. 12 juill. 2006, n° 05-60.300 : *RJS 2006. 886, n° 1200* • 6 mars 2001, n° 99-60.553 P : *BICC 2001. 537, n° 638* • 6 févr. 2002, n° 00-60.488 P : *RJS 2002. 362, n° 472* • 24 sept. 2003, n° 02-60.569 P • 6 oct. 1999, n° 98-60.375 : *D. 1999. IR 240 ; RJS 1999. 857, n° 1389* (prise de décision en matière d'embauche, de licenciement et de discipline) • 3 oct. 1989 : *Bull. civ. V, n° 562 ; D. 1989. IR 283* • 29 mai 1991, n° 90-60.211 : *RJS 1991. 451, n° 861 ; Dr. soc. 1991. 642* (un chef du personnel peut conserver sa qualité d'électeur) • 11 mars 1992, n° 90-60.429 P : *RJS 1992. 268, n° 468* (est électeur le salarié représentant la direction au sein du conseil de discipline) • CE 10 janv. 1994, n° 123832 : *D. 1994. IR 46 ; RJS 1994. 307, n° 489* (sont électeurs les chefs d'établissements de la Banque de France) • Soc. 27 juin 1995, n° 94-60.361 : *D. 1995. IR 178 ; RJS 1995. 601, n° 919* (ne sont pas assimilés au chef d'entreprise les membres du conseil supérieur consultatif des comités mixtes de production EDF-GDF, ni les présidents de commissions secondaires du personnel, lesquelles n'émettent que des suggestions ou des propositions) • Soc. 18 févr. 1997, n° 95-61.002 : *JS UIMM 1997. 190* (sont électeurs les chefs d'agence qui ne représentent pas la direction lors de la réunion des délégués du personnel) • Soc. 1ᵉʳ avr. 1997, n° 96-60.019 : *Dr. soc. 1997. 549, note Savatier* (exclusion du président du comité d'établissement d'une succursale). ♦ La reconnaissance de la qualité d'électeurs à des salariés détenant des pouvoirs leur permettant d'être assimilés au chef d'entreprise est contraire à l'ordre public. • Soc. 5 avr. 1995, n° 94-60.296 : *RJS 1995. 354, n° 532.*

5. Est éligible le responsable de sécurité et des conditions de travail dès lors qu'il intervient de façon ponctuelle lors des seules réunions relatives à la santé, à la sécurité et aux conditions de travail afin d'éclairer les membres du comité social et économique, et qu'il dispose d'une voix seulement consultative, le responsable du service de sécurité et des conditions de travail, ne représente pas l'employeur devant les institutions représentatives du personnel et est donc, en principe, éligible au comité social et économique. • Soc. 19 janv. 2022, n° 19-25.982 B : *D. 2022. 171 ; RJS 3/2022, n° 149 ; JSL 2022, n° 537-6, obs. Nasica et Chavrier ; JCP S 2022. 1067, obs. Duquesne.*

6. Appréciation de l'ancienneté pour l'éligibilité. Pour vérifier la condition d'ancienneté nécessaire à l'éligibilité d'un salarié au sein d'un comité d'établissement d'une entreprise, il convient de comptabiliser celle-ci au niveau de l'entreprise, quels que soient les établissements dans lesquels il a été précédemment affecté. • Soc. 11 oct. 2017, n° 16-60.295 P : *D. actu. 17 nov. 2017, obs. Cortot ; D. 2017. Actu. 2155 ; RJS 12/2017, n° 812 ; JSL 2017, n° 443-444-3, obs. Vaccaro et Baudry.*

Art. L. 2314-20 Dans les entreprises de travail temporaire, les conditions d'ancienneté sont, pour les salariés temporaires, de trois mois pour être électeur et de six mois pour être éligible.

Ces conditions sont appréciées en totalisant les périodes pendant lesquelles ces salariés ont été liés à ces entreprises par des contrats de mission au cours des douze mois ou des dix-huit mois précédant l'élection, selon qu'il s'agit d'électorat ou d'éligibilité.

Ce délai est réduit à six mois en cas de création d'entreprise ou d'ouverture d'établissement.

Comp. anc. art. L. 2314-17 (Délégués du personnel).

Comp. anc. art. L. 2324-16 (Comité d'entreprise).

Caractère d'ordre public. Si un protocole préélectoral peut, par des dispositions plus favorables, déroger aux conditions d'ancienneté exigées par les art. L. 2314-17 et L. 2324-16 [anc.], dans les entreprises de travail temporaire, il ne peut modifier la date d'appréciation de ces critères ; les conditions d'ancienneté pour qu'un salarié soit électeur ou éligible s'apprécient au jour du premier tour de scrutin. • Soc. 26 sept. 2012, n° 11-25.420 : *Dr. soc. 2012. 1073, obs. Petit ; RJS 2012. 836, n° 991.*

INSTITUTIONS REPRÉSENTATIVES Art. L. 2314-23 845

Art. L. 2314-21 Dans les entreprises de portage salarial, les conditions d'ancienneté sont, pour les salariés en portage salarial, de trois mois pour être électeur et de six mois pour être éligible.

Ces conditions sont appréciées en totalisant les périodes pendant lesquelles ces salariés ont effectué des prestations de portage salarial dans le cadre de contrats de travail conclus avec ces entreprises au cours des douze mois ou des dix-huit mois précédant l'élection, selon qu'il s'agit d'électorat ou d'éligibilité.

Ce délai est réduit à six mois en cas de création d'entreprise ou d'ouverture d'établissement.

Comp. anc. art. L. 2314-17-1 (Délégués du personnel).

Comp. anc. art. L. 2324-16-1 (Comité d'entreprise).

Art. L. 2314-22 Dans les entreprises de travail temporaire, sont électeurs ou éligibles tous les salariés temporaires satisfaisant aux conditions définies à l'article L. 2314-20 et liés à l'entreprise de travail temporaire par un contrat de mission au moment de la confection des listes.

Toutefois, cessent de remplir ces conditions d'électorat et d'éligibilité :

1° Les salariés ayant fait connaître à l'entrepreneur de travail temporaire qu'ils ne souhaitaient plus bénéficier d'un nouveau contrat de mission ;

2° Les salariés à qui l'entrepreneur de travail temporaire a notifié sa décision de ne plus faire appel à eux pour de nouveaux contrats de mission.

Comp. anc. art. L. 2314-18 (Délégués du personnel).

Comp. anc. art. L. 2324-17 (Comité d'entreprise).

Principe. Ne peuvent être éligibles dans les entreprises de travail temporaire que les salariés qui ont un contrat de travail temporaire au moment de la confection des listes. • Soc. 4 févr. 2004, n° 03-60.163 P : *Dr. soc.* 2004. 918, obs. Roy-Loustaunau ; *RJS* 2004. 420, n° 626 (1re esp.).

Art. L. 2314-23 Pour les salariés mis à disposition qui remplissent les conditions mentionnées au 2° de l'article L. 1111-2, la condition de présence dans l'entreprise utilisatrice est de douze mois continus pour y être électeur. Les salariés mis à disposition ne sont pas éligibles dans l'entreprise utilisatrice.

Les salariés mis à disposition qui remplissent les conditions mentionnées au premier alinéa choisissent s'ils exercent leur droit de vote dans l'entreprise qui les emploie ou l'entreprise utilisatrice.

Comp. anc. art. L. 2314-18-1 (Délégués du personnel).

Comp. anc. art. L. 2324-17-1 (Comité d'entreprise).

COMMENTAIRE

V. sur le Code en ligne. ❑

1. Critère de rattachement. Sont intégrés de façon étroite et permanente à la communauté de travail, pour l'application des art. L. 1111-2, L. 2314-5 et L. 2324-14 [anciens], les salariés mis à disposition par une entreprise extérieure qui subsiste abstraction faite du lien de subordination avec leur employeur, sont présents dans les locaux de l'entreprise utilisatrice et y travaillent depuis une certaine durée, partageant ainsi des conditions de travail au moins en partie communes susceptibles de générer des intérêts communs. • Soc. 13 nov. 2008, n° 07-60.465 : *D.* 2008. AJ 2945 ; *RJS* 2009. 66, n° 57 ; *SSL* 2008, n° 1375, p. 10, note A. Lyon-Caen ; *JSL* 2008, n° 245-4. ♦ L'intégration étroite et permanente à la communauté de travail est le critère commun de la prise en compte dans le calcul de l'effectif et de l'inscription sur la liste électorale, sous réserve que les salariés concernés remplissent les conditions de l'électorat. • Soc. 28 févr. 2007, n° 06-60.171 : *RDT* 2007. 229, note Morin ; *D.* 2007. AJ 946 ; *D.* 2007. Pan. 2270, note Pélissier ; *RJS* 2007. 469, n° 636. ♦ Les salariés intérimaires sont pris en compte pour le calcul des effectifs mais n'ont pas la qualité d'électeur au sein de l'entreprise utilisatrice les salariés mis à disposition en exécution d'un contrat de sous-traitance ou de prestations de service ont nécessairement la qualité d'électeur dès lors qu'ils sont pris en compte pour le calcul des effectifs. • Soc. 1er avr. 2008, n° 07-60.287 : *RJS* 2008. 557, n° 694 ; *JSL* 2008, n° 233-6.

2. Ne doivent donc pas être pris en compte dans l'effectif de l'entreprise utilisatrice les salariés des entreprises de transport qui n'étaient pas mis à la

Art. L. 2314-24

disposition exclusive de la société mais travaillaient indifféremment pour plusieurs transporteurs et ne se rendaient que ponctuellement dans les locaux de cette société où se trouvaient les marchandises et les documents administratifs nécessaires à l'accomplissement de leur transport. • Soc. 14 avr. 2010, n° 09-60.367 : *D. 2010. Actu. 1222* ; *Dr. soc. 2010. 720*, obs. Pécaut-Rivolier ; *Dr. ouvrier 2010. 341*, obs. Boussard-Verrechia ; *JCP S 2010. 1313*, obs. Leborgne-Ingelaere ; *RJS 6/2010, n° 526* ; *JSL 2010, n° 279-5.* ♦ ... Ni les salariés travaillant de façon ponctuelle sur le site. • Soc. 23 sept. 2015, n° 14-26.262 P : *D. actu. 22 oct. 2015*, obs. Fraisse.

3. Pluralité d'établissements. Lorsqu'un salarié travaille au sein de plusieurs établissements, il doit être inscrit sur la liste électorale de l'établissement où il exerce principalement son activité. • Soc. 8 déc. 2010, n° 10-60.126 : *D. actu. 14 janv. 2011*, obs. Dechristé ; *Dr. soc. 2011. 223*, obs. Petit ; *JCP S 2011. 1083*, obs. Kappopoulos.

4. Exercice de l'option. Le fait pour un salarié mis à disposition d'avoir été élu en qualité de délégué du personnel dans l'entreprise utilisatrice est sans incidence sur ses droits d'être électeur et éligible aux élections des membres du comité d'entreprise dans l'entreprise qui l'emploie. • Soc. 28 sept. 2011, n° 10-27.374 : *D. actu. 12 oct. 2011*, obs. Fleuriot ; *D. 2011. Actu. 2406* ; *Dr. soc. 2011. 1315*, obs. Petit ; *RJS 2011. 870, n° 1001* ; *JCP S 2011. 1550*, obs. Kerbourc'h.

5. Éligibilité des agents publics mis à la disposition d'un organisme privé. L'agent public mis à la disposition d'un organisme de droit privé pour accomplir un travail pour le compte de celui-ci et sous sa direction ne relève pas des dispositions spécifiques relatives à l'électorat et à l'éligibilité des salariés mis à disposition au sens de l'art. L. 2324-17-1 C. trav. [anc.]. • Soc. 20 juin 2012, n° 11-20.145 : *D. actu. 19 juill. 2012*, obs. Ines ; *D. 2012. Actu. 1745* ; *RJS 2012. 718, n° 846* ; *JCP S 2012. 1372*, obs. Jacotot. ♦ Un agent public, mis à la disposition d'un organisme de droit privé pour accomplir un travail pour le compte de celui-ci et sous sa direction, est lié à cet organisme par un contrat de travail, sauf dispositions législatives contraires, et ne relève donc pas des dispositions spécifiques relatives à l'électorat et à l'éligibilité des salariés mis à disposition. • Soc. 17 avr. 2013, n° 12-21.581 : *Dr. soc. 2013. 562*, obs. Petit. ♦ Mais les dispositions spécifiques relatives à l'électorat et à l'éligibilité des salariés mis à disposition sont applicables aux agents relevant du statut du personnel des industries électriques et gazières mis à la disposition de la Caisse centrale des activités sociales et qui sont des salariés de droit privé de cette dernière. • Soc. 27 sept. 2017, n° 16-26.110 P : *RJS 12/2017, n° 811* ; *JCP S 2017. 1383*, obs. Mialhe et Broud.

6. Articulation de l'option de vote des salariés mis à disposition avec la mise en place du CSE. Il résulte de l'al. 8 du Préamb. de la Constitution du 27 oct. 1946 et de l'art. L. 2314-23 C. trav. que le droit d'option exercé par un salarié mis à disposition, en application d'un texte légal désormais abrogé qui l'autorisait à être électeur et éligible dans son entreprise d'accueil, ne peut lui être opposé pour refuser son éligibilité au comité social et économique mis en place au sein de son entreprise d'origine, dès lors que l'entrée en vigueur de l'Ord. n° 2017-1386 du 22 sept. 2017 ne lui permet plus d'être éligible dans son entreprise d'accueil. • Soc. 13 févr. 2019, n° 18-60.149 P : *D. actu. 11 mars 2019*, obs. Ciray ; *D. 2019. Actu. 387* ; *RJS 4/2019, n° 238* ; *JSL 2019, n° 473-3*, obs. Tissandier.

Art. L. 2314-24 Dans les entreprises de portage salarial, sont électeurs ou éligibles tous les salariés en portage salarial satisfaisant aux conditions d'ancienneté définies par l'article L. 2314-21 et effectuant au moment de la confection des listes une prestation de portage dans le cadre d'un contrat de travail conclu avec l'entreprise.

Comp. anc. art. L. 2314-18-2 (Délégués du personnel).

Comp. anc. art. L. 2324-17-2 (Comité d'entreprise).

Art. L. 2314-25 L'inspecteur du travail peut, après avoir consulté les organisations syndicales représentatives dans l'entreprise, autoriser des dérogations aux conditions d'ancienneté pour être électeur, notamment lorsque leur application aurait pour effet de réduire à moins des deux tiers de l'effectif le nombre de salariés remplissant ces conditions.

Il peut également, après avoir consulté les organisations syndicales représentatives dans l'entreprise, autoriser des dérogations aux conditions d'ancienneté pour l'éligibilité lorsque l'application de ces dispositions conduirait à une réduction du nombre des candidats qui ne permettrait pas l'organisation normale des opérations électorales.

La décision de l'autorité administrative peut faire l'objet d'un recours devant le juge judiciaire, à l'exclusion de tout autre recours administratif ou contentieux.

Comp. anc. art. L. 2314-20 (Délégués du personnel).

Comp. anc. art. L. 2324-18 (Comité d'entreprise).

INSTITUTIONS REPRÉSENTATIVES **Art. L. 2314-26** 847

Recours devant le juge judiciaire. Les dispositions de la L. n° 2015-990 du 6 août 2015 donnant compétence au juge judiciaire pour statuer sur la contestation de certaines décisions de l'autorité administrative ne s'appliquent pas aux recours formés contre des décisions rendues avant leur entrée en vigueur. • Soc. 1er févr. 2017, 🏛 n° 16-60.062 P : *D. actu. 2 mars 2017, obs. Roussel ; D. 2017. Actu. 575 ⌀ ; RJS 4/2017, n° 278 ; JCP S 2017. 1093, obs. Kerbourc'h.*

SOUS-SECTION 4 **Mode de scrutin et résultat des élections**

Art. L. 2314-26 L'élection a lieu au scrutin secret sous enveloppe.

Elle peut également avoir lieu par vote électronique, selon les modalités fixées par un décret en Conseil d'État pris après avis de la Commission nationale de l'informatique et des libertés, si un accord d'entreprise ou, à défaut, l'employeur le décide. — *V. art. R. 2314-5 s.*

Il est procédé à des votes séparés pour les membres titulaires et les membres suppléants, dans chacune des catégories professionnelles formant des collèges distincts.

Comp. anc. art. L. 2314-21 (Délégués du personnel).

Comp. anc. art. L. 2324-19 (Comité d'entreprise).

COMMENTAIRE

V. sur le Code en ligne 🏛. ❏

I. MODALITÉS DU VOTE

A. VOTE PHYSIQUE

1. Secret du vote. Si l'installation d'isoloirs dans la salle de scrutin est obligatoire, aucune disposition légale ou réglementaire n'oblige les électeurs à en user. • Soc. 30 mars 1978 : *Bull. civ. V, n° 249.* ♦ L'absence de dispositif permettant l'isolement des électeurs implique l'annulation des élections, même s'il n'est pas démontré que cette irrégularité a porté atteinte au secret du vote et a eu une influence sur le résultat du scrutin. • Soc. 26 mai 1998, 🏛 n° 97-60.092 P : *RJS 1998. 564, n° 876.*

2. La remise d'une enveloppe fermée contenant le bulletin de vote n'assure pas le secret et la sincérité des votes. • Soc. 4 avr. 1986 : *Bull. civ, n° 136.* ♦ Comp. : • Soc. 19 nov. 1986 : *JCP 1987. IV. 32.* ♦ Sur l'irrégularité du vote effectué entre les mains du président du bureau de vote en dehors du lieu et des heures de scrutin, V. • Soc. 2 juin 1983 : *Bull. civ. V, n° 302.*

3. Tenue des bureaux de vote. Ne peuvent siéger à un bureau de vote : un représentant de l'employeur. • Soc. 14 mars 1989 : *Bull. civ. V, n° 209 ; D. 1989. IR 110* ♦ 23 févr. 2005, 🏛 n° 04-60.242 P : *RJS 2005. 380, n° 544.* ♦ ... Ni un représentant d'un syndicat extérieur à l'entreprise. • Soc. 28 juin 1984 : *Bull. civ. V, n° 276.* ♦ ... Ni un salarié non électeur. • Soc. 27 mai 1987 : *Bull. civ. V, n° 345.* ♦ Un bureau de vote ne peut être composé du seul président. • Soc. 19 oct. 1994, 🏛 n° 93-60.049 : *Dr. soc. 1995. 67 ; Dr. ouvrier 1995. 146.* ♦ L'absence de président désigné dans les bureaux de vote, en violation des principes généraux du droit électoral, constitue, en raison de l'importance de ses attributions, une irrégularité qui porte atteinte au déroulement normal des opérations électorales et compromet dans son ensemble la loyauté du scrutin. • Soc. 13 févr. 2008, 🏛 n° 07-60.097 : *RJS 2008. 444, n° 569.* ♦ A défaut d'accord des organisations syndicales, la désignation des assesseurs ne peut être laissée à la discrétion de l'employeur. • Soc. 26 janv. 1984 : *Bull. civ. V, n° 37 ; D. 1984. IR 208.* — V. aussi • Soc. 19 oct. 1994, 🏛 n° 93-60.049 : *D. 1994. IR 251.* ♦ Le tribunal d'instance est compétent pour trancher les difficultés dont il est saisi à cet égard. • Soc. 7 avr. 1993, 🏛 n° 92-60.365 : *RJS 1993. 311, n° 525.*

4. Pressions sur le bureau de vote. Constitue une immixtion justifiant l'annulation des élections l'influence exercée par un représentant de la direction sur les membres du bureau de vote empêchant l'inscription au procès-verbal des irrégularités constatées. • Soc. 13 oct. 2004, 🏛 n° 03-60.227 : *Dr. soc. 2005. 351, obs. Cohen ⌀.*

5. Propagande. La propagande électorale antérieure au premier tour est réservée aux syndicats représentatifs. • Soc. 14 janv. 2004, 🏛 n° 01-60.788 : *JCP E 2004. 1149, obs. Miara ; JSL 2004, n° 140-5 ; RJS 2004. 229, n° 330.* ♦ L'employeur est tenu d'une obligation de neutralité. • Même arrêt. ♦ Sur l'annulation des élections à la suite de la distribution la veille du scrutin d'un tract dénigrant un autre syndicat, V. • Soc. 18 févr. 1988 : *Bull. civ, V, n° 123.*

6. Sont nulles les élections au cours desquelles les salariés qui ont eu par correspondance le matériel de vote ont été à même d'exprimer leur suffrage avant la publication des listes électorales, cette circonstance ayant fait obstacle au bon fonctionnement de la propagande électorale et ayant empêché une partie des salariés de s'exprimer en connaissance de cause. • Soc. 14 mars 1989 : *Bull. civ. V, n° 210.*

7. Se rend coupable du délit d'entrave l'employeur qui ne respecte pas les termes de l'accord préélectoral lui imposant d'adresser un tract avec le matériel de vote par correspondance. • Crim. 30 mai 1989 : *Bull. crim. n° 227.*

8. Est justifiée la décision annulant les élections après avoir constaté que l'employeur avait diffusé une note d'information avant le premier tour rappelant que la présentation de candidats « indépendants » n'était possible qu'au second tour et avait laissé diffuser les tracts de candidats utilisant l'en-tête de la société avec la même présentation visuelle que la note d'information, conférant ainsi à la note un effet d'annonce des candidatures et attachant une connotation officielle et légitime à ces candidats. • Soc. 23 janv. 1991, ⚖ n° 90-60.054 : *JCP E 1992. II. 251, note Corrignan-Carsin.*

9. Pendant la période préélectorale, jusqu'au scrutin, seuls les syndicats représentatifs sur le plan national qui n'ont ni adhérents ni élus dans l'entreprise mais qui présentent des candidats peuvent être représentés dans l'entreprise par leurs membres non salariés de l'entreprise. • Soc. 4 févr. 1997, ⚖ n° 95-60.994 P : *RJS 1997. 208, n° 310 ; ibid. 158, rapp. Barbérot.*

B. VOTE PAR CORRESPONDANCE

10. Conditions de validité. Le vote par correspondance est régulier s'il se justifie par la nécessité de centraliser de la façon la plus sûre les résultats d'un scrutin intéressant des électeurs sur tout le territoire national et si le matériel utilisé garantit le secret du vote. • Soc. 6 févr. 2002, ⚖ n° 00-60.488 P : *RJS 2002. 362, n° 472.* ♦ Présentant un caractère exceptionnel, le vote par correspondance peut être limité par le juge d'instance à certains salariés. • Soc. 20 juill. 1983 : *Bull. civ. V, n° 458* • 16 janv. 1991, ⚖ n° 89-61.449 P : *D. 1991. IR 44.* – V. aussi • Soc. 10 oct. 1990, ⚖ n° 88-60.712 : *D. 1990. IR 241* • 8 avr. 1992, ⚖ n° 90-60.531 : *Dr. ouvrier 1992. 330* • 10 juin 1997 : ⚖ *RJS 1997. 548, n° 845.* ♦ Un protocole préélectoral ne peut prévoir, dans une entreprise de transports, le vote par correspondance de l'ensemble du personnel, alors qu'une partie de ce personnel est sédentaire. • Soc. 7 avr. 1993, ⚖ n° 92-60.120 : *CSB 1993. 155, S. 77.* ♦ Sauf disposition légale différente, les clauses du protocole préélectoral sont soumises aux conditions de validité définies par les art. L. 2314-3-1 et L. 2324-4-1 C. trav. [anc.] ; il s'ensuit que lorsque le protocole d'accord préélectoral répond à ces conditions, il ne peut être contesté devant le juge judiciaire qu'en ce qu'il contiendrait des stipulations contraires à l'ordre public, notamment en ce qu'elles méconnaîtraient les principes généraux du droit électoral ; si le vote physique est la règle en l'absence de dispositions conventionnelles dérogatoires, le recours au vote par correspondance pour les élections professionnelles n'est contraire à aucune règle d'ordre public. • Soc. 6 févr. 2013, n° 11-25.696 : *D. actu. 8 mars 2013, obs. Perrin ; Dr. soc. 2013. 372, obs. Petit.*

11. N'est pas tardive la saisine du juge d'instance à qui il est demandé de statuer, après le déroulement du scrutin, sur les modalités d'ouverture de la boîte postale destinée aux votes par correspondance, alors qu'il avait été saisi avant l'ouverture de ladite boîte postale. • Soc. 6 nov. 1996, n° 95-60.831 : *RJS 1996. 830, n° 1290.*

12. Sur le respect des modalités de vote par correspondance fixées dans le protocole d'accord préélectoral, V. • Soc. 21 mai 1986 : *Bull. civ. V, n° 223* • 10 janv. 1989 : *ibid., n° 4* • 30 avr. 1997, ⚖ n° 96-60.063 : *JS UIMM 1997. 327* • 21 mai 2003, ⚖ n° 02-60.396 : *RJS 2003. 894, n° 1294.* ♦ Ne constitue pas une cause d'annulation des élections le retard dans l'acheminement du courrier, non imputable au chef d'entreprise, dès lors que l'envoi du matériel de vote a été effectué dans un délai suffisant pour permettre aux électeurs par correspondance d'exprimer leur suffrage de manière régulière et conforme au protocole préélectoral. • Soc. 26 janv. 2000, ⚖ n° 98-60.357 P : *D. 2000. IR 64 ; RJS 2000. 199, n° 300.* ♦ La signature de l'électeur sur l'enveloppe extérieure, renfermant celle contenant le bulletin de vote, est une formalité substantielle qui permet d'assurer la sincérité des opérations électorales, principe auquel un protocole d'accord préélectoral ne peut déroger. • Soc. 9 févr. 2000, ⚖ n° 98-60.581 P : *D. 2000. IR 89 ; RJS 2000. 199, n° 299.*

13. Identification électronique. Un dispositif d'identification électronique des électeurs dans le cadre du vote par correspondance ne peut figurer sur les bulletins de vote que si le protocole préélectoral l'a prévu et a fixé les garanties appropriées au respect du secret de vote par la mise en œuvre de procédés rendant impossible l'établissement d'un lien d'identité de l'électeur et l'expression de son vote. • Soc. 10 mai 2012, ⚖ n° 11-25.029 : *D. actu. 5 juin 2012, obs. Ines ; D. 2012. Actu. 1341 ; RJS 2012. 552, n° 645 ; JCP S 2012. 1299, obs. Petit.*

14. Dépouillement électronique. Les dispositions du code du travail relatives à la mise en place du vote électronique, et notamment l'exigence d'un accord d'entreprise ou de groupe, ne s'appliquent pas au vote par correspondance avec dépouillement optique des bulletins de vote. • Soc. 14 janv. 2014, ⚖ n° 13-60.165 : *D. actu. 11 févr. 2014, obs. Ines ; RJS 2014. 201, n° 249.*

15. Vote par procuration. Le vote par procuration ne s'exerce que dans les cas et limites prévus par le code électoral et ne saurait recevoir application pour l'élection des délégués du personnel. • Soc. 3 juill. 1984 : *Bull. civ. V, n° 287 ; D. 1984. IR 27.*

C. VOTE ÉLECTRONIQUE

16. Accord d'entreprise. La validité du protocole préélectoral prévoyant la mise en œuvre du vote électronique est subordonnée à l'entrée en vigueur d'un accord d'entreprise conclu à cet effet. • Soc. 28 sept. 2011, ⚖ n° 11-60.028 : *RJS*

INSTITUTIONS REPRÉSENTATIVES **Art. L. 2314-26** 849

2011. 875, n° 1006. ♦ Lorsqu'un accord d'entreprise prévoit le recours au vote électronique, les modalités de mise en œuvre de ce procédé peuvent, en l'absence de protocole préélectoral valide, être fixées par l'employeur ou, à défaut, par le tribunal d'instance dans les conditions prévues par l'accord. • Soc. 4 juin 2014, n° 13-18.914 : *D. actu. 19 juin 2014, obs. Fraisse ; RJS 2014. 534, n° 644.* ♦ Des élections pour lesquelles il a été procédé à un vote électronique peuvent être validées, s'il est constaté que les dispositions du protocole préélectoral permettaient d'assurer l'identité des électeurs ainsi que la sincérité et le secret du vote. • Soc. 8 déc. 2004, n° 03-60.509 : *RJS 2005. 219, n° 298 ; Dr. ouvrier 2005. 401.* ♦ Les modalités d'organisation et de déroulement des opérations électorales sont fixées dans le respect des principes généraux du droit électoral. Il résulte de ces principes que le scrutin ne peut avoir lieu sous forme de « télévote ». En effet, l'élection doit avoir lieu au scrutin secret sous enveloppe et les art. L. 65, L. 67 et R. 57 C. élect. imposent que le président du bureau de vote constate publiquement l'heure de clôture du scrutin et que le dépouillement soit fait par des scrutateurs désignés parmi les électeurs, sous le contrôle des délégués de liste. • Soc. 20 oct. 1999, n° 98-60.359 P : *D. 1999. IR 254 ; RJS 1999. 859, n° 1478.* ♦ La mise en œuvre, sous la responsabilité d'un intervenant extérieur, d'un système de dépouillement par lecture optique de code-barres figurant sur les enveloppes de vote après attribution aléatoire par un prestataire extérieur est de nature à assurer l'identification des électeurs ainsi que la sincérité et le secret de ce vote : malgré l'absence d'enveloppe électorale opaque et de signature de cette enveloppe par l'électeur, ces faits apportent des garanties équivalentes aux modalités prévues par le Décr. n° 83-1160 du 26 déc. 1983 et sont conformes aux principes généraux du droit électoral. • Soc. 23 juin 2010, n° 09-60.335 : *D. actu. 23 juin 2010, obs. Perrin ; D. 2010. Actu. 1795 ; RJS 2010. 715, n° 796 ; JCP S 2010. 1364, note Petit* • 26 sept. 2012, n° 11-22.598 : *D. actu. 22 oct. 2012, obs. Perrin ; RJS 2012. 823, n° 973 ; JCP S 2012. 1478, obs. Petit.*

17. Accord d'entreprise et renvoi à un accord d'établissement. Dans une entreprise divisée en établissements, un accord d'entreprise peut fixer le cadre général du recours au vote électronique pour les élections professionnelles et renvoyer les modalités de sa mise en œuvre à un accord d'établissement. • Soc. 3 nov. 2016, n° 15-21.574 P : *D. actu. 8 déc. 2016, obs. Siro ; RJS 1/2017, n° 44 ; JCP S 2016. 1423, obs. Petit.*

18. Accord de groupe. La possibilité de recourir au vote électronique pour les élections professionnelles peut être ouverte par un accord de groupe. • Soc. 13 janv. 2021, n° 19-23.533 P : *D. actu. 2 févr. 2021, obs. Couëdel ; D. 2021. 85 ; Dr. soc. 2021. 284, obs. Petit ; RJS 3/2021, n° 162 ; JSL 2021, n° 514-6, obs. Urbani-Schwartz et Chaumier ; SSL 2021, n° 1941, obs. Bergeron-Canut ; JCP S 2021. 1037, obs. Armillei.*

19. Recours au vote électronique par décision unilatérale. Ce n'est que lorsque, à l'issue d'une tentative loyale de négociation, un accord collectif n'a pu être conclu que l'employeur peut prévoir par décision unilatérale la possibilité et les modalités d'un vote électronique ; mais dès lors que le législateur a expressément prévu qu'à défaut d'accord collectif, le recours au vote électronique pouvait résulter d'une décision unilatérale de l'employeur, cette décision unilatérale peut, en l'absence de délégués syndicaux dans l'entreprise ou dans le groupe, être prise par l'employeur sans qu'il soit tenu de tenter préalablement une négociation selon les modalités dérogatoires prévues pour les entreprises dépourvues de délégués syndicaux qui comptent au moins 11 salariés. • Soc. 13 janv. 2021, n° 19-23.533 P : *préc. note 18.*

20. Vote électronique et confidentialité. La possibilité pour un informaticien soumis à une obligation de confidentialité de se connecter à l'ordinateur d'un salarié qui a requis son assistance pour les opérations de vote ne remet pas en cause la sincérité du scrutin. • Soc. 14 nov. 2013, n° 13-10.519 : *D. actu. 6 déc. 2013, obs. Dechristé ; D. 2013. Actu. 2704 ; RJS 2014. 200, n° 248.* ♦ L'envoi aux salariés, lors d'un vote électronique, de leurs codes personnels d'authentification sur une messagerie professionnelle n'affecte pas nécessairement la confidentialité des données transmises, dès lors que des précautions suffisantes ont été prises pour garantir la confidentialité des votes et des données transmises. • Soc. 21 sept. 2016, n° 15-60.216 P : *RJS 12/2016, n° 795 ; JCP S 2016. 1371, note Petit.*

21. Caractère personnel du vote électronique. Le recours au vote électronique ne permet pas de déroger aux principes généraux du droit électoral, parmi lesquels figure l'exercice personnel du droit de vote ; dès lors, le fait pour un électeur d'avoir confié ses clés de vote à un autre salarié afin qu'il vote en ses lieu et place justifie l'annulation des élections. • Soc. 3 oct. 2018, n° 17-29.022 P : *D. 2018. Actu. 1972 ; RJS 12/2018, n° 756 ; SSL 2018, n° 1835, p. 12, obs. Caro ; JCP S 2018. 1369, obs. Petit.*

22. Recours au vote électronique et principe d'égalité. Le recours au vote électronique ne permet pas de déroger aux principes généraux du droit électoral. Le principe d'égalité face à l'exercice du droit de vote étant un principe général du droit électoral, l'employeur est tenu de prendre les précautions appropriées pour que ne soit écartée du scrutin aucune personne ne disposant pas du matériel nécessaire ou résidant dans une zone non couverte par Internet. • Soc. 1er juin 2022, n° 20-22.860 B : *D. actu. 22 juin 2022, obs. Couëdel ; D. 2022. 1095 ; Dr. soc. 2022. 855, obs. Petit ; RJS 8-9/2022, n° 461 ; JSL 2022, n° 5456, obs. Dinh et de Tonquédec ; JCP 2022. 750, obs.*

Dedessus-Le-Moustier ; JCP S 2022. 1187, obs. Bobardi.

II. RÉGULARITÉ DU VOTE

23. Influence sur le vote. Les irrégularités commises dans l'organisation et le déroulement d'un scrutin ne peuvent constituer une cause d'annulation que si elles ont exercé une influence sur le scrutin. ● Soc. 13 mars 1985 : *Bull. civ. V, n° 164* (licéité du vote dans une seule enveloppe et dans une seule urne pour la désignation des titulaires et des suppléants). – V. égal. ● Soc. 28 févr. 1989 : *Bull. civ, V, n° 149* ● 21 mai 2003, ⚐ n° 02-60.396 : *RJS 2003. 894, n° 1294* ● 13 juill. 2004, ⚐ n° 03-60.160 P : *RJS 2004. 735, n° 1071* (apposition de croix et non de signatures sur la liste d'émargement) ● Soc. 26 sept. 2012, ⚐ n° 11-22.598 : *D. actu. 22 oct. 2012, obs. Perrin* ; *RJS 2012. 823, n° 973* ; *JCP S 2012. 1478, obs. Petit*. ♦ Le fait pour l'employeur de modifier unilatéralement l'heure de fermeture du scrutin n'entraîne la nullité de l'élection que s'il est établi qu'une telle modification a exercé une influence sur les résultats. ● Soc. 20 janv. 1983 : *Bull. civ. V, n° 31*. ♦ Mais la nullité n'est pas subordonnée à une action pour délit d'entrave. ● Soc. 19 oct. 1994, ⚐ n° 93-60.049 : *Dr. soc. 1995. 67* ; *Dr. ouvrier 1995. 146* (bureau de vote composé du seul président). ♦ Sur l'annulation systématique des élections consécutive au défaut d'invitation d'un syndicat intéressé à la négociation du protocole préélectoral, V. ● Soc. 1er avr. 1998, ⚐ n° 96-60.433 : *Dr. soc. 1998. 724, note G. Couturier* ; *RJS 1998. 397, n° 616*.

24. Procès-verbal de dépouillement. La signature sans réserves du procès-verbal de dépouillement des résultats ne rend pas irrecevable l'action visant à faire sanctionner par la juridiction compétente les irrégularités survenues durant les opérations électorales. ● Soc. 13 oct. 2010, ⚐ n° 09-60.233 : *D. actu. 8 nov. 2010, obs. Siro* ; *D. 2010. AJ 2523* ; *Dr. soc. 2011. 107, obs. Petit* ; *JCP S 2011. 1142, obs. Kerbourc'h* ● 1er déc. 2010, ⚐ n° 10-60.163 : *D. actu. 4 janv. 2011, obs. Dechristé* ; *D. 2011. AJ 22* ; *RJS 2010. 857, n° 962* ; *Dr. soc. 2011. 228, obs. Pécaut-Rivolier* ; *JCP S 2011. 1082, obs. Drai*.

III. VOTES SÉPARÉS

25. Cumul de candidatures aux fonctions de titulaire et de suppléant. Un salarié peut se porter candidat à une même fonction en qualité de titulaire et en qualité de suppléant, mais ne peut être élu en cette double qualité, sa candidature en qualité de suppléant présentant un caractère subsidiaire ; ayant été élu comme suppléant au premier tour des élections, le salarié peut se présenter au second tour et être élu comme titulaire, perdant alors la qualité subsidiaire de suppléant. ● Soc. 10 mai 2012, ⚐ n° 11-18.912 : *D. actu. 26 juin 2012, obs. Ines* ; *D. 2012. Actu. 1342* ; *Dr. soc. 2012. 752, obs. Petit* ; *RJS 2012. 551, n° 643* ; *JCP S 2012. 1300, obs. Béal*.

Art. L. 2314-27 L'élection a lieu pendant le temps de travail. Toutefois, un accord contraire peut être conclu entre l'employeur et l'ensemble des organisations syndicales représentatives dans l'entreprise, notamment en cas de travail en continu.

Comp. anc. art. L. 2314-22 (Délégués du personnel).

Comp. anc. art. L. 2324-20 (Comité d'entreprise).

1. Inapplicabilité au vote électronique. Les dispositions du code du travail, qui prévoient que l'élection a lieu uniquement pendant le temps de travail, ne s'appliquent pas au vote électronique ; la possibilité de procéder au vote électronique à partir de tout ordinateur 24 h sur 24 ne constitue pas une disposition du protocole préélectoral soumise à la règle de l'unanimité. ● Soc. 5 avr. 2011, ⚐ n° 10-19.951 : *D. actu. 4 mai 2011, obs. Fleuriot* ; *D. 2011. Actu. 1148* ; *JCP S 2011. 1252, note Petit* ; *SSL 2011, n° 1491, p. 10, obs. Duquesne*.

2. Mention des horaires du scrutin. Si l'absence de mention des heures d'ouverture et de clôture du scrutin constitue une irrégularité justifiant à elle seule l'annulation des élections professionnelles, cette mention peut être effectuée sur un document annexé au procès-verbal et établi concomitamment. ● Soc. 17 déc. 2014, ⚐ n° 14-12.401 : *D. 2015. Actu. 84* ; *RJS 3/2015, n° 202* ; *JCP S 2015. 1080, obs. Pagnerre*. ♦ De même, si les heures d'ouverture et de fermeture du scrutin ne figurent pas sur le procès-verbal des élections, cette omission peut être suppléée par un constat d'huissier. ● Soc. 28 janv. 2015, ⚐ n° 14-60.413 P : *RJS 4/2015, n° 266*.

Art. L. 2314-28 Les modalités d'organisation et de déroulement des opérations électorales font l'objet d'un accord entre l'employeur et les organisations syndicales, conclu conformément à l'article L. 2314-6. Cet accord respecte les principes généraux du droit électoral.

Les modalités sur lesquelles aucun accord n'a pu intervenir peuvent être fixées par une décision du juge judiciaire.

Comp. anc. art. L. 2314-23 (Délégués du personnel).

Comp. anc. art. L. 2324-21 (Comité d'entreprise).

1. Organisation du vote. Dès lors qu'un accord électoral a été conclu, le chef d'entreprise ne peut être contraint d'inviter les syndicats à négocier sur les modalités qui n'auraient pas été prévues ; en pareille circonstance, il appartient aux intéressés de saisir le juge d'instance ou à l'employeur de fixer ces modalités. • Soc. 13 juin 1989 : *D. 1989. IR 197 ; Dr. soc. 1990. 316, note Savatier ⌀.*
♦ Le chef d'entreprise ne peut unilatéralement modifier les modalités d'organisation et de déroulement des opérations électorales arrêtées par le protocole négocié, à peine de nullité des élections. • Soc. 12 juill. 2006, ⚖ n° 05-60.332 : *RJS 2006. 888, n° 1205.*

2. Respect du protocole préélectoral. Les modalités d'organisation du scrutin, fixées par un protocole préélectoral dont la régularité n'est pas contestée, s'imposent à l'employeur et aux organisations syndicales ; dès lors, le protocole préélectoral n'ayant pas été contesté, l'employeur n'avait pas commis d'irrégularité en refusant de tenir compte de la liste envoyée tardivement. • Soc. 9 nov. 2011, ⚖ n° 10-28.838 : *D. actu. 30 nov. 2011, obs. Ines ; D. 2011. Actu. 2805 ⌀ ; Dr. soc. 2012. 102, obs. Petit ⌀ ; RJS 2012. 56, n° 60 ; JCP S 2012. 1140, obs. Kerbourc'h.*

3. Composition du bureau de vote. A défaut de dispositions spécifiques prévues par un protocole préélectoral signé à la double condition de majorité, et en l'absence de désignation des membres du bureau de vote par accord entre l'employeur et les organisations syndicales ayant présenté des listes aux élections, le bureau de vote est composé, conformément aux principes généraux du droit électoral, des deux salariés électeurs les plus âgés et du salarié électeur le plus jeune. • Soc. 16 oct. 2013, ⚖ n° 12-21.448 : *D. 2013. Actu. 2471 ⌀ ; RJS 12/2013, n° 837.*

4. Dépôt de listes et absence de protocole préélectoral valide. En l'absence de protocole préélectoral prévoyant une date limite de dépôt des candidatures, l'employeur ne peut refuser une candidature déposée après la date qu'il a lui-même fixée qu'en justifiant sa décision au regard des nécessités d'organisation du vote. • Soc. 4 mars 2009, ⚖ n° 08-60.476 P : *JCP S 2009. 1274, com. Kerbourc'h* • Soc. 26 sept. 2012, ⚖ n° 11-26.399 : *D. actu. 12 oct. 2012, obs. Siro ; D. 2012. Actu. 2315 ⌀ ; Dr. soc. 2012. 1071, obs. Petit ⌀ ; RJS 2012. 821, n° 971 ; JCP S 2013. 1035, obs. Bossu.*

5. L'absence d'unanimité dans l'accord préélectoral ne rend pas l'intervention du juge d'instance obligatoire, mais a pour seul effet de permettre à la partie qui peut y avoir intérêt de saisir le tribunal d'instance ; le fait qu'aucune partie n'ait usé de cette faculté ne peut entraîner la nullité des élections. • Soc. 20 juill. 1983 : *Bull. civ. V, n° 460 ; D. 1984. IR 356, obs. A. Lyon-Caen.* – Dans le même sens : • Soc. 28 oct. 1997, ⚖ n° 96-60.369 : *RJS 1997. 862, n° 1404 (1re esp.) ; ibid. 815, chron. Barberot.* ♦ Mais la contestation qui porte sur la division de l'entreprise en établissements distincts ne porte pas sur une modalité d'organisation des opérations électorales relevant de l'art. L. 423-13, al. 3 [L. 2314-23 anc.], mais elle met en cause la régularité de ces opérations et est donc recevable jusqu'à l'expiration d'un délai de 15 jours suivant les élections. • Soc. 28 oct. 1997, ⚖ n° 96-60.272 : *RJS 1997. 862, n° 1404 (2e esp.) ; ibid. 815, chron. Barberot.*

6. Échec des négociations. A défaut de conclusion d'un accord préélectoral et en l'absence de saisine du juge judiciaire, il appartient à l'employeur de fixer les modalités d'organisation et de déroulement des opérations de vote. • Soc. 18 mai 2022, ⚖ n° 21-11.737 B : *D. actu. 1er juin 2022, obs. Couëdel ; RJS 8-9/2022, n° 463.* ♦ A défaut d'avoir émis des réserves et saisi le juge judiciaire d'une demande visant les conditions du scrutin fixées par décision unilatérale de l'employeur, un syndicat n'est pas admis à contester les modalités d'organisation des élections professionnelles une fois le résultat proclamé. • Même arrêt.

7. Le tribunal a le pouvoir de mettre en place un dispositif de contrôle de la régularité, de la liberté et de la sincérité du scrutin, même s'il existe un accord préélectoral comportant des mesures en ce sens. • Soc. 1er avr. 1992, ⚖ n° 90-60.543 P : *D. 1992. IR 154 ; RJS 1992. 358, n° 643.*

8. Un tribunal peut décider qu'en cas d'échec de la négociation du protocole préélectoral et en l'absence d'une décision du juge, l'employeur est tenu de fixer les modalités d'organisation et de déroulement du scrutin. • Soc. 30 oct. 1991, ⚖ n° 90-60.544 : *D. 1992. Somm. 285, obs. Borenfreund ⌀.*

9. C'est sans méconnaître les principes généraux du droit électoral que le juge peut, à défaut d'accord entre les parties, décider du report de la date des élections. • Soc. 26 mai 1988 : *Bull. civ. V, n° 328 ; D. 1988. IR 170.*

10. Obligation de neutralité de l'employeur. L'obligation de neutralité de l'employeur est un principe général du droit électoral et il appartient à celui qui en invoque la violation par l'employeur d'en rapporter la preuve. • Soc. 18 mai 2022, ⚖ n° 20-21.529 B : *D. actu. 1er juin 2022, obs. Couëdel ; Dr. soc. 2022. 847, obs. Chenu ⌀ ; RJS 8-9/2022, n° 464.*

11. Bulletins. En l'absence d'accord entre les parties, le juge d'instance peut ordonner la reproduction intégrale d'un sigle syndical sur les bulletins de vote. • Soc. 25 juin 1987 : *Bull. civ. V, n° 431.* – V. aussi • Soc. 21 nov. 1984 : *Bull. civ. V, n° 452 ; D. 1985. IR 348, obs. Verdier.*

12. Aucun texte n'interdit de mettre à la disposition des électeurs des bulletins blancs. • Soc. 30 janv. 1985 : *Bull. civ. V, n° 66* • 25 févr. 1992, ⚖ n° 89-61.135 P : *Dr. soc. 1992. 455, rapp. Pams-Tatu ⌀ ; RJS 1992. 269, n° 469, 1re esp.* ♦ Sur l'utilisation de bulletins de couleur différente, V.

• Soc. 11 mars 1992, n° 91-61.163 P : *D. 1992. IR 105* ; *RJS 1992. 269, n° 469.*

13. L'organisation des élections par un vote unique sans que les électeurs puissent voter séparément pour les titulaires et les suppléants constitue une irrégularité devant entraîner la nullité des élections. • Soc. 20 mars 2002, ⚖ n° 01-60.546 : *RJS 2002. 768, n° 1007.* ♦ L'employeur n'a pas l'obligation d'avertir expressément les électeurs de ce que la présence de deux bulletins différents par enveloppe rend leur vote nul. • Soc. 12 févr. 1991, ⚖ n° 90-60.378 P : *JCP E 1992. II. 251*, note Corrignan-Carsin.

14. Urnes. En matière d'élections professionnelles, l'utilisation d'une urne non transparente ne constitue pas une violation de l'art. R. 62 C. élect. et que le président général du droit électoral. • Soc. 24 mai 2016, ⚖ n° 15-20.541 P : *D. 2016. Actu. 1205* ⚖ ; *RJS 8-9/2016, n° 580* ; *JCP S 2016, n° 1349*, note Kerbourc'h.

15. Les élections sont entachées d'illégalité s'il est relevé que les bulletins de vote comportaient les noms des candidats qui s'étaient désistés. • Soc. 10 juill. 1997, ⚖ n° 96-60.392 : *SSL 1997, n° 850, p. 14.*

16. Liste d'émargement. Les circonstances que la liste d'émargement n'ait pas été signée par tous les membres du bureau de vote en violation des dispositions de l'art. R. 62 C. élect. et que le président du bureau n'ait pas contesté publiquement et mentionné au procès-verbal les heures d'ouverture et de clôture du scrutin contrairement aux prescriptions de l'art. R. 57 du même code sont de nature à affecter la sincérité des opérations électorales et, s'agissant des principes généraux du droit électoral, constituent des irrégularités justifiant à elles seules l'annulation des élections. • Soc. 28 mars 2012, ⚖ n° 11-16.141 : *D. actu. 16 mai 2012, obs. Ines* ; *Dr. soc. 2012. 535, obs. Petit* ⚖ ; *JCP S 2012. 1261, obs. François* • Soc. 30 sept. 2015, ⚖ n° 14-25.925 P : *D. actu. 23 oct. 2015, obs. Doutreleau* ; *JCP S 2015. 1473, obs. Kerbourc'h.*

17. Dépouillement. Tout candidat a le droit de contrôler les opérations de vote, de dépouillement et de décompte des voix sans qu'il soit nécessaire que le protocole préélectoral prévoit expressément cette possibilité. • Soc. 6 janv. 2011, ⚖ n° 09-60.398 : *D. actu. 4 févr. 2011, obs. Siro* ; *D. 2011. Actu. 246* ⚖ ; *RJS 3/2011, n° 255* ; *JCP S 2011. 1276, obs. Kerbourc'h.* ♦ L'absence de libre accès des électeurs au lieu de dépouillement constitue une irrégularité et justifie à elle seule l'annulation des élections. • Soc. 28 mars 2012, ⚖ n° 11-16.141 : *D. actu. 16 mai 2012, obs. Ines.*

18. Calendrier électoral. Si des modifications négociées entre le chef d'entreprise et les organisations syndicales intéressées peuvent être apportées à un protocole préélectoral, ces modifications, y compris lorsqu'elles portent sur le calendrier électoral, ne peuvent résulter que d'un avenant soumis aux mêmes conditions de validité que le protocole lui-même. • Soc. 26 oct. 2011, ⚖ n° 10-27.134 : *D. actu. 29 nov. 2011, obs. Siro* ; *D. 2011. Actu. 2734* ⚖ ; *Dr. soc. 2012. 99, obs. Petit* ⚖ ; *RJS 2012. 58, n° 63* ; *JCP S 2012. 1087, obs. Bossu.*

19. Désistement d'un candidat. Dès lors qu'n'existe aucune incompatibilité entre les deux mandats, un salarié, élu à la fois au comité d'entreprise et en qualité de délégué du personnel suppléant, ne peut pas se désister de ce second mandat au profit d'un candidat auquel les résultats du scrutin ne conféraient pas la qualité d'élu, peu importante que ce désistement soit intervenu avant ou après la proclamation des résultats. • Soc. 29 juin 2011, ⚖ n° 10-18.647 : *D. 2011. Actu. 1907* ⚖ ; *Dr. soc. 2011. 1124, obs. Petit* ⚖ ; *RJS 10/2011, n° 824* ; *JCP S 2011. 1431, obs. Pagnerre.*

Art. L. 2314-29 Le scrutin est de liste à deux tours avec représentation proportionnelle à la plus forte moyenne.

Au premier tour de scrutin, chaque liste est établie par les organisations syndicales mentionnées aux premier et deuxième alinéas de l'article L. 2314-5. Si le nombre des votants est inférieur à la moitié des électeurs inscrits, il est procédé, dans un délai de quinze jours, à un second tour de scrutin pour lequel les électeurs peuvent voter pour des listes autres que celles présentées par une organisation syndicale.

Lorsque le nom d'un candidat a été raturé, les ratures ne sont pas prises en compte si leur nombre est inférieur à 10 % des suffrages exprimés en faveur de la liste sur laquelle figure ce candidat.

Dans ce cas, les candidats sont proclamés élus dans l'ordre de présentation.

Après la proclamation des résultats, l'employeur transmet, dans les meilleurs délais, par tout moyen, une copie des procès-verbaux aux organisations syndicales de salariés qui ont présenté des listes de candidats aux scrutins concernés ainsi qu'à celles ayant participé à la négociation du protocole d'accord préélectoral.

Comp. anc. art. L. 2314-24 (Délégués du personnel).

Comp. anc. art. L. 2324-22 (Comité d'entreprise).

COMMENTAIRE

V. sur le Code en ligne 🔒.

I. LISTES ÉLECTORALES

1. Dépôt des listes de candidats. Un délégué syndical ne peut présenter de liste de candidats au nom du syndicat que lorsqu'il a expressément reçu mandat à cette fin. • Soc. 15 juin 2011, ⚖ n° 10-25.282 : *D. 2011. Actu. 1769* / ; *D. actu. 13 juill. 2011, obs. Perrin* ; *RDT 2011. 515, obs. Odoul-Asorey* / ; *Dr. soc. 2011. 1127, obs. Petit* / ; *RJS 2011. 645, n° 713* ; *Dr. ouvrier 2011. 622, obs. Rennes* ; *JSL 2011, n° 304-6, obs. Guyader* ; *JCP S 2011. 1430, obs. Kerbourc'h.* ♦ Ce mandat peut être verbal. • Soc. 10 déc. 2014, ⚖ n° 14-60.447 : *D. actu. 16 janv. 2015, obs. Fleuriot* ; *RJS 2/2015, n° 125.* ♦ Mais, à défaut d'avoir réclamé ce mandat lors du dépôt de la liste de candidatures, ni contesté le dépôt de cette liste, l'employeur qui est chargé de l'organisation des élections ne peut remettre en cause sur ce motif la validité de la liste après le déroulement du scrutin. • Soc. 26 sept. 2012, ⚖ n° 11-25.544 : *D. actu. 15 oct. 2012, obs. Siro* ; *Dr. soc. 2012. 1072, obs. Petit* / ; *RJS 2012. 822, n° 972* ; *Dr. ouvrier 2013. 30, obs. Rennes* ; *JCP S 2012. 1532, obs. Gauriau.* ♦ Une organisation syndicale peut présenter comme candidats soit ses propres adhérents, soit des salariés non syndiqués ou adhérents à une autre organisation. • Soc. 28 mars 2012, ⚖ n° 11-61.180 : *D. actu. 3 mai 2012, obs. Ines* ; *Dr. soc. 2012. 532, obs. Petit* / ; *RJS 2012. 490, n° 580.*

2. Mentions. Les seules mentions qui doivent figurer obligatoirement sur la liste électorale des salariés travaillant dans l'entreprise sont : l'âge, l'appartenance à l'entreprise et l'ancienneté dans celle-ci, qui déterminent la qualité d'électeur, et permettent le contrôle de la régularité des opérations électorales ; l'indication de l'adresse du domicile des salariés n'a pas à figurer sur la liste électorale. • Soc. 20 mars 2002, ⚖ n° 00-60.315 P : *D. 2002. IR 1402* / ; *RJS 2002. 552, n° 702* ; *Dr. soc. 2002. 621, note Boulmier* / ; *CSB 2002. 221, A. 26* • 10 juill. 2002, ⚖ n° 01-60.699 : *RJS 2002. 937, n° 1258.* ♦ Comp. : en vertu du droit commun électoral, les listes doivent mentionner le domicile réel des inscrits afin de permettre le contrôle des conditions d'électorat et d'éligibilité. • Soc. 21 janv. 1988 : *Bull. civ. V, n° 66.* ♦ ... Sauf dispositions spéciales du protocole. • Soc. 2 oct. 1991, ⚖ n° 90-60.426 : *JCP E 1992. II. 108, n° 6, obs. Gatumel* ; *CSB 1991. 239, A. 54* ; *RJS 1991. 64, n° 1221.* ♦ ... Et nonobstant l'opposition de nombreux salariés. • Soc. 14 oct. 1997, ⚖ n° 96-60.191 P : *D. 1997. IR 228* / ; *RJS 1997. 778, n° 1263 (1re esp.).* ♦ ... Ou des représentants du personnel. • Soc. 14 oct. 1997, ⚖ n° 96-60.037 : *D. 1997. IR 228* / ; *JCP 1997. II. 22977, note Boulmier* ; *Dr. soc. 1997. 1108, obs. Cohen* / ; *RJS 1997. 778, n° 1263 (2e esp.)* ; *CSB 1997. 327, S. 185.* ♦ Si les organisations syndicales peuvent, dans le cadre de la vérification de la régularité des inscriptions sur les listes électorales et de la répartition des salariés dans les collèges, demander communication des coefficients hiérarchiques de ces salariés à l'employeur, il n'appartient pas au tribunal d'instance d'ordonner l'affichage de ces informations, de nature personnelle. • Soc. 20 juin 2012, ⚖ n° 11-19.643 : *D. actu. 30 juill. 2012, obs. Ines* ; *D. 2012. Actu. 1746* / ; *Dr. soc. 2012. 1069, obs. Boulmier* / ; *RJS 2012. 704, n° 829* ; *JSL 2012, n° 328-5, obs. Tourreil* ; *JCP S 2012. 1451, obs. Passerone.*

3. Communication aux syndicats. Un tribunal peut ordonner sous astreinte la communication de la liste des électeurs à toutes les organisations signataires du protocole préélectoral, sans qu'il y ait atteinte à la vie privée des salariés. • Soc. 13 juill. 1988 : *Bull. civ. V, n° 453* ; *D. 1988. IR 238.* – V. aussi • Soc. 14 oct. 1997, ⚖ n° 96-60.037 : *préc. note 2* (communication aux syndicats représentatifs).

4. Information du personnel. La loi ayant seulement prévu la publication de la liste électorale sans en déterminer les modalités, l'absence d'affichage de cette liste n'entraîne pas la nullité des élections s'il est établi que la liste a été tenue à la disposition du personnel. • Soc. 17 janv. 1974 : *Bull. civ. V, n° 51.* – Dans le même sens : • Soc. 23 mars 1983 : *Bull. civ. V, n° 188.* ♦ Un retard de 3 jours dans l'affichage de la liste électorale par rapport à la date prévue à l'accord préélectoral ne justifie pas le report des élections. • Soc. 20 déc. 1988 : *RJS 1989. 94, n° 175.*

5. Modification de la liste. Les conditions d'électorat et d'éligibilité devant être remplies à la date de l'élection, la liste électorale est établie pour les deux tours et ne peut être modifiée après le premier tour, le renouvellement de l'affichage en vue du second tour constituant un simple rappel et n'ouvrant pas de droits nouveaux. • Soc. 7 mars 1990, ⚖ n° 89-60.283 P. • 18 nov. 2008, ⚖ n° 07-60.359 : *RJS 2009. 162, n° 196* ; *JCP S 2009. 1070, obs. Kerbourc'h.* ♦ Mais il appartient à l'employeur d'actualiser les listes électorales lorsque les effectifs se modifient après leur publication et avant l'expiration du délai requis pour cette dernière. • Soc. 20 mars 2002, ⚖ n° 01-60.482 P : *JCP 2002. IV. 1784* ; *RJS 2002. 655, n° 851.*

6. Date limite. L'accord préélectoral peut fixer une date limite au dépôt des candidatures. • Crim. 3 févr. 1987 : *Bull. crim. n° 58* ; *D. 1988. Somm. 94, obs. Béraud* • Soc. 19 juin 1987 : *Bull. civ. V, n° 405* • 16 mai 1990, ⚖ n° 89-60.002 P. ♦ Recevabilité de candidatures déposées après expiration du délai fixé par l'accord préélectoral, le retard (très minime) n'ayant pas perturbé le déroulement du scrutin. • Soc. 10 juill. 1997, ⚖ n° 96-60.383 : *RJS 1997. 694, n° 1115.*

7. Liste des candidats. Un syndicat ne peut présenter un candidat sans son accord. • Soc. 20 oct. 1993, ⚖ n° 92-60.304 D : *Dr. soc. 1993. 970.* ♦ Un délégué syndical, sauf à en avoir reçu le pouvoir, ne peut modifier ou remplacer la liste de candidats aux élections professionnelles que le syndicat avait présentée et transmise à l'employeur. • Soc. 13 oct. 2004, ⚖ n° 03-60.416 P : *Dr. soc.* 2005. 481, obs. Masquefa-Neau-Leduc ⌀ ; *RJS* 2004. 912, n° 1304 ; *TPS* 2004, n° 367. ♦ Dès lors que le salarié, qui a déposé une liste de candidatures, sur laquelle il figure, au nom d'une organisation syndicale, n'a pas été mandaté par cette dernière, l'employeur est fondé à ne retenir aucune candidature pour ladite organisation sans avoir à présenter une contestation devant le tribunal d'instance. • Soc. 30 oct. 2013, ⚖ n° 12-29.952 : *D. actu.* 22 nov. 2013, obs. Ines ; *RJS* 1/2014, n° 60. ♦ Il ne lui incombe pas de s'assurer de la persistance de cet accord entre les deux tours, il doit en revanche être informé du retrait d'un candidat de la liste présumée reconduite pour le second tour. • Soc. 13 oct. 2010, ⚖ n° 09-60.233 : *D. actu.* 8 nov. 2010, obs. Siro ; *D.* 2010. *AJ* 2523 ⌀. ♦ Une organisation syndicale peut présenter comme candidats, soit ses propres adhérents, soit des salariés non syndiqués ou adhérents à une autre organisation. • Soc. 28 mars 2012, ⚖ n° 11-61.180 : *D. actu.* 3 mai 2012, obs. Ines ; *Dr. soc.* 2012. 532, obs. Petit ⌀ ; *RJS* 2012. 490, n° 580. ♦ Si une fédération syndicale informe l'employeur qu'elle souhaite déposer une liste en lieu et place des organisations syndicales qui lui sont affiliées, et que ces mêmes syndicats déposent par la suite une liste, l'employeur peut refuser les listes présentées par ces syndicats sans avoir besoin de saisir le juge d'instance. • Soc. 4 juin 2014, ⚖ n° 13-60.238 : *D. actu. 1er juill.* 2014, obs. Ines.

8. Obligation de neutralité de l'employeur. L'employeur ne peut, compte tenu de son obligation de neutralité, laisser diffuser un tract anonyme mettant en cause des candidats aux élections. • Soc. 7 nov. 2012, ⚖ n° 11-60.184 : *RDT* 2013. 119, obs. Signoretto ⌀.

II. PREMIER TOUR

9. Contestations. Un syndicat ne peut être écarté du processus électoral tant qu'il n'a pas été statué sur sa représentativité. • Soc. 9 févr. 2000, ⚖ n° 98-60.599 P : *RJS* 2000. 198, n° 297.

10. Candidature individuelle. Une candidature individuelle constitue une liste, le panachage entre listes étant exclu. • Soc. 10 janv. 1989 : *Bull. civ.* V, n° 6 ; *D.* 1989. *IR* 36.

11. Bulletins individuels. N'est pas contraire à la loi l'usage d'entreprise permettant à chaque électeur d'insérer dans la même enveloppe autant de bulletins de vote qu'il y a de sièges à pourvoir lorsque ces bulletins sont établis au nom de chacun des candidats se présentant individuellement. • Soc. 24 sept. 2008, ⚖ n° 08-60.004 : *RDT* 2009. 48, obs. Petit ⌀.

12. Retrait de candidatures. En cas de retrait de candidatures, l'employeur n'est pas tenu de saisir le tribunal d'instance ; c'est à la partie qui conteste les retraits de le faire. • Soc. 5 mars 1997, ⚖ n° 96-60.034 : *RJS* 1997. 291, n° 440.

♦ Les élections sont entachées d'illégalité, s'il est relevé que les bulletins de vote comportaient les noms de candidats qui s'étaient désistés. • Soc. 10 juill. 1997, ⚖ n° 96-60.392 : *SSL* 1997, n° 850, p. 14.

13. Irrégularités substantielles. Les irrégularités commises dans l'organisation et le déroulement du scrutin ne peuvent constituer une cause d'annulation que si elles ont exercé une influence sur les résultats des élections ou, depuis l'entrée en vigueur de la L. n° 2008-789 du 20 août 2008, si, s'agissant du premier tour, elles ont été déterminantes de la qualité représentative des organisations syndicales dans l'entreprise, ou du droit pour un candidat d'être désigné délégué syndical. • Soc. 13 janv. 2010, ⚖ n° 09-60.203 : *D.* 2010. *AJ* 271 ⌀ ; ibid. *Pan.* 2029, obs. Arséguel ⌀ ; *RDT* 2010. 314, obs. Peskine ⌀ ; *Dr. soc.* 2010. 595, obs. Petit ⌀ ; *SSL* 2010, n° 1429, p. 6, note Pécaut-Rivolier.

14. Périmètre d'appréciation des irrégularités. Seules peuvent constituer une cause d'annulation d'un scrutin organisé dans un périmètre électoral déterminé, en vue de l'élection des membres titulaires des comités d'entreprise ou d'établissement, les irrégularités qui ont exercé une influence sur le résultat des élections ou qui ont été déterminantes de la qualité représentative des organisations syndicales dans ce périmètre ; le juge n'est tenu d'apprécier les conséquences de ces irrégularités dans le seul périmètre de sa saisine, il n'a pas à mesurer les incidences éventuelles sur le calcul de la représentativité de la fédération au niveau de l'UES. • Soc. 2 mars 2011, ⚖ n° 10-60.101 : *D.* 2011. *Actu.* 760 ⌀ ; *Dr. soc.* 2011. 729, obs. Petit ⌀.

15. Atteinte au monopole syndical. La participation d'une personne morale n'ayant pas la qualité de syndicat, telle une association, au premier tour, est de droit cause de nullité de l'élection, peu important son influence sur les résultats. • Soc. 27 janv. 2010, ⚖ n° 09-60.103 : *D.* 2010. *Pan.* 2029, obs. Arséguel ⌀ ; *RDT* 2010. 244, obs. Odoul-Asorey ⌀ ; *D. actu.* 10 févr. 2010, obs. Ines.

16. Affiliations multiples. Les syndicats affiliés à une même confédération nationale, qu'elle soit ou non représentative, ne peuvent présenter qu'une seule liste de candidats, par collège, lors des élections professionnelles dans l'entreprise. • Soc. 22 sept. 2010, ⚖ n° 10-60.135 : *D.* 2010. *AJ* 2333 ⌀ ; *RJS* 2010. 771, n° 862 ; *JCP S* 2010. 1479, note Chiss et Souchon ; *Dr. ouvrier* 2010. 655, note Petit. ♦ Si (en raison d'un jugement devenu définitif) deux syndicats affiliés à une même confédération ont présenté chacun leur propre liste, il n'y a pas lieu de procéder à la totalisation, au profit de l'un ou l'autre, des suffrages recueillis en propre à chacun. • Soc. 26 oct. 2011, ⚖ n° 11-10.290 : *D. actu.* 2012. 101, obs. Petit ⌀ ; *SSL* 2011, n° 1519, p. 10, obs. Béam et Marguerite ; *RJS* 2012. 54, n° 56 ; *JCP S* 2012. 1008, obs. Kerbourc'h.

INSTITUTIONS REPRÉSENTATIVES   Art. L. 2314-30

17. Champ géographique. Pour présenter des candidats au premier tour des élections professionnelles, les syndicats doivent être compétents statutairement dans le champ géographique couvrant l'entreprise, qu'ils soient ou non affiliés à une union qui a une personnalité morale distincte ou que celle-ci soit reconnue représentative dans le champ concerné. ● Soc. 22 sept. 2010, ⚖ n° 09-60.480 : *D. actu. 11 oct. 2010, obs. Siro ; RDT 2010. 728, obs. Tissandier ⌀ ; RJS 2010. 774, n° 866 ; Dr. soc. 2010. 1258, obs. Petit ⌀ ; JCP S 2010. 1471, obs. Kerbourc'h.*

III. SECOND TOUR

18. Délai de 15 jours. Si le second tour peut avoir lieu avant l'expiration du délai de 15 jours, le calendrier des opérations électorales doit respecter la sincérité du scrutin ; dès lors, le juge devait rechercher si l'organisation des deux tours le même jour n'avait pas fait obstacle à la présentation d'une liste syndicale au second tour. ● Soc. 8 juill. 1997, ⚖ n° 95-60.916 P : *RJS 1997. 626, n° 1000 ; CSB 1997. 250, S. 148.*

19. Carence de l'employeur. S'il appartient à l'employeur d'organiser un second tour pour pourvoir les sièges demeurés vacants à l'issue du premier, sa carence à poursuivre le processus électoral pour le second tour n'a pas d'incidence sur la régularité du premier tour du scrutin. ● Soc. 10 mai 2012, ⚖ n° 11-21.339 : *D. actu. 2 juill. 2012, obs. Perrin ; RJS 2012. 554, n° 646 ; JCP S 2012. 1333, obs. Dumont.*

20. Suffrages exprimés. Pour la détermination du quorum, seuls sont pris en compte les suffrages exprimés, à l'exclusion des bulletins blancs ou nuls. ● Cass., ass. plén., 3 juin 1983 : *Bull. civ., n° 5* ● Soc. 7 mars 1989 : *Bull. civ. V, n° 182 ; D. 1989. IR 102.*

21. Carence de candidats au premier tour. Lorsque aucune organisation syndicale ne présente de candidats au premier tour, un second tour peut être organisé. ● Civ. 2ᵉ, 10 mai 1961, n° 60-60.075 P : *D. 1961. 510.* ◆ Il ne peut être laissé à la discrétion des organisations syndicales la possibilité, pour une entreprise, de satisfaire à l'obligation de mettre en place un comité d'entreprise ; dès lors, un deuxième tour doit être organisé pour pourvoir les postes demeurés vacants. ● Soc. 18 mars 1982 : *Bull. civ. V, n° 188 ; D. 1983. IR 162, obs. Frossard.* ◆ V. aussi ● Soc. 9 oct. 1985 : *Bull. civ. V, n° 444 ; D. 1986. IR 115* (quorum atteint au premier tour, mais vacance du siège réservé au cadre) ● 8 juill. 1985 : *Bull. civ. V, n° 409 ; D. 1986. IR 36.* ◆ Une liste incomplète ne peut avoir plus de sièges que de candidats : s'il reste un siège à pourvoir et qu'une seule liste dispose encore d'un candidat, ce siège doit lui être attribué sans qu'il y ait lieu d'organiser un second tour. ● Soc. 12 janv. 2000, ⚖ n° 99-60.044 P : *RJS 2000. 200, n° 302.* ◆ Si une liste des candidats déposée par un syndicat pour le premier tour des élections professionnelles ne respecte pas les formes et délais prévus par le protocole préélectoral dont la régularité n'est pas contestée, cette liste ne peut pas être réputée maintenue pour le second tour. ● Soc. 31 mai 2016, ⚖ n° 15-60.157 P : *RJS 8-9/2016, n° 579 ; JCP S 2016. 1314, obs. Petit.*

22. Maintien des candidatures au second tour. Les candidats présentés pour le premier tour doivent être considérés comme maintenus pour le second. ● Soc. 25 avr. 1984, ⚖ n° 83-63.188 P. ◆ Cette règle est d'ordre public et un accord préélectoral ne peut y déroger. ● Soc. 18 juill. 2000, ⚖ n° 99-60.356 P : *D. 2000. IR 228 ⌀.* ◆ Mais si une liste des candidats déposée par un syndicat pour le premier tour des élections professionnelles ne respecte pas les formes et délais prévus par le protocole préélectoral dont la régularité n'est pas contestée, cette liste ne peut pas être réputée maintenue pour le second tour. ● Soc. 31 mai 2016, ⚖ n° 15-60.157 P : *RJS 8-9/2016, n° 579 ; JCP S 2016. 1314, obs. Petit.*

23. Information des syndicats. Sur l'obligation pour le chef d'entreprise d'informer les organisations syndicales des modalités du déroulement du second tour, V. ● Soc. 13 juin 1989 : *Bull. civ. V, n° 437 ; D. 1989. IR 197.*

24. Ratures. Les dispositions de l'art. L. 423-14 [L. 2314-29] relatives aux ratures concernent l'ordre dans lequel les candidats d'une même liste doivent être proclamés élus et non le mode de calcul de la moyenne des voix obtenues par chaque liste. ● Soc. 4 juill. 1983 : *Bull. civ. V, n° 383 ; D. 1983. IR 353 ; Dr. soc. 1984. 79, note Savatier* ● 3 mars 1993 : ⚖ *RJS 1993. 257, n° 427.* ◆ En présence d'un accord préélectoral contraire aux dispositions d'ordre public relatives aux ratures, un tribunal peut modifier le résultat des élections sans renvoyer les parties à la conclusion d'un nouvel accord. ● Soc. 9 nov. 1983 : *JCP 1984. IV. 19.*

25. Si les syndicats représentatifs peuvent, au premier tour, présenter des salariés adhérents à une organisation syndicale non représentative, avec la mention de leur appartenance à celle-ci, ils ne peuvent, en raison de leur monopole de présentation, présenter une liste commune avec des syndicats non représentatifs. ● Soc. 16 nov. 1993, ⚖ n° 92-60.306 : *D. 1994. Somm. 297, obs. Borenfreund ⌀ ; Dr. soc. 1994. 54.*

SOUS-SECTION 5   Représentation équilibrée des femmes et des hommes

Art. L. 2314-30 Pour chaque collège électoral, les listes mentionnées à l'article L. 2314-29 qui comportent plusieurs candidats sont composées d'un nombre de femmes et d'hommes correspondant à la part de femmes et d'hommes inscrits sur la liste électorale. Les listes sont composées alternativement d'un candidat de chaque sexe jusqu'à épuisement des candidats d'un des sexes.

Lorsque l'application du premier alinéa n'aboutit pas à un nombre entier de candidats à désigner pour chacun des deux sexes, il est procédé à l'arrondi arithmétique suivant :

1° Arrondi à l'entier supérieur en cas de décimale supérieure ou égale à 5 ;

2° Arrondi à l'entier inférieur en cas de décimale strictement inférieure à 5.

En cas de nombre impair de sièges à pourvoir et de stricte égalité entre les femmes et les hommes inscrits sur les listes électorales, la liste comprend indifféremment un homme ou une femme supplémentaire.

Lorsque l'application de ces règles conduit à exclure totalement la représentation de l'un ou l'autre sexe, les listes de candidats pourront comporter un candidat du sexe qui, à défaut ne serait pas représenté. Ce candidat ne peut être en première position sur la liste.

Le présent article s'applique à la liste des membres titulaires du comité social et économique et à la liste de ses membres suppléants.

Comp. anc. art. L. 2314-24-1 (Délégués du personnel).

Comp. anc. art. L. 2324-22-1 (Comité d'entreprise).

BIBL. ▶ CREDOZ-ROSIER, *RJS 5/2020* (vade-mecum pour les listes de candidatures au CSE, règles de représentation équilibrée femmes-hommes). – HAMOUDI, *Dr. ouvrier 2020. 147* (élections professionnelles et mixité). – PETIT, *Dr. soc. 2020. 244* (les derniers remèdes à la représentation déséquilibrée entre les femmes et les hommes au sein du CSE) ; *RJS 7/2022, chron.* (élections professionnelles : de l'égalité femmes/hommes à la représentation équilibrée).

I. PROPORTIONNALITÉ ET ALTERNANCE

1. Conformité à la Constitution. Sous réserve qu'elle ne fasse pas obstacle à ce que les listes de candidats puissent comporter un candidat du sexe sous-représenté dans le collège électoral, la règle d'arrondi arithmétique en matière de représentation équilibrée des femmes et des hommes sur les listes de candidats aux élections professionnelles est conforme à la Constitution. ● Cons. const. 19 janv. 2018, n° 2017-686 : *D. 2018. Actu. 119* ; *RJS 3/2018, n° 202*. ♦ L'obligation d'alternance entre les candidats des deux sexes en début de liste est proportionnée à l'objectif de parité recherché par la loi. ● Soc., QPC, 24 oct. 2019, n° 14-18.900 P : *D. actu. 25 nov. 2019, obs. Ilieva*.

2. Conventionnalité de la règle de parité des listes. L'obligation faite aux organisations syndicales de présenter aux élections professionnelles des listes comportant alternativement des candidats des deux sexes à proportion de la part de femmes et d'hommes dans le collège électoral concerné répond à l'objectif légitime d'assurer une représentation des salariés qui reflète la réalité du corps électoral et de promouvoir l'égalité effective des sexes ; le législateur a prévu, d'une part, une proportionnalité des candidatures au nombre de salariés masculins et féminins présents dans le collège électoral considéré au sein de l'entreprise, et d'autre part, une sanction limitée à l'annulation des élus surnuméraires de l'un ou l'autre sexe. Aussi, les dispositions en cause ne constituent pas une atteinte disproportionnée au principe de la liberté syndicale reconnu par les textes européens et internationaux et procèdent à une nécessaire et équilibrée conciliation avec le droit fondamental à l'égalité entre les sexes instauré par les dispositions de droit européen et international. ● Soc., QPC, 13 févr. 2019, n° 18-17.042 P : *D. 2019. Actu. 313* ; *RJS 4/2019, n° 236* ; *JCP 2019. 239, obs. Dedessus-Le-Moustier* ; *JCP S 2019. 1110, obs. Cavallini*.

3. Composition du corps électoral. La proportion de femmes et d'hommes composant chaque collège électoral doit figurer dans le protocole préélectoral en fonction des effectifs connus lors de la négociation du protocole ; à défaut, elle est fixée par l'employeur en fonction de la composition du corps électoral existant au moment de l'établissement de la liste électorale, sous le contrôle des organisations syndicales. ● Soc. 12 mai 2021, n° 20-60.118 P : *D. 2021. 1490, obs. Ala et Lanoue* ; *RJS 8-9/2021, n° 468* ; *JCP S 2021. 1185, obs. Pagnerre* ● 29 sept. 2021, n° 20-60.246 B : *D. 2021. 1769* ; *Dr. soc. 2021. 1049, note Petit* ; *RJS 12/2021, n° 668*.

4. Respect de la parité sur la liste électorale. Lorsque plusieurs postes sont à pourvoir, l'organisation syndicale est tenue de présenter une liste comportant nécessairement une femme et un homme, ce dernier au titre du sexe sous-représenté dans le collège considéré. ● Soc. 9 mai 2018, n° 17-14.088 P : *D. 2018. Actu. 1018* ; *RJS 7/2018, n° 491*.

5. Ordre public absolu. Les dispositions de l'art. L. 2314-30 étant d'ordre public absolu, le protocole préélectoral ne peut y déroger. ● Soc. 11 déc. 2019, n°s 19-10.826 P, 18-23.513 P, 18-26.568 P, 19-10.855 P et 19-12.596 P : *RJS 2/2020, n° 102* ; *D. actu. 13 janv. 2020, obs. Ilieva* ; *RJS 2/2020, n° 102* ; *Dr. ouvrier 2020. 161, obs. Viart* ; *JSL 2020, n° 492-1, obs. Hautefort* ; *ibid., n° 492-2, obs. Nasom-Tissandier* ; *JCP S 2020. 1030, obs.*

INSTITUTIONS REPRÉSENTATIVES **Art. L. 2314-30** 857

Bossu • 9 nov. 2022, n° 21-60.183 B : *D. 2022. 1972* ; *Rev. sociétés 2023. 249, note Petit* ; *RJS 1/2023, n° 27* ; *JCP E 202. 1143, obs. Pagnerre.*

6. Principe de mixité des listes de candidats. Le protocole préélectoral ne peut pas comporter des stipulations moins contraignantes que la loi en matière de représentation équilibrée des femmes et des hommes sur les listes de candidats ; le non-respect de la règle de l'alternance dans l'ordre des présentations des candidats ne conduit pas systématiquement à l'annulation de l'élection du candidat concerné. • Soc. 9 mai 2018, n° 17-60.133 P : *RJS 7/2018, n° 491* ; *D. 2018. Actu. 1018*.

7. Champ d'application de la règle de la représentation équilibrée. Les dispositions de l'art. L. 2314-30, éclairées par les travaux parlementaires, s'appliquent aux organisations syndicales qui doivent, au premier tour pour lequel elles bénéficient du monopole de présentation des listes de candidats et, par suite, au second tour, constituer des listes qui respectent la représentation équilibrée des femmes et des hommes : elles ne s'appliquent pas aux candidatures libres présentées au second tour des élections professionnelles. • Soc. 25 nov. 2020, n° 19-60.222 P : *D. actu. 23 déc. 2020, obs. Couëdel* ; *D. 2020. 2349* ; *ibid. 2021. 370, chron. Ala, Lanoue et Prache* ; *Dr. soc. 2021. 1, tribune Petit* ; *ibid. 248, note Brunie* ; *RJS 2/2021, n° 103* ; *Dr. ouvrier 2021. 243, obs. Hamoudi* ; *JCP S 2021. 1005, obs. Pagnerre.* ♦ La règle de la représentation équilibrée hommes/femmes s'applique aux listes présentées lors des élections partielles. • Soc. 9 nov. 2022, n° 21-60.183 B : *D. 2022. 1972* ; *RJS 1/2023, n° 27* ; *JCP S 2022. 1308, obs. Kerbourc'h.*

II. ARRONDI

8. Constitutionnalité. Il est permis au législateur d'adopter des dispositions revêtant un caractère contraignant tendant à rendre effectif l'égal accès des hommes et des femmes à des responsabilités sociales et professionnelles. En jugeant que, lorsque l'organisation syndicale choisit de présenter une liste comprenant un nombre de candidats inférieur au nombre de sièges à pourvoir, l'application de la règle de l'arrondi à l'entier inférieur en cas de décimale strictement inférieure à cinq provoquée par le nombre de candidats que l'organisation syndicale a choisi de présenter ne peut conduire, s'agissant de textes d'ordre public absolu, à éliminer toute représentation du sexe sous-représenté qui aurait été autrement représenté dans une liste comportant autant de candidats que de sièges à pourvoir, les dispositions contestées de l'art. L. 2314-30 C. trav. telles qu'interprétées par la Cour de cassation sont proportionnées à l'objectif de parité recherché par la loi et ne méconnaissent ni la liberté syndicale, ni le principe de participation des travailleurs. • Soc., QPC,

27 mai 2021, n° 21-11.813 P : *D. actu. 8 juin 2021, obs. Malfettes* ; *RJS 8-9/2021, n° 467.*

9. Nombre de sièges à pourvoir égal à deux. Lorsque plusieurs sièges sont à pourvoir, les organisations syndicales sont tenues de présenter une liste conforme à l'art. L. 2314-30, c'est-à-dire respectant la proportion de la part des hommes et des femmes dans le collège électoral considéré et devant comporter au moins un candidat au titre du sexe sous-représenté ; lorsque l'application des règles de proportionnalité et de l'arrondi à l'entier inférieur en cas de décimale strictement inférieure à 5 conduit, au regard du nombre de sièges à pourvoir, à exclure totalement la représentation de l'un ou l'autre sexe, il résulte de l'art. préc. que les listes électorales peuvent comporter un candidat du sexe sous-représenté, sans que les organisations syndicales y soient tenues. Les dispositions de l'art. L. 2314-30 C. trav. étant d'ordre public absolu, le protocole préélectoral ne peut y déroger. Il s'ensuit que c'est à bon droit qu'un tribunal, ayant constaté que la proportion de femmes et d'hommes dans le collège concerné était respectivement de 30,46 % et de 69,54 % et que deux postes étaient à pourvoir, ce dont il résultait que, la règle de proportionnalité donnant une décimale supérieure à 5, un poste devait être attribué à une femme, et que le syndicat n'avait présenté qu'un candidat homme, annule l'élection de ce dernier. • Soc. 11 déc. 2019, n° 18-23.513 P : *préc. note 5.* ♦ Si, alors que deux sièges sont à pourvoir, le pourcentage de salariés d'un sexe, en application de la règle de l'arrondi, ne donne droit à aucun siège, le syndicat peut présenter soit deux candidats du sexe majoritairement représenté, soit un candidat de chacun des deux sexes, soit un candidat unique du sexe surreprésenté. • Soc. 11 déc. 2019, n° 18-26.568 P : *préc. note 5.*

10. Nombre de sièges à pourvoir supérieur à deux. Lorsqu'une organisation syndicale choisit de présenter une liste comprenant un nombre de candidats inférieur au nombre de sièges à pourvoir, l'application de la règle de l'arrondi à l'entier inférieur en cas de décimale strictement inférieure à 5 provoquée par le nombre de candidats que l'organisation syndicale a choisi de présenter ne peut conduire, s'agissant de textes d'ordre public absolu, à éliminer toute représentation du sexe sous-représenté, qui aurait été autrement représenté dans une liste comportant autant de candidats que de sièges à pourvoir. Ayant, d'une part, constaté que 4 postes étaient à pourvoir et que les deux sexes étaient représentés au sein du collège considéré, d'autre part, fait ressortir que l'application, en fonction du nombre de candidats présentés sur la liste incomplète, de la règle de l'arrondi à l'entier inférieur conduisait à exclure de toute représentation le sexe sous-représenté qui aurait été nécessairement représenté sur une liste comportant autant de candidats que de postes à pourvoir, le tribunal en a exactement déduit l'irrégularité de la liste composée de deux représentants du sexe féminin surreprésenté, une liste de deux candidats devant dans ce cas nécessairement comporter un candidat de l'un et l'autre sexe, et a, à bon droit, décidé l'annulation de l'élection de la dernière élue du sexe surreprésenté. • Soc. 11 déc. 2019, n° 19-10.826 P : *préc. note 5.* ♦ L'exception à la présence sur les listes d'au moins un candidat de chaque sexe n'est applicable que lorsque l'absence de représentation d'un sexe résulte de la mise en œuvre des règles de proportionnalité et d'arrondi au regard du nombre légal de sièges à pourvoir ; lorsque six sièges sont à pourvoir et que la répartition des sexes dans le collège est de 96 % d'hommes et 4 % de femmes, conformément à la faculté ouverte par l'art. L. 2314-30, il est possible pour les organisations syndicales de faire figurer sur leur liste un représentant du sexe ultra-minoritaire ; il s'agit d'une simple faculté. • Soc. 11 déc. 2019, n° 19-10.855 P : *préc. note 5.*

Art. L. 2314-31 Dès qu'un accord ou une décision de l'autorité *(L. n° 2018-217 du 29 mars 2018, art. 6)* « administrative ou de l'employeur » sur la répartition du personnel est intervenu, l'employeur porte à la connaissance des salariés, par tout moyen permettant de donner une date certaine à cette information, la proportion de femmes et d'hommes composant chaque collège électoral.

Comp. anc. art. L. 2314-24-2 (Délégués du personnel).

Comp. anc. art. L. 2324-22-2 (Comité d'entreprise).

La proportion de femmes et d'hommes composant chaque collège électoral doit figurer dans le protocole préélectoral en fonction des effectifs connus lors de la négociation du protocole. A défaut, elle est fixée par l'employeur en fonction de la composition du corps électoral existant au moment de l'établissement de la liste électorale, sous le contrôle des organisations syndicales ; la décision d'autorité administrative procédant à la répartition des salariés dans les collèges électoraux n'a donc pas à préciser la répartition des hommes et des femmes dans chaque collège. • Soc. 29 sept. 2021, n° 20-60.246 B : *D. 2021. 1769 ; Dr. soc. 2021. 1049, note Petit ; RJS 12/2021, n° 668.*

SOUS-SECTION 6 **Contestations**

Art. L. 2314-32 Les contestations relatives à l'électorat, à la composition des listes de candidats en application de l'article L. 2314-30, à la régularité des opérations électorales et à la désignation des représentants syndicaux sont de la compétence du juge judiciaire.

Lorsqu'une contestation rend indispensable le recours à une mesure d'instruction, les dépenses afférentes à cette mesure sont à la charge de l'État.

La constatation par le juge, après l'élection, du non-respect par une liste de candidats des prescriptions prévues à la première phrase du premier alinéa de l'article L. 2314-30 entraîne l'annulation de l'élection d'un nombre d'élus du sexe surreprésenté égal au nombre de candidats du sexe surreprésenté en surnombre sur la liste de candidats au regard de la part de femmes et d'hommes que celle-ci devait respecter. Le juge annule l'élection des derniers élus du sexe surreprésenté en suivant l'ordre inverse de la liste des candidats.

La constatation par le juge, après l'élection, du non-respect par une liste de candidats des prescriptions prévues à la seconde phrase du premier alinéa du même article L. 2314-30 entraîne l'annulation de l'élection du ou des élus dont le positionnement sur la liste de candidats ne respecte pas ces prescriptions.

Le cas échéant, il est fait application des dispositions de l'article L. 2314-10 du code du travail.

Comp. anc. art. L. 2314-25 (Délégués du personnel).

Comp. anc. art. L. 2324-23 (Comité d'entreprise).

1. Compétence territoriale. L'action en contestation de l'inscription sur les listes électorales et de l'éligibilité d'une catégorie de personnel doit être portée devant le tribunal du lieu de dépouillement et de proclamation des résultats dès lors qu'elle vise la régularité des élections. • Soc. 11 mars 2020, n° 19-16.438 P : *D. actu. 21 avr. 2020, obs. Couëdel ; D. 2020. 606 ; Dr. soc. 2020. 762, obs. Petit ; RJS 6/2020, n° 307.*

2. Pourvoi en cassation. La décision du tribunal d'instance statuant en matière de contestation préélectorale, rendue en dernier ressort, est susceptible de pourvoi en cassation. • Soc. 23 sept. 2009, n° 08-60.535 : *R., p. 378 ; D. 2009. AJ 2339, obs. Perrin ; ibid. 2010. Pan. 672, obs. Odoul ; Dr. soc. 2010. 161, note Petit ; RJS 2009. 837, n° 963 ; JSL 2009, n° 264-5 ; SSL 2009, n° 1415, p. 7, avis Duplat.*

3. Exigences du droit d'accès au juge. Mais l'application immédiate de cette règle nouvelle de procédure ne saurait, sans méconnaître les exigences de l'art. 6, § 1, Conv. EDH, priver le deman-

INSTITUTIONS REPRÉSENTATIVES   Art. L. 2314-33

deur au pourvoi contre un jugement ayant statué sur la validité des élections du droit de critiquer les dispositions du jugement préélectoral non frappé de pourvoi en raison de la jurisprudence antérieure au revirement. ● Soc. 26 mai 2010, 🏛 n° 09-60.400 : *D. 2010. AJ 1422* ⌀ *; Dr. soc. 2010. 1150, obs. Radé* ⌀.

4. Limites des pouvoirs du bureau de vote. Il n'appartient pas au bureau de vote d'écarter les suffrages exprimés en faveur d'une liste, fût-elle irrégulière. ● Soc. 8 déc. 2010, 🏛 n° 10-60.211 : *JCP S 2011. 1141, obs. Lahalle.*

5. Contentieux préélectoral en cas de méconnaissance de l'obligation de représentation équilibrée. Le tribunal d'instance peut être saisi, avant l'élection, d'une contestation relative à la composition des listes de candidats en application de l'art. L. 2314-30 et déclarer la liste électorale irrégulière au regard de ce texte, dès lors qu'il statue avant l'élection, en reportant le cas échéant la date de l'élection pour en permettre la régularisation. ● Soc. 11 déc. 2019, 🏛 n° 19-10.826 P : *RJS 2/2020, n° 102 ; D. actu. 13 janv. 2020, obs. Ilieva ; RJS 2/2020, n° 102 ; Dr. ouvrier 2020. 161, obs. Viart ; JSL 2020, n° 492-1, obs. Hautefort ; ibid., n° 492-2, obs. Nasom-Tissandier ; JCP S 2020. 1030, obs. Bossu.*

6. Contentieux relatif au recours au vote électronique. Le recours au vote électronique, qu'il soit prévu par accord collectif ou par décision unilatérale de l'employeur, constitue une modalité d'organisation des élections et relève en conséquence du contentieux de la régularité des opérations électorales. ● Soc. 13 janv. 2021, 🏛 n° 19-23.533 P : *D. actu. 2 févr. 2021, obs. Couëdel ; D. 2021. 85* ⌀ *; Dr. soc. 2021. 284, obs. Petit* ⌀ *; RJS 3/2021, n° 162 ; JSL 2021, n° 514-6, obs. Urbani-Schwartz et Chaumier ; JCP S 2021. 1037, obs. Armillei.*

7. Contentieux post-électoral et prise en compte des ratures. Il résulte des art. L. 2314-32, al. 4, et L. 2314-29 que la constatation par le juge, après l'élection, du non-respect par une liste de candidats des prescriptions prévues à l'art. L. 2314-30, al. 1er, entraîne l'annulation de l'élection des élus du sexe dont le positionnement sur la liste des candidats ne respecte pas ces prescriptions ; pour l'application de cette règle, le juge tient compte de l'ordre des élus tel qu'il résulte le cas échéant de l'application des règles relatives à la prise en compte des ratures dont le nombre est égal ou supérieur à 10 % des suffrages exprimés. ● Soc. 11 déc. 2019, 🏛 n° 19-12.596 P : *note 5 ss. art. L. 2314-30.*

8. Annulation de l'élection d'un candidat (art. L. 2314-32, al. 3) : constitutionnalité. Le législateur n'a pas porté atteinte au principe d'égalité devant la loi puisque la sanction est appliquée de la même manière à tous les syndicats placés dans la même situation ; par ailleurs, le législateur a opéré une conciliation équilibrée entre les exigences de l'al. 3 du Préamb. de la Const. du 27 oct. 1946 et celles des al. 6 et 8 de ce Préamb. en choisissant – en cas d'irrégularité de la liste de candidats pour non-respect de la règle de la parité – de ne pas remettre en cause la qualité représentative des organisations syndicales leur permettant d'accéder à la négociation collective, notamment des conditions de travail des salariés de l'entreprise. ● Soc., QPC, 10 oct. 2023, 🏛 n° 23-17.506 B.

9. Annulation de l'élection d'un candidat : absence d'effet rétroactif. L'annulation de l'élection d'un candidat membre du CSE n'a pas d'effet rétroactif, de sorte qu'elle est sans incidence sur la régularité des désignations d'un salarié en qualité de délégué syndical et délégué syndical central, dont le mandat prend fin lors des nouvelles élections renouvelant l'institution représentative du personnel. ● Soc. 11 déc. 2019, 🏛 n° 18-19.379 P : *D. 2020. 558, note David, Prache, Lanoue et Silhol, RJS 2* ⌀ *l2020, n° 102.* ◆ L'annulation, en raison du non-respect des règles de représentation équilibrée sur les listes de candidats, de l'élection de candidats aux élections des membres du CSE, est sans incidence sur la représentativité des organisations syndicales, laquelle est fonction du pourcentage des suffrages exprimés au premier tour des dernières élections des titulaires à ce comité. ● Soc. 1er juill. 2020, 🏛 n° 18-14.879 : *RJS 7/2020, n° 487.* ◆ L'annulation de l'élection d'un élu surnuméraire du sexe surreprésenté, seule sanction prévue par l'art. L. 2314-32, ne fait perdre au salarié élu son mandat de membre du CSE qu'à compter du jour où elle est prononcée et reste sans incidence sur sa candidature aux élections professionnelles. ● Soc. 30 sept. 2020, 🏛 n° 19-15.505 P : *D. actu. 26 oct. 2020, obs. Malfettes ; RJS 12/2020, n° 607 ; JCP S 2021. 1004, obs. Pagnerre.*

10. Remplacement du salarié dont l'élection est annulée. Les dispositions de l'art. L. 2314-37, autorisant le remplacement par un suppléant du titulaire d'un mandat momentanément empêché de l'exercer ou du titulaire d'un mandat qui vient à cesser ses fonctions pour l'un des événements limitativement énumérés à l'art. L. 2314-33 ne s'appliquent pas à un salarié élu qui est privé de son mandat par l'annulation de son élection en application de l'art. L. 2314-32. ● Soc. 22 sept. 2021, 🏛 n° 20-16.859 B : *D. 2021. 1724* ⌀ *; RJS 12/2021, n° 667 ; JCP S 2021. 1276, obs. Kerbourc'h.*

SECTION 3 Durée et fin du mandat

Art. L. 2314-33 Les membres de la délégation du personnel du comité social et économique sont élus pour quatre ans.

(*L. n° 2018-217 du 29 mars 2018, art. 6*) « Le nombre de mandats successifs est limité à trois, excepté :

« 1° Pour les entreprises de moins de cinquante salariés ;

« 2° Pour les entreprises dont l'effectif est compris entre cinquante et trois cents salariés, si l'accord prévu à l'article L. 2314-6 en stipule autrement.

« Le nombre maximal de mandats successifs fixé au deuxième alinéa du présent article s'applique également aux membres du comité social et économique central et aux membres des comités sociaux et économiques d'établissement sauf dans les entreprises ou établissements de moins de cinquante salariés et, le cas échéant, si l'accord prévu à l'article L. 2314-6 en stipule autrement, dans les entreprises ou établissements dont l'effectif est compris entre cinquante et trois cents salariés. »

Les fonctions de ces membres prennent fin par le décès, la démission, la rupture du contrat de travail, la perte des conditions requises pour être éligible. Ils conservent leur mandat en cas de changement de catégorie professionnelle.

(*L. n° 2018-217 du 29 mars 2018, art. 6*) « Les conditions d'application du présent article sont déterminées par décret en Conseil d'État. » — V. art. R. 2314-26.

Comp. anc. art. L. 2314-26 (Délégués du personnel).

Comp. anc. art. L. 2324-24 (Comité d'entreprise).

I. POINT DE DÉPART

1. Point de départ du mandat. Le point de départ du mandat est celui du jour où le vote a été acquis, le juge n'ayant pas qualité pour le modifier et proroger d'autant la durée du mandat. ● Soc. 24 mai 1972, ⚖ n° 71-60.281 P : *D. 1973. Somm. 13.*

II. PROROGATION

2. Unanimité syndicale. La prorogation des mandats électifs en cours doit être décidée à l'unanimité des organisations syndicales représentatives dans l'entreprise. ● Soc. 26 juin 2013, ⚖ n° 12-60.246 : *D. actu. 18 juill. 2013, obs. Ines* ; *D. 2013. Actu. 1693* ⊘ ; *Dr. soc. 2013. 864, obs. Petit* ⊘ ; *RJS 10/2013, n° 687* ; *JCP S 2013. 1401, obs. Dauxerre.* ♦ Mais l'employeur ne peut remettre en cause par voie d'exception un accord collectif (non unanime) prorogeant les mandats des représentants du personnel qu'il a signé et appliqué sans réserves. ● Soc. 4 févr. 2014, ⚖ n° 11-27.134 : *D. actu. 24 févr. 2014, obs. Fraisse* ; *D. 2014. Actu. 429* ⊘ ; *RJS 2014. 273, n° 331.*

3. Office du juge. Le tribunal qui a constaté l'absence d'accord entre les partenaires sociaux sur la prorogation des mandats des membres élus du comité a exactement décidé qu'il ne lui appartenait pas de proroger ce mandat. ● Soc. 13 juin 1989, ⚖ n° 88-60.556 P : *RJS 1989. 350, n° 593.* ♦ V., sur l'impossibilité d'une prorogation tacite : ● Soc. 24 févr. 1955, n° 2-192 P : *Dr. soc. 1955. 429* ● CE 6 mai 1955 : *D. 1955. 364* ; *Dr. soc. 1955. 567* ● 19 mai 1993, ⚖ n° 91-43.706 : *CSB 1993. 163, B. 97.* ♦ ... Ou judiciaire : ● Soc. 2 mai 1979, n° 78-60.781 P ● 16 juin 1983 : *Bull. civ. V, n° 343* ; *D. 1983. IR 351.* ♦ V., à propos de la prorogation prévue par une convention collective : ● Soc. 10 avr. 1959, n° 57-40.780 P ● 26 juin 1959 : *Bull. civ. V, n° 837* ● 23 mai 1960 : *ibid., n° 544.*

4. Ayant constaté la prorogation conventionnelle du mandat des membres du comité d'établissement, un tribunal peut décider que des élections partielles ont pu être organisées plus de 6 mois avant l'expiration des mandats, bien que plus de 18 mois se soient écoulés depuis les dernières élections. ● Soc. 8 mars 1995, ⚖ n° 94-60.228 P : *Dr. soc. 1995. 605, obs. Cohen* ⊘.

5. Cessation. La fermeture d'un établissement ne saurait par elle-même mettre fin aux mandats des membres du comité d'établissement. ● CE 18 janv. 1991, ⚖ n° 95699 : *RJS 1991. 178, n° 343* ; *Dr. soc. 1992. 39, note Savatier* ⊘. ♦ La fermeture d'un établissement n'entraîne pas à elle seule la disparition du comité d'établissement, laquelle ne peut résulter que d'un accord entre l'employeur et les organisations syndicales intéressées ou, à défaut, d'une décision de l'autorité administrative. ● Soc. 27 nov. 2013, ⚖ n° 12-26.155 : *RJS 2013. 112, n° 143.*

6. Un membre d'un comité d'établissement, élu dans le collège ouvriers-employés, peut être élu au comité central dans ce même collège bien qu'entre-temps il soit devenu agent de maîtrise. ● Soc. 9 oct. 1991, ⚖ n° 90-60.472 : *RJS 1991. 718, n° 1337.*

7. Mutation. La mutation d'un délégué du personnel, librement acceptée, à la suite d'un accident le mettant dans l'impossibilité de reprendre son travail dans l'établissement où il avait été élu, met fin au mandat. ● Soc. 26 janv. 1972 : *Bull. civ. V, n° 62* ● Crim. 4 oct. 1983 : *D. 1984. IR 351, obs. Langlois.* ♦ Comp. : ● Crim. 17 mars 1976 : *Bull. crim. n° 62* ● 5 mars 1976 : *ibid., n° 143* ; *D. 1976. IR 176.* ♦ La mutation d'un salarié protégé, expressément acceptée par ce dernier, d'un établissement dans lequel il exerçait des mandats représentatifs, dans un autre établissement de la même entreprise, met fin à ses mandats ; le salarié ayant accepté une telle mutation, par avenant à son contrat de travail, il ne peut plus se prévaloir du statut protecteur attaché aux mandats exercés dans l'établissement d'origine. ● Soc. 3 nov. 2016, ⚖ n° 15-16.026 P : *D. 2016. Actu. 2286* ⊘ ; *RJS 1/2017, n° 40* ; *JCP S 2016. 1437, obs. Kerbourc'h.* ♦ En revanche, la mutation d'office d'un représentant du personnel a pour effet de mettre fin immédiatement à ses mandats ; ce changement de conditions de travail sans l'accord de l'intéressé constitue un trouble manifestement illicite auquel le juge des référés saisi par une organisation syn-

INSTITUTIONS REPRÉSENTATIVES — Art. L. 2314-35

dicale peut mettre fin. • Soc. 5 mars 2008, 🏛 n° 07-11.123 : *RDT 2008. 306, obs. Debord* ⌀ *; JSL 2008, n° 236-6.*

Art. L. 2314-34 Par dérogation aux dispositions de l'article L. 2314-33, un accord de branche, un accord de groupe ou un accord d'entreprise, selon le cas, peut fixer une durée du mandat des représentants du personnel au comité comprise entre deux et quatre ans.

Comp. anc. art. L. 2314-27 (Délégués du personnel).

Comp. anc. art. L. 2324-25 (Comité d'entreprise).

1. Accord d'UES. Est valable la décision unilatérale de l'UES organisant les élections des membres du comité d'entreprise et des délégués du personnel dès lors que l'accord d'entreprise, prévoyant la réduction des mandats des délégués du personnel et des membres élus du comité d'entreprise à une durée de 2 ans, est valablement conclu aux conditions de droit commun. • Soc. 7 déc. 2016, 🏛 n° 15-60.227 P : *RDT 2017. 277, note Odoul-Asorey* ⌀ *; RJS 3/2017, n° 213 ; JCP S 2017. 1101, obs. Lipski.*

2. Réduction de la durée des mandats. Un protocole préélectoral ne peut prévoir une dérogation à la durée légale des mandats fixée à 4 ans, dans des conditions autres que celles prévues à l'art. 96, al. 4 de la L. n° 2005-882 du 2 août 2005 ; l'annulation du protocole subordonnant la durée des mandats de délégués du personnel et des membres du comité d'entreprise à l'accord des délégués du personnel a nécessairement entraîné l'annulation du premier tour des élections. • Soc. 24 mai 2006, 🏛 n° 05-60.351 : *RDT 2006. 403, obs. Nadal* ⌀ *; RJS 2006. 718, n° 976 ; JCP S 2006. 1646, note Césaro.* ♦ L'accord d'entreprise permettant de réduire de 4 ans à 2 ans la durée des mandats est valablement conclu aux conditions de droit commun prévues à l'art. L. 2232-12 [anc.]. • Soc. 7 déc. 2016, 🏛 n° 15-60.227 P : *RDT 2017. 277, obs. Odoul-Asorey* ⌀ *; RJS 3/2017, n° 213 ; JCP S 2017. 1101, obs. Lipski.*

Art. L. 2314-35 Lorsque survient une modification dans la situation juridique de l'employeur telle que mentionnée à l'article L. 1224-1, le mandat des membres élus de la délégation du personnel du comité social et économique et des représentants syndicaux de l'entreprise ayant fait l'objet de la modification subsiste lorsque cette entreprise conserve son autonomie juridique.

Si cette entreprise devient un établissement au sens du présent titre ou si la modification mentionnée au premier alinéa porte sur un ou plusieurs établissements distincts qui conservent ce caractère, le mandat des représentants syndicaux subsiste et le mandat des membres élus de la délégation du personnel du comité social et économique se poursuit jusqu'à son terme.

Toutefois, pour tenir compte de la date habituelle des élections dans l'entreprise d'accueil, la durée du mandat des membres élus peut être réduite ou prorogée par accord entre le nouvel employeur et les organisations syndicales représentatives existant dans le ou les établissements absorbés ou, à défaut, les membres de la délégation du personnel du comité social et économique intéressé.

Comp. anc. art. L. 2314-28 (Délégués du personnel).

Comp. anc. art. L. 2324-26 (Comité d'entreprise).

COMMENTAIRE

V. sur le Code en ligne 📖.

1. Conservation de l'autonomie. En relevant qu'une société avait absorbé six de ses filiales sans que cette opération n'affecte ni l'organisation du travail, ni l'organisation économique, les juges ont fait ressortir une modification dans la situation juridique de l'employeur avec conservation de l'autonomie de l'entreprise ; il en résulte que les mandats des membres du comité d'entreprise doivent être maintenus jusqu'à leur terme. • Soc. 14 févr. 1989 : *Bull. civ. V, n° 122 ; D. 1989. IR 75.* ♦ De même, dans le cas où un établissement distinct devient une entreprise autonome, l'institution se maintient dans la nouvelle entreprise, même si elle change de dénomination. • Soc. 30 nov. 2004, 🏛 n° 02-13.837 : *D. 2005. IR 12* ⌀ *; Dr. soc. 2005. 352, obs. Cohen* ⌀ *; RJS 2005. 212, n° 287.* ♦ Le contrat de location-gérance n'emporte pas, en lui-même, la disparition du caractère distinct de l'entité transférée. Dès lors que son nom commercial est conservé, que sa comptabilité est autonome, le juge des référés peut retenir que l'entité économique conserve son autonomie et que l'institution représentative du personnel se maintient dans la nouvelle entreprise. • Soc. 15 nov. 2011, 🏛 n° 10-23.609 P : *D. 2011. Actu. 2875* ⌀ *; RJS 2/2012, n° 156 ; JCP S 2012. 1060, obs. Morand.*

2. Autonomie de fait. En cas de modification dans la situation juridique de l'employeur, le mandat de délégué syndical de l'entreprise qui a fait l'objet de la modification subsiste lorsque cette entreprise conserve en fait son autonomie, peu importe que cette entreprise ait perdu son autonomie juridique. • Soc. 18 déc. 2000, ⚖ n° 99-60.381 : D. 2001. IR 358 ⌕ ; Dr. soc. 2001. 326, obs. Savatier ⌕ ; RJS 2001. 220, n° 310.

3. Prorogation conventionnelle des mandats. Les mandats représentatifs d'une entité transférée ne sont maintenus que si cette entité conserve son autonomie, et pour une durée qui, pour tenir compte de la date habituelle des élections dans l'entreprise d'accueil, peut être réduite ou prorogée par accord entre le nouvel employeur et les organisations syndicales représentatives existant dans le ou les établissements absorbés, sans que cet accord soit conclu à l'unanimité desdites organisations. • Soc. 17 déc. 2014, ⚖ n° 14-14.917 P : D. 2015. Actu. 84 ⌕ ; RDT 2015. 201, note Odoul-Asorey ⌕ ; Dr. soc. 2015. 378, note Petit ⌕ ; RJS 2/2015, n° 110 ; JCP 2015. 299, obs. Kerbourc'h ; JCP S 2015. 1085, obs. Icard.

4. Cession partielle. En cas de cession partielle d'une branche d'activité ne constituant pas un établissement distinct, le comité d'établissement créé dans l'entreprise cessionnaire pour l'activité cédée est sans droit sur le patrimoine du comité de l'entreprise cédante. • Soc. 22 févr. 1995, ⚖ n° 92-44.014 : D. 1995. IR 110 ; Dr. soc. 1995. 392, obs. Savatier ⌕ ; RJS 1995. 268, n° 395.

5. Cession d'une entreprise au sein d'une UES. La cession d'une société appartenant à une UES, au niveau de laquelle a été mis en place un comité d'entreprise, doit être regardée comme un transfert partiel d'activité, de sorte que le transfert du contrat de travail d'un salarié titulaire d'un mandat de délégué syndical et membre du comité d'entreprise est soumis à l'autorisation préalable de l'inspecteur du travail. • Soc. 23 mars 2017, ⚖ n° 15-24.005 P : D. 2017. Actu. 766 ⌕ ; RDT 2017. 495, obs. Clément ⌕ ; RJS 6/2017, n° 425.

6. Réduction de la durée des mandats représentatifs de l'entité transférée. Les mandats représentatifs d'une entité transférée ne sont maintenus que si cette entité conserve son autonomie ; à supposer un tel maintien, et pour tenir compte de la date habituelle des élections dans l'entreprise d'accueil, la durée de ces mandats peut être réduite ou prorogée par accord entre le nouvel employeur et les organisations syndicales représentatives existant dans le ou les établissements absorbés, sans que cet accord soit conclu à l'unanimité desdites organisations ; cet accord doit être conclu aux conditions prévues par l'art. L. 2232-12 C. trav. [anc.] (recueil d'au moins 30 % des suffrages et absence d'opposition majoritaire). • Soc. 17 déc. 2014, ⚖ n° 14-14.917 : D. 2015. Actu. 84 ⌕ ; RDT 2015. 201, obs. Odoul-Asorey ⌕ ; Dr. soc. 2015. 378, note Petit ⌕ ; RJS 2/2015, n° 110 ; JCP S 2015. 1085, note Icard.

Art. L. 2314-36
Tout membre de la délégation du personnel du comité social et économique peut être révoqué en cours de mandat sur proposition faite par l'organisation syndicale qui l'a présenté avec l'accord obtenu au scrutin secret de la majorité du collège électoral auquel il appartient.

Comp. anc. art. L. 2314-29 (Délégués du personnel).

Comp. anc. art. L. 2324-27 (Comité d'entreprise).

Révocation. La majorité du collège électoral exigée se calcule par rapport au nombre d'inscrits dans le collège. • Soc. 6 juill. 1977 : *Bull. civ. V, n° 462.* ♦ L'établissement d'un protocole préélectoral n'est pas nécessaire pour l'organisation d'un vote de révocation. • Soc. 2 juill. 1980 : *Bull. civ. V, n° 585 ; D. 1981. IR 315.* ♦ Un tribunal ne peut décider que le mandat d'un représentant a pris fin tant que la révocation n'est pas devenue définitive. • Soc. 18 juill. 1978 : *Bull. civ. V, n° 589 ; Dr. ouvrier 1979. 134, note J. H.*

Art. L. 2314-37
Lorsqu'un délégué titulaire cesse ses fonctions pour l'une des causes indiquées à la présente section ou est momentanément absent pour une cause quelconque, il est remplacé par un suppléant élu sur une liste présentée par la même organisation syndicale que celle de ce titulaire. La priorité est donnée au suppléant élu de la même catégorie.

S'il n'existe pas de suppléant élu sur une liste présentée par l'organisation syndicale qui a présenté le titulaire, le remplacement est assuré par un candidat non élu présenté par la même organisation.

Dans ce cas, le candidat retenu est celui qui vient sur la liste immédiatement après le dernier élu titulaire ou, à défaut, le dernier élu suppléant.

A défaut, le remplacement est assuré par le suppléant élu n'appartenant pas à l'organisation du titulaire à remplacer, mais appartenant à la même catégorie et ayant obtenu le plus grand nombre de voix.

Le suppléant devient titulaire jusqu'au retour de celui qu'il remplace ou jusqu'au renouvellement de l'institution.

Comp. anc. art. L. 2314-30 (Délégués du personnel).

Comp. anc. art. L. 2324-28 (Comité d'entreprise).

INSTITUTIONS REPRÉSENTATIVES **Art. L. 2315-1** 863

I. CONDITIONS DE LA SUPPLÉANCE

1. Horaires de travail. L'absence du délégué titulaire justifiant le recours au délégué suppléant peut résulter du fait que le titulaire, en raison de son horaire de travail débutant à 13 heures, n'est pas en mesure d'exercer son mandat auprès des salariés travaillant le matin. • Soc. 5 oct. 1994, ⚖ n° 93-42.164 : *RJS 1994. 769, n° 1281.*

2. Mise à pied. La mise à pied d'un représentant du personnel, qu'elle soit de nature conservatoire ou disciplinaire, n'a pas pour effet de suspendre l'exécution de son mandat. • Soc. 2 mars 2004, ⚖ n° 02-16.554 P : *RJS 2004. 378, n° 557 ; ibid. 335.* ♦ *Contra* antérieurement : la mise à pied du délégué entraîne la suspension de son contrat et de son mandat. • Crim. 24 mars 1955 : *D. 1955. 501, rapp. Patin ; JCP 1956. II. 9443, note Brèthe de La Gressaye* • 9 nov. 1982 : *Bull. crim. n° 249* • Soc. 27 nov. 1985 : *Bull. civ. V, n° 562* • Crim. 4 janv. 1991, ⚖ n° 88-83.766 : *RJS 1991. 181, n° 346.*

3. La grève ne suspend pas le mandat. • Soc. 27 févr. 1985 : *Bull. civ. V, n° 124.*

4. La maladie d'un salarié ne l'empêche pas nécessairement d'être apte à exercer ses fonctions représentatives. • Crim. 16 juin 1970 : *D. 1970. 652.*

5. Annulation de l'élection. Les dispositions de l'art. L. 2314-37, autorisant le remplacement par un suppléant du titulaire d'un mandat momentanément empêché de l'exercer ou du titulaire d'un mandat qui vient à cesser ses fonctions pour l'un des événements limitativement énumérés à l'art. L. 2314-33, al. 3, ne s'appliquent pas à un salarié élu qui est privé de son mandat par l'annulation de son élection en application de l'art. L. 2314-32 sanctionnant le non-respect des règles de représentation équilibrée des femmes et des hommes imposées par l'art. L. 2314-30. • Soc. 22 sept. 2021, ⚖ n° 20-16.859 B : *D. 2021. 1724* ⌀.

II. MISE EN ŒUVRE DE LA SUPPLÉANCE

6. Principe. En l'absence de membre suppléant au CSE de la même catégorie qu'un titulaire sur le départ, le remplacement est assuré en priorité par un suppléant d'une autre catégorie appartenant au même collège, présenté par la même organisation syndicale, à défaut par un suppléant d'un autre collège présenté par cette même organisation, à défaut encore par un candidat non élu répondant à cette condition de présentation syndicale. Ainsi, faute d'épuisement des règles de suppléance prévues par l'art. L. 2314-37, aucune élection partielle ne peut être engagée. • Soc. 18 mai 2022, ⚖ n° 21-11.347 B : *D. actu. 8 juin 2022, obs. Malfettes ; D. 2022. 1266* ⌀ *; RJS 10/2022, n° 499 ; JCP 2022. 847, obs. Dedessus-Le-Moustier.*

7. Délégué du personnel suppléant désigné délégué syndical. Dans une entreprise qui emploie moins de cinquante salariés, un délégué du personnel suppléant assurant le remplacement du délégué du personnel titulaire peut, pour la durée de ce remplacement, être désigné comme délégué syndical. • Soc. 20 juin 2012, ⚖ n° 11-61.176 : *D. actu. 10 juill. 2012, obs. Fleuriot ; D. 2012. Actu. 1746* ⌀ *; RJS 2012. 699, n° 823 ; JCP S 2012. 1361, obs. Gauriau.*

8. Ordre public. L'art. L. 423-17 [L. 2314-37] indiquant que la priorité doit être donnée au suppléant de la même catégorie, l'organisation syndicale ne peut choisir elle-même le suppléant. • Soc. 5 nov. 1986 : *Bull. civ. V, n° 504 ; D. 1986. IR 455.* ♦ V. aussi • Soc. 8 juin 1983 : *Bull. civ. V, n° 306* (absence de corrélation entre le rang occupé par le titulaire et celui de son remplaçant). ♦ Sur la possibilité d'instaurer conventionnellement un mécanisme de remplacement des suppléants, V. • Soc. 11 oct. 1978 : *Bull. civ. V, n° 661 ; D. 1979. IR 225, obs. Pélissier.*

9. Obligations de remplacement. La règle de remplacement prévue par l'art. L. 423-17 [L. 2314-37] étant impérative, le refus d'un délégué de remplacer le titulaire équivaut à une démission. • Soc. 5 mai 1983 : *Bull. civ. V, n° 237 ; D. 1983. IR 353.*

10. Choix. Si plusieurs suppléants remplissent au même degré les conditions, il faut faire appel à celui qui a bénéficié du plus grand nombre de voix. • Soc. 15 janv. 1981 : *Bull. civ. V, n° 38.*

11. Contestations. Les litiges qui peuvent s'élever sur les conditions de remplacement d'un délégué ne relèvent pas du contentieux électoral. • Soc. 7 nov. 1984 : *Bull. civ. V, n° 419.*

CHAPITRE V FONCTIONNEMENT

BIBL. ▶ Loiseau, *Dr. soc. 2018. 713* ⌀ (les moyens du CSE). – Marquet de Vasselot et Martinon, *JCP S 2018. 1226* (moyens du CSE).

SECTION 1 Dispositions communes

SOUS-SECTION 1 Dispositions générales

Art. L. 2315-1 Les conditions de fonctionnement du comité social et économique doivent permettre une prise en compte effective des intérêts des salariés exerçant leur activité hors de l'entreprise ou dans des unités dispersées.

Comp. anc. art. L. 2325-3 (Comité d'entreprise).

Art. L. 2315-2 Les dispositions du présent chapitre ne font pas obstacle aux dispositions plus favorables relatives au fonctionnement ou aux pouvoirs du comité social et économique résultant d'accords collectifs de travail ou d'usages.

Comp. anc. art. L. 2325-4 (Comité d'entreprise).

Non-discrimination. Si la participation aux organismes paritaires ou aux institutions créées par une convention ou un accord collectif est réservée aux syndicats signataires ou adhérents, les dispositions conventionnelles à caractère normatif visant à améliorer les institutions représentatives du personnel sont applicables de plein droit à tous les salariés et syndicats, sans distinction. ● Soc. 20 nov. 1991, ⚖ n° 89-12.787 P : *GADT, 4ᵉ éd., n° 163 ; D. 1991. IR 286 ; Dr. soc. 1992. 53, rapp. Waquet ⌀ ; CSB 1992. 9, A. 3, note Philbert ; Dr. ouvrier 1992. 72, note Pascré ; RJS 1992. 52, n° 57.*

Art. L. 2315-3 Les membres de la délégation du personnel du comité social et économique sont tenus au secret professionnel pour toutes les questions relatives aux procédés de fabrication.

Les membres de la délégation du personnel du comité social et économique et les représentants syndicaux sont tenus à une obligation de discrétion à l'égard des informations revêtant un caractère confidentiel et présentées comme telles par l'employeur.

Comp. anc. art. L. 2325-5 (Comité d'entreprise).

1. Inefficacité de l'engagement solennel des membres. L'employeur ne peut exiger préalablement à la communication d'une information que les membres du comité s'engagent solennellement à en conserver le secret. ● Crim. 4 nov. 1981 : *Dr. ouvrier 1983. 415.* ♦ Sur l'obligation de discrétion, V. aussi ● TGI Lyon, réf., 11 déc. 1984 : *Dr. soc. 1985. 111, obs. Savatier.* ♦ L'obligation de discrétion s'étend aux experts et techniciens que le comité d'entreprise s'adjoint. ● Versailles, 3 juill. 1997 : *RJS 1997. 667, n° 1078.*

2. Mention au procès-verbal. Le caractère confidentiel des informations données par l'employeur doit être mentionné au procès-verbal de la réunion du comité. ● Soc. 12 juill. 2006, ⚖ n° 04-47.558 : *RDT 2006. 402, obs. Tissandier ⌀ ; D. 2006. IR 2124 ⌀ ; JSL 2006, n° 196-2 ; RJS 2006. 884, n° 1198.*

3. Caractère confidentiel des informations. L'information donnée aux membres du comité d'entreprise doit non seulement être déclarée confidentielle par l'employeur, mais encore être de nature confidentielle, au regard des intérêts légitimes de l'entreprise, ce qu'il appartient à l'employeur de démontrer. ● Soc. 5 nov. 2014, ⚖ n° 13-17.270 : *D. 2014. Actu. 2346 ⌀ ; RJS 1/2015, n° 44 ; JSL 2015, n° 379-4, obs. Pacotte et Daguerre.*

Art. L. 2315-4 Le recours à la visioconférence pour réunir le comité social et économique peut être autorisé par accord entre l'employeur et les membres élus de la délégation du personnel du comité. En l'absence d'accord, ce recours est limité à trois réunions par année civile. Un décret détermine les conditions dans lesquelles le comité social et économique peut, dans ce cadre, procéder à un vote à bulletin secret.

Comp. anc. art. L. 2325-5-1 (Comité d'entreprise).

BIBL. ▶ GÉA, *RDT 2021. 660* ⌀ (digitalisation du dialogue social). – TEYSSIÉ, *JCP S 2022. 1063.*

Art. L. 2315-5 Lorsqu'il tient de la loi un droit d'accès aux registres mentionnés à l'article L. 8113-4, le comité social et économique est consulté préalablement à la mise en place d'un support de substitution dans les conditions prévues à ce même article.

Comp. anc. art. L. 2313-6 (Délégués du personnel).

Comp. anc. art. L. 4612-14 (CHSCT).

Art. L. 2315-6 Dans les établissements comportant une ou plusieurs installations soumises à autorisation au titre de l'article L. 512-1 code de l'environnement ou soumise aux dispositions des articles L. 211-2 et L. 211-3, des titres II à VII et du chapitre II du titre VIII du livre II du code minier, les documents établis à l'intention des autorités publiques chargées de la protection de l'environnement sont portés à la connaissance du comité social et économique par l'employeur, dans des conditions déterminées par voie réglementaire.

Comp. anc. art. L. 4612-15 (CHSCT).

SOUS-SECTION 2 **Heures de délégation**

Art. L. 2315-7 L'employeur laisse le temps nécessaire à l'exercice de leurs fonctions :

INSTITUTIONS REPRÉSENTATIVES   **Art. L. 2315-7** 865

1° A chacun des membres titulaires constituant la délégation du personnel du comité social et économique ;

2° Aux représentants syndicaux au comité social et économique dans les entreprises d'au moins cinq cent un salariés ;

3° Aux représentants syndicaux au comité social et économique central d'entreprise dans les entreprises d'au moins cinq cent un salariés dont aucun des établissements distincts n'atteint ce seuil.

Le nombre d'heures de délégation des représentants mentionnés aux 1° à 3°, fixé par décret en Conseil d'État en fonction à la fois des effectifs de l'entreprise ou de l'établissement et du nombre de membres de la délégation, ne peut être inférieur à dix heures par mois dans les entreprises de moins de cinquante salariés et à seize heures dans les autres entreprises. – V. art. R. 2314-1.

Comp. anc. art. L. 2315-1 (Délégués du personnel).

Comp. anc. art. L. 2325-6 (Comité d'entreprise).

Comp. anc. art. L. 4614-3 (CHSCT).

1. Circonstances exceptionnelles. Les circonstances exceptionnelles supposent une activité inhabituelle nécessitant de la part des représentants un surcroît d'activité débordant le cadre habituel de leurs tâches en raison notamment de la soudaineté de l'événement ou de l'urgence des mesures à prendre. • Crim. 3 juin 1986 : *Dr. soc. 1986. 757, note Ray.*

2. Il appartient au salarié d'établir l'existence de circonstances exceptionnelles justifiant, eu égard aux fonctions qui lui sont conférées par la loi, un dépassement de ses heures de délégation, de même que la conformité de l'utilisation desdites heures excédentaires avec sa mission. • Soc. 29 janv. 1992, n° 88-44.227 P : *CSB 1992. 87, S. 58* ; *RJS 1992. 184, n° 302.* ♦ Le juge doit préciser pour chaque catégorie de représentants quelles circonstances exceptionnelles justifiaient un dépassement de la dotation légale et si les heures excédentaires ont été utilisées conformément à leurs fonctions. • Même arrêt.

3. Constituent des circonstances exceptionnelles : la conjoncture économique difficile dans laquelle se trouvait l'entreprise. • Soc. 26 oct. 1977 : *Bull. civ. V, n° 568.* ♦ ... La préparation d'un important licenciement économique. • Soc. 7 déc. 1977 : *JCP 1978. IV. 42.* ♦ ... L'existence d'un conflit collectif important. • Soc. 27 juin 1979 : *Bull. civ. V, n° 587* • 8 juill. 1998, n° 97-42.743 : *RJS 1998. 745, n° 1238.* ♦ ... La mission effectuée auprès d'un CHSCT à la suite d'une situation révélant un danger imminent. • Soc. 29 avr. 1980 : *Bull. civ. V, n° 372.* ♦ ... L'examen d'un important projet de restructuration. • Soc. 6 juill. 1994, n° 93-41.705 P : *Dr. soc. 1994. 899, obs. Cohen.* – V. aussi • Soc. 17 mai 1979 : *Bull. civ. V, n° 423* ; *D. 1980. IR 21, obs. Langlois* • 7 juin 1979 : *Bull. civ. V, n° 488.* ♦ ... L'obligation de faire face à diverses démarches consécutives au licenciement de trois salariés. • Soc. 28 oct. 2003, n° 02-42.067 P : *D. 2003. IR 2806* ; *RJS 2004. 60, n° 68.*

4. N'autorise pas un dépassement de la dotation légale : une grève de courte durée. • Soc. 14 nov. 1984 : *JCP 1985. IV. 30.* ♦ ... La préparation d'un accord d'entreprise, même si ce dernier revêt un caractère exceptionnel. • Soc. 5 nov. 1987 : *D. 1987. IR 229.* ♦ ... La préparation d'un arbre de Noël. • Soc. 22 avr. 1964 : *Bull. civ. IV, n° 307* ; *Dr. soc. 1964. 579, note Savatier.* ♦ ... La participation aux élections prud'homales. • Soc. 11 juin 1987 : *D. 1987. IR 154.*

5. Le recours au dépassement exceptionnel suppose que le contingent normal soit épuisé. • Soc. 6 nov. 1985 : *SSL 1986. 108.*

6. Dispositions conventionnelles. Lorsque les dispositions n'ont pas été instituées par une convention ou un accord collectif étendu, en vertu d'une disposition expresse dans une matière déterminée, leur méconnaissance, si elle peut donner lieu à des recours civils, n'est pas susceptible de recevoir une qualification pénale. • Crim. 4 avr. 1991 (trois arrêts), n° 88-84.270 : *D. 1991. IR 156* ; *JCP E 1991. II. 213, note Godard* ; *RJS 1991. 325, n° 614 a.* ♦ *Contra* : • Crim. 14 févr. 1978, n° 76-93.406 P : *D. 1978. IR 384, obs. Pélissier* ; *Dr. soc. 1979. 172, note Pradel* • 22 mai 1979, n° 78-91.966 P. – V. aussi • Soc. 16 mars 1977 : *Bull. civ. V, n° 195.* ♦ Le crédit d'heures accordé conventionnellement aux délégués suppléants se cumule avec la dotation légale prévue en cas d'absence du titulaire. • Soc. 21 juill. 1986 : *Dr. ouvrier 1987. 97.* ♦ Doit être condamné l'employeur qui refuse de payer les heures de délégation qui n'avaient pas donné lieu à récupération, alors qu'une telle possibilité était prévue par un accord d'entreprise. • Soc. 23 févr. 1994, n° 91-40.666 : *Dr. ouvrier 1995. 149, note Grinsnir.*

7. Usages. L'employeur est tenu de respecter l'usage en vigueur. • Soc. 8 janv. 1981 : *Bull. civ. V, n° 20* ; *D. 1981. IR 424, obs. Langlois.* ♦ Pour des illustrations de dépassement de la dotation légale fondé sur l'usage, V. • Crim. 14 mai 1985 : *Dr. soc. 1986. 916, note Pecyna* • Soc. 22 avr. 1985 : *Dr. ouvrier 1986. 25* • 21 mai 1986 : *Gaz. Pal. 1986. 2. Pan. 214* • 14 janv. 1987 : *Bull. civ. V n° 15* • 16 févr. 1994, n° 92-43.501 : *RJS 1994. 276, n° 426.*

8. La violation d'un usage ne peut entrer dans la catégorie des agissements pénalement sanctionnés. ● Crim. 4 avr. 1991, Moisan : D. 1991. IR 140 ; JCP E 1991. II. 213, note Godard ; RJS 1991. 325, n° 614. ♦ Contra : ● Crim. 24 févr. 1977 : Bull. crim. n° 80 ; D. 1977. IR 194 ● 12 janv. 1982 : Bull. crim. n° 12 ; D. 1983. IR 167, obs. Reinhard ● 4 nov. 1982 : Dr. ouvrier 1983. 392. ♦ Comp. : ● Soc. 9 juill. 1986, 🔒 n° 82-40.934 : Dr. soc. 1986. 890, note Savatier ; ibid. 1987. 637, note Déprez ; D. 1987. Somm. 202, obs. Rotschild-Souriac (décision affirmant que l'employeur peut mettre fin à un usage de l'entreprise à la seule condition d'observer un délai de prévenance permettant une éventuelle conciliation). – Dans le même sens ● 11 juin 1981 : Bull. civ. V, n° 533 ; D. 1982. IR 398, obs. Langlois. ♦ L'employeur n'est pas tenu d'entamer des négociations. ● Soc. 9 juill. 1986, 🔒 n° 82-40.934 : préc. ● 9 juill. 1987 : D. 1987. IR 187. ♦ Rapp. : ● Cour supérieure d'arbitrage 9 janv. 1981 : Dr. soc. 1981. 357, concl. Morisot ● Soc. 25 févr. 1988 : Bull. civ. V, n° 139 ; D. 1988. Somm. 319, obs. A. Lyon-Caen.

9. Justifie sa décision déboutant l'employeur de sa demande en remboursement d'heures de délégation le conseil de prud'hommes qui constate l'existence d'un usage d'entreprise en vertu duquel la société rémunérait le temps passé par un délégué syndical à la défense des travailleurs étrangers à l'entreprise. ● Soc. 7 mars 1989 : Bull. civ. V, n° 183. ♦ Sur la preuve de l'usage, V. égal. ● Soc. 21 mai 1986 : JCP 1986. IV. 214 ● 14 janv. 1987 : Bull. civ. V, n° 15.

10. Dépassement. Même non rémunéré, le dépassement du crédit d'heures légal constitue une faute grave justifiant le licenciement du représentant. ● CE 16 avr. 1982 : Lebon T. 767 ; D. 1982. IR 388 ● 17 déc. 1993, 🔒 n° 116531 : RJS 1994. 189, n° 263.

11. Réélection. La réélection d'un représentant n'ouvre pas droit à l'attribution d'un nouveau crédit pour le même mois. ● Soc. 13 déc. 1979 : Bull. civ. V, n° 989.

12. Suppléant. Sur l'attribution conventionnelle d'heures de délégation aux délégués suppléants, V. ● Soc. 4 févr. 1982 : Bull. civ. V, n° 75 ; Dr. ouvrier 1983. 22 ● 9 juill. 1986 : 🔒 préc. note 8.

13. Maîtres de l'enseignement privé. Sauf circonstances exceptionnelles ou réunions organisées à l'initiative de l'établissement, le maître contractuel ne peut cumuler le traitement maintenu en l'absence d'obligations hebdomadaires de service avec les sommes dues au titre des heures de délégation utilisées pendant la période afférente. ● Soc. 8 déc. 2016, 🔒 n° 13-27.913 P : D. 2016. Actu. 2578 ; RJS 2/2017, n° 122 ; JCP S 2017. 1015, obs. Dauxerre. ♦ Les heures de délégation accomplies par les maîtres de l'enseignement privé en dehors de leur temps de travail ayant la nature juridique de rémunérations, l'association gérant l'établissement d'enseignement doit remettre aux intéressés tant un bulletin de paie que la fiche annexée aux bulletins de travail visée par l'art. R. 3243-4 C. trav. ● Même arrêt.

Art. L. 2315-8 Les modalités d'utilisation des heures de délégation sur une durée supérieure au mois sont définies par voie réglementaire.

Art. L. 2315-9 Un décret en Conseil d'État détermine les conditions dans lesquelles les membres titulaires de la délégation du personnel du comité social et économique peuvent, chaque mois, répartir entre eux et avec les membres suppléants le crédit d'heures de délégation dont ils disposent. – V. art. R. 2315-6.

Comp. anc. art. L. 4614-5 (CHSCT).

Art. L. 2315-10 Le temps passé en délégation est de plein droit considéré comme temps de travail et payé à l'échéance normale.

L'employeur qui entend contester l'utilisation faite des heures de délégation saisit le juge judiciaire.

Comp. anc. art. L. 2315-3 (Délégués du personnel).

Comp. anc. art. L. 2325-7 (Comité d'entreprise).

Comp. anc. art. L. 4614-6, al. 1er (CHSCT).

I. PAIEMENT

1. Commissions. Lorsque le représentant du personnel est payé en tout ou partie par des commissions, la somme qui lui est allouée pendant une période où, du fait de ses fonctions, il ne peut travailler, doit être calculée d'après son salaire réel. ● Soc. 29 mai 2001, 🔒 n° 98-45.758 P : D. 2001. IR 2085 ; RJS 2001. 706, n° 1030. ♦ Les heures de délégation d'un salarié à temps partiel prises en dehors du temps de travail normal en raison des nécessités du mandat doivent être rémunérées comme du temps de travail effectif. Le salarié payé en partie par commissions a droit, outre sa part de commissions, à la part fixe de son salaire calculée au prorata des heures de délégation accomplies. ● Soc. 21 janv. 2004, 🔒 n° 01-43.229 : RJS 2004. 221, n° 322.

2. Primes. Lorsque des indemnités de repas constituent un élément du salaire, elles doivent être prises en compte au titre des heures de délégation. ● Soc. 7 févr. 1990, 🔒 n° 87-40.289 P : RJS

INSTITUTIONS REPRÉSENTATIVES Art. L. 2315-10

1990. 162, n° 222. ♦ Dans le même sens : • Soc. 1er avr. 1992, ⚖ n° 88-40.108 P : *RJS 1992. 351, n° 628* (prime de panier) • 2 juin 1992, ⚖ n° 88-45.662 P : *D. 1992. IR 182 ; RJS 1992. 489, n° 883* (prime de douche) • 15 déc. 1993, ⚖ n° 92-42.539 : *RJS 1994. 190, n° 264* • 7 avr. 1994 : ⚖ *Dr. ouvrier 1995. 149* (pause casse-croûte). ♦ Les heures de délégation ne peuvent être prélevées sur les sommes remises pour le service par les clients. • Crim. 26 juill. 1989 : *D. 1989. IR 254* • Soc. 8 nov. 1994, ⚖ n° 93-42.501 : *Dr. soc. 1995. 71, obs. Cohen ⌀ ; RJS 1994. 832, n° 1372.* ♦ Un salarié exerçant les fonctions de membre du comité d'entreprise ne peut réclamer le paiement de sommes correspondant au remboursement de frais professionnels qu'il n'a pas exposés. Constituent un remboursement de frais les indemnités ayant pour objet de compenser les frais supplémentaires entraînés par le déplacement des ouvriers qui travaillent sur un chantier dont l'éloignement leur interdit de regagner leur lieu de résidence, ainsi que les frais supplémentaires qu'entraîne pour eux la fréquence des déplacements inhérents à la mobilité de leur lieu de travail, qui ne concernent que les ouvriers déplacés ou non sédentaires, ce dont il résulte que, nonobstant leur caractère forfaitaire, ces indemnités constituent un remboursement de frais et non un complément de salaire. • Soc. 19 sept. 2018, ⚖ n° 16-24.041 P : *D. 2018. Actu. 1869 ⌀ ; RJS 12/2018, n° 750 ; JCP S 2018. 1340, obs. Pagnerre* • Soc. 3 mars 2021, ⚖ n° 19-20.176. ♦ Seules sont exclues de la rémunération due au représentant du personnel au titre des heures de délégation les sommes correspondant au remboursement de frais professionnels qu'il n'a pas exposés, l'employeur devant lui payer les primes d'équipe et de temps de repas versées aux membres de son équipe. • Soc. 19 sept. 2018, ⚖ n° 17-11.638 P : *D. 2018. Actu. 1868 ⌀ ; RJS 12/2018, n° 750.*

3. Établissements privés d'enseignement. Dans un établissement d'enseignement privé sous contrat, le paiement des heures de délégation est à la charge de l'employeur. • Soc. 24 oct. 1989 : *Bull. civ. V, n° 608 ; D. 1989. IR 283.* ♦ Pour le paiement des heures de délégation des enseignants représentants du personnel, compte tenu de leur horaire de service, V. • Soc. 6 oct. 1993, ⚖ n° 91-43.313 P : *Dr. soc. 1993. 971 ; RJS 1993. 656, n° 1111 (2e esp.)* • 18 nov. 2008, ⚖ n° 07-42.921 : *RDT 2009. 120, obs. Serverin ⌀.*

4. Ancienneté. Étant considérées de plein droit comme temps de travail, les heures de délégation doivent être prises en compte pour le calcul de l'ancienneté des salariés leur permettant d'être électeurs et éligibles. • Soc. 10 nov. 1991, n° 90-60.397 P : *D. 1991. IR 290 ; Dr. soc. 1992. 85 ; RJS 1992. 50, n° 55.* ♦ Dans le même sens : • Soc. 18 nov. 1992, ⚖ n° 90-60.562 P : *RJS 1993. 42, n° 49, concl. Chauvy* (calcul de l'ancienneté pour la désignation d'un délégué syndical).

5. Non-paiement des salaires. En cas de non-paiement à l'échéance, le juge des référés prud'homal est compétent pour ordonner le paiement. • Soc. 23 juin 1988 : *Dr. ouvrier 1988. 466.*

6. Paiement des heures de délégation au moyen d'un repos compensateur. Quand il est fait application dans l'entreprise d'une convention collective de branche offrant la possibilité de mettre en œuvre un repos compensateur en contrepartie des heures supplémentaires, les heures de délégation accomplies par le salarié en dehors de ses horaires de travail pour les nécessités du mandat donnent lieu à un tel repos. • Soc. 9 oct. 2012, ⚖ n° 11-23.167 : *D. actu. 28 oct. 2012, obs. Ines ; RJS 2012. 814, n° 958 ; JSL 2012, n° 333-334-6 ; JCP S 2012. 1501, obs. Rozec.*

7. Si le temps alloué à un représentant élu du personnel ou à un représentant syndical pour l'exercice de son mandat est de plein droit considéré comme temps de travail et si le salarié ne peut être privé des jours de repos compensateur du fait de l'exercice de ses mandats durant cette période de repos compensateurs, il résulte de l'art. D. 3121-14 C. trav. alors applicable que ce n'est que lorsque le contrat de travail prend fin avant que le salarié ait pu bénéficier de la contrepartie obligatoire en repos à laquelle il a droit ou avant qu'il ait acquis des droits suffisants pour pouvoir prendre ce repos qu'il reçoit une indemnité en espèces dont le montant correspond à ces droits acquis. • Soc. 23 mai 2017, ⚖ n° 15-25.250 P : *D. 2017. Actu. 1128 ⌀ ; D. actu. 14 juin 2017, obs. Ines ; RJS 8-9/2017, n° 591 ; JCP S 2017. 1244, obs. Kerbourc'h.*

8. Incidence de l'arrêt maladie. L'exercice de son activité de représentation par le représentant du personnel ou d'un syndicat, dont le mandat n'est pas suspendu, ne peut ouvrir droit à indemnisation que s'il a été préalablement autorisé par le médecin traitant. • Cass., ch. mixte, 21 mars 2014, ⚖ nos 12-20.002 et 12-20.003 P : *D. 2014. Actu. 782 ⌀ ; RJS 6/2014, n° 493 ; JCP 2014. 621, obs. Corrignan-Carsin.*

II. UTILISATION DU CRÉDIT

A. NATURE

9. Nature du crédit. Les heures de délégation ne sont pas un forfait. • Soc. 23 oct. 1958, n° 6.210 P. ♦ Comp. • Soc. 5 mai 1993, ⚖ n° 90-12.996 P : *Dr. soc. 1993. 656, note Cohen ⌀* (caractère plus favorable d'une rémunération forfaitaire prévue conventionnellement au profit d'un salarié intermittent du spectacle).

10. Heures supplémentaires. Lorsqu'elles sont prises en dehors de l'horaire de travail en raison des nécessités du mandat, les heures de délégation doivent être payées comme des heures supplémentaires. • Soc. 12 févr. 1991, ⚖ n° 88-42.353 P : *D. 1992. 282, note Bouilloux ⌀ ; CSB 1991. 72, S. 40 ; RJS 1991. 177, n° 342* • 18 mai 1993, n° 90-43.453 : *RJS 1993. 443, n° 758.* ♦ Les heures supplémentaires accomplies au titre d'heures de délégation ouvrent droit à repos compensateur. • Soc. 13 déc. 1995, n° 92-44.389 : *Dr. soc. 1996. 433, obs. Cohen* ; *RJS 1996. 86, n° 134* ♦ Un représentant utilisant ses heures pendant un temps de repos compensateur est en droit de bénéficier de la quote-part des congés-repos correspondant au temps de délégation. • Soc. 20 mai 1992, n° 89-43.103 P : *D. 1992. IR 198* ; *RJS 1992. 488, n° 882.* ♦ Ce n'est que lorsque le contrat de travail prend fin avant que le salarié ait pu bénéficier de la contrepartie obligatoire en repos à laquelle il a droit ou avant qu'il ait acquis des droits suffisants pour pouvoir prendre ce repos qu'il reçoit une indemnité en espèces dont le montant correspond à ces droits acquis. • Soc. 23 mai 2017, n° 15-25.250 P : *D. actu. 14 juin 2017, obs. Ines* ; *D. 2017. Actu. 1128* ; *RJS 8-9/2017, n° 591* ; *JCPS 2017. 1244, obs. Kerbourc'h.* ♦ Mais le représentant qui a perçu une indemnité de congés payés ne peut la cumuler avec les sommes dues au titre des heures de délégation utilisées pendant la période de congés payés afférente. • Soc. 19 oct. 1994, n° 91-41.097 : *Dr. soc. 1995. 72* ; *RJS 1994. 855, n° 1419.* ♦ Lorsque la convention collective octroie aux représentants du personnel une option entre deux modes de compensation des heures de délégation prises hors du temps de travail (repos compensateur ou paiement des heures), la violation de ce droit caractérise le délit d'entrave. • Crim. 26 janv. 2016, n° 13-85.770 P : *D. actu. 2 mars 2016, obs. Siro* ; *RJS 4/2016, n° 257.*

11. Salarié dispensé d'activité. En cas de dispense d'activité, il convient de se référer aux horaires que le salarié aurait dû suivre s'il avait travaillé ; ce dernier peut prétendre au paiement des heures de délégation prises en dehors du temps de travail résultant de son planning théorique. • Soc. 3 mars 2021, n° 19-18.150 P : *D. actu. 15 mars 2021, obs. Malfettes* ; *D. 2021. Actu. 529* ; *RJS 5/2021, n° 277* ; *JCP S 2021. 1093, obs. Kerbourc'h.*

12. Temps de trajet. Le temps de trajet, pris en dehors de l'horaire normal de travail et effectué en exécution des fonctions représentatives, doit être rémunéré comme du temps de travail effectif pour la part excédant le temps normal de déplacement entre le domicile et le lieu de travail. • Soc. 12 juin 2013, n° 12-12.806 : *D. actu. 11 juill. 2013, obs. Ines* ; *D. 2013. Actu. 1556, obs. Ducloz* ; *Dr. ouvrier 2013. 588* ; *JCP S 2013. 1347, obs. Morand.* ♦ Il doit être pris en compte pour déterminer l'existence, le cas échéant, d'heures supplémentaires donnant lieu à majorations. • Soc. 27 janv. 2021, n° 19-22.038 P : *D. actu. 12 févr. 2021, obs. Malfettes* ; *RJS 4/2021, n° 221* ; *JSL 2021, n° 516-6, obs. Paturle* ; *JCP S 2021. 1077, obs. François.*

B. MODALITÉS

13. Utilisation personnelle du crédit. Contrairement aux délégués syndicaux, les délégués du personnel et les membres du comité d'entreprise ne peuvent se répartir entre eux leurs crédits d'heures, chaque représentant ne devant pas être limité dans ses prérogatives par les dépassements effectués par un autre. • Soc. 27 nov. 1980 : *Bull. civ. V, n° 859* ; *D. 1981. IR 261, obs. Pélissier* • 11 juin 1981 : *Bull. civ. V, n° 533* • 20 oct. 1994, n° 93-41.856 : *Dr. soc. 1995. 69, obs. Cohen* (illicéité d'une mise en commun fondée sur un accord ou un usage). ♦ Sur l'illégalité d'une répartition entre membres titulaires et membres suppléants du comité d'entreprise, V. • Crim. 20 juin 1985 : *Bull. crim. n° 241* • Soc. 10 déc. 1996, n° 95-45.453 P : *RJS 1997. 41, n° 52* (même solution, s'agissant d'un délégué du personnel titulaire et de son suppléant).

14. Liberté d'utilisation. L'utilisation du crédit est réputée conforme à son objet ; l'employeur ne peut, en imputant par avance le contingent d'heures de délégation d'un représentant du personnel travaillant exclusivement la nuit sur la durée du travail en vigueur dans l'entreprise, limiter sa liberté d'utilisation de son crédit d'heures de jour et de nuit. • Soc. 11 juin 2008, n° 07-40.823 : *D. 2008. AJ 1833, obs. Perrin* ; *RDT 2008. 538, obs. Signoretto* ; *RJS 2008. 725, n° 912* ; *JCP S 2008. 1497, obs. Kerbourc'h* ; *Dr. ouvrier 2009. 146, obs. Rennes et Saramito.*

15. Modalités d'utilisation. Les heures de délégation peuvent être prises aussi bien pendant qu'en dehors des heures de travail. • Soc. 23 oct. 1958, n° 6.210 P • 25 mai 1983 : *Dr. ouvrier 1984. 197, note Henry* • 28 févr. 1989 : *D. 1989. IR 95.* ♦ ... Nonobstant l'existence d'un horaire variable. • Soc. 20 janv. 1993, n° 89-41.560 : *Dr. soc. 1993. 305* ; *RJS 1993. 174, n° 288.* ♦ Les heures de délégation d'un enseignant doivent être rémunérées en supplément lorsqu'elles se situent en dehors du temps de travail calculé sur la durée légale de travail en tenant compte à la fois des heures de cours et du temps de préparation et de correction qui en est le complément nécessaire. • Soc. 27 oct. 1998, n° 96-40.545 P : *Dr. soc. 1999. 106, obs. Cohen.* ♦ Sauf circonstances exceptionnelles, c'est seulement pendant leurs heures de délégation ou en dehors de leurs heures habituelles de travail que les délégués syndicaux peuvent se déplacer librement dans l'entreprise ou en dehors de celle-ci. • Crim. 8 oct. 1991, n° 90-86.628 : *D. 1992. Somm. 298, obs. Borenfreund.*

16. Bons de délégation. Les bons de délégation ne doivent servir qu'à l'information préalable du chef d'entreprise et au calcul des heures utilisées sans créer au profit de l'employeur un droit de contrôle *a priori*. • Crim. 25 mai 1982 : *Bull. crim. n° 135.* ♦ Un employeur ne peut imposer aux représentants du personnel de remplir des bons de délégation à la suite de conversations téléphoniques avec les autres salariés mandatés ; la pratique des bons de délégation ne pouvant être détournée de son objet d'information préalable d'un déplacement pour l'exercice du man-

INSTITUTIONS REPRÉSENTATIVES   **Art. L. 2315-10** 869

dat. • Soc. 10 mai 2006, 🔒 n° 05-40.802 : *RDT 2006. 257, obs. Grévy* ⊘ *; D. 2006. IR 1480* ⊘ *; JSL 2006, n° 191-5.* ♦ Dans le même sens : • Soc. 19 avr. 1972 : *Dr. soc. 1972. 500, note Savatier* • Crim. 28 mars 1979 : *Bull. crim. n° 126 ; Dr. ouvrier 1979. 386, note Desset ; D. 1979. IR 547* • 10 mars 1981 : *Bull. crim. n° 88* • 12 avr. 1988 : *JCP 1989. II. 21206, note Godard* (licéité du délai de prévenance, mais une telle modalité suppose une procédure de concertation) • 10 janv. 1989 : *D. 1989. IR 83.* ♦ V., pour un refus justifié du paiement des heures de délégation en raison du départ soudain et inopiné du représentant, son absence ayant été de nature à nuire à l'organisation du travail dans l'entreprise : • Soc. 12 févr. 1985 : *D. 1985. IR 270.*

17. Le refus par un délégué de se soumettre à un système licite de bons de délégation autorise l'employeur à le sanctionner disciplinairement. • Crim. 31 mars 1981 : *D. 1982. IR 77, obs. Pélissier.* ♦ ... Mais pas à lui refuser le paiement des heures. • Soc. 19 juin 1980 : *Bull. civ. V, n° 549 ; D. 1981. IR 135, obs. Langlois.*

18. Avantages conventionnels. Un accord sur la réduction du temps de travail assimilant à un travail effectif la durée des pauses accordées aux salariés en situation de travail ne peut être interprété comme augmentant le nombre d'heures de délégation accordé à un représentant du personnel ou du syndicat. • Soc. 9 déc. 2014, 🔒 n° 13-18.005 : *D. actu. 19 janv. 2015, obs. Ines ; RJS 2/2015, n° 111.*

19. Lien avec les fonctions. En assurant sa propre défense lors d'une contestation par l'employeur de l'utilisation des heures de délégation, le salarié protégé est dans l'exercice de son mandat. • Soc. 16 mai 1990, 🔒 n° 87-40.763 P. ♦ Et, dans la même affaire, • Cass., ass. plén., 31 oct. 1996, n° 94-44.770 P : *BICC 15 déc. 1996, concl. Monnet, note Marc ; D. 1996. IR 257 ; JCP 1996. II. 22/48, note Corrignan-Carsin ; JCP 1997. I. 4006, n° 2, obs. Pétel-Teyssié ; Dr. soc. 1997. 270, note Verdier* ⊘ *; RJS 1996. 823, n° 1276 ; LPA 6 déc. 1996, note Picca* • Soc. 26 mai 1999, 🔒 n° 97-40.966 P : *D. 1999. IR 168* ⊘ *; Dr. soc. 1999. 738, obs. Radé* ⊘ *; RJS 1999. 573, n° 935.*

20. Obligation d'information de l'employeur. Les bénéficiaires d'heures de délégation doivent indiquer, sur la demande de l'employeur, des précisions sur la nature des activités exercées pendant ces heures permettant à l'employeur de s'assurer que celles-ci ont été utilisées pour leur exercice. • Soc. 30 nov. 2004, 🔒 n° 03-40.434 P : *D. 2005. IR 110* ⊘ *; RJS 2005. 126, n° 169 ; JSL 2004, n° 159-2 ; SSL 2005, n° 1203, p. 12.*

21. Sanctions pénales. La contestation par l'employeur de l'utilisation des heures de délégation n'est pas susceptible en elle-même d'une incrimination pénale. • Crim. 16 oct. 1990 (deux arrêts), 🔒 n° 88-83.543 : *D. 1990. IR 280 ; Dr. soc. 1991. 300, note Verdier* ⊘ *; CSB 1991. 15, A. 7 ; RJS 1990. 648, n° 989.* ♦ ... Mais l'employeur ayant interdiction de prendre en considération l'exercice des fonctions de représentant du personnel pour arrêter ses décisions en ce qui concerne la rémunération, il ne saurait priver des salariés délégués du personnel d'une prime de fin d'année en raison de l'utilisation de leurs heures de délégation. • Soc. 11 juin 1997, 🔒 n° 94-44.958 : *RJS 1997. 616, n° 988 ; Quot. jur. 28 oct. 1997, note C.B.* ♦ Comp. : • Crim. 10 juin 1997, 🔒 n° 95-83.892 P : *RJS 1997. 682, n° 1104,* cassant un arrêt ayant retenu le délit d'entrave à l'encontre d'un employeur qui avait réduit le montant des primes versées à un délégué du personnel par rapport aux années antérieures, au motif qu'il appartenait aux juges du fond de vérifier si les primes litigieuses constituaient ou non un complément de salaire dont le versement intégral s'imposait à l'employeur.

22. La résistance opposée par l'employeur à la réclamation du salarié relative au paiement de ses heures de délégation est nécessairement fautive et donne lieu à dommages et intérêts. • Soc. 18 juin 1997, 🔒 n° 94-43.415 P : *RJS 1997. 616, n° 989 ; CSB 1997. 253, S. 154.*

23. Conditions de la contestation. L'employeur ne peut contester l'usage fait du temps alloué aux représentants qu'après paiement de ce temps. • Soc. 9 déc. 1985, 🔒 n° 84-44.252 P : *D. 1986. IR 385, obs. Frossard ; Dr. soc. 1986. 757, note Ray.*

24. Présomption d'utilisation conforme. La présomption légale s'applique au délégué suppléant remplaçant le titulaire. • Soc. 30 mai 1990, 🔒 n° 86-43.583 P. ♦ Cette présomption ne s'étend pas aux heures prises en fonction de circonstances exceptionnelles dont il appartient au salarié d'établir l'existence préalablement à tout paiement. • Soc. 21 juill. 1986, 🔒 n° 84-41.664 P : *Dr. soc. 1986. 757, note Ray* • 30 avr. 1987 : *Bull. civ. V, n° 246* • Crim. 3 juin 1986 : *Dr. soc. 1986. 757, note Ray* • Soc. 9 mai 1989 : *D. 1989. IR 170* • 29 janv. 1992, 🔒 n° 88-44.227 : *CSB 1992. 87, S. 58 ; RJS 1992. 184, n° 303* • 10 juin 1997, 🔒 n° 94-42.546 P : *Dr. soc. 1997. 989, obs. Cohen* ⊘ *; RJS 1997. 531, n° 821 ; CSB 1997. 292, S. 160* (à propos des heures de délégation des représentants du personnel au CHSCT). ♦ La présomption ne s'applique pas non plus aux heures prises au-delà du contingent fixé par la loi ou l'accord collectif. • Soc. 26 juin 2001, 🔒 n° 98-46.387 P : *RJS 2001. 884, n° 1302.*

25. Rôle de l'employeur. Si la loi ne dispense pas les bénéficiaires des heures de délégation de préciser les activités exercées pendant leur temps de délégation, c'est à charge pour l'employeur d'établir devant les juges du fond la non-conformité de l'utilisation de ce temps avec le mandat représentatif. • Soc. 2 mai 1989 : *Bull. civ. V, n° 320 ; GADT, 4ᵉ éd., n° 150 ; D. 1989. IR 170 ; Dr. soc. 1989. 637, note Verdier.* – Dans le même sens : • Soc. 13 nov. 1985 : *Bull. civ. V, n° 536 ;*

D. 1986. IR 385, obs. Frossard ; Dr. soc. 1986. 757, note Ray • 28 mars 1989 : Dr. soc. 1989. 637, note Verdier • 18 avr. 1989 : eod. loc. • 2 mai 1989 : eod. loc.

26. Avant de saisir les juges d'une action en remboursement des heures prétendument mal utilisées, l'employeur doit demander à l'intéressé, fût-ce par voie judiciaire, l'indication de leur utilisation. • Soc. 21 nov. 1990, ⚖ n° 88-40.133 : D. 1991. IR 2 ; CSB 1991. 17, A. 8 ; RJS 1991. 26, n° 42 • 15 déc. 1993 : ⚖ D. 1994. IR 24 ; Dr. soc. 1994. 217 ; RJS 1994. 53, n° 50. ♦ L'employeur est en droit de saisir le juge des référés pour obtenir cette indication. • Soc. 8 juill. 1992, ⚖ n° 90-43.980 P. ♦ Le juge des référés est fondé à se prononcer sur la demande de l'employeur en application de l'art. 145 C. pr. civ. • Soc. 22 avr. 1992, ⚖ n° 89-41.253 P : RJS 1992. 411, n° 751. ♦

Le salarié n'est tenu que d'indiquer les activités au titre desquelles ont été prises les heures de délégation et non de justifier de leur utilisation. • Même arrêt • Soc. 25 mai 1993, ⚖ n° 89-45.542 P : Dr. soc. 1993. 681 ; RJS 1993. 442, n° 757. ♦ L'employeur qui reconnaît n'avoir aucun grief particulier quant à l'utilisation du temps de délégation abuse de son droit d'ester en justice en réclamant leur remboursement. • Soc. 21 nov. 1990, ⚖ n° 88-40.133 : D. 1991. IR 2 ; Dr. soc. 1991. 300, note Verdier ⌀ ; CSB 1991. 17, A. 38 ; RJS 1991. 26, n° 42.

27. Rôle du représentant. Le représentant ne saurait se contenter d'affirmer qu'il a fait usage de ses heures dans le cadre de son mandat. • Soc. 16 mars 1994, ⚖ n° 92-42.234 P : D. 1994. IR 85 ; Dr. soc. 1994. 520 ; RJS 1994. 351, n° 562.

Art. L. 2315-11 Est également payé comme temps de travail effectif le temps passé par les membres de la délégation du personnel du comité social et économique :

(Ord. n° 2017-1718 du 20 déc. 2017, art. 1er-I) « 1° A la recherche de mesures préventives dans toute situation d'urgence et de gravité, notamment lors de la mise en œuvre de la procédure de danger grave et imminent prévue à l'article L. 4132-2 ; »

2° Aux réunions (Abrogé par Ord. n° 2017-1718 du 20 déc. 2017, art. 1er-I) « internes » du comité et de ses commissions (Ord. n° 2017-1718 du 20 déc. 2017, art. 1er-I) « , dans ce cas » dans la limite d'une durée globale fixée par accord d'entreprise ou à défaut par décret en Conseil d'État ;

3° Aux enquêtes menées après un accident du travail grave ou des incidents répétés ayant révélé un risque grave ou une maladie professionnelle ou à caractère professionnel grave ;

Ce temps n'est pas déduit des heures de délégation prévues pour les membres titulaires de la délégation du personnel du comité social et économique.

Comp. anc. art. L. 4614-6, al. 2 à 5 (CHSCT).

Art. L. 2315-12 Le temps passé aux réunions du comité social et économique avec l'employeur par les représentants syndicaux au comité est rémunéré comme temps de travail.

Ce temps n'est pas déduit des heures de délégation dans les entreprises d'au moins cinq cent un salariés.

Comp. anc. art. L. 2325-9 (Comité d'entreprise).

1. Rémunération du temps de réunion. Sauf usage contraire, le temps passé par le secrétaire du comité à établir le compte rendu ne peut être assimilé au temps passé en séance. • Soc. 9 mai 1979 : Bull. civ. V, n° 388 ; D. 1980. IR 21, obs. Langlois. ♦ Même solution pour le temps passé à la préparation des réunions. • Soc. 16 nov. 1983 : Bull. civ. V, n° 549 • 14 janv. 1987 : ibid., n° 15. ♦ Les dispositions de l'art. L. 434-1 [L. 2325-9 nouv.] ne valent que pour les réunions qui ont été régulièrement convoquées. • Soc. 13 nov. 1985 : Bull. civ. V, n° 525. – V. aussi • Soc. 1er juill. 1985 : ibid., n° 375.

2. Sauf accord contraire, le temps passé aux séances des commissions facultatives, créées à l'initiative du comité, n'est pas considéré comme temps de travail. • Soc. 8 nov. 1978 : Bull. civ. V, n° 741.

Art. L. 2315-13 Dans les entreprises de travail temporaire, les heures de délégation utilisées entre deux missions, conformément à des dispositions conventionnelles, par un membre titulaire du comité pour l'exercice de son mandat, sont considérées comme des heures de travail.

Ces heures de délégation sont réputées rattachées, en matière de rémunération et de charges sociales, au dernier contrat de mission avec l'entreprise de travail temporaire au titre de laquelle il a été élu membre titulaire du comité.

Comp. anc. art. L. 2315-4 (Délégués du personnel).

Comp. anc. art. L. 2325-10 (Comité d'entreprise).

INSTITUTIONS REPRÉSENTATIVES   **Art. L. 2315-15**   871

SOUS-SECTION 3 Déplacement et circulation

Art. L. 2315-14 Pour l'exercice de leurs fonctions, les membres élus de la délégation du personnel du comité social et économique et les représentants syndicaux au comité peuvent, durant les heures de délégation, se déplacer hors de l'entreprise.

Ils peuvent également, tant durant les heures de délégation qu'en dehors de leurs heures habituelles de travail, circuler librement dans l'entreprise et y prendre tous contacts nécessaires à l'accomplissement de leur mission, notamment auprès d'un salarié à son poste de travail, sous réserve de ne pas apporter de gêne importante à l'accomplissement du travail des salariés.

Comp. anc. art. L. 2315-5 (Délégués du personnel).

Comp. anc. art. L. 2325-11 (Comité d'entreprise).

BIBL. ▶ TEYSSIÉ, *JCP S 2022. 1143* (circulation dans l'entreprise des titulaires de mandat électif ou syndical).

1. Liberté de déplacement. Sur le délit d'entrave qui résulte de toute limitation du droit de déplacement, V. ● Crim. 22 févr. 1962, n° 92-45.960 : *D. 1962. 253, note Rouast ; JCP 1962. II. 12633, note Blaise ; Dr. soc. 1962. 622, note Legeais ; Dr. ouvrier 1962. 100, note Cohen.*

2. Sauf circonstances exceptionnelles, c'est seulement pendant leurs heures de délégation ou en dehors de leurs heures habituelles de travail que les représentants du personnel peuvent se déplacer librement dans l'entreprise ou en dehors de celle-ci. ● Crim. 8 oct. 1991, ⚖ n° 90-86.628 : *D. 1992. Somm. 298, obs. Borenfreund* ⬚ (décision rendue à propos de délégués du personnel).

3. Sur l'absence de gêne importante résultant du déplacement des délégués dans l'entreprise en vue de recueillir un « cahier-questionnaire », V. ● Crim. 27 sept. 1988 : *Dr. ouvrier 1989. 66.*

4. Sur l'obligation d'informer préalablement la direction de l'absence du représentant, V. ● Soc. 18 janv. 1961 : *D. 1961. Somm. 95* ● CE 21 avr. 1971 : *Dr. ouvrier 1972. 445.* ♦ L'information préalable n'est pas requise si le représentant se rend à une séance du comité. ● Crim. 28 avr. 1977 : *Bull. crim. n° 145 ; Dr. ouvrier 1978. 19.*

5. Constitue un accident du travail et non un accident de trajet l'accident survenu au retour d'une réunion du comité central. ● Soc. 11 oct. 1990, ⚖ n° 88-19.392 : *JS UIMM 1990. 441 ; RJS 1990. 609, n° 927.*

6. Frais de déplacement. Le temps nécessaire aux déplacements pour assister aux réunions, sauf à l'imputer sur les heures de délégation, ainsi que les frais de déplacement, ne sont pas légalement à la charge de l'employeur à moins d'un accord ou d'un usage en sens contraire. ● Soc. 29 nov. 1979 : *Bull. civ. V, n° 915* ● 29 oct. 1980 : *ibid., n° 787 ; D. 1981. IR 263, obs. Pélissier* ● 19 juin 1987 : *Bull. civ. V, n° 410* ● 26 sept. 1990, ⚖ n° 87-45.554 : *D. 1990. IR 240 ; Dr. soc. 1991. 262, note Cohen* ⬚. ♦ Mais les frais de déplacement des membres du comité central concernant des réunions organisées à l'initiative de l'employeur doivent rester à la charge de celui-ci. ● Soc. 15 juin 1994, ⚖ n° 92-14.985 P : *D. 1994. IR 200 ; Dr. soc. 1994. 811, obs. Cohen* ⬚ ; *RJS 1994. 522, n° 874* ● 30 sept. 1997, ⚖ n° 95-40.125 P.

7. Téléphone. Pour l'accomplissement de leur mission légale et la préservation de la confidentialité qui s'y attache, les salariés investis d'un mandat électif ou syndical dans l'entreprise doivent pouvoir et disposer d'un matériel ou procédé excluant l'interception de leurs communications téléphoniques et l'identification de leurs correspondants. ● Soc. 6 avr. 2004, ⚖ n° 02-40.498 P : *RJS 2004. 485, n° 713.*

SOUS-SECTION 4 Affichage

Art. L. 2315-15 Les membres de la délégation du personnel du comité social et économique peuvent faire afficher les renseignements qu'ils ont pour rôle de porter à la connaissance du personnel sur des emplacements obligatoirement prévus et destinés aux communications syndicales, ainsi qu'aux portes d'entrée des lieux de travail.

Comp. anc. art. L. 2315-7 (Délégués du personnel).

1. Affichage. La liberté d'affichage n'est soumise à aucun contrôle préalable de l'employeur, à qui il appartient seulement de saisir éventuellement les tribunaux compétents de toute contestation sur le bien-fondé d'un affichage. ● Crim. 8 mai 1968 : *Bull. crim. n° 145 ; D. 1968. 563, note Verdier.*

2. Sur la notion de « portes d'entrée des lieux de travail », comp. : ● Crim. 15 mars 1983 : *Bull. crim. n° 85 ; D. 1983. IR 307* (une porte de bureau n'entre pas dans les prévisions de la loi) ● Soc. 3 déc. 1985 : *Juri-soc. 1986, F. 11* (porte considérée comme un lieu de passage et donc comme une porte d'entrée).

3. Tracts. La distribution de tracts syndicaux n'entre pas dans les attributions des délégués du personnel. ● Soc. 13 mars 1985 : *Bull. civ. V, n° 163 ; D. 1985. IR 407* ● Crim. 1er févr. 1983 :

Jurispr. UIMM 1983, n° 442. ♦ Comp., à propos d'une distribution de tracts jugée licite : • Soc. 2 févr. 1972 : *Bull. civ. V, n° 87 ; D. 1972. Somm. 130* • 9 juin 1983 : *D. 1983. IR 352* (distribution de tracts dans la cantine).

4. Affichage et informations relevant de la vie personnelle d'un salarié. Le respect de la vie personnelle d'un salarié n'est pas en lui-même un obstacle à l'application de l'art. L. 2315-15, nonobstant l'obligation de discrétion à laquelle sont tenus les représentants du personnel à l'égard des informations revêtant un caractère confidentiel, dès lors que l'affichage des informations relevant de la vie personnelle d'un salarié est indispensable à la défense du droit à la protection de la santé et de la sécurité des travailleurs, lequel participe des missions du CSE et que l'atteinte ainsi portée à la vie personnelle est proportionnée au but poursuivi. • Soc. 16 févr. 2022, ⚖ n° 20-14.416 B : *D. actu. 4 mars 2022, obs. de Montvalon ; D. 2022. 401 ⌀ ; Dr. soc. 2022. 422, note François ⌀ ; RJS 4/2022, n° 192 ; JCP S 2022. 1076, obs. Dauxerre.*

SOUS-SECTION 5 Formation

§ 1 Dispositions générales

Art. L. 2315-16 Le temps consacré aux formations prévues au présent chapitre est pris sur le temps de travail et est rémunéré comme tel. Il n'est pas déduit des heures de délégation.

Comp. anc. art. L. 2325-44, al. 2 (Comité d'entreprise).

Art. L. 2315-17 Les formations sont dispensées soit par un organisme figurant sur une liste arrêtée par l'autorité administrative dans des conditions déterminées par décret en Conseil d'État, soit par un des organismes mentionnés à l'article L. 2145-5. Ces formations sont renouvelées lorsque les représentants ont exercé leur mandat pendant quatre ans, consécutifs ou non.

Comp. anc. art. L. 2325-44, al. 1er in fine (Comité d'entreprise).

V. Arr. du 2 janv. 2019, NOR : MTRT1900073A (JO 6 janv.).

V. Arr. du 22 déc. 2023, NOR : MTRT2334921A (JO 29 déc.).

§ 2 Formation en santé, sécurité et conditions de travail

Art. L. 2315-18 (Ord. n° 2017-1718 du 20 déc. 2017, art. 1er-I) Les membres de la délégation du personnel du comité social et économique *(L. n° 2018-771 du 5 sept. 2018, art. 105-III, en vigueur au plus tard le 1er janv. 2019)* « et le référent prévu au dernier alinéa de l'article L. 2314-1 » bénéficient de la formation nécessaire à l'exercice de leurs missions en matière de santé, de sécurité et de conditions de travail prévues au chapitre II du présent titre, dans des conditions déterminées par décret en Conseil d'État. – *V. art. R. 2315-9 s.*

(L. n° 2021-1018 du 2 août 2021, art. 39, en vigueur le 31 mars 2022) « La formation est d'une durée minimale de cinq jours lors du premier mandat des membres de la délégation du personnel.

« En cas de renouvellement de ce mandat, la formation est d'une durée minimale :

« 1° De trois jours pour chaque membre de la délégation du personnel, quelle que soit la taille de l'entreprise ;

« 2° De cinq jours pour les membres de la commission santé, sécurité et conditions de travail dans les entreprises d'au moins trois cents salariés.

« Sans préjudice des dispositions de l'article L. 2315-22-1, » le financement *(Ord. n° 2017-1718 du 20 déc. 2017, art. 1er-I)* « de la formation prévue » *(L. n° 2021-1018 du 2 août 2021, art. 39, en vigueur le 31 mars 2022)* « au premier alinéa du présent article » est pris en charge par l'employeur dans des conditions prévues par décret en Conseil d'État.

Comp. anc. art. L. 4614-14 et L. 4614-16 (CHSCT).

SECTION 2 Dispositions particulières des entreprises de moins de cinquante salariés

BIBL. ▶ ADAM, *Dr. soc. 2020. 956 ⌀* (entreprises de moins de 50 salariés, CSE d'établissement et CSE central).

INSTITUTIONS REPRÉSENTATIVES   **Art. L. 2315-21**   873

SOUS-SECTION 1   Fonctionnement

Art. L. 2315-19 Les représentants du personnel au comité social et économique exercent individuellement les droits qui sont reconnus au comité par la présente section.

SOUS-SECTION 2   Local

Art. L. 2315-20 L'employeur met à la disposition des membres de la délégation du personnel du comité social et économique le local nécessaire pour leur permettre d'accomplir leur mission et, notamment, de se réunir.

Comp. anc. art. L. 2315-6 (Délégués du personnel).

BIBL. ▶ Dauxerre, *JCP S 2022. 1197.*

Local. Commet le délit d'entrave le chef d'entreprise qui, hors le cas de force majeure, omet de mettre à disposition des délégués un local. ● Crim. 7 janv. 1981 : *Bull. crim. n° 5 ; D. 1981. IR 424, obs. Langlois.* – V. aussi ● Crim. 29 avr. 1980 : *Dr. ouvrier 1981. 48* (nécessité d'un local spécifique).

SOUS-SECTION 3   Réunions

Art. L. 2315-21 Les membres de la délégation du personnel du comité social et économique sont reçus collectivement par l'employeur ou son représentant au moins une fois par mois. En cas d'urgence, ils sont reçus sur leur demande.

L'employeur peut se faire assister par des collaborateurs. Ensemble, ils ne peuvent être en nombre supérieur à celui des représentants du personnel titulaires.

Les membres de la délégation du personnel du comité social et économique sont également reçus par l'employeur, sur leur demande, soit individuellement, soit par catégorie, soit par atelier, service ou spécialité professionnelle selon les questions qu'ils ont à traiter.

Comp. anc. art. L. 2315-8 (Délégué du personnel).

1. Réunions mensuelles. Les dispositions de l'art. L. 424-4 [L. 2315-8 anc.] s'imposent impérativement et, hors les cas de force majeure, leur inobservation ne peut être justifiée que si elle a pour cause le refus ou la défection des délégués eux-mêmes. ● Crim. 22 oct. 1975, n° 93-47.874 P : *D. 1975. IR 234 ; JCP 1976. II. 18396, note Caleb* ● 10 juill. 1979 : *Bull. crim. n° 245* ● 9 mars 1977 : *ibid., n° 90 ; D. 1977. IR 238, obs. Puech* ● 4 nov. 1982 : *D. 1983. IR 66.* ♦ Pour être punissable, le défaut de réunion doit être volontaire. ● Crim. 20 mars 1984 : *Bull. crim. n° 118 ; D. 1984. IR 388.*

2. L'inexistence d'un régime légal de convocation des délégués du personnel à la réunion mensuelle obligatoire ne fait pas obstacle à l'exercice de poursuites pour délit d'entrave à l'encontre du chef d'entreprise, dès lors que celui-ci est tenu d'informer les délégués de la date et de l'heure de cette réunion. ● Crim. 17 déc. 1996, ⚖ n° 95-84.938 P : *RJS 1997. 285, n° 432.*

3. La réunion mensuelle a nécessairement un caractère collectif. ● Crim. 11 oct. 1989 : *Dr. ouvrier 1991. 28.* ♦ Elle doit être réservée aux seuls délégués. ● Crim. 10 juill. 1979 : *JCP 1979. IV. 314.* ♦ Mais l'employeur qui doit recueillir l'avis des délégués du personnel avant le licenciement pour inaptitude et impossibilité de reclassement d'un salarié n'a pas à le faire dans le cadre de la réunion mensuelle. ● Soc. 29 avr. 2003, ⚖ n° 00-46.477 P : *Dr. soc. 2003. 787, obs. Savatier* ⌀ ; *D. 2003. IR 1408* ⌀.

4. Ne constitue pas un fait justificatif : l'indisponibilité du représentant de l'employeur qui devait présider la réunion. ● Crim. 7 janv. 1981 : *Bull. crim. n° 5 ; D. 1981. IR 424, obs. Langlois.* ♦ ... Le fait qu'aucune réclamation n'ait été exprimée dans la note écrite prévue à l'art. L. 424-5. ● Crim. 22 oct. 1975, n° 93-47.874 : *préc. note 1.* – Dans le même sens : ● Crim. 27 sept. 1989 : *D. 1989. IR 296.*

5. L'assistance de délégués suppléants aux réunions mensuelles constitue pour l'employeur une prescription impérative. ● Crim. 6 nov. 1979 : *Bull. crim. n° 307.* ♦ Sur l'impossibilité pour le suppléant de prendre part à la discussion, V. ● Crim. 11 oct. 1983 : *Bull. crim. n° 242 ; D. 1984. IR 352, obs. Verdier.*

6. Réunions exceptionnelles. L'urgence n'autorise pas les délégués à transmettre leurs réclamations « dans des conditions d'agitation, de désordre et de violence que l'exercice normal de leurs fonctions aurait permis d'éviter ». ● Soc. 27 nov. 1968 : *Bull. civ. V, n° 535.*

7. Délit d'entrave. Lorsque l'employeur impose aux délégués un minutage excessif empêchant l'épuisement de l'ordre du jour dans des conditions normales, il porte atteinte à l'exercice régulier de leurs fonctions en refusant de reprendre plus tard la même réunion ou d'en organiser une seconde. ● Crim. 29 mars 1977 : *Bull. crim. n° 117 ; D. 1977. IR 336.*

8. Constitue une entrave le fait pour un employeur de refuser de se soumettre à l'usage établi dans l'entreprise de diffuser sous forme de notes de service les procès-verbaux des réunions. • Crim. 12 janv. 1982 : *Bull. crim. n° 12 ; D. 1983. IR* 167, obs. Reinhard. ♦ *Contra* : • Crim. 4 avr. 1991, ⚰ *Moisan*, n° 88-84.270 : *D. 1991. IR* 140 ; *JCP E* 1991. II. 213, note Godard ; *RJS* 1991. 325, n° 614 a, affirmant que la violation d'un usage ne peut entrer dans la catégorie des agissements pénalement sanctionnés.

Art. L. 2315-22 Sauf circonstances exceptionnelles, les membres de la délégation du personnel du comité social et économique remettent à l'employeur une note écrite exposant l'objet des demandes présentées, deux jours ouvrables avant la date à laquelle ils doivent être reçus.

L'employeur répond par écrit à ces demandes, au plus tard dans les six jours ouvrables suivant la réunion.

Les demandes des membres de la délégation du personnel du comité social et économique et les réponses motivées de l'employeur sont, soit transcrites sur un registre spécial, soit annexées à ce registre.

Ce registre, ainsi que les documents annexés, sont tenus à la disposition des salariés de l'entreprise désirant en prendre connaissance, pendant un jour ouvrable par quinzaine et en dehors de leur temps de travail.

Ils sont également tenus à la disposition de l'agent de contrôle de l'inspection du travail mentionné à l'article L. 8112-1 et des membres de la délégation du personnel du comité social et économique.

Comp. anc. art. L. 2315-12 (Délégué du personnel).

1. Obligations de l'employeur. Le fait qu'aucune réclamation n'ait été exprimée selon les formes prévues par l'art. L. 424-5 [L. 2315-22] ne dispense pas l'employeur de tenir la réunion mensuelle, mais lui permet de ne pas répondre aux réclamations verbales. • Crim. 22 oct. 1975, n° 93-47.874 P : *D. 1975. IR* 234 ; *JCP* 1976. II. 18396, note Caleb.

2. Délit d'entrave. Porte atteinte à l'exercice régulier de leurs fonctions l'employeur qui impose aux délégués le respect d'un délai de 6 jours ouvrables pour remettre leurs notes écrites. • Crim. 9 avr. 1975 : *Bull. crim. n° 88.* ♦ Comp., lorsque l'employeur reçoit immédiatement les délégués, le délai de 2 jours n'ayant pas pour finalité que de permettre à l'employeur de connaître à l'avance l'objet de l'entretien : • Crim. 4 oct. 1977 : *D. 1977. IR* 479.

3. Le défaut de tenue du registre constitue en lui-même une atteinte au fonctionnement régulier de l'institution des délégués du personnel. • Crim. 2 juin 1976 : *Bull. crim. n° 196 ; JCP* 1977. II. 18736, note Dekeuwer.

SOUS-SECTION 4 Formation en santé, sécurité et conditions de travail

(L. n° 2021-1018 du 2 août 2021, art. 39, en vigueur le 31 mars 2022)

Art. L. 2315-22-1 Les formations en santé, sécurité et conditions de travail prévues à l'article L. 2315-18 peuvent être prises en charge par l'opérateur de compétences au titre de la section financière mentionnée au 2° de l'article L. 6332-3, selon des modalités prévues par décret en Conseil d'État.

SECTION 3 Dispositions particulières des entreprises d'au moins cinquante salariés

Art. L. 2315-23 Le comité social et économique est doté de la personnalité civile et gère son patrimoine.

Il est présidé par l'employeur ou son représentant, assisté éventuellement de trois collaborateurs qui ont voix consultative.

Le comité désigne, parmi ses membres titulaires, un secrétaire et un trésorier.

Comp. anc. art. L. 2325-1 (Comité d'entreprise).

BIBL. ▶ Auzero et François, *RDT* 2021. *Controverse 289* ⌀ (faut-il reconnaître la personnalité juridique au « petit » comité social et économique ?). – Dauxerre, *JCP S* 2019. 1263 (le secrétaire du CSE).

> *COMMENTAIRE*
> V. sur le Code en ligne 🔒.

I. RÔLE AU SEIN DU COMITÉ

A. PRÉSIDENT

1. Chef d'entreprise. La présidence d'un comité d'entreprise ne peut être assurée par deux personnes simultanément. ● Soc. 27 nov. 1980 : *Bull. civ. V, n° 862*. ♦ Sur les conditions permettant au chef d'entreprise de désigner un représentant permanent ou occasionnel, V. ● Soc. 27 nov. 1980 : *préc.* ♦ Jugé, avant l'intervention de la L. du 20 déc. 1993, que constitue le délit d'entrave la présence permanente aux réunions du comité d'entreprise d'un membre de la direction, outre le chef d'entreprise, même à titre consultatif et nonobstant un accord, non conforme à la loi. ● Crim. 16 mars 1993, ⚖ n° 92-81.168 P : *Dr. soc. 1993. 653, note Cohen* ⌀ ; *RJS 1993. 358, n° 623 ; CSB 1993. 169, A. 38*. – Déjà dans le même sens : ● Crim. 23 juin 1981 : *Dr. soc. 1982. 207, note Savatier*. ♦ Au sein d'un lycée d'enseignement privé, la qualité de chef d'entreprise au sens de l'art. L. 433-1 [L. 2315-23] n'appartient pas au chef d'établissement, mais au président de l'organisme de gestion. ● Soc. 28 mars 1989 : *Bull. civ. V, n° 259 ; D. 1989. IR 130*.

2. Délégation de la présidence. Le représentant du chef d'entreprise, qui est délégué pour présider le comité d'entreprise, a nécessairement le pouvoir, en cette qualité, d'arrêter l'ordre du jour. ● Soc. 10 juill. 2002, ⚖ n° 00-16.827 : *RJS 2002. 928, n° 1247 ; JSL 2002, n° 109-5*. ♦ L'employeur peut déléguer cette attribution qui lui incombe légalement, à la condition que la personne assurant la présidence par délégation de l'employeur ait la qualité et le pouvoir nécessaires à l'information et à la consultation de l'institution représentative du personnel, de nature à permettre l'exercice effectif des prérogatives de celle-ci, peu important que le délégataire soit mis à disposition de l'employeur par une autre entreprise. ● Soc. 25 nov. 2020, ⚖ n° 19-18.681 P : *D. actu. 17 déc. 2020, obs. Malfettes ; D. 2020. 2402* ⌀ ; *RJS 2/2021, n° 94 ; Dr. ouvrier 2021. 101, obs. Ménard ; Gaz. Pal. 9 mars 2021, p. 78, obs. Le Cohu ; JCPS 2021. 1012, avec la note, obs. de Jerphanion et Forge*.

3. Rôle de représentation. Le président du comité d'entreprise n'en est pas le représentant légal s'il n'a pas été mandaté à cet effet. ● Soc. 19 nov. 1986 : *Bull. civ. V, n° 527*. – V. aussi ● Crim. 23 nov. 1992, ⚖ n° 92-81.499 P : *CSB 1993. 113, S. 46*.

4. Représentant spécial. Le comité d'entreprise, à défaut d'avoir désigné un de ses membres pour le représenter d'une manière générale en justice, doit désigner un représentant s'il veut assurer sa défense lorsqu'il est cité devant une juridiction. ● Soc. 18 mars 1997, ⚖ n° 95-15.010 P : *Dr. soc. 1997. 548, note Savatier* ⌀ ; *RJS 1997. 454, n° 700* (l'action de l'employeur contre le comité ne peut être déclarée irrecevable faute pour l'employeur d'avoir provoqué une délibération du comité en ce sens). ♦ L'action civile en réparation du dommage directement causé au comité d'entreprise par un crime, un délit ou une contravention doit être exercée par l'un de ses membres régulièrement mandaté à cet effet. ● Crim. 8 sept. 2020, n° 19-83.139 P : *D. 2020. Pan. 2321, obs. Ferkane* ⌀ ; *Dr. soc. 2021. 170, obs. Salomon* ⌀ ; *RJS 11/2020, n° 546 ; JCP S 2020. 3048, obs. Duquesne*.

5. Participation au vote du chef d'entreprise. Le chef d'établissement, membre du comité d'établissement, doit à ce titre participer à la désignation du secrétaire du comité, ce vote ne constituant pas la consultation des membres élus du comité en tant que délégation du personnel. ● Soc. 10 juill. 1991, ⚖ n° 88-20.411 : *D. 1991. IR 209 ; CSB 1991. 187, A. 42 ; RJS 1991. 556, concl. Chauvy ; ibid. 615, note Savatier ; Dr. soc. 1991. 764, note Cohen* ⌀. – Dans le même sens : ● Soc. 2 févr. 1978 : *Bull. civ. V, n° 87 ; D. 1978. IR 383, obs. Pélissier*.

6. Rôle du chef d'entreprise. L'employeur en tant que membre du comité d'entreprise a qualité pour demander la nullité d'une de ses délibérations. ● Soc. 1er févr. 1979 : *Bull. civ. V, n° 104* ● 16 déc. 1980 : *ibid., n° 900*. ♦ Comme tous les membres du comité, l'employeur a accès aux documents comptables ; le refus du comité de lui communiquer les pièces comptables afférentes à la gestion des œuvres sociales constitue un trouble manifestement illicite autorisant le juge des référés à en ordonner la mise à disposition. ● Soc. 19 déc. 1990, ⚖ n° 88-17.677 : *D. 1991. IR 13 ; RJS 1991. 110, n° 200*.

B. SECRÉTAIRE

7. Élection du secrétaire. En cas de partage des voix entre les candidats au poste de secrétaire, c'est le candidat le plus âgé qui doit être déclaré élu. ● Soc. 1 oct. 1982 : *Bull. civ. V, n° 535 ; D. 1983. IR 442, obs. Béraud*.

8. Pouvoirs du secrétaire. Le secrétaire du comité doit être expressément habilité pour le représenter en justice. ● Crim. 14 févr. 1978 : *Bull. crim. n° 57 ; D. 1978. IR 328*. – V. aussi ● Soc. 20 nov. 1985 : *Bull. civ. n° 543 ; D. 1986. IR 222, obs. Julien ; Dr. soc. 1987. 101, note Savatier*. ♦ Le mandat donné par le comité pour agir en justice dans une affaire déterminée habilite le mandataire à exercer les voies de recours contre la décision rendue sur cette action. ● Soc. 10 juin 1997, ⚖ n° 95-19.818 P : *Dr. soc. 1997. 980, obs. Couturier* ⌀ ; *RJS 1997. 686, n° 1107*.

9. Le secrétaire doit avoir reçu du comité une délégation expresse pour présenter valablement une demande d'autorisation de licenciement d'un salarié protégé dont le comité est l'employeur. ● CE 12 févr. 1993 : ⚖ *RJS 1993. 248, n° 412 ; JCP E 1993. II. 520, note Crionnet* ● 31 mars 1995, ⚖ n° 101461 : *RJS 1995. 433, n° 662*.

10. En s'opposant à ce que le président fasse usage d'un magnétophone alors que le secrétaire disposait d'un appareil analogue, les membres du comité commettent un abus de pouvoir. • Crim. 4 févr. 1986 : *D. 1986. Somm. 383, obs. Frossard ; Dr. ouvrier 1987. 60, note M. C.* ♦ Sur le recours à un magnétophone, V. • Paris, 22 nov. 1989 : *D. 1989. IR 320.*

11. Sur la possibilité pour le comité de décider de la présence d'une sténodactylographe ou d'un salarié du comité chargé d'aider le secrétaire à établir le procès-verbal, V. • Soc. 27 nov. 1980, 🗝 n° 78-15.447 P : *D. 1981. IR 264, obs. Pélissier* • 7 janv. 1988, 🗝 n° 85-16.849 P : *D. 1988. IR 18 ; JCP 1988. II. 21074, note Girault ; Dr. soc. 1989. 206, note Savatier* • Crim. 30 oct. 1990, 🗝 n° 87-83.665 : *D. 1990. IR 296 ; CSB 1991. 23, S. 2 ; RJS 1991. 28, n° 46.*

12. Rôle du secrétaire. Les secrétaires de deux syndicats agissant comme mandataires de certains membres du personnel n'ont pas qualité pour demander l'annulation d'une décision du comité. • Soc. 8 oct. 1953, n° 5.056 P : *Dr. soc. 1954. 342, note Hébraud.*

II. ACTIONS DU COMITÉ

A. DROITS D'ACTION DU COMITÉ

13. Exemples. Le comité est recevable pour demander une expertise portant sur le logement attribué au gérant de la société. • Soc. 16 oct. 1984, 🗝 n° 82-12.387 P. ♦ Un comité peut demander la nullité d'une cession par la société mère des actions de sa filiale. • Civ. 1re, 8 mars 1988, 🗝 n° 86-11.144 P. • T. com. Nanterre, 11 déc. 1986 : *D. 1987. Somm. 200, obs. Langlois.*

14. Actions relatives aux institutions représentatives du personnel de l'entreprise. Le comité d'entreprise d'une société a qualité pour demander en justice, la reconnaissance d'une unité économique et sociale permettant la mise en place d'un comité d'entreprise commun à cette société et à d'autres. • Soc. 29 janv. 2003, 🗝 n° 01-60.848 P.

15. Recours en excès de pouvoir. Un comité d'entreprise a qualité pour déférer au juge de l'excès de pouvoir des mesures qui sont de nature à affecter les conditions de travail et d'emploi du personnel. • CE 22 déc. 1982, 🗝 n° 34252 : *Lebon 435 ; Dr. soc. 1983. 676, note Dubois ; JCP 1983. II. 20072, note Lombard.* – V. aussi • CE 4 juin 1982 : *Dr. soc. 1982. 796, note Prétot.* ♦ Comp. : • CE 1er déc. 1993, 🗝 n° 111730 : *RJS 1994. 435, n° 715.*

16. Droits des membres du comité. Tous les membres du comité d'entreprise devant avoir un égal accès aux archives et aux documents administratifs et comptables dudit comité, il n'appartient pas au juge des référés, en l'absence de disposition dans le règlement intérieur du comité d'entreprise, de limiter l'exercice par certains membres du comité de leur droit à consultation des archives et des documents comptables et financiers de celui-ci. • Soc. 7 nov. 2018, 🗝 n° 17-23.157 P : *D. 2018. Actu. 2238 ; RJS 1/2019, n° 32 ; JSL 2019, n° 468-3, obs. Pacotte et Daguerre ; JCP S 2019. 1400, obs. Pagnerre.*

B. LIMITES

17. Représentation des salariés. Le comité d'entreprise ne tient d'aucune disposition légale le pouvoir d'exercer une action en justice au nom des salariés ou de se joindre à l'action de ces derniers, lorsque ses intérêts propres ne sont pas en cause. • Soc. 14 mars 2007, 🗝 n° 06-41.647 : *D. 2007. AJ 1081 ; RDT 2007. 401, note Andreo ; RJS 2007. 460, n° 624 ; Dr. soc. 2007. 1153, note Véricel ; JSL 2007, n° 211-2* • 18 mars 1997, 🗝 n° 93-43.989 P : *Dr. soc. 1997. 544, note Couturier et note Savatier ; RJS 1997. 683, n° 1106.* ♦ Il ne peut donc pas contester devant le juge prud'homal l'application de l'art. L. 122-12 [L. 1224-1] dans une opération d'externalisation. • Soc. 14 mars 2007, 🗝 n° 06-41.647 : *RDT 2007. 401, note Andreo ; JSL 2007, n° 211-2.* ♦ Le comité d'entreprise, n'ayant pas qualité pour représenter les intérêts individuels des salariés, ni les intérêts collectifs de la profession, ne peut demander en justice qu'il soit statué sur la force exécutoire d'une décision unilatérale de l'employeur. • Soc. 23 oct. 1985, 🗝 n° 84-14.272 P : *Dr. soc. 1987. 101, note Savatier.* – V. aussi • Soc. 6 févr. 1980 : *Bull. civ. V, n° 107 ; D. 1981. IR 1, obs. Derrida.*

18. Contestation d'un accord d'entreprise. Un comité d'entreprise n'a pas qualité pour : critiquer un accord d'entreprise. • Soc. 1er juin 1994, 🗝 n° 92-18.896 P : *Dr. soc. 1994. 715, obs. A. Lyon-Caen ; RJS 1994. 531, n° 884.* ♦ ... Ni pour former tierce opposition à un jugement statuant sur une liquidation judiciaire. • Com. 19 oct. 1993, 🗝 n° 91-17.564 : *D. 1994. Somm. 46, obs. Derrida ; RJS 1993. 720, n° 1218.* ♦ Cette action est réservée aux organisations ou groupements qui ont le pouvoir de conclure une convention ou un accord collectif de travail. • Soc. 19 nov. 2014, 🗝 n° 13-23.899 P : *D. 2014. Actu. 2414 ; RDT 2015. 126, obs. Odoul-Asorey ; RJS 2/2015, n° 129.*

19. Action en exécution d'un accord collectif. Le comité d'entreprise n'a pas qualité pour intenter une action visant à obtenir l'exécution des engagements résultant de la convention collective applicable ; cette action est réservée aux organisations syndicales qui ont le pouvoir de conclure une convention ou un accord collectif de travail. • Soc. 19 nov. 2014, 🗝 n° 13-23.899 : *D. actu. 9 janv. 2015, obs. Fraisse ; RJS 2/2015, n° 129.*

20. Constitution de partie civile. Le comité d'entreprise ne détient d'aucune disposition de la loi le droit d'exercer les pouvoirs de la partie civile sans avoir à justifier d'un préjudice personnel

INSTITUTIONS REPRÉSENTATIVES **Art. L. 2315-25** 877

découlant directement des infractions poursuivies, dès lors qu'il n'a pas pour mission de représenter les différentes catégories de personnel, ni les intérêts généraux de la profession. • Crim. 28 mai 1991, n° 90-83.957 : *CSB* 1991. 222, S. 130. – V. aussi • Crim. 4 janv. 1979 : *Bull. crim. n° 6* • 7 juin 1983 : *ibid. n° 172* ; *D.* 1983. IR 352 • 28 nov. 1984 : *Bull. crim. n° 375* ; *D.* 1985. IR 436, obs. Langlois • 28 mai 1991, n° 90-83.957 : *D.* 1991. IR 201.

21. Doit être déclarée nulle la délibération relative à l'exercice de poursuites correctionnelles pour entrave qui ne figure pas à l'ordre du jour et ne présente aucun lien avec les questions devant être débattues, les membres titulaires absents ayant été privés de toute possibilité de s'exprimer sur le sujet. • Crim. 5 sept. 2006, n° 05-85.895.

C. RESPONSABILITÉ CIVILE DU COMITÉ

22. Hypothèses. Sur la mise en œuvre de la responsabilité civile d'un comité, V. • Soc. 12 mars 1970 : *Bull. civ. V, n° 190* • 11 févr. 1971 : *D.* 1971. 375, note Dupeyroux • 14 janv. 1981 : *Bull. civ. V, n° 25* ; *D.* 1981. IR 425, obs. Langlois ; *JCP* 1981. II. 19663, concl. Gauthier (un comité peut répondre de ses fautes dans la gestion d'une cantine) • Crim. 23 nov. 1992, n° 92-81.499 : *CSB* 1993. 113, S. 46 ; *RJS* 1993. 113, n° 161 (irrecevabilité de l'action civile de l'entreprise en cas de détournement de fonds par le secrétaire d'un comité d'établissement). ♦ Pour une mise en cause personnelle du secrétaire du comité, V. • Soc. 17 janv. 1979 : *Bull. civ. V, n° 40* ; *D.* 1979. IR 325, obs. Langlois.

SOUS-SECTION 1 Règlement intérieur

Art. L. 2315-24 Le comité social et économique détermine, dans un règlement intérieur, les modalités de son fonctionnement et celles de ses rapports avec les salariés de l'entreprise, pour l'exercice des missions qui lui sont conférées par le chapitre II du présent titre.

(L. n° 2018-217 du 29 mars 2018, art. 6) « Sauf accord de l'employeur, un règlement intérieur ne peut comporter des clauses lui imposant des obligations ne résultant pas de dispositions légales. Cet accord constitue un engagement unilatéral de l'employeur que celui-ci peut dénoncer à l'issue d'un délai raisonnable et après en avoir informé les membres de la délégation du personnel du comité social et économique. »

Comp. anc. art. L. 2325-2 (Comité d'entreprise).

BIBL. ▶ CHATARD et PAOLI, *JCP S* 2018. 1193 (le règlement intérieur du CSE). – MANIGOT, *JCP S* 2019. 1290 (règlement intérieur du CSE). – VANULS, *Dr. soc.* 2019. 395 (le règlement intérieur du CSE).

1. Fixation du lieu de réunion. La fixation du lieu des réunions du comité d'entreprise relève des prérogatives de l'employeur, sauf pour celui-ci à répondre d'un éventuel abus dans leur exercice. • Soc. 3 avr. 2019, n° 17-31.304 P : *D. actu. 5 mai 2019*, obs. Ciray ; *D.* 2019. Actu. 767 ; *RJS 6/2019, n° 365* ; *JSL* 2019, n° 476-6, obs. Hugueville et Martinez.

2. Règlement intérieur et fixation de la date de réunion. Le pouvoir de convocation de l'employeur incluant nécessairement le pouvoir de fixer la date de la réunion du comité d'entreprise, sauf accord entre la majorité des élus du comité d'entreprise et l'employeur, si le comité d'entreprise détermine, dans son règlement intérieur, les modalités de son fonctionnement, l'art. L. 2325-2 [L. 2315-24] ne lui permet pas d'inclure dans ce règlement des dispositions concernant une mesure qui relève des prérogatives de l'employeur, sauf pour celui-ci à répondre d'un éventuel abus dans leur exercice. • Soc. 15 janv. 2013, n° 11-28.324 : *D. actu. 11 févr. 2013*, obs. Ines ; *D.* 2013. Actu. 255 ; *JCP S* 2013. 1138, obs. Daniel.

3. Règlement intérieur et accès aux archives et documents du comité. Tous les membres du comité d'entreprise doivent avoir un égal accès aux archives et aux documents administratifs et comptables du comité ; en l'absence de dispositions dans le règlement intérieur du comité, il n'appartient pas au juge des référés de limiter l'exercice par certains membres de cette institution de leur droit à consultation des archives et des documents comptables et financiers de celui-ci. • Soc. 7 nov. 2018, n° 17-23.157 P : *D.* 2018. Actu. 2238 ; *RJS 1/2019, n° 32* ; *SSL* 2018, n° 1841, p. 12, obs. Levannier-Gouël ; *JCP S* 2018. 1400, obs. Pagnerre.

SOUS-SECTION 2 Local

Art. L. 2315-25 L'employeur met à la disposition du comité social et économique un local aménagé et le matériel nécessaire à l'exercice de ses fonctions.

Comp. anc. art. L. 2325-12 (Comité d'entreprise).

1. Local et matériel. Le local envisagé par les textes ne peut consister en une salle de conférence. • Crim. 17 nov. 1966 : *Bull. crim. n° 261* ; *D.* 1967. 201 • 9 nov. 1971 : *Bull. crim. n° 305* ; *JCP*

1972. II. 17074, note *Pélissier*. ♦ ... Ni en une salle de réfectoire. • Crim. 29 avr. 1980 : *Dr. ouvrier 1981*. 48, note *Alvarez*. ♦ Sur l'obligation de l'employeur de fournir un répondeur téléphonique, V. • Soc. 27 oct. 1981 : *Bull. civ. V, n° 832*. ♦ V. aussi notes ss. art. R. 2323-21.

2. Nouveau local. En cas de modification d'aménagement, l'employeur peut mettre à disposition du comité d'entreprise un nouveau local aménagé, dès lors que ce local lui permet d'exercer normalement ses fonctions. • Soc. 22 oct. 2014, ⚖ n° 13-16.614 : *D. actu. 14 nov. 2014, obs. Fleuriot ; RJS 1/2015, n° 41*.

3. Visioconférence. Si aucune observation ni refus n'a été exprimé quant à la tenue de la réunion par visioconférence, que les questions inscrites à l'ordre du jour n'impliquaient pas un vote à bulletin secret et qu'il n'a pas été procédé à un tel vote, l'utilisation de la visioconférence n'est pas de nature à entacher d'irrégularité les décisions du comité d'entreprise. • Soc. 26 oct. 2011, ⚖ n° 10-20.918 : *D. actu. 21 nov. 2011, obs. Ines ; D. 2011. Actu. 2734* ⊘ *; RDT 2012. 46, obs. Signoretto* ⊘ *; Dr. soc. 2012. 98, obs. Petit* ⊘ *; RJS 2012. 51, n° 53 ; JSL 2011, n° 310-2, obs. Hautefort ; JCP S 2012. 1009, obs. Kerbourc'h*.

4. Délit d'entrave. L'employeur qui, malgré les visites et courriers de l'inspecteur du travail, s'est contenté de mettre à disposition du comité d'entreprise un local trop exigu peut être condamné pour délit d'entrave (superficie de 10 m² ne permettant ni la réunion des membres du CE, ni aucune activité collégiale). • Crim. 26 janv. 2016, ⚖ n° 13-85.770 P : *RJS 4/2016, n° 257 ; Dr. pénal 2016. Comm. 66, obs. Robert*.

Art. L. 2315-26 Le comité social et économique peut organiser, dans le local mis à sa disposition, des réunions d'information, internes au personnel, portant notamment sur des problèmes d'actualité.

Le comité peut inviter des personnalités extérieures, syndicales ou autres, dans les conditions prévues par les dispositions des articles L. 2142-10 et L. 2142-11.

Ces réunions ont lieu en dehors du temps de travail des participants. Toutefois, les membres de la délégation du personnel du comité social et économique peuvent se réunir sur leur temps de délégation.

Comp. anc. art. L. 2325-13 (Comité d'entreprise).

Présence de tiers. Si le président du comité d'entreprise ne peut imposer à la majorité de ses membres la présence de tiers aux réunions de cet organisme, cette même majorité ne peut davantage inviter des personnes étrangères au comité sans l'accord de l'employeur. • Soc. 22 nov. 1988, ⚖ n° 86-13.368 : *Dr. soc. 1989. 205, concl. Picca, note Cohen*.

SOUS-SECTION 3 Réunions

§ 1 Périodicité

SOUS-§ 1 *Ordre public*

Art. L. 2315-27 Au moins quatre réunions du comité social et économique portent annuellement en tout ou partie sur les attributions du comité en matière de santé, sécurité et conditions de travail, plus fréquemment en cas de besoin, notamment dans les branches d'activité présentant des risques particuliers.

Le comité est en outre réuni à la suite de tout accident ayant entraîné ou ayant pu entraîner des conséquences graves, ainsi qu'en cas d'événement grave lié à l'activité de l'entreprise, ayant porté atteinte ou ayant pu porter atteinte à la santé publique ou à l'environnement *(L. n° 2018-217 du 29 mars 2018, art. 6)* « ou » à la demande motivée de deux de ses membres représentants du personnel, sur les sujets relevant de la santé, de la sécurité ou des conditions de travail.

Lorsque l'employeur est défaillant, et à la demande d'au moins la moitié des membres du comité social et économique, celui-ci peut être convoqué par l'agent de contrôle de l'inspection du travail mentionné à *(Ord. n° 2017-1718 du 20 déc. 2017, art. 1ᵉʳ-I)* « l'article » L. 8112-1 et siéger sous sa présidence.

L'employeur informe annuellement l'agent de contrôle de l'inspection du travail mentionné à l'article L. 8112-1, le médecin du travail et l'agent des services de prévention des organismes de sécurité sociale du calendrier retenu pour les réunions consacrées aux sujets relevant de la santé, de la sécurité ou des conditions de travail, et leur confirme par écrit au moins quinze jours à l'avance la tenue de ces réunions.

INSTITUTIONS REPRÉSENTATIVES **Art. L. 2315-28** 879

SOUS-§ 2 *Dispositions supplétives*

Art. L. 2315-28 A défaut d'accord prévu à l'article 2312-19, dans les entreprises d'au moins trois cents salariés, le comité social et économique se réunit au moins une fois par mois sur convocation de l'employeur ou de son représentant.

Dans les entreprises de moins de trois cents salariés, le comité se réunit au moins une fois tous les deux mois.

Le comité peut tenir une seconde réunion à la demande de la majorité de ses membres.

Comp. anc. art. L. 2325-14 (Comité d'entreprise).

A. PÉRIODICITÉ DES RÉUNIONS

1. Absence de réunion. Ne constitue pas une circonstance de nature à justifier l'absence de réunion le fait que l'espacement des réunions correspondait à la volonté des membres du comité. • Crim. 22 nov. 1977 : *Bull. crim. n° 362 ; D. 1978. IR 52.* ♦ ... Que ces derniers n'aient pas protesté contre l'absence de réunions mensuelles. • Crim. 25 mai 1981 : *Dr. ouvrier 1982. 352.* ♦ ... Ou qu'aucun accord n'ait pu se faire sur l'ordre du jour. • Crim. 3 févr. 1981 : *Dr. ouvrier 1984. 110.* – V. aussi : • Crim. 27 sept. 1989 : *D. 1989. IR 296* • 9 janv. 1990 : 🛡 *JS UIMM 1990. 147.* ♦ Ne constituent pas non plus des faits justificatifs de l'absence de l'employeur, l'existence d'un litige sur la reddition des comptes du comité ou le refus opposé par le secrétaire du comité de fixer les dates de la réunion. • Crim. 11 févr. 1992, 🛡 n° 90-87.500 : *D. 1992. IR 174.*

2. Réunion mensuelle. La réunion mensuelle (ou bimestrielle) doit être réservée aux membres du comité. • Crim. 12 mars 1970 : *Bull. crim. n° 102.* – V. aussi • Crim. 5 mai 1976 : *ibid., n° 143.*

3. Réunion supplémentaire. A la demande de la majorité des membres du comité, la loi fait obligation à l'employeur d'organiser une réunion supplémentaire avec un ordre du jour spécial. • Crim. 17 janv. 1984 . *Bull. crim. n° 23 ; D. 1984. IR 229.* ♦ Comp. : • Crim. 14 févr. 1978 : *ibid., n° 57* • 14 sept. 1988 : *BS Lefebvre 1988. 449, n° 1385.* ♦ Sur l'appréciation de l'urgence par le juge, V. • Crim. 16 mars 1982 : *Bull. crim. n° 77 ; D. 1983. IR 163.*

B. CONVOCATION

4. Règlement intérieur et fixation de la date de réunion. Le pouvoir de convocation de l'employeur incluant nécessairement le pouvoir de fixer la date de la réunion du comité d'entreprise, sauf accord entre la majorité des élus du comité d'entreprise et l'employeur ; si le comité d'entreprise détermine, dans son règlement intérieur, les modalités de son fonctionnement, l'art. L. 2325-2 ne lui permet pas d'inclure dans ce règlement des dispositions concernant une mesure qui relève des prérogatives de l'employeur, sauf pour celui-ci à répondre d'un éventuel abus dans leur exercice. • Soc. 15 janv. 2013, 🛡 n° 11-28.324 : *D. actu. 11 févr. 2013, obs. Ines.*

5. Fixation du lieu de réunion. La fixation du lieu des réunions du comité d'entreprise relève des prérogatives de l'employeur, sauf pour celui-ci à répondre d'un éventuel abus dans leur exercice. • Soc. 3 avr. 2019, 🛡 n° 17-31.304 P : *D. actu. 5 mai 2019, obs. Ciray ; D. 2019. Actu. 767 ⊘ ; RJS 6/2019, n° 365 ; JCP S 2019. 1142, obs. Kerbourc'h.*

6. Modalités. La convocation doit être envoyée à tous les participants et notamment aux suppléants. • Crim. 4 avr. 1978 : *Dr. ouvrier 1978. 385* • 18 oct. 1983 : *Bull. crim. n° 255 ; D. 1984. IR 87.* ♦ ... Aux représentants syndicaux. • Crim. 28 avr. 1977 : *Bull. crim. n° 145* • 4 juin 1985 : *ibid. n° 271 ; RSC 1986. 403, obs. Lazerges.* ♦ ... Le cas échéant, au médecin du travail. • Crim. 9 nov. 1982 : *Bull. crim. n° 250.* ♦ ... A un membre du comité, bien qu'il soit malade. • Crim. 16 juin 1970 : *Bull. crim. n° 207 ; D. 1970. 652 ; JCP 1970. II. 16551.*

7. Une réunion tenue en l'absence de toute convocation est irrégulière. • Soc. 13 avr. 1985 : *Bull. civ. V, n° 525.* ♦ Sur le délai de convocation, V. • Crim. 4 janv. 1983 : *JS UIMM 1983. 188.*

8. Sur les modalités de la convocation des membres pendant leurs congés, V. • Soc. 18 déc. 1991, 🛡 n° 89-40.288 P : *D. 1992. IR 42 ; Dr. soc. 1992. 195 ; RJS 1992. 115, n° 166.*

9. Principe. Les frais de déplacement des membres du comité d'entreprise sont à la charge de l'employeur lorsque la réunion est organisée à l'initiative de celui-ci ou à la demande de la majorité des membres du comité. • Soc. 22 mai 2002, 🛡 n° 99-43.990 P : *D. 2002. IR 2026 ⊘ ; JCP E 2002. 1764, obs. Cesaro.*

C. RÉUNION EXTRAORDINAIRE

10. Condition de majorité. La demande d'une seconde réunion à la demande de la majorité de ses membres s'entend de la majorité des membres élus ayant voix délibérative. • Soc. 13 févr. 2019, 🛡 n° 17-27.889 P : *D. 2019. Actu. 386 ⊘ ; RJS 4/2019, n° 228 ; JCP S 2018. 1099, obs. Pagnerre.*

§ 2 Ordre du jour

Art. L. 2315-29 L'ordre du jour de chaque réunion du comité social et économique est établi par le président et le secrétaire.

Les consultations rendues obligatoires par une disposition législative ou réglementaire ou par un accord collectif de travail sont inscrites de plein droit à l'ordre du jour par le président ou le secrétaire.

Comp. anc. art. L. 2325-15 (Comité d'entreprise).

1. Élaboration conjointe de l'ordre du jour. L'élaboration conjointe de l'ordre du jour demeure la règle, l'art. L. 2325-15 [L. 2315-29] ne dispensant pas l'employeur qui entend faire inscrire une question à l'ordre du jour de la réunion du comité d'entreprise de la soumettre préalablement au secrétaire du comité, alors même que la consultation de cette institution est obligatoire. • Soc. 12 juill. 2010, ⚛ n° 08-40.740 : *D. 2010. Actu. 1884* ⌀ ; *Dr. ouvrier 2010. 683* ; *JCP S 2010. 1419*, obs. Dumont.

2. Double signature. L'ordre du jour doit être signé conjointement par l'employeur et par le secrétaire du comité d'entreprise pour chaque réunion. • Soc. 25 juin 2003, ⚛ n° 01-12.990 : *RJS 2003. 982, n° 1411.* ♦ Le représentant du chef d'entreprise, qui est délégué pour présider le comité d'entreprise, a nécessairement le pouvoir, en cette qualité, d'arrêter l'ordre du jour. • Soc. 10 juill. 2002, ⚛ n° 00-16.827 P.

3. Désaccord. Si aucun accord ne peut être obtenu entre l'employeur et le secrétaire du comité pour la fixation de l'ordre du jour, il appartient au plus diligent des deux de saisir le juge des référés pour résoudre la difficulté ; le comité ne peut valablement se réunir et délibérer sur un ordre du jour fixé unilatéralement par l'employeur. • Soc. 8 juill. 1997, ⚛ n° 95-13.177 P : *Dr. soc. 1997. 982*, obs. Cohen ⌀ ; *RJS 1997. 689, n° 1109* ; *LPA 29 oct. 1997*, note Picca ; *Dr. ouvrier 1998. 369*, note De Senga.

4. Le refus du secrétaire d'inscrire une question à l'ordre du jour ne peut à lui seul bloquer la procédure dès lors que le comité d'entreprise dispose d'éléments suffisants pour émettre un avis sur la consultation relative au plan social ; le juge des référés peut alors y suppléer en fixant l'ordre du jour de la réunion. • Soc. 25 juin 2003, ⚛ n° 01-12.990 : *RJS 2003. 982, n° 1411*. ♦ Commet le délit d'entrave l'employeur fixant unilatéralement l'ordre du jour. • Crim. 4 avr. 1978 : *Dr. ouvrier 1978. 385* • 16 sept. 1985 : *ibid. 1986. 448*. ♦ Sur l'obligation d'arrêter l'ordre du jour incombant conjointement au chef d'entreprise et au secrétaire du comité, V. • Crim. 4 nov. 1997, ⚛ n° 96-85.631 P : *RSC 1998. 778*, note Cerf ⌀. ♦ La seule obligation à la charge de l'employeur est de communiquer l'ordre du jour trois jours au moins avant la réunion. • Soc. 17 nov. 1977 : *Bull. civ. V, n° 624* ; *D. 1978. IR 53*.

Art. L. 2315-30 L'ordre du jour des réunions du comité social et économique est communiqué par le président aux membres du comité, à l'agent de contrôle de l'inspection du travail mentionné à l'article L. 8112-1 ainsi qu'à l'agent des services de prévention des organismes de sécurité sociale trois jours au moins avant la réunion.

Comp. anc. art. L. 2325-16 (Comité d'entreprise).

1. Délit d'entrave. L'inobservation du délai caractérise le délit d'entrave. • Crim. 27 sept. 1988 : *Bull. crim. n° 325* ; *D. 1988. IR 270.* ♦ Comp., en cas d'urgence : • Crim. 6 févr. 1979, ⚛ n° 77-91.923 P : *D. 1979. IR 422* ; *Dr. ouvrier 1980. 136*, note Alvarez • 23 juin 1981 : *D. 1982. IR 391*, obs. Langlois ; *Dr. soc. 1982. 195*, note Savatier (l'urgence ne peut être reconnue lorsqu'elle est due à la propre carence de l'employeur) • 25 oct. 1994, ⚛ n° 93-85.802 : *RJS 1995. 176, n° 250* • Soc. 2 mars 2004, ⚛ n° 02-16.554 P : *RJS 2004. 378, n° 557*. ♦ V. aussi : • CE 31 mars 1989 : *JS UIMM 1990. 24* (le non-respect du délai n'empêche pas le comité de se prononcer en connaissance de cause sur le licenciement d'un représentant).

2. La consultation du comité n'est pas régulière s'il n'est pas constaté que la question figurait à l'ordre du jour de la réunion, la circonstance qu'elle ait déjà été abordée lors de la réunion précédente, où il avait été indiqué que le vote interviendrait à la prochaine réunion, ne pouvant valoir inscription nécessaire à l'ordre du jour de la réunion suivante. • Soc. 9 juill. 1996, n° 94-17.628 P : *RJS 1996. 767, n° 1181*.

3. Est irrégulière la délibération et, par voie de conséquence, nulles les citations délivrées par la partie civile, relative à l'exercice de poursuites correctionnelles prise alors qu'elle ne figurait pas à l'ordre du jour et ne présentait aucun lien avec les questions devant être débattues, de telle sorte que les membres titulaires absents ont été privés de toute possibilité de s'exprimer sur le sujet. • Crim. 5 sept. 2006, ⚛ n° 05-85.895 : *D. 2006. IR 2344* ⌀ ; *RJS 2006. 883, n° 1197* ; *JSL 2006, n° 201-5* ; *Dr. soc. 2006. 1198*, obs. Duquesne ⌀.

4. Délai minimal de trois jours institué dans le seul intérêt. Seuls les membres de la délégation du personnel au comité social et économique peuvent se prévaloir du délai minimal d'envoi de l'ordre du jour, instauré dans leur intérêt. • Soc. 28 juin 2023, ⚛ n° 22-10.586 B : *RJS 10/2023, n° 522* ; *JCP S 2023. 1229*, obs. Kerbouc'h.

INSTITUTIONS REPRÉSENTATIVES **Art. L. 2315-34** 881

Art. L. 2315-31 Lorsque le comité social et économique se réunit à la demande de la majorité de ses membres, les questions jointes à la demande de convocation sont inscrites à l'ordre du jour de la réunion.

Comp. anc. art. L. 2325-17 (Comité d'entreprise).

SOUS-SECTION 4 Votes et délibérations

Art. L. 2315-32 Les résolutions du comité social et économique sont prises à la majorité des membres présents.

Le président du comité social et économique ne participe pas au vote lorsqu'il consulte les membres élus du comité en tant que délégation du personnel.

Comp. anc. art. L. 2325-18 (Comité d'entreprise).

1. Non-participation du chef d'entreprise. L'employeur ne prend pas part au vote pour : la désignation des délégués au comité central. • Soc. 21 juill. 1976 : *Bull. civ. V, n° 460 ; Dr. soc. 1976. 494, note Savatier.* ♦ ... La désignation des représentants au conseil d'administration. • Soc. 5 mai 1983 : *Bull. civ. V, n° 235 ; D. 1984. IR 353, obs. Langlois.* ♦ ... Le choix de l'expert-comptable. • Soc. 5 mai 1983 : *préc.* • 26 nov. 1987 : *Bull. civ. V, n° 679 ; D. 1987. IR 256.* ♦ ... L'instauration d'horaires individualisés. • Soc. 16 déc. 1981 : *Bull. civ. V, n° 966 ; D. 1982. IR 315, obs. Vachet.* ♦ ... Le licenciement d'un salarié protégé. • Soc. 22 nov. 1988 : *Dr. soc. 1989. 206, note Savatier.* ♦ ... La décision par laquelle un comité d'entreprise se retire d'un comité interentreprises. • Soc. 25 janv. 1995, 🔒 n° 92-16.778 P : *D. 1995. IR 46 ; Dr. soc. 1995. 261, note Savatier* ∅ *; RJS 1995. 178, n° 25 ; Dr. ouvrier 1995. 210, note M. C. ; CSB 1995. 86, S. 38.* ♦ *Contra :* • Crim. 4 nov. 1988, 🔒 n° 87-91.705 P : *Dr. soc. 1989. 206, note Savatier* (notification de la décision de retrait à toutes les parties ayant créé le comité interentreprises).

2. Participation du chef d'entreprise. L'employeur participe au vote pour la désignation du secrétaire du comité. • Soc. 10 juill. 1991, 🔒 n° 88-20.411 : *D. 1991. IR 209 ; CSB 1991. 187, A. 42 ; RJS 1991. 556, concl. Chauvy ; ibid. 615, note Savatier ; Dr. soc. 1991. 764, note Cohen* ∅.

3. Sanctions. La délibération prise par le comité n'est nulle en raison de la participation au vote de l'employeur que si cette dernière a exercé une influence sur le scrutin. • Soc. 12 mars 1970 : *Bull. civ. V, n° 193* • 28 janv. 1988 : *ibid., n° 82* • CE 31 oct. 1990, 🔒 n° 82488 : *RJS 1991. 119, n° 218.* ♦ *Contra :* • Soc. 22 nov. 1988 : *D. 1988. IR 292 ; Dr. soc. 1989. 206, note Savatier ; RJS 1989. 40, n° 60.*

4. Calcul de la majorité. Pour le calcul de la majorité nécessaire à l'adoption des résolutions du comité, il ne doit être tenu compte que des membres présents ayant le droit de voter. • Soc. 25 janv. 1995, 🔒 n° 92-16.778 : *D. 1995. IR 46 ; Dr. soc. 1995. 261, note Savatier* ∅. ♦ En cas de partage des voix, celle de l'employeur n'est pas prépondérante. • Crim. 4 oct. 1977 : *Bull. crim. n° 287 ; D. 1977. IR 479.*

Art. L. 2315-33 Le comité social et économique peut décider que certaines de ses délibérations seront transmises à l'autorité administrative.

V. art. R. 2315-24.

Comp. anc. art. L. 2325-19 (Comité d'entreprise).

SOUS-SECTION 5 Procès-verbal

Art. L. 2315-34 Les délibérations du comité social et économique sont consignées dans un procès-verbal établi par le secrétaire du comité dans un délai et selon des modalités définis par un accord conclu dans les conditions prévues *(Ord. n° 2017-1718 du 20 déc. 2017, art. 1er-I)* « au premier alinéa de l'article L. 2312-16 » ou, à défaut, par un décret.

A l'issue du délai mentionné au premier alinéa, le procès-verbal est transmis à l'employeur, qui fait connaître lors de la réunion du comité suivant cette transmission sa décision motivée sur les propositions qui lui ont été soumises.

Les déclarations sont consignées dans le procès-verbal.

Un décret définit les conditions dans lesquelles il peut être recouru à l'enregistrement ou à la sténographie des séances de l'instance. – *V. art. D. 2315-27.*

Comp. anc. art. L. 2325-20 (Comité d'entreprise).

Art. L. 2315-35 Le procès-verbal des réunions du comité social et économique peut, après avoir été adopté, être affiché ou diffusé dans l'entreprise par le secrétaire du comité, selon des modalités précisées par le règlement intérieur du comité.

Comp. anc. art. L. 2325-21 (Comité d'entreprise).

1. Compétence du secrétaire. L'établissement d'un procès-verbal et le contrôle de son contenu sont réservés au seul secrétaire du comité. ● Crim. 25 févr. 1986 : *Dr. ouvrier 1986. 418* ● Soc. 1er déc. 1987 : *JCP 1988. IV. 52.* ♦ Rappr. : ● Crim. 4 nov. 1983 : *Bull. crim. n° 285 ; D. 1984. IR 144.* ♦ L'employeur, qui ne participe pas à la rédaction des procès-verbaux, ne peut obtenir en référé la désignation d'un huissier pour pallier la carence du secrétaire du comité d'entreprise dans cette rédaction. ● Soc. 25 nov. 2003, n° 01-14.176 : *RJS 2004. 153, n° 223 ; ibid. 207, note Cohen.* ♦ La diffusion du procès-verbal est faite aux frais de l'entreprise. ● Soc. 4 avr. 1990, n° 88-13.219 : *RJS 1990. 284, n° 385.* ♦ Le refus de l'employeur d'une transcription intégrale des informations économiques fournies trimestriellement caractérise le délit d'entrave. ● Crim. 10 janv. 1989 : *D. 1989. IR 83.*

2. Portée des mentions. Les déclarations de l'employeur consignées dans le procès-verbal peuvent constituer un engagement unilatéral de sa part. ● Soc. 14 juin 1984 : *Bull. civ. V, n° 251 ; Dr. soc. 1985. 188, note Savatier.*

3. Diffusion. Sur les limites fixées à la liberté de diffusion du procès-verbal par la jurisprudence antérieure à la loi du 28 oct. 1982, V. ● Soc. 4 nov. 1981 (deux arrêts) : *Bull. civ. V, n° 858 ; D. 1982. IR 313, obs. Béraud ; JCP 1982. II. 19764, concl. Gauthier ; Dr. soc. 1982. 195, note Savatier* ● 18 févr. 1982 : *Bull. civ. V, n° 110 ; D. 1982. IR 239.* ♦ Les procès-verbaux sont des documents internes qui ne sont pas nécessairement appelés à une diffusion ou à une publicité auprès du personnel. ● Versailles, 13 juill. 1997 : *RJS 1997. 667, n° 1078* (insuffisance de la motivation d'une lettre de licenciement pour motif économique par seule référence à une réunion du comité d'entreprise).

SOUS-SECTION 6 Commissions

BIBL. ▶ Frouin et Roche, *JCP S 2019. 1316* (commissions du CSE).

§ 1 Commissions santé, sécurité et conditions de travail

BIBL. ▶ Bensadoun et Wasser, *JCP S 2023. 1111* (réflexions en faveur du maintien des CSSCT). – Jeansen, *JCP S 2018. 1122.*

SOUS-§ 1 *Ordre public*

Art. L. 2315-36 Une commission santé, sécurité et conditions de travail est créée au sein du comité social et économique dans :
1° Les entreprises d'au moins trois cents salariés ;
2° Les établissements distincts d'au moins trois cents salariés ;
3° Les établissements mentionnés aux articles L. 4521-1 et suivants.

BIBL. ▶ Jeansen, *JCP S 2018. 1242* (création d'une CSSCT et installation dangereuse). – Redon et Gally, *JCP S 2018. 1216* (mise en place d'une commission santé, sécurité et conditions de travail).

Art. L. 2315-37 Dans les entreprises et établissements distincts de moins de trois cents salariés, l'inspecteur du travail peut imposer la création d'une commission santé, sécurité et conditions de travail lorsque cette mesure est nécessaire, notamment en raison de la nature des activités, de l'agencement ou de l'équipement des locaux.

(Ord. n° 2017-1718 du 20 déc. 2017, art. 1er-I) « Cette décision peut être contestée devant le directeur régional des entreprises, de la concurrence, de la consommation, du travail et de l'emploi. »

Comp. anc. art. L. 4611-4 (CHSCT).

Art. L. 2315-38 La commission santé, sécurité et conditions de travail se voit confier, par délégation du comité social et économique, tout ou partie des attributions du comité relatives à la santé, à la sécurité et aux conditions de travail, à l'exception du recours à un expert prévu à la sous-section 10 et des attributions consultatives du comité.

Art. L. 2315-39 La commission est présidée par l'employeur ou son représentant.
Elle comprend au minimum trois membres représentants du personnel, dont au moins un représentant du second collège, ou le cas échéant du troisième collège prévus à l'article L. 2314-11.

Les membres de la commission santé, sécurité et conditions de travail sont désignés par le comité social et économique parmi ses membres, par une résolution adoptée selon les modalités définies à l'article L. 2315-32, pour une durée qui prend fin avec celle du mandat des membres élus du comité.

Lorsque l'accord confie tout ou partie des attributions du comité social et économique à la commission santé, sécurité et conditions de travail, *(Ord. n° 2017-1718 du 20 déc. 2017, art. 1er-I)* « les dispositions de l'article L. 2314-3 s'appliquent » aux réunions de la commission.

L'employeur peut se faire assister par des collaborateurs appartenant à l'entreprise et choisis en dehors du comité. Ensemble, ils ne peuvent pas être en nombre supérieur à celui des représentants du personnel titulaires.

Les dispositions de l'article L. 2315-3 relatives au secret professionnel et à l'obligation de discrétion leur sont applicables.

Conditions de désignation des membres de la CSSCT. La désignation des membres d'une CSSCT, que sa mise en place soit obligatoire ou conventionnelle, résulte d'un vote des membres du CSE à la majorité des voix des membres présents lors du vote, sans qu'il soit besoin d'une résolution préalable fixant les modalités de l'élection. • Soc. 27 nov. 2019, ⚖ n° 19-14.224 P : *D. 2019. Actu. 2357 ; D. actu. 23 janv. 2020, obs. Ciray ; RDT 2020. 344, obs. Vérical ; RJS 2/2020, n° 97 ; JCP S 2020. 1016, obs. Jeansen ; JSL 2020, n° 492-6, obs. Cottin ; SSL 2020, n° 1888-1889, p. 14, obs. Champeaux.*

Art. L. 2315-40 *(Abrogé par L. n° 2021-1018 du 2 août 2021, art. 39, à compter du 31 mars 2022) La formation mentionnée à l'article L. 2315-18 des membres de la commission santé, sécurité et conditions de travail est organisée sur une durée minimale de :*

1° Cinq jours dans les entreprises d'au moins trois cents salariés ;

2° Trois jours dans les entreprises de moins de trois cents salariés.

SOUS-§ 2 *Champ de la négociation*

Art. L. 2315-41 L'accord d'entreprise défini à l'article L. 2313-2 fixe les modalités de mise en place de la ou des commissions santé, sécurité et conditions de travail en application des articles L. 2315-36 et L. 2315-37, en définissant :

1° Le nombre de membres de la ou des commissions ;

2° Les missions déléguées à la ou les commissions par le comité social et économique et leurs modalités d'exercice ;

3° Leurs modalités de fonctionnement, notamment le nombre d'heures de délégation dont bénéficient les membres de la ou des commissions pour l'exercice de leurs missions ;

4° Les modalités de leur formation conformément aux articles L. 2315-16 à L. 2315-18 ;

5° Le cas échéant, les moyens qui leur sont alloués ;

6° Le cas échéant, les conditions et modalités dans lesquelles une formation spécifique correspondant aux risques ou facteurs de risques particuliers, en rapport avec l'activité de l'entreprise peut être dispensée aux membres de la commission.

Art. L. 2315-42 En l'absence de délégué syndical, un accord entre l'employeur et le comité social et économique, adopté à la majorité des membres titulaires élus de la délégation du personnel du comité, fixe les modalités de mise en place de la ou des commissions santé, sécurité et conditions de travail mentionnées aux 1° à 6° de l'article L. 2315-41.

Art. L. 2315-43 En dehors des cas prévus aux articles L. 2315-36 et L. 2315-37, l'accord d'entreprise défini à l'article L. 2313-2 ou en l'absence de délégué syndical, un accord entre l'employeur et le comité social et économique, adopté à la majorité des membres titulaires élus de la délégation du personnel du comité peut fixer le nombre et le périmètre de mise en place de la ou des commissions santé, sécurité et conditions de travail et définir les modalités mentionnées aux 1° à 6° de l'article L. 2315-41.

SOUS-§ 3 *Dispositions supplétives*

Art. L. 2315-44 (Ord. n° 2017-1718 du 20 déc. 2017, art. 1er-I) En l'absence d'accord prévu aux articles L. 2315-41 et L. 2315-42, le règlement intérieur du comité social et économique définit les modalités mentionnées aux 1° à 6° de l'article L. 2315-41.

En l'absence d'accord prévu à l'article L. 2315-43, l'employeur peut fixer le nombre et le périmètre de mise en place d'une ou plusieurs commissions santé, sécurité et conditions de travail. Le règlement intérieur du comité social et économique définit les modalités mentionnées aux 1° à 6° de l'article L. 2315-41.

§ 1 *BIS* Commission des marchés

(L. n° 2018-217 du 29 mars 2018, art. 6)

Art. L. 2315-44-1 Une commission des marchés est créée au sein du comité social et économique qui dépasse, pour au moins deux des trois critères mentionnés au II de l'article L. 2315-64, des seuils fixés par décret.

Comp. anc. art. L. 2325-34-1 (Comité d'entreprise).

BIBL. ▶ DAUXERRE, *JCP S 2021. 1212* (la commission des marchés du CSE). – RIOCHE, *JCP S 2021. 1213* (mise en place de la commission des marchés du CSE).

Art. L. 2315-44-2 Pour les marchés dont le montant est supérieur à un seuil fixé par décret, le comité social et économique détermine, sur proposition de la commission des marchés, les critères retenus pour le choix des fournisseurs et des prestataires du comité et la procédure des achats de fournitures, de services et de travaux.

La commission des marchés choisit les fournisseurs et les prestataires du comité. Elle rend compte de ces choix, au moins une fois par an, au comité, selon des modalités déterminées par le règlement intérieur du comité.

Comp. anc. art. L. 2325-34-2 (Comité d'entreprise).

Art. L. 2315-44-3 Les membres de la commission des marchés sont désignés par le comité social et économique parmi ses membres titulaires.

Le règlement intérieur du comité social et économique fixe les modalités de fonctionnement de la commission, le nombre de ses membres, les modalités de leur désignation et la durée de leur mandat.

Comp. anc. art. L. 2325-34-3 (Comité d'entreprise).

Art. L. 2315-44-4 La commission des marchés établit un rapport d'activité annuel, joint en annexe au rapport mentionné à l'article L. 2315-69.

Comp. anc. art. L. 2325-34-4 (Comité d'entreprise).

§ 2 Champ de la négociation des autres commissions

Art. L. 2315-45 Un accord d'entreprise conclu dans les conditions prévues au premier alinéa de l'article L. 2232-12 peut prévoir la création de commissions supplémentaires pour l'examen de problèmes particuliers.

Le cas échéant, l'employeur peut adjoindre à ces commissions avec voix consultative des experts et des techniciens appartenant à l'entreprise et choisis en dehors du comité. Les dispositions de l'article L. 2315-3 relatives au secret professionnel et à l'obligation de discrétion leur sont applicables.

Les rapports des commissions sont soumis à la délibération du comité.

Principe. Une cour d'appel énonce exactement que la liberté de choix dont dispose le comité central pour désigner les membres de ses commissions ne peut s'exercer que dans le respect des principes généraux régissant l'exercice du droit syndical dans l'entreprise. ● Soc. 19 nov. 1986 : *Bull. civ. V, n° 526* (illicéité de la modification du règlement intérieur du comité destinée à éliminer un syndicat des commissions).

§ 3 Dispositions supplétives

SOUS-§ 1 Commission économique

Art. L. 2315-46 En l'absence d'accord prévu à l'article L. 2315-45, dans les entreprises d'au moins mille salariés, une commission économique est créée au sein du comité social et économique ou du comité social et économique central.

Cette commission est chargée notamment d'étudier les documents économiques et financiers recueillis par le comité et toute question que ce dernier lui soumet.

Comp. anc. art. L. 2325-23 (Comité d'entreprise).

BIBL. ▶ TEYSSIÉ, *JCP S* 2021. 1234 (commission économique du CSE).

Art. L. 2315-47 La commission est présidée par l'employeur ou son représentant.

La commission économique comprend au maximum cinq membres représentants du personnel, dont au moins un représentant de la catégorie des cadres. Ils sont désignés par le comité social et économique ou le comité social et économique central parmi leurs membres.

Comp. anc. art. L. 2325-24 (Comité d'entreprise).

Art. L. 2315-48 La commission économique se réunit au moins deux fois par an.

Elle peut demander à entendre tout cadre supérieur ou dirigeant de l'entreprise après accord de l'employeur.

Elle peut se faire assister par l'expert-comptable qui assiste le comité social et économique et par les experts choisis par le comité dans les conditions fixées à la sous-section 10.

Comp. anc. art. L. 2325-25 (Comité d'entreprise).

SOUS-§ 2 Commission de la formation

Art. L. 2315-49 En l'absence d'accord prévu à l'article L. 2315-45, dans les entreprises d'au moins trois cents salariés, le comité social et économique constitue une commission de la formation.

Cette commission est chargée :

1° De préparer les délibérations du comité prévues aux 1° et 3° de l'article L. 2312-17 dans les domaines qui relèvent de sa compétence ;

2° D'étudier les moyens permettant de favoriser l'expression des salariés en matière de formation et de participer à leur information dans ce domaine ;

3° D'étudier les problèmes spécifiques concernant l'emploi et le travail des jeunes et des travailleurs handicapés.

V. art. R. 2315-30 s.

Comp. anc. art. L. 2325-26 (Comité d'entreprise).

SOUS-§ 3 Commission d'information et d'aide au logement

Art. L. 2315-50 En l'absence d'accord prévu à l'article L. 2315-45, dans les entreprises d'au moins trois cents salariés, une commission d'information et d'aide au logement des salariés est créée au sein du comité social et économique.

Les entreprises de moins de trois cents salariés peuvent se grouper entre elles pour former cette commission.

Comp. anc. art. L. 2325-27 (Comité d'entreprise).

Art. L. 2315-51 La commission d'information et d'aide au logement facilite le logement et l'accession des salariés à la propriété et à la location des locaux d'habitation.

A cet effet, la commission :

1° Recherche les possibilités d'offre de logements correspondant aux besoins du personnel, en liaison avec les organismes habilités à collecter la participation des employeurs à l'effort de construction ;

2° Informe les salariés sur leurs conditions d'accès à la propriété ou à la location d'un logement et les assiste dans les démarches nécessaires pour l'obtention des aides financières auxquelles ils peuvent prétendre.

Comp. anc. art. L. 2325-28 (Comité d'entreprise).

Art. L. 2315-52 La commission d'information et d'aide au logement des salariés aide les salariés souhaitant acquérir ou louer un logement au titre de la participation des employeurs à l'effort de construction, ou investir les fonds provenant des droits constitués en application des dispositions relatives à l'intéressement, à la participation et à l'épargne salariale.

A cet effet, la commission propose, dans chaque entreprise, des critères de classement des salariés candidats à l'accession à la propriété ou à la location d'un logement tenant compte, notamment, des charges de famille des candidats.

Priorité est accordée aux bénéficiaires des dispositions du code des pensions militaires d'invalidité et des victimes de la guerre ayant la qualité de grands mutilés de guerre, conjoints survivants, pupilles de la nation, aux titulaires de pensions d'invalidité servies par un régime obligatoire de sécurité sociale, aux bénéficiaires d'une rente d'accident du travail correspondant à un taux d'incapacité au moins égal à 66 %, aux jeunes de moins de trente ans, aux salariés en mobilité professionnelle, ainsi qu'aux salariés répondant aux critères prévus au deuxième alinéa du II de l'article L. 441-2-3 du code de la construction et de l'habitation.

Le comité social et économique examine pour avis les propositions de la commission.

Comp. anc. art. L. 2325-27 (Comité d'entreprise).

Art. L. 2315-53 La commission d'information et d'aide au logement peut s'adjoindre, avec l'accord de l'employeur, à titre consultatif, un ou plusieurs conseillers délégués par des organisations professionnelles, juridiques ou techniques.

Comp. anc. art. L. 2325-31 (Comité d'entreprise).

Art. L. 2315-54 Sous réserve des dispositions de l'article L. 2315-55, un décret en Conseil d'État détermine :
1° Les conditions dans lesquelles la commission d'information et d'aide au logement des salariés est constituée ;
2° Les conditions dans lesquelles les droits constitués en application des dispositions relatives à l'intéressement, à la participation et à l'épargne salariale sont négociables ou exigibles avant l'expiration du délai prévu à l'article L. 3323-5 ou à l'article L. 3324-10, en vue de constituer ou de compléter l'apport initial nécessaire à l'acquisition du logement principal.

Comp. anc. art. L. 2325-32 (Comité d'entreprise).

Art. L. 2315-55 Un décret détermine :
1° Le nombre maximum de membres de la commission d'information et d'aide au logement des salariés ;
2° Les conditions dans lesquelles les conseillers que s'adjoint la commission sont, le cas échéant, rémunérés.

Comp. anc. art. L. 2325-33 (Comité d'entreprise).

SOUS-§ 4 | *Commission de l'égalité professionnelle*

Art. L. 2315-56 En l'absence d'accord prévu à l'article L. 2315-45, dans les entreprises d'au moins trois cents salariés, une commission de l'égalité professionnelle est créée au sein du comité social et économique.

Cette commission est notamment chargée de préparer les délibérations du comité prévues au 3° de l'article L. 2312-17 *(Ord. n° 2017-1718 du 20 déc. 2017, art. 1er-I)* « , dans les domaines qui relèvent de sa compétence ».

Comp. anc. art. L. 2325-34 (Comité d'entreprise).

SOUS-§ 5 *[ABROGÉ]* Commission des marchés

Ce sous-§ créé par l'art. 1er de l'Ord. n° 2017-1386 du 22 sept. 2017 est abrogé par la L. n° 2018-217 du 29 mars 2018, art. 6, V. art. L. 2315-44-1 à L. 2315-44-4.

INSTITUTIONS REPRÉSENTATIVES   **Art. L. 2315-61**   887

SOUS-SECTION 7   **Subvention de fonctionnement**

Art. L. 2315-61 L'employeur verse au comité social et économique une subvention de fonctionnement d'un montant annuel équivalent à :

1° 0,20 % de la masse salariale brute dans les entreprises de cinquante à *(L. n° 2018-217 du 29 mars 2018, art. 6)* « moins de » deux mille salariés ;

2° 0,22 % de la masse salariale brute dans les entreprises *(L. n° 2018-217 du 29 mars 2018, art. 6)* « d'au moins » deux mille salariés.

Ce montant s'ajoute à la subvention destinée aux activités sociales et culturelles, sauf si l'employeur fait déjà bénéficier le comité d'une somme ou de moyens en personnel équivalents à 0,22 % de la masse salariale brute.

Le comité social et économique peut décider, par une délibération, de consacrer une partie de son budget de fonctionnement au financement de la formation des délégués syndicaux de l'entreprise *(L. n° 2018-217 du 29 mars 2018, art. 6)* « ainsi qu'à la formation des représentants de proximité, lorsqu'ils existent ». Il peut également décider, par une délibération, de transférer *(L. n° 2018-217 du 29 mars 2018, art. 6)* « une » partie du montant de l'excédent annuel du budget de fonctionnement au financement des activités sociales et culturelles *(L. n° 2018-217 du 29 mars 2018, art. 6)* « , dans des conditions et limites fixées par décret en Conseil d'État ». – V. art. R. 2315-31-1.

Cette somme et ses modalités d'utilisation sont inscrites, d'une part, dans les comptes annuels du comité social et économique ou, le cas échéant, dans les documents mentionnés à l'article L. 2315-65 et, d'autre part, dans le rapport mentionné à l'article L. 2315-69.

Pour l'application des dispositions du présent article, la masse salariale brute est constituée par l'ensemble des gains et rémunérations soumis à cotisations de sécurité sociale en application des dispositions de l'article L. 242-1 du code de la sécurité sociale ou de l'article L. 741-10 du code rural et de la pêche maritime, à l'exception des indemnités versées à l'occasion de la rupture du contrat de travail à durée indéterminée.

(L. n° 2018-217 du 29 mars 2018, art. 6) « Lorsque le financement des frais d'expertise est pris en charge par l'employeur en application du 3° de l'article L. 2315-80 du présent code, le comité social et économique ne peut pas décider de transférer d'excédents du budget de fonctionnement au financement des activités sociales et culturelles pendant les trois années suivantes. »

Comp. anc. art. L. 2325-43 (Comité d'entreprise).

BIBL. ▶ Petit, *RJS 1/2021* (budgets du comité social et économique).

1. Assiette. L'évolution de la jurisprudence, qui a exclu de l'assiette de référence du calcul de la subvention de fonctionnement et de la contribution aux activités sociales et culturelles diverses sommes figurant au compte 641 mais n'ayant pas la nature juridique de salaires, conduit à priver de pertinence le recours à ce compte pour la mise en œuvre des dispositions des art. L. 2323-86 et L. 2325-43 C. trav. alors applicables. ● Soc. 7 févr. 2018, ⚖ n°ˢ 16-24.231 et 16-16.086 P : *D. 2018. Actu. 299* ⁄ ; *RJS 4/2018, n° 267 ; JSL 2018, n° 450-1, obs. Lhernould ; SSL 2018, n° 1805, p. 13, interview Teissier ; RDT 2018. 316, obs. Ottan* ⁄ *; ibid. 387, obs. Ciray* ⁄ *; JCP S 2018. 1089, obs. Teissier.*
◆ Sauf engagement plus favorable, la masse salariale servant au calcul de la subvention de fonctionnement comme la contribution aux activités sociales et culturelles s'entend de la masse salariale brute constituée par l'ensemble des gains et rémunérations soumis à cotisations de sécurité sociale en application de l'art. L. 242-1 CSS. ● Mêmes arrêts.

2. Sont exclues de la masse de calcul des subventions les provisions sur congés payés, les indemnités légales et conventionnelles de licenciement et les indemnités de retraite, ainsi que les rémunérations versées aux salariés mis à disposition par une entreprise extérieure et toutes sommes qui ne figurent pas dans la déclaration annuelle des données sociales de l'entreprise. ● Soc. 7 févr. 2018, ⚖ n° 16-24.231 P : *préc. note 1* ● 6 juin 2018, ⚖ n° 17-11.497 P : *D. 2018. Actu. 126* ⁄ *; D. actu. 11 juill. 2018, obs. Fraisse.*

3. Sont exclues de l'assiette de calcul des subventions les sommes attribuées en application de l'accord d'intéressement et qui n'ont pas le caractère de rémunération au sens de l'art. L. 242-1 CSS. ● Soc. 7 févr. 2018, ⚖ n° 16-16.086 P : *préc. note 1* ● 6 juin 2018, ⚖ n° 17-11.497 P : *préc. note 2.*

4. Dès lors que certaines indemnités versées à l'occasion de la rupture des contrats de travail sont pour partie assujetties au paiement de cotisations sociales, notamment les indemnités de licenciement ou de départ volontaire qui sont soumises à ces prélèvements pour leur part dépassant deux fois le plafond annuel de cotisations sociales et pour leur totalité lorsqu'elles dépassent dix fois ce plafond, ces indemnités de rupture sont comprises dans l'assiette de calcul de la subvention au fonctionnement et de la contribution aux activités sociales et culturelles du comité d'entreprise pour leur part assujettie aux cotisations de sécurité sociale. • Soc. 19 déc. 2018, n° 17-22.583 P : *D. 2019. Actu. 20* ; *RJS 3/2019, n° 166* ; *JCP S 2019. 1041, obs. Lepoutre.*

5. Subvention de fonctionnement. L'employeur ne peut déduire de la subvention de fonctionnement les salaires et charges du personnel mis à disposition du comité pour la gestion des activités sociales et culturelles. • Soc. 1989 : *D. 1990. Somm. 158, obs. A. Lyon-Caen* ; *Dr. soc. 1990. 205, note Savatier* • Soc. 4 avr. 1990, n° 88-13.219 P : *D. 1990. IR 106* • Crim. 11 févr. 1992 : n° 11-11.176 : *D. 1992. IR 174* ; *RJS 1992. 620, n° 1120.* – Dans le même sens : • Soc. 21 sept. 1993, n° 91-12.214 : *RJS 1993. 658, n° 1114.* ♦ Comp., lorsqu'un salarié est affecté partiellement à des tâches se rattachant au fonctionnement administratif du comité : • Soc. 5 oct. 1994, n° 92-18.840 : *RJS 1994. 768, n° 1280.*

6. Période antérieure à la création du comité d'entreprise. Le comité d'entreprise ne peut être créancier de sommes correspondant à la subvention destinée à son fonctionnement pour une période antérieure à sa création. • Soc. 27 mars 2012, n° 11-11.176 : *D. actu. 10 mai 2012, obs. Perrin* ; *D. 2012. Actu. 950* ; *RJS 2012. 484, n° 574* ; *JCP S 2012. 1275, obs. d'Allende.*

7. Frais de déplacement. Les frais de déplacement des membres du comité pour des réunions organisées à l'initiative de l'employeur n'entrent pas dans les dépenses de fonctionnement du comité. • Soc. 4 avr. 1990, n° 88-13.219 P • 15 juin 1994, n° 92-14.985 P : *Dr. soc. 1994. 811, obs. Cohen* (ces frais doivent rester à la charge de l'employeur). ♦ Dans le même sens : • Soc. 28 mai 1996, n° 94-18.797 P : *Dr. soc. 1996. 744, obs. Cohen* ; *RJS 1996. 516, n° 803* ; *CSB 1996. 237, A. 49.* ♦ La rémunération du temps de trajet nécessaire pour se rendre aux réunions du comité d'entreprise (comité central d'entreprise, en l'espèce) ne peut s'imputer sur la subvention de fonctionnement ; elle est due par l'employeur dès l'instant que ce trajet n'est pas effectué pendant une période de travail et qu'il dépasse, en durée, le temps normal de déplacement entre le domicile du salarié et le lieu de travail. • Soc. 30 sept. 1997, n° 95-40.125 P : *Dr. soc. 1997. 1109, concl. P. Lyon-Caen, obs. Cohen* ; *RJS 1997. 774, n° 1255* ; *CSB 1997. 325, S. 181.* ♦ En revanche, en l'absence de disposition le prévoyant, l'employeur n'est pas tenu de prendre en charge les frais de déplacement et d'hébergement exposés par les représentants du personnel pour se rendre à des réunions qui ne sont pas légalement obligatoires ou organisées à l'initiative de l'employeur. • Soc. 17 oct. 2018, n° 17-13.256 P : *D. 2018. Actu. 2095* ; *RJS 1/2019, n° 30* ; *JCP S 2018. 1410, obs. Kerbourc'h.*

8. Les dépenses relatives à des frais de voyage et de restaurants effectuées par des membres élus du comité d'entreprise ne sauraient être imputées sur la subvention de fonctionnement. Dès lors, commettent un abus de confiance, au sens de l'art. 314-1 C. pén., les membres du comité qui détournent une telle subvention à des fins personnelles. • Crim. 16 oct. 1997, n° 96-86.231 P : *RJS 1998. 304, n° 486* ; *JS UIMM 1998. 141.*

9. Lorsque l'entreprise comporte des établissements multiples, la subvention de fonctionnement doit être versée à chaque comité d'établissement. • Crim. 11 févr. 2003 : *RJS 2003. 598, n° 905.* ♦ Aucun texte ne fait obligation au chef d'entreprise de verser une subvention de fonctionnement au comité central ni ne précise dans quelles conditions une partie des subventions allouées aux comités d'établissement pourrait être reversée au comité central. • Crim. 31 mars 1992, n° 90-83.938 P : *D. 1992. IR 199* ; *JCP E 1993. II. 409, note Godard* ; *RJS 1992. 621, n° 1121.* ♦ Doit être cassé l'arrêt qui déclare coupable d'entrave un employeur qui a amputé le budget de fonctionnement du comité central de la part de la masse salariale des établissements non dotés d'un comité d'établissement et a imposé le calcul du budget de fonctionnement sur la masse salariale des seuls établissements dotés d'un comité d'établissement. – Même arrêt. ♦ V. aussi : • Versailles, 13 janv. 1994 : *RJS 1994. 435, n° 716* (à défaut d'accord unanime sur la répartition de la subvention entre les comités d'établissement et le comité central, il appartient au juge judiciaire, en sa qualité de juge de droit commun, de fixer une clé de répartition).

10. Le refus de communiquer au comité d'établissement le montant de la masse salariale annuelle brute sur laquelle est calculée la subvention de fonctionnement constitue un délit d'entrave au fonctionnement du comité. • Crim. 11 févr. 2003, n° 01-88.650 : *RJS 2003. 598, n° 905.*

11. Prescription (solution antérieure à la loi du 17 juin 2008). La prescription trentenaire est applicable lorsque le comité d'entreprise ne dispose pas des éléments d'information lui permettant de déterminer le montant de la subvention de fonctionnement. • Soc. 26 sept. 2007, n° 06-44.246 : *D. 2007. AJ 2610* ; *RJS 2007. 1040, n° 1303.* ♦ La prescription quinquennale ne court pas lorsque la créance, même périodique, dépend d'éléments qui ne sont pas connus du créancier et doivent résulter de déclarations que le débiteur est tenu de faire. • Soc. 1er févr. 2011, n° 10-30.160 : *JCP S 2011. 1192, obs. Guyot.*

12. Utilisation de la subvention. Si le comité d'entreprise décide librement de l'utilisation des fonds reçus au titre de son budget de fonctionnement, ses dépenses doivent s'inscrire dans le cadre du fonctionnement du comité d'entreprise et de ses missions économiques ; tel n'est pas le cas du financement de formations et d'abonnements lecture sans lien avec ses attributions économiques mais se rattachant à l'exercice de fonctions de nature syndicale et dont le bénéfice était en partie étendu à des représentants syndicaux extérieurs au comité. • Soc. 27 mars 2012, ⚖ n° 11-10.825 : *D. actu. 10 mai 2012*, obs. Perrin ; *D. 2012. Actu. 951* ⟡ ; *RJS 2012. 484*, n° 575 ; *Dr. ouvrier 2012. 774*, note Millet ; *SSL 2012*, n° 1539, p. 10, obs. Loiseau ; *JCP S 2012. 1247*, obs. Guyot.

Art. L. 2315-62 Dans les entreprises comportant plusieurs comités sociaux et économiques d'établissement, le budget de fonctionnement du comité social et économique central est déterminé par accord entre le comité central et les comités d'établissement.

A défaut d'accord, les modalités de constitution du budget de fonctionnement du comité central sont déterminées par décret en Conseil d'État.

SOUS-SECTION 8 **Formation économique**

Art. L. 2315-63 Dans les entreprises d'au moins cinquante salariés, les membres titulaires du comité social et économique élus pour la première fois bénéficient, dans les conditions et limites prévues à l'article L. 2145-11, d'un stage de formation économique d'une durée maximale de cinq jours. Le financement de la formation est pris en charge par le comité social et économique. (*L. n° 2021-1104 du 22 août 2021, art. 41-III*) « Cette formation peut notamment porter sur les conséquences environnementales de l'activité des entreprises. »

Cette formation est imputée sur la durée du congé de formation économique, sociale (*L. n° 2021-1104 du 22 août 2021, art. 41-II*) « , environnementale » et syndicale prévu aux articles L. 2145-5 et suivants.

Comp. anc. art. L. 2325-44 (Comité d'entreprise).

BIBL. ▶ Dauxerre, *JCP S 2020. 2081* (formation des membres du CSE). – Rioche, *JCP S 2020. 2082* (formation des membres du CSE : clause d'accord collectif ou de règlement intérieur).

Le temps consacré à la formation des représentants du personnel au CHSCT est pris sur le temps de travail et est rémunéré comme tel ; un salarié participant, sur sa demande, à de telles formations ne peut prétendre à une rémunération supérieure à celle qu'il aurait perçue s'il ne les avait pas suivies (salarié à temps partiel suivant une formation à temps plein). • Soc. 15 juin 2010, ⚖ n° 09-65.180 : *D. actu. 7 juill. 2010*, obs. Dechristé ; *RJS 2010. 704*, n° 782 ; *JCP S 2010. 1433*, obs. Martinon.

SOUS-SECTION 9 **Établissement et contrôle des comptes du comité social et économique**

BIBL. ▶ Teyssié, *JCP S 2021. 1173* (contrôle des comptes du CSE).

Art. L. 2315-64 I. — Le comité social et économique est soumis aux obligations comptables définies à l'article L. 123-12 du code de commerce. Ses comptes annuels sont établis selon les modalités définies par un règlement de l'Autorité des normes comptables.

II. — Le comité social et économique dont le nombre de salariés, les ressources annuelles et le total du bilan n'excèdent pas, à la clôture d'un exercice, pour au moins deux de ces trois critères, des seuils fixés par décret peut adopter une présentation simplifiée de ses comptes, selon des modalités fixées par un règlement de l'Autorité des normes comptables, et n'enregistrer ses créances et ses dettes qu'à la clôture de l'exercice.

V. art. D. 2315-33.

Comp. anc. art. L. 2325-45 (Comité d'entreprise).

Art. L. 2315-65 Par dérogation à l'article L. 2315-64, le comité social et économique dont les ressources annuelles n'excèdent pas un seuil fixé par décret peut s'acquitter de ses obligations comptables en tenant un livre retraçant chronologiquement les montants et l'origine des dépenses qu'il réalise et des recettes qu'il perçoit et en établissant, une fois par an, un état de synthèse simplifié portant sur des informations complémentaires relatives à son patrimoine et à ses engagements en cours. Le contenu et les modalités de présentation de cet état sont définis par un règlement de l'Autorité des normes comptables.

Comp. anc. art. L. 2325-46 (Comité d'entreprise).

Art. L. 2315-66 Le comité social et économique fournit des informations sur les transactions significatives qu'il a effectuées. Ces informations sont fournies dans l'annexe à ses comptes, s'il s'agit d'un comité social et économique relevant de l'article L. 2315-64, ou dans le rapport mentionné à l'article L. 2315-69, s'il s'agit d'un comité social et économique relevant de l'article L. 2315-65.

Comp. anc. art. L. 2325-47 (Comité d'entreprise).

Art. L. 2315-67 Lorsque l'ensemble constitué par le comité social et économique et les entités qu'il contrôle, au sens de l'article L. 233-16 du code de commerce, dépasse, pour au moins deux des trois critères mentionnés au II de l'article L. 2315-64 du présent code, des seuils fixés par décret, le comité social et économique établit des comptes consolidés, dans les conditions prévues à l'article L. 233-18 du code de commerce.

Les prescriptions comptables relatives à ces comptes consolidés sont fixées par un règlement de l'Autorité des normes comptables.

Comp. anc. art. L. 2325-48 (Comité d'entreprise).

Art. L. 2315-68 Les comptes annuels du comité social et économique sont arrêtés, selon des modalités prévues par son règlement intérieur, par des membres élus du comité social et économique désignés par lui et au sein de ses membres élus.

Les documents ainsi arrêtés sont mis à la disposition, le cas échéant, du ou des commissaires aux comptes mentionnés à l'article L. 2315-73.

Ils sont approuvés par les membres élus du comité réunis en séance plénière. La réunion au cours de laquelle les comptes sont approuvés porte sur ce seul sujet. Elle fait l'objet d'un procès-verbal spécifique.

Le présent article s'applique également aux documents mentionnés à l'article L. 2315-65.

Comp. anc. art. L. 2325-49 (Comité d'entreprise).

Art. L. 2315-69 Le comité social et économique établit, selon des modalités prévues par son règlement intérieur, un rapport présentant des informations qualitatives sur ses activités et sur sa gestion financière, de nature à éclairer l'analyse des comptes par les membres élus du comité et les salariés de l'entreprise.

Lorsque le comité social et économique établit des comptes consolidés, le rapport porte sur l'ensemble constitué par le comité social et économique et les entités qu'il contrôle, *(Ord. n° 2017-1718 du 20 déc. 2017, art. 1er-I)* « mentionnées » à l'article L. 2315-67.

Le contenu du rapport, déterminé par décret, varie selon que le comité social et économique relève des I ou II de l'article L. 2315-64 ou de l'article L. 2315-65. — *V. art. D. 2315-38.*

Ce rapport est présenté aux membres élus du comité social et économique lors de la réunion en séance plénière mentionnée à l'article L. 2315-68.

Comp. anc. art. L. 2325-50 (Comité d'entreprise).

Art. L. 2315-70 Le trésorier du comité social et économique ou, le cas échéant, le commissaire aux comptes présente un rapport sur les conventions passées, directement, indirectement ou par personne interposée, entre le comité social et économique et l'un de ses membres.

Ce rapport est présenté aux membres élus du comité social et économique lors de la réunion en séance plénière mentionnée au troisième alinéa de l'article L. 2315-68.

Comp. anc. art. L. 2325-51 (Comité d'entreprise).

Art. L. 2315-71 Au plus tard trois jours avant la réunion en séance plénière mentionnée *(Ord. n° 2017-1718 du 20 déc. 2017, art. 1er-I)* « au troisième alinéa de » l'article L. 2315-68, les membres du comité social et économique chargés d'arrêter les comptes du comité communiquent aux membres du comité social et économique les comptes annuels ou, le cas échéant, les documents mentionnés à l'article L. 2315-65, accompagnés du rapport mentionné à l'article L. 2315-69.

Comp. anc. art. L. 2325-52 (Comité d'entreprise).

Art. L. 2315-72 Le comité social et économique porte à la connaissance des salariés de l'entreprise, par tout moyen, ses comptes annuels ou, le cas échéant, les documents mentionnés à l'article L. 2315-65, accompagnés du rapport mentionné à l'article L. 2315-69.

Comp. anc. art. L. 2325-53 (Comité d'entreprise).

Art. L. 2315-73 Lorsque le comité social et économique dépasse, pour au moins deux des trois critères mentionnés au II de l'article L. 2315-64, des seuils fixés par décret, il est tenu de nommer au moins un commissaire aux comptes et un suppléant, distincts de ceux de l'entreprise.

Le comité social et économique tenu d'établir des comptes consolidés nomme deux commissaires aux comptes en application de l'article *(Ord. n° 2023-1142 du 6 déc. 2023, art. 31-VII, en vigueur le 1er janv. 2024)* « L. 821-41 » du code de commerce.

Le coût de la certification des comptes est pris en charge par le comité social et économique sur sa subvention de fonctionnement.

Comp. anc. art. L. 2325-54 (Comité d'entreprise).

Art. L. 2315-74 Lorsque le commissaire aux comptes du comité social et économique relève, à l'occasion de l'exercice de sa mission, des faits de nature à compromettre la continuité de l'exploitation du comité social et économique, il en informe le secrétaire et le président du comité social et économique, dans des conditions fixées par décret en Conseil d'État.

A défaut de réponse du secrétaire du comité social et économique dans un délai fixé par décret en Conseil d'État ou si cette réponse ne lui permet pas d'être assuré de la continuité de l'exploitation du comité social et économique, le commissaire aux comptes établit un rapport spécial et invite l'employeur, par un document écrit dont la copie est transmise au président du *(Ord. n° 2019-964 du 18 sept. 2019, art. 35, en vigueur le 1er janv. 2020)* « tribunal judiciaire » compétent et aux membres du comité social et économique, à réunir le comité afin que ce dernier délibère sur les faits relevés. Le commissaire aux comptes est convoqué à cette réunion, qui se tient dans des conditions et délais fixés par décret en Conseil d'État.

En l'absence de réunion du comité social et économique dans le délai prévu au deuxième alinéa du présent article, en l'absence de convocation du commissaire aux comptes ou si, à l'issue de la réunion du comité social et économique, le commissaire aux comptes constate que les décisions prises ne permettent pas d'assurer la continuité de l'exploitation, il informe de ses démarches le président du *(Ord. n° 2019-964 du 18 sept. 2019, art. 35, en vigueur le 1er janv. 2020)* « tribunal judiciaire » et lui en communique les résultats. Le I de l'article L. 611-2 du code de commerce est applicable, dans les mêmes conditions, au comité social et économique. Pour l'application du présent article, le président du *(Ord. n° 2019-964 du 18 sept. 2019, art. 35, en vigueur le 1er janv. 2020)* « tribunal judiciaire » est compétent et il exerce les mêmes pouvoirs que ceux qui sont attribués au président du tribunal de commerce.

Dans un délai de six mois à compter du déclenchement de la procédure d'alerte, le commissaire aux comptes peut reprendre le cours de la procédure au point où il avait estimé pouvoir y mettre un terme lorsque, en dépit des éléments ayant motivé son appréciation, la continuité de l'exploitation du comité social et économique demeure compromise et que l'urgence commande l'adoption de mesures immédiates.

Le présent article n'est pas applicable lorsqu'une procédure de conciliation ou de sauvegarde a été engagée par le débiteur en application des articles L. 611-6 ou L. 620-1 du code de commerce.

V. art. R. 2315-43 s.

Comp. anc. art. L. 2325-55 (Comité d'entreprise).

Art. L. 2315-75 Les comptes annuels et, le cas échéant, les documents mentionnés à l'article L. 2315-65, ainsi que les pièces justificatives qui s'y rapportent, sont conservés pendant dix ans à compter de la date de clôture de l'exercice auquel ils se rapportent.

Comp. anc. art. L. 2325-56 (Comité d'entreprise).

Art. L. 2315-76 Le comité social et économique dont les ressources annuelles excèdent le seuil prévu à l'article L. 2315-65 et qui n'excèdent pas, pour au moins deux des trois critères mentionnés au II de l'article L. 2315-64, des seuils fixés par décret confie la mission de présentation de ses comptes annuels à un expert-comptable.

Le coût de la mission de présentation de ses comptes est pris en charge par le comité social et économique sur sa subvention de fonctionnement.

Comp. anc. art. L. 2325-57 (Comité d'entreprise).

Art. L. 2315-77 Pour l'application de la présente section, la définition des ressources annuelles pour l'appréciation des seuils mentionnés au II de l'article L. 2315-64 et à l'article L. 2315-65 est précisée par décret.

Comp. anc. art. L. 2325-58 (Comité d'entreprise).

SOUS-SECTION 10 Expertise

RÉP. TRAV. v° *Comité social et économique (Expertise)*, par SIGNORETTO.

BIBL. ▶ BAUGARD, *Dr. ouvrier 2022*. 243 (droits et obligations de l'expert-comptable). – BENTO DE CARVALHO, *Dr. ouvrier 2022*. 227 (désignation de l'expert-comptable du CSE). – CHONNIER, *Dr. soc. 2023*. 66 (articulation des temps d'expertise et de consultation du CSE). – GÉA, *Dr. ouvrier 2022*. 233 (rôle de l'expert-comptable du CSE). – MILET, *Dr. ouvrier 2022*. 255 (rémunération de l'expert-comptable du CSE). – PICCOLI, *JCP S 2017*. 1354 (régime de l'expertise après l'Ord. du 22 sept. 2017). – TEYSSIÉ, *JCP S 2021*. 1040 (l'expert habilité du CSE) ; *JCP S 2023*. 1125. – VERKINDT, *RJS 12/2018*, p. 847 (place pour l'expertise après les réformes de 2017 et 2018).

§ 1 Dispositions générales

SOUS-§ 1 *Champ de l'expertise*

Art. L. 2315-78 Le comité social et économique peut, le cas échéant sur proposition des commissions constituées en son sein, décider de recourir à un *(Ord. n° 2017-1718 du 20 déc. 2017, art. 1ᵉʳ-I)* « expert-comptable ou à un expert habilité » dans les cas prévus à la présente sous-section.

Art. L. 2315-79 Un accord d'entreprise, ou à défaut un accord conclu entre l'employeur et le comité social et économique, adopté à la majorité des membres titulaires élus de la délégation du personnel, détermine le nombre d'expertises dans le cadre des consultations récurrentes prévues au paragraphe 2 sur une ou plusieurs années.

SOUS-§ 2 *Financement*

Art. L. 2315-80 Lorsque le comité social et économique décide du recours à l'expertise, les frais d'expertise sont pris en charge :

« 1° Par l'employeur concernant les consultations prévues par les articles L. 2315-88, L. 2315-91, au 3° de l'article L. 2315-92 et au 1° de l'article *(L. n° 2018-217 du 29 mars 2018, art. 6)* « L. 2315-94 ainsi qu'au 3° du même article L. 2315-94 en l'absence de tout indicateur relatif à l'égalité professionnelle prévu à l'article L. 2312-18 » ;

2° Par le comité, sur son budget de fonctionnement, à hauteur de 20 %, et par l'employeur, à hauteur de 80 %, concernant la consultation prévue à l'article L. 2315-87 et les consultations ponctuelles hors celles visées au deuxième alinéa ;

(L. n° 2018-217 du 29 mars 2018, art. 6) « 3° Par l'employeur concernant les consultations mentionnées au 2° du présent article, lorsque le budget de fonctionnement du comité social et économique est insuffisant pour couvrir le coût de l'expertise et n'a pas donné lieu à un transfert d'excédent annuel au budget destiné aux activités sociales et culturelles prévu à l'article L. 2312-84 au cours des trois années précédentes. »

BIBL. ▶ COCHET, *SSL 2020, n° 1894*, p. 8 (cofinancement de l'expertise sur les projets importants).

Art. L. 2315-81 *(Ord. n° 2017-1718 du 20 déc. 2017, art. 1ᵉʳ-I)* Par dérogation aux articles L. 2315-78 et L. 2315-80, le comité social et économique peut faire appel à tout type d'expertise rémunérée par ses soins pour la préparation de ses travaux.

Comp. anc. art. L. 2325-41, al. 1ᵉʳ (Comité d'entreprise).

INSTITUTIONS REPRÉSENTATIVES **Art. L. 2315-86** 893

SOUS-§ 3 *Choix de l'expert*

Art. L. 2315-81-1 A compter de la désignation de l'expert par le comité social et économique, les membres du comité établissent *(Ord. n° 2017-1718 du 20 déc. 2017, art. 1er-I)* « au besoin et notifient à l'employeur » un cahier des charges. L'expert notifie à l'employeur le coût prévisionnel, l'étendue et la durée d'expertise, dans un délai fixé par décret en Conseil d'État. – *V. art. R. 2315-45.*

SOUS-§ 4 *Droits et obligations de l'expert*

Art. L. 2315-82 Les experts mentionnés aux paragraphes 2 et 3 ont libre accès dans l'entreprise pour les besoins de leur mission.

Comp. anc. art. L. 2325-39 (Comité d'entreprise).

Art. L. 2315-83 L'employeur fournit à l'expert les informations nécessaires à l'exercice de sa mission.

1. Documents utiles pour l'expert désigné dans le cadre de la consultation sur la politique sociale. Il appartient à l'expert de déterminer les documents utiles à sa mission et la communication à l'expert des déclarations sociales nominatives (DSN), en ce que celles-ci se rapportent à l'évolution de l'emploi, aux qualifications et à la rémunération des salariés au sein de l'entreprise, est nécessaire à l'exercice de sa mission d'expertise dans le cadre de la consultation sur la politique sociale de l'entreprise, les conditions de travail et l'emploi. • Soc. 23 mars 2023, n° 20-17.186 B.

2. Audition des salariés. L'expert-comptable, désigné dans le cadre de la consultation sur la politique sociale, les conditions de travail et l'emploi, s'il considère que l'audition de certains salariés de l'entreprise est utile à l'accomplissement de sa mission, ne peut y procéder qu'à la condition d'obtenir l'accord exprès de l'employeur et des salariés concernés. • Soc. 28 juin 2023, ⚠ n° 22-10.293 B : *D. actu. 6 juill. 2023, obs. Gabroy ; D. 2023. 1266 ⌀ ; ibid. 1443, obs. Vernac et Ferkane ⌀ ; RDT 2023. Controverse. 587, note François, Bailly et Milet ; ibid. 647, note Signoretto ⌀ ; Dr. soc. 2023. 733, obs. François ⌀.*

Art. L. 2315-84 L'expert est tenu aux obligations de secret et de discrétion définies à l'article L. 2315-3.

Comp. anc. art. L. 2325-42 (Comité d'entreprise).

SOUS-§ 5 *Délai d'expertise*

Art. L. 2315-85 Un décret en Conseil d'État détermine :
1° Pour chaque catégorie d'expertise, le délai maximal dans lequel l'expert remet son rapport *(L. n° 2018-217 du 29 mars 2018, art. 6)* « , en l'absence d'accord d'entreprise ou d'accord conclu entre l'employeur et le comité social et économique, adopté à la majorité des membres titulaires de la délégation du personnel du comité, le définissant » ;
2° Les modalités et conditions de réalisation de l'expertise, lorsqu'elle porte sur plusieurs champs. – *V. art. R. 2315-47 s.*

Comp. anc. art. L. 2325-42-1 (Comité d'entreprise).

SOUS-§ 6 *Contestation*

Art. L. 2315-86 Sauf dans le cas prévu à l'article L. 1233-35-1, l'employeur saisit le juge judiciaire dans un délai fixé par décret en Conseil d'État de :
1° La délibération du comité social et économique décidant le recours à l'expertise s'il entend contester la nécessité de l'expertise ;
2° La désignation de l'expert par le comité social et économique s'il entend contester le choix de l'expert ;
3° La notification à l'employeur du cahier des charges et des informations prévues à l'article L. 2315-81-1 s'il entend contester le coût prévisionnel, l'étendue ou la durée de l'expertise ;
4° La notification à l'employeur du coût final de l'expertise s'il entend contester ce coût ;
Le juge statue *(Ord. n° 2019-738 du 17 juill. 2019, art. 15)* « , dans les cas 1° à 3° suivant la procédure accélérée au fond », dans les dix jours suivant sa saisine. Cette

saisine suspend l'exécution de la décision du comité, ainsi que les délais dans lesquels il est consulté en application de l'article L. 2312-15, jusqu'à la notification du jugement. *(Ord. n° 2019-738 du 17 juill. 2019, art. 15)* « Cette décision n'est pas susceptible d'appel. » — *Les dispositions de l'Ord. n° 2019-738 du 17 juill. 2019 s'appliquent aux demandes introduites à compter du 1ᵉʳ janv. 2020 (Ord. préc., art. 30).*

(Ord. n° 2017-1718 du 20 déc. 2017, art. 1ᵉʳ-I) « En cas d'annulation définitive par le juge de la délibération du comité social et économique, les sommes perçues par l'expert sont remboursées par ce dernier à l'employeur. Le comité social et économique peut, à tout moment, décider de les prendre en charge. »

V. art. R. 2315-49 s.

BIBL. ▶ Chonnier, *Dr. ouvrier 2022. 278* (contentieux de l'expertise).

1. Point de départ du délai de contestation de l'expertise. Il résulte des art. L. 2315-86, 1°, et R. 2315-49, interprétés à la lumière de l'art. 6, § 1, Conv. EDH, que le délai de 10 jours de contestation de la nécessité d'une expertise ne court qu'à compter du jour où l'employeur a été mis en mesure de connaître sa nature et son objet. • Soc. 18 oct. 2023, n° 22-10.761 B.

2. Contestation de l'expertise et envoi d'un coût prévisionnel rectifié. L'envoi par l'expert du CSE d'un nouveau coût prévisionnel de l'étendue et de la durée de l'expertise fait courir un nouveau délai de contestation de 10 jours pour l'employeur. • Soc. 7 déc. 2022, n° 21-16.996 B : *D. actu. 6 janv. 2023, obs. Malfettes ; RJS 2/2023, n° 91 ; JSL 2023, n° 557-6, obs. de Gabory et Forge ; JCP S 2023. 1012, obs. Laprévote.*

3. Contestation de la rémunération de l'expert. L'employeur peut contester la rémunération de l'expert-comptable mandaté par le comité de groupe ; eu égard aux exigences du droit à un recours juridictionnel effectif, un tel litige relève de la compétence du président du tribunal de grande instance statuant en la forme des référés. • Soc. 6 juin 2018, n° 16-27.291 P : *D. 2018. Actu. 1262 ; RJS 8-9/2018, n° 546 ; JCP S 2018. 1279, obs. Piccoli.* ♦ L'ordonnance du président du tribunal de grande instance, statuant en la forme des référés, fixant le montant des honoraires de l'expert-comptable assistant le comité d'entreprise pour l'examen annuel des comptes, ne peut pas être attaquée par la voie du contredit. • Même arrêt. ♦ La demande en justice devant le président du tribunal de grande instance, statuant en la forme des référés, étant formée par assignation, la date de saisine du juge en vue de contester la délibération du CHSCT ayant décidé d'une expertise, qui doit être formée dans un délai de 15 jours, s'entend de celle de l'assignation. • Soc. 6 juin 2018, n°ˢ 16-28.026 P et 17-17.594 P : *D. 2018. Actu. 1262 ; JSL 2018, n° 458-3, obs. Tissandier ; JCP S 2018. 1249, obs. Laprévote.*

§ 2 Expertise dans le cadre des consultations récurrentes

SOUS-§ 1 *Expertise dans le cadre de la consultation sur les orientations stratégiques de l'entreprise*

BIBL. ▶ Teyssié, *JCP S 2021. 1072* (recours à un expert-comptable par le CSE).

Art. L. 2315-87 Le comité social et économique peut décider de recourir à un *(Ord. n° 2017-1718 du 20 déc. 2017, art. 1ᵉʳ-I)* « expert-comptable » en vue de *(Ord. n° 2017-1718 du 20 déc. 2017, art. 1ᵉʳ-I)* « la consultation sur les » orientations stratégiques de l'entreprise prévu au 1° de l'article L. 2312-17.

Comp. anc. art. L. 2325-35, I, 1° bis (Comité d'entreprise).

Art. L. 2315-87-1 *(L. n° 2021-1104 du 22 août 2021, art. 41-IV)* La mission de l'expert-comptable porte sur tous les éléments d'ordre économique, financier, social ou environnemental nécessaires à la compréhension des orientations stratégiques de l'entreprise.

SOUS-§ 2 *Expertise dans le cadre de la consultation sur la situation économique et financière*

Art. L. 2315-88 Le comité social et économique peut décider de recourir à un *(Ord. n° 2017-1718 du 20 déc. 2017, art. 1ᵉʳ-I)* « expert-comptable » en vue de la consultation sur la situation économique et financière de l'entreprise prévue au 2° de l'article L. 2312-17.

Comp. anc. art. L. 2325-35, I, 1° (Comité d'entreprise).

Périmètre de l'expertise. L'expertise à laquelle le comité social et économique peut décider de recourir, en application de l'art. L. 2315-88 en vue de la consultation annuelle sur la situation économique et financière de l'entreprise, ne peut porter que sur l'année qui fait l'objet de la consultation et les deux années précédentes ainsi que sur les éléments d'information relatifs à ces années. • Soc. 1ᵉʳ juin 2023, ⚖ n° 21-23.393 B : *D. actu. 16 juin 2023, obs. Malfettes* ; *RJS 8-9/2023, n° 458* ; *JSL 2023, n° 567-4, obs. Giovenal* ; *JCP S 2023. 1181, obs. Lahalle*. ♦ La mission d'expertise pour l'examen de la situation économique et financière de l'entreprise peut porter sur la situation et le rôle de cette entreprise au sein d'un groupe. • Même arrêt.

Art. L. 2315-89 La mission de l'expert-comptable porte sur tous les éléments d'ordre économique, financier *(L. n° 2021-1104 du 22 août 2021, art. 41-IV)* « , social ou environnemental » nécessaires à la compréhension des comptes et à l'appréciation de la situation de l'entreprise.

Comp. anc. art. L. 2325-36 (Comité d'entreprise).

1. Périmètre de l'expertise. La mission d'expertise pour l'examen de la situation économique et financière de l'entreprise pouvait porter sur la situation et le rôle de cette entreprise au sein d'un groupe, de sorte qu'en l'espèce, la lettre de mission, en ce qu'elle précisait que l'expert-comptable traitera en particulier de la situation du groupe et de la situation de la société au sein du groupe, n'excédait pas le champ de l'expertise. • Soc. 1ᵉʳ juin 2023, ⚖ n° 21-23.393 B : *D. actu. 16 juin 2023, obs. Malfettes* ; *RJS 8-9/2023, n° 458* ; *JSL 2023, n° 567-4, obs. Giovenal* ; *JCP S 2023. 1181, obs. Lahalle.*

2. Honoraires. Ayant constaté que la mission confiée à la société d'expertise comptable avait été exécutée sous la responsabilité de celle-ci et que le travail accompli avait donné au comité tous les éléments nécessaires à l'intelligence des comptes et à l'appréciation de la situation de l'entreprise, une cour d'appel peut, dans l'exercice de son pouvoir souverain d'appréciation, refuser de réduire les honoraires réclamés par la société d'expertise comptable. • Soc. 10 juill. 1995, ⚖ n° 92-17.010 : *Dr. soc. 1995. 935, obs. Cohen* ⏵ ; *RJS 1995. 658, n° 1027.* – V. aussi • Soc. 21 févr. 1996, ⚖ n° 93-16.474 : *cité note 1 ss. art. L. 2325-37.* ♦ Le président du tribunal de grande instance est compétent pour fixer, en cas de litige, la rémunération de l'expert-comptable du comité d'entreprise ; l'ordonnance rendue est une décision au fond qui n'appartient pas à la catégorie des ordonnances de référé et la condamnation prononcée n'a pas un caractère provisionnel. • Soc. 8 janv. 2002, ⚖ n° 00-15.815 P : *D. 2002. IR 453* ⏵ ; *RJS 2002. 243, n° 299* ; *CSB 2002, A. 13.* ♦ Lorsqu'il est saisi d'une telle action, le président du TGI a aussi pouvoir de statuer sur la demande connexe de communication de documents par une décision au fond. • Soc. 26 oct. 2010, ⚖ n° 09-15.601 : *D. 2010. AJ 2710* ⏵ ; *D. actu. 30 nov. 2010, obs. Siro* ; *JCP S 2010. 1546, obs. Brissy.*

Art. L. 2315-90 Pour opérer toute vérification ou tout contrôle entrant dans l'exercice de ses missions, l'expert-comptable a accès aux mêmes documents que le commissaire aux comptes de l'entreprise.

Comp. anc. art. L. 2325-37, al. 1ᵉʳ (Comité d'entreprise).

BIBL. ▶ Bouisson, *SSL 2021, n° 1948* (vers une limitation du pouvoir de l'expert-comptable dans le cadre de la consultation annuelle sur la politique sociale).

1. Détermination des documents nécessaires. Il appartient au seul expert-comptable, dont les pouvoirs d'investigation sont assimilés à ceux du commissaire aux comptes, d'apprécier les documents qu'il estime utiles à l'exercice de sa mission, dès lors qu'elle n'excède pas l'objet défini par les textes. • Soc. 16 mai 1990, ⚖ n° 87-17.555 P : *D. 1990. IR 152* ; *Dr. soc. 1991. 47, note Cohen* ⏵. – V. aussi • Soc. 29 oct. 1987 : *Bull. civ. V, n° 605* ; *GADT, 4ᵉ éd., n° 144* ; *D. 1987. IR 228* • 21 févr. 1996, ⚖ n° 93-16.474 : *Dr. soc. 1996. 640, obs. Cohen* ⏵ ; *RJS 1996. 248, n° 415* (expert désigné pour assister le comité d'entreprise lors de l'examen du bilan) • 8 janv. 1997, ⚖ n° 94-21.475 : *RJS 1997. 202, n° 301.* ♦ ... Sauf référé éventuel devant le président du TGI. • Crim. 23 avr. 1992, ⚖ n° 90-84.031 P : *Dr. soc. 1993. 286, note Cohen* ⏵ ; *RJS 1992. 618, n° 1119* (à propos de la communication d'un rapport demandé par l'employeur à un cabinet de consultants). ♦ L'expert-comptable désigné par le comité d'entreprise d'une société captive d'un groupe est en droit d'obtenir l'ensemble des informations d'ordre économique, financier ou social concernant les autres entreprises du groupe situées sur le territoire d'un autre pays. • Soc. 27 nov. 2001, ⚖ n° 99-21.903 P : *D. 2002. IR 254* ⏵ ; *Dr. soc. 2002. 164, obs. Couturier* ⏵ ; *RJS 2002. 155, n° 194.* ♦ V. aussi : • Soc. 22 oct. 1987 : *D. 1987. IR 218* (communication des comptes globaux de l'entreprise et de ceux détenus par les établissements). ♦ V. aussi • Crim. 26 mars 1991, ⚖ n° 89-85.909 P : *D. 1991. IR 147* ; *RJS 1991. 318, n° 600* (communication des comptes de la société mère à un expert examinant ceux d'une filiales). • Soc. 8 nov. 1994, ⚖ n° 92-11.443 : *Dr. soc. 1995. 73, obs. Cohen* ⏵ ; *CSB 1995. 7, A. 2* (pouvoirs d'investigation dans les sociétés du groupe auquel appartient l'entreprise dont le comité a désigné l'expert-comptable). • Soc. 21 sept. 2016, ⚖ n° 15-17.658

P : D. actu. 18 oct. 2016, obs. Siro ; D. 2016. Actu. 1935 ⌀ ; RJS 12/2016, n° 787 ; JCP S 2017. 1395, obs. Cottin.

2. Limites. L'expert-comptable du comité d'entreprise peut se voir confier l'analyse des données hommes-femmes dans la structure des rémunérations du personnel, mais pas l'établissement d'un rapport sur la situation comparée des hommes et des femmes dans l'entreprise. • Soc. 10 janv. 2012, n° 10-21.270 : D. actu. 21 févr. 2012, obs. Ines ; D. 2012. Actu. 225 ⌀ ; RJS 2012. 216, n° 261 ; Dr. ouvrier 2012. 646, obs. Baumgarten. ♦ L'examen des comptes des cotisants, que l'URSSAF se borne à transmettre à l'ACOSS, n'est pas nécessaire à l'intelligence des comptes de l'URSSAF et à l'appréciation de sa situation. • Soc. 25 janv. 1995, n° 92-12.718 P : Dr. soc. 1995. 272, obs. Cohen ⌀. ♦ Mais la cour d'appel a pu décider que les informations relatives à la gestion financière étaient communicables car elles étaient destinées à permettre à l'expert-comptable de fournir des explications cohérentes sur la situation de l'URSSAF et sur l'organisation des services de recouvrement et des difficultés rencontrées en ce domaine. • Même arrêt. ♦ L'expert-comptable sollicité par un comité d'établissement dans le cadre de l'examen annuel des comptes doit avoir accès à tous les éléments d'ordre économique, financier ou social nécessaires à la compréhension des comptes et à l'appréciation de la situation de l'entreprise ; l'employeur remplit son obligation de communiquer les pièces utiles à la consultation annuelle sur les comptes, dès lors qu'il met à disposition du comité, et par extension à disposition de l'expert désigné par ce dernier, les informations relatives aux 2 années précédant le contrôle. • Soc. 25 mars 2020, n° 18-22.509 P : D. actu. 12 mai 2020, obs. de Montvalon ; D. 2020. 771 ⌀ ; RJS 6/2020, n° 302.

3. Modalités de communication des documents. L'expert-comptable du comité d'entreprise peut avoir une copie de la déclaration annuelle des données sociales sous forme électronique. • Soc. 10 janv. 2012, n° 10-21.270 : D. actu. 21 févr. 2012, obs. Ines.

4. Confidentialité des documents. L'expert-comptable étant tenu, par application de l'art. L. 2325-42 [L. 2315-84] C. trav., à des obligations de secret et de discrétion, il ne peut se voir opposer le caractère confidentiel des documents demandés. • Soc. 15 déc. 2009, n° 08-18.228 : D. 2010. AJ 155 ⌀ ; BJS 2010. 323, note Saintourens.

5. L'expert-comptable ne peut exiger la production de documents n'existant pas et dont l'établissement n'est pas obligatoire dans l'entreprise. • Soc. 27 mai 1997, n° 95-20.156 P : RJS 1997. 533, n° 827.

6. Référé. Il appartient au seul expert-comptable désigné par le comité d'entreprise de déterminer les documents utiles à l'exercice de sa mission, laquelle porte sur tous les éléments d'ordre économique, financier ou social nécessaires à l'intelligence des comptes et à l'appréciation de la situation de l'entreprise ; à moins qu'elle soit dans l'impossibilité de produire les documents demandés, le refus opposé par l'entreprise de communiquer les documents sollicités par l'expert-comptable constitue un trouble manifestement illicite qu'il convient de faire cesser par la voie du référé. • Soc. 5 mars 2008, n° 07-12.754 : RJS 2008. 437, n° 559 ; JCP S 2008. 1323, obs. Kerbourc'h. ♦ Le refus de l'employeur de communiquer les documents demandés par l'expert-comptable constitue un trouble manifestement illicite. • Soc. 11 mars 1992, n° 89-17.264 P : Dr. soc. 1993. 286, note Cohen ⌀. ♦ L'expert-comptable désigné par le comité d'entreprise dispose d'un droit de communication des documents nécessaires à l'accomplissement de ses missions légales ; il a donc qualité pour saisir le juge des référés d'une demande en communication de ces pièces. • Soc. 26 mars 2014, n° 12-26.964 : D. 2014. Actu. 830 ⌀ ; RDT 2014. 566, obs. Signoretto ⌀ ; RJS 2014. 399, n° 494 ; JSL 2014, n° 366-4, obs. Millet. ♦ Le fait que les documents utiles n'aient pas été remis avant l'assemblée générale des actionnaires au comité d'établissement ne peut priver celui-ci du droit qu'il tient des art. L. 432-4 et L. 434-6 [L. 2323-8 et L. 2323-25] de procéder à l'examen annuel des comptes de la société et de se faire assister à cette fin par un expert-comptable. • Soc. 2 mars 1993, n° 90-12.868 P : D. 1993. IR 81 ; RJS 1993. 308, n° 520.

7. Participation aux réunions. La participation à une réunion préparatoire du comité d'entreprise entre dans les missions de l'expert-comptable. • Soc. 8 nov. 1994, n° 92-11.443 P : RJS 12/1994, n° 1396.

SOUS-§ 3 *Expertise dans le cadre de la consultation sur la politique sociale de l'entreprise, les conditions de travail et l'emploi*

Art. L. 2315-91 Le comité social et économique peut décider de recourir à un expert-comptable dans le cadre de la consultation (*Abrogé par Ord. n° 2017-1718 du 20 déc. 2017, art. 1er-I*) « récurrente » sur la politique sociale de l'entreprise, les conditions de travail et l'emploi mentionnée au 3° de l'article L. 2312-17.

Comp. anc. art. L. 2325-35, I, 2° (Comité d'entreprise).

Art. L. 2315-91-1 (*L. n° 2021-1104 du 22 août 2021, art. 41-IV*) La mission de l'expert-comptable porte sur tous les éléments d'ordre économique, financier, social ou

INSTITUTIONS REPRÉSENTATIVES **Art. L. 2315-92** 897

environnemental nécessaires à la compréhension de la politique sociale de l'entreprise, des conditions de travail et de l'emploi.

Audition des salariés. L'expert-comptable, désigné dans le cadre de la consultation sur la politique sociale, les conditions de travail et l'emploi, s'il considère que l'audition de certains salariés de l'entreprise est utile à l'accomplissement de sa mission, ne peut y procéder qu'à la condition d'obtenir l'accord exprès de l'employeur et des salariés concernés. ● Soc. 28 juin 2023, 🔒 n° 22-10.293 B : *D. actu. 6 juill. 2023, obs. Gabroy ; D. 2023. 1266*.

§ 3 Autres cas de recours à l'expertise *(L. n° 2018-217 du 29 mars 2018, art. 6)*.

Art. L. 2315-92 I. – *(Ord. n° 2017-1718 du 20 déc. 2017, art. 1ᵉʳ-I)* « Un expert-comptable peut être désigné par le comité social et économique : »
1° Dans les conditions prévues à l'article L. 2312-41 relatif aux opérations de concentration ;
2° Dans les conditions prévues aux articles L. 2312-63 et suivants, relatifs à l'exercice du droit d'alerte économique ;
3° En cas de licenciements collectifs pour motif économique, dans les conditions prévues aux articles L. 1233-34 et suivants ;
4° Dans les conditions prévues aux articles L. 2312-42 à L. 2312-52, relatifs aux offres publiques d'acquisition.
II. – Le comité peut également mandater un expert-comptable afin qu'il apporte toute analyse utile aux organisations syndicales pour préparer les négociations prévues aux articles, L. 2254-2 et L. 1233-24-1. Dans ce dernier cas, l'expert est le même que celui désigné en application du 3° du I.

Comp. anc. art. L. 2325-35, I, 3° à 6°, II (Comité d'entreprise).

1. Opérations visées. La nomination d'un expert-comptable n'est pas prévue par la loi à l'occasion de la consultation du comité d'entreprise visée à l'art. L. 432-1 [L. 2312-17] (en l'espèce, sur un projet de transfert d'activité d'une société à une autre entreprise, n'impliquant aucun licenciement économique). ● Soc. 26 nov. 1996, 🔒 n° 94-18.575 : *RJS 1997. 110, n° 161.* ♦ L'assistance d'un expert-comptable rémunéré par l'entreprise en cas d'information-consultation sur un projet de cession de l'entreprise n'est pas prévue par l'art. L. 434-6 [L. 2315-91 et L. 2315-92]. ● Soc. 14 mars 2006, 🔒 n° 05-13.670 : *RDT 2006. 115, obs. Peskine*.

2. Moment. Le droit pour le comité d'entreprise de procéder à l'examen annuel des comptes de l'entreprise et de se faire assister d'un expert-comptable dont la rémunération est à la charge de l'employeur s'exerce au moment où les comptes lui sont transmis. Dès lors que la désignation de l'expert-comptable est intervenue avant la réunion de présentation et de transmission des comptes, la rémunération de l'expert doit rester à la charge du comité d'entreprise. ● Soc. 28 mars 2018, 🔒 n° 16-12.707 P : *D. 2018. Actu. 729 ; RJS 6/2018, n° 427 ; JCP S 2018. 1175, obs. Piccoli.* ♦ Le droit pour le comité d'entreprise de procéder à l'examen annuel des comptes de l'entreprise et de se faire assister d'un expert-comptable s'exerce au moment où les comptes lui sont transmis et est indépendant de la date à laquelle ces comptes sont approuvés. ● Soc. 18 déc. 2007, 🔒 n° 06-17.389 : *D. 2008. AJ 300 ; RJS 2008. 238, n° 301 ; Dr. soc. 2008. 394, obs. Cohen*. ♦ Le moment de la désignation est également indépendant de la réunion d'information au cours de laquelle les comptes lui sont présentés ; l'éventuelle proximité de la date à laquelle l'assemblée générale devait examiner les comptes de la société étaient sans incidence sur le droit du comité d'entreprise de se faire assister par un expert-comptable en vue de la compréhension de ces comptes et de l'appréciation de la situation de l'entreprise, la cour d'appel a pu décider que la désignation de l'expert, qui était intervenue dans un délai raisonnable, ne présentait pas un caractère tardif. ● Soc. 15 déc. 2009, 🔒 n° 08-17.722 : *D. 2010. AJ 155 ; BJS 2010. 322, note Saintourens.*

3. Un comité d'établissement peut recourir à un expert-comptable pour l'examen des comptes propres aux unités regroupées dans cet établissement. ● Soc. 11 mars 1992, 🔒 n° 89-20.670 P : *Dr. soc. 1993. 286, note Cohen ; CSB 1992. 165, A. 30 ; RJS 1992. 351, n° 631.*

4. Il appartient au seul comité d'établissement d'apprécier l'opportunité de se faire assister d'un expert pour l'examen des comptes de cet établissement, sans que le droit du comité central d'entreprise d'être lui-même assisté pour l'examen annuel des comptes de l'entreprise ne soit de nature à le priver de cette prérogative. ● Soc. 8 avr. 2014, 🔒 n° 13-10.541 : *D. actu. 9 mai 2014, obs. Peyronnet ; D. 2014. Actu. 982 ; RJS 2014. 400, n° 495.* ♦ La carence d'un comité central ne peut priver un comité d'établissement concerné par un projet de licenciement économique du droit d'être assisté par un expert-comptable. ● Soc. 25 janv. 1995, 🔒 n° 92-13.546 P : *Dr. soc. 1995. 271, obs. Cohen ; CSB 1995. 81, A. 16 ; Dr. ouvrier 1995. 211 ; RJS 1995. 163, n° 221.*

5. Désignation. L'employeur ne participe pas au vote désignant l'expert-comptable. • Soc. 5 mai 1983 : *Bull. civ. V, n° 235 ; D. 1984. IR 353, obs. Langlois.* ♦ La désignation de l'expert-comptable n'est pas subordonnée à un vote préalable du comité, vote qui ne serait nécessaire qu'en cas de désaccord entre les membres de cet organisme. • Crim. 12 avr. 1988, n° 89-81.592 : *Dr. soc. 1991. 47, note Cohen.* ♦ Sur les modalités de la désignation, V. • Soc. 11 mars 1992, n° 89-17.264 P : *Dr. soc. 1993. 286, note Cohen.*

6. Recours à un expert et commande publique. La décision de recourir à un expert prise par le comité d'entreprise d'un établissement public n'est pas au nombre des marchés de service énumérés limitativement par l'art. 8 du Décr. n° 2005-1742 du 30 déc. 2005 portant application de l'Ord. n° 2005-649 du 6 juin 2005 relative aux marchés passés par certaines personnes publiques ou privées non soumises au C. marchés. • Soc. 8 oct. 2014, n° 13-15.769 : *RJS 2014. 747, n° 872.*

Art. L. 2315-93
L'expert-comptable a accès aux informations dans les conditions prévues aux articles L. 2315-83 et L. 2315-90.

Lorsqu'il est saisi dans le cadre d'une opération de concentration prévue à l'article L. 2312-41 ou d'une opération de recherche de repreneurs prévue à la section 4 *bis* du chapitre III du titre III du livre II de la première partie, l'expert a accès aux documents de toutes les sociétés intéressées par l'opération.

Lorsqu'il est saisi dans le cadre d'une offre publique d'acquisition dans les conditions prévues aux articles L. 2312-42 à L. 2312-52, l'expert-comptable a accès aux documents nécessaires à l'élaboration du rapport prévu à l'article L. 2312-45.

Comp. anc. art. L. 2325-37 (Comité d'entreprise).

V. jurispr. ss. cet anc. art.

Art. L. 2315-94
Le comité social et économique peut faire appel à un expert habilité dans des conditions prévues par décret en Conseil d'État :

1° Lorsqu'un risque grave, identifié et actuel, révélé ou non par un accident du travail, une maladie professionnelle ou à caractère professionnel est constaté dans l'établissement ;

2° En cas (*L. n° 2018-217 du 29 mars 2018, art. 6*) « d'introduction de nouvelles technologies ou » de projet important modifiant les conditions de santé et de sécurité ou les conditions de travail, (*L. n° 2018-217 du 29 mars 2018, art. 6*) « prévus » au 4° (*L. n° 2021-1104 du 22 août 2021, art. 40-I*) « du II » de l'article L. 2312-8 ;

(*L. n° 2018-217 du 29 mars 2018, art. 6*) « 3° Dans les entreprises d'au moins trois cents salariés, en vue de préparer la négociation sur l'égalité professionnelle. »

V. art. R. 2315-51.

L'art. L. 2315-96, issu de l'Ord. n° 2017-1386 du 22 sept. 2017, devient l'art. L. 2315-94 (L. n° 2018-217 du 29 mars 2018, art. 6).

Comp. anc. art. L. 4614-12, 1° et 2° (CHSCT).

BIBL. ▶ Thomas, *Dr. ouvrier 2022. 270* (l'expert habilité).

Art. L. 2315-95
Dans les entreprises d'au moins trois cents salariés, le comité social et économique peut décider de recourir à un expert technique de son choix en vue de préparer la négociation sur l'égalité professionnelle.

Comp. anc. art. L. 2325-38 (Comité d'entreprise).

Étendue de l'expertise limitée à la seule question de l'égalité professionnelle. Le CSE peut faire appel à un expert afin qu'il apporte aux organisations syndicales en charge des négociations prévues aux art. L. 2242-1, 2°, et L. 2242-17 C. trav., toute analyse utile dans le cadre de la préparation de la négociation sur l'égalité professionnelle entre les femmes et les hommes, sans préjudice de l'application des art. L. 2232-24, L. 2232-25 et L. 2232-26 relatifs aux modalités de négociation dans les entreprises d'au moins 50 salariés sans délégué syndical ; cette désignation doit être faite en un temps utile à la négociation et peut donc être ordonnée quand bien même la négociation a commencé à être engagée. • Soc. 14 avr. 2021, n° 19-23.589 P : *D. actu. 4 mai 2021, obs. Cortot ; D. 2021. Actu. 803 ; RDT 2021. 527, note Signoretto ; RJS 6/2021, n° 318 ; JCP S 2021. 1165, obs. Kerbouc'h.* ♦ Le recours à un expert en vue de préparer la négociation sur l'égalité professionnelle ne peut être étendue à d'autres champs de négociation ; un CSE ne peut recourir à une expertise relative à la qualité de vie au travail incluant l'égalité professionnelle. • Même arrêt.

INSTITUTIONS REPRÉSENTATIVES

CHAPITRE VI COMITÉ SOCIAL ET ÉCONOMIQUE CENTRAL ET COMITÉ SOCIAL ET ÉCONOMIQUE D'ÉTABLISSEMENT

BIBL. ▶ CRÉDOZ-ROSIER, *SSL* 2017, n° 1795, p. 8 (mise en place des nouvelles dispositions relatives au CSE dans les entreprises à établissements distincts).

SECTION 1 Comité social et économique central

SOUS-SECTION 1 Attributions

Art. L. 2316-1 Le comité social et économique central d'entreprise exerce les attributions qui concernent la marche générale de l'entreprise et qui excèdent les limites des pouvoirs des chefs d'établissement.

Il est seul consulté sur :

1° Les projets décidés au niveau de l'entreprise qui ne comportent pas de mesures d'adaptation spécifiques à un ou plusieurs établissements. Dans ce cas, son avis accompagné des documents relatifs au projet est transmis, par tout moyen, aux comités sociaux et économiques d'établissement ;

2° Les projets et consultations récurrentes décidés au niveau de l'entreprise lorsque leurs éventuelles mesures de mise en œuvre, qui feront ultérieurement l'objet d'une consultation spécifique au niveau approprié, ne sont pas encore définies ;

3° Les mesures d'adaptation communes à plusieurs établissements des projets prévus au 4° *(L. n° 2021-1104 du 22 août 2021, art. 40-I)* « du II » de l'article 2312-8.

Comp. anc. art. L. 2327-2, al. 1ᵉʳ et 3 (Comité central d'entreprise).

1. Compétence du comité central d'entreprise. Compétent pour exercer dans l'ordre économique les attributions légales des comités d'entreprise, un comité central aurait dû être consulté en cas de suppression de certains services d'une agence, mesure qui excédait les pouvoirs du chef d'agence. ● Crim. 6 nov. 1975 : *Dr. soc. 1976. 392*, note Savatier.

2. Sur le partage des compétences entre les comités d'établissement et le comité central en matière de licenciement économique, V. ● Crim. 21 mars 1979, n° 78-90.772 P : *D. 1979. IR 501* ● 17 janv. 1984 : *Dr. ouvrier 1984. 273* ● 31 janv. 1989 : *BS Lefebvre 1989. 184, n° 415* ● 26 sept. 1990, n° 89-10.258 : *D. 1990. IR 232 ; RJS 1990. 529, n° 782.*

3. Si la mise en œuvre d'une décision prise par un directeur d'établissement et les dispositions spécifiques à l'établissement nécessitées par l'application d'une décision de la direction générale doivent faire l'objet d'une information-consultation du comité d'établissement, ce dernier n'a pas à être informé et consulté sur la décision de principe emportant création de pôles dans le cadre d'une réorganisation de l'entreprise ou du groupe qui relève de la décision de la direction générale et de la compétence du comité central d'entreprise. ● Soc. 5 juill. 2006, n° 04-18.814 : *D. 2006. IR 2123 ; JSL 2006, n° 196-4 ; RJS 2006. 885, n° 1199.*

4. Compétence du CSE d'établissement. Le comité social et économique d'établissement est informé et consulté sur toute mesure d'adaptation, relevant de la compétence de ce chef d'établissement et spécifique à cet établissement, des aménagements importants modifiant les conditions de santé et de sécurité ou les conditions de travail arrêtés au niveau de l'entreprise, dès lors que cette mesure d'adaptation n'est pas commune à plusieurs établissements ; tel n'est pas le cas du plan de reprise d'activité de la direction régionale Pyrénées et Landes d'une entreprise qui ne constituait pas une mesure d'adaptation spécifique à cet établissement du plan de reprise d'activité de la société. ● Soc. 29 juin 2022, n° 21-11.935 B : *D. 2022. 1265 ; RDT 2022. 723*, note Millet ; *RJS 10/2022, n° 525 ; SSL 2022, n° 2017, p. 15*, obs. Duquesne ; *JCP S 2022. 1226*, obs. Kerbourc'h.

5. CCE, comité d'établissement et double consultation. Dès lors qu'un projet de réorganisation de plusieurs établissements emportant des transferts de personnel vers l'établissement-siège a un effet direct local sur les conditions de travail des salariés de ce dernier, il ressort des dispositions de l'art. L. 1237-2, dans leur rédaction antérieure à la L. n° 2015-994 du 17 août 2015, que le comité d'établissement doit être consulté préalablement à la mise en œuvre du projet dans l'établissement, peu important que la décision émane de la seule direction générale de l'entreprise. ● Soc. 21 sept. 2016, n° 15-13.364 P : *RJS 12/2016, n° 786 ; JCP S 2016. 1435*, obs. Kerbourc'h.

Art. L. 2316-2 Le comité social et économique central d'entreprise est informé et consulté sur tous les projets importants concernant l'entreprise en matière économique et financière notamment dans les cas définis aux articles L. 2312-42 à

L. 2312-51 ainsi qu'en matière de santé, de sécurité et des conditions de travail, notamment dans les cas définis au 4° *(L. n° 2021-1104 du 22 août 2021, art. 40-I)* « du II » de l'article L. 2312-8.

Comp. anc. art. L. 2327-2, al. 2 (Comité d'entreprise).

Art. L. 2316-3 Si la désignation d'un expert prévue à la sous-section 10 de la section 3 du chapitre V du présent titre est envisagée dans le cadre des projets mentionnés à l'article L. 2316-2, elle est effectuée par le comité social et économique central.

SOUS-SECTION 2 Composition, élection et mandat

§ 1 Composition

Art. L. 2316-4 Le comité social et économique central est composé :
1° De l'employeur ou de son représentant ;
2° D'un nombre égal de délégués titulaires et de suppléants, élus, pour chaque établissement, par le comité social et économique d'établissement parmi ses membres. Ce nombre est déterminé par décret en Conseil d'État. Le nombre total des membres ne peut excéder un maximum également déterminé par décret en Conseil d'État ;
3° Des personnes suivantes, à titre consultatif, lorsque les réunions du comité portent sur la santé, la sécurité et les conditions de travail : médecin du travail, agent de contrôle de l'inspection du travail mentionné à l'article L. 8112-1, agent des services de prévention de l'organisme de sécurité sociale et, le cas échéant, agent de l'organisme professionnel de prévention du bâtiment et des travaux publics et responsable du service de sécurité et des conditions de travail ou, à défaut, agent chargé de la sécurité et des conditions de travail.

Ces personnes sont celles de l'établissement du siège de l'entreprise.
Seules les personnes mentionnées aux 1° et 2° ont voix délibérative.

Comp. anc. art. L. 2327-3 (Comité central d'entreprise).

1. Intervention de l'autorité administrative. En tenant compte, pour répartir les sièges, tant de l'importance et de la structure des effectifs des différents établissements que de l'importance et de la structure des effectifs de chaque collège au sein de chaque établissement, le ministre n'a pas fait une appréciation erronée des faits. ● CE 18 déc. 1991, n° 99758 : *RJS 1992. 194, n° 321.* ◆ L'autorité administrative, intervenant à défaut d'accord, n'a pas à fixer les modalités de remplacement des délégués titulaires par les délégués suppléants au sein du comité central. ● Même arrêt.

2. En cas d'accord, le recours formé par une organisation syndicale contre le silence gardé par l'autorité administrative sur les demandes dont elle a été saisie ne tend qu'à remettre en cause la validité de l'accord, lequel est de droit privé et ne relève pas de la compétence du juge administratif. ● CE 21 févr. 1997, n° 177936 : *RJS 1997. 363, n° 558.*

3. Élection. L'art. L. 433-10 [L. 2314-39], qui concerne uniquement l'élection des comités d'entreprise ou d'établissement, n'est pas applicable à celle du comité central. ● Soc. 5 juin 1985 : *Bull. civ. V, n° 326.* ◆ Le comité d'établissement forme un collège électoral unique. ● Soc. 21 juill. 1976 : *Bull. civ. V, n° 461 ; Dr. soc. 1976. 494, obs. Savatier.* ◆ ... Sauf modalités particulières prévues par un accord. ● Soc. 23 juill. 1980 : *Bull. civ. V, n° 679.* ◆ La conclusion d'un accord préélectoral n'est pas obligatoire. ● Soc. 23 juill. 1980 : *préc.* ● 7 juill.

1983 : *Bull. civ. V, n° 428.* ◆ L'employeur ne participe pas à la désignation des membres du comité central. ● Soc. 21 juill. 1976 : *Bull. civ. V, n° 460 ; Dr. soc. 1976. 494, note Savatier.* ◆ Sur la possibilité d'un vote direct lorsqu'un établissement n'est pas doté de comité, V. ● Soc. 28 avr. 1971 : *Bull. civ. V, n° 310.*

4. Sont seuls éligibles les membres titulaires des comités d'établissement. ● Soc. 3 juin 1977 : *Bull. civ. V, n° 374 ; D. 1977. IR 315.* ◆ Même si la convention collective donne voix délibérative aux délégués suppléants du comité central d'entreprise, les membres suppléants du comité d'établissement ne peuvent faire partie de la délégation du comité central d'entreprise. ● Soc. 7 mai 2002, n° 01-60.629 P : *D. 2002. IR 1882 ; RJS 2002. 930, n° 1250.* ◆ Un membre d'un comité d'établissement, élu dans le collège ouvriers-employés, peut être élu au comité central dans ce même collège bien qu'entre-temps il soit devenu agent de maîtrise. ● Soc. 9 oct. 1991, n° 90-60.472 : *RJS 1991. 718, n° 1337* ● 3 avr. 2002, n° 00-60.431 P : *RJS 2002. 553, n° 703.*

5. Le vote se déroule au scrutin majoritaire à un tour. ● Soc. 22 juill. 1976 : *Dr. soc. 1976. 494, note Savatier.* ● 29 mars 1994, n° 90-60.281 P : *RJS 1994. 362, n° 579.* ◆ ... Sauf modalités conventionnelles particulières. ● Soc. 5 juin 1985 : *préc. note 3.* ◆ Chaque électeur doit voter simultanément pour autant de candidats qu'il y a de sièges à pourvoir. ● Soc. 8 déc. 2010, n° 10-60.176 : *Dr.*

soc. 2011. 226, obs. Petit ⌀ ; JCP S 2011. 1127, obs. Pagnerre. ♦ Sur la validité du règlement intérieur d'un comité d'établissement prévoyant un deuxième tour en cas d'égalité des voix, et, en cas de nouveau partage, l'élection du candidat le plus âgé, V. • Soc. 7 mars 1989 : *Dr. ouvrier 1990. 236.*

6. Mandat. Le mandat d'un membre du comité central cesse lorsque son mandat au comité d'établissement prend fin. • Soc. 4 juill. 1978 : *Bull. civ.* V, n° 546 ; *Dr. ouvrier 1979. 169,* note G. C. • 4 oct. 1983 : *D. 1984. IR 351,* obs. Langlois.

7. Contestation et qualité à agir. Les comités d'établissement ont intérêt et qualité à agir pour contester la validité du protocole préélectoral, qui organise l'élection des membres du comité central d'entreprise, ainsi que de cette dernière. • Soc. 30 oct. 2013, ⚖ n° 13-12.234 : *D. actu. 20 nov. 2013,* obs. Ines ; *RJS 1/2014, n° 55.*

8. Compétence territoriale du tribunal judiciaire. Au regard de la finalité de l'institution du CSE central, dont les représentants ont vocation à exercer leur mandat de représentation des salariés au niveau de l'entreprise dans son ensemble, les contestations relatives aux conditions de désignation de la délégation du personnel au CSE central sont de la compétence du tribunal judiciaire du lieu où la désignation est destinée à prendre effet, peu important les modalités de cette désignation. • Soc. 6 déc. 2023, ⚖ n° 22-21.239 B.

Art. L. 2316-5 Lorsqu'un ou plusieurs établissements de l'entreprise constituent trois collèges électoraux en application de l'article L. 2314-11 un délégué titulaire et un délégué suppléant au moins au comité social et économique central appartiennent à la catégorie des ingénieurs, chefs de service et cadres administratifs, commerciaux ou techniques assimilés sur le plan de la classification.

Comp. anc. art. L. 2327-4 (Comité central d'entreprise).

Représentation au CCE. Les parties à la négociation, dont les organisations syndicales répondant à la condition de double majorité, apprécient seules les conditions dans lesquelles doivent être satisfaites les dispositions de l'art. L. 2327-4 [L. 2316-5] C. trav. relatives à la représentation au comité central d'entreprise des ingénieurs, chefs de service et cadres administratifs, commerciaux ou techniques assimilés sur le plan de la classification en vue d'assurer l'expression collective de l'ensemble des salariés de l'entreprise et non celle d'un établissement déterminé. • Soc. 28 janv. 2015, ⚖ n° 14-15.817 P : *D. actu. 19 févr. 2015,* obs. Ines ; *Dr. soc. 2015. 471,* note Petit ⌀ ; *RJS 4/2015, n° 263 ; JCPS 2015. 1186,* obs. Kerbourc'h.

Art. L. 2316-6 Lorsque aucun établissement de l'entreprise ne constitue trois collèges électoraux mais que plusieurs établissements distincts groupent ensemble au moins cinq cents [cent] *(Ord. n° 2017-1718 du 20 déc. 2017, art. 1ᵉʳ-I)* « un » salariés ou au moins vingt-cinq membres du personnel appartenant à la catégorie des ingénieurs, chefs de service et cadres administratifs, commerciaux ou techniques assimilés sur le plan de la classification, au moins un délégué titulaire au comité social et économique central appartient à cette catégorie.

Comp. anc. art. L. 2327-5 (Comité central d'entreprise).

Art. L. 2316-7 Chaque organisation syndicale représentative dans l'entreprise désigne un représentant au comité social et économique central d'entreprise choisi soit parmi les représentants de cette organisation aux comités sociaux et économiques d'établissement, soit parmi les membres élus de ces comités.

Ce représentant assiste aux séances du comité social et économique central avec voix consultative.

Comp. anc. art. L. 2327-6 (Comité central d'entreprise).

1. Représentant syndical. Le fait qu'un syndicat soit représentatif sur le plan national implique qu'il l'est au niveau de l'entreprise, pour désigner un représentant au comité central d'entreprise. • Soc. 16 déc. 1992, ⚖ n° 91-60.214 P : *Dr. soc. 1993. 282,* note Borenfreund ⌀ ; *RJS 1993. 43, n° 52.*

2. Les syndicats affiliés à une même organisation représentative sur le plan national ne peuvent désigner ensemble qu'un seul représentant syndical au comité central d'entreprise. • Soc. 23 juin 1993, ⚖ n° 92-60.275 : *RJS 1993. 529, n° 886* • 6 avr. 2005, ⚖ n° 04-60.323 P.

3. Pour désigner un délégué syndical central, et un représentant au comité central d'entreprise, un syndicat doit être représentatif dans l'entreprise tout entière. • Soc. 25 janv. 2006, ⚖ n° 04-60.437 P.

§ 2 Élection

Art. L. 2316-8 Dans chaque entreprise, la répartition des sièges entre les différents établissements et les différents collèges fait l'objet d'un accord entre l'employeur et les organisations syndicales intéressées, conclu selon les conditions de l'article L. 2314-6.

En cas de désaccord sur la répartition des sièges, l'autorité administrative dans le ressort (Ord. n° 2017-1718 du 20 déc. 2017, art. 1er-I) « de laquelle » se trouve le siège de l'entreprise décide de cette répartition.

La saisine de l'autorité administrative suspend le processus électoral jusqu'à la décision administrative et entraîne la prorogation des mandats en cours des élus concernés jusqu'à la proclamation des résultats du scrutin.

Même si elles interviennent alors que le mandat de certains membres n'est pas expiré, la détermination du nombre d'établissements distincts et la répartition des sièges entre les établissements et les différentes catégories sont appliquées sans qu'il y ait lieu d'attendre la date normale de renouvellement de toutes les délégations des comités (Ord. n° 2017-1718 du 20 déc. 2017, art. 1er-I) « sociaux et économiques » d'établissement ou de certaines d'entre elles.

La décision de l'autorité administrative peut faire l'objet d'un recours devant le juge judiciaire, à l'exclusion de tout autre recours administratif ou contentieux.

Comp. anc. art. L. 2327-7 (Comité central d'entreprise).

1. Recours devant le juge judiciaire. Les dispositions de la L. n° 2015-990 du 6 août 2015 donnant compétence au juge judiciaire pour statuer sur la contestation de certaines décisions de l'autorité administrative ne s'appliquent pas aux recours formés contre des décisions rendues avant leur entrée en vigueur. • Soc. 1er févr. 2017, n° 16-60.062 P : *D. actu.* 2 mars 2017, obs. Roussel ; *D.* 2017. Actu. 575 ; *RJS* 2017/4, n° 278 ; *JCP S* 2017. 1093, obs. Kerbourc'h.

2. Décision implicite de rejet. Lorsque l'autorité administrative, saisie d'une demande de répartition des sièges entre les différents établissements au CSE central, ne se prononce pas dans le délai de 2 mois, puis le fait tardivement alors qu'entre-temps les élections se sont déroulées sur la base d'un accord signé sur le sujet, la décision administrative implicite de rejet ne peut pas être retirée et les élections ne peuvent pas être annulées. • Soc. 2 févr. 2022, n° 20-60.262 B : *D. actu.* 15 mars 2022, obs. Cuvilliers ; *RJS* 4/2022, n° 194.

Art. L. 2316-9 Les contestations relatives à l'électorat, à la régularité des opérations électorales et à la désignation des représentants syndicaux sont de la compétence du juge judiciaire.

Lorsqu'une contestation rend indispensable le recours à une mesure d'instruction, les dépenses afférentes à cette mesure sont à la charge de l'État.

Comp. anc. art. L. 2327-8 (Comité central d'entreprise).

§ 3 Durée et fin du mandat

Art. L. 2316-10 L'élection a lieu tous les quatre ans, après l'élection générale des membres des comités sociaux et économiques d'établissement.

Comp. anc. art. L. 2327-9 (Comité central d'entreprise).

Remplacement des membres titulaires du CSEC. Lorsqu'un membre titulaire du CSE central cesse ses fonctions par suite de son décès, d'une démission, de la rupture du contrat de travail ou de la perte des conditions requises pour être éligible, il est remplacé dans les conditions prévues par l'art. L. 2314-37, applicable en l'absence de disposition contraire ; le tribunal judiciaire ne peut pas, pour rejeter la demande de remplacement d'un membre titulaire du CSEC dont il avait constaté que le contrat de travail avait été rompu à la suite de son départ de la société, retenir qu'il y a lieu de considérer que la loi n'avait pas prévu le remplacement des membres titulaires du CSEC qui seraient appelés à quitter leurs fonctions. • Soc. 6 déc. 2023, n° 22-21.239 B : *D. 2023. 2243*.

Art. L. 2316-11 Par dérogation aux dispositions de l'article L. 2316-10, un accord de branche, un accord de groupe ou un accord d'entreprise, selon le cas, peut fixer une durée du mandat des représentants du personnel au comité social et économique central d'entreprise comprise entre deux et quatre ans.

Comp. anc. art. L. 2327-10 (Comité central d'entreprise).

INSTITUTIONS REPRÉSENTATIVES

Art. L. 2316-12 En cas de modification dans la situation juridique de l'employeur prévue à l'article L. 1224-1 le comité social et économique central de l'entreprise absorbée demeure en fonctions si l'entreprise conserve son autonomie juridique.

Si cette entreprise devient un établissement distinct de l'entreprise d'accueil, son comité social et économique d'établissement désigne parmi ses membres deux représentants titulaires et suppléants au comité social et économique central de l'entreprise absorbante.

Si la modification porte sur un ou plusieurs établissements distincts qui conservent ce caractère, ces établissements sont représentés au comité social et économique central de l'entreprise d'accueil par leurs représentants au comité social et économique central de l'entreprise dont ils faisaient partie.

Dans les cas mentionnés aux deuxième et troisième alinéas, la représentation est assurée dans ces conditions pendant un délai d'un an au plus et peut entraîner le dépassement du nombre maximal de représentants au comité social et économique de l'entreprise d'accueil prévu par le décret mentionné à l'article L. 2316-4.

Comp. anc. art. L. 2327-1 (Comité central d'entreprise).

SOUS-SECTION 3 Fonctionnement

Art. L. 2316-13 Le comité social et économique central est doté de la personnalité civile.

Il est présidé par l'employeur ou son représentant, assisté éventuellement de deux collaborateurs qui ont voix consultative.

Le comité désigne un secrétaire et un secrétaire adjoint en charge des attributions en matière de santé, sécurité et des conditions de travail.

Comp. anc. art. L. 2327-12 (Comité central d'entreprise).

Art. L. 2316-14 Le comité social et économique central détermine, dans un règlement intérieur, les modalités de son fonctionnement et de ses rapports avec les salariés de l'entreprise pour l'exercice des missions qui lui sont conférées par le présent titre.

Les décisions du comité social et économique central portant sur ses modalités de fonctionnement et l'organisation de ses travaux ainsi que ses résolutions sont prises à la majorité des membres présents.

Comp. anc. art. L. 2327-12-1, al. 1er (Comité central d'entreprise).

Art. L. 2316-15 Le comité social et économique central d'entreprise se réunit au moins une fois tous les six mois au siège de l'entreprise sur convocation de l'employeur.

Il peut tenir des réunions exceptionnelles à la demande de la majorité de ses membres.

Comp. anc. art. L. 2327-13 (Comité central d'entreprise).

Réunions. Les frais de déplacement des membres du comité central d'entreprise concernant des réunions organisées à l'initiative de l'employeur doivent rester à la charge de celui-ci. • Soc. 15 juin 1994, n° 92-14.985 P : *CSB 1994. 233, A. 46.*

Art. L. 2316-16 Le recours à la visioconférence pour réunir le comité social et économique central peut être autorisé par accord entre l'employeur et les membres élus du comité. En l'absence d'accord, ce recours est limité à trois réunions par année civile. Un décret détermine les conditions dans lesquelles le comité social et économique central peut, dans ce cadre, procéder à un vote à bulletin secret.

Comp. anc. art. L. 2327-13-1 (Comité central d'entreprise).

Art. L. 2316-17 L'ordre du jour des réunions du comité social et économique central est arrêté par le président et le secrétaire.

Les consultations rendues obligatoires par une disposition législative ou réglementaire ou par un accord collectif de travail sont inscrites de plein droit à l'ordre du jour par le président ou le secrétaire.

L'ordre du jour est communiqué aux membres huit jours au moins avant la séance.

Comp. anc. art. L. 2327-14 (Comité central d'entreprise).

Le délai de 8 jours pour communiquer l'ordre du jour est édicté dans l'intérêt des représentants du personnel, afin de leur permettre d'examiner les questions à l'ordre du jour et d'y réfléchir. Si le procès-verbal de la réunion du comité indique que la modification de l'ordre du jour avait été adoptée à l'unanimité des membres présents, il en résulte que ces derniers avaient accepté, sans objection, de discuter de la question du mandat, manifestant ainsi avoir été avisés en temps utile ; aussi la délibération issue d'une modification de l'ordre du jour au début de la séance est régulière. ● Crim. 13 sept. 2022, n° 21-83.914 B : *D. actu.* 19 oct. 2022, obs. Cortot ; *D.* 2022. 1600 ; *RJS* 11/2022, n° 570 ; *JCP S* 2022. 1265, obs. François.

Art. L. 2316-18 Une commission santé, sécurité et conditions de travail centrale est mise en place dans les entreprises d'au moins trois cents salariés dans les conditions prévues aux articles L. 2315-36 à L. 2315-44.

Art. L. 2316-19 (*Ord. n° 2017-1718 du 20 déc. 2017, art. 1ᵉʳ-I*) « La sous-section 9 de la section 3 du chapitre V du présent titre et le sous-paragraphe 5 du paragraphe 3 de la sous-section 6 de la même section 3 » sont applicables au comité social et économique central dans des conditions déterminées par décret.

Comp. anc. art. L. 2327-14-1 (Comité central d'entreprise).

SECTION 2 Comité social et économique d'établissement

BIBL. ▶ VIGNEAU, *Dr. ouvrier* 2020. 413 (la notion d'établissement au cœur des logiques de centralisation et de décentralisation de la représentation du personnel).

SOUS-SECTION 1 Attributions

Art. L. 2316-20 Le comité social et économique d'établissement a les mêmes attributions que le comité social et économique d'entreprise, dans la limite des pouvoirs confiés au chef de cet établissement.

Le comité social et économique d'établissement est consulté sur les mesures d'adaptation des décisions arrêtées au niveau de l'entreprise spécifiques à l'établissement et qui relèvent de la compétence du chef de cet établissement.

Comp. anc. art. L. 2327-15, al. 1ᵉʳ et 2 (Comité central d'entreprise).

1. Compétence des comités d'établissement. En relevant que les prévenus n'ignoraient pas que la restructuration allait entraîner sur les conditions de travail et d'emploi des mesures spécifiques relevant de l'autorité propre du chef d'établissement et que cependant les comités d'établissement n'avaient pas été consultés, le juge a établi le caractère volontaire de cette omission. ● Crim. 27 mars 1990, n° 89-82.951 : *RJS* 1990. 349, n° 502.

2. Dans le cas d'un établissement de plus de 800 salariés, doté de sa propre commission de la formation, le comité d'établissement doit être consulté en premier pour la mise en place d'un plan de formation globale qui sera ensuite soumis au comité central. ● Soc. 4 avr. 1978 : *Bull. civ. V,* n° 278 ; *D.* 1978. IR 383.

3. Une cour d'appel ne peut condamner pour entrave un chef d'entreprise pour n'avoir pas consulté les comités d'établissement à propos d'une mesure de restructuration décidée par la direction nationale, sans vérifier si des mesures particulières d'adaptation relevant des pouvoirs des chefs d'établissement avaient été prises. ● Crim. 17 janv. 1984 : *Bull. crim. n° 23 ; D.* 1984. IR 229. – Dans le même sens : ● Crim. 26 juill. 1988 : *D.* 1988. IR 257 ● 11 févr. 1992, n° 90-87.500 : *RJS* 1992. 620, n° 1120. ◆ En application de l'art. L. 435-3 [L. 2316-20], dans les entreprises à établissements multiples, le comité central d'entreprise exerce les attributions économiques qui concernent la marche générale de l'entreprise et qui excèdent les limites des pouvoirs des chefs d'établissement, la décision de recourir à un expert-comptable relève du comité central d'entreprise dans les limites de ses compétences ; toutefois, la Cour de cassation a eu l'occasion de décider qu'aux termes de l'art. L. 435-2, al. 3 [L. 2316-22], les comités d'établissement ayant les mêmes attributions que les comités d'entreprise dans les limites des pouvoirs confiés aux chefs de ces établissements, un comité d'établissement institué dans un établissement distinct pouvait se faire assister d'un expert-comptable pour l'examen des comptes annuels de cet établissement. ● Soc. 14 déc. 1999, n° 98-16.810 P : *D.* 2000. IR 25 ; *Dr. soc.* 2000. 225, obs. Cohen ; *RJS* 2000. 52, n° 64. ◆ Le droit du comité central d'entreprise d'être assisté pour l'examen annuel des comptes de l'entreprise ne prive pas le comité d'établissement du droit d'être assisté par un expert-comptable chargé de lui fournir tous éléments d'ordre économique, social et financier nécessaires à la compréhension des documents comptables de l'établissement et à l'appréciation de sa situation. • Soc. 18 nov. 2009, 🏛 n° 08-16.260 : R., p. 354 ; D. 2009. AJ 2868, obs. Perrin ⌀ ; RDT 2010. 180, obs. Signoretto ⌀ ; RJS 2010. 152, n° 194 ; JSL 2010, n° 270-4 ; SSL 2009, n° 1423, p. 13.

4. Consultation du CSE d'établissement réservée aux mesures d'adaptation touchant le seul établissement. Pour justifier la consultation du CSE d'établissement, il est nécessaire de caractériser l'existence de mesures concrètes d'adaptation spécifiques à l'établissement ; ce n'est pas le cas d'un contrat pluriannuel de performance qui contient uniquement des objectifs à atteindre et évoque les moyens généraux à mettre en œuvre pour y parvenir. • Soc. 19 janv. 2022, 🏛 n° 20-18.806 : Dr. soc. 2022. 539, obs. Icard ⌀ ; RJS 4/2022, n° 193. ♦ Le CSE d'établissement est informé et consulté sur toute mesure d'adaptation relevant de la compétence de ce chef d'établissement et spécifique à cet établissement, des aménagements importants modifiant les conditions de santé et de sécurité ou les conditions de travail arrêtées au niveau de l'entreprise, dès lors que cette mesure d'adaptation n'est pas commune à plusieurs établissements. • Soc. 29 juin 2022, 🏛 n° 21-11.935 B : D. 2022. 1265 ⌀ ; RDT 2022. 723, note Millet ⌀ ; RJS 10/2022, n° 525 ; SSL 2022, n° 2017, p. 15, obs. Duquesne ; JCP S 2022. 1226, obs. Kerbourc'h.

5. Droit d'alerte. Si les comités d'établissements ont les mêmes attributions que le comité d'entreprise, l'exercice du droit d'alerte étant subordonné à l'existence de faits de nature à affecter de manière préoccupante la situation économique de l'entreprise, les comités d'établissements ne sont pas investis de cette prérogative. • Soc. 1er mars 2005, 🏛 n° 03-20.429 P. • 6 avr. 2005, 🏛 n° 02-31.130 P.

6. Pouvoirs du comité central. Le comité central d'entreprise, ayant à étudier les incidences d'un nouveau mode de rémunération, peut s'informer des préférences des salariés par une consultation du personnel dont les frais s'imputent sur son budget, son information n'étant pas limitée aux renseignements dont ses membres disposent à titre individuel ou aux observations présentées par les délégués du personnel. • Soc. 19 déc. 1990, 🏛 n° 89-16.072 : D. 1991. IR 22 ; Dr. soc. 1991. 267, rapp. Waquet ⌀.

7. Répartition de la subvention de fonctionnement. Lorsque l'entreprise comporte des établissements multiples, la subvention de fonctionnement doit être versée à chaque comité d'établissement. • Crim. 11 févr. 2003, 🏛 n° 01-88.650 : RJS 2003. 598, n° 905. ♦ Aucun texte ne fait obligation au chef d'entreprise de verser une subvention de fonctionnement au comité central ni ne précise dans quelles conditions une partie des subventions allouées aux comités d'établissement pourrait être reversée au comité central. • Crim. 31 mars 1992, 🏛 n° 90-83.938 P : D. 1992. IR 199 ; JCP E 1993. II. 409, note Godard ; RJS 1992. 621, n° 1121. ♦ Doit être cassé l'arrêt qui déclare coupable d'entrave un employeur qui a amputé le budget de fonctionnement du comité central de la part de la masse salariale des établissements non dotés d'un comité d'établissement et a imposé le calcul du budget de fonctionnement sur la masse salariale des seuls établissements dotés d'un comité d'établissement. • Même arrêt. ♦ V. aussi : • Versailles, 13 janv. 1994 : RJS 1994. 435, n° 716 (à défaut d'accord unanime sur la répartition de la subvention entre les comités d'établissement et le comité central, il appartient au juge judiciaire, en sa qualité de juge de droit commun, de fixer une clé de répartition). ♦ Puisque la loi n'accorde pas au comité central d'établissement un droit propre à une subvention de fonctionnement, il est légitime que les comités d'établissement lui rétrocèdent une partie de leur subvention ; en cas de désaccord d'un de ces établissements avec le comité central, il appartient au juge d'arbitrer le différend en fixant lui-même le montant de celle-ci. • Soc. 15 mai 2001, 🏛 n° 99-10.127 : RJS 2001. 605, n° 882 ; JSL 2001, n° 81-2. ♦ Mais les frais de déplacement des membres du comité central concernant des réunions organisées à l'initiative de l'employeur doivent rester à la charge de celui-ci. • Soc. 15 juin 1994, 🏛 n° 92-14.985 : D. 1994. IR 200 ; Dr. soc. 1994. 811, obs. Cohen ⌀ ; RJS 1994. 522, n° 874 ; CSB 1994. 233, A. 46.

8. Désignation d'un expert. Il appartient au seul comité d'établissement d'apprécier l'opportunité de se faire assister d'un expert pour l'examen des comptes de cet établissement, sans que le droit du comité central d'entreprise d'être lui-même assisté pour l'examen annuel des comptes de l'entreprise soit de nature à le priver de cette prérogative. • Soc. 8 avr. 2014, 🏛 n° 13-10.541 P : D. 2014. 2380, obs. Lokiec ⌀ ; RJS 6/2014, n° 495 ; JCP S 2014. 1229, obs. Duquesne.

9. Désignation d'un expert (jurisprudence rendue sous l'empire de la L. n° 2015-990 du 17 août 2015). Le comité d'établissement ayant les mêmes attributions que le comité d'entreprise dans la limite des pouvoirs confiés au chef d'établissement, le droit du comité central d'entreprise d'être assisté pour l'examen annuel de la situation économique et financière de l'entreprise ne prive pas le comité d'établissement du droit d'être assisté par un expert-comptable afin de lui permettre de connaître la situation économique, sociale et financière de l'établissement dans l'ensemble de l'entreprise et par rapport aux autres établissements avec lesquels il doit pouvoir se comparer. • Soc. 16 janv. 2019, 🏛 n° 17-26.660 P : D. actu. 8 févr. 2019, obs. Ciray ; D. 2019. Actu. 133 ⌀ ; RDT 2019. 344, note Milet ⌀ ; RJS 4/2019, n° 230 ; RDT 2019. 344, obs. Milet ⌀ ; JSL 2019, n° 473-5, obs. Pacotte et Leroy ; JCP S 2019. 1058, obs. Piccoli.

Art. L. 2316-21 Le comité social et économique d'établissement peut faire appel à un expert prévu à la sous-section 10 *(Ord. n° 2017-1718 du 20 déc. 2017, art. 1ᵉʳ-I)* « de la section 3 » du chapitre V du présent titre lorsqu'il est compétent conformément aux dispositions du présent code.

Art. L. 2316-22 *(L. n° 2018-217 du 29 mars 2018, art. 6)* Lorsqu'il y a lieu de consulter à la fois le comité social et économique central et un ou plusieurs comités sociaux et économiques d'établissement, un accord peut définir l'ordre et les délais dans lesquels le comité social et économique central et le ou les comités sociaux et économiques d'établissement rendent et transmettent leurs avis.

A défaut d'accord, l'avis de chaque comité social et économique d'établissement est rendu et transmis au comité social et économique central et l'avis du comité social et économique central est rendu dans des délais fixés par décret en Conseil d'État.

Comp. anc. art. L. 2327-15, al. 3 et 4 (Comité central d'entreprise).

Art. L. 2316-23 Les comités sociaux et économiques d'établissement assurent et contrôlent la gestion de toutes les activités sociales et culturelles.

Toutefois, les comités sociaux et économiques d'établissement peuvent confier au comité social et économique central la gestion d'activités communes.

Un accord entre l'employeur et une ou plusieurs organisations syndicales de salariés représentatives dans l'entreprise, conclu dans les conditions prévues au premier alinéa de l'article L. 2232-12, peut définir les compétences respectives du comité social et économique central et *(Ord. n° 2017-1718 du 20 déc. 2017, art. 1ᵉʳ-I)* « des » comités sociaux et économiques d'établissement.

En cas de transfert au comité social et économique central de la gestion d'activités sociales et culturelles en application du présent article, ce transfert fait l'objet d'une convention entre les comités sociaux et économiques d'établissement et le comité social et économique central. Cette convention comporte des clauses conformes à des clauses types déterminées par décret.

Comp. anc. art. L. 2327-16 (Comité central d'entreprise).

1. Transfert de la gestion des activités sociales et culturelles. Si un accord collectif entre le chef d'entreprise et l'ensemble des syndicats représentatifs peut accorder au comité central d'entreprise la gestion d'activités sociales et culturelles communes à l'ensemble de l'entreprise, il ne peut ni enlever aux comités d'établissement la gestion des activités sociales et culturelles propres à chaque établissement, ni les priver du droit de percevoir directement de l'employeur la subvention calculée sur la masse salariale de l'établissement. ● Soc. 30 juin 1993, ⚖ n° 90-14.895 P : *Dr. soc.* 1993. 754, rapp. Waquet ∅ ; *RJS* 1993. 496, concl. Chauvy ; *CSB* 1993. 231, A. 51. ♦ La contribution patronale peut être répartie selon les effectifs des établissements et non selon leur masse salariale, dès lors qu'elle ne prive pas un comité d'établissement de la contribution calculée sur la masse salariale pour la fraction de la contribution correspondant au minimum calculé selon l'art. L. 2323-86 C. trav. ● Soc. 12 nov. 2015, ⚖ n° 14-12.830 P : *D.* 2016. Pan. 2253, obs. Lokiec ∅ ; *RJS* 1/2016, n° 37 ; *JCP S* 2016. 1059, obs. Goriau ; *Gaz. Pal.* 12 janv. 2016, p. 66, obs. Le Cornu.

2. Ordre du jour. L'ordre du jour du comité central est arrêté par le chef d'entreprise et par le secrétaire quel que soit l'objet de la réunion ; le comité central ne peut valablement se réunir et délibérer sur un ordre du jour fixé unilatéralement par le chef d'entreprise dans le cadre de la procédure de licenciement. ● Soc. 23 juin 1999, ⚖ n° 97-17.860 P : *D.* 1999. IR 198 ∅ ; *Dr. ouvrier* 1999. 453, note Cohen ; *RJS* 1999. 678, n° 1081 ; *TPS* 1999, n° 315.

SOUS-SECTION 2 **Composition**

Art. L. 2316-24 La composition des comités sociaux et économiques d'établissement est identique à celle du comité social et économique prévu aux articles L. 2314-1 à L. 2314-3.

Comp. anc. art. L. 2327-17 (Comité central d'entreprise).

SOUS-SECTION 3 **Fonctionnement**

Art. L. 2316-25 Dans les entreprises d'au moins cinquante salariés, les comités sociaux et économiques d'établissement sont dotés de la personnalité civile.

INSTITUTIONS REPRÉSENTATIVES Art. L. 2317-1

Art. L. 2316-26 Le fonctionnement des comités sociaux et économiques d'établissement est identique à celui des comités sociaux et économiques d'entreprise.

CHAPITRE VII DISPOSITIONS PÉNALES

Art. L. 2317-1 Le fait d'apporter une entrave soit à la constitution d'un comité social et économique, d'un comité social et économique d'établissement ou d'un comité social et économique central, soit à la libre désignation de leurs membres, notamment par la méconnaissance des dispositions des articles L. 2314-1 à L. 2314-9 est puni d'un emprisonnement d'un an et d'une amende de 7 500 €.

Le fait d'apporter une entrave à leur fonctionnement régulier est puni d'une amende de 7 500 €.

Comp. anc. art. L. 2328-1 (Comité central d'entreprise).

RÉP. TRAV. v° *Entrave aux institutions représentatives des salariés et à l'exercice du droit syndical,* par AMAUGER-LATTES.

COMMENTAIRE

V. sur le Code en ligne.

I. RÈGLES GÉNÉRALES

1. Droit européen. Les dispositions de l'art. L. 2328-1 [L. 2317-1] offrent des garanties suffisantes quant à l'exigence de prévisibilité au sens de l'art. 7 Conv. EDH. ● Crim. 22 juin 1999, n° 98-83.114 : *TPS 1999. 10, n° 360.*

2. Champ d'application. Ne donne pas de base légale à sa décision la cour d'appel qui, pour déclarer la prévention non établie, estime qu'un GIE n'est pas soumis aux prescriptions de l'art. L. 421-1 [L. 2311-1] au motif qu'il n'a pas de lien contractuel avec les salariés mis à sa disposition. ● Crim. 29 avr. 1986 : *Bull. crim. n° 147 ; Dr. ouvrier 1986. 201.* ♦ Dans la même affaire, V. ● Crim. 14 mai 1991, n° 84-94.476 : *RJS 1991. 578, n° 1107.*

3. Dispositions conventionnelles. Lorsque l'institution représentative n'a pas été instituée par une convention ou un accord collectif étendu, en vertu d'une disposition expresse dans une matière déterminée, la méconnaissance des dispositions conventionnelles, si elle peut donner lieu à des recours civils, n'est susceptible de recevoir aucune qualification pénale. ● Crim. 4 avr. 1991 (trois arrêts), n° 88-84.270 : *D. 1991. IR 156 ; JCP E 1991. II. 213, note Godard ; RJS 1991. 325, n° 614 a.* ♦ La violation d'un usage ne peut entrer dans la catégorie des agissements pénalement sanctionnés. ● Crim. 4 avr. 1991, *Moisan*, n° 88-84.270 : *D. 1991. IR 140 ; JCP E 1991. II. 213, note Godard ; RJS 1991. 325, n° 614 a ; RSC 1991. 782, obs. A. Lyon-Caen.*

4. Élément moral. Pour être punissable, l'entrave suppose qu'elle ait été apportée sciemment et volontairement par l'employeur. ● Crim. 9 oct. 1958 : *Bull. crim. n° 615.* ♦ L'élément intentionnel du délit d'entrave se déduit du caractère volontaire des agissements constatés. ● Cass., ass. plén., 28 janv. 1983, n° 80-93.511 : *D. 1983. 269, concl. Cabannes ; Dr. soc. 1984. 511, note Couvrat et Massé.* – V. aussi ● Crim. 10 févr. 1972 : *D. 1972. 474, rapp. Malaval ; JCP 1972. II. 17233, note Ver-* dier ● 16 mars 1978 : *Bull. crim. n° 102* ● 23 janv. 1979 : *ibid., n° 33* ● 19 mars 1991, n° 90-81.889 : *D. 1991. IR 147 ; RJS 1991. 319, n° 601.*

5. Élément matériel. L'infraction est constituée indépendamment du moyen employé, dès lors qu'il est constaté qu'il a été volontairement porté atteinte à la libre désignation des délégués. ● Crim. 20 oct. 1970 : *Bull. crim. n° 272* (non-renouvellement d'un contrat saisonnier).

6. Personnes punissables. Le délit d'entrave est susceptible d'être commis non seulement par le chef d'entreprise, mais aussi, le cas échéant, par d'autres personnes et notamment par un préposé investi par délégation d'une parcelle de l'autorité patronale. ● Crim. 21 févr. 1978 : *Dr. ouvrier 1978. 365.* – V. aussi ● Crim. 22 nov. 1988 : *RJS 1989. 38, n° 51.* ♦ Les relations existant entre un administrateur judiciaire désigné par le tribunal de commerce dans une procédure collective et le chef de l'entreprise en difficulté, qui ne sont pas des relations d'employeur à préposé, excluent toute délégation de pouvoirs du premier au second. ● Crim. 30 janv. 1996, n° 94-83.505 P : *RJS 1997. 362, n° 557 ; JCP E 1996. I. 597, n° 20, obs. Cesaro.* ♦ Le délit d'entrave peut être imputé au directeur général d'une société ayant participé, aux côtés du président de celle-ci, à la consultation du comité d'entreprise dès lors qu'une faute personnelle en relation avec les faits constitutifs de l'infraction est caractérisée à son encontre. ● Crim. 18 nov. 1997, n° 96-80.002 P : *GADT, 4ᵉ éd., n° 158.* ♦ Le directeur des ressources humaines qui a accepté une délégation de pouvoir pour présider le comité d'entreprise est responsable en cas de refus de consulter le comité d'entreprise sur un changement des horaires collectifs. ● Crim. 16 sept. 2003, n° 02-86.661 P : *RJS 2004. 62, n° 72 ; JSL 2003, n° 134-2.*

7. Délit continu. Le refus de l'employeur de réintégrer un salarié irrégulièrement licencié constitue une infraction continue qui se prolonge tant que la réintégration n'a pas été opérée.

- Crim. 28 mai 1968 : *D. 1969. 471*, note *Verdier*
- 23 avr. 1970 : *JCP 1970. II. 16486*, note *Michaud*.
- ♦ Comp. : • Crim. 26 avr. 1988 : *Bull. crim. n° 179*, affirmant que le délit d'entrave au fonctionnement régulier du comité d'entreprise n'est pas une infraction continue.

8. Action civile. Le comité d'entreprise a qualité pour exercer l'action civile en cas d'entrave apportée à son fonctionnement. • Crim. 28 nov. 1984 : *Bull. crim. n° 375 ; D. 1985. IR 436*, obs. *Langlois*. ♦ En revanche, l'action civile d'un ou plusieurs salariés est irrecevable, faute de préjudice direct et personnel pour les plaignants. • Crim. 18 déc. 1990, ⚖ n° 89-80.333 : *RJS 1991. 110, n° 199* (non-consultation du comité sur la modification des horaires de travail) • 3 déc. 1996, ⚖ n° 95-84.647 P : *RJS 1997. 366, n° 563* (non-consultation du comité sur un projet de licenciement économique). ♦ L'action engagée par le président du comité d'entreprise est également irrecevable ; l'intéressé ne peut se prévaloir d'un dommage personnel découlant directement de l'infraction ; de plus en sa qualité de président du comité d'entreprise, il n'avait pas été mandaté pour le représenter. • Soc. 10 juin 1998, n° 97-80.398 : *RJS 1998. 747, n° 1242*. ♦ Est encore irrecevable l'action civile du chef d'entreprise qui, s'il est fondé, en cas de mauvais fonctionnement des institutions représentatives du personnel, à demander la cessation des troubles illicites et la réparation de leurs fautes à leurs auteurs, ne subit pas, en cas d'entrave au fonctionnement du comité d'entreprise, un préjudice direct et personnel. • Paris, 16 oct. 1998 : *D. 1999. IR 2*.

9. Rétractation. La rétractation par l'employeur d'un licenciement constitutif du délit d'entrave ne fait pas disparaître l'infraction. • Crim. 26 janv. 1993, ⚖ n° 89-85.389 P : *RJS 1993. 249, n° 413 ; CSB 1993. 118, S. 58*.

II. ENTRAVE À LA CONSTITUTION

10. Caractérise le délit d'entrave le fait : de refuser d'organiser des élections. • Crim. 20 oct. 1970 : *Bull. crim. n° 272* • 29 janv. 1974 : *ibid., n° 43* • 26 avr. 1986 : *ibid., n° 147*. ♦ ... De constituer une société pour faire échec à la libre désignation des délégués. • Crim. 23 avr. 1970 : *GADT, 4e éd., n° 131 ; JCP 1972. II. 17046*. ♦ ... De refuser toute négociation avec une organisation syndicale et d'écarter les candidatures présentées par ladite organisation. • Crim. 3 juin 1980 : *D. 1981. IR 123*, obs. *Langlois*. ♦ ... Se mettre le candidat dans l'impossibilité d'exercer sa propagande. • Crim. 5 oct. 1982 : *Bull. crim. n° 207*. ♦ ... D'appeler à l'abstention au premier tour. • Crim. 20 mars 1979 : *Bull. crim. n° 114*. ♦ ... De refuser de donner suite à une demande d'élections présentée par un syndicat. • Crim. 29 janv. 1974 : *Bull. crim. n° 43*. ♦ ... De s'abstenir volontairement d'afficher la liste des candidats. • Crim. 29 avr. 1980 : *RPDS 1980. 268*.

11. Se rend coupable du délit d'entrave l'employeur qui ne respecte pas les termes de l'accord préélectoral lui imposant d'adresser un tract avec le matériel de vote par correspondance. • Crim. 30 mai 1989 : *Bull. crim. n° 227*. ♦ Mais ne commet pas de délit d'entrave, faute d'intention de nuire au niveau local ou central, le chef d'entreprise qui, en application d'un accord préélectoral signé par toutes les organisations syndicales représentatives de l'entreprise, n'organise pas l'élection des délégués du personnel mais met en place un comité social d'établissement exerçant les compétences dévolues aux délégués du personnel. • Crim. 8 oct. 2002, ⚖ n° 02-81.177 : *Dr. soc. 2003. 143*, obs. *Duquesne* ⌀.

A. ENTRAVE AU FONCTIONNEMENT DU COMITÉ

12. Application de la loi du 6 août 2015. La suppression des peines de prison encourues pour entrave au fonctionnement régulier du CE bénéficie aux dirigeants dont la condamnation n'est pas encore définitive, même si les faits ont été commis avant l'entrée en vigueur de la loi du 6 août 2015. • Crim. 26 janv. 2016, ⚖ n° 13-82.158 P : *D. actu. 17 févr. 2016*, obs. *Siro ; RJS 4/2016, n° 258*.

13. Caractères du délit. Le délit d'entrave au fonctionnement régulier du comité d'entreprise n'est pas une infraction continue. • Crim. 26 avr. 1988 : *Bull. crim. n° 179*.

14. Comité central. Un chef d'entreprise ne peut être condamné pour entrave, dès lors qu'aucune disposition ne l'oblige à prendre l'initiative de la constitution d'un comité central lorsque aucune démarche n'a été effectuée auprès de lui. • Crim. 14 janv. 1986, ⚖ n° 85-91.285 P : *D. 1986. IR 381*, obs. *Frossard / RSC 1986. 888*, obs. *A. Lyon-Caen*.

15. Composition. Jugé, avant l'intervention de la loi du 20 déc. 1993, que constitue le délit d'entrave la présence permanente aux réunions du comité d'entreprise d'un membre de la direction, outre le chef d'entreprise, même à titre consultatif et nonobstant un accord, non conforme à la loi. • Crim. 16 mars 1993, ⚖ n° 92-81.168 P : *Dr. soc. 1993. 653*, note *Cohen* ⌀. – Déjà dans le même sens : • Crim. 23 juin 1981 : *Dr. soc. 1982. 207*, note *Savatier*. – V. aussi • Crim. 20 févr. 1996, ⚖ n° 94-85.863 P.

16. Réunions. Ne constitue pas une circonstance de nature à justifier l'absence de réunion le fait que l'espacement des réunions correspondait à la volonté des membres du comité. • Crim. 22 nov. 1977 : *Bull. crim. n° 362 ; D. 1978. IR 52*. ♦ ... Que ces derniers n'aient pas protesté contre l'absence de réunions mensuelles. • Crim. 25 mai 1981 : *Dr. ouvrier 1982. 352*. ♦ ... Ou qu'aucun accord n'ait pu se faire sur l'ordre du jour. • Crim. 3 févr. 1981 : *Dr. ouvrier 1984. 110*. – V. aussi • Crim. 27 sept. 1989 : *D. 1989. IR 296* • 9 janv. 1990, ⚖ n° 87-81.168 : *JS UIMM 1990. 147*.

17. Ne constituent pas non plus des faits justificatifs l'absence de l'employeur, l'existence d'un litige sur la reddition des comptes du comité ou le refus opposé par le secrétaire du comité de fixer les dates de la réunion. • Crim. 11 févr. 1992, ⚖ n° 90-87.500 : *D. 1992. IR 174.*

18. La réunion mensuelle doit être réservée aux membres du comité. • Crim. 12 mars 1970 : *Bull. crim. n° 102.* – V. aussi • Crim. 5 mai 1976 : *ibid., n° 143.*

19. A la demande de la majorité des membres du comité, la loi fait obligation à l'employeur d'organiser une réunion supplémentaire avec un ordre du jour spécial. • Crim. 17 janv. 1984 : *Bull. crim. n° 23 ; D. 1984. IR 229.* ♦ Comp. : • Crim. 14 févr. 1978 : *ibid., n° 57* • 14 sept. 1988 : *BS Lefebvre 1988. 449, n° 1385.* ♦ Sur l'appréciation de l'urgence par le juge, V. • Crim. 16 mars 1982 : *Bull. crim. n° 77 ; D. 1983. IR 163.*

20. Ordre du jour. Commet le délit d'entrave l'employeur fixant unilatéralement l'ordre du jour. • Crim. 4 avr. 1978 : *Dr. ouvrier 1978. 385* • 16 sept. 1985 : *Dr. ouvrier 1986. 448.* ♦ Le délai prescrit par l'art. L. 434-3 [L. 2315-30] concerne la communication de l'ordre du jour et non la convocation à la réunion. • Crim. 4 janv. 1983 : *JS UIMM 1983. 188.* ♦ Les informations prévues par l'art. L. 431-5 [L. 2312-15] peuvent, sauf si la loi en décide autrement, n'être fournies que lors de la réunion du comité. • Crim. 5 nov. 1991, n° 90-84.109 : *Dr. ouvrier 1992. 77,* note Cohen ; *RJS 1992. 187, n° 307.*

21. Convocation. L'inobservation du délai caractérise le délit d'entrave. • Crim. 27 sept. 1988 : *Bull. crim. n° 325 ; D. 1988. IR 270.* ♦ Comp., en cas d'urgence : • Crim. 6 févr. 1979, ⚖ n° 77-91.923 P : *D. 1979. IR 422 ; Dr. ouvrier 1980. 136,* note Alvarez • 23 juin 1981 : *D. 1982. IR 391,* obs. Langlois ; *Dr. soc. 1982. 195,* note Savatier (l'urgence ne peut être reconnue lorsqu'elle est due à la propre carence de l'employeur). ♦ V. aussi • CE 31 mars 1989 : *JS UIMM 1990. 24* (le non-respect du délai n'empêche pas le comité de se prononcer en connaissance de cause sur le licenciement d'un représentant).

22. Sous peine de constituer une entrave, la convocation doit être envoyée à tous les participants et notamment aux suppléants. • Crim. 4 avr. 1978 : *Dr. ouvrier 1978. 385* • 18 oct. 1983 : *Bull. crim. n° 255 ; D. 1984. IR 87.* ♦ ... Aux représentants syndicaux. • Crim. 28 avr. 1977 : *Bull. crim. n° 145* • 4 juin 1985 : *ibid., n° 217 ; RSC 1986. 403,* obs. Lazerges. ♦ ... Le cas échéant, au médecin du travail. • Crim. 9 nov. 1982 : *Bull. crim. n° 250.* ♦ ... A un membre du comité, bien qu'il soit malade. • Crim. 16 juin 1970 : *Bull. crim. n° 207 ; D. 1970. 652 ; JCP 1970. II. 16551.*

23. Participation. Ne peut être condamné pour entrave l'employeur qui refuse la participation aux réunions de prétendus membres du comité, alors que ces derniers, n'étant pas employés dans la succursale française, ne pouvaient être assimilés au personnel de l'établissement au regard des règles d'ordre public définissant la composition du comité d'entreprise et qu'aucun usage en sens contraire n'était invoqué. • Crim. 15 mai 1990, ⚖ n° 87-90.814 : *Dr. soc. 1990. 799,* note Cohen ✎ ; *RJS 1990. 470, n° 692 ; ibid. 443,* note Guirimand.

24. Est pénalement répréhensible le fait de poursuivre disciplinairement un représentant syndical qui a quitté son service pour assister à une séance du comité d'établissement sans avertir ses supérieurs immédiats. • Crim. 7 mai 1975 : *JCP 1976. II. 18326,* note Nguyen Thanh Nha • 28 avr. 1977 : *D. 1977. IR 369 ; Dr. ouvrier 1978. 19* (l'employeur doit prendre les mesures appropriées pour que le service ne soit pas perturbé).

25. Commet le délit d'entrave l'employeur qui s'oppose à la présence d'une sténodactylographe admise aux réunions par un vote majoritaire. • Crim. 30 oct. 1990, ⚖ n° 87-83.665 P.

26. Votes. L'employeur ne peut être poursuivi que s'il refuse de procéder à un vote et non s'il émet certaines objections alors qu'aucun vote n'est demandé. • Crim. 18 janv. 1983 : *Dr. soc. 1983. 395,* note Savatier.

27. Doit être condamné pénalement l'employeur qui, malgré un partage des voix, s'oppose à la désignation comme secrétaire du candidat le plus âgé. • Crim. 1er déc. 1987 : *Bull. crim. n° 442.* ♦ ... Ou qui donne à sa voix un caractère prépondérant. • Crim. 4 oct. 1977 : *Bull. crim. n° 287 ; D. 1977. IR 479.*

28. Procès-verbal. Le délit d'entrave est constitué dès lors que l'établissement du procès-verbal et le contrôle de son contenu ne sont pas laissés au secrétaire du comité. • Crim. 25 févr. 1986 : *Dr. ouvrier 1986. 418.*

B. MOYENS

29. Heures de délégation. La violation d'un usage ne peut entrer dans la catégorie des agissements pénalement sanctionnés. • Crim. 4 avr. 1991, ⚖ Moisan, n° 89-83.204 : *D. 1991. IR 140 ; JCP E 1991. II. 213,* note Godard ; *RJS 1991. 325, n° 614 a ; RSC 1991. 782,* obs. A. Lyon-Caen ✎.

30. Les bons de délégation ne doivent servir qu'à l'information préalable du chef d'entreprise et au calcul des heures utilisées sans créer au profit de l'employeur un droit de contrôle *a priori.* • Crim. 25 mai 1982 : *Bull. crim. n° 135.* ♦ Dans le même sens : • Soc. 19 avr. 1972 : *Dr. soc. 1972. 500,* note Savatier • Crim. 28 mars 1979 : *Bull. crim. n° 126 ; Dr. ouvrier 1979. 386,* note Desset ; *D. 1979. IR 547* • 10 mars 1981 : *Bull. crim. n° 88* • 25 mai 1982 : *ibid., n° 135* • 12 avr. 1988 : *JCP 1989. II. 21206,* note Godard (licéité du délai de prévenance, mais une telle modalité suppose une procédure de concertation) • 10 janv. 1989 : *D. 1989. IR 83.*

31. L'entrave est caractérisée lorsque l'employeur impose l'utilisation des bons de délégation à l'occasion des missions accomplies en dehors des heures de travail, ce qui a pour effet de les imputer sur le crédit d'heures bien que le paiement n'en ait pas été réclamé. • Crim. 28 oct. 1980 : *D. 1981. IR 262, obs. Pélissier.*

32. La contestation judiciaire de l'utilisation des heures de délégation n'est pas susceptible d'une incrimination pénale, sauf abus par l'employeur de son droit d'agir en justice. • Crim. 16 oct. 1990, deux arrêts, 🔒 n° 88-83.543 P : *D. 1990. IR 280 ; Dr. soc. 1991. 300, note Verdier ⌀ ; CSB 1991. 15, A. 7 ; RJS 1990. 648, n° 989.*

33. Sur la possibilité de commettre le délit d'entrave en soumettant à autorisation le dépassement du crédit d'heures en cas de circonstances exceptionnelles, V. • Crim. 28 mars 1979 : *Dr. ouvrier 1979. 386, note Desset.*

34. Cassation de l'arrêt qui retient le délit d'entrave à l'encontre d'un employeur ayant réduit le montant des primes versées à un délégué du personnel à qui il était reproché d'avoir continué d'utiliser ses heures de délégation en période d'activité maximale de l'entreprise, malgré les consignes de la direction, alors qu'il appartenait aux juges du fond de vérifier si les primes litigieuses constituaient ou non un complément de salaire dont le versement intégral s'imposait à l'employeur. • Crim. 10 juin 1997, 🔒 n° 95-83.892 P : *RJS 1997. 682, n° 1104.*

35. Mutation. S'il est vrai que toute mutation de poste ou de fonction imposée contre son gré à un salarié protégé est de nature à caractériser l'élément matériel d'une atteinte portée à ses prérogatives statutaires, encore faut-il, pour qu'il en soit ainsi, que l'employeur ne puisse apporter la pleine justification de la mesure critiquée. • Crim. 28 oct. 1980 : *Bull. crim. n° 282.* – Dans le même sens : • Crim. 4 janv. 1991, n° 88-87.675 P • 28 janv. 1997, 🔒 n° 95-84.257 : *Dr. soc. 1997. 456, note Cohen ⌀* (justification non rapportée).

36. Local. L'employeur doit être condamné pour entrave lorsqu'il refuse de fournir le local. • Crim. 7 janv. 1981 : *Bull. crim. n° 5.* ♦ ... Ou qu'il se contente de mettre à disposition une salle de conférences. • Crim. 17 nov. 1966 : *Bull. crim. n° 261 ; D. 1967. 201* • 9 nov. 1971 : *Bull. crim. n° 305 ; JCP 1972. II. 17074, note Pélissier.* ♦ ... Ou une salle de réfectoire. • Crim. 29 avr. 1980 : *Dr. ouvrier 1981. 48, note Alvarez.*

37. Déplacements. Toute limitation apportée à la liberté de circulation des membres du comité constitue le délit d'entrave. • Crim. 2 mars 1961 : *JCP 1961. II. 12095, note Guérin* • 22 févr. 1962, n° 92-459.60 : *D. 1962. 253, note Rouast ; JCP 1962. II. 12633, note Blaise ; Dr. soc. 1962. 622, note Legeais ; Dr. ouvrier 1962. 100, note Cohen* • 23 mai 1978 : *Dr. ouvrier 1978. 346, note Alvarez* • 12 oct. 1982 : *D. 1983. IR 45.* ♦ Le refus de prendre en charge les frais de déplacement pour se rendre aux réunions du comité d'entreprise ou du CHSCT constitue un délit d'entrave. • Crim. 22 nov. 2005, 🔒 n° 04-87.451 P : *RJS 2006. 134, n° 224 ; Dr. soc. 2006. 388, obs. Duquesne ⌀ ; RSC 2006. 339, obs. Cerf-Hollender ⌀.*

38. Subvention de fonctionnement. En persistant malgré les observations de l'inspection du travail à exclure de la masse salariale brute les indemnités de congés payés, l'employeur porte délibérément atteinte au fonctionnement du comité. • Crim. 12 févr. 1991, 🔒 n° 88-84.266 P • 19 mars 1991, 🔒 n° 90-81.889 P. ♦ L'entrave au fonctionnement du comité d'entreprise est constituée : en présence de la globalisation de la subvention de fonctionnement, versée au comité central d'entreprise et se traduisant par l'absence de versement à un établissement. • Crim. 11 févr. 2003, 🔒 n° 01-88.650 : *Dr. soc. 2003. 897, obs. Cohen ⌀ ; RJS 2003. 598, n° 905.* ♦ ... Par l'absence de communication de toute information sur le montant de la masse salariale brute permettant de calculer la subvention de fonctionnement. • Même arrêt.

39. Domaine. Le défaut de consultation par l'employeur des délégués du personnel et du comité d'entreprise pour la fixation des congés payés ou de l'ordre des départs en congés est constitutif de la contravention spécifique à la législation des congés payés et non du délit d'entrave. • Crim. 6 févr. 1990, 🔒 n° 87-82.316 : *D. 1991. 216, note Cerf-Hollender ⌀.*

III. ENTRAVE AUX PRÉROGATIVES

A. RÉCLAMATION DES SALARIÉS

40. Comportements incriminés. L'employeur ne peut imposer aux salariés de présenter eux-mêmes leurs réclamations. • Crim. 3 juill. 1968 : *D. 1969. 597, note Verdier ; JCP 1968. II. 15605.* ♦ Sur le délit d'entrave résultant de la mise en place par l'employeur d'un « facilitateur de communication », V. • Crim. 20 mars 1984 : *Bull. crim. n° 118 ; D. 1984. IR 388.*

41. Convocation aux réunions mensuelles. La non-convocation d'un délégué aux réunions mensuelles constitue le délit d'entrave, nonobstant l'absence d'un régime légal de convocation obligatoire. • Crim. 17 déc. 1996, n° 95-84.398 P : *RJS 1997. 285, n° 432.* ♦ Les dispositions de l'art. L. 424-4 [L. 2315-21] s'imposent impérativement et, hors le cas de force majeure, leur inobservation ne peut être justifiée que si elle a pour cause le refus ou la défection des délégués eux-mêmes. • Crim. 22 oct. 1975, n° 93-478.74 P : *D. 1975. IR 234 ; JCP 1976. II. 18396, note Caleb* • 10 juill. 1979 : *ibid., n° 245* • 9 mars 1977 : *ibid., n° 90 ; D. 1977. IR 238, obs. Puech* • 4 nov. 1982 : *D. 1983. IR 66.* ♦ Pour être punissable, le défaut de réunion doit être volontaire. • Crim. 20 mars 1984 : *Bull. crim. n° 118 ; D. 1984. IR 388.* ♦ Le délit est constitué, même si la communication avec l'employeur est assurée par l'échange de courriers électroniques. • Crim. 25 sept. 2007, n° 06-84.599 : D. 2007. AJ 2674. ♦ Constitue également une entrave le fait d'imposer à ces réunions la présence en surnombre d'un tiers choisi par l'employeur bien qu'il n'exerce que des fonctions de secrétariat, ou de refuser de mettre à disposition le local prévu par l'art. L. 424-2 [L. 2315-30], alors même que l'entreprise subit des travaux, ce qui ne suffit pas à caractériser la force majeure. • Même arrêt.

42. Déroulement des réunions. Lorsque l'employeur impose aux délégués un minutage excessif empêchant l'épuisement de l'ordre du jour dans des conditions normales, il porte atteinte à l'exercice régulier de leurs fonctions en refusant de reprendre plus tard la même réunion ou d'en organiser une seconde. • Crim. 29 mars 1977 : Bull. crim. n° 117 ; D. 1977. IR 336.

43. Le défaut de tenue du registre constitue en lui-même une atteinte au fonctionnement régulier de l'institution des délégués du personnel. • Crim. 2 juin 1976 : Bull. crim. n° 196 ; JCP 1977. II. 18736, note Dekeuwer.

44. Présentation des réclamations. Porte atteinte à l'exercice régulier de leurs fonctions l'employeur qui impose aux délégués le respect d'un délai de six jours ouvrables pour remettre leurs notes écrites. • Crim. 4 oct. 1977 : Bull. crim. n° 287 ; D. 1977. IR 479. ♦ Comp., lorsque l'employeur reçoit immédiatement les délégués, le délai de deux jours n'ayant pour finalité que de permettre à l'employeur de connaître à l'avance l'objet de l'entretien : • Crim. 4 oct. 1977 : D. 1977. IR 479.

45. Fait justificatif. Ne constitue pas un fait justificatif : l'indisponibilité du représentant de l'employeur qui devait présider la réunion. • Crim. 7 janv. 1981 : Bull. crim. n° 5 ; D. 1981. IR 424, obs. Langlois. ♦ ... Le fait qu'aucune réclamation n'ait été exprimée dans la note écrite prévue à l'art. L. 424-5. • Crim. 22 oct. 1975, n° 93-478.74. préc. note 41. – Dans le même sens : • Crim. 27 sept. 1989 : D. 1989. IR 296.

B. ACTIVITÉS SOCIALES ET CULTURELLES

46. Illustrations. Caractérise le délit d'entrave le fait pour l'employeur : d'empêcher le fonctionnement du service social de l'entreprise. • Crim. 19 déc. 1963 : Dr. soc. 1964. 355, rapp. Costa. ♦ ... De gérer directement une œuvre sociale sans personnalité civile. • décision. ♦ ... De créer une association pour tenter de supplanter le comité. • Crim. 22 nov. 1977 : Bull. crim. n° 362 ; D. 1978. IR 52. ♦ ... De s'opposer à la désignation des représentants du comité aux organes de direction des œuvres dotées de la personnalité juridique. • Crim. 19 déc. 1963 : préc. ♦ ... De ne pas verser la contribution patronale. • Crim. 7 oct. 1965 : D. 1965. 811 ; Dr. ouvrier 1966. 408. ♦ ... De ne pas consulter le comité d'établissement, parallèlement au comité central d'entreprise, sur la modification de la contribution aux œuvres sociales et culturelles en raison d'une fusion-absorption. • Crim. 11 févr. 2003, n° 01-88.650 : Dr. soc. 2003. 897, obs. Cohen ; RJS 2003. 598, n° 905.

47. Le secrétaire du comité d'entreprise commet le délit d'entrave en engageant une dépense sociale sans vote du comité. • Crim. 4 nov. 1988 : Dr. soc. 1989. 206, note Savatier.

C. ATTRIBUTIONS ÉCONOMIQUES

a. Obligation d'informer et de consulter

48. Principe. Ni l'urgence... • Crim. 22 juill. 1981 : Dr. ouvrier 1982. 352. ♦ ... Ni l'accord des salariés ne sauraient dispenser l'employeur d'informer et de consulter le comité. • Crim. 25 mai 1981 : Dr. ouvrier 1982. 352 • 25 oct. 1988 : ibid. 1989. 216 (le projet de dépôt d'une requête en suspension provisoire des poursuites doit être soumis au comité d'entreprise malgré l'urgence de la mesure et son caractère conservatoire).

49. Exceptions. Seule la force majeure est susceptible de constituer un fait justificatif. • Crim. 30 oct. 1984 : Bull. crim. n° 330 ; D. 1985. IR 126. ♦ Ne commet pas d'infraction l'employeur qui ne respecte pas les délais de convocation afin de fermer rapidement l'usine en raison de grèves tournantes de nature à créer un danger permanent d'accident pour les salariés. • Crim. 6 févr. 1979, n° 77-91.923 P : D. 1979. IR 422, obs. Pélissier ; Dr. ouvrier 1980. 135, note Alvarez.

50. N'ont pas à être soumises à l'avis du comité les mesures présentant un caractère provisoire et exceptionnel. • Crim. 15 avr. 1982 : Bull. crim. n° 90 • 25 mai 1982 : D. 1982. IR 388. ♦ Tel est le cas de la décision de soumettre huit salariés sur trois cent cinquante aux mêmes conditions de travail que le reste du personnel. • Crim. 19 févr. 1980 : Bull. crim. n° 65 ; JCP 1981. II. 19595, note Salvage. ♦ ... De celle de modifier les horaires de quelques salariés. • Crim. 15 avr. 1982 : préc. • 25 mai 1982 : préc.

51. Organisation de l'entreprise. Doit être cassé l'arrêt relaxant un employeur des poursuites pour entrave, alors qu'était intervenue une prise de participation et qu'étaient projetées des modifications de l'organisation économique ou juridique de la société. • Crim. 18 juin 1991, n° 89-82.729 : RJS 1991. 577, n° 1106. ♦ En revanche, est justifié l'arrêt déboutant les parties civiles de leurs demandes, dans les poursuites exercées contre les dirigeants d'une société pour entrave au fonctionnement régulier du comité d'entreprise, dès lors que le comité d'entreprise a été régulièrement informé et consulté au sujet d'un projet de cession d'actifs ayant fait l'objet d'un accord sous conditions par la Commission des Communautés européennes. • Crim. 30 nov. 1999, n° 98-82.729 P.

52. Illustrations. Se rend coupable d'entrave l'employeur qui, sans consulter le comité d'entreprise : ferme son entreprise. • Crim. 23 avr. 1981 : ⚖ D. 1982. IR 77, obs. Pélissier. ♦ Comp., en cas d'urgence : • Crim. 6 févr. 1979, ⚖ n° 77-91.923 : préc. note 49. ♦ ... Opère une cession d'actions réalisant une cession de contrôle de l'entreprise. • Crim. 2 mars 1978, ⚖ n° 76-92.008 P : GADT, 4e éd., n° 142 ; Dr. soc. 1978. 369, note Savatier ; JCP 1979. II. 19052, note Salvage • 4 avr. 1979 : Bull. crim. n° 140 ; D. 1980. 125, note Bousquet • 10 nov. 1981 : Bull. crim. n° 300 ; D. 1982. IR 313, obs. Béraud • 22 mars 1983 : Bull. crim. n° 90 ; D. 1984. IR 162, obs. Reinhard. ♦ ... Procède à une réorganisation interne d'un service. • Crim. 25 oct. 1977 : Bull. crim. n° 321 ; D. 1978. IR 243. ♦ ... Met en place un nouveau système d'organisation des caisses. • Crim. 7 oct. 1980 : D. 1981. IR 263, obs. Pélissier. ♦ ... Réalise des opérations de transfert. • Crim. 6 nov. 1975 : Bull. crim. n° 242 ; Dr. soc. 1976. 392, note Savatier • 6 déc. 1977 : Bull. crim. n° 386 ; D. 1978. IR 210.

53. Emploi. La mise au chômage technique du personnel constitue une mesure de nature à affecter la durée du travail et les conditions d'emploi du personnel, nécessitant la consultation du comité d'entreprise. • Crim. 30 oct. 1984 : Bull. crim. n° 330 ; D. 1985. IR 126.

54. Le comité d'entreprise doit être consulté sur des modifications d'affectation du personnel qui, loin de revêtir un simple caractère administratif et comptable, tendent en réalité à modifier le volume et la structure de l'entreprise. • Crim. 27 nov. 1990, ⚖ n° 89-81.454 : RJS 1991. 112, n° 205.

55. Justifie sa décision la cour d'appel qui, pour déclarer le directeur général d'une banque coupable du délit d'entrave au fonctionnement du comité d'entreprise, retient que la politique de réduction des effectifs, résultant non de la conjonction inopinée de divers départs naturels mais d'une stratégie délibérée de compression des effectifs menée dans un souci d'adaptation à la conjoncture économique, aurait dû être soumise, en vertu de l'art. L. 432-1, al. 1er et 2, C. trav. à la consultation du comité d'entreprise. • Crim. 4 nov. 1997, ⚖ n° 96-84.594 P. ♦ Rejet du pourvoi contre : • Riom, 11 sept. 1996 : Dr. ouvrier 1997. 278, note Richevaux.

56. Doit être déclaré coupable d'entrave au fonctionnement du comité d'entreprise l'employeur qui s'est délibérément abstenu, lors d'une réunion du comité d'établissement, de transmettre l'information sur la situation de l'emploi au sein de l'entreprise dans sa totalité, même s'il a ponctuellement donné quelques informations, en vertu de l'art. L. 432-4-1 C. trav., au cours de précédentes réunions. En effet, toute information parcellaire et fractionnée équivaut à l'absence au moins partielle d'information, comme mettant obstacle à la connaissance de l'intégralité de la situation de l'emploi dans l'entreprise. • Caen, 14 déc. 1998 : BICC 1999, n° 788.

57. Nouvelle technologie. Le délit d'entrave est caractérisé lorsqu'à propos de l'introduction d'une nouvelle technologie le comité d'entreprise n'a jamais pu obtenir les informations qui lui auraient permis de formuler un avis circonstancié. • Crim. 17 juin 1986 : Dr. ouvrier 1987. 273, note J. G. ♦ ... Ou lorsque le comité d'entreprise n'a pas été informé de la décision d'introduire de nouvelles technologies dans le réseau informatique d'une entreprise de presse, avec des répercussions importantes sur les conditions de travail de plusieurs catégories de personnel. • Crim. 13 déc. 1994, ⚖ n° 93-85.092 : D. 1995. IR 53 ; RJS 1995. 179, n° 252 ; Gaz. Pal. 1996. 1. 43, note Berenguer-Guillon.

58. Représentant du personnel. Le fait pour l'employeur de ne pas faire procéder au vote par scrutin secret lorsque le comité d'entreprise se prononce sur le licenciement d'un salarié protégé est constitutif d'entrave, l'accord des membres du comité ne pouvant valoir comme fait justificatif s'agissant d'une règle d'ordre public. • Crim. 18 oct. 1983 : Bull. crim. n° 255 ; D. 1984. IR 87.

59. Horaires de travail. Se rend coupable d'entrave l'employeur qui, avant d'appliquer un changement dans les horaires de travail d'une agence, s'est borné à en informer le comité en se refusant à toute discussion. • Crim. 3 mars 1981 : D. 1982. IR 77, obs. Pélissier. – Dans le même sens : • Crim. 21 nov. 1978 : Bull. crim. n° 324. ♦ Se rend encore coupable de délit d'entrave l'employeur qui, à l'occasion d'une consultation du comité d'établissement qui n'avait d'autre objet que d'exercer des pressions sur lui afin de l'amener à se désister de son action judiciaire à son encontre, a présenté comme définitivement acquises les modifications de l'organisation du travail et la diminution des rémunérations qu'entraînerait une pause en cours de poste, alors que ces questions n'avaient fait l'objet d'aucune consultation préalable du comité. • Crim. 11 janv. 2000, ⚖ n° 99-80.229 P. ♦ Le directeur des ressources humaines se rend coupable d'entrave au fonctionnement du comité d'entreprise en cas de refus de consulter le comité d'entreprise sur un passage d'un horaire collectif à des horaires individualisés. • Crim. 16 sept. 2003, ⚖ n° 02-86.661 : JSL 2003, n° 134-2.

60. Rémunérations. Constitue une entrave le fait, pour l'employeur, de ne pas fournir au comité d'entreprise des informations précises et complètes sur les modes de rémunération de salariés sur le point d'être embauchés. • Crim. 6 oct. 1992, ⚖ n° 90-87.498 P.

61. Formation professionnelle. Sous peine de commettre le délit d'entrave, l'employeur ne peut : ni s'opposer à certaines investigations conduites par les membres de la commission de la formation. • Crim. 7 janv. 1981 : D. 1981. IR 423, obs. Langlois. ♦ ... Ni s'opposer à l'entrée dans l'entreprise de personnes invitées par cette commission à titre d'experts. • Crim. 12 avr. 1983 : Dr. ouvrier 1983. 340.

62. Le refus d'un congé de formation sans consultation préalable du comité caractérise le

INSTITUTIONS REPRÉSENTATIVES **Art. L. 2317-1** 913

délit d'entrave. ● Crim. 4 janv. 1983 : *Bull. crim. n° 6 ; Dr. ouvrier 1984. 182, note Petit.*

b. Modalités de la consultation

63. Caractère préalable. La décision de procéder à une fusion ne revêt pas un caractère définitif du seul fait qu'elle ait été rendue publique, alors qu'elle n'avait pas encore été approuvée par les organes compétents. ● Crim. 28 nov. 1984 : *Bull. crim. n° 375 ; D. 1985. IR 436, obs. Langlois ; JCP E 1985. I. 14481, note Godard.* ♦ V. aussi ● Crim. 29 mai 1990, ⚖ n° 89-84.747 : *RJS 1990. 405, n° 593* (l'annonce à la presse d'un projet de fusion n'a pas pour effet de le transformer en décision définitive) ● 4 déc. 1990, ⚖ n° 89-84.570 : *RJS 1991. 113, n° 206* ● 6 avr. 1993, ⚖ n° 92-80.864 P : *D. 1993. IR 142 ; RJS 1993. 360, n° 627* (l'entrave n'est pas caractérisée si, avant le terme de la consultation, l'employeur annonce d'éventuelles suppressions d'emplois).

64. Le délit d'entrave est caractérisé s'il est établi que le chef d'entreprise a manifestement voulu placer le comité d'entreprise devant le fait accompli. ● Crim. 7 oct. 1980 : *D. 1981. IR 263.* – V. aussi ● Crim. 21 nov. 1978 : *Bull. crim. n° 324* ● 11 mai 1989 : *RSC 1989. 767, obs. A. Lyon-Caen.*

65. Le chef d'entreprise ne peut se contenter de lire devant le comité un document complexe qu'il refuse ensuite de communiquer. ● Crim. 4 nov. 1982 : *Bull. crim. n° 241.*

66. Instance compétente. Doit être cassé l'arrêt déclarant que le délit d'entrave n'était pas établi alors que, compétent pour exercer les attributions légales des comités d'entreprise, un comité central aurait dû être consulté en cas de suppression de certains services d'une agence, mesure qui excédait les pouvoirs du chef d'agence. ● Crim. 6 nov. 1975 : *Dr. soc. 1976. 392, note Savatier.*

67. En relevant que les prévenus n'ignoraient pas que la restructuration allait entraîner sur les conditions de travail et d'emploi des mesures spécifiques relevant de l'autorité propre du chef d'établissement et que cependant les comités d'établissement n'avaient pas été consultés, le juge a établi le caractère volontaire de cette omission. ● Crim. 27 mars 1990, ⚖ n° 89-82.951 : *RJS 1990. 349, n° 502.* ♦ Sur le partage des compétences entre les comités d'établissement et le comité central en matière de licenciement économique, V. ● Crim. 21 mars 1979 : *Bull. crim. n° 118 ; D. 1979. IR 501* ● 17 janv. 1984 : *Dr. ouvrier 1984. 273* ● 31 janv. 1989 : *BS Lefebvre 1989. 184, n° 415* ● 26 sept. 1990, ⚖ n° 89-10.258 : *D. 1990. IR 232 ; RJS 1990. 529, n° 782.*

68. Une cour d'appel ne peut condamner pour entrave un chef d'entreprise pour n'avoir pas consulté les comités d'établissement à propos d'une mesure de restructuration décidée par la direction nationale, sans vérifier si des mesures particulières d'adaptation relevant des pouvoirs des chefs d'établissement avaient été prises. ● Crim. 17 janv. 1984 : *Bull. crim. n° 23 ; D. 1984. IR 229.* – Dans le même sens : ● Crim. 26 juill. 1988 : *D. 1988. IR 257.*

69. Expert-comptable. Caractérise l'entrave le refus de l'employeur de communiquer à l'expert-comptable d'un comité d'établissement d'une filiale les comptes de la société mère. ● Crim. 26 mars 1991, ⚖ n° 89-85.909 P : *D. 1991. IR 147 ; RJS 1991. 318, n° 600.* – V. aussi ● Crim. 13 févr. 1990, ⚖ n° 89-81.592 : *Dr. soc. 1991. 47, note Cohen ✐.*

IV. ENTRAVE AUX RÈGLES DE PROTECTION DES REPRÉSENTANTS DU PERSONNEL

70. Harcèlement. Commet le délit d'entrave au fonctionnement régulier du comité d'entreprise et à l'exercice du droit syndical l'employeur qui, en l'absence d'autorisation de licenciement ou de transfert d'un salarié investi de fonctions représentatives à l'occasion de la mise en œuvre d'un projet d'externalisation de services de l'entreprise, tient le salarié isolé dans un bureau de l'entreprise sans lui fournir de tâche à exécuter, dès lors que toute mutation de poste ou de fonctions imposée contre son gré à un tel salarié, si la preuve de la pleine justification de cette mesure n'est pas rapportée, équivaut à un licenciement intervenu en dehors des dispositions protectrices du code du travail. ● Crim. 22 nov. 2005, ⚖ n° 04-87.021 : *Dr. soc. 2006. 693, obs. Duquesne ✐.*

71. Demande de résiliation judiciaire. En exerçant l'action en résiliation judiciaire, l'employeur commet le délit d'entrave. ● Cass., ass. plén., 28 janv. 1983 : *D. 1983. 269, concl. Cabannes ; Dr. soc. 1984. 511, note Couvrat et Massé.*

72. Solution antérieure à la loi du 25 juin 2008 portant modernisation du marché du travail (art. 5). Ni l'employeur, à qui il est interdit de résilier le contrat de travail d'un représentant du personnel sans observer les formalités édictées en faveur de ce salarié, ni celui-ci, qui ne saurait renoncer à une protection qui lui est accordée pour l'exercice de sa mission, ne peuvent conclure un accord pour mettre fin au contrat en dehors des règles légales. ● Crim. 26 nov. 1985 : *Bull. crim. n° 379 ; Juri-soc. 1986, F. 8, 35.* ♦ Comp. : ● Crim. 3 juin 1981 : *Juri-soc. 1981. SJ 140.*

73. Lorsqu'ils ont été licenciés sans que la procédure légale ait été observée, les salariés protégés peuvent conclure avec l'employeur un accord en vue de régler les conséquences pécuniaires de la rupture du contrat ; cet accord n'interdit pas de poursuivre l'employeur pour atteinte aux fonctions des représentants du personnel, mais interdit au salarié de poursuivre l'employeur pour avoir refusé sa réintégration, mesure qui ne peut se cumuler avec la réparation et qui est nécessairement exclue par l'accord. ● Crim. 4 févr. 1992, ⚖ n° 90-82.330 P : *D. 1992. IR 175 ; JCP E 1993. II. 382,* note Taquet ; CSB 1992. 171, A. 33 ; RJS 1992. 627, n° 1129.

74. Si le seul fait d'inviter un représentant à choisir entre la démission et le licenciement pour faute grave ne caractérise pas nécessairement le délit d'entrave, les juges peuvent estimer la prévention établie, dès lors que l'employeur a contraint le salarié à démissionner dans le seul but de se soustraire à la procédure protectrice d'ordre public. • Crim. 9 mai 1979 : *Bull. crim. n° 170.*

75. Commet le délit d'entrave l'employeur qui licencie un salarié protégé devenu physiquement inapte à son emploi, sans respecter la procédure protectrice. • Crim. 3 févr. 1981 : *JS UIMM 1981. 255 ; D. 1981. IR 425, obs. Langlois.* ♦ V. aussi • Crim. 28 avr. 1981 : *D. 1982. IR 78, obs. Pélissier ; Dr. ouvrier 1982. 314, note Bonnechère.*

76. Mutation. S'il est vrai que toute mutation de poste ou de fonction imposée contre son gré à un salarié protégé est de nature à caractériser l'élément matériel d'une atteinte portée à ses prérogatives statutaires, encore faut-il, pour qu'il en soit ainsi, que l'employeur ne puisse apporter la pleine justification de la mesure critiquée. • Crim. 28 oct. 1980 : *Bull. crim. n° 282* • 30 juin 1987 : *RSC 1988. 329, obs. A. Lyon-Caen.*

77. Doit être cassé l'arrêt relaxant un employeur au prétendu motif que le salarié avait refusé une mutation proposée en application d'une clause de mobilité insérée dans son contrat de travail et que la rupture du contrat devait donc s'analyser en une démission. • Crim. 21 févr. 1989 : *D. 1989. IR 143.*

78. Transfert d'entreprise. Dès lors que, aux termes de l'art. 64 du Décr. du 27 déc. 1985, le jugement du tribunal de commerce homologuant un plan de cession d'entreprise ne peut fixer la liste nominative des salariés repris, n'est constitutif du délit d'entrave le licenciement sans autorisation d'un salarié protégé, en raison du seul fait qu'il ne figurait pas sur la liste arrêtée par le tribunal de commerce. • Crim. 17 mars 1992, ⚖ n° 91-81.360 P. – V. aussi • Crim. 30 janv. 1996, ⚖ n° 94-83.509 P : *RJS 1997. 373, n° 572.*

79. Mise à pied. Il appartient aux juges du fond de rechercher si l'employeur a pu prononcer une mise à pied de bonne foi et au juste motif d'une faute grave, le délit d'entrave étant constitué par une sanction excessive ou injustifiée. • Crim. 4 janv. 1991, ⚖ n° 88-83.766 P.

80. Réintégration. Le refus de réintégration du salarié irrégulièrement licencié constitue une voie de fait justifiant la compétence du juge des référés. • Cass., ch. mixte, 25 oct. 1968, ⚖ n° 66-60.054 : *Bull. ch. mixte n° 1 ; GADT, 4ᵉ éd., n° 153 ; D. 1968. 706* • Soc. 14 juin 1972, ⚖ *Revêt-Sol*, n° 71-12.508 P : *GADT, 4ᵉ éd., n° 154 ; D. 1973. 114, note Catala ; Dr. soc. 1972. 465, note Savatier ; JCP 1972. II. 17275, note G. Lyon-Caen* • 6 juill. 1982, ⚖ n° 81-12.655 P. ♦ Même solution en cas de refus de réintégrer le salarié après l'annulation de la mise à pied. • Crim. 15 mai 1973 : *Bull. crim. n° 223.*

81. Des salariés peuvent se rendre coupables du délit d'entrave en s'opposant à la réintégration d'un représentant irrégulièrement licencié. • Crim. 9 déc. 1986, ⚖ n° 86-90.552 P (arrêt réservant le cas où l'employeur se trouverait en présence d'un obstacle insurmontable, constitutif de force majeure. V., dans ce sens : • Crim. 8 oct. 1975 : *ibid., n° 211).*

82. L'employeur qui a licencié malgré le refus de l'inspecteur du travail ne saurait reprocher aux juges d'avoir écarté l'exception d'illégalité, dès lors que la décision administrative n'étant pas la base nécessaire de la poursuite pour entrave, son illégalité prétendue n'équivaut pas à une autorisation de licenciement. • Crim. 5 déc. 1989 : *RJS 1990. 34, n° 50 ; JCP 1990. IV. 96.*

83. L'annulation par le Conseil d'État d'un jugement mettant à néant une autorisation de licenciement a pour effet de restituer toute sa validité à cette autorisation ; l'employeur ne saurait voir reprocher d'avoir refusé la réintégration et être condamné pour entrave. • Cass., ch. mixte, 3 déc. 1982, ⚖ n° 80-90.841 P : *D. 1984. 233, note Mayaud ; Dr. soc. 1983. 89, concl. Picca, note Savatier.*

84. Délégués conventionnels. Lorsque l'institution représentative n'a pas été instituée par une convention ou un accord collectif étendu, en vertu d'une disposition expresse dans une matière déterminée, la méconnaissance des dispositions conventionnelles, si elle peut donner lieu à des recours civils, n'est susceptible de recevoir aucune qualification pénale. • Crim. 4 avr. 1991 (trois arrêts), ⚖ n° 88-84.270 : *D. 1991. IR 156 ; JCP E 1991. II. 213, note Godard ; RSC 1991. 782, obs. A. Lyon-Caen ⊘ ; RJS 1991. 325, n° 614 a ; Dr. ouvrier 1991. 313, note Alvarez-Pujana.*

85. Réintégration. Un salarié protégé dont la réintégration est ordonnée doit être réintégré dans le même poste et l'employeur ne peut justifier une mutation entraînant une modification du contrat de travail par des agissements fautifs imputés au salarié et antérieurs au refus d'autorisation de licenciement, agissements ayant été écartés par l'autorité administrative. • Crim. 11 déc. 2001, ⚖ n° 00-86.182 : *JSL 2002, n° 95-5.*

Art. L. 2317-2 En l'absence d'accord prévu à l'article L. 2312-19, le fait, dans une entreprise d'au moins trois cents salariés ou dans un établissement distinct comportant au moins trois cents salariés, de ne pas établir et soumettre annuellement au comité social et économique le bilan social d'entreprise ou d'établissement prévu à l'article L. 2312-14 est puni d'une amende de 7 500 €.

Comp. anc. art. L. 2328-2 (Comité central d'entreprise).

INSTITUTIONS REPRÉSENTATIVES **Art. L. 2321-9** 915

BIBL. ▶ Véricel, *RJS 2/2020* (sanctions du non-respect de la compétence consultative de l'instance représentative du personnel dans le domaine des conditions de travail).

TITRE II CONSEIL D'ENTREPRISE

(Ord. n° 2017-1386 du 22 sept. 2017, art. 1ᵉʳ)

Les dispositions issues de l'Ord. n° 2017-1386 du 22 sept. 2017 entrent en vigueur à la date de publication des décrets pris pour leur application, et au plus tard le 1ᵉʳ janv. 2018 (Ord. préc., art. 6).

BIBL. ▶ Auzero, *JCP S 2018. 1227*. – Chiess, *JCP S 2018. 1228*. – Lieutier, *Dr. soc. 2019. 415* (CSE ou conseil d'entreprise : quel choix ?). – Niel, *SSL 2017, n° 1785, p. 6* (Pourquoi négocier un conseil d'entreprise ?). – Remy, *Dr. soc. 2017. 1050* (le conseil d'entreprise : un premier pas vers le conseil d'établissement allemand ?). – Teyssié, *JCP S 2018. 1011* ; *ibid. 1318*.

> *COMMENTAIRE*
> V. sur le Code en ligne. ❏

CHAPITRE UNIQUE

Art. L. 2321-1 Le conseil d'entreprise exerce l'ensemble des attributions définies au chapitre II du titre I du présent livre et est seul compétent pour négocier, conclure et réviser les conventions et accords d'entreprise ou d'établissement *(Abrogé par Ord. n° 2017-1718 du 20 déc. 2017, art. 1ᵉʳ-I)* « à l'exception des accords qui sont soumis à des règles spécifiques de validité prévus notamment aux articles L. 1233-24-1, L. 2314-6, L. 2314-12 et L. 2314-27 ».

Ses modalités de fonctionnement sont celles définies au chapitre V du titre I du présent livre.

Art. L. 2321-2 Le conseil d'entreprise peut être institué par accord d'entreprise conclu dans les conditions prévues au premier alinéa de l'article L. 2232-12. Cet accord est à durée indéterminée. Il peut également être constitué par accord de branche étendu pour les entreprises dépourvues de délégué syndical.

L'accord précise les modalités selon lesquelles les négociations se déroulent au niveau des établissements.

Art. L. 2321-3 L'accord prévu à l'article L. 2321-2 fixe la liste des thèmes tels que l'égalité professionnelle, soumis à l'avis conforme du conseil d'entreprise. La formation *(Ord. n° 2017-1718 du 20 déc. 2017, art. 1ᵉʳ-I)* « professionnelle » constitue un thème obligatoire.

Art. L. 2321-4 L'accord prévu à l'article L. 2321-2 fixe le nombre d'heures de délégation dont bénéficient les élus du Conseil d'entreprise participant aux négociations. Cette durée ne peut, sauf circonstances exceptionnelles, être inférieure à un nombre d'heures défini par décret en Conseil d'État, en fonction de l'effectif de l'entreprise.

Art. L. 2321-5 Le temps passé à la négociation est de plein droit considéré comme temps de travail et payé à l'échéance normale.

Art. L. 2321-6 L'accord prévu à l'article L. 2321-2 comporte des stipulations relatives à l'indemnisation des frais de déplacement.

Art. L. 2321-7 Le cas échéant, l'accord prévu à l'article L. 2321-2 peut fixer la composition de la délégation qui négocie les conventions et accords d'entreprise ou d'établissement.

Art. L. 2321-8 L'accord prévu à l'article L. 2321-2 peut fixer la périodicité de tout ou partie des thèmes de négociation du conseil d'entreprise.

Art. L. 2321-9 La validité d'une convention ou d'un accord d'entreprise ou d'établissement conclu par le conseil d'entreprise est subordonnée à sa signature par la majorité des membres titulaires élus du conseil ou par un ou plusieurs membres titulaires ayant recueilli plus de 50 % des suffrages exprimés lors des dernières élections professionnelles. Pour l'appréciation de ce dernier *(Ord. n° 2017-1718 du 20 déc. 2017,* *art. 1ᵉʳ-I)* « seuil », il est tenu compte des suffrages recueillis lors du premier tour des élections pour les élus au premier tour de scrutin, et de ceux recueillis lors du second tour pour les élus au second tour de scrutin.

Art. L. 2321-10 Le conseil d'entreprise défini au présent titre peut être mis en place dans les entreprises appartenant à une unité économique et sociale. L'accord défini à l'article *(Ord. n° 2017-1718 du 20 déc. 2017, art. 1ᵉʳ-I)* « L. 2321-2 » est conclu soit au niveau d'une ou de plusieurs entreprises composant l'unité économique et sociale, soit au niveau de l'unité économique et sociale. Dans ce dernier cas, les règles de validité de l'accord sont appréciées en tenant compte des suffrages valablement exprimés dans l'ensemble des entreprises.

TITRE III COMITÉ DE GROUPE

BIBL. GÉN. ▶ Bélier, *Dr. soc.* 2006. 319 (restructurations en europe). – Borenfreund, *Dr. soc.* 1994. 688 (syndicats admis à négocier). – Boulmier, *Dr. soc.* 1998. 44 (groupes de sociétés). – Chalaron, *ALD* 1983. 67. – Cohen, *RPDS* 1983. 277 (constitution et fonctionnement) ; *Dr. soc.* 1983. 670 ; *Dr. ouvrier* 1990. 207 (personnalité civile) ; *Dr. soc.* 1995. 40 (sociétés étrangères). – Despax, *JCP* 1972. I. 2465 (groupe de sociétés). – Freyria, Ét. offertes à Savatier, 1992, p. 201 (conception sociale du groupe d'entreprises). – Grinsnir, *Dr. ouvrier* 1986. 171 (groupe et entreprise). – Hillig-Poudevigne, *JCP* E 2005. 1393. – Langlois, *SSL* 1985, suppl. n° 266, p. XIV. – G. Lyon-Caen, *Rev. sociétés* 1983. 20 (concentration et institutions représentatives) ; *Dr. soc.* 1983. 287 (concentration du capital et droit du travail). – Plantamp, D. 1991. Chron. 69 (groupe de sociétés). – Rioche, *JCP* S 2021. 1064 (attributions du comité de groupe). – P. Rodière, *Dr. soc.* 1983. 361 (adaptation du comité d'entreprise aux structures de l'entreprise). – Savatier, Mél. A. Brun, 1974, p. 527 (groupes de sociétés et notion d'entreprise) ; *Dr. soc.* 1990. 322 (action en justice du comité de groupe). – Supiot, *RTD com.* 1985. 621 (groupes de sociétés). – Strasser, Ét. offertes à H. Sinay, 1994, p. 331 (comité de groupe européen). – Vacarie, *Dr. soc.* 1975. 23 (comité de groupe). – Verkindt, *Dr. soc.* 2010. 771 (représentation du personnel dans les groupes de sociétés).

COMMENTAIRE
V. sur le Code en ligne.

CHAPITRE I MISE EN PLACE

Art. L. 2331-1 I. — Un comité de groupe est constitué au sein du groupe formé par une entreprise appelée entreprise dominante, dont le siège social est situé sur le territoire français, et les entreprises qu'elle contrôle dans les conditions définies à l'article L. 233-1, aux I et II de l'article L. 233-3 et à l'article L. 233-16 du code de commerce.
II. — Est également considérée comme entreprise dominante, pour la constitution d'un comité de groupe, une entreprise exerçant une influence dominante sur une autre entreprise dont elle détient au moins 10 % du capital, lorsque la permanence et l'importance des relations de ces entreprises établissent l'appartenance de l'une et de l'autre à un même ensemble économique.
L'existence d'une influence dominante est présumée établie, sans préjudice de la preuve contraire, lorsqu'une entreprise, directement ou indirectement :
— peut nommer plus de la moitié des membres des organes d'administration, de direction ou de surveillance d'une autre entreprise ;
— ou dispose de la majorité des voix attachées aux parts émises par une autre entreprise ;
— ou détient la majorité du capital souscrit d'une autre entreprise.
Lorsque plusieurs entreprises satisfont, à l'égard d'une même entreprise dominée, à un ou plusieurs des critères susmentionnés, celle qui peut nommer plus de la moitié des membres des organes de direction, d'administration ou de surveillance de l'entreprise dominée est considérée comme l'entreprise dominante, sans préjudice de la preuve qu'une autre entreprise puisse exercer une influence dominante. — *[Anc. art. L. 439-1, II.]* — V. art. R. 2331-4.

1. Entreprise dominante. Il est sans incidence que l'entreprise dominante située en France soit elle-même contrôlée par une ou plusieurs sociétés domiciliées à l'étranger. • Soc. 14 nov. 2019, n° 18-21.723 P : *D. actu.* 29 nov. 2019, obs. Ciray ; *D.* 2019. Actu. 2253 ; *RJS* 1/2020, n° 30 ; *Dr.*

ouvrier 2019. 9, note Ranc ; JSL 2020, n° 491-2, obs. Nasom-Tissandier ; JCP S 2019. 1006, obs. d'Allende.

2. Personne physique qualifiée d'entreprise dominante. Si le contrôle sur les entreprises du groupe, exercé dans les conditions définies notamment aux I et II de l'art. L. 233-3 C. com., peut émaner d'une personne physique, pour que cette personne physique puisse être qualifiée d'entreprise dominante, c'est à la condition que les droits de vote attachés aux participations ne soient pas exercés, notamment par la voie de la nomination des membres des organes de direction et de surveillance des entreprises dans lesquelles sont détenues les participations, que pour sauvegarder la pleine valeur de ces investissements et que la personne physique, détentrice de tout ou partie du capital, s'immisce directement ou indirectement dans la gestion des entreprises du groupe. • Soc. 22 nov. 2023, ⚖ n° 22-19.282 B.

3. Personnalité morale. Le comité de groupe est doté d'une possibilité d'expression collective pour la défense des intérêts dont il a la charge et possède donc la personnalité civile qui lui permet d'ester en justice. • Soc. 23 janv. 1990 : ⚖ D. 1990. IR 44 ; JCP 1990. II. 21529, note Névot ; RJS 1990. 64, concl. Picca ; Dr. soc. 1990. 322, note Savatier ✎.
♦ Il a qualité pour contester une mesure ayant pour effet de modifier la composition du groupe et pour demander l'interdiction de toute mesure pouvant rendre irréversible une cession d'actions. • Même arrêt.

4. Groupe et UES. La notion d'unité économique et sociale et celle de comité de groupe sont incompatibles. • Soc. 20 oct. 1999, ⚖ n° 98-60.398 P : *GADT, 4ᵉ éd., n° 132 ; RJS 2000. 54, n° 68* (coexistence des deux institutions impossible lorsque le groupe et l'UES sont constitués exactement des mêmes sociétés et qu'un comité de groupe existe déjà). ♦ Il résulte de cette incompatibilité que les périmètres respectifs servant à la mise en place d'institutions représentatives différentes doivent être comparés à la date de la requête tendant à la reconnaissance de l'UES compte tenu de leur évolution depuis leur mise en place. • Soc. 25 janv. 2006 : *RJS 2006. 314, n° 468 ; Dr. soc. 2006. 468, obs. Savatier* ✎.

5. Entreprise dominante en France contrôlée par des sociétés domiciliées à l'étranger. Aux termes de l'art. L. 2331-1 C. trav., un comité de groupe doit être constitué au sein du groupe formé par une entreprise dominante dont le siège social est situé sur le territoire français et les entreprises qu'elle contrôle ; il est sans incidence que l'entreprise dominante en France soit elle-même contrôlée par une ou plusieurs sociétés domiciliée à l'étranger. • Soc. 14 nov. 2019, ⚖ n° 18-21.723 P : *D. actu. 29 nov. 2019, obs. Ciray ; D. 2019. Actu. 2253* ✎ *; RJS 1/2020, n° 30 ; JSL 2020, n° 491-2, obs. Nasom-Tissandier ; JCP S 2019. 1006, obs. d'Allende.*

6. Filiales. Il résulte de l'art. L. 439-1 [L. 2331-1 nouv.] qu'une filiale commune, dont le capital est partagé entre deux sociétés ou groupes de sociétés qui la gèrent sur un plan de stricte égalité, n'appartient à aucun groupe. • Soc. 9 févr. 1994, ⚖ n° 91-11.429 P : *D. 1994. IR 255 ; Dr. soc. 1994. 255, rapp. Waquet* ✎ *; CSB 1994. 101, A. 19 ; BJS 1994. 399, note Jeantin ; RJS 1994. 192, n° 271.*

Art. L. 2331-2 Le *(Ord. n° 2017-1386 du 22 sept. 2017, art. 4)* « comité social et économique » d'une entreprise contrôlée ou d'une entreprise sur laquelle s'exerce une influence dominante au sens de l'article L. 2331-1 peut demander, pour l'application des dispositions du présent titre, l'inclusion de l'entreprise dans le groupe ainsi constitué. La demande est transmise par l'intermédiaire du chef de l'entreprise concernée au chef de l'entreprise dominante qui, dans un délai de trois mois, fait droit à cette demande. — *V. art. R. 2331-1.*

La disparition, entre les deux entreprises, des relations définies à l'article L. 2331-1 fait l'objet d'une information préalable et motivée au comité de l'entreprise concernée. Celle-ci cesse d'être prise en compte pour la composition du comité de groupe.

Lorsque le comité de groupe est déjà constitué, toute entreprise qui établit avec l'entreprise dominante, de façon directe ou indirecte, les relations définies à l'article L. 2331-1, est prise en compte pour la constitution du comité de groupe lors du renouvellement de celui-ci. — *[Anc. art. L. 439-1, III.]*

Art. L. 2331-3 En cas de litige résultant de l'application des articles L. 2331-1, L. 2331-2 et L. 2331-6, le *(Ord. n° 2017-1386 du 22 sept. 2017, art. 4)* « comité social et économique » ou les organisations syndicales représentatives dans l'entreprise considérée ou d'une entreprise du groupe peuvent porter ce litige devant le juge judiciaire du siège de l'entreprise dominante. — *[Anc. art. L. 439-1, IV.]*

Art. L. 2331-4 Ne sont pas considérées comme entreprises dominantes, les entreprises mentionnées aux points *a* et *c* du paragraphe 5 de l'article 3 du règlement (CE) n° 139/2004 du Conseil du 20 janvier 2004 sur les concentrations. — *[Anc. art. L. 439-1, V.]*

Sociétés de participation financière. Si l'art. L. 2331-4 C. trav. exclut notamment de la qualification d'entreprises dominantes les sociétés de participation financière visées au point c du § 5 de l'art. 3 du Règl. (CE) 139/2004 du Conseil du 20 janv. 2004 sur les concentrations, c'est à la condition, toutefois, que les droits de vote attachés aux participations détenues ne soient exercés, notamment par la voie de la nomination des membres des organes de direction et de surveillance des entreprises dont elles détiennent des participations, que pour sauvegarder la pleine valeur de ces investissements et non pour déterminer directement ou indirectement le comportement concurrentiel de ces entreprises, c'est-à-dire à la condition, précisée par l'art. 5, § 3, de la Dir. 78/660/CEE du Conseil auquel renvoient les dispositions du règlement précité, que la société de participation financière ne s'immisce pas directement ou indirectement dans la gestion des entreprises filiales ; aussi dès lors qu'est identifiée une immixtion dépassant le cadre normal d'une société en participation, un comité de groupe doit être constitué. ● Soc. 14 nov. 2019, ⚖ n° 18-21.723 P : *D. actu. 29 nov. 2019, obs. Ciray ; D. 2019. Actu. 2253 ⬚ ; RJS 1/2020, n° 30 ; Dr. ouvrier 2019. 9, note Ranc ; JSL 2020, n° 491-2, obs. Nasom-Tissandier ; JCP S 2019. 1006, obs. d'Allende.*

Art. L. 2331-5 Les réseaux bancaires comportant un organe central, au sens des articles L. 511-30 et L. 511-31 du code monétaire et financier relatifs à l'activité et au contrôle des établissements de crédit, constituent un comité de groupe quand cet organe central n'est pas un établissement public.

Pour l'application du présent titre, l'organe central est considéré comme l'entreprise dominante. – *[Anc. art. L. 439-1-1.]*

Art. L. 2331-6 Les dispositions du présent titre sont applicables quel que soit le nombre de salariés employés. – *[Anc. art. L. 439-1, I.]*

CHAPITRE II **ATTRIBUTIONS**

Art. L. 2332-1 Le comité de groupe reçoit des informations sur l'activité, la situation financière, l'évolution et les prévisions d'emploi annuelles ou pluriannuelles et les actions éventuelles de prévention envisagées compte tenu de ces prévisions, dans le groupe et dans chacune des entreprises qui le composent. Il reçoit communication, lorsqu'ils existent, des comptes et du bilan consolidés ainsi que du rapport du commissaire aux comptes correspondant.

Il est informé, dans ces domaines, des perspectives économiques du groupe pour l'année à venir. *(L. n° 2013-504 du 14 juin 2013, art. 8-VI)* « Les avis rendus dans le cadre de la procédure fixée à l'article *(L. n° 2015-994 du 17 août 2015, art. 18-XIV)* « L. 2323-10 » lui sont communiqués. »

Art. L. 2332-2 En cas d'annonce d'offre publique d'acquisition portant sur l'entreprise dominante d'un groupe, l'employeur de cette entreprise en informe immédiatement le comité de groupe. Sont alors appliquées, au niveau du comité de groupe, les dispositions prévues aux articles *(L. n° 2015-994 du 17 août 2015, art. 18-XIV)* « L. 2323-35 à L. 2323-39 » pour le *(Ord. n° 2017-1386 du 22 sept. 2017, art. 4)* « comité social et économique ».

Le respect de ces dispositions dispense des obligations définies aux articles *(L. n° 2015-994 du 17 août 2015, art. 18-XIV)* « L. 2323-26 à L. 2323-44 » pour les *(Ord. n° 2017-1386 du 22 sept. 2017, art. 4)* « comités sociaux et économiques » des sociétés appartenant au groupe.

CHAPITRE III **COMPOSITION, ÉLECTION ET MANDAT**

Art. L. 2333-1 Le comité de groupe est composé du chef de l'entreprise dominante, assisté de deux personnes de son choix ayant voix consultative et de représentants du personnel des entreprises constituant le groupe.

Le nombre maximum des représentants du personnel au comité de groupe est déterminé par décret en Conseil d'État. – *[Anc. art. L. 439-3, al. 1er et 2.]* – V. art. D. 2332-2.

Art. L. 2333-2 Les représentants du personnel sont désignés par les organisations syndicales de salariés parmi leurs élus aux *(Ord. n° 2017-1386 du 22 sept. 2017, art. 4)* « comités sociaux et économiques » de l'ensemble des entreprises du groupe et à partir des résultats des dernières élections. – *[Anc. art. L. 439-3, al. 3.]*

1. Ordonnance réformant les institutions représentatives et comité de groupe. Lorsqu'une clause d'un accord instituant un comité de groupe conclu antérieurement à l'entrée en vigueur de l'Ord. n° 2017-1386 du 22 sept. 2017 se réfère aux termes « comité d'entreprise », « délégation unique du personnel », « délégué du personnel » ou « comité d'hygiène, de sécurité et des conditions de travail », il y a lieu d'y substituer les termes de « comité social et économique » dès lors que cette substitution suffit à permettre la mise en œuvre de cette clause. • Soc. 27 janv. 2021, ⚖ n° 19-24.400 P : *D. actu. 19 févr. 2021, obs. Malfettes ; D. 2021. Actu. 288 ⊘ ; Dr. soc. 2021. 379, obs. Adam ⊘ ; RJS 4/2021, n° 223 ; SSL 2021, n° 1945, obs. François ; JCP S 2021. 1070, obs. Kerbourc'h.*

2. Représentativité syndicale. Une organisation syndicale appelée à désigner parmi ses élus les représentants au comité de groupe n'est pas tenue ensuite de justifier de sa représentativité au niveau du groupe. • Soc. 4 avr. 1990, ⚖ n° 87-60.131 P : *RJS 1990. 286, n° 389.* ♦ Les syndicats qui ont valablement désigné des représentants du personnel au comité de groupe parmi leurs élus aux comités d'entreprises ou aux comités d'établissements sont par là même représentatifs au niveau du groupe pour y désigner un représentant syndical lorsqu'un accord collectif prévoit une telle désignation. • Soc. 13 mai 2003, ⚖ n° 00-19.035 P : *JCP E 2004. 564, obs. Miara ; Dr. soc. 2003. 1030, obs. Cohen ⊘ ; RJS 2003. 815, n° 1186.*

3. La cour d'appel qui relève qu'aucune disposition légale relative au comité de groupe n'exige une représentativité syndicale dans l'ensemble du groupe et qu'au contraire le droit de désigner des représentants à ce comité est reconnu en principe à toute organisation syndicale ayant obtenu des élus dans l'un au moins des comités d'entreprise ou d'établissement dépendant du groupe, décide à bon droit que ces syndicats doivent participer à la négociation de tout accord concernant le fonctionnement du groupe. • Soc. 4 mai 1994, ⚖ n° 91-15.064 P : *D. 1994. IR 151 ; Dr. soc. 1994. 688, note Borenfreund ⊘ ; RJS 1994. 524, n° 875 ; ibid. 490, rapp. Waquet.* ♦ Les accords relatifs au comité de groupe n'exigent pas une représentativité dans l'ensemble du groupe ou dans l'ensemble des entreprises concernées ; le droit de désigner des représentants au comité de groupe étant reconnu, en son principe, à toute organisation syndicale ayant obtenu des élus dans l'un au moins des comités d'entreprise ou d'établissement dépendant du groupe, ces organisations doivent être invitées à participer à la négociation de tout accord concernant le fonctionnement du comité de groupe. • Soc. 30 mars 2010 : ⚖ *D. 2010. Actu. 1026 ⊘ ; RJS 2010. 459, n° 528 ; Dr. soc. 2010. 865, obs. Petit ⊘ ; JCP S 2010. 1206, obs. Jeansen.*

4. Contentieux de la désignation. Les litiges portant sur l'annulation de la désignation des membres du comité de groupe effectuée en vertu d'un accord entre syndicats et direction de l'entreprise dominante relèvent de la compétence du tribunal d'instance. • Soc. 16 janv. 1991, ⚖ n° 89-61.520 P : *RJS 1991. 180, n° 345.*

5. Il résulte des dispositions combinées du 5° de l'art. R. 311-1 et du premier al. de l'art. R. 312-10 CJA, que les litiges relatifs à la législation régissant la réglementation du travail relèvent, lorsque la décision attaquée n'a pas un caractère réglementaire et que son champ d'application ne s'étend pas au-delà du ressort d'un seul tribunal administratif, de la compétence du tribunal administratif dans le ressort duquel se trouve l'établissement dont l'activité est à l'origine du litige. Dans le cas où le directeur départemental du travail et de l'emploi dans le ressort duquel se trouve le siège de l'entreprise dominante décide de la répartition des sièges du comité de groupe entre les élus du ou des collèges en cause, cette décision ne produit d'effet direct qu'au siège de l'entreprise dominante du groupe quelle que soit l'étendue de la compétence géographique de ce comité ; en conséquence, les recours dirigés contre de telles décisions ne sont pas au nombre de ceux dont il appartient au Conseil d'État de connaître en premier ressort et relèvent de la compétence du tribunal administratif dans le ressort duquel cette entreprise a son siège social. • CE 16 janv. 2004 : ⚖ *RJS 2004. 382, n° 562.*

6. Représentants syndicaux. Aucune disposition du code du travail ne prévoit la désignation de représentants syndicaux au comité de groupe, dès lors la juridiction saisie de la contestation d'une désignation ne peut statuer qu'en premier ressort en l'absence de texte contraire et sa décision est susceptible d'appel. • Soc. 18 févr. 2004, ⚖ n° 02-60.606 P : *RJS 2004. 382, n° 562.*

7. Lorsque l'accord collectif fixe des conditions permettant la désignation d'un représentant syndical au comité de groupe, il ne peut y être dérogé par voie d'usage. • Soc. 8 déc. 2004 : ⚖ *Dr. soc. 2005. 353, obs. Savatier ⊘.*

8. Les représentants du personnel au comité d'entreprise de groupe sont désignés par les organisations syndicales représentatives parmi leurs élus aux comités d'entreprise ou d'établissement de l'ensemble des sociétés du groupe ; un syndicat ne peut désigner au comité de groupe qu'un représentant du personnel ayant été élu sur sa propre liste. • Soc. 31 mars 2009 : ⚖ *D. 2009. AJ 1147 ⊘ ; RJS 2009. 480, n° 550.*

9. Changement d'affiliation syndicale. Le changement d'affiliation syndicale d'un élu désigné pour siéger au comité de groupe n'autorise pas son syndicat d'origine à mettre fin, en cours d'exercice, au mandat de l'intéressé au sein de ce comité. • Soc. 9 juill. 2014 : ⚖ *RJS 2014. 670, n° 790.*

Art. L. 2333-3 La désignation des représentants du personnel au comité de groupe a lieu tous les quatre ans.

Toutefois, un accord de branche, un accord de groupe ou un accord d'entreprise, selon le cas, peut fixer une durée du mandat des représentants du personnel aux comités de groupe comprise entre deux et quatre ans. — *[Anc. art. L. 439-3, al. 6, et art. 96, VIII, L. n° 2005-882 du 2 août 2005.]*

Art. L. 2333-4 Le nombre total des sièges au comité de groupe est réparti entre les élus des différents collèges électoraux proportionnellement à l'importance numérique de chaque collège.

Les sièges affectés à chaque collège sont répartis entre les organisations syndicales proportionnellement au nombre d'élus qu'elles ont obtenus dans ces collèges, selon la règle de la représentation proportionnelle au plus fort reste.

Lorsque, pour l'ensemble des entreprises faisant partie du groupe, la moitié au moins des élus d'un ou plusieurs collèges ont été présentés sur des listes autres que syndicales, l'autorité administrative dans le ressort duquel se trouve le siège de la société dominante répartit les sièges entre les élus du ou des collèges en cause. Elle effectue cette désignation en tenant compte de la répartition des effectifs du collège considéré entre les entreprises constitutives du groupe, de l'importance relative de chaque collège au sein de l'entreprise et du nombre des suffrages recueillis par chaque élu. — *[Anc. art. L. 439-3, al. 4 et 5.]*

1. Désignation des représentants du personnel au comité de groupe. Seul un accord unanime peut modifier le nombre et la composition des collèges électoraux selon des règles autres que les règles légales fixées pour les membres des comités d'entreprise ou d'établissements. • Soc. 19 nov. 2002, ⚖ n° 01-60.563 P : D. 2002. IR 3307 ∅ ; JSL 2003, n° 114-4.

2. La classification d'un salarié dans un collège au sein duquel il a été élu, exclut, sauf accord unanime postérieur aux élections, qu'il puisse être désigné représentant au comité de groupe pour un autre collège. • Soc. 15 févr. 2006, ⚖ n° 05-60.055 P.

Art. L. 2333-5 Le comité de groupe est constitué à l'initiative de l'entreprise dominante, dès que la configuration du groupe est définie en application des dispositions du présent chapitre, soit à la suite d'un accord des parties intéressées, soit, à défaut, par une décision de justice.

Cette constitution a lieu au plus tard dans les six mois suivant la conclusion de cet accord ou l'intervention de la décision de justice. — *[Anc. art. L. 439-5.]* — V. art. L. 2335-1 (pén.).

Accord de fin de conflit. L'accord de configuration du groupe doit nécessairement être conclu avec les parties intéressées de toutes les sociétés du groupe ; l'engagement pris par le chef d'entreprise dominante dans le cadre d'un accord de fin de conflit, de réunir le comité de groupe dans un certain délai, ne saurait en tenir lieu. • Crim. 11 juin 2002, ⚖ n° 01-81.365 P : *RJS 2002. 931, n° 1251.*

Art. L. 2333-6 Lorsqu'un représentant du personnel au sein du comité de groupe cesse ses fonctions, son remplaçant, pour la durée du mandat restant à courir, est désigné par les organisations syndicales dans le cas prévu à l'article L. 2333-2 ou par l'autorité administrative dans celui fixé au troisième alinéa de l'article L. 2333-4. — *[Anc. art. L. 439-3, al. 7.]*

CHAPITRE IV **FONCTIONNEMENT**

Art. L. 2334-1 Le comité de groupe est présidé par le chef de l'entreprise dominante. Il désigne un secrétaire. — *[Anc. art. L. 439-4, al. 1er et al. 2 début.]*

V. art. R. 2333-1.

Art. L. 2334-2 Le comité de groupe se réunit au moins une fois par an sur convocation de son président.

L'ordre du jour de la réunion est arrêté par le président et le secrétaire et communiqué aux membres quinze jours au moins avant la séance.

Le temps passé par les représentants du personnel aux séances du comité de groupe est rémunéré comme temps de travail.

(*L. n° 2015-994 du 17 août 2015, art. 17-I*) « Le recours à la visioconférence pour réunir le comité de groupe peut être autorisé par accord entre le président et les représentants du personnel siégeant au comité. En l'absence d'accord, ce recours est limité à trois réunions par année civile. Un décret détermine les conditions dans lesquelles le comité de groupe peut, dans ce cadre, procéder à un vote à bulletin secret. » — V. art. D. 2333-2 et D. 2325-1-1 s.

Art. L. 2334-3 Le comité de groupe est réuni pour la première fois, à l'initiative de l'entreprise dominante, dès qu'il est constitué et au plus tard dans les six mois qui suivent sa création. — [*Anc. art. L. 439-5.*] — V. art. L. 2335-1 (*pén.*).

Art. L. 2334-4 Pour l'exercice des missions prévues par l'article L. 2332-1, le comité de groupe peut se faire assister par un expert-comptable. Celui-ci est rémunéré par l'entreprise dominante.

Pour opérer toute vérification ou tout contrôle entrant dans l'exercice de ces missions, l'expert-comptable a accès aux mêmes documents que les commissaires aux comptes des entreprises constitutives du groupe. — [*Anc. art. L. 439-2, al. 3.*]

BIBL. ▶ TEYSSIÉ, *JCP S 2021. 1138* (l'expert-comptable du comité de groupe).

1. Constitutionnalité. L'art. L. 2334-4 est conforme à la Constitution en ce que, tel qu'interprété par la jurisprudence, il ne prive pas les parties d'un recours possible au juge pour contester la nature des documents dont communication est demandée par l'expert dans le cadre de sa mission et d'une vérification de la nécessité de ces documents au regard de la mission confiée par le comité d'entreprise ; s'il ne peut être demandé au juge de contrôler l'utilité concrète de ces documents, ce que seul l'expert est en mesure de faire en réalisant sa mission, il peut sanctionner tout abus de droit caractérisé. • Soc. 12 sept. 2013 : *D. actu. 24 sept. 2013, obs. Fraisse ; D. 2013. 2599, obs. Lokiec et Porta ; RJS 2013. 673, n° 743 ; JCP S 2013. 1424, obs. Dauxerre.*

2. Pouvoirs de l'expert-comptable. Il résulte de l'art. L. 439-2 [L. 2334-4 nouv.] que l'expert-comptable du comité de groupe a accès aux mêmes documents que les commissaires aux comptes des entreprises constitutives du groupe dont la compétence s'étend, en application de l'art. 228 de la loi du 24 juill. 1966 sur les sociétés commerciales, à toutes les entreprises comprises dans la consolidation, y compris les sociétés étrangères non représentées dans le comité de groupe. • Soc. 6 déc. 1994 : *D. 1995. IR 21 ; Dr. soc. 1995. 40, note Cohen ; RJS 1995. 37, n° 38, concl. Chauvy ; BJS 1995. 242, note Barbièri*, rejetant le pourvoi contre • Riom, 9 nov. 1992 : *Dr. ouvrier 1993. 148, note Grinsnir.* ♦ En raison de l'obligation de confidentialité attachée à la procédure de mandat *ad hoc*, laquelle implique non seulement la société mais également ses créanciers, garants et repreneurs éventuels, est légitime ne constitue pas un trouble manifestement illicite le refus d'une entreprise de transmettre à l'expert-comptable désigné par le comité de groupe l'ensemble des informations ayant trait à la procédure mise en œuvre. • Soc. 9 oct. 2019, n° 18-15.305 P : *D. 2019. Actu. 1989 ; RJS 12/2019, n° 710 ; BJS déc. 2019, p. 37, obs. Auzero ; JCP S 2019. 1338, obs. Piccoli ; Rev. sociétés 2020. 118, obs. Vatinet ; Gaz. Pal. 14 janv. 2020, p. 82, obs. Gailhbaud.*

3. Référé. Il résulte des art. L. 2325-40, alors applicable, et L. 2334-4 C. trav., interprétés conformément à l'art. 6, § 1, de la Conv. EDH, que l'employeur peut contester la rémunération de l'expert-comptable mandaté par le comité de groupe et qu'eu égard aux exigences du droit à un recours juridictionnel effectif, un tel litige relève de la compétence du président du tribunal de grande instance statuant en la forme des référés en application de l'art. R. 2325-7 C. trav. • Soc. 6 juin 2018, n° 16-27.291 P : *D. 2018. Actu. 1262 ; JSL 2018, n° 458-3, obs. Tissandier ; JCP S 2018. 1249, obs. Laprévote.*

CHAPITRE V DISPOSITIONS PÉNALES

Art. L. 2335-1 Le fait de ne pas constituer et réunir pour la première fois un comité de groupe dans les conditions prévues aux articles L. 2333-5 et L. 2334-3 ou d'apporter une entrave (*Abrogé par L. n° 2015-990 du 6 août 2015, art. 262*) « soit » à la désignation des membres d'un comité de groupe (*Abrogé par L. n° 2015-990 du 6 août 2015, art. 262*) « , soit au fonctionnement régulier de ce comité, » est puni d'un emprisonnement d'un an et d'une amende de (*L. n° 2015-990 du 6 août 2015, art. 262*) « 7 500 €.

« Le fait d'apporter une entrave au fonctionnement régulier de ce comité est puni d'une amende de 7 500 €. »

RÉP. TRAV. v° *Entrave aux institutions représentatives des salariés et à l'exercice du droit syndical*, par AMAUGER-LATTES.

TITRE IV COMITÉ D'ENTREPRISE EUROPÉEN OU PROCÉDURE D'INFORMATION ET DE CONSULTATION DANS LES ENTREPRISES DE DIMENSION COMMUNAUTAIRE

RÉP. TRAV. v° *Comité d'entreprise européen*, par Sachs-Durand.

BIBL. GÉN. ▶ **Directive CE 94/45 :** Bélier, *Dr. soc. 1994.* 1027 ⌀. – Desbarats, *LPA 30 juin 1995.* – Guirlet, *JCP E 1991. I. 63.* – Jacquier, *Dr. soc. 1996. 1081* ⌀. – Krief, *JCP S 2012. 1116* (articulation du comité d'entreprise européen et des instances nationales de représentants du personnel). – Laulom, *Dr. soc. 1995. 1026* ⌀. – Rodière, *Dr. soc. 2007. 1015* ⌀. – Teyssié, *JCP 1995. I. 3858.* – Béthoux et Brihi, *RDT 2012. Controverse 9* ⌀ (à quoi sert le comité d'entreprise européen ?).

▶ **Loi du 12 nov. 1996 :** Desbarats, *LPA 11 avr. 1997.* – Teyssié, *JCP E 1997. I. 624.*

▶ **Accords portant création anticipée :** Teyssié, *JCP E 1996. I. 526.*

▶ **Directive 2009/38/CE du 6 mai 2009 :** Guyader, *RDT 2009. 599* ⌀. – Petersen, *JCP S 2012. 1189.*

▶ **Directive 2009/38/CE du 6 mai 2009 et Ord. n° 2011-1328 du 20 oct. 2011 :** Teyssié, *JCP S 2011.* 1489 ; *ibid.* 1490 (contenu des accords instituant un comité d'entreprise européen) ; *ibid. JCP S 2016.* 1273 (acteurs de la négociation des accords collectifs relatifs à la création de comités d'entreprise européens). – Lhernould, *JCP S 2023.* 1015 (ressorts du comité d'entreprise européen).

▶ **Brexit :** Martin, Kulac et Mc Menemy, *SSL 2018, n° 1836, p. 6* (conséquence du brexit sur le comité d'entreprise européen).

▶ **Réforme des comités d'entreprise européens :** Schömann, Franke, Teissier, Wroclawska et Serafin, *RDT 2023. Controverse. 521* (quelle voie pour une réforme des comités d'entreprise européens).

> **COMMENTAIRE**
>
> V. sur le Code en ligne 📖.

CHAPITRE I CHAMP D'APPLICATION ET MISE EN PLACE

Sauf dans le cas prévu à l'art. L. 2341-10, ne sont pas soumis aux dispositions du titre IV du livre III de la deuxième partie dans sa rédaction issue de l'Ord. n° 2011-1328 du 20 oct. 2011 :

1° Les accords applicables à l'ensemble des salariés prévoyant des instances ou autres modalités d'information, d'échanges de vues et de dialogue à l'échelon communautaire mentionnées à l'art. 5 de la L. n° 96-985 du 12 nov. 1996 ;

2° Les accords applicables à l'ensemble des salariés prévoyant des instances ou autres modalités d'information, d'échanges de vues et de dialogue à l'échelon communautaire mentionnées à l'art. 2 de l'Ord. n° 2001-176 du 22 févr. 2001 ;

3° Les accords conclus conformément à l'art. L. 2342-9 dans sa rédaction issue de la L. du 12 nov. 1996 susvisée et signés ou révisés entre le 5 juin 2009 et le 5 juin 2011. Il en va de même si, lorsque les accords mentionnés aux 1°, 2° et 3° arrivent à expiration, les parties signataires décident conjointement de les reconduire ou de les réviser (Ord. n° 2011-1328 du 20 oct. 2011, art. 5).

Art. L. 2341-1 Pour l'application du présent titre, on entend par entreprise de dimension communautaire l'entreprise ou l'organisme qui emploie *(L. n° 2012-387 du 22 mars 2012, art. 43)* « au moins mille salariés » dans les États membres de la Communauté européenne *(Ord. n° 2011-1328 du 20 oct. 2011, art. 1-1°)* « ou de l'Espace économique européen » et qui comporte au moins un établissement employant *(L. n° 2012-387 du 22 mars 2012, art. 43)* « au moins cent cinquante salariés » dans au moins deux de ces États. – *[Anc. art. L. 439-6, al. 2.]*

Art. L. 2341-2 Pour l'application du présent titre, on entend par groupe d'entreprises de dimension communautaire, le groupe, au sens de l'article L. 2331-1, satisfaisant aux conditions d'effectifs et d'activité mentionnées à l'article L. 2341-1 et comportant au moins une entreprise employant *(L. n° 2012-387 du 22 mars 2012, art. 43)* « au moins cent cinquante salariés » dans au moins deux des États mentionnés à ce même article. – *[Anc. art. L. 439-6, al. 3.]*

INSTITUTIONS REPRÉSENTATIVES **Art. L. 2341-8** 923

Art. L. 2341-3 Les dispositions du présent titre s'appliquent :
1° A l'entreprise ou au groupe d'entreprises de dimension communautaire dont le siège social ou celui de l'entreprise dominante est situé en France ;
2° A l'entreprise ou au groupe d'entreprises de dimension communautaire dont le siège social ou celui de l'entreprise dominante se trouve dans un État autre que ceux mentionnés à l'article L. 2341-1 et qui a désigné, pour l'application des dispositions du présent titre, un représentant en France ;
3° A l'entreprise ou au groupe d'entreprises de dimension communautaire dont le siège social ou celui de l'entreprise dominante se trouve dans un État autre que ceux mentionnés à l'article L. 2341-1, qui n'a pas procédé à la désignation d'un représentant dans aucun de ces États et dont l'établissement ou l'entreprise qui emploie le plus grand nombre de salariés au sein de ces États est situé en France. – *[Anc. art. L. 439-6, al. 5 à 8.]*

Art. L. 2341-4 Un comité d'entreprise européen ou une procédure d'information et de consultation est institué dans les entreprises ou groupes d'entreprises de dimension communautaire afin de garantir le droit des salariés à l'information et à la consultation à l'échelon européen. – *[Anc. art. L. 439-6, al. 1er.]*

1. Accès effectif aux informations. Pour que la Dir. 94/45/CE du 22 sept. 1994 relative au comité d'entreprise européen puisse avoir un effet utile, il est indispensable de garantir aux travailleurs concernés l'accès aux informations leur permettant de déterminer s'ils ont le droit d'exiger l'ouverture de négociations entre la direction centrale une fois son existence établie, et les représentants des travailleurs ; aussi l'entreprise faisant partie d'un groupe d'entreprises doit fournir des informations aux organes internes de représentation des travailleurs, même s'il n'est pas encore établi que la direction à laquelle les travailleurs s'adressent est celle d'une entreprise exerçant le contrôle au sein d'un groupe d'entreprises.

• CJCE, 6e ch., 29 mars 2001, n° 62/99 : *RJS 2001. 647, n° 948.*

2. Le comité d'entreprise européen doit être consulté avant la tenue du conseil d'administration devant arrêter le projet de fusion qui est irréversible ; les procédures de consultation du comité d'entreprise européen et du comité d'entreprise n'ayant pas le même objet, ni le même champ d'application, les renseignements fournis lors de la réunion du comité d'entreprise n'assurent pas nécessairement une complète information du comité d'entreprise européen. • Soc. 16 janv. 2008 : ⚖ *RDT 2008. 191, obs. Tissandier ⌀ ; D. 2008. AJ 356, obs. Perrin ⌀ ; RJS 2008. 347, n° 443.*

Art. L. 2341-5 Pour l'application du présent titre, l'entreprise dominante s'entend au sens de l'article L. 2331-1.

Art. L. 2341-6 *(Ord. n° 2011-1328 du 20 oct. 2011, art. 1-2°)* La consultation prévue par le présent titre consiste, pour le chef de l'entreprise ou de l'entreprise dominante du groupe d'entreprises de dimension communautaire ou tout autre niveau de direction plus approprié, à organiser un échange de vues et à établir un dialogue avec les représentants des salariés à un moment, d'une façon et avec un contenu qui permettent à ceux-ci d'exprimer, sur la base des informations fournies et dans un délai raisonnable, un avis concernant les mesures faisant l'objet de la consultation, qui peut être pris en compte au sein de l'entreprise ou du groupe d'entreprises de dimension communautaire, sans préjudice des responsabilités de l'employeur.

Art. L. 2341-7 *(Ord. n° 2011-1328 du 20 oct. 2011, art. 1-3°)* L'information prévue par le présent titre consiste, pour le chef de l'entreprise ou de l'entreprise dominante du groupe d'entreprises de dimension communautaire ou tout autre niveau de direction plus approprié, à transmettre des données aux représentants des salariés afin de permettre à ceux-ci de prendre connaissance du sujet traité et de l'examiner. L'information s'effectue à un moment, d'une façon et avec un contenu appropriés, qui permettent notamment aux représentants des salariés de procéder à une évaluation en profondeur de l'incidence éventuelle de ces données et de préparer, le cas échéant, des consultations avec le chef de l'entreprise ou de l'entreprise dominante du groupe d'entreprises de dimension communautaire ou tout autre niveau de direction plus approprié.

Art. L. 2341-8 *(Ord. n° 2011-1328 du 20 oct. 2011, art. 1-3°)* La compétence du comité d'entreprise européen ou la procédure mentionnée à l'article L. 2341-4 porte sur les questions transnationales. Sont considérées comme telles les questions qui concernent l'ensemble de l'entreprise ou du groupe d'entreprises de dimension communautaire ou au moins deux entreprises ou établissements de l'entreprise ou du groupe situés dans deux États membres.

Art. L. 2341-9 (Ord. n° 2011-1328 du 20 oct. 2011, art. 1-3°) L'information et la consultation du comité d'entreprise européen sont articulées avec celles des autres institutions représentatives du personnel mentionnées au présent livre et celles mises en place en application du droit de l'État membre sur le territoire duquel est implanté l'entreprise ou l'établissement, en fonction de leurs compétences et domaines d'intervention respectifs.

Lorsque le comité d'entreprise européen est constitué en l'absence d'accord ou lorsque l'accord ne prévoit pas les modalités d'articulation visées au 4° de l'article L. 2342-9 et dans le cas où des décisions susceptibles d'entraîner des modifications importantes dans l'organisation du travail ou dans les contrats de travail sont envisagées, le processus d'information et de consultation est mené tant au sein du comité d'entreprise européen que des institutions nationales représentatives du personnel.

Art. L. 2341-10 (Ord. n° 2011-1328 du 20 oct. 2011, art. 1-3°) Si des modifications significatives interviennent dans la structure de l'entreprise ou du groupe d'entreprises de dimension communautaire, soit en l'absence de dispositions prévues par le ou les accords en vigueur, soit en cas de conflits entre les dispositions de deux ou plusieurs accords applicables, le chef de l'entreprise ou de l'entreprise dominante du groupe d'entreprises de dimension communautaire engage les négociations mentionnées à l'article L. 2342-1 de sa propre initiative ou à la demande écrite d'au moins cent salariés ou de leurs représentants, relevant d'au moins deux entreprises ou établissements situés dans au moins deux États différents mentionnés à l'article L. 2341-1.

Un groupe spécial de négociation est composé des membres désignés en application des articles L. 2344-2 à L. 2344-6 et d'au moins trois membres du comité d'entreprise européen existant ou de chacun des comités d'entreprise européens existants.

Le ou les comités d'entreprise européens existants continuent à fonctionner pendant la durée de cette négociation, selon les modalités éventuellement adaptées par accord conclu entre les membres du ou des comités d'entreprise européens et le chef de l'entreprise ou de l'entreprise dominante du groupe d'entreprises de dimension communautaire.

Dans le cas prévu par l'art. L. 2341-10, les dispositions du titre IV du livre III de la deuxième partie dans leur rédaction issue de la loi du 12 nov. 1996 continuent de s'appliquer aux accords conclus conformément à l'art. L. 2342-9 dans sa rédaction issue de la loi du 12 nov. 1996 et signés ou révisés entre le 5 juin 2009 et le 5 juin 2011 (Ord. n° 2011-1328 du 20 oct. 2011, art. 5-II).

Art. L. 2341-11 (Ord. n° 2011-1328 du 20 oct. 2011, art. 1-3°) Par dérogation aux articles L. 2341-6 et L. 2341-7, le chef de l'entreprise ou de l'entreprise dominante du groupe d'entreprises de dimension communautaire qui lance une offre publique d'acquisition portant sur le capital d'une entreprise n'est pas tenu de saisir le comité d'entreprise européen ou les représentants des salariés dans le cadre d'une procédure d'information et de consultation préalablement à son lancement.

En revanche, il réunit le comité d'entreprise européen ou la représentation des salariés dans le délai le plus rapproché suivant la publication de l'offre permettant la présence effective de ses membres en vue de leur transmettre des informations écrites et précises sur le contenu de l'offre et sur les conséquences en matière d'emploi qu'elle est susceptible d'entraîner.

Art. L. 2341-12 (L. n° 2015-994 du 17 août 2015, art. 17-I) Le recours à la visioconférence pour réunir le comité d'entreprise européen peut être autorisé par accord entre le chef de l'entreprise dominante du groupe et les représentants du personnel siégeant au comité. En l'absence d'accord, ce recours est limité à trois réunions par année civile. Un décret détermine les conditions dans lesquelles le comité d'entreprise européen peut, dans ce cadre, procéder à un vote à bulletin secret. – V. art. D. 2341-1 et D. 2325-1-1 s.

INSTITUTIONS REPRÉSENTATIVES

CHAPITRE II COMITÉ OU PROCÉDURE D'INFORMATION ET DE CONSULTATION INSTITUÉ PAR ACCORD

SECTION 1 Groupe spécial de négociation

Art. L. 2342-1 Le chef de l'entreprise ou de l'entreprise dominante du groupe d'entreprises de dimension communautaire met en place un groupe spécial de négociation composé de représentants de l'ensemble des salariés, conformément aux dispositions de l'article L. 2344-1, en vue de la conclusion d'un accord destiné à mettre en œuvre du droit des salariés à l'information et à la consultation à l'échelon européen. — *[Anc. art. L. 439-7, al. 1er.]* — V. art. L. 2346-1 (pén.) et art. R. 2344-1.

Art. L. 2342-2 Le groupe spécial de négociation détermine avec l'employeur, par un accord écrit, d'une part les entreprises ou établissements concernés, d'autre part soit la composition, les attributions et la durée du mandat du ou des comités d'entreprise européens, soit les modalités de mise en œuvre d'une procédure d'information et de consultation. — *[Anc. art. L. 439-8, al. 1er.]* — V. art. L. 2346-1 (pén.).

Art. L. 2342-3 L'employeur engage la procédure de constitution du groupe spécial de négociation lorsque les effectifs mentionnés à l'article L. 2341-1 sont atteints en moyenne sur l'ensemble des deux années précédentes.

Le calcul des effectifs s'effectue conformément aux dispositions de l'article L. 1111-2 pour les entreprises ou établissements situés en France et conformément au droit national dans les autres États.

(Ord. n° 2011-1328 du 20 oct. 2011, art. 2-1°) « Les responsables de l'obtention et de la transmission aux salariés et à leurs représentants mentionnés à l'article L. 2342-4 des informations indispensables à l'ouverture des négociations mentionnées à l'article L. 2342-1, notamment des informations relatives à la structure de l'entreprise ou du groupe et à ses effectifs, sont :

« 1° Tout chef d'une entreprise ou de l'entreprise dominante d'un groupe d'entreprises de dimension communautaire ;

« 2° Tout chef d'une entreprise appartenant à un groupe d'entreprises de dimension communautaire ;

« 3° Tout chef d'un établissement d'une entreprise de dimension communautaire ou appartenant à un groupe d'entreprises de dimension communautaire ;

« 4° En l'absence de représentant en France désigné en application du 2° de l'article L. 2341-3, le chef de l'établissement de l'entreprise de dimension communautaire ou le chef de l'entreprise dominante du groupe d'entreprises de dimension communautaire mentionnés au 3° de cet article. »

Art. L. 2342-4 À défaut d'initiative de l'employeur, la procédure de constitution du groupe spécial de négociation est engagée à la demande écrite de cent salariés ou de leurs représentants, relevant d'au moins deux entreprises ou établissements situés dans au moins deux États différents mentionnés à l'article L. 2341-1.

Aucun salarié ne peut être sanctionné ou licencié en raison de l'exercice de ce droit d'initiative. Toute décision ou tout acte contraire est nul de plein droit. — *[Anc. art. L. 439-7, al. 3, et L. 439-23, al. 2.]* — V. art. L. 2346-1 (pén.).

Art. L. 2342-5 (Ord. n° 2011-1328 du 20 oct. 2011, art. 2-2°) « Le chef de l'entreprise ou de l'entreprise dominante du groupe d'entreprises de dimension communautaire » invite et convoque le groupe spécial de négociation à une réunion.

(Ord. n° 2011-1328 du 20 oct. 2011, art. 2-2°) « Il informe de la composition du groupe spécial de négociation et du début des négociations les chefs des établissements de l'entreprise ou les chefs des entreprises du groupe d'entreprises de dimension communautaire et les organisations européennes de salariés et d'employeurs consultées par la Commission européenne.

« Avant et après les réunions avec le chef de l'entreprise ou de l'entreprise dominante du groupe d'entreprises de dimension communautaire, le groupe spécial de négociation peut se réunir, avec les moyens nécessaires et adaptés à la communication entre ses membres, hors la présence des représentants du chef de l'entreprise ou de l'entreprise dominante du groupe d'entreprises de dimension communautaire. » — V. art. L. 2346-1 (pén.).

Art. L. 2342-6 Le temps passé en réunion par les membres du groupe spécial de négociation est considéré comme temps de travail et payé à l'échéance normale.

Les dépenses nécessaires à la bonne exécution de la mission du groupe spécial de négociation sont à la charge de l'entreprise ou de l'entreprise dominante du groupe d'entreprises. — [Anc. art. L. 439-8, al. 4.] — V. art. L. 2346-1 (pén.).

Art. L. 2342-7 Pour négocier, le groupe spécial de négociation peut être assisté d'experts de son choix (Ord. n° 2011-1328 du 20 oct. 2011, art. 2-3°) « parmi lesquels peuvent figurer des représentants des organisations européennes de salariés mentionnées à l'article L. 2342-5.

« Les experts et les représentants des organisations précitées peuvent, à la demande du groupe spécial de négociation, assister, à titre consultatif, aux réunions de négociation. »

L'entreprise ou l'entreprise dominante du groupe d'entreprises de dimension communautaire prend en charge les frais afférents à l'intervention d'un expert. — [Anc. art. L. 439-8, al. 4.] — V. art. L. 2346-1 (pén.).

Art. L. 2342-8 La décision de conclure un accord est prise par le groupe spécial de négociation à la majorité de ses membres.

Le groupe peut décider, par au moins deux tiers des voix, de ne pas ouvrir de négociations ou de mettre fin aux négociations déjà en cours. Dans ce cas, une nouvelle demande de constitution d'un groupe spécial de négociation ne peut être introduite que deux ans au plus tôt après cette décision, sauf si les parties concernées fixent un délai plus court.

Le groupe cesse d'exister lorsqu'une procédure d'information et de consultation ou un comité d'entreprise européen est mis en place, ou s'il décide de mettre fin aux négociations dans les conditions prévues au deuxième alinéa. — [Anc. art. L. 439-11.]

SECTION 2 Comité d'entreprise européen institué par accord

Art. L. 2342-9 Lorsqu'il opte pour la constitution d'un comité d'entreprise européen, le groupe spécial de négociation conclut un accord qui détermine :

1° Les établissements de l'entreprise de dimension communautaire ou les entreprises membres du groupe d'entreprises de dimension communautaire concernés par l'accord ;

2° La composition du comité d'entreprise européen, en particulier le nombre de ses membres, la répartition des sièges (Ord. n° 2011-1328 du 20 oct. 2011, art. 2-4°) « permettant de prendre en compte le besoin de représentation équilibrée des salariés selon les activités, les catégories de salariés et le sexe, » et la durée du mandat ;

3° Les attributions du comité d'entreprise européen et les modalités selon lesquelles l'information et la consultation se déroulent en son sein ;

(Ord. n° 2011-1328 du 20 oct. 2011, art. 2-4°) « 4° Les modalités de l'articulation entre l'information et la consultation du comité d'entreprise européen et celles des autres institutions représentatives du personnel mentionnées au présent livre et celles mises en place en application du droit de l'État membre sur le territoire duquel est implantée l'entreprise ou l'établissement, en fonction de leurs compétences et domaines d'intervention respectifs ; »

5° Le lieu, la fréquence et la durée des réunions du comité d'entreprise européen ;

(Ord. n° 2011-1328 du 20 oct. 2011, art. 2-4°) « 6° Le cas échéant, la composition, les modalités de désignation, les attributions et les modalités de réunion du bureau constitué au sein du comité d'entreprise européen ; »

7° Les moyens matériels et financiers alloués au comité d'entreprise européen ;

(Ord. n° 2011-1328 du 20 oct. 2011, art. 2-4°) « 8° La date d'entrée en vigueur de l'accord et sa durée, les modalités selon lesquelles l'accord peut être amendé ou dénoncé ainsi que les cas dans lesquels l'accord doit être renégocié et la procédure de sa renégociation, notamment lorsque des modifications interviennent dans la structure de l'entreprise ou du groupe d'entreprises de dimension communautaire. » — Les 4° et 5° sont devenus respectivement les 5° et 7° (Ord. n° 2011-1328 du 20 oct. 2011, art. 2-4°).

Le mandat de membre du comité européen d'un groupe n'est pas un mandat de représentant syndical, en sorte que le changement d'affiliation syndicale du représentant du personnel élu qu'elle a désigné n'autorise pas une organisation syndicale à mettre fin à son mandat. • Soc. 17 avr. 2019, n° 17-17.986 P : D. 2019. Actu. 894.

Art. L. 2342-10 Les membres du comité d'entreprise européen institué par accord ainsi que les experts qui les assistent sont tenus :
 1° Au secret professionnel pour toutes les questions relatives aux procédés de fabrication ;
 2° A une obligation de discrétion à l'égard des informations présentant un caractère confidentiel et données comme telles par l'employeur. – [Anc. art. L. 439-21.]

Art. L. 2342-10-1 (Ord. n° 2011-1328 du 20 oct. 2011, art. 2-5°) Les membres du comité d'entreprise européen institué par accord informent les représentants du personnel des établissements ou des entreprises d'un groupe d'entreprises de dimension communautaire ou, à défaut de représentants, l'ensemble des salariés de la teneur et des résultats de la procédure d'information et de consultation mise en œuvre, dans le respect des dispositions relatives au secret professionnel et à l'obligation de discrétion mentionnées à l'article L. 2342-10.

Art. L. 2342-10-2 (Ord. n° 2011-1328 du 20 oct. 2011, art. 2-5°) Les membres du comité d'entreprise européen institué par accord bénéficient sans perte de salaire des formations nécessaires à l'exercice de leur mandat dans des conditions déterminées par l'accord.

SECTION 3 Procédure d'information et de consultation instituée par accord

Art. L. 2342-11 Lorsque, au lieu de créer un comité d'entreprise européen, le groupe spécial de négociation opte pour l'institution d'une ou de plusieurs procédures d'information et de consultation, l'accord prévoit selon quelles modalités les représentants des salariés peuvent se réunir pour procéder à une consultation sur les informations qui leur sont communiquées et qui portent, notamment, sur des questions transnationales affectant considérablement les intérêts des salariés. – [Anc. art. L. 439-10.]

Art. L. 2342-12 Les représentants des salariés dans le cadre d'une procédure d'information et de consultation ainsi que les experts qui les assistent sont tenus :
 1° Au secret professionnel pour toutes les questions relatives aux procédés de fabrication ;
 2° A une obligation de discrétion à l'égard des informations présentant un caractère confidentiel et données comme telles par l'employeur. – [Anc. art. L. 439-21.]

CHAPITRE III COMITÉ INSTITUÉ EN L'ABSENCE D'ACCORD

SECTION 1 Mise en place

Art. L. 2343-1 Un comité d'entreprise européen est institué conformément aux dispositions du présent chapitre dans les cas suivants :
 1° Lorsque le chef de l'entreprise ou de l'entreprise dominante de dimension communautaire refuse de mettre en place un groupe spécial de négociation ou d'ouvrir des négociations dans un délai de six mois à compter de la réception de la demande prévue à l'article L. 2342-4 ;
 2° Lorsque le groupe spécial de négociation n'a pas conclu d'accord dans un délai de trois ans à compter de la réception de la demande prévue à l'article L. 2342-4 ou de l'initiative prise par la direction de l'entreprise ou du groupe, sans préjudice des dispositions de l'article L. 2342-8.
 Le comité d'entreprise européen est constitué et réuni au plus tard à l'expiration d'un délai de six mois suivant l'arrivée des termes de six mois ou de trois ans, mentionnés aux 1° et 2°. – [Anc. art. L. 439-12.]

SECTION 2 Attributions

Art. L. 2343-2 Le comité d'entreprise européen se réunit (Ord. n° 2011-1328 du 20 oct. 2011, art. 3-1°) « au moins » une fois par an.
 (Ord. n° 2011-1328 du 20 oct. 2011, art. 3-1°) « Il est notamment informé sur : »
 1° La structure de l'entreprise ou du groupe d'entreprises ;
 2° Sa situation économique et financière ;
 3° L'évolution probable de ses activités ;

4° La production et les ventes ;
5° La situation et l'évolution probable de l'emploi ;
6° Les investissements ;
7° Les changements substantiels concernant l'organisation, l'introduction de nouvelles méthodes de travail ou de nouveaux procédés de production ;
8° Les transferts de production ;
9° Les fusions ;
10° La réduction de la taille ou la fermeture d'entreprises, d'établissements ou de parties importantes de ceux-ci ;
11° Les licenciements collectifs. – [Anc. art. L. 439-14, al. 3 début.]

L'art. L. 2343-3 devient l'art. L. 2343-2 (Ord. n° 2011-1328 du 20 oct. 2011, art. 3-1°).

Art. L. 2343-3 (Ord. n° 2011-1328 du 20 oct. 2011, art. 3-1°) Au moins une fois par an, le comité d'entreprise européen est consulté lors d'une réunion sur un rapport portant sur les 5° à 11° de l'article L. 2343-2.

La consultation s'effectue de façon à permettre aux représentants des salariés de se réunir avec l'employeur et d'obtenir une réponse motivée à tout avis qu'ils pourraient émettre.

Art. L. 2343-4 Lorsque surviennent des circonstances exceptionnelles (Ord. n° 2011-1328 du 20 oct. 2011, art. 3-3°) « ou des décisions » affectant considérablement les intérêts des salariés, notamment en cas de délocalisation, de fermeture d'entreprises ou d'établissements ou de licenciements collectifs, le bureau mentionné à l'article L. 2343-7 ou, s'il n'en n'existe pas, le comité d'entreprise européen, en est informé.

Le bureau ou le comité se réunit à sa demande avec l'employeur afin d'être informé et consulté sur les mesures affectant considérablement les intérêts des salariés.

Les membres du comité d'entreprise européen élus ou désignés par les établissements ou les entreprises directement concernés par les mesures en cause ont également le droit de participer à la réunion du bureau.

Cette réunion a lieu dans les meilleurs délais, à partir d'un rapport établi par le chef d'entreprise. Un avis peut être émis à l'issue de la réunion ou dans un délai raisonnable sur ce rapport.

Cette réunion ne porte pas atteinte aux prérogatives du chef d'entreprise.

Pour l'application de ces dispositions, l'employeur peut être remplacé par son représentant ou tout autre responsable à un niveau de direction plus approprié au sein de l'entreprise ou du groupe d'entreprises de dimension communautaire doté d'un pouvoir de décision. – [Anc. art. L. 439-15, al. 2.]

SECTION 3 Composition

Art. L. 2343-5 Le comité d'entreprise européen est composé :
1° Du chef de l'entreprise ou de l'entreprise dominante du groupe de dimension communautaire, assisté de deux personnes de son choix ayant voix consultative ;
2° De représentants du personnel des établissements de l'entreprise ou des entreprises constituant le groupe de dimension communautaire.

(Ord. n° 2011-1328 du 20 oct. 2011, art. 3-4°) « Le chef de l'entreprise ou de l'entreprise dominante du groupe d'entreprises de dimension communautaire et tout autre niveau de direction approprié sont informés de la désignation des représentants des salariés au comité d'entreprise européen. »

V. art. R. 2344-1 s.

Art. L. 2343-6 Les modifications de la composition du comité d'entreprise européen qui résultent des changements intervenus dans la structure ou la dimension de l'entreprise ou du groupe d'entreprises de dimension communautaire peuvent être décidées par accord conclu en son sein entre l'employeur et les représentants des salariés. – [Anc. art. L. 439-17, al. 1er et 2, phrases 1 et 2.]

SECTION 4 Fonctionnement

Art. L. 2343-7 Le comité d'entreprise européen est doté de la personnalité civile.

INSTITUTIONS REPRÉSENTATIVES — Art. L. 2343-15

Il est présidé par le chef d'entreprise ou de l'entreprise dominante du groupe de dimension communautaire.

Le comité désigne un secrétaire.

(Ord. n° 2011-1328 du 20 oct. 2011, art. 3-5°) « Il élit un bureau d'au maximum cinq membres qui bénéficie de conditions matérielles lui permettant d'exercer son activité de façon régulière. »

V. art. R. 2343-1.

Art. L. 2343-8 Le comité d'entreprise européen adopte un règlement intérieur qui fixe ses modalités de fonctionnement.

Ce règlement intérieur peut organiser la prise en compte des répercussions, sur le comité d'entreprise européen, des changements intervenus dans la structure ou la dimension de l'entreprise ou du groupe d'entreprises de dimension communautaire. L'examen de tels changements peut avoir lieu à l'occasion de la réunion annuelle du comité. — [Anc. art. L. 439-17, al. 1er et 2, phrases 1 et 2.]

Art. L. 2343-9 La réunion annuelle du comité d'entreprise européen est provoquée sur convocation de son président, à partir d'un rapport établi par celui-ci.

Ce rapport retrace l'évolution des activités de l'entreprise de dimension communautaire ou du groupe d'entreprises de dimension communautaire et ses perspectives.

Les directeurs des établissements ou les chefs d'entreprise des entreprises du groupe sont informés de ce rapport. — [Anc. art. L. 439-14, al. 3 fin.]

Art. L. 2343-10 L'ordre du jour de la réunion annuelle du comité d'entreprise européen est arrêté par le président et le secrétaire. Il est communiqué aux membres du comité quinze jours au moins avant la séance.

A défaut d'accord sur le contenu de l'ordre du jour, celui-ci est fixé par le président et communiqué aux membres du comité dix jours au moins avant la date de la réunion. — [Anc. art. L. 439-14, al. 5.]

Art. L. 2343-11 Avant les réunions, les représentants des salariés au comité d'entreprise européen ou le bureau, le cas échéant élargi conformément à l'article L. 2343-4, peuvent se réunir hors la présence des représentants de la direction de l'entreprise. — [Anc. art. L. 439-15, al. 3.]

Art. L. 2343-12 La délégation du personnel du comité d'entreprise européen informe les représentants du personnel des établissements ou des entreprises d'un groupe d'entreprises de dimension communautaire ou, à défaut de représentants, l'ensemble des salariés, de la teneur et des résultats (Ord. n° 2011-1328 du 20 oct. 2011, art. 3-6°) « de la procédure d'information et de consultation mises en œuvre conformément aux dispositions du présent chapitre », dans le respect des dispositions relatives au secret professionnel et à l'obligation de discrétion. — [Anc. art. L. 439-14, al. 4.]

Art. L. 2343-13 Le comité d'entreprise européen et son bureau peuvent être assistés d'experts de leur choix.

L'entreprise ou l'entreprise dominante du groupe d'entreprises de dimension communautaire prend en charge les frais afférents à l'intervention d'un expert. — [Anc. art. L. 439-16, al. 1er.]

Art. L. 2343-14 Les dépenses de fonctionnement du comité d'entreprise européen sont supportées par l'entreprise ou l'entreprise dominante du groupe d'entreprises de dimension communautaire.

Les membres du comité sont dotés des moyens matériels ou financiers nécessaires à l'accomplissement de leurs missions.

En particulier, l'entreprise prend en charge, sauf s'il en a été convenu autrement, les frais d'organisation des réunions et d'interprétariat ainsi que les frais de séjour et de déplacement des membres du comité et du bureau. — [Anc. art. L. 439-16, al. 2.]

Art. L. 2343-15 L'employeur laisse au secrétaire et aux membres du bureau du comité d'entreprise européen le temps nécessaire à l'exercice de leurs fonctions dans la limite d'une durée qui, sauf circonstances exceptionnelles, ne peut excéder cent vingt heures annuelles pour chacun d'entre eux.

Ce temps est considéré comme temps de travail et payé à l'échéance normale.

Le temps passé par le secrétaire et les membres du bureau aux séances du comité et aux réunions du bureau n'est pas déduit de ces cent vingt heures.

L'employeur qui entend contester l'usage fait du temps ainsi alloué saisit le juge judiciaire. – *[Anc. art. L. 439-16, al. 4.]*

Art. L. 2343-16 Le temps passé en réunion par les membres du comité d'entreprise européen est considéré comme temps de travail et payé à l'échéance normale. – *[Anc. art. L. 439-16, al. 5.]*

Art. L. 2343-17 Les documents communiqués aux représentants des salariés comportent une version en français. – *[Anc. art. L. 439-16, al. 5.]*

Art. L. 2343-18 Quatre ans après l'institution du comité d'entreprise européen dans les cas prévus par l'article L. 2343-1, celui-ci examine s'il convient de le renouveler ou d'engager des négociations en vue de la conclusion de l'accord mentionné aux articles L. 2342-2 et L. 2342-9.

Dans cette dernière hypothèse, les membres du comité forment le groupe spécial de négociation habilité à conclure l'accord mentionné au premier alinéa.

L'employeur convoque une réunion à cet effet dans un délai de six mois à compter du terme de quatre ans.

Le comité demeure en fonction tant qu'il n'a pas été renouvelé ou remplacé. – *[Anc. art. L. 439-17, al. 3.]*

Les membres du comité d'entreprise européen sont désignés pour quatre ans par les organisations syndicales représentatives parmi leurs élus ou représentants syndicaux, en fonction des résultats aux dernières élections ; la composition du comité d'entreprise européen ne peut pas, dès lors, être modifiée en fonction d'élections postérieures à sa mise en place. • Soc. 21 janv. 2009 : ⚐ *RJS 2009. 315, n° 371 ; JCP S 2009. 1164, obs. Martinon.*

Art. L. 2343-19 Lorsqu'un groupe d'entreprises a mis en place un comité d'entreprise européen, l'accord mentionné à l'article L. 2342-2 ou un accord passé au sein du groupe peut décider d'un aménagement des conditions de fonctionnement du comité de groupe.

L'entrée en vigueur de l'accord est subordonnée à un vote favorable du comité de groupe. – *[Anc. art. L. 439-24, phrases 1 et 2.]*

CHAPITRE IV DISPOSITIONS COMMUNES AU GROUPE SPÉCIAL DE NÉGOCIATION ET AU COMITÉ INSTITUÉ EN L'ABSENCE D'ACCORD

SECTION 1 Répartition des sièges

Art. L. 2344-1 Le nombre de sièges au groupe spécial de négociation et au comité d'entreprise européen institué en l'absence d'accord ainsi que le nombre minimum et maximum de représentants du personnel au comité d'entreprise européen institué dans les mêmes conditions sont fixés par décret en Conseil d'État.

L'employeur et les représentants des salariés peuvent décider d'associer aux travaux du groupe spécial de négociation ou du comité d'entreprise européen des représentants des salariés employés dans des États autres que ceux mentionnés à l'article L. 2341-1. Ces membres associés n'ont pas le droit de vote au sein de l'instance considérée. – *[Anc. art. L. 439-18, al. 1er, 4 et 5.]*

SECTION 2 Désignation, élection et statut des membres

Art. L. 2344-2 Les membres du groupe spécial de négociation et les représentants des salariés des établissements ou des entreprises implantés en France au comité d'entreprise européen sont désignés par les organisations syndicales de salariés parmi leurs élus aux *(Ord. n° 2017-1386 du 22 sept. 2017, art. 4)* « comités sociaux et économiques » ou leurs représentants syndicaux dans l'entreprise ou le groupe, à partir des résultats des dernières élections.

Il en va de même des représentants des salariés des établissements ou entreprises situés en France appartenant à une entreprise ou un groupe de dimension communautaire pour la constitution d'un groupe spécial de négociation ou d'un comité d'entreprise européen dans un État autre que la France.

Principe. Les dispositions de l'art. L. 439-19 [L. 2344-2 nouv.] ne permettent pas de modifier la composition du groupe spécial de négociation en fonction des résultats des scrutins intervenus postérieurement à sa mise en place. • Cass., avis, 21 oct. 2005, 🔔 n° 05-00.024 P : *D. 2005. IR 2897* • Soc. 21 janv. 2009 : 🔔 *JCP S 2009. 1164, obs. Martinon.*

Art. L. 2344-3 Pour les établissements ou entreprises implantés en France, les sièges sont répartis entre les collèges proportionnellement à l'importance numérique de chacun d'entre eux.

Les sièges affectés à chaque collège sont répartis entre les organisations syndicales proportionnellement au nombre d'élus qu'elles ont obtenu dans ces collèges, selon la règle de la représentation proportionnelle au plus fort reste. — [*Anc. art. L. 439-19, al. 2.*]

Art. L. 2344-4 Pour les établissements ou les entreprises implantés dans un des États mentionnés à l'article L. 2341-1, autre que la France, les membres du groupe spécial de négociation et les représentants des salariés au comité d'entreprise européen, mis en place en application de l'article L. 2343-1, sont élus ou désignés selon les règles ou usages en vigueur dans ces États. — [*Anc. art. L. 439-19, al. 3.*]

Art. L. 2344-5 Pour l'entreprise ou le groupe d'entreprises de dimension communautaire dont le siège social ou celui de l'entreprise dominante est implanté en France, lorsqu'il n'existe pas d'organisation syndicale, les représentants du personnel au groupe spécial de négociation ou au comité d'entreprise européen sont élus directement, selon les règles applicables au (*Ord. n° 2017-1386 du 22 sept. 2017, art. 4, en vigueur le 1ᵉʳ janv. 2018*) « comité social et économique ». — [*Anc. art. L. 439-20, phrase 1.*]

Art. L. 2344-6 Pour l'entreprise ou le groupe d'entreprise [*entreprises*] de dimension communautaire devant mettre en place un comité d'entreprise européen ou une procédure d'information et de consultation dans un des États autres que la France mentionnés à l'article L. 2341-1, les dispositions de l'article L. 2344-5 s'appliquent, lorsqu'il n'existe pas d'organisation syndicale, à l'établissement ou à l'entreprise implanté en France comprenant (*L. n° 2012-387 du 22 mars 2012, art. 43*) « au moins cinquante salariés ». — [*Anc. art. L. 439-20, phrase 2.*]

Art. L. 2344-7 Les contestations relatives à la désignation des membres du groupe spécial de négociation et des représentants au comité d'entreprise européen des salariés des établissements ou des entreprises implantés en France sont portées devant le juge judiciaire. — [*Anc. art. L. 439-19-1.*]

1. Tribunal compétent. Les contestations relatives à la désignation des membres du groupe spécial de négociation et des représentants au comité d'entreprise européen des salariés des établissements ou des entreprises implantés en France sont portées devant le tribunal de proximité (anciennement d'instance) du siège de l'entreprise ou de la filiale française dominante du groupe ; ces dispositions ne sont pas applicables dans les entreprises et groupes d'entreprises dans lesquels existait, à la date du 22 septembre 1996, un accord prévoyant pour l'ensemble des salariés des instances d'information, d'échange de vues et de dialogue à l'échelon communautaire ou dans lesquels les parties ont décidé de reconduire ces mêmes accords venus à expiration. • Soc. 4 nov. 2009 : 🔔 *D. 2009. AJ 2812* ✐ *; RJS 2010. 54, n° 62.*

2. Appel. Il ne résulte ni de l'art. L. 2344-7, ni d'aucun autre texte, que le jugement qui tranche une contestation relative à la désignation des représentants au comité d'entreprise européen est rendu en dernier ressort ; le tribunal ayant statué sur une demande indéterminée, sa décision est susceptible d'appel sur tous les chefs de demande qui sont fondés sur les mêmes faits. • Soc. 24 sept. 2008 : 🔔 *JCP S 2009. 1060, obs. Martinon ; RJS 2008. 998, n° 1206.*

Art. L. 2344-8 Les membres du groupe spécial de négociation et les membres du comité d'entreprise européen institué en vertu des dispositions de l'article L. 2343-1, ainsi que les experts qui les assistent, sont tenus :

1° Au secret professionnel pour toutes les questions relatives aux procédés de fabrication ;

2° A une obligation de discrétion à l'égard des informations présentant un caractère confidentiel et données comme telles par l'employeur. – [Anc. art. L. 439-21.]

Art. L. 2344-9 (Ord. n° 2011-1328 du 20 oct. 2011, art. 4) Les membres du groupe spécial de négociation et du comité d'entreprise européen institué en l'absence d'accord bénéficient, sans perte de salaire, des formations nécessaires à l'exercice de leur mandat.

CHAPITRE V SUPPRESSION DU COMITÉ

Art. L. 2345-1 Lorsque, du fait d'une baisse des effectifs, l'entreprise ou le groupe d'entreprises de dimension communautaire ne remplit plus les conditions de seuils mentionnées à l'article L. 2341-1, le comité d'entreprise européen, qu'il ait été institué ou non par accord, peut être supprimé par accord.

A défaut d'accord, l'autorité administrative peut autoriser la suppression du comité en cas de réduction importante et durable du personnel ramenant l'effectif au-dessous de ces seuils. – [Anc. art. L. 439-22.]

V. art. R. 2345-1.

Art. L. 2345-2 Lorsqu'un groupe d'entreprises a mis en place un comité d'entreprise européen, l'accord mentionné à l'article L. 2342-2 ou un accord passé au sein du groupe peut décider de la suppression du comité de groupe. L'entrée en vigueur de l'accord est subordonnée à un vote favorable du comité de groupe.

En cas de suppression du comité de groupe, les dispositions des articles L. 2332-1, L. 2332-2 et L. 2334-4 sont applicables au comité d'entreprise européen. – [Anc. art. L. 439-24, al. 1er, phrase 3.]

CHAPITRE VI DISPOSITIONS PÉNALES

Art. L. 2346-1 Le fait d'apporter une entrave soit à la constitution d'un groupe spécial de négociation, d'un comité d'entreprise européen ou à la mise en œuvre d'une procédure d'information et de consultation, soit à la libre désignation de leurs membres (Abrogé par L. n° 2015-990 du 6 août 2015, art. 262) « , soit à leur *fonctionnement régulier* », notamment par la méconnaissance des articles L. 2342-1 à L. 2342-7 et L. 2343-1, est puni d'un emprisonnement d'un an et d'une amende de (L. n° 2015-990 du 6 août 2015, art. 262) « 7 500 €.

« Le fait d'apporter une entrave à leur fonctionnement régulier est puni d'une amende de 7 500 €. »

RÉP. TRAV. v° *Entrave aux institutions représentatives des salariés et à l'exercice du droit syndical*, par AMAUGER-LATTES.

BIBL. ▶ GODARD, JCP E 1997. I. 645, n°s 1 s.

TITRE V IMPLICATION DES SALARIÉS DANS LA SOCIÉTÉ EUROPÉENNE ET COMITÉ DE LA SOCIÉTÉ EUROPÉENNE

COMMENTAIRE

V. sur le Code en ligne 🔒.

CHAPITRE I DISPOSITIONS GÉNÉRALES

Art. L. 2351-1 Les dispositions du présent titre s'appliquent :

1° Aux sociétés européennes ayant leur siège en France constituées conformément au règlement (CE) n° 2157/2001 du Conseil du 8 octobre 2001 relatif au statut de la société européenne (SE) ;

2° Aux sociétés participant à la constitution d'une société européenne et ayant leur siège en France ;

3° Aux filiales et établissements situés en France d'une société européenne située dans un autre État membre de la Communauté européenne ou de l'Espace économique européen. – [Anc. art. L. 439-25, al. 1er.]

INSTITUTIONS REPRÉSENTATIVES **Art. L. 2352-2** 933

Art. L. 2351-2 Lorsqu'une société européenne mentionnée à l'article L. 2351-1 est une entreprise de dimension communautaire ou un groupe d'entreprises de dimension communautaire au sens de l'article L. 2341-2, les dispositions du titre IV relatif au comité d'entreprise européen ou à la procédure d'information et de consultation dans les entreprises de dimension communautaire ne sont applicables ni à la société européenne ni à ses filiales. – *[Anc. art. L. 439-43, al. 1er.]*

Art. L. 2351-3 Les modalités de l'implication des salariés dans la société européenne recouvrent l'information, la consultation et, le cas échéant, la participation.

Elles sont arrêtées par accord conclu entre les dirigeants des sociétés participantes et les représentants des salariés conformément aux dispositions du présent titre.

A défaut d'accord, ces modalités sont arrêtées conformément aux dispositions du chapitre III. – *[Anc. art. L. 439-25, al. 2.]*

Art. L. 2351-4 On entend par information celle fournie par l'organe dirigeant de la société européenne à l'organe représentant les salariés sur les questions qui soit concernent la société européenne elle-même et toute filiale ou tout établissement situé dans un autre État membre, soit excèdent les pouvoirs des instances de décision situées dans un État membre.

Cette information se fait selon des modalités permettant aux représentants des salariés d'en évaluer l'incidence éventuelle et, le cas échéant, de préparer des consultations avec l'organe compétent de la société européenne. – *[Anc. art. L. 439-25, al. 3.]*

Art. L. 2351-5 On entend par consultation l'instauration d'un dialogue et d'un échange de vues entre l'organe représentant les salariés ou les représentants des salariés et l'organe compétent de la société européenne selon des modalités permettant aux représentants des salariés, à partir des informations fournies, d'exprimer un avis sur les mesures envisagées par l'organe compétent.

Cet avis peut être pris en considération dans le cadre du processus décisionnel au sein de la société européenne. – *[Anc. art. L. 439-25, al. 4.]*

Art. L. 2351-6 On entend par participation l'influence exercée par l'organe représentant les salariés ou par les représentants des salariés sur les affaires d'une société sous les formes suivantes :

– soit en exerçant leur droit d'élire ou de désigner certains membres de l'organe de surveillance ou d'administration de la société ;

– soit en exerçant leur droit de recommander la désignation d'une partie ou de l'ensemble des membres de l'organe de surveillance ou d'administration de la société ou de s'y opposer. – *[Anc. art. L. 439-25, al. 5 à 7.]*

Art. L. 2351-7 Le décompte des effectifs des sociétés participantes, filiales ou établissements concernés situés en France s'effectue conformément aux dispositions de l'article L. 1111-2. – *[Anc. art. L. 439-44.]*

CHAPITRE II IMPLICATION DES SALARIÉS DANS LA SOCIÉTÉ EUROPÉENNE PAR ACCORD DU GROUPE SPÉCIAL DE NÉGOCIATION

SECTION 1 Groupe spécial de négociation

SOUS-SECTION 1 Mise en place et objet

Art. L. 2352-1 Un groupe spécial de négociation est institué dès que possible après la publication du projet de fusion ou de constitution de la holding ou après l'adoption d'un projet de constitution d'une filiale ou de transformation en une société européenne.

Il est doté de la personnalité juridique. – *[Anc. art. L. 439-26, al. 1er, phrase 2, et al. 2.]*

V. art. D. 2351-1 s.

Art. L. 2352-2 Le groupe spécial de négociation détermine avec les dirigeants des sociétés participant à la création de la société européenne ou leurs représentants, par un accord écrit, les modalités de l'implication des salariés au sein de la société européenne mentionnées à l'article L. 2351-3. — *[Anc. art. L. 439-26, al. 1ᵉʳ, phrase 1.]*

SOUS-SECTION 2 **Désignation, élection et statut des membres**

Art. L. 2352-3 Les sièges au sein du groupe spécial de négociation sont répartis entre les États membres en proportion du nombre de salariés employés dans chacun de ces États par rapport aux effectifs des sociétés participantes et des filiales ou établissements concernés dans l'ensemble des États membres. Leur nombre est fixé par décret en Conseil d'État.

A l'issue de la répartition ainsi opérée, le nombre de salariés que chaque membre du groupe spécial de négociation représente est déterminé aux fins de procéder aux calculs et votes mentionnés à l'article L. 2352-13. — *[Anc. art. L. 439-27, al. 1ᵉʳ et 12.]*

V. art. R. 2345-1 et R. 2352-5 s.

Art. L. 2352-4 Lorsqu'une société européenne se constitue par voie de fusion et qu'au moins une société participante perd son existence juridique propre et n'est pas représentée directement par un membre du groupe spécial de négociation, ce dernier comprend, outre les sièges alloués conformément à l'article L. 2352-3, un ou plusieurs sièges supplémentaires.

Toutefois, quel que soit le nombre de sociétés en cause, le nombre de membres supplémentaires ne peut excéder 20 % du nombre total de membres déterminé par application de l'article L. 2352-3. Si les sièges supplémentaires sont en nombre inférieur au nombre de sociétés perdant leur existence juridique propre et n'ayant aucun salarié désigné membre du groupe spécial de négociation, ils sont attribués à ces sociétés selon l'ordre décroissant de leurs effectifs. Si cet ordre comporte successivement deux sociétés ayant leur siège social dans le même État, le siège supplémentaire suivant est attribué à la société qui a l'effectif immédiatement inférieur dans un État différent.

Il est procédé, selon des modalités fixées par décret, à la détermination du nombre de salariés représentés par chaque membre du groupe spécial de négociation. — *[Anc. art. L. 439-28.]*

Art. L. 2352-5 Les membres du groupe spécial de négociation sont désignés par les organisations syndicales de salariés parmi leurs élus aux *(Ord. nº 2017-1386 du 22 sept. 2017, art. 4)* « comités sociaux et économiques » ou leurs représentants syndicaux, sur la base des résultats des dernières élections.

Il en va de même des représentants des salariés des sociétés participantes, filiales ou établissements concernés situés en France et relevant d'une société européenne située dans un État autre que la France.

Pour les sociétés situées en France, les sièges sont répartis entre les collèges proportionnellement à l'importance numérique de chacun d'entre eux. Les sièges affectés à chaque collège sont répartis selon la règle de la représentation proportionnelle au plus fort reste entre les organisations syndicales, proportionnellement au nombre d'élus qu'elles ont obtenu dans ces collèges.

Les membres du groupe spécial de négociation désignés par les sociétés participantes implantées dans un des États membres autre que la France sont élus ou désignés selon les règles en vigueur dans chaque État membre.

La désignation de ces membres est notifiée par l'organisation syndicale à l'employeur dans des conditions déterminées par voie réglementaire. — *[Anc. art. L. 439-29.]* — V. art. D. 2352-8 s.

Art. L. 2352-6 Lorsqu'il n'existe pas d'organisation syndicale dans la société européenne dont le siège social se trouve en France, les représentants du personnel au groupe spécial de négociation sont élus directement selon les règles applicables au *(Ord. nº 2017-1386 du 22 sept. 2017, art. 4)* « comité social et économique ».

Il en va de même lorsqu'il n'existe pas d'organisation syndicale dans l'établissement ou l'entreprise implanté en France et appartenant à une société européenne. — *[Anc. art. L. 439-30.]*

Art. L. 2352-7 Si des changements substantiels interviennent durant les négociations, notamment un transfert de siège, une modification de la composition de la société européenne ou une modification dans les effectifs susceptible d'entraîner une modification dans la répartition des sièges d'un ou plusieurs États membres au sein du groupe spécial de négociation, la composition de ce dernier est modifiée en conséquence. — [Anc. art. L. 439-31, al. 6.]

Art. L. 2352-8 Les contestations relatives à la désignation des membres du groupe spécial de négociation et des représentants des salariés au comité de la société européenne dont le siège se situe en France, ainsi que des salariés des sociétés participantes, des établissements ou filiales implantés en France sont portées devant le juge judiciaire. — [Anc. art. L. 439-45, al. 1er début.]

V. art. R. 2352-18 s.

SOUS-SECTION 3 Fonctionnement

Art. L. 2352-9 Les dirigeants des sociétés participant à la constitution de la société européenne invitent le groupe spécial de négociation à se réunir et communiquent à cet effet aux représentants du personnel et aux dirigeants des établissements et filiales concernés, qui en l'absence de représentants du personnel en informent directement les salariés, l'identité des sociétés participantes ainsi que le nombre de salariés qu'elles comprennent.

Les négociations débutent dès que le groupe spécial de négociation est constitué. Elles peuvent se poursuivre pendant les six mois qui suivent, sauf si les parties décident, d'un commun accord, de prolonger ces négociations dont la durée totale ne peut dépasser un an.

Durant cette période, le groupe spécial de négociation est régulièrement informé du processus de création de la société européenne. — [Anc. art. L. 439-31, al. 1er à 3.]

V. art. D. 2352-14.

Art. L. 2352-10 Le temps passé en réunion par les membres du groupe spécial de négociation est considéré comme temps de travail et payé à l'échéance normale. — [Anc. art. L. 439-31, al. 4, phrase 1.]

Art. L. 2352-11 Les dépenses nécessaires à la bonne exécution de la mission du groupe spécial de négociation sont à la charge des sociétés participantes. — [Anc. art. L. 439-31, al. 4, phrase 2.]

Art. L. 2352-12 Pour négocier, le groupe spécial de négociation peut être assisté d'experts de son choix à tout niveau qu'il estime approprié. Ces experts participent aux réunions du groupe à titre consultatif.

L'ensemble des sociétés participantes prend en charge les dépenses relatives aux négociations et à l'assistance d'un seul expert. — [Anc. art. L. 439-31, al. 5.]

Art. L. 2352-13 Le groupe spécial de négociation prend ses décisions à la majorité absolue de ses membres, laquelle doit également représenter la majorité absolue des salariés des sociétés participantes, des filiales et établissements concernés.

Par dérogation à ces dispositions, la décision de ne pas entamer les négociations ou de clore des négociations déjà entamées et (L. n° 2008-89 du 30 janv. 2008) « d'appliquer » la réglementation relative à l'information et à la consultation dans les États membres où la société européenne emploie des salariés, est prise à la majorité des deux tiers des membres du groupe spécial de négociation, issus d'au moins deux États membres et à la condition qu'ils représentent au moins les deux tiers des salariés des sociétés participantes, des filiales et établissements concernés. Dans ce cas, les dispositions prévues par le chapitre III ne sont pas applicables. Une telle décision ne peut être prise dans le cas d'une société européenne constituée par transformation, lorsqu'il existe un système de participation dans la société qui doit être transformée.

Lorsque la participation concerne une proportion du nombre total des salariés employés par les sociétés participantes d'au moins 25 % en cas de constitution d'une société européenne par fusion, et d'au moins 50 % en cas de constitution par holding ou filiale commune, et lorsque le groupe spécial de négociation envisage de fixer un nombre ou une proportion des membres de l'organe de surveillance ou d'administration par lesquels les salariés exercent leurs droits à participation à un niveau inférieur à celui qui était le plus élevé au sein de l'une des sociétés participantes, la décision est prise dans les conditions de majorité prévues au deuxième alinéa. — [Anc. art. L. 439-33.]

V. art. D. 2352-16.

Art. L. 2352-14 Aucun salarié ne peut être sanctionné ou licencié en raison de l'exercice du droit prévu par l'article L. 2352-13. Toute décision ou tout acte contraire est nul de plein droit. – *[Anc. art. L. 439-47, al. 2.]*

Art. L. 2352-15 Les membres du groupe spécial de négociation ainsi que les experts qui les assistent sont tenus au secret professionnel et à l'obligation de discrétion prévus à l'article L. 2325-5. – *[Anc. art. L. 439-46, début.]*

SECTION 2 **Contenu de l'accord**

Art. L. 2352-16 Sous réserve des dispositions du deuxième alinéa de l'article L. 2352-13, les dirigeants de chacune des sociétés participantes et le groupe spécial de négociation négocient en vue de parvenir à un accord qui détermine :
 1° Les sociétés participantes, les établissements et filiales concernés par l'accord ;
 2° La composition, le nombre de membres et la répartition des sièges de l'organe de représentation qui est l'interlocuteur de l'organe dirigeant de la société européenne pour l'information et la consultation des salariés de la société européenne et de ses filiales ou établissements ;
 3° Les attributions et la procédure prévue pour l'information et la consultation de l'organe de représentation ;
 4° La fréquence des réunions de l'organe de représentation ;
 5° Les ressources financières et matérielles à allouer à l'organe de représentation ;
 6° Les modalités de mise en œuvre de procédures d'information et de consultation lorsque celles-ci ont été instituées, par accord entre les parties, en lieu et place d'un organe de représentation ;
 7° La date d'entrée en vigueur de l'accord et sa durée, les cas dans lesquels l'accord doit être renégocié et la procédure pour sa renégociation. – *[Anc. art. L. 439-32, al. 1er à 7 et 9.]*

Art. L. 2352-17 Si, au cours des négociations, les parties décident de fixer des modalités de participation, l'accord détermine la teneur de ces dispositions y compris, le cas échéant, le nombre de membres de l'organe d'administration ou de surveillance de la société européenne que les salariés ont le droit d'élire, de désigner, de recommander ou à la désignation desquels ils peuvent s'opposer, les procédures à suivre pour que les salariés puissent élire, désigner ou recommander ces membres ou s'opposer à leur désignation, ainsi que leurs droits. – *[Anc. art. L. 439-32, al. 8.]*

Art. L. 2352-18 Lorsque la société européenne est constituée par transformation, l'accord prévoit un niveau d'information, de consultation et de participation au moins équivalent à celui qui existe dans la société devant être transformée en société européenne. – *[Anc. art. L. 439-32, al. 10.]*

Art. L. 2352-19 Lorsqu'il existe au sein des sociétés participantes plusieurs formes de participation, le groupe spécial de négociation qui décide de mettre en œuvre les modalités de participation prévues à l'article L. 2352-17 choisit au préalable, dans les conditions prévues à l'article L. 2352-13, laquelle de ces formes est appliquée au sein de la société européenne. – *[Anc. art. L. 439-32, al. 11.]*

Art. L. 2352-20 Les dirigeants des sociétés participantes et le groupe spécial de négociation peuvent décider, par accord, d'appliquer les dispositions de références relatives à la mise en place du comité de la société européenne prévues au chapitre III. – *[Anc. art. L. 439-32, al. 12.]*

CHAPITRE III **COMITÉ DE LA SOCIÉTÉ EUROPÉENNE ET PARTICIPATION DES SALARIÉS EN L'ABSENCE D'ACCORD**

SECTION 1 **Comité de la société européenne**

SOUS-SECTION 1 **Mise en place**

Art. L. 2353-1 Un comité de la société européenne est institué lorsque, à l'issue de la période de négociation prévue à l'article L. 2352-9, aucun accord n'a été conclu et que le groupe spécial de négociation n'a pas pris la décision mentionnée à l'article L. 2352-13. – *[Anc. art. L. 439-35, al. 1er, début.]*

INSTITUTIONS REPRÉSENTATIVES Art. L. 2353-9 937

Art. L. 2353-2 Dans le cas prévu à l'article L. 2353-1, l'immatriculation de la société européenne ne peut intervenir que si les parties décident de mettre en œuvre les dispositions du présent chapitre ainsi que du chapitre IV ou que si les dirigeants des sociétés participantes s'engagent à en faire application. — *[Anc. art. L. 439-34.]*

V. art. D. 2353-1.

SOUS-SECTION 2 Attributions

Art. L. 2353-3 La compétence du comité de la société européenne est limitée aux questions concernant la société européenne elle-même ou toute filiale ou tout établissement situé dans un autre État membre, ou excédant les pouvoirs des instances de décision dans un seul État membre. — *[Anc. art. L. 439-35, al. 2.]*

Art. L. 2353-4 Le comité de la société européenne se réunit au moins une fois par an.
La réunion annuelle porte notamment sur :
1° La situation économique et financière de la société européenne, de ses filiales et établissements ;
2° L'évolution probable des activités ;
3° La production et les ventes ;
4° La situation et l'évolution probable de l'emploi ;
5° Les investissements ;
6° Les changements substantiels intervenus concernant l'organisation, l'introduction de nouvelles méthodes de travail ou de nouveaux procédés de production ;
7° Les transferts de production ;
8° Les fusions ;
9° La réduction de taille ou la fermeture d'entreprises ou de parties de celles-ci ;
10° Les licenciements collectifs. — *[Anc. art. L. 439-39, al. 1er début et al. 5.]*

Art. L. 2353-5 Lorsque surviennent des circonstances exceptionnelles affectant considérablement les intérêts des salariés, notamment en cas de délocalisation, de fermeture d'entreprise ou d'établissement ou de licenciement collectif, le comité de la société européenne ou, s'il en décide ainsi, le bureau, est de plein droit réuni, s'il en fait la demande, par le dirigeant de la société européenne afin d'être informé et consulté sur les mesures affectant considérablement les intérêts des salariés. — *[Anc. art. L. 439-39, al. 6.]*

Art. L. 2353-6 Le dirigeant de la société européenne qui décide de lancer une offre publique d'acquisition sur une entreprise peut n'informer le comité de la société européenne qu'une fois l'offre rendue publique.
Dans ce cas, il réunit le comité dans les huit jours suivant la publication de l'offre en vue de lui transmettre des informations écrites et précises sur le contenu de l'offre et sur les conséquences qu'elle est susceptible d'entraîner sur l'emploi. — *[Anc. art. L. 439-39, al. 9.]*

SOUS-SECTION 3 Composition

Art. L. 2353-7 Le comité de la société européenne est composé :
1° Du dirigeant de la société européenne ou de son représentant, assisté de deux collaborateurs de son choix ayant voix consultative ;
2° De représentants du personnel des sociétés participantes, filiales et établissements concernés, désignés conformément à l'article L. 2353-9. — *[Anc. art. L. 439-35, al. 1er fin.]*

Art. L. 2353-8 Le nombre de sièges du comité de la société européenne est fixé conformément aux dispositions de l'article L. 2352-3. — *[Anc. art. L. 439-36.]*

Art. L. 2353-9 Les membres du comité de la société européenne représentant le personnel des sociétés participantes, filiales et établissements concernés implantés en France et relevant d'une société européenne dont le siège social est situé en France sont désignés conformément aux dispositions de l'article L. 2352-5. — *[Anc. art. L. 439-37.]*

Art. L. 2353-10 Lorsqu'il n'existe pas d'organisation syndicale dans la société européenne dont le siège social se trouve en France, les représentants du personnel au comité de la société européenne sont élus directement selon les règles applicables au (Ord. n° 2017-1386 du 22 sept. 2017, art. 4) « comité social et économique ».

Il en va de même lorsqu'il n'existe pas d'organisation syndicale dans l'établissement ou l'entreprise implanté en France et appartenant à une société européenne. — *[Anc. art. L. 439-38.]*

Art. L. 2353-11 Les contestations relatives à la désignation des représentants des salariés au comité de la société européenne dont le siège se situe en France, ainsi que des salariés des sociétés participantes, des établissements ou filiales implantés en France sont portées devant le juge judiciaire. — *[Anc. art. L. 439-45, al. 1er fin.]*

Art. L. 2353-12 Les modifications de la composition du comité de la société européenne résultant des changements intervenus dans la structure ou la dimension de la société européenne peuvent être décidées par accord passé en son sein. — *[Anc. art. L. 439-41, al. 2, phrase 3.]*

SOUS-SECTION 4 Fonctionnement

Art. L. 2353-13 Le comité de la société européenne a la personnalité juridique.

Il est présidé par le dirigeant de la société européenne.

Le comité désigne un secrétaire.

Il élit un bureau de trois membres lorsqu'il comprend au moins dix représentants du personnel. — *[Anc. art. L. 439-35, al. 3 et al. 4, phrases 2 et 3.]*

V. art. R. 2353-4.

Art. L. 2353-14 Le comité de la société européenne prend ses décisions par un vote à la majorité de ses membres. — *[Anc. art. L. 439-35, al. 4, phrase 1.]*

Art. L. 2353-15 Le comité de la société européenne adopte un règlement intérieur qui fixe ses modalités de fonctionnement.

Ce règlement intérieur peut organiser la prise en compte des répercussions, sur le comité, des changements intervenus dans la structure ou la dimension de la société européenne. L'examen de tels changements peut intervenir à l'occasion de la réunion annuelle du comité de la société européenne. — *[Anc. art. L. 439-41, al. 1er et 2, phrases 1 et 2.]*

Art. L. 2353-16 La réunion annuelle du comité de la société européenne est provoquée sur convocation de son président, à partir de rapports réguliers établis par celui-ci. Ces rapports retracent l'évolution des activités de la société européenne et ses perspectives.

Les directeurs des filiales et établissements constituant la société européenne sont informés de ces rapports. — *[Anc. art. L. 439-39, al. 1er fin.]*

Art. L. 2353-17 L'ordre du jour des réunions du comité de la société européenne est arrêté par le président et le secrétaire.

Il est communiqué aux membres du comité au moins quinze jours avant la date de la réunion.

A défaut d'accord sur le contenu de l'ordre du jour de la réunion obligatoire, celui-ci est fixé par le président ou le secrétaire et communiqué aux membres du comité au moins dix jours avant la date de la réunion.

Le dirigeant de la société européenne fournit au comité l'ordre du jour des réunions de l'organe d'administration ou de surveillance ainsi que des copies de tous les documents soumis à l'assemblée générale des actionnaires. — *[Anc. art. L. 439-39, al. 2 et 3.]*

Art. L. 2353-18 Avant toute réunion, les représentants des salariés au comité de la société européenne ou, le cas échéant, son bureau, sont habilités à se réunir en l'absence de son président. — *[Anc. art. L. 439-39, al. 4.]*

Art. L. 2353-19 Lorsque la direction décide de ne pas suivre l'avis exprimé par le comité de la société européenne, ce dernier est de plein droit réuni de nouveau, s'il en fait la demande, par le dirigeant, pour tenter de parvenir à un accord. — *[Anc. art. L. 439-39, al. 7.]*

Art. L. 2353-20 Lorsqu'une réunion est organisée avec le bureau, les membres du comité de la société européenne représentant des salariés directement concernés par les mesures en question peuvent participer à cette réunion. — *[Anc. art. L. 439-39, al. 8.]*

Art. L. 2353-21 Les documents communiqués aux représentants des salariés comportent au moins une version en français. — *[Anc. art. L. 439-40, al. 4.]*

Art. L. 2353-22 Le comité de la société européenne et son bureau peuvent être assistés d'experts de leur choix à tout niveau qu'ils estiment approprié, pour autant que ce soit nécessaire à l'accomplissement de leurs tâches.

Les frais afférents à l'intervention d'un seul expert sont pris en charge par la société européenne dans le cadre de la réunion annuelle prévue à l'article L. 2353-4. — *[Anc. art. L. 439-40, al. 1er, phrases 1 et 2.]*

Art. L. 2353-23 Les représentants du personnel siégeant au comité de la société européenne informent les représentants du personnel des établissements et filiales de la société européenne ou, à défaut, l'ensemble des salariés, de la teneur et des résultats des travaux de ce comité, dans le respect du secret professionnel et de l'obligation de discrétion prévus à l'article L. 2325-5. — *[Anc. art. L. 439-35, al. 5.]*

Art. L. 2353-24 Les dépenses de fonctionnement du comité de la société européenne et de son bureau sont prises en charge par la société européenne qui dote les représentants du personnel des ressources financières et matérielles nécessaires pour leur permettre de s'acquitter de leur mission d'une manière appropriée.

La société européenne prend également en charge les frais d'organisation des réunions et d'interprétariat ainsi que les frais de séjour et de déplacement des membres du comité et du bureau. — *[Anc. art. L. 439-40, al. 1er, phrases 3 et 4.]*

Art. L. 2353-25 Le secrétaire et les membres du comité de la société européenne et de son bureau disposent du temps nécessaire à l'exercice de leurs fonctions dans la limite d'une durée qui, sauf circonstances exceptionnelles, ne peut excéder cent vingt heures annuelles pour chacun d'entre eux.

Ce temps est considéré comme temps de travail et payé à l'échéance normale.

Le dirigeant de la société européenne qui entend contester l'usage fait du temps ainsi alloué saisit le juge judiciaire.

Le temps passé par le secrétaire et les membres du comité et de son bureau aux séances du comité de la société européenne et aux réunions du bureau n'est pas déduit de ces cent vingt heures. — *[Anc. art. L. 439-40, al. 2.]*

Art. L. 2353-26 Les membres du comité de la société européenne ainsi que les experts qui les assistent sont tenus au secret professionnel et à l'obligation de discrétion prévus à l'article L. 2325-5. — *[Anc. art. L. 439-46 fin.]*

Art. L. 2353-27 Les membres du comité de la société européenne ont droit à un congé de formation dans les conditions fixées à l'article L. 2325-44. — *[Anc. art. L. 439-40, al. 3.]*

Art. L. 2353-27-1 (*L. n° 2015-994 du 17 août 2015, art. 17-I*) Le recours à la visioconférence pour réunir le comité de la société européenne peut être autorisé par accord entre le président et les représentants du personnel siégeant au comité. En l'absence d'accord, ce recours est limité à trois réunions par année civile. Un décret détermine les conditions dans lesquelles le comité de la société européenne peut, dans ce cadre, procéder à un vote à bulletin secret. — *V. art. D. 2353-6 et D. 2325-1-1 s.*

SECTION 2 Participation des salariés au conseil d'administration et de surveillance

Art. L. 2353-28 Lorsque aucun accord n'a été conclu et que le groupe spécial de négociation n'a pas pris la décision prévue au deuxième alinéa de l'article L. 2352-13, la participation des salariés dans la société européenne est régie par les dispositions suivantes :

1° Dans le cas d'une société européenne constituée par transformation, s'il existe un système de participation des salariés dans l'organe d'administration ou de surveillance avant l'immatriculation, tous les éléments de la participation des salariés continuent de s'appliquer à la société européenne ;

2° Dans les autres cas de constitution d'une société européenne, et lorsque la participation au sein des sociétés participant à la constitution de la société européenne atteint les seuils fixés au troisième alinéa de l'article L. 2352-13, la forme applicable de participation des salariés au conseil d'administration ou au conseil de surveillance, selon le cas, est déterminée après examen des différents systèmes nationaux existant au sein de chacune des sociétés participantes concernées avant l'immatriculation de la société européenne. – *[Anc. art. L. 439-42, al. 1er à 3.]*

Art. L. 2353-29 Si une seule forme de participation existe au sein des sociétés participantes, ce système est appliqué à la société européenne en retenant pour sa mise en place la proportion ou, selon le cas, le nombre le plus élevé de membres concernés par les droits à participation au sein de l'organe d'administration ou de surveillance.

Si plusieurs formes de participation existent au sein des sociétés participantes, le groupe spécial de négociation détermine laquelle de ces formes est instaurée dans la société européenne. – *[Anc. art. L. 439-42, al. 4 et 5.]*

Art. L. 2353-30 A défaut d'accord du groupe spécial de négociation sur le choix de la forme de participation, les dirigeants déterminent la forme de participation applicable.

Il est toujours retenu, pour la mise en place du système applicable, la proportion ou le nombre le plus élevé de membres de l'organe d'administration ou de surveillance concernés par les droits à participation. – *[Anc. art. L. 439-42, al. 6 et 7.]*

Art. L. 2353-31 Lorsque la forme de participation applicable consiste en la recommandation ou l'opposition à la désignation de membres du conseil d'administration ou du conseil de surveillance, le comité de la société européenne détermine les conditions dans lesquelles s'exerce cette forme de participation.

Lorsque la forme de participation choisie consiste en l'élection (*L. n° 2008-89 du 30 janv. 2008*) « de membres du conseil d'administration ou, le cas échéant, du conseil de surveillance », la procédure se déroule conformément aux dispositions des articles L. 225-28 à L. 225-34 et L. 225-80 du code de commerce, exception faite de l'exigence de territorialité prévue au premier alinéa de l'article L. 225-28. – *[Anc. art. L. 439-42, al. 8 et 9.]*

Art. L. 2353-32 Dès lors que le nombre de sièges au sein de l'organe de gestion concerné a été déterminé dans les conditions prévues à l'article L. 2353-31, le comité de la société européenne veille à leur répartition, proportionnellement au nombre de salariés de la société européenne employés dans chaque État membre.

Par dérogation à ces dispositions, le comité assure, dans la mesure du possible, à chaque État membre disposant d'un système de participation avant l'immatriculation de la société européenne l'attribution d'au moins un siège. – *[Anc. art. L. 439-42, al. 10 et 11.]*

CHAPITRE IV DISPOSITIONS APPLICABLES POSTÉRIEUREMENT À L'IMMATRICULATION DE LA SOCIÉTÉ EUROPÉENNE

Art. L. 2354-1 Lorsqu'une société européenne est immatriculée, l'accord mentionné à l'article L. 2352-16 ou un accord collectif conclu au niveau approprié peut décider de la suppression ou d'un aménagement des conditions de fonctionnement, éventuellement sous la forme d'une redéfinition de leur périmètre national d'intervention, des institutions représentatives du personnel qui auraient vocation à disparaître du fait de la perte de l'autonomie juridique d'une ou de plusieurs sociétés participantes situées en France, après immatriculation de la société européenne. – *[Anc. art. L. 439-43, al. 2.]*

Art. L. 2354-2 Quatre ans après l'institution du comité de la société européenne, celui-ci examine s'il convient d'engager des négociations en vue de conclure l'accord dans les conditions définies au chapitre II. A cet effet, le dirigeant de la société européenne convoque une réunion du comité dans un délai de six mois à compter du terme de quatre ans.

Pour mener ces négociations, le comité fait office de groupe spécial de négociation.

Le comité demeure en fonction tant qu'il n'a pas été renouvelé ou remplacé. — *[Anc. art. L. 439-48.]*

Art. L. 2354-3 Lorsque le groupe spécial de négociation a pris la décision prévue à l'article L. 2352-13, il est convoqué par le dirigeant de la société européenne à la demande écrite d'au moins 10 % des salariés de la société européenne, de ses filiales et établissements ou de leurs représentants, au plus tôt deux ans après la date de cette décision, à moins que les parties ne conviennent de rouvrir les négociations plus rapidement.

En cas d'échec des négociations, les dispositions du chapitre III ne sont pas applicables. — *[Anc. art. L. 439-49.]*

Art. L. 2354-4 Si, après l'immatriculation de la société européenne, des changements interviennent dans la structure de l'entreprise, la localisation de son siège ou le nombre de travailleurs qu'elle occupe et qu'ils sont susceptibles d'affecter substantiellement la composition du comité de la société européenne ou les modalités d'implication des travailleurs telles qu'arrêtées par l'accord issu des négociations engagées avant l'immatriculation de la société européenne ou en application de l'article L. 2353-28 et suivants, une nouvelle négociation est engagée dans les conditions prévues par le chapitre II.

Dans ce cas, l'échec des négociations entraîne l'application des dispositions des articles L. 2353-2 et suivants. — *[Anc. art. L. 439-50, al. 1er et 2.]*

CHAPITRE V DISPOSITIONS PÉNALES

(L. n° 2008-89 du 30 janv. 2008)

Art. L. 2355-1 Le fait d'apporter une entrave soit à la constitution d'un groupe spécial de négociation ou d'un comité de la société européenne mis en place ou non par accord, soit à la libre désignation de leurs membres *(Abrogé par L. n° 2015-990 du 6 août 2015, art. 262)* « , soit à leur fonctionnement régulier » est puni d'un emprisonnement d'un an et d'une amende de *(L. n° 2015-990 du 6 août 2015, art. 262)* « 7 500 €.

« Le fait d'apporter une entrave à leur fonctionnement régulier est puni d'une amende de 7 500 €. »

RÉP. TRAV. v° *Entrave aux institutions représentatives des salariés et à l'exercice du droit syndical*, par AMAUGER-LATTES.

TITRE VI IMPLICATION DES SALARIÉS DANS LA SOCIÉTÉ COOPÉRATIVE EUROPÉENNE ET COMITÉ DE LA SOCIÉTÉ COOPÉRATIVE EUROPÉENNE

(L. n° 2008-89 du 30 janv. 2008)

> *COMMENTAIRE*
> V. sur le Code en ligne.

CHAPITRE I DISPOSITIONS GÉNÉRALES

Art. L. 2361-1 Le présent titre s'applique :

1° Aux sociétés coopératives européennes constituées conformément au règlement (CE) n° 1435/2003 du Conseil du 22 juillet 2003 relatif au statut de la société coopérative européenne et ayant leur siège social et leur administration centrale en France ;

2° Aux personnes morales ayant leur siège social en France et aux personnes physiques résidant en France qui participent à la constitution d'une société coopérative européenne ;

3° Aux filiales et établissements situés en France des sociétés coopératives européennes constituées dans un autre État membre de la Communauté européenne ou de l'Espace économique européen.

Art. L. 2361-2 Lorsqu'une société coopérative européenne mentionnée à l'article L. 2361-1 est une entreprise de dimension communautaire ou un groupe d'entreprises de dimension communautaire au sens de l'article L. 2341-2, le titre IV du présent livre relatif au comité d'entreprise européen ou à la procédure d'information et de consultation dans les entreprises de dimension communautaire n'est applicable ni à la société coopérative européenne ni à ses filiales.

Par dérogation au premier alinéa, lorsque le groupe spécial de négociation prend la décision de ne pas engager de négociation ou de clore des négociations déjà engagées, le même titre IV s'applique.

Art. L. 2361-3 Les modalités de l'implication des salariés recouvrent l'information, la consultation et, le cas échéant, la participation.

Elles sont arrêtées par accord conclu entre les dirigeants des personnes morales participantes ou les personnes physiques participantes et les représentants des salariés conformément aux dispositions du présent titre.

A défaut d'accord, ces modalités sont arrêtées conformément aux dispositions du chapitre III du présent titre.

Art. L. 2361-4 Les dispositions des articles L. 2351-4 à L. 2351-6 relatives à la définition de l'information, de la consultation et de la participation des salariés dans la société européenne et le comité de la société européenne sont applicables aux sociétés coopératives européennes et aux personnes morales et personnes physiques participantes ainsi qu'à leurs filiales ou établissements entrant dans le champ d'application du présent titre.

Art. L. 2361-5 Le décompte des effectifs des sociétés participantes, filiales ou établissements concernés situés en France est effectué conformément aux dispositions de l'article L. 1111-2.

Art. L. 2361-6 Les dispositions d'application du présent titre relatives à la procédure applicable aux litiges et aux informations transmises à l'inspection du travail en cas de constitution de la société coopérative européenne par fusion sont déterminées par décret en Conseil d'État.

CHAPITRE II IMPLICATION DES SALARIÉS DANS LA SOCIÉTÉ COOPÉRATIVE EUROPÉENNE PAR ACCORD DU GROUPE SPÉCIAL DE NÉGOCIATION

SECTION 1 Groupe spécial de négociation

SOUS-SECTION 1 Mise en place et objet

Art. L. 2362-1 Un groupe spécial de négociation est institué dès que possible après la publication du projet de fusion ou de transformation ou, s'agissant d'une société coopérative européenne constituée par tout autre moyen que la fusion de coopératives ou la transformation d'une coopérative, après l'adoption du projet de constitution de la société coopérative européenne.

Il est doté de la personnalité juridique.

V. art. D. 2361-1.

Art. L. 2362-2 Le groupe spécial de négociation détermine avec les dirigeants des personnes morales ou les personnes physiques participant à la création d'une société coopérative européenne ayant son siège social et son administration centrale en France, ou leurs représentants, par un accord écrit, les modalités de l'implication des salariés mentionnées à l'article L. 2361-3.

SOUS-SECTION 2 Désignation, élection et statut des membres

Art. L. 2362-3 Les dispositions des articles L. 2352-3 à L. 2352-8 relatives à la désignation, à l'élection et au statut des membres du groupe spécial de négociation s'appliquent à la société coopérative européenne.

SOUS-SECTION 3 Fonctionnement

Art. L. 2362-4 Les dirigeants des personnes morales et les personnes physiques participant à la constitution de la société coopérative européenne invitent le groupe spécial

INSTITUTIONS REPRÉSENTATIVES **Art. L. 2362-10** 943

de négociation à se réunir et communiquent à cet effet aux représentants du personnel et aux dirigeants des établissements et filiales concernés qui, en l'absence de représentants du personnel, en informent directement les salariés, l'identité des personnes morales participantes et, le cas échéant, des personnes physiques participantes ainsi que le nombre de salariés qu'elles emploient.

Les négociations débutent dès que le groupe spécial de négociation est constitué. Elles peuvent se poursuivre pendant les six mois qui suivent sauf si les parties décident, d'un commun accord, de prolonger ces négociations dont la durée totale ne peut dépasser un an.

Durant cette période, le groupe spécial de négociation est régulièrement informé du processus de création de la société coopérative européenne.

Le temps passé en réunion par les membres du groupe spécial de négociation est considéré comme temps de travail et payé à l'échéance normale.

V. art. D. 2362-14 s.

Art. L. 2362-5 Les dépenses nécessaires à la bonne exécution de la mission du groupe spécial de négociation sont à la charge des personnes participantes.

Art. L. 2362-6 Pour négocier, le groupe spécial de négociation peut être assisté d'experts de son choix à tout niveau qu'il estime approprié. Ces experts participent aux réunions du groupe à titre consultatif.

L'ensemble des personnes participant à la constitution de la société coopérative européenne prend en charge les dépenses relatives à la négociation et à l'assistance d'un seul expert.

Art. L. 2362-7 Le groupe spécial de négociation prend ses décisions à la majorité absolue de ses membres, laquelle doit représenter également la majorité absolue des salariés des personnes participantes ainsi que des filiales ou établissements concernés. *(L. n° 2008-649 du 3 juill. 2008)* « Chaque membre dispose d'une voix. »

Par dérogation au premier alinéa, la décision de ne pas engager les négociations ou de clore des négociations déjà engagées et d'appliquer la réglementation relative à l'information et à la consultation en vigueur dans les États membres où la société coopérative européenne emploie des salariés est prise à la majorité des deux tiers des membres du groupe spécial de négociation, issus d'au moins deux États membres et à la condition qu'ils représentent au moins les deux tiers des salariés des personnes participantes ainsi que des filiales et établissements concernés. Dans ce cas, le chapitre III du présent titre n'est pas applicable. Une telle décision ne peut être prise dans le cas d'une société coopérative européenne constituée par transformation lorsqu'il existe un système de participation dans la coopérative qui doit être transformée.

Lorsque la participation concerne au moins 25 % du nombre total de salariés des personnes participantes en cas de constitution d'une société coopérative européenne par voie de fusion, ou au moins 50 % de ce nombre total en cas de constitution par tout autre moyen, à l'exception du cas prévu au premier alinéa de l'article L. 2362-12, la majorité requise est celle prévue au deuxième alinéa du présent article si le groupe spécial de négociation envisage de fixer un nombre ou une proportion des membres de l'organe de surveillance ou d'administration par lesquels les salariés exercent leurs droits à participation à un niveau inférieur à celui qui était le plus élevé au sein de l'une des entités participantes.

V. art. D. 2362-16.

Art. L. 2362-8 Les documents communiqués aux représentants des salariés comportent au moins une version en français.

Art. L. 2362-9 Les dispositions des articles L. 2352-14 et L. 2352-15 relatives à la protection contre le licenciement et au secret professionnel des membres du groupe spécial de négociation de la société européenne s'appliquent à la société coopérative européenne.

SECTION 2 **Contenu de l'accord**

Art. L. 2362-10 Sous réserve des dispositions du deuxième alinéa de l'article L. 2362-7, les dirigeants de chacune des personnes morales participantes et, le cas échéant, les personnes physiques participantes négocient avec le groupe spécial de négociation en vue de parvenir à un accord dont le contenu est fixé conformément aux dispositions des articles L. 2352-16 à L. 2352-20.

Art. L. 2362-11 L'accord inclut dans les cas de renégociation l'hypothèse des modifications intervenues postérieurement à la constitution de la société coopérative européenne et touchant à sa structure, ainsi qu'à celle de ses filiales et de ses établissements.

Art. L. 2362-12 Lorsque la société coopérative européenne est constituée par transformation d'une coopérative, l'accord prévoit un niveau d'information, de consultation et de participation au moins équivalent à celui qui existe dans la coopérative qui doit être transformée.

L'accord conclu en violation des dispositions du premier alinéa est nul. Dans un tel cas, les dispositions du chapitre III du présent titre relatives à l'implication des salariés en l'absence d'accord s'appliquent.

CHAPITRE III COMITÉ DE LA SOCIÉTÉ COOPÉRATIVE EUROPÉENNE ET PARTICIPATION DES SALARIÉS EN L'ABSENCE D'ACCORD

SECTION 1 Comité de la société coopérative européenne

SOUS-SECTION 1 Mise en place

Art. L. 2363-1 Un comité de la société coopérative européenne est institué lorsque, à l'issue de la période de négociation prévue à l'article *(L. n° 2008-649 du 3 juill. 2008)* « L. 2362-4 », aucun accord n'a été conclu et que le groupe spécial de négociation n'a pas pris la décision prévue au deuxième alinéa de l'article L. 2362-7.

Art. L. 2363-2 Dans le cas prévu à l'article L. 2363-1, l'immatriculation de la société coopérative européenne ne peut intervenir que si les parties décident de mettre en œuvre les dispositions du présent chapitre et du chapitre IV du présent titre, ou que si les dirigeants des personnes morales participantes ou les personnes physiques participantes s'engagent à en faire application.

V. art. D. 2363-1 s.

SOUS-SECTION 2 Attributions

Art. L. 2363-3 Les attributions du comité de la société coopérative européenne sont fixées conformément aux dispositions des articles L. 2353-3 à L. 2353-6 relatives aux attributions du comité de la société européenne.

SOUS-SECTION 3 Composition

Art. L. 2363-4 La composition du comité de la société coopérative européenne est fixée conformément aux dispositions des articles L. 2353-7 à L. 2353-12 relatives à la composition du comité de la société européenne.

Art. L. 2363-5 Les membres du comité de la société coopérative européenne représentant le personnel des personnes participantes, filiales et établissements concernés implantés en France sont désignés conformément aux dispositions de l'article L. 2352-5 et, le cas échéant, de l'article L. 2352-6.

SOUS-SECTION 4 Fonctionnement

Art. L. 2363-6 Les dispositions des articles L. 2353-13 à *(L. n° 2016-1088 du 8 août 2016, art. 18)* « L. 2353-27-1 » relatives au fonctionnement du comité de la société européenne s'appliquent à la société coopérative européenne.

Art. L. 2363-7 Les membres du comité de la société coopérative européenne ainsi que les experts qui les assistent sont tenus au secret professionnel et à l'obligation de discrétion prévus à l'article L. 2325-5.

SECTION 2 Participation des salariés au conseil d'administration et de surveillance

Art. L. 2363-8 Lorsqu' *[Lorsque]* aucun accord n'a été conclu et que le groupe spécial de négociation n'a pas pris la décision prévue au deuxième alinéa de l'article (*L. n° 2008-649 du 3 juill. 2008*) « L. 2362-7 », la participation des salariés dans la société coopérative européenne est régie par les dispositions suivantes :
1° Dans le cas d'une société coopérative européenne constituée par transformation, s'il existe un système de participation dans la coopérative qui doit être transformée, le niveau des droits de participation est au moins équivalent à celui dont bénéficiaient les salariés ;
2° Dans le cas d'une société coopérative européenne constituée par tout autre moyen et lorsque la participation au sein des personnes morales participantes atteint les seuils fixés au troisième alinéa de l'article L. 2362-7, la forme applicable de participation est déterminée après examen des différents systèmes nationaux existant au sein des personnes morales participantes.

Art. L. 2363-9 En l'absence d'accord, les dispositions des articles L. 2353-29 à L. 2353-32 relatives à la participation des salariés au conseil d'administration et de surveillance au sein de la société européenne s'appliquent à la société coopérative européenne.

Art. L. 2363-10 Par dérogation aux dispositions de l'article L. 2363-9 en ce qu'il fait référence au premier alinéa de l'article L. 2353-32, l'État dans lequel est situé le siège social de la société coopérative européenne bénéficie, en tout état de cause, d'au moins un siège.

Art. L. 2363-11 Les articles L. 2362-1 à L. 2363-10 ne sont pas applicables lorsque la société coopérative européenne est constituée exclusivement par des personnes physiques ou par une seule personne morale et plusieurs personnes physiques, employant ensemble moins de cinquante salariés, ou (*L. n° 2012-387 du 22 mars 2012, art. 43*) « au moins cinquante salariés » mais au sein d'un seul État membre.

SECTION 3 Dispositions applicables aux sociétés coopératives européennes non soumises initialement à la constitution du groupe spécial de négociation

Art. L. 2363-12 Dans le cas de la société coopérative européenne mentionnée à l'article L. 2363-11, les modalités de l'implication mentionnées au chapitre I du présent titre sont déterminées dans les conditions suivantes :
1° Au sein de la société coopérative européenne, l'information et la consultation sont régies par les titres I et II du présent livre et la participation est organisée, le cas échéant, selon les articles L. 225-27 à L. 225-34, L. 225-79 et L. 225-80 du code de commerce, à l'exception de la condition de territorialité mentionnée au premier alinéa de l'article L. 225-28. La répartition des sièges au conseil d'administration ou au conseil de surveillance est effectuée proportionnellement au nombre de salariés employés dans chaque État membre ;
2° Au sein des filiales et établissements de la société coopérative européenne, l'information et la consultation sont régies par les dispositions applicables dans l'État membre dans lequel ces filiales et établissements sont situés.

Art. L. 2363-13 Si, après immatriculation d'une société coopérative européenne, au moins un tiers des salariés de la société coopérative européenne et de ses filiales et établissements, employés dans au moins deux États membres, le demandent ou si le seuil de cinquante salariés employés dans au moins deux États membres est atteint ou dépassé, un groupe spécial de négociation est institué et une négociation est organisée conformément aux dispositions du chapitre II du présent titre.

Art. L. 2363-14 Lorsque, à l'issue de la période de négociation prévue à l'article L. 2363-13, aucun accord n'a été conclu et que le groupe spécial de négociation n'a pas pris la décision prévue au deuxième alinéa de l'article L. 2362-7, il est institué un comité de la société coopérative européenne dont la mise en place, les attributions et les règles de fonctionnement sont fixées conformément aux dispositions des articles L. 2363-1 à L. 2363-7.

Art. L. 2363-15 Les membres du comité de la société coopérative européenne représentant les salariés des personnes participantes, établissements et filiales situés en France sont désignés conformément aux dispositions du premier alinéa de l'article L. 2352-5 ou, le cas échéant, de l'article L. 2352-6.

Les membres du comité de la société coopérative européenne représentant les salariés des personnes participantes, établissements et filiales situés dans un autre État membre de la Communauté européenne sont désignés selon les règles en vigueur dans cet État.

Art. L. 2363-16 Lorsque, à l'issue de la période de négociation prévue à l'article L. 2363-14, aucun accord n'a été conclu et que le groupe spécial de négociation n'a pas pris la décision prévue au deuxième alinéa de l'article L. 2362-7, la participation des salariés est organisée conformément aux dispositions des articles L. 2363-8 à L. 2363-10.

Art. L. 2363-17 En cas de transfert dans un autre État membre de la Communauté européenne du siège d'une société coopérative européenne régie par des règles de participation, les droits de participation des salariés sont maintenus à un niveau au moins équivalent.

SECTION 4 **Dispositions relatives à la participation des salariés à l'assemblée générale ou aux assemblées de section ou de branche**

Art. L. 2363-18 Dans le cas d'une société coopérative européenne dont le siège social est situé dans un État membre dont la loi admet, dans les conditions prévues au 4 de l'article 59 du règlement (CE) n° 1435/2003 du Conseil du 22 juillet 2003 relatif au statut de la société coopérative européenne, la possibilité de prévoir dans les statuts que les salariés participent, avec droit de vote, à l'assemblée générale ou aux assemblées de section ou de branche, et qui est régie par un tel système, les dirigeants des filiales ou établissements situés en France organisent, selon les modalités applicables dans la société coopérative européenne, les modalités de désignation des représentants des salariés appelés à participer aux réunions de ces assemblées.

Art. L. 2363-19 Le temps passé en réunion par les salariés participant aux réunions des assemblées mentionnées au premier alinéa de l'article L. 2363-18 est considéré comme temps de travail et payé à l'échéance normale.

CHAPITRE IV DISPOSITIONS APPLICABLES POSTÉRIEUREMENT À L'IMMATRICULATION DE LA SOCIÉTÉ COOPÉRATIVE EUROPÉENNE

Art. L. 2364-1 Lorsqu'une société coopérative européenne est immatriculée, l'accord mentionné à l'article L. 2362-10 ou un accord collectif conclu au niveau approprié peut décider de la suppression ou d'un aménagement des conditions de fonctionnement, éventuellement sous la forme d'une redéfinition de leur périmètre national d'intervention, des institutions représentatives du personnel qui auraient vocation à disparaître du fait de la perte de l'autonomie juridique d'une ou de plusieurs sociétés participantes situées en France, après immatriculation de la société coopérative européenne.

Art. L. 2364-2 Quatre ans après l'institution du comité de la société coopérative européenne, celui-ci examine s'il convient d'engager des négociations en vue de conclure l'accord dans les conditions définies au chapitre II du présent titre.

Pour mener ces négociations, le comité de la société coopérative européenne fait office de groupe spécial de négociation tel que prévu aux articles L. 2362-1 et L. 2362-2.

Le comité de la société coopérative européenne demeure en fonction tant qu'il n'a pas été renouvelé ou remplacé.

Art. L. 2364-3 Les articles L. 2354-3 et L. 2354-4 relatifs aux règles applicables postérieurement à l'immatriculation de la société européenne s'appliquent aux sociétés coopératives européennes.

V. art. R. 2364-1.

Art. L. 2364-4 Les représentants des salariés siégeant au sein de l'organe d'administration ou de surveillance, ou participant à l'assemblée générale ou aux assemblées de section ou de branche, sont tenus au secret professionnel et à l'obligation de discrétion prévus à l'article L. 2325-5.

Art. L. 2364-5 Les représentants des salariés au conseil d'administration ou de surveillance ainsi que les représentants des salariés participant à l'assemblée générale ou aux assemblées de section ou de branche bénéficient de la protection instituée à l'article *(L. n° 2013-504 du 14 juin 2013, art. 9-V)* « L. 2411-1 ».

CHAPITRE V DISPOSITIONS PÉNALES

Art. L. 2365-1 Le fait d'apporter une entrave soit à la constitution d'un groupe spécial de négociation ou d'un comité de la société coopérative européenne mis en place ou non par accord, soit à la libre désignation de leurs membres *(Abrogé par L. n° 2015-990 du 6 août 2015, art. 262)* « , *soit à leur fonctionnement régulier* » est puni d'un emprisonnement d'un an et d'une amende de *(L. n° 2015-990 du 6 août 2015, art. 262)* « 7 500 €.

« Le fait d'apporter une entrave à leur fonctionnement régulier est puni d'une amende de 7 500 €. »

RÉP. TRAV. v° *Entrave aux institutions représentatives des salariés et à l'exercice du droit syndical*, par AMAUGER-LATTES.

TITRE VII PARTICIPATION DES SALARIÉS DANS LES SOCIÉTÉS ISSUES D'OPÉRATIONS TRANSFRONTALIÈRES *(Ord. n° 2023-393 du 24 mai 2023, art. 7, en vigueur le 1er juill. 2023).*

(L. n° 2008-649 du 3 juill. 2008)

COMMENTAIRE
V. sur le Code en ligne 🔒

CHAPITRE I DISPOSITIONS GÉNÉRALES

Art. L. 2371-1 Le présent titre s'applique :

1° Aux sociétés ayant leur siège en France issues d'une *(Ord. n° 2023-393 du 24 mai 2023, art. 8, en vigueur le 1er juill. 2023)* « fusion, scission ou transformation transfrontalières » ;

2° Aux sociétés participant à une *(Ord. n° 2023-393 du 24 mai 2023, art. 8, en vigueur le 1er juill. 2023)* « fusion, scission ou transformation transfrontalières » et ayant leur siège en France ;

3° Aux filiales et établissements situés en France d'une société issue d'une *(Ord. n° 2023-393 du 24 mai 2023, art. 8, en vigueur le 1er juill. 2023)* « fusion, scission ou transformation transfrontalières » située dans un autre État membre de *(Ord. n° 2023-393 du 24 mai 2023, art. 8, en vigueur le 1er juill. 2023)* « l'Union européenne.

« Les opérations de fusion, scission ou transformation transfrontalières s'entendent au sens de la section 4 du chapitre VI du titre III du livre II de la partie législative du code de commerce. »

Les dispositions issues de l'Ord. n° 2023-393 du 24 mai 2023 s'appliquent aux opérations dont le projet est déposé au greffe du tribunal de commerce à compter du 1er juill. 2023 (Ord. préc., art. 13).

Art. L. 2371-2 La société issue d'une fusion transfrontalière n'est pas tenue d'instituer des règles relatives à la participation des salariés si, à la date de son immatriculation, aucune société participant à la fusion n'est régie par ces règles.

Art. L. 2371-3 Les modalités de la participation des salariés, au sens de l'article L. 2351-6, sont arrêtées par accord conclu entre les dirigeants des sociétés participant à *(Ord. n° 2023-393 du 24 mai 2023, art. 8, en vigueur le 1ᵉʳ juill. 2023)* « l'opération » transfrontalière et les représentants des salariés conformément au présent chapitre et au chapitre II du présent titre. A défaut d'accord, ces modalités sont arrêtées conformément au chapitre III du présent titre.

Par dérogation au premier alinéa, les dirigeants des sociétés participant à *(Ord. n° 2023-393 du 24 mai 2023, art. 8, en vigueur le 1ᵉʳ juill. 2023)* « l'opération » transfrontalière peuvent choisir de mettre en place, sans négociation préalable *(Ord. n° 2023-393 du 24 mai 2023, art. 8, en vigueur le 1ᵉʳ juill. 2023)* « lorsqu'au moins une des sociétés participant à l'opération dispose d'un système de participation des salariés », les modalités de participation des salariés conformément au chapitre III du présent titre.

(Ord. n° 2023-393 du 24 mai 2023, art. 8, en vigueur le 1ᵉʳ juill. 2023) « Les dirigeants des sociétés participant à l'opération transfrontalière communiquent aux représentants du personnel ou, en leur absence, aux salariés eux-mêmes leur choix d'engager des négociations ou d'appliquer les dispositions du deuxième alinéa du présent article ainsi que, dans le premier cas, le résultat des négociations. »

V. note ss. art. L. 2371-1.

Art. L. 2371-3-1 *(Ord. n° 2023-393 du 24 mai 2023, art. 8, en vigueur le 1ᵉʳ juill. 2023)* Les règles de participation des salariés applicables avant l'opération transfrontalière continuent de s'appliquer jusqu'à la date d'application de toute règle convenue d'un commun accord ultérieurement ou, en l'absence d'accord, jusqu'à l'application des dispositions du chapitre III du présent titre.

V. note ss. art. L. 2371-1.

Art. L. 2371-4 Le décompte des effectifs des sociétés participantes, filiales ou établissements concernés situés en France est effectué conformément à l'article L. 1111-2.

Art. L. 2371-5 Les dispositions d'application du présent titre relatives à la procédure applicable aux litiges et aux informations transmises à l'inspection du travail en cas de constitution de la société issue de *(Ord. n° 2023-393 du 24 mai 2023, art. 8, en vigueur le 1ᵉʳ juill. 2023)* « l'opération » transfrontalière sont déterminées par décret en Conseil d'État.

CHAPITRE II PARTICIPATION DES SALARIÉS DANS LA SOCIÉTÉ ISSUE D'UNE OPÉRATION TRANSFRONTALIÈRE PAR ACCORD DU GROUPE SPÉCIAL DE NÉGOCIATION *(Ord. n° 2023-393 du 24 mai 2023, art. 9, en vigueur le 1ᵉʳ juill. 2023).*

SECTION 1 Groupe spécial de négociation

SOUS-SECTION 1 Mise en place et objet

Art. L. 2372-1 La participation des salariés est mise en œuvre conformément aux articles L. 225-28 à L. 225-56 et *(Ord. n° 2020-1142 du 16 sept. 2020, art. 18, en vigueur le 1ᵉʳ janv. 2021)* « , L. 225-79 à L. 225-93, L. 22-10-8 à L. 22-10-17 et L. 22-10-23 à L. 22-10-30 » du code de commerce.

Par dérogation au premier alinéa, un groupe spécial de négociation, doté de la personnalité juridique, est institué dès que possible après la publication du projet *(Ord. n° 2023-393 du 24 mai 2023, art. 9, en vigueur le 1ᵉʳ juill. 2023)* « d'opération transfrontalière » lorsque l'une des conditions suivantes est satisfaite :

1° Au moins une des sociétés participant à *(Ord. n° 2023-393 du 24 mai 2023, art. 9, en vigueur le 1ᵉʳ juill. 2023)* « l'opération » transfrontalière applique des règles relatives à la participation et emploie, pendant la période de six mois qui précède la publication du projet de *(Ord. n° 2023-393 du 24 mai 2023, art. 9, en vigueur le 1ᵉʳ juill. 2023)* « l'opération, un nombre moyen de salariés équivalent à quatre cinquièmes au moins du seuil à partir duquel les règles relatives à la participation des salariés sont applicables » ;

2° *(Abrogé par Ord. n° 2023-393 du 24 mai 2023, art. 9, à compter du 1ᵉʳ juill. 2023)* « *En application des articles L. 225-27 et L. 225-79 du code de commerce* » La société issue de *(Ord. n° 2023-393 du 24 mai 2023, art. 9, en vigueur le 1ᵉʳ juill. 2023)* « l'opération » transfrontalière ne garantit pas au moins le même niveau de participation des salariés, apprécié en fonction de la proportion de représentants parmi les membres du conseil d'administration, du conseil de surveillance ou du comité mentionné à l'article L. 2373-1 du présent code, que le niveau de participation des salariés qui s'applique aux sociétés participant à *(Ord. n° 2023-393 du 24 mai 2023, art. 9, en vigueur le 1ᵉʳ juill. 2023)* « l'opération transfrontalière préalablement à la prise d'effet de cette dernière » ;

« 3° La société issue de l'opération transfrontalière ne garantit pas que les salariés de ses établissements situés dans un État membre de l'Union européenne autre que celui de destination bénéficient des mêmes droits que les salariés de ses établissements situés dans l'État membre de destination. »

V. note ss. art. L. 2371-1.

Art. L. 2372-2 Le groupe spécial de négociation détermine avec les dirigeants des sociétés participant à *(Ord. n° 2023-393 du 24 mai 2023, art. 9, en vigueur le 1ᵉʳ juill. 2023)* « l'opération » transfrontalière ou leurs représentants, par un accord écrit, les modalités de la participation des salariés au sein de la société issue de *(Ord. n° 2023-393 du 24 mai 2023, art. 9, en vigueur le 1ᵉʳ juill. 2023)* « l'opération ».

V. note ss. art. L. 2371-1.

SOUS-SECTION 2 **Désignation, élection et statut des membres**

Art. L. 2372-3 Les dispositions des articles L. 2352-3 à L. 2352-8, relatives à la désignation, à l'élection et au statut des membres du groupe spécial de négociation dans la société européenne, s'appliquent à la société issue d'une *(Ord. n° 2023-393 du 24 mai 2023, art. 9, en vigueur le 1ᵉʳ juill. 2023)* « opération » transfrontalière. — *V. art. R. 2372-5.*

V. note ss. art. L. 2371-1.

SOUS-SECTION 3 **Fonctionnement**

Art. L. 2372-4 Le groupe spécial de négociation prend ses décisions à la majorité absolue de ses membres, laquelle doit représenter également la majorité absolue des salariés des sociétés participantes, des filiales et des établissements concernés. Chaque membre dispose d'une voix.

Par dérogation au premier alinéa, *(Ord. n° 2023-393 du 24 mai 2023, art. 9, en vigueur le 1ᵉʳ juill. 2023)* « en cas de fusion transfrontalière, » la décision de ne pas engager les négociations ou de clore des négociations déjà engagées et de se fonder sur la réglementation relative à la participation en vigueur dans l'État membre de *(Ord. n° 2023-393 du 24 mai 2023, art. 9, en vigueur le 1ᵉʳ juill. 2023)* « l'Union européenne » où la société issue de la fusion transfrontalière aura son siège est prise à la majorité des deux tiers des membres du groupe spécial de négociation, issus d'au moins deux États membres de *(Ord. n° 2023-393 du 24 mai 2023, art. 9, en vigueur le 1ᵉʳ juill. 2023)* « l'Union européenne » et à la condition qu'ils représentent au moins les deux tiers des salariés des sociétés participantes, des filiales et des établissements concernés. Dans ce cas, le chapitre III n'est pas applicable.

(Ord. n° 2023-393 du 24 mai 2023, art. 9, en vigueur le 1ᵉʳ juill. 2023) « En cas de fusion transfrontalière, » lorsque la participation concerne au moins 25 % du nombre total de salariés des sociétés participantes et lorsque le groupe spécial de négociation envisage de fixer un nombre ou une proportion des membres de l'organe de surveillance ou d'administration par lequel les salariés exercent leurs droits à participation à un niveau inférieur à celui qui était le plus élevé au sein de l'une des sociétés participantes, la décision est prise dans les conditions prévues au deuxième alinéa.

V. note ss. art. L. 2371-1.

Art. L. 2372-5 Aucun salarié ne peut être sanctionné ou licencié en raison de sa participation à la prise d'une décision en application de l'article L. 2372-4. Toute décision ou tout acte contraire à cette interdiction est nul de plein droit.

Les autres modalités de fonctionnement du groupe spécial de négociation sont régies par les articles L. 2352-9 à L. 2352-12 et L. 2352-15.

SECTION 2 Contenu de l'accord

Art. L. 2372-6 Sous réserve des dispositions du deuxième alinéa de l'article L. 2372-4, les dirigeants de chacune des sociétés participant à *(Ord. n° 2023-393 du 24 mai 2023, art. 9, en vigueur le 1ᵉʳ juill. 2023)* « l'opération transfrontalière » négocient avec le groupe spécial de négociation en vue de parvenir à un accord qui détermine :

1° Les sociétés participantes, les établissements et les filiales concernés par l'accord ;
2° Les modalités de participation, y compris, le cas échéant :
a) Le nombre de membres de l'organe d'administration ou de surveillance de la société issue d'une *(Ord. n° 2023-393 du 24 mai 2023, art. 9, en vigueur le 1ᵉʳ juill. 2023)* « opération » transfrontalière que les salariés ont le droit d'élire, de désigner, de recommander ou à la désignation desquels ils peuvent s'opposer ;
b) Les procédures à suivre pour que les salariés puissent élire, désigner ou recommander ces membres ou s'opposer à leur désignation ;
c) Les droits de ces membres ;
3° La date d'entrée en vigueur de l'accord et sa durée ;
4° Les cas dans lesquels l'accord est renégocié et la procédure suivie pour sa renégociation.

V. note ss. art. L. 2371-1.

Art. L. 2372-6-1 *(Ord. n° 2023-393 du 24 mai 2023, art. 9, en vigueur le 1ᵉʳ juill. 2023)* L'accord mentionné à l'article L. 2372-2 prévoit, en outre, pour toutes les règles relatives à la participation des salariés, un niveau au moins équivalent à celui qui existe dans la société scindée ou qui doit être transformée.

V. note ss. art. L. 2371-1.

Art. L. 2372-7 Lorsqu'il existe au sein des sociétés participant à *(Ord. n° 2023-393 du 24 mai 2023, art. 9, en vigueur le 1ᵉʳ juill. 2023)* « l'opération » plusieurs formes de participation, le groupe spécial de négociation qui décide de mettre en œuvre les modalités prévues au 2° de l'article L. 2372-6 choisit au préalable, dans les conditions prévues au premier alinéa de l'article L. 2372-4, laquelle de ces formes est appliquée au sein de la société issue de *(Ord. n° 2023-393 du 24 mai 2023, art. 9, en vigueur le 1ᵉʳ juill. 2023)* « l'opération » transfrontalière.

V. note ss. art. L. 2371-1.

Art. L. 2372-8 Les dirigeants des sociétés participantes et le groupe spécial de négociation peuvent décider, par accord, d'appliquer le chapitre III du présent titre.

CHAPITRE III COMITÉ DE LA SOCIÉTÉ ISSUE DE L'OPÉRATION TRANSFRONTALIÈRE ET PARTICIPATION DES SALARIÉS EN L'ABSENCE D'ACCORD *(Ord. n° 2023-393 du 24 mai 2023, art. 10, en vigueur le 1ᵉʳ juill. 2023).*

SECTION 1 Comité de la société issue de l'opération transfrontalière *(Ord. n° 2023-393 du 24 mai 2023, art. 10, en vigueur le 1ᵉʳ juill. 2023).*

SOUS-SECTION 1 Mise en place

Art. L. 2373-1 Un comité de la société issue *(Ord. n° 2023-393 du 24 mai 2023, art. 10, en vigueur le 1ᵉʳ juill. 2023)* « d'une opération » transfrontalière est institué lorsque, à l'issue de la période de négociation prévue à l'article L. 2352-9, aucun accord n'a été conclu et que le groupe spécial de négociation n'a pas pris la décision prévue au deuxième alinéa de l'article L. 2372-4 ou lorsque les dirigeants des sociétés participant à *(Ord. n° 2023-393 du 24 mai 2023, art. 10, en vigueur le 1ᵉʳ juill. 2023)* « l'opération » transfrontalière choisissent sans négociation préalable de mettre en place les modalités de participation des salariés.

V. note ss. art. L. 2371-1.

Art. L. 2373-2 Dans le cas prévu à l'article L. 2373-1, l'immatriculation de la société issue *(Ord. n° 2023-393 du 24 mai 2023, art. 10, en vigueur le 1ᵉʳ juill. 2023)* « d'une opération » transfrontalière ne peut intervenir que si les parties décident de mettre en œuvre les dispositions du présent chapitre et du chapitre IV ou que si les dirigeants des sociétés participantes s'engagent à en faire application.

V. note ss. art. L. 2371-1.

SOUS-SECTION 2 **Attributions, composition et fonctionnement**

Art. L. 2373-3 Les dispositions relatives aux attributions, à la composition et au fonctionnement du comité de la société européenne, prévues aux articles L. 2353-3 à *(L. n° 2016-1088 du 8 août 2016, art. 18)* « L. 2353-27-1 », sont applicables au comité de la société issue de *(Ord. n° 2023-393 du 24 mai 2023, art. 10, en vigueur le 1ᵉʳ juill. 2023)* « l'opération » transfrontalière pour la mise en œuvre des modalités de la participation des salariés telle que définie à l'article L. 2351-6.

SECTION 2 **Participation des salariés au conseil d'administration et de surveillance**

Art. L. 2373-4 Lorsque la participation des salariés au sein des sociétés participant à *(Ord. n° 2023-393 du 24 mai 2023, art. 10, en vigueur le 1ᵉʳ juill. 2023)* « l'opération » transfrontalière concerne au moins un tiers du nombre total des salariés employés par ces sociétés, ou lorsque ce seuil n'est pas atteint et que le groupe spécial de négociation en décide ainsi, la forme de participation des salariés à l'organe d'administration ou de surveillance de la société issue de *(Ord. n° 2023-393 du 24 mai 2023, art. 10, en vigueur le 1ᵉʳ juill. 2023)* « l'opération » est déterminée après examen des différents systèmes nationaux existant au sein de chacune des sociétés participantes avant l'immatriculation de cette société.

V. note ss. art. L. 2371-1.

Art. L. 2373-5 Si une seule forme de participation des salariés existe au sein des sociétés participantes, ce système est appliqué à la société issue de *(Ord. n° 2023-393 du 24 mai 2023, art. 10, en vigueur le 1ᵉʳ juill. 2023)* « l'opération » transfrontalière en retenant, pour sa mise en place, la proportion ou, selon le cas, le nombre le plus élevé de membres concernés par les droits à participation au sein de l'organe d'administration ou de surveillance. Si plusieurs formes de participation des salariés existent au sein des sociétés participantes, le groupe spécial de négociation détermine laquelle de ces formes est instaurée dans la société issue de *(Ord. n° 2023-393 du 24 mai 2023, art. 10, en vigueur le 1ᵉʳ juill. 2023)* « l'opération » transfrontalière.

V. note ss. art. L. 2371-1.

Art. L. 2373-6 A défaut d'accord du groupe spécial de négociation sur le choix de la forme de participation des salariés, les dirigeants des sociétés participant à *(Ord. n° 2023-393 du 24 mai 2023, art. 10, en vigueur le 1ᵉʳ juill. 2023)* « l'opération » transfrontalière déterminent la forme de participation applicable.

Il est toujours retenu, pour la mise en place du système applicable, la proportion ou le nombre le plus élevé de membres de l'organe d'administration ou de surveillance concernés par les droits à participation des salariés.

V. note ss. art. L. 2371-1.

Art. L. 2373-7 Lorsque la forme de participation des salariés applicable consiste en la recommandation ou l'opposition à la désignation de membres de l'organe d'administration ou de surveillance, le comité de la société détermine les conditions dans lesquelles s'exerce cette forme de participation des salariés.

Lorsque la forme de participation des salariés choisie consiste en l'élection, la procédure se déroule conformément aux articles L. 225-28 à L. 225-34 et L. 225-80 du code de commerce, exception faite de l'exigence de territorialité prévue au premier alinéa de l'article L. 225-28.

Art. L. 2373-8 Dès lors que le nombre de sièges au sein de l'organe d'administration ou de surveillance a été déterminé dans les conditions prévues à l'article L. 2373-7, le comité de la société issue de *(Ord. n° 2023-393 du 24 mai 2023, art. 10, en vigueur le 1ᵉʳ juill. 2023)* « l'opération » transfrontalière veille à leur répartition, proportionnellement au nombre de salariés de la société employés dans chaque État membre de *(Ord. n° 2023-393 du 24 mai 2023, art. 10, en vigueur le 1ᵉʳ juill. 2023)* « l'Union européenne ».

Par dérogation au premier alinéa, le comité assure, dans la mesure du possible, à chaque État membre disposant d'un système de participation des salariés avant l'immatriculation de la société, l'attribution d'au moins un siège.

V. note ss. art. L. 2371-1.

CHAPITRE IV DISPOSITIONS APPLICABLES POSTÉRIEUREMENT À L'IMMATRICULATION DE LA SOCIÉTÉ ISSUE DE L'OPÉRATION TRANSFRONTALIÈRE *(Ord. n° 2023-393 du 24 mai 2023, art. 11, en vigueur le 1ᵉʳ juill. 2023).*

Art. L. 2374-1 Lorsqu'une société issue d'une *(Ord. n° 2023-393 du 24 mai 2023, art. 11, en vigueur le 1ᵉʳ juill. 2023)* « opération » transfrontalière est immatriculée, l'accord mentionné à l'article L. 2372-6 ou un accord collectif conclu au niveau approprié peut décider de la suppression ou d'un aménagement des conditions de fonctionnement, éventuellement sous la forme d'une redéfinition de leur périmètre national d'intervention, des institutions représentatives du personnel qui auraient vocation à disparaître du fait de la perte de l'autonomie juridique d'une ou de plusieurs sociétés participantes situées en France.

V. note ss. art. L. 2371-1.

Art. L. 2374-2 Lorsqu'un système de participation des salariés existe dans la société issue de *(Ord. n° 2023-393 du 24 mai 2023, art. 11, en vigueur le 1ᵉʳ juill. 2023)* « l'opération » transfrontalière, cette société est tenue, pendant un délai de *(Ord. n° 2023-393 du 24 mai 2023, art. 11, en vigueur le 1ᵉʳ juill. 2023)* « quatre » ans après *(Ord. n° 2023-393 du 24 mai 2023, art. 11, en vigueur le 1ᵉʳ juill. 2023)* « l'opération » transfrontalière, de prendre les mesures nécessaires à la protection de la participation des salariés en cas *(Ord. n° 2023-393 du 24 mai 2023, art. 11, en vigueur le 1ᵉʳ juill. 2023)* « d'opérations » nationales ultérieures conformément aux règles prévues au présent titre.

V. note ss. art. L. 2371-1.

Art. L. 2374-3 Les représentants des salariés siégeant au sein de l'organe d'administration ou de surveillance, ou participant à l'assemblée générale ou aux assemblées de section ou de branche de la société issue de *(Ord. n° 2023-393 du 24 mai 2023, art. 11, en vigueur le 1ᵉʳ juill. 2023)* « l'opération » transfrontalière, sont tenus au secret professionnel et à l'obligation de discrétion prévus à l'article *(Ord. n° 2023-393 du 24 mai 2023, art. 11, en vigueur le 1ᵉʳ juill. 2023)* « **L. 2315-3** ».

V. note ss. art. L. 2371-1.

Art. L. 2374-4 Les représentants des salariés siégeant au sein de l'organe d'administration ou de surveillance, ou participant à l'assemblée générale ou aux assemblées de section ou de branche de la société issue de *(Ord. n° 2023-393 du 24 mai 2023, art. 11, en vigueur le 1ᵉʳ juill. 2023)* « l'opération » transfrontalière, bénéficient de la protection instituée à l'article *(L. n° 2013-504 du 14 juin 2013, art. 9-V)* « **L. 2411-1** ».

V. note ss. art. L. 2371-1.

CHAPITRE V DISPOSITIONS PÉNALES

Art. L. 2375-1 Le fait d'apporter une entrave soit à la constitution d'un groupe spécial de négociation ou d'un comité de la société issue de la fusion transfrontalière mis en place ou non par accord, soit à la libre désignation de leurs membres (*Abrogé par L. n° 2015-990 du 6 août 2015, art. 262*) « , *soit à leur fonctionnement régulier* » est puni d'un emprisonnement d'un an et d'une amende de (*L. n° 2015-990 du 6 août 2015, art. 262*) « 7 500 €.

« Le fait d'apporter une entrave à leur fonctionnement régulier est puni d'une amende de 7 500 €. »

TITRE XI COMMISSIONS PARITAIRES RÉGIONALES INTERPROFESSIONNELLES POUR LES SALARIÉS ET LES EMPLOYEURS DES ENTREPRISES DE MOINS DE ONZE SALARIÉS

(*L. n° 2015-994 du 17 août 2015, art. 1er, en vigueur le 1er juill. 2017*)

BIBL. ▶ BÉROUD et MORIN, *RDT 2015. Controverse 584* (quel droit à la participation après la mise en place de la représentation universelle ?).

COMMENTAIRE
V. sur le Code en ligne.

CHAPITRE I CHAMP D'APPLICATION

Art. L. 23-111-1 I. — Une commission paritaire interprofessionnelle est instituée au niveau régional afin de représenter les salariés et les employeurs d'entreprises de moins de onze salariés.

II. — Elle représente les salariés et les employeurs des entreprises de moins de onze salariés relevant des branches qui n'ont pas mis en place de commissions paritaires régionales, ou, le cas échéant, départementales lorsque leur champ de compétence géographique recouvre l'intégralité d'une région, par un accord de branche ou de niveau national et interprofessionnel ou multiprofessionnel conclu dans les conditions du présent titre :
1° Exerçant au moins les mêmes attributions que celles mentionnées à l'article L. 23-113-1 ;
2° Composées d'au moins cinq représentants des organisations professionnelles d'employeurs représentatives et d'au moins cinq représentants des organisations syndicales de salariés représentatives, issus d'entreprises de moins de onze salariés.

III. — Pendant la durée du mandat prévue à l'article L. 23-112-3, le champ de compétence professionnelle et territoriale de la commission paritaire régionale interprofessionnelle n'est pas modifié.

CHAPITRE II COMPOSITION ET MANDAT

Art. L. 23-112-1 La commission paritaire régionale interprofessionnelle est composée de vingt membres, salariés et employeurs d'entreprises de moins de onze salariés, désignés par les organisations syndicales de salariés et par les organisations professionnelles d'employeurs dans les conditions suivantes :
1° Dix sièges sont attribués aux organisations syndicales de salariés dont la vocation statutaire revêt un caractère interprofessionnel, proportionnellement à leur audience dans la région auprès des salariés que la commission représente aux élections prévues aux articles L. 2122-10-1 et L. 2122-6 ;
2° Dix sièges sont attribués aux organisations professionnelles d'employeurs dont la vocation statutaire revêt un caractère interprofessionnel, répartis proportionnellement à leur audience définie au 6° du I de l'article L. 2151-1 auprès des entreprises de moins de onze salariés implantées dans la région et appartenant aux branches couvertes par la commission.

Les organisations syndicales de salariés et les organisations professionnelles d'employeurs pourvoient les sièges qui leur sont attribués en respectant la parité entre les femmes et les hommes.

Si les sièges à pourvoir sont en nombre impair, l'écart entre le nombre de femmes et le nombre d'hommes ne peut être supérieur à un.

A titre transitoire, jusqu'au 1er juill. 2021, le 2° de l'art. L. 23-112-1 était ainsi rédigé :

« 2° Dix sièges sont attribués aux organisations professionnelles d'employeurs dont la vocation statutaire revêt un caractère interprofessionnel, répartis proportionnellement à leur audience définie au 6° du I de l'article L. 2151-1 auprès des entreprises implantées dans la région et appartenant aux branches couvertes par la commission. » (L. n° 2015-994 du 17 août 2015, art. 1ᵉʳ-VIII).

Art. L. 23-112-2 (L. n° 2015-994 du 17 août 2015, art. 1ᵉʳ-I et VII) Dans le cadre du scrutin mentionné aux articles L. 2122-10-1 et L. 2122-6, les organisations syndicales de salariés candidates mentionnées à l'article L. 2122-10-6 peuvent indiquer sur leur propagande électorale l'identité des salariés qu'elles envisagent de désigner dans les commissions paritaires régionales interprofessionnelles, dans la limite de dix salariés par organisation.

Cette propagande peut être différenciée par région.

L'identité des salariés figurant sur la propagande électorale et l'identité des salariés membres de la commission sont notifiées à leurs employeurs par les organisations syndicales de salariés.

Art. L. 23-112-3 Les membres de la commission sont désignés pour quatre ans. Leur mandat est renouvelable.

Par dérogation à l'art. L. 23-112-3, la date du prochain renouvellement des membres des commissions paritaires régionales interprofessionnelles est fixée par arrêté du ministre chargé du travail, et au plus tard le 31 déc. 2021. Le mandat des membres de ces commissions en cours au 2 avr. 2020 est prorogé jusqu'à cette date. La durée du mandat des membres des commissions paritaires régionales interprofessionnelles désignés à l'occasion de ce renouvellement est réduite de la durée de la prorogation du mandat (Ord. n° 2020-388 du 1ᵉʳ avr. 2020, art. 3, mod. par L. n° 2020-734 du 17 juin 2020, art. 43).

Art. L. 23-112-4 Pour être désignés, les membres de la commission doivent être âgés de dix-huit ans révolus et n'avoir fait l'objet d'aucune interdiction, déchéance ou incapacité relative à leurs droits civiques.

Art. L. 23-112-5 La composition de la commission paritaire régionale interprofessionnelle est rendue publique par l'autorité administrative.

Art. L. 23-112-6 Les contestations relatives aux conditions de désignation des membres de la commission sont de la compétence du juge judiciaire. Le recours n'est recevable que s'il est introduit dans les quinze jours suivant la date où la composition de la commission a été rendue publique.

CHAPITRE III ATTRIBUTIONS

Art. L. 23-113-1 Les commissions paritaires régionales interprofessionnelles ont pour compétence :
1° De donner aux salariés et aux employeurs toutes informations ou tous conseils utiles sur les dispositions légales ou conventionnelles qui leur sont applicables ;
2° D'apporter des informations, de débattre et de rendre tout avis utile sur les questions spécifiques aux entreprises de moins de onze salariés et à leurs salariés, notamment en matière d'emploi, de formation, de gestion prévisionnelle des emplois et des compétences, de conditions de travail, de santé au travail, d'égalité professionnelle, (L. n° 2018-771 du 5 sept. 2018, art. 104-V) « de lutte contre le harcèlement sexuel et les agissements sexistes, » de travail à temps partiel et de mixité des emplois ;
3° De faciliter la résolution de conflits individuels ou collectifs n'ayant pas donné lieu à saisine d'une juridiction. La commission ne peut intervenir qu'avec l'accord des parties concernées ;
4° De faire des propositions en matière d'activités sociales et culturelles.

Art. L. 23-113-2 Les membres de la commission ont, pour l'exercice de leurs fonctions, accès aux entreprises, sur autorisation de l'employeur.

CHAPITRE IV FONCTIONNEMENT

Art. L. 23-114-1 L'employeur laisse au salarié membre de la commission paritaire régionale interprofessionnelle le temps nécessaire à l'exercice de sa mission, dans la limite d'une durée qui, sauf circonstances exceptionnelles, ne peut excéder cinq heures par mois. Le temps de trajet pour se rendre aux réunions de la commission n'est pas imputé sur ce crédit d'heures. Le temps peut être utilisé cumulativement, au cours d'une année civile, sans que cela conduise un membre à disposer, dans le mois, de plus d'une fois et demie le crédit d'heures de délégation dont il bénéficie.

Les membres des commissions paritaires régionales interprofessionnelles peuvent répartir entre eux le crédit d'heures de délégation dont ils disposent. Ils informent leurs employeurs respectifs de cette répartition. Cette mutualisation ne peut conduire un membre à disposer, dans le mois, de plus d'une fois et demie le crédit d'heures de délégation dont il bénéficie.

Le salarié informe son employeur de l'utilisation de son crédit d'heures au plus tard huit jours avant la date prévue pour leur utilisation.

Le temps passé par le salarié à l'exercice de sa mission, y compris le temps passé aux séances de la commission, est de plein droit considéré comme du temps de travail et payé à l'échéance normale. Il est assimilé à un temps de travail effectif pour la détermination des droits que le salarié tient de son contrat de travail, des dispositions légales et des stipulations conventionnelles.

L'employeur qui entend contester l'utilisation faite des heures de délégation saisit le juge judiciaire.

Art. L. 23-114-2 L'exercice du mandat de membre de la commission paritaire régionale interprofessionnelle ne peut être une cause de rupture du contrat de travail. Le licenciement et la rupture du contrat à durée déterminée d'un membre de la commission sont soumis à la procédure d'autorisation administrative prévue au livre IV de la présente deuxième partie.

Les salariés dont l'identité figure sur la propagande électorale des organisations syndicales de salariés conformément à l'article L. 23-112-2 et les anciens membres de la commission bénéficient également de cette protection, dans les conditions prévues au même livre IV.

Art. L. 23-114-3 Les frais occasionnés par le fonctionnement de la commission, la participation de ses membres aux réunions et la formation, ainsi que l'indemnisation des représentants salariés, dans les conditions définies à l'article L. 23-114-1, et l'indemnisation des représentants employeurs sont exclusivement financés par les crédits versés par le fonds prévu à l'article L. 2135-9 au titre de sa mission mentionnée au 1° de l'article L. 2135-11.

Le montant de la rémunération du salarié membre d'une commission, maintenu par son employeur en application de l'article L. 23-114-1, est remboursé à ce dernier par l'organisation syndicale qui désigne ce salarié, à partir des crédits qu'elle reçoit du fonds prévu à l'article L. 2135-9.

En cas de non-remboursement par l'organisation, l'employeur peut procéder à une retenue sur salaire du salarié concerné.

Les conditions d'application du présent article sont définies par un décret en Conseil d'État.

Art. L. 23-114-4 La commission détermine, dans un règlement intérieur, les modalités de son fonctionnement.

CHAPITRE V **DISPOSITIONS D'APPLICATION**

Art. L. 23-115-1 Un décret en Conseil d'État précise les conditions d'application du présent titre, notamment :

1° Les modalités de la présentation des salariés sur la propagande électorale mentionnées à l'article L. 23-112-2 ;

2° Les modalités de la notification aux employeurs des salariés mentionnés au dernier alinéa du même article L. 23-112-2 par les organisations syndicales de salariés ;

3° Les modalités de la publicité relative à la composition de la commission, les noms, professions et appartenance syndicale éventuelle de ses membres ;

4° Les modalités selon lesquelles les crédits versés par le fonds prévu à l'article L. 2135-9 financent les frais occasionnés par le fonctionnement des commissions prévues au présent titre. — *V. art. R. 23-111-1 s.*

# LIVRE IV **LES SALARIÉS PROTÉGÉS**

Les dispositions issues de l'Ord. n° 2017-1386 du 22 sept. 2017 sont entrées en vigueur à la date de publication des décrets pris pour leur application, et au plus tard le 1ᵉʳ janv. 2018 (Ord. préc., art. 9).

V. DGT, Guide relatif aux décisions administratives en matière de rupture ou de transfert du contrat de travail des salariés protégés, https://travail-emploi.gouv.fr/IMG/pdf/guide_-_decisions_administratives_en_matiere_de_licenciement_des_salaries.pdf.

V. Circ. DGT n° 07/2012 du 30 juill. 2012 relative aux décisions administratives en matière de rupture ou de transfert du contrat de travail des salariés protégés.

RÉP. TRAV. v° *Représentants du personnel (Statut protecteur)*, par Pécaut-Rivolier, Rose et Struilliou.

BIBL. GÉN. ▶ Alvarez, *Dr. ouvrier 1975*. 1 (entrave). – Bachelier, *RJS 1999*. 631 (licenciement pour faute ou pour motif économique). – Boitel, *ibid. 1974*. 189 (résiliation judiciaire). – Borricand, *D. 1980. Chron.* 323. – Boubli, *Dr. soc. 1990*. 493 ⌀ (mise à pied ordinaire) ; *SSL 1999, n° 944* (bilan et problématique du statut) ; *SSL 1999, n° 944* (bilan et problématique du statut). – Catala, *Ét. offertes à G.H. Camerlynck, 1978, p. 249* (protection contre les sanctions autres que le licenciement). – Chelle et Prétot, *Dr. soc. 1989*. 376 (contentieux des autorisations administratives de licenciement) ; *RJS 1995*. 703 (licenciement économique pour contestation de la révocation d'un usage). – Déchoz et Geynet-Bourgeon, *Dr. ouvrier 2012*. 329 (salariés protégés, salariés exposés, salariés sacrifiés). – De Clausade, *ibid. 1990*. 198 (transfert d'un salarié protégé). – Coez et Saint-Jevin, *ibid. 1979*. 141 (bilan jurisprudentiel). – Cohen, *ibid. 1975*. 412 ; *Dr. ouvrier 1976*. 425 ; *Ét. offertes à H. Sinay, 1994, p. 207* (licenciement économique). – Coudrais, *Dr. soc. 1992*. 459 ⌀. – Davico-Hoarau, *JSL 2012, n° 316-1* (rupture du contrat de travail des salariés protégés : quelle indemnisation ?). – Despax, *BS Lefebvre 1986*. 121 (notation et avancement des représentants du personnel). – Dupeyroux, *D. 1970. Chron.* 187 (arrêt « Abisse »). – Duprilot, *JCP 1977. I. 2840* (contrôle des pouvoirs de l'inspecteur du travail). – Duquesnes, *RJS 2002*. 603 (mandat et suspension du contrat de travail). – Dutheillet de Lamothe et Robineau, *AJDA 1979*. 25 (contrôle du juge). – Galland, *D. 1978. Chron.* 263 (rôle des juridictions administratives). – Gherari, *LPA 15 janv. 1997* (contrôle du juge administratif). – Gremaud, *Dr. soc. 1987*. 492 (recours hiérarchiques). – Grinsnir, *Dr. ouvrier 1991*. 159 (effectivité des droits en matière de représentation du personnel). – Guillaume, *Dr. soc. 1988*. 773 (salarié étranger en situation irrégulière). – Indart et Maurel, *SSL 1991, suppl. nᵒˢ 541 et 555*. – Karaquillo, *Dr. soc. 1976*. 330. – R. Latournerie, *D. 1975. Chron.* 103 (arrêts « Perrier »). – M.-A. Latournerie, *Dr. soc. 1979*. 420 (conflits collectifs). – Maurin, *ALD 1984*. 27 et 33 (protection statutaire des représentants). – Mialon, *JCP CI 1974. I. 11341* (mutation et délit d'entrave). – Moderne, *Gaz. Pal. 1976. 2. Doctr. 520* (pouvoirs du juge administratif) ; *RJS 1989*. 400 (distinction entre licenciement disciplinaire et mise à pied préventive) ; *ibid. 1990*. 55 (licenciements disciplinaires). – Moussy, *Dr. ouvrier 1990*. 42 (le juge administratif et l'exercice normal des fonctions représentatives). – Ortscheidt, *Ét. offertes à H. Sinay, 1994, p. 247* (protection pénale des représentants conventionnels). – Pécaut-Rivolier et Struilliou, *Dr. soc. 2010*. 902 ⌀ (protection des représentants du personnel, Cour de cassation et Conseil d'État : des marches parallèles à la démarche commune). – Pélissier, *D. 1969. Chron.* 197 (réintégration). – Philbert, *CSB 1991*. 79 (application de la loi d'amnistie du 20 juill. 1988) ; *ibid. 1995*. 63 ⌀ (jurisprudence criminelle). – Pralus-Dupuy, *Dr. soc. 1994*. 695 ⌀ (représentant impliqué dans une procédure pénale). – Prétot, *Dr. soc. 1991*. 117 ⌀ (étendue des pouvoirs du ministre du travail statuant sur recours hiérarchique). – Prétot et Chelle, *ibid. 1987*. 686 (champ d'application de l'autorisation administrative). – Ray, *ibid. 1990*. 83 (égalité et décision patronale) ; *ibid. 1993*. 51 (licenciement d'un représentant du personnel gréviste). – Saint-Jours, *D. 1970. Chron.* 41 (réintégration). – Saramito, *Dr. ouvrier 1977*. 383 (articulation des compétences administrative et judiciaire). – Savatier, *RJS 1991*. 67 (indemnisation des salariés licenciés sans autorisation). – Sciberras, *SSL 1991, n° 549, 3*. – Sinay, *D. 1974. Chron.* 235 (arrêts « Perrier ») ; *Ét. offertes à G. Lyon-Caen 1989, p. 415* (réintégration) ; *Dr. soc. 1994*. 552 ⌀ (réintégration). – Sinay et G. Lyon-Caen, *JCP 1970. I. 2335* (réintégration). – Teyssié, *Dr. soc. 1984*. 59 (limites de l'immunité). – Verdier, *JCP 1971. I. 2422* (du contrat au statut et du droit individuel aux libertés publiques). – Verkindt, *Ét. offertes à H. Sinay, 1994, p. 281* (modification du contrat). – Vialettes, *Dr. soc. 2017*. 65 ⌀ (moment de l'appréciation de la qualité de salarié protégé). – Waquet, *Dr. soc. 1990*. 498 ⌀ (faute justifiant le licenciement). – Zapata, *Dr. soc. 1977*. 1 (rôle de l'inspecteur du travail).

COMMENTAIRE

V. sur le Code en ligne 📖.

TITRE I CAS, DURÉES ET PÉRIODES DE PROTECTION

CHAPITRE I PROTECTION EN CAS DE LICENCIEMENT

COMMENTAIRE
V. sur le Code en ligne 🔒. ☐

SECTION 1 Champ d'application

Art. L. 2411-1 *(Ord. n° 2017-1386 du 22 sept. 2017, art. 2)* Bénéficie de la protection contre le licenciement prévue par le présent chapitre, y compris lors d'une procédure de sauvegarde, de redressement ou de liquidation judiciaire, le salarié investi de l'un des mandats suivants :
1° Délégué syndical ;
2° Membre élu à la délégation du personnel du comité social et économique ;
3° Représentant syndical au comité social et économique ;
4° Représentant de proximité ;
5° Membre de la délégation du personnel du comité social et économique interentreprises ;
6° Membre du groupe spécial de négociation et membre du comité d'entreprise européen ;
7° Membre du groupe spécial de négociation et représentant au comité de la société européenne ;
7° bis Membre du groupe spécial de négociation et représentant au comité de la société coopérative européenne ;
7° ter Membre du groupe spécial de négociation et représentant au comité de la société issue de la fusion transfrontalière ;
8° Représentant du personnel d'une entreprise extérieure, désigné à la commission santé, sécurité et conditions de travail d'un établissement comprenant au moins une installation classée figurant sur la liste prévue à l'article L. 515-36 du code de l'environnement ou mentionnée à l'article L. 211-2 du code minier ;
9° Membre d'une commission paritaire d'hygiène, de sécurité et des conditions de travail en agriculture prévue à l'article L. 717-7 du code rural et de la pêche maritime ;
10° Salarié mandaté, dans les conditions prévues aux articles L. 2232-23-1 et L. 2232-26, dans les entreprises dépourvues de délégué syndical ;
11° Représentant des salariés mentionné à l'article L. 662-4 du code de commerce ;
12° Représentant des salariés au conseil d'administration ou de surveillance des entreprises du secteur public, des sociétés anonymes et des sociétés en commandite par actions ;
13° Membre du conseil ou administrateur d'une caisse de sécurité sociale mentionné à l'article L. 231-11 du code de la sécurité sociale ;
14° Membre du conseil d'administration d'une mutuelle, union ou fédération mentionné à l'article L. 114-24 du code de la mutualité ;
15° Représentant des salariés dans une chambre d'agriculture, mentionné à l'article L. 515-1 du code rural et de la pêche maritime ;
16° Conseiller du salarié inscrit sur une liste dressée par l'autorité administrative et chargé d'assister les salariés convoqués par leur employeur en vue d'un licenciement ;
17° Conseiller prud'homme ;
18° Assesseur maritime, mentionné à l'article 7 de la loi du 17 décembre 1926 relative à la répression en matière maritime ;
19° Défenseur syndical mentionné à l'article L. 1453-4 ;
20° Membre de la commission mentionnée à l'article L. 23-111-1.

Les dispositions des art. L. 2411-1 (2°, 3°, 4°, 7° et 8°), L. 2411-2, L. 2411-5 à L. 2411-10, L. 2411-13, L. 2411-14, L. 2412-1 (2°, 3°, 4°, 7° et 8°), L. 2412-3, L. 2412-4, L. 2412-7, L. 2412-8, L. 2413-1 (2°, 3°, 4°, 7° et 8°), L. 2414-1 (2°, 3°, 4°, 7° et 8°), L. 2421-3, L. 2421-4 (4°), dans leur rédaction antérieure à l'entrée en vigueur de l'Ord. n° 2017-1386 du 22 sept. 2017, relatives à la protection des salariés détenant ou ayant détenu des mandats de représentation du personnel, ainsi qu'aux salariés s'étant portés candidats à de tels mandats, restent appli-

cables lorsqu'ont été mises en place, au plus tard le 31 déc. 2017, une ou plusieurs des institutions représentatives du personnel concernées par les dispositions précitées.

Dans ce cas, les dispositions des art. L. 2422-1 (2°, 3° et 6°) et L. 2422-2 dans leur rédaction antérieure à l'entrée en vigueur de l'Ord. n° 2017-1386 restent applicables (Ord. préc., art. 11).

Ancien art. L. 2411-1 Bénéficie de la protection contre le licenciement prévue par le présent chapitre, y compris lors d'une procédure de sauvegarde, de redressement ou de liquidation judiciaire, le salarié investi de l'un des mandats suivants :

1° Délégué syndical ;
2° Délégué du personnel ;
3° Membre élu du comité d'entreprise ;
4° Représentant syndical au comité d'entreprise ;
5° Membre du groupe spécial de négociation et membre du comité d'entreprise européen ;
6° Membre du groupe spécial de négociation et représentant au comité de la société européenne ;
(L. n° 2008-649 du 3 juill. 2008) « 6° bis Membre du groupe spécial de négociation et représentant au comité de la société coopérative européenne ;
« 6° ter Membre du groupe spécial de négociation et représentant au comité de la société issue de la fusion transfrontalière ; »
7° Représentant du personnel au comité d'hygiène, de sécurité et des conditions de travail ;
8° Représentant du personnel d'une entreprise extérieure, désigné au comité d'hygiène, de sécurité et des conditions de travail d'un établissement comprenant au moins une installation classée figurant sur la liste prévue (L. n° 2013-619 du 16 juill. 2013, art. 11-V) « à l'article L. 515-36 » du code de l'environnement ou mentionnée à (Ord. n° 2011-91 du 20 janv. 2011) « l'article L. 211-2 du code minier » ;
9° Membre d'une commission paritaire d'hygiène, de sécurité et des conditions de travail en agriculture prévue à l'article L. 717-7 du code rural et de la pêche maritime ;
10° Salarié mandaté, dans les conditions prévues à l'article (L. n° 2008-789 du 20 août 2008, art. 9) « L. 2232-24 », dans les entreprises dépourvues de délégué syndical ;
11° Représentant des salariés mentionné à l'article L. 662-4 du code de commerce ;
12° Représentant des salariés au conseil d'administration ou de surveillance des entreprises du secteur public (L. n° 2013-504 du 14 juin 2013, art. 9-VI) « , des sociétés anonymes et des sociétés en commandite par actions » ;
13° Membre du conseil ou administrateur d'une caisse de sécurité sociale mentionné à l'article L. 231-11 du code de la sécurité sociale ;
14° Membre du conseil d'administration d'une mutuelle, union ou fédération mentionné à l'article L. 114-24 du code de la mutualité ;
15° Représentant des salariés dans une chambre d'agriculture, mentionné à l'article L. 515-1 du code rural et de la pêche maritime ;
16° Conseiller du salarié inscrit sur une liste dressée par l'autorité administrative et chargé d'assister les salariés convoqués par leur employeur en vue d'un licenciement ;
17° Conseiller prud'homme ;
(Ord. n° 2012-1218 du 2 nov. 2012, art. 3) « 18° Assesseur maritime, mentionné à l'article 7 de la loi du 17 décembre 1926 relative à la répression en matière maritime ; »
(L. n° 2015-990 du 6 août 2015, art. 258-II) « 19° Défenseur syndical mentionné à l'article L. 1453-4 ; »
(L. n° 2015-994 du 17 août 2015, art. 1er-II) « 20° Membre de la commission mentionnée à l'article L. 23-111-1. »

En application de l'art. L. 231-4, 4°, CRPA, et par exception à l'application du délai de deux mois prévu à l'art. L. 231-1 du même code, le silence gardé par l'administration pendant deux mois vaut décision de rejet pour une demande d'autorisation de rupture de contrat de travail des salariés bénéficiant de la protection prévue par le chapitre I du titre I du livre IV de la deuxième partie C. trav. (Décr. n° 2014-1291 du 23 oct. 2014, art. 1er).

I. CARACTÈRES DE LA PROTECTION

1. Constitutionnalité de la protection des salariés titulaires d'un mandat extérieur à l'entreprise. En accordant une protection contre le licenciement à ces salariés, le législateur entend préserver leur indépendance dans l'exercice de leur mandat ; ces dispositions ne portent pas une atteinte disproportionnée à la liberté d'entreprendre et à la liberté contractuelle mais les intéressés ne peuvent pas se prévaloir de la protection s'ils n'ont pas informé l'employeur de la détention d'un tel mandat au plus tard lors de l'entretien préalable au licenciement. • Cons. const. 14 mai 2012 : ⚖ D. 2012. Actu. 1340 ; Dr. soc. 2012. 1039, obs. de Sintives ◊ ; RJS 2012. 520, obs. Struillou ; Dr. ouvrier 2012. 621, obs Gahdoun ; JCP S 2012. 1311, obs. Boulmier.

SALARIÉS PROTÉGÉS   Art. L. 2411-1 959

2. Bénéfice de la protection. La protection légale bénéficie au titulaire du mandat indépendamment de son exercice. • Soc. 27 mai 1997, ⚖ n° 94-42.414 P : *RJS 1997. 541, n° 835* (salarié désigné, sans contestation de la part de l'employeur, pour exercer en alternance avec un autre salarié un mandat unique de délégué syndical) • 4 mars 1998, ⚖ n° 95-41.642 P : *RJS 1998. 310, n° 493* (salarié licencié pour inaptitude physique, cette dernière faisant seulement obstacle à l'exercice de son travail). ♦ L'annulation par le tribunal d'instance de la désignation d'un représentant de section syndicale n'a pas d'effet rétroactif, la perte du statut protecteur n'intervient qu'à la date à laquelle le jugement d'annulation est prononcé, de sorte que l'autorisation administrative de licenciement est requise lorsque le salarié bénéficie de la protection à la date d'envoi de la convocation à l'entretien préalable au licenciement. • Soc. 11 oct. 2017, ⚖ n° 16-11.048 P : *D. actu. 17 nov. 2017, obs. Cortot ; D. 2017. Actu. 2105* ⌸ *; RJS 12/2017, n° 809 ; JCP S 2017. 1385, obs. Kerbourc'h* • 10 nov. 2021, ⚖ n° 20-12.604 B : *D. actu. 30 nov. 2021, obs. Couëdel ; D. 2021. 2092* ⌸ *; RJS 1/2022, n° 24 ; JCP S 2021. 1310, obs. Kerbourc'h.*

3. Une sanction disciplinaire ne peut être prononcée qu'en raison de faits constituant un manquement du salarié à ses obligations professionnelles envers l'employeur ; un salarié protégé ne peut être sanctionné pour des faits ayant eu lieu lors d'une réunion du comité d'entreprise européen. • Soc. 30 juin 2010 : ⚖ *JCP S 2010. 1444, obs. Bossu.*

4. Institutions conventionnelles. Pour bénéficier de la protection légale, les institutions représentatives créées par voie conventionnelle doivent être de même nature que celles prévues par le code du travail ; tel n'est pas le cas d'un représentant syndical conventionnel au CHSCT. • Soc. 20 févr. 1991, ⚖ n° 89-42.288 P : *D. 1991. IR 73 ; CSB 1991. 76, S. 48 ; RJS 1991. 256, n° 484* • Crim. 4 avr. 1991 : ⚖ *D. 1991. IR 156* ⌸ *; RJS 1991. 325, n° 614 a, 2ᵉ esp. ; JCP E 1991. II. 213, note Godard.* ♦ ...Tel n'est pas non plus le cas des commissions internes à une entreprise compétentes en matière de procédure disciplinaire, dont l'existence n'est pas prévue par le C. trav. • Soc. 22 janv. 2020, ⚖ n° 18-21.206 P : *D. 2020. 220* ⌸ *; Dr. soc. 2021. 86, obs. Petit* ⌸ *; RJS 4/2020, n° 195 ; JCP 2020. 201, obs. Corrignan-Carsin ; ibid. S 2020. 1055, obs. Kerbourc'h.*

5. Lorsque l'institution représentative n'a pas été instituée par une convention ou un accord collectif étendu en vertu d'une disposition expresse dans une matière déterminée, la méconnaissance des dispositions conventionnelles, si elle peut donner lieu à des recours civils, n'est susceptible de recevoir aucune qualification pénale. • Crim. 4 avr. 1991 (trois arrêts) : ⚖ *D. 1991. IR 156* ⌸ *; JCP E 1991. II. 213, note Godard ; RJS 1991. 325, n° 614 a.*

6. Cumul de protections. Le salarié bénéficiaire à la fois de la protection accordée aux représentants du personnel et aux victimes d'accident du travail ou d'une maladie professionnelle a droit à la réparation du préjudice subi résultant de l'inobservation par l'employeur des règles protectrices qui lui sont applicables à ce double titre. • Soc. 19 sept. 2007 : ⚖ *D. 2007. AJ 2474* ⌸ *; RJS 2007. 941, n° 1191 ; JSL 2007, n° 220-6.*

7. Point de départ de la protection. L'application de la procédure spécifique dépend du moment de l'envoi de la convocation du salarié à l'entretien préalable à son licenciement ; si, à cette date, l'employeur n'a pas encore reçu la lettre de désignation – et n'a pas non plus connaissance de l'imminence de cette désignation –, il n'a pas à suivre de procédure de licenciement particulière. • Soc. 2 déc. 2008 : ⚖ *D. 2009. AJ 105* ⌸ *; RJS 2009. 158, n° 191 ; Dr. soc. 2009. 966, obs. Verdier* ⌸ *; JCP S 2009. 1057, obs. Drai.* ♦ Dès lors que l'employeur engage la procédure de licenciement avant d'avoir connaissance d'une candidature ou de son imminence, le salarié, même s'il est ultérieurement élu, ne bénéficie pas au titre de la procédure en cours du statut protecteur. • Soc. 28 janv. 2009 : ⚖ *RDT 2009. 248, obs. Grévy* ⌸ *; Dr. soc. 2009. 966, obs. Verdier* ⌸ *; JCP S 2009. 1193, obs. Kerbourc'h ; JSL 2009, n° 250-4 ; SSL 2009, n° 1390, p. 13.* ♦ Est irrégulier le licenciement, sans autorisation de l'inspecteur du travail, du salarié convoqué à l'entretien préalable avant le terme de la période de protection, peu important que l'employeur dans la lettre de licenciement retienne par ailleurs des faits commis postérieurement à l'expiration de la période de protection. • Soc. 23 oct. 2019, ⚖ n° 18-16.057 P : *D. 2019. Actu. 2098* ⌸ *; RJS 1/2020, n° 34 ; JCP S 2019. 1348, obs. Kerbour'ch.*

8. Désignation frauduleuse. N'est pas frauduleuse la désignation d'un salarié comme délégué syndical, dès lors qu'elle n'est pas faite dans le seul but d'assurer la protection personnelle du salarié contre une mesure de licenciement. • Soc. 26 sept. 1984 : *D. 1985. IR 458, 1ʳᵉ esp., obs. Verdier* • 3 oct. 1984 : *ibid., 2ᵉ esp.* ♦ Sur la preuve du caractère frauduleux d'une désignation, V. • Soc. 23 mai 1984 : *D. 1985. IR 458, 3ᵉ esp., obs. Verdier* • 10 juill. 1984 : *ibid., 4ᵉ esp.* • 26 sept. 1984 : *ibid., 5ᵉ esp.* ♦ L'appréciation de la fraude relève du pouvoir souverain des juges du fond. • Soc. 11 juill. 1989 : *Dr. ouvrier 1990. 288* • 7 mai 2002, ⚖ n° 00-60.407 P : *RJS 2002. 652, n° 845* • 13 juill. 2004, ⚖ n° 03-60.432 P : *Dr. soc. 2005. 283, note Verdier* ⌸ *; RJS 2004. 821, n° 1166.*

9. Transfert d'entreprise. Le transfert sans autorisation d'un délégué syndical, alors que les dispositions de l'art. L. 122-12 [L. 1224-1 nouv.] n'étaient pas applicables, ne constitue pas une méconnaissance de l'al. 7 de l'art. L. 412-18 [L. 2421-9 nouv.], mais caractérise un licenciement déguisé constitutif du délit d'entrave prévu par l'al. 1ᵉʳ du même texte [L. 2421-1 nouv.]. • Crim.

10 mai 1988 : *Bull. crim. n° 202 ; BS Lefebvre 1988. 320*, note Guirimand.

10. Lorsque la convention collective le prévoit, les représentants du personnel dont le mandat dépasse le cadre du marché repris peuvent opter pour un maintien au sein de l'entreprise sortante ; dans cette hypothèse, l'employeur qui ne peut réintégrer un représentant du personnel doit solliciter une autorisation administrative de licenciement. • Soc. 11 janv. 2005 : 🏛 *D. 2005. IR 457* ⌀ ; *Dr. soc. 2005. 560* ⌀ ; *RJS 2005. 257, n° 347*.

11. Fin de la période de protection. Lorsque l'autorisation de licencier a été refusée parce que le motif de licenciement est entaché de discrimination syndicale, l'employeur qui reprend la même argumentation pour justifier un licenciement prononcé à l'issue de la période de protection s'expose à ce que le juge judiciaire lui demande de s'expliquer sur les raisons qui ont motivé le refus d'autorisation de l'administration. • Soc. 9 juill. 2014 : 🏛 *D. 2014. Actu. 1594* ⌀ ; *RJS 2014. 672, n° 793 ; JSL 2014, n° 373-6*, obs. Hautefort. ♦ Le licenciement prononcé à l'expiration de la période légale de protection ne peut être motivé par des faits invoqués devant l'autorité administrative et qui ont donné lieu à une décision de refus d'autorisation du licenciement. • Soc. 23 sept. 2015, 🏛 n° 14-10.648 P : *D. 2015. Actu. 1958* ⌀ ; *Dr. soc. 2015. 1031*, note Mouly ⌀ ; *JSL 2015, n° 397-5*, obs. Bonnet.

12. Persistance du comportement fautif à l'expiration de la période de protection. La persistance du comportement fautif à l'expiration de la période de protection peut justifier le prononcé d'un licenciement sans que soit requise la demande d'autorisation de licenciement si l'employeur a eu une exacte connaissance des faits reprochés au salarié commis pendant la période de protection, seulement postérieurement à son expiration et si le comportement fautif reproché a persisté après l'expiration de cette période. • Soc. 16 févr. 2022, 🏛 n° 20-16.171 B : *D. actu. 21 mars 2022*, obs. Cuvilliers ; *D. 2022. 357* ⌀ ; *RJS 5/2022, n° 260 ; JSL 2022, n° 539*, obs. Pacotte ; *JCP S 2022. 1116*, obs. Kerbouc'h.

13. Maintien du salaire. Les dispositions relatives au licenciement des salariés investis de fonctions représentatives instituent au profit de ces salariés, et dans l'intérêt de l'ensemble des travailleurs qu'ils représentent, une protection exceptionnelle et exorbitante de droit commun qui interdit à l'employeur de rompre le contrat de travail sans respecter le dispositif destiné à garantir cette protection ; il en résulte qu'en cas de suspension de permis de conduire nécessaire à l'exercice de ses fonctions, l'employeur est tenu, non seulement de conserver le salarié dans l'entreprise, mais aussi de le rémunérer jusqu'à l'obtention de l'autorisation de licenciement délivrée par l'inspecteur du travail. • Soc. 2 déc. 2009 : 🏛 *Dr. ouvrier 2010. 221*, Avis Duplat, obs. Waquet ; *JSL 2010, n° 269-3* • 2 déc. 2009 : 🏛 *Dr. ouvrier 2010. 217*, Avis Duplat, obs. Waquet ; *RJS 2010. 158, n° 203 ; JSL 2010, n° 269-3*. ♦ V. aussi s'agissant d'un refus d'une modification de contrat de travail fautif. • Soc. 12 janv. 2016, 🏛 n° 13-26.318 P : *D. actu. 18 févr. 2016*, obs. Siro ; *D. 2016. Actu. 261* ⌀ ; *RDT 2016. 349*, obs. Véricel ⌀ ; *JCPS 2016. 1077*, obs. Morand.

II. MODIFICATION DU CONTRAT DE TRAVAIL ET AUTRES MODES DE RUPTURE DU CONTRAT DE TRAVAIL

14. Position de la Cour de cassation. Il résulte des articles L. 2411-1, L. 2411-3 et L. 2411-8 C. trav. qu'aucune modification de son contrat de travail, aucun changement de ses conditions de travail ne peut être imposé à un représentant du personnel ; il incombe à l'employeur, en cas de refus du salarié d'accepter la modification ou le changement litigieux, d'obtenir l'autorisation de l'inspecteur du travail de rompre le contrat de travail. • Soc. 13 sept. 2017, 🏛 n° 15-24.397 P : *D. 2017. Actu. 1838* ⌀ ; *RJS 11/2017, n° 753 ; JCP S 2018. 1026*, obs. Kerbouc'h. • 15 févr. 2023, n° 21-20.572 B (3ᵉ moyen).

15. Position du Conseil d'État. Le refus opposé par un salarié protégé à un changement de ses conditions de travail décidé par son employeur en vertu, soit des obligations souscrites dans le contrat de travail, soit de son pouvoir de direction, constitue, en principe, une faute. Face à un tel refus, l'employeur, s'il ne peut directement imposer au salarié ledit changement, doit, sauf à y renoncer, saisir l'inspecteur du travail d'une demande d'autorisation de licenciement à raison de la faute qui résulterait de ce refus. Après s'être assuré que la mesure envisagée ne constitue pas une modification du contrat de travail de l'intéressé, il appartient à l'autorité administrative, sous le contrôle du juge, d'apprécier si le refus du salarié constitue une faute d'une gravité suffisante pour justifier l'autorisation sollicitée, compte tenu de la nature du changement envisagé, de ses modalités de mise en œuvre et de ses effets, tant au regard de la situation personnelle du salarié, que des conditions d'exercice de son mandat. En tout état de cause, le changement des conditions de travail ne peut avoir pour objet de porter atteinte à l'exercice de ses fonctions représentatives. • CE 7 déc. 2009 🏛 n° 301563 : *Dr. soc. 2010. 306*, obs. Struillou ⌀ ; *RJS 5/2010, n° 446 ; JCP S 2010. 1096*, obs. Kerbouc'h • CE 12 avr. 2023, 🏛 n° 449229 A : *RJS 7/2023, n° 391*. ♦ En l'absence de mention contractuelle du lieu de travail d'un salarié, la modification de ce lieu de travail constitue un simple changement des conditions de travail, dont le refus par le salarié est susceptible de caractériser une faute de nature à justifier son licenciement, lorsque le nouveau lieu de travail demeure à l'intérieur d'un même secteur géographique, lequel s'apprécie, eu égard à la nature de l'emploi de l'intéressé, de façon objective, en fonction de la distance entre l'ancien et le nouveau lieu de travail ainsi que des moyens de transport disponibles. En revanche, sous réserve de la mention au contrat de travail d'une clause de mobilité ou de fonctions impliquant par elles-mêmes une mobilité, tout déplacement du lieu de travail du salarié, ce qui doit être distingué de déplacements occasionnels, dans un secteur géographique différent du secteur initial constitue une modification du contrat de travail. • CE 23 déc. 2014, n° 364616 A : *RJS 3/2015, n° 201* ; *JCP S 2015. 1070, obs. Loiseau* • 29 juin 2020, n° 428694 B : *RJS 11/2020, n° 548* ; *ibid., concl. Chambon.*

16. Portée de l'obligation de réintégration. Le salarié protégé dont le licenciement est nul en raison de l'annulation de l'autorisation administrative doit être réintégré dans son emploi ou dans un emploi équivalent ; il en résulte que, s'il n'a pas satisfait à cette obligation, l'employeur qui ne justifie pas d'une impossibilité de réintégration ne peut pas licencier le salarié en raison d'un refus de modification de son contrat ; le licenciement prononcé en raison de ce refus est nul, même si l'intéressé n'a plus la qualité de salarié protégé à la date de sa notification. • Soc. 5 déc. 2018, n° 16-19.912 P : *RJS 2/2019, n° 112* ; *JCP S 2019. 1005, obs. Kerbourc'h..* ♦ Le salarié protégé dont la rupture conventionnelle est nulle en raison de l'annulation de l'autorisation administrative doit être réintégré dans son emploi ou dans un emploi équivalent ; lorsque l'employeur n'a pas satisfait à cette obligation, sans justifier d'une impossibilité de réintégration, la résiliation judiciaire prononcée aux torts de l'employeur pour ce motif produit les effets d'un licenciement nul pour violation du statut protecteur. • Soc. 15 mai 2019, n° 17-28.547 P : *D. 2019. Actu. 1053* ; *RJS 7/2019, n° 430* ; *JCP S 2019. 1178, obs. Morand.*

17. Autres modes de rupture du contrat de travail. La protection exceptionnelle et exorbitante du droit commun dont bénéficie le délégué syndical exclut que l'employeur puisse poursuivre par la voie judiciaire la résiliation de son contrat de travail. • Cass., ass. plén., 28 janv. 1983, n° 80-93.511 P : *D. 1983. 269, concl. Cabannes* ; *D. 1984. IR 254, obs. Langlois* ; *Dr. soc. 1984. 511, note Couvrat et Massé* ; *Gaz. Pal. 1983. 1. 262, note Doucet.* – V. déjà • Cass., ch. mixte, 21 juin 1974 : *GADT, 4ᵉ éd., n° 151* ; *D. 1974. 593, concl. Touffait* ; *Dr. soc. 1974. 454.* ♦ La solution est toutefois différente lorsque la résiliation judiciaire est demandée par le salarié protégé lui-même. • Soc. 16 mars 2005 : *D. 2005. IR 915, obs. Chevrier* ; *JSL 2005, n° 165-3.* ♦ V. antérieurement : • Soc. 18 juin 1996 : cité note 54 ss. art. L. 1231-1.

18. Résiliation judiciaire. Lorsqu'un licenciement a été notifié à la suite d'une autorisation administrative de licenciement accordée à l'employeur, le juge judiciaire ne peut, sans violer le principe de la séparation des pouvoirs, se prononcer sur une demande de résiliation judiciaire formée par le salarié même si sa saisine était antérieure à la rupture. S'il reste compétent pour allouer des dommages-intérêts au salarié au titre des fautes commises par l'employeur pendant la période antérieure au licenciement, il ne peut faire droit à une telle demande lorsque les manquements invoqués par le salarié ont nécessairement été pris en considération par l'autorité administrative dans le cadre de la procédure d'autorisation. • Soc. 29 sept. 2010 : *D. actu. 20 oct. 2010, obs. Ines* ; *D. 2010. AJ 2529* ; *RDT 2010. 660, obs. Serverin et Grumbach* ; *RJS 2010. 855, n° 958* ; *Dr. soc. 2010. 1265, obs. Struillou* ; *JCP S 2010. 1502, obs. Kerbourc'h.* ♦ La date de la résiliation du contrat de travail ne peut être fixée qu'au jour de la décision qui le prononce dès lors que le contrat n'a pas été rompu avant cette date ; si, en cas de confirmation en appel du jugement prononçant la résiliation, la date de la rupture est celle fixée par le jugement, il en va autrement lorsque l'exécution du contrat de travail s'est poursuivie après cette décision. • Soc. 3 févr. 2016, n° 14-17.000 P : *D. 2016. Actu. 383* ; *D. actu. 1ᵉʳ mars 2016, obs. Fraisse* ; *RJS 4/2016, n° 243* ; *JCP S 2016. 1165, note Gauriau.* ♦ Le salarié protégé licencié après qu'il a demandé au juge la résiliation de son contrat de travail et dont l'autorisation administrative a été annulée ne peut obtenir l'indemnité pour violation du statut protecteur résultant du prononcé de la résiliation judiciaire. • Soc. 6 avr. 2016, n° 14-13.484 : *D. actu. 9 mai 2016, obs. Cortot* ; *D. 2016. Actu. 843* ; *JCP S 2017. 1190, obs. Dumont.* ♦ Dès lors que l'autorisation administrative de licenciement d'un salarié protégé a été annulée par le juge administratif, la juridiction prud'homale ne peut plus se prononcer sur la demande de résiliation judiciaire formée par le salarié protégé, même si sa saisine est antérieure à la rupture du contrat de travail du salarié protégé. • Soc. 11 oct. 2017, n° 16-14.529 P : *D. 2017. Actu. 2104* ; *Dr. soc. 2017. 1082, obs. Mouly* ; *RJS 12/2017, n° 810* ; *JSL 2017, n° 443-444-7, obs. Lhernould* ; *JCP S 2017. 1407, obs. Lahalle.*

19. Mise à la retraite. La mise à la retraite d'un salarié protégé doit être autorisée par l'inspecteur du travail. A défaut, la rupture du contrat de travail s'analyse en un licenciement nul et le salarié, qui ne demande pas la poursuite de son contrat illégalement rompu, a le droit d'obtenir non seulement les indemnités de rupture mais aussi une indemnité réparant l'intégralité du préjudice résultant du caractère illicite du licenciement et au moins égale à celle prévue par l'art. L. 122-14-4 [L. 1235-3 nouv.]. • Soc. 27 oct. 2004, n° 01-45.902 P : *JSL 2004, n° 156-4.*

20. Rupture en période d'essai. L'employeur doit saisir l'inspecteur du travail avant de rompre le contrat de travail d'un conseiller du salarié au cours de la période d'essai. • Soc. 26 oct. 2005 : *D. 2006. 115, note Mouly* ♦ Cette solution s'applique immédiatement, la sécurité juridique et le principe de prééminence du droit invoqués sur le fondement du droit à un procès équitable prévu par l'art. 6.1 Conv. EDH ne consacrant aucun droit acquis à une jurisprudence immuable dont l'évolution relève de l'office du juge dans l'application du droit. • Soc. 22 sept. 2010 : ⚖ *D. actu. 12 oct. 2010, obs. Siro ; Dr. soc. 2010. 1150, note Radé ⊘ ; SSL 2010, n° 1461, p. 9, obs. Champeaux.*

21. Accord de rupture amiable (solutions antérieures à la loi du 25 juin 2008). Même solution s'agissant de l'accord de rupture amiable, de surcroît lorsque l'employeur a imposé cet accord au salarié protégé et ainsi tenté de s'affranchir du cadre légal et des formalités assurant la protection du salarié investi de mandats représentatifs. • Soc. 12 avr. 2005, ⚖ n° 02-46.323 P. ♦ Ce comportement est constitutif d'un délit d'entrave. • Crim. 14 nov. 2006, ⚖ n° 05-87.554.

22. Rupture conventionnelle. Le juge judiciaire ne peut pas, en l'état de l'autorisation administrative accordée à l'employeur et au salarié bénéficiant d'une protection pour procéder à la rupture conventionnelle du contrat de travail qui les lie et sans violer le principe de séparation des pouvoirs, apprécier la validité de la rupture, y compris lorsque la contestation porte sur la validité du consentement du salarié et que ce dernier soutient que ce consentement aurait été vicié par suite d'un harcèlement moral. • Soc. 20 déc. 2017, ⚖ n° 16-14.880 P : *D. 2018. Actu. 15 ⊘ ; RJS 3/2018, n° 200 ; JSL 2018, n° 448-2, obs. Hautefort ; JCP S 2018. 1071, obs. Kerbourc'h.*

23. Transaction. Est nulle de nullité absolue la transaction conclue avec l'employeur avant la notification du licenciement, lequel ne peut avoir lieu qu'après obtention de l'autorisation administrative. • Soc. 16 mars 2005, ⚖ n° 02-45.293 P.

Art. L. 2411-2 Bénéficient également de la protection contre le licenciement prévue par le présent chapitre, le délégué syndical, (Ord. n° 2017-1386 du 22 sept. 2017, art. 2) « le membre de la délégation du personnel du comité social et économique, le représentant de proximité », institués par convention ou accord collectif de travail.

Les dispositions de l'art. L. 2411-2 dans leur rédaction antérieure à l'entrée en vigueur de l'Ord. n° 2017-1386 du 22 sept. 2017, relatives à la protection des salariés détenant ou ayant détenu des mandats de représentation du personnel, ainsi qu'aux salariés s'étant portés candidats à de tels mandats, restent applicables lorsqu'ont été mises en place, au plus tard le 31 déc. 2017, une ou plusieurs des institutions représentatives du personnel concernées par ces dispositions précitées.

Dans ce cas, les dispositions prévues aux 2°, 3° et 6° de l'art. L. 2422-1 et à l'art. L. 2422-2, dans leur rédaction antérieure à l'entrée en vigueur de ladite Ord., restent applicables (Ord. préc., art. 11).

V. note ss. anc. art. L. 2411-1.

Ancien art. L. 2411-2 *Bénéficient également de la protection contre le licenciement prévue par le présent chapitre, le délégué syndical, le délégué du personnel, le membre du comité d'entreprise, le représentant du personnel au comité d'hygiène, de sécurité et des conditions de travail, institués par convention ou accord collectif de travail.*

SECTION 2 Licenciement d'un délégué syndical ou d'un salarié mandaté

SOUS-SECTION 1 Délégué et ancien délégué syndical

Art. L. 2411-3 Le licenciement d'un délégué syndical ne peut intervenir qu'après autorisation de l'inspecteur du travail.

Cette autorisation est également requise pour le licenciement de l'ancien délégué syndical, durant les douze mois suivant la date de cessation de ses fonctions, s'il a exercé ces dernières pendant au moins un an.

Elle est également requise lorsque la lettre du syndicat notifiant à l'employeur la désignation du délégué syndical a été reçue par l'employeur ou lorsque le salarié a fait la preuve que l'employeur a eu connaissance de l'imminence de sa désignation comme délégué syndical, avant que le salarié ait été convoqué à l'entretien préalable au licenciement. – *[Anc. art. L. 412-18, al. 1ᵉʳ, phrase 1, et al. 4.]* – V. art. L. 2431-1 (pén.).

1. Appréciation de la qualité de salarié protégé. La qualité de salarié protégé s'apprécie à la date de l'envoi par l'employeur de la convocation à l'entretien préalable de licenciement. • CE 23 nov. 2016, ⚖ n° 392059 : *Dr. soc. 2017. 65, concl. Vialettes ⊘ ; RJS 2/2017, n° 129 ; SSL 2017, n° 1752, p. 12, obs. Champeaux* • Soc. 15 juin 2022, ⚖ n° 21-10.509 B : *D. actu. 28 juin 2022, obs. Malfettes ; RJS 8-9/2022, n° 458.*

2. Salariés membres des commissions paritaires professionnelles. La protection contre le licenciement dont bénéficient les délégués syndicaux en application de l'art. L. 2411-3 est étendue aux salariés membres de commissions paritaires professionnelles créées par accord collectif. • Soc. 1er févr. 2017, ⚖ n° 15-24.310 P : *D. 2017. Actu. 304* ⵁ ; *Dr. soc. 2017. 577*, obs. Petit ⵁ ; *RJS 4/2017, n° 274* ; *JSL 2017, n° 428-6*, obs. Pacotte et Leroy ; *JCP S 2017. 1107*, obs. Kerbourc'h.

3. Renonciation au mandat syndical. En application des art. 2003 et 2007 C. civ. régissant la rupture du contrat de mandat, un délégué syndical peut mettre fin à son mandat, de manière anticipée, par démission ou renonciation en informant l'organisation syndicale qui l'a désigné ; le mandat ne peut pas être considéré comme ayant pris fin par la seule information de l'employeur et le statut protecteur qui y est attaché demeure applicable. • Soc. 6 avr. 2016 : ⚖ *D. actu. 2 mai 2016*, obs. Roussel ; *D. 2016. Actu. 843* ⵁ ; *RDT 2016. 480*, note Frossard ⵁ ; *RJS 6/2016, n° 437* ; *JCP S 2016. 1209*, note Gauriau.

4. Réparation de la violation du statut protecteur. Le représentant de section syndicale qui ne demande pas la poursuite du contrat de travail illégalement rompu a droit à une indemnité pour violation du statut protecteur égale à la rémunération qu'il aurait perçue depuis son éviction jusqu'à l'expiration de la période de protection, dans la limite de trente mois, durée minimale légale du mandat des représentants élus du personnel augmentée de six mois. • Soc. 15 mai 2019, ⚖ n° 18-11.036 P : *D. actu. 13 juin 2019*, obs. Malfettes ; *D. 2019. Actu. 1111* ⵁ ; *RJS 7/2019, n° 444* ; *JCP 2019. 805*, obs. Bossu ; *JCP S 2019. 1202*, obs. Kerbourc'h. ♦ Comp. *ante* : le délégué syndical irrégulièrement licencié a droit, peu important l'ancienneté du mandat, à une indemnité correspondant à 12 mois de salaires à compter de son éviction. • Soc. 1er oct. 2003 : ⚖ *RJS 2003. 987, n° 1416* • 27 oct. 2004, ⚖ n° 01-45.902 P : *RJS 2005. 53, n° 58* ; *JSL 2004, n° 156-4* • 6 avr. 2005, ⚖ n° 03-43.629 P • 12 juill. 2006, ⚖ n° 04-48.351. ♦ Seul le salarié qui présente sa demande d'indemnisation avant la fin de sa période de protection peut prétendre à une indemnité forfaitaire égale au montant des salaires qu'il aurait dû percevoir jusqu'à la fin de ladite période. • Soc. 11 juin 2013 : ⚖ *D. actu. 4 juill. 2013*, obs. Fleuriot ; *D. 2013. Actu. 1555* ⵁ ; *RDT 2013. 573*, obs. Grévy ⵁ ; *JCP S 2013. 1388*, obs. Barège ; *JSL 2013, n° 348-4*, obs. Tourreil.

SOUS-SECTION 2 Salarié et ancien salarié mandaté

Art. L. 2411-4 Le licenciement d'un salarié mandaté au titre *(Ord. n° 2017-1386 du 22 sept. 2017, art. 2)* « des articles **L. 2232-23-1** et **L. 2232-26** » ne peut intervenir qu'après autorisation de l'inspecteur du travail.

Cette autorisation est également requise dès que l'employeur a connaissance de l'imminence de sa désignation.

Il en est de même pour le licenciement d'un ancien salarié mandaté durant les douze mois suivant la date à laquelle son mandat a pris fin. Dans ce cas, lorsque aucun accord n'a été conclu à l'issue de la négociation au titre de laquelle le salarié a été mandaté, le délai de protection court à compter de la date de la fin de cette négociation, matérialisée par un procès-verbal de désaccord.

1. Principe. Un salarié mandaté en vue de négocier un accord RTT (loi Aubry I) bénéficie de la protection spéciale pendant une période de 12 mois après la fin de son mandat ; cette période court à compter de la signature de l'accord ou, à défaut, de la fin du mandat ou de la négociation ; si aucune négociation n'a eu lieu, il appartient à l'employeur de faire constater la caducité du mandat pour que la période complémentaire de protection de 12 mois commence à courir. • Soc. 30 nov. 2004, ⚖ n° 02-40.437 P : *JSL 2005, n° 160-5*. ♦ Dès lors que le licenciement d'un salarié mandaté est notifié après la promulgation de la loi du 19 janv. 2000, la durée de la protection de ce salarié est de 12 mois et non de 6, à compter de la fin du mandat ; lorsque le salarié est également mandaté pour le suivi de l'accord, cette période de 12 mois commence à courir à compter du terme du mandat de suivi et non à partir de la date de signature de l'accord. • Soc. 28 mars 2006 : ⚖ *RJS 2006. 511, n° 742* ; *Dr. soc. 2007. 564*, note Petit ⵁ ; *JSL 2006, n° 188-6*. ♦ L'annulation d'un mandat donné dans le cadre des dispositions de la loi du 13 juin 1998 n'ayant pas d'effet rétroactif sur le statut protecteur prévu par ce texte, il en résulte que la perte de la qualité de salarié protégé n'intervient qu'à la date à laquelle le jugement d'annulation est prononcé. • Soc. 21 févr. 2007 : ⚖ *RJS 2007. 448, n° 609* ; *JSL 2007, n° 208-3* • 28 févr. 2007 : ⚖ *D. 2007. AJ 802* ⵁ ; *RDT 2007. 465*, obs. Grévy ⵁ ; *RJS 2007. 448, n° 409*.

2. Mandat exprès. Il résulte de l'al. 4 de l'art. 19-VI de la L. n° 2000-37 du 19 janv. 2000 que le mandat de suivi d'un accord de réduction du temps de travail qu'un syndicat peut, le cas échéant, confier à un salarié mandaté ne se confond pas avec le mandat de négociation ; il doit être exprès pour ouvrir droit à la période de protection de 12 mois à compter de la fin du mandat de suivi prévue par l'al. 9 de ce texte. • Soc. 28 mars 2006, ⚖ n° 04-45.695 P : *D. 2006. IR 1064* ⵁ ; *JSL 2006, n° 188-6*. ♦ ... A défaut, la période de protection de 12 mois court à compter de la date de la signature de l'accord. • Soc. 7 nov. 2006 : ⚖ *D. 2006. IR 2946* ⵁ.

SECTION 3 Licenciement d'un membre de la délégation du personnel du comité social et économique

(Ord. n° 2017-1386 du 22 sept. 2017, art. 2)

Les dispositions des art. L. 2411-5 à L. 2411-10 dans leur rédaction antérieure à l'entrée en vigueur de l'Ord. n° 2017-1386 du 22 sept. 2017, relatives à la protection des salariés détenant ou ayant détenu des mandats de représentation du personnel, ainsi qu'aux salariés s'étant portés candidats à de tels mandats, restent applicables lorsqu'ont été mises en place, au plus tard le 31 déc. 2017, une ou plusieurs des institutions représentatives du personnel concernées par les dispositions précitées.

Dans ce cas, les dispositions prévues aux 2°, 3° et 6° de l'art. L. 2422-1 et L. 2422-2, dans leur rédaction antérieure à l'entrée en vigueur de ladite Ord., restent applicables *(Ord. préc., art. 11)*.

SOUS-SECTION 1 Membre et ancien membre de la délégation du personnel du comité social et économique *(Ord. n° 2017-1386 du 22 sept. 2017, art. 2)*.

Art. L. 2411-5 Le licenciement d'un *(Ord. n° 2017-1386 du 22 sept. 2017, art. 2)* « membre élu de la délégation du personnel du comité social et économique », titulaire ou suppléant, *(Ord. n° 2017-1386 du 22 sept. 2017, art. 2)* « ou d'un représentant syndical au comité social et économique » ne peut intervenir qu'après autorisation de l'inspecteur du travail.

(Ord. n° 2017-1386 du 22 sept. 2017, art. 2) « L'ancien membre élu de la délégation du personnel du comité social et économique ainsi que l'ancien représentant syndical qui, désigné depuis deux ans, n'est pas reconduit dans ses fonctions lors du renouvellement du comité bénéficient également de cette protection pendant les six premiers mois suivant l'expiration de leur mandat ou la disparition de l'institution. » — *V. art. L. 2432-1 (pén.).*

V. note ss. art. L. 2411-1.

Comp. anc. art. L. 2411-5 *(Délégué du personnel)*.

Comp. anc. art. L. 2411-8 *(Membre du comité d'entreprise)*.

SOUS-SECTION 2 Salarié ayant demandé l'organisation des élections

Art. L. 2411-6 L'autorisation de licenciement est requise, pendant une durée de six mois, pour le salarié ayant demandé à l'employeur d'organiser les élections *(Ord. n° 2017-1386 du 22 sept. 2017, art. 2)* « au comité social et économique » ou d'accepter d'organiser ces élections. Cette durée court à compter de l'envoi à l'employeur de la lettre recommandée par laquelle une organisation syndicale a, la première, demandé ou accepté qu'il soit procédé à des élections.

Cette protection ne bénéficie qu'à un seul salarié par organisation syndicale ainsi qu'au premier salarié, non mandaté par une organisation syndicale, qui a demandé l'organisation des élections. — *V. art. L. 2432-1 (pén.).*

V. note ss. art. L. 2411-1.

Comp. anc. art. L. 2411-6 *(Délégué du personnel)*.

Comp. anc. art. L. 2411-9 *(Comité d'entreprise)*.

SOUS-SECTION 3 Candidat aux fonctions de membre élu de la délégation du personnel du comité social et économique *(Ord. n° 2017-1386 du 22 sept. 2017, art. 2)*.

Art. L. 2411-7 L'autorisation de licenciement est requise pendant six mois pour le candidat, au premier ou au deuxième tour, aux fonctions de *(Ord. n° 2017-1386 du 22 sept. 2017, art. 2)* « membre élu de la délégation du personnel du comité social et économique », à partir de la publication des candidatures. La durée de six mois court à partir de l'envoi par lettre recommandée de la candidature à l'employeur.

Cette autorisation est également requise lorsque la lettre du syndicat notifiant à l'employeur la candidature aux fonctions de *(Ord. n° 2017-1386 du 22 sept. 2017, art. 2)* « membre élu à la délégation du personnel du comité social et économique » a été reçue par l'employeur ou lorsque le salarié a fait la preuve que l'employeur a eu connaissance de l'imminence de sa candidature avant que le candidat ait été convoqué à l'entretien préalable au licenciement. — *V. art. L. 2432-1 (pén.).*

V. note ss. art. L. 2411-1.

Comp. anc. art. L. 2411-7 (Délégué du personnel).

Comp. anc. art. L. 2411-10 (Comité d'entreprise).

Refus d'une mutation disciplinaire. Dès lors qu'au moment où il a imposé une mutation à la salariée l'employeur avait connaissance de sa candidature aux élections professionnelles, il ne pouvait pas lui imposer de modification de ses conditions de travail sans son accord, peu important que cette candidature soit postérieure à la convocation de la salariée à l'entretien préalable à la sanction disciplinaire. ● Soc. 4 oct. 2023, n° 22-12.922 B : *D. 2023. 1751* ⊘ ; *RJS 12/2023, n° 654.*

SECTION 3 [ANCIENNE] Licenciement d'un délégué du personnel

V. note ss. sect. III.

SOUS-SECTION 1 [ANCIENNE] Délégué et ancien délégué du personnel

Ancien art. L. 2411-5 *Le licenciement d'un délégué du personnel, titulaire ou suppléant, ne peut intervenir qu'après autorisation de l'inspecteur du travail.*

Cette autorisation est également requise durant les six premiers mois suivant l'expiration du mandat de délégué du personnel ou de la disparition de l'institution. — *V. art. L. 2432-1 (pén.).*

1. Annulation rétroactive d'une UES. L'annulation d'un jugement reconnaissant l'existence d'une unité économique et sociale ne fait perdre aux salariés élus leur qualité de membre de l'institution représentative mise en place dans ce cadre qu'à compter du jour où elle est prononcée ; ces salariés bénéficient, à partir de cette date, du délai de protection de six mois prévu à l'art. L. 2411-5, al. 2. ● Soc. 2 déc. 2008 : *D. 2009. AJ 24* ; *RJS 2009. 159, n° 192* ; *JSL 2009, n° 252-6* ; *JCP S 2009. 1099, obs. Dumont.*

2. Refus d'examen d'une demande d'autorisation de licenciement. Le refus de l'inspecteur du travail d'examiner la demande d'autorisation de licenciement au motif que l'intéressé ne bénéficiait pas de la protection légale prévue pour les délégués du personnel constitue une décision administrative qui s'impose au juge judiciaire ; ce dernier est tenu de surseoir à statuer lorsque la légalité de la décision est contestée. ● Soc. 19 mai 2016, n° 14-26.662 P : *D. 2016. Actu. 1142* ⊘ ; *RJS 8-9/2016, n° 576* ; *JCP S 2016. 1266, obs. Dauxerre.*

3. Indemnité pour violation du statut protecteur. Le délégué du personnel qui ne demande pas la poursuite de son contrat de travail a droit à une indemnité pour violation du statut protecteur égale à la rémunération qu'il aurait perçue depuis son éviction jusqu'à l'expiration de la période de protection, dans la limite de deux ans, durée minimale légale de son mandat, augmentée de six mois. ● Soc. 15 avr. 2015, n°s 13-24.182 et 13-27.211 : *D. actu. 26 mai 2015, obs. Siro* ; *D. 2015. Actu. 926* ⊘ ; *JSL 2015, n° 389-5, obs. Pacotte et Bernardeschi* ; *RJS 7/2015, n° 504.* ● 14 oct. 2015, n° 14-12.193 P : *D. 2015. Actu. 2131* ⊘ ; *RJS 1/2016, n° 47.*

SOUS-SECTION 2 [ANCIENNE] Salarié ayant demandé l'organisation des élections

Ancien art. L. 2411-6 *L'autorisation de licenciement est requise, pendant une durée de six mois, pour le salarié ayant demandé à l'employeur d'organiser les élections de délégués du personnel ou d'accepter d'organiser ces élections. Cette durée court à compter de l'envoi à l'employeur de la lettre recommandée par laquelle une organisation syndicale a, la première, demandé ou accepté qu'il soit procédé à des élections.*

Cette protection ne bénéficie qu'à un seul salarié par organisation syndicale ainsi qu'au premier salarié, non mandaté par une organisation syndicale, qui a demandé l'organisation des élections. — *V. art. L. 2432-1 (pén.).*

Bonne foi. Le salarié doit bénéficier du statut protecteur s'il a pu se méprendre sur la nécessité d'organiser des élections et lorsqu'une organisation syndicale intervient aux mêmes fins. ● Soc. 13 oct. 2010 : *D. actu. 9 nov. 2010, obs. Siro* ; *D. 2010. AJ 2586* ⊘ ; *RJS 2010. 853, n° 956* ; *Dr. soc. 2011. 111, obs. Petit* ⊘ ; *JCP S 2011. 1158, obs. Kerbourc'h.*

SOUS-SECTION 3 [ANCIENNE] Candidat aux fonctions de délégué du personnel

Ancien art. L. 2411-7 L'autorisation de licenciement est requise pendant six mois pour le candidat, au premier ou au deuxième tour, aux fonctions de délégué du personnel, à partir de la publication des candidatures. La durée de six mois court à partir de l'envoi par lettre recommandée de la candidature à l'employeur.

Cette autorisation est également requise lorsque la lettre du syndicat notifiant à l'employeur la candidature aux fonctions de délégué du personnel a été reçue par l'employeur ou lorsque le salarié a fait la preuve que l'employeur a eu connaissance de l'imminence de sa candidature avant que le candidat ait été convoqué à l'entretien préalable au licenciement. – V. art. L. 2432-1 (pén.).

1. Connaissance par l'employeur de la candidature. Dès lors que l'employeur engage la procédure de licenciement avant d'avoir connaissance d'une candidature ou de son imminence, le salarié, même s'il est ultérieurement élu, ne bénéficie pas au titre de la procédure en cours du statut protecteur. • Soc. 28 janv. 2009 : *RJS 2009. 318, n° 377 ; JCP S 2009. 1193, obs. Kerbourc'h ; JSL 2009, n° 250-4 ; SSL 2009, n° 1390, p. 13.* ♦ En cas de licenciement consécutif à un refus d'une sanction disciplinaire ayant elle-même donné lieu à un premier entretien préalable, c'est au jour de l'entretien préalable suivi du licenciement qu'il faut se placer pour apprécier la connaissance par l'employeur de la candidature. • Soc. 13 mai 2014 : *D. actu. 30 mai 2014, obs. Dechristé ; RJS 2014. 475, n° 578 ; D. 2014. Actu. 1157*. ♦ Si la procédure de licenciement ne nécessite pas d'entretien préalable, l'employeur doit requérir l'autorisation administrative de licencier un salarié candidat aux élections professionnelles lorsqu'il a été informé de cette candidature avant la date d'envoi de la lettre de licenciement. • Soc. 6 avr. 2016, *n° 14-12.724 P : D. actu. 3 mai 2016, obs. Cortot ; D. 2016. Actu. 843 ; RJS 6/2016, n° 438 ; JCP S 2016. 1233, obs. Kerbourc'h.* ♦ Si la protection prévue par l'art. L. 2411-7 C. trav. bénéficie au candidat aux fonctions de membre de la délégation unique du personnel, tant au premier qu'au second tour, et cela alors même qu'il aurait informé l'employeur de sa volonté de présenter sa candidature au second tour avant le déroulement du premier, la connaissance par l'employeur de l'imminence de sa candidature n'est de nature à le faire bénéficier de cette protection que jusqu'au dépôt de sa candidature pour le second tour. • Soc. 11 oct. 2017, *n° 16-10.139 P : D. actu. 7 nov. 2017, obs. Siro ; D. 2017. Actu. 2105 ; RJS 12/2017, n° 808 ; JSL 2017, n° 443-444-4, obs. Hautefort ; JCP S 2017. 1384, obs. Kerbourc'h ; ibid. 1407, obs. Lahalle.*

2. Retrait ultérieur de la candidature. L'autorisation de licenciement est requise pendant six mois pour le candidat au premier ou au second tour aux élections aux fonctions de délégué du personnel à compter de l'envoi à l'employeur de la lettre du syndicat lui notifiant cette candidature, sans que son retrait ultérieur de la liste à l'occasion du report des élections n'ait d'incidence sur cette protection. • Soc. 26 sept. 2012 : *D. actu. 18 oct. 2012, obs. Fleuriot ; RJS 2012. 820, n° 968 ; JSL 2012, n° 331-4, obs. Tourreil ; JCP S 2012. 1487, obs. Boulmier.*

SECTION 4 Licenciement d'un représentant de proximité

(Ord. n° 2017-1386 du 22 sept. 2017, art. 2)

SOUS-SECTION 1 Représentant et ancien représentant de proximité

Art. L. 2411-8 Le licenciement d'un représentant de proximité ne peut intervenir qu'après autorisation de l'inspecteur du travail.

Cette autorisation est également requise durant les six mois suivant l'expiration du mandat de représentant de proximité ou *(Abrogé par Ord. n° 2017-1718 du 20 déc. 2017, art. 1er-I)* « de » la disparition de l'institution.

V. note ss. art. L. 2411-1.

SOUS-SECTION 2 Candidat aux fonctions de représentant de proximité

Art. L. 2411-9 L'autorisation de licenciement est requise pendant six mois pour le candidat aux fonctions de représentant de proximité, à partir du dépôt de sa candidature.

Cette autorisation est également requise lorsque le salarié a fait la preuve que l'employeur a eu connaissance de l'imminence de sa candidature avant que le candidat ait été convoqué à l'entretien préalable au licenciement. – V. art. L. 2433-1 (pén.).

V. note ss. art. L. 2411-1.

SECTION 4 [ANCIENNE] Licenciement d'un membre du comité d'entreprise

Les dispositions des art. L. 2411-5 à L. 2411-10 dans leur rédaction antérieure à l'entrée en vigueur de l'Ord. n° 2017-1386 du 22 sept. 2017, relatives à la protection des salariés détenant ou ayant détenu des mandats de représentation du personnel, ainsi qu'aux salariés s'étant portés candidats à de tels mandats, restent applicables lorsqu'ont été mises en place, au plus tard le 31 déc. 2017, une ou plusieurs des institutions représentatives du personnel concernées par les dispositions précitées.

Dans ce cas, les dispositions prévues aux 2°, 3° et 6° de l'art. L. 2422-1 et L. 2422-2, dans leur rédaction antérieure à l'entrée en vigueur de ladite Ord., restent applicables (Ord. préc., art. 11).

SOUS-SECTION 1 [ANCIENNE] Membre et ancien membre du comité d'entreprise

Ancien art. L. 2411-8 Le licenciement d'un membre élu du comité d'entreprise, titulaire ou suppléant, ou d'un représentant syndical au comité d'entreprise, ne peut intervenir qu'après autorisation de l'inspecteur du travail.
L'ancien membre élu du comité d'entreprise ainsi que l'ancien représentant syndical qui, désigné depuis deux ans, n'est pas reconduit dans ses fonctions lors du renouvellement du comité, bénéficient également de cette protection pendant les six premiers mois suivant l'expiration de leur mandat ou la disparition de l'institution. – V. art. L. 2433-1 (pén.).

V. note ss. titre de la section 4 ancienne.

I. CONDITIONS DE LA PROTECTION

1. Date d'appréciation. La qualité de salarié protégé s'apprécie à la date de l'envoi par l'employeur de la convocation à l'entretien préalable de licenciement. ● CE 23 nov. 2016, 🔒 n° 392059 : *Dr. soc. 2017. 65, concl. Vialettes ⊘ ; RJS 2/2017, n° 129 ; SSL 2017, n° 1752, p. 12, obs. Champeaux.*

2. Élection annulée. Le jugement annulant l'élection du comité d'entreprise a pour effet de priver de sa date les salariés dont l'élection est annulée de leur qualité de membres du comité. ● CE 21 déc. 1994 : 🔒 *D. 1996. Somm. 226, obs. Chelle et Prétot ⊘ ; RJS 1995. 183, n° 260.* ◆ L'annulation des élections ne prive pas les candidats de la protection prévue par l'art. L. 425-1, al. 7 [L. 2411-7 nouv.]. ● Soc. 11 mai 1999, 🔒 n° 97-40.765 P : *D. 1999. IR 155 ⊘ ; RJS 1999. 506, n° 828 ; D. 1999. IR 155 ⊘ ; JS Lamy, n° 38-7.* ◆ Ceux-ci bénéficient, à compter de la même date, de la protection prévue en faveur des anciens membres. ● CE 11 janv. 1995 : 🔒 *Lebon 20 ⊘.*

3. Fin du mandat. La protection cesse au terme du mandat de représentant de personnel ; peu importe qu'il ait été convoqué à des réunions de représentant du personnel. ● Soc. 12 oct. 2004, 🔒 n° 02-47.048 P : *Dr. soc. 2005. 112, obs. Verdier ⊘ ; RJS 2005. 53, n° 57.* ◆ Aucune disposition ne permet de proroger le délai de protection qui court à l'expiration du mandat à l'égard d'un représentant ayant bénéficié d'un congé parental et dont le mandat est expiré pendant son congé. ● Crim. 25 juin 1985 : *Bull. crim. n° 248.*

4. Principe. La protection n'est acquise qu'au délégué syndical régulièrement désigné. ● Soc. 20 mai 1981 : *Bull. civ. V, n° 435* ● CE 12 mai 1982 : *Lebon T. 766 ; D. 1982. IR 454.*

5. Preuve de la fraude. Sur les conditions permettant de retenir le caractère frauduleux d'une désignation, V. ● Soc. 3 oct. 1984 : *D. 1985. IR 458, obs. Verdier* ● 10 juill. 1984 : *eod. loc.* ● 23 févr. 1994 : 🔒 *Dr. soc. 1994. 518 ⊘ ; RJS 1994. 281, n° 435.* ◆ L'appréciation du caractère frauduleux relève du pouvoir souverain des juges du fond. ● Soc. 23 mai 1984 : *Bull. civ. V, n° 223* ● 5 juin 1984 : *ibid., n° 233.*

6. Sanction. La désignation d'un délégué syndical postérieure à l'entretien préalable n'est pas nulle et ne fait pas obstacle à une procédure de licenciement déjà engagée. ● Soc. 15 mars 1984 : *JS UIMM 1984. 396.* ◆ Comp. : la désignation d'un salarié comme membre du CHSCT intervenue postérieurement à sa convocation à l'entretien préalable au licenciement ne peut justifier le bénéfice de la protection spéciale applicable aux représentants du personnel. ● Soc. 3 avr. 2001, 🔒 n° 99-40.190 P : *RJS 2001. 527, n° 763.*

7. Imminence de la désignation. La protection ne peut être accordée lorsque la lettre de convocation à l'entretien préalable de licenciement ait été remise au salarié avant que la désignation ait été portée à la connaissance de l'employeur. ● Soc. 18 nov. 1998, 🔒 n° 96-42.810 P : *RJS 1999. 53, n° 69* (le salarié ne soutenant pas que l'employeur avait connaissance de l'imminence de sa désignation) ● 1er mars 2005 : 🔒 *RJS 2005. 371, n° 531.*

8. Annulation de la désignation. Un représentant au comité d'établissement ne peut bénéficier de la procédure spéciale de licenciement si, lors de l'envoi de la lettre de licenciement, sa désignation s'est trouvée rétroactivement anéantie par l'effet de l'annulation prononcée par le tribunal d'instance. ● Soc. 3 déc. 2002, 🔒 n° 99-44.583 P : *RJS 2003. 144, n° 215.*

9. Délégués conventionnels. Sur l'application du statut protecteur aux délégués mis en place conventionnellement, V. ● CE 31 oct. 1980 : *D. 1981. IR 268, obs. Pélissier ; Dr. soc. 1981. 158, concl. M.-A. Latournerie.*

10. Sanctions pénales. Les institutions représentatives du personnel créées par voie conventionnelle doivent être de même nature que celles prévues par le code du travail pour que leurs membres puissent bénéficier de la procédure protectrice. • Soc. 20 févr. 1991, ⚖ n° 89-42.288 P : *D. 1991. IR 73 ; CSB 1991. 76, S. 48 ; RJS 1991. 256, n° 484* • Crim. 4 avr. 1991 : ⚖ *D. 1991. IR 156 ; RJS 1991. 325, n° 614 a, 2ᵉ esp. ; JCP E 1991. II. 213, note Godard* • Soc. 19 juin 1991 : ⚖ *D. 1991. IR 186* ⬜ • Soc. 1ᵉʳ déc. 1993 : ⚖ *D. 1994. Somm. 300, obs. Verdier* ⬜ *; Dr. soc. 1994. 286 ; RJS 1994. 54, n° 52* • CE 29 déc. 1995 : ⚖ *RJS 1996. 177, n° 298* • 12 juill. 2006 : ⚖ *D. 2006. IR 2124* ⬜ *; RJS 2006. 809, n° 1094 ; JSL 2006, n° 196-6* (membre du comité interétablissements chargé des œuvres sociales). ♦ N'ont pas la qualité de délégué du personnel le salarié élu pour préparer un cahier de revendications. • Soc. 13 juin 1990, ⚖ n° 87-40.833 P : *D. 1990. IR 183*. ♦ ... Ni le secrétaire du CHSCT qui n'en est pas membre. • Soc. 25 janv. 1994, ⚖ n° 92-40.139 P : *RJS 1994. 194, n° 275*.

11. Sanctions civiles. Lorsque l'institution représentative n'a pas été instituée par une convention ou un accord collectif étendu, en vertu d'une disposition expresse dans une matière déterminée, la méconnaissance des dispositions conventionnelles, si elle peut donner lieu à des recours civils, n'est susceptible de recevoir aucune qualification pénale. • Crim. 4 avr. 1991 (trois arrêts) : ⚖ *D. 1991. IR 156 ; JCP E 1991. II. 213, note Godard ; RJS 1991. 325, n° 614 a*.

II. ÉTENDUE DE LA PROTECTION

A. RUPTURE À L'INITIATIVE DE L'EMPLOYEUR

1° LICENCIEMENT

12. Faute lourde. Les formalités protectrices doivent être respectées même en cas de faute lourde. • Soc. 19 févr. 1981 : *Bull. civ. V, n° 145*.

13. Inaptitude médicale. Commet le délit d'entrave l'employeur qui licencie un salarié protégé devenu physiquement inapte à son emploi, sans respecter la procédure protectrice. • Crim. 3 févr. 1981 : *JS UIMM 1981. 255 ; D. 1981. IR 425, obs. Langlois*. ♦ L'employeur a l'obligation de maintenir le salarié dans l'entreprise dans l'attente de la décision administrative. • Soc. 4 mai 1994, ⚖ n° 92-40.738 P : *D. 1994. IR 152 ; Dr. soc. 1994. 714* ⬜ *; RJS 1994. 441, n° 726*. – V. aussi • Crim. 28 avr. 1981 : *D. 1982. IR 78, obs. Pélissier ; Dr. ouvrier 1982. 313, note Bonnechère* • CE 11 juill. 1986 : *Dr. soc. 1987. 620, concl. Guillaume.* ♦ Sur le cumul des procédures protectrices prévues en faveur des accidentés du travail et en faveur des représentants du personnel, V. • Soc. 7 juin 1995, ⚖ n° 91-45.005 P : *RJS 1995. 596, n° 909 ; CSB 1995. 259, A. 48 ; JCP 1996. I. 3901, n° 20, obs. Dubœuf.*

14. Motif économique. Sur leur application en cas de licenciement économique, V. • Soc. 25 janv. 1979 : *Bull. civ. V, n° 82 ; Dr. soc. 1979. 427, obs. Savatier* • 12 févr. 1991 : ⚖ *D. 1991. IR 79* ♦ .... Ou en cas de chômage partiel : • CE 13 nov. 1987, ⚖ *Fonderies et aciéries électriques : Lebon 369* ⬜ *; D. 1989. Somm. 141, obs. Chelle et Prétot ; Dr. soc. 1988. 190, concl. Robineau ; JCP 1988. II. 21013, note Moderne.*

15. Dès lors que l'inspecteur du travail a autorisé la rupture pour motif économique, il importe peu que cette rupture du contrat de travail du salarié protégé soit formalisée par un licenciement ou un départ négocié. • Soc. 27 mars 2007 : *D. 2007. AJ 1142, obs. Fabre ; RJS 2007. 560, n° 760 ; JSL 2007, n° 212-2*. ♦ La saisine de l'inspecteur du travail ne peut valoir décision de licencier, celle-ci ne résultant que de sa notification aux salariés ; le juge tenu de se prononcer sur des éléments contemporains du licenciement doit se placer à cette date pour apprécier le motif économique et les possibilités de reclassement. • Soc. 30 mars 2010 : ⚖ *D. 2010. Actu. 1026* ⬜ *; RDT 2010. 372, obs. Géa* ⬜ *; D. actu. 28 avr. 2010, obs. Perrin ; JSL 2010. 1260, obs. Kerbourc'h ; RJS 2010. 463, n° 533*.

16. Liquidation judiciaire. Le licenciement d'un représentant après le jugement de liquidation judiciaire ne peut se faire sans le respect du statut protecteur. • Soc. 9 oct. 1991, ⚖ n° 89-44.106 P : *D. 1992. Somm. 287, obs. A. Lyon-Caen* ⬜ *; JCP E 1992. II. 256, note Taquet ; RJS 1991. 648, n° 1220* • Crim. 15 oct. 1991, ⚖ n° 89-83.551 P : *D. 1992. Somm. 287, obs. A. Lyon-Caen* ⬜ *; RJS 1992. 49, n° 54*. ♦ Sur les licenciements opérés par un syndic, V. aussi • Soc. 25 janv 1979 : *D. 1979. IR 305, obs. Derrida* • Crim. 30 janv. 1990 : ⚖ *RJS 1990. 166, n° 232* • 26 juin 1991 : ⚖ *JCP E 1992. II. 274, note Serret* • Soc. 5 mai 1993, ⚖ n° 92-40.835 P : *RJS 1993. 370, n° 639* (licenciement du représentant des salariés).

17. Portée de l'autorisation administrative de licenciement. Est nul, faute d'autorisation administrative, le licenciement prononcé pour faute grave alors que l'autorisation a été demandée et accordée pour un motif économique tiré de la fermeture d'un établissement. • Soc. 11 juin 2002, ⚖ n° 00-41.073 P : *RJS 2002. 766, n° 1001 ; CSB 2002. 378, A. 48*.

18. Est abusif le licenciement prononcé à l'expiration de la période de protection pour des motifs identiques à ceux qui avaient été invoqués sans succès devant l'inspecteur du travail. • Soc. 19 déc. 1990 : ⚖ *D. 1991. IR 24* ♦ • 13 oct. 1993 : ⚖ *RJS 1993. 660, n° 1118* • 26 janv. 1994, ⚖ n° 92-41.978 P : *D. 1994. IR 64 ; Dr. soc. 1994. 389* ⬜*, 1ʳᵉ esp., obs. Waquet ; RJS 1994. 194, n° 274 ; CSB 1994. 79, A. 17.*

19. Force majeure. L'inobservation des formalités protectrices ne peut être invoquée en cas de force majeure. L'opposition d'un certain nombre de salariés à la réintégration d'un représentant n'est pas de nature à caractériser l'existence d'un tel cas. • Crim. 23 févr. 1973 : *Bull. crim. n° 111*.

20. Étranger en situation irrégulière. L'inobservation des formalités protectrices ne peut être invoquée par un salarié étranger dont l'autorisation provisoire de travail n'a pas été renouvelée.
• Soc. 10 oct. 1990 : 🛡 *D. 1990. IR 241.*

2° AUTRES MODES DE RUPTURE

21. Principe d'une protection exceptionnelle et exorbitante du droit commun. Les dispositions législatives relatives au licenciement des salariés investis de fonctions représentatives ont institué au profit de tels salariés et dans l'intérêt de l'ensemble des travailleurs qu'ils représentent une protection exceptionnelle et exorbitante du droit commun qui interdit par suite à l'employeur de poursuivre par d'autres moyens la résiliation du contrat de travail. • Cass., ch. mixte, 21 juin 1974 : 🛡 *GADT, 4ᵉ éd., n° 151 ; D. 1974. 593, concl. Touffait ; Dr. soc. 1974. 454* • Cass., ass. plén., 28 janv. 1983 : 🛡 *D. 1983. 269, concl. Cabannes ; D. 1984. IR 254, obs. Langlois ; Dr. soc. 1984. 511, note Couvrat et Massé* (décision affirmant qu'en exerçant l'action en résiliation judiciaire, l'employeur commet le délit d'entrave).

22. Règles conventionnelles. Les stipulations d'une convention collective ne sauraient faire obstacle aux dispositions d'ordre public assurant la protection des salariés. • Crim. 26 nov. 1996, 🛡 n° 94-86.016 P : *RJS 1997. 204, n° 304.*

23. Impossibilité pour l'employeur de poursuivre la résolution judiciaire du contrat de travail du salarié protégé. • Cass., ch. mixte, 21 juin 1974 : 🛡 préc. note 21.

24. Cessation de l'entreprise. Même en cas de cessation totale de l'entreprise, le licenciement d'un salarié protégé doit être soumis à autorisation administrative. • Soc. 1ᵉʳ avr. 1992, 🛡 n° 88-42.981 P : *D. 1992. IR 154* / ; *JCP E 1992. II. 352, note Serret ; Dr. soc. 1992. 481 ; RJS 1992. 356, n° 638* • 10 janv. 1995, 🛡 n° 93-42.020 P : *D. 1995. IR 95 ; Dr. soc. 1995. 196* / ; *RJS 1995. 111, n° 138 ; JCP E 1996. II. 781, note Lachaise ; ibid. 1995. I. 499, n° 4, obs. Coursier.* ♦ La représentativité des organisations syndicales étant établie pour toute la durée du cycle électoral, il en résulte que le mandat du représentant syndical au comité d'entreprise de l'entreprise absorbante ne prend pas fin lors des élections complémentaires organisées pour la représentation des salariés dont le contrat de travail a été transféré. • Soc. 13 juin 2019, 🛡 n° 18-14.981 P : *D. Actu. 1291 ; D. 2019. 2157, obs. Lokiec* / ; *RJS 8-9/2019, n° 505 ; JCP S 2019. 1248, obs. Jeansen.*

25. Mise à la retraite. Même en cas de mise à la retraite régulière, la rupture du contrat d'un salarié protégé doit être autorisée par l'inspection du travail. • Soc. 5 mars 1996, 🛡 n° 92-42.490 P : *Dr. soc. 1996. 537, obs. Cohen* / ; *JCP 1996. II. 22631, note Corrignan-Carsin ; JCP E 1996. I. 597, n° 19, obs. Chevillard ; RJS 1996. 254, n° 422 ; CSB 1996. 143, A. 33* • 27 oct. 2004, 🛡 n° 01-45.902 P : *RJS 2005. 53, n° 58 ; JSL 2004, n° 156-4.* ♦ La circonstance que la mise en disponibilité du salarié précédant son départ à la retraite à 60 ans ait été prévue au contrat ne dispense pas l'employeur, en présence d'un refus du salarié, représentant du personnel, d'accepter cette mesure, d'obtenir une autorisation de l'inspecteur du travail de rompre le contrat. • Soc. 14 nov. 2000, 🛡 n° 99-43.270 P : *RJS 2001. 40, n° 65.* ♦ Sur la jurisprudence antérieure à la loi du 30 juill. 1987, V. notamment • Soc. 7 janv. 1988 : *Bull. civ. V, n° 8 ; D. 1988. IR 18 ; JCP E 1988. II. 15131, n° 30, obs. Teyssié* (affirmant qu'une disposition conventionnelle ne peut priver un salarié de son statut protecteur). – V. égal. • Soc. 26 oct. 1977 : *Bull. civ. V, n° 567 ; JCP 1978. II. 19011, note Karaquillo* • Crim. 2 févr. 1982 : *Bull. crim. n° 38* • Soc. 27 févr. 1985 : *Bull. civ. V, n° 125.*

26. Dispositif de préretraite. L'adhésion du salarié investi d'un mandat représentatif à un dispositif de préretraite mis en place par l'employeur dans le cadre d'un plan de réduction d'effectifs ne dispense pas ce dernier de son obligation d'obtenir l'autorisation de l'administration du travail avant la rupture du contrat de travail. • Soc. 6 juill. 2011 : 🛡 *D. 2011. Actu. 2048* /.

3° MODIFICATION DU CONTRAT ET CHANGEMENT DANS LES CONDITIONS DE TRAVAIL

27. Intangibilité absolue. Aucune modification de son contrat ou de ses conditions de travail ne pouvant être imposée à un salarié protégé, il appartient à l'employeur, en cas de refus du salarié, d'engager une procédure de licenciement, sauf manifestation de volonté non équivoque du salarié de démissionner. • Soc. 30 juin 1993, 🛡 n° 89-45.479 P : *D. 1994. Somm. 299, obs. Verdier* / • 18 juin 1996 : 🛡 cité note 28 • 25 nov. 1997, 🛡 n° 94-42.727 P : *RJS 1998. 49, n° 67* • 2 mai 2001, 🛡 n° 98-44.624 P : *RJS 2001. 611, n° 889.* – Déjà dans le même sens : • Soc. 12 déc. 1990 : 🛡 *D. 1991. IR 22 ; RJS 1991. 34, n° 55 ; CSB 1991. 69, A. 21* • 23 oct. 1991 : 🛡 *D. 1991. IR 263.*

28. Ont été considérés comme des modifications affectant le contrat de travail d'un salarié protégé : la rétrogradation. • Soc. 19 févr. 1981 : *Bull. civ. V, n° 154.* ♦ ... La mise au chômage partiel. • Soc. 15 févr. 1984 : *Bull. civ. V, n° 71* • 18 févr. 1988 : *ibid., n° 121* • 29 janv. 1992, 🛡 n° 88-44.603 P • 18 juin 1996, 🛡 n° 94-44.653 P : *Dr. soc. 1996. 979, obs. Blaise* / ; *RJS 1996. 605, n° 944 ; CSB 1996. 271, A. 54, note Philbert.* (condamnation de l'employeur qui n'a pas obtenu l'autorisation de licencier à reverser la partie de salaire perdue du fait du chômage partiel). ♦ ... Le changement d'affectation traduisant un déclassement. • Soc. 21 oct. 1985 : *Bull. civ. V, n° 471.* ♦ ... La perte d'avantages antérieurs. • Crim. 1ᵉʳ déc. 1981 : *Dr. ouvrier 1982. 280.* ♦ ... Une mutation. • Soc. 11 juill. 1989 : *D. 1989. IR 243 ; Dr. ouvrier*

1989. 485 • 29 mars 1994 : ⚖ RJS 1994. 594, n° 1005 (mutation non pleinement justifiée). ♦ ... La rétrogradation opérée à titre disciplinaire. • Soc. 3 mars 1988 : Bull. civ. V, n° 154 ; D. 1988. IR 74.

29. Les dispositions légales qui assurent une protection exceptionnelle et exorbitante du droit commun à certains salariés, en raison du mandat ou des fonctions qu'ils exercent dans l'intérêt de l'ensemble des travailleurs, s'appliquent à la modification des conditions de travail du salarié à l'initiative de l'employeur pendant une période probatoire. • Soc. 30 sept. 2010 : ⚖ D. 2010. 2437, obs. B. Ines ; RJS 2010. 854, n° 957 ; JSL 2010, n° 287-3, obs. Lhernould ; JCP S 2010. 1501, obs. Kerbourc'h.

30. Le maintien de la modification, malgré le refus du salarié et le refus de l'administration d'autoriser le licenciement, constitue, sauf force majeure, un trouble manifestement illicite auquel le juge des référés peut mettre fin par une mesure de remise en état. • Soc. 15 févr. 1984 : Bull. civ. V, n° 71 • 3 févr. 1993, ⚖ n° 89-40.042 P ; RJS 1993. 176, n° 291. – Dans le même sens : • Soc. 30 avr. 1997, ⚖ n° 95-40.573 P.

31. Clauses du contrat de travail. Une clause de mobilité ne saurait prévaloir sur les dispositions protectrices prévues à la loi, et aucun changement de lieu de travail ne peut être imposé à un salarié protégé sans son accord. • Soc. 23 sept. 1992, ⚖ n° 90-45.106 P. • 4 oct. 1995 : ⚖ Dr. soc. 1995. 1044. – Déjà dans le même sens : • Soc. 28 mars 1989 : Bull. civ. V, n° 258 ; D. 1989. IR 130 • 28 janv. 1988 : Bull. civ. V, n° 81 ; D. 1988. 457, note Verdier ; JCP E 1988. II. 15235, n° 19, obs. Teyssié • Crim. 21 févr. 1989 : Bull. crim. n° 86 ; D. 1989. IR 143 • 29 janv. 1991 : ⚖ RJS 1991. 256, n° 485. ♦ Pour le cas d'indivisibilité du contrat de travail de deux époux, V. • Soc. 17 mars 1993, ⚖ n° 90-41.556 P.

32. Révocation d'un usage. Si dans le cadre de l'exécution d'un contrat individuel de travail le salarié ne peut se voir imposer aucune modification de son contrat ou de ses conditions de travail, la dénonciation régulière d'un usage portant sur les conditions de sa rémunération lui est opposable. • Soc. 1er juin 1994 (1er arrêt) : ⚖ RJS 1994. 527, n° 879 • 1er juin 1994 (2e arrêt) : ⚖ ibid. ♦ L'action judiciaire entreprise par un salarié protégé à l'encontre de l'employeur à la suite de la suppression d'une prime de treizième mois versée en application d'un usage équivaut au refus d'accepter la modification substantielle du contrat de travail ; la suppression de la prime résultant des difficultés économiques, l'employeur est fondé, dès lors, à solliciter l'autorisation de licencier l'intéressé pour motif économique. • CE 23 juin 1995 : ⚖ RJS 1995. 729, n° 1148 ; ibid. 703, chron. Chelle et Prétot.

B. RUPTURES D'UN COMMUN ACCORD

33. Accord de rupture amiable. Ni l'employeur, à qui il est interdit de résilier le contrat de travail d'un représentant du personnel sans observer les formalités édictées en faveur de ce salarié, ni celui-ci, qui ne saurait renoncer à une protection qui lui est accordée pour l'exercice de sa mission, ne peuvent conclure un accord pour mettre fin au contrat en dehors des règles légales. • Crim. 26 nov. 1985, n° 85-90.199 P : Juri-soc. 1986, F. 8, 35. – Dans le même sens : • Soc. 1er juin 1994 : ⚖ Dr. soc. 1994. 783, concl. Chauvy ; RJS 1994. 528, n° 880 ; Dr. ouvrier 1994. 348, note Cohen • 21 févr. 1996 : ⚖ Dr. soc. 1996. 640, obs. Cohen ; RJS 1996. 254, n° 421 ; CSB 1996. 137, A. 30 ; JCP E 1996. II. 871, note Serret • Crim. 6 janv. 2004, ⚖ n° 02-88.240 P : RJS 2004. 298, n° 434. ♦ Comp. : • Crim. 3 juin 1981 : Juri-soc. 1981. SJ 140.

34. Doit être annulée l'autorisation de licenciement fondée uniquement sur le souhait de l'intéressé de ne pas contester son licenciement et la difficulté de maintenir les relations contractuelles. • CE 1er févr. 1995 : ⚖ RJS 1995. 185, n° 263. – Dans le même sens : • CE 17 oct. 1997 : ⚖ RJS 1997. 859, n° 1398.

35. Ex-convention de conversion. L'art. L. 321-6 [L. 1233-39 et L. 1233-41 nouv.] impose le respect de la procédure protectrice en cas de rupture du contrat de travail résultant de l'acceptation par un salarié protégé du bénéfice d'une convention de conversion. • Soc. 4 avr. 1990, ⚖ n° 89-42.193 P : D. 1991. 19, concl. Graziani ; ibid. Somm. 147, obs. Frossard. – Dans le même sens : • CE 3 mai 1993 : ⚖ AJDA 1993. 828, note Prétot ; RJS 1993. 445, n° 762. ♦ L'adhésion à une convention de conversion n'interdit pas à un représentant du personnel de former un recours contre la décision autorisant son licenciement. • CE 10 déc. 1993 : ⚖ D. 1994. Somm. 242, obs. Chelle et Prétot ; RJS 1994. 195, n° 277.

36. Convention d'ASFNE. La protection exceptionnelle et exorbitante du droit commun instituée par le législateur au profit des salariés investis de fonctions représentatives interdit à l'employeur de poursuivre par d'autres moyens la rupture du contrat de travail ; il en est ainsi même lorsque après un licenciement collectif pour motif économique, le salarié a adhéré à une convention signée entre l'État et l'entreprise lui assurant une allocation spéciale jusqu'au jour de sa retraite. • Soc. 8 juin 1999, ⚖ n° 97-41.498 P : D. 1999. IR 175 ; Dr. soc. 1999. 850, obs. Savatier ; RJS 1999. 578, n° 942 ; JS Lamy 1999, n° 40-2.

C. TRANSACTIONS

37. Transaction. Lorsqu'ils ont été licenciés sans que la procédure légale ait été observée, les salariés protégés peuvent conclure avec l'employeur un accord en vue de régler les conséquences pécuniaires de la rupture du contrat ; cet accord n'interdit pas de poursuivre l'employeur pour atteinte aux fonctions des représentants du personnel, mais interdit au salarié de poursuivre l'employeur pour avoir refusé sa réintégration, mesure qui ne peut se cumuler avec la réparation et qui est nécessairement exclue par l'accord. • Crim. 4 févr. 1992, n° 90-82.330 P : *D. 1992.* IR 175 ; JCP E 1993. II. 382, note Taquet ; CSB 1992. 171, A. 33 ; RJS 1992. 627, n° 1129. – Dans le même sens : • Soc. 10 janv. 1995 : RJS 1995. 11, n° 137 • 5 févr. 2002 : JCP E 2002. 727, note Duquesne ; RJS 2002. 352, n° 457.

38. Mais la protection exceptionnelle et exorbitante du droit commun des salariés investis de fonctions représentatives a été instituée, non dans le seul intérêt de ces derniers, mais dans celui de l'ensemble de ces derniers ; il en résulte qu'est atteinte d'une nullité absolue d'ordre public toute transaction conclue entre l'employeur et le salarié protégé avant la notification de son licenciement prononcé après autorisation de l'autorité administrative. • Soc. 10 juill. 2002 : *D. 2002.* IR 2380 ; RJS 2002. 934, n° 1255 ; JSL 2002, n° 110-2. ♦ La signature par un représentant du personnel d'une transaction dans le cadre de ses rapports de droit privé avec l'employeur ne le rend pas irrecevable à former un recours pour excès de pouvoir dirigé contre la décision administrative autorisant son licenciement. • CE 11 mars 1994 : RJS 1994. 444, n° 731. ♦ La fin de non-recevoir tirée de la conclusion d'une transaction doit être écartée. • CE 2 févr. 1996 : RJS 1996. 178, n° 299. ♦ Sur la nullité d'une transaction, V. • Soc. 3 nov. 1994 : Dr. ouvrier 1995. 221.

D. RUPTURE À L'INITIATIVE DU SALARIÉ

39. Démission. L'inobservation des formalités protectrices ne peut être invoquée par un salarié démissionnaire. • Soc. 8 janv. 1981, n° 79-41.102 P.

40. Résiliation judiciaire. Impossibilité pour l'employeur de poursuivre la résolution judiciaire du contrat de travail du salarié protégé. • Cass., ch. mixte, 21 juin 1974 : préc. note 30. ♦ Mais si la procédure de licenciement du salarié représentant du personnel est d'ordre public, ce salarié ne peut être privé de la possibilité de poursuivre la résiliation judiciaire de son contrat de travail aux torts de l'employeur en cas de manquement, par ce dernier, à ses obligations. • Soc. 16 mars 2005, n° 03-40.251 P : RDC 2005. 763, note Radé ; Dr. soc. 2005. 861, chron. Mouly • Soc. 10 mai 2012, n° 10-30.754. ♦ V. aussi : • Soc. 29 sept. 2010, n° 09-41.127 : *Dr. soc. 2010. 1265,* obs. Struillou. ♦ V. antérieurement : • Soc. 18 juin 1996 : préc. note 28.

41. Résiliation judiciaire et réintégration. La résiliation judiciaire du contrat de travail d'un salarié protégé, si elle produit les effets d'un licenciement nul en raison de la violation de son statut protecteur, ne lui donne toutefois pas droit à réintégration dans l'entreprise. • Soc. 3 oct. 2018, n° 16-19.836 P : *D. 2018. Actu. 1972* ; RJS 12/2018, n° 1254 ; *JCP 2018. 1114,* obs. Dedessus-Le Moustier ; JCP S 2018. 1359, obs. Kerbourc'h.

42. Prise d'acte de la rupture. Lorsqu'un salarié titulaire d'un mandat électif ou de représentation prend acte de la rupture de son contrat de travail en raison de faits qu'il reproche à son employeur, cette rupture produit, soit les effets d'un licenciement nul pour violation du statut protecteur lorsque les faits invoqués par le salarié la justifiaient, soit, dans le cas contraire, les effets d'une démission. • Soc. 5 juill. 2006 : *D. 2006. Pan. 182,* obs. Berthier ; ibid. 2007. 54, note Mouly ; Dr. soc. 2006. 815, chron. Ray . ♦ Le salarié peut prétendre à une indemnité pour violation du statut protecteur égale aux salaires qu'il aurait dû percevoir jusqu'à la fin de la période de protection en cours, quand bien même l'administration du travail, saisie antérieurement à la prise d'acte du salarié, a autorisé le licenciement prononcé ultérieurement à cette prise d'acte. • Soc. 12 nov. 2015, n° 14-16.369 P : *D. 2015. Actu. 2383* ; *Dr. soc. 2016. 89,* obs. Mouly ; RJS 1/2016, n° 44.

43. Prise d'acte de la rupture et réintégration. Un salarié protégé, qui a pris acte de la rupture de son contrat de travail, ne peut ultérieurement solliciter sa réintégration dans son emploi ; la prise d'acte de la rupture par un salarié en raison de faits qu'il reproche à son employeur entraîne la rupture immédiate du contrat de travail et ne peut être rétractée. • Soc. 29 mai 2013, n° 12-15.974 P : *D. 2013. Actu. 1416* ; *Dr. soc. 2013. 647,* note Mouly ; RJS 8-9/2013, n° 623 ; JCP S 2013. 1338, obs. Dumont.

SOUS-SECTION 2 [ANCIENNE] Salarié ayant demandé l'organisation des élections

Ancien art. L. 2411-9 *L'autorisation de licenciement est requise pour le salarié ayant demandé à l'employeur d'organiser les élections au comité d'entreprise ou d'accepter d'organiser ces élections, pendant une durée de six mois, qui court à compter de l'envoi à l'employeur de la lettre recommandée par laquelle une organisation syndicale a, la première, demandé ou accepté qu'il soit procédé à des élections.*

Cette protection ne bénéficie qu'à un seul salarié par organisation syndicale ainsi qu'au premier salarié, non mandaté par une organisation syndicale, qui a demandé l'organisation des élections.
— V. art. L. 2433-1 (pén.).

V. note ss. titre de la section 4 ancienne.

1. Demande d'organisation des élections et imminence de la candidature. La seule demande d'organisation des élections peut faire présumer une candidature imminente et reconnaître au salarié la qualité de salarié protégé. • Soc. 16 mars 2005 : ⚖ *JSL 2005. 9.*

2. Point de départ de la protection. La protection de six mois bénéficiant au salarié qui a demandé à l'employeur d'organiser les élections pour mettre en place l'institution des délégués du personnel lui est acquise à compter de l'envoi de la lettre recommandée par laquelle l'organisation syndicale intervient aux mêmes fins ; la date à laquelle la mise en place de l'institution est obligatoire est sans incidence sur cette protection dès lors que le délai entre la demande du syndicat tendant à l'organisation des élections et le jour où l'institution doit être mise en place est raisonnable. • Soc. 25 janv. 2006 : ⚖ *D. 2006. IR 393* ; *RJS 2006. 317, n° 470* • Crim. 10 déc. 1985 : *Bull. crim. n° 396* ; *D. 1986. IR 389*, obs. Frossard • 30 mars 1993 : ⚖ *D. 1994. Somm. 298*, obs. Verdier ; *RJS 1993. 365, n° 633* ; *CSB 1993. 185, S. 100.* – V. aussi • Soc. 22 nov. 1988 : *Bull. civ. V, n° 614* ; *D. 1989. Somm. 163*, obs. Frossard • CE 5 nov. 1993 : ⚖ *D. 1994. Somm. 298*, obs. Verdier ; *RJS 1994. 126, n° 162* ; *JCP E 1993. Pan. 1361.* ♦ La demande d'organisation d'élections formulée par un salarié ne lui confère pas le statut de salarié protégé si un syndicat a déjà présenté une demande aux mêmes fins. • Soc. 28 oct. 1996, ⚖ n° 94-45.426 P : *RJS 1996. 827, n° 1285* ; *Dr. ouvrier 1997. 255*, note F. S.

3. Le salarié, qui, en qualité de délégué syndical, a demandé à l'employeur l'organisation des élections des délégués du personnel, bénéficie des dispositions protectrices de l'art. L. 425-1 [L. 2411-8 nouv.] ; il importe peu que sa désignation antérieure en qualité de délégué syndical ait été par la suite annulée. • Soc. 24 mai 2006 : ⚖ *JCP S 2006. 1647*, note Kerbourc'h.

4. Prolongement de la protection. Le fait pour un salarié de bénéficier de la protection résultant de l'art. L. 425-1, al. 8 [L. 2411-8 nouv.], due aux salariés qui ont pris l'initiative de demander l'organisation d'élections, ne le prive pas par la suite de la protection due à compter de sa candidature. • Crim. 18 nov. 1997, ⚖ n° 96-80.942 P : *RJS 1998. 119, n° 182.* ♦ Le bénéfice de la protection prévue par l'art. L. 425-1, al. 8 [L. 2411-8 nouv.], est reconnu dès lors qu'un inspecteur du travail a refusé d'autoriser le licenciement ; la juridiction des référés ne peut par la suite se déclarer incompétente. • Soc. 26 juin 2001, ⚖ n° 99-41.019 P : *RJS 2001. 788, n° 1158* ; *TPS 2001, n° 367.*

5. Caractère tardif de la demande. N'entre pas dans les prévisions de l'art. L. 425-1 [L. 2411-8 nouv.] la demande émanant d'un salarié qui avait appris qu'il allait être licencié et formulée quelques semaines après que l'employeur eut vainement tenté d'organiser des élections. • CE 19 juill. 1991 : ⚖ *RJS 1991. 581, n° 1110.* ♦ V. égal., sur l'étendue du contrôle du juge : • CE 19 juill. 1991 : ⚖ *RJS 1991. 583, n° 1114.*

SOUS-SECTION 3 [ANCIENNE] Candidat aux fonctions de membre du comité d'entreprise

Ancien art. L. 2411-10 *L'autorisation de licenciement est requise pour le candidat aux fonctions de membre élu du comité d'entreprise, au premier ou au deuxième tour, pendant les six mois suivant l'envoi des listes de candidatures à l'employeur.*

Cette autorisation est également requise lorsque la lettre du syndicat notifiant à l'employeur la candidature aux fonctions de membre élu du comité d'entreprise ou de représentant syndical au comité d'entreprise a été reçue par l'employeur ou lorsque le salarié a fait la preuve que l'employeur a eu connaissance de l'imminence de sa candidature avant que le candidat ait été convoqué à l'entretien préalable au licenciement. – V. art. L. 2433-1 (pén.).

V. note ss. titre de la section 4 ancienne.

1. Candidature. Un salarié élu représentant du personnel bénéficie nécessairement de la protection accordée au candidat depuis la date de sa candidature, et il appartient à l'employeur qui lui conteste le bénéfice de cette protection d'établir que la convocation à l'entretien préalable a précédé la formalisation de la candidature dont le chef d'entreprise est, en qualité d'organisateur des élections, destinataire et qu'il lui appartient d'enregistrer. • Soc. 12 juill. 2006 : ⚖ *Dr. soc. 2006. 1067*, obs. Couturier ; *RJS 2006. 887, n° 1201.* ♦ La protection bénéficie aux candidats au premier comme au second tour. • Soc. 18 nov. 1992, ⚖ n° 88-44.905 P : *D. 1993. Somm. 263*, obs. Frossard ; *RJS 1992. 757, n° 1399* (candidature au second tour connue avant le premier tour). ♦ Elle bénéficie à un salarié candidat individuel avant l'organisation du premier tour, peu important que pour ce tour les syndicats aient le monopole des candidatures. • Crim. 3 déc. 1996, ⚖ n° 94-82.953 P : *RJS 1997. 115, n° 170* ; *TPS 1997, n° 80*, obs. Teyssié. ♦ Si, en principe, la procédure protectrice ne peut recevoir application avant qu'il ait été procédé à la répartition du personnel entre les collèges et des sièges entre les catégories et à la présentation régulière des candidatures, il n'en va pas de même lorsque les élections sont retardées par une opposition injustifiée de l'employeur. • Soc. 3 déc. 1987 : *Bull. civ. V, n° 704.* ♦ La candidature même non frauduleuse dont l'employeur a eu connaissance le jour de l'entretien préalable n'a pu avoir d'effet que jusqu'au terme du contrat qui était survenu avant la date des élections. ● Soc. 17 mars 1983 : *Bull. civ. V, n° 177*.

2. Candidature imminente. Fait une exacte application de la loi la cour d'appel qui énonce que, si un salarié ne peut être considéré comme candidat avant que l'accord électoral ne fixe les modalités des élections, le nombre des sièges à pourvoir ainsi que la répartition de ces sièges entre les différents collèges, en revanche la connaissance par l'employeur de l'imminence de la candidature lui impose le respect des formalités protectrices. ● Crim. 21 juin 1988, n° 87-80.738 P : *D. 1989. Somm. 161, obs. Frossard*. ♦ Dans le même sens : ● Soc. 23 mai 1984 : *Bull. civ. V, n° 223* ● 17 oct. 1989 : *ibid., n° 596* ● 4 juill. 1990, n° 87-44.840 P : *D. 1990. IR 183 ; RJS 1990. 531, n° 788* (l'imminence de la candidature peut résulter de l'annonce faite par un salarié au cours d'un entretien avec l'employeur portant sur les modalités des futures élections) ● 15 mai 2002 : *RJS 2002. 652, n° 856*. ♦ L'employeur avait connaissance de l'imminence de la candidature lorsqu'il a illicitement reporté les élections dont la date avait été fixée par le protocole préélectoral. ● Soc. 7 juill. 1999 : *JSL 1999, n° 44-28*. ♦ Le caractère imminent de la candidature n'est pas subordonné à la conclusion préalable d'un protocole préélectoral. ● Soc. 20 nov. 1991, n° 88-42.554 P : *JCP E 1992. II. 286, note Pariente ; D. 1991. IR 290*. ♦ La notification de la candidature à l'employeur, antérieurement à l'accord préélectoral, est de nature à établir la connaissance par celui-ci de l'imminence de la candidature. ● Crim. 18 nov. 1997, n° 96-80.942 P : *RJS 1998. 119, n° 182*. ♦ L'appréciation du caractère imminent d'une candidature relève du pouvoir souverain des juges du fond. ● Soc. 12 juill. 1994, n° 92-41.411 P : *D. 1995. Somm. 356, obs. Frossard ; RJS 1994. 597, n° 1009*. ♦ Il revient au salarié qui se prétend protégé d'apporter la preuve que son employeur était informé de l'imminence de sa candidature aux fonctions de délégué du personnel lorsque la procédure de licenciement a été engagée. ● CE 5 juill. 2006 : *JCP S 2006. 1698, note Kerbourc'h*. ♦ Toutefois, la connaissance par l'employeur de l'imminence de la candidature d'un salarié n'est de nature à le faire bénéficier de la protection que jusqu'au dépôt de sa candidature pour le second tour. ● Soc. 21 déc. 2006 : *D. 2007. AJ 227 ; RJS 2006. 257, n° 357*.

3. Candidature frauduleuse. Présente un caractère frauduleux la candidature d'un salarié qui tend à assurer sa protection individuelle.
● Soc. 24 nov. 1983 : *Bull. civ. V, n° 578*. ♦ Le caractère frauduleux d'une candidature ne peut être apprécié par l'employeur. ● Crim. 22 oct. 1991 : *CSB 1992. 59, obs. Philbert ; Dr. pénal 1992. Comm. 48, obs. J.-H. Robert*. ♦ Il relève du pouvoir souverain d'appréciation des juges du fond. ● Soc. 12 juill. 1994, n° 92-41.411 P : *D. 1995. Somm. 356, obs. Frossard ; RJS 1994. 597, n° 1009*. ♦ Une candidature ne saurait être frauduleuse lorsque l'intéressé a eu une activité en faveur de l'ensemble du personnel antérieurement à sa candidature, peu important que l'employeur n'en ait pas eu connaissance. ● Soc. 14 mai 1997, n° 96-60.213 P : *D. 1997. 479, note Verdier ; Dr. soc. 1997. 753, obs. Couturier ; RJS 1997. 460, n° 709*. ♦ L'annulation d'une candidature à une fonction de représentant du personnel n'a pas d'effet sur le statut protecteur, et la perte de la qualité de salarié protégé intervient à la date à laquelle le jugement d'annulation est prononcé. ● Soc. 28 nov. 2000, n° 98-42.019 : *Dr. soc. 2001. 634, note Verdier ; RJS 2/2001, n° 214*.

4. Candidats non élus. Seule la notification à l'employeur de la liste des candidatures postérieurement à la signature du protocole d'accord préélectoral ouvre la période de protection des anciens candidats à l'élection. ● Soc. 22 mars 1995 : *RJS 1995. 352, n° 529*. ♦ A défaut d'une telle notification, un candidat à l'élection des délégués du personnel ne saurait, en tout état de cause, bénéficier de la protection plus de six mois après l'élection. ● CE 25 avr. 1994 : *RJS 1994. 440, n° 724*. ♦ Le retrait de candidature avant les élections ne met pas fin à la protection du salarié. ● Soc. 11 mars 1971 : *Bull. civ. V, n° 198*.

5. Candidat licencié irrégulièrement avant son élection. Le salarié candidat aux élections, licencié sans autorisation administrative avant le scrutin, est protégé au moment de son licenciement ; le licenciement étant irrégulier, la protection s'est poursuivie pendant l'exercice du mandat dont il a été privé par la décision illégale de l'employeur. ● Soc. 30 juin 2004, n° 01-43.821 P : *D. 2004. IR 2474 ; RJS 2004. 734, n° 1069*.

6. Demande tardive de réintégration. Lorsque la demande de réintégration d'un salarié illégalement licencié est présentée de manière abusive tardivement, il n'a droit, au titre de la violation du statut protecteur, qu'à la rémunération qu'il aurait perçue du jour de la demande de réintégration à celui de sa réintégration effective.
● Soc. 7 nov. 2018, n° 17-14.716 P : *D. 2018. Actu. 2192 ; Dr. soc. 2018. 85, obs. Mouly ; RJS 1/2019, n° 38 ; JCP S 2018. 1401, obs. Kerbouc'h*.

SECTION 5 Licenciement d'un membre de la délégation du personnel du comité social et économique interentreprises

(Ord. n° 2017-1386 du 22 sept. 2017, art. 2)

SOUS-SECTION 1 Membre et ancien membre de la délégation du personnel du comité social et économique interentreprises

Art. L. 2411-10 Le licenciement d'un membre de la délégation du personnel du comité social et économique interentreprises ne peut intervenir qu'après autorisation de l'inspecteur du travail.

Cette autorisation est également requise durant les six mois suivant l'expiration du mandat de membre de la délégation du personnel du comité social et économique interentreprises ou de la disparition de l'institution.

V. note ss. art. L. 2411-1.

SOUS-SECTION 2 Candidat aux fonctions de membre de la délégation du personnel du comité social et économique interentreprises

Art. L. 2411-10-1 L'autorisation de licenciement est requise pendant six mois pour le candidat aux fonctions de membre de la délégation du personnel du comité social et économique interentreprises, à partir du dépôt de sa candidature.

Cette autorisation est également requise lorsque le salarié a fait la preuve que l'employeur a eu connaissance de l'imminence de sa candidature avant que le candidat ait été convoqué.

SECTION 6 Licenciement d'un membre du groupe spécial de négociation ou d'un membre du comité d'entreprise européen

La section 5 du chapitre I du titre I devient la section 6 (Ord. n° 2017-1386 du 22 sept. 2017, art. 2).

Art. L. 2411-11 Le licenciement d'un membre du groupe spécial de négociation ou d'un membre du comité d'entreprise européen ne peut intervenir qu'après autorisation de l'inspecteur du travail. — *V. art. L. 2434-1 (pén.).*

Indemnisation du salarié. Le salarié membre du comité d'entreprise européen licencié par son employeur sans autorisation administrative et qui ne demande pas sa réintégration a le droit d'obtenir, d'une part, au titre de la méconnaissance du statut protecteur, le montant de la rémunération qu'il aurait dû percevoir entre son éviction et l'expiration de la période de protection, dans la limite de la durée de protection accordée aux membres du comité d'entreprise par l'art. L. 436-1 C. trav. [L. 2411-8 nouv.], d'autre part, ses indemnités de rupture, une indemnité réparant l'intégralité du préjudice résultant du caractère illicite du licenciement et au moins égale à celle prévue par l'art. L. 122-14-4 [L. 1235-2 nouv.].
• Soc. 16 mars 2005, n° 02-45.077 P : *D. 2005. IR 1048* ; *RJS 2005. 461, n° 651.*

SECTION 7 Licenciement d'un membre du groupe spécial de négociation, d'un représentant au comité de la société européenne, d'un représentant au comité de la société coopérative européenne ou d'un représentant au comité de la société issue d'une fusion transfrontalière *(L. n° 2008-649 du 3 juill. 2008).*

La section 6 du chapitre I du titre I devient la section 7 (Ord. n° 2017-1386 du 22 sept. 2017, art. 2).

Art. L. 2411-12 Le licenciement d'un membre du groupe spécial de négociation *(L. n° 2008-89 du 30 janv. 2008)* « , d'un représentant au comité de la société européenne *(L. n° 2008-649 du 3 juill. 2008)* « , d'un représentant au comité de la société coopérative européenne » ou d'un représentant au comité de la société issue d'une fusion transfrontalière » ne peut intervenir qu'après autorisation de l'inspecteur du travail. — *V. art. L. 2434-1 (pén.).*

SALARIÉS PROTÉGÉS   **Art. L. 2411-17** 975

SECTION 8 **Licenciement d'un représentant du personnel d'une entreprise extérieure à la commission santé, sécurité et conditions de travail** (Ord. n° 2017-1386 du 22 sept. 2017, art. 2).

Art. L. 2411-13 Le licenciement d'un représentant du personnel d'une entreprise extérieure désigné (Ord. n° 2017-1386 du 22 sept. 2017, art. 2) « à la commission santé, sécurité et conditions de travail » d'un établissement comprenant au moins une installation classée figurant sur la liste prévue (L. n° 2013-619 du 16 juill. 2013, art. 11-V) « à l'article L. 515-36 » du code de l'environnement ou mentionnée à (Ord. n° 2011-91 du 20 janv. 2011) « l'article L. 211-2 du code minier » ne peut intervenir qu'après autorisation de l'inspecteur du travail.

Cette autorisation est également requise pour le salarié ayant siégé en qualité de représentant du personnel dans ce comité pendant les six premiers mois suivant l'expiration de son mandat ou la disparition de l'institution.

L'art. L. 2411-14 devient l'art. L. 2411-13 (Ord. n° 2017-1386 du 22 sept. 2017, art. 2).

V. note ss. art. L. 2411-1.

Art. L. 2411-14 (Ord. n° 2017-1386 du 22 sept. 2017, art. 2) L'autorisation de licenciement est requise pendant six mois pour le candidat aux fonctions de représentant du personnel d'une entreprise extérieure à la commission santé, sécurité et conditions de travail, à partir du dépôt de sa candidature.

Cette autorisation est également requise lorsque le salarié a fait la preuve que l'employeur a eu connaissance de l'imminence de sa candidature avant que le candidat ait été convoqué à l'entretien préalable au licenciement.

V. note ss. art. L. 2411-1.

SECTION 9 **Licenciement d'un salarié membre d'une commission paritaire d'hygiène, de sécurité et des conditions de travail en agriculture**

Art. L. 2411-15 Le licenciement d'un salarié membre d'une commission paritaire d'hygiène, de sécurité et des conditions de travail en agriculture ne peut intervenir qu'après autorisation de l'inspecteur du travail.

Cette autorisation est également requise pour le salarié ayant siégé en qualité de représentant du personnel dans cette commission, pendant les six premiers mois suivant l'expiration de son mandat ou la disparition de l'institution.

SECTION 10 **Licenciement de salariés titulaires d'autres mandats de représentation**

SOUS-SECTION 1 **Représentant des salariés en cas de sauvegarde, de redressement ou de liquidation judiciaires des entreprises**

Art. L. 2411-16 La procédure d'autorisation de licenciement d'un représentant des salariés en cas de sauvegarde, de redressement ou de liquidation judiciaire et le délai au terme duquel sa protection cesse sont prévus par l'article L. 662-4 du code de commerce.

La protection dont bénéficie le représentant des salariés cesse au terme de la dernière audition ou consultation précédant l'adoption d'un plan de redressement ; dès lors que les sommes versées par l'AGS ont été reversées aux salariés et qu'un plan de continuation a été adopté, la rupture du contrat de travail du représentant des salariés n'a pas à être soumise à autorisation préalable. • Soc. 30 janv. 2013 : D. 2013. Actu. 371 ; RJS 4/2013, n° 310 ; JCP S 2013. 1150, note François.

SOUS-SECTION 2 **Représentant des salariés au conseil d'administration ou de surveillance des entreprises** (L. n° 2013-504 du 14 juin 2013, art. 9-VI).

Art. L. 2411-17 Le licenciement d'un représentant des salariés au conseil d'administration ou de surveillance des entreprises du secteur public (L. n° 2013-504 du 14 juin 2013, art. 9-VI) « , des sociétés anonymes et des sociétés en commandite par actions » ne peut intervenir qu'après autorisation de l'inspecteur du travail.

Cette autorisation est également requise pour :

1° L'ancien représentant des salariés pendant les six premiers mois suivant la cessation de son mandat ;

2° Le candidat et l'ancien candidat à l'élection comme représentant des salariés pendant les trois mois suivant le dépôt des candidatures. — *[Anc. art. 29, al. 2 début et al. 8, L. n° 83-675 du 26 juill. 1983.]* — *V. art. L. 2435-1 (pén.).*

SOUS-SECTION 3 **Salarié membre du conseil ou administrateur d'une caisse de sécurité sociale**

Art. L. 2411-18 Conformément à l'article L. 231-11 du code de la sécurité sociale, la procédure d'autorisation de licenciement et les périodes et durées de protection du salarié membre du conseil ou administrateur d'une caisse de sécurité sociale sont celles applicables au délégué syndical, prévues par l'article L. 2411-3.

V. note 1 ss. art. L. 2411-1.

SOUS-SECTION 4 **Salarié membre du conseil d'administration d'une mutuelle, union ou fédération**

Art. L. 2411-19 La procédure d'autorisation de licenciement et les périodes et durées de protection du salarié membre du conseil d'administration d'une mutuelle, union ou fédération sont prévues à l'article L. 114-24 du code de la mutualité.

SOUS-SECTION 5 **Représentant des salariés dans une chambre d'agriculture**

Art. L. 2411-20 Conformément à l'article L. 515-4 du code rural et de la pêche maritime, la procédure d'autorisation de licenciement et les périodes et durées de protection du représentant des salariés dans une chambre d'agriculture sont celles applicables au délégué syndical, prévues par l'article L. 2411-3.

SECTION 11 **Licenciement du conseiller du salarié**

Art. L. 2411-21 Le licenciement du conseiller du salarié chargé d'assister un salarié dans les conditions prévues à l'article L. 1232-4 ne peut intervenir qu'après autorisation de l'inspecteur du travail. — *[Anc. art. L. 122-14-16, al. 2.]* — *V. art. L. 2436-1 (pén.).*

1. Connaissance par l'employeur du mandat extérieur. Le conseiller du salarié n'est pas en droit de se prévaloir de la protection résultant d'un mandat extérieur à l'entreprise lorsqu'il est établi qu'il n'en a pas informé son employeur au plus tard lors de l'entretien préalable au licenciement. • Soc., QPC, 14 sept. 2012, ♃ n° 11-28.269 P : *RJS 6/2013, n° 472 ; JCP S 2013. 1252, obs. Boulmier.*

2. Connaissance par l'employeur de l'imminence de la désignation. Pour l'application de la procédure spéciale de licenciement, c'est au moment de l'envoi de la convocation à l'entretien préalable au licenciement que l'employeur doit avoir connaissance de l'imminence de la désignation d'un salarié en qualité de conseiller du salarié. • Soc. 13 janv. 2021, ♃ n° 19-17.489 P : *D. actu. 16 févr. 2021, obs. Couëdel ; D. 2021. Actu. 83 ⌀ ; Dr. soc. 2021. 286, obs. Petit ⌀ ; RJS 3/2021, n° 159 ; JCP S 2021. 1047, obs. Lahalle.*

SECTION 12 **Licenciement du conseiller prud'homme**

Art. L. 2411-22 Le licenciement du conseiller prud'homme ne peut intervenir qu'après autorisation de l'inspecteur du travail.

Cette autorisation est également requise pour :

1° Le conseiller prud'homme ayant cessé ses fonctions depuis moins de six mois ;

2° Le salarié candidat aux fonctions de conseiller prud'homme dès que l'employeur a reçu notification de la candidature du salarié ou lorsque le salarié fait la preuve que l'employeur a eu connaissance de l'imminence de sa candidature, et *(Ord. n° 2016-388 du 31 mars 2016, art. 2)* « pendant une durée de trois mois à compter de la nomination des conseillers prud'hommes » par l'autorité administrative. Le bénéfice de cette protection ne peut être invoqué que par le candidat dont le nom figure sur la liste déposée. — *V. art. L. 2437-1 (pén.).*

1. Constitutionnalité de la protection des salariés titulaires d'un mandat extérieur à l'entreprise. En accordant une protection contre le licenciement à ces salariés, le législateur entend préserver leur indépendance dans l'exercice de leur mandat ; ces dispositions ne portent pas une atteinte disproportionnée à la liberté d'entreprendre et à la liberté contractuelle : mais les intéressés ne peuvent pas se prévaloir de la protection s'ils n'ont pas informé l'employeur de la détention d'un tel mandat au plus tard lors de l'entretien préalable au licenciement. ● Cons. const. 14 mai 2012 : ⚖ *D. actu. 27 sept. 2012, obs. Siro ; D. 2012. Actu. 1340 ; RJS 2012. 520, obs. Struillou ; JCP S 2012. 1311, obs. Boulmier* ● Soc., 14 sept. 2012 QPC : ⚖ *D. actu. 27 sept. 2012, obs. Siro ; RJS 2012. 760, n° 883.* ◆ Le salarié, titulaire d'un mandat extérieur à l'entreprise visé par l'art. L. 2411-1 C. trav., ne peut se prévaloir de la protection que si, au plus tard lors de l'entretien préalable au licenciement, ou, s'il s'agit d'une rupture ne nécessitant pas un entretien préalable, au plus tard avant la notification de l'acte de rupture, il a informé l'employeur de l'existence de ce mandat ou s'il rapporte la preuve que l'employeur en avait alors connaissance. ● Soc. 14 sept. 2012 : ⚖ *D. actu. 27 sept. 2012, obs. Siro* ● 30 juin 2016, n° 15-12.982 P : *D. actu. 29 juill. 2016, obs. Siro ; D. 2016. Actu. 1502 ⌀ ; SSL 2016, n° 735, p. 12, obs. Champeaux ; JCP S 2016. 1364, obs. Lahalle.* ◆ De même, s'agissant du défaut d'information de l'employeur du renouvellement du mandat de conseiller prud'homal même si celui-ci était informé du mandat initial, ● Soc. 30 sept. 2015, ⚖ n° 14-17.748 P : *D. actu. 15 oct. 2015, obs. Doutreleau ; RDT 2016. 42, obs. Moizard ⌀ ; Dr. soc. 2015. 1038, note Mouly ⌀ ; D. 2016. Pan. 814, obs. Porta ⌀ ; RJS 12/2015, n° 780 ; JCP S 2015. 1434, obs. Turpin.* ◆ Ne bénéficie pas du statut protecteur le salarié qui n'a pas informé son employeur de son mandat de défenseur syndical, et qu'il n'est pas établi que l'employeur en ait été informé, au jour de la notification de la rupture de la période d'essai, par la Direccte, ● Soc. 16 janv. 2019, ⚖ n° 17-27.685 P : *D. actu. 21 févr. 2019, obs. Fraisse ; D. 2019. Actu. 133 ⌀ ; RJS 3/2019, n° 169 ; JCP 2019. 102, obs. Corrignan-Carsin ; JCP S 2019. 1061, obs. Pagnerre.*

2. Information de l'employeur. La seule poursuite du contrat de travail par application de l'art. L. 1224-1 n'a pas pour effet de mettre le nouvel employeur en situation de connaître l'existence d'une protection dont bénéficie un salarié en raison d'un mandat extérieur à l'entreprise ; il appartient au salarié qui se prévaut d'une telle protection d'établir qu'il a informé le nouvel employeur de l'existence de ce mandat au plus tard lors de l'entretien préalable au licenciement, ou, s'il s'agit d'une rupture ne nécessitant pas un entretien préalable, au plus tard avant la notification de l'acte de rupture, ou que le nouvel employeur en avait connaissance. ● Soc. 15 avr. 2015, ⚖ n° 13-25.283 : *D. 2015. Actu. 928 ⌀ ; Dr. soc. 2015. 561, note Mouly ⌀ ; JSL 2015, n° 389-3 ; SSL 2015, n° 1673, p. 11, obs. Champeaux ; RJS 6/2015, n° 390.*

3. Information du liquidateur judiciaire. Il appartient au salarié qui se prévaut d'une protection en raison d'un mandat extérieur à l'entreprise d'établir qu'il a informé le liquidateur de l'existence du mandat au plus tard lors de l'entretien préalable au licenciement, ou, s'il s'agit d'une rupture ne nécessitant pas un entretien préalable, au plus tard avant la notification de l'acte de rupture, ou que le liquidateur en avait connaissance. ● Soc. 1er juin 2017, ⚖ n° 16-12.221 P : *D. actu. 4 juill. 2017, obs. Roussel ; D. 2017. Actu. 1195 ⌀ ; RJS 8-9/2017, n° 595 ; JCPS 2017. 1245, obs. Lahalle.* ◆ Dans le cas particulier d'une entreprise placée en liquidation judiciaire, l'administration doit, à peine d'illégalité de sa décision d'autorisation de licenciement, tenir compte, quelle que soit la façon dont ils sont portés à sa connaissance, de l'ensemble des mandats extérieurs à l'entreprise détenus par le salarié protégé, à la condition que ceux-ci aient été, postérieurement au placement en liquidation, portés à la connaissance du liquidateur, par le salarié lui-même ou par tout autre moyen, au plus tard à la date de l'entretien préalable au licenciement. ● CE 24 juill. 2019, ⚖ n° 411058 : *RJS 11/2019, n° 642 ; JCP S 2019. 1294, obs. Kerbourc'h.*

4. Point de départ de la protection. La protection du conseiller prud'homme court à compter de la proclamation des résultats des élections le lendemain du jour du scrutin prévue par l'art. D. 1441-162 C. trav., indépendamment de la publication au recueil des actes administratifs de la préfecture du département prévue par l'art. D. 1441-164. ● Soc. 22 sept. 2010 : ⚖ *D. actu. 12 oct. 2010, obs. Siro ; D. 2010. AJ 2233 ⌀ ; RJS 2010. 870, n° 981 ; JSL 2010, n° 287-6, obs. Tourreil ; SSL 2010, n° 1461, p. 9, obs. Champeaux ; JCP S 2010. 1474, obs. Lahalle.*

5. Démission. Le licenciement du salarié ayant cessé ses fonctions de conseiller prud'homme depuis moins de 6 mois est soumis à l'autorisation de l'inspecteur du travail ; en cas de démission du conseiller prud'homme, le délai durant lequel l'autorisation de l'inspecteur du travail doit être sollicitée commence à courir du jour où la démission a acquis un caractère définitif, au sens de l'art. D. 1442-17, un mois après l'expédition de la lettre du salarié informant de sa décision le président du conseil des prud'hommes et le procureur de la République, dès lors que les dispositions relatives aux conseillers prud'hommes, d'ordre public, ont été instaurées en vue d'assurer la permanence de l'institution. ● Soc. 6 mai 2008, ⚖ n° 07-80.530 P : *RSC 2009. 391, note Cerf-Hollender ⌀ ; AJ pénal 2008. 375, obs. Lasserre Capdeville ⌀.*

6. Annulation de l'élection. En cas de contentieux sur la régularité de l'élection d'un conseiller prud'hommes, la date de cessation des fonctions du conseiller marquant le début de la période de prolongation de six mois de la protection est celle de la décision de justice définitive d'annulation. ● Soc. 16 mars 2010 : ⚖ *D. 2010. AJ 832 ⌀ ; RJS 6/2010, n° 545 ; JSL 2010, n° 276-6 ; JCP S 2010. 1293, obs. Lahalle ; D. actu. 12 avr. 2010, obs. Ines.*

7. Rupture en période d'essai. Les dispositions légales qui assurent une protection exceptionnelle et exorbitante du droit commun à certains salariés, en raison du mandat ou des fonctions qu'ils exercent dans l'intérêt de l'ensemble des travailleurs, s'appliquent à la rupture du contrat de travail à l'initiative de l'employeur pendant la période d'essai. • Soc. 22 sept. 2010 : préc. note 4.

8. Indemnisation de la violation du statut protecteur du conseiller prud'homme. L'indemnisation due à un conseiller prud'homme, ayant obtenu la résiliation judiciaire de son contrat de travail aux torts de l'employeur, est égale à la rémunération qu'il aurait dû percevoir depuis la date de la prise d'effet de la résiliation jusqu'à l'expiration de la période de protection résultant du mandat en cours à la date de la demande, dans la limite d'une durée de deux ans augmentée de six mois. • Soc. 3 févr. 2016, n° 14-17.000 P : *D. actu. 1er mars 2016, obs. Fraisse ; D. 2016. Actu. 383 ; RJS 4/2016, n° 243 ; JCP S 2016. 1165, note Gauriau.*

SECTION 13 Licenciement d'un assesseur maritime

(Ord. n° 2012-1218 du 2 nov. 2012, art. 3)

Art. L. 2411-23 Le licenciement d'un assesseur maritime ne peut intervenir qu'après autorisation de l'inspecteur du travail.

Cette autorisation est également requise pour :

1° L'assesseur maritime ayant cessé ses fonctions depuis moins de six mois ;

2° Le salarié candidat aux fonctions d'assesseur maritime dès que l'employeur a reçu notification par l'autorité administrative de la candidature du salarié ou lorsque le salarié fait la preuve que l'employeur a eu connaissance de l'imminence de sa candidature, et pendant une durée de six mois après établissement de la liste des assesseurs maritimes mentionnée à l'article 7 de la loi du 19 décembre 1926 relative à la répression en matière maritime. Le bénéfice de cette protection ne peut être invoqué que par le candidat qui a déposé sa candidature auprès de l'autorité administrative.

SECTION 14 Licenciement du défenseur syndical

(L. n° 2015-990 du 6 août 2015, art. 258-II)

Art. L. 2411-24 Le licenciement du défenseur syndical ne peut intervenir qu'après autorisation de l'inspecteur du travail.

Ne peut revendiquer le statut protecteur applicable à la qualité de défenseur syndical le salarié qui n'avait pas informé son employeur de son mandat de défenseur syndical, dès lors qu'il n'est pas établi que l'employeur en ait été informé, au jour de la notification de la rupture de la période d'essai, par le Direccte en application des dispositions de l'art. D. 1453-2-7 C. trav. issues du Décr. n° 2016-975 du 18 juill. 2016. • Soc. 16 janv. 2019, n° 17-27.685 P : *D. 2019. Actu. 133 ; RJS 3/2019, n° 169 ; JCP 2019. 102, obs. Corrignan-Carsin ; JCP S 2019. 1061 note Pagnerre.*

SECTION 15 Licenciement d'un salarié membre de la commission paritaire régionale interprofessionnelle

(L. n° 2015-994 du 17 août 2015, art. 1er)

Art. L. 2411-25 Le licenciement du salarié membre de la commission paritaire régionale interprofessionnelle mentionnée à l'article L. 23-111-1 ne peut intervenir qu'après autorisation de l'inspecteur du travail.

Cette autorisation est également requise pour le licenciement du salarié figurant sur la propagande électorale, pendant une durée de six mois à compter de la notification prévue à l'article L. 23-112-2, et pour le licenciement du salarié ayant siégé dans cette commission, pendant une durée de six mois à compter de l'expiration de son mandat.

Cette autorisation est également requise dès que l'employeur a connaissance de l'imminence de la désignation du salarié sur la propagande électorale.

CHAPITRE II PROTECTION EN CAS DE RUPTURE D'UN CONTRAT DE TRAVAIL À DURÉE DÉTERMINÉE

SECTION 1 Champ d'application

RÉP. TRAV. v° *Représentants du personnel (Statut protecteur)*, par Pécaut-Rivolier, Rose et Struillou.

Art. L. 2412-1 *(Ord. n° 2017-1386 du 22 sept. 2017, art. 2)* Bénéficie de la protection en cas de rupture d'un contrat à durée déterminée prévue par le présent chapitre le salarié investi de l'un des mandats suivants :
1° Délégué syndical ;
2° Membre élu de la délégation du personnel du comité social et économique ;
3° Représentant syndical au comité social et économique ;
4° Représentant de proximité ;
5° Membre de la délégation du personnel du comité social et économique interentreprises ;
6° Membre du groupe spécial de négociation et membre du comité d'entreprise européen ;
7° Membre du groupe spécial de négociation et représentant au comité de la société européenne ;
7° *bis* Membre du groupe spécial de négociation et représentant au comité de la société coopérative européenne ;
7° *ter* Membre du groupe spécial de négociation et représentant au comité de la société issue de la fusion transfrontalière ;
8° Représentant du personnel d'une entreprise extérieure, désigné à la *(Ord. n° 2017-1718 du 20 déc. 2017, art. 1ᵉʳ-I)* « commission santé, sécurité et » conditions de travail d'un établissement comprenant au moins une installation classée figurant sur la liste prévue à l'article L. 515-36 du code de l'environnement ou mentionnée à l'article L. 211-2 du code minier ;
9° Membre d'une commission paritaire d'hygiène, de sécurité et des conditions de travail en agriculture prévue à l'article L. 717-7 du code rural et de la pêche maritime ;
10° Salarié mandaté dans les conditions prévues aux articles L. 2232-23-1 et L. 2232-26 dans les entreprises dépourvues de délégué syndical ;
11° Membre du conseil ou administrateur d'une caisse de sécurité sociale mentionné à l'article L. 231-11 du code de la sécurité sociale ;
12° Représentant des salariés dans une chambre d'agriculture, mentionné à l'article L. 515-1 du code rural et de la pêche maritime ;
13° Conseiller prud'homme ;
14° Assesseur maritime mentionné à l'article 7 de la loi du 17 décembre 1926 relative à la répression en matière maritime ;
15° Défenseur syndical mentionné à l'article L. 1453-4 ;
16° Membre de la commission mentionnée à l'article L. 23-111-1.

Les dispositions de l'art. L. 2412-1 dans leur rédaction antérieure à l'entrée en vigueur de l'Ord. n° 2017-1386 du 22 sept. 2017, relatives à la protection des salariés détenant ou ayant détenu des mandats de représentation du personnel, ainsi qu'aux salariés s'étant portés candidats à de tels mandats, restent applicables lorsqu'ont été mises en place, au plus tard le 31 déc. 2017, une ou plusieurs des institutions représentatives du personnel concernées par ces dispositions précitées.

Dans ce cas, les dispositions prévues aux 2°, 3° et 6° de l'art. L. 2422-1 et à l'art. L. 2422-2, dans leur rédaction antérieure à l'entrée en vigueur de ladite Ord., restent applicables (Ord. préc., art. 11).

En application de l'art. L. 231-4, 4°, CRPA, et par exception à l'application du délai de deux mois prévu à l'art. L. 231-1 du même code, le silence gardé par l'administration pendant deux mois vaut décision de rejet pour une demande d'autorisation de fin d'un contrat à durée déterminée des salariés bénéficiant de la protection prévue par le chapitre II du titre I du livre IV de la deuxième partie C. trav. (Décr. n° 2014-1291 du 23 oct. 2014, art. 1ᵉʳ).

Ancien art. L. 2412-1 *Bénéficie de la protection en cas de rupture d'un contrat à durée déterminée prévue par le présent chapitre le salarié investi de l'un des mandats suivants :*
1° Délégué syndical ;
2° Délégué du personnel ;

3° *Membre élu du comité d'entreprise ;*

4° *Représentant syndical au comité d'entreprise ;*

5° *Membre du groupe spécial de négociation et membre du comité d'entreprise européen ;*

6° *Membre du groupe spécial de négociation et représentant au comité de la société européenne ;*

(L. n° 2008-649 du 3 juill. 2008) « 6° bis *Membre du groupe spécial de négociation et représentant au comité de la société coopérative européenne ;*

« 6° ter *Membre du groupe spécial de négociation et représentant au comité de la société issue de la fusion transfrontalière ;* »

7° *Représentant du personnel au comité d'hygiène et de sécurité des conditions de travail ;*

8° *Représentant du personnel d'une entreprise extérieure, désigné au comité d'hygiène, de sécurité et des conditions de travail d'un établissement comprenant au moins une installation classée figurant sur la liste prévue* (L. n° 2013-619 du 16 juill. 2013, art. 11-V) « *à l'article L. 515-36* » *du code de l'environnement ou mentionnée à* (Ord. n° 2011-91 du 20 janv. 2011) « *l'article L. 211-2 du code minier* » ;

9° *Membre d'une commission paritaire d'hygiène, de sécurité et des conditions de travail en agriculture prévue à l'article L. 717-7 du code rural et de la pêche maritime ;*

10° *Salarié mandaté dans les conditions prévues à l'article* (L. n° 2008-789 du 20 août 2008, art. 9) « *L. 2232-24* », *dans les entreprises dépourvues de délégué syndical ;*

11° *Membre du conseil ou administrateur d'une caisse de sécurité sociale mentionné à l'article L. 231-11 du code de la sécurité sociale ;*

12° *Représentant des salariés dans une chambre d'agriculture, mentionné à l'article L. 515-1 du code rural et de la pêche maritime ;*

13° *Conseiller prud'homme ;*

(Ord. n° 2012-1218 du 2 nov. 2012, art. 3) « 14° *Assesseur maritime mentionné à l'article 7 de la loi du 17 décembre 1926 relative à la répression en matière maritime ;* »

(L. n° 2015-990 du 6 août 2015, art. 258-II) « 15° *Défenseur syndical mentionné à l'article L. 1453-4 ;* »

(L. n° 2015-994 du 17 août 2015, art. 1er) « 16° *Membre de la commission mentionnée à l'article L. 23-111-1.* »

V. note ss. art. L. 2412-1.

1. Terme du CDD. Lorsque le salarié, membre du comité d'entreprise, est titulaire d'un contrat à durée déterminée, l'arrivée du terme du contrat n'entraîne la cessation du lien contractuel qu'après saisine de l'inspecteur du travail conformément à l'art. L. 436-1 [L. 2411-8 nouv.] ; cette obligation s'impose à l'employeur quelle que soit la durée du contrat. ● Soc. 11 déc. 2001, n° 99-43.799 P : *D. 2002. IR 254* ; *RJS 2002. 164, n° 199.*

2. Absence de terme précis. Lorsqu'un contrat à durée déterminée, conclu en vue de remplacer un salarié absent, ne comporte pas un terme précis, ce contrat doit être regardé comme étant arrivé à son terme, par réalisation de son objet, au cas où l'emploi occupé par le titulaire de ce contrat vient à être supprimé pour un motif économique, alors même que le salarié remplacé n'aurait pas été licencié ; par suite, la cessation, dans ce cas, du lien contractuel entre l'employeur et le salarié protégé est soumise aux seules prescriptions de l'art. L. 436-2, al. 2 [L. 2421-8 nouv.], qui n'impose pas la consultation du comité d'entreprise. ● CE 6 oct. 1997 : *RJS 1997. 861, n° 1403* ; *TPS 1997, n° 294.* ♦ L'employeur doit saisir l'autorité administrative à compter du jour où le salarié remplacé fait connaître son intention de mettre fin au contrat, le contrat est prorogé dans l'attente de la décision de l'inspecteur du travail, il ne peut être requalifié en contrat à durée indéterminée. ● Soc. 20 juin 2000, n° 97-41.363 P : *RJS 2000. 654, n° 972.*

3. Moment de la saisine. L'inspecteur du travail doit être saisi par l'employeur lui-même avant la cessation du contrat de travail. ● Soc. 21 sept. 1993 : *RJS 1993. 660, n° 1119* ; *CSB 1993. 270, S. 139.* ♦ Si l'employeur à l'arrivée du terme du contrat à durée déterminée ne saisit pas l'inspecteur du travail, le contrat n'est pas rompu. ● Soc. 16 oct. 2001, n° 98-44.269 P : *D. 2002. 772, obs. Signoretto* ; *Dr. soc. 2002. 124, obs. Roy-Loustaunau* ; *RJS 2002. 60, n° 57.*

4. Il résulte des art. L. 425-2 et L. 436-2 C. trav. [L. 2411-7 et L. 2411-10 nouv.], que lorsque le salarié fait acte de candidature, moins d'un mois avant l'expiration du contrat à durée déterminée, l'arrivée du terme de ce contrat entraîne la cessation du lien contractuel sans que l'employeur soit tenu de saisir l'inspecteur du travail, cette formalité ne lui étant imposée que lorsque le salarié est protégé avant le point de départ du délai d'un mois. Il appartient au salarié qui s'estime victime d'une discrimination d'établir la disparité de situation qu'il allègue et à l'employeur de s'expliquer sur les raisons de celle-ci. ● Soc. 28 mai 2003, n° 02-60.006 P : *JCP E 2004. 563, obs. Darmaisin* ; *Dr. soc. 2003. 899, obs. Mouly* ; *RJS 2003. 818, n° 1194.*

5. Contrôle. Le contrôle de l'administration doit s'exercer uniquement sur le caractère discriminatoire du non-renouvellement. ● CE 25 mars 1988 : *D. 1990. Somm. 137, obs. Chelle et Prétot.*

SALARIÉS PROTÉGÉS **Art. L. 2412-3** 981

– V. aussi : • CE 13 févr. 1987 : *D. 1989. Somm. 141, obs. Chelle et Prétot ; Dr. soc. 1987. 686.*

6. Qualification du contrat. La décision administrative de refus, motivée par le fait que l'intéressé paraissait être il un contrat à durée indéterminée, n'est pas illégale dès lors que le conseil de prud'hommes a, par la suite, effectivement requalifié le contrat en contrat à durée indéterminée. • CE 6 mai 1996 : ⚖ *Dr. soc. 1996. 943, concl. Bachelier* ⊘ *; RJS 1996. 522, n° 811.* ♦ La légalité de la décision administrative de refus dépendant du point de savoir si le contrat de l'intéressé était à durée déterminée ou indéterminée, il y a lieu à question préjudicielle, eu égard au caractère sérieux de la contestation. • CE 21 juin 1996 : ⚖ *RJS 1996. 608, n° 948.* ♦ Le juge judiciaire ne peut, sans violer le principe de séparation des pouvoirs, en l'état d'une autorisation administrative de rupture d'un contrat à durée déterminée arrivé à son terme devenue définitive, en application des art. L. 2412-1, L. 2421-8 et L. 2421-13, statuer sur une demande de requalification du contrat de travail à durée déterminée en un contrat de travail à durée indéterminée, ni prononcer la nullité du licenciement en violation du statut protecteur. • Soc. 19 janv. 2022, ⚖ n° 19-18.898 B : *D. actu. 9 févr. 2022, obs. Malfettes ; D. 2022. 172* ⊘ *; RJS 4/2022, n° 201 ; JCP S 2022. 1053, obs. Brissy.*

7. Délit d'entrave. Lorsque l'inspecteur du travail constate que le non-renouvellement à son terme du contrat à durée déterminée d'un salarié délégué syndical constitue une mesure discriminatoire, le contrat doit être requalifié en contrat de travail à durée indéterminée ; l'employeur qui met fin au contrat, par un départ négocié malgré le défaut d'autorisation de l'autorité administrative, commet un délit d'entrave. • Crim. 14 nov. 2006 : ⚖ *Dr. soc. 2007. 187, obs. Duquesne* ⊘ *; JSL 2007, n° 208-4* • Crim. 6 févr. 2006, n° 06-82.744 : *Dr. soc. 2007. 662, obs. Duquesne* ⊘ *; RJS 5/2007, n° 634.*

8. Refus d'autorisation. Lorsque l'inspecteur du travail refuse à un employeur le droit de ne pas renouveler le CDD d'un salarié protégé, le contrat se transforme en CDI mais l'indemnité de requalification n'est pas due car le contrat initial n'était pas irrégulier. • Soc. 27 sept. 2007 : ⚖ *JSL 2007, n° 224-5 ; Dr. soc. 2008. 760, obs. Roy-Loustaunau* ⊘.

9. Droit à réintégration. Lorsque le CDD conclu avec un salarié protégé arrive à son terme, l'employeur doit saisir l'inspecteur du travail pour qu'il soit procédé au contrôle de l'absence de discrimination ; à défaut, le CDD se poursuit en CDI, le salarié peut prétendre à une indemnité pour violation du statut protecteur mais il n'a pas droit à l'indemnité de requalification. • Soc. 5 juin 2019, ⚖ n° 17-24.193 P : *D. 2019. Actu. 1291* ⊘ *; RJS 8-9/2019, n° 511 ; JCP S 2019. 1220, obs. Bousez.* ♦ En revanche, la rupture anticipée du CDD comportant une clause de renouvellement d'un salarié protégé sans autorisation de non-renouvellement de l'inspecteur du travail en ce sens est nulle et ouvre au salarié protégé un droit à réintégration. • Soc. 10 déc. 2003, ⚖ n° 01-44.703 P : *RJS 3/2004, n° 329.*

SECTION 2 Délégué syndical

Art. L. 2412-2 La rupture du contrat de travail à durée déterminée du délégué syndical avant l'échéance du terme en raison d'une faute grave *(L. n° 2011-525 du 17 mai 2011, art. 49)* « ou de l'inaptitude constatée par le médecin du travail », ou à l'arrivée du terme lorsque l'employeur n'envisage pas de renouveler un contrat comportant une clause de renouvellement, ne peut intervenir qu'après autorisation de l'inspecteur du travail.

Cette procédure est applicable pendant les délais prévus à l'article L. 2411-5 *(Abrogé par Ord. n° 2017-1386 du 22 sept. 2017, art. 2)* « et L. 2411-8 ».

(L. n° 2018-217 du 29 mars 2018, art. 22-II) « Lorsque le contrat est conclu sur le fondement du 3° de l'article L. 1242-2, le salarié bénéficie de la protection lorsque l'employeur envisage soit de rompre le contrat de travail avant l'échéance du terme, soit de ne pas le renouveler en non-respect d'une clause de reconduction prévue dans le contrat de travail, ou par accord d'entreprise ou accord de branche mentionné à l'article L. 1244-2-2. Les délais de protection sont prolongés d'une durée égale à la période habituelle d'interruption de l'activité du salarié. » – *V. art. L. 2431-1 (pén.).*

SECTION 3 Membre de la délégation du personnel du comité social et économique *(Ord. n° 2017-1386 du 22 sept. 2017, art. 2).*

Art. L. 2412-3 La rupture du contrat de travail à durée déterminée *(Ord. n° 2017-1386 du 22 sept. 2017, art. 2)* « d'un membre élu de la délégation du personnel du comité social et économique ou d'un représentant syndical au comité social et économique » avant l'échéance du terme en raison d'une faute grave *(L. n° 2011-525 du 17 mai 2011, art. 49)* « ou de l'inaptitude constatée par le médecin du travail », ou à l'arrivée du terme lorsque l'employeur n'envisage pas de renouveler un contrat comportant une clause de renouvellement, ne peut intervenir qu'après autorisation de l'inspecteur du travail.

Cette procédure s'applique également à l'ancien *(Ord. n° 2017-1386 du 22 sept. 2017, art. 2)* « membre élu de la délégation du personnel du comité social et économique » ou au candidat aux fonctions de *(Ord. n° 2017-1386 du 22 sept. 2017, art. 2)* « membre élu de la délégation du personnel du comité social et économique *(Ord. n° 2017-1718 du 20 déc. 2017, art. 1er-I)* « et à l'ancien » représentant syndical au comité social et économique » durant les délais prévus aux articles L. 2411-5 et L. 2411-7.

(L. n° 2018-217 du 29 mars 2018, art. 22-II) « Lorsque le contrat est conclu sur le fondement du 3° de l'article L. 1242-2, le salarié bénéficie de la protection lorsque l'employeur envisage soit de rompre le contrat de travail avant l'échéance du terme, soit de ne pas le renouveler en non-respect d'une clause de reconduction prévue dans le contrat de travail, ou par accord d'entreprise ou accord de branche mentionné à l'article L. 1244-2-2. Les délais de protection sont prolongés d'une durée égale à la période habituelle d'interruption de l'activité du salarié. » – *V. art. L. 2432-1 (pén.).*

V. note ss. art. L. 2412-1.

SECTION 3 [ANCIENNE] Délégué du personnel

V. note ss. art. L. 2412-1.

Ancien art. L. 2412-3 *La rupture du contrat de travail à durée déterminée du délégué du personnel avant l'échéance du terme en raison d'une faute grave (L. n° 2011-525 du 17 mai 2011, art. 49) « ou de l'inaptitude constatée par le médecin du travail », ou à l'arrivée du terme lorsque l'employeur n'envisage pas de renouveler un contrat comportant une clause de renouvellement, ne peut intervenir qu'après autorisation de l'inspecteur du travail.*

Cette procédure s'applique également à l'ancien délégué ou au candidat aux fonctions de délégué durant les délais prévus aux articles L. 2411-5 et L. 2411-7.

Dans les branches d'activité à caractère saisonnier (L. n° 2016-1088 du 8 août 2016, art. 86) « définies au 3° de l'article L. 1242-2 », ces délais de protection sont prolongés d'une durée égale à la période habituelle d'interruption de l'activité du salarié. – *[Anc. art. L. 425-2, al. 1er et 3.]* – *V. art. L. 2432-1 (pén.).*

SECTION 4 Représentant de proximité

(Ord. n° 2017-1386 du 22 sept. 2017, art. 2)

Art. L. 2412-4 La rupture du contrat de travail à durée déterminée d'un représentant de proximité avant l'échéance du terme en raison d'une faute grave ou de l'inaptitude constatée par le médecin du travail, ou à l'arrivée du terme lorsque l'employeur n'envisage pas de renouveler un contrat comportant une clause de renouvellement, ne peut intervenir qu'après autorisation de l'inspecteur du travail.

Cette procédure s'applique également à l'ancien représentant de proximité ou au candidat aux fonctions de représentant de proximité durant les délais prévus aux articles L. 2411-8 et L. 2411-9.

(L. n° 2018-217 du 29 mars 2018, art. 22-II) « Lorsque le contrat est conclu sur le fondement du 3° de l'article L. 1242-2, le salarié bénéficie de la protection lorsque l'employeur envisage soit de rompre le contrat de travail avant l'échéance du terme, soit de ne pas le renouveler en non-respect d'une clause de reconduction prévue dans le contrat de travail, ou par accord d'entreprise ou accord de branche mentionné à l'article L. 1244-2-2. Les délais de protection sont prolongés d'une durée égale à la période habituelle d'interruption de l'activité du salarié. »

V. note ss. art. L. 2412-1.

SECTION 4 [ANCIENNE] Membre du comité d'entreprise

V. note ss. art. L. 2412-1.

Ancien art. L. 2412-4 *La rupture du contrat de travail à durée déterminée d'un membre élu du comité d'entreprise avant l'échéance du terme en raison d'une faute grave (L. n° 2011-525 du 17 mai 2011, art. 49) « ou de l'inaptitude constatée par le médecin du travail », ou à l'arrivée du terme lorsque l'employeur n'envisage pas de renouveler un contrat comportant une clause de renouvellement, ne peut intervenir qu'après autorisation de l'inspecteur du travail.*

SALARIÉS PROTÉGÉS **Art. L. 2412-7** 983

Cette procédure s'applique également à l'ancien membre élu du comité ou au candidat aux fonctions de membre élu du comité d'entreprise, ou au représentant syndical durant les délais prévus aux articles L. 2411-8 et L. 2411-10.

Dans les branches d'activité à caractère saisonnier (L. n° 2016-1088 du 8 août 2016, art. 86) « définies au 3° de l'article L. 1242-2 », ces délais de protection sont prolongés d'une durée égale à la période habituelle d'interruption de l'activité du salarié. — *V. art. L. 2433-1 (pén.).*

SECTION 5 Membre de la délégation du personnel du comité social et économique interentreprises

(Ord. n° 2017-1386 du 22 sept. 2017, art. 2)

Art. L. 2412-5 La rupture du contrat de travail à durée déterminée d'un membre de la délégation du personnel du comité social et économique interentreprises avant l'échéance du terme en raison d'une faute grave ou de l'inaptitude constatée par le médecin du travail, ou à l'arrivée du terme lorsque l'employeur n'envisage pas de renouveler un contrat comportant une clause de renouvellement, ne peut intervenir qu'après autorisation de l'inspecteur du travail.

Cette procédure s'applique également à l'ancien membre de la délégation du personnel du comité social et économique interentreprises ou au candidat aux fonctions de membre de la délégation du personnel du comité social et économique interentreprises durant les délais prévus aux articles L. 2411-10 et L. 2411-10-1.

(L. n° 2018-217 du 29 mars 2018, art. 22-II) « Lorsque le contrat est conclu sur le fondement du 3° de l'article L. 1242-2, le salarié bénéficie de la protection lorsque l'employeur envisage soit de rompre le contrat de travail avant l'échéance du terme, soit de ne pas le renouveler en non-respect d'une clause de reconduction prévue dans le contrat de travail, ou par accord d'entreprise ou accord de branche mentionné à l'article L. 1244-2-2. Les délais de protection sont prolongés d'une durée égale à la période habituelle d'interruption de l'activité du salarié. »

SECTION 6 Membre du groupe spécial de négociation et membre du comité d'entreprise européen

La section 5 devient la section 6 (Ord. n° 2017-1386 du 22 sept. 2017, art. 2).

Art. L. 2412-6 La rupture du contrat de travail à durée déterminée d'un membre du groupe spécial de négociation ou d'un membre du comité d'entreprise européen avant l'échéance du terme en raison d'une faute grave (L. n° 2011-525 du 17 mai 2011, art. 49) « ou de l'inaptitude constatée par le médecin du travail », ou à l'arrivée du terme lorsque l'employeur n'envisage pas de renouveler un contrat comportant une clause de renouvellement, ne peut intervenir qu'après autorisation de l'inspecteur du travail. — *V. art. L. 2431-1 (pén.).*

L'art. L. 2412-5 devient l'art. L. 2412-6 (Ord. n° 2017-1386 du 22 sept. 2017, art. 2).

SECTION 7 Membre du groupe spécial de négociation et représentant au comité de la société européenne, au comité de la société coopérative européenne ou au comité de la société issue de la fusion transfrontalière *(L. n° 2008-649 du 3 juill. 2008).*

La section 6 devient la section 7 (Ord. n° 2017-1386 du 22 sept. 2017, art. 2).

Art. L. 2412-7 La rupture du contrat de travail à durée déterminée d'un membre du groupe spécial de négociation ou d'un représentant (L. n° 2008-649 du 3 juill. 2008) « au comité de la société européenne, d'un représentant au comité de la société coopérative européenne ou d'un représentant au comité de la société issue de la fusion transfrontalière », avant l'échéance du terme en raison d'une faute grave (L. n° 2011-525 du 17 mai 2011, art. 49) « ou de l'inaptitude constatée par le médecin du travail », ou à l'arrivée du terme lorsque l'employeur n'envisage pas de renouveler un contrat comportant une clause de renouvellement, ne peut intervenir qu'après autorisation de l'inspecteur du travail. — *V. art. L. 2434-1 (pén.).*

L'art. L. 2412-6 devient l'art. L. 2412-7 (Ord. n° 2017-1386 du 22 sept. 2017, art. 2, en vigueur au plus tard le 1ᵉʳ janv. 2018).

SECTION 7 [ANCIENNE] Représentant du personnel au comité d'hygiène, de sécurité et des conditions de travail

V. note ss. art. L. 2412-1.

Ancien art. L. 2412-7 *La rupture du contrat de travail à durée déterminée d'un représentant du personnel au comité d'hygiène, de sécurité et des conditions de travail, avant l'échéance du terme en raison d'une faute grave (L. n° 2011-525 du 17 mai 2011, art. 49) « ou de l'inaptitude constatée par le médecin du travail », ou à l'arrivée du terme lorsque l'employeur n'envisage pas de renouveler un contrat comportant une clause de renouvellement, ne peut intervenir qu'après autorisation de l'inspecteur du travail.*

Cette procédure s'applique également à l'ancien représentant ou au candidat durant les délais prévus aux articles L. 2411-8 et L. 2411-10.

Dans les branches d'activité à caractère saisonnier (L. n° 2016-1088 du 8 août 2016, art. 86) « définies au 3° de l'article L. 1242-2 », ces délais de protection sont prolongés d'une durée égale à la période habituelle d'interruption de l'activité du salarié.

SECTION 8 Représentant du personnel d'une entreprise extérieure à la commission santé, sécurité et conditions de travail (Ord. n° 2017-1386 du 22 sept. 2017, art. 2).

Art. L. 2412-8 La rupture du contrat de travail à durée déterminée d'un représentant du personnel d'une entreprise extérieure, désigné (Ord. n° 2017-1386 du 22 sept. 2017, art. 2) « à la commission santé, sécurité et conditions de travail » d'un établissement comprenant au moins une installation classée figurant sur la liste prévue à (L. n° 2013-619 du 16 juill. 2013, art. 11-V) « l'article L. 515-36 » du code de l'environnement ou mentionnée à (Ord. n° 2011-91 du 20 janv. 2011) « l'article L. 211-2 du code minier », avant l'échéance du terme en raison d'une faute grave (L. n° 2011-525 du 17 mai 2011, art. 49) « ou de l'inaptitude constatée par le médecin du travail », ou à l'arrivée du terme lorsque l'employeur n'envisage pas de renouveler un contrat comportant une clause de renouvellement, ne peut intervenir qu'après autorisation de l'inspecteur du travail.

Cette procédure s'applique également à l'ancien représentant ou au candidat durant les délais prévus aux articles L. 2411-8 et L. 2411-10.

(L. n° 2018-217 du 29 mars 2018, art. 22-II) « Lorsque le contrat est conclu sur le fondement du 3° de l'article L. 1242-2, le salarié bénéficie de la protection lorsque l'employeur envisage soit de rompre le contrat de travail avant l'échéance du terme, soit de ne pas le renouveler en non-respect d'une clause de reconduction prévue dans le contrat de travail, ou par accord d'entreprise ou accord de branche mentionné à l'article L. 1244-2-2. Les délais de protection sont prolongés d'une durée égale à la période habituelle d'interruption de l'activité du salarié. »

V. note ss. art. L. 2412-1.

SECTION 8 [ANCIENNE] Représentant du personnel d'une entreprise extérieure au comité d'hygiène, de sécurité et des conditions de travail

Ancien art. L. 2412-8 *La rupture du contrat de travail à durée déterminée d'un représentant du personnel d'une entreprise extérieure, désigné au comité d'hygiène, de sécurité et des conditions de travail d'un établissement comprenant au moins une installation classée figurant sur la liste prévue (L. n° 2013-619 du 16 juill. 2013, art. 11-V) « à l'article L. 515-36 » du code de l'environnement ou mentionnée à (Ord. n° 2011-91 du 20 janv. 2011) « l'article L. 211-2 du code minier », avant l'échéance du terme en raison d'une faute grave (L. n° 2011-525 du 17 mai 2011, art. 49) « ou de l'inaptitude constatée par le médecin du travail », ou à l'arrivée du terme lorsque l'employeur n'envisage pas de renouveler un contrat comportant une clause de renouvellement, ne peut intervenir qu'après autorisation de l'inspecteur du travail.*

Cette procédure s'applique également à l'ancien représentant ou au candidat durant les délais prévus aux articles L. 2411-8 et L. 2411-10.

Dans les branches d'activité à caractère saisonnier (L. n° 2016-1088 du 8 août 2016, art. 86) « définies au 3° de l'article L. 1242-2 », ces délais de protection sont prolongés d'une durée égale à la période habituelle d'interruption de l'activité du salarié.

SALARIÉS PROTÉGÉS — Art. L. 2412-13

SECTION 9 Salarié membre d'une commission paritaire d'hygiène, de sécurité et des conditions de travail en agriculture

Art. L. 2412-9 La rupture du contrat de travail à durée déterminée d'un salarié membre d'une commission paritaire d'hygiène, de sécurité et des conditions de travail en agriculture, avant l'échéance du terme en raison d'une faute grave (*L. n° 2011-525 du 17 mai 2011, art. 49*) « ou de l'inaptitude constatée par le médecin du travail », ou à l'arrivée du terme lorsque l'employeur n'envisage pas de renouveler un contrat comportant une clause de renouvellement, ne peut intervenir qu'après autorisation de l'inspecteur du travail.

Cette procédure s'applique également à l'ancien représentant ou au candidat durant les délais prévus aux articles L. 2411-8 et L. 2411-10.

(*L. n° 2018-217 du 29 mars 2018, art. 22-II*) « Lorsque le contrat est conclu sur le fondement du 3° de l'article L. 1242-2, le salarié bénéficie de la protection lorsque l'employeur envisage soit de rompre le contrat de travail avant l'échéance du terme, soit de ne pas le renouveler en non-respect d'une clause de reconduction prévue dans le contrat de travail, ou par accord d'entreprise ou accord de branche mentionnée à l'article L. 1244-2-2. Les délais de protection sont prolongés d'une durée égale à la période habituelle d'interruption de l'activité du salarié. »

SECTION 10 Salarié mandaté

Art. L. 2412-10 La rupture du contrat de travail à durée déterminée d'un salarié mandaté au titre (*Ord. n° 2017-1386 du 22 sept. 2017, art. 2*) « des articles L. 2232-23-1 et L. 2232-26 », avant l'échéance du terme en raison d'une faute grave (*L. n° 2011-525 du 17 mai 2011, art. 49*) « ou de l'inaptitude constatée par le médecin du travail », ou à l'arrivée du terme lorsque l'employeur n'envisage pas de renouveler un contrat comportant une clause de renouvellement, ne peut intervenir qu'après autorisation de l'inspecteur du travail.

SECTION 11 Membre du conseil ou administrateur d'une caisse de sécurité sociale

Art. L. 2412-11 Lorsque le salarié membre du conseil ou administrateur d'une caisse de sécurité sociale est titulaire d'un contrat de travail à durée déterminée, il bénéficie des garanties et protections prévues à l'article L. 231-11 du code de la sécurité sociale.

SECTION 12 Représentant des salariés dans une chambre d'agriculture

Art. L. 2412-12 Lorsque le salarié représentant d'une chambre d'agriculture est titulaire d'un contrat de travail à durée déterminée, il bénéficie des garanties et protections prévues à l'article L. 515-4 du code rural et de la pêche maritime.

SECTION 13 Conseiller prud'homme

Art. L. 2412-13 La rupture du contrat de travail à durée déterminée du conseiller prud'homme avant l'échéance du terme en raison d'une faute grave (*L. n° 2011-525 du 17 mai 2011, art. 49*) « ou de l'inaptitude constatée par le médecin du travail », ou à l'arrivée du terme lorsque l'employeur n'envisage pas de renouveler un contrat comportant une clause de renouvellement, ne peut intervenir qu'après autorisation de l'inspecteur du travail.

Cette procédure est applicable pendant les délais prévus aux articles L. 2411-5 et L. 2411-8.

(*L. n° 2018-217 du 29 mars 2018, art. 22-II*) « Lorsque le contrat est conclu sur le fondement du 3° de l'article L. 1242-2, le salarié bénéficie de la protection lorsque l'employeur envisage soit de rompre le contrat de travail avant l'échéance du terme, soit de ne pas le renouveler en non-respect d'une clause de reconduction prévue dans le contrat de travail, ou par accord d'entreprise ou accord de branche mentionné à l'article L. 1244-2-2. Les délais de protection sont prolongés d'une durée égale à la période habituelle d'interruption de l'activité du salarié. » — *V. art. L. 2437-1 (pén.).*

1. Autorisation administrative de non-renouvellement de CDD et demande de requalification. En l'état d'une autorisation administrative de non-renouvellement d'un CDD du salarié protégé devenue définitive, le principe de séparation des pouvoirs interdit au juge judiciaire de statuer sur une demande de requalification de ce contrat en un contrat de travail à durée indéterminée. • Soc. 9 mai 2018, ⚖ n° 16-20.423 P : *D. actu. 28 mai 2018*, obs. Siro ; *D. 2018. Actu. 1080* ⌀ ; *Dr. soc. 2018. 674*, obs. Mouly ⌀ ; *RJS 7/2018, n° 489* ; *JSL 2018, n° 456-2*, obs. Hautefort ; *JCP S 2018. 1221*, obs. Kerbourc'h.

2. Autorisation administrative de rupture de CDD à son terme, demande de requalification et de nullité du licenciement. Le juge judiciaire ne peut, sans violer le principe de séparation des pouvoirs, en l'état d'une autorisation administrative de rupture d'un contrat à durée déterminée arrivé à son terme devenue définitive, en application des art. L. 2412-1, L. 2421-8 et L. 2421-13, statuer sur une demande de requalification du contrat de travail à durée déterminée en un contrat de travail à durée indéterminée, ni prononcer la nullité du licenciement en violation du statut protecteur. • Soc. 19 janv. 2022, ⚖ n° 19-18.898 B : *D. actu. 9 févr. 2022*, obs. Malfettes ; *D. 2022. 172* ⌀ ; *RJS 4/2022, n° 201* ; *JCP S 2022. 1053*, obs. Brissy.

SECTION 14 Assesseur maritime

Art. L. 2412-14 (*Ord. n° 2012-1218 du 2 nov. 2012, art. 3*) La rupture du contrat de travail à durée déterminée de l'assesseur maritime ou du candidat à ces fonctions, avant l'échéance du terme en raison d'une faute grave ou de l'inaptitude médicale constatée par le médecin du travail ou par le médecin des gens de mer, ou à l'arrivée du terme lorsque l'employeur n'envisage pas de renouveler un contrat comportant une clause de renouvellement, ne peut intervenir qu'après autorisation de l'inspecteur du travail.

Cette procédure est applicable durant les six premiers mois suivant la fin des fonctions d'assesseur maritime.

SECTION 15 Défenseur syndical

(*L. n° 2015-990 du 6 août 2015, art. 258-II*)

Art. L. 2412-15 La rupture du contrat de travail à durée déterminée d'un défenseur syndical avant son terme, en raison d'une faute grave ou de l'inaptitude constatée par le médecin du travail, ou à l'arrivée du terme, lorsque l'employeur n'envisage pas de renouveler un contrat comportant une clause de renouvellement, ne peut intervenir qu'après autorisation de l'inspecteur du travail.

SECTION 16 Membre de la commission paritaire régionale interprofessionnelle

(*L. n° 2015-994 du 17 août 2015, art. 1ᵉʳ-III*)

Art. L. 2412-16 La rupture du contrat de travail à durée déterminée d'un salarié membre de la commission paritaire régionale interprofessionnelle mentionnée à l'article L. 23-111-1 avant son terme en raison d'une faute grave ou de l'inaptitude constatée par le médecin du travail, ou à l'arrivée du terme lorsque l'employeur n'envisage pas de renouveler un contrat comportant une clause de renouvellement, ne peut intervenir qu'après autorisation de l'inspecteur du travail.

Cette procédure s'applique également pendant une durée de six mois à compter de la notification prévue à l'article L. 23-112-2 et de six mois à compter de l'expiration du mandat du salarié ayant siégé dans cette commission.

CHAPITRE III PROTECTION EN CAS D'INTERRUPTION OU DE NON-RENOUVELLEMENT D'UNE MISSION DE TRAVAIL TEMPORAIRE

Art. L. 2413-1 (*Ord. n° 2017-1386 du 22 sept. 2017, art. 2*) L'interruption ou la notification du non-renouvellement de la mission d'un salarié temporaire par l'entrepreneur de travail temporaire ne peut intervenir qu'après autorisation de l'inspecteur du travail lorsque le salarié est investi de l'un des mandats suivants :

1° Délégué syndical et ancien délégué syndical, y compris lorsque l'entrepreneur de travail temporaire lui a notifié sa décision de ne plus faire appel à lui pour de nouveaux contrats, en application de l'article L. 2314-22 ;

2° Membre ou ancien membre élu de la délégation du personnel du comité social et économique ou candidat à ces fonctions ;

3° Représentant syndical au comité social et économique ou ancien représentant syndical au comité social et économique ;

4° Représentant de proximité, ancien représentant de proximité ou candidat à ces fonctions ;

5° Membre ou ancien membre de la délégation du personnel du comité social et économique interentreprises ou candidat à ces fonctions ;

6° Membre du groupe spécial de négociation et membre du comité d'entreprise européen ;

7° Membre du groupe spécial de négociation et représentant au comité de la société européenne ;

7° bis Membre du groupe spécial de négociation et représentant au comité de la société coopérative européenne ;

7° ter Membre du groupe spécial de négociation et représentant au comité de la société issue de la fusion transfrontalière ;

8° Représentant du personnel d'une entreprise extérieure, désigné à la (Ord. n° 2017-1718 du 20 déc. 2017, art. 1er-I) « commission santé, sécurité et » conditions de travail d'un établissement comprenant au moins une installation classée figurant sur la liste prévue à l'article L. 515-36 du code de l'environnement ou mentionnée à l'article L. 211-2 du code minier ;

9° Membre d'une commission paritaire d'hygiène, de sécurité et des conditions de travail en agriculture prévue à l'article L. 717-7 du code rural et de la pêche maritime ;

10° Salarié mandaté dans les conditions prévues aux articles L. 2232-23-1 et L. 2232-26, dans les entreprises dépourvues de délégué syndical ;

11° Membre du conseil ou administrateur d'une caisse de sécurité sociale mentionné à l'article L. 231-11 du code de la sécurité sociale ;

12° Représentant des salariés dans une chambre d'agriculture, mentionné à l'article L. 515-1 du code rural et de la pêche maritime ;

13° Conseiller prud'homme ;

14° Assesseur maritime mentionné à l'article 7 de la loi du 17 décembre 1926 relative à la répression en matière maritime, ou ancien assesseur maritime ou candidat à ces fonctions ;

15° Défenseur syndical mentionné à l'article L. 1453-4.

Les dispositions aux 2°, 3°, 4°, 7° et 8° de l'art. L. 2413-1 dans leur rédaction antérieure à l'entrée en vigueur de l'Ord. n° 2017-1386 du 22 sept. 2017, relatives à la protection des salariés détenant ou ayant détenu des mandats de représentation du personnel, ainsi qu'aux salariés s'étant portés candidats à de tels mandats, restent applicables lorsqu'ont été mises en place, au plus tard le 31 déc. 2017, une ou plusieurs des institutions représentatives du personnel concernées par ces dispositions précitées.

Dans ce cas, les dispositions prévues aux 2°, 3° et 6° de l'art. L. 2422-1 et à l'art. L. 2422-2, dans leur rédaction antérieure à l'entrée en vigueur de ladite Ord., restent applicables (Ord. préc., art. 11).

En application de l'art. L. 231-4, 4°, CRPA, et par exception à l'application du délai de deux mois prévu à l'art. L. 231-1 du même code, le silence gardé par l'administration pendant deux mois vaut décision de rejet pour une demande d'autorisation d'interruption ou de notification du non-renouvellement de la mission d'un salarié temporaire (Décr. n° 2014-1291 du 23 oct. 2014, art. 1er).

Ne peut être accueillie la demande d'indemnité pour violation du statut protecteur d'un travailleur temporaire titulaire d'un mandat de conseiller du salarié dont la mission d'intérim est arrivée à terme sans autorisation de l'inspecteur du travail, sans caractériser l'existence, soit d'une interruption du contrat de mission en cours, soit d'un refus de renouvellement de cette mission alors qu'un tel renouvellement avait été prévu au contrat, soit de la notification au salarié par l'entreprise de travail temporaire de sa décision de ne plus faire appel à lui par de nouveaux contrats de mission. • Soc. 11 sept. 2019, n° 18-12.293 P : *D. 2019. Actu. 1766* ; *JCP S 2019. 1286, obs. Lahalle.*

Ancien art. L. 2413-1 *L'interruption ou la notification du non-renouvellement de la mission d'un salarié temporaire par l'entrepreneur de travail temporaire ne peut intervenir qu'après autorisation de l'inspecteur du travail lorsque le salarié est investi de l'un des mandats suivants :*

1° Délégué syndical et ancien délégué syndical, y compris lorsque l'entrepreneur de travail temporaire lui a notifié sa décision de ne plus faire appel à lui pour de nouveaux contrats, en application de l'article L. 2314-18 ;

2° *Délégué du personnel, ancien délégué ou candidat aux fonctions de délégué ;*
3° *Membre ou ancien membre élu du comité d'entreprise ou candidat à ces fonctions ;*
4° *Représentant syndical au comité d'entreprise ;*
5° *Membre du groupe spécial de négociation et membre du comité d'entreprise européen ;*
6° *Membre du groupe spécial de négociation et représentant au comité de la société européenne ;*
(L. n° 2008-649 du 3 juill. 2008) « 6° bis *Membre du groupe spécial de négociation et représentant au comité de la société coopérative européenne ;*
« 6° ter *Membre du groupe spécial de négociation et représentant au comité de la société issue de la fusion transfrontalière ;* »
7° *Représentant ou ancien représentant du personnel au comité d'hygiène et de sécurité des conditions de travail ;*
8° *Représentant du personnel d'une entreprise extérieure, désigné au comité d'hygiène, de sécurité et des conditions de travail d'un établissement comprenant au moins une installation classée figurant sur la liste prévue* (L. n° 2013-619 du 16 juill. 2013, art. 11-V) « *à l'article L. 515-36* » *du code de l'environnement ou mentionnée à* (Ord. n° 2011-91 du 20 janv. 2011) « *l'article L. 211-2 du code minier* » ;
9° *Membre d'une commission paritaire d'hygiène, de sécurité et des conditions de travail en agriculture prévue à l'article L. 717-7 du code rural et de la pêche maritime ;*
10° *Salarié mandaté dans les conditions prévues à l'article* (L. n° 2008-789 du 20 août 2008, art. 9) « *L. 2232-24* », *dans les entreprises dépourvues de délégué syndical ;*
11° *Membre du conseil ou administrateur d'une caisse de sécurité sociale mentionné à l'article L. 231-11 du code de la sécurité sociale ;*
12° *Représentant des salariés dans une chambre d'agriculture, mentionné à l'article L. 515-1 du code rural et de la pêche maritime ;*
13° *Conseiller prud'homme ;*
(Ord. n° 2012-1218 du 2 nov. 2012, art. 3) « 14° *Assesseur maritime mentionné à l'article 7 de la loi du 17 décembre 1926 relative à la répression en matière maritime, ou ancien assesseur maritime ou candidat à ces fonctions ;* »
(L. n° 2015-990 du 6 août 2015, art. 258-II) « 15° *Défenseur syndical mentionné à l'article L. 1453-4.* »

V. note ss. art. L. 2413-1.

1. Recodification à droit constant. La recodification est intervenue à droit constant, de sorte que, comme auparavant, l'autorisation administrative s'impose aussi bien en cas d'interruption ou de non-renouvellement de mission qu'en cas de décision de ne plus confier de mission à l'intérimaire. ● Soc. 13 févr. 2012 : ⚖ *D. 2012. Actu. 616* ⌀ ; *RJS 2012. 370, n° 432 ; JCP S 2012. 1312, obs. Kerbourc'h.*

2. Conseiller du salarié. Le travailleur temporaire, conseiller du salarié, est protégé en cas d'interruption ou de notification du non-renouvellement de sa mission lorsqu'un tel renouvellement est prévu au contrat de mission, ainsi que dans le cas où l'entreprise de travail temporaire lui a notifié sa décision de ne plus faire appel à lui par de nouveaux contrats de mission. ● Soc. 11 sept. 2019, ⚖ n° 18-12.293 P : *D. 2019. Actu. 1766* ⌀ ; *RJS 11/2019, n° 643 ; JCP S 2019. 1286, obs. Lahalle.*

CHAPITRE IV PROTECTION EN CAS DE TRANSFERT PARTIEL D'ENTREPRISE OU D'ÉTABLISSEMENT

Art. L. 2414-1 (Ord. n° 2017-1386 du 22 sept. 2017, art. 2) Le transfert d'un salarié compris dans un transfert partiel d'entreprise ou d'établissement par application de l'article L. 1224-1 ne peut intervenir qu'après autorisation de l'inspecteur du travail lorsqu'il est investi de l'un des mandats suivants :
1° Délégué syndical et ancien délégué syndical ;
2° Membre élu et ancien membre élu de la délégation du personnel du comité social et économique ou candidat à ces fonctions ;
3° Représentant syndical au comité social et économique et ancien représentant syndical au comité social et économique ;
4° Représentant de proximité et ancien représentant de proximité ou candidat à ces fonctions ;
5° Membre et ancien membre de la délégation du personnel du comité social et économique interentreprises ou candidat à ces fonctions ;
6° Membre du groupe spécial de négociation et membre du comité d'entreprise européen ;

7° Membre du groupe spécial de négociation et représentant au comité de la société européenne ;

7° bis Membre du groupe spécial de négociation et représentant au comité de la société coopérative européenne ;

7° ter Membre du groupe spécial de négociation et représentant au comité de la société issue de la fusion transfrontalière ;

8° Représentant du personnel d'une entreprise extérieure, désigné à la commission santé, sécurité et conditions de travail d'un établissement comprenant au moins une installation classée figurant sur la liste prévue à l'article L. 515-36 du code de l'environnement ou mentionnée à l'article L. 211-2 du code minier ;

9° Membre d'une commission paritaire d'hygiène, de sécurité et des conditions de travail en agriculture prévue à l'article L. 717-7 du code rural et de la pêche maritime ;

10° Représentant des salariés dans une chambre d'agriculture mentionné à l'article L. 515-1 du code rural et de la pêche maritime ;

11° Salarié mandaté dans les conditions prévues aux articles L. 2232-23-1 et L. 2232-26, dès que l'employeur a connaissance de l'imminence de sa désignation, ou ancien salarié mandaté, durant les six mois suivant la date à laquelle son mandat a pris fin. Lorsque aucun accord n'a été conclu à l'issue de la négociation au titre de laquelle le salarié a été mandaté, le délai de protection court à compter de la date de fin de cette négociation matérialisée par un procès-verbal de désaccord ;

12° Assesseur maritime mentionné à l'article 7 de la loi du 17 décembre 1926 relative à la répression en matière maritime ;

13° Défenseur syndical mentionné à l'article L. 1453-4.

Les dispositions des 2°, 3°, 4°, 7° et 8° de l'art. L. 2413-1 dans leur rédaction antérieure à l'entrée en vigueur de l'Ord. n° 2017-1386 du 22 sept. 2017, relatives à la protection des salariés détenant ou ayant détenu des mandats de représentation du personnel, ainsi qu'aux salariés s'étant portés candidats à de tels mandats, restent applicables lorsqu'ont été mises en place, au plus tard le 31 déc. 2017, une ou plusieurs des institutions représentatives du personnel concernées par ces dispositions précitées.

Dans ce cas, les dispositions prévues aux 2°, 3° et 6° de l'art. L. 2422-1 et à l'art. L. 2422-2, dans leur rédaction antérieure à l'entrée en vigueur de ladite Ord., restent applicables (Ord. préc., art. 11).

En application de l'art. L. 231-5 CRPA, et par exception à l'application du délai de deux mois prévu à l'art. L. 231-1 du même code, le silence gardé par l'administration pendant deux mois vaut décision de rejet pour une demande d'autorisation de transfert du contrat de travail d'un salarié compris dans un transfert partiel d'entreprise ou d'établissement (Décr. n° 2014-1291 du 23 oct. 2014, art. 1ᵉʳ).

1. Vérification de l'existence d'une entité économique autonome. Lorsqu'elle est saisie d'une demande d'autorisation du transfert du contrat de travail d'un salarié protégé, il appartient à l'autorité administrative, en premier lieu, de vérifier que les dispositions de l'art. L. 1224-1 C. trav. sont applicables au transfert partiel d'entreprise ou d'établissement en cause, ce qui suppose qu'il concerne une entité économique autonome ; constitue une entité économique autonome, un ensemble organisé de personnes et d'éléments corporels et incorporels permettant l'exercice d'une activité qui poursuit un objectif propre, conservant son identité, et dont l'activité est poursuivie par le nouvel employeur, peu important à cet égard que cet ensemble soit issu de plusieurs parties d'entreprises distinctes d'un même groupe. • CE 28 oct. 2022, ⚓ n° 454355 : *RDT 2023.* 187, note Vernac ✎ ; *RJS 1/2023, n° 10,* concl. Dieu, p. 12 ; *SSL 2022, n° 2023,* p. 12, obs. Champeaux.

2. Contrôle de l'absence de mesure discriminatoire. Lorsque les dispositions de l'art. L. 1224-1 C. trav. sont applicables, l'autorité administrative doit contrôler que le salarié protégé susceptible d'être transféré ne fait pas l'objet à cette occasion d'une mesure discriminatoire. À ce titre, elle doit s'assurer, d'une part, que le contrat de travail du salarié protégé est en cours au jour de la modification intervenue dans la situation juridique de l'employeur, d'autre part, que ce salarié exerce ses fonctions dans l'entité transférée à la date du transfert de l'activité en cause, sans que la circonstance que son contrat du travail soit alors suspendu y fasse obstacle. • CE 28 oct. 2022, ⚓ n° 454338 A : *RJS 1/2023, n° 10,* concl. Dieu, p. 12 ; *SSL 2022, n° 2023,* p. 12, obs. Champeaux.

Ancien art. L. 2414-1 *Le transfert d'un salarié compris dans un transfert partiel d'entreprise ou d'établissement par application de l'article L. 1224-1 ne peut intervenir qu'après autorisation de l'inspecteur du travail lorsqu'il est investi de l'un des mandats suivants :*

1° Délégué syndical et ancien délégué syndical ayant exercé ses fonctions pendant au moins un an ; – V. art. L. 2431-1 (pén.).

2° *Délégué du personnel ;* — *V. art. L. 2432-1 (pén.).*
3° *Membre élu du comité d'entreprise ;* — *V. art. L. 2433-1 (pén.).*
4° *Représentant syndical au comité d'entreprise ;* — *V. art. L. 2433-1 (pén.).*
5° *Membre du groupe spécial de négociation et membre du comité d'entreprise européen ;* — *V. art. L. 2434-1 (pén.).*
6° *Membre du groupe spécial de négociation et représentant au comité de la société européenne ;* — *V. art. L. 2434-1 (pén.).*
(L. n° 2008-649 du 3 juill. 2008) « 6° bis *Membre du groupe spécial de négociation et représentant au comité de la société coopérative européenne ;*
« 6° ter *Membre du groupe spécial de négociation et représentant au comité de la société issue de la fusion transfrontalière ;* »
7° *Représentant du personnel ou ancien représentant au comité d'hygiène, de sécurité et des conditions de travail ;*
8° *Représentant du personnel d'une entreprise extérieure, désigné au comité d'hygiène, de sécurité et des conditions de travail d'un établissement comprenant au moins une installation classée figurant sur la liste prévue* (L. n° 2013-619 du 16 juill. 2013, art. 11-V) « *à l'article L. 515-36* » *du code de l'environnement ou mentionnée à* (Ord. n° 2011-91 du 20 janv. 2011) « *l'article L. 211-2 du code minier* » ;
9° *Membre d'une commission paritaire d'hygiène, de sécurité et des conditions de travail en agriculture prévue à l'article L. 717-7 du code rural et de la pêche maritime ;*
10° *Représentant des salariés dans une chambre d'agriculture mentionné à l'article L. 515-1 du code rural et de la pêche maritime ;*
11° *Salarié mandaté dans les conditions prévues à l'article* (L. n° 2008-789 du 20 août 2008, art. 9) « *L. 2232-24* », *dès que l'employeur a connaissance de l'imminence de sa désignation, ou ancien salarié mandaté, durant les douze mois suivant la date à laquelle son mandat a pris fin. Lorsque aucun accord n'a été conclu à l'issue de la négociation au titre de laquelle le salarié a été mandaté, le délai de protection court à compter de la date de fin de cette négociation matérialisée par un procès-verbal de désaccord ;*
(Ord. n° 2012-1218 du 2 nov. 2012, art. 21) « 12° *Assesseur maritime mentionné à l'article 7 de la loi du 17 décembre 1926 relative à la répression en matière maritime ;* »
(L. n° 2015-990 du 6 août 2015, art. 258-II) « 13° *Défenseur syndical mentionné à l'article L. 1453-4.* »

V. note ss. art. L. 2414-1.

BIBL. ▶ Mazeaud, JCP S 2012. 1308 (transfert d'établissement distinct : de nouveaux enjeux portant sur les aspects collectifs).

1. Portée de la règle. L'art. L. 436-1, al. 5 [L. 2421-9 nouv.], énonce un principe général applicable non seulement lorsque les conditions de l'art. L. 122-12 [L. 1224-1 nouv.] sont réunies, mais aussi lorsque le salarié est transféré en exécution d'un accord collectif, en cas de perte de marché. ● Soc. 16 mars 1999, ✞ n° 94-44.570 P : *RJS 1999. 424, n° 699* ; *JS Lamy 1999, n° 35-34* ● 20 nov. 2002, ✞ n° 00-44.498 P : *D. 2002. IR 37* ⌀ ; *RJS 2003. 145, n° 216*. ♦ Les dispositions de l'art. L. 425-1, al. 6 [L. 2421-9 nouv.], qui subordonnent le transfert d'un délégué du personnel en cas de cession partielle d'entreprise ou d'établissement à l'autorisation préalable de l'inspecteur du travail étant destinées à permettre à celui-ci de s'assurer que le salarié ne fait pas l'objet d'une mesure discriminatoire, ne se limitent pas aux seuls représentants élus, et s'appliquent aux candidats aux élections qui sont exposés au même risque. ● Soc. 8 juin 1999, ✞ n° 96-45.045 P : *D. 1999. IR 182* ⌀ ; *JCP 1999. II. 10148, note Corrignan-Carsin* ; *RJS 1999. 579, n° 943* ; *TPS 1999, n° 321* ; *JS UIMM 1999. 396*. ♦ L'autorisation de transfert du contrat de travail du salarié protégé entraîne de plein droit ce transfert à compter de la date de la notification de la décision d'autorisation de l'administration, laquelle se trouve ainsi à cette date entièrement exécutée et ne peut, dès lors, faire l'objet d'une demande de suspension en référé. ● CE 27 juin 2005 : ✞ *RJS 2005. 711, n° 1005*. ♦ A défaut d'autorisation préalable, la mesure de transfert d'un représentant du personnel est nulle. ● Soc. 24 nov. 1992, ✞ n° 89-44.977 P : *Dr. soc. 1993. 65* ; *RJS 1993. 44, n° 54*. ♦ ... Nonobstant les dispositions de la convention collective applicable (entreprises de nettoyage). ● Crim. 26 nov. 1996, ✞ n° 94-86.016 P : *RJS 1997. 204, n° 304*. ♦ Lorsque le transfert du contrat de travail d'un salarié protégé est une faute d'autorisation de l'inspecteur du travail, ce contrat est, de fait, rompu par l'entreprise cédante. ● Soc. 31 mai 2011, ✞ n° 10-17.460 : *RJS 8-9/2011, n° 712* ; *JCP S 2011. 1432, obs. Kerbouc'h*. ♦ Sur l'appréciation par le Conseil d'État lui-même, sans renvoi préjudiciel à la juridiction judiciaire, des conditions d'application de l'art. L. 122-12, al. 2 [L. 1224-1 nouv.], sur le transfert d'entreprise, V. ● CE 10 mars 1997 : ✞ *AJDA 1997. 706, note Gherari* ⌀ ; *RJS 1997. 371, n° 568*.

2. Transfert partiel d'établissement. Le transfert de la totalité des salariés employés dans une entité économique doit être regardé comme un transfert partiel d'établissement au sens de l'art. L. 2414-1, imposant l'autorisation préalable de l'inspecteur du travail pour le transfert d'un salarié titulaire d'un mandat représentatif, dès lors que l'entité économique transférée ne constitue pas un établissement au sein duquel a été mis en place un comité d'établissement. • Soc. 15 nov. 2011 : ⚖ *D. actu. 6 déc. 2011, obs. Siro* ; *D. 2011. Actu. 2941* ⊘ ; *Dr. soc. 2012. 304, obs. Mazeaud* ⊘ ; *RJS 2012. 144, n° 174* ; *Dr. ouvrier 2012. 373, obs. Hamoudi* ; *JCP S 2012. 1182, obs. Kerbourc'h*. ♦ Dès lors qu'un comité d'entreprise a été mis en place au niveau de l'UES, la cession d'une société faisant partie de cette UES constitue un transfert partiel d'activité, de sorte que le transfert du contrat de travail du salarié de cette société, titulaire d'un mandat de délégué syndical et membre du comité d'entreprise, est soumis à l'autorisation préalable de l'inspecteur du travail. • Soc. 23 mars 2017 ⚖ n° 15-24.005 P : *D. 2017. Actu. 766* ⊘ ; *RDT 2017. 495, obs. Clément* ⊘ ; *RJS 6/2017, n° 425*.

3. Lorsque le tribunal de commerce a décidé la cession partielle à un repreneur d'une société en redressement judiciaire et la liquidation du surplus avec licenciement économique des salariés non repris, ni la circonstance que le salarié protégé ne travaillait pas dans la branche d'activité cédée, ni le fait que son contrat de travail ne soit pas poursuivi de plein droit avec le cessionnaire n'ont pour effet de priver l'intéressé de la protection exceptionnelle qu'il tient des dispositions du code du travail. • CE 30 oct. 1995 : ⚖ *RJS 1996. 89, n° 138*.

4. Contrôle par l'autorité administrative. Lorsqu'un salarié protégé est compris dans un transfert partiel d'entreprise ou d'établissement, par application de l'art. L. 122-12 [L. 1224-1 nouv.], le transfert de ce salarié doit être soumis à l'autorisation préalable de l'inspecteur du travail qui vérifie non seulement si le statut protecteur a été respecté mais également si les conditions d'application de l'art. L. 122-12 [L. 1224-1 nouv.] sont remplies et, notamment, si le salarié exécute effectivement son contrat de travail dans la branche cédée au jour de la cession. • CE 15 juin 2005 : ⚖ *JCP E 2005. 1838, note Béal et Ferreira* ; *JSL 2005, n° 177-6*. ♦ Lorsqu'une autorisation administrative pour le transfert du contrat de travail d'un délégué du personnel a été accordée à l'employeur, le juge judiciaire ne peut, sans violer le principe de la séparation des pouvoirs, remettre en cause l'appréciation par l'autorité administrative de l'application de l'art. L. 12241-1. • Soc. 3 mars 2010 : ⚖ *D. 2010. AJ 711, obs. Perrin* ⊘ ; *JSL 2010, n° 275-4, obs. Tourreil* ; *JCP S 2010. 1221, obs. Kerbourc'h*. ♦ En cas de transfert partiel d'entreprise (art. L. 436-1, al. 5 [L. 2421-9 nouv.]), l'autorisation de transfert d'un salarié protégé ne peut être légalement refusée par l'autorité administrative que pour un motif tiré du caractère discriminatoire de la mesure de transfert. • CE 20 mai 1988 : *Lebon 201* ; *D. 1990. Somm. 137, obs. Chelle et Prétot* ⊘ ; *Dr. soc. 1989. 229, concl. de Clausade* • 12 oct. 1990 : ⚖ *RJS 1991. 116, n° 214*. ♦ Les irrégularités de la procédure suivie pour le transfert partiel d'entreprise ou d'établissement sont sans incidence sur la légalité de la décision autorisant le transfert d'un salarié protégé qui est compris dans ce transfert partiel. • CE 22 mai 2013, ⚖ n° 340111 : *Dr. soc. 2013. 747, concl. Dumortier* ⊘ ; *RJS 8-9/2013, n° 626*.

5. Affectation provisoire auprès du cessionnaire. Tout transfert du contrat de travail d'un salarié protégé compris dans un transfert partiel d'entreprise nécessite une autorisation de l'inspection du travail ; l'employeur ne peut recourir, dans l'attente de l'expiration de la fin de la période de protection, à l'affectation provisoire d'un salarié protégé. • Soc. 31 mai 2011 : ⚖ *D. actu. 22 juin 2011, obs. Perrin* ; *D. 2011. Actu. 1623* ⊘ ; *RJS 2011. 644, n° 712* ; *JCP S 2011. 1432, obs. Kerbourc'h*.

6. Recodification à droit constant. La recodification étant, sauf dispositions expresses contraires, intervenue à droit constant, les salariés ayant demandé l'organisation des élections de délégués du personnel, et dont la demande a été reprise par une organisation syndicale, tels que visés par l'al. 8, art. L. 425-1 C. trav. en vigueur au jour de la recodification, ne peuvent être compris dans un transfert partiel d'entreprise qu'avec l'autorisation de l'inspecteur du travail sollicitée quinze jours avant la date arrêtée pour le transfert. • Soc. 28 oct. 2015, ⚖ n° 14-12.598 P : *D. 2015. Actu. 2258* ⊘ ; *RJS 1/2016, n° 48*.

TITRE II PROCÉDURES D'AUTORISATION APPLICABLES À LA RUPTURE OU AU TRANSFERT DU CONTRAT

CHAPITRE I DEMANDE D'AUTORISATION ET INSTRUCTION DE LA DEMANDE

SECTION 1 Procédure applicable en cas de licenciement

COMMENTAIRE

V. sur le Code en ligne 📖.

SOUS-SECTION 1 Délégué syndical, salarié mandaté, conseiller du salarié et membre de la délégation du personnel du comité social et économique interentreprises (Ord. n° 2017-1386 du 22 sept. 2017, art. 2, en vigueur le 1er janv. 2018).

Art. L. 2421-1 La demande d'autorisation de licenciement d'un délégué syndical, d'un salarié mandaté ou d'un conseiller du salarié (Ord. n° 2017-1386 du 22 sept. 2017, art. 2, en vigueur le 1er janv. 2018) « ou d'un membre de la délégation du personnel au comité social et économique interentreprises » est adressée à l'inspecteur du travail.

En cas de faute grave, l'employeur peut prononcer la mise à pied immédiate de l'intéressé dans l'attente de la décision définitive.

Cette décision est, à peine de nullité, motivée et notifiée à l'inspecteur du travail dans le délai de quarante-huit heures à compter de sa prise d'effet.

Si le licenciement est refusé, la mise à pied est annulée et ses effets supprimés de plein droit.

1. Question préjudicielle de légalité. Si, en cas de contestation sérieuse portant sur la légalité d'un acte administratif, les tribunaux de l'ordre judiciaire statuant en matière civile doivent surseoir à statuer jusqu'à ce que la question préjudicielle de la légalité de cet acte soit tranchée par la juridiction administrative, il en va autrement lorsqu'il apparaît manifestement, au vu d'une jurisprudence établie, que la contestation peut être accueillie par le juge saisi au principal ; dès lors que la décision d'incompétence contestée rendait nécessaires une interprétation de la décision administrative et une analyse de la situation de fait du salarié, incompatible avec la notion d'illégalité manifeste, le juge judiciaire doit surseoir à statuer. ● Soc. 5 janv. 2022, ⚖ n° 20-12.471 P : D. 2022. 414, obs. Lanoue ✐ ; RJS 3/2022, n° 148 ; JCP S 2022. 1044, obs. Bouquard.

2. Autorité de la chose jugée. Le juge judiciaire ne peut, sans violer le principe de séparation des pouvoirs, en l'état d'une autorisation administrative de licenciement devenue définitive, apprécier le caractère réel et sérieux du motif de licenciement au regard de la cause économique ou du respect par l'employeur de son obligation de reclassement. ● Soc. 21 sept. 2022, ⚖ n° 19-12.568 B : AJDA 2023. 219 ✐ ; RJS 12/2022, n° 622.

3. Protection des représentants. Le ministre est tenu de refuser l'autorisation d'un licenciement du seul fait que l'employeur s'est borné à envisager devant le comité d'entreprise la possibilité de reclasser quinze salariés dans un autre établissement, sans avoir personnellement proposé au représentant aucun de ces postes et qu'il n'est pas établi qu'il se trouvait dans l'impossibilité de reclasser celui-ci. ● CE 2 févr. 1996 : ⚖ RJS 1996. 183, n° 305, 2e esp.

4. Statut protecteur et annulation de la désignation. L'annulation par le tribunal d'instance de la désignation d'un représentant de section syndicale n'a pas d'effet rétroactif, la perte du statut protecteur n'intervient qu'à la date à laquelle le jugement d'annulation est prononcé, de sorte que l'autorisation administrative de licenciement est requise lorsque le salarié bénéficie de la protection à la date d'envoi de la convocation à l'entretien préalable au licenciement. ● Soc. 11 oct. 2017, ⚖ n° 16-11.048 P : D. actu. 17 nov. 2017, obs. Cortot ; D. 2017. Actu. 2105 ✐ ; RJS 12/2017, n° 809 ; JCP S 2017. 1385, obs. Kerbourc'h.

Art. L. 2421-2 La procédure prévue à la présente sous-section s'applique également au salarié investi de l'un des mandats suivants :

1° Membre du conseil ou administrateur d'une caisse de sécurité sociale mentionné à l'article L. 231-11 du code de la sécurité sociale ;

2° Membre du conseil d'administration d'une mutuelle, union ou fédération mentionné à l'article L. 114-24 du code de la mutualité ;

3° Représentant des salariés dans une chambre d'agriculture mentionné à l'article L. 515-1 du code rural et de la pêche maritime ;

4° Conseiller prud'homme ;

(Ord. n° 2012-1218 du 2 nov. 2012, art. 3) « 5° Assesseur maritime mentionné à l'article 7 de la loi du 17 décembre 1926 relative à la répression en matière maritime ; »

(L. n° 2015-990 du 6 août 2015, art. 258-II) « 6° Défenseur syndical mentionné à l'article L. 1453-4 ; »

(L. n° 2015-994 du 17 août 2015, art. 1er-IV) « 7° Membre de la commission mentionnée à l'article L. 23-111-1. »

Selon l'art. L. 114-24 C. mut., le licenciement d'un salarié exerçant un mandat d'administrateur de mutuelle ou ayant cessé son mandat depuis moins de six mois est soumis à la procédure prévue

SALARIÉS PROTÉGÉS

par l'art. L. 412-18 C. trav., alors applicable ; l'administrateur de mutuelle, élu pour un mandat à durée déterminée, licencié sans autorisation administrative, peut prétendre à une indemnité pour violation du statut protecteur égale à la rémunération qu'il aurait perçue depuis son éviction jusqu'au terme de son mandat, dans la limite de deux ans, durée minimale légale du mandat des représentants élus du personnel augmenté de six mois.
• Soc. 1er juin 2010 : ⚖ *JCP S 2010. 1337, obs. Lahalle.*

SOUS-SECTION 2   Membre de la délégation du personnel du comité social et économique et représentant de proximité *(Ord. n° 2017-1386 du 22 sept. 2017, art. 2).*

Art. L. 2421-3 Le licenciement envisagé par l'employeur d'un *(Ord. n° 2017-1386 du 22 sept. 2017, art. 2)* « membre élu à la délégation du personnel au comité social et économique titulaire ou suppléant ou d'un représentant syndical au comité social et économique ou d'un représentant de proximité est soumis au comité social et économique », qui donne un avis sur le projet de licenciement *(Ord. n° 2017-1718 du 20 déc. 2017, art. 1er-I)* « dans les conditions prévues à la section 3 du chapitre II du titre premier du livre III ».

(Ord. n° 2017-1386 du 22 sept. 2017, art. 2) « L'avis est réputé acquis nonobstant l'acquisition d'un nouveau mandat postérieurement à cette consultation. »

Lorsqu'il n'existe pas de comité *(Ord. n° 2017-1718 du 20 déc. 2017, art. 1er-I)* « social et économique » dans l'établissement, l'inspecteur du travail est saisi directement.

La demande d'autorisation de licenciement est adressée à l'inspecteur du travail dont dépend l'établissement dans lequel le salarié est employé. *(Ord. n° 2017-1718 du 20 déc. 2017, art. 1er-I)* « Si la demande d'autorisation de licenciement repose sur un motif personnel, l'établissement s'entend comme le lieu de travail principal du salarié. Si la demande d'autorisation de licenciement repose sur un motif économique, l'établissement s'entend comme celui doté d'un comité social et économique disposant des attributions prévues à la section 3, du chapitre II, du titre I, du livre III ». – *Ces dispositions sont applicables aux demandes formées à compter du 21 déc. 2017 (Ord. n° 2017-1718 du 20 déc. 2017, art. 4-IV).*

En cas de faute grave, l'employeur peut prononcer la mise à pied immédiate de l'intéressé dans l'attente de la décision définitive.

Si le licenciement est refusé, la mise à pied est annulée et ses effets supprimés de plein droit.

V. art. R. 2421-8 s.

1. Avis en toute connaissance de cause. Il appartient à l'administration de s'assurer que la procédure de consultation du comité d'entreprise (ou du CSE) a été régulière ; l'autorisation ne peut être accordée que si le comité a été mis à même d'émettre son avis en toute connaissance de cause, dans des conditions qui ne sont pas susceptibles d'avoir faussé sa consultation. • CE 4 juill. 2018, n°s 397059 A et 410904 B : *D. 2018. 2211, obs. Porta ⌀ ; RJS 10/2018, n° 617 ; SSL 2018, n° 1829, p. 7, concl. Dieu ; JCP S 2018. 1329, obs. Kerbourc'h.* ♦ La circonstance que la réunion du comité d'entreprise n'a duré qu'une vingtaine de minutes ne permet pas à elle seule d'établir que ce comité n'aurait pas été mis à même d'émettre son avis en toute connaissance de cause, dans des conditions qui ne sont pas susceptibles d'avoir faussé sa consultation. • CE 21 mars 2023, ⚖ n° 456347 A : *AJDA 2023. 589 ⌀.*

2. Entreprise de moins de 50 salariés. Dans les entreprises comptant entre 11 et 49 salariés, le CSE n'a pas à être consulté sur le projet de licenciement d'un membre élu à la délégation du personnel au CSE titulaire ou suppléant, d'un représentant syndical au CSE ou d'un représentant de proximité du CSE, sauf si une telle consultation a été prévue par un accord collectif ; dans les entreprises comptant au moins 50 salariés, une telle consultation est requise dans tous les cas. • CE, avis, 29 déc. 2021, ⚖ n° 453069 : *Dr. soc. 2022. 365, obs. François ⌀ ; RJS 3/2022, n° 147.*

Art. L. 2421-4 La procédure prévue à la présente sous-section s'applique également au salarié investi de l'un des mandats suivants :

1° Membre du groupe spécial de négociation et membre du comité d'entreprise européen ;

2° Membre du groupe spécial de négociation et représentant au comité de la société européenne ;

(*L. n° 2008-649 du 3 juill. 2008*) « 2° *bis* Membre du groupe spécial de négociation et représentant au comité de la société coopérative européenne ;

« 2° *ter* Membre du groupe spécial de négociation et représentant au comité de la société issue de la fusion transfrontalière ; »

3° Membre d'une commission paritaire d'hygiène, de sécurité et des conditions de travail en agriculture prévue à l'article L. 717-7 du code rural et de la pêche maritime ;

4° Représentant du personnel d'une entreprise extérieure, désigné (*Ord. n° 2017-1386 du 22 sept. 2017, art. 2*) « à la commission santé, sécurité et conditions de travail » d'un établissement comprenant au moins une installation classée figurant sur la liste prévue (*L. n° 2013-619 du 16 juill. 2013, art. 11-V*) « à l'article L. 515-36 » du code de l'environnement ou mentionnée à (*Ord. n° 2011-91 du 20 janv. 2011*) « l'article L. 211-2 du code minier ».

V. note ss. art. L. 2414-1.

SOUS-SECTION 2 *[ANCIENNE]* Délégué du personnel, membre du comité d'entreprise et membre du comité d'hygiène, de sécurité et des conditions de travail

Ancien art. L. 2421-3 *Le licenciement envisagé par l'employeur d'un délégué du personnel ou d'un membre élu du comité d'entreprise titulaire ou suppléant, d'un représentant syndical au comité d'entreprise ou d'un représentant des salariés au comité d'hygiène de sécurité et des conditions de travail est soumis au comité d'entreprise, qui donne un avis sur le projet de licenciement.*

Lorsqu'il n'existe pas de comité d'entreprise dans l'établissement, l'inspecteur du travail est saisi directement.

La demande d'autorisation de licenciement est adressée à l'inspecteur du travail dont dépend l'établissement dans lequel le salarié est employé.

En cas de faute grave, l'employeur peut prononcer la mise à pied immédiate de l'intéressé dans l'attente de la décision définitive.

Si le licenciement est refusé, la mise à pied est annulée et ses effets supprimés de plein droit.

V. note ss. art. L. 2414-1.

I. MISE À PIED

A. MISE À PIED CONSERVATOIRE

1. Effets sur le mandat. La mise à pied d'un représentant du personnel, qu'elle soit de nature conservatoire ou disciplinaire, n'a pas pour effet de suspendre l'exécution de son mandat. • Soc. 2 mars 2004, n° 02-16.554 P : *RJS 2004. 378, n° 557 ; ibid. 335* • Crim. 11 sept. 2007 : *RJS 2007. 1048, n° 1311 ; JSL 2007, n° 221-6.* ◆ Le simple prononcé d'une mise à pied injustifiée n'est pas suffisant pour caractériser un délit d'entrave. • Crim. 8 avr. 2014 : *D. 2014. Actu. 935 ; RJS 2014. 404, n° 500 ; D. actu. 2 mai 2014, obs. Fraisse ; JSL 2014, n° 366-5, obs. Pacotte et Daguerre.*

2. Procédures applicables. Lorsque le salarié possède à la fois la qualité de délégué syndical et celle de représentant du personnel, sa mise à pied est soumise au respect cumulatif des procédures prévues par les art. L. 412-18 [L. 2411-3 nouv.] et R. 436-8. • CE 6 mai 1996 : *RJS 1996. 522, n° 812.*

3. Sort de la mise à pied. Lorsque l'inspecteur du travail refuse le licenciement, la mise à pied est annulée et ses effets supprimés de plein droit. • Soc. 24 oct. 1997, n° 95-40.930 P. ◆ Et le fait par l'employeur de ne pas rétablir dans ses fonctions le salarié constitue une violation du statut protecteur et une inexécution des obligations contractuelles, qui s'analyse en un licenciement atteint de nullité. • Soc. 4 févr. 2004, n° 01-44.962 P : *RJS 2004. 302, n° 437.* ◆ Lorsque l'autorisation de licenciement a été refusée, l'employeur se trouve de plein droit débiteur du salaire correspondant à la période de mise à pied, la suspension en résultant ayant alors sa cause non dans la grève, mais dans la décision de l'employeur rétroactivement annulée. • Soc. 17 déc. 2002 : *D. 2003. 1662, obs. Mallard ; Dr. soc. 2003. 177, note Duquesne.* ◆ Les juges du fond n'ont pas à se prononcer sur le bien-fondé de la mise à pied. • Soc. 23 juin 1999, n° 97-42.202 P : *D. 1999. IR 198 ; RJS 1999. 683, n° 1092* (cassation de l'arrêt ayant rejeté la demande de rappel de salaire et d'indemnité de congés payés d'un salarié mis à pied dont l'autorisation de licenciement avait été refusée, la cour d'appel se fondant sur le fait qu'un tract diffamatoire et injurieux envers l'employeur avait été distribué par ce salarié). ◆ L'employeur qui souhaite procéder à une mise à pied disciplinaire doit auparavant régler les salaires correspondant à la durée de la mise à pied conservatoire. • Soc. 7 nov. 1990, n° 87-45.696 P : *RJS 1990. 655, n° 997.* ◆ Comp., lorsque le salarié n'a pas été à la disposition de son employeur (en raison d'une mesure de contrôle judiciaire) : • Soc. 14 avr. 1988 : *Bull. civ. V, n° 227.* ◆ L'employeur ne peut demander en référé prud'homal la suspension du contrat du salarié protégé dans l'attente du résultat du recours hiérarchique, nonobstant le fait que le salarié est dans l'impossibilité d'exercer son activité (chauffeur routier dont le permis de conduire a été annulé). • Soc. 18 juin 1997, 🏛 n° 95-43.723 P : *RJS 1997. 624, n° 998 ; CSB 1997. 281, A. 51.*

4. Articulation de la mise à pied conservatoire et de la demande d'autorisation de licenciement. La cour administrative d'appel qui a estimé, dans une appréciation souveraine, que le délai de 21 jours entre la mise à pied du salarié protégé et la saisine de l'inspecteur du travail était excessif a pu en déduire que cette irrégularité faisait obstacle à ce que l'administration autorise le licenciement. • CE 27 févr. 2019, 🏛 n° 413556 : *RJS 5/2019, n° 307.*

B. MISE À PIED DISCIPLINAIRE

5. Principe. La qualité de délégué syndical ne confère pas à son titulaire une immunité lui permettant d'échapper au pouvoir disciplinaire du chef d'entreprise. • Crim. 25 mai 1982 : *Bull. crim. n° 135* • Soc. 22 juill. 1982 : *Bull. civ. V, n° 501.*

6. Effets. La mise à pied disciplinaire d'un représentant élu du personnel n'a pas pour effet de suspendre son mandat représentatif. • Soc. 23 juin 1999, 🏛 n° 97-41.121 P : *D. 2000. Somm. 90, obs. Paulin ⌀ ; Dr. soc. 1999. 971, obs. A. Mazeaud ⌀ ; JCP 1999. II. 10216, note Duquesne ; RJS 1999. 682, n° 1090 ; JSL 1999, n° 40-3.*

II. ENTRETIEN PRÉALABLE

7. Principe. L'employeur qui, en convoquant un représentant à un entretien préalable à des sanctions, ne précise pas que celles-ci peuvent éventuellement consister en un licenciement ne satisfait pas aux prescriptions de l'art. L. 122-14 [L. 1232-2 nouv.]. • CE 12 oct. 1990 : 🏛 *RJS 1991. 119, n° 219 ; JS UIMM 1991. 65.* ♦ La consultation du comité d'entreprise en vue du licenciement d'un de ses membres est toujours précédée d'un entretien préalable ; il en est ainsi même lorsque le licenciement de l'intéressé s'inscrit dans le contexte d'un licenciement économique de 10 salariés et plus dans une période de 30 jours et qu'il existe des représentants du personnel dans l'entreprise. • Soc. 10 mai 1999, 🏛 n° 97-40.510 P : *D. 1999. IR 148 ⌀ ; RJS 5/1999, n° 831 ; JCP 1999. II. 10137, obs. Corrignan-Carsin* • CE 26 sept. 2005, n° 266023 : *RJS 12/2005, n° 1230.* ♦ De même, la rupture du contrat de travail d'un salarié protégé par mise à la retraite doit suivre la procédure prévue en cas de licenciement et, par conséquent, être précédée d'un entretien préalable. • CE 17 juin 2009, 🏛 n° 304027 : *AJDA 2009. 1735 ⌀ ; RJS 10/2009, n° 868* • 13 févr. 2019, 🏛 n° 403890 : *Lebon ; AJDA 2019. 368 ⌀ ; RJS 4/2019, n° 232.*

8. Assistance du salarié. En précisant dans la lettre de convocation à l'entretien préalable que les salariés pouvaient se faire assister par une personne de leur choix appartenant au personnel de l'entreprise, à l'exception de l'une des autres personnes convoquées, l'employeur a porté à la liberté de choix reconnue par la loi une atteinte qui a entaché d'irrégularité les procédures de licenciement. • CE 16 juin 1995 : 🏛 *RJS 1995. 599, n° 914* (rejet de la demande de l'employeur tendant à l'annulation des décisions de refus d'autorisation de licenciement).

III. NOTIFICATION

9. Motivation de la lettre de licenciement. En visant l'autorisation de l'inspecteur du travail, l'employeur a suffisamment motivé la lettre de licenciement. • Soc. 30 avr. 1997, 🏛 n° 94-45.418 P. ♦ L'office du juge consiste alors seulement à vérifier que le motif du licenciement est bien celui pour lequel l'autorisation a été donnée. • Soc. 28 oct. 2003, 🏛 n° 01-46.168 P : *D. 2003. IR 2803 ⌀ ; D. 2004. 595, note Souleau-Bertrand ⌀ ; RJS 2004. 68, n° 77* • 13 juill. 2004, 🏛 n° 02-43.538 P : *RJS 2004. 730, n° 1064.*

IV. PRÉAVIS

10. Incidences de la faute grave. La faute grave commise au cours du préavis interrompt immédiatement ce dernier, sans que l'employeur soit tenu de réitérer la mesure de licenciement. • Soc. 24 oct. 1989 : *Bull. civ. V, n° 611.*

V. CONSULTATION DU COMITÉ D'ENTREPRISE

11. Délai. Aucun délai n'étant prévu pour convoquer le comité d'entreprise, une cour d'appel peut estimer que l'employeur pouvait procéder, avant cette consultation, à un entretien préalable et que le délai de neuf jours entre la mise à pied et la saisine du comité d'entreprise n'était pas abusif. • Soc. 25 févr. 1982 : *Bull. civ. V, n° 125.* ♦ La méconnaissance du délai pour la communication de l'ordre du jour de la réunion du comité est sans effet sur la validité de la procédure s'il est établi que l'avis du comité a été rendu en toute connaissance de cause. • CE 7 nov. 1990 : 🏛 *RJS 1991. 35, n° 56.* ♦ Lorsque le comité d'entreprise se réunit pour donner son avis sur le projet de licenciement de l'un de ses membres ou d'un représentant syndical, aucune disposition n'impose un délai pour la convocation du salarié concerné à son audition ; l'employeur n'a pas, non plus, à communiquer à l'intéressé l'ordre du jour de cette réunion au cas où son mandat est suspendu par l'effet d'une mise à pied. • Crim. 5 mars 2002, 🏛 n° 01-81.049 P : *RJS 2002. 546, n° 695.*

12. Compétence du comité d'établissement. Même si le projet de licenciement s'inscrit dans le cadre d'une modification des structures de l'entreprise requérant la consultation du comité central d'entreprise, c'est normalement le comité de l'établissement dont fait partie le salarié protégé qui doit être consulté sur ce projet de licenciement. • CE 26 févr. 1996 : 🏛 *RJS 1996. 361, n° 568.*

♦ Pour le cas de transfert d'une entreprise perdant son autonomie juridique, V. note 2 ss. art. L. 2324-26.

13. Audition du salarié. La délibération du comité d'entreprise sans convocation ni audition de l'intéressé est nulle. • Soc. 16 mai 1974 : *Bull. civ. V, n° 302.* – V. aussi : • CE 29 juin 1990 : ⚖ *RJS 1990. 533, n° 793.* ♦ La non-convocation des membres suppléants et des représentants syndicaux constitue une méconnaissance des dispositions d'ordre public et justifie le refus du licenciement. • CE 24 mai 1991 : ⚖ *RJS 1991. 451, n° 860* • 18 oct. 1991 : ⚖ *Dr. ouvrier 1992. 84, note Moussy.*

14. Information sur les motifs de la rupture envisagée. Il appartient à l'employeur de mettre le comité d'entreprise à même d'émettre un avis, en toute connaissance de cause, sur la procédure dont le salarié protégé fait l'objet en lui transmettant des informations précises et écrites sur les motifs de celui-ci. • CE 26 oct. 2011, ⚖ n° 335755 : *RJS 1/2012, n° 58.*

15. Participation au vote. Est irrégulier le licenciement d'un représentant du personnel intervenu à la suite d'un vote auquel a participé l'employeur. • Soc. 22 nov. 1988 : *Bull. civ. V, n° 617* ; D. 1988. IR 291 • CE 23 mars 1990 : ⚖ *D. 1991. Somm. 148, obs. Frossard.* ♦ Comp., lorsque la participation de l'employeur n'a eu aucune incidence sur l'avis, en l'occurrence défavorable, du comité d'entreprise : • CE 31 oct. 1990 : ⚖ *RJS 1991. 119, n° 218.* ♦ Sur la nécessité d'un vote à bulletin secret, V. • Soc. 18 oct. 1983 : *D. 1984. IR 87.* ♦ Comp. : • CE 22 mars 1991 : ⚖ *RJS 1991. 323, n° 609.*

16. Un délégué du personnel, membre du comité d'entreprise, est sans intérêt à invoquer comme constitutive d'une irrégularité sa participation au vote du comité d'entreprise sur le projet de son propre licenciement. • Soc. 5 nov. 1986 : *Bull. civ. V, n° 505* ; JCP E 1987. I. 16193, obs. M.G. ♦ Comp. : • Soc. 28 janv. 1988 : *Bull. civ. V, n° 82.*

17. Régularité de la procédure. L'avis du comité d'entreprise rendu après la notification du licenciement ne peut valider la procédure. • Soc. 12 mars 1987 : *D. 1987. IR 66.*

18. Sur la nécessité de consulter une nouvelle fois le comité lorsque le salarié obtient un mandat différent après une première délibération et avant la décision de l'inspecteur du travail, V. • CE 18 mai 1979 : ⚖ *D. 1979. 587, concl. M.-A. Latournerie* ; D. 1980. IR 22, obs. Langlois • 4 mars 1983 : *Lebon 95* • 11 avr. 1986 : *Dr. ouvrier 1987. 136* • 2 oct. 1991 : ⚖ *RJS 1991. 719, n° 1341.*

19. Sur le caractère substantiel de la consultation, V. • TA Rennes, 31 janv. 1985 : *Dr. ouvrier 1985. 469.*

20. L'annulation de l'élection du comité d'entreprise n'a pas pour effet de remettre en cause la régularité des avis émis antérieurement par le comité, notamment sur les licenciements de salariés protégés. • CE 21 déc. 1994 : ⚖ *D. 1996. Somm. 226, obs. Chelle et Prétot* ; *RJS 1995. 183, n° 260.*

VI. AUTORISATION ADMINISTRATIVE

A. PROCÉDURE

21. Décision administrative d'incompétence. La lettre par laquelle l'inspecteur du travail se déclare incompétent pour autoriser le licenciement d'un salarié protégé constitue une décision administrative faisant obstacle à ce que le juge judiciaire se prononce sur la nécessité de l'autorisation de licenciement ; il appartient par conséquent aux juges du fond, en présence d'une difficulté sérieuse sur le bénéfice du statut protecteur, d'inviter les parties à saisir la juridiction administrative. • Soc. 4 oct. 2011 : *RJS 2011. 869, n° 1000* ; *JCP S 2011. 1586, obs. Kerbourc'h.*

22. Respect de la procédure. La circonstance que l'entretien n'ait pas eu lieu ou qu'il ait eu lieu après la demande d'autorisation de licenciement est de nature à rendre illégale l'autorisation de licenciement d'un salarié protégé. • CE 5 juin 1987 : *Lebon T. 978.* ♦ Il appartient à l'inspecteur du travail, sous le contrôle du juge administratif, de vérifier la motivation de la lettre de licenciement. • Soc. 30 avr. 1997, ⚖ n° 94-45.418 P : *Dr. soc. 1997. 645, obs. Waquet* • 13 juill. 2004, ⚖ n° 01-42.943 P : *RJS 2004. 730, n° 1064* • 27 oct. 2004, ⚖ n° 02-46.935 P : *RJS 2005. 131, n° 179.* ♦ L'autorisation administrative de licenciement d'un salarié protégé compris dans un licenciement collectif pour motif économique prive ce dernier de la possibilité de contester devant le juge judiciaire la régularité de la procédure antérieure à la saisine de l'inspecteur du travail. • Soc. 27 oct. 2004, ⚖ n° 02-46.935 P : *D. 2004. IR 3113.* ♦ Si à la date de demande d'autorisation de licenciement, l'employeur a déjà rompu, de son fait, les relations contractuelles avec le salarié protégé, l'inspecteur du travail est tenu, pour ce motif, de refuser cette autorisation. • CE 15 déc. 2004 : ⚖ *RJS 2005. 216, n° 293.*

23. Employeur compétent. Est entachée d'irrégularité l'autorisation administrative de licenciement lorsque la demande a été présentée par une personne dépourvue de qualité pour le faire. • CE 12 févr. 1993 : ⚖ *RJS 1993. 248, n° 412* ; *JCP E 1993. II. 520, note Crionnet.* ♦ La simple mise à disposition d'un salarié ne transfère pas à l'entreprise bénéficiaire la qualité d'employeur. • CE 6 nov. 1995 : ⚖ *RJS 1996. 31, n° 41.* ♦ Aussi, dès lors que par l'effet de l'art. L. 122-12 [L. 1224-1 nouv.], les contrats de travail des salariés compris dans un transfert d'activités ont été transférés au nouvel exploitant de cette activité, la demande d'autorisation présentée par l'ancien employeur postérieurement au transfert ne peut être que rejetée. • CE 9 avr. 2004 : ⚖ *RJS 2004. 638, n° 939.*

24. Enquête contradictoire. L'inspecteur du travail devant procéder à une enquête contradictoire, est nulle l'autorisation de licenciement, dès lors qu'il n'a pas été procédé à l'audition personnelle et individuelle de chaque partie intéressée. • CE 3 janv. 1968 : *D. 1968. Somm. 124.* ♦ De simples entretiens téléphoniques ne peuvent tenir lieu de cette audition personnelle. • CE 21 août 1996 : ⚖ *RJS 1996. 770, n° 1191 ; Dr. ouvrier 1997. 147, note Miné.* ♦ ... Non plus qu'une audition du salarié en présence de son employeur. • CE 28 avr. 1997 : ⚖ *RJS 1997. 543, n° 838.* ♦ L'employeur ne saurait procéder à une retenue de salaires correspondant au temps passé par un salarié ayant répondu à une convocation de l'inspecteur du travail. • Soc. 3 juill. 1990 : ⚖ *D. 1990. IR 197.*

25. Motivation. L'inspecteur du travail ne peut se fonder sur un grief pour lequel la procédure de licenciement n'a pas été régulièrement suivie par l'employeur. • CE 28 févr. 1992, ⚖ n° 115800 B. ♦ ... Ou sur un motif non invoqué par l'employeur dans sa demande (perte de confiance). • CE 16 juin 1995 : ⚖ *RJS 1995. 597, n° 911 ; ibid. 569, concl. Arrighi de Casanova.* ♦ ... Ou sur un motif ajouté par l'employeur à sa demande initiale et sur lequel le salarié a été empêché de faire valoir ses droits (inaptitude physique). • CE 7 févr. 1992 : ⚖ *RJS 1992. 415, n° 760.* ♦ ... Ou sur un motif allégué par l'employeur autre que celui qui a été invoqué lors de l'entretien préalable et lors de la consultation du comité d'entreprise. • CE 28 juin 1996 : ⚖ *RJS 1996. 607, n° 946 ; RJS 2010. 65, n° 82.*

26. Cumul de procédures. Sur le cumul des procédures, V. • Soc. 30 nov. 1978 : *Bull. civ. V, n° 818* • 8 juin 1979 : *ibid., n° 512* • CE 30 janv. 1981 : *Dr. soc. 1981. 339, concl. Hagelsteen* (licenciement économique) • Soc. 6 nov. 1974 : *Bull. civ. V, n° 524 ; JCP 1975. II. 18188, note Berra* (cumul des procédures dû à un cumul des mandats) • Soc. 7 juin 1995, ⚖ n° 91-45.005 P : *RJS 1995. 596, n° 909 ; CSB 1995. 259, A. 48 ; JCP 1996. I. 3901, n° 20, obs. Dubœuf* (cumul des procédures protectrices prévues pour les accidentés du travail et pour les représentants du personnel) • CE 6 mai 1996 : ⚖ *RJS 1996. 522, n° 812* (cumul des procédures prévues en matière de mise à pied conservatoire pour un salarié à la fois délégué syndical et représentant du personnel) • Soc. 28 oct. 2003, ⚖ n° 01-42.404 P : *RJS 2004. 68, n° 78* (cumul de procédure disciplinaire et de procédure protectrice d'un représentant du personnel : le délai d'un mois pour notifier le licenciement court à compter du jour où l'employeur a reçu notification de l'autorisation, en cas de dépassement de ce délai le licenciement est sans cause réelle et sérieuse). ♦ V. • Soc., QPC, 5 janv. 2012 : ⚖ *D. actu. 10 févr. 2012, obs. Ines ; D. 2012. Actu. 155 ⌀ ; Dr. ouvrier 2012. 257, rapp. Struillou* (non-renvoi d'une QPC relative à la procédure disciplinaire appliquée à un salarié protégé).

27. Refus d'autorisation de licenciement délivré après l'expiration de la période de protection. Lorsque la période de protection légale a pris fin avant que l'inspecteur du travail ne rende sa décision, l'employeur retrouve le droit de licencier le salarié sans autorisation de l'autorité administrative. • Soc. 6 janv. 2016, ⚖ n° 14-12.717 P : *D. actu. 25 janv. 2016, obs. Fraisse ; Dr. soc. 2016. 294, obs. Mouly ⌀ ; RJS 3/2016, n° 193.*

B. MOTIFS DE L'AUTORISATION DE LICENCIEMENT

1° Licenciement pour motif personnel

28. Principes. Le licenciement d'un salarié protégé ne doit pas être en rapport avec ses fonctions représentatives et il appartient à l'inspecteur du travail de rechercher, sous le contrôle du juge de l'excès de pouvoir, si les faits reprochés au salarié sont d'une gravité suffisante pour justifier son licenciement ; en outre, pour refuser l'autorisation, l'administration a la faculté de retenir des motifs d'intérêt général relevant de son pouvoir d'appréciation de l'opportunité, sous réserve qu'une atteinte excessive ne soit pas portée à l'un ou l'autre des intérêts en présence. • CE 5 mai 1976, *SAFER d'Auvergne : Lebon 232 ; GADT, 4e éd., n° 152 ; D. 1976. 563, note Sinay ; JCP 1976. II. 18429, note Machelon ; Gaz. Pal. 1976. 2. Doctr. 520, étude Moderne ; Dr. soc. 1976. 346, concl. Dondoux ; Dr. ouvrier 1976. 425, note Cohen.* – Dans le même sens : • CE 27 juin 1979 : *D. 1980. 337, 3e esp., note Jeammaud ; ibid. IR 85, 1re esp., obs. Pélissier.*

29. Lien avec le mandat. Dès lors que, quelle que soit la gravité de la faute invoquée, la demande de licenciement ne peut être regardée comme dépourvue de tout lien avec le mandat du salarié, l'autorité administrative est tenue de la rejeter. • CE 16 juin 1995 : ⚖ *RJS 1995. 599, n° 913.* – Déjà dans le même sens : • CE 31 janv. 1975 : *Lebon 76.* ♦ V. aussi • CE 8 janv. 1997 : *RJS 1997. 119, n° 174* (licenciement en rapport avec la candidature de l'intéressé). ♦ Ne peut être autorisée le licenciement d'un salarié pour faute, l'employeur lui reprochant d'avoir parcouru plusieurs centaines de kilomètres en utilisant un véhicule de service emprunté sans autorisation, alors qu'il ressort des pièces du dossier que la société employeur a, à plusieurs reprises, notamment en 2013, refusé de payer des heures de délégation au titre de ses différents mandats, et que ces manquements, ajoutés à d'autres, également contemporains de la demande de licenciement adressée à l'inspection du travail, ont conduit le juge judiciaire à condamner l'employeur à payer une provision au salarié en relevant qu'ils laissaient supposer l'existence d'une discrimination syndicale à son encontre. • CE 20 mars 2019, ⚖ n° 408658 : *RJS 6/2019, n° 368 ; JCP S 2019. 1143, obs. Kerbourc'h.*

30. Intérêt général. Sur la référence à l'intérêt général, V. • CE 5 mai 1976 : *préc. note 28* • 16 juin 1978 : *Lebon 264* • 25 févr. 1987 : *JCP 1987. II. 20846, note Moderne* • 9 oct. 1987 :

D. 1989. Somm. 142, obs. Chelle et Prétot ; JCP 1987. II. 20964, note Moderne • 10 févr. 1992 : 🛡 *D. 1992. IR 98 ; RJS 1992. 416, n° 761* • 8 nov. 1993 : 🛡 *D. 1994. Somm. 243, obs. Chelle et Prétot* ⌀ (n'est pas un motif d'intérêt général celui tiré de la nécessité du maintien d'un pluralisme syndical) • 29 déc. 1995 : 🛡 *RJS 1996. 184, n° 307* (... ni celui tiré de l'activité personnelle du salarié protégé) • 30 déc. 1996 : 🛡 *RJS 1997. 120, n° 177* (même solution) • 31 janv. 1997 : 🛡 *RJS 1997. 205, n° 305* (même solution) • TA Versailles, 5 juin 1997 : *RJS 1997. 694, n° 1114* (est un motif d'intérêt général la nécessité de maintenir une représentation du collège ouvrier dans l'entreprise). ♦ La survenance de troubles sociaux quatre années auparavant ne constitue pas un motif d'intérêt général susceptible de fonder le refus d'une demande d'autorisation de licenciement. • CE 21 déc. 1994 : *RJS 1995. 113, n° 140*.

31. Prise en compte des droits conventionnels. Lorsque la demande de licenciement est fondée sur les absences répétées pour maladie du salarié, il appartient à l'autorité administrative de rechercher si ces absences sont d'une importance suffisante pour justifier le licenciement compte tenu de l'ensemble des règles applicables au contrat de travail et des conditions de fonctionnement de l'entreprise ; au nombre des règles applicables audit contrat appartiennent, lorsqu'elles existent, les conventions collectives auxquelles le contrat de travail fait référence. • CE 13 mars 1992 : 🛡 *RJS 1992. 451, obs. Chelle et Prétot, n° 4 s.* • 10 févr. 1993 : 🛡 *RJS 1993. 256, n° 424*. ♦ Dans le même sens : • CE 1ᵉʳ avr. 1992, 🛡 *Moreau : Dr. soc. 1992. 689, concl. Kessler* ⌀ ; *ibid. 1993. 51, note Ray* ⌀ ; *AJDA 1992. 338, obs. Maugüé et Schwartz* ⌀ ; *RJS 1992. 490, n° 888* ; *ibid. 460, nᵒˢ 12 et 13, obs. Chelle et Prétot* (prise en compte, en cas de faits de grève, des règles de l'art. L. 521-1 [L. 2511-1 nouv.]) • 6 déc. 1996 : 🛡 *RJS 1997. 44, n° 60* (... en cas de salariée enceinte, de celles de l'art. L. 122-25-2 [L. 1225-4 nouv.]).

32. Faits commis en dehors de l'exécution du contrat de travail. Un agissement du salarié intervenu en dehors de l'exécution du contrat de travail ne peut motiver un licenciement pour faute, sauf s'il traduit la méconnaissance par l'intéressé d'une obligation découlant de ce contrat ; le fait, pour un salarié recruté sur un emploi de chauffeur, de commettre, dans le cadre de sa vie privée, une infraction de nature à entraîner la suspension de son permis de conduire ne saurait être regardé comme une méconnaissance par l'intéressé de ses obligations contractuelles à l'égard de son employeur justificative d'un licenciement. • CE 15 déc. 2010 : 🛡 *RDT 2011. 99, concl. Dumortier* ⌀ ; *ibid. 116, obs. Adam* ⌀ ; *AJDA 2011. 527* ⌀. ♦ En revanche, le fait pour un salarié d'utiliser les outils informatiques mis à sa disposition par l'employeur pour s'introduire dans la messagerie professionnelle d'un autre salarié sans l'accord de celui-ci et y détourner de la correspondance ayant explicitement un caractère personnel doit être regardé comme une méconnaissance de l'obligation de loyauté découlant du contrat de travail, alors même que ces faits seraient commis en dehors des heures de travail et que le salarié n'est pas sur son lieu de travail. • CE 10 juill. 2019, n° 408644 : *RJS 10/2019, n° 582 ; JCP S 2019. 1258, obs. Kerbouc'h*.

33. Gravité de la faute. Caractérise une faute suffisamment grave pour justifier le licenciement d'un salarié protégé le fait : d'exprimer en des termes injurieux des désaccords avec le chef d'entreprise. • CE 15 déc. 1978 : *D. 1979. IR 330, 1ʳᵉ esp., obs. Langlois*. ♦ ... De s'opposer aux déplacements du directeur de l'usine. • Soc. 27 juin 1979 : *D. 1980. 337, 2ᵉ esp., obs. Jeammaud* ; *ibid. IR 85, 2ᵉ esp., obs. Pélissier*. ♦ ... De commettre des actes de violence ou de séquestration. • CE 25 juill. 1980 : *JS UIMM 1980. 376* • 16 juin 1978 : *Gaz. Pal. 1979. 2. 439, note Moderne* • 23 oct. 1985 : *JCP 1986. IV. 83* • 25 févr. 1987 : *JCP 1987. II. 20846, note Moderne* • 1ᵉʳ févr. 1989 : *D. 1989. IR 84* • 19 juill. 1991 : 🛡 *RJS 1991. 583, n° 1115* • 25 févr. 1994 : 🛡 *RJS 1994. 530, n° 882*. ♦ ... De participer activement et personnellement aux piquets de grève malgré deux ordonnances de référé et de n'avoir pas eu un rôle modérateur au cours d'incidents violents. • CE 12 juill. 1995 : 🛡 *RJS 1995. 660, n° 1030*. ♦ ... De partir en congé sans arrêter les écritures comptables. • CE 11 févr. 1991 : 🛡 *D. 1991. IR 71*. ♦ ... De commettre un vol. • CE 7 déc. 1990 : 🛡 *D. 1991. IR 5*. ♦ ... De s'octroyer à lui-même des rappels et augmentations de salaire en profitant de sa délégation de pouvoir, quel que soit le bien-fondé de ses prétentions. • CE 2 févr. 1996 : 🛡 *RJS 1996. 180, n° 301*. ♦ ... D'établir de fausses factures au profit d'entreprises avec lesquelles il entretenait des relations personnelles. • CE 30 déc. 1996 : 🛡 *JS UIMM 1997. 138*. ♦ ... De commettre des faits de harcèlement sexuel. • CE 2 nov. 1992 : 🛡 *RJS 1993. 45, n° 56*. ♦ ... De dépasser de façon répétée le crédit d'heures. • CE 17 déc. 1993 : 🛡 *RJS 1994. 189, n° 263*. ♦ ... D'avoir eu, deux jours consécutifs, des retards injustifiés et de nature à perturber le fonctionnement de l'entreprise, après plusieurs sanctions antérieures pour le même type d'agissements. • CE 15 avr. 1996 : 🛡 *RJS 1996. 433, n° 686*. ♦ V. aussi • CE 28 avr. 1997 : 🛡 *JS UIMM 1997. 410* (absences et retards injustifiés et répétés). ♦ ... S'agissant d'un moniteur-éducateur dans un établissement d'accueil de jeunes en difficulté, de dénoncer à la gendarmerie, en violation des instructions de la direction, des faits délictueux commis par certains jeunes. • CE 12 avr. 1995 : 🛡 *Dr. soc. 1996. 150, note Hennion-Moreau* ⌀. ♦ ... De ne pas respecter une règle à caractère déontologique contenue dans une note de service, peu important qu'aucune sanction disciplinaire n'ait été antérieurement infligée au salarié. • CE 11 juin 1999 : 🛡 *D. 2000. Somm. 88, obs. Giraudet* ⌀ ; *RJS 1999. 631, concl. Bachelier*. ♦ V.

aussi, pour un manquement à la probité, de la part d'une chef caissière, révélé par une mise à l'épreuve organisée par l'employeur : ● CE 31 janv. 1997 : 🏛 *RJS 1997. 290, n° 438* (autorisation de licenciement accordée).

34. Comp., pour des hypothèses dans lesquelles la gravité de la faute a été jugée insuffisante : ● CE 19 déc. 1978 : *D. 1979. IR 330, 2e esp., obs. Pélissier* ● 19 nov. 1980 : *Dr. ouvrier 1981. 39, concl. Latournerie* ● 6 mars 1987 : *D. 1989. Somm. 144, obs. Chelle et Prétot* ● 17 juin 1987 : *D. 1987. IR 164* ● 13 nov. 1987 : *JCP 1988. II. 21013, note Moderne* ● 4 déc. 1987 : *Lebon T. 977 ; D. 1989. Somm. 143, obs. Chelle et Prétot* ● 20 févr. 1989 : *D. 1990. Somm. 139, obs. Chelle et Prétot* ⌀ (faits amnistiés) ● 9 juill. 1993 : 🏛 *RJS 1993. 597, n° 1002* ● 29 mai 1996 : 🏛 *Dr. ouvrier 1997. 40, note Miné* (« petit larcin ») ● 11 févr. 1998 : 🏛 *RJS 1998. 392, n° 608* (vol pour une somme de 49,50 F).

35. Refus d'une modification. Le salarié protégé commet une faute d'une gravité suffisante pour justifier son licenciement en refusant une modification de son contrat ou de ses conditions de travail ne revêtant pas un caractère substantiel et ne comportant pas d'incidence sur l'exercice de son mandat. ● CE 22 juin 1990 : 🏛 *RJS 1990. 588, n° 887* (refus d'un emploi équivalent quant à la rémunération et aux responsabilités) ● 31 juill. 1992 : 🏛 *RJS 1992. 693, n° 1275* (refus d'une nouvelle affectation) ● 16 févr. 1996 : 🏛 *RJS 1996. 256, n° 424* (refus d'un changement d'attributions) ● 6 mai 1996 : 🏛 *RJS 1996. 519, n° 807* (refus d'une mutation géographique peu importante) ● 10 mars 1997 : 🏛 *RJS 1997. 370, n° 567* ● 27 juin 1997 : 🏛 *RJS 1997. 776, n° 1258*. ♦ En revanche, n'est pas fautif le refus d'accepter une modification considérée comme substantielle. ● CE 14 janv. 1994 : 🏛 *RJS 1994. 440, n° 725* (refus d'un stage d'un an destiné à accroître la qualification et les connaissances du salarié). ♦ N'est pas fautif le refus du salarié protégé d'accepter une mutation, malgré une clause de mobilité, s'il est établi que la mutation est en rapport avec l'exercice du mandat. ● CE 15 nov. 1996 : 🏛 *Dr. ouvrier 1997. 105, note P. M.* ● 29 déc. 2000 : 🏛 *D. 2001. Somm. 1918, obs. Chelle et Prétot* ⌀.

36. Inaptitude physique. Il appartient à l'inspecteur du travail de rechercher si l'inaptitude du salarié est telle qu'elle justifie le licenciement, compte tenu des possibilités de reclassement. ● CE 11 mars 1994 : 🏛 *RJS 1994. 442, n° 728* ● 2 févr. 1996 : 🏛 *RJS 1996. 182, n° 304*. ♦ L'inspecteur du travail doit tenir compte de l'ensemble des règles applicables au contrat de travail, des caractéristiques de l'emploi exercé à la date à laquelle elle est constatée, des exigences propres à l'exécution normale du mandat dont est investi le salarié et de la possibilité d'assurer son reclassement dans l'entreprise. ● CE 1er févr. 1995 : 🏛 *RJS 1995. 185, n° 263* (doit être annulée l'autorisation de licenciement uniquement fondée sur le souhait de l'intéressé de ne pas contester son licenciement et la difficulté de maintenir les relations contractuelles). ♦ L'employeur qui n'a pas sollicité l'avis des délégués du personnel avant de proposer les postes de reclassement au salarié déclaré inapte peut régulariser la procédure en soumettant ces postes aux délégués du personnel avant de les proposer de nouveau au salarié. ● CE 27 févr. 2019, 🏛 *n° 417249* : *D. 2019. Pan. 972, obs. Lokiec* ⌀ ; *RJS 5/2019, n° 306* ; *JCP S 2019. 1137, obs. Kerbourc'h*.

37. Cause de l'inaptitude physique. S'il appartient à l'inspecteur du travail de vérifier que l'inaptitude physique du salarié est réelle et justifie son licenciement, il n'est pas de sa compétence de rechercher la cause de cette inaptitude, y compris dans le cas où la faute invoquée résulte d'un harcèlement moral dont l'effet serait la nullité de la rupture du contrat de travail. ● CE 20 nov. 2013 : 🏛 *D. actu. 4 déc. 2013, obs. Ines* ; *Rec. 2013. 865* ; *Dr. soc. 2014. 25, concl. Dumortier* ⌀ ; *ibid. 2014. 129, note Mouly* ⌀ ; *RJS 2014. 71, note Struillou* ; *ibid. 119, n° 149* ; *SSL 2014, n° 1614, p. 6* ● Soc. 27 nov. 2013 : 🏛 *D. actu. 4 déc. 2013, obs. Ines* ; *Rec. 2013. 865* ; *Dr. soc. 2014. 29, rapp. Sabotier* ⌀ ; *ibid. 2014. 129, note Mouly* ⌀ ; *RJS 2014. 71, note Struillou* ; *ibid. 119, n° 149* ; *SSL 2014, n° 1614, p. 6* ; *JSL 2014, n° 358-5, obs. Hautefort*. ♦ Dans le cas où une demande d'autorisation de licenciement d'un salarié protégé est motivée par son inaptitude physique, il appartient à l'administration du travail de vérifier que l'inaptitude physique du salarié est réelle et justifie son licenciement ; il ne lui appartient pas en revanche, dans l'exercice de ce contrôle, de rechercher la cause de cette inaptitude, y compris dans le cas où la faute invoquée résulte d'un harcèlement moral dont l'effet serait la nullité de la rupture du contrat de travail. L'autorisation de licenciement donnée par l'inspecteur du travail ne fait pas obstacle à ce que le salarié fasse valoir devant les juridictions judiciaires tous les droits résultant de l'origine de l'inaptitude lorsqu'il l'attribue à un manquement de l'employeur à ses obligations. ● Soc. 29 juin 2017, 🏛 *n° 15-15.775 P* : *D. 2017. Actu. 1476* ⌀ ; *JSL 2017, n° 437-5, obs. Tissandier* ; *JCP S 2017. 1291, obs. Dumont* ; *RJS 10/2017, n° 688* ● 15 juin 2022, 🏛 *n° 20-22.430 B* : *Dr. soc. 2022. 844, obs. Mouly* ⌀ ; *RJS 10/2022, n° 531* ; *JCP S 2022. 1222, obs. Brissy* ● 19 avr. 2023, 🏛 *n° 21-21.349 B* : *RJS 8-9/2023, n° 460* ; *JCP S 2023. 1146, obs. Kerbourc'h* (inaptitude ayant pour origine un manquement de l'employeur à ses obligations consistant en un harcèlement moral ou une discrimination syndicale). ♦ Pour le manquement allégué à l'obligation de sécurité de l'employeur à l'origine de l'inaptitude : ● Soc. 17 oct. 2018, 🏛 *n° 17-17.985 P* : *D. 2018. Actu. 2142* ⌀ ; *D. actu. 14 nov. 2018, obs. Fraisse* ; *RJS 1/2019, n° 37* ; *JCP S 2018. 1391, obs. Leborgne-Ingelaere*. ♦ Le juge prud'homal peut accorder les indemnités spéciales prévues à l'art. L. 1226-14 C. trav. ● Soc. 11 sept. 2019, 🏛 *n° 17-31.321 P* : *D. 2019. Actu.*

1767 ⌀ ; RJS 11/2019, n° 644 ; JCP S 2019. 1293, obs. Kerbourc'h.

38. Défaut de titre légalement exigé pour l'emploi. Lorsque la demande d'autorisation de licenciement est fondée sur le défaut d'un titre légalement exigé pour l'exercice de l'emploi, il appartient seulement à l'inspecteur du travail de vérifier la réalité de ce motif. • CE 19 juin 1996 : ⚖ *RJS 1996. 606, n° 945 ; CSB 1996. 315, A. 61* (pour l'agrément administratif d'un croupier de casino). ♦ Dans le cas où la demande d'autorisation de licenciement d'un salarié protégé est motivée par la circonstance que le salarié ne remplit pas les conditions légalement exigées pour l'exercice de l'emploi pour lequel il a été embauché, il appartient à l'inspecteur du travail et, le cas échéant, au ministre, de vérifier, sous le contrôle du juge de l'excès de pouvoir, que la demande d'autorisation de licencier est sans lien avec les mandats détenus et que le motif avancé est établi et justifie le licenciement, compte tenu de l'ensemble des règles applicables au contrat de travail de l'intéressé, des caractéristiques de l'emploi exercé et des exigences propres à l'exécution normale du mandat dont il est investi. • CE 15 déc. 2010 : ⚖ *RDT 2011. 99, concl.Dumortier* ⌀. V. déjà : • CE 13 avr. 1988 : *Lebon 140 / Dr. soc. 1988. 773, concl. Guillaume* (étranger sans titre de travail). ♦ Dans ce cas, la décision administrative donnant acte de la rupture a le caractère d'une autorisation de licenciement susceptible de recours. • CE 8 janv. 1997 : ⚖ *RJS 1997.122, n° 179.*

39. Insuffisance professionnelle. L'insuffisance professionnelle du salarié protégé, si sa réalité est établie, justifie l'autorisation de licenciement. • CE 29 juill. 1994 : ⚖ *RJS 1994. 681, n° 1156* • 29 déc. 1995 : ⚖ *RJS 1996. 181, n° 303* (insuffisance non établie en l'espèce). ♦ Comp., exigeant un contrôle très circonstancié : • CE 27 sept. 1989 : *D. 1992. Somm. 160, obs. Chelle et Prétot* ⌀ (à propos du licenciement d'un salarié conseiller prud'homme).

40. Perte de confiance. La perte de confiance ne peut jamais constituer par elle-même un motif pouvant servir de base à une autorisation de licenciement ; toutefois, une telle autorisation peut être délivrée lorsque la demande de l'employeur est fondée sur des éléments se rattachant au comportement du salarié qui, sans caractériser l'existence d'une faute, rendent impossible la poursuite du contrat de travail. • CE 21 déc. 2001 : ⚖ *RJS 2002. 246, n° 304.*

41. Mise à la retraite. Est illégale l'autorisation administrative de licenciement fondée sur le fait que le salarié avait atteint l'âge de la retraite fixé par la convention collective, alors qu'il ne justifiait pas de cotisations suffisantes pour prétendre au versement d'une retraite à taux plein. • CE 8 févr. 1995 : ⚖ *D. 1996. Somm. 227, obs. Chelle et Prétot* ⌀ ; *RJS 1995. 187, n° 266 ; ibid. 148, concl. Arrighi de Casanova.* ♦ Dans le cas où la demande de rupture du contrat de travail d'un salarié protégé est présentée, par l'employeur, au titre de la mise à la retraite d'un salarié protégé, il appartient à l'inspecteur du travail et, le cas échéant, au ministre, de vérifier sous le contrôle du juge de l'excès de pouvoir, d'une part, que la mesure envisagée n'est pas en rapport avec les fonctions représentatives exercées ou l'appartenance syndicale de l'intéressé, d'autre part, que les conditions légales de mise à la retraite sont remplies et, enfin, qu'aucun motif d'intérêt général ne s'oppose à ce que l'autorisation soit accordée. • CE 13 févr. 2019, ⚖ n° 403890 : *RJS 4/2019, n° 232.* ♦ Le salarié protégé licencié sans autorisation administrative qui a ensuite fait valoir ses droits à la retraite, rendant ainsi impossible sa réintégration, a droit au titre de la violation du statut protecteur à la rémunération qu'il aurait perçue depuis la date de son éviction jusqu'à celle de son départ à la retraite. • Soc. 13 févr. 2019, ⚖ n° 16-25.764 P : *D. 2019. Actu. 386* ⌀ ; *Dr. soc. 2019. 365, note Mouly* ⌀ ; *RJS 4/2019, n° 234 ; JCP S 2019. 1100, obs. Kerbourc'h.*

2° Licenciement pour motif économique

42. Principes. En cas de demande de licenciement pour motif économique, il appartient à l'inspecteur du travail sous le contrôle du juge de l'excès de pouvoir, de rechercher si la situation de l'entreprise justifie le licenciement du salarié, en tenant compte notamment de la nécessité des réductions envisagées d'effectifs et de la possibilité d'assurer le reclassement du salarié dans l'entreprise ; en outre, pour refuser l'autorisation sollicitée, l'autorité administrative a la faculté de retenir des motifs d'intérêt général relevant de son pouvoir d'appréciation de l'opportunité, sous réserve qu'une atteinte excessive ne soit pas portée à l'un ou l'autre des intérêts en présence. • CE 18 févr. 1977, ⚖ *Abellan : D. 1978. 183, note Passelecq ; Dr. soc. 1977. 166, concl. Dondoux ; Dr. ouvrier 1977. 215, note Cohen ; Gaz. Pal. 1977. 2. 509, note Moderne.* ♦ Dans le même sens : • CE 27 juin 1979 : *D. 1980. 337, 3ᵉ esp., obs. Jeammaud ; D. 1980. IR 85, obs. Pélissier* • 16 févr. 1983 : *JS UIMM 1983. 227* • 25 oct. 1985 : *Dr. soc. 1986. 107, concl. Massot* • 15 juin 1987 : *Dr. soc. 1987. 686, note Chelle et Prétot* (entreprises en règlement judiciaire) • 21 déc. 1994 : ⚖ *RJS 1995. 112, n° 139* • 20 mars 1996 : ⚖ *RJS 1996. 363, n° 573* (entreprise en liquidation judiciaire) • 28 mars 1997 : ⚖ *RJS 1997. 459, n° 708.*

43. L'autorisation de licenciement peut valablement être accordée pour la suppression du poste d'un cadre administratif alors que la société était déficitaire depuis plusieurs exercices et que sa situation appelait d'urgence des mesures de reclassement. • CE 11 juin 1999 : ⚖ *D. 1999. IR 182* ⌀ ; *RJS 1999. 685, n° 1093 ; ibid. 631, concl. Bachelier.*

44. V., pour des hypothèses où le licenciement économique était en rapport avec le mandat détenu par le salarié : • CE 15 déc. 1978 : *Dr. soc. 1979. 359*, note Moderne • 30 janv. 1981 : *Dr. soc. 1981. 339*, concl. Hagelsteen • 28 janv. 1991 : ⚷ *RJS 1991. 323, n° 610 ; Dr. ouvrier 1991. 137*.

45. *Procédure.* L'inspecteur du travail, auquel le déroulement de la procédure consultative préalable au licenciement économique doit être soumis, est tenu de refuser l'autorisation de licenciement lorsque cette procédure consultative a été entachée d'irrégularité. • CE 29 oct. 1997 : ⚷ *RJS 1997. 860, n° 1401.*

46. *Reclassement.* Sur l'obligation de reclassement, V. • CE 24 févr. 1978 : *Lebon T. 958* • 2 oct. 1981 : *JS UIMM 1982. 73* • 16 janv. 1985 : *Dr. ouvrier 1985. 331* • 24 oct. 1990 : ⚷ *RJS 1991. 118, n° 217* • 21 oct. 1991, n° 97115 B (insuffisance de la création d'une antenne de reclassement) • 11 janv. 1993 : ⚷ *RJS 1993. 256, n° 425* • 3 juin 1994 : ⚷ *RJS 1994. 601, n° 1015* (la rupture du contrat au cours de l'essai ne démontre pas à elle seule le caractère fictif du reclassement dans cet emploi) • 3 juin 1994 : ⚷ *RJS 1994. 681, n° 1154* • 15 avr. 1996 : ⚷ *RJS 1996. 434, n° 687* (absence de précisions sur le poste offert) • 29 déc. 1997 : *RJS 1998. 204, n° 331* (proposition de transformer l'emploi à temps complet du salarié en emploi à temps partiel) • 26 juin 1994 : *RJS 2002. 936, n° 1256* (l'existence d'une période d'essai n'est pas elle seule de nature à priver le reclassement de son caractère sérieux). ♦ Pour satisfaire à son obligation de reclassement, l'employeur doit procéder à un examen individuel des possibilités de reclassement du salarié protégé. • CE 15 nov. 1996 : ⚷ *RJS 1997. 45, n° 61* • 30 déc. 1996 : ⚷ *RJS 1997. 120, n° 177.* ♦ Il appartient à l'autorité administrative d'examiner les possibilités de reclassement en se fondant sur la situation de l'ensemble des sociétés appartenant au même groupe. • CE 11 juin 1993 : ⚷ *JCP E 1993. Pan. 817* • 25 avr. 1994 : ⚷ *RJS 1994. 602, n° 1016.* ♦ La recherche des possibilités de reclassement doit avoir lieu dans les sociétés du groupe, y compris à l'étranger pour les salariés intéressés. • CE 4 févr. 2004 : ⚷ *RJS 2004. 300, n° 436.* ♦ *Contra* : • CE 22 mai 1995 : ⚷ *RJS 1995. 517, n° 794.* ♦ Le refus préalable par un salarié d'un reclassement pour un certain type de poste ne dispense pas l'employeur d'exprimer des propositions de reclassement concrètes, précises et personnalisées. • CE 13 avr. 2005 : ⚷ *RJS 2005. 626, n° 868* ; *JSL 2005, n° 171-4* ; *SSL 2005, n° 1218, p. 12.*

47. Une société ne peut être regardée comme ayant satisfait à l'obligation de reclassement dès lors qu'elle n'a établi ni qu'elle ait effectivement recherché le reclassement du salarié sur un emploi équivalent, ni que le reclassement fût impossible sans procéder à l'éviction d'un autre salarié. • CE 11 janv. 1995 : ⚷ *RJS 1995. 353, n° 530* • 30 oct. 1995 : ⚷ *RJS 1996. 89, n° 138* (nécessité d'examiner les possibilités de reclassement au sein de la branche d'activité reprise par le cessionnaire, en cas de cession partielle). ♦ ... Ou dès lors que son recours à du personnel intérimaire ou sous contrat à durée déterminée s'est fortement accru à l'époque du licenciement. • CE 30 juill. 1997 : ⚷ *RJS 1997. 693, n° 1113.* ♦ ... Ou lorsque la liste des emplois disponibles n'a fait l'objet que d'une diffusion restreinte. • CE 15 déc. 1997 : ⚷ *RJS 1998. 204, n° 331.* ♦ La circonstance que les représentants avaient sollicité le bénéfice de l'aide à la reconversion ne dispense pas l'employeur d'examiner les possibilités de reclassement. • CE 31 mars 1995 : ⚷ *RJS 1995. 439, n° 671* • 22 janv. 1996 : ⚷ *RJS 1996. 183, n° 305.* ♦ Sur la validité d'offres de reclassement sous condition de non-reprise d'ancienneté et de période d'essai, V. • CE 3 juin 1994 : ⚷ *RJS 1994. 601, n° 1015.* ♦ Sur l'incompétence du juge judiciaire en ce qui intéresse l'obligation de reclassement, V. • Soc. 25 nov. 1997, ⚷ n° 94-45.185 P : *RJS 1998. 52, n° 70.*

48. *PSE.* Si le licenciement du salarié est inclus dans un projet collectif donnant lieu à un PSE, l'inspecteur du travail doit s'assurer que le PSE a bien été validé ou homologué par l'autorité administrative, mais il ne doit pas se prononcer sur la validité du PSE, sur la régularité de la procédure d'information-consultation du CSE, ni sur le groupe de reclassement. • CE 22 juill. 2021, n° 427004 : *Lebon* ; *AJDA 2021. 1595* ⚷ ; *RDT 2021. 519*, obs. Norval-Grivet ⚷ ; *RJS 10/2021, n° 554* ; *JCP S 2021, n° 1237*, obs. Chatelier.

49. *Fin de chantier.* En cas de licenciement en fin de chantier, l'autorité administrative n'a pas à rechercher si l'employeur dispose sur un autre chantier d'un emploi équivalent qu'il pourrait proposer à ce salarié. • CE 25 mai 1983 : *Dr. soc. 1983. 622*, concl. Stirn.

50. *Cessation d'activité.* Lorsque la demande est fondée sur la cessation d'activité de l'entreprise, celle-ci n'a pas à être justifiée par l'existence de mutations technologiques, de difficultés économiques ou de menaces pesant sur la compétitivité de l'entreprise ; il appartient à l'autorité administrative de contrôler, outre le respect des exigences procédurales légales et des garanties conventionnelles, que la cessation d'activité de l'entreprise est totale et définitive, que l'employeur a satisfait, le cas échéant, à l'obligation de reclassement et que la demande ne présente pas de caractère discriminatoire ; il ne lui appartient pas, en revanche, de rechercher si cette cessation d'activité est due à la faute ou à la légèreté blâmable de l'employeur, sans que sa décision fasse obstacle à ce que le salarié, s'il s'y estime fondé, mette en cause devant les juridictions compétentes la responsabilité de l'employeur en demandant réparation des préjudices que lui aurait causé cette faute ou légèreté blâmable dans l'exécution du contrat de travail. • CE 18 avr. 2013 : *RDT 2013. 394*, concl. Dumortier ⚷ ; *ibid. 2013. 406*, obs. Sachs ⚷. ♦ La décision d'autorisation de licenciement prise par l'inspecteur du travail, à qui il n'appartient pas de rechercher si la cessation d'activité est due à la faute de l'employeur, ne fait pas obstacle à ce que le salarié, s'il s'y estime fondé, mette en cause devant les juridictions judiciaires compétentes la responsabilité de l'employeur en demandant réparation des préjudices que lui aurait causés une faute de l'employeur à l'origine de la cessation de l'activité, y compris le préjudice résultant de la perte d'emploi. • Soc. 25 nov. 2020, ⚖ n° 18-13.771 P : *D. 2020. 2348* ; *ibid. 2021. 370, obs. Ala, Lanoue et Prache* ; *Dr. soc. 2021. 182, obs. Mouly* ; *RJS 2/2021, n° 102* ; *JSL 2021, n° 512-4, obs. Lhernould* ; *JCP S 2021. 1013, obs. Kerbourc'h* ; *ibid. 1019, obs. Pagnerre.*

C. OFFICE DU JUGE JUDICIAIRE

51. Séparation des pouvoirs. En l'état d'une autorisation administrative accordée à l'employeur de licencier les salariés protégés concernés, le juge judiciaire ne peut, sans violer le principe de la séparation des pouvoirs, apprécier ni le caractère réel et sérieux des motifs retenus pour justifier le licenciement ni la régularité de la consultation du comité d'entreprise sur le projet de licenciement économique collectif. • Soc. 20 sept. 2018, ⚖ n° 17-11.602 P : *D. 2018. Actu. 1870* ; *RJS 11/2018, n° 682* ; *JCP S 2018. 1382, obs. Kerbourc'h.*

52. Existence du contrat de travail. L'octroi d'une autorisation administrative de licenciement ne prive pas – non plus – la juridiction prud'homale du pouvoir de vérifier l'existence d'un contrat de travail. • Soc. 30 nov. 2004, ⚖ n° 02-43.515 P : *D. 2005. IR 168* ; *RJS 2005. 97, n° 118.*

53. Licenciement pour inaptitude. Dès lors que l'inaptitude du salarié était la conséquence exclusive du refus de l'employeur d'accepter dans l'entreprise une représentation du personnel et syndicale, la question de la légalité de cette décision, dont dépendait l'appréciation du bien-fondé des demandes du salarié, présentait un caractère sérieux, de sorte qu'il appartenait aux juges du fond d'inviter les parties à la faire trancher par la juridiction administrative en lui posant une question préjudicielle. • Soc. 12 juill. 2010 : ⚖ *JSL 2010, n° 284-5, obs. Tourreil* ; *Dr. ouvrier 2011. 145, obs. Chalon et Substelny* ; *JCP S 2010. 1445, obs. Brissy.*
♦ Le juge judiciaire est, toutefois, compétent pour apprécier les fautes commises par l'employeur pendant la période antérieure au licenciement. • Soc. 10 févr. 1999, ⚖ n° 95-43.561 P : *D. 1999. IR 58* ; *RJS 1999. 233, n° 390* (attitude discriminatoire de l'employeur fondée sur l'état de santé du salarié et sa qualité de salarié protégé).

54. Licenciement pour faute. Si la faute du salarié dont le licenciement a été autorisé ne peut être discutée devant les tribunaux judiciaires, ceux-ci ne sont pas pour autant incompétents et doivent, soit surseoir à statuer s'ils estiment que le bien-fondé de l'autorisation administrative est sérieusement contesté, soit débouter l'intéressé de sa demande de dommages-intérêts pour licenciement sans cause réelle et sérieuse et statuer sur ses demandes en paiement des indemnités de préavis et de licenciement en appréciant la gravité de la faute. • Soc. 18 mars 1982 : *Bull. civ. V, n° 190.*
♦ Le juge judiciaire peut, en revanche, apprécier le degré de gravité des faits qui sont reprochés au salarié protégé afin d'évaluer son droit aux indemnités de rupture. • Soc. 25 avr. 1990, ⚖ n° 87-44.069 P : *D. 1990. IR 133* • 20 juin 2012 : ⚖ *D. actu. 9 juill. 2012, obs. Siro* ; *D. 2012. Actu. 1746* ; *RJS 2012. 701, n° 825* ; *JCP S 2012. 1386, obs. Boulmier.* ♦ Il ne peut toutefois examiner que les fautes retenues par l'autorité administrative. • Soc. 10 juill. 2001, ⚖ n° 98-42.808 P : *RJS 2001. 789, n° 1159* ; *TPS 2001, n° 333.* ♦ De même, il revient au juge judiciaire d'apprécier le respect de la procédure applicable pour tous les éléments postérieurs à la notification de l'administration de son autorisation. • Soc. 4 juill. 2012 : ⚖ *D. actu. 12 sept. 2012, obs. Perrin* ; *RJS 2012. 702, n° 826* ; *JCP S 2012. 1423, obs. Lahalle.*

55. Le ministre du Travail qui autorise le licenciement d'un salarié protégé pour des faits fautifs commis au cours d'une grève a nécessairement reconnu à ces faits le caractère d'une faute lourde, appréciation qui ne peut être remise en cause par le juge judiciaire. • Soc. 26 janv. 1994, ⚖ n° 92-42.050 P : *Dr. soc. 1994. 390 et 391, obs. Waquet* ; *CSB 1994. 79, A. 17* • 26 janv. 1994, ⚖ n° 92-42.049 P.

56. Harcèlement. Si l'autorisation de licenciement accordée par l'autorité administrative ne permet plus au salarié de contester la cause ou la validité de son licenciement en raison d'un harcèlement, elle ne le prive pas du droit de demander réparation du préjudice qui en est résulté. • Soc. 15 nov. 2011 : ⚖ *D. actu. 13 déc. 2011, obs. Perrin* ; *RJS 2012. 143, n° 173* ; *JSL 2012, n° 313-3, obs. Tourreil* ; *JCP S 2012. 1061, obs. Leborgne-Ingelaere.*

57. Transfert d'entreprise. Lorsque, à la date de la cession de l'entreprise, les contrats de travail des salariés protégés, dont le licenciement a été refusé par l'inspecteur du travail, sont toujours en cours, ils se continuent de plein droit avec le nouvel employeur. • Soc. 28 mars 1989 : *Bull. civ. V, n° 263* ; *D. 1989. IR 130.*

58. Demande de requalification du CDD. La décision administrative rejetant la demande d'autorisation de transfert du contrat de travail d'un salarié protégé n'interdit pas à la juridiction prud'homale de statuer sur la demande de requalification du contrat de travail à durée indéterminée formée par le salarié à l'égard de son employeur d'origine, qui relève de la seule compétence de la juridiction judiciaire. • Soc. 24 janv. 2018, ⚖ n° 16-13.589 P : *D. 2018. Actu. 246* ; *RJS 4/2018, n° 248* ; *JSL 2018, n° 450-6, obs. Vaccaro* ; *JCP S 2018. 1092, obs. Bugada.*

59. Licenciement pour motif économique. Le juge judiciaire ne peut, sans violer le principe de la séparation des pouvoirs, apprécier le caractère réel et sérieux du licenciement d'un salarié protégé en se fondant sur les motifs de la décision de l'autorité administrative qui, bien que permettant de remettre en cause le bien-fondé de la rupture, n'en sont pas le soutien nécessaire. • Soc. 22 janv. 2014 : ⚖ *D. actu. 17 avr. 2014, obs. Ines.* ♦ Ni apprécier le contrôle du respect des obligations conventionnelles de l'employeur fait partie des attributions de l'inspecteur du travail. • Soc. 3 mars 2010, ⚖ n° 08-42.526 P : *D. actu. 24 mars 2010, obs. Ines ; D. 2010. AJ 712 ⚖ ; RDT 2010. 246, obs. Serverin ⚖ ; Dr. soc. 2010. 726, obs. Struillou ⚖ ; JCP S 2010. 1312, obs. Kerbourc'h* • 26 oct. 2010, ⚖ n° 09-42.409 P : *D. 2010. AJ 2709 ⚖ ; JSL 2011, n° 291-24, obs. Gardair-Réolle* • 27 mai 2015, ⚖ n° 13-26.985 P : *D. actu. 15 juin 2015, obs. Ines ; D. 2015. Actu. 1213 ⚖ ; RJS 8-9/2015, n° 578.* ♦ Ni apprécier la mise en œuvre des critères retenus pour fixer l'ordre des licenciements. • Soc. 11 déc. 2001, ⚖ n° 99-44.994 P : *D. 2002. IR 255 ⚖ ; RJS 2002. 168, n° 202* • CE 9 juin 2010, ⚖ n° 315538. ♦ ... Ou le respect de l'obligation de reclassement. • Soc. 25 nov. 1997 : ⚖ *D. 1998. IR 3 ⚖*.

60. Appréciation d'une situation de co-emploi. A l'expiration de la période de protection, le salarié protégé est autorisé à saisir le juge judiciaire pour la reconnaissance d'un co-emploi, dès lors que la décision administrative qui avait autorisé le licenciement du salarié ne s'était pas prononcée sur cette situation de co-emploi. • Soc. 30 sept. 2015, ⚖ n° 13-27.872 P : *D. 2015. Actu. 2017 ⚖ ; RDT 2015. 651, obs. Dechristé ; RJS 12/2015, n° 794 ; JCP S 2015. 1414, obs. Loiseau.*

61. Discrimination syndicale antérieure au licenciement. Si le juge judiciaire ne peut pas, en l'état de l'autorisation administrative accordée à l'employeur de licencier un salarié protégé, sans violer le principe de la séparation des pouvoirs, apprécier le caractère réel et sérieux du licenciement, il reste cependant compétent pour apprécier les fautes commises par l'employeur pendant la période antérieure au licenciement, et notamment l'existence d'une discrimination syndicale dans le déroulement de la carrière du salarié. • Soc. 29 mai 2019, ⚖ n° 17-23.028 P : *D. 2019. Actu. 1178 ⚖ ; RDT 2019. 593, note Guiomard ⚖ ; Dr. soc. 2019. 784, obs. Mouly ⚖ ; RJS 8-9/2019, n° 514 ; JCP S 2019. 1216, obs. Kerbourc'h* • 1ᵉʳ juin 2023, ⚖ n° 21-19.649 B : *RJS 8-9/2023, n° 461 ; JCP S 2023. 1184, obs. Duquesne.*

SOUS-SECTION 3 **Représentant des salariés au conseil d'administration ou de surveillance des entreprises** (L. n° 2013-504 du 14 juin 2013, art. 9-VI).

Art. L. 2421-5 Le licenciement d'un représentant des salariés au conseil d'administration ou de surveillance d'une entreprise du secteur public (L. n° 2013-504 du 14 juin 2013, art. 9-VI) « , d'une société anonyme ou d'une société en commandite par actions », envisagé par l'employeur, est soumis pour avis au conseil d'administration ou de surveillance dont il est membre.

La demande d'autorisation de licenciement est adressée à l'inspecteur du travail dont dépend l'établissement dans lequel est employé le salarié (Ord. n° 2017-1718 du 20 déc. 2017, art. 1ᵉʳ-I) « tel que défini à l'article L. 2421-3. » — *Ces dispositions sont applicables aux demandes formées à compter du 21 déc. 2017 (Ord. n° 2017-1718 du 20 déc. 2017, art. 4-IV).*

En cas de faute grave, l'employeur peut prononcer la mise à pied immédiate de l'intéressé dans l'attente de la décision définitive. Dans ce cas, le conseil d'administration ou de surveillance est convoqué sans délai et donne son avis sur le projet de licenciement de l'intéressé.

Si le licenciement est refusé par l'inspecteur du travail ou l'autorité qui en tient lieu, la mise à pied est annulée et ses effets sont supprimés de plein droit.

SOUS-SECTION 4 **Représentant des salariés lors d'une procédure de sauvegarde, de redressement ou de liquidation judiciaires**

Art. L. 2421-6 La procédure d'autorisation de licenciement d'un salarié élu (Ord. n° 2017-1386 du 22 sept. 2017, art. 2) « ou » désigné comme représentant des salariés dans le cadre d'une procédure de sauvegarde, de redressement ou de liquidation judiciaire *[judiciaires]* est soumise aux dispositions de l'article L. 662-4 du code de commerce.

BIBL. ▶ CHAGNY, *Dr. soc. 2008. 1003 ⚖*.

SECTION 2 Procédure applicable au salarié titulaire d'un contrat de travail à durée déterminée

COMMENTAIRE

V. sur le Code en ligne 📖.

Art. L. 2421-7 La rupture du contrat de travail à durée déterminée d'un salarié mentionné à l'article L. 2412-1 est soumise à la même procédure que celle prévue à la section 1, applicable en cas de licenciement.

Art. L. 2421-8 (*L. n° 2018-217 du 29 mars 2018, art. 22-III*) « Pour l'application de la protection prévue au dernier alinéa des articles L. 2412-2, L. 2412-3, L. 2412-4, L. 2412-5, L. 2412-8, L. 2412-9 et L. 2412-13, » l'arrivée du terme du contrat de travail à durée déterminée n'entraîne sa rupture qu'après constatation par l'inspecteur du travail, saisi en application de l'article L. 2412-1, que le salarié ne fait pas l'objet d'une mesure discriminatoire.

L'employeur saisit l'inspecteur du travail (*Abrogé par L. n° 2018-217 du 29 mars 2018, art. 22-III*) « *un mois* » avant l'arrivée du terme.

L'inspecteur du travail statue avant la date du terme du contrat. — [*Anc. art. L. 425-2, al. 2, L. 436-2, al. 2 et L. 412-18, al. 8.*]

1. Interprétation constante. La recodification étant intervenue à droit constant, l'art. L. 2421-8 C. trav., selon lequel l'arrivée du terme du contrat à durée déterminée n'entraîne sa rupture qu'après constatation, par l'inspecteur du travail saisi par l'employeur, que le salarié ne fait pas l'objet d'une mesure discriminatoire, bénéficie – comme avant la recodification – aux conseillers prud'hommes pendant la période de six mois suivant la cessation de leur mandat. • Soc. 13 mars 2012 : ⚖ *D. actu. 23 avr. 2012, obs. Ines; D. 2012. Actu. 885* ⊘ ; *RJS 2012. 496, n° 587; JCP S 2012. 1251, obs. Boulmier.* ♦ Même solution pour un membre du CHSCT. • Soc. 23 oct. 2012 : ⚖ *D. actu. 15 nov. 2012, obs. Ines; D. 2012. Actu. 2610* ⊘ ; *RJS 2013. 59, n° 59; JSL 2012, n° 333-334-7, obs. Hautefort; JCP S 2013. 1037, obs. Puigelier.* ♦ Et au conseiller du salarié. • Soc. 7 juill. 2021, ⚖ n° 19-23.989 B : *D. 2021. 1335* ⊘ ; *Dr. soc. 2021. 1050, obs. Petit* ⊘ ; *RJS 10/2021, n° 550; JCP S 2021. 1236, obs. Lahalle.*

2. Impossibilité de renouvellement du CDD et saisine de l'inspection du travail. L'inspecteur du travail doit autoriser préalablement la cessation du lien contractuel, y compris dans le cas où le contrat ne peut être renouvelé • Soc. 5 juin 2019, ⚖ n° 17-24.193 P : *D. 2019. 1291* ⊘ ; *Dr. soc. 2019. 786, obs. Mouly* ⊘ ; *ibid. 856, note Bento de Carvalho et Tournaux* ⊘ ; *RJS 8-9/2019, n° 511; JCP S 2019. 1220, obs. Bousez.*

3. Réparation du préjudice subi et sanction automatique. La réparation du préjudice subi par le salarié du fait de la violation de son statut protecteur trouve son fondement dans le principe constitutionnel de participation des travailleurs à la gestion des entreprises et ne constitue pas une sanction au sens de l'art. 8 DDH. • Soc., QPC, 22 mars 2018, ⚖ n° 17-24.193 P : *D. actu. 2 juill. 2019, obs. Ciray; RJS 6/2018, n° 430; JCP 2018. 423, obs. Dedessus-Le-Moustier.*

4. Incompétence du juge judiciaire. Le juge judiciaire ne peut, sans violer le principe de séparation des pouvoirs, en l'état d'une autorisation administrative de non-renouvellement d'un contrat à durée déterminée, statuer sur une demande de requalification du contrat de travail à durée déterminée en un contrat de travail à durée indéterminée. • Soc. 9 mai 2018, ⚖ n° 16-20.423 P : *D. 2018. Actu. 1080* ⊘ ; *Dr. soc. 2018. 674, note Mouly* ⊘ ; *RJS 7/2018, n° 489; JCP S 2018. 1221, obs. Kerbourc'h* • Soc. 19 janv. 2022, ⚖ n° 19-18.898 B : *D. actu. 9 févr. 2022, obs. Malfettes; D. 2022. 172* ⊘ ; *RJS 4/2022, n° 201; JCP S 2022. 1053, obs. Brissy.*

Art. L. 2421-8-1 (*L. n° 2015-994 du 17 août 2015, art. 49*) Pour les salariés saisonniers (*L. n° 2016-1088 du 8 août 2016, art. 86*) « définis au 3° de l'article L. 1242-2 » pour lesquels, en application d'une convention ou d'un accord collectif étendu ou du contrat de travail, l'employeur est engagé au terme du contrat à reconduire le contrat pour la saison suivante, l'article L. 2421-8 ne s'applique pas lors de l'arrivée du terme du contrat à durée déterminée.

SECTION 3 Procédure applicable en cas de transfert partiel d'entreprise ou d'établissement

COMMENTAIRE

V. sur le Code en ligne 📖.

Art. L. 2421-9 Lorsque l'inspecteur du travail est saisi d'une demande d'autorisation de transfert, en application de l'article L. 2414-1, à l'occasion d'un transfert partiel d'entreprise ou d'établissement, il s'assure que le salarié ne fait pas l'objet d'une mesure discriminatoire.

Si l'autorisation de transfert est refusée, l'employeur propose au salarié un emploi similaire assorti d'une rémunération équivalente dans un autre établissement ou une autre partie de l'entreprise. – [Anc. art. L. 412-18, al. 2, L. 425-1, al. 6, et L. 436-1, al. 5.]

1. Rôle de l'autorité administrative. Il appartient à l'autorité administrative de vérifier l'existence d'une entité économique autonome ; que le salarié protégé susceptible d'être transféré ne fait pas l'objet à cette occasion d'une mesure discriminatoire ; que le contrat de travail du salarié protégé est en cours au jour de la modification intervenue dans la situation juridique de l'employeur et que ce salarié exerce ses fonctions dans l'entité transférée, sans que la circonstance que son contrat de travail soit alors suspendu y fasse obstacle. ● CE 28 oct. 2022, 🔒 n° 454338 A : RJS 1/2023, n° 10, concl. Dieu, p. 12 ; SSL 2022, n° 2023, p. 12, obs. Champeaux.

2. Fraude aux droits du salarié et compétence judiciaire. Le salarié protégé, dont le transfert du contrat de travail au profit du cessionnaire a été autorisé par l'inspecteur du travail et qui, à la suite de ce transfert, a été licencié après autorisation de l'autorité administrative, peut invoquer devant le juge judiciaire, eu égard aux circonstances dans lesquelles est intervenu le transfert, l'existence d'une fraude aux dispositions de l'art. L. 1224-1 C. trav. et solliciter sur ce fondement des dommages-intérêts pour licenciement sans cause réelle et sérieuse, sans que cette contestation porte atteinte au principe de la séparation des pouvoirs. ● Soc. 23 nov. 2022, 🔒 n° 21-11.776 B : D. actu. 14 déc. 2022, obs. Norval-Grivet ; RJS 2/2023, n° 69.

SECTION 4 Procédure applicable en cas d'interruption ou de non-renouvellement d'une mission de travail temporaire

Art. L. 2421-10 L'interruption ou la notification du non-renouvellement par l'entrepreneur de travail temporaire de la mission d'un salarié mentionné à l'article L. 2413-1 est soumise à la même procédure que celle prévue à la section 1, applicable en cas de licenciement.

CHAPITRE II CONTESTATION DE LA DÉCISION ADMINISTRATIVE

BIBL. ▶ ALIPRANTIS, *Dr. soc. 1976, n° spéc. sept.-oct.*, 338. – DESJARDINS, *ibid.* 1992. 766 *∅* (réintégration). – PICCA et SAVATIER, *ibid.* 1983. 89. – REY, *RJS* 1997. 655 (recours hiérarchique). – SAVATIER, *Dr. soc.* 1980. 330 ; *RJS* 1991. 67. – SINAY, *Dr. soc.* 1983. 413 ; *ibid.* 1994. 552 *∅*.

COMMENTAIRE
V. sur le Code en ligne 🔒. ❏

SECTION 1 Droit à réintégration dans l'emploi ou dans le mandat

Art. L. 2422-1 (*Ord. n° 2017-1386 du 22 sept. 2017, art. 2*) Lorsque le ministre compétent annule, sur recours hiérarchique, la décision de l'inspecteur du travail autorisant le licenciement d'un salarié investi de l'un des mandats énumérés ci-après, ou lorsque le juge administratif annule la décision d'autorisation de l'inspecteur du travail ou du ministre compétent, le salarié concerné a le droit, s'il le demande dans un délai de deux mois à compter de la notification de la décision, d'être réintégré dans son emploi ou dans un emploi équivalent. Cette disposition s'applique aux salariés investis d'un des mandats suivants :

1° Délégué syndical ou ancien délégué syndical ;

2° Membre de la délégation du personnel du comité social et économique, titulaire ou suppléant, représentant syndical au comité social et économique, ancien membre ou candidat aux fonctions de membre de la délégation du personnel du comité social et économique, salarié ayant demandé à l'employeur l'organisation des élections au comité social et économique ;

3° Représentant de proximité, ancien représentant de proximité ou candidat aux fonctions de représentant de proximité,

4° Membre ou ancien membre de la délégation du personnel du comité social et économique interentreprises, ou candidat à ces fonctions ;

5° Membre du groupe spécial de négociation, pour la mise en place d'un comité d'entreprise européen ou d'une instance de consultation, et membre du comité d'entreprise européen ;

6° Membre du groupe spécial de négociation et représentant au comité de la société européenne ;

6° bis Membre du groupe spécial de négociation et représentant au comité de la société coopérative européenne ;

6° ter Membre du groupe spécial de négociation et représentant au comité de la société issue de la fusion transfrontalière ;

7° Représentant des salariés au conseil de surveillance ou d'administration des entreprises du secteur public ;

8° Membre de la commission mentionnée à l'article L. 23-111-1, ancien membre ou salarié figurant sur la propagande électorale en vue de la constitution de cette commission.

Ancien art. L. 2422-1 Lorsque le ministre compétent annule, sur recours hiérarchique, la décision de l'inspecteur du travail autorisant le licenciement d'un salarié investi de l'un des mandats énumérés ci-après, ou lorsque le juge administratif annule la décision d'autorisation de l'inspecteur du travail ou du ministre compétent, le salarié concerné a le droit, s'il le demande dans un délai de deux mois à compter de la notification de la décision, d'être réintégré dans son emploi ou dans un emploi équivalent. Cette disposition s'applique aux salariés investis d'un des mandats suivants :

1° Délégué syndical ou ancien délégué syndical ;

2° Délégué du personnel, titulaire ou suppléant, ancien délégué du personnel ou candidat aux fonctions de délégué du personnel, salarié ayant demandé à l'employeur l'organisation des élections pour la désignation des délégués du personnel ;

3° Membre élu du comité d'entreprise, titulaire ou suppléant, représentant syndical au comité d'entreprise, ancien membre ou candidat aux fonctions de membre du comité d'entreprise, salarié ayant demandé à l'employeur l'organisation des élections au comité d'entreprise ;

4° Membre du groupe spécial de négociation, pour la mise en place d'un comité d'entreprise européen ou d'une instance de consultation, et membre du comité d'entreprise européen ;

(L. n° 2008-649 du 3 juill. 2008) « 5° Membre du groupe spécial de négociation et représentant au comité de la société européenne ;

« 5° bis Membre du groupe spécial de négociation et représentant au comité de la société coopérative européenne ;

« 5° ter Membre du groupe spécial de négociation et représentant au comité de la société issue de la fusion transfrontalière ; »

6° Salarié siégeant ou ayant siégé en qualité de représentant du personnel au comité d'hygiène, de sécurité et des conditions de travail ;

7° Représentant des salariés au conseil de surveillance ou d'administration des entreprises du secteur public ;

(L. n° 2015-994 du 17 août 2015, art. 1er) « 8° Membre de la commission mentionnée à l'article L. 23-111-1, ancien membre ou salarié figurant sur la propagande électorale en vue de la constitution de cette commission. » – V. note ss. art. L. 2414-1.

I. LICENCIEMENTS AUTORISÉS

A. CONFIRMATION DE L'AUTORISATION

1. Principe. En constatant que le Conseil d'État avait annulé le jugement du tribunal administratif et déclaré valable l'autorisation ministérielle, une cour d'appel a justement déduit que le licenciement prononcé antérieurement reprenait effet à l'égard du salarié qui, entre-temps, avait été réintégré. • Soc. 19 janv. 1989 : *Dr. ouvrier 1989. 488, note Alvarez-Pujana.* ♦ Sur l'exception constituée par le prononcé du sursis à exécution par le Conseil d'État, V. • Soc. 17 juill. 1990 : *D. 1990. IR 197 ; RJS 1990. 475, n° 701* • 17 sept. 2003, n° 02-60.029 P.

B. RETRAIT DE L'AUTORISATION

2. Effets. Le retrait de l'autorisation administrative de licenciement produit les mêmes effets que son annulation. • Soc. 30 avr. 2002, n° 99-44.995 P : *RJS 2002. 653, n° 848 ; JCP E 2002. 1764,* obs. Césaro • 8 oct. 2003 : *RJS 2003. 987, n° 1415.* ♦ Comp. : • Soc. 12 févr. 1991, n° 88-41.475 P : *RJS 1991. 185, n° 354.*

C. ANNULATION DE L'AUTORISATION

1° CONDITIONS

a. Recours gracieux

3. Principe. Le licenciement prononcé en application d'une autorisation administrative ultérieurement rétractée par son auteur n'est pas illicite. • Soc. 1er avr. 1998 : *RJS 1998. 394, n° 610.*

b. Recours hiérarchique

4. Personnes habilitées. Le recours hiérarchique tendant à l'annulation d'une décision de refus d'autorisation de licenciement d'un salarié protégé employé par un comité d'entreprise doit être formé par des personnes ayant reçu mandat à cette fin du comité. • CE 31 mars 1995 : *RJS 1995. 433, n° 662.*

5. Modalités. L'autorisation de licenciement est soumise au contrôle hiérarchique dans les conditions de droit commun ; une décision de refus, qui crée des droits au profit du salarié, ne peut être annulée ou réformée par le ministre que pour des motifs de légalité, compte tenu des circonstances de fait et de droit existant à la date à laquelle s'est prononcé l'inspecteur du travail. ● CE 6 juill. 1990 : 🔒 *AJDA 1991. 230*, note Belloubet-Frier 🖉 ; *D. 1991. Somm. 147*, obs. Frossard 🖉 ; *ibid. 1992. Somm. 159*, obs. Chelle et Prétot 🖉 ; *Dr. soc. 1991. 117*, note Prétot 🖉 ; *RJS 1990. 474, n° 700*. ♦ En revanche, la légalité de la décision par laquelle le ministre, après avoir annulé la décision de l'inspecteur du travail, statue sur la demande du chef d'entreprise doit être appréciée au regard des circonstances de fait et de droit prévalant à la date de la décision ministérielle. ● CE 10 mars 1997 : 🔒 *RJS 1997. 372, n° 571* ; *LPA 1er août 1997*, note Gherari ● 28 mars 1997 : 🔒 *RJS 1997. 459, n° 708*. ♦ Si, entre-temps, le salarié a perdu la qualité de représentant protégé, le ministre n'est plus compétent, après avoir annulé la décision de l'inspecteur du travail, pour refuser ou accorder l'autorisation sollicitée. ● CE 30 juin 1997 : 🔒 *RJS 1997. 622, n° 996* ; *JCP E 1997. Pan. 849*.

6. Devoirs du ministre. Le ministre chargé du travail, saisi sur le fondement des dispositions de l'art. R. 2422-1 C. trav. d'un recours contre une décision autorisant ou refusant d'autoriser le licenciement d'un salarié protégé, doit mettre le tiers au profit duquel la décision contestée a créé des droits – à savoir, respectivement, l'employeur ou le salarié protégé – à même de présenter ses observations, notamment par la communication de l'ensemble des éléments sur lesquels le ministre entend fonder sa décision. ● CE 19 juill. 2017, 🔒 n° 391402 : *RJS 11/2017, n° 754*.

7. Pouvoirs du ministre. L'expiration du délai de protection ne saurait avoir pour effet de priver le ministre du Travail du pouvoir de contrôler une autorisation de licenciement antérieure. ● CE 16 sept. 1983 : *Dr. soc. 1984. 120*, concl. Pauti. ♦ Mais lorsque la durée de protection est expirée après la décision de l'inspecteur du travail, le ministre n'a plus compétence, après avoir annulé cette décision, pour statuer sur l'autorisation de licenciement sollicitée. ● CE 30 juin 1997 : 🔒 *préc. note 5*.

8. L'amnistie étant sans effet sur la légalité des décisions de l'inspecteur du travail autorisant les licenciements, le ministre peut se prononcer sur leur légalité, mais ne peut, sans commettre d'erreur de droit, se fonder sur la loi d'amnistie pour les annuler. ● CE 13 mai 1992 : 🔒 *D. 1992. IR 174*.

9. Le droit à réintégration reconnu à un salarié investi d'un mandat représentatif à la suite de l'annulation sur recours hiérarchique d'une autorisation de licenciement n'est pas subordonné au caractère définitif de cette annulation. ● Soc. 14 janv. 1988 : *Bull. civ. V, n° 39* ; *D. 1988. IR 34* ● Crim. 14 mars 2006, 🔒 n° 05-81.805 P. ♦ Le caractère définitif de la décision administrative privant le licenciement d'un salarié protégé de validité n'a d'effet que sur l'exigibilité du paiement de l'indemnité prévue à l'art. L. 412-19 [L. 2422-1 nouv.] destinée à réparer le préjudice subi par le salarié évincé de l'entreprise, qui perdure tant que la réintégration qu'il a demandée ne lui est pas accordée. ● Soc. 2 févr. 2006, 🔒 n° 05-41.811 P : *D. 2006. IR 470* 🖉.

10. Annulation d'un recours hiérarchique confirmatif. L'annulation de la décision ministérielle confirmant l'autorisation de licencier donnée par l'inspecteur du travail n'a pas pour effet d'autoriser le salarié à demander sa réintégration, l'autorisation de licenciement accordée par l'inspecteur du travail subsistant malgré l'annulation de la décision ministérielle et n'ayant pas fait l'objet d'un recours devant le juge administratif. ● Crim. 17 févr. 2004, 🔒 n° 03-80.136 P : *RJS 2004. 386, n° 569*.

11. Annulation d'un recours hiérarchique infirmatif. L'annulation de l'autorisation administrative de licenciement par l'autorité hiérarchique ne laisse rien subsister de celle-ci, peu important l'annulation ultérieure par la juridiction administrative de la décision de l'autorité hiérarchique. ● Soc. 27 nov. 2012 : 🔒 *D. actu. 11 janv. 2013*, obs. Siro ; *JCP S 2013. 1073*, obs. Bossu.

c. Recours contentieux

12. Intérêt à agir des syndicats. Sur les conditions permettant à un syndicat de former un recours pour excès de pouvoir contre la décision de l'inspecteur du travail autorisant le licenciement d'un représentant, V. ● CE 10 avr. 1992 : 🔒 *JCP E 1992. I. 162, n° 10*, obs. Dugrip ; *RFDA 1993. 261*, concl. Hubert 🖉. ♦ V. aussi ● CE 13 mai 1992 : 🔒 *RJS 1992. 626, n° 1128* (un chef d'entreprise est sans intérêt à demander au ministre des affaires sociales de rapporter une décision d'autorisation de licenciement qui lui a donné satisfaction). ♦ Sur le défaut d'intérêt à agir de l'employeur primitif en cas de transfert d'entreprise, V. ● CE 5 mai 1993 : 🔒 *RJS 1993. 446, n° 763*.

13. Étendue du contrôle du juge administratif. Sur l'étendue du contrôle opéré par le juge administratif, V. note 9 ss. art. L. 2421-3.

14. Le juge administratif n'a pas à contrôler la régularité de la procédure conventionnelle préalable à un licenciement. ● CE 12 mars 1993 : 🔒 *RJS 1993. 366, n° 634*. ♦ Comp. ● Soc. 13 juill. 2004, 🔒 n° 01-42.943 P : *JSL 2004, n° 153-37* (le respect de la procédure conventionnelle ne peut être apprécié que par l'autorité administrative).

15. Le contrôle exercé par la cour administrative d'appel sur la motivation des décisions de l'autorité administrative procède d'une appréciation souveraine qui ne peut être discutée devant le juge de cassation. • CE 24 mars 1999 : *RJS 1999. 509, n° 832.*

16. Motif de légalité externe du juge administratif. Le juge judiciaire n'est pas lié par la décision de la juridiction administrative qui a seulement confirmé le jugement du tribunal administratif sur un motif de légalité externe tenant à l'absence d'enquête contradictoire par l'inspecteur du travail ; n'ayant pas statué sur le motif selon lequel les faits reprochés au salarié protégé ne comportaient pas un degré de gravité suffisant pour justifier son licenciement, de sorte que ce dernier motif ne pouvait constituer le soutien nécessaire de sa décision, la cour d'appel devait rechercher si le licenciement du salarié était justifié par une cause réelle et sérieuse. • Soc. 4 juill. 2018, ⚖ n° 16-26.138 P : *D. 2018. Actu. 1498* ; *Dr. soc. 2018. 762, obs. Mouly* ; *RJS 10/2018, n° 619.* ♦ Mais l'irrégularité de la procédure de licenciement ne constitue pas un motif tiré de la légalité externe de la décision administrative ; est dépourvu de cause réelle et sérieuse le licenciement d'un salarié protégé dès lors que l'autorisation administrative de licenciement a été retirée au motif que la procédure de licenciement était entachée d'une irrégularité tenant à l'écoulement d'un délai excessif entre la mise à pied conservatoire et la saisine de l'administration, laquelle irrégularité ayant trait à la procédure diligentée par l'employeur. • Soc. 4 juill. 2018, ⚖ n° 16-26.860 P : *D. 2018. Actu. 1499* ; *Dr. soc. 2018. 762, note Mouly* ; *RJS 10/2018, n° 619 ; JCP S 2018. 1280, obs. Kerbourc'h.*

17. Griefs de l'employeur. L'employeur ne peut invoquer à l'appui de son recours contentieux un motif différent de celui invoqué initialement. • CE 8 janv. 1997 : ⚖ *RJS 1997. 121, n° 178* (fautes du salarié substituées à la perte de confiance).

18. Remise en cause d'un jugement d'annulation. L'annulation par le Conseil d'État d'un jugement mettant à néant une autorisation de licenciement a pour effet de restituer toute sa validité à cette autorisation ; l'employeur ne saurait se voir reprocher d'avoir refusé la réintégration et être condamné pour entrave. • Cass., ch. mixte, 3 déc. 1982, ⚖ n° 80-90.841 P : *D. 1984. 233, note Mayaud ; Dr. soc. 1983. 89, concl. Picca, note Savatier.* – Dans le même sens : • Soc. 10 janv. 1989 : *Bull. civ. V, n° 1.*

19. Décision administrative illégale sur renvoi préjudiciel du juge judiciaire ou jurisprudence bien établie. Les dispositions du code du travail relatives à l'indemnisation du salarié protégé lorsque l'annulation de la décision administrative autorisant son licenciement est devenue définitive ne sont pas applicables quand cette décision, sur renvoi préjudiciel du juge judiciaire, est déclarée illégale par le juge administratif ou lorsque le juge judiciaire accueille, au vu d'une jurisprudence établie, la contestation du salarié portant sur sa légalité ; il appartient dans ce cas au juge judiciaire, après avoir statué sur la cause réelle et sérieuse de licenciement, de réparer le préjudice subi par le salarié, si l'illégalité de la décision d'autorisation est la conséquence d'une faute de l'employeur. • Soc. 1er juin 2023, ⚖ n° 21-22.857 B : *D. actu. 21 juin 2023, obs. Malfettes ; RJS 8-9/2023, n° 462 ; JCP S 2023. 1183, obs. Kerbourc'h.*

2° CONSÉQUENCES

a. Droit à réintégration

20. Mandat non visé par l'art. L. 2422-1. Les dispositions de l'art. L. 2422-1 sont applicables au conseiller du salarié, puisque le licenciement du conseiller du salarié est soumis à la procédure prévue par le livre IV concernant les salariés protégés, peu important que ce mandat ne soit pas visé par l'art. L. 2422-1. • Soc. 17 mai 2017, n° 16-15.005 P : *D. actu. 15 juin 2017, obs. Cortot ; D. 2017. Actu. 1129* ; *RJS 8-9/2017, n° 590 ; JCP S 2017. 1225, obs. Kerbourc'h.*

21. Caractère immédiat. Le droit à réintégration reconnu à un salarié à la suite de l'annulation d'une décision autorisant son licenciement n'est pas subordonné au caractère définitif de cette annulation. • Soc. 14 janv. 1988, ⚖ n° 86-41.907 P. • 14 mars 2006, ⚖ n° 05-81.805 P. ♦ Il ne trouve exception qu'en cas de sursis à exécution prononcé par le Conseil d'État. • CE 17 juill. 1990 : ⚖ *RJS 1990. 475, n° 701.* ♦ Une nouvelle autorisation administrative de licencier ne peut tenir en échec le droit à réintégration que le salarié tient de l'annulation par le juge administratif d'une précédente autorisation. • Soc. 10 déc. 1997, ⚖ n° 94-45.337 P : *RJS 1998. 50, n° 69.* ♦ Sur la situation d'un salarié investi de nouveaux mandats, après infirmation de la décision ordonnant sa réintégration, V. • Soc. 16 déc. 1997, ⚖ n° 94-45.508 P : *RJS 1998. 121, n° 185.* ♦ Sur la proposition d'un poste équivalent, V. note 52.

22. Personnes habilitées. Doit être rejetée la demande de réintégration dès lors qu'elle n'a pas été faite pendant le délai légal et que le syndicat demandeur ne justifiait d'aucun mandat pour le faire. • Soc. 22 mars 1995, ⚖ n° 93-42.183 P : *D. 1995. IR 95 ; JCP 1996. I. 3901, n° 21, obs. Chevillard.*

23. Autorité sur le juge judiciaire. L'annulation d'une autorisation administrative de licenciement, qui s'impose au juge judiciaire, emporte pour le salarié concerné droit à réintégration, même si le licenciement autorisé n'a été effectué qu'à l'issue de la période de protection. • Soc. 1er oct. 2003, ⚖ n° 01-42.299 P : *D. 2004. Somm. 380, obs. Verdier* ; *Dr. soc. 2003. 1136, obs. Savatier* ; *RJS 2003. 957, n° 1415.* ♦ Il ne peut être déduit, de la simple demande en référé d'une provision à valoir sur l'indemnité légale du licenciement prononcé dans l'état d'une autorisation contestée devant la juridiction administrative par les salariés, une manifestation sans équivoque de leur volonté de renoncer pour l'avenir à leur droit à réintégration. ● Même arrêt.

24. Mise en œuvre du droit à réintégration. L'annulation d'une autorisation administrative de licenciement emporte pour le salarié droit à réintégration dans son emploi ou, si ce dernier n'existe plus ou n'est plus vacant, dans un emploi équivalent comportant le même niveau de rémunération, la même qualification et les mêmes perspectives de carrière et permettant l'exercice du mandat représentatif. ● Soc. 24 janv. 1990, ⚖ n° 89-41.003 P : *D. 1991. Somm. 146, obs. Frossard* ⚖ *; Dr. soc. 1990. 328, rapp. Waquet* ⚖. ♦ Mais, s'agissant d'un délégué syndical, l'annulation n'entraîne pas de plein droit la réintégration du délégué dans son mandat. ● Soc. 24 janv. 1990, ⚖ n° 89-60.004 P : *D. 1991. Somm. 156, obs. Frossard* ⚖. ♦ Comp. : ● Crim. 22 nov. 1983 : *JCP 1985. II. 20519, note Desjardins.* ♦ La nouvelle désignation en qualité de délégué syndical ne peut concerner un autre établissement que celui où le salarié est réintégré. ● Crim. 17 déc. 1996, ⚖ n° 95-84.938 P : *JS 1997. 285, n° 432*.

25. Si la réintégration d'un représentant n'interdit pas à l'employeur de former une demande d'autorisation de licenciement pour motif économique, ce motif ne peut être tiré de la seule circonstance que l'emploi initialement occupé par le salarié n'est plus disponible au moment de la réintégration. ● CE 3 oct. 1990 : ⚖ *D. 1990. IR 270 ; RJS 1990. 656, n° 999*.

26. Impossibilité de réintégrer l'auteur. L'employeur est légitime à invoquer l'impossibilité de réintégration lorsque le salarié, qui obtient la nullité de son licenciement après l'annulation de l'autorisation administrative, est accusé de faits de harcèlement moral, l'obligation de sécurité qui pèse sur l'employeur justifiant le refus de réintégration. ● Soc. 1ᵉʳ déc. 2021, ⚖ n° 19-25.715 P : *D. actu. 3 janv. 2022, obs. Couëdel ; D. 2021. 414, chron. Ala et Lanoue* ⚖ *; Dr. soc. 2022. 146, note Adam* ⚖ *; ibid. 414, note Kapp et Keim-Bagot* ⚖ *; RJS 2/2022, n° 82 ; JCP S 2021. 1323, obs. Leborgne-Ingelaere*.

27. Droit électoral. La demande de réintégration, à condition qu'elle ait été formée dans le délai, et même si elle n'a pas été suivie d'effet, confère au salarié la qualité d'électeur et d'éligible. ● Soc. 7 juill. 1983, ⚖ n° 83-60.060 P : *Dr. soc. 1984. 141, note Savatier* ● 31 janv. 1989 : *ibid. V, n° 86*. – Dans le même sens : ● Soc. 10 déc. 1996 : ⚖ *RJS 1997. 43, n° 58* (le salarié dont la réintégration a été demandée fait partie du personnel de l'entreprise pour l'appréciation de l'existence d'une section syndicale). ♦ Même solution en cas d'annulation sur recours contentieux d'une décision de l'inspecteur du travail. ● Soc. 13 juill. 1993, ⚖ n° 92-60.034 P : *RJS 1993. 534, n° 895* ● 30 avr. 2002, ⚖ n° 01-60.765 P : *RJS 2002. 653, n° 848* (électorat et éligibilité après un retrait d'autorisation). ♦ Lorsqu'un délégué syndical, licencié après autorisation, n'a pu être candidat aux élections professionnelles organisées dans l'entreprise postérieurement à son licenciement, le syndicat est en droit, si l'intéressé demande sa réintégration à la suite de l'annulation de cette autorisation, de le désigner de nouveau en qualité de délégué syndical. ● Soc. 14 nov. 2013 : ⚖ *D. actu. 5 déc. 2013, obs. Ines ; D. 2013. Actu. 2704* ⚖ *; RJS 1/2014, n° 58*.

28. Protection du salarié réintégré. Lorsqu'une première autorisation de licenciement intervenue moins de six mois après l'expiration du mandat du salarié protégé a été annulée sur recours hiérarchique, le représentant bénéficie de la protection exceptionnelle pendant une nouvelle durée de six mois à compter de sa réintégration dans l'entreprise. ● CE 13 mai 1992 : ⚖ *Dr. soc. 1992. 693, concl. Froment* ⚖ *; RJS 1992. 557, n° 1009*. ♦ Le délai de cette protection court à compter du jour où l'employeur exécute son obligation de réintégration en proposant au salarié un emploi équivalent comportant le même niveau de rémunération, la même qualification et les mêmes perspectives de carrière. ● Soc. 17 mai 2017, ⚖ n° 14-29.610 P : *D. actu. 15 juin 2017, obs. Cortot ; D. 2017. Actu. 1129* ⚖ *; ibid. Pan. 2274, obs. Lokiec* ⚖ *; RJS 8-9/2017, n° 597 ; JCP S 2017. 1234, obs. Kerbourc'h*. ♦ Le salarié protégé qui, à la suite de l'annulation de la décision autorisant son licenciement, est réintégré dans l'entreprise sans pour autant être réintégré dans son mandat représentatif, bénéficie de la protection due à l'expiration de son mandat pendant une durée de 6 mois à compter du jour de sa reprise effective du travail dans l'entreprise. ● CE 24 janv. 2022, ⚖ n° 443356 : *RJS 4/2022, n° 199*.

29. Transfert d'entreprise. Le contrat de travail du salarié dont l'autorisation de licenciement a été annulée est transféré au repreneur de l'entreprise en application de l'art. L. 122-12, al. 2. ● Crim. 15 oct. 1991 : ⚖ *D. 1992. IR 23* ⚖. ♦ La demande de réintégration présentée par un représentant, dont l'autorisation de licenciement a été annulée dans le délai de deux mois, à son premier employeur est opposable au nouvel employeur dès lors que l'ancien n'a informé le salarié de la cession d'activités qu'à l'expiration dudit délai. ● Soc. 10 juill. 1995 : ⚖ *RJS 1995. 600, n° 916*.

30. Salarié ayant fait valoir ses droits à la retraite. Le salarié licencié en vertu d'une autorisation administrative ultérieurement annulée, qui fait valoir ses droits à la retraite, ne peut demander sa réintégration dans l'entreprise, mais peut prétendre, en application de l'art. L. 2422-4, à une indemnité égale aux rémunérations qu'il aurait dû percevoir de son éviction jusqu'à l'expiration du délai de deux mois à compter de la notification de la décision d'annulation, sous déduction des pensions de retraite perçues pendant la même période, sauf s'il atteint, avant cette date, l'âge légal de mise à la retraite d'office. ● Soc. 8 juill. 2020, ⚖ n° 17-31.291 P : *RJS 10/2020, n° 486*. ♦ Le salarié protégé qui a fait valoir ses droits à la retraite, rendant ainsi impossible sa réintégration, a droit, au titre de la violation du statut protecteur, à la rémunération qu'il aurait perçue depuis la date de son éviction jusqu'à celle de son départ à la retraite. • Soc. 18 mai 2022, ⚖ n° 21-10.118 B : *D. actu.* 9 juin 2022, obs. Malfettes ; *D.* 2022. 999 ; *Dr. soc.* 2022. 842, obs. Mouly ; *RJS* 8-9/2022, n° 460.

b. Droit à réparation

31. Principe. L'annulation de l'autorisation de licencier d'un salarié protégé titulaire de plusieurs mandats en raison de l'omission par l'employeur d'un de ces mandats dans sa demande à l'inspection du travail ne place pas le salarié licencié dans une situation identique à celle d'un salarié licencié sans autorisation. Il ne peut prétendre qu'aux indemnités retenues pour les licenciements prononcés avant que l'autorisation administrative ne soit annulée. • Soc. 3 févr. 2016, ⚖ n° 14-17.886 P : *D. actu.* 22 févr. 2016, obs. Cortot ; *D.* 2016. *Actu.* 383 ; *RJS* 4/2016, n° 270 ; *JSL* 2016, n° 406-3, obs. Pacotte et Layat-Le Bourhis ; *JCP S* 2016. 1131, obs. Pagnerre. ♦ La rupture du contrat de travail d'un représentant du personnel n'intervient pas en méconnaissance du statut protecteur, et n'ouvre pas droit à l'indemnité correspondante, dès lors qu'elle a été autorisée par l'inspecteur du travail, même si cette autorisation est ensuite annulée. • Soc. 6 avr. 2016, n° 14-13.484 P : *D. actu.* 9 mai 2016, obs. Cortot.

32. Indemnité compensatrice de la perte de salaire. L'annulation d'une autorisation de licenciement ne laisse rien subsister d'elle, de sorte que le salarié a droit à réparation à compter du licenciement et non de la date de la décision ministérielle. • Soc. 5 mars 1986 : *Bull. civ.* V, n° 59 ; *D.* 1986. IR 212.

33. Cette période court jusqu'à la date de la réintégration. • Soc. 28 févr. 1989 : *Bull. civ.* V, n° 142 ; *D.* 1989. IR 108. ♦ Comp., lorsque le salarié n'a pas demandé sa réintégration. • Soc. 24 juin 1998 : ⚖ *RJS* 1998. 645, n° 1019.

34. À défaut de sursis à exécution, le jugement du tribunal administratif annulant l'autorisation de licenciement ouvre droit, au profit du salarié, à réintégration ; il en résulte que la période d'indemnisation ne peut être étendue, en cas de recours, au-delà de la date d'expiration du délai de deux mois à compter de la notification de ce jugement. • Soc. 17 sept. 2003 : ⚖ *RJS* 2003. 891, n° 1290. • 29 mars 2005, n° 03-43.573 P. • 19 oct. 2005, ⚖ n° 02-46.173 P.

35. Le droit à indemnisation du salarié est subordonné au caractère définitif de l'annulation de la décision d'autorisation de licenciement. • Soc. 23 nov. 2004, ⚖ n° 03-46.627 P : *RJS* 2005. 129, n° 176. ♦ Lorsque l'autorité administrative a pris une décision d'incompétence pour statuer sur la demande d'autorisation de mise à la retraite d'un salarié protégé, seul le jugement du tribunal administratif annulant cette décision prive d'effet la décision de l'employeur et permet au salarié de solliciter sa réintégration ; si bien que lorsque le salarié sollicite auprès de l'employeur sa réintégration, dans le délai de deux mois et y renonce ensuite, il a droit à une indemnité réparant le préjudice subi du jour de son éviction jusqu'à l'expiration du délai pour demander sa réintégration. • Soc. 12 oct. 2005 : ⚖ *D.* 2005. IR 2631 ; *RJS* 2006. 47, n° 64.

36. Salarié protégé et départ à la retraite. Le salarié protégé, licencié en vertu d'une autorisation ultérieurement annulée et ne demandant pas sa réintégration, peut prétendre, s'il remplit les conditions, tant au paiement des indemnités de rupture qu'à celui de l'indemnité pour licenciement sans cause réelle et sérieuse, peu important son départ à la retraite. • Soc. 27 mars 2012 : ⚖ *D. actu.* 25 avr. 2012, obs. Fleuriot ; *D.* 2012. *Actu.* 1011 ; *RJS* 2012. 489, n° 579 ; *JCP S* 2012. 1317, obs. Asquinazi-Bailleux. ♦ Le salarié protégé licencié sans autorisation et qui fait valoir ses droits à la retraite avant sa réintégration bénéficie d'une indemnité de la date de son éviction à celle de son départ à la retraite. • Soc. 13 févr. 2019, ⚖ n° 16-25.764 P : *D. actu.* 7 mars 2019, obs. Cortot ; *D.* 2019. *Actu.* 386 ; *Dr. soc.* 2019. 365, obs. Mouly ; *RJS* 4/2019, n° 234.

37. Prescription de l'action. L'indemnisation prévue en cas d'annulation de l'autorisation de licenciement par jugement du tribunal administratif n'est due que lorsque l'annulation de la décision d'autorisation est devenue définitive. Il en résulte que le délai de prescription de l'action au titre de cette indemnisation ne court qu'à compter de cette date. • Soc. 2 juill. 2003, ⚖ n° 01-40.639 P : *RJS* 2003. 817, n° 1193 • 17 sept. 2003, ⚖ n° 01-41.656 P.

38. Non-cumul avec les revenus de remplacement. L'indemnité compensatrice due au salarié protégé dont l'autorisation de licenciement a été annulée ne se cumule pas avec les allocations de chômage servies par l'Assedic. • Soc. 28 oct. 2003, ⚖ n° 01-40.762 P : *Dr. soc.* 2004. 117, obs. Verkindt ; *RJS* 2004. 75, n° 91 • 19 oct. 2005, ⚖ n° 02-46.173 • 29 oct. 2010, ⚖ n° 08-43.202 P : *JCP S* 2011. 1032, obs. Brissy (revenus d'une autre activité professionnelle) • 29 sept. 2014, ⚖ n° 13-15.733 P : *D.* 2014. *Actu.* 2003 ; *RJS* 12/2014, n° 876.

39. Préjudice subi à la suite de l'annulation du licenciement. S'il ne demande pas sa réintégration, le salarié protégé a droit à une indemnité correspondant à la totalité du préjudice subi depuis son licenciement jusqu'à l'expiration du délai de deux mois et, le cas échéant, aux indemnités dues au salarié selon le droit commun en cas de licenciement s'il en remplit les conditions. • Soc. 30 avr. 2002, ⚖ n° 99-44.995 P : *RJS* 2002. 653, n° 848 ; *JCP E* 2002. 1764, obs. Césaro. ♦ L'absence de cause réelle et sérieuse de licenciement ne résulte pas en soi de l'annulation de l'autorisation

SALARIÉS PROTÉGÉS   **Art. L. 2422-1** 1011

de licenciement. • Soc. 26 sept. 2007, ⚖ n° 05-42.599 P : *D. 2007. AJ 2529, obs. Perrin* ✎ *; RJS 12/2007, n° 1309.* ♦ Mais la décision du juge administratif qui annule l'autorisation en raison du lien existant entre la procédure de licenciement et les fonctions représentatives exercées par l'intéressé s'oppose à ce que le juge judiciaire considère que le licenciement repose sur une cause réelle et sérieuse. • Soc. 30 juin 2016, ⚖ n° 15-11.424 P : *D. actu. 18 juill. 2016, obs. Cortot ; Dr. soc. 2016. 862* ✎ *; RJS 10/2016, n° 641 ; JSL 2016, n° 416-4, obs. Hautefort ; JCP S 2016. 1331, obs. Dauxerre.*
♦ La situation du salarié bénéficiant de la protection exceptionnelle instituée par le législateur en raison de l'exercice de fonctions représentatives, qui, licencié sur le fondement d'une autorisation administrative ultérieurement annulée pour un motif de légalité externe par le juge administratif, est différente de celle du salarié licencié en violation de son statut protecteur et de celle du salarié dont le licenciement a été déclaré par le juge administratif comme ne reposant pas sur un motif de nature à le justifier. • Soc. 11 juin 2012, ⚖ n° 12-40.024 P : *Dr. soc. 2012. 929* ✎ *; RJS 8-9/2012, n° 724.*

c. *Responsabilité de l'État*

40. Faute simple. La faute simple suffit à engager la responsabilité de l'État du fait des autorisations administratives de licenciement des salariés protégés. • CE 6 janv. 1989 : *Lebon 5 ; Dr. soc. 1989. 376, note Chelle et Prétot* • 29 juin 1990 : ⚖ *Lebon 194* ✎ *; D. 1991. Somm. 231, obs. Bon et Terneyre* ✎ *; D. 1992. Somm. 161, obs. Chelle et Prétot* ✎ *; RJS 1990. 518, n° 763.*

41. L'illégalité d'une décision d'autorisation de licenciement, à supposer même qu'elle soit imputable à une simple erreur d'appréciation, constitue une faute de nature à engager la responsabilité de la puissance publique ; par suite, et quelle que puisse être par ailleurs la responsabilité de l'employeur, le salarié est en droit d'obtenir la condamnation de l'État à réparer le préjudice direct et certain résultant pour lui de cette décision illégale. • Soc. 9 juin 1995 : *D. 1996. Somm. 228, obs. Chelle et Prétot* ✎ *; RJS 1995. 520, n° 797 ; ibid. 498, concl. Arrighi de Casanova.*

42. Responsabilité de la puissance publique. En application des principes généraux de la responsabilité de la puissance publique, il peut le cas échéant être tenu compte, pour déterminer l'étendue de la responsabilité de l'État à l'égard de l'employeur à raison de la délivrance d'une autorisation de licenciement entachée d'illégalité, au titre du versement par l'employeur au salarié de l'indemnité prévue par l'art. L. 2422-4, de la faute également commise par l'employeur en sollicitant la délivrance d'une telle autorisation. • CE 4 nov. 2020, ⚖ n° 428741 A : *AJDA 2020. 2184, obs. Pastor* ✎ *; RJS 2/2021, n° 100 ; ibid., concl. Dieu ; JCP S 2020. 3109, obs. Chatelier.*

D. *ANNULATION D'UN REFUS D'AUTORISATION*

43. Conséquences. L'annulation par le juge administratif d'un refus d'autorisation de licencier ne vaut pas autorisation de licencier. • Soc. 10 déc. 1997, ⚖ n° 94-45.337 P : *RJS 1998. 50, n° 69.* ♦ L'annulation sur recours contentieux d'une décision de l'inspecteur du travail se déclarant incompétent pour statuer sur une demande d'autorisation de licencier, au motif que le salarié n'est pas ou n'est plus protégé, produit les mêmes effets que l'annulation sur recours contentieux d'une décision de l'inspecteur du travail autorisant le licenciement, soit l'indemnisation et/ou la réintégration du salarié. • Soc. 10 mars 1998, ⚖ n° 94-45.573 P : *RJS 1998. 311, n° 494* • 21 oct. 2008 : ⚖ *RJS 2009. 64, n° 56.*

44. L'annulation de la décision refusant le licenciement ne fait pas obstacle à ce que l'inspecteur du travail, saisi d'une nouvelle demande, procède à un réexamen de la situation à la lumière des circonstances de droit et de fait existant à cette date. • CE 21 sept. 1990 : ⚖ *JS UIMM 1991. 66.*

II. LICENCIEMENT PRONONCÉ SANS AUTORISATION OU EN DÉPIT D'UN REFUS D'AUTORISATION

A. *REFUS D'AUTORISATION*

45. Conséquences. Lorsque l'autorisation de licenciement a été refusée, l'employeur a l'obligation de conserver le salarié protégé dans l'entreprise et de le rémunérer ; doit être rejetée la demande de l'employeur au juge des référés prud'homal en suspension du contrat de travail dans l'attente du résultat du recours hiérarchique, nonobstant le fait que le salarié protégé, chauffeur routier, ne pouvait plus exercer son activité pour s'être vu retirer son permis de conduire. • Soc. 18 juin 1997, ⚖ n° 95-43.723 P : *RJS 1997. 624, n° 998 ; CSB 1997. 281, A. 51.*

B. *ABSENCE D'AUTORISATION*

1° *NULLITÉ DU LICENCIEMENT*

46. Principe. Le licenciement prononcé sans le respect des formalités protectrices est nul. • Soc. 4 avr. 1974 : *Bull. civ. V, n° 203* • 19 févr. 1981 : *ibid., n° 145* (même en cas de faute lourde) • 15 févr. 1984 : *ibid., n° 71* • 9 juin 1988 : *D. 1989. Somm. 162, obs. Frossard* (assistante maternelle) • 4 juill. 1989 : *Bull. civ. V, n°s 497 et 498* • 3 oct. 1989 : *ibid., n° 558 ; D. 1989. IR 268.*

47. Un inspecteur du travail est tenu de refuser l'autorisation de licenciement d'un salarié qui, dans un premier temps, a été licencié sans autorisation, puis a fait l'objet d'une mesure de réintégration avant le déclenchement d'une nouvelle procédure et qui entend se prévaloir de tous les effets attachés au premier licenciement. • CE

14 juin 1991 : D. 1991. IR 217 ; Dr. soc. 1992. 51, concl. Denis-Linton.

2° RÉINTÉGRATION

48. Droit à réintégration. La réintégration du représentant est de droit, peu important qu'il ait été licencié cinq ans auparavant. • Soc. 20 mai 1992, n° 90-44.725 P : D. 1993. Somm. 263, obs. Frossard ; Dr. soc. 1992. 714 ; RJS 1992. 494, n° 895. ♦ ... Ou qu'il soit entré au service d'un autre employeur. • Soc. 21 oct. 1992 : Dr. ouvrier 1993. 32. ♦ ... Ou que l'employeur ait entendu supprimer le poste pour occuper lui-même les fonctions du salarié. • Soc. 18 nov. 1998, n° 96-43.072 P : Dr. soc. 1999. 197, obs. Cohen ; RJS 1999. 54, n° 71.

49. Délai. Aucun délai n'est imparti au salarié protégé, licencié sans autorisation, pour demander sa réintégration. • Soc. 26 févr. 1992 : RJS 1992. 268, n° 467 • 11 déc. 2001, n° 99-42.476 P : D. 2002. IR 255 ; RJS 2002. 166, n° 200 ; JSL 2002, n° 95-3. ♦ Le simple fait, pour un salarié protégé, de demander initialement l'indemnisation du préjudice résultant pour lui de son licenciement non autorisé ne caractérise pas sa renonciation à demander ensuite sa réintégration. • Soc. 13 juill. 1993 : Dr. soc. 1993. 881 ; CSB 1993. 248, S. 131 ; RJS 1993. 598, n° 1004.

50. Compétence du juge des référés. Le licenciement, malgré le refus de l'inspecteur du travail, de salariés ayant demandé l'organisation d'élections constitue un trouble manifestement illicite permettant au salarié de demander sa réintégration devant le conseil de prud'hommes. • Soc. 22 nov. 1988, n° 86-40.635 P : D. 1989. Somm. 163, obs. Frossard. ♦ V. aussi • Soc. 10 janv. 1989 : D. 1989. IR 38 ; Dr. ouvrier 1990. 110, note Richevaux (réintégration sous astreinte). ♦ Dans le même sens, pour le maintien d'une mutation, malgré le refus du salarié protégé et le refus de l'administration du travail d'autoriser le licenciement : • Soc. 3 févr. 1993, n° 89-40.042 P. ♦ Le juge des référés peut décider que l'obligation de l'employeur de payer le salaire n'est pas sérieusement contestable. • Soc. 8 juill. 1997 : RJS 1997. 623, n° 997.

51. Réintégration et mise en disponibilité. La mise en disponibilité du salarié protégé dont le licenciement est nul pendant la période de protection restant à courir ne constitue pas une réintégration. • Soc. 30 juin 2004, n° 02-41.686 P : D. 2004. IR 2193 ; Dr. soc. 2004. 1040, obs. Milet ; RJS 2004. 732, n° 1067.

52. Emploi équivalent. Lorsque l'emploi du salarié n'existe plus ou n'est plus vacant, l'employeur doit réintégrer l'intéressé dans un emploi équivalent. • Crim. 17 déc. 1996, n° 95-84.938 P : RJS 1997. 285, n° 432. ♦ Comp. • Soc. 31 mai 1995 : Dr. soc. 1995. 683, obs. Cohen ; CSB 1995. 287, A. 54 (le salarié doit être réintégré dans son emploi, peu important que celui-ci soit occupé par un autre salarié). ♦ La réintégration peut avoir lieu dans un emploi équivalent comportant le même niveau de rémunération, la même qualification et les mêmes perspectives de carrière que l'emploi initial et permettant l'exercice du mandat représentatif. • Soc. 24 janv. 1990, n° 89-41.003 P : D. 1991. Somm. 146, obs. Frossard ; Dr. soc. 1990. 328, rapp. Waquet.

53. Le salarié réintégré dans un emploi équivalent par l'effet de la loi ne peut pas invoquer les dispositions de son contrat de travail telles celles prévoyant expressément et exclusivement un lieu de travail déterminé et subordonnant les mutations à certaines conditions. • Soc. 26 févr. 1992, n° 89-45.456 P : D. 1992. IR 112 ; RJS 1992. 267, n° 465 ; CSB 1992. 115, A. 22. ♦ Le salarié ne peut retrouver son mandat que s'il est réintégré dans son établissement d'origine, non en cas de mutation. • Crim. 17 déc. 1996, n° 95-84.938 P : RJS 1997. 285, n° 432.

54. Refus du salarié d'être réintégré. Le salarié est en droit de refuser la réintégration sans que la rupture lui soit imputable. • Soc. 23 oct. 1980, n° 78-41.027 P. • 4 oct. 1984, n° 82-42.077 P. ♦ Rappr. : • CE 14 juin 1991 : D. 1991. IR 217 ; Dr. soc. 1992. 51, concl. Denis-Linton.

55. La proposition de l'employeur d'annuler le licenciement et de réintégrer le salarié concerné est sans effet si le salarié ne l'accepte pas. • Soc. 10 mai 1999, n° 96-45.652 P : RJS 1999. 507, n° 830 ; D. 1999. IR 149 ; JS Lamy 1999, n° 39-7.

56. Refus de l'employeur de réintégrer. Le refus de réintégration du salarié irrégulièrement licencié constitue une voie de fait justifiant la compétence du juge des référés. • Cass., ch. mixte, 25 oct. 1968, Detœuf, n° 66-60.054 P : GADT, 4ᵉ éd., n° 153 ; D. 1968. 706 • Soc. 6 juill. 1982, n° 81-12.655 P. • 26 nov. 1997, n° 95-44.578 P : RJS 1998. 50, n° 65. ♦ Pour une réintégration dans la société cessionnaire à la suite du règlement judiciaire de la société cédante, V. • Soc. 26 juin 1991 : CSB 1991. 207, S. 127 • Crim. 17 mars 1992 : RJS 1992. 602, n° 1077 • Soc. 10 juill. 1995 : Dr. soc. 1995. 834. ♦ V. aussi • Soc. 26 sept. 1990 : RJS 1990. 568, nᵒˢ 842 et 843 • 10 oct. 1990 : eod. loc. (la nullité d'un licenciement intervenu avant la cession de l'entreprise entraîne la réintégration chez le nouvel employeur) • 15 déc. 1988 : D. 1990. 87, note Penneau (réintégration dans une des sociétés du groupe). ♦ Lorsque le salarié a obtenu judiciairement sa réintégration et que l'employeur y fait obstacle, ce dernier est tenu au paiement d'une indemnité égale à la rémunération que le salarié aurait perçue jusqu'à ce que, renonçant à la réintégration, il prenne acte de la rupture de son contrat de travail ; le salarié a droit en outre aux indemnités de rupture de son contrat ainsi qu'à une indemnité pour licenciement illicite. • Soc. 25 janv. 2006, n° 04-40.789 P : D. 2006. Pan. 2012, obs. Lardy-Pélissier ; RJS 4/06, n° 475.

SALARIÉS PROTÉGÉS

57. S'il n'a pas satisfait à l'obligation de réintégrer le salarié, l'employeur, qui ne justifie pas d'une impossibilité de réintégration, ne peut licencier l'intéressé une fois la période de protection expirée en raison de son refus de modification de son contrat de travail, et le licenciement prononcé en raison de ce seul refus est nul. ● Soc. 30 juin 2004, ⚖ n° 02-41.686 P : *D. 2004. IR 2193* 🖉 *; RJS 2004. 732, n° 1067.* ◆ La modification substantielle du contrat, refusée par le salarié, par laquelle l'employeur s'oppose à une réintégration caractérise un licenciement de fait justifiant la condamnation de l'employeur à verser des dommages-intérêts. ● Soc. 10 oct. 1989 : *Bull. civ. V, n° 575.* – V. aussi ● Soc. 10 juill. 1991 : ⚖ *RJS 1991. 582, n° 1112 ; Dr. soc. 1991. 739.* ◆ Le maintien de la modification du contrat de travail, après refus de l'inspecteur du travail d'autoriser le licenciement consécutif au refus par le salarié de cette modification, constitue un trouble manifestement illicite, justifiant le recours en référé du salarié protégé, pour obtenir son rétablissement dans ses fonctions initiales ou tout au moins dans un emploi correspondant à sa rémunération. ● Soc. 12 mai 1998, ⚖ n° 96-40.378 P : *RJS 1998. 485, n° 758.* – V. aussi ● Soc. 5 mai 1998, ⚖ n° 95-45.190 P : *RJS 1998. 485, n° 758* ● 3 févr. 1993, ⚖ n° 89-40.042 P.

58. L'attitude d'une partie du personnel n'autorise pas l'employeur à se soustraire à ses obligations et ne peut constituer une contestation sérieuse faisant obstacle à la réintégration. ● Soc. 9 juin 1988 : *Bull. civ. V, n° 356* ● 7 juill. 1988 : *ibid., n° 432 ; Dr. ouvrier 1990. 65.* ◆ Le refus d'une partie du personnel de travailler à nouveau avec le salarié investi d'un mandat représentatif pour des motifs écartés par l'autorité administrative ne peut suffire à caractériser une impossibilité absolue de réintégrer celui-ci dans son poste. ● Soc. 24 juin 2014 : ⚖ *D. actu. 7 juill. 2014, obs. Avena Robardet ; D. 2014 Artu. 1504* 🖉 *; JSL 2014, n° 371-3.*

59. Réintégration matériellement impossible. L'employeur est libéré de l'obligation de réintégration uniquement dans le cas où l'entreprise a disparu ou lorsqu'il existe une impossibilité absolue de réintégration ; cette impossibilité ne peut résulter ni de la fermeture du site sur lequel le salarié travaillait, ni de l'absence d'emploi équivalent. ● Soc. 13 déc. 1994 : ⚖ *D. 1995. IR 22 ; Dr. soc. 1995. 513, obs. Cohen* 🖉. ◆ ... Ni de la cessation de publication des revues d'une entreprise de presse. ● Soc. 8 juill. 1997 : ⚖ *Dr. soc. 1997. 990, obs. Couturier* 🖉 (réintégration du rédacteur en chef). ◆ ... Ni des nombreux licenciements pour motif économique ayant eu lieu dans l'entreprise. ● Soc. 24 juin 1998, ⚖ n° 95-44.757 P. ◆ La réintégration n'est pas matériellement impossible lorsqu'il existe un groupe de personnes morales ou physiques constitutif d'une seule entreprise, ce qui est le cas lorsqu'une unité économique et sociale est reconnue, le périmètre de réintégration d'un salarié protégé s'étend à toutes les personnes juridiques constituant ce groupe. ● Soc. 16 oct. 2001, ⚖ n° 99-44.037 P : *D. 2002. 770, obs. Peskine* 🖉 *; RJS 2002. 969, n° 1446.* ◆ En revanche caractérise une impossibilité de réintégration l'opposition des collègues victimes du harcèlement moral commis par la salariée protégée dont l'autorisation de licenciement a été annulée ; l'obligation de sécurité qui pèse sur l'employeur justifie le refus de réintégration et le nouveau licenciement de la salariée. ● Soc. 1er déc. 2021, ⚖ n° 19-25.715 B : *D. actu. 3 janv. 2022, obs. Couëdel ; D. 2021. 2235* 🖉 *; Dr. soc. 2022. 146, note Adam* 🖉 *; ibid. 414, note Kapp et Keim-Bagot* 🖉 *; RJS 2/2022, n° 82 ; SSL 2022, n° 1983, obs. Champeaux ; JSL 2022, n° 534-3, obs. Nasom-Tissandier ; JCP S 2021. 1323, obs. Leborgne-Ingelaere.*

60. Nouvelle demande. Si le fait qu'un salarié a été réintégré ne fait pas en soi obstacle à ce qu'il fasse ultérieurement l'objet d'une demande de licenciement pour motif économique, ce motif ne peut toutefois être tiré de ce que l'emploi qu'il occupait précédemment n'est plus disponible. ● CE 30 oct. 1995 : ⚖ *RJS 1996. 32, n° 44.*

3° INDEMNISATION

a. Salarié non réintégré

61. Compensation de la perte salariale. Lorsque le salarié ne demande pas sa réintégration, la sanction de son licenciement illégal est le versement de la rémunération qu'il aurait perçue jusqu'à la fin de la période de protection en cours et non la réparation du préjudice réellement subi par lui. ● Soc. 25 nov. 1997, ⚖ n° 94-43.651 P : *GADT, 4e éd., n° 155 ; Dr. soc. 1998. 91, obs. Cohen* 🖉 (peu importe qu'il ne soit pas resté à la disposition de l'employeur). ◆ Concernant un délégué syndical, le montant de l'indemnité correspond à la période de protection prévue par l'art. L. 412-8, al. 4, soit 12 mois de salaire à compter de l'éviction de l'entreprise. ● Soc. 6 juin 2000, ⚖ n° 98-40.387 P : *D. 2000. IR 188* 🖉 *; RJS 2000. 572, n° 829.* ◆ Seul le salarié qui présente sa demande d'indemnisation avant la fin de sa période de protection peut prétendre à une indemnité forfaitaire égale au montant des salaires qu'il aurait dû percevoir jusqu'à la fin de ladite période. ● Soc. 11 juin 2013 : ⚖ *D. actu. 4 juill. 2013, obs. Fleuriot ; D. 2013. Actu. 1555* 🖉 *; RDT 2013. 573, obs. Grévy* 🖉 *; JCP S 2013. 1388, obs. Barège ; JSL 2013, n° 348-4, obs. Tourreil.* ◆ Le délégué du personnel qui ne demande pas la poursuite de son contrat de travail a droit à une indemnité pour violation du statut protecteur égale à la rémunération qu'il aurait perçue depuis son éviction jusqu'à l'expiration de la période de protection, dans la limite de deux ans, durée minimale légale de son mandat, augmentée de six mois. ● Soc. 15 avr. 2015, ⚖ n°s 13-24.182 et 13-27.211 : *D. actu. 26 mai 2015, obs. Siro ; D. 2015. Actu. 926* 🖉 *; JSL 2015, n° 389-5, obs. Pacotte et Bernardeschi ; RJS*

7/2015, n° 504 • 14 oct. 2015, ⚖ n° 14-12.193 P : *D. 2015. Actu. 2131* ∅ *; RJS 1/2016, n° 47.* ♦ L'indemnisation due à un conseiller prud'homme, ayant obtenu la résiliation judiciaire de son contrat de travail aux torts de l'employeur, est égale à la rémunération qu'il aurait dû percevoir depuis la date de la prise d'effet de la résiliation jusqu'à l'expiration de la période de protection résultant du mandat en cours à la date de la demande, dans la limite d'une durée de deux ans augmentée de six mois. • Soc. 3 févr. 2016, ⚖ n° 14-17.000 P : *D. actu. 1er mars 2016, obs. Fraisse ; D. 2016. Actu. 383* ∅ *; RJS 4/2016, n° 243 ; JCP S 2016. 1165, note Gauriau.* ♦ Le représentant de section syndicale qui ne demande pas la poursuite du contrat de travail illégalement rompu a droit à une indemnité pour violation du statut protecteur égale à la rémunération qu'il aurait perçue depuis son éviction jusqu'à l'expiration de la période de protection, dans la limite de trente mois, durée minimale légale du mandat des représentants élus du personnel augmentée de six mois. • Soc. 15 mai 2019, ⚖ n° 18-11.036 P : *D. actu. 13 juin 2019, obs. Malfettes.*

62. Cette indemnisation est due nonobstant la gravité de la faute commise par le salarié. • Soc. 10 juill. 1990, ⚖ *Bourdon*, n° 86-43.699 P : *D. 1990. IR 197 ; Dr. soc. 1990. 794, note H. Marie* ∅ *; RJS 1990. 534, n° 794.* – Dans le même sens : • Soc. 6 avr. 1994, ⚖ n° 92-42.395 P : *D. 1994. IR 112.*

63. Le salarié protégé dont le licenciement est nul, qui ne demande pas sa réintégration ou dont la réintégration est impossible, est en droit d'obtenir, outre l'indemnité pour méconnaissance du statut protecteur, les indemnités de rupture ainsi qu'une indemnité réparant l'intégralité du préjudice résultant du caractère illicite du licenciement et au moins égale à 6 mois de salaire, sans que le juge ait à se prononcer sur l'existence d'une cause réelle et sérieuse de licenciement. • Soc. 18 mai 2022, ⚖ n° 21-10.118 B : *préc. note 30.*

64. Préjudice résultant de la rupture du contrat de travail. Cette indemnisation ne répare pas le préjudice résultant de la rupture du contrat de travail, qui peut faire l'objet d'une indemnisation particulière. • Soc. 10 juill. 1990, ⚖ *Cassini*, n° 87-44.981 P : *Dr. soc. 1990. 794, note H. Marie* ∅ *; RJS 1990. 534, n° 794.* ♦ ... Laquelle comprend, sauf faute grave, les indemnités de rupture et une indemnité si le licenciement est dépourvu de cause réelle et sérieuse. • Soc. 5 mai 1993, ⚖ n° 92-40.835 P : *Dr. soc. 1993. 604, note P. W.* • 17 mars 1998, ⚖ n° 95-42.885 P : *RJS 1998. 392, n° 607.*

65. L'indemnité pour licenciement sans cause réelle et sérieuse peut être cumulée avec l'indemnisation du préjudice résultant de la non-réintégration du salarié, la Cour de cassation a, en effet, considéré que si le salarié protégé qui, à la suite de l'annulation de l'autorisation administrative de son licenciement, ne demande pas sa réintégration, a droit à une indemnité correspondant au préjudice subi du fait de la nullité du licenciement, cette indemnité n'étant pas exclusive du droit aux indemnités dues au salarié, selon le droit commun, en cas de licenciement dès l'instant qu'il remplit les conditions pour y prétendre. • Soc. 16 nov. 1999, ⚖ n° 97-42.069 P : *D. 1999. IR 281* ∅ *; RJS 2000. 40, n° 45* • 12 juin 2001 : *D. 2001. IR 2242* ∅ *; Dr. soc. 2001. 900, obs. Savatier* ∅ *; RJS 2001. 720, n° 1053 ; JSL 2001, n° 86-6* • 12 déc. 2001, ⚖ n° 99-44.167 P : *Dr. soc. 2002. 225, obs. Couturier* ∅ *; RJS 2002. 167, n° 201 ; Dr. ouvrier 2002. 125, note Milet* • 30 avr. 2002, ⚖ n° 01-60.765 P : *RJS 2002. 653, n° 848* • 6 avr. 2005, n° 03-40.768 P : *D. 2005. IR 1048 ; RJS 2005. 461, n° 651.* ♦ Comp. : qu'il ait ou non demandé sa réintégration, le salarié peut prétendre au paiement des indemnités de rupture, s'il n'en a pas bénéficié au moment de son licenciement et s'il remplit les conditions requises. • Soc. 5 févr. 2002, ⚖ n° 99-43.896 P : *D. 2002. IR 1322* ∅ *; RJS 2002. 353, n° 459 ; JSL 2002, n° 97-2.*

b. Salarié réintégré

66. Indemnité compensant la perte salariale. Lorsque le salarié a été réintégré, il a droit à une indemnité compensatrice de la perte de ses salaires pour la période comprise entre son licenciement et sa réintégration. • Soc. 17 oct. 1989 : *Bull. civ. V, n° 596.* ♦ Lorsque la durée du mandat est supérieure à la durée de la protection accordée aux représentants du personnel, le salarié, licencié en méconnaissance du statut protecteur, a droit au montant de la rémunération qu'il aurait dû percevoir entre son éviction et l'expiration de la période de protection dans la limite de la durée de la protection accordée aux représentants du personnel. • Soc. 28 mars 2000, ⚖ n° 97-44.373 P : *D. 2000. IR 129* ∅ *; Dr. soc. 2000. 658, obs. Mouly* ∅ *; RJS 2000. 391, n° 567* • 26 mars 2013, n° 11-27.996 P : *Dr. soc. 2014. 44, obs. Gauriau* ∅ *; RJS 6/2013, n° 468* • Soc. 13 févr. 2019 : *Dr. soc. 2019. 365, obs. Mouly* ∅ *; RJS 4/2019, n° 234.*

67. Cumul avec les revenus de remplacement. Dans ses rapports avec l'organisme d'assurance chômage, le salarié dont le licenciement est nul pour avoir été prononcé sans autorisation administrative ou malgré un refus d'autorisation n'est pas fondé à cumuler les allocations de chômage avec ses rémunérations ou une indemnité équivalente à celles-ci. • Soc. 19 nov. 2014, ⚖ n° 13-23.643 : *D. 2014. Actu. 2412* ∅ *; D. actu. 15 déc. 2014, obs. Ines ; Dr. soc. 2015. 93, obs. Mouly* ∅ *; JSL 2015, n° 380-4, obs. Pacotte et Castano ; RJS 2/2015, n° 122.* ♦ Comp. : il n'y a pas lieu de déduire de cette indemnité les revenus que le salarié a pu percevoir de tiers au cours de cette période. • Soc. 10 oct. 2006 : ⚖ *D. 2006. IR 2689* ∅ *; RJS 2006. 966, n° 1296.* ♦ Comp. ant. refusant le cumul avec les allocations de chômage servies par l'ASSEDIC : • Soc. 9 mars 1989 : *Bull. civ. V, n° 198.* ♦ ... Ni avec les salaires qui lui ont été versés pendant cette période par le repreneur

SALARIÉS PROTÉGÉS | **Art. L. 2422-4**

suite au transfert irrégulier de son contrat. • Soc. 28 mai 2003 : ⚖ *RJS 2003. 704, n° 1037.*

68. Indemnités de rupture. L'octroi d'une indemnisation pour violation des formalités légales ne dispense pas le juge de rechercher les causes de la rupture, et la faute grave prive le salarié du bénéfice des indemnités de préavis et de licenciement. • Soc. 10 juill. 1990, ⚖ *Sécuritrans,* n° 86-45.754 P : *D. 1990. IR 197 ; Dr. soc. 1990. 794, note H. Marie ; RJS 1990. 534, n° 794.* – Dans le même sens : • Soc. 21 nov. 1990 : ⚖ *RJS 1991. 35, n° 57.*

69. Conséquences du transfert d'entreprise. Si l'entreprise a été transférée entre-temps, le nouvel employeur n'est pas tenu de supporter les obligations incombant à l'ancien à la date du changement. • Soc. 28 oct. 1996, ⚖ n° 95-40.994 P : *Dr. soc. 1997. 263, note Cohen ; RJS 1996. 828, n° 1286* • 10 déc. 1996, ⚖ n° 94-43.163 P :

D. 1997. IR 23 ; JCP 1997. II. 22819, note Buy ; Dr. soc. 1997. 263, note Cohen ; RJS 1997. 19, n° 8.
♦ En revanche, le cessionnaire doit paiement d'une indemnité égale au montant des salaires que l'intéressé aurait perçus entre la date d'effet de la cession et celle de sa réintégration ou de sa demande de réintégration si elle est postérieure à la cession. • Soc. 27 mai 2009 : ⚖ *D. 2009. AJ 1616, obs. Perrin ; RJS 2009. 626, n° 690.*

4° ENTRAVE

70. Principe. L'employeur qui a licencié malgré le refus de l'inspecteur du travail ne saurait reprocher aux juges d'avoir écarté l'exception d'illégalité, dès lors que la décision administrative n'étant pas la base nécessaire de la poursuite pour entrave, son illégalité prétendue n'équivaut pas à une autorisation de licenciement. • Crim. 5 déc. 1989 : *RJS 1990. 34, n° 50.*

Art. L. 2422-2 (Ord. n° 2017-1386 du 22 sept. 2017, art. 2) « Le membre à la délégation du personnel au comité social et économique ou le représentant de proximité ou le membre de la délégation du personnel au comité social et économique interentreprises » dont la décision d'autorisation de licenciement a été annulée est réintégré dans son mandat si l'institution n'a pas été renouvelée.

Dans le cas contraire, il bénéficie pendant une durée de six mois, à compter du jour où il retrouve sa place dans l'entreprise, de la protection prévue à l'article L. 2411-5.

1. En cas d'annulation d'une décision autorisant le licenciement d'un délégué du personnel ou d'un membre du comité d'entreprise, celui-ci est réintégré dans son mandat si l'institution n'a pas été renouvelée. Dans le cas contraire, il bénéficie pendant une durée de six mois, à compter du jour où il retrouve sa place dans l'entreprise, de la procédure prévue aux art. L. 425-1, al. 2, phrase 1, et L. 436-1, al. 2, phrase 1, recodifiés sous les art. L. 2411-5 et L. 2411-8 C. trav. ; cette protection doit également bénéficier au salarié protégé dont l'autorisation de transfert a été annulée. • Soc. 13 janv. 2009 : ⚖ *R., p. 355 ; D. 2009. AJ 300, obs. Perrin ; RJS 2009. 223, n° 260 ; Dr. ouvrier 2009. 397, obs. Milet ; JSL 2009, n° 252-3 ; JCP S 2009.*

1127, obs. Kerbourc'h • Soc. 17 mai 2017, ⚖ n° 14-29.610 P : *D. actu. 15 juin 2017, obs. Cortot ; D. 2017. Actu. 1129 ; RJS 8-9/2017, n° 597 ; JCP S 2017. 1234, obs. Kerbourc'h.*

2. Représentant syndical au comité d'entreprise. Les dispositions de l'art. L. 2422-2 C. trav. s'appliquent au délégué syndical, qui est de droit représentant syndical au CE. • Soc. 16 déc. 2014, ⚖ n° 13-21.203 P : *D. 2015. Actu. 82 ; Dr. soc. 2015. 286, note Mouly ; RJS 2/2015, n° 121 ; JCP S 2015. 1089, note Kerbourc'h* • 17 mai 2017, ⚖ n° 14-29.610 P : *D. actu. 15 juin 2017, obs. Cortot ; D. 2017. Actu. 1129 ; RJS 8-9/2017, n° 597 ; JCP S 2017. 1234, obs. Kerbourc'h.*

Art. L. 2422-3 La réintégration d'un représentant des salariés au conseil de surveillance ou d'administration d'une entreprise du secteur public dans son emploi ou un emploi équivalent emporte réintégration dans son mandat, sauf en cas de renouvellement général du conseil dans lequel il siégeait. Son remplaçant cesse alors d'être membre de ce conseil. — [*Anc. art. 29, al. 6, L. n° 83-675 du 26 juill. 1983.*]

SECTION 2 Indemnisation du préjudice

Art. L. 2422-4 Lorsque l'annulation d'une décision d'autorisation est devenue définitive, le salarié investi d'un des mandats mentionnés à l'article L. 2422-1 a droit au paiement d'une indemnité correspondant à la totalité du préjudice subi au cours de la période écoulée entre son licenciement et sa réintégration, s'il en a formulé la demande dans le délai de deux mois à compter de la notification de la décision.

L'indemnité correspond à la totalité du préjudice subi au cours de la période écoulée entre son licenciement et l'expiration du délai de deux mois s'il n'a pas demandé sa réintégration.

Ce paiement s'accompagne du versement des cotisations afférentes à cette indemnité qui constitue un complément de salaire. — [Anc. art. L. 412-19, al. 3, L. 425-3, al. 4, et L. 436-3, al. 4.]

1. Décision d'annulation de l'autorisation administrative définitive. Une décision d'annulation d'une autorisation administrative devient définitive lorsqu'il n'a pas été formé de recours dans les délais, ou lorsque aucune voie de recours ordinaire ne peut plus être exercée à son encontre ; le fait qu'après l'annulation par une décision définitive de l'autorisation administrative de licenciement, l'employeur puisse reprendre la procédure de licenciement pour les mêmes faits et demander une nouvelle autorisation de licenciement est sans emport sur le caractère définitif de la décision d'annulation de la première décision d'autorisation et sur l'application des dispositions de l'art. L. 2422-4. • Soc. 8 juill. 2020, ⚖ n° 19-10.534 P : D. 2020. Actu. 1468 ⬥ ; RJS 10/2020, n° 485 ; JCP S 2020. 3004, obs. Kerbourc'h.

2. Indemnité d'éviction. L'indemnité doit correspondre à la totalité du préjudice, tant matériel que moral, subi au cours de la période écoulée entre le licenciement et la réintégration du salarié. • Soc. 12 nov. 2015, ⚖ n° 14-10.640 P : D. 2015. Actu. 2383 ⬥ ; RJS 1/2016, n° 46. ♦ Lorsque l'annulation est devenue définitive, le salarié a droit, d'une part, au paiement d'une indemnité égale à la totalité du préjudice subi au cours de la période écoulée entre son licenciement et l'expiration du délai de 2 mois suivant la notification de la décision d'annulation, d'autre part, au paiement des indemnités de rupture, s'il n'en a pas bénéficié au moment du licenciement et s'il remplit les conditions pour y prétendre, à l'indemnité pour licenciement sans cause réelle et sérieuse ; ces dispositions font obstacle à ce que la juridiction prud'homale se prononce sur la résiliation judiciaire formée par le salarié protégé, même si sa saisine est antérieure à la rupture. • Soc. 11 oct. 2017, ⚖ n° 16-14.529 P : D. 2017. Actu. 2104 ⬥ ; RJS 12/2017, n° 810. ♦ En revanche, les dispositions fiscales frappant les revenus sont sans incidence sur les obligations des personnes responsables du dommage et le calcul de l'indemnisation de la victime ; par conséquent, le surcoût d'impôt sur le revenu provoqué par le versement de l'indemnité d'éviction ne peut pas donner lieu à une indemnisation supplémentaire. • Soc. 6 avr. 2022, ⚖ n° 20-22.918 B : D. 2022. 708 ⬥ ; Dr. soc. 2022. 661, note Mouly ⬥ ; RJS 6/2022, n° 312 ; JCP 2022. 519, obs. Dedessus-Le-Moustier. ♦ Lorsque le salarié protégé licencié sans autorisation administrative de licenciement a été en arrêt de travail pour maladie pendant la période d'éviction, la rémunération à prendre en considération pour le calcul de l'indemnité due au titre de la violation du statut protecteur est le salaire moyen des douze derniers mois perçu avant l'arrêt de travail. • Soc. 1er juin 2023, ⚖ n° 21-21.191 B : D. actu. 20 juin 2023, obs. Maurel ; D. 2023. 1123 ⬥ ; RJS 8-9/2023, n° 430 ; JCP S 2023.1185, obs. Brissy.

3. Sort des revenus de remplacement. Les sommes perçues à titre de pension d'invalidité doivent être prises en compte, en tant que revenus de remplacement, dans l'évaluation du préjudice subi par le salarié protégé licencié avec une autorisation de travail de l'inspecteur du travail ensuite annulée. • Soc. 29 sept. 2014 : ⚖ D. actu. 30 oct. 2014, obs. Ines ; RJS 2014. 750, n° 876. ♦ Dans ses rapports avec l'organisme d'assurance chômage, le salarié dont le licenciement est nul pour avoir été prononcé sans autorisation administrative ou malgré un refus d'autorisation n'est pas fondé à cumuler les allocations de chômage avec ses rémunérations ou une indemnité équivalente à celles-ci ; le paiement des allocations de chômage versées par l'organisme d'assurance au titre de cette période s'est révélé indu et sujet à répétition. • Soc. 19 nov. 2014, ⚖ n° 13-23.643 : D. 2014. Actu. 2412 ⬥ ; D. actu. 15 déc. 2014, obs. Ines ; Dr. soc. 2015. 93, obs. Mouly ⬥ ; JSL 2015, n° 380-4, obs. Pacotte et Castano ; RJS 2/2015, n° 122.

4. Congés payés. Ouvre droit au paiement de congés payés l'indemnité due, en application de l'art. L. 2422-4 C. trav., au salarié protégé, licencié sur le fondement d'une décision d'autorisation de l'inspecteur du travail ensuite annulée, qui a, de par la loi, le caractère d'un complément de salaire. • Soc. 6 avr. 2016, ⚖ n° 14-13.484 P : D. 2016. Actu. 843 ⬥ ; D. actu. 9 mai 2016, obs. Cortot ; RJS 6/2016, n° 441 ; JCP S 2016. 1190, obs. Dumont • 1er déc. 2021, ⚖ n° 19-25.715 B : D. actu. 3 janv. 2022, obs. Couëdel ; D. 2022. 414, obs. Ala ⬥ ; Dr. soc. 2022. 146, note Adam ⬥ ; RJS 2/2022, n° 82 ; JCP S 2021. 1323, obs. Leborgne-Ingelaere.

5. Salarié ayant fait valoir ses droits à la retraite. Le salarié licencié en vertu d'une autorisation administrative ultérieurement annulée, qui fait valoir ses droits à la retraite, ne peut demander sa réintégration dans l'entreprise, mais peut prétendre, en application de l'art. L. 2422-4, à une indemnité égale aux rémunérations qu'il aurait dû percevoir de son éviction jusqu'à l'expiration du délai de deux mois à compter de la notification de la décision d'annulation, sous déduction des pensions de retraite perçues pendant la même période, sauf s'il atteint, avant cette date, l'âge légal de mise à la retraite d'office. • Soc. 8 juill. 2020, ⚖ n° 17-31.291 P : D. 2020. 2312, obs. Vernac et Ferkane ⬥ ; RJS 10/2020, n° 486. ♦ Lorsque le salarié protégé, dont le licenciement est nul en l'absence d'autorisation administrative de licenciement et qui a demandé sa réintégration, a fait valoir, ultérieurement, ses droits à la retraite, rendant ainsi impossible sa réintégration dans l'entreprise, l'indemnité due au titre de la violation du statut protecteur ouvre droit au paiement, au titre des congés payés afférents, à une indemnité compensatrice de congés payés. Dans l'hypothèse où le salarié a occupé un autre emploi au cours de la période comprise entre la date du licenciement illégal et celle de son départ à la retraite, il ne saurait toutefois prétendre, à l'égard de son premier employeur, aux droits au congé annuel correspondant à la période pendant laquelle il a occupé cet autre emploi. • Soc. 21 sept. 2022, ⚖ n° 21-13.552 B : *D. actu. 14 oct. 2022, obs. Malfettes ; D. 2022. 1707 ⌀ ; RJS 12/2022, n° 623 ; JSL 2022, n° 552-4, obs. Lhernould ; JCP S 2022. 1286, obs. Gauriau.*

6. Responsabilité de la puissance publique. L'illégalité d'un refus d'autorisation de licenciement pour vice de procédure constitue une faute de nature à engager la responsabilité de l'État à l'égard de l'employeur si celui-ci subit un préjudice direct et certain et l'employeur peut solliciter le versement d'une indemnité en réparation du préjudice ; il appartient au juge de rechercher, en forgeant sa conviction au vu de l'ensemble des pièces produites par les parties et, le cas échéant, en tenant compte du motif pour lequel le juge administratif a annulé cette décision, si la même décision aurait pu légalement être prise dans le cadre d'une procédure régulière. • CE 4 nov. 2020, ⚖ n° 428198 A : *AJDA 2020. 2184, obs. Pastor ⌀ ; RJS 2/2021, n° 100 ; ibid., concl. Dieu ; JCP S 2020. 3109, obs. Chatelier.* ♦ Pour déterminer l'étendue de la responsabilité de l'État à l'égard de l'employeur, il peut être tenu compte, au titre du versement par l'employeur au salarié de l'indemnité prévue par l'art. L. 2422-4 C. trav., de la faute également commise par l'employeur en sollicitant la délivrance d'une telle autorisation ; une telle faute ne saurait néanmoins se déduire du seul fait que l'employeur avait pris acte devant le conseil des prud'hommes que l'autorisation était illégale pour un motif de fond, et qu'il n'entendait pas se pourvoir en cassation contre cet arrêt. • CE 4 nov. 2020, ⚖ n°s 428741, 428743 et 428744 : *mêmes références.* ♦ Le juge peut ainsi exclure du préjudice indemnisable l'indemnité versée au titre de la période comprise entre la date de l'arrêt de la cour d'appel et, en l'absence de réintégration effective, celle de la prise d'acte par le salarié de la rupture de son contrat de travail, en estimant que cette partie du préjudice trouvait sa cause directe et exclusive dans la faute commise par l'employeur. • CE 20 juin 2022, ⚖ n° 438885 A : *AJDA 2022. 1257 ⌀ ; RJS 10/2022, n° 530.*

TITRE III DISPOSITIONS PÉNALES

CHAPITRE I DÉLÉGUÉ SYNDICAL

Art. L. 2431-1 Le fait de rompre le contrat de travail d'un délégué syndical ou d'un ancien délégué syndical en méconnaissance des dispositions relatives à la procédure d'autorisation administrative prévues par le présent livre est puni d'un emprisonnement d'un an et d'une amende de 3 750 €.

Le fait de transférer le contrat de travail d'un salarié mentionné au premier alinéa compris dans un transfert partiel d'entreprise ou d'établissement, en méconnaissance des dispositions relatives à la procédure d'autorisation administrative, est puni des mêmes peines. — *[Anc. art. L. 481-2.]*

RÉP. TRAV. v° *Entrave aux institutions représentatives des salariés et à l'exercice du droit syndical,* par AMAUGER-LATTES.

CHAPITRE II MEMBRE ÉLU DE LA DÉLÉGATION DU PERSONNEL DU COMITÉ SOCIAL ET ÉCONOMIQUE OU REPRÉSENTANT SYNDICAL AU COMITÉ SOCIAL ET ÉCONOMIQUE *(Ord. n° 2017-1386 du 22 sept. 2017, art. 2).*

Art. L. 2432-1 Le fait de rompre le contrat de travail d'un salarié *(Ord. n° 2017-1386 du 22 sept. 2017, art. 2)* « membre élu à la délégation du personnel au comité social et économique, candidat à la délégation du personnel au comité social et économique, ancien membre élu à la délégation du personnel au comité social et économique ou d'un salarié ayant demandé l'organisation d'élections pour la mise en place d'un comité social et économique », en méconnaissance des dispositions relatives à la procédure d'autorisation administrative prévues par le présent livre, est puni d'un emprisonnement d'un an et d'une amende de 3 750 €.

(Ord. n° 2017-1386 du 22 sept. 2017, art. 2) « Le fait de licencier un représentant syndical ou un ancien représentant syndical au comité social et économique, en méconnaissance des dispositions mentionnées au premier alinéa, est puni des mêmes peines. »

Le fait de transférer le contrat de travail d'un *(Ord. n° 2017-1386 du 22 sept. 2017, art. 2)* « membre élu à la délégation du personnel au comité social et économique ou d'un représentant syndical au comité social et économique » compris dans un transfert partiel d'entreprise ou d'établissement, en méconnaissance des dispositions relatives à la procédure d'autorisation administrative, est puni des mêmes peines.

RÉP. TRAV. v° *Entrave aux institutions représentatives des salariés et à l'exercice du droit syndical*, par AMAUGER-LATTES.

CHAPITRE III REPRÉSENTANT DE PROXIMITÉ

(Ord. n° 2017-1386 du 22 sept. 2017, art. 2)

Art. L. 2433-1 Le fait de rompre le contrat de travail d'un salarié représentant de proximité, candidat à cette fonction ou ancien représentant de proximité en méconnaissance des dispositions relatives à la procédure d'autorisation administrative prévues par le présent livre, est puni d'un emprisonnement d'un an et d'une amende de 3 750 euros.

Le fait de transférer le contrat de travail d'un représentant de proximité compris dans un transfert partiel d'entreprise ou d'établissement, en méconnaissance des dispositions relatives à la procédure d'autorisation administrative, est puni des mêmes peines.

CHAPITRE III *[ANCIEN]* MEMBRE DU COMITÉ D'ENTREPRISE OU REPRÉSENTANT SYNDICAL AU COMITÉ D'ENTREPRISE

Ancien art. L. 2433-1 *Le fait de rompre le contrat de travail d'un salarié membre élu du comité d'entreprise, candidat au comité d'entreprise, ancien membre élu du comité ou d'un salarié ayant demandé l'organisation d'élections pour la mise en place d'un comité d'entreprise, en méconnaissance des dispositions relatives à la procédure d'autorisation administrative prévues par le présent livre, est puni d'un emprisonnement d'un an et d'une amende de 3 750 €.*

Le fait de licencier un représentant syndical ou un ancien représentant syndical au comité d'entreprise, en méconnaissance des dispositions mentionnées au premier alinéa, est puni des mêmes peines.

Le fait de transférer le contrat de travail d'un membre élu du comité d'entreprise ou d'un représentant syndical au comité d'entreprise compris dans un transfert partiel d'entreprise ou d'établissement, en méconnaissance des dispositions relatives à la procédure d'autorisation administrative, est puni des peines prévues au premier alinéa. – [Anc. art. L. 483-1.]

V. note ss. art. L. 2414-1.

RÉP. TRAV. v° *Entrave aux institutions représentatives des salariés et à l'exercice du droit syndical*, par AMAUGER-LATTES.

CHAPITRE IV MEMBRE DE LA DÉLÉGATION DU PERSONNEL DU COMITÉ SOCIAL ET ÉCONOMIQUE INTERENTREPRISES

(Ord. n° 2017-1386 du 22 sept. 2017, art. 2)

Art. L. 2434-1 Le fait de rompre le contrat de travail d'un salarié membre de la délégation du personnel du comité social et économique interentreprises, candidat à cette fonction ou ancien membre de la délégation du personnel du comité social et économique interentreprises en méconnaissance des dispositions relatives à la procédure d'autorisation administrative prévues par le présent livre, est puni d'un emprisonnement d'un an et d'une amende de 3 750 euros.

Le fait de transférer le contrat de travail d'un membre de la délégation du personnel du comité social et économique interentreprises compris dans un transfert partiel d'entreprise ou d'établissement, en méconnaissance des dispositions relatives à la procédure d'autorisation administrative, est puni des peines prévues au premier alinéa.

SALARIÉS PROTÉGÉS **Art. L. 2435-4** 1019

CHAPITRE V **MEMBRE DU GROUPE SPÉCIAL DE NÉGOCIATION, DU COMITÉ D'ENTREPRISE EUROPÉEN, DU COMITÉ DE LA SOCIÉTÉ EUROPÉENNE, DU COMITÉ DE LA SOCIÉTÉ COOPÉRATIVE EUROPÉENNE OU DU COMITÉ DE LA SOCIÉTÉ ISSUE DE LA FUSION TRANSFRONTALIÈRE** (L. n° 2008-649 du 3 juill. 2008).

Le chapitre IV devient le chapitre V (Ord. n° 2017-1386 du 22 sept. 2017, art. 2).

Art. L. 2435-1 Le fait de rompre le contrat de travail d'un salarié membre du groupe spécial de négociation pour la mise en place d'un comité d'entreprise européen ou d'une instance de consultation, ou d'un salarié membre du comité d'entreprise européen, en méconnaissance des dispositions relatives à la procédure d'autorisation administrative prévues par le présent livre, est puni d'un emprisonnement d'un an et d'une amende de 3 750 €.

Le fait de transférer le contrat de travail d'un salarié mentionné au premier alinéa compris dans un transfert partiel d'entreprise ou d'établissement, en méconnaissance des dispositions relatives à la procédure d'autorisation administrative, est puni des mêmes peines. — *[Anc. art. L. 481-1-2.]*

L'art. L. 2434-1 devient l'art. L. 2435-1 (Ord. n° 2017-1386 du 22 sept. 2017, art. 2).

RÉP. TRAV. v° *Entrave aux institutions représentatives des salariés et à l'exercice du droit syndical*, par AMAUGER-LATTES.

Art. L. 2435-2 Le fait de rompre le contrat de travail d'un salarié membre du groupe spécial de négociation *(Abrogé par L. n° 2008-649 du 3 juill. 2008)* « *pour la mise en place d'un comité de la société européenne* » ou d'un salarié membre du comité de la société européenne, en méconnaissance des dispositions relatives à la procédure d'autorisation administrative prévues par le présent livre, est puni d'un emprisonnement d'un an et d'une amende de 3 750 €.

Le fait de transférer le contrat de travail d'un salarié mentionné au premier alinéa compris dans un transfert partiel d'entreprise ou d'établissement, en méconnaissance des dispositions relatives à la procédure d'autorisation administrative, est puni des mêmes peines. — *[Anc. art. L. 483-1-3.]*

L'art. L. 2434-2 devient l'art. L. 2435-2 (Ord. n° 2017-1386 du 22 sept. 2017, art. 2).

RÉP. TRAV. v° *Entrave aux institutions représentatives des salariés et à l'exercice du droit syndical*, par AMAUGER-LATTES.

Art. L. 2435-3 (L. n° 2008-649 du 3 juill. 2008) Le fait de rompre le contrat de travail d'un salarié membre du groupe spécial de négociation ou d'un salarié membre du comité de la société coopérative européenne, en méconnaissance des dispositions relatives à la procédure d'autorisation administrative prévues par le présent livre, est puni d'un emprisonnement d'un an et d'une amende de 3 750 €.

Le fait de transférer le contrat de travail d'un salarié mentionné au premier alinéa compris dans un transfert partiel d'entreprise ou d'établissement, en méconnaissance des dispositions relatives à la procédure d'autorisation administrative, est puni des mêmes peines.

L'art. L. 2434-3 devient l'art. L. 2435-3 (Ord. n° 2017-1386 du 22 sept. 2017, art. 2).

RÉP. TRAV. v° *Entrave aux institutions représentatives des salariés et à l'exercice du droit syndical*, par AMAUGER-LATTES.

Art. L. 2435-4 (L. n° 2008-649 du 3 juill. 2008) Le fait de rompre le contrat de travail d'un salarié membre du groupe spécial de négociation ou d'un salarié membre du comité de la société issue de la fusion transfrontalière, en méconnaissance des dispositions relatives à la procédure d'autorisation administrative prévues par le présent livre, est puni d'un emprisonnement d'un an et d'une amende de 3 750 €.

Le fait de transférer le contrat de travail d'un salarié mentionné au premier alinéa compris dans un transfert partiel d'entreprise ou d'établissement, en méconnaissance des dispositions relatives à la procédure d'autorisation administrative, est puni des mêmes peines.

L'art. L. 2434-4 devient l'art. L. 2435-4 (Ord. n° 2017-1386 du 22 sept. 2017, art. 2).

CHAPITRE VI SALARIÉ MEMBRE DU CONSEIL D'ADMINISTRATION OU DE SURVEILLANCE D'UNE ENTREPRISE (L. n° 2013-504 du 14 juin 2013, art. 9-VI).

Le chapitre V devient le chapitre VI (Ord. n° 2017-1386 du 22 sept. 2017, art. 2).

Art. L. 2436-1 Le fait de licencier un représentant des salariés au conseil d'administration ou de surveillance (L. n° 2013-504 du 14 juin 2013, art. 9-VI) « d'une entreprise du secteur public, d'une société anonyme ou d'une société en commandite par actions », en méconnaissance des dispositions relatives à la procédure d'autorisation administrative prévues par le présent livre, est puni d'un emprisonnement d'un an et d'une amende de 3 750 €.
La récidive est punie d'un emprisonnement de deux ans et d'une amende de 6 000 €. — *[Anc. art. 30, L. n° 83-675 du 26 juill. 1983.]*

L'art. L. 2435-1 devient l'art. L. 2436-1 (Ord. n° 2017-1386 du 22 sept. 2017, art. 2).

CHAPITRE VII CONSEILLER DU SALARIÉ

Le chapitre VI devient le chapitre VII (Ord. n° 2017-1386 du 22 sept. 2017, art. 2).

Art. L. 2437-1 Le fait de rompre le contrat de travail d'un salarié inscrit sur une liste dressée par le représentant de l'État dans le département, en méconnaissance des dispositions relatives à la procédure d'autorisation administrative prévues par le présent livre, est puni d'un emprisonnement d'un an et d'une amende de 3 750 €. — *[Anc. art. L. 152-1.]*

L'art. L. 2436-1 devient l'art. L. 2437-1 (Ord. n° 2017-1386 du 22 sept. 2017, art. 2).

RÉP. TRAV. v° *Entrave aux institutions représentatives des salariés et à l'exercice du droit syndical,* par AMAUGER-LATTES.

CHAPITRE VIII CONSEILLER PRUD'HOMME

Le chapitre VII devient le chapitre VIII (Ord. n° 2017-1386 du 22 sept. 2017, art. 2).

Art. L. 2438-1 Le fait de rompre le contrat de travail d'un conseiller prud'homme, candidat à cette fonction ou ancien conseiller, en méconnaissance des dispositions relatives à la procédure d'autorisation administrative prévues par le présent livre, est puni d'un emprisonnement d'un an et d'une amende de 3 750 €. — *[Anc. art. L. 531-1.]*

L'art. L. 2437-1 devient l'art. L. 2438-1 (Ord. n° 2017-1386 du 22 sept. 2017, art. 2).

RÉP. TRAV. v° *Entrave aux institutions représentatives des salariés et à l'exercice du droit syndical,* par AMAUGER-LATTES.

CHAPITRE IX ASSESSEUR MARITIME

(Ord. n° 2012-1218 du 2 nov. 2012, art. 3)

Art. L. 2439-1 Le fait de rompre le contrat de travail d'un assesseur maritime, d'un candidat à ces fonctions ou d'un assesseur maritime ayant cessé ses fonctions depuis moins de six mois, en méconnaissance des dispositions relatives à la procédure d'autorisation administrative prévues par le présent livre, est puni d'un emprisonnement d'un an et d'une amende de 3 750 €.

L'art. L. 2438-1 devient l'art. L. 2439-1 (Ord. n° 2017-1386 du 22 sept. 2017, art. 2).

RÉP. TRAV. v° *Entrave aux institutions représentatives des salariés et à l'exercice du droit syndical,* par AMAUGER-LATTES.

CHAPITRE X DÉFENSEUR SYNDICAL

(L. n° 2015-990 du 6 août 2015, art. 258-II)

Art. L. 243-10-1 Le fait de rompre le contrat de travail d'un salarié inscrit sur la liste arrêtée par l'autorité administrative mentionnée à l'article L. 1453-4, en méconnaissance des dispositions relatives à la procédure d'autorisation administrative prévues au présent livre, est puni d'un emprisonnement d'un an et d'une amende de 3 750 €.

Le fait de transférer le contrat de travail d'un salarié mentionné au premier alinéa du présent article dans le cadre d'un transfert partiel d'entreprise ou d'établissement, en méconnaissance des dispositions relatives à la procédure d'autorisation administrative, est puni des mêmes peines.

CHAPITRE XI MEMBRE D'UNE COMMISSION PARITAIRE RÉGIONALE INTERPROFESSIONNELLE

(L. n° 2015-994 du 17 août 2015, art. 1er-VI)

Art. L. 243-11-1 Le fait de rompre le contrat de travail d'un salarié membre de la commission paritaire régionale interprofessionnelle mentionnée à l'article L. 23-111-1, d'un salarié figurant sur la propagande électorale des organisations syndicales en vue de la constitution de cette commission ou d'un ancien membre de la commission en méconnaissance des dispositions relatives à la procédure d'autorisation administrative prévue au présent livre est puni de la peine prévue à l'article L. **2432-1**.

LIVRE V LES CONFLITS COLLECTIFS

RÉP. TRAV. v^{is} *Grève dans le secteur privé*, par ADAM ; *Conflits collectifs du travail (Procédures de règlement)*, par MARTINON.

BIBL. ▶ BÉRAUD, *Dr. soc.* 1988. 666 (rôle des délégués). – BERNOUX, *ibid.* 1988. 624 (déclenchement des grèves). – BONNIN, *Dr. soc.* 2013. 424 (limitations du droit de grève fondées sur les droits des tiers au conflit). – COUTURIER, *Dr. ouvrier* 1988. 133 (réintégration) ; *Ét. offertes à H. Sinay*, 1994, p. 91 (licenciements et sanctions). – CRISTAU, *Dr. soc.* 2000. 404 (force majeure). – DÉPREZ, *Dr. soc.* 1987. 852 (grève et droit syndical) ; *ibid.* 1988. 143 (grève de solidarité) ; *RJS* 1990. 619 (droit de retrait, droit de grève, réintégration) ; *ibid.* 1995. 639 (protocole de fin de conflit) ; *ibid.* 564 (préavis conventionnel). – DRAGUE, *Dr. soc.* 1988. 573 (conflits collectifs). – DUPEYROUX, *ibid.* 1988. 619 (droit de grève). – FRAISSINIER-AMIOT, *JSL* 2011, n° 297-1 et n° 298-1 (les entreprises face à la grève et aux mouvements sociaux des salariés). – FROSSARD, *Dr. soc.* 1987. 496 (recours à l'action unilatérale) ; *ibid.* 1988. 630 (obstacles juridiques au déclenchement des grèves). – GAHDOUN, *Dr. soc.* 2014. 349 (les aléas du droit de grève dans la Constitution). – HENRY, *Dr. ouvrier* 1995. 371 (réintégration). – JAVILLIER, *Juri-soc.* 1987, n° 10, 27 (droit jurisprudentiel de la grève). – JEAMMAUD, *Dr. soc.* 1988. 689 (contentieux de la grève). – JEAMMAUD et LE FRIANT, *ibid.* 1990. 167 (la grève, le juge et la négociation). – JEAMMAUD et RONDEAU-RIVIER, *D.* 1988. Chron. 229 (nouvelle géométrie de l'intervention judiciaire). – LABORDE, *Dr. soc.* 2001. 715 (conflits collectifs et conflits de loi). – LANGLOIS, *D.* 1992. Chron. 141 (contre la suspension du contrat de travail). – LANQUETIN, *Dr. soc.* 1988. 577 (conflits collectifs). – G. LYON-CAEN, *Dr. soc.* 1988. 709 (réglementer le droit de grève) ; *Ét. offertes à H. Sinay*, 1994, p. 127 (grève et concurrence). – MASANOVIC, *Dr. soc.* 1988. 639 (procédures judiciaires de défense collective). – MATHIEU, *LPA* 5 juin 1991 (grève, Constitution et contrat de travail). – MOREAU, *Dr. soc.* 2001. 139 (règlements de fin de conflits). – PÉLISSIER, *Dr. ouvrier* 1988. 59 (la grève, une liberté très surveillée) ; *Dr. soc.* 1988. 650 (fautes des grévistes et sanctions patronales). – DE QUENAUDON, *Dr. soc.* 1981. 401 (protocole de fin de conflit). – RAY, *ibid.* 1986. 617 (juge et conflits collectifs) ; *ibid.* 1989. 349 (réintégration) ; *ibid.* 1991. 220 (droit public et droit privé en matière de conflit collectif) ; *ibid.* 715 (droit jurisprudentiel de la grève) ; *ibid.* 768 (pouvoirs de l'employeur) ; *Ét. offertes à H. Sinay*, 1994, p. 151 (grève et sécurité des personnes). – ROCHOIS, *RPDS* 1987. 58 (nullité des licenciements). – SAINT-JOURS, *Dr. ouvrier* 1988. 287 (constitutionnalité du droit de grève et fonction sociale). – SALVAGE, *Dr. soc.* 1986. 624 (délégué syndical). – SAVATIER, *ibid.* 1984. 53 (distinction de la grève et de l'action syndicale) ; *ibid.* 1986. 228 (répression d'actes de violence) ; *ibid.* 1993. 251 (nullité des sanctions disciplinaires). – SINAY, *Dr. soc.* 1980. 250 (neutralisation du droit de grève) ; *D.* 1986. Chron. 79 (nullité du licenciement) ; *D.* 1989. Chron. 297 (heurs et malheurs du droit de grève) ; *Dr. soc.* 1994. 552 (réintégration). – SOURIAC, *Dr. soc.* 2001. 705 (conflits du travail et négociation collective). – SOUBIRAN-PAILLET, *Dr. soc.* 1989. 147 (figures de la justice et conflits du travail). – STRUILLOU, *Dr. ouvrier* 2011. 485 (conflits sociaux et réquisition : finalité et modalités du contrôle exercé par le juge administratif). – TEYSSIÉ, *Cah. dr. entr.* 1987, n° 5, 3 (du licite à l'illicite) ; *Dr. soc.* 1988. 562 (la grève et le juge). – VERDIER, *Dr. soc.* 1991. 709 (réintégration). – VERGÉ, *Mél. O. Kahn-Freund*, 1980, p. 319 (syndicalisation de la grève). – VÉRICEL, *Dr. soc.* 1988. 672 (exercice normal du droit de grève). – WAGNER, *Dr. ouvrier* 1995. 365 (réintégration). – WAQUET, *RJS* 1995. 139 (illicéité et abus du droit de grève) ; *ibid* 2003. 275 (grève dans les services publics). ▶ *Adde* : *CSB* 1995. 307.

▶ **Grève et revendications :** Déprez, *Dr. soc.* 1986. 610 ; *ibid.* 1988. 646 ; *ibid.* 1989. 717. - Milet, *RPDS* 1988. 168.

▶ **Grève et occupation des lieux de travail :** Dugrip, *Cah. dr. entr.* 1992, n° 4, p. 3. - Savatier, *Dr. soc.* 1985. 15 ; *ibid.* 1988. 655. - Signoretto, *Dr. ouvrier* 1982. 47.

▶ **Grève et responsabilité :** Bernard, *Dr. soc.* 1986. 635. - Couturier, *ibid.* 1988. 407. - Déprez, *BS Lefebvre* 1982. 117 ; *ibid.* 1983. 159. - Durry, *Dr. soc.* 1984. 69. - Goineau, *ibid.* 1988. 702. - Jacek, *Dr. ouvrier* 1980. 227. - Ramin, *Dr. soc.* 1980. 537. - Ray, *ibid.* 1987. 426. - Savatier, *ibid.* 1981. 147 ; *ibid.* 1983. 175. - Teyssié, *SSL* 1987, suppl. n° 374. - Viney, *Dr. soc.* 1983. 627 ; *ibid.* 1988. 416. - Wiederkehr, *Ét. offertes à H. Sinay*, 1994, p. 169.

▶ **Grève et référé :** Bertin, *Gaz. Pal.* 1988. 1. Doctr. 110 ; *ibid.* 1989. 1. Doctr. 54. - Déprez, *BS Lefebvre* 1988. 172 ; *RJS* 1990. 559. - Jeammaud et Rondeau-Rivier, *D.* 1988. Chron. 229. - Ray, *Dr. soc.* 1987. 739 ; *ibid.* 1988. 242. - Teyssié, *Dr. soc.* 1988. 562.

▶ **Grève et salaires :** Lachaume, *Dr. soc.* 1990. 534 (aide accordée par un conseil municipal). - Mathieu et Verpaux, *ibid.* 1991. 944 (aide apportée par les collectivités locales).

▶ **Grève des travailleurs sans papiers :** Isidro, *RDT* 2011. 363.

▶ **Lock-out :** Catala, *Dr. soc.* 1981. 679. - Duquesne, *JCP* 1996. I. 3971 (critères du *lock-out* licite). - Sportouch, *Dr. soc.* 1988. 682. - Teyssié, *Dr. soc.* 1994. 795. - Verdier et A. Lyon-Caen, *ibid.* 1995. 49.

▶ **Grève et réquisitions :** Dossier spécial : réquisition de salariés grévistes, *SSL* 2022, n° 552. - Braun, *Dr. ouvrier* 2012. 5250 (réquisitions des grévistes : recommandations musclées de l'OIT). - Braun et Gentilhomme, *Dr. ouvrier* 2011. 507 (réquisitoire contre les réquisitions : le Conseil d'État face aux normes de l'OIT). - Guillet, *Dr. soc.* 2012. 152. - Leconte, *Dr. ouvrier* 2011. 499 (conflits sociaux et réquisition : défense syndicale face aux réquisitions préfectorales). - Martinon et Taraud, *RDT* 2011. Controverse 9 (réquisitions et droit de grève).

COMMENTAIRE

V. sur le Code en ligne.

TITRE I EXERCICE DU DROIT DE GRÈVE

CHAPITRE I DISPOSITIONS GÉNÉRALES

BIBL. GÉN. ▶ Bachy, *Dr. soc.* 1976. 102. - Boitel, *Dr. ouvrier* 1970. 450 (accords de Grenelle). - De Givry, *Mél. A. Brun*, 1974, p. 257. - Edelman, *D.* 2009. 1547. - Jeammaud, *Dr. soc.* 1988. 689. - Jeammaud et Rondeau-Rivier, *D.* 1988. Chron. 229. - Kirsch, *Journées de la Société de législ. comparée*, 1988, vol. 10, p. 337. - Laroque, *Mél. O. Kahn-Freund*, 1980, p. 199. - G. Lyon-Caen, *Dr. soc.* 1977. 438. - Michel, *Dr. soc.* 2022. 427 (le droit de grève dans les transports). - Narritsens, *Dr. ouvrier* 1988. 409. - Pignarre, *RDT* 2010. 357 (à propos des séquestrations de dirigeants). - De Quenaudon, *Dr. soc.* 1981. 401 (protocoles de fin de conflit). - Sinay, *Sociologie du travail*, 1977, n° 4. - Starck, *JCP* 1970. I. 2363 (accords de Grenelle). - Viano, *Dr. soc.* 1977. 94 (rôle de l'inspection du travail).

Art. L. 2511-1 L'exercice du droit de grève ne peut justifier la rupture du contrat de travail, sauf faute lourde imputable au salarié.

Son exercice ne peut donner lieu à aucune mesure discriminatoire telle que mentionnée à l'article L. 1132-2, notamment en matière de rémunérations et d'avantages sociaux.

Tout licenciement prononcé en absence de faute lourde est nul de plein droit. — [Anc. art. L. 521-1.]

COMMENTAIRE

V. sur le Code en ligne.

I. GÉNÉRALITÉS

1. Absence d'infraction pénale spécifique. L'atteinte au droit de grève n'est pas à elle seule constitutive d'une infraction pénale. ● Crim. 19 juin 1979 : *Bull. crim. n° 217 ; D.* 1980. IR 88, obs. Pélissier. ♦ Comp., lorsque les mesures prises par l'employeur contre les grévistes ont eu pour objet et pour résultat de briser l'action syndicale : ● Crim. 15 déc. 1981 : *Bull. crim. V, n° 330 ; D.* 1982. IR 321, obs. Béraud. ♦ L'art. 414 C. pén. n'a pas pour objet la protection du travail en soi, mais

CONFLITS COLLECTIFS

seulement celle de la liberté que possèdent les travailleurs de s'associer, ou non, à une cessation concertée du travail. • Crim. 15 mai 1987 : *Bull. crim. n° 198.*

II. DÉFINITION DE LA GRÈVE

2. Critères. L'exercice du droit de grève résulte objectivement d'un arrêt collectif et concerté du travail en vue d'appuyer des revendications professionnelles. • Soc. 28 juin 1951 : *Dr. soc. 1951. 523, note Durand.* ♦ Ne constitue pas une grève le refus par un médecin de payer les cotisations à l'ordre des médecins. • Civ. 1re, 15 janv. 1991, n° 89-18. 630 P : *D. 1991. Somm. 353, obs. Penneau.* ♦ ... Ni l'appel de plusieurs organisations syndicales à établir des barrages routiers pour bloquer l'accès à des entrepôts pétroliers. • Soc. 11 janv. 2006, n° 04-16.114 P : *Dr. soc. 2006. 470, note Verkindt ; JCP S 2006. n° 10, p. 34, obs. Gauriau.*

A. CESSATION DU TRAVAIL

1° HYPOTHÈSES ADMISES

3. Déclenchement. Sur le libre choix par les salariés du moment de la grève, V. • Soc. 7 févr. 1990, n° 87-43.566 P : *RJS 1990. 170, n° 241* • 4 avr. 1990, n° 88-43.909 P : *D. 1990. IR 108 ; RJS 1990. 299, n° 419* (la licéité de la grève n'est pas subordonnée au rejet préalable des revendications) • 19 nov. 1996, n° 94-42.631 P : *RJS 1997. 58, n° 85* (2e esp.) (les juges du fond doivent s'assurer que l'employeur a eu connaissance, au moment de l'arrêt de travail, des revendications professionnelles).

4. Une grève ne saurait perdre son caractère licite du fait qu'elle n'a pas été précédée d'un avertissement ou d'une tentative de conciliation. • Soc. 26 févr. 1981 : *Bull. civ. V, n° 161 ; D. 1981. IR 428, obs. Langlois.*

5. Préavis conventionnel. Une convention collective ne peut avoir pour effet de limiter ou de réglementer pour les salariés l'exercice du droit de grève constitutionnellement reconnu et seule la loi peut créer un délai de préavis de grève s'imposant à eux. • Soc. 7 juin 1995, n° 93-46.448 P : *D. 1996. 75, note Mathieu ; Dr. soc. 1996. 37, note Radé ; RJS 1995. 607, n° 933 ; ibid. 564, chron. Déprez ; JCP E 1995. I. 499, n° 8, obs. Teyssié ; Dr. ouvrier 1996. 94, note Milet* • 12 mars 1996, n° 93-41.670 P : *Dr. soc. 1996. 541 ; RJS 1996. 263, n° 439.*

6. Grèves tournantes. En faveur de la licéité de la grève tournante, V. • Soc. 14 janv. 1960 : *Dr. soc. 1960. 491 ; JCP 1960. II. 11704, note F. D.* • 2 mars 1960 : *Dr. soc. 1960* • 22 janv. 1981 : *D. 1981. IR 428 ; Dr. ouvrier 1981. 195.*

7. « Grèves bouchons ». Sur la reconnaissance de la licéité de la « grève bouchon », V. • Soc. 10 janv. 1973 : *D. 1973. 453, note Sinay.*

8. Débrayages courts et répétés. En l'absence de tout texte légal ou réglementaire précisant les formes que doivent revêtir les arrêts de travail pour constituer la grève, la répétition d'interruptions de travail ayant chacune le caractère d'une grève licite ne peut être considérée en principe comme un abus du droit de grève. • Soc. 18 avr. 1963, n° 61-40.459 P : *GADT, 4e éd., n° 187 ; D. 1963. 505, note Rouast ; JCP 1963. II. 13370, note Bizière.* ♦ Des arrêts de travail courts et répétés, quelque dommageables qu'ils soient pour la production, ne peuvent, en principe, être considérés comme un exercice illicite du droit de grève. • Soc. 25 janv. 2011 : *D. actu. 10 févr. 2011, obs. Astaix ; D. 2011. Actu. 454.*

9. Désorganisation de l'entreprise. Les débrayages qui n'ont pour effet que de désorganiser la production et non l'entreprise ne constituent pas un abus du droit de grève. • Soc. 30 mai 1989 : *D. 1990. Somm. 168, obs. Borenfreund* • 10 juill. 1991, n° 89-43.147 P : *D. 1991. IR 216* (cessation du travail pendant un quart d'heure pendant 10 jours, peu important que les répercussions sur la production soient sans rapport avec la durée des arrêts de travail effectifs) • 7 avr. 1993, n° 91-16.834 P : *D. 1993. IR 115* (arrêts de travail courts et répétés ayant contraint l'entreprise à cesser sa production mais n'ayant pas d'incidence sur la clientèle) • 5 juill. 1995, n° 93-20.402 P (arrêts de travail ayant eu pour effet de rendre la production plus onéreuse). ♦ Sur la distinction entre désorganisation de la production, conséquence normale de la grève, et désorganisation de l'entreprise rendant la grève illicite, V. • Soc. 30 mai 1989 : *D. 1990. Somm. 168, obs. Borenfreund.* • 10 juill. 1991 : *D. 1991. IR 216 ; RJS 1991. 521, n° 997* • 7 avr. 1993, n° 91-16.834 P : *RJS 1993. 316, n° 539 ; Dr. soc. 1993. 607.*

10. Poursuite de la grève. Mais continue d'être une grève l'arrêt de travail qui se poursuit alors qu'il n'est établi ni que toute revendication syndicale ait disparu, ni qu'un syndicat ait appelé à la reprise du travail. • Soc. 4 déc. 1996 : *JS UIMM 1997. 146.*

2° HYPOTHÈSES ÉCARTÉES

11. Participation à une réunion. La participation à une assemblée générale du personnel organisée pendant les heures de travail ne peut être considérée comme un arrêt de travail au sens de l'art. L. 521-1 [L. 2511-1 nouv.]. • Crim. 9 nov. 1971 : *Bull. crim. n° 305 ; JCP 1972. II. 17074, note Pélissier* • Soc. 26 mars 1980 : *Bull. civ. V, n° 297* (ne caractérise pas une grève licite l'arrêt de travail en vue de préparer une journée nationale d'action). ♦ *Contra,* lorsque l'arrêt de travail et la réunion qui le suit tendent à appuyer des revendications professionnelles : • Soc. 8 nov. 1988 : *Bull. civ. V, n° 575 ; Dr. ouvrier 1989. 240.*

12. Grève perlée. Le droit de grève n'autorise pas les salariés à exécuter leur travail dans des conditions autres que celles prévues à leur contrat ou pratiquées dans la profession. Il en résulte que la grève perlée, qui consiste en un ralentissement de l'activité ou une baisse de la production sans véritable arrêt de travail, ne peut être qualifiée d'exercice normal du droit de grève. • Soc. 18 févr. 1960, n° 57-40.746 P : JCP 1960. II. 11704, note F. D. ; Dr. soc. 1960. 490, obs. H. F. – Dans le même sens : • Soc. 22 avr. 1964, n° 61-40.673 P : JCP 1964. II. 13883, note B. A. (faute lourde commise par un salarié, qui en concertation avec d'autres salariés diminue volontairement la cadence de sa production).

13. Autosatisfaction des revendications. Le droit de grève n'autorise pas les salariés à exécuter leur travail dans les conditions qu'ils revendiquent. En conséquence, ne constitue pas une grève licite le fait pour des salariés ne voulant pas travailler le samedi de s'absenter trois samedis de suite. • Soc. 23 nov. 1978, n° 77-40.946 P : GADT, 4ᵉ éd., n° 189 ; D. 1979. 304, note Javillier ; D. 1979. IR 226, obs. Pélissier ; Dr. ouvrier 1980. 12, note Bonnechère ; JCP CI 1980. II. 13244, note Karaquillo. ♦ … De ne pas travailler le dimanche après-midi dans le cadre d'un mouvement revendicatif tendant à obtenir la révision de la convention collective quant à la durée et à la rémunération du service continu. • Soc. 15 juin 1978, n° 77-40.600 P : D. 1979. IR 25, obs. Langlois ; Dr. ouvrier 1980. 12, note Bonnechère. ♦ En revanche, la grève est licite lorsqu'elle s'accompagne de revendications professionnelles. • Soc. 25 juin 1991, n° 89-40.029 P : Dr. soc. 1992. 60, concl. Graziani (arrêt de travail le week-end aux fins de satisfaire des revendications portant sur le travail le week-end ainsi que sur la sécurité et les horaires de travail). ♦ Dans le même sens : • Soc. 12 avr. 1995, n° 93-10.968 P : Dr. soc. 1995. 607, obs. Ray ; RJS 1995. 370, n° 554.

14. « Grève » des astreintes. Ne répond pas à la définition de la grève le seul fait pour des salariés de refuser d'assurer les astreintes auxquelles ils étaient tenus. • Soc. 2 févr. 2006 : D. 2006. IR 469 ; JSL 2006, n° 184-3 ● 21 oct. 2009 : D. 2009. AJ 2691 ; RJS 2010. 65, n° 82 • Soc. 25 nov. 2015, n° 14-20.527 P : D. actu. 18 déc. 2015, obs. Peyronnet ; JCP S 2016. 1090, obs. Kerbourc'h.

15. Exécution défectueuse du travail. Commet une faute justifiant des sanctions disciplinaires le salarié qui participe à une grève sans arrêter complètement son travail et en exécutant de façon défectueuse sa prestation de travail. • Soc. 22 avr. 1964, n° 61-40.673 P : JCP 1964. II. 13883, note B. A.

16. Grève limitée à une obligation particulière du contrat de travail. Ne constitue pas une grève la cessation du travail limitée à une obligation particulière du contrat de travail ; en diffusant des tracts incitant les salariés à refuser de signer des bons de travail, un syndicat engage sa responsabilité à l'égard de l'employeur et peut être condamné à indemniser ce dernier pour perte d'heures productives et recours à la sous-traitance. • Soc. 11 juill. 2016, n° 14-14.226 P : D. 2016. Actu. 1655 ; RJS 10/2016, n° 653 ; JSL 2016, n° 417-1, obs. Tissandier ; JCP S 2016. 1332, obs. Duquesne.

B. CESSATION COLLECTIVE ET CONCERTÉE DU TRAVAIL

17. Arrêt de travail d'une minorité de salariés. Un arrêt de travail ne saurait perdre le caractère de grève par le seul fait qu'il n'a pas été observé par la majorité du personnel. • Soc. 3 oct. 1963 : GADT, 4ᵉ éd., n° 188 ; D. 1964. 3, note G. Lyon-Caen ● 21 juin 1967 : D. 1967. 753 ; JCP 1967. II. 15256, note A. A. (76 grévistes sur 1468 salariés).

18. Participation individuelle à un mouvement national. L'exercice du droit de grève ne peut revêtir un caractère individuel, sauf si le salarié obéit à un mot d'ordre de grève nationale. • Soc. 29 mars 1995, n° 93-41.863 P : RJS 1995. 369, n° 553. ♦ Le salarié qui, seul dans son entreprise, participe à une grève présentant un caractère national n'a pas à informer spécialement son employeur. • Soc. 29 mai 1979, n° 78-40.553 P : GADT, 4ᵉ éd., n° 190.

19. Entreprises occupant un seul salarié. Dans les entreprises ne comportant qu'un salarié, celui-ci, qui est le seul à même de présenter et de défendre ses revendications professionnelles, peut exercer le droit de grève constitutionnellement reconnu. • Soc. 13 nov. 1996, n° 93-42.247 P : JCP 1997. II. 22754, rapp. Waquet, note Corrignan-Carsin ; Dr. soc. 1996. 1108, obs. Ray ; ibid. 1997. 368, note Radé ; CSB 1997. 11, A. 3, note Philbert ; RJS 1996. 843, n° 1312 ; ibid. 1997. 8, chron. J. Savatier ; Dr. ouvrier 1997. 143, note Saramito ; LPA 22 janv. 1997, note Picca.

20. Entreprise gérant un service public. La cessation de travail d'un salarié pour appuyer des revendications professionnelles formulées dans le cadre d'un préavis de grève déposé par une organisation syndicale représentative dans une entreprise gérant un service public constitue une grève, peu important le fait qu'un seul salarié se soit déclaré gréviste. • Soc. 21 avr. 2022, n° 20-18.402 B : D. 2022. 842 ; Dr. soc. 2022. 565, obs. Radé ; RJS 7/2022, n° 399 ; Dr. ouvrier 2022. 284, obs. Debord.

C. REVENDICATIONS PROFESSIONNELLES

21. Condition. Est illicite l'arrêt de travail qui ne correspond à aucune revendication professionnelle. • Soc. 17 déc. 1996, n° 95-41.858 P : JCP 1997. II. 22773, rapp. Waquet ; CSB 1997. 86, S. 44. ♦ Si la présentation des revendications professionnelles doit être préalable, la grève n'est pas soumise en principe à la condition d'un rejet desdites revendications par l'employeur. • Soc. 11 juill. 1989, n° 87-40.727 P : GADT, 4ᵉ éd.,

CONFLITS COLLECTIFS

Art. L. 2511-1 1025

n° 192 ; D. 1989. IR 233 ; Dr. soc. 1989. 717, note Déprez. ● 4 avr. 1990, 🏛 n° 88-43.909 P : D. 1990. IR 108 ; RJS 1990. 299, n° 419.

1° PRÉSENTATION DES REVENDICATIONS

22. Moment. L'employeur doit être informé de l'existence des revendications professionnelles au moins au moment de la cessation du travail. ● Soc. 24 mars 1988, 🏛 n° 85-43.604 P.

23. Modalités de présentation par un syndicat. Il n'est pas nécessaire que les revendications professionnelles soient présentées par les grévistes ; elles peuvent l'être par une union syndicale ayant préalablement arrêté avec un des salariés de l'entreprise la liste des revendications. ● Soc. 27 juin 1990 : 🏛 RJS 1990. 483, n° 718. ◆ L'employeur doit avoir été informé, avant l'arrêt de travail, des revendications professionnelles des salariés, peu important les modalités de cette information (revendications portées à la connaissance de l'employeur par une lettre de l'inspectrice du travail). ● Soc. 28 févr. 2007 : 🏛 D. 2007. AJ 869 ⊘ D. 2007. 2269, obs. Amauger-Lattès ⊘ ; RJS 2007. 481, n° 651 ● Soc. 30 juin 2015, 🏛 n° 14-11.077 P : D. 2015. Actu. 1493 ⊘ ; D. 2015. Pan. 2349, obs. Lokiec ⊘ ; RDT 2016. 108, obs. Ferkane ⊘ ; RJS 10/2015, n° 663 ; JCP S 2015. 1367, note Duquesne.

2° CARACTÈRE PROFESSIONNEL DES REVENDICATIONS

24. Conditions de travail. Constituent des revendications professionnelles les protestations contre les mauvaises conditions de chauffage des lieux de travail ainsi que la crainte sur la stabilité de l'emploi en raison de la décision de l'employeur d'ouvrir un nouveau magasin. ● Soc. 4 avr. 1990, 🏛 n° 88-43.909 P : D. 1990. IR 108 ; RJS 1990. 299, n° 419. ◆ ... La réclamation d'un moyen de transport ou de l'octroi d'indemnités de grand déplacement. ● Soc. 18 juin 1996, 🏛 n° 92-44.497 P : GADT, 4ᵉ éd., n° 195 ; RJS 1996. 622, n° 970 ; Dr. ouvrier 1997. 33.

25. Droit de retrait. Constitue l'exercice du droit de grève et non du droit de retrait l'arrêt décidé par des salariés qui, après avoir refusé d'exécuter un ordre dangereux pour leur santé et leur vie, ont présenté une revendication professionnelle en demandant le bénéfice du chômage-intempéries. ● Soc. 26 sept. 1990, 🏛 n° 88-41.375 P : GADT, 4ᵉ éd., n° 206 ; D. 1990. IR 228 ⊘ ; Dr. soc. 1991. 60, concl. Waquet, note Ray ⊘ ; Dr. ouvrier 1990. 457, note F. S.

26. Stratégie de l'entreprise. Constitue une revendication professionnelle la crainte exprimée par des représentants sur la nouvelle politique commerciale décidée par l'employeur. ● Soc. 2 juin 1992, 🏛 n° 89-40.565 P : Dr. soc. 1992. 696, rapp. Waquet, note Ray ⊘ ; RJS 1992. 501, n° 907. ◆ ... La contestation du refus du directeur d'un institut médico-pédagogique d'appliquer un projet pédagogique qu'il avait précédemment adopté. ● Soc. 27 févr. 1985 : Bull. civ. V, n° 118.

27. Protection de l'emploi. Est licite la grève survenue postérieurement à des licenciements et manifestant une crainte d'ordre professionnel et social intéressant l'ensemble des salariés de l'entreprise. ● Soc. 27 févr. 1974, 🏛 n° 72-40.726 P. ◆ ... La grève concomitante à l'annonce d'un licenciement pour motif économique, la menace sur l'emploi caractérisant une revendication professionnelle intéressant l'ensemble du personnel. ● Soc. 22 nov. 1995 : 🏛 D. 1996. IR 5 ; Dr. soc. 1996. 204 ; RJS 1996. 43, n° 61 ; CSB 1996. 41, A. 11 ; JCP 1996. I. 3925, n° 20, obs. Teyssié. ◆ ... L'arrêt de travail résultant de craintes sur la stabilité de l'emploi en raison de l'annonce par l'employeur de l'ouverture d'un nouveau magasin. ● Soc. 4 avr. 1990, 🏛 n° 88-43.909 P : D. 1990. IR 108. ◆ ... La grève déclenchée pour protester contre la préparation d'un plan de restructuration. ● Soc. 20 mai 1992 : 🏛 D. 1992. IR 185.

28. Défense des droits collectifs. Doit être cassé l'arrêt qui retient d'abord que le motif de la cessation du travail à la suite du licenciement de deux salariés candidats aux élections professionnelles et délégué syndical était licite pour estimer ensuite que cette justification cessait à partir du moment où l'employeur saisissait le juge compétent, afin de contester les désignations. ● Soc. 18 janv. 1995, 🏛 n° 91-10.476 P : GADT, 4ᵉ éd., n° 196 ; D. 1995. IR 50 ⊘ ; Dr. soc. 1995. 183, rapp. Waquet ⊘ ; RJS 1995. 201 ; CSB 1995. 79, A. 15. ◆ Présente un caractère professionnel la cessation collective et concertée du travail précédée de revendications qui se rattachent tant à l'exercice du droit syndical qu'à l'exigence du respect de règles légales et conventionnelles, peu important la saisine par l'employeur du juge compétent pour statuer sur la validité des désignations contestées par lui. ● Même arrêt. ◆ Il en est de même lorsque, dans le tract appelant à la grève, le syndicat invoque la défense de l'exercice du droit syndical. ● Soc. 30 mars 1999, 🏛 n° 97-41.104 P : RJS 1999. 440, n° 725 ; D. 1999. IR 116 ⊘.

29. Rémunération. Les revendications portant sur les augmentations de salaire et la réduction d'une prime constituent des revendications professionnelles. ● Soc. 18 avr. 1989, 🏛 n° 88-40.724 P : D. 1990. Somm. 167, obs. Borenfreund ⊘.

30. Régime des retraites. Caractérise l'exercice du droit de grève une cessation collective et concertée du travail en vue de soutenir un mot d'ordre national pour la défense des retraites. ● Soc. 15 févr. 2006 : 🏛 RJS 2006. 431, n° 622 ; Dr. soc. 2006. 577, obs. Radé ⊘.

31. Grève politique. Sur le caractère illicite des grèves politiques, V. ● Soc. 23 mars 1953, n° 1.398 P : GADT, 4ᵉ éd., n° 186 ; D. 1954. 89, note Levasseur (protestation contre des incidents intervenus la veille à l'Assemblée nationale)

• 10 mars 1961 : *Bull. civ. IV, n° 333 ; D. 1961. Somm. 92 ; Dr. soc. 1961. 363, obs. J. Savatier* (protestation contre la politique générale du gouvernement). ♦ Comp. • 29 mai 1979, 🛡 n° 78-40.553 P : *GADT, 4ᵉ éd., n° 190 ; D. 1980. IR 23, obs. Langlois* (licéité d'une grève nationale ayant pour objet le refus du blocage des salaires, la défense de l'emploi et la réduction du temps de travail, revendications étroitement liées aux préoccupations quotidiennes des salariés). ♦ La défense du mode d'exploitation du réseau des transports urbains constitue, pour les employés de la régie, établissement public industriel et commercial, une revendication d'ordre professionnel, la capacité de l'employeur à satisfaire les revendications des salariés étant sans incidence sur la légitimité de la grève. • Soc. 23 oct. 2007 : 🛡 *D. 2007. AJ 2807, obs. Ines*∅.

32. Grève de solidarité. La grève pour obtenir la réintégration d'un salarié régulièrement licencié n'ayant pour objet ni un intérêt collectif professionnel, ni la modification ou l'amélioration des conditions de travail, n'a pas le caractère d'une grève licite. • Soc. 8 janv. 1965, n° 64-40.135 P : *Dr. soc. 1965. 380, obs. J. Savatier*. ♦ Dans le même sens : • Soc. 16 nov. 1993, 🛡 n° 91-41.024 P : *Dr. soc. 1994. 35, rapp. Waquet, note Ray* ∅ ; *CSB 1993. 293, A. 60* (licenciement n'impliquant rien d'autre que la faute personnelle de l'intéressé. ♦ Comp., lorsque la grève de solidarité s'accompagne de revendications professionnelles : • Soc. 27 nov. 1985 : 🛡 *Dr. soc. 1988. 143, note Déprez*. ♦ Les juges du fond doivent rechercher si l'action entreprise par les salariés, pour soutenir un de leurs collègues menacé de licenciement, n'est pas étrangère à des revendications professionnelles qui intéressent l'ensemble du personnel. • Soc. 5 juin 2011 : 🛡 *D. actu. 28 janv. 2011, obs. Ines* ; *RDT 2011. 254, obs. Nadal* ∅ ; *RJS 3/2011, n° 268* ; *JSL 2011, n° 294-3, obs Tourreil* ; *JCP S 2011. 1188, obs. Bailly*.

3° *LÉGITIMITÉ DES REVENDICATIONS*

33. Absence de contrôle judiciaire. Si la grève suppose l'existence de revendications de nature professionnelle, le juge ne peut, sans porter atteinte au libre exercice d'un droit constitutionnellement reconnu, substituer son appréciation à celle des grévistes sur la légitimité ou le bien-fondé de ces revendications. Doit en conséquence être cassé l'arrêt qui déboute un salarié de ses différentes demandes en paiement alors qu'il a constaté le caractère professionnel de la revendication et qu'il n'a caractérisé aucun abus de la part des salariés. • Soc. 2 juin 1992, n° 90-41.369 P : *GADT, 4ᵉ éd., n° 193 ; Dr. soc. 1992. 696, rapp. Waquet* ∅ ; *CSB 1992. 225, A. 40 ; RJS 1992. 501, n° 906*. ♦ Comp. : • Cass., ass. plén., 4 juill. 1986 : 🛡 *D. 1986. 477, concl. Bouyssic, note Ray ; JCP 1986. II. 20694, note Teyssié ; Dr. soc. 1986. 745, note G. Lyon-Caen* (décision affirmant que, « si la grève est licite dans son principe en cas de revendications professionnelles, il appartient au juge des référés d'apprécier souverainement si elle n'entraîne pas un trouble manifestement illicite » et approuvant la cour d'appel d'avoir retenu que les revendications étaient déraisonnables).

34. La capacité de l'employeur à satisfaire les revendications des salariés étant sans incidence sur la légitimité de la grève. • Soc. 23 oct. 2007 : 🛡 *D. 2007. AJ 2807, obs. Ines* ∅.

III. ACTES DÉTACHABLES DE L'EXERCICE DU DROIT DE GRÈVE

A. PIQUETS DE GRÈVE

35. Présence licite des salariés. Sur l'absence d'atteinte à la liberté du travail, V. • CE 2 févr. 1996 : 🛡 *RJS 1996. 178, n° 299* (piquet de grève situé à l'entrée principale de l'entreprise n'interdisant pas la possibilité pour le personnel de pénétrer dans l'entreprise par d'autres voies d'accès) • Soc. 7 juin 1995, 🛡 n° 93-46.448 P : *GADT, 4ᵉ éd., n° 197 ; D. 1995. IR 204* (salariés ayant remis à l'employeur les clés des camions vides qu'ils avaient garés devant l'entrée de l'entreprise).

36. Piquet de grève. Sur l'entrave à la liberté du travail, V. • Soc. 8 déc. 1983, 🛡 n° 81-14.238 P (blocage total des portes de l'établissement). • Soc. 30 juin 1993, 🛡 n° 91-44.824 P : *D. 1993. IR 174* (grévistes faisant obstacle à l'entrée et à la sortie des véhicules dans une usine ayant entraîné la désorganisation de l'entreprise). ♦ L'obstruction des entrées d'un magasin interdisant l'accès des clients et empêchant l'employeur et les non-grévistes de travailler porte atteinte à la liberté du travail, peu important que les éléments constitutifs du délit de l'art. 414 C. pén. soient ou non réunis, et constitue une voie de fait justifiant le recours au juge des référés. • Soc. 21 févr. 1978 : *Bull. civ. V, n° 127 ; JCP CI 1978. I. 7087, n° 14, obs. Teyssié et Descotte*.

B. OCCUPATION DES LOCAUX

37. Présence licite. En établissant que l'occupation des locaux, qui consistait dans le fait d'accompagner à travers l'usine les délégués se rendant à la direction, n'avait été que momentanée et limitée, le tribunal a pu écarter l'existence d'une faute lourde. • Soc. 11 févr. 1960 : *Bull. civ. IV, n° 170 ; D. 1960. 603 ; JCP 1960. II. 11624* • 16 mai 1989 : *Bull. civ. V, n° 361 ; D. 1989. IR 176* (absence d'atteinte à la liberté du travail) • 19 oct. 1994 : 🛡 *Dr. ouvrier 1995. 146* (occupation ayant seulement porté atteinte à l'image de l'entreprise sans entraîner aucun préjudice financier).

38. Abus. Le droit de grève n'emporte pas celui de disposer arbitrairement des locaux de l'entreprise. • Soc. 21 juin 1984, 🛡 n° 82-16.596 P : *GADT, 4ᵉ éd., n° 212 ; Dr. soc. 1985. 15, note J. Savatier* • 23 juin 2004, n° 02-31.999 P : *RJS 2004. 835, n° 1187*. ♦ Constitue un acte abusif le fait de se

CONFLITS COLLECTIFS   **Art. L. 2511-1** 1027

rendre sur son lieu de travail, de ne pas y travailler en se déclarant en grève et de refuser de quitter le lieu de travail. • Soc. 6 déc. 1956 : *Bull. civ. IV, n° 907 ; Dr. soc. 1957. 33.* ♦ ... D'interdire l'accès de l'usine à quiconque, notamment au directeur et au personnel non gréviste. • Soc. 21 juin 1984, ⚖ n° 82-16.596 P : *préc.* ♦ ... De participer à l'immobilisation d'un train frigorifique ayant pour conséquence de porter atteinte à la liberté du travail. • Soc. 4 nov. 1992, ⚖ n° 90-41.899 P : *GADT, 4ᵉ éd., n° 194.* ♦ Constitue un trouble manifestement illicite l'occupation du navire par les grévistes empêchant celui-ci de prendre le large, ce dont il résultait une entrave à la liberté de travail des salariés non grévistes. • Soc. 8 oct. 2014 : ⚖ *D. actu. 30 oct. 2014, obs. Fraisse ; D. 2014. Actu. 2054.* ♦ Toutefois, l'occupation des locaux, intervenue en réaction à la fermeture de l'entreprise, peut, dans certaines circonstances, ne pas caractériser un trouble manifestement illicite. • Soc. 9 mars 2011 : ⚖ *D. actu. 7 avr. 2011, obs. Ines ; Dr. soc. 2011. 734, obs. Gauriau ; JSL 2011, n° 298-4, obs. Lalanne ; JCP S 2011. 1330, obs. Sébille.*

39. Désorganisation de l'entreprise. L'abus du droit de grève est caractérisé par la désorganisation de l'entreprise. • Soc. 4 nov. 1992, ⚖ n° 90-41.899 P : *GADT, 4ᵉ éd., n° 194.* ♦ La désorganisation de l'entreprise doit être distinguée de la désorganisation de la production, qui constitue une conséquence normale de la grève. • Soc. 30 mai 1989, ⚖ n° 87-10.994 P : *D. 1990. Somm. 168, obs. Borenfreund.*

40. Demande d'expulsion. En énonçant que le droit de grève n'emporte pas celui de disposer arbitrairement des locaux de l'entreprise, les juges constatent le caractère manifestement illicite du trouble justifiant la compétence du juge des référés pour ordonner l'expulsion des grévistes. • Soc. 21 juin 1984 : ⚖ *GADT, 4ᵉ éd., n° 212 ; Dr. soc. 1985. 15, note J. Savatier* • 23 juin 2004, n° 02-31.999 P : *RJS 2004. 835, n° 1187.* ♦ Sur la possibilité de recourir parallèlement à la procédure de l'ordonnance sur requête, V. • Soc. 17 mai 1977 : ⚖ *D. 1977. 645, note Jeammaud ; Dr. ouvrier 1977. 467, note G. Lyon-Caen ; Dr. soc. 1978. 119, obs. J. Savatier ; JCP CI 1979. II. 13050, note Desdevises ; RTD civ. 1977. 602, n° 6, obs. Normand.* ♦ Toutefois, l'occupation des locaux, intervenue en réaction à la fermeture de l'entreprise, peut, dans certaines circonstances, ne pas caractériser un trouble manifestement illicite ; le refus du juge des référés d'ordonner l'expulsion est alors justifié. • Soc. 9 mars 2011 : ⚖ *D. actu. 7 avr. 2011, obs. Ines.*

41. Exécution d'une ordonnance d'expulsion. L'ordonnance d'expulsion prononcée à l'encontre de dirigeants de fait d'un mouvement vaut pour tous les grévistes, dès lors que ces dirigeants de fait ont la possibilité de présenter les moyens de défense communs à l'ensemble du personnel.

• Soc. 17 mai 1977 : *Bull. civ. V, n° 327* • 23 juin 2004, n° 02-31.999 P : *RJS 2004. 835, n° 1187.* ♦ Si, s'agissant d'exécuter une ordonnance d'expulsion, l'autorité administrative a le devoir d'apprécier les conditions d'octroi du concours de la force publique et a la possibilité de refuser ce concours quand elle estime qu'il y a un danger pour l'ordre et la sécurité, le préjudice qui peut résulter de ce refus ne saurait être regardé comme une charge incombant à l'employeur si la situation s'est prolongée au-delà du délai normal dont l'administration dispose, compte tenu des circonstances de la cause, pour exercer son action. • CE 8 déc. 1989 : *RJS 1990. 171, n° 242.*

42. Refus d'exécuter l'ordonnance d'expulsion. Commet une faute lourde le salarié qui se maintient dans les lieux malgré une décision d'expulsion. • Soc. 30 avr. 1987 : *Bull. civ. V, n° 238 ; D. 1987. IR 120.* • 3 mai 2016, ⚖ n° 14-28.353 P : *D. 2016. Actu. 1086 ; D. actu. 20 mai 2016, obs. Peyronnet ; RJS 7/2016, n° 516 ; JSL 2016, n° 412-3, obs. Hautefort ; JCP S 2016. 1234, obs. Guyot.*

43. Responsabilité de l'État. Sur les conditions de mise en œuvre de la responsabilité de l'État, V. • CE 3 juin 1938 : *DP 1938. 3. 65 ; Dr. soc. 1938. 241 ; JCP 1938. II. 834, note Mihura* • 6 mai 1991 (deux arrêts) : ⚖ *Lebon 171 ; D. 1992. Somm. 144, obs. Bon et Terneyre ; Dr. soc. 1991. 940, concl. Denis-Linton ; RJS 1991. 456, n° 874* (a été jugé anormal le préjudice résultant du fait que, saisie le 12 mai d'une demande de concours de la force publique, l'administration a attendu le 1ᵉʳ juin pour prendre des mesures ; en revanche, le préjudice n'a pas un caractère anormal lorsque l'administration intervient le 1ᵉʳ juin à la suite d'une demande présentée le 27 mai) • 25 nov. 1994 : ⚖ *D. 1996. Somm. 51, obs. Bon et Terneyre ; ibid. 229, obs. Chelle et Prétot ; RJS 1995. 47, n° 54* (partage de responsabilité entre l'État et la commune qui avait apporté son soutien aux grévistes).

IV. EFFETS DE LA GRÈVE

A. SALARIÉS

1° PROTECTION DU DROIT DE GRÈVE

44. Entreprises publiques. En prohibant dans l'art. L. 521-1 C. trav. [L. 2511-1 nouv.] les mesures discriminatoires, le législateur a énoncé un principe général du droit du travail applicable aux entreprises publiques dont le personnel est doté d'un statut réglementaire et qui n'est pas incompatible avec les nécessités de la mission de service public. • CE 12 nov. 1990 : ⚖ *D. 1992. Somm. 159, obs. Chelle et Prétot ; RJS 1991. 141, n° 261 ; AJDA 1991. 332, obs. Hecquard-Théron* (illégalité de la disposition prévoyant la suspension des droits à l'avancement en échelon pendant les périodes d'absence dues à une grève).

45. Nullité du licenciement. La nullité du licenciement d'un salarié gréviste n'est pas limitée au cas où le licenciement est prononcé pour avoir participé à une grève ; elle s'étend à tout licenciement d'un salarié prononcé à raison d'un fait commis au cours de la grève à laquelle il participe et qui ne peut être qualifié de faute lourde. • Soc. 22 janv. 1992, ⚖ n° 90-44.249 P : *D. 1992. IR 45 ; Dr. soc. 1992. 271 ; CSB 1992. 71, A. 14* • 9 mai 2012 : ⚖ *D. actu. 5 juin 2012, obs. Perrin ; D. 2012. Actu. 1341 ⌀ ; RJS 2012. 559, n° 653 ; JCP S 2012. 1319, obs. Duquesne.* ♦ Lorsqu'un employeur licencie un salarié à la fois pour des faits commis à l'occasion d'une grève sans invoquer de faute lourde et pour des faits distincts, le caractère illicite du motif du licenciement prononcé pour des faits liés à l'exercice du droit de grève entraîne à lui seul la nullité du licenciement. • Soc. 8 juill. 2009 : ⚖ *D. 2009. AJ 2112, obs. Perrin ⌀ ; RJS 2009. 722, n° 828 ; Dr. ouvrier 2010. 53, obs. Delgado.* ♦ Est nul le licenciement sanctionnant la virulence des propos d'un salarié qui refusait de subir une mesure de rétorsion à la suite de sa participation à une grève, ce dont il résultait une atteinte à la liberté d'exercer son droit de grève. • Soc. 25 nov. 2015, ⚖ n° 14-20.527 P : *D. actu. 18 déc. 2015, obs. Peyronnet ; JCP S 2016. 1090, obs. Kerbourc'h.*

46. Réintégration. Le licenciement des salariés grévistes étant entaché de nullité, c'est à bon droit et sans excéder ses pouvoirs que le juge des référés, pour faire cesser un trouble manifestement illicite, a ordonné la poursuite du contrat de travail qui n'avait pu être valablement rompu. • Soc. 26 sept. 1990, ⚖ n° 88-41.375 P : *GADT, 4ᵉ éd., n° 206 ; D. 1990. IR 228 ⌀ ; Dr. soc. 1991. 60, rapp. Waquet, note Ray ⌀ ; Dr. ouvrier 1990. 457, note F.S. ; RJS 1990. 542, n° 812.* – Dans le même sens : • 29 juin 1994, ⚖ n° 91-40.656 P : *RJS 1994. 682, n° 1158 ; ibid. 650, concl. Chauvy.*

47. Indemnisation du gréviste illégalement licencié. Les salariés, dont le licenciement est nul, ont droit au paiement d'une indemnité égale au montant de la rémunération qu'ils auraient dû percevoir entre leur éviction de l'entreprise et leur réintégration, peu important qu'ils aient ou non reçu des salaires ou un revenu de remplacement pendant cette période. • Soc. 2 févr. 2006 : ⚖ *RDT 2006. 42, obs. Leclerc ⌀ ; JSL 2006, n° 185-5 ; JCP S 2006. 1700, note Olivier ; JCP E 2006. 1579, note Béal et Rouspide* • Soc. 25 nov. 2015, ⚖ n° 14-20.527 P : *D. 2015. Actu. 2508 ⌀*.

48. L'atteinte au droit de grève n'est pas à elle seule constitutive d'une infraction pénale. • Crim. 19 juin 1979 : *Bull. crim. n° 217 ; D. 1980. IR 88, obs. Pélissier* • 31 mars 1981 : *D. 1982. IR 83, obs. Pélissier.* ♦ L'art. 414 C. pén. (ancien) n'a pas pour objet la protection du travail en soi, mais seulement celle de la liberté que possèdent les travailleurs de s'associer, ou non, à une cessation concertée du travail. • Crim. 15 mai 1987 : *Bull. crim. n° 198.*

2° SUSPENSION DES OBLIGATIONS CONTRACTUELLES

a. Portée

49. Sanctions disciplinaires. L'employeur ne peut se prévaloir des dispositions du règlement intérieur, ni de celles d'une note de service, afin d'infliger une sanction disciplinaire à un gréviste pour des faits non constitutifs d'une faute lourde. • Soc. 16 déc. 1968 : *Dr. soc. 1969. 318, obs. Savatier.* – Dans le même sens : • Soc. 27 juin 1979 : *Bull. civ. V, n° 583.* ♦ Un salarié gréviste ne peut être licencié ou sanctionné à raison d'un fait commis au cours de la grève que si ce fait est constitutif d'une faute lourde. • Soc. 16 déc. 1992, ⚖ n° 91-41.215 P : *GADT, 4ᵉ éd., n° 208 ; D. 1993. Somm. 265, obs. Dockès ⌀ ; Dr. soc. 1993. 291, note Savatier ⌀ ; RJS 1993. 119, n° 174 ; CSB 1993. 37, A. 8* • 7 juin 1995, ⚖ n° 93-42.789 P : *Dr. soc. 1995. 837.* ♦ L'employeur ne peut, sauf dispositions législatives contraires, se fonder sur le règlement intérieur pour réquisitionner des salariés grévistes, même pour un motif de sécurité ; il ne peut donc sanctionner un salarié refusant de déférer à une telle réquisition. • Soc. 15 déc. 2009 : ⚖ *D. 2010. AJ 154, obs. Ines ⌀ ; JSL 2010, n° 270-6 ; Dr. ouvrier 2010. 278.*

50. Maladie antérieure à la grève. Lorsque la maladie a suspendu l'exécution du contrat de travail antérieurement au début de la grève, celle-ci n'a aucune répercussion sur les rapports du salarié avec son employeur. • Soc. 7 oct. 1970 : *Bull. civ. V, n° 502 ; D. 1971. Somm. 59 ; Dr. soc. 1971. 136, obs. J. Savatier.* • 16 juill. 1987 : *Bull. civ. V, n° 497* (le salarié malade a droit au complément de rémunération prévu par la convention collective).

51. Maladie pendant la grève. Lorsque l'exécution du contrat de travail a été suspendue par la grève, le gréviste, malade au cours de la grève, ne peut bénéficier de l'indemnité différentielle. • Soc. 1ᵉʳ mars 1972, ⚖ n° 71-40.257 P : *D. 1972. 620, note Pélissier ; JCP 1972. II. 17262, note Groutel.* ♦ Lorsqu'un salarié tombe malade pendant une période où le personnel pratique des arrêts de travail courts et répétés, il a droit au complément de salaire prévu par la convention collective pour les heures pendant lesquelles il aurait normalement travaillé s'il n'avait pas été malade, compte tenu du fait que le contrat de travail n'était suspendu que pendant les heures de débrayage. • Soc. 20 févr. 1980, ⚖ n° 78-41.116 P : *D. 1980. IR 546.* ♦ Un tribunal peut estimer, sans renverser la charge de la preuve, que la participation des salariés à la grève avant qu'ils ne tombent malades emportait en l'espèce présomption qu'ils auraient poursuivi leur participation s'ils étaient restés en bonne santé, sauf à combattre cette présomption par la manifestation de leur volonté de se désolidariser des grévistes. • Soc. 17 juin 1982, ⚖ n° 80-40.973 P : *JCP CI 1982. II. 10979, n° 13, obs. Teyssié.*

52. Accident du travail. La grève suspendant l'exécution du contrat de travail, l'accident dont le salarié a été victime ne peut être considéré comme un accident du travail. • Soc. 12 mai 1964 : *Bull. civ. IV, n° 415.*

53. Ancienneté. Constitue une discrimination illégale le fait de prendre en considération la suspension du contrat de travail résultant de l'exercice du droit de grève pour retarder l'ancienneté d'un salarié et le bénéfice de l'augmentation de salaire liée à cette ancienneté alors que la convention collective prévoit que toutes les périodes d'absence, même lorsqu'elles ne donnent pas lieu à paiement total ou partiel du salaire, ne suspendent pas le droit à un avancement à l'ancienneté. • Soc. 9 févr. 2000, 🏛 n° 97-40.724 P : *RJS 2000. 207, n° 314.* ♦ Pour une discrimination rendue vraisemblable par le ralentissement de la carrière après la participation du salarié à une grève : • Soc. 10 nov. 2009 : 🏛 *D. 2010. Pan. 672, obs. Porta ⌀ ; RJS 2010. 14, n° 6 ; Dr. soc. 2010. 111, obs. Radé ⌀ ; Dr. ouvrier 2010. 208, obs. Ferrer.*

b. Incidences sur la rémunération

54. Suspension du paiement. Les salariés en grève ayant cessé d'exécuter la prestation de travail, l'employeur n'a pas à régler les salaires dépourvus de contrepartie. • Soc. 21 déc. 1977 : *Bull. civ. V, n° 726 ; D. 1978. IR 75* • 21 févr. 1990, 🏛 n° 89-40.563 P : *RJS 1990. 249, n° 335* (non-versement d'une indemnité de grand déplacement) • 7 déc. 1995 : 🏛 *RJS 1996. 94, n° 148* (non-versement de la prime de travail posté).

55. *Proportionnalité de la retenue sur salaire.* L'exercice du droit de grève ne peut donner lieu, sauf abus, qu'à un abattement de salaire proportionnel à l'arrêt de travail. • Soc. 8 juill. 1992, 🏛 n° 89-40.563 P • 3 févr. 1993, 🏛 n° 90-41.665 P : *Dr. soc. 1993. 306* (le paiement de la somme retenue en excédent peut être obtenu en référé). ♦ Pour être proportionnel à l'interruption du travail, l'abattement de salaire pour fait de grève doit être calculé sur l'horaire mensuel des salariés et non en jours calendaires même si la convention collective dispose que les nécessités inhérentes à la profession ne permettent pas de déterminer la répartition des heures de travail. • Soc. 19 mai 1998, 🏛 n° 97-41.900 P : *D. 1998. IR 150 ⌀.*

56. Retenue correspondant à la durée de la grève. Le temps consacré à la remise en marche des machines à l'issue d'un mouvement de grève, même répété, ne saurait justifier une retenue sur salaire au motif de la perte de production qui suit le mouvement, même à l'encontre des salariés grévistes, dès l'instant que la grève est reconnue licite. • Soc. 6 juin 1989 (trois arrêts), 🏛 n° 85-46.435 P : *D. 1990. Somm. 170, obs. Borenfreund ⌀ ; RJS 1989. 333, concl. Franck ; JCP 1990. II. 21452, note Saint-Jours* • 16 mai 1989 : *Bull. civ. V, n°s 362 et 364 ; GADT, 4ᵉ éd., n° 205 ; D. 1990. Somm. 170, obs. Borenfreund ⌀ ; JCP 1990. II. 21452, note Saint-Jours ; Dr. ouvrier 1989. 242, note Debliquis* (le fait qu'un quotidien n'ait pas paru ne remet pas en cause le paiement des heures effectuées pour sa préparation). ♦ Comp., en cas de grève illicite : • Soc. 7 janv. 1988 : *Bull. civ. V, n° 10 ; D. 1988. Somm. 326, obs. Langlois ; Dr. soc. 1988. 153, note A. Mazeaud ; ibid. 251, note J. Savatier ; JCP 1990. II. 21452, note Saint-Jours.*

57. Convention de forfait-jours. L'absence pour fait de grève d'un salarié cadre soumis à une convention de forfait en jours sur l'année est d'une durée non comptabilisable en journées ou demi-journées, la retenue opérée doit résulter de la durée de l'absence et de la détermination, à partir du salaire annuel ou mensuel, d'un salaire horaire tenant compte du nombre de jours travaillés prévu par la convention de forfait et prenant pour base soit la durée légale du travail applicable dans l'entreprise aux cadres soumis à l'horaire collectif si elle lui est inférieure, soit la durée du travail applicable à ces cadres si elle est supérieure à la durée légale. • Soc. 13 nov. 2008 : 🏛 *D. 2008. AJ 2946 ⌀ ; RDT 2009. 117, obs. Grévy ⌀ ; RJS 2009. 57, n° 43 ; ibid. 27, avis Petit ; JSL 2008, n° 245-2.* ♦ Dans la mesure où l'accord collectif applicable prévoit, pour les salariés cadres soumis à une convention de forfait en jours, qu'aucune suspension du contrat de travail inférieure à une journée entière ou à une demi-journée ne peut entraîner une retenue sur salaire, aucune retenue ne peut être effectuée pour une absence inférieure à une demi-journée de travail. • Soc. 4 mars 2009 : 🏛 *D. 2009. AJ 877, obs. Perrin ⌀ ; RDT 2009. 325, obs. Tissandier ⌀ ; RJS 2009. 377, n° 439.*

58. Travail par rotation. Le personnel navigant s'étant déclaré gréviste la première journée de sa rotation et n'étant pas en mesure d'assurer son service tel qu'il avait été programmé, entre deux passages à l'une des bases d'affectation du personnel navigant de l'entreprise, l'employeur ne peut être tenu de lui verser un salaire pour les journées suivantes de la rotation. • Soc. 8 sept. 2021, 🏛 n° 19-21.025 P : *D. 2021. 1633 ⌀ ; Dr. soc. 2021. 1052, obs. Radé ⌀ ; RJS 11/2021, n° 618 ; JCP S 2021. 1260, obs. Ranc.*

59. Réduction des primes. Dès lors qu'il n'est pas contesté que toute absence autorisée ou non, quelle qu'en soit la cause, entraîne la perte de la prime d'assiduité, ce qui n'est pas discriminatoire à l'encontre des grévistes, l'employeur est en droit de ne pas verser la prime aux grévistes. • Soc. 26 févr. 1981 : *Bull. civ. V, n°s 162 et 163 ; D. 1981. 509, note Mouly ; Dr. soc. 1981. 435, note J. Savatier.* – Dans le même sens : • Soc. 19 juin 1990, 🏛 n° 87-40.634 P : *D. 1990. IR 187* • Soc. 26 mars 2014 : 🏛 *D. actu. 15 avr. 2014, obs. Fleuriot.*

60. Lorsque seules les absences non autorisées entraînent la perte de la prime, il en résulte une discrimination prohibée au détriment des grévistes. • Soc. 21 oct. 1982 : *Bull. civ. V, n° 569.* ♦ Pour d'autres exemples de primes à caractère discriminatoire, V. • Soc. 6 nov. 1991, ⚖ n° 89-42.571 P : *D. 1991. IR 274* ⌐ ; *Dr. soc. 1991. 930, rapp. Waquet* ⌐ ; *JCP E 1992. II. 293, note J. Savatier* ; *RJS 1991. 724, n° 1352* (application du principe de non-discrimination à une prime d'intéressement) • 2 juin 1993 : ⚖ *RJS 1993. 455, n° 779* • 2 mars 1994, ⚖ n° 92-41.134 P : *D. 1994. IR 75* ⌐ ; *JCP 1994. II. 22318, note J. Savatier* ; *Dr. soc. 1994. 523* ; *CSB 1994. 109, A. 23* ; *RJS 1994. 289, n° 453* (accords de fin de conflit signés respectivement avec des grévistes et des non-grévistes et prévoyant des primes plus importantes pour les non-grévistes que pour les grévistes, alors que la quantité de travail demandée aux non-grévistes n'avait pas été plus importante qu'à l'accoutumée) • 15 févr. 2006 : ⚖ *RJS 2006. 431, n° 622* ; *Dr. soc. 2006. 577, obs. Radé* ⌐. ♦ Constitue une discrimination indirecte en raison de l'exercice normal du droit de grève la différence opérée entre les salariés selon qu'ils ont ou non « bouclé » à l'heure, en ce qu'elle prend en compte leur degré de mobilisation, selon les services, et ses conséquences sur le fonctionnement de l'entreprise et qu'elle ne peut être justifiée par des éléments objectifs étrangers à toute discrimination en raison de la grève dès lors que la parution en retard des magazines résulte des conséquences inhérentes à la cessation collective du travail. • Soc. 7 juill. 2015, n° 14-12.779 P : *D. 2015. Pan. 2349, obs. Lokiec* ⌐ ; *RDT 2015. 698, note Odoul-Asorey* ⌐ ; *JCP S 2015. 1367, obs. Duquesne*. ♦ Ayant constaté que les salariés absents pour maladie non professionnelle ayant plus d'une année d'ancienneté bénéficiaient du maintien de leur plein salaire, y compris les primes, sans entraîner d'abattement de ces primes, la cour d'appel, qui n'était pas tenue de suivre les parties dans le détail de leur argumentation, en a exactement déduit, s'agissant de périodes d'absence qui ne sont pas légalement assimilées à un temps de travail effectif, que l'abattement des primes d'ancienneté, de quart et mensuelle, auquel l'employeur a procédé pour calculer la retenue relative aux jours d'absence du salarié pour fait de grève, présentait un caractère discriminatoire. • Soc. 7 nov. 2018, ⚖ n° 17-15.833 P : *D. 2018. 2238* ⌐ ; *RJS 1/2019, n° 50* ; *JCP 2018. 1240, obs. Corrignan-Carsin* ; *JCP S 2018. 1392, obs. Dauxerre*. ♦ Sur la dénonciation d'un usage accordant certaines primes, dans le but de faire échec à l'exercice normal du droit de grève, V. • Soc. 13 févr. 1996 : ⚖ *RJS 4/1996, n° 480* ; *JCP E 1996. II. 898, note Vachet*.

61. Jours fériés pendant une grève. Des salariés ne peuvent prétendre à un salaire au titre de jours fériés chômés et payés dans l'entreprise, dès lors qu'ils étaient grévistes ces jours-là. • Soc. 24 juin 1998, ⚖ n° 96-44.234 P : *Dr. soc. 1998. 853, obs. Ray* ⌐ ; *JCP E 1998. 1606, note Corrignan-Carsin* ; *RJS 1998. 663, n° 1045* (2ᵉ esp.). ♦ Le salarié qui s'est associé à un mouvement de grève doit être considéré, sauf preuve contraire de sa part, comme gréviste pour toute la durée du mouvement et ne peut prétendre au paiement de sa rémunération pendant cette période, peu important que certains jours il n'ait eu, normalement, aucun service à assurer. ♦ Même arrêt. ♦ V. aussi : • 14 avr. 1999, ⚖ n° 97-42.064 P : *D. 1999. IR 131* ⌐ • 5 févr. 2002, ⚖ n° 99-43.898 P : *D. 2002. IR 1013* ⌐ ; *RJS 2002. 365, n° 479* (1ᵉʳ mai compris dans une période de grève).

62. Jours non travaillés pendant une grève. Lorsque la grève se déroule à une date ou lors d'une période pendant laquelle le salarié ne travaille pas habituellement, il doit être considéré comme gréviste dès lors qu'il a adhéré au mouvement, sauf preuve contraire de sa part, pour toute la durée du mouvement. Il n'a, par conséquent, pas droit à sa rémunération pendant cette période, peu important que certains jours il n'ait eu aucun service à assurer. • Soc. 24 juin 1998, ⚖ n° 97-43.876 P : *D. 1998. IR 178* ⌐.

63. Dérogation au principe de non-paiement des grévistes. Ce n'est que dans les cas où les salariés se sont trouvés dans une situation contraignante telle qu'ils ont été obligés de cesser le travail pour faire respecter leurs droits essentiels, directement lésés par suite d'un manquement grave et délibéré de l'employeur à ses obligations, que celui-ci peut être condamné à payer aux grévistes une indemnité compensant la perte de leurs salaires. • Soc. 20 févr. 1991, ⚖ n° 89-41.148 P : *GADT, 4ᵉ éd., n° 207* ; *D. 1991. IR 83* ⌐ ; *Dr. soc. 1991. 315* ⌐, trois arrêts, *rapp. Waquet, note J. Savatier* ; *RJS 1991. 266, n° 507* • 27 nov. 1990, ⚖ n° 88-45.790 P : *D. 1990. IR 298* ; *Dr. soc. 1991. 322, note J. Savatier* ⌐ • 21 mai 1997, ⚖ n° 95-42.542 P : *Dr. soc. 1997. 763, obs. J.-E. R.* ⌐ • 3 mai 2007 : ⚖ *D. 2007. AJ 1423* ⌐.

64. Il n'y a pas manquement délibéré de la part de l'employeur lorsque le retard dans le paiement des salaires est dû au redressement judiciaire de l'entreprise. • Soc. 28 oct. 1997, ⚖ n° 96-41.776 P : *D. 1997. IR 248* ⌐ ; *RJS 1997. 869, n° 1416* ; *JS UIMM 1998. 69*. – V. aussi : • Soc. 26 janv. 2000, ⚖ n° 98-44.177 P : *D. 2000. IR 67* ⌐ ; *RJS 2000. 206, n° 313*. ♦ En revanche, constitue un manquement délibéré de l'employeur à ses obligations le retard dans le paiement des salaires lorsqu'il bénéficie d'un plan de redressement par continuation qui met fin à la période d'observation et fait recouvrer au débiteur la totalité de ses droits. • Soc. 7 juin 2006 : ⚖ *D. 2006. IR 1636* ⌐ ; *RJS 2006. 728, n° 989* ; *JCP S 2006. 1648, note Vatinet*.

65. Interdiction des sanctions pécuniaires. La retenue sur le salaire des intéressés à qui l'employeur reprochait une mauvaise exécution de leurs obligations contractuelles à la suite d'une baisse de rendement volontaire constitue une sanction pécuniaire interdite par l'art. L. 122-42 [L. 1331-2 nouv.], et, comme telle, elle est nulle. • Soc. 17 avr. 1991, ⚖ n° 89-43.127 P : *Dr. soc.*

1991. 469, note A. Mazeaud ⌀ ; RJS 1991. 351, note Déprez. ♦ Les retenues opérées sur le 13° mois à la suite d'un mouvement de grève constituent des mesures discriminatoires. • Soc. 10 déc. 2002, ⛨ n° 00-44.733 P : RJS 2003. 163, n° 241. ♦ Comp. : • Soc. 8 oct. 1987 : Bull. civ. V, n° 539 ; Dr. soc. 1988. 153, note A. Mazeaud. ♦ Solution contraire lorsque le salarié est rémunéré en fonction du rendement. • Soc. 12 avr. 1995 : ⛨ D. 1995. IR 128 ; Dr. soc. 1995. 599, obs. J. Savatier ⌀.

66. Service minimum. Les grévistes qui, sur la demande de l'employeur ou en vertu d'un accord d'entreprise, assurent un service minimum ont droit à la rémunération du travail effectué. • Soc. 20 févr. 1991, ⛨ n° 89-40.280 P : Dr. ouvrier 1991. 149 ; RJS 1991. 266, n° 508. ♦ Aucun abattement ne peut être effectué sur le salaire correspondant au temps passé à ce service minimum. • Soc. 16 nov. 1993 : ⛨ Dr. soc. 1994. 54. ♦ Le gréviste qui assure un service minimum n'a droit qu'à la rémunération de la tâche accomplie à ce titre. • Soc. 24 juin 1998, ⛨ n° 97-44.175 P : Dr. soc. 1998. 851, obs. Ray ⌀.

67. Secours. Sur les conditions d'une aide financière apportée par les collectivités locales, V. • CE 11 oct. 1989 : D. 1992. Somm. 156, obs. Chelle et Prétot ⌀ ; Dr. soc. 1990. 534, note Lachaume ⌀ ; AJDA 1990. 109, note Julien-Laferrière ⌀ (illicéité d'une subvention attribuée pour aider financièrement les grévistes ; licéité d'une délibération accordant la gratuité des restaurants scolaires aux enfants des grévistes). – V. aussi : • CE 12 oct. 1990 (quatre arrêts) : ⛨ JCP 1991. II. 21638, concl. Tuot, note Pacteau • 28 juill. 1993 (quatre arrêts) : ⛨ RJS 1993. 603, n° 1014 • 25 nov. 1994 : ⛨ D. 1996. Somm. 51, obs. Bon et Terneyre ⌀ ; ibid. 229, obs. Chelle et Prétot ⌀ ; RJS 1995. 47, n° 54 (soutien fautif à des personnels occupant illégalement les locaux de travail) • 2 oct. 1996 : ⛨ LPA 29 janv. 1997, note Oliva (illicéité d'une aide qui, eu égard au caractère indirect de son attribution et aux critères de revenus retenus, ne peut être regardée comme répondant exclusivement à des préoccupations d'ordre social).

3° RUPTURE DU CONTRAT

68. Faute lourde. Sur le caractère relatif de la notion de faute lourde, V. Couturier, note ss. • Soc. 29 nov. 1990 : ⛨ Dr. soc. 1991. 105 ⌀. ♦ Pour une référence à l'intention de nuire, V. • Soc. 25 févr. 1988 : Bull. civ. V, n° 133 ; D. 1988. Somm. 326, obs. Langlois • 14 févr. 1989 : JCP 1989. IV. 140. ♦ V. notes 6 s. ss. art. L. 3141-28.

Dès lors qu'un arrêt de travail ne relève pas de l'art. L. 521-1 [L. 2511-1 nouv.], les juges du fond ont pu débouter un salarié de ses demandes d'indemnités de rupture et de dommages-intérêts pour rupture abusive en retenant contre lui l'existence d'une faute grave. • Soc. 16 nov. 1993 : ⛨ préc. note 32.

69. Faute personnelle du gréviste. La faute lourde est uniquement celle qui est imputable au salarié ; elle est indépendante d'autres fautes qui ont pu être retenues contre l'ensemble des grévistes. • Soc. 20 mai 1955, n° 2.582 P : GADT, 4ᵉ éd., n° 199 ; Dr. soc. 1955. 568. ♦ Sur le caractère individuel de la faute lourde, V. • Soc. 10 oct. 1990 : ⛨ RJS 1990. 663, n° 1014 • 4 nov. 1992, ⛨ n° 90-41.899 P : GADT, 4ᵉ éd., n° 194 ; JCP E 1993. II. 420, note Savatier ; Dr. soc. 1992. 1007 ; CSB 1993. 5, A. 2.

70. Charge de la preuve. La preuve de la faute lourde incombe à l'employeur. • Soc. 5 mai 1960 : JCP 1960. II. 11692, note Lindon.

71. Recours à un huissier. Dans la mesure où il revient aux juges du fond d'apprécier souverainement la valeur et la portée des constats d'huissiers, lesquels sont soumis à la libre discussion des parties lors du débat contradictoire devant la juridiction, il ne saurait y avoir d'atteinte au principe de l'égalité des armes au sens de l'art. 6, § 1, Conv. EDH. • 3 mai 2016, ⛨ n° 14-28.353 P : D. 2016. Actu. 1086 ⌀ ; D. actu. 20 mai 2016, obs. Peyronnet ; RJS 7/2016, n° 516 ; JSL 2016, n° 412-3, obs. Hautefort ; JCP S 2016. 1234, obs. Guyot.

72. Motivation de la lettre de licenciement. Le juge ne peut aggraver la qualification de la faute retenue par l'employeur dans la lettre de licenciement. • Soc. 26 juin 2013 : ⛨ D. 2013. Actu. 1692 ⌀ ; D. 2014. 302, obs. Sommé ⌀ ; Dr. soc. 2013. 757, obs. Mouly ⌀ ; RJS 10/2013, n° 706. ♦ Si la lettre de licenciement doit énoncer des motifs précis et matériellement vérifiables, telle la participation des salariés à un mouvement de cessation collective de travail illicite, l'employeur est en droit, en cas de contestation, d'invoquer toutes les circonstances de fait qui permettent de justifier ce motif. • Soc. 15 oct. 2013, ⛨ n° 11-18.977 P : D. 2013. Actu. 2471 ⌀ ; Dr. soc. 2013. 1057, note Mouly ⌀ ; RJS 12/2013, n° 797 ; JCP S 2014. 1028, obs. Barège.

73. Le salarié qui a retenu le véhicule appartenant à l'entreprise n'a pas commis de faute lourde dès lors que l'employeur ne prouve pas que le salarié avait agi avec l'intention de nuire et qu'il aurait pu remettre le véhicule à d'autres salariés de l'entreprise, et qu'ainsi le salarié avait porté atteinte à la liberté du travail des autres salariés. • Soc. 8 févr. 2012 : ⛨ D. actu. 27 mars 2012, obs. Ines ; RDT 2012. 436, obs. Pontif ⌀ ; RJS 2012. 412, n° 499 ; JSL 2012, n° 319-3, obs. Hautefort ; JCP S 2012. 1362, obs. Martinon. ♦ Le blocage d'un camion n'est pas constitutif d'une faute lourde justifiant le licenciement des grévistes puisqu'il ne résultait pas des constatations des juges que le blocage du camion entravait le travail des salariés ne participant pas au mouvement de grève ou qu'il entraînait une désorganisation de l'entreprise, faute d'autre accès aux locaux de l'entreprise. • Soc. 9 mai 2012 : ⛨ D. actu. 4 juin 2012, obs. Perrin ; D. 2012. 1341 ⌀ ; RJS 2012. 556, n° 651 ; JCP S 2012. 1318, obs. Duquesne.

74. Le fait de sanctionner des grévistes, non pour leur participation à la grève, mais pour des fautes lourdes, ne peut être considéré ni comme une atteinte à l'exercice du droit syndical, ni comme une discrimination syndicale, alors qu'il ne résulte pas des constatations des juges que les mesures annoncées ou prises par l'employeur aient eu pour objet de briser l'action du syndicat. ● Soc. 4 avr. 1995 : 🕂 *RJS 1995. 435, n° 666.*

75. Ne donne pas de base légale à sa décision la cour d'appel qui déboute des salariés licenciés pour faute lourde de leur demande d'indemnités pour rupture abusive, sans rechercher si le protocole d'accord prévoyant qu'aucune sanction pour fait de grève de quelque nature que ce soit ne serait prise n'impliquait pas la réintégration de ces salariés. ● Soc. 16 févr. 1989 : 🕂 *D. 1990. Somm. 162, obs. Rotschild-Souriac* ⌀ ; *Dr. soc. 1989. 349, note Ray.*

76. Entraves à la liberté du travail. Sont notamment constitutifs d'une faute lourde les atteintes à la liberté du travail. ● Soc. 19 juin 1987 : *D. 1988. Somm. 325, obs. Borenfreund ; BS Lefebvre 1988. 75, obs. Déprez.* ♦ ... Le blocage des lieux de travail malgré une décision du juge des référés. ● Soc. 26 mai 2004, 🕂 n° 02-40.395 : *RJS 2004. 652, n° 953.* ♦ Sur les atteintes résultant de la participation à un piquet de grève, V. ● Soc. 5 déc. 1989 : *Bull. civ. V, n° 693 ; D. 1990. IR 6* ● 31 mars 1998, 🕂 n° 95-42.086 P : *TPS 1998. 208 ; JS UIMM 1998. 271* (constatation de la présence du salarié parmi les membres du piquet de grève). ♦ ... L'occupation des locaux en dépit d'une décision d'expulsion. ● Soc. 30 avr. 1987 : *Bull. civ. V, n° 238 ; D. 1987. IR 120.* ♦ ... Le fait pour les grévistes de s'opposer à leur remplacement par des non-grévistes. ● Soc. 12 janv. 1983 : *D. 1984. 354, note Decoopman ; Dr. soc. 1983. 227, note Savatier.* ♦ ... Le fait, pour un représentant du personnel, d'arrêter une machine fonctionnant à l'aide de non-grévistes. ● CE 1er avr. 1992, 🕂 *Moreau* / *Dr. soc. 1992. 689, concl. Kessler* ⌀ ; *ibid. 1993. 51, note Ray* ⌀ ; *AJDA 1992. 338, obs. Maugüé et Schwartz* ⌀ ; *RJS 1992. 490, n° 888 ; ibid. 460, n°s 12 et 13, obs. Chelle et Prétot.* ♦ ... L'abandon des services de sécurité. ● Soc. 14 juin 1958 : *Bull. civ. IV, n° 741.* ♦ ... A condition que le salarié soit affecté à un tel service. ● Soc. 15 févr. 1961 : *Dr. soc. 1961. 297, obs. Savatier.* ♦ Le blocage à plusieurs reprises, à l'occasion d'une grève, de l'accès à une cabine de commande et à un navire, empêchant de travailler des salariés de la société mais aussi des salariés d'une société partenaire, commis par un représentant du personnel qui a joué un rôle prépondérant, constant et particulièrement actif dans ces actions dont a résulté une entrave à la liberté du travail d'autres salariés, est d'une gravité suffisante pour justifier son licenciement et ne peut être regardé comme se rattachant à l'exécution normale de ses mandats représentatifs, alors même que ces faits n'ont pas affecté le site de production lui-même et sans qu'il faille rechercher s'ils ont porté une atteinte grave aux intérêts de la société. ● CE 27 mai 2021, 🕂 n° 433078 : *RJS 8-9/2021, n° 462.*

77. Violences. Constituent des fautes lourdes les actes de violence. ● Soc. 16 juin 1965 : *Bull. civ. IV, n° 469, deux arrêts.* ● 1er févr. 1978 : *ibid. V, n° 73 ; D. 1978. IR 213.*

78. Séquestration. Constituent des fautes lourdes : la séquestration de cadres ou dirigeants de l'entreprise. ● Soc. 1er avr. 1997, 🕂 n° 95-42.246 P : *RJS 1997. 385, n° 592 ; CSB 1997. 181* ● 2 juill. 2014, 🕂 n° 13-12.562 : *D. 2014. Actu. 1503* ⌀ ; *D. actu. 1er oct. 2014, obs. Ines ; RJS 2014. 621, n° 730 ; JSL 2014, n° 372-4, obs. Tissandier.* ♦ ... Le fait pour un salarié d'avoir personnellement participé à une action collective au cours de laquelle le directeur des ressources humaines avait été retenu dans son bureau pendant plus de trois heures, et dont il n'a pu sortir qu'après l'évacuation par les forces de l'ordre des personnes présentes. ● Soc. 2 juill. 2014, 🕂 n° 13-12.562 P : *D. 2014. Actu. 1503* ⌀ ; *D. actu. 1er oct. 2014, obs. Ines ; RJS 2014. 621, n° 730 ; JSL 2014, n° 372-4, obs. Tissandier.*

79. La commission par certains grévistes d'actes illicites ne modifie pas la nature de l'exercice du droit de grève ; ce n'est qu'au cas où la grève entraîne la désorganisation de l'entreprise qu'elle dégénère en abus ; dès lors, une faute lourde ne peut être imputée qu'aux seuls auteurs des actes illicites, non à d'autres salariés grévistes. ● Soc. 4 nov. 1992, 🕂 n° 90-41.899 P : *GADT, 4e éd., n° 194 ; JCP E 1993. II. 420, note Savatier ; Dr. soc. 1992. 1007 ; CSB 1993. 5, A. 2.*

80. Sur la possibilité pour l'employeur de sanctionner différemment des salariés ayant tous participé à des actes constitutifs d'une faute lourde, certains étant licenciés, d'autres mis à pied, V. ● Soc. 15 mai 1991 (deux arrêts) : 🕂 *D. 1991. IR 156* ⌀ ; *RJS 1991. 440, n° 841 ; Dr. soc. 1991. 619, rapp. Waquet, concl. Franck* ⌀.

81. Représentants du personnel. Ayant relevé que le salarié, délégué du personnel et membre du comité d'entreprise n'avait été l'instigateur d'aucun acte fautif grave et n'y avait pas davantage pris part, que l'exercice normal de son mandat de délégué du personnel impliquait sa présence sur les lieux du conflit et l'avait conduit à être l'interlocuteur de l'employeur, des salariés non grévistes et des tiers dans la transmission des décisions collectives prises par les participants à la grève, une cour d'appel a pu en déduire l'absence de faute lourde. ● Soc. 16 juill. 1987 : *Dr. ouvrier 1988. 210, note M.R. ; JCP 1987. IV. 332.*

82. Lorsque la demande d'autorisation de licenciement d'un salarié protégé est motivée par un comportement fautif au cours d'un conflit collectif, il appartient à l'autorité administrative de rechercher si les faits reprochés au salarié sont d'une gravité suffisante pour justifier le licenciement compte tenu, d'une part, de l'ensemble des règles applicables au contrat de travail de l'intéressé, notamment, dans le cas de faits survenus à l'occasion d'une grève, des dispositions de l'art. L. 521-1 [L. 2511-1 nouv.] C. trav., et, d'autre part, des exigences propres à l'exécution normale du mandat dont celui-ci est investi. • CE 1er avr. 1992, ⚜ Moreau : Dr. soc. 1992. 689, concl. Kessler ⌀ ; ibid. 1993. 51, note Ray ⌀ ; AJDA 1992. 338, obs. Maugüé et Schwartz ⌀ ; RJS 1992. 490, n° 888 ; ibid. 460, n°s 12 et 13, obs. Chelle et Prétot (constitue une faute suffisamment grave le fait d'arrêter une machine fonctionnant grâce à des non-grévistes). ♦ Le juge d'appel, qui n'est pas tenu de rechercher si le comportement du salarié protégé révèle une intention de nuire à l'employeur ou à l'entreprise, peut déduire que des violences lors d'un mouvement de grève revêtent le caractère d'une faute de nature à justifier le licenciement de l'intéressé. • CE 6 mars 2002, ⚜ n° 214656 : RJS 2002. 551, n° 699.

83. Le ministre du Travail qui autorise le licenciement d'un salarié protégé pour des faits fautifs commis au cours d'une grève a nécessairement reconnu à ces faits le caractère d'une faute lourde, appréciation qui ne peut être remise en cause par le juge judiciaire. • Soc. 26 janv. 1994, ⚜ n° 92-42.050 P : Dr. soc. 1994. 390 et 391, obs. Waquet ⌀ ; CSB 1994. 79, A. 17 • 26 janv. 1994, ⚜ n° 92-42.049 P. ♦ La décision de l'autorité administrative sur la demande de licenciement de salariés protégés n'a d'autorité qu'en ce qui concerne ceux-ci et ne s'impose pas au juge judiciaire appelé à se prononcer sur le comportement de salariés non protégés. • Soc. 1er avr. 1997, ⚜ n° 95-42.246 P : RJS 1997. 385, n° 592 ; CSB 1997. 181.

84. Personnel navigant et exercice du droit de grève. Malgré la mission spécifique du commandant de bord et la nécessité d'assurer la continuité des vols résultant du C. aviat., l'interruption de la mission en cours d'escale, peut constituer l'exercice normal du droit de grève. • Cass., ass. plén., 23 juin 2006 : ⚜ RDT 2006. 248, obs. Olzak ⌀ ; D. 2006. IR 1843 ⌀ ; Dr. soc. 2006. 935, obs. Dockès ⌀ ; JCP E 2006. 1102, note Vatinet ; RJS 2006. 819, n° 1112.

B. EFFETS POUR L'EMPLOYEUR

1° MESURES D'ORGANISATION

85. Sous-traitance. La grève n'interdit pas à l'employeur de recourir à d'autres salariés ou à d'autres entreprises. • Soc. 15 févr. 1979 : Bull. civ. V, n° 143 ; Dr. ouvrier 1980. 338, note Petit.

86. Remplacement des grévistes. Constitue une faute lourde le fait par des grévistes de s'opposer au travail d'autrui et à ce que leur tâche soit effectuée par d'autres salariés, même si ceux-ci n'y sont pas normalement affectés. • Soc. 12 janv. 1983 : D. 1984. 354, note Decoopman ; Dr. soc. 1983. 227, note Savatier. ♦ Sous réserve des prohibitions prévues par les art. L. 122-3 et L. 124-2-3 [L. 1242-6 et L. 1251-9 nouv.], il n'est pas interdit à l'employeur, en cas de grève, d'organiser l'entreprise pour assurer la continuité de son activité en ayant recours à des bénévoles. • Soc. 11 janv. 2000, ⚜ n° 97-22.025 P : GADT, 4e éd., n° 208 ; D. 2000. 369, note Radé ⌀ ; Dr. ouvrier 2000. 252, note De Senga ; RJS 2000. 135, n° 203 (entreprise de ramassage de lait ayant accepté le concours bénévole des producteurs de lait pour remplacer les chauffeurs routiers chargés de la collecte en grève).

87. Travailleurs temporaires. L'art. L. 124-2 (devenu art. L. 124-2-3 [L. 4154-1 nouv.]) n'a d'autre objet que d'interdire à l'employeur de recourir au travail temporaire pour remplacer les salariés grévistes et de priver leur action d'efficacité ; il ne saurait être interprété de manière extensive comme interdisant d'employer dans leur qualification professionnelle des travailleurs temporaires embauchés antérieurement à tout conflit. • Crim. 2 déc. 1980 : Bull. crim. n° 330 ; D. 1981. 346, note Pélissier.

88. Contrat à durée déterminée. Une grève, prolongée au-delà du terme prévu, ne peut entraîner la prorogation d'un contrat à durée déterminée qui avait pris fin. • Soc. 21 nov. 1984 : Bull. civ. V, n° 445 ; Dr. ouvrier 1985. 35, note Y.H.N.

89. Récupération des heures de grève. Sur le droit pour l'employeur de procéder à une récupération des heures perdues à la suite d'une grève extérieure à l'entreprise, V. • Soc. 16 janv. 1966, n° 64-40.052 P • 25 juin 1981 : Bull. civ, n° 604 ; D. 1982. IR 396 (n'a pas à être indemnisé le salarié qui refuse de récupérer les heures perdues).

90. Un salarié est en droit de refuser de récupérer une journée chômée en raison d'une grève d'EDF, dès lors qu'il entendait suivre le mot d'ordre de grève générale lancé antérieurement à la décision de fermeture. • Soc. 30 mars 1971 : Bull. civ. V, n° 265 ; Dr. soc. 1971. 547, note Savatier.

91. Communication. Sur la licéité d'un message patronal télévisé mettant en cause un mouvement de grève, V. • Paris, 16 nov. 1995 : D. 1996. 429, note Edelman ⌀ ; D. 1997. Somm. 76, obs. Massis ⌀ ; JCP 1996. II. 22609, note Teyssié ; Dr. soc. 1996. 102, obs. Ray ⌀.

92. Chômage technique. Lorsque la grève des salariés d'un secteur de l'entreprise entraîne la paralysie de celle-ci, le juge peut décider que cette situation contraignante, empêchant la fourniture de travail aux salariés non grévistes, justifie la mise du personnel en chômage technique. • Soc. 4 juill. 2000, ⚜ n° 98-20.537 P • 22 févr. 2005 : ⚜ Dr. soc. 2005. 589, obs. Radé ⌀ ; CSB 2005, A. 42 ; RJS 2005. 390, n° 563.

93. Doit être débouté de sa demande en paiement d'une indemnité compensatrice de salaire le salarié non gréviste qui n'a fourni aucun travail pendant les journées de grève du fait que l'entreprise s'était trouvée dans l'impossibilité absolue de faire travailler les non-grévistes. • Soc. 6 oct. 1971, ⚜ n° 71-40.105 P : D. 1972. 23 ; Dr. soc. 1972.

124, obs. Savatier; JCP 1973. II. 17323, note Lazerges-Rothe (occupation des locaux et piquets de grève en interdisant l'entrée). ♦ Comp. : ● Soc. 18 janv. 1979 : *Bull. civ. V, n° 52* ; *GADT*, 4ᵉ éd., n° 202 ; *D. 1979. IR 327*, obs. Langlois (arrêt prenant en compte une situation contraignante équivalant en pratique pour l'employeur à un cas de force majeure) ● 26 janv. 1983 : *Bull. civ. V, n° 32* (prolongation de la grève ayant paralysé les autres secteurs de l'établissement et obligé la société à réduire les horaires à proportion de la gravité de la situation) ● 17 mars 1983 : *ibid., n° 174* (débrayages répétés entraînant, outre l'usure prématurée et anormale des machines, une désorganisation des unités de production) ● 6 mars 1986 : *ibid., n° 80* (chômage technique, conséquence de la situation contraignante créée par la grève).

2° POSITION À L'ÉGARD DES NON-GRÉVISTES

94. Droit à rémunération. Justifie sa décision le conseil de prud'hommes qui condamne l'employeur à verser à un non-gréviste les salaires correspondant aux journées de grève, dès lors que la société n'a pas rapporté la preuve de l'existence d'un cas de force majeure l'ayant empêché de fournir tout travail. ● Soc. 24 mars 1971 : *Bull. civ. V, n° 240* ; *Dr. soc. 1971. 551*, obs. Savatier. – Dans le même sens : ● Soc. 22 avr. 1985 : *Bull. civ. V, n° 242.* ♦ L'entreprise de travail intérimaire est soumise à la même règle. ● Soc. 27 mai 1998, n° 96-42.303 P : *RJS 1998. 600, n° 937* (l'occupation des locaux de l'entreprise utilisatrice n'est pas une situation contraignante dispensant l'entreprise de travail temporaire du paiement des salaires). ♦ A défaut de toute situation contraignante, l'employeur est tenu de verser aux salariés qui ne participent pas au mouvement de grève la rémunération contractuellement convenue. Il ne peut diminuer celle-ci sous le prétexte que les non-grévistes sont affectés à des tâches annexes de celles habituellement accomplies. ● Soc. 4 oct. 2000, 🏛 n° 98-43.475 P : *D. 2000. IR 262* ⊘ ; *RJS 2000. 823, n° 1275* ; *Dr. soc. 2000. 1156*, obs. Ray ⊘ ; *JCP 2000. IV. 2731.* ♦ Les salaires versés aux non-grévistes n'ont pas le caractère d'une libéralité discriminatoire. ● Soc. 19 juin 1983 : *Bull. civ. V, n° 630.*

95. Prime aux non-grévistes. Est discriminatoire l'attribution par l'employeur d'une prime aux salariés selon qu'ils ont participé ou non à un mouvement de grève. ● Soc. 1ᵉʳ juin 2010 : 🏛 *D. 2010. Actu. 1565* ⊘ ; *RJS 2010. 624, n° 698* ; *Dr. soc. 2010. 998*, obs. Radé ⊘ ; *JCP S 2010. 1387*, obs. Martinon. ♦ Comp. : une cour d'appel peut, en se fondant sur des considérations de fait, estimer que l'attribution d'une prime aux non-grévistes était justifiée par le surcroît de travail qui avait été exigé d'eux et par la décision de rétablir l'égalité des salaires avec les grévistes qui avaient perçu une journée de salaire sans travailler. ● Crim. 19 juin 1979 : *Bull. crim. n° 217* ; *D. 1980. IR 88*, obs. Pélissier.

3° FERMETURE DE L'ENTREPRISE

96. Lock-out préventif. En constatant qu'une société avait eu recours au *lock-out* avec précipitation, à la seule annonce de la grève envisagée, dans le but de briser le mouvement en préparation, les juges du fond ont pu en déduire qu'elle avait commis une faute et devait réparer la perte de salaire de ses salariés. ● Soc. 24 janv. 1968 : *Bull. civ. V, n° 51* ; *D. 1968. 285.* – Dans le même sens : ● Soc. 5 juin 1973 : *Bull. civ. V, n° 360* ; *D. 1973. IR 144 et 150.*

97. En relevant que l'entreprise avait été avertie d'un mouvement de grève nationale, que certains syndicats représentés en son sein avaient appelé à la grève et qu'aucun cas de force majeure n'était établi, le conseil de prud'hommes a exactement décidé que la direction, en fermant l'entreprise, avait privé les salariés qui souhaitaient suivre le mot d'ordre national d'un droit constitutionnellement reconnu. ● Soc. 27 juin 1989 : *Bull. civ. V, n° 470* ; *D. 1989. IR 234.*

98. Lock-out concomitant. L'employeur, qui a l'obligation de fournir le travail promis aux salariés, ne peut s'en dégager unilatéralement par une décision hâtive de fermer les ateliers ou services non intéressés par la grève, au seul motif des incidences financières de leur maintien en activité. ● Soc. 10 janv. 1973 : *Bull. civ. V, n° 8* ; *D. 1973. 453*, note Sinay ; *Dr. soc. 1973. 433*, note Savatier. ♦ V. aussi ● Soc. 26 janv. 1972 : *Bull. civ. V, n° 63* ; *Dr. soc. 1972. 395*, note Savatier (arrêt analysant la fermeture de l'entreprise comme une manœuvre insolite, dilatoire et dangereuse) ● 1ᵉʳ mars 1989 : *Dr. ouvrier 1989. 415*, note M.R.

99. Lock-out a posteriori. Est illicite la décision d'une compagnie aérienne de suspendre les vols par rétorsion à titre de sanction contre l'exercice normal du droit de grève. ● Soc. 29 janv. 1975 : *Bull. civ. V, n° 35.* – Dans le même sens : ● Soc. 26 févr. 1975 : *Bull. civ. V, n° 96* ● 26 oct. 1977 : *ibid., n° 562.* ♦ Comp., lorsque la procédure de remise en route des machines justifie une mise au chômage technique : ● Soc. 25 févr. 1988 : *SSL 1988. 194.*

100. Exception d'inexécution. Il n'est pas nécessaire que l'existence même de l'entreprise soit compromise pour que l'employeur soit fondé à se prévaloir de l'inexécution par le personnel de ses propres obligations. ● Soc. 26 févr. 1975 : *Bull. civ. V, n° 95* (fermeture justifiée par quelque cent arrêts de travail pendant plus de deux mois).

101. En faveur de la limitation des effets de l'exception d'inexécution aux seuls grévistes, V. ● Soc. 4 avr. 1974 : *Bull. civ. V, n° 204* ● 9 nov. 1978 : *D. 1979. IR 226*, obs. Pélissier.

102. Force majeure. Doit être condamné à verser les salaires perdus pendant la fermeture de l'entreprise l'employeur qui n'apporte la preuve d'aucun événement irrésistible et insurmontable susceptible d'empêcher l'exécution du contrat. • Soc. 26 févr. 1975 : *Bull. civ. V, n° 97 ; D. 1975. IR 81.*

103. Contrainte. En constatant qu'en raison de la soudaineté du déclenchement d'une grève il y avait eu pour l'employeur une situation contraignante équivalant en pratique à la force majeure, le tribunal a pu estimer que la société avait été empêchée par le fait d'un tiers de fournir du travail à un salarié qu'elle n'a pas à rémunérer. • Soc. 18 janv. 1979 : *Bull. civ. V, n° 52 ; GADT, 4ᵉ éd., n° 203.* – Dans le même sens : • Soc. 17 mars 1983 : *D. 1984. IR 166, obs. Goineau* • 7 nov. 1990, 🗝 n° 89-44.264 P : *D. 1990. IR 280 ; RJS 1990. 664, n° 1016 ; JCP E 1991. I. 27, n° 14, obs. Teyssié.* ◆ Solution inverse, en l'absence de toute contrainte pour l'employeur. • Soc. 7 févr. 1990, 🗝 n° 87-43.566 P : *D. 1990. IR 66 ; RJS 1990. 170, n° 241* (est abusive la fermeture de l'entreprise à la suite d'une grève d'une heure) • 26 févr. 1992, 🗝 n° 89-41.673 P : *D. 1992. IR 98 ; RJS 1992. 277, n° 487, 2ᵉ esp.* • 11 mars 1992, 🗝 n° 90-42.817 P.

104. L'employeur qui ne rapporte pas la preuve qu'il était dans l'impossibilité de fournir aux salariés non grévistes des tâches supplétives en rapport avec l'exécution de leurs contrats de travail, même s'il avait été contraint, du fait de la grève, d'arrêter totalement les installations d'un atelier de production pour des impératifs de sécurité, ne se trouve pas dans une situation contraignante justifiant la mise du personnel en chômage technique et doit payer leur rémunération à tous les salariés qui s'étaient tenus à sa disposition. • Soc. 30 sept. 2005 : *D. 2005. IR 2548* ⊘. ◆ Une société d'armement n'était pas dans une situation contraignante et n'était donc pas dégagée de son obligation de fournir un travail à ses salariés, dès lors que la grève n'était pas abusive, même si elle avait rendu l'exploitation des lignes très onéreuse et plus difficile. • Soc. 5 juill. 1995, 🗝 n° 93-20.402 P : *RJS 1995. 669, n° 1045.* ◆ Caractérise l'existence d'une situation contraignante de nature à libérer l'employeur de son obligation de fournir du travail aux salariés la reprise du travail qui s'était effectuée dans des conditions anormales, les salariés ayant refusé de se soumettre à l'autorité de leur employeur, qui n'avait plus ni la maîtrise de ses outils comptables de l'entreprise, ni le libre accès à ses locaux. • Soc. 26 mars 2014 : 🗝 *D. actu. 14 avr. 2014, obs. Peyronnet ; D. 2014. Actu. 830* ⊘ *; JSL 2014, n° 366-3, obs. Hautefort.*

105. La fermeture d'un établissement, même temporaire, envisagée à la suite de grèves tournantes constitue une mesure intéressant la marche générale de l'entreprise qui doit être préalablement soumise au comité d'entreprise. • Crim. 6 févr. 1979, 🗝 n° 77-91.923 P : *D. 1979. IR 422, obs. Pélissier ; Dr. ouvrier 1980. 136, note Alvarez.*

106. Prérogatives de l'employeur. Des mesures de fermeture tout à fait limitées et temporaires ressortissent aux pouvoirs normaux et même aux devoirs d'un employeur soucieux d'assurer un minimum de sécurité et d'ordre dans son entreprise. • Soc. 2 déc. 1964, n° 63-40.558 P : *GADT, 4ᵉ éd., n° 200 ; D. 1965. 112, note G. Lyon-Caen ; JCP 1965. II. 14098, note Brun* (débrayages tournants dans une entreprise dotée d'un matériel moderne, d'utilisation délicate et parfois dangereuse). ◆ Dans le même sens : • Soc. 21 mars 1990, 🗝 n° 86-44.190 P : *D. 1990. IR 99 ; RJS 1990. 300, n° 420.*

107. L'employeur n'est pas tenu de verser aux non-grévistes les salaires correspondant à la période de fermeture de l'entreprise. • Soc. 18 janv. 1979 : *préc. note 93.* ◆ Solution inverse, en cas de lock-out irrégulier : • Soc. 24 janv. 1968 : *Bull. civ. V, n° 51 ; GADT, 4ᵉ éd., n° 202* • 26 janv. 1972 : *ibid., n° 63* • Soc. 17 déc. 2013 : 🗝 *D. actu. 30 janv. 2014, obs. Ines ; D. 2014. Actu. 88* ⊘ *; Dr. soc. 2014. 292, obs. Boulmier* ⊘ *; RJS 2014. 210, n° 264 ; JSL 2014, n° 360-2, obs. Lhernould.*

4° SAISINE DU JUGE DES RÉFÉRÉS

108. Illicéité du mouvement. Le juge des référés doit vérifier, au vu des circonstances particulières d'une espèce donnée, que l'exercice du droit de grève se réalise suivant des modalités qui ne le fassent pas dégénérer en abus insusceptible de protection. • Paris, 27 janv. 1988 (deux arrêts), *Air Inter : D. 1988. 351, note Javillier ; JCP 1988. II. 20978, note Teyssié ; Dr. soc. 1988. 242, note Ray* (décisions rendues dans une hypothèse où l'existence d'un préavis légal rendait possible la saisine préalable du juge des référés). ◆ Comp. : • Cass., ass. plén., 4 juill. 1986 : 🗝 *D. 1986. 477, concl. Bouyssic, note Ray ; JCP 1986. II. 20694, note Teyssié ; Dr. soc. 1986. 745, note G. Lyon-Caen.* ◆ Sur l'intervention du juge des référés en cas d'occupation des locaux, V. notes 47 s.

109. Les pouvoirs attribués au juge des référés en matière de dommage imminent consécutif à l'exercice du droit de grève ne comportent pas celui de décider la réquisition de salariés grévistes. • Soc. 25 févr. 2003, 🗝 n° 01-10.812 P : *GADT, 4ᵉ éd., n° 198 ; Dr. soc. 2003. 621, note Radé* ⊘ *; D. 2003. 1925, note Bossu* ⊘.

V. GRÈVE ET RESPONSABILITÉ

A. RESPONSABILITÉ CIVILE

1° SYNDICATS

110. Parties à l'accord. Sur la responsabilité des organisations signataires violant un accord collectif prévoyant un préavis, V. • Soc. 6 mai 1960 : *JCP 1960. II. 11692, 1ʳᵉ esp., note Lindon* • 21 mars 1973 : *Bull. civ. V, n° 175.*

111. Conditions de la responsabilité. Si la responsabilité civile d'un syndicat ne peut être en principe engagée à l'occasion de l'exercice du droit de grève constitutionnellement reconnu, notamment du fait du préjudice indirect subi par les tiers, il en est autrement lorsque le syndicat a effectivement participé à des agissements constitutifs d'infractions pénales ou à des faits ne pouvant se rattacher à l'exercice normal du droit de grève. • Soc. 9 nov. 1982, *Trailor*: *Bull. civ. V, n° 614*; *GADT, 4ᵉ éd., n° 210*; *D. 1983. 531, note Sinay*; *JCP 1983. II. 19995, concl. Gauthier*; *Dr. soc. 1983. 175, note Savatier* (responsabilité du syndicat dont il était démontré qu'il avait agi de concert avec ceux qui avaient commis des faits délictueux). ♦ Dans le même sens : • Soc. 8 nov. 1984 : *Bull. civ. V, n° 423* (condamnation d'un syndicat à réparer le dommage causé par une grève avec occupation des locaux). • 26 janv. 2000, n° 97-15.291 P : *D. 2000. IR 67* ; *Dr. soc. 2000. 451, obs. Cristau* (responsabilité du syndicat établie, celui-ci étant l'instigateur et l'organisateur du mouvement et ayant, par des directives, incité les salariés participant au mouvement à commettre des actes fautifs). ♦ Le fait pour le président d'un syndicat de prendre en charge, dans le cadre d'une manifestation, l'organisation logistique des opérations et de donner des instructions à tous les participants présents pour la commission d'actes illicites constitue une complicité par provocation, au sens de l'art. 121-7 C. pén., de sorte que se trouve caractérisée une faute de nature à engager sa responsabilité sur le fondement de l'art. 1382, devenu 1240 C. civ., sans que puisse être invoqué le bénéfice de l'art. 23 de la loi du 29 juill. 1881. • Ch. mixte, 30 nov. 2018, n° 17-16.047 P : *D. 2018. Actu. 2365* ; *ibid. 2019. 563, note Pellé* ; *JCP S 2019. 1023, obs. Morvan*.

112. Justifient leur décision d'écarter la responsabilité des syndicats les juges qui ont énoncé que les syndicats n'étaient pas les commettants des grévistes, que ceux-ci exerçaient individuellement le droit de grève, et qu'il n'apparaissait pas que les syndicats aient, par instructions ou par tout autre moyen, commis des fautes en relation avec les dommages invoqués. • Soc. 9 nov. 1982, *Dubigeon-Normandie*, n° 80-16.929 P : *D. 1983. 531, note Sinay*; *JCP 1983. II. 19995, concl. Gauthier*; *Dr. soc. 1983. 175, note Savatier*.

113. Commet une faute engageant sa responsabilité une association professionnelle de transporteurs routiers qui bloque l'accès à un entrepôt dans le cadre d'un mouvement collectif qui ne constitue pas une grève. • Soc. 11 janv. 2006 : *Dr. soc. 2006. 470, obs. Verkindt*.

114. Doit être cassé l'arrêt d'une cour d'appel qui retient la responsabilité d'un syndicat, alors que le tract litigieux se bornait à protester contre l'expulsion des grévistes et qu'aucune participation du syndicat aux obstacles opposées à la liberté du travail et à la résistance opposée à l'ordonnance d'expulsion n'a été relevée. • Soc. 17 juill. 1990, n° 88-13.494 P : *D. 1990. IR 200* ; *Dr. ouvrier 1990. 375, concl. Waquet.* – Dans le même sens : • Soc. 30 janv. 1991, n° 89-17.332 P : *D. 1991. IR 55*.

2° DÉLÉGUÉS

115. Conditions. La responsabilité d'une union départementale de syndicats ne pouvant être engagée du seul fait de la qualité de mandataire des deux délégués syndicaux qui avaient exercé individuellement leur droit de grève, viole l'art. 1382 C. civ. la cour d'appel qui ne constate pas la participation effective des syndicats aux agissements abusifs. • Soc. 21 janv. 1987, n° 85-13.295 P : *D. 1987. IR 23* ; *Dr. soc. 1987. 426, note Ray* • 17 juill. 1990 (deux arrêts), n° 87-20.055 P • 22 juin 2004, n° 02-15.500 P : *RJS 2004. 836, n° 1188*.

116. Bien qu'une salariée, déléguée du personnel et déléguée syndicale, ait participé à des actes illicites au cours d'une grève, une cour d'appel a pu estimer qu'elle ne pouvait être condamnée à assumer la totalité du dommage causé. • Soc. 23 juin 1988 : *D. 1990. Somm. 169, obs. Borenfreund* ; *Dr. ouvrier 1988. 446, note Saramito*.

3° GRÉVISTES

117. Conditions. La responsabilité d'un salarié participant à une grève ne peut être engagée qu'à raison du préjudice découlant directement de sa participation personnelle à des actes illicites commis pendant l'arrêt de travail. • Soc. 19 déc. 1990, n° 89-14.576 P : *GADT, 4ᵉ éd., n° 213*; *D. 1991. IR 25*. – Dans le même sens : • Soc. 9 mars 1989 : *Bull. civ. V, n° 196*; *D. 1990. Somm. 169, obs. Borenfreund* ; *JCP 1989. II. 21333, concl. Gauthier* • 30 janv. 1991, n° 89-17.332 P : *RJS 1991. 200, n° 377* • 18 janv. 1995, n° 91-10.476 P : *GADT, 4ᵉ éd., n° 196*; *D. 1995. IR 50* ; *Dr. soc. 1995. 183, rapp. Waquet* ; *RJS 1995. 201* ; *CSB 1995. 79, A. 15*. ♦ Comp., lorsque les conditions de la responsabilité *in solidum* sont remplies : • Soc. 8 déc. 1983 : *Bull. civ. V, n° 598* ; *D. 1984. 90, concl. Picca* ; *JCP 1984. II. 20220, note Le Calonnec et Bedoura* (action en responsabilité intentée par des non-grévistes) • 6 juin 1989 : *Bull. civ. V, n° 425* ; *D. 1990. Somm. 169, note Borenfreund* ; *JCP E 1989. II. 15587, n° 20, obs. Teyssié*.

118. Responsabilité civile du syndicat lors d'une manifestation. Un syndicat n'ayant ni pour objet ni pour mission d'organiser, de diriger et de contrôler l'activité de ses adhérents au cours de mouvements ou manifestations auxquels ces derniers participent, les fautes commises personnellement par ceux-ci n'engagent pas la responsabilité de plein droit du syndicat auquel ils appartiennent. • Civ. 2ᵉ, 26 oct. 2006 : *RDT 2007. 258, obs. Leclerc*.

B. RESPONSABILITÉ PÉNALE

119. Entrave à la liberté du travail. Le préjudice tenant à l'obligation faite à l'employeur de verser les salaires aux non-grévistes empêchés de

CONFLITS COLLECTIFS Art. L. 2512-1

se rendre sur les lieux de leur travail n'est que la conséquence indirecte de l'entrave apportée à la liberté du travail. • Crim. 27 nov. 1979 : *Bull. crim. n° 339 ; D. 1980. IR 345, obs. Langlois.* ♦ V. aussi, sur l'irrecevabilité de l'action civile de l'employeur invoquant une diminution de la production en raison de la violation de l'art. 414 C. pén. : • Crim. 15 mai 1987 : *Bull. crim. n° 198 ; D. 1989. Somm. 208, obs. Mayaud.*

VI. ACCORDS DE FIN DE CONFLIT

120. Protocole de fin de conflit. Un accord de fin de grève s'analyse soit en un accord collectif d'entreprise lorsqu'il est signé après négociation avec les délégués syndicaux par l'un d'entre eux, soit en un engagement unilatéral de l'employeur. • Soc. 15 janv. 1997, ⚖ n° 94-44.914 P : *RJS 1997. 128, n° 191 ; CSB 1997. 112, S. 60.* ♦ Si le procès-verbal de conciliation signé à l'issue d'une occupation d'entreprise ne constitue pas un accord collectif au sens de l'art. L. 131-1 [L. 2221-1 nouv.], la violation par une société de l'engagement qu'elle avait pris de reprendre une partie des salariés d'une autre société en liquidation l'oblige à réparer le dommage résultant pour les salariés de la perte d'une chance d'être repris. • Soc. 30 janv. 1991, ⚖ n° 88-40.936 P : *JCP E 1991. I. 73, n° 21, obs. Cabrillac et Petel.* ♦ Un conseil de prud'hommes peut à bon droit décider qu'un protocole de fin de grève est valablement signé avec les délégués du personnel et qu'il oblige l'employeur envers l'ensemble du personnel, la responsabilité de l'employeur pouvant être recherchée s'il ne tient pas les engagements qu'il a pris. • Soc. 2 déc. 1992, ⚖ n° 90-45.186 P : *Dr. soc. 1993. 192 ; RJS 1993. 184, n° 302.* ♦ Le protocole d'accord de fin de grève prévoyant que l'employeur ne serait pas tenu de payer aux salariés grévistes leurs salaires correspondant à la période de grève est sans effet en cas de manquement grave et délibéré de ce dernier à ses obligations ayant motivé le mouvement de grève. • Soc. 3 mai 2007 : ⚖ *D. 2007. AJ 1423 ; RDT 2007. 538, obs. Leclerc ; JSL 2007, n° 214-6.*

121. Égalité de traitement. Viole le principe d'égalité de traitement l'accord de fin de grève qui ne définit de manière précise ni la catégorie correspondant aux salariés grévistes pouvant prétendre au bénéfice de ses dispositions, celle-ci ne reposant sur aucun critère objectif et vérifiable, ni la nature et l'importance de la participation au conflit susceptibles d'entraîner l'inclusion des grévistes dans ladite catégorie, de sorte qu'il n'était pas établi que seuls les grévistes dont le reclassement serait compromis auraient bénéficié de l'indemnité prévue par le protocole, la cour d'appel ayant estimé qu'il n'était pas justifié de raisons objectives et pertinentes justifiant la différence de traitement dont elle avait constaté l'existence, la liste établie par les organisations syndicales signataires étant en soi insuffisante à constituer une justification objective et pertinente à la différence de traitement. • Soc. 13 déc. 2017, ⚖ n° 16-12.397 P : *D. 2018. 815, note Porta ; ibid. 2019. Pan. 965, obs. Porta ; RJS 2/2018, n° 140 ; JCP 2018. 14, obs. Dedessus-Le-Moustier.*

CHAPITRE II DISPOSITIONS PARTICULIÈRES DANS LES SERVICES PUBLICS

RÉP. TRAV. v° *Grève dans les services publics*, par Terneyre.

BIBL. GÉN. ▶ Bidouze, *Dr. ouvrier 1987. 265.* – Bolle, *Dr. soc. 1976. 63.* – Chorin, *SSL 1993, suppl. n° 632 ; Dr. soc. 1998. 140* (grève dans les centrales EDF) ; *Dr. soc. 2003. 569*. – Colson, *RFDA 1988. 805.* – Dugrip, *Cah. dr. entr. 1989, n° 3, 1.* – Genevois, *Dr. soc. 1989. 796* (Conseil constitutionnel). – Gilli, *D. 1964. Chron. 81.* – Hamon, *D. 1980. Chron. 333* (continuité du service public). – Lachaume, *Dr. soc. 1985. 45* (domaine d'application de l'art. L. 521-2). – De Laubadère, *AJDA 1979. 42.* – Lévy et Zonca, *Dr. ouvrier 1996. 395* (droit de grève à EDF). – Loschak, *Dr. soc. 1976. 56.* – G. Lyon-Caen, *ibid. 1963. 215* (réquisitions). – Marquis, *Dr. soc. 2003. 563* (prévention des conflits collectifs à la RATP). – Millard, *RDT 2007. 563* (loi continuité du service public). – Ortscheidt, *Journées de législation comparée, 1989, vol. 11, p. 347.* – Piquemal, *Dr. ouvrier 1978. 239.* – Ramin, *Dr. soc. 1985. 33* (situation des usagers). – Rapp, *RFDA 1988. 832.* – Ray, *Dr. soc. 1991. 220*. – Ray, *RDT 2007. 560* (loi continuité du service public). – Roche, *Mél. Charlier, 1981, p. 873.* – Salamon, *JCP 1963. I. 1749* (réquisition). – Sinay, *JCP 1963. I. 1795* (prohibition des grèves tournantes et des grèves surprise). – Terneyre, *RFDA 1988. 815 ; Dr. soc. 1989. 804* (continuité du service public). – Touscoz, *Dr. soc. 1964. 20.* – Turpin, *ibid. 1980. 441.* – Verdier, *D. 1963. Chron. 269.*

COMMENTAIRE

V. sur le Code en ligne 🏛.   ❑

Art. L. 2512-1 Les dispositions du présent chapitre s'appliquent :

1° Aux personnels de l'État, des régions, des départements et des communes comptant plus de 10 000 habitants ;

2° Aux personnels des entreprises, des organismes et des établissements publics ou privés lorsque ces entreprises, organismes et établissements sont chargés de la gestion d'un service public. – *[Anc. art. L. 521-2.]*

V. C. transp., art. L. 1114-3 ; ... *dans les entreprises de transport,* V. C. transp., art. L. 1324-7 s.

> **COMMENTAIRE**
> V. sur le Code en ligne 🔒.

I. DOMAINE DE L'ART. L. 2512-1

1. Principe de non-discrimination. En prohibant dans l'art. L. 521-1 C. trav. [L. 2511-1 nouv.] les mesures discriminatoires, le législateur a énoncé un principe général du droit du travail applicable aux entreprises publiques dont le personnel est doté d'un statut réglementaire et qui n'est pas incompatible avec les nécessités de la mission de service public. ● CE 12 nov. 1990 : ⚖ *D. 1992. Somm. 159,* obs. Chelle et Prétot ⌀ ; *RJS 1991. 141, n° 261 ; AJDA 1991. 332,* obs. Hecquard-Théron ⌀ (illégalité de la disposition prévoyant la suspension des droits à l'avancement en échelon pendant les périodes d'absence due à une grève).

2. Entreprises visées. Bien que régi par le droit privé, le CEA, compte tenu de son objet, de la nature de ses activités et des règles auxquelles il est soumis, assure la gestion d'un service public soumis aux dispositions relatives à la grève dans les services publics. ● Soc. 5 juill. 1984 : *Bull. civ. V, n° 297 ; Dr. soc. 1985. 45,* note Lachaume.

3. Sont également soumis à l'art. L. 521-2 [L. 2512-1 nouv.] : la COGEMA. ● Soc. 5 juill. 1984 : *Bull. civ. V, n° 298 ; Dr. soc. 1985, eod. loc.* ♦ ... Air Inter. ● Soc. 6 févr. 1985 : *Bull. civ. V, n° 82.* ♦ ... Un port autonome. ● Soc. 16 juill. 1997, ⚖ n° 95-22.276 P : *RJS 1997. 702, n° 1130 ; CSB 1997. 294, S. 165.* ♦ ... Les établissements d'enseignement privés sous contrat d'association ou les centres d'apprentis créés par une convention passée avec l'État. ● Soc. 25 juin 1987 : *Bull. civ. V, n° 433.* ♦ *Contra,* à propos de la compagnie UTA : ● Soc. 25 oct. 1979 : *Bull. civ. V, n° 786 ; D. 1980. 313,* note Sinay ; *ibid. IR 349,* obs. Langlois. ♦ Toutefois, cette décision affirme qu'il « résulte de la réglementation de l'aviation civile le principe essentiel de l'obligation d'assurer la continuité des vols, ce dont il suit la nécessité d'observer dans le déclenchement et la poursuite des arrêts de travail des modalités compatibles avec ces contraintes exceptionnelles ». ● Cass., ass. plén., 23 juin 2006 : ⚖ *RDT 2006. 248,* obs. Olzak ⌀ ; *D. 2006. IR 1843* ⌀ ; *Dr. soc. 2006. 935,* obs. Dockès ⌀ ; *JCP E 2006. 1102,* note Vatinet ; *RJS 2006. 819, n° 1112.*

4. Entreprise privée gérant un service public. Les dispositions relatives à la grève dans le service public s'appliquent notamment au personnel d'une entreprise privée gérant un service public affecté à cette activité, peu important les modalités de rémunération de l'entreprise. ● Soc. 9 oct. 2012 : ⚖ *D. actu. 12 nov. 2012,* obs. Perrin ; *D. 2012. Actu. 2454* ⌀ ; *RJS 2012. 829, n° 982 ; JCP S 2012. 1523,* obs. Duquesne. ♦ Les dispositions des art. L. 2512-1 et L. 2512-2 relatives à l'exercice du droit de grève dans le service public ne s'appliquent au sein d'une entreprise privée gérant un service public qu'au seul personnel affecté à cette activité de service public. ● Soc. 8 oct. 2014 : ⚖ *D. actu. 30 oct. 2014,* obs. Fraisse ; *D. 2014. Actu. 2054* ⌀ ; *RJS 2014. 760, n° 890.*

II. SERVICE MINIMUM

5. Principes constitutionnels. Les dispositions relatives au service minimum n'autorisent nullement à ce que, par l'institution d'un service normal et non d'un service minimal, il puisse être fait obstacle à l'exercice du droit de grève dans des cas où sa limitation ou son interdiction n'apparaissent pas justifiées. ● Cons. const. 18 sept. 1986 : *JO 19 sept. ; Rec. Cons. const. 141.* ♦ Les limitations peuvent aller jusqu'à l'interdiction du droit de grève aux agents dont la présence est indispensable pour assurer le fonctionnement des éléments du service dont l'interruption porterait atteinte aux éléments essentiels du pays. ● Cons. const. 25 juill. 1979 : *GADT, 4ᵉ éd., n° 183 ; D. 1980. 101,* note Paillet ; *JCP 1981. II. 19547,* note Béguin ; *RD publ. 1980. 1705,* note Favoreu ; *AJDA 1980. 191,* note Legrand ; *Dr. soc. 1980. 441,* note Turpin.

6. Pouvoir des chefs de service. La reconnaissance du droit de grève ne saurait avoir pour conséquence d'exclure les limitations qui doivent être apportées à ce droit comme à tout autre en vue d'en éviter un usage abusif ou contraire aux nécessités de l'ordre public ; (...) en l'état actuel de la législation, il appartient au Gouvernement, responsable du bon fonctionnement des services publics, de fixer lui-même, sous le contrôle du juge, (...) la nature et l'étendue desdites limitations. ● CE 7 juill. 1950, *Dehaene : Lebon 426* ⌀ ; *D. 1950. 538,* note Gervais ; *RD publ. 1950. 691,* concl. Gazier, note Waline. ♦ En l'absence de la réglementation annoncée par la Constitution, il appartient au Gouvernement, responsable du bon fonctionnement des services publics, de fixer lui-même, sous le contrôle du juge de l'excès de pouvoir, en ce qui concerne ces services, la nature et l'étendue des limitations qui doivent être apportées au droit de grève en vue d'en éviter un usage abusif ou contraire aux nécessités de l'ordre public. ● CE 15 mai 2006 : ⚖ *Lebon 252 ; RDT 2006. 250,* obs. Véricel ⌀ ; *JCP S 2006. 1699,* note Vatinet.

CONFLITS COLLECTIFS **Art. L. 2512-1** 1039

♦ Pour une application aux sociétés d'autoroute, V. • CE 5 avr. 2022, 🏛 n° 450313 B : *AJDA 2022. 721* ⌀ ; *RJS 7/2022, n° 400* ; *JCP 2022. 976*, obs. Macaya. ♦ Les organes dirigeants d'EDF sont compétents, sous certaines conditions, pour limiter le droit de grève des salariés de cette entreprise. • CE 12 avr. 2013, 🏛 *Féd. Force Ouvrière Énergie et Mines : Lebon à paraître* ; *AJDA 2013. 766* ⌀ ; *ibid. 1052*, chron. Domino et Bretonneau ⌀ ; *Dr. soc. 2013. 608*, note Gahdoun ⌀ ; *RFDA 2013. 637*, concl. Aladjidi ⌀ ; *ibid. 663*, chron. Roblot-Troizier et Tusseau ⌀ ; *Dr. ouvrier 2013. 573*, obs. Grévy ; *JCP S 2013. 1283*, obs. Jeansen.

7. Proportionnalité des atteintes au droit de grève. En désignant 52 agents sur un total de 4 700, le président de l'Aéroport de Paris n'a pas retenu un effectif excédant celui du personnel dont le maintien en fonctions est indispensable pour assurer la sécurité de l'entreprise. • CE 20 avr. 1977 : 🏛 *Lebon 175* ⌀ ; *AJDA 1978. 49*, note F.H. ; *RD publ. 1978. 916, n° 13*, obs. Drago. ♦ Sur les critères présidant à la désignation des agents indispensables à la continuité du service public, V. • CE 23 oct. 1964 : *JCP 1965. II. 14271*, note Bélorgey ; *AJDA 1964. 682*, obs. Puybasset et Puissochet ; *RD publ. 1964. 1210*, concl. Bertrand ; *ibid. 1965. 701*, note Waline • 16 déc. 1966 : *D. 1967. 105*, note Gilli ; *JCP 1967. II. 15058*, note Sinay ; *Dr. ouvrier 1967. 34*, note Piquemal • 7 janv. 1976 : *Lebon 10* ; *AJDA 1976. 576* • 4 févr. 1981 : *Lebon 45* ; *D. 1981. IR 286*, obs. Delvolvé ; *Dr. soc. 1981. 412*, concl. Genevois • 13 nov. 1992 : cité note 9. ♦ L'administration n'épuisant pas son pouvoir en édictant par voie de circulaires les modalités d'organisation du service en cas de grève, un directeur d'administration centrale (direction de la comptabilité publique) peut légalement restreindre l'exercice du droit de grève d'agents ne figurant pas sur la liste de ceux dont la présence était exigée par une telle circulaire. • CE 25 sept. 1996 : 🏛 *D. 1996. IR 248* ⌀ ; *RJS 1996. 844, n° 1313*. ♦ Mais dès lors que, dans un service public, le service minimum a été fixé par des règles légales et réglementaires, il n'appartient plus à l'autorité administrative de prendre des décisions réglementaires pour préciser sa définition, mais seulement de veiller à l'application de ces règles. • CE 6 déc. 1996 : 🏛 *RJS 1997. 71, n° 106*.

8. Lorsque des circonstances exceptionnelles, telle une extrême urgence, rendent impossible l'embauche d'un personnel d'appoint, l'administration est autorisée à faire concourir à l'exécution du service public un personnel approprié fourni par un entrepreneur de travail temporaire. • CE 18 janv. 1980 : 🏛 *Lebon 30* ⌀ ; *D. 1980. IR 302*, obs. Delvolvé ; *JCP 1980. II. 19450*, note Zoller ; *AJDA 1980. 88*, chron. Robineau et Feffer ; *Rev. adm. 1980. 606*, obs. Bienvenu et Rials.

9. Devoirs des chefs de service. Sur la détermination du minimum de service à assurer, V. • CE 12 mai 1989 : *Lebon T. 750* ; *Dr. soc. 1989. 669*, concl. Frydman • 8 nov. 1989 : *Lebon T. 750* ; *D. 1992. Somm. 155*, obs. Chelle et Prétot ⌀ • 13 nov. 1992 : *D. 1993. Somm. 253*, obs. Debord ⌀ ; *RJS 1993. 118, n° 173* ; *AJDA 1993. 221*, note Mathieu ⌀.

10. S'il incombe aux organes dirigeants de la RATP de prendre toute mesure, permanente ou temporaire, propre à garantir l'effectivité du principe fondamental de la continuité du service public dans l'agglomération parisienne, il ne résulte pas de ce principe qu'ils seraient tenus d'édicter à tout moment une réglementation du droit de grève. • CE 8 mars 2006 : 🏛 *RDT 2006. 259*, obs. Leclerc ⌀.

III. RÉQUISITION

11. Conditions. Le recours à la réquisition n'est pas justifié lorsqu'il n'est pas établi que les perturbations aient porté une atteinte suffisamment grave, soit à la continuité du service public, soit à la satisfaction des besoins de la population. • CE 24 févr. 1961 : *Lebon 150* ; *AJDA 1961. 204*, chron. Galabert et Gentot ; *Dr. soc. 1961. 357*, note Savatier. ♦ Comp., lorsque ces conditions sont remplies : • CE 26 oct. 1962 : *Lebon 580* ; *AJDA 1962. 671*, chron. Gentot et Fourré ; *Dr. soc. 1963. 224*, note Savatier (réquisition du personnel navigant d'Air France) • 9 févr. 1966 : *Lebon 101* ; *D. 1966. 720*, note Gilli (réquisition des agents assurant la sécurité aérienne). ♦ La réquisition des agents en grève d'un établissement de santé ne peut excéder les mesures imposées par l'urgence et proportionnées aux nécessités de l'ordre public ; le préfet ne peut réquisitionner l'ensemble du personnel en grève, ce qui assure un service complet et non un service minimum, alors qu'il n'a pas envisagé le redéploiement d'activités vers d'autres établissements de santé ou le fonctionnement réduit du service, ni recherché si les besoins essentiels de la population ne pouvaient être autrement satisfaits compte tenu des capacités sanitaires du département. • CE 9 déc. 2003 : 🏛 *RJS 2004. 168, n° 248*.

IV. RESPONSABILITÉS

12. Conditions. Lorsqu'un gouvernement s'est abstenu de faire usage des possibilités de réquisition ou de sanctions qu'il tenait de la législation en vigueur et s'est contenté de poursuivre les négociations engagées avec les catégories de personnels concernées, cette attitude ne révèle pas nécessairement une carence constitutive d'une faute de nature à engager la responsabilité de l'État. • CE 6 nov. 1985, 🏛 *Touraine Air Transport : Lebon 312* ⌀ ; *D. 1986. 584*, note Rainaud • 6 nov. 1985, 🏛 *Condor-Flugdienst : Lebon 313* ⌀. – Dans le même sens : • CE 17 janv. 1986, *Ville de Paris : D. 1986. IR 461*, obs. Moderne et Bon ; *JCP 1987. II. 20772*, note Maublanc ; *AJDA 1986. 124*, chron. Hubac et Azibert ; *Rev. adm. 1986. 824, n° 5*, concl. Stirn. ♦ Même en l'absence de faute, la responsabilité de l'administration peut être engagée lorsqu'une grève illicite entraîne un préjudice revêtant un caractère anormal. • CE 6 nov. 1985, 🗝 *Touraine Air Transport : préc.*

13. Responsabilité civile. Sur le caractère imprévisible d'une grève constitutive d'un cas de force majeure exonérant EDF de sa responsabilité contractuelle vis-à-vis des tiers, V. • Cass., ch. mixte, 4 févr. 1983, 🗝 n° 80-12.977 P : *D. 1984. IR 165, obs. Goineau ; Dr. soc. 1983. 627, note Viney* • 4 févr. 1983 : *Bull. civ. n° 2 ; eod. loc.* • Soc. 24 janv. 1995 : 🗝 *RJS 1995. 450, n° 691.*

Art. L. 2512-2 Lorsque les personnels mentionnés à l'article L. 2512-1 exercent le droit de grève, la cessation concertée du travail est précédée d'un préavis.

Le préavis émane d'une organisation syndicale représentative au niveau national, dans la catégorie professionnelle ou dans l'entreprise, l'organisme ou le service intéressé.

Il précise les motifs du recours à la grève.

Le préavis doit parvenir cinq jours francs avant le déclenchement de la grève à l'autorité hiérarchique ou à la direction de l'établissement, de l'entreprise ou de l'organisme intéressé. Il mentionne le champ géographique et l'heure du début ainsi que la durée limitée ou non, de la grève envisagée.

Pendant la durée du préavis, les parties intéressées sont tenues de négocier. – *[Anc. art. L. 521-3.]*

BIBL. ▶ Frossard, *Dr. soc. 1988. 630* (obstacles au déclenchement des grèves). – Ray, *ibid. 1987. 739* (juge des référés). – Sellami, *RPDS 1995. 203* (préavis à répétition). – Sinay, *JCP 1963. I. 1795* (prohibition des grèves tournantes et des grèves surprises).

COMMENTAIRE

V. sur le Code en ligne 🗝.

1. Organisations syndicales. La représentativité des organisations syndicales doit s'apprécier en tenant compte de l'étendue du secteur professionnel dans lequel elles exercent leur influence. • CE 21 juill. 1972 : *Lebon T. 1134.*

2. La représentativité d'un syndicat doit s'apprécier eu égard à un ensemble de critères, et notamment ses effectifs, son ancienneté et son indépendance. • CE 21 janv. 1977 : 🗝 *Lebon 39, concl. Denoix de Saint-Marc* ∅ • 22 juill. 1977 : *ibid., tables, 986 ; AJDA 1978. 680, obs. S.S.* ♦ Sur l'appréciation de l'audience du syndicat, notamment au travers des résultats obtenus aux élections professionnelles, V. • CE 17 nov. 1986 : 🗝 *Lebon 256* ∅ *; AJDA 1987. 118, concl. Lasserre* • 20 janv. 1988 : *Lebon 26.* – V. aussi • CE 21 juill. 1972 : *Lebon T. 1134* • 29 juill. 1983 : *ibid., tables, 885.*

3. Le préavis peut être déposé par une section syndicale constituée par un syndicat représentatif. • CE 4 févr. 1976 : *Lebon T. 970 ; AJDA 1978. 49, obs. F. H. ; RD publ. 1976. 1348, obs. Drago.*

4. Aucune disposition légale n'interdit à plusieurs organisations syndicales représentatives de présenter chacune un préavis de grève prévoyant une date de cessation du travail différente. • Soc. 4 févr. 2004, 🗝 n° 01-15.709 P : *D. 2004. 2190, obs. Debord* ∅ *; Dr. soc. 2004. 381, note Radé* ∅ *; RJS 2004. 305, n° 443 ; JCP E 2004. 1181, obs. Darmaisin.* ♦ V. également • TGI Évry, 9 déc. 1993 : *RJS 1994. 452, n° 745, note Déprez.* • Comp. • TGI Paris, 17 juin 1997 : *BICC 15 nov. 1997, n° 1323* (illicéité de préavis répétitifs réalisant un préavis permanent rendant la grève possible à tout moment). ♦ Les salariés ne sont pas tenus de cesser le travail pendant toute la durée indiquée par le préavis ; l'arrêt de travail qui intervient au cours de cette période constitue l'exercice normal du droit de grève, les salariés étant seuls titulaires de ce droit. • Soc. 12 janv. 1999, 🗝 n° 96-45.659 P : *D. 1999. IR 53* ∅ *; RJS 1999. 155, n° 257 ; Dr. ouvrier 1999. 76, note De Senga ; TPS 1999, n° 109.*

5. Préavis de grève successifs. Un préavis unique peut porter sur des arrêts de travail d'une durée limitée étalés sur plusieurs jours. • Soc. 7 juin 2006 : 🗝 *D. 2006. IR 2211 ; RJS 2006. 818, n° 1111.* ♦ L'envoi de préavis de grève successifs pour le même motif ne caractérise aucun trouble manifestement illicite en l'absence de disposition légale l'interdisant et à défaut de manquement à l'obligation de négocier. • Soc. 25 janv. 2012 : 🗝 *D. actu. 7 mars 2012, obs. Ines ; D. 2012. Actu. 368* ∅ *; Dr. soc. 2012. 434, obs. Chaumette* ∅ *; RJS 2012. 326, n° 384 ; JCP S 2012. 1126, obs. Duquesne.*

6. Destinataire. Lorsqu'a été déposé auprès de l'autorité publique qualifiée sur le plan national un préavis de grève d'ampleur nationale, l'art. L. 521-3 [L. 2512-2 nouv.] ne saurait avoir pour effet de subordonner la licéité de la participation des agents à la grève au dépôt d'autres préavis auprès des directions des différents établissements auxquels ils appartiennent. • CE 16 janv. 1970 : 🗝 *Lebon 25* ∅ *; AJDA 1970. 96, chron. Denoix de Saint-Marc et Labetoulle ; RD publ. 1970. 1065, n° 2, obs. Drago.*

7. La formalité du dépôt ne saurait être remplacée par une annonce de la grève faite dans la presse. • Soc. 13 oct. 1976 : *Dr. ouvrier 1977. 274.*

8. Le silence gardé par l'administration à la suite d'un dépôt de préavis de grève ne fait naître aucune décision. ● CE 31 oct. 1986 : 🔒 *Lebon 249* 🖉 ; *Dr. soc. 1987. 390*, concl. *Vigouroux* ; *AJDA 1987. 49*, obs. *Prétot* ● 8 nov. 1989 : *D. 1992. Somm. 155*, obs. *Chelle et Prétot* 🖉 ● 20 juin 1990 : *D. 1992, eod. loc.* ; *RJS 1990. 542, n° 811* (la réponse éventuelle n'est pas une décision faisant grief).

9. Durée du préavis. La durée du préavis de grève dans les services publics n'est pas prescrite en vue de l'accomplissement d'un acte ou d'une formalité ; en conséquence, elle n'est pas soumise aux dispositions de l'art. 642 C. pr. civ. prévoyant la prorogation du délai jusqu'au premier jour ouvrable suivant lorsqu'il expire un samedi, un dimanche ou un jour férié ou chômé. ● Soc. 30 mars 2010 : 🔒 *D. 2010. Actu. 1084* 🖉 ; *D. actu. 20 avr. 2010*, obs. *Ines* ; *RJS 6/2010, n° 547* ; *JCP S 2010. 1377*, obs. *Martinon*.

10. Préavis de grève et période de grève. Le fait que les salariés ne cessent pas le travail au moment fixé pour le début de la grève ne rend pas ce préavis caduc. ● Soc. 11 févr. 2015, 🔒 n° 13-14.607 : *D. 2015. Actu. 493* 🖉 ; *D. actu. 9 mars 2015*, obs. *Ines* ; *JSL 2015, n° 385-3*, obs. *Hautefort* ; *RJS 5/2015, n° 360*.

11. Suspension du préavis. Si la grève suppose l'existence de revendications de nature professionnelle, le juge ne peut, sans porter atteinte au libre exercice d'un droit constitutionnellement reconnu, substituer son appréciation à celle des grévistes sur la légitimité ou le bien-fondé de ces revendications. ● Soc. 2 juin 1992 : *RJS 1992. 501, n° 906*. ◆ V. déjà : ● Paris, 27 janv. 1988 (deux arrêts), *Air Inter* : *D. 1988. 351*, note *Javillier* ; *JCP 1988. II. 20978*, note *Teyssié* ; *Dr. soc. 1988. 242*, note *Ray* (affirmant que « le juge judiciaire, qui n'a reçu ni de la loi, ni des parties mission d'arbitrer ou de trancher un conflit collectif du travail, n'a pas qualité ni compétence pour apprécier le bien-fondé et, par suite, la légitimité des revendications d'ordre professionnel présentées par l'une ou l'autre des parties au conflit ; (...) il ne lui appartient pas de substituer sa propre appréciation de la rationalité du mouvement collectif à celle normalement débattue entre employeur et syndicat professionnel, non plus que d'exercer un contrôle sur les problèmes d'ordre technologique, économique ou financier »).

12. Le juge des référés doit seulement vérifier, au vu des circonstances particulières d'une espèce donnée, que l'exercice du droit de grève se réalise suivant des modalités qui ne le fassent pas dégénérer en abus insusceptible de protection. ● Paris, 27 janv. 1988 : *préc. note 11* (suspension, dans l'une des deux affaires, du préavis pour une durée de huit jours, dès lors que la date choisie faisait apparaître avec certitude un préjudice grave et imminent pour des milliers de voyageurs). ◆ Comp. : ● Cass., ass. plén., 4 juill. 1986 : 🔒 *D. 1986. 477*, concl. *Bouyssic*, note *Ray* ; *JCP 1986. II. 20694*, note *Teyssié* ; *Dr. soc. 1986. 745*, note *G. Lyon-Caen* (décision affirmant que, si la grève est licite dans son principe en cas de revendications professionnelles, il appartient au juge des référés d'apprécier souverainement si elle n'entraîne pas un trouble manifestement illicite, et approuvant la cour d'appel d'avoir retenu que les revendications étaient déraisonnables).

13. L'action tendant à déclarer un préavis irrégulier doit être dirigée contre les syndicats et non contre les seuls délégués syndicaux signataires. ● Soc. 6 nov. 1991 : 🔒 *D. 1991. IR 275* ; *RJS 1991. 724, n° 1351*.

14. Sanctions. Dès lors que l'attention des salariés n'avait pas été attirée sur l'obligation de préavis, ils n'ont pu enfreindre sciemment les dispositions de l'art. L. 521-3 [L. 2512-2 nouv.] et aucune faute lourde ne peut leur être imputée. ● Soc. 5 juin 1984 : *Bull. civ. V, n° 229* ● CE 8 janv. 1992 : 🔒 *Dr. soc. 1992. 469*, concl. *Pochard* 🖉 ● Crim. 10 mai 1994 : 🔒 *D. 1995. Somm. 371*, obs. *Debord* 🖉 ; *CSB 1994. 275, A. 54*. ◆ Comp., lorsque la violation du préavis est le fait d'une organisation syndicale : ● Soc. 6 févr. 1985 : *Bull. civ. V, n° 82* ; *JCP E 1986. I. 15146, n° 16*, obs. *Teyssié* ● Crim. 10 mai 1994 : 🔒 *préc.* ◆ La notification par l'employeur aux salariés du caractère illégal de la grève en raison du non-respect du délai légal de préavis rend fautive la participation de l'agent au mouvement de grève. ● Soc. 11 janv. 2007 : 🔒 *D. 2007. 549*, note *Duquesne* 🖉.

15. Préavis et cessation du travail. Les salariés ne sont pas tenus de cesser le travail pendant toute la durée indiquée par le préavis ; l'arrêt de travail qui intervient au cours de cette période constitue l'exercice normal du droit de grève, les salariés étant seuls titulaires de ce droit. ● Soc. 12 janv. 1999, 🔒 n° 96-45.659 P : *D. 1999. IR 53* 🖉 ; *RJS 1999. 155, n° 257* ; *Dr. ouvrier 1999. 76*, note *De Senga* ; *TPS 1999, n° 109*. ◆ L'employeur ne peut, dans la période définie par le préavis, déduire de la constatation de l'absence de salariés grévistes que la grève est terminée, cette décision ne pouvant être prise que par le ou les syndicats représentatifs ayant déposé le préavis de grève. ● Soc. 4 juill. 2012 : 🔒 *D. actu. 5 sept. 2012*, obs. *Ines* ; *RJS 2012. 715, n° 841* ; *JCP S 2012. 1412*, obs. *Duquesne* ● 8 déc. 2016, 🔒 n° 15-16.078 P : *D. 2016. Actu. 2578* 🖉 ; *RDT 2017. 273*, obs. *Ferkane* 🖉 ; *RJS 2/2017, n° 138* ; *JCP S 2017. 1024*, obs. *Duquesne*. ◆ La cessation de travail d'un salarié pour appuyer des revendications professionnelles formulées dans le cadre d'un préavis de grève déposé par une organisation syndicale représentative dans une entreprise gérant un service public constitue une grève, peu important le fait qu'un seul salarié se soit déclaré gréviste. ● Soc. 21 avr. 2022, 🔒 n° 20-18.402 B : *D. 2022. 842* 🖉 ; *Dr. soc. 2022. 565*, obs. *Radé* 🖉 ; *RJS 7/2022, n° 399* ; *Dr. ouvrier 2022. 284*, obs. *Debord*.

Art. L. 2512-3 En cas de cessation concertée de travail des personnels mentionnés à l'article L. 2512-1, l'heure de cessation et celle de reprise du travail ne peuvent être différentes pour les diverses catégories ou pour les divers membres du personnel intéressé.

Sont interdits les arrêts de travail affectant par échelonnement successif ou par roulement concerté les divers secteurs ou catégories professionnelles d'un même établissement ou service ou les différents établissements ou services d'une même entreprise ou d'un même organisme. – *[Anc. art. L. 521-4.]*

COMMENTAIRE

V. sur le Code en ligne.

1. Prise de fonction par roulement. Les art. L. 521-3 et L. 521-4 [L. 2512-2 et L. 2512-3 nouv.], qui imposent la détermination dans le préavis de l'heure de cessation du travail, qui doit être commune à tous les membres du personnel intéressé, ne laissent place à aucune distinction selon l'organisation du travail en vigueur dans les services publics. • Soc. 3 févr. 1998, n° 95-21.735 P : D. 1998. IR 66 ; CSB 1998. 101, A. 23 ; Dr. soc. 1998. 294, obs. Ray ; JCP 1998. II. 10030, concl. Waquet (illicéité d'une grève par roulement).

2. Pluralité des préavis. Aucune disposition légale n'interdit à plusieurs organisations syndicales représentatives de présenter chacune un préavis de grève ; chacune peut prévoir une date de cessation du travail différente à laquelle les salariés pourront se rattacher. • Soc. 4 févr. 2004 : Dr. soc. 2004. 381, obs. Radé.

3. Déclenchement de la grève. Si, dans les services publics, la grève doit être précédée d'un préavis fixant le début et la fin de la grève sauf si elle est à durée indéterminée, le salarié n'est pas tenu de participer au mouvement revendicatif pendant toute la durée prévue et peut se borner à rejoindre le mouvement pendant la période fixée par le préavis. • Soc. 8 déc. 2005 : RJS 2006. 156, n° 263 ; JSL 2006, n° 182-3.

4. Fin de la grève. L'employeur ne peut, dans la période définie par un préavis de grève, déduire de l'absence de tout salarié gréviste au cours des trois premiers jours de la période visée par le préavis que celui-ci est devenu sans effet. • Soc. 11 févr. 2015, n° 13-14.607 P : D. 2015. Actu. 493 ; D. actu. 9 mars 2015, obs. Ines ; JSL 2015, n° 385-3, obs. Hautefort ; RJS 5/2015, n° 360.

Art. L. 2512-4 L'inobservation des dispositions du présent chapitre entraîne l'application des sanctions prévues par les statuts ou par les règles concernant les personnels intéressés.

Les sanctions ne peuvent être prononcées qu'après que les intéressés ont été mis à même de présenter des observations sur les faits qui leurs sont reprochés et d'avoir accès au dossier les concernant.

La révocation et la rétrogradation ne peuvent être prononcées qu'en conformité avec la procédure disciplinaire normalement applicable.

Lorsque la révocation est prononcée à ce titre, elle ne peut l'être avec perte des droits à la retraite. – *[Anc. art. L. 521-5.]*

Principe fondamental reconnu par les lois de la République. • Cons. const. 17 janv. 1989 : Rec. Cons. const. 18 ; RFDA 1989. 215, note Genevois ; Rev. adm. 1989. 223, note Autin (conformément au principe du respect des droits de la défense, lequel constitue un principe fondamental reconnu par les lois de la République, aucune sanction ne peut être infligée sans que l'intéressé ait été mis à même tant de présenter ses observations sur les faits qui lui sont reprochés que d'avoir accès au dossier le concernant).

Art. L. 2512-5 En ce qui concerne les personnels mentionnés à l'article L. 2512-1 non soumis aux dispositions de l'article 1er de la loi n° 82-889 du 19 octobre 1982, l'absence de service fait par suite de cessation concertée du travail entraîne pour chaque journée une retenue du traitement ou du salaire et de ses compléments autres que les suppléments pour charges de famille. Les retenues sont opérées en fonction des durées d'absence définies à l'article 2 de la loi précitée. – *[Anc. art. L. 521-6.]*

BIBL. ▶ DENOIX DE SAINT MARC, *AJDA 1977, n° spéc. « Fonction publique »*, 602. – PLOUVIN, *Rev. adm. 1977.* 586 (notion de service fait). – SALICIS, *RPDS 1988.* 203 (notion de service fait).

COMMENTAIRE

V. sur le Code en ligne.

1. Champ d'application. L'art. L. 521-6 [L. 2512-5 nouv.] ne s'applique pas à des agents qui n'ont pas exercé leur droit de grève, tout en exécutant de manière défectueuse leur travail. • Soc. 16 mars 1994 : ⚖ *D. 1994. 364*, note Saint-Jours 🖉 ; *JCP 1994. II. 22340*, note Duquesne ; *Dr. soc. 1994. 524* ; *RJS 1994. 344*, n° 548 (constitue une sanction pécuniaire illicite la retenue sur salaire décidée par la SNCF à l'égard de contrôleurs qui ne vérifiaient pas les titres de transport). – V. déjà • Soc. 20 févr. 1991, ⚖ n° 90-41.119 P : *D. 1991. IR 81* ; *Dr. ouvrier 1991. 217*, note Bied-Charreton. ♦ Comp. • CE 17 mars 1997 : ⚖ *Dr. soc. 1997. 534*, note Ray (1ʳᵉ esp.) 🖉 (en réduisant à 20 % la rémunération des agents grévistes requis effectuant de manière défectueuse leur contrat de travail en s'écartant du programme de production prévu, EDF n'institue pas une sanction pécuniaire prohibée, mais se borne, pour l'application des règles de retenue de salaire, à tenir compte de l'exécution partielle par les agents de leurs obligations de service). ♦ Si l'art. L. 2512-5 C. trav., complété par l'art. 2 de la L. n° 82-889 du 19 oct. 1982 relative aux retenues pour absence de service fait par les personnels de l'État, des collectivités locales et des services publics, s'applique de manière générale aux retenues effectuées sur les rémunérations des personnels des établissements privés chargés d'un service public, il en va autrement lorsqu'un texte spécifique prévoit un autre mode de calcul de ces retenues pour un service public particulier ; or, s'agissant des transports terrestres réguliers de voyageurs, l'art. L. 1324-11 C. transp. prévoit que la rémunération d'un salarié participant à une grève, incluant le salaire et ses compléments directs et indirects à l'exclusion des suppléments pour charges de famille, est réduite en fonction de la durée non travaillée en raison de la participation à cette grève. • Soc. 8 juill. 2020, ⚖ n° 19-13.767 P : *RJS 10/2020, n° 496* ; *JCP S 2020. 3013*, obs. Carré.

2. Une société chargée de la gestion d'un service public doit opérer les retenues sur salaires pour fait de grève dans les conditions fixées à l'art. 2 de la loi du 19 oct. 1982 auquel renvoie l'art. L. 521-6. • Soc. 27 avr. 1989 : *Bull. civ. V, n° 308* ; *D. 1989. IR 151* • 16 mai 1989 : *Bull. civ. V, n° 363*.

3. Compétence du juge administratif. Le juge administratif est compétent dès lors qu'il s'agit d'examiner la légalité d'une décision fixant les modalités de retenues sur salaires en cas de grève, décision ayant un caractère réglementaire et administratif. • T. confl. 22 juin 1992 : ⚖ *RJS 1992. 634, n° 1144*.

4. Devoirs des agents. L'agent n'ayant pas participé à la grève et n'ayant pas rempli les états de service peut établir par tous moyens qu'il a normalement assuré son service. • CE 5 janv. 1973 : *Lebon T. 1018* ; *AJDA 1973. 599*, obs. V. S. • 31 mai 1974 : *Lebon 331*. ♦ Comp. : • Soc. 7 mai 1987 : *Bull. civ. V, n° 399* ; *D. 1988. Somm. 100*, obs. Pélissier • 19 juin 1987 : *eod. loc.* ♦ S'agissant d'un agent bénéficiant d'une décharge totale de service pour occuper des fonctions syndicales, l'autorité administrative ne peut lui demander s'il était gréviste à une date déterminée, ni tirer aucune conséquence de son absence de réponse (illégalité de la retenue opérée sur son traitement). • TA Paris, 7 mai 1997 : *D. 1997. 499*, concl. Plouvin 🖉.

5. Enseignants. Eu égard aux conditions particulières d'exercice de leurs fonctions, les personnels enseignants de l'enseignement secondaire qui, bien que n'ayant aucun cours à assurer devant leurs élèves le jour de la grève, ont manifesté leur volonté de s'associer au mouvement de cessation concertée du travail organisé dans leur établissement peuvent légalement être regardés comme n'ayant pas accompli leurs obligations de service. • CE 6 mai 1988 : *Lebon 184* ; *AJDA 1988. 585*, chron. Azibert et de Boisdeffre.

6. Absence de service. La retenue du traitement prévue par l'art. 4 de la L. du 29 juill. 1961 peut être décidée aussi bien en l'absence de service fait que dans le cas où un agent n'exécute pas certaines obligations de son service telles qu'elles résultent de son statut ; aussi, pour juger du bien-fondé d'une retenue sur salaire pour fait de grève, les juges doivent rechercher si les heures supplémentaires demandées par l'employeur (cause de la grève) s'inscrivaient ou non dans les obligations statutaires des agents. • Soc. 23 mai 2012, ⚖ n° 11-12.117 P : *RJS 8-9/2012, n° 735* ; *JCP S 2012. 334*, obs. Péru-Pirotte.

7. Assiette de la retenue. En application des art. L. 145-1 [L. 3252-1 nouv.] et R. 145-1 C. trav., la retenue sur traitement ne peut s'opérer que sur la fraction saisissable de la rémunération. • CE 13 févr. 1974 : *Lebon 105* ; *JCP 1976. II. 18228*, note Saint-Jours ; *RD publ. 1976. 583*, note Waline.

8. Modalités de calcul de la retenue. V. notamment : • CE 11 juill. 1973 : *Lebon 495* ; *AJDA 1974. 158*, obs. V. S. (l'assiette de calcul doit englober l'ensemble des éléments de la rémunération) • 13 févr. 1974 : *Lebon 105* ; *JCP 1976. II. 18228*, note Saint-Jours ; *RD publ. 1976. 583*, note Waline (le salaire de référence est celui perçu au moment du conflit) • 7 juill. 1978 : *Lebon 304* ; *D. 1978. IR 484*, obs. Delvolvé ; *AJDA 1979. 88*, obs. S. S. (prise en compte des jours fériés) • 15 févr. 1980 : *Lebon 93* ; *D. 1980. IR 301* ; *AJDA 1980. 282*, chron. Robineau et Feffer (modalités de calcul en cas de travail de nuit) • CE, avis, 8 sept. 1995 : ⚖ *D. 1995. IR 207* ; *JCP 1995. II. 22548*, note Denis-Linton (non-retenue pour pension sur la fraction de traitement non payée pour service non fait ; même solution pour la cotisation d'assurance maladie, maternité et invalidité). ♦ Illégalité des dispositions prévoyant, pour les agents à temps partiel de la SNCF, que les retenues en cas de grève devaient faire l'objet d'un décompte en heures en fonction du service non effectué. • CE 30 avr. 1997 : ⚖ *JCP 1997. II. 22905*, concl. Maugüé ; *RJS 1997. 566, n° 876*.

9. L'art. 2 de la loi du 19 oct. 1982 s'applique à chaque jour de grève, même si celle-ci dure plusieurs jours consécutifs. • Soc. 17 mars 1993, n° 91-43.165 P : *JCP 1993. II. 22090, rapp. Waquet ; RJS 1993. 317, n° 540.*

10. Accord de fin de conflit. Un accord de fin de conflit ne saurait imposer la récupération des heures perdues à la suite d'une grève. • CE 23 mars 1973 : *Lebon 247 ; AJDA 1973. 503, obs. V. S. ; RD publ. 1974. 592, n° 4, obs. Drago.*

TITRE II PROCÉDURE DE RÈGLEMENT DES CONFLITS COLLECTIFS

COMMENTAIRE
V. sur le Code en ligne.

CHAPITRE I DISPOSITIONS GÉNÉRALES

SECTION 1 Champ d'application

Art. L. 2521-1 Les dispositions du présent titre s'appliquent aux employeurs de droit privé ainsi qu'à leurs salariés.

Elles sont également applicables :

1° Aux établissements publics à caractère industriel et commercial ;

2° Aux établissements publics assurant à la fois une mission de service public à caractère administratif et à caractère industriel et commercial, lorsqu'ils emploient du personnel dans les conditions du droit privé. — *[Anc. art. L. 522-1.]*

SECTION 2 Principes

Art. L. 2521-2 Les conflits collectifs intervenant entre les salariés et les employeurs mentionnés à l'article L. 2521-1 font l'objet de négociations soit lorsque les conventions ou accords collectifs applicables comportent des dispositions à cet effet, soit lorsque les parties intéressées en prennent l'initiative. — *[Anc. art. L. 522-2.]*

CHAPITRE II CONCILIATION

SECTION 1 Procédure de conciliation

Art. L. 2522-1 Tous les conflits collectifs de travail peuvent être soumis aux procédures de conciliation.

Les conflits qui, pour quelque raison que ce soit, n'ont pas été soumis à une procédure conventionnelle de conciliation établie soit par la convention ou l'accord collectif de travail, soit par un accord particulier, peuvent être portés devant une commission nationale ou régionale de conciliation.

Lorsque le conflit survient à l'occasion de l'établissement, de la révision ou du renouvellement d'une convention de branche ou d'un accord professionnel ou interprofessionnel, le ministre chargé du travail peut, à la demande écrite et motivée de l'une des parties ou de sa propre initiative, engager directement la procédure de médiation dans les conditions prévues au chapitre III. — *[Anc. art. L. 523-1.]*

Champ d'application. La procédure de conciliation est applicable à un établissement public d'aménagement d'une ville nouvelle, dès lors qu'il est constitué sous la forme d'une association de la L. du 1er juill. 1901, reconnue d'utilité publique. • CE 24 juin 1987 : *D. 1989. Somm. 68, obs. Chelle et Prétot.*

Art. L. 2522-2 Les parties donnent toute facilité aux membres des commissions de conciliation pour leur permettre de remplir la fonction qui leur est dévolue. — *[Anc. art. L. 523-5.]*

Art. L. 2522-3 Les parties comparaissent en personne devant les commissions de conciliation ou, en cas d'empêchement grave, se font représenter par une personne ayant pouvoir pour négocier et conclure un accord de conciliation.

Toute personne morale partie au conflit nomme un représentant dûment mandaté et ayant pouvoir pour négocier et conclure un accord de conciliation.

Lorsque l'une des parties régulièrement convoquée ne comparaît pas ou ne se fait pas représenter, le président la convoque à une nouvelle réunion qui a lieu, au plus tard, huit jours après la première. – *[Anc. art. L. 523-4.]* – *V. art. L. 2525-1 et R. 2525-1 (pén.).*

La personne morale, tenue de commettre un représentant dûment mandaté et ayant pouvoir pour négocier et conclure un accord de conciliation, a l'obligation de lui donner tous les pouvoirs exigés par la loi, sans pouvoir opposer à ses salariés son propre manquement à ses obligations pour refuser d'honorer les engagements pris en son nom devant la commission. • Soc. 20 févr. 1991 : 🗎 *D. 1991. IR 90 ; RJS 1991. 267, n° 509.*

Art. L. 2522-4 Lorsqu'une partie régulièrement convoquée dans des conditions prévues à l'article L. 2522-3 ne comparaît pas, sans motif légitime, devant la commission de conciliation, ou ne se fait pas représenter, le président de la commission établit un rapport. Ce rapport est remis à l'autorité administrative qui le transmet au procureur de la République. – *[Anc. art. L. 532-1, al. 1er, phrases 1 et 2.]* – *V. art. L. 2525-1 (pén.).*

Art. L. 2522-5 A l'issue des réunions de la commission de conciliation, le président établit un procès-verbal qui constate l'accord, le désaccord total ou partiel des parties et leur est aussitôt notifié.

Le procès-verbal précise les points sur lesquels les parties se sont mises d'accord et ceux sur lesquels le désaccord persiste.

L'accord de conciliation est applicable dans les conditions prévues par l'article L. 2524-5. – *[Anc. art. L. 523-5.]*

Art. L. 2522-6 En cas d'échec de la procédure de conciliation, le conflit est soumis soit à la procédure de médiation dans les conditions prévues au chapitre III, soit à la procédure d'arbitrage prévue au chapitre IV si les deux parties en conviennent. – *[Anc. art. L. 523-6.]*

V. • Cour supérieure d'arbitrage 19 janv. 1978 : *Dr. soc. 1978. 222.*

SECTION 2 Commissions de conciliation

Art. L. 2522-7 Les commissions nationales ou régionales de conciliation comprennent des représentants des organisations représentatives des employeurs et des salariés en nombre égal ainsi que des représentants des pouvoirs publics dont le nombre ne peut excéder le tiers des membres de la commission.

Des sections compétentes pour les circonscriptions départementales sont organisées au sein des commissions régionales. Leur composition correspond à celle des commissions régionales. – *[Anc. art. L. 523-2, al. 1er et 2.]*

SECTION 3 Entreprises publiques et établissements publics industriels et commerciaux

Art. L. 2522-8 Dans les entreprises publiques et les établissements publics industriels et commerciaux employant du personnel sous statut, les conflits collectifs de travail peuvent être soumis à des procédures de conciliation dans les conditions définies à la présente section. – *[Anc. art. L. 523-7.]*

Art. L. 2522-9 Dans chaque entreprise publique ou établissement public intéressé, un protocole établi par accord entre la direction, les organisations syndicales représentatives du personnel et le ministre dont relève l'entreprise publique ou l'établissement public fixe la procédure suivant laquelle sont examinés, aux fins de conciliation, les différends collectifs de travail. – *[Anc. art. L. 523-8.]*

Art. L. 2522-10 La procédure de conciliation fait intervenir, sous la présidence du ministre dont relève l'entreprise publique ou l'établissement public, la direction de l'entreprise publique ou de l'établissement public et les représentants des organisations syndicales représentatives du personnel.

Lorsque le différend intéresse la rémunération de personnels en activité ou en retraite, les représentants des ministres chargés du travail, du budget et de l'économie interviennent également. – *[Anc. art. L. 523-9.]*

Art. L. 2522-11 Les accords établis à l'issue de la conciliation entre les parties intervenues dans cette procédure sont enregistrés dans les procès-verbaux des séances et engagent les parties. — *[Anc. art. L. 523-10.]*

Art. L. 2522-12 A défaut de procédures particulières instituées conformément à l'article L. 2522-9, les différends collectifs de travail dans les entreprises publiques et les établissements publics industriels et commerciaux à statut peuvent être soumis à la procédure de conciliation de droit commun. — *[Anc. art. L. 523-11.]*

SECTION 4 Dispositions d'application

Art. L. 2522-13 Des décrets en Conseil d'État déterminent les modalités d'application du présent chapitre. — *V. art. R. 2521-1 s.*

CHAPITRE III MÉDIATION

RÉP. TRAV. v° *Conflits collectifs du travail (Procédures de règlement),* par Martinon.
BIBL. GÉN. ▶ Flament, JCP S 2010. 1326. – Hammelrath, JSL 2011, n° 302-1. – Touzard, *Dr. soc.* 1977. 87. – Weiss, *Dr. ouvrier* 1982. 228.

SECTION 1 Désignation du médiateur

Art. L. 2523-1 La procédure de médiation peut être engagée par le président de la commission de conciliation qui, dans ce cas, invite les parties à désigner un médiateur dans un délai déterminé afin de favoriser le règlement amiable du conflit collectif.

Cette procédure peut être également engagée par l'autorité administrative à la demande écrite et motivée de l'une des parties ou de sa propre initiative. — *[Anc. art. L. 524-1, al. 1ᵉʳ et al. 2, phrase 1.]*

Art. L. 2523-2 Lorsque les parties ne s'entendent pas pour désigner un médiateur, ce dernier est choisi par l'autorité administrative sur une liste de personnalités désignées en fonction de leur autorité morale et de leur compétence économique et sociale. — *[Anc. art. L. 524-1, al. 2, phrase 2.]*

Art. L. 2523-3 Les listes des médiateurs sont dressées après consultation et examen des suggestions des organisations syndicales d'employeurs et de salariés représentatives au niveau national, siégeant à la commission nationale de la négociation collective. — *[Anc. art. L. 524-1, al. 3.]*

SECTION 2 Procédure de médiation

Art. L. 2523-4 Le médiateur convoque les parties dans les conditions mentionnées à l'article L. 2522-3. — *[Anc. art. L. 524-3.]*

Art. L. 2523-5 Après avoir, lorsqu'il est nécessaire, essayé de concilier les parties, le médiateur leur soumet, sous forme de recommandation motivée, des propositions en vue du règlement des points en litige, dans un délai d'un mois à compter de sa désignation. Ce délai peut être prorogé avec leur accord.

Toutefois, lorsque le médiateur constate que le conflit porte sur l'interprétation ou la méconnaissance des dispositions légales ou des stipulations conventionnelles, il recommande aux parties de soumettre le conflit soit à la juridiction compétente, soit à la procédure contractuelle d'arbitrage prévue aux articles L. 2524-1 et L. 2524-2. — *[Anc. art. L. 524-4, al. 1ᵉʳ et 2.]*

Art. L. 2523-6 A compter de la réception de la proposition de règlement du conflit soumise par le médiateur aux parties, celles-ci peuvent, pendant un délai de huit jours, notifier au médiateur, dans des conditions prévue[s] par voie réglementaire, qu'elles rejettent sa proposition. Elles motivent leur rejet. Le médiateur informe aussitôt la ou les autres organisations parties au conflit de ces rejets et de leurs motivations.

Au terme du délai de huit jours prévu au premier alinéa, le médiateur constate l'accord ou le désaccord.

L'accord des parties sur la recommandation du médiateur lie celles qui ne l'ont pas rejetée, dans les conditions déterminées par le livre II relatif aux conventions et aux

CONFLITS COLLECTIFS **Art. L. 2524-4** 1047

accords collectifs de travail. Il est applicable dans les conditions prévues par l'article
L. 2524-5. — *[Anc. art. L. 524-4, al. 3 et 4.]*

Art. L. 2523-7 En cas d'échec de la tentative de médiation et après l'expiration d'un
délai de quarante-huit heures à compter de la constatation du désaccord, le médiateur
communique au ministre chargé du travail le texte de la recommandation motivée et
signée, accompagné d'un rapport sur le différend, ainsi que les rejets motivés adressés
par les parties au médiateur.

Les conclusions de la recommandation du médiateur et les rejets des parties ainsi
que leurs motivations sont rendus publics, dans un délai de trois mois, par le ministre
chargé du travail. — *[Anc. art. L. 524-5, al. 1er et 2.]*

Art. L. 2523-8 Lorsqu'une partie régulièrement convoquée dans les conditions prévues à l'article L. 2523-4 ne comparaît pas, sans motif légitime, devant le médiateur
ou ne se fait pas représenter, le médiateur établit un rapport. Ce rapport est remis à
l'autorité administrative qui le transmet au procureur de la République. — *[Anc. art.
L. 532-1, al. 1er, phrases 1 et 2.]*

Art. L. 2523-9 Lorsque la communication des documents utiles à l'accomplissement
de sa mission est sciemment refusée au médiateur, celui-ci remet un rapport à l'autorité administrative qui le transmet au procureur de la République. — *[Anc. art. L. 532-1,
al. 2, phrase 1.]* — *V. art. L. 2525-2 (pén.).*

SECTION 3 **Dispositions d'application**

Art. L. 2523-10 Des décrets en Conseil d'État déterminent les modalités d'application du présent chapitre. — *V. art. R. 2523-1 s.*

CHAPITRE IV **ARBITRAGE**

RÉP. TRAV. v° *Conflits collectifs du travail (Procédures de règlement)*, par MARTINON.

BIBL. GÉN. ▶ CLAY, *Dr. soc.* 2010. 930 (l'arbitrage en droit du travail : quel avenir après le rapport Barthélémy-Cette ?). - PINAULT, *Dr. soc.* 1983. 230. - PLAISANT et MOTULSKY, *Rev. arbitrage* 1956. 78.

SECTION 1 **Arbitre**

Art. L. 2524-1 La convention ou l'accord collectif de travail peut prévoir une procédure contractuelle d'arbitrage et l'établissement d'une liste d'arbitres dressée d'un commun accord entre les parties. — *[Anc. art. L. 525-1.]*

Sur la possibilité de soumettre à l'arbitrage le litige relatif à l'affiliation à un régime de retraite d'une catégorie du personnel, V. ● Cour supérieure d'arbitrage 6 janv. 1983 : *Dr. soc. 1983. 230, concl. Pinault.*

Art. L. 2524-2 Lorsque la convention collective de travail ne prévoit pas de procédure contractuelle d'arbitrage, les parties intéressées peuvent décider d'un commun accord de soumettre à l'arbitrage les conflits qui subsisteraient à l'issue d'une procédure de conciliation ou de médiation.

L'arbitre est choisi soit par accord entre les parties, soit selon les modalités établies d'un commun accord entre elles. — *[Anc. art. L. 525-2.]*

Dès lors que la mission confiée à l'arbitre n'a pas été définie avec précision, l'une des parties est fondée à soutenir que la sentence attaquée a été rendue sur une procédure irrégulière et à demander son annulation. ● Cour supérieure d'arbitrage, 8 déc. 1971 : *Dr. soc. 1972. 454, concl. Fleck.*

Art. L. 2524-3 Lorsque le conflit est soumis à l'arbitrage, les pièces établies dans le cadre des procédures de conciliation ou de médiation sont remises à l'arbitre. — *[Anc. art. L. 525-3.]*

Art. L. 2524-4 L'arbitre ne peut pas statuer sur d'autres objets que ceux qui sont déterminés par le procès-verbal de non-conciliation ou par la proposition du médiateur ou ceux qui, résultant d'événements postérieurs à ce procès-verbal, sont la conséquence du conflit en cours.

Il statue en droit sur les conflits relatifs à l'interprétation et à l'exécution des lois, règlements, conventions collectives ou accords en vigueur.

Il statue en équité sur les autres conflits, notamment lorsque le conflit porte sur les salaires ou sur les conditions de travail qui ne sont pas fixées par les dispositions des lois, règlements, conventions collectives ou accords en vigueur, et sur les conflits relatifs à la négociation de la révision des clauses des conventions collectives. — *[Anc. art. L. 525-4, al. 1ᵉʳ à 3.]*

Pour une illustration du recours à l'équité, V.
• Cour supérieure d'arbitrage, 7 juill. 1971 : *Dr.* *soc. 1972. 31, concl. Fleck.*

Art. L. 2524-5 Les accords ou sentences arbitrales intervenant en application du présent titre ont les mêmes effets que les conventions et accords collectifs de travail.

Ils sont applicables, sauf stipulations contraires, à compter du jour suivant leur dépôt auprès de l'autorité administrative compétente dans les conditions déterminées à l'article L. 2231-6. — *[Anc. art. L. 522-3.]*

Lorsque les parties ont fixé une date d'application, l'accord entre en vigueur à cette date sans qu'il soit besoin d'une autre mesure de publicité.
• Soc. 3 oct. 1962 : *Dr. soc. 1962. 630, obs. Savatier.*

Art. L. 2524-6 Les sentences arbitrales sont motivées.

Elles ne peuvent faire l'objet que du recours pour excès de pouvoir devant la cour supérieure d'arbitrage mentionnée à l'article L. 2524-7. — *[Anc. art. L. 525-4, al. 4 et 5.]*

V. art. R. 2524-1.

SECTION 2 **Cour supérieure d'arbitrage**

Art. L. 2524-7 La cour supérieure d'arbitrage connaît des recours pour excès de pouvoir ou violation de la loi formés par les parties contre les sentences arbitrales. — *[Anc. art. L. 525-5.]*

Art. L. 2524-8 La cour supérieure d'arbitrage est présidée par le vice-président du Conseil d'État ou par un président de section au Conseil d'État en activité ou honoraire, président.

Elle est composée de manière paritaire de conseillers d'État en activité ou honoraires et de hauts magistrats de l'ordre judiciaire en activité ou honoraires. — *[Anc. art. L. 525-6.]*

Art. L. 2524-9 Lorsque la cour supérieure d'arbitrage prononce l'annulation en tout ou partie d'une sentence arbitrale, elle renvoie l'affaire aux parties qui désignent, si elles en sont d'accord, un nouvel arbitre.

Lorsque, à la suite d'un nouveau pourvoi, la nouvelle sentence est annulée par la cour, celle-ci désigne l'un de ses rapporteurs pour procéder à une instruction complémentaire.

Elle rend, dans les quinze jours suivant le deuxième arrêt d'annulation, après avoir pris connaissance de l'enquête, et avec les mêmes pouvoirs qu'un arbitre, une sentence arbitrale qui ne peut faire l'objet d'aucun recours. — *[Anc. art. L. 525-8.]*

Art. L. 2524-10 Les actes accomplis en exécution des dispositions du présent chapitre sont dispensés des droits de timbre et d'enregistrement. — *[Anc. art. L. 525-9.]*

SECTION 3 **Dispositions d'application**

Art. L. 2524-11 Des décrets en Conseil d'État déterminent les modalités d'application du présent chapitre. — *[Anc. art. L. 526-1.]* — V. art. R. 2524-2 s.

CHAPITRE V **DISPOSITIONS PÉNALES**

Art. L. 2525-1 Le fait de méconnaître les dispositions des articles L. 2522-3 et L. 2523-4 est puni d'une amende de 3 750 €. — *[Anc. art. L. 532-1, al. 1ᵉʳ, phrase 3.]*

Art. L. 2525-2 Le fait de méconnaître les dispositions de l'article L. 2523-9 est puni d'une amende de 3 750 €. — *[Anc. art. L. 532-1, al. 2, phrase 2.]*

LIVRE VI DISPOSITIONS RELATIVES À L'OUTRE-MER

TITRE I DISPOSITIONS GÉNÉRALES

CHAPITRE UNIQUE

Art. L. 2611-1 Les dispositions générales prévues par l'article L. 1511-1 sont également applicables aux dispositions du présent livre. – *[Anc. art. L. 800-4, al. 1ᵉʳ à 3.]*

TITRE II GUADELOUPE, GUYANE, MARTINIQUE, MAYOTTE, LA RÉUNION, SAINT-BARTHÉLEMY, SAINT-MARTIN ET SAINT-PIERRE-ET-MIQUELON (Ord. n° 2017-1491 du 25 oct. 2017, art. 3).

CHAPITRE I DISPOSITIONS GÉNÉRALES

Art. L. 2621-1 Les dispositions générales prévues par (*Ord. n° 2008-205 du 27 févr. 2008*) « les articles L. 1521-1 à L. 1521-4 » sont également applicables aux dispositions du présent titre.

Art. L. 2621-2 (*Ord. n° 2017-1491 du 25 oct. 2017, art. 3, en vigueur le 1ᵉʳ janv. 2018*) Une commission consultative du travail est instituée auprès du représentant de l'État à Mayotte.

Cette commission comprend un nombre égal de membres employeurs et de membres salariés désignés par le représentant de l'État à Mayotte sur propositions respectives de chacune des organisations professionnelles d'employeurs et des organisations syndicales de salariés représentatives dans le département.

Un décret détermine les conditions d'application du présent article.

CHAPITRE II NÉGOCIATION COLLECTIVE – CONVENTIONS ET ACCORDS COLLECTIFS DE TRAVAIL

Art. L. 2622-1 Outre les clauses rendues obligatoires par l'article L. 2261-22, les conventions collectives conclues au niveau (*Ord. n° 2017-1491 du 25 oct. 2017, art. 3, en vigueur le 1ᵉʳ janv. 2018*) « de la Guadeloupe, de la Guyane, de la Martinique, de Mayotte, de La Réunion » (*Ord. n° 2008-205 du 27 févr. 2008*) « , à Saint-Barthélemy ou à Saint-Martin » contiennent obligatoirement, pour pouvoir être étendues, des dispositions concernant l'attestation de formation professionnelle délivrée dans les unités du service militaire adapté.

Art. L. 2622-2 (*L. n° 2016-1088 du 8 août 2016, art. 26*) Lorsqu'une convention ou un accord collectif de travail national s'applique en Guadeloupe, en Guyane, en Martinique, à Mayotte, à La Réunion, à Saint-Barthélemy, à Saint-Martin et à Saint-Pierre-et-Miquelon, des modalités d'adaptation à la situation particulière de ces collectivités peuvent être prévues par accord collectif. Cet accord est conclu dans le délai de six mois prévu au dernier alinéa de l'article L. 2222-1 ou après l'expiration de ce délai.

Lorsqu'une convention ou un accord collectif de travail national exclut une application en Guadeloupe, en Guyane, en Martinique, à Mayotte, à La Réunion, à Saint-Barthélemy, à Saint-Martin ou à Saint-Pierre-et-Miquelon, des accords collectifs dont le champ d'application est limité à l'une de ces collectivités peuvent être conclus, le cas échéant en reprenant les stipulations de l'accord applicable à la métropole.

Art. L. 2622-3 (*L. n° 2015-994 du 17 août 2015, art. 1ᵉʳ-X*) Un décret fixe le nombre de représentants des organisations professionnelles d'employeurs et des organisations syndicales de salariés prévu aux articles L. 23-111-1 et L. 23-112-1 à Saint-Barthélemy et à Saint-Martin.

Art. L. 2622-4 (*Ord. n° 2017-1491 du 25 oct. 2017, art. 3, en vigueur le 1ᵉʳ janv. 2018*) Lorsque le salaire minimum national professionnel des salariés sans qualification à Mayotte est inférieur au salaire minimum interprofessionnel de croissance applicable à Mayotte, les organisations liées par une convention de branche ou, à défaut, par des accords professionnels se réunissent pour négocier sur les salaires.

A défaut d'initiative de la partie patronale dans les trois mois, la négociation s'engage dans les quinze jours suivant la demande d'une organisation syndicale représentative au sens de l'article L. 2231-1.

L'art. L. 2622-3 C. trav. créé par l'Ord. n° 2017-1491 du 25 oct. 2017 devient l'art. L. 2622-4 (Ord. n° 2017-1718 du 20 déc. 2017, art. 1er-II).

CHAPITRE III LES CONFLITS COLLECTIFS

Art. L. 2623-1 Au lieu et place des commissions régionales de conciliation prévues aux articles L. 2522-1 et L. 2522-7 du présent code et à l'article L. 718-8 du code rural et de la pêche maritime, il est créé *(Ord. n° 2017-1491 du 25 oct. 2017, art. 3, en vigueur le 1er janv. 2018)* « en Guadeloupe, en Guyane, en Martinique, à Mayotte, à La Réunion » *(Ord. n° 2008-205 du 27 févr. 2008)* « , à Saint-Barthélemy, à Saint-Martin » et à Saint-Pierre-et-Miquelon une commission de conciliation organisée en deux sections respectivement compétentes pour les conflits collectifs de travail et pour les conflits collectifs de travail en agriculture.

Chaque section est composée de représentants des organisations représentatives des employeurs et des salariés, en nombre égal, ainsi que des représentants des pouvoirs publics dont le nombre ne peut excéder le tiers des membres de la section.

TITRE III MESURES DE COORDINATION AVEC LES AUTRES COLLECTIVITÉS ULTRAMARINES *(Ord. n° 2017-1491 du 25 oct. 2017, art. 3).*

CHAPITRE I NÉGOCIATION COLLECTIVE – CONVENTIONS ET ACCORDS COLLECTIFS DE TRAVAIL

Art. L. 2631-1 Les conventions et accords collectifs de travail d'une entreprise dont le siège social est situé dans un département de métropole, *(Ord. n° 2017-1491 du 25 oct. 2017, art. 3, en vigueur le 1er janv. 2018)* « en Guadeloupe, en Guyane, en Martinique, à Mayotte, à La Réunion » *(Ord. n° 2008-205 du 27 févr. 2008)* « , à Saint-Barthélemy, à Saint-Martin » ou à Saint-Pierre-et-Miquelon qui intéressent notamment ses établissements implantés *(Abrogé par Ord. n° 2017-1491 du 25 oct. 2017, art. 3, à compter du 1er janv. 2018)* « *à Mayotte ou* » à Wallis-et-Futuna sont négociés entre l'employeur et les organisations syndicales de salariés représentatives dans l'entreprise.

CHAPITRE II INSTITUTIONS REPRÉSENTATIVES DU PERSONNEL

SECTION 1 Comité central d'entreprise et comités d'établissement

Art. L. 2632-1 L'accord ou la décision administrative prévus au deuxième alinéa de l'article L. 2327-7 instituant le comité central d'entreprise prévu à l'article L. 2327-1 assure la représentation des établissements distincts de l'entreprise lorsque ceux-ci sont établis *(Abrogé par Ord. n° 2017-1491 du 25 oct. 2017, art. 3, à compter du 1er janv. 2018)* « *à Mayotte,* » à Wallis-et-Futuna ou dans les Terres australes et antarctiques françaises.

SECTION 2 Comité de groupe

Art. L. 2632-2 Les dispositions relatives au comité de groupe prévues aux articles L. 2331-1 à L. 2331-4 et L. 2331-6 s'appliquent aux entreprises dominantes dont le siège social se situe dans un département de métropole, *(Ord. n° 2017-1491 du 25 oct. 2017, art. 3, en vigueur le 1er janv. 2018)* « en Guadeloupe, en Guyane, en Martinique, à Mayotte, à La Réunion » *(Ord. n° 2008-205 du 27 févr. 2008)* « , à Saint-Barthélemy, à Saint-Martin » ou à Saint-Pierre-et-Miquelon et aux entreprises qu'elles contrôlent ou sur lesquelles elles exercent une influence dominante au sens de l'article L. 2331-1

DURÉE DU TRAVAIL   **Art. L. 3111-2** 1051

dont le siège social est situé dans ces départements *(Ord. n° 2017-1491 du 25 oct. 2017, art. 3, en vigueur le 1er janv. 2018)* « ou ces collectivités, » à Wallis-et-Futuna ou dans les Terres australes et antarctiques françaises.

TROISIÈME PARTIE DURÉE DU TRAVAIL, SALAIRE, INTÉRESSEMENT, PARTICIPATION ET ÉPARGNE SALARIALE

LIVRE I DURÉE DU TRAVAIL, REPOS ET CONGÉS

BIBL. ▶ CAVALLINI, *JCP S 2020. 1324* (influence du droit de l'Union européenne sur la durée du travail en France). – DUCHANGE, *RDT 2019. 468* (racines juridiques du droit du temps de travail).

Loi du 8 août 2016 : FAVENNEC-HÉRY, *Dr. soc. 2016. 892* (la négociation collective dans le droit de la durée du travail). – GAURIAU, *RJS 11/2020* (faut-il nommer l'ordre public ? Contribution à l'étude de la durée du travail et des principes). – MORAND, *SSL 2016, n° 1742, p. 13* (loi Travail et temps de travail). – VÉRICEL, *RDT 2016. 824* (une nouvelle architecture des règles en matière de temps de travail).

TITRE I CHAMP D'APPLICATION

CHAPITRE UNIQUE

Art. L. 3111-1 Les dispositions du présent livre sont applicables aux employeurs de droit privé ainsi qu'à leurs salariés.

Elles sont également applicables aux établissements publics à caractère industriel et commercial. — *[Anc. art. L. 200-1 et L. 221-1, al. 1er.]*

Art. L. 3111-2 Les cadres dirigeants ne sont pas soumis aux dispositions des titres II et III.

Sont considérés comme ayant la qualité de cadre dirigeant les cadres auxquels sont confiées des responsabilités dont l'importance implique une grande indépendance dans l'organisation de leur emploi du temps, qui sont habilités à prendre des décisions de façon largement autonome et qui perçoivent une rémunération se situant dans les niveaux les plus élevés des systèmes de rémunération pratiqués dans leur entreprise ou établissement. — *[Anc. art. L. 212-15-1.]*

BIBL. ▶ LAGESSE et ARMILLEI, *JCP S 2017. 1086.* – MORAND, *RJS 2012. 347.* – MOREAU, *Dr. soc. 2000. 263* . – ANTONMATTÉI, *ibid. 305* . – MUSTEL-GOMEZ, *RJS 2000. 158* ; *Dr. soc. 1999. 996* . – ANTONMATTÉI, *Dr. soc. 1999 996* . – BARTHÉLÉMY, *JCP E 1999. 610.* – JOFFREDO, *ibid. 1767.* – RAY, *Dr. soc. 1998. 979* . – BARTHÉLÉMY, *JCP E 1997. 662.* – TEYSSIÉ, *ibid. 1995. 505.*

COMMENTAIRE

V. sur le Code en ligne 🔒. ☐

I. CRITÈRES

1. Notion de cadre dirigeant. Seuls relèvent de la catégorie des cadres dirigeants les cadres participant à la direction de l'entreprise. • Soc. 2 juill. 2014 : ⚖ *D. 2014. Actu. 1551* ; *RJS 2014. 595, n° 692* ; *JSL 2014, n° 372-5, obs. Lhernoult.* ♦ La qualité de cadre dirigeant ne requiert ni l'existence d'un accord particulier entre l'employeur et le salarié, ni que ce dernier se situe au niveau hiérarchique le plus élevé de la classification conventionnelle. • Soc. 30 nov. 2011 : ⚖ *RJS 2012. 210, n° 255* ; *JSL 2012, n° 313-6, obs. Lalane* ; *JCP S 2012. 1133, obs. Bussu.* ♦ Est considéré comme cadre dirigeant celui à qui sont confiées des responsabilités dont l'importance implique une grande indépendance dans l'organisation de son emploi du temps, qui est habilité à prendre des décisions de façon largement autonome et qui perçoit une rémunération se situant dans les niveaux les plus élevés des systèmes de rémunérations pratiquées dans l'entreprise ou son établissement. Les critères ainsi définis sont cumulatifs et le juge doit vérifier précisément les conditions réelles d'emploi du salarié concerné, peu important que l'accord collectif applicable retienne pour la fonction occupée par le salarié la qualité de cadre dirigeant. • Soc. 13 janv. 2009 : ⚖ *D. 2009. AJ 302* ; *RJS 2009. 250, n° 250* ; *Dr. soc. 2009. 611, obs. Radé* ; *JSL 2009, n° 251-3* ; *JCP S 2009. 1096, obs. Favennec-Héry* • Soc. 11 mai 2017, ⚖ n° 15-27.118 P : *RJS 7/2017, n° 486* ; *JCP S 2017. 1211,* obs. Morand. ♦ Ces critères cumulatifs impliquent que seuls relèvent de cette catégorie les cadres participant à la direction de l'entreprise. • Soc. 31 janv. 2012 : 🛡 *D. actu. 20 févr. 2012, obs. Perrin* ; *D. 2012. Actu. 445* ⌀ ; *ibid. 1167, note Lokiec* ⌀ ; *RDT 2012. 369, obs. Pignarre* ⌀ ; *Dr. soc. 2012. 422, obs. Tournaux* ⌀ ; *RJS 2012. 302, n° 349* ; *JSL 2012, n° 317-2, obs. Hautefort* ; *SSL 2012, n° 1525, p. 10, obs. Champeaux* • 26 nov. 2013 : 🛡 *D. actu. 20 déc. 2013, obs. Dechristé* ; *D. 2013. Actu. 2856* ⌀ ; *RJS 2014. 93, n° 120.* ♦ Si les trois critères fixés par l'art. L. 3111-2 C. trav. impliquent que seuls relèvent de la catégorie des cadres dirigeants les cadres participant à la direction de l'entreprise, il n'en résulte pas que la participation à la direction de l'entreprise constitue un critère autonome et distinct se substituant aux trois critères légaux. • Soc. 22 juin 2016, 🛡 n° 14-29.246 P : *D. 2016. Actu. 1437* ⌀ ; *D. actu. 12 juill. 2016, obs. Roussel* ; *RJS 10/2016, n° 631* ; *JSL 2016, n° 415-1, obs. Hautefort* ; *JCP S 2016. 1339, obs. Morand.*

2. Illustration. Une cour d'appel ne saurait dire que le salarié avait la qualité de cadre dirigeant en retenant que les fonctions attribuées à l'intéressé impliquent nécessairement une grande indépendance dans l'organisation de son emploi du temps et des prises de décision autonomes, que le salarié a un coefficient de 712, soit 187 points au-dessus du premier coefficient du cadre supérieur, que ce coefficient vient confirmer le statut de cadre dirigeant, les différentes catégories de cadres recouvrant moins de 100 points chacune, et que les explications de l'appelant sur ses fonctions viennent confirmer la fiche de poste de directeur des soins infirmiers, laquelle comprend des responsabilités importantes impliquant une grande indépendance dans l'organisation de son emploi du temps, sans rechercher si la rémunération effectivement perçue par le salarié se situait dans les niveaux les plus élevés des systèmes de rémunération pratiqués au sein de la société. • Soc. 5 mai 2021, 🛡 n° 19-22.209.

3. Soumission à une convention de forfait. La soumission à une convention de forfait en jours, quand bien même elle serait irrégulière et donc privée d'effets, conduit à écarter le statut de cadre dirigeant sans qu'il soit nécessaire de procéder à un examen des conditions réelles d'activité. • Soc. 7 sept. 2017, 🛡 n° 15-24.725 P : *RJS 11/2017,*

n° 745 ; *JSL 2017, n° 440-2, obs. Halimi et Dechaumet-Friès* ; *JCP S 2017. 1325, obs. Morand.* ♦ La conclusion d'une convention de forfait annuelle en heures, fût-elle ultérieurement déclarée illicite ou privée d'effet, ne permet pas à l'employeur de soutenir que le salarié relève de la catégorie des cadres dirigeants. • Soc. 11 mai 2023, 🛡 n° 21-25.522 B : *D. 2023. 1014* ⌀ ; *D. actu. 2 juin, obs. Maurel* ; *RJS 7/2023, n° 382.*

II. RÉGIME

4. Astreinte. Un cadre dirigeant ne peut prétendre à la rémunération de l'astreinte, sauf dispositions conventionnelles ou contractuelles contraires. • Soc. 28 oct. 2008 : 🛡 *D. 2008. AJ 2877* ⌀ ; *RJS 2009. 56, n° 42* ; *JSL 2008, n° 244-2.*

5. Heures supplémentaires. Le salaire forfaitaire perçu par un responsable de station-service disposant d'une grande latitude dans l'organisation de son travail et exerçant des fonctions de responsabilité attestées par son degré d'autonomie exclut le paiement d'heures supplémentaires. • Soc. 21 oct. 1999 : 🛡 *RJS 1999. 856, n° 1471.*

6. Discrimination syndicale et liberté d'expression. Le fait que la lettre de licenciement reproche au cadre dirigeant la création d'un syndicat d'entreprise laisse supposer l'existence d'une discrimination syndicale ; l'affichage d'un tract syndical, qui ne contient aucun propos injurieux, diffamatoire ou excessif, ne caractérise pas un abus de la liberté d'expression du salarié. • Soc. 3 juill. 2012 : 🛡 *D. actu. 27 juill. 2012, obs. Siro* ; *RJS 2012. 696, n° 819* ; *JSL 2012, n° 330-4, obs. Boucheret* ; *JCP S 2012. 1435, obs. Mouly.*

7. Repos et jours fériés. Les cadres dirigeants ne sont pas soumis aux dispositions relatives aux repos et jours fériés, sauf stipulations contractuelles ou conventionnelles plus favorables ; il en résulte qu'en l'absence de disposition expresse visant cette catégorie de cadres, le régime de compensation financière liée au travail effectué le dimanche et les jours fériés prévu par accord collectif ne saurait s'appliquer aux cadres dirigeants. • Soc. 27 juin 2012 : 🛡 *D. actu. 18 juill. 2012, obs. Siro* ; *D. 2012. Actu. 1830* ⌀ ; *RJS 2012. 687, n° 801* ; *JSL 2012, n° 329-2, obs. Hautefort* ; *JCP S 2012. 1369, obs. Corrignan-Carsin.*

Art. L. 3111-3 (L. n° 2016-1088 du 8 août 2016, art. 8) A l'exception du chapitre II du titre III ainsi que des titres VI et VII, le présent livre définit les règles d'ordre public, le champ de la négociation collective et les règles supplétives applicables en l'absence d'accord.

> *COMMENTAIRE*
>
> V. sur le Code en ligne 🛡.

TITRE II DURÉE DU TRAVAIL, RÉPARTITION ET AMÉNAGEMENT DES HORAIRES

(L. n° 2016-1088 du 8 août 2016, art. 8)

CHAPITRE I DURÉE ET AMÉNAGEMENT DU TRAVAIL

Le chap. I du livre II, dans sa rédaction antérieure à la loi du 8 août 2016, est consultable sur le Code en ligne.

V. Circ. du 3 mars 2000 relative à la réduction négociée du temps de travail (BOMT n° 2000/6 bis du 13 mars).

V. Circ. n° 2000-7 du 6 déc. 2000 relative aux questions concernant l'application de la loi du 19 janv. 2001 (BOMT n° 2001/1 du 20 janv. 2001).

RÉP. TRAV. v[is] *Durée du travail (I. Réglementation du temps de travail)*, par Rose ; ... *(II. Fixation et aménagement du temps de travail)*, par Rose.

BIBL. GÉN. ▶ Baradel, *Dr. ouvrier 2012. 190* (durée et charge de travail : objectifs et limites de l'exigence de rentabilité). – Barthélémy et Cette, *Dr. soc. 2015. 47* (approche qualitative de la durée du travail). – Bonnechère, *Dr. ouvrier 2012. 175* (revisiter le droit positif par l'ajustement au droit européen). – Canut, *Dr. soc. 2010. 379* (temps de travail : le nouvel ordonnancement juridique). – Cottereau, *JCP S 2011. 1208* (le temps de travail des cadres en 7 questions). – De Cassagnac, *JSL 2011, n° 305-1* (santé et durée du travail : une nouvelle approche jurisprudentielle). – Fantoni-Quinton, *Dr. soc. 2010. 395* (l'évolution du temps de travail et les enjeux relatifs à la santé des salariés). – Favennec-Héry, *Dr. soc. 2005. 794* (autoréglementation du temps de travail) ; *ibid. 2009. 251* (droit de la durée du travail, la fin d'une époque). – Gosselin, *Dr. soc. 2010. 374* (le temps de travail). – Lokiec, *Dr. ouvrier 2009. 418 et 484* (les transformations du droit du temps de travail) ; *ibid. 2012. 207* (déconnexion du temps de travail et de la rémunération). – Mathieu, *RDT 2012. 677* (temps de travail et volonté du salarié). – Pontif, *RDT 2012. 208* (les rythmes de travail). – Teyssié, *Dr. soc. 1992. 519*. – Tollet et Gavini, *ibid. 1994. 365*. – Javillier, *ibid. 1986. 56*. – Loubejac, *ibid. 1986. 91*. – G. Lyon-Caen, *ibid. 1985. 801*. – Miné, *Dr. ouvrier 2011. 40* (le droit du temps de travail à la lumière des droits fondamentaux de la personne). – Savatier, *ibid. 1984. 554*. – Sintez, *RDT 2012. 406* (de la subordination à la domination du salarié : la « preuve sociologique » par le temps de travail). – Van Craeynest et Masson, *RDT 2011. Controverse 474* (comment réglementer le temps de travail des cadres ?).

▶ **Loi du 20 août 2008 :** Favennec-Héry, *JCP S 2016. 1293* (nouvelle articulation des normes : la durée du travail comme terrain d'expérimentation). – Marquet de Vasselot et Martinon, *JCP S 2016. 1294* (les apports de la loi du 8 août 2016 en matière de durée du travail). – Véricel, *RDT 2008. 574* (loi du 20 août 2008, une loi de revanche ?).

▶ **Numérique et temps de travail :** Barthélémy, *Dr. soc. 2018. 372* (numérique, civilisation et définition du temps de travail).

COMMENTAIRE

V. sur le Code en ligne.

SECTION 1 Travail effectif, astreintes et équivalences

COMMENTAIRE

V. sur le Code en ligne.

SOUS-SECTION 1 Travail effectif

BIBL. GÉN. ▶ Notion de temps de travail effectif : Bercusson, *Dr. soc. 2000. 248*. – Meyer, *Dr. ouvrier 1999. 385*. – Asquinazi-Bailleux, *RJS 2000. 95*. – Antonmattéi, *ibid. 1999. 475*. – Barthélemy, *JCP 1998. I. 114*. – Bélier, *Dr. soc. 1998. 530*. – Dockès, *Dr. ouvrier 2022. 293* (notion de temps de travail, d'astreinte, de temps libre). – Jeammaud, *ibid. 745*. – Ray, *Dr. soc. 2002. 939*. – Savatier, *ibid. 15*. – Supiot, *ibid. 1995. 947*. – Lokiec, *Dr. ouvrier 2009. 418* (les transformations du droit du temps de travail).

§ 1 Ordre public

Art. L. 3121-1 La durée du travail effectif est le temps pendant lequel le salarié est à la disposition de l'employeur et se conforme à ses directives sans pouvoir vaquer librement à des occupations personnelles.

Comp. anc. art. L. 3121-1.

> **COMMENTAIRE**
>
> V. sur le Code en ligne 🔒.

1. Droit de l'Union. Sur la non-conformité du Décr. n° 2001-1384 du 31 déc. 2001 à la directive CEE 93/104, V. ● CJCE, 2ᵉ ch., 1ᵉʳ déc. 2005, n° C-14/04 : *JCP 2006. II. 10194*, note Lallement. ♦ Les dispositions relatives au temps minimal de repos énoncées par les Dir. européennes n° 93/104/CE du Conseil du 23 nov. 1993 et n° 2003/88/CE du Parlement européen et du Conseil du 4 nov. 2003 constituent des règles de droit social d'une importance particulière dont doit bénéficier chaque travailleur en tant que prescription minimale nécessaire pour assurer la protection de sa sécurité et de sa santé et la notion de temps de travail doit être appréhendée par opposition à la période de repos, ces deux notions étant exclusives l'une de l'autre ; les permanences nocturnes constituent du temps de travail effectif même lorsqu'elles englobent, dans le cadre d'un régime d'équivalence, des temps d'inaction. ● Soc. 29 juin 2011 : 🔒 *D. actu. 20 juill. 2011*, obs. Siro ; *D. 2011. Actu. 1978* ; *RDT 2011. 511*, obs. Véricel.

2. Définition. Constitue du temps de travail effectif, à défaut pour l'employeur d'invoquer un décret ou un accord collectif prévoyant un horaire d'équivalence, la période comprise entre 23 heures et 4 heures pendant laquelle une salariée, veilleuse de nuit dans une maison de retraite, devait se tenir à la disposition de l'employeur et se conformer à ses directives sans pouvoir vaquer librement à ses occupations personnelles. ● Soc. 9 mars 1999, 🔒 n° 96-45.590 P : *GADT, 4ᵉ éd., n° 58 ; D. 1999. IR 106 ; Dr. soc. 1999. 522*, obs. Radé ; *RJS 1999. 320*, n° 517.

3. Constitue également du temps de travail effectif le temps passé par un ambulancier sur un circuit automobile. ● Soc. 6 avr. 1999, 🔒 n° 97-40.058 P : *D. 1999. IR 126 ; RJS 1999. 413*, n° 671. ♦ ... Ou dès lors que, pendant ses permanences au lieu de travail, il assurait à tout moment la régulation du service des ambulanciers pour répondre aux sollicitations des clients de l'entreprise. ● Soc. 18 oct. 2006, 🔒 n° 05-41.421. ♦ ... Ou dès lors que, pendant ses temps de pause, le salarié était contraint pour son employeur d'effectuer des opérations de chargement et de déchargement. ● Soc. 18 mars 2015, 🔒 n° 13-23.728 P : *D. actu. 15 avr. 2015*, obs. Fraisse ; *RJS 6/2015, n° 455*.

4. Chambres de veille. Constituent du travail effectif : les heures de surveillance de nuit réalisées en chambre de veille par des éducateurs. ● CE 28 juill. 2000 : 🔒 *D. 2001. Somm. 1916*, obs. Chelle et Prétot ; *RJS 2000. 740, n° 1098*. ♦ ... Les heures de présence effectuées la nuit dans une chambre spécialement mise à disposition sur le lieu de travail afin de répondre à tout moment à toute sollicitation émanant soit des pensionnaires d'un établissement pour personnes inadaptées ou handicapées, soit des veilleurs de nuit. ● Soc. 29 juin 1999, 🔒 n° 97-41.567 P : *D. 1999. IR 222 ; Dr. soc. 1999. 771*, obs. Kœhrig ; *Dr. ouvrier 1999. 347*, note Poirier ; *RJS 1999. 670, n° 1069 ; JS UIMM 1999. 388* ● 24 avr. 2001 : 🔒 *D. 2001. Somm. 312*, obs. Fadeuilhe ; *Dr. soc. 2001. 723*, note Lhernould ; *RJS 2001. 595, n° 864*. ● 18 déc. 2001, 🔒 n° 99-40.240 P : *Dr. soc. 2002. 355*, obs. Savatier ; *RJS 2002. 238, n° 291 ; CSB 2002. A. 17* ● 2 juin 2004, 🔒 n° 02-42.618 P : *RJS 2004. 626, n° 920 ; Dr. ouvrier 2004. 565*. ♦ Même sol. pour des salariés du CEA : ● Soc. 20 févr. 2013 : 🔒 *D. actu. 2 avr. 2013*, obs. Siro.

5. Permanence téléphonique. Compte tenu de l'obligation pour la société d'assurer une permanence téléphonique continue de sécurité 7 jours sur 7, 24 heures sur 24, le salarié, qui exerce le soir et la nuit les fonctions attribuées pendant la journée à un autre membre du personnel spécialement affecté à la réception des appels d'urgence, exerce un travail effectif. ● Soc. 9 nov. 2010 : 🔒 *D. actu. 25 nov. 2010*, obs. Siro ; *Dr. soc. 2011. 214*, obs. Barthélémy ; *JSL 2011, n° 291-6*, obs. Tourreil ; *JCP S 2010. 1550*, obs. Lahalle. ♦ Constitue un travail effectif le temps pendant lequel le salarié est tenu de rester sur le lieu de travail dans des locaux déterminés imposés par l'employeur, peu important les conditions d'occupation de tels locaux, afin de répondre à toute nécessité d'intervention sans pouvoir vaquer librement à des occupations personnelles. ● Soc. 8 juin 2011 : 🔒 *D. 2011. Actu. 1692 ; RJS 2011. 634, n° 694* (garde de nuit d'un médecin sur son lieu de travail). ♦ Les permanences nocturnes constituent du temps de travail effectif, peu important qu'elles englobent des périodes d'inaction prises en compte au titre du système d'équivalence. ● Soc. 29 juin 2011 : 🔒 *D. actu. 20 juill. 2011*, obs. Siro ; *D. 2011. Actu. 1978*.

6. Les horaires d'ouverture d'un magasin peuvent ne pas correspondre en totalité à un temps de travail effectif si le salarié n'a pas l'obligation de se tenir en permanence dans le magasin à la disposition de la clientèle et s'il peut vaquer à des

DURÉE DU TRAVAIL

occupations personnelles dans les pièces de la maison attenantes au magasin. • Soc. 16 juin 2004, n° 02-43.755 P : *D. 2004. IR 2766* ; *RJS 2004. 721, n° 1049* ; *Dr. soc. 2004. 1023, obs. Radé*. ♦ Même solution pour la directrice d'une résidence pour personnes âgées qui effectuait des heures de permanence, en sus de son travail à temps complet, du lundi matin au vendredi soir dans un logement de fonction situé au sein de l'établissement. • Soc. 31 mai 2006 : *D. 2006. IR 1638* ; *JSL 2006, n° 193-6*.

7. Le temps d'inaction d'un pilote d'hélicoptère ne constitue pas un temps de travail effectif. • Soc. 27 sept. 2006, n° 05-40.948. ♦ En revanche, le temps consacré par le personnel navigant à l'obtention du visa à finalité exclusivement professionnelle constitue une immobilisation sur ordre et doit être pris en compte dans la rémunération. • Soc. 13 janv. 2010 : *JCP S 2010. 1199, obs. Martinon*.

8. *Temps de douche.* Pour la révocation d'un usage assimilant le temps de douche à du travail effectif : • Soc. 10 févr. 1998, n° 95-42.543 P.

9. *Déplacements des vestiaires à la pointeuse.* Constituent un temps de travail effectif les déplacements des vestiaires à la pointeuse et de la pointeuse à la salle de repos où les salariés effectuent leur pause. • Soc. 13 juill. 2004, n° 02-15.142 P : *RJS 2004. 723, n° 1052* ; *JCP E 2005. 32, note Petit* ; *Dr. ouvrier 2005. 1, note Dockès*.

10. *Temps de trajet.* Il appartient au juge de déterminer la contrepartie due au salarié dont le temps de trajet pour se rendre du domicile au lieu de travail excède le temps nécessaire à un travailleur pour se rendre de son domicile à son lieu de travail habituel, en l'absence d'accord collectif ou d'engagement unilatéral, sans toutefois, pour ce faire, assimiler le temps de trajet entre le domicile et le lieu de travail à un temps de travail effectif. • Soc. 14 nov. 2012 : *D. 2012 Actu. 2745* ; *D. 2013. Pan. 1026, obs. Porta* ; *RDT 2013. 343, obs. Véricel* ; *JSL 2013, n° 335-3, obs. Tourreil* ; *JCP S 2013. 1070, obs. Morand*. ♦ Par application de l'art. 9 du Régl. (CE) n° 561/2006 du 15 mars 2006, les trajets effectués par le salarié entre son domicile et les lieux de ses diverses prises de poste distincts du lieu de rattachement de l'entreprise, au moyen d'un véhicule de service, sont du temps de travail effectif quelle que soit la distance séparant ces lieux du domicile du salarié. • Soc. 12 janv. 2016, n° 13-26.318 P : *D. actu. 22 févr. 2016, obs. Siro*.

11. *Temps de trajet des salariés itinérants.* Les temps de trajet entre le domicile du salarié et les sites des premier et dernier clients doivent être intégrés dans son temps de travail et rémunérés comme tel dès lors qu'il ressort que, pendant ces temps, le salarié devait se tenir à la disposition de l'employeur et se conformer à ses directives sans pouvoir vaquer à des occupations personnelles après avoir constaté les éléments suivants : le salarié devait en conduisant, pendant ses déplacements, grâce à son téléphone portable professionnel et son kit main libre intégré dans le véhicule mis à sa disposition, être en mesure de fixer des rendez-vous, d'appeler et de répondre à ses divers interlocuteurs, clients, directeur commercial, assistantes et techniciens, exerçait des fonctions de « technico-commercial » itinérant, ne se rendait que de façon occasionnelle au siège de l'entreprise pour l'exercice de son travail et disposait d'un véhicule de société pour intervenir auprès des clients de l'entreprise répartis sur 7 départements du Grand Ouest éloignés de son domicile, ce qui le conduisait, parfois, à la fin d'une journée de déplacement professionnel, à réserver une chambre d'hôtel afin de pouvoir reprendre, le lendemain, le cours des visites programmées. • Soc. 23 nov. 2022, n° 20-21.924 B : *D. actu. 30 nov. 2022, obs. Malfettes* ; *D. 2022. 2104* ; *RDT 2023. 194, note Morel* ; *Dr. soc. 2023. 348, obs. François* ; *RJS 2/2023, n° 81* ; *JSL 2023, n° 552-5, obs. Tissandier* ; *JCP S 2023. 1003, obs. Aumeran* • 1er mars 2023, n° 21-12.068 B : *D. 2023. 464* ; *RDT 2023. 194, note Morel* ; *RJS 5/2023, n° 255* ; *JCP S 2023. 1090, obs. Auméran.* – V. aussi jurispr. ss. art. L. 3121-4.

12. *Temps de trajet entre l'hôtel et le lieu de travail du salarié en déplacement.* Le juge doit vérifier si les temps de trajets effectués par le salarié pour se rendre à l'hôtel pour y dormir, et en repartir, constituaient non pas des temps de trajets entre deux lieux de travail, mais de simples déplacements professionnels non assimilés à du temps de travail effectif, ni caractériser que, pendant ces temps de déplacement en semaine, et en particulier pendant ses temps de trajet pour se rendre à l'hôtel afin d'y dormir, et en repartir, le salarié était tenu de se conformer aux directives de l'employeur sans pouvoir vaquer librement à des occupations personnelles. • Soc. 7 juin 2023, n° 21-22.445 B : *D. actu. 29 juin 2023, obs. Serres* ; *D. 2023. 1124* ; *RJS 8-9/2023, n° 445*.

13. *Déplacements dans l'enceinte de l'entreprise.* La circonstance que le salarié soit astreint au port d'une tenue de travail ne permet pas de considérer que le temps de déplacement au sein de l'entreprise constitue un temps de travail effectif. • Soc. 31 oct. 2007, n° 06-13.322 : *D. 2007. AJ 2952* ; *RDT 2008. 42, obs. Vigneau*. ♦ La circonstance que le salarié soit astreint de se déplacer vers son lieu de travail, à l'intérieur de l'enceinte sécurisée de l'infrastructure aéroportuaire, au moyen d'une navette, ne permet pas de considérer que ce temps de déplacement constitue un temps de travail effectif. • Soc. 9 mai 2019, n° 17-20.740 P : *D. actu. 22 mai 2019, obs. de Montvalon* ; *D. 2019. Actu. 1054* ; *Dr. soc. 2019. 634, note Tournaux* ; *RJS 7/2019, n° 432* ; *JSL 2019, n° 478-2, obs. Curt et Messaoudi* ; *JCP S 2019. 1200, obs. Barège* ; *JCP E 2019. 1373, obs. Barège.* ♦ Le juge doit rechercher si, du fait des sujétions qui lui étaient imposées à peine de sanction disciplinaire, sur le parcours, dont la durée était estimée à 15 minutes, entre le poste de sécurité à l'entrée du site de la centrale nucléaire et les bureaux où se trouvaient les pointeuses, le salarié était à la disposition de l'employeur et se conformait à ses directives sans pouvoir vaquer à des occupations personnelles. • Soc. 7 juin 2023, ⚖ n° 21-12.841 B : *D. actu. 29 juin, obs. Serres* ; *D. 2023. 1124* ⟋ ; *RJS 8-9/2023, n° 445* ; *JSL 2023, n° 588-1, obs. Pélicier-Loevenbruck et Daubin.*

14. Paiement des temps. Le fait de payer, en vertu d'une convention collective, un travail effectif de 7 heures 30 sur la base de 8 heures n'a pas pour effet d'assimiler cette demi-heure à un temps de travail effectif. • Soc. 30 mars 1994 : ⚖ *Dr. soc. 1994. 558.*

15. Temps d'attente. Les temps d'attente n'ont pas à être pris en compte dans le temps de travail effectif, dès lors que les salariés sont libres de vaquer à des occupations personnelles, et qu'ils ne demeurent pas à la disposition de l'employeur ; le juge doit rechercher si le salarié s'est trouvé dans l'impossibilité de vaquer librement à ses occupations personnelles durant ces périodes (salarié logé sur son lieu de travail, susceptible de faire des interventions de dépannage la nuit, en l'espèce). • Soc. 15 oct. 2013, ⚖ n° 12-19.807. ♦ Ne peut être qualifié en temps de travail effectif le temps passé par le salarié chez lui, entre deux clients. • Soc. 2 juill. 2014 : ⚖ *D. actu. 21 oct. 2014, obs. Fraisse* ; *D. 2014. Actu. 1550* ⟋ ; *RJS 2014. 595, n° 693.*

16. Astreinte. V. jurispr. ss. art. L. 3121-9.

17. Temps de pause. N'est pas assimilé à un temps de travail effectif le temps de pause pendant lequel le salarié est libre de rester dans le local prévu à cet effet ou d'aller où bon lui semble et que pèse sur lui la seule obligation de présenter un comportement irréprochable et de rester en tenue de travail pour évoluer au sein de l'aéroport. • Soc. 3 juin 2020, ⚖ n° 18-18.836 P : *RJS 7/2020, n° 348.*

Art. L. 3121-2 Le temps nécessaire à la restauration ainsi que les temps consacrés aux pauses sont considérés comme du temps de travail effectif lorsque les critères définis à l'article L. 3121-1 sont réunis.

Comp. anc. art. L. 3121-2, al. 1ᵉʳ.

> **COMMENTAIRE**
> V. sur le Code en ligne 🔒.

Jurisprudence rendue sous les textes antérieurs à la loi du 8 août 2016.

1. Définition. Le salarié qui pouvait, après le dépôt de sa remorque, disposer du véhicule tracteur pour ses déplacements personnels, sans être tenu, pendant les coupures correspondant aux pauses, de répondre à aucun travail ni de rester à proximité de la remorque ne peut invoquer un temps de travail effectif ; l'éloignement du centre-ville et l'heure tardive ne constituant pas en eux-mêmes des éléments permettant de déduire que le salarié ne pouvait pas vaquer librement à des occupations personnelles. • Soc. 23 mars 2007 : ⚖ *RDT 2007. 532, obs. Véricel* ⟋. ♦ Les seules circonstances de lieu et d'horaire, à l'exclusion de toute constatation relative à des directives de l'employeur qui auraient pu empêcher le salarié de disposer librement de son temps et de pouvoir vaquer à des occupations personnelles, ne sont pas des éléments suffisants pour caractériser un temps de travail effectif. • Soc. 10 oct. 2007 : ⚖ *RDT 2008. 187, obs. Véricel* ⟋. • Soc. 7 avr. 2010 : ⚖ *RDT 2010. 448, obs. Pignarre* ⟋ ; *RJS 2010. 495, n° 569* ; *JCP S 2010. 1328, obs. Lahalle* ; *Dr. ouvrier 2010. 505, obs. Carré.* ♦ Lorsque l'organisation du travail de la station-service, au sein de laquelle le salarié travaillait seul la nuit, ne lui permettait pas de prendre effectivement ses temps de pause mais l'obligeait à rester à la disposition de l'employeur pour recevoir les clients, de sorte qu'il ne pouvait pas vaquer librement à des occupations personnelles, le salarié n'a pas pu bénéficier de ses temps de pause. • Soc. 13 janv. 2010 : ⚖ *JCP S 2010. 1198, obs. Martinon* ; *JSL 2010, n° 274-22, obs. Gardair-Réolle.*

2. Travail commandé. Seul un travail commandé par l'employeur est susceptible d'être qualifié de travail effectif ; la seule circonstance que le salarié n'ait pas voulu profiter de la pause dont il disposait et pendant laquelle il n'est pas allégué qu'il restait à la disposition permanente de l'employeur ne permet pas d'assimiler ces périodes à du travail effectif. • Soc. 9 mars 1999, ⚖ n° 96-44.080 P : *D. 1999. IR 92* ⟋ ; *Dr. soc. 1999. 524, obs. Radé* ⟋ ; *RJS 1999. 322, n° 519* ; *CSB 1999. 202, A. 33* ; *JS UIMM 1999. 311.*

3. Temps de repas. Le principe est celui de la non-prise en compte du temps consacré au casse-croûte. • Soc. 18 janv. 1967 : *Bull. civ. IV, n° 56* • 26 janv. 1966 : *ibid., n° 120* • 28 mars 1973 : *ibid. V, n° 201.* ♦ Mais le temps de repas peut être compris dans le temps de travail effectif, dès lors qu'en raison de la spécificité de leurs fonctions, les salariés qui travaillaient en cycle continu ne pouvaient s'éloigner de leur poste de travail et restaient à la disposition de l'employeur, même pendant le temps de repas. • Soc. 10 mars 1998, ⚖ n° 95-43.003 P : *RJS 1998. 295, n° 473* • Soc. 4 janv. 2000, ⚖ n° 97-43.026 P : *Dr. soc. 2000. 439, obs. Barthélémy* ⟋ ; *RJS 2000. 120, n° 176* (cuisinier obligé de prendre ses repas sur place sans disposer d'aucune liberté pendant ce temps).

4. Temps de pause. Le temps de travail effectif ne peut être assimilé aux amplitudes de travail ; le temps de pause ne peut donc être en principe un temps de travail effectif, même s'il est rémunéré. ● Soc. 12 mars 2014 : ⚖ *D. actu. 21 mars 2014, obs. Peyronnet* ● Soc. 12 mars 2014 : ⚖ *D. actu. 8 avr. 2014, obs. Fraisse ; RDT 2014. 562, obs. Véricel* ⌕ *; RJS 2014. 360, n° 442.* ♦ L'accord collectif octroyant à une catégorie de personnel, en considération de ses conditions particulières de travail, une pause rémunérée de 10 minutes au cours d'un cycle de 3 heures de travail effectif, à prendre à des conditions déterminées par le chef de service, permet aux salariés concernés de bénéficier d'un temps de pause rémunéré à l'intérieur d'un cycle de 3 heures de travail effectif ; mais ce temps de pause rémunéré ne doit ni augmenter le temps de présence, ni se traduire par l'octroi d'un supplément de rémunération. ● Soc. 2 mars 2016, ⚖ n° 14-25.896 P : *D. 2016. Actu. 604* ⌕ *; RDT 2016. 627, obs. Véricel* ⌕ *; RJS 5/2016, n° 340 ; JCP S 2016. 1172, note Dumont.*

Art. L. 3121-3 Le temps nécessaire aux opérations d'habillage et de déshabillage, lorsque le port d'une tenue de travail est imposé par des dispositions légales, des stipulations conventionnelles, le règlement intérieur ou le contrat de travail et que l'habillage et le déshabillage doivent être réalisés dans l'entreprise ou sur le lieu de travail, fait l'objet de contreparties. Ces contreparties sont accordées soit sous forme de repos, soit sous forme financière.

Comp. anc. art. L. 3121-3, al. 1ᵉʳ.

BIBL. ▶ VACHET, *JSL 2008, n° 234-1* (temps d'habillage ou de déshabillage).

COMMENTAIRE

V. sur le Code en ligne 🏛.

Jurisprudence rendue sous l'empire des textes antérieurs à la loi du 8 août 2016.

1. Conditions cumulatives. Le bénéfice des contreparties pécuniaires aux temps d'habillage ou de déshabillage est subordonné à la réalisation cumulative des deux conditions : le caractère obligatoire du port d'une tenue de travail, d'une part, et le fait que l'habillage ou le déshabillage soient réalisés sur le lieu de travail, d'autre part. ● Soc. 26 mars 2008 : ⚖ *D. 2008. AJ 1049, obs. Perrin* ⌕ *; ibid. 2308, obs. Dupouey-Dehan* ⌕ *; JSL 2008, n° 232-4 ; RJS 2008. 398, avis Petit ; Dr. soc. 2008. 744, obs. Savatier* ⌕ ● 18 nov. 2011 : ⚖ *D. actu. 29 nov. 2011, obs. Siro ; D. 2011. Actu. 2874* ⌕ *; RDT 2012. 104, obs. Véricel* ⌕ *; Dr. soc. 2012. 307, obs. Johansson* ⌕ *; RJS 2012. 209, n° 253 ; Dr. ouvrier 2012. 236, obs. Günel ; JSL 2012, n° 313-2, obs. Lhernould ; JCP S 2011. 1578, obs. Morand.* ♦ Sous réserve de dispositions plus favorables, le temps de déshabillage et d'habillage ne peut être pris en compte dans la durée du travail. ● Soc. 28 oct. 2009 : ⚖ *D. 2009. AJ 2754* ⌕ *; RDT 2010. 176, obs. Véricel* ⌕ *; Dr. soc. 2010. 238, obs. Barthélémy* ⌕ *; Dr. ouvrier 2010. 108, obs. Desrues ; RJS 2010. 45, n° 48 ; JSL 2009, n° 267.268-5 ; JCP S 2009. 1575, obs. Martinon ; D. actu. 17 nov. 2009, obs. Ines.* ♦ Si une convention collective soumet la contrepartie à l'exigence du port d'une tenue de travail spécifique seulement, peu importe le lieu où le salarié procède à l'opération d'habillage et de déshabillage. ● Soc. 13 janv. 2010 : ⚖ *JSL 2010, n° 274-22, obs. Gardair-Rérolle ; JCP S 2010. 1198, obs. Martinon.*

2. Tenue de travail. Le port d'une tenue de travail s'impose au salarié tant en application du règlement intérieur que des règles de sécurité propres au poste occupé. ● Soc. 11 juill. 2012 : ⚖ *RDT 2012. 705, obs. Bento de Carvalho* ⌕.

3. Temps d'habillage. Lorsque le port d'une tenue de travail est obligatoire, l'habillage et le déshabillage doivent être réalisés sur le lieu de travail, de sorte que les dispositions de l'art. L. 212-4, al. 3 [L. 3121-3 nouv.], sont applicables, peu importe que l'employeur autorise les salariés à porter cette tenue en dehors de l'entreprise. ● Soc. 26 janv. 2005 : ⚖ *RJS 2006. 278, n° 390 ; Dr. ouvrier 2005. 405, note Miné ; JSL 2005, n° 162-4 ; SSL 2005, n° 1206, p. 13.*

4. Compensations financières. Lorsque le port d'une tenue de travail est obligatoire, l'habillage et le déshabillage doivent être réalisés dans l'entreprise ou sur le lieu de travail ; ce qui implique une obligation de négocier pour déterminer la nature et la quotité de la compensation. ● Soc. 26 janv. 2005 : *Dr. soc. 2005. 469, obs. Waquet* ⌕ *; JSL 2005, n° 162-4.* ♦ V. aussi ● Soc. 15 avr. 2015, ⚖ n° 13-28.715 P : *RDT 2015. 693, obs. Véricel* ⌕. ♦ C'est à l'employeur, qui se prétend libéré de son obligation de prévoir des contreparties, de rapporter la preuve que les temps d'habillage et de déshabillage ont été rémunérés comme du temps de travail effectif. ● Soc. 12 juill. 2006 : ⚖ *RDT 2007. 115, obs. Véricel* ⌕ *; RJS 2006. 878, n° 1187.* ♦ Lorsque le salarié est astreint au port d'un vêtement de travail et que les conditions d'insalubrité dans lesquelles il exerce son activité lui imposent pour des raisons d'hygiène de le revêtir et de l'enlever sur le lieu de travail, l'employeur lui doit une contrepartie. ● Soc. 21 nov. 2012 : ⚖ *D. 2012. Actu. 2808* ⌕ *; D. 2013. Pan. 1026, obs. Lokiec* ⌕ *; RDT 2013. 114, obs. Pontif* ⌕ *; Dr. soc. 2013. 86, obs. Radé* ⌕ *; JSL 2013, n° 335-5 ; SSL 2012, n° 1564, p. 11, avis*

Aldigé ; JCP S 2013. 1088, obs. Corrignan-Carsin.
♦ En l'absence d'accord collectif ou de clauses dans le contrat de travail, il appartient au juge de fixer la contrepartie dont doivent bénéficier les salariés qui le saisissent. • Soc. 16 janv. 2008 : 🔒 D. 2008. 359 ⌀ ; ibid. 2306, obs. Amauger-Lattes, Desbarats, Dupouey-Dehan, Lardy-Pélissier, Pélissier et Reynès ⌀.

5. Prime d'habillement. Si l'accord collectif instituant une compensation pour le temps passé aux opérations d'habillage/déshabillage ne le prévoit pas expressément, il n'y a pas lieu de considérer que cette prime englobe également les frais d'entretien de la tenue de travail. • Soc. 5 déc. 2012 : 🔒 JCP S 2013. 1090, obs. Drai.

Art. L. 3121-4 Le temps de déplacement professionnel pour se rendre sur le lieu d'exécution du contrat de travail n'est pas un temps de travail effectif.

Toutefois, s'il dépasse le temps normal de trajet entre le domicile et le lieu habituel de travail, il fait l'objet d'une contrepartie soit sous forme de repos, soit sous forme financière. La part de ce temps de déplacement professionnel coïncidant avec l'horaire de travail n'entraîne aucune perte de salaire.

Comp. anc. art. L. 3121-4.

BIBL. ▶ Antonmattéi, *Dr. soc. 2005. 410* ⌀ (temps de trajet). – Asquinazi-Bailleux, *JCP E 2005. 941* (temps de déplacement professionnel). – Blandeau, *JSL 2007. 4* (régime des équivalences). – Johansson, *D. 2006. 1711* ⌀ (temps de travail effectif). – Morand, *RJS 2005. 247* (déplacements professionnels après la loi de cohésion sociale). – Perrin, *JCP S 2019. 1273* (forfait jours et temps de déplacement inhabituel).

COMMENTAIRE

V. sur le Code en ligne 🔒. ❑

I. TEMPS DE TRAJET DOMICILE ET LIEU DE TRAVAIL

A. RÈGLE GÉNÉRALE

1. Absence de subordination effective. Lorsque les salariés ne sont pas tenus de repasser au lieu de leur prise de service, ne s'y rendent que pour des raisons de convenance personnelle, sans être à la disposition de l'employeur et sans avoir à se conformer à ses directives, le temps de trajet ne peut constituer un temps de travail effectif. • Soc. 26 mars 2008 : 🔒 D. 2008. AJ 1049, obs. Perrin ⌀ ; ibid. Pan. 2208, obs. Dupouey-Dehan ⌀ ; RJS 2008. 398, avis Petit ; Dr. soc. 2008. 744, obs. Savatier ⌀.
♦ Comp. : le temps habituel du trajet entre le domicile et le lieu du travail d'un salarié ne constitue pas en soi un temps de travail effectif ; en revanche, le juge doit rechercher si le trajet entre le domicile et les différents lieux où le salarié exerce son activité déroge au temps normal du trajet d'un travailleur se rendant de son domicile à son lieu de travail habituel ; doivent alors être distingués le trajet accompli entre le domicile et le lieu de travail, d'une part, et celui effectué entre deux lieux de travail différents, d'autre part.
• Soc. 5 nov. 2003 : 🔒 D. 2004. Somm. 391, obs. Wolmark ⌀ ; JCP E 2004. 138, note Demoustier ⌀ ; RJS 2004. 51, n° 52 • 31 mai 2006, 🔒 n° 04-45.217 P : RJS 2006, n° 952.

2. Dépassement du temps normal. Il résulte des art. L. 212-4 dans sa rédaction antérieure à la loi n° 2005-32 du 18 janv. 2005 et L. 3121-4 tel qu'issu de cette loi que le temps de trajet pour se rendre du domicile au lieu de travail, lorsqu'il excède le temps nécessaire à un travailleur pour se rendre de son domicile à son lieu de travail habituel, doit être considéré comme du temps de travail effectif et, à compter de l'entrée en vigueur de la loi du 18 janv. 2005, faire l'objet d'une contrepartie soit sous forme de repos, soit sous forme financière. La charge de la preuve de ce temps de trajet inhabituel n'incombe spécialement au salarié que pour la demande de contrepartie. • Soc. 15 mai 2013, 🔒 n° 11-28.749 : D. actu. 30 mai 2013, obs. Peyronnet ; D. 2013. Actu. 1283 ⌀ ; RDT 2013. 569, obs. Véricel ⌀. ♦ Le temps de trajet entre le domicile du salarié et son lieu de travail, lorsqu'il dépasse le temps normal de trajet, constitue du temps de travail effectif qui s'apprécie mission par mission lorsque celle-ci dépasse une journée et que le salarié ne regagne pas son domicile chaque jour ; dès lors, si le salarié fait l'aller et le retour une fois dans la semaine, c'est sur cette base-là qu'il faut calculer la rémunération de l'excédent de son temps de trajet. • Soc. 24 sept. 2014, 🔒 n° 12-28.664 : D. actu. 17 oct. 2014, obs. Fraisse ; RDT 2015. 197, obs. Véricel ⌀ ; RJS 2014. 742, n° 866.

3. Contrepartie financière. Dans l'exercice de son pouvoir souverain d'appréciation des éléments de fait et de preuve, la cour d'appel a estimé que les compensations accordées par la société étaient déconnectées des temps normaux de trajet, le temps de déplacement excédentaire non indemnisé, de près de deux heures étant trop importante ; elle a pu en déduire que les contreparties sous forme financière au temps de déplacement dépassant le temps normal de trajet entre le domicile et le lieu habituel de travail, fixées unilatéralement par les sociétés employeurs, méconnaissaient, en raison de leur caractère dérisoire. • Soc. 30 mars 2022, 🔒 n° 20-15.022 B : RDT 2022. 654, obs. Véricel ⌀ ; RJS

DURÉE DU TRAVAIL **Art. L. 3121-6** 1059

6/2022, n° 337 ; SSL 2022, n° 2001, p. 7, note Morand ; JSL 2022, n° 542, obs. Paturle.

B. SALARIÉ ITINÉRANT

4. Principe. L'art. 2, pt 1, de la Dir. 2003/88 du 4 nov. 2003 doit être interprété en ce sens que, dans des circonstances dans lesquelles les travailleurs n'ont pas de lieu fixe ou habituel, constitue du « temps de travail » le temps de déplacement que ces travailleurs consacrent aux déplacements quotidiens entre leur domicile et les sites du premier et du dernier clients désignés par leur employeur. ● CJUE 10 sept. 2015, 🏛 n° C-266/14 : *Dr. soc. 2016. 58, note Fabre⃰ ; RDT 2016. 46, obs. Véricel⃰ ; RJS 1/2016, n° 81 ; JSL 2015, n° 396-3, obs. Tissandier ; JCP S 2015. 1418, note Tricoit.*

5. Critère du temps de travail effectif. Lorsque les temps de déplacements accomplis par un salarié itinérant entre son domicile et les sites des premier et dernier clients répondent à la définition du temps de travail effectif telle qu'elle est fixée par l'art. L. 3121-1 C. trav., ces temps doivent être intégrés dans le temps de travail effectif du salarié et rémunérés comme tel ; en l'espèce, le salarié devait, lors de ses déplacements dans un véhicule de la société, fixer des rendez-vous, ou encore appeler et répondre à ses divers interlocuteurs ; il devait intervenir auprès de clients répartis dans une zone très étendue, ce qui le conduisait parfois, à la fin d'une journée de déplacement professionnel, à réserver une chambre d'hôtel afin de pouvoir reprendre le lendemain le cours des visites programmées. ● Soc. 23 nov. 2022, 🏛 n° 20-21.924 B : *D. 2022. 2104⃰ ; ibid. 2023. 408, obs. Ala⃰ ; RDT 2023. 194, note Morel⃰ ; Dr. soc. 2023. 348, obs. François⃰* ● 1ᵉʳ mars 2023, 🏛 n° 21-12.068 B : *D. 2023. 464⃰ ; JCP S 2023. 1090, obs. Auméran.* ♦ Comp. *ante* : Le mode de rémunération des travailleurs qui n'ont pas de lieu de travail fixe ou habituel et effectuent des déplacements quotidiens entre leur domicile et les sites du premier et du dernier clients désignés par leur employeur relève non pas de l'art. 7, § 1, de la Dir. 2003/88, mais des dispositions pertinentes du droit national ; au regard de l'art. L. 3121-4 C. trav. [ancien], le temps de déplacement qui dépasse le temps normal de trajet doit faire l'objet d'une contrepartie soit sous forme de repos, soit sous forme financière. ● Soc. 30 mai 2018, 🏛 n° 16-20.634 P : *D. actu. 3 juill. 2018, obs. Siro ; D. 2018. Actu. 1210⃰ ; RDT 2018. 686, note Véricel⃰ ; RJS 8-9/2018, n° 539 ; JSL 2018, obs. Lhernould ; JCP S 2018. 1243, obs. Cailloux-Meurice.*

6. Contreparties financières. La circonstance que certains salariés ne travaillent pas habituellement au sein de leur agence de rattachement ne dispense pas l'employeur de respecter à leur égard les dispositions de l'art. L. 3121-4 ; en l'espèce, le lieu habituel de travail peut être défini comme étant le lieu où se situe l'agence de rattachement si tant est que celle-ci se situe à une distance raisonnable de son domicile, de façon que le temps de trajet ainsi déterminé soit équivalent au temps normal de trajet entre le domicile et le lieu habituel de travail d'un salarié dans la région considérée. ● Soc. 30 mars 2022, 🏛 n° 20-15.022 B : *RDT 2022. 654, obs. Véricel⃰ ; RJS 6/2022, n° 337 ; SSL 2022, n° 2001, p. 7, note Morand ; JSL 2022, n° 542, obs. Paturle.*

II. TEMPS DE MISSION

7. Temps de travail effectif. Le temps de trajet pour se rendre d'un lieu de travail à un autre lieu de travail constitue un temps de travail effectif. ● Soc. 16 juin 2004, 🏛 n° 02-43.685 P : *RJS 2004. 722, n° 1051* ● 5 mai 2004, 🏛 n° 01-43.918 P : *Dr. soc. 2004. 899, obs. Radé⃰ ; RJS 2004. 557, n° 819 ; JSL 2004, n° 147-5.* ♦ Doit être considéré comme du temps de travail effectif le temps de trajet d'un manœuvre dans une entreprise du bâtiment pour se rendre sur les chantiers et en revenir lorsqu'il est tenu de se rendre au siège de l'entreprise avant l'heure d'embauche et après la débauche sur les chantiers afin de procéder au chargement et au déchargement de matériaux. ● Soc. 12 juill. 1999, 🏛 n° 97-42.789 : *JSL 1999, n° 45-39, obs. N. R.* ♦ Pour un chargement de matériel avant le transport sur le chantier. ● Soc. 9 mars 1999, 🏛 n° 96-44.643 : *RJS 1999. 316, n° 509.* ♦ Le temps de trajet d'un chauffeur pour se rendre de son domicile au lieu de prise en charge d'un véhicule lorsque ce lieu n'est pas celui du siège de l'entreprise doit être considéré comme faisant partie de tous les autres temps de travail au sens de l'art. 15 du Règl. n° 3821/85. ● CJCE 18 janv. 2001, 🏛 n° C-297/99 : *Liaisons soc. Bref n° 13323, 22 janv. 2001.*

Art. L. 3121-5 Si le temps de trajet entre le domicile et le lieu habituel de travail est majoré du fait d'un handicap, il peut faire l'objet d'une contrepartie sous forme de repos.

§ 2 Champ de la négociation collective

Art. L. 3121-6 Une convention ou un accord d'entreprise ou d'établissement ou, à défaut, une convention ou un accord de branche peut prévoir une rémunération des temps de restauration et de pause mentionnées à l'article L. 3121-2, même lorsque ceux-ci ne sont pas reconnus comme du temps de travail effectif.

Comp. anc. art. L. 3123-2, al. 2.

Art. L. 3121-7 Une convention ou un accord d'entreprise ou d'établissement ou, à défaut, une convention ou un accord de branche prévoit soit d'accorder des contreparties aux temps d'habillage et de déshabillage mentionnés à l'article L. 3121-3, soit d'assimiler ces temps à du temps de travail effectif.

Une convention ou un accord d'entreprise ou d'établissement ou, à défaut, une convention ou un accord de branche prévoit des contreparties lorsque le temps de déplacement professionnel mentionné à l'article L. 3121-4 dépasse le temps normal de trajet.

Comp. anc. art. L. 3121-3, al. 2.

§ 3 Dispositions supplétives

Art. L. 3121-8 A défaut d'accords prévus aux articles L. 3121-6 et L. 3121-7 :

1° Le contrat de travail peut fixer la rémunération des temps de restauration et de pause ;

2° Le contrat de travail prévoit soit d'accorder des contreparties aux temps d'habillage et de déshabillage mentionnés à l'article L. 3121-3, soit d'assimiler ces temps à du temps de travail effectif ;

3° Les contreparties prévues au second alinéa de l'article L. 3121-7 sont déterminées par l'employeur après consultation du (*Ord. n° 2017-1386 du 22 sept. 2017, art. 4*) « comité social et économique ».

Comp. anc. art. L. 3121-2, al. 2.

Conformité à la Constitution. Les trois premiers al. de l'art. L. 3121-8 C. trav. ne méconnaissent aucun autre droit ou liberté que la Constitution garantit et sont conformes à la Constitution ; s'agissant des temps de pause ou de restauration, le renvoi opéré au contrat de travail a pour seul objet de déterminer si ces temps sont rémunérés et de fixer le cas échéant le montant de la rémunération, lorsqu'ils ne sont pas reconnus comme du temps de travail effectif. Pour les temps d'habillage et de déshabillage, ce renvoi se limite à déterminer s'ils font l'objet de contreparties en repos ou financières ou s'ils sont assimilés à du temps de travail effectif. Ces renvois ne créent pas de différence de traitement selon les salariés, le législateur a traité de la même manière tous les salariés placés dans la même situation compte tenu de l'absence d'accord collectif. ● Cons. const. 15 sept. 2017, ⚖ n° 2017-653 QPC : *RJS 11/2017, n° 747.*

SOUS-SECTION 2 Astreintes

§ 1 Ordre public

Art. L. 3121-9 Une période d'astreinte s'entend comme une période pendant laquelle le salarié, sans être sur son lieu de travail et sans être à la disposition permanente et immédiate de l'employeur, doit être en mesure d'intervenir pour accomplir un travail au service de l'entreprise.

La durée de cette intervention est considérée comme un temps de travail effectif.

La période d'astreinte fait l'objet d'une contrepartie, soit sous forme financière, soit sous forme de repos.

Les salariés concernés par des périodes d'astreinte sont informés de leur programmation individuelle dans un délai raisonnable.

Comp. anc. art. L. 3121-5.

COMMENTAIRE

V. sur le Code en ligne 🔒.

1. Droit de l'Union. Une période de garde sous régime d'astreinte, au cours de laquelle un travailleur doit uniquement être joignable par téléphone et pouvoir rejoindre son lieu de travail, en cas de besoin, dans un délai d'une heure, tout en pouvant séjourner dans un logement de fonction mis à sa disposition par son employeur sur ce lieu de travail, sans être tenu d'y demeurer, ne constitue, dans son intégralité, du temps de travail que s'il découle d'une appréciation globale de l'ensemble des circonstances de l'espèce, notamment des conséquences d'un tel délai et, le cas échéant, de la fréquence moyenne d'intervention au cours de cette période, que les contraintes imposées à ce travailleur pendant ladite période sont d'une nature telle qu'elles affectent objectivement et très significativement la faculté pour ce dernier de gérer librement, au cours de la même période, le temps pendant lequel ses services professionnels ne sont pas sollicités et de consacrer ce temps à ses propres intérêts. Le caractère peu propice aux loisirs de l'environnement immédiat du lieu concerné est sans pertinence aux fins d'une telle appréciation. ● CJUE 9 mars 2021, 🗝 n° C-344/19, *D. J. c/ Radiotelevizija Slovenij* : *AJDA* 2021. 536 ⏎ ; *AJFP* 2021. 195, et les obs. ⏎ ; *Dr. soc.* 2021. 715, étude Lacoste-Mary ⏎ ; *RDT* 2021. 257, obs. Véricel ⏎ ; *RJS* 6/2021, n° 354 ; *JSL* 2021, n° 521-5, obs. Picard et Noël.

2. Jurisprudence française. La demande en requalification d'une période d'astreinte en temps de travail effectif ne peut être écartée sans que le juge ait vérifié au préalable si le salarié avait été soumis, au cours de cette période, à des contraintes d'une intensité telle qu'elles avaient affecté, objectivement et très significativement, sa faculté de gérer librement au cours de cette période, le temps pendant lequel ses services professionnels n'étaient pas sollicités et de vaquer à des occupations personnelles. ● Soc. 26 oct. 2022, 🗝 n° 21-14.178 B : *D. actu.* 15 nov. 2022, obs. Couëdel ⏎ ; *D.* 2022. 1910 ⏎ ; *RDT* 2023. 46, obs. Véricel ⏎ ; *Dr. soc.* 2022. 1284, obs. François ; *RJS* 1/2023, n° 20 ; *SSL* 2022, n° 2022, p. 12, obs. Champeaux ; *JSL* 2023, n° 555-4, obs. Tissandier ; *JCP* 2022. 1266, obs. Dedessus-Le-Moustier ; *JCP S* 2022. 1284, obs. François. ♦ Constitue une astreinte, notamment, l'obligation pour un salarié quel que soit son niveau de responsabilité dans l'entreprise, et en contrepartie de laquelle il doit percevoir une rémunération, de demeurer à son domicile ou à proximité en vue de répondre à un appel de son employeur pour effectuer un travail au service de l'entreprise. ● Soc. 9 déc. 1998, 🗝 n° 96-44.789 P : *D.* 1999. IR 36 ⏎ ; *Dr. soc.* 1999. 250, note Ray ⏎ ; *RJS* 1999. 40, n° 45 ; *TPS* 1999, n° 54. ♦ ... La période durant laquelle les salariés restent à leur domicile ou en tout lieu de leur choix dès lors qu'ils peuvent être joints par l'employeur, notamment à l'aide des moyens de téléphonie mobile mis à leur disposition en vue de répondre à un appel de l'employeur pour effectuer un service urgent au service de l'entreprise. ● Soc. 10 juill. 2002 : 🗝 *D.* 2002. 3110, obs. Monpeyssen ⏎ ; *ibid.* 2003. 935, note Vachet ⏎ ; *RJS* 2002. 923, n° 1236 ; *Dr. ouvrier* 2002. 581, note Carles ; *JCP E* 2002. 1428, obs. Viottolo ; *JSL* 2002, n° 109-2. ♦ ... L'existence d'astreintes est caractérisée à partir du moment où un salarié – promu directeur d'agence – a, sans être à la disposition permanente et immédiate de l'employeur, l'obligation de rester disponible à l'aide de son téléphone portable pour répondre à d'éventuels besoins et de se tenir prêt à intervenir si nécessaire. ● Soc. 12 juill. 2018, 🗝 n° 17-13.029 P : *RDT* 2018. 860, obs. Véricel ⏎ ; *RJS* 11/2018, n° 674. ♦ ... La sujétion imposée à la salariée de se tenir durant la nuit dans son logement de fonction personnel situé au sein de l'établissement, afin d'être en mesure d'intervenir en cas d'urgence, ce qui ne l'empêchait pas de vaquer à des occupations personnelles. ● Soc. 31 mai 2006 : 🗝 *D.* 2006. IR 1638 ⏎ ; *JSL* 2006, n° 193-6.

3. Astreinte contractuelle. Dès lors qu'aux termes du contrat de travail le salarié est tenu d'être disponible un certain nombre de jours par mois pour pouvoir être joint afin de répondre à une éventuelle demande d'intervention immédiate au service de l'entreprise, le salarié est contractuellement soumis à des astreintes, même s'il a l'initiative de communiquer, modifier, voire annuler ses jours de disponibilité auprès de l'employeur sans que celui-ci ne lui impose à aucun moment l'obligation de demeurer à son domicile ou à proximité afin d'être en mesure d'intervenir pour accomplir un travail au service de l'entreprise. ● Soc. 20 janv. 2021, 🗝 n° 19-10.956 P : *D.* 2021. Actu. 140 ⏎ ; *RDT* 2021. 257, obs. Véricel ⏎ ; *Dr. soc.* 2021. 565, obs. Tournaux ⏎ ; *RJS* 4/2021, n° 216 ; *JSL* 2021, n° 516-4, obs. Philippot et Lindemann.

Jurisprudence rendue sous l'empire des textes antérieurs à la L. n° 2016-1088 du 8 août 2016.

4. Astreinte et travail effectif. Les périodes d'astreinte ne constituent ni un travail effectif ni une période de repos ; lorsque le salarié ne peut vaquer librement à ses occupations personnelles, il n'est pas d'astreinte, mais en période de travail. ● Soc. 4 mai 1999, 🗝 n° 96-43.037 P : *GADT, 4ᵉ éd., n° 59* ; *D.* 1999. IR 160 ⏎ ; *Dr. soc.* 1999. 730, obs. Gauriau ⏎ ; *RJS* 1999. 500, n° 820 ; *TPS* 1999, n° 255.

5. La durée de présence assimilable au temps de travail effectif s'entend du temps pendant lequel un salarié est tenu de rester en permanence à la disposition de l'employeur, peu important que le local dans lequel il est tenu de demeurer, dans l'enceinte de l'entreprise soit son logement de fonction. ● Soc. 19 nov. 1996 : 🗝 *RJS* 1997. 192, n° 287 (1ʳᵉ esp.). ♦ Dans le même sens : ● Soc. 28 oct. 1997, 🗝 n° 94-42.054 P : *D.* 1997. IR 252 ⏎ ; *Dr. soc.* 1998. 15, note Savatier ⏎ ; *RJS* 1997. 849, n° 1379 ; *ibid.* 1998. 2, concl. Chauvy (salarié devant assurer la fermeture des portes du bâtiment, effectuer les rondes et alerter un responsable en cas d'incident) ● 7 avr. 1998, 🗝 n° 95-44.343 P : *D.* 1998. IR 130 ⏎ ; *Dr. soc.* 1998. 530, obs. Bélier ⏎ ; *RJS* 1998. 385, n° 593 (garde de nuit, dans un établissement accueillant des personnes âgées, tenu de ne pas s'absenter afin d'intervenir en cas de nécessité). ● Soc. 15 oct. 2013, 🗝 n° 12-19.807. ♦ Constitue un travail effectif le temps pendant lequel le salarié est tenu de rester sur le lieu de travail dans des locaux déterminés imposés par l'employeur, peu important les conditions d'occupation de tels locaux, afin de répondre à toute nécessité d'intervention sans pouvoir vaquer librement à ses occupations personnelles. ● Soc. 8 juin 2011 : 🗝 *D.* 2011. Actu. 1692 ⏎ ; *RJS* 2011. 634, n° 694 ; *JCP S* 2011. 1453, obs. Bossu (garde de nuit d'un médecin sur son lieu de travail). ♦ Compte tenu de l'obligation pour la société d'assurer une permanence téléphonique continue de sécurité 7 jours sur 7, 24 heures sur 24, le salarié, qui exerce le soir et la nuit les fonctions attribuées pendant la journée à un autre membre du personnel spécialement affecté à la réception des appels d'urgence, exerce un travail effectif. • Soc. 9 nov. 2010 : 🛱 *D. actu. 25 nov. 2010, obs. Siro ; Dr. soc. 2011. 214, obs. Barthélémy* ∅ *; JSL 2011, n° 291-6, obs. Tourreil ; JCP S 2010. 1550, obs. Lahalle.* ♦ Une cour d'appel ne peut rejeter une demande de rappel de salaire pour les heures effectuées par des salariés, présents à leur domicile dans l'enceinte de l'entreprise et pouvant vaquer à des occupations personnelles sans avoir recherché si les salariés, pendant leur temps d'astreinte, ont été amenés à effectuer des interventions constitutives d'un temps de travail effectif. • Soc. 18 juill. 2000 : 🛱 *D. 2000. IR 229*∅ *; RJS 2000. 719, n° 1054.*

6. L'exonération ou la réduction des cotisations de sécurité sociale prévue par les art. L. 241-17 et L. 241-18 CSS, comme prévue par la loi dite « TEPA » n° 2007-1223 du 21 août 2007, est applicable à la rémunération perçue par le salarié en contrepartie d'un temps de travail effectif au cours d'une période d'astreinte, dès lors que ce dernier revêt le caractère d'une heure supplémentaire au sens de l'art. L. 3121-28 C. trav. • Civ. 2e, 14 mars 2019, 🛱 *n° 17-26.707 P : RJS 5/2019, n° 316.*

7. Les rémunérations versées au salarié à l'occasion des astreintes constituent une partie du salaire normalement perçu par celui-ci et doivent donc être intégrées dans la base de calcul du complément versé par l'employeur au salarié en arrêt maladie. • Soc. 6 oct. 2017, 🛱 *n° 16-12.743 P : D. 2018. 816, note Porta*∅*.*

8. Temps de déplacement et astreinte. Le temps de déplacement accompli lors de périodes d'astreinte fait partie intégrante de l'intervention et constitue un temps de travail effectif. • Soc. 31 oct. 2007 : 🛱 *D. 2007. AJ 2950, obs. Maillard*∅ *; RDT 2008. 41, obs. Véricel* ∅ *; Dr. soc. 2008. 248, obs. Radé*∅*.*

9. Non-assimilation à du travail effectif. Ne sont pas assimilables à du travail effectif les périodes comprises entre les interventions pendant lesquelles les salariés d'une société de surveillance, rémunérés pour leurs interventions ponctuelles, disposent librement de leur temps. • Soc. 24 nov. 1993, 🛱 *n° 88-42.722 P : D. 1994. Somm. 318, obs. A. Lyon-Caen*∅ *; Dr. soc. 1994. 40*∅ *; RJS 1994. 49, n° 41.* ♦ L'astreinte consistant pour un couple de gardiens d'usine à demeurer à domicile ou à proximité en vue de répondre à un appel de l'employeur ne peut être considérée comme du temps de travail effectif, seuls les temps d'intervention ponctuels étant pris en compte. • Soc. 3 juin 1998, 🛱 *n° 96-42.455 P : D. 1998. IR 174* ∅ *; RJS 1998. 561, n° 867* • 15 juin 1999, 🛱 *n° 97-41.035 P : D. 1999. IR 202* ∅ *; Dr. soc. 1999. 840, obs. Gauriau* ∅ *; RJS 1999. 670, n° 1068 ; TPS 1999, n° 305* (temps de permanence au domicile du salarié pour répondre à d'éventuels appels, en revanche le temps consacré à effectuer des rondes de surveillance, à ouvrir et fermer les portes et à distribuer le courrier est du temps de travail effectif) • 31 mai 2006 : 🛱 *D. 2006. IR 1639*∅ *; JSL 2006, n° 193-6.* ♦ L'obligation faite à un concierge de demeurer sur place sans être tenu d'un travail ne peut donner lieu au paiement d'heures supplémentaires. • Soc. 6 mai 1997 : 🛱 *RJS 1997. 452, n° 696.* ♦ La sujétion imposée au salarié de se tenir, durant les permanences, dans un logement de fonction mis à disposition à proximité de l'établissement afin d'être en mesure d'intervenir en cas d'urgence, mais qui ne l'empêche pas de vaquer à des occupations personnelles, ne constitue pas un temps de travail effectif. • Soc. 8 sept. 2016, 🛱 *n° 14-23.714 P : D. 2016. Actu. 1822* ∅ *; RDT 2017. 137, obs. Véricel* ∅ *; RJS 11/2016, n° 697 ; JSL 2016, n° 418-4, obs. Lalanne ; JCP S 2016. 1360, obs. Cailloux-Meurice.*

10. Pas de droit acquis à l'exécution d'astreintes. Il n'existe pas de droit acquis à l'exécution d'astreintes sauf engagement de l'employeur vis-à-vis du salarié à lui en assurer l'exécution d'un certain nombre ; à défaut d'un tel engagement, seul un abus de l'employeur dans l'exercice de son pouvoir de direction peut ouvrir droit à indemnisation. • Soc. 10 oct. 2012 : 🛱 *D. 2013. Pan. 1026, obs. Lokiec* ∅ *; RJS 2013. 43, n° 35 ; JSL 2012, n° 332-5, obs. Tourreil ; SSL 2012, n° 1560, p. 11, note Fabre ; JCP S 2012. 1494, obs. Morand.*

Art. L. 3121-10 Exception faite de la durée d'intervention, la période d'astreinte est prise en compte pour le calcul de la durée minimale de repos quotidien prévue à l'article L. 3131-1 et des durées de repos hebdomadaires prévues aux articles L. 3132-2 et L. 3164-2.

Comp. anc. art. L. 3121-6.

COMMENTAIRE

V. sur le Code en ligne 🛱. ❑

Jurisprudence rendue sous l'empire des textes antérieurs à la L. n° 2016-1088 du 8 août 2016.

1. Solution antérieure à la loi du 17 janv. 2003. Les périodes d'astreintes, si elles ne constituent pas un temps de travail effectif, ne peuvent être considérées comme un temps de repos, lequel suppose que le salarié soit totalement dispensé directement ou indirectement, sauf cas exceptionnels, d'accomplir pour son employeur une prestation de travail même si elle n'est qu'éventuelle ou

DURÉE DU TRAVAIL — Art. L. 3121-12

occasionnelle ; un salarié ne bénéficie donc pas de son repos hebdomadaire lorsqu'il est d'astreinte
● Soc. 10 juill. 2002 : ⚖ GADT, 4ᵉ éd., n° 60 ; D. 2002. 3110, obs. Monpeyssen ⌀ ; ibid. 2003. 935, obs. Vachet ⌀.

2. Contrariété avec le droit de l'Union. Sur la jurisprudence communautaire assimilant l'ensemble de l'astreinte à du temps de travail effectif.
● CJCE 9 sept. 2003, Jaeger : RJS 2003. 1011, n° 1455 ; ibid. 2003. 942, obs. Lhernould (interprétation de la directive 93/104 à propos de médecins de garde allemands) ● 1ᵉʳ déc. 2005, ⚖ Abdelkader Dellas c/ Premier ministre, n° C-14/04.

§ 2 Champ de la négociation collective

Art. L. 3121-11 Une convention ou un accord d'entreprise ou d'établissement ou, à défaut, une convention ou un accord de branche peut mettre en place les astreintes. Cette convention ou cet accord fixe le mode d'organisation des astreintes, les modalités d'information et les délais de prévenance des salariés concernés ainsi que la compensation sous forme financière ou sous forme de repos à laquelle elles donnent lieu.

Comp. anc. art. L. 3121-7.

Jurisprudence rendue sous l'empire de l'ancien art. L. 3121-7.

1. Initiative des salariés. La mise en place de leur propre initiative par les salariés d'un service d'appel téléphonique, en dehors des heures de travail, ne constitue pas des périodes d'astreinte. ● Soc. 8 sept. 2016, ⚖ n° 14-26.825 P : D. 2016. Actu. 1822 ⌀ ; RDT 2017. 137, obs. Véricel ⌀ ; RJS 11/2016, n° 697 ; JSL 2016, n° 418-5, obs. Lhernould ; JCP S 2016. 1360, obs. Cailloux-Meurice.

2. Astreinte et engagement contractuel. Les astreintes sont mises en place par convention ou accord collectif de travail étendu ou par accord d'entreprise ou d'établissement qui en fixe le mode d'organisation ainsi que la compensation financière ou sous forme de repos à laquelle elles donnent lieu ; à défaut de conclusion d'une convention ou d'un accord, les conditions dans lesquelles les astreintes sont organisées et les compensations financières ou en repos auxquelles elles donnent lieu sont fixées par l'employeur après information et consultation du comité d'entreprise ou, en l'absence de comité d'entreprise, des délégués du personnel s'il en existe, et après information de l'inspecteur du travail. ● Soc. 23 mai 2017, ⚖ n° 15-24.507 P : D. actu. 28 juin 2017, obs. Roussel ; D. 2017. Actu. 1129 ⌀ ; RDT 2017. 804, obs. Véricel ⌀ ; RJS 8-9/2017, n° 583 ; JCP S 2017. 1268, obs. Morand.

3. Modification unilatérale. Lorsque l'organisation des astreintes est fixée par accord collectif d'entreprise, l'employeur ne peut pas la modifier unilatéralement. ● Soc. 1ᵉʳ mars 2017, ⚖ n° 14-22.269 P : D. actu. 29 mars 2017, obs. Fraisse ; D. 2017. Actu. 576 ⌀ ; RDT 2017. 804, obs. Véricel ⌀ ; RJS 5/2017, n° 336.

§ 3 Dispositions supplétives

Art. L. 3121-12 A défaut d'accord prévu à l'article L. 3121-11 :

1° Le mode d'organisation des astreintes et leur compensation sont fixés par l'employeur, après avis du (*Ord. n° 2017-1386 du 22 sept. 2017, art. 1*) « comité social et économique », et après information de l'agent de contrôle de l'inspection du travail ;

2° Les modalités d'information des salariés concernés sont fixées par décret en Conseil d'État et la programmation individuelle des périodes d'astreinte est portée à leur connaissance quinze jours à l'avance, sauf circonstances exceptionnelles et sous réserve qu'ils en soient avertis au moins un jour franc à l'avance.

Comp. anc. art. L. 3121-7 et L. 3121-8.

Jurisprudence rendue sous l'empire des textes antérieurs à la L. n° 2016-1088 du 8 août 2016.

1. Astreinte et refus du salarié. La décision de l'employeur de mettre en œuvre le régime des astreintes prévu par l'accord collectif qui s'imposait à la salariée n'entraîne aucune modification du contrat de travail. ● Soc. 16 déc. 1998 : ⚖ D. 1999. 182, obs. Desbarats ⌀ ; Dr. soc. 1999. 250, note Ray ⌀. ♦ La mise en place d'une astreinte unilatéralement décidée par l'employeur constitue une modification de celui-ci, ne pouvant pas être imposée au salarié. ● Soc. 31 mai 2000 : ⚖ RJS 10/2000, n° 956.

2. Rémunération. Les heures d'astreinte doivent donner lieu à rémunération quel que soit le niveau de responsabilité du salarié. ● Soc. 4 mai 1999, ⚖ n° 96-45.453 P : D. 1999. IR 149 ⌀ ; Dr. soc. 1999. 731, obs. Radé ⌀ ; RJS 1999. 502, n° 821. ♦ La non-exécution par le salarié des permanences et des astreintes durant une période de suspension du contrat de travail pour maladie n'autorise pas l'employeur à réclamer, pour l'occupation à titre personnel et professionnel du logement de fonction, le paiement d'un loyer et de charges locatives, non prévu par les dispositions contractuelles et conventionnelles. ● Soc. 26 janv. 2011 :

⚓ *D. 2011. Actu. 452, obs. Ines* ∅ *; JCP S 2011. 1150, obs. Corrignan-Carsin.*

3. La contrepartie financière de l'astreinte, qui n'a ni la même nature, ni le même objet, ne peut se substituer au préjudice spécifique résultant de la privation du repos hebdomadaire générant pour les salariés un trouble dans leur vie personnelle et engendrant des risques pour leur santé et leur sécurité. • Soc. 8 juin 2011 : ⚓ *D. 2011. Actu. 1693* ∅ *; RJS 2011. 632, n° 693 ; JCP S 2011. 1441, obs. Asquinazi-Bailleux.*

4. Cadre dirigeant. Un cadre dirigeant ne peut prétendre à la rémunération de l'astreinte, sauf dispositions conventionnelles ou contractuelles contraires. • Soc. 28 oct. 2008 : ⚓ *D. 2008. AJ 2877* ∅ *; RJS 2009. 56, n° 42 ; JSL 2008, n° 244-2.*

5. Contrepartie en nature. L'attribution d'un logement à titre gratuit ne peut être considérée comme une modalité de rémunération de l'astreinte que si elle est prévue par une disposition claire et précise de la convention collective. • Soc. 12 juill. 2006 : ⚓ *RJS 2006. 792, n° 1071.*

6. Suppression de la contrepartie. La perte des primes d'astreinte régulièrement perçues depuis neuf ans constitue une modification du contrat de travail. • Soc. 19 juin 2009 : *JCP S 2009. 1067, obs. Bossu.* ♦ Lorsqu'une astreinte est une sujétion liée à une fonction et que le titulaire de cette fonction n'y est pas systématiquement soumis, sa suppression par l'employeur ne constitue pas une modification du contrat de travail. • Soc. 13 juill. 2010 : ⚓ *RDT 2010. 712, obs. Catronovo* ∅ *; RJS 2010. 761, n° 851 ; JCP S 2010. 1365, obs. Morand ; Dr. soc. 2010. 1111, obs. Barthélémy* ∅.

SOUS-SECTION 3 Équivalences

§ 1 Ordre public

Art. L. 3121-13 Le régime d'équivalence constitue un mode spécifique de détermination du temps de travail effectif et de sa rémunération pour des professions et des emplois déterminés comportant des périodes d'inaction.

Comp. anc. art. L. 3121-9.

COMMENTAIRE

V. sur le Code en ligne 🔒.

Jurisprudence rendue sous l'empire des textes antérieurs à la L. n° 2016-1088 du 8 août 2016.

1. Caractère exceptionnel. L'équivalence est une exception qui ne saurait être appliquée en dehors des activités ou des emplois visés par les textes réglementaires et les conventions collectives. • Soc. 14 nov. 1990, ⚓ n° 87-40.534 P : *RJS 1990. 643, n° 978* • 19 févr. 1992 : ⚓ *D. 1992. IR 128 ; RJS 1992. 261, n° 454* • 16 juill. 1997, ⚓ n° 96-40.294 P : *RJS 1997. 765, n° 1243* • 28 oct. 2009 : ⚓ *D. 2009. AJ 2754* ∅ *; Dr. soc. 2010. 241, obs. Barthélémy* ∅ *; RJS 2010. 44, n° 47 ; JCP S 2009. 1574, obs. Martinon ; D. actu. 23 nov. 2009, obs. Ines.*

2. Définition. Les heures de surveillance de nuit assurées par les éducateurs, au cours desquelles ils doivent être, de façon permanente, en mesure de répondre à toute sollicitation des pensionnaires de l'établissement afin d'assurer, le cas échéant, leur mission éducative, constituent du temps de travail effectif sans que puisse être opposé aux salariés un régime conventionnel d'heures d'équivalence qui leur soit moins favorable ; il en résulte que les dispositions d'une note technique, qui excluent ces périodes du temps de travail effectif en se fondant sur les dispositions particulières de la convention collective procède à une interprétation des règles de droit applicables qui méconnaît les dispositions de l'art. L. 212-4 [L. 3121-1 nouv.]. • CE 28 juill. 2000 : ⚓ *RJS 2000. 740, n° 1098.* ♦ Le régime d'équivalence constitue un mode particulier de comptabilisation du travail effectif. En conséquence les permanences effectuées par des ambulanciers des entreprises de transport sanitaire ainsi que leurs temps de pause et de repas, constituant du temps de travail effectif puisqu'ils restent à la disposition de leur employeur, peuvent faire l'objet d'une comptabilisation dans le cadre d'un régime d'équivalence. • CE 26 févr. 2003 : ⚓ *RJS 2003. 563, concl. Fombeur ; ibid. 591, n° 889.* ♦ La convention collective nationale des services de l'automobile, qui prévoit un régime d'équivalence pour le personnel de gardiennage de jour ou de nuit assurant exclusivement et à temps plein des tâches de surveillance et de garde de locaux, ne peut s'appliquer à un salarié employé la nuit et affecté exclusivement aux caisses de la station-service. • Soc. 30 juin 2004, ⚓ n° 02-41.823 P : *RJS 2004. 814, n° 1152* • 16 nov. 2004, ⚓ n° 02-42.551 P : *RJS 2005. 119, n° 158* (activité accessoire de pompiste).

3. Vérification du temps d'inaction. L'instauration d'un régime d'équivalence, conformément à l'art. L. 3121-9, rend sans objet la vérification concrète de l'existence effective de temps d'inaction pour les personnels concernés. • Soc. 11 mai 2016, ⚓ n° 14-15.971 P : *RDT 2016. 625, obs. Véricel* ∅ *; RJS 7/2016, n° 495.*

4. Mode de comptabilisation. Aucune disposition légale n'impose que le mode de comptabilisation servant à définir la durée équivalente à la durée légale soit définie sur une base hebdomadaire, dès lors que le mode de comptabilisation adopté permet de déterminer le nombre d'heures de travail effectif sur une semaine. • CE 6 déc. 2006 : 🕮 *RDT 2007. 324*, obs. *Véricel* 🖉 ; *RJS 2006. 327, n° 439.*

5. Le régime conventionnel d'équivalence n'est pas applicable aux horaires d'ouverture d'un magasin s'il est constaté que la salariée n'a pas l'obligation de s'y tenir en permanence et qu'elle peut vaquer à des occupations personnelles dans les pièces de la maison attenantes au magasin. • Soc. 16 juin 2004, 🕮 n° 02-43.755 P : *D. 2004. IR 2766* 🖉 ; *Dr. soc. 2004. 1023*, obs. *Radé* 🖉 ; *RJS 2004. 721, n° 1049.* ♦ Ni aux femmes de chambre. • Soc. 31 oct. 2006 : 🕮 *D. 2006. IR 2949* 🖉 ; *Dr. soc. 2007. 239*, obs. *Barthélémy* 🖉 ; *JSL 2006, n° 201-4.* ♦ La convention collective étendue qui adopte une définition de l'horaire hebdomadaire identique à la définition légale écarte l'application du régime d'équivalence de source réglementaire applicable à son secteur d'activité. • Soc. 31 mai 2006 : *JCP S 2006. 1612*, obs. *Verkindt*.

6. Création de l'horaire d'équivalence. Une convention collective agréée ne peut créer un régime d'équivalence. • Soc. 24 avr. 2001 : *préc. note 5.* ♦ Sur la nature de la convention collective requise : • Soc. 29 juin 1999 : 🕮 *préc. note 5* • 9 mars 1999, 🕮 n° 96-44.747 P : *RJS 1999. 323, n° 521.*

7. Un usage ne peut à lui seul créer un régime d'équivalence. • Soc. 14 nov. 1990 : 🕮 *préc. note 1.* ♦ Dans le même sens : • Soc. 4 mai 1999, 🕮 n° 96-43.037 P : *D. 1999. IR 160* 🖉 ; *Dr. soc. 1999. 730*, obs. *Gauriau* 🖉 ; *RJS 1999. 500, n° 820.*

8. Les décrets prévus par l'art. L. 212-4 [L. 3121-15 nouv.] destinés à mettre en place des régimes d'équivalence n'ont pas à être pris en conseil des ministres. L'appréciation de la légalité d'un tel décret pris au vu d'un accord collectif ne tient pas compte de l'illégalité des dispositions de l'accord qui n'ont pas été reprises par le décret. L'art. L. 212-4 [L. 3121-15 nouv.] n'impose pas que ce décret soit pris au vu d'une convention ou d'un accord collectif étendu. • CE 26 févr. 2003 : 🕮 *préc. note 2.* ♦ Le décret du 18 déc. 1958 organisant un système d'équivalence n'est applicable qu'aux entreprises dont l'activité principale est le gardiennage ou la surveillance. • Soc. 4 janv. 2000 : 🕮 *RJS 2000. 121, n° 177.*

9. Les décrets prévus par l'art. L. 212-4 [L. 3121-15 nouv.] destinés à mettre en place des régimes d'équivalence doivent fixer les limites dans lesquelles doit être mis en œuvre le régime d'équivalence qu'il définit pour garantir le respect des seuils et plafonds communautaires prévus par la directive européenne du 23 nov. 1993. • CE 28 avr. 2006 : 🕮 *Lebon 2006. 206* 🖉 ; *D. 2006. IR 1638* 🖉 ; *RDSS 2006. 722*, note *Boulmier* 🖉 ; *JSL 2006, n° 191-4.* ♦ Il ne peut être tenu compte d'un système d'équivalence pour vérifier, en matière de temps de travail effectif, le respect des seuils et plafonds communautaires fixés par la directive du 23 nov. 1993, dont celui de la durée hebdomadaire maximale de 48 heures. • Soc. 26 mars 2008 : 🕮 *RJS 2008. 400*, rapp. *Gosselin* ; *JCP S 2008. 1394*, note *Dumont*. ♦ Le système d'heures d'équivalence institué par convention collective est sans effet sur la détermination du temps de travail effectif au regard de l'interdiction d'une amplitude journalière supérieure à 13 heures ; l'amplitude journalière se définit comme le temps séparant la prise de poste de sa fin. • Soc. 23 sept. 2009 : 🕮 *RDT 2010. 114*, obs. *Véricel* 🖉 ; *Dr. soc. 2010. 239*, obs. *Barthélémy* 🖉 ; *RJS 2009. 822, n° 940* ; *JSL 2009, n° 264-3.*

10. En faveur de la rémunération de tâches distinctes effectuées pendant les heures d'équivalence : • Soc. 29 mai 1990 : 🕮 *RJS 1990. 400, n° 580.*

11. Temps partiel. Les dispositions sur les heures d'équivalence ne sont pas applicables aux travailleurs à temps partiel. • Soc. 8 nov. 1995 : 🕮 *Dr. soc. 1996. 91*, obs. *Favennec-Héry* • 24 avr. 2001, 🕮 n° 98-45.366 P : *D. 2001. IR 1593* 🖉 ; *RJS 2001. 595, n° 664* • 27 sept. 2006 : 🕮 *D. 2006. IR 2627* 🖉 ; *RJS 2006. 991, n° 1332.*

12. La réglementation relative à la durée hebdomadaire légale du travail et la détermination des périodes d'inaction permettant d'y déroger ne peuvent être transposées au cas du travail à temps partiel. • Crim. 11 mai 1984, n° 82-92.887 P : *Dr. soc. 1985. 811*, note *J. Savatier*. ♦ Dans le même sens : • Crim. 19 janv. 1978 : *Bull. crim. n° 23* • Soc. 11 févr. 1982 : *Bull. civ. V, n° 96* • 8 juin 1994, 🕮 n° 90-41.895 P : *D. 1995. Somm. 374*, obs. de *Launay-Gallot* 🖉 ; *RJS 1994. 587, n° 992.*

13. Durée du travail équivalente. A défaut de toute disposition réglementaire ou conventionnelle contraire, la durée de travail fixée à 37 heures dans l'entreprise ne saurait être considérée comme équivalente, au sens de l'art. L. 212-5, à la durée légale de 39 heures ; en conséquence, les heures effectuées en sus de l'horaire de 37 heures, mais dans les limites de 39 heures, ne doivent pas être majorées. • Soc. 15 févr. 1995 : *RJS 1995. 172, n° 241.*

14. Respect des durées maximales de travail. Le dépassement de la limite maximale hebdomadaire de travail de 48 heures est sans incidence sur le taux de rémunération découlant du système d'équivalence. • Soc. 7 déc. 2010, n° 07-42.712 P : *RJS 2011. 216, n° 239* ; *JCP S 2011, n° 1061*, note *Morand*.

§ 2 Champ de la négociation collective

Art. L. 3121-14 Une convention ou un accord de branche étendu peut instituer une durée du travail équivalente à la durée légale pour les professions et emplois mentionnés à l'article L. 3121-13.
Cette convention ou cet accord détermine la rémunération des périodes d'inaction.

Comp. anc. art. L. 3121-9.

Sur la définition de ces mesures par la convention de branche, V. art. L. 2253-1.

§ 3 Dispositions supplétives

Art. L. 3121-15 A défaut d'accord prévu à l'article L. 3121-14, le régime d'équivalence peut être institué par décret en Conseil d'État.

Comp. anc. art. L. 3121-9.

SECTION 2 Durées maximales de travail

> **COMMENTAIRE**
> V. sur le Code en ligne.

SOUS-SECTION 1 Temps de pause

> **COMMENTAIRE**
> V. sur le Code en ligne.

§ 1 Ordre public

Art. L. 3121-16 Dès que le temps de travail quotidien atteint six heures, le salarié bénéficie d'un temps de pause d'une durée minimale de vingt minutes consécutives.

Comp. anc. art. L. 3121-33.

Jurisprudence rendue sous l'empire des textes antérieurs à la L. n° 2016-1088 du 8 août 2016.

1. Définition. La période de pause, qui s'analyse comme un arrêt de travail de courte durée sur le lieu de travail ou à proximité, n'est pas incompatible avec les interventions éventuelles et exceptionnelles demandées durant cette période au salarié en cas de nécessité, notamment pour des motifs de sécurité. • Soc. 12 oct. 2004, n° 03-44.084 P : *RJS 2004. 908, n° 1294 ; Dr. soc. 2005. 102, obs. Savatier ; TPS 2004, n° 352 ; Dr. ouvrier 2005. 182.* ♦ Ni la brièveté du temps de pause, ni la circonstance que les salariés ne puissent quitter l'établissement à cette occasion, ne permettent de considérer que ces temps de pause constituent un temps de travail effectif. • Soc. 5 avr. 2006 : *JCP S 2006. 1425, note Dumont.*

2. Prise du temps de pause. L'octroi de deux pauses d'une durée inférieure à vingt minutes contrevenait aux dispositions légales, peu important que le temps de travail effectif soit fractionné par une interruption de quinze minutes. • Soc. 20 févr. 2012 : *D. actu. 2 avr. 2012, obs. Siro ; SSL 2013, n° 1575, p. 12, obs. Florès ; JSL 2013, n° 342-4, obs. Lhernould.* ♦ Une interruption du travail d'une durée de sept minutes au cours d'une période de six heures ne dispensait pas l'employeur d'accorder à la salariée les vingt minutes de pause obligatoires à partir de six heures de travail quotidien. • Soc. 20 févr. 2013 : *D. actu. 2 avr. 2013, obs. Siro ; D. 2013. Actu. 575 ; JSL 2013, n° 342-4, obs. Lhernould ; JCP S 2013. 1194, obs. Morand.* ♦ Constitue un temps de pause le temps de déjeuner, qui s'intercale entre deux périodes de travail effectif. • Soc. 20 juin 2013 : *D. 2013. Actu. 1630 ; RDT 2013. 637, obs. Pontif ; RJS 10/2013, n° 684.*

3. Liberté du salarié. Au cours de la pause, les salariés sont libres de vaquer à leurs occupations personnelles sans avoir à rendre de comptes à leur employeur quant à l'emploi qu'ils font de ce temps libre ; aussi le salarié ne détourne pas de son objet le temps de pause en formulant des revendications salariales. • Soc. 18 déc. 2001, n° 01-41.036 P : *RJS 2002. 239, n° 321.*

4. Mise en œuvre. L'octroi de deux pauses d'une durée inférieure à vingt minutes contrevient aux dispositions légales, peu important que le temps de travail effectif soit fractionné par une interruption de quinze minutes. • Soc. 20 févr. 2013 : *D. actu. 2 avr. 2013, obs. Siro.* ♦ Une interruption du travail d'une durée de sept minutes au cours d'une période de six heures ne dispense pas l'employeur d'accorder à la salariée les vingt minutes de pause obligatoire à partir de six heures de travail quotidien. • Soc. 20 févr. 2013 : *préc.*

5. Rémunération du temps de pause. La rémunération des temps de pause ne suffit pas à les faire considérer comme un travail effectif. ● Soc. 24 janv. 1973 : *Dr. soc. 1973. 516, note Savatier.* ◆ Comp., lorsque la convention collective assimile le temps de pause à un travail effectif : ● Soc. 29 avr. 1980 : *Bull. civ. V, n° 386* ● 26 nov. 1986 : *ibid., n° 557.* ◆ La compensation forfaitaire, prévue par les dispositions du titre VIII du code de gestion du personnel du CEA dans leur rédaction applicable, et destinée à rémunérer les 4 heures 30 de pause, ne peut se cumuler avec le paiement de ces mêmes temps de pause requalifiés en temps de travail effectif. ● Soc. 10 oct. 2018, 🗝 n° 16-17.794 P : *D. 2018. Actu. 2025* ⌀. ◆ Lorsqu'une disposition conventionnelle dispose qu'il est accordé une pause rémunérée de dix minutes au cours d'un cycle de trois heures de travail effectif, qui sera prise à des conditions déterminées par le chef de service, les salariés concernés doivent bénéficier d'un temps de pause rémunéré à l'intérieur d'un cycle de trois heures de travail effectif, mais il ne s'en déduit pas que ce temps de pause rémunéré doive augmenter le temps de présence ou se traduire par l'octroi d'un supplément de rémunération. ● Soc. 2 mars 2016, 🗝 n° 14-25.896 P : *D. 2016. Actu. 604* ⌀ ; *RDT 2016. 627, note Véricel* ⌀ ; *RJS 5/2016, n° 340* ; *JCP S 2016. 1172, obs. Dumont.*

6. Respect du SMIC. Lorsque les temps de pause correspondent à un repos obligatoire durant lequel les salariés ne sont plus à la disposition de leur employeur, les primes les rémunérant, qui ne correspondent ni à un travail effectif ni à un complément de salaire, sont exclues du salaire devant être comparé au salaire minimum de croissance. ● Soc. 9 nov. 2010 : 🗝 *JCP S 2011. 1193, note Lahalle* ● Crim. 15 févr. 2011 : 🗝 *D. 2011. Actu. 683, obs. Astaix* ⌀ ; *RDT 2011. 319, obs. Pignarre* ⌀ ; *Dr. soc. 2011. 719, obs. Duquesne* ⌀ ; *Dr. ouvrier 2011. 385, obs. Desrues* ; *JSL 2011, n° 297-5* ; *JCP S 2011. 1193, note Lahalle* ● 22 nov. 2011 : 🗝 *D. 2012. Actu. 289* ⌀ ● 21 mars 2012, 🗝 n°s 10-27.425 et 10-21.737 : *D. actu. 5 avr. 2012, obs. Perrin* ; *Dr. soc. 2012. 630, obs. Radé* ⌀ ; *RJS 2012. 472, n° 555* ; *Dr. ouvrier 2012. 453, obs. Leduc* ; *JCP S 2012. 1222, obs. Vachet* ● 17 oct. 2012 : 🗝 *D. actu. 8 nov. 2012, obs. Ines.*

7. Paiement de la pause et avantage collectif. Constitue un avantage collectif, et non un avantage individuel acquis, celui dont le maintien est incompatible avec le respect par l'ensemble des salariés concernés de l'organisation collective du temps de travail qui leur est désormais applicable ; tel est le cas de l'assimilation de la pause journalière de 45 minutes considérée comme un temps de travail effectif. ● Soc. 8 juin 2011 : 🗝 *D. actu. 28 juin 2011, obs. Ines* ; *D. 2011. Actu. 1693* ⌀ ; *RDT 2011. 652, obs. Nicod* ⌀ ; *JSL 2011, n° 304-5, obs. Tourreil* ; *SSL 2011, n° 1507, p. 8, obs. Colin* ; *JCP S 2011. 1407, obs. Dumont.*

8. Charge de la preuve. Les dispositions de l'art. L. 3171-4 relatives à la répartition de la charge de la preuve des heures de travail effectuée entre l'employeur et le salarié ne sont pas applicables à la preuve du respect des seuils et plafonds prévus par le droit de l'Union européenne ; elles ne sont ainsi pas applicables à la preuve du respect du temps de pause prévu par l'art. L. 3121-33, qui incombe uniquement à l'employeur. ● Soc. 20 févr. 2013 : 🗝 *D. actu. 2 avr. 2013, obs. Siro* ; *D. 2013. Actu. 575* ⌀ ; *SSL 2013, n° 1575, p. 12, obs. Florès* ; *JSL 2013, n° 342-4, obs. Lhernould.* ◆ La charge de la preuve incombe à l'employeur. ● Soc. 19 mai 2021, 🗝 n° 19-14.510 P : *RDT 2021. 591, obs. Pignarre* ⌀.

§ 2 Champ de la négociation collective

Art. L. 3121-17 Une convention ou un accord d'entreprise ou d'établissement ou, à défaut, une convention ou un accord de branche peut fixer un temps de pause supérieur.

Comp. anc. art. L. 3121-7.

SOUS-SECTION 2 Durée quotidienne maximale

§ 1 Ordre public

Art. L. 3121-18 La durée quotidienne de travail effectif par salarié ne peut excéder dix heures, sauf :

1° En cas de dérogation accordée par l'inspecteur du travail dans des conditions déterminées par décret ;
2° En cas d'urgence, dans des conditions déterminées par décret ; – V. art. D. 3121-4.
3° Dans les cas prévus à l'article L. 3121-19.

Comp. anc. art. L. 3121-7.

En application de l'art. L. 231-5 CRPA, et par exception à l'application du délai de deux mois prévu à l'art. L. 231-1 du même code, le délai à l'expiration duquel le silence gardé par l'administration vaut décision d'acceptation est fixé à quinze jours pour une demande d'autorisation de dépassement de la durée quotidienne maximale de travail effectif par salarié (Décr. n° 2014-1290 du 23 oct. 2014, art. 1er).

Art. L. 3121-19

COMMENTAIRE

V. sur le Code en ligne 🏛.

1. Dépassement de la durée maximale et préjudice nécessaire. Le seul constat du dépassement de la durée maximale quotidienne de travail ouvre droit à réparation sans que le salarié ait besoin d'établir que ce dépassement lui a causé un préjudice. ● Soc. 11 mai 2023, 🏛 n° 21-22.281 B : *D. 2023. 1013* ✐ *; RJS 7/2023, n° 381 ; SSL 2023, n° 2050, p. 12, obs. Bailly* ♦ ... De même s'agissant d'un dépassement de la durée hebdomadaire. ● Soc. 27 sept. 2023, 🏛 n° 21-24.782 B.

2. Question préjudicielle. Il convient de demander à la CJUE si l'art. 9, § 1, sous a), de la Dir. 2003/88/CE remplit les conditions pour produire un effet direct et être invoqué par un travailleur dans un litige le concernant et s'il doit être interprété en ce sens qu'il s'oppose à des législations ou à des pratiques nationales en vertu desquelles, en cas de manquement aux dispositions adoptées pour mettre en œuvre les mesures nécessaires à l'évaluation gratuite de la santé du travailleur, le droit à réparation de ce dernier est subordonné à la preuve du préjudice qui aurait résulté de ce manquement. ● Soc. 7 juin 2023, 🏛 n° 21-23.557 B : *RJS 8-9/2023, n° 493 ; JCP S 2023. 1173, obs. Lhernould.*

§ 2 Champ de la négociation collective

Art. L. 3121-19 Une convention ou un accord d'entreprise ou d'établissement ou, à défaut, une convention ou un accord de branche peut prévoir le dépassement de la durée maximale quotidienne de travail effectif, en cas d'activité accrue ou pour des motifs liés à l'organisation de l'entreprise, à condition que ce dépassement n'ait pas pour effet de porter cette durée à plus de douze heures.

SOUS-SECTION 3 Durées hebdomadaires maximales

§ 1 Ordre public

Art. L. 3121-20 Au cours d'une même semaine, la durée maximale hebdomadaire de travail est de quarante-huit heures.

Comp. anc. art. L. 3121-35, al. 1ᵉʳ.

COMMENTAIRE

V. sur le Code en ligne 🏛.

Jurisprudence rendue sous l'empire des textes antérieurs à la L. n° 2016-1088 du 8 août 2016.

Charge de la preuve. C'est à l'employeur uniquement qu'il appartient de prouver que la durée maximale quotidienne et la durée maximale hebdomadaire de travail sont bien respectées. ● Soc. 20 févr. 2013 : 🏛 *D. actu. 26 mars 2013, obs. Siro ; SSL 2013, n° 1575, p. 12, obs. Flores ; JSL 2013, n° 241-2.* ● Soc. 25 sept. 2013 : 🏛 *D. 2013. Actu. 2277* ✐.

Art. L. 3121-21 En cas de circonstances exceptionnelles et pour la durée de celles-ci, le dépassement de la durée maximale définie à l'article L. 3121-20 peut être autorisé par l'autorité administrative, dans des conditions déterminées par décret en Conseil d'État, sans toutefois que ce dépassement puisse avoir pour effet de porter la durée du travail à plus de soixante heures par semaine. Le *(Ord. n° 2017-1386 du 22 sept. 2017, art. 4)* « comité social et économique donne son » avis sur les demandes d'autorisation formulées à ce titre. Cet avis est transmis à l'agent de contrôle de l'inspection du travail.

Comp. anc. art. L. 3121-35, al. 2.

En application de l'art. L. 231-5 CRPA, et par exception à l'application du délai de deux mois prévu à l'art. L. 231-1 du même code, le délai à l'expiration duquel le silence gardé par l'administration vaut décision d'acceptation est fixé à trente jours pour une demande d'autorisation de dépassement de la durée maximale hebdomadaire absolue du travail (Décr. n° 2014-1290 du 23 oct. 2014, art. 1ᵉʳ).

Jurisprudence rendue sous l'empire des textes antérieurs à la L. n° 2016-1088 du 8 août 2016.

1. Définition. Ne constitue pas une circonstance exceptionnelle la simple éventualité, susceptible de se réaliser à l'occasion de chaque transport, d'un dépassement des horaires résultant d'un retard imputable à des causes que ni le chef d'entreprise, ni les chauffeurs ne peuvent prévoir et dont la durée ne peut être évaluée à l'avance. ● Crim. 7 janv. 1981 : *Bull. crim. n° 5.*

DURÉE DU TRAVAIL

2. Erreur de droit. Un tribunal a pu admettre, à bon droit, que l'erreur invoquée, par le gérant d'une entreprise de déménagement, pour expliquer la tolérance dans son entreprise, en violation de l'art. L. 212-7 C. trav. [L. 3121-36 nouv.], d'une prolongation excessive de la durée du travail effectif, résultat d'une information erronée fournie par l'administration (médiateur désigné par le Gouvernement) représentée aux négociations préalables à la signature d'un accord professionnel. • Crim. 24 nov. 1998 : ⚖ *JCP* 1999. II. 10208, note Houtmann ; *Dr. pénal* 2000. Comm. 22, obs. J.-H. Robert.

Art. L. 3121-22 La durée hebdomadaire de travail calculée sur une période quelconque de douze semaines consécutives ne peut dépasser quarante-quatre heures, sauf dans les cas prévus aux articles L. 3121-23 à L. 3121-25.

Comp. anc. art. L. 3121-36, al. 1er.

§ 2 Champ de la négociation collective

Art. L. 3121-23 Une convention ou un accord d'entreprise ou d'établissement ou, à défaut, une convention ou un accord de branche peut prévoir le dépassement de la durée hebdomadaire de travail de quarante-quatre heures calculée sur une période de douze semaines consécutives, à condition que ce dépassement n'ait pas pour effet de porter cette durée, calculée sur une période de douze semaines, à plus de quarante-six heures.

§ 3 Dispositions supplétives

Art. L. 3121-24 A défaut d'accord prévu à l'article L. 3121-23, le dépassement de la durée maximale hebdomadaire prévue à l'article L. 3121-22 est autorisé par l'autorité administrative dans des conditions déterminées par décret en Conseil d'État, dans la limite d'une durée totale maximale de quarante-six heures. – V. art. R. 3121-11.

Comp. anc. art. L. 3121-36, al. 2.

Art. L. 3121-25 A titre exceptionnel, dans certains secteurs, dans certaines régions ou dans certaines entreprises, le dépassement de la durée maximale de quarante-six heures prévue aux articles L. 3121-23 et L. 3121-24 peut être autorisé pendant des périodes déterminées, dans des conditions déterminées par décret en Conseil d'État.

Comp. anc. art. L. 3121-36, al. 3.

Art. L. 3121-26 Le *(Ord. n° 2017-1386 du 22 sept. 2017, art. 4)* « comité social et économique donne son » avis sur les demandes d'autorisation formulées auprès de l'autorité administrative en application des articles L. 3121-24 et L. 3121-25. Cet avis est transmis à l'agent de contrôle de l'inspection du travail.

Comp. anc. art. L. 3121-37.

SECTION 3 Durée légale et heures supplémentaires

SOUS-SECTION 1 Ordre public

Art. L. 3121-27 La durée légale de travail effectif des salariés à temps complet est fixée à trente-cinq heures par semaine.

Comp. anc. art. L. 3121-10, al. 1er.

BIBL. GÉN. ▶ **Réduction du temps de travail :** LAHERRE, *SSL* 2000. 7 (35 heures et fusion). – BOSSU, D. 2000. Chron. 43 ⌀. – RÉMY, *Dr. soc.* 1999. 1012 ⌀. – FAVENNEC-HÉRY, *RJS* 1999. 819. – MORAND, *TPS* 1998. 6. – FAVENNEC-HÉRY, *Dr. soc.* 1997. 1073 ⌀. – BLAISE, *ibid.* 1985. 634. – SUPIOT, *ibid.* 947 ; *ibid.* 1993. 715. – V. aussi : numéro spécial, *Dr. soc.* 1998. 744 ⌀ ; *ibid.* 2000. 236.

▶ **Négociation :** ANTONMATTÉI, *Dr. soc.* 2000. 305 ⌀. – RAY, *ibid.* 1999. 1018 ⌀. – BÉLIER, *ibid.* 1014 ⌀. – RAY, *ibid.* 1998. 99. – GUIOMARD, *ibid.* 1997. 1052 ⌀. – FAVENNEC-HÉRY, *ibid.* 1996. 20 ⌀. – BARTHÉLÉMY, *ibid.* 1994. 156 ⌀. – SUPIOT, *ibid.* 1981. 448.

▶ **Effet de la réduction du temps de travail sur le contrat de travail :** QUÉTANT, *JSL* 2000, n° 64-1 (premières orientations prud'homales). - MOREAU, *RJS* 2000. 247. – BOUBLI, *JSL* 1998, n° 19. – RAY, *Dr. soc.* 1998. 347 ⌀ ; *ibid.* 459. – WAQUET, *Dr. soc.* 1998. 1045 ⌀.

▶ **Compensation financière de la réduction du temps de travail :** Radé, *Dr. soc.* 1999. 986. – Bélier et Favennec-Héry, *ibid.* 1998. 978. – Langlois, *ibid.* 785. – Morand, *JCP E* 1998. 618. – Barthélemy, *Dr. soc.* 1997. 581.

COMMENTAIRE

V. sur le Code en ligne.

Jurisprudence rendue sous l'empire des textes antérieurs à la L. n° 2016-1088 du 8 août 2016.

1. Durée légale. Il ne peut être dérogé aux dispositions fixant la durée légale du travail dans un sens défavorable au salarié. ● Soc. 29 oct. 1996 : ⚜ *GADT, 4ᵉ éd., n° 71 ; D. 1996. IR 264 ; Dr. soc. 1996. 1013, note A. Lyon-Caen ; CSB 1997. 5, A. 1, note A. P. et J. M. ; RJS 1996. 821, n° 1272.*

2. La clause selon laquelle « en tout état de cause, l'objectif des 35 heures sera atteint pour tous en 1985 », qui ne détermine pas à quelles conditions précises la durée du travail sera réduite et quels seront les effets de cette réduction sur le montant des rémunérations, ne constitue qu'un accord de principe ne liant pas les parties. ● Soc. 19 déc. 1989, ⚜ n° 88-13.388 P : *GADT, 4ᵉ éd.,* n° 162 ; *D.* 1991. 62, note Schmidt-Szalewski ; *Dr. soc.* 1990. 149, rapp. Waquet.

3. Caractère hebdomadaire. La durée légale du travail effectif des salariés étant fixée à 35 heures par semaine civile, le salarié à temps partiel qui réalise, durant une semaine, un horaire supérieur à la durée légale hebdomadaire, alors que l'horaire mensuel contractuellement fixé demeurait inchangé, doit être requalifié en contrat à temps complet, par application de l'art. L. 3123-17 (devenu L. 3123-10) ● Soc. 15 sept. 2021, ⚜ n° 19-19.563 B : *D.* 2021. 1677 ; *RJS* 11/2021, n° 609 ; *JSL* 2021, n° 527-2, obs. Lhernould ; *JCP S* 2021. 1259, obs. Bento de Carvalho ; *SSL* 2021, n° 1976, p. 13, obs. Héry ; *JCP* 2021. 1027, obs. Dedessus-le-Moustier.

Art. L. 3121-28 Toute heure accomplie au-delà de la durée légale hebdomadaire ou de la durée considérée comme équivalente est une heure supplémentaire qui ouvre droit à une majoration salariale ou, le cas échéant, à un repos compensateur équivalent.

Comp. anc. art. L. 3121-22.

COMMENTAIRE

V. sur le Code en ligne.

Jurisprudence rendue sous l'empire des textes antérieurs à la L. n° 2016-1088 du 8 août 2016.

I. DÉFINITION

A. CRITÈRES

1. Champ d'application. Les dispositions légales sur la rémunération des heures supplémentaires et celles relatives au repos compensateur, qui sont de portée générale et d'ordre public, bénéficient à tous les travailleurs des industries et des professions assujettis à la réglementation du travail. ● Soc. 25 juill. 1984 : *Bull. civ. V, n° 328* (cabinet d'expert-comptable) ● 3 juill. 1990, ⚜ n° 87-41.621 P ● 17 déc. 1996 : ⚜ *Dr. soc.* 1997. 196, obs. J. Savatier (industrie hôtelière, en l'absence de convention de forfait et de modalités particulières prévues par l'accord national professionnel de la branche).

2. Ordre public. Il ne peut être dérogé aux dispositions fixant la durée légale du travail dans un sens défavorable au salarié (droit à rappel de paiement d'heures supplémentaires, dans le cas où un accord de salaire signé en 1982 a prévu que les salariés, qui faisaient 40 heures de travail par semaine, seraient rémunérés sur la base de 175 heures par mois payées au taux normal).

● Soc. 29 oct. 1996 : ⚜ *GADT, 4ᵉ éd., n° 71 ; D. 1996. IR 264 ; RDT 2008. 22, note Waquet ; Dr. soc. 1996. 1013, note A. Lyon-Caen ; CSB 1997. 5, A. 1, note A. P. et J. M. ; RJS 1996. 821, n° 1272 ; LPA 22 nov. 1996, note Picca* ● 9 mars 1999, ⚜ n° 96-43.718 P : *Dr. soc.* 1999. 630, obs. Antonmattéi ; *RJS* 1999. 324, n° 524. ♦ La fixation par voie conventionnelle de la durée du travail applicable dans l'entreprise à un niveau inférieur à la durée légale n'entraîne pas, en l'absence de dispositions spécifiques en ce sens, l'abaissement corrélatif du seuil de déclenchement des heures supplémentaires. ● 30 juin 2021, ⚜ n° 20-12.960 B : *D. actu 20 juill.* 2021, obs. Couëdel ; *D.* 2021. 1292 ; *RJS* 10/2021, n° 524.

B. RÉGIME

3. Pas de droit acquis à l'exécution d'heures supplémentaires. Il n'existe pas de droit acquis à l'exécution d'heures supplémentaires sauf engagement de l'employeur vis-à-vis du salarié à lui en assurer l'exécution d'un certain nombre ; à défaut d'un tel engagement, seul un abus de l'employeur dans l'exercice de son pouvoir de direction peut ouvrir droit à indemnisation. ● Soc. 10 oct. 2012 : ⚜ *D.* 2012. Actu. 2455 ; *SSL* 2012, n° 1560, p. 11, note Fabre.

DURÉE DU TRAVAIL   **Art. L. 3121-28** 1071

4. Renonciation. Le fait pour un salarié de n'avoir pas fait valoir ses droits pendant l'exécution du contrat ne vaut pas de sa part renonciation au paiement des heures supplémentaires. • Soc. 9 févr. 1989 : *D. 1989. IR 78.*

5. Heures supplémentaires et charge de travail. Le salarié peut prétendre au paiement des heures supplémentaires accomplies, soit avec l'accord au moins implicite de l'employeur, soit s'il est établi que la réalisation de telles heures a été rendue nécessaire par les tâches qui lui ont été confiées. • Soc. 14 nov. 2018, n° 17-20.659 P : *D. actu. 6 déc. 2018, obs. Ciray ; RJS 1/2019, n° 24 ; JSL 2018, n° 469-3, obs. Pacotte et Layat.*

B. RÉMUNÉRATION

A. RÈGLES LÉGALES

6. Éléments du calcul. Ne peuvent être prises en considération pour le calcul de la rémunération soumise à majoration ni une prime de panier représentative de frais, ni une prime de moulage ayant un caractère forfaitaire. • Soc. 24 févr. 1982 : *Gaz. Pal. 1982. 2. Pan. 222.* ♦ En faveur de l'inclusion d'une prime d'assiduité présentant les caractères d'un complément de salaire, V. • Soc. 26 oct. 1979 : *Bull. civ. V, n° 796.*

7. Assiette de calcul. Les jours fériés ou de congés payés, en l'absence de dispositions légales ou conventionnelles, ne peuvent être assimilés à du temps de travail effectif ; aussi ces jours ne peuvent être pris en compte dans la détermination de l'assiette de calcul des droits à majoration et bonification en repos pour heures supplémentaires. • Soc. 1er déc. 2004 : *Dr. soc. 2005. 330, obs. Radé ; RJS 2005. 279, n° 392.* ♦ Comp. : • CJUE 13 janv. 2022, n° C-154/20 : *RDT 2022. 392, obs. Véricel ; RJS 4/2022, n° 225 ; JCP S 2022. 1028, obs. Cavallini* (l'art. 7, § 1, Dir. 2003/88/CE du 4 nov. 2003, lu à la lumière de l'art. 31 § 2 Charte UE doit être interprété en ce sens qu'il s'oppose à une disposition d'une convention collective en vertu de laquelle, afin de déterminer si le seuil des heures travaillées donnant droit à majoration pour heures supplémentaires est atteint, les heures correspondant à la période de congé annuel payé pris par le travailleur ne sont pas prises en compte en tant qu'heures de travail accomplies).

8. Modalités de paiement. Le versement d'une prime ne peut être considéré comme valant paiement des heures supplémentaires. • Soc. 27 juin 2000, n° 98-41.184 P : *D. 2000. IR 220 ; Dr. soc. 2000. 1020, obs. Radé ; RJS 2000. 645, n° 959* (versement de primes peu important qu'elles soient versées selon une pratique habituelle d'un commun accord entre le salarié et l'employeur) • 1er déc. 2005 : *RJS 2006. 129, n° 217 ; Dr. soc. 2006. 451, obs. Radé.*

9. Cadres. La qualité de cadre n'est pas en soi exclusive du paiement d'heures supplémentaires, le seul fait pour un salarié de ne pas avoir évoqué le problème des heures supplémentaires ne saurait valoir renonciation de sa part à leur paiement. • Soc. 30 janv. 1997, n° 94-40.330 P : *RJS 1997. 193, n° 289.*

10. Heures de délégation. Lorsqu'elles sont prises en dehors de l'horaire de travail en raison des nécessités du mandat, les heures de délégation doivent être payées comme des heures supplémentaires. • Soc. 12 févr. 1991, n° 88-42.353 P : *D. 1992. 282, note Bouilloux ; RJS 1992. 177, n° 342.*

11. Office du juge. Le juge saisi d'une demande en paiement d'heures supplémentaires ne peut y substituer une condamnation à des dommages-intérêts. • Soc. 23 févr. 2005 : *Dr. soc. 2005. 575, obs. Radé ; RJS 2005. 369, n° 527.*

12. Prise d'acte. Les juges du fond apprécient souverainement la gravité du manquement de l'employeur à son obligation de paiement des heures supplémentaires justifiant la prise d'acte à ses torts de la rupture du contrat de travail. • Soc. 20 oct. 2010 : *D. actu. 17 nov. 2010, obs. Siro ; D. 2010. AJ 2652 ; JSL 2010, n° 288-4, obs. Tourreil ; JCP S 2011. 1026, obs. Dumont.*

13. Retard de paiement. Le seul non-respect par l'employeur des dispositions conventionnelles en matière d'heures supplémentaires, ayant empêché la salariée de bénéficier en son temps des sommes qui lui étaient dues, ne suffit pas à caractériser l'existence d'un préjudice distinct de celui résultant du retard de paiement, causé par la mauvaise foi de l'employeur. • Soc. 14 sept. 2016, n° 14-26.101 P : *RJS 11/2016, n° 698 ; JCP S 2016. 1380, obs. Duchange.*

14. Prescription. Le salarié, dont la demande de rappel de salaire au titre des heures supplémentaires n'est pas prescrite, est recevable à contester la validité de la convention de forfait annuel en jours, stipulée dans son contrat de travail. • Soc. 27 mars 2019, n° 17-23.314 P : *D. 2019. 1561, obs. David ; RJS 6/2019, n° 357 ; JCP S 2019. 1132, obs. Morand.*

B. CLAUSE DE RÉMUNÉRATION FORFAITAIRE

15. Détermination du nombre d'heures supplémentaires inclus. La seule fixation d'une rémunération forfaitaire sans que soit déterminé le nombre d'heures supplémentaires inclus dans cette rémunération ne permet pas de caractériser une convention de forfait. • Soc. 3 mai 2011 : *JCP S 2011. 1295, obs. Morand* • Soc. 26 oct. 2022, n° 21-14.178 B : *D. actu. 15 nov. 2022, obs. Couëdel ; D. 2022. 1910 ; RDT 2023. 46, obs. Véricel ; Dr. soc. 2022. 1284, obs. François ; RJS 1/2023, n° 20 ; SSL 2022, n° 2022, p. 12, obs. Champeaux ; JSL 2023, n° 555-4, obs. Tissandier ; JCP 2022. 1266, obs. Dedessus-Le-Moustier ; JCP S 2022. 1284, obs. François.*

16. Charge de la preuve. La preuve de l'existence d'une convention de forfait incombe à celui qui l'invoque. • Soc. 21 nov. 2000 : ⚖ *RJS 2001. 33, n° 50*. • 8 mars 2007 : ⚖ *RDT 2007. 395, note Pignarre*⊘. ♦ La convention de forfait ne se présume pas. • Soc. 11 déc. 1980 : *Bull. Civ. V, n° 885*.

17. Exigence d'un écrit. Les conventions de forfait doivent être passées par écrit. • Soc. 26 mars 2008 : ⚖ *D. 2008. AJ 1064, obs. Maillard* ⊘ ; *RDT 2008. 462, obs. Véricel* ⊘ ; *RJS 2008. 546, n° 680* ; *JSL 2008, n° 232-5* ; *JCP S 2008. 1375, obs. Dumont*. ♦ Le seul renvoi général fait dans le contrat de travail à l'accord d'entreprise ne peut pas constituer l'écrit permettant de caractériser l'existence d'une convention de forfait à laquelle le salarié serait soumis. • Soc. 31 janv. 2012 : ⚖ *D. actu. 15 févr. 2012, obs. Siro* ; *D. 2012. Actu. 445* ⊘ ; *RJS 2012. 301, n° 348* ; *JCP S 2012. 1121, obs. Morand*. ♦ La convention de forfait en jours doit nécessairement faire l'objet d'un écrit entre les parties, et ne peut résulter des mentions portées sur le bulletin de salaire du salarié. • Soc. 4 nov. 2015, ⚖ n° 14-10.419 P : *D. actu. 9 déc. 2015, obs. Siro* ; *D. 2015. Actu. 2323*⊘ ; *RJS 1/2016, n° 32* ; *JCP S 2015. 1472, obs. Morand*. • Soc. 10 févr. 2021, ⚖ n° 19-14.882 P. ♦ Le forfait ne peut résulter que d'un accord entre les parties et non d'un usage d'entreprise. • Soc. 31 mars 1998, ⚖ n° 96-41.878 P : *D. 1998. IR 130*⊘ ; *RJS 1998. 386, n° 594*. ♦ Un accord est nécessaire même si le principe du forfait est posé par la convention collective. • Soc. 10 mars 2004, ⚖ n° 01-46.369 P : *D. 2004. IR 1070*⊘ ; *RJS 2004. 374, n° 549*.

18. Modification de la convention. Le caractère contractuel de la convention de forfait implique qu'elle ne puisse être modifiée que par accord des parties ; en cas de modification unilatérale de la convention de forfait par l'employeur, le salarié est en droit de refuser la modification de son contrat de travail et d'exiger l'application de celui-ci. • Soc. 6 juill. 1999, ⚖ n° 97-41.290 P : *D. 1999. IR 210*⊘ ; *Dr. soc. 1999. 956, obs. Gauriou* ⊘ ; *RJS 1999. 673, n° 1072*.

19. Conditions de validité. La seule fixation d'une rémunération forfaitaire, sans que soit déterminé le nombre d'heures supplémentaires inclus dans cette rémunération, ne permet pas de caractériser une convention de forfait. • Soc. 19 janv. 1999 : ⚖ *JCP G 1999. II. 1441, note Del Sol* • 21 mars 2000, ⚖ n° 97-45.155 P • 15 nov. 2006, ⚖ n° 04-48.192 • Soc. 3 mai 2011 : ⚖ *D. 2011. Actu. 1356, obs. Ines*⊘ ; *RJS 2011. 535, n° 580* ; *Dr. soc. 2011. 865, obs. Mazeaud* • 15 déc. 2021, ⚖ n° 15-24.990 B : *D. 2022. 18* ⊘ ; *RJS 2/2022, n° 67* ; *JSL 2022, n° 535-5, obs. Nasom-Tissandier*. ♦ La fixation par le contrat de travail d'une rémunération mensuelle fixe forfaitaire pour 198, 67 heures caractérise une convention de forfait de rémunération incluant un nombre déterminé d'heures supplémentaires. • Soc. 30 mars 2022, ⚖ n° 20-18.651 B : *D. actu. 12 mai 2022, obs. Fraisse* ; *D. 2022. 659* ⊘ ; *Dr. soc. 2022. 436, note Tournaux*⊘ ; *RJS 6/2022, n° 296* ; *JSL 2022, n° 544, obs. Pacotte et Borocco-Dillies*.

C. LICÉITÉ

20. Respect des dispositions conventionnelles. La convention de forfait est licite lorsqu'elle prévoit une rémunération forfaitaire, incluant les heures supplémentaires, supérieure à celle résultant de l'application de la convention collective. • Soc. 24 juin 1998, ⚖ n° 96-41.242 P : *D. 1998. IR 187*⊘. ♦ Le caractère plus avantageux s'apprécie en comparant le forfait convenu et le salaire minimum conventionnel augmenté des heures supplémentaires réellement effectuées. • Soc. 4 mai 1999, ⚖ n° 96-44.612 P : *D. 1999. IR 154* ⊘ ; *Dr. soc. 1999. 731, obs. Radé*. ⊘ ♦ Comp., lorsque aucun élément ne permet d'établir que les versements forfaitaires allégués par l'employeur aient assuré au personnel une rémunération au moins égale à celle à laquelle il pouvait prétendre en application du contrat de travail ou des conventions collectives : • Crim. 24 avr. 1990 : ⚖ *RJS 1990. 399, n° 579*.

21. Cadre en forfait jours. Est licite la convention de forfait qui prévoit un nombre de jours inférieurs à 217 pour une salariée à temps partiel dont la durée du temps de travail ne peut être prédéterminée compte tenu de la nature de ses fonctions, des responsabilités exercées et de l'autonomie dont elle bénéficie dans l'organisation de son emploi du temps. • Soc. 9 juill. 2003, ⚖ n° 01-42.451 P : *RJS 2003. 806, n° 1175*.

D. EFFETS

22. Absence de droit au paiement. Le salarié ne peut prétendre au paiement d'heures supplémentaires effectuées dans le cadre du forfait. • Soc. 13 oct. 1988 : *CSB 1988. 87, A. 23*. ♦ Lorsqu'un salarié rémunéré au forfait peut prétendre à des majorations pour heures supplémentaires prévues par une convention collective. • Soc. 11 oct. 1990, ⚖ n° 88-40.239 P. ♦ La convention de forfait ne peut s'appliquer aux activités professionnelles imposées par l'employeur à son salarié à l'occasion des salons professionnels auxquels l'intéressé avait consacré 11 heures par jour. • Soc. 5 févr. 1997 : ⚖ *RJS 1997. 280, n° 425*.

23. Preuve contraire. L'existence d'une convention de forfait n'interdit pas au salarié de prétendre au paiement des heures supplémentaires accomplies en sus du forfait convenu. • Soc. 17 janv. 1996 : ⚖ *RJS 1996. 174, n° 293*.

24. La convention de forfait ne prive pas le salarié de son droit au repos compensateur au titre des heures supplémentaires réellement effectuées. • Soc. 2 févr. 1994, ⚖ n° 91-45.514 P : *Dr. soc. 1994. 374* ⊘ ; *RJS 1994. 273, n° 422* • 10 déc. 1997 : ⚖ *RJS 1998. 34, n° 41*.

Art. L. 3121-29 Les heures supplémentaires se décomptent par semaine.

Comp. anc. art. L. 3121-20.

Jurisprudence rendue sous l'empire des textes antérieurs à la L. n° 2016-1088 du 8 août 2016.

Semaine civile. Le décompte des heures supplémentaires doit être effectué dans le cadre de la semaine civile. • Soc. 29 nov. 1984 : *Bull. civ. V, n° 465.* ♦ Si les heures soumises à majoration se décomptent dans le cadre de la semaine civile, pour les travailleurs en continu dont la durée du travail peut être répartie sur une période plus longue que la semaine, c'est sur cette période et par rapport à l'horaire hebdomadaire moyen de travail que s'apprécient les heures supplémentaires. • Soc. 2 juin 1977 : *Bull. civ. V, n° 365* • 5 nov. 2003 : 🔒 *RJS 2004. 55, n° 58.* ♦ Un accord d'entreprise ne peut instaurer un décompte des heures supplémentaires sur une période de 12 semaines consécutives. • Soc. 5 avr. 2006 : 🔒 *JCP S 2006. 1425, note Dumont.*

Art. L. 3121-30 Des heures supplémentaires peuvent être accomplies dans la limite d'un contingent annuel. Les heures effectuées au-delà de ce contingent annuel ouvrent droit à une contrepartie obligatoire sous forme de repos.

Les heures prises en compte pour le calcul du contingent annuel d'heures supplémentaires sont celles accomplies au-delà de la durée légale.

Les heures supplémentaires ouvrant droit au repos compensateur équivalent mentionné à l'article L. 3121-28 et celles accomplies dans les cas de travaux urgents énumérés à l'article L. 3132-4 ne s'imputent pas sur le contingent annuel d'heures supplémentaires. – *V. art. R. 3124-6 (pén.).*

Comp. anc. art. L. 3121-15 et L. 3121-16.

Art. L. 3121-31 Dans les entreprises dont la durée collective hebdomadaire de travail est supérieure à la durée légale hebdomadaire, la rémunération mensuelle due au salarié peut être calculée en multipliant la rémunération horaire par les cinquante-deux douzièmes de cette durée hebdomadaire de travail, en tenant compte des majorations de salaire correspondant aux heures supplémentaires accomplies. – *V. art. R. 3124-7 (pén.).*

SOUS-SECTION 2 Champ de la négociation collective

Art. L. 3121-32 Une convention ou un accord collectif d'entreprise ou d'établissement ou, à défaut, une convention ou un accord de branche peut fixer une période de sept jours consécutifs constituant la semaine pour l'application du présent chapitre.

Comp. anc. art. L. 3121-21.

Art. L. 3121-33 I. – Une convention ou un accord collectif d'entreprise ou d'établissement ou, à défaut, une convention ou un accord de branche :

1° Prévoit le ou les taux de majoration des heures supplémentaires accomplies au-delà de la durée légale ou de la durée considérée comme équivalente. Ce taux ne peut être inférieur à 10 % ;

2° Définit le contingent annuel prévu à l'article L. 3121-30 ;

3° Fixe l'ensemble des conditions d'accomplissement d'heures supplémentaires au-delà du contingent annuel ainsi que la durée, les caractéristiques et les conditions de prise de la contrepartie obligatoire sous forme de repos prévue au même article L. 3121-30. Cette contrepartie obligatoire ne peut être inférieure à 50 % des heures supplémentaires accomplies au-delà du contingent annuel mentionné audit article L. 3121-30 pour les entreprises de vingt salariés au plus, et à 100 % de ces mêmes heures pour les entreprises de plus de vingt salariés. (*L. n° 2019-486 du 22 mai 2019, art. 11-VI, en vigueur le 1er janv. 2020*) « L'effectif salarié et le franchissement du seuil de vingt salariés sont déterminés selon les modalités prévues à l'article L. 130-1 du code de la sécurité sociale *[V. cet art. ss. art. L. 1151-2]*. »

Les heures supplémentaires sont accomplies, dans la limite du contingent annuel applicable dans l'entreprise, après information du (*Ord. n° 2017-1386 du 22 sept. 2017, art. 4*) « comité social et économique ».

Les heures supplémentaires sont accomplies, au-delà du contingent annuel applicable dans l'entreprise, après avis du (*Ord. n° 2017-1386 du 22 sept. 2017, art. 4*) « comité social et économique ».

II. — Une convention ou un accord collectif d'entreprise ou d'établissement ou, à défaut, une convention ou un accord de branche peut également :

1° Prévoir qu'une contrepartie sous forme de repos est accordée au titre des heures supplémentaires accomplies dans la limite du contingent ;

2° Prévoir le remplacement de tout ou partie du paiement des heures supplémentaires, ainsi que des majorations, par un repos compensateur équivalent.

III. — Une convention ou un accord d'entreprise peut adapter les conditions et les modalités d'attribution et de prise du repos compensateur de remplacement.

Comp. anc. art. L. 3121-11, al. 2, L. 3121-22 et L. 3121-24.

Art. L. 3121-34 Dans les branches d'activité à caractère saisonnier mentionnées à l'article L. 3132-7, une convention ou un accord d'entreprise ou d'établissement conclu en application de l'article L. 1244-2 ou, à défaut, une convention de branche ou un accord professionnel ou interprofessionnel peut, dans des conditions déterminées par décret, déroger aux dispositions de la présente section relatives à la détermination des périodes de référence pour le décompte des heures supplémentaires et des repos compensateurs. La convention ou l'accord organise également des procédures contradictoires de décompte des temps et périodes de travail.

Comp. anc. art. L. 3121-21.

SOUS-SECTION 3 **Dispositions supplétives**

Art. L. 3121-35 Sauf stipulations contraires dans une convention ou un accord mentionné à l'article L. 3121-32, la semaine débute le lundi à 0 heure et se termine le dimanche à 24 heures.

Comp. anc. art. L. 3121-10, al. 2.

1. *Dépassement de la durée maximale et préjudice nécessaire.* Le seul constat du dépassement de la durée maximale de travail ouvre droit à réparation. ● Soc. 26 janv. 2022, ⚖ n° 20-21.636 B : *D. actu. 2 mars 2022, obs. Cortot ; D. 2022. 219 ; Dr. soc. 2022. 369, obs. Mouly ; ibid. 647, note Véricel ; RJS 3/2022, n° 139 ; Dr. ouvrier 2022. 145, obs. Colombet ; JSL 2022, n° 537-3, obs. Lhernould ; SSL 2022, n° 1991, p. 2, note Bailly ; JCP S 2022. 1049, obs. Morand.*

2. *Question préjudicielle.* Il convient de demander à la CJUE si l'art. 9, § 1, sous a), de la Dir. 2003/88/CE remplit les conditions pour produire un effet direct et être invoqué par un travailleur dans un litige le concernant et s'il doit être interprété en ce sens qu'il s'oppose à des législations ou à des pratiques nationales en vertu desquelles, en cas de manquement aux dispositions adoptées pour mettre en œuvre les mesures nécessaires à l'évaluation gratuite de la santé du travailleur, le droit à réparation de ce dernier est subordonné à la preuve du préjudice qui aurait résulté de ce manquement. ● Soc. 7 juin 2023, ⚖ n° 21-23.557 B : *RJS 8-9/2023, n° 493 ; JCP S 2023. 1173, obs. Lhernould.*

Art. L. 3121-36 À défaut d'accord, les heures supplémentaires accomplies au-delà de la durée légale hebdomadaire fixée à l'article L. 3121-27 ou de la durée considérée comme équivalente donnent lieu à une majoration de salaire de 25 % pour chacune des huit premières heures supplémentaires. Les heures suivantes donnent lieu à une majoration de 50 %.

Comp. anc. art. L. 3121-22, al. 1ᵉʳ.

Base de calcul des majorations pour heures supplémentaires. Les éléments de rémunération, dont les modalités de fixation permettent leur rattachement direct à l'activité personnelle du salarié, doivent être intégrés dans la base de calcul des majorations pour heures supplémentaires ; tel est le cas d'une indemnité pour jours fériés travaillés accordée à un salarié lorsqu'il travaille un tel jour. ● Civ. 2ᵉ, 19 oct. 2023, ⚖ n° 21-19.710 B.

Art. L. 3121-37 Dans les entreprises dépourvues de délégué syndical, le remplacement de tout ou partie du paiement des heures supplémentaires, ainsi que des majorations, par un repos compensateur équivalent peut être mis en place par l'employeur à condition que le *(Ord. n° 2017-1386 du 22 sept. 2017, art. 4)* « comité social et économique, s'il existe, ne s'y oppose » pas.

DURÉE DU TRAVAIL

L'employeur peut également adapter à l'entreprise les conditions et les modalités d'attribution et de prise du repos compensateur de remplacement après avis du (*Ord. n° 2017-1386 du 22 sept. 2017, art. 4*) « comité social et économique ».

Comp. anc. art. L. 3121-24, al. 2 et 3.

Art. L. 3121-38 A défaut d'accord, la contrepartie obligatoire sous forme de repos mentionnée à l'article L. 3121-30 est fixée à 50 % des heures supplémentaires accomplies au-delà du contingent annuel mentionné au même article L. 3121-30 pour les entreprises de vingt salariés au plus, et à 100 % de ces mêmes heures pour les entreprises de plus de vingt salariés.

(*L. n° 2019-486 du 22 mai 2019, art. 11-VI, en vigueur le 1er janv. 2020*) « Pour l'application du premier alinéa du présent article, l'effectif salarié et le franchissement du seuil de vingt salariés sont déterminés selon les modalités prévues à l'article L. 130-1 du code de la sécurité sociale *[V. cet art. ss. art. L. 1151-2]*. »

Art. L. 3121-39 A défaut d'accord, un décret détermine le contingent annuel défini à l'article L. 3121-30 ainsi que les caractéristiques et les conditions de prise de la contrepartie obligatoire sous forme de repos pour toute heure supplémentaire effectuée au-delà de ce contingent. — V. art. D. 3121-24.

Comp. anc. art. L. 3121-11, al. 3.

Art. L. 3121-40 A défaut d'accord, les modalités d'utilisation du contingent annuel d'heures supplémentaires et de son éventuel dépassement donnent lieu au moins une fois par an à la consultation du (*Ord. n° 2017-1386 du 22 sept. 2017, art. 4*) « comité social et économique ».

Comp. anc. art. L. 3121-11, al. 4.

SECTION 4 Aménagement du temps de travail sur une période supérieure à la semaine, horaires individualisés et récupération des heures perdues

RÉP. TRAV. v° *Durée du travail (Fixation et aménagement du temps de travail)*, par ROSE.

SOUS-SECTION 1 Aménagement du temps de travail sur une période supérieure à la semaine

> **COMMENTAIRE**
> V. sur le Code en ligne.

§ 1 Ordre public

Art. L. 3121-41 Lorsqu'est mis en place un dispositif d'aménagement du temps de travail sur une période de référence supérieure à la semaine, les heures supplémentaires sont décomptées à l'issue de cette période de référence.

Cette période de référence ne peut dépasser trois ans en cas d'accord collectif et neuf semaines en cas de décision unilatérale de l'employeur.

Si la période de référence est annuelle, constituent des heures supplémentaires les heures effectuées au-delà de 1 607 heures.

Si la période de référence est inférieure ou supérieure à un an, constituent des heures supplémentaires les heures effectuées au-delà d'une durée hebdomadaire moyenne de trente-cinq heures calculée sur la période de référence.

Comp. anc. art. L. 3122-4.

1. Comité européen des droits sociaux. L'aménagement du temps de travail sur une période de référence de plus d'un an prive injustement les travailleurs du droit à majoration de leurs heures supplémentaires, sans que le repos accordé constitue une compensation adéquate ; le temps de travail pluriannualisé n'est pas conforme à la Charte sociale européenne. ● CEDS 15 mars 2019, n° 154/2017.

Jurisprudence rendue sous l'empire des textes antérieurs à la L. n° 2016-1088 du 8 août 2016.

2. Accord collectif visé. L'accord instituant les horaires individualisés et les conditions de leur report d'une semaine à une autre conclu entre l'employeur et le comité d'entreprise, et non avec un ou plusieurs syndicats de salariés, n'a ni la valeur ni les effets d'un accord collectif habilité à prévoir des dérogations aux limites légales et réglementaires de report. • Soc. 21 févr. 2007 : 🔒 *D.* 2007. 801 ⌀ ; *RDT* 2007. 462, obs. Véricel ⌀ ; *RJS* 2007. 445, n° 606.

3. Autorisation administrative. L'employeur qui a décompté la durée du travail sur l'année sans tenir compte des heures réellement effectuées ne peut se prévaloir de l'autorisation donnée par l'inspecteur du travail de calcul de la durée de travail par cycle de quatre semaines. • Soc. 28 sept. 2010 : 🔒 *D. actu.* 26 oct. 2010, obs. *Siro* ; *JCP S* 2010. 1465, note *Chiss.*

4. Consultation du comité d'entreprise. Le défaut de consultation annuelle du comité sur les décisions de l'employeur portant sur l'aménagement du temps de travail ou la durée du travail, exigée au titre des missions de cet organe concernant la politique sociale de l'entreprise, les conditions de travail et l'emploi, qui peut être sanctionné selon les règles régissant le fonctionnement du comité d'entreprise, n'a pas pour effet d'entraîner l'inopposabilité de l'accord à l'ensemble des salariés de la société. • 18 sept. 2019, 🔒 n° 17-31.274 P : *D. actu.* 3 oct. 2019, obs. *Ilieva* ; *D.* 2019. Actu. 1843 ⌀ ; *RJS* 12/2019, n° 699 ; *JCP S* 2019. 1310, obs. Morand ; *Gaz. Pal.* 3 déc. 2019, p. 49, obs. de Brier.

5. Modification du contrat de travail. L'instauration d'une modulation du temps de travail, dont il résulte nécessairement une modification du mode de détermination des heures supplémentaires, constitue une modification du contrat de travail qui requiert l'accord exprès du salarié. • Soc. 28 sept. 2010 : 🔒 *D.* 2010. Actu. 2370, obs. *Dechristé* ⌀ ; *D.* 2011. 219, obs. *Frossard* ⌀ ; *RDT* 2010. 725, obs. *Canut* ⌀ ; *Dr. soc.* 2011. 151, note *Barthélémy* ⌀ ; *RJS* 2010. 841, n° 939 ; *JSL* 2010, n° 287-2, obs. *Hautefort* ; *SSL* 2010, n° 1464, p. 10, obs. *Favennec-Héry* ; *JCP S* 2010. 1466, obs. *Morand.*

6. Décompte des heures d'absence. Dans le cadre de la modulation du temps de travail, les heures d'absence accordées à un salarié doivent être déduites des mois au cours desquelles elles ont été effectuées et ne doivent pas être majorées comme des heures supplémentaires. • Soc. 9 févr. 2011 : 🔒 *D.* 2011. 599 ⌀ ; *RDT* 2011. 382, obs. *Véricel* ⌀ ; *JCP S* 2011 n° 1151, obs. *Morand.* ◆ En revanche, sauf dispositions conventionnelles plus favorables, le seuil de déclenchement des heures supplémentaires applicable en cas de modulation annuelle du travail doit, lorsque le salarié est absent pour maladie en cours de période haute, être réduit de la durée de cette absence, évaluée sur la base de la durée hebdomadaire moyenne de modulation applicable dans l'entreprise. • Soc. 13 juill. 2010, 🔒 n° 08-44.550 P : *RDT* 2011. 48, obs. *M. Véricel* ⌀ ; *RJS* 11/2010, n° 852 ; *JCP S* 2010. 1355, note *Morand.*

7. Seuil de déclenchement des heures supplémentaires et horaire d'équivalence. Un accord d'entreprise ne peut fixer, comme seuil de déclenchement des heures supplémentaires, un plafond supérieur à 1 607 heures de travail par an, nonobstant l'existence, dans son secteur d'activité, d'horaires d'activité. • Soc. 26 sept. 2012 : 🔒 *D.* 2013. Pan. 1026, obs. *Porta* ⌀ ; *RDT* 2013. 116, obs. *Véricel* ⌀ ; *RJS* 2012. 808, n° 951 ; *JCP S* 2012. 1474, note *Morand.* ◆ La dérogation conventionnelle régissant le décompte des heures supplémentaires ne peut être opérée qu'à partir des deux seuils de 1 607 heures annuelles ou de la moyenne de 35 heures calculée sur la période de référence retenue par l'accord. • Crim. 28 janv. 2014 : 🔒 *D. actu.* 29 avr. 2014, obs. *Ines* ; *RJS* 2014. 268, n° 326.

Art. L. 3121-42 Dans les entreprises ayant mis en place un dispositif d'aménagement du temps de travail sur une période de référence supérieure à la semaine, les salariés sont informés dans un délai raisonnable de tout changement dans la répartition de leur durée de travail.

Comp. anc. art. L. 3122-2, al. 6.

Jurisprudence rendue sous l'empire des textes antérieurs à la L. n° 2016-1088 du 8 août 2016.

Information du salarié sur son rythme de travail. En cas de non-respect des dispositions légales et conventionnelles d'aménagement du temps de travail relatives à l'information du salarié à temps partiel sur la durée et l'horaire de son activité, le contrat est présumé à temps complet. Il incombe alors à l'employeur de prouver que le salarié ne pouvait ignorer à quel rythme il devait travailler et qu'il n'avait pas à se tenir constamment à sa disposition (décision rendue sous l'empire de l'anc. art. L. 3123-25). • Soc. 12 mai 2015, 🔒 n° 14-10.623 : *D. actu.* 8 juin 2015, obs. *Cortot* ; *RDT* 2015. 471, obs. *Canut* ⌀ ; *RJS* 7/2015, n° 534.

Art. L. 3121-43 La mise en place d'un dispositif d'aménagement du temps de travail sur une période supérieure à la semaine par accord collectif ne constitue pas une modification du contrat de travail pour les salariés à temps complet.

Comp. anc. art. L. 3122-6.

§ 2 Champ de la négociation collective

Art. L. 3121-44 En application de l'article L. 3121-41, un accord d'entreprise ou d'établissement ou, à défaut, une convention ou un accord de branche peut définir les modalités d'aménagement du temps de travail et organiser la répartition de la durée du travail sur une période supérieure à la semaine. Il prévoit :

1° La période de référence, qui ne peut excéder un an ou, si un accord de branche l'autorise, trois ans ;

2° Les conditions et délais de prévenance des changements de durée ou d'horaires de travail ;

3° Les conditions de prise en compte, pour la rémunération des salariés, des absences ainsi que des arrivées et des départs en cours de période de référence.

Lorsque l'accord s'applique aux salariés à temps partiel, il prévoit les modalités de communication et de modification de la répartition de la durée et des horaires de travail.

L'accord peut prévoir une limite annuelle inférieure à 1 607 heures pour le décompte des heures supplémentaires.

Si la période de référence est supérieure à un an, l'accord prévoit une limite hebdomadaire, supérieure à trente-cinq heures, au delà *[au-delà]* de laquelle les heures de travail effectuées au cours d'une même semaine constituent en tout état de cause des heures supplémentaires dont la rémunération est payée avec le salaire du mois considéré. Si la période de référence est inférieure ou égale à un an, l'accord peut prévoir cette même limite hebdomadaire. Les heures supplémentaires résultant de l'application du présent alinéa n'entrent pas dans le décompte des heures travaillées opéré à l'issue de la période de référence mentionnée au 1°.

L'accord peut prévoir que la rémunération mensuelle des salariés est indépendante de l'horaire réel et détermine alors les conditions dans lesquelles cette rémunération est calculée, dans le respect de l'avant-dernier alinéa.

Comp. anc. art. L. 3122-2.

§ 3 Dispositions supplétives

Art. L. 3121-45 A défaut d'accord mentionné à l'article L. 3121-44, l'employeur peut, dans des conditions fixées par décret, mettre en place une répartition sur plusieurs semaines de la durée du travail, dans la limite de neuf semaines pour les entreprises employant moins de cinquante salariés et dans la limite de quatre semaines pour les entreprises de cinquante salariés et plus.

Comp. anc. art. L. 3122-2, dern. al.

BIBL. ▶ MORAND, *RJS* 11/2022, chron. (faire revivre les JRTT).

1. Conformité à la Constitution. La différence de traitement instituée par l'art. L. 3121-45 C. trav. ne méconnaît pas le principe d'égalité devant la loi et ce texte doit être déclaré conforme à la Constitution ; le législateur a permis l'aménagement du temps de travail sur une période plus longue pour les entreprises de moins de 50 salariés en raison de leur grande difficulté d'accès à la négociation collective, tout en limitant la durée de l'aménagement en l'absence d'accord collectif. • Cons. const. 15 sept. 2017, n° 2017-653 QPC : *RJS 11/2017, n° 747.*

2. En l'absence d'accord collectif prévu par l'ancien art. L. 3122-2, l'ancien art. D. 3122-7-1 donne la possibilité à l'employeur d'organiser la durée du travail sous forme de périodes de travail et d'imposer unilatéralement la répartition du travail sur une période n'excédant pas quatre semaines, sans que les salariés ne puissent s'y opposer au prétexte qu'il s'agirait d'une modification de leur contrat de travail. • Soc. 11 mai 2016, n° 15-10.025 : *D. 2016. Actu. 1085 ; RDT 2016. 571, note Canut ; JCP S 2016. 1219, obs. Morand.*

Art. L. 3121-46 Par dérogation à l'article L. 3121-45, dans les entreprises qui fonctionnent en continu, l'employeur peut mettre en place une répartition de la durée du travail sur plusieurs semaines.

Comp. anc. art. L. 3122-3.

Art. L. 3121-47 A défaut de stipulations dans l'accord mentionné à l'article L. 3121-44, le délai de prévenance des salariés en cas de changement de durée ou d'horaires de travail est fixé à sept jours.

Comp. anc. art. L. 3122-2, al. 6.

SOUS-SECTION 2 Horaires individualisés et récupération des heures perdues

§ 1 Ordre public

Art. L. 3121-48 L'employeur peut, à la demande de certains salariés, mettre en place un dispositif d'horaires individualisés permettant un report d'heures d'une semaine à une autre, dans les limites et selon les modalités définies aux articles L. 3121-51 et L. 3121-52, après avis conforme du *(Ord. n° 2017-1386 du 22 sept. 2017, art. 4)* « comité social et économique ». Dans ce cadre, et par dérogation à l'article L. 3121-29, les heures de travail effectuées au cours d'une même semaine au-delà de la durée hebdomadaire légale ou conventionnelle ne sont pas considérées comme des heures supplémentaires, pourvu qu'elles résultent d'un libre choix du salarié.

Dans les entreprises qui ne disposent pas de représentant du personnel, l'inspecteur du travail autorise la mise en place d'horaires individualisés.

Comp. anc. art. L. 3122-23 et L. 3122-24.

En application de l'art. L. 231-5 CRPA, et par exception à l'application du délai de deux mois prévu à l'art. L. 231-1 du même code, le délai à l'expiration duquel le silence gardé par l'administration vaut décision d'acceptation est fixé à trente jours pour une demande d'autorisation de pratique des horaires individualisés (Décr. n° 2014-1290 du 23 oct. 2014, art. 1ᵉʳ).

Art. L. 3121-49 Les salariés mentionnés aux 1° à 4° et 9° à 11° de l'article L. 5212-13 bénéficient à leur demande, au titre des mesures appropriées prévues à l'article L. 5213-6, d'un aménagement d'horaires individualisés propre à faciliter leur accès à l'emploi, leur exercice professionnel ou le maintien dans leur emploi.

Les aidants familiaux et les proches d'une personne handicapée bénéficient, dans les mêmes conditions, d'un aménagement d'horaires individualisés propre à faciliter l'accompagnement de cette personne.

Comp. anc. art. L. 3122-26.

Art. L. 3121-50 Seules peuvent être récupérées les heures perdues par suite d'une interruption collective du travail résultant :

1° De causes accidentelles, d'intempéries ou en cas de force majeure ;
2° D'inventaire ;
3° Du chômage d'un jour ou de deux jours ouvrables compris entre un jour férié et un jour de repos hebdomadaire ou d'un jour précédant les congés annuels.

Comp. anc. art. L. 3122-27.

Jurisprudence rendue sous l'empire des textes antérieurs à la L. n° 2016-1088 du 8 août 2016.

1. Salarié sous forfait jours. Les dispositions de l'art. L. 3122-27 [ancien] relatives à la récupération des heures non travaillées sont applicables aux salariés sous forfait jours ; le retrait d'un jour de réduction de temps de travail en raison d'une absence pour maladie a pour effet d'entraîner une récupération des heures perdues prohibée par ces dispositions. ● Soc. 3 nov. 2011 : ⚓ *D. actu.* 13 déc. 2011, obs. Perrin ; *D. 2011. Actu. 2804* ⌀ ; *RDT 2012. 106*, obs. Véricel ⌀ ; *JSL 2012, n° 313-4*, obs. Hautefort ; *JCP S 2011. 1567*, obs. Morand.

2. Mise en chômage technique. Il appartient à l'employeur dans l'exercice de son pouvoir normal d'organisation de l'entreprise d'apprécier l'opportunité d'une modification d'horaire ou d'une fermeture totale ou partielle ; lorsqu'il ne s'est pas décidé par un intérêt autre que celui de l'entreprise, il ne peut être condamné à réparer le préjudice résultant pour les salariés du seul fait qu'ils aient refusé de récupérer les heures perdues. ● Soc. 21 juill. 1981 : *Bull. civ. V, n° 724*. – V. aussi ● Soc. 24 avr. 1980 : *Bull. civ. V, n° 360* ● 8 mars 1978 : *ibid., n° 167*. ♦ Sur la nécessité de consulter le comité d'entreprise, V. ● Crim. 21 nov. 1978 : *Bull. crim. n° 324 ; Dr. ouvrier 1979. 213*, note Fourage-Liard.

3. Faculté de récupération. La récupération des heures perdues ne constitue qu'une faculté pour l'employeur. ● Soc. 25 avr. 1984 : *Bull. civ. V, n° 144*. ♦ La décision de récupération s'impose à tous les salariés. ● Soc. 19 févr. 1959 : *Bull. civ. IV, n° 250* (salariés embauchés postérieurement) ● 24 avr. 1980 : *préc. note 2* ● 5 juill. 1982 : *Bull. civ. V, n° 449* (salariés absents pour maladie au moment de l'interruption collective du travail). ◆ Sur les conséquences du refus du salarié, V. • Soc. 6 janv. 1971 : *Cah. prud'h. 1971. 104* (sanction disciplinaire) • 11 mars 1964 : *D. 1964. 453* (refus justifié par des motifs légitimes).

4. Cas non prévus. Le chômage de la journée d'ouverture de la chasse, cas non prévu par l'art. L. 212-2-2 [ancien], ne peut donner lieu à récupération. • Soc. 13 oct. 1993 : ⚜ *Dr. soc. 1993. 962 ; RJS 1993. 653, n° 1105.*

5. Ponts. En présence d'un accord d'entreprise selon lequel les ponts seront chômés, l'employeur ne peut imputer un jour de pont chômé sur la cinquième semaine de congés payés. • Soc. 17 avr. 1986 : *Bull. civ. V, n° 158.* ◆ En prévoyant, sans restriction, l'inclusion des jours chômés dans la nouvelle durée des congés payés, une convention collective a mis fin à l'usage plus favorable qui était en vigueur. • Soc. 19 déc. 1990, ⚜ n° 87-43.568 P.

6. La décision régulièrement prise de récupérer les heures perdues à la suite d'un pont s'impose à tous les salariés, même à ceux qui étaient absents pour maladie au moment de l'interruption collective du travail. • Soc. 5 juill. 1982 : *Bull. civ. V, n° 449.* – Dans le même sens : • Soc. 25 mai 1994 : ⚜ *Dr. soc. 1994. 706 ; RJS 1994. 517, n° 864.* ◆ Dès lors qu'une interruption du travail sous la forme d'une journée de fermeture de l'entreprise n'est pas immédiatement précédée par un jour férié et ne correspond à aucun des cas limitativement énumérés par l'art. L. 212-2-2 [ancien], l'employeur ne peut en imposer la récupération. • Soc. 28 janv. 1997 : ⚜ *RJS 1997. 195, n° 292, 1re esp.* ◆ Si les heures perdues à la suite du chômage d'un ou de deux jours ouvrables entre un jour férié et un jour de repos hebdomadaire peuvent être récupérées même si le ou les deux jours ouvrables précédent le jour férié, un même jour férié, ou un même jour de repos ne peut permettre la récupération des heures perdues à la fois pour les jours ouvrables qui le précèdent et pour ceux qui le suivent. • Soc. 18 mai 1999, ⚜ n° 97-13.131 P : *D. 1999. IR 166 ; RJS 1999. 566, n° 925.*

7. L'employeur qui ferme son entreprise pendant deux jours entre un dimanche et un jour férié et qui renonce à récupérer les heures perdues doit néanmoins rémunérer les salariés, ayant manqué à son obligation de leur fournir un travail à effectuer. • Soc. 23 avr. 1970 : *Dr. soc. 1971. 129, obs. Savatier ; RJS 2012. 47, n° 43.*

8. Absence pour maladie. Le retrait d'un jour de réduction de temps de travail en raison d'une absence pour maladie a pour effet d'entraîner une récupération prohibée. • Soc. 3 nov. 2011 : ⚜ *D. actu. 13 déc. 2011, obs. Perrin ; D. 2011. Actu. 2804 ; RDT 2012. 106, obs. Véricel ; JSL 2012, n° 313-4, obs. Hautefort ; RJS 2012. 47, n° 43 ; JCP S 2011. 1567, obs. Morand.* ◆ Mais l'accord collectif, qui octroie, en sus des jours de congés payés annuels, d'autres jours de congé dont le nombre est déterminé en fonction du temps de travail effectif dans l'année, ne prévoit pas la récupération prohibée des jours d'absence pour maladie du salarié. • Soc. 16 déc. 2015, ⚜ n° 14-23.731 P : *D. actu. 11 janv. 2016, obs. Ines ; D. 2016. Actu. 17 ; RJS 3/2016, n° 180 ; JCPS 2016. 1056, obs. Morand.*

9. Sanction des irrégularités. L'absence d'avis donné immédiatement à l'inspecteur du travail lorsque le travail est interrompu collectivement par un événement imprévu constitue une faute de l'employeur pouvant donner lieu au profit des salariés à réparation en fonction du préjudice subi, mais n'affecte pas pour autant la régularité de la décision de récupération. • Soc. 16 déc. 2005, ⚜ n° 04-40.905 P.

§ 2 Champ de la négociation collective

Art. L. 3121-51 Un accord collectif d'entreprise ou d'établissement ou, à défaut, une convention ou un accord de branche peut :
1° Prévoir les limites et modalités du report d'heures d'une semaine à une autre lorsqu'est mis en place un dispositif d'horaires individualisés en application de l'article L. 3121-48 ;
2° Fixer les modalités de récupération des heures perdues dans les cas prévus à l'article L. 3121-50.

§ 3 Dispositions supplétives

Art. L. 3121-52 A défaut d'accord collectif mentionné à l'article L. 3121-51, les limites et modalités du report d'heures en cas de mise en place d'un dispositif d'horaires individualisés et de récupération des heures perdues sont déterminées par décret en Conseil d'État.

SECTION 5 Conventions de forfait

BIBL. ▶ AMALRIC, *RDT 2012. 500* (les conventions de forfait sous le contrôle de la Cour de cassation). – ANTONMATTÉI, DERUE, FABRE, MORAND, VACHET et VERKINDT, *SSL 2012, n° spécial autour du forfait-jours, suppl. au n° 1544.* – D'ORNANO et ISMAÏL, *JCP S 2008. 1490* (convention de forfait en jours sur l'année après la loi du 20 août 2008). – FAVENNEC-HÉRY, *RJS 2/2020* (l'indivisibilité entre accord collectif et convention individuelle : le cas du forfait annuel en jours ou en heures). - GAMET, *Dr. soc. 2015. 447* (Ubu et le forfait-jours). - JUEN, *Dr. soc. 2015. 528* (les irrégularités dans la mise en œuvre d'un forfait annuel en jours : quelles sanctions ?). - LHERNOUD, *RJS 2012. 779* (forfait en jours : de nouvelles perspectives contentieuses ?). - PELAN, *JCP S 2022. 1129* (contrôle du contenu du temps de travail des salariés en forfait). - PIGNARRE, *RDT 2014. 746* (l'office du juge dans la sécurisation des conventions de forfait en jours). - VERKINDT, *Dr. soc. 2010. 387*.

▶ **Loi Travail (L. n° 2016-1088 du 8 août 2016) :** FLORÈS, *Dr. soc. 2016. 898* (le forfait en jours après la loi du 8 août 2016). - MORAND, *JCP S 2016. 1295* (clarification et sécurisation des conventions de forfait).

COMMENTAIRE

V. sur le Code en ligne 🔒.

SOUS-SECTION 1 Ordre public

§ 1 Dispositions communes

Art. L. 3121-53 La durée du travail peut être forfaitisée en heures ou en jours dans les conditions prévues aux sous-sections 2 et 3 de la présente section.

Art. L. 3121-54 Le forfait en heures est hebdomadaire, mensuel ou annuel. Le forfait en jours est annuel.

Comp. anc. art. L. 3122-38.

Art. L. 3121-55 La forfaitisation de la durée du travail doit faire l'objet de l'accord du salarié et d'une convention individuelle de forfait établie par écrit.

Comp. anc. art. L. 3122-38.

BIBL. ▶ JEANSEN, *JCP S 2017. 1230* (clauses de forfait).

Sur les clauses prévoyant une rémunération forfaitaire, V. jurispr. ss. art. L. 3121-28.

§ 2 Forfaits en heures

Art. L. 3121-56 Tout salarié peut conclure une convention individuelle de forfait en heures sur la semaine ou sur le mois.

Peuvent conclure une convention individuelle de forfait en heures sur l'année, dans la limite du nombre d'heures fixé en application du 3° du I de l'article L. 3121-64 :

1° Les cadres dont la nature des fonctions ne les conduit pas à suivre l'horaire collectif applicable au sein de l'atelier, du service ou de l'équipe auquel ils sont intégrés ;

2° Les salariés qui disposent d'une réelle autonomie dans l'organisation de leur emploi du temps.

Comp. anc. art. L. 3122-42.

Jurisprudence rendue sous l'empire des textes antérieurs à la L. n° 2016-1088 du 8 août 2016.

1. Cadres. La qualité de cadre ne suffit pas à exclure le droit au paiement des heures supplémentaires ; sauf à constater l'existence d'un salarié forfaitaire compensant les dépassements d'horaires résultant des impératifs de la fonction assurée, une cour d'appel ne peut débouter un cadre de sa demande en paiement d'heures supplémentaires. • Soc. 14 juin 1990, 🔒 n° 88-42.783 P : *D. 1990. IR 202 ; RJS 1990. 526, n° 775.* ♦ Dans le même sens : • Soc. 23 juin 1994 : 🔒 *Dr. soc. 1994. 798 ; RJS 1994. 588, n° 996* • 30 janv. 1997, 🔒 n° 94-40.330 P : *RJS 1997. 193, n° 289* • 15 mai 2014, 🔒 n° 12-14.993. ♦ V. aussi, pour un cadre bénéficiant des dispositions d'une convention collective prévoyant des majorations pour heures supplémentaires : • Soc. 11 oct. 1990, 🔒 n° 88-40.239 P.

2. Respect du cadre conventionnel. Lorsqu'une convention collective qui instaure le forfait en heures prévoit des conditions minimales de recours à cette modalité d'organisation du temps de travail, l'accord du salarié ne les remplissant pas est sans effet. • Soc. 4 nov. 2015, 🔒 n° 14-25.745 P : *D. actu. 7 déc. 2015, obs. Siro ; RDT 2016. 104, obs. Canut ; Dr. soc. 2016. 191, obs. Antonmattéi ; RJS 1/2016, n° 31 ; JSL 2015, n° 399-400-7, obs. Pacotte et Halimi ; JCP 2015. 1291, obs. Daniel.*

Art. L. 3121-57 La rémunération du salarié ayant conclu une convention individuelle de forfait en heures est au moins égale à la rémunération minimale applicable dans l'entreprise pour le nombre d'heures correspondant à son forfait, augmentée, le cas échéant, si le forfait inclut des heures supplémentaires, des majorations prévues aux articles L. 3121-28, L. 3121-33 et L. 3121-36.

Comp. anc. art. L. 3122-41.

Jurisprudence rendue sous l'empire des textes antérieurs à la L. n° 2016-1088 du 8 août 2016.

L'indemnité de l'art. L. 212-15-4 [ancien] n'est due qu'au salarié susceptible d'être soumis à une convention de forfait en jours, c'est-à-dire aux cadres dont la durée du travail ne peut être prédéterminée, qui disposent d'une autonomie dans l'organisation de leur emploi du temps et qui doit bénéficier d'une grande liberté dans l'organisation de son travail à l'intérieur du forfait en jours. ● Soc. 31 oct. 2007 : 🗝 *D.* 2007. AJ 2876, obs. Perrin ⌀ ; *RJS* 2008. 443, note Bugada.

§ 3 Forfaits en jours

BIBL. ▶ BOUBLI, *SSL* 2013, n° 1585, p. 8 (forfaits en jours : validité et recours) ; *JCP S* 2016. 1073. – D'ORNANO et ISMAÏL, *JCP S* 2008. 1490 (convention de forfait en jours sur l'année après la loi du 20 août 2008). – DUCLOZ et FLORES, *RDT* 2016. 140 ⌀ (la sauvegarde du forfait en jours : le juge et la combinaison des normes). – FAVENNEC-HÉRY, *SSL* 2023, 2034 (le forfait jours en sursis).

Art. L. 3121-58 Peuvent conclure une convention individuelle de forfait en jours sur l'année, dans la limite du nombre de jours fixé en application du 3° du I de l'article L. 3121-64 :
1° Les cadres qui disposent d'une autonomie dans l'organisation de leur emploi du temps et dont la nature des fonctions ne les conduit pas à suivre l'horaire collectif applicable au sein de l'atelier, du service ou de l'équipe auquel ils sont intégrés ;
2° Les salariés dont la durée du temps de travail ne peut être prédéterminée et qui disposent d'une réelle autonomie dans l'organisation de leur emploi du temps pour l'exercice des responsabilités qui leur sont confiées.

Comp. anc. art. L. 3121-43.

> **COMMENTAIRE**
> V. sur le Code en ligne 🏛.

Jurisprudence rendue sous l'empire des textes antérieurs à la L. n° 2016-1088 du 8 août 2016.

1. Cadres. La qualité de cadre ne suffit pas à exclure le droit au paiement des heures supplémentaires ; sauf à constater l'existence d'un salaire forfaitaire compensant les dépassements d'horaires résultant des impératifs de la fonction assurée, une cour d'appel ne peut débouter un cadre de sa demande en paiement d'heures supplémentaires. ● Soc. 14 juin 1990, 🗝 n° 88-42.783 P : *D.* 1990. IR 202 ; *RJS* 1990. 526, n° 775. ♦ Dans le même sens : ● Soc. 23 juin 1994 : 🗝 *Dr. soc.* 1994. 798 ⌀ ; *RJS* 1994. 588, n° 996 ● 30 janv. 1997, 🗝 n° 94-40.330 P : *RJS* 1997. 193, n° 289. ♦ V. aussi, pour un cadre bénéficiant des dispositions d'une convention collective prévoyant des majorations pour heures supplémentaires : ● Soc. 11 oct. 1990, 🗝 n° 88-40.239 P. ♦ Un régime de forfait en jours ne peut être appliqué qu'aux cadres dont la durée du travail ne peut pas être prédéterminée et qui disposent d'une grande autonomie dans l'organisation de leur emploi du temps, et que dans ce cas, le cadre doit bénéficier d'une grande liberté dans l'organisation de son travail à l'intérieur du forfait en jours ; aussi ne peut être soumis au forfait jours le cadre, dont l'emploi du temps est déterminé par la direction et le supérieur hiérarchique, lesquels définissaient le planning de ses interventions auprès des clients, et que le salarié ne disposait pas du libre choix de ses repos hebdomadaires. ● Soc. 31 oct. 2007 : 🗝 *RDT* 2008. 110, obs. Véricel ⌀ ● Soc. 27 mars 2019, 🗝 n° 17-31.715 P : *RJS* 6/2019, n° 355 ; *SSL* 2019, n° 1861, p. 15, obs. Morand.

2. Autonomie dans l'organisation du salarié. La constatation que la salariée n'était pas soumise à un horaire collectif de travail, qu'elle n'était pas astreinte à des horaires fixes, que compte tenu des attributions d'assistante de direction telles que prévues au contrat de travail, elle se voyait conférer une très grande autonomie dans l'organisation de ses tâches et ce d'autant que son supérieur hiérarchique se trouvait la plupart du temps en déplacement à l'étranger, enfin qu'elle disposait d'une très grande latitude dans la mise en œuvre de ses tâches, permet d'en déduire que la salariée bénéficiait d'une réelle autonomie dans l'organisation de son travail, autorisant le recours à une convention de forfait en jours. ● Soc. 10 févr. 2021, 🗝 n° 19-13.454 P. ♦ Dès lors que les sujétions imposées à certains cadres d'assurer la fermeture du magasin ou d'effectuer des permanences ne les empêchent pas de disposer d'une autonomie dans l'organisation de leur emploi du temps et ne les contraignent pas à être soumis à l'horaire collectif, ces salariés sont susceptibles de relever du régime du forfait en jours. • Soc. 15 déc. 2021, ⚖ n° 19-18.226 B : *D. actu. 14 janv. 2022, obs. Renard ; D. 2022. 414, obs. Ala et Lanoue ⊘ ; RDT 2022. 317, obs. Véricel ⊘ ; Dr. soc. 2022. 286, obs. Petit ⊘ ; RJS 2/2022, n° 76 ; JSL 2022, n° 535-4, obs. Hautefort ; JCP S 2022. 1021, obs. Gauriau.* ♦ En revanche la taille réduite de l'entreprise et la présence au sein de cette dernière d'autres salariés sont impropres à caractériser l'autonomie du salarié dans l'organisation de son emploi du temps pour l'exercice des responsabilités qui lui sont confiées et ne sont pas de nature à expliquer les raisons qui le conduisaient à ne pas suivre l'horaire collectif de travail. • Soc. 25 janv. 2023, ⚖ n° 21-16.825 B : *RJS 4/2023, n° 206 ; JSL 2023, n° 560-3, obs. Lhernould ; JCP S 2023. 1052, obs. Morand.*

3. Forfait en jours. Une convention de forfait en jours peut être conclue pour certains salariés dont la durée du temps de travail ne peut être prédéterminée compte tenu de la nature de leurs fonctions, des responsabilités exercées et de l'autonomie dont ils bénéficient dans l'organisation de leur emploi du temps. • Soc. 9 juill. 2003, ⚖ n° 01-42.451 P : *RJS 2003. 806, n° 1175.* ♦ L'accord collectif qui définit les cadres autonomes comme étant ceux dont le rythme de travail ne peut, en raison de leur mission, être soumis à l'horaire collectif de travail du service qu'ils dirigent ou auquel ils sont affectés, est conforme à l'art. L. 212-15-3 [ancien]. • Soc. 26 mai 2004, ⚖ n° 02-18.756 P : *D. 2004. IR 1866 ⊘ ; RJS 2004. 627, n° 924.*

4. Arrêt de travail. Dans la mesure où l'accord collectif applicable prévoit, pour les salariés cadres soumis à une convention de forfait en jours, qu'aucune suspension du contrat de travail inférieure à une journée entière ou à une demi-journée ne peut entraîner une retenue sur salaire, aucune retenue ne peut être effectuée pour une absence inférieure à une demi-journée de travail. • Soc. 4 mars 2009 : ⚖ *D. 2009. AJ 877, obs. Perrin ⊘ ; RDT 2009. 325, obs. Tissandier ⊘ ; RJS 2009. 377, n° 439.*

5. Convention de forfait illicite et travail dissimulé. Le caractère intentionnel du travail dissimulé ne peut se déduire de la seule application d'une convention de forfait illicite. • Soc. 16 juin 2015, ⚖ n° 14-16.953 P : *RJS 10/2015, n° 656 ; JSL 2015, n° 394-3, obs. Lhernould ; JCP S 2015. 1388, note Bossu.*

6. Prescription de la contestation de la convention de forfait. Le salarié dont la demande de rappel de salaires au titre des heures supplémentaires n'est pas prescrite est recevable à contester la validité de la convention de forfait annuel en jours. • Soc. 27 mars 2019, ⚖ n° 17-23.314 P : *D. actu. 6 mai 2019, obs. Fraisse ; D. 2019. 1561, obs. David ⊘ ; RJS 6/2019, n° 357 ; SSL 2019, n° 1861, obs. Morand ; JSL 2019, n° 477-3, obs. Tissandier ; JCP S 2019. 1132, obs. Morand.*

Art. L. 3121-59 Le salarié qui le souhaite peut, en accord avec son employeur, renoncer à une partie de ses jours de repos en contrepartie d'une majoration de son salaire. L'accord entre le salarié et l'employeur est établi par écrit.

Un avenant à la convention de forfait conclue entre le salarié et l'employeur détermine le taux de la majoration applicable à la rémunération de ce temps de travail supplémentaire, sans qu'il puisse être inférieur à 10 %. Cet avenant est valable pour l'année en cours. Il ne peut être reconduit de manière tacite.

Comp. anc. art. L. 3122-45.

Jurisprudence rendue sous l'empire des dispositions antérieures à la loi du 8 août 2016.

Fixation du montant de la majoration en l'absence d'accord collectif. En l'absence de conclusion d'un accord entre les parties, le juge fixe, dans le respect du minimum de 10 %, le montant de la majoration applicable à la rémunération due en contrepartie du temps de travail excédant le forfait convenu. • Soc. 26 janv. 2022, ⚖ n° 20-13.266 B : *D. actu. 10 févr. 2022, obs. Malfettes ; D. 2022. 217 ⊘ ; RJS 4/2022, n° 186 ; JSL 2022, n° 537-2, obs. Pacotte et Borocco ; SSL 2022, n° 1987, p. 13, obs. Champeaux ; JCP S 2022. 1065, obs. François.*

Art. L. 3121-60 L'employeur s'assure régulièrement que la charge de travail du salarié est raisonnable et permet une bonne répartition dans le temps de son travail.

Comp. anc. art. L. 3122-46.

Jurisprudence rendue sous l'empire des textes antérieurs à la L. n° 2016-1088 du 8 août 2016.

Dès lors que les stipulations de la convention et de l'accord collectifs applicables ne permettent pas à l'employeur de remédier en temps utile à une charge de travail éventuellement incompatible avec une durée raisonnable, de nature à garantir que l'amplitude et la charge de travail restent raisonnables et assurent une bonne répartition, dans le temps, du travail de l'intéressé, la convention de forfait en jours est nulle. • Soc. 8 nov. 2017, ⚖ n° 15-22.758 P : *RJS 1/2018, n° 33 ; JCP S 2017. 1402, obs. Rozec.* ♦ Dès lors qu'il n'est pas établi par l'employeur que, dans le cadre de

DURÉE DU TRAVAIL **Art. L. 3121-62** 1083

l'exécution de la convention de forfait en jours, le salarié a été soumis à un moment quelconque à un contrôle de sa charge de travail et de l'amplitude de son temps de travail, la convention de forfait en jours est sans effet, en sorte que le salarié est en droit de solliciter le règlement de ses heures supplémentaires. • Soc. 19 déc. 2018, n° 17-18.725 P : *D. 2019. Actu. 20* ; *RJS 3/2019, n° 161* ; *JSL 2019, n° 470-4, obs. Hautefort* ; *JCP S 2019. 1048, obs. Morand.*

Art. L. 3121-60-1 (L. n° 2023-270 du 14 avr. 2023, art. 26-V, en vigueur le 1ᵉʳ sept. 2023) Lorsqu'un salarié ayant conclu une convention de forfait en jours et (L. n° 2023-1250 du 26 déc. 2023, art. 96-II) « qui souhaite bénéficier d'une retraite progressive en application des articles L. 161-22-1-5 à L. 161-22-1-9 » du code de la sécurité sociale demande à travailler à temps réduit par rapport à la durée maximale légale ou conventionnelle de travail exprimée en jours, il adresse sa demande, dans des conditions fixées par décret, à l'employeur. A défaut de réponse écrite et motivée dans un délai de deux mois à compter de la réception de la demande, l'accord de l'employeur est réputé acquis. — *V. art. D. 3121-36.*

Le refus de l'employeur est justifié par l'incompatibilité de la durée de travail demandée par le salarié avec l'activité économique de l'entreprise.

La 2ᵈᵉ phr. du 1ᵉʳ al. de l'art. L. 3121-60-1 ne s'applique qu'aux demandes présentées à compter du 1ᵉʳ sept. 2023 (L. n° 2023-270 du 14 avr. 2023, art. 26-XII, 8°).

Art. L. 3121-61 Lorsqu'un salarié ayant conclu une convention de forfait en jours perçoit une rémunération manifestement sans rapport avec les sujétions qui lui sont imposées, il peut, nonobstant toute clause conventionnelle ou contractuelle contraire, saisir le juge judiciaire afin que lui soit allouée une indemnité calculée en fonction du préjudice subi, eu égard notamment au niveau du salaire pratiqué dans l'entreprise, et correspondant à sa qualification.

Comp. anc. art. L. 3122-47.

Jurisprudence rendue sous l'empire des textes antérieurs à la L. n° 2016-1088 du 8 août 2016.

1. L'indemnité de l'art. L. 212-15-4 [ancien] n'est due qu'aux salariés susceptibles d'être soumis à une convention de forfait en jours, c'est-à-dire aux cadres dont la durée du travail ne peut être prédéterminée, qui disposent d'une autonomie dans l'organisation de leur emploi du temps et qui doivent bénéficier d'une grande liberté dans l'organisation de leur travail à l'intérieur du forfait en jours. • Soc. 31 oct. 2007 : *D. 2007. AJ 2876, obs. Perrin* ; *RJS 2008. 443, note Bugada.*

2. Le dépassement de la durée annuelle prévue par la convention de forfait en jours ouvre droit au bénéfice du salarié à l'indemnité pour utilisation abusive du forfait-jours prévue par l'art. L. 3121-47 [ancien]. • Soc. 7 déc. 2010 : *D. actu. 11 janv. 2011, obs. Perrin* ; *D. 2011. Actu. 85* ; *JCP S 2011. 1060, obs. Morand.*

Art. L. 3121-62 Les salariés ayant conclu une convention de forfait en jours ne sont pas soumis aux dispositions relatives :

1° A la durée quotidienne maximale de travail effectif prévue à l'article L. 3121-18 ;

2° Aux durées hebdomadaires maximales de travail prévues aux articles L. 3121-20 et L. 3121-22 ;

3° A la durée légale hebdomadaire prévue à l'article L. 3121-27.

1. Forfait-jours et temps partiel. Les salariés ayant conclu une convention de forfait en jours sur l'année dont le nombre est inférieur à 218 jours ne peuvent être considérés comme salariés à temps partiel. • Soc. 27 mars 2019, n° 16-23.800 P : *D. actu. 30 avr. 2019, obs. Ciray* ; *D. 2019. Actu. 704* ; *RJS 6/2019, n° 356* ; *SSL 2019, n° 1861, p. 15, obs. Morand* ; *JSL 2019, n° 476-4, obs. Nasom-Tissandier* ; *JCP S 2019. 1131, obs. Maes-Audebert.*

2. Forfait-jours et heures supplémentaires. Un salarié soumis à une convention de forfait en jours dont il ne conteste pas la validité ne peut pas réclamer que le temps de travail qu'il a effectué certains dimanches lui soit rémunéré. • Soc. 21 sept. 2022, n° 21-14.102 B : *D. 2022. 1705* ; *RDT 2023. 198, note Serre* ; *RJS 11/2022, n° 564* ; *JSL 2022, n° 551-3, obs. Pacotte et Borocco-Dillies* ; *JCP S 2022. 1270, obs. Katchadourian.*

SOUS-SECTION 2 — Champ de la négociation collective

Art. L. 3121-63 Les forfaits annuels en heures ou en jours sur l'année sont mis en place par un accord collectif d'entreprise ou d'établissement ou, à défaut, par une convention ou un accord de branche.

Comp. anc. art. L. 3121-39.

BIBL. ▶ Favennec-Héry, *RJS 2/2020* (l'indivisiblité entre accord collectif et convention individuelle : le cas du forfait annuel en jours ou en heures).

Jurisprudence rendue sous l'empire des textes antérieurs à la L. n° 2016-1088 du 8 août 2016.

1. Non-conformité de la convention de forfait à la Charte sociale européenne. Le Comité européen des droits sociaux (CEDS) constate que les dispositions sur le forfait en jours ne sont pas conformes à la Charte sociale européenne révisée : la loi n'impose pas que les conventions collectives prévoient une durée maximale, journalière et hebdomadaire ; il note que, même si les partenaires sociaux ont en pratique la possibilité de le faire, il n'est plus prévu que lesdites conventions fixent des modalités de suivi et notamment la durée quotidienne et la charge de travail. De ce fait, la procédure de négociation collective n'offre pas de garanties suffisantes pour que l'art. 2, § 1, de la charte soit respecté. ● CEDS 14 janv. 2011, n° 55/2009 ; *SSL* 2011, n° 1475, obs. Miné ; *RDT* 2011. 233, note Akandji-Kombé ⌕ ; *ibid.* 298, note Laulom ⌕.

2. Constitutionnalité. Saisie d'une question prioritaire de constitutionnalité concernant l'interprétation qu'elle fait des conditions de validité des conventions de forfait en jours, notamment en exigeant l'existence de stipulations permettant d'assurer le respect des durées maximales de travail, ainsi que d'une amplitude et une charge de travail raisonnable, la Haute Juridiction a considéré qu'il n'y avait pas lieu à renvoi ; il n'y a aucune atteinte à une situation légalement acquise, ni méconnaissance de principes constitutionnels. ● Soc., QPC, 7 juill. 2015, ⚲ n° 15-12.417 P : *D.* 2015. *Actu.* 1545 ⌕ ; *RJS* 11/2015, n° 744 ; *JCP* 2015. 894, obs. Mathieu.

3. Protection de la sécurité et de la santé du salarié. Toute convention de forfait-jours doit être prévue par un accord collectif dont les stipulations assurent la garantie du respect des durées maximales de travail, ainsi que des repos, journaliers et hebdomadaires ; l'inobservation des stipulations de l'accord collectif, dont le respect est de nature à assurer la protection de la sécurité et de la santé du salarié soumis au régime du forfait en jours, prive d'effet la convention de forfait et ouvre ainsi droit pour le salarié au paiement d'heures supplémentaires dont le juge doit vérifier l'existence et le nombre. ● Soc. 29 juin 2011, ⚲ n° 09-71.107 : *D. actu.* 19 juill. 2011, obs. Perrin ; *D.* 2011. *Actu.* 1830 ⌕ ; *RDT* 2011. 481, note Mazars, Laulom et Dejours ⌕ ; *JSL* 2011, n° 304-2, obs. Hautefort ; *JCP S* 2011. 1332, entretien Akandji-Kombé ; *ibid.* 1333, note Morvan ; *RJS* 2011. 587, chron. Favennec-Héry ; *ibid.* 636, n° 696 ; *SSL* 2011, n° 1499, p. 11, note Mazars et Florès ; *Dr. ouvrier* 2011. 723, obs. Richard ; *ibid.* 2012.171, obs. A. Lyon-Caen ● 26 sept. 2012, ⚲ n° 11-14.540 : *D. actu.* 24 oct. 2012, obs. Siro ; *D.* 2012. *Actu.* 2316 ⌕ ; *ibid.* 2013. 114, obs. Ducloz ⌕ ; *D.* 2013. *Pan.* 1026, obs. Lokiec ⌕ ; *RDT* 2013. 273, obs. Almaric ⌕ ; *RJS* 2012. 806, n° 950 ; *JSL* 2012, n° 331-6, obs. Hautefort ; *SSL* 2012, n° 1558, p. 11, obs. Chenu ; *JCP S* 2012. 1461, obs. Blanc ● 2 juill. 2014 : *D. actu.* 21 oct. 2014, obs. Fraisse. ◆ Il appartient aux juges du fond de contrôler, même d'office, si les stipulations de l'accord collectif applicable sont de nature à assurer la protection de la sécurité et de la santé des salariés. ● Soc. 19 mai 2021, ⚲ n° 19-16.362.

4. Illustrations (garanties insuffisantes). Pour une application de cette condition à l'accord-cadre du 8 février 1999 sur l'organisation et la durée du travail dans l'industrie chimique, V. ● Soc. 31 janv. 2012, ⚲ n° 10-19.807 : *D. actu.* 15 févr. 2012, obs. Siro ; *D.* 2012. *Actu.* 445 ⌕ ; *Dr. soc.* 2012. 537, obs. Antonmattéi ⌕ ; *RJS* 2012. 303, n° 350 ; *JSL* 2012, n° 318-4, obs. Lhernould ; *JCP S* 2012. 1120, obs. Morand. ◆ Pour une application à l'accord du 22 juin 1999 relatif à la durée du travail, pris en application de la convention SYNTEC, V. ● Soc. 23 mai 2013 : *D. actu.* 23 mai 2013, obs. Siro ; *RDT* 2013. 493, obs. Véricel ⌕. ◆ Pour une application à la convention collective nationale des cabinets d'experts-comptables : ● Soc. 14 mai 2014, ⚲ n° 12-35.033 : *D. actu.* 27 mai 2014, obs. Fraisse ; *D.* 2014. *Actu.* 1157 ⌕ ; *Dr. soc.* 2014. 687, obs. Antonmattéi ⌕ ; *RJS* 2014. 465, n° 566 ; *JSL* 2014, n° 368-4, obs. Hautefort. ◆ Pour une application à la convention collective nationale des notaires : ● Soc. 13 nov. 2014, ⚲ n° 13-14.206 : *D. actu.* 1er déc. 2014, obs. Fraisse ; *D.* 2014. *Actu.* 2413 ⌕ ; *RDT* 2015. 195, obs. Pignarre ⌕ ; *RJS* 2/2015, n° 102. ◆ Pour une application à la convention collective du commerce de détail et de gros à prédominance alimentaire : ● Soc. 4 févr. 2015 : *D.* 2015. *Actu.* 438 ⌕ ; *RJS* 2015. 247, n° 258 ; *JSL* 2015, n° 384-2, obs. Pacotte et Daguerre ; *JCP* 2015, n° 227, obs. Lefranc-Harmoniaux. ◆ Pour une application à la convention collective des hôtels, cafés, restaurants : ● Soc. 7 juill. 2015, ⚲ n° 13-26.444 P : *RJS* 10/2015, n° 645 ; *JCP S* 2015. 1365, obs. Morand. ◆ Pour une application à l'accord national relatif à la réduction du temps de travail dans le bâtiment. ● Soc. 17 déc. 2014, ⚲ n° 13-23.230 : *RDT* 2015. 195, note Pignarre ⌕ ; *RJS* 3/2015, n° 191. ◆ Pour une application à la convention collective de l'immobilier, V. • Soc. 14 déc. 2016, 🗓 n° 15-22.003 P : *RJS 2/2017, n° 115 ; JSL 2017, n° 425-1, obs. Pacotte et Daguerre.* ♦ Pour une application à la CCN des commerces de détail non alimentaires (accord du 5 sept. 2003, art. 3.2.1), V. • Soc. 14 déc. 2022, 🗓 n° 20-20.572 B : *D. actu. 18 janv. 2023, obs. Couëdel ; RDT 2023. 275, obs. Véricel ⊘ ; RJS 3/2023, n° 142 ; SSL 2023, n° 2028, obs. Morand.* ♦ De même, doit être annulée la convention individuelle de forfait qui, s'agissant de l'amplitude des journées et la charge de travail qui en résulte, prévoit seulement qu'il appartient aux salariés de tenir compte des limites journalières et hebdomadaires et d'organiser leurs actions dans ce cadre et, en cas de circonstances particulières, d'en référer à leur hiérarchie de rattachement, ces dispositions n'étant pas de nature à garantir que l'amplitude et la charge de travail restent raisonnables et assurent une bonne répartition, dans le temps, du travail de l'intéressé, et, donc, à assurer la protection de la sécurité et de la santé du salarié. • Soc. 11 juin 2014 : *D. actu. 7 juill. 2014, obs. Fraisse ; D. 2014. Actu. 1331 ⊘ ; RJS 2014. 527, n° 633.* ♦ De la même manière, ne sont pas de nature à garantir que l'amplitude et la charge de travail restent raisonnables et assurent une bonne répartition dans le temps du travail du salarié en forfait jours, et donc à assurer la protection de sa sécurité et de sa santé, les dispositions conventionnelles prévoyant que le salarié ayant conclu une convention de forfait en jours bénéficie, chaque année, d'un entretien avec son supérieur hiérarchique au cours duquel seront évoquées l'organisation et la charge de travail de l'intéressé et l'amplitude de ses journées d'activité ; que cette amplitude et cette charge de travail devront rester raisonnables et assurer une bonne répartition, dans le temps, du travail des intéressés et que sera instauré un document de contrôle faisant apparaître le nombre et la date des journées travaillées et la qualification des journées non travaillées au moyen d'un calendrier mensuel à remplir par le salarié lui-même. • Soc. 9 nov. 2016, n° 15-15.064 P : *D. actu. 14 déc. 2016, obs. Siro ; D. 2016. Actu. 2348 ⊘ ; RJS 1/2017, n° 26 ; JSL 2016, n° 421-422-5, obs. Lalanne ; JCP S 2016. 1432, obs. Morand.* ♦ Outre la remise d'états récapitulatifs réguliers de son temps de travail par le salarié à sa hiérarchie, l'accord collectif doit prévoir un suivi effectif et régulier par la hiérarchie de ces derniers afin de pouvoir remédier, en temps utile, à une charge de travail éventuellement incompatible avec une durée raisonnable. • Soc. 5 oct. 2017, 🗓 n° 16-23.106 P : *D. actu. 18 oct. 2017, obs. Fraisse ; D. 2017. Actu. 2033 ⊘ ; RJS 12/2017, n° 796 ; JSL 2017, n° 442-3 ; JCP S 2017. 1379, obs. Morand.* ♦ Est nulle la convention individuelle de forfait conclue en application des dispositions de l'avenant n° 7 du 7 avr. 2000, relatif à la réduction du temps de travail, alors applicable, à la Convention collective des avocats salariés (cabinets d'avocats) du 17 févr. 1995, qui (…) se limitaient à prévoir, en premier lieu, que le nombre de journées ou demi-journées de travail sera comptabilisé sur un document établi à la fin de l'année par l'avocat concerné et précisant le nombre de journées ou de demi-journées de repos pris, en second lieu, qu'il appartient aux salariés concernés de respecter les dispositions impératives ayant trait au repos quotidien et au repos hebdomadaire, le cabinet devant veiller au respect de ces obligations, et en application des stipulations de l'accord d'entreprise, relatif à l'organisation du temps de travail du 14 mai 2007 qui se bornent à prévoir qu'un suivi du temps de travail sera effectué pour tout collaborateur sur une base annuelle, que toutefois, autant que faire se peut, la direction cherchera à faire un point chaque trimestre et à attirer l'attention des collaborateurs dont le suivi présente un solde créditeur ou débiteur trop important afin qu'ils fassent en sorte de régulariser la situation au cours du trimestre suivant, en ne permettant pas à l'employeur de remédier en temps utile à une charge de travail éventuellement incompatible avec une durée raisonnable, de nature à garantir que l'amplitude et la charge de travail restent raisonnables et assurent une bonne répartition, dans le temps, du travail de l'intéressé. • Soc. 8 nov. 2017, 🗓 n° 15-22.758. ♦ Pour une application à la convention collective des entreprises de commission, de courtage et de commerce intracommunautaire et d'importation et d'exportation, V. • Soc. 17 janv. 2018, 🗓 n° 16-15.124 P : *D. 2018. 820, note Lokiec ⊘ ; RDT 2018. 223, note Pignarre ⊘ ; RJS 3/2018, n° 191 ; JCP S 2018. 1077, obs. Morand.* ♦ Même solution pour l'accord d'entreprise qui se borne à prévoir que le salarié doit bénéficier d'un temps de repos quotidien d'au moins 11 heures consécutives et d'un temps de repos hebdomadaire de 24 heures auquel s'ajoute le repos quotidien de 11 heures, sauf dérogation dans les conditions fixées par les dispositions législatives et conventionnelles en vigueur ; que le forfait en jours s'accompagne d'un contrôle du nombre de jours travaillés ; que l'employeur est tenu d'établir un document de contrôle faisant apparaître le nombre et la date des journées travaillées ainsi que la qualification des jours de repos en repos hebdomadaire, congés payés, congés conventionnels ou jours de repos au titre de la réduction du temps de travail, ce document pouvant être tenu par le salarié sous la responsabilité de l'employeur et, enfin que le salarié ayant conclu une convention de forfait en jours bénéficie chaque année d'un entretien avec son supérieur hiérarchique au cours duquel seront évoquées l'organisation, la charge de travail de l'intéressé et l'amplitude de ses journées d'activité. • Même arrêt. ♦ Ne sont pas de nature à garantir que l'amplitude et la charge de travail restent raisonnables et à assurer une bonne répartition, dans le temps, du travail de l'intéressé, et rendent donc nulles les conventions individuelles de forfait en jours, les dispositions de l'art. 9 de la Convention collective nationale des organismes

gestionnaires de foyers et services pour jeunes travailleurs du 16 juill. 2003 aux termes duquel, pour les directeurs, l'organisation du travail peut retenir le forfait en jours dans la limite de deux cent sept jours par an, que l'avenant n° 2 du 21 oct. 2004 à cette convention collective, relatif à l'aménagement du temps de travail des cadres, se limite à prévoir, en son art. 2, que dans l'année de conclusion de la convention de forfait, la hiérarchie devra examiner avec le cadre concerné sa charge de travail et les éventuelles modifications à y apporter, que cet entretien fera l'objet d'un compte rendu visé par le cadre et son supérieur hiérarchique, que les années suivantes, l'amplitude de la journée d'activité et la charge de travail du cadre seront examinées lors de l'entretien professionnel annuel, en son art. 3 que les jours travaillés et les jours de repos feront l'objet d'un décompte mensuel établi par le cadre et visé par son supérieur hiérarchique qui devra être conservé par l'employeur pendant une durée de 5 ans et que les dispositions ne prévoient pas de suivi effectif et régulier par la hiérarchie des états récapitulatifs de temps travaillé transmis, permettant à l'employeur de remédier en temps utile à une charge de travail éventuellement incompatible avec une durée raisonnable. • Soc. 6 nov. 2019, ⚖ n° 18-19.752 : *D. actu., 27 nov. 2019, obs. Montvalon ; D. 2019. Actu. 2186 ⊘ ; RJS 1/2020, n° 22 ; JCP S 2019. 1352, obs. Morand.* ♦ L'art. 3, II, de l'accord du 23 juin 2000 relatif à l'application de la RTT dans le secteur du bricolage, qui se borne à prévoir, d'une part, que le chef d'établissement veille à ce que la charge de travail des cadres concernés par la réduction du temps de travail soit compatible avec celle-ci et, d'autre part, que les cadres bénéficient d'un repos quotidien d'une durée minimale de 11 heures consécutives et ne peuvent être occupés plus de six jours par semaine et qu'ils bénéficient d'un repos hebdomadaire d'une durée de 35 heures consécutives, sans instituer de suivi effectif et régulier permettant à l'employeur de remédier en temps utile à une charge de travail éventuellement incompatible avec une durée raisonnable, n'est pas de nature à garantir que l'amplitude et la charge de travail restent raisonnables et à assurer une bonne répartition, dans le temps, du travail de l'intéressé. • Soc. 24 mars 2021, ⚖ n° 19-12.208 P : *D. actu. 8 avr. 2021, obs. Couëdel ; D. 2021. 639 ⊘ ; Dr. soc. 2021. 858, obs. Tournaux ⊘ ; RJS 6/2021, n° 298 ; JCP S 2021. 1132, obs. Bento de Carvalho.* ♦ L'art. 2.8.3. de l'accord du 11 avr. 2000 relatif à l'aménagement et à la réduction du temps de travail, attaché à la CCN du personnel des prestataires de services dans le domaine du secteur tertiaire du 13 août 1999, qui se borne à prévoir que l'employeur est tenu de mettre en place des modalités de contrôle du nombre des journées ou demi-journées travaillées par l'établissement d'un document récapitulatif faisant en outre apparaître la qualification des jours de repos en repos hebdomadaire, congés payés, congés conventionnels ou jours de réduction du temps de travail, ce document pouvant être tenu par le salarié sous la responsabilité de l'employeur, et que les cadres concernés par un forfait jours bénéficient chaque année d'un entretien avec leur supérieur hiérarchique, au cours duquel il sera évoqué l'organisation du travail, l'amplitude des journées d'activité et de la charge de travail en résultant, sans instituer de suivi effectif et régulier permettant à l'employeur de remédier en temps utile à une charge de travail éventuellement incompatible avec une durée raisonnable, n'est pas de nature à garantir que l'amplitude et la charge de travail restent raisonnables et à assurer une bonne répartition, dans le temps, du travail de l'intéressé.
• Soc. 5 juill. 2023, ⚖ n° 21-23.387 B : *D. actu. 27 sept. 2023, obs. Albiol et Hachemi ; RJS 10/2023, n° 516.*

5. Illustrations (garanties suffisantes). L'exigence de la protection de la santé et du repos des salariés est satisfaite si est relevé – s'agissant en l'espèce de l'accord d'aménagement et de réduction du temps de travail conclu dans le secteur des banques – que « le décompte des journées et demi-journées travaillées se fait sur la base d'un système auto-déclaratif » ; que « l'organisation du travail de ces salariés devra faire l'objet d'un suivi régulier par la hiérarchie qui veillera notamment aux éventuelles surcharges de travail » ; qu'il y a lieu, en cas de surcharge de travail, « de procéder à une analyse de la situation, et que la charge du travail confiée et l'amplitude de la journée d'activité en résultant doivent permettre à chaque salarié de prendre obligatoirement le repos obligatoire de 11 heures ». • Soc. 17 déc. 2014 : *D. actu. 29 janv. 2015, obs. Fraisse ; JSL 2015, n° 381-3 ; SSL 2015, n° 1661, p. 8, obs. Flores et Masson ; RJS 2/2015, n° 100.* ♦ Garantit le respect des repos et des durées maximales raisonnables de travail l'accord collectif organisant mensuellement le suivi et le contrôle de la charge de travail des salariés en forfait jours par un relevé déclaratif d'activité validé par la hiérarchie et assorti d'un dispositif d'alerte avec possibilité de demande d'entretien en cas de difficulté. • Soc. 8 sept. 2016, ⚖ n° 14-26.256 : *D. actu. 7 oct. 2016, obs. Cortot ; D. 2016. Actu. 1823 ⊘ ; RJS 11/2016, n° 699 ; JSL 2016, n° 418-3, obs. Bonnet ; JCP S 2016. 1361, obs. Morand.* ♦ Répond aux exigences relatives au droit à la santé et au repos l'accord collectif relatif à l'organisation du temps de travail des cadres relevant du statut d'autonomie, prévoyant que ces personnels sont soumis à un forfait annuel en jours évalué à 209 jours par an et que : – les cadres sont tenus de déclarer régulièrement dans le logiciel « temps » de l'entreprise le nombre de jours ou de demi-journées travaillées ainsi que le nombre de jours ou de demi-journées de repos et qu'une consolidation est effectuée par la direction des ressources humaines pour contrôler leur durée de travail ; – au cours de l'entretien annuel d'appréciation, le cadre examine avec son supé-

rieur hiérarchique la situation du nombre de jours d'activité au cours de l'exercice précédent au regard du nombre théorique de jours de travail à réaliser, des modalités de l'organisation, de la charge de travail et de l'amplitude de ses journées d'activité, ainsi que la fréquence des semaines dont la charge a pu apparaître comme atypique ;
– toutes mesures propres à corriger cette situation sont arrêtées d'un commun accord et que s'il s'avère que l'intéressé n'est pas en mesure d'exercer ses droits à repos, toute disposition pour remédier à cette situation sera prise d'un commun accord entre le cadre concerné et son manager.
● Soc. 22 juin 2017, 🏛 n° 16-11.762 P : *D. 2017. Actu. 1366* ⊘ ; *RJS 10/2017, n° 675* ; *JCP S 2017. 1267, obs. Morand*.

6. Non-respect des dispositions conventionnelles. Le non-respect par l'employeur des dispositions de l'accord d'entreprise relatives à l'exécution des conventions de forfait en jours n'a pas pour effet d'entraîner la nullité de la convention individuelle de forfait. ● Soc. 22 juin 2016, 🏛 n° 14-15.171 P : *D. 2016. Actu. 1436* ⊘ ; *RJS 10/2016, n° 632* ; *JSL 2016, n° 415-3, obs. Patin* ; *JCP S 2016. 1320, obs. Morand*.

7. Modifications de l'accord collectif. À défaut d'avoir soumis au salarié une nouvelle convention de forfait en jours après le 1er avril 2016, date de l'entrée en vigueur de l'arrêté d'extension de l'avenant n° 22 du 16 déc. 2014, relatif aux cadres autonomes, l'employeur ne pouvait se prévaloir des dispositions de ce texte pour la période postérieure au 1er avr. 2016 et pour laquelle l'art. 13.2 de l'avenant n° 1 du 13 juill. 2004, relatif à la durée et à l'aménagement du temps de travail, aux congés payés, au travail de nuit et à la prévoyance à la convention collective nationale des hôtels, cafés, restaurants du 30 avr. 1997 n'était pas de nature à garantir que l'amplitude et la charge de travail d'un salarié ayant conclu une convention de forfait en jours restent raisonnables et assurent une bonne répartition, dans le temps, de son travail, et, donc, à assurer la protection de la sécurité et de la santé de l'intéressé.
● Soc. 16 oct. 2019, 🏛 n° 18-16.539 P : *D. 2019. Actu. 1997* ⊘ ; *RDT 2020. 129, obs. Véricel* ⊘ ; *RJS 12/2019, n° 698* ; *JCP 2019. 1262, obs. Jacotot* ; *JCP S 2019. 1334, obs. Morand*.

8. Conséquences d'une convention de forfait privée d'effets. Le salarié qui a été soumis à tort à un forfait annuel en jours peut prétendre au paiement d'heures supplémentaires dont le juge doit vérifier l'existence et le nombre conformément aux dispositions de l'art. L. 3171-4 C. trav. ; le versement d'un salaire supérieur au minimum conventionnel ne peut tenir lieu de règlement des heures supplémentaires. ● Soc. 4 févr. 2015, 🏛 n° 13-20.891 P : *D. 2015. 438* ⊘ ; *RJS 4/2015, n° 258* ; *JCP 2015. 227, obs. Lefranc-Harmoniaux* ; *JCP S 2015. 1156, obs. Morand* ; *Gaz. Pal. 2015, p. 889, note Liffran*. ♦ Lorsque la convention de forfait à laquelle le salarié était soumis est privée d'effet, pour la durée de la période de suspension de la convention individuelle de forfait en jours, le paiement des jours de réduction du temps de travail accordés en exécution de la convention devient indu. ● Soc. 6 janv. 2021, 🏛 n° 17-28.234 P : *D. actu. 3 févr. 2021, obs. Fraisse* ; *RDT 2021. 254, obs. Pignarre* ⊘ ; *Dr. soc. 2021. 278, obs. Radé* ⊘ ; *RJS 3/2021, n° 150* ; *JSL 2021, n° 514-2, obs. Franco et Saignet* ; *JCP S 2021. 1043, obs. Teissier*. ♦ Lorsqu'une convention de forfait en heures est déclarée inopposable, le décompte et le paiement des heures supplémentaires doivent s'effectuer selon le droit commun, au regard de la durée légale de 35 heures hebdomadaires ou de la durée considérée comme équivalente. ● Soc. 2 mars 2022, 🏛 n° 20-19.832 B : *D. 2022. 514* ⊘ ; *D. actu. 23 mars 2022, obs. Malfettes* ; *RJS 5/2022, n° 251*.

Art. L. 3121-64 I. – L'accord prévoyant la conclusion de conventions individuelles de forfait en heures ou en jours sur l'année détermine :

1° Les catégories de salariés susceptibles de conclure une convention individuelle de forfait, dans le respect des articles L. 3121-56 et L. 3121-58 ;

2° La période de référence du forfait, qui peut être l'année civile ou toute autre période de douze mois consécutifs ;

3° Le nombre d'heures ou de jours compris dans le forfait, dans la limite de deux cent dix-huit jours s'agissant du forfait en jours ;

4° Les conditions de prise en compte, pour la rémunération des salariés, des absences ainsi que des arrivées et départs en cours de période ;

5° Les caractéristiques principales des conventions individuelles, qui doivent notamment fixer le nombre d'heures ou de jours compris dans le forfait.

II. – L'accord autorisant la conclusion de conventions individuelles de forfait en jours détermine :

1° Les modalités selon lesquelles l'employeur assure l'évaluation et le suivi régulier de la charge de travail du salarié ;

2° Les modalités selon lesquelles l'employeur et le salarié communiquent périodiquement sur la charge de travail du salarié, sur l'articulation entre son activité professionnelle et sa vie personnelle, sur sa rémunération ainsi que sur l'organisation du travail dans l'entreprise ;

3° Les modalités selon lesquelles le salarié peut exercer son droit à la déconnexion prévu au 7° de l'article (Ord. n° 2017-1718 du 20 déc. 2017, art. 1er-I) « L. 2242-17 ».

L'accord peut fixer le nombre maximal de jours travaillés dans l'année lorsque le salarié renonce à une partie de ses jours de repos en application de l'article L. 3121-59. Ce nombre de jours doit être compatible avec les dispositions du titre III du présent livre relatives au repos quotidien, au repos hebdomadaire et aux jours fériés chômés dans l'entreprise et avec celles du titre IV relatives aux congés payés.

Loi n° 2016-1088 du 8 août 2016,

Relative au travail, à la modernisation du dialogue social et à la sécurisation des parcours professionnels.

AVENANT DE SÉCURISATION

Art. 12 I. — Lorsqu'une convention ou un accord de branche ou un accord d'entreprise ou d'établissement conclu avant la publication de la présente loi et autorisant la conclusion de forfaits annuels en heures ou en jours est révisé pour être mis en conformité avec l'article L. 3121-64 du code du travail, dans sa rédaction résultant de la présente loi, l'exécution de la convention individuelle de forfait annuel en heures ou en jours se poursuit sans qu'il y ait lieu de requérir l'accord du salarié.

[...]

Date de conclusion de l'avenant de sécurisation. L'avenant de révision destiné à mettre en conformité les dispositions conventionnelles sur le forfait jours avec les exigences jurisprudentielles conclu avant l'entrée en vigueur de la loi Travail du 8 août 2016 ne s'applique pas automatiquement aux conventions individuelles en cours d'exécution ; l'employeur ne peut se prévaloir des dispositions de la nouvelle convention de forfait à défaut de l'avoir soumis au salarié. • Soc. 16 oct. 2019, n° 18-16.539 P : *D.* 2019. Actu. 1997 ; *RDT* 2020. 129, obs. Véricel ; *RJS* 12/2019, n° 698 ; *SSL* 2019, n° 1881, p. 10, obs. Bergeron-Canut ; *JCP S* 2019. 1334, obs. Morand.

SOUS-SECTION 3 Dispositions supplétives

Art. L. 3121-65 I. — A défaut de stipulations conventionnelles prévues aux 1° et 2° du II de l'article L. 3121-64, une convention individuelle de forfait en jours peut être valablement conclue sous réserve du respect des dispositions suivantes :

1° L'employeur établit un document de contrôle faisant apparaître le nombre et la date des journées ou demi-journées travaillées. Sous la responsabilité de l'employeur, ce document peut être renseigné par le salarié ;

2° L'employeur s'assure que la charge de travail du salarié est compatible avec le respect des temps de repos quotidiens et hebdomadaires ;

3° L'employeur organise une fois par an un entretien avec le salarié pour évoquer sa charge de travail, qui doit être raisonnable, l'organisation de son travail, l'articulation entre son activité professionnelle et sa vie personnelle ainsi que sa rémunération.

II. — A défaut de stipulations conventionnelles prévues au 3° du II de l'article L. 3121-64, les modalités d'exercice par le salarié de son droit à la déconnexion sont définies par l'employeur et communiquées par tout moyen aux salariés concernés. Dans les entreprises d'au moins cinquante salariés, ces modalités sont conformes à la charte mentionnée au 7° de l'article (Ord. n° 2017-1718 du 20 déc. 2017, art. 1er-I) « L. 2242-17 ».

Art. L. 3121-66 En cas de renonciation, par le salarié, à des jours de repos en application de l'article L. 3121-59 et à défaut de précision dans l'accord collectif mentionné à l'article L. 3121-64, le nombre maximal de jours travaillés dans l'année est de deux cent trente-cinq.

SECTION 6 Dispositions d'application

BIBL. ▶ Morand, *SSL* 2016, n° 1735, p. 4 (durée du travail : l'étrange section 6).

DURÉE DU TRAVAIL

Art. L. 3121-67 Des décrets en Conseil d'État déterminent les modalités d'application du présent chapitre pour l'ensemble des branches d'activité ou des professions ou pour une branche ou une profession particulière. Ces décrets fixent notamment :
1° La répartition et l'aménagement des horaires de travail ;
2° Les conditions de recours aux astreintes ;
3° Les dérogations permanentes ou temporaires applicables dans certains cas et pour certains emplois ;
4° Les périodes de repos ;
5° Les modalités de récupération des heures de travail perdues ;
6° Les mesures de contrôle de ces diverses dispositions.
Ces décrets sont pris et révisés après consultation des organisations d'employeurs et de salariés intéressées et au vu, le cas échéant, des résultats des négociations intervenues entre ces organisations.

Art. L. 3121-68 Il peut être dérogé par convention ou accord collectif étendu ou par convention ou accord d'entreprise ou d'établissement à celles des dispositions des décrets prévus à l'article L. 3121-67 qui sont relatives à l'aménagement et à la répartition des horaires de travail à l'intérieur de la semaine, aux périodes de repos, aux conditions de recours aux astreintes, ainsi qu'aux modalités de récupération des heures de travail perdues lorsque la loi permet cette récupération.
En cas de dénonciation ou de non-renouvellement de ces conventions ou accords collectifs, les dispositions de ces décrets auxquelles il avait été dérogé redeviennent applicables.

Art. L. 3121-69 Un décret en Conseil d'État détermine les mesures d'application des articles L. 3121-24 à L. 3121-26.

CHAPITRE II **TRAVAIL DE NUIT**

RÉP. TRAV. v° *Durée du travail (Fixation et aménagement du temps de travail)*, par Rose.

BIBL. GÉN. ▶ Baugard, *RJS* 2/2020 (la justification du recours au travail de nuit). – Favennec-Héry, *Dr. soc.* 1989. 315 (droit d'opposition à un accord dérogatoire autorisant le travail de nuit des femmes). – Ph. Martin, *ibid.* 1996. 562 ⌀ (discriminations sexuelles générées par la loi). – Masse-Dessen et Moreau, *ibid.* 1999. 391 ⌀ (application des directives européennes). – Moreau, *ibid.* 1992. 174 ⌀. – Pettiti, *ibid.* 1988. 302 (aspects nationaux et internationaux du travail de nuit des femmes). – Savatier, *ibid.* 1990. 466 ⌀ (travail de nuit des femmes et droit communautaire). – Supiot, *ibid.* 1992. 382 ⌀ (principe d'égalité et limites du droit du travail). – Teissier, *JCP E* 2002, suppl. n° 2, p. 1. – Teyssié, *JCP E* 1987. I. 16580 (loi du 19 juin 1987). – Véricel, *RDT* 2015. 504 ⌀ (les dispositions de la loi Macron sur le travail le dimanche et le travail de nuit).

▶ **Loi du 8 août 2016 :** d'Allende, *JCP S* 2016. 1297 (travail de nuit : du changement dans la continuité).

▶ **Ordonnances du 22 sept. 2017 :** d'Allende, *JCP S* 2017. 1311.

COMMENTAIRE
V. sur le Code en ligne 🔒.

SECTION 1 **Ordre public**

Art. L. 3122-1 Le recours au travail de nuit est exceptionnel. Il prend en compte les impératifs de protection de la santé et de la sécurité des travailleurs et est justifié par la nécessité d'assurer la continuité de l'activité économique ou des services d'utilité sociale.

Comp. anc. art. L. 3122-32.

Jurisprudence rendue sous l'empire des textes antérieurs à la L. n° 2016-1088 du 8 août 2016.

1. Conformité à la Constitution. En prévoyant que le recours au travail de nuit est exceptionnel et doit être justifié par la nécessité d'assurer la continuité de l'activité économique ou des services d'utilité sociale, le législateur, compétent en application de l'art. 34 de la Const. pour déterminer les principes fondamentaux du droit du travail, a opéré une conciliation, qui n'est pas manifestement déséquilibrée, entre la liberté d'entreprendre, découlant de l'art. 4 DDH, et les exigences du Préambule de la Const. 1946, notamment sur la protection de la santé et le repos. • Cons. const., QPC, 4 avr. 2014 : 🔗 *D. 2014. Actu. 828* 🔗 ; *Dr. soc. 2015. 40*, note Dumortier, Lallet, Vialettes et Florès 🔗 ; *RJS 2014. 390, n° 480*. ◆ Depuis cette décision, aucun changement de circonstances de droit n'est intervenu dans la mesure où les arrêts de la Cour de cassation n'ont fait que tirer les conséquences s'inférant des limitations encadrant le recours au travail de nuit ; une nouvelle QPC est donc irrecevable. • Soc. 21 juin 2023, 🔗 n° 23-40.007 B : *RJS 8-9/2023, n° 446*.

2. Le travail de nuit ne peut pas être le mode d'organisation normal du travail au sein d'une entreprise et ne doit être mis en œuvre que lorsqu'il est indispensable à son fonctionnement ; la société qui exerce dans un secteur, le commerce de parfumerie, où le travail de nuit n'est pas inhérent à l'activité ne démontre pas qu'il était impossible d'envisager d'autre possibilité d'aménagement du temps de travail, non plus que son activité économique supposait le recours au travail de nuit et l'ouverture de nuit du magasin des Champs-Élysées ne permettait pas de caractériser la nécessité d'assurer la continuité de l'activité. • Soc. 24 sept. 2014 : 🔗 *D. actu. 26 oct. 2014*, obs. Fraisse ; *RDT 2015. 52*, obs. Vérice*l* 🔗 ; *RJS 2014. 707*, rapp. Mariette ; *ibid. 2014. 743, n° 867* ; *SSL 2014, n° 1650, p. 10*, obs. Lavallart.

3. *Travail de nuit et existence d'un accord collectif.* La possibilité de déroger à la règle du repos dominical après 13 heures dans les commerces de détail alimentaire ne peut résulter que d'une disposition légale précise ; l'existence d'une convention collective ne suffit pas à justifier le recours au travail de nuit. • Crim. 7 janv. 2020, 🔗 n° 18-83.074 P : *D. 2020. Actu. 543* 🔗 ; *RDT 2020. 341*, obs. Vérice*l* 🔗 ; *RJS 3/2020, n° 134*.

4. *Permanence d'accueil d'urgence humanitaire.* Il résulte du préambule de l'accord étendu de la branche sanitaire, sociale et médico-sociale à but non lucratif visant à mettre en place le travail de nuit que le recours au travail de nuit est justifié par la prise en charge continue des usagers ; tel est le cas lorsque la structure dans laquelle l'accord est applicable fonctionne avec une permanence d'accueil d'urgence humanitaire 24 heures sur 24, 7 jours sur 7. • Soc. 8 nov. 2017 : 🔗 *D. 2018. 821*, note Lokiec 🔗 ; *RDT 2018. 139*, note Vérice*l* 🔗 ; *RJS 1/2018, n° 32* ; *JCP S 2017. 1419*, obs. Cailloux-Meurice.

5. *Preuve de l'illicéité du recours au travail de nuit.* Si le fait, pour un employeur, de recourir au travail de nuit en violation des dispositions de l'art. L. 3122-32, devenu L. 3122-1, constitue un trouble manifestement illicite, il appartient à celui qui se prévaut d'un tel trouble d'en rapporter la preuve ; si les syndicats n'établissaient pas le caractère manifestement illicite du recours au travail de nuit tel qu'organisé par les accords d'entreprise, il n'y a pas lieu à référé. • Soc. 30 mai 2018, 🔗 n° 16-26.394 P : *D. 2018. Actu. 1209* 🔗 ; *RJS 8-9/2018, n° 540* ; *JSL 2018, n° 458-2*, obs. Dupays ; *JCP S 2018. 1236*, obs. d'Allende et Héloir.

Art. L. 3122-2 Tout travail effectué au cours d'une période d'au moins neuf heures consécutives comprenant l'intervalle entre minuit et 5 heures est considéré comme du travail de nuit.

La période de travail de nuit commence au plus tôt à 21 heures et s'achève au plus tard à 7 heures.

Comp. anc. art. L. 3122-29.

Jurisprudence rendue sous l'empire des textes antérieurs à la L. n° 2016-1088 du 8 août 2016.

1. *Loi du 9 mai 2001.* La loi du 9 mai 2001 élargissant l'amplitude de la durée du travail de nuit est un texte d'ordre public et d'application immédiate ; les entreprises sont tenues de verser les compensations salariales prévues par l'accord collectif pour tout travail accompli entre 21 heures et 6 heures. • Soc. 1er oct. 2003, 🔗 n° 01-45.812 • 16 déc. 2005, 🔗 n° 04-46.741 P.

2. *Dispositions conventionnelles.* La définition du travail de nuit prévue par l'art. L. 213-1-1 [ancien] n'a pas pour effet de modifier les conditions d'attribution de la compensation salariale fixées par une convention collective pour le travail de nuit, alors même qu'elles ne prendraient pas en compte la totalité des heures entre 21 heures et 6 heures. • Soc. 21 juin 2006 : 🔗 *RDT 2006. 322*, obs. Vérice*l* 🔗 ; *D. 2006. IR 1914* 🔗 ; *RJS 2006. 706, n° 954* ; *JCP E 2006. 2731*, note Vachet • 12 juill. 2006 : 🔗 *RDT 2007. 115*, obs. Vérice*l* 🔗 ; *RJS 2006. 878, n° 1187*. ◆ Ce principe d'absence d'incidence de la nouvelle définition légale sur les conditions de bénéfice des majorations prévues par l'accord collectif ne s'applique qu'autant que cet accord fixe la plage horaire couverte par le travail de nuit. • Soc. 24 janv. 2007 : 🔗 *RDT 2007. 250*, obs. Vérice*l* 🔗 ; *Dr. soc. 2007. 649*, obs. Barthélémy 🔗.

Art. L. 3122-3 Par dérogation à l'article L. 3122-2, pour les activités de production rédactionnelle et industrielle de presse, de radio, de télévision, de production et d'exploitation cinématographiques, de spectacles vivants et de discothèque, la période de travail de nuit est d'au moins sept heures consécutives comprenant l'intervalle entre minuit et 5 heures.

Comp. anc. art. L. 3122-30.

DURÉE DU TRAVAIL **Art. L. 3122-7** 1091

Art. L. 3122-4 Par dérogation à l'article L. 3122-2, pour les établissements de vente au détail qui mettent à disposition des biens et des services et qui sont situés dans les zones mentionnées à l'article L. 3132-24, la période de travail de nuit, si elle débute après 22 heures, est d'au moins sept heures consécutives comprenant l'intervalle entre minuit et 7 heures.

Dans les établissements mentionnés au premier alinéa du présent article, seuls les salariés volontaires ayant donné leur accord par écrit à leur employeur peuvent travailler entre 21 heures et minuit. Une entreprise ne peut prendre en considération le refus d'une personne de travailler entre 21 heures et le début de la période de travail de nuit pour refuser de l'embaucher. Le salarié qui refuse de travailler entre 21 heures et le début de la période de travail de nuit ne peut faire l'objet d'une mesure discriminatoire dans le cadre de l'exécution de son contrat de travail. Le refus de travailler entre 21 heures et le début de la période de travail de nuit pour un salarié ne constitue pas une faute ou un motif de licenciement.

Chacune des heures de travail effectuée durant la période fixée entre 21 heures et le début de la période de travail de nuit est rémunérée au moins le double de la rémunération normalement due et donne lieu à un repos compensateur équivalent en temps.

Les articles L. 3122-10 à L. 3122-14 sont applicables aux salariés qui travaillent entre 21 heures et minuit, dès lors qu'ils accomplissent durant cette période le nombre minimal d'heures de travail prévu à l'article L. 3122-5.

Lorsque, au cours d'une même période de référence mentionnée au 2° de l'article L. 3122-5, le salarié a accompli des heures de travail entre 21 heures et le début de la période de nuit en application des deux premiers alinéas du présent article et des heures de travail de nuit en application du même article L. 3122-5, les heures sont cumulées pour l'application de l'avant-dernier alinéa du présent article et dudit article L. 3122-5. – *V. art. R. 3124-15 (pén.).*

Comp. anc. art. L. 3122-29-1.

Art. L. 3122-5 Le salarié est considéré comme travailleur de nuit dès lors que :

1° Soit il accomplit, au moins deux fois par semaine, selon son horaire de travail habituel, au moins trois heures de travail de nuit quotidiennes ;

2° Soit il accomplit, au cours d'une période de référence, un nombre minimal d'heures de travail de nuit au sens de l'article L. 3122-2, dans les conditions prévues aux articles L. 3122-16 et L. 3122-23. – *V. art. R. 3124-15 (pén.).*

Comp. anc. art. L. 3122-31.

Art. L. 3122-6 La durée quotidienne de travail accomplie par un travailleur de nuit ne peut excéder huit heures, sauf dans les cas prévus à l'article L. 3122-17 ou lorsqu'il est fait application des articles L. 3132-16 à L. 3132-19.

En outre, en cas de circonstances exceptionnelles, l'inspecteur du travail peut autoriser le dépassement de la durée quotidienne de travail mentionnée au premier alinéa du présent article après consultation des délégués syndicaux et après avis du (*Ord. n° 2017-1386 du 22 sept. 2017, art. 4*) « comité social et économique », selon des modalités déterminées par décret en Conseil d'État. – *V. art. R. 3124-15 (pén.).*

Comp. anc. art. L. 3122-34, al. 1ᵉʳ et 3.

En application de l'art. L. 231-5 CRPA, et par exception à l'application du délai de deux mois prévu à l'art. L. 231-1 du même code, le délai à l'expiration duquel le silence gardé par l'administration vaut décision d'acceptation est fixé à quinze jours pour une demande de dérogation à la durée quotidienne maximale de travail accompli par un travailleur de nuit (Décr. n° 2014-1290 du 23 oct. 2014, art. 1ᵉʳ).

Art. L. 3122-7 La durée hebdomadaire de travail du travailleur de nuit, calculée sur une période de douze semaines consécutives, ne peut dépasser quarante heures, sauf dans les cas prévus à l'article L. 3122-18. – *V. art. R. 3124-15 (pén.).*

Comp. anc. art. L. 3122-35, al. 1ᵉʳ.

Le seul constat du dépassement de la durée maximale de travail du travailleur de nuit calculée sur une période quelconque de 12 semaines consécutives ouvre, à lui seul, droit à la réparation. ● Soc. 27 sept. 2023, ⚖ n° 21-24.782 B : *D. 2023. 1698*.

Art. L. 3122-8 Le travailleur de nuit bénéficie de contreparties au titre des périodes de travail de nuit pendant lesquelles il est employé, sous forme de repos compensateur et, le cas échéant, sous forme de compensation salariale. – *V. art. R. 3124-15 (pén.).*

Comp. anc. art. L. 3122-39.

Jurisprudence rendue sous l'empire des textes antérieurs à la L. n° 2016-1088 du 8 août 2016.

1. Application immédiate. La loi du 9 mai 2001 élargissant l'amplitude de la durée du travail de nuit est un texte d'ordre public et d'application immédiate ; les entreprises sont tenues de verser les compensations salariales prévues par l'accord collectif pour tout travail accompli entre 21 heures et 6 heures. • Soc. 1er oct. 2003, ⚖ n° 01-45.812.

2. Compensation salariale. La définition du travail de nuit issue de la loi du 9 mai 2001 n'a pas pour effet de modifier les conditions d'attribution de la compensation salariale fixée par une convention collective pour le travail de nuit, alors même qu'elles ne prendraient pas en compte la totalité des heures entre 21 heures et 6 heures. • Soc. 21 juin 2006 : ⚖ *RDT 2006. 322, obs. Véricel* ; *D. 2006. IR 1914* ; *RJS 2006. 706, n° 954.*

Art. L. 3122-9 Pour les activités mentionnées à l'article L. 3122-3, lorsque la durée effective du travail de nuit est inférieure à la durée légale fixée en application de l'article L. 3121-27, les contreparties mentionnées à l'article L. 3122-8 ne sont pas obligatoirement données sous forme de repos compensateur. – *V. art. R. 3124-15 (pén.).*

Comp. anc. art. L. 3122-41.

Art. L. 3122-10 Le médecin du travail est consulté, selon des modalités précisées par décret en Conseil d'État, avant toute décision importante relative à la mise en place ou à la modification de l'organisation du travail de nuit. – *V. art. R. 3124-15 (pén.).*

Comp. anc. art. L. 3122-38.

Art. L. 3122-11 Tout travailleur de nuit bénéficie d'un suivi individuel régulier de son état de santé dans les conditions fixées à l'article L. 4624-1.

Comp. anc. art. L. 3122-42.

Art. L. 3122-12 Lorsque le travail de nuit est incompatible avec des obligations familiales impérieuses, notamment avec la garde d'un enfant ou la prise en charge d'une personne dépendante, le refus du travail de nuit ne constitue pas une faute ou un motif de licenciement et le travailleur de nuit peut demander son affectation sur un poste de jour. – *V. art. R. 3124-15 (pén.).*

Comp. anc. art. L. 3122-44.

> **COMMENTAIRE**
>
> V. sur le Code en ligne 🔗.

Travail de nuit et modification du contrat de travail. Le passage d'un horaire de jour à un horaire de nuit caractérise objectivement une modification du contrat de travail que le salarié est en droit de refuser. • Soc. 19 févr. 1997, ⚖ n° 95-41.207 P : *D. 1997. IR 7.* ♦ Le passage, même partiel, d'un horaire de jour à un horaire de nuit constitue une modification du contrat de travail qui doit être acceptée par le salarié. • Soc. 7 avr. 2004, ⚖ n° 02-41.486 P : *LPA 1er juin 2004, p. 14, note Picca.* ♦ Une clause du contrat de travail ne pouvant permettre à l'employeur de modifier unilatéralement le contrat de travail, doit être privée d'effet la clause du contrat de travail comprenant l'indication de la rémunération brute des salariés et du montant des primes de soir ou de nuit, et prévoyant que les nécessités de la production pouvaient amener l'entreprise à affecter les salariés dans les différents horaires pratiqués et que l'horaire était susceptible d'être modifié. • Soc. 14 nov. 2018, ⚖ n° 17-11.757 P : *D. 2018. Actu. 2239* ; *RJS 1/2019, n° 10* ; *JCP S 2018. 1417, obs. Caressa* ; *JCP E 2019. 1204, obs. Duchange.* ♦ ... Mais le passage d'un horaire de nuit à un horaire de jour n'est pas constitutif d'une modification du contrat de travail, dès lors que le salarié ne tient pas de son contrat de travail le droit de travailler en permanence la nuit. • Soc. 5 juin 2001, ⚖ n° 98-44.782 P : *RJS 8-9/2001, n° 992.* ♦ La diminution de la rémunération résultant de la réduction des sujétions consécutive à un changement des horaires du cycle de travail ne constitue pas une modification du contrat de travail ; la cour d'appel qui a relevé que le changement des horaires du cycle de travail entraînait une diminution de la prime, non contractuelle, de panier liée aux horaires de nuit, en a exactement déduit l'absence de modification du contrat de travail. • Soc. 9 avr. 2015, ⚖ n° 13-27.624 P : *D. 2015. Actu. 871* ; *RDT 2015. 396, note Bento de Carvalho* ;

RJS 6/2015, n° 387 ; JCP S 2015. 1213, obs. Morand.
♦ Le fait pour un salarié engagé par contrat de travail à durée déterminée de refuser un accroissement de l'amplitude de l'horaire de nuit ne constitue pas une faute grave de nature à justifier la rupture anticipée par l'employeur du contrat de travail. • Soc. 7 sept. 2004, ⚖ n° 02-42.657 P : *Dr. soc.* 2004. 1022, obs. Roy-Loustaunau 🖉 ; *RJS* 11/2004, n° 1125.

Art. L. 3122-13 Le travailleur de nuit qui souhaite occuper ou reprendre un poste de jour et le salarié occupant un poste de jour qui souhaite occuper ou reprendre un poste de nuit dans le même établissement ou, à défaut, dans la même entreprise ont priorité pour l'attribution d'un emploi ressortissant à leur catégorie professionnelle ou d'un emploi équivalent.
L'employeur porte à la connaissance de ces salariés la liste des emplois disponibles correspondants. – *V. art. R. 3124-15 (pén.).*

Comp. anc. art. L. 3122-43.

Art. L. 3122-14 Le travailleur de nuit, lorsque son état de santé, constaté par le médecin du travail, l'exige, est transféré à titre définitif ou temporaire sur un poste de jour correspondant à sa qualification et aussi comparable que possible à l'emploi précédemment occupé.
L'employeur ne peut prononcer la rupture du contrat de travail du travailleur de nuit du fait de son inaptitude au poste comportant le travail de nuit, au sens des articles L. 3122-1 à L. 3122-5, à moins qu'il ne justifie par écrit soit de l'impossibilité dans laquelle il se trouve de proposer un poste dans les conditions fixées au premier alinéa du présent article, soit du refus du salarié d'accepter le poste proposé dans ces mêmes conditions.
Le présent article s'applique sans préjudice des articles L. 1226-2 à L. 1226-4-3 et L. 1226-10 à L. 1226-12 applicables aux salariés déclarés inaptes à leur emploi ainsi que des articles L. 4624-3 et L. 4624-4. – *V. art. R. 3124-15 (pén.).*

Comp. anc. art. L. 3122-45.

SECTION 2 Champ de la négociation collective

Art. L. 3122-15 Un accord d'entreprise ou d'établissement ou, à défaut, une convention ou un accord collectif de branche peut mettre en place, dans une entreprise ou un établissement, le travail de nuit, au sens de l'article L. 3122-5, ou l'étendre à de nouvelles catégories de salariés.
Cette convention ou cet accord collectif prévoit :
1° Les justifications du recours au travail de nuit mentionnées à l'article L. 3122-1 ;
2° La définition de la période de travail de nuit, dans les limites mentionnées aux articles L. 3122-2 et L. 3122-3 ;
3° Une contrepartie sous forme de repos compensateur et, le cas échéant, sous forme de compensation salariale ;
4° Des mesures destinées à améliorer les conditions de travail des salariés ;
5° Des mesures destinées à faciliter, pour ces mêmes salariés, l'articulation de leur activité professionnelle nocturne avec leur vie personnelle et avec l'exercice de responsabilités familiales et sociales, concernant notamment les moyens de transport ;
6° Des mesures destinées à assurer l'égalité professionnelle entre les femmes et les hommes, notamment par l'accès à la formation ;
7° L'organisation des temps de pause.
(Ord. n° 2017-1387 du 22 sept. 2017, art. 32) « Cette convention ou cet accord collectif est présumé négocié et conclu conformément aux dispositions de l'article L. 3122-1. »

Comp. anc. art. L. 3122-29, al. 2, L. 3122-33, L. 3122-34, al. 2.

Travail de nuit et existence d'un accord collectif. La possibilité de déroger à la règle du repos dominical après 13 heures dans les commerces de détail alimentaire ne peut résulter que d'une disposition légale précise ; l'existence d'une convention collective ne suffit pas à justifier le recours au travail de nuit. • Crim. 7 janv. 2020, ⚖ n° 18-83.074 P : *D.* 2020. Actu. 543 🖉 ; *RDT* 2020. 341, obs. Véricel 🖉 ; *RJS* 3/2020, n° 134.

Art. L. 3122-16 En application de l'article L. 3122-5, une convention ou un accord collectif de travail étendu peut fixer le nombre minimal d'heures entraînant la qualification de travailleur de nuit sur une période de référence. – V. art. L. 2253-1.

Comp. anc. art. L. 3122-31, al. 4.

Art. L. 3122-17 Un accord d'entreprise ou d'établissement ou, à défaut, une convention ou un accord collectif de branche peut prévoir le dépassement de la durée maximale quotidienne de travail prévue à l'article L. 3122-6, dans des conditions déterminées par décret en Conseil d'État. – V. art. R. 3122-7.

Comp. anc. art. L. 3122-34, al. 2.

Art. L. 3122-18 Un accord d'entreprise ou d'établissement ou, à défaut, une convention ou un accord de branche peut, lorsque les caractéristiques propres à l'activité d'un secteur le justifient, prévoir le dépassement de la durée maximale hebdomadaire de travail prévue à l'article L. 3122-7, à condition que ce dépassement n'ait pas pour effet de porter cette durée à plus de quarante-quatre heures sur douze semaines consécutives.

Comp. anc. art. L. 3122-35, al. 2.

Art. L. 3122-19 Dans les zones mentionnées à l'article L. 3132-24, (*Ord. n° 2017-1718 du 20 déc. 2017, art. 1ᵉʳ-I*) « soit un accord collectif d'entreprise ou d'établissement ou, à défaut, un accord collectif de branche, soit un accord conclu à un niveau territorial » peut prévoir la faculté d'employer des salariés entre 21 heures et minuit.

Cet accord prévoit notamment, au bénéfice des salariés employés entre 21 heures et le début de la période de travail de nuit :

1° La mise à disposition d'un moyen de transport pris en charge par l'employeur qui permet au salarié de regagner son lieu de résidence ;

2° Des mesures destinées à faciliter l'articulation entre la vie professionnelle et la vie personnelle des salariés, en particulier des mesures de compensation des charges liées à la garde d'enfants ou à la prise en charge d'une personne dépendante ;

3° La fixation des conditions de prise en compte par l'employeur de l'évolution de la situation personnelle des salariés, en particulier leur souhait de ne plus travailler après 21 heures. Pour les salariées mentionnées à l'article L. 1225-9, le choix de ne plus travailler entre 21 heures et le début de la période de nuit est d'effet immédiat.

Comp. anc. art. L. 3122-29-1, II.

SECTION 3 Dispositions suplétives

Art. L. 3122-20 A défaut de convention ou d'accord collectif, tout travail accompli entre 21 heures et 6 heures est considéré comme du travail de nuit et, pour les activités mentionnées à l'article L. 3122-3, tout travail accompli entre minuit et 7 heures est considéré comme du travail de nuit.

Art. L. 3122-21 A défaut de convention ou d'accord collectif et à condition que l'employeur ait engagé sérieusement et loyalement des négociations en vue de la conclusion d'un tel accord, les travailleurs peuvent être affectés à des postes de nuit sur autorisation de l'inspecteur du travail accordée notamment après vérification des contreparties qui leur sont accordées au titre de l'obligation définie à l'article L. 3122-8 et de l'existence de temps de pause, selon des modalités fixées par décret en Conseil d'État.

L'engagement de négociations loyales et sérieuses implique pour l'employeur d'avoir :

1° Convoqué à la négociation les organisations syndicales représentatives dans l'entreprise et fixé le lieu et le calendrier des réunions ;

2° Communiqué les informations nécessaires leur permettant de négocier en toute connaissance de cause ;

3° Répondu aux éventuelles propositions des organisations syndicales.

Comp. anc. art. L. 3122-36.

Art. L. 3122-22 A défaut de stipulation conventionnelle définissant la période de travail de nuit, l'inspecteur du travail peut autoriser la définition d'une période différente de celle prévue à l'article L. 3122-20, dans le respect de l'article L. 3122-2, après

DURÉE DU TRAVAIL **Art. L. 3123-1** 1095

consultation des délégués syndicaux et avis du *(Ord. n° 2017-1386 du 22 sept. 2017, art. 4)* « comité social et économique », lorsque les caractéristiques particulières de l'activité de l'entreprise le justifient.

En application de l'art. L. 231-5 CRPA, et par exception à l'application du délai de deux mois prévu à l'art. L. 231-1 du même code, le délai à l'expiration duquel le silence gardé par l'administration vaut décision d'acceptation est fixé à trente jours pour une demande d'autorisation de substitution à la période 21 heures-6 heures, pour la définition du travail de nuit (Décr. n° 2014-1290 du 23 oct. 2014, art. 1er).

Art. L. 3122-23 A défaut de stipulation conventionnelle mentionnée à l'article L. 3122-16, le nombre minimal d'heures entraînant la qualification de travailleur de nuit est fixé à deux cent soixante-dix heures sur une période de référence de douze mois consécutifs.

Art. L. 3122-24 A défaut d'accord, un décret peut fixer la liste des secteurs pour lesquels la durée maximale hebdomadaire de travail est fixée entre quarante et quarante-quatre heures.

Comp. anc. art. L. 3122-35, al. 3.

CHAPITRE III TRAVAIL À TEMPS PARTIEL ET TRAVAIL INTERMITTENT

SECTION 1 Travail à temps partiel

RÉP. TRAV. v° *Travail à temps partiel*, par LEFRANC-HAMONIAUX.

BIBL. GÉN. ▶ BARTHÉLÉMY, *Dr. soc. 1996. 924* ⌾. - BARTHÉLÉMY et *al.*, *JCP E 1995. I. 474*. - BÉLIER, *Dr. soc. 1994. 176* ⌾ (travail à temps partiel annualisé). - CESARO, *JCP S 2013. 1270* (contrat de travail à temps partiel et contrat de travail intermittent). - DANIEL, *JCP S 2013. 1271* (contrat de travail à temps partiel : modèle). - FAVENNEC-HÉRY, *Dr. soc. 1994. 165* ⌾ (loi du 20 déc. 1993) ; *ibid. 2000. 295* ⌾ (travail à temps choisi) ; *ibid. 1999. 1004* ⌾ (loi Aubry II) ; *ibid. 1998. 382* ⌾ (35 heures et travail à temps partiel) ; *JCP E 1997. 692* (accord-cadre européen). - A. MAZEAUD, *TPS 2000, n° 15* (pluriactivité et refus d'accepter le changement). - PESCHAUD, *Dr. ouvrier 1998. 1.* - JOURDAN, *SSL 2013, n° 1592* (temps partiel : flexibilité et sécurité). - LA PRADELLE, *RPDS 1994. 163*. - LEFRANC-HAMONIAUX et SERVERIN, *RDT 2013. Controverse 451* ⌾. - RICHARD, *Dr. ouvrier 2023. 379* (variation de la durée du travail des travailleurs à temps partiel). - SAVATIER, *Dr. soc. 1988. 438*. - SIGNORETTO, *SSL 2001, suppl. n° 1016*. - VÉRICEL, *Dr. ouvrier 2023. 289* (travail à temps partiel et lois Auroux).

▶ Numéro spécial, *SSL 2014, n° 1652*.

COMMENTAIRE
V. sur le Code en ligne 🔒. ☐

SOUS-SECTION 1 Ordre public

§ 1 Définition

Art. L. 3123-1 Est considéré comme salarié à temps partiel le salarié dont la durée du travail est inférieure :
1° A la durée légale du travail ou, lorsque cette durée est inférieure à la durée légale, à la durée du travail fixée conventionnellement pour la branche ou l'entreprise ou à la durée du travail applicable dans l'établissement ;
2° A la durée mensuelle résultant de l'application, durant cette période, de la durée légale du travail ou, si elle est inférieure, de la durée du travail fixée conventionnellement pour la branche ou l'entreprise ou de la durée du travail applicable dans l'établissement ;
3° A la durée de travail annuelle résultant de l'application durant cette période de la durée légale du travail, soit 1 607 heures, ou, si elle est inférieure, de la durée du travail fixée conventionnellement pour la branche ou l'entreprise ou de la durée du travail applicable dans l'établissement.

Comp. anc. art. L. 3123-1.

Jurisprudence rendue sous l'empire des textes antérieurs à la L. n° 2016-1088 du 8 août 2016.

1. Notion de travail à temps partiel (définition antérieure à la loi du 19 janv. 2000). En application de l'art. L. 212-4-2, al. 4 [al. 5] [ancien] (nombre d'heures arrondi), doivent être considérés comme salariés à temps partiel des salariés effectuant 32 heures par semaine pour un horaire conventionnel de 39 heures. • Soc. 23 juin 1993 : ⚖ *RJS 1993. 551, n° 923.* ♦ Les VRP, engagés sous contrat à durée indéterminée sans contrat écrit, qui ne sont soumis à aucun horaire, ne sont pas des salariés à temps partiel du seul fait qu'ils ont plusieurs cartes, ils doivent être pris intégralement en compte dans l'effectif de l'entreprise. • Soc. 7 oct. 1998, ⚖ n° 97-60.429 P : *D. 1998. IR 432* ; *RJS 1998. 853, n° 1417.*

2. Qualification de travail à temps partiel indépendante de la durée du contrat. Les dispositions du C. trav. relatives au travail à temps partiel, interprétées à la lumière de la clause 3 de l'accord-cadre sur le travail à temps partiel du 6 juin 1997 mis en œuvre par la Dir. 97/81/CE du 15 déc. 1997, la chambre sociale considère qu'est travailleur à temps partiel le salarié dont la durée normale de travail, calculée sur une base hebdomadaire ou en moyenne sur une période d'emploi pouvant aller jusqu'à un an, est inférieure à celle d'un travailleur à temps plein comparable. • Soc. 9 déc. 2020, ⚖ n°s 19-16.138 P et 19-20.319 P : *D. 2021. 23* ; *ibid. 370, obs. Ala, Lanoue et Prache* ; *JSL 2020, n° 513-5, obs. Mo* ; *RJS 2/2021, n° 91* ; *JCP S 2021. 1020, obs. Morand.*

3. Incompatibilité du forfait jours et du travail à temps partiel. Les salariés ayant conclu une convention de forfait en jours sur l'année dont le nombre est inférieur à 218 jours, ne peuvent être considérés comme salariés à temps partiel. • Soc. 27 mars 2019, ⚖ n° 16-23.800 P : *D. actu. 30 avr. 2019, obs. Ciray* ; *D. 2019. Actu. 704* ; *RJS 6/2019, n° 356* ; *SSL 2019, n° 1861, p. 15, obs. Morand* ; *JSL 2019, n° 476-4, obs. Nasom-tissandier* ; *JCP S 2019. 1131, obs. Maes-Audebert.*

4. Critères distinctifs. Le salarié qui se trouve placé dans l'impossibilité de prévoir à quel rythme il devra travailler et qui doit se tenir constamment à la disposition de l'employeur ne peut être considéré comme un travailleur à temps partiel. • Soc. 25 févr. 2004, ⚖ n° 01-46.394 P. ♦ Tel n'est pas le cas dès lors que l'employeur prévoit un tableau sur lequel étaient indiquées les périodes de travail et les disponibilités des salariés et qui pouvait être mis à jour par ceux-ci et consulté par les services. • Soc. 9 juill. 2003, ⚖ n° 01-42.451 P. ♦ Dans le même sens : • Soc. 8 juill. 2003, ⚖ n° 02-45.092 P. (guichetiers de Paris Mutuel Hippodrome).

5. Novation du contrat. La volonté certaine de nover un contrat de travail à temps complet en contrat de travail à temps partiel ne peut résulter des termes équivoques des lettres échangées par les parties, en l'absence de tout autre fait ou acte propre à caractériser cette volonté. • Soc. 10 mars 1988 : *Dr. soc. 1988. 438, note Savatier.*

6. Clause d'exclusivité. La clause d'exclusivité ne doit être utilisée que pour protéger l'intérêt légitime de l'entreprise ; en conséquence, est abusive la clause subordonnant la possibilité pour le salarié engagé à temps partiel, d'exercer une autre activité professionnelle, à l'autorisation préalable de son employeur, lequel n'établissait pas en quoi cette clause était justifiée en son principe par les intérêts légitimes de l'entreprise. • Soc. 16 sept. 2009 : ⚖ *D. 2009. AJ 2284, obs. Maillard* ; *RJS 2009. 850, n° 987* ; *JSL 2009, n° 265-2.* ♦ La clause imposant à un salarié de travailler à temps partiel et à titre exclusif ne peut lui être opposée et lui interdire de se consacrer à temps complet à son activité professionnelle ; il en résulte qu'en présence de ces clauses le représentant peut réclamer le bénéfice d'une rémunération minimale normalement réservée aux salariés exerçant à temps complet. • Soc. 11 mai 2005 : ⚖ *D. 2005. IR 1590* ; *D. 2006. Pan. 30* ; *JCP S 2005. 1005* ; *RJS 2005. 565, n° 787.* ♦ Comp. • Soc. 25 févr. 2004, ⚖ n° 01-43.392 P.

7. Clause de refus de mission. La clause contractuelle par laquelle le salarié à temps partiel a la faculté de refuser les missions qui lui sont confiées est sans effet sur les exigences légales relatives à la mention dans le contrat de travail de la durée du travail et de sa répartition. • Soc. 26 janv. 2011 : ⚖ *D. actu. 21 févr. 2011, obs. Siro* ; *D. 2011. Actu. 385* .

8. Temps partiel modulé (dispositions antérieures à la loi du 8 août 2016). Le non-respect de la limite du tiers de la durée du travail fixée par la convention collective et l'accord d'entreprise est insuffisant en soi pour justifier la requalification du contrat à temps partiel modulé en contrat à temps complet, dès lors qu'il n'était pas démontré que la durée du travail du salarié avait été portée à un niveau égal ou supérieur à la durée légale hebdomadaire ou à la durée fixée conventionnellement. • Soc. 12 sept. 2018, ⚖ n° 16-18.030 P : *D. 2018. 1868* ; *RJS 11/2018, n° 676* ; *JCP S 2018. 1327, obs. Morand* • 18 déc. 2019, ⚖ n° 18-12.447 P : *RJS 3/2020, n° 136.* ♦ Le salarié peut également démontrer qu'il devait travailler selon des horaires dont il n'avait pas eu préalablement connaissance, de sorte qu'il était placé dans l'impossibilité de prévoir à quel rythme il devait travailler et qu'il se trouvait dans l'obligation de se tenir constamment à la disposition de l'employeur. • Soc. 17 févr. 2021, ⚖ n°s 18-16.298 P et 18-26.545 P : *D. 2021. 354* ; *Dr. soc. 2021. 568, obs. Tournaux* ; *RJS 5/2021, n° 269* ; *JCP S 2021. 1073, obs. Morand.*

§ 2 Passage à temps partiel ou à temps complet

Art. L. 3123-2 Le salarié qui en fait la demande peut bénéficier d'une réduction de la durée du travail sous forme d'une ou plusieurs périodes d'au moins une semaine en raison des besoins de sa vie personnelle. Sa durée de travail est fixée dans la limite annuelle prévue au 3° de l'article L. 3123-1.

Pendant les périodes travaillées, le salarié est occupé selon l'horaire collectif applicable dans l'entreprise ou l'établissement.

Les dispositions relatives au régime des heures supplémentaires et à la contrepartie obligatoire sous forme de repos s'appliquent aux heures accomplies au cours d'une semaine au-delà de la durée légale fixée en application de l'article L. 3121-27 ou, en cas d'application d'un accord collectif conclu sur le fondement de l'article L. 3121-44, aux heures accomplies au-delà des limites fixées par cet accord.

L'avenant au contrat de travail précise la ou les périodes non travaillées. Il peut également prévoir les modalités de calcul de la rémunération mensualisée indépendamment de l'horaire réel du mois.

Comp. anc. art. L. 3123-7.

Art. L. 3123-3 Les salariés à temps partiel qui souhaitent occuper ou reprendre un emploi d'une durée au moins égale à celle mentionnée au premier alinéa de l'article L. 3123-7 ou un emploi à temps complet et les salariés à temps complet qui souhaitent occuper ou reprendre un emploi à temps partiel dans le même établissement ou, à défaut, dans la même entreprise ont priorité pour l'attribution d'un emploi ressortissant à leur catégorie professionnelle ou d'un emploi équivalent ou, si (*Ord. n° 2017-1718 du 20 déc. 2017, art. 1er-I*) « une convention ou un accord d'entreprise ou d'établissement ou, à défaut, une convention ou un accord de branche étendu » le prévoit, d'un emploi présentant des caractéristiques différentes.

L'employeur porte à la connaissance de ces salariés la liste des emplois disponibles correspondants.

Comp. anc. art. L. 3123-8.

Jurisprudence rendue sous l'empire des textes antérieurs à la L. n° 2016-1088 du 8 août 2016.

1. Priorité d'accès à une durée de travail plus longue. La priorité d'emploi s'exerce sur l'attribution d'un temps partiel plus long et peut jouer à l'égard d'un salarié en contrat à durée indéterminée qui demande à bénéficier d'un poste à temps partiel plus long mais en contrat à durée déterminée. ● Soc. 24 sept. 2008, n° 06-46.292 : *RDT 2008. 733, obs. Héas ; RJS 2008. 929, n° 1133 ; JSL 2008, n° 243-5 ; Dr. soc. 2008. 1232, obs. Favennec-Héry ; JCP S 2009. 1669, obs. Barège.*

2. L'employeur a l'obligation d'accéder à la demande d'un salarié de reprendre un emploi à temps complet dès l'instant qu'il remplit les conditions légales. ● Soc. 29 mars 1995, n° 91-45.378 P : *D. 1995. IR 132 ; Dr. soc. 1995. 506 ; JCP 1996. I. 3899, n° 5, obs. Teyssié.*

3. Pluralité de candidats prioritaires. En cas de pluralité de candidatures de salariés à temps partiel désirant occuper un emploi à temps plein, l'employeur doit choisir entre les intéressés, en cas de contestation, il lui appartient de communiquer au juge les éléments objectifs sur lesquels il s'est appuyé pour arrêter son choix. S'il apparaît que ce choix a été motivé par des impératifs d'organisation de l'entreprise, celui-ci ne peut être contesté. ● Soc. 7 juill. 1998, n° 95-43.443 P : *D. 1999. Somm. 185, obs. Desbarats.*

4. Connaissance des postes disponibles. L'employeur peut porter à la connaissance de ses salariés les emplois disponibles par voie de communication électronique, notamment sur le réseau intranet de l'entreprise, mais il est tenu de procéder à une diffusion spécifique concernant les emplois pouvant correspondre à la catégorie professionnelle, ou à un emploi équivalent, des salariés à temps partiel souhaitant occuper un emploi à temps complet, ou des salariés à temps complet souhaitant un emploi à temps partiel. ● Soc. 20 avr. 2005, n° 03-41.802 P : *D. 2005. IR 1181 ; Dr. ouvrier 2005. 443, obs. Coupillaud ; JCP S 2005. 1007, note Verkindt ; JSL 2005, n° 168-2 ; Dr. soc. 2005. 933, obs. Radé.*

5. Charge de la preuve du respect de l'obligation d'information des postes disponibles. Il appartient à l'employeur de rapporter la preuve qu'il a satisfait à son obligation d'information des postes disponibles en établissant soit qu'il a porté à la connaissance du salarié la liste de ces postes, soit en justifiant de l'absence de tels postes. ● Soc. 13 avr. 2023, n° 21-19.742 B : *D. 2023. 791 ; RJS 6/2023, n° 317.*

Art. L. 3123-4 Le refus par un salarié d'accomplir un travail à temps partiel ne constitue ni une faute ni un motif de licenciement.

Comp. anc. art. L. 3123-4.

Art. L. 3123-4-1 (L. n° 2023-270 du 14 avr. 2023, art. 26-V, en vigueur le 1er sept. 2023) Lorsqu'un salarié (L. n° 2023-1250 du 26 déc. 2023, art. 96-II) « qui souhaite bénéficier d'une retraite progressive en application des articles L. 161-22-1-5 à L. 161-22-1-9 » du code de la sécurité sociale demande à travailler à temps partiel, il adresse sa demande, dans des conditions fixées par décret, à l'employeur. A défaut de réponse écrite et motivée dans un délai de deux mois à compter de la réception de la demande, l'accord de l'employeur est réputé acquis. – V. art. D. 3123-1-1.

Le refus de l'employeur est justifié par l'incompatibilité de la durée de travail demandée par le salarié avec l'activité économique de l'entreprise.

La 2de phr. du 1er al. de l'art. L. 3123-4-1 ne s'applique qu'aux demandes présentées à compter du 1er sept. 2023 (L. n° 2023-270 du 14 avr. 2023, art. 26-XII, 8°).

§ 3 Égalité de traitement avec les salariés à temps plein

Art. L. 3123-5 Le salarié à temps partiel bénéficie des droits reconnus au salarié à temps complet par la loi, les conventions et les accords d'entreprise ou d'établissement sous réserve, en ce qui concerne les droits conventionnels, de modalités spécifiques prévues par une convention ou un accord collectif.

La période d'essai d'un salarié à temps partiel ne peut avoir une durée calendaire supérieure à celle du salarié à temps complet.

Compte tenu de la durée de son travail et de son ancienneté dans l'entreprise, la rémunération du salarié à temps partiel est proportionnelle à celle du salarié qui, à qualification égale, occupe à temps complet un emploi équivalent dans l'établissement ou l'entreprise.

Pour la détermination des droits liés à l'ancienneté, la durée de celle-ci est décomptée pour le salarié à temps partiel comme s'il avait été occupé à temps complet, les périodes non travaillées étant prises en compte en totalité.

L'indemnité de licenciement et l'indemnité de départ à la retraite du salarié ayant été occupé à temps complet et à temps partiel dans la même entreprise sont calculées proportionnellement aux périodes d'emploi accomplies selon l'une et l'autre de ces deux modalités depuis son entrée dans l'entreprise.

Comp. anc. art. L. 3123-9 à L. 3123-13.

Jurisprudence rendue sous l'empire des textes antérieurs à la L. n° 2016-1088 du 8 août 2016.

1. Application de la réglementation. La réglementation relative à la durée hebdomadaire légale du travail et la détermination des périodes d'inaction permettant d'y déroger ne peuvent être transposées au cas du travail à temps partiel. • Crim. 11 mai 1984, n° 82-92.887 P : *Dr. soc. 1985. 811*, note Savatier. – Dans le même sens : • Crim. 19 janv. 1978 : *Bull. crim. n° 23* • Soc. 11 févr. 1982 : *Bull. civ. V, n° 96* • 8 juin 1994, ⚖ n° 90-41.895 P : *D. 1995. Somm. 374*, obs. de Launay-Gallot ; *RJS 1994. 587, n° 992* • 8 nov. 1995 : ⚖ *Dr. soc. 1996. 91*, obs. Favennec • 27 sept. 2006 : ⚖ *D. 2006. IR 2627* ; *RJS 2006. 991, n° 1332*.

A. PRINCIPE D'ÉGALITÉ

2. Accords collectifs. Les conventions et accords collectifs d'entreprise doivent, en l'absence de réserves d'ordre conventionnel, bénéficier proportionnellement aux salariés à temps partiel. • Soc. 4 févr. 1987, ⚖ n° 83-44.575 P : *Dr. soc. 1988. 438*, note J. Savatier. ♦ L'art. L. 212-4-5 [L. 3123-11 nouv.] ne permet de prévoir que des modalités spécifiques d'application des droits conventionnels pour les salariés à temps partiel ; il n'autorise pas, en revanche, leur exclusion du champ de la convention. • Soc. 15 janv. 2002 : ⚖ *RJS 2002. 275, n° 363* • 7 mai 2002, ⚖ n° 99-45.036 P : *RJS 2002. 685, n° 912* • 24 juin 2003, ⚖ n° 00-42.766 P. • 8 juill. 2003, ⚖ n° 02-45.092 P. ♦ Ainsi, un accord collectif peut réserver des jours flottants et un jour de RTT supplémentaire les années bissextiles, destinés à compenser les heures effectuées au-delà de la durée légale hebdomadaire, aux seuls travailleurs à temps complet ; les salariés à temps partiel bénéficiant conventionnellement de la réduction de la durée du travail selon des modalités adaptées à leur situation. • Soc. 17 juin 2009 : ⚖ *D. 2009. AJ 1833*, obs. Ines ; *JCP S 2009. 1402*, obs. Del Sol.

3. PSE. Un plan social établi à l'occasion d'un licenciement collectif ne peut écarter des salariés au seul motif qu'ils sont employés à temps partiel. • Soc. 10 nov. 1992, ⚖ n° 89-42.884 P : *Dr. soc.*

DURÉE DU TRAVAIL Art. L. 3123-5 1099

1993. 62 ; RJS 1992. 775, n° 1429 • 12 févr. 2003, n° 02-40.526 P.

4. Ordre des licenciements. La qualité de salarié à temps partiel ne peut justifier la décision de licencier l'intéressé de préférence à un salarié à temps plein de même catégorie professionnelle et dont l'ancienneté est moindre. • Soc. 3 mars 1998, n° 95-41.610 P : D. 1998. IR 93 ; Dr. soc. 1998. 683, note F. Favennec-Héry ; RJS 1998. 342, n° 548 • 4 juill. 2012 : D. 2012. Actu. 1894 ; JCP S 2012. 1407, obs. Béal et Marguerite.

B. CONGÉS PAYÉS ET JOURS FÉRIÉS

5. Calcul. Dès lors que la convention collective prévoyait que les congés payés étaient calculés en jours ouvrés, une cour d'appel a pu décider que les congés des salariés à temps partiel ne devaient être imputés que sur leurs jours de travail effectifs. • Soc. 23 avr. 1997 : RJS 1997. 569, n° 880. ♦ Le salarié à temps partiel a droit à un congé dont la durée, qui ne doit pas être réduite à proportion de l'horaire de travail, est égale à celle du congé d'un salarié à temps plein et dont la rémunération est égale au dixième de la rémunération totale qu'il a perçue au cours de la période de référence, ou si elle est plus favorable, au montant de la rémunération qu'il aurait perçue s'il avait continué à travailler. • Soc. 22 févr. 2000, n° 97-43.515 P : D. 2000. IR 93 ; RJS 2000. 324, n° 467. ♦ Le calcul du nombre de jours de congés payés pris par un salarié à temps partiel doit s'effectuer en prenant en compte tous les jours ouvrables compris entre le premier jour où l'intéressé aurait dû travailler s'il n'était pas parti en congé et le jour de la reprise. • Même arrêt. ♦ En application du principe de l'égalité de traitement entre les salariés à temps partiel et les salariés à temps complet, les jours ouvrables de congés d'ancienneté doivent être décomptés de la même manière que les jours de congés des salariés à temps plein, sur les six jours ouvrables de la semaine ; il n'en va autrement que si l'accord collectif prévoit que le décompte des congés est effectué en jours ouvrés. • Soc. 31 janv. 2012 : RJS 2012. 335, n° 397 ; JCP S 2012. 1192, obs. Rosa.

6. Congés supplémentaires. Le passage à temps partiel ne fait pas perdre au salarié le bénéfice du nombre de jours de congés supplémentaires pour ancienneté qu'il avait acquis lorsqu'il avait travaillé à temps plein. • Soc. 6 avr. 1999, n° 96-42.788 P : D. 1999. IR 132 ; RJS 1999. 465, n° 766 (salarié en préretraite progressive). ♦ V. aussi : • Soc. 17 mars 1999, n° 96-45.167 P : RJS 1999. 464, n° 765.

7. Jours fériés. Si l'employeur doit accorder au salarié à temps partiel le nombre de jours fériés auquel celui-ci peut prétendre, en revanche, il est fondé à rémunérer ces jours fériés sur la base de la durée théorique journalière de travail du salarié à temps partiel. • Soc. 5 juin 2008 : D. 2008. AJ 2282, obs. Perrin .

C. INDEMNITÉS

8. Indemnité de licenciement. Lorsqu'un salarié a été occupé successivement à temps partiel et à temps plein, l'indemnité de licenciement se calcule proportionnellement aux périodes d'emploi à temps partiel et à temps plein. • Soc. 16 févr. 1994 : RJS 1994. 385, n° 626 • 10 janv. 1995 : D. 1995. IR 52 ; Dr. soc. 1995. 193 ; RJS 1995. 130, n° 168. ♦ Le montant de l'indemnité de licenciement est fonction de la durée de service des salariés tant à temps complet qu'à temps partiel, les périodes de travail à temps partiel étant prises en compte au prorata du rapport entre l'horaire à temps partiel et l'horaire à temps complet. • Soc. 4 janv. 2000, n° 97-44.923 P : RJS 2000. 151, n° 227. ♦ Mais lorsqu'un travailleur engagé à durée indéterminée et à temps plein est licencié au moment où il bénéficie d'un congé parental à temps partiel, l'indemnité de licenciement et l'allocation de congé de reclassement à verser à ce travailleur doivent être déterminées sur la base de la rémunération qu'il aurait perçue s'il était resté à temps complet, dans la mesure où un nombre considérablement plus élevé de femmes que d'hommes choisissent de bénéficier d'un congé parental à temps partiel (discrimination indirecte). • CJUE 8 mai 2019, n° C-486/18 : RJS 8-9/2019, n° 536 ; SSL 2019, n° 1869, obs. Gandin ; JCP 2019. 548, obs. Berlin • Soc. 18 mars 2020, n° 16-27.825 P : D. 2020. 825 ; RTD civ. 2019. 67, obs. Deumier ; RTD eur. 2019. 416, obs. Jeauneau ; RJS 6/2020, n° 299 ; JSL 2020, n° 501-6, obs. Pacotte et Leroy • 14 avr. 2021, n° 19-21.508 : JCP S 2021. 1175, obs. Vachet.

9. Indemnité conventionnelle de licenciement. Si le principe d'égalité entre travailleurs à temps complet et travailleurs à temps partiel impose de calculer l'indemnité conventionnelle de licenciement en tenant compte proportionnellement, à défaut de dispositions conventionnelles contraires, des périodes d'emploi effectuées à temps plein et à temps partiel, la règle de proportionnalité ne trouve pas à s'appliquer, sauf disposition contraire de la convention collective, au plafond de l'indemnité fixé par la convention qui a un caractère forfaitaire. • Soc. 26 sept. 2018, n° 17-11.102 P : D. 2018. Actu. 1918 ; RJS 12/2018, n° 728 ; JCP S 2018. 1344, obs. Drai.

D. RÉMUNÉRATION

10. Principe. Les salariés à temps partiel doivent bénéficier proportionnellement des avantages de rémunération consentis par l'employeur aux salariés à temps complet. • Soc. 19 nov. 1987 : Bull. civ. V, n° 663 ; Dr. soc. 1988. 438, note J. Savatier. ♦ Dès lors que les dispositions d'une convention collective ne comportent pas de mention contraire au principe de proportionnalité, les éléments de rémunération qu'elle prévoit doivent être proratisés pour les salariés à temps partiel. • Soc. 7 sept. 2017, ⚖ n° 16-19.528 P : D. 2017. Actu. 1765 ⌀ ; RJS 11/2017, n° 749 ; JCP S 2017. 1327, obs. Rozec. ♦ La note de l'employeur fixant les conditions d'attribution d'une rémunération complémentaire sans distinguer les objectifs à atteindre et exigeant la réalisation du même chiffre d'affaires par tous les salariés porte atteinte au principe d'égalité. • Soc. 4 déc. 1990, ⚖ n° 87-42.341 P : D. 1991. IR 12. ♦ En revanche, n'est pas entachée d'illégalité l'extension d'une convention collective instituant une rémunération mensuelle minimale indépendante du nombre d'heures effectivement accomplies. • CE 6 oct. 1999 : ⚖ RJS 1999. 864, n° 1487.

11. Un usage d'entreprise ne peut subordonner le paiement d'une prime à l'occupation d'un emploi à temps plein. • Soc. 13 avr. 1999, ⚖ n° 97-41.171 P : RJS 1999. 464, n° 764 (prime attribuée aux salariés travaillant à temps plein en région parisienne).

12. Le principe de proportionnalité s'applique à toutes les sommes versées aux salariés présentant le caractère d'une rémunération. • Soc. 1er juin 1999, ⚖ n° 97-41.430 P : D. 1999. IR 202 ⌀ ; RJS 1999. 868, n° 1412 ; TPS 1999, n° 303 (prime de résidence) • 11 févr. 1998 : ⚖ RJS 1998. 343, n° 549 (prime de vacances).

13. Dès lors qu'un supplément familial, prévu par une convention collective, constitue un élément du salaire, il est soumis, sauf mention contraire, au principe de proportionnalité et doit être proratisé pour les travailleurs à temps partiel. • Soc. 2 juill. 2014 : ⚖ D. actu. 18 sept. 2014, obs. Peyronnet ; D. 2014. Actu. 1505 ⌀ ; RJS 2014. 606, n° 707 ; JSL 2014, n° 373-30. ♦ Une convention ou un accord collectif pouvant comporter des stipulations plus favorables aux salariés, une prime d'expérience, une prime familiale et une prime de vacances conventionnelles peuvent avoir un caractère proratisé et être intégralement versées aux salariés à temps partiel. • Soc. 15 sept. 2010 : ⚖ RJS 2010. 796, n° 894.

§ 4 Contrat de travail

Art. L. 3123-6 Le contrat de travail du salarié à temps partiel est un contrat écrit. Il mentionne :
1° La qualification du salarié, les éléments de la rémunération, la durée hebdomadaire ou mensuelle prévue et, sauf pour les salariés des associations et entreprises d'aide à domicile et les salariés relevant d'un accord collectif conclu en application de l'article L. 3121-44, la répartition de la durée du travail entre les jours de la semaine ou les semaines du mois ;
2° Les cas dans lesquels une modification éventuelle de cette répartition peut intervenir ainsi que la nature de cette modification ;
3° Les modalités selon lesquelles les horaires de travail pour chaque journée travaillée sont communiqués par écrit au salarié. Dans les associations et entreprises d'aide à domicile, les horaires de travail sont communiqués par écrit chaque mois au salarié ;
4° Les limites dans lesquelles peuvent être accomplies des heures complémentaires au-delà de la durée de travail fixée par le contrat.
L'avenant au contrat de travail prévu à l'article L. 3123-22 mentionne les modalités selon lesquelles des compléments d'heures peuvent être accomplis au-delà de la durée fixée par le contrat.

Comp. anc. art. L. 3123-14.

Jurisprudence rendue sous l'empire des textes antérieurs à la L. n° 2016-1088 du 8 août 2016 (anc. art. L. 3123-14).

1. Rôle de l'écrit. En l'absence d'écrit, l'employeur est en droit d'exiger du salarié la régularisation du contrat, jusque-là verbal. • Soc. 12 mai 1993 : ⚖ RJS 1993. 393, n° 680. ♦ L'absence d'un écrit constatant l'existence d'un contrat de travail à temps partiel a pour seul effet de faire présumer que le contrat a été conclu pour un horaire normal. • Soc. 14 mai 1987 : D. 1987. IR 134 ; Dr. soc. 1988. 438, note J. Savatier • 19 juin 1990, ⚖ n° 86-44.330 P : CSB 1990. 204. ♦ Il incombe à l'employeur, qui conteste cette présomption, de rapporter la preuve, d'une part, qu'il s'agit d'un emploi à temps partiel, d'autre part, que le salarié n'est pas placé dans l'impossibilité de prévoir à quel rythme il doit travailler et qu'il n'est pas tenu de se tenir constamment à la disposition de son employeur. • Soc. 25 févr. 2004, n° 01-46.541 P : D. 2004. IR 1286 ⌀ ; RJS 2004. 418, n° 623 ⌀. 26 janv. 2005 : ⚖ D. 2005. IR 858 ⌀ • 9 mars 2005 : ⚖ Dr. soc. 2005. 691, obs. Roy-Loustaunau ⌀ • 12 juill. 2005 : ⚖ D. 2005. 344, note Mouly ⌀ ; Dr. soc. 2005. 1045, obs. Savatier ⌀ ; JCP S 2005. 1333, note Adom ; RJS 2005. 677, n° 941 ; JSL 2005, n° 176-3 • 8 févr. 2011 : ⚖ D. actu. 3 mars 2011, obs. Dechristé ; D. 2011. Actu. 599 ⌀ ; JSL 2011, n° 296-5, obs. Lalanne ; JCP S 2011. 1199, obs. Dumont. ♦ L'exigence de l'écrit s'impose non seulement au contrat de travail initial mais aussi aux avenants modificatifs de la durée du travail ou de sa répétition. • Soc. 20 juin 2013 : ⚖ D. actu. 12 juill. 2013, obs. Fraisse ; D. 2013. Actu.

DURÉE DU TRAVAIL — Art. L. 3123-6

1629 ; *RJS 10/2013, n° 715.* ♦ A défaut, le contrat de travail à temps partiel doit être requalifié en contrat de travail à temps plein à compter de la première irrégularité. • Soc. 23 nov. 2016, n° 15-18.093 P : *D. 2016. Actu. 2471* ; *RJS 2/2017, n° 116* ; *JCP S 2017. 1013, obs. de Raincourt et Rioche.*

2. Absence de mention de la répartition du temps de travail. Sauf exceptions prévues par la loi, il ne peut pas être dérogé par l'employeur à l'obligation de mentionner dans le contrat de travail à temps partiel la durée hebdomadaire ou mensuelle prévue et sa répartition entre les jours de la semaine ou les semaines du mois ; à défaut de mention de cette répartition dans le contrat de travail, le salarié ne peut pas être débouté de sa demande de requalification du contrat de travail à temps partiel en contrat de travail à temps complet. • Soc. 17 nov. 2021, n° 20-10.734 B : *D. 2021. 2094*.

3. Requalification en contrat de travail à temps complet. En cas de requalification d'un contrat de travail à temps partiel en contrat à temps complet, la durée de travail en résultant correspond à la durée légale de travail ou, si elle est inférieure, à la durée fixée conventionnellement. • Soc. 3 juin 2015, n° 13-21.671 P : *D. actu. 18 juin 2015, obs. Ines* ; *D. 2015. Actu. 1277* ; *RJS 8-9/2015, n° 604* ; *JCP S 2015. 1363, obs. Barège.* ♦ En procédant à la requalification du contrat de travail en un contrat à temps complet, l'employeur était tenu au paiement du salaire correspondant à un temps plein ; la preuve que le salarié était occupé auprès d'un autre employeur ne peut que servir à l'appréciation de l'impossibilité pour ce dernier de prévoir à quel rythme il devait travailler. • Soc. 14 sept. 2016, n° 15-15.944 P : *D. actu. 17 oct. 2016, obs. Fraisse.*

4. Charge de la preuve. La charge de la preuve incombe à celui qui invoque l'existence d'un temps partiel. • Soc. 25 oct. 1990 : *CSB 1990. 277, A. 62.* ♦ L'employeur doit rapporter la preuve, d'une part, de la durée exacte hebdomadaire ou mensuelle convenue, d'autre part, de ce que le salarié n'était pas placé dans l'impossibilité de prévoir à quel rythme il devait travailler et qu'il n'avait pas à se tenir constamment à la disposition de l'employeur. • Soc. 21 nov. 2012 : *D. 2012. Actu. 2809* ; *D. 2013. Pan. 1026, obs. Lokiec* ; *JCP S 2013. 1092, obs. Barège.* ♦ Il lui appartient de rapporter la preuve non seulement de la durée exacte du travail convenu, mais également de sa répartition sur la semaine ou le mois. • Soc. 29 janv. 1997, n° 94-41.171 P : *GADT, 4ᵉ éd., n° 39* ; *D. 1997. IR 60* ; *Dr. soc. 1997. 311, obs. Favennec* ; *RJS 1997. 226, n° 343.* ♦ Dès lors qu'un salarié a été mis dans l'impossibilité de prévoir à quel rythme il pourrait travailler chaque mois et dans l'obligation de se tenir en permanence à la disposition de l'employeur, une cour d'appel qui a fait ressortir que ce dernier n'apportait pas la preuve d'une répartition du temps de travail entre les jours de la semaine ou entre les semaines du mois justifie sa décision d'accorder au salarié un rappel de rémunération et de calculer les différentes indemnités octroyées sur la base d'un temps complet. • Soc. 12 nov. 1997, n° 95-41.746 P : *D. 1997. IR 256* ; *RJS 1997. 891, n° 1454* ; *Dr. soc. 1998. 75.* ♦ Le seul fait de prouver, grâce aux bulletins de paye et aux plannings, que la durée du travail a toujours été inférieure à la durée légale du travail ne suffit pas pour écarter la présomption. • Soc. 9 janv. 2013 : *D. 2013. Actu. 182* ; *D. 2013. Pan. 1026, obs. Porta* ; *JCP S 2013. 1227, obs. Bousez.* ♦ De même, la seule mention d'une durée minimale de travail garantie ne répond pas au formalisme légal et ne suffit pas au salarié pour se prévaloir de la présomption de travail à temps complet. • Soc. 3 juill. 2019, n° 17-15.884 P : *D. actu. 24 juill. 2019, obs. de Montvalon* ; *D. 2019. Actu. 1453* ; *RJS 10/2019, n° 605* ; *JCP S 2019. 1265, obs. Raincourt et Rioche.*

5. Associations d'aide à domicile. Si le contrat de travail des salariés des associations d'aide à domicile peut ne pas mentionner la répartition de la durée du travail entre les jours de la semaine ou les semaines du mois, il doit néanmoins mentionner la durée hebdomadaire ou, le cas échéant, la durée mensuelle de travail garantie au salarié. • Soc. 2 févr. 1999, n° 96-44.596 P : *RJS 1999. 262, n° 443* ♦ Soc. 4 déc. 2002, n° 00-40.255 P : *D. 2003. IR 105* ; *RJS 2003. 118, n° 163* ; *JCP E 2003. 134, note Taquet* ; *ibid. 2003. 496, note Boulmier.* ♦ Dans les associations et entreprises d'aide à domicile, les horaires de travail sont communiqués par écrit chaque mois au salarié ; en l'absence de stipulations relatives au jour du mois auxquels sont communiqués par écrit les horaires de travail des salariés des entreprises et associations d'aide à domicile, ceux-ci doivent l'être avant le début de chaque mois. L'absence d'une telle communication fait présumer que l'emploi est à temps complet et il incombe alors à l'employeur de rapporter la preuve, d'une part de la durée exacte hebdomadaire ou mensuelle convenue, d'autre part, que le salarié n'était pas placé dans l'impossibilité de prévoir à quel rythme il devait travailler et qu'il n'avait pas à se tenir constamment à la disposition de l'employeur. • Soc. 20 févr. 2013 : *D. actu. 13 mars 2013, obs. Fraisse* ; *D. 2013. Actu. 574* ; *D. 2013. Pan. 1026, obs. Lokiec* ; *JCP S 2013. 1226, obs. Dumont.*

6. Clause de mission. La clause contractuelle, par laquelle le salarié à temps partiel a la faculté de refuser les missions qui lui sont confiées, est sans effet sur les exigences légales relatives à la mention dans le contrat de travail de la durée de travail et de sa répartition. • Soc. 26 janv. 2011 : *D. actu. 21 févr. 2011, obs. Siro.*

7. Clause d'exclusivité. La clause par laquelle un salarié à temps partiel se voit interdire toute autre activité professionnelle, soit pour son compte, soit pour le compte d'un tiers, porte atteinte au principe fondamental de libre exercice d'une activité professionnelle et n'est dès lors valable que si elle est indispensable à la protection des intérêts légitimes de l'entreprise et si elle est justifiée par la nature de la tâche à accomplir et proportionnée au but recherché. ● Soc. 25 févr. 2004, ⚖ n° 01-43.392 P : *RJS 2004.* 353, *n° 504.* ◆ La clause imposant à un salarié de travailler à temps partiel et à titre exclusif ne peut lui être opposée et lui interdire de se consacrer à temps complet à son activité professionnelle ; il en résulte qu'en présence de ces clauses le représentant peut réclamer le bénéfice d'une rémunération minimale normalement réservée aux salariés exerçant à temps complet. ● Soc. 11 mai 2005 : ⚖ *D. 2005.* IR 1590 ; *D. 2006. Pan. 30* ⊘ ; *JCP S 2005.* 1005 ; *RJS 2005.* 565, *n° 787.*

8. Horaire variable. Le fait que le salarié ait accepté, par un avenant à son contrat de travail, un horaire variable n'a pas d'incidence sur l'obligation de mentionner la durée du travail dans le contrat. ● Soc. 16 nov. 1999, ⚖ n° 98-42.612 P : *D. 1999. IR 282* ⊘ ; *RJS 2000.* 80, *n° 112.*

9. Chèque emploi-service. Lorsque la durée hebdomadaire de travail de la salariée n'excède pas huit heures, la conclusion d'un contrat de travail écrit n'est pas obligatoire, le « chèque emploi-service » en tenant lieu. ● Soc. 27 oct. 2004, ⚖ n° 03-48.234 P : *Dr. soc. 2005.* 103, *obs. Radé* ⊘.

10. Heures complémentaires. Le seul défaut de la mention des limites dans lesquelles peuvent être effectuées les heures complémentaires au-delà du temps de travail fixé par le contrat à temps partiel n'entraîne pas sa requalification en contrat à temps complet. ● Soc. 30 nov. 2010 : ⚖ *D. actu. 4 janv. 2011, obs. Siro ; D. 2011. AJ 22* ⊘ ; *JCP S 2011.* 1182, *obs. Bousez.*

11. Absence d'écrit et reconnaissance d'un contrat à temps partiel. Lorsqu'un contrat de travail à temps partiel est non écrit, le salarié peut revendiquer le temps partiel correspondant à l'horaire travaillé les deux premiers mois. ● Soc. 30 avr. 2014 : ⚖ *RJS 2014.* 489, *n° 597* ; *JSL 2014, n° 368-2, obs. Lhernould.*

12. Avenant modificatif. L'absence d'écrit conforme pour les avenants à un contrat de travail à temps partiel modifiant la durée du travail ou sa répartition emporte, dès le premier avenant irrégulier, fût-il temporaire, présomption de contrat à temps plein pour toute la suite de la relation de travail, peu importe que le contrat initial se soit conformé à l'obligation formelle. ● Soc. 23 nov. 2016, ⚖ n° 15-18.093 : *D. actu. 6 déc. 2016, obs. Cortot.*

§ 5 Durée minimale de travail et heures complémentaires

Art. L. 3123-7 Le salarié à temps partiel bénéficie d'une durée minimale de travail hebdomadaire déterminée selon les modalités fixées aux articles L. 3123-19 et L. 3123-27.

Le premier alinéa du présent article n'est pas applicable :

1° Aux contrats d'une durée au plus égale à sept jours ;

2° Aux contrats à durée déterminée conclus au titre du 1° de l'article L. 1242-2 ;

3° Aux contrats de travail temporaire conclus au titre du 1° de l'article L. 1251-6 pour le remplacement d'un salarié absent ;

(*L. n° 2020-1577 du 14 déc. 2020, art. 6-I*) « 4° Aux contrats de travail à durée indéterminée conclus dans le cadre d'un cumul avec l'un des contrats prévus aux articles L. 5132-5, L. 5132-11-1 ou L. 5132-15-1, afin d'atteindre une durée globale d'activité correspondant à un temps plein ou au moins égale à la durée mentionnée à l'article L. 3123-27. »

Une durée de travail inférieure à celle prévue au premier alinéa du présent article peut être fixée à la demande du salarié soit pour lui permettre de faire face à des contraintes personnelles, soit pour lui permettre de cumuler plusieurs activités afin d'atteindre une durée globale d'activité correspondant à un temps plein ou au moins égale à la durée mentionnée au même premier alinéa. Cette demande est écrite et motivée.

(*L. n° 2023-270 du 14 avr. 2023, art. 26-V, en vigueur le 1er sept. 2023*) « Une durée de travail inférieure à celle prévue audit premier alinéa peut être fixée, à sa demande, au bénéfice du salarié ayant atteint l'âge prévu au premier alinéa de l'article L. 161-22-1-5 du code de la sécurité sociale. »

Une durée de travail inférieure à celle prévue au premier alinéa, compatible avec ses études, est fixée de droit, à sa demande, au bénéfice du salarié âgé de moins de vingt-six ans poursuivant ses études.

Comp. anc. art. L. 3123-14-1 à L. 3123-14-6.

L'avant-dernier al. de l'art. L. 3123-7, dans sa rédaction issue de la L. n° 2023-270 du 14 avr. 2023, est applicable aux assurés bénéficiant d'une retraite progressive à la date du 1er sept. 2023. Toutefois, la liquidation de la pension complète ne peut être obtenue que lorsque ces assurés rem-

DURÉE DU TRAVAIL **Art. L. 3123-11**

plissent les conditions d'âge et de durée d'assurance prévues aux art. L. 161-17-2 et L. 161-17-3 CSS, dans leur rédaction résultant de la L. du 14 avr. 2023 (L. préc., art. 236-XII, 5°).

Art. L. 3123-8 Chacune des heures complémentaires accomplies donne lieu à une majoration de salaire. — V. art. L. 3123-21.

Comp. anc. art. L. 3123-17, al. 3.

Art. L. 3123-9 Les heures complémentaires ne peuvent avoir pour effet de porter la durée de travail accomplie par un salarié à temps partiel au niveau de la durée légale du travail ou, si elle est inférieure, au niveau de la durée de travail fixée conventionnellement.

1. Dès lors que le salarié avait accompli 1,75 heure complémentaire au mois de février 2015 et qu'au cours de la première semaine de ce mois, le salarié avait effectué 36,75 heures de travail en sorte que l'accomplissement d'heures complémentaires avait eu pour effet de porter la durée du travail accomplie par le salarié à un niveau supérieur à la durée légale du travail, le contrat de travail à temps partiel devait, à compter de ce dépassement, être requalifié en contrat de travail à temps complet. • Soc. 15 sept. 2021, 🏛 n° 19-19.563 B : *D. 2021. 1677* ⌀ ; *RJS 11/2021, n° 609* ; *JSL 2021, n° 527-2, obs. Lhernould* ; *JCP S 2021. 1259, obs. Bento de Carvalho* ; *SSL 2021, n° 1976, p. 13, obs. Héry* ; *JCP 2021. 1027, obs. Dedessus-le-Moustier.*

2. Avenant temporaire. La conclusion d'un avenant de complément d'heures à un contrat de travail à temps partiel ne peut avoir pour effet de porter la durée du travail convenue à un niveau égal à la durée légale du travail ou à la durée fixée conventionnellement. • Soc. 21 sept. 2022, 🏛 n° 20-10.701 B : *D. actu. 13 oct. 2022, obs. Maurel* ; *RJS 11/2022, n° 566* ; *RDT 2023. 121, obs. Véricel* ; *SSL 2022, n° 2021, obs. Morand* ; *JSL 2022, n° 552-3, obs. Mayoux* ; *JCP S 2022. 1277, obs. Bento de Carvalho.*

Art. L. 3123-10 Le refus d'accomplir les heures complémentaires proposées par l'employeur au-delà des limites fixées par le contrat ne constitue ni une faute ni un motif de licenciement. Il en est de même, à l'intérieur de ces limites, lorsque le salarié est informé moins de trois jours avant la date à laquelle les heures complémentaires sont prévues.

Comp. anc. art. L. 3123-17, al. 2.

§ 6 Répartition de la durée du travail

Art. L. 3123-11 Toute modification de la répartition de la durée de travail entre les jours de la semaine ou entre les semaines du mois est notifiée au salarié en respectant un délai de prévenance.

Comp. anc. art. L. 3123-21.

Jurisprudence rendue sous l'empire des textes antérieurs à la L. n° 2016-1088 du 8 août 2016.

1. Modification des horaires. La répartition du temps de travail constitue un élément du contrat de travail à temps partiel qui ne peut être modifié sans l'accord du salarié. • Soc. 12 oct. 1999, 🏛 n° 97-42.432 P : *D. 1999. IR 252* ⌀ ; *CSB 1999, A. 46. 364, obs. Charbonneau.* ♦ Le licenciement prononcé en raison du refus par le salarié de la modification de son contrat de travail est sans cause réelle et sérieuse. • Soc. 23 nov. 1999, 🏛 n° 97-41.315 P : *RJS 2000. 86, n° 126.*

2. L'employeur qui modifie les horaires de travail d'un salarié à temps partiel sans respecter le délai de prévenance prévu au contrat de travail ne respecte pas ses engagements contractuels et la rupture qui en résulte s'analyse en un licenciement sans cause réelle et sérieuse. • Soc. 16 févr. 1999, 🏛 n° 96-45.407 P : *RJS 1999. 371, n° 607* • 4 avr. 2006, 🏛 n° 04-42.672 P.

3. Modification prévue par le contrat de travail. Une clause permettant de faire varier à la hausse les horaires de travail à condition d'en aviser le salarié à l'avance par écrit est licite. • Soc. 12 mars 1996, 🏛 n° 92-42.331 P : *Dr. soc. 1996. 924, note Barthélémy* ⌀ ; *RJS 1996. 347, n° 549* ; *JCP 1997. II. 22779, note Puigelier* ; *JCP E 1996. I. 595, n° 7, obs. Chevillard.*

4. Une disposition du contrat trop générale accordant à l'employeur un pouvoir discrétionnaire de modification des clauses du contrat ne correspond pas aux exigences légales. • Soc. 7 juill. 1998, 🏛 n° 95-43.443 P : *D. 1998. IR 204* ; *JCP 1999. II. 10009, note Del Sol.* ♦ Il en est de même de la clause prévoyant la possibilité de modifier les horaires convenus en fonction des nécessités du service. • Soc. 6 avr. 1999, 🏛 n° 96-45.790 P : *D. 1999. IR 132* ⌀ ; *RJS 1999. 463, n° 762.*

5. La clause ne peut valablement permettre à l'employeur de modifier l'horaire convenu qu'à la double condition, d'une part de la détermination par le contrat de la variation possible, d'autre part de l'énonciation des cas dans lesquels cette modification pourra intervenir. ● Soc. 7 déc. 1999, ⚖ n° 97-42.333 P : *RJS 2000. 225, n° 346.*

6. Refus d'une modification. Les dispositions de l'art. L. 212-4-2 C. trav. [ancien] ne s'opposent pas à la modification du contrat résultant de la réduction du temps de travail imposée pour une cause économique. ● Soc. 24 nov. 1998, ⚖ n° 96-41.740 P : *RJS 1999. 89, n° 133 ; TPS 1999, n° 21.* ◆ Le licenciement consécutif au refus par un salarié à temps partiel d'accepter la modification de la répartition de son temps de travail imposée par malignité et non dans l'intérêt de l'entreprise est sans cause réelle et sérieuse. ● Soc. 14 oct. 1998, ⚖ n° 96-43.539 P : *D. 1998. IR 243* ⌀. ◆ Le refus d'un salarié d'accepter un changement de ses horaires ordonné par l'employeur dans le cadre de son pouvoir de direction, peut être légitime, même si le changement est prévu au contrat de travail, lorsque ce changement n'est pas compatible avec des obligations familiales impérieuses. ● Soc. 9 mai 2001, ⚖ n° 99-40.111 P : *D. 2001. IR 1849* ⌀ ; *RJS 2001. 644, n° 943.* ◆ Un tel refus n'est pas constitutif d'une faute grave mais peut néanmoins constituer une faute justifiant le licenciement. ● Soc. 15 déc. 2004, ⚖ n° 02-44.924 P : *Dr. soc. 2005. 343, obs. Lanquetin* ⌀ ; *RJS 2005. 168, n° 242.*

7. Refus consécutif à l'entrée en vigueur d'un accord de réduction du temps de travail. Le caractère réel et sérieux du licenciement du salarié à temps partiel qui refuse la modification de son horaire de travail consécutive à l'entrée en vigueur d'un ARTT ne peut être apprécié qu'au regard des seules dispositions de l'accord collectif applicable. ● Soc. 5 avr. 2006, ⚖ n° 04-45.537 P : *RJS 2006. 540, n° 781.*

8. Délai de prévenance. Le délai de prévenance de l'art. L. 3123-21 C. trav. n'est applicable qu'en cas de décision unilatérale de l'employeur et non lorsque la modification intervient avec l'accord exprès du salarié. ● Soc. 9 nov. 2016, ⚖ n° 15-19.401 P : *D. actu. 1er déc. 2016, obs. Ines ; D. 2016. Actu. 2348* ⌀ ; *RJS 1/2017, n° 28 ; JSL 2017, n° 423-4, obs. Lhernould ; JCP S 2017. 1003, obs. François.* ◆ De même le non-respect du délai de prévenance ne permet pas la requalification du contrat lorsque le salarié a été exposé à un changement d'horaire unique, n'a pas été empêché de prévoir le rythme auquel il devait travailler et n'a pas eu à se tenir à la disposition constante de l'employeur. ● Soc. 27 mars 2019, ⚖ n° 17-21.543 P : *D. 2019. Actu. 704* ⌀ ; *RJS 6/2019, n° 359.*

9. Intérêt général de la profession. Est de nature à porter atteinte à l'intérêt collectif de la profession le non-respect des dispositions de l'art. L. 3123-21 C. trav., dans sa rédaction applicable en la cause, aux termes desquelles toute modification de la répartition de la durée du travail entre les jours de la semaine ou les semaines du mois est notifiée au salarié sept jours avant la date à laquelle elle doit avoir lieu. ● Soc. 21 sept. 2017, ⚖ n° 16-14.282 P : *D. 2017. Actu. 1981* ⌀ ; *RJS 12/2017, n° 806 ; JCP S 2017. 1370, obs. Petit.*

Art. L. 3123-12 Lorsque l'employeur demande au salarié de modifier la répartition de sa durée de travail, alors que le contrat de travail n'a pas prévu les cas et la nature de telles modifications, le refus du salarié d'accepter cette modification ne constitue ni une faute ni un motif de licenciement.

Lorsque l'employeur demande au salarié de modifier la répartition de sa durée du travail dans un des cas et selon des modalités préalablement définis dans le contrat de travail, le refus du salarié d'accepter cette modification ne constitue ni une faute ni un motif de licenciement dès lors que cette modification n'est pas compatible avec des obligations familiales impérieuses, avec le suivi d'un enseignement scolaire ou supérieur, avec l'accomplissement d'une période d'activité fixée par un autre employeur ou avec une activité professionnelle non salariée. Il en va de même en cas de modification des horaires de travail au sein de chaque journée travaillée qui figurent dans le document écrit communiqué au salarié en application du 3° de l'article L. 3123-6.

Comp. anc. art. L. 3123-24.

Jurisprudence rendue sous l'empire des textes antérieurs à la L. n° 2016-1088 du 8 août 2016.

1. Respect de la vie familiale. Il appartient aux juges du fond de rechercher concrètement, d'une part, si la mise en œuvre de la clause de mobilité ne porte pas une atteinte au droit du salarié à une vie personnelle et familiale et si cette atteinte peut être justifiée par la tâche à accomplir et proportionnée au but recherché et, d'autre part, si la modification des horaires journaliers est compatible avec des obligations familiales impérieuses. ● Soc. 13 janv. 2009 : *D. 2009. 1799, note Escande-Varniol* ⌀ ; *RDT 2009. 300, obs. Dumery* ⌀ ; *RJS 2009. 206, n° 228 ; Dr. soc. 2009. 614, obs. Radé* ⌀ ; *JCP S 2009. 1162, obs. Bossu.*

2. Respect de la pluriactivité salariée. N'est pas compatible avec la période d'activité fixée chez un autre employeur le changement d'horaires qui intervient alors que la salariée partageait son temps entre deux employeurs dont les cabinets n'étaient pas situés au même endroit et alors que les nouveaux horaires entraînaient un chevauchement partiel, peu important que la modification des horaires de travail de la salariée soit motivée par l'intérêt de l'entreprise. ● Soc. 28 sept. 2011 : ⚖ *RJS 2011. 892, n° 1027.*

DURÉE DU TRAVAIL

Art. L. 3123-13 Lorsque, pendant une période de douze semaines consécutives ou pendant douze semaines au cours d'une période de quinze semaines ou pendant la période prévue par un accord collectif conclu sur le fondement de l'article L. 3121-44 si elle est supérieure, l'horaire moyen réellement accompli par un salarié a dépassé de deux heures au moins par semaine, ou de l'équivalent mensuel de cette durée, l'horaire prévu dans son contrat, celui-ci est modifié, sous réserve d'un préavis de sept jours et sauf opposition du salarié intéressé.

L'horaire modifié est égal à l'horaire antérieurement fixé auquel est ajoutée la différence entre cet horaire et l'horaire moyen réellement accompli.

Comp. anc. art. L. 3123-15.

Jurisprudence rendue sous l'empire des textes antérieurs à la L. n° 2016-1088 du 8 août 2016.

Dès lors que l'horaire moyen réalisé par un salarié sur une période de 12 semaines consécutives dépasse d'au moins deux heures l'horaire contractuel hebdomadaire, ce dernier doit être réévalué en conséquence ; ce dépassement doit être calculé en fonction de l'horaire moyen réalisé par le salarié sur toute la période de référence. • Soc. 4 nov. 2015, n° 14-16.338 P : *D. actu. 8 déc. 2015, obs. Ines ; D. 2015. Actu. 2322 ; RJS 1/2016, n° 78 ; JSL 2015, n° 399-400-5, obs. Bonnet.*

§ 7 Exercice d'un mandat

Art. L. 3123-14 Le temps de travail mensuel d'un salarié à temps partiel ne peut être réduit de plus d'un tiers par l'utilisation du crédit d'heures auquel il peut prétendre pour l'exercice de mandats qu'il détient au sein d'une entreprise. Le solde éventuel de ce crédit d'heures payées peut être utilisé en dehors des heures de travail de l'intéressé.

Comp. anc. art. L. 3123-29.

§ 8 Information des représentants du personnel

Art. L. 3123-15 Dans le cadre de la consultation sur la politique sociale de l'entreprise mentionnée à l'article L. 2323-15, l'employeur communique au moins une fois par an au *(Ord. n° 2017-1386 du 22 sept. 2017, art. 4)* « comité social et économique, s'il existe, » un bilan du travail à temps partiel réalisé dans l'entreprise.

Il communique également ce bilan aux délégués syndicaux de l'entreprise.

Comp. anc. art. L. 3123-3.

Art. L. 3123-16 L'employeur informe chaque année le *(Ord. n° 2017-1386 du 22 sept. 2017, art. 4)* « comité social et économique, s'il existe, » du nombre de demandes de dérogation individuelle à la durée minimale de travail mentionnée au premier alinéa de l'article L. 3123-7 qui sont accordées sur le fondement des *(L. n° 2023-270 du 14 avr. 2023, art. 26-V, en vigueur le 1er sept. 2023)* « trois *[ancienne rédaction : deux]* » derniers alinéas du même article L. 3123-7.

Comp. anc. art. L. 3123-14-2.

SOUS-SECTION 2 Champ de la négociation collective

§ 1 Mise en place d'horaires à temps partiel

Art. L. 3123-17 Une convention ou un accord d'entreprise ou d'établissement ou, à défaut, une convention ou un accord de branche étendu peut prévoir la mise en œuvre d'horaires de travail à temps partiel à l'initiative de l'employeur.

Cet accord ou cette convention peut également fixer les conditions de mise en place d'horaires à temps partiel à la demande des salariés. Dans ce cas, l'accord ou la convention prévoit :

1° Les modalités selon lesquelles les salariés à temps complet peuvent occuper un emploi à temps partiel et les salariés à temps partiel occuper un emploi à temps complet dans le même établissement ou, à défaut, dans la même entreprise ;

2° La procédure à suivre par les salariés pour faire part de leur demande à leur employeur ;

3° Le délai laissé à l'employeur pour y apporter une réponse motivée, en particulier en cas de refus.

Comp. anc. art. L. 3123-11, in fine.

Art. L. 3123-18 (Ord. n° 2017-1718 du 20 déc. 2017, art. 1ᵉʳ-I) Une convention ou un accord d'entreprise ou d'établissement ou, à défaut, une convention ou un accord de branche étendu peut prévoir la possibilité pour l'employeur de :
1° Proposer au salarié à temps partiel un emploi à temps complet ou d'une durée au moins égale à la durée minimale mentionnée au premier alinéa de l'article L. 3123-7 ne ressortissant pas à sa catégorie professionnelle ou un emploi à temps complet non équivalent ;
2° Proposer au salarié à temps complet un emploi à temps partiel ne ressortissant pas à sa catégorie professionnelle ou un emploi à temps partiel non équivalent.

Comp. anc. art. L. 3123-5.

§ 2 Durée minimale de travail et heures complémentaires

Art. L. 3123-19 Une convention ou un accord de branche étendu fixe la durée minimale de travail mentionnée à l'article L. 3123-7. Lorsqu'elle est inférieure à celle prévue à l'article L. 3123-27, il détermine les garanties quant à la mise en œuvre d'horaires réguliers ou permettant au salarié de cumuler plusieurs activités afin d'atteindre une durée globale d'activité correspondant à un temps plein ou au moins égale à la durée mentionnée à l'article L. 3123-27. – V. art. L. 2253-1.
(Ord. n° 2017-1718 du 20 déc. 2017, art. 1ᵉʳ-I) « Une convention ou un accord d'entreprise ou d'établissement ou, à défaut, une convention ou un accord de branche étendu » détermine les modalités selon lesquelles les horaires de travail des salariés effectuant une durée de travail inférieure à la durée minimale prévue à l'article L. 3123-27 sont regroupés sur des journées ou des demi-journées régulières ou complètes.

Comp. anc. art. L. 3123-14-3 et L. 3123-14-4.

Art. L. 3123-20 Une convention ou un accord d'entreprise ou d'établissement ou, à défaut, une convention ou un accord de branche étendu peut porter la limite dans laquelle peuvent être accomplies des heures complémentaires jusqu'au tiers de la durée hebdomadaire ou mensuelle de travail prévue dans le contrat du salarié à temps partiel et calculée, le cas échéant, sur la période prévue par un accord collectif conclu sur le fondement de l'article L. 3121-44.

Comp. anc. art. L. 3123-18.

Art. L. 3123-21 Une convention ou un accord de branche étendu peut prévoir le taux de majoration de chacune des heures complémentaires accomplies dans la limite fixée à l'article L. 3123-20. Ce taux ne peut être inférieur à 10 %. – V. art. L. 2253-1.

Comp. anc. art. L. 3123-19, al. 2.

§ 3 Compléments d'heures par avenant

Art. L. 3123-22 Une convention ou un accord de branche étendu peut prévoir la possibilité, par un avenant au contrat de travail, d'augmenter temporairement la durée de travail prévue par le contrat.
La convention ou l'accord :
1° Détermine le nombre maximal d'avenants pouvant être conclus, dans la limite de huit par an et par salarié, en dehors des cas de remplacement d'un salarié absent nommément désigné ;
2° Peut prévoir la majoration salariale des heures effectuées dans le cadre de cet avenant ;
3° Détermine les modalités selon lesquelles les salariés peuvent bénéficier prioritairement des compléments d'heures.
Les heures complémentaires accomplies au-delà de la durée déterminée par l'avenant donnent lieu à une majoration salariale qui ne peut être inférieure à 25 %.

Comp. anc. art. L. 3123-25.

Avenant de complément d'heures (jurisprudence rendue sous l'empire de l'anc. art. L. 3123-25). La conclusion d'un avenant de complément d'heures à un contrat de travail à temps partiel ne peut avoir pour effet de porter la durée du travail convenue à un niveau égal à la durée légale du travail ou à la durée fixée conventionnellement. • Soc. 21 sept. 2022, ⚖ n° 20-10.701 B : *D. actu. 13 oct. 2022, obs. Maurel ; RJS 11/2022, n° 566 ; RDT 2023. 121, obs. Véricel ; SSL 2022, n° 2021, obs. Morand ; JSL 2022, n° 552-3, obs. Mayoux ; JCP S 2022. 1277, obs. Bento de Carvalho.*

§ 4 Répartition de la durée du travail

Art. L. 3123-23 Une convention ou un accord d'entreprise ou d'établissement ou, à défaut, une convention ou un accord de branche étendu ou agréé en application de l'article L. 314-6 du code de l'action sociale et des familles peut définir la répartition des horaires de travail des salariés à temps partiel dans la journée de travail.

Si cette répartition comporte plus d'une interruption d'activité ou une interruption supérieure à deux heures, la convention ou l'accord définit les amplitudes horaires pendant lesquelles les salariés peuvent exercer leur activité et prévoit des contreparties spécifiques en tenant compte des exigences propres à l'activité exercée.

Comp. anc. art. L. 3123-25.

Art. L. 3123-24 Une convention ou un accord d'entreprise ou d'établissement ou, à défaut, une convention ou un accord de branche étendu peut déterminer le délai dans lequel la modification de la répartition de la durée du travail est notifiée au salarié.

Ce délai ne peut être inférieur à trois jours ouvrés. Dans les associations et entreprises d'aide à domicile, ce délai peut être inférieur pour les cas d'urgence définis par convention ou accord de branche étendu ou par convention ou accord d'entreprise ou d'établissement.

La convention ou l'accord d'entreprise ou d'établissement ou, à défaut, la convention ou l'accord de branche étendu prévoit les contreparties apportées au salarié lorsque le délai de prévenance est inférieur à sept jours ouvrés.

Comp. anc. art. L. 3123-22.

Art. L. 3123-25 L'accord collectif permettant les dérogations prévues aux articles L. 3123-20 et L. 3123-24 comporte des garanties relatives à la mise en œuvre, pour les salariés à temps partiel, des droits reconnus aux salariés à temps complet, notamment du droit à un égal accès aux possibilités de promotion, de carrière et de formation, ainsi qu'à la fixation d'une période minimale de travail continue et à la limitation du nombre des interruptions d'activité au cours d'une même journée. – *V. art. R. 3124-7 (pén.).*

Comp. anc. art. L. 3123-23.

SOUS-SECTION 3 Dispositions supplétives

§ 1 Mise en place d'horaires à temps partiel

Art. L. 3123-26 A défaut de convention ou d'accord collectif, des horaires à temps partiel peuvent être pratiqués à l'initiative de l'employeur, après avis du *(Ord. n° 2017-1386 du 22 sept. 2017, art. 4)* « comité social et économique ».

Dans les entreprises dépourvues d'institutions représentatives du personnel, des horaires à temps partiel peuvent être pratiqués à l'initiative de l'employeur ou à la demande des salariés, après information de l'agent de contrôle de l'inspection du travail.

A défaut de convention ou d'accord collectif, le salarié peut demander à bénéficier d'un poste à temps partiel, dans des conditions fixées par voie réglementaire.

La demande mentionnée au troisième alinéa ne peut être refusée que si l'employeur justifie de l'absence d'emploi disponible relevant de la catégorie professionnelle du salarié ou de l'absence d'emploi équivalent ou s'il peut démontrer que le changement d'emploi demandé aurait des conséquences préjudiciables à la bonne marche de l'entreprise.

Comp. anc. art. L. 3123-2, al. 2 et 3.

§ 2 Durée minimale de travail et heures complémentaires

Art. L. 3123-27 A défaut d'accord prévu à l'article L. 3123-19, la durée minimale de travail du salarié à temps partiel est fixée à vingt-quatre heures par semaine ou, le cas échéant, à l'équivalent mensuel de cette durée ou à l'équivalent calculé sur la période prévue par un accord collectif conclu en application de l'article L. 3121-44.

Art. L. 3123-28 A défaut d'accord prévu à l'article L. 3123-20, le nombre d'heures complémentaires accomplies par un salarié à temps partiel au cours d'une même semaine ou d'un même mois ou de la période prévue par un accord collectif conclu sur le fondement de l'article L. 3121-44 ne peut être supérieur au dixième de la durée hebdomadaire ou mensuelle de travail prévue dans son contrat et calculée, le cas échéant, sur la période prévue par un accord collectif conclu sur le fondement du même article L. 3121-44.

Art. L. 3123-29 A défaut de stipulation conventionnelle prévues [*prévue*] à l'article L. 3123-21, le taux de majoration des heures complémentaires est de 10 % pour chacune des heures complémentaires accomplies dans la limite du dixième des heures prévues au contrat de travail et de 25 % pour chacune des heures accomplies entre le dixième et le tiers des heures prévues au contrat de travail.

§ 3 Répartition de la durée du travail

Art. L. 3123-30 A défaut d'accord prévu à l'article L. 3123-23, l'horaire de travail du salarié à temps partiel ne peut comporter, au cours d'une même journée, plus d'une interruption d'activité ou une interruption supérieure à deux heures.

Art. L. 3123-31 A défaut d'accord prévu à l'article L. 3123-24, toute modification de la répartition de la durée du travail entre les jours de la semaine ou les semaines du mois est notifiée au salarié au moins sept jours ouvrés avant la date à laquelle elle doit avoir lieu.

Impossibilité de prévoir le rythme de travail. L'absence de respect du délai de prévenance avant toute modification de la répartition de la durée du travail entre les jours de la semaine ou les semaines du mois entraîne la requalification du contrat de travail à temps partiel en contrat de travail à temps complet lorsque le salarié est empêché de prévoir le rythme auquel il doit travailler et se trouve dans l'obligation de se tenir à la disposition constante de l'employeur ; un salarié à temps partiel exposé à un unique changement d'horaire et qui n'a été ni empêché de prévoir le rythme auquel il devait travailler ni obligé de se tenir à la disposition constante de l'employeur ne peut voir son contrat de travail à temps partiel requalifié en contrat à temps complet.

● Soc. 27 mars 2019, n° 17-21.543 P : *D. actu. 30 avr. 2019, obs. Ciray.* ♦ En revanche, s'il est constaté que les horaires de travail variaient constamment et que la durée du travail convenue était fréquemment dépassée, sans que l'employeur ne justifie du respect du délai de prévenance contractuel, en sorte que, compte tenu de l'incertitude avérée de ses horaires de travail, le salarié était contraint de demeurer à la disposition permanente de l'employeur, le contrat de travail à temps partiel peut être requalifié en contrat à temps complet. ● Soc. 27 mars 2019, n° 16-28.774 P : *D. actu. 30 avr. 2019, obs. Ciray ; D. 2019. Actu. 705 ; RJS 6/2019, n° 359 ; JCP S 2019. 1169, obs. Avignon.*

SOUS-SECTION 4 Dispositions d'application

Art. L. 3123-32 Des décrets déterminent les modalités d'application de la présente section soit pour l'ensemble des professions ou des branches d'activité, soit pour une profession ou une branche particulière.

Si, dans une profession ou dans une branche, la pratique du travail à temps partiel provoque un déséquilibre grave et durable des conditions d'emploi, ces décrets, pris après consultation des organisations d'employeurs et de salariés intéressées, peuvent instituer des limitations du recours à cette pratique dans la branche ou la profession concernée.

SECTION 2 Travail intermittent

BIBL. ▶ POULAIN, *Dr. soc.* 1989. 300. – CASAUX, *ibid.* 1988. 175. – BÉLIER, *ibid.* 1987. 696. – FLORES, *RJS* 2014. 67. – PÉLISSIER, *ibid.* 93. – MORAND, *JCP E* 1986. I. 15810.

DURÉE DU TRAVAIL

Art. L. 3123-33 1109

COMMENTAIRE
V. sur le Code en ligne 🔒.

SOUS-SECTION 1 Ordre public

Art. L. 3123-33 Des contrats de travail intermittent peuvent être conclus dans les entreprises couvertes par une convention ou par un accord d'entreprise ou d'établissement ou, à défaut, par une convention ou un accord de branche étendu qui le prévoit.

Comp. anc. art. L. 3123-31.

Jurisprudence rendue sous l'empire des textes antérieurs à la L. n° 2016-1088 du 8 août 2016.

1. Nature de l'accord. Eu égard aux dispositions de l'art. L. 2232-33 C. trav., dans sa rédaction antérieure à la L. n° 2016-1088 du 8 août 2016, un accord de groupe ne pouvait valablement permettre le recours au contrat de travail intermittent, en sorte que la conclusion d'un tel contrat en application d'un accord de groupe est illicite et que le contrat doit être requalifié en contrat de travail à temps complet. ● Soc. 3 avr. 2019, 🔒 n° 17-19.524 P : *D. 2019. Actu. 766* ⌀ *; RJS 6/2019, n° 393 ; JCP S 2019. 1150, obs. Barège*.

2. Définition des emplois. La convention ou l'accord collectif prévoyant le recours au travail intermittent doit désigner de façon précise les emplois permanents qui peuvent être conclus par la conclusion de contrats de travail intermittents. ● Soc. 27 juin 2007 : 🔒 *D. 2007. AJ 2241, obs. Dechristé* ⌀ *; RDT 2007. 735, obs. Véricel* ⌀ *; RJS 2007. 884, n° 1137 ; Dr. soc. 2008. 496, obs. Roy-Loustaunau* ⌀.

3. Requalification. La requalification judiciaire d'un contrat de travail intermittent en contrat à temps complet et le rappel de salaire subséquent qui ne sont que la conséquence de l'illicéité résultant de l'absence de convention collective ou d'accord collectif prévoyant le recours à un tel contrat et de la durée pendant laquelle l'employeur a maintenu une telle situation, ne constituent ni une sanction ayant le caractère d'une punition relevant des dispositions de l'art. 8 DDHC ni une privation de propriété au sens des art. 2 et 17 de cette Déclaration. ● Soc., QPC, 10 juill. 2013 : 🔒 *D. actu. 3 avr. 2014, obs. Peyronnet ; D. 2013. Actu. 1906* ⌀ *; Dr. soc. 2013. 975* ⌀ *; RJS 10/2013, n° 685*.

4. Le contrat de travail intermittent conclu malgré l'absence d'une convention ou d'un accord collectif le prévoyant est illicite et doit être requalifié en contrat de travail à temps complet. ● Soc. 8 juin 2011 : 🔒 *D. actu. 8 juill. 2011, obs. Siro ; D. 2011. Actu. 1769* ⌀ *; Dr. soc. 2011. 1205, note Roy-Loustaunau* ⌀ *; RJS 2011. 637, n° 697 ; JCP S 2011. 1492, obs. Bousez* ● Soc. 19 mars 2014, 🔒 n° 10-15.087 : *D. actu. 3 avr. 2014, obs. Peyronnet ; D. 2014. Actu. 782* ⌀ *; JSL 2014, n° 365-4, obs. Lhernould* ● 11 mai 2016, 🔒 n° 15-11.382 P : *RJS 7/2016, n° 531 ; JCP S 2016. 1250, obs. Barège*.

5. Mais le dépassement de la durée maximale annuelle prévue par l'art. 4.5.1 de la convention collective nationale du sport ne portant pas sur la définition des emplois permanents qui, par nature, comportent une alternance de périodes travaillées et de périodes non travaillées, ouvre droit au paiement d'heures correspondant à ce dépassement et, le cas échéant, quand le salarié a effectué des heures de travail au-delà de la limite prévue à l'art. L. 3123-34 C. trav., à des dommages-intérêts en réparation du préjudice subi, n'affecte pas, à lui seul, la qualification de contrat de travail intermittent. ● Soc. 2 mars 2016, 🔒 n° 14-23.009 P : *D. 2016. 1588, note Flores* ⌀ *; RDT 2016. 338, note Lafargue* ⌀ *; RJS 5/2016, n° 381 ; JCP S 2016. 1137, obs. Jacotot*.

6. CESU. L'art. L. 1272-4 C. trav. relatif au chèque-emploi associatif ne déroge pas aux dispositions spéciales de l'art. L. 3123-33 du même code relatives au contrat de travail intermittent qui doit être établi par écrit. ● Soc. 20 mai 2015, 🔒 n° 14-13.127 P : *D. 2015. Actu. 1161* ⌀ *; RDT 2015. 461, note Tournaux* ⌀ *; JCP S 2015. 1362, obs. Thurillet-Bersolle*.

7. Mentions obligatoires. Les contrats de travail intermittent des chargés d'enquête intermittents à garantie annuelle conclus en application de l'annexe enquêteurs du 16 déc. 1991 à la convention SYNTEC, qui comporte des mesures d'adaptations prévues par l'annexe 4-2 maintenues en vigueur par l'art. 43 de la L. n° 93-1313 du 20 déc. 1993, n'ont pas à mentionner les périodes travaillées. ● Soc. 30 sept. 2020, 🔒 n° 18-24.909 P : *RJS 12/2020, n° 636*.

8. Travail intermittent et heures supplémentaires. Le contrat de travail intermittent ne constitue pas, en soi, une annualisation du temps de travail autorisant l'employeur à ne décompter les heures supplémentaires qu'au-delà de la durée annuelle légale ou conventionnelle ; les heures supplémentaires doivent être décomptées, sauf exception légale ou conventionnelle, par semaine travaillée. ● Soc. 28 mai 2014 : 🔒 *D. 2014. Actu. 1208* ⌀ *; RDT 2015. 122, obs. Canut* ⌀ *; RJS 2014. 529, n° 635*.

9. Inapplicabilité du régime du temps partiel. Les dispositions de l'art. L. 3123-14, qui prévoient que le contrat de travail à temps partiel précise la durée hebdomadaire ou mensuelle prévue ainsi que la répartition de la durée du travail entre les jours de la semaine ou les semaines du mois, ne sont pas applicables au contrat de travail intermittent. • Soc. 30 sept. 2020, 🔒 n° 18-24.909 P : *préc. note 7.*

Art. L. 3123-34 Le contrat de travail intermittent est un contrat à durée indéterminée.

Il peut être conclu afin de pourvoir un emploi permanent qui, par nature, comporte une alternance de périodes travaillées et de périodes non travaillées.

Ce contrat est écrit.

Il mentionne notamment :
1° La qualification du salarié ;
2° Les éléments de la rémunération ;
3° La durée annuelle minimale de travail du salarié ;
4° Les périodes de travail ;
5° La répartition des heures de travail à l'intérieur de ces périodes.

Comp. anc. art. L. 3123-33.

1. Requalification. L'absence de mention dans le contrat de travail intermittent des périodes travaillées et non travaillées entraîne la requalification de ce contrat en contrat à durée indéterminée de droit commun à temps plein. • Soc. 25 mai 2016, 🔒 n° 15-12.332 P : *D. 2016. Actu. 1205* ⌀ *; RJS 8-9/2016, n° 604 ; JCP S 2016. 1311, obs. Barège.*

2. Présomption simple. L'omission de la mention du délai de prévenance dans le contrat de travail intermittent crée une présomption simple de contrat de travail à temps complet ; l'employeur peut la renverser en rapportant la preuve que le salarié n'avait pas à se tenir en permanence à sa disposition. • Soc. 3 juin 2020, 🔒 n° 18-24.945 P : *D. 2020. 1232* ⌀ *; RJS 7/2020, n° 386 ; JCP S 2020. 2091, obs. Bousez.*

Art. L. 3123-35 Les heures dépassant la durée annuelle minimale fixée au contrat de travail intermittent ne peuvent excéder le tiers de cette durée, sauf accord du salarié.
— V. art. R. 3124-8 (pén.).

Comp. anc. art. L. 3123-35.

Art. L. 3123-36 Le salarié titulaire d'un contrat de travail intermittent bénéficie des droits reconnus aux salariés à temps complet, sous réserve, en ce qui concerne les droits conventionnels mentionnés à l'article L. 3123-38, de modalités spécifiques prévues par la convention ou l'accord collectif de travail étendu ou par une convention ou un accord d'entreprise ou d'établissement.

Pour la détermination des droits liés à l'ancienneté, les périodes non travaillées sont prises en compte en totalité. — *V. art. R. 3124-11 (pén.).*

Comp. anc. art. L. 3123-36.

Art. L. 3123-37 Les entreprises adaptées mentionnées à l'article L. 5213-13 peuvent conclure un contrat de travail intermittent même en l'absence de convention ou d'accord collectif de travail, dès lors que ce contrat est conclu avec un travailleur handicapé, bénéficiaire de l'obligation d'emploi au sens de l'article L. 5212-13.

Comp. anc. art. L. 3123-32.

SOUS-SECTION 2 **Champ de la négociation collective**

Art. L. 3123-38 Une convention ou un accord d'entreprise ou d'établissement ou, à défaut, une convention ou un accord de branche étendu définit les emplois permanents pouvant être pourvus par des salariés titulaires d'un contrat de travail intermittent.

Cette convention ou cet accord détermine, le cas échéant, les droits conventionnels spécifiques aux salariés titulaires d'un contrat de travail intermittent.

Il peut prévoir que la rémunération versée mensuellement aux salariés titulaires d'un contrat de travail intermittent est indépendante de l'horaire réel et détermine, dans ce cas, les modalités de calcul de cette rémunération.

Dans les secteurs, dont la liste est déterminée par décret, où la nature de l'activité ne permet pas de fixer avec précision les périodes de travail et la répartition des heures de travail au sein de ces périodes, cette convention ou cet accord détermine les adaptations nécessaires, notamment les conditions dans lesquelles le salarié peut refuser les dates et les horaires de travail qui lui sont proposés. – *V. art. D. 3123-4.*

Comp. anc. art. L. 3123-35.

TITRE III REPOS ET JOURS FÉRIÉS

COMMENTAIRE

V. sur le Code en ligne 🔒. ☐

CHAPITRE I REPOS QUOTIDIEN

(L. n° 2016-1088 du 8 août 2016, art. 8)

COMMENTAIRE

V. sur le Code en ligne 🔒. ☐

SECTION 1 Ordre public

Art. L. 3131-1 Tout salarié bénéficie d'un repos quotidien d'une durée minimale de onze heures consécutives, sauf dans les cas prévus aux articles L. 3131-2 et L. 3131-3 ou en cas d'urgence, dans des conditions déterminées par décret.

Comp. anc. art. L. 3131-1 et L. 3131-2, dern. al.

Jurisprudence rendue sous l'empire des textes antérieurs à la L. n° 2016-1088 du 8 août 2016.

1. Amplitude journalière. L'amplitude du travail doit être calculée sur une même journée de 0 à 24 heures et ne peut dépasser 13 heures. • Soc. 18 déc. 2001 : *Dr. soc.* 2002. 353, obs. Barthélemy.

2. Exception pour des raisons de sécurité. La période de pause, qui s'analyse comme un arrêt de travail de courte durée sur le lieu de travail ou à proximité, n'est pas incompatible avec des interventions éventuelles et exceptionnelles demandées durant cette période au salarié en cas de nécessité, notamment pour des motifs de sécurité. • Soc. 12 oct. 2004, n° 03-44.084 P : *RJS* 2004. 908, n° 1294 ; *Dr. soc.* 2005. 102, obs. Savatier ; *TPS* 2004, n° 352 ; *Dr. ouvrier* 2005. 182.

3. Moment du repos quotidien. Vu l'art. L. 3131-1 C. trav., interprété à la lumière de la Dir. 2003/88/CE du Parlement européen et du Conseil du 4 nov. 2003, une visite médicale ne peut être imposée au salarié durant la période de repos journalier ; période qui se situe immédiatement après la fin du service. • Soc. 27 juin 2012 : *D. actu. 20 juill. 2012*, obs. Siro ; *D.* 2012. Actu. 1830 ; *D.* 2013. Pan. 1026, obs. Lokiec ; *RDT* 2012. 569, obs. Véricel ; *RJS* 2012. 687, n° 802 ; *JSL* 2012, n° 327-4, obs. Hautefort ; *JCP S* 2012. 1417, obs. Béal.

4. Conventionnalité. Les dispositions de l'art. 7, § 4, de la Convention n° 106 de l'OIT concernant le repos hebdomadaire dans les commerces et les bureaux ne créent d'obligations de consultation des partenaires sociaux, dès lors que les dérogations au travail dominical critiquées résultent de la loi, qu'à la charge de l'État, de sorte que le moyen tiré de ce que la procédure ayant conduit à l'adoption de la loi n'est pas conforme à ces dispositions ne peut être accueilli. • Soc. 14 nov. 2018, n° 17-18.259 P : *D.* 2019. 331, note David ; *RJS* 1/2019, n° 26 ; *JCP* 2018. 1280, obs. Dedessus-Le-Moustier.

5. Preuve du respect des seuils et plafonds. La preuve du respect des seuils et plafonds prévus par le droit de l'Union européenne et des durées maximales de travail fixées par le droit interne incombe à l'employeur. • Soc. 14 déc. 2022, n° 21-18.139 B : *RJS* 3/2023, n° 143 ; *JSL* 2023, n° 558-1, obs. Lhernould ; *JCP S* 2023. 1031, obs. Guyot.

SECTION 2 Champ de la négociation collective

Art. L. 3131-2 Une convention ou un accord d'entreprise ou d'établissement ou, à défaut, une convention ou un accord de branche peut déroger à la durée minimale de repos quotidien prévue à l'article L. 3131-1, dans des conditions déterminées par décret, notamment pour des activités caractérisées par la nécessité d'assurer une continuité du service ou par des périodes d'intervention fractionnées. – *V. art. D. 3131-2 s. et R. 3135-1 (pén.).*

Comp. anc. art. L. 3131-2, al. 1ᵉʳ.

COMMENTAIRE

V. sur le Code en ligne 🔒.

SECTION 3 Dispositions supplétives

Art. L. 3131-3 A défaut d'accord, en cas de surcroît exceptionnel d'activité, il peut être dérogé à la durée minimale de repos quotidien dans des conditions définies par décret. — *V. art. D. 3131-7.*

Comp. anc. art. L. 3131-2, al. 2.

CHAPITRE II REPOS HEBDOMADAIRE

SECTION 1 Principes

RÉP. TRAV. v° *Repos hebdomadaire,* par VACHET.

BIBL. GÉN. ▶ D'ALLENDE, *JCP S 2009. 1385* (réforme du repos dominical). — FAVENNEC-HÉRY et GRASSI, *Dr. soc. 1993. 336* ⊘. — FAVENNEC-HÉRY, *Dr. soc. 2015. 787* ⊘ (loi du 6 août 2015. Travail dominical, travail en soirée). — FRIEDEL, *Dr. soc. 1967. 616.* — HENNION-MOREAU, *Dr. soc. 1990. 434* ⊘. — LECOQ, *RDT 2008. Controverse 645.* — MASSÉ, *Dr. soc. 1979. 80 ; ibid. 1980. 460.* — SAVATIER, *ibid. 1994. 180* ⊘ (loi du 20 déc. 1993). — SIGNORETTO, *RPDS 1987. 198* (ouverture le dimanche des commerces non alimentaires). — TEYSSIÉ, *JCP 1982. I. 3092* (Ord. du 16 janv. 1982) ; *JCP E 1987. I. 16580* (loi du 19 juin 1987). — VÉRICEL, *RDT 2008. Controverse 642* ⊘. — VÉRICEL et D'ALLENDE, *RDT 2013. Controverse 675* ⊘ (faut-il assouplir les règles relatives au travail dominical ?).

▶ **Loi du 10 août 2009** : BERNAUD, *Dr. soc. 2009* (le Conseil constitutionnel sacrifie la protection du salarié sur l'autel de la consommation). — MORAND, *JCP E 2009. 1912.* — POIRIER, *Dr. ouvrier 201. 22.* — VÉRICEL, *RDT 2009. 573* ⊘ (réaffirmation du principe du repos dominical ou généralisation du travail le dimanche) ; *ibid. 2015. 504* ⊘ (les dispositions de la loi Macron sur le travail le dimanche et le travail de nuit).

COMMENTAIRE

V. sur le Code en ligne 🔒.

Art. L. 3132-1 Il est interdit de faire travailler un même salarié plus de six jours par semaine. — *[Anc. art. L. 221-2.] — V. art. R. 3135-2 (pén.).*

1. Réparation du préjudice. La privation du repos hebdomadaire qui a généré pour les salariés un trouble dans leur vie personnelle et engendre des risques pour leur santé et leur sécurité constitue un préjudice spécifique devant être réparé ; la contrepartie financière de l'astreinte qui n'a ni le même nature ni le même objet ne pouvant s'y substituer. • Soc. 8 juin 2011 : ⚖ *D. 2011. Actu. 1693* ⊘ ; *RJS 2011. 632, n° 693* ; *JCP S 2011. 1441,* obs. Asquinazi-Bailleux.

2. Fixation de la période minimale de repos hebdomadaire. L'art. 5, 1ᵉʳ al., de la Dir. 2003/88/CE n'exige pas que la période minimale de repos hebdomadaire sans interruption de 24 heures, à laquelle un travailleur a droit, soit accordée au plus tard le jour qui suit une période 6 jours de travail consécutifs, mais impose que celle-ci soit accordée à l'intérieur de chaque période de travail de 7 jours. • CJUE 9 nov. 2017, ⚖ n° C-306/16 : *D. 2018. 820,* note Lokiec ⊘ ; *RDT 2018. 304,* note Véricel ⊘ ; *RJS 3/2018, n° 228* ; *Europe 2018. Comm. 30,* obs. Driguez ; *JCP S 2018. 1390,* obs. Lhernould.

Art. L. 3132-2 Le repos hebdomadaire a une durée minimale de vingt-quatre heures consécutives auxquelles s'ajoutent les heures consécutives de repos quotidien prévu au chapitre I. — *[Anc. art. L. 221-4, al. 1ᵉʳ.] — V. art. R. 3135-2 (pén.).*

Art. L. 3132-3 (*L. n° 2009-974 du 10 août 2009*) Dans l'intérêt des salariés, le repos hebdomadaire est donné le dimanche.

Jurisprudence rendue sous l'empire du régime antérieur à la loi du 10 août 2009.

1. Conformité au droit communautaire. Les dispositions de l'art. L. 221-5 [L. 3132-3 nouv.], prises dans le seul intérêt des travailleurs, n'ont pas pour objet de régir les échanges entre les États membres de la CEE et ne sont pas incompatibles avec les dispositions du Traité de Rome qui interdisent les restrictions quantitatives à l'importation ainsi que les mesures d'effet équivalent. • Crim. 20 nov. 1990 : ⚖ *RJS 1991. 22, n° 34.* — Dans le même sens : • Crim. 9 oct. 1990 : ⚖ *RJS 1990. 643, n° 979* • 12 mars 1991 : ⚖ *ibid. 1991. 311, n° 585* • 26 mars 1991 : ⚖ *eod. loc.* • CJCE 28 févr. 1991 : *D. 1991. 343, note Huglo* ⊘ *; RJS 1991. 279, n° 530 b* • 16 déc. 1992 : *Dr. ouvrier 1993. 115, note Bonnechère.* ♦ ... Ni avec celles de la directive CEE n° 76/207 sur l'égalité de traitement entre hommes et femmes. • Crim. 10 janv. 1995 (1er arrêt), ⚖ n° 94-82.490 P : *RJS 1995. 261, n° 387* • 10 janv. 1995 (2e arrêt) : ⚖ *RJS 1995. 261, n° 388* • 27 juin 1995 (1er arrêt) : ⚖ *JCP 1996. II. 22573, note J.-H. Robert* • 27 juin 1995 (2e arrêt) : ⚖ *ibid.* • 4 juin 1998 : ⚖ *D. 1998. IR 210* ⊘ • 2 mars 1999, ⚖ n° 97-85.165 P : *D. 1999. IR 106* ⊘ *; Dr. pénal 1999. Comm. 73, obs. J.-H. Robert ; JCP E 1999. I. 1492, note Serret ; ibid. 2000, p. 1132, obs. Fortis.*

2. Conformité à la Constitution. Les dispositions de l'art. L. 3132-3 C. trav. fixant le dimanche comme jour de repos hebdomadaire sont conformes à la Constitution en ce qu'elles ont été adoptées par le législateur dans un but tant de préservation de la santé et de la sécurité des travailleurs que de protection des liens familiaux et répondent ainsi à des exigences constitutionnelles reconnues et garanties par les al. 10 et 11 du préambule de la Constitution de 1946 et n'ont pas pour effet de porter à la liberté contractuelle une atteinte manifestement disproportionnée au regard de l'objectif poursuivi ni ne méconnaissent le principe d'égalité. • Soc. 5 juin 2013 : ⚖ *D. actu. 25 juin 2013, obs. Ines.* ♦ Il n'y a pas lieu de renvoyer au Conseil constitutionnel la question de savoir si les dispositions combinées des art. L. 3132-3 et L. 3132-13 C. trav., en tant qu'elles imposent la fermeture des commerces de détail alimentaire casher le dimanche à partir de 13 heures alors que ces commerces sont déjà fermés dans le cadre du Shabbat le vendredi soir au coucher du soleil et toute la journée du samedi, sont contraires aux droits et libertés que la Constitution garantit et, plus précisément, aux principes de liberté religieuse, d'égalité devant la loi et à la liberté d'entreprendre. • Soc., QPC 12 févr. 2020, ⚖ n° 19-40.035 P : *D. 2020. 393* ⊘ *; RJS 4/2020, n° 186.*

3. Salariés concernés. Aucune distinction n'étant faite entre les salariés employés pendant un seul jour de la semaine ou employés habituellement pendant les autres jours, tous constituent le personnel de l'entreprise auquel l'employeur doit le repos hebdomadaire le dimanche. • Crim. 24 mai 1976 : *Bull. crim. n° 177* • 2 oct. 1984 : *ibid., n° 281* • 14 nov. 1989 : *D. 1990. Somm. 175, obs. A. Lyon-Caen* ⊘. ♦ Comp., en cas de recours à des « extras » : • Crim. 16 déc. 1981 : *D. 1982. IR 323, obs. Vachet.*

4. Dérogations. L'accord des salariés ne figure pas au nombre des dérogations à la règle du repos dominical énumérées par le C. trav. et ne saurait ainsi constituer un fait justificatif. • Crim. 5 déc. 1989 : *D. 1990. Somm. 175, obs. A. Lyon-Caen* ⊘ *; Dr. ouvrier 1992. 159, note Alvarez-Pujana.*

5. Sanctions. Dès lors qu'une société occupe les dimanches des salariés appartenant au personnel de l'entreprise, une cour d'appel peut reconnaître l'existence d'un trouble manifestement illicite et, sans excéder ses pouvoirs propres, sans porter atteinte à la séparation des pouvoirs et sans prononcer une peine, prendre, en application de l'art. 809 C. pr. civ., les mesures lui paraissant s'imposer pour faire cesser ce trouble. • Soc. 14 juin 1989 : *D. 1989. 589, concl. Écoutin.* ♦ Est illégale l'ouverture le dimanche pratiquée avec le concours de personnes membres de la famille du gérant, mais placées sous sa subordination. • Soc. 4 oct. 1994 : *CSB 1995. 54, S. 28.*

6. Atteinte à l'intérêt collectif de la profession. Le non-respect, par certains employeurs, du repos hebdomadaire, rompant l'égalité au préjudice de ceux qui respectent la règle légale, porte atteinte à l'intérêt collectif de la profession, et le syndicat qui représente celle-ci a qualité pour agir en référé. • Cass., ass. plén., 7 mai 1993, ⚖ n° 91-12.611 P : *D. 1993. 437, concl. Jéol* ⊘ *; D. 1994. Somm. 319, obs. Verdier* ⊘ *; JCP 1993. II. 22083, note Saint-Jours ; JCP E 1993. II. 470, note Savatier ; Gaz. Pal. 1er-2 déc. 1993, obs. Roubach ; RJS 1993. 357, n° 620 ; CSB 1993. 179, A. 43 ; Dr. soc. 1993. 606* • Crim. 29 oct. 1996 : ⚖ *D. 1997. IR 20* ⊘. – Dans le même sens : • Soc. 17 févr. 1994 : ⚖ *RJS 1994. 274, n° 423* • 25 oct. 1994 : *Dr. soc. 1995. 54 ; RJS 1994. 834, n° 1380.*

7. Seules les organisations syndicales représentant la profession exercée par les sociétés qui n'ont pas respecté un arrêté préfectoral de fermeture sont recevables à agir. • Soc. 2 févr. 1994, ⚖ n° 90-14.771 P : *D. 1994. Somm. 319, obs. Verdier* ⊘ *; Dr. soc. 1994. 377, note Savatier* ⊘ *; RJS 1994. 188, n° 258.* ♦ En faveur de la recevabilité de principe d'une action intentée par une association de commerçants, V. • Soc. 11 oct. 1994 : ⚖ *RJS 1994. 764, n° 1273* • 18 janv. 1995 : ⚖ *CSB 1995. 91, S. 50.* ♦ Mais n'est pas recevable à se constituer partie civile malgré sa dénomination le syndicat des commerçants et entreprises qui ne comprenait pas des personnes exerçant la même profession, des métiers similaires ou des métiers connexes, concourant à l'établissement de produits déterminés ou la même profession libérale, et qui ne constituait donc pas, au regard des exigences posées par le texte, un syndicat ou une association professionnelle en l'absence d'habitation légale et faute de justifier d'une atteinte directement portée par l'infraction aux intérêts collectifs de l'ensemble de ses membres. • Crim. 14 juin 2000 : ⚖ *RJS 2000, n° 961.*

8. Trouble manifestement illicite. La violation de la règle du repos dominical est constitutive d'un trouble manifestement illicite. • Soc. 13 juin 2007 : ⚖ *D. 2007. AJ 1874* ⊘ *; JCP S 2007. 1641, note Bugada.* ♦ La circonstance que l'employeur ait obtenu, dans un premier temps, une dérogation préfectorale n'est pas de nature à écarter cette qualification. • Soc. 16 juin 2010 : ⚖ *RDT*

2010. 591, obs. Véricel ⌀ ; RJS 2010. 575, Rapp. Gosselin ; ibid. 2010. 606, n° 678 ; JCP S 2010. 1342, obs. d'Allende. ♦ La violation d'un arrêté préfectoral de fermeture hebdomadaire datant de 1952, dont la légalité n'est pas sérieusement contestée, constitue un trouble manifestement illicite qu'il entre dans les pouvoirs du juge des référés de faire cesser. • Soc. 5 oct. 2017, ⚷ n° 15-23.221 P : D. actu. 6 nov. 2017, obs. Siro ; D. 2017. Actu. 2035 ⌀ ; RDT 2018. 308, note Véricel ⌀ ; JCP S 2017. 1403, obs. d'Allende et Buso.

9. Preuve de la violation de la règle du repos dominical. L'art. L. 3171-2 autorisant les délégués du personnel à consulter des documents relatifs à un décompte de la durée du travail n'interdit pas à un syndicat de produire ces documents en justice ; le droit à la preuve peut justifier la production d'éléments portant atteinte à la vie personnelle d'un salarié à la condition que cette production soit nécessaire à l'exercice de ce droit et que l'atteinte soit proportionnée au but poursuivi. • Soc. 9 nov. 2016, ⚷ n° 15-10.203 : D. actu. 25 nov. 2016, obs. Roussel ; D. 2016. Actu. 2347 ⌀ ; ibid. 2017. 37, note Lardeux ⌀ ; RDT 2017. 134, note Géniaut ⌀ ; Dr. soc. 2017. 89, note Mouly ⌀ ; RJS 1/2017, n° 27 ; SSL 2016, n° 1746, p. 11, obs. Champeaux ; JCP S 2017. 1008, obs. Bugada.

10. Action d'un commerçant concurrent. Dès lors que c'est en faisant illicitement travailler leurs salariés le dimanche que deux sociétés exercent un commerce similaire à proximité d'une troisième, cette dernière a un intérêt légitime à faire cesser cette situation en raison du préjudice que cette rupture d'égalité peut lui causer. • Soc. 30 mai 2012 : ⚷ D. actu. 12 juin 2012, obs. Siro ; D. 2012. Actu. 1555 ⌀ ; D. 2013. Pan. 1026, obs. Porta ⌀ ; RJS 2012. 623, n° 716 ; JCP S 2012. 1358, obs. d'Allende.

11. Alsace-Moselle. Sur la compatibilité du code des professions en vigueur dans les départements d'Alsace et de Moselle proscrivant l'ouverture de certains commerces le dimanche avec le C. trav., V. • Crim. 15 oct. 1991 : RJS 1992. 135, n° 204.

Jurisprudence rendue sous l'empire du régime de la loi du 10 août 2009.

12. La loi du 10 août 2009, qui réaffirme le principe du repos dominical et vise à adapter, sous certaines conditions, les dérogations à ce principe dans les communes et zones touristiques et thermales ainsi que dans certaines agglomérations pour les salariés volontaires, n'a pas eu pour effet de priver de support légal les infractions au repos dominical constatées avant son entrée en vigueur. • Crim. 16 mars 2010 : ⚷ D. 2010. Actu. 1026 ⌀ ; Dr. soc. 2010. 1115, obs. Duquesne ⌀ ; JCP S 2010. 1227, obs. d'Allende.

Art. L. 3132-3-1 (L. n° 2009-974 du 10 août 2009) Le refus d'un demandeur d'emploi d'accepter une offre d'emploi impliquant de travailler le dimanche ne constitue pas un motif de radiation de la liste des demandeurs d'emploi.

Cette disposition ne s'applique pas dans les départements de la Moselle, du Bas-Rhin et du Haut-Rhin (L. n° 2009-974 du 10 août 2009). — V. art. L. 3134-1 à L. 3134-15.

SECTION 2 Dérogations

SOUS-SECTION 1 Dérogations au repos hebdomadaire

§ 1 Travaux urgents

Art. L. 3132-4 En cas de travaux urgents dont l'exécution immédiate est nécessaire pour organiser des mesures de sauvetage, pour prévenir des accidents imminents ou réparer des accidents survenus au matériel, aux installations ou aux bâtiments de l'établissement, le repos hebdomadaire peut être suspendu pour le personnel nécessaire à l'exécution de ces travaux.

Cette faculté de suspension s'applique non seulement aux salariés de l'entreprise où les travaux urgents sont nécessaires mais aussi à ceux d'une autre entreprise faisant les réparations pour le compte de la première.

Chaque salarié de cette seconde entreprise, de même que chaque salarié de l'entreprise où sont réalisés les travaux, affecté habituellement aux travaux d'entretien et de réparation, bénéficie d'un repos compensateur d'une durée égale au repos supprimé. — [Anc. art. L. 221-12.] — V. art. R. 3135-2 (pén.).

§ 2 Industries traitant des matières périssables ou ayant à répondre à un surcroît extraordinaire de travail

Art. L. 3132-5 Dans certaines industries traitant des matières périssables ou ayant à répondre à certains moments à un surcroît extraordinaire de travail, le repos hebdomadaire des salariés peut être suspendu deux fois au plus par mois, sans que le nombre de ces suspensions dans l'année soit supérieur à six.

Les heures de travail ainsi accomplies le jour du repos hebdomadaire sont considérées comme des heures supplémentaires et sont imputées sur le crédit d'heures supplémentaires prévu par les décrets d'application des dispositions relatives à la durée du travail.

La liste des industries pouvant bénéficier des dispositions prévues au premier alinéa est déterminée par décret en Conseil d'État. — [Anc. art. L. 221-22.] — V. art. R. 3132-1 et R. 3135-2 (pén.).

§ 3 Travaux dans les ports, débarcadères et stations

Art. L. 3132-6 Dans les ports, débarcadères et stations, l'emploi de salariés aux travaux de chargement et de déchargement le jour de repos hebdomadaire est autorisé dans les mêmes cas et sous les mêmes conditions que lorsque la durée du travail peut être prolongée pour ces mêmes travaux, en vertu des décrets d'application des dispositions relatives à la durée du travail. — [Anc. art. L. 221-20.] — V. art. R. 3132-2 et R. 3135-2 (pén.).

§ 4 Activités saisonnières

Art. L. 3132-7 Dans certaines industries ne fonctionnant que pendant une partie de l'année et dans certains établissements appartenant aux branches d'activité à caractère saisonnier et n'ouvrant en tout ou partie que pendant une période de l'année, le repos hebdomadaire peut être en partie différé dans les conditions prévues par l'article L. 3132-10, sous réserve que chaque travailleur bénéficie au moins de deux jours de repos par mois, autant que possible le dimanche.

La liste des industries et établissements prévues [prévus] au premier alinéa est déterminée par décret en Conseil d'État. — [Anc. art. L. 221-21.] — V. art. R. 3132-3 et R. 3135-2 (pén.).

§ 5 Travaux de nettoyage des locaux industriels et de maintenance

Art. L. 3132-8 Lorsqu'un établissement industriel ou commercial attribue le repos hebdomadaire le même jour à tous les salariés, ce repos peut être réduit à une demi-journée pour les salariés affectés aux travaux de nettoyage des locaux industriels et de maintenance qui doivent être réalisés nécessairement le jour de repos collectif et qui sont indispensables pour éviter un retard dans la reprise normale du travail.

Dans ce cas, un repos compensateur est attribué à raison d'une journée entière pour deux réductions d'une demi-journée. — [Anc. art. L. 221-13.] — V. art. R. 3135-2 (pén.).

§ 6 Travaux intéressant la défense nationale

Art. L. 3132-9 Dans les établissements de l'État ainsi que dans ceux où sont exécutés des travaux pour le compte de l'État et dans l'intérêt de la défense nationale, le repos hebdomadaire peut être temporairement suspendu par les ministres intéressés. — [Anc. art. L. 221-25.] — V. art. R. 3135-2 (pén.).

§ 7 Établissements industriels fonctionnant en continu

Art. L. 3132-10 Dans les établissements industriels fonctionnant en continu, les repos hebdomadaires des salariés affectés aux travaux en continu peuvent être en partie différés dans les conditions suivantes :

1° Chaque salarié bénéficie, dans une période de travail donnée, d'un nombre de repos de vingt-quatre heures consécutives au moins égal au nombre de semaines comprises dans cette période ;

2° Chaque salarié bénéficie le plus possible de repos le dimanche.

Un décret en Conseil d'État détermine les conditions d'application du repos hebdomadaire aux salariés intéressés, les travaux auxquels s'appliquent cette dérogation et pour chacun de ces travaux, la durée maximale de la période de travail mentionnée au 1°. — [Anc. art. L. 221-11.] — V. art. R. 3135-2 (pén.).

§ 8 Gardiens et concierges des établissements industriels et commerciaux

Art. L. 3132-11 Les gardiens et concierges des établissements industriels et commerciaux auxquels le repos hebdomadaire ne peut être donné bénéficient d'un repos compensateur.

Cette dérogation n'est pas applicable aux jeunes travailleurs de moins de dix-huit ans. — *[Anc. art. L. 221-15.]* — *V. art. R. 3135-2 (pén.).*

SOUS-SECTION 2 Dérogations au repos dominical

> **COMMENTAIRE**
>
> V. sur le Code en ligne 🔒.

§ 1 Dérogation permanente de droit

Art. L. 3132-12 Certains établissements, dont le fonctionnement ou l'ouverture est rendu nécessaire par les contraintes de la production, de l'activité ou les besoins du public, peuvent de droit déroger à la règle du repos dominical en attribuant le repos hebdomadaire par roulement.

Un décret en Conseil d'État détermine les catégories d'établissements intéressées. — *[Anc. art. L. 221-9, al. 1er et 16, et L. 221-10, al. 1er et 5.]* — *V. art. R. 3132-5 s., R. 3135-2 (pén.).*

1. Activité principale. Le bénéfice de la dérogation de droit au repos dominical, prévue par l'art. L. 3132-12, n'est accordé qu'aux entreprises exerçant, à titre principal, l'une des activités énumérées à l'art. R. 3132-5. ● Soc. 16 juin 2010 : 🏛 *D. actu. 2 juill. 2010, obs. Dechristé ; RDT 2010. 591, obs. Véricel* 📎 *; RJS 2010. 575, Rapp. Gosselin ; ibid. 2010. 607, n° 678 ; JCP S 2010. 1342, obs. d'Allende.* ♦ Ne peut bénéficier d'une dérogation permanente de droit à la règle du repos dominical la société qui emploie des salariés qui ne sont pas affectés à des tâches de réservation et vente d'excursions, de places de spectacle et d'accompagnement de clientèle mais à des activités commerciales de vente de billets d'avion et de séjours et gèrent les appels des membres du programme de fidélisation d'une compagne aérienne. ● Soc. 9 mai 2019, 🏛 n° 17-21.162 P : *D. 2019. Actu. 1053* 📎 *; RJS 7/2019, n° 435 ; JCP S 2019. 1211, obs. Vachet.* ♦ L'activité des opérateurs de détaxe touristique ne satisfait pas aux conditions prévues par l'art. L. 3132-12 C. trav. pour être susceptible d'être retenue par le pouvoir réglementaire au nombre des catégories d'établissements pouvant de droit déroger à la règle de repos dominical. ● CE 10 juill. 2019, 🏛 n° 419215 : *RJS 10/2019, n° 575*

2. Dérogation de droit et arrêté préfectoral. Le fait qu'un établissement visé par un arrêté préfectoral de fermeture soit autorisé par l'art. L. 3132-12 ou par accord collectif à donner le repos hebdomadaire par roulement ne fait pas obstacle à la fixation d'un jour de fermeture hebdomadaire. ● Soc. 11 mai 2017, 🏛 n° 15-25.195 P : *D. 2017. Actu. 1049* 📎 *; RDT 2017. 801, obs. Véricel* 📎 *; RJS 7/2017, n° 491 ; JCP S 2017. 1221, obs. d'Allende et Buso.*

3. Rémunération du travail le dimanche et les jours fériés. Selon l'art. 5.6.1 de la convention collective nationale du golf, pour les salariés qui travaillent habituellement le dimanche et les jours fériés, le contrat de travail doit mentionner cette contrainte liée à l'organisation du temps de travail ; l'employeur ne peut être condamné à payer au salarié une certaine somme au titre de la majoration salariale pour travail le dimanche et les jours fériés, alors qu'il résultait de ses constatations que la contrainte du travail habituel ces jours-là était expressément prévue dans le contrat de travail. ● Soc. 11 mai 2016, 🏛 n° 14-20.826 P : *D. actu. 2 juin 2016, obs. Cortot ; RDT 2017. 269, obs. Véricel* 📎 *; D. 2017. Actu. 1049* 📎 *; RJS 7/2016, n° 498 ; JCP S 2016. 1239, obs. d'Allende et Buso.*

4. Contreparties au travail dominical en cas de travail illégal le dimanche. Les contreparties accordées aux salariés travaillant le dimanche prévues par une convention collective ou par les dispositions légales autorisant des dérogations à la règle du repos dominical ne sont pas applicables à un salarié travaillant le dimanche en infraction aux dispositions légales et réglementaires sur le repos dominical, qui ne peut solliciter que la réparation du préjudice subi à raison du travail illégal le dimanche. ● Soc. 17 févr. 2021, 🏛 n° 19-21.897 P : *D. 2021. Actu. 427* 📎 *; RDT 2021. 327, obs. Véricel* 📎 *; RJS 5/2021, n° 267.*

Art. L. 3132-13 Dans les commerces de détail alimentaire, le repos hebdomadaire peut être donné le dimanche à partir de *(L. n° 2009-974 du 10 août 2009)* « treize heures ».

REPOS ET JOURS FÉRIÉS **Art. L. 3132-16** 1117

Les salariés âgés de moins de vingt et un ans logés chez leurs employeurs bénéficient d'un repos compensateur, par roulement et par semaine, d'un autre après-midi.

Les autres salariés bénéficient d'un repos compensateur, par roulement et par quinzaine, d'une journée entière.

(L. n° 2015-990 du 6 août 2015, art. 251) « Dans les commerces de détail alimentaire dont la surface de vente est supérieure au seuil mentionné au premier alinéa de l'article 3 de la loi n° 72-657 du 13 juillet 1972 instituant des mesures en faveur de certaines catégories de commerçants et artisans âgés, les salariés privés du repos dominical bénéficient d'une rémunération majorée d'au moins 30 % par rapport à la rémunération normalement due pour une durée équivalente. »

V. art. R. 3135-2 (pén.).

§ 2 Dérogations conventionnelles

SOUS-§ 1 *Travail en continu*

Art. L. 3132-14 Dans les industries ou les entreprises industrielles, (Ord. n° 2017-1718 du 20 déc. 2017, art. 1ᵉʳ-I) « une convention ou un accord d'entreprise ou d'établissement ou, à défaut, une convention ou un accord de branche étendu » peut prévoir la possibilité d'organiser le travail de façon continue pour des raisons économiques et d'attribuer le repos hebdomadaire par roulement.

À défaut de convention ou d'accord collectif de travail étendu ou de convention ou d'accord d'entreprise, une dérogation peut être accordée par l'inspecteur du travail après consultation des délégués syndicaux et avis du (Ord. n° 2017-1386 du 22 sept. 2017, art. 4) « comité social et économique, s'il existe » dans des conditions déterminées par décret en Conseil d'État. — [Anc. art. L. 221-10, al. 1ᵉʳ et 4, phrases 1 et 2.] — V. art. R. 3132-9 et art. R. 3135-2 (pén.).

En application de l'art. L. 231-5 CRPA, et par exception à l'application du délai de deux mois prévu à l'art. L. 231-1 du même code, le délai à l'expiration duquel le silence gardé par l'administration vaut décision d'acceptation est fixé à trente jours pour une demande d'autorisation d'organiser le travail de façon continue pour des raisons économiques et d'attribuer le repos hebdomadaire par roulement (Décr. n° 2014-1290 du 23 oct. 2014, art. 1ᵉʳ).

Art. L. 3132-15 La durée du travail des salariés travaillant de façon permanente en équipes successives selon un cycle continu ne doit pas être supérieure en moyenne, sur une année, à trente-cinq heures par semaine travaillée. — [Anc. art. 26, Ord. n° 82-41 du 16 janv. 1982.]

1. Hypothèses. En relevant que seuls trois postes de travail sur les neuf des deux secteurs concernés étaient occupés d'une manière permanente sept jours sur sept par roulement au sein de chaque équipe, que la répartition horaire de l'activité dans l'ensemble des deux secteurs était différente selon la qualification des salariés et que les jours de repos du salarié concerné étaient fixes et alternés une semaine sur deux, les juges du fond ont pu déduire que celui-ci ne travaillait pas de façon permanente en équipes successives selon un cycle continu. ● Soc. 6 juill. 1994 : ⚖ *Dr. soc.* 1994. 893, obs. Barthélémy. ♦ Comp. : il suffit que l'entreprise fonctionne en continu par équipes successives pour que l'art. 26 soit applicable aux salariés affectés à l'une de ces équipes, peu important que, par intermittence, ils soient soumis à un horaire normal. ● Soc. 14 nov. 2000, ⚖ n° 98-45.456 P : *Dr. soc.* 2001. 84, obs. Barthélémy ; *D.* 2000. IR 301 ; *RJS* 2001. 34, n° 54.

2. Décompte des heures supplémentaires. Lorsqu'en vertu d'un accord de modulation, la durée du travail est organisée sous forme de cycle, les heures supplémentaires se décomptent par rapport à la durée moyenne hebdomadaire de 39 heures calculée sur la durée de ce cycle, peu important la répartition inégale dans les limites conventionnelles des heures journalières effectives de travail. ● Soc. 11 oct. 1994 : ⚖ *Dr. soc.* 1994. 955, note Barthélémy.

SOUS-§ 2 *Équipe de suppléance*

Art. L. 3132-16 Dans les industries ou les entreprises industrielles, (Ord. n° 2017-1718 du 20 déc. 2017, art. 1ᵉʳ-I) « une convention ou un accord d'entreprise ou d'établissement ou, à défaut, une convention ou un accord collectif de travail étendu » peut prévoir que le personnel d'exécution fonctionne en deux groupes dont l'un, dénommé équipe de suppléance, a pour seule fonction de remplacer l'autre pendant le ou les jours de repos accordés au premier groupe.

Le repos hebdomadaire des salariés de l'équipe de suppléance est attribué un autre jour que le dimanche.

Cette dérogation s'applique également au personnel nécessaire à l'encadrement de cette équipe. – *V. art. R. 3135-2 (pén.).*

Art. L. 3132-17 La convention ou l'accord prévoyant la mise en place d'une équipe de suppléance comporte des dispositions concernant :

1° Les conditions particulières de mise en œuvre de la formation du personnel travaillant en équipe de suppléance et la rémunération du temps de formation ;

2° Les modalités d'exercice du droit des salariés de l'équipe de suppléance d'occuper un emploi autre que de suppléance. – *[Anc. art. L. 221-5-1, al. 2 à 4.]* – *V. art. R. 3135-2 (pén.).*

Art. L. 3132-18 A défaut de convention ou d'accord, le recours aux équipes de suppléance est subordonné à l'autorisation de l'inspecteur du travail donnée après consultation des délégués syndicaux et avis du *(Ord. n° 2017-1386 du 22 sept. 2017, art. 4)* « comité social et économique, s'il existe » dans des conditions déterminées par décret en Conseil d'État. – *[Anc. art. L. 221-5-1, al. 6.]* – *V. art. R. 3132-10 s. et R. 3135-2 (pén.).*

En application de l'art. L. 231-5 CRPA, et par exception à l'application du délai de deux mois prévu à l'art. L. 231-1 du même code, le délai à l'expiration duquel le silence gardé par l'administration vaut décision d'acceptation est fixé à trente jours pour une demande de dérogation permettant de prévoir que le personnel d'exécution fonctionne en deux groupes dont l'un, dénommé « équipe de suppléance », a pour seule fonction de remplacer l'autre pendant le ou les jours de repos accordés au premier groupe (Décr. n° 2014-1290 du 23 oct. 2014, art. 1ᵉʳ).

Art. L. 3132-19 La rémunération des salariés de l'équipe de suppléance est majorée d'au moins 50 % par rapport à celle qui serait due pour une durée équivalente effectuée suivant l'horaire normal de l'entreprise. Cette majoration ne s'applique pas lorsque les salariés de l'équipe de suppléance sont amenés à remplacer durant la semaine les salariés partis en congé. – *[Anc. art. L. 221-5-1, al. 5.]* – *V. art. R. 3135-2 (pén.).*

1. Égalité de traitement. Les salariés d'une équipe de suppléance bénéficient, de par la loi, d'un régime salarial qui leur est propre et ne se trouvent pas, au regard de l'avantage sur les « incommodités de nuit » réclamé, dans une situation identique à celle des salariés de l'équipe de semaine auxquels ils se comparent, en sorte que le principe d'égalité de traitement n'est pas applicable. • Soc. 5 mai 2021, n° 19-20.547 P : *D. 2021. 907 ; Dr. soc. 2021. 765, obs. Radé ; RJS 7/2021, n° 391 ; JCP S 2021. 1169, obs. Daniel.*

2. Majoration de 50 % et travail de nuit. La majoration de 50 % due aux salariés travaillant de nuit en équipe de suppléance inclut la majoration versée aux salariés des équipes normales de semaine lorsque ceux-ci effectuent des heures de travail de nuit. • Soc. 5 mai 2021, n° 19-20.547 P : *préc. note 1.*

§ 3 Autres dérogations au repos dominical *(L. n° 2015-990 du 6 août 2015, art. 241-I).*

SOUS-§ 1 *Dérogations accordées par le préfet*

Art. L. 3132-20 Lorsqu'il est établi que le repos simultané, le dimanche, de tous les salariés d'un établissement serait préjudiciable au public ou compromettrait le fonctionnement normal de cet établissement, le repos peut être autorisé par le préfet, soit toute l'année, soit à certaines époques de l'année seulement suivant l'une des modalités suivantes :

1° Un autre jour que le dimanche à tous les salariés de l'établissement ;

2° Du dimanche midi au lundi midi ;

3° Le dimanche après-midi avec un repos compensateur d'une journée par roulement et par quinzaine ;

4° Par roulement à tout ou partie des salariés. – *[Anc. art. L. 221-6, al. 1ᵉʳ à 5.]* – *V. art. R. 3135-2 (pén.).*

En application de l'art. L. 231-4, 4°, CRPA, et par exception à l'application du délai de deux mois prévu à l'art. L. 231-1 du même code, le silence gardé par l'administration pendant deux mois vaut décision de rejet pour une demande de dérogation temporaire au repos dominical accordée par le préfet lorsqu'il est établi que le repos simultané, le dimanche, de tous les salariés d'un établissement serait préjudiciable au public ou compromettrait le fonctionnement normal de cet établissement (Décr. n° 2014-1291 du 23 oct. 2014, art. 1ᵉʳ).

1. Conformité à la Constitution. Les dispositions des art. L. 3132-12, L. 3132-20 et L. 3132-25-1 C. trav., dont l'objet est d'encadrer les dérogations au repos dominical, répondent à l'objectif de prévisibilité de la loi et ne méconnaissent pas la liberté d'entreprendre ni le principe d'égalité, et sont dès lors conformes à la Constitution. • Soc. 5 juin 2013 : ⚖ *D. actu. 25 juin 2013, obs. Ines.*

2. Conditions de la dérogation. Est légalement justifiée la décision du préfet refusant la dérogation à la règle du repos hebdomadaire, dès lors qu'il n'apparaît pas que la fermeture dominicale d'un bureau de vente compromettrait le fonctionnement normal de l'établissement ou serait préjudiciable au public, la société ne pouvant utilement se prévaloir, ni de l'avantage tiré d'une ouverture sans autorisation, ni de la circonstance que d'autres commerces du département bénéficient de dérogations. • CE 6 juill. 1984 : *Gaz. Pal. 1985. 2. Pan. 268.* ♦ Le caractère préjudiciable au public d'une fermeture le dimanche doit s'apprécier à l'égard notamment à la nature des produits mis en vente. • CE 16 oct. 1995 : ⚖ *RJS 1995. 797, n° 1249 (2ᵉ, 3ᵉ et 4ᵉ esp.).* ♦ Une entreprise ne saurait se prévaloir, pour obtenir une dérogation à la règle du repos dominical, de l'importance de son chiffre d'affaires dominical, qui a été réalisé grâce à son maintien dans une situation irrégulière de nature à fausser la concurrence. • Mêmes arrêts. – V. aussi • CE 18 févr. 1991 : ⚖ *D. 1992. Somm. 152, obs. Chelle et Prétot* ⚖ ; *RJS 1991. 249, n° 471* • 8 juill. 1994 : ⚖ *RJS 1994. 674, n° 1140.* ♦ Sur le contrôle de la régularité externe de l'arrêté préfectoral, V. • CE 16 mars 1988 : *D. 1988. 491, note Moderne* • 16 oct. 1995 : ⚖ *RJS 1995. 797, n° 1249 (4 arrêts).*

3. Dans la mesure où la circonstance que le public visé n'est disponible qu'en dehors des temps scolaires ne suffit pas à établir que le refus d'ouverture de cette société le dimanche causerait un préjudice ce public, que la société n'indique pas en quoi son fonctionnement normal ne pourrait être assuré par une activité concentrée sur les fins de journée, samedi et vacances scolaires et qu'il ne ressort pas des pièces du dossier qu'un fonctionnement normal impliquerait pour la société une activité s'étendant sur plus de trois journées pleines, le Préfet a légalement justifié sa décision de refuser la dérogation à la règle du repos dominical et n'a, en tout état de cause, pas porté atteinte à la liberté de l'enseignement. • CE 30 déc. 2002 : ⚖ *RJS 2003. 321, n° 471.*

4. La dérogation à la règle du repos dominical ne peut être accordée à un établissement déterminé qu'en raison de sa situation propre ; son emplacement au sein d'un centre commercial est sans incidence quand bien même cette structure offrirait simultanément en un même lieu de larges possibilités de vente et d'activités de loisir. La circonstance selon laquelle la fermeture le dimanche de ces établissements risquerait d'entraîner des licenciements ou des baisses de rémunération compte tenu des embauches réalisées pour répondre au surcroît d'activités résultant de l'ouverture dominicale n'est pas à elle seule de nature à justifier la dérogation à la règle du repos dominical en l'absence d'atteinte au fonctionnement normal de ces établissements. • CE 9 déc. 2005 : ⚖ *JCP 2006. 1186, note Bugada.*

5. Une dérogation individuelle peut être légalement accordée, sur le fondement de l'art. L. 221-6 [L. 3132-20 nouv.], à une usine de fabrication de pneumatiques expérimentant des techniques de production originales, nonobstant le fait que cette branche industrielle ne figure pas dans la nomenclature prévue à l'art. L. 221-10 [R. 3132-1 nouv.]. • CE 20 oct. 1993 : ⚖ *CSB 1993. 307, A. 65, note Philbert ; RJS 1993. 715, n° 1206, concl. Schwartz.*

6. L'absence de conclusion d'une convention au titre de l'art. L. 221-10, 3° [R. 3132-1 nouv.], dans une entreprise, quelles qu'en soient les raisons, ne fait pas obstacle à la mise en œuvre d'une dérogation fondée sur l'art. L. 221-6 [L. 3132-20 nouv.]. • CE 20 oct. 1993 : ⚖ *préc note 5.*

7. Recours contre la décision préfectorale. Une cour d'appel n'est pas tenue de se prononcer sur la légalité de l'arrêté préfectoral contesté par le prévenu, dès lors que ce dernier se borne à lui demander de surseoir à statuer jusqu'à la solution du recours administratif. • Crim. 2 oct. 1981 : *D. 1982. IR 323, obs. Vachet.*

Art. L. 3132-21 (L. n° 2015-990 du 6 août 2015, art. 241-II) Les autorisations prévues à l'article L. 3132-20 sont accordées pour une durée qui ne peut excéder trois ans, après avis du conseil municipal et, le cas échéant, de l'organe délibérant de l'établissement public de coopération intercommunale à fiscalité propre dont la commune est membre, de la chambre de commerce et d'industrie, de la chambre de métiers et de l'artisanat, ainsi que des organisations professionnelles d'employeurs et des organisations syndicales de salariés intéressées de la commune.

En cas d'urgence dûment justifiée et lorsque le nombre de dimanches pour lesquels l'autorisation prévue au même article L. 3132-20 n'excède pas trois, les avis préalables mentionnés au premier alinéa du présent article ne sont pas requis.

Durée de la dérogation. Une durée de validité de trois ans satisfait à la condition de durée limitée posée par l'art. L. 221-6 [L. 3132-21 nouv.].
• CE 20 oct. 1993 : ⚖ *V. note 5 ss. art. L. 3132-20.*

Art. L. 3132-22 Les dispositions de l'article L. 3132-20 ne sont pas applicables aux clercs, commis et employés des études et greffes dans les offices ministériels. — *[Anc. art. L. 221-6, al. 7.]* — *V. art. R. 3135-2 (pén.).*

Art. L. 3132-23 L'autorisation accordée à un établissement par le préfet peut être étendue à plusieurs ou à la totalité des établissements de la même localité exerçant la même activité, s'adressant à la même clientèle, une fraction d'établissement ne pouvant, en aucun cas, être assimilée à un établissement.

Ces autorisations d'extension *(L. n° 2009-974 du 10 août 2009)* « sont toutes retirées lorsque, dans la localité, » la majorité des établissements intéressés le demande. — *[Anc. art. L. 221-7, al. 1ᵉʳ et 2.]* — *V. art. R. 3132-16 s. et R. 3135-2 (pén.).*

En application de l'art. L. 231-5 CRPA, et par exception à l'application du délai de deux mois prévu à l'art. L. 231-1 du même code, le silence gardé par l'administration pendant deux mois vaut décision de rejet pour :

— une demande d'extension de la dérogation temporaire au repos dominical ;

— une demande de retrait de l'autorisation d'extension de la dérogation temporaire au repos dominical (Décr. n° 2014-1291 du 23 oct. 2014, art. 1ᵉʳ).

SOUS-§ 2 *Dérogations sur un fondement géographique (L. n° 2015-990 du 6 août 2015, art. 242).*

COMMENTAIRE
V. sur le Code en ligne 📖. ❏

Art. L. 3132-24 *(L. n° 2015-990 du 6 août 2015, art. 242)* I. — Les établissements de vente au détail qui mettent à disposition des biens et des services et qui sont situés dans les zones touristiques internationales peuvent donner le repos hebdomadaire par roulement pour tout ou partie du personnel, dans les conditions prévues aux articles L. 3132-25-3 et L. 3132-25-4.

II. — Les zones touristiques internationales sont délimitées par les ministres chargés du travail, du tourisme et du commerce, après avis du maire et, le cas échéant, du président de l'établissement public de coopération intercommunale à fiscalité propre dont la commune est membre ainsi que des organisations professionnelles d'employeurs et des organisations syndicales de salariés intéressées, compte tenu du rayonnement international de ces zones, de l'affluence exceptionnelle de touristes résidant hors de France et de l'importance de leurs achats.

III. — Trois ans après la délimitation d'une zone touristique internationale, le Gouvernement remet au Parlement une évaluation économique et sociale des pratiques d'ouverture des commerces qui se sont développées à la suite de cette délimitation.

IV. — Un décret en Conseil d'État détermine les modalités d'application du présent article. — *V. art. R. 3132-21-1.*

Les communes d'intérêt touristique ou thermales et les zones touristiques d'affluence exceptionnelle ou d'animation culturelle permanente créées avant la publication de la L. n° 2015-990 du 6 août 2015 en application de l'art. L. 3132-25 C. trav., dans sa rédaction antérieure à la loi du 6 août 2015, constituent de plein droit des zones touristiques, au sens du même art. L. 3132-25, dans sa rédaction résultant de la loi du 6 août 2015 (L. préc., art. 257).

V. Arr. du 25 sept. 2015 fixant comme zones touristiques internationales à Paris : « Champs-Élysées-Montaigne », « Hausmann », « Le Marais », « Les Halles », « Maillot-Ternes », « Montmartre », « Olympiades », « Rennes-Saint-Sulpice », « Saint-Émilion Bibliothèque », « Saint-Honoré-Vendôme », « Saint-Germain », « Beaugrenelle » (JO 26 sept.). 12 arrêtés.

V. Arr. du 5 févr. 2016 délimitant les zones touristiques internationales à Cannes, Deauville, Nice, Saint-Laurent-du-Var, Cagnes-sur-Mer et Serris (Val-d'Europe) (JO 7 févr.). 6 arrêtés.

V. Arr. du 25 sept. 2019 délimitant une zone touristique internationale dénommée « Paris La Défense » (JO 29 sept. ; NOR : ECOI1916480A).

Art. L. 3132-25 *(L. n° 2015-990 du 6 août 2015, art. 243)* « Les établissements de vente au détail qui mettent à disposition des biens et des services et qui sont situés dans les zones touristiques caractérisées par une affluence particulièrement importante de touristes peuvent donner le repos hebdomadaire par roulement pour tout ou partie du personnel, dans les conditions prévues aux articles L. 3132-25-3 et L. 3132-25-4. »

(L. n° 2009-974 du 10 août 2009) Un décret en Conseil d'État détermine les modalités d'application du présent article. — V. art. R. 3132-19 et R. 3132-20.

V. note ss. art. L. 3132-24.

Art. L. 3132-25-1 (L. n° 2015-990 du 6 août 2015, art. 244) Les établissements de vente au détail qui mettent à disposition des biens et des services et qui sont situés dans les zones commerciales caractérisées par une offre commerciale et une demande potentielle particulièrement importantes, le cas échéant en tenant compte de la proximité immédiate d'une zone frontalière, peuvent donner le repos hebdomadaire par roulement pour tout ou partie du personnel, dans les conditions prévues aux articles L. 3132-25-3 et L. 3132-25-4.

Un décret en Conseil d'État détermine les modalités d'application du présent article. — V. art. R. 3132-20-1.

Les périmètres d'usage de consommation exceptionnelle (PUCE) créés avant le 7 août 2015 en application de l'art. L. 3132-25-2 C. trav., dans sa rédaction antérieure, constituent de plein droit des zones commerciales au sens de l'art. L. 3132-25-1.

Les accords collectifs et les décisions unilatérales de l'employeur mentionnés à l'ancien art. L. 3132-25-3 demeurent applicables dans les établissements situés dans les PUCE jusqu'au 1ᵉʳ août 2017.

Au cours de cette période, lorsqu'un accord collectif est régulièrement négocié, dans les conditions prévues aux II et III de l'art. L. 3132-25-3, dans sa rédaction résultant de la L. n° 2015-990 du 6 août 2015, postérieurement à la décision unilatérale prise en application du premier alinéa du même article, dans sa rédaction antérieure à la loi préc., cet accord s'applique dès sa signature en lieu et place de cette décision (L. préc., art. 257).

Art. L. 3132-25-2 (L. n° 2015-990 du 6 août 2015, art. 245) I. — La demande de délimitation ou de modification des zones définies aux articles L. 3132-25 et L. 3132-25-1 est faite par le maire ou, après consultation des maires concernés, par le président de l'établissement public de coopération intercommunale à fiscalité propre, lorsque celui-ci existe et que le périmètre de la zone concernée excède le territoire d'une seule commune.

La demande de délimitation ou de modification de ces zones est transmise au représentant de l'État dans la région. Elle est motivée et comporte une étude d'impact justifiant notamment l'opportunité de la création ou de la modification de la zone.

II. — Les zones mentionnées au I sont délimitées ou modifiées par le représentant de l'État dans la région après avis :

1° Du conseil municipal des communes dont le territoire est concerné ;

2° Des organisations professionnelles d'employeurs et des organisations syndicales de salariés intéressées ;

3° De l'organe délibérant des établissements publics de coopération intercommunale à fiscalité propre dont sont membres les communes dont le territoire est concerné ;

4° Du comité départemental du tourisme, pour les zones touristiques mentionnées à l'article L. 3132-25 ;

5° De la chambre de commerce et d'industrie et de la chambre de métiers et de l'artisanat, pour les zones commerciales mentionnées à l'article L. 3132-25-1.

L'avis de ces organismes est réputé donné à l'issue d'un délai de deux mois à compter de leur saisine en cas de demande de délimitation d'une zone et d'un mois en cas de demande de modification d'une zone existante.

III. — Le représentant de l'État dans la région statue dans un délai de six mois sur la demande de délimitation dont il est saisi. Il statue dans un délai de trois mois sur une demande de modification d'une zone.

Art. L. 3132-25-3 I. — (L. n° 2009-974 du 10 août 2009) Les autorisations prévues (L. n° 2015-990 du 6 août 2015, art. 246-I) « à l'article L. 3132-20 » sont accordées au vu d'un accord collectif ou, à défaut, d'une décision unilatérale de l'employeur prise après référendum.

L'accord collectif fixe les contreparties accordées aux salariés privés du repos dominical ainsi que les engagements pris en termes d'emploi ou en faveur de certains publics en difficulté ou de personnes handicapées.

En l'absence d'accord collectif applicable, les autorisations sont accordées au vu d'une décision unilatérale de l'employeur, prise après avis du *(Ord. n° 2017-1386 du 22 sept. 2017, art. 4)* « comité social et économique, s'il existe », approuvée par référendum organisé auprès des personnels concernés par cette dérogation au repos dominical. La décision de l'employeur approuvée par référendum fixe les contreparties accordées aux salariés privés du repos dominical ainsi que les engagements pris en termes d'emploi ou en faveur de certains publics en difficulté ou de personnes handicapées. Dans ce cas, chaque salarié privé du repos du dimanche bénéficie d'un repos compensateur et perçoit pour ce jour de travail une rémunération au moins égale au double de la rémunération normalement due pour une durée équivalente.

Lorsqu'un accord collectif est régulièrement négocié postérieurement à la décision unilatérale prise sur le fondement de l'alinéa précédent, cet accord s'applique dès sa signature en lieu et place des contreparties prévues par cette décision.

(L. n° 2015-990 du 6 août 2015, art. 246-I) « II. — Pour bénéficier de la faculté de donner le repos hebdomadaire par roulement pour tout ou partie du personnel, prévue aux articles L. 3132-24, L. 3132-25, L. 3132-25-1 et L. 3132-25-6, les établissements doivent être couverts soit par *(Ord. n° 2017-1718 du 20 déc. 2017, art. 1er-I)* « un accord d'entreprise ou d'établissement ou, à défaut, un accord collectif de branche », soit par un accord conclu à un niveau territorial *(Abrogé par Ord. n° 2017-1385 du 22 sept. 2017, art. 3)* « , soit par un accord conclu dans les conditions mentionnées aux II à IV de l'article L. 5125-4 ».

« Les accords collectifs de branche, *(Abrogé par Ord. n° 2017-1718 du 20 déc. 2017, art. 1er-I)* « de groupe, » d'entreprise et d'établissement et les accords territoriaux prévoient une compensation déterminée afin de tenir compte du caractère dérogatoire du travail accompli le dimanche.

« L'accord mentionné au premier alinéa du présent II fixe les contreparties, en particulier salariales, accordées aux salariés privés du repos dominical ainsi que les engagements pris en termes d'emploi ou en faveur de certains publics en difficulté ou de personnes handicapées. Il prévoit également les mesures destinées à faciliter la conciliation entre la vie professionnelle et la vie personnelle des salariés privés du repos dominical. Le présent alinéa s'applique également aux établissements autres que ceux mentionnés à l'article L. 3132-12 pour leurs salariés qui travaillent dans la surface de vente d'un établissement situé dans l'une des zones mentionnées aux articles L. 3132-24, L. 3132-25 et L. 3132-25-1 ou dans l'une des gares mentionnées à l'article L. 3132-25-6.

« L'accord fixe les contreparties mises en œuvre par l'employeur pour compenser les charges induites par la garde des enfants pour les salariés privés du repos dominical.

« Dans les établissements de moins de onze salariés, à défaut d'accord collectif ou d'accord conclu à un niveau territorial, la faculté mentionnée au premier alinéa du présent II est ouverte après consultation par l'employeur des salariés concernés sur les mesures prévues au titre des deuxième à quatrième alinéas et approbation de la majorité d'entre eux.

« En cas de franchissement du seuil de onze salariés mentionné au cinquième alinéa, le premier alinéa est applicable à compter de la troisième année consécutive au cours de laquelle l'effectif de l'établissement employé dans la zone atteint ce seuil.

« III. — Dans les cas prévus aux I et II du présent article, l'accord ou la décision unilatérale de l'employeur prise en application de l'article L. 3132-20 fixent les conditions dans lesquelles l'employeur prend en compte l'évolution de la situation personnelle des salariés privés du repos dominical. »

L'art. L. 3132-25-3, dans sa rédaction issue de la L. du 6 août 2015, s'applique aux salariés employés au 7 août 2015 dans les établissements mentionnés à ce même art. L. 3132-25-3 situés dans les communes d'intérêt touristique ou thermales et les zones touristiques d'affluence exceptionnelle ou d'animation culturelle permanente créées avant le 7 août 2015 en application de l'art. L. 3132-25 anc. C. trav., à compter du 1er août 2017 (L. n° 2015-990 du 6 août 2015, art. 257-I).

Les organisations liées par une convention de branche ou, à défaut, par des accords professionnels dont les stipulations s'appliquent aux établissements de vente au détail qui mettent à disposition des biens et des services ouvrent des négociations sur les thèmes mentionnés aux art. L. 3132-25-3 et L. 3132-25-4 dans les six mois à compter de la promulgation de la L. n° 2015-990 du 6 août 2015 (L. préc., art. 246-II).

Contreparties au travail dominical en cas de travail illégal le dimanche. Les contreparties accordées aux salariés travaillant le dimanche prévues par une convention collective ou par les dispositions légales autorisant des dérogations à la règle du repos dominical ne sont pas applicables à un salarié travaillant le dimanche en infraction aux dispositions légales et réglementaires sur le repos dominical, qui ne peut solliciter que la réparation du préjudice subi à raison du travail illégal le dimanche. • Soc. 17 févr. 2021, n° 19-21.897 P : *D. 2021. Actu. 427 ; RJS 5/2021, n° 267.*

Art. L. 3132-25-4 (L. n° 2015-990 du 6 août 2015, art. 247) « Pour l'application des articles L. 3132-20, L. 3132-24, L. 3132-25, L. 3132-25-1 et L. 3132-25-6, » (L. n° 2009-974 du 10 août 2009) seuls les salariés volontaires ayant donné leur accord par écrit à leur employeur peuvent travailler le dimanche. Une entreprise ne peut prendre en considération le refus d'une personne de travailler le dimanche pour refuser de l'embaucher. Le salarié qui refuse de travailler le dimanche ne peut faire l'objet d'une mesure discriminatoire dans le cadre de l'exécution de son contrat de travail. Le refus de travailler le dimanche pour un salarié ne constitue pas une faute ou un motif de licenciement.

(L. n° 2015-990 du 6 août 2015, art. 247) « L'accord collectif ou les mesures proposées par l'employeur mentionnés au II de l'article L. 3132-25-3 déterminent les modalités de prise en compte d'un changement d'avis du salarié privé du repos dominical.

« Pour l'application de l'article L. 3132-20, » à défaut d'accord collectif applicable, l'employeur demande chaque année à tout salarié qui travaille le dimanche s'il souhaite bénéficier d'une priorité pour occuper ou reprendre un emploi ressortissant à sa catégorie professionnelle ou un emploi équivalent ne comportant pas de travail le dimanche dans le même établissement ou, à défaut, dans la même entreprise. L'employeur l'informe également, à cette occasion, de sa faculté de ne plus travailler le dimanche s'il ne le souhaite plus. En pareil cas, le refus du salarié prend effet trois mois après sa notification écrite à l'employeur.

En outre, le salarié qui travaille le dimanche peut à tout moment demander à bénéficier de la priorité définie à l'alinéa précédent.

En l'absence d'accord collectif, le salarié privé de repos dominical conserve la faculté de refuser de travailler trois dimanches de son choix par année civile. Il doit en informer préalablement son employeur en respectant un délai d'un mois.

(L. n° 2015-990 du 6 août 2015, art. 247) « L'employeur prend toute mesure nécessaire pour permettre aux salariés d'exercer personnellement leur droit de vote au titre des scrutins nationaux et locaux lorsque ceux-ci ont lieu le dimanche. »

L'art. L. 3132-25-4, dans sa rédaction issue de la L. du 6 août 2015, s'applique aux salariés employés au 7 août 2015 dans les établissements mentionnés à ce même art. L. 3132-25-4 situés dans les communes d'intérêt touristique ou thermales et les zones touristiques d'affluence exceptionnelle ou d'animation culturelle permanente créées avant le 7 août 2015 en application de l'art. L. 3132-25 anc. C. trav., à compter du 1ᵉʳ août 2017 (L. n° 2015-990 du 6 août 2015, art. 257-I).

Les organisations liées par une convention de branche ou, à défaut, par des accords professionnels dont les stipulations s'appliquent aux établissements de vente au détail qui mettent à disposition des biens et des services ouvrent des négociations sur les thèmes mentionnés aux art. L. 3132-25-3 et L. 3132-25-4 dans les six mois à compter de la promulgation de la L. n° 2015-990 du 6 août 2015 (L. préc., art. 246-II).

Art. L. 3132-25-5 (L. n° 2009-974 du 10 août 2009) Les articles L. 3132-25 et L. 3132-25-1 ne sont pas applicables aux commerces de détail alimentaire qui bénéficient des dispositions de l'article L. 3132-13.

(L. n° 2015-990 du 6 août 2015, art. 248) « Les commerces de détail alimentaire situés dans les zones mentionnées à l'article L. 3132-24 ou dans les emprises des gares mentionnées à l'article L. 3132-25-6 sont soumis, pour la période du dimanche s'achevant à treize heures, à l'article L. 3132-13. Après treize heures, ils peuvent donner le repos hebdomadaire par roulement pour tout ou partie du personnel selon les modalités définies aux II et III de l'article L. 3132-25-3 et à l'article L. 3132-25-4. »

Art. L. 3132-25-6 *(L. n° 2015-990 du 6 août 2015, art. 249)* Un arrêté conjoint des ministres chargés des transports, du travail et du commerce peut, après avis du maire, le cas échéant du président de l'établissement public de coopération intercommunale dont la commune est membre, et des représentants des employeurs et des salariés des établissements concernés, autoriser les établissements de vente au détail qui mettent à disposition des biens et des services et qui sont situés dans l'emprise d'une gare qui n'est pas incluse dans l'une des zones mentionnées à l'article L. 3132-24 à donner le repos hebdomadaire par roulement pour tout ou partie du personnel, compte tenu de l'affluence exceptionnelle de passagers dans cette gare, dans les conditions prévues aux II et III de l'article L. 3132-25-3 et à l'article L. 3132-25-4.

Les avis requis en application du premier alinéa du présent article sont réputés donnés à l'issue d'un délai de deux mois à compter de la saisine des personnes et des organisations concernées.

V. Arr. du 9 févr. 2016, NOR : EINI1524191A (JO 11 févr.).

Arrêté du 9 février 2016,

Pris pour l'application de l'article L. 3132-25-6 du code du travail et autorisant l'ouverture dominicale des commerces de détail situés dans des gares.

Art. 1ᵉʳ Les établissements de vente au détail qui mettent à disposition des biens et des services à l'intérieur des gares, hors parvis et parking, dont la liste est fixée ci-après sont autorisés à donner le repos hebdomadaire par roulement dans les conditions prévues à l'article L. 3132-25-6 du code du travail :

I. — A Paris :
1) Gare Saint-Lazare ;
2) Gare du Nord ;
3) Gare de l'Est ;
4) Gare Montparnasse ;
5) Gare de Lyon ;
6) Gare d'Austerlitz.

II. — En province :
7) Avignon-TGV ;
8) Bordeaux Saint-Jean ;
9) Lyon Part-Dieu ;
10) Marseille Saint-Charles ;
11) Montpellier Saint-Roch ;
12) Nice-Ville.

SOUS-§ 3 *Dérogations accordées par le maire*

Le sous-§ 2 devient le sous-§ 3 (L. n° 2015-990 du 6 août 2015, art. 242-1°).

Art. L. 3132-26 Dans les établissements de commerce de détail où le repos hebdomadaire a lieu normalement le dimanche, ce repos peut être supprimé les dimanches désignés, pour chaque commerce de détail, par décision du maire *(L. n° 2015-990 du 6 août 2015, art. 250)* « prise après avis du conseil municipal ». Le nombre de ces dimanches ne peut excéder *(L. n° 2015-990 du 6 août 2015, art. 250)* « douze » par *(L. n° 2016-1088 du 8 août 2016, art. 8)* « année civile ». *(L. n° 2015-990 du 6 août 2015, art. 250)* « La liste des dimanches est arrêtée avant le 31 décembre, pour l'année suivante. *(L. n° 2016-1088 du 8 août 2016, art. 8)* « Elle peut être modifiée dans les mêmes formes en cours d'année, au moins deux mois avant le premier dimanche concerné par cette modification. »

« Lorsque le nombre de ces dimanches excède cinq, la décision du maire est prise après avis conforme de l'organe délibérant de l'établissement public de coopération intercommunale à fiscalité propre dont la commune est membre. A défaut de délibération dans un délai de deux mois suivant sa saisine, cet avis est réputé favorable.

« Pour les commerces de détail alimentaire dont la surface de vente est supérieure au seuil mentionné au premier alinéa de l'article 3 de la loi n° 72-657 du 13 juillet 1972 instituant des mesures en faveur de certaines catégories de commerçants et artisans âgés, lorsque les jours fériés mentionnés à l'article L. 3133-1, à l'exception du 3°, sont travaillés, ils sont déduits par l'établissement des dimanches désignés par le maire au titre du présent article, dans la limite de trois. »

(Abrogé par Cons. const. n° 2016-547 QPC du 24 juin 2016) « A Paris, *(L. n° 2015-990 du 6 août 2015, art. 250)* « la décision mentionnée aux trois premiers alinéas » est prise par le préfet de Paris. » — V. art. R. 3135-2 (pén.) et R. 3132-21.

L'art. L. 3132-26 C. trav., dans sa rédaction résultant de la L. n° 2015-990 du 6 août 2015, s'applique, pour la première fois, au titre de l'année 2016. Par dérogation à l'art. L. 3132-26 anc., pour l'année 2015, le maire ou, à Paris, le préfet peut désigner neuf dimanches durant lesquels, dans les établissements de commerce de détail, le repos hebdomadaire est supprimé *(L. préc., art. 257-III)*.

1. Pouvoirs du maire. L'art. L. 221-19 [L. 3132-26 nouv.] n'autorise pas un maire à accorder des dérogations aux dispositions d'un arrêté préfectoral ordonnant en application de l'art. L. 221-17, la fermeture des établissements d'une profession déterminée. ● Crim. 8 août 1994 : 🏛 *D. 1994. IR 230 ; RJS 1994. 762, n° 1270 ; CSB 1994. 288, S. 158.*

2. Nature des compensations. Le salarié privé du repos dominical doit bénéficier d'un repos compensateur et d'une majoration de salaire, l'employeur ne pouvant y substituer le versement de primes exceptionnelles. ● Soc. 12 nov. 1991, 🏛 n° 90-42.944 P : *D. 1992. IR 3.*

3. La dérogation au repos dominical autorisée par l'art. L. 3132-26 doit être accordée le même jour à tous les commerces exerçant une même activité. ● CE 29 oct. 2008 : 🏛 *RJS 2009. 152, n° 178 ; Dr. soc. 2008. 1235, concl. Derepas* ⌀.

Art. L. 3132-26-1 *(L. n° 2015-990 du 6 août 2015, art. 252)* Lorsque le repos dominical a été supprimé le jour d'un scrutin national ou local, l'employeur prend toute mesure nécessaire pour permettre aux salariés d'exercer personnellement leur droit de vote.

Art. L. 3132-27 *(L. n° 2009-974 du 10 août 2009)* « Chaque salarié privé de repos dominical perçoit une rémunération au moins égale au double de la rémunération normalement due pour une durée équivalente, ainsi qu'un repos compensateur équivalent en temps. » — *Cette disposition ne s'applique pas dans les départements de la Moselle, du Bas-Rhin et du Haut-Rhin (L. n° 2009-974 du 10 août 2009). — V. art. L. 3134-1 à L. 3134-15.*

L'arrêté pris en application de l'article L. 3132-26 détermine les conditions dans lesquelles ce repos est accordé, soit collectivement, soit par roulement dans la quinzaine qui précède ou suit la suppression du repos.

Si le repos dominical est supprimé un dimanche précédant une fête légale, le repos compensateur est donné le jour de cette fête. — *[Anc. art. L. 221-19, al. 2.] — V. art. R. 3135-2 (pén.).*

Les salariés qui travaillent exceptionnellement le dimanche doivent bénéficier, d'une part, d'une rémunération au moins égale au double de la rémunération normalement due pour une durée équivalente et, d'autre part, d'un repos compensateur équivalent en temps. ● Crim. 22 sept. 2015, 🏛 n° 13-82.284 : *RDT 2016. 190, obs. Véricel* ⌀ ; *JCP S 2015. 1407, obs. Morand ; Dr. pén. 2015. 147, obs. Robert.*

Art. L. 3132-27-1 *(L. n° 2015-990 du 6 août 2015, art. 253)* Le premier alinéa de l'article L. 3132-25-4 est applicable aux salariés privés du repos dominical en application de l'article L. 3132-26.

§ 4 Concertation locale

(L. n° 2015-990 du 6 août 2015, art. 256)

Art. L. 3132-27-2 Dans le périmètre de chaque schéma de cohérence territoriale, le représentant de l'État dans la région réunit annuellement les maires, les présidents d'établissement public de coopération intercommunale à fiscalité propre, les associations de commerçants et les organisations représentatives des salariés et des employeurs du commerce de détail, et organise une concertation sur les pratiques d'ouverture dominicale des commerces de détail au regard des dérogations au repos dominical prévues à la présente sous-section et de leur impact sur les équilibres en termes de flux commerciaux et de répartition des commerces de détail sur le territoire.

SOUS-SECTION 3 Dispositions d'application

Art. L. 3132-28 Les décrets en Conseil d'État prévus par les articles L. 3132-5, L. 3132-7, L. 3132-10 et L. 3132-13 sont pris dans les mêmes formes que celles prévues à l'article (*L. n° 2016-1088 du 8 août 2016, art. 8*) « L. 3121-67 » pour les décrets d'application des dispositions relatives à la durée du travail. − *[Anc. art. L. 221-24.]* − V. art. R. 3135-2 *(pén.).*

SECTION 3 Décisions de fermeture

Art. L. 3132-29 Lorsqu'un accord est intervenu entre les organisations syndicales de salariés et les organisations d'employeurs d'une profession et d'une zone géographique déterminées sur les conditions dans lesquelles le repos hebdomadaire est donné aux salariés, le préfet peut, par arrêté, sur la demande des syndicats intéressés, ordonner la fermeture au public des établissements de la profession ou de la zone géographique concernée pendant toute la durée de ce repos. Ces dispositions ne s'appliquent pas aux activités dont les modalités de fonctionnement et de paiement sont automatisées.

(*L. n° 2015-990 du 6 août 2015, art. 255*) « A la demande des organisations syndicales représentatives des salariés ou des organisations représentatives des employeurs de la zone géographique concernée exprimant la volonté de la majorité des membres de la profession de cette zone géographique, le préfet abroge l'arrêté mentionné au premier alinéa, sans que cette abrogation puisse prendre effet avant un délai de trois mois. » − *V. art. R. 3135-2 (pén.) et R. 3132-22.*

I. VALIDITÉ DU DISPOSITIF

1. Conformité au droit communautaire. Les dispositions de l'art. L. 221-17 [L. 3132-29 nouv.] ne sont pas incompatibles avec l'art. 30 du Traité de Rome prohibant les mesures d'effet équivalent aux restrictions quantitatives à l'importation, ni à son art. 85 interdisant les accords et pratiques concertés. • CE 7 déc. 1992 : 🗝 *RJS 1993. 172, n° 283 ; Dr. ouvrier 1993. 347.* ♦ Les accords entre syndicats d'employeurs et de salariés pour l'application combinée des art. L. 221-5 et L. 221-17 [L. 3132-3 et L. 3132-29 nouv.] ne constituent pas des ententes ou pratiques prohibées par l'art. 85 du Traité de Rome. • Crim. 31 mars 1992, 🗝 n° 90-87.686 P ▪ Soc. 11 oct. 1994 : 🗝 *RJS 1994. 762, n° 1271, 1ʳᵉ esp.*

2. Conformité à la Constitution. V. • Cons. const. 21 janv. 2011, 🗝 n° 2010-89 QPC : *Constitutions 2011. 241, chron. Radé* 🖉.

II. ACCORD COLLECTIF

3. Accord collectif. Remplit les conditions fixées par la loi l'accord qui est signé par un syndicat patronal groupant 65 adhérents sur 170 entreprises et employant 90 % des salariés. • Crim. 11 juin 1969 : *Bull. crim. n° 197, 1ᵉʳ arrêt ; D. 1969. 564.*

4. Les juges du fond doivent rechercher si les organisations professionnelles consultées ont exprimé la volonté de la majorité des membres de la profession concernée. • Crim. 14 nov. 1984 : *JCP 1985. IV. 32* ▪ 22 nov. 1988 : *Bull. crim. n° 397 ; JCP E 1989. II. 15447, n° 20, obs. Godard* ▪ Soc. 11 oct. 1994 : 🗝 *D. 1994. IR 245 ; RJS 1994. 762, n° 1271, 2ᵉ esp.* ♦ Saisis d'une exception d'illégalité faisant valoir que la seule organisation patronale ayant donné son accord n'exprimait pas la volonté de la majorité de la profession, les juges doivent dire en quoi cette exception n'est pas sérieuse avant de la rejeter. • Soc. 25 oct. 1990, 🗝 n° 88-20.405 P : *RJS 1990. 645, n° 982.* ♦ Doit être cassé le jugement qui a appliqué au gérant d'un magasin les dispositions d'un arrêté de fermeture sans rechercher si, conformément aux allégations du prévenu, celui-ci exerçait un commerce multiple et si l'accord syndical intervenu exprimait l'opinion de la majorité des professionnels concernés, y compris ceux exerçant un tel commerce, ou si, à défaut, l'arrêté avait été pris après consultation des intéressés, syndiqués ou non, ayant permis de constater l'existence d'une majorité favorable à la fermeture des commerces en cause. • Crim. 1ᵉʳ juill. 1997, 🗝 n° 96-83.433 P : *RJS 1997. 676, n° 1099, 1ʳᵉ esp.* ♦ V. égal. • Crim. 9 janv. 2018, n° 15-85.274 P : *D. 2018. Actu. 120* 🖉 *; RJS 3/2018, n° 193.*

5. Un accord conclu en application de l'art. L. 221-17 [L. 3132-29 nouv.] a pour seul objet de permettre l'édiction d'un arrêté préfectoral réglementant la fermeture hebdomadaire, il n'a pas d'effet juridique propre en n'a pas la nature d'un accord collectif régi par le titre III du livre I du code du travail ; une entreprise ne peut pas soutenir que l'accord local ayant précédé un arrêté préfectoral doit être écarté en ce qu'il contiendrait en matière de repos hebdomadaire des dispositions moins favorables que celles d'un accord collectif national de travail postérieur. • CE 15 mai 2006 : 🗝 *D. 2006. IR 1639* 🖉 *; RJS 2006. 799, n° 1077* • Soc. 12 juill. 2006 : 🗝 *D. 2006. IR 2419* 🖉 *; RJS 2006. 800, n° 1077.*

6. Si l'accord mentionné à l'art. L. 221-17 [L. 3132-29 nouv.] n'a pas à prendre la forme d'un document écrit et signé dans les conditions prévues au titre III du livre I, ces dispositions impliquent que l'accord entre les organisations syndicales d'employeurs et de salariés résulte d'échanges et de discussions menés simultanément et collectivement entre les organisations et non de simples avis recueillis séparément auprès de chacune d'entre elles. ● CE 30 mars 2005 : 🔒 RJS 2006. 620, n° 859.

7. Notion de profession. Sur l'interprétation stricte de la notion de profession au sens de l'art. L. 221-17 [L. 3132-29 nouv.], V. notamment : ● CE 18 déc. 1964 : JCP 1965. II. 14141, concl. Rigaud ; Dr. soc. 1965. 355 ● Crim. 15 déc. 1965 : Bull. crim. n° 278 ● CE 14 déc. 1979 : Lebon 465. ◆ Cependant, un « terminal de cuisson », établissement ayant pour activité la vente du pain, est soumis à l'arrêté préfectoral rédigé en termes généraux et visant expressément cette activité. ● Crim. 21 août 1996, 🔒 n° 95-81.101 P : CSB 1996. 333, S. 150. ◆ N'est pas conforme à l'art. L. 221-17 C. trav. [L. 3132-29 nouv.] l'arrêté préfectoral qui définit son champ d'application par la vente du pain au détail à titre principal ou accessoire, sans autre précision, et non par une profession dans la mesure où une profession ne peut se définir seulement par un produit. ● Limoges, 21 oct. 1998 : D. 1998. IR 265. ◆ Les boulangeries, boulangeries-pâtisseries et dépôts de pain constituent une même profession, quel que soit le mode de production, artisanal ou industriel des denrées. ● CE 28 mai 2003 : 🔒 RJS 2003. 883, n° 1278. ◆ Exercent la même profession les établissements dans lesquels s'effectuent, à titre principal ou accessoire, la vente au détail ou la distribution de pain, quel que soit le mode artisanal ou industriel de sa fabrication. ● Soc. 11 mai 2017, 🔒 n° 15-25.195 P : D. 2017. Actu. 1049 ⌀ ; RDT 2017. 801, obs. Véricel ⌀ ; RJS 7/2017, n° 491 ; JCP S 2017. 1221, obs. d'Allende et Buso.

8. Application de l'accord. Dans un magasin où s'exercent deux commerces distincts, chacun d'eux doit être fermé le jour prévu par l'arrêté qui le réglemente. ● Crim. 8 mars 1972 : Bull. crim. n° 90 ; Dr. ouvrier 1973. 106 ● CE 14 déc. 1979 : préc. note 7 ● Crim. 15 oct. 1991 : 🔒 D. 1992. IR 28 ; RJS 1992. 41, n° 40. ◆ Les magasins à commerces multiples sont rangés dans une catégorie professionnelle autre que les magasins d'ameublement et de décoration ; dès lors, est inapplicable au rayon ameublement d'un tel magasin un arrêté imposant la fermeture le dimanche des établissements de vente au détail d'articles d'ameublement et de décoration. ● Crim. 21 juill. 1976 : Bull. crim. V, n° 266 ; D. 1976. IR 300. ◆ Des arrêtés visant les commerces spécialisés ne peuvent être appliqués à des magasins à commerces multiples. ● Soc. 23 mars 1989 (1ʳᵉ esp.) : JCP 1990. II. 21466, note Parléani ● 25 oct. 1994 : Dr. soc. 1995. 54 ; RJS 1994. 834, n° 1380. ◆ V. aussi : ● Crim. 1ᵉʳ juill. 1997, 🔒 n° 96-83.433 P : Dr. pénal 1998. 9, obs. J.-H. Robert. ◆ Un arrêté préfectoral mentionnant tous les établissements ou parties d'établissement dans lesquels la vente ou la distribution de pain, conçu en termes généraux, s'applique aux boulangeries traditionnelles ou industrielles ainsi qu'aux grandes surfaces. ● Soc. 23 mars 1989 (2ᵉ esp.) : JCP 1990. II. 21466, note Parléani ● 25 mars 1997, 🔒 n° 95-15.248 P : D. 1997. IR 120 ⌀ ; RJS 1997. 678, n° 1100, 1ʳᵉ esp. ◆ Même solution lorsque l'activité s'exerce au sein d'une catégorie d'établissements qui n'existait pas à la date de parution de l'arrêté. ● Soc. 1ᵉʳ juill. 1997 : 🔒 RJS 1997. 676, n° 1099, 3ᵉ esp. ◆ Rappr., lorsque l'entreprise est incluse dans un établissement commercial à grande surface, tout en conservant son entière liberté de gestion : ● Soc. 2 nov. 1978 : D. 1979. IR 148. – V. aussi ● Soc. 18 oct. 1988 : RJS 1989. 28, n° 25.

III. ARRÊTÉ PRÉFECTORAL

9. Champ d'application : commerces alimentaires automatisés. La fermeture hebdomadaire par arrêté préfectoral ne s'applique pas aux activités dont les modalités de fonctionnement et de paiement sont automatisées ; dès lors qu'il résulte des constatations des juges du fond que les agents de sécurité, engagés dans le cadre d'une prestation de services, ont outrepassé le périmètre de leurs fonctions pour contribuer au fonctionnement du magasin, celui-ci ne peut plus être considéré comme fonctionnant de manière automatisée. ● Soc. 26 oct. 2022, 🔒 nᵒˢ 21-15.142 et 21-19.075 B : D. actu. 17 nov. 2022, obs. Malfettes ; D. 2022. 1910 ⌀ ; RDT 2023. 124, note Véricel ⌀ ; RJS 1/2023, n° 21 ; JCP S 2023. 1032, obs. Bauduin ; SSL 2023, n° 2028, obs. de Montvalon.

10. Légalité. Le préfet ne peut prendre un arrêté de fermeture que sur demande des professionnels concernés ; cette demande pouvant être prévue par l'accord, transmis au préfet ; un tel arrêté est une décision réglementaire et n'a pas à être motivée. ● CE 6 mars 2002 : 🔒 RJS 2002. 640, n° 822. ◆ Ni la règle du repos dominical des salariés ni l'éventuelle circonstance que l'enseigne puisse y déroger en application des art. L. 3132-12 et R. 3132-5 C. trav. ne sont susceptibles de faire obstacle à ce que le préfet impose un jour de fermeture hebdomadaire au sein d'une même profession. ● Crim. 9 janv. 2018, 🔒 n° 15-85.274 P : D. actu. 31 janv. 2018, obs. Fraisse ; D. 2018. Actu. 120 ⌀ ; RJS 3/2018, n° 193. ◆ Les terminaux de cuisson et les boulangeries industrielles pratiquant la vente au détail en magasin ne peuvent être regardés comme des activités dont les modalités de fonctionnement et de paiement sont automatisées ; dès lors les dispositions de l'art. L. 221-17 [L. 3132-29 nouv.] ne font pas obstacle à ce que le préfet, conformément aux termes de l'accord préalablement conclu, assortisse l'obligation de fermeture de certaines dérogations. ◆ Sur les questions de dérogations, comp. : ● CE 1ᵉʳ févr. 1985 : Gaz. Pal. 1985. 1. 322, note Plichon ● Crim. 13 nov. 1985 : Bull. crim. n° 352 ● Soc. 18 oct. 1988 : CSB 1988. 91, A. 25 ● CE 2 mars 1992 : 🔒 D. 1992. IR 128. ◆ La règle de fermeture des établissements peut prévoir dans ses modalités d'application des exceptions générales applicables à tous les établissements remplissant les conditions qu'elle énonce. • CE 6 mars 2002 : 🛆 *préc.* ♦ Mais l'arrêté n'est pas illégal du seul fait qu'il laisse aux commerçants le choix du jour de fermeture hebdomadaire. • Crim. 19 nov. 1991 : 🛆 *RJS 1992. 179, n° 293* • Soc. 6 mai 1996 : 🛆 *RJS 1996. 429, n° 678.* ♦ Seul le préfet a compétence pour se prononcer sur une demande d'abrogation d'un arrêté de fermeture au public formée par une organisation syndicale représentative des salariés ou des employeurs et motivée par l'évolution de la majorité des membres de la profession de la zone géographique concernée. • CE 24 févr. 2017, 🛆 n° 396286 : *RJS 5/2017, n° 339*.

11. La légalité d'un arrêté de fermeture n'est pas subordonnée à la condition que l'accord des syndicats concernés exprime la volonté de la majorité des professionnels concernés, il suffit qu'une majorité d'entre eux se soit exprimée en faveur de la fermeture. • Soc. 9 avr. 2002 : 🛆 *RJS 2002. 639, n° 822* • Crim. 9 janv. 2018, 🛆 n° 15-85.274 P : *D. actu. 31 janv. 2018, obs. Fraisse.* ♦ Est illégal un arrêté applicable à tous les établissements pratiquant un certain commerce (fourrure), y compris à titre accessoire, alors que l'accord n'est intervenu qu'entre les organisations représentent les commerces spécialisés. • CE 7 déc. 1992 : 🛆 *RJS 1993. 171, n° 282 (2ᵉ esp.).* ♦ Mais lorsqu'une société exerce à titre principal deux activités distinctes dans son magasin, le dépôt de pain et de viennoiserie et la restauration rapide, le défaut de consultation du syndicat regroupant les professionnels exerçant cette dernière activité ne peut avoir d'incidence sur la légalité des arrêtés concernant la fermeture des dépôts de pain. • Soc. 1ᵉʳ juill. 1997 : 🛆 *RJS 1997. 676, n° 1099, 2ᵉ esp*

12. Faute de preuve de l'absence d'une majorité favorable, l'exception d'illégalité d'un arrêté préfectoral ne peut être accueillie que s'il résulte des éléments du dossier qu'une telle volonté faisait défaut à la date de l'arrêté litigieux ou à celle des faits poursuivis. • Crim. 8 avr. 2014 : 🛆 *D. actu. 9 mai 2014, obs. Fraisse ; RDT 2014. 630, obs. Bourdon ; RJS 2014. 393, n° 484 ; JCP S 2014. 1351, obs. d'Allende.*

13. Les dispositions de l'art. L. 221-17 [L. 3132-29 nouv.] étant expressément applicables à tous les modes de repos hebdomadaire, n'est pas illégal un arrêté qui s'applique aux établissements autorisés de plein droit à donner le repos hebdomadaire par roulement. • CE 7 déc. 1992 : 🛆 *RJS 1993. 171, n° 282 (1ʳᵉ esp.).*

14. Modalités de la fermeture. Lorsqu'un arrêté préfectoral prévoit la fermeture de certains commerces un jour par semaine, ne satisfait pas à cette obligation le commerçant qui ferme deux demi-journées consécutives. • Crim. 15 oct. 1991 : 🛆 *préc. note 8.*

15. Il résulte de l'art. L. 221-17 [L. 3132-29 nouv.] que la fermeture obligatoire qu'il prévoit ne peut être imposée par le préfet que pendant la durée du repos minimum. • CE 18 févr. 1991, 🛆 *SARL Agen Coiffure : Lebon 51 ; RJS 1991. 312, n° 586* (illégalité de l'arrêté ordonnant la fermeture des salons de coiffure le lundi, alors que l'accord collectif avait pour objet, non de fixer au lundi le jour de repos, mais d'accorder aux membres de la profession un jour de repos supplémentaire). – Dans le même sens : • Crim. 7 déc. 1993 : *RJS 1994. 122, n° 155.*

16. Référé. La violation d'un arrêté préfectoral de fermeture hebdomadaire, adopté en 1952, qui demeure applicable tant qu'il n'a pas été abrogé et dont la légalité n'est pas sérieusement contestée, constitue un trouble manifestement illicite qu'il entre dans les pouvoirs du juge des référés de faire cesser. • Soc. 5 oct. 2017, 🛆 n° 15-23.221 P : *D. 2017. Actu. 2035 ; RDT 2018. 308, note Véricel ; JCP S 2017. 1403, obs. d'Allende et Buso.*

17. Repos dominical et arrêté de fermeture hebdomadaire. L'article L. 3132-29 C. trav., dont les dispositions tendent à préserver la concurrence entre les établissements d'une même profession, n'a ni pour objet ni pour effet de déroger au principe fondamental du repos dominical ; la fixation d'un jour de fermeture des établissements d'une profession ou d'une zone géographique donnée, laquelle correspond à un jour de repos hebdomadaire, ne peut priver les salariés de leur repos dominical. • Soc. 17 oct. 2012 : 🛆 *D. actu. 9 nov. 2012, obs. Ines ; D. 2012. Actu. 2526 ; RDT 2013. 117, obs. Véricel ; RJS 2012. 809, n° 952 ; JCP S 2013. 1068, obs. d'Allende.*

18. Maintien de l'arrêté. Il appartient à l'autorité administrative d'apprécier à tout moment, dans le cadre des pouvoirs qu'elle tient des dispositions de l'art. L. 221-17 [L. 3132-29 nouv.], si elle doit maintenir sa réglementation. • CE 5 mars 1986 : *D. 1988. Somm. 77, obs. Chelle et Prétot.*

19. Infractions aux arrêtés. Les infractions aux arrêtés préfectoraux pris en application de l'art. L. 221-17 [L. 3132-29 nouv.] rompent l'égalité que la loi a entendu établir entre tous les professionnels employant ou non du personnel. • Crim. 26 mai 1976 : *Bull. crim. n° 187.* ♦ L'inspecteur du travail a la faculté de mettre en œuvre la procédure de référé dominical dans toutes les hypothèses dans lesquelles des salariés sont employés de façon illicite le dimanche ; peu important que l'art. L. 3132-31 ne renvoie pas formellement à l'art. L. 3132-29. • Soc. 6 avr. 2011 : 🛆 *D. 2011. Actu. 2011. 1147, obs. Perrin ; RDT 2011. 383, obs. Véricel ; JSL 2011, n° 300-3, obs. Tourreil ; JCP S 2011. 1255, obs. Pagnerre.*

20. Cumul de peines. L'infraction consistant en la violation d'un arrêté préfectoral pris en application de l'art. L. 3132-29 et celle portant atteinte à la règle du repos dominical, sur le fondement de l'art. L. 3132-3, comportent des éléments constitutifs spécifiques et doivent être réprimées distinctement. • Crim. 16 mars 2010, n° 08-88.418 P : *RSC* 2011. 865, obs. *Cerf-Hollander* ; *Dr. soc.* 2010. 989, obs. *Duquesne*.

21. L'exception relative au défaut de publicité de l'arrêté préfectoral peut être soulevée pour la première fois devant la juridiction d'appel. • Crim. 19 juin 1990 : *RJS* 1990. 525, n° 774. ♦ V. aussi • Crim. 5 mars 1991 : *RJS* 1991. 312, n° 587 (la seule insertion de l'arrêté au recueil des actes administratifs d'un département n'établit pas que cet acte a été porté à la connaissance des personnes concernées).

22. Le fait qu'une partie allègue devant le juge civil que le juge administratif est saisi d'un recours en appréciation de la légalité d'un acte réglementaire ne constitue pas, par lui-même, une question préjudicielle motivant un sursis à statuer. • Soc. 23 mars 1989 (2ᵉ esp.) : *préc. note 8*. ♦ L'exception d'illégalité doit être écartée lorsqu'elle n'est pas de nature à enlever à la contravention son caractère punissable. • Crim. 20 déc. 1988 : *D.* 1989. IR 80.

23. Responsabilité de l'État. Si l'illégalité commise par l'administration, dont l'arrêté de fermeture a été annulé, constitue une faute susceptible d'engager la responsabilité de l'État, ce dernier ne saurait être condamné à rembourser à des employeurs les sommes qu'ils ont été condamnés à verser à des syndicats d'employeurs, dès lors que le préjudice n'est pas la conséquence directe de la faute commise par l'administration, mais trouve son origine dans la décision des employeurs d'ouvrir leurs établissements le dimanche malgré l'interdiction à laquelle ils devaient se soumettre. • CE 15 mai 1995 : *RJS* 1995. 514, n° 786.

24. Abrogation de l'arrêté. Lorsqu'une juridiction administrative annule la décision implicite de rejet née du silence gardé par le préfet de région sur la demande tendant à l'abrogation d'un arrêté ordonnant la fermeture hebdomadaire des commerces de détail alimentaire dans le département et que le préfet de région procède consécutivement à l'abrogation de cet arrêté, l'arrêt rendu postérieurement à cette décision par une cour d'appel imposant la fermeture hebdomadaire d'une société en raison de cet arrêté viole les art. L. 3132-29 C. trav. et 1351 C. civ. • Soc. 16 févr. 2012 : *RJS* 2012. 386, n° 463.

Art. L. 3132-30 La fermeture prévue à l'article L. 3132-29 ne s'applique pas aux stands des exposants dans l'enceinte des expositions, foires ou salons figurant sur une liste déterminée, après consultation des organisations d'employeurs et de salariés intéressées, par arrêté conjoint des ministres chargés du travail et du commerce.

Les exposants bénéficient de ces dispositions peuvent accorder le repos hebdomadaire à leurs salariés par roulement. – [*Anc. art. L. 221-18, al. 1ᵉʳ et 3.*] – V. art. R. 3135-2 (*pén.*).

SECTION 4 Procédure de référé de l'inspecteur du travail

Art. L. 3132-31 L'inspecteur du travail peut, nonobstant toutes poursuites pénales, saisir en référé le juge judiciaire pour voir ordonner toutes mesures propres à faire cesser dans les établissements de vente au détail et de prestations de services au consommateur l'emploi illicite de salariés en infraction aux dispositions des articles L. 3132-3 et L. 3132-13.

Le juge judiciaire peut notamment ordonner la fermeture le dimanche du ou des établissements concernés. Il peut assortir sa décision d'une astreinte liquidée au profit du Trésor. – [*Anc. art. L. 221-16-1.*] – V. art. R. 3135-2 (*pén.*).

1. Champ d'application. L'inspecteur du travail a la faculté de mettre en œuvre la procédure de référé dominical dans toutes les hypothèses dans lesquelles des salariés sont employés de façon illicite le dimanche ; peu important que l'art. L. 3132-31 ne renvoie pas formellement à l'art. L. 3132-29. • Soc. 6 avr. 2011 : *D.* 2011. Actu. 1147, obs. *Perrin* ; *JSL* 2011, n° 300-3, obs. *Tourreil* ; *JCP S* 2011. 1255, obs. *Pagnerre*. ♦ Le pouvoir de l'inspecteur du travail de saisir le juge judiciaire pour voir ordonner toutes mesures propres à faire cesser l'emploi illicite de salariés en infraction des art. L. 3132-3 et L. 3132-13 peut s'exercer dans tous les cas où des salariés sont employés de façon illicite un dimanche, peu important qu'il s'agisse de salariés de l'établissement ou d'entreprises de prestation de services. • Soc. 26 oct. 2022, n° 21-19.075 B : *D. actu.* 17 nov. 2022, obs. *Malfettes* ; *D.* 2022. 1910.

2. Établissement de l'emploi illicite. L'inspecteur du travail qui saisit en référé le président du tribunal de grande instance afin qu'il prenne toutes mesures propres à faire cesser le travail illicite du dimanche de salariés d'établissements de vente au détail et de prestations de services au consommateur n'est pas tenu de dresser le procès-verbal prévu par l'article L. 8113-7 au soutien d'éventuelles poursuites pénales ; il lui appartient seulement d'établir par tous moyens, et en usant des pouvoirs qu'il tient des articles L. 8113-1, L. 8113-2 et L. 8113-4, l'emploi illicite qu'il entend faire cesser et dont il atteste dans le cadre de l'assignation. • Soc. 10 mars 2010 : *RDT* 2010. 302, obs. *Véricel* • 19 mars 2014 : *D. actu.* 19 sept. 2014, obs. *Ines* ; *D.* 2014. Actu. 783 ; *ibid.* 1404, chron. *Mariette, Sommé, Ducloz, Wurtz, Contamine et Flores* ; *ibid.* 2478, obs. *Bretzner, Aynès et Darret-Courgeon* ; *RJS* 2014. 394, n° 485.

♦ La simple constatation, par le contrôleur ou l'inspecteur du travail, du non-respect du repos dominical dans le cadre de la procédure de référé de l'art. L. 3132-31 constitue une preuve admissible qui ne tombe pas sous le coup du principe selon lequel nul ne peut se constituer un titre à soi-même. ● Même arrêt.

CHAPITRE III JOURS FÉRIÉS

(L. n° 2016-1088 du 8 août 2016, art. 8)

RÉP. TRAV. v° *Jours fériés*, par VACHET.

> *COMMENTAIRE*
> V. sur le Code en ligne 🔗.

SECTION 1 Dispositions générales

SOUS-SECTION 1 Ordre public

Art. L. 3133-1 Les fêtes légales ci-après désignées sont des jours fériés :
1° Le 1er janvier ;
2° Le lundi de Pâques ;
3° Le 1er mai ;
4° Le 8 mai ;
5° L'Ascension ;
6° Le lundi de Pentecôte ;
7° Le 14 juillet ;
8° L'Assomption ;
9° La Toussaint ;
10° Le 11 novembre ;
11° Le jour de Noël.

Comp. anc. art. L. 3133-1.

En ce qui concerne la journée fériée, instituée par la L. n° 83-550 du 30 juin 1983, mod. par L. n° 2017-256 du 28 févr. 2017, pour la commémoration de l'abolition de l'esclavage, dans les collectivités de la Guadeloupe, de la Guyane, de la Martinique, de La Réunion et à Mayotte, V. Décr. n° 83-1003 du 23 nov. 1983 (D. et ALD 1983. 522).

Art. L. 3133-2 Les heures de travail perdues par suite de chômage des jours fériés ne donnent pas lieu à récupération.

Comp. anc. art. L. 3133-2.

Jurisprudence rendue sous l'empire des textes antérieurs à la L. n° 2016-1088 du 8 août 2016.

La pratique consistant à établir automatiquement un horaire de travail sur la base d'heures de travail fixées forfaitairement à partir des heures accomplies théoriquement lorsqu'un jour férié est chômé au cours de la semaine de travail a pour effet de faire récupérer au salarié des heures effectivement chômées et viole ainsi l'art. L. 3133-2 C. trav. ● Soc. 13 juin 2012 : 🔗 *D. actu. 16 juill. 2012, obs. Ines; D. 2012. Actu. 1621* 🖉 *; RJS 2012. 622, n° 715 ; JCP S 2012. 1432, obs. Dumont.*

Art. L. 3133-3 Le chômage des jours fériés ne peut entraîner aucune perte de salaire pour les salariés totalisant au moins trois mois d'ancienneté dans l'entreprise ou l'établissement.

Ces dispositions s'appliquent aux salariés saisonniers si, du fait de divers contrats successifs ou non, ils cumulent une ancienneté totale d'au moins trois mois dans l'entreprise.

Ces dispositions ne s'appliquent ni aux personnes travaillant à domicile, ni aux salariés intermittents, ni aux salariés temporaires.

Comp. anc. art. L. 3133-3.

Jurisprudence rendue sous l'empire des textes antérieurs à la L. n° 2016-1088 du 8 août 2016.

1. Chômage des jours fériés. Les jours fériés ne sont pas, à l'exception du 1er mai, nécessairement chômés ; le salarié qui travaille un jour férié n'a droit, sauf disposition contractuelle ou conventionnelle contraire, qu'à son salaire. ● Soc. 4 déc. 1996, 🔗 *n° 94-40.693 P : D. 1997. IR 26 ; RJS 1997. 38, n° 47* (cassation de l'arrêt qui statue en équité sur une demande de majoration de salaire).

2. Régimes conventionnels. Sur le calcul du paiement des heures travaillées un jour férié lorsque la convention collective prévoit leur majoration, V. • Soc. 27 mars 1996 : 🔗 RJS 1996. 430, n° 680. ♦ Dès lors qu'aucune disposition de la convention collective n'exclut les travailleurs de nuit du bénéfice de cette majoration, les majorations de salaires prévues par la convention collective ne sont pas réservées aux seuls salariés appelés à accomplir de manière exceptionnelle leur travail un jour férié. • Soc. 21 févr. 2007 : 🔗 D. 2007. AJ 802 ⌀ ; RDT 2007. 322, obs. Véricel ⌀.

3. La clause de la convention collective nationale des banques prévoyant que sont « chômées, sans récupération, les demi-veilles de fêtes légales » concerne exclusivement la non-récupération de certains jours chômés, et non la détermination de ceux-ci ; en étendant cette disposition à des demi-veilles de fêtes légales qu'il n'était pas d'usage de chômer lorsque a été conclue ladite convention collective, le conseil de prud'hommes en a méconnu la portée. • Cass., ass. plén., 12 mai 1989 : D. 1989. 377, concl. Cabannes ; JCP 1989. II. 21322, concl. Cabannes, note G. Lyon-Caen.

4. Jours fériés et congés payés. Lorsque la convention collective applicable à l'entreprise prévoit que le repos des jours fériés légaux n'entraîne aucune diminution de salaire, et qu'en cas d'annualisation ou de modulation le salarié qui travaille un jour férié bénéficie d'un repos d'égale valeur, les jours fériés légaux doivent être considérés comme chômés et payés. • Soc. 26 janv. 2011 : 🔗 JCP S 2011. 1185, obs. Lahalle. ♦ Sur la coïncidence entre le 1er mai et l'Ascension, V. aussi • Soc. 30 nov. 2010 : D. actu. 14 déc. 2010, obs. Astaix. • Soc. 29 juin 2011 : 🔗 D. 2011. Actu. 1979 ⌀ ; RDT 2011. 579, obs. Canut ⌀ ; JSL 2011, n° 308-37, obs. Gardair-Rérolle. • Soc. 7 mars 2012 : 🔗 D. 2012. Actu. 821 ⌀.

5. Un salarié dont la rémunération comprend une partie fixe et une partie variable peut prétendre pour un jour chômé, s'il est soumis à l'accord de mensualisation du 10 déc. 1977, au paiement de la partie variable de sa rémunération. • Soc. 7 mai 1996, 🔗 n° 92-45.148 P : RJS 1996. 429, n° 679.

6. Coïncidence jour férié et jour de repos. L'accord d'entreprise stipulant que « les salariés dont le jour de repos coïncide avec un jour férié bénéficieront d'un jour supplémentaire de congé » peut s'interpréter en ce sens que le jour de repos coïncidant avec un jour férié donne au salarié droit à un jour de congé supplémentaire, que ce jour férié soit ou non inclus dans une période de congé du salarié. • Soc. 6 oct. 2010 : 🔗 D. 2010. 2522 ⌀ ; JCP S 2011. 1024, obs. Barège. ♦ Lorsqu'une convention collective accorde, en plus du congé annuel, un nombre précis de jours de congés correspondant aux fêtes légales en prévoyant des compensations en cas de travail l'un de ces jours, le salarié est fondé à prétendre à ce nombre précis de jours de congés et aux compensations y afférentes en cas de travail, peu important que deux jours fériés tombent le même jour. • Soc. 30 nov. 2010 : 🔗 JCP S 2011. 1154, obs. Barège.

7. Dès lors que l'employeur a reconnu le droit pour des salariés de ne pas travailler les jours fériés, il ne peut retenir à des salariés mensualisés qui n'avaient pas été volontaires pour travailler le 8 mai, jour férié légal, le salaire de cette journée. • Soc. 21 mai 1996, 🔗 n° 94-45.024 P.

8. Coïncidence de deux jours fériés. En cas de coïncidence de deux jours fériés, le salarié ne peut prétendre à l'octroi de deux jours de repos ou au paiement d'une indemnité qu'à la condition qu'une convention collective garantisse un nombre précis de jours chômés équivalent aux jours fériés légaux ou qu'elle prévoie le paiement d'un nombre déterminé de jours fériés dans l'année. • Soc. 20 nov. 2013 : 🔗 RJS 2014. 109, n° 139. ♦ La disposition conventionnelle qui garantit expressément dix jours chômés correspondant aux jours de fêtes légales, auxquels s'ajoute le 1er mai régi par des dispositions conventionnelles propres, permet aux salariés de prétendre à un jour de congé supplémentaire dans l'hypothèse d'une coïncidence entre la fête de l'Ascension avec le 1er mai. • Soc. 27 mars 2019, 🔗 n° 18-10.372 P : RJS 6/2019, n° 358.

SOUS-SECTION 2 Champ de la négociation collective

Art. L. 3133-3-1 Un accord d'entreprise ou d'établissement ou, à défaut, une convention ou un accord de branche définit les jours fériés chômés.

SOUS-SECTION 3 Dispositions suplétives

Art. L. 3133-3-2 A défaut d'accord, l'employeur fixe les jours fériés chômés.

SECTION 2 Journée du 1er mai

Art. L. 3133-4 Le 1er mai est jour férié et chômé. — V. art. R. 3135-4 (pén.).

Comp. anc. art. L. 3133-4.

Art. L. 3133-5 Le chômage du 1er mai ne peut être une cause de réduction de salaire.

Les salariés rémunérés à l'heure, à la journée ou au rendement ont droit à une indemnité égale au salaire perdu du fait de ce chômage. Cette indemnité est à la charge de l'employeur. — V. art. R. 3135-4 (pén.) et D. 3133-1.

Comp. anc. art. L. 3133-5.

Jurisprudence rendue sous l'empire des textes antérieurs à la L. n° 2016-1088 du 8 août 2016.

1. 1ᵉʳ mai. Le « 1ᵉʳ mai », qui se définit par sa date et non simplement par une durée consécutive de 24 heures, ne peut s'entendre que comme un jour civil calendaire commençant à 0 heure et finissant à 24 heures sans qu'il puisse en être donné une définition variable en fonction des horaires en vigueur dans l'entreprise. ● Soc. 8 mars 2007 : 🕮 *D. 2007. AJ 1020*.

2. 1ᵉʳ mai et RTT. Le 1ᵉʳ mai, jour férié et chômé, ne peut constituer, lorsqu'il n'est pas travaillé, une journée de temps libre comptabilisée parmi les jours de repos attribués au titre de l'accord d'annualisation/réduction du temps de travail. ● Soc. 11 juill. 2007 : 🕮 *D. 2007. AJ 2167* ; *RJS 2007. 839, n° 1074 ; JSL 2007, n° 218-3*.

Art. L. 3133-6 Dans les établissements et services qui, en raison de la nature de leur activité, ne peuvent interrompre le travail, les salariés occupés le 1ᵉʳ mai ont droit, en plus du salaire correspondant au travail accompli, à une indemnité égale au montant de ce salaire. Cette indemnité est à la charge de l'employeur. — V. art. R. 3135-4 (pén.).

Comp. anc. art. L. 3133-6.

Jurisprudence rendue sous l'empire des textes antérieurs à la L. n° 2016-1088 du 8 août 2016.

1. Caractère d'ordre public. Les dispositions légales relatives au 1ᵉʳ mai sont d'ordre public ; un employeur ne peut pas remplacer l'indemnité légale applicable par un repos compensateur, même en présence d'une convention collective prévoyant cette possibilité. ● Soc. 30 nov. 2004, 🕮 n° 02-45.785 P : *D. 2005. IR 115* ; *RJS 2005. 121, n° 162 ; JSL 2005, n° 160-42*. ♦ Comp. antérieurement : ● Soc. 8 oct. 1996 : 🕮 *RJS 1996. 762, n° 1181 ; CSB 1997. 22, S. 9*.

2. Sanctions pénales. Il appartient aux juges du fond d'apprécier souverainement si le prévenu apporte la preuve que la nature de son activité ne lui permettait pas d'interrompre le travail un 1ᵉʳ mai, en application des conditions définies par l'art. L. 222-7 [L. 3133-6 nouv.], auxquelles ne déroge pas la convention collective invoquée. ● Crim. 8 févr. 2000, 🕮 n° 99-82.118 P.

SECTION 3 Journée de solidarité

> *COMMENTAIRE*
> V. sur le Code en ligne 🕮. ❑

SOUS-SECTION 1 Ordre public

Art. L. 3133-7 La journée de solidarité instituée en vue d'assurer le financement des actions en faveur de l'autonomie des personnes âgées ou handicapées prend la forme :
1° D'une journée supplémentaire de travail non rémunérée pour les salariés ;
2° De la contribution prévue au 1° de l'article L. 14-10-4 du code de l'action sociale et des familles pour les employeurs.

Comp. anc. art. L. 3133-7.

Les dispositions de cet art. sont applicables à Mayotte à compter du 1ᵉʳ janv. 2022 (Ord. n° 2017-1491 du 25 oct. 2017, art. 33).

Jurisprudence rendue sous l'empire des textes antérieurs à la L. n° 2016-1088 du 8 août 2016.

1. Conformité à la Constitution de la journée de solidarité. Est conforme à la Constitution l'ensemble des dispositions contestées relatives à la journée de solidarité, le législateur peut faire spécialement appel à l'effort des salariés du secteur privé et du secteur public bénéficiant d'un régime de rémunération assorti d'une limitation de la durée légale du temps de travail ; la différence de traitement qui en résulte avec les retraités et les travailleurs exerçant leur activité de façon indépendante est en rapport direct avec l'objet de la loi ; en retenant l'avantage tiré de l'allongement de la durée légale du travail comme critère de la capacité contributive des contribuables, le législateur n'a commis aucune erreur manifeste d'appréciation. ● Cons. const. 22 juill. 2011 : *RDT 2011. 645, obs. Véricel* ; *Constitutions 2011. 559, chron. Radé* ; *AJDA 2011. 1526*.

2. Mise en œuvre. Il n'apparaît pas, eu égard à l'office du juge des référés pour l'application de la procédure d'urgence, que la mise en œuvre de la « journée de solidarité » porte une atteinte grave et manifestement illégale à la liberté du travail du salarié, à la liberté de religion ou d'association ou au droit au respect de la vie privée. • CE, ord., 3 mai 2005, ⚓ n° 279999 : *D. 2005. 1465, note Guillemin* ⌀ *; RJS 2006. 619, n° 858.*

Art. L. 3133-8 Le travail accompli, dans la limite de sept heures, durant la journée de solidarité ne donne pas lieu à rémunération :
1° Pour les salariés mensualisés, dans cette limite de sept heures ;
2° Pour les salariés dont la rémunération est calculée par référence à un nombre annuel de jours de travail conformément à l'article L. 3121-58, dans la limite de la valeur d'une journée de travail.
Pour les salariés à temps partiel, la limite de sept heures prévue au 1° du présent article est réduite proportionnellement à la durée contractuelle.

Comp. anc. art. L. 3133-10.

Les dispositions de cet art. sont applicables à Mayotte à compter du 1er janv. 2022 (Ord. n° 2017-1491 du 25 oct. 2017, art. 33).

Jurisprudence rendue sous l'empire des textes antérieurs à la L. n° 2016-1088 du 8 août 2016.

Absence du salarié. Lorsque la journée de solidarité est fixée un jour précédemment chômé pour lequel le salarié aurait normalement été rémunéré, l'absence du salarié ce jour-là autorise l'employeur à pratiquer une retenue sur salaire.
• Soc. 16 janv. 2008 (2 arrêts) : ⚓ *RDT 2008. 240, obs. Aubert-Monpeyssen* ⌀ *; D. 2008. AJ 345, obs. Cortot* ⌀ *; RJS 2008. 229, n° 293.*

Art. L. 3133-9 Les heures correspondant à la journée de solidarité, dans la limite de sept heures ou de la durée proportionnelle à la durée contractuelle pour les salariés à temps partiel, ne s'imputent ni sur le contingent annuel d'heures supplémentaires ni sur le nombre d'heures complémentaires prévu au contrat de travail du salarié travaillant à temps partiel. Elles ne donnent pas lieu à contrepartie obligatoire sous forme de repos.

Comp. anc. art. L. 3133-11.

Les dispositions de cet art. sont applicables à Mayotte à compter du 1er janv. 2022 (Ord. n° 2017-1491 du 25 oct. 2017, art. 33).

Art. L. 3133-10 Lorsqu'un salarié qui a déjà accompli, au titre de l'année en cours, une journée de solidarité s'acquitte d'une nouvelle journée de solidarité en raison d'un changement d'employeur, les heures travaillées ce jour donnent lieu à rémunération supplémentaire et s'imputent sur le contingent annuel d'heures supplémentaires ou sur le nombre d'heures complémentaires prévu au contrat de travail du salarié travaillant à temps partiel. Ces heures donnent lieu à contrepartie obligatoire sous forme de repos.
Toutefois, le salarié peut aussi refuser d'exécuter cette journée supplémentaire de travail sans que ce refus constitue une faute ou un motif de licenciement.

Comp. anc. art. L. 3133-12.

Les dispositions de cet art. sont applicables à Mayotte à compter du 1er janv. 2022 (Ord. n° 2017-1491 du 25 oct. 2017, art. 33).

SOUS-SECTION 2 **Champ de la négociation collective**

Art. L. 3133-11 Un accord d'entreprise ou d'établissement ou, à défaut, une convention ou un accord de branche fixe les modalités d'accomplissement de la journée de solidarité.
Cet accord peut prévoir :
1° Soit le travail d'un jour férié précédemment chômé autre que le 1er mai ;
2° Soit le travail d'un jour de repos accordé au titre de l'accord collectif conclu en application de l'article L. 3121-44 ;
3° Soit toute autre modalité permettant le travail de sept heures précédemment non travaillées en application de stipulations conventionnelles ou des modalités d'organisation des entreprises.

Comp. anc. art. L. 3133-8, al. 1er à 5.

Les dispositions de cet art. sont applicables à Mayotte à compter du 1er janv. 2022 (Ord. n° 2017-1491 du 25 oct. 2017, art. 33).

SOUS-SECTION 3 Dispositions supplétives

Art. L. 3133-12 A défaut de stipulation dans la convention ou l'accord conclu en application de l'article L. 3133-11, les modalités d'accomplissement de la journée de solidarité sont définies par l'employeur, après consultation du (*Ord. n° 2017-1386 du 22 sept. 2017, art. 4*) « comité social et économique ».

Comp. anc. art. L. 3133-8, al. 6.

Les dispositions de cet art. sont applicables à Mayotte à compter du 1er janv. 2022 (Ord. n° 2017-1491 du 25 oct. 2017, art. 33).

> **Jurisprudence rendue sous l'empire des textes antérieurs à la L. n° 2016-1088 du 8 août 2016.**
>
> En l'absence d'une convention ou d'un accord de branche ou d'entreprise en vue de fixer la date de la journée de solidarité un autre jour que le lundi de Pentecôte, les dispositions du code local des professions s'appliquent. ● Crim. 8 avr. 2008 : ⚖ *RJS 2009. 658, n° 829 ; JCP S 2008. 1596, obs. Martinon.*

CHAPITRE IV DISPOSITIONS PARTICULIÈRES AUX DÉPARTEMENTS DE LA MOSELLE, DU BAS-RHIN ET DU HAUT-RHIN

RÉP. TRAV. v° *Alsace-Moselle*, par Grisey Martinez.

> **COMMENTAIRE**
> V. sur le Code en ligne ⚖. ❏

Art. L. 3134-1 Les dispositions du présent chapitre s'appliquent dans les départements de la Moselle, du Bas-Rhin et du Haut-Rhin.

Toutefois, elles ne s'appliquent pas aux professions agricoles et de la pêche, aux entreprises de chemin de fer, aux concessions de bacs publics, à l'éducation des enfants et à l'enseignement, aux professions libérales, aux entreprises d'assurance, aux emplois à domicile par une personne physique, aux professions artistiques, aux professions médicales et paramédicales, ainsi qu'à la vente de médicaments.

Les dispositions des chapitres II et III ne sont pas applicables, à l'exception de celles des articles L. 3132-1 à L. 3132-3, L. 3132-14 à L. 3132-19 (*L. n° 2016-1088 du 8 août 2016, art. 8*) « , L. 3133-2, L. 3133-3 et L. 3133-4 à L. 3133-12 ». — [*Anc. art. 6, L. du 26 juill. 1900.*]

> **Conformité à la Constitution.** En maintenant, par dérogation, à certaines dispositions du titre III du livre I de la troisième partie du code du travail, le régime local particulier en vertu duquel le droit au repos hebdomadaire des salariés s'exerce le dimanche, le législateur a opéré une conciliation qui n'est pas manifestement disproportionnée entre la liberté d'entreprendre et les exigences du dixième alinéa du Préambule de la Constitution de 1946. ● Cons. const., QPC, 5 août 2011 : ⚖ *RDT 2011. 574, obs. E. Sander ⊘ ; AJDA 2011. 1590 ⊘ ; ibid. 1880, étude M. Lombard, S. Nicinski et E. Glaser ⊘ ; RJS 2011. 800, n° 909.*

Art. L. 3134-2 L'emploi de salariés dans les entreprises industrielles, commerciales ou artisanales est interdit les dimanches et jours fériés, sauf dans les cas prévus par le présent chapitre. — [*Anc. art. 105 a, al. 1er, L. du 26 juill. 1900.*]

Art. L. 3134-3 Dans les exploitations de mines, salines et carrières, établissements industriels, chantiers du bâtiment et du génie civil, chantiers navals, le repos donné aux salariés est de :

1° Vingt-quatre heures pour chaque dimanche ou jour férié ;
2° Trente-six heures pour un dimanche et un jour férié consécutifs ;
3° Quarante-huit heures pour les fêtes de Noël, Pâques et Pentecôte.

La période de repos est calculée à partir de minuit et, dans le cas d'un dimanche et d'un jour férié consécutifs, se prolonge jusqu'à dix-huit heures le second jour.

Dans les exploitations où l'on travaille régulièrement par équipe de jour et de nuit, lorsque l'activité est interrompue pendant les vingt-quatre heures qui suivent le commencement de la période de repos, cette dernière ne peut débuter avant dix-huit heures du jour ouvrable précédent ni après six heures du dimanche ou du jour férié. — [*Anc. art. 105 b, al. 1er, L. du 26 juill. 1900.*] — V. art. R. 3135-6 (*pén.*).

Art. L. 3134-4 Dans les exploitations commerciales, les salariés ne peuvent être employés le premier jour des fêtes de Noël, de Pâques ou de Pentecôte.

Les autres dimanches et jours fériés, leur travail ne peut dépasser cinq heures.

Par voie de statuts ayant force obligatoire, adoptés après consultation des employeurs et des salariés et publiés selon les formes prescrites, les départements ou communes peuvent réduire la durée du travail ou interdire complètement le travail pour toutes les exploitations commerciales ou pour certaines branches d'activité.

Pendant les quatre dernières semaines précédant Noël ou pour certains dimanches et jours fériés pour lesquels les circonstances locales rendent nécessaire une activité accrue, l'autorité administrative peut porter le nombre d'heures travaillées jusqu'à dix.

Les heures pendant lesquelles le travail a lieu sont déterminées, compte tenu des horaires des services religieux publics, par les dispositions statutaires qui ont réduit la durée des heures de travail et, dans les autres cas, par l'autorité administrative. Elles peuvent être fixées de façon différente pour chaque branche d'activité commerciale.

Les dispositions du présent article sont également applicables à l'emploi des salariés dans les coopératives de consommation et les associations. – [Anc. art. 105 b, al. 2 et 3, L. du 26 juill. 1900.] – V. art. R. 3135-4 (pén.).

Art. L. 3134-5 Les dispositions des articles L. 3134-3 et L. 3134-4 ne sont pas applicables :

1° Aux travaux qui, en cas de nécessité grave ou dans l'intérêt public, doivent être réalisés immédiatement ;

2° Pour un dimanche, à la réalisation d'un inventaire prescrit par la loi ;

3° A la surveillance des installations de l'exploitation, aux travaux de nettoyage et de maintenance nécessaires à la poursuite régulière de l'exploitation elle-même ou d'une autre exploitation, ainsi qu'aux travaux nécessaires à la reprise de la pleine activité les jours ouvrables, si ces travaux ne peuvent être exécutés un jour ouvrable ;

4° Aux travaux nécessaires pour éviter que les matières premières soient altérées ou que les résultats d'une fabrication en cours soient compromis, si ces travaux ne peuvent être exécutés un jour ouvrable ;

5° A la surveillance de l'exploitation, lorsque celle-ci se poursuit les dimanches et jours fériés en application des 1° à 4°.

Pour les travaux mentionnés aux 3° et 4°, durant plus de trois heures ou empêchant les salariés d'assister au service religieux, l'employeur accorde à chaque salarié soit un congé de trente-six heures pleines chaque troisième dimanche, soit le libère de 6 heures à 18 heures au moins chaque deuxième dimanche.

Toutefois, l'autorité administrative peut accorder des dérogations si les salariés ne sont pas empêchés d'assister au service religieux et qu'il leur est accordé, au lieu du dimanche, un repos de vingt-quatre heures pendant un jour de semaine. – [Anc. art. 105 c, al. 1ᵉʳ à 6 et al. 8 et 9.] – V. art. R. 3135-4 (pén.), R. 3134-1 et R. 3134-3.

Art. L. 3134-6 Des dérogations aux dispositions de l'article L. 3134-3 peuvent être accordées par voie réglementaire pour des catégories d'activités déterminées, notamment pour des exploitations où sont accomplis des travaux qui, par nature, ne peuvent être interrompus ou ajournés, ainsi que pour les activités qui, par nature, sont limitées à certaines périodes de l'année ou sont soumises à une activité d'une intensité inhabituelle à certaines périodes de l'année.

La détermination des travaux autorisés les dimanches et jours fériés dans ces exploitations et les conditions dans lesquelles ils sont autorisés intervient de manière uniforme pour toutes les exploitations de même catégorie et en tenant compte des dispositions du septième alinéa de l'article L. 3134-5. – [Anc. art. 105 d, L. du 26 juill. 1900.] – V. art. R. 3135-4 (pén.).

Art. L. 3134-7 Des dérogations aux dispositions des articles L. 3134-3 et L. 3134-4 peuvent être accordées par l'autorité administrative pour les catégories d'activités dont l'exercice complet ou partiel est nécessaire les dimanches ou les jours fériés pour la satisfaction de besoins de la population présentant un caractère journalier ou se manifestant particulièrement ces jours-là.

Il en est de même pour les exploitations fonctionnant exclusivement ou de manière prépondérante avec des moteurs animés par l'énergie éolienne ou par une énergie hydraulique irrégulière.

Le régime de ces dérogations tient compte des dispositions du huitième alinéa de l'article L. 3134-5. Un décret peut préciser les conditions et modalités de ces dérogations. — [Anc. art. 105 e, L. du 26 juill. 1900.] — V. art. R. 3135-4 (pén.).

Art. L. 3134-8 Des dérogations temporaires aux dispositions de l'article L. 3134-3 peuvent être accordées par l'autorité administrative, selon des modalités déterminées par voie réglementaire, lorsque l'emploi de salariés les dimanches ou jours fériés est nécessaire de façon imprévisible pour éviter un dommage disproportionné. — [Anc. art. 105 f, al. 1er, L. 26 juill. 1900.] — V. art. R. 3135-4 (pén.).

Art. L. 3134-9 L'interdiction d'employer les salariés le dimanche ou jours fériés peut être étendue par voie réglementaire à d'autres catégories d'activité.

Les dispositions des articles L. 3134-5 à L. 3134-8 s'appliquent également aux dérogations à cette interdiction. — [Anc. art. 105 g, L. du 26 juill. 1900.] — V. art. R. 3135-4 (pén.).

Art. L. 3134-10 Les articles L. 3134-2 à L. 3134-9 ne s'appliquent pas aux activités de restauration, d'hôtellerie et de débits de boissons, aux représentations musicales et théâtrales, aux expositions ou à d'autres divertissements, ainsi qu'aux entreprises de transport.

Dans ces secteurs d'activité, les employeurs ne peuvent obliger les salariés durant les dimanches et les jours fériés qu'aux seuls travaux qui, en raison de la nature de l'exploitation intéressée, ne peuvent être ajournés ou interrompus. — [Anc. art. 105 i, L. du 26 juill. 1900.]

Art. L. 3134-11 Lorsqu'il est interdit, en application des articles L. 3134-4 à L. 3134-9, d'employer des salariés dans les exploitations commerciales, il est également interdit durant ces jours de procéder à une exploitation industrielle, commerciale ou artisanale dans les lieux de vente au public. Cette disposition s'applique également aux activités commerciales des coopératives de consommation ou associations. — [Anc. art. 41 a, L. du 26 juill. 1900.]

Par décision n° 2011-157 QPC du 5 août 2011, le Cons. const. a déclaré conforme aux droits et libertés que la Constitution garantit l'art. L. 3134-11 C. trav., qui fait interdiction, dans les départements de la Moselle, du Bas-Rhin et du Haut-Rhin, notamment le dimanche et dans les lieux où il est interdit d'employer des salariés, de procéder, même sans recours à ces derniers, à une exploitation industrielle, commerciale ou artisanale dans les lieux de vente au public ; toutefois, il se déduit du principe d'interprétation stricte de la loi pénale que, d'une part, en l'absence de mention expresse de ce texte, dans l'art. R. 3135-4 du même code et, d'autre part, en l'état de l'abrogation, par l'Ord. du 12 mars 2007 ratifiée par la L. du 21 janv. 2008, de l'art. 41 a du code local des professions applicable dans ces départements, la violation de ces prescriptions est dépourvue de sanction pénale. • Crim. 31 janv. 2012 : ⚠ D. 2012. Actu. 615 ⌀ ; ibid. 1047, note Hennion-Jacquet ⌀ ; JCP S 2012. 1193, obs. d'Allende.

Art. L. 3134-12 Pour des activités dont l'exercice est nécessaire de manière complète ou partielle pour la satisfaction des besoins de la population présentant un caractère journalier ou se manifestant particulièrement les dimanches et jours fériés, l'autorité administrative peut, pour une ou plusieurs communes présentant une continuité territoriale, prescrire, sur demande d'au moins deux tiers des entrepreneurs, l'exploitation les dimanches et jours fériés si les dérogations aux dispositions de l'article L. 3134-3 ont été accordées. L'autorisation peut être délivrée sur demande d'au moins deux tiers des entrepreneurs intéressés.

Les entrepreneurs intéressés et la procédure suivant laquelle le nombre d'entrepreneurs requis est constaté sont déterminés par voie réglementaire. — [Anc. art. 41 b, L. du 26 juill. 1900.]

Art. L. 3134-13 Les jours fériés ci-après désignés sont des jours chômés :

1° Le 1er Janvier [janvier] ;

2° Le Vendredi Saint [saint] dans les communes ayant un temple protestant ou une église mixte ;

3° Le lundi de Pâques ;

4° Le 1er Mai [mai] ;

5° Le 8 Mai [mai] ;

6° L'Ascension ;
7° Le lundi de Pentecôte ;
8° Le 14 Juillet *[juillet]* ;
9° L'Assomption ;
10° La Toussaint ;
11° Le 11 Novembre *[novembre]* ;
12° Le premier et le second jour de Noël.

Un décret peut compléter la liste de ces jours fériés compte tenu des situations locales et confessionnelles. — *[Anc. art. 105 a, al. 2, L. du 26 juill. 1900, art. 1er, Ord. du 16 août 1892, et art. 1er, L. n° 2005-296 du 31 mars 2005.]*

BIBL. ▶ RICHARD, JCP S 2018. 1325 (articulation des jours fériés en Alsace-Moselle avec le décompte du temps de travail sur l'année).

Art. L. 3134-14 Dans le département de la Moselle, l'autorité administrative peut, dans des conditions déterminées par voie réglementaire, autoriser ou interdire l'ouverture des établissements commerciaux le Vendredi Saint *[saint]* et ceci de manière uniforme dans le département, indépendamment de la présence d'un temple protestant ou d'une église mixte dans les communes. — *[Anc. art. L. 222-4-1.]*

Art. L. 3134-15 L'inspecteur du travail peut, nonobstant toutes poursuites pénales, saisir en référé le juge judiciaire pour voir ordonner toutes mesures propres à faire cesser dans les établissements de vente au détail et de prestations de services au consommateur l'emploi illicite de salariés en infraction aux articles L. 3134-10 à L. 3134-12.

Le juge judiciaire peut notamment ordonner la fermeture le dimanche du ou des établissements concernés. Il peut assortir sa décision d'une astreinte liquidée au profit du Trésor. — *[Anc. art. L. 221-16-1.]*

Le pouvoir reconnu à l'inspecteur du travail peut s'exercer dans tous les cas où, alors que l'emploi dans l'établissement de salariés le dimanche est interdit, il est procédé néanmoins à une exploitation industrielle, commerciale ou artisanale dans les lieux de vente au public, quels que soient la taille de l'établissement ou le statut juridique des personnes qui y travaillent. • Soc. 12 déc. 2012 : ⚖ *Dalloz. actualité, 24 janv. 2013 ; D. 2013. Actu. 21* ⊘ *; JCP S 2013. 1067, obs. d'Allende.*

Art. L. 3134-16 (L. n° 2016-1088 du 8 août 2016, art. 8) L'accord mentionné à l'article L. 3133-11 ou la décision de l'employeur mentionnée à l'article L. 3133-12 ne peut désigner ni le premier ou le second jour de Noël ni, indépendamment de la présence d'un temple protestant ou d'une église mixte dans les communes, le Vendredi Saint comme la date de la journée de solidarité.

CHAPITRE V DISPOSITIONS PÉNALES

Le présent chapitre ne comprend pas de dispositions législatives.

TITRE IV CONGÉS PAYÉS ET AUTRES CONGÉS

CHAPITRE I CONGÉS PAYÉS

(L. n° 2016-1088 du 8 août 2016, art. 8)

Ce chap., dans sa rédaction antérieure à la L. n° 2016-1088 du 8 août 2016, est consultable sur le Code en ligne 🔒*.*

RÉP. TRAV. v° *Congés payés annuels*, par ROSE et CHALARON.

BIBL. ▶ **Loi du 8 août 2016 :** VACHET, JCP S 2016. 1298 (les congés après la loi du 8 août 2016).

COMMENTAIRE

V. sur le Code en ligne 🔒.

SECTION 1 Droit au congé

Art. L. 3141-1 Tout salarié a droit chaque année à un congé payé à la charge de l'employeur. — V. art. R. 3143-1 (pén.).

Comp. anc. art. L. 3141-1.

Jurisprudence rendue sous l'empire des textes antérieurs à la L. n° 2016-1088 du 8 août 2016.

1. Droit au congé annuel payé. Le droit au congé annuel payé de chaque travailleur doit être considéré comme un principe du droit social de l'Union revêtant une importance particulière, auquel il ne saurait être dérogé et dont la mise en œuvre par les autorités nationales compétentes ne peut être effectuée que dans les limites expressément énoncées par la Dir. n° 2003/88 du 4 nov. 2003. • CJUE 26 juin 2001 : D. 2002. 444, note Clergerie ; 21 juin 2012 : D. actu. 6 juill. 2012, obs. Siro ; D. 2012. Actu. 1745 ; JCP S 2012. 1359, obs. Andréo. ♦ Il appartient à l'employeur de prendre des mesures propres à assurer au salarié la possibilité d'exercer effectivement son droit à congé, et, en cas de contestation, de justifier qu'il a accompli à cette fin les diligences qui lui incombent légalement ; en cas de litige sur la prise des congés payés, ce n'est pas exclusivement au salarié d'établir qu'il s'est trouvé dans l'impossibilité de les poser du fait de l'employeur. • Soc. 13 juin 2012 : D. actu. 29 juin 2012, obs. Ines ; D. 2012. Actu. 1621 ; RDT 2012. 565, obs. Véricel ; RJS 2012. 624, n° 718 ; JSL 2012, n° 328-2, obs. Hautefort ; JCP S 2012. 1370, obs. Morand • Soc. 16 déc. 2015, n° 14-11.294 P : D. 2016. Actu. 83 ; ibid. Pan. 814, obs. Porta ; D. actu. 12 janv. 2016, obs. Peyronnet ; RJS 3/2016, n° 159 ; JCP S 2016. 1097, note Daniel.

2. Salarié en congé parental. Lorsque le salarié s'est trouvé dans l'impossibilité de prendre ses congés payés annuels au cours de l'année de référence en raison de l'exercice de son droit au congé parental, les congés payés acquis à la date du début du congé parental doivent être reportés après la date de reprise du travail. • Soc. 13 sept. 2023, n° 22-14.043 B : D. actu. 28 sept. 2023, obs. Dellome et Martin ; D. 2023. 1598.

3. Congés payés conventionnels non pris. Les congés non pris, accordés par une convention collective en plus des congés payés annuels d'une durée minimale de quatre semaines, ne peuvent donner lieu à indemnisation que si le salarié rapporte la preuve qu'il n'a pu les prendre du fait de l'employeur. • Soc. 12 mai 2015, n° 13-20.349 P : D. actu. 22 mai 2015, obs. Ines ; RDT 2015. 547, obs. Véricel ; JSL 2015, n° 391-2, obs. Lhernould ; RJS 7/2015, n° 490.

4. Entreprises à statut. Incompatibilité des dispositions du code du travail relatives aux congés payés avec les nécessités du service public ferroviaire : V. • CE, Ass., 7 juill. 1995, Damiens : Lebon 290 ; D. 1996. Somm. 230, obs. Chelle et Prétot ; Dr. soc. 1996. 175, note Chorin ; RJS 1995. 749, n° 1188 • 1er déc. 1995, Muthuon : RJS 1996. 114, n° 178. ♦ Comp. : les dispositions du livre II C. trav. et spécialement celles des art. L. 223-1 s. [L. 3141-1 s. nouv.] sur les congés annuels sont, en principe, applicables aux agents de la SNCF et d'EDF-GDF, lesquels sont en outre soumis aux dispositions d'un statut, qui comporte des règles spécifiques aux congés payés ; en vertu du principe fondamental en droit du travail, selon lequel la situation des salariés doit être régie, en cas de conflit de normes, par celle qui leur est la plus favorable, il convient de déterminer si les dispositions de ce statut concernant les congés payés sont plus favorables que celles résultant du régime légal et cette appréciation doit être globale à raison du caractère indivisible de ce régime de congés payés institué en tenant compte des nécessités du service public ; il apparaît que l'ensemble du régime des congés payés prévu par le statut accorde aux agents des avantages supérieurs à ceux qui résulteraient de l'application du code du travail. • Soc. 17 juill. 1996 (1er arrêt), n° 95-41.745 P : GADT, 4e éd., n° 180 ; Dr. soc. 1996. 1049, concl. P. Lyon-Caen, note Savatier ; RJS 1996. 708, n° 1115 ; CSB 1996. 277, A. 56 ; JCP 1997. II. 22798, note Chorin • 17 juill. 1996 (2e arrêt), n° 95-41.313 P : Dr. soc. 1996. 1049, concl. P. Lyon-Caen, note Savatier ; RJS 1996. 708, n° 1115 ; CSB 1996. 277, A. 56 ; JCP 1997. II. 22798, note Chorin.

Art. L. 3141-2 Les salariés de retour d'un congé de maternité prévu à l'article L. 1225-17 ou d'un congé d'adoption prévu à l'article L. 1225-37 ont droit à leur congé payé annuel, quelle que soit la période de congé payé retenue pour le personnel de l'entreprise. — V. art. R. 3143-1 (pén.).

Comp. anc. art. L. 3141-2.

Jurisprudence rendue sous l'empire des textes antérieurs à la L. n° 2016-1088 du 8 août 2016.

1. Congés payés et maternité. Les congés annuels doivent être pris au cours d'une période distincte du congé de maternité. • Soc. 2 juin 2004, n° 02-42.405 P : Dr. soc. 2004. 1028, obs. Lhernould ; RJS 2004. 630, n° 930.

2. Congés payés, congé de maternité et protection contre le licenciement. La période de protection de quatre semaines suivant le congé de maternité étant suspendue par la prise des congés payés, son point de départ est reporté à la date de la reprise du travail par la salariée. • Soc. 30 avr. 2014 : D. actu. 22 mai 2014, obs. Fraisse.

SECTION 2 Durée du congé

SOUS-SECTION 1 Ordre public

Art. L. 3141-3 Le salarié a droit à un congé de deux jours et demi ouvrables par mois de travail effectif chez le même employeur.

La durée totale du congé exigible ne peut excéder trente jours ouvrables. — V. art. R. 3143-1 (pén.).

Comp. anc. art. L. 3141-3.

COMMENTAIRE

V. sur le Code en ligne 🔗.

I. ACQUISITION DU DROIT AUX CONGÉS

A. FOURNITURE D'UN TRAVAIL EFFECTIF

1. Conformité au droit de l'Union européenne. Il incombe au juge national d'assurer, dans le cadre de ses compétences, la protection juridique découlant de l'art. 31, § 2, de la Charte des droits fondamentaux de l'Union européenne et de garantir le plein effet de celui-ci en laissant inappliquées les dispositions de l'art. L. 3141-3 en ce qu'elles subordonnent à l'exécution d'un travail effectif l'acquisition de droits à congés payés par un salarié dont le contrat de travail est suspendu par l'effet d'un arrêt de travail pour cause de maladie non professionnelle et de juger que le salarié peut prétendre à ses droits à congés payés au titre de cette période en application des dispositions des art. L. 3141-3 et L. 3141-9. ● Soc. 13 sept. 2023, 🔗 n° 22-17.340 B : *D. actu. 28 sept. 2023, obs. Dellome et Martin ; D. 2023. 1936, note Tinière 🖉 ; RJS 11/2023, n° 585 ; JCP S 2023. 1264, obs. Terrenoire.* ♦ Comp.. ante : ● Soc. 13 mars 2013 : 🔗 *D. actu. 8 avr. 2013, obs. Ines ; D. 2013. Actu. 778 🖉 ; RDT 2013. 341, obs. Véricel 🖉 ; JSL 2013, n° 342-5, obs. Hautefort* (la directive 2003/88/CE ne pouvant permettre, dans un litige entre des particuliers, d'écarter les effets d'une disposition de droit national contraire, un salarié ne peut prétendre au paiement d'une indemnité compensatrice de congés payés au titre d'une période de suspension du contrat de travail ne relevant pas de l'art. L. 3141-5). ♦ V. déjà : Tout salarié, qu'il soit en congé de maladie pendant ladite période de référence à la suite d'un accident survenu sur le lieu du travail ou ailleurs, ou à la suite d'une maladie de quelque nature ou origine qu'elle soit, ne peut voir affecter son droit au congé annuel payé pour sa fraction égale à 4 semaines ; la directive 2003/88/CE fixe des prescriptions minimales et ne porte pas atteinte à la faculté des États membres d'appliquer des dispositions nationales plus favorables à la protection des travailleurs. Dans la mesure où cette disposition fixe la durée minimale des congés payés à quatre semaines, le droit interne ne peut distinguer selon l'origine professionnelle ou non professionnelle de l'arrêt de travail s'agissant du droit à ces quatre semaines, mais peut opérer cette distinction s'agissant des droits à congés qui, en application de cette législation, se situent au-delà de cette durée minimale. ● CJUE 24 janv. 2012, 🔗 n° C-282/10 : *D. actu. 24 févr. 2012, obs. Perrin ; D. 2012. Actu. 369 🖉.* ♦ Pour l'ouverture du droit au congé annuel payé, l'absence du travailleur pour cause d'accident de trajet doit être assimilée à l'absence pour cause d'accident du travail. ● Soc. 3 juill. 2012, 🔗 n° 08-44.834 P : *D. actu. 24 juill. 2012, obs. Perrin ; RJS 2012. 691, n° 811 ; Dr. ouvrier 2012. 719, obs. Durand ; JSL 2012, n° 328-6, obs. Tourreil ; JCP S 2012. 1385, obs. R. Favre.*

2. Préavis. La période de préavis doit être considérée comme période de travail effectif, pour l'ouverture du droit à congés payés, même lorsque le salarié est dispensé d'effectuer ce préavis. ● Soc. 24 nov. 1992, 🔗 n° 90-42.764 P : *Dr. soc. 1993. 60.*

3. Récupération. L'employeur est en droit d'exiger la récupération des jours de congés indûment accordés à des employés par une décision de justice annulée. ● Orléans, 28 sept. 1994 : *Dr. soc. 1995. 266, obs. Hennion-Moreau 🖉.*

4. Chômage partiel. Sont exclues les périodes de chômage partiel. ● Soc. 19 févr. 1992, 🔗 n° 88-42.632 P : *D. 1992. IR 120 ; CSB 1992. 118, S. 69 ; RJS 1992. 263, n° 458.*

5. Grève. Ne peuvent être considérées comme des journées de travail effectif celles où le salarié a été en grève. ● Soc. 16 déc. 1981 : *Bull. civ. V, n° 980 ; D. 1982. IR 322, obs. Vachet.*

II. MISE EN ŒUVRE DU DROIT AUX CONGÉS

6. Non-respect du droit aux congés. Seule l'impossibilité pour un salarié d'exercer le droit à congé annuel pendant la période prévue par la convention collective, du fait de l'employeur, ouvre droit à son profit à la réparation du préjudice qui en est résulté. ● Soc. 25 févr. 1988 : *Bull. civ. V, n° 146 ; D. 1988. Somm. 331, obs. Langlois.* ♦ Dans le même sens : ● Soc. 29 mai 1990, 🔗 n° 89-40.675 P. ● 7 nov. 1995 : 🔗 *RJS 1996. 24, n° 31.* ♦ Le juge doit vérifier si le salarié a été effectivement en mesure de prendre ses congés payés. • Soc. 28 mai 2014 : ⚖ *RDT 2014. 696, obs. Véricel* ⌀ ; *JSL 2014, n° 369-3.*

7. Décompte. Sur le décompte des congés payés en demi-journées, V. • Soc. 19 nov. 1997, ⚖ n° 95-40.932 P : *RJS 1998. 39, n° 50.* ♦ Sur l'impossibilité de substituer par accord collectif un décompte horaire au décompte en jours ouvrables, V. • Soc. 11 mars 1998 : ⚖ *RJS 1998. 300, n° 478.* ♦ L'accord d'entreprise qui tend à substituer un décompte horaire des congés payés au décompte en jours ouvrables est contraire aux dispositions de l'art. L. 3141-3 C. trav. • Soc. 11 mars 1998, ⚖ n° 96-16.553 P : *RJS 4/1998, n° 478.* ♦ Comp. • Soc. 11 mai 2016, ⚖ n° 15-10.252 P : *RDT 2017. 209, obs. Véricel* ⌀ ; *JCP S 2016. 1319, obs. Frouin ; RJS 7/16 info. 501.*

8. Jours fériés. En retenant que le jour férié du 15 août, compris dans la période réglementaire des congés annuels, n'était pas un jour ouvrable, les juges ont pu décider qu'il fallait reconnaître au salarié une journée supplémentaire de congé. • Soc. 12 nov. 1987 : *Bull. civ. V, n° 645 ; D. 1987. IR 242.* – V. aussi • Soc. 29 nov. 1961 : *Dr. soc. 1962. 233, obs. Savatier.* ♦ Mais le salarié ne peut prétendre à une indemnité de congés payés correspondant à une journée de « pont ». • Soc. 3 déc. 1980 : *Bull. civ. V, n° 871 ; JCP 1982. II. 19767, note Vachet.* ♦ Dans le cadre du décompte en jours ouvrables, le jour de repos hebdomadaire accordé en sus du jour de repos légal et compris dans une période de congés doit être compté comme jour de congé. • Soc. 7 mai 1998 : ⚖ *RJS 1998. 473, n° 745.*

9. En prévoyant, sans restriction, l'inclusion des jours chômés dans la nouvelle durée des congés payés, une convention collective a pu mettre fin à un usage plus favorable. • Soc. 19 déc. 1990, ⚖ n° 87-43.568 P.

10. Jours ouvrés. Si, lorsque le décompte des congés payés est effectué en jours ouvrables ou selon des modalités ne remettant pas en cause la notion de jour ouvrable, le congé doit être prolongé d'un jour quand un jour férié tombe un jour ouvrable, même s'il est chômé dans l'entreprise, il n'en est pas ainsi dès lors que, les congés étant calculés en jours ouvrés, le jour férié intervient un jour non ouvré et est alors sans incidence sur le décompte du congé. • Soc. 13 févr. 1991, ⚖ n° 89-45.423 P : *RJS 1991. 259, n° 490.* – Dans le même sens : • Cass., ass. plén., 21 mars 1997, ⚖ n° 92-44.778 P : *BICC 15 juin 1997, concl. Monnet, rapp. Cachelot ; Dr. soc. 1997. 644, obs. Couturier* ⌀ • 27 oct. 2004, ⚖ n° 02-44.149 P : *D. 2004. IR 2974* ⌀ ; *RJS 2005. 47, n° 51.* ♦ Pour un décompte en jours ouvrés, V. • Soc. 27 mai 1992, ⚖ n° 91-40.423 P : *D. 1992. IR 192 ; Dr. soc. 1992. 705 ; RJS 1992. 485, n° 877* • 8 juill. 1992, ⚖ n° 90-42.746 P. ♦ Les salariés ne peuvent s'opposer au mode de calcul en jours ouvrés appliqué par l'employeur que dans la mesure où il leur est moins favorable que le calcul légal en jours ouvrables ; le juge est tenu de rechercher concrètement, compte tenu du rythme de travail du salarié, le mode de calcul le plus favorable. • Soc. 27 mars 1996 : ⚖ *RJS 1996. 515, n° 800.* ♦ La comparaison entre les deux modes de décompte doit se faire globalement sur l'ensemble de la durée des congés et non sur les différentes périodes fractionnées des congés. • Soc. 30 oct. 1997 : ⚖ *RJS 1997. 853, n° 1388.*

11. Droit au report. Un congé garanti par le droit communautaire ne peut pas affecter le droit de prendre un autre congé garanti par ce droit. • CJCE 14 avr. 2005, ⚖ C-519/03, *Commission/ Luxembourg* (à propos d'un congé parental). ♦ Le travailleur en arrêt maladie durant sa période de congés payés ne peut se voir interdire, après son rétablissement, de bénéficier de son congé annuel à une autre période. • CJCE 6 avr. 2006, ⚖ n° C-124-05, FNV : *D. 2007. 465, obs. Meyer* ⌀ ; *RDT 2006. 130, obs. Moizard* ⌀ • 10 sept. 2009 : ⚖ *RDT 2009. 725, obs. Véricel* ⌀ ; *JSL 2009, n° 264-4.* ♦ L'art. 7, § 1, de la Dir. 2003/88/CE du 4 nov. 2003 doit être interprété en ce sens qu'il s'oppose à des dispositions nationales prévoyant qu'un travailleur, en incapacité de travail survenue durant la période de congé annuel payé, n'a pas le droit de bénéficier ultérieurement de ce congé annuel coïncidant avec la période d'incapacité de travail. • CJUE 21 juin 2012 : ⚖ *D. 2012. Actu. 1745, obs. Siro* ⌀ ; *RJS 2012. 577, obs. Lhernould ; JCP S 2012. 1359, obs. Andréo.*

12. Salarié empêché de prendre ses congés. Eu égard à la finalité qu'assigne aux congés payés annuels la directive communautaire du 23 novembre 1993 sur l'aménagement du temps de travail, lorsque le salarié s'est trouvé dans l'impossibilité de prendre ses congés au cours de l'année prévue en raison d'absences liées à un accident de travail ou une maladie professionnelle, les congés payés acquis doivent être reportés après la date de reprise du travail. • Soc. 27 sept. 2007 : *D. 2007. AJ 2609* ⌀ ; *RDT 2007. 732, obs. Véricel* ⌀ ; *RJS 2007. 1036, n° 1296 ; JSL 2007, n° 221-4.* ♦ De même, si un salarié n'a pas pu prendre ses congés payés annuels parce qu'il était en arrêt maladie pendant la période de référence, il ne peut perdre son droit à congés payés. • CJCE 20 janv. 2009, ⚖ n° C-350/06 et C-520/06 : *RDT 2009. 170, obs. Véricel* ⌀ ; *RJS 2009. 338, n° 406 ; JSL 2009, n° 250-3* • Soc. 24 févr. 2009 : ⚖ *D. 2009. Pan. 2128, obs. Desbarats* ⌀ ; *RDT 2009. 241, obs. Véricel* ⌀ ; *RJS 2009. 380, n° 442 ; JSL 2009, n° 252-5* • 25 mars 2009 : ⚖ *D. 2009. AJ 1094* ⌀ ; *RJS 2009. 464, n° 519.* ♦ Les congés annuels payés doivent à nouveau être reportés quand le salarié s'est trouvé dans l'impossibilité de prendre l'intégralité des congés payés acquis en raison d'une rechute d'accident du travail. • Soc. 16 févr. 2012 : ⚖ *D. actu. 28 févr. 2012, obs. Perrin ; D. 2012. Actu. 616* ⌀ ; *RDT 2012. 371, obs. Véricel* ⌀ ; *RJS 2012. 388, n° 466.* ♦ Comp. : • Soc. 11 oct. 1995 : ⚖ *RJS 1996. 24, n° 31 (2ᵉ esp.)* • 20 mai 1998 : ⚖ *RJS 1998. 563, n° 873* • 10 févr. 1998, ⚖ n° 95-42.334

P : *RJS 1998*. 199, n° 324 • 16 févr. 1999, ⚖ n° 96-45.364 P : *JCP 1999. IV. 1664* ; *RJS 1999, n° 532*.

13. Limites du report. Des dispositions nationales peuvent prévoir une période maximale de report du droit au congé annuel, à l'expiration de laquelle ce droit sera perdu ; une période de report de quinze mois est conforme à la directive européenne du 4 nov. 2003. • CJUE 22 nov. 2011 : ⚖ *RDT 2012. 371*, obs. Véricel ⊘ ; *RTD eur. 2012. 490*, obs. Robin-Olivier ⊘ ; *RMCUE 2014. 243*, chron. Sabatakakis ⊘. ♦ ... Mais pas une période de report de 12 mois. • Soc. 15 sept. 2021, ⚖ n° 20-16.010 B : *RJS 11/2021, n° 619* ; *JCP S 2021. 1269*, obs. Coursier.

14. Si des dispositions ou pratiques nationales peuvent limiter le cumul des droits au congé annuel payé d'un travailleur en incapacité de travail pendant plusieurs périodes de référence consécutives au moyen d'une période de report à l'expiration de laquelle le droit au congé annuel payé s'éteint, dès lors que cette période de report dépasse substantiellement la durée de la période de référence, la directive ne fait pas obligation aux États membres de prévoir une telle limitation. • Soc. 21 sept. 2017, ⚖ n° 16-24.022 P : *D. 2017. Actu. 1921*, note explicative C. cass ⊘. ; *RJS 12/2017, n° 821* ; *JSL 2017, n° 441-3*, obs. Lhernould ; *JCP S 2017. 1368*, obs. Coursier.

15. En précisant sans aucune réserve que les congés non pris à la date initialement fixée pourraient être reportés à l'issue du congé de maladie et même ultérieurement en cas de nécessité de service, la convention collective déroge dans un sens plus favorable au salarié à l'impossibilité légale de reporter les congés payés d'une année sur l'autre. • Soc. 13 janv. 1998, ⚖ n° 95-40.226 P : *RJS 1998. 116, n° 179*.

Art. L. 3141-4 Sont assimilées à un mois de travail effectif pour la détermination de la durée du congé les périodes équivalentes à quatre semaines ou vingt-quatre jours de travail. — *V. art. R. 3143-1 (pén.).*

Comp. anc. art. L. 3141-4.

Jurisprudence rendue sous l'empire des textes antérieurs à la L. n° 2016-1088 du 8 août 2016.

Période de référence. Le salarié qui, au cours de la période de référence, a travaillé douze fois quatre semaines, a droit à un congé de 24 jours, selon l'art. L. 223-2 [L. 3141-3 nouv.] alors applicable, peu important qu'il n'ait pas travaillé quatre semaines ou 24 jours au cours d'un mois. • Cass., ass. plén., 9 janv. 1987 : ⚖ *D. 1987. 189*, concl. Cabannes ; *JCP E 1987. II. 14996*, note Vachet • Soc. 19 mars 1991 : ⚖ *RJS 1991. 316, n° 595*.

Art. L. 3141-5 Sont considérées comme périodes de travail effectif pour la détermination de la durée du congé :

1° Les périodes de congé payé ;

2° Les périodes de congé de maternité, de paternité et d'accueil de l'enfant et d'adoption ;

3° Les contreparties obligatoires sous forme de repos prévues aux articles L. 3121-30, L. 3121-33 et L. 3121-38 ;

4° Les jours de repos accordés au titre de l'accord collectif conclu en application de l'article L. 3121-44 ;

5° Les périodes, dans la limite d'une durée ininterrompue d'un an, pendant lesquelles l'exécution du contrat de travail est suspendue pour cause d'accident du travail ou de maladie professionnelle ;

6° Les périodes pendant lesquelles un salarié se trouve maintenu ou rappelé au service national à un titre quelconque. — *V. art. R. 3143-1 (pén.).*

Comp. anc. art. L. 3141-5.

BIBL. ▶ GARDIN, *RJS 10/ 2018, p. 696* (congés payés du salarié malade : clés pour une réforme législative indispensable). – Morvan, *RJS 7/2020, p. 467* (se reposer quand on n'a jamais travaillé : le droit aux congés payés selon le juge européen).

1. Application directe de la Dir. 2003/88 à certains employeurs. La Dir. 2003/88/CE donnant au travailleur un droit à congé annuel payé de quatre semaines peut être invoquée directement devant le juge français lorsque l'employeur, sans être directement une personne publique, peut y être assimilé ; dès lors, tout travailleur, ayant été absent pour maladie plus d'un an ou pas, a droit, lors de la rupture du contrat, à une indemnité compensatrice de congé payé s'il n'a pas pu exercer, pour cause de maladie, tout ou partie de son droit au congé annuel payé d'une durée minimale de quatre semaines. • Soc. 22 juin 2016, ⚖ n° 15-20.111 P : *D. actu. 7 juill. 2016*, obs. Cortot ; *D. 2016. Actu. 1437* ⊘ ; *RDT 2016. 712*, obs. Véricel ⊘ ; *Dr. soc. 2016. 782*, note Mouly ⊘ ; *RJS 11/2016, n° 701* ; *SSL 2016, n° 1731*, note Florès ; *JSL 2016, n° 415-4*, obs. Lhernould ; *JCP S 2016. 1276*, obs. Cavallini.

2. Droit de l'Union européenne. La Dir. 2003/88/CE n'opère aucune distinction entre les travailleurs qui sont absents du travail en raison d'un congé maladie, pendant la période de référence, et ceux qui ont effectivement travaillé au cours de ladite période ; le droit au congé annuel payé ne peut être subordonné à l'obligation d'avoir effectivement travaillé pendant la période de référence établie par ledit État. • CJCE 20 janv. 2009, n°s C-350/06 et C-520/06, *Stringer : RDT 2009. 170, obs. Véricel ⌀ ; RJS 4/2009, n° 406 ; JCP S 2009. 1152 ; obs. Andreo* • CJUE 24 janv. 2012, ⚖ n° C-282/10, *Dominguez : D. 2012. 369 ⌀ ; ibid. 901, obs. Lokiec et Porta ⌀ ; RDT 2012. 371, obs. M. Véricel ⌀ ; ibid. 578, chron. Boutayeb et Célestine ⌀ ; RFDA 2012. 961, obs. Clément-Wilz ⌀ ; RTD eur. 2012. 490, obs. Robin-Olivier ⌀ ; ibid. 2013. 677, obs. Benoît-Rohmer ⌀ ; Rev. UE 2014. 243, obs. Sabatakakis ⌀*.

3. Autorité du droit de l'Union européenne. En cas d'impossibilité d'interpréter une réglementation nationale de manière à en assurer la conformité avec l'art. 7 de la Dir. 2003/88/CE et l'art. 31, § 2, de la Charte des droits fondamentaux, la juridiction nationale doit laisser ladite réglementation nationale inappliquée. • CJUE 6 nov. 2018, ⚖ n° C-569/16, *Bauer : AJDA 2019. 559, note Fernandes ⌀ ; RDT 2019. 261, obs. Véricel ⌀ ; RTD eur. 2019. 401, obs. Benoît-Rohmer ⌀ ; ibid. 693, obs. Robin-Olivier ⌀*. ♦ Il incombe au juge national d'assurer, dans le cadre de ses compétences, la protection juridique découlant de l'art. 31, § 2, de la Charte des droits fondamentaux de l'Union européenne et de garantir le plein effet de celui-ci en laissant inappliquées les dispositions de l'art. L. 3141-5 C. trav. en ce qu'elles limitent à une durée ininterrompue d'un an les périodes de suspension du contrat de travail pour cause d'accident du travail ou de maladie professionnelle assimilées à du temps de travail effectif pendant lesquelles le salarié peut acquérir des droits à congé payé et de juger que le salarié peut prétendre à ses droits à congés payés au titre de cette période en application des dispositions des art. L. 3141-3 et L. 3141-9. • Soc. 13 sept. 2023, ⚖ n° 22-17.638 B : *D. actu. 28 sept. 2023, obs. Dellome et Martin ; D. 2023. 1594 ⌀*. ♦ Comp. ante : La durée de la suspension du contrat de travail imputable à un accident du travail ne peut être assimilée en totalité à une période de travail effectif qu'à la double condition d'avoir été ininterrompue et de n'avoir pas excédé un an. • Soc. 26 mai 1981 : *Bull. civ. V, n° 476* • 13 mars 1991 : ⚖ *RJS 1991. 316, n° 596* (n'est pas prise en compte la période de suspension à la suite d'une rechute).
♦ Comp. : • Soc. 4 déc. 2001, ⚖ n° 99-45.911 P : *D. 2002. IR 140 ⌀ ; Dr. soc. 2002. 356, obs. Savatier ⌀ ; RJS 2002. 152, n° 188* (suppression de l'exigence de durée ininterrompue s'agissant d'un arrêt de travail pris en charge au titre de la rechute de l'accident du travail). ♦ Le fait que le salarié ait cessé d'envoyer les certificats de prolongation d'arrêt de travail ne fait pas obstacle à l'application de la règle de l'assimilation à une période de travail effectif. • Soc. 24 oct. 1996 : ⚖ *RJS 1996. 856, n° 1340*. ♦ Sont exclues les absences dues à un accident de trajet. • Soc. 14 mai 1984 : *Bull. civ. V, n° 195 ; JS UIMM 1985. 390* • 31 mars 1994 : ⚖ *RJS 1994. 351, n° 561*. ♦ ... Ou les absences pour accident ou maladie non professionnels. • Soc. 29 avr. 1975 : *D. 1975. IR 128* • 8 juin 1994 : ⚖ *CSB 1994. 253, S. 134* • Soc. 13 mars 2011 : *D. actu. 8 avr. 2013, obs. Ines*. ♦ Les périodes d'accident du travail ou de maladie professionnelle d'une durée ininterrompue d'un an ne sont considérées comme périodes de travail effectif que pour le calcul de la durée des congés et n'entrent pas en compte pour l'ouverture du droit à congés. • Soc. 11 mai 2005 : ⚖ *D. 2005. IR 1448, obs. Chevrier ⌀ ; RJS 2005. 547, n° 755* • 7 mars 2007 : ⚖ *D. 2007. AJ 1019 ⌀ ; RJS 2007. 455, n° 616 ; Dr. soc. 2007. 652, obs. Savatier ⌀*.

Art. L. 3141-6 L'absence du salarié ne peut avoir pour effet d'entraîner une réduction de ses droits à congé plus que proportionnelle à la durée de cette absence. − V. art. R. 3143-1 (pén.).

Comp. anc. art. L. 3141-6.

Jurisprudence rendue sous l'empire des textes antérieurs à la L. n° 2016-1088 du 8 août 2016.

Salariés à temps partiel. La durée de congé du salarié étant déterminée en fonction de ses mois de travail ou des périodes qui leur sont assimilées, il en résulte que l'étendue des droits du salarié ne peut être appréciée en équivalence d'heures de travail. • Soc. 4 juin 1987 : *Bull. civ. V, n° 367* (illicéité de la diminution de moitié du congé supplémentaire d'ancienneté pour une salariée à mi-temps).

Art. L. 3141-7 Lorsque le nombre de jours ouvrables calculé conformément aux articles L. 3141-3 et L. 3141-6 n'est pas un nombre entier, la durée du congé est portée au nombre entier immédiatement supérieur. − V. art. R. 3143-1 (pén.).

Comp. anc. art. L. 3141-7.

Art. L. 3141-8 Les salariés de moins de vingt et un ans au 30 avril de l'année précédente bénéficient de deux jours de congé supplémentaires par enfant à charge. Ce congé est réduit à un jour si le congé légal n'excède pas six jours.

Les salariés âgés de vingt et un ans au moins à la date précitée bénéficient également de deux jours de congé supplémentaires par enfant à charge, sans que le cumul du nombre des jours de congé supplémentaires et des jours de congé annuel puisse excéder la durée maximale du congé annuel prévu à l'article L. 3141-3.

Est réputé enfant à charge l'enfant qui vit au foyer et est âgé de moins de quinze ans au 30 avril de l'année en cours et tout enfant sans condition d'âge dès lors qu'il vit au foyer et qu'il est en situation de handicap. – *V. art. R. 3143-1 (pén.).*

Comp. anc. art. L. 3141-9.

Art. L. 3141-9 Les dispositions de la présente section ne portent atteinte ni aux stipulations des conventions et des accords collectifs de travail ou des contrats de travail ni aux usages qui assurent des congés payés de plus longue durée. – *V. art. R. 3143-1 (pén.).*

Comp. anc. art. L. 3141-10.

SOUS-SECTION 2 Champ de la négociation collective

Art. L. 3141-10 Sous réserve de modalités particulières fixées en application de l'article L. 3141-32, un accord d'entreprise ou d'établissement ou, à défaut, une convention un accord de branche peut :
1° Fixer le début de la période de référence pour l'acquisition des congés ;
2° Majorer la durée du congé en raison de l'âge, de l'ancienneté ou du handicap.

Comp. anc. art. L. 3141-8.

SOUS-SECTION 3 Dispositions suplétives

Art. L. 3141-11 A défaut de stipulation dans la convention ou l'accord conclu en application de l'article L. 3141-10, le début de la période de référence pour l'acquisition des congés est fixé par un décret en Conseil d'État. – *V. art. R. 3143-1 (pén.) et R. 3141-3.*

Comp. anc. art. L. 3141-11.

SECTION 3 Prise des congés

SOUS-SECTION 1 Période de congés et ordre des départs

§ 1 Ordre public

Art. L. 3141-12 Les congés peuvent être pris dès l'embauche, sans préjudice des règles de détermination de la période de prise des congés et de l'ordre des départs et des règles de fractionnement du congé fixées dans les conditions prévues à la présente section. – *V. art. R. 3143-1 (pén.).*

Comp. anc. art. L. 3141-12.

Jurisprudence rendue sous l'empire des textes antérieurs à la L. n° 2016-1088 du 8 août 2016.

1. Modalités de la prise des congés. Les congés payés étant destinés à permettre aux salariés de se reposer de leurs travaux, ils ne peuvent être pris par anticipation. • Soc. 10 juill. 1980 : *Bull. civ. V, n° 658* • 27 nov. 1991, n° 87-43.059 P : *D. 1992. IR 40 ; CSB 1992. 20, S. 3 ; RJS 1992. 113, n° 161*. ♦ Comp. : • Soc. 12 janv. 1989 : *Liaisons soc. Lég. soc., n° 6238, 6* (affirmant que c'est à l'employeur qu'il appartient de démontrer que le congé a été pris par anticipation) • 7 mars 1990, n° 87-40.629 P. (étendant aux congés pris par anticipation le droit aux congés supplémentaires pour fractionnement).

2. Étendue des droits au congé. Le droit aux congés ne devenant effectif que le jour où le salarié est admis à en jouir, l'étendue de ses droits doit être déterminée par application des dispositions légales ou conventionnelles en vigueur à cette date. • Soc. 22 juin 1994, n° 92-40.752 P : *CSB 1994. 252, S. 133.*

3. Acquisition de congés payés pendant la période d'éviction. Sauf lorsque le salarié a occupé un autre emploi durant la période d'éviction comprise entre la date du licenciement nul et celle de la réintégration dans son emploi, il peut prétendre aux droits à congés payés au titre de cette période en application des dispositions des art. L. 3141-3 et L. 3141-9. • Soc. 1er déc. 2021, n° 19-24.766 B : *D. actu. 14 déc. 2021, obs.*

Malfettes ; D. 2021. 2236 ⌀ ; ibid. 2022. 414, obs. Ala et Lanoue ⌀ ; Dr. soc. 2022. 166, note Mouly ⌀ ; RJS 2/2022, n° 72 ; JSL 2022, n° 534-4, obs. Lhernould ; JCP S 2022. 1011, obs. Vachet.
♦ Comp. *ante* : Le salarié réintégré après que son contrat de travail a été rompu pour un motif illicite ouvre droit pour la période d'éviction, non à une acquisition de jours de congé, mais à une indemnité d'éviction ; l'intéressé ne peut donc pas prétendre à bénéficier effectivement de jours de congé pour cette période. • Soc. 11 mai 2017, ⛉ n° 15-19.731 P : D. 2017. Actu. 1048 ⌀ ; RJS 7/2017, n° 493 ; JCP S 2017. 1224, obs. Vachet.

Art. L. 3141-13 Les congés sont pris dans une période qui comprend dans tous les cas la période du 1ᵉʳ mai au 31 octobre de chaque année. — *V. art. R. 3143-1 (pén.) et D. 3141-5.*

Comp. anc. art. L. 3141-13.

Art. L. 3141-14 Les conjoints et les partenaires liés par un pacte civil de solidarité travaillant dans une même entreprise ont droit à un congé simultané. — *V. art. R. 3143-1 (pén.).*

Comp. anc. art. L. 3141-15.

§ 2 Champ de la négociation collective

Art. L. 3141-15 Un accord d'entreprise ou d'établissement ou, à défaut, une convention ou un accord de branche fixe :
 1° La période de prise des congés ;
 2° L'ordre des départs pendant cette période ;
 3° Les délais que doit respecter l'employeur s'il entend modifier l'ordre et les dates de départs.

Comp. anc. art. L. 3141-13 et L. 3141-14.

§ 3 Dispositions supplétives

Art. L. 3141-16 A défaut de stipulation dans la convention ou l'accord conclus en application de l'article L. 3141-15, l'employeur :
 1° Définit après avis, le cas échéant, du (*Ord. n° 2017-1386 du 22 sept. 2017, art. 4*) « comité social et économique » :
 a) La période de prise des congés ;
 b) L'ordre des départs, en tenant compte des critères suivants :
 — la situation de famille des bénéficiaires, notamment les possibilités de congé, dans le secteur privé ou la fonction publique, du conjoint ou du partenaire lié par un pacte civil de solidarité, ainsi que la présence au sein du foyer d'un enfant ou d'un adulte handicapé ou d'une personne âgée en perte d'autonomie ;
 — la durée de leurs services chez l'employeur ;
 — leur activité chez un ou plusieurs autres employeurs ;
 2° Ne peut, sauf en cas de circonstances exceptionnelles, modifier l'ordre et les dates de départ moins d'un mois avant la date de départ prévue.

Comp. anc. art. L. 3141-13, L. 3141-14 et L. 3141-16.

Jurisprudence rendue sous l'empire des textes antérieurs à la L. n° 2016-1088 du 8 août 2016.

1° ORDRE DES DÉPARTS

1. Défaillance de l'employeur. Une absence non déclarée du salarié parti en congé ne caractérise pas une faute grave compte tenu de la défaillance de l'employeur dans l'organisation des congés payés et son absence de réponse aux courriers du salarié. • Soc. 11 juill. 2007 : ⛉ D. 2007. 2241 ⌀ ; RDT 2007. 594, obs. Véricel ⌀ ; RJS 2007. 842, n° 1079 ; JCP S 2007. 1668, note Puigelier.

2. Consultation des délégués du personnel. Il résulte des dispositions de l'art. L. 223-7 [L. 3141-14 à L. 3141-16 nouv.] que le défaut de consultation par l'employeur des délégués du personnel et du comité d'entreprise est constitutif de la contravention spécifique à la législation des congés payés que sanctionnent les art. R. 260-2 et R. 262-6 C. trav., et non du délit d'entrave prévu et réprimé par les art. L. 482-1 et L. 483-1 du même code [L. 2316-1 et L. 2328-1 nouv.]. • Crim. 6 févr. 1990 : ⛉ D. 1991. 216, note Cerf-Hollender ⌀ ; Dr. ouvrier 1991. 138, note Pujana. — *V. aussi* • Crim. 22 févr. 1983 : *Bull. crim.* n° 64 ; D. 1984. IR 169, obs. Vachet.

3. Exercice abusif par l'employeur de son pouvoir de direction. Les droits à congés payés reportés ou acquis ont la même nature, de sorte que les règles de fixation de l'ordre des départs en congé annuel s'appliquent aux congés annuels reportés ; dès lors qu'il résultait des termes de la lettre de licenciement que l'employeur avait entendu contraindre le salarié à prendre, du jour au lendemain, l'intégralité de ses congés payés en retard, en lui imposant sans délai de prévenance de solder l'intégralité de ses congés reportés, la cour d'appel a pu en déduire que l'exercice abusif par l'employeur de son pouvoir de direction privait le refus du salarié de caractère fautif. • Soc. 8 juill. 2020, 🔒 n° 18-21.681 P : *D. 2020. 2312, obs. Vernac et Ferkane* ⊘ *; RDT 2020. 624, obs. Vérice*l⊘ *; Dr. ouvrier 2021. 39, obs. Mercorio ; RJS 10/2020, n° 474 ; JSL 2020, n° 505-4, obs. Hautefort ; JCP S 2020. 2096, obs. Lhernould.*

2° SITUATION DES CONJOINTS

4. Intérêt de l'entreprise. Lorsque des dispositions conventionnelles prévoient que l'employeur doit tenir compte du congé du conjoint, elles n'imposent pas à l'employeur de chacun des deux époux de calquer la date des congés sur ceux de son conjoint si l'activité de l'entreprise ne peut s'en accommoder. • Soc. 19 juin 1997 : 🔒 *RJS 1997. 615, n° 987.*

3° DÉLAI DE PRÉVENANCE

Jurisprudence rendue sous l'empire des textes antérieurs à la L. n° 2016-1088 du 8 août 2016.

5. Modifications justifiées. L'employeur qui, pour des motifs de service et d'organisation de son entreprise, a demandé à son employé d'avancer son départ en congé en lui offrant de le dédommager de ses frais, n'a pas commis de faute en le licenciant à la suite de son refus. • Soc. 26 juin 1969 : *Bull. civ. V, n° 445.* ♦ Dans le même sens : • Soc. 23 juill. 1989 : *RJS 1989. 469, n° 777* (faute grave du salarié qui, sans motifs impérieux, refuse de modifier la date de ses congés à la suite d'une demande de son employeur faite deux mois avant la date prévue de son départ). ♦ Rappr. : • Soc. 31 janv. 1980 : *Bull. civ. V, n° 98.*

6. Constitue une circonstance exceptionnelle l'obligation faite à une société admise au bénéfice de la procédure de suspension provisoire des poursuites de déposer un plan d'apurement du passif dans un certain délai. • CE 11 févr. 1991, 🔒 n° 68058 : *D. 1991. IR 71 ; RJS 1991. 316, n° 597.* ♦

Les circonstances exceptionnelles visées à l'art. L. 223-7, 3° al. [L. 3141-16 nouv.], ne concernent que la modification des dates de congés déjà fixées, et l'employeur ne peut se prévaloir de ce texte pour justifier la brusque mise en congés des salariés d'un service. • Crim. 21 nov. 1995, 🔒 n° 94-81.791 : *RJS 1996. 247, n° 413.*

7. Modifications injustifiées. L'employeur ne peut imposer au salarié la prise anticipée des congés payés. • Soc. 27 nov. 1991, 🔒 n° 87-43.059 P : *D. 1992. IR 40 / CSB 1992. 20. S. 3 ; RJS 1992. 113, n° 161* • 7 nov. 1995, 🔒 n° 92-41.883 : *RJS 1995. 800, n° 1251* • 19 juin 1996, 🔒 n° 93-46.549 : *RJS 1996. 599, n° 934.*

8. En relevant que l'employeur a laissé une salariée, qui pouvait croire que sa demande de congé déposée depuis de longs mois avait été tacitement acceptée, prendre d'importantes dispositions pour ses vacances et ne lui a notifié que 7 jours avant son départ son refus de regroupement de ses vacances, une cour d'appel a pu conclure que la déciion de l'employeur, tardive et non justifiée par de réelles nécessités de service, avait été prise avec une légèreté blâmable, constitutive d'un abus de droit. • Soc. 12 févr. 1987 : *Bull. civ. V, n° 75.* – V. aussi • Soc. 30 mai 1990, 🔒 n° 87-42.607 : *D. 1990. IR 172 / CSB 1990. 178, S. 99.* ♦ Le départ en congé d'un salarié, à la date initialement fixée, sans autorisation écrite de l'employeur, ne constitue pas une faute, dès lors que la société n'a pas dressé de planning des congés et a modifié la date de départ moins d'un mois avant celle initialement prévue, sans justifier de circonstances exceptionnelles. • Soc. 3 juin 1998, 🔒 n° 96-41.700 P : *D. 1998. IR 174* ⊘ *; RJS 1998. 562, n° 871.*

Jurisprudence rendue sous l'empire des textes postérieurs à la L. n° 2016-1088 du 8 août 2016.

9. Application du délai de prévenance à la 5ᵉ semaine de congés et aux congés d'origine conventionnelle. L'employeur ne peut pas imposer ou modifier la date de prise de congés sans respecter le délai de prévenance légal d'un mois, qu'il s'agisse du congé principal de 4 semaines, de la 5ᵉ semaine ou de congés conventionnels, sauf disposition conventionnelle différente ou circonstances exceptionnelles. • Soc. 2 mars 2022, 🔒 n° 20-22.261 B : *D. 2022. 514* ⊘ *; RDT 2022. 587, obs. Vérice*l⊘ *; RJS 5/2022, n° 257 ; JCP S 2022. 1147, obs. François.*

SOUS-SECTION 2 Règles de fractionnement et de report

§ 1 Ordre public

Art. L. 3141-17 La durée des congés pouvant être pris en une seule fois ne peut excéder vingt-quatre jours ouvrables. Il peut être dérogé individuellement à cette limite pour les salariés qui justifient de contraintes géographiques particulières ou de la présence au sein du foyer d'un enfant ou d'un adulte handicapé ou d'une personne âgée en perte d'autonomie. – V. art. R. 3143-1 (pén.).

Comp. anc. art. L. 3141-17.

Art. L. 3141-18 Lorsque le congé ne dépasse pas douze jours ouvrables, il doit être continu. – V. art. R. 3143-1 (pén.).

Comp. anc. art. L. 3141-18, al. 1er.

Jurisprudence rendue sous l'empire des textes antérieurs à la L. n° 2016-1088 du 8 août 2016.

Sanction. Le fait pour un salarié de ne pas bénéficier d'un congé de douze jours ouvrables continus constitue un trouble manifestement illicite autorisant le juge des référés à y mettre fin en accordant un jour de congé supplémentaire.
• Soc. 7 nov. 1989 : *Bull. civ. V, n° 648 ; RJS 1989. 575, n° 936.*

Art. L. 3141-19 Lorsque le congé principal est d'une durée supérieure à douze jours ouvrables, il peut être fractionné avec l'accord du salarié. Cet accord n'est pas nécessaire lorsque le congé a lieu pendant la période de fermeture de l'établissement.

Une des fractions est au moins égale à douze jours ouvrables continus compris entre deux jours de repos hebdomadaire. – V. art. R. 3143-1 (pén.).

Comp. anc. art. L. 3141-18, al. 2 et 3.

Jurisprudence rendue sous l'empire des textes antérieurs à la L. n° 2016-1088 du 8 août 2016.

1. *Acceptation du salarié.* Il appartient à l'employeur de rapporter la preuve de l'assentiment exprès du salarié au fractionnement de son congé payé, l'absence de réclamation de l'intéressé ne valant pas acquiescement à cet égard. • Aix-en-Provence, 7 janv. 1997 : *BICC 1er mai 1997, n° 558.*
♦ Les dérogations prévues par convention collective ou accord d'entreprise ne concernent que les modalités du fractionnement ; il ne peut être dérogé au principe selon lequel le fractionnement n'est possible qu'avec l'agrément du salarié. • Soc. 10 mars 2004, ⚖ n° 01-44.941 P : *RJS 2004. 376, n° 553.* ♦ Le droit à des congés payés supplémentaires naît du seul fait du fractionnement du congé principal, que ce soit le salarié ou l'employeur qui en ait pris l'initiative, le salarié ne pouvant pas renoncer par avance au bénéfice d'un droit qu'il tient de dispositions d'ordre public avant que ce droit ne soit né ; il ne peut pas renoncer dans le contrat de travail à ses droits en matière de fractionnement du congé principal. Ainsi, les salariés n'ayant ni donné leur agrément au fractionnement du congé principal ni renoncé à leurs droits à des jours de congés supplémentaires du fait de ce fractionnement, alors que l'employeur ne justifiait pas d'un avis conforme des représentants du personnel au fractionnement du congé consécutif à la fermeture de l'établissement lors des fêtes religieuses juives, l'employeur est condamné à payer aux intéressés des dommages-intérêts pour privation du congé annuel. • Soc. 5 mai 2021, ⚖ n° 20-14.390 P : *D. 2021. Actu. 908* ⌀ *; RDT 2021. 525, obs. Véricel* ⌀ *; Dr. soc. 2021. 860, obs. Tournaux* ⌀ *; RJS 7/2021, n° 392 ; JSL 2021, n° 524-4, obs. Hautefort ; JCP S 2021. 1163, obs. Chatelier.*

2. *Cinquième semaine.* Le fractionnement de la cinquième semaine de congés payés n'entre pas dans les prévisions de l'art. L. 223-8 [L. 3141-18 nouv.]. • Crim. 25 févr. 1992, ⚖ n° 90-86.099 P : *D. 1992. IR 168 ; CSB 1992. 131, A. 23 ; RJS 1992. 486, n° 878* • Cass., ch. mixte, 10 déc. 1993, ⚖ n° 87-45.188 P : *D. 1994. IR 24* ⌀ *; Dr. soc. 1994. 211 ; Dr. ouvrier 1994. 59 concl. Kessous, note A. Lyon-Caen ; CSB 1994. 37, A. 9, note Philbert ; JCP 1994. II. 22233, note Corrignan-Carsin ; RJS 1994. 50, n° 45.* – V. aussi • Soc. 4 avr. 1990, ⚖ n° 87-40.267 P : *RJS 1990. 283, n° 383.*

Art. L. 3141-20 Il peut être dérogé aux règles de fractionnement des congés prévues à la présente sous-section selon les modalités définies aux paragraphes 2 et 3.

§ 2 Champ de la négociation collective

Art. L. 3141-21 Un accord d'entreprise ou d'établissement ou, à défaut, une convention ou un accord de branche fixe la période pendant laquelle la fraction continue d'au moins douze jours ouvrables est attribuée ainsi que les règles de fractionnement du congé au-delà du douzième jour.

Art. L. 3141-22 Si, en application d'une disposition légale, la durée du travail d'un salarié est décomptée à l'année, une convention ou un accord d'entreprise ou d'établissement ou, à défaut, une convention ou un accord de branche peut prévoir que les congés ouverts au titre de l'année de référence peuvent faire l'objet de reports.

Dans ce cas, les reports de congés peuvent être effectués jusqu'au 31 décembre de l'année suivant celle pendant laquelle la période de prise de ces congés a débuté.

L'accord précise :

1° Les modalités de rémunération des congés payés reportés, sans préjudice de l'article L. 3141-24 ;

2° Les cas précis et exceptionnels de report ;
3° Les conditions dans lesquelles ces reports peuvent être effectués, à la demande du salarié après accord de l'employeur ;
4° Les conséquences de ces reports sur le respect des seuils annuels fixés au sixième alinéa de l'article L. 3121-44, au 3° du I de l'article L. 3121-64 et à l'article L. 3123-1. Ce report ne doit pas avoir pour effet de majorer ces seuils dans une proportion plus importante que celle correspondant à la durée ainsi reportée.

Le présent article s'applique sans préjudice des reports également prévus aux articles L. 3142-118 et L. 3142-120 à L. 3142-124 relatifs au congé pour création d'entreprise, aux articles L. 3142-33 et L. 3142-35 relatifs au congé sabbatique et aux articles L. 3151-1 à L. 3151-3 relatifs au compte épargne-temps. — *V. art. R. 3143-1 (pén.).*

Comp. anc. art. L. 3141-21.

COMMENTAIRE

V. sur le Code en ligne 🔒. ❑

§ 3 Dispositions supplétives

Art. L. 3141-23 A défaut de stipulation dans la convention ou l'accord conclu en application de l'article L. 3141-22 :
1° La fraction continue d'au moins douze jours ouvrables est attribuée pendant la période du 1er mai au 31 octobre de chaque année ;
2° Le fractionnement des congés au-delà du douzième jour est effectué dans les conditions suivantes :
a) Les jours restant dus en application du second alinéa de l'article L. 3141-19 peuvent être accordés en une ou plusieurs fois en dehors de la période du 1er mai au 31 octobre de chaque année ;
b) Deux jours ouvrables de congé supplémentaire sont attribués lorsque le nombre de jours de congé pris en dehors de cette période est au moins égal à six et un seul lorsque ce nombre est compris entre trois et cinq jours. Les jours de congé principal dus au-delà de vingt-quatre jours ouvrables ne sont pas pris en compte pour l'ouverture du droit à ce supplément.

Il peut être dérogé au présent article après accord individuel du salarié.

SECTION 4 Indemnité de congés

SOUS-SECTION UNIQUE Ordre public

Art. L. 3141-24 I. — Le congé annuel prévu à l'article L. 3141-3 ouvre droit à une indemnité égale au dixième de la rémunération brute totale perçue par le salarié au cours de la période de référence.

Pour la détermination de la rémunération brute totale, il est tenu compte :
1° De l'indemnité de congé de l'année précédente ;
2° Des indemnités afférentes à la contrepartie obligatoire sous forme de repos prévues aux articles L. 3121-30, L. 3121-33 et L. 3121-38 ;
3° Des périodes assimilées à un temps de travail par les articles L. 3141-4 et L. 3141-5 qui sont considérées comme ayant donné lieu à rémunération en fonction de l'horaire de travail de l'établissement.

Lorsque la durée du congé est différente de celle prévue à l'article L. 3141-3, l'indemnité est calculée selon les règles fixées au présent I et proportionnellement à la durée du congé effectivement dû.

II. — Toutefois, l'indemnité prévue au I du présent article ne peut être inférieure au montant de la rémunération qui aurait été perçue pendant la période de congé si le salarié avait continué à travailler.

Cette rémunération, sous réserve du respect des dispositions légales, est calculée en fonction :
1° Du salaire gagné dû pour la période précédant le congé ;
2° De la durée du travail effectif de l'établissement.

III. — Un arrêté du ministre chargé du travail détermine les modalités d'application du présent article dans les professions mentionnées à l'article L. 3141-32. — *V. art. R. 3143-1 (pén.) et D. 3141-7.*

Comp. anc. art. L. 3141-22.

Jurisprudence rendue sous l'empire des textes antérieurs à la L. n° 2016-1088 du 8 août 2016.

1. Caractère d'ordre public. Le mode de calcul de l'indemnité de congés payés étant d'ordre public, un accord d'entreprise ne peut contenir de stipulations moins favorables au salarié. ● Soc. 11 févr. 1982 : *Bull. civ. V, n° 95 ; D. 1983. IR 205, obs. Vachet.* ♦ De même, s'agissant de congés supplémentaires d'origine conventionnelle, un employeur ne peut se prévaloir d'un usage pour imposer aux salariés des mesures moins favorables. ● Soc. 26 févr. 1997, ⚖ n° 93-46.579 P : *D. 1997. IR 78* ⌀. ♦ Les dispositions du code du travail étant applicables de plein droit aux salariés d'EDF toutes les fois qu'elles sont plus favorables que les règles statutaires, des dispositions du statut de cette entreprise publique, même agréées par l'autorité administrative, ne font pas obstacle à l'application de l'art. L. 223-11 [L. 3141-22 nouv.], si elles ne sont pas plus favorables. ● Soc. 11 mai 1993 : ⚖ *Dr. ouvrier 1993. 348, note Saramito ; Dr. soc. 1993. 953, note Chorin* ⌀.

2. Exclusion. Les dispositions du C. trav. relatives aux indemnités de congés payés ne sont pas applicables aux assistants maternels employés par les particuliers qui sont soumis aux dispositions des art. L. 423-1 s. CASF, et à la CCN des assistants maternels du particulier employeur du 1er juill. 2004. ● Soc. 9 mai 2019, ⚖ n° 17-26.232 P : *D. 2019. Actu. 1054* ⌀ ; *RJS 7/2019, n° 467.*

I. ASSIETTE DE L'INDEMNITÉ

3. Primes incluses. Sont prises en compte dans l'assiette de l'indemnité de congés payés : les primes d'ancienneté. ● Soc. 6 déc. 1979 : *Bull. civ. V, n° 970.* ♦ ... Les indemnités représentatives de frais ayant une nature salariale. ● Soc. 21 mars 1972 : *Bull. civ. V, n° 236 ; JCP 1972. II. 17229, note P. L.* ● 24 janv. 1980 : *Bull. civ. V, n° 76.* ♦ ... Les primes d'expatriation. ● Soc. 22 nov. 1979 : *Bull. civ. V, n° 897.* ● 25 mars 1998 : ⚖ *RJS 1998. 474, n° 746.* ♦ ... Une indemnité d'astreinte à domicile. ● Soc. 4 juill. 1983 : *Bull. civ. V, n° 379.* ♦ ... Ou une prime de soirée. ● Soc. 3 juill. 1990, ⚖ n° 89-40.340 P : *CSB 1990. 221.* ♦ La prime annuelle de vacances prévue par une convention collective, dont le montant est déterminé en fonction du temps de travail effectif accompli au cours de la période de référence, n'ayant pas pour objet de rémunérer des périodes de travail et de congés confondues, doit être prise en compte dans l'assiette de calcul des congés payés, peu important qu'elle soit allouée pour l'année entière. ● Soc. 3 juill. 2019, ⚖ n° 18-16.351 P : *RJS 10/2019, n° 578.*

4. Compléments de rémunération inclus. Doivent être également pris en compte : la contrepartie financière de l'obligation de non-concurrence. ● Soc. 17 mai 2006 : ⚖ *JCP E 2006. 2678, note Vachet.* ● 23 juin 2010 : ⚖ *D. actu. 9 juill. 2010, obs. Perrin ; D. 2010. AJ 1795* ⌀ ; *RJS 2010. 689, n° 754 ; Dr. soc. 2010. 1254, obs. Mouly ; JCP S 2010. 1540, obs. Beyneix.* ♦ La rémunération de la correction des copies et des « soutenances LP ». ● Soc. 13 sept. 2023, ⚖ n° 22-10.529 B : *D. 2023. 1936, note Tinière* ⌀ ; *RJS 11/2023, n° 587 ; JCP S 2023. 1265, obs. Terrenoire.*

5. Primes exclues. Sont exclus de l'assiette de calcul : les frais professionnels. ● Soc. 29 oct. 1980 : *Bull. civ. V, n° 792.* ♦ ... L'indemnité de repas prévue par une convention collective, et ayant pour objet de compenser le surcoût du repas consécutif au déplacement. ● Soc. 17 déc. 2014, ⚖ n° 13-14.855 : *D. actu. 10 févr. 2015, obs. Fraisse ; RJS 3/2015, n° 224 ; JCP S 2015. 1047, obs. Drai.* ♦ ... Les primes annuelles. ● Soc. 10 juill. 1961 : *Bull. civ. V, n° 770 ; Dr. soc. 1962. 101, obs. Savatier.* ● 9 mai 1962 : *ibid. 1963. 41, obs. Savatier* ● 2 avr. 1997 : ⚖ *RJS 1997. 360, n° 554* ● 8 juin 2011 : ⚖ *RJS 2011. 638, n° 699 ; JCP S 2011. 1451, obs. d'Allende.* ♦ ... Les sommes attribuées au salarié en fonction d'une production globale annuelle sans distinction entre les périodes de travail et celles des congés payés. ● Soc. 18 févr. 1988 : *Bull. civ. V, n° 128 ; D. 1988. Somm. 331, obs. Langlois* ● 1er juill. 1998 : ⚖ *RJS 1998. 635, n° 1000.* ♦ ... La prime d'intéressement. ● Soc. 15 juin 1978 : *Bull. civ. V, n° 489.* ♦ ... Les indemnités journalières de maladie. ● Soc. 8 juin 1994 : ⚖ *RJS 1994. 518, n° 806.* ♦ ... Les indemnités de chômage partiel, les périodes de chômage partiel n'étant pas assimilées à un temps de travail effectif. ● Soc. 19 févr. 1992 : ⚖ *D. 1992. IR 10 ; CSB 1992. 118, S. 69 ; RJS 1992. 263, n° 458* ● 19 nov. 1997, ⚖ n° 95-44.093 P : *RJS 1998. 41, n° 52.* ♦ Une prime de panier et une indemnité de transport ayant pour objet, pour la première, de compenser le surcoût du repas consécutif à un travail posté, de nuit ou selon des horaires atypiques, pour la seconde d'indemniser les frais de déplacement du salarié de son domicile à son lieu de travail, constituent, nonobstant leur caractère forfaitaire et le fait que leur versement ne soit soumis à la production d'aucun justificatif, un remboursement de frais et non un complément de salaire ; elles n'ont donc pas à être incluses dans l'assiette de calcul de l'indemnité de maintien de salaire en cas de maladie et de l'indemnité de congés payés. ● Soc. 11 janv. 2017, ⚖ n° 15-23.341 P : *D. 2017. Actu. 115* ⌀ ; *RJS 3/2017, n° 201 ; JSL 2017, n° 426-2 ; JCP S 2017. 1040, obs. Vachet.* ♦ *Contra*, lorsqu'une prime annuelle est assise uniquement sur les périodes de travail en sorte que sa prise en considération n'aurait pas pour effet de la faire payer, même en partie, une deuxième fois : ● Soc. 25 mars 1982 : *Bull. civ. V, n° 228.*

6. Commissions de retour sur échantillonnages. Les commissions de retour sur échantillonnages, qui sont fonction des résultats produits par le travail personnel du VRP, entrent dans l'assiette des indemnités de congés payés. ● Soc. 27 mars 2019, 🏛 n° 17-21.014 P : *D. 2019. Actu. 705* ⌀ ; *Dr. soc. 2019. 571, note Mouly* ⌀ ; *RJS 6/2019, n° 354 ; JCP S 2019. 1130, obs. Bossu.*

II. CALCUL

7. Maintien du salaire. Les dispositions de l'art. L. 223-11 [L. 3141-22 nouv.] impliquent que le total de la rémunération des jours travaillés et de l'indemnité de congé payé peut, dans certains cas, être supérieur au salaire mensuel. ● Soc. 12 janv. 1994 : 🏛 *RJS 1994. 123, n° 157.* ♦ Lorsque la rémunération d'un salarié est constituée d'un salaire fixe et d'un intéressement sur la vente, ce salarié est en droit d'obtenir à titre d'indemnité compensatrice une somme au moins égale à la rémunération totale qu'il aurait reçue s'il avait travaillé ce mois. ● Soc. 11 mai 1988 : *Bull. civ. V, n° 288.* ♦ Une rémunération pour travaux supplémentaires peut inclure forfaitairement les congés payés à condition que cette convention soit expresse et que ses modalités n'aboutissent pas pour le salarié à un résultat moins favorable que la stricte application des dispositions légales. ● Soc. 2 avr. 1997, 🏛 n° 95-42.320 P : *Dr. soc. 1997. 528, obs. Couturier* ⌀ ; *RJS 1997. 361, n° 555.*

8. Le juge a l'obligation de prendre en considération le seul mois précédant les congés payés, même si la rémunération du salarié a été affectée par une grève. ● Soc. 14 oct. 1982 : *Cah. prud'h. 1983, n° 5, 61.* ♦ ... Ou par une mise au chômage partiel. ● Soc. 10 juill. 1988 : *Liaisons soc. Lég. soc., n° 6238.* ♦ En faveur de la prise en compte des heures supplémentaires accomplies de façon habituelle dans l'entreprise : ● Soc. 13 déc. 1955 : *Dr. soc. 1956. 33.* ♦ Contra, lorsqu'il s'agit d'heures supplémentaires accomplies à titre exceptionnel pendant la période de congé de certains salariés : ● Soc. 23 oct. 1963 : *Bull. civ. V, n° 718 ; JCP 1963. II. 13438, note G.H.C.* ● 21 oct. 1970 : *Bull. civ. V, n° 544.*

9. En cas d'horaire alterné, l'indemnité doit être calculée en tenant compte de l'horaire qui aurait été appliqué pendant les congés. ● Soc. 2 juin 1988 : *Bull. civ. V, n° 341.*

10. Lorsque l'horaire hebdomadaire de travail est réparti sur cinq jours, le samedi étant chômé et non payé, ce sixième jour demeure ouvrable pour la détermination du congé, sans l'être pour le calcul de l'indemnité. ● Soc. 8 juin 1978 : *Bull. civ. V, n° 462 ; D. 1979. IR 29, obs. Langlois* ● 4 déc. 1990, 🏛 n° 85-41.289 P.

11. Dans une entreprise où est appliqué un régime de salaire mensualisé, il convient d'affecter le salaire mensuel correspondant à la durée légale du travail d'un coefficient égal au rapport existant entre le nombre d'heures de travail que le salarié aurait accompli pendant la période de congé et le nombre d'heures correspondant à la durée légale effective du travail pendant le mois considéré. ● Comm. sup. arbitrage 27 nov. 1972 : *Cah. prud'h. 1973, n° 3, 57 ; Dr. ouvrier 1973. 319.* – V. aussi ● Soc. 16 janv. 1974 : *Cah. prud'h. 1974, n° 5, 94.* ● 11 févr. 1982 : *Bull. civ. V, n° 95 ; D. 1983. IR 205, obs. Vachet.*

III. CLAUSE D'INCLUSION

12. Salaire forfaitaire. S'il est possible d'inclure l'indemnité de congés payés dans la rémunération forfaitaire lorsque des conditions particulières le justifient, cette inclusion doit résulter d'une convention expresse entre les parties et ne pas être défavorable au salarié. ● Soc. 25 mars 2009 : 🏛 *Dr. ouvrier 2009. 257.* ♦ L'incorporation de l'indemnité de congés payés dans la rémunération forfaitaire n'est envisageable que si elle résulte d'une convention écrite, témoignant de l'accord de chacune des parties. ● Soc. 9 nov. 1988, n° 88-12.458. ♦ La convention de forfait ne se présume pas et ni le caractère intermittent de l'activité exercée, ni l'absence de protestation du salarié ne permettent de caractériser une telle convention. ● Soc. 7 déc. 1994 : 🏛 *D. 1995. 285, concl. Chauvy* ⌀. ♦ Dès lors que le contrat de travail se borne à stipuler l'inclusion des congés payés dans la rémunération globale du salarié, ce dont il résulte que cette clause n'est ni transparente ni compréhensible, l'employeur doit être condamné au paiement d'une indemnité compensatrice de congés payés si, lors de la rupture du contrat, le salarié n'a pas pris effectivement un reliquat de congés payés. ● Soc. 14 nov. 2013 : 🏛 *D. 2013. Actu. 2703* ⌀ ; *ibid. 2014. 302, chron. Flores, Ducloz, Sommé, Wurtz, Mariette et Contamine* ⌀ ; *RDT 2014. 346, obs. Véricel* ⌀ ; *Dr. soc. 2014. 94, obs. Mouly* ⌀ ; *RTD eur. 2014. 460, obs. de Clavière* ⌀ ; *RJS 2014. 111, n° 142.* ♦ S'il est possible d'inclure l'indemnité de congés payés dans la rémunération forfaitaire lorsque des conditions particulières le justifient, cette inclusion doit résulter d'une clause contractuelle transparente et compréhensible, ce qui suppose que soit clairement distinguée la part de rémunération qui correspond au travail de celle qui correspond aux congés, et que soit précisée l'imputation de ces sommes sur un congé déterminé, devant être effectivement pris. ● Soc. 22 mai 2019, 🏛 n° 17-31.517 P : *D. 2019. Actu. 1177* ⌀ ; *Dr. soc. 2019. 641, obs. Radé* ⌀ ; *RJS 8-9/2019, n° 500* ● 29 nov. 2023, 🏛 n° 22-10.494 B : *D. 2023. 2139* ⌀. ♦ La clause du contrat de travail se bornant à mentionner que la rémunération variable s'entend congés payés inclus, sans préciser la répartition entre la rémunération et les congés payés, n'est ni transparente ni compréhensible, et ne peut donc pas être opposée au salarié. ● Soc. 13 oct. 2021, 🏛 n° 19-19.407 B : *D. actu. 27 oct.*

2021, obs. Malfettes ; RJS 12/2021, n° 660 ; JCP S 2021. 1307, obs. Morand.

IV. PAIEMENT

13. Paiement d'un élément de salaire. Les congés payés s'acquièrent mois par mois et constituent un élément du salaire à paiement différé. • Soc. 19 février 1954 : JCP 1954. II. 8221, note G.B. ; Dr. soc. 1954. 409 • CE 29 mai 1970 : Dr. soc. 1971. 121, concl. Dufour, note Savatier.

14. Jugé, avant l'entrée en vigueur de la loi du 23 juin 1983, que, si l'indemnité de congés payés n'est due au salarié qu'au moment où s'ouvre la période des vacances, il ne résulte pas de l'art. L. 122-12 [L. 1224-1 nouv.] que le nouvel employeur doive conserver la charge de la totalité de l'indemnité, procurant ainsi au précédent employeur un enrichissement sans cause. • Soc. 2 févr. 1984 : Bull. civ. V, n°s 43, 44 et 45 ; D. 1984. 321, concl. Picca et Écoutin ; Dr. soc. 1984. 271, note Savatier. – V. aussi : • Soc. 17 janv. 1989 : Bull. civ. V, n° 30 ; D. 1990. IR 53 • 10 oct. 1990, ⚖ n° 88-41.644 P.

15. Indemnisation du salarié. Aucune indemnité ne peut être accordée au salarié dès lors que ce dernier n'a pas personnellement réclamé le bénéfice des congés et n'établit pas avoir été mis dans l'impossibilité de les prendre du fait de l'employeur. • Soc. 6 mai 2002 : ⚖ RJS 2002. 643, n° 828. ♦ En revanche, dès lors qu'il est établi que le salarié a été empêché de les prendre du fait de l'employeur, le préjudice nécessaire qui en résulte doit être indemnisé. • Soc. 6 mai 2002 : ⚖ RJS 2002. 644, n° 828 (2e esp.).

16. Prescription et point de départ de la prescription. V. jurispr. 3 et 15 ss. art. L. 3245-1.

Art. L. 3141-25 Pour la fixation de l'indemnité de congé, il est tenu compte des avantages accessoires et des prestations en nature dont le salarié ne continuerait pas à jouir pendant la durée de son congé.

La valeur de ces avantages et prestations ne peut être inférieure à celle fixée par l'autorité administrative. – V. art. R. 3143-1 (pén.).

Comp. anc. art. L. 3141-23.

Art. L. 3141-26 Dans les professions où, d'après les stipulations du contrat de travail, la rémunération des salariés est constituée en totalité ou en partie de pourboires, la rémunération à prendre en considération pour la détermination de l'indemnité de congé est évaluée conformément aux règles applicables en matière de sécurité sociale.

L'indemnité de congé ne peut être prélevée sur la masse des pourboires ou du pourcentage perçu pour le service. – V. art. R. 3143-1 (pén.).

Comp. anc. art. L. 3141-24.

Art. L. 3141-27 Les dispositions de la présente section ne portent atteinte ni aux stipulations contractuelles ni aux usages qui assurent des indemnités de congé d'un montant plus élevé. – V. art. R. 3143-1 (pén.).

Comp. anc. art. L. 3141-25.

Art. L. 3141-28 Lorsque le contrat de travail est rompu avant que le salarié ait pu bénéficier de la totalité du congé auquel il avait droit, il reçoit, pour la fraction de congé dont il n'a pas bénéficié, une indemnité compensatrice de congé déterminée d'après les articles L. 3141-24 à L. 3141-27.

L'indemnité est due[,] que cette rupture résulte du fait du salarié ou du fait de l'employeur.

Cette indemnité est également due aux ayants droit du salarié dont le décès survient avant qu'il ait pris son congé annuel payé. L'indemnité est versée à ceux des ayants droit qui auraient qualité pour obtenir le paiement des salaires arriérés. – V. art. R. 3143-1 (pén.).

Comp. anc. art. L. 3141-26.

> **COMMENTAIRE**
>
> V. sur le Code en ligne 📖.

Jurisprudence rendue sous l'empire des textes antérieurs à la L. n° 2016-1088 du 8 août 2016.

1° INDEMNITÉ COMPENSATRICE

1. Nature. L'indemnité compensatrice de congés payés a un caractère salarial et est soumise comme telle à la prescription quinquennale. • Soc. 7 mars 1990, ⚖ n° 86-43.406 P.

2. Conditions. L'indemnité compensatrice est due dès lors que le licenciement est intervenu au cours de la période légale de prise de congés, sans que le salarié ait à démontrer qu'il a été empêché par l'employeur de prendre ses congés. • Soc.

25 mars 1998 : 🔒 *RJS 1998. 388, n° 600.* ♦ L'employeur ne peut imposer au salarié la prise par anticipation des congés afférents à la période au cours de laquelle intervient la rupture du contrat. • Soc. 30 avr. 2003 : 🔒 *RJS 2003. 593, n° 898.* ♦ L'indemnité compensatrice est due dès lors que la rupture est imputable à l'employeur qui ne fournit plus de travail ; elle est exigible à la date où le contrat prend fin. • Soc. 7 mars 1990 : 🔒 *D. 1990. IR 84.* ♦ Mais son attribution suppose qu'un droit à congés payés a été acquis dans les conditions prévues à l'art. L. 223-2 [L. 3141-3 nouv.] (salarié occupé chez le même employeur pendant au minimum un mois de travail effectif pendant l'année de référence). • Soc. 12 nov. 1992, 🔒 n° 90-45.892 P : *RJS 1992. 754, n° 1393.*

3. Calcul. L'indemnité compensatrice doit être calculée sur l'ensemble de la rémunération perçue par le salarié entre le 1er juin et le 31 mai, période pendant laquelle se situe la rupture du contrat de travail avant que le salarié ait pu bénéficier de son congé. • Soc. 20 févr. 1990, 🔒 n° 87-40.498 P. ♦ Mais l'indemnité compensatrice de congés payés versée au titre d'une période de référence ne peut être prise en compte pour le calcul de l'indemnité compensatrice due pour la période de référence suivante. • Soc. 17 févr. 1993 : 🔒 *RJS 1993. 246, n° 407.*

4. Assiette et contrepartie financière de l'obligation de non-concurrence. La contrepartie financière de l'obligation de non-concurrence, ayant la nature d'une indemnité compensatrice de salaires, ouvre droit à congés payés et, partant, au paiement d'une indemnité de congés payés. • Soc. 23 juin 2010 : 🔒 *D. actu. 9 juill. 2010, obs. Perrin ; D. 2010. AJ 1795 ⬚ ; RJS 2010. 689, n° 754 ; Dr. soc. 2010. 1254, obs. Mouly ⬚ ; JCP S 2010. 1540, obs. Beyneix.*

2° FAUTE LOURDE DU SALARIÉ

5. Application de la décision du Conseil constitutionnel aux instances en cours. La décision du Conseil constitutionnel en vertu de laquelle l'indemnité compensatrice de congés payés est due au salarié même en cas de faute lourde étant applicable aux instances en cours, la cour d'appel ne saurait débouter l'intéressé de sa demande d'indemnité compensatrice de congés payés. • Soc. 28 mars 2018, 🔒 n° 16-26.013 P : *D. actu. 12 avr. 2018, obs. Fraisse ; D. 2018. Actu. 729 ⬚ ; RJS 6/2018, n° 409 ; JSL 2018, n° 454-2, obs. Lhernould ; JCP S 2018. 1217, obs. Chenu.*

Jurisprudence rendue sous l'empire de l'ancien art. L. 3141-26, al. 2 : « L'indemnité est due dès lors que la rupture du contrat de travail n'a pas été provoquée par la faute lourde du salarié, que cette rupture résulte du fait du salarié ou du fait de l'employeur ».

6. Notion. La faute lourde requiert de la part du salarié l'intention de nuire vis-à-vis de l'employeur ou de l'entreprise. • Soc. 29 nov. 1990 : 🔒 *D. 1991. IR 6 ; Dr. soc. 1991. 105, note Couturier ⬚.* – Dans le même sens : • Soc. 12 mars 1991, 🔒 n° 89-41.941 P : *D. 1991. IR 101 ; JCP E 1991. I. 180, note Taquet.* • 23 sept. 1992, 🔒 n° 91-41.312 P. – V. aussi : • Soc. 5 avr. 1990, 🔒 n° 88-40.245 P : *D. 1990. IR 113* • 16 mai 1990, 🔒 n° 88-41.565 P : *D. 1990. IR 154 ⬚* • 31 mai 1990, 🔒 n° 88-41.419 P. • 28 juin 1990 : 🔒 *RJS 1990. 517, n° 759* • 25 mai 1994 (deux arrêts) : 🔒 *RJS 1994. 508, n° 847* (tentative de débauchage ; destruction de fichiers informatiques) • 5 déc. 1996, 🔒 n° 93-44.073 P : *RJS 1997. 25, n° 17.* ♦ Si la fraude comporte un élément intentionnel, celui-ci n'implique pas par lui-même, l'intention de nuire à l'employeur. • Soc. 3 oct. 2000 : 🔒 *RJS 2000. 803, n° 1236* • 6 juill. 1999 : 🔒 *D. 1999. IR 208 ⬚ ; RJS 1999. 766, n° 1235 ; Dr. soc. 1999. 961, obs. Savatier ⬚* (vol). ♦ Caractérisée par l'intention de nuire à l'employeur, la faute lourde implique la volonté du salarié de lui porter préjudice dans la commission du fait fautif ; elle ne résulte pas dès lors de la seule commission d'un acte préjudiciable à l'entreprise. • Soc. 22 oct. 2015, 🔒 n°s 14-11.801 P et 14-11.291 P : *D. actu. 23 nov. 2015, obs. Fraisse ; D. 2015. Actu. 2186 ⬚ ; RDT 2016. 100, obs. Adam ⬚ ; JSL 2015, n° 399-400-3, obs. Lhernould* • Soc. 8 févr. 2017, 🔒 n° 15-21.064 P : *D. actu. 3 mars 2017, obs. Cortot ; D. 2017. Actu. 411 ⬚ ; Dr. soc. 2017. 378, obs. Mouly ⬚ ; RJS 4/2017, n° 261 ; JSL 2017, n° 428-2, obs. Lhernould ; JCP 2017. 1089, obs. Dedessus-Le Moustier.* ♦ Caractérise l'intention de nuire à l'employeur, laquelle implique la volonté du salarié de lui porter préjudice dans la commission du fait fautif et ne résulte pas de la seule commission d'un acte préjudiciable à l'entreprise, d'une part la conclusion de divers contrats par le salarié par l'intermédiaire notamment d'une société dont il était, à l'insu de son employeur, associé majoritaire, avec plusieurs sociétés, clientes ou filiales de son employeur, ayant généré des facturations ignorées de celui-ci et le fait que l'intéressé avait laissé sans réponse la légitime interrogation de l'employeur, qui face à la découverte des fonctions exercées par le salarié, évoquait à juste titre une situation de conflit d'intérêts et, d'autre part, la dissimulation par le salarié de son intérêt personnel dans la réalisation d'opérations financières mettant en cause le fonctionnement de la société employeur, constitutive d'un manquement à l'obligation de loyauté, qui établissait la volonté de l'intéressé de faire prévaloir son intérêt personnel sur celui de l'employeur. • Soc. 10 févr. 2021, 🔒 n° 19-14.315 P : *RJS 4/2021, n° 212.*

7. Condamnation pénale. Lorsqu'un salarié, licencié pour faute lourde, a été relaxé des fins de poursuite pour recel au seul motif qu'aucun élément de la procédure ne permettait d'établir péremptoirement le caractère frauduleux de ses agissements, cette décision ne fait pas obstacle à ce que le juge prud'homal recherche si la perception de la somme litigieuse ne pouvait pas caractériser une faute civile de nature à le priver des indemnités de licenciement. • Soc. 21 juin 1989 : *D. 1990. 132*, note Pralus-Dupuy (1ʳᵉ esp.)⬩. ♦ Dans le même sens : • Soc. 14 nov. 1991, ⚖ n° 90-44.663 P : *D. 1991. IR 292* (maintien du licenciement malgré la relaxe au pénal du chef de vol, dès lors que le salarié avait emporté chez lui des documents contrairement aux instructions de l'employeur). ♦ En sens inverse, lorsqu'il résulte de la décision de relaxe que la matérialité des faits n'est pas établie : • Soc. 12 juill. 1989 : *D. 1990. 132*, note Pralus-Dupuy (2ᵉ esp.)⬩ • 18 avr. 1991, ⚖ n° 89-45.069 P : *Dr. soc. 1991. 626*, note Savatier⬩.

8. Requalification de la faute lourde. Il incombe au juge saisi de la contestation d'une mesure de licenciement prononcé en raison d'une faute grave ou lourde, lorsque cette qualification n'est pas retenue, de vérifier si le licenciement ne repose pas néanmoins sur une cause réelle et sérieuse ; si les faits reprochés au salarié ne caractérisent pas une intention de nuire, les juges du fond doivent rechercher s'ils ne sont pas constitutifs d'une faute grave ou d'une faute de nature à conférer une cause réelle et sérieuse au licenciement. • Soc. 16 sept. 2020, ⚖ n° 18-25.943 P : *D. actu. 2 oct. 2020*, obs. Ciray ; *D. 2020. 1841*⬩ ; *RJS 11/2020*, n° 534 ; *JSL 2020*, n° 507-2, obs. Nasom-Tissandier ; *JCP 2020. 1107*, obs. Corrignan-Carsin.

9. Perte de l'indemnité compensatrice. Les indemnités de licenciement et de congés payés étant acquises au jour de la décision de licenciement, le salarié qui commet une faute lourde pendant le préavis ne peut en être privé. • Soc. 23 oct. 1991, ⚖ n° 88-43.008 P : *RJS 1991. 713*, n° 1329. ♦ La faute lourde commise pendant le préavis ne peut priver le salarié de l'indemnité compensatrice de congés payés acquise au jour de sa démission et afférente à la période antérieure à la rupture du préavis causée par cette faute, mais elle l'en prive pour la période postérieure à cette rupture. • Soc. 10 oct. 1995 : ⚖ *CSB 1995. 321, A. 58*.

10. La loi ne prive le salarié, auteur d'une faute lourde, de son indemnité compensatrice de congés payés que pour la partie afférente à la fraction du congé dont il n'a pas bénéficié en raison de la rupture de son contrat. • Soc. 7 mai 1969, n° 68-40.274 P. • 28 oct. 1975 : *Bull. civ. V, n° 490*. ♦ La faute lourde prive le salarié de l'indemnité de congés payés seulement pour la période de l'année en cours lors du licenciement. • Soc. 28 févr. 2001 : ⚖ *Dr. soc. 2001. 551*, obs. Radé⬩.

11. Sur les rapports entre indemnité de congés payés et indemnité de préavis, V. note 84 ss. art. L. 1234-1.

12. Faute lourde et responsabilité pécuniaire du salarié. La responsabilité pécuniaire du salarié à l'égard de l'employeur ne peut résulter que de sa faute lourde ; les juges du fond ne peuvent pas condamner un salarié à payer des sommes à l'employeur en réparation du préjudice qu'il aurait subi sans caractériser la faute lourde. • Soc. 13 févr. 2013 : ⚖ *RJS 5/2013*, n° 413 ; *JCP S 2013. 1395*, obs. Hodez • 6 mai 2009 : ⚖ *D. 2009. Actu. 1486*⬩ ; *Dr. soc. 2009. 865*, obs. Radé⬩ ; *JCP S 2009. 1370*, obs. Bousez. ♦ La responsabilité pécuniaire d'un salarié à l'égard de son employeur ne peut résulter que de sa faute lourde ; une cour d'appel ne saurait condamner un salarié licencié pour faute grave à verser des dommages et intérêts à son employeur sans constater l'existence de faits, distincts de ceux visés par la lettre de licenciement, susceptibles de caractériser une faute lourde. • Soc. 25 janv. 2017, ⚖ n° 14-26.071 P : *D. 2017. Pan. 848*, obs. Lokiec⬩ ; *RDT 2017. 264*, obs. Adam⬩ ; *Dr. soc. 2017. 269*, obs. Mouly⬩ ; *RJS 4/2017*, n° 245 ; *JCP S 2017. 1089*, obs. Chenu.

Art. L. 3141-29 Lorsque, à l'occasion de la rupture de son contrat de travail, un salarié, par suite de l'ordre fixé pour les départs en congé, a pris un congé donnant lieu à une indemnité de congé d'un montant supérieur à celle à laquelle il avait droit au moment de la rupture, il rembourse le trop-perçu à l'employeur.

Le remboursement n'est pas dû si la rupture du contrat de travail par le salarié est provoquée par une faute lourde de l'employeur. – V. art. R. 3143-1 (pén.).

Comp. anc. art. L. 3141-27.

Art. L. 3141-30 Les articles L. 3141-28 et L. 3141-29 ne sont pas applicables lorsque l'employeur est tenu d'adhérer à une caisse de congés en application de l'article L. 3141-32. – V. art. R. 3143-1 (pén.).

Comp. anc. art. L. 3141-28.

Il appartient à l'employeur relevant d'une caisse de congés payés, en application des art. L. 3141-12, L. 3141-14 et L. 3141-30, interprétés à la lumière de l'art. 7 de la Dir. 2003/88 du 4 nov. 2003, de prendre les mesures propres à assurer au salarié la possibilité de bénéficier effectivement de son droit à congé auprès de la caisse de congés payés, et, en cas de contestation, de justifier qu'il a accompli à cette fin les diligences qui lui incombent légalement ; seule l'exécution de cette obligation entraîne la substitution de l'employeur par la caisse pour le paiement de l'indemnité de congés payés. • Soc. 22 sept. 2021, ⚖ n° 19-17.046 B : *D. 2021. 1723*⬩ ; *RDT 2021. 656*, obs. Véricel⬩ ; *RJS 12/2021*, n° 661 ; *JCP S 2021. 1274*, obs. Jeansen.

Art. L. 3141-31 Lorsqu'un établissement ferme pendant un nombre de jours dépassant la durée des congés légaux annuels, l'employeur verse aux salariés, pour chacun des jours ouvrables de fermeture excédant cette durée, une indemnité qui ne peut être inférieure à l'indemnité journalière de congés.

Cette indemnité journalière ne se confond pas avec l'indemnité de congés. – *V. art. R. 3143-1 (pén.).*

Comp. anc. art. L. 3141-29.

Jurisprudence rendue sous l'empire des textes antérieurs à la L. n° 2016-1088 du 8 août 2016.

1. Motifs de la fermeture. Les dispositions de l'art. L. 223-15 [L. 3141-29 nouv.] sont applicables lorsque la fermeture de l'entreprise au-delà de la durée des congés payés est motivée par des circonstances extérieures. • Soc. 17 déc. 1987 : *Bull. civ. V, n° 771 ; D. 1988. IR 37* • 14 nov. 1991, n° 87-45.135 P : *RJS 1992. 39, n° 36* • 17 déc. 1997, n° 94-43.718 P : *RJS 1998. 118, n° 181 ; D. 1998. IR 54*. ♦ V., pour l'application du texte à une association s'occupant de handicapés : • Soc. 26 sept. 1990, n° 87-40.520 P : *D. 1990. IR 238.*

2. Bénéfice de l'indemnité spécifique. Lorsque l'employeur répartit sur douze mois et non pas seulement sur la période d'activité le salaire qu'il a déterminé en fonction des seules semaines d'activité, il en résulte que le paiement de la période d'inactivité est assuré par le fractionnement du salaire et non par le versement, en sus du salaire, de l'indemnité spécifique prévu par l'art. L. 223-15 [L. 3141-29 nouv.] ; cette méthode est contraire aux dispositions dudit article. • Soc. 21 mai 1996, n° 92-11.901 P.

3. Temps partiel. La loi du 19 janvier 2000 ayant abrogé les dispositions légales relatives au temps partiel annualisé, les seuls modes d'annualisation du temps de travail applicables aux salariés à temps partiel pendant la période litigieuse étaient ceux prévus par les articles L. 212-4-12 et L. 212-4-6 alors en vigueur ; aussi le salarié qui ne peut bénéficier d'un contrat de travail intermittent, ce dont il résultait que l'employeur ne pouvait lui appliquer un système d'annualisation du temps de travail et de lissage de sa rémunération, fût-il prévu par une convention de forfait, doit bénéficier de l'indemnité prévue par l'art. L. 3141-29. • Soc. 23 sept. 2009 : *RJS 2009. 830, n° 948.*

SECTION 5 Caisses de congés payés

Art. L. 3141-32 Des décrets déterminent les professions, industries et commerces pour lesquels l'application des dispositions relatives aux congés payés comporte des modalités particulières, telles que la constitution de caisses de congés auxquelles les employeurs intéressés s'affilient obligatoirement.

Ces décrets fixent la nature et l'étendue des obligations des employeurs, les règles d'organisation et de fonctionnement des caisses ainsi que la nature et les conditions d'exercice du contrôle de l'État à leur égard. – *V. art. D. 3141-9 s.*

Comp. anc. art. L. 3141-30.

En application de l'art. L. 231-5 CRPA, et par exception à l'application du délai de deux mois prévu à l'art. L. 231-1 du même code, le silence gardé par l'administration pendant deux mois vaut décision de rejet pour :

— une demande d'autorisation d'exercice des caisses de congés payés pour les professions du bâtiment et des travaux publics ;

— une demande d'agrément de la caisse de congés payés du spectacle ;

— une demande d'agrément des caisses de congés payés des personnels des entreprises de manutention des ports ;

— une demande d'autorisation d'exercice des caisses de congés payés des travailleurs intermittents des transports (Décr. n° 2014-1289 du 23 oct. 2014, art. 1ᵉʳ).

Jurisprudence rendue sous l'empire des dispositions antérieures à la loi n° 2016-1088 du 8 août 2016.

1. Constitutionnalité. Les dispositions de l'art. L. 3141-30 C. trav. répondent à l'objectif de prévisibilité de la loi et ne méconnaissent ni le principe d'égalité, ni celui du respect du droit de propriété. • Soc. 24 janv. 2013, n° 12-40.087 : *D. actu. 4 mars 2013, obs. Siro.*

2. Responsabilité de l'employeur affilié à une caisse de congés payés. Il appartient à l'employeur relevant d'une caisse de congés payés de prendre les mesures propres à assurer au salarié la possibilité de bénéficier effectivement de son droit à congé auprès de la caisse, et, en cas de contestation, de justifier qu'il a accompli à cette fin les diligences qui lui incombent légalement ; seule l'exécution de cette obligation entraîne la substitution de l'employeur par la caisse pour le paiement de l'indemnité de congés payés. • Soc. 22 sept. 2021, 🏛 n° 19-17.046 B : *D. 2021. 1723* ⃠ ; *RDT 2021. 656*, obs. Véricel ⃠ ; *Dr. soc. 2021. 1017*, obs. Tournaux ⃠ ; *RJS 12/2021, n° 661* ; *JCP S 2021. 1274*, obs. Jeansen.

3. Critère d'affiliation. Il ne résulte pas de l'art. L. 223-16 [L. 3141-20 nouv.] que l'exposition au risque de chômage temporaire lié aux intempéries soit le critère de l'obligation d'affiliation à une caisse de congés payés ; cette obligation n'implique pas non plus que l'entreprise soit soumise à une convention collective. • Soc. 29 mai 1990, 🏛 n° 88-19.548 P : *D. 1990. IR 171* ⃠ ; *RJS 1990. 423, n° 632*.

4. Liberté d'association. Les entreprises de spectacle qui recrutent des salariés intermittents doivent cotiser à une caisse de congés payés ; cette adhésion est obligatoire, elle n'est donc pas contraire à l'art. 11 Conv. EDH relatif à la liberté d'association. • Civ. 1re, 28 juin 2007, 🏛 n° 06-12.061 : *JCP S 2007. 1746*, note Lahalle.

5. L'obligation d'affiliation pour une activité accessoire du bâtiment n'est pas subordonnée à la condition que cette activité accessoire soit exercée dans le cadre d'une entreprise distincte et qu'elle soit accomplie par un personnel affecté de manière permanente à cette tâche. • Soc. 29 mai 1990, 🏛 n° 88-12.217 : *D. 1990. IR 164* ⃠. ♦ En faveur de l'affiliation des constructeurs de maisons individuelles, V. • Cass., ch. mixte, 10 avr. 1992, 🏛 n° 88-84.489 : *RJS 1992. 437, n° 803* • Soc. 28 oct. 1992, 🏛 n° 89-12.642 : *D. 1992. IR 270* ⃠ • 1er juin 1995, 🏛 n° 92-18.371 P : *D. 1995. IR 176* (société dont l'activité est la recherche et l'exécution de contrats de construction de maisons individuelles sur plan par l'intermédiaire de sous-traitants).

6. Paiement des cotisations. L'employeur tenu de s'affilier à une caisse de congés payés doit régler ses cotisations et ne peut s'en exonérer au motif que la caisse n'a pas versé aux salariés concernés les indemnités de congés payés. • Soc. 15 juin 1999, 🏛 n° 97-41.270 : *Dr. soc. 1999. 841*, obs. Radé ⃠.

7. Information du taux de cotisation. Les textes légaux, réglementaires et statutaires ne subordonnent pas l'opposabilité et la mise en œuvre des décisions du conseil d'administration des caisses de congés payés, organismes de droit privé, à des modalités particulières de publicité ; aussi, les personnes affiliées à la caisse de congés payés sont valablement informées des taux de cotisation appliqués par les mentions figurant sur les imprimés de déclaration qui leur sont adressés. • Soc. 7 avr. 2010, 🏛 n° 08-16.262 : *RJS 2010. 455, n° 524*. ♦ ... Ou par la publication de ces taux dans un journal d'annonces légales spécialisé. • Soc. 7 avr. 2010, 🏛 n° 08-14.843 : *RJS 2010. 455, n° 524* ; *JCP S 2010. 1370*, obs. Martinon.

Art. L. 3141-33 Les caisses de congés payés peuvent nommer des contrôleurs chargés de collaborer à la surveillance de l'application de la législation sur les congés payés par les employeurs intéressés. Ceux-ci fournissent à tout moment aux contrôleurs toutes justifications établissant qu'ils se sont acquittés de leurs obligations.

Pour l'accomplissement de leur mission, les contrôleurs disposent des mêmes pouvoirs que ceux attribués aux agents de contrôle de l'inspection du travail. Tout obstacle à l'accomplissement de cette mission est passible des sanctions prévues à l'article L. 8114-1.

Les contrôleurs sont agréés. Cet agrément est révocable à tout moment.

Les contrôleurs ne doivent rien révéler des secrets de fabrication ni des procédés et résultats d'exploitation dont ils pourraient prendre connaissance dans l'exercice de leur mission.

Comp. anc. art. L. 3141-30.

CHAPITRE II AUTRES CONGÉS

RÉP. TRAV. v° *Congés*, par BOUSIGES.

SECTION 1 Congés d'articulation entre la vie professionnelle et la vie personnelle et familiale

(L. n° 2016-1088 du 8 août 2016, art. 9)

Cette section, dans sa rédaction antérieure à la L. n° 2016-1088 du 8 août 2016, est consultable sur le Code en ligne 🏛.

SOUS-SECTION 1 Congés pour événements familiaux

§ 1 Ordre public

Art. L. 3142-1 Le salarié a droit, sur justification, à un congé :
1° Pour son mariage ou pour la conclusion d'un pacte civil de solidarité ;

2° Pour le mariage d'un enfant ;

3° Pour chaque naissance (L. n° 2020-1576 du 14 déc. 2020, art. 73-I, en vigueur le 1er juill. 2021) « pour le père et, le cas échéant, le conjoint ou le concubin de la mère ou la personne liée à elle par un pacte civil de solidarité [ancienne rédaction : survenue à son foyer ou pour l'arrivée d'un enfant placé en vue de son adoption. Ces jours d'absence ne se cumulent pas avec les congés accordés pour ce même enfant dans le cadre du congé de maternité] ;

« 3° bis Pour l'arrivée d'un enfant placé en vue de son adoption. » (L. n° 2022-219 du 21 févr. 2022, art. 25-II) « Ce congé peut être pris dans un délai fixé par décret ; » — V. art. D. 3142-1-3.

4° Pour le décès d'un enfant, du conjoint, du concubin ou du partenaire lié par un pacte civil de solidarité, du père, de la mère, du beau-père, de la belle-mère, d'un frère ou d'une sœur ;

5° Pour l'annonce de la survenue d'un handicap (L. n° 2021-1678 du 17 déc. 2021, art. 1er-I) « , d'une pathologie chronique nécessitant un apprentissage thérapeutique ou d'un cancer » chez un enfant. — V. art. D. 3142-1-2.

Comp. anc. art. L. 3142-1.

Les dispositions issues de la L. n° 2020-1576 du 14 déc. 2020 s'appliquent aux enfants nés ou adoptés à compter du 1er juill. 2021 ainsi qu'aux enfants, nés avant cette date, dont la naissance était supposée intervenir à compter de cette date (L. préc., art. 73-IV).

Jurisprudence rendue sous l'empire des textes antérieurs à la L. n° 2016-1088 du 8 août 2016.

1. Cumul des congés. Doit être cassé l'arrêt qui affirme que le congé pour événement familial n'est pas limité à la seule période où le salarié est en activité et qui accorde le paiement d'un congé pour naissance alors que celle-ci était survenue pendant le congé annuel du salarié. ● Soc. 11 oct. 1994 : 🗎 *RJS 1994. 767, n° 1277.*

2. Mise en œuvre de l'autorisation d'absence. Le jour d'autorisation d'absence accordé n'a pas à être nécessairement pris le jour de l'événement le justifiant mais pendant une période qui doit être raisonnable durant laquelle le jour chômé et rémunéré est accordé. ● Soc. 16 déc. 1998, 🗎 n° 96-43.323 P : *D. 1999. IR 36* ; *JCP 1999. II. 10034, note Puigelier* ; *JCP E 1999, p. 404, note Bonijoly.*

3. Non-discrimination (jurisprudence antérieure à la L. n° 2014-873 du 4 aout 2014). Les salariés qui concluaient un pacte civil de solidarité avec un partenaire de même sexe se trouvaient, avant l'entrée en vigueur de la L. n° 2013-404 du 17 mai 2013 ouvrant le mariage aux couples de personnes de même sexe, dans une situation identique au regard des avantages en cause à celle des salariés contractant un mariage ; les dispositions conventionnelles qui excluaient un travailleur salarié ayant conclu un pacs avec une personne de même sexe du droit d'obtenir des avantages, tels que des jours de congés spéciaux et une prime salariale, octroyés aux salariés à l'occasion de leur mariage, instauraient dès lors une discrimination directement fondée sur leur orientation sexuelle. ● Soc. 9 juill. 2014 : 🗎 *RJS 2014. 574, n° 666.*

4. Congé pour événements familiaux et portage salarial. Le salarié porté qui effectue une prestation pour une entreprise cliente lorsque survient un des événements familiaux ouvrant droit à une autorisation exceptionnelle d'absence bénéficie de jours d'absence dans les conditions prévues par la loi et sans réduction de sa rémunération et ces jours d'absence, assimilés à du temps de travail effectif, sont pris en compte pour la détermination de la durée du congé annuel. ● Soc. 11 févr. 2021, 🗎 n° 20-70.005 P : *D. actu. 4 mars 2021, obs. Couëdel.*

Art. L. 3142-1-1 (L. n° 2020-692 du 8 juin 2020, art. 1er-I) Sans préjudice du 4° de l'article L. 3142-1, en cas de décès de son enfant âgé de moins de vingt-cinq ans ou d'une personne âgée de moins de vingt-cinq ans à sa charge effective et permanente, le salarié a droit, sur justification, à un congé de deuil de huit jours qui peuvent être fractionnés dans des conditions prévues par décret. Le salarié informe l'employeur vingt-quatre heures au moins avant le début de chaque période d'absence.

Le congé de deuil peut être pris dans un délai d'un an à compter du décès de l'enfant.

Ces dispositions s'appliquent pour les décès intervenus à compter du 1er juill. 2020 (L. n° 2020-692 du 8 juin 2020, art. 1er-V).

Art. L. 3142-2 Les congés mentionnés (L. n° 2020-692 du 8 juin 2020, art. 1er-I) « aux articles L. 3142-1 et L. 3142-1-1 » n'entraînent pas de réduction de la rémunération (L. n° 2020-692 du 8 juin 2020, art. 1er-I) « qui tient compte, le cas échéant, de l'indemnité mentionnée à l'article L. 331-9 du code de la sécurité sociale » et sont

assimilés à du temps de travail effectif pour la détermination de la durée du congé payé annuel.
La durée de ces congés ne peut être imputée sur celle du congé payé annuel.

Comp. anc. art. L. 3142-2.

Les dispositions issues de la L. n° 2020-692 du 8 juin 2020 s'appliquent pour les décès intervenus à compter du 1er juill. 2020 (L. préc., art. 1er-V).

Jurisprudence rendue sous l'empire des textes antérieurs à la L. n° 2016-1088 du 8 août 2016.

Aucune rémunération, qu'elle soit légale, contractuelle ou conventionnelle, ne peut être réduite en raison de la prise de congé pour événement familial. Par suite, une convention collective, qui peut librement fixer les conditions d'attribution de la prime trimestrielle de présence qu'elle institue, ne peut cependant disposer que la prise de jours d'absence autorisées par la loi entraînera privation de cette prime. ● Soc. 10 déc. 1997 : 🛡 RJS 1998. 42, n° 54.

Art. L. 3142-3 En cas de différend, le refus de l'employeur peut être directement contesté par le salarié devant le conseil de prud'hommes, statuant *(Ord. n° 2019-738 du 17 juill. 2019, art. 15)* « selon la procédure accélérée au fond », dans des conditions fixées par décret en Conseil d'État. — *Les dispositions de l'Ord. n° 2019-738 du 17 juill. 2019 s'appliquent aux demandes introduites à compter du 1er janv. 2020 (Ord. préc., art. 30).* — V. art. R. 3142-1.

En cas de différend dans la prise de congés pour événements familiaux, le refus de l'employeur peut être directement contesté par le salarié devant le conseil de prud'hommes statuant en la forme des référés, le conseil exerçant alors les pouvoirs dont dispose la juridiction au fond et statuant par ordonnance ayant l'autorité de la chose jugée relativement aux contestations qu'elle tranche. ● Soc. 23 janv. 2019, 🛡 n° 17-28.330 P : D. 2019. Actu. 205 ⬚ ; RJS 4/2019, n° 225 ; JCP S 2019. 1087, obs. Brissy.

§ 2 Champ de la négociation collective

Art. L. 3142-4 Pour mettre en œuvre le droit à congé du salarié défini à l'article L. 3142-1, une convention ou un accord collectif d'entreprise ou, à défaut, une convention ou un accord de branche détermine la durée de chacun des congés mentionnés au même article L. 3142-1 qui ne peut être inférieure à :
1° Quatre jours pour son mariage ou pour la conclusion d'un pacte civil de solidarité ;
2° Un jour pour le mariage d'un enfant ;
(L. n° 2020-1576 du 14 déc. 2020, art. 73-I, en vigueur le 1er juill. 2021) « 3° Trois jours, pour chaque naissance. Cette période de congés commence à courir, au choix du salarié, le jour de la naissance de l'enfant ou le premier jour ouvrable qui suit *[ancienne rédaction : 3° Trois jours pour chaque naissance survenue à son foyer ou pour l'arrivée d'un enfant placé en vue de son adoption]* ;
« 3° bis Trois jours pour l'arrivée d'un enfant placé en vue de son adoption ; »
4° *(L. n° 2023-622 du 19 juill. 2023, art. 2-I)* « Douze » jours pour le décès d'un enfant *(L. n° 2020-692 du 8 juin 2020, art. 1er-I)* « ou *(L. n° 2023-622 du 19 juill. 2023, art. 2-I)* « quatorze jours » lorsque l'enfant est âgé de moins de vingt-cinq ans et quel que soit son âge si l'enfant décédé était lui-même parent ou en cas de décès d'une personne âgée de moins de vingt-cinq ans à sa charge effective et permanente » ;
5° Trois jours pour le décès du conjoint, du partenaire lié par un pacte civil de solidarité, du concubin, du père, de la mère, du beau-père, de la belle-mère, d'un frère ou d'une sœur ;
6° *(L. n° 2023-622 du 19 juill. 2023, art. 2-I)* « Cinq » jours pour l'annonce de la survenue d'un handicap *(L. n° 2021-1678 du 17 déc. 2021, art. 1er-I)* « , d'une pathologie chronique nécessitant un apprentissage thérapeutique ou d'un cancer » chez un enfant. — V. art. D. 3142-1-2.
(L. n° 2020-1576 du 14 déc. 2020, art. 73-I, en vigueur le 1er juill. 2021) « Les jours de congés mentionnés au présent article sont des jours ouvrables. »

Comp. anc. art. L. 3142-1.

Les dispositions issues de la L. n° 2020-692 du 8 juin 2020 s'appliquent pour les décès intervenus à compter du 1er juill. 2020 (L. préc., art. 1er-V).

Les dispositions issues de la L. n° 2020-1576 du 14 déc. 2020 s'appliquent aux enfants nés ou adoptés à compter du 1ᵉʳ juill. 2021 ainsi qu'aux enfants, nés avant cette date, dont la naissance était supposée intervenir à compter de cette date (L. préc., art. 73-IV).

§ 3 Dispositions supplétives

Art. L. 3142-5 A défaut de convention ou d'accord, le salarié a droit au congé mentionné à l'article L. 3142-4, dont la durée ne peut être inférieure à celle prévue au même article L. 3142-4.

Comp. anc. art. L. 3142-1.

SOUS-SECTION 2 Congé de solidarité familiale

BIBL. ▶ **Loi du 8 août 2016 :** Legros, *JCP S 2017. 1085* (regard critique sur la réécriture du congé de solidarité familiale).

§ 1 Ordre public

Art. L. 3142-6 Le salarié dont un ascendant, un descendant, un frère, une sœur ou une personne partageant le même domicile souffre d'une pathologie mettant en jeu le pronostic vital ou est en phase avancée ou terminale d'une affection grave et incurable a droit à un congé de solidarité familiale.

Ce droit bénéficie, dans les mêmes conditions, au salarié ayant été désigné comme personne de confiance, au sens de l'article L. 1111-6 du code de la santé publique.

Comp. anc. art. L. 3142-16, al. 1ᵉʳ et 3.

Sur l'allocation d'accompagnement d'une personne en fin de vie, V. CSS, art. L. 168-1 s. et D. 168-1 s. — **CSS**.

Art. L. 3142-7 Le congé débute ou est renouvelé à l'initiative du salarié. La durée du congé est fixée par le salarié, dans la limite prévue *(Ord. n° 2017-1718 du 20 déc. 2017, art. 1ᵉʳ-I)* « au 1° de l'article L. 3142-14 ou, à défaut d'accord, dans la limite prévue au 1° de l'article L. 3142-15 ».

En cas d'urgence absolue constatée par écrit par le médecin, le congé débute ou peut être renouvelé sans délai.

Le congé prend fin soit à l'expiration de la durée mentionnée au premier alinéa du présent article, soit dans les trois jours qui suivent le décès de la personne assistée, sans préjudice du bénéfice des dispositions relatives aux congés pour événements personnels et aux congés pour événements familiaux, soit à une date antérieure choisie par le salarié.

Comp. anc. art. L. 3142-17, al. 2.

Art. L. 3142-8 Le salarié peut, avec l'accord de son employeur, transformer ce congé en période d'activité à temps partiel ou le fractionner.

Comp. anc. art. L. 3142-16, al. 2.

Art. L. 3142-9 Le salarié bénéficiant des droits prévus aux articles L. 3142-6 à L. 3142-8 ne peut exercer aucune autre activité professionnelle.

Comp. anc. art. L. 3142-18.

Art. L. 3142-10 A l'issue du congé ou de la période d'activité à temps partiel mentionnée à l'article L. 3142-8, le salarié retrouve son emploi ou un emploi similaire assorti d'une rémunération au moins équivalente.

Comp. anc. art. L. 3142-19.

Art. L. 3142-11 Avant et après son congé, le salarié a droit à l'entretien professionnel mentionné au I de l'article L. 6315-1.

Art. L. 3142-12 La durée de ce congé ne peut être imputée sur celle du congé payé annuel.

Elle est prise en compte pour la détermination des avantages liés à l'ancienneté.

Le salarié conserve le bénéfice de tous les avantages qu'il avait acquis avant le début du congé.

Comp. anc. art. L. 3142-20.

Art. L. 3142-13 En cas de différend, le refus de l'employeur peut être directement contesté par le salarié devant le conseil de prud'hommes, statuant *(Ord. n° 2019-738 du 17 juill. 2019, art. 15)* « selon la procédure accélérée au fond », dans des conditions fixées par décret en Conseil d'État. — *Les dispositions de l'Ord. n° 2019-738 du 17 juill. 2019 s'appliquent aux demandes introduites à compter du 1ᵉʳ janv. 2020 (Ord. préc., art. 30).*

§ 2 Champ de la négociation collective

Art. L. 3142-14 Pour mettre en œuvre le droit à congé du salarié mentionné à l'article L. 3142-6, une convention ou un accord collectif d'entreprise ou, à défaut, une convention ou un accord de branche détermine :
 1° La durée maximale du congé ;
 2° Le nombre de renouvellements possibles ;
 3° Les conditions de fractionnement du congé ou de sa transformation en période d'activité à temps partiel ;
 4° Les délais d'information de l'employeur par le salarié sur la prise du congé, sa durée prévisible, son renouvellement et la durée du préavis en cas de retour du salarié avant le terme prévu du congé ;
 5° Les mesures permettant le maintien d'un lien entre l'entreprise et le salarié pendant la durée du congé et les modalités d'accompagnement du salarié à son retour.

§ 3 Dispositions supplétives

Art. L. 3142-15 A défaut de convention ou d'accord mentionné à l'article L. 3142-14, les dispositions suivantes sont applicables :
 1° La durée maximale du congé est de trois mois, renouvelable une fois ;
 2° Les modalités de fractionnement du congé et de sa transformation en période d'activité à temps partiel sont définies par décret ;
 3° Les délais d'information de l'employeur par le salarié sur la prise du congé, sa durée prévisible, son renouvellement ainsi que les conditions du retour du salarié avant le terme prévu sont fixés par décret.

Comp. anc. art. L. 3142-17, al. 1ᵉʳ.

SOUS-SECTION 3 Congé de proche aidant

BIBL. ▶ Bugada, JCP S 2019. 1387 (reconnaissance juridique des proches aidants). – Pontif, RDT 2023. 481 (salariés proches aidants : pour un meilleur accompagnement en entreprise).

§ 1 Ordre public

Art. L. 3142-16 Le salarié *(Abrogé par L. n° 2019-1446 du 24 déc. 2019, art. 68)* « *ayant au moins un an d'ancienneté dans l'entreprise* » a droit à un congé de proche aidant lorsque l'une des personnes suivantes présente un handicap ou une perte d'autonomie *(Abrogé par L. n° 2021-1754 du 23 déc. 2021, art. 54-II, à compter du 1ᵉʳ juill. 2022)* « *d'une particulière gravité* » :
 1° Son conjoint ;
 2° Son concubin ;
 3° Son partenaire lié par un pacte civil de solidarité ;
 4° Un ascendant ;
 5° Un descendant ;
 6° Un enfant dont il assume la charge au sens de l'article L. 512-1 du code de la sécurité sociale ;
 7° Un collatéral jusqu'au quatrième degré ;
 8° Un ascendant, un descendant ou un collatéral jusqu'au quatrième degré de son conjoint, concubin ou partenaire lié par un pacte civil de solidarité ;
 9° Une personne âgée ou handicapée avec laquelle il réside ou avec laquelle il entretient des liens étroits et stables, à qui il vient en aide de manière régulière et fréquente, à titre non professionnel, pour accomplir tout ou partie des actes ou des activités de la vie quotidienne.

Comp. anc. art. L. 3142-22.

Sur l'allocation journalière du proche aidant, V. CSS, art. L. 168-1 s.

Les dispositions issues de la L. n° 2021-1754 du 23 déc. 2021 entrent en vigueur à une date fixée par décret, et au plus tard le 1ᵉʳ janv. 2023 (L. préc., art. 54-VI). — V. Décr. n° 2022-1037 du 22 juill. 2022 fixant une entrée en vigueur au 1ᵉʳ juill. 2022 (Décr. préc., art. 3).

Art. L. 3142-17 La personne aidée doit résider en France de façon stable et régulière.

Comp. anc. art. L. 3142-22.

Art. L. 3142-18 Le salarié ne peut exercer aucune autre activité professionnelle pendant la durée du congé.

Toutefois, il peut être employé par la personne aidée dans les conditions prévues au deuxième alinéa des articles L. 232-7 ou L. 245-12 du code de l'action sociale et des familles.

Comp. anc. art. L. 3142-26.

Art. L. 3142-19 Le congé débute ou est renouvelé à l'initiative du salarié.

Il ne peut excéder, renouvellement compris, la durée d'un an pour l'ensemble de la carrière.

En cas de dégradation soudaine de l'état de santé de la personne aidée, de situation de crise nécessitant une action urgente du proche aidant ou de cessation brutale de l'hébergement en établissement dont bénéficiait la personne aidée, le congé débute ou peut être renouvelé sans délai.

Le salarié peut mettre fin de façon anticipée au congé ou y renoncer dans les cas suivants :
1° Décès de la personne aidée ;
2° Admission dans un établissement de la personne aidée ;
3° Diminution importante des ressources du salarié ;
4° Recours à un service d'aide à domicile pour assister la personne aidée ;
5° Congé de proche aidant pris par un autre membre de la famille.

Comp. anc. art. L. 3142-24, al. 1ᵉʳ et 4, in fine, L. 3142-25.

Art. L. 3142-20 Le salarié peut, avec l'accord de son employeur, transformer ce congé en période d'activité à temps partiel ou le fractionner. Dans cette hypothèse, le salarié doit avertir son employeur au moins quarante-huit heures avant la date à laquelle il entend prendre chaque période de congé. Cette transformation ou ce fractionnement est accordé sans délai dans les cas mentionnés au troisième alinéa de l'article L. 3142-19.

Comp. anc. art. L. 3142-24, al. 3 et 4.

Art. L. 3142-21 La durée de ce congé ne peut être imputée sur celle du congé payé annuel. Elle est prise en compte pour la détermination des avantages liés à l'ancienneté. Le salarié conserve le bénéfice de tous les avantages qu'il avait acquis avant le début du congé.

Comp. anc. art. L. 3142-24, al. 1ᵉʳ et al. 4, in fine, L. 3142-28.

Art. L. 3142-22 A l'issue du congé ou de la période d'activité à temps partiel mentionnée à l'article L. 3142-20, le salarié retrouve son emploi ou un emploi similaire assorti d'une rémunération au moins équivalente.

Comp. anc. art. L. 3142-27.

Art. L. 3142-23 Avant et après son congé, le salarié a droit à l'entretien professionnel mentionné au I de l'article L. 6315-1.

Comp. anc. art. L. 3142-29.

Art. L. 3142-24 Un décret détermine les conditions d'application du présent paragraphe, notamment les critères d'appréciation *(Abrogé par L. n° 2021-1754 du 23 déc. 2021, art. 54-II, à compter du 1ᵉʳ juill. 2022)* « *de la particulière gravité* » du handicap ou de la perte d'autonomie de la personne aidée. — V. art. D. 3142-7 s.

Comp. anc. art. L. 3142-31.

Les dispositions issues de la L. n° 2021-1754 du 23 déc. 2021 entrent en vigueur à une date fixée par décret, et au plus tard le 1ᵉʳ janv. 2023 (L. préc., art. 54-VI). — V. Décr. n° 2022-1037 du 22 juill. 2022 fixant une entrée en vigueur au 1ᵉʳ juill. 2022 (Décr. préc., art. 3).

Art. L. 3142-25 En cas de différend, le refus de l'employeur peut être directement contesté par le salarié devant le conseil de prud'hommes, statuant *(Ord. n° 2019-738 du 17 juill. 2019, art. 15)* « selon la procédure accélérée au fond », dans des conditions fixées par décret en Conseil d'État. — *Les dispositions de l'Ord. n° 2019-738 du 17 juill. 2019 s'appliquent aux demandes introduites à compter du 1er janv. 2020 (Ord. préc., art. 30).*

Art. L. 3142-25-1 *(L. n° 2018-84 du 13 févr. 2018)* Un salarié peut, sur sa demande et en accord avec son employeur, renoncer anonymement et sans contrepartie à tout ou partie de ses jours de repos non pris, qu'ils aient été ou non affectés sur un compte épargne-temps, au bénéfice d'un autre salarié de l'entreprise qui vient en aide à une personne atteinte d'une perte d'autonomie *(Abrogé par L. n° 2021-1754 du 23 déc. 2021, art. 54-II, à compter du 1er juill. 2022)* « *d'une particulière gravité* » ou présentant un handicap lorsque cette personne est, pour cet autre salarié, l'une de celles mentionnées aux 1° à 9° de l'article L. 3142-16.

Le congé annuel ne peut être cédé que pour sa durée excédant vingt-quatre jours ouvrables.

Le salarié bénéficiant d'un ou de plusieurs jours cédés en application du premier alinéa du présent article bénéficie du maintien de sa rémunération pendant sa période d'absence. Cette période d'absence est assimilée à une période de travail effectif pour la détermination des droits que le salarié tient de son ancienneté. Le salarié conserve le bénéfice de tous les avantages qu'il avait acquis avant le début de sa période d'absence.

V. ndlr ss. art. L. 3142-24.

§ 2 Champ de la négociation collective

Art. L. 3142-26 Pour mettre en œuvre le droit à congé du salarié mentionné à l'article L. 3142-16, *(L. n° 2019-485 du 22 mai 2019, art. 1er)* « une convention ou un accord de branche ou, à défaut, une convention ou un accord collectif d'entreprise détermine : »

1° La durée maximale du congé ;
2° Le nombre de renouvellements possibles ;
3° Les délais d'information de l'employeur par le salarié sur la prise du congé et son renouvellement ainsi que la durée du préavis en cas de retour du salarié avant la fin du congé ;
4° Les délais de demande du salarié et de réponse de l'employeur sur le fractionnement du congé ou sa transformation en période d'activité à temps partiel.

§ 3 Dispositions supplétives

Art. L. 3142-27 A défaut de convention ou d'accord mentionné à l'article L. 3142-26, les dispositions suivantes sont applicables :

1° La durée maximale du congé est de trois mois, renouvelable dans la limite mentionnée à l'article L. 3142-19 ;
2° Les délais d'information de l'employeur par le salarié sur la prise du congé et son renouvellement, la durée du préavis en cas de retour du salarié avant le terme prévu du congé, ainsi que les délais de demande du salarié et de réponse de l'employeur sur le fractionnement du congé ou sa transformation en période d'activité à temps partiel sont fixés par décret.

SOUS-SECTION 4 Congé sabbatique

§ 1 Ordre public

Art. L. 3142-28 Le salarié a droit à un congé sabbatique pendant lequel son contrat de travail est suspendu.

Le droit à ce congé est ouvert au salarié justifiant, à la date de départ en congé, d'une ancienneté minimale dans l'entreprise, cumulée, le cas échéant, sur plusieurs périodes non consécutives, ainsi que de six années d'activité professionnelle et n'ayant pas bénéficié depuis une durée minimale, dans la même entreprise, d'un congé sabbatique, d'un congé pour création d'entreprise ou d'un (Ord. n° 2019-861 du 21 août 2019, art. 1er) « congé spécifique mentionné à l'article L. 6323-17-1 » d'une durée d'au moins six mois. L'ancienneté acquise dans toute autre entreprise du même groupe, au sens de l'article L. 2331-1, est prise en compte au titre de l'ancienneté dans l'entreprise.

Comp. anc. art. L. 3142-91 et L. 3142-92.

Sur l'indemnisation éventuelle de ce congé par un compte épargne-temps, V. art. L. 3151-2.

Jurisprudence rendue sous l'empire des textes antérieurs à la L. n° 2016-1088 du 8 août 2016.

Aucune interdiction d'avoir une activité salariée ou non ne s'impose au bénéficiaire d'un congé sabbatique, qui demeure cependant tenu de respecter les obligations de loyauté et de non-concurrence à l'égard de son employeur. • Soc. 27 nov. 1991, n° 88-43.161 P : D. 1992. IR 25 ; CSB 1992. 7, A. 2 ; RJS 1992. 42, n° 43, 2e esp. • 5 juin 1996, n° 93-42.588 P : RJS 1996. 600, n° 937.

Art. L. 3142-29 L'employeur peut différer le départ en congé dans la limite de six mois à compter de la demande, en fonction de la proportion de salariés absents dans l'entreprise au titre du congé ou en fonction du nombre de jours d'absence prévus au titre du même congé. Dans les entreprises de moins de trois cents salariés, cette limite est portée à neuf mois.

L'employeur peut également différer ce congé sur le fondement de l'article L. 3142-114 et, pour les entreprises de moins de trois cents salariés, le refuser sur le fondement du 1° de l'article L. 3142-113 selon les modalités prévues aux deux derniers alinéas du même article L. 3142-113.

Comp. anc. art. L. 3142-91, L. 3142-94, L. 3142-96 et L. 3142-97.

Jurisprudence rendue sous l'empire des textes antérieurs à la L. n° 2016-1088 du 8 août 2016.

1. Départ différé. Dans les entreprises de plus de 200 salariés, l'employeur ne peut que différer la date de départ en congé sabbatique retenue par le salarié ; aussi l'information de la date et de la durée de son départ faite par le salarié hors du délai de trois mois ne peut que conduire l'employeur à différer la date de départ du salarié, elle ne saurait le dispenser de lui répondre dans les délais des art. L. 3142-98 et D. 3142-53. • Soc. 12 mars 2008 : JSL 2008, n° 231 ; JCP S 2008. 1480, note Bossu.

2. Renonciation. Lorsque l'accord des parties s'est réalisé sur la suspension du contrat de travail pour congé sabbatique, l'employeur conserve, sauf abus, le droit de s'opposer à la dénonciation unilatérale de cet accord par le salarié. • Soc. 7 mai 1996, n° 92-43.545 P : JCP 1996. II. 22683, note Corrignan-Carsin ; Dr. soc. 1996. 975, obs. Couturier ; RJS 1996. 432, n° 682.

Art. L. 3142-30 L'employeur informe le salarié soit de son accord sur la date de départ choisie par l'intéressé, soit du report de cette date, soit de son refus.

(Ord. n° 2017-1718 du 20 déc. 2017, art. 1er-I) « L'accord de l'employeur est réputé acquis à défaut de réponse dans un délai de trente jours à compter de la présentation de la demande. »

Comp. anc. art. L. 3142-98.

Art. L. 3142-31 A l'issue du congé, le salarié retrouve son précédent emploi ou un emploi similaire assorti d'une rémunération au moins équivalente et bénéficie de l'entretien professionnel mentionné au I de l'article L. 6315-1.

Il ne peut invoquer aucun droit à être réemployé avant l'expiration du congé.

Comp. anc. art. L. 3142-95.

Jurisprudence rendue sous l'empire des textes antérieurs à la L. n° 2016-1088 du 8 août 2016.

1. Obligations de l'employeur. Doit être cassé l'arrêt qui considère qu'un employeur pouvait imposer au salarié un nouvel emploi impliquant un changement de résidence, alors qu'à l'issue du congé sabbatique, le salarié doit retrouver son emploi ou un emploi similaire. • Soc. 26 févr. 1997 : RJS 1997. 453, n° 699.

2. Sanctions. Le seul fait pour l'employeur de ne pas réintégrer le salarié dans l'emploi qu'il occupait avant son départ en congé sabbatique ou de ne pas lui proposer un emploi similaire donne lieu à l'attribution de dommages-intérêts. • Soc. 16 mars 1989 : Liaisons soc. Lég. soc. n° 6224, p. 15. – V. aussi • Soc. 2 mars 1993 : CSB 1993. 131, B. 76.

3. Doit être cassé l'arrêt qui rejette la demande d'indemnisation du salarié muté dans un autre service sans rechercher s'il n'aurait pas pu être réintégré dans son précédent emploi alors même que son contrat prévoyait qu'il pourrait être affecté à un autre emploi ou muté dans un autre service. ● Soc. 8 juin 1994 : ⚖ *CSB 1994. 199, A. 41.*

4. Démission. L'absence du salarié à l'issue du congé sabbatique ne caractérise pas, à elle seule, la volonté claire et non équivoque de démissionner. ● Soc. 20 oct. 1993 : ⚖ *RJS 1993. 718, n° 1214.*
♦ Mais les juges du fond peuvent déduire du silence gardé par le salarié pendant un mois sa volonté claire et non équivoque de démissionner. ● Soc. 14 déc. 1995 : ⚖ *RJS 1996. 86, n° 131.*

5. Refus d'un emploi similaire. Si au retour d'un congé sabbatique le salarié doit retrouver son précédent emploi, ou un emploi similaire, lorsque l'emploi précédent n'est plus disponible, le refus par le salarié de plusieurs postes similaires peut justifier un licenciement. ● Soc. 3 juin 2015, ⚖ n° 14-12.245 P : *D. actu. 21 juill. 2015, obs. Siro ; D. 2015. Actu. 1278 ⌀ ; RDT 2015. 761, obs. Véricel ⌀ ; RJS 8-9/2015, n° 574 ; JCP S 2015. 1311, obs. Dumont.*

§ 2 Champ de la négociation collective

Art. L. 3142-32 Pour mettre en œuvre le droit à congé du salarié mentionné à l'article L. 3142-28, une convention ou un accord collectif d'entreprise ou, à défaut, une convention ou un accord de branche détermine :
  1° Les durées minimale et maximale du congé et le nombre de renouvellements ;
  2° La condition d'ancienneté requise dans l'entreprise pour ouvrir droit à ce congé ;
  3° La durée minimale dans l'entreprise durant laquelle le salarié ne doit pas avoir bénéficié des dispositifs mentionnés au second alinéa de l'article L. 3142-28 ;
  4° Les plafonds mentionnés aux articles L. 3142-29, L. 3142-114 et L. 3142-115 ;
  5° Les conditions et délais d'information de l'employeur par le salarié sur sa demande de congé ainsi que sur la date de son départ et sur la durée envisagée de ce congé.

Art. L. 3142-33 Cette convention ou cet accord détermine également les modalités de report des congés payés dus au salarié qui bénéficie du congé.

§ 3 Dispositions supplétives

SOUS-§ 1 *Règles générales de prise du congé*

Art. L. 3142-34 A défaut de convention ou d'accord mentionné à l'article L. 3142-32, les dispositions suivantes sont applicables :
  1° La durée minimale du congé est de six mois et sa durée maximale est de onze mois ;
  2° Le droit à ce congé est ouvert au salarié justifiant, à la date de départ en congé, d'une ancienneté dans l'entreprise d'au moins trente-six mois, consécutifs ou non, et n'ayant pas bénéficié dans l'entreprise, au cours des six années précédentes, des dispositifs mentionnés au second alinéa de l'article L. 3142-28 ;
  3° Les conditions et délais mentionnés au 5° de l'article L. 3142-32 sont fixés par décret ;
  4° Les plafonds mentionnés à l'article L. 3142-29 sont fixés par décret.

SOUS-§ 2 Report de congés payés

Art. L. 3142-35 A défaut de stipulation dans la convention ou l'accord mentionné à l'article L. 3142-32, les articles L. 3142-120 à L. 3142-124 s'appliquent.

Comp. anc. art. L. 3142-100.

SECTION 2 Congés pour engagement associatif, politique ou militant (*L. n° 2016-1088 du 8 août 2016, art. 9*).

RÉP. TRAV. v° *Congés,* par BOUSIGES.

SOUS-SECTION 1 Congé mutualiste de formation

(*L. n° 2016-1088 du 8 août 2016, art. 9*)

§ 1 Ordre public

Art. L. 3142-36 Tout administrateur d'une mutuelle, d'une union ou d'une fédération, au sens de l'article L. 114-16 du code de la mutualité, a droit, chaque année, à un congé de formation.

Comp. anc. art. L. 3142-47.

Art. L. 3142-37 La durée du congé ne peut être imputée sur la durée du congé payé annuel. Elle est assimilée à une période de travail effectif pour la détermination des droits à congés payés ainsi que pour l'ensemble des autres droits résultant pour l'intéressé de son contrat de travail.

Comp. anc. art. L. 3142-47.

Art. L. 3142-38 Un décret en Conseil d'État détermine les modalités d'application de la présente sous-section, notamment :

1° Les conditions dans lesquelles l'employeur peut différer le congé en raison des nécessités propres de l'entreprise ou de son exploitation ;

2° Les conditions dans lesquelles est établie la liste des stages ouvrant droit au congé mutualiste de formation et des organismes susceptibles de dispenser ces stages ;

3° Les conditions dans lesquelles le congé est attribué aux agents des services publics et des entreprises publiques ;

4° Les conditions dans lesquelles le congé est attribué au salarié bénéficiant d'un régime de congé plus avantageux que celui qui résulte du chapitre I.

Comp. anc. art. L. 3142-50.

Art. L. 3142-39 En cas de différend, le refus de l'employeur peut être directement contesté par le salarié devant le conseil de prud'hommes, statuant *(Ord. n° 2019-738 du 17 juill. 2019, art. 15)* « selon la procédure accélérée au fond », dans des conditions fixées par décret en Conseil d'État. — *Les dispositions de l'Ord. n° 2019-738 du 17 juill. 2019 s'appliquent aux demandes introduites à compter du 1er janv. 2020 (Ord. préc., art. 30).*

§ 2 Champ de la négociation collective

Art. L. 3142-40 Pour mettre en œuvre le droit à congé du salarié mentionné à l'article L. 3142-36, une convention ou un accord collectif d'entreprise ou, à défaut, une convention ou un accord de branche détermine :

1° La durée totale maximale du congé ;

2° Le délai dans lequel le salarié informe l'employeur de sa demande de congé ;

3° Les règles selon lesquelles est déterminé, par établissement, le nombre maximal de salariés susceptibles de bénéficier de ce congé au cours d'une année.

§ 3 Dispositions supplétives

Art. L. 3142-41 A défaut de convention ou d'accord mentionné à l'article L. 3142-40, les dispositions suivantes sont applicables :

1° Le nombre maximal de jours pouvant être pris au titre du congé est de neuf jours ouvrables par an ;

2° Le délai dans lequel le salarié informe l'employeur de sa demande de congé est fixé par décret ;

3° Les règles selon lesquelles est déterminé, par établissement, le nombre maximal de salariés susceptibles de bénéficier de ce congé au cours d'une année sont définies par décret en Conseil d'État.

SOUS-SECTION 2 **Congé de participation aux instances d'emploi et de formation professionnelle ou à un jury d'examen**

(L. n° 2016-1088 du 8 août 2016, art. 9)

§ 1 Ordre public

Art. L. 3142-42 Lorsqu'un salarié est désigné pour siéger dans une commission, un conseil ou un comité administratif ou paritaire appelé à traiter des problèmes d'emploi et de formation, l'employeur lui accorde le temps nécessaire pour participer aux réunions de ces instances.

La liste de ces instances est fixée par arrêté interministériel.

Lorsqu'un salarié est désigné pour participer à un jury d'examen ou de validation des acquis de l'expérience, l'employeur lui accorde une autorisation d'absence pour participer à ce jury.

Comp. anc. art. L. 3142-3.

Art. L. 3142-43 La participation du salarié aux réunions et jurys mentionnés à l'article L. 3142-42 n'entraîne aucune réduction de la rémunération.

La durée des congés correspondants ne peut être imputée sur celle du congé payé annuel.

Comp. anc. art. L. 3142-5.

Art. L. 3142-44 Un décret détermine les conditions dans lesquelles les dépenses afférentes au maintien du salaire et au remboursement des frais de déplacement sont supportées par les instances et jurys mentionnés à l'article L. 3142-42 ou par l'entreprise.
(Abrogé par L. n° 2018-771 du 5 sept. 2018, art. 45-I, à compter du 1ᵉʳ janv. 2019)
« *Dans ce dernier cas, le salaire ainsi que les cotisations sociales obligatoires et, s'il y a lieu, la taxe sur les salaires qui s'y rattachent sont pris en compte au titre de la participation des employeurs au financement de la formation professionnelle prévue à l'article L. 6331-1.* »

Comp. anc. art. L. 3142-6.

Art. L. 3142-45 Le bénéfice du congé peut être refusé par l'employeur s'il estime que cette absence est susceptible d'avoir des conséquences préjudiciables à la bonne marche de l'entreprise.

Le refus de l'employeur intervient après avis du *(Ord. n° 2017-1386 du 22 sept. 2017, art. 4)* « comité social et économique ». Il est motivé.

En cas de différend, le refus de l'employeur peut être directement contesté par le salarié devant le conseil de prud'hommes, statuant *(Ord. n° 2019-738 du 17 juill. 2019, art. 15)* « selon la procédure accélérée au fond », dans des conditions fixées par décret en Conseil d'État. – *Les dispositions de l'Ord. n° 2019-738 du 17 juill. 2019 s'appliquent aux demandes introduites à compter du 1ᵉʳ janv. 2020 (Ord. préc., art. 30).*

Comp. anc. art. L. 3142-4.

§ 2 Champ de la négociation collective

Art. L. 3142-46 Pour mettre en œuvre le droit à congé du salarié mentionné à l'article L. 3142-42, une convention ou un accord collectif d'entreprise ou, à défaut, une convention ou un accord de branche détermine les délais dans lesquels le salarié adresse sa demande de congé.

§ 3 Dispositions supplétives

Art. L. 3142-47 A défaut de convention ou d'accord mentionné à l'article L. 3142-46, un décret fixe les délais dans lesquels le salarié adresse sa demande de congé.

SOUS-SECTION 3 **Congé pour catastrophe naturelle**

(L. n° 2016-1088 du 8 août 2016, art. 9)

§ 1 Ordre public

Art. L. 3142-48 Le salarié résidant ou habituellement employé dans une zone touchée par une catastrophe naturelle a droit à un congé, pris en une ou plusieurs fois, pour participer aux activités d'organismes apportant une aide aux victimes de catastrophes naturelles.

Comp. anc. art. L. 3142-41, al. 1ᵉʳ.

Art. L. 3142-49 En cas d'urgence, le congé peut être pris sous préavis de vingt-quatre heures.

Comp. anc. art. L. 3142-5, al. 2.

Art. L. 3142-50 La durée du congé ne peut être imputée sur la durée du congé payé annuel.

Art. L. 3142-51 Le bénéfice du congé peut être refusé par l'employeur s'il estime que cette absence est susceptible d'avoir des conséquences préjudiciables à la bonne marche de l'entreprise.

CONGÉS PAYÉS ET AUTRES CONGÉS

Le refus de l'employeur intervient après avis du (*Ord. n° 2017-1386 du 22 sept. 2017, art. 4*) « comité social et économique ». Il est motivé.

En cas de différend, le refus de l'employeur peut être directement contesté devant le conseil de prud'hommes, statuant (*Ord. n° 2019-738 du 17 juill. 2019, art. 15*) « selon la procédure accélérée au fond », dans des conditions fixées par décret en Conseil d'État. — *Les dispositions de l'Ord. n° 2019-738 du 17 juill. 2019 s'appliquent aux demandes introduites à compter du 1ᵉʳ janv. 2020 (Ord. préc., art. 30).*

Comp. anc. art. L. 3142-42.

§ 2 Champ de la négociation collective

Art. L. 3142-52 Pour mettre en œuvre le droit à congé du salarié mentionné à l'article L. 3142-48, une convention ou un accord collectif d'entreprise ou, à défaut, une convention ou un accord de branche détermine :
1° La durée totale maximale du congé ;
2° Les délais dans lesquels le salarié adresse sa demande de congé.

§ 3 Dispositions supplétives

Art. L. 3142-53 A défaut de convention ou d'accord mentionné à l'article L. 3142-52 :
1° La durée maximale du congé est de vingt jours par an ;
2° Les délais dans lesquels le salarié adresse sa demande de congé sont fixés par décret.

Comp. anc. art. L. 3142-41, al. 1ᵉʳ.

SOUS-SECTION 4 Congés de formation de cadres et d'animateurs pour la jeunesse, des responsables associatifs bénévoles, des titulaires de mandats mutualistes autres qu'administrateurs et des membres des conseils citoyens (*L. n° 2017-86 du 27 janv. 2017, art. 10-I*).

(*L. n° 2016-1088 du 8 août 2016, art. 9*)

§ 1 Ordre public

Art. L. 3142-54 Le salarié âgé de moins de vingt-cinq ans souhaitant participer aux activités des organisations de jeunesse et d'éducation populaire et des fédérations et associations sportives agréées par l'autorité administrative destinées à favoriser la préparation et la formation ou le perfectionnement de cadres et animateurs a droit, chaque année, à un congé de formation de cadres et d'animateurs pour la jeunesse pouvant être pris en une ou deux fois à la demande du bénéficiaire.

Comp. anc. art. L. 3142-43.

Art. L. 3142-54-1 (*L. n° 2017-86 du 27 janv. 2017, art. 10-I*) Un congé est accordé chaque année, à sa demande, sans condition d'âge :
1° A tout salarié désigné pour siéger à titre bénévole dans l'organe d'administration ou de direction d'une association régie par la loi du 1ᵉʳ juillet 1901 relative au contrat d'association ou inscrite au registre des associations en application du code civil local applicable dans les départements du Bas-Rhin, du Haut-Rhin et de la Moselle, déclarée depuis trois ans au moins et dont l'ensemble des activités est mentionnée au *b* du 1 de l'article 200 du code général des impôts, et à tout salarié exerçant à titre bénévole des fonctions de direction ou d'encadrement au sein d'une telle association ;
2° A tout salarié membre d'un conseil citoyen dont la composition a été reconnue par le représentant de l'État dans le département dans les conditions prévues à l'article 7 de la loi n° 2014-173 du 21 février 2014 de programmation pour la ville et la cohésion urbaine, pour siéger dans les instances internes du conseil citoyen et participer aux instances de pilotage du contrat de ville, y compris celles relatives aux projets de renouvellement urbain ;
3° A toute personne, non administrateur, apportant à une mutuelle, union ou fédération, en dehors de tout contrat de travail, un concours personnel et bénévole, dans le cadre d'un mandat pour lequel elle a été statutairement désignée ou élue.

Ce congé peut être fractionné en demi-journées.

Art. L. 3142-55 La durée du congé ne peut être imputée sur la durée du congé payé annuel et est assimilée à une période de travail effectif pour la détermination des droits à congés payés ainsi que pour l'ensemble des autres droits résultant pour l'intéressé de son contrat de travail.

Comp. anc. art. L. 3142-44.

Art. L. 3142-56 Un décret en Conseil d'État détermine, pour l'application de la présente sous-section :

1° Les conditions dans lesquelles l'employeur peut différer le congé en raison des nécessités propres de l'entreprise ou de son exploitation ;

2° Les conditions dans lesquelles les salariés âgés de plus de vingt-cinq ans peuvent être exceptionnellement admis à bénéficier du congé ;

3° Les conditions dans lesquelles le congé est attribué aux agents des services publics et des entreprises publiques ;

4° Les conditions dans lesquelles le congé est attribué au salarié bénéficiant d'un régime de congés payés plus avantageux que celui qui résulte du chapitre I.

Comp. anc. art. L. 3142-46.

Art. L. 3142-57 En cas de différend, le refus de l'employeur peut être directement contesté par le salarié devant le conseil de prud'hommes, statuant *(Ord. n° 2019-738 du 17 juill. 2019, art. 15)* « selon la procédure accélérée au fond », dans des conditions fixées par décret en Conseil d'État. — *Les dispositions de l'Ord. n° 2019-738 du 17 juill. 2019 s'appliquent aux demandes introduites à compter du 1ᵉʳ janv. 2020 (Ord. préc., art. 30).*

§ 2 Champ de la négociation collective

Art. L. 3142-58 Pour mettre en œuvre le droit à congé du salarié mentionné *(L. n° 2017-86 du 27 janv. 2017, art. 10-I)* « aux articles L. 3142-54 et L. 3142-54-1 », une convention ou un accord collectif d'entreprise ou, à défaut, une convention ou un accord de branche détermine :

1° La durée totale maximale du congé et les conditions de son cumul avec le congé de formation économique, sociale *(L. n° 2021-1104 du 22 août 2021, art. 41-II)* « , environnementale » et syndicale prévu aux articles L. 2145-5 à L. 2145-13 ;

2° Le délai dans lequel le salarié adresse sa demande de congé à l'employeur ;

3° Les règles selon lesquelles est déterminé, par établissement, le nombre maximal de salariés susceptibles de bénéficier de ce congé au cours d'une année.

Art. L. 3142-58-1 *(L. n° 2017-86 du 27 janv. 2017, art. 10-I)* Pour mettre en œuvre le droit à congé du salarié mentionné à l'article L. 3142-54-1, une convention ou un accord d'entreprise ou, à défaut, un accord de branche peut fixer les conditions de maintien de la rémunération du salarié pendant la durée de son congé.

§ 3 Dispositions supplétives

Art. L. 3142-59 A défaut de convention ou d'accord mentionné à l'article L. 3142-58, les dispositions suivantes sont applicables :

1° Le nombre maximal total de jours pouvant être pris au titre du congé est de six jours ouvrables par an ;

2° Le congé ne peut se cumuler avec le congé de formation économique, sociale *(L. n° 2021-1104 du 22 août 2021, art. 41-II)* « , environnementale » et syndicale qu'à concurrence de douze jours ouvrables pour une même année ;

3° Le délai dans lequel le salarié adresse sa demande de congé à l'employeur est fixé par décret ;

4° Les règles selon lesquelles est déterminé, par établissement, le nombre maximal de salariés susceptibles de bénéficier de ce congé sont fixées par décret en Conseil d'État.

SOUS-SECTION 5 Congé de représentation

(L. n° 2016-1088 du 8 août 2016, art. 9)

§ 1 Ordre public

Art. L. 3142-60 Lorsqu'un salarié est désigné représentant d'une association régie par la loi du 1er juillet 1901 relative au contrat d'association ou inscrite au registre des associations en application du code civil local applicable aux départements du Bas-Rhin, du Haut-Rhin et de la Moselle ou d'une mutuelle au sens du code de la mutualité pour siéger dans une instance, que celle-ci soit consultative ou non, instituée par une disposition législative ou réglementaire auprès d'une autorité de l'État ou d'une collectivité territoriale, l'employeur lui accorde le temps nécessaire pour participer aux réunions de cette instance. – *V. art. R. 3142-51. – V. Arr. du 15 juill. 2021, NOR : AGRE2121951A (JO 20 juill.).*

Comp. anc. art. L. 3142-51.

Art. L. 3142-61 Le salarié bénéficiant du congé de représentation qui subit, à cette occasion, une diminution de rémunération reçoit de l'État ou de la collectivité territoriale une indemnité compensant, en totalité ou partiellement, le cas échéant sous forme forfaitaire, la diminution de sa rémunération.

L'employeur peut décider de maintenir cette rémunération en totalité ou en partie, au-delà de l'indemnité compensatrice. Dans ce cas, les sommes versées peuvent faire l'objet d'une déduction fiscale, dans les conditions fixées à l'article 238 *bis* du code général des impôts.

Comp. anc. art. L. 3142-52.

Art. L. 3142-62 Le congé de représentation peut être fractionné en demi-journées.

Sa durée ne peut être imputée sur la durée du congé payé annuel et est assimilée à une période de travail effectif pour la détermination des droits à congés payés ainsi que pour l'ensemble des autres droits résultant pour l'intéressé de son contrat de travail.

Comp. anc. art. L. 3142-53.

Art. L. 3142-63 Le bénéfice du congé peut être refusé par l'employeur s'il estime que cette absence est susceptible d'avoir des conséquences préjudiciables à la bonne marche de l'entreprise.

Le refus de l'employeur intervient après avis du *(Ord. n° 2017-1386 du 22 sept. 2017, art. 4)* « comité social et économique ». Il est motivé.

En cas de différend, le refus de l'employeur peut être directement contesté par le salarié devant le conseil de prud'hommes, statuant *(Ord. n° 2019-738 du 17 juill. 2019, art. 15)* « selon la procédure accélérée au fond », dans des conditions fixées par décret en Conseil d'État. – *Les dispositions de l'Ord. n° 2019-738 du 17 juill. 2019 s'appliquent aux demandes introduites à compter du 1er janv. 2020 (Ord. préc., art. 30).*

Comp. anc. art. L. 3142-54.

Art. L. 3142-64 Un décret en Conseil d'État détermine les modalités d'application de la présente sous-section, notamment les conditions d'indemnisation du salarié par l'État.

Comp. anc. art. L. 3142-55.

V. art. R. 3142-45 s.

§ 2 Champ de la négociation collective

Art. L. 3142-65 Pour mettre en œuvre le droit à congé du salarié mentionné à l'article L. 3142-60, une convention ou un accord collectif d'entreprise ou, à défaut, une convention ou un accord de branche détermine :

1° La durée totale maximale du congé ;

2° Le délai dans lequel le salarié adresse sa demande de congé à l'employeur ;

3° Le nombre maximal par établissement de salariés susceptibles de bénéficier du congé au cours d'une année.

§ 3 Dispositions suplétives

Art. L. 3142-66 A défaut de convention ou d'accord conclu en application de l'article L. 3142-65, les dispositions suivantes sont applicables :
1° La durée totale maximale du congé est de neuf jours ouvrables par an ;
2° Le délai dans lequel le salarié adresse sa demande de congé à l'employeur et les règles selon lesquelles est déterminé, par établissement, le nombre maximal de salariés susceptibles de bénéficier du congé au cours d'une année sont fixés par décret.

SOUS-SECTION 6 Congé de solidarité internationale

(L. n° 2016-1088 du 8 août 2016, art. 9)

§ 1 Ordre public

Art. L. 3142-67 Le salarié participant à une mission hors de France pour le compte d'une association à objet humanitaire régie par la loi du 1er juillet 1901 relative au contrat d'association ou inscrite au registre des associations en application du code civil local applicable aux départements du Bas-Rhin, du Haut-Rhin et de la Moselle, ou pour le compte d'une organisation internationale dont la France est membre, a droit à un congé de solidarité internationale.

La liste des associations et organisations mentionnées au premier alinéa est fixée par l'autorité administrative. – *V. Arr. du 16 juill. 1996 (JO 30 juill.).*

Comp. anc. art. L. 3142-32.

Art. L. 3142-68 La durée du congé ne peut être imputée sur la durée du congé payé annuel et est assimilée à une période de travail effectif pour la détermination des avantages légaux et conventionnels liés à l'ancienneté.

Comp. anc. art. L. 3142-37.

Art. L. 3142-69 Le bénéfice du congé peut être refusé par l'employeur s'il estime que cette absence est susceptible d'avoir des conséquences préjudiciables à la bonne marche de l'entreprise.

Le refus de l'employeur intervient après avis du *(Ord. n° 2017-1386 du 22 sept. 2017, art. 4)* « comité social et économique ». Il est motivé.

En cas de différend, le refus de l'employeur peut être directement contesté par le salarié devant le conseil de prud'hommes, statuant *(Ord. n° 2019-738 du 17 juill. 2019, art. 15)* « selon la procédure accélérée au fond », dans des conditions fixées par décret en Conseil d'État. – *Les dispositions de l'Ord. n° 2019-738 du 17 juill. 2019 s'appliquent aux demandes introduites à compter du 1er janv. 2020 (Ord. préc., art. 30).*

A défaut de réponse de l'employeur dans un délai fixé par décret, son accord est réputé acquis. – *V. art. D. 3142-54.*

Comp. anc. art. L. 3142-34.

Art. L. 3142-70 En cas d'urgence, l'employeur n'est pas tenu de motiver son refus et son silence ne vaut pas accord.

Comp. anc. art. L. 3142-35.

Art. L. 3142-71 A l'issue du congé de solidarité internationale ou à la suite de son interruption pour cas de force majeure, le salarié retrouve son précédent emploi ou un emploi similaire assorti d'une rémunération au moins équivalente.

Comp. anc. art. L. 3142-38.

Art. L. 3142-72 A l'issue du congé, le salarié remet à l'employeur une attestation constatant l'accomplissement de la mission, délivrée par l'association ou l'organisation concernée.

Comp. anc. art. L. 3142-39.

§ 2 Champ de la négociation collective

Art. L. 3142-73 Pour mettre en œuvre le droit à congé du salarié mentionné à l'article L. 3142-67, une convention ou un accord collectif d'entreprise ou, à défaut, une convention ou un accord de branche détermine :

1° La durée maximale du congé ;
2° L'ancienneté requise pour bénéficier de ce congé ;
3° En fonction de l'effectif de l'établissement, le nombre maximal de salariés susceptibles de bénéficier simultanément du congé de solidarité internationale ;
4° Les délais dans lesquels le salarié adresse sa demande de congé à son employeur ;
5° Les mesures permettant le maintien d'un lien entre l'entreprise et le salarié pendant la durée du congé et, le cas échéant, les modalités d'accompagnement du salarié à son retour.

§ 3 Dispositions supplétives

Art. L. 3142-74 A défaut de convention ou d'accord mentionné à l'article L. 3142-73, les dispositions suivantes sont applicables :
1° La durée maximale du congé est de six mois. Elle est de six semaines en cas d'urgence ;
2° L'ancienneté requise dans l'entreprise pour ouvrir droit au congé est de douze mois, consécutifs ou non ;
3° Les règles selon lesquelles sont déterminés, en fonction de l'effectif de l'établissement, le nombre maximal de salariés susceptibles de bénéficier simultanément du congé et les délais mentionnés au 4° de l'article L. 3142-73 dans lesquels le salarié adresse sa demande de congé à son employeur sont fixées par décret.

SOUS-SECTION 7 Congé pour acquisition de la nationalité

(L. n° 2016-1088 du 8 août 2016, art. 9)

§ 1 Ordre public

Art. L. 3142-75 Le salarié a le droit de bénéficier, sur justification, d'un congé pour assister à sa cérémonie d'accueil dans la citoyenneté française.
Bénéficie de ce droit, dans les mêmes conditions, le conjoint de la personne mentionnée au premier alinéa.
La durée de ce congé ne peut être imputée sur celle du congé payé annuel.

Comp. anc. art. L. 3142-116.

Art. L. 3142-76 En cas de différend, le refus de l'employeur peut être directement contesté par le salarié devant le conseil de prud'hommes, statuant *(Ord. n° 2019-738 du 17 juill. 2019, art. 15)* « selon la procédure accélérée au fond », dans des conditions fixées par décret en Conseil d'État. — *Les dispositions de l'Ord. n° 2019-738 du 17 juill. 2019 s'appliquent aux demandes introduites à compter du 1er janv. 2020 (Ord. préc., art. 30).*

§ 2 Champ de la négociation collective

Art. L. 3142-77 Pour mettre en œuvre le droit à congé du salarié mentionné à l'article L. 3142-75, une convention ou un accord collectif d'entreprise ou, à défaut, une convention ou un accord de branche déterminent la durée de ce congé.

§ 3 Dispositions supplétives

Art. L. 3142-78 A défaut de convention ou d'accord mentionné à l'article L. 3142-77, la durée du congé est d'une demi-journée.

Comp. anc. art. L. 3142-38.

SOUS-SECTION 8 Congés des salariés candidats ou élus à un mandat parlementaire ou local

RÉP. TRAV. v° *Suspension du contrat de travail (Règles générales)*, par Fin-Langer.

Les art. L. 3142-56 à L. 3142-64-1, dans leur rédaction antérieure à la L. n° 2016-1088 du 8 août 2016, deviennent, respectivement, les art. L. 3142-79 à L. 3142-88 (L. préc., art. 9).

Art. L. 3142-79 L'employeur laisse au salarié, candidat à l'Assemblée nationale ou au Sénat, le temps nécessaire pour participer à la campagne électorale dans la limite de vingt jours ouvrables.

Le même droit est accordé, sur sa demande, dans la limite de dix jours ouvrables au salarié candidat :
1° Au Parlement européen ;
2° Au conseil municipal *(Abrogé par L. n° 2019-1461 du 27 déc. 2019, art. 85)* « dans une commune d'au moins *(L. n° 2015-366 du 31 mars 2015, art. 6)* « **1 000** » habitants » ;
3° Au conseil départemental ou au conseil régional ;
4° A l'Assemblée de Corse ;
(L. n° 2019-1461 du 27 déc. 2019, art. 85) « 5° Au conseil de la métropole de Lyon. »

Comp. anc. art. L. 3142-56.

Pour l'application de l'art. L. 3142-79 à certains élus locaux, V. CGCT, art. L. 2123-9 et L. 2123-10 (commune), L. 3123-7 et L. 3123-8 (département), L. 4135-7 et L. 4135-8 (région). — **CGCT.**

Art. L. 3142-80 Le salarié bénéficie à sa convenance des dispositions de l'article *(L. n° 2016-1088 du 8 août 2016, art. 9)* « **L. 3142-79** », à condition que chaque absence soit au moins d'une demi-journée entière. Il avertit son employeur vingt-quatre heures au moins avant le début de chaque absence.

Comp. anc. art. L. 3142-57.

Art. L. 3142-81 Sur demande du salarié, la durée des absences est imputée sur celle du congé payé annuel dans la limite des droits qu'il a acquis à ce titre à la date du premier tour de scrutin.
Lorsqu'elles ne sont pas imputées sur le congé payé annuel, les absences ne sont pas rémunérées. Elles donnent alors lieu à récupération en accord avec l'employeur.

Comp. anc. art. L. 3142-58.

Art. L. 3142-82 La durée des absences est assimilée à une période de travail effectif pour la détermination des droits à congés payés ainsi que des droits liés à l'ancienneté résultant des dispositions légales et des stipulations conventionnelles.

Comp. anc. art. L. 3142-59.

Art. L. 3142-83 Le contrat de travail d'un salarié membre de l'Assemblée nationale ou du Sénat est, sur sa demande, suspendu jusqu'à l'expiration de son mandat, s'il justifie d'une ancienneté minimale d'une année chez l'employeur à la date de son entrée en fonction.

Comp. anc. art. L. 3142-60.

Art. L. 3142-84 A l'expiration de son mandat, le salarié retrouve son précédent emploi, ou un emploi analogue assorti d'une rémunération équivalente, dans les deux mois suivant la date à laquelle il a avisé son employeur de son intention de reprendre cet emploi.
Il bénéficie de tous les avantages acquis par les salariés de sa catégorie durant l'exercice de son mandat.
Il bénéficie, en tant que de besoin, d'une réadaptation professionnelle en cas de changement de techniques ou de méthodes de travail.

Comp. anc. art. L. 3142-61.

Art. L. 3142-85 Les dispositions de l'article *(L. n° 2016-1088 du 8 août 2016, art. 9)* « **L. 3142-84** » ne sont pas applicables lorsque le mandat a été renouvelé, sauf si la durée de la suspension prévue à l'article *(L. n° 2016-1088 du 8 août 2016, art. 9)* « **L. 3142-83** » a été, pour quelque cause que ce soit, inférieure à cinq ans.
Ces dispositions ne s'appliquent pas non plus lorsque le salarié membre de l'Assemblée nationale ou du Sénat est élu dans l'autre de ces deux assemblées.
A l'expiration du ou des mandats renouvelés, le salarié peut cependant solliciter sa réembauche dans des conditions déterminées par voie réglementaire.
Le salarié bénéficie alors pendant un an d'une priorité de réembauche dans les emplois auxquels sa qualification lui permet de prétendre. En cas de réemploi,

l'employeur lui accorde le bénéfice de tous les avantages qu'il avait acquis au moment de son départ.

Comp. anc. art. L. 3142-62.

Art. L. 3142-86 Un décret détermine les conditions dans lesquelles les droits des salariés, notamment en matière de prévoyance et de retraite, leur sont conservés durant la durée du mandat.

Comp. anc. art. L. 3142-63.

Art. L. 3142-87 Les dispositions de la présente sous-section sont applicables aux fonctionnaires et aux agents non titulaires de l'État, des collectivités territoriales et de leurs établissements publics ainsi qu'aux personnels des entreprises publiques, sauf s'ils bénéficient de dispositions plus favorables.

Comp. anc. art. L. 3142-64.

Art. L. 3142-88 Les maires et les adjoints au maire, les présidents et les vice-présidents de conseil départemental, les présidents et les vice-présidents de conseil régional bénéficient des dispositions des articles *(L. n° 2016-1088 du 8 août 2016, art. 9)* « L. 3142-83 à L. 3142-87 » dans les conditions prévues, respectivement, aux articles L. 2123-9, L. 3123-7 et L. 4135-7 du code général des collectivités territoriales.

Comp. anc. art. L. 3142-64-1.

SOUS-SECTION 9 Réserve opérationnelle et service national

§ 1 Réserve opérationnelle

Les art. L. 3142-65 à L. 3142-70, dans leur rédaction antérieure à la L. n° 2016-1088 du 8 août 2016, deviennent, respectivement, les art. L. 3142-89 à L. 3142-94 (L. préc., art. 9).

SOUS-§ 1 Ordre public *(L. n° 2023-703 du 1er août 2023, art. 29-II).*

Art. L. 3142-89 *(L. n° 2023-703 du 1er août 2023, art. 29-II)* Lorsqu'il n'est pas fait application de l'article L. 2171-1, du second alinéa de l'article L. 4221-5 et des articles L. 4231-4 et L. 4231-5 du code de la défense, le réserviste salarié a droit à une autorisation d'absence annuelle d'une durée minimale de dix jours ouvrés par année civile au titre de ses activités d'emploi ou de formation dans la réserve opérationnelle militaire ou la réserve opérationnelle de la police nationale.
Au-delà de sa durée d'autorisation d'absence annuelle, le réserviste salarié peut obtenir l'accord de son employeur pour effectuer une période d'emploi ou de formation au titre de la réserve opérationnelle militaire ou de la réserve opérationnelle de la police nationale pendant son temps de travail.
Le nombre de jours d'autorisation d'absence annuelle au titre de la réserve opérationnelle peut être étendu par un accord entre l'employeur et l'employé. Cet accord doit être écrit, signé par les deux parties et annexé au contrat de travail.
(L. n° 2023-703 du 1er août 2023, art. 31) « Pour les entreprises de moins de cinquante salariés, l'employeur peut décider, afin de conserver le bon fonctionnement de l'entreprise, de limiter l'autorisation d'absence annuelle au titre de la réserve opérationnelle militaire ou de la réserve opérationnelle de la police nationale à cinq jours ouvrés par année civile. »

Sur les activités ouvrant droit à autorisation d'absence du sapeur-pompier volontaire pendant son temps de travail, V. CSI, art. L. 723-12 s.

Art. L. 3142-90 *(L. n° 2023-703 du 1er août 2023, art. 29-II)* Pour obtenir l'accord mentionné à l'article L. 3142-89, le réserviste salarié présente sa demande par écrit à son employeur, en indiquant la date et la durée de l'absence envisagée. A défaut de réponse de l'employeur dans le délai de préavis mentionné aux articles L. 3142-94-2 et L. 3142-94-3, son accord est réputé acquis.
Lorsque les ressources militaires disponibles apparaissent insuffisantes pour répondre à des circonstances ou à des nécessités ponctuelles et imprévues, le délai de préavis prévu au premier alinéa du présent article peut, sur arrêté du ministre de la défense ou du ministre de l'intérieur pour les réservistes de la gendarmerie nationale, être

réduit à quinze jours pour les réservistes ayant souscrit avec l'accord de l'employeur la clause de réactivité prévue au huitième alinéa de l'article L. 4221-1 du code de la défense.

Art. L. 3142-91 Les périodes d'activité dans la réserve opérationnelle sont considérées comme des périodes de travail effectif pour les avantages légaux et conventionnels en matière d'ancienneté, d'avancement, de congés payés et de droits aux prestations sociales.

Comp. anc. art. L. 3142-67.

Art. L. 3142-92 L'employeur ne peut rompre le contrat de travail d'un salarié en raison des absences résultant d'une activité exercée au titre d'un engagement à servir dans la réserve opérationnelle ou faisant suite à un appel ou un rappel des personnes soumises à l'obligation de disponibilité.

A l'issue d'une période exécutée au titre du premier alinéa, le salarié retrouve son précédent emploi.

Comp. anc. art. L. 3142-68.

RÉP. TRAV. v° *Suspension du contrat de travail (Règles générales)*, par FIN-LANGER.

Art. L. 3142-93 La rupture du contrat de travail ne peut être notifiée ou prendre effet pendant l'accomplissement d'une période d'activité dans la réserve opérationnelle.

Comp. anc. art. L. 3142-69.

Art. L. 3142-94 Lorsque son accord préalable est requis, le refus de l'employeur d'accorder à un salarié l'autorisation de participer à une activité dans la réserve opérationnelle intervient dans des conditions déterminées par voie réglementaire. – *V. art. D. 3142-62.*

Comp. anc. art. L. 3142-70.

Art. L. 3142-94-1 (L. n° 2018-607 du 13 juill. 2018, art. 22) Un salarié peut, sur sa demande et en accord avec l'employeur, renoncer anonymement et sans contrepartie à tout ou partie de ses jours de repos non pris, qu'ils aient été affectés ou non sur un compte épargne-temps, au bénéfice d'un autre salarié de l'entreprise ayant souscrit un engagement à servir dans la réserve opérationnelle pour lui permettre d'effectuer une période d'activité dans la réserve opérationnelle. Le congé annuel ne peut être cédé que pour sa durée excédant vingt-quatre jours ouvrables.

Le salarié bénéficiaire d'un ou plusieurs jours cédés en application du premier alinéa bénéficie du maintien de sa rémunération pendant sa période d'absence. Cette période d'absence est assimilée à une période de travail effectif pour la détermination des droits que le salarié tient de son ancienneté. Le salarié conserve le bénéfice de tous les avantages qu'il avait acquis avant le début de sa période d'absence.

SOUS-§ 2 Champ de la négociation collective

(L. n° 2023-703 du 1er août 2023, art. 29-II)

Art. L. 3142-94-2 Pour mettre en œuvre le droit à autorisation d'absence au titre de ses activités dans la réserve opérationnelle militaire ou dans la réserve opérationnelle de la police nationale mentionné à l'article L. 3142-89, le contrat de travail, une convention conclue entre le ministre de la défense ou le ministre de l'intérieur et l'employeur, une convention ou un accord collectif d'entreprise ou, à défaut, une convention ou un accord de branche détermine :

1° La durée de l'autorisation d'absence annuelle, d'une durée minimale de dix jours ouvrés par année civile ;

2° Le délai de préavis dans lequel le salarié prévient son employeur de son absence ou, au-delà de sa durée d'autorisation d'absence annuelle, adresse sa demande à son employeur, d'une durée maximale d'un mois.

SOUS-§ 3 Dispositions supplétives

(L. n° 2023-703 du 1er août 2023, art. 29-II)

Art. L. 3142-94-3 A défaut de stipulations plus favorables résultant du contrat de travail, d'une convention conclue entre le ministre de la défense ou le ministre de

CONGÉS PAYÉS ET AUTRES CONGÉS — Art. L. 3142-95

l'intérieur et l'employeur ou d'une convention ou d'un accord mentionné à l'article L. 3142-94-2, les dispositions suivantes sont applicables :

1° La durée de l'autorisation d'absence annuelle est de dix jours ouvrés par année civile, sous réserve de l'article L. 3142-89 du présent code et de l'article L. 2171-1 du code de la défense, du second alinéa de l'article L. 4221-5 du même code et des articles L. 4231-4 et L. 4231-5 dudit code ;

2° Le délai de préavis dans lequel le salarié prévient son employeur de son absence ou, au-delà de sa durée d'autorisation d'absence annuelle, adresse sa demande à son employeur est d'un mois.

§ 2 Service national

Les art. L. 3142-71 à L. 3142-77, dans leur rédaction antérieure à la L. n° 2016-1088 du 8 août 2016, deviennent, respectivement, les art. L. 3142-95 à L. 3142-101 (L. préc., art. 9).

Art. L. 3142-95 Le contrat de travail d'un salarié appelé au service national en application du livre II du code du service national est suspendu pendant toute la durée du service national actif.

Lorsqu'il connaît la date de sa libération du service national actif, et au plus tard dans le mois suivant celle-ci, le salarié désirant reprendre l'emploi qu'il occupait précédemment en avertit son ancien employeur.

La réintégration dans l'entreprise est de droit.

Le salarié réintégré bénéficie de tous les avantages acquis au moment de son départ.

Comp. anc. art. L. 3142-71.

BIBL. ▶ BRONDY, *Dr. ouvrier* 1983. 215. – DOLL, *JCP* 1967. I. 2077. – ENCLOS, *RJS* 1995. 481. – GAUDEMET, *RFDA* 1988. 725.

1. Champ d'application. L'art. L. 122-18 [L. 3142-16 nouv.] ne s'applique pas, sauf convention internationale contraire, aux salariés de nationalité étrangère ayant exécuté leurs obligations militaires dans leur pays. ● Soc. 25 févr. 1992 : *D. 1992. IR 100 ; RJS 1992. 170, n° 277.* ◆ Il ne s'applique pas non plus au salarié qui, à l'issue de sa période de service obligatoire, prolonge volontairement son service national actif. ● Soc. 1er juill. 1998, n° 96-40.895 P : *RJS 1998. 629, n° 982 ; D. 1998. IR 189.* ◆ Mais une convention collective peut, sans introduire une discrimination prohibée fondée sur la nationalité, prévoir une suspension du contrat de travail pour les salariés, quelle que soit leur nationalité, qui accomplissent leurs obligations du service national prévues par le code français du service national. ● Soc. 1er mars 1995, n° 91-41.390 P : *D. 1995. IR 86 ; RJS 1995. 300, n° 451 ; JCP 1996. I. 3899, n° 11, obs. Mazière.*

2. Résiliation du contrat. Sauf dispositions conventionnelles plus favorables, le contrat de travail se trouve résilié et non pas seulement suspendu par l'accomplissement du service national. ● Soc. 9 déc. 1960 : *D. 1961. 60 ; JCP 1961. II. 12330, note Sinay* ● 14 mars 1983 : *Bull. civ. V, n° 147* ● 4 mars 1992, n° 90-43.066 P.

3. Retour du salarié. Justifie son refus de réintégrer le salarié l'employeur qui produit une attestation démontrant que le salarié avait en partant exprimé sa volonté de ne pas reprendre son emploi. ● Soc. 12 déc. 1979 : *Bull. civ. V, n° 973.*

4. L'employeur a seulement l'obligation de reprendre le salarié à sa libération du service national dans la même catégorie d'emplois et non de l'affecter au même poste. ● Soc. 3 juill. 1979 : *Bull. civ. V, n° 600.* ◆ Cette obligation de réintégration est transférée au nouvel employeur, en application de l'article L. 122-18. ● Soc. 10 déc. 1997, n° 95-41.382 P : *D. 1998. IR 29 ; Dr. soc. 1998. 201, obs. A. Mazeaud ; RJS 1998. 108, n° 167 ; JCP 1998. II. 10106, note Mouly.*

5. Le salarié réintégré bénéficiant de tous les avantages qu'il avait acquis avant son départ, le calcul de son ancienneté doit prendre en compte l'ancienneté acquise antérieurement, mais non la durée du service national. ● Soc. 28 juin 1973 : *Bull. civ. V, n° 422* ● 22 juill. 1985 : *ibid., n° 425.*

6. La violation par l'employeur de son obligation de réintégration ne peut donner lieu qu'à des dommages-intérêts, le juge des référés ne pouvant ordonner la réintégration du salarié. ● Soc. 14 mars 1983 : *Bull. civ. V, n° 147 ; D. 1983. IR 354.*

7. Une cour d'appel peut considérer que le licenciement d'un salarié engagé pour une durée indéterminée ne procède pas d'une cause réelle et sérieuse et présente un caractère abusif lorsqu'il est prononcé uniquement pour permettre la réintégration d'un autre salarié à l'issue de son service national. ● Soc. 7 nov. 1990 : *CSB 1990. 275, A. 61.* ◆ Comp. : ● Soc. 8 déc. 1955 : *Bull. civ. IV, n° 884.*

8. Suppression de l'emploi. Le salarié n'a pas à être réintégré lorsque l'emploi qu'il occupait ou un emploi ressortissant à la même catégorie que le sien a été supprimé. ● Soc. 22 juin 1977 : *Bull. civ. V, n° 413* ● 17 oct. 1979 : *ibid., n° 743* ● 16 déc. 1980 : *ibid., n° 903* ● 28 mars 1990 : *CSB 1990. 149, S. 89.*

9. La suppression du poste n'est pas établie lorsqu'il a seulement été occupé par un remplaçant. • Soc. 12 juin 1981 : *Bull. civ. V, n° 542.* ♦ ... Ou lorsque l'employeur, bien qu'ayant fermé une succursale de son entreprise, a maintenu localement la même activité. • Soc. 18 juill. 1962 : *Dr. soc. 1962. 628, obs. Savatier.*

10. La preuve de la suppression de l'emploi occupé par le salarié avant son départ au service national incombe à l'employeur. • Soc. 7 mars 1985 : *JCP E 1985. I. 14858, p. 349, n° 9, obs. Teyssié.*

11. Le salarié qui, en raison d'un manque de travail, n'a pas pu être réintégré n'a droit ni à l'indemnité de préavis... • Soc. 26 févr. 1964 : *Bull. civ. IV, n° 173* ; *JCP 1964. II. 13808, note B. P.* • 17 oct. 1979 : *Bull. civ. V, n° 743 ; D. 1980. IR 174.* ♦ ... Ni à l'indemnité de licenciement. • Soc. 22 juin 1977 : *Bull. civ. V, n° 413 ; D. 1977. IR 469.*

Art. L. 3142-96 Les dispositions de l'article *(L. n° 2016-1088 du 8 août 2016, art. 9)* « L. 3142-95 » sont applicables, lors de leur renvoi dans leurs foyers, aux personnes qui, ayant accompli leur service actif, ont été maintenues au service national.

Comp. anc. art. L. 3142-72.

Art. L. 3142-97 Tout salarié âgé de seize à vingt-cinq ans, qui participe à l'appel de préparation à la défense, bénéficie d'une autorisation d'absence exceptionnelle d'un jour.

Cette absence exceptionnelle a pour but exclusif de permettre au salarié de participer à l'appel de préparation à la défense. Elle n'entraîne pas de réduction de rémunération. Elle est assimilée à une période de travail effectif pour la détermination de la durée de congé annuel.

Comp. anc. art. L. 3142-73.

Art. L. 3142-98 Aucun employeur ne peut rompre le contrat de travail d'un salarié au motif que lui-même ou le salarié se trouve astreint aux obligations du service national, ou se trouve appelé au service national en exécution d'un engagement pour la durée de la guerre, ou rappelé au service national à un titre quelconque.

Toutefois, l'employeur peut rompre le contrat s'il justifie d'une faute grave de l'intéressé, non liée aux obligations du premier alinéa, ou s'il se trouve dans l'impossibilité de maintenir le contrat pour un motif étranger à ces obligations.

Comp. anc. art. L. 3142-74.

Art. L. 3142-99 Lorsque le contrat de travail est rompu pour une autre cause légitime par l'une des parties, la rupture du contrat ne peut être notifiée ni prendre effet pendant la période passée au service national.

Ces dispositions ne sont pas applicables si l'objet pour lequel le contrat de travail a été conclu arrive à échéance pendant cette période.

Comp. anc. art. L. 3142-75.

Art. L. 3142-100 En cas de méconnaissance des dispositions du présent paragraphe, la partie lésée a droit à des dommages-intérêts fixés par le juge judiciaire, en plus de l'indemnité de licenciement.

Comp. anc. art. L. 3142-76.

Les dommages-intérêts sanctionnant la violation des dispositions spécifiques doivent être calculés en fonction du préjudice subi par le salarié du fait de sa non-réintégration dans l'entreprise. • Soc. 11 avr. 1991 : *D. 1991. IR 131 ; CSB 1991. 137, A. 35 ; RJS 1991. 370, n° 692.*

Art. L. 3142-101 Toute stipulation contraire aux dispositions du présent paragraphe est nulle de plein droit.

Comp. anc. art. L. 3142-77.

SOUS-SECTION 10 Réserve dans la sécurité civile, opérations de secours et réserve sanitaire

La sous-section 11, dans sa rédaction antérieure à la L. n° 2016-1088 du 8 août 2016, devient la sous-section 10 (L. préc., art. 9).

CONGÉS PAYÉS ET AUTRES CONGÉS

§ 1 Réserve dans la sécurité civile

Art. L. 3142-102 (Ord. n° 2012-351 du 12 mars 2012, art. 11) Les dispositions applicables aux salariés servant dans la réserve de sécurité civile sont définies aux articles L. 724-7 à L. 724-10 du code de la sécurité intérieure.

Comp. anc. art. L. 3142-108.

§ 2 Participation aux opérations de secours

Art. L. 3142-103 (Ord. n° 2012-351 du 12 mars 2012, art. 11) Les dispositions applicables aux salariés membres d'une association agréée en matière de sécurité civile sont définies aux articles L. 725-7 à L. 725-9 du code de la sécurité intérieure.

Comp. anc. art. L. 3142-112.

§ 3 Réserve sanitaire

Art. L. 3142-104 Les dispositions applicables aux réservistes sanitaires sont définies au chapitre III du titre III du livre I de la troisième partie du code de la santé publique.

Comp. anc. art. L. 3142-115.

SECTION 3 Congé et période de travail à temps partiel pour la création ou la reprise d'entreprise

(L. n° 2016-1088 du 8 août 2016, art. 9)

RÉP. TRAV. v^{is} *Congés*, par BOUSIGES ; *Suspension du contrat de travail (Règles générales)*, par FIN-LANGER.

SOUS-SECTION 1 Ordre public

Art. L. 3142-105 Le salarié qui crée ou reprend une entreprise a droit, sous réserve d'une condition d'ancienneté dans l'entreprise et dans les conditions fixées à la présente section :
1° Soit à un congé ;
2° Soit à une période de travail à temps partiel.
L'ancienneté acquise dans toute autre entreprise du même groupe, au sens de l'article L. 2331-1, est prise en compte au titre de l'ancienneté dans l'entreprise.

Comp. art. L. 3142-78 et L. 3142 81.

Sur l'indemnisation éventuelle de ce congé par un compte épargne-temps, V. art. L. 3151-2.

Sur la prise en compte de ce congé dans la durée d'affiliation à l'assurance chômage, V. Règl. d'assurance chômage, annexé au Décr. n° 2019-797 du 26 juill. 2019 relatif au régime d'assurance chômage, art. 3, App. III. C, v° Chômage.

Art. L. 3142-106 L'article L. 3142-105 s'applique également au salarié qui exerce des responsabilités de direction au sein d'une entreprise répondant, au moment où il sollicite son congé, aux critères de jeune entreprise innovante définie à l'article 44 *sexies*-0 A du code général des impôts.

Comp. anc. art. L. 3142-79.

Art. L. 3142-107 L'employeur peut différer le départ en congé ou le début de la période de travail à temps partiel, dans la limite de six mois à compter de la demande du salarié, sans préjudice de l'application des articles L. 3142-113 et L. 3142-114.

Comp. anc. art. L. 3142-83.

Art. L. 3142-108 A l'issue du congé, le salarié retrouve son précédent emploi ou un emploi similaire assorti d'une rémunération au moins équivalente.

Comp. anc. art. L. 3142-84, al. 1er.

Jurisprudence rendue sous l'empire des textes antérieurs à la L. n° 2016-1088 du 8 août 2016.

1. Conditions de la réintégration. L'art. L. 122-32-16 [L. 3142-108 nouv.] ne subordonne à aucune condition la réintégration du salarié à l'issue d'un congé pour création d'entreprise. • Soc. 21 nov. 1995 : ⚖ *RJS 1996. 25, n° 34* (salarié ayant conservé son activité dans l'entreprise créée). ♦ Aussi, l'employeur ne peut subordonner cette réintégration à la condition que le salarié justifie du respect de la finalité du congé. • Soc. 1er déc. 2005 : ⚖ *D. 2006. IR 102* ; *RJS 2006. 137, n° 230* ; *JSL 2005, n° 180-3.*

2. Modalités de la réintégration. Dès lors que la cour d'appel constate que la société n'avait proposé au salarié que des emplois entraînant une perte de qualification et une réduction de son autorité, elle a pu en déduire que la société n'avait pas proposé au salarié un emploi similaire à celui qu'il occupait avant son départ. • Soc. 2 oct. 1997 : ⚖ *RJS 1997. 771, n° 1251.*

Art. L. 3142-109 A l'issue du congé ou de la période de travail à temps partiel, si le salarié souhaite mettre fin à la relation de travail, les conditions de la rupture sont celles prévues par son contrat de travail, à l'exception de celles relatives au préavis. Le salarié est, de ce fait, dispensé de payer une indemnité de rupture.

Le salarié ne peut invoquer aucun droit à être réemployé avant l'expiration du congé.

Comp. anc. art. L. 3142-84, al. 2, et L. 3142-85, al. 2.

Jurisprudence rendue sous l'empire des textes antérieurs à la L. n° 2016-1088 du 8 août 2016.

L'inobservation du délai de trois mois n'est pas sanctionnée par une rupture automatique du contrat imputable au salarié. • Soc. 23 oct. 1991, ⚖ n° 88-43.819 P : *D. 1991. IR 265* ; *RJS 1991. 715, n° 1333* • 2 juin 1992, ⚖ n° 91-42.791 P : *D. 1992. IR 184* ; *RJS 1992. 473, n° 881.* ♦ Il incombe à l'employeur qui soutient que le non-respect du délai de trois mois constitue un empêchement à la réintégration de prononcer le licenciement, dont le juge devra apprécier si la cause est réelle et sérieuse. • Soc. 13 déc. 1995 : ⚖ *Dr. soc. 1996. 427* ; *RJS 1996. 85, n° 130.*

Art. L. 3142-110 Le salarié qui reprend son activité dans l'entreprise à l'issue de son congé bénéficie en tant que de besoin d'une réadaptation professionnelle, notamment en cas de changement de techniques ou de méthodes de travail. *(Abrogé par Ord. n° 2019-861 du 21 août 2019, art. 1er)* « Il n'est pas comptabilisé dans le plafond de salariés pouvant bénéficier simultanément d'un congé individuel de formation prévu à l'article L. 6322-7. »

Comp. anc. art. L. 3142-86.

Art. L. 3142-111 Lorsqu'il est envisagé une période de travail à temps partiel, un avenant au contrat de travail fixe la durée de cette période conformément à l'article L. 3123-6.

Toute prolongation de la période de travail à temps partiel à la demande du salarié donne lieu à la signature d'un nouvel avenant dans les mêmes conditions.

Comp. anc. art. L. 3142-87.

Art. L. 3142-112 Le salarié dont un avenant au contrat de travail prévoit le passage à temps partiel ne peut invoquer aucun droit à être réemployé à temps plein avant le terme de cet avenant.

A l'issue de la période de travail à temps partiel, le salarié retrouve une activité à temps plein assortie d'une rémunération au moins équivalente à celle qui lui était précédemment servie.

Comp. anc. art. L. 3142-90.

Art. L. 3142-113 Dans les entreprises de moins de trois cents salariés, l'employeur peut refuser le congé ou le passage à temps partiel :

1° S'il estime, après avis du *(Ord. n° 2017-1386 du 22 sept. 2017, art. 4)* « comité social et économique », que ce congé ou cette activité à temps partiel aura des conséquences préjudiciables à la bonne marche de l'entreprise ;

2° Si le salarié demande ce congé ou cette période d'activité à temps partiel moins de trois ans après une précédente création ou reprise d'entreprise ou après le début de l'exercice de précédentes responsabilités de direction au sein d'une entreprise répondant aux critères de jeune entreprise innovante.

L'employeur précise le motif de son refus et le porte à la connaissance du salarié.

Ce refus peut être contesté par le salarié directement devant le conseil de prud'hommes, statuant *(Ord. n° 2019-738 du 17 juill. 2019, art. 15)* « selon la procédure accélérée au fond », dans des conditions déterminées par décret en Conseil d'État. — *Les dispositions de l'Ord. n° 2019-738 du 17 juill. 2019 s'appliquent aux demandes introduites à compter du 1er janv. 2020 (V. disp. préc., art. 30).*

Comp. anc. art. L. 3142-88.

Art. L. 3142-114 L'employeur peut différer le départ en congé du salarié lorsque ce départ aurait pour effet de porter l'effectif des salariés simultanément absents ou le nombre de jours d'absence au titre de ce congé et au titre du congé sabbatique à un niveau excessif au regard, respectivement, de l'effectif total et du nombre de jours travaillés dans l'entreprise.

Art. L. 3142-115 Dans les entreprises d'au moins trois cents salariés, l'employeur peut différer le début de la période de travail à temps partiel lorsque celle-ci aurait pour effet de porter l'effectif de salariés employés simultanément à temps partiel au titre de la présente section à un niveau excessif au regard de l'effectif total de l'entreprise.

Comp. anc. art. L. 3142-89.

Art. L. 3142-116 L'employeur informe le salarié de sa décision relative à la date de départ choisie par ce dernier.
A défaut de réponse de la part de l'employeur dans un délai fixé par décret, son accord est réputé acquis.

SOUS-SECTION 2 **Champ de la négociation collective**

Art. L. 3142-117 Pour mettre en œuvre le droit à congé du salarié mentionné à l'article L. 3142-105, une convention ou un accord collectif d'entreprise ou, à défaut, une convention ou un accord de branche détermine :
 1° La durée maximale du congé ou de la période de travail à temps partiel ;
 2° Le nombre de renouvellements possibles de ce congé ou de cette période ;
 3° La condition d'ancienneté requise pour avoir droit à ce congé ou à cette période ;
 4° Les délais dans lesquels le salarié informe l'employeur de la date à laquelle il souhaite partir en congé ou, en cas de passage à temps partiel, de la date de début de la période de travail à temps partiel et de l'amplitude de la réduction souhaitée de son temps de travail, ainsi que de la durée envisagée de ce congé ou de cette période ;
 5° Les conditions et délais de la demande de prolongation de ce congé ou de cette période de travail à temps partiel ;
 6° Les conditions dans lesquelles le salarié informe l'employeur de son intention de poursuivre ou de rompre son contrat de travail à l'issue de son congé ou de sa période de travail à temps partiel ;
 7° Les plafonds ou niveaux mentionnés à l'article L. 3142-114 et, pour les entreprises d'au moins trois cents salariés, le niveau mentionné à l'article L. 3142-115 ;
 8° Les conditions permettant le maintien d'un lien entre l'entreprise et le salarié pendant la durée du congé et, le cas échéant, les modalités d'accompagnement et de réadaptation professionnelle à son retour.

Art. L. 3142-118 Cette convention ou cet accord détermine également les modalités de report des congés payés dus au salarié qui bénéficie du congé.

SOUS-SECTION 3 **Dispositions suplétives**

§ 1 Règles générales de prise du congé et de passage à temps partiel

Art. L. 3142-119 A défaut de convention ou d'accord mentionné à l'article L. 3142-117, les dispositions suivantes sont applicables :
 1° La durée maximale du congé ou de la période de travail à temps partiel est d'un an. Elle peut être prolongée au plus d'un an ;
 2° L'ancienneté requise pour ouvrir droit au congé ou à la période de travail à temps partiel est de vingt-quatre mois, consécutifs ou non, dans l'entreprise ;

3° Les conditions et délais d'information mentionnés aux 4° à 6° de l'article L. 3142-117 sont fixés par décret ;
4° Le niveau de salariés absents au titre du congé dans l'entreprise et de jours d'absence prévus au titre de ce congé, pour lequel l'employeur peut différer le départ ou le début de la période de travail à temps partiel, sont fixés par décret.

§ 2 Report de congés payés

Art. L. 3142-120 A défaut de stipulation dans la convention ou l'accord mentionné à l'article L. 3142-117, les congés payés annuels dus au salarié en plus de vingt-quatre jours ouvrables peuvent être reportés, à sa demande, jusqu'au départ en congé, dans les conditions prévues au présent paragraphe.

Le cumul de ces congés payés porte au maximum sur six années.

Art. L. 3142-121 Une indemnité compensatrice est perçue par le salarié lors de son départ pour l'ensemble des congés payés dont il n'a pas bénéficié.

Le premier alinéa du présent article ne s'applique pas lorsque l'employeur est tenu d'adhérer à une caisse de congés payés mentionnée à l'article L. 3141-32.

Art. L. 3142-122 En cas de renonciation au congé, les congés payés du salarié reportés en application de l'article L. 3142-120 sont ajoutés aux congés payés annuels.

Ces congés payés reportés sont ajoutés chaque année aux congés payés annuels, par fraction de six jours et jusqu'à épuisement, à compter de la renonciation.

Jusqu'à épuisement des congés payés reportés, tout report au titre de l'article L. 3142-120 est exclu.

Art. L. 3142-123 En cas de rupture du contrat de travail, le salarié perçoit une indemnité compensatrice pour les droits à congés payés reportés.

Ces dispositions ne s'appliquent pas lorsque l'employeur est tenu d'adhérer à une caisse de congés payés mentionnée à l'article L. 3141-32.

Art. L. 3142-124 Les indemnités compensatrices prévues au présent paragraphe sont calculées conformément aux articles L. 3141-24 à L. 3141-27.

SECTION 4 **Congé d'enseignement ou de recherche**

(L. n° 2020-1674 du 24 déc. 2020, art. 26)

SOUS-SECTION 1 **Ordre public**

Art. L. 3142-125 Le salarié qui souhaite dispenser à temps plein ou à temps partiel un enseignement technologique, professionnel ou supérieur en formation initiale ou continue a droit, sous réserve d'une condition d'ancienneté et dans les conditions fixées à la présente section :
1° Soit à un congé ;
2° Soit à une période de travail à temps partiel.

Art. L. 3142-126 L'article L. 3142-125 s'applique également au salarié qui souhaite se livrer à une activité de recherche et d'innovation dans un établissement public de recherche, une collectivité territoriale, une entreprise publique ou privée, sauf si son employeur établit que l'exercice de ce droit par le salarié compromet directement la politique de recherche, d'innovation et de développement technologique de l'entreprise.

Art. L. 3142-127 Dans les entreprises de trois cents salariés et plus, l'employeur peut différer le départ en congé ou le début de la période de travail à temps partiel du salarié lorsque l'exercice de ce droit aurait pour effet de porter le pourcentage de salariés simultanément absents à ce titre à un niveau excessif au regard de l'effectif total de l'entreprise.

Art. L. 3142-128 Dans les entreprises de moins de trois cents salariés, l'employeur peut différer le départ en congé ou le début de la période de travail à temps partiel du salarié lorsque l'exercice de ce droit aurait pour effet de porter le nombre d'heures de congé demandées à un niveau excessif au regard du nombre total d'heures travaillées dans l'année.

Toutefois, le nombre d'heures de congé auquel un salarié a droit peut être, à sa demande, reporté d'une année sur l'autre, sans que le cumul des reports puisse dépasser quatre ans.

SOUS-SECTION 2 Champ de la négociation collective

Art. L. 3142-129 Pour mettre en œuvre le droit à congé du salarié mentionné à l'article L. 3142-125, un accord collectif détermine :
1° La durée maximale du congé ou de la période de travail à temps partiel ;
2° Le nombre de renouvellements possibles de ce congé ou de cette période ;
3° La condition d'ancienneté requise pour avoir droit à ce congé ou à cette période ;
4° Les délais dans lesquels le salarié informe l'employeur de la date à laquelle il souhaite partir en congé ou, en cas de passage à temps partiel, de la date de début de la période de travail à temps partiel et de l'amplitude de la réduction souhaitée de son temps de travail, ainsi que de la durée envisagée de ce congé ou de cette période ;
5° Les conditions et délais de la demande de prolongation de ce congé ou de cette période de travail à temps partiel ;
6° Les conditions dans lesquelles le salarié informe l'employeur de son intention de poursuivre ou de rompre son contrat de travail à l'issue de son congé ou de sa période de travail à temps partiel ;
7° Les plafonds ou niveaux mentionnés aux articles L. 3142-127 et L. 3142-128 ;
8° Les conditions permettant le maintien d'un lien entre l'entreprise et le salarié pendant la durée du congé et, le cas échéant, les modalités d'accompagnement et de réadaptation professionnelle à son retour.

SOUS-SECTION 3 Dispositions supplétives

Art. L. 3142-130 A défaut de l'accord mentionné à l'article L. 3142-129, les dispositions suivantes sont applicables :
1° La durée maximale du congé ou de la période de travail à temps partiel est d'un an. Cette durée peut être prolongée sur demande du salarié par accord entre l'entreprise et l'organisme ou l'entreprise d'accueil ;
2° L'ancienneté requise pour ouvrir droit au congé ou à la période de travail à temps partiel est d'un an en cas d'accord de l'employeur et de vingt-quatre mois, consécutifs ou non, dans l'entreprise en cas de désaccord de ce dernier ;
3° Les conditions et délais d'information mentionnés aux 4° à 6° du même article L. 3142-129 sont fixés par décret ;
4° Le[s] niveau[x] de salariés absents au titre du congé dans l'entreprise et de jours d'absence prévus au titre de ce congé, pour lequel l'employeur peut différer le départ ou le début de la période de travail à temps partiel, sont fixés par décret.

V. art. D. 3142-77 s.

CHAPITRE III DISPOSITIONS PÉNALES

Le présent chapitre ne comprend pas de dispositions législatives.

TITRE V COMPTE ÉPARGNE-TEMPS

(L. n° 2016-1088 du 8 août 2016, art. 11)

Ce titre V, dans sa rédaction antérieure à la L. n° 2016-1088 du 8 août 2016, est consultable en ligne, V. sur le Code en ligne 🔒.

V. Circ. DGT n° 20 du 13 nov. 2008 relative à la loi portant rénovation de la démocratie sociale et du temps de travail, Fiche n° 13.

BIBL. GÉN. ▶ Dedessus-Le-Moustier, *Dr. soc.* 1998. 547 ✏ (fonctions du compte épargne-temps).

COMMENTAIRE

V. sur le Code en ligne 🔒. ❑

CHAPITRE I **ORDRE PUBLIC**

Art. L. 3151-1 Le compte épargne-temps peut être mis en place par une convention ou un accord d'entreprise ou d'établissement ou, à défaut, par une convention ou un accord de branche.

Comp. anc. art. L. 3152-1.

Art. L. 3151-2 Le compte épargne-temps permet au salarié d'accumuler des droits à congé rémunéré ou de bénéficier d'une rémunération, immédiate ou différée, en contrepartie des périodes de congé ou de repos non pris ou des sommes qu'il y a affectées.

Le congé annuel ne peut être affecté au compte épargne-temps que pour sa durée excédant vingt-quatre jours ouvrables.

Comp. anc. art. L. 3151-1 et L. 3252-2 in fine.

Utilisation du CET et rémunération des jours fériés. Les sommes issues de l'utilisation, par le salarié, des droits affectés sur son compte épargne-temps ne répondent à aucune périodicité de la prestation de travail ou de sa rémunération, puisque, d'une part, le salarié et l'employeur décident librement de l'alimentation de ce compte et, d'autre part, la liquidation du compte épargne-temps ne dépend que des dispositions légales et conventionnelles applicables ; pendant une période de congé sans solde le salarié ne peut prétendre qu'à une indemnisation au titre du compte épargne-temps et l'employeur n'est pas dans l'obligation de payer les rémunérations relatives aux jours fériés inclus dans ce congé. • Soc. 23 nov. 2022, ⚖ n° 21-17.300 B : *RJS 2/2023, n° 82.*

Art. L. 3151-3 Tout salarié peut, sur sa demande et en accord avec son employeur, utiliser les droits affectés sur le compte épargne-temps pour compléter sa rémunération ou pour cesser de manière progressive son activité.

L'utilisation sous forme de complément de rémunération des droits versés sur le compte épargne-temps au titre du congé annuel n'est autorisée que pour ceux de ces droits correspondant à des jours excédant la durée de trente jours fixée à l'article L. 3141-3.

Comp. anc. art. L. 3153-1.

Art. L. 3151-4 Les droits acquis dans le cadre du compte épargne-temps sont garantis dans les conditions prévues à l'article L. 3253-8.

Comp. anc. art. L. 3154-1.

CHAPITRE II **CHAMP DE LA NÉGOCIATION COLLECTIVE**

Art. L. 3152-1 La convention ou l'accord collectif détermine dans quelles conditions et limites le compte épargne-temps peut être alimenté en temps ou en argent à l'initiative du salarié ou, pour les heures accomplies au-delà de la durée collective, à l'initiative de l'employeur.

Art. L. 3152-2 La convention ou l'accord collectif définit les modalités de gestion du compte épargne-temps et détermine les conditions d'utilisation, de liquidation et de transfert des droits d'un employeur à un autre.

Art. L. 3152-3 Pour les droits acquis, convertis en unités monétaires, qui excèdent le plus élevé des montants fixés par décret en application de l'article L. 3253-17, la convention ou l'accord collectif établit un dispositif d'assurance ou de garantie.

Art. L. 3152-4 La convention ou l'accord collectif prévoit que les droits affectés sur le compte épargne-temps sont utilisés, en tout ou partie :

1° Pour contribuer au financement de prestations de retraite qui revêtent un caractère collectif et obligatoire déterminé dans le cadre d'une des procédures mentionnées à l'article L. 911-1 du code de la sécurité sociale. Dans ce cas, les droits qui correspondent à un abondement de l'employeur en temps ou en argent bénéficient des régimes prévus aux 2° ou 2°-0 bis de l'article 83 du code général des impôts et au sixième alinéa et au 1° de l'article L. 242-1 du code de la sécurité sociale ou à l'article L. 741-10 du code rural et de la pêche maritime ;

2° Pour réaliser des versements sur un ou plusieurs plans d'épargne pour la retraite collectifs *(Ord. n° 2019-766 du 24 juill. 2019, art. 7-IV, en vigueur le 1er oct. 2019)* « ou plan d'épargne retraite d'entreprise collectif ». Dans ce cas, les droits qui correspondent à un abondement de l'employeur en temps ou en argent bénéficient du régime prévu aux articles L. 3332-11 à L. 3332-13 et L. 3332-27 du présent code.

Les droits utilisés selon les modalités prévues aux 1° et 2° du présent article qui ne sont pas issus d'un abondement en temps ou en argent de l'employeur bénéficient, dans la limite d'un plafond de dix jours par an :

a) De l'exonération prévue à l'article L. 242-4-3 du code de la sécurité sociale ou aux articles L. 741-4 et L. 741-15 du code rural et de la pêche maritime en tant qu'ils visent l'article L. 242-4-3 du code de la sécurité sociale ;

b) Et, selon le cas, des régimes prévus aux 2° ou 2°-0 bis de l'article 83 du code général des impôts, pour ceux utilisés selon les modalités prévues au 1° du présent article, ou de l'exonération prévue au b du 18° de l'article 81 du même code, pour ceux utilisés selon les modalités prévues au 2° du présent article.

Les dispositions issues de l'Ord. n° 2019-766 du 24 juill. 2019 entrent en vigueur à une date fixée par Décr. et au plus tard le 1er janv. 2020 (Ord. préc., art. 9-I). La date d'entrée en vigueur est fixée au 1er oct. 2019 (Décr. n° 2019-807 du 30 juill. 2019, art. 9-II).

Les dispositions de cet art. sont applicables à Mayotte à compter du 1er janv. 2022 (Ord. n° 2017-1491 du 25 oct. 2017, art. 33).

CHAPITRE III DISPOSITIONS SUPPLÉTIVES

Art. L. 3153-1 A défaut de convention ou d'accord collectif mentionné à l'article L. 3152-3, un dispositif de garantie est mis en place par décret.

Dans l'attente de la mise en place d'un dispositif de garantie, lorsque les droits acquis, convertis en unités monétaires, excèdent le plafond mentionné à l'article L. 3152-3, une indemnité correspondant à la conversion monétaire de l'ensemble des droits est versée au salarié.

Art. L. 3153-2 A défaut de stipulation conventionnelle prévoyant les conditions de transfert des droits d'un employeur à un autre, le salarié peut :

1° Percevoir, en cas de rupture du contrat de travail, une indemnité correspondant à la conversion monétaire de l'ensemble des droits qu'il a acquis ;

2° Demander, en accord avec l'employeur, la consignation auprès d'un organisme tiers de l'ensemble des droits, convertis en unités monétaires, qu'il a acquis. Le déblocage des droits consignés se fait au profit du salarié bénéficiaire ou de ses ayants droit dans des conditions fixées par décret.

TITRE VI DISPOSITIONS PARTICULIÈRES AUX JEUNES TRAVAILLEURS

BIBL. ▶ KERBOURC'H et WILLMANN, *RDT* 2010. Controverse 342 (faut-il un droit du travail des jeunes ?). – PAULIN, *RDT* 2011. 500 (emploi des jeunes : quelques aménagements de crise).

CHAPITRE I DÉFINITIONS

Art. L. 3161-1 Pour l'application des dispositions du présent titre, sont considérés comme des jeunes travailleurs :

1° Les salariés âgés de moins de dix-huit ans ;

2° Les stagiaires âgés de moins de dix-huit ans qui accomplissent des stages d'initiation ou d'application en milieu professionnel dans le cadre d'un enseignement alterné ou du déroulement de leur scolarité.

CHAPITRE II DURÉE DU TRAVAIL

Art. L. 3162-1 (L. n° 2018-771 du 5 sept. 2018, art. 13-III) Les jeunes travailleurs ne peuvent être employés à un travail effectif excédant huit heures par jour et trente-cinq heures par semaine.

Par dérogation au premier alinéa, pour certaines activités déterminées par décret en Conseil d'État, lorsque l'organisation collective du travail le justifie, il peut être dérogé :

1° A la durée hebdomadaire de travail effectif de trente-cinq heures, dans la limite de cinq heures par semaine ;

2° A la durée quotidienne de travail effectif de huit heures, dans la limite de deux heures par jour.

Lorsqu'il est fait application des dépassements prévus aux 1° et 2° :

a) Des périodes de repos d'une durée au moins équivalente au nombre d'heures accomplies au-delà de la durée quotidienne de huit heures sont attribuées ;

b) Les heures supplémentaires éventuelles, ainsi que leurs majorations, donnent lieu à un repos compensateur équivalent.

Pour les autres activités et à titre exceptionnel, des dérogations aux durées maximales hebdomadaire et quotidienne de travail effectif fixées au premier alinéa peuvent être accordées dans la limite de cinq heures par semaine par l'inspecteur du travail après avis conforme du médecin du travail ou du médecin chargé du suivi médical de l'élève.

La durée du travail des intéressés ne peut en aucun cas être supérieure à la durée quotidienne ou hebdomadaire normale du travail des adultes employés dans l'établissement. – *V. art. R. 3162-1 et R. 3165-2 (pén.).*

En application de l'art. L. 231-5 CRPA, et par exception à l'application du délai de deux mois prévu à l'art. L. 231-1 du même code, le délai à l'expiration duquel le silence gardé par l'administration vaut décision d'acceptation est fixé à trente jours pour des demandes de dérogations aux durées quotidienne et hebdomadaire maximales de travail effectif des jeunes travailleurs (Décr. n° 2014-1290 du 23 oct. 2014, art. 1ᵉʳ).

Les dispositions du présent art. ne sont pas applicables aux contrats conclus avant le 1ᵉʳ janv. 2019 (L. n° 2018-771 du 5 sept. 2018, art. 46-II).

Ancien art. L. 3162-1 *Les jeunes travailleurs ne peuvent être employés à un travail effectif excédant huit heures par jour et trente-cinq heures par semaine.*

A titre exceptionnel, des dérogations à ces dispositions peuvent être accordées dans la limite de cinq heures par semaine par l'inspecteur du travail après avis conforme du médecin du travail de l'établissement.

La durée du travail des intéressés ne peut en aucun cas être supérieure à la durée quotidienne ou hebdomadaire normale du travail des adultes employés dans l'établissement.

Art. L. 3162-2 L'employeur laisse aux jeunes travailleurs soumis à l'obligation de suivre des cours professionnels pendant la journée de travail le temps et la liberté nécessaires au respect de cette obligation.

Le temps consacré à la formation dans un établissement d'enseignement est considéré comme un temps de travail effectif. – *[Anc. art. L. 212-13, al. 1ᵉʳ, phrase 2, et al. 4.]* – *V. art. R. 3165-2 (pén.).*

Art. L. 3162-3 Aucune période de travail effectif ininterrompue ne peut excéder, pour les jeunes travailleurs, une durée maximale de quatre heures et demie. Lorsque le temps de travail quotidien est supérieur à quatre heures et demie, les jeunes travailleurs bénéficient d'un temps de pause d'au moins trente minutes consécutives. – *[Anc. art. L. 212-14.]* – *V. art. R. 3165-1 (pén.).*

CHAPITRE III **TRAVAIL DE NUIT**

Art. L. 3163-1 Pour l'application du présent chapitre, est considéré comme travail de nuit :

1° Pour les jeunes travailleurs de plus de seize ans et de moins de dix-huit ans, tout travail entre 22 heures et 6 heures ;

2° Pour les jeunes travailleurs de moins de seize ans, tout travail entre 20 heures et 6 heures. – *[Anc. art. L. 213-8.]* – *V. art. R. 3124-15 (pén.).*

Art. L. 3163-2 Le travail de nuit est interdit pour les jeunes travailleurs.

Pour les jeunes salariés des établissements commerciaux et de ceux du spectacle, des dérogations peuvent être accordées, à titre exceptionnel, par l'inspecteur du travail.

Un décret en Conseil d'État détermine en outre la liste des secteurs pour lesquels les caractéristiques particulières de l'activité justifient une dérogation. Une convention ou un accord collectif de travail étendu ou une convention ou un accord d'entreprise ou d'établissement peut définir les conditions dans lesquelles cette autorisation peut être accordée dans ces secteurs. – *V. art. R. 3163-2.*

Il ne peut être accordé de dérogation entre minuit et 4 heures, sous réserve des cas d'extrême urgence prévus à l'article L. 3163-3.

Il ne peut être accordé de dérogation pour l'emploi de mineurs de moins de seize ans que s'il s'agit de ceux mentionnés à l'article L. 7124-1 dans les entreprises de spectacle, de cinéma, de radiophonie, de télévision ou d'enregistrements sonores. — *[Anc. art. L. 213-7.] — V. art. R. 3124-15 (pén.).*

En application de l'art. L. 231-5 CRPA, et par exception à l'application du délai de deux mois prévu à l'art. L. 231-1 du même code, le délai à l'expiration duquel le silence gardé par l'administration vaut décision d'acceptation est fixé à trente jours pour une demande de dérogation à l'interdiction du travail de nuit pour les jeunes travailleurs salariés des établissements commerciaux et de ceux du spectacle (Décr. n° 2014-1290 du 23 oct. 2014, art. 1ᵉʳ).

Art. L. 3163-3 En cas d'extrême urgence, si des travailleurs adultes ne sont pas disponibles, il peut être dérogé aux dispositions des articles L. 3163-1 et L. 3163-2, en ce qui concerne les jeunes travailleurs de seize à dix-huit ans, pour des travaux passagers destinés à prévenir des accidents imminents ou à réparer les conséquences des accidents survenus. — *V. art. R. 3124-16 (pén.).*

Une période équivalente de repos compensateur leur est accordée dans un délai de trois semaines. — *[Anc. art. L. 213-10.] — V. art. R. 3124-15 (pén.).*

CHAPITRE IV REPOS ET CONGÉS

SECTION 1 Repos quotidien

Art. L. 3164-1 La durée minimale du repos quotidien des jeunes travailleurs ne peut être inférieure à douze heures consécutives. Cette durée minimale est portée à quatorze heures consécutives s'ils ont moins de seize ans.

La durée minimale de repos continu quotidien des jeunes salariés ne peut être inférieure à douze heures dans le cas des dérogations prévues à l'article L. 3163-2. — *[Anc. art. L. 213-9.]*

SECTION 2 Repos hebdomadaire et dominical

Art. L. 3164-2 Les jeunes travailleurs ont droit à deux jours de repos consécutifs par semaine.

Lorsque les caractéristiques particulières de l'activité le justifient, *(Ord. n° 2017-1718 du 20 déc. 2017, art. 1ᵉʳ-I)* « une convention ou un accord d'entreprise ou d'établissement ou, à défaut, une convention ou un accord collectif de travail étendu » peut définir les conditions dans lesquelles il peut être dérogé aux dispositions du premier alinéa pour les jeunes libérés de l'obligation scolaire, sous réserve qu'ils bénéficient d'une période minimale de repos de trente-six heures consécutives.

A défaut d'accord, un décret en Conseil d'État définit les conditions dans lesquelles cette dérogation peut être accordée par l'inspecteur du travail. — *V. art. R. 3164-1 s.*

(L. n° 2015-994 du 17 août 2015, art. 37; Ord. n° 2017-1718 du 20 déc. 2017, art. 1ᵉʳ-I) « Une convention ou un accord d'entreprise ou d'établissement ou, à défaut, une convention ou un accord collectif de travail étendu peut définir les conditions dans lesquelles il peut être dérogé au premier alinéa pour les jeunes travailleurs de moins de seize ans employés par un entrepreneur du spectacle, à condition qu'ils bénéficient d'une période minimale de repos de trente-six heures, dont au moins vingt-quatre heures consécutives, et que leur participation à une répétition ou à un spectacle soit de nature à contribuer à leur développement et s'effectue dans des conditions garantissant la préservation de leur santé.

« A défaut d'accord et si les conditions mentionnées à l'avant-dernier alinéa du présent article sont remplies, cette dérogation peut être accordée par l'inspecteur du travail, après avis de la commission chargée d'accorder les autorisations mentionnées à l'article L. 7124-1. » — *V. art. R. 3135-5 (pén.).*

En application de l'art. L. 231-5 CRPA, et par exception à l'application du délai de deux mois prévu à l'art. L. 231-1 du même code, le délai à l'expiration duquel le silence gardé par l'administration vaut décision d'acceptation est fixé à trente jours pour une demande de dérogation à l'obligation d'accorder deux jours de repos consécutifs par semaine aux jeunes travailleurs (Décr. n° 2014-1290 du 23 oct. 2014, art. 1ᵉʳ).

Art. L. 3164-3 Les dérogations au repos hebdomadaire prévues par les articles L. 3132-4 et L. 3132-8 ne sont pas applicables aux jeunes travailleurs de moins de dix-huit ans. — *[Anc. art. L. 221-14.] — V. art. R. 3135-5 (pén.).*

Art. L. 3164-4 Un décret en Conseil d'État établit la nomenclature des industries autorisées à bénéficier des dérogations au repos hebdomadaire prévues aux articles L. 3132-5 à L. 3132-7 et pour les jeunes salariés.

Ce décret est pris dans les formes prévues à l'article (L. n° 2016-1088 du 8 août 2016, art. 8) « L. 3121-67 » pour les décrets d'application des dispositions relatives à la durée du travail. — *[Anc. art. L. 221-23 et L. 221-24.] — V. art. R. 3135-5 (pén.).*

Art. L. 3164-5 L'interdiction de travail le dimanche prévue à l'article L. 3132-3 n'est pas applicable aux apprentis âgés de moins de dix-huit ans employés dans les secteurs pour lesquels les caractéristiques particulières de l'activité le justifient et dont la liste est déterminée par décret en Conseil d'État. — *[Anc. art. L. 221-3, al. 1ᵉʳ et 3.] — V. art. R. 3164-1 et R. 3164-3.*

SECTION 3 Jours fériés

Art. L. 3164-6 Les jeunes travailleurs ne peuvent travailler les jours de fête reconnus par la loi. — *[Anc. art. L. 222-2.] — V. art. R. 3165-4 (pén.).*

L'interdiction de faire travailler un apprenti les jours fériés est de portée absolue ; des circulaires à caractère interprétatif ne sont pas de nature à empêcher l'application d'une disposition pénale.
• Crim. 18 janv. 2005, n° 04-81.404 P : *JSL 2005, n° 165-5.*

Art. L. 3164-7 Dans les établissements industriels fonctionnant en continu, les jeunes travailleurs peuvent être employés tous les jours de la semaine, sous réserve de bénéficier du repos minimal prévu aux articles L. 3132-2 et L. 3164-2. — *[Anc. art. L. 222-3.] — V. art. R. 3165-5 (pén.).*

Art. L. 3164-8 Dans les secteurs pour lesquels les caractéristiques particulières de l'activité le justifient et dont la liste est fixée par décret en Conseil d'État, une convention ou un accord collectif de travail étendu ou une convention ou un accord d'entreprise ou d'établissement peut définir les conditions dans lesquelles il peut être dérogé aux dispositions de l'article L. 3164-6, sous réserve que les jeunes travailleurs intéressés par ces dérogations bénéficient des dispositions relatives au repos hebdomadaire fixées aux articles L. 3132-2 et L. 3164-2. — *[Anc. art. L. 222-4, al. 2.] — V. art. R. 3165-6 (pén.) et R. 3164-2.*

SECTION 4 Congés annuels

Art. L. 3164-9 Quelle que soit leur ancienneté dans l'entreprise, les salariés de moins de vingt et un ans au 30 avril de l'année précédente, ont droit, s'ils le demandent, à un congé de trente jours ouvrables.

Ils ne peuvent exiger aucune indemnité de congé pour les journées de vacances dont ils réclament le bénéfice en plus de celles qu'ils ont acquises à raison du travail accompli au cours de la période de référence. — *[Anc. art. L. 223-3, al. 2.]*

CHAPITRE V DISPOSITIONS PÉNALES

Le présent chapitre ne comprend pas de dispositions législatives.

TITRE VII CONTRÔLE DE LA DURÉE DU TRAVAIL ET DES REPOS

CHAPITRE I CONTRÔLE DE LA DURÉE DU TRAVAIL

SECTION 1 Information des salariés et affichages

Art. L. 3171-1 L'employeur affiche les heures auxquelles commence et finit le travail ainsi que les heures et la durée des repos.

CONTRÔLE DE LA DURÉE DU TRAVAIL **Art. L. 3171-2** 1185

Lorsque la durée du travail est organisée (*L. n° 2008-789 du 20 août 2008*) « dans les conditions fixées par l'article (*L. n° 2016-1088 du 8 août 2016, art. 8*) « L. 3121-44 », l'affichage comprend la répartition de la durée du travail dans le cadre de cette organisation ».

La programmation individuelle des périodes d'astreinte est portée à la connaissance de chaque salarié dans des conditions déterminées par voie réglementaire. – [*Anc. art. L. 620-2, al. 1er et 2, et L. 212-4 bis, al. 3, phrase 3.*] – V. art. R. 3173-2 (pén.).

1. Conventions de forfait. Exception faite de certains emplois de cadres supérieurs rémunérés par un forfait ne comportant aucune référence à un horaire quelconque, l'existence d'une convention de forfait ne dispense pas l'employeur des obligations prévues par l'art. L. 620-2 [L. 3171-1 nouv.]. • Crim. 14 déc. 1993, ⚜ n° 93-81.404 P : *RJS 1994. 279, n° 422.*

2. Modalités de l'affichage. L'horaire de travail doit être affiché sur tous les lieux de travail où il s'applique. • Crim. 17 janv. 1995 : ⚜ *D. 1995. IR 84 ; RJS 1995. 281, n° 414.*

3. Sanctions pénales. Pour une condamnation d'un employeur d'une entreprise de distribution de documents publicitaires ou commerciaux à la contravention de défaut de décompte de la durée du travail, prévue et réprimée par les art. D. 3171-8 à D. 3171-10 et et R. 3124-3, dès lors que les salariés ne se trouvaient pas, de fait, dans une situation spécifique au regard du décompte de la durée du travail. • Crim. 7 sept. 1999 : ⚜ *D. 1999. IR 251 ; TPS 1999. 12, n° 414.*

4. Géolocalisation. Un système de géolocalisation ne peut être utilisé pour contrôler la durée du temps de travail d'un salarié que lorsque aucun autre moyen n'est possible ; si le salarié dispose d'une liberté d'organisation dans son travail, un tel usage est, de surcroît, prohibé. • Soc. 3 nov. 2011 : ⚜ *D. actu. 14 nov. 2011, obs. Astaix ; D. 2011. Actu. 2803 ; RDT 2012. 156, obs. Bossu et Morgenroth ; Dr. soc. 2012. 61, note Ray ; RJS 2012. 22, n° 4 ; SSL 2011, n° 1518, p. 7, note Flores ; JSL 2011, n° 311-312-4, obs. Hautefort ; JCP S 2012. 1054, obs. Loiseau.*

SECTION 2   Registres et documents obligatoires

Art. L. 3171-2 Lorsque tous les salariés occupés dans un service ou un atelier ne travaillent pas selon le même horaire collectif, l'employeur établit les documents nécessaires au décompte de la durée de travail, des repos compensateurs acquis et de leur prise effective, pour chacun des salariés concernés.

(*Ord. n° 2017-1386 du 22 sept. 2017, art. 4*) « Le comité social et économique » peut consulter ces documents. – [*Anc. art. L. 620-2, al. 3.*]

BIBL. ▶ HERZOG, *JCP S 2021. 1205* (prescription de la contravention de non-décompte du temps de travail).

1. Droit de l'Union européenne. Afin d'assurer l'effet utile des droits prévus par la Dir. 2003/88 du 4 nov. 2003 concernant certains aspects de l'aménagement du temps de travail et du droit fondamental consacré à l'art. 31, § 2, de la Charte UE, les États membres doivent imposer aux employeurs l'obligation de mettre en place un système objectif, fiable et accessible permettant de mesurer la durée du temps de travail journalier effectué par chaque travailleur. • CJUE 14 mai 2019, ⚜ n° C-55/18 : *RJS 8-9/2019, n° 499 ; JSL 2019, n° 479-1, obs. Nasom-Tissandier.*

2. Preuve des heures effectuées. En cas de litige relatif à l'existence ou au nombre d'heures de travail accomplies, il appartient au salarié de présenter, à l'appui de sa demande, des éléments suffisamment précis quant aux heures non rémunérées qu'il prétend avoir accomplies afin de permettre à l'employeur, qui assure le contrôle des heures de travail effectuées, d'y répondre utilement en produisant ses propres éléments : le juge forme sa conviction en tenant compte de l'ensemble de ces éléments, après analyse des pièces produites par l'une et l'autre des parties ; dans l'hypothèse où il retient l'existence d'heures supplémentaires, il évalue souverainement, sans être tenu de préciser le détail de son calcul, l'importance de celles-ci et fixe les créances salariales s'y rapportant. • Soc. 18 mars 2020, ⚜ n° 18-10.919 P : *D. 2020. 657 ; ibid. 1136, obs. Vernac et Ferkane ; ibid. 1740, obs. David ; RDT 2020. 552, note Vérical ; RJS 6/2020, n° 293 ; JSL 2020, n° 499-4, obs. Hautefort ; JCP S 2020. 2036, obs. Frouin ; JCP E 2020. 1368, obs. Jeansen ; Gaz. Pal. 2 juin 2020, p. 78, note Mégret.*

3. L'art. L. 3171-2 autorisant les délégués du personnel à consulter des documents relatifs au décompte de la durée du travail n'interdit pas à un syndicat de produire ces documents en justice ; le droit à la preuve peut justifier la production d'éléments portant atteinte à la vie personnelle d'un salarié à la condition que cette production soit nécessaire à l'exercice de ce droit et que l'atteinte soit proportionnée au but poursuivi. • Soc. 9 nov. 2016, ⚜ n° 15-10.203 P : *D. actu. 25 nov. 2016, obs. Roussel ; D. 2016. Actu. 2347 ; ibid. 2017. 37, note Lardeux ; RDT 2017. 134, obs. Géniaut ; Dr. soc. 2017. 89, obs. Mouly ; RJS 2017/1, n° 27 ; JCP S 2017. 1008, obs. Bugada.*

SECTION 3 Documents fournis à l'inspecteur du travail

Art. L. 3171-3 L'employeur tient à la disposition de l'*(L. n° 2016-1088 du 8 août 2016, art. 113)* « agent de contrôle de l'inspection du travail mentionné à l'article L. 8112-1 » les documents permettant de comptabiliser le temps de travail accompli par chaque salarié.

La nature des documents et la durée pendant laquelle ils sont tenus à disposition sont déterminées par voie réglementaire. — *[Anc. art. L. 611-9, al. 2, L. 212-15-3, III, al. 4, phrase 1, et L. 212-4 bis, al. 3, phrase 3.]* — V. art. D. 3171-16 s. et R. 3173-1 (pén.).

SECTION 4 Documents fournis au juge

Art. L. 3171-4 En cas de litige relatif à l'existence ou au nombre d'heures de travail accomplies, l'employeur fournit au juge les éléments de nature à justifier les horaires effectivement réalisés par le salarié.

Au vu de ces éléments et de ceux fournis par le salarié à l'appui de sa demande, le juge forme sa conviction après avoir ordonné, en cas de besoin, toutes les mesures d'instruction qu'il estime utiles.

Si le décompte des heures de travail accomplies par chaque salarié est assuré par un système d'enregistrement automatique, celui-ci doit être fiable et infalsifiable. — *[Anc. art. L. 212-1-1.]*

BIBL. ▶ Gasser, *RJS* 2005. 175 (preuve des heures supplémentaires).

COMMENTAIRE

V. sur le Code en ligne 🔒.

1. Champ d'application. Si les dispositions du code du travail relatives à la durée du travail ne sont pas applicables aux assistants maternels employés par des particuliers qui sont soumis à la convention collective nationale des assistants maternels du particulier employeur, il n'en va pas de même de celles de l'art. L. 3171-4 relatives à la preuve de l'existence ou du nombre d'heures de travail effectuées. • Soc. 8 juin 2011 : 🔗 *D. actu.* 20 juin 2011, obs. Astaix ; *D. 2011. Actu. 1692* ⃞ ; *JCP S* 2011. 1375, obs. Lahalle. ♦ L'utilisation du chèque emploi-service universel ne fait pas obstacle à l'application des dispositions de l'art. L. 3171-4 relatives à la preuve de l'existence ou du nombre d'heures de travail accomplies. • Soc. 17 oct. 2012 : 🔗 *D. 2012. Actu. 2526* ⃞ ; *RJS* 2013. 72, n° 77 ; *JCP S* 2012. 1519, obs. Boulmier.

2. Respect des seuils et plafonds. Les dispositions de l'art. L. 3171-4 relatives à la répartition de la charge de la preuve des heures de travail effectuée entre l'employeur et le salarié ne sont pas applicables au respect des seuils et plafonds prévus par le droit de l'Union européenne, qui incombe à l'employeur. • Soc. 17 oct. 2012 : 🔗 *D. 2012. Actu. 2525, obs. Siro* ⃞ ; *D. 2013. Pan. 1026, obs. Lokiec* ⃞ ; *RDT* 2012. 707, obs. Véricel ⃞ ; *RJS* 2013. 44, n° 36 ; *JSL* 2012, n° 333-334-4, obs. Lhernould ; *JCP S* 2013. 1031, obs. Andréo. ♦ Les dispositions de l'art. L. 3171-4 ne sont pas non plus applicables à la preuve du respect des seuils et plafonds prévus par les art. L. 3121-34 et L. 3121-35 relatifs aux durées quotidienne et hebdomadaire maximales, qui incombe uniquement à l'employeur. • Soc. 20 févr. 2013 : 🔗 *D. actu.* 26 mars 2013, obs. Siro ; *JCP S* 2013. 1170, obs. Puigelier. ♦ Les dispositions de l'art. L. 3171-4 ne sont pas non plus applicables à la preuve du respect du temps de pause prévu par l'art. L. 3121-33, qui incombe uniquement à l'employeur. • Soc. 20 févr. 2013 : 🔗 *D. actu.* 2 avr. 2013, obs. Siro ; *D. 2013. Actu. 575* ⃞.

3. Principes. Il résulte de l'art. L. 212-1-1 [L. 3171-4 nouv.] que la preuve des heures de travail effectuées n'incombe spécialement à aucune des parties. Le juge ne peut donc, pour rejeter une demande en paiement d'heures supplémentaires, se fonder exclusivement sur l'insuffisance des preuves apportées par le salarié ; il doit examiner les éléments que l'employeur est tenu de lui fournir, de nature à justifier les horaires effectivement réalisés. • Soc. 3 juill. 1996, 🔗 n° 93-41.645 P : *JCP 1996. II. 22697*, note Corrignan-Carsin ; *Dr. soc.* 1996. 974, obs. Couturier ⃞ ; *RJS* 1996. 595, n° 929 ; *CSB* 1996. 279, A. 57 • 27 oct. 1998 : 🔗 *RJS* 1998. 909, n° 1493 • 9 mai 2006 : 🔗 *RDT* 2006. 182, obs. Pignarre ⃞ • 30 sept. 2003, 🔗 n° 02-42.730 P.

4. Le juge doit examiner les éléments de nature à justifier les horaires effectivement réalisés par le salarié et que l'employeur est tenu de lui fournir. • Soc. 23 mars 1999 : *RJS* 1999. 415, n° 677 • 30 sept. 2003, 🔗 n° 02-42.730 P : *RJS* 2003. 1010, n° 1452. ♦ Il n'en va pas de même de la preuve de l'existence d'une convention de forfait dont la charge incombe à celui qui l'invoque. • Soc. 21 nov. 2000, 🔗 n° 98-44.026 P : *RJS* 2001. 33, n° 50.

5. Rôle des parties. Si la preuve des heures de travail effectuées n'incombe spécialement à aucune des parties et que l'employeur doit fournir au juge les éléments de nature à justifier les horaires effectivement réalisés par le salarié, il appartient au salarié qui demande le paiement d'heures supplémentaires de fournir préalablement au juge des éléments de nature à étayer sa demande. ● Soc. 25 févr. 2004, 🔒 n° 01-45.441 P : *D. 2004. IR 926* 🖉 ; *Dr. soc. 2004. 665*, obs. Radé 🖉 ; *RJS 2004. 373, n° 548* ● 31 mai 2006, 🔒 n° 04-47.376 ● 10 mai 2007 : *Dr. soc. 2007. 1183*, obs. Jourdan et Barthélémy 🖉 ; *JSL 2007, n° 213-5* (preuve des heures complémentaires). ♦ Comp. : Le salarié doit présenter, à l'appui de sa demande, des éléments suffisamment précis quant aux heures non rémunérées qu'il prétend avoir accomplies afin de permettre à l'employeur, qui assure le contrôle des heures de travail effectuées, d'y répondre utilement en produisant ses propres éléments : le juge forme sa conviction en tenant compte de l'ensemble de ces éléments, après analyse des pièces produites par l'une et l'autre des parties ; dans l'hypothèse où il retient l'existence d'heures supplémentaires, il évalue souverainement, sans être tenu de préciser le détail de son calcul, l'importance de celles-ci et fixe les créances salariales s'y rapportant. ● Soc. 18 mars 2020, 🔒 n° 18-10.919 P : *D. 2020. 657* 🖉 ; *RJS 6/2020, n° 293.*

6. Éléments suffisamment précis. Les éléments apportés à l'appui de la demande du salarié doivent permettre à l'employeur de répondre en fournissant ses propres éléments. ● Soc. 24 nov. 2010, 🔒 n° 09-40.928 P : *D. 2010. 2915* 🖉 ; *RJS 2/2011, n° 142 ; PA 18 févr. 2011, p. 5*, note Picca ; *JCP S 2011. 1081*, obs. Dumont. ♦ Le décompte produit par le salarié n'a pas à indiquer la prise éventuelle d'une pause méridienne, dès lors qu'il est suffisamment précis en indiquant, jour après jour, les heures de prise et de fin de service, ainsi que de ses rendez-vous professionnels avec la mention du magasin visité, le nombre d'heures de travail quotidien et le total hebdomadaire. ● 27 janv. 2021, 🔒 n° 17-31.046 P : *D. 2021. 241* 🖉 ; *Dr. soc. 2021. 474*, note Tournaux 🖉 ; *RJS 5/2021, n° 264 ; JCP 2021, n° 516-3*, obs. Lhernould ; *JCP S 2021. 1042*, avis Courcol-Bouchard. ♦ Le tableau de décompte des temps de travail du salarié sur plusieurs années, le rapport d'inspection du travail donnant ses heures de début et de fin de travail sur quelques jours non consécutifs, les relevés de mails et les diverses attestations présentés par les ayants droit du salarié sont des éléments suffisamment précis pour permettre à l'employeur de répondre, ce dernier ne produisant aucun élément de contrôle de la durée du travail. ● Soc. 14 déc. 2022, 🔒 n° 21-18.139 B : *RJS 3/2023, n° 143 ; JSL 2023, n° 558-1*, obs. Lhernould ; *JCP S 2023. 1031*, obs. Guyot.

7. Obligations de l'employeur. L'obligation pour l'employeur de verser des éléments de nature à justifier les horaires effectivement réalisés par le salarié n'est pas subordonnée à la production préalable par celui-ci d'un décompte précis des heures supplémentaires dont il réclame le paiement. ● Soc. 10 mai 2001, 🔒 n° 99-42.200 P : *D. 2001. IR 1672* 🖉 ; *Dr. soc. 2001. 768*, obs. Radé 🖉 ; *RJS 2001. 599, n° 871.*

8. Office du juge. En cas de litige relatif à l'existence ou au nombre d'heures de travail accomplies, il appartient au salarié de présenter, à l'appui de sa demande, des éléments suffisamment précis quant aux heures non rémunérées qu'il prétend avoir accomplies afin de permettre à l'employeur, qui assure le contrôle des heures de travail effectuées, d'y répondre utilement en produisant ses propres éléments ; le juge forme sa conviction en tenant compte de l'ensemble de ces éléments au regard des exigences des dispositions légales et réglementaires ; après analyse des pièces produites par l'une et l'autre des parties, dans l'hypothèse où il retient l'existence d'heures supplémentaires, il évalue souverainement, sans être tenu de préciser le détail de son calcul, l'importance de celles-ci et fixe les créances salariales s'y rapportant. ● Soc. 23 sept. 2020, 🔒 n° 18-19.988.

9. *Obligations conventionnelles en matière de décompte du temps de travail.* En présence de mécanismes conventionnels de décompte du temps de travail et de leur effet impératif, l'employeur doit être en mesure de présenter ces justificatifs ; à défaut, le salarié qui produit de simples feuilles de présence apporte la preuve de ses horaires de travail effectivement réalisés. ● Soc. 10 janv. 2012 : 🔒 *D. actu. 2 févr. 2012*, obs. Siro ; *RJS 2012. 231, n° 282 ; JCP S 2012. 1130*, obs. Lahalle.

10. *Quantification préalable conventionnelle.* La quantification préalable de l'ensemble des missions confiées et accomplies par les distributeurs de journaux, dans le cadre de l'exécution de son métier, en fonction des critères associés à un référencement horaire du temps de travail prévue par l'art. 2.2.1.2 du chap. IV de la convention collective nationale de la distribution directe ne saurait, à elle seule, satisfaire aux exigences de l'art. L. 3171-4 C. trav. ; en cas de litige relatif à l'existence ou au nombre d'heures de travail accomplies, il appartient au salarié d'étayer sa demande par la production d'éléments suffisamment précis quant aux horaires effectivement réalisés pour permettre à l'employeur de répondre en fournissant ses propres éléments. ● Soc. 24 sept. 2014 : 🔒 *D. actu. 21 oct. 2014*, obs. Fraisse ; *RJS 2014. 745, n° 868.* ♦ Les juges qui ne se sont pas fondés exclusivement sur la quantification préalable des missions confiées et accomplies par le salarié mais qui ont constaté que l'employeur justifiait des heures effectivement réalisées par l'intéressé et que celui-ci n'avait pas produit d'éléments contraires ont pu considérer que le contrat de travail à temps partiel modulé de l'intéressé n'avait pas à être requalifié en contrat à temps complet. ● Soc. 18 sept. 2019, 🔒 n° 17-31.274 P : *D. actu. 3 oct. 2019*, obs. Ilieva ; *D. 2019. Actu. 1843* 🖉.

11. Moyens de preuve. La preuve de l'accomplissement d'heures supplémentaires peut être établie par des fiches de présence remplies par le salarié à la demande de l'employeur. • Soc. 19 janv. 1999, n° 95-45.628 P : *D.* 1999. IR 50 ; *JCP* 1999. II. 10175, note Del Sol ; *RJS* 1999. 223, n° 376 ; *JS UIMM* 1999. ♦ Les documents permettant le contrôle ne doivent pas être dépourvus d'exactitude et de sincérité. • Crim. 30 mars 1999 : ⚖ *RJS* 1999. 585, n° 956. ♦ Il appartient au salarié d'étayer sa demande par la production d'éléments suffisamment précis quant aux horaires effectivement réalisés pour permettre à l'employeur de répondre en fournissant ses propres éléments ; un décompte mensuel établi à la main suffit, sans autre explication ni indication complémentaire portée par le salarié. • Soc. 24 nov. 2010 : ⚖ *D.* 2010. AJ 2915 ⌀ ; *JCP S* 2011. 1081, obs. Dumont. ♦ Tel est également le cas d'un document récapitulatif dactylographié non circonstancié produit, alors que des heures supplémentaires figurent sur les bulletins de salaire. • Soc. 15 déc. 2010, ⚖ n° 08-45.242 P : *RJS* 2011, n° 359 ; *JCP S* 2011, n° 1130, note Sébille. ♦ V. aussi : • Soc. 26 sept. 2012 : ⚖ *D.* 2012. Actu. 2316 ⌀ ; *RJS* 2012. 805, n° 944. ♦ Les attestations de collègues de travail produites à l'appui d'une demande de rappel de salaires pour heures supplémentaires ne sont pas suffisantes à prouver les horaires effectivement réalisés dès lors qu'elles ne font pas état de faits directement constatés. • Soc. 15 janv. 2014 : ⚖ *D. actu.* 10 févr. 2014, obs. Fraisse ; *RDT* 2014. 267, obs. Pignarre ⌀.

12. Heures supplémentaires et charge de travail. Le salarié peut prétendre au paiement des heures supplémentaires accomplies, soit avec l'accord au moins implicite de l'employeur, soit s'il est établi que la réalisation de telles heures a été rendue nécessaire par les tâches qui lui ont été confiées. • Soc. 14 nov. 2018, ⚖ n° 17-20.659 P : *D. actu.* 6 déc. 2018, obs. Ciray ; *RDT* 2019. 198, obs. Véricel ⌀ ; *RJS* 1/2019, n° 24 ; *SSL* 2018, n° 1839, p. 13, obs. Caro.

13. Convention de forfait-jours. En cas de litige relatif à l'existence ou au nombre d'heures de travail effectuées dans le cadre de la conclusion d'une convention de forfait-jours, l'employeur doit fournir au juge les éléments de nature à justifier les horaires effectivement réalisés par le salarié afin que le juge forme sa conviction au vu de ces éléments et de ceux fournis par le salarié à l'appui de sa demande après avoir ordonné, en cas de besoin, toutes les mesures d'instruction qu'il estime utiles, sans que la preuve en incombe en particulier à l'une ou l'autre des parties. • Soc. 23 sept. 2009 : ⚖ *R.*, p. 336 ; *D.* 2009. 2350, obs. Perrin ⌀ ; *RDT* 2010. 112, obs. Canut ⌀ ; *RJS* 2009. 824, n° 942 ; *JSL* 2009, n° 265-6 ; *SSL* 2009, n° 1420, rapp. Gosselin.

14. Réparation. Il résulte de l'art. L. 212-1-1 [L. 3171-4 nouv.] que la possibilité de réparer une perte de chance de prouver le nombre d'heures supplémentaires effectuées est exclue. • Soc. 15 oct. 2002, ⚖ n° 00-40.728 P : *D.* 2002. IR 2989 ⌀ ; *Dr. soc.* 2002. 1144, obs. Radé ⌀ ; *RJS* 2002. 1033, n° 1404 ; *JSL* 2002, n° 113-6.

15. Appréciation souveraine des juges du fond. Les juges du fond qui constatent l'existence d'heures supplémentaires en évaluent souverainement l'importance et fixent en conséquence les créances salariales s'y rapportant, en fonction des éléments de fait qui leur sont soumis et qu'ils ont analysés. • Soc. 4 déc. 2013 ⚖ (4 arrêts, n°s 12-17.525, 12-11.886, 12-22.344, 11-28.314) : *D. actu.* 14 janv. 2014, obs. Fraisse ; *D.* 2013. Actu. 2920 ⌀ ; *RDT* 2014. 267, obs. Pignarre ⌀ ; *RJS* 2014. 106, n° 136 ; *JSL* 2014, n° 359-5, obs. Chuilon.

CHAPITRE II CONTRÔLE DU REPOS HEBDOMADAIRE

Art. L. 3172-1 Des décrets en Conseil d'État déterminent :

1° Les conditions dans lesquelles est organisé le contrôle des jours de repos pour tous les établissements, que le repos hebdomadaire soit collectif ou organisé par roulement ;

2° Les conditions dans lesquelles l'employeur avise l'(L. n° 2016-1088 du 8 août 2016, art. 113) « agent de contrôle de l'inspection du travail mentionné à l'article L. 8112-1 » de la mise en œuvre des dérogations au repos hebdomadaire. — [Anc. art. L. 221-26.] — V. art. R. 3172-1 s. et R. 3135-4 (pén.).

Art. L. 3172-2 Les chambres (L. n° 2023-1059 du 20 nov. 2023, art. 42) « régionales des commissaires de justice et les conseils régionaux des notaires » dont relèvent les offices ministériels assurent, sous le contrôle du procureur de la République, l'application des dispositions relatives au repos hebdomadaire aux clercs, commis et employés des études et greffes dans ces offices. — V. art. R. 3135-4 (pén.).

CHAPITRE III DISPOSITIONS PÉNALES

Le présent chapitre ne comprend pas de dispositions législatives.

LIVRE II SALAIRE ET AVANTAGES DIVERS

RÉP. TRAV. V^{is} *Salaire (Définition et formes)*, par Escande-Varniol ; *Salaire (Fixation, montant)*, par Bouilloux ; *Salaire (Paiement)*, par Debord ; *Taxes et impôts sur les salaires*, par Grégoire.

BIBL. ▶ Ahumada, *RPDS 1983.* 119 (frais de transport) ; *ibid. 1985.* 113 (primes et usages). - Alter, *ibid. 1981.* 187 (primes d'ancienneté). - Antonmattéi, *Dr. soc. 1997. 571* (qualification de salaire). - Auzero, *Dr. soc. 2006. 822* (égalité de traitement dans l'entreprise). - Barthélémy, *ibid. 1997. 581* (salaire et temps de travail). - Chauchard, *Dr. soc. 2011. 32* (l'évitement du salaire). - Chevillard, *ibid. 1997. 561* (contentieux). - Couturier, *Dr. soc. 2011. 10* (de quoi le salaire est-il la contrepartie ?). - Dupeyroux, *Ét. offertes à G.H. Camerlynck*, 1978, p. 149 (contrat de travail et garanties de ressources). - Eustache, *Travail et Emploi*, 1986, n° 20, p. 17 (individualisation des salaires). - Gaudu, *Dr. soc. 2011. 24* (salaire et hiérarchie des normes). - Grandjean, *ibid. 1987, n° 32*, p. 17 (individualisation des salaires). - Guilhamon, *Dr. soc. 1989. 792* (négociation des salaires dans le secteur public). - Javillier, *ibid. 1988. 68* (négociation en matière de rémunération). - Katz, *Dr. ouvrier 2005. 151* (rémunération variable). - Langlois, *Dr. soc. 1998. 785* (réduction du temps de travail et rémunération). - Milhau, *ibid. 1969. 424* (indexation). - Morvan, *Dr. soc. 2008. 643* (le nouveau droit de la rémunération). - Olcaz-Godefert et Bonnet, *RJS 2012. 571* (rémunération variable). - Pélissier, *ibid. 1984. 678* (négociation des salaires). - Pignarre, *ibid. 1997. 589* (régime juridique de la créance de salaire). - Ray, *ibid. 1990. 83* (égalité). - Riandey, *Dr. ouvrier 2012. 213* (fixation unilatérale des objectifs en matière de rémunération). - Rodière, *Dr. soc. 2011. 6* (le salaire dans les écrits de G. Lyon-Caen). - Saglio, *Travail et Emploi*, 1986, 7 (hiérarchies de salaires et négociations de classifications). - Saint-Jours, *Ét. offertes à G. Lyon-Caen*, 1989, p. 317 (du salaire au revenu salarial). - Saramito, *Dr. ouvrier 1961. 146* (forfait). - Savatier, *Dr. soc. 1977. 485* (nullité des clauses d'indexation) ; *ibid. 1983. 221* (prohibition de l'indexation) ; *ibid. 1984. 710* (salaires d'inactivité) ; *ibid. 1991. 756* (interdiction de substituer un intéressement à un élément de salaire) ; *ibid. 1993. 641* (treizième mois et primes analogues) ; *ibid. 1997. 575* (minima de salaire). - Sinay, *JCP 1960. I. 1586* (forfait). - Soubie, *Dr. soc. 1984. 674* (évolution des politiques de rémunérations). - Teyssié, *ibid. 1995. 695* (réduction du salaire) ; *ibid. 1997. 606* (entreprise, salaire et norme). ▶ V. aussi : *JCP E 1994. I. 366* (clauses contractuelles relatives à la rémunération). - Verkindt, *Dr. soc. 2011. 18* (vivre dignement de son travail : entre salaire et revenu garanti).

COMMENTAIRE

V. sur le Code en ligne 🔒. ❑

TITRE I CHAMP D'APPLICATION

CHAPITRE UNIQUE

Art. L. 3211-1 Les dispositions du présent livre sont applicables aux employeurs de droit privé et à leurs salariés. — *[Anc. art. L. 140-1.]*

I. GÉNÉRALITÉS

1. Définition du salaire. Une cour d'appel relève exactement que par salaire il faut entendre toute rémunération d'un travailleur en état de subordination, quelle que soit l'appellation employée pour la désigner. ● Soc. 10 oct. 1979 : *Bull. civ. V, n° 704*. ◆ La rémunération, contrepartie du travail du salarié, résulte en principe du contrat de travail sous réserve, d'une part du SMIC et, d'autre part, des avantages résultant des accords collectifs, des usages de l'entreprise ou des engagements unilatéraux de l'employeur. ● Soc. 20 oct. 1998, 🔒 n° 95-44.290 P : *D. 1998. IR 260 ; RJS 1998. 884, n° 1448*.

2. Conditions du droit à rémunération. En raison du caractère synallagmatique du contrat de travail, tout salaire est la contrepartie de la prestation de travail et, en principe, aucun salaire n'est dû lorsque le travail n'a pas été accompli. ● Soc. 11 janv. 1962 : *GADT, 4ᵉ éd., n° 78 ; JCP 1962. II. 12564*. ◆ Sur l'assimilation à un travail effectif le fait pour un salarié de s'être tenu à la disposition de l'employeur, V. ● Soc. 28 févr. 1962 : *D. 1962. 605, note G. Lyon-Caen*. ◆ Il appartient au salarié réclamant le paiement d'un salaire ne correspondant à aucune contrepartie de travail d'apporter la preuve de l'existence de l'usage sur lequel il fonde sa prétention. ● Soc. 22 oct. 1981 : *Bull. civ. V, n° 823*.

3. Il appartient au salarié réclamant le paiement d'un salaire ne correspondant à aucune contrepartie de travail d'apporter la preuve de l'existence de l'usage sur lequel il fonde sa prétention. ● Soc. 22 oct. 1981 : *Bull. civ. V, n° 823*. ◆ Le salarié qui se tient à la disposition de son employeur et qui ne refuse pas d'exécuter son travail a droit à son salaire peu important que l'employeur ne lui fournisse pas de travail. • Soc. 17 juin 1960 : *Bull. civ. IV, n° 647* • 28 févr. 1962 : *D. 1962. 605* • 16 juin 1982 : *D. 1982. IR 341* • 3 juill. 2001 : 🔒 *Dr. soc. 2001. 1009*, obs. Radé⌀. ♦ Sur l'assimilation à un travail effectif le fait pour un salarié de s'être tenu à la disposition de l'employeur, V. • Soc. 28 févr. 1962 : *D. 1962. 605*, note G. Lyon-Caen.

4. L'employeur n'est tenu de verser la rémunération convenue que pour un travail fourni dans des conditions d'exécution normales prévues par le contrat. – Jurisprudence constante : • Soc. 15 oct. 1981 : *Bull. civ. V, n° 789* • 8 déc. 1982 : *ibid., n° 695*.

5. Responsabilité contractuelle de l'employeur. L'employeur est tenu de s'acquitter de l'intégralité du salaire dû au salarié ; à défaut, il engage sa responsabilité contractuelle, peu important que ce manquement résulte d'une erreur dans la détermination du précompte des charges sociales salariales. • Soc. 31 oct. 2006 : 🔒 *D. 2006. IR 2951*⌀ ; *RDT 2007. 44*, obs. Vérice⌀ ; *RJS 2006. 33, n° 11*.

6. Sanctions pécuniaires prohibées. Est justifiée la décision du juge des référés affirmant que la retenue pratiquée sur les salaires des agents de la SNCF en raison de la mauvaise exécution de leurs obligations constitue une sanction pécuniaire interdite et qu'il convient de faire cesser le trouble illicite qui en résulte. • Soc. 20 févr. 1991, 🔒 n° 90-41.119 P : *D. 1991. IR 81 ; Dr. ouvrier 1991. 217*, note Bied-Charreton ; *RJS 1991. 246, n° 461*. – Dans le même sens : • Soc. 17 avr. 1991, 🔒 n° 89-43.127 P : *Dr. soc. 1991. 469*, note Mazeaud⌀ ; *RJS 1991. 309, n° 580*. ♦ Comp. : • Soc. 12 avr. 1995 : 🔒 *D. 1995. IR 128 ; Dr. soc. 1995. 599*, obs. Savatier⌀ (considérant que la réduction pour baisse de la production ne s'analyse en une sanction pécuniaire qu'à l'égard des salariés qui ne sont pas rémunérés en fonction du rendement).

7. Répétition de l'indu. Dès lors que le paiement d'un complément de salaire ne procède pas de la décision de l'employeur d'appliquer volontairement une convention collective prévoyant ce complément, le paiement est sujet à répétition. • Soc. 24 nov. 1993, 🔒 n° 89-44.820 P : *Dr. soc. 1994. 41*.

II. ÉLÉMENTS DU SALAIRE

A. PRIMES ET GRATIFICATIONS

1° SOURCES

a. Libéralités

8. Notion. Lorsque le caractère bénévole d'une prime liée aux résultats de l'entreprise a été indiqué au personnel, elle ne peut constituer une obligation pour l'employeur dès lors que son montant est pour partie fonction d'éléments subjectifs et discrétionnaires non déterminés par avance avec certitude et ne présentant pas un caractère de fixité. • Soc. 22 janv. 1981, 🔒 n° 79-40.050 P : *D. 1981. IR 434*, obs. Langlois. – Jurisprudence constante : • 6 déc. 1979 : *Bull. civ. V, n° 956* • 21 févr. 1980 : *ibid., n° 166* • 2 juill. 1981 : *ibid., n° 637*.

9. Ne justifie pas légalement sa décision la cour d'appel qui estime qu'un salarié a droit à une prime d'un montant déterminé après avoir constaté que cette prime avait chaque année varié, tantôt en hausse, tantôt en baisse. • Soc. 26 juin 1968 : *Bull. civ. V, n° 330*. – Dans le même sens : • Soc. 30 nov. 1972 : *Bull. civ. V, n° 662* • 7 mai 1981 : *JS UIMM 1981. 506*.

10. Sur le régime juridique des primes et gratifications constitutives d'une libéralité, V. • Soc. 25 janv. 1979 : *D. 1979. IR 331*, obs. Langlois.

b. Usage

11. Principe. Le paiement d'une prime est obligatoire pour l'employeur lorsque son versement résulte d'un usage répondant à des caractères de généralité, de constance et de fixité. • Soc. 28 févr. 1996, 🔒 n° 93-40.883 P.

12. Généralité. Ont répondu aux conclusions dont ils étaient saisis les juges du fond qui ont condamné l'employeur à payer à un salarié la totalité d'une prime de fin d'année, affectée unilatéralement par lui de restrictions nouvelles, dès lors qu'ils ont constaté les caractères de constance et de continuité de la prime versée depuis plus de dix ans à tous les salariés proportionnellement à leur coefficient hiérarchique. • Soc. 22 mars 1979 : *Bull. civ. V, n° 265*. – Dans le même sens : • Soc. 4 janv. 1978 : *Bull. civ. V, n° 6* • 20 juill. 1978 : *ibid., n° 611* • 19 déc. 1979 : *ibid., n° 1023*. ♦ Dans le cas où la rémunération du salarié résulterait exclusivement de l'usage ou de l'engagement unilatéral de l'employeur, la dénonciation régulière de cet usage ou de l'engagement unilatéral ne permet pas à l'employeur de fixer unilatéralement le salaire ; celui-ci doit alors résulter d'un accord contractuel, à défaut duquel il incombe au juge de se prononcer. • Soc. 20 oct. 1998 : 🔒 *préc. note 1*.

13. Constance. Ne présente pas un caractère de constance la prime versée une seule fois auparavant. • Soc. 3 nov. 1976 : *D. 1976. IR 335* • 9 déc. 1976 : *D. 1977. IR 18* • 12 nov. 1987 : *Bull. civ. V, n° 639*. – V. aussi • Soc. 4 janv. 1978 : *préc. note 12* • 20 juill. 1978 : *ibid.* • 22 mars 1979 : *ibid.* ♦ Comp., pour une prime de soirée : • Soc. 3 juill. 1990, 🔒 n° 89-40.340 P. ♦ En cas de cession d'entreprise, le nouvel employeur ne peut se prévaloir de l'absence de versement de la prime l'année de la cession pour lui dénier le caractère de constance. • Soc. 7 juin 1995 : 🔒 *Defrénois 1997. 105*, note Quétant.

14. Fixité. Est dépourvue de tout caractère obligatoire la prime variable dans son montant et déterminée sans référence à un critère fixe et précis. • Soc. 26 févr. 1976 : *D. 1976. IR 111*. – Dans le même sens : • Soc. 7 juin 1979 : *Bull. civ. V,*

SALAIRE ET AVANTAGES DIVERS Art. L. 3211-1 1191

n° 489 • 22 janv. 1981 : *préc. note 8* • 2 juill. 1987 : *Bull. civ. V, n° 442* • 16 juill. 1987 : *ibid., n° 499.* ♦ Ne peut être réduite la prime qui, loin d'avoir un caractère discrétionnaire, n'a jamais cessé de progresser pendant 15 années, a toujours été calculée, sinon suivant des règles arithmétiques précises, du moins selon une évolution sensiblement parallèle à celle des salaires et du coût de la vie. • Soc. 20 juill. 1978 : *préc. note 12*. – Dans le même sens : • Soc. 22 mars 1979 : *préc. note 12* • 19 déc. 1979 : *préc. note 12.*

c. Engagement unilatéral

15. Dès lors qu'elle est payée en exécution d'un engagement unilatéral de l'employeur, une prime constitue un élément du salaire et elle est obligatoire dans les conditions fixées par cet engagement, peu important son caractère variable. • Soc. 5 juin 1996, n° 92-43.480 P : *GADT, 4ᵉ éd., n° 56 ; Dr. soc. 1996. 973, obs. Couturier ; RJS 1996. 666, n° 1047.* – Dans le même sens : • Soc. 28 oct. 1997, n° 95-41.873 P : *D. 1997. IR 251 ; Dr. soc. 1998. 77, obs. Couturier ; RJS 1997. 847, n° 1373 ; CSB 1998. 17, A. 6.*

d. Contrat de travail

16. Conditions. Dès lors que la lettre d'engagement du salarié prévoyait une gratification attribuée selon les résultats de l'entreprise, le salarié a droit à ces gratifications, l'employeur ne pouvant en refuser le versement en raison de la qualité du travail du salarié, ce qui aurait en toute hypothèse constitué une sanction pécuniaire. • Soc. 17 juill. 1996, n° 93-43.963 P : *GADT, 4ᵉ éd., n° 57 ; RJS 1996. 594, n° 923 ; CSB 1996. 329, S. 142 ; Defrénois 1997. 974, note Quétant.* ♦ La prime due en vertu du contrat de travail ne peut être supprimée unilatéralement par l'employeur. • Soc. 9 oct. 1996 : *RJS 1996. 760, n° 1177.* ♦ La prime prévue par un avenant est de nature contractuelle et présente un caractère obligatoire, peu important dès lors que son versement fut ou non constant. • Soc. 1ᵉʳ juill. 1997 : *RJS 1997. 675, n° 1093.* ♦ Lorsque le montant d'une prime dont l'octroi est prévu au contrat de travail doit résulter d'un accord annuel des parties, il incombe au juge à défaut de conclusion d'un accord sur ce point, de déterminer cette prime en fonction des critères visés au contrat de travail et des accords conclus les années précédentes. • Soc. 27 mai 1998, n° 96-41.152 P : *RJS 1998. 557, n° 860.* ♦ Dans le même sens : • Soc. 20 oct. 1998, n° 96-40.908 P : *Dr. soc. 1999. 125, note Langlois ; RJS 1998. 886, n° 1448 ; CBP 1998. 317, A. 47* • Soc. 22 févr. 2000, n° 97-43.465 P : *Dr. soc. 2000. 438, obs. Radé ; RJS 2000. 295, n° 411.*

2° RÉGIME JURIDIQUE

17. Paiement prorata temporis. Le droit au paiement *prorata temporis* d'une prime de treizième mois à un salarié ayant quitté l'entreprise, quel qu'en soit le motif, avant la date de son versement ne peut résulter que d'une convention ou d'un usage dont il appartient au salarié de rapporter la preuve. • Cass., ass. plén., 5 mars 1993, n° 89-43.464 P : *D. 1993. 245, concl. Jéol ; JCP 1993. II. 22030, concl. Jéol ; JCP E 1994. II. 531, note Pignarre ; Dr. ouvrier 1993. 195, note Rochois* • 18 oct. 2007 : *RDT 2007. 736, obs. Pignarre ; RJS 2007. 1026, n° 1279.* ♦ Dans le même sens, pour une prime annuelle sur le chiffre d'affaires faisant l'objet de versements trimestriels à titre d'avance : • Soc. 7 avr. 1993 : *RJS 1993. 521, n° 868.* ♦ ... Pour une prime d'objectifs. • Soc. 17 oct. 2000 : *Dr. soc. 2000. 86, obs. Radé* • 9 avr. 2002 : *Dr. soc. 2002. 777, obs. Radé.* ♦ ... Ou pour une prime de treizième mois. • Soc. 28 mai 2003, n° 01-40.591 P : *Dr. soc. 2003. 886, obs. Radé.* ♦ V. aussi, à propos de la nécessité de respecter les conditions d'attribution d'une prime : • Soc. 26 oct. 1978 : *Bull. civ. V, n° 718* (réduction de la prime d'assiduité à la suite d'une absence pour maladie) • 21 févr. 1979 : *D. 1979. IR 420* • 18 avr. 1980 : *Bull. civ. V, n° 328* • 3 oct. 1980 : *ibid., n° 705.*

18. Lorsque le contrat de travail stipule, non pas une prime de treizième mois, mais un salaire annuel égal à treize mois, le salarié quittant l'entreprise a droit à la partie de treizième mois de salaire qui ne lui a pas été versée pendant son temps de présence. • Soc. 19 déc. 1990, n° 88-41.075 P : *RJS 1991. 103, n° 184.*

19. Disparition. Même si une prime constitue un complément de salaire, elle ne représente pas un élément stable et certain de rémunération lui donnant le caractère d'un droit acquis et irréversible devant être maintenu même après la disparition des circonstances économiques qui ont motivé sa création. • Soc. 5 mars 1980 : *Bull. civ. V, n° 222.*

20. Sanction pécuniaire prohibée. Le salarié privé d'une prime de fin d'année en raison de faits qualifiés de fautifs par l'employeur subit une sanction pécuniaire prohibée. • Soc. 7 mai 1991 : *RJS 1991. 377, n° 705.* ♦ Mais la seule circonstance que le versement d'une prime ayant le caractère d'un élément de salaire soit subordonné à la condition d'un défaut d'absence ne constitue pas une sanction pécuniaire. • Soc. 10 juin 1992, n° 88-44.717 P : *RJS 1992. 479, n° 683.*

B. AUTRES ÉLÉMENTS

21. Avantages en nature. Constitue un avantage en nature, obéissant au régime juridique du salaire la fourniture : d'un véhicule. • Soc. 31 mars 1981 : *Bull. civ. V, n° 290.* ♦ ... D'un logement. • Soc. 6 mars 1985 : *Bull. civ. V, n° 148.* ♦ ... Ou celle d'un chèque-restaurant. • Soc. 2 mars 1983 : *Bull. civ. V, n° 121.*

22. Prime de panier. La prime dite de casse-croûte, uniformément et forfaitairement fixée à une demi-heure de salaire, ne correspond pas à la valeur du repas apporté par les salariés eux-mêmes et constitue un véritable complément de rémunération versé indépendamment de son utilisation. • Soc. 20 avr. 1972 : *Bull. civ. V, n° 279*. – V. aussi • Soc. 7 juin 1967 : *ibid. IV, n° 455* • 19 oct. 1983 : *ibid. V, n° 513* • 16 juill. 1987 : *ibid., n° 504*. ♦ L'indemnité de repas constitue un remboursement de frais que le salarié dispensé d'exécuter son préavis n'a pas à exposer ; l'employeur ne peut donc être tenu de verser à ce titre un complément d'indemnité de préavis. • Soc. 17 janv. 1980 : *Bull. civ. V, n° 55*.

23. Indemnités de déplacement. Lorsque l'indemnité de petit déplacement est fixée depuis plusieurs années et qu'elle est versée à l'ensemble du personnel quel que soit l'éloignement de son domicile et qu'il ne résulte d'aucun élément qu'elle a été attribuée forfaitairement en vue de rembourser des frais, le conseil de prud'hommes a pu estimer que cette indemnité était un élément du salaire. • Soc. 11 déc. 1980 : *Bull. civ. V, n° 890*. – Déjà dans le même sens : • Soc. 24 janv. 1980 : *Bull. civ. V, n° 76* • 20 mai 1976 : *ibid., n° 302*. ♦ Sur l'indemnité de grand déplacement prévue par l'additif du 7 juin 1963 à la convention collective nationale du 15 déc. 1954 dans le secteur du bâtiment et des travaux publics, V. • Soc. 17 févr. 1971 : *Bull. civ. V, n° 118* • 8 avr. 1976 : *ibid., n° 200* • 7 mai 1991 : ⚖ *RJS 1991. 400, n° 758*. ♦ Le salarié qui s'installe à proximité de son lieu de travail, de sorte que le lieu de résidence figurant sur son bulletin d'embauche ne correspond plus à la situation réelle, ne peut plus bénéficier de l'indemnité de grand déplacement. • Soc. 14 nov. 1990, ⚖ n° 87-43.469 P : *RJS 1990. 640, n° 970*. ♦ Pour une indemnité de détachement, V. • Soc. 12 déc. 1991, ⚖ n° 88-40.450 P : *RJS 1992. 109, n° 150*.

III. FIXATION DU SALAIRE

A. NÉGOCIATION COLLECTIVE

24. Principe de liberté. La fixation des rémunérations salariales, ainsi que de leurs accessoires de toute nature, par des contrats librement passés entre employeurs et salariés relève des principes fondamentaux du droit du travail. • Cons. const. 11 juin 1963 : *D. 1964. 109, note L. Hamon*.

25. Salaire minimum conventionnel. Les minima conventionnels sont définis par rapport à une durée de travail précise ; l'appréciation du respect du montant de ces minima doit donc être effectuée au regard de la durée du travail pratiquée dans l'entreprise. • Soc. 7 sept. 2017, ⚖ n° 15-26.722 P : *RJS 11/2017, n° 738 ; JCP S 2017. 1339, obs. Dumont*. ♦ V. jurispr., ss. art. L. 3231-1, notes 10 et 11.

26. Une prime d'ancienneté peut être calculée conformément à la convention collective sur le salaire minimum de base conventionnel même si ce dernier est inférieur au SMIC. • Soc. 12 avr. 1995 : ⚖ *RJS 1995. 428, n° 651*.

27. Office du juge. Le juge doit constater que la rémunération perçue par le salarié au titre de chacun des mois est au moins égale au salaire minimum conventionnel, primes comprises. • Soc. 7 mai 1991 : ⚖ *RJS 1991. 380, n° 712* • 18 mars 1992 : ⚖ *RJS 1992. 405, n° 737*.

28. Augmentation des minima. Le salarié qui pendant six ans a perçu une rémunération supérieure à celle à laquelle il pouvait prétendre en application de la convention collective n'a pas le droit acquis au maintien de la proportion existant en sa faveur lorsqu'une augmentation conventionnelle est décidée. • Soc. 4 oct. 1978 : *JS UIMM 1979. 132*. – V. aussi : • Soc. 23 janv. 1985 : *Bull. civ. V, n° 61* • 13 juin 1984 : *ibid., n° 244* • 12 mai 1980 : *D. 1981. IR 132, obs. Langlois*. ♦ *Contra*, lorsque la convention prévoit l'augmentation des salaires réels : • Soc. 24 juin 1970 : *Bull. civ. V, n° 436* • 31 mai 1978 : *ibid., n° 417*.

29. Modification du contrat. Une modification du contrat de travail ne peut avoir pour effet de ramener la rémunération des salariés au-dessous des minima légaux ou conventionnels. • Soc. 27 mai 1997 : ⚖ *D. 1997. IR 143* ; *Dr. soc. 1997. 733, note Savatier* ; *RJS 1997. 515, n° 793*.

30. Révision conventionnelle. La majoration des taux minimaux ne s'impose pas dans une entreprise payant son personnel à des salaires supérieurs aux taux minimaux fixés conventionnellement. • Soc. 19 déc. 1961 : *Dr. soc. 1962. 287, obs. Savatier*.

31. Indexation. Pour une illustration de la nullité absolue frappant les clauses d'indexation prohibées, V. • Soc. 2 mars 1977 : *Dr. soc. 1977. 485, obs. Savatier* • 3 mai 1979 : *D. 1980. IR 27, obs. Langlois* • 27 févr. 1980 : *Bull. civ. V, n° 197* • 23 sept. 1982 : *D. 1982. IR 508 ; Dr. soc. 1983. 221, note Savatier* • 7 déc. 1983 et • 15 févr. 1984 : *Dr. soc. 1984. 687, note Savatier* • 18 mars 1992, ⚖ n° 88-43.434 P : *D. 1992. IR 119 ; RJS 1992. 348, n° 618*.

32. L'employeur peut unilatéralement suspendre l'indexation automatique appliquée pendant plus de dix ans, le salarié ayant le droit de considérer le contrat de travail comme rompu du fait de la modification importante qui lui est imposée. • Soc. 26 janv. 1978 : *Bull. civ. V, n° 69 ; Dr. soc. 1979. 287, note Savatier*. ♦ Rappr. : • Soc. 16 mai 1984 : *Dr. soc. 1984. 687, note Savatier*.

33. Peut être indexée sur le taux de change du pays dans lequel le salarié exécute son contrat la partie de salaire qui lui est versée dans ce pays. • Soc. 25 oct. 1990, ⚖ n° 87-40.852 P : *D. 1990. IR 278 ; RJS 1990. 640, n° 971*.

34. Recommandation patronale. Ne donne pas de base légale à sa décision le conseil de prud'hommes qui impose à un employeur le respect d'une recommandation patronale sans rechercher si cette recommandation présentait ou non pour lui un caractère impératif. • Soc. 7 nov. 1985 : *Bull. civ. V, n° 520 ; JS UIMM 1986. 141*.

SALAIRE ET AVANTAGES DIVERS

♦ Une recommandation patronale revêt un caractère obligatoire lorsque l'employeur reconnaît être adhérent d'une organisation l'ayant prise et que la recommandation, intervenue après l'échec de tout accord entre les partenaires sociaux sur la question des salaires, a été diffusée à l'ensemble des entreprises adhérentes et que les termes utilisés étaient clairs et précis. ● Soc. 29 juin 1999, 🏛 n° 98-44.348 P : *Dr. soc. 1999. 795, concl. Dupat* ; *RJS 1999. 667, n° 1063*. ♦ En relevant que le syndicat patronal conseillait une majorations de salaires aux entreprises qui étaient en mesure de le faire, mais ne donnait pas de directives contraignantes, et que l'entreprise ne suivait pas systématiquement ces recommandations, une cour d'appel a pu en déduire que celles-ci n'avaient pas un caractère impératif. ● Soc. 28 avr. 1988, 🏛 n° 85-44.378 P : *D. 1989. 85, note Véricel ; JS UIMM 1988. 319*.

35. Ont un caractère impératif les recommandations patronales constituant le minimum de relèvement des salaires envisagé par la fédération dans ses rapports avec les salariés et ayant le même caractère impératif que des accords paritaires pour les employeurs adhérents aux organismes patronaux les appliquant habituellement. ● Soc. 4 mars 1981 : *Bull. civ. V, n° 180* ; *D. 1982. IR 82, obs. Pélissier ; JS UIMM 1981. 350*. – V. aussi : ● Soc. 8 oct. 1987 : *D. 1989. 85, note Véricel ; Dr. ouvrier 1989. 32, note Darves-Bornoz*. ♦ Le caractère obligatoire d'une recommandation peut découler de l'application de règles statutaires du groupement des employeurs. ● Soc. 6 juill. 1961, n° 3.831 P : *Dr. soc. 1961. 550, obs. Savatier ; JCP 1961. II. 12331, note J. Blaise*. ♦ Revêt une force contraignante la recommandation patronale diffusée à l'ensemble des entreprises adhérentes dont les termes utilisés sont clairs et précis en ce qui concerne le montant de la prime et les modalités de son versement. ● Soc. 6 janv. 2011 : 🏛 *RDT 2011. 388, obs. Tissandier* .

36. L'engagement pris par l'employeur de se conformer aux prescriptions de la convention collective s'applique aux accords de salaire, sans impliquer l'acceptation par avance de recommandations unilatérales émanant d'une organisation patronale dont il n'est pas membre. ● Soc. 4 janv. 1978 : *Bull. civ. V, n° 8 ; D. 1978. IR 91*.

B. CONTRAT DE TRAVAIL

37. Validité de la part variable. Sont illicites les modalités de fixation de la rémunération variable dès lors que les honoraires servant de base de calcul à la rémunération variable étaient ceux qui étaient retenus par la direction générale à laquelle était rattaché le salarié pour l'établissement du compte d'exploitation, ce dont il résultait que la variation de la rémunération dépendait de la seule volonté de l'employeur. ● Soc. 9 mai 2019, 🏛 n° 17-27.448 P : *D. 2019. Actu. 1053* ; *Dr. soc.* *2019. 641, obs. Radé* ; *RJS 7/2019, n° 430 ; JCP S 2019. 1178, obs. Morand*.

38. Fixation de la part variable. Une clause du contrat de travail peut prévoir une variation de la rémunération du salarié dès lors qu'elle est fondée sur des éléments objectifs indépendants de la volonté de l'employeur, qu'elle ne fait pas porter le risque d'entreprise sur le salarié et n'a pas pour effet de réduire la rémunération en-dessous des minima légaux et conventionnels. ● Soc. 2 juill. 2002, 🏛 n° 00-13.111 P : *D. 2003. Somm. 391, obs. Wauquier* ; *Dr. soc. 2002. 998, obs. Radé* ; *RJS 10/2002, n° 1076*. ♦ Le salarié doit pouvoir vérifier que le calcul de sa rémunération a été effectué conformément aux modalités prévues par le contrat de travail. ● Soc. 29 janv. 2008, 🏛 n° 06-42.712 P : *RDT 2008. 310, note Fabre* ; *Dr. soc. 2008. 501, obs. A. Mazeaud* ; *RJS 4/2008, n° 396 ; JCP S 2008. 1410, obs. Drai*. ● 18 juin 2008, 🏛 n° 07-41.910 P : *D. 2008. AJ 1832, obs. Ines* ; *ibid. 2209, note Gaba* ; *RJS 8-9/2008, n° 874 ; JCP S 2008. 1410, obs. Morvan*.

39. Office du juge. Lorsque le montant de la partie variable du salaire n'a pas été fixé par les parties, contrairement aux prévisions du contrat, il appartient au juge de fixer la rémunération en fonction des critères visés au contrat et des accords conclus précédemment. ● Soc. 22 mai 1995, 🏛 n° 91-41.584 P : *GADT, 4ᵉ éd., n° 55 ; Dr. soc. 1995. 668 ; RJS 1995. 513*. ♦ Dans le même sens : ● Soc. 27 mai 1998, 🏛 n° 96-41.152 P : *RJS 1998. 557, n° 860* ● Soc. 20 oct. 1998, 🏛 n° 96-40.908 P : *Dr. soc. 1999. 125, note Langlois* ; *RJS 1998. 886, n° 1448* ● Soc. 22 févr. 2000, 🏛 n° 97-43.465 P : *Dr. soc. 2000. 438, obs. Radé* ; *RJS 2000. 295, n° 411*. ♦ A défaut d'un accord entre l'employeur et le salarié sur le montant de cette rémunération variable, il incombe au juge de déterminer en fonction des critères visés au contrat et des accords conclus les années précédentes, de sorte que, si l'objectif de résultats dont le contrat de travail fait dépendre la rémunération variable n'a pas été déterminé, il appartient au juge de le fixer par référence aux années antérieures. ● Soc. 4 juin 2009 : 🏛 *RDT 2009. 524, obs. Pignarre* ; *RJS 2009. 636, n° 711 ; Dr. ouvrier 2009. 515, obs. Sabatté ; JCP S 2009. 1308, obs. Beyneix*.

40. Condition de présence dans l'entreprise. Un contrat peut prévoir que les commissions ne seront versées que si le salarié est présent dans l'entreprise au moment où les conditions d'exigibilité de ces commissions sont remplies ; une telle clause n'est pas purement potestative dès lors que son application dépend d'éléments qui sont pour partie étrangers à la volonté de l'employeur. ● Soc. 7 janv. 1992 : 🏛 *Dr. soc. 1992. 190* ; *RJS 1992. 108, n° 149* ● 19 juill. 1995 : 🏛 *RJS 1995. 719, n° 1131*. ♦ Une telle clause ne peut être écartée que si le salarié démontre soit la faute de l'employeur ayant empêché la réalisation de l'une des conditions, soit la réduction du salaire à un montant inférieur au minimum légal ou conventionnel. • Soc. 7 janv. 1992 : ⚖ préc. ◆ Dans le même sens : • Soc. 13 nov. 2002 : ⚖ *Dr. soc. 2003. 228*, obs. Radé ⊘ (licenciement sans cause réelle et sérieuse).

41. Si l'employeur peut assortir la prime qu'il institue de conditions, il convient, dans ce cas, que celles-ci ne portent pas atteinte aux libertés et droits fondamentaux du salarié (maintien de la présence du salarié dans l'entreprise au cours des six mois suivant le versement de la prime). • Soc. 18 avr. 2000, ⚖ n° 97-44.235 P : *D. 2000. IR 150* ⊘ ; *Dr. soc. 2000. 646*, obs. Radé ⊘.

42. Rémunération proportionnelle. Il n'est pas illicite de convenir d'une rémunération proportionnelle au chiffre d'affaires réalisé par le salarié, déduction faite des différentes charges d'exploitation de l'employeur, y compris les charges sociales. • Soc. 10 nov. 1993, ⚖ n° 89-44.063 P. ◆ Dès lors que la lettre d'engagement du salarié prévoyait une gratification attribuée selon les résultats de l'entreprise, le salarié a droit à cette gratification, l'employeur ne pouvant en refuser le versement en raison de la qualité du travail du salarié, ce qui aurait en toute hypothèse constitué une sanction pécuniaire. • Soc. 17 juill. 1996, ⚖ n° 93-43.963 P : *GADT, 4ᵉ éd., n° 57 ; RJS 1996. 594, n° 923 ; CSB 1996. 329, S. 142 ; Defrénois 1997. 974*, note Quétant.

43. Forfait. Ni l'absence de mention d'heures supplémentaires sur les fiches de paie, ni le fait que des accords fussent intervenus sur la réduction d'horaires n'implique nécessairement l'existence d'un accord sur une rémunération forfaitaire. • Soc. 28 oct. 1981 : *Bull. civ. V, n° 839*. ◆ V. aussi : • Soc. 11 déc. 1980 : *ibid., n° 885* (la convention de forfait ne se présume pas) • 11 oct. 1984 : *ibid., n° 371* (la preuve d'une convention de forfait peut être apportée conformément au droit commun).

44. La seule fixation d'une rémunération forfaitaire, sans que soit déterminé le nombre d'heures supplémentaires inclus dans cette rémunération, ne permet pas de caractériser une convention de forfait, peu important à cet égard que le salarié ait disposé d'une liberté dans l'organisation de son travail. • Soc. 9 avr. 2002 : ⚖ *Dr. soc. 2002. 777*, obs. Radé ⊘.

45. Aucune disposition légale ou réglementaire n'exige l'existence d'un écrit pour l'établissement d'une convention de forfait. • Soc. 11 janv. 1995 : ⚖ *RJS 1995. 99, n° 109* (salarié d'un club de vacances ne contestant pas que ses fonctions incluaient des tâches d'animation pour l'exécution desquelles sa disponibilité auprès de la clientèle était requise sans référence à des temps de travail particuliers).

46. Modification de la rémunération contractuelle. Le mode de rémunération contractuel d'un salarié constitue un élément du contrat de travail qui ne peut être modifié sans son accord, peu important que l'employeur prétende que le nouveau mode serait plus avantageux, une clause du contrat ne peut valablement permettre à l'employeur de modifier unilatéralement la rémunération contractuelle du salarié. • Soc. 30 mai 2000, ⚖ n° 98-44.016 P : *D. 2001 ; Somm. 738*, obs. Lokiec ; *RJS 7/2000, n° 772* • 27 févr. 2001, ⚖ n° 99-40.219 P : *D. 2001. Somm. 2166*, obs. Frossard ⊘ ; *Dr. soc. 2001. 514*, note Radé ⊘ ; *RJS 5/2001, n° 562 ; JCP 2001. I. 330*, obs. Loiseau.

47. Renonciation. La renonciation à un salaire ou à des compléments de salaire fixés par des dispositions d'ordre public ne se présume pas et ne peut résulter, sauf circonstances particulières, de la simple perception, même prolongée, par le salarié des paiements qui lui sont faits. • Soc. 3 juill. 1973 : *Bull. civ. V, n° 438* • 25 janv. 1989 : *ibid., n° 59*.

48. Le fait pour un salarié d'avoir travaillé plusieurs années sans percevoir la rémunération convenue n'emporte pas renonciation au paiement des sommes dues. • Soc. 7 oct. 1987 : *JS UIMM 1988. 630 ; Dr. ouvrier 1989. 31*. – Dans le même sens : • Soc. 2 févr. 1983 : *Bull. civ. V, n° 69*. ◆ Comp., en cas d'adhésion implicite à un blocage des salaires répondant à une nécessité économique : • Soc. 22 juin 1983 : *D. 1984. IR 19* • 28 févr. 1985 : *Bull. civ. V, n° 139 ; D. 1985. IR 454*, obs. A. Lyon-Caen. – V. aussi : • Soc. 21 oct. 1976 : *D. 1976. IR 292*.

49. Attestation de l'employeur. L'attestation destinée à un tiers, en l'espèce un établissement bancaire, indiquant que le salarié percevra un minimum annuel de 328 507 F ne suffit pas à constituer un engagement de l'employeur envers son salarié. • Soc. 17 mars 1999 : ⚖ *RJS 1999. 411, n° 666 ; Dr. soc. 1999. 503*, note Couturier ⊘.

TITRE II ÉGALITÉ DE RÉMUNÉRATION ENTRE LES FEMMES ET LES HOMMES

> **COMMENTAIRE**
>
> V. sur le Code en ligne 🔗.

CHAPITRE I **PRINCIPES**

RÉP. TRAV. v^{is} *Salaire (Fixation, montant)*, par BOUILLOUX ; *Discrimination*, par LANQUETIN.

BIBL. GÉN. ▶ AUBERT-MONPEYSSEN, *Dr. soc. 2005. 18* (principe « A travail égal, salaire égal » et politiques de gestion des rémunérations) ; *JCP E 2009. 1884*. - AUBERT-MONPEYSSEN et GASSER, *RDT 2007. Contr. 632*. - AUZERO et CHONNIER, *Dr. soc. 2011. 52* (conventions et accords collectifs à l'épreuve de l'égalité de traitement). - AUZERO, *RDT 2012. 269* (avantages catégoriels, principe d'égalité et négociation collective). - BAILLY, *RJS 2014. 299* (égalité dans les relations individuelles de travail). - BUGHIN et PAYEN, *Travail et Emploi, 1985, n° 23, p. 49*. - BYRE, *Dr. soc. 1988. 815* (droit anglais). - CESARO, *JCP S 2011. 1206* (le statut des cadres à l'épreuve du principe d'égalité). - DEVAUD, *ibid. 1976, n° spéc. janv., S 39*. - HANNELAIS, *JSL 2005, n° 173-2*. - HUGLO, *RJS 3/2018, p. 179* (accords collectifs et principe d'égalité de traitement). - JEANSEN et PAGNERRE, *JCP S 2012. 1338* (les avantages catégoriels contenus dans les accords collectifs, une espèce en voie d'extinction). - JUNTER-LOISEAU, *ibid. 1990, n° 109*. - LANQUETIN, *Dr. soc. 2006. 624*. - LEROY, *RJS 2002. 887* (égalité professionnelle). - LOISEAU, *RJS 8-9/2018, n° 615* (crépuscule du principe d'égalité de traitement). - LOSCHAK, *ibid. 1987. 778* (notion de discrimination). - MORAND, *JCP E 2008. 1754* (statut collectif et égalité de rémunération). - OMARJEE et LOISEAU, *RDT 2019. Controverse 301* (l'accord collectif comme justification d'une inégalité de traitement : quelles limites ?). - POIRIER, *Dr. ouvrier 2009. 425 et 491* (égalité de traitement et différences de statut). - RAY, *Dr. soc. 1990. 83* ; *ibid. 2011. 42* (à travail inégal, salaire inégal). - RONGÈRE, *ibid. 1990. 99*. - SERIZAY, *JSL 2015, n° 384-1* (égalité : le retour vers la raison ?). - SOUSI-ROUBI, *ibid. 1980. 31*. - TILLIÉ, *Dr. ouvrier 1981. 367*. - VACHET, *Dr. soc. 2008. 1046* (à travail égal, salaire égal). - VAN RAEPENBUSCH, *RJS 1994. 3* (jurisprudence de la CJCE) ; *ibid. 1999. 7* (égalité de traitement). - VERGNE, *JSL 2008, n° 232-1* (principe « A travail égal, salaire égal »).

Art. L. 3221-1 Les dispositions des articles L. 3221-2 à L. 3221-7 sont applicables, outre aux employeurs et salariés mentionnés à l'article L. 3211-1, à ceux non régis par le code du travail et, notamment, aux agents de droit public. — *[Anc. art. L. 140-5.]* — V. art. R. 3221-2.

Art. L. 3221-2 Tout employeur assure, pour un même travail ou pour un travail de valeur égale, l'égalité de rémunération entre les femmes et les hommes. — *[Anc. art. L. 140-2, al. 1er.]* — V. art. L. 3222-1 et R. 3222-1 (pén.).

V. aussi Dir. (UE) 2023/970 du Parlement européen et du Conseil du 10 mai 2023 visant à renforcer l'application du principe de l'égalité des rémunérations entre les femmes et les hommes pour un même travail ou un travail de même valeur par la transparence des rémunérations et les mécanismes d'application du droit, App. I. D.

COMMENTAIRE

V. sur le Code en ligne 🔒

I. ÉGALITÉ SALARIALE ENTRE LES FEMMES ET LES HOMMES

1. Champ d'application. Le principe selon lequel un même travail doit être rémunéré de la même façon, qu'il soit accompli par un travailleur masculin ou par un travailleur féminin, n'est pas applicable lorsque les différences observées dans les conditions de rémunération de travailleurs de sexe différent effectuant un même travail ne peuvent être attribuées à une source unique (législateur, parties à une convention collective ou direction de l'entreprise). ● CJCE 17 sept. 2002, 🔒 n° C-320/00, *Lawrence et Regent Office Care Ltd et a.* : *RJS 2002. 1065, n° 1454*.

2. Travail égal, ou de valeur égale. V. jurispr. ss. art. L. 3221-4.

3. Différences de traitement injustifiées. Les art. 3, § 1, et 2, § 4, de la Dir. 76/207/CEE du Conseil du 9 févr. 1976, relative à la mise en œuvre du principe de l'égalité de traitement entre hommes et femmes en ce qui concerne l'accès à l'emploi, à la formation et à la promotion professionnelles, et les conditions de travail, doivent être interprétés en ce sens qu'ils s'opposent à une réglementation nationale qui réserve l'inopposabilité des limites d'âge pour l'accès aux emplois publics aux veuves non remariées qui se trouvent dans l'obligation de travailler, à l'exclusion des veufs non remariés qui sont dans la même situation. ● CJCE 30 sept. 2004, 🔒 n° C-319/03, *Serge X... c/ Min. de l'Intérieur et a.* : *BICC n° 608 du 15 nov. 2004, n° 1667*.

4. L'épouse d'un gardien d'immeuble doit recevoir une rémunération identique à celle de son mari dès lors que tous les deux ont été engagés comme gardiens d'immeuble et qu'aucun document ne comportait une spécification de leurs tâches et qu'ils accomplissaient en la même qualité le même travail. ● Soc. 19 févr. 1992, 🔒 n° 88-

45.217 P : *CSB* 1992. 111, A. 20 ; *RJS* 1992. 259, n° 447. ♦ L'attribution de prime de crèche aux mères de famille prévue par accord collectif doit bénéficier aux pères de famille remplissant les conditions prévues par l'accord. • Soc. 27 févr. 1991, ⚖ n° 90-42.239 P : *D.* 1991. IR 89 ; *RJS* 1991. 227, concl. Picca • 8 oct. 1996 : ⚖ *D.* 1996. IR 243 ⌀ ; *RJS* 1996. 760, n° 1178 ; *CSB* 1997. 20, S. 5 et 6. ♦ Dans le même sens pour un complément d'indemnité de congés payés. • Soc. 9 avr. 1996, ⚖ n° 94-43.279 P : *CSB* 1996. 201, A. 43. ♦ Dans la mesure où les dispositions d'une convention collective prévoyant le versement d'une prime familiale à chaque salarié du réseau, chef de famille, ne sont assorties d'aucune restriction, tout salarié dont le conjoint, salarié d'un autre employeur, perçoit un supplément de rémunération au titre des enfants dont ils ont la charge ou dont ils contribuent à l'entretien, doit percevoir cette prime. • Soc. 10 mars 2004, n° 02-40.010 P : *Dr. soc.* 2004. 558, obs. Radé ⌀.

5. Un texte réglementaire ne peut accorder une priorité absolue et inconditionnelle aux candidatures de certaines catégories de femmes, au nombre desquelles figurent les femmes divorcées non remariées qui se trouvent dans l'obligation de travailler, en réservant à celles-ci le bénéfice de l'inopposabilité des limites d'âge pour l'accès au statut d'agent permanent de la RATP, à l'exclusion des hommes divorcés non remariés qui sont dans la même situation. • Soc. 18 déc. 2007, ⚖ n° 06-45.132 P : *RJS* 2008. 251, n° 319 ; *JSL* 2008, n° 226-5 ; *Dr. soc.* 2008. 246, obs. Radé ⌀.

6. Différences de traitement justifiées. Le principe « à travail égal, salaire égal », qui est également consacré par l'art. 11 du Traité CE, ne s'oppose pas au versement d'une allocation forfaitaire aux seuls travailleurs féminins qui partent en congé de maternité, dès lors que cette allocation est destinée à compenser les désavantages professionnels qui résultent pour ces travailleurs de leur éloignement du travail. • CJCE 16 sept. 1999, ⚖ n° C-218/98 : *RJS* 1999. 844, n° 1375 • Soc. 21 mars 2000, ⚖ n° 98-45.485 P : *D.* 2000. IR 124 ⌀ ; *Dr. soc.* 2000. 645, obs. Radé ⌀ ; *RJS* 2000. 372, n° 536.

7. Ancienneté. Le recours au critère de l'ancienneté étant, en règle générale, apte à atteindre le but légitime de récompenser l'expérience acquise qui met le travailleur en mesure de mieux s'acquitter de ses prestations, l'employeur ne doit pas spécialement établir que le recours à ce critère est apte à atteindre ledit but en ce qui concerne un emploi donné, à moins que le travailleur fournisse des éléments susceptibles de faire naître des doutes sérieux à cet égard. • CJCE 3 oct. 2006, n° C-17-05 : *RDT* 2006. 393, obs. Aubert-Monpeyssen ⌀ ; *RJS* 2006. 199, n° 298.

8. Référé probatoire. Il appartient au juge saisi d'une demande de communication de pièces sur le fondement de l'art. 145 C. pr. civ., d'abord, de rechercher si cette communication n'est pas nécessaire à l'exercice du droit à la preuve de l'inégalité de traitement alléguée et proportionnée au but poursuivi et s'il existe ainsi un motif légitime de conserver ou d'établir avant tout procès la preuve de faits dont pourrait dépendre la solution d'un litige, ensuite, si les éléments dont la communication est demandée sont de nature à porter atteinte à la vie personnelle d'autres salariés, de vérifier quelles mesures sont indispensables à l'exercice du droit à la preuve et proportionnées au but poursuivi, au besoin en cantonnant le périmètre de la production de pièces sollicitée. • Soc. 8 mars 2023, ⚖ n° 21-12.492 B : *D.* 2023. 505 ⌀ ; *RJS* 6/2023, n° 296 ; *Gaz. Pal.* 30 mai 2023, p. 59, obs. Sereno ; *JSL* 2023, n° 562-4, obs. Tissandier.

II. ÉGALITÉ SALARIALE

A. CHAMP D'APPLICATION

1° PRINCIPE « À TRAVAIL ÉGAL, SALAIRE ÉGAL » ÉTENDU AUX SALARIÉS DE MÊME SEXE

9. Principe. Le principe « à travail égal, salaire égal », énoncé par les art. L. 133-5, 4, et L. 136-2, 8° [L. 2261-22 et L. 2271-1 nouv.], dont la règle de l'égalité des rémunérations entre hommes et femmes n'est qu'une application, impose à l'employeur d'assurer l'égalité de rémunération entre tous les salariés de l'un ou l'autre sexe, pour autant que les salariés en cause sont placés dans une situation identique. • Soc. 29 oct. 1996, ⚖ n° 92-43.680 P : *GADT, 4ᵉ éd., n° 71 ; D.* 1998. Somm. 259, note Lanquetin ⌀ ; *Dr. soc.* 1996. 1013, note A. Lyon-Caen ⌀ ; *CSB* 1997. 5, A. 1, note A. P. et J. M. ; *RJS* 1996. 821, n° 1272 ; *LPA* 22 nov. 1996, note Picca. – Langlois, *D.* 1997. Chron. 45 (III, C) ⌀. – V. aussi • Soc. 15 déc. 1998, ⚖ n° 95-43.630 P : *Dr. soc.* 1999. 187, obs. Bonnechère ⌀.

10. Champ d'application. Le principe « à travail égal, salaire égal » ne s'applique pas dans la mesure où les salariés qui revendiquaient le bénéfice d'un jour de congé supplémentaire n'appartenaient pas aux entreprises au sein desquelles ce droit était reconnu en vertu d'un usage ou d'un engagement unilatéral de l'employeur ou d'un statut de droit public. • Soc. 6 juill. 2005, ⚖ n° 03-43.074 P : *D.* 2005. IR 2105 ⌀ ; *Dr. soc.* 2006. 98, obs. Radé ⌀ ; *RJS* 2005. 697, n° 979. ♦ Le principe d'égalité de traitement n'est pas applicable entre salariés d'entreprises différentes, peu important qu'elles appartiennent au même groupe. • Soc. 16 sept. 2015, ⚖ n° 13-28.415 P : *D.* 2015. Actu. 1898 ⌀ ; *RJS* 12/2015, n° 779 ; *JSL* 2015, n° 396-2, obs. Lhernould ; *JCP S* 2015. 1408, obs. Daniel.

11. Cas particulier des salariés au sein d'une même UES. Au sein d'une UES, qui est composée de personnes juridiques distinctes, pour la détermination des droits à rémunération d'un salarié, il ne peut y avoir comparaison entre les conditions de rémunération de ce salarié et celles d'autres salariés compris dans l'UES que si ces conditions sont fixées par la loi, une convention ou un accord collectif commun, ainsi que dans le cas où le travail de ces salariés est accompli dans un même établissement. • Soc. 1er juin 2005, 🏛 n° 04-42.143 P : *D. 2006. Pan. 32, obs. Escande-Varniol* ⌀ ; *Dr. soc. 2005. 1049, obs. Radé* ⌀ ; *RJS 2005. 611, n° 546* ; *Dr. ouvrier 2005, A. 69, obs. Charbonneau* ; *JSL 2005, n° 171-2* ; *SSL 2005, n° 1219*.

2° PRINCIPE D'ÉGALITÉ DE TRAITEMENT

12. Principe. Le principe d'égalité de traitement impose de rechercher si des retenues opérées pour fait de grève entre deux catégories de personnels aboutissent à des résultats différents au regard du mode de rémunération applicable à chacune des deux catégories de personnels. • Soc. 10 juin 2008, 🏛 n° 06-46.000 P : *D. 2008. 1770* ⌀ ; *ibid. 2009. 191, obs. Centre de recherche en droit social de l'Institut d'études du travail de Lyon* ⌀ ; *Dr. soc. 2008. 981, obs. Radé* ⌀ ; *SSL 2008, n° 1359, p. 10, entretien avec P. Bailly*.

13. Articulation des principes. Lorsque la différence de traitement entre des salariés placés dans une situation identique au regard de l'avantage considéré résulte des termes mêmes de l'accord collectif, il y a lieu de faire application du principe d'égalité de traitement sans recourir nécessairement à une comparaison entre salariés de l'entreprise effectuant le même travail ou un travail de valeur égale. • Soc. 23 mars 2011, 🏛 n° 09-42.666 P : *D. 2011. Actu. 1021, obs. Ines* ⌀ ; *RJS 2011. 458, n° 496* ; *Dr. soc. 2011. 592, obs. Radé* ⌀ ; *JCP S 2011. 1243, obs. Cesaro*.

14. Comparaison limitée aux salariés. Un salarié qui se prévaut du principe d'égalité de traitement ne peut utilement invoquer la comparaison de sa situation avec des non-salariés ; il ne peut y avoir une comparaison utile entre un médecin exerçant à titre libéral et les médecins salariés d'un établissement. • Soc. 16 déc. 2015, 🏛 n° 14-11.294 P : *D. 2016. Actu. 83* ⌀ ; *ibid. Pan. 814, obs. Porta* ⌀ ; *D. actu. 12 janv. 2016, obs. Peyronnet* ; *RJS 3/2016, n° 159* ; *JCP S 2016. 1097, note Daniel*.

15. Régimes de prévoyance. En raison des particularités des régimes de prévoyance incluant la protection sociale complémentaire, qui reposent sur une évaluation des risques garantis, en fonction des spécificités de chaque catégorie professionnelle, prennent en compte un objectif de solidarité et requièrent dans leur mise en œuvre la garantie d'un organisme extérieur à l'entreprise, l'égalité de traitement ne s'applique qu'entre les salariés relevant d'une même catégorie professionnelle. • Soc. 9 juill. 2014 : *RJS 2014. 651, n° 764*.

16. Égalité de traitement et effet relatif de la chose jugée. Des salariés ne peuvent revendiquer un avantage sur le seul fondement des effets d'une décision rendue dans une instance où ils ne sont ni parties ni représentés, la différence de traitement trouvant dans ce cas son origine et sa justification dans l'effet relatif de la chose jugée. • Soc. 23 oct. 2013 : *RJS 1/2014, n° 42*.

17. Égalité de traitement et transaction. Un salarié ne peut invoquer le principe d'égalité de traitement pour remettre en cause les droits et avantages d'une transaction revêtue de l'autorité de la chose jugée et dont il ne conteste pas la validité. • Soc. 30 nov. 2011, 🏛 n° 10-21.119 P : *RJS 2012. 125, n° 143*.

B. EXISTENCE D'UNE DIFFÉRENCE DE TRAITEMENT

18. Avantages accordés discrétionnairement. Ne viole pas la règle « à travail égal, salaire égal » et ne constitue pas une mesure discriminatoire le fait pour un employeur de subordonner l'octroi d'un avantage en nature, résultant d'un engagement unilatéral de sa part, à des conditions particulières, dès lors que tous les salariés de l'entreprise peuvent bénéficier, dans les mêmes conditions, de l'avantage accordé. • Soc. 18 mai 1999, 🏛 n° 98-40.201 P : *Dr. soc. 1999. 747, obs. Radé.* ⌀ ♦ L'employeur ne peut opposer son pouvoir discrétionnaire pour se soustraire à son obligation de justifier de façon objective et pertinente une différence de rémunération. • Soc. 30 avr. 2009, 🏛 n° 07-40.527 P : *D. 2009. AJ 1420, obs. Perrin* ⌀ ; *ibid. Pan. 2128, obs. Auber* ⌀ ; *RDT 2009. 516, obs. Aubert-Monpeyssen* ⌀ ; *RJS 2009. 561, n° 631* ; *Dr. soc. 2009. 1006, obs. Radé* ⌀ ; *JSL 2009, n° 256-5* ; *Dr. ouvrier 2009. 459, obs. Ménard* ; *SSL 2009, n° 1399, p. 10.* ♦ Les règles déterminant l'octroi de cet avantage doivent être préalablement définies et contrôlables. • Soc. 18 janv. 2000, 🏛 n° 98-44.745 P : *D. 2000. IR 118* ⌀ ; *Dr. soc. 2000. 436, obs. Radé* ⌀ ; *RJS 2000. 190, n° 277* • 27 mars 2007 : *RDT 2007. 393, note Aubert-Monpeyssen* ⌀.

19. Rémunération. Dans la comparaison de rémunération entre les salariés effectuant un même travail ou un travail de valeur égale, il ne faut pas tenir compte de l'indemnité de précarité qui compense la situation dans laquelle le salarié est placé du fait de son CDD ; il faut se placer sur le terrain de l'existence d'une différence de traitement au regard de la rémunération. • Soc. 10 oct. 2012 : *D. actu. 31 oct. 2012, obs. Siro* ; *RJS 2013. 29, n° 10* ; *JCP S 2012. 1529, obs. Sébille*.

20. Évolution de carrière. Le principe d'égalité de traitement ne fait pas obstacle à ce que les salariés embauchés postérieurement à l'entrée en vigueur d'un nouveau barème conventionnel soient appelés dans l'avenir à avoir une évolution de carrière plus rapide dès lors qu'ils ne bénéficient à aucun moment d'une classification ou d'une rémunération plus élevée que celle des salariés embauchés antérieurement à l'entrée en vigueur du nouveau barème et placés dans une situation identique ou similaire. • Soc. 7 déc. 2017, 🏛 n° 16-14.235 P : *D. actu. 8 janv. 2018, obs.*

Peyronnet; D. 2017. Actu. 2541 ; RJS 2/2018, n° 91; JCP S 2018. 1040, obs. Barège; JSL 2018, n° 447-2, obs. Lhernould.

C. JUSTIFICATION DES DIFFÉRENCES DE TRAITEMENT

1° DIFFÉRENCES D'ORIGINE CONVENTIONNELLE

a. Application de la présomption de justification

21. Salariés appartenant à des catégories professionnelles différentes. Les différences de traitement entre catégories professionnelles opérées par voie de conventions ou d'accords collectifs, négociés et signés par les organisations syndicales représentatives, investies de la défense des droits et intérêts des salariés et à l'habilitation desquelles ces derniers participent directement par leur vote, sont présumées justifiées de sorte qu'il appartient à celui qui les conteste de démontrer qu'elles sont étrangères à toute considération de nature professionnelle. • Soc. 27 janv. 2015, n°s 13-22.179, 13-25.437 et 13-14.773 (3 arrêts): D. actu. 6 févr. 2015, obs. Peyronnet; D. 2015. Actu. 270 ; RDT 2015. 339, obs. Peskine ; ibid. 472, obs. Pignarre ; Dr. soc. 2015. 237, note Fabre ; SSL 2015, n° 1663, p. 7, obs. Pécaut-Rivolier ; RJS 3/2015, n° 172.

22. Salariés exerçant des fonctions distinctes. Les différences de traitement entre des salariés exerçant, au sein d'une même catégorie professionnelle, des fonctions distinctes, opérées par voie de convention ou d'accord collectifs, négociés et signés par les organisations syndicales représentatives, investies de la défense des droits et intérêts des salariés et à l'habilitation desquelles ces derniers participent directement par leur vote, sont présumées justifiées de sorte qu'il appartient à celui qui les conteste de démontrer qu'elles sont étrangères à toute considération de nature professionnelle. • Soc. 8 juin 2016, n° 15-11.324 P: D. actu. 15 juin 2016, obs. Peyronnet; D. 2016. Actu. 1259 ; RJS 8-9/2016, n° 542; D. 2016. 1593, obs. Ducloz ; JSL 2016, n° 414-2, obs. Tissandier; JCP S 2016. 1321, note Bossu. ♦ N'est pas étrangère à des considérations professionnelles, s'agissant du bénéfice d'une indemnité de logement, de la prise en compte des spécificités de la fonction de chef d'agence et de cadre de direction. • Même arrêt. ♦ La présomption de justification d'une différence de traitement établie par accords collectifs entre cadres sur l'octroi d'une indemnité de repas n'est pas renversée dès lors que, certains d'entre eux étant amenés à exposer des frais plus importants dans le cadre de leurs fonctions, cette différence n'est pas étrangère à toute considération professionnelle. • Soc. 26 avr. 2017, n° 15-23.968 P: D. actu. 22 mai 2017, obs. Ines.

23. Salariés appartenant à des établissements distincts. Les différences de traitement entre des salariés appartenant à la même entreprise mais à des établissements distincts, opérées par voie d'accords d'entreprise négociés et signés par les organisations syndicales représentatives au sein de l'entreprise, investies de la défense des droits et intérêts des salariés de l'ensemble de cette entreprise et à l'habilitation desquelles ces derniers participent directement par leur vote, sont présumées justifiées de sorte qu'il appartient à celui qui les conteste de démontrer qu'elles sont étrangères à toute considération de nature professionnelle. • Soc. 4 oct. 2017, n° 16-17.517 P: D. 2017. Actu. 1981 ; RJS 12/2017, n° 780; JSL 2017, n° 442-2, obs. Lhernould; JCP S 2017. 1391, obs. Cesaro; Gaz. Pal. 12 déc. 2017, Jur. p. 51, obs. Harir • Soc. 30 mai 2018, n° 17-12.782 P: D. actu. 19 juin 2018, obs. Peyronnet; D. 2018. Actu. 1210 ; RJS 8-9/2018, n° 565; JSL 2018, n° 457-4, obs. Tissandier (accord de fin de conflit).

24. Salariés relevant d'accord d'établissements distincts. Les différences de traitement entre des salariés appartenant à la même entreprise mais à des établissements distincts, opérées par voie d'accords d'établissement négociés et signés par les organisations syndicales représentatives au sein de ces établissements, investies de la défense des droits et intérêts des salariés de l'ensemble de cette entreprise et à l'habilitation desquelles ces derniers participent directement par leur vote, sont présumées justifiées, de sorte qu'il appartient à celui qui les conteste de démontrer qu'elles sont étrangères à toute considération de nature professionnelle. • Soc. 3 nov. 2016, n° 15-18.444 P: D. actu. 21 nov. 2016, obs. Peyronnet; D. 2016. Actu. 2286 ; ibid. 2017. Pan. 2275, obs. Lokiec ; RDT 2017. 140, obs. Odoul-Asorey ; Dr. soc. 2017. 87, obs. Antonmattéi ; RJS 1/2017, n° 7; JSL 2016, n° 421-422-1, obs. Tissandier; JCP S 2016. 1392, obs. Cesaro • Soc. 27 sept. 2017, n°s 16-60.238 et 16-60.264 P: D. actu. 24 oct. 2017, obs. Peyronnet; D. 2017. Actu. 1981 ; RJS 12/2017, n° 807; JSL 2017, n° 443-444-5, obs. Patin; JCP S 2017. 1371, obs. Pagnerre.

b. Mise à l'écart de la présomption de justification

25. Limites à la présomption de justification. La reconnaissance d'une présomption générale de justification de toutes différences de traitement entre les salariés opérées par voie de conventions ou d'accords collectifs, de sorte qu'il appartient à celui qui les conteste de démontrer que celles-ci sont étrangères à toute considération de nature professionnelle, serait, dans les domaines où est mis en œuvre le droit de l'Union, contraire à celui-ci en ce qu'elle ferait reposer sur le seul salarié la charge de la preuve de l'atteinte au principe d'égalité et en ce qu'un accord collectif n'est pas en soi de nature à justifier une différence de traitement ; dans ces domaines, une telle présomption se trouverait privée d'effet dans la mesure où les règles de preuve propres au droit de l'Union viendraient à s'appliquer ; partant, la généralisation d'une présomption de justification de toutes différences de traitement ne peut qu'être écartée. • Soc. 3 avr. 2019, ⚖ n° 17-11.970 P : *D. actu.* 11 avr. 2019, obs. Peyronnet ; *D.* 2019. 1558, obs. David ⌀ ; *RDT* 2019. 498, note Berthier ⌀ ; *ibid.* 578, note Rosa ⌀ ; *Dr. soc.* 2019. 447, note Radé ⌀ ; *RJS* 6/2019, n° 338, avis Berriat, p. 431 ; *Dr. ouvrier* 2019. 489, note Ferkane ; *SSL* 2019, n° 1858, p. 8, obs. Dutheillet de Lamothe ; *JSL* 2019, n° 476-1, obs. Hautefort ; *JCP S* 2019. 1134, obs. Loiseau ; *ibid.* 1135, obs. Cavallini.

26. Différence de traitement fondée sur la date de présence. Ne saurait être présumé justifié au regard du principe d'égalité de traitement, un accord collectif qui opère, entre les salariés, une différence de traitement en raison uniquement de la date de présence sur un site désigné, les salariés étant placés dans une situation exactement identique au regard des avantages de cet accord dont l'objet est de prendre en compte les impacts professionnels, économiques et familiaux de la mobilité géographique et d'accompagner les salariés pour préserver leurs conditions d'emploi et de vie familiale. • Soc. 3 avr. 2019, ⚖ n° 17-11.970 P : *D. actu.* 11 avr. 2019, obs. Peyronnet ; *D.* 2019. 1558, obs. David ⌀ ; *RDT* 2019. 498, note Berthier ⌀ ; *ibid.* 578, note Rosa ⌀ ; *Dr. soc.* 2019. 447, note Radé ⌀ ; *RJS* 6/2019, n° 338, avis Berriat, p. 431 ; *Dr. ouvrier* 2019. 489, note Ferkane ; *SSL* 2019, n° 1858, p. 8, obs. Dutheillet de Lamothe ; *JSL* 2019, n° 476-1, obs. Hautefort ; *JCP S* 2019. 1134, obs. Loiseau ; *ibid.* 1135, obs. Cavallini.

2° DIFFÉRENCES DE TRAITEMENT D'ORIGINE NON CONVENTIONNELLE

27. Différences de traitement établies par engagement unilatéral. Pour l'attribution d'un avantage particulier, une différence de statut juridique entre des salariés placés dans une situation comparable au regard dudit avantage ne suffit pas, à elle seule, à exclure l'application du principe d'égalité de traitement ; il appartient à l'employeur de démontrer que la différence de traitement entre les salariés placés dans la même situation au regard de l'avantage litigieux repose sur des raisons objectives dont le juge doit contrôler la réalité et la pertinence. • Soc. 27 janv. 2015, ⚖ n° 13-17.622 : *D.* 2015. Actu. 327 ⌀ ; *RJS* 3/2015, n° 172. ♦ Une différence de traitement établie par un engagement unilatéral peut être pratiquée entre des salariés d'une même entreprise, lorsque ceux-ci relèvent d'établissements différents et qu'ils exercent un travail égal ou de valeur égale, si elle repose sur des raisons objectives dont le juge contrôle la réalité et la pertinence ; tel est le cas de la différence fondée sur une disparité du coût de la vie, invoquée par l'employeur pour justifier la différence de traitement qu'il a mise en place entre les salariés de deux sites. • Soc. 14 sept. 2016, ⚖ n° 15-11.386 P : *D. actu. 20 sept. 2016*, obs. Peyronnet ; *SSL* 2016, n° 1737, p. 9, obs. Champeaux • Soc. 23 juin 2021, ⚖ n°s 19-21.772 s. : *Dr. soc.* 2021.696, note Radé.

28. Si, conformément au droit commun des accords collectifs de travail, le nouvel employeur peut, en l'absence d'adaptation aux dispositions conventionnelles nouvellement applicables ou d'élaboration de nouvelles dispositions, maintenir, en vertu d'un engagement unilatéral, tout ou partie des dispositions conventionnelles en vigueur dans l'entreprise absorbée, ce n'est qu'à la condition, s'agissant d'avantages ayant le même objet ou la même cause, que cet accord soit plus favorable que celui applicable au sein de l'entreprise absorbante. • Soc. 24 mars 2021, ⚖ n° 19-15.920 : *D.* 2021. 639 ⌀ ; *Dr. soc.* 2021.665, note Radé.

29. Entrée en vigueur d'un accord collectif. Le droit à la gratification liée à l'obtention de la médaille d'honneur du travail naît à la date à laquelle le salarié atteint le nombre d'années de services requis pour l'échelon concerné ; il n'y a pas de rupture d'égalité entre les salariés ayant acquis l'ancienneté requise pour pouvoir prétendre à tel échelon avant la date d'entrée en vigueur de la convention collective prévoyant la gratification et ceux l'ayant acquise après cette date, le régime juridique applicable à la gratification relevant, pour les premiers, de l'usage d'entreprise, et pour les seconds, de la convention collective. • Soc. 28 mars 2018, ⚖ n° 16-19.260 P : *JSL* 2018, n° 454-4, obs. Pacotte et Margerin ; *JCP S* 2018, n° 1184, note Barège. ♦ Les salariés engagés postérieurement à l'entrée en vigueur d'un accord de substitution ne peuvent revendiquer, au titre du principe d'égalité de traitement, le bénéfice des dispositions prévues par l'accord collectif antérieur. • Soc. 28 juin 2018, ⚖ n° 17-16.499 P : *D.* 2018. Actu. 1443 ⌀ ; *RJS* 10/2018, n° 582 ; *JSL* 2018, n° 459-1 ; *JCP S* 2018. 1323, obs. Vachet. ♦ Le principe d'égalité de traitement ne fait pas obstacle à ce que les salariés embauchés postérieurement à l'entrée en vigueur d'un nouveau barème conventionnel soient appelés dans l'avenir à avoir une évolution de carrière plus rapide, dès lors qu'ils ne bénéficient à aucun moment d'une classification ou d'une rémunération plus élevée que celle des salariés embauchés antérieurement à l'entrée en vigueur du nouveau barème et placés dans une situation identique ou similaire. • Soc. 7 déc. 2017, ⚖ n° 16-14.235 P : *D.* 2017. Actu. 2541 ⌀ ; *RJS* 2/2018, n° 91 ; *JCP S* 2018. 1040, obs. Barège ; *D.* 2018. 815, note Porta ⌀.

30. Maintien des avantages conventionnels. Sauf disposition légale contraire, un accord collectif ne peut modifier le contrat de travail d'un salarié, seules les dispositions plus favorables de cet accord pouvant se substituer aux clauses du contrat ; il en résulte que cette règle constitue un élément objectif pertinent propre à justifier la différence de traitement entre les salariés engagés antérieurement à l'entrée en vigueur d'un accord collectif et ceux engagés postérieurement, et découlant du maintien, pour les premiers, des stipulations de leur contrat de travail. • Soc. 7 déc. 2017, ⚖ n° 16-15.109 P : D. actu. 8 janv. 2018, obs. Peyronnet ; D. 2017. Actu. 2541 ∅ ; RJS 2/2018, n° 91 ; JCP S 2018. 1052, obs. Barège ; JSL 2018, n° 447-2, obs. Lhernould • Soc. 3 mai 2018, ⚖ n° 16-11.588 P : D. actu. 18 mai 2018, obs. Peyronnet ; D. 2018. Actu. 1018 ∅ ; RJS 7/2018, n° 467 ; JSL 2018, n° 455-2, obs. Lhernould ; JCP S 2018. 1265, obs. François • Soc. 14 nov. 2018, n° 17-14.937 P : D. 2018. Actu. 2239 ∅ ; RDT 2019. 11, obs. Dechristé ∅ ; RJS 1/2019, n° 4.

31. Cadre débutant. Ne constitue pas une discrimination fondée sur l'âge et ne porte pas atteinte au principe « à travail égal, salaire égal » la faculté accordée aux employeurs, par les stipulations d'une convention collective, de procéder, sous le contrôle du juge et suivant des critères préalablement définis, à un abattement, limité dans son taux et sa durée, sur le minimum salarial de tous les cadres nouvellement diplômés dépourvus d'expérience dans la mesure où elle est en relation avec les fonctions exercées et encadrée par les entretiens réguliers auxquels l'employeur doit procéder pendant les intéressés pendant la période concernée. • CE 16 oct. 2017, ⚖ n° 390011 : RJS 1/2018, n° 7.

32. Treizième mois. Quelles que soient les modalités de son versement, une prime de treizième mois, qui n'a pas d'objet spécifique étranger au travail accompli ou destiné à compenser une sujétion particulière, participe de la rémunération annuelle versée, au même titre que le salaire de base, en contrepartie du travail à l'égard duquel les salariés cadres et non cadres ne sont pas placés dans une situation identique ; l'employeur ne peut être condamné, au titre du principe d'égalité de traitement, à verser aux ouvriers et employés l'avantage correspondant à un treizième mois accordé aux salariés cadres. • Soc. 26 sept. 2018, ⚖ n° 17-15.101 P : D. 2018. Actu. 1918 ∅ ; D. actu. 11 oct. 2018, obs. Ciray ; RJS 12/2018, n° 715 ; SSL 2018, n° 1832, entretien Icare ; JSL 2018, n° 463-1, obs. Hautefort ; JCP S 2018. 1337, obs. Lederlin.

33. « Complément Poste ». Des salariés de la Poste sous statut contractuel doivent, pour pouvoir prétendre au « complément Poste » du même montant que celui accordé aux fonctionnaires auxquels ils se comparent, justifier exercer au même niveau des fonctions identiques ou similaires ; une atteinte au principe d'égalité de traitement n'est pas établie dès lors que les salariés se comparent à des fonctionnaires qui soit n'exercent pas des fonctions identiques ou similaires, soit exerçaient en dernier lieu au même niveau des fonctions identiques ou similaires de facteur, mais avaient tous occupé des fonctions qui, par leur diversité et leur nature, leur conféraient une meilleure maîtrise de leur poste. • Soc. 4 avr. 2018, ⚖ n° 16-27.703 P : D. 2018. Actu. 728 ∅ ; ibid. 1706, obs. Sabotier ∅ ; Dr. soc. 2018. 471, note Radé ∅ ; RJS 6/2018, n° 451 ; JSL 2018, n° 454-3, obs. Tissandier ; JCP 2018. 483, obs. Dedessus-Le-Moustier. ♦ Une convention ou un accord collectif, même dérogatoire, ne peut priver un salarié des droits qu'il tient du principe d'égalité de traitement pour la période antérieure à l'entrée en vigueur de l'accord. • Soc. 28 nov. 2018, ⚖ n° 17-20.007 P : D. 2018. Actu. 2369 ∅ ; RJS 2/2019, n° 131. ♦ L'égalité de rémunération doit être assurée pour chacun des éléments de la rémunération. • décision. ♦ Ne constitue pas une raison pertinente justifiant la différence de traitement entre salariés et fonctionnaires de la Poste la seule indication d'un historique de carrière distinct ainsi que la renonciation aux indemnités et primes perçues avant 1995. • décision.

34. Protocole de fin de grève. Le protocole de fin de grève ne définissant de manière précise ni la catégorie correspondant aux salariés grévistes pouvant prétendre au bénéfice de ses dispositions, celle-ci ne reposant sur aucun critère objectif et vérifiable, ni la nature et l'importance de la participation au conflit susceptibles d'entraîner l'inclusion des grévistes dans ladite catégorie, de sorte qu'il n'était pas établi que seuls des grévistes dont le reclassement serait compromis auraient bénéficié de l'indemnité prévue par le protocole, la cour d'appel a estimé à bon droit qu'il n'existait pas de raisons objectives et pertinentes justifiant la différence de traitement dont elle avait constaté l'existence, la liste établie par les organisations syndicales signataires étant en soi insuffisante à constituer une justification objective et pertinente à la différence de traitement. • Soc. 13 déc. 2017, ⚖ n° 16-12.397 P : D. 2018. 815, note Porta ∅ ; RJS 2/2018, n° 140 ; JSL 2018, n° 448-5, obs. Lhernould ; JCP 2018. 14, obs. Dedessus-Le-Moustier.

35. Formation, diplôme. La seule différence de diplômes, alors qu'ils sont de niveau équivalent, ne permet pas de fonder une différence de rémunération entre des salariés qui exercent les mêmes fonctions, sauf s'il est démontré par des justifications, dont il appartient au juge de contrôler la réalité et la pertinence, que la possession d'un diplôme spécifique atteste de connaissances particulières utiles à l'exercice de la fonction occupée. • Soc. 16 déc. 2008, ⚖ n° 07-42.107 P : D. 2009. AJ 172 ∅ ; RDT 2009. 173, obs. Aubert-Monpeyssen ∅ ; RJS 2009. 151, n° 177 ; Dr. soc. 2009. 361, obs. Radé ∅ ; JSL 2009, n° 248-3 ; JCP S 2009. 1005, obs. Cesaro • Soc. 13 nov. 2014 : D. actu. 13 nov. 2014, obs. Peyronnet ; D. 2014. Actu. 2414 ∅ ; JSL 2015, n° 380-2 ; RJS 2/2015, n° 100 (l'expérience acquise pendant plus de vingt ans par le salarié au sein de la société compensant très largement la différence de niveau de diplôme invoquée et la détention du diplôme d'ingénieur, dont il n'était pas démontré qu'il était utile à l'exercice de la fonction occupée par les salariés, n'était pas de nature à justifier la disparité de traitement litigieuse). ♦ Le fait que des salariés ne disposent pas contrairement à leurs autres collègues du diplôme requis par la convention collective pour l'exercice des fonctions exercées constitue un élément objectif et pertinent justifiant la différence de traitement. • Soc. 10 nov. 2009, n° 07-45.528 P : *Dr. soc. 2010. 345*, obs. Radé *⌀* ; *RJS 2010. 39, n° 42*. ♦ Des diplômes, utiles à l'exercice des fonctions occupées, sanctionnant des formations professionnelles de niveaux et de durées inégaux, constituent une raison objective et pertinente justifiant la différence de rémunération. • Soc. 17 mars 2010, ⚖ n° 08-43.088 P : *RDT 2010. 377*, obs. Laulier *⌀* ; *Dr. soc. 2010. 583*, obs. Radé *⌀* ; *RJS 6/2010, n° 519* ; *JCP S 2010. 1257*, obs. Puigelier.

36. Qualifications. Le juge ne peut considérer qu'une différence de qualification entre deux salariés lors de leur embauche constitue une raison objective à la différence de salaire, sans préciser en quoi la différence de qualification des salariés lors de leur engagement en 1999, respectivement en qualité d'assistant journaliste reporter d'images stagiaire et d'assistant journaliste reporter d'images, constituait une raison objective et pertinente justifiant la disparité de traitement dans l'exercice des mêmes fonctions de grand reporter groupe 9. • Soc. 13 sept. 2023, ⚖ n° 22-11.338 B.

37. Carrière. La carrière conventionnelle qui n'est pas fondée sur des données tenant à la formation, à la nature des fonctions exercées ou à l'ancienneté dans l'emploi des salariés n'est pas de nature à justifier des disparités de traitement. • 4 févr. 2009, ⚖ n° 07-41.406 P : *R., p. 343 et 350* ; *D. 2009. AJ 571 ⌀* ; *Dr. soc. 2009. 399*, note Radé *⌀* ; *RJS 2009. 300, n° 351* ; *JCP S 2009. 1198*, obs. d'Allende.

38. Statut juridique. Au regard du principe d'égalité de traitement, la seule différence de statut juridique ne permet pas de fonder une différence de rémunération entre des salariés qui effectuent un même travail ou un travail de valeur égale, sauf s'il est démontré, par des justifications dont le juge contrôle la réalité et la pertinence, que la différence de rémunération résulte de l'application de règles de droit public. • Soc. 16 févr. 2012, ⚖ n° 10-21.864 P : *D. actu. 3 avr. 2012*, obs. Perrin ; *D. 2012. Actu. 615 ⌀* ; *ibid. 2013. Pan. 1026*, obs. Porta *⌀* ; *RJS 2012. 381, n° 454* ; *JCP S 2012. 1147*, obs. Daniel • Soc. 12 juin 2013 : *D. actu. 1er juill. 2013*, obs. Peyronnet ; *D. 2013. Actu. 1555* ; *Dr. soc. 2013. 762*, obs. Mouly *⌀* ; *JCP S 2013. 1348*, obs. Lahalle (application facultative aux agents de droit public d'éléments de rémunération fondés sur un texte réglementaire). ♦ Une différence de statut ne suffit pas, à elle seule, à caractériser une différence de situation ; le juge doit rechercher concrètement si des différences de rémunération constatées sont justifiées par des raisons objectives matériellement vérifiables. • Soc. 15 mai 2007, ⚖ n° 05-42.894 P : *D. 2007. AJ 1506 ⌀* ; *RJS 2007. 641, n° 848* ; *Dr. soc. 2007. 896*, obs. Radé *⌀* ; *JSL 2007, n° 215-4*. ♦ Mais la différence de rémunération peut compenser la précarité du statut (intermittent du spectacle). • Soc. 28 avr. 2006, ⚖ n° 03-47.171 P : *D. 2007. Pan. 185*, obs. Jeammaud *⌀* ; *JSL 2006, n° 189-2*. ♦ L'employeur qui emploie à la fois des fonctionnaires, des agents de droit public et des agents de droit privé est fondé à justifier une différence de rémunération entre ces catégories de personnels dont la rémunération de base et certains éléments sont calculés en fonction, pour les premiers, de règles de droit public et, pour les seconds, de dispositions conventionnelles de droit privé ; il en va autrement s'agissant d'un complément de rémunération fixé par décision de l'employeur applicable à l'ensemble du personnel sur le critère de la fonction ou du poste de travail occupé. • Cass., ass. plén., 27 févr. 2009 : *R., p. 340* ; *D. 2009. Pan. 2128*, obs. Auber *⌀* ; *RDT 2009. 316*, obs. Tissandier *⌀* ; *RJS 2009. 407, n° 475* ; *JSL 2009, n° 253-3* ; *Dr. soc. 2009. 792*, rapp. Mas *⌀* ; *JCP S 2009. 1228*, obs. Daïoglou ; *RDC 2009, p. 1501*, note C. Neau-Leduc. ♦ Le « champ de normalité » qui organise l'inégalité de traitement entre les agents en fonction de leur statut juridique n'est pas une raison objective pertinente permettant de justifier une différence de traitement. • Soc. 6 févr. 2013 : *D. actu. 21 févr. 2013*, obs. Peyronnet ; *D. 2013. Actu. 441* ; *ibid. Pan. 1026*, obs. Porta *⌀* ; *D. 2013. 1770*, obs. Mariette *⌀* ; *Dr. soc. 2013. 378*, obs. Radé. *⌀* ♦ La nécessité de maintenir au bénéfice des fonctionnaires les primes qui leur étaient versées n'est pas de nature à justifier une différence de salaire au titre du « complément Poste » entre les fonctionnaires et les agents de droit privé (à propos du complément Poste). • Soc. 9 déc. 2015, ⚖ n°s 14-18.033 P, 14-24.948 P, 14-23.558 P et 14-22.430 P : *D. 2016. Actu. 15 ⌀* ; *RJS 2/2016, p. 111*, obs. Dutheillet de Lamotte ; *JCP S 2016. 1057*, obs. Bossu. ♦ V. aussi : • Soc. 9 nov. 2016, ⚖ n° 15-10.373 P : *D. actu. 29 nov. 2016*, obs. Peyronnet ; *RJS 1/2017, n° 69* ; *JCP S 2016. 1433*, obs. Cailloux-Meurice ; *JCP E 2017. 1161*, obs. Cesaro.

39. Travailleur de nuit et travailleur de jour. Les jours de repos aménagé et les jours de réduction du temps de travail n'ont ni le même objet, ni la même nature, ni la même finalité, ni le même régime ; les premiers ne correspondant pas à du temps de travail effectif mais visant à répartir des heures de travail au sein d'un cycle de 8 semaines, alors que les seconds constituent la contrepartie d'un travail supérieur à 35 heures hebdomadaires, en sorte que les infirmiers de nuit et les infirmiers de jour ne se trouvent pas dans une situation identique au regard du décompte des congés payés, la règle « à travail égal, salaire égal » ne peut être invoquée. • Soc. 24 avr. 2013 : *RDT 2013. 710*, obs. Almaric *⌀*.

40. Expérience. L'employeur peut tenir compte de l'expérience acquise dans d'autres relations contractuelles. ● Soc. 15 nov. 2006, 🗝 n° 04-47.156 P : *RJS 2007, n° 220.*

41. Ancienneté. La différence d'ancienneté ne saurait constituer la justification d'une inégalité de rémunération dès lors qu'il est constaté que l'ancienneté est prise en compte par une prime d'ancienneté distincte du salaire de base. ● Soc. 29 oct. 1996, 🗝 n° 92-43.680 P : *GADT, 4ᵉ éd., n° 71 ; D. 1998. Somm. 259, note Lanquetin⌀ ; Dr. soc. 1996. 1013, note A. Lyon-Caen⌀ ; CSB 1997. 5, A. 1, note A. P. et J. M. ; RJS 1996. 821, n° 1272 ; LPA 22 nov. 1996, note Picca.*

42. Date d'embauche. La seule circonstance que les salariés aient été engagés avant ou après l'entrée en vigueur d'un accord collectif ne saurait suffire à justifier des différences de traitement entre eux, pour autant que cet accord n'a pas pour objet de compenser un préjudice subi par les salariés présents dans l'entreprise lors de son entrée en vigueur. ● Soc. 21 févr. 2007 : *RDT 2007. 320, obs. Aubert-Monpeyssen⌀ ; Dr. soc. 2007. 651, obs. Barthélémy⌀.* ● 4 févr. 2009, 🗝 n° 07-41.406 P : *R., p. 343 et 350 ; D. 2009. AJ 571⌀ ; Dr. soc. 2009. 399, note Radé⌀ ; RJS 2009. 300, n° 351 ; JCP S 2009. 1198, obs. d'Allende.* ♦ L'engagement pris par le nouveau concessionnaire, à l'intention du seul personnel en fonction au jour du changement d'employeur, qui ne résulte pas de l'application de la loi, qui n'est pas destiné à compenser un préjudice spécifique à cette catégorie de salariés, qui a pour seul objet de maintenir des avantages à caractère collectif, crée au détriment des salariés engagés par la suite et affectés dans la même entité, pour y exercer des travaux de même nature, une différence de traitement qui n'est pas justifiée par des raisons objectives et constitue un trouble illicite. ● Soc. 19 juin 2007, 🗝 n° 06-44.047 P : *D. 2007. AJ 1964⌀ ; Dr. soc. 2007. 1045, obs. Radé.⌀* ♦ Le principe d'égalité de traitement ne fait pas obstacle à ce que les salariés embauchés postérieurement à l'entrée en vigueur d'un nouveau barème conventionnel soient appelés dans l'avenir à avoir une évolution de carrière plus rapide dès lors qu'ils ne bénéficient à aucun moment d'une classification ou d'une rémunération plus élevée que celle des salariés embauchés antérieurement à l'entrée en vigueur du nouveau barème et placés dans une situation identique ou similaire. ● Soc. 17 oct. 2018, 🗝 n° 16-26.729 P : *D. 2018. Actu. 2095⌀ ; JSL 2018, n° 465-466-3, obs. Tissandier.* ● 5 juin 2019, n° 17-21.749 P : *RJS 8-9/2019, n° 475 ; JCP S 2019. 1266, obs. Tharaud.*

43. L'employeur peut justifier une disparité de traitement fondée sur la date d'embauche : un salarié, engagé postérieurement à la mise en œuvre d'un accord collectif de réduction du temps de travail, ne se trouve pas dans une situation identique à celle des salariés présents dans l'entreprise à la date de conclusion de l'accord et ayant subi une diminution de leur salaire de base compensée par une indemnité différentielle. ● Soc. 1ᵉʳ déc. 2005, 🗝 n° 03-47.197 P : *D. 2006. IR 15⌀ ; ibid. 2006. Pan. 420, obs. Guiomard⌀ ; RJS 2006. 131, n° 221 ; Dr. soc. 2006. 224, obs. Radé⌀* ● 31 oct. 2006, 🗝 n° 03-42.641 P : *D. 2006. IR 2951⌀ ; JSL 2006, n° 201-4 ; RJS 2006. 97, n° 121 ; SSL 2006, n° 1282, p. 11* ● 21 févr. 2007, 🗝 n° 05-43.136 P : *D. 2007. AJ 729, obs. Pahlawan-Sentilhes⌀ ; ibid. Pan. 2269⌀ ; RJS 2007. 439, n° 598 ; Dr. soc. 2007. 647, obs. Radé⌀* ● 24 sept. 2008, 🗝 n° 06-43.529 P : *D. 2009. Pan. 590, obs. Porta⌀ ; RJS 2008. 896, n° 1077 ; Dr. soc. 2008. 1271, obs. Radé⌀ ; JSL 2008, n° 246-4 ; JCP S 2009. 1040, obs. Cesaro.*

44. Avantages acquis. L'employeur peut justifier une différence de traitement par l'existence d'avantages individuels acquis à des salariés transférés compte tenu de l'absence d'accord d'adaptation faisant suite à l'absorption. ● Soc. 11 janv. 2005, 🗝 n° 02-45.608 P : *Dr. soc. 2005. 323, obs. Radé⌀ ; RJS 2005. 220, n° 299.* ♦ Le maintien d'un avantage acquis en cas de mise en cause de l'application d'un accord collectif dans les conditions prévues à l'art. L. 132-8, al. 7 [art. L. 2261-14 nouv.], C. trav. ne méconnaît pas le principe « à travail égal, salaire égal », que ce maintien résulte d'une absence d'accord de substitution ou d'un tel accord. ● Soc. 4 déc. 2007, 🗝 n° 06-44.041 P : *Dr. soc. 2008. 244, obs. Radé.⌀*

45. Obligation de maintenir les usages en cas de transfert. L'obligation à laquelle est légalement tenu le nouvel employeur, en cas de transfert d'une entité économique, de maintenir au bénéfice des salariés qui y sont attachés les droits qu'ils tiennent d'un usage en vigueur au jour du transfert, justifie la différence de traitement qui en résulte. ● Soc. 11 janv. 2012, 🗝 n° 10-14.614 P : *D. actu. 23 janv. 2012, obs. Fleuriot ; D. 2012. Actu. 290⌀ ; RDT 2012. 294, obs. Icard⌀ ; Dr. soc. 2012. 428, obs. Radé⌀ ; RJS 2012. 188, n° 219 ; JSL 2012, n° 316-6, obs. Guyader ; JCP S 2012. 1148, obs. Daniel* ● Soc. 23 juin 2021, 🗝 n° 18-24.809 B : *Dr. soc. 2021. 696, note Radé⌀ ; RJS 10/2021, n° 531 ; JSL 2021, n° 526-4, obs. Nassom-Tissandier.*

46. Contraintes particulières de recrutement. Ne méconnaît pas le principe « à travail égal, salaire égal », dont s'inspirent les art. L. 133-5-4°-d, L. 136-2-8°, et L. 140-2 [L. 2261-22-9°, L. 2271-1-8° et L. 3221-2 nouv.], l'employeur qui justifie par des raisons objectives et matériellement vérifiables la différence de rémunération entre des salariés effectuant un même travail ou un travail de valeur égale ; ainsi constitue une raison objective justifiant une disparité de traitement la nécessité pour une entreprise de recruter d'urgence en remplacement de la directrice en congé maladie, une directrice qualifiée au tarif imposé par celle-ci. ● Soc. 21 juin 2005, 🗝 n° 02-42.658 P : *D. 2005. IR 1807⌀ ; ibid. 2006. Pan. 33, obs. Escande-Varniol⌀ ; Dr. soc. 2005. 1047, obs. Radé⌀ ; RJS 2005. 695, n° 978 ; JSL 2005, n° 174-2.* ♦ Est justifiée l'attribution d'une prime aux seuls salariés étrangers dès lors qu'elle vise non seulement à compenser les inconvénients résultant de l'installation d'un individu en pays étranger, mais aussi à faciliter l'embauche de salariés ressortissants non français afin de contribuer à la création d'un pôle d'excellence scientifique. • Soc. 9 nov. 2005, ⚖ n° 03-47.720 P : D. 2005. IR 2972 ⌀ ; ibid. 2006. Pan. 419, obs. F. Guiomard ⌀ ; RJS 2006. 127, n° 210 ; SSL 2005, n° 1243 • 17 avr. 2008, ⚖ n° 06-45.270 P : D. 2008. 1519, note Petit et Cohen ⌀ ; ibid. 1339, obs. Perrin ⌀.

47. Disparité du coût de la vie. La disparité du coût de la vie, invoquée par l'employeur pour justifier la différence de traitement qu'il a mise en place entre les salariés de deux sites, est une justification objective pertinente, dès lors qu'elle est établie. • Soc. 14 sept. 2016, ⚖ n° 15-11.386 P : D. actu. 20 sept. 2016, obs. Peyronnet ; D. 2016. Actu. 1823 ⌀ ; RJS 11/2016, n° 676 ; SSL 2016, n° 1737, p. 9, obs. Champeaux ; JCP S 2016. 1362, obs. Dumont ; JSL 2016, n° 418-1, obs. Tissandier.

48. Contraintes budgétaires. Les contraintes budgétaires imposées par l'autorité de tutelle ne constituent pas une justification pertinente, ces impératifs financiers n'impliquant pas nécessairement une différence de traitement entre les salariés en fonction de leur date d'engagement. • Soc. 4 févr. 2009, ⚖ n° 07-11.884 P : Dr. soc. 2009. 399, note Radé ⌀ ; RJS 2009. 300, n° 351.

49. Rétablissement de l'égalité. L'employeur peut valablement faire bénéficier, par engagement unilatéral, les salariés engagés postérieurement à la dénonciation d'un accord collectif d'avantages identiques à ceux dont bénéficient, au titre des avantages individuels acquis, les salariés engagés antérieurement à la dénonciation de l'accord. • Soc. 24 avr. 2013, n° 12-10.219 P : D. 2013. Pan. 2599, obs. Lokiec ⌀ ; RJS 7/2013, n° 540 ; RDT 2013. 497, obs. Souriac ⌀ ; Dr. soc. 2013. 567, obs. Radé ⌀ ; SSL 2013, n° 1583, p. 9, obs. Ducloz.

50. Administration de la preuve. En application de l'art. 1315 C. civ., s'il appartient au salarié qui invoque une atteinte au principe « à travail égal, salaire égal » de soumettre au juge les éléments de faits susceptibles de caractériser une inégalité de rémunération, il incombe à l'employeur de rapporter la preuve d'éléments objectifs justifiant cette différence. • Soc. 13 janv. 2004, ⚖ n° 01-46.407 P : Dr. soc. 2004. 307, obs. Radé ⌀ • 28 sept. 2004, ⚖ n° 03-41.825 P : Dr. soc. 2004. 1144, obs. Radé ⌀ ; RJS 2004. 905, n° 1287 ; Dr. ouvrier 2005. 65 ✦ 25 mai 2005, ⚖ n° 04-40.169 P : D. 2005. IR 1655 ⌀ ; ibid. 2006. Pan. 33, obs. Jeammaud ⌀. ♦ Lorsque le salarié soutient que la preuve des inégalités de rémunération est détenue par un tiers, il lui appartient de demander au juge d'en ordonner la production, et ce dernier peut ensuite tirer les conséquences du refus de l'autre partie. • Soc. 12 juin 2013 : D. actu. 1er juill. 2013, obs. Peyronnet ; JSL 2013, n° 348-2, obs. Lhernould ; JCP S 2013. 1397, obs. Manigot.

D. RÉPARATION DES INÉGALITÉS SALARIALES

51. Prescription. Lorsque le salarié invoque une atteinte au principe d'égalité de traitement, la durée de la prescription est déterminée par la nature de la créance objet de sa demande ; la demande de rappel de salaire fondée non pas sur une discrimination mais sur une atteinte au principe d'égalité de traitement relève donc de la prescription triennale. • 30 juin 2021, ⚖ n° 20-12.960 B : D. actu 20 juill. 2021, obs. Couëdel ; D. 2021. 1292 ⌀ ; RJS 10/2021, n° 524.

52. Alignement par le haut. Le principe d'égalité de traitement ne saurait conduire à réduire la rémunération d'un salarié au motif qu'un autre salarié assurant un travail d'une valeur supérieure percevrait la même rémunération. • Soc. 29 juin 1999, ⚖ n° 97-41.567 P : RJS 1999. 670, n° 1069 ; Dr. soc. 1999. 771, obs. Kehrig ⌀ ; Dr. ouvrier 1999. 347, note Poirier. ♦ Mais l'accord national applicable à l'ensemble du réseau des caisses d'épargne et de prévoyance, qui instituait deux avantages familiaux : une prime familiale versée à tout salarié « chef de famille » selon qu'il est sans enfant ou avec enfant et majorée selon le nombre d'enfants, et une prime de vacances versée à chaque salarié du réseau, s'applique aux salariés divorcés auxquels le jugement de divorce confie la garde des enfants ou impose le paiement d'une pension alimentaire pour pourvoir à leurs besoins ; l'accord ne permet pas le versement des primes au salarié de ces caisses au titre d'enfant du concubin dont celui-ci n'a pas la garde et pour lequel il verse une pension alimentaire. • Soc. 17 févr. 2010, ⚖ n° 08-41.949 P : JCP S 2010. 1200, obs. Lahalle.

53. Rétablissement de l'égalité. Le principe d'égalité de traitement ne s'oppose pas à ce que l'employeur fasse bénéficier, par engagement unilatéral, les salariés engagés postérieurement à la dénonciation d'un accord collectif d'avantages identiques à ceux dont bénéficient, au titre des avantages individuels acquis, les salariés engagés antérieurement à la dénonciation de l'accord. • Soc. 24 avr. 2013, ⚖ Caisse d'Épargne d'Auvergne et du Limousin, n° 12-10.196 P : D. 2013. 1144, obs. C. de presse ⌀ ; ibid. 2599, obs. P. Lokiec et J. Porta ⌀ ; RDT 2013. 497, obs. M.-A. Souriac ⌀ ; JCP S 2013, n° 22, p. 27, note G. Loiseau ; Dr. ouvrier 2013. 593, note M.-T. Lanquetin. ♦ Repose sur une justification objective et pertinente la différence de traitement justifiée par la volonté de réduire les disparités entre des salariés dont les contrats de travail se sont poursuivis sur un site de nettoyage en application de la garantie d'emploi instituée par la convention collective des entreprises de propreté et ceux recrutés postérieurement sur le même site et placés dans une situation identique. • Soc. 23 juin 2021, ⚖ n° 19-21.772 B : D. actu. 8 juill. 2021, obs. Malfettes ; D. 2021. 1291 ⌀ ; Dr. soc. 2021. 696, note Radé ⌀ ; RJS 10/2021, n° 532.

Art. L. 3221-3 Constitue une rémunération au sens du présent chapitre, le salaire ou traitement ordinaire de base ou minimum et tous les autres avantages et accessoires payés, directement ou indirectement, en espèces ou en nature, par l'employeur au salarié en raison de l'emploi de ce dernier. – *[Anc. art. L. 140-2, al. 2.]* – *V. art. L. 3222-1 (pén.).*

Le juge ne peut statuer sur une demande fondée sur le non-respect du principe d'égalité de rémunération, au sens de l'art. L. 3221-3, sans avoir préalablement déterminé si les avantages en cause constituaient un élément de rémunération versé par l'employeur, en tant que contrepartie du travail fourni, ou un avantage directement ou indirectement payé par l'employeur au salarié, en espèces ou en nature, en raison de l'emploi de ce dernier (en l'espèce les juges n'ont pas caractérisé en quoi les parts de *carried interest* constituaient un élément de rémunération). • Soc. 12 nov. 2020, 🔒 n° 18-23.986 P : *Dr. soc. 2021. 190, obs. Radé* ⊘.

Art. L. 3221-4 Sont considérés comme ayant une valeur égale, les travaux qui exigent des salariés un ensemble comparable de connaissances professionnelles consacrées par un titre, un diplôme ou une pratique professionnelle, de capacités découlant de l'expérience acquise, de responsabilités et de charge physique ou nerveuse. – *[Anc. art. L. 140-2, al. 3.]* – *V. art. L. 3222-1 (pén.).*

> *COMMENTAIRE*
>
> V. sur le Code en ligne 🔒. ❑
>
> **1. Méthode.** Est victime d'une inégalité de traitement – dès lors que l'employeur ne rapportait pas la preuve d'éléments étrangers à toute discrimination justifiant cette inégalité – la salariée, membre du comité de direction comme ses collègues avec lesquels elle se comparait, qui connaît une identité de niveau hiérarchique, de classification, de responsabilités, ainsi qu'une importance comparable dans le fonctionnement de l'entreprise, chacune d'elles exigeant en outre des capacités comparables et représentant une charge nerveuse du même ordre, qui perçoit une rémunération inférieure. • Soc. 6 juill. 2010 : 🔒 *D. 2010. Actu. 1883, obs. Perrin* ⊘ ; *RDT 2010. 723, obs. Aubert-Monpeyssen* ⊘ ; *Dr. ouvrier 2010. 538, obs. Lanquetin* ; *RJS 2010. 694, n° 764* ; *JSL 2010, n° 285-3, obs. Tourreil* ; *Dr. soc. 2010. 1076, avis Zientara-Logeay* ⊘. ♦ Les juges du fond ne peuvent exclure l'application du principe d'égalité de traitement sans se livrer à une analyse comparée de la situation, des fonctions et des responsabilités d'une salariée, membre du comité de direction, avec celles des autres membres du comité de direction et sans rechercher si les fonctions respectivement exercées par les uns et les autres n'étaient pas de valeur égale à celles de l'intéressée. • Soc. 22 oct. 2014 : 🔒 *D. actu. 3 déc. 2014, obs. Fraisse* ; *RJS 1/2015, n° 4* ; *JSL 2014, n° 377-*
>
> *378-7.* ♦ Comp. : l'employeur n'est tenu d'assurer l'égalité de rémunération entre hommes et femmes que pour un même travail ou pour un travail de valeur égale, et tel n'est pas le cas de salariés qui exercent des fonctions différentes ; le versement à une salariée exerçant les fonctions de directeur des ressources humaines d'une rémunération inférieure à celles de ses collègues masculins employés en qualité de directeur commercial, directeur industrie et directeur de projet n'est pas de nature à laisser présumer une discrimination fondée sur le sexe. • Soc. 26 juin 2008 : 🔒 *D. 2008. AJ 2084* ⊘ ; *RDT 2008. 747, obs. Laulom* ⊘ ; *RJS 2008. 1129, obs. Lanquetin* ; *RJS 2008. 814, n° 996* ; *JSL 2008, n° 241-3.*
>
> **2. Illustration.** N'est pas justifiée la différence de rémunération entre opérateurs de laboratoire alors que les femmes travaillaient principalement de nuit comme les hommes, qu'elles avaient une ancienneté au moins égale à celle des hommes et que leurs fonctions réelles étaient de valeur égale à celles des hommes, l'apport de nouvelles techniques ayant pour effet de rendre les différents postes de travail sur machines d'une technicité équivalente. • Soc. 19 déc. 2000 : 🔒 *D. 2001. IR 358* ⊘ ; *RJS 2001. 218, n° 305* ; *Dr. soc. 2001. 314, obs. Radé* ⊘.

Art. L. 3221-5 Les disparités de rémunération entre les établissements d'une même entreprise ne peuvent pas, pour un même travail ou pour un travail de valeur égale, être fondées sur l'appartenance des salariés de ces établissements à l'un ou l'autre sexe. – *[Anc. art. L. 140-2, al. 4.]* – *V. art. L. 3222-1 (pén.).*

Art. L. 3221-6 Les différents éléments composant la rémunération sont établis selon des normes identiques pour les femmes et pour les hommes.

Les catégories et les critères de classification et de promotion professionnelles ainsi que toutes les autres bases de calcul de la rémunération, notamment les modes d'évaluation des emplois, *(L. n° 2014-873 du 4 août 2014, art. 2 et 5)* « sont établis selon des règles qui assurent l'application du principe fixé à l'article L. 3221-2. – *V. art. L. 3222-1 et R. 3222-1 (pén.).*

« *(Abrogé par L. n° 2018-771 du 5 sept. 2018, art. 104-VI)* « *A l'issue des négociations mentionnées à l'article L. 2241-7, les organisations liées par une convention de branche ou, à défaut, par des accords professionnels remettent à la Commission nationale de la négociation collective et au Conseil supérieur de l'égalité professionnelle entre les femmes et les hommes un rapport sur la révision des catégories professionnelles et des classifications, portant sur l'analyse des négociations réalisées et sur les bonnes pratiques.* » »

Art. L. 3221-7 Est nulle de plein droit toute disposition figurant notamment dans un contrat de travail, une convention ou accord collectif de travail, un accord de salaires, un règlement ou barème de salaires résultant d'une décision d'un employeur ou d'un groupement d'employeurs et qui, contrairement aux articles L. 3221-2 à L. 3221-6, comporte, pour un ou des salariés de l'un des deux sexes, une rémunération inférieure à celle de salariés de l'autre sexe pour un même travail ou un travail de valeur égale.

La rémunération plus élevée dont bénéficient ces derniers salariés est substituée de plein droit à celle que comportait la disposition entachée de nullité. – *[Anc. art. L. 140-4.]* – *V. art. L. 3222-1 (pén.).*

> *COMMENTAIRE*
> V. sur le Code en ligne 🔒. ☐

Art. L. 3221-8 Lorsque survient un litige relatif à l'application du présent chapitre, les règles de preuve énoncées à l'article L. 1144-1 s'appliquent. – *[Anc. art. L. 140-8.]*

> *COMMENTAIRE*
> V. sur le Code en ligne 🔒. ☐

Principe. Il appartient au salarié qui se prétend lésé par une mesure discriminatoire de soumettre au juge des éléments de fait susceptibles de caractériser une atteinte au principe d'égalité de traitement entre hommes et femmes et il incombe à l'employeur, s'il conteste le caractère discriminatoire de cette mesure, d'établir que la disparité de situation ou la différence de rémunération constatée est justifiée par des critères objectifs, étrangers à toute discrimination fondée sur le sexe. • Soc. 28 sept. 2004, 🔒 n° 03-41.825 P : *Dr. soc. 2004. 1144, obs. Radé* ⌨ ; *RJS 2004. 905, n° 1287* ; *Dr. ouvrier 2005. 65* • 23 nov. 1999, 🔒 n° 97-42.940 P : *D. 2000. IR 46* ⌨ ; *RJS 2000. 350, n° 498 (1ʳᵉ esp.)* ; *Dr. soc. 2000. 589, obs. Lanquetin* ⌨ (discrimination fondée sur le sexe) • 28 mars 2000, 🔒 n° 97-45.258 P : *RJS 2000. 350, n° 498 (2ᵉ esp.)* ; *Dr. soc. 2000. 589, obs. Lanquetin* ⌨.

Art. L. 3221-9 Les *(L. n° 2016-1088 du 8 août 2016, art. 113)* « agents de contrôle de l'inspection du travail mentionnés à l'article L. 8112-1 » *(Abrogé par L. n° 2011-525 du 17 mai 2011, art. 170)* « , *les inspecteurs des lois sociales en agriculture* » ou, le cas échéant, les autres fonctionnaires de contrôle assimilés sont chargés, dans le domaine de leurs compétences respectives, concurremment avec les officiers et agents de police judiciaire, de constater les infractions à ces dispositions. – *[Anc. art. L. 140-6.]*

Art. L. 3221-10 Un décret en Conseil d'État détermine les modalités d'application du présent chapitre. – *V. art. R. 3221-1 s.*

CHAPITRE II DISPOSITIONS PÉNALES

Art. L. 3222-1 Les dispositions des articles 132-58 à 132-62 du code pénal relatives à l'ajournement du prononcé de la peine sont applicables dans le cas de poursuites pour infraction aux dispositions des articles L. 3221-2 à L. 3221-7, sous réserve des mesures particulières prévues par le présent article.

L'ajournement comporte injonction à l'employeur de définir, après consultation du *(Ord. n° 2017-1386 du 22 sept. 2017, art. 4)* « comité social et économique », et dans un délai déterminé, les mesures propres à assurer dans l'entreprise en cause le rétablissement de l'égalité professionnelle entre les femmes et les hommes. L'ajournement peut comporter également injonction à l'employeur d'exécuter dans le même délai les mesures définies.

Le juge peut ordonner l'exécution provisoire de sa décision. – *[Anc. art. L. 154-1.]*

Art. L. 3222-2 A l'audience de renvoi et au vu des mesures définies et, le cas échéant, exécutées par l'employeur, la juridiction apprécie s'il y a lieu de prononcer une dispense de peine ou d'infliger les peines prévues par la loi.

Toutefois, dans le cas où le délai prévu au deuxième alinéa de l'article L. 3222-1 n'a pas été respecté, la juridiction peut prononcer un nouvel et dernier ajournement et impartir un nouveau délai au prévenu pour exécuter l'injonction. — *[Anc. art. L. 154-1.]*

TITRE III DÉTERMINATION DU SALAIRE

CHAPITRE I SALAIRE MINIMUM INTERPROFESSIONNEL DE CROISSANCE

BIBL. ▶ Bargain, *RDT 2018*. 199 (revalorisation du SMIC et emprise de l'expertise économique). - Dabosville, *RDT 2018*. 77 (le salaire minimum légal, la convention collective et le juge. Comparaison franco-allemande). - Radé, *Dr. soc.* 1999. 986 (SMIC et réduction du temps de travail : la politique des petits pas). - Savatier, *Dr. soc.* 1997. 575 (les minima de salaire). - Tournaux, *CSB 2015, n° 279, p. 611* (faut-il modifier les règles de détermination des salaires minima ?).

> *COMMENTAIRE*
> V. sur le Code en ligne.

SECTION 1 Champ d'application

Art. L. 3231-1 Les dispositions du présent chapitre sont applicables, outre aux employeurs et salariés mentionnés à l'article L. 3211-1, au personnel des établissements publics à caractère industriel et commercial et au personnel de droit privé des établissements publics administratifs. — *V. art. R. 3233-1 (pén.), D. 3211-1 et D. 3231-5.*

RÉP. TRAV. v° *Salaire (Fixation, montant)*, par Bouilloux.

BIBL. GÉN. ▶ Boubli, *Dr. soc. 1985*. 489 ; *JCP S 2005*. 1346 (SMIC et distributeurs de prospectus). - Bughin, *Travail et Emploi*, 1989, n° 4, 69. - Bughin et Payen, *Dr. soc.* 1984. 747. - Courthéoux, *ibid.* 1978. 276 ; *ibid.* 1984. 100. - Courthéoux et Lacombe, *ibid.* 1972. 449. - H. Duval, *JCP E 1989*. II. 15464. - G. Lyon-Caen, *D. 1970*. Chron. 33. - Milano, *Dr. soc. 1988*. 523 (SMIC dans la CEE). - Roche, *ibid.* 1988. 291. - Savatier, *ibid.* 1985. 811.

> *COMMENTAIRE*
> V. sur le Code en ligne.

I. CHAMP D'APPLICATION

1. Principe général du droit. L'obligation de rémunérer un salarié à un niveau au moins égal au salaire minimum de croissance est un principe général du droit. • CE 23 avr. 1982 : *D. 1983. 8*, note J.-B. Auby.

2. Principe d'ordre public. Un salarié a droit, quelles que soient les stipulations de son contrat de travail, à une rémunération au moins égale au SMIC. • Soc. 11 avr. 1996, n° 92-42.847 P : *D. 1996. IR 128* • 13 oct. 2004, n° 01-45.325 P : *Dr. soc. 2004. 1141*, obs. Radé. ♦ Et ce, sauf les cas où la loi en dispose autrement. • Soc. 10 nov. 2004, n° 02-41.881 P : *Dr. soc. 2005. 216*, obs. Radé.

3. Non-respect du SMIC et préjudice du salarié. La demande de dommages et intérêts pour préjudice distinct n'est pas recevable, dès lors que le salarié ne caractérise pas la mauvaise foi de l'employeur justifiant le versement de dommages et intérêts ; le préjudice est réparé par le versement des intérêts de retard afférents au rappel de salaire. • Soc. 29 sept. 2021, n° 20-10.634 B : *D. 2021. 1770* ; *RDT 2021. 663*, obs. Mraouahi ; *RJS 12/2021, n° 675* ; *JCP S 2021. 1268*, obs. Lahalle. ♦ Comp. : Le manquement de l'employeur à son obligation de paiement d'une rémunération au moins égale au SMIC cause nécessairement un préjudice au salarié dont il appartient au juge d'apprécier le montant. • Soc. 29 juin 2011, n° 10-12.884 P : *D. 2011. 1909* ; *RJS 10/2011, n° 797* ; *JCP 2011. 865*, obs. Lefranc-Hamoniaux ; *Dr. soc. 2012. 197*, obs. Roy-Loustaunau.

4. Travailleurs concernés. Le SMIC s'applique notamment aux : agents non titulaires de commune. • CE 23 avr. 1982 : *préc. note 1*. ♦ ... Concierges d'immeuble. • Soc. 23 juin 1982 : *Bull. civ. V, n° 411.* ♦ ... Employés de maison. • Soc. 31 mars 1982 : *Bull. civ. V, n° 242.* ♦ ... Gérants de station-service. • Soc. 7 mars 1979 : *Bull. civ. V, n° 213* ; *D. 1979. IR 395.* ♦ ... Aux contrats de travail maritime. • Soc. 1er avr. 1992 : *Dr. soc. 1992. 665*, note Eoche-Duval. ♦ ... Aux agents commerciaux. • Soc. 11 avr. 1996 : *préc. note 2.*

… Au démarcheur salarié ou conseiller financier stagiaire ayant un superviseur attitré, qui effectue une partie de son travail dans les locaux de l'entreprise et dont le contrat prévoit une activité exclusive au service de l'employeur. • Soc. 13 oct. 2004, ⚖ n° 01-45.325 P : *Dr. soc. 2004. 1141*, obs. Radé ✎.

5. Les gérants non salariés de succursales de maisons d'alimentation ont droit au SMIC quelle que soit l'importance du déficit imputable à leur gestion, sauf faute lourde ; mais ils doivent, sauf convention contraire, assumer la charge de tout déficit d'inventaire. • Soc. 4 juill. 1987 : *Dr. soc. 1985. 811*, note Savatier • 4 déc. 1990, ⚖ n° 88-18.497 P. ♦ Sur cette question, V. aussi • Soc. 19 nov. 1959 : *D. 1960. 74*, note Lindon ; *JCP 1960. II. 11397*, note Bizière • 28 avr. 1976 : *D. 1976. IR 153.* ♦ Un distributeur de prospectus payé au rendement doit percevoir une rémunération au moins équivalente au SMIC et ce, même s'il est libre de fixer ses périodes de distribution et qu'il n'est pas tenu d'exécuter sa prestation de travail dans une plage de temps déterminée par l'employeur. • Soc. 25 mai 2005 : ⚖ *D. 2005. IR 1734* ✎ ; *Dr. soc. 2005. 924*, obs. Radé ✎ ; *RJS 2005. 610*, n° 544 ; *JCP S 2005. 1033*, note Darmaisin ; *Dr. ouvrier 2005. 460*, obs. Gourdol.

6. Exclusion. Un représentant de commerce, libre d'organiser son activité sans être soumis à un horaire déterminé, ne peut prétendre au SMIC. • Soc. 10 nov. 1993 : ⚖ *RJS 1993. 734*, n° *1245*. ♦ Il peut y prétendre s'il est soumis à un horaire de travail déterminé. • Soc. 22 mai 1996, ⚖ n° 95-40.200 P : *RJS 1996. 546*, n° 857.

II. CONDITION

7. Salaire horaire. Les termes « salaire horaire » ne sauraient être interprétés dans un sens restrictif comme désignant un mode de rémunération unique ; ils doivent s'entendre de salaires perçus par le salarié pour une heure de travail effectif quel que soit le mode de rémunération pratiqué. • Soc. 28 avr. 1956 : *Dr. soc. 1956. 485* • 16 déc. 1981 : *Bull. civ. V, n° 971* • 25 sept. 1990, ⚖ n° 87-40.493 P : *D. 1990. IR 230* ✎ (salaires à la tâche).

8. Travail effectif. Sur la nécessité d'un travail effectif, V. • Soc. 18 mars 1970 : *Bull. civ. V, n° 206* • 11 févr. 1971 : *ibid., n° 112* • 30 juin 1988 : *ibid., n° 408.* ♦ En faveur de l'imputabilité sur le SMIC des indemnités de compensation pour réduction d'horaires, V. Soc. 15 oct. 1987 : *Bull. civ. V, n° 576* ; *JS UIMM 1987. 522.*

9. Aptitude. La seule inexpérience ne saurait être assimilée à l'inaptitude physique. • Soc. 20 nov. 1959, n° 58-40.390 P.

III. ASSIETTE DE CALCUL

A. MINIMA CONVENTIONNELS

10. Critères conventionnels. Lorsqu'une convention collective détermine d'une manière limitative la liste des sommes devant être incluses dans l'assiette de calcul du minimum conventionnel, les compléments de rémunération qui ne sont pas mentionnés doivent logiquement être exclus par le juge. • Soc. 22 mai 2001 : ⚖ *Dr. soc. 2001. 766*, obs. Radé ✎. ♦ Lorsqu'une convention collective détermine d'une manière limitative la liste des sommes devant être exclues de l'assiette de calcul du minimum conventionnel, les juges d'appel ne peuvent exclure d'autres commissions perçues par le salarié. • Soc. 7 mai 2002 : ⚖ *Dr. soc. 2002. 776*, obs. Radé ✎ • 2 avr. 2003 : ⚖ *Dr. soc. 2003. 661*, obs. Radé ✎.

11. Critères judiciaires. En l'absence de dispositions conventionnelles contraires, toutes les sommes versées en contrepartie du travail entrent dans le calcul de la rémunération à comparer avec le salaire minimum garanti. • Soc. 7 avr. 2010, ⚖ n° 07-45.322 P : *Dr. soc. 2010. 712*, obs. Radé ✎ ; *RJS 6/2010, n° 516* ; *JCP S 2010. 1286*, obs. Everaert-Dumont • 17 oct. 2012, ⚖ n° 11-15.699 : *JCP 2012. 1206*, obs. Dedessus-le-Moustier • 14 nov. 2018, ⚖ n° 17-22.539 P : *RJS 1/2019, n° 20* • 13 mars 2019, n° 17-21.151 P : *RJS 5/2019, n° 296* ; *JCP S 2019. 1170*, obs. Carré. ♦ Comp. antérieurement, la formule visant également les sommes perçues par le salarié « à l'occasion » de son travail, • Soc. 15 févr. 1979 : *Bull. civ. V, n° 140.* ♦ Sont inclus dans le calcul du minimum conventionnel : la prime de chiffre d'affaires et la prime de rendement. • Soc. 8 nov. 1972, (2 arrêts) : *Bull. civ. V, n° 604.* ♦ … La prime de treizième mois. • Soc. 13 oct. 1971 : *Bull. civ. V, n° 560* • 15 févr. 1979 : *préc.* • 16 mars 1989 : *JS UIMM 1989. 238.* ♦ … Sauf volonté contraire des parties. • Soc. 3 juill. 1990 : ⚖ *JS UIMM 1990. 313* • 22 janv. 1991, ⚖ n° 87-45.285 P. ♦ … Les pourcentages sur les ventes. • Soc. 23 juin 1971 : *Bull. civ. V, n° 470.* ♦ … Les tantièmes versés aux vendeuses. • Cass., ass. plén., 6 févr. 1976 : ⚖ *GADT, 4ᵉ éd., n° 20* ; *Dr. soc. 1976. 472*, note Savatier ; *JCP 1976. II. 18481*, note Groutel. ♦ … Les indemnités de compensation en cas de réduction d'horaires. • Soc. 19 mars 1985 : *Bull. civ. V, n° 192* ; *Dr. soc. 1985. 489*, rapp. Boubli • 15 oct. 1987 : *D. 1987. IR 233.* ♦ … L'avantage versé mensuellement mais calculé annuellement selon le mérite du salarié. • Soc. 6 juill. 1994 : ⚖ *RJS 1994. 672*, n° *1138.* ♦ … La prime contractuelle allouée en fonction de la réalisation d'objectifs, pour les mois où elle est versée. • Soc. 4 juin 2002, ⚖ n° 00-41.140 P : *Dr. soc. 2002. 895*, obs. Radé ✎ ; *RJS 2002. 747*, n° *974.* ♦ … La prime d'objectifs versée périodiquement, en tant qu'élément permanent et obligatoire de la rémunération du salarié. • Soc. 3 juill. 2019, ⚖ n° 17-18.210 P : *D. actu. 22 juill. 2019*, obs. Malfettes ; *D. 2019. Actu. 1455* ✎ ; *RJS 10/2019, n° 571* ; *JCP S 2019. 1276*, obs. Barège. ♦ … Les primes horaires de vol octroyées aux pilotes en tant qu'elles constituent la contrepartie d'une prestation de travail. • Soc. 13 mars 2019, ⚖ n° 17-21.151 P : *préc.* ♦ Sont exclues les primes de rendement ou d'assiduité prévues au contrat de travail. • Soc. 19 mars 1986 : JS UIMM 1986. 237. ♦ ... Une prime d'ancienneté. • Soc. 1er juin 1983 : JS UIMM 1983. 300. ♦ ... Une prime « manifestant la reconnaissance de l'effort et/ou de la performance au cours de l'année passée ». • Soc. 20 avr. 2005 : ⚖ RJS 2005. 537, n° 739. ♦ ... Les sommes consacrées par l'employeur pour l'acquisition par le salarié de titres-restaurant. • Soc. 3 juill. 2019, ⚖ n° 17-18.210 P : préc.

B. SMIC

1° SOMMES VERSÉES EN CONTREPARTIE DU TRAVAIL

a. Sommes exclues

12. Primes. Une prime d'ancienneté, qui n'est pas versée en contrepartie du travail mais pour récompenser la stabilité des salariés, n'a pas à être prise en compte pour le calcul du SMIC. • Soc. 19 juin 1996 : RJS 1996. 667, n° 1048. – Déjà dans le même sens : • Soc. 1er juin 1983 : D. 1984. IR 367, obs. Langlois ; JCP E 1984. II. 14312, note Vachet • 7 janv. 1985 : Bull. civ. V, n° 3 ; Dr. soc. 1985. 811, note Savatier • Crim. 3 janv. 1986 : Bull. crim. n° 4 ; JS UIMM 1986. 27 • 27 janv. 1987 : Bull. crim. n° 46. ♦ Même solution pour la prime d'assiduité. • Soc. 6 févr. 1985 : Dr. soc. 1985. 811, note Savatier • 19 mars 1955 : Bull. civ. IV, n° 192 • Crim. 27 janv. 1987 : préc. • Soc. 19 juin 1996 : préc. • 27 mai 1997 : ⚖ D. 1997. IR 143 ; Dr. soc. 1997. 733, note Savatier ; RJS 1997. 515, n° 793. ♦ ... Une prime de fin d'année. • Soc. 29 nov. 1988 : CSB 1989. 41. ♦ ... Une prime de rythme liée au caractère contraignant du rythme de travail imposé, ou la majoration de rémunération pour travail des dimanches ou des jours fériés déterminée en fonction du rythme, dès lors qu'elles ne constituent pas une contrepartie du travail, mais la compensation de sujétions particulières. • Soc. 29 mars 1995 : ⚖ D. 1995. Somm. 372, obs. Bouilloux ; Dr. soc. 1995. 503 ; RJS 1995. 346, n° 514. ♦ ... La prime fondée sur les résultats financiers de l'entreprise et dépendant de facteurs sur lesquels les salariés n'avaient pas d'influence et qui était susceptible d'être remise en cause, voire suspendue, en cas de mauvais résultats de la société. • Crim. 5 nov. 1996, ⚖ n° 95-82.994 P : RJS 1997. 101, n° 145. ♦ ... Une prime d'activité. • Soc. 27 mai 1997 : ⚖ préc. ♦ ... La prime compensatrice de l'obligation de non-concurrence. • Soc. 14 janv. 1988, ⚖ n° 85-42.047 P.

13. Rémunération des temps de pause. Lorsque les pauses ne constituent pas du temps de travail effectif, les primes les rémunérant, qui ne sont pas la contrepartie du travail et dont la détermination dépend de facteurs généraux sur lesquels les salariés n'influent pas, sont exclues du salaire devant être comparé au SMIC. • Soc. 13 juill. 2010 : ⚖ D. actu. 3 sept. 2010, obs. Perrin ; RJS 2010. 693, n° 762 ; Dr. soc. 2010. 1112, obs. Radé . ♦ Lorsque les temps de pause correspondent à un repos obligatoire durant lequel les salariés ne sont plus à la disposition de leur employeur, les primes les rémunérant, qui ne correspondent ni à un travail effectif ni à un complément de salaire, sont exclues du salaire devant être comparé au salaire minimum de croissance. • Soc. 9 nov. 2010 : ⚖ JCP S 2011. 1193, note Lahalle. Crim. 15 févr. 2011 : ⚖ D. 2011. Actu. 683, obs. Astaix ; RDT 2011. 319, obs. Pignarre ; Dr. soc. 2011. 719, obs. Duquesne ; Dr. ouvrier 2011. 385, obs. Desrues ; JSL 2011, n° 297-5 ; JCP S 2011. 1193, note Lahalle.

14. Frais professionnels. Les frais qu'un salarié justifie avoir exposés pour les besoins de son activité professionnelle et dans l'intérêt de l'employeur doivent être remboursés sans qu'ils puissent être imputés sur la rémunération qui lui est due, à moins qu'il n'ait été contractuellement prévu qu'il en conserverait la charge moyennant le versement d'une somme fixée à l'avance de manière forfaitaire et à la condition que la rémunération proprement dite du travail reste au moins égale au SMIC. • Soc. 10 nov. 2004, ⚖ n° 02-41.881 P : Dr. soc. 2005, obs. Radé ; SSL 2004, n° 1193, p. 12 • 9 janv. 2001 : ⚖ Dr. soc. 2001. 441, obs. Mouly ; RTD civ. 2001. 699, obs. Molfessis .

b. Sommes incluses

15. Variétés. Sont constitutifs d'un complément de salaire : l'indemnité compensatrice de réduction d'horaire et l'indemnité de transport. • Soc. 12 févr. 1985 : Dr. soc. 1985. 811, note Savatier. ♦ ... La prime de chauffage. • Soc. 9 mars 1989 : JS UIMM 1989. 278. ♦ ... L'indemnité de panier pour la fraction représentant un complément de salaire. • Soc. 26 mai 2004 : ⚖ RJS 2004. 623, n° 913. ♦ ... La prime d'hôtesse enquêtrice. • Soc. 13 mars 1990, ⚖ n° 87-41.726 P : D. 1990. IR 114 . ♦ ... La prime de polyvalence compensant la formation du salarié à plusieurs postes de travail et la part de rémunération résultant de ses performances de travail. • Soc. 29 mars 1995 : ⚖ D. 1995. Somm. 372, obs. Bouilloux ; Dr. soc. 1995. 503. ♦ ... La prime de bilan. • Soc. 14 mai 1987, ⚖ n° 84-43.769 P. • 4 juin 2002 : ⚖ Dr. soc. 2002. 895, obs. Radé . ♦ ... Le « complément métier perçu dès lors que l'agent « exécute, pendant au moins la moitié de son temps, ses tâches au contact de la clientèle ». • Soc. 14 nov. 2012 : ⚖ D. actu. 11 déc. 2012, obs. Siro ; D. 2012. Actu. 2743 ; Dr. soc. 2013. 88, obs. Radé . ♦ Le fait qu'une prime ait pour objectif le maintien du pouvoir d'achat n'exclut pas qu'elle soit versée en contrepartie du travail ; elle doit donc être prise en compte dans la rémunération à comparer avec le salaire minimum garanti. • Soc. 7 avr. 2010 : ⚖ Dr. soc. 2010. 712, obs. Radé ; RJS 6/2010, n° 516 ; JCP S 2010. 1286, obs. Everaert-Dumont. ♦ ... La prime de bonus déterminée en fonction du tonnage produit auquel participait le salarié constitue la contrepartie d'un travail et doit être prise en compte au titre du SMIC. • Soc. 4 févr.

SALAIRE ET AVANTAGES DIVERS **Art. L. 3231-5** 1209

2015, n° 13-18.523 P : *D. actu. 20 févr. 2015, obs. Peyronnet ; D. 2015. Pan. 834, obs. Lokiec ; RJS 4/2015, n° 257 ; JCP S 2015. 1202, obs. Chenu.*

2° CARACTÈRE PÉRIODIQUE OU ALÉATOIRE DU PAIEMENT

16. Inclusion. Une rémunération mensuelle forfaitaire compensant l'amplitude de la journée de travail doit être incluse dans le calcul du SMIC, dès lors qu'elle était garantie dans les mêmes conditions que le salaire de base, qu'elle présentait un caractère uniforme et forfaitaire et constituait une rémunération sur laquelle le salarié pouvait compter. • Crim. 18 juill. 1991 : *CSB 1991. 205, S. 123 ; RJS 1991. 605, n° 1155.*

17. Exclusion. Ne peut être prise en considération la prime de treizième mois devant être payée annuellement et par référence à un salaire qui n'est connu qu'à la fin de l'année. • Crim. 27 janv. 1987 : *Bull. crim. n° 46 ; Dr. ouvrier 1987. 404.* ♦ V. aussi : • Soc. 18 mars 1986 : *JS UIMM 1987. 237* • 15 oct. 1987 : *Bull. civ. V, n° 576 ; JS UIMM 1987. 522* • 3 mars 1988 : *JS UIMM 1988. 125* (non-inclusion d'une prime de treizième mois instituée par un accord d'entreprise qui en faisait une obligation contractuelle pour l'employeur). ♦ Comp.

• Soc. 17 mars 1988 : *Bull. civ. V, n° 187 ; JS UIMM 1988. 317,* admettant la prise en compte des primes de treizième mois et de vacances les mois où elles sont versées. – Dans le même sens : • Soc. 2 mars 1994, n° 89-45.881 P : *Dr. soc. 1994. 372 ; RJS 1994. 269, n° 412.* ♦ Comp. notes ss. art. L. 3211-1. ♦ Une prime de « non-accident » qui présente un caractère aléatoire dès lors qu'un simple accident entraîne la suppression de son paiement même si l'intéressé n'a commis aucun manquement à ses obligations professionnelles ou s'il n'encourt aucune responsabilité dans l'accident ne constitue pas un complément de salaire. • Soc. 3 juill. 2001 : *Dr. soc. 2001. 1004, obs. Radé.* ♦ La prime conventionnelle ayant pour objet de compenser la cherté de la vie dans les départements d'outre-mer ne constitue pas un complément de salaire puisque non perçue en contrepartie du travail. • Soc. 4 mars 2003 : *Dr. soc. 2003. 658, obs. Radé.*

IV. PAIEMENT

18. L'employeur n'a pas la faculté de différer le paiement du SMIC en pratiquant une compensation d'une période de paie sur l'autre. • Soc. 29 janv. 2002, n° 99-44.842 P : *Dr. soc. 2002. 460, obs. Radé.*

SECTION 2 Principes

Art. L. 3231-2 Le salaire minimum de croissance assure aux salariés dont les rémunérations sont les plus faibles :
 1° La garantie de leur pouvoir d'achat ;
 2° Une participation au développement économique de la nation. — *[Anc. art. L. 141-2.]* — V. art. R. 3233-1 *(pén.)*.

Art. L. 3231-3 Sont interdites, dans les conventions ou accords collectifs de travail, les clauses comportant des indexations sur le salaire minimum de croissance ou des références à ce dernier en vue de la fixation et de la révision des salaires prévus par ces conventions ou accords. — *[Anc. art. L. 141-9.]* — V. art. R. 3233-1 *(pén.)*.

Sont interdites dans les conventions ou accords collectifs de travail toutes clauses prévoyant des indexations fondées sur le Smic ou par référence à ce dernier, sur le niveau général des prix ou des salaires, ou sur le prix des biens produits ou services n'ayant pas de relation directe avec l'objet du statut ou de la convention ou avec l'activité de l'une des parties ; de telles clauses sont frappées d'une nullité d'ordre public. • Soc. 5 oct. 2017, n° 15-20.390 P : *D. 2017. Actu. 2034 ; RJS 12/2017, n° 794 ; JCP S 2017. 1410, obs. Vachet.*

SECTION 3 Modalités de fixation

SOUS-SECTION 1 Garantie du pouvoir d'achat des salariés

Art. L. 3231-4 La garantie du pouvoir d'achat des salariés prévue au 1° de l'article L. 3231-2 est assurée par l'indexation du salaire minimum de croissance sur l'évolution de l'indice national des prix à la consommation institué comme référence par voie réglementaire. — *[Anc. art. L. 141-3, al. 1er début.]* — V. art. R.* 3231-2 s. et R. 3233-1 *(pén.)*.

Art. L. 3231-5 Lorsque l'indice national des prix à la consommation atteint un niveau correspondant à une hausse d'au moins 2 % par rapport à l'indice constaté lors de l'établissement du salaire minimum de croissance immédiatement antérieur, le salaire minimum de croissance est relevé dans la même proportion à compter du premier jour du mois qui suit la publication de l'indice entraînant ce relèvement. — *[Anc. art. L. 141-3, al. 2.]* — *V. art. R. 3233-1 (pén.).*

SOUS-SECTION 2 **Participation des salariés au développement économique de la nation**

Art. L. 3231-6 La participation des salariés au développement économique de la nation prévue au 2° de l'article L. 3231-2 est assurée, indépendamment de l'application de l'article L. 3231-4, par la fixation du salaire minimum de croissance, chaque année avec effet au *(L. n° 2008-1258 du 3 déc. 2008)* « 1ᵉʳ janvier ». — *[Anc. art. L. 141-4, al. 1ᵉʳ.]* — *V. art. R. 3233-1 (pén.) et R.* 3231-7.*

Art. L. 3231-7 Le taux du salaire minimum de croissance est fixé par voie réglementaire à l'issue d'une procédure déterminée par décret. — *[Anc. art. L. 141-4, al. 4.]* — *V. art. R. 3231-7 et R. 3233-1 (pén.).*

A compter du 1ᵉʳ janv. 2024, pour les catégories de travailleurs mentionnées à l'art. L. 2211-1, le montant du salaire minimum de croissance est relevé dans les conditions ci-après :

1° En métropole, en Guadeloupe, en Guyane, en Martinique, à La Réunion, à Saint-Barthélemy, à Saint-Martin et à Saint-Pierre-et-Miquelon, son montant est porté à 11,65 € l'heure ;

2° A Mayotte, son montant est fixé à 8,80 € l'heure (Décr. n° 2023-1216 du 20 déc. 2023, art. 1ᵉʳ).

Art. L. 3231-8 En aucun cas, l'accroissement annuel du pouvoir d'achat du salaire minimum de croissance ne peut être inférieur à la moitié de l'augmentation du pouvoir d'achat des salaires horaires moyens enregistrés par l'enquête trimestrielle du ministère chargé du travail.
L'indice de référence peut être modifié par voie réglementaire. — *[Anc. art. L. 141-5.]* — *V. art. R. 3233-1 (pén.) et R.* 3231-2-1.*

Art. L. 3231-9 Les relèvements annuels successifs du salaire minimum de croissance doivent tendre à éliminer toute distorsion durable entre sa progression et l'évolution des conditions économiques générales et des revenus. — *V. art. R. 3233-1 (pén.).*

SOUS-SECTION 3 **Autres modalités de fixation**

Art. L. 3231-10 En cours d'année, le salaire minimum de croissance peut être porté, par voie réglementaire, à un niveau supérieur à celui qui résulte de l'application des dispositions de l'article L. 3231-5. — *V. art. R. 3233-1 (pén.).*

Art. L. 3231-11 Les améliorations du pouvoir d'achat intervenues en application de l'article L. 3231-10 depuis le *(L. n° 2008-1258 du 3 déc. 2008)* « 1ᵉʳ janvier » de l'année précédente entrent en compte pour l'application, lors de la fixation annuelle du salaire minimum de croissance, de la règle fixée à l'article L. 3231-8. — *V. art. R. 3233-1 (pén.).*

SECTION 4 **Minimum garanti**

Art. L. 3231-12 Un minimum garanti est déterminé en fonction de l'évolution de l'indice national des prix à la consommation par application des dispositions de l'article L. 3231-4. Il intervient notamment pour l'évaluation des avantages en nature.
Ce minimum garanti peut être porté, par voie réglementaire, à un niveau supérieur à celui résultant de l'application du premier alinéa. — *V. art. R.* 3231-2, R.* 3231-17 et R. 3233-1 (pén.).*

A compter du 1ᵉʳ janv. 2024, le montant du minimum garanti est fixé à 4,15 € en métropole, dans les collectivités régies par l'art. 73 Const., à Saint-Barthélemy, à Saint-Martin et à Saint-Pierre-et-Miquelon (Décr. n° 2023-1216 du 20 déc. 2023, art. 2).

CHAPITRE II **RÉMUNÉRATION MENSUELLE MINIMALE**

RÉP. TRAV. v° *Salaire (Fixation, montant)*, par Bouilloux.

SALAIRE ET AVANTAGES DIVERS **Art. L. 3232-5** 1211

SECTION 1 Dispositions générales

Art. L. 3232-1 Tout salarié dont l'horaire de travail est au moins égal à la durée légale hebdomadaire, perçoit, s'il n'est pas apprenti, une rémunération au moins égale au minimum fixé dans les conditions prévues à la section 2.

Ces dispositions ne s'appliquent pas aux salariés temporaires. — *[Anc. art. L. 141-10.]* — V. art. R. 3233-1 (pén.).

Art. L. 3232-2 Le Gouvernement présente chaque année, en annexe au projet de loi de finances, un rapport sur l'application du présent chapitre indiquant notamment :

1° Le nombre de salariés bénéficiaires de l'allocation complémentaire établie par l'article L. 3232-5 ;

2° Le coût du versement de l'allocation prévue au 1° pour l'année écoulée ;

3° Le nombre de bénéficiaires des allocations publiques de chômage total et des allocations publiques *(L. n° 2013-504 du 14 juin 2013, art. 16-VII)* « d'activité partielle » ainsi que les mesures prises en application de l'article L. 3232-9. — *[Anc. art. L. 141-17.]*

SECTION 2 Modalités de fixation

Art. L. 3232-3 La rémunération mensuelle minimale est égale au produit du montant du salaire minimum de croissance tel qu'il est fixé en application des articles L. 3231-2 à L. 3231-12, par le nombre d'heures correspondant à la durée légale hebdomadaire pour le mois considéré.

Elle ne peut excéder, après déduction des cotisations obligatoires retenues par l'employeur, la rémunération nette qui aurait été perçue pour un travail effectif de même durée payé au taux du salaire minimum de croissance. — *[Anc. art. L. 141-11, al. 1er.]*

Période de référence. L'employeur qui verse certains mois une rémunération supérieure au minimum mensuel ne se libère pas pour autant de sa dette relative aux périodes pendant lesquelles une rémunération insuffisante a été acquittée. • Soc. 29 janv. 2002, n° 99-44.842 P : *D. 2002. IR 866* ; *RJS 2002. 338, n° 437*.

Art. L. 3232-4 La rémunération mensuelle minimale est réduite à due concurrence lorsque :

1° Au cours du mois considéré, le salarié a accompli un nombre d'heures inférieur à celui qui correspond à la durée légale hebdomadaire en cas de suspension du contrat de travail ;

2° Le contrat de travail a débuté ou s'est terminé au cours du mois considéré. — *[Anc. art. L. 141-11, al. 2 à 5.]*

1. Causes de réduction. Le salaire ne peut être réduit pour une autre cause que celles figurant à l'art. L. 141-11 [L. 3232-4 nouv.] ; l'affectation sur un chantier où l'horaire de travail est inférieur à la durée légale ne figure pas au nombre de ces causes. • Soc. 11 déc. 1990 : *RJS 1991. 104, n° 185* ; *CSB 1991. 41, A. 14* • 25 mai 1993, n° 89-45.167 P : *RJS 1993. 452, n° 773*.

2. La rémunération mensuelle minimale d'un salarié étant réduite en cas de fermeture de l'entreprise pour congé annuel, le salarié ne peut prétendre qu'à une allocation pour privation partielle d'emploi, compte tenu de ses droits à congé. • Soc. 2 avr. 1992, n° 88-42.817 P : *D. 1992. IR 159* ; *Dr. soc. 1992. 475*.

SECTION 3 Allocation complémentaire

Art. L. 3232-5 Lorsque, par suite d'une réduction de l'horaire de travail au-dessous de la durée légale hebdomadaire pour des causes autres que celles énumérées à l'article L. 3232-4, un salarié a perçu au cours d'un mois, à titre de salaire et *(L. n° 2013-504 du 14 juin 2013, art. 16-VIII)* « d'indemnité d'activité partielle », une somme totale inférieure à la rémunération minimale, il lui est alloué une allocation complémentaire égale à la différence entre la rémunération minimale et la somme qu'il a effectivement perçue.

Pour l'application du présent chapitre, sont assimilées *(L. n° 2013-504 du 14 juin 2013, art. 16-VIII)* « à l'indemnité d'activité partielle » les indemnités pour intempéries prévues aux articles L. 5424-6 et suivants. — *[Anc. art. L. 141-12.]* — V. art. R. 3232-1.

Art. L. 3232-6 Les dispositions fiscales et sociales relatives aux allocations et contributions prévues à l'article L. 5428-1 sont applicables à l'allocation complémentaire. — *[Anc. art. L. 141-13.]*

Art. L. 3232-7 L'allocation complémentaire est à la charge de l'employeur. — *[Anc. art. L. 141-14, al. 1ᵉʳ, phrase 1ᵉʳ.]*

SECTION 4 *[ABROGÉE]* Remboursement par l'État

(Abrogée par L. n° 2013-504 du 14 juin 2013, art. 16-IX)

Art. L. 3232-8 *Abrogé par L. n° 2013-504 du 14 juin 2013, art. 16-IX.*

SECTION 5 Dispositions d'application

Art. L. 3232-9 Des décrets en Conseil d'État déterminent les modalités d'application du présent chapitre, notamment :

1° Les conditions, les modalités et les délais de remboursement par l'État de la part lui incombant dans l'allocation complémentaire ;

2° En tant que de besoin, les modalités particulières applicables aux salariés de l'agriculture, aux salariés du bâtiment et des travaux publics, aux marins professionnels, aux dockers professionnels, aux salariés travaillant à domicile, aux salariés intermittents, aux travailleurs handicapés, ainsi qu'aux salariés saisonniers pendant la période normale de leur activité. Ces décrets peuvent prévoir le calcul de la rémunération minimale sur une période autre que mensuelle. — *[Anc. art. L. 141-16.]* — V. art. R. 3232-1.

CHAPITRE III DISPOSITIONS PÉNALES

Le présent chapitre ne comprend pas de dispositions législatives.

TITRE IV PAIEMENT DU SALAIRE

RÉP. TRAV. v° *Salaire (Paiement)*, par DEBORD.

CHAPITRE I DISPOSITIONS GÉNÉRALES

Art. L. 3241-1 Sous réserve des dispositions législatives imposant le paiement des salaires sous une forme déterminée, le salaire est payé en espèces ou par chèque barré ou par virement à un compte bancaire ou postal (*L. n° 2021-1774 du 24 déc. 2021, art. 1ᵉʳ-I, en vigueur le 26 déc. 2022*) « dont le salarié est le titulaire ou le cotitulaire. Le salarié ne peut désigner un tiers pour recevoir son salaire. »

Toute stipulation contraire est nulle.

En dessous d'un montant mensuel déterminé par décret, le salaire est payé en espèces au salarié qui le demande.

Au-delà d'un montant mensuel déterminé par décret, le salaire est payé par chèque barré ou par virement à un compte bancaire ou postal (*L. n° 2021-1774 du 24 déc. 2021, art. 1ᵉʳ-I, en vigueur le 26 déc. 2022*) « dont le salarié est le titulaire ou le cotitulaire ». — V. art. R. 3246-1 (pén.).

Au-delà d'un montant mensuel fixé par décret, le paiement des traitements et salaires doit être effectué par chèque barré ou par virement à un compte bancaire ou postal ou à un compte tenu par un établissement de paiement ou un établissement de monnaie électronique qui fournit des services de paiement (art. L. 112-6, al. 2, C. mon. fin.). — Montant fixé à 1 500 € par Décr. n° 85-1073 du 7 oct. 1985, mod. par Décr. n° 2001-96 du 2 févr. 2001.

COMMENTAIRE

V. sur le Code en ligne 🔒.

1. Salaires visés. L'art. L. 143-1 [L. 3241-1 nouv.] ne vise pas les salaires non échus dont le paiement peut être réalisé au moyen d'effets de commerce. • Soc. 11 oct. 1957 : *Bull. civ. IV, n° 949.*

2. Paiement en monnaie étrangère. Sur le paiement du salaire en monnaie étrangère, V. • Soc. 20 janv. 1961 : *Bull. civ. IV, n° 96* • 22 juin 1993 : ✞ *RJS 1993. 589, n° 987* (règles de conversion).

3. Salaire quérable. A défaut de convention entre les parties, le salaire est quérable. • Soc. 11 avr. 1991, ✞ n° 89-43.337 P : *RJS 1991. 442, n° 844.*

4. Inscription à un compte courant. L'inscription d'une créance de salaire en compte courant, qui équivaut à un paiement, fait perdre à la créance son individualité et la transforme en simple article du compte courant dont seul le solde peut constituer une créance exigible entre les parties. • Soc. 15 oct. 2002, ⚖ n° 00-41.975 P : *Dr. soc. 2002. 1142, obs. Radé* ⊘. ♦ Un compte courant ne peut fonctionner qu'en vertu d'une convention entre les parties ; les remises sur le compte doivent être faites avec l'accord exprès du salarié. • Soc. 23 févr. 2005, ⚖ n° 03-40.482 P : *D. 2005. IR 799* ⊘ *; RJS 2005. 410, n° 584*.

5. Salaire et groupe de sociétés. La reconnaissance d'une UES entre plusieurs sociétés n'a pas pour effet de transférer les contrats de travail et le salarié d'une entreprise, ferait-elle partie d'un groupe, ne peut diriger une demande salariale que contre son employeur. • Soc. 12 juill. 2006 : ⚖ *D. 2006. IR 2210* ⊘ *; Dr. soc. 2006. 1065, obs. Savatier* ⊘ *; JSL 2006, n° 197-6*.

6. Rappels de salaire et intérêts moratoires. Les intérêts moratoires portant sur les rappels de salaire ne peuvent courir qu'à compter de chaque échéance devenue exigible. • Soc. 12 sept. 2018, ⚖ n° 17-10.307 P : *JCP S 2018. 1336, obs. Brissy*.

CHAPITRE II MENSUALISATION

COMMENTAIRE

V. sur le Code en ligne 🔒. ☐

Art. L. 3242-1 La rémunération des salariés est mensuelle et indépendante, pour un horaire de travail effectif déterminé, du nombre de jours travaillés dans le mois. Le paiement mensuel neutralise les conséquences de la répartition inégale des jours entre les douze mois de l'année.

Pour un horaire équivalent à la durée légale hebdomadaire, la rémunération mensuelle due au salarié se calcule en multipliant la rémunération horaire par les 52/12 de la durée légale hebdomadaire.

Le paiement de la rémunération est effectué une fois par mois. Un acompte correspondant, pour une quinzaine, à la moitié de la rémunération mensuelle, est versé au salarié qui en fait la demande.

Ces dispositions ne s'appliquent pas aux salariés travaillant à domicile, aux salariés saisonniers, aux salariés intermittents et aux salariés temporaires. — [*Anc. art. 1, al. 1er, 2 et 6, L. n° 78-49 du 19 janv. 1978.*]

BIBL. ▶ BURNOT, *Dr. soc. 1979. 396* (bilan de la mensualisation). - DESSET, *RPDS 1978. 319*.

COMMENTAIRE

V. sur le Code en ligne 🔒. ☐

1. Exclusion des gratifications annuelles. Les dispositions de l'art. L. 143-2 [L. 3242-1 nouv.] ne sont pas applicables aux gratifications annuelles variables dans leur montant. • Soc. 18 juin 1981 : *Bull. civ. V, n° 571*.

2. Salariés mensualisés. La rémunération d'un salarié mensualisé revêt un caractère forfaitaire et est indépendante du nombre de jours travaillés dans le mois, peu important la répartition des jours ouvrables selon les mois et les années. • Soc. 22 juin 1983 : *Bull. civ. V, n° 351 ; D. 1984. IR 363, obs. Langlois* • 16 févr. 1994 : ⚖ *Dr. soc. 1994. 373 ; RJS 1994. 269, n° 414*. ♦ Pour apprécier si le salarié a reçu la rémunération minimale résultant de la mensualisation, il convient de se référer à l'horaire hebdomadaire de travail. • Soc. 29 mars 1995 : ⚖ *Dr. soc. 1995. 504*.

3. La loi sur la mensualisation du 19 janv. 1978 n'exclut pas les salariés sous contrat à durée déterminée du bénéfice de ses dispositions. • Soc. 9 avr. 1996, ⚖ n° 92-43.458 P.

4. Point de départ de la prescription. Le délai de prescription des salaires court à compter de la date à laquelle la créance salariale est devenue exigible ; pour les salariés payés au mois, la date d'exigibilité du salaire correspond à la date habituelle du paiement des salaires en vigueur dans l'entreprise et concerne l'intégralité du salaire afférent au mois considéré. • Soc. 9 juin 2022, ⚖ n° 20-16.992 B : *D. actu. 27 juin 2022, obs. Couëdel ; D. 2022. 1619, note Ala* ⊘ *; RDT 2022. 576, obs. Guillemot* ⊘ *; RJS 8-9/2022, n° 470 ; JSL 2022, n° 548, obs. Nasom-Tissandier ; JCP 2022. 864, obs. Loiseau* • Soc. 14 déc. 2022, ⚖ n° 21-16.623 B : *D. actu. 5 janv. 2023, obs. Malfettes ; D. 2023. 12* ⊘ *; RJS 2/2023, n° 100 ; JCPS 2023. 1018, obs. Brissy*.

5. Paiement à l'échéance. L'employeur n'a pas la faculté de différer le paiement du salaire au-delà du délai mensuel prévu. • Soc. 17 déc. 1987 : *Dr. ouvrier 1988. 346, note Henry*. – Dans le même sens : • Soc. 2 déc. 1992 : ⚖ *Dr. soc. 1993. 183*. ♦ Les créances salariales ne sont pas susceptibles de délai de paiement au titre de l'art. 1244 (1244-1) C. civ. • Soc. 18 nov. 1992, ⚖ n° 91-40.596 P : *Dr. soc. 1993. 61 ; RJS 1993. 38, n° 39*.

Art. L. 3242-2 La mensualisation n'exclut pas les divers modes de calcul du salaire aux pièces, à la prime ou au rendement. — *[Anc. art. 1er, al. 1er, 2 et 6, L. n° 78-49 du 19 janv. 1978.]*

Art. L. 3242-3 Les salariés ne bénéficiant pas de la mensualisation sont payés au moins deux fois par mois, à seize jours au plus d'intervalle. — *[Anc. art. 1er, al. 5, L. n° 78-49 du 19 janv. 1978.]* — V. art. R. 3246-1 (pén.).

Art. L. 3242-4 Pour tout travail aux pièces dont l'exécution dure plus d'une quinzaine, les dates de paiement peuvent être fixées d'un commun accord. Toutefois, le salarié reçoit des acomptes chaque quinzaine et est intégralement payé dans la quinzaine qui suit la livraison de l'ouvrage. — *[Anc. art. L. 143-2, al. 2, phrase 1.]* — V. art. R. 3246-1 (pén.).

CHAPITRE III BULLETIN DE PAIE

Art. L. 3243-1 Les dispositions du présent chapitre s'appliquent à toutes les personnes salariées ou travaillant à quelque titre ou en quelque lieu que ce soit pour un ou plusieurs employeurs et quels que soient le montant et la nature de leurs rémunérations, la forme, ou la validité de leur contrat. — *[Anc. art. L. 143-3, al. 1er.]* — V. art. R. 3243-1 et R. 3246-3 (pén.).

BIBL. ▶ H. BLAISE et LORANS, *Dr. soc.* 1992. 16 ⌀. – P. LYON-CAEN, *Dr. soc.* 1999. 255 ⌀ (présomption de paiement et acceptation du bulletin de paie). – SIGNORETTO, *RPDS* 1986. 361. – SINAY, *JCP* 1960. I. 1586 (forfait). – WALLON, *Juri-soc.* 1987, n° 10. 51.

Existence d'un contrat de travail. L'obligation de délivrer un bulletin de paie n'existe qu'à l'égard des personnes unies à l'employeur par un contrat de travail. • Crim. 22 nov. 1956 : *Bull. crim.* n° 775. • 22 oct. 2002, ⚖ n° 02-81.859 P : *JCP E* 2004. 330, note Pomart (conjoint de l'employeur travaillant dans une situation de subordination). ♦ Cette obligation subsiste après le décès du salarié au profit de ses ayants droit. • Crim. 5 déc. 1989 : *Bull. crim. n° 462.*

Art. L. 3243-2 Lors du paiement du salaire, l'employeur remet aux personnes mentionnées à l'article L. 3243-1 une pièce justificative dite bulletin de paie. Il ne peut exiger aucune formalité de signature ou d'émargement autre que celle établissant que la somme reçue correspond bien au montant net figurant sur ce bulletin.

(L. n° 2016-1088 du 8 août 2016, art. 54) « Sauf opposition du salarié, l'employeur peut procéder à la remise du bulletin de paie sous forme électronique, dans des conditions de nature à garantir l'intégrité, la disponibilité pendant une durée fixée par décret et la confidentialité des données ainsi que leur accessibilité dans le cadre du service associé au compte mentionné au 2° du II de l'article L. 5151-6. Un décret en Conseil d'État pris après avis de la Commission nationale de l'informatique et des libertés détermine les modalités de cette accessibilité afin de préserver la confidentialité des données. » — V. art. D. 3243-7 s.

Les mentions devant figurer sur le bulletin ou y être annexées sont déterminées par décret en Conseil d'État. — V. art. R. 3243-1. — V. art. R. 3246-2 (pén.).

BIBL. ▶ PIETTE-COUDOL, *JCP S* 2010. 1440 (remise électronique du bulletin de paie).

COMMENTAIRE

V. sur le Code en ligne 📖.

1. Chèque emploi-service. L'utilisation d'un commun accord du chèque emploi-service dispense l'employeur de la remise d'un contrat de travail écrit et du bulletin de paie. • Soc. 27 oct. 2004, ⚖ n° 03-48.234 P : *Dr. soc.* 2005. 103, obs. Radé ⌀.

2. Modalités de la remise. La loi n'imposant pas la remise en main propre, un bulletin de paie peut être envoyé par voie postale. • Soc. 7 juin 1995, ⚖ n° 91-44.919 P : *Dr. soc.* 1995. 1043 ⌀ ; *RJS* 1995. 591, n° 901. ♦ A défaut de remise du bulletin de paie au salarié, l'employeur doit le lui faire parvenir par tous moyens ; il ne peut se contenter de tenir le bulletin de paie à la disposition du salarié. • Soc. 19 mai 1998, ⚖ n° 97-41.814 P : *Dr. soc.* 1998. 723, obs. Marraud ⌀ ; *RJS* 1998. 558, n° 865.

3. Rémunération. Ni l'absence de mention d'heures supplémentaires sur les fiches de paie, ni le fait que des accords fussent intervenus sur la réduction d'horaires n'implique nécessairement l'existence d'un accord sur une rémunération forfaitaire. • Soc. 28 oct. 1981 : *Bull. civ. V, n° 839.* ♦ V. aussi : • Soc. 11 déc. 1980 : *Bull. civ. V, n° 885* (la convention de forfait ne se présume pas) ● 11 oct. 1984 : *ibid.*, *n° 371* (la preuve d'une convention de forfait peut être apportée conformément au droit commun). ◆ V. note 36 ss. art. L. 3211-1.

4. Emploi. La mention de l'emploi sur le bulletin de paie doit permettre de contrôler que la rémunération versée au salarié est conforme à sa qualification professionnelle ; le conseil de prud'hommes apprécie souverainement le montant du préjudice causé au salarié par l'omission de cette mention. ● Soc. 22 mai 1986 : *Bull. civ. V, n° 243.* ◆ La modification de la qualification du salarié sur le bulletin de paie ne suffit pas à établir un accord de volonté des parties sur cette nouvelle classification. ● Soc. 6 juill. 1976 : *Bull. civ. V, n° 415* ; *D. 1978. 274*, note *J. Mouly.* – V. aussi : ● Soc. 12 mai 1980 : *D. 1981. IR 132.*

5. C'est à l'employeur qui conteste la mention relative à l'emploi portée sur le bulletin de paie, de rapporter la preuve de son inexactitude au regard des fonctions exercées par la salariée. ● Soc. 19 mars 2003 : 🔒 *Dr. soc. 2003. 662,* obs. *Radé* ⊘.

6. Un rappel de primes dues sur plusieurs mois peut figurer sur un seul bulletin de paie établi lors de leur paiement. ● Soc. 30 nov. 2010 : 🔒 *JCP S 2011. 1093,* obs. *Tricoit.*

7. Convention collective. La mention de la convention collective sur le bulletin de paie vaut présomption de l'applicabilité de la convention collective à l'égard du salarié, l'employeur étant admis à apporter la preuve contraire. ● Soc. 15 nov. 2007 : 🔒 *GADT, 4ᵉ éd., n° 168* ; *D. 2008. 325,* note *Reynès* ⊘ ; *RDT 2008. 44,* obs. *Tissandier* ⊘. ◆ Comp. : La mention de la convention collective sur le bulletin de paie fait irréfragablement présumer la volonté de l'employeur d'en faire application dans l'entreprise. ● Soc. 18 nov. 1998, 🔒 n° 96-42.991 P : *JCP G 1999. II. 10088,* note *Lhernould* ● 18 juill. 2000, 🔒 n° 97-44.897 P : *Dr. soc. 2000. 921,* obs. *Frouin* ⊘ ; *ibid. 1024,* obs. *Lhernould* ⊘ ; *D. 2001. 1201,* note *Reynès* ⊘.

8. Mais l'application volontaire par un employeur d'une convention collective résultant de la mention dans un contrat de travail n'implique pas à elle seule l'engagement d'appliquer à l'avenir les dispositions de ses avenants, même lorsque cette mention est reproduite sur les bulletins de salaire ultérieurs. ● Soc. 21 oct. 1998, 🔒 n° 97-44.337 P : *Dr. soc. 1999. 103,* obs. *Bélier* ⊘ ● 2 avr. 2003, 🔒 n° 00-43.601 P : *Dr. soc. 2003. 901,* obs. *Radé* ⊘.

9. Prohibition des mentions discriminatoires. Aucune mention du bulletin de paie ne doit permettre d'établir une distinction entre les heures travaillées et les heures de délégation dont bénéficient les salariés protégés. ● Soc. 3 févr. 1993 : 🔒 *Dr. soc. 1993. 304* ● 18 févr. 2004, 🔒 n° 01-46.565 P : *Dr. soc. 2004. 559,* obs. *Radé* ⊘.

10. Responsabilité civile. L'employeur engage sa responsabilité en cas de non-délivrance du bulletin de paie. ● Soc. 21 févr. 1979 : *Bull. civ. V, n° 159* ; *JCP 1981. II. 19525,* note *Hertzog.* ◆ Comp. ● Soc. 15 oct. 1969 : *D. 1970. 90* (une erreur unique n'engage pas la responsabilité de l'employeur). ◆ Le chef d'entreprise qui a, dès l'origine, entendu dissimuler partiellement le salaire convenu sur le bulletin de paie est responsable de la rupture du contrat de travail. ● Soc. 24 mars 1971 : *JCP 1971. IV. 122.* ◆ L'existence d'un préjudice et l'évaluation de celui-ci relevant du pouvoir souverain d'appréciation des juges du fond, le salarié qui n'apporte aucun élément pour justifier le préjudice allégué n'obtiendra pas réparation en cas de délivrance tardive du bulletin de paie. ● Soc. 13 avr. 2016, 🔒 n° 14-28.293 P : *D. actu. 17 mai 2016,* obs. *Ines* ; *D. 2016. Actu. 900* ⊘ ; *RDT 2017. Controverse 374* ⊘, *Bailly* et *Boulmier* ; *RJS 6/2016, n° 423* ; *SSL 2016, n° 1721, p. 12,* obs. *Florès* et *Saada* ; *JSL 2016, n° 411-2,* obs. *Dejean de la Bâtie* ; *JCP S 2016. 1213,* obs. *Turpin.*

11. Délit de travail dissimulé. L'employeur qui délivre un bulletin de paie ne mentionnant qu'une partie de la rémunération des heures de travail se rend coupable du chef de travail clandestin. ● Crim. 27 sept. 1994 : 🔒 *D. 1994. IR 253* ; *JCP 1995. II. 22444,* note *Taquet* ; *Dr. pénal 1994. Comm. 266,* obs. *J.-H. Robert.* ◆ Mais la dissimulation d'emploi salarié n'est caractérisée que si l'employeur a, de manière intentionnelle, mentionné sur le bulletin de paie un nombre d'heures de travail inférieur à celui réellement effectué. ● Crim. 22 févr. 2000, 🔒 n° 99-84.643 ● Soc. 21 mai 2002, 🔒 n° 99-45.890 P ● 4 mars 2003, 🔒 n° 00-46.906 P : *Dr. soc. 2003. 528,* obs. *Radé* ⊘ ● 24 mars 2004, 🔒 n° 01-43.875 P : *Dr. soc. 2004. 664,* obs. *Radé* ⊘.

Art. L. 3243-3 L'acceptation sans protestation ni réserve d'un bulletin de paie par le travailleur ne peut valoir de sa part renonciation au paiement de tout ou partie du salaire et des indemnités ou accessoires de salaire qui lui sont dus en application de la loi, du règlement, d'une convention ou d'un accord collectif de travail ou d'un contrat.

Cette acceptation ne peut valoir non plus compte arrêté et réglé au sens (*L. n° 2008-561 du 17 juin 2008*) « de l'article » 1269 du code de procédure civile. – [*Anc. art. L. 143-4.*]

COMMENTAIRE

V. sur le Code en ligne 🔒. ☐

1. Absence de présomption de paiement. Nonobstant la délivrance d'une fiche de paie, l'acceptation sans protestation ni réserve du bulletin de paie par le salarié ne vaut pas présomption de paiement au profit du salarié ; c'est à l'employeur de prouver le paiement du salaire notamment par la production des pièces comptables. • Soc. 2 févr. 1999, n° 96-44.798 P : *D. 1999. IR 78* ; *RJS 1999. 221, n° 370 ; Dr. soc. 1999. 257, concl. A. Lyon-Caen* • 16 févr. 1999, n° 96-41.838 P : *D. 1999. IR 84* ; *RJS 1999. 221, n° 370 ; Dr. soc. 1999. 411, obs. Roy-Loustaunau*. ♦ V. jurisprudence antérieure : la présomption de paiement résultant de l'acceptation du bulletin de paie par le salarié, sans protestation ni réserve, est une présomption simple. • Soc. 20 mai 1966 : *JCP 1966. IV. 94* • 5 mars 1987 : *Bull. civ. V, n° 116* • 27 oct. 1993 : *Dr. soc. 1993. 964.* ♦ Il appartient au salarié qui détient des fiches de paie faisant apparaître le paiement d'un salaire de détruire par la preuve contraire la présomption qui en résulte. • Soc. 11 févr. 1997 : *D. 1997. IR 82*.

2. En relevant que sur les bulletins de paie la signature du salarié, malhabile, émanait d'une personne ne sachant ni lire ni écrire, sauf tracer son nom, une cour d'appel a pu en déduire que leur délivrance n'emportait pas la preuve du paiement des sommes qu'ils mentionnaient. • Soc. 26 nov. 1987 : *Bull. civ. V, n° 685.*

3. Preuve positive du paiement. Les agissements tardifs du salarié qui n'a pas protesté au moment de la remise de la paie, ajoutés à d'autres éléments, constituent des présomptions précises et concordantes que les sommes remises correspondent à celles portées sur les bulletins de salaire. • Soc. 19 déc. 1979 : *Bull. civ. V, n° 1025.*

4. En l'absence de mention expresse de paiement d'une prime sur le bulletin de paie, un tribunal peut estimer, par une appréciation souveraine des éléments de la cause, que la preuve d'un tel paiement n'est pas rapportée. • Soc. 8 févr. 1979 : *Bull. civ. V, n° 131 ; Dr. ouvrier 1979. 352.* – V. aussi : • Soc. 21 nov. 1973 : *D. 1973. IR 252* • 3 déc. 1975 : *D. 1976. IR 6* • 4 mai 1983 : *Bull. civ. V, n° 228.* ♦ Comp. • Soc. 5 juin 1991 : *D. 1991. IR 191 ; Dr. soc. 1992. 16, note H. Blaise et Lorans ; RJS 1991. 441, n° 842*, affirmant que les dispositions de l'art. R. 143-2 n'interdisent pas à l'employeur de rapporter la preuve du paiement d'une prime dont le montant ne figure pas au bulletin de paie. ♦ Mais la preuve du versement d'une prime d'ancienneté ne peut résulter ni du fait que le salaire effectif était supérieur au salaire minimum conventionnel augmenté du montant de cette prime, ni de l'absence de réclamation du salarié pendant la durée d'exécution du contrat. • Soc. 5 janv. 1994 : *RJS 1994. 121, n° 153, 1ʳᵉ esp.* ♦ Le salarié qui perçoit un salaire supérieur à la rémunération globale à laquelle il peut prétendre au regard de son ancienneté doit démontrer ne pas avoir été rempli de ses droits au regard de la convention collective. • Soc. 16 nov. 2004 : *Dr. soc. 2005. 218, obs. Radé*.

5. Preuve du contrat de travail. La délivrance de bulletins de paie mentionnant des retenues pour cotisations de sécurité sociale fait présumer l'existence d'un contrat de travail et d'un lien de subordination. • Soc. 7 oct. 1976 : *Bull. civ. V, n° 478.* ♦ Pour la preuve de la qualification, V. • Soc. 6 déc. 1973 : *Bull. civ. V, n° 635.*

6. Arrêté de compte. Au sens de l'art. 541 C. pr. civ., un compte n'est arrêté que s'il a été discuté, approuvé ou ratifié dans des conditions impliquant, dans la commune intention des parties appréciée souverainement par les juges du fond, la volonté de fixer définitivement leur situation respective. • Soc. 6 nov. 1953 : *D. 1954. 170 ; JCP 1954. II. 7929* • 13 mars 1958 : *Bull. civ. IV, n° 392* • 5 juin 1958 : *ibid., n° 684.* ♦ La clause du contrat de travail d'un VRP prévoyant un arrêté de compte le dernier jour du trimestre, la communication du compte au salarié et la possibilité pour le salarié de contester l'arrêté qui lui est communiqué dans le mois qui suit, est licite ; l'absence de contestation du salarié sur le relevé détaillé transmis par l'employeur concrétise l'accord définitif sur le montant des commissions. • Soc. 30 sept. 2003 : *RJS 2003. 971, n° 1389.*

Art. L. 3243-4 L'employeur conserve un double des bulletins de paie des salariés *(L. n° 2009-526 du 12 mai 2009, art. 26)* « ou les bulletins de paie remis aux salariés sous forme électronique » pendant cinq ans. – *[Anc. art. L. 143-3, al. 4.]*

Art. L. 3243-5 Il peut être dérogé à la conservation des bulletins de paie, pour tenir compte du recours à d'autres moyens, notamment informatiques, dans les conditions prévues au deuxième alinéa de l'article L. 8113-6.

CHAPITRE IV **POURBOIRES**

Art. L. 3244-1 Dans tous les établissements commerciaux où existe la pratique du pourboire, toutes les perceptions faites « pour le service » par l'employeur sous forme de pourcentage obligatoirement ajouté aux notes des clients ou autrement, ainsi que toutes sommes remises volontairement par les clients pour le service entre les mains de l'employeur, ou centralisées par lui, sont intégralement versées au personnel en contact avec la clientèle et à qui celle-ci avait coutume de les remettre directement. – *[Anc. art. L. 147-1.]* – *V. art. R. 3246-2 (pén.).*

SALAIRE ET AVANTAGES DIVERS   **Art. L. 3244-2** 1217

Sur l'exonération de cotisations et contributions sociales sur les pourboires versés en 2022, 2023 et 2024, V. L. n° 2021-1900 du 30 déc. 2021, art. 5, mod. par L. n° 2023-1322 du 29 déc. 2023, art. 28.

COMMENTAIRE

V. sur le Code en ligne 🔗.   ❑

1. Établissements concernés. L'activité d'un casino entre dans le champ d'application de ce texte. • Soc. 9 mars 1994, 🔗 n° 91-17.543 P : *RJS 1994. 268, n° 409.*

2. Principe du reversement intégral. Il ne peut être dérogé aux règles de répartition fixées par l'art. L. 147-1 [L. 3244-1 nouv.]. • Soc. 19 juin 1990, 🔗 n° 87-41.769 P : *D. 1990. IR 194.* – Dans le même sens : • Soc. 5 nov. 1970 : *Bull. civ. V, n° 592* • 26 janv. 1972 : *ibid., n° 61.* ♦ Mais les dispositions de l'art. L. 3244-1 ne font pas obstacle à ce qu'il soit décidé que les sommes reversées par l'employeur au titre d'une rémunération au pourboire avec un salaire minimum garanti soient calculées sur la base d'une masse à partager supérieure à celle facturée aux clients au titre du service. • Soc. 13 oct. 2021, 🔗 n°s 19-24.739 B et 19-24.741 B : *D. actu. 10 nov. 2021, obs. Couëdel* ; *D. 2021. 1925* 🔗 ; *RDT 2022. 46, note Pignarre* 🔗 ; *RJS 12/2021, n° 652* ; *JCP S 2021. 1306, obs. François.*

3. L'obligation de reversement intégral n'exclut toutefois pas la possibilité pour l'employeur, s'il justifie avoir dû régler la TVA sur ces sommes, en déduire au préalable le montant. • Soc. 6 mai 1998, 🔗 n° 96-40.077 P : *D. 1998. IR 152* 🔗 ; *RJS 1998. 470, n° 737.*

4. Ni les sommes payées comme temps de travail au titre des heures de délégation, ni les indemnités garantissant le maintien du salaire pendant les périodes d'arrêt de travail pour maladie ne rémunèrent le service de la clientèle et ne peuvent en conséquence être imputées sur les pourboires. • Crim. 26 juill. 1989 : *Bull. crim. n° 302* ; *D. 1989. IR 254.*

5. Travail dissimulé. Les retenues pécuniaires constatées sur le cahier des pourboires et effectuées par l'employeur, en fonction du travail fourni, démontrent une volonté de l'employeur de soustraire ces sommes des déclarations sociales obligatoires et des versements des cotisations et contributions sociales, et constituent aussi l'infraction de travail dissimulé. • Crim. 1er déc. 2015, 🔗 n° 14-85.480 P : *D. 2015. Actu. 2568* 🔗 ; *RJS 2/2016,* *n° 141* ; *JCP S 2015. 1035, obs. Duquesne.*

6. Personnel en contact avec la clientèle. Sur la détermination du personnel en contact avec la clientèle, V. • Soc. 3 mars 1976 : *D. 1976. IR 110* • 24 janv. 1980 : *Bull. civ. V, n° 77* • 4 févr. 1981 : *ibid., n° 103* • 4 juill. 1984 : *ibid., n° 288* • 3 mars 1993 : 🔗 *CSB 1993. 159, S. 85* • 18 juin 1997 : 🔗 *RJS 1997. 795, n° 1295.* ♦ La répartition des pourboires doit bénéficier à l'ensemble des personnels en contact avec la clientèle, quelle que soit la catégorie du personnel à qui les sommes sont matériellement remises. • Soc. 9 mai 2000, 🔗 n° 98-20.146 P : *D. 2000. IR 166* 🔗 ; *Dr. soc. 2000. 773, obs. Radé* 🔗 ; *RJS 2000. 460, n° 672* • 18 juill. 2001, 🔗 n° 99-41.214 P : *RJS 2001. 876, n° 1287.* ♦ Et ce, indépendamment des pourboires qui peuvent leur être remis personnellement à l'occasion de leurs propres fonctions. • Soc. 29 sept. 2004, 🔗 n° 02-43.500 P : *D. 2004. IR 2894* 🔗 ; *Dr. soc. 2004. 1142, obs. Radé* 🔗 ; *RJS 2004. 904, n° 1285.* ♦ Sont exclus de la répartition des pourboires les directeurs régionaux d'une chaîne de restaurants qui ne sont pas habituellement en contact avec la clientèle et dont la mission principale consiste à encadrer et contrôler des établissements et dont les fonctions de service, limitées aux hypothèses de remplacement d'un salarié absent, ne sont qu'accessoires. • Soc. 14 nov. 2013 : 🔗 *D. actu. 2 déc. 2013, obs. Peyronnet* ; *D. 2013. Actu. 2704* 🔗 ; *RJS 1/2014, p. 8, Avis Liffran.*

7. Respect du SMIC. L'employeur, tenu de verser chaque mois le montant du salaire minimum, doit supporter la charge éventuelle de l'insuffisance des pourboires et ne peut se dispenser de verser l'intégralité des pourboires de chaque mois en reportant le déficit d'un mois sur un autre. • Soc. 17 janv. 1962 : *JCP 1962. II. 12922, note Bizière.*

8. Assiette de calcul et indemnités. Les indemnités de rupture devant être calculées sur les sommes réellement perçues par le salarié, il convient d'y intégrer les pourboires. • Soc. 21 févr. 1980 : *Bull. civ. V, n° 174.*

Art. L. 3244-2 Les sommes mentionnées à l'article L. 3244-1 s'ajoutent au salaire fixe, sauf dans le cas où un salaire minimum a été garanti par l'employeur. — *[Anc. art. L. 147-2.]* — V. art. R. 3246-2 (pén.).

En l'absence de disposition contractuelle ou conventionnelle relative au régime des pourboires susceptibles d'être perçus par la salariée de la part des usagers des toilettes de l'aérogare d'Orly, le montant des pourboires s'ajoute au salaire garanti. • Soc. 16 déc. 2015, 🔗 n° 14-19.073 P : *D. 2016. Actu. 82* 🔗 ; *JCP S 2016. 1076, obs. Vachet.*

CHAPITRE V ACTION EN PAIEMENT ET PRESCRIPTION

Art. L. 3245-1 (*L. n° 2008-561 du 17 juin 2008*) L'action en paiement ou en répétition du salaire se prescrit par (*L. n° 2013-504 du 14 juin 2013, art. 21-IV*) « trois ans à compter du jour où celui qui l'exerce a connu ou aurait dû connaître les faits lui permettant de l'exercer. La demande peut porter sur les sommes dues au titre des trois dernières années à compter de ce jour ou, lorsque le contrat de travail est rompu, sur les sommes dues au titre des trois années précédant la rupture du contrat. »

Les dispositions issues de la L. n° 2013-504 du 14 juin 2013 s'appliquent aux prescriptions en cours à compter du 16 juin 2013, sans que la durée totale de la prescription puisse excéder la durée prévue par la loi antérieure.

Lorsqu'une instance a été introduite avant le 16 juin 2013, date de promulgation de la L. n° 2013-504 du 14 juin 2013, l'action est poursuivie et jugée conformément à la loi ancienne. Cette loi s'applique également en appel et en cassation (L. préc., art. 21-V).

RÉP. TRAV. v° *Salaire (Paiement)*, par Debord.

BIBL. ▶ Camerlynck, D. 1971. Chron. 237. – Husson, RPDS 1988. 369. – Radé, Dr. soc. 2012. 164 ◊. – Savatier, Dr. soc. 1992. 882 ◊.

> ***COMMENTAIRE***
> V. sur le Code en ligne 🔗. ❑

I. CRÉANCES VISÉES

A. CRÉANCES SOUMISES À LA PRESCRIPTION DES GAINS ET SALAIRES

1. Portée de l'application de la prescription triennale. Les dispositions relatives à la prescription triennale de l'action en paiement des salaires issues de la L. n° 2013-504 du 14 juin 2013 s'appliquent aux prescriptions en cours à compter de la date de promulgation de ladite loi sans que la durée totale de la prescription puisse excéder la durée prévue par la loi antérieure, soit cinq ans. • Soc. 30 mai 2018, 🔗 n°s 17-10.227 P et 16-25.557 P : *D. actu. 15 juin 2018, obs. Fraisse ; D. 2018. Actu. 1211 ◊ ; RJS 8-9/2018, n° 537 ; JCP S 2018. 1264, obs. Guyot.* • Soc. 20 nov. 2019, 🔗 n° 18-20.208 P : *D. 2019. Actu. 2305 ◊ ; RJS 2/2020, n° 91 ; RPC 2020. Comm. 11, obs. Taquet ; JCP S 2019. 1372, obs. Dumont.* ♦ A défaut de saisine de la juridiction prud'homale dans les trois années suivant cette date, les dispositions transitoires ne sont pas applicables en sorte que l'action en paiement de créances de salaire nées sous l'empire de la loi ancienne se trouve prescrite. • Soc. 9 déc. 2020, 🔗 n° 19-12.788 P : *D. 2021. 21 ◊ ; ibid. 370, chron. Ala, Lanoue et Prache ◊ ; RJS 2/2021, n° 87* • 15 mars 2023, 🔗 n° 21-16.057 B : *D. 2023. 555 ◊ ; RDT 2023. 340, obs. Serres ◊ ; RJS 5/2023, n° 254 ; JCP S 2023. 1091, obs. Lahalle.*

2. Délai de prescription applicable aux actions en remboursement de frais professionnels. Le versement de l'indemnité de transport relevant du régime des frais professionnels, l'action en paiement de cette prime n'est pas soumise à la prescription triennale applicable à l'action en paiement ou en répétition du salaire. • Soc. 20 nov. 2019, 🔗 n° 18-20.208 P : *préc. note 1.*

3. Durée de la prescription fondée sur la nature de la créance invoquée. La durée de la prescription est déterminée par la nature de la créance invoquée. • Soc. 30 juin 2021, 🔗 n° 18-23.932 B (l'action en paiement d'un rappel de salaire fondée sur l'invalidité d'une convention de forfait en jours est soumise à la prescription triennale prévue par l'art. L. 3245-1) • 30 juin 2021, 🔗 n° 19-10.161 B (la demande de rappel de salaire fondée sur la requalification d'un contrat de travail à temps partiel en contrat de travail à temps complet est soumise à la prescription triennale de l'art. L. 3245-1) • 30 juin 2021, 🔗 n° 19-14.543 B (l'action relative à l'utilisation des droits affectés sur un compte épargne-temps, acquis en contrepartie du travail, a une nature salariale et est soumise à la prescription triennale prévue par l'art. L. 3245-1) • 30 juin 2021, 🔗 n° 20-12.960 B (la demande de rappel de salaire fondée non pas sur une discrimination mais sur une atteinte au principe d'égalité de traitement relève de la prescription triennale).

4. Principe. La prescription quinquennale s'applique aux sommes constituant des salaires ou payables par année ou à des termes périodiques plus courts. • Soc. 29 mai 1991 : 🔗 *D. 1991. IR 180 ; CSB 1991. 206, S. 124 ; RJS 1991. 442, n° 845.* ♦ Les juges du fond ne peuvent appliquer la prescription en se bornant à énoncer que la prime réclamée avait le caractère d'un salaire sans préciser s'il s'agissait d'une créance payable par année ou à des termes périodiques plus courts. • Soc. 5 mai 1993 : 🔗 *RJS 1993. 355, n° 615.*

5. Sincérité de la demande indemnitaire. Le salarié ne peut, sous le couvert d'une demande de dommages-intérêts pour absence de répartition des horaires sur le contrat de travail, demander le paiement d'une créance de rappel de salaire pres-

SALAIRE ET AVANTAGES DIVERS

Art. L. 3245-1 1219

crite. • Soc. 28 mars 2018, n° 12-28.606 P : *RJS 6/2018, n° 416* ; *JCP 2018. 877*, obs. Loiseau.

6. Rémunération. Sont notamment concernés : les commissions dues à un VRP. • Soc. 28 mars 1966 : *Bull. civ. IV, n° 330*. ♦ ... Les avantages en nature. • Soc. 16 juill. 1963 : *Bull. civ. IV, n° 605*. ♦ ... Une allocation de déplacement. • Soc. 4 janv. 1990 : *D. 1990. IR 41* ; *RJS 1990. 156, n° 209*. ♦ ... Les primes. • Soc. 25 oct. 1990 : *D. 1990. IR 261*. ♦ ... Les indemnités de préavis. • Soc. 7 mars 1990, n° 86-43.406 P. ♦ ... Les indemnités de congés payés. • Soc. 16 déc. 2015, n° 14-15.997 P : *D. 2016. Actu. 81*. ♦ ... Des « indemnités compensatrices de réduction d'horaire ». • Soc. 6 déc. 1995 : *CSB 1996. 79, A. 19*. ♦ ... Les sommes compensant l'absence de prise de repos hebdomadaire • Soc. 13 janv. 2004 : *JSL 2004, n° 139-2* ; *RJS 2004. 215, n° 311* ; *Dr. soc. 2004. 307*, obs. Radé. ♦ ... La partie variable de la rémunération déterminée annuellement sur les honoraires des missions exécutées en totalité et menées à bonne fin. • Soc. 10 mars 2004 : *Dr. soc. 2004. 558*, obs. Radé. ♦ ... Le complément de salaire constitué par l'indemnité de départ et d'installation prévu par la convention collective. • Soc. 15 mars 2005 : *Dr. soc. 2005. 820*, obs. Radé ; *RJS 2005. 365, n° 521*. ♦ ... Le remboursement des frais professionnels. • Soc. 20 mai 2009 : *Dr. soc. 2009. 866*, obs. Couturier ; *SSL 2009, n° 1417*, p. 11, obs. Rousseau. ♦ ... L'action en paiement d'un rappel de gratification allouée au titre de la médaille du travail en vertu d'un engagement unilatéral de l'employeur. • Soc. 11 mai 2023, n° 21-15.187 B : *D. 2023. 1013* ; *RJS 7/2023, n° 379*.

7. Cotisations sociales indûment précomptées. En cas de précompte de cotisations de retraite erroné en défaveur du salarié, l'action dirigée contre l'employeur constitue une demande en rappel de salaires soumise à la prescription de cinq ans, et non une action en répétition de l'indu, laquelle ne pourrait être engagée qu'à l'encontre de la caisse de retraite. • Soc. 31 janv. 1996, n° 93-43.801 P : *D. 1997. 306*, note Thullier ; *RJS 1996. 173, n° 291* • 19 mai 1998, n° 96-40.799 P : *RJS 1998. 559, n° 866* • 6 avr. 1999, n° 96-44.162 P. • 26 oct. 2000, n° 98-21.450 P. • 2 déc. 2003 : *Dr. soc. 2004. 204*, obs. Jeammaud ; *RJS 2004. 144, n° 209*.

8. Actions en remboursement. La prescription quinquennale édictée par l'art. 2277 C. civ. pour les actions en paiement des sommes payables par année ou à des termes périodiques plus courts s'applique également aux actions relatives à la répétition de ces sommes. • Soc. 12 janv. 1999 : *Dr. soc. 1999. 312*, obs. Radé • 23 juin 2004, n° 02-41.877 P : *Dr. soc. 2004. 1030*, obs. Radé ; *Dr. ouvrier 2005. 81*. ♦ *Contra* • Civ. 1re, 27 févr. 1996, n° 94-12.645 P : *Defrénois 1996*, art. 36365, rapp. P. Sargos ; *RTD civ. 1997. 428*, obs. Mestre (art. L. 114-1, C. assur.) • Civ. 3e, 21 févr. 1996, n° 93-12.675 P : *Defrénois 1996. 1436*, obs. Bénabent ; *RTD civ. 1997. 428*, obs. Mestre (paiement des loyers) • Civ. 2e, 22 nov. 2001, n° 99-16.052 P : *Defrénois 2002. 268*, obs. Savau ; *ibid. 684*, note Massip ; *D. 2002. IR 45* (créance alimentaire) • 18 mars 2004, n° 03-10.620 P : *RCA 2004, chron. 16*, Groutel (art. L. 114-1, C. assur.) • Cass., ch. mixte, 12 avr. 2002, n° 00-18.529 P : *BICC 557 du 1er juin 2002*, concl. Guérin, rapp. Duvernier (charges locatives) • Soc. 12 juill. 2006 : *RDT 2006. 324*, obs. Pignarre ; *JCP S 2006. 1693*, note Verkindt ; *RJS 2006. 790, n° 1068* (remboursement d'indemnités kilométriques et de repas). ♦ L'action en paiement et en répétition de l'allocation de remplacement versée dans le cadre d'un dispositif de cessation anticipée d'activité est soumise à la prescription quinquennale prévue par l'art. 2224 C. civ. • Soc. 27 mai 2015, n° 14-10.864 P : *D. 2015. Actu. 1214* ; *JCP S 2015. 1303*, obs. Guyot. ♦ Mais l'obligation pour l'employeur d'affilier son personnel-cadre à un régime de retraite complémentaire et de régler les cotisations qui en découlent était soumise à la prescription de droit commun qui était, pour la période antérieure à l'entrée en vigueur de la L. n° 2008-561 du 17 juin 2008, trentenaire ; la créance dépendant d'éléments qui ne sont pas connus du créancier et qui résultent de déclarations que le débiteur est tenu de faire, la prescription ne court qu'à compter de la liquidation par le salarié de ses droits à la retraite. • Soc. 11 juill. 2018, n° 16-20.029 P : *JCP S 2018. 1309*, obs. Jean-Marie et Moreau.

B. CRÉANCES EXCLUES DE LA PRESCRIPTION

9. Gérant. La prescription de l'art. L. 143-14 [L. 3245-1 nouv.] n'est pas applicable à la créance d'un gérant de SARL. • Com. 19 juill. 1965 : *D. 1965. 666*. ♦ Comp., lorsque le gérant est titulaire d'un contrat de travail : • Soc. 23 oct. 1958, n° 5.204 P.

10. Créances indemnitaires. Sont en revanche exclus : les indemnités de licenciement. • Soc. 9 mars 1957 : *Dr. soc. 1957. 278*, concl. Blanchet • Com. 5 févr. 1958 : *JCP 1958. II. 10441*, note Nectoux • Soc. 7 juill. 1961 : *JCP 1961. II. 12287 bis*, note Lindon. ♦ ... Les avances sur commissions qui sont payables à terme périodique et dont le montant est insusceptible d'être déterminé à l'avance. • Soc. 23 juin 1988 : *Bull. civ. V, n° 387* ; *Dr. ouvrier 1990. 34*. ♦ Dans le même sens : • Soc. 8 juill. 1992, n° 89-40.051 P : *D. 1992. IR 229* ; *Dr. soc. 1992. 882*, note Savatier ; *RJS 1992. 752, n° 1387*. ♦ ... Une allocation de fin de carrière. • Soc. 4 mars 1992, n° 88-45.753 P : *D. 1992. IR 128* ; *Dr. soc. 1992. 882*, note Savatier ; *RJS 1992. 243, n° 414*. ♦ ... Le remboursement de « frais kilométriques ». • Soc. 29 mai 1991 : *préc. note 4*. ♦ ... L'indemnité forfaitaire pour travail dissimulé. • Soc. 10 mai 2006 : *D. 2006. IR 1486*. ♦ ... Les dommages-intérêts en réparation du préjudice résultant d'une discrimination syndicale. • Soc. 15 mars 2005 : *RJS 2005. 376, n° 540*.

♦ ... L'indemnisation d'un préjudice spécifique né de l'atteinte portée à la liberté individuelle des salariés. • Soc. 4 avr. 2012 : 🏛 RDT 2012. 297, obs. G. et L.-F. Pignarre 🖉.

11. Éléments inconnus du débiteur. La prescription quinquennale ne court pas lorsque la créance, même périodique, dépend d'éléments qui ne sont pas connus du créancier et doivent résulter de déclarations que le débiteur est tenu de faire. • Cass., ass. plén., 7 juill. 1978 : 🏛 JCP 1978. II. 18948, rapp. Ponsard, concl. Baudouin. ♦ ... Des cotisations versées à des caisses de congés payés. • Soc. 22 avr. 1982, 🏛 n° 81-11.091. ♦ ... Des créances relatives à la participation. • Soc. 26 janv. 1989, 🏛 n° 86-43.081 ♦ ... Des commissions sur ventes. • Soc. 12 févr. 1992, 🏛 n° 89-41.082 ♦ ... Des rappels de salaires consécutifs à la restitution de cotisations indûment versées. • Soc. 31 janv. 1996 : 🏛 RJS 1996, n° 291 ; D. 1997. 306, note Thullier 🖉 ; Bull. civ. V, n° 37 • Soc. 1er févr. 2011, 🏛 n° 10-30.160 P : D. 2011. Actu. 525 🖉 ; JCP S 2011, n° 1192, note Guyot ; RJS 2011, n° 342 (subventions du comité d'entreprise). ♦ Dans cette hypothèse, il convient d'appliquer la prescription de droit commun. • Soc. 26 sept. 2007, 🏛 n° 06-44.246 P : Actu. 2610.

12. Régularisation des cotisations patronales de retraite complémentaire. L'obligation pour l'employeur d'affilier son personnel-cadre à un régime de retraite complémentaire et de régler les cotisations qui en découlent est soumise à la prescription de droit commun ; dès lors que la demande du salarié, tendant à ce que l'employeur soit condamné à régulariser sa situation auprès des organismes de retraite complémentaire en tenant compte de l'ensemble des éléments de sa rémunération, ne concerne pas des cotisations afférentes à des salaires non versés mais porte sur la contestation de l'assiette des cotisations retenue par l'employeur sur les salaires versés, elle est, pour la période antérieure à l'entrée en vigueur de la L. n° 2008-561 du 17 juin 2008, soumise à la prescription trentenaire : la créance dépendant d'éléments qui ne sont pas connus du créancier et qui résultent de déclarations que le débiteur est tenu de faire, la prescription ne court qu'à compter de la liquidation par le salarié de ses droits à la retraite. • Soc. 11 juill. 2018, 🏛 n°s 17-12.605 P et 16-20.029 P : D. actu. 11 sept. 2018, obs. Fraisse ; D. 2018. Actu. 1556 🖉 ; RJS 10/2018, n° 641.

13. Créance de participation aux résultats de l'entreprise. Le délai de prescription de trois ans applicable à l'action en paiement des salaires n'est pas applicable à l'action en paiement d'une créance de participation aux résultats de l'entreprise. • Soc., QPC, 23 mars 2022, 🏛 n° 21-22.455 B : RJS 6/2022, n° 317 ; JCP S 2022. 1165, obs. Kovac. ♦ ... et relève de l'exécution du contrat de travail et est soumise à la prescription biennale de l'art. L. 1471-1 C. trav. • Soc. 13 avr. 2023, 🏛 n° 21-22.455 B : D. 2023. 790 🖉 ; RJS 6/2023, n° 329 ; SSL 2023, n° 2049, p. 11, obs. Kovac et

Gaudemet-Toulemonde ; JCP 2023. 851, obs. Loiseau.

II. RÉGIME JURIDIQUE

14. Conformité aux droits fondamentaux. Sur la constitutionnalité, V. • Cass., QPC, 25 juin 2010, 🏛 n° 10-40.009. ♦ Sur la conformité de la prescription quinquennale aux art. 6, § 1, et 7 du Pacte international relatif aux droits économiques, sociaux et culturels du 16 déc. 1966, ainsi qu'à l'art. 6, § 1, la Conv. EDH, V. • Soc. 12 janv. 2011, 🏛 n° 09-69.348.

A. ACTION EN PAIEMENT DE L'INDU

15. Point de départ. La prescription d'une action en responsabilité résultant d'un manquement aux obligations nées du contrat de travail ne court qu'à compter de la réalisation du dommage ou de la date à laquelle il est révélé à la victime si celle-ci établit qu'elle n'en avait pas eu précédemment connaissance. • Soc. 1er avr. 1997, 🏛 n° 94-43.381 P : D. 1997. IR 116 🖉 (faute de l'employeur qui avait omis de payer les cotisations vieillesse sur une certaine période, cette faute n'ayant été connue du salarié qu'au moment où il voulut valider ses droits). ♦ La prescription de l'action en paiement du salaire court à compter de la date à laquelle ce dernier devient exigible. • Soc. 1er févr. 1961, n° 60-40.329 P. • 16 juill. 1963 : Bull. civ. V, n° 605. ♦ Le délai court à compter de chacune des fractions de la somme réclamée. • Soc. 14 avr. 1988 : Bull. civ. V, n° 228 ; D. 1988. IR 127. ♦ Si des salariés n'ont été en mesure de connaître la convention collective dont relevait leur entreprise qu'à l'issue d'une procédure judiciaire, le délai de prescription de leurs actions visant à faire fixer leurs créances salariales correspondant à un rappel de primes sur la base de ladite convention ne commence pas à courir antérieurement. • Soc. 25 sept. 2013 : 🏛 D. 2013. Actu. 2279 🖉 ; RJS 12/2013, n° 820 ; SSL 2013, n° 1608, p. 4. ♦ Pour les salariés payés au mois, la date d'exigibilité du salaire correspond à la date habituelle du paiement des salaires en vigueur dans l'entreprise et concerne l'intégralité du salaire afférent au mois considéré et, s'agissant de l'indemnité de congés payés, le point de départ du délai de prescription doit être fixé à l'expiration de la période légale ou conventionnelle au cours de laquelle les congés payés auraient pu être pris. • Soc. 14 nov. 2013 : 🏛 D. 2013. Actu. 2703 🖉 ; D. 2014. 302, obs. Ducloz 🖉 ; RDT 2014. 475, obs. Pignarre 🖉 ; RJS 1/2014, n° 44. ♦ Le point de départ de l'action en rappel de salaires fondée sur la requalification d'un contrat de travail à temps partiel en contrat à temps plein n'est pas la date à laquelle le salarié a connu l'irrégularité justifiant la requalification, mais la date d'exigibilité des rappels de salaires dus en conséquence de celle-ci, même échus plus de trois ans après l'irrégularité soulevée. • Soc. 9 juin 2022, 🏛 n° 20-16.992 B : D. actu. 27 juin

SALAIRE ET AVANTAGES DIVERS

2022, obs. Couëdel ; D. 2022. 1619, note Ala ⌀ ; RDT 2022. 576, obs. Guillemot ⌀ ; RJS 8-9/2022, n° 470 ; JSL 2022, n° 548, obs. Nasom-Tissandier ; JCP 2022. 864, obs. Loiseau. ♦ Le point de départ du délai de prescription de l'action en rappel de salaires fondée sur la requalification d'un contrat de travail à temps partiel en contrat à temps plein court à compter de la date à laquelle la créance salariale est devenue exigible ; pour les salariés payés au mois, la date d'exigibilité du salaire correspond à la date habituelle du paiement des salaires en vigueur dans l'entreprise et concerne l'intégralité du salaire afférent au mois considéré.
• Soc. 14 déc. 2022, ⚖ n° 21-16.623 B : D. actu. 5 janv. 2023, obs. Malfettes ; D. 2023. 12 ⌀ ; RJS 2/2023, n° 100 ; JCPS 2023. 1018, obs. Brissy.

16. Impossibilité d'agir. Le refus opposé par une entreprise de reconnaître à des gérants de succursales le statut de salariés ne place pas ces derniers dans l'impossibilité d'agir en justice et ne suspend donc pas le cours de la prescription quinquennale. • Soc. 26 nov. 2008, ⚖ D. 2009. 1251, note Gaba ⌀ ; RDT 2009. 159, obs. Ferrier ⌀ ; Dr. soc. 2009. 372, obs. Radé ⌀. ♦ ... Dès lors que les contrats conclus ne présentaient pas de caractère frauduleux. • Soc. 12 janv. 2011 : D. 2011. 1198, note Khodri ⌀ ; JCP S 2011. 1167, note Lahalle ; Dr. soc. 2011. 392, note Gaba ⌀.

17. Effet libératoire extinctif. La prescription de cinq ans est une prescription libératoire extinctive. • Soc. 25 oct. 1990, ⚖ n° 87-40.584 P : D. 1990. IR 261. ♦ L'écoulement du délai prévu par l'art. 2277 C. civ. met fin à toute contestation relative au paiement du salaire, qu'elle émane du salarié ou de l'employeur. • Soc. 18 juin 1980 : D. 1980. 542. ♦ Doit être rejetée une demande qui ne tend, sous couvert de dommages-intérêts, qu'à obtenir le paiement de salaires prescrits.
• Soc. 9 oct. 1996 : ⚖ RJS 1996. 762, n° 1180.

18. Effet interruptif. L'effet interruptif de prescription attaché à une demande en rappel de salaire ne s'étend pas à une seconde demande tendant au paiement d'heures supplémentaires.
• Soc. 15 avr. 1992 : ⚖ D. 1992. IR 157 ; Dr. soc. 1992. 882, note Savatier ⌀ ; RJS 1992. 406, n° 741
• 22 sept. 2015, ⚖ n° 14-17.895 P : RDT 2015. 700, obs. Guiomard ⌀ ; RJS 12/2015, n° 781 ; JCP S 2015. 1425, obs. Guyot.

19. L'effet interruptif d'une action en responsabilité contractuelle s'étend également à l'action en paiement des salaires lorsque ces actions procèdent des mêmes relations contractuelles ayant lié les parties, peu importent que ces relations aient fait l'objet d'une autre qualification. • Soc. 11 févr. 2004 : ⚖ Dr. soc. 2004. 562, obs. Radé ⌀
• 8 avr. 2010 : ⚖ D. 2010. 1084 ⌀ ; CSBP 2010. 221, note Pansier (exécution du même contrat de travail) • Soc. 15 mai 2014 : RJS 2014. 465, n° 565.

20. Interruption de la prescription. En cas de redressement judiciaire de l'employeur, la production d'une créance en rappel de salaire auprès du représentant des créanciers vaut interruption de la prescription à l'instar d'une demande en justice.
• Aix-en-Provence, 21 nov. 1995 : RJS 1996. 22, n° 27. ♦ Le jugement d'ouverture, indépendant de toute interpellation du débiteur par le créancier, ne constitue pas une cause d'interruption.
• Même arrêt. ♦ La prescription est interrompue par la lettre de l'employeur reconnaissant le principe d'une dette. • Soc. 22 oct. 1996, ⚖ n° 93-44.148 P : RJS 1997. 190, n° 285.

21. Une première citation déclarée caduque n'a pu interrompre la prescription. • Soc. 21 mai 1996, ⚖ n° 92-44.347 P : RJS 1996. 512, n° 795.

22. Office du juge. Le juge n'a pas à rechercher d'office si la prescription doit être appliquée.
• Soc. 17 juill. 1962 : Bull. civ. IV, n° 648.

23. Renonciation. L'employeur peut renoncer expressément ou tacitement au moyen tiré de l'exception de prescription. • Soc. 17 oct. 1958 : Bull. civ. IV, n° 1056 • 15 déc. 1961 : Dr. ouvrier 1963. 71.

24. Ayants droit. Les héritiers et conjoints survivants sont recevables dans leur action en paiement du salaire pour la prestation de travail effectuée par le salarié avant son décès ; peu importe que le salarié lui-même n'ait pas intenté d'action avant son décès pour réclamer les sommes litigieuses. • Soc. 29 oct. 2002, ⚖ n° 00-41.269 P : D. 2002. IR 3189 ⌀ ; RJS 2003. 34, n° 36.

B. ACTION EN RÉPÉTITION DE L'INDU

25. Action en répétition de l'indu. L'absence de faute de celui qui a payé ne constitue pas une condition de mise en œuvre de l'action en répétition de l'indu ; la répétition de l'indu se trouve légalement justifiée s'agissant d'un salarié qui a perçu indûment en salaire net la rémunération prévue contractuellement en brut. • Soc. 30 sept. 2010 : ⚖ D. actu. 14 oct. 2010, obs. Dechristé ; RJS 2010. 829, n° 917 ; JCP S 2010. 1513, obs. Dumont.

26. Lorsque la convention de forfait à laquelle le salarié était soumis est privée d'effet, pour la durée de la période de suspension de la convention individuelle de forfait en jours, le paiement des jours de réduction du temps de travail accordés en exécution de la convention devient indu.
• Soc. 6 janv. 2021, ⚖ n° 17-28.234 P : D. actu. 3 févr. 2021, obs. Fraisse ; RDT 2021. 254, obs. Pignarre ⌀ ; Dr. soc. 2021. 278, obs. Radé ⌀ ; RJS 3/2021, n° 150 ; JSL 2021, n° 514-2, obs. Franco et Saignet ; JCP S 2021. 1043, obs. Teissier.

CHAPITRE V BIS OBLIGATIONS ET RESPONSABILITÉ FINANCIÈRE DU DONNEUR D'ORDRE

(L. n° 2014-790 du 10 juill. 2014, art. 5)

Art. L. 3245-2 Le maître d'ouvrage ou le donneur d'ordre, informé par écrit par l'un des agents de contrôle mentionnés à l'article L. 8271-1-2 du non-paiement partiel ou total du salaire minimum légal ou conventionnel dû au salarié de son cocontractant, d'un sous-traitant direct ou indirect ou d'un cocontractant d'un sous-traitant, enjoint aussitôt, par écrit, à ce sous-traitant ou à ce cocontractant de faire cesser sans délai cette situation.

Le sous-traitant ou le cocontractant mentionné au premier alinéa du présent article informe, par écrit, le maître d'ouvrage ou le donneur d'ordre de la régularisation de la situation. Ce dernier en transmet une copie à l'agent de contrôle mentionné au même premier alinéa.

En l'absence de réponse écrite du sous-traitant ou du cocontractant dans un délai fixé par décret en Conseil d'État, le maître d'ouvrage ou le donneur d'ordre en informe aussitôt l'agent de contrôle.

Pour tout manquement à ses obligations d'injonction et d'information mentionnées aux premier et troisième alinéas, le maître d'ouvrage ou le donneur d'ordre est tenu solidairement avec l'employeur du salarié au paiement des rémunérations, indemnités et charges dues, dans des conditions fixées par décret en Conseil d'État.

Le présent article ne s'applique pas au particulier qui contracte avec une entreprise pour son usage personnel, celui de son conjoint, de son partenaire lié par un pacte civil de solidarité, de son concubin ou de ses ascendants ou descendants.

V. art. R. 3245-1 s.

CHAPITRE VI DISPOSITIONS PÉNALES

Le présent chapitre ne comprend pas de dispositions législatives.

TITRE V PROTECTION DU SALAIRE

CHAPITRE I RETENUES

RÉP. TRAV. v° *Salaire (Paiement)*, par DEBORD.

Art. L. 3251-1 L'employeur ne peut opérer une retenue de salaire pour compenser des sommes qui lui seraient dues par un salarié pour fournitures diverses, quelle qu'en soit la nature. — *[Anc. art. L. 144-1, al. 1ᵉʳ.]*

BIBL. ▶ ALVAREZ-PUJANA, *RPDS* 1990. 131 (compensation). - DÉPREZ, *RJS* 1989. 155 (compensation). - SAVATIER, *Dr. soc.* 1994. 864 (remboursement de prêts). - VACHET, *Dr. soc.* 1997. 600 (compensation).

> **COMMENTAIRE**
>
> V. sur le Code en ligne 🔒.

A. RÈGLES GÉNÉRALES DE LA COMPENSATION

1. Champ d'application. Les art. L. 3251-1 s. relatifs à la retenue sur le salaire, sont applicables aux gérants non salariés de succursales de commerce de détail alimentaire. ● 13 avr. 2023, n° 21-21.275 B : *RJS 7/2023, n° 413*.

2. Conditions générales de la compensation. La compensation implique l'existence d'obligations réciproques entre les parties ; dans une action en paiement de salaires, la compensation n'est possible que si le ou les salariés, personnes physiques, sont endettés par rapport à l'employeur. V. ● Soc. 12 janv. 2011 : *D. actu. 31 janv. 2011, obs. Astaix ; JCP S 2011. 1167, obs. Lahalle*.

3. Lorsqu'un logement n'est pas l'accessoire d'un contrat de travail, il ne peut y avoir compensation entre les salaires et certaines charges payées par l'employeur. ● Soc. 12 juin 1986 : *Bull. civ. V, n° 301* ● 13 oct. 1998 : *RJS 1998. 827, n° 1370.* – Comp., dans l'hypothèse d'un logement de fonction : ● Soc. 17 mars 1982 : *JCP CI 1982. I. 10885, n° 8, obs. Teyssié*.

4. Il est interdit à tout employeur d'opérer, sur le salaire d'un étranger venu travailler en France, des retenues, sous quelque dénomination que ce soit, à l'occasion de son engagement. ● Soc. 17 juill. 2001 : *Dr. soc. 2001. 1010, obs. Radé*.

5. Lorsque la dette du salarié envers l'employeur n'a ni la même cause, ni le même objet que la créance de salaire alléguée, la compensation ne peut être opérée avec cette éventuelle créance salariale. • Soc. 3 déc. 1981 : *Bull. civ. V, n° 936 ; D. 1982. IR 320, obs. Vachet.*

6. Une cour d'appel ne peut déclarer applicable un accord conclu au sein du comité d'entreprise prévoyant une compensation entre les sommes qui auraient dû être versées au titre de la prime d'ancienneté et le trop-perçu au titre de la prime annuelle, alors que la décision contenue dans le procès-verbal du comité d'entreprise n'est pas opposable au salarié. • Soc. 7 févr. 1990 : ⚖ *JS UIMM 1990. 181.*

7. Compensation judiciaire. V. : • Soc. 24 févr. 1961 : *Dr. soc. 1961. 359, obs. Savatier* (compensation entre rappel de salaire et dommages-intérêts dus par le salarié pour faute lourde) • 3 févr. 1971 : *D. 1971. 203* (compensation entre salaire et dommages-intérêts dus par le salarié dont la responsabilité était engagée) • 10 janv. 1974 : *D. 1974. IR 43* (compensation entre l'indemnité de congés payés et les cotisations de sécurité sociale non précomptées).

8. Déchéance du terme. L'art. L. 144-1 [L. 3251-1 nouv.] n'interdit pas à l'employeur de stipuler à son profit la déchéance du terme pour le remboursement d'un prêt à échéances successives dans le cas où le salarié cesse ses fonctions. • Civ. 1re, 9 mai 1994 : ⚖ *D. 1994. IR 139* ✎ ; *Dr. soc. 1994. 864, note Savatier* ✎. – Comp. : sur la validité des clauses du contrat de prêt prévoyant l'exigibilité immédiate des sommes restant dues en cas de cessation du contrat de travail, il a été jugé que le juge des référés était incompétent pour admettre la compensation entre, d'une part, l'indemnité de licenciement due au salarié et, d'autre part, une partie des sommes restant dues sur le prêt, l'existence de la créance invoquée par l'employeur n'étant pas certaine car fondée sur une cause dont la licéité est discutable. • Soc. 7 avr. 1998, ⚖ n° 96-40.145 P : *JSL 1998. 8, note Riolacci.*

B. DOMAINE DE L'INTERDICTION

9. Créances protégées. L'interdiction s'applique à l'indemnité de congés payés. • Soc. 4 févr. 1988 : *RJS 1989. 155, note Déprez.* ♦ ... A l'indemnité de préavis. • Soc. 23 juin 1988 : *cité note 10 ss. art. L. 3245-1.* ♦ En faveur du refus de la compensation entre le salaire et l'indemnité de préavis due par le salarié, V. • Soc. 9 mars 1988 : *RJS 1989. 155, note Déprez* • 29 oct. 1991 : ⚖ *RJS 1991. 710, n° 1321* • 28 avr. 1994 : ⚖ *D. 1994. IR 132 ; Dr. soc. 1994. 704* ✎ *; RJS 1994. 427, n° 703.* – V. aussi • Soc. 6 mars 1969 : *D. 1969. Somm. 111 ; Dr. soc. 1969. 460, note Savatier.*

10. Créances non protégées. L'interdiction de la compensation ne concerne pas : l'indemnité de licenciement. • Soc. 10 déc. 1975 : *Bull. civ. V, n° 598* • 23 juin 1988 : *ibid., n° 383 ; D. 1988. IR 213 ; RJS 1989. 155, note Déprez ; Dr. soc. 1989. 125, note Savatier* (compensation entre un déficit d'inventaire et l'indemnité de licenciement). ♦ ... Ni la retenue sur salaires pour absence. • Soc. 27 mai 1992, ⚖ n° 89-44.166 P. ♦ ... Ni le montant des cotisations salariales payées par l'employeur pour le compte salarial. • Soc. 25 févr. 1997, ⚖ n° 94-44.788 P : *Dr. soc. 1997. 451, note Savatier* ✎ *; ibid. 415, obs. Couturier* ✎.

11. Viole l'art. L. 144-1 [L. 3251-1 nouv.] le jugement qui refuse d'opérer une compensation entre le montant d'une caution dont le remboursement est réclamé par un gérant non salarié et le montant du déficit d'inventaire. • Soc. 4 févr. 1988 : *préc.*

12. L'employeur qui s'est porté caution d'un de ses salariés et qui a désintéressé le créancier se trouve subrogé dans les droits de ce dernier et peut retenir, sur le salaire, une somme correspondante dans les limites de la partie saisissable. • Soc. 6 mars 1980 : *Dr. ouvrier 1981. 232.*

13. La créance issue d'un prêt accordé par le chef d'entreprise est entièrement compensable avec les dommages-intérêts mis à sa charge et peut être compensée dans les limites fixées par la loi avec le salaire et l'indemnité compensatrice de préavis. • Soc. 21 nov. 1984 : *JS UIMM 1984. 260.*

14. Dettes concernées. L'art. L. 144-1 [L. 3251-1 nouv.] concerne seulement les dettes contractées par les salariés envers leurs employeurs « pour fournitures diverses quelle qu'en soit la nature ». • Soc. 16 nov. 1960 : *D. 1961. 219* • 5 mars 1987 : *RJS 1989. 155, note Déprez.* ♦ Des créances de salaire ne peuvent être compensées avec des sommes réclamées au salarié, vendeur en laisser sur place, pour des manquants dans des marchandises fournies par l'employeur, le salarié n'ayant pas l'usage de ces marchandises. • Soc. 24 mars 1993, ⚖ n° 90-44.491 P : *JCP 1993. II. 22141, note Meunier-Le Querrec ; RJS 1993. 306, n° 515 ; CSB 1993. 159, S. 86 ; Dr. soc. 1993. 455.* ♦ Le ticket-restaurant constitue un avantage en nature payé par l'employeur entrant dans la rémunération du salarié et ne constitue pas la compensation de sommes dues par un salarié pour fournitures diverses au sens de l'art. L. 3251-1 C. trav. • Soc. 1er mars 2017, ⚖ n° 15-18.333 P : *D. actu. 30 mars 2017, obs. Fraisse ; RJS 5/2017, n° 334 ; JCP S 2017. 1140, obs. Barège.*

15. La responsabilité pécuniaire d'un salarié à l'égard de son employeur ne peut résulter que de sa faute lourde, même en ce qui concerne le droit à compensation prévu à l'art. L. 144-1 C. trav. [L. 3251-1 nouv.] (s'agissant d'un badge considéré comme un outil nécessaire au travail). • Soc. 20 avr. 2005, ⚖ n° 03-40.069 P : *D. 2006. 1346, note Mouly* ✎ *; JSL 2005, n° 168-3 ; JCP E 2006. 1261, note Vachet.* ♦ La retenue sur salaire pour le remboursement des contraventions afférentes à un véhicule professionnel mis au service du salarié est illégale, même si elle est prévue par le contrat de travail. • Soc. 11 janv. 2006 : ⚖ *D. 2006. 2013, note Mouly* ✎ • 6 mai 2009 : ⚖ *D. 2009. AJ*

1486 ⊘ ; *Dr. soc.* 2009. 865, obs. Radé ⊘ ; *RJS* 2009. 540, n° 603 ; *JCP S* 2009. 1372, obs. Bossu. ♦ De même, il ne peut y avoir compensation entre la dette salariale due par l'employeur et la perte des recettes encaissées résultant de la négligence du salarié alors que sa faute lourde n'est pas invoquée. • Soc. 21 oct. 2008 : 🏛 *RDT* 2009. 112, obs. Pignarre ⊘ ; *JCP S* 2009. 1084, obs. Bossu ; *RJS* 2008. 977, n° 1174 ; *Dr. ouvrier* 2009. 213, note Matthieu-Géniaut.

C. LIMITES À LA COMPENSATION

16. Respect du salaire minimum. Le salaire minimum ne peut être réduit par l'imputation sur la paie ou sur le cautionnement des risques normaux d'exploitation. • Soc. 19 nov. 1959 : *D.* 1960. 74, note Lindon ; *JCP* 1960. II. 11397, note Bizière.

17. Fraction saisissable. La compensation pratiquée par un employeur entre le salaire et les sommes dues par un salarié ne peut s'appliquer que sur la fraction saisissable du salaire en application de l'art. L. 145-2 [L. 3252-2 nouv.]. • Soc. 21 mars 2000, 🏛 n° 99-40.003 P : *D.* 2000. IR 117 ⊘ ; *Dr. soc.* 2000. 594, note Radé ⊘ ; *RJS* 2000. 462, n° 676. ♦ Le versement effectué en exécution d'une ordonnance infirmée lui conférant un caractère indu, les sommes versées ne constituent pas des avances en espèces obligeant l'employeur à opérer des retenues successives ne dépassant pas un dixième du montant des salariés exigibles. La compensation peut s'opérer dans la limite de la fraction saisissable du salaire. • Soc. 19 oct. 2017, 🏛 n° 16-11.617 P : *D.* 2017. Actu. 2156 ⊘ ; *RJS* 1/2018, n° 31 ; *JCP S* 2017. 1389, obs. François.

Art. L. 3251-2 Par dérogation aux dispositions de l'article L. 3251-1, une compensation entre le montant des salaires et les sommes qui seraient dues à l'employeur peut être opérée dans les cas de fournitures suivants :

1° Outils et instruments nécessaires au travail ;

2° Matières ou matériaux dont le salarié a la charge et l'usage ;

3° Sommes avancées pour l'acquisition de ces mêmes objets. – [*Anc. art. L. 144-1, al. 2 à 4.*]

Art. L. 3251-3 En dehors des cas prévus au 3° de l'article L. 3251-2, l'employeur ne peut opérer de retenue de salaire pour les avances en espèces qu'il a faites, que s'il s'agit de retenues successives ne dépassant pas le dixième du montant des salaires exigibles.

La retenue opérée à ce titre ne se confond pas avec la partie saisissable ou cessible.

Les acomptes sur un travail en cours ne sont pas considérés comme des avances. – [*Anc. art. L. 144-2.*]

COMMENTAIRE

V. sur le Code en ligne 🏛.

1. Paiement de cotisations sociales. Lorsque l'employeur a payé des cotisations sociales pour le compte du salarié, il ne s'agit pas d'avance en espèces consentie au salarié et l'art. L. 144-2 [L. 3251-3 nouv.] est inapplicable en la cause. • Soc. 25 févr. 1997, 🏛 n° 94-44.788 P : *Dr. soc.* 1997. 451, note Savatier ⊘ ; *ibid.* 415, obs. Couturier ⊘ (la compensation ne peut s'appliquer que sur la fraction saisissable du salaire).

2. Trop-perçu. Le trop-perçu par un salarié constaté lors de la régularisation annuelle du salaire s'analyse en une avance en espèces et ne peut donner lieu à une retenue excédant le dixième du salaire. • Soc. 3 nov. 2011 : 🏛 *RJS* 2012. 45, n° 41.

3. Opérations de prêt. Des conventions de prêt avec intérêt, d'avances moyennant intérêt et d'ouverture de crédit à des salariés n'ont pas pour objet le versement d'acomptes sur travail en cours au sens de l'art. L. 144-2 [L. 3251-3 nouv.]. • Soc. 5 mai 1993, 🏛 n° 90-40.801 P : *RJS* 1993. 356, n° 616.

4. Portée de l'interdiction. L'interdiction faite à l'employeur de se rembourser des avances faites au-delà de la limite fixée par l'art. L. 144-2 [L. 3251-3 nouv.] s'impose également au juge. • Soc. 2 déc. 1970 : *Bull. civ. V, n° 681* ; *D.* 1971. 553.

5. Viole l'art. L. 144-2 [L. 3251-3 nouv.] la cour d'appel qui admet une compensation entre un prêt consenti par l'employeur et les salaires, sans respecter les limites imposées par le texte. • Soc. 7 déc. 1989 : *Bull. civ. V, n° 701* ; *D.* 1990. IR 19 ⊘ ; *RJS* 1990. 80, n° 115.

6. Le versement effectué en exécution d'une ordonnance infirmée lui conférant un caractère indu, les sommes versées ne constituent pas des avances en espèces obligeant l'employeur à opérer des retenues successives ne dépassant pas un dixième du montant des salaires exigibles et la compensation peut s'opérer dans la limite de la fraction saisissable du salaire en application de l'art. 3252-2 C. trav. • Soc. 19 oct. 2017, 🏛 n° 16-11.617 P : *D.* 2017. Actu. 2156 ⊘ ; *RJS* 1/2018, n° 31 ; *JCP S* 2017. 1389, obs. François.

SALAIRE ET AVANTAGES DIVERS

Art. L. 3251-4 Il est interdit à l'employeur, sous réserve des dispositions de *(Ord. n° 2016-131 du 10 févr. 2016, art. 6)* « l'article 1240 » du code civil, d'imposer aux salariés des versements d'argent ou d'opérer des retenues d'argent sous la dénomination de frais ou sous toute autre dénomination pour quelque objet que ce soit, à l'occasion de l'exercice normal de leur travail dans les secteurs suivants :
1° Hôtels, cafés, restaurants et établissements similaires ;
2° Entreprises de spectacle, cercles et casinos ;
3° Entreprises de transport. — *[Anc. art. L. 144-3.]*

V. art. R. 3255-1 s. *(pén.)*

1. Sanction. L'art. L. 144-3 [L. 3251-4 nouv.] interdit, sans aucune exception, à tout employeur d'imposer au personnel de restaurants, cafés ou établissements similaires, des prélèvements sous quelque dénomination ou pour quelque objet que ce soit, la convention ou l'usage illicite ne pouvant produire aucun effet. • Soc. 26 janv. 1972 : *D. 1972. 230.*

2. Recours au droit commun. Une entreprise de chemin de fer peut, en vertu du contrat conclu entre les parties, refacturer à un agent le coût de ses communications téléphoniques personnelles excédant le forfait, et dispose de la faculté de recouvrer sa créance par les voies du droit commun, mais ne peut, en revanche, procéder à une retenue illégale sur la rémunération de cet agent. • Soc. 18 févr. 2003, ⚖ n° 00-45.931 P : *Dr. soc. 2003. 459, note Radé* ⚖. ♦ Comp. • Soc. 7 mai 1987, ⚖ n° 83-45.871 P.

CHAPITRE II SAISIES ET CESSIONS

RÉP. TRAV. v° *Salaire (Paiement),* par DEBORD.

BIBL. GÉN. ▶ AHUMADA, *RPDS 1984. 283.* – ALTER, ibid. *1980. 5.* – BIZIÈRE, *Inf. chef d'entrepr. 1975. 132.* – BONGRAND, *Gaz. Pal. 1986. 1. Doctr. 363.* – COURTIER, *Rev. huissiers 1995. 897.* – LE BAYON, *Mél. H. Blaise, 1995, p. 287.* – VANOVERSCHELDE, *Gaz. Pal. 1974. 2. Doctr. 839.*

▶ Cession des rémunérations : CREVEL, *JCP E 1995. I. 511.*

V. aussi C. pr. exéc., art. 212-1 s.

Art. L. 3252-1 Les dispositions du présent chapitre sont applicables aux sommes dues à titre de rémunération à toute personne salariée ou travaillant, à quelque titre ou en quelque lieu que ce soit, pour un ou plusieurs employeurs, quels que soient le montant et la nature de sa rémunération, la forme et la nature de son contrat. — *[Anc. art. L. 145-1.]*

1. Existence d'un contrat de travail. La saisie des rémunérations dues par un employeur est soumise aux dispositions du code du travail, que le contrat de travail soit ou non en cours d'exécution. • Civ. 2e, 30 sept. 1999, ⚖ n° 97-19.732 P. • Cass., ass. plén., 9 juill. 2004, ⚖ n° 02-21.040 P : *D. 2004. 3161, note Bugada* ⚖ ; *Dr. soc. 2004. 1031, obs. Radé* ⚖.

2. Gérant. En estimant que le régime d'insaisissabilité prévu par l'art. L. 145-1 [L. 3252-1 nouv.] s'étend à la rémunération d'un gérant de SARL, sans rechercher si, quelle qu'ait été la qualification juridique donnée dans la convention, le gérant se trouvait dans un état de subordination, une cour d'appel n'a pas donné de base légale à sa décision. • Soc. 11 mars 1982 : *Bull. civ. V, n° 169.* – V. aussi : • Soc. 23 mars 1977 : *D. 1977. IR 307.*

3. Protection sociale. La procédure spéciale prévue pour le recouvrement des cotisations et majorations de retard dues au titre des régimes de protection sociale agricole ne fait pas obstacle à l'application des dispositions des art. L. 145-1 [L. 3252-1 nouv.] et R. 145-1 C. trav. relatifs à la saisissabilité des rémunérations dues par un employeur. • Soc. 3 juin 1993, ⚖ n° 88-15.344 P.

4. En raison des termes de l'art. L. 355-2 CSS selon lequel les sommes qu'il vise sont cessibles et saisissables dans les mêmes conditions que les salaires, la saisie des pensions de vieillesse du régime général de la sécurité sociale ne peut être effectuée que par la procédure de saisie des rémunérations des art. L. 145-1 s. C. trav. [L. 3252-1 s. nouv.]. • Cass., avis, 21 juill. 1995, ⚖ n° 09-50.010 P : *JCP 1996. I. 3923, n° 14, obs. Pétel-Teyssié.* ♦ Même solution pour la saisie de la pension de retraite complémentaire. • Civ. 2e, 16 mars 2000, ⚖ n° 98-18.728 P. ♦ *Contra,* antérieurement : • Civ. 2e, 8 janv. 1992 : ⚖ *D. 1993. 42, note Camproux* ⚖ ; *D. 1993. Somm. 281, obs. Julien* ⚖.

5. Jugement de saisie. Le jugement rendu par le juge du tribunal d'instance statuant, à l'occasion de la procédure de saisie des rémunérations, avec les pouvoirs du juge de l'exécution, qui n'a pas pour objet de constater une créance liquide et exigible, mais, à défaut de conciliation, de vérifier le montant de la créance en principal, intérêts et frais et, s'il y a lieu, de trancher les contestations soulevées par le débiteur, ne constitue pas un titre exécutoire ; il ne peut, dès lors, servir de fondement à une mesure d'exécution forcée pratiquée par le créancier à l'égard du débiteur. • Civ. 2e, 4 mars 2021, ⚖ n° 19-22.704 P : *D. actu. 23 mars 2021, obs. Payan.*

Art. L. 3252-2 Sous réserve des dispositions relatives aux pensions alimentaires prévues à l'article L. 3252-5, les sommes dues à titre de rémunération ne sont saisissables ou cessibles que dans des proportions et selon des seuils de rémunération affectés d'un correctif pour toute personne à charge, déterminés par décret en Conseil d'État.

Ce décret précise les conditions dans lesquelles ces seuils et correctifs sont révisés en fonction de l'évolution des circonstances économiques. – [Anc. art. L. 145-2, al. 1er.] – V. art. R. 3252-2.

> *COMMENTAIRE*
>
> V. sur le Code en ligne 🔒.

1. Étendue de la protection. L'insaisissabilité concerne les sommes ayant une nature salariale, telles les indemnités de préavis. • Soc. 18 juin 1963 : *D. 1963. 643, note Minjoz.* ♦ ... Ou l'indemnité de non-concurrence. • Soc. 2 févr. 1972 : *Bull. civ. V, n° 89.*

2. La procédure de l'art. L. 145-1 [L. 3252-1 nouv.] est inapplicable : aux indemnités de licenciement légales ou conventionnelles. • Com. 5 févr. 1958 : *JCP 1958. II. 10441, note Nectoux.* ♦ ... Ou aux allocations familiales. • Soc. 28 avr. 1980 : *Bull. civ. V, n° 370 ; D. 1980. IR 487.*

3. A propos du régime susceptible d'être appliqué aux indemnités versées en cas d'accidents professionnels ou non, V. • Cass., ass. plén., 15 avr. 1983 : ⚖ *D. 1983. 461, concl. Dontenwille, note Derrida ; RTD civ. 1983. 799, obs. Perrot ; JCP 1984. II. 20126, note Chartier* • Civ. 2e, 23 nov. 1983 : *D. 1984. IR 300 ; JCP E 1985. II. 14475, note Chartier*, relevant que l'appréciation du caractère alimentaire d'une indemnité relève du pouvoir souverain des juges du fond.

Art. L. 3252-3 Pour la détermination de la fraction insaisissable, il est tenu compte du montant de la rémunération, de ses accessoires ainsi que de la valeur des avantages en nature, après déduction des cotisations et contributions sociales obligatoires (*L. n° 2016-1917 du 29 déc. 2016, art. 60-I-E, en vigueur le 1er janv. 2019, mod. par Ord. n° 2017-1390 du 22 sept. 2017, art. 1er*) « et de la retenue à la source prévue à l'article 204 A du code général des impôts ».

(*L. n° 2008-1249 du 1er déc. 2008, art. 18*) « Il est en outre tenu compte d'une fraction insaisissable égale au montant forfaitaire mentionné (*L. n° 2015-994 du 17 août 2015, art. 59-V*) « à » l'article L. 262-2 du code de l'action sociale et des familles applicable » (*L. n° 2011-1862 du 13 déc. 2011, art. 3*) « à un foyer composé d'une seule personne ».

Il n'est pas tenu compte des indemnités insaisissables, des sommes allouées à titre de remboursement de frais exposés par le travailleur et des allocations ou indemnités pour charges de famille.

Calcul. S'agissant d'un représentant payé à la commission, le taux de la quotité saisissable doit être calculé sur le montant de la rémunération acquise par l'intéressé et afférente à une année. • Soc. 27 mars 1968 : *Bull. civ. V, n° 183.*

Art. L. 3252-4 Lorsqu'un débiteur perçoit de plusieurs payeurs des sommes saisissables ou cessibles dans les conditions prévues par le présent chapitre (*L. n° 2023-1059 du 20 nov. 2023, art. 47, en vigueur à une date fixée par décret et au plus tard le 1er juill. 2025*) « et par le code des procédures civiles d'exécution », la fraction saisissable est calculée sur l'ensemble de ces sommes.

Les retenues sont opérées selon les modalités déterminées par (*L. n° 2011-1862 du 13 déc. 2011, art. 3*) « décret en Conseil d'État ».

Lorsqu'une demande incidente ou une contestation a été présentée avant le 1er juill. 2025 (ou la date fixée par décret), elle est jugée conformément aux dispositions du C. trav. et du C. pr. exéc. dans leur rédaction antérieure à la L. n° 2023-1059 du 20 nov. 2023. Ces procédures sont transmises dans les conditions fixées au 3e al. du X de l'art. 60 de la L. préc., après le prononcé d'une décision ayant acquis force de chose jugée.

Les requêtes en saisie des rémunérations introduites avant le 1er juill. 2025 (ou la date fixée par décret) sont instruites et jugées conformément aux dispositions du C. trav. et du C. pr. exéc. dans leur rédaction antérieure à la L. n° 2023-1059 du 20 nov. 2023. Elles sont transmises dans les conditions fixées au 3e al. du X de l'art. 60 de la L. préc., après l'établissement d'un procès-verbal de non-conciliation ou le prononcé d'un jugement autorisant la saisie ayant acquis force de chose jugée (L. préc., art. 60-X).

Art. L. 3252-5 Le prélèvement direct du terme mensuel courant et des six derniers mois impayés des pensions alimentaires (*L. n° 2015-1702 du 21 déc. 2015, art. 44-III*) « ou des vingt-quatre derniers mois lorsque l'organisme débiteur des prestations familiales agit pour le compte du créancier » peut être poursuivi sur l'intégralité de la rémunération. Il est d'abord imputé sur la fraction insaisissable et, s'il y a lieu, sur la fraction saisissable.

Toutefois, une somme est, dans tous les cas, laissée à la disposition du salarié dans des conditions déterminées par décret en Conseil d'État. — [*Anc. art. L. 145-4.*] — V. art. R. 3252-5.

COMMENTAIRE

V. sur le Code en ligne 🏛. ☐

Art. L. 3252-6 Abrogé par Ord. n° 2019-964 du 18 sept. 2019, art. 23.

Art. L. 3252-7 Les rémunérations ne peuvent faire l'objet d'une saisie conservatoire. — [*Anc. art. L. 145-6.*]

L'art. L. 145-6 [devenu L. 3252-7] n'est pas applicable aux sommes versées sur un compte bancaire, même si elles proviennent des rémunérations du travail, la saisie de ces sommes étant réglementée par l'art. 44 du décret du 31 juill. 1992. • Civ. 2ᵉ, 24 juin 2004, 🏛 n° 02-14.813 P.

Art. L. 3252-8 (*Abrogé par L. n° 2023-1059 du 20 nov. 2023, art. 47-II, à compter d'une date fixée par décret et au plus tard à compter du 1ᵉʳ juill. 2025*) En cas de pluralité de saisies, les créanciers viennent en concours sous réserve des causes légitimes de préférence.

(*L. n° 2011-1862 du 13 déc. 2011, art. 3*) « *Toutefois, les créances résiduelles les plus faibles, prises dans l'ordre croissant de leur montant, sans que celles-ci puissent excéder un montant fixé par décret, sont payées prioritairement dans les conditions fixées par ce décret.* » — V. art. D. 3252-34-1.

V. ndlr ss. art. L. 3252-4.

Art. L. 3252-9 (*Abrogé par L. n° 2023-1059 du 20 nov. 2023, art. 47-II, à compter d'une date fixée par décret et au plus tard à compter du 1ᵉʳ juill. 2025*) *Le tiers saisi fait connaître* :

1° *La situation de droit existant entre lui-même et le débiteur saisi* ;

2° *Les cessions, saisies,* (*L. n° 2017-1775 du 28 déc. 2017, art. 73-XII, en vigueur le 1ᵉʳ janv. 2019*) « *saisies administratives à tiers détenteur* » *ou paiement direct de créances d'aliments en cours d'exécution.*

Le tiers employeur qui s'abstient sans motif légitime de faire cette déclaration ou fait une déclaration mensongère peut être condamné par le juge au paiement d'une amende civile sans préjudice d'une condamnation à des dommages et intérêts et de l'application des dispositions du deuxième alinéa de l'article L. 3252-10.

V. art. R. 3252-24 s.

V. ndlr ss. art. L. 3252-4.

1. Atteinte à la vie privée. Une cour d'appel retient exactement que la divulgation par l'administration du domicile d'un agent, sans son accord, à un créancier voulant procéder à une saisie-arrêt constituerait une atteinte à la vie privée justifiant le refus de l'administration. • Civ. 1ʳᵉ, 6 nov. 1990 : 🏛 *Dr. ouvrier 1991. 150.*

2. Responsabilité du tiers saisi. Seule une absence de déclaration ou une déclaration mensongère peut entraîner la condamnation du tiers saisi au paiement des retenues qui auraient dû être opérées, et non une simple déclaration incomplète. • Civ. 2ᵉ, 11 juill. 2002, 🏛 n° 01-00.757 P.

3. Identité de l'employeur. Aucun texte n'exige que l'identité de l'employeur soit indiquée dans le jugement qui autorise la saisie des rémunérations. • Civ. 2ᵉ, 16 déc. 2004, 🏛 n° 03-11.803 P : *D. 2005. IR 246* ✎.

Art. L. 3252-10 (*Abrogé par L. n° 2023-1059 du 20 nov. 2023, art. 47-II, à compter d'une date fixée par décret et au plus tard à compter du 1ᵉʳ juill. 2025*) *Le tiers saisi verse mensuellement les retenues pour lesquelles la saisie est opérée dans les limites des sommes disponibles.*

(*L. n° 2011-1862 du 13 déc. 2011, art. 3*) « *A défaut, le juge, même d'office, le déclare débiteur des retenues qui auraient dû être opérées. Il peut, pour déterminer le montant de ces* retenues, s'adresser aux organismes fiscaux et sociaux dans les conditions prévues aux articles L. 152-1 et L. 152-2 du code des procédures civiles d'exécution pour obtenir les informations relatives au montant de la rémunération perçue par le débiteur ainsi que sur la composition de sa famille. »

Le recours du tiers saisi contre le débiteur ne peut être exercé qu'après mainlevée de la saisie.

V. ndlr ss. art. L. 3252-4.

Art. L. 3252-11 (Abrogé par L. n° 2023-1059 du 20 nov. 2023, art. 47-II, à compter d'une date fixée par décret et au plus tard à compter du 1er juill. 2025) Les parties peuvent se faire représenter par :
1° Un avocat ;
2° Un officier ministériel du ressort, lequel est dispensé de produire une procuration ;
3° Un mandataire de leur choix muni d'une procuration.

Si ce mandataire représente le créancier saisissant, sa procuration doit être spéciale à l'affaire pour laquelle il représente son mandant.

V. ndlr ss. art. L. 3252-4.

Art. L. 3252-12 (Abrogé par L. n° 2023-1059 du 20 nov. 2023, art. 47-II, à compter d'une date fixée par décret et au plus tard à compter du 1er juill. 2025) En cas de saisie portant sur une rémunération sur laquelle une cession a été antérieurement consentie et régulièrement notifiée, le cessionnaire est de droit réputé saisissant pour les sommes qui lui restent dues, tant qu'il est en concours avec d'autres créanciers saisissants.

V. ndlr ss. art. L. 3252-4.

Art. L. 3252-13 (Abrogé par L. n° 2023-1059 du 20 nov. 2023, art. 47-II, à compter d'une date fixée par décret et au plus tard à compter du 1er juill. 2025) Le juge peut décider, à la demande du débiteur ou du créancier et en considération de la quotité saisissable de la rémunération, du montant de la créance et du taux des intérêts dus, que la créance cause de la saisie produira intérêt à un taux réduit à compter de l'autorisation de saisie ou que les sommes retenues sur la rémunération s'imputeront d'abord sur le capital.

Les majorations de retard prévues par l'article 3 de la loi n° 75-619 du 11 juillet 1975 relative au taux de l'intérêt légal cessent de s'appliquer aux sommes retenues à compter du jour de leur prélèvement sur la rémunération.

V. ndlr ss. art. L. 3252-4.

CHAPITRE III **PRIVILÈGES ET ASSURANCE**

SECTION 1 **Dispositions générales**

Art. L. 3253-1 Les créances résultant du contrat de travail sont garanties dans les conditions prévues au (Ord. n° 2021-1192 du 15 sept. 2021, art. 34-XVII, en vigueur le 1er janv. 2022) « 3° » de l'article 2331 et au 2° de l'article (Ord. n° 2021-1192 du 15 sept. 2021, art. 34-XVII, en vigueur le 1er janv. 2022) « 2377 » du code civil, relatifs aux privilèges sur les biens mobiliers et immobiliers du débiteur.

En outre, en cas de sauvegarde, de redressement ou de liquidation judiciaire, elles sont garanties, conformément aux articles L. 625-7 et L. 625-8 du code de commerce, dans les conditions prévues aux articles L. 3253-2 à L. 3253-21.

> *COMMENTAIRE*
> V. sur le Code en ligne 🔒. ❏

1. Assedic. Une cour d'appel décide exactement qu'il y a lieu d'appliquer les termes clairs et précis des art. 2101-4° C. civ. et L. 143-10 C. trav. [L. 3253-2 et L. 3253-3 nouv.], sans ajouter une limitation qu'ils ne comportent plus, de sorte que l'Assedic soit admise à titre privilégié et superprivilégié, peu important que le contrat de travail ait cessé plus de six mois avant le jugement déclaratif. • Soc. 15 mars 1983 : *Bull. civ. V, n° 159* ; *D. 1983. IR 342*, obs. A. Honorat. – V. déjà • Soc. 25 oct. 1972 : *Bull. civ. V, n° 574* ; *D. 1973. 218*, note G. Lyon-Caen.

2. Sommes visées. Le délai de six mois édicté par l'art. 2101-4° C. civ. ne concerne que les salaires et non l'indemnité de délai-congé. • Soc. 6 nov. 1968 : *Bull. civ. V, n° 484* ; *D. 1969. Somm.*

52. ♦ ... Ni l'indemnité de congés payés. • Soc. 5 févr. 1969 : *Bull. civ. V, n° 76.*

3. L'indemnité de clientèle, n'étant pas de même nature que l'indemnité de licenciement, n'est pas comprise dans l'énumération limitative des art. 2101 et 2104 C. civ. • Soc. 19 mars 1986 : *Bull. civ. V, n° 108 ; D. 1986. IR 239, obs. A. Honorat.* ♦ Les cotisations afférentes à un contrat d'assurance ne sont pas comprises dans l'énumération limitative des art. 2101, 4° C. civ., 128 L. 1985 et L. 143-7 C. trav. [L. 3253-1 nouv.], de sorte qu'elles ne peuvent être couvertes par le privilège général sur les salaires. • Com. 9 juin 1998 : ⚖ *RJS 1998. 741, n° 1225.*

4. La liquidation judiciaire de l'employeur après le retrait de l'agrément accordé à une entreprise d'assurance ne prive pas les salariés du bénéfice de la garantie contre le risque de non-paiement des sommes dues en exécution du contrat de travail. • Soc. 15 juin 2010 : ⚖ *D. 2010. Actu. 1721 ⌀ ; D. actu. 9 juill. 2010, obs. Cortot ; RJS 2010. 590, n° 651.* ♦ Comp. antérieurement. • Soc. 22 mars 1995, ⚖ *n° 93-42.531 P : RJS 1995. 347, n° 517.*

SECTION 2 Privilèges et assurance en cas de procédure de sauvegarde, de redressement ou de liquidation judiciaire

RÉP. TRAV. v^{is} *Entreprises en difficulté (Salariés)*, par CESARO et DUCHANGE ; *Salaire (Paiement)*, par DEBORD.

BIBL. GÉN. ▶ **Protection des créances salariales dans les entreprises en difficultés :** ARSEGUEL, *Dr. soc. 1987. 807* ; *Ann. Université sc. soc. Toulouse, t. XXXIV, p. 133.* – BARBÉ, *SSL 1996, n° 794, suppl.* – BELL'ASSINOT, *Gaz. Pal. 1986. 2. Doctr. 590.* – BEZIAN, *Dr. soc. 1991. 678 ⌀.* – BLAISE, *ibid. 1982. 185* ; *ibid. 1985. 449* ; *ibid. 1987. 616* ; *ibid. 1994. 778.* – BONGRAND, *CSB 1998. 209.* – CANTENOT, *ibid. 1978, n° spéc. févr., S 103.* – CARDI-BRODA, *Gaz. Pal. 1986. 2. Doctr. 425.* – CHAGNY, *SSL 2003, n° 1138, suppl. p. 30* (jurisprudence de la Cour de cassation en matière de garantie des créances salariales). – DELEBECQUE, *SSL 1988, n° 419, D. 73.* – DERRIDA, *D. 1973. Chron. 59* ; *ibid. 1974. Chron. 119.* – DERRIDA, GODÉ et SORTAIS, *D. 1986, n° spéc., 106.* – GUYON, *Dr. soc. 1974. 138.* – HENRY, *Dr. ouvrier 1985. 172* ; *Dr. soc. 1986. 678.* – LAFARGE, *ibid. 1986. 672* ; *RJ com. 1987. 178.* – LAFARGE et MÉTÉYÉ, *Gaz. Pal. 1987. 1. Doctr. 391.* – LANGLOIS, *Dr. soc. 1987. 799.* – MÉTÉYÉ, *ibid. 1987. 827* ; *Gaz. Pal. 1994. 2. Doctr. 1293* (loi du 10 juin 1994), *Dr. soc. 2002. 972 ⌀.* – MORVILLE, *CSB 1992. 213.* – PANSIER, *CSB 1999, suppl. n° 112, p. 37* (un an d'actualité en matière d'AGS). – QUETANT, *SSL 2003, n° 1138, suppl. p. 26* (contentieux prud'homal de l'AGS). – RAMACKERS, *D. 1989. Chron. 301.* – SAINT-ALARY-HOUIN, *Dr. soc. 1987. 842.* – SAINT-GENIEST, *ibid. 1987. 836.* – SARAMITO, *Dr. ouvrier 1999. 497.* – SOINNE, *Dr. soc. 1986. 685.* – TEYSSIÉ, *JCP 1986. I. 3239.* – TILLHET-PRETNAR, *Dr. soc. 1981. 150.* – Adde : *Cah. dr. soc., 1993. 285 ⌀* ; *JCP E 1992. I. 198.* – VATINET, *Dr. soc. 2003. 287 ⌀* (garantie de l'AGS et sort du contrat de travail).

▶ **Réforme du droit des restructurations et de l'insolvabilité :** BONDAT, *Dr. soc. 2023. 54 ⌀.* – URBAN, *RDT 2022. 82 ⌀.*

SOUS-SECTION 1 Privilèges

Art. L. 3253-2 Lorsqu'une procédure de sauvegarde, de redressement ou de liquidation judiciaire est ouverte, les rémunérations de toute nature dues aux salariés pour les soixante derniers jours de travail sont, déduction faite des acomptes déjà perçus, payées, nonobstant l'existence de toute autre créance privilégiée, jusqu'à concurrence d'un plafond mensuel identique pour toutes les catégories de bénéficiaires.

Ce plafond est fixé par voie réglementaire sans pouvoir être inférieur à deux fois le plafond retenu pour le calcul des cotisations de sécurité sociale. — *[Anc. art. L. 143-10, al. 1er et 2.]* — V. art. D. 3253-1.

1. Créances concernées. Est seule garantie par le superprivilège institué par l'art. L. 3253-2 la créance résultant du contrat de travail pesant sur l'employeur faisant l'objet d'une procédure collective ; la société cessionnaire « *in bonis* » en seule obligée au paiement des indemnités de congés payés, elle n'est pas subrogée dans les droits des salariés. • Com. 3 nov. 2010 : ⚖ *D. 2010. AJ 2701, obs. Lienhard ⌀ ; JCP S 2011. 1155, obs. Fin-Langer.* ♦ Les salaires dus pour la période de poursuite de l'exploitation postérieure au jugement de règlement judiciaire ne conservent pas le caractère superprivilégié. • Soc. 7 mai 1987 : *Bull. civ. V, n° 285.*

2. Plafond. Le plafond étant identique pour toutes les catégories de bénéficiaires, il s'ensuit que les acomptes déjà perçus doivent venir en diminution dudit plafond pour ne pas rompre l'égalité entre salariés créanciers auxquels la loi a voulu assurer le seul règlement de la portion insaisissable et incessible de leur rémunération. • Soc. 29 avr. 1975 : *D. 1975. 678, note F. D.*

3. Concours. Les créances superprivilégiées de salaires l'emportent sur toutes les autres créances, même postérieures au jugement d'ouverture de la procédure collective. • Com. 6 juill. 1993 : 🔲 *D. 1993.* 530, note Ramackers ⌀ ; *RJS 1993.* 588, n° 988. ♦ Une ASSEDIC subrogée dans les droits des créanciers superprivilégiés bénéficie de cette priorité de paiement. • Même arrêt. ♦ Mais il en va différemment en cas de poursuites individuelles du Trésor public exercées par voie d'avis à tiers détenteur. • Poitiers, 8 mars 1995 : *D. 1996.* 256, note Derrida ⌀.

4. Dans le cas d'une seconde procédure collective s'ouvrant après résolution du plan de continuation de la première, aucun texte ne prévoit la disparition du privilège ou du superprivilège des créances salariales. • Poitiers, 23 avr. 1996 : *D. 1996. Somm.* 284, obs. A. Honorat ⌀.

Art. L. 3253-3 Les rémunérations prévues au premier alinéa de l'article L. 3253-2 comprennent :

1° Les salaires, appointements ou commissions proprement dites ;

2° Les accessoires et notamment l'indemnité compensatrice prévue à l'article L. 1226-14, l'indemnité compensatrice de préavis prévue à l'article L. 1234-5, l'indemnité de fin de contrat prévue à l'article L. 1243-8 et l'indemnité de fin de mission prévue à l'article L. 1251-32. – *[Anc. art. L. 143-10, al. 3.]*

Art. L. 3253-4 Les indemnités de congés payés sont, nonobstant l'existence de toute créance privilégiée, payées jusqu'à concurrence d'un plafond identique à celui établi pour une période de trente jours de rémunération par l'article L. 3253-1. – *[Anc. art. L. 143-11.]*

Art. L. 3253-5 Les sommes dues aux façonniers par leurs donneurs d'ordres sont payées, lorsque ces derniers font l'objet d'une procédure de sauvegarde, de redressement ou de liquidation judiciaire, nonobstant l'existence de toute autre créance privilégiée à l'exception de celles garanties par l'article L. 3253-2, à due concurrence du montant total des rémunérations de toute nature dues aux salariés de ces façonniers, au titre des soixante derniers jours de travail ou d'apprentissage précédant l'ouverture de la procédure. – *[Anc. art. L. 786-1.]*

SOUS-SECTION 2 **Assurance contre le risque de non-paiement**

COMMENTAIRE

V. sur le Code en ligne 📖.   ❏

§ 1 Principes

Art. L. 3253-6 Tout employeur de droit privé assure ses salariés, y compris ceux détachés à l'étranger ou expatriés mentionnés à l'article L. 5422-13, contre le risque de non-paiement des sommes qui leur sont dues en exécution du contrat de travail, en cas de procédure de sauvegarde, de redressement ou de liquidation judiciaire. – *[Anc. art. L. 143-11-1, al. 1ᵉʳ.]*

COMMENTAIRE

V. sur le Code en ligne 📖.   ❏

A. ENTREPRISES ASSUJETTIES

1. Commerçants. Est assujetti à la garantie des salaires un agent général d'assurances, dès lors que la loi ne fait pas de distinction entre le caractère principal ou accessoire d'une activité commerciale et que l'agent exerçait accessoirement l'activité de courtier d'assurances, ce qui lui conférait la qualité de commerçant. • Soc. 3 nov. 1977 : *Bull. civ. V, n° 583 ; D. 1978. IR 42.*

2. Entreprises privées gérant un service public. Sont notamment concernés : les caisses d'allocations familiales. • Soc. 12 janv. 1978 : *Bull. civ. V, n° 38 ; D. 1978. IR 115 ; Dr. soc. 1979.* 30, note Derrida. ♦ ... Les URSSAF. • Soc. 21 avr. 1988 : *Bull. civ. V, n° 245 ; D. 1989. Somm.* 240, obs. Prétot. ♦ ... Les sociétés civiles professionnelles d'huissiers. • Soc. 7 nov. 1990 : 🔲 *RJS 1990.* 641, n° 973.

3. Entreprises à statut. L'assujettissement de l'employeur à l'obligation d'assurance des salariés contre le risque de non-paiement des sommes qui leur sont dues en exécution du contrat de travail, en cas de procédure collective, résulte de la seule qualité de personne morale de droit privé, sans qu'il y ait lieu de tenir compte de son statut particulier, et notamment de l'origine de son capital, de la nature de ses ressources, du contrôle économique et financier de l'État auquel il est soumis, du mode de désignation de ses administrateurs et

SALAIRE ET AVANTAGES DIVERS   **Art. L. 3253-6** 1231

de la mission de service public dont il est investi.
● Soc. 2 juill. 2014 : 🏛 *RJS 2014. 591, n° 688* (Radio France) ● Soc. 2 juill. 2014 : 🏛 *RJS 2014. 591, n° 688* (France Télévision). ◆ Une société de télévision, soumise à la législation sur les sociétés anonymes, a la qualité de personne morale de droit privé et doit donc assurer ses salariés contre le risque de non-paiement des sommes dues en exécution du contrat de travail, même si certaines règles applicables en matière de procédures collectives ne lui sont pas applicables. ● Soc. 29 févr. 2000, 🏛 n° 98-13.264 P : *Dr. soc. 2000. 560, obs. Radé ∅ ; Dr. soc. 2001. 149, chron. Hatoux ∅* ● Lyon, 6ᵉ ch., 5 mars 2003, R. G. n° 02/00978 : *BICC 579 du 15 juin 2003, n° 737* (GIAT industrie) ● 7 sept. 2004, 🏛 n° 02-21.384 P : *Dr. soc. 2004. 1033, obs. Radé ∅* (France Télécom). ● Soc. 2 juill. 2014 : 🏛 *D. actu. 26 sept. 2014, obs. Fraisse* (France 2 et RFO).

4. Jurisprudence antérieure au revirement.
Même soumises à la législation sur les sociétés anonymes, les sociétés de programmes qui ont pour objectif le service public de la radiodiffusion et de la télévision et comme unique actionnaire l'État ne sont pas soumises aux procédures collectives d'apurement du passif et ne sont pas, en conséquence, tenues des obligations découlant de l'art. L. 143-11-1 [L. 3253-6 nouv.]. ● Soc. 16 déc. 1987 : *Bull. civ. V, n° 730 ; D. 1988. IR 15 ; Dr. soc. 1988. 489, concl. Picca.* ◆ Même solution pour la SNCF et Air France. ● Soc. 16 déc. 1987 : *Bull. civ. V, n° 731 ; D. 1988. IR 37 ; Dr. soc. 1988. 489, concl. Picca* ● 17 avr. 1991, 🏛 n° 89-16.708 P : *D. 1991. IR 134 ; Dr. soc. 1991. 497, concl. Picca ∅ ; Rev. sociétés 1991. 593, note Maleville ∅ ; RJS 1991. 310, n° 582.* ◆ ... La SEITA. ● Soc. 6 nov. 1991, 🏛 n° 88-17.869 P : *RJS 1991. 711, n° 1323.*

5. Syndicat de copropriété. Depuis l'entrée en vigueur de la loi n° 94-624 du 21 juill. 1994 sur l'habitat, les syndicats de copropriété sont exclus du champ d'application de la garantie des salaires (V. Instr. UNEDIC n° 96-11 du 21 févr. 1996, *JCP E 1996. Pan. 338*).

6. Entreprises non assujetties. Est recevable la demande en répétition de l'indu en cas de paiement, par erreur, de cotisations au GARP. ● Soc. 3 mai 1995, 🏛 n° 92-20.372 P.

B. PROCÉDURE COLLECTIVE

7. Principe. Pour que la garantie puisse être mise en œuvre, il est nécessaire de constater que l'employeur a fait l'objet d'une procédure de règlement judiciaire. ● Soc. 7 févr. 1990, 🏛 n° 87-40.780 P : *RJS 1990. 157, n° 210.* ◆ Ainsi, la garantie est acquise dès lors que les jugements ouvrant la procédure de redressement ou de liquidation judiciaire ont l'autorité absolue de chose jugée et sont opposables à tous, même si le tribunal de commerce n'aurait pas dû prononcer la liquidation judiciaire d'une personne exerçant une activité libérale. ● Soc. 6 juin 2000 : 🏛 *RJS 2000. 562,*

n° 812. ◆ La garantie est due dès lors que le représentant des créanciers ne dispose pas des sommes nécessaires pour régler les salaires, peu important qu'un tiers soit susceptible de garantir également en tout ou partie ces créances. ● Soc. 1ᵉʳ déc. 1993, 🏛 n° 91-40.761 P : *D. 1994. IR 20 ; Dr. soc. 1994. 221 ; CSB 1994. 15, A. 5 ; RJS 1994. 48, n° 39.*

8. Dissolution anticipée pour justes motifs.
Dès lors que la liquidation judiciaire de la société résulte d'une décision judiciaire ayant ordonné sa dissolution anticipée à la demande d'un associé pour justes motifs et que la société est toujours *in bonis*, la décision de la cour d'appel de payer aux salariés des indemnités de rupture et un rappel de salaire n'est pas opposable à l'AGS. ● Soc. 16 mai 2018, 🏛 n° 16-25.898 P : *D. 2018. Actu. 1070 ∅ ; RDT 2018. 770, obs. Bondat ∅ ; RJS 8-9/2018, n° 538 ; JCP S 2018. 1238, obs. Fin-Langer.*

9. Société d'assurance. La liquidation judiciaire de l'employeur après le retrait de l'agrément accordé à une entreprise d'assurance ne prive pas les salariés du bénéfice de la garantie contre le risque de non-paiement des sommes dues en exécution du contrat de travail. ● Soc. 15 juin 2010 : 🏛 *D. 2010. Actu. 1721 ∅ ; D. actu. 9 juill. 2010, obs. Cortot ; RJS 2010. 590, n° 651* ● Soc. 22 mars 1995, 🏛 n° 93-42.531 P : *RJS 1995. 347, n° 517.*

C. SALARIÉS

10. Salariés expatriés. Si sont inclus dans la protection légale les salariés détachés à l'étranger ainsi que les travailleurs français expatriés, le régime d'assurance ne s'étend, en revanche, pas aux salariés engagés à l'étranger et y travaillant. ● Paris, 26 nov. 1986 : *D. 1988. Somm. 41, obs. A. Honorat.*

11. Employeur étranger. Lorsque l'employeur est établi dans un État membre de la CEE et que le salarié réside et exécute son travail dans un autre État membre, l'institution de garantie compétente pour le paiement des créances salariales en cas d'insolvabilité de l'employeur est l'institution de l'État sur lequel soit, l'ouverture de la procédure collective est décidée soit, la fermeture de l'entreprise ou de l'établissement est constatée. ● CJCE 17 sept. 1997, n° S-117/96 ● Soc. 20 janv. 1998, 🏛 n° 96-43.577 P : *JCP 1998. II. 10086, note Kerckhove ; Dr. soc. 1998. 298, obs. Vatinet ∅ ; D. 1998. IR 53 ; RJS 1998. 294, n° 468.* ◆ La Dir. n° 80/987 ne s'oppose pas à ce que la législation d'un État membre prévoie qu'un travailleur salarié puisse se prévaloir de la garantie salariale de l'institution nationale, conformément au droit de cet État membre, à titre complémentaire ou substitutif, par rapport à celle offerte par l'institution désignée comme étant compétente en application de cette directive, pour autant, toutefois que ladite garantie donne lieu à un niveau supérieur de protection du travailleur.

• CJUE, 10 mars 2011 : ⚖ JCP S 2011. 1275, obs. Jeansen • Soc. 21 sept. 2011 : ⚖ RJS 2011. 777, n° 878 ; JCP S 2011. 1581, obs. Fin-Langer • 11 avr. 2012 : ⚖ D. actu. 16 mai 2012, obs. Perrin ; RDT 2012. 422, obs. Driguez⌀ ; RJS 2012. 474, n° 557 ; JCP S 2012. 1310, obs. Vachet.

12. La garantie de l'AGS s'applique aux créances d'un salarié de la succursale française d'une entreprise constituée selon le droit d'un autre État membre de l'Union européenne, dans lequel elle a son siège social et y est mise en redressement judiciaire. • CJCE, 16 déc. 1999, n° C-198/98, sp. § 23 et 24 • Soc. 2 juill. 2002, ⚖ n° 99-46.140 P : Dr. soc. 2002. 1004, obs. Radé⌀ • 3 juin 2003, ⚖ n° 01-41.697 P : Dr. soc. 2003. 837, rapp. Chagny⌀ ; RJS 2003. 691, n° 1020 (2ᵉ esp.).

13. Cette garantie s'applique également lorsqu'une procédure collective d'apurement du passif a été ouverte hors de l'Union européenne mais a fait l'objet d'une décision d'*exequatur*. • Soc. 3 juin 2003, ⚖ n° 00-45.948 P : Dr. soc. 2003. 837, rapp. Chagny⌀ ; RJS 2003. 691, n° 1020 (1ʳᵉ esp.).

14. Salariés étrangers. La règle de non-discrimination entre les ressortissants des États membres de la CEE s'appliquant à tous les rapports juridiques qui peuvent être localisés sur le territoire de la Communauté, il en résulte qu'un salarié belge dont le contrat de travail a été conclu en France avec une société française doit bénéficier des dispositions de l'art. L. 143-11-1 [L. 3253-6 nouv.]. • Soc. 21 nov. 1990 : ⚖ D. 1990. IR 288 ; CSB 1991. 19, A. 9 ; RJS 1991. 18, n° 23 ; JS UIMM 1991. 47. ♦ Lorsque les travailleurs victimes de l'insolvabilité de leur employeur exercent leur activité salariée dans un État membre pour le compte de la succursale d'une société constituée selon le droit d'un autre État membre, dans lequel cette société a son siège social et y est mise en liquidation, l'institution compétente, au regard de l'art. 3 de la directive CEE n° 80-987 du 20 oct. 1980, pour le paiement des créances de ces travailleurs, est celle de l'État sur le territoire duquel ils exerçaient leur activité salariée. • CJCE 16 déc. 1999, n° 198/999, *Everson c/ Bell* : RJS 2000. 327, n° 471 • Soc. 2 juill. 2002 : ⚖ D. 2002. 2778 ⌀ ; RJS 2002. 846, n° 1128 ; JSL 2002, n° 109-6.

15. Procédure collective transnationale. Si l'art. 8 *bis* de la Dir. 2002/74/CE du 23 sept. 2002, devenu l'art. 9 de la Dir. 2008/94/CE du 22 oct. 2008, ne s'oppose pas à ce qu'une législation nationale prévoie qu'un travailleur puisse se prévaloir de la garantie salariale plus favorable de l'institution nationale, l'art. L. 3253-6 C. trav. se borne à imposer à tout employeur de droit privé d'assurer ses salariés, y compris ceux détachés à l'étranger ou expatriés, contre le risque de non-paiement des sommes qui leur sont dues en cas de liquidation judiciaire. Un salarié domicilié en Allemagne, qui y avait été recruté et y avait toujours exercé son activité, n'était ni expatrié ni en position de détachement et ne pouvait, dès lors, se prévaloir de la garantie plus favorable de l'institution nationale française en application de l'art. L. 3253-6. • Soc. 28 mars 2018, ⚖ n° 16-19.086 P : D. 2018. Actu. 718 ⌀ ; RJS 6/2018, n° 418 ; JSL 2018, n° 455-4, obs. Tissandier ; JCP S 2018. 1174, obs. Fin-Langer.

Art. L. 3253-7 Le droit du salarié est garanti indépendamment de l'observation par l'employeur tant des prescriptions de la présente section que des obligations dont il est tenu à l'égard des institutions prévues à l'article L. 3253-14. — [Anc. art. L. 143-11-5.]

§ 2   Créances couvertes par l'assurance

Art. L. 3253-8 L'assurance mentionnée à l'article L. 3253-6 couvre :

1° Les sommes dues aux salariés à la date du jugement d'ouverture de toute procédure de redressement ou de liquidation judiciaire, ainsi que les contributions dues par l'employeur dans le cadre (L. n° 2011-893 du 28 juill. 2011) « du contrat de sécurisation professionnelle » ;

2° Les créances résultant de la rupture des contrats de travail intervenant :

a) Pendant la période d'observation ;

b) Dans le mois suivant le jugement qui arrête le plan de sauvegarde, de redressement ou de cession ;

c) Dans les quinze jours (L. n° 2013-504 du 14 juin 2013, art. 18-XXI) « , ou vingt et un jours lorsqu'un plan de sauvegarde de l'emploi est élaboré, » suivant le jugement de liquidation ;

d) Pendant le maintien provisoire de l'activité autorisé par le jugement de liquidation judiciaire (Ord. n° 2008-1345 du 18 déc. 2008, art. 167) « et dans les quinze jours (L. n° 2013-504 du 14 juin 2013, art. 18-XXI) « , ou vingt et un jours lorsqu'un plan de sauvegarde de l'emploi est élaboré, » suivant la fin de ce maintien de l'activité » ;

3° Les créances résultant de la rupture du contrat de travail des salariés auxquels a été (L. n° 2011-893 du 28 juill. 2011) « proposé le contrat de sécurisation professionnelle », sous réserve que l'administrateur, l'employeur ou le liquidateur, selon le cas, ait proposé (L. n° 2011-893 du 28 juill. 2011) « ce contrat » aux intéressés au cours de l'une des périodes indiquées au 2°, y compris les contributions dues par l'employeur dans le cadre de *(L. n° 2011-893 du 28 juill. 2011)* « ce contrat » et les salaires dus pendant le délai de réponse du salarié ;

(L. n° 2013-504 du 14 juin 2013, art. 18-XXI) « 4° Les mesures d'accompagnement résultant d'un plan de sauvegarde de l'emploi déterminé par un accord collectif majoritaire ou par un document élaboré par l'employeur, conformément aux articles L. 1233-24-1 à L. 1233-24-4, dès lors qu'il a été validé ou homologué dans les conditions prévues à l'article L. 1233-58 avant ou après l'ouverture de la procédure de redressement ou de liquidation judiciaire ;

« 5° » Lorsque le tribunal prononce la liquidation judiciaire, dans la limite d'un montant maximal correspondant à un mois et demi de travail, les sommes dues :

a) Au cours de la période d'observation ;

b) Au cours des quinze jours *(L. n° 2013-504 du 14 juin 2013, art. 18-XXI)* « , ou vingt et un jours lorsqu'un plan de sauvegarde de l'emploi est élaboré, » suivant le jugement de liquidation ;

c) Au cours du mois suivant le jugement de liquidation pour les représentants des salariés prévus par les articles L. 621-4 et L. 631-9 du code de commerce ;

d) Pendant le maintien provisoire de l'activité autorisé par le jugement de liquidation *(Ord. n° 2008-1345 du 18 déc. 2008, art. 167)* « et au cours des quinze jours *(L. n° 2013-504 du 14 juin 2013, art. 18-XXI)* « , ou vingt et un jours lorsqu'un plan de sauvegarde de l'emploi est élaboré, » suivant la fin de ce maintien de l'activité ».

La garantie des sommes et créances mentionnées aux 1°, 2° et *(L. n° 2013-504 du 14 juin 2013, art. 18-XXI)* « 5° » inclut les cotisations et contributions sociales et salariales d'origine légale, ou d'origine conventionnelle imposée par la loi *(L. n° 2016-1917 du 29 déc. 2016, art. 60-I-E, en vigueur le 1er janv. 2019)* « , ainsi que la retenue à la source prévue à l'article 204 A du code général des impôts ».

Les dispositions issues de la L. n° 2013-504 du 14 juin 2013 sont applicables aux procédures de licenciement collectif engagées à compter du 1er juill. 2013.

Une procédure de licenciement collectif est réputée engagée à compter de la date d'envoi de la convocation à la première réunion du comité d'entreprise mentionnée à l'art. L. 1233-30 C. trav. (L. préc., art. 18-XXXIII).

Les délais et durée mentionnés aux b, c et d du 2° et 5° de l'art. L. 3253-8 sont prolongés jusqu'à l'expiration d'un délai d'un mois après la date de fin de l'état d'urgence sanitaire pour une durée équivalente à celle de la période d'état d'urgence sanitaire plus un mois (Ord. n° 2020-341 du 27 mars 2020, art. 2, II, 2° et 3°).

BIBL. ▶ Arlie, *JCP S* 2016. 1053 (protection des salariés en cas de jugement de conversion d'une procédure de sauvegarde en une autre procédure collective). – Arséguel et Reynès, *D.* 2003. Chron. 502 ⌀. – Fin-Langer, *RDT* 2023. 167 (être ou ne pas être subsidiaire et subrogée, telle est la question posée à l'AGS). – Météyé, *Dr. soc.* 2002. 972 ⌀. – Périès, *JCP E* 2002, suppl. n° 2, p. 15. – Vatinet, *Dr. soc.* 2003. 287 ⌀.

COMMENTAIRE

V. sur le Code en ligne 🔒.

I. PÉRIODE GARANTIE

A. ART. L. 3253-8, 1°

1° CRÉANCES GARANTIES

1. Effet d'une conversion de la sauvegarde en liquidation judiciaire. La garantie prévue par le 1° de l'art. L. 3253-8 ne dépend que de la seule ouverture d'une procédure de redressement ou de liquidation judiciaire sans qu'il y ait lieu d'établir une distinction entre les diverses causes d'ouverture de cette procédure. • Soc. 22 sept. 2015, 🔒 n° 1417.837 : *RDT* 2015. 753, obs. Driguez ⌀.

2. Licenciement abusif. Le régime de la garantie des salaires s'applique à l'indemnité accordée à un salarié abusivement licencié avant la date du jugement ayant déclaré l'employeur en règlement judiciaire, peu important que la décision ayant condamné l'employeur soit postérieure au jugement déclaratif. • Soc. 13 mai 1981 : *Dr. soc.* 1982. 193, obs. H. Blaise.

3. Résiliation du contrat d'apprentissage. Le juge qui prononce la résiliation d'un contrat d'apprentissage peut en fixer la date au jour où l'une des parties a manqué à ses obligations ou au jour de la demande de résiliation. Cette date étant alors antérieure à la liquidation judiciaire, la créance indemnitaire du salarié relève de la garantie de l'AGS. • Soc. 1er oct. 2003 : 🔒 *RJS* 2003. 992, n° 1421.

4. Accord de rupture amiable. La créance du salarié qui résulte d'un accord de rupture amiable du contrat de travail conclu avant le jugement d'ouverture doit être garantie par l'AGS dès lors que la somme convenue était due à la date de ce jugement, et ce même si l'employeur devait rembourser ces sommes postérieurement au jugement d'ouverture. ● Soc. 23 nov. 2004, ⚖ n° 02-41.836 P : *Dr. soc. 2005. 221*, obs. Radé ✎ ; *RJS 2005. 118, n° 157*.

5. Préjudice d'anxiété. Les dommages et intérêts accordés en réparation du préjudice d'anxiété des salariés des sites classés exposés à l'amiante sont garantis par l'AGS. ● Soc. 25 sept. 2013 : ⚖ *D. actu. 8 oct. 2013*, obs. Fraisse ; *SSL 2013, n° 1599, p. 9*, Rapp. Sabotier ; *JSL 2013, n° 353-2*, obs. Bœuf et Mo. ♦ Le préjudice d'anxiété naît à la date à laquelle les salariés ont eu connaissance de l'arrêté ministériel d'inscription de l'activité en cause sur la liste des établissements permettant la mise en œuvre de l'ACAATA ; la garantie de l'AGS dépend alors de l'antériorité de cette inscription à l'ouverture de la procédure collective. ● Soc. 2 juill. 2014 : ⚖ *RJS 2014. 617, n° 725* ; *JSL 2014, n° 373-4*, obs. Pacotte et Layat-Le-Bourhis.

6. Indemnité de congés payés en cas de transfert d'entreprise. Lorsque la modification de la situation de l'employeur intervient dans le cadre d'une procédure collective, l'indemnité de congés payés, qui s'acquiert mois par mois et qui correspond au travail effectué pour le compte de l'ancien employeur, est inscrite au passif de ce dernier et est couverte par l'AGS dans la limite de sa garantie. ● Soc. 8 nov. 2023, ⚖ n° 21-19.764 B.

2° CRÉANCES NON GARANTIES

7. Arrérages d'une rente invalidité-décès. Si les arrérages de rente invalidité-décès résultant d'une assurance collective souscrite par l'employeur au profit de ses salariés sont dus en exécution du contrat de travail, le bénéficiaire n'en devient créancier qu'au fur et à mesure des échéances ; ils sont dès lors exclus du régime d'assurance de l'art. L. 143-11-1 [L. 3253-8 nouv.] si cette échéance est postérieure à la date d'ouverture de la procédure collective. ● Soc. 2 juin 1992, ⚖ n° 90-15.370 P. ● 5 mars 1996 : ⚖ *D. 1996. IR 99*. ♦ Pour la contrepartie pécuniaire d'une clause de non-concurrence, V. ● Soc. 6 mai 1997 (1er arrêt), ⚖ n° 95-43.166 P : *Dr. soc. 1997. 751* ✎ et 752, obs. Vatinet ; *RJS 1997. 614, n° 984* ; *JCP E 1997. II. 1001*, note Serret ● 6 mai 1997 (2e arrêt) : ⚖ *ibid*.

8. Indemnité de départ à la retraite. Est exclue de la garantie l'indemnité de départ à la retraite, dès lors que les salariés n'ont atteint l'âge de 60 ans fixé par la convention collective qu'après l'ouverture de la procédure collective. ● Soc. 12 avr. 1995, ⚖ n° 92-18.005 P : *D. 1995. Somm. 307*, obs. A. Honorat ✎ ; *Dr. soc. 1995. 603*, obs. Blaise ✎. ♦ De même, l'indemnité de départ à la retraite est exclue de la garantie lorsque la rupture se produit après le jugement d'ouverture et à la seule initiative du salarié qui n'a pas informé son employeur de son intention. ● Soc. 20 avr. 2005, ⚖ n° 02-47.063 P : *RJS 2005. 538, n° 743* ; *JCP S 2005. 1009*, note Morvan.

9. Prime de fin d'année. Doit être cassé le jugement qui, pour condamner l'AGS à garantir le paiement d'une prime de fin d'année, retient que l'art. L. 143-11-1 [L. 3253-8 nouv.] doit être applicable pour la prime de 1992 puisque le jugement d'ouverture est du 10 déc. 1992 et que la créance ne résulte pas de la rupture du contrat de travail, alors, d'une part, que le droit à la prime de treizième mois ne naissant que le 31 décembre de l'année concernée, cette prime est due par l'employeur à cette date, et alors, d'autre part, que cette créance, née postérieurement au jugement d'ouverture pendant la période d'observation, n'est pas garantie par l'AGS. ● Soc. 14 mai 1997, ⚖ n° 95-43.735 P : *D. 1997. IR 145* ✎.

10. Indemnités compensatrices de non-concurrence. En cas de redressement judiciaire, la contrepartie pécuniaire de la clause de non-concurrence étant une créance due mois par mois pendant la durée de l'interdiction de concurrence à compter du jour du licenciement, l'AGS ne doit garantir que les seuls versements dus au jour du jugement d'ouverture. ● Soc. 6 mai 1997 : ⚖ *préc. note 7* ● 6 mai 1997, ⚖ n° 94-42.699 P : *eod. loc.* ● 27 oct. 1999, ⚖ n° 96-43.941 P : *Dr. soc. 2000. 123*, obs. Radé ✎.

B. ART. L. 3253-8, 2°

11. Constitutionnalité. Ne présente pas de caractère sérieux la question tendant à considérer que l'obligation imposée au liquidateur judiciaire de procéder tout à la fois à la mise en place de mesures préalables de reclassement et au licenciement des salariés, dans le délai de quinze jours suivant le jugement de liquidation, est contraire au principe d'égalité devant la loi. ● Soc., QPC, 6 oct. 2011 : ⚖ *D. actu. 4 nov. 2011*, obs. Ines ; *JSL 2011, n° 311-312-3*, obs. Millet et Rivet.

12. Principe. L'assurance des créances des salariés ne concerne que les créances attachées au contrat de travail rompu dans les quinze jours suivant le jugement de liquidation. ● Soc. 21 nov. 1989, ⚖ n° 88-43.446 P : *D. 1990. Somm. 217*, obs. Honorat ✎ ; *BS Lefebvre 1990. 40, n° 102* ● 24 janv. 1990, ⚖ n° 89-40.867 P. ♦ La garantie AGS n'est pas due pour les indemnités de rupture d'un contrat de travail qui n'a pas été rompu par le liquidateur dans le délai de 15 jours du jugement de liquidation. ● Soc. 3 avr. 2002, ⚖ n° 99-44.288 P : *D. 2002. IR 1534* ✎ ; *RJS 2002. 532, n° 668* ; *Dr. soc. 2002. 527*, obs. P. Lyon-Caen ✎ (3 arrêts). ♦ ... La liquidation judiciaire n'entraînant pas en soi la rupture des contrats de travail. ● Soc. 18 nov. 1992, ⚖ n° 91-43.960 P : *RJS 1993. 37, n° 38*. ♦ Lorsque le salarié a été licencié plus de quinze jours après le prononcé de la liquidation judi-

SALAIRE ET AVANTAGES DIVERS   Art. L. 3253-8

ciaire, la garantie de l'AGS ne peut couvrir les indemnités de préavis, de licenciement et de congés payés concernant la période postérieure à l'ouverture de la procédure collective. • Soc. 10 oct. 1990, ⚖ n° 88-43.927 P : *RJS 1990. 577, n° 864, 2ᵉ esp.* ♦ Même solution pour les salaires correspondant à une période de travail postérieure à l'adoption du plan de redressement. • Soc. 18 déc. 1991, ⚖ n° 88-43.567 P : *RJS 1992. 111, n° 154.* ♦ Sur la responsabilité du liquidateur envers le salarié licencié tardivement, V. • Com. 6 juill. 1993 : ⚖ *RJS 1993. 590, n° 991.* ♦ Mais la seule manifestation de l'intention de l'employeur de rompre les contrats de travail des salariés dans le délai de 15 jours suivant le jugement de liquidation judiciaire permet, dans les rapports avec l'AGS, de considérer les contrats comme rompus. • Soc. 6 juin 2007 : ⚖ *Dr. soc. 2007. 984, note Radé* ∅ *; JCP S 2007. 1761, obs. Lahalle.* ♦ Cette manifestation de volonté existe dès lors que les salariés protégés ont été convoqués à leur entretien individuel. • Soc. 8 févr. 2012 : ⚖ *RJS 2012. 299, n° 346 ; JCP S 2012. 1153, obs. Fin-Langer.* ♦ ... Ou que l'administrateur judiciaire a, dans les quinze jours de la liquidation judiciaire, manifesté son intention de rompre le contrat de travail de la salariée protégée, peu important le refus de l'inspecteur du travail d'autoriser son licenciement. • Soc. 13 déc. 2017, ⚖ n° 16-21.773 P : *D. 2018. Actu. 6* ∅ *; RJS 2/2018, n° 115 ; JCP S 2018. 1014, obs. Fin-Langer.*

13. Prise d'acte de la rupture. Les créances résultant de la rupture du contrat de travail visées par l'art. L. 3253-8, 2°, C. trav. s'entendent d'une rupture à l'initiative de l'administrateur ou du mandataire judiciaire ; lorsque le salarié prend acte de la rupture du contrat aux torts de l'employeur, la garantie de l'AGS n'est pas due. • Soc. 20 déc. 2017, ⚖ n° 16-19.517 P : *D. 2018. Actu. 6* ∅ *; RDT 2018. 209, note Bondat* ∅ *; RJS 3/2018, n° 189 ; JCP S 2018. 1072, obs. Fin-Langer ; RPC 2018. Comm. 46, obs. Taquet.*

14. Modification du plan de redressement. La garantie de l'AGS s'applique aux créances résultant de la rupture des contrats de travail intervenue dans le mois suivant le jugement qui a modifié le plan de redressement, lequel fait corps avec le jugement arrêtant ce plan. • Soc. 17 oct. 1990 : ⚖ *CSB 1990. 287, S. 187 ; RJS 1990. 642, n° 974* • 3 avr. 1991, ⚖ n° 90-41.566 P : *RJS 1991. 311, n° 581.* ♦ Mais, dès lors que le plan de redressement ne prévoit aucun licenciement, le contrat de travail se poursuit de plein droit avec le cessionnaire et l'AGS n'a pas à garantir les conséquences d'un licenciement inexistant. • Soc. 6 juill. 1999 : ⚖ *D. 1999. IR 226 ; RJS 1999. 648, n° 1027 ; Dr. soc. 1999. 959, obs. Radé* ∅.

15. Sommes prévues par le PSE. La garantie de l'AGS s'étend aux sommes prévues par le PSE pour favoriser le reclassement des salariés, y compris à l'extérieur de l'entreprise ou du groupe auquel elle appartient, ainsi qu'aux dommages-intérêts réparant l'inexécution d'un engagement tendant à ces reclassements. • Soc. 8 févr. 2012 : ⚖ *JCP S 2012. 1153, obs. Fin-Langer.*

16. Viole l'art. L. 143-11-1 (2°) [L. 3253-8, 2° nouv.] la cour d'appel qui, pour retenir la garantie de l'AGS, estime que, si le jugement de liquidation judiciaire n'a pas autorisé expressément la poursuite d'activité, celle-ci a eu lieu, en fait, jusqu'à la date des licenciements, alors qu'elle a constaté, d'une part, que les licenciements sont intervenus plus de quinze jours après le jugement de liquidation judiciaire, et d'autre part, que ce jugement n'a pas autorisé le maintien provisoire de l'activité de l'entreprise. • Soc. 20 mai 1992, ⚖ n° 91-41.822 P : *D. 1992. IR 187.*

17. Liquidation judiciaire et licenciement économique d'un salarié inapte. Le liquidateur tenu de licencier dans le délai prévu par l'art. L. 3253-8, 2°, n'est pas tenu d'organiser un second examen médical avant de procéder au licenciement d'un salarié inapte dès lors que le motif économique ressortissait à la cessation totale de l'activité de l'entreprise et que celle-ci n'appartenait à aucun groupe. • Soc. 9 déc. 2014, ⚖ n° 13-12.535.

C. ART. L. 3253-8, 3°

18. Contributions de l'employeur au dispositif de la convention de reclassement personnalisé (jurisprudence rendue sous l'empire des dispositions antérieures à la L. n° 2011-893 du 28 juill. 2011). Le montant des contributions de l'employeur au dispositif de la convention de reclassement personnalisé est une créance du salarié au sens de l'art. L. 3253-17 dans sa version en vigueur avant la L. du 18 nov. 2016, et entre de ce fait dans le calcul des créances garanties par l'AGS ainsi que dans la détermination de son plafond de garantie. • Soc. 10 févr. 2021, ⚖ n° 19-13.225 P : *D. actu. 1ᵉʳ mars 2021, obs. Malfettes ; D. 2021. Actu. 348* ∅ *; Dr. soc. 2021. 571, obs. Bondat* ∅ *; JSL 2021, n° 317-7, obs. Nassom-Tissandier ; RPC 2021. Comm. 73, note Jacotot.*

D. ART. L. 3253-8, 4°

19. Liquidation judiciaire. Il résulte de l'art. L. 143-11-1, 3° [L. 3253-8, 4° nouv.], que les sommes dues en exécution du contrat de travail au cours de la période d'observation ne sont couvertes par l'AGS que lorsque le tribunal prononce la liquidation judiciaire. • Soc. 7 févr. 1990, ⚖ n° 87-40.780 P : *D. 1990. Somm. 217, obs. A. Honorat* ∅. ♦ La garantie ne peut donc jouer lorsque la société intéressée a fait l'objet d'un plan de cession. • Soc. 3 oct. 1995 : ⚖ *JCP E 1996. Pan. 24.*

20. Bénéficient de la garantie les salariés engagés au cours de la période d'observation et licenciés pendant cette même période. • Soc. 20 mai

1992, n° 91-41.516 P : *RJS 1992. 481, n° 871* • 12 nov. 1997, n° 94-43.354 P.

II. CRÉANCES

A. RATTACHEMENT AU CONTRAT DE TRAVAIL

1° CRÉANCES GARANTIES

21. Frais professionnels. Les frais professionnels sont garantis dans la mesure où la protection est accordée indépendamment de la qualification de salaire de la somme en cause, le critère n'étant pas la nature salariale de la créance, mais son rattachement au contrat de travail. • Soc. 17 déc. 1991, n° 88-40.638 P : *D. 1992. IR 47.*

22. Rémunération. Sont garanties les gratifications annuelles portées sur un compte de dépôt. ♦ ... Est garantie l'indemnité de non-concurrence, dans la limite d'un montant maximal correspondant à un mois et demi de travail. • Soc. 28 juin 1995 : *RJS 1995. 722, n° 1136.*

23. Lorsqu'elles revêtent la forme d'un droit de créance sur l'entreprise, les sommes dues au titre de l'intéressement conformément aux dispositions des art. L. 441-1 s. [L. 3311-1 s. nouv.], au titre de la participation des salariés aux fruits de l'expansion conformément aux dispositions des art. L. 442-1 s. [L. 3322-1 s. nouv.], ou en application d'un accord créant un fonds salarial dans les conditions prévues par les art. L. 471-1 s. [non repris] sont couvertes. • Soc. 30 sept. 2004, n° 02-16.439 P : *TPS 2004, n° 358* ; *Dr. soc. 2004. 1149,* obs. Savatier.

24. Statut de cadre. L'AGS doit garantir le paiement des dommages-intérêts dus par l'employeur à raison de l'inexécution de son obligation d'affiliation à une caisse de retraite complémentaire des cadres en méconnaissance des obligations mises à sa charge par le contrat de travail de l'intéressée qui lui conférait le statut de cadre. • Soc. 8 janv. 2002 : *Dr. soc. 2002. 371,* obs. Radé.

2° CONVENTIONS COLLECTIVES

25. Rémunération. Sont garanties les sommes dues en vertu d'un accord d'entreprise. • Soc. 5 avr. 1995 : *RJS 1995. 429, n° 652 (1re esp.).*

26. Protection sociale. La garantie des ressources et le remboursement de frais médicaux prévus par la convention collective applicable sont des sommes dues en exécution du contrat de travail et du statut collectif qu'il implique, couvertes par l'assurance de garantie des salaires. • Soc. 28 oct. 1997, n° 94-42.272 P : *D. 1998. IR 16.* ♦ L'indemnité due en réparation du préjudice subi par le salarié du fait du non-paiement par l'employeur des cotisations à la caisse complémentaire de prévoyance, obligation conventionnelle de l'employeur, doit être garantie par l'AGS, sous réserve de son exigibilité dans un délai de 15 jours en cas de liquidation judiciaire. • Soc. 31 mars 1998, n° 95-44.333 P : *D. 1998. IR 125.* ♦ Peu important le taux de cotisation choisi par l'employeur qui n'est qu'une modalité de l'exécution de son obligation conventionnelle. • Soc. 25 janv. 2005 : *Dr. soc. 2005. 477,* obs. Radé ; *CSB 2005, A. 33,* obs. Charbonneau.

27. En ce sens que le capital-décès, lorsqu'il est dû en vertu d'une convention collective, étant directement rattaché au contrat de travail, la protection de l'art. L. 143-11-1 [L. 3253-8 nouv.] doit bénéficier aux ayants droit de salariés cadres, V. • Soc. 8 nov. 1994, n° 93-11.239 P : *D. 1995. 143,* note A. Honorat ; *JCP 1995. II. 22383,* note Saint-Jours ; *Dr. soc. 1995. 58,* obs. Blaise ; *RJS 1995. 30, n° 74.* ♦ Il ne saurait être reproché à une cour d'appel de décider que l'AGS doit garantir le paiement d'une allocation-décès, au prétendu motif que la créance résultant pour la veuve d'un salarié du défaut de souscription par l'employeur d'un contrat d'assurance garantissant le paiement d'un capital-décès prévu par la convention collective, relève d'une action en responsabilité. • Soc. 8 juill. 1997 : *D. 1997. IR 200* ; *RJS 1997. 765, n° 1242* ; *CSB 1997. 289, A. 54.*

3° USAGE

28. Prime. L'AGS doit garantir le paiement d'une prime de treizième mois devenue obligatoire par voie d'usage dans l'entreprise. • Soc. 23 sept. 1992 : *Gaz. Pal. 1992. 2. Pan. 264.* ♦ L'AGS doit garantir le paiement d'une prime d'objectifs et d'indemnités de rupture dues en application d'une transaction mais résultant tant dans leur principe que dans leur montant des stipulations du contrat de travail. • Soc. 3 avr. 2001, n° 99-42.183 P : *D. 2001. IR 1852* ; *RJS 2001. 513, n° 745* ; *Dr. soc. 2001. 672,* obs. Radé.

4° LOI

29. Emploi. Doivent être garantis les dommages-intérêts réparant les conséquences du prêt illicite de main-d'œuvre pratiqué au détriment du salarié qui caractérise un manquement de l'employeur à son obligation d'exécuter de bonne foi le contrat de travail. • Soc. 9 nov. 2004, n° 02-45.048 P : *RJS 2005. 42, n° 43.*

30. Conditions de travail. Les dommages-intérêts dus aux salariés résultant de la condamnation de l'employeur pour violation des règles relatives au repos dominical. • Soc. 8 juin 1999 : *Dr. soc. 1999. 847,* obs. Radé ; *RJS 1999. 565, n° 922.* ♦ L'indemnité compensatrice de congés payés fait partie des créances résultant de la rupture du contrat de travail. • Soc. 2 juin 1992, n° 89-41.675 P : *D. 1993. Somm. 75,* obs. A. Honorat. ♦ ... Mais pas l'indemnité pour travail dissimulé allouée au salarié qui a pris acte de la rupture du contrat de travail aux torts de l'employeur. • Soc. 20 déc. 2017, n° 16-19.517 P : *D. 2018. Actu. 6* ; *RDT 2018. 209,* note Bondat ; *RJS 3/2018, n° 189.*

31. Documents. De même doit être garantie la créance de dommages-intérêts allouée en réparation de l'inexécution par l'employeur de son obligation de délivrer aux salariés des bulletins de paie, des certificats de travail et attestations Assedic. • Soc. 4 déc. 2002, 🔒 n° 00-44.303 P : *RJS 2003. 136, n° 199.* ♦ Comp. : • Versailles, 2 déc. 1994 : *cité note 42.*

5° RUPTURE DU CONTRAT DE TRAVAIL

32. Rupture abusive. Sont garantis les dommages-intérêts dus pour rupture abusive. • Soc. 20 mai 1992 : 🔒 *RJS 1993. 108, n° 155.* ♦ ... Les dommages-intérêts alloués en raison de la rupture du contrat avant la prise de fonctions. • Soc. 22 mars 1995 : 🔒 *Gaz. Pal. 1995. 1 Pan. 106.* ♦ ... Le paiement de dommages-intérêts alloués à un salarié sur le fondement de l'art. L. 122-14-5 C. trav. [L. 1235-5 nouv.] en réparation du préjudice moral lorsque le licenciement a été prononcé avant le jugement d'ouverture de la procédure collective. • Soc. 8 juin 1999 : 🔒 *Dr. soc. 1999. 847, obs. Radé* ∅ *; RJS 1999. 565, n° 922.* ♦ ... Ou sanctionnant un licenciement vexatoire. • Soc. 29 janv. 2003, 🔒 n° 00-42.630 P.

33. L'AGS doit garantir le paiement des dommages-intérêts auxquels l'employeur a été condamné en réparation du préjudice moral causé à un salarié à l'occasion de son licenciement dans la mesure où il a manqué à son obligation d'exécuter le contrat de bonne foi. • Soc. 24 oct. 2000 : 🔒 *Dr. soc. 2001. 206, obs. Radé* ∅.

34. Primes. La garantie s'applique aux primes prévues par le plan social pour faciliter le reclassement professionnel des salariés, primes qui concourent à l'indemnisation du préjudice causé par la rupture du contrat de travail. • Soc. 30 avr. 2003 : 🔒 *D. 2003. IR 1139* ∅ *; RJS 2003. 589, n° 886 (3ᵉ esp.).*

35. Paiement tardif des indemnités de rupture. La créance de dommages-intérêts allouée en raison du retard apporté au paiement des indemnités de rupture, somme due en exécution du contrat de travail. • Soc. 10 juill. 2001, 🔒 n° 99-43.912 P : *D. 2001. IR 2462* ∅ *; Dr. soc. 2001. 1127, obs. Couturier* ∅ *; RJS 2001. 878, n° 1292.* ♦ ... La créance de dommages-intérêts allouée en raison de la transmission tardive par le représentant des créanciers des documents nécessaires pour adhérer à la convention de conversion qui se rattache directement à une obligation prise par l'employeur lors de la rupture du contrat de travail résultant de l'adhésion du salarié à une convention de conversion. • Soc. 2 mars 1999 : 🔒 *D. 1999. IR 91 ; RJS 1999. 412, n° 670 ; Dr. soc. 1999. 532, obs. Radé* ∅ • 16 mars 1999 : 🔒 *D. 1999. IR 102* ∅ *; RJS 1999. 412, n° 670.*

36. Exécution tardive du plan social. L'AGS doit garantir la dette de l'employeur résultant de sa condamnation pour avoir exécuté avec retard les engagements contenus dans un plan social concernant la sollicitation auprès des pouvoirs publics la conclusion d'une convention de conversion. • Soc. 14 nov. 2001 : 🔒 *Dr. soc. 2002. 117, obs. Couturier* ∅.

37. Contrepartie pécuniaire de la clause de non-concurrence. L'AGS doit garantir le paiement de la contrepartie financière de la clause de non-concurrence, peu important que toutes les échéances ne soient pas encore exigibles. • Soc. 20 juin 2006 : 🔒 *RJS 2006. 791, n° 1070 ; Dr. soc. 2006. 1054, obs. Radé* ∅.

B. EXCLUSION

38. Dette de l'entreprise. Sont exclues de la garantie les créances d'une caisse complémentaire de prévoyance qui ne constituent pas une créance du salarié, mais une dette de l'entreprise. • Soc. 31 mars 1998, 🔒 n° 95-44.333 P : *D. 1998. IR 125* ∅ • 30 mars 1999 : 🔒 *Dr. soc. 1999. 646, obs. Radé* ∅ • 28 mars 2000 : 🔒 *Dr. soc. 2000. 664, obs. Radé* ∅.

39. Dette de la Sécurité sociale. Sont exclues les sommes dues en réparation du préjudice causé par les souffrances physiques et morales endurées par la victime d'un accident de travail dû à la faute inexcusable de son employeur, le versement de ces sommes incombant à la caisse de sécurité sociale et non à l'employeur. • Soc. 21 oct. 1998, 🔒 n° 96-20.978 P : *RJS 1998. 908, n° 1491.* ♦ ... Les sommes dues par l'employeur à la suite d'une astreinte prononcée contre lui pour l'obliger à remettre certains documents. • Soc. 7 nov. 1990 (deux arrêts) ; 🔒 *D. 1990. IR 285 ; RJS 1990. 642, n° 376.*

40. La créance résultant du non-paiement par l'employeur des cotisations d'assurance décès ne résulte pas de l'exécution du contrat de travail, mais d'une action en responsabilité contre l'employeur qui ne peut être couverte par l'assurance de garantie des salaires. • Soc. 6 avr. 1994, 🔒 n° 91-43.912 P : *CSB 1994. 181, A. 39 ; JCP 1994. II. 22335, note Saint-Jours ; RJ com. 1995. 53, note A. Honorat ; RJS 1994. 347, n° 554.*

41. De même, sont exclues de la garantie les sommes retenues par l'employeur sur le salaire et qui n'ont pas été versées à une caisse de prévoyance. • Soc. 5 avr. 1995 : 🔒 *RJS 1995. 429, n° 652.* ♦ ... Ou à une mutuelle. • Soc. 21 févr. 1995 : 🔒 *D. 1995. Somm. 305, obs. A. Honorat* ∅. ♦ V. aussi, pour des sommes non reversées par l'employeur : • Soc. 22 févr. 1994 : 🔒 *RJS 1994. 271, n° 418* • 15 mars 1994 : 🔒 *ibid.*

42. Sont également exclus de la garantie les dommages-intérêts dus par l'employeur du fait de l'illégalité d'une clause de non-concurrence. • Soc. 16 déc. 1992, 🔒 n° 91-41.550 P : *D. 1993. Somm. 193, obs. A. Honorat* ∅. ♦ ... Ou du fait de la rupture d'une promesse d'embauche. • Versailles, 2 déc. 1994 : *D. 1996. Somm. 87, obs. Honorat* ∅. ♦ ... Ou du fait de la violation d'une clause de garantie d'emploi prévue dans l'acte de vente d'une entreprise. • Soc. 7 mai 2003 : 🔒 *RJS 2003. 589, n° 886 (2ᵉ esp.).*

43. Frais judiciaires. Les sommes dues en application de l'art. 700 C. pr. civ. sont nées d'une procédure judiciaire, n'étant pas dues en exécution du contrat de travail, elles ne peuvent être garanties par l'AGS. ● Soc. 2 mars 1999, n° 97-40.044 P : *D. 1999. IR 98* ; *RJS 1999. 319, n° 515* ; *Dr. soc. 1999. 532, obs. Radé*. ♦ Ne sont pas garanties les sommes au titre des frais d'huissier de justice dues à la suite de la résistance opposée par le débiteur à l'exécution d'une décision de justice. ● Soc. 12 janv. 1999, n° 96-42.585 P : *D. 1999. IR 50.*

44. Fonction publique. Ne sont pas garanties les sommes versées à un fonctionnaire détaché auprès d'une société d'économie mixte en vertu de dispositions statutaires relatives à la fonction publique et non d'un contrat de travail. ● Soc. 7 juill. 1998, n° 95-43.419 P : *RJS 1998. 742, n° 1226.*

45. Accords collectifs irréguliers. Les sommes versées à l'entreprise par les salariés en application d'un accord créant un fonds salarial, en l'absence d'agrément de cet accord par le ministre du Travail. ● Soc. 1er déc. 1993 : *RJS 1994. 47, n° 38.*

46. Actionnariat. Les sommes versées par le salarié à l'entreprise en vue de l'acquisition de parts sociales. ● Soc. 7 juill. 1998, n° 96-40.249 P : *D. 1998. IR 209.*

47. Prestations sociales. Ne sont pas garanties les sommes que, selon le plan social, l'employeur s'est engagé à verser aux salariés licenciés âgés de plus de 50 ans pour compléter l'allocation de fin de droit ou de solidarité jusqu'à 60 ans, sommes qui ont le caractère d'une prestation sociale. ● Soc. 25 mai 1993 : *D. 1994. Somm. 80, obs. A. Honorat* ; *RJS 1993. 440, n° 749* ; *Dr. soc. 1993. 679.* ♦ ... Les « aides au retour » des travailleurs immigrés, dues en application, non du contrat de travail, mais d'une convention passée entre l'employeur et l'OMI. ● Soc. 24 févr. 1993, n° 89-42.863 P : *D. 1993. Somm. 322, obs. A. Honorat* ; *RJS 1993. 243, n° 402* ; *CSB 1993. 121, S. 65.*

48. Novation. En présence de sommes laissées en « compte courant » par le salarié actionnaire de la société qui l'emploie, les juges du fond apprécient souverainement, pour décider de la garantie de l'AGS, si, selon la commune intention des parties, ces sommes ont gardé leur nature salariale ou si les éléments constitutifs d'une novation sont réunis. ● Soc. 22 juin 1993, n° 90-46.005 P : *D. 1994. Somm. 80, obs. A. Honorat* ; *RJS 1993. 523, n° 873* (3 arrêts) ● 1er oct. 2003 : *RJS 2003. 978, n° 1399.* ♦ V. aussi, excluant la garantie après avoir relevé la novation des créances salariales en créances de prêt (avances de trésorerie à la société employeur) : ● Paris, 2 mai 1994 : *D. 1994. IR 217.*

III. CONTENTIEUX

A. DROIT PROPRE

49. Principe. L'AGS et l'Assedic ont un droit propre pour contester le principe et l'étendue de leurs garanties dans tous les cas où les conditions de celles-ci ne seraient pas remplies. ● Soc. 2 mai 1978 et ● 3 mai 1978 : *Dr. soc. 1979. 33, note Derrida* ● 12 mai 1980 : *ibid. 1982. 185, note H. Blaise* ● 1er févr. 1983 : *Bull. civ. V, n° 67.*

50. Créances attestées. L'AGS dispose d'un droit propre à contester le principe et l'étendue du bénéfice net et ceux des capitaux propres établis par une attestation de l'inspecteur des impôts ou du commissaire aux comptes. ● Soc. 10 févr. 1999 : *Dr. soc. 1999. 413, obs. Radé.*

51. Requalification du CDD. Les dispositions prévues par les art. L. 122-1 s. C. trav. [L. 1242-1 s. nouv.] relatives au contrat à durée déterminée ont été édictées dans un souci de protection du salarié, qui peut seul se prévaloir de leur inobservation ; l'AGS n'est pas recevable, sauf fraude du salarié, lui appartenant de démontrer, à demander la requalification d'un contrat de travail à durée déterminée en contrat à durée indéterminée. ● Soc. 4 déc. 2002 : *Dr. soc. 2003. 293, avis Lyon-Caen* ● 18 oct. 2007 : *D. 2007. AJ 2733, obs. Perrin* ; *Dr. soc. 2008. 742, obs. Roy-Loustaunau.* ♦ En l'absence de fraude du salarié, l'AGS ne dispose d'aucun droit propre en reconnaissance d'un transfert des contrats de travail. ● Soc. 8 déc. 2016, n° 14-28.401 : *D. 2016. Actu. 2577* ; *RJS 2/2017, n° 95* ; *JCP S 2017. 1032, obs. Fin-Langer.*

52. Nullité de la clause de non-concurrence. L'AGS, qui a un droit propre pour contester le principe et l'étendue de sa garantie, dans tous les cas où les conditions de celle-ci ne paraissent pas remplies, peut se prévaloir de l'inobservation des dispositions de l'art. L. 121-1 C. trav. [L. 1221-1 nouv.] et de la nullité d'une clause de non-concurrence. ● Soc. 13 juin 2001 : *Dr. soc. 2001. 891, obs. Radé.*

B. TIERCE OPPOSITION

53. Principe. L'AGS et l'Assedic ne peuvent être considérées comme représentées à l'instance par l'employeur ou le salarié ou comme ayant la qualité de créancières ou ayant droit de l'employeur ; il s'ensuit qu'elles sont recevables à former tierce opposition à un jugement condamnant l'employeur à payer des créances salariales. ● Soc. 2 juill. 1992, n° 90-40.581 P : *D. 1992. IR 246.* ♦ La décision qui fait droit à la tierce opposition ne rétracte ou ne réforme le jugement attaqué, sauf indivisibilité, que sur les chefs préjudiciables au tiers opposant, peu important que des parties à l'égard desquelles la décision attaquée n'était pas indivisible aient été appelées à l'instance. Dès lors, une cour d'appel ne saurait fixer les créances du salarié dans la liquidation judiciaire de la société à

SALAIRE ET AVANTAGES DIVERS   **Art. L. 3253-11** 1239

des sommes différentes de celles déterminées par la décision frappée de tierce opposition alors qu'il n'existe pas d'indivisibilité entre une décision de condamnation de l'employeur établissant définitivement les créances et une décision déterminant l'étendue de la garantie de l'AGS. • Soc. 27 nov. 2019, ⚖ n° 18-10.929 P : *RJS 2/2020, n° 110 ; JCP S 2019. 1005, obs. Brissy ; Gaz. pal. 28 janv. 2020, Chron. 61, obs. Orif ; RPC 2020. Comm. 13, obs. Taquet.*

Art. L. 3253-9 Sont également couvertes les créances résultant du licenciement des salariés bénéficiaires d'une protection particulière relative au licenciement dès lors que l'administrateur, l'employeur ou le liquidateur, selon le cas, a manifesté, au cours des périodes mentionnées au 2° de l'article L. 3253-8, son intention de rompre le contrat de travail. — *[Anc. art. L. 143-11-2.]*

1. Rupture du contrat de travail. Le mandataire-liquidateur doit avoir manifesté son intention de rompre le contrat dans les quinze jours qui suivent le jugement de liquidation judiciaire. • Soc. 18 déc. 1991, ⚖ n° 89-42.188 P : *D. 1992. IR 47 ; CSB 1992. 45, A. 10 ; RJS 1992. 112, n° 156.* ♦ Dès lors que l'administrateur judiciaire a, dans les 15 jours de la liquidation judiciaire de l'entreprise, manifesté son intention de rompre le contrat de travail d'un salarié protégé, l'AGS doit sa garantie au titre des créances résultant du licenciement, peu important le refus de l'inspecteur du travail de l'autoriser. • Soc. 13 déc. 2017, ⚖ n° 16-21.773 P : *D. 2018. Actu. 6 ⌀ ; RJS 2/2018, n° 115 ; JCP S 2018. 1014, obs. Fin-Langer.* ♦ Les créances dues à un salarié bénéficiant d'une protection particulière relatives au licenciement, qui ne résultent pas de la rupture de son contrat de travail mais concernent des salaires pour une période postérieure à l'expiration du délai de 15 jours suivant la liquidation judiciaire, ne sont pas garanties par l'AGS. • Soc. 2 juin 1992, ⚖ n° 89-44.415 P : *D. 1993. Somm. 75, obs. A. Honorat ⌀.*

2. Salariés bénéficiant d'une protection particulière. Le salarié dont le contrat de travail est suspendu en raison d'un accident du travail ou d'une maladie professionnelle bénéficie d'une protection particulière en matière de licenciement pendant la durée de la suspension du contrat de travail. En conséquence, les dommages-intérêts alloués au salarié au titre de l'absence de cause réelle et sérieuse de son licenciement et de la violation des dispositions de l'art. L. 122-32-5 [L. 143-11-2 nouv.] sont garantis par l'AGS, dès lors que l'administrateur a manifesté son intention de rompre le contrat de travail de l'intéressé dans le mois suivant le jugement arrêtant le plan de cession. • Soc. 2 oct. 2001, ⚖ n° 99-45.346 P : *D. 2001. IR 3090 ⌀ ; RJS 2001. 960, n° 1420.* ♦ La créance d'une salariée enceinte dont le licenciement est nul, au titre des salaires qui auraient été perçus pendant la période couverte par la nullité, constitue une créance résultant du licenciement, de sorte que l'AGS doit sa garantie en application de l'art. L. 3253-9. • Soc. 18 nov. 2020, ⚖ n° 19-11.686 : *RJS 2/2021, n° 88.*

Art. L. 3253-10 Sont également couvertes, lorsqu'elles revêtent la forme d'un droit de créance sur l'entreprise, les sommes dues aux titres de l'intéressement, de la participation des salariés aux fruits de l'expansion ou d'un fonds salarial. — *[Anc. art. L. 143-11-3, al. 1ᵉʳ.]*

BIBL. ► AUZERO, *RDT 2009. 358 ⌀* (détermination des créances garanties par l'AGS en matière d'épargne salariale).

1. Intéressement. La garantie de l'AGS s'applique aux versements volontaires effectués par les salariés sur le plan d'épargne d'entreprise, ces sommes revêtant la forme d'un droit de créances sur l'entreprise. • Soc. 17 mai 1995 : ⚖ *RPC 1996. 272, obs. Taquet.*

2. Participation. Les droits constitués au profit des salariés au titre de la participation aux résultats de l'entreprise, constitués en exécution du contrat de travail et du statut collectif qu'il implique, revêtent la forme d'un droit de créance sur l'entreprise quel que soit leur emploi pendant le temps de leur indisponibilité. • Soc. 30 sept. 2004, ⚖ n° 02-16.439 P : *n° 02-16.439* (parts du capital ne conférant pas la qualité d'associé).

3. Droit propre de contestation. L'AGS, tiers au contrat de travail, dispose d'un droit propre pour contester le principe et l'étendue du bénéfice net et des capitaux propres établis par une attestation de l'inspecteur des impôts ou du commissaire aux comptes. • Soc. 10 févr. 1999, ⚖ n° 96-22.157 P : *D. 1999. IR 70 ⌀ ; RJS 1999. 239, n° 402 ; Dr. soc. 1999. 413, obs. Radé ⌀.*

Art. L. 3253-11 Sont également couverts les arrérages de préretraite dus à un salarié ou à un ancien salarié en application d'un accord professionnel ou interprofessionnel, d'une convention collective ou d'un accord d'entreprise.

Ces dispositions s'appliquent lorsque l'accord ou la convention prévoit le départ en préretraite à cinquante-cinq ans au plus tôt.

La garantie prévue par le présent article est limitée dans des conditions déterminées par décret. — *[Anc. art. L. 143-11-3, al. 2.]* — V. art. D. 3253-3.

Arrérages de préretraite. N'entrent pas dans les prévisions de l'art. L. 143-11-3 [L. 3253-11 nouv.] les arrérages de préretraite versés en application d'une note et d'un procès-verbal d'une réunion du comité d'entreprise, la note prise en application de l'accord entre l'employeur et le comité d'entreprise ne constituant pas un accord collectif au sens des art. L. 131-1 s. C. trav. [L. 2221-1 s. nouv.]. • Soc. 10 avr. 1991, ⚖ n° 88-45.688 P : D. 1993. Somm. 75, obs. A. Honorat ⌀ ; RJS 1991. 311, n° 584. – Dans le même sens : • Soc. 2 nov. 1993 : ⚖ RJS 1993. 714, n° 1203.

Art. L. 3253-12 Les créances mentionnées aux articles L. 3253-10 et L. 3253-11 sont garanties :

1° Lorsqu'elles sont exigibles à la date du jugement d'ouverture de la procédure ;

2° Lorsque, si un plan organisant la sauvegarde ou le redressement judiciaire de l'entreprise intervient à l'issue de la procédure, elles deviennent exigibles du fait de la rupture du contrat de travail, dans les délais prévus au 2° de l'article L. 3253-8 ;

3° Lorsque intervient un jugement de liquidation judiciaire ou un jugement arrêtant le plan de cession totale de l'entreprise. – *[Anc. art. L. 143-11-3, al. 3 à 6.]*

Art. L. 3253-13 L'assurance prévue à l'article L. 3253-6 ne couvre pas les sommes qui concourent à l'indemnisation du préjudice causé par la rupture du contrat de travail dans le cadre d'un licenciement pour motif économique, en application d'un accord d'entreprise ou d'établissement ou de groupe *(L. n° 2013-504 du 14 juin 2013, art. 18-XXII)* « , d'un accord collectif validé » ou d'une décision unilatérale de l'employeur *(L. n° 2013-504 du 14 juin 2013, art. 18-XXII)* « homologuée conformément à l'article L. 1233-57-3 », lorsque l'accord a été conclu et déposé ou la décision notifiée moins de dix-huit mois avant la date du jugement d'ouverture de la procédure de sauvegarde, de redressement ou de liquidation judiciaire *(L. n° 2013-504 du 14 juin 2013, art. 18-XXII)* « , ou l'accord conclu ou la décision notifiée postérieurement à l'ouverture de la procédure de sauvegarde, de redressement ou de liquidation judiciaire ». – *[Anc. art. L. 143-11-3, al. 7.]*

Les dispositions issues de la L. n° 2013-504 du 14 juin 2013 sont applicables aux procédures de licenciement collectif engagées à compter du 1er juill. 2013.

Une procédure de licenciement collectif est réputée engagée à compter de la date d'envoi de la convocation à la première réunion du comité d'entreprise mentionnée à l'art. L. 1233-30 C. trav. (L. préc., art. 18-XXXIII).

1. Plan de sauvegarde de l'emploi (PSE). Les garanties supplémentaires prévues dans un plan de sauvegarde de l'emploi conclu postérieurement au jugement arrêtant le plan de cession sont couvertes par la garantie AGS. • Soc. 30 sept. 2009 : ⚖ RJS 2009. 822, n° 939.

2. Indemnité supralégale. Une indemnité supralégale de licenciement n'est pas une mesure d'accompagnement résultant d'un plan de sauvegarde de l'emploi, mais une somme concourant à l'indemnisation du préjudice causé par la rupture du contrat de travail ; la créance du salarié fixée à titre d'indemnité supralégale de licenciement n'est donc pas opposable à l'AGS. • Soc. 16 déc. 2020, ⚖ n° 18-15.532 P : Dr. soc. 2021. 463, note Bondat ⌀ ; RJS 3/2021, n° 149 ; Gaz. Pal. 9 mars 2021, p. 75, note Rognet-Yague ; JSL 2021, n° 514-5, obs. Nassom-Tissandier ; JCP S 2021. 1035, obs. Fin-Langer.

§ 3 Institutions de garantie contre le risque de non-paiement

Art. L. 3253-14 L'assurance prévue à l'article L. 3253-6 est mise en œuvre par une association créée par les organisations nationales professionnelles d'employeurs représentatives et agréée par l'autorité administrative. – *Cette association a pris le nom d'Association pour la gestion du régime d'assurance des créances des salariés (AGS).*

Cette association conclut une convention de gestion avec *(L. n° 2008-126 du 13 févr. 2008)* « l'organisme gestionnaire » du régime d'assurance chômage *(L. n° 2008-126 du 13 févr. 2008)* « et avec l'Agence centrale des organismes de sécurité sociale pour le recouvrement des cotisations mentionnées à l'article L. 3253-18.

« En cas de dissolution de cette association, l'autorité administrative confie à l'organisme prévu à l'article L. 5427-1 la gestion du régime d'assurance institué à l'article L. 3253-6, à l'exception du recouvrement des cotisations mentionnées à l'article L. 3253-18 confié aux organismes mentionnés à l'article L. 5422-16. »

Cette association et l'organisme précité constituent les institutions de garantie contre le risque de non-paiement.

Le salarié auquel est reconnu le droit d'agir contre les institutions mentionnées à l'art. L. 143-11-4 [L. 3253-14 nouv.] lorsque celles-ci refusent de régler une créance figurant sur le relevé des créances salariales, est recevable à appeler en cause ces mêmes institutions pour les entendre condamner à garantir la créance, qui, sur sa réclamation, serait jugée devoir figurer sur ledit relevé. ● Soc. 30 mai 1990, 🗝 n° 87-43.422 P.

Art. L. 3253-15 Les institutions de garantie mentionnées à l'article L. 3253-14 avancent les sommes comprises dans le relevé établi par le mandataire judiciaire, même en cas de contestation par un tiers.

Elles avancent également les sommes correspondant à des créances établies par décision de justice exécutoire, même si les délais de garantie sont expirés.

Les décisions de justice sont de plein droit opposables à l'association prévue à l'article L. 3253-14.

Lorsque le mandataire judiciaire a cessé ses fonctions, le greffier du tribunal ou le commissaire à l'exécution du plan, selon le cas, adresse un relevé complémentaire aux institutions de garantie mentionnées à l'article L. 3253-14, à charge pour lui de reverser les sommes aux salariés et organismes créanciers. — [Anc. art. L. 143-11-7, al. 13 et 14.]

Relevé complémentaire. Il résulte de la combinaison des art. L. 625-1, al. 2, L. 625-6 C. com. et L. 3253-8, 1°, et L. 3253-15 C. trav. que l'AGS doit garantir les sommes dues au salarié portées sur le relevé complémentaire établi à la suite d'une décision de la juridiction prud'homale rendue après la clôture de la liquidation judiciaire. ● Soc. 16 mars 2022, 🗝 n° 19-20.658 B : D. 2022. 562 ⌀ ; RDT 2022. 440, obs. Thomas ⌀ ; RJS 6/2022, n° 284 ; JCP 2022. 386, obs. Dedessus-le-Moustier.

Art. L. 3253-16 Les institutions de garantie mentionnées à l'article L. 3253-14 sont subrogées dans les droits des salariés pour lesquels elles ont réalisé des avances :

1° Pour l'ensemble des créances, lors d'une procédure de sauvegarde ;

2° Pour les créances garanties par le privilège prévu aux articles L. 3253-2, L. 3253-4 et L. 7313-8 et les créances avancées au titre du 3° de l'article L. 3253-8, lors d'une procédure de redressement ou de liquidation judiciaire. Les autres sommes avancées dans le cadre de ces procédures leur sont remboursées dans les conditions prévues par les dispositions du livre VI du code de commerce pour le règlement des créances nées antérieurement au jugement d'ouverture de la procédure. Elles bénéficient alors des privilèges attachés à celle-ci. — [Anc. art. L. 143-11-9.]

L'AGS, légalement subrogée dans les droits des salariés au titre des avances effectuées pour les créances superprivilégiées dans le cadre d'une première procédure, ne perd pas le bénéfice de cette subrogation du fait de l'ouverture de la seconde procédure et demeure en conséquence dispensée de l'obligation de déclarer cette créance. ● Com. 3 févr. 2009 : 🗝 JCP S 2009. 1229, obs. Lahalle.

> **Directive 2008/94/CE du Parlement européen et du Conseil du 22 octobre 2008,** relative à la protection des travailleurs en cas d'insolvabilité de l'employeur (JOCE L 283 du 28 oct.) 🔒

Art. L. 3253-17 La garantie des institutions de garantie mentionnées à l'article L. 3253-14 est limitée, toutes (L. n° 2016-1547 du 18 nov. 2016, art. 99-XIII) « sommes et créances avancées » confondues, à un ou des montants déterminés par décret, en référence au plafond mensuel retenu pour le calcul des contributions du régime d'assurance chômage (L. n° 2016-1547 du 18 nov. 2016, art. 99-XIII) « , et inclut les cotisations et contributions sociales et salariales d'origine légale, ou d'origine conventionnelle imposée par la loi » (L. n° 2016-1917 du 29 déc. 2016, art. 60-I-E, en vigueur le 1er janv. 2019) « , ainsi que la retenue à la source prévue à l'article 204 A du code général des impôts ».

Les dispositions issues de la L. n° 2016-1547 du 19 nov. 2016 ne sont pas applicables aux procédures en cours au 19 nov. 2016 (L. préc., art. 114-XVI).

V. art. D. 3253-5.

BIBL. ▶ Bondat, *Dr. soc. 2020. 177* ⌀ (de l'utilité de la tierce opposition pour l'AGS). – Saramito, *Dr. ouvrier 1995. 497* (plafonnement de la garantie de l'AGS).

COMMENTAIRE

V. sur le Code en ligne 🔗.

Jurisprudence rendue sous l'empire des dispositions antérieures à la loi du 18 nov. 2016.

1. Précompte effectué par l'employeur en vertu de l'art. L. 242-3 CSS. Le plafond de garantie des salaires de l'AGS s'entend de la totalité des créances salariales, en ce compris le précompte effectué par l'employeur en vertu de l'art. L. 242-3 CSS au profit des organismes sociaux. ● Soc. 8 mars 2017, 🔗 n° 15-29.392 P : *D. 2017. Actu. 645* ⁄ ; *RJS 5/2017, n° 335* ; *RDT 2017. 216, obs. Fabre* ⁄ ; *JCP S 2017. 1142, obs. Jacotot*. ♦ Comp. ante : ● Soc. 2 juill. 2014 : 🔗 *RJS 2014. 592, n° 690*.

2. Contributions de l'employeur au dispositif de la convention de reclassement personnalisé. Le montant des contributions de l'employeur au dispositif de la convention de reclassement personnalisé est une créance du salarié au sens de l'art. L. 3253-17 dans sa version en vigueur avant la L. du 18 nov. 2016, et entre de ce fait dans le calcul des créances garanties par l'AGS ainsi que dans la détermination de son plafond de garantie. ● Soc. 10 févr. 2021, 🔗 n° 19-13.225 P : *D. actu. 1er mars 2021, obs. Malfettes* ; *D. 2021. Actu. 348* ⁄ ; *Dr. soc. 2021. 571, obs. Bondat* ⁄ ; *JSL 2021, n° 317-7, obs. Nassom-Tissandier* ; *RPC 2021. Comm. 73, note Jacotot*.

§ 4 Financement

Art. L. 3253-18 L'assurance est financée par des cotisations des employeurs assises sur les rémunérations servant de base au calcul des contributions au régime d'assurance-chômage.

(*L. n° 2008-126 du 13 févr. 2008*) « Le recouvrement, le contrôle de ces cotisations et leur contentieux suivent les règles prévues à l'article L. 5422-16. »

Le taux de cotisation AGS est maintenu à 0,20 % au 1er janv. 2024 (Conseil d'administration de l'AGS, nov. 2023).

§ 5 Dispositions applicables dans le cas où l'employeur est établi dans un autre État membre de la Communauté européenne ou de l'Espace économique européen

(*L. n° 2008-89 du 30 janv. 2008*)

Art. L. 3253-18-1 Les institutions de garantie mentionnées à l'article L. 3253-14 assurent le règlement des créances impayées des salariés qui exercent ou exerçaient habituellement leur activité sur le territoire français, pour le compte d'un employeur dont le siège social, s'il s'agit d'une personne morale, ou, s'il s'agit d'une personne physique, l'activité ou l'adresse de l'entreprise est situé dans un autre État membre de la Communauté européenne ou de l'Espace économique européen, lorsque cet employeur se trouve en état d'insolvabilité.

Art. L. 3253-18-2 Un employeur est considéré comme se trouvant en état d'insolvabilité au sens de l'article L. 3253-18-1 lorsqu'a été demandée l'ouverture d'une procédure collective fondée sur son insolvabilité, prévue par les dispositions législatives, réglementaires et administratives d'un État membre de la Communauté européenne ou de l'Espace économique européen, qui entraîne le dessaisissement partiel ou total de cet employeur ainsi que la désignation d'un syndic ou de toute personne exerçant une fonction similaire à celle du mandataire judiciaire, de l'administrateur judiciaire ou du liquidateur, et que l'autorité compétente en application de ces dispositions a :
1° Soit décidé l'ouverture de la procédure ;
2° Soit constaté la fermeture de l'entreprise ou de l'établissement de l'employeur ainsi que l'insuffisance de l'actif disponible pour justifier l'ouverture de la procédure.

Art. L. 3253-18-3 La garantie due en application de l'article L. 3253-18-1 porte sur les créances impayées mentionnées à l'article L. 3253-8.
Toutefois, les délais prévus aux 2° et 3° de l'article L. 3253-8 sont portés à trois mois à compter de toute décision équivalente à une décision de liquidation ou arrêtant un plan de redressement.

Art. L. 3253-18-4 Si les créances ne peuvent être payées en tout ou partie sur les fonds disponibles, les institutions de garantie mentionnées à l'article L. 3253-14 procèdent au versement des fonds sur présentation par le syndic étranger ou par toute autre personne exerçant une fonction similaire à celle du mandataire judiciaire, de l'administrateur judiciaire ou du liquidateur, des relevés des créances impayées.

Le dernier alinéa de l'article L. 3253-19 est applicable.

Art. L. 3253-18-5 Les sommes figurant sur ces relevés et restées impayées sont directement versées au salarié dans les huit jours suivant la réception des relevés des créances.

Par dérogation au premier alinéa, l'avance des contributions dues par l'employeur dans le cadre (*L. n° 2011-893 du 28 juill. 2011*) « du contrat de sécurisation professionnelle » mentionnées au 1° de l'article L. 3253-8 est versée à l'(*L. n° 2008-126 du 13 févr. 2008*) « organisme gestionnaire du régime d'assurance chômage ».

Art. L. 3253-18-6 L'article L. 3253-15 est applicable à l'exception du dernier alinéa.

Lorsque le mandataire judiciaire, l'administrateur judiciaire ou le liquidateur reçoit d'une institution située dans un autre État membre équivalente aux institutions de garantie mentionnées à l'article L. 3253-14 les sommes dues aux salariés, il reverse immédiatement ces sommes aux salariés concernés.

Le mandataire judiciaire ou le liquidateur transmet à toute institution située dans un autre État membre équivalente aux institutions de garantie mentionnées à l'article L. 3253-14 les relevés des créances impayées.

Art. L. 3253-18-7 Les articles L. 3253-7, L. 3253-10 à L. 3253-13 et L. 3253-17 sont applicables aux procédures définies aux articles L. 3253-18-1 et L. 3253-18-2. Les jugements mentionnés à l'article L. 3253-12 s'entendent de toute décision équivalente prise par l'autorité étrangère compétente.

Les institutions mentionnées à l'article L. 3253-14 sont subrogées dans les droits des salariés pour lesquels elles ont réalisé des avances.

Art. L. 3253-18-8 Lorsque le syndic étranger ou toute personne exerçant une fonction similaire à celle du mandataire judiciaire, de l'administrateur judiciaire ou du liquidateur a cessé ses fonctions ou dans le cas mentionné au 2° de l'article L. 3253-18-2, les institutions de garantie versent les sommes dues au salarié sur présentation, par celui-ci, des pièces justifiant du montant de sa créance. Dans ce cas, les dispositions relatives aux relevés des créances ne sont pas applicables.

Art. L. 3253-18-9 Les institutions mentionnées à l'article L. 3253-14 informent, en cas de demande, toutes autres institutions de garantie des États membres de la Communauté européenne ou de l'Espace économique européen sur la législation et la réglementation nationales applicables en cas de mise en œuvre d'une procédure d'insolvabilité définie aux articles L. 3253-18-1 et L. 3253-18-2.

SOUS-SECTION 3 **Établissement et liquidation des créances**

Art. L. 3253-19 Le mandataire judiciaire établit les relevés des créances dans les conditions suivantes :

1° Pour les créances mentionnées aux articles L. 3253-2 et L. 3253-4, dans les dix jours suivant le prononcé du jugement d'ouverture de la procédure ;

2° Pour les autres créances également exigibles à la date du jugement d'ouverture de la procédure, dans les trois mois suivant le prononcé du jugement ;

3° Pour les salaires et les indemnités de congés payés couvertes en application du 3° de l'article L. 3253-8 et les salaires couverts en application du dernier alinéa de ce même article, dans les dix jours suivant l'expiration des périodes de garantie prévues à ce 3° et ce, jusqu'à concurrence du plafond mentionné aux articles L. 3253-2, L. 3253-4 et L. 7313-8 ;

4° Pour les autres créances, dans les trois mois suivant l'expiration de la période de garantie.

Les relevés des créances précisent le montant des cotisations et contributions mentionnées au dernier alinéa de l'article L. 3253-8 dues au titre de chacun des salariés intéressés. — [*Anc. art. L. 143-11-7, al. 1ᵉʳ à 6.*]

BIBL. ▶ SARAMITO, *Dr. ouvrier 2002.* 383 (AGS et garantie des créances établies après l'ouverture de la procédure collective).

1. Absence de relevé. Le salarié dont les relevés résultant du contrat de travail n'ont pas été établis dans les délais légaux est recevable à demander le paiement desdites créances directement devant le bureau de jugement du conseil de prud'hommes. • Soc. 26 févr. 2003, n° 00-46.174 P.

2. Action en responsabilité personnelle du liquidateur judiciaire. La juridiction prud'homale n'est pas compétente pour connaître de la demande incidente formée par un salarié pour obtenir la condamnation du liquidateur de la société qui l'employait à garantir le paiement des sommes fixées au titre des créances salariales, au passif de la liquidation. • Soc. 19 janv. 2022, n° 19-19.313 B : *D. actu. 8 févr. 2022, obs. Couëdel ; D. 2022. 164 ; RDT 2022. 257, obs. Mraouahi ; RJS 3/2022, n° 138 ; JCP 2022. 138, obs. Dedessus-le-Moustier.*

3. Avances de l'AGS. La présentation des relevés de créances salariales est suffisante au paiement par l'AGS des sommes y figurant ; il n'incombe pas au salarié d'apporter la preuve de l'absence ou de l'insuffisance de fonds disponibles dans l'entreprise. • Soc. 21 oct. 1998, n° 96-19.865 P : *RJS 1999. 127, n° 206*. ♦ L'AGS ne peut contester la réalité de l'insuffisance des fonds dans l'actif de l'entreprise. • Com. 7 juill. 2023, n° 22-17.902 B : *D. 2023. 1357 ; Rev. sociétés 2023. 547, obs. Henry ; RDT 2023. 628, obs. Ilieva et Mittelette ; RJS 10/2023, n° 514*. ♦ Comp. : • Soc. 9 mars 2004, n° 02-41.852 P.

4. Absence d'action directe. Les juges du fond ne peuvent condamner l'AGS à verser directement au salarié les sommes litigieuses. • Soc. 21 mars 1990, n° 87-41.404 P. • 10 oct. 1990, n° 88-43.927 P : *RJS 1990. 577, n° 864* • 11 juin 1992, n° 89-43.138 P. ♦ Les salariés ne peuvent pas demander l'inscription des créances litigieuses sur l'état dressé par le syndic. • Soc. 19 nov. 1987 : *Bull. civ. V, n° 659* • 30 mai 1990, n° 87-43.422 P • 12 déc. 1991 : *RJS 1991. 177, n° 342* • 26 janv. 2000, n° 96-42.376 P.

5. La fin de non-recevoir à opposer aux demandes de salariés dirigées contre l'Assedic a un caractère d'ordre public et doit être relevée d'office. • Soc. 12 févr. 1991 : *RJS 1991. 177, n° 342.*

6. Refus de paiement. Aucune disposition ne prévoit que le refus de l'AGS de payer les sommes figurant sur les relevés des créances salariales doive être formulé dans les délais fixés par l'art. L. 143-11-7, al. 3 [L. 3253-19, al. 3 nouv.]. • Soc. 20 mai 1992, n° 90-44.061 P : *D. 1993. Somm. 367, obs. A. Honorat.*

7. Les litiges relatifs au refus de paiement par l'Assedic des créances salariales sont de la compétence exclusive du conseil de prud'hommes et les salariés concernés ont seuls qualité pour engager l'action. • Soc. 21 mars 1989 : *Bull. civ. V, n° 233* ; *D. 1991. Somm. 108, obs. Derrida* ♦ 4 juin 2003, n° 01-41.791 P. (compétence exclusive du bureau de jugement) • 23 oct. 2012 : *D. actu. 6 nov. 2012, obs. Siro ; Dr. ouvrier 2013. 214, obs. Ondze ; RJS 2013. 42, n° 34 ; JCP S 2013. 1039, obs. Fin-Langer*. ♦ Peu important que le salarié ait appelé en garantie une partie étrangère à la procédure collective de l'employeur. • Soc. 21 juin 2005 : *D. 2005. IR 2039 ; RJS 2005. 698, n° 984.*

8. Créances définitivement établies. Une créance fixée par un arrêt d'appel, passé en force de chose jugée, est définitivement établie, au sens de l'art. L. 143-11-7 [L. 3253-19 nouv.], dernier alinéa, nonobstant pourvoi en cassation contre cet arrêt. • Cass., ord., 13 oct. 1992, n° 91-44.421 P : *Dr. soc. 1993. 760, note Derrida* • Soc. 1er juin 1994, n° 91-43.477 P : *D. 1995. 76, note Souweine ; Dr. soc. 1994. 814, obs. Derrida ; RJS 1994. 586, n° 991.*

9. Délai de forclusion. Le délai imparti au salarié pour agir en relevé de forclusion ne court pas à son encontre si le représentant des créanciers a déposé le relevé de créance postérieurement à ce délai. • Soc. 8 janv. 2002, n° 99-41.520 P : *RJS 2002. 237, n° 289*. ♦ Le délai de forclusion ne court pas lorsque le représentant des créanciers n'a pas informé le salarié de son existence et de son point de départ. • Soc. 25 juin 2002, n° 00-44.704 P : *RJS 2002. 845, n° 1127* • 9 nov. 2004 : *RJS 2005. 42, n° 43.*

10. Aucune forclusion n'est opposable au salarié qui saisit la juridiction prud'homale afin de contester le refus de l'AGS de régler tout ou partie d'une créance figurant sur un relevé de créances résultant d'un contrat de travail. • Soc. 1er févr. 2001, n° 97-45.009 P.

Art. L. 3253-20 Si les créances ne peuvent être payées en tout ou partie sur les fonds disponibles avant l'expiration des délais prévus par l'article L. 3253-19, le mandataire judiciaire demande, sur présentation des relevés, l'avance des fonds nécessaires aux institutions de garantie mentionnées à l'article L. 3253-14.

Dans le cas d'une procédure de sauvegarde, le mandataire judiciaire justifie à ces institutions, lors de sa demande, que l'insuffisance des fonds disponibles est caractérisée. Ces institutions peuvent contester, dans un délai déterminé par décret en Conseil d'État, la réalité de cette insuffisance devant le juge-commissaire. Dans ce cas, l'avance des fonds est soumise à l'autorisation du juge-commissaire. – [*Anc. art. L. 143-11-7, al. 7.*] – V. art. R. 3253-6.

BIBL. ▶ Morvan, *Dr. soc. 2022. 799* (la garantie de l'AGS est-elle subsidiaire ?). – Vernac, *RDT 2023. 452* (l'intervention de l'AGS dans les entreprises en redressement et liquidation judiciaires, en quête de nouveaux équilibres).

1. Les dispositions légales relatives à la garantie de l'AGS excluent pour le salarié le droit d'agir directement contre cette institution et lui permettent seulement de demander que les créances litigieuses soient inscrites sur le relevé dressé par le mandataire judiciaire afin d'entraîner l'obligation pour cette institution de verser, selon la procédure légale, les sommes litigieuses entre les mains de celui-ci. ● Soc. 18 nov. 2020, ⚕ n° 19-15.795 P : *D. actu.* 14 déc. 2020, obs. Couëdel ; *D.* 2020. 2341 ⌀ ; *Dr. soc.* 2021. 55, note Bondat ⌀ ; *RJS* 2/2021, n° 89 ; *JSL* 2021, n° 513-6, obs. Philippot et Clément.

2. Absence de contrôle de l'indisponibilité des fonds. En cas de redressement ou de liquidation judiciaires, l'AGS doit avancer les sommes sur présentation du relevé des créances salariales, sans pouvoir contester la réalité de l'insuffisance des fonds dans l'actif de l'entreprise. ● Com. 7 juill. 2023, ⚕ n° 22-17.902 B : *D.* 2023. 1357 ⌀ ; *Rev. sociétés* 2023. 547, obs. Henry ⌀ ; *RDT* 2023. 628, obs. Ilieva et Mittelette ⌀ ; *RJS* 10/2023, n° 514.

Art. L. 3253-21 Les institutions de garantie mentionnées à l'article L. 3253-14 versent au mandataire judiciaire les sommes figurant sur les relevés et restées impayées :

1° Dans les cinq jours suivant la réception des relevés mentionnés aux 1° et 3° de l'article L. 3253-19 ;

2° Dans les huit jours suivant la réception des relevés mentionnés aux 2° et 4° du même article.

Par dérogation, l'avance des contributions de l'employeur au financement *(L. n° 2011-893 du 28 juill. 2011, art. 44)* « du contrat de sécurisation professionnelle » est versée directement *(L. n° 2008-126 du 13 févr. 2008)* « aux organismes chargés du recouvrement mentionnés à l'article L. 5427-1 ».

Le mandataire judiciaire reverse immédiatement les sommes qu'il a reçues aux salariés et organismes créanciers, à l'exclusion des créanciers subrogés, et en informe le représentant des salariés. — *[Anc. art. L. 143-11-7, al. 8 à 12.]*

SECTION 3 Privilèges spéciaux

Art. L. 3253-22 Les sommes dues aux entrepreneurs de travaux publics ne peuvent être frappées de *(Ord. n° 2011-1895 du 19 déc. 2011, art. 3-13°)* « saisie » ni d'opposition au préjudice soit des salariés, soit des fournisseurs créanciers à raison de fournitures de matériaux de toute nature servant à la construction des ouvrages.

Les sommes dues aux salariés à titre de salaire sont payées de préférence à celles dues aux fournisseurs. — *[Anc. art. L. 143-6.]*

Art. L. 3253-23 Peuvent faire valoir une action directe ou des privilèges spéciaux :

1° Dans les conditions fixées à l'article 1798 du code civil, les salariés des secteurs du bâtiment et des travaux publics ;

2° Dans les conditions fixées aux 1° et 3° de l'article 2332 du code civil, les salariés des entreprises agricoles ;

3° Dans les conditions fixées au *(Ord. n° 2021-1192 du 15 sept. 2021, art. 34-XVII, en vigueur le 1ᵉʳ janv. 2022)* « 4° » de l'article 2332 du code civil, les auxiliaires salariés des travailleurs à domicile ;

4° Les caisses de congé pour le paiement des cotisations qui leur sont dues en application des articles *(L. n° 2016-1088 du 8 août 2016, art. 8)* « L. 3141-32 » et L. 5424-6 et suivants. Ce privilège qui garantit le recouvrement de ces cotisations pendant un an à dater de leur exigibilité porte sur les biens meubles des débiteurs et prend rang immédiatement après celui des salariés établis par le *(Ord. n° 2021-1192 du 15 sept. 2021, art. 34-XVII, en vigueur le 1ᵉʳ janv. 2022)* « 3° » de l'article 2331 du code civil. Les immeubles des débiteurs sont également grevés d'une hypothèque légale prenant rang à la date de son inscription ;

5° Dans les conditions fixées à l'article 89 du code du domaine public fluvial et de la navigation intérieure, les salariés employés à la construction, à la réparation, l'armement et à l'équipement du bateau.

CHAPITRE IV ÉCONOMATS

Art. L. 3254-1 Il est interdit à tout employeur :

1° D'annexer à son établissement un économat destiné à la vente, directe ou indirecte, aux salariés et à leurs familles de denrées ou marchandises de quelque nature que ce soit ;

2° D'imposer au salarié l'obligation de dépenser tout ou partie de leur salaire dans des magasins désignés par lui. — *[Anc. art. L. 148-1, al. 1er à 3.]* — *V. art. L. 3255-1 (pén.).*

Art. L. 3254-2 L'interdiction prévue à l'article L. 3254-1 ne vise pas les cas suivants :
1° Lorsque le contrat de travail stipule que le salarié logé et nourri reçoit en outre un salaire déterminé en argent ;
2° Lorsque, pour l'exécution d'un contrat de travail, l'employeur cède au salarié des fournitures à prix coûtant. — *[Anc. art. L. 148-1, al. 4.]*

CHAPITRE V DISPOSITIONS PÉNALES

Art. L. 3255-1 Le fait de méconnaître les dispositions de l'article L. 3254-1, relatives aux économats, est puni d'une amende de 3 750 €. — *[Anc. art. L. 154-3.]*

TITRE VI AVANTAGES DIVERS

CHAPITRE I FRAIS DE TRANSPORT

COMMENTAIRE
V. sur le Code en ligne.

SECTION 1 Champ d'application

Art. L. 3261-1 (L. n° 2019-1428 du 24 déc. 2019, art. 82, en vigueur le 1er janv. 2020) Les dispositions du présent chapitre s'appliquent aux employeurs mentionnés à l'article L. 3211-1.
Elles s'appliquent également, dans des conditions et selon des modalités prévues par décret, aux magistrats et aux personnels civils et militaires de l'État, des collectivités territoriales et de leurs établissements publics, des établissements mentionnés à l'article 2 de la loi n° 86-33 du 9 janvier 1986 portant dispositions statutaires relatives à la fonction publique hospitalière et des groupements d'intérêt public.

COMMENTAIRE
V. sur le Code en ligne.

SECTION 2 Prise en charge des frais de transports publics

(L. n° 2008-1330 du 17 déc. 2008, art. 20-I)

Art. L. 3261-2 L'employeur prend en charge, dans une proportion et des conditions déterminées par voie réglementaire, le prix des titres d'abonnements souscrits par ses salariés pour leurs déplacements entre leur résidence habituelle et leur lieu de travail accomplis au moyen de transports publics de personnes ou de services publics de location de vélos. — *V. art. R. 3261-1 s.*

Pour les années 2022 et 2023, la prise en charge par l'employeur du prix des titres d'abonnements souscrits par ses salariés dans les conditions prévues à l'art. L. 3261-2 et excédant l'obligation de prise en charge définie au même art. L. 3261-2 bénéficie, dans la limite de 25 % du prix de ces titres, des exonérations définies au a du 19° ter de l'art. 81 CGI et au d du 4 du III de l'art. L. 136-1-1 CSS (L. n° 2022-1157 du 16 août 2022, art. 2-III).

1. Avantage en nature. L'art. L. 3261-2 impose aux employeurs la prise en charge partielle du prix des titres d'abonnements souscrits par leurs salariés pour leurs déplacements accomplis au moyen de transports publics entre leur résidence habituelle et leur lieu de travail, sans distinguer selon la situation géographique de cette résidence. • Soc. 12 déc. 2012 : *D. 2013. Actu. 22 ; JSL 2013, n° 337-5, obs. Taquet ; JCP S 2013. 1091, obs. Giovenal.*

2. Exclusion de l'assiette des minimas. Les sommes consacrées par l'employeur pour l'acquisition par le salarié de titres-restaurant n'étant pas versées en contrepartie du travail, elles n'entrent pas dans le calcul de la rémunération à comparer avec le salaire minimum conventionnel. • Soc. 3 juill. 2019, n° 17-18.210 P : *D. 2019. Actu. 1455 ; RJS 10/2019, n° 571 ; JCP S 2019. 1276, obs. Barège.*

SALAIRE ET AVANTAGES DIVERS **Art. L. 3261-4** 1247

SECTION 3 Prise en charge des frais de transports personnels

(L. n° 2008-1330 du 17 déc. 2008, art. 20-I)

Art. L. 3261-3 L'employeur peut prendre en charge, dans les conditions prévues à l'article L. 3261-4, tout ou partie des frais de carburant *(L. n° 2019-1428 du 24 déc. 2019, art. 82-III, en vigueur le 1ᵉʳ janv. 2020)* « et des frais exposés pour l'alimentation de véhicules électriques, hybrides rechargeables ou hydrogène » engagés pour leurs déplacements entre leur résidence habituelle et leur lieu de travail par ceux de ses salariés :

1° Dont la résidence habituelle ou le lieu de travail *(L. n° 2019-1428 du 24 déc. 2019, art. 82-III, en vigueur le 1ᵉʳ janv. 2020)* « soit est situé dans une commune non desservie par un service public de transport collectif régulier ou un service privé mis en place par l'employeur, soit n'est pas inclus dans le périmètre d'un plan de mobilité obligatoire en application des articles L. 1214-3 et L. 1214-24 du code des transports » ;

2° Ou pour lesquels l'utilisation d'un véhicule personnel est rendue indispensable par des conditions d'horaires de travail particuliers ne permettant pas d'emprunter un mode collectif de transport.

(Abrogé par L. n° 2019-1428 du 24 déc. 2019, art. 82-III, à compter du 1ᵉʳ janv. 2020) « *Dans les mêmes conditions, l'employeur peut prendre en charge les frais exposés pour l'alimentation de véhicules électriques* (L. n° 2010-788 du 12 juill. 2010, art. 57-III) *« ou hybrides rechargeables et permettre la recharge desdits véhicules sur le lieu de travail ».* »

Le bénéfice de cette prise en charge ne peut être cumulé avec celle prévue à l'article L. 3261-2.

Par dérogation au b du 19° ter de l'art. 81 CGI, pour l'imposition des revenus des années 2022 et 2023, l'avantage résultant de la prise en charge par l'employeur des frais de carburant ou des frais exposés pour l'alimentation de véhicules électriques, hybrides rechargeables ou hydrogène engagés par les salariés dans les conditions prévues à l'art. L. 3261-3 C. trav. et des frais mentionnés à l'art. L. 3261-3-1 est exonéré d'impôt sur le revenu dans la limite globale de 700 € par an, dont 400 € au maximum pour les frais de carburant. Par exception, dans les collectivités régies par l'art. 73 de la Constitution, la limite globale est portée à 900 €, dont 600 € pour les frais de carburant.

Par dérogation aux trois premiers al. de l'art. L. 3261-3, l'employeur peut prendre en charge, au titre de l'année 2022 et de l'année 2023, dans les conditions prévues à l'art. L. 3261-4, tout ou partie des frais de carburant et des frais exposés pour l'alimentation de véhicules électriques, hybrides rechargeables ou hydrogène engagés par ses salariés pour leurs déplacements entre leur résidence habituelle et leur lieu de travail. Par dérogation au dernier al. de l'art. L. 3261-3, la prise en charge par l'employeur des frais mentionnés au même art. L. 3261-3 exposés par ses salariés peut, au titre de l'année 2022 et de l'année 2023, être cumulée avec la prise en charge prévue à l'art. L. 3261-2 (L. n° 2022-1157 du 16 août 2022, art. 2-I et II).

Art. L. 3261-3-1 *(L. n° 2019-1428 du 24 déc. 2019, art. 82-III, en vigueur le 1ᵉʳ janv. 2020)* L'employeur peut prendre en charge, dans les conditions prévues pour les frais de carburant à l'article L. 3261-4, tout ou partie des frais engagés par ses salariés se déplaçant entre leur résidence habituelle et leur lieu de travail avec leur cycle ou cycle à pédalage assisté personnel *(L. n° 2020-1721 du 29 déc. 2020, art. 119, en vigueur le 1ᵉʳ janv. 2022)* « ou leur engin de déplacement personnel motorisé » ou en tant que conducteur ou passager en covoiturage, ou en transports publics de personnes à l'exception des frais d'abonnement mentionnés à l'article L. 3261-2, ou à l'aide d'autres services de mobilité partagée définis par décret sous la forme d'un "forfait mobilités durables" dont les modalités sont fixées par décret. – V. art. R. 3261-13-1 s.

BIBL. ▶ Casado, *SSL 2022, n° 2019, p. 7* (forfait mobilités durables : le foisonnement de la négociation collective).

Art. L. 3261-4 *(L. n° 2019-1428 du 24 déc. 2019, art. 82-III, en vigueur le 1ᵉʳ janv. 2020)* Le montant, les modalités et les critères d'attribution de la prise en charge des frais mentionnés aux articles L. 3261-3 et L. 3261-3-1 sont déterminés par accord d'entreprise ou par accord interentreprises, et à défaut par accord de branche. A défaut d'accord, la prise en charge de ces frais est mise en œuvre par décision unilatérale de l'employeur, après consultation du comité social et économique, s'il existe.

SECTION 4 Titre-mobilité

(L. n° 2019-1428 du 24 déc. 2019, art. 82-III, en vigueur le 1ᵉʳ janv. 2020)

Art. L. 3261-5 La prise en charge mentionnée aux articles L. 3261-3 et L. 3261-3-1 peut prendre la forme d'une solution de paiement spécifique, dématérialisée et prépayée, intitulée "titre-mobilité". Ce titre est émis par une société spécialisée qui les cède à l'employeur contre paiement de leur valeur libératoire et, le cas échéant, d'une commission.

Art. L. 3261-6 L'émetteur du titre-mobilité ouvre un compte bancaire ou postal sur lequel sont uniquement versés les fonds qu'il perçoit en contrepartie de la cession de ces titres.

Le montant des versements est égal à la valeur libératoire des titres mis en circulation.

Les fonds provenant d'autres sources, notamment des commissions éventuellement perçues par les émetteurs, ne peuvent être versés aux comptes ouverts en application du présent article.

Art. L. 3261-7 Les comptes prévus à l'article L. 3261-6 sont des comptes de dépôt de fonds intitulés "comptes de titre-mobilité".

Sous réserve du même article L. 3261-6 et du présent article ainsi que du décret prévu à l'article L. 3261-10, ils ne peuvent être débités qu'en règlement de biens ou de services spécifiques liés aux déplacements des salariés entre leur résidence habituelle et leur lieu de travail, fournis ou commercialisés par des organismes agréés, dans des conditions fixées par ce même décret. – V. art. R. 3261-13-5.

Les émetteurs spécialisés mentionnés à l'article L. 3261-6 qui n'ont pas déposé à l'avance, sur leur compte de titre-mobilité, le montant de la valeur libératoire des titres-mobilité qu'ils cèdent à des employeurs ne peuvent recevoir de ces derniers, en contrepartie de cette valeur, que des versements effectués au crédit de leur compte, à l'exclusion d'espèces, d'effets ou de valeurs quelconques.

Art. L. 3261-8 En cas de procédure de sauvegarde, de redressement ou de liquidation judiciaire de l'émetteur, les salariés détenteurs de titres non utilisés mais encore valables et échangeables à la date du jugement déclaratif peuvent, par priorité à toute autre créance privilégiée ou non, se faire rembourser immédiatement, sur les fonds déposés aux comptes ouverts en application de l'article L. 3261-6, le montant des sommes versées pour l'acquisition de ces titres-mobilité.

Art. L. 3261-9 Les titres qui n'ont pas été présentés au remboursement par un organisme mentionné à l'article L. 3261-7 avant la fin du deuxième mois suivant l'expiration de leur période d'utilisation sont définitivement périmés.

Sous réserve de prélèvements autorisés par le décret prévu à l'article L. 3261-10, la contre-valeur des titres périmés est versée au budget des activités sociales et culturelles des entreprises auprès desquelles les salariés se sont procuré leurs titres.

Art. L. 3261-10 Un décret en Conseil d'État détermine les modalités d'application du présent titre, notamment :

1° Les mentions obligatoires attachées aux titres-mobilité et les modalités d'accessibilité de ces mentions ;

2° Les conditions d'utilisation et de remboursement de ces titres ;

3° Les règles de fonctionnement des comptes bancaires spécialement affectés à l'émission et à l'utilisation des titres mobilité ;

4° Les conditions du contrôle de la gestion des fonds mentionnées à l'article L. 3261-7.

V. art. R. 3261-13-3 s.

SECTION 5 Dispositions d'application

(L. n° 2008-1330 du 17 déc. 2008, art. 20-I)

La section 4 devient la section 5 (L. n° 2019-1428 du 24 déc. 2019, art. 82-III, en vigueur le 1ᵉʳ janv. 2020).

SALAIRE ET AVANTAGES DIVERS

Art. L. 3261-11 (L. n° 2019-1428 du 24 déc. 2019, art. 82, en vigueur le 1er janv. 2020) Un décret en Conseil d'État détermine les modalités des prises en charge prévues aux articles L. 3261-2 à L. 3261-4, notamment pour les salariés ayant plusieurs employeurs et les salariés à temps partiel, ainsi que les sanctions pour contravention aux dispositions du présent chapitre.

L'art. L. 3261-5 devient l'art. L. 3261-11 (L. n° 2019-1428 du 24 déc. 2019, art. 82-III, en vigueur le 1er janv. 2020).

CHAPITRE II TITRES-RESTAURANT

COMMENTAIRE
V. sur le Code en ligne.

SECTION 1 Émission

Art. L. 3262-1 Le titre-restaurant est un titre spécial de paiement remis par l'employeur aux salariés pour leur permettre d'acquitter en tout ou en partie le prix du repas consommé au restaurant ou (L. n° 2009-879 du 21 juill. 2009, art. 113 ; L. n° 2010-874 du 27 juillet. 2010, art. 2) « acheté auprès d'une personne ou d'un organisme mentionné au deuxième alinéa de l'article L. 3262-3. Ce repas peut être composé de fruits et légumes, qu'ils soient ou non directement consommables. »

Ces titres sont émis :

1° Soit par l'employeur au profit des salariés directement ou par l'intermédiaire du (Ord. n° 2017-1386 du 22 sept. 2017, art. 4) « comité social et économique » ;

2° Soit par une entreprise spécialisée qui les cède à l'employeur contre paiement de leur valeur libératoire et, le cas échéant, d'une commission.

Un décret détermine les conditions d'application du présent article. – *V. art. R. 3262-1 s.*

Par dérogation à l'art. L. 3262-1, jusqu'au 31 déc. 2024, les titres-restaurant peuvent être utilisés pour acquitter en tout ou en partie le prix de tout produit alimentaire, qu'il soit ou non directement consommable, acheté auprès d'une personne ou d'un organisme mentionné au 2e al. de l'art. L. 3262-3 (L. n° 2022-1158 du 16 août 2022, art. 6, mod. par L. n° 2023-1252 du 26 déc. 2023).

1. Nature juridique. Le ticket-restaurant, qui constitue un avantage en nature payé par l'employeur, entre dans la rémunération du salarié et ne constitue pas une fourniture diverse au sens de l'art. L. 3251-1 C. trav. ● Soc. 1er mars 2017, n° 15-18.333 P : *D. actu. 30 mars 2017, obs. Fraisse.* ◆ Le salarié doit donc être indemnisé de la perte du bénéfice de la contribution de l'employeur au financement des titres-restaurant. ● Soc. 30 mars 2023, n° 21-21.070 B.

2. Titres-restaurant et télétravail. Les salariés en télétravail, qui ne sont pas dans une situation comparable à celle des salariés travaillant sur site et n'ayant pas accès à un restaurant d'entreprise, ne peuvent prétendre à l'attribution de titres-restaurant. ● TJ Nanterre, 10 mars 2021, n° 20/09616 : *RJS 5/2021, n° 290* (position contraire à celle exprimée par le ministère du Travail : *QR min. Trav. du 25 mars 2021*).

Art. L. 3262-2 L'émetteur de titres-restaurant ouvre un compte bancaire ou postal sur lequel sont uniquement versés les fonds qu'il perçoit en contrepartie de la cession de ces titres.

Toutefois, cette règle n'est pas applicable à l'employeur émettant ses titres au profit des salariés *(Abrogé par L. n° 2019-486 du 22 mai 2019, art. 11-VI, à compter du 1er janv. 2020)* « lorsque l'effectif n'excède par vingt-cinq salariés ».

Le montant des versements est égal à la valeur libératoire des titres mis en circulation. Les fonds provenant d'autres sources, et notamment des commissions éventuellement perçues par les émetteurs ne peuvent être versés aux comptes ouverts en application du présent article. – *V. art. R. 3262-46 (pén.).*

Art. L. 3262-3 Les comptes prévus à l'article L. 3262-2 sont des comptes de dépôts de fonds intitulés "comptes de titres-restaurant".

Sous réserve des dispositions des articles L. 3262-4 et L. 3262-5, ils ne peuvent être débités qu'au profit de personnes ou d'organismes exerçant la profession de restaurateur, d'hôtelier restaurateur ou une activité assimilée (L. n° 2009-879 du 21 juill. 2009, art. 113) « , ou la profession de détaillant en fruits et légumes ».

Les émetteurs spécialisés mentionnés au 2° de l'article L. 3262-1, qui n'ont pas déposé à l'avance à leur compte de titres-restaurant le montant de la valeur libératoire des titres-restaurant qu'ils cèdent à des employeurs, ne peuvent recevoir de ces derniers, en contrepartie de cette valeur, que des versements effectués au crédit de leur compte, à l'exclusion d'espèces, d'effets ou de valeurs quelconques. — [Anc. art. 24, L. n° 67-830 du 27 sept. 1967.] — V. art. R. 3262-46 (pén.).

SECTION 2 Utilisation

Art. L. 3262-4 En cas de procédure de sauvegarde, de redressement ou de liquidation judiciaire de l'émetteur, les salariés détenteurs de titres non utilisés mais encore valables et échangeables à la date du jugement déclaratif peuvent, par priorité à toute autre créance privilégiée ou non, se faire rembourser immédiatement, sur les fonds déposés aux comptes ouverts en application de l'article L. 3262-2, le montant des sommes versées pour l'acquisition de ces titres-restaurant. — [Anc. art. 21, L. n° 67-830 du 27 sept. 1967.]

Art. L. 3262-5 Les titres qui n'ont pas été présentés au remboursement par un restaurant (L. n° 2009-879 du 21 juill. 2009, art. 113) « ou un détaillant en fruits et légumes » avant la fin du deuxième mois suivant l'expiration de leur période d'utilisation sont définitivement périmés.

Sous réserve de prélèvements autorisés par le décret prévu à l'article L. 3262-7, la contre-valeur des titres périmés est versée au budget des activités sociales et culturelles des entreprises auprès desquelles les salariés se sont procuré leurs titres. — [Anc. art. 22, al. 1er et 4, L. n° 67-830 du 27 sept. 1967.] — V. art. R. 3262-46 (pén.).

SECTION 3 Exonérations

Art. L. 3262-6 (L. n° 2008-1443 du 30 déc. 2008) Conformément à l'article 81 du code général des impôts, lorsque l'employeur contribue à l'acquisition des titres par le salarié bénéficiaire, le complément de rémunération qui en résulte pour le salarié est exonéré d'impôt sur le revenu dans la limite prévue au 19° dudit article.

La limite d'exonération de cotisations et contributions sociales et d'impôt sur le revenu de la part patronale au financement des titres-restaurant est fixée à 7,18 € pour l'année 2024. Pour être exonérée de cotisations et d'impôt sur le revenu, la valeur du titre-restaurant doit ainsi être comprise entre 11,97 € et 14,36 € (CGI, art. 81-19° et BOSS, Avantages en nature, § 130).

SECTION 4 Dispositions d'application

Art. L. 3262-7 Un décret en Conseil d'État détermine les modalités d'application du présent titre, notamment :

1° Les mentions qui figurent sur les titres-restaurant et les conditions d'apposition de ces mentions ;

2° Les conditions d'utilisation et de remboursement de ces titres ;

3° Les règles de fonctionnement des comptes bancaires ou postaux spécialement affectés à l'émission et à l'utilisation des titres-restaurant ;

4° Les conditions du contrôle de la gestion des fonds mentionnées à l'article L. 3262-2. — [Anc. art. 28, al. 1er à 5, L. n° 67-830 du 27 sept. 1967.] — V. art. R. 3262-1 s.

CHAPITRE III CHÈQUES-VACANCES

Art. L. 3263-1 Les dispositions relatives aux chèques-vacances sont prévues aux articles L. 411-1 à L. 411-17 du code du tourisme. — V. App. II. C.

LIVRE III DIVIDENDE DU TRAVAIL, INTÉRESSEMENT, PARTICIPATION ET ÉPARGNE SALARIALE (L. n° 2008-1258 du 3 déc. 2008, art. 1er).

RÉP. TRAV. v° *Épargne salariale*, par DENKIEWICZ et MAURIN.
BIBL. ▶ **Participation et intéressement :** CAIRE, *Dr. ouvrier* 1983. 61 (entreprises multinationales). - COURET et AUBERT-MONPEYSSEN, *BJS* 1986. 1069. - COUTURIER, *Journées de législ.*

INTÉRESSEMENT Art. L. 3311-1 1251

comparée 1981, vol. 3, p. 305. – Daubler, *Dr. ouvrier 1984. 333* (entreprises transnationales). – Despax, *Dr. soc. 1969. 378.* – Le Gall et Coudin, *Dr. soc. 1987. 437.* – Savatier, *ibid. 1988. 89.* – Teyssié, *Journées de législ. comparée, 1983, vol. 5, p. 103.*

▶ **Actionnariat :** Laronze, Tuffery-Andrieu, Lieutier, Bourdeau, Géniaut, Lacroix-de Sousa, Keim-Bagot, Nicolas, Kocher, Lafarge, Benhamou, Schmitt et Moizard, *Dr. soc. 2014. 492* 🔒. – Madiot, *AJDA 1974. 60* (entreprises publiques). – Mouchtouris, *Gaz. Pal. 1981. 1. Doctr. 56.* – Muzellec, *Dr. soc. 1974. 85* (entreprises publiques).

▶ **SCOP :** Grelon, *Dr. ouvrier 1983. 400.* – Mialon, *Dr. soc. 1979. 211.*

▶ **Loi du 19 févr. 2001 sur l'épargne salariale :** Favennec-Héry, *RJS 2002. 2.* – Iacono, *D. 2001. 1259* 🔒. – Pansier, *CSB 2001. 191.* – Sauret, *JCP E 2001. 552.* – Taquet, *JCP 2001. 737.* – Saint-Jours, *D. 2001. 1179* 🔒.

▶ **Loi du 30 décembre 2006 sur la participation, l'intéressement, l'actionnariat et le PEE :** Jourdan et Morand, *JCP E 2007. 1395.* – Vatinet, *JCP S 2007. 1001 et 1032.*

> **COMMENTAIRE**
> V. sur le Code en ligne 🔒. ☐

TITRE I INTÉRESSEMENT

V. Instr. min. n° DGT/RT3/DSS/DGTRESOR/2016/5 du 18 févr. 2016 (https://www.legifrance.gouv.fr/circulaire/id/40587).

V. Instr. min. n° DGT/RT3/DSS/DGT/2019/252 du 19 déc. 2019 (https://travail-emploi.gouv.fr/IMG/pdf/instruction_interministerielle_epargne_salariale_19122019.pdf).

BIBL. GÉN. ▶ Arséguel et Isoux, *Dr. soc. 1991. 126* 🔒 (dépôt des accords d'intéressement). – Auzero, *RDT 2009. 358* 🔒 (détermination des créances garanties par l'AGS en matière d'épargne salariale). – Boulmier, *SSL 1996, n° 780.* – Cuzacq, *RDT 2019. 460* 🔒 (participation aux résultats dans les entreprises de moins de 50 salariés). – De Lestapis, *BS Lefebvre 1989. 66.* – Sauret, *JCP E 1987. I. 16496.* – Sauret et Lipiski, *JCP S 2009. 1279* (intéressement et impact de la recodification). – Savatier, *Dr. soc. 1991. 756* 🔒 (interdiction de substituer un intéressement à un élément du salaire). – Taquet, *Dr. trav. 1990, n° 3, 1* (substitution d'un intéressement à des primes). – Derue, *TPS 1998. Chron. 2* (caractère collectif).

> **COMMENTAIRE**
> V. sur le Code en ligne 🔒. ☐

CHAPITRE I CHAMP D'APPLICATION

Art. L. 3311-1 Les dispositions du présent titre sont applicables aux employeurs de droit privé ainsi qu'à leurs salariés.
Elles sont également applicables :
1° Aux établissements publics à caractère industriel et commercial ;
2° Aux établissements publics administratifs lorsqu'ils emploient du personnel de droit privé.
(L. n° 2019-486 du 22 mai 2019, art. 155-I, en vigueur le 1ᵉʳ janv. 2019) « Pour l'application du présent titre, l'effectif salarié et le franchissement du seuil sont déterminés selon les modalités prévues au I de l'article L. 130-1 du code de la sécurité sociale *[V. cet art. ss. art. L. 1151-2]*. »
Un décret en Conseil d'État détermine les conditions dans lesquelles les dispositions du présent titre sont applicables aux entreprises publiques et aux sociétés nationales ne pouvant pas conclure une convention ou un accord collectif de travail mentionné à l'article L. 3312-5 *(L. n° 2019-486 du 22 mai 2019, art. 155-I, en vigueur le 1ᵉʳ janv. 2020)* « du présent code ». — *V. art. R. 3311-1.*

Ndlr : les dispositions issues de la L. n° 2019-486 du 22 mai 2019 prévoient une entrée en vigueur au 1ᵉʳ janv. 2019 (art. 155-VII) ; l'art. L. 130-1 CSS qui détermine les modalités de calcul de l'effectif annuel des salariés entre en vigueur le 1ᵉʳ janv. 2020 (V. CSS, art. L. 130-1, ss. art. L. 1151-2). A moins qu'il ne s'agisse d'une erreur matérielle, il faudrait alors considérer que les nouvelles règles de décompte reçoivent une application rétroactive - dès le 1ᵉʳ janv. 2019, en ce qui concerne la participation.

> **COMMENTAIRE**
> V. sur le Code en ligne 📖.

CHAPITRE II MISE EN PLACE DE L'INTÉRESSEMENT

Art. L. 3312-1 L'intéressement a pour objet d'associer collectivement les salariés aux résultats ou aux performances de l'entreprise.

Il présente un caractère aléatoire et résulte d'une formule de calcul liée à ces résultats ou performances.

Il est facultatif.

1. Caractère salarial. La loi réservant aux seuls salariés le bénéfice de l'intéressement, doit être réintégré dans l'assiette des cotisations sociales l'intéressement versé à un gérant de SARL non lié à la société par un contrat de travail. • Versailles, 23 janv. 1996 : *RJS 1996. 613, n° 957.* ♦ Tout mandataire social cumulant un contrat de travail peut bénéficier de l'intéressement, mais uniquement au titre de son contrat de travail. • Paris, 24 sept. 1997 : *D. 1997. IR 235.* ♦ Un accord d'intéressement peut exclure les stagiaires non titulaires d'un contrat de travail. • Soc. 27 juin 2000, 🗝 n° 98-11.909 P.

2. Caractère collectif. S'appuyant sur le caractère collectif de l'intéressement, la Cour de cassation interdit d'écarter des salariés pour un motif autre que l'ancienneté sous peine de réintégration des primes dans l'assiette des cotisations sociales et fiscales, les clauses écartant les salariés du bénéfice de l'intéressement pour un motif autre que celui de l'ancienneté sont interdites et ne sont pas opposables aux salariés ainsi écartés. • Soc. 23 nov. 1999, 🗝 n° 97-42.979 P : *D. 2000. IR 3* ⊘ ; *Dr. soc. 2000. 216, obs. Radé* ⊘ ; *RJS 2000. 60, n° 77.* ♦ Ne sont pas conformes au caractère collectif de l'intéressement et, dès lors, n'ouvrent pas droit aux exonérations de cotisations sociales les clauses d'accords d'intéressement permettant de minorer la part revenant à un salarié ayant fait preuve d'insuffisance caractérisée dans son travail ou de la supprimer en cas de faute grave. • Soc. 26 oct. 1995 : 🗝 *RJS 1995. 806, n° 1264.* – V. aussi : • Soc. 5 janv. 1995 : 🗝 *Dr. soc. 1995. 194, obs. Savatier* ⊘ • 9 mars 1995 : 🗝 *ibid. 514, obs. Savatier.* ♦ ... Subordonnant les versements à une condition de présence continue dans l'entreprise pendant la totalité de l'exercice. • Soc. 9 mai 1996, 🗝 n° 94-12.650 P : *Dr. soc. 1996. 953 (4ᵉ esp.), concl. P. Lyon-Caen* ⊘ ; *RJS 1996. 437, n° 692 (2ᵉ esp.)* • 13 mars 1997 : 🗝 *RJS 1997. 378, n° 578* (exigence d'une présence effective et continue de six mois dans l'entreprise). ♦ ... Pouvant conduire à priver des salariés de tout intéressement pour un exercice donné. • Soc. 11 juill. 1996 : 🗝 *RJS 1996. 614, n° 958.* ♦ ... Faisant dépendre tout ou partie de l'intéressement, pour chaque salarié, de ses performances individuelles. • Soc. 9 mai 1996, 🗝 n° 93-21.888 P : *D. 1997. 137, note Keller* ⊘ ; *Dr. soc. 1996. 953 (5ᵉ esp.), concl. P. Lyon-Caen* ⊘ ; *RJS 1996. 438, n° 693.* ♦ ... Instituant une pénalisation des absences. • Soc. 1ᵉʳ avr. 1999, 🗝 n° 97-17.515 P : *RJS 1999. 512, n° 837* • 21 oct. 2003, 🗝 n° 01-21.353 P : *RJS 2003. 72, n° 85 ; Dr. ouvrier 2004. 405, note Wauquier.* ♦ ... Excluant les apprentis. • Soc. 27 juin 2000, 🗝 n° 98-11.909 P. ♦ N'est pas non plus autorisée l'application de modalités différentes de calcul et de répartition de l'intéressement à une catégorie professionnelle (en l'espèce des VRP). • Soc. 20 juin 2006 : 🗝 *RJS 2006. 813, n° 1102.* ♦ Un accord ne peut exclure les concierges et employés d'immeubles à usage d'habitation. • Soc. 20 janv. 2010 : 🗝 *D. 2010. AJ 385* ⊘ ; *D. actu. 8 févr. 2010, obs. Ines.*

3. Les salariés ne peuvent être privés, en raison des motifs de leur licenciement, des droits à l'intéressement. • Soc. 12 avr. 1995, n° 93-18.391 P : *Dr. soc. 1995. 1039, obs. Savatier* ⊘ ; *RJS 1995. 731, n° 1154* • 9 mai 1996, 🗝 n° 94-17.175 P : *Dr. soc. 1996. 953* ⊘ *(1ʳᵉ esp.), concl. P. Lyon-Caen.*

4. La méconnaissance de l'exigence du caractère collectif du mode de rémunération mis en place entraîne une perte totale du droit à exonération. • Soc. 23 mai 1996, 🗝 n° 94-15.177 P : *Dr. soc. 1996. 746, obs. Saint-Jours* ⊘ ; *RJS 1996. 527, n° 819.*

5. Caractère aléatoire. L'appréciation du caractère aléatoire de l'accord d'intéressement est soumise à l'exercice du pouvoir souverain des juges du fond. • Soc. 17 déc. 2003, 🗝 n° 01-20.472 P : *Dr. soc. 2003. 337, obs. Savatier* ⊘ ; *RJS 2003. 245, n° 370.* ♦ Un mode de calcul qui ne laisse pas la maîtrise des paramètres servant à déterminer la prime aux unités de travail, mais comporte l'intervention en dernier ressort de la direction de la société, n'est pas contraire aux art. L. 441-1 s. [L. 3311-1 s. nouv.]. • Soc. 10 oct. 1996 : 🗝 *RJS 1996. 773, n° 1195.* ♦ De même, un accord prévoyant une prime calculée en pourcentage de la valeur ajoutée réalise un intéressement conforme aux dispositions légales. • Soc. 24 oct. 1996, 🗝 n° 94-16.484 P : *RJS 1996. 835, n° 1297.* – Boulmier, *Dr. ouvrier 1997. 233.* ♦ ... Ainsi qu'un accord prévoyant des primes calculées en pourcentage du chiffre d'affaires consolidé des sociétés du groupe auquel appartient la société, du fait du caractère variable de cet élément. • Soc. 5 juin 1997 : 🗝 *JCP 1997. II. 22920, note Renard.* ♦ ... Ou un accord retenant le chiffre d'affaires comme base de calcul dès lors qu'est exclue toute garantie d'un montant minimum ou forfaitaire des primes.

INTÉRESSEMENT **Art. L. 3312-4** 1253

- Soc. 11 juin 1998 : *RJS 1998. 656, n° 1035*
- 25 mars 1999 : *RJS 432, n° 708.*

6. En revanche, il n'y a pas conformité aux exigences de la loi lorsque le seuil à partir duquel le plan d'intéressement peut être appliqué ne résulte pas de l'accord lui-même, mais est laissé à l'entière discrétion de l'employeur. • Soc. 20 mars 1997, *n° 95-16.930 P : RJS 1997. 377, n° 577.* ♦
... Ou lorsque la notion d'objectifs à laquelle se réfère l'accord n'est pas définie. • Soc. 27 juin 2000, *n° 98-11.909 P.*

Art. L. 3312-2 Toute entreprise qui satisfait aux obligations incombant à l'employeur en matière de représentation du personnel peut instituer, par voie d'accord (*L. n° 2022-1158 du 16 août 2022, art. 4-I*) « ou par décision unilatérale de l'employeur, selon les modalités énoncées respectivement aux I et II de l'article L. 3312-5 », un intéressement collectif des salariés.
(*Abrogé par L. n° 2020-1525 du 7 déc. 2020, art. 118-I*) (*L. n° 2015-990 du 6 août 2015, art. 155*) « *Toute entreprise employant moins de cinquante salariés peut bénéficier d'un dispositif d'intéressement conclu par la branche.* »
(*L. n° 2008-1258 du 3 déc. 2008, art. 7*) « Le salarié d'un groupement d'employeurs peut bénéficier du dispositif d'intéressement mis en place dans chacune des entreprises adhérentes du groupement auprès de laquelle il est mis à disposition dans des conditions fixées par décret. » – V. art. D. 3311-4.

V. L. n° 2019-486 du 22 mai 2019, art. 155-V, App. IV. C, v° Intéressement et participation.

BIBL. Fadeuilhe, *JCP S 2009. 1062* (groupements d'employeurs et dispositifs d'épargne salariale).

1. CCI. Une chambre de commerce et d'industrie peut conclure un accord d'intéressement avec son personnel dans les conditions de droit commun, et le directeur départemental du travail et de l'emploi est tenu d'accuser réception de cet accord. • CE, avis, 8 nov. 1996 : *JO 7 janv. 1997 ; LPA 17 janv. 1997, concl. Bonichot.*

2. Capitaux publics. Une entreprise privée qui exerce une activité purement commerciale est assujettie à la participation, quelle que soit l'origine de son capital. • Soc. 6 juin 2000 : *RJS 2000. 575, n° 835* (entreprise privée détenue à plus de 50 % par une entreprise publique ou des sociétés nationales).

3. GIE. Un groupement d'intérêt économique peut conclure un accord d'intéressement ; un tel accord peut prendre en compte les résultats des entreprises, membres du groupement. • Soc. 1er juin 2005 : *D. 2005. IR 1732 ; Dr. soc. 2005. 925, obs. Savatier ; RJS 2005. 633, n° 881.*

4. Impossibilité de contractualiser l'accord d'intéressement. La référence dans le contrat de travail d'un salarié aux modalités de calcul de la prime d'intéressement telles que prévues par l'accord collectif alors en vigueur n'emporte pas contractualisation, au profit du salarié, de ce mode de calcul. • Soc. 6 mars 2019, *n° 18-10.615 P : D. actu. 22 mars 2019, obs. Ciray ; D. 2019. Actu. 542 ; RDT 2019. 249, obs. Maillard-Pinon ; Dr. soc. 2019. 443, obs. Véricel ; RJS 5/2019, n° 311 ; Dr. ouvrier 2019. 675, obs. Kahn ; JCP S 2019. 1123, obs. Anciaux.*

Art. L. 3312-3 Dans les entreprises (*L. n° 2019-486 du 22 mai 2019, art. 11-VI, en vigueur le 1er janv. 2020*) « employant au moins un salarié et moins de deux cent cinquante salariés », peuvent bénéficier des dispositions du présent titre :
1° Les chefs de ces entreprises ;
2° Les présidents, directeurs généraux, gérants ou membres du directoire s'il s'agit de personnes morales ;
3° Le conjoint (*L. n° 2019-486 du 22 mai 2019, art. 155-I*) « ou le partenaire lié par un pacte civil de solidarité » du chef d'entreprise s'il a le statut de conjoint collaborateur ou de conjoint associé mentionné à l'article L. 121-4 du code de commerce (*L. n° 2012-387 du 22 mars 2012, art. 79*) « ou à l'article L. 321-5 du code rural et de la pêche maritime ».
Toutefois, un accord d'intéressement ne peut être conclu dans une entreprise dont l'effectif est limité à celui-ci si celui-ci a également la qualité de président, directeur général, gérant ou membre du directoire.
(*L. n° 2019-486 du 22 mai 2019, art. 155-I*) « Par dérogation à l'avant-dernier alinéa de l'article L. 3311-1 du présent code, le II de l'article L. 130-1 du code la sécurité sociale ne s'applique pas au franchissement du seuil d'un salarié. »

Art. L. 3312-4 Les sommes attribuées aux bénéficiaires en application de l'accord d'intéressement ou au titre du supplément d'intéressement mentionné à l'article L. 3314-10 (*Ord. n° 2018-474 du 12 juin 2018, art. 6*) « sont exclues des assiettes des cotisations définies aux articles L. 131-6 et L. 242-1 du code de la sécurité sociale et aux articles L. 731-14, L. 731-15 et L. 741-10 du code rural et de la pêche maritime ». Ces sommes ne peuvent se substituer à aucun des éléments de rémunération, au sens des mêmes articles, en vigueur dans l'entreprise ou qui deviennent obligatoires en vertu de dispositions légales ou de clauses contractuelles.

Toutefois, en cas de suppression totale ou partielle d'un élément de rémunération, cette règle de non-substitution ne peut avoir pour effet de remettre en cause les exonérations prévues tant au présent article qu'aux articles L. 3315-1 à L. 3315-3, dès lors qu'un délai de douze mois s'est écoulé entre le dernier versement de cet élément de rémunération et la date d'effet de cet accord.

Les sommes mentionnées au premier alinéa n'ont pas le caractère d'élément de salaire pour l'application de la législation du travail.

Les dispositions de l'Ord. n° 2018-474 du 12 juin 2018 s'appliquent aux cotisations et contributions dues pour les périodes courant à compter du 1er sept. 2018 (Ord. préc., art. 16).

BIBL. ▶ LEJEUNE et PONCET, *JSL 2014, n° 364-1* (le principe de non-substitution et la mise en place d'un accord d'intéressement).

1. Substitution prohibée. Sur l'interdiction de substituer une prime d'intéressement à une prime de fin d'année prévue par un accord d'entreprise et considérée comme un élément du salaire, V. • Douai, 26 avr. 1991 : *Dr. soc. 1991. 756*, note Savatier. – V. aussi • Paris, 7 oct. 1992 : *JCP E 1993. I. 259, n° 2*, obs. Gatumel ; *RJS 1993. 179, n° 295* • Soc. 13 avr. 1995 : n° *RJS 1995. 362, n° 543* • 21 mars 1996, n° 94-11.611 P : *RJS 1996. 439, n° 695* (aucune substitution, même partielle, n'est possible) • 9 mai 1996, n° 93-21.874 P : *Dr. soc. 1996. 953 (6e esp.)*, concl. P. Lyon-Caen ; *RJS 1996. 439, n° 694*. ♦ Guillemot, *SSL 1993, n° 634*. – Chonnier, *ibid. 1997, n° 849*.

2. Portée à l'égard du salarié. Un accord d'intéressement conclu en même temps qu'un accord supprimant le paiement d'une prime réalise la substitution prohibée et un salarié peut être reçu en sa demande de rappel de salaire au titre de l'accord salarial dénoncé. • Soc. 9 oct. 2001, n° 98-43.905 P : *Dr. soc. 2001. 1120*, obs. Savatier ; *RJS 2001. 971, n° 1448*.

Art. L. 3312-5 (L. n° 2020-734 du 17 juin 2020, art. 18) « I. — » Les accords d'intéressement sont conclus pour une durée *(L. n° 2020-1525 du 7 déc. 2020, art. 121)* « comprise entre un an et *(L. n° 2022-1158 du 16 août 2022, art. 4-II)* « cinq » ans », selon l'une des modalités suivantes :

1° Par convention ou accord collectif de travail ;

2° Par accord entre l'employeur et les représentants d'organisations syndicales représentatives dans l'entreprise ;

3° Par accord conclu au sein du *(Ord. n° 2017-1386 du 22 sept. 2017, art. 4)* « comité social et économique » ;

4° A la suite de la ratification, à la majorité des deux tiers du personnel, d'un projet d'accord proposé par l'employeur. Lorsqu'il existe dans l'entreprise une ou plusieurs organisations syndicales représentatives ou un *(Ord. n° 2017-1386 du 22 sept. 2017, art. 4)* « comité social et économique », la ratification est demandée conjointement par l'employeur et une ou plusieurs de ces organisations ou ce comité.

(L. n° 2008-1258 du 3 déc. 2008, art. 8) « Si aucune des parties habilitées à négocier ou à ratifier un accord d'intéressement dans les conditions prévues *(L. n° 2015-990 du 6 août 2015, art. 166)* « au présent article » ne demande de renégociation dans les trois mois précédant la date d'échéance de l'accord, ce dernier est renouvelé par tacite reconduction *(L. n° 2015-990 du 6 août 2015, art. 166)* « pour une durée » *(L. n° 2020-1525 du 7 déc. 2020, art. 121)* « égale à la durée initiale », si l'accord d'origine en prévoit la possibilité. » *(L. n° 2022-1158 du 16 août 2022, art. 4-II)* « Le renouvellement par tacite reconduction peut intervenir plusieurs fois.

« II. — Par dérogation au I, lorsque l'entreprise n'est pas couverte par un accord de branche agréé, un régime d'intéressement peut être mis en place par décision unilatérale, pour une durée comprise entre un an et cinq ans, par :

« 1° L'employeur d'une entreprise de moins de cinquante salariés dépourvue de délégué syndical et de comité social et économique. Il en informe les salariés par tous moyens ;

« 2° L'employeur d'une entreprise de moins de cinquante salariés si, au terme d'une négociation engagée sur le fondement des 1° ou 3° du même I, aucun accord n'a été conclu. Dans ce cas, un procès-verbal de désaccord est établi et consigne en leur dernier état les propositions respectives des parties. Le comité social et économique est consulté sur le projet de régime d'intéressement au moins quinze jours avant son dépôt auprès de l'autorité administrative.

« Le régime d'intéressement mis en place unilatéralement en application du présent II vaut accord d'intéressement au sens du I du présent article et du 18° *bis* de l'article 81 du code général des impôts. Le présent titre est applicable à ce régime, à l'exception des articles L. 3312-6 et L. 3314-7 du présent code. »

Loi n° 2022-1158 du 16 août 2022,

Portant mesures d'urgence pour la protection du pouvoir d'achat.

* PRIME DE PARTAGE DE LA VALEUR

Art. 1er I. — La prime de partage de la valeur attribuée dans les conditions prévues aux II à IV bénéficie *(L. n° 2023-1107 du 29 nov. 2023, art. 9)* « des exonérations prévues aux V à VI *bis* ».

II. — L'exonération prévue au V est applicable à la prime de partage de la valeur versée à compter du 1er juillet 2022 par les employeurs mentionnés à l'article L. 3311-1 du code du travail à leurs salariés ou à leurs agents.

L'entreprise utilisatrice mentionnée au 1° de l'article L. 1251-1 du même code qui attribue cette prime à ses salariés en informe sans délai l'entreprise de travail temporaire dont relève le salarié mis à disposition. Cette dernière en informe sans délai le comité social et économique mentionné à l'article L. 2311-2 dudit code, lorsqu'il existe. L'entreprise de travail temporaire verse la prime au salarié mis à disposition, selon les conditions et les modalités fixées par l'accord ou la décision de l'entreprise utilisatrice mentionné au IV du présent article. La prime ainsi versée bénéficie de l'exonération prévue au V lorsque les conditions prévues aux III et IV sont remplies par l'entreprise utilisatrice.

L'exonération est également applicable à la prime versée aux travailleurs handicapés bénéficiant d'un contrat de soutien et d'aide par le travail mentionné à l'article L. 311-4 du code de l'action sociale et des familles et relevant des établissements et services d'aide par le travail mentionnés à l'article L. 344-2 du même code.

III. — L'exonération prévue au V du présent article est applicable à la prime de partage de la valeur bénéficiant aux personnes mentionnées au II lorsque cette prime remplit les conditions suivantes :

1° Elle bénéficie aux salariés liés à l'entreprise par un contrat de travail, aux intérimaires mis à disposition de l'entreprise utilisatrice, aux agents publics relevant de l'établissement public ou aux travailleurs handicapés liés à un établissement ou service d'aide par le travail mentionné à l'article L. 344-2 du code de l'action sociale et des familles par un contrat de soutien et d'aide par le travail mentionné à l'article L. 311-4 du même code à la date de versement de cette prime, à la date de dépôt de l'accord mentionné au IV du présent article auprès de l'autorité compétente ou à la date de la signature de la décision unilatérale mentionnée au même IV ;

2° Son montant peut différer selon les bénéficiaires en fonction de la rémunération, du niveau de classification, de l'ancienneté dans l'entreprise, de la durée de présence effective pendant l'année écoulée ou de la durée de travail prévue au contrat de travail mentionnée à la dernière phrase du deuxième alinéa du III de l'article L. 241-13 du code de la sécurité sociale. Les congés prévus au chapitre V du titre II du livre II de la première partie du code du travail sont assimilés à des périodes de présence effective ;

3° Elle ne peut se substituer à aucun des éléments de rémunération, au sens de l'article L. 242-1 du code de la sécurité sociale, qui sont versés par l'employeur ou qui deviennent obligatoires en application de règles légales, contractuelles ou d'usage. Elle ne peut non plus se substituer à des augmentations de rémunération ni à des primes prévues par un accord salarial, par le contrat de travail ou par les usages en vigueur dans l'entreprise, l'établissement ou le service mentionnés au 1° du présent III.

IV. — Le montant de la prime de partage de la valeur ainsi que, le cas échéant, le niveau maximal de rémunération des salariés éligibles et les conditions de modulation du niveau de la prime selon les bénéficiaires dans les conditions prévues au 2° du III font l'objet d'un accord d'entreprise ou de groupe conclu selon les modalités prévues au I de l'article L. 3312-5 du code du travail ou d'une décision unilatérale de l'employeur. En cas de décision unilatérale, l'employeur consulte préalablement le comité social et économique mentionné à l'article L. 2311-2 du même code, lorsqu'il existe.

(*L. n° 2023-1107 du 29 nov. 2023, art. 9*) « Au titre d'une même année civile, deux primes de partage de la valeur peuvent être attribuées. »

Le versement de la prime (*L. n° 2023-1107 du 29 nov. 2023, art. 9*) « ou des deux primes » peut être réalisé en une ou plusieurs fois, dans la limite d'une fois par trimestre, au cours de l'année civile.

V. — (*L. n° 2023-1107 du 29 nov. 2023, art. 9*) « Les primes » de partage de la valeur (*L. n° 2023-1107 du 29 nov. 2023, art. 9*) « attribuées » dans les conditions prévues aux II à IV du présent article (*L. n° 2023-1107 du 29 nov. 2023, art. 9*) « sont exonérées », dans la limite (*L. n° 2023-1107 du 29 nov. 2023, art. 9*) « globale » de 3 000 € par bénéficiaire et par année civile, de toutes les cotisations sociales d'origine légale ou conventionnelle à la charge du salarié et de l'employeur ainsi que des participations, taxes et contributions prévues à l'article 235 *bis* du code général des impôts et à l'article L. 6131-1 du code du travail, dans leur rédaction en vigueur à la date de (*L. n° 2023-1107 du 29 nov. 2023, art. 9*) « leur » versement.

La prime de partage de la valeur est assimilée, pour l'assujettissement à la contribution prévue à l'article L. 137-15 du code de la sécurité sociale, aux sommes versées au titre de l'intéressement mentionné au titre I du livre III de la troisième partie du code du travail.

La limite prévue au premier alinéa du présent V est portée à 6 000 € par bénéficiaire et par année civile pour les employeurs mettant en œuvre, à la date de versement (*L. n° 2023-1107 du 29 nov. 2023, art. 9*) « des primes » de partage de la valeur, ou ayant conclu, au titre du même exercice que celui du versement de (*L. n° 2023-1107 du 29 nov. 2023, art. 9*) « ces primes » :

1° Un dispositif d'intéressement en application du chapitre II du titre I du livre III de la troisième partie du code du travail, lorsqu'ils sont soumis à l'obligation de mise en place de la participation en application des articles L. 3322-1 à L. 3322-5 du même code ;

2° Ou un dispositif d'intéressement ou de participation en application du chapitre II du titre I et du titre II du livre III de la troisième partie dudit code, lorsqu'ils ne sont pas soumis à l'obligation de mise en place de la participation mentionnée au 1° du présent V.

Les conditions prévues aux 1° et 2° ne sont pas applicables aux associations ni aux fondations mentionnées aux *a* et *b* du 1 des articles 200 et 238 *bis* du code général des impôts, ni aux établissements ou services d'aide par le travail mentionnés à l'article L. 344-2 du code de l'action sociale et des familles, pour les primes versées aux travailleurs handicapés mentionnés au 1° du III du présent article.

VI. — Lorsque, entre le 1er juillet 2022 et le 31 décembre 2023, (*L. n° 2023-1107 du 29 nov. 2023, art. 9*) « les primes » de partage de la valeur (*L. n° 2023-1107 du 29 nov. 2023, art. 9*) « sont versées » aux salariés ayant perçu, au cours des douze mois précédant son [*leur*] versement, une rémunération inférieure à trois fois la valeur annuelle du salaire minimum de croissance correspondant à la durée de travail prévue au contrat mentionnée à la dernière phrase du deuxième alinéa du III de l'article L. 241-13 du code de la sécurité sociale, (*L. n° 2023-1107 du 29 nov. 2023, art. 9*) « ces primes, exonérées » dans les conditions prévues au V du présent article, (*L. n° 2023-1107 du 29 nov. 2023, art. 9*) « sont également exonérées » d'impôt sur le revenu ainsi que des contributions prévues à l'article L. 136-1 du code de la sécurité sociale et à l'article 14 de l'ordonnance n° 96-50 du 24 janvier 1996 relative au remboursement de la dette sociale (*L. n° 2022-1616 du 23 déc. 2022, art. 12*) « ou, le cas échéant, de la contribution prévue à l'article 28-3 de l'ordonnance n° 96-1122 du 20 décembre 1996 relative à l'amélioration de la santé publique, à l'assurance maladie, maternité, invalidité, décès et autonomie, au financement de la sécurité sociale à Mayotte et à la caisse de sécurité sociale de Mayotte ».

(*Abrogé par L. n° 2023-1107 du 29 nov. 2023, art. 9*) « *La prime exonérée en application du premier alinéa du présent VI est incluse dans le montant du revenu fiscal de référence défini au 1° du IV de l'article 1417 du code général des impôts.* »

En cas de cumul de la prime exonérée en application du premier alinéa du présent VI avec celle prévue à l'article 4 de la loi n° 2021-953 du 19 juillet 2021 de finances rectificative pour 2021, le montant total exonéré d'impôt sur le revenu au titre des revenus de l'année 2022 ne peut excéder 6 000 €.

(*L. n° 2023-1107 du 29 nov. 2023, art. 9*) « VI *bis*. — Lorsque, entre le 1er janvier 2024 et le 31 décembre 2026, les primes de partage de la valeur sont versées par une entreprise employant moins de cinquante salariés à des salariés ayant perçu, au cours des douze mois précédant leur versement, une rémunération inférieure à trois fois la valeur annuelle du salaire minimum de croissance correspondant à la durée de travail prévue au contrat mentionnée à la dernière phrase du deuxième alinéa du III de l'article L. 241-13 du code de la sécurité sociale, ces primes, exonérées dans les conditions prévues au V du présent article, sont également exonérées d'impôt sur le revenu ainsi que des contributions prévues à l'article L. 136-1 du code de la sécurité sociale et à l'article 14 de l'ordonnance n° 96-50 du 24 janvier 1996 précitée.

« VI *ter*. — Lorsqu'un bénéficiaire a adhéré à un plan d'épargne salariale prévu au titre III du livre III de la troisième partie du code du travail ou à un plan d'épargne retraite d'entreprise prévu à la section 2 du chapitre IV du titre II du livre II du code monétaire et financier et qu'il affecte à la réalisation de ce plan, dans un délai défini par décret, tout ou partie des sommes qui lui sont attribuées par l'entreprise au titre des primes de partage de la valeur versées dans les conditions prévues aux II à IV du présent article, ces sommes sont exonérées d'impôt sur le revenu dans les limites prévues au V.

« L'employeur informe le bénéficiaire des sommes qui lui sont attribuées au titre de ces primes et du délai dans lequel il peut formuler sa demande d'affectation au plan d'épargne salariale ou au plan d'épargne retraite d'entreprise. »

« VI *quater*. — Les primes exonérées en application du premier alinéa du VI, du VI *bis* et du VI *ter* du présent article sont incluses dans le montant du revenu fiscal de référence défini au 1° du IV de l'article 1417 du code général des impôts. »

VII. — Pour l'application du présent article à Mayotte et à Saint-Pierre-et-Miquelon, les références au code de la sécurité sociale sont remplacées par les références aux dispositions applicables localement ayant le même objet.

VIII. — Avant le 31 décembre 2024, le Gouvernement remet au Parlement un rapport d'évaluation de la prime de partage de la valeur prévue au présent article. Ce rapport comprend des données quantitatives sur le recours au dispositif et évalue le respect, tout au long de son application, des conditions d'attribution prévues au 3° du III, notamment au regard de l'évolution de son régime social et fiscal.

IX. — Le coût résultant du présent article est intégralement pris en charge par l'État, conformément à l'article L. 131-7 du code de la sécurité sociale.

V. BOSS, *Questions-réponses relatif à la prime de partage de la valeur*, 10 oct. 2022, mise à jour du 22 déc. 2023.

BIBL. ▶ DI CAMILLO, *Dr. soc. 2023*. 188 ⟋ (prime de partage de la valeur : le jeu de dupes).

Art. L. 3312-6 Dans les entreprises ou les groupes disposant d'un accord d'intéressement et concourant avec d'autres entreprises à une activité caractérisée et coordonnée, un accord peut être conclu pour prévoir que tout ou partie des salariés bénéficie d'un intéressement de projet.

Cet accord d'intéressement de projet est négocié dans les conditions prévues au présent chapitre s'il n'implique que tout ou partie des salariés d'une même entreprise ou d'un même groupe. Il est négocié selon des modalités identiques à celles prévues au premier alinéa de l'article L. 3333-2 s'il concerne tout ou partie des salariés d'entreprises qui ne constituent pas un groupe.

Dans les deux cas, la majorité des deux tiers requise pour la ratification s'entend sur les personnels entrant dans le champ d'application du projet.

(*L. n° 2019-486 du 22 mai 2019, art. 155-I*) « Dans les entreprises disposant d'un accord d'intéressement, cet accord peut comporter un intéressement de projet définissant un objectif commun à tout ou partie des salariés de l'entreprise. »

L'accord définit un champ d'application et une période de calcul spécifiques, qui peuvent différer de ceux prévus aux articles L. 3311-1 et L. 3312-5 sans pouvoir excéder (*L. n° 2022-1158 du 16 août 2022, art. 4-III*) « cinq » ans.

L'application à l'intéressement de projet des dispositions du premier alinéa de l'article L. 3312-4 ne donne pas lieu à application de l'article L. 131-7 du code de la sécurité sociale.

Art. L. 3312-7 *Abrogé par L. n° 2015-994 du 17 août 2015, art. 18.*

Art. L. 3312-8 (*L. n° 2020-1525 du 7 déc. 2020, art. 118*) Toute entreprise peut faire application d'un dispositif d'intéressement conclu au niveau de la branche, dès lors que l'accord de branche a été agréé en application de l'article L. 3345-4.

Les entreprises qui souhaitent appliquer l'accord de branche agréé concluent à cet effet un accord dans les conditions prévues au I de l'article L. 3312-5.

Les entreprises de moins de cinquante salariés peuvent opter pour l'application de ce régime au moyen d'un document unilatéral d'adhésion de l'employeur, dans les conditions prévues à l'article L. 2232-10-1, si l'accord de branche prévoit cette possibilité et propose, sous forme d'accord type indiquant les différents choix laissés à l'employeur, des stipulations spécifiques pour ces entreprises.

L'accord d'entreprise ou le document unilatéral d'adhésion est conclu ou signé avant la date fixée à l'article L. 3314-4 et déposé selon les modalités prévues à l'article L. 3313-3.

Par dérogation aux articles L. 3345-2 et L. 3345-3 ainsi qu'aux deuxième et dernier alinéas de l'article L. 3313-3, les exonérations prévues aux articles L. 3312-4 et L. 3315-1 à L. 3315-3 sont réputées acquises dès le dépôt et pour la durée d'application de l'accord ou du document unilatéral d'adhésion à l'accord de branche agréé, dès lors que cette adhésion a été conclue ou signée dans les délais mentionnés à l'avant-dernier alinéa du présent article.

Art. L. 3312-9 (Abrogé par L. n° 2019-486 du 22 mai 2019, art. 155-I) (L. n° 2015-990 du 6 août 2015, art. 155) *Un régime d'intéressement, établi selon les modalités prévues aux articles L. 3312-1 à L. 3312-4, est négocié par branche, au plus tard le 30 décembre 2017. Il est adapté aux spécificités des entreprises employant moins de cinquante salariés au sein de la branche.*

Les entreprises de la branche mentionnées à l'article L. 3312-8 peuvent opter pour l'application de l'accord ainsi négocié.

A défaut d'initiative de la partie patronale au plus tard le 31 décembre 2016, la négociation s'engage dans les quinze jours suivant la demande d'une organisation de salariés représentative.

CHAPITRE III CONTENU ET RÉGIME DES ACCORDS

SECTION 1 Contenu des accords

Art. L. 3313-1 L'accord d'intéressement institue un système d'information du personnel et de vérification des modalités d'exécution de l'accord.

Il comporte notamment un préambule indiquant les motifs de l'accord ainsi que les raisons du choix des modalités de calcul de l'intéressement et des critères de répartition de ses produits. — *[Anc. art. L. 441-2, al. 3.]*

Art. L. 3313-2 L'accord d'intéressement définit notamment :
1° La période pour laquelle il est conclu ;
2° Les établissements concernés ;
3° Les modalités d'intéressement retenues ;
4° Les modalités de calcul de l'intéressement et les critères de répartition de ses produits dans le respect des dispositions prévues aux articles L. 3314-1 à L. 3314-7 ;
5° Les dates de versement ;
6° Les conditions dans lesquelles le (*Ord. n° 2017-1386 du 22 sept. 2017, art. 4*) « comité social et économique ou une commission spécialisée créée par lui dispose » des moyens d'information nécessaires sur les conditions d'application des clauses du contrat ;
7° Les procédures convenues pour régler les différends qui peuvent surgir dans l'application de l'accord ou lors de sa révision. — *[Anc. art. L. 441-3, al. 1er à 6, phrase 1, et al. 7 à 8.]*

SECTION 2 Régime des accords

SOUS-SECTION 1 Dépôt et contrôle administratif

Art. L. 3313-3 (*L. n° 2020-1525 du 7 déc. 2020, art. 119-1, en vigueur le 1er sept. 2021*) L'accord d'intéressement est déposé auprès de l'autorité administrative compétente dans un délai et selon des modalités déterminés par voie réglementaire.

En l'absence d'observation de l'un des organismes mentionnés aux articles L. 213-1 et L. 752-4 du code de la sécurité sociale ou à l'article L. 723-3 du code rural et de la pêche maritime à l'expiration du délai prévu (*L. n° 2022-1158 du 16 août 2022, art. 4-IV*) « au premier » alinéa de l'article L. 3345-2 du présent code, les exonérations prévues aux articles L. 3312-4 et L. 3315-1 à L. 3315-3 sont réputées acquises pour l'exercice en cours.

INTÉRESSEMENT Art. L. 3314-2

L'organisme mentionné au deuxième alinéa du présent article dispose d'un délai supplémentaire de deux mois à compter de l'expiration du délai prévu *(L. n° 2022-1158 du 16 août 2022, art. 4-IV)* « au premier » alinéa de l'article L. 3345-2 pour formuler, le cas échéant, des demandes de retrait ou de modification de clauses contraires aux dispositions légales afin que l'entreprise puisse mettre l'accord en conformité avec les dispositions en vigueur pour les exercices suivant celui du dépôt. Si cet organisme n'a pas formulé de telles demandes dans ce nouveau délai, les exonérations prévues aux articles L. 3312-4 et L. 3315-1 à L. 3315-3 sont réputées acquises pour les exercices ultérieurs.

(L. n° 2022-1158 du 16 août 2022, art. 4-IV) « Un décret en Conseil d'État fixe les conditions dans lesquelles, lorsque l'accord a été rédigé selon une procédure dématérialisée permettant de vérifier préalablement sa conformité aux dispositions légales en vigueur, les exonérations prévues aux mêmes articles L. 3312-4 et L. 3315-1 à L. 3315-3 sont réputées acquises pour la durée dudit accord à compter de son dépôt dans les conditions prévues au premier alinéa du présent article. »

Les dispositions issues de la L. n° 2020-1525 du 7 déc. 2020 sont applicables aux accords et réglements déposés à compter du 1er sept. 2021 (L. préc., art. 119-III).

Les dispositions issues de la L. n° 2022-1158 du 16 août 2022 sont applicables aux accords et réglements déposés à compter du 1er janv. 2023 (L. préc., art. 4-IX).

1. Dépôt. Est justifiée la réintégration dans l'assiette des cotisations sociales de primes versées en application d'un accord d'intéressement non déposé. ● Soc. 14 mars 1996 : *RJS 1996. 260, n° 429* ● 20 févr. 1997 : *RJS 1997. 297, n° 447* ● 30 avr. 1997 : *RJS 1997. 464, n° 716.*

2. Réserve faite des entreprises publiques à statut, les accords d'intéressement ne peuvent, à l'occasion de leur dépôt, être soumis à un contrôle préalable de leur validité. ● CE, avis, 8 nov. 1996 : *RJS 1997. 50, n° 70.*

3. Le fait que l'accord d'intéressement et un avenant organisant son renouvellement par tacite reconduction aient été déposés n'est pas suffisant pour ouvrir droit à l'exonération de charges sociales : le renouvellement par tacite reconduction doit lui-même faire l'objet d'un dépôt. ● Soc. 5 nov. 1999, n° 97-22.485 P : *RJS 1999. 866, n° 1490, p. 866.*

SOUS-SECTION 2 Modification dans la situation juridique de l'entreprise

Art. L. 3313-4 *(L. n° 2019-486 du 22 mai 2019, art. 155-I)* « Lorsqu'une modification survenue dans la situation juridique de l'entreprise, notamment par fusion, cession ou scission, nécessite la mise en place de nouvelles institutions représentatives du personnel, l'accord d'intéressement se poursuit ou peut être renouvelé selon l'une des modalités prévues à l'article L. 3312-5. »

Lorsque cette modification rend impossible l'application de l'accord d'intéressement, cet accord cesse de produire effet entre le nouvel employeur et les salariés de l'entreprise.

En l'absence d'accord d'intéressement applicable à la nouvelle entreprise, celle-ci engage dans un délai de six mois une négociation, selon l'une des modalités prévues à l'article L. 3312-5, en vue de la conclusion éventuelle d'un nouvel accord.

L'impossibilité d'appliquer un accord d'intéressement au sens de l'art. 441-7 relève de l'appréciation souveraine des juges du fond. ● Soc. 13 mai 2003, n° 01-14.565 P : *RJS 2003. 615, n° 922.*

CHAPITRE IV CALCUL, RÉPARTITION ET DISTRIBUTION DE L'INTÉRESSEMENT

SECTION 1 Calcul de l'intéressement

Art. L. 3314-1 Les modalités de calcul de l'intéressement peuvent varier selon les établissements et les unités de travail. A cet effet, l'accord d'intéressement peut renvoyer à des accords d'établissement. — *[Anc. art. L. 441-2, al. 4.]*

Art. L. 3314-2 Pour ouvrir droit aux exonérations prévues aux articles L. 3315-1 à L. 3315-3, l'intéressement collectif des salariés doit présenter un caractère aléatoire et résulter d'une formule de calcul liée :

1° Soit aux résultats ou aux performances de l'entreprise au cours d'une année ou d'une période d'une durée inférieure, exprimée en nombre entier de mois au moins égal à trois ;

2° Soit aux résultats de l'une ou plusieurs de ses filiales au sens de l'article L. 233-16 du code de commerce, dès lors que, à la date de conclusion de l'accord, au moins deux tiers des salariés de ces filiales situées en France sont couverts par un accord d'intéressement.

(L. n° 2019-486 du 22 mai 2019, art. 156) « La formule de calcul décrite au 1° peut être complétée d'un objectif pluriannuel lié aux résultats ou aux performances de l'entreprise. »

Art. L. 3314-3 L'intéressement aux résultats des salariés d'un groupement d'intérêt économique ou d'un groupement d'employeurs peut prendre en compte les résultats ou les performances des entreprises membres du groupement. — [Anc. art. L. 441-2, al. 5.]

Art. L. 3314-4 Pour ouvrir droit aux exonérations prévues aux articles L. 3315-1 à L. 3315-3, l'accord d'intéressement doit avoir été conclu avant le premier jour de la deuxième moitié de la période de calcul suivant la date de sa prise d'effet. — [Anc. art. L. 441-2, al. 9.]

SECTION 2 **Répartition de l'intéressement**

Art. L. 3314-5 La répartition de l'intéressement entre les bénéficiaires peut être uniforme, proportionnelle à la durée de présence dans l'entreprise au cours de l'exercice ou proportionnelle aux salaires. L'accord peut également retenir conjointement ces différents critères. Ces critères peuvent varier selon les établissements et les unités de travail. A cet effet, l'accord peut renvoyer à des accords d'établissement.

(L. n° 2023-1107 du 29 nov. 2023, art. 14) « L'accord peut fixer un salaire plancher, un salaire plafond ou les deux, servant de base de calcul de la part individuelle. »

Sont assimilées à des périodes de présence :

1° Les périodes de congé de maternité prévu à l'article L. 1225-17 (L. n° 2020-692 du 8 juin 2020, art. 1er-II) « , » (L. n° 2022-1158 du 16 août 2022, art. 4-V) « de congé de paternité et d'accueil de l'enfant prévu à l'article L. 1225-35, » de congé d'adoption prévu à l'article L. 1225-37 (L. n° 2020-692 du 8 juin 2020, art. 1er-II) « et de congé de deuil prévu à l'article L. 3142-1-1 » ;

2° Les périodes de suspension du contrat de travail consécutives à un accident du travail ou à une maladie professionnelle en application de l'article L. 1226-7 ;

(L. n° 2020-546 du 11 mai 2020, art. 6) « 3° Les périodes de mise en quarantaine au sens du (L. n° 2022-1089 du 30 juill. 2022, art. 1er-III) « 2° du I de l'article L. 3131-1 » du code de la santé publique. »

Les dispositions issues de la L. n° 2020-692 du 8 juin 2020 s'appliquent pour les décès intervenus à compter du 1er juill. 2020 (L. préc., art. 1er-V).

Prime d'intéressement et congé de reclassement. Le salarié en congé de reclassement bénéficie par principe de l'intéressement, mais les modalités de répartition, fixées par l'accord d'intéressement, peuvent aboutir à une prime nulle ; le congé n'est pas assimilé par la loi à du temps de travail effectif. ● Soc. 1er juin 2022, ⚖ n° 20-16.404 B : D. 2022. 1095 ⌀ ; RJS 8-9/2022, n° 467 ; JSL 2022, n° 546, obs. Mureau ; SSL 2022, n° 2010, p. 15, obs. Frisoni Pascaud et Loizel.

Art. L. 3314-6 Pour les personnes mentionnées à l'article L. 3312-3, lorsqu'elle est proportionnelle aux salaires, la répartition prend en compte la rémunération annuelle ou le revenu professionnel imposé à l'impôt sur le revenu au titre de l'année précédente, dans la limite d'un plafond égal au salaire le plus élevé versé dans l'entreprise.

(L. n° 2019-486 du 22 mai 2019, art. 155-I) « Toutefois, si l'accord le prévoit, pour les personnes mentionnées au 3° du même article L. 3312-3, la répartition proportionnelle aux salaires peut retenir un montant qui ne peut excéder le quart du plafond mentionné au premier alinéa de l'article L. 241-3 du code de la sécurité sociale. »

Art. L. 3314-7 L'accord d'intéressement homologué en application de l'ordonnance n° 59-126 du 7 janvier 1959 tendant à favoriser l'association ou l'intéressement des travailleurs à l'entreprise peut continuer de retenir les critères de répartition fondés sur l'ancienneté et la qualification tel qu'il a été homologué dans ce cadre, dès lors qu'il aura été renouvelé sans discontinuité depuis sa dernière homologation. — [Anc. art. L. 441-2, al. 7, phrase 6.]

INTÉRESSEMENT   **Art. L. 3314-11**

SECTION 3 Distribution de l'intéressement

Art. L. 3314-8 Le montant global des primes distribuées aux bénéficiaires ne doit pas dépasser annuellement 20 % du total des salaires bruts et, le cas échéant, de la rémunération annuelle ou du revenu professionnel des bénéficiaires mentionnés à l'article L. 3312-3 imposé à l'impôt sur le revenu au titre de l'année précédente versés aux personnes concernées.

Le montant des primes distribuées à un même bénéficiaire ne peut, au titre d'un même exercice, excéder une somme égale *(L. n° 2019-486 du 22 mai 2019, art. 155-I)* « aux trois quarts » du montant du plafond annuel moyen retenu pour le calcul des cotisations de sécurité sociale.

V. art. D. 3314-1.

Art. L. 3314-9 Toute somme versée aux bénéficiaires en application de l'accord d'intéressement au-delà du *(L. n° 2015-990 du 6 août 2015, art. 153-I)* « dernier jour du cinquième mois suivant la clôture de l'exercice produit un intérêt de retard égal à 1,33 fois le taux fixé à l'article 14 de la loi n° 47-1775 du 10 septembre 1947 portant statut de la coopération ». Ces intérêts, à la charge de l'entreprise, sont versés en même temps que le principal et bénéficient du régime d'exonération prévu aux articles L. 3315-1 à L. 3315-3.

Lorsque la formule de calcul de l'intéressement retient une période inférieure à une année, les intérêts commencent à courir le premier jour du troisième mois suivant la fin de la période de calcul de l'intéressement.

Les dispositions issues de la L. n° 2015-990 du 6 août 2015 sont applicables aux droits à intéressement et à participation des salariés aux résultats de l'entreprise attribués au titre des exercices clos après le 7 août 2015 (L. préc., art. 153-III).

Art. L. 3314-10 Le conseil d'administration ou le directoire peut décider de verser un supplément d'intéressement collectif au titre de l'exercice clos, dans le respect des plafonds mentionnés à l'article L. 3314-8 et selon les modalités de répartition prévues par l'accord d'intéressement ou par un accord spécifique conclu selon les modalités prévues à l'article L. 3312-5.

Ces sommes peuvent notamment être affectées à la réalisation d'un plan d'épargne d'entreprise, d'un plan d'épargne interentreprises *(Ord. n° 2019-766 du 24 juill. 2019, art. 7-IV, en vigueur le 1ᵉʳ oct. 2019)* « , d'un plan d'épargne pour la retraite collectif ou d'un plan d'épargne retraite d'entreprise collectif ».

Dans une entreprise où il n'existe ni conseil d'administration, ni directoire, l'employeur peut décider le versement d'un supplément d'intéressement, dans les conditions prévues au présent article.

L'application au supplément d'intéressement des dispositions du premier alinéa de l'article L. 3312-4 ne donne pas lieu à application de l'article L. 131-7 du code de la sécurité sociale.

Les dispositions issues de l'Ord. n° 2019-766 du 24 juill. 2019 entrent en vigueur à une date fixée par Décr. et au plus tard le 1ᵉʳ janv. 2020 (Ord. préc., art. 9-I). La date d'entrée en vigueur est fixée au 1ᵉʳ oct. 2019 (Décr. n° 2019-807 du 30 juill. 2019, art. 9-II).

Supplément d'intéressement et accord spécifique. Lorsqu'un accord d'intéressement a été négocié dans l'entreprise, l'employeur ne peut mettre en œuvre un supplément d'intéressement qu'en application d'un accord spécifique dont l'objet est de prévoir les modalités de répartition du supplément d'intéressement ; pour ouvrir droit à exonération, cet accord spécifique doit avoir été déposé à la DREETS du lieu où il a été conclu. ● Civ. 2ᵉ, 19 oct. 2023, n° 21-10.221 B.

Art. L. 3314-11 *(L. n° 2019-486 du 22 mai 2019, art. 157)* Les sommes qui n'auraient pu être mises en distribution en raison des règles définies aux articles L. 3314-5 et L. 3314-8 font l'objet, si l'accord le prévoit, d'une répartition immédiate entre tous les salariés et, le cas échéant, les bénéficiaires mentionnés à l'article L. 3312-3 auxquels ont été versées des sommes d'un montant inférieur au plafond des droits individuels fixé à l'article L. 3314-8. Ce plafond ne peut être dépassé du fait de cette répartition supplémentaire, effectuée selon les mêmes modalités que la répartition originelle.

CHAPITRE V RÉGIME SOCIAL ET FISCAL DE L'INTÉRESSEMENT

Art. L. 3315-1 Les entreprises qui mettent en œuvre l'intéressement dans les conditions prévues au présent titre peuvent déduire des bases retenues pour l'assiette de l'impôt sur les sociétés ou de l'impôt sur le revenu le montant des sommes versées en espèces aux bénéficiaires en application de l'accord d'intéressement.

Ces sommes sont soumises à l'impôt sur le revenu selon les règles fixées au *a* du 5 de l'article 158 du code général des impôts.

Ces dispositions ne sont pas applicables aux sommes versées aux exploitants individuels, aux associés de sociétés de personnes et assimilées n'ayant pas opté pour leur assujettissement à l'impôt sur les sociétés et aux conjoints collaborateurs et associés. − *[Anc. art. L. 441-5.]*

V. art. D. 3314-2.

Art. L. 3315-2 Lorsqu'un bénéficiaire a adhéré à un plan d'épargne d'entreprise mentionné au titre III et qu'il affecte, dans un délai prévu par voie réglementaire, à la réalisation de ce plan tout ou partie des sommes qui lui sont attribuées par l'entreprise au titre de l'intéressement, ces sommes sont exonérées d'impôt sur le revenu dans la limite d'un montant égal *(L. n° 2019-486 du 22 mai 2019, art. 155-I)* « aux trois quarts » du plafond annuel moyen retenu pour le calcul des cotisations de sécurité sociale.

(L. n° 2015-990 du 6 août 2015, art. 150-I) « Lorsque le salarié et, le cas échéant, le bénéficiaire mentionné au 1° de l'article L. 3312-3 ne demandent pas le versement, en tout ou partie, des sommes qui leur sont attribuées au titre de l'intéressement, ni leur affectation au plan prévu au premier alinéa du présent article, leur quote-part d'intéressement y est affectée dans les conditions prévues par l'accord mentionné à l'article L. 3312-5. Cet accord précise les modalités d'information du salarié sur cette affectation. A défaut de précision dans l'accord, ces conditions et ces modalités sont déterminées par décret. »

Art. L. 3315-3 Lorsqu'un bénéficiaire mentionné au troisième alinéa de l'article L. 3315-1 qui a adhéré à un plan d'épargne salariale prévu au titre III affecte à la réalisation de ce plan tout ou partie des sommes qui lui sont attribuées par l'entreprise au titre de l'intéressement, ces sommes sont exclues de l'assiette des bénéfices non commerciaux et de l'assiette des bénéfices industriels et commerciaux, dans la limite d'un plafond égal *(L. n° 2019-486 du 22 mai 2019, art. 155-I)* « aux trois quarts » du plafond annuel moyen retenu pour le calcul des cotisations de sécurité sociale.

Art. L. 3315-4 Les accords d'intéressement conclus au sein d'un groupe de sociétés établies dans plusieurs États membres de la Communauté européenne ouvrent droit aux exonérations prévues aux articles L. 3315-1 à L. 3315-3 pour les primes versées à leurs salariés ainsi qu'aux personnes mentionnées à l'article L. 3312-3 par les entreprises situées en France, parties à ces accords. − *[Anc. art. L. 441-2, al. 2.]*

Art. L. 3315-5 Lorsqu'un accord, valide au sens de l'article L. 2232-2, a été conclu ou déposé hors délai, il produit ses effets entre les parties mais n'ouvre droit aux exonérations que pour les périodes de calcul ouvertes postérieurement au dépôt.

Dépôt tardif et droit aux exonérations. Pour ouvrir droit aux exonérations de cotisations sur les sommes versées aux salariés à titre d'intéressement, l'accord d'intéressement doit avoir été conclu avant le premier jour de la deuxième moitié de la période de calcul suivant la date de sa prise d'effet et déposé dans les 15 jours à compter de cette date limite auprès de l'administration ; lorsqu'il est déposé hors délai, l'accord n'ouvre droit aux exonérations que pour les périodes de calcul ouvertes postérieurement à son dépôt. • Civ. 2ᵉ, 12 mai 2022, n° 20-22.367 B : *RJS 7/2022, n° 388 ; JSL 2022, n° 545, obs. Mureau.*

TITRE II PARTICIPATION AUX RÉSULTATS DE L'ENTREPRISE

V. Instr. min. n° DGT/RT3/DSS/DGTRESOR/2016/5 du 18 févr. 2016 (https://www.legifrance.gouv.fr/circulaire/id/40587).

V. Instr. min. n° DGT/RT3/DSS/DGT/2019/252 du 19 déc. 2019 (https://travail-emploi.gouv.fr/IMG/pdf/instruction_interministerielle_epargne_salariale_19122019.pdf).

PARTICIPATION AUX RÉSULTATS **Art. L. 3322-1** 1263

> *COMMENTAIRE*
> V. sur le Code en ligne 🏛. ❏

CHAPITRE I   CHAMP D'APPLICATION

Art. L. 3321-1 Les dispositions du présent titre sont applicables aux employeurs de droit privé et à leurs salariés.
(*L. n° 2008-1258 du 3 déc. 2008, art. 9-I*) « Un décret en Conseil d'État détermine les établissements publics de l'État à caractère industriel et commercial et les sociétés, groupements ou personnes morales, quel que soit leur statut juridique, dont plus de la moitié du capital est détenue directement par l'État, qui sont soumis aux dispositions du présent titre. Ce décret fixe les conditions dans lesquelles ces dispositions leur sont applicables.
« Les dispositions du présent titre sont également applicables aux sociétés, groupements ou personnes morales, quel que soit leur statut juridique, dont plus de la moitié du capital est détenue, ensemble ou séparément, indirectement par l'État et directement ou indirectement par ses établissements publics, s'ils ne bénéficient pas de subventions d'exploitation, ne sont pas en situation de monopole et ne sont pas soumis à des prix réglementés.
« Un décret en Conseil d'État peut déterminer les sociétés, groupements ou personnes morales, quel que soit leur statut juridique, dont plus de la moitié du capital est détenue, ensemble ou séparément, indirectement par l'État et directement ou indirectement par ses établissements publics, bénéficiant de subventions d'exploitation, étant en situation de monopole ou soumis à des prix réglementés, qui sont soumis aux dispositions du présent titre. Ce décret fixe les conditions dans lesquelles ces dispositions leur sont applicables. » — *V. art. R. 3321-1*.
(*L. n° 2019-486 du 22 mai 2019, art. 155, en vigueur le 1ᵉʳ janv. 2019*) « Lorsque, dans le présent titre, il est fait référence à l'effectif salarié, cet effectif et le franchissement du seuil sont déterminés au niveau de l'entreprise ou de l'unité économique et sociale selon les modalités prévues à l'article L. 130-1 du code de la sécurité sociale *[V. cet art. ss. art. L. 1151-2]*. »

Sur l'entrée en vigueur des dispositions issues de la L. n° 2019-486 du 22 mai 2019, V. note ss. art. L. 3311-1.

Art. L. 3321-2 Un décret en Conseil d'État détermine les conditions dans lesquelles le présent titre est appliqué aux sociétés mères et aux sociétés filiales. — *[Anc. art. L. 442-2, al. 6, phrase 2.]*

CHAPITRE II   MISE EN PLACE DE LA PARTICIPATION

SECTION 1   Mise en place dans l'entreprise

Art. L. 3322-1 La participation a pour objet de garantir collectivement aux salariés le droit de participer aux résultats de l'entreprise.
Elle prend la forme d'une participation financière à effet différé, calculée en fonction du bénéfice net de l'entreprise, constituant la réserve spéciale de participation.
Elle est obligatoire dans les entreprises mentionnées au présent chapitre. (*L. n° 2019-486 du 22 mai 2019, art. 155-I, en vigueur le 1ᵉʳ janv. 2019*) « L'obligation s'applique à compter du premier exercice ouvert postérieurement à la période des cinq années civiles consécutives mentionnées au premier alinéa du II de l'article L. 130-1 du code de la sécurité sociale. »
(*L. n° 2008-1258 du 3 déc. 2008, art. 6*) « Elle concourt à la mise en œuvre de la gestion participative dans l'entreprise. »

Sur l'entrée en vigueur des dispositions issues de la L. n° 2019-486 du 22 mai 2019, V. note ss. art. L. 3311-1.

V. Circ. du 14 sept. 2005 relative à l'épargne salariale, dossier participation (JO 1ᵉʳ nov.).

BIBL. ▶ Savatier, *Dr. soc.* 1989. 381 (détermination des bénéficiaires : salariés à temps partiel ; salariés mis à disposition).

1. Indifférence des motifs du licenciement. Un salarié ne peut être privé de ses droits à participation en raison des motifs de son licenciement. • Soc. 9 mars 1989 : *CSB 1989. 103, S. 56* ; *JCP E 1989. I. 15578, n° 11*, obs. Gatumel (illicéité de la décision d'un comité d'entreprise prévoyant qu'un salarié licencié pour vol serait privé de ses droits à participation).

2. Indisponibilité. Les droits constitués au profit des salariés au titre de la participation aux résultats de l'entreprise, en exécution du contrat de travail et du statut collectif de l'entreprise qu'il implique, revêtent la forme d'un droit de créance sur l'entreprise quel que soit leur emploi pendant le temps de leur indisponibilité. • Soc. 30 sept. 2004, n° 02-16.439 P : *Dr. soc. 2004. 1149*, obs. Savatier.

3. Performance individuelle des salariés. Le caractère collectif du système d'épargne d'entreprise s'oppose à ce que le montant des versements de l'employeur soit fondé sur des critères de performance individuelle des salariés. • Soc. 26 oct. 2000, n° 99-11.401 P : *RJS 2001. 45, n° 73* ; *JCP 2000. IV. 2856*.

4. Participation et entreprise étrangère disposant d'un établissement en France. Une entreprise étrangère disposant d'un établissement en France peut être tenue de constituer une réserve spéciale de participation dès lors qu'elle est imposable en France à raison des opérations qu'elle y réalise. • Soc. 8 févr. 2012 : *D. 2012. Actu. 560* ; *RJS 2012. 404, n° 486* ; *JCP S 2012. 1165*, obs. Lipski.

5. Action du syndicat relative à la participation. L'action exercée par le syndicat tendant à la constitution d'une réserve spéciale de participation en raison d'une fraude alléguée aux droits des salariés à la participation aux résultats de l'entreprise, qui résulterait d'une mise en location-gérance, suppose au préalable que le juge se prononce sur la validité du transfert des contrats de travail intervenu en application de l'art. L. 1224-1 C. trav. ; l'action en contestation du transfert d'un contrat de travail étant un droit exclusivement attaché à la personne du salarié, l'action du syndicat est irrecevable. • Soc. 9 mars 2016, n° 14-11.837 P : *D. 2016. Actu. 659* ; *RJS 5/2016, n° 350* ; *SSL 2016, n° 1732, p. 12*, obs. Métin et Chevallier ; *JCP S 2016. 1243*, obs. Gauriau.

Loi n° 2023-1107 du 29 nov. 2023,

Portant transposition de l'accord national interprofessionnel relatif au partage de la valeur au sein de l'entreprise.

Art. 5 I. — A titre expérimental et pendant une durée de cinq ans à compter de la promulgation de la présente loi *[29 nov. 2023]*, les entreprises d'au moins onze salariés qui ont réalisé pendant trois exercices consécutifs un bénéfice net fiscal, au sens du 1° de l'article L. 3324-1 du code du travail, au moins égal à 1 % du chiffre d'affaires et qui ne sont pas tenues de mettre en place un régime de participation en application des articles L. 3322-1 à L. 3322-5 du même code doivent, au titre de l'exercice suivant :

1° Soit mettre en place un régime de participation, dans les conditions prévues aux articles L. 3322-9 ou L. 3323-6 dudit code ou au I de l'article 4 de la présente loi *[V. ss. art. L. 3323-6]*, ou un régime d'intéressement, dans les conditions prévues aux articles L. 3312-5 ou L. 3312-8 du code du travail ;

2° Soit abonder un plan d'épargne salariale prévu aux articles L. 3332-1, L. 3333-2, L. 3334-2 ou L. 3334-4 du même code ou aux articles L. 224-13 ou L. 224-16 du code monétaire et financier, selon les modalités prévues aux articles L. 3332-11 et L. 3334-6 du code du travail et à l'article L. 224-20 du code monétaire et financier ;

3° Soit verser la prime de partage de la valeur prévue à l'article 1er de la loi n° 2022-1158 du 16 août 2022 portant mesures d'urgence pour la protection du pouvoir d'achat.

II. — Sont réputées satisfaire à l'obligation prévue au I du présent article les entreprises dans lesquelles l'un des dispositifs mentionnés aux 1° à 3° du même I est mis en œuvre et s'applique au titre de l'exercice considéré.

III. — Ne sont pas soumises à l'obligation prévue au I :

1° Les entreprises individuelles créées sur le fondement de l'article L. 526-5-1 du code de commerce, dans sa rédaction antérieure à la loi n° 2022-172 du 14 février 2022 en faveur de l'activité professionnelle indépendante, ou de l'article L. 526-22 du code de commerce ;

2° Les entreprises qui relèvent du statut des sociétés anonymes à participation ouvrière prévu aux articles L. 225-258 à L. 225-270 du même code, qui versent un dividende à leurs salariés au titre de l'exercice écoulé et dont le taux d'intérêt sur la somme versée aux porteurs d'actions de capital en application du troisième alinéa de l'article L. 225-261 dudit code est égal à 0 %.

IV. — L'obligation de mettre en place l'un des dispositifs mentionnés aux 1° à 3° du I du présent article s'applique aux exercices ouverts après le 31 décembre 2024. Les trois exercices

PARTICIPATION AUX RÉSULTATS **Art. L. 3322-3**

précédents sont pris en compte pour l'appréciation du respect de la condition relative à la réalisation du bénéfice net fiscal.

V. — Le Gouvernement remet au Parlement, au plus tard six mois avant le terme de l'expérimentation, un rapport d'évaluation de l'expérimentation prévue au présent article comprenant une présentation des dispositifs mis en place par les entreprises.

Un suivi annuel de l'application du présent article est transmis aux organisations syndicales et patronales représentatives au niveau national et interprofessionnel.

Art. L. 3322-2 (L. n° 2019-486 du 22 mai 2019, art. 155-I, en vigueur le 1er janv. 2019) « Les entreprises employant au moins cinquante salariés garantissent le droit de leurs salariés à participer aux résultats de l'entreprise. Il en va de même pour les entreprises constituant une unité économique et sociale mentionnée à l'article L. 2313-8 et composée d'au moins cinquante salariés. »

La base, les modalités de calcul, ainsi que les modalités d'affectation et de gestion de la participation sont fixées par accord dans les conditions prévues par le présent titre.

(L. n° 2008-1258 du 3 déc. 2008, art. 7) « Le salarié d'un groupement d'employeurs peut bénéficier du dispositif de participation mis en place dans chacune des entreprises adhérentes du groupement auprès de laquelle il est mis à disposition dans des conditions fixées par décret. » — V. art. R. 3221-2.

Sur l'entrée en vigueur des dispositions issues de la L. n° 2019-486 du 22 mai 2019, V. note ss. art. L. 3311-1.

BIBL. ▶ Cuzacq, RDT 2019. 460 (la participation aux résultats dans les entreprises de moins de 50 salariés).

BIBL. Fadeuilhe, JCP S 2009. 1062 (groupements d'employeurs et dispositifs d'épargne salariale).

1. Effectif de l'entreprise. Un accord de participation n'étant obligatoire que dans les entreprises de plus de cinquante salariés, un tel accord peut valablement prévoir, par une clause particulière, qu'il cessera de s'appliquer en cas d'abaissement des effectifs en dessous de cinquante salariés. ● Soc. 18 sept. 2002, n° 99-15.454 P : D. 2002. IR 2717 ; RJS 2002. 942, n° 1264. ◆ L'effectif à partir duquel la participation est obligatoire s'apprécie au niveau de l'entreprise. ● Soc. 24 janv. 2006 : RJS 2006. 325, n° 480 ; Dr. soc. 2006. 454, obs. Savatier. ◆ Le calcul de l'effectif doit être effectué mois par mois au cours des 12 mois précédents, il se calcule nécessairement à la fin de la période considérée ; les salariés titulaires d'un contrat à durée indéterminée à temps plein sont pris en compte pour une unité dans l'effectif du mois au cours duquel ils ont été engagés. ● Soc. 8 déc. 2010 : D. actu. 13 janv. 2011, obs. Siro ; D. 2011. Actu. 85 ; JSL 2011, n° 293-4, obs. Tourreil ; JCP S 2011. 1064, obs. Vatinet. ◆ Le calcul de l'effectif, pour la mise en place de la participation aux résultats de l'entreprise, s'effectue mois par mois au cours des douze précédents, en prenant en compte les salariés titulaires d'un contrat à durée déterminée au prorata de leur temps de présence peu important qu'à la fin du mois où s'effectue le calcul, les contrats à durée déterminée aient pris fin. ● Soc. 1er juin 2017, n° 16-16.779 P : D. actu. 19 juin 2017, obs. Fraisse ; D. 2017. Actu. 1195 ; RJS 8-9/2017, n° 601 ; JCP S 2017. 1233, obs. Kovac.

2. Fusion. Une société absorbante est tenue de constituer une réserve de participation calculée sur l'ensemble des bénéfices pris en compte par elle du fait de la fusion, peu important que la société absorbée n'ait pas été elle-même soumise au régime légal de la participation. ● Soc. 23 févr. 1983 : Dr. soc. 1983. 634, note Savatier.

3. Salariés mis à disposition. Le comité d'une entreprise accueillant des salariés mis à sa disposition ne peut demander la création d'une réserve spéciale de participation, dès lors que les autres sociétés ont continué d'assumer leurs obligations d'employeur et qu'elles ont fait bénéficier le personnel détaché de leur réserve de participation. ● Soc. 23 juin 1988 : Dr. soc. 1989. 381, note Savatier.

4. Salariés à temps partiel. Les salariés à temps partiel doivent être compris dans l'effectif habituel de l'entreprise. ● Soc. 26 janv. 1989 : Bull. civ. V, n° 81 ; Dr. soc. 1989. 381, note Savatier.

5. Participation et abus de biens sociaux. La diminution du montant des primes perçues au titre de la participation n'étant qu'une conséquence indirecte des abus de biens sociaux, la cour d'appel ne peut allouer des dommages-intérêts à des salariés et à une section syndicale d'une société réparant le préjudice résultant de ces abus. ● Crim. 28 janv. 2004 : RJS 2004. 826, n° 1176.

Art. L. 3322-3 (Abrogé par L. n° 2023-1107 du 29 nov. 2023, art. 7) (L. n° 2015-990 du 6 août 2015, art. 156) « *Lorsqu'une entreprise ayant conclu un accord d'intéressement vient à employer au moins cinquante salariés, les obligations prévues à la présente section ne*

s'appliquent qu'au troisième exercice clos après le franchissement du seuil d'assujettissement à la participation, si l'accord est appliqué sans discontinuité pendant cette période. »
A cette date, un accord de participation peut être conclu dans les conditions de l'article L. 3324-2 sur une base de calcul et de répartition reprenant celle de l'accord d'intéressement ayant expiré.

Les entreprises qui ne sont tenues d'appliquer un régime de participation qu'à compter du 3ᵉ exercice clos après le franchissement du seuil d'assujettissement à la participation en application du 1ᵉʳ al. de l'art. L. 3322-3, dans sa rédaction antérieure à la L. n° 2023-1107 du 29 nov. 2023, conservent le bénéfice de cette disposition jusqu'au terme du report (L. préc., art. 7-II).

Art. L. 3322-4 (Abrogé par L. n° 2019-486 du 22 mai 2019, art. 155-I) **Pour l'appréciation du seuil de cinquante salariés, l'effectif des salariés employés habituellement par les entreprises de travail temporaire est calculé en ajoutant au nombre des salariés permanents le nombre moyen par jour ouvrable des salariés qui ont été liés par un contrat de travail temporaire au cours de l'exercice.**

Art. L. 3322-4-1 (Abrogé par L. n° 2020-1525 du 7 déc. 2020, art. 119-I, à compter du 1ᵉʳ sept. 2021) (Ord. n° 2015-380 du 2 avr. 2015, art. 4) **Pour l'appréciation du seuil de cinquante salariés, l'effectif des salariés employés habituellement par les entreprises de portage salarial mentionnées aux articles L. 1254-1 et suivants est calculé en ajoutant au nombre des salariés permanents de l'entreprise de portage salarial le nombre moyen par jour ouvrable des salariés qui ont effectué des prestations de portage salarial dans le cadre d'un contrat de travail conclu avec cette entreprise au cours de l'exercice.**

Cette abrogation est applicable aux accords et réglements déposés à compter du 1ᵉʳ sept. 2021(L. n° 2020-1525 du 7 déc. 2020, art. 119-III).

Art. L. 3322-5 Dans les entreprises nouvelles dont la création ne résulte pas d'une fusion, totale ou partielle, d'entreprises préexistantes, les accords de participation sont conclus à partir du troisième exercice clos après leur création. — *[Anc. art. L. 442-16.]*

Art. L. 3322-6 Les accords de participation sont conclus selon l'une des modalités suivantes :
1° Par convention ou accord collectif de travail ;
2° Par accord entre l'employeur et les représentants d'organisations syndicales représentatives dans l'entreprise ;
3° Par accord conclu au sein du (Ord. n° 2017-1386 du 22 sept. 2017, art. 4) « comité social et économique » ;
4° A la suite de la ratification, à la majorité des deux tiers du personnel, d'un projet de contrat proposé par l'employeur. S'il existe dans l'entreprise une ou plusieurs organisations syndicales représentatives ou un (Ord. n° 2017-1386 du 22 sept. 2017, art. 4) « comité social et économique », la ratification est demandée conjointement par l'employeur et une ou plusieurs de ces organisations ou ce comité.

1. Domaine. Ce n'est que lorsque les plans d'épargne entreprise sont établis en vertu d'accords avec le personnel qu'ils doivent être conclus selon l'une des procédures énumérées à l'art. L. 442-10 [L. 3322-6 nouv.]. ● Soc. 21 nov. 2000, n° 98-18.605 P : *D. 2001. IR 281*.

2. Droit applicable. Il résulte de l'art. 2 C. civ. qu'en l'absence de modification, autre que de forme, de l'accord au sens de l'art. L. 3322-6 C. trav. instaurant un plan d'épargne d'entreprise, et de nouveau dépôt de cet accord auprès de l'administration du travail, les dispositions de cet accord ne peuvent être contestées qu'au regard des dispositions légales en vigueur au moment de sa conclusion. ● Soc. 21 sept. 2016, n° 13-24.437 P : *D. actu. 6 oct. 2016*, obs. Peyronnet ; *D. 2016. Actu. 1935* ; *RJS 12/2016, n° 800* ; *JCP S 2016. 1370*, obs. Kovac et Gaudemet-Toulemonde.

Art. L. 3322-7 Par dérogation à l'article L. 3322-6, un accord de groupe peut être passé entre les sociétés d'un même groupe ou seulement certaines d'entre elles.

Cet accord est conclu selon l'une des modalités suivantes :

1° Entre le mandataire des sociétés intéressées et le ou les salariés appartenant à l'une des entreprises du groupe mandatés à cet effet par une ou plusieurs organisations syndicales représentatives ;

2° Entre le mandataire des sociétés intéressées et les représentants mandatés par chacun des (Ord. n° 2017-1386 du 22 sept. 2017, art. 4) « comités sociaux et économiques » concernés ;

3° A la suite de la ratification, à la majorité des deux tiers du personnel, d'un projet d'accord proposé par le mandataire des sociétés du groupe. S'il existe dans les sociétés intéressées une ou plusieurs organisations syndicales représentatives ou, lorsque toutes les sociétés du groupe sont intéressées, s'il existe un comité de groupe, la ratification est demandée conjointement par le mandataire des sociétés du groupe et soit une ou plusieurs de ces organisations, soit la majorité des *(Ord. n° 2017-1386 du 22 sept. 2017, art. 4)* « comités sociaux et économiques » des sociétés concernées, soit le comité de groupe. La majorité des deux tiers est appréciée au niveau de l'ensemble des sociétés concernées. − *[Anc. art. L. 442-11.]*

Art. L. 3322-8 *(Abrogé par L. n° 2020-1525 du 7 déc. 2020, art. 119, à compter du 1ᵉʳ sept. 2021) Un décret en Conseil d'État détermine les modalités de calcul de l'effectif de l'entreprise pour l'application de l'article L. 3322-2.*

Cette abrogation est applicable aux accords et réglements déposés à compter du 1ᵉʳ sept. 2021 (L. n° 2020-1525 du 7 déc. 2020, art. 119-III).

SECTION 2 Mise en place dans la branche

Art. L. 3322-9 *(L. n° 2020-1525 du 7 déc. 2020, art. 118)* Toute entreprise peut faire application d'un dispositif de participation conclu au niveau de la branche, dès lors que l'accord de branche a été agréé en application de l'article L. 3345-4.

Les entreprises qui souhaitent appliquer l'accord de branche agréé concluent à cet effet un accord dans les conditions prévues à l'article L. 3322-6.

Les entreprises de moins de cinquante salariés peuvent opter pour l'application de ce régime au moyen d'un document unilatéral d'adhésion de l'employeur, dans les conditions prévues à l'article L. 2232-10-1, si l'accord de branche prévoit cette possibilité et propose, sous forme d'accord type indiquant les différents choix laissés à l'employeur, des stipulations spécifiques pour ces entreprises.

L'accord d'entreprise conclu ou le document unilatéral d'adhésion signé est déposé selon les modalités prévues à l'article L. 3323-4.

Par dérogation aux articles L. 3345-2 et L. 3345-3, les exonérations prévues au chapitre V du présent titre sont réputées acquises dès le dépôt et pour la durée d'application de l'accord ou du document d'adhésion à l'accord de branche agréé.

CHAPITRE III CONTENU ET RÉGIME DES ACCORDS

SECTION 1 Contenu des accords

Art. L. 3323-1 L'accord de participation détermine :
1° Les conditions dans lesquelles les salariés sont informés de l'application des dispositions du présent titre ;
2° La nature et les modalités de gestion des droits reconnus aux salariés sur les sommes constituant la réserve spéciale de participation prévue à l'article L. 3324-1. − *[Anc. art. L. 442-5, al. 1ᵉʳ.]*

Art. L. 3323-2 L'accord de participation peut prévoir l'affectation des sommes constituant la réserve spéciale de participation :
1° A des comptes ouverts au nom des intéressés en application d'un plan d'épargne salariale remplissant les conditions fixées au titre III ;
(Abrogé par L. n° 2019-486 du 22 mai 2019, art. 155-I) « *2° A un compte que l'entreprise doit consacrer à des investissements. Les salariés ont sur l'entreprise un droit de créance égal au montant des sommes versées.* » − *Ces dispositions continuent à s'appliquer aux entreprises qui en bénéficient au jour de la publication de la L. n° 2019-486 du 22 mai 2019 (L. préc., art. 155-VI).*

(L. n° 2010-1330 du 9 nov. 2010, art. 110) « Tout accord de participation existant à la date de promulgation de la loi n° 2010-1330 du 9 novembre 2010 portant réforme des retraites doit être mis en conformité avec le présent article et l'article L. 3323-3 au plus tard le 1ᵉʳ janvier 2013. » − *V. Circ. Questions-réponses du 19 avr. 2012 sur l'alimentation du plan d'épargne pour la retraite collectif par des jours de repos non pris et par la moitié de la réserve spéciale de participation, NOR : ETST1221259C.*

Art. L. 3323-3 *(Abrogé par L. n° 2019-486 du 22 mai 2019, art. 155-I)* « *Un accord de participation ne peut prévoir l'affectation des sommes constituant la réserve spéciale de participation uniquement à un compte courant bloqué.* »

(L. n° 2019-486 du 22 mai 2019, art. 155-I) « Par dérogation à l'article L. 3323-2 » (L. n° 2012-387 du 22 mars 2012, art. 26) « , les accords de participation conclus au sein des (L. n° 2014-856 du 31 juill. 2014, art. 30) « sociétés coopératives de production » peuvent prévoir l'emploi de la totalité de la réserve spéciale de participation en parts sociales ou en comptes courants bloqués. Les mêmes accords peuvent stipuler que, en cas d'emploi de la réserve spéciale de participation en comptes courants bloqués, les associés qui sont employés dans l'entreprise sont en droit, nonobstant l'article L. 225-128 du code de commerce, d'affecter leur créance à la libération de parts sociales qui restent soumises à la même indisponibilité. »

SECTION 2 Régime des accords

SOUS-SECTION 1 Dépôt

Art. L. 3323-4 Les accords de participation sont déposés auprès de l'autorité administrative.

Ce dépôt conditionne l'ouverture du droit aux exonérations prévues au chapitre V. — [Anc. art. L. 442-8.]

V. art. D. 3323-1 s.

1. En l'absence d'accord de participation prévu pour la période de contrôle, la totalité des sommes versées au titre de la participation doit être réintégrée dans l'assiette des cotisations. • Civ. 2e, 3 juill. 2008 : ⚖ RJS 2008. 915, n° 1109 / JSL 2008, n° 246-5, note Kesztenbaum et Rault ; JCP S 2008. 1555, note Tauran.

2. Le dépôt conditionne l'ouverture du droit aux exonérations de cotisations sociales ; il en résulte que l'exonération ne s'applique qu'à compter de la date du dépôt de l'accord de participation et que sont soumises à cotisations les sommes attribuées aux salariés, en exécution de cet accord, antérieurement à son dépôt. • Civ. 2e, 22 juin 2023, ⚖ n° 21-18.363 B.

SOUS-SECTION 2 Dispositions applicables en l'absence d'accord

Art. L. 3323-5 Lorsque, dans un délai d'un an suivant la clôture de l'exercice au titre duquel sont nés les droits des salariés, aucun accord de participation n'a pas été conclu, cette situation est constatée par l'inspecteur du travail (Abrogé par L. n° 2019-486 du 22 mai 2019, art. 155-I) « et les dispositions du 2° de l'article L. 3323-2 sont applicables ».

(L. n° 2019-486 du 22 mai 2019, art. 155-I) « Les sommes attribuées aux salariés sont affectées sur un compte courant que l'entreprise doit consacrer à des investissements et, sous réserve des cas prévus par décret en application de l'article L. 3324-10, bloquées » pour huit ans (L. n° 2008-1258 du 3 déc. 2008, art. 4-I) « , sauf si le salarié demande le versement de tout ou partie des sommes correspondantes dans des conditions fixées par décret. La demande peut être présentée à l'occasion de chaque versement effectué au titre de la répartition de la réserve spéciale de participation. Les sommes précitées, versées à des comptes courants, » portent intérêt à un taux fixé par arrêté du ministre chargé du budget et de l'économie.

La provision pour investissement prévue à l'article L. 3325-3 ne peut être constituée. — [Anc. art. L. 442-12.] — V. art. R. 3324-22.

1. Juridictions compétentes. Les litiges relatifs à la constatation par l'inspecteur du travail du défaut d'accord de participation ne relèvent pas des juridictions administratives compte tenu de l'art. L. 442-13 [L. 3323-5 nouv.]. • CE 18 juin 2003 : ⚖ RJS 2003. 823, n° 1198.

2. Application du régime légal. L'absence de constat par l'inspecteur du travail du défaut de conclusion d'un contrat de participation dans le délai d'un an suivant la clôture de l'exercice au titre duquel sont nés les droits des salariés d'une entreprise ne prive pas ces derniers du droit de demander au juge de faire application du régime légal de participation prévu par l'art. L. 442-12 [L. 3323-5 nouv.] lorsque les conditions de sa mise en œuvre sont réunies. • Soc. 13 sept. 2005 : ⚖ D. 2005. IR 2411 ; Dr. soc. 2005. 1051, obs. Savatier.

PARTICIPATION AUX RÉSULTATS **Art. L. 3323-7** 1269

SOUS-SECTION 3 Participation volontaire

Art. L. 3323-6 Les entreprises qui ne sont pas tenues de mettre en application un régime de participation peuvent, par un accord de participation, se soumettre volontairement aux dispositions du présent titre.

(*L. n° 2008-1258 du 3 déc. 2008, art. 11-I*) « Les chefs de ces entreprises ou, s'il s'agit de personnes morales, leurs présidents, directeurs généraux, gérants ou membres du directoire, ainsi que le conjoint (*L. n° 2019-486 du 22 mai 2019, art. 155-I*) « ou le partenaire lié par un pacte civil de solidarité » du chef d'entreprise s'il bénéficie du statut de conjoint collaborateur ou de conjoint associé mentionné à l'article L. **121-4** du code de commerce, peuvent bénéficier de ce régime. »

En cas d'échec des négociations, l'employeur peut mettre en application unilatéralement un régime de participation conforme aux dispositions du présent titre. Le (*Ord. n° 2017-1386 du 22 sept. 2017, art. 4*) « comité social et économique est consulté » sur le projet d'assujettissement unilatéral à la participation au moins quinze jours avant son dépôt auprès de l'autorité administrative.

Ces entreprises (*L. n° 2008-1258 du 3 déc. 2008, art. 11-I*) « , leurs salariés et les bénéficiaires visés au deuxième alinéa se voient appliquer le » régime social et fiscal prévu au chapitre V. – [*Anc. art. L. 442-15, al. 1er, 2 et 4.*]

BIBL. ▶ Cuzacq, *RDT 2019*. 460 ⌀ (la participation aux résultats dans les entreprises de moins de 50 salariés).

Loi n° 2023-1107 du 29 nov. 2023,

Portant transposition de l'accord national interprofessionnel relatif au partage de la valeur au sein de l'entreprise.

Art. 4 I. — A titre expérimental et pendant une durée de cinq ans à compter de la promulgation de la présente loi, les entreprises mentionnées au premier alinéa de l'article L. 3323-6 du code du travail peuvent mettre en application un régime de participation, au sens du même article L. 3323-6, dérogeant à la règle de l'équivalence des avantages consentis aux salariés prévue à l'article L. 3324-2 du même code :

1° Soit par application d'un accord de participation conclu au niveau de la branche dans les conditions prévues à l'article L. 3322-9 dudit code ;

2° Soit par application d'un accord de participation conclu dans les conditions prévues à l'article L. 3322-6 du même code.

II. — Les entreprises mentionnées au I du présent article qui mettent en application un régime de participation à la date d'entrée en vigueur de la présente loi [*1er déc. 2023*] ne peuvent opter pour le régime défini au même I, lorsqu'il déroge à la règle de l'équivalence des avantages consentis aux salariés, qu'en concluant un accord dans les conditions prévues à l'article L. 3322-6 du code du travail.

III. — Une négociation en vue de la mise en place d'un régime de participation mentionné au I du présent article est ouverte dans chaque branche au plus tard le 30 juin 2024.

A défaut d'initiative de la partie patronale avant cette date, la négociation s'engage dans un délai de quinze jours à compter de la demande d'une organisation de salariés représentative dans la branche.

IV. — Le Gouvernement remet au Parlement un rapport d'évaluation de l'expérimentation prévue au présent article au plus tard six mois avant le terme de l'expérimentation. Ce rapport propose différentes évolutions envisageables de la formule de calcul de la réserve spéciale de participation définie à l'article L. 3324-1 du code du travail et évalue les incidences de chacune d'entre elles.

Un suivi annuel de l'application du présent article est transmis aux organisations syndicales et patronales représentatives au niveau national et interprofessionnel.

SOUS-SECTION 4 Participation dans les entreprises agricoles

Art. L. 3323-7 Une convention ou un accord de branche étendu peut prévoir la mise en application d'un régime de participation dans les entreprises agricoles employant des salariés mentionnés aux 1° à 3°, 6° et 7° de l'article L. 722-20 du code rural et de la pêche maritime selon des modalités dérogeant aux dispositions de l'article L. 3324-1.

Ces entreprises et leurs salariés bénéficient alors, dans les mêmes conditions, du régime social et fiscal prévu au chapitre V. — *[Anc. art. L. 442-15, al. 3 et 4.]*

SOUS-SECTION 5 **Modification dans la situation juridique de l'entreprise**

Art. L. 3323-8 Lorsque survient une modification dans la situation juridique de l'entreprise, par fusion, cession ou scission, rendant impossible l'application d'un accord de participation, cet accord cesse de produire effet entre le nouvel employeur et le personnel de l'entreprise.

En l'absence d'accord de participation applicable à la nouvelle entreprise, celle-ci engage, dans un délai de six mois à compter de la clôture de l'exercice au cours duquel est intervenue la modification, une négociation en vue de la conclusion d'un nouvel accord, selon l'un des modes prévus à l'article L. 3322-6. — *[Anc. art. L. 442-17.]*

SOUS-SECTION 6 **Sociétés coopératives ouvrières de production, coopératives agricoles et entreprises publiques**

Art. L. 3323-9 Les dispositions du présent titre ainsi que celles régissant les (*L. n° 2014-856 du 31 juill. 2014, art. 30*) « sociétés coopératives de production » et les coopératives agricoles sont adaptées, par décret en Conseil d'État, pour les rendre applicables à ces sociétés. — *V. art. R. 3323-9.*

(*L. n° 2008-1258 du 3 déc. 2008, art. 4-II*) « Par dérogation à l'article L. 3324-10, l'accord de participation applicable dans ces sociétés peut prévoir que tout ou partie de la réserve spéciale de participation n'est exigible qu'à l'expiration d'un délai de cinq ans à compter de l'ouverture de ces droits. »

V. art. R. 3323-9.

Les dispositions issues de la L. n° 2008-1258 du 3 déc. 2008 sont applicables aux droits à participation des salariés aux résultats de l'entreprise attribués au titre des exercices clos après le 4 déc. 2008, date de publication de ladite loi (L. préc., art. 4).

Art. L. 3323-10 Les dispositions du présent titre ne sont pas applicables aux exercices antérieurs à l'exercice suivant (*L. n° 2008-1258 du 3 déc. 2008, art. 9-I*) « le 1er janvier 2005 » pour les sociétés, groupements ou personnes morales, quel que soit leur statut juridique, dont plus de la moitié du capital est détenue, ensemble ou séparément, directement ou indirectement, par les établissements publics et les entreprises publiques mentionnées au deuxième alinéa de l'article L. 3321-1, à l'exception de celles et ceux pour lesquels ces dispositions s'appliquaient en vertu du décret n° 87-948 du 26 novembre 1987 dans sa rédaction antérieure (*L. n° 2008-1258 du 3 déc. 2008, art. 9-I*) « au 1er janvier 2005 ». — *[Anc. art. L. 442-9, al. 2, phrase 2.]*

Les dispositions issues de la L. n° 2008-1258 du 3 déc. 2008 sont applicables à compter du 1er mai 2008. Les entreprises et établissements publics qui entraient légalement dans le champ de la participation à cette date demeurent soumis au même régime (L. préc., art. 9-II).

CHAPITRE IV CALCUL ET GESTION DE LA PARTICIPATION

SECTION 1 **Calcul de la réserve spéciale de participation**

Art. L. 3324-1 La réserve spéciale de participation des salariés est constituée comme suit :

1° Les sommes affectées à cette réserve spéciale sont, après clôture des comptes de l'exercice, calculées sur le bénéfice réalisé en France métropolitaine et (*Ord. n° 2017-1491 du 25 oct. 2017, art. 4, en vigueur le 1er janv. 2018*) « en Guadeloupe, en Guyane, en Martinique, à Mayotte, à La Réunion » (*Ord. n° 2008-205 du 27 févr. 2008*) « , à Saint-Barthélemy et à Saint-Martin », tel qu'il est retenu pour être imposé à l'impôt sur le revenu ou aux taux de l'impôt sur les sociétés prévus au deuxième alinéa et au *b* du I de l'article 219 du code général des impôts et majoré des bénéfices exonérés en application des dispositions des articles 44 *sexies*, 44 *sexies* A, (*Abrogé par L. n° 2021-1900 du 30 déc. 2021, art. 35-III*) « 44 *septies*, 44 *octies*, » 44 *octies* A, 44 *undecies* (*L. n° 2011-1977 du 28 déc. 2011, art. 10-II*) « et 208 C » du code général des impôts. Ce bénéfice est diminué de l'impôt correspondant qui, pour les entreprises soumises à l'impôt sur le revenu, est déterminé dans les conditions déterminées par décret en Conseil d'État ; – V. art. D. 3324-2.

2° Une déduction représentant la rémunération au taux de 5 % des capitaux propres de l'entreprise est opérée sur le bénéfice net ainsi défini ;

3° Le bénéfice net est augmenté du montant de la provision pour investissement prévue à l'article L. 3325-3. Si cette provision est rapportée au bénéfice imposable d'un exercice déterminé, son montant est exclu, pour le calcul de la réserve de participation, du bénéfice net à retenir au titre de l'exercice au cours duquel ce rapport a été opéré ;

4° La réserve spéciale de participation des salariés est égale à la moitié du chiffre obtenu en appliquant au résultat des opérations effectuées conformément aux dispositions des 1° et 2° le rapport des salaires à la valeur ajoutée de l'entreprise.

1. Impôt concerné. L'impôt qui correspond au bénéfice réalisé par l'entreprise et qui doit être retranché de ce bénéfice ne peut s'entendre que de l'impôt sur les sociétés, au taux de droit commun, résultant des règles d'assiette et de liquidation régissant l'impôt sur les bénéfices ; dans le cas d'une société imposée suivant le régime du « bénéfice consolidé », il faut retenir le montant de l'imposition qui aurait été dû par elle si elle n'avait pas été soumise à ce régime. ● CE 26 janv. 1990 : ⚐ D. 1990. IR 52 ; RJS 1990. 139, concl. Liébert-Champagne. ♦ Dans le cas où l'entreprise bénéficie de crédits d'impôts imputables sur le montant de cet impôt, il n'y a pas lieu de tenir compte du montant de ces crédits. ● Soc. 10 janv. 2017, ⚐ n° 14-23.888 P : D. actu. 31 janv. 2017, obs. Siro ; D. 2017. Actu. 166 ⌀ ; RJS 3/2017, n° 217 ; JCP S 2017. 1081, obs. Duchange. ♦ V. aussi ● Soc. 2 mars 1989 : RJS 1989. 194, n° 373 (exclusion des sociétés de courses dès lors que, constituées en association, elles ne sont pas soumises à l'impôt sur les sociétés).

2. RSP et crédit d'impôt recherche. Pour le calcul de la RSP, il n'y a pas lieu de déduire le crédit d'impôt recherche du montant de l'impôt à retrancher au bénéfice fiscal. ● Cass., avis, 14 sept. 2015, n° 1570003 P : D. actu. 9 oct. 2015, obs. Siro ; D. 2015. Actu. 1899 ⌀.

Art. L. 3324-2 L'accord de participation peut établir un régime de participation comportant une base de calcul et des modalités différentes de celles définies à l'article L. 3324-1. Cet accord ne dispense de l'application des règles définies à cet article que si, respectant les principes posés par le présent titre, il comporte pour les salariés des avantages au moins équivalents. La base de calcul retenue peut ainsi être le tiers du bénéfice net fiscal. La réserve spéciale de participation peut être calculée en prenant en compte l'évolution de la valeur des actions ou parts sociales de l'entreprise ou du groupe au cours du dernier exercice clos.

Lorsqu'un accord est conclu au sein d'un groupe de sociétés, l'équivalence des avantages consentis aux salariés s'apprécie globalement au niveau du groupe et non entreprise par entreprise.

(L. n° 2008-1258 du 3 déc. 2008, art. 11-II) « Dans les entreprises (L. n° 2019-486 du 22 mai 2019, art. 11-VI, en vigueur le 1er janv. 2020) « employant au moins un salarié et moins de deux cent cinquante salariés », la part de la réserve spéciale de participation excédant le montant qui aurait résulté d'un calcul effectué en application de l'article L. 3324-1 peut être répartie entre les salariés et les chefs de ces entreprises, les présidents, directeurs généraux, gérants ou membres du directoire s'il s'agit de personnes morales, le conjoint (L. n° 2019-486 du 22 mai 2019, art. 155-I) « ou le partenaire lié par un pacte civil de solidarité » du chef d'entreprise s'il a le statut de conjoint collaborateur ou de conjoint associé mentionné à l'article L. 121-4 du code de commerce. »

L'accord n'ouvre droit au régime social et fiscal prévu au chapitre V que si la réserve spéciale de participation n'excède pas la moitié du bénéfice net comptable, ou, au choix des parties, l'un des trois plafonds suivants :

1° Le bénéfice net comptable diminué de 5 % des capitaux propres ;

2° Le bénéfice net fiscal diminué de 5 % des capitaux propres ;

3° La moitié du bénéfice net fiscal.

L'accord précise le plafond retenu.

(L. n° 2019-486 du 22 mai 2019, art. 155-I) « Par dérogation au dernier alinéa de l'article L. 3321-1, le II de l'article L. 130-1 du code de la sécurité sociale ne s'applique pas au franchissement du seuil d'un salarié. »

Art. L. 3324-3 Dans les entreprises relevant de l'impôt sur le revenu, le bénéfice à retenir, avant déduction de l'impôt correspondant, est égal au bénéfice imposable de cet exercice, diminué :
1° De la rémunération normale du travail du chef d'entreprise lorsque cette rémunération n'est pas admise dans les frais généraux pour l'assiette de l'impôt de droit commun ;
2° Des résultats déficitaires enregistrés au cours des cinq années antérieures qui ont été imputés sur des revenus d'une autre nature mais n'ont pas déjà été pris en compte pour le calcul de la participation afférente aux exercices précédents. – *[Anc. art. L. 442-3.]*

Art. L. 3324-4 Un décret en Conseil d'État détermine le mode de calcul, éventuellement forfaitaire, de la réduction opérée au titre de l'impôt sur le revenu prévue à l'article L. 3324-3. – *[Anc. art. L. 442-2, al. 6, phrase 1.] – V. art. R. 3324-7.*

SECTION 2 Répartition de la réserve spéciale de participation

Art. L. 3324-5 La répartition de la réserve spéciale de participation entre les *(L. n° 2008-1258 du 3 déc. 2008, art. 11-II)* « bénéficiaires » est calculée proportionnellement au salaire perçu dans la limite de *(L. n° 2019-486 du 22 mai 2019, art. 158)* « trois fois le plafond mentionné au premier alinéa de l'article L. 241-3 du code de la sécurité sociale ». *(L. n° 2008-1258 du 3 déc. 2008, art. 11-II)* « Pour les bénéficiaires visés au deuxième alinéa de l'article L. 3323-6 *(L. n° 2019-486 du 22 mai 2019, art. 158)* « du présent code » et au troisième alinéa de l'article L. 3324-2, la répartition est calculée proportionnellement à la rémunération annuelle ou au revenu professionnel imposé à l'impôt sur le revenu au titre de l'année précédente, plafonnés au niveau du salaire le plus élevé versé dans l'entreprise, et dans les limites de plafonds de répartition individuelle déterminés par *(Abrogé par L. n° 2019-486 du 22 mai 2019, art. 158)* « le même » décret. »

Toutefois, l'accord de participation peut décider que cette répartition entre les *(L. n° 2008-1258 du 3 déc. 2008, art. 11-II)* « bénéficiaires » est uniforme, proportionnelle à la durée de présence dans l'entreprise au cours de l'exercice, ou retenir conjointement plusieurs de ces critères.

L'accord peut fixer un salaire plancher servant de base de calcul à la part individuelle.

Le plafond de répartition individuelle déterminé par le décret prévu au premier alinéa ne peut faire l'objet d'aucun aménagement, à la hausse ou à la baisse, y compris par un accord mentionné à l'article L. 3323-1. – *V. art. D. 3324-10 et D. 3324-12.*

1. Bénéficiaires. Tous les salariés de l'entreprise où a été conclu un accord de participation doivent pouvoir bénéficier de la répartition des résultats sans que puisse être opposé aux salariés expatriés le fait que leur salaire n'est pas assujetti à la taxe sur les salaires et n'est pas pris en compte pour le calcul de la réserve spéciale de participation. • Soc. 22 mai 2001, n° 99-12.902 P : *RJS 2001. 716, n° 1047* • 29 oct. 2002, n° 00-14.787 P : *D. 2002. IR 3060 ; Dr. soc. 2003. 138, obs. Savatier ; RJS 2003. 47, n° 60.* ♦ Sous réserve d'une condition d'ancienneté qui ne peut excéder trois mois, tous les salariés d'une entreprise compris dans le champ des accords de participation bénéficient de leurs dispositions, de sorte que les titulaires d'un congé de reclassement, qui demeurent salariés de l'entreprise jusqu'à l'issue de ce congé, bénéficient de la participation, que leur rémunération soit ou non prise en compte pour le calcul de la réserve spéciale de participation. • Soc. 7 nov. 2018, n° 17-18.936 P : *D. actu. 29 nov. 2018, obs. Mlapa ; D. 2018. Actu. 2238 ; RJS 1/2019, n° 39 ; JCP S 2018. 1399, obs. Kovac ; SSL 2019, n° 1851, p. 11, obs. Lepoutre* • Soc. 1er juin 2022, n° 20-16.404 B : *D. 2022. 1095 ; RJS 8-9/2022, n° 467.* ♦ Les journalistes pigistes, dès lors qu'ils sont collaborateurs réguliers de l'entreprise de presse, doivent bénéficier de l'accord de participation conclu dans leur entreprise. • Soc. 10 janv. 2001, P 54 F-D, *Sté Emap international Magazines Téléstar c/ Mérigeau : RJS 2001. 235, n° 323* • 1er juill. 1998, n° 96-17.076 P : *RJS 1998. 655, n° 1033* (enseignants sous contrat mis à disposition par l'État). ♦ La période pendant laquelle un salarié, en raison de son état de santé, travaille selon un mi-temps thérapeutique doit être assimilée à une période de présence dans l'entreprise, de sorte que le salaire à prendre en compte pour le calcul de l'assiette de la participation due à ce salarié est le salaire perçu avant le mi-temps thérapeutique et l'arrêt de travail pour maladie l'ayant, le cas échéant, précédé. • Soc. 20 sept. 2023, n° 22-12.293 B : *D. actu. 4 oct. 2023, obs. Mélin ; D. 2023. 1653 ; RJS 12/2023, n° 661 ; JCP S 2023. 1266, obs. Teissier et Muniz.*

2. Modalités de calcul. Les modalités de calcul et la répartition de la réserve spéciale de participation entre les salariés bénéficiaires ne peuvent faire l'objet d'une distinction suivant que les salariés d'une même entreprise travaillent en France ou à l'étranger. • Soc. 29 oct. 2002, 🔒 n° 00-14.787 P : *D. 2002. IR 3060* 🖉 *; Dr. soc. 2003. 138, obs. Savatier* 🖉 *; RJS 2003. 47, n° 60.*

Art. L. 3324-6 Sont assimilées à des périodes de présence, quel que soit le mode de répartition retenu par l'accord :
1° Les périodes de congé de maternité prévu à l'article L. **1225-17** *(L. n° 2020-692 du 8 juin 2020, art. 1er-II)* « , » *(L. n° 2023-171 du 9 mars 2023, art. 18-I)* « de congé de paternité et d'accueil de l'enfant prévu à l'article L. **1225-35,** » de congé d'adoption prévu à l'article L. **1225-37** *(L. n° 2020-692 du 8 juin 2020, art. 1er-II)* « et de congé de deuil prévu à l'article L. **3142-1-1** » ;
2° Les périodes de suspension du contrat de travail consécutives à un accident du travail ou à une maladie professionnelle en application de l'article L. **1226-7** ;
(L. n° 2020-546 du 11 mai 2020, art. 6) « 3° Les périodes de mise en quarantaine au sens du *(L. n° 2022-1089 du 30 juill. 2022, art. 1er-III)* « 2° du I de l'article L. **3131-1** » du code de la santé publique. »

Les dispositions issues de la L. n° 2020-692 du 8 juin 2020 s'appliquent pour les décès intervenus à compter du 1er juill. 2020 (L. préc., art. 1er-V).

Salarié en mi-temps thérapeutique. La période pendant laquelle un salarié, en raison de son état de santé, travaille selon un mi-temps thérapeutique doit être assimilée à une période de présence dans l'entreprise, de sorte que le salaire à prendre en compte pour le calcul de l'assiette de la participation due à ce salarié est le salaire perçu avant le mi-temps thérapeutique et l'arrêt de travail pour maladie l'ayant, le cas échéant, précédé. • Soc. 20 sept. 2023, 🔒 n° 22-12.293 : *V. note 1 ss. art. L. 3324-5.*

Art. L. 3324-7 Les sommes qui n'auraient pu être mises en distribution en raison des règles définies aux articles L. 3324-5 et L. 3324-6 font l'objet d'une répartition immédiate entre tous les salariés *(L. n° 2008-1258 du 3 déc. 2008, art. 11-IV)* « et, le cas échéant, les bénéficiaires visés au deuxième alinéa de l'article L. 3323-6 et au troisième alinéa de l'article L. 3324-2, » auxquels ont été versées, en application de ces articles, des sommes d'un montant inférieur au plafond des droits individuels déterminé par décret. Ce plafond ne peut être dépassé du fait de cette répartition supplémentaire. — *V. art. D. 3324-12.*
Les sommes qui, en raison des règles définies par l'article précité et celles du premier alinéa du présent article, n'auraient pu être mises en distribution demeurent dans la réserve spéciale de participation des salariés pour être réparties au cours des exercices ultérieurs. — *[Anc. art. L. 442-4, al. 4 et 5.]*

Art. L. 3324-8 Lorsqu'un accord unique est conclu au sein d'une unité économique et sociale en application de l'article L. 3322-2 pour les entreprises qui n'entrent pas dans un même périmètre de consolidation ou de combinaison des comptes au sens du deuxième alinéa de l'article L. 3344-1, la répartition des sommes est effectuée entre tous les salariés *(L. n° 2008-1258 du 3 déc. 2008, art. 11-IV)* « et, le cas échéant, les bénéficiaires visés au deuxième alinéa de l'article L. 3323-6 et au troisième alinéa de l'article L. 3324-2, » employés dans les entreprises sur la base du total des réserves de participation constituées dans chaque entreprise. — *[Anc. art. L. 442-4, al. 6.]*

Art. L. 3324-9 Le conseil d'administration ou le directoire peut décider de verser un supplément de réserve spéciale de participation au titre de l'exercice clos, dans le respect des plafonds mentionnés à l'article L. 3324-5 et selon les modalités de répartition prévues par l'accord de participation ou par un accord spécifique conclu selon les modalités prévues à l'article L. 3322-6.
Si l'entreprise dispose d'un accord de participation conclu conformément à l'article L. 3324-2, la réserve spéciale de participation, y compris le supplément, ne peut excéder le plafond prévu au dernier alinéa de cet article. En l'absence d'un tel accord, elle ne peut excéder le plus élevé des plafonds mentionnés à l'avant-dernier alinéa du même article.
Dans une entreprise où il n'existe ni conseil d'administration, ni directoire, l'employeur peut décider le versement d'un supplément de réserve spéciale de participation, dans les conditions prévues au présent article.

L'application au supplément de réserve spéciale de participation des dispositions du second alinéa de l'article L. 3325-1 ne donne pas lieu à application de l'article L. 131-7 du code de la sécurité sociale. — *[Anc. art. L. 444-12, al. 1ᵉʳ, 3 et 4.]*

Supplément de participation et accord spécifique. Lorsque l'augmentation de la réserve spéciale de participation est négociée par la voie collective, le supplément de participation doit faire l'objet d'un accord spécifique prévoyant les modalités de répartition entre les salariés ; à défaut d'un tel accord régulièrement déposé à la DREETS, les suppléments de participation ne bénéficient pas de l'exonération de cotisations. • Civ. 2ᵉ, 19 oct. 2023, ⚖ nº 21-10.221 B.

SECTION 3 Règles de disponibilité des droits des salariés *(L. nº 2008-1258 du 3 déc. 2008, art. 4-III).*

Art. L. 3324-10 Les droits constitués *(Abrogé par L. nº 2008-1258 du 3 déc. 2008, art. 11-V)* « *au profit des salariés* » en application des dispositions du présent titre sont négociables ou exigibles à l'expiration d'un délai de cinq ans à compter *(L. nº 2015-990 du 6 août 2015, art. 153-II)* « *du premier jour du sixième mois suivant l'exercice au titre duquel les droits sont nés* » *(L. nº 2008-1258 du 3 déc. 2008, art. 11-IV)* « , sauf si le salarié demande le versement de tout ou partie des sommes correspondantes dans des conditions fixées par décret. La demande peut être présentée à l'occasion de chaque versement effectué au titre de la répartition de la réserve spéciale de participation. Toutefois, un accord collectif qui, en application de l'article L. 3324-2, établit un régime de participation comportant une base de calcul différente de celle établie à l'article L. 3324-1, peut prévoir que tout ou partie de la part des sommes versées aux salariés au titre de la participation aux résultats de l'entreprise supérieure à la répartition d'une réserve spéciale de participation calculée selon les modalités de l'article L. 3324-1 n'est négociable ou exigible qu'à l'expiration d'un délai de cinq ans à compter *(L. nº 2015-990 du 6 août 2015, art. 153-II)* « *du premier jour du sixième mois suivant l'exercice au titre duquel les droits sont nés* ».

« Lorsque les sommes ont été affectées dans les conditions prévues à l'article L. 3323-2, » un décret en Conseil d'État détermine les conditions liées à la situation ou aux projets du salarié, dans lesquelles ces droits peuvent être exceptionnellement liquidés ou transférés avant l'expiration de ces délais. — *V. art. R. 3324-22.*

Les dispositions issues de la L. nº 2008-1258 du 3 déc. 2008 sont applicables aux droits à participation des salariés aux résultats de l'entreprise attribués au titre des exercices clos après le 4 déc. 2008, date de publication de ladite loi (L. préc., art. 4).

Les dispositions issues de la L. nº 2015-990 du 6 août 2015 sont applicables aux droits à intéressement et à participation des salariés aux résultats de l'entreprise attribués au titre des exercices clos après le 7 août 2015 (L. préc., art. 153-III).

SECTION 4 Paiement et déblocage anticipé

Art. L. 3324-11 Les entreprises peuvent payer directement aux salariés *(L. nº 2008-1258 du 3 déc. 2008, art. 11-VI)* « et, le cas échéant, aux bénéficiaires visés au deuxième alinéa de l'article L. 3323-6 et au troisième alinéa de l'article L. 3324-2, » les sommes leur revenant lorsque celles-ci n'atteignent pas un montant fixé par un arrêté ministériel. — *[Anc. art. L. 442-5, al. 7.]*

SECTION 5 Affectation à un plan d'épargne salariale

Art. L. 3324-12 *(L. nº 2010-1330 du 9 nov. 2010, art. 110)* « Lorsque le salarié, et le cas échéant le bénéficiaire visé au deuxième alinéa de l'article L. 3323-6 et au troisième alinéa de l'article L. 3324-2, ne demande pas le versement en tout ou partie des sommes qui lui sont attribuées au titre de la participation dans les conditions prévues à l'article L. 3324-10 ou qu'il ne décide pas de les affecter dans l'un des dispositifs prévus par l'article L. 3323-2, sa quote-part de réserve spéciale de participation, dans la limite de celle calculée à l'article L. 3324-1, est affectée, pour moitié, dans un plan d'épargne pour la retraite collectif *(Ord. nº 2019-766 du 24 juill. 2019, art. 7-IV, en vigueur le 1ᵉʳ oct. 2019)* « ou dans un plan d'épargne retraite d'entreprise collectif lorsqu'un tel plan » a été mis en place dans l'entreprise et, pour moitié, dans les conditions prévues par l'accord mentionné à l'article L. 3323-1. Les modalités d'information du salarié sur cette affectation sont déterminées par décret. *(L. n° 2015-990 du 6 août 2015, art. 151-I)* « La fraction de la quote-part affectée dans le plan d'épargne pour la retraite collectif est investie conformément au second alinéa de l'article L. 3334-11. »

« Les modalités d'affectation de la part des sommes versées aux salariés au titre de la participation aux résultats de l'entreprise supérieure à celle calculée selon les modalités de l'article L. 3324-1 peuvent être fixées par l'accord de participation. »

Le plan peut également être alimenté, suivant les modalités qu'il fixe, par les versements complémentaires de l'entreprise et les versements opérés volontairement par les salariés.

Les dispositions issues de la L. n° 2010-1330 du 9 nov. 2010 sont applicables aux droits à participation attribués au titre des exercices clos après le 10 nov. 2010, date de promulgation de ladite loi (L. préc., art. 118-VII).

Les dispositions issues de la L. n° 2015-990 du 6 août 2015 sont applicables aux versements effectués sur un plan d'épargne pour la retraite collectif à compter du 1ᵉʳ janv. 2016 (L. préc., art. 151-II).

Les dispositions issues de l'Ord. n° 2019-766 du 24 juill. 2019 entrent en vigueur à une date fixée par Décr. et au plus tard le 1ᵉʳ janv. 2020 (Ord. préc., art. 9-I). La date d'entrée en vigueur est fixée au 1ᵉʳ oct. 2019 (Décr. n° 2019-807 du 30 juill. 2019, art. 9-II).

V. Circ. Questions-réponses du 19 avr. 2012 sur l'alimentation du plan d'épargne pour la retraite collectif par des jours de repos non pris et par la moitié de la réserve spéciale de participation, NOR : ETST1221259C.

CHAPITRE V RÉGIME SOCIAL ET FISCAL DE LA PARTICIPATION

Art. L. 3325-1 Les sommes portées à la réserve spéciale de participation au cours d'un exercice sont déductibles pour l'assiette de l'impôt sur les sociétés ou de l'impôt sur le revenu exigible au titre de l'exercice au cours duquel elles sont réparties entre les salariés.

(L. n° 2023-1107 du 29 nov. 2023, art. 3) « Ces sommes n'ont pas le caractère d'élément de salaire pour l'application de la législation du travail et sont exclues de l'assiette des cotisations définies aux articles L. 131-6 et L. 242-1 du code de la sécurité sociale et aux articles L. 731-14, L. 731-15 et L. 741-10 du code rural et de la pêche maritime.

« Elles ne peuvent se substituer à aucun des éléments de rémunération, au sens des articles L. 131-6 et L. 242-1 du code de la sécurité sociale et des articles L. 731-14, L. 731-15 et L. 741-10 du code rural et de la pêche maritime, qui sont en vigueur dans l'entreprise ou qui deviennent obligatoires en application de dispositions légales ou de clauses contractuelles. Toutefois, en cas de suppression totale ou partielle d'un élément de rémunération, cette règle de non-substitution ne peut avoir pour effet de remettre en cause les exonérations prévues au présent chapitre, dès lors qu'un délai de douze mois s'est écoulé entre le dernier versement de cet élément de rémunération et la date d'effet de l'accord de participation. »

Art. L. 3325-2 Les sommes *(L. n° 2008-1258 du 3 déc. 2008, art. 4-V)* « affectées dans les conditions prévues à l'article L. 3323-2 » sont exonérées d'impôt sur le revenu.

Les revenus provenant des sommes attribuées au titre de la participation et recevant la même affectation qu'elles sont exonérés dans les mêmes conditions. Ils se trouvent alors frappés de la même indisponibilité que ces sommes et sont définitivement exonérés à l'expiration de la période d'indisponibilité correspondante.

Après l'expiration de la période d'indisponibilité, l'exonération est toutefois maintenue pour les revenus provenant de sommes utilisées pour acquérir des actions de l'entreprise ou versées à des organismes de placement extérieurs à l'entreprise tels que ceux énumérés au 1° de l'article L. 3323-2, tant que les salariés *(L. n° 2008-1258 du 3 déc. 2008, art. 11-VII)* « et, le cas échéant, les bénéficiaires visés au deuxième alinéa de l'article L. 3323-6 et au troisième alinéa de l'article L. 3324-2 » ne demandent pas la délivrance des droits constitués à leur profit.

(Abrogé par L. n° 2019-486 du 22 mai 2019, art. 155-I) « *Cette exonération est maintenue dans les mêmes conditions lorsque les salariés transfèrent sans délai au profit des organismes de placement mentionnés au 1° de l'article L. 3323-2 les sommes initialement investies dans l'entreprise conformément aux dispositions du 2° de cet article.* »

(Abrogé par L. n° 2013-1278 du 29 déc. 2013, art. 26-XI-5, à compter du 1er janv. 2017) « *Cette exonération est également maintenue dans les mêmes conditions lorsque ces mêmes sommes sont retirées par les salariés pour être affectées à la constitution du capital d'une société ayant pour objet exclusif de racheter tout ou partie du capital de leur entreprise dans les conditions prévues à l'article 83 bis du code général des impôts.* »

Art. L. 3325-3 Les conditions dans lesquelles les entreprises peuvent constituer en franchise d'impôt une provision pour investissement sont fixées par le code général des impôts. – *[Anc. art. L. 442-8, III.]*

Art. L. 3325-4 Les dispositions du présent chapitre sont applicables au supplément de réserve spéciale de participation mentionné à l'article L. 3324-9. – *[Anc. art. L. 442-8, V.]*

CHAPITRE VI **CONTESTATIONS ET SANCTIONS**

Art. L. 3326-1 Le montant du bénéfice net et celui des capitaux propres de l'entreprise sont établis par une attestation de l'inspecteur des impôts ou du commissaire aux comptes. Ils ne peuvent être remis en cause à l'occasion des litiges nés de l'application du présent titre.

Les contestations relatives au montant des salaires et au calcul de la valeur ajoutée prévus au 4° de l'article L. 3324-1 sont réglées par les procédures stipulées par les accords de participation. A défaut, elles relèvent des juridictions compétentes en matière d'impôts directs. Lorsqu'un accord de participation est intervenu, les juridictions ne peuvent être saisies que par les signataires de cet accord.

Tous les autres litiges relatifs à l'application du présent titre sont de la compétence du juge judiciaire. – *[Anc. art. L. 442-13.]*

V. art. R. 3326-1.

1. Juridiction compétente. Le juge judiciaire est en principe compétent pour tous les litiges portant sur un accord de participation, dès lors qu'ils ne portent pas sur le montant des salaires déclarés à l'administration fiscale. ● Soc. 2 déc. 2008 : ⚖ *JCP S 2009. 1074*, obs. Kerbourc'h. ♦ Les litiges individuels opposant un ou plusieurs salariés à leur employeur en matière de participation ou d'intéressement relèvent de la compétence des conseils de prud'hommes. ● Soc. 28 févr. 2018, ⚖ n° 16-13.682 P : *D. 2018. Actu. 515* ∅ ; *RJS 5/2018, n° 354* ; *JCP S 2018. 1131*, obs. Brissy. ♦ La contestation, portant sur les modalités de présentation comptable des dotations aux provisions et la prise en compte des reprises, qui a pour effet d'affecter le montant de la valeur ajoutée retenu pour le calcul de la réserve de participation, relève de la compétence du juge administratif. ● Soc. 26 juin 2019, ⚖ n° 17-23.110 P : *D. 2019. Actu. 1395* ∅ ; *RJS 10/2019, n° 585* ; *JCP S 2019. 1287*, obs. Brissy.

2. Attestation. Le document délivré par les commissaires aux comptes doit comporter les informations relatives au montant des capitaux propres, à l'excédent net répartissable retenu et à l'exercice auquel ces montants se rapportent, une attestation d'ordre général, certifiant que le calcul de la réserve spéciale de participation respecte les dispositions légales et réglementaires est insuffisante. ● Soc. 30 janv. 2011 : *D. actu. 21 févr. 2013*, obs. Siro. ♦ Le montant du bénéfice net et celui des capitaux propres de l'entreprise étant établis par une attestation de l'inspecteur des impôts ou du commissaire aux comptes, ils ne peuvent pas être remis en cause à l'occasion des litiges relatifs à la participation aux résultats de l'entreprise ; il en est ainsi même si l'action en justice est fondée sur la fraude ou l'abus de droit invoqués à l'encontre des actes de gestion de la société. ● Soc. 28 févr. 2018, ⚖ n° 16-50.015 P : *D. 2018. 1930*, obs. Dockès ∅ ; *ibid. 1953*, obs. Jubé ∅ ; *D. actu. 19 mars 2018*, obs. Fraisse ; *RDT 2018. 606*, note Berthier ∅ ; *Dr. soc. 2018. 933*, note Mouly ∅ ; *RJS 5/2018, n° 353* ; *JCP S 2018. 1145*, avis Weissmann, obs. Kovac et Loiseau ; *ibid. 1251*, obs. Cesaro, Martinon et Vatinet ● Soc. 24 nov. 1982 : *Bull. civ. V, n° 636*. ♦ Cette impossibilité est limitée aux litiges opposant le salarié à l'employeur. ● Soc. 10 févr. 1999, ⚖ n° 96-22.157 P : *D. 1999. IR 70* ∅ ; *Dr. soc. 1999. 413*, obs. Radé ∅ ; *RJS 1999. 239, n° 402*. ♦ Le montant des capitaux propres attesté par le commissaire aux comptes de la société ne peut être remis en cause à l'occasion de litiges nés de l'application des dispositions relatives à la participation. ● Soc. 8 déc. 2010 : ⚖ *D. actu. 13 janv. 2010*, obs. Siro ; *JCP S 2011. 1063*, obs. Vatinet.

3. L'attestation de l'inspecteur des impôts a pour seul objet de garantir la correspondance entre le montant des bénéfices et des capitaux propres déclarés à l'administration et ceux utilisés par l'entreprise pour le calcul de la réserve spéciale de participation. • CE 5 déc. 1984 : *JCP E 1985. II.* 14616, concl. Bissara, note D. F. ♦ L'attestation n'interdit pas à l'administration de procéder à un contrôle des déclarations faites par l'entreprise. • Même arrêt.

Art. L. 3326-1-1 (*L. n° 2023-1107 du 29 nov. 2023, art. 13*) Lorsque la déclaration des résultats d'un exercice est rectifiée par l'administration ou par le juge de l'impôt, que les rectifications donnent lieu ou non à l'application de majorations, à des poursuites pénales ou à une convention judiciaire d'intérêt public, le montant de la participation des salariés au bénéfice de cet exercice fait l'objet d'un nouveau calcul tenant compte des rectifications apportées.

Le montant de la réserve spéciale de participation est modifié en conséquence au cours de l'exercice pendant lequel les rectifications opérées par l'administration ou par le juge de l'impôt sont devenues définitives ou ont été formellement acceptées par l'entreprise. Ce montant est majoré d'un intérêt, dont le taux est égal au taux mentionné à l'article 14 de la loi n° 47-1775 du 10 septembre 1947 portant statut de la coopération et qui court à partir du premier jour du sixième mois de l'exercice qui suit celui au titre duquel les rectifications ont été opérées.

V. art. D. 3324-40.

Art. L. 3326-2 Des astreintes peuvent être prononcées par le juge judiciaire contre les entreprises qui n'exécutent pas les obligations qui leur incombent en application du présent titre.

Les salariés de l'entreprise en cause et le procureur de la République dans le ressort duquel cette entreprise est située ont seuls qualité pour agir.

L'astreinte a un caractère provisoire et est liquidée par le juge après exécution par l'entreprise de ses obligations. Il est tenu compte, lors de sa liquidation, notamment du préjudice effectivement causé et de la résistance opposée par l'entreprise. − *[Anc. art. L. 442-14.]*

TITRE III PLANS D'ÉPARGNE SALARIALE

BIBL. GÉN. ▶ LPA 22 févr. 2001, n° spécial réalisé avec le concours du cabinet J. Barthélémy et associés. – BORDIER et SALOMÉ, *JCP S 2010.* 1478 (restructurations juridiques et épargne salariale). – LIEUTIER, *Dr. soc. 2015.* 777 ⌀ (réforme de l'épargne salariale, de l'épargne retraite et de l'actionnariat salarié).

▶ **Loi PACTE :** LIEUTIER, *Dr. soc. 2019.* 23 ⌀ (épargne retraite, épargne salariale et actionnariat salarié dans le projet de loi PACTE).

RÉP. TRAV. v° *Épargne salariale*, par DENKIEWICZ et MAURIN.

CHAPITRE I CHAMP D'APPLICATION

Art. L. 3331-1 Les dispositions du présent titre sont applicables aux employeurs de droit privé ainsi qu'à leurs salariés.

(*L. n° 2019-486 du 22 mai 2019, art. 155-I*) « Lorsque, dans le présent titre, il est fait référence à l'effectif salarié, cet effectif et le franchissement du seuil sont déterminés selon les modalités prévues à l'article L. 130-1 du code de la sécurité sociale *[V. cet art. ss. art. L. 1151-2]*. »

CHAPITRE II PLAN D'ÉPARGNE D'ENTREPRISE

SECTION 1 Conditions de mise en place

SOUS-SECTION 1 Bénéficiaires

Art. L. 3332-1 Le plan d'épargne d'entreprise est un système d'épargne collectif ouvrant aux salariés de l'entreprise la faculté de participer, avec l'aide de celle-ci, à la constitution d'un portefeuille de valeurs mobilières. − *[Anc. art. L. 443-1, al. 1ᵉʳ.]*

Droit applicable. En l'absence de modification, autre que de forme, de l'accord instaurant un plan d'épargne d'entreprise, et de nouveau dépôt de cet accord auprès de l'administration du travail, les dispositions de cet accord ne peuvent être contestées qu'au regard des dispositions légales en vigueur au moment de sa conclusion. • Soc. 21 sept. 2016, ⚖ n° 13-24.437 P : *D. actu. 6 oct. 2016, obs. Peyronnet ; D. 2016. Actu. 1935* ⌀ *; RJS 12/2016, n° 800 ; JCP S 2016. 1370, obs. Kovac.*

Art. L. 3332-2 Les anciens salariés ayant quitté l'entreprise à la suite d'un départ à la retraite ou en préretraite peuvent continuer à effectuer des versements au plan d'épargne d'entreprise.

Dans les entreprises *(L. n° 2019-486 du 22 mai 2019, art. 11-VI, en vigueur le 1ᵉʳ janv. 2020)* « employant au moins un salarié et moins de deux cent cinquante salariés », peuvent également participer aux plans d'épargne d'entreprise :

1° Les chefs de ces entreprises ;

2° Les présidents, directeurs généraux, gérants ou membres du directoire, s'il s'agit de personnes morales ;

3° Le conjoint *(L. n° 2019-486 du 22 mai 2019, art. 155-I)* « ou le partenaire lié par un pacte civil de solidarité » du chef d'entreprise s'il a le statut de conjoint collaborateur ou de conjoint associé mentionné à l'article L. 121-4 du code de commerce *(L. n° 2012-387 du 22 mars 2012, art. 79)* « ou à l'article L. 321-5 du code rural et de la pêche maritime ».

(L. n° 2008-1258 du 3 déc. 2008, art. 7 et 13) « Le salarié d'un groupement d'employeurs peut bénéficier du plan d'épargne salariale mis en place dans chacune des entreprises adhérentes du groupement auprès de laquelle il est mis à disposition dans des conditions fixées par décret.

« Les travailleurs non salariés visés à l'article L. 134-1 du code de commerce ou au titre IV du livre V du code des assurances ayant un contrat individuel avec une entreprise dont ils commercialisent des produits peuvent bénéficier du plan d'épargne salariale mis en place dans l'entreprise, si le règlement le prévoit, dans des conditions fixées par décret. »

(L. n° 2019-486 du 22 mai 2019, art. 155-I) « Par dérogation au second alinéa de l'article L. 3331-1 du présent code, le II de l'article L. 130-1 du code de la sécurité sociale ne s'applique pas au franchissement du seuil d'un salarié. »

BIBL. ▶ FADEUILHE, *JCP S 2009. 1062* (groupements d'employeurs et dispositifs d'épargne salariale).

SOUS-SECTION 2 **Mise en place**

Art. L. 3332-3 Le plan d'épargne d'entreprise peut être établi dans l'entreprise à l'initiative de celle-ci ou par un accord avec le personnel *(L. n° 2015-990 du 6 août 2015, art. 157)* «, conclu dans les conditions prévues à l'article L. 3322-6 », notamment en vue de recevoir les versements effectués en application des titres I et II relatifs à l'intéressement et à la participation des salariés aux résultats de l'entreprise *(L. n° 2023-1107 du 29 nov. 2023, art. 11-I)* «, de l'article 1ᵉʳ de la loi n° 2022-1158 du 16 août 2022 portant mesures d'urgence pour la protection du pouvoir d'achat et de l'article 10 de la loi n° 2023-1107 du 29 novembre 2023 portant transposition de l'accord national interprofessionnel relatif au partage de la valeur au sein de l'entreprise ».

Art. L. 3332-4 Lorsque l'entreprise compte au moins un délégué syndical ou est dotée d'un *(Ord. n° 2017-1386 du 22 sept. 2017, art. 4)* « comité social et économique », le plan d'épargne d'entreprise est négocié dans les conditions prévues à l'article L. 3322-6. Si, au terme de la négociation, aucun accord n'a été conclu, un procès-verbal de désaccord est établi dans lequel sont consignées en leur dernier état les propositions respectives des parties et les mesures que l'employeur entend appliquer unilatéralement.

Toutefois, ces dispositions ne sont pas applicables à la modification des plans d'épargne d'entreprise mis en place à l'initiative de l'entreprise avant la date de publication de la loi n° 2004-804 du 9 août 2004 pour le soutien à la consommation et à l'investissement. – *[Anc. art. L. 443-1, al. 5.]*

Art. L. 3332-5 Lorsque le plan d'épargne d'entreprise n'est pas établi en vertu d'un accord avec le personnel, le *(Ord. n° 2017-1386 du 22 sept. 2017, art. 4)* « comité social et économique est consulté » sur le projet de règlement du plan au moins quinze jours avant son dépôt auprès de l'autorité administrative. – *[Anc. art. L. 443-1, al. 6.]*

Art. L. 3332-6 Lors de la négociation des accords prévus aux titres I et II, la question de l'établissement d'un plan d'épargne d'entreprise est examinée. – *[Anc. art. L. 443-1, al. 3, phrase 2.]*

Art. L. 3332-6-1 *(L. n° 2020-1525 du 7 déc. 2020, art. 118)* Toute entreprise peut faire application d'un dispositif d'épargne d'entreprise conclu au niveau de la branche, dès lors que l'accord de branche a été agréé en application de l'article L. 3345-4.

Les entreprises qui souhaitent appliquer l'accord de branche agréé concluent à cet effet un accord dans les conditions prévues aux articles L. 3332-3 et L. 3332-4.

Les entreprises de moins de cinquante salariés peuvent opter pour l'application de ce régime au moyen d'un document unilatéral d'adhésion de l'employeur, dans les conditions prévues à l'article L. 2232-10-1, si l'accord de branche prévoit cette possibilité et propose, sous forme d'accord type indiquant les différents choix laissés à l'employeur, des stipulations spécifiques pour ces entreprises.

L'accord d'entreprise conclu ou le document unilatéral d'adhésion signé est déposé selon les modalités prévues à l'article L. 3332-9.

Par dérogation aux articles L. 3345-2 et L. 3345-3, les exonérations prévues à l'article L. 3332-27 sont réputées acquises dès le dépôt et pour la durée de l'accord ou du document d'adhésion à l'accord de branche agréé.

SOUS-SECTION 3 **Information des salariés**

Art. L. 3332-7 Le règlement du plan d'épargne d'entreprise détermine les conditions dans lesquelles le personnel est informé de son existence et de son contenu. *(L. n° 2019-486 du 22 mai 2019, art. 159)* « Il prévoit des conditions de mise en œuvre d'une aide à la décision pour les bénéficiaires. »

Étendue de l'obligation d'information. L'employeur est, en vertu de l'art. L. 3332-7, dès la souscription d'un plan d'épargne d'entreprise, débiteur d'une obligation d'information qui ne porte pas seulement sur l'existence de ce plan, mais doit aussi concerner son contenu. • Soc. 5 mars 2008 : ⚖ *RJS 2008. 451, n° 577.* ♦ Il en résulte qu'il lui appartient d'informer en temps utile chacun des salariés des modifications intervenues par rapport au règlement initial portant sur les dates auxquelles les versements des salariés doivent être réalisés. • Soc. 17 juin 2009 : ⚖ *D. 2009. AJ 1835*.

Art. L. 3332-7-1 *(L. n° 2019-486 du 22 mai 2019, art. 161)* La personne chargée de la tenue de registre des comptes administratifs fournit à tout bénéficiaire d'un plan d'épargne salariale un relevé annuel de situation comportant le choix d'affectation de son épargne, ainsi que le montant de ses valeurs mobilières estimé au 31 décembre de l'année précédente.

Un décret détermine les mentions devant figurer au sein de ce relevé annuel de situation, notamment les versements et retraits de l'année précédente, ainsi que la date à laquelle ce relevé est au plus tard édité. – *V. art. D. 3332-16-1.*

Art. L. 3332-8 Lorsque le plan d'épargne d'entreprise n'est pas établi en vertu d'un accord avec le personnel, les entreprises communiquent la liste nominative de la totalité de leurs salariés à l'établissement habilité pour les activités de conservation ou d'administration d'instruments financiers, en application de l'article L. 542-1 du code monétaire et financier, auquel elles ont confié la tenue des comptes des adhérents. Cet établissement informe nominativement par courrier chaque salarié de l'existence d'un plan d'épargne d'entreprise dans l'entreprise.

Ces dispositions ne s'appliquent pas aux entreprises ayant remis à l'ensemble de leurs salariés une note d'information individuelle sur l'existence et le contenu du plan prévue par le règlement du plan d'épargne d'entreprise. – *[Anc. art. L. 443-1, al. 8 et 9.]*

SOUS-SECTION 4 **Dépôt**

Art. L. 3332-9 Les règlements des plans d'épargne d'entreprise sont déposés auprès de l'autorité administrative.

SECTION 2 Versements

Art. L. 3332-10 Les versements annuels d'un salarié ou d'une personne mentionnée à l'article L. 3332-2 aux plans d'épargne d'entreprise auxquels il participe ne peuvent excéder un quart de sa rémunération annuelle ou de son revenu professionnel imposé à l'impôt sur le revenu au titre de l'année précédente. *(L. n° 2019-486 du 22 mai 2019, art. 65)* « Ces versements ne peuvent excéder une fois la rémunération annuelle ou le revenu professionnel imposé à l'impôt sur le revenu au titre de l'année précédente lorsqu'ils sont effectués à destination du fonds commun de placement mentionné à l'article L. 3332-16. »

Pour le conjoint du chef d'entreprise mentionné au 3° du même article et pour le salarié dont le contrat de travail est suspendu, qui n'ont perçu aucune rémunération au titre de l'année *(L. n° 2012-387 du 22 mars 2012, art. 52)* « de versement », les versements ne peuvent excéder le quart du montant annuel du plafond prévu à l'article L. 241-3 du code de la sécurité sociale. *(L. n° 2019-486 du 22 mai 2019, art. 65)* « Ces versements ne peuvent excéder une fois le montant annuel du plafond prévu au même article L. 241-3 lorsqu'ils sont effectués à destination du fonds commun de placement régi par l'article L. 3332-16 du présent code. »

Le montant des droits inscrits à un compte épargne-temps *(L. n° 2015-990 du 6 août 2015, art. 162-II)* « ainsi que le montant des sommes correspondant à des jours de repos non pris » et qui sont utilisés pour alimenter un plan d'épargne pour la retraite collectif défini au chapitre IV *(L. n° 2015-990 du 6 août 2015, art. 162-II)* « ne sont » pas pris en compte pour l'appréciation du plafond mentionné au premier alinéa. Il en est de même des droits utilisés pour alimenter un plan d'épargne d'entreprise, à condition qu'ils servent à l'acquisition de titres de l'entreprise ou d'une entreprise qui lui est liée au sens des articles L. 3344-1 et L. 3344-2, ou de parts ou d'actions *(Ord. n° 2013-676 du 25 juill. 2013, art. 44)* « de fonds d'épargne salariale mentionnés aux articles L. 214-165 et L. 214-166 » du code monétaire et financier.

Art. L. 3332-11 Les sommes versées annuellement par une ou plusieurs entreprises pour un salarié ou une personne mentionnée à l'article L. 3332-2 *(L. n° 2019-486 du 22 mai 2019, art. 162-V)* « constituent l'abondement de l'employeur et » ne peuvent excéder un plafond fixé par voie réglementaire pour les versements à un plan d'épargne d'entreprise, sans pouvoir excéder le triple de la contribution du bénéficiaire. *(L. n° 2008-1258 du 3 déc. 2008, art. 14)* « Cette contribution peut être constituée des sommes provenant de l'intéressement, de la participation aux résultats de l'entreprise *(L. n° 2023-1107 du 29 nov. 2023, art. 11-I)* « , de la prime de partage de la valeur prévue à l'article 1ᵉʳ de la loi n° 2022-1158 du 16 août 2022 portant mesures d'urgence pour la protection du pouvoir d'achat » et des versements volontaires des bénéficiaires. »

L'entreprise peut majorer *(L. n° 2019-486 du 22 mai 2019, art. 162-V)* « l'abondement mentionné au premier alinéa » à concurrence du montant consacré par le salarié ou la personne mentionnée à l'article L. 3332-2 à l'acquisition d'actions ou de certificats d'investissement émis par l'entreprise ou par une entreprise *(L. n° 2019-486 du 22 mai 2019, art. 162-V)* « incluse dans le même périmètre de consolidation ou de combinaison des comptes au sens du deuxième alinéa de l'article L. 3344-1 », sans que cette majoration puisse excéder 80 %.

(L. n° 2019-486 du 22 mai 2019, art. 162-V) « En outre, les entreprises peuvent, même en l'absence de contribution du salarié :

« 1° Si le règlement du plan le prévoit, effectuer des versements sur ce plan, sous réserve d'une attribution uniforme à l'ensemble des salariés, pour l'acquisition d'actions ou de certificats d'investissement émis par l'entreprise ou par une entreprise incluse dans le même périmètre de consolidation ou de combinaison des comptes au sens du deuxième alinéa de l'article L. 3344-1. Les actions ou certificats d'investissement ainsi acquis par le salarié ne sont disponibles qu'à l'expiration d'un délai minimum de cinq ans à compter de ce versement ;

« 2° Effectuer des versements sur ce plan dans les conditions prévues au chapitre XI du titre III du livre II du code de commerce, dans la limite de 30 % du montant annuel du plafond mentionné à l'article L. 241-3 du code de la sécurité sociale. Ces versements ne sont pas pris en compte pour l'appréciation du plafond mentionné au premier alinéa du présent article ;

« Un décret détermine les conditions d'application des 1° et 2° du présent article. Les versements mentionnés aux mêmes 1° et 2° sont soumis au même régime social et fiscal que les versements des entreprises mentionnées au premier alinéa. Les sommes excédant le plafond mentionné au 2° sont versées directement au salarié bénéficiaire et constituent un revenu d'activité au sens de l'article L. 136-1-1 du code de la sécurité sociale, imposable à l'impôt sur le revenu dans les conditions prévues à l'article 80 *sexdecies* du code général des impôts. » — V. art. R. 3332-8 et D. 3332-8-1.

Art. L. 3332-12 La modulation éventuelle *(L. n° 2019-486 du 22 mai 2019, art. 162-VI)* « de l'abondement de » l'entreprise ne saurait résulter que de l'application de règles à caractère général, qui ne peuvent, en outre, en aucun cas avoir pour effet de rendre le rapport entre le versement de l'entreprise et celui du salarié ou de la personne mentionnée à l'article L. 3332-2 croissant avec la rémunération de ce dernier.

Ordre public absolu (non). Un plan d'épargne d'entreprise résultant d'un accord signé le 2 mars 2000 au sein du comité central d'entreprise conformément aux art. L. 443-1 et R. 443-1 C. trav. alors applicables, et n'ayant pas été dénoncé, ne peut être contesté au regard des dispositions postérieures de l'art. L. 3332-12 issues de la L. n° 2001-152 du 19 févr. 2001, lesquelles ne sont pas d'ordre public absolu. ● Soc. 21 sept. 2016, 🔒 n° 13-24.437 P : *D. actu. 6 oct. 2016, obs. Peyronnet ; D. 2016. Actu. 1935* ⌀ *; RJS 12/2016, n° 800 ; JCP S 2016. 1370, obs. Kovac.*

Art. L. 3332-13 *(L. n° 2019-486 du 22 mai 2019, art. 162-VII)* « L'abondement de l'entreprise ne peut » se substituer à aucun des éléments de rémunération *(Ord. n° 2018-474 du 12 juin 2018, art. 6)* « tels qu'ils sont pris en compte pour la détermination de l'assiette des cotisations définie à » l'article L. 242-1 du code de la sécurité sociale, en vigueur dans l'entreprise au moment de la mise en place d'un plan mentionné au présent article ou qui deviennent obligatoires en vertu de règles légales ou contractuelles. Toutefois, cette règle ne peut avoir pour effet de remettre en cause les exonérations fiscales et sociales prévues à l'article L. 3332-27, dès lors qu'un délai de douze mois s'est écoulé entre le dernier versement de l'élément de rémunération en tout ou partie supprimé et la date de mise en place du plan.

Les dispositions de l'Ord. n° 2018-474 du 12 juin 2018 s'appliquent aux cotisations et contributions dues pour les périodes courant à compter du 1ᵉʳ sept. 2018 (Ord. préc., art. 16).

Principe de non-substitution. L'employeur ne peut pas s'acquitter de son obligation de paiement de tout ou partie du salaire sous forme de versement au plan d'épargne d'entreprise. ● Soc. 10 mai 2007 : 🔒 *Dr. soc. 2007. 1047, obs. Savatier* ⌀ *; RJS 2007. 667, n° 879 ; JCP S 2007. 1818, obs. Vatinet.*

Art. L. 3332-14 Les actions gratuites attribuées aux salariés dans les conditions prévues aux articles L. 225-197-1 à L. 225-197-3 *(Ord. n° 2020-1142 du 16 sept. 2020, art. 18, en vigueur le 1ᵉʳ janv. 2021)* « et L. 22-10-59 » du code de commerce, sans préjudice des dispositions particulières prévues par le présent alinéa, peuvent être versées, à l'expiration de la période d'acquisition mentionnée au *(L. n° 2015-990 du 6 août 2015, art. 135-V)* « sixième » alinéa du I de l'article L. 225-197-1 du même code, sur un plan d'épargne d'entreprise, dans la limite d'un montant égal à 7,5 % du plafond annuel de la sécurité sociale par adhérent, sous réserve d'une attribution à l'ensemble des salariés de l'entreprise.

La répartition des actions entre les salariés fait l'objet d'un accord d'entreprise. A défaut d'accord, elle fait l'objet d'une décision du conseil d'administration, du directoire ou du chef d'entreprise.

La répartition peut être uniforme, proportionnelle à la durée de présence dans l'entreprise au cours de l'exercice ou proportionnelle aux salaires ou retenir conjointement ces différents critères. — *[Anc. art. L. 443-6, al. 3, phrases 1 à 4.]*

SECTION 3 Composition et gestion du plan

Art. L. 3332-15 Les sommes recueillies par un plan d'épargne d'entreprise peuvent être affectées à l'acquisition :

1° De titres émis par des sociétés d'investissement à capital variable régies par les (Ord. n° 2011-915 du 1er août 2011, art. 29) « articles L. 214-7 à L. 214-7-4 » (Ord. n° 2013-676 du 25 juill. 2013, art. 44) « et L. 214-24-29 à L. 214-24-33 » du code monétaire et financier ;

2° De parts de fonds communs de placement ou des titres émis par des sociétés d'investissement à capital variable régis par les articles (Ord. n° 2013-676 du 25 juill. 2013, art. 44) « L. 214-164 et L. 214-165 » du code monétaire et financier ;

3° D'actions émises par des sociétés mentionnées au paragraphe II de l'article 83 *bis* et à l'article 220 *quater* A du code général des impôts ;

4° D'actions émises par des sociétés créées dans les conditions prévues à l'article 220 *nonies* du code général des impôts.

Les actifs des fonds communs de placement peuvent également comprendre soit exclusivement des valeurs mobilières émises par l'entreprise ou par une entreprise du même groupe au sens des articles L. 3344-1 et L. 3344-2, soit des valeurs mobilières diversifiées émises par une personne morale ayant son siège dans un État partie à l'accord sur l'Espace économique européen comprenant ou non des titres de l'entreprise, y compris les (L. n° 2019-486 du 22 mai 2019, art. 162-VIII) « parts ou » titres de capital émis par les entreprises régies par la loi n° 47-1775 du 10 septembre 1947 portant statut de la coopération, sans préjudice des dispositions spécifiques qui régissent, le cas échéant, la souscription de ces (L. n° 2019-486 du 22 mai 2019, art. 162-VIII) « parts ou » titres par les salariés.

Lorsque tout ou partie de l'épargne recueillie par le plan est destinée à être consacrée à l'acquisition de valeurs mobilières émises par l'entreprise ou par une entreprise du même groupe au sens des articles L. 3344-1 et L. 3344-2, l'institution d'un fonds commun de placement n'est pas obligatoire pour la gestion de cet investissement.

Le règlement du plan d'épargne d'entreprise peut prévoir que les fonds communs de placement régis par l'article (Ord. n° 2013-676 du 25 juill. 2013, art. 44) « L. 214-164 » du code monétaire et financier qui peuvent recevoir les sommes versées dans le plan disposent d'un conseil de surveillance commun. Il peut également fixer la composition des conseils de surveillance des fonds communs de placement régis par les articles (Ord. n° 2013-676 du 25 juill. 2013, art. 44) « L. 214-164 et L. 214-165 » du même code. En ce cas, il est fait application des dispositions de ces articles. Le règlement précise les modalités de désignation de ces conseils.

L'entreprise dont les titres ne sont pas admis aux négociations sur un marché réglementé et qui a proposé ses titres aux adhérents de son plan d'épargne d'entreprise sans déterminer le prix de cession conformément aux dispositions légales relatives à l'évaluation de ses titres ne bénéficie pas, au titre de cette opération, des exonérations fiscales et sociales prévues aux articles L. 3332-22 et L. 3332-27. — [Anc. art. L. 443-3.]

Art. L. 3332-16 Un plan d'épargne d'entreprise établi par accord avec le personnel peut prévoir l'affectation des sommes versées à un fonds dédié au rachat des titres de cette entreprise ou d'actions émises par des sociétés créées dans les conditions prévues à l'article 220 *nonies* du code général des impôts, ainsi que de titres d'une entreprise du même groupe au sens du deuxième alinéa de l'article L. 3344-1, dans le cadre d'une opération de rachat réservée aux salariés.

Les sommes ou valeurs inscrites aux comptes des participants, sur décision individuelle de ces derniers, doivent être détenues jusqu'au terme de l'opération de rachat mentionnée au 2°, sans que la durée de détention puisse être inférieure à (L. n° 2019-486 du 22 mai 2019, art. 65) « trois » ans. Toutefois, un décret précise les cas dans lesquels les sommes ou valeurs mentionnées ci-dessus peuvent être exceptionnellement débloquées avant l'expiration de ce délai.

Par dérogation aux dispositions de l'article L. 3332-17, l'actif de ce fonds peut être investi à 95 % en titres de l'entreprise.

Par dérogation aux dispositions de l'article (Ord. n° 2013-676 du 25 juill. 2013, art. 44) « L. 214-165 » du code monétaire et financier, les membres du conseil de surveillance sont élus par l'ensemble des salariés porteurs de parts.

La mise en place de ce fonds est subordonnée aux conditions suivantes :

1° Au moins (L. n° 2019-486 du 22 mai 2019, art. 65) « dix » salariés, ou au moins (L. n° 2019-486 du 22 mai 2019, art. 65) « 20 % » des salariés si les effectifs de l'entreprise n'excèdent pas cinquante salariés, sont impliqués dans l'opération de rachat réservée aux salariés ;

2° L'accord avec le personnel précise l'identité des salariés impliqués dans l'opération, le contrôle final de l'entreprise au sens de l'article L. 233-16 du code de commerce et le terme de l'opération. – *V. art. R. 3332-29.*

Art. L. 3332-17 (*L. n° 2008-776 du 4 août 2008, art. 81-I*) « Le règlement du plan d'épargne d'entreprise prévoit qu'une partie des sommes recueillies peut être affectée à l'acquisition de parts de fonds investis, dans les limites prévues à l'article (*Ord. n° 2013-676 du 25 juill. 2013, art. 44*) « L. 214-164 » du code monétaire et financier, dans les entreprises solidaires au sens de l'article L. 3332-17-1 du présent code. »

Le règlement du plan d'épargne d'entreprise ouvre à ses participants au moins une possibilité d'acquérir soit des titres émis par des sociétés d'investissement à capital variable mentionnées au 1° de l'article L. 3332-15, soit des parts de fonds communs de placement d'entreprise dont l'actif est composé de valeurs mobilières admises aux négociations sur un marché réglementé et, à titre accessoire, de liquidités, selon les règles fixées en application de l'article (*Ord. n° 2013-676 du 25 juill. 2013, art. 44*) « L. 214-24-55 du code monétaire et financier, ou de parts d'organismes de placement collectif en valeurs mobilières ou de placements collectifs relevant des paragraphes 1, 2 et 6 de la sous-section 2, du paragraphe 2 ou du sous-paragraphe 1 du paragraphe 1 de la sous-section 3 de la section 2 du chapitre IV du titre I du livre II du code monétaire et financier » dont l'actif est ainsi composé. Cette disposition n'est pas exigée lorsqu'un plan d'épargne de groupe ou un plan d'épargne interentreprises de même durée minimum de placement offre aux participants de l'entreprise la possibilité de placer les sommes versées dans un organisme de placement collectif en valeurs mobilières (*Ord. n° 2013-676 du 25 juill. 2013, art. 44*) « ou dans un placement collectif relevant des paragraphes 1, 2 et 6 de la sous-section 2, du paragraphe 2 ou du sous-paragraphe 1 du paragraphe 1 de la sous-section 3, ou de la sous-section 4 de la section 2 du chapitre IV du titre I du livre II du code monétaire et financier » présentant les mêmes caractéristiques.

Lorsqu'un fonds commun de placement d'entreprise mentionné au 2° de l'article L. 3332-15 est investi en titres de l'entreprise et que ceux-ci ne sont pas admis aux négociations sur un marché réglementé, l'actif de ce fonds doit comporter au moins un tiers de titres liquides. Cette condition n'est pas exigée dans l'un des cas suivants :

1° Lorsqu'il est instauré un mécanisme garantissant la liquidité de ces valeurs dans des conditions déterminées par décret ;

2° Lorsque, pour l'application du présent livre, l'entreprise, la société qui la contrôle ou toute société contrôlée par elle au sens de l'article L. 233-16 du code de commerce s'est engagée à racheter, dans la limite de 10 % de son capital social, les titres non admis aux négociations sur un marché réglementé détenus par le fonds commun de placement d'entreprise.

Dans ce dernier cas, la valeur liquidative du fonds commun de placement d'entreprise est publiée au moins une fois par an. Après communication de la valeur d'expertise de l'entreprise, les salariés disposent d'un délai de deux mois avant la publication de la valeur liquidative du fonds pour présenter leur demande de souscription, de rachat ou d'arbitrage de leurs avoirs. – *V. art. R. 3332-19.*

Nouvel art. L. 3332-17, al. 1ᵉʳ (*L. n° 2008-776 du 4 août 2008, art. 81-I*) (*L. n° 2023-1107 du 29 nov. 2023, art. 18, en vigueur le 1ᵉʳ juill. 2024*) « *Le règlement du plan d'épargne d'entreprise prévoit qu'une partie des sommes recueillies peut être affectée, dans les limites prévues à l'article L. 214-164 du code monétaire et financier, à l'acquisition :*

« *a) De parts de fonds investis dans des entreprises solidaires d'utilité sociale, au sens de l'article L. 3332-17-1 du présent code ;*

« *b) De parts d'au moins un fonds labellisé ou d'un fonds nourricier d'un fonds labellisé au titre du financement de la transition énergétique et écologique ou de l'investissement socialement responsable. La liste des labels ainsi que, pour ceux qui sont créés par l'État, leurs critères et leurs modalités de délivrance sont précisés par décret.* »

Art. L. 3332-17-1 (*L. n° 2014-856 du 31 juill. 2014, art. 11*) I. – Peut prétendre à l'agrément ″entreprise solidaire d'utilité sociale″ l'entreprise qui relève de l'article 1ᵉʳ

de la loi n° 2014-856 du 31 juillet 2014 relative à l'économie sociale et solidaire et qui remplit les conditions cumulatives suivantes :
(L. n° 2019-1479 du 28 déc. 2019, art. 157-II, en vigueur le 1ᵉʳ janv. 2020) « 1° L'entreprise poursuit à titre principal l'un au moins des objectifs suivants :
« *a)* Elle exerce son activité en faveur de personnes fragilisées du fait de leur situation économique ou sociale au sens du 1° de l'article 2 de la loi n° 2014-856 du 31 juillet 2014 relative à l'économie sociale et solidaire ;
« *b)* Elle poursuit un objectif défini aux 2°, 3° ou 4° de l'article 2 de la loi n° 2014-856 précitée ; »
(L. n° 2019-486 du 22 mai 2019, art. 105-II) « 2° La charge induite par ses activités d'utilité sociale a un impact significatif sur son compte de résultat ; » − V. art. R. 3332-21-1.

3° La politique de rémunération de l'entreprise satisfait aux deux conditions suivantes :
a) La moyenne des sommes versées, y compris les primes, aux cinq salariés ou dirigeants les mieux rémunérés n'excède pas, au titre de l'année pour un emploi à temps complet, un plafond fixé à sept fois la rémunération annuelle perçue par un salarié à temps complet sur la base de la durée légale du travail et du salaire minimum de croissance, ou du salaire minimum de branche si ce dernier est supérieur ;
b) Les sommes versées, y compris les primes, au salarié ou dirigeant le mieux rémunéré n'excèdent pas, au titre de l'année pour un emploi à temps complet, un plafond fixé à dix fois la rémunération annuelle mentionnée au *a* ; − V. art. D. 3332-21-2.

4° Les titres de capital de l'entreprise, lorsqu'ils existent, ne sont pas admis aux négociations sur un marché d'instruments financiers, français ou étranger, dont le fonctionnement est assuré par une entreprise de marché ou un prestataire de services d'investissement *(Ord. n° 2017-1107 du 22 juin 2017, art. 18)* « autre qu'une société de gestion de portefeuille » ou tout autre organisme similaire étranger ;

(L. n° 2019-486 du 22 mai 2019, art. 105-II) « 5° La condition mentionnée au 1° figure dans les statuts. »

II. — Bénéficient de plein droit de l'agrément mentionné au I, sous réserve de satisfaire aux conditions fixées à l'article 1ᵉʳ de la loi n° 2014-856 du 31 juillet 2014 précitée et *(L. n° 2019-486 du 22 mai 2019, art. 105-II)* « aux conditions fixées aux 3° et 4° » du I du présent article :

1° Les entreprises d'insertion ;
2° Les entreprises de travail temporaire d'insertion ;
3° Les associations intermédiaires ;
4° Les ateliers et chantiers d'insertion ;
5° Les organismes d'insertion sociale relevant de l'article L. 121-2 du code de l'action sociale et des familles ;
6° Les services de l'aide sociale à l'enfance ;
7° Les centres d'hébergement et de réinsertion sociale ;
8° Les régies de quartier ;
9° Les entreprises adaptées ;
(Abrogé par L. n° 2018-771 du 5 sept. 2018, art. 76-VIII, à compter du 1ᵉʳ janv. 2019) « 10° *Les centres de distribution de travail à domicile ;* »
11° Les établissements et services d'*(L. n° 2023-1196 du 18 déc. 2023, art. 15-II)* « accompagnement » par le travail ;
12° Les organismes agréés mentionnés à l'article L. 365-1 du code de la construction et de l'habitation ;
13° Les associations et fondations reconnues d'utilité publique et considérées comme recherchant une utilité sociale au sens de l'article 2 de la loi n° 2014-856 du 31 juillet 2014 précitée ;
14° Les organismes agréés mentionnés à l'article L. 265-1 du code de l'action sociale et des familles ;
15° Les établissements et services accompagnant et accueillant des enfants et des adultes handicapés mentionnés aux 2°, 3° et 7° du I de l'article L. 312-1 du même code ;
(L. n° 2022-217 du 21 févr. 2022, art. 134-IV) « 16° Les personnes morales ayant conclu une convention mentionnée au deuxième alinéa de l'article L. 281-2-1 dudit code et dont la mission principale est d'assurer le projet de vie sociale et partagée. »

III. — Sont assimilés aux entreprises solidaires d'utilité sociale agréées en application du présent article :

1° Les organismes de financement dont l'actif est composé pour au moins 35 % de titres émis par des entreprises de l'économie sociale et solidaire définies à l'article 1er de la loi n° 2014-856 du 31 juillet 2014 précitée dont au moins cinq septièmes de titres émis par des entreprises solidaires d'utilité sociale définies au présent article ;

2° Les établissements de crédit dont au moins 80 % de l'ensemble des prêts et des investissements sont effectués en faveur des entreprises solidaires d'utilité sociale.

IV. — Les entreprises solidaires d'utilité sociale sont agréées par l'autorité compétente.

V. — Un décret en Conseil d'État précise les conditions d'application du présent article. — *V. art. R. 3332-21-1 à R. 3332-21-5.*

Les entreprises bénéficiant, au 23 mai 2019, de l'agrément prévu à l'art. L. 3332-17-1, dans sa rédaction antérieure à la L. n° 2019-486 du 22 mai 2019, continuent d'en bénéficier jusqu'à son terme (L. préc., art. 105-III).

SECTION 4 Augmentation de capital

Art. L. 3332-18 Les sociétés peuvent procéder à des augmentations de capital réservées aux adhérents d'un plan d'épargne d'entreprise. — *[Anc. art. L. 443-5, al. 1er.]*

V. art. R. 3332-24 s.

Art. L. 3332-19 Lorsque les titres sont admis aux négociations sur un marché réglementé, le prix de cession est fixé d'après les cours de bourse.

La décision fixant la date de souscription est prise par le conseil d'administration, le directoire ou leur délégué.

Lorsque l'augmentation de capital est concomitante à une première introduction sur un marché réglementé, le prix de souscription est déterminé par référence au prix d'admission sur le marché, à condition que la décision du conseil d'administration ou du directoire, ou de leur délégué, intervienne au plus tard dix séances de bourse après la date de la première cotation.

Le prix de souscription ne peut être supérieur à ce prix d'admission sur le marché ni, lorsqu'il s'agit de titres déjà cotés sur un marché réglementé, à la moyenne des cours cotés aux vingt séances de bourse précédant le jour de la décision fixant la date d'ouverture de la souscription. Il ne peut, en outre, être inférieur de plus de (*L. n° 2019-486 du 22 mai 2019, art. 162-IX*) « 30 % » à ce prix d'admission ou à cette moyenne, ou de (*L. n° 2019-486 du 22 mai 2019, art. 162-IX*) « 40 % » lorsque la durée d'indisponibilité prévue par le plan en application des articles L. 3332-25 et L. 3332-26 est supérieure ou égale à dix ans.

Art. L. 3332-20 Lorsque les titres ne sont pas admis aux négociations sur un marché réglementé, le prix de cession est déterminé conformément aux méthodes objectives retenues en matière d'évaluation d'actions en tenant compte, selon une pondération appropriée à chaque cas, de la situation nette comptable, de la rentabilité et des perspectives d'activité de l'entreprise. Ces critères sont appréciés, le cas échéant, sur une base consolidée ou, à défaut, en tenant compte des éléments financiers issus de filiales significatives.

A défaut, le prix de cession est déterminé en divisant par le nombre de titres existants le montant de l'actif net réévalué d'après le bilan le plus récent. Celui-ci est ainsi déterminé à chaque exercice sous le contrôle du commissaire aux comptes.

(*L. n° 2008-1258 du 3 déc. 2008, art. 21*) « A compter du troisième exercice clos, le prix de cession des titres émis par des entreprises employant moins de cinq cents salariés peut être déterminé, au choix de l'entreprise, selon l'une des méthodes décrites aux deux alinéas précédents. »

Le prix de souscription ne peut être ni supérieur au prix de cession ainsi déterminé, ni inférieur de plus de (*L. n° 2019-486 du 22 mai 2019, art. 162-IX*) « 30 % » à celui-ci ou de (*L. n° 2019-486 du 22 mai 2019, art. 162-IX*) « 40 % » lorsque la durée d'indisponibilité prévue par le plan, en application des articles L. 3332-25 et L. 3332-26, est supérieure ou égale à dix ans.

Art. L. 3332-21 L'assemblée générale qui décide l'augmentation de capital peut prévoir l'attribution gratuite d'actions ou d'autres titres donnant accès au capital.

L'avantage total résultant de cette attribution et, le cas échéant, de l'écart entre le prix de souscription et la moyenne des cours mentionnée à l'article L. 3332-19, ou entre le prix de souscription et le prix de cession déterminé en application de l'article L. 3332-20, ne peut pas dépasser l'avantage dont auraient bénéficié les adhérents au plan d'épargne si cet écart avait été de (*L. n° 2019-486 du 22 mai 2019, art. 162-IX*) « 30 % » ou de (*L. n° 2019-486 du 22 mai 2019, art. 162-IX*) « 40 % » lorsque la durée d'indisponibilité prévue par le plan en application des articles L. 3332-25 et L. 3332-26 est supérieure ou égale à dix ans.

Par ailleurs, l'assemblée générale peut également prévoir une attribution gratuite d'actions ou d'autres titres donnant accès au capital, sous réserve que la prise en compte de leur contre-valeur pécuniaire, évaluée au prix de souscription, n'ait pour effet de dépasser les limites prévues à l'article L. 3332-11.

Art. L. 3332-22 L'avantage constitué par l'écart entre le prix de souscription et la moyenne des cours mentionnés à l'article L. 3332-19, par l'écart entre le prix de souscription et le prix de cession déterminé en application de l'article L. 3332-20 et, le cas échéant, par l'attribution gratuite d'actions ou de titres donnant accès au capital est exonéré d'impôt sur le revenu et de taxe sur les salaires et n'entre pas dans l'assiette des cotisations sociales définie à l'article L. 242-1 du code de la sécurité sociale. − *[Anc. art. L. 443-5, al. 5.]*

Art. L. 3332-23 Lorsqu'une société propose aux adhérents d'un plan d'épargne d'entreprise de souscrire des obligations qu'elle a émises, le prix de cession est fixé selon des conditions déterminées par décret en Conseil d'État. − *[Anc. art. L. 443-5, al. 6.]*

Art. L. 3332-24 La présente section s'applique aux cessions par une société de ses titres, dans la limite de 10 % du total des titres qu'elle a émis, aux adhérents d'un plan d'épargne d'entreprise. − *[Anc. art. L. 443-5, al. 7.]*

SECTION 5 Indisponibilité des sommes, déblocage anticipé et liquidation

Art. L. 3332-25 Sauf dans les cas énumérés par le décret en Conseil d'État prévu à l'article L. 3324-10, les actions ou parts acquises pour le compte des salariés et des anciens salariés leur sont délivrées à l'expiration d'un délai minimum de cinq ans courant à compter de la date d'acquisition des titres.

Ce délai ne s'applique pas si la liquidation des avoirs acquis dans le cadre du plan d'épargne d'entreprise sert (*L. n° 2019-486 du 22 mai 2019, art. 160*) « à acheter des parts de l'entreprise ou » à lever des options consenties dans les conditions prévues (*Ord. n° 2020-1142 du 16 sept. 2020, art. 18, en vigueur le 1ᵉʳ janv. 2021*) « aux articles L. 225-177, L. 22-10-56 ou L. 225-179 » du code de commerce. Les actions (*L. n° 2019-486 du 22 mai 2019, art. 160*) « ou les parts de l'entreprise » ainsi souscrites ou achetées sont versées dans le plan d'épargne et ne sont disponibles qu'à l'expiration d'un délai minimum de cinq ans à compter de ce versement. Toutefois, les actions peuvent être apportées à une société ou à un fonds commun de placement dont l'actif est exclusivement composé de titres de capital ou donnant accès au capital émis par l'entreprise ou par une entreprise du même groupe au sens du deuxième alinéa de l'article L. 3344-1. Le délai de cinq ans mentionné au présent alinéa reste applicable, pour la durée restant à courir à la date de l'apport, aux actions ou parts reçues en contrepartie de l'apport. − *V. art. R. 3324-22.*

Art. L. 3332-26 Les actions gratuites mentionnées à l'article L. 3332-14 ne sont disponibles qu'à l'expiration d'un délai minimum de cinq ans à compter de leur versement sur le plan.

Les dispositions des articles L. 225-197-4 et L. 225-197-5 du code de commerce sont applicables. − *[Anc. art. L. 443-6, al. 3, phrases 5 et 6.]*

SECTION 6 Régime social et fiscal

Art. L. 3332-27 Les sommes mentionnées à l'article L. 3332-11 peuvent être déduites par l'entreprise de son bénéfice pour l'assiette de l'impôt sur les sociétés ou de l'impôt sur le revenu, selon le cas.

Elles ne sont pas prises en considération pour l'application de la législation du travail et *(Ord. n° 2018-474 du 12 juin 2018, art. 6)* « sont exclues de l'assiette des cotisations définie à l'article L. 242-1 du code de la sécurité sociale ».

Elles sont exonérées de l'impôt sur le revenu des bénéficiaires.

Pour ouvrir droit à ces exonérations fiscales et sociales, les règlements des plans d'épargne d'entreprise établis à compter de la publication de la loi n° 2001-152 du 19 février 2001 sur l'épargne salariale doivent être déposés dans les conditions prévues à l'article L. 3332-9.

V. note ss. art. L. 3332-13.

Toute modification, autre que de forme, apportée au règlement d'un plan d'épargne équivaut à l'établissement d'un règlement nouveau qui doit être déposé à la DDTEFP. • Soc. 16 déc. 2008 : *RJS 2009. 229, n° 267 ; Dr. soc. 2009. 370, obs. Logeais et Jonin*.

SECTION 7 Dispositions d'application

Art. L. 3332-28 Un décret en Conseil d'État détermine les modalités d'application du présent chapitre. — *[Anc. art. L. 443-9.]* — V. art. R. 3332-1.

CHAPITRE III PLAN D'ÉPARGNE INTERENTREPRISES

V. Circ. du 14 sept. 2005 relative à l'épargne salariale, dossier plan d'épargne interentreprises (PEI) (JO 1ᵉʳ nov.).

Art. L. 3333-1 Sous réserve des dispositions particulières du présent chapitre, les dispositions relatives au plan d'épargne d'entreprise sont applicables au plan d'épargne interentreprises. — *[Anc. art. L. 443-1-1, al. 13.]*

Art. L. 3333-2 Un plan d'épargne interentreprises peut être institué par accord collectif conclu dans les conditions prévues au livre II de la deuxième partie.

(L. n° 2020-1525 du 7 déc. 2020, art. 122) « Si ce plan est institué entre plusieurs employeurs pris individuellement, il peut également être établi selon l'une des modalités prévues aux articles L. 3332-3 et L. 3332-4. Dans ce cas, le plan est approuvé dans les mêmes termes au sein de chacune des entreprises et celles qui souhaitent y adhérer ou en sortir doivent le faire suivant l'une de ces modalités. »

Art. L. 3333-3 L'accord fixe le règlement du plan d'épargne interentreprises.

Ce règlement détermine notamment :
1° Les entreprises signataires ou le champ d'application professionnel et géographique ;
2° La nature des sommes qui peuvent être versées ;
3° Les différentes possibilités d'affectation des sommes recueillies, en particulier le nombre, l'orientation de gestion et le profil de risque des fonds utilisés ;
4° Les conditions dans lesquelles les frais de tenue de compte sont pris en charge par les employeurs ;
5° La liste de différents taux et plafonds d'abondement parmi lesquels les entreprises souhaitant effectuer des versements complémentaires à ceux de leurs salariés pourront opter ;
6° Les conditions dans lesquelles sont désignés les membres des conseils de surveillance des fonds communs de placement prévus par le règlement du plan et les modalités de fonctionnement des conseils. — *[Anc. art. L. 443-1-1, al. 1ᵉʳ, phrase 4, et al. 2 à 7.]*

Art. L. 3333-3-1 *(L. n° 2020-1525 du 7 déc. 2020, art. 122)* Lorsque l'institution d'un plan d'épargne interentreprises entre plusieurs employeurs pris individuellement ou l'adhésion à un tel plan ne sont pas établies en vertu d'un accord avec le personnel, les dispositions de l'article L. 3332-8 sont applicables.

Art. L. 3333-4 Le plan d'épargne interentreprises peut recueillir des sommes provenant de l'intéressement, de la participation aux résultats de l'entreprise, *(L. n° 2023-1107 du 29 nov. 2023, art. 11-I)* « de la prime de partage de la valeur prévue à l'article 1ᵉʳ de la loi n° 2022-1158 du 16 août 2022 portant mesures d'urgence pour la protection du pouvoir d'achat, de la prime de partage de la valorisation de l'entreprise prévue à l'article 10 de la loi n° 2023-1107 du 29 novembre 2023 portant transposition de l'accord national interprofessionnel relatif au partage de la valeur au sein de l'entreprise, » de versements volontaires des salariés et des personnes mentionnées à l'article L. 3332-2 appartenant aux entreprises entrant dans le champ de l'accord et, le cas échéant, des versements complémentaires de ces entreprises.

Art. L. 3333-5 (Abrogé par L. n° 2019-486 du 22 mai 2019, art. 155-I) « *Le règlement peut prévoir que les sommes issues de la participation mise en place dans une entreprise peuvent être affectées à un fonds d'investissement créé dans l'entreprise en application du 2° de l'article L. 3323-2.* »

Lorsqu'il prévoit de recueillir les sommes issues de la participation, l'accord instituant le plan d'épargne interentreprises dispense les entreprises mentionnées aux articles L. 3323-6 et L. 3323-7 de conclure un accord de participation. Son règlement inclut alors les clauses prévues aux articles L. 3323-1 à L. 3323-3 et L. 3324-5.

Art. L. 3333-6 Par dérogation aux dispositions du 2° de l'article L. 3332-15, le plan d'épargne interentreprises ne peut pas prévoir l'acquisition de parts de fonds communs de placement régis par l'article (*Ord. n° 2013-676 du 25 juill. 2013, art. 44*) « **L. 214-165** » du code monétaire et financier.

Lorsque le plan prévoit l'acquisition de parts de fonds communs de placement régis par l'article (*Ord. n° 2013-676 du 25 juill. 2013, art. 44*) « **L. 214-164** » du même code, ceux-ci ne peuvent détenir plus de 10 % de titres non admis aux négociations sur un marché réglementé. Cette limitation ne s'applique pas aux parts et actions d'organismes de placement collectif en valeurs mobilières (*Ord. n° 2013-676 du 25 juill. 2013, art. 44*) « ou de placements collectifs relevant des paragraphes 1, 2 et 6 de la sous-section 2, du paragraphe 2 ou du sous-paragraphe 1 du paragraphe 1 de la sous-section 3 de la section 2 du chapitre IV du titre I du livre II du code monétaire et financier » éventuellement détenus par le fonds. – [*Anc. art. L. 443-1-1, al. 11.*]

Art. L. 3333-7 Un avenant au plan d'épargne interentreprises peut être conclu selon les modalités prévues au présent chapitre.

Toutefois, le règlement d'un plan institué entre plusieurs employeurs pris individuellement et ouvert à l'adhésion d'autres entreprises peut (*L. n° 2015-990 du 6 août 2015, art. 160*) « valablement être modifié pour intégrer des dispositions législatives ou réglementaires postérieures à l'institution du plan ou de nouvelles dispositions relatives aux 2°, 3° et 5° du règlement de ce plan conformément à l'article L. 3333-3, si cette modification fait l'objet d'une information » des entreprises parties prenantes au plan.

(*L. n° 2015-990 du 6 août 2015, art. 160*) « La modification prévue au deuxième alinéa du présent article s'applique à la condition que la majorité des entreprises parties prenantes ne s'y oppose pas dans un délai d'un mois à compter de la date d'envoi de l'information » (*Abrogé par L. n° 2023-1107 du 29 nov. 2023, art. 15*) « et, pour chaque entreprise, à compter du premier exercice suivant la date d'envoi de l'information ». En cas contraire, le plan est fermé à tout nouveau versement.

(*L. n° 2023-1107 du 29 nov. 2023, art. 15*) « Par dérogation au troisième alinéa, lorsqu'elles portent sur l'ajout de nouvelles possibilités d'affectation des sommes recueillies, les modifications mentionnées au deuxième alinéa s'appliquent dès que les entreprises parties prenantes en ont été informées. »

Art. L. 3333-7-1 (*L. n° 2020-1525 du 7 déc. 2020, art. 118*) Toute entreprise peut faire application d'un dispositif d'épargne interentreprises conclu au niveau de la branche, dès lors que l'accord de branche a été agréé en application de l'article L. 3345-4.

Les entreprises qui souhaitent appliquer l'accord de branche agréé concluent à cet effet un accord dans les conditions prévues à l'article L. 3333-2.

Les entreprises de moins de cinquante salariés peuvent opter pour l'application de ce régime au moyen d'un document unilatéral d'adhésion de l'employeur, dans les conditions prévues à l'article L. 2232-10-1, si l'accord de branche prévoit cette possibilité et propose, sous forme d'accord type indiquant les différents choix laissés à l'employeur, des stipulations spécifiques pour ces entreprises.

Les deux derniers alinéas de l'article L. 3332-6-1 sont applicables au plan d'épargne interentreprises.

PLANS D'ÉPARGNE SALARIALE **Art. L. 3334-6**

Art. L. 3333-8 Un décret en Conseil d'État détermine les modalités d'application du présent chapitre. — *[Anc. art. L. 443-1-2.]* — *V. art. R. 3333-1 s.*

CHAPITRE IV PLAN D'ÉPARGNE POUR LA RETRAITE COLLECTIF

BIBL. ▶ RIGAUD, *JCP S* 2010. 1526 (réforme des retraites, épargne retraite et épargne salariale).

V. Circ. NOR : ETST1221259C du 19 avr. 2012, Questions-réponses relatif à l'alimentation et à la gestion du plan d'épargne pour la retraite collectif et à l'information des bénéficiaires.

V. Instr. min. n° DGT/RT3/DSS/DGTRESOR/2016/5 du 18 févr. 2016 (https://www.legifrance.gouv.fr/circulaire/id/40587).

SECTION 1 Mise en place

Art. L. 3334-1 Sous réserve des dispositions particulières du présent chapitre et des articles L. 3332-18 à L. 3332-24, les dispositions relatives au plan d'épargne d'entreprise sont applicables au plan d'épargne pour la retraite collectif. — *[Anc. art. L. 443-1-2.]*

Art. L. 3334-2 Un plan d'épargne pour la retraite collectif peut être mis en place *(L. n° 2008-1258 du 3 déc. 2008, art. 16)* « à l'initiative de l'entreprise ou » *(L. n° 2015-990 du 6 août 2015, art. 161)* « selon l'une des modalités mentionnées à l'article L. 3322-6. Le plan peut être mis en place » sans recourir aux services de l'institution mentionnée au I de l'article 8 de l'ordonnance n° 2006-344 du 23 mars 2006, lorsque ce plan n'est pas proposé sur le territoire d'un autre État membre ou dans un autre État partie à l'accord sur l'Espace économique européen. Dans ce cas, l'accord mettant en place le plan précise les modalités d'exécution des obligations mentionnées au dernier alinéa du I et aux premier et deuxième alinéas du II de cet article.
(L. n° 2008-1258 du 3 déc. 2008, art. 16) « Lorsque l'entreprise compte au moins un délégué syndical ou est dotée d'un *(Ord. n° 2017-1386 du 22 sept. 2017, art. 4)* « comité social et économique », le plan d'épargne pour la retraite collectif est négocié dans les conditions prévues à l'article L. 3322-6. Si, au terme de la négociation, aucun accord n'a été conclu, un procès-verbal de désaccord est établi dans lequel sont consignées en leur dernier état les propositions respectives des parties et les mesures que l'employeur entend *(L. n° 2015-990 du 6 août 2015, art. 161)* « soumettre à la ratification du personnel dans les conditions prévues au 4° du même article L. 3322-6 ou » appliquer unilatéralement. »

Art. L. 3334-3 L'entreprise qui a mis en place un plan d'épargne d'entreprise depuis plus de *(L. n° 2008-1258 du 3 déc. 2008, art. 18)* « trois » ans ouvre une négociation en vue de la mise en place d'un plan d'épargne pour la retraite collectif ou d'un contrat mentionné au *b* du 1 du I de l'article 163 *quatervicies* du code général des impôts ou d'un régime mentionné au 2° de l'article 83 du même code. — *[Anc. art. L. 443-1-2, I, al. 1er, phrase 3.]*

Art. L. 3334-4 Le plan d'épargne pour la retraite collectif peut également être créé en tant que plan d'épargne interentreprises dans les conditions prévues au chapitre III. — *[Anc. art. L. 443-1-2, I, al. 5.]*

Art. L. 3334-5 *(Abrogé par L. n° 2019-486 du 22 mai 2019, art. 161) Le plan d'épargne pour la retraite collectif ne peut être mis en place que si les salariés et les personnes mentionnées à l'article L. 3332-2 ont la possibilité d'opter pour un plan de durée plus courte régi par cet article ou par le plan d'épargne interentreprises.*

Art. L. 3334-5-1 *(L. n° 2008-1258 du 3 déc. 2008, art. 17)* Un plan d'épargne pour la retraite collectif peut prévoir l'adhésion par défaut des salariés de l'entreprise, sauf avis contraire de ces derniers. Les salariés sont informés de cette clause dans des conditions prévues par décret.

SECTION 2 Versements

Art. L. 3334-6 Le plan d'épargne pour la retraite collectif peut recevoir, à l'initiative des participants, les versements des sommes issues de l'intéressement, de la participation (*L. n° 2023-1107 du 29 nov. 2023, art. 11-I*) « , de la prime de partage de la valeur prévue à l'article 1ᵉʳ de la loi n° 2022-1158 du 16 août 2022 portant mesures d'urgence pour la protection du pouvoir d'achat, de la prime de partage de la valorisation de l'entreprise prévue à l'article 10 de la loi n° 2023-1107 du 29 novembre 2023 portant transposition de l'accord national interprofessionnel relatif au partage de la valeur au sein de l'entreprise » ainsi que d'autres versements volontaires et des contributions des entreprises prévues aux articles L. 3332-11 à L. 3332-13 et L. 3334-10.

(*L. n° 2015-990 du 6 août 2015, art. 152*) « En outre, si le règlement du plan le prévoit, les entreprises peuvent, même en l'absence de contribution du salarié :

« 1° Effectuer un versement initial sur ce plan ;

« 2° Effectuer des versements périodiques sur ce plan, sous réserve d'une attribution uniforme à l'ensemble des salariés. La périodicité de ces versements est précisée dans le règlement du plan.

« Les plafonds de versement annuel sont fixés par décret.

« Ces versements sont soumis au même régime social et fiscal que les contributions des entreprises mentionnées au premier alinéa du présent article. Ils respectent l'article L. 3332-13. »

Art. L. 3334-7 Un ancien salarié peut continuer à effectuer des versements sur le plan d'épargne pour la retraite collectif. Ces versements ne bénéficient pas des versements complémentaires de l'entreprise et les frais afférents à leur gestion sont à la charge exclusive de l'ancien salarié qui effectue ces versements. (*L. n° 2019-486 du 22 mai 2019, art. 155-I*) « Ces frais font l'objet de plafonds fixés par décret. » – *V. art. D. 3334-3-3.*

Cette possibilité n'est pas ouverte au salarié qui a accès à un plan d'épargne pour la retraite collectif dans la nouvelle entreprise où il est employé.

Art. L. 3334-8 Les droits inscrits au compte épargne-temps peuvent être versés sur le plan d'épargne pour la retraite collectif (*L. n° 2010-1330 du 9 nov. 2010, art. 108*) « ou contribuer au financement de prestations de retraite qui revêtent un caractère collectif et obligatoire déterminé dans le cadre d'une des procédures mentionnées à l'article L. 911-1 du code de la sécurité sociale.

« En l'absence de compte épargne-temps dans l'entreprise, le salarié peut, dans la limite de (*L. n° 2015-990 du 6 août 2015, art. 162-I*) « dix » jours par an, verser les sommes correspondant à des jours de repos non pris sur le plan d'épargne pour la retraite collectif ou faire contribuer ces sommes au financement de prestations de retraite qui revêtent un caractère collectif et obligatoire déterminé dans le cadre d'une des procédures mentionnées à l'article L. 911-1 du code de la sécurité sociale. Le congé annuel ne peut être affecté à l'un de ces dispositifs que pour sa durée excédant vingt-quatre jours ouvrables.

« Les sommes ainsi épargnées bénéficient de l'exonération prévue à l'article L. 242-4-3 du même code ou aux articles L. 741-4 et L. 741-15 du code rural et de la pêche maritime en tant qu'ils visent l'article L. 242-4-3 du code de la sécurité sociale.

« Elles bénéficient également, selon le cas, des régimes prévus aux 2° ou 2° 0 *bis* de l'article 83 du code général des impôts ou de l'exonération prévue au *b* du 18° de l'article 81 du même code. »

V. Circ. intermin. du 19 avr. 2012 n° NOR ETST1221259C sur l'alimentation du plan d'épargne pour la retraite collectif par des jours de repos non pris et par la moitié de la réserve spéciale de participation, ainsi que sur la sécurisation de sa gestion, SSL 2012, n° 1547, p. 5.

Art. L. 3334-9 Par dérogation aux dispositions des articles L. 3332-11 à L. 3332-13 et L. 3334-10, les sommes issues de la participation qui sont versées au plan d'épargne pour la retraite collectif peuvent donner lieu à versement complémentaire de l'entreprise dans les limites prévues à ces articles. – *[Anc. art. L. 443-1-2, II, al. 2.]*

Art. L. 3334-10 Les sommes provenant d'un compte épargne-temps dans les conditions mentionnées au (*L. n° 2016-1088 du 8 août 2016, art. 11*) « 2° de l'article L. 3152-4 », correspondant à un abondement de l'employeur et transférées sur un ou plusieurs plans d'épargne pour la retraite collectifs, sont assimilées à des versements des employeurs à un ou plusieurs de ces plans. – *[Anc. art. L. 443-7, al. 1ᵉʳ, phrase 3.]*

PLANS D'ÉPARGNE SALARIALE **Art. L. 3334-15** 1291

SECTION 3 Composition et gestion du plan

Art. L. 3334-11 Les participants au plan d'épargne pour la retraite collectif bénéficient d'un choix entre au moins trois organismes de placement collectif *(L. n° 2014-1 du 2 janv. 2014, art. 25-IV)* « mentionnés à l'article L. 3332-15, présentant différents profils d'investissement, sous réserve des restrictions prévues à l'article L. 3334-12 ».

(L. n° 2010-1330 du 9 nov. 2010, art. 109) « Il leur est également proposé une allocation de l'épargne permettant de réduire progressivement les risques financiers dans des conditions fixées par décret. » *(L. n° 2015-990 du 6 août 2015, art. 151-I)* « A défaut de choix explicite du participant, ses versements dans le plan d'épargne pour la retraite collectif sont affectés selon cette allocation. »

V. art. R. 3334-1-2.

Les dispositions issues de la L. n° 2015-990 du 6 août 2015 sont applicables aux versements effectués sur un plan d'épargne pour la retraite collectif à compter du 1ᵉʳ janv. 2016 (L. préc., art. 151-II).

V. CSS, art. L. 137-16. – **CSS**.

Art. L. 3334-12 Par dérogation aux dispositions du 2° de l'article L. 3332-15, le plan d'épargne pour la retraite collectif ne peut pas prévoir l'acquisition de parts de fonds communs de placement régis par l'article *(Ord. n° 2013-676 du 25 juill. 2013, art. 44)* « L. 214-165 » du code monétaire et financier, ni d'actions de sociétés d'investissement à capital variable régies par l'article *(Ord. n° 2013-676 du 25 juill. 2013, art. 44)* « L. 214-166 » du même code, ni de titres de l'entreprise ou d'une société qui lui est liée au sens des articles L. 3344-1 et L. 3344-2.

Lorsque le plan prévoit l'acquisition de parts de fonds communs de placement régis par l'article *(Ord. n° 2013-676 du 25 juill. 2013, art. 44)* « L. 214-164 » du code monétaire et financier et sans préjudice des dispositions du seizième alinéa de cet article, ceux-ci ne peuvent détenir plus de *(L. n° 2019-486 du 22 mai 2019, art. 77-III)* « 10 % » de titres non admis aux négociations sur un marché réglementé ou plus de *(L. n° 2019-486 du 22 mai 2019, art. 77-III)* « 10 % » de titres de l'entreprise qui a mis en place le plan ou de sociétés qui lui sont liées au sens des articles L. 3344-1 et L. 3344-2. Cette limitation ne s'applique pas aux parts et actions d'organismes de placement collectif en valeurs mobilières *(Ord. n° 2013-676 du 25 juill. 2013, art. 44)* « ou de placements collectifs relevant des paragraphes 1, 2 *(L. n° 2019-486 du 22 mai 2019, art. 77-III)* « , 3 » et 6 de la sous-section 2, du paragraphe 2 ou du sous paragraphe 1 du paragraphe 1 de la sous-section 3 de la section 2 du chapitre IV du titre I du livre II du code monétaire et financier » éventuellement détenues par le fonds.

Art. L. 3334-13 Le règlement du plan d'épargne pour la retraite collectif prévoit qu'une partie des sommes recueillies peut être affectée à l'acquisition de parts de fonds investis, dans les limites prévues à l'article *(Ord. n° 2013-676 du 25 juill. 2013, art. 44)* « L. 214-164 » du code monétaire et financier, dans les entreprises solidaires *(L. n° 2008-776 du 4 août 2008, art. 81-I)* « au sens de l'article L. 3332-17-1 du présent code ». – *[Anc. art. L. 443-1-2, III, al. 1ᵉʳ.]*

SECTION 4 Indisponibilité, déblocage anticipé et délivrance des sommes

Art. L. 3334-14 Les sommes ou valeurs inscrites aux comptes des participants sont détenues jusqu'au départ à la retraite.

Toutefois, dans des cas liés à la situation ou au projet du participant, ces sommes ou valeurs peuvent être exceptionnellement débloquées avant le départ en retraite. – *[Anc. art. L. 443-1-2, I, al. 2 et 3.]*

V. art. R. 3334-4 s.

Art. L. 3334-15 Sans préjudice des cas de déblocage anticipé prévus à l'article L. 3334-14, la délivrance des sommes ou valeurs inscrites aux comptes des participants s'effectue sous forme de rente viagère acquise à titre onéreux.

Toutefois, l'accord qui établit le plan d'épargne pour la retraite collectif peut prévoir des modalités de délivrance en capital et de conversion en rente de ces sommes ou valeurs, ainsi que les conditions dans lesquelles chaque participant au plan exprime son choix. – *[Anc. art. L. 443-1-2, IV.]*

SECTION 5 Dispositions d'application

Art. L. 3334-16 Un décret en Conseil d'État détermine les modalités d'application du présent chapitre. — *[Anc. art. L. 443-9 et L. 443-1-2, III, al. 2.]* — V. art. R. 3334-1.

CHAPITRE V TRANSFERTS

Art. L. 3335-1 En cas de modification survenue dans la situation juridique d'une entreprise ayant mis en place un plan d'épargne d'entreprise, notamment par fusion, cession, absorption ou scission, *(L. n° 2019-486 du 22 mai 2019, art. 155-I)* « et lorsqu'elle rend » impossible la poursuite de l'ancien plan d'épargne, les sommes qui y étaient affectées peuvent être transférées dans le plan d'épargne de la nouvelle entreprise, après information des représentants du personnel dans des conditions prévues par décret.

Dans ce cas, le délai d'indisponibilité écoulé des sommes transférées s'impute sur la durée de blocage prévue par le nouveau plan.

V. art. D. 3335-1.

V. Circ. du 14 sept. 2005 relative à l'épargne salariale, dossier transfert : information des salariés sur leurs avoirs (JO 1ᵉʳ nov.).

BIBL. ▶ ROCHE, *JCP S 2023. 1263* (sort du plan d'épargne en cas de transfert d'entreprise).

En cas de transfert d'un salarié au sens de l'art. L. 1224-1 C. trav., le salarié conserve ses droits au sein du PEE mis en place par l'employeur sortant mais dispose seulement de la faculté de transférer ses avoirs au sein du plan d'épargne d'entreprise, s'il existe, de son nouvel employeur. ● Soc. 19 mai 2016, n° 14-29.786 P : *D. actu. 7 juin 2016, obs. Roussel ; D. 2016. Actu. 1142 ; RJS 8-9/2016, n° 582.*

Art. L. 3335-2 *(L. n° 2008-1258 du 3 déc. 2008, art. 10-I)* Les sommes détenues par un salarié, au titre de la réserve spéciale de la participation des salariés aux résultats de l'entreprise, dont il n'a pas demandé la délivrance au moment de la rupture de son contrat de travail, peuvent être affectées dans le plan d'épargne mentionné aux articles L. 3332-1, L. 3333-1 et L. 3334-1 de son nouvel employeur. Dans ce cas, le délai d'indisponibilité écoulé des sommes transférées s'impute sur la durée de blocage prévue par le plan d'épargne mentionné aux articles L. 3332-1 et L. 3333-1 sur lequel elles ont été transférées, sauf si ces sommes sont utilisées pour souscrire à une augmentation de capital prévue à l'article L. 3332-18.

Les sommes détenues par un salarié dans un plan d'épargne mentionné aux articles L. 3332-1 et L. 3333-1 peuvent être transférées, à la demande du salarié, avec ou sans rupture de son contrat de travail, dans un autre plan d'épargne mentionné aux mêmes articles, comportant dans son règlement une durée de blocage d'une durée minimale équivalente à celle figurant dans le règlement du plan d'origine. Dans ce cas, le délai d'indisponibilité déjà écoulé des sommes transférées s'impute sur la durée de blocage prévue par le plan sur lequel elles ont été transférées, sauf si ces sommes sont utilisées pour souscrire à une augmentation de capital prévue à l'article L. 3332-18.

Les sommes détenues par un salarié dans un plan d'épargne mentionné aux articles L. 3332-1, L. 3333-1 et L. 3334-1 peuvent être transférées, à la demande du salarié, avec ou sans rupture de son contrat de travail, dans un plan d'épargne mentionné à l'article L. 3334-1.

Les sommes transférées ne sont pas prises en compte pour l'appréciation du plafond mentionné au premier alinéa de l'article L. 3332-10. Elles ne donnent pas lieu au versement complémentaire de l'entreprise prévu à l'article L. 3332-11, sauf si le transfert a lieu à l'expiration de leur délai d'indisponibilité ou si les sommes sont transférées d'un plan d'épargne mentionné aux articles L. 3332-1, L. 3333-1 vers un plan d'épargne mentionné à l'article L. 3334-1. Les sommes qui ont bénéficié du supplément d'abondement dans les conditions prévues au deuxième alinéa de l'article L. 3332-11 ne peuvent être transférées, sauf si le règlement du plan au titre duquel le supplément d'abondement a été versé l'autorise.

TITRE IV DISPOSITIONS COMMUNES

CHAPITRE I REPRÉSENTATION ET INFORMATION DES SALARIÉS

SECTION 1 Participation aux assemblées générales des actionnaires de la société

Art. L. 3341-1 (Abrogé par L. n° 2019-486 du 22 mai 2019, art. 167) Les dispositions de la présente section sont applicables aux salariés de l'entreprise, membres des conseils de surveillance des fonds communs de placement d'entreprise prévus aux articles (Ord. n° 2013-676 du 25 juill. 2013, art. 44) « L. 214-164 et L. 214-165 » du code monétaire et financier.

SECTION 2 Formation économique, financière et juridique des représentants des salariés

Art. L. 3341-2 (L. n° 2019-486 du 22 mai 2019, art. 167) Les administrateurs des SICAV d'actionnariat salarié représentant les salariés actionnaires ou les membres du conseil de surveillance des fonds communs de placement d'entreprise représentant les porteurs de parts bénéficient, dans les conditions et les limites prévues à l'article L. 2145-11, d'une formation économique, financière et juridique, d'une durée minimale de trois jours.

Cette formation est dispensée par un organisme figurant sur une liste arrêtée par voie réglementaire.

Art. L. 3341-3 Le temps consacré à la formation économique, financière et juridique est pris sur le temps de travail et est rémunéré comme tel. Il est imputé sur la durée du congé de formation économique, sociale (L. n° 2021-1104 du 22 août 2021, art. 41-II) « , environnementale » et syndicale prévu aux articles (L. n° 2016-1088 du 8 août 2016, art. 33) « L. 2145-5 » et suivants.

(Abrogé par L. n° 2018-771 du 5 sept. 2018, art. 45-I, à compter du 1er janv. 2019) « Les dépenses correspondantes des entreprises sont déductibles du montant de la participation des employeurs au financement de la formation professionnelle continue prévu à l'article L. 6331-1. »

Art. L. 3341-4 Les dispositions de la présente section sont applicables aux salariés de l'entreprise, membres des conseils de surveillance des fonds communs de placement d'entreprise prévus aux articles (Ord. n° 2013-676 du 25 juill. 2013, art. 44) « L. 214-164 et L. 214-165 » du code monétaire et financier. – [Anc. art. L. 444-1, al. 3.]

SECTION 3 Information des représentants du personnel

Art. L. 3341-5 L'accord de participation ou le règlement d'un plan d'épargne salariale peuvent prévoir les conditions dans lesquelles le (Ord. n° 2017-1386 du 22 sept. 2017, art. 4) « comité social et économique ou une commission spécialisée créée par lui dispose » des moyens d'information nécessaires sur les conditions d'application de cet accord ou de ce règlement. – [Anc. art. L. 444-10.]

SECTION 4 Information des salariés

Art. L. 3341-6 Tout salarié d'une entreprise proposant un dispositif d'intéressement, de participation, un plan d'épargne entreprise, un plan d'épargne interentreprises (Ord. n° 2019-766 du 24 juill. 2019, art. 7-IV, en vigueur le 1er oct. 2019) « , un plan d'épargne pour la retraite collectif ou un plan d'épargne retraite d'entreprise collectif » reçoit, lors de la conclusion de son contrat de travail, un livret d'épargne salariale présentant (L. n° 2015-990 du 6 août 2015, art. 163) « les dispositifs mis en place au sein de l'entreprise.

« Le livret d'épargne salariale est également porté à la connaissance des représentants du personnel, le cas échéant en tant qu'élément de la base de données économiques (L. n° 2021-1104 du 22 août 2021, art. 41-I) « , sociales et environnementales » établie en application de l'article (L. n° 2021-1104 du 22 août 2021, art. 40-I) « L. 2312-18 ». »

Les dispositions issues de l'Ord. n° 2019-766 du 24 juill. 2019 entrent en vigueur à une date fixée par Décr. et au plus tard le 1ᵉʳ janv. 2020 (Ord. préc., art. 9-I). La date d'entrée en vigueur est fixée au 1ᵉʳ oct. 2019 (Décr. n° 2019-807 du 30 juill. 2019, art. 9-II).

Art. L. 3341-7 Tout bénéficiaire quittant l'entreprise reçoit un état récapitulatif de l'ensemble des sommes et valeurs mobilières épargnées ou transférées au sein de l'entreprise dans le cadre des dispositifs prévus aux titres II et III *(Ord. n° 2019-766 du 24 juill. 2019, art. 7-IV, en vigueur le 1ᵉʳ oct. 2019)* « et dans le cadre des plans d'épargne retraite d'entreprise mentionnés à l'article L. 224-9 du code monétaire et financier » *(L. n° 2021-219 du 26 févr. 2021, art. 2)* « ainsi que dans le cadre d'un régime de retraite supplémentaire mentionné au 2° de l'article 83 du code général des impôts, d'un dispositif de retraite à prestations définies répondant aux caractéristiques des régimes mentionnés aux articles L. 137-11 et L. 137-11-2 du code de la sécurité sociale ou d'un régime supplémentaire de retraite dont les cotisations sont assujetties à l'impôt sur le revenu dans le cadre de l'article 82 du code général des impôts ».

Cet état distingue les actifs disponibles, en mentionnant tout élément utile au salarié pour en obtenir la liquidation ou le transfert, et ceux qui sont affectés *(Ord. n° 2019-766 du 24 juill. 2019, art. 7-IV, en vigueur le 1ᵉʳ oct. 2019)* « à un plan d'épargne pour la retraite collectif ou à un plan d'épargne retraite d'entreprise », en précisant les échéances auxquelles ces actifs seront disponibles ainsi que tout élément utile au transfert éventuel vers un autre plan.

L'état récapitulatif est inséré dans un livret d'épargne salariale dont les modalités de mise en place et le contenu sont fixés par un décret en Conseil d'État. — *V. art. R. 3341-6.*

Le numéro d'inscription au répertoire national d'identification des personnes physiques est la référence pour la tenue du livret du salarié. Il peut figurer sur les relevés de compte individuels et l'état récapitulatif.

(L. n° 2015-990 du 6 août 2015, art. 164) « Lors du départ de l'entreprise, cet état récapitulatif informe le bénéficiaire que les frais de tenue de compte-conservation sont pris en charge soit par l'entreprise, soit par prélèvements sur les avoirs. »

V. note ss. art. L. 3341-6.

Art. L. 3341-8 Les références de l'ensemble des établissements habilités pour les activités de conservation ou d'administration d'instruments financiers en application de l'article L. 542-1 du code monétaire et financier, gérant des sommes et valeurs mobilières épargnées ou transférées par le salarié dans le cadre des dispositifs prévus au présent livre, figurent sur chaque relevé de compte individuel et chaque état récapitulatif.

CHAPITRE II CONDITIONS D'ANCIENNETÉ

Art. L. 3342-1 Tous les salariés d'une entreprise compris dans le champ des accords d'intéressement et de participation ou des plans d'épargne salariale bénéficient de leurs dispositions.

Toutefois, une condition d'ancienneté dans l'entreprise ou dans le groupe d'entreprises défini aux articles L. 3344-1 et L. 3344-2 peut être exigée. Elle ne peut excéder trois mois. Pour la détermination de l'ancienneté éventuellement requise, sont pris en compte tous les contrats de travail exécutés au cours de la période de calcul et des douze mois qui la précèdent. Le salarié temporaire est réputé compter trois mois d'ancienneté dans l'entreprise ou dans le groupe qui l'emploie s'il a été mis à la disposition d'entreprises utilisatrices pendant une durée totale d'au moins soixante jours au cours du dernier exercice.

(Ord. n° 2015-380 du 2 avr. 2015, art. 5) « Le salarié porté mentionné aux articles L. 1254-1 et suivants est réputé compter trois mois d'ancienneté dans l'entreprise de portage ou dans le groupe qui l'emploie s'il a réalisé une prestation dans une entreprise cliente pendant une durée totale d'au moins soixante jours au cours du dernier exercice. »

La condition maximale d'ancienneté de trois mois, prévue au premier alinéa, remplace de plein droit, à compter de la date de publication de la loi n° 2001-152 du 19 février 2001 sur l'épargne salariale, toute condition maximale d'ancienneté supérieure figurant dans les accords d'intéressement et de participation et dans les règlements de plan d'épargne d'entreprise en vigueur à cette même date.

(L. n° 2023-1107 du 29 nov. 2023, art. 16) « Par dérogation au deuxième alinéa du présent article, un accord étendu de la branche professionnelle du travail temporaire

DISPOSITIONS COMMUNES   Art. L. 3344-2

peut prévoir une durée d'ancienneté différente pour les salariés temporaires, dans la limite de quatre-vingt-dix jours. »

1. Salariés détachés à l'étranger. Tous les salariés de l'entreprise où a été conclu un accord d'intéressement doivent avoir la possibilité de bénéficier de la répartition des résultats de l'entreprise, sans que puisse leur être opposé le fait qu'ils n'exécutent pas leur activité en France ou qu'ils n'y sont pas rémunérés ; la clause d'un accord d'intéressement excluant les salariés détachés à l'étranger dans une succursale est réputée non écrite. • Soc. 6 juin 2018, 🏛 n° 17-14.372 P : *D. actu.* 5 juill. 2018, obs. Fraisse ; *D.* 2018. *Actu.* 1262 ⌀ ; *RDT* 2018. 871, obs. Jault-Seseke ⌀ ; *RJS* 8-9/2018, n° 558 ; *JSL* 2018, n° 457-2, obs. Jacotot et Frisoni.

2. Salariés titulaires d'un congé de reclassement. Les salariés titulaires d'un congé de reclassement, qui demeurent salariés de l'entreprise jusqu'à l'issue de ce congé en application de l'art. L. 1233-72 C. trav., bénéficient de la participation, que leur rémunération soit ou non prise en compte pour le calcul de la réserve de participation. • Soc. 7 nov. 2018, 🏛 n° 17-18.936 P : *D. actu.* 29 nov. 2018, obs. Mlapa ; *D.* 2018. *Actu.* 2238 ⌀ ; *RJS* 1/2019, n° 39 ; *JCP S* 2018. 1399, obs. Kovac ; *SSL* 2019, n° 1851, p. 11, obs. Lepoutre • Soc. 1er juin 2022, 🏛 n° 20-16.404 B : *D.* 2022. 1095 ⌀ ; *RJS* 8-9/2022, n° 467.

CHAPITRE III VERSEMENTS SUR LE COMPTE ÉPARGNE-TEMPS

Art. L. 3343-1 Si la convention ou l'accord instituant un compte épargne-temps le prévoit, le salarié peut verser dans ce compte tout ou partie des primes qui lui sont attribuées en application d'un accord d'intéressement, ainsi que, à l'issue de leur période d'indisponibilité, tout ou partie des sommes issues de la répartition de la réserve de participation, les sommes qu'il a versées dans un plan d'épargne d'entreprise et celles versées par l'entreprise en application des articles L. 3332-11 à L. 3332-13 et L. 3334-10.

Lorsque des droits à congé rémunéré ont été accumulés en contrepartie du versement des sommes énumérées au premier alinéa, les indemnités compensatrices correspondantes ne bénéficient pas de l'exonération de cotisations sociales prévues aux articles L. 3312-4, L. 3325-1 à L. 3325-3 et L. 3332-27. Elles sont exonérées de l'impôt sur le revenu des bénéficiaires.

L'accord d'intéressement précise les modalités selon lesquelles le choix du salarié s'opère lors de la répartition de l'intéressement. — *[Anc. art. L. 444-6.]*

CHAPITRE IV MISE EN PLACE DANS UN GROUPE D'ENTREPRISES ET DANS LES ENTREPRISES DÉPOURVUES D'ÉPARGNE SALARIALE

SECTION 1 Mise en place dans un groupe d'entreprises

Art. L. 3344-1 L'intéressement, la participation ou un plan d'épargne d'entreprise peut être mis en place au sein d'un groupe constitué par des entreprises juridiquement indépendantes, mais ayant établi entre elles des liens financiers et économiques.

Toutefois, les dispositifs d'augmentation du capital prévus aux articles L. 3332-18 et suivants ainsi que de majoration des sommes versées annuellement par une ou plusieurs entreprises prévus au deuxième alinéa de l'article L. 3332-11 ne peuvent s'appliquer qu'au sein d'un groupe d'entreprises incluses dans le même périmètre de consolidation ou de combinaison des comptes en application des dispositions suivantes :

1° Article L. 345-2 du code des assurances pour les entreprises régies par ce code ;

2° Article L. 233-16 du code de commerce pour les entreprises régies par ce code ;

3° Article L. 511-36 du code monétaire et financier pour les établissements de crédit *(Ord. n° 2013-544 du 27 juin 2013, art. 20 et 36)* « et les sociétés de financement » ;

4° Dispositions du code de la mutualité pour les mutuelles ;

5° Article L. 931-34 du code de la sécurité sociale pour les institutions de prévoyance. — *[Anc. art. L. 444-3, al. 1er et al. 2, phrase 1.]*

BIBL. ▶ Morvan, *Dr. soc.* 2010. 748 ⌀ (groupe d'entreprises et rémunération).

Art. L. 3344-2 Les dispositifs d'augmentation du capital mentionnés à l'article L. 3344-1 peuvent également être mis en place au sein d'un groupe constitué par des sociétés régies par la loi n° 47-1775 du 10 septembre 1947 portant statut de la coopération, les unions qu'elles ont constituées et les filiales que celles-ci détiennent. — *[Anc. art. L. 444-3, al. 2, phrase 2.]*

SECTION 2 Entreprises dépourvues de dispositif d'épargne salariale

Art. L. 3344-3 Dans les entreprises dépourvues de délégué syndical dans lesquelles un *(Ord. n° 2017-1386 du 22 sept. 2017, art. 4)* « comité social et économique existe » et aucun accord d'intéressement ou de participation n'est en vigueur, l'employeur propose, tous les trois ans, un examen des conditions dans lesquelles pourraient être mis en œuvre un ou plusieurs des dispositifs mentionnés aux titres I à III. — *[Anc. art. L. 444-8.]*

CHAPITRE V DÉPÔT ET CONTRÔLE DE L'AUTORITÉ ADMINISTRATIVE

SECTION 1 Dépôt

Art. L. 3345-1 L'accord d'intéressement, l'accord de participation et le règlement d'un plan d'épargne salariale, lorsqu'ils sont conclus concomitamment, peuvent faire l'objet d'un dépôt commun dans les conditions applicables aux accords d'intéressement. — *[Anc. art. L. 132-27, al. 6.]*

SECTION 2 Contrôle de l'autorité administrative

Art. L. 3345-2 *(L. n° 2022-1158 du 16 août 2022, art. 4-VI)* Les organismes mentionnés aux articles L. 213-1 ou L. 752-4 du code de la sécurité sociale ou à l'article L. 723-3 du code rural et de la pêche maritime disposent d'un délai, fixé par décret, à compter du dépôt auprès de l'autorité administrative des accords mentionnés aux articles L. 3313-3 et L. 3323-4 du présent code et des règlements des plans d'épargne mentionnés aux articles L. 3332-9, L. 3333-2, L. 3334-2 et L. 3334-4 du présent code et aux articles L. 224-14 et L. 224-16 du code monétaire et financier, pour demander le retrait ou la modification des clauses contraires aux dispositions légales, à l'exception des règles relatives aux modalités de dénonciation et de révision des accords.

Le délai mentionné au premier alinéa du présent article ne peut excéder trois mois.

Ces dispositions sont applicables aux accords et règlements déposés à compter du 1ᵉʳ janv. 2023 (L. n° 2022-1158 du 16 août 2022, art. 4-IX).

Jurisprudence rendue sous l'empire des dispositions antérieures à la L. n° 2020-1525 du 7 déc. 2020.

1. Il n'appartient pas à l'employeur de justifier de l'absence d'observations de la DIRECCTE dans le délai de 4 mois qui suit le dépôt d'un accord d'intéressement, d'un accord de participation, ou de règlement d'un plan d'épargne salariale en application de l'art. L. 3345-2 ; il incombe à l'URSSAF de prouver la formulation éventuelle d'observations par la DIRECCTE. • Civ. 2ᵉ, 19 janv. 2017, 🔒 n° 16-11.312

P : JCP S 2017. 1058, obs. Kovac.

2. Sécurisation des exonérations fiscales et sociales dans l'hypothèse d'un avenant modifiant l'accord de base. Sauf si la modification de l'accord initial n'est que de forme, le dispositif de sécurisation des exonérations issu de la L. du 30 déc. 2006 s'applique à un avenant conclu après l'entrée en vigueur de cette loi, même s'il se rapporte à un accord antérieur à cette date. • Civ. 2ᵉ, 23 sept. 2021, 🔒 n° 20-16.756 B : *RJS 12/2021, n° 672* ; *JSL 2021, n° 529-4, obs. Mureau* ; *JCP S 2021. 1273, note Nicolini, Debiemme et Delannoy*.

Art. L. 3345-3 En l'absence de demande *(L. n° 2020-1525 du 7 déc. 2020, art. 119-I, en vigueur le 1ᵉʳ sept. 2021)* « d'un organisme mentionné aux articles L. 213-1 ou L. 752-4 du code de la sécurité sociale ou à l'article L. 723-3 du code rural et de la pêche maritime dans le délai fixé *(L. n° 2022-1158 du 16 août 2022, art. 4-VII)* « au premier » alinéa de l'article L. 3345-2 du présent code », aucune contestation ultérieure de la conformité des termes de l'accord ou du règlement aux dispositions légales en vigueur au moment de sa conclusion ne peut avoir pour effet de remettre en cause les exonérations fiscales et sociales attachées aux avantages accordés aux salariés au titre des exercices en cours ou antérieurs à la contestation.

Les dispositions issues de la L. n° 2020-1525 du 7 déc. 2020 sont applicables aux accords et règlements déposés à compter du 1ᵉʳ sept. 2021 (L. préc., art. 119-III).

Les dispositions issues de la L. n° 2022-1158 du 16 août 2022 sont applicables aux accords et règlements déposés à compter du 1ᵉʳ janv. 2023 (L. préc., art. 4-IX).

Art. L. 3345-4 *(L. n° 2020-1525 du 7 déc. 2020, art. 118)* Un accord de branche d'intéressement, de participation ou instaurant un plan d'épargne salariale fait l'objet

DISPOSITIONS COMMUNES **Art. L. 3346-1** 1297

d'une procédure d'agrément conduite par l'autorité administrative compétente à compter de son dépôt dans un délai et des conditions déterminés par décret.

(L. n° 2022-1158 du 16 août 2022, art. 4-VIII) « Le délai mentionné au premier alinéa ne peut excéder quatre mois. Il peut être prorogé une fois pour une durée équivalente à la moitié de la durée initiale. »

Pendant le délai mentionné au (L. n° 2022-1158 du 16 août 2022, art. 4-VIII) « même » premier alinéa, l'autorité administrative peut demander le retrait ou la modification des dispositions contraires aux dispositions légales.

L'absence de décision dans le délai mentionné au même premier alinéa vaut décision d'agrément.

Dès lors que l'accord de branche a été agréé, aucune contestation ultérieure de la conformité des termes de l'accord de branche aux dispositions légales en vigueur au moment de sa conclusion ne peut avoir pour effet de remettre en cause les exonérations fiscales et sociales attachées aux avantages accordés aux salariés des entreprises qui adhèrent à l'accord de branche par accord d'entreprise ou, le cas échéant, pour les entreprises de moins de cinquante salariés et dans les conditions de l'article L. 2232-10-1, par document unilatéral de l'employeur.

Les dispositions issues de la L. n° 2022-1158 du 16 août 2022 sont applicables aux accords et règlements déposés à compter du 1ᵉʳ janv. 2023 (L. préc., art. 4-IX).

CHAPITRE VI PARTAGE DE LA VALEUR EN CAS D'AUGMENTATION EXCEPTIONNELLE DU BÉNÉFICE NET FISCAL

(L. n° 2023-1107 du 29 nov. 2023, art. 8)

Art. L. 3346-1 I. — Lorsqu'une entreprise qui est tenue de mettre en place un régime de participation en application des articles L. 3322-1 à L. 3322-5 et qui dispose d'un ou de plusieurs délégués syndicaux a ouvert une négociation pour mettre en œuvre un dispositif d'intéressement ou de participation, cette négociation porte également sur la définition d'une augmentation exceptionnelle de son bénéfice défini au 1° de l'article L. 3324-1 et sur les modalités de partage de la valeur avec les salariés qui en découlent.

Pour l'application du premier alinéa du présent I, la définition de l'augmentation exceptionnelle du bénéfice prend en compte des critères tels que la taille de l'entreprise, le secteur d'activité, la survenance d'une ou de plusieurs opérations de rachat d'actions de l'entreprise suivie de leur annulation dès lors que ces opérations n'ont pas été précédées des attributions aux salariés dans les conditions prévues aux articles L. 225-197-1 à L. 225-197-5, L. 22-10-59 et L. 22-10-60 du code de commerce, les bénéfices réalisés lors des années précédentes ou les événements exceptionnels externes à l'entreprise intervenus avant la réalisation du bénéfice.

Le partage de la valeur mentionné au premier alinéa du présent I peut être mis en œuvre :

1° Soit par le versement du supplément de participation prévu à l'article L. 3324-9 ;

2° Soit par le versement du supplément d'intéressement prévu à l'article L. 3314-10, lorsqu'un dispositif d'intéressement s'applique dans l'entreprise ;

3° Soit par l'ouverture d'une nouvelle négociation ayant pour objet de mettre en place un dispositif d'intéressement défini à l'article L. 3312-1 lorsqu'il n'existe pas dans l'entreprise, de verser un supplément mentionné aux articles L. 3314-10 et L. 3324-9 si l'accord en application duquel il est versé a donné lieu à un versement, d'abonder un plan d'épargne mentionné aux articles L. 3332-1, L. 3333-2, L. 3334-2 ou L. 3334-4 du présent code ou à l'article L. 224-13 du code monétaire et financier ou de verser la prime de partage de la valeur mentionnée à l'article 1ᵉʳ de la loi n° 2022-1158 du 16 août 2022 portant mesures d'urgence pour la protection du pouvoir d'achat.

II. — Le présent article ne s'applique pas aux entreprises qui ont mis en place un accord de participation ou d'intéressement comprenant déjà une clause spécifique prenant en compte les bénéfices exceptionnels ou un régime de participation comportant une base de calcul conduisant à un résultat plus favorable que la formule prévue à l'article L. 3324-1.

Les entreprises soumises à l'obligation prévue à l'art. L. 3346-1 dans lesquelles un accord d'intéressement ou de participation est applicable au 29 nov. 2023, date de promulgation de la loi, engagent, avant le 30 juin 2024, la négociation portant sur la définition d'une augmentation exceptionnelle de leur bénéfice et sur les modalités de partage de la valeur avec les salariés qui en découlent prévue à l'art. L. 3346-1 (L. n° 2023-1107 du 29 nov. 2023, art. 8-II).

CHAPITRE VII INTÉRESSEMENT MIS EN PLACE UNILATÉRALEMENT

(L. n° 2020-734 du 17 juin 2020, art. 18)

Art. L. 3347-1 Les dispositions du présent titre en tant qu'elles concernent les accords d'intéressement s'appliquent aux régimes d'intéressement mis en place unilatéralement en application du II de l'article L. 3312-5, à l'exception de celles prévues aux sections 1 à 3 du chapitre I et aux articles L. 3344-2, L. 3344-3 et L. 3345-4.

CHAPITRE VIII AVANCES SUR INTÉRESSEMENT ET PARTICIPATION

(L. n° 2023-1107 du 29 nov. 2023, art. 12)

Art. L. 3348-1 L'accord d'intéressement ou de participation peut prévoir le versement, en cours d'exercice, d'avances sur les sommes dues au titre de l'intéressement ou de la réserve spéciale de participation.

Les avances sont versées au bénéficiaire, après avoir recueilli son accord, selon une périodicité qui ne peut être inférieure au trimestre.

Lorsque les droits définitifs attribués au bénéficiaire au titre de l'intéressement ou de la participation sont inférieurs à la somme des avances reçues, les sommes trop perçues sont intégralement reversées par le bénéficiaire à l'employeur sous la forme d'une retenue sur salaire dans les conditions prévues à l'article L. 3251-3.

Lorsque le trop-perçu a été affecté à un plan d'épargne salariale, il ne peut être débloqué. Il constitue un versement volontaire du bénéficiaire et n'ouvre pas droit aux exonérations prévues aux articles L. 3312-4, L. 3315-1 à L. 3315-3 et L. 3325-1 à L. 3325-4.

Un décret détermine les conditions d'information des bénéficiaires.

LIVRE IV DISPOSITIONS RELATIVES À L'OUTRE-MER

TITRE I DISPOSITIONS GÉNÉRALES

CHAPITRE UNIQUE

Art. L. 3411-1 Les dispositions générales prévues par l'article L. 1511-1 sont également applicables aux dispositions du présent livre. – *[Anc. art. L. 800-4, al. 1er à 3.]*

TITRE II GUADELOUPE, GUYANE, MARTINIQUE, MAYOTTE, LA RÉUNION, SAINT-BARTHÉLEMY, SAINT-MARTIN ET SAINT-PIERRE-ET-MIQUELON *(Ord. n° 2017-1491 du 25 oct. 2017, art. 4).*

CHAPITRE I DISPOSITIONS GÉNÉRALES

Art. L. 3421-1 Les dispositions générales prévues par *(Ord. n° 2008-205 du 27 févr. 2008)* « les articles L. 1521-1 à L. 1521-4 » sont également applicables aux dispositions du présent titre.

CHAPITRE II DURÉE DU TRAVAIL, REPOS ET CONGÉS

Art. L. 3422-1 Les articles *(L. n° 2016-1088 du 8 août 2016, art. 8)* « L. 3133-7 à L. 3133-9, L. 3133-11 et L. 3133-12 », relatifs à la journée de solidarité, ne sont pas applicables à Saint-Pierre-et-Miquelon. – *[Anc. art. L. 821-1.]*

Art. L. 3422-2 *(Ord. n° 2017-1491 du 25 oct. 2017, art. 4, en vigueur le 1er janv. 2018)* En Guadeloupe, en Guyane, en Martinique, à Mayotte, à La Réunion, à Saint-Barthélemy et à Saint-Martin, les journées de commémoration de l'abolition de l'esclavage ci-après désignées sont des jours fériés :

1° Le 27 avril à Mayotte ;

OUTRE-MER Art. L. 3423-5 1299

2° Le 22 mai en Martinique ;
3° Le 27 mai en Guadeloupe et à Saint-Martin ;
4° Le 10 juin en Guyane ;
5° Le 9 octobre à Saint-Barthélemy ;
6° Le 20 décembre à La Réunion.

Art. L. 3422-3 (Ord. n° 2017-1491 du 25 oct. 2017, art. 4, en vigueur le 1er janv. 2018) A Mayotte, les listes établies aux articles L. 3133-1 et L. 3422-2 ne portent atteinte ni aux stipulations des conventions ou accords collectifs de travail ni aux usages qui prévoiraient des jours fériés supplémentaires, notamment les fêtes de Miradji, Idi-el-Fitri, Idi-el-Kabir et Maoulid.

Art. L. 3422-4 (Ord. n° 2017-1491 du 25 oct. 2017, art. 4, en vigueur le 1er janv. 2018) Pour l'application à Mayotte des articles L. 3141-13 et L. 3141-23, les mots : "du 1er mai au 31 octobre" sont remplacés par les mots : "du 1er juillet au 31 décembre".

Art. L. 3422-5 (Ord. n° 2017-1491 du 25 oct. 2017, art. 4, en vigueur le 1er janv. 2018) Pour l'application à Mayotte de l'article L. 3152-4 :
a) Les prestations mentionnées au 1° sont celles des régimes mentionnés aux articles 23-7 et 23-8 de l'ordonnance n° 2002-411 du 27 mars 2002 relative à la protection sanitaire et sociale à Mayotte ;
b) Le a du 2° n'est pas applicable ;
c) Au b du 2°, le mot : "Et," est supprimé.

CHAPITRE III SALAIRE ET AVANTAGES DIVERS

SECTION 1 Salaire minimum de croissance

Art. L. 3423-1 Lorsque le salaire minimum applicable en métropole est relevé en application des articles L. 3231-4 et L. 3231-5, le salaire minimum (Ord. n° 2017-1491 du 25 oct. 2017, art. 4) « de Guadeloupe, de Guyane, de Martinique, de Mayotte, de La Réunion » (Ord. n° 2008-205 du 27 févr. 2008) « , de Saint-Barthélemy et de Saint-Martin » est relevé à la même date et dans les mêmes proportions.

Art. L. 3423-2 Le salaire minimum de croissance (Ord. n° 2017-1491 du 25 oct. 2017, art. 4, en vigueur le 1er janv. 2018) « de Guadeloupe, de Guyane, de Martinique, de Mayotte, de La Réunion » (Ord. n° 2008-205 du 27 févr. 2008) « , de Saint-Barthélemy et de Saint-Martin » est fixé chaque année compte tenu de la situation économique locale telle qu'elle résulte notamment des comptes économiques du département considéré par décret en conseil des ministres.

Art. L. 3423-3 En cours d'année, le salaire minimum de croissance (Ord. n° 2017-1491 du 25 oct. 2017, art. 4, en vigueur le 1er janv. 2018) « de Guadeloupe, de Guyane, de Martinique, de Mayotte, de La Réunion » (Ord. n° 2008-205 du 27 févr. 2008) « , de Saint-Barthélemy et de Saint-Martin » peut être porté par voie réglementaire à un niveau supérieur à celui qui résulte de l'application des dispositions de l'article L. 3423-1.

Art. L. 3423-4 Les améliorations du pouvoir d'achat intervenues en cours d'année entrent en compte pour la fixation annuelle du salaire minimum de croissance (Ord. n° 2017-1491 du 25 oct. 2017, art. 4, en vigueur le 1er janv. 2018) « de Guadeloupe, de Guyane, de Martinique, de Mayotte, de La Réunion » (Ord. n° 2008-205 du 27 févr. 2008) « , de Saint-Barthélemy et de Saint-Martin » en application de la règle fixée à l'article L. 3423-2.

SECTION 2 Rémunération mensuelle minimale

SOUS-SECTION 1 Dispositions générales

Art. L. 3423-5 Les dispositions relatives à la rémunération mensuelle minimale prévues aux articles L. 3232-1 et suivants sont applicables (Ord. n° 2017-1491 du 25 oct. 2017, art. 4, en vigueur le 1er janv. 2018) « en Guadeloupe, en Guyane, en Martinique, à Mayotte, à La Réunion » *(Ord. n° 2008-205 du 27 févr. 2008)* « , à Saint-Barthélemy et à Saint-Martin », sous réserve des adaptations prévues par la présente section.

Art. L. 3423-6 Tout salarié mentionné à l'article L. 3211-1 qui ne perçoit pas d'allocations légales et conventionnelles pour privation partielle d'emploi et qui est lié à son employeur par un contrat de travail comportant un horaire de travail hebdomadaire au moins égal à vingt heures de travail effectif, perçoit une rémunération minimale. – *[Anc. art. L. 832-1, al. 2.]*

SOUS-SECTION 2 Modalités de fixation

Art. L. 3423-7 La rémunération mensuelle minimale est égale au produit du montant du salaire minimum de croissance tel qu'il est fixé en application des articles L. 3231-2 à L. 3231-12 et L. 3423-1 à L. 3423-4, par le nombre d'heures correspondant à la durée contractuelle du travail pour le mois considéré.
Elle ne peut excéder, après déduction des cotisations obligatoires retenues par l'employeur, la rémunération nette qui aurait été perçue pour un travail effectif égal à la durée légale du travail payé au taux du salaire minimum de croissance. – *[Anc. art. L. 832-1, al. 3, et L. 141-11, al. 1er.]*

Art. L. 3423-8 La rémunération mensuelle minimale est réduite à due concurrence lorsque :
1° Au cours du mois considéré, le travailleur a accompli un nombre d'heures inférieur à la durée contractuelle du travail pour l'un des motifs suivants :
a) Suspension du contrat de travail, notamment par suite d'absence du salarié ou par suite de maladie, d'accident ou de maternité ;
b) Effet direct d'une cessation collective du travail ;
2° Le contrat de travail a débuté ou s'est terminé au cours du mois considéré. – *[Anc. art. L. 832-1, al. 3, et L. 141-11, al. 2 à 5.]*

SOUS-SECTION 3 Allocation complémentaire

Art. L. 3423-9 Lorsque, par suite d'une réduction de l'horaire de travail au-dessous de la durée contractuelle pour des causes autres que celles qui sont énumérées au 1° de l'article L. 3423-8, un salarié a perçu au cours d'un mois, à titre de salaire et d'allocations légales ou conventionnelles pour privation partielle d'emploi, une somme totale inférieure à la rémunération minimale, il lui est alloué une allocation complémentaire égale à la différence entre la rémunération minimale et la somme qu'il a effectivement perçue.
Ces dispositions s'appliquent sans préjudice de celles prévues au deuxième alinéa de l'article L. 3232-5. – *[Anc. art. L. 832-1, al. 3.]* – V. art. R. 3423-4.

TITRE III MESURES DE COORDINATION AVEC LES AUTRES COLLECTIVITÉS ULTRAMARINES *(Ord. n° 2017-1491 du 25 oct. 2017, art. 4).*

CHAPITRE UNIQUE INTÉRESSEMENT, PARTICIPATION ET ÉPARGNE SALARIALE

Art. L. 3431-1 Les salariés des entreprises soumises aux dispositions du livre III, exerçant leur activité à Wallis-et-Futuna ou dans les Terres australes et antarctiques françaises bénéficient de l'intéressement, de la participation et du plan d'épargne salariale dans les mêmes conditions que les salariés de ces entreprises travaillant dans les départements de métropole, *(Ord. n° 2017-1491 du 25 oct. 2017, art. 4)* « en Guadeloupe, en Guyane, en Martinique, à La Réunion » *(Ord. n° 2008-205 du 27 févr. 2008)* « , à Saint-Barthélemy, à Saint-Martin » ou à Saint-Pierre-et-Miquelon.

QUATRIÈME PARTIE SANTÉ ET SÉCURITÉ AU TRAVAIL

LIVRE I DISPOSITIONS GÉNÉRALES

TITRE I CHAMP ET DISPOSITIONS D'APPLICATION

RÉP. TRAV. V^{is} *Santé et sécurité au travail*, par SEGONDS ; *Droit pénal du travail*, par CERF-HOLLENDER.

BIBL. GÉN. ▶ ADAM, *RDT* 2017. 476 (QVT : la part des juristes). - BONNECHÈRE, *Dr. ouvrier* 2003. 453 (santé-sécurité dans l'entreprise et dignité de la personne au travail). - CESARO, *Dr. soc.* 2007. 729 (sanctions pénales de l'insécurité). - CHAUMETTE, *ALD* 1985. 139 (protection sanitaire des personnels des établissements publics à caractère sanitaire et social) ; *Dr. soc.* 1992. 337 (loi du 31 déc. 1991). - COMBREXELLE, *Dr. soc.* 2011. 778 (vérités simples sur la santé au travail). - CROZAFON, *JCP S* 2013. 1245 (santé au travail et nouveau cadre réglementaire). - DEJEAN DE LA BATIE, *JSL* 2013, n° 340-1 (santé au travail et réorganisation). - DUGUET, *RPDS* 1989. 89. - GAUDU, *Dr. soc.* 1991. 30 (impact des difficultés économiques). - DEDESSUS-LE-MOUSTIER et LEROUGE, *RDT* 2011. 627 (une réflexion syndicale contrastée sur la prévention des risques psychosociaux). - DE GIVRY, *Mél. O. Kahn-Freund*, 1980, p. 445 (amélioration des conditions de travail). - FABRE, *RDT* 2008. 145 (à la découverte du nouveau code). - FANTONI-QUINTON, *JCP S* 2013. 1452 (impact des TIC sur la santé au travail). - FANTONI-QUINTON, LECLERCQ, VERKINDT et FRIMAT, *JCP S* 2011. 1541 (un avenir pour la santé au travail sans « aptitude périodique » est possible...). - GARDIN, *RJS* 6/2018, p. 467 (santé et sécurité au travail et fusion des IRP). - GAURIAU, *Dr. soc.* 2007. 719 (sanctions civiles de l'insécurité). - GRINSNIR, *Dr. ouvrier* 1989. 335 (sécurité et conditions de travail). - GUIRIMAND, *RJS* 1989. 111 (obligation de sécurité du chef d'entreprise). - HÉAS, *RDT* 2009. 565 (la protection de l'environnement en droit du travail) ; *JCP S* 2010. 1284 (le bien-être au travail). - KEIM-BAGOT, *RDT* 2016. *Controverse* 222 (quel devenir pour l'obligation patronale ?). - KRYNEN, *Dr. soc.* 1980. 523 (droit des conditions et du milieu de travail). - LAFAY, *Mél. A. Brun*, 1974, p. 305 (loi du 27 déc. 1973). - LANOUZIÈRE, *SSL* 2011, n° 1480, p. 6 (prévention des risques psychosociaux). - LENOIR, *RDT* 2016. 318 (prévenir les conduites addictives au travail). - LEROUGE (dir.), *SSL* 2012, suppl. n° 1536 (approche institutionnelle de la prévention des risques psychosociaux) ; *JSL* 2016, n° 411, p. 4 (santé mentale au travail). - LOKIEC, *Dr. soc.* 2011. 771 (la mesure du travail). - LUCCINI, MARANT et HÉAS, *RDT* 2023. 311 (perspectives du droit de la santé au travail). - MAZEAUD, *Dr. soc.* 2007. 738 (sécurité dans l'entreprise). - MEYER et KESSLER, *Dr. ouvrier* 1992. 161 (transposition de la directive CEE 89/391). - MEYER et GUILLON, *SSL* 2011, n° 1492, p. 4 (reconnaissance des pathologies psychiques). - MEYER et SACHS-DURAND, *RDT* 2012. 633. - MOREAU, *Dr. soc.* 2013. 410 (obligation générale de préserver la santé des travailleurs). - MURCIER, *Dr. soc.* 1988. 610 (obligation générale de sécurité). - MRAOUAHI, *RDT* 2012. 703 (procédures d'urgence et prévention des risques psychosociaux). - L. F. PIGNARRE, *RDT* 2016. 152 (la prévention : pierre angulaire ou/et maillon faible de l'obligation de santé et sécurité au travail de l'employeur ?). - PRÉTOT, *Dr. soc.* 2007. 707 (sanctions administratives de l'insécurité au travail). - SCHRAMM, *RJS* 1/2014, p. 2 (qualité de vie au travail et prévention des risques psychosociaux). - SEILLAN, *Dr. soc.* 1989. 369 (sécurité du travail et ordre public). - SPIROPOULOS, *ibid.* 1990. 851. - TEYSSIÉ, *ibid.* 2007. 671 (sécurité dans l'entreprise). - TONIN, *JCP E* 1987. I. 16138 (nouvelles technologies et négociation en matière d'hygiène, de sécurité et des conditions de travail). - VACARIE et SUPIOT, *Dr. soc.* 1993. 18 (santé, sécurité et libre circulation des marchandises) ; *JSL* 2008, n° 239-1 (santé au travail : l'ère de la maturité). - VERKINDT, *Dr. soc.* 2007. 697 (rôle des instances de représentation du personnel en matière de sécurité). - VIEILLE, *ibid.* 1988. 185 (obligation générale de sécurité du chef d'entreprise).

▶ **Risques psychosociaux dans l'entreprise :** ADAM, *Dr. ouvrier* 2011. 345 (restructurations, risques psychosociaux et CHSCT). - DAOUD et DESPLANQUES, *AJ pénal* 2010. 532 (gestion pénale des risques psychosociaux en entreprise). - DURIEU, *JSL* 2015, n° 389-1 (risques psychosociaux et enquête dans l'entreprise). - LEROUGE, *Dr. soc.* 2014. 152 (les « risques psychosociaux » en droit : retour sur un terme controversé). - PLAC, *AJ pénal* 2010. 536 (risques psychosociaux : communication et management). - ROUSSEL, *AJ pénal* 2010. 526 (prévention des risques psychosociaux). - SANSEVERINO-GODFRIN, *JSL* 2013, n° 339-1 (contours juridiques des risques liés au travail). - TILMAN et FRIMAT, *JCP S* 2013. 1453 (TIC et santé au travail : protection des données de santé). - VANULS, *RDT* 2016. 16 (regards sur la précaution en droit du travail). - VERKINDT, *RJS* 3/2020 (la notion de charge de travail, clé de voûte du principe d'adaptation du travail à l'homme). – WALLACH, *Dr. ouvrier 2011*. 33 (prévention des risques psychosociaux : l'exemple de la SNCF). – WOLFF et CLOT, *RDT 2015. Controverse 228* ⌀ (faut-il encore parler des RPS ?).

▶ **Qualité de vie au travail :** ADAM, *RDT 2017*. 476 ⌀.

▶ **Droit du travail et transition écologique :** PORTIER et HOMMERIL, *RDT 2022*. 74 ⌀. – VANULS et CASADO, *RDT 2022. Controverse.* 9 (quel droit du travail pour la transition écologique).

▶ **Cancer et travail :** Dossiers spéciaux, *Dr. soc.* 2023. 100 ⌀ – SSL 2022, n° 2016.

▶ **Loi du 8 août 2016 :** AYADI, *SSL 2016*, n° 1743, p. 3 (la réforme tant attendue de la santé au travail). – FANTONI, HÉAS et VERKINDT, *Dr. soc. 2016*. 921 ⌀. – SOULAT, *SSL 2017*, n° 1765, p. 3 (la loi Travail et la santé au travail : évolution ou révolution ?).

▶ **Loi du 2 août 2021 :** ANTONMATTÉI et SELUSI, *Dr. soc. 2021*. 880 ⌀ (services fournis par les services de prévention et de santé au travail interentreprises à leurs entreprises adhérentes). – BRUN, *ibid. 2021.* 875 ⌀ (nouvelle gouvernance et réorganisation des services de prévention et de santé au travail interentreprises). – DEL SOL, *ibid. 2021.* 920 ⌀ (esquisse d'une cartographie de la mobilisation des outils digitaux dans le champ de la santé au travail). – DIRRINGER, *ibid. 2021.* 934 ⌀ (santé-travail, santé environnementale, santé globale...). – FANTONI-QUINTON, *ibid. 2021.* 870 ⌀ (évolution ou révolution ?). – HÉAS, *ibid. 2021.* 909 ⌀ (la désinsertion professionnelle). – LACOSTE-MARY, *ibid. 2021.* 924 ⌀ (transposition de l'ANI du 9 déc. 2020). – MOULAT, *ibid. 2021.* 889 ⌀ (une loi de plus... pour préparer la prochaine ?). – VÉRICEL, *RDT 2021.* 689 ⌀.

CHAPITRE UNIQUE

SECTION 1 Champ d'application

Art. L. 4111-1 Sous réserve des exceptions prévues à l'article L. 4111-4, les dispositions de la présente partie sont applicables aux employeurs de droit privé ainsi qu'aux travailleurs.

Elles sont également applicables :

1° Aux établissements publics à caractère industriel et commercial ;

2° Aux établissements publics administratifs lorsqu'ils emploient du personnel dans les conditions du droit privé ;

3° Aux établissements de santé, sociaux et médico-sociaux mentionnés à l'article 2 de la loi n° 86-33 du 9 janvier 1986 portant dispositions statutaires relatives à la fonction publique hospitalière *(Ord. n° 2017-28 du 12 janv. 2017, art. 5)* « ainsi qu'aux groupements de coopération sanitaire de droit public mentionnés au 1° de l'article L. 6133-3 du code de la santé publique ».

Art. L. 4111-2 Pour les établissements *(Ord. n° 2017-28 du 12 janv. 2017, art. 5)* « et les groupements » mentionnés aux 1° à 3° de l'article L. 4111-1, les dispositions de la présente partie peuvent faire l'objet d'adaptations, par décret pris, sauf dispositions particulières, en Conseil d'État, compte tenu des caractéristiques particulières de certains de ces établissements et des organismes de représentation du personnel existants. Ces adaptations assurent les mêmes garanties aux salariés. – *[Anc. art. L. 231-1, al. 3, phrase 2.]*

Art. L. 4111-3 Les ateliers des établissements publics *(Ord. n° 2016-413 du 7 avr. 2016, art. 1ᵉʳ)* « ou privés » dispensant un enseignement technique ou professionnel *(L. n° 2011-901 du 28 juill. 2011, art. 15)* « , ainsi que ceux des établissements et services sociaux et médico-sociaux mentionnés au 2°, a du 5° et 12° du I de l'article L. 312-1 du code de l'action sociale et des familles accueillant des jeunes handicapés ou présentant des difficultés d'adaptation et au 4° du même I, de même que ceux des établissements et services conventionnés ou habilités par la protection judiciaire de la jeunesse, dispensant des formations professionnelles au sens du V du même article, » sont soumis, pour leurs personnels comme pour *(L. n° 2011-901 du 28 juill. 2011, art. 15)* « les jeunes accueillis en formation professionnelle », aux dispositions suivantes de la présente partie :

1° Dispositions particulières applicables aux femmes enceintes, venant d'accoucher ou allaitant, et aux jeunes travailleurs prévues par les chapitres II et III du titre V ;

2° Obligations des employeurs pour l'utilisation des lieux de travail prévues par le titre II du livre II ;

SANTÉ ET SÉCURITÉ AU TRAVAIL **Art. L. 4111-6**

3° Dispositions relatives aux équipements de travail et moyens de protection prévues par le livre III ;
4° Dispositions applicables à certains risques d'exposition prévues par le livre IV ;
5° Dispositions relatives à la prévention des risques de manutention des charges prévues par le titre IV du livre V.

Un décret détermine les conditions de mise en œuvre de ces dispositions compte tenu des finalités spécifiques des établissements d'enseignement. — [Anc. art. L. 231-1, al. 4.] — V. Décr. n° 82-453 du 28 mai 1982, mod. par. Décr. n° 2015-1583 du 3 déc. 2015 ; Décr. n° 91-1162 du 7 nov. 1991 (JO 14 nov.) relatif au rôle de l'inspection du travail dans les ateliers des établissements publics dispensant un enseignement technique ou professionnel, et, pour le secteur agricole, Décr. n° 93-602 du 27 mars 1993 (JO 28 mars), mod. par Décr. n° 2010-429 du 29 avr. 2010 (JO 1er mai).

Art. L. 4111-4 (L. n° 2009-526 du 12 mai 2009, art. 33) **Les dispositions de la présente partie peuvent être complétées ou adaptées par décret pour tenir compte des spécificités des entreprises et établissements relevant des mines, des carrières et de leurs dépendances.**

Sur les compléments et adaptations spécifiques pour les mines et carrières en matière de poussières alvéolaires, V. Décr. n° 2013-797 du 30 août 2013, App. VII. B, v° Mines.

Sur certains compléments et adaptations du code du travail spécifiques aux mines et aux carrières en matière d'entreprises extérieures, V. Décr. n° 2019-574 du 11 juin 2019, App. VII. B, v° Mines.

Sur certains compléments et adaptations du code du travail spécifiques aux mines et aux carrières en matière de travail et circulation en hauteur, V. Décr. n° 2019-735 du 16 juill. 2019, App. VII. B, v° Mines.

Sur certains compléments et adaptations du code du travail spécifiques aux mines et aux carrières en matière de rayonnements ionisants, V. Décr. n° 2019-1158 du 8 nov. 2019, App. VII. B, v° Mines.

Sur les compléments et adaptations du code du travail spécifiques pour les mines et carrières en matière d'équipements de travail, V. Décr. n° 2021-902 du 6 juill. 2021, App. VII. B, v° Mines.

Sur certains compléments et adaptations du code du travail spécifiques aux mines et aux carrières en matière de règles générales, V. Décr. n° 2021-1838 du 24 déc. 2021, App. VII. B, v° Mines.

En ce qui concerne la Société nationale des chemins de fer français, V. Décr. n° 60-72 du 15 janv. 1960 (D. 1960. 76 ; BLD 1960. 152) ; ... les chemins de fer secondaires d'intérêt général, les réseaux de voies ferrées d'intérêt local et de tramways, V. Décr. n° 60-73 du 15 janv. 1960 (D. 1960. 76 ; BLD 1960. 153) ; ... les entreprises de transports privés, V. Décr. n° 62-120 du 27 janv. 1962 (BLD 1962. 93 ; JO 2 févr.) ; ... les entreprises de transport et de travail aériens, V. Décr. n° 62-197 du 19 févr. 1962 (BLD 1962. 130 ; JO 23 févr.).

Les dispositions relatives à l'information et à la formation des travailleurs sur les risques pour leur santé et leur sécurité issues du Décr. n° 2008-1347 du 17 déc. 2008 (art. R. 4121-4, R. 4141-2, R. 4141-3-1, R. 4141-5, R. 4141-6) sont applicables aux entreprises et établissements mentionnés à l'art. L. 4111-4. Pour leur application au 1° de l'art. L. 4111-4, les expressions : « document unique d'évaluation des risques » ainsi que « délégués du personnel » et « agents de l'inspection du travail » désignent respectivement le « document de sécurité et de santé », les « délégués mineurs, délégués permanents de la surface ou délégués du personnel concernés » selon le cas et s'ils existent et les « agents de l'autorité administrative compétents en matière de police des mines et carrières exerçant les fonctions de l'inspection du travail » (Décr. préc., art. 7 et 8).

Art. L. 4111-5 Pour l'application de la présente partie, les travailleurs sont les salariés, y compris temporaires, et les stagiaires, ainsi que toute personne placée à quelque titre que ce soit sous l'autorité de l'employeur.

SECTION 2 Dispositions d'application

Art. L. 4111-6 Des décrets en Conseil d'État déterminent :
1° Les modalités de l'évaluation des risques et de la mise en œuvre des actions de prévention pour la santé et la sécurité des travailleurs prévues aux articles L. 4121-3 à L. 4121-5 ;
2° Les mesures générales de santé et de sécurité ;
3° Les prescriptions particulières relatives soit à certaines professions, soit à certains modes de travail, soit à certains risques ;

4° Les conditions d'information des travailleurs sur les risques pour la santé et la sécurité et les mesures prises pour y remédier ;

5° Les conditions dans lesquelles les formations à la sécurité sont organisées et dispensées. — *[Anc. art. L. 231-2, al. 1ᵉʳ à 4, L. 231-3-1, al. 8, L. 231-3-2, phrase 1 début, et L. 231-3-3.]*

TITRE II PRINCIPES GÉNÉRAUX DE PRÉVENTION

V. Circ. DRT n° 2002-6 du 18 avr. 2002, Dr. ouvrier 2003. 10.

BIBL. GÉN. ▶ Antonmattéi, *Dr. soc.* 2012. 491 (obligation de sécurité de résultat : les suites de la jurisprudence SNECMA). - Fantoni-Quinton, *RDT* 2016. 472 (le maintien en emploi au cœur des missions des services de santé au travail). - Favennec-Héry, *Dr. soc.* 2007. 687 (obligation de sécurité du salarié). - Martinez, *JCP S* 2009. 1170 (les mouvements d'extension du droit de la santé). - Meyer, *Dr. ouvrier* 1995. 12 (les valeurs limites d'exposition aux risques). - Meyer et Kessler, *Dr. ouvrier* 1992. 161 (transposition de la directive CEE 89/391). - Morvan, *Dr. soc.* 2007. 674 (obligation patronale de protection de la santé et de la sécurité). - Pignarre, *RDT* 2006. 150 (obligation de sécurité patronale). - Saada, *Dr. ouvrier* 2003. 90. - Savatier, *Dr. soc.* 2005. 971 (protection contre le tabagisme sur les lieux de travail). - Seillan, *ALD* 1993. 1 (commentaire de la loi du 31 déc. 1991). - Siffermann, *Dr. soc.* 1993. 33 (réglementation communautaire et pratique de l'inspecteur du travail). - Vachet, *JCP S* 2016. 1136 (obligation de sécurité de résultat).

> *COMMENTAIRE*
> V. sur le Code en ligne.

CHAPITRE I OBLIGATIONS DE L'EMPLOYEUR

Art. L. 4121-1 L'employeur prend les mesures nécessaires pour assurer la sécurité et protéger la santé physique et mentale des travailleurs.

Ces mesures comprennent :

1° Des actions de prévention des risques professionnels *(Ord. n° 2017-1389 du 22 sept. 2017, art. 2-5°)* « , y compris ceux mentionnés à l'article L. 4161-1 » ;

2° Des actions d'information et de formation ;

3° La mise en place d'une organisation et de moyens adaptés.

L'employeur veille à l'adaptation de ces mesures pour tenir compte du changement des circonstances et tendre à l'amélioration des situations existantes. — *[Anc. art. L. 230-2, I.]*

BIBL. ▶ Amauger-Lattes, *SSL* 2017, n° 1765, p. 15 (renforcement de la prévention après l'ordonnance du 7 avr. 2016). - Babin, *JCP S* 2016. 1011 (obligation de sécurité de résultat, nouvelle approche). - Blanvillain, *RDT* 2019. 173 . - Blatman, *Dr. soc.* 2011. 743 (obligation de sécurité). - Bœuf et Mo, *JSL* n° 348-1 (bien-fondé de l'indemnisation du préjudice résultant du bouleversement des conditions d'existence). - Boulmier, *Dr. ouvrier* 2012. 590 (le référé sur la santé). - de Montvalon, *JSL* 2018, n° 449-1 (obligation de sécurité de résultat). - Frangie-Moukanas et Potier, *JSL* 2014, n° 366-1 (obligation de sécurité de résultat). - Gacia, *JCP S* 2008. 1373 (responsabilité de l'employeur en raison du suicide du salarié). - Garand, *JCP S* 2011. 1281 (obligation de sécurité de résultat et santé mentale). - Jeansen, *Dr. soc.* 2020. 277 (l'éclipse de l'obligation de sécurité : l'éveil d'un principe ?). - Joly, *Dr. soc.* 2010. 258 (la prise en compte du suicide au titre des risques professionnels). - Lapérou-Scheneider, *Dr. soc.* 2012. 273 (responsabilité pénale de l'employeur personne physique et présomption de faute). - Lerouge, *JSL* 2010, n° 283-4 (protection de la santé mentale au travail et responsabilité de l'employeur). - Millet-Ursin, *SSL* 2017, n° 1764, p. 13 (place de la prévention dans les relations sociales). - Petit, *Dr. soc.* 2013. 42 (obligation de sécurité et outils de prévention de la pénibilité). - Rozec, *JCP S* 2012. 1080 (lutte contre le travail sous l'emprise de drogues). - Saint-Jours, *D.* 2007. 3024 (de l'obligation contractuelle de sécurité de résultat de l'employeur). - Tournaux, *Dr. ouvrier* 2012. 571 (l'intensité de l'obligation de sécurité de l'employeur : un traitement aux effets mal assurés) ; *Dr. soc.* 2020. 904 (la mort du salarié au regard des relations individuelles de travail). - Vanuls, *Dr. soc.* 2023. 114 (convergence des risques professionnels et environnementaux). - Vial, *Dr. ouvrier* 2011. 28 (travail et droit à un environnement sain).

▶ **Préjudice d'anxiété :** Asquinazi-Bailleux, *JCP S* 2015. 1106. - Aumeran, *Dr. soc.* 2020. 58 (le préjudice d'anxiété à l'ère de l'obligation de sécurité de l'employeur). - Bailly et Véricel, *RJS*

SANTÉ ET SÉCURITÉ AU TRAVAIL

3/2019, p. 161. – GAMET, *Dr. soc.* 2015. 55 ⌀. – KEIM-BAGOT, *Dr. soc.* 2015. 360 ⌀. – LEDOUX et QUINQUIS, *RJS* 4/2015, p. 355.

▶ **Crise sanitaire – covid-19 :** DIAZ et SAINT MICHEL, *D. actu.* 28 mars 2020 (concilier obligation de sécurité de l'employeur et respect de la vie privée du salarié). – GUIOMARD, *RDT* 2020. 351 ⌀ (les référés, juges de la prévention). – ILLY, *D.* 2020. 829 ⌀ (covid-19 et faute inexcusable de l'employeur : est-ce possible ?). – KEIM-BAGOT et MOIZARD, *RDT* 2021. 25 ⌀ (santé au travail et pandémie : les droits du salarié en recul ?). – LAPÉROU-SCHENEIDER, *JCP S* 2021. 1049 (protection de la santé des salariés dans le contexte de la covid-19). – SCHAPIRA, *D. actu.* 27 mai 2020 (responsabilité de l'employeur et pandémie de covid-19).

COMMENTAIRE
V. sur le Code en ligne 🔒.

I. ÉTENDUE DE L'OBLIGATION DE SÉCURITÉ

A. SALARIÉS CONCERNÉS

1. Étendue de l'obligation de sécurité. Ne méconnaît pas l'obligation légale lui imposant de prendre les mesures nécessaires pour assurer la sécurité et protéger la santé physique et mentale des travailleurs l'employeur qui justifie avoir pris toutes les mesures prévues par les art. L. 4121-1 et L. 4121-2 C. trav. • Soc. 25 nov. 2015, ⚖ n° 14-24.444 P : *D.* 2015. Actu. 2507 ⌀ ; *Dr. soc.* 2016. 457, note Antonmattéi ⌀ ; *RJS* 2/2016, p. 99, obs. Gardin ; *JSL* 2016, n° 401-1, obs. Dejean de la Bâtie. ♦ Le juge ne peut refuser de prononcer la résiliation judiciaire du contrat de travail d'un salarié, et ses demandes indemnitaires, victime de faits de harcèlement dans l'entreprise, sans qu'il résulte de ses constatations que l'employeur avait pris toutes les mesures de prévention visées aux art. L. 4121-1 et L. 4121-2 et, notamment, avait mis en œuvre des actions d'information et de formation propres à prévenir la survenance de faits de harcèlement moral. • Soc. 1er juin 2016, ⚖ n° 14-19.702 P : *D. actu.* 14 juin 2016, obs. Peyronnet ; *D.* 2016. Actu. 1258 ⌀ ; *SSL* 2016, n° 1726, p. 11, obs. Verkindt ; *JSL* 2016, n° 413-2, obs. Verkindt ; *JCP S* 2016. 1220, obs. Loiseau. ♦ Même en cas d'imprudence du salarié, le juge doit vérifier que l'employeur a bien pris toutes les mesures pour assurer la santé et la sécurité du salarié. • Soc. 15 nov. 2023, ⚖ n° 22-17.733 B.

2. Crise sanitaire – covid-19. Condamnation en référé de la société Amazon pour ne pas avoir suffisamment évalué les risques induits par la covid-19 à l'égard de ses salariés, ni associé les représentants du personnel à cette évaluation ; sont reprochées l'absence d'une évaluation des risques adaptée au contexte d'une pandémie, l'absence d'évaluation des risques psychosociaux, l'insuffisante actualisation du document unique d'évaluation des risques professionnels sur plusieurs sites, l'absence de plan d'ensemble maîtrisé et l'insuffisante formation des salariés. • TJ Nanterre, 14 avr. 2020, n° 20/00503 : *D. actu.* 20 avr. 2020, obs. Malfettes ; *JSL* 2020, n° 499-1, obs. Nassom-Tissandier. ♦ Condamnation confirmée en appel. • Versailles, 24 avr. 2020, ⚖ n° 20/01993 : *D. actu.* 29 avr. 2020, obs. Malfettes ; *RDT* 2020. 482, note Berthier ⌀ ; *RJS* 7/2020, p. 494, note L. Vogel et J. Vogel ; ibid. 7-8/2020, p. 587, note Adam. ♦ Condamnation en référé de la société Renault pour ne pas avoir suffisamment évalué les risques induits par la covid-19 à l'égard de ses salariés ni associé les représentants du personnel à cette évaluation dans le cadre de son plan de reprise progressive d'activité. • TJ Le Havre, 7 mai 2020, ⚖ n° 20/00143 : *D. actu.* 20 mai 2020, obs. Malfettes. ♦ Il appartient à l'employeur de mesurer par unité de travail les risques professionnels induits par la covid-19 et de les transcrire dans le document unique d'évaluation des risques (DUER), sans paraphraser les recommandations publiques et officielles du Gouvernement ou des autorités sanitaires. • TJ Paris, 9 avr. 2020, n° 20/52223 : *D. actu.* 24 avr. 2020, obs. Ciray.

3. Responsabilité de l'employeur pour des faits commis par des tiers. L'employeur doit répondre des agissements des personnes qui exercent, de fait ou de droit, une autorité sur les salariés. • Soc. 10 mai 2001, ⚖ n° 99-40.059 P : *D.* 2002. 1167, note Desbarats ⌀ ; *Dr. soc.* 2001. 921, obs. Gauriau ⌀ ; *RJS* 2001. 681, n° 989 ; *JCP E* 2001. 1679, note Puigelier (salariée qui avait fait l'objet d'un mauvais traitement de la part de l'épouse du gérant de l'entreprise qui l'employait et qu'elle avait également insultée) • 1er mars 2011, ⚖ n° 09-69.616 P : *Dr. soc.* 2011. 594, note Radé ⌀ ; *RJS* 5/2011, n° 390 ; *JCP E* 2011. 1566, obs. Fadeuilhe ; *PA* 9 nov. 2011, p. 17, obs. Le Blan-Delannoy (harcèlement imputable à un formateur extérieur à l'entreprise) • 19 oct. 2011, ⚖ n° 09-68.272 P : *D.* 2012. 910, note Lokiec ⌀ ; *RDT* 2012. 44, note Vérícel ⌀ ; *RJS* 1/2012, n° 5 ; *JCP* 2011. 1204, obs. Lefranc-Hamoniaux ; *JCP S* 2011. 1569, obs. Leborgne-Ingelaere (le président du conseil syndical avait exercé une autorité de fait sur le gardien employé par le syndicat des copropriétaires) • 30 janv. 2019, ⚖ n° 17-28.905 P : *D. actu.* 25 févr. 2019, obs. Castel ; *D.* 2019. Actu. 261 ⌀ ; *RDT* 2019. 335, note Adam ⌀ ; *RJS* 4/2019, n° 196 ; *SSL* 2019, n° 1848, p. 11, obs. Champeaux ; *JSL* 2019, n° 472-2, obs. Hautefort ; *JCP* 2019. 168, obs. Dedessus-Le-Moustier ; *JCP S* 2019. 1133, obs. Leborgne-Ingelaere (agissements discriminatoires à l'égard d'une salariée commis par les bénévoles d'une association).

4. Salariés expatriés. L'obligation de sécurité de résultat à laquelle l'employeur est tenu s'applique aux salariés expatriés, y compris dans le cadre de leur vie privée si des dangers sont prévisibles. • Soc. 7 févr. 2011 : ⚖ *RJS 2012. 161, n° 194 ; SSL 2012, n° 1520, p. 10, obs. Marcon.*

5. Travail temporaire. L'entreprise de travail temporaire et l'entreprise utilisatrice sont tenues, à l'égard des salariés mis à disposition, d'une obligation de sécurité dont elles doivent assurer l'effectivité, chacune au regard des dispositions que les textes mettent à leur charge en matière de prévention des risques. • Soc. 30 nov. 2010 : ⚖ *D. actu. 6 janv. 2011, obs. Ines ; D. 2011. AJ 22 ; JSL 2011, n° 292-2, obs. Hautefort ; JCP S 2011. 1183, obs. Bousez.*

B. HYPOTHÈSES

6. Visite de reprise. L'employeur, tenu d'une obligation de sécurité de résultat en matière de protection de la santé et de la sécurité des travailleurs dans l'entreprise, doit en assurer l'effectivité ; il ne peut pas laisser un salarié reprendre son travail, après une période d'absence pour accident du travail d'au moins 8 jours, sans le faire bénéficier d'une visite médicale par le médecin du travail, destinée à apprécier son aptitude ; à défaut, l'employeur ne peut rompre le contrat de travail que s'il justifie d'une faute grave ou de l'impossibilité, pour un motif non lié à l'accident, de poursuivre le contrat. • Soc. 28 févr. 2006 : ⚖ *D. 2006. IR 746 ; RDT 2006. 23, obs. Lardy-Pélissier ; RJS 2006. 392, n° 555 ; Dr. soc. 2006. 653, note Blatman ; ibid. 2006. 514, obs. Savatier ; JSL 2006, n° 186-6 ; JCP E 2006. 1990, note Miné* • 25 mars 2009 : ⚖ *D. 2009. Pan. 2128, obs. Desbarats ; RJS 2009. 558, n° 626 ; Dr. soc. 2009. 741, obs. Savatier ; JSL 2009, n° 258-5 ; JCP S 2009. 1227, obs. Verkindt.* ♦ L'employeur ne peut laisser un salarié reprendre son travail après une succession d'arrêts de travail pour maladie, ni lui proposer une mutation géographique sans lui avoir fait passer une visite de reprise auprès du médecin du travail afin de s'assurer de son aptitude à l'emploi envisagé. • Soc. 16 juin 2009 : ⚖ *RDT 2010. 30, obs. Véricel ; RJS 2009. 632, n° 706 ; JSL 2009, n° 263-6 ; SSL 2009, n° 1417, p. 12, obs. Toureil.*

7. Manque aussi à son obligation de sécurité l'employeur qui, pour décider du placement en position de détachement d'un salarié déclaré apte avec réserve, ne justifie pas s'être rapproché du médecin du travail pour savoir si les recommandations faites par celui-ci, concernant not. l'examen médical complémentaire, avaient été suivies et pour solliciter éventuellement son avis sur le changement de poste envisagé. • Soc. 26 sept. 2012 : ⚖ *D. actu. 19 oct. 2012, obs. Siro ; JSL 2012, n° 332-6, obs. Boucheret ; JCP S 2012. 1509, obs. Jacotot.*

8. Lutte contre le tabagisme. L'employeur doit prendre des mesures efficaces pour éviter le tabagisme passif ; à défaut la prise d'acte de la rupture d'un salarié non-fumeur est justifiée. • Soc. 29 juin 2005 : ⚖ *D. 2005. IR 2565 ; Dr. soc. 2005. 971, note Savatier ; JSL 2005, n° 172-2.* ♦ Le non-respect des dispositions du CSP sur l'interdiction de fumer dans les lieux publics constitue un manquement à l'obligation de sécurité de résultat, et ce, malgré l'insuffisance du taux de nicotine trouvé dans le sang du salarié (barman) exposé aux fumées de cigarettes. • Soc. 6 oct. 2010 : ⚖ *D. actu. 25 oct. 2010, obs. Ines ; D. 2010. AJ 2439 ; ibid. 2011. Pan. 1246, obs. Porta ; RDT 2011. 322, obs. Véricel ; RJS 2010. 842, n° 940 ; JSL 2010, n° 287-4, obs. Tourreil ; JCP S 2011. 1043, obs. Verkindt.*

9. Harcèlement moral. La responsabilité de l'employeur, tenu de prendre les mesures nécessaires à la prévention des risques professionnels liés au harcèlement moral n'exclut pas la responsabilité du travailleur auquel il incombe, selon l'art. L. 230-3 [L. 4121-1 nouv.], de prendre soin de la sécurité et de la santé des personnes concernées du fait de ses actes ou de ses omissions au travail. • Soc. 21 juin 2006 : ⚖ *RDT 2006. 245, obs. Adam ; D. 2006. 2831, note Miné ; ibid. 2007. Pan. 183, obs. Dockès ; RJS 2006. 679, n° 916 ; Dr. soc. 2006. 826, note Radé ; JSL 2006, n° 193-2 ; JCP E 2006. 2315, note Prieur.* ♦ L'obligation de prévention des risques professionnels est distincte de la prohibition des agissements de harcèlement moral et ne se confond pas avec elle ; l'absence de tels agissements ne s'oppose pas à ce que la responsabilité de l'employeur soit engagée sur le fondement d'un manquement à son obligation de sécurité. • Soc. 27 nov. 2019, ⚖ n° 18-10.551 P : *D. actu. 9 déc. 2019, obs. de Montvalon ; D. 2019. Actu. 2357 ; RJS 2/2020, n° 94 ; JSL 2020, n° 492-4, obs. Pacotte et Layat ; JCP S 2020. 1011, obs. Armillei* • Soc. 8 juill. 2020, ⚖ n° 18-24.320 P : *D. 2020. Actu. 1467 ; ibid. 2312, obs. Vernac et Ferkane ; RDT 2020. 687, obs. Pignarre ; RJS 11/2020, n° 523 ; JCP S 2020. 2097, obs. Leborgne-Ingelaere.*

10. Agression d'un salarié. L'obligation patronale de protection de la santé et de la sécurité est méconnue, lorsque l'employeur, averti de la situation de danger, s'est abstenu d'y mettre fin et de garantir la santé physique et morale d'un salarié agressé. • Soc. 7 févr. 2007 : ⚖ *RDT 2007. 249, obs. Véricel.* ♦ Constitue un manquement à l'obligation de sécurité de l'employeur le fait pour ce dernier, bien qu'ayant connaissance des répercussions immédiates causées sur la santé du salarié par une première altercation avec l'un de ses collègues, des divergences de vues et des caractères très différents voire incompatibles des protagonistes et pris du risque d'un nouvel incident, de n'avoir pris aucune mesure concrète pour éviter son renouvellement hormis une réunion le lendemain de l'altercation et des réunions périodiques de travail concernant l'ensemble des salariés. • Soc. 17 oct. 2018, 🛱 n° 17-17.985 P : *D. actu. 14 nov. 2018, obs. Fraisse ; D. 2018. Actu. 2142* ⌀ *; RJS 1/2019, n° 37 ; JCP S 2018. 1391, obs. Leborgne-Ingelaere.*

11. Déclaration des heures supplémentaires. Doit être condamné l'employeur dès lors qu'est établie la carence structurelle du système de déclaration des heures supplémentaires dans l'entreprise et que les salariés sont dans l'incapacité de déclarer leurs heures supplémentaires en raison des réglages opérés dans le logiciel de déclaration, ni la faculté ouverte aux salariés de procéder par eux-mêmes aux déclarations d'heures supplémentaires ni l'ouverture de négociations collectives n'étant de nature à caractériser que l'employeur avait satisfait à son obligation de contrôle de la durée du travail et d'assurer la sécurité et de protéger la santé physique et mentale des travailleurs en matière de durée du travail. • Soc. 5 juill. 2023, 🛱 n° 21-24.122 B : *D. actu. 17 juill. 2023, obs. Malfettes ; D. 2023. 131* ⌀ *; RJS 10/2023, n° 497.*

12. Mise en œuvre d'une convention de forfait. Dès lors que l'employeur ne justifie pas avoir pris les dispositions nécessaires de nature à garantir que l'amplitude et la charge de travail du salarié titulaire d'une convention de forfait en jours restent raisonnables et assurent une bonne répartition dans le temps du travail et donc à assurer la protection de la sécurité et de la santé de l'intéressé, ce dont il résulte que l'employeur a manqué à son obligation de sécurité, il appartient à la cour d'appel de vérifier si un préjudice en a résulté. • Soc. 2 mars 2022, 🛱 n° 20-16.683 B : *D. 2022. 463* ⌀ *; RJS 5/2022, n° 254 ; Dr. ouvrier 2022. 206, obs. Garnier ; JSL 2022, n° 540, obs. Paturle ; JCP S 2022. 1138, obs. Dumont.*

II. RÉGIME

A. RESPONSABILITÉ PÉNALE

13. Absence de responsabilité pénale. Les dispositions de l'art. L. 230-2 [L. 4121-1 nouv.] ne sont pas pénalement sanctionnées. • Crim. 14 oct. 1997, 🛱 n° 96-83.356 P : *Dr. pénal 1998. 25, note J.-H. Robert.* ♦ Comp : l'employeur qui a contribué à créer la situation ayant permis la réalisation du dommage et n'a pas pris les mesures permettant de l'éviter, a commis une faute caractérisée, au sens de l'art. 121-3 C. pén. • Crim. 16 janv. 2001 : 🛱 *Dr. soc. 2001. 654, note Morvan* ⌀. ♦ Sans preuve de l'existence effective d'une délégation de pouvoirs, ni précisions concernant le statut et les attributions des agents mis en cause, la responsabilité pénale de l'employeur pour des faits commis par ses salariés ne peut être engagée (au sens de l'art. 121-2 C. pén.). • Crim. 11 oct. 2011 : 🛱 *Dr. soc. 2012. 93, obs. Duquesne* ⌀.

B. SUSPENSION DES MESURES

14. Pouvoirs du juge des référés. L'employeur est tenu d'une obligation de sécurité de résultat qui lui interdit, dans l'exercice de son pouvoir de direction, de prendre des mesures qui auraient pour objet ou pour effet de compromettre la santé et la sécurité des salariés ; aussi, la mise en œuvre de l'organisation mise en place par l'employeur de nature à compromettre la santé et la sécurité des travailleurs concernés doit être suspendue. • Soc. 5 mars 2008 : 🛱 *RDT 2008. 316, obs. Lerouge* ⌀ *; D. 2008. Pan. 2315, obs. Desbarats* ⌀ *; JCP E 2008. 1834, note Babin ; JSL 2008, n° 231-2 ; RJS 2008. 403, n° 509 ; Dr. soc. 2008. 605, obs. Chaumette* ⌀. ♦ Il n'y a pas lieu d'interdire la mise en œuvre d'un projet d'externalisation de l'activité d'un service lorsque l'employeur a prévu un processus de reclassement, un plan global de prévention des risques psychosociaux et de poursuivre cette démarche dans la durée avec un suivi mensuel. • Soc. 22 oct. 2015, 🛱 n° 14-20.173 P : *D. actu. 1er déc. 2015, obs. Peyronnet ; D. 2015. Actu. 2324* ⌀ *; RJS 1/2016, n° 33 ; JSL 2016, n° 402-1, obs. Bonnet ; SSL 2016, n° 1697, p. 5, obs. Champeaux et Levannier-Gouël.*

C. FAUTE INEXCUSABLE

15. Caractères. Commet une faute inexcusable l'employeur qui, par ses actes de harcèlement, compromet gravement l'équilibre psychologique d'un salarié, à tel point que celui-ci tente de se suicider. • Civ. 2e, 22 févr. 2007 : 🛱 *D. 2007. AJ 791, obs. Fabre* ⌀ *; ibid. 1767, note Gaba* ⌀ *; ibid. Pan. 2264, obs. Lardy-Pélissier* ⌀ *; RDT 2007. 306, obs. Lardy-Pélissier* ⌀ *; RJS 2007. 489, n° 666 ; Dr. soc. 2007. 836, note Milet* ⌀ *; JSL 2007, n° 208-1.* ♦ En vertu du contrat de travail le liant à son salarié, l'employeur est tenu envers ce dernier d'une obligation de sécurité de résultat, notamment en ce qui concerne les accidents du travail, le manquement à cette obligation a le caractère d'une faute inexcusable lorsque l'employeur avait ou aurait dû avoir conscience du danger auquel était exposé le salarié, et qu'il n'a pas pris les mesures nécessaires pour l'en préserver. • Soc. 27 nov. 2014 : 🛱 *RDT 2014. 764, obs. Pignarre* ⌀. ♦ Il appartient aux juges du fond de rechercher si les circonstances dans lesquelles est intervenu un suicide, conséquence directe du harcèlement moral subi par la victime dans l'entreprise, ne conduisent pas à le qualifier d'accident du travail. • Civ. 2e, 10 mai 2007 : 🛱 *D. 2007. AJ 1598, obs. Fabre* ⌀ *; JCP S 2007. 1547, note Leborgne-Ingelaere.* ♦ En revanche, l'employeur n'a pas commis de faute inexcusable lorsqu'il n'avait pas et ne pouvait pas avoir conscience du danger auquel était exposé un salarié qui ne participait pas habituellement à des travaux comportant l'usage direct de l'amiante. • Civ. 2e, 31 mai 2006 : 🛱 *D. 2006. IR 1768* ⌀.

D. PRÉJUDICE D'ANXIÉTÉ DES VICTIMES DE L'AMIANTE ET AUTRES SUBSTANCES NOCIVES OU TOXIQUES

1° VICTIMES DE L'AMIANTE

16. Indemnisation des salariés bénéficiaires de l'ACAATA. Selon l'art. 41 de la L. n° 98-1194 du 23 déc. 1998, qui crée un dispositif spécifique destiné à compenser la perte d'espérance de vie que peuvent connaître des salariés en raison de leur exposition à l'amiante, une allocation de cessation anticipée d'activité (dite ACAATA) est versée aux salariés et anciens salariés des établissements de fabrication de matériaux contenant de l'amiante, des établissements de flocage et de calorifugeage à l'amiante ou de construction et de réparations navales, sous réserve qu'ils cessent toute activité professionnelle, lorsqu'ils remplissent certaines conditions ; peuvent prétendre à la réparation d'un préjudice spécifique d'anxiété les salariés qui, ayant travaillé dans un des établissements dont le personnel peut demander le bénéfice de la « préretraite amiante », se trouvent du fait de l'employeur dans une situation d'inquiétude permanente face au risque de déclaration à tout moment d'une maladie liée à l'amiante et sont amenés à subir des contrôles et examens réguliers propres à réactiver cette angoisse. ● Soc. 11 mai 2010, ⚓ n° 09-42.241 P : D. 2010. 2048, note Bernard ⌀ ; D. 2011. 35, obs. Brun et Gout ⌀ ; JCP 2010, n° 568, obs. Miara ; ibid., n° 733, note Colonna et Renaux-Personnic ; ibid., n° 1015, obs. Bloch ; RLDC 2010/73, n° 3876, obs. Le Nestour-Drelon ; RTD civ. 2010. 564, obs. Jourdain ⌀ ; Dr. soc. 2010. 839 ⌀, avis Duplat ● Soc. 25 sept. 2013 : ⚓ D. actu. 8 oct. 2013, obs. Fraisse ; SSL 2013, n° 1599, Rapp. Sabotier ; JSL 2013, n° 353-2, obs. Bœuf et Mo.

17. Conditions générales (salariés bénéficiaires de l'ACAATA). Est caractérisé un préjudice spécifique d'anxiété à l'égard des salariés qui avaient travaillé dans un des établissements mentionnés à l'art. 41 de la L. du 23 déc. 1998 et figurant sur une liste établie par arrêté ministériel pendant une période où y étaient fabriqués ou traités l'amiante ou des matériaux contenant de l'amiante, et qui se trouvaient par le fait de l'employeur dans une situation d'inquiétude permanente face au risque de déclaration à tout moment d'une maladie liée à l'amiante et étaient amenés à subir des contrôles et examens réguliers propres à réactiver cette angoisse. ● Soc. 11 mai 2010 : ⚓ préc. note 16 ● 3 mars 2015, ⚓ n° 13-20.474 : D. actu. 26 mars 2015, obs. Fraisse ; JSL 2015, n° 387-6 ; RJS 5/2015, n° 358 ● Soc. 8 juill. 2020, ⚓ n° 19-12.340 P : RJS 10/2020, n° 491 ; JCP S 2020. 3025, obs. Asquinazi-Bailleux. ◆ Le salarié qui justifie d'une exposition à l'amiante, générant un risque élevé de développer une pathologie grave, peut agir contre son employeur pour manquement à son obligation de sécurité, quand bien même ce dernier n'entrerait pas dans les prévisions de l'art. 41 de la L. n° 98-1194 du 23 déc. 1998 ; dès lors, un salarié peut rechercher la responsabilité de son employeur au titre de son préjudice d'anxiété si celui-ci l'a mis à disposition, dans le cadre d'un contrat de sous-traitance, d'une société tierce inscrite sur la liste des établissements ouvrant droit à la préretraite amiante. ● Soc. 30 sept. 2020, ⚓ n° 19-10.352 P : D. 2020. 1958 ⌀ ; RJS 12/2020, n° 596 ; JSL 2020, n° 508-4, obs. Nassom-Tissandier ; JCP S 2020. 3062, obs. Asquinazi-Bailleux. ◆ Comp. : même s'il est éligible à l'allocation de cessation anticipée d'activité des travailleurs de l'amiante, le salarié ne peut obtenir réparation d'un préjudice spécifique d'anxiété par une demande dirigée contre une société qui n'entrait pas dans les prévisions de l'art. 41 de la L. n° 98-1194 du 23 déc. 1998. ● Soc. 22 juin 2016, ⚓ n° 14-28.175 P : D. 2016. Actu. 1436 ⌀ ; RJS 10/2016, n° 652 ; JCP S 2016. 1333, obs. Asquinazi-Bailleux. ◆ Les salariés d'une société sous-traitante ne peuvent obtenir la réparation de leur préjudice d'anxiété en cas d'exposition à l'amiante sur des chantiers si la société qui les emploie n'est pas elle-même inscrite sur la liste des établissements susceptibles d'ouvrir droit à l'allocation de cessation anticipée d'activité des travailleurs de l'amiante. ● Soc. 11 janv. 2017, ⚓ n°s 15-20.040, 15-50.080 et 15-17.164 P : D. 2017. Actu. 165 ⌀ ; RJS 3/2017, n°s 190, 220 et 222 ; ibid. 4/2017, p. 267, obs. Mouly ● 26 avr. 2017, ⚓ n° 15-19.037 P : D. 2017. 1186, obs. Fraisse ; RJS 7/2017, n° 512 ; JCP S 2017. 1186, obs. Asquinazi-Bailleux. ◆ En revanche, dès lors qu'il est constaté que le salarié avait travaillé dans un établissement, figurant sur la liste établie par un arrêté d'inscription, et que pendant la période visée par cet arrêté, il avait occupé un poste susceptible d'ouvrir droit à ACAATA, il était fondé à obtenir l'indemnisation de son préjudice d'anxiété, même si la saisine de la juridiction prud'homale est antérieure à l'inscription de l'établissement sur l'arrêté. ● Soc. 24 mai 2023, ⚓ n° 21-17.536 B : RJS 8-9/2023, n° 466.

18. Éléments constitutifs. L'indemnisation accordée au titre du préjudice d'anxiété répare l'ensemble des troubles psychologiques, y compris ceux liés au bouleversement dans les conditions d'existence, résultant du risque de déclaration à tout moment d'une maladie liée à l'amiante, et intègre le trouble lié au bouleversement dans les conditions d'existence et au changement de situation sociale, par suite de la cessation d'activité intervenue en application de la L. du 23 déc. 1998. ● Soc. 25 sept. 2013 : ⚓ préc. note 16 ● 3 mars 2015, ⚓ n° 13-21.832 : D. actu. 26 mars 2015, obs. Fraisse ; Dr. soc. 2015. 360, note Keim-Bagot ⌀ ; JSL 2015, n° 387-6 ; RJS 6/2015, n° 432. ◆ Le préjudice d'anxiété d'un salarié ayant été exposé à l'amiante est caractérisé du fait même de l'exposition et de l'inquiétude permanente face au risque de déclaration d'une maladie qui en découle, sans qu'il ait besoin de se soumettre à des contrôles ou examens médicaux qui réactiveraient cette angoisse. • Soc. 4 déc. 2012 : ⚖ *D. actu. 16 janv. 2013, obs. Peyronnet ; JCP S 2013. 1042, obs. Plichon* • Soc. 25 sept. 2013 : ⚖ *préc. note 16.* ♦ Il faut et il suffit que le salarié remplisse les conditions d'adhésion à la préretraite amiante prévue par l'art. 41 de la L. n° 98-1194 du 23 déc. 1998 pour bénéficier d'une réparation pour préjudice d'anxiété ; il importe peu que le salarié ait adhéré à ce régime légal, ce qui compte, c'est la situation d'inquiétude permanente face au risque de déclaration à tout moment d'une maladie grave pouvant résulter de l'exposition à l'amiante. • Soc. 3 mars 2015, ⚖ n° 13-20.486 : *D. actu. 26 mars 2015, obs. Fraisse ; JSL 2015, n° 387-6 ; RJS 5/2015, n° 358.* ♦ Les salariés ayant travaillé dans un établissement où étaient fabriqués ou traités de l'amiante ou des matériaux contenant de l'amiante n'ont pas à démontrer la réalité de leur anxiété par examen médical régulier pour être indemnisés à ce titre. • Soc. 2 avr. 2014 : ⚖ *D. actu. 2 mai 2014, obs. Fraisse ; D. 2014. 1404, obs. Wurtz ⚖ ; JSL 2014, n° 367-4, obs. Tissandier* • Soc. 2 avr. 2014 : ⚖ *solution.* ♦ La réparation du préjudice résultant du manquement de l'employeur à son obligation de sécurité de résultat est prise en compte par les mécanismes d'indemnisation spécifique (ACAATA) ; dès lors, les juges du fond, qui ont constaté que les salariés avaient renoncé à la demande d'indemnisation du préjudice d'anxiété, ont, à bon droit, écarté l'indemnisation d'un préjudice, présenté comme distinct, résultant du manquement de l'employeur à son obligation de sécurité de résultat. • Soc. 27 janv. 2016, ⚖ n° 15-10.640 P : *D. actu. 23 févr. 2016, obs. Fraisse ; RDT 2016. 272 ⚖ ; JSL 2016, n° 405-5, obs. Mo ; RDT 2016. 272, note Meyer ⚖ ; RJS 4/2016, n° 284 ; JCP S 2016. 1101, note Asquinazi-Bailleux.*

19. Conformité de la jurisprudence admettant la réparation du préjudice d'anxiété pour les seuls salariés exposés à l'amiante et remplissant les conditions prévues par l'art. 41 de la L. du 23 déc. 1998. Sur la conformité au droit de l'Union européenne, V. • Soc. 10 févr. 2016, ⚖ n° 14-26.909 P : *RJS 4/2019, n° 253 ; RDC 2016. 441, note Viney ; JCP S 2016. 1111, obs. Babin ; JCP E 2016. 1580, obs. Colonna et Renaux-Personnic.* ♦ Sur la conformité de cette jurisprudence aux droits et libertés que la Constitution garantit, V. • Soc. 17 févr. 2016, ⚖ n° 15-40.042 P : *JCP 2016. 901, obs. Mathieu.*

20. Conformité de la jurisprudence relative à la reconnaissance automatique du préjudice d'anxiété fondée sur l'art. 41 de la L. du 23 déc. 1998. Il n'y a pas lieu de renvoyer au Conseil constitutionnel la question prioritaire de constitutionnalité relative à l'interprétation par la Cour de cassation de l'art. 41 de la L. n° 98-1194 du 23 déc. 1998 relative au préjudice d'anxiété des bénéficiaires de la préretraite amiante ; l'indemnisation du préjudice d'anxiété, en premier lieu, n'exclut pas toute cause d'exonération de responsabilité, en deuxième lieu, ne prive pas l'employeur d'un recours effectif dès lors notamment qu'il peut remettre en cause devant le juge compétent l'arrêté ministériel et, en troisième lieu, ne porte pas atteinte au principe d'égalité en ce que la différence de traitement invoquée est en rapport direct avec l'objet de la loi qui l'établit et ne constitue pas un avantage disproportionné. • Soc. 22 janv. 2020, n° 19-18.353 QPC : *D. actu. 6 févr. 2020, obs. de Montvalon.*

21. Prescription de l'action en reconnaissance du préjudice d'anxiété pour les salariés bénéficiaires de l'ACAATA. L'action en reconnaissance du préjudice d'anxiété se prescrit par cinq ans à compter du jour où le titulaire du droit a connu ou aurait dû connaître le risque à l'origine de l'anxiété, c'est-à-dire, pour les salariés susceptibles de bénéficier de la préretraite amiante, à compter du jour de la publication de l'arrêté ministériel ayant inscrit l'établissement employeur sur la liste permettant la mise en œuvre du régime légal de préretraite. • Soc. 11 sept. 2019, ⚖ n° 18-50.030 P : *D. actu. 2 oct. 2019, obs. de Montvalon ; D. 2019. Actu. 1764 ⚖ ; RJS 11/2019, n° 648 ; JSL 2019, n° 483-2, obs. Rodriguez et Nasica ; JCP 2019. 1024, obs. Bacache ; JCP S 2019. 1282, obs. Asquinazi-Bailleux* • Soc. 29 janv. 2020, ⚖ n° 18-15.388 P : *D. 2020. 288 ⚖ ; RDT 2020. 205, obs. Mraouahi ⚖ ; RJS 4/2020, n° 202 ; JCP S 2020. 1084, obs. Asquinazi-Bailleux.*

22. Indemnisation des salariés non bénéficiaires de l'ACAATA. Le salarié qui justifie d'une exposition à l'amiante générant un risque élevé de développer une pathologie grave peut être admis à agir contre son employeur, sur le fondement des règles de droit commun régissant l'obligation de sécurité de ce dernier, quand bien même il n'aurait pas travaillé dans l'un des établissements mentionnés à l'art. 41 de la L. du 23 déc. 1998 modifiée. • Ass. plén., 5 avr. 2019, ⚖ n° 18-17.442 P : *D. actu. 9 avr. 2019, obs. Fraisse ; D. 2019. 922, concl. Jourdain ⚖ ; RDT 2019. 340, note Pignarre ⚖ ; Dr. soc. 2019. 456, obs. Asquinazi-Bailleux ⚖ ; RJS 6/2019, n° 360 ; SSL 2019, n° 1857, p. 3, obs. Keim-Bagot, Quinquis et Frangié-Moukanas ; JSL 2019, n° 476-3, obs. Mo et Merlet ; Dr. ouvrier 2019. 681, note Adam ; JCP S 2019. 1126, avis Courcol-Bouchard, obs. Aumeran.* ♦ Ne méconnaît pas l'obligation légale lui imposant de prendre les mesures nécessaires pour assurer la sécurité et protéger la santé physique et mentale des travailleurs l'employeur qui justifie avoir pris toutes les mesures prévues par le C. trav. • Même arrêt.

23. La reconnaissance et l'évaluation du préjudice d'anxiété ne peuvent reposer sur des motifs généraux ; le préjudice personnellement subi par le salarié, résultant du risque élevé de développer une pathologie grave, doit être caractérisé. • Ass. plén., 5 avr. 2019, ⚖ n° 18-17.442 P : *préc. note 22* • Soc. 11 sept. 2019, ⚖ n° 17-18.311 P : *D. actu.*

2 oct. 2019, obs. de Montvalon ; D. 2019. Actu. 1764 ; RJS 11/2019, n° 635 ; JCP 2019. 1024, obs. Bacache ; JCP S 2019. 1282, obs. Asquinazi-Bailleux. ♦ Le salarié doit justifier d'un préjudice d'anxiété personnellement subi résultant d'un tel risque. • Soc. 13 oct. 2021, n° 20-16.584 B : RJS 12/2021, n° 658 ; JSL 2021, n° 531-532-1, obs. Chatelier ; SSL 2021, n° 177, p. 9, obs. Champeaux ; JCP S 2021. 1294, obs. Asquinazi-Bailleux. ♦ Le préjudice d'anxiété, qui ne résulte pas de la seule exposition au risque créé par une substance nocive ou toxique, est constitué par les troubles psychologiques qu'engendre la connaissance du risque élevé de développer une pathologie grave par les salariés. • Soc. 15 déc. 2021, n° 20-11.046 B : D. 2022. 19 ; RJS 2/2022, n° 70 ; SSL 2022, n° 1990, p. 6, note Montvalon ; JCP S 2022. 1015, obs. Asquinazi-Bailleux. ♦ Comp. : • CE 28 mars 2022, n° 453378 A : AJDA 2022. 655 ; ibid. 1243, concl. Le Corre ; RJS 6/2022, n° 339 ; JSL 2022, n° 542, obs. Chatelier (le Conseil d'État consacre une sorte de présomption de préjudice d'anxiété résultant de la seule présence, pendant une durée significative, sur un lieu de travail confiné contenant de l'amiante, la preuve de troubles psychologiques n'étant pas nécessaire).

24. Il en va de même pour les salariés d'un sous-traitant exerçant leur activité dans un établissement inscrit sur la liste établie par l'art. 41 de la L. n° 98-1194 du 23 déc. 1998 mais dont l'employeur ne relève pas de cette liste. • Soc. 30 sept. 2020, n° 19-10.352 B : préc. note 17.

25. Prescription de l'action en reconnaissance du préjudice d'anxiété pour les salariés non éligibles à l'ACAATA. Le point de départ du délai de prescription de l'action par laquelle un salarié demande à son employeur, auquel il reproche un manquement à son obligation de sécurité, réparation de son préjudice d'anxiété, est la date à laquelle il a eu connaissance du risque élevé de développer une pathologie grave résultant de son exposition à l'amiante ; ce point de départ ne peut être antérieur à la date à laquelle cette exposition a pris fin (décision au visa de l'art. L. 1471-1 : prescription biennale). • Soc. 8 juill. 2020, n° 18-26.585 P : D. 2020. Actu. 1467 ; RJS 10/2020, n° 472 ; JCP S 2020. 3026, obs. Asquinazi-Bailleux.

26. Responsabilité extracontractuelle de l'entreprise utilisatrice. Les dispositions des art. R. 4511-4, R. 4511-5 et R. 4511-6 C. trav., qui mettent à la charge de l'entreprise utilisatrice une obligation générale de coordination des mesures de prévention qu'elle prend et de celles que prennent l'ensemble des chefs des entreprises intervenant dans son établissement, et précisent que chaque chef d'entreprise est responsable de l'application des mesures de prévention nécessaires à la protection de son personnel, n'interdisent pas au salarié de l'entreprise extérieure de rechercher la responsabilité de l'entreprise utilisatrice, s'il démontre que celle-ci a manqué aux obligations mises à sa charge par le code du travail et que ce manquement lui a causé un dommage, sans qu'il soit nécessaire que la responsabilité de l'entreprise extérieure au titre de l'obligation de sécurité ait été retenue. • Soc. 8 févr. 2023, n° 20-23.312 B : D. actu. 20 févr. 2023, obs. Malfettes ; D. 2023. 299 ; RDT 2023. 273, obs Nivert.

2° AUTRES VICTIMES

27. Exposition à une substance nocive ou toxique. En application des règles de droit commun régissant l'obligation de sécurité de l'employeur, le salarié qui justifie d'une exposition à une substance nocive ou toxique générant un risque élevé de développer une pathologie grave et d'un préjudice d'anxiété personnellement subi résultant d'une telle exposition, peut agir contre son employeur pour manquement de ce dernier à son obligation de sécurité. • Soc. 11 sept. 2019, n°s 17-24.879 et 17-18.311 P : préc. note 23. ♦ Le salarié doit justifier d'un préjudice d'anxiété personnellement subi résultant d'un tel risque. • Soc. 13 oct. 2021, n° 20-16.584 B : préc. note 23. ♦ Le préjudice d'anxiété, qui ne résulte pas de la seule exposition au risque créé par une substance nocive ou toxique, est constitué par les troubles psychologiques qu'engendre la connaissance du risque élevé de développer une pathologie grave par les salariés. • Même arrêt.

E. RUPTURE DU CONTRAT DE TRAVAIL

28. Impossibilité d'invoquer la désorganisation de l'activité. L'absence prolongée pour maladie du salarié qui perturbe le fonctionnement de l'entreprise ne peut être invoquée pour justifier un licenciement si cette absence résulte d'une situation de surcharge de travail ; l'absence résulte d'un manquement de l'employeur à l'obligation de sécurité de résultat et ses conséquences sur le fonctionnement de l'entreprise ne peuvent être invoquées pour justifier un licenciement. • Soc. 13 mars 2013 : D. 2013. Actu. 778 ; RDT 2013. 328, obs. Pélissier ; JSL 2013, n° 342-6, obs. Tourreil ; SSL 2013, n° 1582, p. 11, obs. Chandivert ; JCP S 2013. 1315, obs. Pelletier.

F. EXONÉRATION

29. Manquement du salarié à son obligation de sécurité. Les obligations des travailleurs dans le domaine de la sécurité et de la santé au travail n'affectent pas le principe de responsabilité de l'employeur. • Soc. 10 févr. 2016, n° 14-24.350 P : D. actu. 26 févr. 2016, obs. Cortot ; D. 2016. Actu. 432 ; ibid. Pan. 814, obs. Lokiec ; RDT 2016. 425, obs. Véricel ; RJS 4/2016, n° 254 ; SSL 2016, n° 1717, obs. Tissandier ; Gaz. Pal. 2016. 66, obs. Bugada ; JCP S 2016. 1128, obs. Asquinazi-Bailleux.

SANTÉ ET SÉCURITÉ AU TRAVAIL **Art. L. 4121-2** 1311

30. Cause étrangère exonératoire. Ne constitue pas une cause étrangère exonératoire, imprévisible et irrésistible, permettant d'écarter un manquement de l'employeur à son obligation de sécurité, le fait d'agression à l'encontre d'une salariée commis par son conjoint, tiers à la relation de travail, alors que l'employeur n'était pas présent lors des faits et n'avait jamais été prévenu d'un risque quelconque encouru par sa salariée. ● Soc. 4 avr. 2012 : 🗝 *D. actu. 25 avr. 2012, obs. Siro* ; *D. 2012. Actu. 1064* ⌀ ; *RDT 2012. 709, obs. Véricel* ⌀ ; *RJS 2012. 448, n° 521 ; JCP S 2012. 1330, obs. Boulmier.* ♦ Comp. jurispr. antérieure : en vertu du contrat de travail, l'employeur est tenu envers le salarié d'une obligation de sécurité de résultat, notamment en ce qui concerne les accidents du travail ; le manquement à cette obligation a le caractère d'une faute inexcusable lorsque l'employeur avait ou aurait dû avoir conscience du danger auquel était exposé le salarié, et qu'il n'a pas pris les mesures nécessaires pour l'en préserver. ● Soc. 11 avr. 2002, 🗝 n° 00-16.535 P : *D. 2002. 2215, note Saint-Jours* ⌀ ; *ibid. 2696, note Prétot* ⌀ ; *RJS 2002. 565, n° 727 ; Dr. soc. 2002. 676, obs. Chaumette* ⌀ ● Civ. 2ᵉ, 12 mai 2003, 🗝 n° 01-21.071 P : *RJS 2003. 728, n° 1071.* ♦ ... Et cela même en présence d'une faute de la victime. ● Même arrêt. ♦ V. aussi ● Civ. 2ᵉ, 2 nov. 2004, 🗝 n° 03-30.206 P : *RJS 2005. 67, n° 77.* ♦ De même, l'employeur est tenu envers le salarié d'une obligation de sécurité de résultat, notamment en ce qui concerne les maladies professionnelles contractées par ce salarié lorsque l'employeur avait ou aurait dû avoir conscience du danger auquel était exposé le salarié et qu'il n'a pas pris les mesures nécessaires pour l'en préserver. ● Civ. 2ᵉ, 31 mai 2006 : 🗝 *D. 2006. IR 1701* ⌀ ; *JCP S 2006. 1701, note Coursier.* ♦ L'employeur, tenu d'une obligation de sécurité de résultat en matière de protection de la santé et de la sécurité des travailleurs, manque à cette obligation lorsqu'un salarié est victime sur le lieu du travail d'agissements de harcèlement moral ou sexuel, exercés par l'un ou l'autre de ses salariés, quand bien même il aurait pris des mesures pour faire cesser ces agissements. ● Soc. 11 mars 2015, 🗝 n° 13-18.603 P : *D. actu. 25 mars 2015, obs. Peyronnet ; Dr. soc. 2015. 384, obs. Mouly* ⌀ ; *RJS 5/2015, n° 319 ; JSL 2015, n° 386-6, obs. Hautefort ; JCP 2015. 375, obs. Dedessus-Le Moustier.*

31. Conclusion d'un contrat prévoyant qu'un tiers assurera l'obligation de sécurité de l'employeur. L'employeur ne peut s'affranchir de son obligation de sécurité par la conclusion d'un contrat prévoyant qu'un tiers assurera cette sécurité, les sociétés tierces intervenant pour assurer les prestations techniques et de sécurité demeurant sous la supervision, la direction et le contrôle de l'employeur. L'employeur, qui avait ou aurait dû avoir conscience du danger résultant pour son salarié du vol en formation rapprochée de l'hélicoptère dont il était passager et qui n'a pas pris les mesures nécessaires pour l'en préserver, a commis une faute inexcusable. ● Civ. 2ᵉ, 16 nov. 2023, 🗝 n° 21-20.740 B.

Art. L. 4121-2 L'employeur met en œuvre les mesures prévues à l'article L. 4121-1 sur le fondement des principes généraux de prévention suivants :

1° Éviter les risques ;

2° Évaluer les risques qui ne peuvent pas être évités ;

3° Combattre les risques à la source ;

4° Adapter le travail à l'homme, en particulier en ce qui concerne la conception des postes de travail ainsi que le choix des équipements de travail et des méthodes de travail et de production, en vue notamment de limiter le travail monotone et le travail cadencé et de réduire les effets de ceux-ci sur la santé ;

5° Tenir compte de l'état d'évolution de la technique ;

6° Remplacer ce qui est dangereux par ce qui n'est pas dangereux ou par ce qui est moins dangereux ;

7° Planifier la prévention en y intégrant, dans un ensemble cohérent, la technique, l'organisation du travail, les conditions de travail, les relations sociales et l'influence des facteurs ambiants, notamment les risques liés au harcèlement moral » (*L. n° 2012-954 du 6 août 2012*) « et au harcèlement sexuel, tels qu'ils sont définis aux articles L. 1152-1 et L. 1153-1 (*L. n° 2016-1088 du 8 août 2016, art. 5*) « , ainsi que ceux liés aux agissements sexistes définis à l'article L. 1142-2-1 » ;

8° Prendre des mesures de protection collective en leur donnant la priorité sur les mesures de protection individuelle ;

9° Donner les instructions appropriées aux travailleurs. — [*Anc. art. L. 230-2, II.*]

Les dispositions d'un accord collectif autorisant l'employeur, dans le domaine du transport sanitaire, à ne pas assurer directement l'entretien de la tenue de travail des ambulanciers en leur allouant une indemnité, sont contraires aux dispositions des art. L. 4121-1, L. 4121-2 et R. 4422-1 C. trav. qui font obligation à l'employeur de prendre les mesures de prévention nécessaires pour supprimer ou réduire les risques professionnels résultant de l'exposition aux agents biologiques, et à ce titre, d'assurer lui-même l'entretien et le nettoyage des tenues professionnelles. ● Soc. 23 sept.

2020, n° 18-23.474 P : *D. actu.* 26 oct. 2020, obs. *RJS* 12/2020, n° 599 ; *JCP S* 2020. 3047, obs. de Montvalon ; *RDT* 2020. 684, obs. M. Miné ; Larroque-Daran et Rohou.

Art. L. 4121-3 L'employeur, compte tenu de la nature des activités de l'établissement, évalue les risques pour la santé et la sécurité des travailleurs, y compris dans le choix des procédés de fabrication, des équipements de travail, des substances ou préparations chimiques, dans l'aménagement ou le réaménagement des lieux de travail ou des installations (*L. n° 2021-1018 du 2 août 2021, art. 3, en vigueur le 31 mars 2022*) « , dans l'organisation du travail » et dans la définition des postes de travail. (*L. n° 2014-873 du 4 août 2014, art. 20*) « Cette évaluation des risques tient compte de l'impact différencié de l'exposition au risque en fonction du sexe. »

(*L. n° 2021-1018 du 2 août 2021, art. 3, en vigueur le 31 mars 2022*) « Apportent leur contribution à l'évaluation des risques professionnels dans l'entreprise :

« 1° Dans le cadre du dialogue social dans l'entreprise, le comité social et économique et sa commission santé, sécurité et conditions de travail, s'ils existent, en application du 1° de l'article L. 2312-9. Le comité social et économique est consulté sur le document unique d'évaluation des risques professionnels et sur ses mises à jour ;

« 2° Le ou les salariés mentionnés au premier alinéa du I de l'article L. 4644-1, s'ils ont été désignés ;

« 3° Le service de prévention et de santé au travail auquel l'employeur adhère.

« Pour l'évaluation des risques professionnels, l'employeur peut également solliciter le concours des personnes et organismes mentionnés aux troisième et avant-dernier alinéas du même I. »

A la suite de cette évaluation, l'employeur met en œuvre les actions de prévention ainsi que les méthodes de travail et de production garantissant un meilleur niveau de protection de la santé et de la sécurité des travailleurs. Il intègre ces actions et ces méthodes dans l'ensemble des activités de l'établissement et à tous les niveaux de l'encadrement.

(*L. n° 2012-387 du 22 mars 2012, art. 53*) « Lorsque les documents prévus (*Abrogé par L. n° 2021-1018 du 2 août 2021, art. 3, à compter du 31 mars 2022*) « *par les dispositions réglementaires prises* » pour l'application du présent article doivent faire l'objet d'une mise à jour, celle-ci peut être moins fréquente dans les entreprises de moins de onze salariés, sous réserve que soit garanti un niveau équivalent de protection de la santé et de la sécurité des travailleurs, dans des conditions fixées par décret en Conseil d'État après avis des organisations professionnelles concernées. » — V. art. R. 4121-1.

BIBL. ▶ AMAUGER-LATTES, *Dr. soc.* 2021. 897 (prévention et traçabilité des expositions professionnelles).

Art. L. 4121-3-1 (*L. n° 2021-1018 du 2 août 2021, art. 3, en vigueur le 31 mars 2022*)
I. — Le document unique d'évaluation des risques professionnels répertorie l'ensemble des risques professionnels auxquels sont exposés les travailleurs et assure la traçabilité collective de ces expositions.

II. — L'employeur transcrit et met à jour dans le document unique les résultats de l'évaluation des risques pour la santé et la sécurité des travailleurs à laquelle il procède en application de l'article L. 4121-3.

III. — Les résultats de cette évaluation débouchent :

1° Pour les entreprises dont l'effectif est supérieur ou égal à cinquante salariés, sur un programme annuel de prévention des risques professionnels et d'amélioration des conditions de travail qui :

a) Fixe la liste détaillée des mesures devant être prises au cours de l'année à venir, qui comprennent les mesures de prévention des effets de l'exposition aux facteurs de risques professionnels ainsi que, pour chaque mesure, ses conditions d'exécution, des indicateurs de résultat et l'estimation de son coût ;

b) Identifie les ressources de l'entreprise pouvant être mobilisées ;

c) Comprend un calendrier de mise en œuvre ;

2° Pour les entreprises dont l'effectif est inférieur à cinquante salariés, sur la définition d'actions de prévention des risques et de protection des salariés. La liste de ces actions est consignée dans le document unique d'évaluation des risques professionnels et ses mises à jour.

SANTÉ ET SÉCURITÉ AU TRAVAIL

IV. — Les organismes et instances mis en place par la branche peuvent accompagner les entreprises dans l'élaboration et la mise à jour du document unique d'évaluation des risques professionnels prévu au I, dans la définition du programme annuel de prévention des risques professionnels et d'amélioration des conditions de travail prévu au 1° du III ainsi que dans la définition des actions de prévention et de protection prévues au 2° du même III au moyen de méthodes et référentiels adaptés aux risques considérés et d'outils d'aide à la rédaction.

V. — A. — Le document unique d'évaluation des risques professionnels, dans ses versions successives, est conservé par l'employeur et tenu à la disposition des travailleurs, des anciens travailleurs ainsi que de toute personne ou instance pouvant justifier d'un intérêt à y avoir accès. La durée, qui ne peut être inférieure à quarante ans, et les modalités de conservation et de mise à disposition du document ainsi que la liste des personnes et instances sont fixées par décret en Conseil d'État.

B. — Pour la mise en œuvre des obligations mentionnées au A du présent V, le document unique d'évaluation des risques professionnels et ses mises à jour font l'objet d'un dépôt dématérialisé sur un portail numérique déployé et administré par un organisme géré par les organisations professionnelles d'employeurs représentatives au niveau national et interprofessionnel. Ce portail garantit la conservation et la mise à disposition du document unique conformément aux dispositions législatives et réglementaires en vigueur. Il préserve la confidentialité des données contenues dans le document unique et en restreint l'accès par l'intermédiaire d'une procédure d'authentification sécurisée réservée aux personnes et instances habilitées à déposer et mettre à jour le document sur le portail ainsi qu'aux personnes et instances justifiant d'un intérêt à y avoir accès.

Sont arrêtés par les organisations professionnelles d'employeurs représentatives au niveau national et interprofessionnel et agréées par le ministre chargé du travail, selon des modalités et dans des délais déterminés par décret :

1° Le cahier des charges du déploiement et du fonctionnement du portail numérique, sur avis conforme de la Commission nationale de l'informatique et des libertés ;

2° Les statuts de l'organisme gestionnaire du portail numérique.

En l'absence d'agrément des éléments mentionnés aux 1° et 2° du présent B à l'expiration des délais mentionnés au deuxième alinéa, les mesures d'application nécessaires à l'entrée en vigueur du premier alinéa sont déterminées par décret en Conseil d'État.

L'obligation de dépôt dématérialisé du document unique prévue au même premier alinéa est applicable :

a) A compter du 1er juillet 2023, aux entreprises dont l'effectif est supérieur ou égal à cent cinquante salariés ;

b) A compter de dates fixées par décret, en fonction des effectifs des entreprises, et au plus tard à compter du 1er juillet 2024 aux entreprises dont l'effectif est inférieur à cent cinquante salariés.

VI. — Le document unique d'évaluation des risques professionnels est transmis par l'employeur à chaque mise à jour au service de prévention et de santé au travail auquel il adhère.

BIBL. ▶ CHASTAGNOL, *JCP S* 2022. 1081 (DUERP et prévention en entreprise). - LAHALLE, *JCP S* 2022. 1080 (nouvelles contraintes du DUERP).

Art. L. 4121-4 Lorsqu'il confie des tâches à un travailleur, l'employeur, compte tenu de la nature des activités de l'établissement, prend en considération les capacités de l'intéressé à mettre en œuvre les précautions nécessaires pour la santé et la sécurité. — *[Anc. art. L. 230-2, III, al. 3.]*

Art. L. 4121-5 Lorsque dans un même lieu de travail les travailleurs de plusieurs entreprises sont présents, les employeurs coopèrent à la mise en œuvre des dispositions relatives à la santé et à la sécurité au travail. — *[Anc. art. L. 230-2, IV, al. 1er.]*

CHAPITRE II **OBLIGATIONS DES TRAVAILLEURS**

Art. L. 4122-1 Conformément aux instructions qui lui sont données par l'employeur, dans les conditions prévues au règlement intérieur pour les entreprises tenues d'en élaborer un, il incombe à chaque travailleur de prendre soin, en fonction de sa formation et selon ses possibilités, de sa santé et de sa sécurité ainsi que de celles des autres personnes concernées par ses actes ou ses omissions au travail.

Les instructions de l'employeur précisent, en particulier lorsque la nature des risques le justifie, les conditions d'utilisation des équipements de travail, des moyens de protection, des substances et préparations dangereuses. Elles sont adaptées à la nature des tâches à accomplir.

Les dispositions du premier alinéa sont sans incidence sur le principe de la responsabilité de l'employeur. – *[Anc. art. L. 230-3, L. 122-34, al. 2, phrase 2, et L. 230-4.]*

BIBL. ▶ GABA, *Dr. ouvrier 2011*. 114 (obligation de sécurité du salarié : ombres et lumières jurisprudentielles). – COUSSEAU, *JSL 2015, n° 382-382-5* (quelle obligation de prévention imposer au salarié ?). – RADÉ, *Dr. ouvrier 2012*. 578 (obligation de sécurité du salarié).

COMMENTAIRE

V. sur le Code en ligne 🔒.

1. Responsabilité. Selon l'art. L. 230-3 [L. 4122-1 nouv.], il incombe à chaque travailleur de prendre soin, en fonction de sa formation et selon ses possibilités, de sa sécurité et de sa santé ainsi que de celles des autres personnes concernées du fait de ses actes ou de ses omissions au travail ; dès lors, même s'il n'a pas reçu de délégation de pouvoir, un salarié répond des fautes qu'il a commises dans l'exécution de son contrat de travail. • Soc. 28 févr. 2002, 🔒 n° 00-41.220 P : *D. 2002. IR 1118 ⌀ ; RJS 2002. 440, n° 582 ; Dr. soc. 2002. 533, obs. Vatinet ⌀ ; JSL 2002, n° 99-5* • 30 sept. 2005 : 🔒 *D. 2006. 973, note Gaba ⌀ ; Dr. soc. 2006. 102, obs. Savatier ⌀ ; JCP E 2006. 1632, note Brissy.* ♦ Le salarié est investi d'une obligation de ne pas mettre en danger d'autres membres du personnel ; la responsabilité du salarié commence dès qu'il pénètre dans l'enceinte de l'entreprise. • Soc. 4 oct. 2011 : 🔒 *RJS 2011. 840, n° 949 ; JSL 2011, n° 309-2, obs. Hautefort ; JCP S 2011. 1533, obs. Dauxerre.*

2. Harcèlement moral et inaction du responsable RH. En cautionnant les méthodes managériales inacceptables du directeur d'un magasin et en les laissant perdurer, la responsable des ressources humaines a manqué à ses obligations contractuelles et mis en danger la santé physique et mentale des salariés, ce qui justifie son licenciement ; en l'espèce, il a été constaté que la salariée, qui travaillait en très étroite collaboration avec le directeur du magasin, avait connaissance du comportement inacceptable de celui-ci à l'encontre de ses subordonnés et pouvait en outre s'y associer, qu'elle n'a rien fait pour mettre fin à ces pratiques alors qu'en sa qualité de responsable des ressources humaines, elle avait une mission particulière en matière de management, qu'il relevait de ses fonctions de veiller au climat social et à des conditions de travail optimales pour les collaborateurs. • Soc. 8 mars 2017, 🔒 n° 15-24.406 : *RJS 5/2017, n° 328.*

3. Faute grave. En cas de manquement à l'obligation qui lui est faite par l'art. L. 230-3 [L. 4122-1 nouv.] de prendre soin de sa sécurité et de sa santé, ainsi que celle des autres personnes concernées du fait de ses actes ou de ses omissions au travail, un salarié engage sa responsabilité et une faute grave peut être retenue contre lui, notamment s'il refuse de porter un casque de sécurité. • Soc. 23 mars 2005 : 🔒 *D. 2005. 1758, note Gaba ⌀ ; JSL 2005, n° 166-3 ; RJS 2005. 454, n° 641.* ♦ Constitue une faute grave le comportement d'un salarié surpris en train de fumer dans les locaux de l'entreprise alors que l'interdiction de fumer résultait d'une décision préfectorale justifiée par la sécurité des personnes et des biens, et que cette interdiction avait bien été portée à la connaissance de tous les salariés. • Soc. 1er juill. 2008 : 🔒 *RJS 2008. 819, n° 1003 ; JCP S 2008. 1509, obs. Bugada ; SSL 2008, n° 136, p. 14.* ♦ Le salarié, titulaire d'une délégation de pouvoirs, qui ne prend aucune mesure pour prévenir un accident et ne fait pas procéder aux réparations qui s'imposent, commet un manquement grave à son obligation de sécurité, rendant impossible son maintien dans l'entreprise. • Soc. 23 juin 2010 : 🔒 *D. actu. 8 juill. 2010, obs. Maillard ; D. 2011. Pan. 840, obs. Mazuyer ⌀ ; RJS 2010. 700, n° 776 ; Dr. soc. 2010. 954, note Duquesne ⌀.*

4. Absence d'incidence sur la responsabilité de l'employeur. Le juge ne peut limiter le montant des dommages-intérêts alloués pour manquements de l'employeur à son obligation de sécurité de résultat en raison de l'attitude du salarié qui avait accepté le risque qu'elle dénonçait dans le même temps. • Soc. 10 févr. 2016, 🔒 n° 14-24.350 P : *D. actu. 26 févr. 2016, obs. Cortot ; D. 2016. Actu. 432 ⌀ ; ibid. Pan. 814, obs. Lokiec ⌀ ; RDT 2016. 425, obs. Véricel ⌀ ; RJS 4/2016, n° 254 ; SSL 2016, n° 1717, obs. Tissandier ; Gaz. Pal. 2016. 66, obs. Bugada ; JCP S 2016. 1128, obs. Asquinazi-Bailleux.*

Art. L. 4122-2 Les mesures prises en matière de santé et de sécurité au travail ne doivent entraîner aucune charge financière pour les travailleurs. – *[Anc. art. L. 230-3, L. 122-34, al. 2, phrase 2 et L. 230-4.]*

1. Frais professionnels. Les frais exposés par un salarié pour les besoins de son activité professionnelle et dans l'intérêt de l'emploi doivent être supportés par ce dernier ; l'employeur doit assumer la charge de l'entretien du vêtement de travail dont le port est obligatoire et inhérent à l'emploi des salariés concernés. • Soc. 21 mai 2008 : 🔒 *RDT 2008*. 536, obs. Frouin ⌀ ; *JSL 2008, n° 238-5 ; RJS 2008*. 718, n° 896 ; *JCP S 2008*. 1538, obs. Bossu ; *Dr. ouvrier 2008*. 533, obs. Taraud. ♦ Pour le Conseil d'État, cette obligation s'étend au nettoyage des vêtements ordinairement portés par le salarié. • CE 17 juin 2014 : 🔒 *AJDA 2014*. 1295 ⌀ ; *ibid*. 1963, note Seurot ⌀. ♦ Le facteur, qui n'est pas statutairement soumis au port d'une tenue de travail spécifique, n'a pas le droit au remboursement des frais exposés pour l'entretien des vêtements de travail qui lui sont fournis. • Soc. 3 mai 2016, 🔒 n° 15-12.549 : *D*. 2016. Actu. 1005 ⌀ ; *RJS 7/2016, n° 494 ; JCP S 2016*. 1275, obs. Pagani.

2. Prise en charge des frais médicaux. Les frais qu'un salarié expose pour les besoins de son activité professionnelle et dans l'intérêt de son employeur doivent être supportés par ce dernier ; il appartient aux juges du fond de caractériser ces deux éléments, y compris dans l'hypothèse où les frais engagés par le salarié l'ont été sur la base d'une ordonnance établie par le médecin du travail dans le cadre de sa mission de suivi individuel de l'état de santé du travailleur. • Soc. 5 juill. 2017, 🔒 n° 15-29.424 P : *D. 2017*. Actu. 1477 ⌀ ; *RJS 10/2017, n° 673 ; JCP S 2017*. 1337, obs. Michalletz.

TITRE III DROITS D'ALERTE ET DE RETRAIT

Sur les modalités d'exercice du droit d'alerte et de retrait des gens de mer à bord des navires, V. Décr. n° 2016-303 du 15 mars 2016 (JO 17 mars).

COMMENTAIRE
V. sur le Code en ligne 🔒. ❏

CHAPITRE I PRINCIPES

Art. L. 4131-1 Le travailleur alerte immédiatement l'employeur de toute situation de travail dont il a un motif raisonnable de penser qu'elle présente un danger grave et imminent pour sa vie ou sa santé ainsi que de toute défectuosité qu'il constate dans les systèmes de protection.

Il peut se retirer d'une telle situation.

L'employeur ne peut demander au travailleur qui a fait usage de son droit de retrait de reprendre son activité dans une situation de travail où persiste un danger grave et imminent résultant notamment d'une défectuosité du système de protection. — [Anc. art. L. 231-8, al. 1er et 2.]

BIBL. ▶ AMIARD, LIBERT et FANTONI QUINTON, *SSL 2015, n° 1688, p. 8* (droit de retrait et fortes chaleurs). – BOUSIGES, *Dr. soc. 1991*. 279 ⌀. – CHAUMETTE, *ibid. 1983*. 425. – DÉPREZ, *RJS 1990*. 619 (droit de retrait et droit de grève). – FROSSARD, *Dr. soc. 1987*. 496. – DEGOUSÉE, *Dr. ouvrier 2021*. 156 (face au covid, l'exercice (contrarié) du droit de retrait dans le secteur du commerce). – DESAIN et BELJEAN, *JSL 2010, n° 286-1* (panorama de jurisprudence en matière de droit de retrait). – GODARD, *JCP E 1984*. II. 14215 (responsabilités en cas de danger grave et imminent). – GRÉVY, *Dr. soc. 2011*. 764 ⌀ (les procédures d'urgences). – JUBERT-TOMASSO, *Dr. ouvrier 2021*. 149 (légitimité du droit de retrait face à l'épidémie de covid-19). – LACHAISE, *JCP E 1991*. I. 88. – LEBORGNE-INGELAERE, *Dr. ouvrier 2023*. 278 (l'ambivalence du droit de retrait). – LEDUC et MASSAMBA-DÉBAT, *Dr. ouvrier 2020*. 349 (le système de protection du travailleur en situation de danger grave et imminent). – LEVANNIER-GOUËL, *SSL 2012, n° 1548, p. 11* (la retenue immédiate sur salaire est-elle compatible avec le droit de retrait ?). – VERKINDT et BABIN, *RDT 2020*. Controverse 721 ⌀ (quels usages du droit de retrait ?).

COMMENTAIRE
V. sur le Code en ligne 🔒. ❏

1. Notion de danger. La condition d'extériorité du danger n'est pas exigée d'une manière exclusive par les art. L. 231-8 et L. 231-8-1 [L. 4131-1 et L. 4131-3 nouv.]. • Soc. 20 mars 1996, 🔒 n° 93-40.111 P : *JCP E 1996*. II. 850, note Lachaise ; *Dr. soc. 1996*. 684, obs. Savatier ⌀ ; *RJS 1996*. 350, n° 554 ; *ibid*. 319, concl. Chauvy ; *CSB 1996*. 169, A. 37.

2. Pouvoir souverain des juges du fond. C'est par une appréciation souveraine des éléments de la cause qu'une cour d'appel a pu estimer que le salarié avait un motif raisonnable de penser que le maintien à son poste de travail présentait un danger grave et imminent pour sa santé. • Soc. 11 déc. 1986 : *D. 1987*. IR 4 ; *JCP 1987*. II. 20807, note Godard • 20 janv. 1993, 🔒 n° 91-

42.028 P : *RJS* 1993. 173, n° 285 ; *CSB* 1993. 96, S. 44 ; *JCP E* 1993. II. 494, note Lachaise (défaut de motif raisonnable) • 23 avr. 2003, ⚕ n° 01-44.806 P : *Dr. soc.* 2003. 805, note Savatier ⌀.

3. Signalement à l'employeur. Si l'art. L. 231-8 [L. 4131-1 nouv.] oblige le salarié à signaler immédiatement à l'employeur l'existence d'une situation de travail qu'il estime dangereuse, il ne lui impose pas de le faire par écrit. • CE 12 juin 1987 : *D.* 1987. IR 162 ; *Dr. soc.* 1987. 645, note Savatier • 11 juill. 1990 : ⚕ *RJS* 1990. 520, n° 767 • Soc. 28 mai 2008 : ⚕ *JCP S* 2008. 1506, note Barège et Bossu ; *RJS* 2008. 717, n° 894 ; *JSL* 2008, n° 236-2 ; *Dr. ouvrier* 2008. 74, note Meyrat.

4. CHSCT. L'exercice par un salarié de son droit d'alerte ou de retrait n'est pas subordonné à la procédure d'intervention du CHSCT. • Soc. 10 mai 2001 : ⚕ *RJS* 2001. 600, n° 872.

5. Revendications professionnelles. Constitue l'exercice du droit de grève et non du droit de retrait l'arrêt de travail décidé par les salariés qui, après avoir refusé d'exécuter un ordre dangereux pour leur santé et leur vie, ont présenté une revendication professionnelle en demandant le bénéfice de la position chômage intempéries. • Soc. 26 sept. 1990 : ⚕ *GADT*, 4ᵉ éd., n° 206 ; *D.* 1990. IR 228 ; *Dr. soc.* 1991. 60, concl. Waquet, note Ray ⌀ ; *Dr. ouvrier* 1990. 457, note F. S. ; *CSB* 1990. 237, A. 52 ; *RJS* 1990. 542, n° 812 et note Déprez, *ibid.* 619.

6. Agents publics. Sur la reconnaissance à un agent public communal du droit de retrait, considéré comme inspiré d'un principe général du droit, V. • TA Besançon, 10 oct. 1996 : *Dr. soc.* 1996. 1034, concl. Moulin ⌀ ; *LPA* 23 juill. 1997, note Portet.

7. Exercice illégitime. Un employeur peut opérer une retenue sur la rémunération d'un salarié qui a, de façon illégitime, invoqué son droit de retrait, sans qu'il soit nécessaire de saisir préalablement la juridiction prud'homale pour faire constater l'absence pour le salarié de motif raisonnable de penser que sa situation de travail présentait un danger grave et imminent pour sa vie ou sa santé ; lorsque les conditions du droit de retrait ne sont pas réunies, le salarié s'expose à une retenue sur salaire, peu important qu'il reste à la disposition de l'employeur. • Soc. 25 nov. 2008 : ⚕ *D.* 2009. AJ 25 ⌀ ; *RJS* 2009. 153, n° 180 ; *Dr. soc.* 2009. 369, obs. Chaumette ⌀ ; *JSL* 2009, n° 248-5.

8. Droit de retrait et suspension du contrat de travail. Le droit de retrait ne pouvant être exercé que pendant l'exécution du contrat de travail, un salarié ne peut demander un rappel de salaire au titre de l'exercice du droit de retrait pour les périodes où il se trouvait en arrêt maladie. • Soc. 9 oct. 2013 : ⚕ *D. actu.* 25 oct. 2013, obs. Peyronnet ; *D.* 2013. Actu. 2404 ⌀ ; *RJS* 12/2013, n° 783 ; *JSL* 2013, n° 354-3, obs. Hautefort.

9. Compétence du juge des référés. La formation des référés, qui a relevé que le CHSCT d'un établissement avait constaté un danger grave et imminent d'exposition des travailleurs à l'amiante et qu'un recours de l'employeur sur la validité de la procédure initiée par ce comité n'avait pas abouti, n'a pas excédé ses pouvoirs tirés de l'art. R. 1455-7 C. trav. en allouant aux salariés une provision sur le salaire qui leur avait été retenu par l'employeur. • Soc. 31 mars 2016, ⚕ n° 14-25.237 P : *D. actu.* 9 mai 2016, obs. Fraisse ; *D.* 2016. Actu. 790 ⌀ ; *RJS* 6/2016, n° 425 ; *JCP S* 2016. 1214, obs. Bugada.

10. Nullité du licenciement. L'exercice du droit de retrait par le salarié rend nul le licenciement fondé sur l'exercice de ce droit, peu important qu'il ait obtenu l'accord de son employeur pour quitter son poste de travail, et dès lors que l'un des reproches formulés par l'employeur dans la lettre de licenciement reposait sur l'exercice de ce droit de retrait. • Soc. 25 nov. 2015, ⚕ n° 14-21.272 P : *D.* 2015. Actu. 2508 ⌀ ; *RDT* 2016. 183, obs. Pontif ⌀ ; *RJS* 2/2016, n° 126 ; *JCP S* 2016. 1037, obs. Bossu.

Art. L. 4131-2 Le représentant du personnel au (*Ord. n° 2017-1386 du 22 sept. 2017, art. 4*) « comité social et économique », qui constate qu'il existe une cause de danger grave et imminent, notamment par l'intermédiaire d'un travailleur, en alerte immédiatement l'employeur selon la procédure prévue au premier alinéa de l'article L. 4132-2. — [*Anc. art. L. 231-9, al. 1, phrase 1.*]

BIBL. ▶ Grévy, *Dr. soc.* 2011. 764 ⌀ (les procédures d'urgences).

1. Mise à disposition de moyens. L'employeur étant tenu de procéder sur-le-champ à une enquête avec le membre du CHSCT qui lui a signalé le danger, il ne saurait refuser au représentant de se rendre sur les lieux, ni de lui fournir à cet effet les moyens nécessaires (véhicule). • Soc. 10 oct. 1990, n° 89-61.351 P : *D.* 1990. IR 280.

2. Danger grave et imminent. L'admission dans un établissement hospitalier de malades porteurs du virus HIV ou de l'hépatite virale B ne présente pas par elle-même le caractère d'un danger grave et imminent. • TA Versailles, 2 juin 1994 : *RJS* 1994. 675, n° 1142.

Art. L. 4131-3 Aucune sanction, aucune retenue de salaire ne peut être prise à l'encontre d'un travailleur ou d'un groupe de travailleurs qui se sont retirés d'une situation de travail dont ils avaient un motif raisonnable de penser qu'elle présentait

SANTÉ ET SÉCURITÉ AU TRAVAIL **Art. L. 4132-2** 1317

un danger grave et imminent pour la vie ou pour la santé de chacun d'eux. — *[Anc. art. L. 231-8-1, phrase 1.]*

COMMENTAIRE
V. sur le Code en ligne 🏛.

1. Non-respect du droit de retrait. Le fait, pour un grutier intérimaire d'être obligé de rester en position de travail alors qu'il a, à plusieurs reprises, averti sa hiérarchie du danger existant pour la sécurité des personnes sur un chantier de travaux en raison de la violence du vent, et alors même qu'il n'a pas été informé des dispositions de l'art. L. 231-8-1 [L. 4131-3 nouv.], constitue, dans le contexte de la précarité de sa situation professionnelle, une contrainte irrésistible au sens de l'art. 122-2 C. pén. de nature à exonérer le prévenu de sa responsabilité pénale du chef des infractions de violences et homicide involontaires.
• T. corr. Nancy, 7 juill. 1997 : *LPA 27 févr. 1998, p. 22, note Besanger.*

2. Retenue de salaire. Les salariés qui se retirent d'une situation qu'ils estiment dangereuse n'exercent pas leur droit de grève, mais peuvent néanmoins faire l'objet, indépendamment de toute sanction, d'une retenue sur salaire s'ils n'avaient pas un motif raisonnable de penser que la situation présentait un danger grave et imminent. • Soc. 11 juill. 1989 : *D. 1989. IR 235 ; Dr. ouvrier 1989. 492 ; JCP 1989. IV. 347.*

3. Exercice non fondé. L'exercice non fondé du droit de retrait ne caractérise pas l'existence d'une faute grave, mais constitue une cause réelle et sérieuse de licenciement. • Soc. 6 déc. 1990 : 🏛 *CSB 1991. 47, S. 25.*

4. Est justifié le licenciement d'un salarié qui, exposé à des courants d'air, se retire de son poste de travail, alors qu'il n'existait pas de motif raisonnable de penser qu'une telle situation présentait un danger grave et imminent pour sa vie ou sa santé. • Soc. 17 oct. 1989 : *JS UIMM 1990. 54.*

5. Exercice fondé. Le licenciement prononcé par l'employeur pour un motif lié à l'exercice légitime par le salarié du droit de retrait de son poste de travail dans une situation de danger est nul.
• Soc. 28 janv. 2009 : 🏛 *RDT 2009. 167, obs. Miné ⬚ ; D. 2009. Pan. 2128, obs. Amauger-Lattes ⬚ ; Dr. soc. 2009. 489, obs. Chaumette ⬚ ; RJS 2009. 308, n° 361 ; JCP S 2009. 1226, obs. Verkindt ; JCP E 2009. 1638, note Pochet ; JSL 2009, n° 250-2.* ♦ Comp. : le licenciement d'un salarié fondé sur son seul refus de conduire le camion de l'entreprise est dépourvu de cause réelle et sérieuse, dès lors que le véhicule présentait un système de freinage défectueux, qu'après une interdiction de circulation émise par le service des mines l'employeur était tenu de présenter le camion à une contre-visite, et que dans l'attente de celle-ci le salarié était en droit d'exercer son droit de retrait, la conduite du véhicule présentant un danger grave et imminent pour sa vie.
• Montpellier, 30 avr. 1998 : *JCP 1999. IV. 2620.*

6. Fonctions à risques. Dès lors que le risque est inhérent à la fonction exercée et initialement acceptée par le salarié, convoyeur de fonds, la cessation du travail ne constitue pas l'exercice justifié du droit de retrait, en l'absence de menace particulière d'agression et alors que l'employeur n'a méconnu aucune mesure légale de sécurité.
• Aix-en-Provence, 8 nov. 1995 : *JCP E 1996. II. 859, note Cohen-Donsimoni.*

Art. L. 4131-4 Le bénéfice de la faute inexcusable de l'employeur prévue à l'article L. 452-1 du code de la sécurité sociale est de droit pour le ou les travailleurs qui seraient victimes d'un accident du travail ou d'une maladie professionnelle alors qu'eux-mêmes ou un représentant du personnel au *(Ord. n° 2017-1386 du 22 sept. 2017, art. 4)* « comité social et économique » avaient signalé à l'employeur le risque qui s'est matérialisé. — *[Anc. art. L. 231-8-1, phrase 2.]*

Bénéfice de la faute inexcusable. Le bénéfice de la faute inexcusable de l'employeur est de droit pour le salarié qui a signalé un risque qui s'est matérialisé. • Soc. 17 juill. 1998, 🏛 n° 96-20.988 P : *RJS 1998. 777, n° 1286.*

CHAPITRE II **CONDITIONS D'EXERCICE DES DROITS D'ALERTE ET DE RETRAIT**

Art. L. 4132-1 Le droit de retrait est exercé de telle manière qu'elle *[il]* ne puisse créer pour autrui une nouvelle situation de danger grave et imminent. — *[Anc. art. L. 231-8-2.]*

Art. L. 4132-2 Lorsque le représentant du personnel au *(Ord. n° 2017-1386 du 22 sept. 2017, art. 4)* « comité social et économique » alerte l'employeur en application de l'article L. 4131-2, il consigne son avis par écrit dans des conditions déterminées par voie réglementaire.

L'employeur procède immédiatement à une enquête avec le représentant du *(Ord. n° 2017-1386 du 22 sept. 2017, art. 4)* « comité social et économique » qui lui a signalé le danger et prend les dispositions nécessaires pour y remédier. – *[Anc. art. L. 231-9, al. 1er, phrase 1 fin et phrase 2.]* – V. art. D. 4132-1.

Art. L. 4132-3 En cas de divergence sur la réalité du danger ou la façon de le faire cesser, notamment par arrêt du travail, de la machine ou de l'installation, le *(Ord. n° 2017-1386 du 22 sept. 2017, art. 4)* « comité social et économique » est réuni d'urgence, dans un délai n'excédant pas vingt-quatre heures.

L'employeur informe immédiatement l'*(L. n° 2016-1088 du 8 août 2016, art. 113)* « agent de contrôle de l'inspection du travail mentionné à l'article L. 8112-1 » et l'agent du service de prévention de la caisse régionale d'assurance maladie, qui peuvent assister à la réunion du *(Ord. n° 2017-1386 du 22 sept. 2017, art. 4)* « comité social et économique ». – *[Anc. art. L. 231-9, al. 2.]*

Art. L. 4132-4 A défaut d'accord entre l'employeur et la majorité du *(Ord. n° 2017-1386 du 22 sept. 2017, art. 4)* « comité social et économique » sur les mesures à prendre et leurs conditions d'exécution, l'inspecteur du travail est saisi immédiatement par l'employeur.

L'inspecteur du travail met en œuvre soit l'une des procédures de mise en demeure prévues à l'article L. 4721-1, soit la procédure de référé prévue aux articles L. 4732-1 et L. 4732-2. – *[Anc. art. L. 231-9, al. 3.]*

Art. L. 4132-5 L'employeur prend les mesures et donne les instructions nécessaires pour permettre aux travailleurs, en cas de danger grave et imminent, d'arrêter leur activité et de se mettre en sécurité en quittant immédiatement le lieu de travail. – *[Anc. art. L. 231-10.]*

CHAPITRE III DROIT D'ALERTE EN MATIÈRE DE SANTÉ PUBLIQUE ET D'ENVIRONNEMENT

(L. n° 2013-316 du 16 avr. 2013, art. 8)

BIBL. ▶ Bouton, RDT 2014. 471 *(vers une généralisation du lanceur d'alerte en droit français)*. – Véricel, RDT 2013. 415.

▶ **Alerte verte :** Vacarie, RDT 2020. 601 *(travail et développement durable)*.

COMMENTAIRE
V. sur le Code en ligne. ❏

Art. L. 4133-1 *(L. n° 2022-401 du 21 mars 2022, art. 7-I, en vigueur le 1er sept. 2022)* « Sans préjudice du droit de recourir, si les conditions en sont remplies, au dispositif de signalement ou de divulgation publique prévu au chapitre II du titre I de la loi n° 2016-1691 du 9 décembre 2016 relative à la transparence, à la lutte contre la corruption et à la modernisation de la vie économique, le travailleur alerte » *(L. n° 2013-316 du 16 avr. 2013, art. 8)* « immédiatement l'employeur s'il estime, de bonne foi, que les produits ou procédés de fabrication utilisés ou mis en œuvre par l'établissement font peser un risque grave sur la santé publique ou l'environnement.

« L'alerte est consignée par écrit dans des conditions déterminées par voie réglementaire.

« L'employeur informe le travailleur qui lui a transmis l'alerte de la suite qu'il réserve à celle-ci. » – V. art. D. 4133-1 s.

Toute personne physique ou morale qui lance une alerte de mauvaise foi ou avec l'intention de nuire ou avec la connaissance au moins partielle de l'inexactitude des faits rendus publics ou diffusés est punie des peines prévues au premier alinéa de l'art. 226-10 C. pén.

Tout employeur saisi d'une alerte en matière de santé publique ou d'environnement qui n'a pas respecté les obligations lui incombant en application des art. L. 4133-1 et L. 4133-2 C. trav. perd le bénéfice des dispositions du 4° de l'art. 1386-11 C. civ. (L. n° 2013-316 du 16 avr. 2013, art. 12 et 13).

Ancien art. L. 4133-1 *Le travailleur alerte immédiatement l'employeur s'il estime, de bonne foi, que les produits ou procédés de fabrication utilisés ou mis en œuvre par l'établissement font peser un risque grave sur la santé publique ou l'environnement.*

L'alerte est consignée par écrit dans des conditions déterminées par voie réglementaire.
L'employeur informe le travailleur qui lui a transmis l'alerte de la suite qu'il réserve à celle-ci.
— V. art. D. 4133-1 s.

Art. L. 4133-2 (L. n° 2022-401 du 21 mars 2022, art. 7-I, en vigueur le 1ᵉʳ sept. 2022) « Sans préjudice du droit de recours, si les conditions en sont remplies, au dispositif de signalement ou de divulgation publique prévu au chapitre II du titre I de la loi n° 2016-1691 du 9 décembre 2016 relative à la transparence, à la lutte contre la corruption et à la modernisation de la vie économique, le représentant du personnel au comité social et économique qui constate, notamment par l'intermédiaire d'un travailleur, que les produits ou procédés de fabrication utilisés ou mis en œuvre par l'établissement font peser un risque grave » (L. n° 2013-316 du 16 avr. 2013, art. 8) « pour la santé publique ou l'environnement en alerte immédiatement l'employeur.

« L'alerte est consignée par écrit dans des conditions déterminées par voie réglementaire.

« L'employeur examine la situation conjointement avec le représentant du personnel au (Ord. n° 2017-1386 du 22 sept. 2017, art. 4) « comité social et économique » qui lui a transmis l'alerte et l'informe de la suite qu'il réserve à celle-ci. »

<small>Ancien art. L. 4133-2 *Le représentant du personnel au (Ord. n° 2017-1386 du 22 sept. 2017, art. 4) « comité social et économique » qui constate, notamment par l'intermédiaire d'un travailleur, qu'il existe un risque grave pour la santé publique ou l'environnement en alerte immédiatement l'employeur.*

L'alerte est consignée par écrit dans des conditions déterminées par voie réglementaire.

L'employeur examine la situation conjointement avec le représentant du personnel au (Ord. n° 2017-1386 du 22 sept. 2017, art. 4) « comité social et économique » qui lui a transmis l'alerte et l'informe de la suite qu'il réserve à celle-ci.</small>

Art. L. 4133-3 (L. n° 2022-401 du 21 mars 2022, art. 7-I, en vigueur le 1ᵉʳ sept. 2022) Les personnes mentionnées à l'article L. 4133-1 ne peuvent pas faire l'objet des mesures mentionnées à l'article L. 1121-2. Elles bénéficient des protections prévues aux I et III de l'article 10-1 et aux articles 12 à 13-1 de la loi n° 2016-1691 du 9 décembre 2016 relative à la transparence, à la lutte contre la corruption et à la modernisation de la vie économique.

<small>Ancien art. L. 4133-3 *En cas de divergence avec l'employeur sur le bien-fondé d'une alerte transmise en application des articles L. 4133-1 et L. 4133-2 ou en l'absence de suite dans un délai d'un mois, le travailleur ou le représentant du personnel au (Ord. n° 2017-1386 du 22 sept. 2017, art. 4) « comité social et économique » peut saisir le représentant de l'État dans le département.*</small>

Art. L. 4133-4 Le (Ord. n° 2017-1386 du 22 sept. 2017, art. 4) « comité social et économique » est informé des alertes transmises à l'employeur en application des articles L. 4133-1 et L. 4133-2 (Abrogé par L. n° 2022-401 du 21 mars 2022, art. 7-I, à compter du 1ᵉʳ sept. 2022) « , de leurs suites ainsi que des saisines éventuelles du représentant de l'État dans le département en application de l'article L. 4133-3 ».

Art. L. 4133-5 Abrogé par L. n° 2016-1691 du 9 déc. 2016, art. 15-III.

TITRE IV INFORMATION ET FORMATION DES TRAVAILLEURS

CHAPITRE I OBLIGATION GÉNÉRALE D'INFORMATION ET DE FORMATION

Art. L. 4141-1 L'employeur organise et dispense une information des travailleurs sur les risques pour la santé et la sécurité et les mesures prises pour y remédier.

(L. n° 2013-316 du 16 avr. 2013, art. 9) « Il organise et dispense également une information des travailleurs sur les risques que peuvent faire peser sur la santé publique ou l'environnement les produits ou procédés de fabrication utilisés ou mis en œuvre par l'établissement ainsi que sur les mesures prises pour y remédier. »

V. art. R. 4141-1 s.

Art. L. 4141-2 L'employeur organise une formation pratique et appropriée à la sécurité au bénéfice :

1° Des travailleurs qu'il embauche ;

2° Des travailleurs qui changent de poste de travail ou de technique ;

3° Des salariés temporaires, à l'exception de ceux auxquels il est fait appel en vue de l'exécution de travaux urgents nécessités par des mesures de sécurité et déjà dotés de la qualification nécessaire à cette intervention ;

4° A la demande du médecin du travail, des travailleurs qui reprennent leur activité après un arrêt de travail d'une durée d'au moins vingt et un jours.

Cette formation est répétée périodiquement dans des conditions déterminées par voie réglementaire ou par convention ou accord collectif de travail. — *[Anc. art. L. 231-3-1, al. 1ᵉʳ.]* — V. art. R. 4141-2.

1. Limites à l'obligation. Il ne peut être reproché à un employeur d'avoir omis de donner la formation pratique et appropriée en matière de sécurité au bénéfice d'un salarié changeant de poste de travail, alors que le changement provisoire s'est fait à la seule initiative du salarié, à l'insu de l'employeur, dont la faute personnelle n'est ainsi pas caractérisée. ● Crim. 23 oct. 1990, n° 89-84.718 P.

2. Responsabilité de l'employeur. Doit être déclaré coupable d'infraction à l'art. L. 231-3-1 C. trav. [L. 4141-2 nouv.] l'employeur qui n'a pas organisé une formation pratique et appropriée en matière de sécurité au bénéfice de son salarié. En effet, le dirigeant d'une entreprise qui met des salariés à la disposition d'une autre entreprise ne s'exonère pas de l'obligation préalable qui lui est faite de donner une formation appropriée à la sécurité. ● Crim. 16 sept. 1997, n° 96-82.618 P.
♦ Est coupable de l'infraction d'homicide involontaire en raison d'un accident du travail subi par un salarié mortellement blessé la société, personne morale du fait de ses organes ou représentants, qui a mis à la disposition du salarié une nacelle autoportée de location sans la formation à la sécurité correspondant, un tel manquement à une obligation de sécurité ou de prudence imposée par la loi ou le règlement rentrant dans les prévisions de l'art. 221-6 C. pén. qui définit et réprime le délit d'homicide involontaire, il n'importe pas que la société ait elle-même préalablement bénéficié d'une décision de non-lieu partiel s'agissant de l'infraction distincte prévue en matière de formation à la sécurité par l'article L. 231-3-1 [L. 4141-2] du code du travail, infraction pour laquelle, à l'époque des faits, la responsabilité pénale de la personne morale n'était pas encourue. ● Crim. 15 janv. 2008 : *JCP S 2008. 1287, obs. Cesaro.*

3. Absence de délit de violences non intentionnelles. L'employeur qui ne respecte pas les prescriptions des art. L. 4141-1 et L. 4141-2 C. trav. lui imposant d'organiser et de dispenser une information des travailleurs sur les risques pour la santé et la sécurité, ainsi qu'une formation périodique, pratique et appropriée à la sécurité au bénéfice des travailleurs qu'il embauche ou qui changent de poste de travail ou de technique, ne se rend pas auteur d'une faute de mise en danger délibérée ; une telle transgression qui serait à l'origine, chez un travailleur, de blessures génératrices d'une incapacité totale de travail d'une durée inférieure ou égale à trois mois, ne permet pas d'imputer à l'employeur le délit de violences non intentionnelles par la violation manifestement délibérée d'une obligation particulière de prudence ou de sécurité imposée par la loi ou le règlement de l'art. 222-20 C. pén. ● Crim. 21 juin 2022, n° 21-85.691 B : *RJS 8-9/2022, n° 449 ; JSL 2022, n° 247, obs. Mesa ; JCP S 2022. 1220, obs. Gamet.*

Art. L. 4141-3 L'étendue de l'obligation d'information et de formation à la sécurité varie selon la taille de l'établissement, la nature de son activité, le caractère des risques qui y sont constatés et le type d'emploi des travailleurs. — *[Anc. art. L. 231-3-1, al. 6, phrase 1, et L. 231-3-2, phrase 2.]*

Art. L. 4141-4 Le financement des actions de formation à la sécurité est à la charge de l'employeur.

(Abrogé par L. n° 2018-771 du 5 sept. 2018, art. 45-I, à compter du 1ᵉʳ janv. 2019) « Il ne peut imputer ce financement sur la participation prévue à l'article L. 6331-1 que pour les actions de formation mentionnées à l'article L. 6313-1. »

Art. L. 4141-5 (L. n° 2021-1018 du 2 août 2021, art. 6, en vigueur à une date fixée par décret et au plus tard le 1ᵉʳ oct. 2022) L'employeur renseigne dans un passeport de prévention les attestations, certificats et diplômes obtenus par le travailleur dans le cadre des formations relatives à la santé et à la sécurité au travail dispensées à son initiative. Les organismes de formation renseignent le passeport selon les mêmes modalités dans le cadre des formations relatives à la santé et à la sécurité au travail qu'ils dispensent. Le travailleur peut également inscrire ces éléments dans le passeport de prévention lorsqu'ils sont obtenus à l'issue de formations qu'il a suivies de sa propre initiative.

SANTÉ ET SÉCURITÉ AU TRAVAIL **Art. L. 4142-3-1** 1321

Le travailleur peut autoriser l'employeur à consulter l'ensemble des données contenues dans le passeport de prévention, y compris celles que l'employeur n'y a pas versées, pour les besoins du suivi des obligations de ce dernier en matière de formation à la santé et à la sécurité, sous réserve du respect des conditions de traitement des données à caractère personnel prévues à l'article 4 de la loi n° 78-17 du 6 janvier 1978 relative à l'informatique, aux fichiers et aux libertés.

Un demandeur d'emploi peut ouvrir un passeport de prévention et y inscrire les attestations, certificats et diplômes obtenus dans le cadre des formations qu'il a suivies dans les domaines de la santé et de la sécurité au travail.

Lorsque le travailleur ou le demandeur d'emploi dispose d'un passeport d'orientation, de formation et de compétences prévu au second alinéa du II de l'article L. 6323-8 du présent code, son passeport de prévention y est intégré. Il est mis en œuvre et géré selon les mêmes modalités.

(*L. n° 2021-1018 du 2 août 2021, art. 6, en vigueur le 31 mars 2022*) « Les modalités de mise en œuvre du passeport de prévention et de sa mise à la disposition de l'employeur sont déterminées par le comité national de prévention et de santé au travail et approuvées par voie réglementaire. En l'absence de décision du comité à l'issue d'un délai de six mois à compter de la publication du décret en Conseil d'État prévu au dernier alinéa de l'article L. 4641-2-1, ces modalités sont déterminées par décret en Conseil d'État. Le comité national de prévention et de santé au travail assure également le suivi du déploiement du passeport de prévention. » — *V. Délib. du comité national de prévention et de santé au travail du 13 juill. 2022 (Annexe du Décr. n° 2022-1712 du 29 déc. 2022, JO 30 déc.).*

Les 4 premiers al. de cet art. entrent en vigueur à une date fixée par Décr. et au plus tard le 1ᵉʳ oct. 2022 (L. n° 2021-1018 du 5 août 2021, art. 6-II). Le dernier al. entre en vigueur le 31 mars 2022 (L. préc., art. 40-I).

BIBL. ▶ GUIOMARD, *Dr. soc. 2021. 914* (le passeport de prévention).

CHAPITRE II FORMATIONS ET MESURES D'ADAPTATION PARTICULIÈRES

Art. L. 4142-1 En fonction des risques constatés, des actions particulières de formation à la sécurité sont conduites dans certains établissements avec le concours, le cas échéant, des organismes professionnels d'hygiène, de sécurité et des conditions de travail prévus à l'article L. 4643-1 et des services de prévention des caisses régionales d'assurance maladie. — *[Anc. art. L. 231-3-1, al. 5.]*

Art. L. 4142-2 Les salariés titulaires d'un contrat de travail à durée déterminée et les salariés temporaires affectés à des postes de travail présentant des risques particuliers pour leur santé ou leur sécurité bénéficient d'une formation renforcée à la sécurité, dans les conditions prévues à l'article L. 4154-2.

Par dérogation aux dispositions de l'article L. 4141-4, le financement de ces actions de formation est à la charge de l'entreprise utilisatrice. — *[Anc. art. L. 231-3-1, al. 6, phrase 2, al. 4 début.]*

Art. L. 4142-3 Dans les établissements comprenant au moins une installation figurant sur la liste prévue (*L. n° 2013-619 du 16 juill. 2013, art. 11-V*) « à l'article L. 515-36 » du code de l'environnement ou mentionnée à (*Ord. n° 2011-91 du 21 janv. 2011*) « l'article L. 211-2 du code minier », l'employeur définit et met en œuvre une formation aux risques des chefs d'entreprises extérieures et de leurs salariés ainsi que des travailleurs indépendants qu'il accueille, dans les conditions prévues à l'article L. 4522-2.

Par dérogation aux dispositions à l'article L. 4141-4, le financement de ces actions de formation est à la charge de l'entreprise utilisatrice. — *[Anc. art. L. 231-3-1, al. 2 et al. 4 début.]*

Art. L. 4142-3-1 (*L. n° 2015-988 du 5 août 2015, art. 2*) Dans les établissements recevant du public dont la capacité d'accueil est supérieure à deux cents personnes, l'employeur met en œuvre une formation à l'accueil et à l'accompagnement des personnes handicapées à destination des professionnels en contact avec les usagers et les clients.

Art. L. 4142-4 Toute modification apportée au poste de travail pour des raisons de sécurité, qui entraînerait une diminution de la productivité, est suivie d'une période d'adaptation de deux semaines au moins pendant laquelle tout mode de rémunération au rendement est interdit. La rémunération est établie sur la moyenne des deux semaines précédant la modification. – [Anc. art. L. 231-3-1, al. 9.]

CHAPITRE III CONSULTATION DES REPRÉSENTANTS DU PERSONNEL

Art. L. 4143-1 Le (Ord. n° 2017-1386 du 22 sept. 2017, art. 4) « comité social et économique est consulté sur les programmes de formation et veille » à leur mise en œuvre effective.
(Ord. n° 2017-1386 du 22 sept. 2017, art. 4) « Il est également consulté » :
1° Sur le programme et les modalités pratiques de la formation renforcée des salariés titulaires d'un contrat de travail à durée déterminée et des salariés temporaires affectés à des postes de travail présentant des risques particuliers, prévue à l'article L. 4142-2 ainsi que sur les conditions d'accueil de ces salariés à ces postes ;
2° Sur la formation prévue à l'article L. 4142-3 dans les établissements comprenant une installation figurant sur la liste prévue (L. n° 2013-619 du 16 juill. 2013, art. 11-V) « à l'article L. 515-36 » du code de l'environnement ou mentionnée à (Ord. n° 2011-91 du 21 janv. 2011) « l'article L. 211-2 du code minier ».

V. art. R. 4143-1 s.

TITRE V DISPOSITIONS PARTICULIÈRES À CERTAINES CATÉGORIES DE TRAVAILLEURS

CHAPITRE I CHAMP D'APPLICATION

Art. L. 4151-1 Les dispositions du présent titre sont applicables aux employeurs de droit privé ainsi qu'aux travailleurs.
Elles sont également applicables :
1° Aux établissements mentionnés aux 1° à 3° de l'article L. 4111-1 ;
2° Aux mines et carrières ainsi qu'à leurs dépendances ;
3° Aux entreprises de transports dont le personnel est régi par un statut.

CHAPITRE II FEMMES ENCEINTES, VENANT D'ACCOUCHER OU ALLAITANT

Art. L. 4152-1 Il est interdit d'employer les femmes enceintes, venant d'accoucher ou allaitant à certaines catégories de travaux qui, en raison de leur état, présentent des risques pour leur santé ou leur sécurité.
Ces catégories de travaux sont déterminées par voie réglementaire. – [Anc. art. L. 234-2.] – V. art. L. 4743-1 (pén.) et D. 4152-3 s.

Art. L. 4152-2 Conformément aux dispositions des articles L. 1225-12 et suivants, l'employeur propose à la salariée en état de grossesse médicalement constatée, venant d'accoucher ou allaitant, qui occupe un poste l'exposant à des risques déterminés par voie réglementaire, un autre emploi compatible avec son état de santé. – V. art. D. 4152-3 s.

CHAPITRE III JEUNES TRAVAILLEURS

SECTION 1 Âge d'admission

RÉP. TRAV. v^{is} *Apprentissage*, par P IGNARRE ; *Âge du salarié*, par L EROY.
BIBL. GÉN. ▶ R IMBAUD, RF aff. soc. 1979. 115 (travail des enfants). – L ABATUT, RDT 2019. 545 (enfants artistes).

Art. L. 4153-1 Il est interdit d'employer des travailleurs de moins de seize ans, sauf s'il s'agit :
1° De mineurs de quinze ans et plus titulaires d'un contrat d'apprentissage, dans les conditions prévues à l'article L. 6222-1 ;

2° D'élèves de l'enseignement général lorsqu'ils font des visites d'information organisées par leurs enseignants ou, durant les deux (L. n° 2018-771 du 5 sept. 2018, art. 19, en vigueur le 1ᵉʳ janv. 2019) « derniers niveaux de l'enseignement des collèges ou durant la scolarité au lycée », lorsqu'ils suivent (L. n° 2011-893 du 28 juill. 2011) « des périodes d'observation mentionnées à l'article L. 332-3-1 du code de l'éducation ou » des séquences d'observation et selon des modalités déterminées par décret ;

3° D'élèves qui suivent un enseignement alterné ou un enseignement professionnel durant les deux dernières années de leur scolarité obligatoire, lorsqu'ils accomplissent des stages d'initiation, d'application ou des périodes de formation en milieu professionnel selon des modalités déterminées par décret. – *V. art. L. 4743-1 (pén.) et D. 4153-41 s.*

Art. L. 4153-2 Dans les cas prévus aux 2° et 3° de l'article L. 4153-1, une convention est passée entre l'établissement d'enseignement dont relève l'élève et l'entreprise.

Aucune convention ne peut être conclue avec une entreprise pour l'admission ou l'emploi d'un élève dans un établissement lorsque les services de contrôle ont établi que les conditions de travail sont de nature à porter atteinte à la sécurité, à la santé ou à l'intégrité physique ou morale des personnes qui y sont présentes. – *[Anc. art. L. 211-1, I, al. 4.]*

Art. L. 4153-3 Les dispositions de l'article L. 4153-1 ne font pas obstacle à ce que les mineurs de plus de quatorze ans soient autorisés pendant leurs vacances scolaires à exercer des travaux adaptés à leur âge, à condition de leur assurer un repos effectif d'une durée au moins égale à la moitié de chaque période de congés.

Les modalités d'application de ces dispositions sont déterminées par décret. – *[Anc. art. L. 211-1, I, al. 5, phrase 1 et al. 6.]* – *V. art. D. 4153-1 s.*

Art. L. 4153-4 L'inspecteur du travail peut à tout moment requérir un examen médical d'un jeune travailleur âgé de quinze ans et plus pour constater si le travail dont il est chargé excède ses forces.

Dans ce cas, l'inspecteur du travail peut exiger son renvoi de l'établissement.

Les conditions d'application du présent article sont déterminées par décret. – *[Anc. art. L. 211-2.]* – *V. art. D. 4153-14.*

Art. L. 4153-5 Les dispositions des articles L. 4153-1 à L. 4153-3 ne sont pas applicables dans les établissements où ne sont employés que les membres de la famille sous l'autorité soit du père, soit de la mère, soit du tuteur, sous réserve qu'il s'agisse de travaux occasionnels ou de courte durée, ne pouvant présenter des risques pour leur santé ou leur sécurité.

La liste de ces travaux est déterminée par décret. – *[Anc. art. L. 211-1, II.]*

Art. L. 4153-6 Il est interdit d'employer ou (L. n° 2018-771 du 5 sept. 2018, art. 15) « d'affecter des mineurs en stage au service du bar » dans les débits de boissons à consommer sur place. Cette interdiction ne s'applique pas au conjoint du débitant et de ses parents et alliés jusqu'au quatrième degré inclusivement.

Dans les débits de boissons agréés, cette interdiction ne s'applique pas aux mineurs de plus de seize ans s'ils bénéficient d'une formation comportant une ou plusieurs périodes accomplies en entreprise leur permettant d'acquérir une qualification professionnelle sanctionnée par un diplôme ou un titre à finalité professionnelle enregistré dans le répertoire national des certifications professionnelles dans les conditions prévues (L. n° 2018-771 du 5 sept. 2018, art. 45-I, en vigueur le 1ᵉʳ janv. 2019) « à l'article L. 6113-5 ».

L'agrément est accordé, refusé, non renouvelé ou retiré dans des conditions déterminées par décret en Conseil d'État. – *V. art. R. 4153-8.*

Art. L. 4153-7 Il est interdit aux père, mère, tuteurs ou employeurs, et généralement à toute personne ayant autorité sur un enfant ou en ayant la garde, de le placer sous la conduite de vagabonds, de personnes sans moyens de subsistance ou se livrant à la mendicité. – *[Anc. art. L. 211-12.]*

SECTION 2 Travaux interdits

Art. L. 4153-8 Il est interdit d'employer des travailleurs de moins de dix-huit ans à certaines catégories de travaux les exposant à des risques pour leur santé, leur sécurité, leur moralité ou excédant leurs forces.

Ces catégories de travaux sont déterminées par voie réglementaire. — *[Anc. art. L. 234-2.] — V. art. D. 4153-15 s.*

SECTION 3 Travaux réglementés

Art. L. 4153-9 Par dérogation aux dispositions de l'article L. 4153-8, les travailleurs de moins de dix-huit ans ne peuvent être employés à certaines catégories de travaux mentionnés à ce même article que sous certaines conditions déterminées par voie réglementaire. — *[Anc. art. L. 234-3.] — V. art. D. 4153-15 s. et R. 4153-40 s.*

CHAPITRE IV SALARIÉS TITULAIRES D'UN CONTRAT DE TRAVAIL À DURÉE DÉTERMINÉE ET SALARIÉS TEMPORAIRES

SECTION 1 Travaux interdits

Art. L. 4154-1 Il est interdit de recourir à un salarié titulaire d'un contrat de travail à durée déterminée ou à un salarié temporaire pour l'exécution de travaux particulièrement dangereux figurant sur une liste établie par voie réglementaire. Cette liste comporte notamment certains des travaux qui font l'objet d'une surveillance médicale renforcée au sens de la réglementation relative à la médecine du travail. — *V. art. D. 4154-1.*

L'autorité administrative peut exceptionnellement autoriser une dérogation à cette interdiction dans des conditions déterminées par voie réglementaire. — *[Anc. art. L. 122-3, al. 1er et 3, et L. 124-2-3, al. 1er et 3.] — V. art. D. 4154-2 s.*

SECTION 2 Obligations particulières d'information et de formation

Art. L. 4154-2 (*L. n° 2009-526 du 12 mai 2009, art. 34*) Les salariés titulaires d'un contrat de travail à durée déterminée, les salariés temporaires et les stagiaires en entreprise affectés à des postes de travail présentant des risques particuliers pour leur santé ou leur sécurité bénéficient d'une formation renforcée à la sécurité ainsi que d'un accueil et d'une information adaptés dans l'entreprise dans laquelle ils sont employés.

La liste de ces postes de travail est établie par l'employeur, après avis du médecin du travail et du (*Ord. n° 2017-1386 du 22 sept. 2017, art. 4*) « comité social et économique, s'il existe ». Elle est tenue à la disposition de l'(*L. n° 2016-1088 du 8 août 2016, art. 113*) « agent de contrôle de l'inspection du travail mentionné à l'article L. 8112-1 ».

Art. L. 4154-3 (*L. n° 2009-526 du 12 mai 2009, art. 34*) La faute inexcusable de l'employeur prévue à l'article L. 452-1 du code de la sécurité sociale est présumée établie pour les salariés titulaires d'un contrat de travail à durée déterminée, les salariés temporaires et les stagiaires en entreprise victimes d'un accident du travail ou d'une maladie professionnelle alors qu'affectés à des postes de travail présentant des risques particuliers pour leur santé ou leur sécurité ils n'auraient pas bénéficié de la formation à la sécurité renforcée prévue par l'article L. 4154-2.

1. Salariés sous contrat à durée déterminée. En cas d'accident dont les circonstances sont indéterminées, l'employeur ne s'exonère pas de la présomption de faute inexcusable que l'art. L. 231-8, 3e al., fait peser sur lui. • Soc. 4 avr. 1996 : 🔒 *Dr. soc. 1996. 636, obs. Roy-Loustaunau ∅ ; RJS 1996. 333, n° 521.*

2. Salariés mis à disposition. L'existence de la faute inexcusable est présumée établie pour les salariés mis à la disposition d'une entreprise utilisatrice par une entreprise de travail temporaire, victimes d'un accident du travail alors que, affectés à un poste présentant des risques particuliers pour leur santé ou leur sécurité, ils n'ont pas bénéficié de la formation à la sécurité renforcée prévue par l'art. L. 231-3-1 [L. 4154-2 nouv.]. • Soc. 27 juin 2002, 🔒 n° 00-14.744 P : *RJS 2002. 880, n° 1190.*

SANTÉ ET SÉCURITÉ AU TRAVAIL   **Art. L. 4162-1** 1325

Art. L. 4154-4 Lorsqu'il est fait appel, en vue de l'exécution de travaux urgents nécessités par des mesures de sécurité, à des salariés temporaires déjà dotés de la qualification nécessaire à cette intervention, le chef de l'entreprise utilisatrice leur donne toutes les informations nécessaires sur les particularités de l'entreprise et de son environnement susceptibles d'avoir une incidence sur leur sécurité. – *[Anc. art. L. 231-3-1, al. 7.]*

TITRE VI DISPOSITIONS RELATIVES À LA PRÉVENTION DES EFFETS DE L'EXPOSITION À CERTAINS FACTEURS DE RISQUES PROFESSIONNELS ET AU COMPTE PROFESSIONNEL DE PRÉVENTION

(Ord. n° 2017-1389 du 22 sept. 2017, art. 1er, en vigueur le 1er oct. 2017)

Pour les expositions aux facteurs de risques professionnels au titre des années 2015, 2016 et des trois premiers trimestres de 2017, les art. L. 4161-1, L. 4162-1 à L. 4162-10, L. 4162-12 à L. 4162-16 et L. 4162-20 dans leur rédaction antérieure aux dispositions issues de l'Ord. n° 2017-1389 du 22 sept. 2017, demeurent applicables (Ord. préc., art. 5-IV). – V. ces art. dans le titre [ancien] sur le Code en ligne 🏛.

Les dispositions de ce titre VI sont applicables à Mayotte à compter du 1er janv. 2022 (Ord. n° 2017-1491 du 25 oct. 2017, art. 33).

BIBL. ▶ **Ordonnance du 22 septembre 2017** : C.-F. PRADEL, V. PRADEL et PRADEL-BOUREUX, *JCP S* 2017. 1315 (prévention des risques professionnels et compte personnel de prévention).

CHAPITRE I FACTEURS DE RISQUES PROFESSIONNELS

Art. L. 4161-1 I. – Constituent des facteurs de risques professionnels au sens du présent titre les facteurs liés à :
1° Des contraintes physiques marquées :
a) Manutentions manuelles de charges ;
b) Postures pénibles définies comme positions forcées des articulations ;
c) Vibrations mécaniques ;
2° Un environnement physique agressif :
a) Agents chimiques dangereux, y compris les poussières et les fumées ;
b) Activités exercées en milieu hyperbare ;
c) Températures extrêmes ;
d) Bruit ;
3° Certains rythmes de travail :
a) Travail de nuit dans les conditions fixées aux articles L. 3122-2 à L. 3122-5 ;
b) Travail en équipes successives alternantes ;
c) Travail répétitif caractérisé par la réalisation de travaux impliquant l'exécution de mouvements répétés, sollicitant tout ou partie du membre supérieur, à une fréquence élevée et sous cadence contrainte.
II. – Un décret précise les facteurs de risques mentionnés au I. – *V. art. D. 4161-1.*

CHAPITRE II ACCORDS EN FAVEUR DE LA PRÉVENTION DES EFFETS DE L'EXPOSITION À CERTAINS FACTEURS DE RISQUES PROFESSIONNELS

(Ord. n° 2017-1389 du 22 sept. 2017, art. 1er, en vigueur le 1er janv. 2019)

Jusqu'au 31 déc. 2018, le chapitre III du titre VI du livre I de la quatrième partie du C. trav. continue à s'appliquer dans sa rédaction antérieure à l'entrée en vigueur de l'Ord. du 22 sept. 2017 (Ord. n° 2017-1389 du 22 sept. 2017, art. 5-III). – V. ce chap. sur le Code en ligne 🏛.

Art. L. 4162-1 I. – Les employeurs d'au moins cinquante salariés, y compris les entreprises et les établissements publics mentionnés aux articles **L. 2211-1** et **L. 2233-1** employant au moins cinquante salariés, ainsi que les entreprises appartenant à un groupe au sens de l'article *(L. n° 2023-270 du 14 avr. 2023, art. 17-III)* « **L. 2331-1** » dont l'effectif comprend au moins cinquante salariés, engagent une négociation d'un accord en faveur de la prévention des effets de l'exposition aux facteurs de risques professionnels mentionnés à l'article **L. 4161-1** :

1° Soit lorsqu'ils emploient une proportion minimale, fixée par décret, de salariés déclarés exposés au titre du dispositif mentionné à l'article L. 4163-1 ;

2° Soit lorsque leur sinistralité au titre des accidents du travail et des maladies professionnelles est supérieure à un seuil *(Ord. n° 2017-1718 du 20 déc. 2017, art. 1ᵉʳ-I)* « dans des conditions » définies par décret.

II. — Les entreprises dont l'effectif comprend au moins cinquante salariés et est inférieur à trois cents salariés ou appartenant à un groupe au sens de l'article L. 2331-1 dont l'effectif est inférieur à trois cents salariés n'ont pas l'obligation de conclure un accord mentionné *(Ord. n° 2017-1718 du 20 déc. 2017, art. 1ᵉʳ-I)* « au I du présent article » ou un plan d'action mentionné à l'article L. 4162-2 si elles sont déjà couvertes par un accord de branche étendu comprenant les thèmes mentionnés au 1° de l'article L. 4162-3.

V. art. D. 4162-1 s.

Art. L. 4162-2 Si, au terme de la négociation, aucun accord n'est conclu, un procès-verbal de désaccord est établi dans les conditions définies à l'article *(Ord. n° 2017-1718 du 20 déc. 2017, art. 1ᵉʳ-I)* « L. 2242-5. L'employeur mentionné à l'article L. 4162-1 est alors tenu » d'arrêter, au niveau de l'entreprise ou du groupe, un plan d'action relatif à la prévention des effets de l'exposition aux facteurs de risques professionnels mentionnés à l'article L. 4161-1, après avis du comité social et économique.

Art. L. 4162-3 L'accord d'entreprise ou de groupe ou, à défaut d'accord, le plan d'action mentionné à l'article L. 4162-2 :
1° Comprend une liste de thèmes obligatoires fixée par décret ;
2° Est conclu pour une durée maximale de trois ans ;
3° Fait l'objet d'un dépôt auprès de l'autorité administrative compétente définie par décret, qui en informe l'organisme compétent de la branche accidents du travail et maladies professionnelles.

Art. L. 4162-4 I. — La méconnaissance des obligations mentionnées *(Ord. n° 2017-1718 du 20 déc. 2017, art. 1ᵉʳ-I)* « aux articles L. 4162-1 à L. 4162-3 » entraîne une pénalité à la charge de l'employeur.

II. — Le montant de cette pénalité, fixé par décret en Conseil d'État, ne peut excéder 1 % des rémunérations ou gains, au sens du premier alinéa de l'article L. 242-1 du code de la sécurité sociale et du premier alinéa de l'article L. 741-10 du code rural et de la pêche maritime, versés aux travailleurs salariés ou assimilés concernés au cours des périodes au titre desquelles l'entreprise n'est pas couverte par l'accord ou le plan d'action mentionnés à l'article L. 4162-2.

III. — Cette pénalité est prononcée par l'autorité administrative compétente définie par décret en Conseil d'État qui en précise le montant.

IV. — Le produit de cette pénalité est affecté aux organismes nationaux de la branche accidents du travail et maladies professionnelles.

V. — Les articles L. 137-3 et L. 137-4 du code de la sécurité sociale sont applicables à cette pénalité.

V. art. R. 4162-6 s.

CHAPITRE III COMPTE PROFESSIONNEL DE PRÉVENTION

Les points acquis au titre du compte personnel de prévention de la pénibilité, qui n'ont pas été utilisés avant l'entrée en vigueur de l'Ord. n° 2017-1389 du 22 sept. 2017, sont transférés sur le compte professionnel de prévention.

Pour l'utilisation des points inscrits, avant l'entrée en vigueur de l'Ord. n° 2017-1389 du 22 sept. 2017, sur le compte personnel de prévention de la pénibilité, les dispositions réglementaires d'application restent en vigueur jusqu'à la publication des décrets mentionnés au présent chapitre dans sa rédaction résultant de l'ordonnance susvisée, et au plus tard jusqu'au 1ᵉʳ janv. 2018 (Ord. n° 2017-1389 du 22 sept. 2017, art. 5-V).

Au 1ᵉʳ janv. 2018, l'ensemble des biens, droits et obligations du fonds chargé du financement des droits liés au compte personnel de prévention de la pénibilité sont transférés de plein droit aux organismes nationaux de la branche accidents du travail et maladies professionnelles, nonobstant toute disposition ou stipulation contraire.

A la même date, le solde de ce fonds, tel que résultant de l'exécution des opérations autorisées au titre des années 2015 à 2017, est affecté aux ressources des organismes nationaux de la branche accidents du travail et maladies professionnelles.

Un décret détermine les conditions d'application des présentes dispositions. Il précise notamment les conditions dans lesquelles un liquidateur permet de clôturer les opérations financières et comptables du fonds au titre de l'année 2017 (Ord. n° 2017-1389 du 22 sept. 2017, art. 6). — V. Décr. n° 2017-1766 du 27 déc. 2017 (JO 28 déc.).

BIBL. ▶ Véricel, RDT 2017. 649.

COMMENTAIRE
V. sur le Code en ligne.

SECTION 1 Obligations de déclaration relatives à certains facteurs de risques professionnels

Art. L. 4163-1 I. — L'employeur déclare de façon dématérialisée aux caisses mentionnées au II les facteurs de risques professionnels mentionnés aux b, c, d du 2° et au 3° de l'article L. 4161-1, auxquels les travailleurs pouvant acquérir des droits au titre d'un compte professionnel de prévention, dans les conditions fixées au présent chapitre, sont exposés au-delà de certains seuils, appréciés après application des mesures de protection collective et individuelle.

II. — La déclaration mentionnée au I est effectuée, selon les modalités prévues à l'article L. 133-5-3 du code de la sécurité sociale, auprès de la caisse mentionnée aux articles L. 215-1 ou L. 752-4 du même code ou à l'article L. 723-2 du code rural et de la pêche maritime dont relève l'employeur. Un décret en précise les modalités.

III. — Les informations contenues dans cette déclaration sont confidentielles et ne peuvent pas être communiquées à un autre employeur auprès duquel le travailleur sollicite un emploi.

IV. — Les entreprises utilisatrices mentionnées à l'article L. 1251-1 transmettent à l'entreprise de travail temporaire les informations nécessaires à l'établissement par cette dernière de la déclaration mentionnée au I. Les conditions dans lesquelles les entreprises utilisatrices transmettent ces informations et les modalités selon lesquelles l'entreprise de travail temporaire établit la déclaration sont définies par décret en Conseil d'État.

V. — Un décret détermine :
1° Les seuils mentionnés au I du présent article ;
2° Les modalités d'adaptation de la déclaration mentionnée au même I pour les travailleurs qui ne sont pas susceptibles d'acquérir des droits au titre du compte professionnel de prévention dans les conditions fixées au présent chapitre et exposés à certains facteurs de risques professionnels dans les conditions prévues au I.

Art. L. 4163-2 I. — L'accord collectif de branche étendu mentionné à l'article (Ord. n° 2017-1718 du 20 déc. 2017, art. 1er-I) « L. 4162-1 » peut déterminer l'exposition des travailleurs à un ou plusieurs des facteurs de risques professionnels mentionnés au I de l'article L. 4163-1 au-delà des seuils mentionnés au même I, en faisant notamment référence aux postes, métiers ou situations de travail occupés et aux mesures de protection collective et individuelle appliquées.

II. — En l'absence d'accord collectif de branche étendu, ces postes, métiers ou situations de travail exposés peuvent également être définis par un référentiel professionnel de branche homologué par un arrêté conjoint des ministres chargés du travail et des affaires sociales, dans des conditions fixées par décret.

L'employeur qui applique le référentiel de branche pour déterminer l'exposition de ses salariés est présumé de bonne foi.

III. — Un décret définit les conditions dans lesquelles l'employeur peut établir la déclaration mentionnée à l'article L. 4163-1 à partir de ces postes, de ces métiers ou de ces situations de travail.

IV. — L'employeur qui applique les stipulations d'un accord de branche étendu ou d'un référentiel professionnel de branche homologué mentionnés au I et au II pour déclarer l'exposition de ses travailleurs ne peut se voir appliquer la pénalité mentionnée au II de l'article L. 4163-16.

Art. L. 4163-2-1 (*L. n° 2023-270 du 14 avr. 2023, art. 17-III*) Dans le cadre d'accords, les branches professionnelles peuvent établir des listes de métiers ou d'activités particulièrement exposés aux facteurs de risques professionnels mentionnés au 1° du I de l'article L. 4161-1 du présent code, en vue de l'application de l'article L. 221-1-5 du code de la sécurité sociale.

Les branches professionnelles engagent, dans les 2 mois suivant la promulgation de la loi (soit avant le 14 juin 2023), une négociation en vue d'aboutir à l'établissement des listes de métiers ou d'activités particulièrement exposés aux facteurs de risques professionnels mentionnés au 1° du I de l'art. L. 4161-1 C. trav. dans les conditions prévues à l'art. L. 4163-2-1. Pour les dépenses engagées en 2023, le fonds de prévention [prévu à l'art. L. 221-1-5 CSS] établit ses orientations mentionnées à l'art. L. 221-1-5 CSS en se fondant sur les données disponibles relatives à la sinistralité et aux expositions professionnelles (L. n° 2023-270 du 14 avr. 2023, art. 17-V).

Art. L. 4163-3 Le seul fait pour l'employeur d'avoir déclaré l'exposition d'un travailleur aux facteurs de risques professionnels mentionnés au I de l'article L. 4163-1 dans les conditions et formes prévues au même article ne saurait constituer une présomption de manquement à son obligation d'assurer la sécurité et de protéger la santé physique et mentale des travailleurs résultant du titre II du présent livre.

SECTION 2 **Ouverture et abondement du compte professionnel de prévention**

Art. L. 4163-4 Les salariés des employeurs de droit privé (*L. n° 2023-270 du 14 avr. 2023, art. 1er-VIII, en vigueur le 1er sept. 2023*) « , les salariés régis par un statut particulier et *[ancienne rédaction : ainsi que]* » le personnel des personnes publiques employé dans les conditions du droit privé peuvent acquérir des droits au titre d'un compte professionnel de prévention, dans les conditions définies au présent chapitre.

Les salariés affiliés à un régime spécial de retraite comportant un dispositif spécifique de reconnaissance et de compensation des effets de l'exposition à certains risques professionnels n'acquièrent pas de droits au titre du compte professionnel de prévention. Un décret fixe la liste des régimes concernés.

Art. L. 4163-5 Le compte professionnel de prévention est ouvert dès lors qu'un salarié a acquis des droits dans les conditions définies au présent chapitre. Les droits constitués sur le compte lui restent acquis jusqu'à leur liquidation ou à son admission à la retraite.

L'exposition d'un travailleur, après application des mesures de protection collective et individuelle, à un ou plusieurs des facteurs de risques professionnels mentionnés au I de l'article L. 4163-1 au-delà des seuils d'exposition définis par décret, consignée dans la déclaration prévue au même article, ouvre droit à l'acquisition de points sur le compte professionnel de prévention.

Un décret en Conseil d'État fixe les modalités d'inscription des points sur le compte. (*L. n° 2023-270 du 14 avr. 2023, art. 17-III*) « Il définit le nombre de points auxquels ouvrent droit les expositions simultanées à plusieurs facteurs de risques professionnels, en fonction du nombre de facteurs auxquels le salarié est exposé *[ancienne rédaction : Il précise le nombre maximal de points pouvant être acquis par un salarié au cours de sa carrière et définit le nombre de points auquel ouvrent droit les expositions simultanées à plusieurs facteurs de risques professionnels]* ».

Art. L. 4163-6 Les points sont attribués au vu des expositions du salarié déclarées par l'employeur, sur la base de la déclaration mentionnée à l'article L. 4163-1, auprès de la caisse mentionnée aux articles L. 215-1, L. 222-1-1 ou L. 752-4 du code de la sécurité sociale ou à l'article L. 723-2 du code rural et de la pêche maritime dont il relève.

SECTION 3 **Utilisations du compte professionnel de prévention**

Art. L. 4163-7 I. – Le titulaire du compte professionnel de prévention peut décider d'affecter en tout ou partie les points inscrits sur son compte à une ou plusieurs des (*Abrogé par L. n° 2023-270 du 14 avr. 2023, art. 17-III*) « *trois* » utilisations suivantes :

1° La prise en charge de tout ou partie des frais d'une action de formation professionnelle continue en vue d'accéder à un emploi non exposé ou moins exposé aux facteurs de risques professionnels mentionnés au I de l'article L. 4163-1 ;

SANTÉ ET SÉCURITÉ AU TRAVAIL

2° Le financement du complément de sa rémunération et des cotisations et contributions sociales légales et conventionnelles en cas de réduction de sa durée de travail ;

3° Le financement d'une majoration de durée d'assurance vieillesse et d'un départ en retraite avant l'âge légal de départ en retraite de droit commun ;

(L. n° 2023-270 du 14 avr. 2023, art. 17-III) « 4° Le financement des frais afférents à une ou plusieurs actions mentionnées aux 1°, 2° ou 3° de l'article L. 6313-1 dans le cadre d'un projet de reconversion professionnelle et, le cas échéant, le financement de sa rémunération pendant un congé de reconversion professionnelle, lorsqu'il suit cette action de formation en tout ou partie durant son temps de travail, en vue d'accéder à un emploi non exposé aux facteurs de risques professionnels mentionnés au I de l'article L. 4163-1. »

II. – La demande d'utilisation des points peut intervenir à tout moment de la carrière du titulaire du compte (L. n° 2023-270 du 14 avr. 2023, art. 17-III) « pour les utilisations mentionnées aux 2° et 4° du I et, que celui-ci soit salarié ou demandeur d'emploi, pour la prise en charge d'une ou de plusieurs actions de formation professionnelle dans le cadre des utilisations mentionnées aux 1° et 4° du même I [ancienne rédaction : pour l'utilisation mentionnée au 2° du I et, que celui-ci soit salarié ou demandeur d'emploi, pour l'utilisation mentionnée au 1° du même I] ». Pour les droits mentionnés au 3° de ce I, la liquidation des points acquis, sous réserve d'un nombre suffisant, peut intervenir à partir de cinquante-cinq ans.

Les droits mentionnés aux 1° (L. n° 2023-270 du 14 avr. 2023, art. 17-III) « , 2° et 4° [ancienne rédaction : et 2°] » du même I ne peuvent être exercés que lorsque le salarié relève, à la date de sa demande, des catégories définies au premier alinéa de l'article L. 4163-4.

(L. n° 2023-270 du 14 avr. 2023, art. 17-III) « II bis. – L'organisme gestionnaire mentionné à l'article L. 4163-14 communique sur le dispositif à l'égard des employeurs mentionnés à l'article L. 4163-4 et des bénéficiaires du compte professionnel de prévention. »

III. – Un décret en Conseil d'État fixe les modalités suivant lesquelles le salarié est informé des possibilités d'utilisation du compte et détermine les conditions d'utilisation des points inscrits sur le compte. Il fixe le barème de points spécifique à chaque utilisation du compte. Il précise les conditions et limites dans lesquelles les points acquis ne peuvent être affectés qu'à l'utilisation mentionnée au 1° du I. – V. art. R. 4163-11 et Arr. du 30 déc. 2015, JO 31 déc. (NOR : AFSS1531436), mod. par Arr. du 29 déc. 2017, JO 31 déc. (NOR : SSAS1736545A).

(L. n° 2023-270 du 14 avr. 2023, art. 17-III) « Un décret fixe le plafond du nombre de points pouvant être affectés à l'utilisation prévue au 2° du même I par le salarié qui n'a pas atteint son soixantième anniversaire. »

IV. – Pour les personnes âgées d'au moins cinquante-deux ans au 1er janvier 2015, le barème d'acquisition des points portés au compte professionnel de prévention et les conditions d'utilisation des points acquis peuvent être aménagés par décret en Conseil d'État afin de faciliter le recours aux utilisations prévues aux 2° et 3° du I.

SOUS-SECTION 1   **Utilisation du compte pour la formation professionnelle**

Art. L. 4163-8 Lorsque le titulaire du compte professionnel de prévention décide de mobiliser tout ou partie des points inscrits sur le compte pour l'utilisation mentionnée au 1° du I de l'article L. 4163-7, ces points sont convertis en (L. n° 2018-771 du 5 sept. 2018, art. 1er-IV, en vigueur le 1er janv. 2019) « euros » pour abonder son compte personnel de formation prévu à l'article (L. n° 2018-771 du 5 sept. 2018, art. 1er-IV, en vigueur le 1er janv. 2019) « L. 6323-1 ».

SOUS-SECTION 1 *BIS*   **Utilisation du compte pour un projet de reconversion professionnelle**

(L. n° 2023-270 du 14 avr. 2023, art. 17-III)

Art. L. 4163-8-1 Lorsque le titulaire du compte professionnel de prévention décide de mobiliser tout ou partie des points inscrits sur le compte pour l'utilisation mentionnée au 4° du I de l'article L. 4163-7, ces points sont convertis en euros :

1° Pour abonder son compte personnel de formation afin de financer les coûts pédagogiques afférents à son projet de reconversion professionnelle ;
2° Le cas échéant, pour assurer sa rémunération pendant un congé de reconversion professionnelle mentionné à l'article L. 4163-8-4.

Art. L. 4163-8-2 Le projet de reconversion professionnelle mentionné au 4° du I de l'article L. 4163-7 fait l'objet d'un accompagnement par l'un des opérateurs financés par l'institution mentionnée à l'article L. 6123-5 au titre du conseil en évolution professionnelle mentionné à l'article L. 6111-6. Cet opérateur informe et oriente le salarié et l'aide à formaliser son projet.

Art. L. 4163-8-3 Les commissions paritaires interprofessionnelles régionales mentionnées à l'article L. 6323-17-6 assurent l'instruction et la prise en charge administrative et financière des projets de reconversion professionnelle, dans des conditions fixées par décret.

Art. L. 4163-8-4 Le salarié titulaire du compte professionnel de prévention peut demander un congé de reconversion professionnelle à son employeur, dans des conditions précisées par décret, afin de suivre tout ou partie des actions de formation incluses dans son projet de reconversion professionnelle.

Art. L. 4163-8-5 La durée du congé de reconversion professionnelle est assimilée à une période de travail effectif pour la détermination des droits que le salarié tient de son ancienneté. Le salarié conserve le bénéfice de tous les avantages qu'il avait acquis avant le début du congé.

SOUS-SECTION 2 **Utilisation du compte pour le passage à temps partiel**

Art. L. 4163-9 Le salarié titulaire d'un compte professionnel de prévention a droit, dans les conditions et limites prévues aux articles L. 4163-5 et L. 4163-7, à une réduction de sa durée de travail.

Art. L. 4163-10 Le salarié demande à l'employeur à bénéficier d'une réduction de sa durée de travail, dans des conditions fixées par décret.
Cette demande ne peut être refusée que si ce refus est motivé et si l'employeur peut démontrer que cette réduction est impossible compte tenu de l'activité économique de l'entreprise.

Art. L. 4163-11 En cas de différend avec son employeur dû à un refus de celui-ci de faire droit à la demande du salarié d'utiliser son compte pour un passage à temps partiel tel que précisé à l'article L. 4163-10, le salarié peut saisir le conseil de prud'hommes dans les conditions mentionnées au titre I du livre IV de la première partie.

Art. L. 4163-12 Le complément de rémunération mentionné au 2° du I de l'article L. 4163-7 est déterminé dans les conditions et limites fixées par décret. Il est assujetti à l'ensemble des cotisations et contributions sociales légales et conventionnelles, selon les modalités en vigueur à la date de son versement.

SOUS-SECTION 3 **Utilisation du compte pour la retraite**

Art. L. 4163-13 Les titulaires du compte professionnel de prévention décidant, (Ord. n° 2017-1718 du 20 déc. 2017, art. 1er-I) « à compter de l'âge prévu au II de l'article L. 4163-7 », d'affecter des points à l'utilisation mentionnée au 3° du I du même article bénéficient de la majoration de durée d'assurance mentionnée à l'article L. 351-6-1 du code de la sécurité sociale.

SECTION 4 **Gestion du compte, contrôle et réclamations**

(Ord. n° 2017-1389 du 22 sept. 2017, art. 1er, en vigueur le 1er janv. 2018)

SOUS-SECTION 1 **Gestion du compte**

Art. L. 4163-14 La gestion du compte professionnel de prévention est assurée par la Caisse nationale (Ord. n° 2018-470 du 12 juin 2018, art. 9) « de l'assurance maladie »

SANTÉ ET SÉCURITÉ AU TRAVAIL — **Art. L. 4163-17**

et le réseau des organismes de la branche accidents du travail et maladies professionnelles du régime général.

La caisse mentionnée au premier alinéa peut déléguer par convention les fonctions de gestion mentionnées aux articles L. 4163-15, L. 4163-16 et L. 4163-18. Le terme "organisme gestionnaire" mentionné aux articles L. 4163-15, L. 4163-16 et L. 4163-18 désigne alors, le cas échéant, l'organisme délégataire.

Art. L. 4163-15 Les organismes gestionnaires enregistrent sur le compte les points correspondant aux données déclarées par l'employeur en application de l'article L. 4163-6 et portent annuellement à la connaissance du travailleur les points acquis au titre de l'année écoulée dans un relevé précisant chaque contrat de travail ayant donné lieu à déclaration et les facteurs d'exposition ainsi que les modalités de contestation mentionnées à l'article L. 4163-18. Ils mettent à la disposition du travailleur un service d'information sur internet lui permettant de connaître le nombre de points qu'il a acquis et consommés au cours de l'année civile précédente, le nombre total de points inscrits sur son compte ainsi que les utilisations possibles de ces points.

Ils versent les sommes représentatives des points que le travailleur souhaite affecter aux utilisations mentionnées aux 1° (*L. n° 2023-270 du 14 avr. 2023, art. 17-III*) « à 4° *[ancienne rédaction :, 2° et 3°]* » du I de l'article L. 4163-7, respectivement, aux financeurs des actions de formation professionnelle suivies, aux employeurs concernés ou au régime de retraite compétent.

Un décret fixe les conditions d'application du présent article.

SOUS-SECTION 2 **Contrôle de l'exposition aux facteurs de risques professionnels**

Art. L. 4163-16 I. – Dans des conditions définies par décret, les organismes gestionnaires mentionnés à l'article L. 4163-14 du présent code ainsi que, pour les entreprises et établissements mentionnés aux articles L. 722-20 et L. 722-24 du code rural et de la pêche maritime, les caisses de mutualité sociale agricole peuvent procéder ou faire procéder à des contrôles de l'effectivité et de l'ampleur de l'exposition aux facteurs de risques professionnels ainsi que de l'exhaustivité des données déclarées, sur pièces et sur place.

Ces contrôles sont effectués par des agents assermentés et agréés dans des conditions définies par arrêté des ministres chargés de la sécurité sociale, du travail et de l'agriculture ou confiés à des organismes de sécurité sociale habilités dans des conditions définies par décret. Les organismes gestionnaires peuvent demander aux services de l'administration du travail et aux caisses de mutualité sociale agricole de leur communiquer toute information utile. Le cas échéant, ils notifient à l'employeur et au salarié les modifications qu'ils souhaitent apporter aux éléments ayant conduit à la détermination du nombre de points inscrits sur le compte du salarié.

Ce redressement ne peut intervenir qu'au cours des trois années civiles suivant la fin de l'année au titre de laquelle des points ont été ou auraient dû être inscrits au compte.

II. – En cas de déclaration inexacte, le nombre de points est régularisé. L'employeur peut faire l'objet d'une pénalité prononcée par le directeur de l'organisme gestionnaire, fixée par décret en Conseil d'État dans la limite de 50 % du plafond mensuel mentionné à l'article L. 241-3 du code de la sécurité sociale, au titre de chaque salarié ou assimilé pour lequel l'inexactitude est constatée.

L'entreprise utilisatrice, au sens de l'article L. 1251-1 du présent code, peut, dans les mêmes conditions, faire l'objet d'une pénalité lorsque la déclaration inexacte de l'employeur résulte d'une méconnaissance de l'obligation mise à sa charge par l'article L. 4163-1.

La pénalité est recouvrée selon les modalités définies (*L. n° 2022-1616 du 23 déc. 2022, art. 98*) « au I de l'article L. 114-17-2 du code de la sécurité sociale et au premier alinéa du V de l'article L. 114-17-1 du même code ».

SOUS-SECTION 3 **Réclamations**

Art. L. 4163-17 Sous réserve des articles L. 4163-18 à L. 4163-20, les différends relatifs aux décisions de l'organisme gestionnaire prises en application des sections 2 et 3 du présent chapitre et de la présente section 4 sont réglés suivant les dispositions régissant le *(L. n° 2019-222 du 23 mars 2019, art. 96-V)* « contentieux » de la sécurité sociale. Les différends portant sur la déclaration mentionnée à l'article L. 4163-1 ne peuvent faire l'objet d'un litige distinct de celui mentionné au présent article. Par dérogation à l'article L. 144-5 du code de la sécurité sociale, les dépenses liées aux frais des expertises demandées par les juridictions dans le cadre de ce contentieux sont prises en charge par les organismes nationaux de la branche accidents du travail et maladies professionnelles, selon des modalités fixées par décret. – *V. art. R. 4163-34 s.*

Art. L. 4163-18 Lorsque le différend est lié à un désaccord avec son employeur sur l'effectivité ou l'ampleur de son exposition aux facteurs de risques professionnels mentionnés à l'article L. 4163-1, le salarié ne peut saisir l'organisme gestionnaire d'une réclamation relative à l'ouverture du compte professionnel de prévention ou au nombre de points enregistrés sur celui-ci que s'il a préalablement porté cette contestation devant l'employeur, dans des conditions précisées par décret en Conseil d'État. Le salarié peut être assisté ou représenté par une personne de son choix appartenant au personnel de l'entreprise.

En cas de rejet de cette contestation par l'employeur, l'organisme gestionnaire se prononce sur la réclamation du salarié, après enquête des agents de contrôle ou organismes mentionnés au I de l'article L. 4163-16 et avis motivé d'une commission dont la composition, le fonctionnement et le ressort territorial sont fixés par décret en Conseil d'État. L'organisme gestionnaire et la commission peuvent demander aux services de l'administration du travail et aux caisses de mutualité sociale agricole de leur communiquer toute information utile.

Le II de l'article L. 4163-16 est applicable aux réclamations portées devant l'organisme gestionnaire.

Art. L. 4163-19 En cas de recours juridictionnel contre une décision de l'organisme gestionnaire, le salarié et l'employeur sont parties à la cause. Ils sont mis en mesure, l'un et l'autre, de produire leurs observations à l'instance. Le présent article n'est pas applicable aux recours dirigés contre la pénalité mentionnée à l'article L. 4163-16.

Un décret détermine les conditions dans lesquelles le salarié peut être assisté ou représenté.

Art. L. 4163-20 L'action du salarié en vue de l'attribution de points ne peut intervenir qu'au cours des deux années civiles suivant la fin de l'année au titre de laquelle des points ont été ou auraient dû être portés au compte. La prescription est interrompue par une des causes prévues par le code civil.

SECTION 5 **Financement**

(Ord. n° 2017-1389 du 22 sept. 2017, art. 1ᵉʳ)

Jusqu'au 31 déc. 2017, les dispositions de la sect. IV du chap. II du titre VI du livre I de la quatrième partie C. trav., dans sa rédaction antérieure à l'entrée en vigueur de l'Ord. n° 2017-1389 du 22 sept. 2017, continuent à s'appliquer (Ord. préc., art. 5-II).

V. cette section sur le Code en ligne 🔒.

Art. L. 4163-21 Les dépenses engendrées par le compte professionnel de prévention mentionné à l'article L. 4163-1 et sa gestion sont couvertes par les organismes nationaux de la branche accidents du travail et maladies professionnelles du régime général et celle du régime des salariés agricoles, chacune pour ce qui la concerne.

(L. n° 2023-1250 du 26 déc. 2023, art. 15-III, en vigueur le 1ᵉʳ janv. 2025) « Pour les personnels relevant du statut mentionné à l'article 47 de la loi n° 46-628 du 8 avril 1946 sur la nationalisation de l'électricité et du gaz, pour les personnels relevant du statut particulier mentionné à l'article L. 2142-4-1 du code des transports et pour les agents titulaires de la Banque de France, ces dépenses sont couvertes par une contribution de leur employeur assise sur les revenus d'activité pris en compte dans l'assiette des cotisations définie à l'article L. 242-1 du code de la sécurité sociale.

« Le taux de la contribution mentionnée au deuxième alinéa du présent article est fixé par arrêté des ministres chargés de la sécurité sociale et du budget. Cette contribution est recouvrée par les organismes mentionnés aux articles L. 213-1 et L. 752-1 du code de la sécurité sociale et par les organismes mentionnés à l'article L. 723-1 du code rural et de la pêche maritime, selon les règles et sous les garanties et les sanctions applicables en matière de cotisations et de contributions de sécurité sociale. »

Les modalités de prise en charge des utilisations mentionnées au I de l'article L. **4163-7** (L. n° 2023-1250 du 26 déc. 2023, art. 15-III, en vigueur le 1er janv. 2025) « du présent code » sont déterminées par décret. – V. art. D. 4163-47.

SECTION 6 Dispositions d'application

Art. L. 4163-22 Sauf dispositions contraires, les modalités d'application du présent chapitre sont déterminées par décret en Conseil d'État. – V. art. R. 4163-1 s.

LIVRE II DISPOSITIONS APPLICABLES AUX LIEUX DE TRAVAIL

TITRE I OBLIGATIONS DU MAÎTRE D'OUVRAGE POUR LA CONCEPTION DES LIEUX DE TRAVAIL

CHAPITRE I PRINCIPES GÉNÉRAUX

Art. L. 4211-1 (Abrogé par Ord. n° 2020-71 du 29 janv. 2020, art. 7) Le maître d'ouvrage entreprenant la construction ou l'aménagement de bâtiments destinés à recevoir des travailleurs se conforme aux dispositions légales visant à protéger leur santé et sécurité au travail. – [Anc. art. L. 235-19, al. 1er.] – V. art. L. 4744-1 (pén.).

Art. L. 4211-2 (Abrogé par Ord. n° 2020-71 du 29 janv. 2020, art. 7) Pour l'application des dispositions relatives à la conception des lieux de travail, des décrets en Conseil d'État, pris en application de l'article L. 4111-6 déterminent :
1° Les règles de santé et de sécurité auxquelles se conforment les maîtres d'ouvrage lors de la construction ou l'aménagement de bâtiments destinés à recevoir des travailleurs ;
2° Les locaux et dispositifs ou aménagements de toute nature dont sont dotés les bâtiments que ces décrets désignent en vue d'améliorer les conditions de santé et de sécurité des travailleurs affectés à leur construction ou à leur entretien.
Ces décrets sont pris après avis des organisations professionnelles d'employeurs et de salariés intéressées. – [Anc. art. L. 235-17, L. 235-19, al. 2.] – V. art. L. 4744-1 (pén.) et R. 4211-1 s.

CHAPITRE II AÉRATION ET ASSAINISSEMENT

Le présent chapitre ne comprend pas de dispositions législatives.

CHAPITRE III ÉCLAIRAGE, INSONORISATION ET AMBIANCE THERMIQUE

Le présent chapitre ne comprend pas de dispositions législatives.

CHAPITRE IV SÉCURITÉ DES LIEUX DE TRAVAIL

Le présent chapitre ne comprend pas de dispositions législatives.

CHAPITRE V INSTALLATIONS ÉLECTRIQUES

Le présent chapitre ne comprend pas de dispositions législatives.

CHAPITRE VI RISQUES D'INCENDIES ET D'EXPLOSIONS ET ÉVACUATION

Le présent chapitre ne comprend pas de dispositions législatives.

CHAPITRE VII INSTALLATIONS SANITAIRES, RESTAURATION

Le présent chapitre ne comprend pas de dispositions législatives.

TITRE II OBLIGATIONS DE L'EMPLOYEUR POUR L'UTILISATION DES LIEUX DE TRAVAIL

CHAPITRE I PRINCIPES GÉNÉRAUX

Art. L. 4221-1 Les établissements et locaux de travail sont aménagés de manière à ce que leur utilisation garantisse la sécurité des travailleurs.

Ils sont tenus dans un état constant de propreté et présentent les conditions d'hygiène et de salubrité propres à assurer la santé des intéressés.

Les décrets en Conseil d'État prévus à l'article L. 4111-6 déterminent les conditions d'application du présent titre. – *[Anc. art. L. 232-1, L. 233-1.]* – V. art. L. 4741-4 (pén.) et R. 4221-1 s.

BIBL. ▶ LEROY, *RPDS* 1981. 309.

CHAPITRE II AÉRATION, ASSAINISSEMENT

Le présent chapitre ne comprend pas de dispositions législatives.

CHAPITRE III ÉCLAIRAGE, AMBIANCE THERMIQUE

Le présent chapitre ne comprend pas de dispositions législatives.

CHAPITRE IV SÉCURITÉ DES LIEUX DE TRAVAIL

Le présent chapitre ne comprend pas de dispositions législatives.

CHAPITRE V AMÉNAGEMENT DES POSTES DE TRAVAIL

Le présent chapitre ne comprend pas de dispositions législatives.

CHAPITRE VI INSTALLATIONS ÉLECTRIQUES

Le présent chapitre ne comprend pas de dispositions législatives.

CHAPITRE VII RISQUES D'INCENDIES ET D'EXPLOSIONS ET ÉVACUATION

Le présent chapitre ne comprend pas de dispositions législatives.

CHAPITRE VIII INSTALLATIONS SANITAIRES, RESTAURATION ET HÉBERGEMENT

Art. L. 4228-1 (L. n° 2019-486 du 22 mai 2019, art. 11-VI, en vigueur le 1er janv. 2020) Par dérogation aux articles L. 1111-2 et L. 1111-3, pour l'application du chapitre VIII du titre II du livre II de la quatrième partie de la partie réglementaire, un décret en Conseil d'État fixe les conditions dans lesquelles l'effectif salarié et les règles de franchissement des seuils d'effectif sont déterminés. – V. art. R. 4228-22 et R. 4228-23.

TITRE III VIGILANCE DU DONNEUR D'ORDRE EN MATIÈRE D'HÉBERGEMENT

(L. n° 2014-790 du 10 juill. 2014, art. 4)

CHAPITRE UNIQUE OBLIGATION DE VIGILANCE ET RESPONSABILITÉ DU DONNEUR D'ORDRE

Art. L. 4231-1 Tout maître d'ouvrage ou tout donneur d'ordre, informé par écrit, par un agent de contrôle mentionné à l'article L. 8271-1-2 du présent code, du fait que des salariés de son cocontractant ou d'une entreprise sous-traitante directe ou indirecte sont soumis à des conditions d'hébergement collectif incompatibles avec la dignité humaine, mentionnées à l'article 225-14 du code pénal, lui enjoint aussitôt, par écrit, de faire cesser sans délai cette situation.

A défaut de régularisation de la situation signalée, le maître d'ouvrage ou le donneur d'ordre est tenu de prendre à sa charge l'hébergement collectif des salariés, dans des conditions respectant les normes prises en application de l'article L. 4111-6 du présent code *(L. n° 2016-1088 du 8 août 2016, art. 111)* « ou, le cas échéant, de l'article L. 716-1 du code rural et de la pêche maritime ».

Le présent article ne s'applique pas au particulier qui contracte avec une entreprise pour son usage personnel, celui de son conjoint, de son partenaire lié par un pacte civil de solidarité, de son concubin ou de ses ascendants ou descendants. — *V. art. R. 4231-1.*

Conformité à la Constitution de l'art. L. 4231-1. Les dispositions du deuxième alinéa de l'art. L. 4231-1 sont conformes à la Constitution avec deux réserves d'interprétation : la mise en œuvre de la responsabilité du maître d'ouvrage ou du donneur d'ordre est nécessairement subordonnée au constat par les agents de contrôle compétents d'une infraction aux dispositions de l'art. 225-14 C. pén. imputable à l'un de ses cocontractants ou d'une entreprise sous-traitante directe ou indirecte ; l'obligation de prise en charge de l'hébergement collectif des salariés de l'entreprise cocontractante ou sous-traitante par le maître d'ouvrage ou le donneur d'ordre est limitée aux salariés qui sont employés à l'exécution du contrat direct ou de sous-traitance et à la durée d'exécution dudit contrat. • Cons. const. 22 janv. 2016, ⚖ n° 2015-517 QPC : *D. 2016. Actu. 206* ⌀ *; RDT 2016. 276, obs. Lapin* ⌀ *; Dr. soc. 2016. 372, note Muller* ⌀ *; RJS 4/2016, n° 252 ; JSL 2016, n° 405-3 ; JCP G 2016. 208, obs. Mathieu.*

LIVRE III ÉQUIPEMENTS DE TRAVAIL ET MOYENS DE PROTECTION

TITRE I CONCEPTION ET MISE SUR LE MARCHÉ DES ÉQUIPEMENTS DE TRAVAIL ET DES MOYENS DE PROTECTION

CHAPITRE I RÈGLES GÉNÉRALES

SECTION 1 Principes

Art. L. 4311-1 Les équipements de travail destinés à être exposés, mis en vente, vendus, importés, loués, mis à disposition ou cédés à quelque titre que ce soit sont conçus et construits de sorte que leur mise en place, leur utilisation, leur réglage, leur maintenance, dans des conditions conformes à leur destination, n'exposent pas les personnes à un risque d'atteinte à leur santé ou leur sécurité *(L. n° 2012-387 du 22 mars 2012, art. 54)* « et assurent, le cas échéant, la protection des animaux domestiques, des biens ainsi que de l'environnement ».

Les moyens de protection, qui font l'objet des opérations mentionnées au premier alinéa, sont conçus et fabriqués de manière à protéger les personnes, dans des conditions d'utilisation et de maintenance conformes à leur destination, contre les risques pour lesquels ils sont prévus. — *[Anc. art. L. 233-5, al. 1er fin et al. 2 fin.]* — *V. art. L. 4741-9 et L. 4744-6 (pén.).*

Art. L. 4311-2 Les équipements de travail sont les machines, appareils, outils, engins, matériels et installations.

Les moyens de protection sont les protecteurs et dispositifs de protection, les équipements et produits de protection individuelle. — *[Anc. art. L. 233-5, I, al. 1er début et al. 2 début.]* — *V. art. L. 4741-9 et L. 4744-6 (pén.).*

Art. L. 4311-3 Il est interdit d'exposer, de mettre en vente, de vendre, d'importer, de louer, de mettre à disposition ou de céder à quelque titre que ce soit des équipements de travail et des moyens de protection qui ne répondent pas aux règles techniques du chapitre II et aux procédures de certification du chapitre III. — *[Anc. art. L. 233-5, II.]* — *V. art. L. 4741-9 et L. 4744-6 (pén.).*

Art. L. 4311-4 Par dérogation aux dispositions de l'article L. 4311-3, sont permises, pour une durée déterminée, l'exposition et l'importation aux fins d'exposition dans les foires et salons autorisés d'équipements de travail ou de moyens de protection neufs ne satisfaisant pas aux dispositions de l'article L. 4311-1.

Dans ce cas, un avertissement dont les caractéristiques sont déterminées par arrêté conjoint du ministre chargé du travail et du ministre chargé de l'agriculture est placé à proximité de l'équipement de travail ou du moyen de protection faisant l'objet de l'exposition, pendant toute la durée de celle-ci. – *[Anc. art. L. 233-5-3, I et II.]* – *V. art. L. 4741-9 (pén.).* – *V. Arr. du 22 oct. 2009 (JO 21 nov.).*

Art. L. 4311-5 L'acheteur ou le locataire d'un équipement de travail ou d'un moyen de protection qui a été livré dans des conditions contraires aux dispositions des articles L. 4311-1 et L. 4311-3 peut, nonobstant toute clause contraire, demander la résolution de la vente ou du bail dans le délai d'une année à compter du jour de la livraison.

Le tribunal qui prononce cette résolution peut accorder des dommages et intérêts à l'acheteur ou au locataire. – *[Anc. art. L. 233-6, VI.]*

Art. L. 4311-6 Outre les *(L. n° 2016-1088 du 8 août 2016, art. 113)* « agents de contrôle de l'inspection du travail mentionnés à l'article L. 8112-1 », les agents des douanes, les agents de la concurrence, de la consommation et de la répression des fraudes, les ingénieurs des mines, les ingénieurs de l'industrie et des mines sont compétents pour *(L. n° 2021-1018 du 2 août 2021, art. 10, en vigueur le 31 mars 2022)* « rechercher et constater les manquements et infractions aux dispositions du présent titre et des textes pris pour son application, aux dispositions du règlement (UE) 2016/425 du Parlement européen et du Conseil du 9 mars 2016 relatif aux équipements de protection individuelle et abrogeant la directive 89/686/CEE du Conseil et aux dispositions des articles 4 et 7 du règlement (UE) 2019/1020 du Parlement européen et du Conseil du 20 juin 2019 sur la surveillance du marché et la conformité des produits, et modifiant la directive 2004/42/CE et les règlements (CE) n° 765/2008 et (UE) n° 305/2011, en ce qui concerne les équipements de travail et les moyens de protection. Les agents habilités en application de l'article L. 4314-1 du présent code sont également compétents pour rechercher et constater les manquements à ces dispositions. »

Les agents de la concurrence, de la consommation et de la répression des fraudes disposent à cet effet des pouvoirs prévus *(Ord. n° 2016-301 du 14 mars 2016, art. 21)* « au I de l'article L. 511-22 » du code de la consommation.

SECTION 2 Dispositions d'application

Art. L. 4311-7 Pour l'application des dispositions du présent titre, des décrets en Conseil d'État, pris après avis des organisations professionnelles d'employeurs et de salariés intéressées, déterminent :

1° Les équipements de travail et les moyens de protection soumis aux obligations de sécurité définies à l'article L. 4311-1 ;

2° Les règles techniques auxquelles satisfait chaque type d'équipement de travail et de moyen de protection, prévues au chapitre II ;

3° Les procédures de certification de conformité aux règles techniques auxquelles sont soumis les fabricants, importateurs et cédants, selon le type d'équipement de travail et de moyen de protection, ainsi que les garanties dont ils bénéficient prévues au chapitre III ;

4° Les conditions dans lesquelles l'autorité administrative habilitée à contrôler la conformité peut demander au fabricant ou à l'importateur, en application de l'article L. 4313-1, communication d'une documentation technique ;

5° Les conditions dans lesquelles est organisée la procédure de sauvegarde prévue à l'article *(L. n° 2021-1018 du 2 août 2021, art. 10, en vigueur le 31 mars 2022)* « L. 4314-2 » ;

6° Les conditions dans lesquelles le respect de normes est réputé satisfaire aux règles techniques ainsi que celles dans lesquelles certaines d'entre elles peuvent être rendues obligatoires. – *V. art. R. 4311-1 s.*

CHAPITRE II RÈGLES TECHNIQUES DE CONCEPTION

Le présent chapitre ne comprend pas de dispositions législatives.

SANTÉ ET SÉCURITÉ AU TRAVAIL **Art. L. 4314-2**

CHAPITRE III PROCÉDURES DE CERTIFICATION DE CONFORMITÉ

Art. L. 4313-1 L'autorité administrative habilitée à contrôler la conformité des équipements de travail et des moyens de protection peut demander au fabricant ou à l'importateur communication d'une documentation technique dont le contenu est déterminé par voie réglementaire.

Les personnes ayant accès à cette documentation technique sont tenues au secret professionnel pour toutes les informations relatives aux procédés de fabrication et d'exploitation. − *[Anc. art. L. 233-5, III, al. 8, phrase 1, al. 9.]* − *V. art. R. 4313-1 s.*

CHAPITRE IV SURVEILLANCE DU MARCHÉ *(L. n° 2021-1018 du 2 août 2021, art. 10, en vigueur le 31 mars 2022).*

Art. L. 4314-1 *(L. n° 2021-1018 du 2 août 2021, art. 10, en vigueur le 31 mars 2022)* Pour l'application du règlement (UE) 2019/1020 du Parlement européen et du Conseil du 20 juin 2019 sur la surveillance du marché et la conformité des produits, et modifiant la directive 2004/42/CE et les règlements (CE) n° 765/2008 et (UE) n° 305/2011, la surveillance du marché est exercée par les autorités administratives désignées par décret en Conseil d'État. Ces autorités s'assurent du respect par les opérateurs économiques, au sens de l'article 3 du règlement (UE) 2019/1020 du Parlement européen et du Conseil du 20 juin 2019 précité, de leurs obligations respectives, mettent en œuvre les pouvoirs et mesures appropriés et proportionnés définis aux articles 14 et 16 du même règlement et peuvent habiliter des agents à cet effet, sans préjudice des missions et des prérogatives des agents de contrôle mentionnés à l'article L. 4311-6 du présent code, selon des modalités définies par décret en Conseil d'État.

L'accès aux locaux, terrains et moyens de transport à usage professionnel prévu à l'article 14 du règlement (UE) 2019/1020 du Parlement européen et du Conseil du 20 juin 2019 précité par les agents mentionnés au premier alinéa du présent article est autorisé entre 8 heures et 20 heures. Lorsque ces locaux sont également à usage d'habitation, ces agents ne peuvent y pénétrer qu'après avoir reçu l'autorisation des personnes qui les occupent.

Sans préjudice des autres sanctions encourues, lorsque la non-conformité à la réglementation d'un produit a été établie par des contrôles réalisés en application du présent article, les autorités chargées de la surveillance du marché peuvent décider de faire supporter à l'opérateur économique en cause la totalité des frais directement exposés par ces autorités et occasionnés par des essais, l'interdiction de la mise sur le marché d'un produit ou le stockage et les activités relatives aux produits qui se révèlent non conformes et qui font l'objet d'une mesure corrective avant leur mise en libre pratique ou leur mise sur le marché.

Les modalités d'application du présent article sont déterminées par décret en Conseil d'État.

Art. L. 4314-2 Une procédure de sauvegarde est organisée permettant :

1° Soit de s'opposer à ce que des équipements de travail ou des moyens de protection ne répondant pas aux obligations de sécurité et à tout ou partie des règles techniques auxquelles doit satisfaire chaque type d'équipement de travail et de moyen de protection fassent l'objet des opérations mentionnées aux articles L. 4311-3 et L. 4321-2 *(L. n° 2021-1018 du 2 août 2021, art. 10-4°, en vigueur le 31 mars 2022)* « , de les retirer du marché et de les rappeler » ;

2° Soit de subordonner l'accomplissement de ces opérations à des vérifications, épreuves, règles d'entretien, modifications des modes d'emploi des équipements de travail ou moyens de protection concernés. − *V. art. L. 4741-9 (pén.) et R. 4314-1.*

L'art. L. 4314-1 devient l'art. L. 4314-2 (L. n° 2021-1018 du 2 août 2021, art. 10-4°, en vigueur le 31 mars 2022).

TITRE II UTILISATION DES ÉQUIPEMENTS DE TRAVAIL ET DES MOYENS DE PROTECTION

CHAPITRE I RÈGLES GÉNÉRALES

SECTION 1 Principes

Art. L. 4321-1 Les équipements de travail et les moyens de protection mis en service ou utilisés dans les établissements destinés à recevoir des travailleurs sont équipés, installés, utilisés, réglés et maintenus de manière à préserver la santé et la sécurité des travailleurs, y compris en cas de modification de ces équipements de travail et de ces moyens de protection. – *[Anc. art. L. 233-5-1, I.]* – V. art. L. 4744-6 (pén.).

> ***Accessibilité et intelligibilité de l'art. L. 4321-1.*** L'art. L. 4321-1 définit, en des termes suffisamment clairs et précis pour exclure l'arbitraire, les principes régissant l'utilisation des équipements de travail et des moyens de protection mis en service dans les établissements recevant des travailleurs, dont l'application est déterminée par décret. • Crim., QPC, 3 janv. 2012 : ⚖ *D. 2012. Actu. 222*.

Art. L. 4321-2 Il est interdit de mettre en service ou d'utiliser des équipements de travail et des moyens de protection qui ne répondent pas aux règles techniques de conception du chapitre II et aux procédures de certification du chapitre III du titre I. – V. art. L. 4741-9 et L. 4744-6 (pén.).

Art. L. 4321-3 Par dérogation aux dispositions de l'article L. 4321-2, est permise, aux seules fins de démonstration, l'utilisation des équipements de travail neufs ne répondant pas aux dispositions de l'article L. 4311-1. Les mesures nécessaires, destinées à éviter toute atteinte à la sécurité et la santé des travailleurs chargés de la démonstration et des personnes exposées aux risques qui en résultent, sont alors mises en œuvre.

Dans ce cas, un avertissement dont les caractéristiques sont déterminées par arrêté conjoint du ministre chargé du travail et du ministre chargé de l'agriculture est placé à proximité de l'équipement de travail faisant l'objet de la démonstration, pendant toute la durée de celle-ci. – *[Anc. art. L. 233-5-3, II et III.]* – V. art. L. 4741-9 (pén.). – V. Arr. du 22 oct. 2009 (JO 21 nov.).

SECTION 2 Dispositions d'application

Art. L. 4321-4 Pour l'application des dispositions du présent titre, des décrets en Conseil d'État, pris après avis des organisations professionnelles d'employeurs et de salariés intéressées, déterminent les mesures d'organisation, les conditions de mise en œuvre et les prescriptions techniques auxquelles est subordonnée l'utilisation des équipements de travail et moyens de protection soumis aux obligations de sécurité définies à l'article L. 4321-1. – *[Anc. art. L. 233-5-1, III, al. 1ᵉʳ et 2.]* – V. art. R. 4321-1 s.

Art. L. 4321-5 Les modalités d'application des décrets en Conseil d'État mentionnés à l'article L. 4321-4 peuvent être définies par des conventions ou des accords conclus entre l'autorité administrative et les organisations professionnelles nationales d'employeurs représentatives. – *[Anc. art. L. 233-5-1, IV.]*

CHAPITRE II MAINTIEN EN ÉTAT DE CONFORMITÉ

Le présent chapitre ne comprend pas de dispositions législatives.

CHAPITRE III MESURES D'ORGANISATION ET CONDITIONS D'UTILISATION DES ÉQUIPEMENTS DE TRAVAIL ET DES ÉQUIPEMENTS DE PROTECTION INDIVIDUELLE

Le présent chapitre ne comprend pas de dispositions législatives.

SANTÉ ET SÉCURITÉ AU TRAVAIL

CHAPITRE IV UTILISATION DES ÉQUIPEMENTS DE TRAVAIL NON SOUMIS À DES RÈGLES DE CONCEPTION LORS DE LEUR PREMIÈRE MISE SUR LE MARCHÉ

Le présent chapitre ne comprend pas de dispositions législatives.

LIVRE IV PRÉVENTION DE CERTAINS RISQUES D'EXPOSITION

TITRE I RISQUES CHIMIQUES

CHAPITRE I MISE SUR LE MARCHÉ DES SUBSTANCES ET MÉLANGES DANGEREUX (Ord. n° 2011-1922 du 22 déc. 2011).

SECTION 1 Mesures générales et dispositions d'application

Art. L. 4411-1 Dans l'intérêt de la santé et de la sécurité au travail, la fabrication, la mise en vente, la vente, l'importation, la cession à quelque titre que ce soit ainsi que l'utilisation des substances et *(Ord. n° 2011-1922 du 22 déc. 2011)* « mélanges dangereux » pour les travailleurs peuvent être limitées, réglementées ou interdites.

Ces limitations, réglementations ou interdictions peuvent être établies même lorsque l'utilisation de ces substances et préparations est réalisée par l'employeur lui-même ou par des travailleurs indépendants. — *[Anc. art. L. 231-7, al. 1er et 2.]* — V. art. L. 4741-9 et L. 4744-6 (pén.).

Art. L. 4411-2 Des décrets en Conseil d'État, pris après avis des organisations professionnelles d'employeurs et de salariés intéressées, déterminent les mesures d'application du présent chapitre et peuvent notamment organiser des procédures spéciales lorsqu'il y a urgence à suspendre la commercialisation ou l'utilisation des substances et *(Ord. n° 2011-1922 du 22 déc. 2011)* « mélanges dangereux », et prévoir les modalités d'indemnisation des travailleurs atteints d'affections causées par ces produits. — *[Anc. art. L. 231-7, al. 4, phrase 1 milieu et phrase 2 et al. 7, phrase 1 fin et phrase 2, et al. 10.]* — V. art. L. 4741-9, L. 4744-6 (pén.) et R. 4411-1 s.

SECTION 2 Fabrication, importation et vente

SOUS-SECTION 1 Déclaration des substances et préparations

§ 1 Mise sur le marché

Art. L. 4411-3 *(Ord. n° 2011-1922 du 22 déc. 2011)* La fabrication, la mise sur le marché, l'utilisation des substances, telles quelles ou contenues dans des mélanges ou des articles, et la mise sur le marché des mélanges sont soumises aux dispositions du règlement (CE) n° 1907/2006 du Parlement européen et du Conseil du 18 décembre 2006 concernant l'enregistrement, l'évaluation et l'autorisation des substances chimiques ainsi que les restrictions applicables à ces substances (REACH) et aux dispositions du règlement (CE) n° 1272/2008 du Parlement européen et du Conseil du 16 décembre 2008 relatif à la classification, à l'étiquetage et à l'emballage des substances et des mélanges.

§ 2 Information des autorités

Art. L. 4411-4 *(Abrogé par L. n° 2023-171 du 9 mars 2023, art. 25) Les fabricants, les importateurs ou (Ord. n° 2009-229 du 26 févr. 2009, art. 2-II)* « tout responsable de la mise sur le marché » de substances ou de *(Ord. n° 2011-1922 du 22 déc. 2011)* « mélanges dangereux destinés à être utilisés » dans des établissements employant des travailleurs fournissent à un organisme compétent désigné par l'autorité administrative toutes les informations nécessaires sur ces produits, notamment leur composition.

Il peut leur être imposé de participer à la conservation et à l'exploitation de ces informations et de contribuer à la couverture des dépenses qui en résultent.

§ 3 Exceptions

Art. L. 4411-5 *(Abrogé par L. n° 2023-171 du 9 mars 2023, art. 25) (Ord. n° 2009-229 du 26 févr. 2009, art. 2-III)* **Les dispositions du paragraphe 2 ne s'appliquent pas au fabricant, à l'importateur ou à tout responsable de la mise sur le marché de certaines catégories de** *(Ord. n° 2011-1922 du 22 déc. 2011)* « **mélanges** » **soumises à d'autres procédures de déclaration lorsque ces procédures prennent en compte les risques encourus par les travailleurs.**

SOUS-SECTION 2 Protection des utilisateurs et acheteurs

§ 1 Information des utilisateurs

Art. L. 4411-6 Sans préjudice de l'application des dispositions légales non prévues par le présent code, les vendeurs ou distributeurs de substances ou de *(Ord. n° 2011-1922 du 22 déc. 2011)* « mélanges dangereux », ainsi que les employeurs qui en font usage, procèdent à l'étiquetage de ces substances ou *(Ord. n° 2011-1922 du 22 déc. 2011)* « mélanges » dans des conditions déterminées *(Ord. n° 2011-1922 du 22 déc. 2011)* « par le règlement (CE) n° 1272/2008 du Parlement européen et du Conseil du 16 décembre 2008 relatif à la classification, à l'étiquetage et à l'emballage des substances et des mélanges et » par voie réglementaire. — *V. art. L. 4741-9 et L. 4744-6 (pén.).*

§ 2 Résolution de la vente

Art. L. 4411-7 L'acheteur d'une substance ou d'*(Ord. n° 2011-1922 du 22 déc. 2011)* « un mélange dangereux » qui a été livré dans des conditions contraires aux dispositions des articles L. 4411-1 et L. 4411-3 peut, même en présence d'une clause contraire, dans le délai d'une année à compter du jour de la livraison, demander la résolution de la vente.

La juridiction qui prononce cette résolution peut accorder des dommages et intérêts à l'acheteur. — *[Anc. art. L. 233-6.]* — *V. art. L. 4741-4 (pén.).*

CHAPITRE II MESURES DE PRÉVENTION DES RISQUES CHIMIQUES

Art. L. 4412-1 Les règles de prévention des risques pour la santé et la sécurité des travailleurs exposés à des risques chimiques sont déterminées par décret en Conseil d'État pris en application de l'article L. 4111-6 *(L. n° 2021-1018 du 2 août 2021, art. 5, en vigueur le 31 mars 2022)* « , en tenant compte des situations de polyexpositions ». — *V. art. R. 4412-1 s.*

BIBL. ▶ Bastos, *Dr. soc. 2023. 135* (exposome : état des lieux sur un concept aux multiples enjeux).

CHAPITRE II BIS RISQUES D'EXPOSITION À L'AMIANTE : REPÉRAGES AVANT TRAVAUX

(L. n° 2016-1088 du 8 août 2016, art. 113)

Art. L. 4412-2 En vue de renforcer le rôle de surveillance dévolu aux agents de contrôle de l'inspection du travail, le donneur d'ordre, le maître d'ouvrage ou le propriétaire d'immeubles par nature ou par destination, d'équipements, de matériels ou d'articles y font rechercher la présence d'amiante préalablement à toute opération comportant des risques d'exposition des travailleurs à l'amiante. Cette recherche donne lieu à un document mentionnant, le cas échéant, la présence, la nature et la localisation de matériaux ou de produits contenant de l'amiante. Ce document est joint aux documents de la consultation remis aux entreprises candidates ou transmis aux entreprises envisageant de réaliser l'opération.

Les conditions d'application ou d'exemption, selon la nature de l'opération envisagée, du présent article sont déterminées par décret en Conseil d'État. — *V. art. R. 4412-97 s., L. 4741-9 et L. 4754-1 (pén.).*

TITRE II PRÉVENTION DES RISQUES BIOLOGIQUES

CHAPITRE I DISPOSITIONS GÉNÉRALES

Art. L. 4421-1 Les règles de prévention des risques pour la santé et la sécurité des travailleurs exposés à des agents biologiques sont déterminées par décret en Conseil d'État pris en application de l'article L. 4111-6. — *V. art. R. 4421-1 s.*

CHAPITRE II PRINCIPES DE PRÉVENTION

Le présent chapitre ne comprend pas de dispositions législatives.

CHAPITRE III ÉVALUATION DES RISQUES

Le présent chapitre ne comprend pas de dispositions législatives.

CHAPITRE IV MESURES ET MOYENS DE PRÉVENTION

Le présent chapitre ne comprend pas de dispositions législatives.

CHAPITRE V INFORMATION ET FORMATION DES TRAVAILLEURS

Le présent chapitre ne comprend pas de dispositions législatives.

CHAPITRE VI SURVEILLANCE MÉDICALE

Le présent chapitre ne comprend pas de dispositions législatives.

CHAPITRE VII DÉCLARATION ADMINISTRATIVE

Le présent chapitre ne comprend pas de dispositions législatives.

TITRE III PRÉVENTION DES RISQUES D'EXPOSITION AU BRUIT

CHAPITRE I DISPOSITIONS GÉNÉRALES

Art. L. 4431-1 Les règles de prévention des risques pour la santé et la sécurité des travailleurs exposés au bruit sont déterminées par décret en Conseil d'État pris en application de l'article L. 4111-6. — *V. art. R. 4431-1 s.*

CHAPITRE II PRINCIPES DE PRÉVENTION

Le présent chapitre ne comprend pas de dispositions législatives.

CHAPITRE III ÉVALUATION DES RISQUES

Le présent chapitre ne comprend pas de dispositions législatives.

CHAPITRE IV MESURES ET MOYENS DE PRÉVENTION

Le présent chapitre ne comprend pas de dispositions législatives.

CHAPITRE V SURVEILLANCE MÉDICALE

Le présent chapitre ne comprend pas de dispositions législatives.

CHAPITRE VI INFORMATION ET FORMATION DES TRAVAILLEURS

Le présent chapitre ne comprend pas de dispositions législatives.

CHAPITRE VII DÉROGATIONS

Le présent chapitre ne comprend pas de dispositions législatives.

TITRE IV PRÉVENTION DES RISQUES D'EXPOSITION AUX VIBRATIONS MÉCANIQUES

CHAPITRE I DISPOSITIONS GÉNÉRALES

Art. L. 4441-1 Les règles de prévention des risques pour la santé et la sécurité des travailleurs exposés aux vibrations mécaniques sont déterminées par décret en Conseil d'État pris en application de l'article L. 4111-6. – *V. art. R. 4441-1 s.*

CHAPITRE II PRINCIPES DE PRÉVENTION

Le présent chapitre ne comprend pas de dispositions législatives.

CHAPITRE III VALEURS LIMITES D'EXPOSITION

Le présent chapitre ne comprend pas de dispositions législatives.

CHAPITRE IV ÉVALUATION DES RISQUES

Le présent chapitre ne comprend pas de dispositions législatives.

CHAPITRE V MESURES ET MOYENS DE PRÉVENTION

Le présent chapitre ne comprend pas de dispositions législatives.

CHAPITRE VI SURVEILLANCE MÉDICALE

Le présent chapitre ne comprend pas de dispositions législatives.

CHAPITRE VII INFORMATION ET FORMATION DES TRAVAILLEURS

Le présent chapitre ne comprend pas de dispositions législatives.

TITRE V PRÉVENTION DES RISQUES D'EXPOSITION AUX RAYONNEMENTS (L. n° 2009-526 du 12 mai 2009, art. 35).

CHAPITRE I PRÉVENTION DES RISQUES D'EXPOSITION AUX RAYONNEMENTS IONISANTS (L. n° 2009-526 du 12 mai 2009, art. 35).

Art. L. 4451-1 Les règles de prévention des risques pour la santé et la sécurité des travailleurs *(L. n° 2009-526 du 12 mai 2009, art. 36)* « , y compris les travailleurs indépendants et les employeurs, » exposés aux rayonnements ionisants sont fixées dans le respect des principes généraux de radioprotection des personnes énoncés *(Ord. n° 2016-128 du 10 févr. 2016, art. 42-V)* « aux articles L. 1333-2 et L. 1333-3 du code de la santé publique, sans préjudice des principes généraux de prévention prévus à l'article L. 4121-2 du présent code ». – *V. art. L. 4741-9 (pén.).*

Art. L. 4451-2 *(Ord. n° 2016-128 du 10 févr. 2016, art. 41)* Par exception à l'article 226-13 du code pénal, le médecin du travail peut communiquer à la personne désignée par l'employeur pour le conseiller en matière de radioprotection des travailleurs tous éléments ou informations couvertes par le secret dès lors que leur transmission est limitée à ceux qui sont strictement nécessaires à l'exercice de ses missions.

Art. L. 4451-3 *(Ord. n° 2016-128 du 10 févr. 2016, art. 41)* La personne désignée par l'employeur pour le conseiller en matière de radioprotection des travailleurs est tenue au secret professionnel sous les peines et dans les conditions prévues par les articles 226-13 et 226-14 du code pénal, au titre des données couvertes par le secret qui lui ont été communiquées par le médecin du travail en application de l'article L. 4451-2.

Art. L. 4451-4 *(Ord. n° 2016-128 du 10 févr. 2016, art. 41)* Les règles de prévention appelées par le présent chapitre sont déterminées par décret en Conseil d'État pris en application de l'article L. 4111-6, notamment les modalités de suivi médical spécifiques et adaptées pour les travailleurs exposés à des rayonnements ionisants, en particulier pour les travailleurs mentionnés à l'article L. 4511-1. – *V. art. R. 4451-1 s.*

SANTÉ ET SÉCURITÉ AU TRAVAIL

CHAPITRE II PRÉVENTION DES RISQUES D'EXPOSITION AUX RAYONNEMENTS OPTIQUES ARTIFICIELS *(L. n° 2009-526 du 12 mai 2009, art. 35).*

Le présent chapitre ne comprend pas de dispositions législatives.

CHAPITRE III PRÉVENTION DES RISQUES D'EXPOSITION AUX CHAMPS ÉLECTROMAGNÉTIQUES *(L. n° 2009-526 du 12 mai 2009, art. 35).*

Art. L. 4453-1 *(L. n° 2010-788 du 12 juill. 2010, art. 183-V)* Les règles de prévention des risques pour la santé et la sécurité des travailleurs exposés aux champs électromagnétiques sont déterminées par décret en Conseil d'État pris en application de l'article L. 4111-6.
Ce décret se conforme aux principes de prévention fixés aux articles L. 4121-1 et L. 4121-2.

CHAPITRE IV SURVEILLANCE MÉDICALE

Le présent chapitre ne comprend pas de dispositions législatives.

CHAPITRE V SITUATIONS ANORMALES DE TRAVAIL

Le présent chapitre ne comprend pas de dispositions législatives.

CHAPITRE VI ORGANISATION DE LA RADIOPROTECTION

Le présent chapitre ne comprend pas de dispositions législatives.

CHAPITRE VII RÈGLES APPLICABLES EN CAS D'EXPOSITION PROFESSIONNELLE LIÉE À LA RADIOACTIVITÉ NATURELLE

Le présent chapitre ne comprend pas de dispositions législatives.

TITRE VI AUTRES RISQUES *(L. n° 2009-526 du 12 mai 2009, art. 35).*

CHAPITRE I PRÉVENTION DES RISQUES EN MILIEU HYPERBARE *(L. n° 2009-526 du 12 mai 2009, art. 35).*

Art. L. 4461-1 *(L. n° 2019-486 du 22 mai 2019, art. 11-VI, en vigueur le 1ᵉʳ janv. 2020)* Par dérogation aux articles L. 1111-2 et L. 1111-3, pour l'application du chapitre I du titre VI du livre IV de la quatrième partie de la partie réglementaire, un décret en Conseil d'État fixe les conditions dans lesquelles l'effectif salarié et les règles de franchissement des seuils d'effectif sont déterminés. — *V. art. R. 4461-1 s.*

LIVRE V PRÉVENTION DES RISQUES LIÉS À CERTAINES ACTIVITÉS OU OPÉRATIONS

TITRE I TRAVAUX RÉALISÉS DANS UN ÉTABLISSEMENT PAR UNE ENTREPRISE EXTÉRIEURE

CHAPITRE I DISPOSITIONS GÉNÉRALES

Art. L. 4511-1 Les règles de prévention des risques pour la santé et la sécurité des travailleurs, liés aux travaux réalisés dans un établissement par une entreprise extérieure, sont déterminées par décret en Conseil d'État pris en application des articles L. 4111-6 et L. 4611-8. — *V. art. R. 4511-1 s.*

CHAPITRE II MESURES PRÉALABLES À L'EXÉCUTION D'UNE OPÉRATION

Le présent chapitre ne comprend pas de dispositions législatives.

CHAPITRE III MESURES À PRENDRE PENDANT L'EXÉCUTION DES OPÉRATIONS

Le présent chapitre ne comprend pas de dispositions législatives.

CHAPITRE IV RÔLE DES INSTITUTIONS REPRÉSENTATIVES DU PERSONNEL

Le présent chapitre ne comprend pas de dispositions législatives.

CHAPITRE V DISPOSITIONS PARTICULIÈRES AUX OPÉRATIONS DE CHARGEMENT ET DE DÉCHARGEMENT

Le présent chapitre ne comprend pas de dispositions législatives.

TITRE II INSTALLATIONS NUCLÉAIRES DE BASE ET INSTALLATIONS SUSCEPTIBLES DE DONNER LIEU À DES SERVITUDES D'UTILITÉ PUBLIQUE

CHAPITRE I CHAMP D'APPLICATION

Art. L. 4521-1 Les dispositions du présent titre sont applicables dans les établissements comprenant au moins une installation nucléaire de base au sens de *(Ord. n° 2012-6 du 5 janv. 2012, art. 5)* « l'article L. 593-1 du code de l'environnement » ou une installation figurant sur la liste prévue *(L. n° 2013-619 du 16 juill. 2013, art. 11-V)* « à l'article L. 515-36 » du même code ou soumise aux *(Ord. n° 2011-91 du 21 janv. 2011)* « dispositions des articles L. 211-2 et L. 211-3, des titres II à VII et du chapitre II du titre VIII du livre II du code minier ».

CHAPITRE II COORDINATION DE LA PRÉVENTION

Art. L. 4522-1 Dans les établissements mentionnés à l'article L. 4521-1, lorsqu'un travailleur ou le chef d'une entreprise extérieure ou un travailleur indépendant est appelé à réaliser une intervention pouvant présenter des risques particuliers en raison de sa nature ou de la proximité de cette installation, le chef d'établissement de l'entreprise utilisatrice et le chef de l'entreprise extérieure définissent conjointement les mesures de prévention prévues aux articles L. 4121-1 à L. 4121-4.
Le chef d'établissement de l'entreprise utilisatrice veille au respect par l'entreprise extérieure des mesures que celle-ci a la responsabilité d'appliquer, compte tenu de la spécificité de l'établissement, préalablement à l'exécution de l'opération, durant son déroulement et à son issue. — *[Anc. art. L. 230-2, IV, al. 2.]*

Art. L. 4522-2 L'employeur définit et met en œuvre au bénéfice des chefs d'entreprises extérieures et des travailleurs qu'ils emploient ainsi que des travailleurs indépendants, avant le début de leur première intervention dans l'enceinte de l'établissement, une formation pratique et appropriée aux risques particuliers que leur intervention peut présenter en raison de sa nature ou de la proximité de l'installation classée.
Cette formation est dispensée sans préjudice de celles prévues par les articles L. 4141-2 et L. 4142-1. Ses modalités de mise en œuvre, son contenu et les conditions de son renouvellement peuvent être précisés par convention ou accord collectif de branche ou par convention ou accord collectif d'entreprise ou d'établissement. — *[Anc. art. L. 231-3-1, al. 2.]*

CHAPITRE III **COMITÉ SOCIAL ET ÉCONOMIQUE** (Ord. n° 2017-1386 du 22 sept. 2017, art. 3).

SECTION 1 Attributions particulières

Art. L. 4523-1 Les dispositions du présent chapitre s'appliquent sans préjudice de celles prévues (Ord. n° 2017-1386 du 22 sept. 2017, art. 3) « au titre II du livre III de la deuxième partie relatives au comité social et économique ».

Art. L. 4523-2 (Ord. n° 2017-1386 du 22 sept. 2017, art. 3) « Le comité social et économique » est consulté sur la liste des postes de travail liés à la sécurité de l'installation. Cette liste est établie par l'employeur dans des conditions déterminées par décret en Conseil d'État.
Le comité est également consulté avant toute décision de sous-traiter une activité, jusqu'alors réalisée par les salariés de l'établissement, à une entreprise extérieure appelée à réaliser une intervention pouvant présenter des risques particuliers en raison de sa nature ou de la proximité de l'installation. — V. art. R. 4523-1.

Art. L. 4523-3 (Ord. n° 2017-1386 du 22 sept. 2017, art. 3) « Le comité social et économique » est informé à la suite de tout incident qui aurait pu entraîner des conséquences graves. Il peut procéder à l'analyse de l'incident et proposer toute action visant à prévenir son renouvellement. Le suivi de ces propositions fait l'objet d'un examen (Ord. n° 2017-1386 du 22 sept. 2017, art. 3) « dans le cadre de la présentation de bilan et de programme annuels, prévue à l'article (Ord. n° 2017-1718 du 20 déc. 2017, art. 1er-I) « L. 2312-27 ».

Art. L. 4523-4 Dans les établissements comportant une ou plusieurs installations nucléaires de base, (Ord. n° 2017-1386 du 22 sept. 2017, art. 3) « le comité social et économique » est informé par l'employeur de la politique de sûreté et peut lui demander communication des informations sur les risques liés à l'exposition aux rayonnements ionisants et sur les mesures de sûreté et de radioprotection prises pour prévenir ou réduire ces risques ou expositions, dans les conditions définies aux articles **L. 124-1 à L. 124-6** du code de l'environnement.
Le comité est consulté par l'employeur sur la définition et les modifications ultérieures du plan d'urgence interne mentionné à l'article (Ord. n° 2016-128 du 10 févr. 2016, art. 42) « **L. 1333-12** » du code de la santé publique. Il peut proposer des modifications de ce plan à l'employeur qui justifie auprès du comité les suites qu'il donne à ces propositions.
Un décret en Conseil d'État détermine le délai dans lequel le comité formule son avis.

Art. L. 4523-5 (Ord. n° 2017-1386 du 22 sept. 2017, art. 3) « Le comité social et économique » peut faire appel à un expert en risques technologiques, dans des conditions déterminées par décret en Conseil d'État. — V. art. R. 4523-3.
Toutefois, ces dispositions ne sont pas applicables dans les établissements comprenant au moins une installation nucléaire de base.

La possibilité reconnue au CHSCT d'avoir recours à un expert en risques technologiques ne peut résulter de la seule activité soumise à la législation sur les installations classées. • Soc. 15 janv. 2013 : D. actu. 13 févr. 2013, obs. Siro ; D. 2013. Actu. 255 ; JCP S 2013. 1103, obs. Dauxerre.

SECTION 2 Composition

Art. L. 4523-6 Le nombre de représentants du personnel (Ord. n° 2017-1386 du 22 sept. 2017, art. 3) « au comité social et économique » est augmenté par voie de convention collective ou d'accord collectif de travail entre l'employeur et les organisations syndicales représentatives dans l'entreprise.

SECTION 3 Fonctionnement

Art. L. 4523-7 (Ord. n° 2017-1386 du 22 sept. 2017, art. 3) La commission santé, sécurité et conditions de travail, mentionnée aux articles **L. 2315-36** et suivants, est créée au sein du comité social et économique.

Art. L. 4523-7-1 (Ord. n° 2017-1386 du 22 sept. 2017, art. 3) A défaut d'accord, le nombre d'heures de délégation prévu à l'article (Ord. n° 2017-1718 du 20 déc. 2017, art. 1ᵉʳ-I) « L. 2315-7 », accordé aux représentants du personnel au comité social et économique pour exercer leurs fonctions, est majoré de 30 %.

L'art. L. 4523-7 devient l'art. L. 4523-7-1 (Ord. n° 2017-1386 du 22 sept. 2017, art. 3).

Art. L. 4523-8 (Ord. n° 2017-1386 du 22 sept. 2017, art. 3) L'autorité chargée de la police des installations est invitée aux réunions du comité social et économique et de la commission santé, sécurité et conditions de travail dans les conditions prévues à l'article L. 2314-3.

Art. L. 4523-9 Les représentants du personnel (Ord. n° 2017-1386 du 22 sept. 2017, art. 3) « au comité social et économique » sont informés par l'employeur de la présence de l'autorité chargée de la police des installations, lors de ses visites, et peuvent présenter leurs observations écrites.

SECTION 4 Formation des représentants

Art. L. 4523-10 Les représentants du personnel (Ord. n° 2017-1386 du 22 sept. 2017, art. 3) « au comité social et économique », y compris, le cas échéant, les représentants des salariés des entreprises extérieures, bénéficient d'une formation spécifique correspondant aux risques ou facteurs de risques particuliers, en rapport avec l'activité de l'entreprise.

Les conditions dans lesquelles cette formation est dispensée et renouvelée peuvent être définies par convention ou accord collectif de branche, d'entreprise ou d'établissement.

SECTION 5 Commission santé, sécurité et conditions de travail (Ord. n° 2017-1386 du 22 sept. 2017, art. 3).

Art. L. 4523-11 Lorsque la réunion (Ord. n° 2017-1386 du 22 sept. 2017, art. 3) « du comité social et économique » a pour objet de contribuer à la définition des règles communes de sécurité dans l'établissement et à l'observation des mesures de prévention définies en application de l'article L. 4522-1, (Ord. n° 2017-1386 du 22 sept. 2017, art. 3) « il s'appuie sur les travaux de la commission santé, sécurité et conditions de travail élargie » à une représentation des chefs d'entreprises extérieures et des travailleurs qu'ils emploient selon des conditions déterminées par convention ou accord collectif de branche, d'entreprise ou d'établissement. Cette convention ou cet accord détermine également les modalités de fonctionnement (Ord. n° 2017-1718 du 20 déc. 2017, art. 1ᵉʳ-I) « de la commission élargie ».

A défaut de convention ou d'accord, (Ord. n° 2017-1386 du 22 sept. 2017, art. 3) « la commission est élargie » et fonctionne dans des conditions déterminées par décret en Conseil d'État. – V. art. R. 4523-4.

Art. L. 4523-12 Les dispositions de l'article L. 4523-11 ne sont pas applicables aux établissements comprenant au moins une installation nucléaire de base dans lesquels les chefs d'entreprises extérieures et les représentants de leurs salariés sont associés à la prévention des risques particuliers liés à l'activité de l'établissement, selon des modalités mises en œuvre avant la publication de la loi n° 2006-686 du 13 juin 2006 relative à la transparence et à la sécurité en matière nucléaire et répondant à des caractéristiques définies par décret. – [Anc. art. L. 236-1, al. 7, phrase 3.] – V. art. R. 4523-17.

Art. L. 4523-13 (Ord. n° 2017-1386 du 22 sept. 2017, art. 3) « La commission santé, sécurité et conditions de travail élargie » se réunit au moins une fois par an. (Ord. n° 2017-1718 du 20 déc. 2017, art. 1ᵉʳ-I) « Elle est également réunie » lorsque s'est produit un accident du travail dont la victime est une personne extérieure intervenant dans l'établissement.

Art. L. 4523-14 La représentation des entreprises extérieures (Ord. n° 2017-1386 du 22 sept. 2017, art. 3) « à la commission santé, sécurité et conditions de travail élargie » est fonction de la durée de leur intervention, de la nature de cette dernière et de leur effectif intervenant dans l'établissement.

Les salariés des entreprises extérieures sont désignés, parmi les salariés intervenant régulièrement sur le site, par *(Ord. n° 2017-1386 du 22 sept. 2017, art. 3)* « le comité social et économique » de leur établissement ou, à défaut, *(Abrogé par Ord. n° 2017-1386 du 22 sept. 2017, art. 3)* « *par les délégués du personnel ou, en leur absence,* » par les membres de l'équipe appelés à intervenir dans l'établissement.

Art. L. 4523-15 L'employeur et les chefs des entreprises extérieures prennent respectivement les dispositions relevant de leurs prérogatives pour permettre aux salariés des entreprises extérieures désignés *(Ord. n° 2017-1386 du 22 sept. 2017, art. 3)* « à la commission santé, sécurité et conditions de travail élargie » d'exercer leurs fonctions.

Le comité *(Ord. n° 2017-1386 du 22 sept. 2017, art. 3)* « social et économique » peut inviter, à titre consultatif et occasionnel, le chef d'une entreprise extérieure.

Art. L. 4523-16 Les salariés d'entreprises extérieures qui siègent ou ont siégé en qualité de représentants du personnel dans *(Ord. n° 2017-1386 du 22 sept. 2017, art. 3)* « une commission santé, sécurité et conditions de travail élargie » sont tenus à une obligation de discrétion à l'égard des informations présentant un caractère confidentiel et données comme telles par l'employeur.

Ils sont tenus au secret professionnel pour toutes les questions relatives aux procédés de fabrication.

Art. L. 4523-17 Les salariés d'entreprises extérieures qui siègent ou ont siégé en qualité de représentants du personnel dans *(Ord. n° 2017-1386 du 22 sept. 2017, art. 3)* « une commission santé, sécurité et conditions de travail élargie » bénéficient de la protection prévue par le livre IV de la deuxième partie.

CHAPITRE IV COMITÉ INTERENTREPRISES DE SANTÉ ET DE SÉCURITÉ AU TRAVAIL

Art. L. 4524-1 Dans le périmètre d'un plan de prévention des risques technologiques mis en place en application de l'article L. 515-15 du code de l'environnement, un comité interentreprises de santé et de sécurité au travail est institué par l'autorité administrative.

Il assure la concertation entre *(Ord. n° 2017-1386 du 22 sept. 2017, art. 3)* « les comités sociaux et économiques » des établissements comprenant au moins une installation figurant sur la liste prévue *(L. n° 2013-619 du 16 juill. 2013, art. 11-V)* « à l'article L. 515-36 » du code de l'environnement ou soumise aux *(Ord. n° 2011-91 du 21 janv. 2011)* « dispositions des articles L. 211-2 et L. 211-3, des titres II à VII et du chapitre II du titre VIII du livre II du code minier » situés dans ce périmètre.

Il contribue à la prévention des risques professionnels susceptibles de résulter des interférences entre les activités et les installations des différents établissements.

La composition du comité interentreprises, les modalités de sa création, de la désignation de ses membres et de son fonctionnement sont déterminées par décret en Conseil d'État. – *V. art. R. 4524-1 s.*

CHAPITRE V DISPOSITIONS PARTICULIÈRES EN MATIÈRE D'INCENDIE ET DE SECOURS

Art. L. 4525-1 Sans préjudice de l'application des autres mesures prévues par le présent code, relatives à la prévention des incendies et des explosions, des moyens appropriés, humains et matériels, de prévention, de lutte contre l'incendie et de secours sont prévus afin de veiller en permanence à la sécurité des personnes occupées dans l'enceinte de l'établissement.

L'employeur définit ces moyens en fonction du nombre de personnes employées dans l'enceinte de l'établissement et des risques encourus.

Il consulte le *(Ord. n° 2017-1386 du 22 sept. 2017, art. 3)* « comité social et économique » sur la définition et la modification de ces moyens. – *V. art. L. 4741-4 (pén.).*

CHAPITRE VI DISPOSITIONS PARTICULIÈRES EN CAS DE DANGER GRAVE ET IMMINENT ET DROIT DE RETRAIT

Art. L. 4526-1 En cas de danger grave et imminent, l'employeur informe, dès qu'il en a connaissance, l'*(L. n° 2016-1088 du 8 août 2016, art. 113)* « agent de contrôle de l'inspection du travail mentionné à l'article L. 8112-1 », le service de prévention des organismes de sécurité sociale et, selon le cas, l'Autorité de sûreté nucléaire, l'inspection des installations classées ou l'ingénieur chargé de l'exercice de la police des installations mentionnées à *(Ord. n° 2011-91 du 21 janv. 2011)* « l'article L. 211-2 du code minier », de l'avis émis par le représentant du *(Ord. n° 2017-1386 du 22 sept. 2017, art. 4)* « comité social et économique » en application de l'article L. 4132-2.

L'employeur précise à cette occasion les suites qu'il entend donner à cet avis.

TITRE III BÂTIMENT ET GÉNIE CIVIL

CHAPITRE I PRINCIPES DE PRÉVENTION

Art. L. 4531-1 Afin d'assurer la sécurité et de protéger la santé des personnes qui interviennent sur un chantier de bâtiment ou de génie civil, le maître d'ouvrage, le maître d'œuvre et le coordonnateur en matière de sécurité et de protection de la santé mentionné à l'article L. 4532-4 mettent en œuvre, pendant la phase de conception, d'étude et d'élaboration du projet et pendant la réalisation de l'ouvrage, les principes généraux de prévention énoncés aux 1° à 3° et 5° à 8° de l'article L. 4121-2.

Ces principes sont pris en compte notamment lors des choix architecturaux et techniques ainsi que dans l'organisation des opérations de chantier, en vue :

1° De permettre la planification de l'exécution des différents travaux ou phases de travail se déroulant simultanément ou successivement ;

2° De prévoir la durée de ces phases ;

3° De faciliter les interventions ultérieures sur l'ouvrage. – *[Anc. art. L. 235-1, al. 3.]*

Art. L. 4531-2 Pour les opérations de bâtiment ou de génie civil entreprises par les communes ou groupements de communes de moins de 5 000 habitants, le maître d'œuvre peut se voir confier, sur délégation du maître d'ouvrage, l'application des principes généraux de prévention prévus au premier alinéa de l'article L. 4531-1 ainsi que les règles de coordination prévues au chapitre II. – *[Anc. art. L. 235-1, al. 3.]*

Art. L. 4531-3 Lorsque, sur un même site, plusieurs opérations de bâtiment ou de génie civil doivent être conduites dans le même temps par plusieurs maîtres d'ouvrage, ceux-ci se concertent afin de prévenir les risques résultant de l'interférence de ces interventions. – *[Anc. art. L. 235-10.]*

CHAPITRE II COORDINATION LORS DES OPÉRATIONS DE BÂTIMENT ET DE GÉNIE CIVIL

SECTION 1 Déclaration préalable

Art. L. 4532-1 Lorsque la durée ou le volume prévus des travaux d'une opération de bâtiment ou de génie civil excède certains seuils, le maître d'ouvrage adresse avant le début des travaux une déclaration préalable :

1° A l'autorité administrative ;

2° A l'organisme professionnel de santé, de sécurité et des conditions de travail prévu par l'article L. 4111-6 dans la branche d'activité du bâtiment et des travaux publics ;

3° Aux organismes de sécurité sociale compétents en matière de prévention des risques professionnels.

Le texte de cette déclaration, dont le contenu est précisé par arrêté ministériel, est affiché sur le chantier. – *[Anc. art. L. 235-2.]* – *V. art. L. 4744-2 (pén.).* – *V. art. R. 4532-2 s.* – *V. Arr. du 7 mars 1995 (JO 18 mars).*

SANTÉ ET SÉCURITÉ AU TRAVAIL

SECTION 2 Mission de coordination et coordonnateur en matière de sécurité et de protection de la santé

Art. L. 4532-2 Une coordination en matière de sécurité et de santé des travailleurs est organisée pour tout chantier de bâtiment ou de génie civil où sont appelés à intervenir plusieurs travailleurs indépendants ou entreprises, entreprises sous-traitantes incluses, afin de prévenir les risques résultant de leurs interventions simultanées ou successives et de prévoir, lorsqu'elle s'impose, l'utilisation des moyens communs tels que les infrastructures, les moyens logistiques et les protections collectives. — *[Anc. art. L. 235-3.]*

Art. L. 4532-3 La coordination en matière de sécurité et de santé est organisée tant au cours de la conception, de l'étude et de l'élaboration du projet qu'au cours de la réalisation de l'ouvrage. — *[Anc. art. L. 235-4, al. 1, phrase 1.]* — *V. art. L. 4744-4 (pén.).*

Art. L. 4532-4 Le maître d'ouvrage désigne un coordonnateur en matière de sécurité et de protection de la santé pour chacune des deux phases de conception et de réalisation ou pour l'ensemble de celles-ci. — *[Anc. art. L. 235-4, al. 1, phrase 2.]*

Lorsque plusieurs entreprises sont présentes sur un chantier, un coordonnateur en matière de sécurité et de santé doit toujours être désigné lors de l'élaboration du projet de l'ouvrage ou, en tout état de cause, avant l'exécution des travaux. • CJUE 7 oct. 2010 : 🔒 *JCP S 2010. 1467, obs. Jeanssen.*

Art. L. 4532-5 Sauf dans les cas prévus à l'article L. 4532-7, les dispositions nécessaires pour assurer aux personnes chargées d'une mission de coordination, l'autorité et les moyens indispensables à l'exercice de leur mission sont déterminées par voie contractuelle, notamment par les contrats de maîtrise d'œuvre. — *[Anc. art. L. 235-5, al. 2.]* — *V. art. L. 4744-4 (pén.).*

Art. L. 4532-6 L'intervention du coordonnateur ne modifie ni la nature ni l'étendue des responsabilités qui incombent, en application des autres dispositions du présent code, à chacun des participants aux opérations de bâtiment et de génie civil. — *[Anc. art. L. 235-5, al. 1er.]*

La responsabilité du maître d'ouvrage peut être engagée alors même qu'il a désigné un coordonnateur de la sécurité et de la protection de la santé s'il a omis d'indiquer dans la liste des entreprises appelées à intervenir sur le chantier le nom d'un artisan. • Civ. 3e, 17 juin 2015, 🔒 n° 14-13.350 P.

Art. L. 4532-7 Pour les opérations de bâtiment ou de génie civil entreprises par un particulier pour son usage personnel, celui de son conjoint, partenaire lié par un pacte civil de solidarité, concubin ou de ses ascendants ou descendants, la coordination est assurée :

1° Lorsqu'il s'agit d'opérations soumises à l'obtention d'un permis de construire, par la personne chargée de la maîtrise d'œuvre pendant la phase de conception, d'étude et d'élaboration du projet, et par la personne qui assure effectivement la maîtrise du chantier pendant la phase de réalisation de l'ouvrage ;

2° Lorsqu'il s'agit d'opérations non soumises à l'obtention d'un permis de construire, par l'un des entrepreneurs présents sur le chantier au cours des travaux. — *[Anc. art. L. 235-4, al. 2 à 4.]*

SECTION 3 Plan général de coordination en matière de sécurité et de protection de la santé

Art. L. 4532-8 Lorsque plusieurs entreprises sont appelées à intervenir sur un chantier qui, soit fait l'objet de la déclaration préalable prévue à l'article L. 4532-1, soit nécessite l'exécution d'un ou de plusieurs des travaux inscrits sur une liste de travaux comportant des risques particuliers déterminée par arrêté des ministres chargés du travail et de l'agriculture, le maître d'ouvrage fait établir par le coordonnateur un plan général de coordination en matière de sécurité et de protection de la santé.

Ce plan est rédigé dès la phase de conception, d'étude et d'élaboration du projet et tenu à jour pendant toute la durée des travaux. — *[Anc. art. L. 235-6.]* — *V. art. L. 4744-4 (pén.).* — *V. Arr. du 25 févr. 2003, JO 6 mars.*

SECTION 4 — Plan particulier de sécurité et de protection de la santé

Art. L. 4532-9 Sur les chantiers soumis à l'obligation d'établir un plan général de coordination, chaque entreprise, y compris les entreprises sous-traitantes, appelée à intervenir à un moment quelconque des travaux, établit, avant le début des travaux, un plan particulier de sécurité et de protection de la santé. Ce plan est communiqué au coordonnateur.

Toute entreprise appelée à exécuter seule des travaux dont la durée et le volume prévus excèdent certains seuils établit également ce plan. Elle le communique au maître d'ouvrage. — *[Anc. art. L. 235-7.]* — *V. art. L. 4744-5 (pén.).*

SECTION 5 — Collège interentreprises de sécurité, de santé et des conditions de travail

Art. L. 4532-10 Lorsque le nombre des entreprises, travailleurs indépendants et entreprises sous-traitantes inclus, et l'effectif des travailleurs dépassent certains seuils, le maître d'ouvrage constitue un collège interentreprises de sécurité, de santé et des conditions de travail. — *[Anc. art. L. 235-11, al. 1ᵉʳ.]*

Art. L. 4532-11 Les opinions que les travailleurs employés sur le chantier émettent dans l'exercice de leurs fonctions au sein du collège interentreprises ne peuvent motiver une sanction ou un licenciement. — *[Anc. art. L. 235-11, al. 3.]*

Art. L. 4532-12 Le maître d'ouvrage ainsi que l'entrepreneur qui entend sous-traiter une partie des travaux mentionnent dans les contrats conclus respectivement avec les entrepreneurs ou les sous-traitants l'obligation de participer à un collège interentreprises de sécurité, de santé et des conditions de travail. — *[Anc. art. L. 235-12.]*

Art. L. 4532-13 Le collège interentreprises de sécurité, de santé et des conditions de travail peut définir, notamment sur proposition du coordonnateur, certaines règles communes destinées à assurer le respect des mesures de sécurité et de protection de la santé applicables au chantier.

Il vérifie que l'ensemble des règles prescrites, soit par lui-même, soit par le coordonnateur, sont effectivement mises en œuvre. — *[Anc. art. L. 235-13, al. 1ᵉʳ.]*

Art. L. 4532-14 L'intervention du collège interentreprises de sécurité, de santé et des conditions de travail ne modifie pas la nature et l'étendue des responsabilités qui incombent aux participants à l'opération de bâtiment ou de génie civil en application des autres dispositions du présent code, ni les attributions des institutions représentatives du personnel compétentes en matière de santé, de sécurité et des conditions de travail. — *[Anc. art. L. 235-13, al. 2.]*

Art. L. 4532-15 Les salariés désignés comme membres du collège interentreprises disposent du temps nécessaire, rémunéré comme temps de travail, pour assister aux réunions de ce collège. — *[Anc. art. L. 235-14, al. 2.]*

SECTION 6 — Interventions ultérieures sur l'ouvrage

Art. L. 4532-16 Sauf dans les cas prévus à l'article L. 4532-7, au fur et à mesure du déroulement des phases de conception, d'étude et d'élaboration du projet puis de la réalisation de l'ouvrage, le maître d'ouvrage fait établir et compléter par le coordonnateur un dossier rassemblant toutes les données de nature à faciliter la prévention des risques professionnels lors d'interventions ultérieures. — *[Anc. art. L. 235-15, al. 1ᵉʳ.]* — *V. art. L. 4744-4 (pén.).*

SECTION 7 — Travaux d'extrême urgence

Art. L. 4532-17 En cas de travaux d'extrême urgence dont l'exécution immédiate est nécessaire pour prévenir des accidents graves et imminents ou organiser des mesures de sauvetage, les obligations suivantes ne s'appliquent pas :

1° Envoi de la déclaration préalable prévue à l'article L. 4532-1 ;
2° Établissement d'un plan général de coordination en matière de sécurité et de protection de la santé prévu à l'article L. 4532-8 ;
3° Établissement et envoi d'un plan particulier de sécurité et de protection de la santé prévu à l'article L. 4532-9. — *[Anc. art. L. 235-8.]*

SECTION 8 Dispositions d'application

Art. L. 4532-18 Des décrets en Conseil d'État déterminent les conditions d'application du présent *(L. n° 2009-526 du 12 mai 2009, art. 37)* « chapitre ». — *[Anc. art. L. 235-5, al. 3, L. 235-4, al. 5, L. 235-9, L. 235-15, al. 2, L. 235-14, al. 1, L. 235-16, al. 2, L. 235-2, L. 235-7, L. 235-11, al. 1ᵉʳ, et L. 235-18.]* — V. art. L. 4744-3, L. 4744-4 (pén.) et R. 4532-1 s.

CHAPITRE III PRESCRIPTIONS TECHNIQUES APPLICABLES AVANT L'EXÉCUTION DES TRAVAUX

Le présent chapitre ne comprend pas de dispositions législatives.

CHAPITRE IV PRESCRIPTIONS TECHNIQUES DE PROTECTION DURANT L'EXÉCUTION DES TRAVAUX

Le présent chapitre ne comprend pas de dispositions législatives.

CHAPITRE V DISPOSITIONS APPLICABLES AUX TRAVAILLEURS INDÉPENDANTS

Art. L. 4535-1 Les travailleurs indépendants, ainsi que les employeurs lorsqu'ils exercent directement une activité sur un chantier de bâtiment et de génie civil, mettent en œuvre, vis-à-vis des autres personnes intervenant sur le chantier comme d'eux-mêmes, les principes généraux de prévention fixés aux 1°, 2°, 3°, 5° et 6° de l'article L. 4121-2 ainsi que les dispositions des articles L. 4111-6, L. 4311-1, L. 4321-1, L. 4321-2, L. 4411-1 et L. 4411-6. — *[Anc. art. L. 235-18.]* — V. art. L. 4744-6 (pén.).

TITRE IV AUTRES ACTIVITÉS ET OPÉRATIONS

CHAPITRE I MANUTENTION DES CHARGES

Art. L. 4541-1 Les règles de prévention des risques pour la santé et la sécurité des travailleurs résultant de la manutention des charges sont déterminées par décret en Conseil d'État pris en application de l'article L. 4111-6. — V. art. R. 4541-1 s.

CHAPITRE II UTILISATION D'ÉCRANS DE VISUALISATION

Le présent chapitre ne comprend pas de dispositions législatives.

CHAPITRE III INTERVENTIONS SUR LES ÉQUIPEMENTS ÉLÉVATEURS ET INSTALLÉS À DEMEURE *(L. n° 2009-526 du 12 mai 2009, art. 35)*.

Le présent chapitre ne comprend pas de dispositions législatives.

CHAPITRE IV OPÉRATIONS SUR LES INSTALLATIONS ÉLECTRIQUES ET DANS LEUR VOISINAGE *(L. n° 2009-526 du 12 mai 2009, art. 35)*.

Le présent chapitre ne comprend pas de dispositions législatives.

CHAPITRE V SURVEILLANCE MÉDICALE

Le présent chapitre ne comprend pas de dispositions législatives.

# LIVRE VI INSTITUTIONS ET ORGANISMES DE PRÉVENTION

> *COMMENTAIRE*
> V. sur le Code en ligne.

TITRE I *[ANCIEN]* COMITÉ D'HYGIÈNE, DE SÉCURITÉ ET DES CONDITIONS DE TRAVAIL

(Abrogé par Ord. n° 2017-1386 du 22 sept. 2017, art. 1er)

Les dispositions relatives au comité d'hygiène, de sécurité et des conditions de travail demeurent applicables, dans leur rédaction antérieure à l'Ord. n° 2017-1386 du 22 sept. 2017, en tant qu'elles s'appliquent aux établissements publics de santé, sociaux et médico-sociaux et aux groupements de coopération sanitaire de droit public et aux agences régionales de santé (Ord. préc., art. 10).

BIBL. GÉN. ▶ ADAM, *Dr. ouvrier 2010. 629* (CHSCT et souffrance au travail). – ALVAREZ, *Dr. ouvrier 1983. 123.* – AYADI et DU JONCHAY, *JSL 2010, n° 269-1* (l'heure de gloire du CHSCT ?). – BOSSY, FRANCIA et SALAMAND, *JCP S 2012. 1315* (les CHSCT à l'épreuve des marchés publics). – CARIO, *RD rur. 1984. 183* (CHSCT dans l'agriculture). – CHARBONNEAU, *Dr. ouvrier 2012. 583* (CHSCT : une institution en attente de réforme ?) ; *JSL 2015, n° 382-383-6* (le CHSCT : des moyens à la hauteur des compétences ?). – CHAUMETTE, *Dr. soc. 1983. 425.* – COTTIN, *JSL 2008, n° 239-4* (le CHSCT face au risque professionnel) ; *RJS 2014. 643* (périmètres du CHSCT) ; *Dr. soc. 2014. 721* (le financement des activités du CHSCT) ; *JSL 2015, n° 391-1* (l'action en justice du CHSCT). – COTTIN et LAFUMA, *RDT 2013. 2013, Controverse 379* (CHSCT : quel contrôle de l'expertise ?). – EMERAS, *Dr. soc. 2015. 868* (le patrimoine du CHSCT). – FILOCHE, *SSL 2001, n° 1052, p. 4.* – GRINSNIR, *Dr. ouvrier 1992. 170* ; *ibid. 1996. 15* (expert). – GUEDES DA COSTA et LAFUMA, *RDT 2010. 419* (le CHSCT dans la décision d'organisation du travail). – GUYOT, *JCP S 2010. 1340* (CHSCT central). – LEROUGE et VERKINDT, *Dr. soc. 2015. 365* (sauvegarder et renforcer le CHSCT : un enjeu majeur de santé au travail). – LEROY, *RPDS 1983. 67* ; *ibid. 1986. 73 et 135.* – MOULINIER, *SSL 1983, suppl. n° 189.* – NANSOT, *Travail et Emploi 1987, n° 32, 57.* – PATIN, *JCP S 2013. 1246* (concours CHSCT et comité d'entreprise). – PESCHAUD, *Dr. ouvrier 2001. 317* (mise en place). – PETIT, *Dr. soc. 2017. 645* (actions en justice du CHSCT). – SEILLAN, *ALD 1983. 33 et 135.* – TEYSSIÉ, *JCP 1984. I. 3129.* – TEYSSIÉ, CESARO et MARTINON, *JCP S 2011. 1291* (du CHSCT à la commission santé et sécurité du comité d'entreprise). – ZANNOU et FÉVRIER, *RDT 2015. Controverse 725* (quels moyens pour le CHSCT ?).

▶ **Lois des 17 août 2015 et 8 août 2016 :** DESBARAT, *SSL 2017, n° 1765, p. 8* (CHSCT : encore des marges de progrès).

> *COMMENTAIRE*
> V. sur le Code en ligne.

CHAPITRE I *[ANCIEN]* RÈGLES GÉNÉRALES

SECTION 1 *[ANCIENNE]* Conditions de mise en place

Ancien art. L. 4611-1 (*L. n° 2015-994 du 17 août 2015, art. 16-I*) « Les entreprises d'au moins cinquante salariés mettent en place un comité d'hygiène, de sécurité et des conditions de travail dans leurs établissements d'au moins cinquante salariés et, lorsqu'elles sont constituées uniquement d'établissements de moins de cinquante salariés, dans au moins l'un d'entre eux. Tous les salariés de ces entreprises sont rattachés à un comité d'hygiène, de sécurité et des conditions de travail. »

La mise en place d'un comité n'est obligatoire que si l'effectif d'au moins cinquante salariés a été atteint pendant douze mois consécutifs ou non au cours des trois années précédentes.

> *COMMENTAIRE*
> V. sur le Code en ligne.

1. Personnalité juridique. Les CHSCT institués par les art. L. 236-1 s. [L. 4611-1 s. nouv.] ont pour mission de contribuer à la protection de la santé et de la sécurité des salariés de l'établissement ainsi qu'à l'amélioration de leurs conditions de travail et sont dotés, dans ce but, d'une possibilité d'expression collective pour la défense des intérêts dont ils ont la charge ; viole, en conséquence, les

SANTÉ ET SÉCURITÉ AU TRAVAIL **Ancien art. L. 4611-4** 1353

textes précités la cour d'appel qui retient qu'un CHSCT n'est pas doté de la personnalité civile. ● Soc. 17 avr. 1991, 🔒 n° 89-17.993 P : *D. 1991. IR 152 ; JCP E 1991. II. 229, note H. Blaise ; Dr. soc. 1991. 516 ; RJS 1991. 314, n° 592 ; Dr. ouvrier 1992. 139, note Grinsnir.*

2. Cadre de mise en place. Le CHSCT est institué dans le cadre de l'établissement et, le cas échéant, par secteur d'activités ; l'existence d'une UES n'a de conséquence ni sur le cadre de désignation du CHSCT, ni sur la composition du collège désignatif. ● Soc. 16 janv. 2008 : 🔒 *Dr. soc. 2008. 560, note Petit* ⊘ *; JCP S 2008. 1255, obs. Cottin.* ◆ Sauf accord collectif, un même CHSCT ne peut regrouper les salariés dépendant de plusieurs établissements dotés chacun d'un comité d'établissement. ● Soc. 17 juin 2009 : 🔒 *R., p. 351 ; RJS 2009. 644, n° 728 ; JSL 2009, n° 259-3.*

3. Tout salarié employé par une entreprise dont l'effectif est au moins égal à cinquante salariés doit relever d'un CHSCT ; la société qui emploie environ mille salariés répartis sur une quarantaine de sites et qui dispose d'un comité d'entreprise unique doit mettre en place le CHSCT au niveau de l'entreprise. ● Soc. 19 févr. 2014 : 🔒 *D. actu. 18 mars 2014, obs. Fraisse ; D. 2014. Actu. 547* ⊘ *; RJS 2014. 336, n° 407 ; JSL 2014, n° 363-3, obs. Pacotte et Bloch* ● Soc. 17 déc. 2014, 🔒 n° 14-60.165 : *D. 2015. Actu. 83* ⊘ *; RJS 3/2015, n° 195 ; JCP 2015. 95, note Auzero.* ◆ N'entre pas dans les prévisions de l'art. L. 4611-7 un accord collectif qui, en procédant à une répartition des sièges par site, restreint cette capacité que les salariés tiennent de la loi, peu important que l'accord augmente par ailleurs le nombre des sièges offerts. ● Soc. 28 sept. 2016, 🔒 n° 15-60.201 : *RJS 12/2016, n° 788 ; JCP S 2016. 1396, obs. Cottin.*

4. Composition du collège désignatif. En l'absence d'accord, le collège, désignant les membres du personnel du CHSCT, est constitué de tous les membres titulaires du comité d'établissement et de tous les délégués du personnel élus dans le périmètre de comité. ● Soc. 8 déc. 2010 : 🔒 *D. actu. 18 janv. 2011, obs. Ines ; Dr. soc. 2011. 227, obs. Petit* ⊘ *: JCP S 2011. 1111, obs. Cottin* ● Soc. 17 avr. 2013 : 🔒 *D. actu 22 mai 2013, obs. Fraisse.*

5. Travailleurs temporaires. Les travailleurs temporaires, même s'ils sont mis à la disposition permanente d'entreprises utilisatrices, sont admis à siéger au sein du CHSCT de l'entreprise de travail temporaire. ● Soc. 22 sept. 2010 : 🔒 *D. 2010. AJ 2298* ⊘ *; RJS 2010. 795, n° 893 ; Dr. soc. 2010. 1262, obs. Petit* ⊘ *; JSL 2010, n° 2856-4, obs. Lalanne ; SSL 2010, n° 1460, p. 9, avis Duplat ; JCP S 2010. 1472, obs. Cottin.* ◆ Comp. (solution antérieure à la loi du 20 août 2008) : ● Soc. 26 sept. 2002, 🔒 n° 01-60.715 P : *D. 2002. IR 2918* ⊘ *; RJS 2003. 77, n° 106 ; Dr. soc. 2002. 1163, obs. Roy-Loustaunau* ⊘ *; ibid. 2003. 241, obs. Cristau* ⊘ *; JSL 2002, n° 111-6.*

6. Constitution de partie civile. Les CHSCT ne sont en droit de se constituer partie civile qu'à la condition de justifier de la possibilité d'un préjudice direct et personnel découlant des infractions poursuivies. ● Crim. 11 oct. 2005 : 🔒 *RJS 2006. 42, n° 56 ; Dr. soc. 2006. 43, note Duquesne* ⊘.

Ancien art. L. 4611-2 *A défaut de comité d'hygiène, de sécurité et des conditions de travail dans les établissements (L. n° 2012-387 du 22 mars 2012, art. 43) « d'au moins cinquante salariés », les délégués du personnel ont les mêmes missions et moyens que les membres de ces comités. Ils sont soumis aux mêmes obligations.* — [*Anc. art. L. 236-1, al. 2, phrase 2.*]

En cas d'absence du CHSCT, seul un délégué du personnel titulaire peut exercer les missions dévolues au secrétaire de l'institution. ● Soc. 22 févr. 2017, 🔒 n° 15-23.571 P : *D. actu. 22 mars 2017, obs. Siro ; D. 2017. Actu. 514* ⊘ *; RJS 5/2017, n° 344.*

Ancien art. L. 4611-3 *Dans les établissements de moins de cinquante salariés, (L. n° 2015-994 du 17 août 2015, art. 16-II) « lorsque les salariés ne sont pas rattachés à un comité d'hygiène, de sécurité et des conditions de travail, » les délégués du personnel sont investis des missions dévolues aux membres du comité d'hygiène, de sécurité et des conditions de travail qu'ils exercent dans le cadre des moyens prévus aux articles L. 2315-1 et suivants. Ils sont soumis aux mêmes obligations.* — [*Anc. art. L. 236-1, al. 4.*]

Les dispositions de l'art. L. 236-1, al. 2, [L. 4611-1, al. 2 nouv.] ne sont applicables qu'à la mise en place du CHSCT et non à la détermination du crédit d'heures alloué aux membres de cette institution. ● Soc. 6 nov. 1991, 🔒 n° 88-42.895 P : *D. 1991. IR 282 ; Dr. soc. 1992. 85 ; RJS 1991. 711, n° 1325.*

Ancien art. L. 4611-4 *L'inspecteur du travail peut imposer la création d'un comité d'hygiène, de sécurité et des conditions de travail dans les établissements de moins de cinquante salariés lorsque cette mesure est nécessaire, notamment en raison de la nature des travaux, de l'agencement ou de l'équipement des locaux.*

Cette décision peut être contestée devant le (L. n° 2011-525 du 17 mai 2011, art. 170) « directeur régional des entreprises, de la concurrence, de la consommation, du travail et de l'emploi ». — [*Anc. art. L. 236-1, al. 3, phrase 1 et phrase 2 début.*]

Ancien art. L. 4611-5 *Dans la branche d'activité du bâtiment et des travaux publics, les dispositions de l'article L. 4611-4 ne s'appliquent pas.*

Dans les entreprises de cette branche employant au moins cinquante salariés dans lesquelles aucun établissement n'est tenu de mettre en place un comité, l'autorité administrative peut en imposer la création lorsque cette mesure est nécessaire en raison du danger particulier de l'activité ou de l'importance des risques constatés. Cette décision intervient sur proposition de l'inspecteur du travail saisi par le comité d'entreprise ou, en l'absence de celui-ci par les délégués du personnel.

La mise en place d'un comité d'hygiène, de sécurité et des conditions de travail ne dispense pas les entreprises de leur obligation d'adhérer à un organisme professionnel d'hygiène, de sécurité et des conditions de travail prévu par l'article L. 4643-2. — [Anc. art. L. 236-1, al. 6.]

Ancien art. L. 4611-6 *Les entreprises de moins de cinquante salariés peuvent se regrouper sur un plan professionnel ou interprofessionnel en vue de constituer un comité d'hygiène, de sécurité et des conditions de travail.* — [Anc. art. L. 236-1, al. 5.]

Ancien art. L. 4611-7 *Les dispositions du présent titre ne font pas obstacle aux dispositions plus favorables concernant le fonctionnement, la composition ou les pouvoirs des comités d'hygiène, de sécurité et des conditions de travail qui résultent d'accords collectifs ou d'usages.* — [Anc. art. L. 236-13.]

V. Circ. n° 93-15 du 25 mars 1993 relative aux CHSCT (BOMT n° 93/10, texte n° 416).

1. Amélioration conventionnelle. Si la participation aux organismes paritaires ou aux institutions créés par une convention ou un accord collectif est réservée aux syndicats signataires ou adhérents, les dispositions conventionnelles à caractère normatif, visant à améliorer les institutions représentatives du personnel, sont applicables de plein droit à tous les salariés et syndicats, sans distinction. • Soc. 20 nov. 1991, ⚖ n° 89-12.787 P : *GADT, 4ᵉ éd., n° 163 ; D. 1991. IR 286 ; Dr. soc. 1992. 53, rapp. Waquet ; Dr. ouvrier 1992. 72, note Pascré ; CSB 1992. 9, A. 3, note Philbert ; RJS 1992. 52, n° 57.* ♦ L'employeur lié par un accord collectif prévoyant la désignation d'un représentant syndical au CHSCT ne peut refuser à un syndicat le bénéfice de cette disposition sous le prétexte qu'il n'en est pas signataire. • Même arrêt. ♦ Les organisations syndicales ne peuvent procéder à la désignation d'un représentant au CHSCT, conventionnellement prévue, que si elles sont représentatives dans l'entreprise ou l'établissement dans lesquels cette désignation doit prendre effet. • Soc. 22 févr. 2017, ⚖ n° 15-25.591 P : *D. actu. 23 mars 2017, obs. Cortot ; D. 2017. Pan. 2271, obs. Porta ; RJS 5/2017, n° 343 ; RDT 2017. 344, obs. Odoul-Asorey.*

2. L'accord instituant dans l'établissement plusieurs comités d'hygiène, de sécurité et des conditions de travail peut exiger que les membres de chacune de ces instances soient exclusivement du secteur d'activité correspondant, cette disposition étant plus favorable à l'ensemble des salariés. • Soc. 7 mai 2002, ⚖ n° 00-60.342 P : *RJS 2002. 642, n° 825.*

3. Lorsqu'un seul CHSCT à compétence nationale est institué au sein d'un établissement, les salariés de cet établissement sont éligibles à la délégation du personnel au CHSCT, quel que soit le site géographique sur lequel ils travaillent ; n'entre pas dans les prévisions de l'art. L. 4611-7 C. trav. un accord collectif qui, en procédant à une répartition des sièges par site, restreint cette capacité que les salariés tiennent de la loi, peu important que l'accord augmente par ailleurs le nombre des sièges offerts. • Soc. 28 sept. 2016, ⚖ n° 15-60.201 P : *RJS 12/2016, n° 788 ; JCP S 2016. 1396, obs. Cottin.*

4. Usages. Un juge des référés décide exactement que la loi du 23 déc. 1982 n'a pas rendu caducs les usages antérieurs invoqués par le salarié pour obtenir le paiement des heures dépassant les heures de délégation. • Soc. 10 déc. 1987 : *D. 1988. IR 8.* ♦ ... Ni ceux concernant la composition du comité. • Soc. 18 juin 1986 : *Bull. civ. V, n° 318.*

5. Arrêté. Un arrêté pris par l'autorité responsable d'un établissement public à caractère administratif ne saurait être regardé comme un accord collectif ou un usage au sens de l'art. L. 236-13 [L. 4611-7 nouv.]. • CE 5 mai 1993 : ⚖ *RJS 1993. 441, n° 754* (arrêté instaurant des délégués suppléants avant la loi du 23 déc. 1982).

SECTION 2 *[ANCIENNE]* Dispositions d'application

Ancien art. L. 4611-8 *Des décrets en Conseil d'État déterminent les mesures nécessaires à l'application du présent titre.*

Ils en adaptent les dispositions aux entreprises ou établissements où le personnel est dispersé, ainsi qu'aux entreprises ou établissements opérant sur un même site, dans un même immeuble ou un même local. — [Anc. art. L. 236-12.]

SANTÉ ET SÉCURITÉ AU TRAVAIL **Ancien art. L. 4612-4** 1355

CHAPITRE II *[ANCIEN]* **ATTRIBUTIONS**

SECTION 1 *[ANCIENNE]* **Missions**

Ancien art. L. 4612-1 *Le comité d'hygiène, de sécurité et des conditions de travail a pour mission :*
1° De contribuer à (L. n° 2016-41 du 26 janv. 2016, art. 37) « *la prévention et à* » *la protection de la santé physique et mentale et de la sécurité des travailleurs de l'établissement et de ceux mis à sa disposition par une entreprise extérieure ;*
2° De contribuer à l'amélioration des conditions de travail, notamment en vue de faciliter l'accès des femmes à tous les emplois et de répondre aux problèmes liés à la maternité ;
(L. n° 2016-1088 du 8 août 2016, art. 32) « *2° bis De contribuer à l'adaptation et à l'aménagement des postes de travail afin de faciliter l'accès des personnes handicapées à tous les emplois et de favoriser leur maintien dans l'emploi au cours de leur vie professionnelle ;* »
3° De veiller à l'observation des prescriptions légales prises en ces matières.

1. Périmètre d'implantation du CHSCT. Le CHSCT est compétent, pour exercer ses prérogatives, à l'égard de toute personne placée à quelque titre que ce soit sous l'autorité de l'employeur. ● Soc. 7 déc. 2016, n° 15-16.769 P : *RDT 2017. 429, obs. Mazaud ; RJS 2/2017, n° 125 ; JCP S 2017. 1044, obs. Cottin.*

2. Mandat pour agir en justice. Le mandat donné par le CHSCT à l'un de ses membres pour agir en justice dans une affaire déterminée habilite celui-ci à intenter les voies de recours contre la décision rendue sur cette action. ● Soc. 19 mai 2015, n° 13-24.887 : *D. actu. 12 juin 2015, obs. Fraisse ; D. 2015. Actu. 1162 ; RJS 8-9/2015, n° 571.*

3. Compétence écartée. Il n'entre pas dans le mandat d'un membre du CHSCT d'organiser une réunion ayant pour objet de contester des projets ne concernant pas directement l'entreprise et relatifs à des modifications éventuelles du droit de travail ; est donc justifiée la mise à pied prononcée contre un membre du CHSCT, abstraction faite du motif erroné, mais surabondant, concernant le droit de circuler dans l'entreprise des membres du CHSCT. ● Soc. 26 févr. 1992, n° 88-45.284 P : *Dr. soc. 1992. 464, rapp. Waquet ; RJS 1992. 262, n° 456.*

4. Dispositif d'évaluation des salariés. L'entreprise qui met en place un nouveau système d'évaluation des salariés doit consulter le CHSCT, les modalités et les enjeux de l'entretien étant manifestement de nature à générer une pression psychologique entraînant des répercussions sur les conditions de travail. ● Soc. 28 nov. 2007 : *RDT 2008. 112, obs. Lerouge ; ibid. 180, obs. Adam ; RJS 2008. 109, n° 135 ; JSL 2007, n° 224-2.*

5. Action en justice et frais de procédure. En l'absence d'abus, lorsque l'action judiciaire engagée par le CHSCT n'est pas étrangère à sa mission, les frais de procédure et honoraires d'avocat exposés par le CHSCT doivent être pris en charge par l'employeur. ● Soc. 2 déc. 2009 : *D. 2010. AJ 23 ; RJS 2010. 148, n° 190 ; D. actu. 7 janv. 2010, obs. Maillard* ● Soc. 25 nov. 2015, n° 14-11.865 P : *D. 2015. Actu. 2508 ; RJS 2/2016, n° 136 ; JSL 2016, n° 402-4 ; SSL 2016, n° 1713, p. 9, obs. Crépin ; JCP S 2015. 1015, obs. Jeansen.*

Ancien art. L. 4612-2 *Le comité d'hygiène, de sécurité et des conditions de travail procède à l'analyse des risques professionnels auxquels peuvent être exposés les travailleurs de l'établissement ainsi qu'à l'analyse des conditions de travail. Il procède également à l'analyse des risques professionnels auxquels peuvent être exposées les femmes enceintes.* (L. n° 2010-1330 du 9 nov. 2010, art. 62) « *Il procède à l'analyse de l'exposition des salariés* » (Ord. n° 2017-1389 du 22 sept. 2017, art. 2-6°, en vigueur le 1er oct. 2017) « *aux facteurs de risques professionnels mentionnés à l'article L. 4161-1.* »

Fait une exacte application des textes la cour d'appel qui estime que le CHSCT doit avoir une vision globale des problèmes, ce qui implique l'étude de l'ensemble des risques dans un atelier. ● Soc. 19 déc. 1990 : *RJS 1991. 106, n° 191.*

Ancien art. L. 4612-3 *Le comité d'hygiène, de sécurité et des conditions de travail contribue à la promotion de la prévention des risques professionnels dans l'établissement et suscite toute initiative qu'il estime utile dans cette perspective. Il peut proposer notamment des actions de prévention du harcèlement moral* (L. n° 2016-1088 du 8 août 2016, art. 6) « *, du harcèlement sexuel et des agissements sexistes définis à l'article L. 1142-2-1* ». *Le refus de l'employeur est motivé.* – [Anc. art. L. 236-2, al. 4 et 6.]

Ancien art. L. 4612-4 *Le comité d'hygiène, de sécurité et des conditions de travail procède, à intervalles réguliers, à des inspections.*
La fréquence de ces inspections est au moins égale à celle des réunions ordinaires du comité. – [Anc. art. L. 236-2, al. 3, phrase 1.]

Ancien art. L. 4612-5 *Le comité d'hygiène, de sécurité et des conditions de travail réalise des enquêtes en matière d'accidents du travail ou de maladies professionnelles ou à caractère professionnel.* – [Anc. art. L. 236-2, al. 3, phrase 2.]

Ancien art. L. 4612-6 *Le comité d'hygiène, de sécurité et des conditions de travail peut demander à entendre le chef d'un établissement voisin dont l'activité expose les travailleurs de son ressort à des nuisances particulières. Il est informé des suites réservées à ses observations.* – [Anc. art. L. 236-2, al. 14.]

Ancien art. L. 4612-7 *Lors des visites de l'*(L. n° 2016-1088 du 8 août 2016, art. 113) « *agent de contrôle de l'inspection du travail mentionné à l'article L. 8112-1* », *les représentants du personnel au comité d'hygiène, de sécurité et des conditions de travail sont informés de sa présence par l'employeur et peuvent présenter leurs observations.* – [Anc. art. L. 236-7, al. 8, phrase 1.]

SECTION 2 *[ANCIENNE]* Consultations obligatoires

Ancien art. L. 4612-8 (L. n° 2015-994 du 17 août 2015, art. 16-IV) *Dans l'exercice de leurs attributions consultatives, le comité d'hygiène, de sécurité et des conditions de travail et l'instance temporaire de coordination mentionnée à l'article L. 4616-1 disposent d'un délai d'examen suffisant leur permettant d'exercer utilement leurs attributions, en fonction de la nature et de l'importance des questions qui leur sont soumises.*

Sauf dispositions législatives spéciales, un accord collectif d'entreprise conclu dans les conditions prévues à l'article L. 2232-6 ou, en l'absence de délégué syndical, un accord entre l'employeur et le comité d'hygiène, de sécurité et des conditions de travail ou, le cas échéant, l'instance temporaire de coordination mentionnée à l'article L. 4616-1 ou, à défaut d'accord, un décret en Conseil d'État fixe les délais, qui ne peuvent être inférieurs à quinze jours, dans lesquels les avis sont rendus, ainsi que le délai dans lequel le comité d'hygiène, de sécurité et des conditions de travail transmet son avis au comité d'entreprise lorsque les deux comités sont consultés sur le même projet.

À l'expiration de ces délais, le comité d'hygiène, de sécurité et des conditions de travail et, le cas échéant, l'instance temporaire de coordination mentionnée à l'article L. 4616-1 sont réputés avoir été consultés et avoir rendu un avis négatif.

COMMENTAIRE

V. sur le Code en ligne 🔒. ☐

Ancien art. L. 4612-8-1 *Le comité d'hygiène, de sécurité et des conditions de travail est consulté avant toute décision d'aménagement important modifiant les conditions de santé et de sécurité ou les conditions de travail et, notamment, avant toute transformation importante des postes de travail découlant de la modification de l'outillage, d'un changement de produit ou de l'organisation du travail, avant toute modification des cadences et des normes de productivité liées ou non à la rémunération du travail.* – [Anc. art. L. 236-2, al. 7, phrase 1.]

L'art. L. 4612-8 devient l'art. L. 4612-8-1 (L. n° 2015-994 du 17 août 2015, art. 16-III).

BIBL. ▶ D'ORNANO, *Dr. soc. 2010. 1226* ⌀ (consultation du CHSCT en cas d'aménagement important modifiant les conditions de travail). – LAFUMA, *Dr. soc. 2011. 75* ⌀ 8 (charge du travail et représentants du personnel). – LOKIEC, *JSL 2012, n° 317-1* (notion de projet important). – PATIN, *JCP S 2010. 1285* (information et consultation relatives à la santé au travail en cas de transfert d'entreprise).

1. Obligations de l'employeur. Même lorsqu'il confie à un représentant le soin de présider le CHSCT, le chef d'établissement doit s'assurer que ce comité a été consulté avant de prendre une décision modifiant les conditions d'hygiène et de sécurité ou les conditions de travail ; il est sans intérêt de rechercher si les présidents successifs du CHSCT auraient dû être seuls poursuivis, dès lors qu'il est reproché au prévenu d'avoir fait commencer les travaux avant la consultation du comité. ● Crim. 28 nov. 1989 : *RJS 1990. 83, n° 121.* – Dans le même sens : ● Crim. 15 mars 1994 : ⚖ *D. 1995. 30,* note Reinhard ⌀.

2. Délégation de pouvoir. Même en présence d'une délégation de pouvoir, les juges doivent rechercher si dans l'exercice de ses fonctions de président du CHSCT, la personne poursuivie a personnellement porté atteinte à son fonctionnement régulier. ● Crim. 14 oct. 2003 : ⚖ *RJS 2004. 58, n° 64.*

3. Notion de projet important. Le seul nombre de salariés concernés ne suffit pas pour qualifier un projet d'important ; mais si le nombre de salariés concernés ne détermine pas, à lui seul, l'importance du projet, le projet doit être de nature à modifier les conditions de santé et de sécurité des salariés ou leurs conditions de travail. ● Soc. 10 févr. 2010 : ⚖ *RDT 2010. 380,* obs. Véricel ⌀ ; *JSL 2010, n° 275-6,* obs. Tourreil ; *SSL 2010, n° 1438, p. 8.* ♦ Constitue un projet impor-

SANTÉ ET SÉCURITÉ AU TRAVAIL

tant modifiant les conditions de travail et nécessitant à ce titre la consultation préalable du comité un projet de regroupement de sites concernant un nombre significatif de salariés et impactant leur mobilité ainsi que leurs attributions, les CHSCT de chaque site concerné par le regroupement doivent impérativement être consultés. • Soc. 30 juin 2010 : ⚖ *D. actu. 20 juill. 2010, obs. Ines ; D. 2010. Actu. 1796* ⌀ *; RDT 2011. 323, obs. Véricel* ⌀ *; RJS 2010. 699, n° 775 ; Dr. soc. 2010. 1006, obs. Pécaut-Rivolier* ⌀ *; JSL 2010, n° 284-6, obs. Guillot-Bouhours et Asser ; JCP S 2010. 1458, obs. Cottin.*
♦ Constitue un projet important modifiant les conditions de travail et nécessitant à ce titre la consultation préalable du CHSCT, la décision d'un employeur d'avoir recours à des tests de dépistage de stupéfiant, exposant éventuellement les salariés à des sanctions disciplinaires, sans intervention médicale (tests salivaires). • Soc. 8 févr. 2012 : ⚖ *Dr. soc. 2012. 431, obs. Pécaut-Rivolier* ⌀ *; RJS 2012. 303, n° 354 ; JSL 2012, n° 319-5, obs. Ferté ; JCP S 2012. 1200, obs. Cottin.*

4. Pluralité d'établissements concernés par le projet important. En l'absence d'une instance temporaire de coordination des différents CHSCT implantés dans les établissements concernés par la mise en œuvre d'un projet important modifiant les conditions de santé et de sécurité ou les conditions de travail, chacun des CHSCT territorialement compétents pour ces établissements est fondé à recourir à l'expertise ; l'employeur doit être débouté de sa demande d'annulation de la délibération ordonnant l'expertise votée par le CHSCT d'un établissement et portant sur un projet important résultant d'un accord d'entreprise.
• Soc. 19 déc. 2018, ⚖ n° 17-23.150 P : *D. 2019. Actu. 21* ⌀ *; RJS 3/2019, n° 168.*

5. Contenu de l'information de l'employeur. Pour que le CHSCT puisse rendre un avis utile sur un projet de réorganisation, l'employeur doit, d'une part, leur présenter son projet de manière détaillée et, d'autre part, traiter de ses conséquences sur les conditions de travail des salariés.
• Soc. 25 sept. 2013 : ⚖ *D. 2013. Actu. 2277* ⌀ *; RDT 2013. 773, obs. Pontif* ⌀ *; RJS 12/2013, n° 825 ; JCP S 2013. 1447, obs. Loiseau.*

6. Obtention en référé d'éléments d'information. Le CHSCT, qui dans le cadre d'une procédure d'information consultation doit rendre son avis au comité d'établissement, a qualité pour agir devant le président du tribunal de grande instance statuant en la forme des référés aux fins de communication par l'employeur d'éléments d'information supplémentaires. • Soc. 3 oct. 2018, ⚖ n° 17-20.301 P : *D. 2018. 2207, obs. Lokiec* ⌀ *; JCP S 2018. 1371, obs. Dauxerre.*

7. Avis du CHSCT. L'avis du CHSCT ne peut résulter que d'une décision prise à l'issue d'une délibération collective et non de l'expression d'opinions individuelles. • Soc. 10 janv. 2012 : ⚖ *D. actu. 21 févr. 2012, obs. Fleuriot ; D. 2012. Actu. 226* ⌀ *; RDT 2012. 233, obs. Signoretto* ⌀ *; Dr. soc. 2012. 318, obs. Petit* ⌀ *; RJS 2012. 215, n° 260 ; Dr. ouvrier 2012. 715, obs. Durand et Mazières ; JCP S 2012. 1101, obs. Cottin.*

8. Droit à demander réparation du préjudice subi pour atteinte à ses prérogatives. Le CHSCT, qui a pour mission de contribuer à la protection de la santé et de la sécurité des salariés de l'entreprise ainsi qu'à l'amélioration de leurs conditions de travail, et qui est doté dans ce but de la personnalité morale, est en droit de poursuivre contre l'employeur la réparation du dommage que lui cause l'atteinte portée par ce dernier à ses prérogatives. • Soc. 3 mars 2015, ⚖ n° 13-26.258 : *D. actu. 9 avr. 2015, obs. Siro ; D. 2015. Actu. 634 ; ibid. 2015. 1356, note Dondero* ⌀ *; RDT 2015. 415, obs. Odoul-Asorey* ⌀ *; JSL 2015, n° 386-5, obs. Gaba ; RJS 5/2015, n° 347.*

Ancien art. L. 4612-8-2 Le comité d'hygiène, de sécurité et des conditions de travail peut faire appel à titre consultatif et occasionnel au concours de toute personne de l'établissement qui lui paraîtrait qualifiée.

L'art. L. 4612-8-1 devient l'art. L. 4612-8-2 (L. n° 2015-994 du 17 août 2015, art. 16-III).

Ancien art. L. 4612-9 Le comité d'hygiène, de sécurité et des conditions de travail est consulté sur le projet d'introduction et lors de l'introduction de nouvelles technologies mentionnées à l'article (L. n° 2015-994 du 17 août 2015, art. 18-XIV, en vigueur le 1er janv. 2016) « **L. 2323-29** » sur les conséquences de ce projet ou de cette introduction sur la santé et la sécurité des travailleurs.

Dans les entreprises dépourvues de comité d'hygiène, de sécurité et des conditions de travail, les délégués du personnel ou, à défaut, les salariés sont consultés. — [Anc. art. L. 236-2, al. 7, phrase 2 et L. 230-2, III, al. 4.]

Ancien art. L. 4612-10 Le comité d'hygiène, de sécurité et des conditions de travail est consulté sur le plan d'adaptation établi lors de la mise en œuvre de mutations technologiques importantes et rapides prévues à l'article (L. n° 2015-994 du 17 août 2015, art. 18-XIV, en vigueur le 1er janv. 2016) « **L. 2323-30** ». — [Anc. art. L. 236-2, al. 8.]

Ancien art. L. 4612-11 Le comité d'hygiène, de sécurité et des conditions de travail est consulté sur les mesures prises en vue de faciliter la mise, la remise ou le maintien au travail des accidentés du travail, des invalides de guerre, des invalides civils et des travailleurs handicapés, notamment sur l'aménagement des postes de travail. — [Anc. art. L. 236-2, al. 12.]

Ancien art. L. 4612-12 *Le comité d'hygiène, de sécurité et des conditions de travail est consulté sur les documents se rattachant à sa mission, notamment sur le règlement intérieur.* — [Anc. art. L. 236-2, al. 5.]

Ancien art. L. 4612-13 *Indépendamment des consultations obligatoires prévues par la présente section, le comité d'hygiène, de sécurité et des conditions de travail se prononce sur toute question de sa compétence dont il est saisi par l'employeur, le comité d'entreprise et les délégués du personnel.* — [Anc. art. L. 236-2, al. 13.]

Ancien art. L. 4612-14 *Lorsqu'il tient de la loi un droit d'accès aux registres mentionnés à l'article L. 8113-6, le comité d'hygiène, de sécurité et des conditions de travail est consulté préalablement à la mise en place d'un support de substitution dans les conditions prévues à ce même article.* — [Anc. art. L. 620-1, al. 3.] — V. Circ. n° 90-16 du 27 juill. 1990, § II-1 (BOMT n° 90/22, texte n° 518).

Ancien art. L. 4612-15 *Dans les établissements comportant une ou plusieurs installations soumises à autorisation au titre de l'article L. 512-1 du code de l'environnement ou soumise aux* (Ord. n° 2011-91 du 21 janv. 2011) « *dispositions des articles L. 211-2 et L. 211-3, des titres II à VII et du chapitre II du titre VIII du livre II du code minier* », *les documents établis à l'intention des autorités publiques chargées de la protection de l'environnement sont portés à la connaissance du comité d'hygiène, de sécurité et des conditions de travail par l'employeur, dans des conditions déterminées par voie réglementaire.* — [Anc. art. L. 236-2, al. 9, phrase 1.]

SECTION 3 [ANCIENNE] Rapport et programme annuels

Ancien art. L. 4612-16 *Au moins une fois par an, l'employeur présente au comité d'hygiène, de sécurité et des conditions de travail :*

1° Un rapport annuel écrit faisant le bilan de la situation générale de la santé, de la sécurité et des conditions de travail dans son établissement et des actions menées au cours de l'année écoulée dans les domaines définis aux sections 1 et 2. (L. n° 2014-40 du 20 janv. 2014, art. 7-V) « *Les questions du travail de nuit et de* [la] *prévention* (Ord. n° 2017-1389 du 22 sept. 2017, art. 2-7°, en vigueur le 1er oct. 2017) « *des effets de l'exposition aux facteurs de risques professionnels mentionnés à l'article L. 4161-1* » *sont traitées spécifiquement.* »

2° Un programme annuel de prévention des risques professionnels et d'amélioration des conditions de travail. Ce programme fixe la liste détaillée des mesures devant être prises au cours de l'année à venir (L. n° 2014-40 du 20 janv. 2014, art. 7-V) « [,] *qui comprennent les mesures de prévention* » (Ord. n° 2017-1389 du 22 sept. 2017, art. 2-7°, en vigueur le 1er oct. 2017) « *des effets de l'exposition aux facteurs de risques professionnels mentionnés à l'article L. 4161-1* », *ainsi que, pour chaque mesure, ses conditions d'exécution et l'estimation de son coût.* — [Anc. art. L. 236-4, al. 1er à 3.]

Ancien art. L. 4612-17 *Le comité d'hygiène, de sécurité et des conditions de travail émet un avis sur le rapport et sur le programme annuels de prévention. Il peut proposer un ordre de priorité et l'adoption de mesures supplémentaires.*

Lorsque certaines des mesures prévues par l'employeur ou demandées par le comité n'ont pas été prises au cours de l'année concernée par le programme, l'employeur énonce les motifs de cette inexécution, en annexe au rapport annuel.

L'employeur transmet pour information le rapport et le programme annuels au comité d'entreprise accompagnés de l'avis du comité d'hygiène, de sécurité et des conditions de travail.

Le procès-verbal de la réunion du comité consacrée à l'examen du rapport et du programme est joint à toute demande présentée par l'employeur en vue d'obtenir des marchés publics, des participations publiques, des subventions, des primes de toute nature ou des avantages sociaux ou fiscaux. — [Anc. art. L. 236-4, al. 5, phrase 1, et al. 6 à 8.]

Ancien art. L. 4612-18 *Dans les entreprises du bâtiment et des travaux publics employant entre cinquante et deux cent quatre-vingt-dix-neuf salariés et n'ayant pas de comité d'hygiène, de sécurité et des conditions de travail, les dispositions de la présente section sont mises en œuvre par le comité d'entreprise.* — [Anc. art. L. 236-4, al. 9.]

CHAPITRE III [ANCIEN] COMPOSITION ET DÉSIGNATION

RÉP. TRAV. v° *Représentants du personnel (Élections)*, par Petit.

Ancien art. L. 4613-1 *Le comité d'hygiène, de sécurité et des conditions de travail comprend l'employeur et une délégation du personnel dont les membres sont désignés* (L. n° 2015-994 du 17 août 2015, art. 16-V) « *pour une durée qui prend fin avec celle du mandat des membres élus*

SANTÉ ET SÉCURITÉ AU TRAVAIL — Ancien art. L. 4613-1

du comité d'entreprise les ayant désignés » par un collège constitué par les membres élus du comité d'entreprise et les délégués du personnel.

L'employeur transmet à l'(L. n° 2016-1088 du 8 août 2016, art. 113) « agent de contrôle de l'inspection du travail mentionné à l'article L. 8112-1 » le procès-verbal de la réunion de ce collège. — [Anc. art. L. 236-5, al. 1er.]

Les membres du CHSCT sont désignés pour la durée mentionnée à l'art. L. 4613-1 à compter du prochain renouvellement du comité en place (L. n° 2015-994 du 17 août 2015, art. 16-VII).

BIBL. ▶ Désignation des membres du CHSCT : DUGUET, *RPDS* 1989. 361. – SAVATIER, *Dr. soc.* 1988. 297 ; *ibid.* 1989. 645.

▶ Représentant syndical au CHSCT : VERKINDT, *Dr. soc.* 2009. 181.

COMMENTAIRE

V. sur le Code en ligne.

1. Modalités de désignation. Il n'appartient qu'aux membres du collège désignatif et non aux organisations syndicales d'arrêter, conformément aux dispositions de l'article L. 4613-1, les modalités de désignation, parmi lesquelles les modalités du scrutin, des membres de la délégation du personnel du CHSCT. ● Soc. 16 déc. 2009 : *JCP S 2010*. 1130, obs. Cottin. ♦ Le fait, pour l'employeur, d'inviter les organisations syndicales, par courriel, à remettre la liste de leurs candidats à des huissiers par lui choisis pour assurer la surveillance des opérations électorales, n'emporte pas substitution de l'employeur aux collèges désignatifs dans l'organisation des élections. ● Soc. 14 déc. 2010 : *D. actu.* 17 janv. 2011, obs. Astaix ; *D.* 2011. Actu. 84 ; *Dr. soc.* 2011. 231, obs. Pécaut-Rivolier. ♦ L'accord unanime par lequel les membres du collège électoral appelés à procéder à la désignation des membres du CHSCT adoptent expressément un mode de scrutin autre que le scrutin proportionnel n'est pas nécessairement passé par écrit. ● Soc. 22 sept. 2010 : *D. actu.* 13 oct. 2010, obs. Ines ; *RJS* 2010. 775, n° 869 ; *Dr. soc.* 2010. 1258, obs. Petit ; *JCP S* 2010. 1473, obs. Cottin. ♦ Aucune disposition légale ne s'oppose à ce que le collège spécial unique procède à la désignation des membres du comité d'hygiène, de sécurité et des conditions de travail par deux scrutins séparés. ● Soc. 29 févr. 2012 : *D. actu. 6 avr. 2012*, obs. Ines ; *D.* 2012. Actu. 687 ; *Dr. soc.* 2012. 542, obs. Pécaut-Rivolier ; *RJS* 2012. 401, n° 481 ; *JCP S* 2012. 1199, obs. Cottin.

2. Accord unanime. L'accord unanime par lequel les membres du collège électoral appelés à procéder à la désignation des membres du CHSCT adoptent expressément une règle particulière de départage des candidats à égalité peut intervenir à l'issue du premier tour et prendre la forme de l'organisation, acceptée par tous les membres du collège désignatif, d'un second tour de scrutin. ● Soc. 20 mars 2013 : *D. actu. 16 avr. 2013*, obs. Fraisse ; *JCP S* 2013. 1198, obs. Dauxerre.

3. Scrutin de liste. Le droit de rayer les noms de candidats est inhérent au scrutin de liste dans les élections des représentants du personnel de sorte que, sauf accord unanime des membres du collège désignatif, chaque électeur peut en faire usage lors de la désignation des membres du CHSCT. ● Soc. 30 nov. 2011 : *D. actu. 18 janv. 2012*, obs. Ines ; *Dr. soc.* 2012. 207, obs. Petit ; *RJS* 2012. 145, n° 177 ; *JCP S* 2012. 1031, obs. Cottin.

4. Panachage des listes. A défaut d'accord unanime entre les membres du collège constitué par les membres élus du comité d'entreprise et les délégués du personnel, la délégation du personnel au CHSCT est élue au scrutin de liste avec représentation proportionnelle à la plus forte moyenne et à un seul tour ; toute candidature individuelle constitue une liste et le panachage des listes n'est pas admis. ● Soc. 3 oct. 2018, n° 17-14.570 P : *D. actu. 5 nov. 2018*, obs. Mlapa ; *D.* 2018. Actu. 1972 ; *JCP S* 2018. 1370, obs. François.

5. Scrutins séparés. Lorsque le collège spécial unique procède à la désignation des membres du CHSCT par deux scrutins séparés dont l'un est destiné à l'élection du ou des salariés appartenant au personnel de maîtrise ou d'encadrement, il doit être procédé à un vote concomitant pour chacun des scrutins et le dépouillement ne peut intervenir qu'après la fin de tous les votes, la connaissance par les membres du collège désignatif des résultats du scrutin précédent étant de nature à influer sur le choix fait lors du second scrutin et donc à fausser la sincérité de l'élection. ● Soc. 18 janv. 2017, n° 15-27.730 P : *RJS* 3/2017, n° 205 ; *JCP S* 2017. 1052, obs. Cottin.

6. Bureau de vote. Si la constitution d'un bureau de vote ne s'impose pas pour les élections de la délégation du personnel au CHSCT, la présence, parmi les personnes en exerçant les attributions, de l'employeur ou de ses représentants constitue une irrégularité entraînant nécessairement la nullité du scrutin. ● Soc. 17 avr. 2013 : *D. actu. 22 mai 2013*, obs. Fraisse ; *D.* 2013. Actu. 1073.

7. Secret du vote. Si les dispositions de l'art. L. 59 C. élect. aux termes duquel le scrutin est secret doivent être respectées, les modalités du vote prévues par les art. L. 60 et L. 65 du même code ne sont pas applicables à la désignation des membres du CHSCT ; conformément à l'accord unanime des membres du collège désignatif, les bulletins de vote avaient été collectés après avoir été pliés par les électeurs et le secret du vote avait été ainsi assuré. • Même arrêt.

8. Qualité de représentant du personnel au CHSCT. Peut être désigné en qualité de représentant du personnel au CHSCT tout salarié travaillant dans le cadre duquel le comité est mis en place peu important qu'il exerce ses fonctions à l'extérieur de l'établissement ; un ingénieur commercial exerçant des fonctions commerciales itinérantes peut être candidat. • Soc. 4 mars 2009 : ⚖ *Dr. soc. 2009. 543, note Petit* ⌀ *; RJS 2009. 378, n° 440 ; JCP S 2009. 1254, obs. Cottin.* ♦ Lorsqu'un seul CHSCT à compétence nationale est institué au sein d'un établissement, les salariés de cet établissement sont éligibles à la délégation du personnel au CHSCT, quel que soit le site géographique sur lequel ils travaillent ; un accord collectif ne peut déroger à cette règle, en procédant à une répartition des sièges par site, peu important que l'accord augmente par ailleurs le nombre des sièges offerts. • Soc. 28 sept. 2016, ⚖ n° 15-60.201 P : *RJS 12/2016, n° 788 ; JCP S 2016. 1396, obs. Cottin.*

9. Pluralité de CHSCT au sein d'un établissement distinct et éligibilité des salariés. Tout salarié d'un établissement distinct peut être désigné membre d'un CHSCT correspondant au sein de cet établissement d'un secteur d'activité, peu important qu'il n'y travaille pas, dès lors qu'il relève du secteur géographique d'implantation de ce CHSCT. • Soc. 25 nov. 2015, n° 14-29.850 P : *RJS 2/2016, n° 132 ; JCP S 2016. 1039, obs. Pagnerre.*

10. Annulation des élections professionnelles et impact sur la désignation des membres du CHSCT. La désignation des membres du CHSCT effectuée par les nouveaux membres élus du comité d'entreprise et des délégués du personnel avant l'annulation de leur élection demeure valable. • Soc. 15 avr. 2015, ⚖ n° 14-19.139 : *JSL 2015, n° 389-4, obs. Patin ; RJS 7/2015, n° 496.*

Ancien art. L. 4613-2 *La composition de la délégation des représentants du personnel, en fonction de l'effectif de l'entreprise, les autres conditions de désignation des représentants du personnel ainsi que la liste des personnes qui assistent avec voix consultative aux séances du comité, compte tenu des fonctions qu'elles exercent dans l'établissement, sont déterminées par décret en Conseil d'État.*

Le ou les médecins du travail chargés de la surveillance médicale du personnel figurent obligatoirement sur la liste mentionnée au premier alinéa. (L. n° 2015-994 du 17 août 2015, art. 32) « *Ils peuvent donner délégation à un membre de l'équipe pluridisciplinaire du service de santé au travail ayant compétence en matière de santé au travail ou de conditions de travail.* » — *[Anc. art. L. 236-5, al. 2 et 6.]* — V. art. R. 4613-1.

1. Conditions de la désignation. Aucune condition de capacité électorale ne figure à l'art. L. 236-5 [L. 4613-2 nouv.] pour la désignation des membres de la délégation du personnel au CHSCT. • Soc. 9 juill. 1996, ⚖ n° 95-60.797 P : *RJS 1996. 597, n° 931.* ♦ Aucun texte ne prohibe le cumul des fonctions de délégué syndical et de membre du CHSCT. • Soc. 13 janv. 1999, ⚖ n° 97-60.483 P : *RJS 1999. 136, n° 222.*

2. Un salarié peut être désigné comme membre d'un CHSCT correspondant, au sein de l'établissement dans lequel il est affecté, à un secteur d'activité dans lequel il ne travaille pas. • Soc. 17 avr. 1991, ⚖ n° 90-60.387 P : *RJS 1991. 313, n° 591.* ♦ Une personne qui à la date du scrutin n'est plus salariée de l'entreprise ne peut plus être désignée comme membre du CHSCT. • Soc. 15 nov. 1995 : *D. 1996. IR 16 ; RJS 1995. 799, n° 1250 ; JCP 1996. I. 3925, n° 19, obs. Teyssié.*

3. Organisation de la désignation. Il appartient à l'employeur de convoquer le collège désignatif ; la convocation des suppléants est une formalité substantielle dont l'absence entraîne la nullité de la désignation. • Soc. 17 mars 1998, ⚖ n° 96-60.363 P : *D. 1998. IR 114* ⌀ *; RJS 1998. 398, n° 617.* ♦ La présence d'un représentant de l'employeur, en l'absence de violation de son obligation de neutralité, n'entraîne pas à elle seule la nullité de la désignation. • Soc. 17 mars 1998, n° 96-60.362 P : *D. 1998. IR 110* ⌀ *; RJS 1998. 399,* n° 618.

4. Lieu et date de la désignation. Les membres du collège désignatif doivent se réunir en un même lieu et à la même date pour procéder par voie d'élections à la désignation des membres du CHSCT, sauf accord unanime. • Soc. 14 janv. 2004 : ⚖ *RJS 2004. 219, n° 319.* ♦ L'employeur peut réunir le collège désignatif avant le terme ultime des mandats en cours, les désignations ne prenant effet qu'à ce terme. • Soc. 8 oct. 2014 : ⚖ *D. actu. 12 nov. 2014, obs. Ines ; D. 2014. Actu. 2054* ⌀ *; Dr. soc. 2015. 191, note Petit* ⌀ *; RJS 2014. 751, n° 878.* ♦ Comp. antérieurement : • Soc. 14 janv. 2004 : ⚖ *D. 2004. IR 254* ⌀ *; RJS 2004. 219, n° 319.*

5. Modalités de désignation. Aucune disposition légale n'autorise à ce qu'il soit dérogé au mode de désignation des membres de la délégation du personnel. • Soc. 10 janv. 1989 : *D. 1989. IR 40 ; Dr. soc. 1989. 645, note Savatier* • 24 juin 1998, ⚖ n° 97-60.631 P : *RJS 1998. 649, n° 1024* (impossibilité de déroger par accord collectif).

6. L'art. L. 236-5 [L. 4613-2 nouv.] ayant instauré un collège unique, doivent être annulées les élections qui se sont déroulées séparément dans un collège ouvriers et employés et dans un collège cadres et agents de maîtrise. • Soc. 14 mars 1989 : *Dr. soc. 1989. 645, note Savatier.* – Dans le même sens : • Soc. 10 déc. 1987 : *Dr. soc. 1988. 297, note Savatier.* ♦ Mais aucune disposition légale ne s'oppose à ce que le collège unique procède par deux scrutins séparés, l'un pour désigner le représentant du personnel de maîtrise et des cadres, l'autre celui des ouvriers. • Soc. 17 oct. 1989 : *Bull. civ. V, n° 598 ; D. 1989. IR 288* • 21 sept. 1993 : ⚖ *RJS 1993. 654, n° 1107.* ♦ ... A condition que cette modalité de désignation résulte d'un accord unanime des membres du collège électoral. • Soc. 26 janv. 1999 : ⚖ *RJS 1999. 235, n° 393.*

7. Lorsque l'entreprise est dotée d'une délégation unique du personnel, seuls les représentants titulaires composant cette délégation peuvent prendre part à la désignation des membres du CHSCT. • Soc. 7 mai 2002, ⚖ n° 01-60.505 P : *D. 2002. IR 1960* ∅ ; *RJS 2002. 642, n° 826.*

8. Il n'appartient qu'au collège mentionné à l'art. L. 236-5 [L. 4613-1 nouv.] et non à l'employeur d'arrêter les modalités de désignation de la délégation du personnel. • Soc. 21 nov. 1990 : ⚖ *D. 1990. IR 293 ; RJS 1991. 23, n° 35.*

9. Le collège chargé de désigner les membres du CHSCT, dont la composition s'apprécie à sa date de réunion, ne peut comprendre d'anciens élus dont le mandat ne saurait être prorogé par le règlement intérieur du comité. • Soc. 13 juin 1990 : ⚖ *RJS 1990. 401, n° 584.*

10. Lorsqu'il existe plusieurs CHSCT dans des établissements distincts et qu'il n'existe qu'un comité d'entreprise commun, le collège désignatif doit comprendre chacun des membres de ce comité d'entreprise ainsi que les délégués du personnel de l'établissement correspondant au CHSCT. • Soc. 31 janv. 2001, ⚖ n° 99-60.526 P : *RJS 2001. 521, n° 753.* ♦ Même si le CHSCT ne couvre qu'un secteur d'activité au sein de l'établissement, le collège désignatif comprend les membres élus du comité d'établissement et les délégués du personnel élus dans le périmètre d'implantation de ce comité d'établissement. • Soc. 30 mai 2001, ⚖ n° 99-60.474 P : *RJS 2001. 780, n° 1149.* ♦ Comp. : lorsque deux secteurs d'activité d'une entreprise sont dotés d'un comité d'établissement commun, de délégués du personnel élus séparément dans chaque secteur et de cinq CHSCT, les membres de la délégation du personnel de chaque comité sont désignés par un collège comprenant tous les représentants du personnel en fonction dans le secteur d'activité sur lequel chaque comité étend sa compétence. • Soc. 7 févr. 1989 : *Dr. soc. 1989. 645, note Savatier.* ♦ Lorsqu'au sein d'un établissement doté d'un comité d'établissement ont été institués deux CHSCT correspondant à deux secteurs d'activité, le collège chargé de la désignation des membres du CHSCT doit comprendre tous les élus du comité d'établissement. • Soc. 19 oct. 1994, ⚖ n° 93-60.339 P : *D. 1995. Somm. 377, obs. Frossard* ∅.

11. Les délégués du personnel suppléants et les membres suppléants du comité d'entreprise ne participent pas à la désignation de la délégation du personnel, sauf s'ils remplacent un délégué titulaire. • Soc. 19 nov. 1986 : *Bull. civ. V, n° 548* • 1ᵉʳ déc. 1987 : *JCP E 1988. II. 15276, n° 14, obs. Teyssié.*

12. La désignation des membres du CHSCT, y compris les membres suppléants, ne peut résulter que d'un vote du collège désignatif. • Soc. 4 juill. 1990, ⚖ n° 89-60.158 P : *RJS 1990. 461, n° 680.* ♦ Le vote doit avoir lieu au scrutin secret sous enveloppe. • 24 juin 1998 : ⚖ *RJS 1998. 650, n° 1025.* ♦ Pour ce vote, il n'y a pas lieu de prendre en considération le nombre de voix obtenues aux élections du premier degré. • Soc. 10 avr. 1991, ⚖ n° 90-60.353 P : *D. 1991. IR 152 ; RJS 1991. 313, n° 590.*

13. Lorsqu'un accord s'est fait sur le scrutin majoritaire, il convient, en cas de partage des voix, d'appliquer les principes généraux du droit électoral et de déclarer élu le candidat le plus âgé. • Soc. 10 juill. 1990, ⚖ n° 89-61.121 P : *D. 1990. IR 210 ; RJS 1990. 462, n° 681.*

14. A défaut d'accord unanime entre les membres du collège, la délégation du personnel est élue au scrutin de liste avec représentation proportionnelle à la plus forte moyenne et à un seul tour. • Soc. 24 juin 1998 : ⚖ *RJS 1998. 651, n° 1026* • 16 mai 1990 : ⚖ *RJS 1990. 347, n° 497.* – Dans le même sens : • Soc. 21 janv. 1988 : *Dr. soc. 1988. 297, note Savatier* • 7 févr. 1989 : *Dr. soc. 1989. 645, note Savatier* • 28 févr. 1989 : *ibid.* • 3 oct. 1989 : *Bull. civ. V, n° 563 ; D. 1989. IR 280.* ♦ Toute candidature individuelle constitue une liste et, le panachage des listes n'étant pas admis, sont nuls les votes exprimés au moyen de plusieurs bulletins différents dans une même enveloppe. • Soc. 13 juill. 1993, ⚖ n° 92-60.344 P : *RJS 1993. 526, n° 877 ; CSB 1993. 269, S. 138.*

15. La répartition des sièges entre les catégories de personnel n'emporte aucune modification des règles de l'élection, ni du nombre de sièges revenant à chaque liste ; il convient donc de répartir les sièges entre les listes avant de les attribuer aux candidats selon la catégorie du personnel à laquelle ils appartiennent. • Soc. 8 janv. 1997, ⚖ n° 95-60.864 P : *RJS 1997. 104, n° 152* • 16 avr. 2008 : ⚖ *RJS 2008. 551, n° 685 ; JCP S 2008. 1379, obs. Cottin* • Soc. 14 déc. 2015, ⚖ n° 14-26.992 P : *D. actu. 21 janv. 2016, obs. Siro ; RJS 2/2016, n° 133 ; JCPS 2016. 1070, obs. Kerbourc'h.*

16. Durée du mandat. La perte du mandat de délégué du personnel n'entraîne pas la cessation des fonctions de membre élu du CHSCT. • Soc. 7 févr. 1990, ⚖ n° 89-60.590 P : *D. 1990. IR 56 ; RJS 1990. 160, n° 216.* ♦ La suspension du contrat de travail n'est pas un cas de cessation des fonctions. • Soc. 8 juill. 1998, ⚖ n° 97-60.333 P : *RJS 1998. 634, n° 999.*

Ancien art. L. 4613-3 *Les contestations relatives à la délégation des représentants du personnel au comité sont de la compétence du juge judiciaire.*

Lorsqu'une contestation rend indispensable le recours à une mesure d'instruction, les dépenses afférentes à cette mesure sont à la charge de l'État. — [Anc. art. L. 236-5, al. 4 et 5.]

1. Droits des salariés. Tout salarié de l'entreprise ayant vocation à être membre du CHSCT a qualité pour contester la régularité des opérations électorales, même s'il n'est ni électeur, ni candidat. • Soc. 10 oct. 1989 : *Bull. civ. V, n° 579 ; D. 1989. IR 310.* – V. aussi • Soc. 4 juill. 1990, n° 89-60.158 P : *RJS 1990. 461, n° 680.* ♦ L'employeur est recevable à contester la désignation d'une salariée en tant que membre du CHSCT de la société dans laquelle elle est démonstratrice, dès lors qu'il fonde sa contestation sur l'existence d'une fraude. • Soc. 2 mars 1999, n° 97-60.736 P ; *D. 1999. IR 106 ; RJS 1999. 338, n° 552* (2ᵉ esp.). ♦ Les contestations relatives à la désignation de la délégation du personnel sont de la compétence du tribunal d'instance qui statue en dernier ressort. • Soc. 8 janv. 1997, n° 95-60.864 P : *RJS 1997. 104, n° 152* (CHSCT de la Banque de France). ♦ Le jugement du tribunal d'instance annulant la désignation d'un représentant syndical conventionnel au CHSCT est rendu en premier ressort. • Soc. 16 févr. 2005 : *D. 2005. IR 672 ; RJS 2005. 369, n° 529.*

2. Droits de l'employeur. Un employeur ne peut, en cette matière d'ordre public que constituent les élections professionnelles, et même avec l'accord des organisations syndicales, se faire juge de leur validité et déclarer nulle une désignation des membres du CHSCT. • Soc. 12 mars 1991 : *CSB 1991. 139, S. 72 ; RJS 1991. 252, n° 476.*

3. Annulation partielle. Lors d'un scrutin de liste, si une liste présentée comporte un nombre suffisant de candidats, l'annulation de la désignation d'un candidat en raison de son inéligibilité ne porte pas atteinte au nombre de sièges obtenus par la liste sur laquelle il figurait, le second candidat de la liste doit être déclaré élu. • Soc. 6 févr. 2002, n° 00-60.490 P : *RJS 2002. 3545, n° 447.*

4. Compétence exclusive. Le juge d'instance est seul compétent pour se prononcer sur les contestations relatives à la désignation des représentants du personnel au CHSCT et, par suite, sur celles relatives au nombre de ces représentants et à leur répartition entre les organisations syndicales ; leur désignation, si elle n'est pas contestée dans le délai de quinze jours, ne peut être remise en cause par une décision ultérieure de la juridiction administrative statuant sur la légalité de l'instruction de la Poste du 7 octobre 2011. • Soc. 9 avr. 2014, n° 13-20.196 P. ♦ Relève de la compétence des juridictions de l'ordre judiciaire le litige relatif à la décision par laquelle le directeur de la direction commerciale bancaire des services financiers de la Poste a créé le CHSCT de cette direction et fixé la liste des organisations syndicales, représentatives de l'ensemble du personnel, habilitées à désigner leurs représentants ainsi que la répartition des sièges au sein de ce comité. • CE 23 juill. 2014, n° 374275.

Ancien art. L. 4613-4 *Dans les établissements (L. n° 2012-387 du 22 mars 2012, art. 43)* « *d'au moins cinq cents salariés* », *le comité d'entreprise détermine, en accord avec l'employeur, le nombre des [de] comités d'hygiène, de sécurité et des conditions de travail devant être constitués, eu égard à la nature, la fréquence et la gravité des risques, aux dimensions et à la répartition des locaux ou groupes de locaux, au nombre des travailleurs occupés dans ces locaux ou groupes de locaux ainsi qu'aux modes d'organisation du travail. Il prend, le cas échéant, les mesures nécessaires à la coordination de l'activité des différents comités d'hygiène, de sécurité et des conditions de travail.*

En cas de désaccord avec l'employeur, le nombre des [de] comités distincts ainsi que les mesures de coordination sont fixés par l'inspecteur du travail. Cette décision est susceptible d'un recours hiérarchique devant le (L. n° 2011-525 du 17 mai 2011, art. 170) « *directeur régional des entreprises, de la concurrence, de la consommation, du travail et de l'emploi* ». — [Anc. art. L. 236-6.]

1. Nécessité d'un accord. En l'absence d'accord du comité d'entreprise avec l'employeur déterminant le nombre de CHSCT et de décision de l'inspecteur du travail statuant dans les conditions ainsi définies, il ne peut être procédé à la désignation de la délégation du personnel au sein d'un CHSCT, peu important l'existence d'un accord collectif ayant fixé le nombre de CHSCT dans l'établissement. • Soc. 28 sept. 2011 : *D. actu. 12 oct. 2011, obs. Siro ; Dr. soc. 2011. 1308, obs. Petit ; RJS 2011. 853, n° 970 ; JCP S 2011. 1508, obs. Cottin.*

2. Critère géographique. Le critère géographique peut être pris en compte pour décider de l'implantation des CHSCT ; lorsqu'un tel critère est retenu, sauf accord en disposant autrement, seuls les salariés travaillant effectivement dans les périmètres ainsi déterminés sont éligibles au CHSCT géographiquement correspondant. • Soc. 12 avr. 2012 : *D. actu. 14 mai 2012, obs. Siro ; D. 2012. Actu. 1067 ; RJS 2012. 479, n° 564 ; JCP S 2012. 1249, obs. Cottin ; SSL 2012, n° 1536, p. 10, obs. Champeaux.*

3. Modification du périmètre d'implantation. Dans les établissements de cinq cents salariés et plus, le nombre de CHSCT et leur coordination sont déterminés par le comité d'entreprise en accord avec l'employeur ou, à défaut, par l'inspecteur du travail ; il en résulte que la modification du périmètre d'implantation des CHSCT détermi-

SANTÉ ET SÉCURITÉ AU TRAVAIL **Ancien art. L. 4614-3** 1363

nés ne peut intervenir à défaut d'accord du comité d'entreprise avec l'employeur. • Soc. 22 févr. 2017, 🗘 n° 16-10.770 P : *D. actu. 15 mars 2017,* *obs. Roussel ; D. 2017. Actu. 513 ⊘ ; RJS 5/2017, n° 342 ; JCP S 2017.1165, obs. Verkindt.*

CHAPITRE IV *[ANCIEN]* FONCTIONNEMENT

SECTION 1 *[ANCIENNE]* Présidence et modalités de délibération

Ancien art. L. 4614-1 *Le comité d'hygiène, de sécurité et des conditions de travail est présidé par l'employeur.* — [Anc. art. L. 236-5, al. 7, phrase 1.]

Ancien art. L. 4614-2 (L. n° 2015-994 du 17 août 2015, art. 16-VI) *Le comité d'hygiène, de sécurité et des conditions de travail détermine, dans un règlement intérieur, les modalités de son fonctionnement et l'organisation de ses travaux.*

Les décisions du comité d'hygiène, de sécurité et des conditions de travail portant sur ses modalités de fonctionnement et l'organisation de ses travaux ainsi que ses résolutions sont prises à la majorité des membres présents.

Le président du comité ne participe pas au vote lorsqu'il consulte les membres élus du comité en tant que délégation du personnel.

1. Délibération collective. L'avis du CHSCT ne peut résulter que d'une décision prise à l'issue d'une délibération collective et non de l'expression d'opinions individuelles. • Soc. 10 janv. 2012 : 🗘 *D. actu. 21 févr. 2012, obs. Fleuriot ; D. 2012. Actu. 226 ⊘ ; RDT 2012. 233, obs. Signoretto ⊘ ; Dr. soc. 2012. 318, obs. Petit ⊘ ; RJS 2012. 215, n° 60 ; JCP S 2012. 1101, obs. Cottin.*

2. Délibération donnant mandat d'agir en justice. Un CHSCT peut mandater l'un de ses membres aux fins d'agir en justice du chef d'entrave, sous réserve d'une désignation formellement régulière, sans avoir à préciser dans sa délibération les faits d'entrave pour lesquels il décide d'engager des poursuites. • Crim. 28 oct. 2014 : 🗘 *JSL 2015, n° 379-2, obs. Farzam-Rochon et Genty.*

3. Vote de l'employeur et recours à un expert. La décision de recourir à un expert prise par le CHSCT dans le cadre d'une consultation sur un projet important modifiant les conditions de santé et de sécurité constitue une délibération sur laquelle les membres élus du CHSCT doivent seuls se prononcer en tant que délégation du personnel, à l'exclusion du chef d'entreprise, président du comité. • Soc. 26 juin 2013 : 🗘 *D. actu. 18 juill. 2013, obs. Peyronnet ; Dr. soc. 2013. 866, obs. Boulmier ⊘ ; JSL 2013, n° 350-6, obs. Tourreil ; JCP S 2013. 1375, obs. Cottin ; RJS 10/2013, n° 687 ; JSL 2022, n° 553-554-4, obs. Mureau.*

4. La décision par laquelle le CHSCT qui, dans le cadre d'une consultation sur un projet important modifiant les conditions de santé et de sécurité, a décidé du recours à une expertise, mandate un de ses membres pour agir et le représenter en justice pour garantir l'exécution de la décision de recourir à un expert constitue une délibération sur laquelle les membres élus du CHSCT doivent seuls se prononcer en tant que délégation du personnel, à l'exclusion du chef d'entreprise, président du comité. • Soc. 19 oct. 2022, 🗘 n° 21-18.705 B : *D. actu. 27 oct. 2022, obs. Maurel ; D. 2022. 1860 ⊘ ; Dr. soc. 2023. 189, obs. Chenu ⊘ ; RJS 12/2022, n° 619 ; JSL 2022, n° 553-554-4, obs. Mureau.*

SECTION 2 *[ANCIENNE]* Heures de délégation

Ancien art. L. 4614-3 *L'employeur laisse à chacun des représentants du personnel au comité d'hygiène, de sécurité et des conditions de travail le temps nécessaire à l'exercice de leurs fonctions.*

Ce temps est au moins égal à :

1° Deux heures par mois dans les établissements employant jusqu'à 99 salariés ;

2° Cinq heures par mois dans les établissements employant de 100 à 299 salariés ;

3° Dix heures par mois dans les établissements employant de 300 à 499 salariés ;

4° Quinze heures par mois dans les établissements employant de 500 à 1 499 salariés ;

5° Vingt heures par mois dans les établissements employant (L. n° 2012-387 du 22 mars 2012, art. 43) « *au moins mille cinq cents salariés* ».

Ce temps peut être dépassé en cas de circonstances exceptionnelles (L. n° 2013-504 du 14 juin 2013, art. 8-XI) « *ou de participation à une instance de coordination prévue à l'article L. 4616-1* ».

(L. n° 2016-1088 du 8 août 2016, art. 28) « *Sauf accord collectif contraire, lorsque le représentant du personnel élu ou désigné est un salarié mentionné à l'article L. 3121-58, le crédit d'heures est regroupé en demi-journées qui viennent en déduction du nombre annuel de jours travaillés fixé dans la convention individuelle du salarié. Une demi-journée correspond à quatre heures de mandat. Lorsque le crédit d'heures ou la fraction du crédit d'heures restant est inférieur à* quatre heures, le représentant du personnel en bénéficie dans des conditions définies par un décret en Conseil d'État. »

1. Appréciation de l'effectif. La variation de l'effectif au-delà ou en deçà d'un des seuils fixé par l'art. L. 236-7 [L. 4614-3 nouv.] doit être prise en compte dès le mois suivant pour la fixation du nombre d'heures de délégation, les dispositions de l'art. L. 236-1, al. 2 [L. 4611-1 s. nouv.], n'étant applicables qu'à la mise en place du CHSCT et non à la détermination du crédit d'heures alloué aux membres de cette institution. ● Soc. 6 nov. 1991, ⚹ n° 88-42.895 P : *D. 1991. IR 282* ; *Dr. soc. 1992. 85* ; *RJS 1991. 711, n° 1325.*

2. Objet des heures de délégation. Il n'entre pas dans le mandat d'un membre du CHSCT d'organiser une réunion ayant pour objet de contester des projets ne concernant pas directement l'entreprise et relatifs à des modifications éventuelles du droit du travail ; est donc justifiée la mise à pied prononcée contre un membre du CHSCT, abstraction faite du motif erroné, mais surabondant, concernant le droit de circuler dans l'entreprise des membres du CHSCT. ● Soc. 26 févr. 1992, ⚹ n° 88-45.284 P : *Dr. soc. 1992. 464, rapp. Waquet* ⌀ ; *RJS 1992. 262, n° 456.* ◆ Les contrôles effectués par les membres du CHSCT dans un établissement où les sociétés qui sont chargées de faire des réparations ou d'assurer l'entretien sur l'ensemble des bâtiments ne constituent pas des réunions au sens des art. L. 236-2-1 et L. 236-7 [L. 4614-3 et L. 4614-7 nouv.] ; le temps qui y est consacré doit donc s'imputer sur le temps de délégation. ● Soc. 20 déc. 2006 : ⚹ *JCP S 2007. 1610, note Kerbourc'h.* ◆ V. aussi : ● Soc. 5 oct. 1994 : ⚹ *D. 1994. IR 254* ; *RJS 1994. 764, n° 1274* (exclusion du temps passé par le membre d'un CHSCT à son information personnelle).

3. Le temps passé aux enquêtes menées après un accident du travail grave doit être rémunéré, en l'absence de contestation sur le principe de la rémunération du temps passé à l'enquête, avant toute contestation sur la durée de celle-ci. ● Soc. 25 nov. 1997, ⚹ n° 95-42.139 P : *RJS 1998. 36, n° 45.*

4. Le temps passé à des inspections organisées à intervalles réguliers conformément à l'art. L. 236-2, al. 3, C. trav. [L. 4612-4 nouv.] n'entre pas dans les prévisions de l'art. L. 236-7, al. 5 [L. 4523-9 nouv.]. ● Crim. 17 févr. 1998, ⚹ n° 96-82.118 P : *D. 1998. IR 130* ⌀ ; *RSC 1998. 780, note Cerf* ⌀ ; *RJS 1998. 472, n° 743* ; *JCP E 1998, n° 21, p. 787.*

5. Dépassement du crédit d'heures. Il appartient au salarié d'apporter la preuve de circonstances exceptionnelles justifiant le dépassement du crédit d'heures légalement prévu. ● Soc. 25 nov. 1997, ⚹ n° 95-43.412 P : *RJS 1998. 35, n° 44.*

6. Heures de délégation et temps de trajet. En l'absence de prévision contraire par la loi, un usage ou un engagement unilatéral de l'employeur, le temps de trajet pris pendant l'horaire normal de travail en exécution des fonctions représentatives s'impute sur les heures de délégation. ● Soc. 10 déc. 2014, ⚹ n° 13-22.212.

Ancien art. L. 4614-4 *Lorsque plusieurs comités d'hygiène, de sécurité et des conditions de travail sont créés dans un même établissement, dans les conditions prévues à l'article L. 4613-4, les heures de délégation attribuées aux représentants du personnel sont calculées en fonction de l'effectif de salariés relevant de chaque comité. — [Anc. art. L. 236-7, al. 3.]*

Ancien art. L. 4614-5 *Les représentants du personnel peuvent répartir entre eux les heures de délégation dont ils disposent. Ils en informent l'employeur. — [Anc. art. L. 236-7, al. 4.]*

Ancien art. L. 4614-6 *Le temps passé en heures de délégation est de plein droit considéré comme temps de travail et payé à l'échéance normale. Lorsque l'employeur conteste l'usage fait de ce temps, il lui appartient de saisir la juridiction compétente.*

Est également payé comme temps de travail effectif et n'est pas déduit des heures de délégation, le temps passé :

1° Aux réunions ;

2° Aux enquêtes menées après un accident du travail grave ou des incidents répétés ayant révélé un risque grave ou une maladie professionnelle ou à caractère professionnel grave ;

3° A la recherche de mesures préventives dans toute situation d'urgence et de gravité, notamment lors de la mise en œuvre de la procédure de danger grave et imminent prévue à l'article L. 4132-2. — [Anc. art. L. 236-7, al. 5 et 6.]

1. Contestation. L'obligation de payer à l'échéance normale le temps alloué aux membres du CHSCT pour l'exercice de leurs fonctions ne les dispense pas d'indiquer l'utilisation faite du temps pour lequel ils ont été payés. ● Soc. 4 févr. 2004, ⚹ n° 01-46.478 P : *RJS 2004. 293, n° 421.*

2. Paiement des heures de délégation au moyen d'un repos compensateur. Quand il est fait application dans l'entreprise d'une convention collective de branche offrant la possibilité de mettre en œuvre un repos compensateur en contrepartie des heures supplémentaires, les heures de délégation accomplies par le salarié en dehors de ses horaires de travail pour les nécessités de son mandat donnent lieu à un tel repos. ● Soc. 9 oct. 2012 : ⚹ *D. actu. 28 oct. 2012, obs. Ines* ; *RJS*

SANTÉ ET SÉCURITÉ AU TRAVAIL **Ancien art. L. 4614-10** 1365

2012. 814, n° 958 ; JSL 2012, n° 333-334-6 ; JCP S 2012. 1501, obs. Rozec.

3. Paiement des heures de délégation en situation de dispense d'activité. En cas de dispense d'activité, il convient de se référer aux horaires que le salarié aurait dû suivre s'il avait travaillé ; au fait que ce dernier peut prétendre au paiement des heures de délégation prises en dehors du temps de travail résultant de son planning théorique (à propos d'un salarié ayant adhéré à un dispositif de congé de maintien de l'emploi des salariés seniors). • Soc. 3 mars 2021, ⚖ n° 19-18.150 P : D. actu. 15 mars 2021, obs. Malfettes ; D. 2021. Actu. 529 ⊘ ; RJS 5/2021, n° 277 ; JCP S 2021. 1093, obs. Kerbourc'h.

SECTION 3 [ANCIENNE] Réunions

Ancien art. L. 4614-7 *Le comité d'hygiène, de sécurité et des conditions de travail se réunit au moins tous les trimestres à l'initiative de l'employeur, plus fréquemment en cas de besoin, notamment dans les branches d'activité présentant des risques particuliers.* – [Anc. art. L. 236-2-1, al. 1ᵉʳ.]

Ancien art. L. 4614-8 *L'ordre du jour de chaque réunion est établi par le président et le secrétaire.*
(L. n° 2015-990 du 6 août 2015, art. 270) « *Les consultations rendues obligatoires par une disposition législative ou réglementaire ou par un accord collectif de travail sont inscrites de plein droit à l'ordre du jour par le président ou le secrétaire.*

« *L'ordre du jour* » *est transmis aux membres du comité et à l'*(L. n° 2016-1088 du 8 août 2016, art. 113) « *agent de contrôle de l'inspection du travail mentionné à l'article L. 8112-1* » *dans des conditions déterminées par voie réglementaire.*

1. Délibérations. Le CHSCT ne peut valablement délibérer que sur un sujet en lien avec une question inscrite à l'ordre du jour. • Soc. 22 janv. 2008 : ⚖ JCP S 2008. 1239, obs. Cottin.

2. Entrave. La disposition de l'art. L. 236-5 [L. 4614-8 nouv.] relative à l'établissement de l'ordre du jour est impérative ; son inobservation par l'employeur modifiant unilatéralement l'ordre du jour est constitutive du délit d'entrave. • Crim. 4 janv. 1990 : ⚖ RJS 1990. 158, n° 215.

Ancien art. L. 4614-9 *Le comité d'hygiène, de sécurité et des conditions de travail reçoit de l'employeur les informations qui lui sont nécessaires pour l'exercice de ses missions, ainsi que les moyens nécessaires à la préparation et à l'organisation des réunions et aux déplacements imposés par les enquêtes ou inspections.*

Les membres du comité sont tenus à une obligation de discrétion à l'égard des informations présentant un caractère confidentiel et données comme telles par l'employeur.

Ils sont tenus au secret professionnel pour toutes les questions relatives aux procédés de fabrication. – [Anc. art. L. 236-3.]

1. Frais de déplacement. Le salarié peut prétendre au remboursement de ses frais de déplacement, même si l'employeur avait mis à sa disposition un véhicule de fonction qu'il n'a pas utilisé, dans l'hypothèse où compte tenu de l'heure de la réunion et du temps de trajet, le départ la veille s'imposait. • Soc. 5 oct. 1999 : ⚖ D. 1999. IR 262 ⊘ ; Dr. soc. 1999. 1118, obs. Cohen ⊘ ; RJS 1999. 856, n° 1385. ♦ Le membre du CHSCT qui ne justifie pas d'une mission individuelle à lui confiée par le comité, conformément à l'art. L. 236-2, ne peut prétendre au remboursement de ses frais de déplacement. • Soc. 21 juill. 1993 : ⚖ RJS 1993. 526, n° 878.

2. Moyens supplémentaires. Le CHSCT ne peut décider de s'octroyer unilatéralement des moyens supplémentaires ; le recours à un prestataire extérieur qui engendre des frais supplémentaires nécessite un accord de l'employeur. • Soc. 22 févr. 2017, ⚖ n° 15-22.392 P : D. actu. 16 mars 2017, obs. Cortot ; D. 2017. Actu. 513 ⊘ ; RJS 5/2017, n° 345 ; JCP S 2017. 1102, obs. Dauxerre.

Ancien art. L. 4614-10 *Le comité d'hygiène, de sécurité et des conditions de travail est réuni à la suite de tout accident ayant entraîné ou ayant pu entraîner des conséquences graves ou à la demande motivée de deux de ses membres représentants du personnel.*

(L. n° 2013-316 du 16 avr. 2013, art. 10) « *Il est réuni en cas d'événement grave lié à l'activité de l'établissement ayant porté atteinte ou ayant pu porter atteinte à la santé publique ou à l'environnement.* »

Lorsque le chef d'entreprise est saisi d'une demande motivée présentée par deux membres au moins du comité, il doit réunir cet organisme sans pouvoir se faire juge du bien-fondé de la demande. • Crim. 4 janv. 1990 : ⚖ RJS 1990. 158, n° 215 • Soc. 26 juin 2013 : ⚖ D. actu. 17 juill. 2013, obs. Peyronnet ; RJS 10/2013, n° 688.

Ancien art. L. 4614-11 L'(*L. n° 2016-1088 du 8 août 2016, art. 113*) « *agent de contrôle de l'inspection du travail mentionné à l'article L. 8112-1* » *est prévenu de toutes les réunions du comité d'hygiène, de sécurité et des conditions de travail et peut y assister.* — *[Anc. art. L. 236-7, al. 7, phrase 1.]*

Ancien art. L. 4614-11-1 (*L. n° 2015-994 du 17 août 2015, art. 17-II*) *Le recours à la visioconférence pour réunir le comité d'hygiène, de sécurité et des conditions de travail peut être autorisé par accord entre l'employeur et les membres désignés du comité. En l'absence d'accord, ce recours est limité à trois réunions par année civile. Un décret détermine les conditions dans lesquelles le comité peut, dans ce cadre, procéder à un vote à bulletin secret.* — *V. art. D. 4616-6-1 et D. 2325-1-1 s.*

SECTION 4 [ANCIENNE] Recours à un expert

BIBL. ▶ Caron et Verkindt, *Dr. soc.* 2012. 383 (notion de projet important justifiant la demande d'expertise du CHSCT). – Cochet, *Dr. soc.* 2013. 733 (expertise du CHSCT après la loi du 14 juin 2013). – Cottin, *JCP S* 2011. 1437 (panorama jurisprudentiel sur l'expertise du CHSCT) ; *SSL* 2013, n° 1571, p. 4. – Ferre, *RDT* 2016. 629 . – Poncet, *JSL* 2011, n°ˢ 300-1 et 301-1 (conditions de désignation d'un expert par le CHSCT). – Thomas et Hamel, *JCP S* 2013. 1405 (honoraires des experts du comité d'entreprise et du CHSCT). – Verkindt, *Dr. soc.* 2013. 726 (conditions de travail et sécurisation de l'emploi).

Ancien art. L. 4614-12 *Le comité d'hygiène, de sécurité et des conditions de travail peut faire appel à un expert agréé :*

1° Lorsqu'un risque grave, révélé ou non par un accident du travail, une maladie professionnelle ou à caractère professionnel est constaté dans l'établissement ;

2° En cas de projet important modifiant les conditions de santé et de sécurité ou les conditions de travail, prévu à l'article (*L. n° 2015-994 du 17 août 2015, art. 16-VIII*) « *L. 4612-8-1* ».

Les conditions dans lesquelles l'expert est agréé par l'autorité administrative et rend son expertise sont déterminées par voie réglementaire. — *[Anc. art. L. 236-9, al. 1ᵉʳ et 2, al. 3, phrase 1, et al. 4.]* — *V. art. R. 4614-6.*

En application de l'art. L. 231-5 CRPA, et par exception à l'application du délai de deux mois prévu à l'art. L. 231-1 du même code, le délai à l'expiration duquel le silence gardé par l'administration vaut décision de rejet est fixé à quatre mois pour une demande d'agrément des experts auxquels le comité d'hygiène, de sécurité et des conditions de travail peut faire appel (Décr. n° 2014-1289 du 23 oct. 2014, art. 1ᵉʳ).

1. Expertise justifiée par un projet important. Le recours à un expert est justifié en présence d'un projet qui aboutit à la définition d'un nouveau métier de la logistique, dont les orientations sont définies, la durée programmée, la date de mise en œuvre prévue et qui concerne la majorité des postes du service touché. ● Soc. 1ᵉʳ mars 2000 : *JSL* 2000, n° 62-34. ♦ ... Ou en présence d'un projet entraînant la disparition d'une société appelée à devenir un simple établissement, une nouvelle organisation des établissements et le transfert d'une partie du personnel au service d'une société relevant d'un autre groupe. ● Soc. 29 sept. 2010 : *RDT* 2010. 48, obs. Signoretto ; *RJS* 2009. 828, n° 946 ; *JCP S* 2009. 1586, obs. Cottin. ♦ ... Ou en présence d'une décision de changement d'horaires affectant directement les salariés postés, le travail posté étant en soi perturbateur. ● Soc. 24 oct. 2000, n° 98-18.240 P : *RJS* 2001. 36, n° 56 ; *JCP* 2000. IV. 2852. ♦ En revanche, le réaménagement de l'organigramme prévoyant la restructuration de l'encadrement mais aucune transformation des postes de travail n'est pas un projet important autorisant le CHSCT à recourir à un expert. ● Soc. 26 juin 2001, n° 99-16.096 P : *D.* 2001. IR 2244 ; *RJS* 2001. 781, n° 1150 ; *JSL* 2001, n° 84-4. ♦ Le seul nombre de salariés concernés ne suffit pas pour qualifier un projet d'important ; mais si le nombre de salariés concernés ne détermine pas, à lui seul, l'importance du projet, le projet doit être de nature à modifier les conditions de santé et de sécurité des salariés ou leurs conditions de travail. ● Soc. 10 févr. 2010 : *SSL* 2010, n° 1438, p. 8. ♦ Le déploiement de nouveaux logiciels ainsi que la fourniture aux salariés occupant des fonctions de consultants dans les entreprises clientes d'ordinateurs portables sans que ces modifications n'entraînent des répercussions importantes sur les conditions de travail des salariés en termes d'horaires, de tâches et de moyens mis à leur disposition ne constitue pas un projet important au sens de l'art. L. 4614-12. ● Soc. 8 févr. 2012 : *RDT* 2012. 300, obs. Signoretto ; *RJS* 2012. 212, n° 258. ♦ Une baisse significative du chiffre d'affaires d'un établissement et la disparition de certaines productions attribuées à ce site, résultat prévisible de la fin de certains marchés et de difficultés conjoncturelles qui a suscité un conflit social conclu par un protocole d'accord par lequel l'entreprise s'est engagée notamment à ne pas remettre en cause la vocation industrielle du site et à maintenir sur le site un effectif de cent trente salariés, ne caractérisent pas un projet important modifiant les conditions de santé et de sécurité ou les conditions de travail. ● Soc. 14 oct. 2015, n° 14-17.224 : *RJS* 12/2015, n° 789 ; *ibid.*

SANTÉ ET SÉCURITÉ AU TRAVAIL

Ancien art. L. 4614-12-1 1367

p. 729, Avis Weissmann ; JCP S 2015. 1444, note Cottin.

2. Expertise justifiée par un risque grave. Ce n'est qu'au cas où un risque grave est constaté dans l'établissement qu'une expertise peut être ordonnée. ● Soc. 3 avr. 2001, n° 99-14.002 P : D. 2001. IR 1774 ; RJS 2001. 522, n° 755. ◆ L'analyse de l'exposition des salariés à des facteurs de pénibilité ne confère pas au CHSCT un droit général à l'expertise ; il ne peut donc faire appel à un expert agréé qu'en cas de risque grave et actuel constaté dans l'établissement. ● Soc. 25 nov. 2015, n° 14-11.865 P : D. 2015. Actu. 2508 ; RJS 2/2016, n° 136 ; JSL 2016, n° 402-4 ; SSL 2016, n° 1713, p. 9, obs. Crépin ; JCP S 2015. 1015, obs. Jeansen. ◆ Le CHSCT est fondé à recourir à une expertise dès lors qu'il a été alerté par le médecin du travail sur le risque grave encouru par les salariés en situation de grande souffrance au travail, corroboré par une forte augmentation des arrêts de travail pour maladie dans l'entreprise. ● Soc. 17 févr. 2016, n° 14-22.097 P : RJS 4/2016, n° 264 ; JCP S 2016. 1100, obs. Cottin.

3. Périmètre d'intervention du CHSCT de l'entreprise de travail temporaire. Lorsque le CHSCT de l'entreprise de travail temporaire constate que les salariés mis à disposition de l'entreprise utilisatrice sont soumis à un risque grave et actuel, au sens de l'art. L. 4614-12, sans que l'entreprise utilisatrice ne prenne de mesures, et sans que le CHSCT de l'entreprise utilisatrice ne fasse usage des droits qu'il tient dudit article, il peut, au titre de l'exigence constitutionnelle du droit à la santé des travailleurs, faire appel à un expert agréé afin d'étudier la réalité du risque et les moyens éventuels d'y remédier. ● Soc. 26 févr. 2020, n° 18-22.556 P : D. actu. 19 mars, obs. Jardonnet ; D. 2020. Actu. 440 ; RDT 2020. 346, obs. Ciray ; ibid. 548, obs. Miné ; Dr. soc. 2020. 464, obs. Berriat ; ibid. 569, obs. Véricel ; RJS 5/2020, n° 241 ; Dr ouvrier 2020. 403, note Lafuma ; SSL 2020, n° 1896, p. 12, entretien Huglo ; JSL 2020, n° 496-497-5, obs. Kantorowicz ; JCP S 2020. 2001, obs. Bossu.

4. Objet de l'expertise. Fait une exacte application de l'art. L. 236-9 [L. 4614-12 nouv.] la cour d'appel qui estime que le CHSCT doit avoir une vision globale des questions relevant de sa compétence, ce qui implique l'étude par l'expert de l'ensemble des risques existant dans un atelier. ● Soc. 19 déc. 1990 : RJS 1991. 106, n° 191.

5. Compatibilité entre une expertise « centrale » pour projet important et une expertise « locale » pour risque grave. Une expertise pour projet important diligentée par une instance de coordination au niveau national ne constitue pas un obstacle à une expertise pour risque grave menée au niveau local ; les juges sont tenus de rechercher si l'instance locale, qui faisait état de circonstances spécifiques à l'établissement, ne justifiait pas d'un risque grave distinct de l'expertise ordonnée au niveau central par l'instance nationale de coordination. ● Soc. 5 févr. 2020, n° 18-26.131 P : D. actu. 4 mars 2020, obs. de Montvalon ; D. 2020. 340.

6. Choix de l'expert. Sauf abus manifeste, le juge n'a pas à contrôler le choix de l'expert auquel le CHSCT a décidé de faire appel. ● Soc. 26 juin 2001, n° 99-11.563 P : RJS 2001. 782, n° 1150 ; SSL 2001, n° 1036, p. 12.

7. Établissement public. La décision de recourir à un expert, prise par le CHSCT d'un établissement public en application de l'art. L. 4614-12 C. trav., n'est pas au nombre des marchés de service énumérés limitativement par l'art. 8 de l'Ord. n° 2005-649 du 6 juin 2005 relative aux marchés passés par certaines personnes publiques ou privées non soumises au code des marchés publics. ● Soc. 14 déc. 2011 : D. 2012. Actu. 156 ; Dr. ouvrier 2012. 607, obs. Mazières ; JCP S 2012. 1102, obs. Cottin.

8. Consultation du CHSCT et délai d'expertise. L'absence de remise du rapport de l'expert, tenu pour exécuter la mesure d'expertise de respecter un délai qui court du jour de sa désignation, n'a pas pour effet de prolonger le délai de consultation du CHSCT. ● Soc. 27 mai 2021, n° 19-18.089 P : D. actu. 15 juin 2021, obs. Couëdel.

9. Délai de contestation de l'expertise par l'employeur. En l'absence de textes spécifiques, l'action de l'employeur en contestation de l'expertise décidée par le CHSCT est soumise au délai de prescription de droit commun de 5 ans, prévu à l'art. 2224 C. civ. ● Soc. 17 févr. 2016, n° 14-15.178 P : D. 2016. Actu. 400 ; RJS 4/2016, n° 264 ; JSL 2016, n° 407-5, obs. Pacotte et Daguerre ; JCP S 2016. 1100, note J.-B. Cottin.

10. Secret médical. L'expert mandaté par le CHSCT d'un établissement hospitalier peut légitimement se voir opposer le secret médical par l'employeur et, par conséquent, se voir interdire l'accès aux blocs opératoires et aux réunions des équipes médicales. ● Soc. 20 avr. 2017, n° 15-27.927 P : D. 2017. Actu. 920 ; ibid. Pan. 2274, obs. Lokiec ; RJS 7/2017, n° 499 ; JSL 2017, n° 433-4, obs. Truong ; JCP S 2017. 1175, obs. Dauxerre.

Ancien art. L. 4614-12-1 (L. n° 2013-504 du 14 juin 2013, art. 18-XXXI) L'expert, désigné lors de sa première réunion par le comité d'hygiène, de sécurité et des conditions de travail ou par l'instance de coordination prévue à l'article L. 4616-1 dans le cadre d'une consultation sur un projet de restructuration et de compression des effectifs mentionné à l'article (L. n° 2015-994 du 17 août 2015, art. 18-XIV, en vigueur le 1er janv. 2016) « L. 2323-31 », présente son rapport au plus tard quinze jours avant l'expiration du délai mentionné à l'article L. 1233-30.

Ancien art. L. 4614-13

L'avis du comité et, le cas échéant, de l'instance de coordination est rendu avant la fin du délai prévu au même article L. 1233-30. A l'expiration de ce délai, ils sont réputés avoir été consultés.

Ces dispositions sont applicables aux procédures de licenciement collectif engagées à compter du 1er juill. 2013.

Une procédure de licenciement collectif est réputée engagée à compter de la date d'envoi de la convocation à la première réunion du comité d'entreprise mentionnée à l'art. L. 1233-30 C. trav. (L. n° 2013-504 du 14 juin 2013, art. 18-XXXIII).

Ancien art. L. 4614-13 Lorsque l'expert a été désigné sur le fondement de l'article L. 4614-12-1, toute contestation relative à l'expertise avant transmission de la demande de validation ou d'homologation prévue à l'article L. 1233-57-4 est adressée à l'autorité administrative, qui se prononce dans un délai de cinq jours. Cette décision peut être contestée dans les conditions prévues à l'article L. 1235-7-1.

(L. n° 2016-1088 du 8 août 2016, art. 31) « Dans les autres cas, l'employeur qui entend contester la nécessité de l'expertise, la désignation de l'expert, le coût prévisionnel de l'expertise tel qu'il ressort, le cas échéant, du devis, l'étendue ou le délai de l'expertise saisit le juge judiciaire dans un délai de quinze jours à compter de la délibération du comité d'hygiène, de sécurité et des conditions de travail ou de l'instance de coordination mentionnée à l'article L. 4616-1. Le juge statue, en la forme des référés, en premier et dernier ressort, dans les dix jours suivant sa saisine. Cette saisine suspend l'exécution de la décision du comité d'hygiène, de sécurité et des conditions de travail ou de l'instance de coordination mentionnée à l'article L. 4616-1, ainsi que les délais dans lesquels ils sont consultés en application de l'article L. 4612-8, jusqu'à la notification du jugement. Lorsque le comité d'hygiène, de sécurité et des conditions de travail ou l'instance de coordination mentionnée au même article L. 4616-1 ainsi que le comité d'entreprise sont consultés sur un même projet, cette saisine suspend également, jusqu'à la notification du jugement, les délais dans lesquels le comité d'entreprise est consulté en application de l'article L. 2323-3. — V. art. R. 4614-19.

« Les frais d'expertise sont à la charge de l'employeur. Toutefois, en cas d'annulation définitive par le juge de la décision du comité d'hygiène, de sécurité et des conditions de travail ou de l'instance de coordination, les sommes perçues par l'expert sont remboursées par ce dernier à l'employeur. Le comité d'entreprise peut, à tout moment, décider de les prendre en charge dans les conditions prévues à l'article L. 2325-41-1. »

L'employeur ne peut s'opposer à l'entrée de l'expert dans l'établissement. Il lui fournit les informations nécessaires à l'exercice de sa mission.

L'expert est tenu aux obligations de secret et de discrétion définies à l'article L. 4614-9.

BIBL. ▶ CHARBONNEAU et LEROUGE, Dr. soc. 2016. 928 (frais d'expertise). – DAUXERRE, JCP S 2017. 1430 (les honoraires de l'expert après la loi du 8 août 2016).

I. JURISPRUDENCE RENDUE SOUS L'EMPIRE DES TEXTES ANTÉRIEURS À LA L. N° 2016-1088 DU 8 AOÛT 2016

1. Conformité à la Constitution. En raison de l'absence d'effet suspensif du recours de l'employeur et de l'absence de délai d'examen de ce recours, l'employeur est privé de toute protection de son droit de propriété en dépit de l'exercice d'une voie de recours. Sont déclarées inconstitutionnelles les dispositions obligeant l'employeur à prendre en charge les frais d'expertise du CHSCT lorsqu'il obtient l'annulation de la décision de recours à un expert. • Cons. const. 27 nov. 2015, n° 2015-500 QPC : D. 2015. 2449 ; RJS 2/2016, n° 137 ; JCP 2016. 208, obs. Mathieu. ♦ Jusqu'à ce que le législateur remédie à l'inconstitutionnalité constatée, et au plus tard jusqu'au 1er janv. 2017, les frais d'expertise demeurent à la charge de l'employeur, même lorsque ce dernier obtient l'annulation en justice de la délibération du CHSCT ayant décidé de recourir à l'expertise. • Soc. 15 mars 2016, n° 14-16.242 P : D. actu. 7 avr. 2016, obs. Fraisse ; D. 2016. 864, concl. Gadhoun ; RDT 2016. 499, note Guiomard ; Dr. soc. 2016. 478, note Mouly ; RJS 5/2016, n° 348 ; JSL 2016, n° 408-3, obs. Lhernould ; SSL 2016, n° 1717, obs. Laherre et Fontanille ; JCP S 2016. 1199, obs. Cottin • Soc. 31 mai 2017, n° 16-16.949 P : D. 2017. Actu. 1130 ; RJS 8-9/2017, n° 593 ; SSL 2017, n° 1772, p. 12 ; JSL n° 436-2, obs. Tissandier ; JCP S 2017. 1215, obs. Dauxerre.

2. Conventionnalité. Les dispositions de l'art. L. 4614-13 C. trav., telles qu'interprétées de façon constante par la Cour de cassation, constituent le droit positif applicable jusqu'à ce que le législateur remédie à l'inconstitutionnalité constatée dans sa décision n° 2015-500 QPC du 27 nov. 2015 et au plus tard jusqu'au 1er janv. 2017 ; l'atteinte ainsi portée au droit de propriété et au droit au recours effectif pour une durée limitée dans le temps est nécessaire et proportionnée au but poursuivi par les articles 2 et 8 de la Conv. EDH protégeant la santé et la vie des salariés en raison des risques liés à leur domaine d'activité professionnelle ou de leurs conditions matérielles de travail. • Soc. 31 mai 2017, n° 16-16.949 P :

D. 2017. Actu. 1130 ⌀ ; Dr. soc. 2017. 784, note Mouly ⌀ ; RJS 8-9/2017, n° 593 ; JCP 2017. 700, obs. Dedessus-Le-Moustier.

3. Frais. L'employeur supporte les frais d'expertise et les frais de la procédure de contestation éventuelle, en l'absence d'abus du CHSCT. • Soc. 12 janv. 1999, ⚖ n° 97-12.794 P : RJS 1999. 133, n° 215 ; Dr. soc. 1999. 301, obs. Cohen ⌀. ♦ L'exercice par le CHSCT d'une voie de recours ne constitue pas un abus qui lui interdit de demander le remboursement de ses frais à l'employeur. • Soc. 8 déc. 2004, ⚖ n° 03-15.535 P : RJS 2005. 122, n° 163 ♦ 6 avr. 2005, ⚖ n° 02-19.414 P : JCP S 2005. 1038, note Boubli ; RJS 2005. 454, n° 640.

4. Contestation de l'employeur. La contestation par l'employeur, prévue par l'art. L. 236-9 [L. 4614-12 nouv.], de la nécessité pour le CHSCT de recourir à l'expertise ne peut concerner que le point de savoir si le projet litigieux est un projet important modifiant les conditions d'hygiène et de sécurité ou les conditions de travail ; si l'employeur entend contester la nécessité de l'expertise, la désignation de l'expert, le coût, l'étendue ou le délai de l'expertise, cette contestation est portée devant le Président du TGI statuant en urgence. • Soc. 14 févr. 2001 : ⚖ RJS 2001. 521, n° 754 ; JSL 2001, n° 76-3. ♦ La nécessité de l'expertise relève de l'appréciation souveraine des juges du fond. • Soc. 25 juin 2003, ⚖ n° 01-13.826 P : RJS 2003. 810, n° 1177 ; JSL 2003, n° 130-5. ♦ En cas de contestation, il incombe au juge de fixer le montant des frais et honoraires d'avocat, exposés par le CHSCT, qui seront mis à la charge de l'employeur, au regard des diligences accomplies. • Soc. 22 févr. 2017, ⚖ n° 15-10.548 P : D. 2017. Actu. 512 ⌀ ; RJS 5/2017, n° 346 ; JSL 2017, n° 431-5, obs. Cottin ; JCP S 2017. 1119, obs. Verkindt.

5. Contestation des honoraires. L'éventuelle acceptation par les parties intéressées, avant expertise, du tarif proposé, qui ne fait pas l'objet de l'agrément prévu par les art. R. 4614-6 s., ne peut faire échec au pouvoir que le juge tient de l'art. L. 4614-13 de procéder, après expertise, à une réduction du montant des honoraires de l'expert au vu du travail effectivement réalisé par ce dernier. • Soc. 15 janv. 2013 : ⚖ D. actu. 20 févr. 2013, obs. Siro ; D. 2013. Actu. 255 ⌀.

6. Honoraires et annulation de la mission de l'expert. Tenu de respecter un délai qui court de sa désignation, pour exécuter la mesure d'expertise, l'expert ne manque pas à ses obligations en accomplissant sa mission avant que la cour d'appel se soit prononcée sur le recours formé contre une décision rejetant une demande d'annulation du recours à un expert ; l'expert ne disposant d'aucune possibilité effective de recouvrement de ses honoraires contre le comité qui l'a désigné, ses honoraires doivent être supportés par l'expert. • Soc. 15 mai 2013 : ⚖ D. actu. 4 juin 2013, obs. Fraisse ; D. 2013. Actu. 1285 ⌀ ; Dr. ouvrier 2013. 663, obs. Hamoudi ; JCP S 2013. 1324, obs. Cottin.

II. JURISPRUDENCE RENDUE SOUS L'EMPIRE DE LA L. N° 2016-1088 DU 8 AOÛT 2016

7. Conformité de l'art. L. 4614-13 issu de la loi du 8 août 2016. Sont conformes à la Constitution les mots « dans un délai de quinze jours à compter de la délibération du comité d'hygiène, de sécurité et des conditions de travail ou de l'instance de coordination mentionnée à l'article L. 4616-1 » figurant à la première phrase du deuxième alinéa de l'art. L. 4614-13. En vertu de l'art. L. 4614-13-1 C. trav., l'employeur peut contester le coût final de l'expertise décidée par le CHSCT devant le juge judiciaire, dans un délai de 15 jours à compter de la date à laquelle il a été informé de ce coût ; dès lors à la supposer établie, l'impossibilité pour l'employeur de contester le coût prévisionnel de cette expertise ne constitue pas une méconnaissance du droit à un recours juridictionnel effectif. • Cons. const. 13 oct. 2017, ⚖ n° 2017-662 QPC : D. 2017. Actu. 2036 ⌀ ; RJS 12/2017, n° 804.

8. Application dans le temps de la loi du 8 août 2016. L'art. L. 4614-13, dans sa rédaction issue de la L. du 8 août 2016 (l'employeur qui obtient l'annulation définitive de la décision du CHSCT de recourir à une expertise se voit remboursé des sommes perçues par l'expert), s'applique aux frais de l'expertise mise en œuvre en vertu d'une délibération contestée judiciairement, postérieurement à l'entrée en vigueur de l'art. 31 de la L. du 8 août 2016. • Soc. 25 sept. 2019, ⚖ n° 18-16.323 P : D. 2019. Actu. 1890 ⌀ ; JCP S 2019. 1301, obs. Dauxerre.

9. Point de départ du délai de contestation du coût prévisionnel de l'expertise. Au visa des art. L. 4614-13 et L. 4614-13-1 interprétés à la lumière de l'art. 6, § 1, de la Conv. EDH, il résulte de ces textes que le délai de 15 jours pour contester le coût prévisionnel de l'expertise ne court qu'à compter du jour où l'employeur en a été informé. • Soc. 28 mars 2018, ⚖ n° 16-28.561 P : D. 2018. Actu. 730 ⌀ ; Dr. soc. 2018. 574, obs. Mouly ⌀ ; RJS 6/2018, n° 429 ; SSL 2018, n° 1814-1815, p. 11, obs. Caro ; JCP S 2018. 1168, obs. Dauxerre.

10. Point de départ du délai de contestation du périmètre de l'expertise. Lorsque l'employeur conteste la fixation du périmètre de l'expertise, le délai de contestation commence à courir à compter du jour de la délibération l'ayant fixé ; cette contestation induit nécessairement le droit de contester le coût prévisionnel de l'expertise. • Soc. 20 mars 2019, ⚖ n° 17-23.027 : D. actu. 29 avr. 2019, obs. Fraisse ; D. 2019. Actu. 646 ⌀ ; RJS 5/2019, n° 305 ; SSL 2019, n° 1855, p. 10, obs. Champeaux ; JSL 2019, n° 475-3, obs. Tissandier ; JCP S 2019. 1111, obs. Dauxerre.

11. UES et contestation du coût de l'expertise. Lorsqu'une action concerne l'exercice de sa mission par une institution représentative d'une UES, elle doit être, sous peine d'irrecevabilité, introduite par ou dirigée contre toutes les entités composant l'UES, ou par l'une d'entre elles ayant mandat pour représenter l'ensemble des sociétés de l'UES ; dès lors qu'une expertise menée par le CHSCT concerne l'ensemble du périmètre d'une UES, l'action en contestation du montant des honoraires doit être conjointement introduite par les différentes entités composant l'UES. • Soc. 26 févr. 2020, ⚖ n° 18-22.123 P : *D. actu. 18 mars 2020*, obs. Couëdel ; *D.* 2020. 491 ⌀ ; *RJS* 5/2020, n° 243.

Ancien art. L. 4614-13-1 *(L. n° 2016-1088 du 8 août 2016, art. 31)* L'employeur peut contester le coût final de l'expertise devant le juge judiciaire, dans un délai de quinze jours à compter de la date à laquelle l'employeur a été informé de ce coût. – V. art. R. 4614-20.

SECTION 5 *[ANCIENNE]* Formation

Ancien art. L. 4614-14 *Les représentants du personnel au comité d'hygiène, de sécurité et des conditions de travail bénéficient de la formation nécessaire à l'exercice de leurs missions. Cette formation est renouvelée lorsqu'ils ont exercé leur mandat pendant quatre ans, consécutifs ou non.*

Dans les établissements où il n'existe pas de comité d'hygiène, de sécurité et des conditions de travail, et dans lesquels les délégués du personnel sont investis des missions de ce comité, les délégués du personnel bénéficient de la formation prévue au premier alinéa. – [Anc. art. L. 236-10, al. 1er et 2.]

BIBL. ▶ DUGUET, *RPDS* 1988. 169 (formation dans les entreprises de moins de trois cents salariés).

1. Étendue de l'obligation de prise en charge. Les art. R. 236-15 à R. 236-22 imposent l'application de l'art. L. 236-10 [L. 4614-14 nouv.] et ne limitent pas la prise en charge financière par l'employeur de la formation des représentants du personnel au CHSCT. • Soc. 8 juin 1999, ⚖ n° 96-45.833 P : *RJS* 1999. 569, n° 929.

2. Maintien du salaire. Le temps consacré à la formation des représentants du personnel au CHSCT est pris sur le temps de travail et est rémunéré comme tel ; un salarié participant, sur sa demande, à de telles formations ne peut prétendre à une rémunération supérieure à celle qu'il aurait perçue s'il ne les avait pas suivies (salarié à temps partiel suivant une formation à temps plein). • Soc. 15 juin 2010 : ⚖ *D. actu. 7 juill. 2010*, obs. Dechristé ; *RJS* 2010. 704, n° 782 ; *JCP S* 2010. 1433, obs. Martinon.

Ancien art. L. 4614-15 *Dans les établissements* (L. n° 2012-387 du 22 mars 2012, art. 43) *« d'au moins trois cents salariés », la formation est assurée dans les conditions prévues à l'article L. 2325-44.*

Pour les établissements de moins de trois cents salariés, ces conditions sont fixées par convention ou accord collectif de travail ou, à défaut, par des dispositions spécifiques déterminées par voie réglementaire. – [Anc. art. L. 236-10, al. 3 et 4.] – V. art. R. 4614-21.

Ancien art. L. 4614-16 *La charge financière de la formation des représentants du personnel au comité d'hygiène, de sécurité et des conditions de travail incombe à l'employeur dans des conditions et limites déterminées par voie réglementaire.* – [Anc. art. L. 236-10, al. 6.] – V. art. R. 4614-33 s.

CHAPITRE V *[ANCIEN]* COMITÉ D'HYGIÈNE, DE SÉCURITÉ ET DES CONDITIONS DE TRAVAIL DANS CERTAINS ÉTABLISSEMENTS DE SANTÉ, SOCIAUX ET MÉDICO-SOCIAUX

Le présent chapitre ne comprend pas de dispositions législatives.

CHAPITRE VI *[ANCIEN]* INSTANCE DE COORDINATION DES COMITÉS D'HYGIÈNE, DE SÉCURITÉ ET DES CONDITIONS DE TRAVAIL

(L. n° 2013-504 du 14 juin 2013, art. 8-X)

BIBL. ▶ COTTIN, *JCP S* 2013. 1264. – TARAUD, *SSL* 2013, n° 1592, p. 31.

> *COMMENTAIRE*
> V. sur le Code en ligne 📖. ❑

Ancien art. L. 4616-1 *Lorsque les consultations prévues aux articles* (L. n° 2015-994 du 17 août 2015, art. 16-VIII) *« L. 4612-8-1 », L. 4612-9, L. 4612-10 et L. 4612-13 portent sur un pro-*

SANTÉ ET SÉCURITÉ AU TRAVAIL

jet commun à plusieurs établissements, l'employeur peut mettre en place une instance temporaire de coordination de leurs comités d'hygiène, de sécurité et des conditions de travail, qui a pour mission d'organiser le recours à une expertise unique par un expert agréé dans (L. n° 2015-994 du 17 août 2015, art. 15-IV) « le cas mentionné au 2° de l'article L. 4614-12 et selon les modalités prévues » à l'article L. 4614-13. (L. n° 2015-994 du 17 août 2015, art. 15-IV) « L'instance est seule compétente pour désigner cet expert. Elle rend » un avis au titre des articles (L. n° 2015-994 du 17 août 2015, art. 16-VIII) « L. 4612-8-1 », L. 4612-9, L. 4612-10 et L. 4612-13.

(L. n° 2015-994 du 17 août 2015, art. 15-IV) « L'instance temporaire de coordination, lorsqu'elle existe, est seule consultée sur les mesures d'adaptation du projet communes à plusieurs établissements. Les comités d'hygiène, de sécurité et des conditions de travail concernés sont consultés sur les éventuelles mesures d'adaptation du projet spécifiques à leur établissement et qui relèvent de la compétence du chef de cet établissement. »

1. Compatibilité entre une expertise « centrale » pour projet important et une expertise « locale » pour risque grave. Une expertise pour projet important diligentée par une instance de coordination au niveau national ne constitue pas un obstacle à une expertise pour risque grave menée au niveau local ; les juges sont tenus de rechercher si l'instance locale, qui faisait état de circonstances spécifiques à l'établissement, ne justifiait pas d'un risque grave distinct de l'expertise ordonnée au niveau central par l'instance nationale de coordination. ● Soc. 5 févr. 2020, ⚖ n° 18-26.131 P : D. actu. 4 mars 2020, obs. de Montvalon ; D. 2020. 131 ⌀.

2. Projet important commun à plusieurs établissements et instance temporaire de coordination des CHSCT. L'employeur qui doit consulter les CHSCT sur un projet de règlement intérieur modifiant les conditions de santé et de sécurité ou les conditions de travail, projet important commun à plusieurs établissements, peut mettre en place une instance temporaire de coordination des CHSCT qui a pour mission de rendre un avis après avoir eu recours, le cas échéant, à une expertise unique. Même en l'absence d'expertise décidée par l'instance temporaire de coordination, les CHSCT des établissements concernés par le projet commun ne sont pas compétents pour décider le recours à une expertise sur cette même consultation. ● Soc. 26 févr. 2020, ⚖ n° 18-23.590 P : D. 2020. 543 ⌀ ; RJS 5/2020, n° 242 ; JCP S 2020. 2008, obs. Dauxerre.

Ancien art. L. 4616-2 L'instance de coordination est composée :

1° De l'employeur ou de son représentant ;

2° De trois représentants de chaque comité d'hygiène, de sécurité et des conditions de travail concerné par le projet en présence de moins de sept comités, ou de deux représentants de chaque comité en présence de sept à quinze comités, et d'un au-delà de quinze comités. Les représentants sont désignés par la délégation du personnel de chaque comité d'hygiène, de sécurité et des conditions de travail en son sein, pour la durée de leur mandat ;

3° Des personnes suivantes : médecin du travail, (L. n° 2016-1088 du 8 août 2016, art. 113) « agent de contrôle de l'inspection du travail mentionné à l'article L. 8112-1 », agent des services de prévention de l'organisme de sécurité sociale et, le cas échéant, agent de l'organisme professionnel de prévention du bâtiment et des travaux publics et responsable du service de sécurité et des conditions de travail ou, à défaut, agent chargé de la sécurité et des conditions de travail. Ces personnes sont celles territorialement compétentes pour l'établissement dans lequel se réunit l'instance de coordination s'il est concerné par le projet et, sinon, celles territorialement compétentes pour l'établissement concerné le plus proche du lieu de réunion.

Seules les personnes mentionnées aux 1° et 2° ont voix délibérative.

Ancien art. L. 4616-3 L'expert mentionné à l'article L. 4616-1 est désigné lors de la première réunion de l'instance de coordination.

Il remet son rapport et l'instance de coordination se prononce (Abrogé par L. n° 2015-994 du 17 août 2015, art. 15-V) « , le cas échéant, » dans les délais prévus par un décret en Conseil d'État. A l'expiration de ces délais, l'instance de coordination est réputée avoir été consultée.

(L. n° 2015-994 du 17 août 2015, art. 15-V) « Lorsqu'il y a lieu de consulter à la fois l'instance de coordination et un ou plusieurs comités d'hygiène, de sécurité et des conditions de travail, » (L. n° 2016-1088 du 8 août 2016, art. 18) « un accord peut définir l'ordre et les délais dans lesquels l'instance de coordination et le ou les comités d'hygiène, de sécurité et des conditions de travail rendent et transmettent leur avis.

« A défaut d'accord, l'avis de chaque comité d'hygiène, de sécurité et des conditions de travail est rendu et transmis à l'instance de coordination des comités d'hygiène, de sécurité et des conditions de travail et l'avis de cette dernière est rendu dans des délais fixés par décret en Conseil d'État. »

Ancien art. L. 4616-4 *Les articles L. 4614-1, L. 4614-2, L. 4614-8 et L. 4614-9 s'appliquent à l'instance de coordination.*

Ancien art. L. 4616-5 *Un accord d'entreprise peut prévoir des modalités particulières de composition et de fonctionnement de l'instance de coordination, notamment si un nombre important de comités d'hygiène, de sécurité et des conditions de travail sont concernés.*

Ancien art. L. 4616-6 (L. n° 2015-994 du 17 août 2015, art. 17-II) *Le recours à la visioconférence pour réunir l'instance de coordination peut être autorisé par accord entre l'employeur et les représentants de chaque comité d'hygiène, de sécurité et des conditions de travail. En l'absence d'accord, ce recours est limité à trois réunions par année civile. Un décret détermine les conditions dans lesquelles l'instance de coordination peut, dans ce cadre, procéder à un vote à bulletin secret.*

TITRE II SERVICES DE PRÉVENTION ET DE SANTÉ AU TRAVAIL
(L. n° 2021-1018 du 2 août 2021, art. 1ᵉʳ-I).

RÉP. TRAV. v° *Services de santé au travail*, par VÉRICEL.

BIBL. GÉN. ▶ ALVAREZ, *Dr. ouvrier* 1980. 307. – BABIN, *Dr. soc.* 2005. 653 ⌀. – BENOÎT, *RDSS* 1977. 175. – CHAUMETTE, *ALD* 1986. 165. – DORÉ, *Dr. soc.* 2004. 931 ⌀ (évolution de la médecine du travail). – DORLHAC DE BORNE, *Dr. soc.* 1987. 565. – FANTONI-QUINTON, *RDT* 2016. 472 ⌀ (le maintien en emploi au cœur des missions des services de santé au travail). – FRIMAT et GUILLON, *RDT* 2011. Controverse 86 ⌀ (la médecine du travail est-elle menacée ?). – FROMONT, *ibid.* 1987. 584 (statut des médecins du travail). – HUSSON, *RPDS* 1980. 277. – JAVILLIER, *Dr. soc.*, n° spéc., avr. 1980, 40 (statut des médecins du travail). – LOIRET, ARNAUD et SAUX, *Gaz. Pal.* 5-6 oct. 1994 (bases juridiques ; principes généraux et fonctionnement). – LOIRET, ARNAUD, CHEVALIER, MÉTOIS-BOURRIQUEN et autres, *Gaz. Pal.* 1998. 1. Doctr. 159 (examens complémentaires médicaux). – LORIOT, *Dr. soc.* 1987. 592 (rôle du médecin du travail dans l'organisation du travail). – MARTINEZ, *SSL* 1989, suppl. n° 460. – NUTTE, *Dr. soc.* 1979. 449. – PELLETIER et MARINIER, *JCP S* 2012. 1314 (d'une médecine de l'aptitude à la médecine de prévention des risques professionnels). – PÉLISSIER, *ibid.* 1991. 678 (inaptitude et modification de l'emploi). – SAVATIER, *ibid.* 1986. 779 ; *ibid.* 1987. 604. – SOULA, *Dr. ouvrier* 2003. 98.

▶ *Adde :* P. LOIRET, Le secret médical et la médecine du travail (histoire et textes), *Documents pour le médecin du travail*, 1991, n° 48, p. 313 ; ... (jurisprudence), *ibid.*, 1992, n° 49, p. 23.

▶ **Loi du 20 juillet 2011 :** BABIN, *JCP S* 2011. 1422 (la réforme de la médecine du travail : quels changements pour l'entreprise ?). – CARON et VERKINDT, *JCP S* 2011. 1421 (la réforme de la médecine du travail n'est plus tout à fait un serpent de mer). – CHATZILAOU, ALVES-CONDÉ, GOMES et ROUSSEL, *RDT* 2012. 200 ⌀. – MEYER, *Dr. ouvrier* 2013. 12 (nature juridique des interventions du médecin du travail). – VÉRICEL, *RDT* 2011. 682 ⌀.

▶ **Loi du 8 août 2016 :** MEYER, *RDT* 2016. 821 ⌀. – VERKINDT, *JCP S* 2016. 1306.

▶ **Loi du 2 août 2021 :** ASQUINAZI-BAILLEUX, *JCP S* 2022. 1084 (SPSTI : nouveaux enjeux ou continuité ?).

COMMENTAIRE

V. sur le Code en ligne 📖. ❏

CHAPITRE I CHAMP D'APPLICATION

Art. L. 4621-1 Les dispositions du présent livre sont applicables aux employeurs de droit privé ainsi qu'aux travailleurs.

(L. n° 2009-526 du 12 mai 2009, art. 33) « Elles sont également applicables aux établissements mentionnés aux 1°, 2° et 3° de l'article L. 4111-1. » – V. art. L. 4745-1 (pén.). – V. en ce qui concerne les entreprises de transport par eau, Décr. n° 58-924 du 8 oct. 1958 (D. 1958. 338 ; BLD 1958. 678) ; ... les chemins de fer secondaires d'intérêt général, les réseaux de voies ferrées d'intérêt local et de tramways, Décr. n° 58-1221 du 11 déc. 1958 (D. 1959. 6 ; BLD 1958. 863) ; ... les entreprises de transports publics par route, Décr. n° 58-1222 du 11 déc. 1958 (D. 1959. 6 ; BLD 1958. 863) ; ... les entreprises privées de transport aérien, Décr. n° 59-664 du 20 mai 1959 (D. 1959. 502 ; BLD 1959. 918) ; ... la Compagnie nationale Air France, Décr. n° 64-346 du 18 avr. 1964 (JO 23 avr.) ; ... la SNCF, Décr. n° 60-965 du 9 sept. 1960 (JO 10 sept.).

Art. L. 4621-2 (L. n° 2019-486 du 22 mai 2019, art. 11-VI, en vigueur le 1ᵉʳ janv. 2020) Par dérogation aux articles L. 1111-2 et L. 1111-3, pour l'application de la sec-

SANTÉ ET SÉCURITÉ AU TRAVAIL

tion 1 du chapitre III du titre II du livre VI de la quatrième partie de la partie réglementaire, un décret en Conseil d'État fixe les conditions dans lesquelles l'effectif salarié et les règles de franchissement des seuils d'effectif sont déterminés.

Art. L. 4621-3 (L. n° 2021-1018 du 2 août 2021, art. 23, en vigueur le 31 mars 2022) Les travailleurs indépendants relevant du livre VI du code de la sécurité sociale peuvent s'affilier au service de prévention et de santé au travail interentreprises de leur choix.

Ils bénéficient d'une offre spécifique de services en matière de prévention des risques professionnels, de suivi individuel et de prévention de la désinsertion professionnelle.

Les modalités d'application du présent article sont déterminées par décret. – V. art. D. 4622-27-1.

Art. L. 4621-4 (L. n° 2021-1018 du 2 août 2021, art. 23, en vigueur le 31 mars 2022) Le chef de l'entreprise adhérente à un service de prévention et de santé au travail interentreprises peut bénéficier de l'offre de services proposée aux salariés.

CHAPITRE II MISSIONS ET ORGANISATION

SECTION 1 Principes

Art. L. 4622-1 Les employeurs relevant du présent titre organisent des services (L. n° 2021-1018 du 2 août 2021, art. 1er-I, en vigueur le 31 mars 2022) « de prévention et » de santé au travail. – V. art. L. 4745-1 (pén.) et D. 4622-1 s.

Art. L. 4622-2 (L. n° 2011-867 du 20 juill. 2011) Les services (L. n° 2021-1018 du 2 août 2021, art. 1er-I, en vigueur le 31 mars 2022) « de prévention et » de santé au travail ont pour mission (L. n° 2021-1018 du 2 août 2021, art. 7, en vigueur le 31 mars 2022) « principale » d'éviter toute altération de la santé des travailleurs du fait de leur travail. (L. n° 2021-1018 du 2 août 2021, art. 7, en vigueur le 31 mars 2022) « Ils contribuent à la réalisation d'objectifs de santé publique afin de préserver, au cours de la vie professionnelle, un état de santé du travailleur compatible avec son maintien en emploi. » A cette fin, ils :
1° Conduisent les actions de santé au travail, dans le but de préserver la santé physique et mentale des travailleurs tout au long de leur parcours professionnel ;
(L. n° 2021-1018 du 2 août 2021, art. 7, en vigueur le 31 mars 2022) « 1° bis Apportent leur aide à l'entreprise, de manière pluridisciplinaire, pour l'évaluation et la prévention des risques professionnels ; »
2° Conseillent les employeurs, les travailleurs et leurs représentants sur les dispositions et mesures nécessaires afin d'éviter ou de diminuer les risques professionnels, d'améliorer (L. n° 2021-1018 du 2 août 2021, art. 7, en vigueur le 31 mars 2022) « la qualité de vie et des conditions de travail, en tenant compte le cas échéant de l'impact du télétravail sur la santé et l'organisation du » travail, de prévenir la consommation d'alcool et de drogue sur le lieu de travail, (L. n° 2012-954 du 6 août 2012) « de prévenir le harcèlement sexuel ou moral, » de prévenir ou de réduire (Ord. n° 2017-1389 du 22 sept. 2017, art. 2-8°) « les effets de l'exposition » (Ord. n° 2017-1718 du 20 déc. 2017, art. 1er-I) « aux facteurs de risques professionnels mentionnés à l'article L. 4161-1 » et la désinsertion professionnelle et de contribuer au maintien dans l'emploi des travailleurs ;
(L. n° 2021-1018 du 2 août 2021, art. 7, en vigueur le 31 mars 2022) « 2° bis Accompagnent l'employeur, les travailleurs et leurs représentants dans l'analyse de l'impact sur les conditions de santé et de sécurité des travailleurs de changements organisationnels importants dans l'entreprise ; »
3° Assurent la surveillance de l'état de santé des travailleurs en fonction des risques concernant leur (L. n° 2015-994 du 17 août 2015, art. 26-II) « santé au travail et leur sécurité et celle des tiers » (Ord. n° 2017-1389 du 22 sept. 2017, art. 2-8°) « , des effets de l'exposition » (Ord. n° 2017-1718 du 20 déc. 2017, art. 1er-I) « aux facteurs de risques professionnels mentionnés à l'article L. 4161-1 » et de leur âge ;
4° Participent au suivi et contribuent à la traçabilité des expositions professionnelles et à la veille sanitaire ;
(L. n° 2021-1018 du 2 août 2021, art. 7, en vigueur le 31 mars 2022) « 5° Participent à des actions de promotion de la santé sur le lieu de travail, dont des campagnes de

vaccination et de dépistage, des actions de sensibilisation aux bénéfices de la pratique sportive et des actions d'information et de sensibilisation aux situations de handicap au travail, dans le cadre de la stratégie nationale de santé prévue à l'article L. 1411-1-1 du code de la santé publique. » – *V. art. L. 4745-1 (pén.).*

BIBL. ▶ VERKINDT, *Dr. soc.* 2021. 885 (le médecin du travail : recentrage ou décentrage, recentrement ou décentrement ?).

Art. L. 4622-2-1 *(L. n° 2021-1018 du 2 août 2021, art. 19, en vigueur le 1ᵉʳ janv. 2024)* Dans le cadre de sa mission de prévention de la désinsertion professionnelle, le service de prévention et de santé au travail informe le service du contrôle médical mentionné à l'article L. 315-1 du code de la sécurité sociale, les organismes locaux et régionaux d'assurance maladie et le service social mentionné au 4° de l'article L. 215-1 du même code, selon des modalités définies par décret, lorsqu'il accompagne des travailleurs qui ont fait l'objet de la transmission d'informations mentionnée à l'article L. 315-4 dudit code. Sous réserve de l'accord du travailleur, il leur transmet des informations relatives au poste et aux conditions de travail de l'intéressé.

Art. L. 4622-3 Le rôle du médecin du travail est exclusivement préventif. Il consiste à éviter toute altération de la santé des travailleurs du fait de leur travail, notamment en surveillant leurs conditions d'hygiène au travail, les risques de contagion et leur état de santé ainsi que *(L. n° 2016-1088 du 8 août 2016, art. 102)* « tout risque manifeste d'atteinte à la sécurité des tiers évoluant dans l'environnement immédiat de travail ». – *V. art. L. 4745-1 (pén.), R. 4623-1 et R. 4623-14 s.*

BIBL. ▶ MOUCHIKHINE, *JSL* 2015, n° 382-383-7 (la médecine du travail : prévention des risques ou accompagnement des salariés ?).

1. Responsabilité du médecin du travail. La prescription par un médecin du travail d'un médicament destiné au traitement de l'obésité contrevient à ses obligations et engage sa responsabilité civile et celle du service interentreprises de médecine du travail en cas d'effets nocifs du médicament prescrit. • Civ. 1ʳᵉ, 24 janv. 2006 : *Dr. soc.* 2006. 458, obs. Savatier.

2. Responsabilité déontologique du médecin du travail. L'employeur peut déposer une plainte disciplinaire à l'encontre du médecin du travail en cas de violation de ses obligations déontologiques ayant lésé directement les intérêts de l'entreprise ; le médecin qui a délivré un certificat médical établissant un lien entre la pathologie d'un salarié et ses conditions de travail, en se fondant sur des constats qu'il n'a pas personnellement opérés, certificat ensuite utilisé dans un dossier prud'homal en harcèlement moral peut se voir sanctionner par la chambre disciplinaire de l'ordre des médecins. • CE 6 juin 2018, n° 405453 : *RDT* 2019. 265, obs. Véricel ; *RJS* 8-9/2018, n° 543 ; *JCP S* 2018. 1276, obs. Babin

---

Loi n° 2021-1018 du 2 août 2021,

Pour renforcer la prévention en santé au travail.

Art. 32 I. — A titre expérimental et pour une durée de cinq ans, l'État peut autoriser, par dérogation aux articles L. 321-1 du code de la sécurité sociale et L. 4622-3 du code du travail, dans trois régions volontaires dont au moins une des collectivités mentionnées au deuxième alinéa de l'article 72-3 de la Constitution, les médecins du travail à :

1° Prescrire et, le cas échéant, renouveler un arrêt de travail ;

2° Prescrire des soins, examens ou produits de santé strictement nécessaires à la prévention de l'altération de la santé du travailleur du fait de son travail ou à la promotion d'un état de santé compatible avec son maintien en emploi. Cette prescription est subordonnée à la détention d'un diplôme d'études spécialisées complémentaires ou à la validation d'une formation spécialisée transversale en addictologie, en allergologie, en médecine du sport, en nutrition ou dans le domaine de la douleur.

II. — Un décret en Conseil d'État précise les modalités de cette expérimentation et les conditions dans lesquelles le médecin du travail peut prescrire des soins, examens ou produits de santé dont la liste est fixée par arrêté des ministres chargés de la santé et de la sécurité sociale. Les ministres chargés de la santé, de la sécurité sociale et du travail arrêtent la liste des régions participant à l'expérimentation. Le contenu de chaque projet d'expérimentation régional est défini par rapport à un cahier des charges arrêté par les ministres chargés de la santé, de la sécurité sociale et du travail, après avis du comité régional de prévention et de santé au travail concerné.

III. — Un rapport d'évaluation est réalisé au terme de l'expérimentation et fait l'objet d'une transmission au Parlement par le Gouvernement.

Art. L. 4622-4 (L. n° 2011-867 du 20 juill. 2011) Dans les services (L. n° 2021-1018 du 2 août 2021, art. 1ᵉʳ-I, en vigueur le 31 mars 2022) « de prévention et » de santé au travail autres que ceux mentionnés à l'article L. 4622-7, les missions définies à l'article L. 4622-2 sont exercées par les médecins du travail en toute indépendance. Ils mènent leurs actions en coordination avec les employeurs, les membres du (Ord. n° 2017-1386 du 22 sept. 2017, art. 4) « comité social et économique » et les personnes ou organismes mentionnés à l'article L. 4644-1.

(L. n° 2021-1018 du 2 août 2021, art. 12, en vigueur le 31 mars 2022) « Pour assurer l'ensemble de leurs missions, ces services peuvent, par convention, recourir aux compétences des services de prévention et de santé au travail mentionnés à l'article L. 4622-7. » — V. art. L. 4745-1 (pén.) et R. 4623-26 s.

Art. L. 4622-5 Selon l'importance des entreprises, les services (L. n° 2021-1018 du 2 août 2021, art. 1ᵉʳ-I, en vigueur le 31 mars 2022) « de prévention et » de santé au travail peuvent être propres à une seule entreprise ou communs à plusieurs. — V. art. L. 4745-1 (pén.).

BIBL. ▶ Services médicaux d'entreprise ou interentreprises : Amouroux, Dr. soc. 1987. 569. - Grand, ibid. 571.

1. Consultation du comité d'entreprise. Le comité d'entreprise doit être consulté avant toute décision de résiliation du contrat liant une entreprise à un service médical interentreprises. • Crim. 4 janv. 1979 : Dr. soc. 1979. 456, note Javillier.

2. Juge compétent. Le litige entre une association gestionnaire d'un service médical et social interentreprises et une entreprise adhérente relève du juge judiciaire. • T. confl. 24 févr. 1992 : ⚖ RJS 1992. 410, n° 747.

Art. L. 4622-5-1 (L. n° 2021-1018 du 2 août 2021, art. 23, en vigueur le 31 mars 2022) Sans préjudice du troisième alinéa de l'article L. 1251-22, lorsqu'une entreprise dispose de son propre service de prévention et de santé au travail, ce service peut assurer, dans des conditions fixées par convention, le suivi individuel de l'état de santé des travailleurs, salariés ou non-salariés, qui exercent leur activité sur le site de l'entreprise.

Lorsque des salariés d'entreprises extérieures exercent des activités, dont la nature et la durée sont précisées par décret, sur le site d'une entreprise disposant de son propre service de prévention et de santé au travail, la prévention des risques professionnels auxquels sont exposés ces salariés, prévue aux 1°, 1° bis, 2°, 4° et 5° de l'article L. 4622-2, est assurée de manière conjointe dans le cadre d'une convention conclue entre le service précité et les services de prévention et de santé au travail dont relèvent ces salariés.

V. art. D. 4625-34-1.

Art. L. 4622-6 Les dépenses afférentes aux services (L. n° 2021-1018 du 2 août 2021, art. 1ᵉʳ-I, en vigueur le 31 mars 2022) « de prévention et » de santé au travail sont à la charge des employeurs.

(L. n° 2021-1018 du 2 août 2021, art. 13, en vigueur le 31 mars 2022) « Au sein des services communs à plusieurs établissements ou à plusieurs entreprises constituant une unité économique et sociale, ces frais sont répartis proportionnellement au nombre des salariés comptant chacun pour une unité.

« Au sein des services de prévention et de santé au travail interentreprises, les services obligatoires prévus à l'article L. 4622-9-1 font l'objet d'une cotisation proportionnelle au nombre de travailleurs suivis comptant chacun pour une unité. Les services complémentaires proposés et l'offre spécifique de services prévue à l'article L. 4621-3 font l'objet d'une facturation sur la base d'une grille tarifaire. Le montant des cotisations et la grille tarifaire sont approuvés par l'assemblée générale.

« Un décret détermine les conditions dans lesquelles le montant des cotisations ne doit pas s'écarter au[-]delà d'un pourcentage, fixé par décret, du coût moyen national de l'ensemble socle de services mentionné à l'article L. 4622-9-1. » – *V. art. D. 4622-27-4 s.*

(*L. n° 2016-925 du 7 juill. 2016, art. 43*) « Par dérogation (*L. n° 2021-1018 du 2 août 2021, art. 13, en vigueur le 31 mars 2022*) « aux deuxième et troisième alinéas du présent article », dans le cas des dépenses effectuées pour les journalistes rémunérés à la pige relevant de l'article L. 7111-3, pour les salariés relevant des professions mentionnées à l'article L. 5424-22 et pour ceux définis à l'article L. 7123-2, ces frais sont répartis proportionnellement à la masse salariale. »

(*L. n° 2021-1018 du 2 août 2021, art. 13, en vigueur le 31 mars 2022*) « Par dérogation aux deuxième et troisième alinéas du présent article, les dépenses du service de santé au travail des employeurs mentionnés à l'article L. 717-1 du code rural et de la pêche maritime sont couvertes selon les modalités prévues aux articles L. 717-2, L. 717-2-1 et L. 717-3-1 du même code. » – *V. art. L. 4745-1 (pén.).*

1. Conformité à la Constitution. Les dispositions de l'art. L. 4622-6, selon lesquelles les dépenses afférentes aux services de santé au travail interentreprises sont réparties proportionnellement au nombre de salariés, ne méconnaissent ni le principe d'égalité devant les charges publiques, ni la liberté d'association, ni aucun autre droit ou liberté que la Constitution garantit, et sont donc conformes à la Constitution. ● Cons. const. 23 sept. 2021, ⚖ n° 2021-931 QPC : *D. 2021. 1723* ⚖ ; *RJS 11/2021, n° 610.*

2. Répartition des cotisations. La cotisation au service de santé au travail doit être fixée à une somme, par salarié équivalent temps plein de l'entreprise, correspondant au montant total des dépenses engagées par le service de santé interentreprises auquel adhère l'employeur rapporté au nombre total de salariés pris en charge par l'organisme ; seul peut être appliqué le cas échéant à ce calcul un coefficient déterminé correspondant au nombre de salariés nécessitant une surveillance médicale renforcée. ● Soc. 19 sept. 2018, ⚖ n° 17-16.219 P : *D. 2018. Actu. 1813* ⚖ ; *RDT 2019. 116, obs. Véricel* ⚖ ; *RJS 12/2018, n° 744* ; *JCP S 2018. 1345, obs. Jover.*

Art. L. 4622-6-1 (*L. n° 2021-1018 du 2 août 2021, art. 11, en vigueur le 31 mars 2022*) Chaque service de prévention et de santé au travail, y compris les services de prévention et de santé au travail autres que ceux mentionnés à l'article L. 4622-7, fait l'objet d'un agrément par l'autorité administrative, pour une durée de cinq ans, visant à s'assurer de sa conformité aux dispositions du présent titre. Cet agrément tient compte, le cas échéant, des résultats de la procédure de certification mentionnée à l'article L. 4622-9-3. Un cahier des charges national de cet agrément est défini par décret. – *V. art. D. 4622-49-1 s.*

Si l'autorité administrative constate des manquements à ces dispositions, elle peut diminuer la durée de l'agrément ou y mettre fin, selon des modalités déterminées par décret.

SECTION 2 **Services de prévention et de santé au travail interentreprises** (*L. n° 2021-1018 du 2 août 2021, art. 1er-I, en vigueur le 31 mars 2022*).

Art. L. 4622-7 Lorsque le service (*L. n° 2021-1018 du 2 août 2021, art. 1er-I, en vigueur le 31 mars 2022*) « de prévention et » de santé au travail est assuré par un groupement ou organisme distinct de l'établissement employant les travailleurs bénéficiaires de ce service, les responsables de ce groupement ou de cet organisme sont soumis, dans les mêmes conditions que l'employeur et sous les mêmes sanctions, aux prescriptions du présent titre. – [*Anc. art. L. 241-9.*] – *V. art. L. 4745-1 (pén.)* et *D. 4622-14 s.*

Art. L. 4622-8 (*L. n° 2011-867 du 20 juill. 2011*) Les missions des services (*L. n° 2021-1018 du 2 août 2021, art. 1er-I, en vigueur le 31 mars 2022*) « de prévention et » de santé au travail sont assurées par une équipe pluridisciplinaire de santé au travail comprenant des médecins du travail, (*L. n° 2016-1088 du 8 août 2016, art. 102-II*) « des collaborateurs médecins, des internes en médecine du travail, » des intervenants en prévention des risques professionnels et des infirmiers. Ces équipes peuvent être complétées par (*L. n° 2021-1018 du 2 août 2021, art. 35, en vigueur le 31 mars 2022*) « des auxiliaires médicaux disposant de compétences en santé au travail, » des assis-

SANTÉ ET SÉCURITÉ AU TRAVAIL **Art. L. 4622-9-1** 1377

tants de services *(L. n° 2021-1018 du 2 août 2021, art. 1ᵉʳ-I, en vigueur le 31 mars 2022)* « de prévention et » de santé au travail et des professionnels recrutés après avis des médecins du travail. Les médecins du travail *(L. n° 2021-1018 du 2 août 2021, art. 35, en vigueur le 31 mars 2022)* « assurent ou délèguent, sous leur responsabilité, l'animation et la coordination de » l'équipe pluridisciplinaire.

(L. n° 2021-1018 du 2 août 2021, art. 35, en vigueur le 31 mars 2022) « Un décret en Conseil d'État précise les conditions dans lesquelles le médecin du travail peut déléguer, sous sa responsabilité et dans le respect du projet de service pluriannuel, certaines missions prévues au présent titre aux membres de l'équipe pluridisciplinaire disposant de la qualification nécessaire. Pour les professions dont les conditions d'exercice relèvent du code de la santé publique, lesdites missions sont exercées dans la limite des compétences des professionnels de santé prévues par ce même code.

« Pour assurer l'ensemble de leurs missions, les services de prévention et de santé au travail interentreprises peuvent, par convention, recourir aux compétences des services de prévention et de santé au travail mentionnés à l'article L. 4622-4 du présent code. »

Art. L. 4622-8-1 *(L. n° 2021-1018 du 2 août 2021, art. 18, en vigueur le 31 mars 2022)* Le service de prévention et de santé au travail comprend une cellule pluridisciplinaire de prévention de la désinsertion professionnelle chargée :

1° De proposer des actions de sensibilisation ;

2° D'identifier les situations individuelles ;

3° De proposer, en lien avec l'employeur et le travailleur, les mesures individuelles prévues à l'article L. 4624-3 ;

4° De participer à l'accompagnement du travailleur éligible au bénéfice des actions de prévention de la désinsertion professionnelle prévues à l'article L. 323-3-1 du code de la sécurité sociale ;

(L. n° 2021-1018 du 2 août 2021, art. 19, en vigueur le 1ᵉʳ janv. 2024) « 5° De procéder à l'information prévue à l'article L. 4622-2-1 du présent code. »

La cellule est animée et coordonnée par un médecin du travail ou par un membre de l'équipe pluridisciplinaire désigné par lui et agissant sous sa responsabilité. Le contrat pluriannuel d'objectifs et de moyens mentionné à l'article L. 4622-10 du présent code fixe des exigences minimales relatives à sa composition.

La cellule remplit ses missions en collaboration avec les professionnels de santé chargés des soins, le service du contrôle médical mentionné à l'article L. 315-1 du code de la sécurité sociale, les organismes locaux et régionaux d'assurance maladie et le service social mentionné au 4° de l'article L. 215-1 du même code, dans le cadre des missions qui leur sont confiées en application du 3° de l'article L. 221-1 et de l'article L. 262-1 dudit code, les acteurs chargés du dispositif d'emploi accompagné défini à l'article L. 5213-2-1 du présent code, les acteurs de la compensation du handicap et les acteurs de la préorientation et de la réadaptation professionnelles mentionnés aux 3° et 4° de l'article L. 5211-2, à l'article L. 5214-3-1 du présent code et au b du 5° du I de l'article L. 312-1 du code de l'action sociale et des familles et les organismes intervenant en matière d'insertion professionnelle.

Elle peut être mutualisée, sur autorisation de l'autorité administrative, entre plusieurs services de prévention et de santé au travail agréés dans la même région.

Art. L. 4622-9 *(L. n° 2011-867 du 20 juill. 2011)* Les services *(L. n° 2021-1018 du 2 août 2021, art. 1ᵉʳ-I, en vigueur le 31 mars 2022)* « de prévention et » de santé au travail comprennent un service social du travail ou coordonnent leurs actions avec celles des services sociaux du travail prévus à l'article L. 4631-1.

Art. L. 4622-9-1 *(L. n° 2021-1018 du 2 août 2021, art. 11, en vigueur le 31 mars 2022)* Le service de prévention et de santé au travail interentreprises fournit à ses entreprises adhérentes et à leurs travailleurs un ensemble socle de services qui doit couvrir l'intégralité des missions prévues à l'article L. 4622-2 en matière de prévention des risques professionnels, de suivi individuel des travailleurs et de prévention de la désinsertion professionnelle, dont la liste et les modalités sont définies par le comité national de prévention et de santé au travail et approuvées par voie réglementaire. En l'absence de décision du comité, à l'issue d'un délai déterminé par décret, cette liste et ces modalités sont déterminées par décret en Conseil d'État.

Dans le respect des missions générales prévues au même article L. 4622-2, il peut également leur proposer une offre de services complémentaires qu'il détermine.

V. Délib. du comité national de prévention et de santé au travail du 1ᵉʳ avr. 2022 (Annexe du Décr. n° 2022-653 du 25 avr. 2022).

Art. L. 4622-9-2 (L. n° 2021-1018 du 2 août 2021, art. 11, en vigueur le 31 mars 2022) I. — En cas de dysfonctionnement grave du service de prévention et de santé au travail interentreprises portant atteinte à la réalisation de ses missions relevant de l'ensemble socle mentionné à l'article L. 4622-9-1, l'autorité administrative peut enjoindre son président de remédier à cette situation dans un délai qu'elle fixe. Ce délai doit être raisonnable et adapté à l'objectif recherché. Elle en informe le comité régional de prévention et de santé au travail.

Cette injonction peut inclure des mesures de réorganisation et, le cas échéant, des mesures individuelles conservatoires, en application du présent code ou des accords collectifs en vigueur.

II — S'il n'est pas remédié aux manquements dans le délai fixé, l'autorité administrative peut désigner un administrateur provisoire pour une durée qui ne peut être supérieure à six mois, renouvelable une fois. Celui-ci accomplit, au nom de l'autorité administrative et pour le compte de l'assemblée générale du service de prévention et de santé au travail, les actes d'administration urgents ou nécessaires pour mettre fin aux difficultés constatées. Il dispose à cette fin de tout ou partie des pouvoirs nécessaires à l'administration et à la direction du service, dans des conditions précisées par l'acte de désignation.

L'administrateur provisoire ne doit pas, au cours des cinq années précédentes, avoir perçu à quelque titre que ce soit, directement ou indirectement, une rétribution ou un paiement de la part du service concerné, ni s'être trouvé en situation de conseil de ce service ou de subordination par rapport à lui. Il doit, en outre, n'avoir aucun intérêt dans l'administration qui lui est confiée. Il justifie, pour ses missions, d'une assurance couvrant les conséquences financières de la responsabilité dans les conditions prévues à l'article L. 814-5 du code de commerce, dont le coût est pris en charge par le service de prévention et de santé au travail qu'il administre.

Art. L. 4622-9-3 (L. n° 2021-1018 du 2 août 2021, art. 11, en vigueur le 31 mars 2022) Chaque service de prévention et de santé au travail interentreprises fait l'objet d'une procédure de certification, réalisée par un organisme indépendant, visant à porter une appréciation à l'aide de référentiels sur :

1° La qualité et l'effectivité des services rendus dans le cadre de l'ensemble socle de services ;

2° L'organisation et la continuité du service ainsi que la qualité des procédures suivies ;

3° La gestion financière, la tarification et son évolution ;

4° La conformité du traitement des données personnelles au règlement (UE) 2016/679 du Parlement européen et du Conseil du 27 avril 2016 relatif à la protection des personnes physiques à l'égard du traitement des données à caractère personnel et à la libre circulation de ces données, et abrogeant la directive 95/46/CE ainsi qu'à la loi n° 78-17 du 6 janvier 1978 relative à l'informatique, aux fichiers et aux libertés ;

5° La conformité des systèmes d'information et des services ou outils numériques destinés à être utilisés par les professionnels de santé exerçant pour le compte du service de prévention et de santé au travail interentreprises aux référentiels d'interopérabilité et de sécurité mentionnées à l'article L. 4624-8-2 du présent code.

Les référentiels et les principes guidant l'élaboration du cahier des charges de certification sont fixés par voie réglementaire, sur proposition du comité national de prévention et de santé au travail mentionné à l'article L. 4641-2-1. En l'absence de proposition du comité à l'issue d'un délai déterminé par décret, ces référentiels et ces principes sont déterminés par décret en Conseil d'État. — *V. art. D. 4622-47-1 s.*

Le décret mentionné au dernier al. est publié au plus tard le 30 juin 2022. A compter de son entrée en vigueur, les services de prévention et de santé au travail interentreprises disposent d'un délai de deux ans pour obtenir leur certification. Pendant ce délai, les agréments arrivant à échéance peuvent

SANTÉ ET SÉCURITÉ AU TRAVAIL — Art. L. 4622-12

être renouvelés dans les conditions applicables à la date de promulgation de la L. n° 2021-1018 du 2 août 2021 (L. préc., art. 11-II). — V. Décr. n° 2022-1031 du 20 juill. 2022 (JO 22 juill.).

Art. L. 4622-10 (L. n° 2021-1018 du 2 août 2021, art. 11, en vigueur le 31 mars 2022) « Dans le respect des missions générales prévues à l'article L. 4622-2, de l'obligation de fournir l'ensemble socle de services prévu à l'article L. 4622-9-1, des orientations de la politique nationale en matière de protection et de promotion de la santé et de la sécurité au travail et d'amélioration des conditions de travail ainsi que de son volet régional, des priorités fixées par la branche professionnelle dans les cas de service de branche, et en fonction des réalités locales, les priorités spécifiques de chaque service de prévention et de santé au travail sont précisées dans un contrat » pluriannuel d'objectifs et de moyens conclu entre le service, d'une part, l'autorité administrative et les organismes de sécurité sociale compétents, d'autre part, après avis des organisations d'employeurs, des organisations syndicales de salariés représentatives au niveau national et des agences régionales de santé.

Les conventions prévues à l'article L. 422-6 du code de la sécurité sociale sont annexées à ce contrat.

La durée, les conditions de mise en œuvre et les modalités de révision des contrats d'objectifs et de moyens prévus au premier alinéa sont déterminées par décret. — V. art. D. 4622-44 s.

Art. L. 4622-11 (L. n° 2011-867 du 20 juill. 2011) Le service (L. n° 2021-1018 du 2 août 2021, art. 1ᵉʳ-I, en vigueur le 31 mars 2022) « de prévention et » de santé au travail est administré paritairement par un conseil composé :

1° De représentants des employeurs désignés par (L. n° 2021-1018 du 2 août 2021, art. 30, en vigueur le 31 mars 2022) « les organisations représentatives au niveau national et interprofessionnel parmi » les entreprises adhérentes. (L. n° 2021-1018 du 2 août 2021, art. 30, en vigueur le 31 mars 2022) « Pour les services de prévention et de santé au travail ayant vocation à couvrir un champ n'excédant pas celui d'une branche professionnelle, ces représentants sont désignés par les organisations professionnelles d'employeurs reconnues représentatives au niveau de cette branche. Pour les services de prévention et de santé au travail ayant vocation à couvrir un secteur multiprofessionnel, ces représentants sont désignés par les organisations d'employeurs reconnues représentatives au niveau de ce secteur ; »

2° De représentants des salariés des entreprises adhérentes, désignés par les organisations syndicales représentatives au niveau national et interprofessionnel.

Le président, qui dispose d'une voix prépondérante en cas de partage des voix, est élu parmi les représentants mentionnés au 1°. Il doit être en activité.

Le trésorier (L. n° 2021-1018 du 2 août 2021, art. 30, en vigueur le 31 mars 2022) « et le vice-président sont élus » parmi les représentants mentionnés au 2°.

(L. n° 2021-1018 du 2 août 2021, art. 30, en vigueur le 31 mars 2022) « Les représentants mentionnés aux 1° et 2° ne peuvent effectuer plus de deux mandats consécutifs. »

Les modalités d'application du présent article sont déterminées par décret.

Art. L. 4622-12 (L. n° 2011-867 du 20 juill. 2011) L'organisation et la gestion du service (L. n° 2021-1018 du 2 août 2021, art. 1ᵉʳ-I, en vigueur le 31 mars 2022) « de prévention et » de santé au travail sont placées sous la surveillance :

1° Soit d'un (Ord. n° 2017-1386 du 22 sept. 2017, art. 4) « comité social et économique interentreprises constitué par les comités sociaux et économiques intéressés » ;

2° Soit d'une commission de contrôle composée pour un tiers de représentants des employeurs et pour deux tiers de représentants des salariés. (L. n° 2021-1018 du 2 août 2021, art. 30, en vigueur le 31 mars 2022) « Les représentants des employeurs sont désignés par les organisations professionnelles d'employeurs représentatives, dans les conditions prévues au 1° de l'article L. 4622-11, au sein des entreprises adhérentes. Les représentants des salariés sont désignés par les organisations syndicales représentatives au niveau national et interprofessionnel parmi les salariés des entreprises adhérentes. Les représentants des employeurs et des salariés ne peuvent effectuer plus de deux mandats consécutifs. » Son président est élu parmi les représentants des salariés.

(L. n° 2021-1018 du 2 août 2021, art. 30, en vigueur le 31 mars 2022) « Ce comité ou cette commission peut saisir le comité régional de prévention et de santé au travail de toute question relative à l'organisation ou à la gestion du service de prévention et de santé au travail. »

Art. L. 4622-13 (*L. n° 2011-867 du 20 juill. 2011*) Dans le service (*L. n° 2021-1018 du 2 août 2021, art. 1ᵉʳ-I, en vigueur le 31 mars 2022*) « de prévention et » de santé au travail interentreprises, une commission médico-technique a pour mission de formuler des propositions relatives aux priorités du service et aux actions à caractère pluridisciplinaire conduites par ses membres.

Art. L. 4622-14 (*L. n° 2011-867 du 20 juill. 2011*) Le service (*L. n° 2021-1018 du 2 août 2021, art. 1ᵉʳ-I, en vigueur le 31 mars 2022*) « de prévention et » de santé au travail interentreprises élabore, au sein de la commission médico-technique, un projet de service pluriannuel qui définit les priorités d'action du service et qui s'inscrit dans le cadre du contrat d'objectifs et de moyens prévu à l'article L. 4622-10. Le projet est soumis à l'approbation du conseil d'administration.

Art. L. 4622-15 (*L. n° 2011-867 du 20 juill. 2011*) Toute convention intervenant directement ou par personne interposée entre le service (*L. n° 2021-1018 du 2 août 2021, art. 1ᵉʳ-I, en vigueur le 31 mars 2022*) « de prévention et » de santé au travail et son président, son directeur ou l'un de ses administrateurs doit être soumise à l'autorisation préalable du conseil d'administration.

Il en est de même des conventions auxquelles une des personnes visées au premier alinéa est indirectement intéressée.

Sont également soumises à autorisation préalable les conventions intervenant entre le service (*L. n° 2021-1018 du 2 août 2021, art. 1ᵉʳ-I, en vigueur le 31 mars 2022*) « de prévention et » de santé au travail et une entreprise si le président, le directeur ou l'un des administrateurs du service (*L. n° 2021-1018 du 2 août 2021, art. 1ᵉʳ-I, en vigueur le 31 mars 2022*) « de prévention et » de santé au travail est propriétaire, associé indéfiniment responsable, gérant, administrateur, membre du conseil de surveillance ou, de façon générale, dirigeant de cette entreprise.

Lorsque les trois premiers alinéas sont applicables au président du service (*L. n° 2021-1018 du 2 août 2021, art. 1ᵉʳ-I, en vigueur le 31 mars 2022*) « de prévention et » de santé au travail ou à l'un de ses administrateurs, il ne peut prendre part au vote sur l'autorisation sollicitée.

Lorsque les conventions portent sur des opérations courantes ou conclues à des conditions usuelles, elles font uniquement l'objet d'une communication au président et aux membres du conseil d'administration.

Art. L. 4622-16 (*L. n° 2011-867 du 20 juill. 2011*) Le directeur du service (*L. n° 2021-1018 du 2 août 2021, art. 1ᵉʳ-I, en vigueur le 31 mars 2022*) « de prévention et » de santé au travail interentreprises met en œuvre, en lien avec l'équipe pluridisciplinaire de santé au travail et sous l'autorité du président, les actions approuvées par le conseil d'administration dans le cadre du projet de service pluriannuel. (*L. n° 2021-1018 du 2 août 2021, art. 14 et 35, en vigueur le 31 mars 2022*) « Il rend compte de ces actions dans un rapport annuel d'activité qui comprend des données relatives à l'égalité professionnelle entre les femmes et les hommes. Il prend les décisions relatives à l'organisation et au fonctionnement du service nécessaires à la mise en œuvre des dispositions législatives et réglementaires ainsi que des objectifs et prescriptions du contrat pluriannuel d'objectifs et de moyens et du projet de service pluriannuel. »

Art. L. 4622-16-1 (*L. n° 2021-1018 du 2 août 2021, art. 14, en vigueur le 31 mars 2022*) Le service de prévention et de santé au travail interentreprises communique à ses adhérents ainsi qu'au comité régional de prévention et de santé au travail et rend publics :

1° Son offre de services relevant de l'ensemble socle mentionné à l'article L. 4622-9-1 ;

2° Son offre de services complémentaires ;

3° Le montant des cotisations, la grille tarifaire et leur évolution ;

4° L'ensemble des documents dont la liste est fixée par décret.

Les conditions de transmission et de publicité de ces documents sont précisées par décret.

SANTÉ ET SÉCURITÉ AU TRAVAIL **Art. L. 4623-1**

SECTION 3 Dispositions d'application

Art. L. 4622-17 Des décrets déterminent les conditions d'organisation et de fonctionnement des services (*L. n° 2021-1018 du 2 août 2021, art. 1er-I, en vigueur le 31 mars 2022*) « de prévention et » de santé au travail ainsi que les adaptations à ces conditions dans les services de santé des établissements de santé, sociaux et médico-sociaux.
– V. art. L. 4745-1 (pén.) et R. 4621-1 s.

CHAPITRE III PERSONNELS CONCOURANT AUX SERVICES DE PRÉVENTION ET DE SANTÉ AU TRAVAIL (*L. n° 2021-1018 du 2 août 2021, art. 1er-I*).

SECTION 1 Médecin du travail (*L. n° 2021-1018 du 2 août 2021, art. 34*).

BIBL. ▶ ADAM, *Dr. soc.* 2015. 541 (médecins du travail : le temps du silence ?). – AMAUGER-LATTES, *Dr. soc.* 2011. 352 (pénurie de médecins du travail et visites médicales obligatoires).

▶ **Loi du 2 août 2021 :** BADEL, *Dr. soc.* 2021. 892 (médecin du travail et médecin de ville).

SOUS-SECTION 1 Recrutement et conditions d'exercice

Art. L. 4623-1 (*L. n° 2021-1018 du 2 août 2021, art. 31, en vigueur le 1er janv. 2023*) « I. – » Un diplôme spécial est obligatoire pour l'exercice des fonctions de médecin du travail.

(*L. n° 2021-1018 du 2 août 2021, art. 31, en vigueur le 1er janv. 2023*) « II. – » (*L. n° 2011-867 du 20 juill. 2011, art. 12*) « Par dérogation (*L. n° 2021-1018 du 2 août 2021, art. 31, en vigueur le 1er janv. 2023*) « au I », un décret fixe les conditions dans lesquelles les services (*L. n° 2021-1018 du 2 août 2021, art. 1er-I, en vigueur le 31 mars 2022*) « de prévention et » de santé au travail peuvent recruter, après délivrance d'une licence de remplacement et autorisation par les conseils départementaux compétents de l'ordre des médecins, à titre temporaire, un interne de la spécialité qui exerce sous l'autorité d'un médecin du travail du service (*L. n° 2021-1018 du 2 août 2021, art. 1er-I, en vigueur le 31 mars 2022*) « de prévention et » de santé au travail expérimenté. »

(*L. n° 2021-1018 du 2 août 2021, art. 31, en vigueur le 1er janv. 2023*) « III. – » (*L. n° 2016-41 du 26 janv. 2016, art. 36*) « Par dérogation (*L. n° 2021-1018 du 2 août 2021, art. 31, en vigueur le 1er janv. 2023*) « au I », un décret fixe les conditions dans lesquelles un collaborateur médecin, médecin non spécialiste en médecine du travail et engagé dans une formation en vue de l'obtention de cette qualification auprès de l'ordre des médecins, exerce, sous l'autorité d'un médecin du travail d'un service (*L. n° 2021-1018 du 2 août 2021, art. 1er-I, en vigueur le 31 mars 2022*) « de prévention et » de santé au travail et dans le cadre d'un protocole écrit et validé par ce dernier, les fonctions dévolues aux médecins du travail. »

(*L. n° 2021-1018 du 2 août 2021, art. 31, en vigueur le 1er janv. 2023*) « IV. – Par dérogation au I, un médecin praticien correspondant, disposant d'une formation en médecine du travail, peut contribuer, en lien avec le médecin du travail, au suivi médical du travailleur prévu à l'article L. 4624-1, à l'exception du suivi médical renforcé prévu à l'article L. 4624-2, au profit d'un service de prévention et de santé au travail interentreprises. Le médecin praticien correspondant ne peut cumuler sa fonction avec celle de médecin traitant définie à l'article L. 162-5-3 du code de la sécurité sociale.

« Le médecin praticien correspondant conclut avec le service de prévention et de santé au travail interentreprises un protocole de collaboration signé par le directeur du service et les médecins du travail de l'équipe pluridisciplinaire. Ce protocole, établi selon un modèle défini par arrêté des ministres chargés du travail et de la santé, prévoit, le cas échéant, les garanties supplémentaires en termes de formation justifiées par les spécificités du suivi médical des travailleurs pris en charge par le service de prévention et de santé au travail interentreprises et définit les modalités de la contribution du médecin praticien correspondant à ce suivi médical.

« La conclusion d'un protocole de collaboration sur le fondement du deuxième alinéa du présent IV n'est autorisée que dans les zones caractérisées par un nombre insuffisant ou une disponibilité insuffisante de médecins du travail pour répondre aux besoins du suivi médical des travailleurs, arrêtées par le directeur général de l'agence régionale de santé territorialement compétente, après concertation avec les représentants des médecins du travail.

« Les modalités d'application du présent IV sont déterminées par décret en Conseil d'État. » – V. art. R. 4623-41 s.

Art. L. 4623-2 Un décret détermine les conditions dans lesquelles les fonctions de médecins du travail peuvent être déclarées incompatibles avec l'exercice de certaines autres activités médicales. – [Anc. art. L. 241-7.] – V. art. L. 4745-1 (pén.) et R. 4623-2.

La fonction de médecin du travail est interdite aux médecins spécialistes. ● CE 3 nov. 1967 : Dr. soc. 1968. 510, concl. Galmot.

Art. L. 4623-3 Le médecin du travail est un médecin autant que possible employé à temps complet qui ne pratique pas la médecine de clientèle courante.
(L. n° 2021-1018 du 2 août 2021, art. 31, en vigueur à une date fixée par Décr. et au plus tard le 1er janv. 2023) « Le présent article n'est pas applicable au médecin praticien correspondant mentionné au IV de l'article L. 4623-1. » – V. art. L. 4745-1 (pén.).

Art. L. 4623-3-1 (L. n° 2021-1018 du 2 août 2021, art. 33, en vigueur le 31 mars 2022) Le médecin du travail consacre à ses missions en milieu de travail le tiers de son temps de travail.

L'employeur ou le directeur du service de prévention et de santé au travail interentreprises prend toutes les mesures pour permettre au médecin du travail de respecter cette obligation et de participer aux instances internes de l'entreprise et aux instances territoriales de coordination au cours des deux autres tiers de son temps de travail.

SOUS-SECTION 2 **Protection**

Art. L. 4623-4 Tout licenciement d'un médecin du travail envisagé par l'employeur est soumis pour avis, (Ord. n° 2017-1386 du 22 sept. 2017, art. 4) « soit au comité social et économique, soit au comité social et économique interentreprises » ou à la commission de contrôle du service interentreprises.

Dans les services interentreprises administrés paritairement, le projet de licenciement est soumis au conseil d'administration. – [Anc. art. L. 241-6-2, al. 1er et 2.] – V. art. L. 4745-1 (pén.) et R. 4623-18.

Art. L. 4623-5 Le licenciement d'un médecin du travail ne peut intervenir qu'après autorisation de l'inspecteur du travail dont dépend le service (L. n° 2021-1018 du 2 août 2021, art. 1er-I, en vigueur le 31 mars 2022) « de prévention et » de santé au travail, après avis du médecin inspecteur du travail.

Toutefois, en cas de faute grave, l'employeur peut prononcer la mise à pied immédiate de l'intéressé dans l'attente de la décision définitive. En cas de refus de licenciement, la mise à pied est annulée et ses effets supprimés de plein droit. – [Anc. art. L. 241-6-2, al. 3 et 4.] – V. art. L. 4745-1 (pén.).

En application de l'art. L. 231-4, 4°, CRPA, et par exception à l'application du délai de deux mois prévu à l'art. L. 231-1 du même code, le silence gardé par l'administration pendant deux mois vaut décision de rejet pour une demande d'autorisation de licenciement du médecin du travail (Décr. n° 2014-1291 du 23 oct. 2014, art. 1er).

1. Procédure. Les dispositions de l'article L. 4623-5 instituent, au profit du médecin du travail, en raison des fonctions qu'il exerce dans l'intérêt de l'ensemble des travailleurs, une protection exceptionnelle et exorbitante du droit commun qui interdit à l'employeur de rompre le contrat de travail sans obtenir l'autorisation préalable de l'inspecteur du travail ; le licenciement d'un médecin du travail ne peut intervenir qu'après autorisation de l'inspecteur du travail dont dépend le service de santé au travail, après avis du médecin inspecteur du travail et ce même en cas de faute lourde. ● Soc. 6 juill. 2011 : D. 2011. Actu. 2048 ; JCP S 2011. 1456, obs. Barège.

2. Indemnités. Le médecin du travail licencié sans autorisation administrative et qui ne demande pas sa réintégration a droit à une indemnité pour violation du statut protecteur égale aux salaires qu'il aurait dû percevoir entre son éviction et la fin de la période de protection, dans la limite de trente mois, durée de la protection minimale légale accordée aux représentants du personnel. ● Avis, 15 déc. 2014, n° 14-70.009 P : D. 2015. Actu. 82 ; Dr. soc. 2015. 227, note Mouly.

Art. L. 4623-5-1 (L. n° 2011-867 du 20 juill. 2011) La rupture du contrat de travail à durée déterminée d'un médecin du travail avant l'échéance du terme en raison d'une faute grave ou de son inaptitude médicale, ou à l'arrivée du terme lorsque l'employeur n'envisage pas de renouveler un contrat comportant une clause de renouvellement, ne peut intervenir qu'après autorisation de l'inspecteur du travail dont dépend le service (L. n° 2021-1018 du 2 août 2021, art. 1er-I, en vigueur le 31 mars 2022) « de prévention et » de santé au travail, après avis du médecin inspecteur du travail, dans les conditions prévues à l'article L. 4623-5.

En application de l'art. L. 231-4, 4°, CRPA, et par exception à l'application du délai de deux mois prévu à l'art. L. 231-1 du même code, le silence gardé par l'administration pendant deux mois vaut décision de rejet pour une demande d'autorisation de rupture du contrat de travail à durée déterminée d'un médecin du travail (Décr. n° 2014-1291 du 23 oct. 2014, art. 1er).

Art. L. 4623-5-2 (L. n° 2011-867 du 20 juill. 2011) L'arrivée du terme du contrat de travail à durée déterminée n'entraîne sa rupture qu'après constatation par l'inspecteur du travail que celle-ci n'est pas en lien avec l'exercice des missions de médecin du travail et ne constitue pas une mesure discriminatoire.

L'employeur saisit l'inspecteur du travail un mois avant l'arrivée du terme.

L'inspecteur du travail statue avant la date du terme du contrat.

En application de l'art. L. 231-4, 4°, CRPA, et par exception à l'application du délai de deux mois prévu à l'art. L. 231-1 du même code, le silence gardé par l'administration pendant deux mois vaut décision de rejet pour une demande d'autorisation de rupture du contrat de travail à durée déterminée, au terme du contrat, d'un médecin du travail (Décr. n° 2014-1291 du 23 oct. 2014, art. 1er).

Art. L. 4623-5-3 (L. n° 2011-867 du 20 juill. 2011) Le transfert d'un médecin du travail compris dans un transfert partiel de service (L. n° 2021-1018 du 2 août 2021, art. 1er-I, en vigueur le 31 mars 2022) « de prévention et » de santé au travail par application de l'article L. 1224-1 ne peut intervenir qu'après autorisation de l'inspecteur du travail dont dépend le service (L. n° 2021-1018 du 2 août 2021, art. 1er-I, en vigueur le 31 mars 2022) « de prévention et » de santé au travail, après avis du médecin inspecteur du travail. L'inspecteur du travail s'assure que le transfert n'est pas en lien avec l'exercice des missions du médecin du travail et ne constitue pas une mesure discriminatoire.

En application de l'art. L. 231-4, 4°, CRPA, et par exception à l'application du délai de deux mois prévu à l'art. L. 231-1 du même code, le silence gardé par l'administration pendant deux mois vaut décision de rejet pour une demande d'autorisation de transfert d'un médecin du travail compris dans un transfert partiel de service de santé au travail (Décr. n° 2014-1291 du 23 oct. 2014, art. 1er).

Art. L. 4623-6 Lorsque le ministre compétent annule, sur recours hiérarchique, la décision de l'inspecteur du travail autorisant le licenciement d'un médecin du travail, celui-ci a le droit, s'il le demande dans un délai de deux mois à compter de la notification de la décision, d'être réintégré dans son emploi ou dans un emploi équivalent conformément aux dispositions de l'article L. 2422-1.

Il en est de même lorsque le juge administratif a annulé une décision de l'inspecteur du travail ou du ministre compétent autorisant un tel licenciement. – [*Anc. art. L. 241-6-2, al. 5.*] – V. art. L. 4745-1 (pén.).

Art. L. 4623-7 Lorsque l'annulation d'une décision d'autorisation est devenue définitive, le médecin du travail a droit au paiement d'une indemnité correspondant à la totalité du préjudice subi au cours de la période écoulée entre son licenciement et sa réintégration s'il a demandé cette dernière dans le délai de deux mois à compter de la notification de la décision.

L'indemnité correspond à la totalité du préjudice subi au cours de la période écoulée entre son licenciement et l'expiration du délai de deux mois s'il n'a pas demandé sa réintégration.

Ce paiement s'accompagne du versement des cotisations correspondant à cette indemnité qui constitue un complément de salaire. – [*Anc. art. L. 241-6-2, al. 5.*] – V. art. L. 4745-1 (pén.).

Art. L. 4623-8 (L. n° 2011-867 du 20 juill. 2011) Dans les conditions d'indépendance professionnelle définies et garanties par la loi, le médecin du travail assure les missions qui lui sont dévolues par le présent code.

1. Faute de l'employeur. Commet une faute l'employeur qui fait établir et produit en justice une attestation du médecin du travail comportant des éléments tirés du dossier médical du salarié, hormis les informations que le médecin du travail est légalement tenu de communiquer à l'employeur. ● Soc. 30 juin 2015, ⚖ n° 13-28.201 P : *D. 2015. Actu. 1493 ⏵ ; RDT 2015. 763, obs. Véricel ⏵ ; RJS 10/2015, n° 648 ; JSL 2016, n° 401-4 ; JCP S 2015. 1344, note Verkindt.*

2. Responsabilité de l'employeur du médecin. L'employeur est civilement responsable des actes du médecin du travail salarié qui agit dans les limites de sa mission ; si toutefois le médecin se rend coupable de harcèlement moral ou de violation du secret professionnel, ces fautes engagent sa responsabilité personnelle. ● Soc. 30 juin 2015, ⚖ n° 13-28.201 P.

3. Protection du médecin salarié. Si l'indépendance du médecin du travail exclut que les actes qu'il accomplit dans l'exercice de ses fonctions puissent constituer un harcèlement moral imputable à l'employeur, elle ne fait pas obstacle à l'application de la règle selon laquelle le commettant est civilement responsable du dommage causé par un de ses préposés en application de l'art. 1242, al. 5, C. civ. En conséquence, le médecin du travail, salarié de l'employeur, qui agit sans excéder les limites de la mission qui lui est impartie, n'engage pas sa responsabilité civile personnelle. Cette immunité du préposé ne pouvant toutefois pas s'étendre aux fautes susceptibles de revêtir une qualification pénale ou procéder de l'intention de nuire, le médecin du travail n'en bénéficie pas en ce qui concerne le grief de harcèlement moral et celui de violation du secret professionnel. ● Soc. 26 janv. 2022, ⚖ n° 20-10.610 B : *D. actu. 17 févr. 2022, obs. Couëdel ; D. 2022. 219 ⏵ ; Dr. soc. 2022. 372, obs. Mouly ⏵ ; ibid. 444, obs. Véricel ⏵ ; RJS 4/2022, n° 188 ; Gaz. Pal. 15 mars 2022, p. 17, note Tardif ; JCP S 2022. 1041, obs. Dauxerre.*

SECTION 2 Infirmier de santé au travail

(L. n° 2021-1018 du 2 août 2021, art. 34, en vigueur le 31 mars 2022)

Art. L. 4623-9 Dans les conditions de déontologie professionnelle définies et garanties par la loi, l'infirmier de santé au travail assure les missions qui lui sont dévolues par le présent code ou déléguées par le médecin du travail, dans la limite des compétences prévues pour les infirmiers par le code de la santé publique.

Art. L. 4623-10 L'infirmier de santé au travail recruté dans un service de prévention et de santé au travail est diplômé d'État ou dispose de l'autorisation d'exercer sans limitation, dans les conditions prévues par le code de la santé publique.

Il dispose d'une formation spécifique en santé au travail définie par décret en Conseil d'État. — *V. art. R. 4623-31-1.*

Si l'infirmier n'a pas suivi une formation en santé au travail, l'employeur l'y inscrit au cours des douze mois qui suivent son recrutement et, en cas de contrat d'une durée inférieure à douze mois, avant le terme de son contrat. Dans cette hypothèse, l'employeur prend en charge le coût de la formation.

L'employeur favorise la formation continue des infirmiers en santé au travail qu'il recrute.

Les tâches qui sont déléguées à l'infirmier de santé au travail prennent en compte ses qualifications complémentaires.

Les obligations de formation prévues à cet art. entrent en vigueur à une date fixée par décret, et au plus tard le 31 mars 2023. Par dérogation au même art., les infirmiers recrutés dans des services de prévention et de santé au travail qui, à cette date d'entrée en vigueur, justifient de leur inscription à une formation remplissant les conditions définies par le décret en Conseil d'État mentionné au 2ᵉ al. de l'art. L. 4623-10, sont réputés satisfaire aux obligations de formation prévues au même art. L. 4623-10 pour une durée de 3 ans à compter de la date d'entrée en vigueur de ces obligations (L. n° 2021-1018 du 2 août 2021, art. 34-IV). — *L'inscription susmentionnée est assurée par l'employeur (Décr. n° 2022-1664 du 27 déc. 2022, art. 3-III).*

Art. L. 4623-11 Les modalités d'application de la présente section sont précisées par décret en Conseil d'État. — *V. art. R. 4623-30 s.*

CHAPITRE IV ACTIONS ET MOYENS DES MEMBRES DES ÉQUIPES PLURIDISCIPLINAIRES DE SANTÉ AU TRAVAIL (L. n° 2011-867 du 20 juill. 2011).

Art. L. 4624-1 (L. n° 2021-1018 du 2 août 2021, art. 21, en vigueur le 31 mars 2022) « I. — » (L. n° 2016-1088 du 8 août 2016, art. 102) **Tout travailleur bénéficie, au**

titre de la surveillance de l'état de santé des travailleurs prévue à l'article L. 4622-2, d'un suivi individuel de son état de santé assuré par le médecin du travail (*L. n° 2021-1018 du 2 août 2021, art. 31, en vigueur le 1er janv. 2023*) « , le médecin praticien correspondant et, sous l'autorité du médecin du travail », par le collaborateur médecin mentionné à l'article L. 4623-1, l'interne en médecine du travail et l'infirmier.

Ce suivi comprend une visite d'information et de prévention effectuée après l'embauche par l'un des professionnels de santé mentionnés au premier alinéa du présent article. Cette visite donne lieu à la délivrance d'une attestation. Un décret en Conseil d'État fixe le délai de cette visite. Le modèle de l'attestation est défini par arrêté. − *V. Arr. du 7 mai 2018 (JO 17 mai, NOR : AGRS1812532A).*

Le professionnel de santé qui réalise la visite d'information et de prévention peut orienter le travailleur sans délai vers le médecin du travail, dans le respect du protocole élaboré par ce dernier.

Les modalités et la périodicité de ce suivi prennent en compte les conditions de travail, l'état de santé et l'âge du travailleur, ainsi que les risques professionnels auxquels il est exposé.

Tout travailleur qui déclare, lors de la visite d'information et de prévention, être considéré comme travailleur handicapé au sens de l'article L. 5213-1 du présent code et être reconnu par la commission des droits et de l'autonomie des personnes handicapées mentionnée à l'article L. 146-9 du code de l'action sociale et des familles, ainsi que tout travailleur qui déclare être titulaire d'une pension d'invalidité attribuée au titre du régime général de sécurité sociale ou de tout autre régime de protection sociale obligatoire, est orienté sans délai vers le médecin du travail et bénéficie d'un suivi individuel adapté de son état de santé.

Tout salarié peut, lorsqu'il anticipe un risque d'inaptitude, solliciter une visite médicale dans l'objectif d'engager une démarche de maintien dans l'emploi.

Tout travailleur de nuit bénéficie d'un suivi individuel régulier de son état de santé. La périodicité de ce suivi est fixée par le médecin du travail en fonction des particularités du poste occupé et des caractéristiques du travailleur, selon des modalités déterminées par décret en Conseil d'État.

(*L. n° 2021-1018 du 2 août 2021, art. 21, en vigueur le 31 mars 2022*) « II. − Les professionnels de santé mentionnés au premier alinéa du I peuvent recourir à des pratiques médicales ou de soins à distance utilisant les technologies de l'information et de la communication pour le suivi individuel du travailleur, compte tenu de son état de santé physique et mentale. Le consentement du travailleur est recueilli préalablement. La mise en œuvre de ces pratiques garantit le respect de la confidentialité des échanges entre le professionnel de santé et le travailleur. Les services de prévention et de santé au travail et les professionnels de santé mentionnés au même premier alinéa, utilisateurs des technologies de l'information et de la communication pour le suivi individuel du travailleur, s'assurent que l'usage de ces technologies est conforme aux référentiels d'interopérabilité et de sécurité mentionnés à l'article L. 1470-5 du code de la santé publique, le cas échéant adaptés aux spécificités de l'activité des services de prévention et de santé au travail.

« S'il considère que l'état de santé du travailleur ou les risques professionnels auxquels celui-ci est exposé le justifient, le professionnel de santé recourant aux technologies de l'information et de la communication pour le suivi individuel du travailleur peut proposer à ce dernier que son médecin traitant ou un professionnel de santé choisi par le travailleur participe à la consultation ou à l'entretien à distance. En cas de consentement du travailleur, le médecin traitant ou le professionnel de santé choisi par le travailleur peut participer, à distance ou auprès de celui-ci, à la consultation ou à l'entretien.

« Les modalités d'application du présent II sont déterminées par décret en Conseil d'État. »

(*Abrogé par L. n° 2021-1018 du 2 août 2021, art. 21, à compter du 31 mars 2022*) « *Le rapport annuel d'activité, établi par le médecin du travail, pour les entreprises dont il a la charge, comporte des données présentées par sexe. Un arrêté du ministre chargé du travail fixe les modèles de rapport annuel d'activité du médecin du travail et de synthèse annuelle de l'activité du service de santé au travail.* » − *V. art. R. 4624-10 s.*

Les visites médicales qui doivent être réalisées dans le cadre du suivi individuel de l'état de santé en application des art. L. 4624-1, L. 4624-2 et L. 4625-1-1 et de l'art. L. 717-2 C. rur. peuvent faire l'objet d'un report dans des conditions définies par décret en Conseil d'État, sauf lorsque le médecin du travail estime indispensable de maintenir la visite, compte tenu notamment de l'état de santé du travailleur ou des caractéristiques de son poste de travail.

Le report de la visite ne fait pas obstacle, le cas échéant, à l'embauche ou à la reprise du travail.

Ces dispositions s'appliquent aux visites médicales dont l'échéance, résultant des textes applicables avant l'entrée en vigueur de l'Ord. n° 2020-1502 du 2 déc. 2020 adaptant les conditions d'exercice des missions des services de santé au travail à l'urgence sanitaire, intervient entre le 15 déc. 2021 et une date fixée par décret, et au plus tard le 31 juill. 2022.

Les visites médicales faisant l'objet d'un report sont organisées par les services de santé au travail selon des modalités définies par décret en Conseil d'État et dans la limite d'un an.

Les visites dont l'échéance aurait dû intervenir, en application de l'art. 3 de l'Ord. n° 2020-1502 du 2 déc. 2020, entre le 15 déc. 2021 et une date fixée par décret, et au plus tard le 31 juill. 2022, peuvent être reportées dans la limite de six mois à compter de cette échéance (L. n° 2022-46 du 22 janv. 2022, art. 10). – V. Décr. n° 2022-418 du 24 mars 2022 (JO 25 mars).

COMMENTAIRE
V. sur le Code en ligne 🔒.

RÔLE DE L'INSPECTEUR DU TRAVAIL

1. Constitutionnalité. La procédure de contestation des avis du médecin du travail – issue de la loi du 8 août 2016 – devant le Conseil des prud'hommes en référé et permettant la désignation d'un expert médical ne porte pas atteinte aux droits de la défense et au principe du contradictoire ; les parties peuvent en effet, de manière générale au cours de l'expertise, mandater un médecin pour prendre connaissance des informations d'ordre médical examinées par l'expert (et en particulier les éléments médicaux ayant fondé l'avis du médecin du travail). • Soc. QPC, 11 juill. 2018, 🔒 n° 18-40.020 P : *D. 2018. Actu. 1557* ⚏ ; *JSL 2018, n° 463-6, obs. Hilger.*

2. Cas de recours. En l'absence de recours, exercé devant l'inspecteur du travail, contre les avis du médecin du travail, ceux-ci s'imposent au juge ; le juge ne peut alors refuser de donner effet aux avis donnés par ce médecin. • Soc. 17 déc. 2014, 🔒 n° 13-12.277 : *D. actu. 21 janv. 2015, obs. Fleuriot* ; *RJS 3/2015, n° 183* ; *JCP S 2015. 1088, obs. Verkindt* • Soc. 21 sept. 2017, 🔒 n° 16-16.549 P : *D. actu. 12 oct. 2017, obs. Fraisse* ; *D. 2017. Actu. 1980* ⚏ ; *RJS 12/2017, n° 787* ; *JCP S 2017. 1381, obs. Babin.* ♦ Le refus par le salarié de la proposition de reclassement ne constitue pas un différend rendant nécessaire l'intervention de l'inspecteur du travail. • Soc. 13 nov. 1984 : *JS UIMM 1985. 173.* ♦ Solution identique en l'absence de contestation de la part de l'employeur de l'avis du médecin du travail. • Soc. 24 avr. 1980 : *Bull. civ V, n° 350.* ♦ Sur le cas particulier des représentants du personnel, V. • CE 27 juill. 1984 : *JS UIMM 1984. 472* • 6 juill. 1984 : *Dr. soc. 1985. 52, concl. Boyon* • 11 juill. 1986 : *ibid. 1987. 620, concl. Guillaume.* ♦ Le recours administratif devant l'inspecteur du travail n'est ouvert qu'en cas de difficulté ou de désaccord sur l'avis du médecin du travail portant sur l'inaptitude physique du salarié à son poste de travail antérieur, son aptitude physique au poste de reclassement proposé, la nécessité d'une adaptation des conditions de travail ou d'une réadaptation du salarié. • Soc. 28 juin 2006 : 🔒 *D. 2006. IR 2056* ⚏. ♦ En cas de désaccord concernant les propositions du médecin du travail, l'inspecteur du travail doit se prononcer lui-même sur l'aptitude du salarié à tenir son poste de travail sans pouvoir se borner à annuler les propositions du médecin du travail et à lui enjoindre d'en formuler de nouvelles. • CE 27 sept. 2006 : 🔒 *D. 2006. IR 2628* ⚏ ; *Dr. soc. 2006. 1117, note Savatier* ⚏. ♦ Le recours administratif devant l'inspecteur du travail couvre la visite médicale d'embauche. • CE 17 juin 2009 : 🔒 *Dr. soc. 2009. 941, concl. Struillou* ⚏ ; *ibid. 1137, obs. Chaumette* ⚏ ; *SSL 2009, n° 1407, p. 12.*

3. Recours. L'avis du médecin du travail ne peut faire l'objet, tant de la part de l'employeur que de la part du salarié, que d'un recours administratif devant l'inspecteur du travail. • Soc. 2 févr. 1994, 🔒 n° 88-42.711 P : *CSB 1994. 153, S. 79* ; *RJS 1994. 181, n° 245.* ♦ Il n'appartient pas aux juges du fond de substituer leur appréciation à celle du médecin du travail. • Soc. 10 nov. 2009 : 🔒 *R., p. 341* ; *D. 2009. AJ 2867, obs. Maillard* ⚏ ; *Dr. ouvrier 2010. 265* ; *RJS 2010. 32, n° 30.* ♦ Le juge judiciaire, et plus particulièrement le juge des référés, ne peut ordonner une expertise afin de contester le bien-fondé de cet avis. • Soc. 12 mars 1987 : *Dr. soc. 1987. 604, note Savatier.* – V. aussi • CE 4 oct. 1991 : 🔒 *RJS 1991. 712, n° 1326* • Soc. 9 oct. 2001, 🔒 n° 98-46.144 P : *RJS 2001. 957* ; *Dr. soc. 2002. 217, obs. Savatier* ⚏ ; *JSL 2001, n° 91-2.*

4. Information du recours. Lorsqu'un salarié déclaré inapte à son poste de travail conteste cet avis d'inaptitude devant l'inspecteur du travail, il n'a pas à avertir l'employeur ; son silence lors de l'entretien préalable à son licenciement ne caractérise pas sa mauvaise foi. • Soc. 3 févr. 2010 :

SANTÉ ET SÉCURITÉ AU TRAVAIL

Art. L. 4624-1-1

⚖ RDT 2010. 304, obs. Véricel ◌ ; JSL 2010, n° 274-2 ; SSL 2010, n° 1433, p. 11, avis Duplat.

5. Objet de la contestation de la décision de l'inspecteur du travail. L'appréciation donnée par l'inspecteur du travail confirmative ou infirmative de l'avis du médecin du travail se substitue à ce dernier ; seule cette appréciation est susceptible de recours pour excès de pouvoir et les éventuelles irrégularités dans la procédure prévue à l'art. R. 4624-31 C. trav. ayant conduit à l'avis du médecin du travail sont sans incidence sur la légalité de la décision rendue par l'inspecteur du travail. • CE 22 mai 2015, ⚖ n° 377001 : *D. actu.* 16 sept. 2015, obs. Siro.

6. Recours et salariés protégés. L'inspecteur du travail, lorsqu'il est saisi tout à la fois d'un recours formé par un salarié sur le fondement de l'art. L. 4624-1 et d'une demande d'autorisation de licencier ce salarié pour inaptitude physique, ne peut se prononcer sur la demande d'autorisation de licenciement sans avoir statué sur le recours, après avis du médecin-inspecteur du travail. • CE 7 oct. 2009 : ⚖ *Dr. soc.* 2010. 168, concl. Struillou ◌.

7. Incidences sur le contrat de travail. La procédure de contestation n'impose pas la suspension du contrat de travail et l'employeur ne peut empêcher le salarié qui en fait la demande de reprendre son poste. • Soc. 14 janv. 1998 : ⚖ *RJS* 1998. 280, n° 448. ♦ En présence d'un avis d'inaptitude temporaire délivré par le médecin du travail, en l'absence de recours de l'employeur, le salarié peut refuser de se soumettre à une contre-visite. • Soc. 10 févr. 1998, ⚖ n° 95-41.600 P.

8. Le recours auprès de l'inspecteur du travail ne subordonne pas le licenciement du salarié à une autorisation préalable et ne suspend pas le délai d'un mois imparti à l'employeur pour procéder au licenciement du salarié déclaré inapte à son emploi ; mais est dépourvue de cause réelle et sérieuse le licenciement notifié prématurément, sans prendre en considération la possibilité retenue par l'inspecteur du travail de reclasser sur un poste aménagé moyennant une aide financière qu'il appartient à l'employeur de solliciter. • Soc. 28 janv. 2004, ⚖ n° 01-46.913 P : *RJS* 2004. 282, n° 401.

9. L'appréciation de l'inspecteur du travail, qui se substitue entièrement à celle du médecin du travail, doit être regardée comme portée dès la date à laquelle l'avis du médecin du travail a été émis, qu'elle la confirme ou qu'elle l'infirme, et nonobstant la circonstance que l'inspecteur du travail doive se prononcer en fonction des circonstances de fait et de droit à la date à laquelle il prend sa décision. • CE 16 avr. 2010 : ⚖ *Dr. soc.* 2010. 629, concl. Dumortier ◌.

10. La substitution à l'avis d'aptitude délivré par le médecin du travail d'une décision d'inaptitude de l'inspecteur du travail ne fait pas naître rétroactivement l'obligation pour l'employeur de reprendre le paiement du salaire ; cette obligation ne s'impose à celui-ci qu'à l'issue du délai d'un mois suivant la date à laquelle l'inspecteur du travail prend sa décision. • Soc. 20 déc. 2017, ⚖ n° 15-28.367 P : *D.* 2018. Actu. 15 ◌ ; *RJS* 3/2018, n° 168 ; *JCP S* 2018. 1062, obs. Babin.

11. Infirmation de l'avis d'inaptitude. Le principe du contradictoire doit être respecté dans le cadre de la procédure de contestation auprès de l'inspecteur du travail. Lorsque l'inspecteur du travail envisage d'infirmer l'avis d'inaptitude, il doit avertir l'employeur et recueillir au préalable ses observations sous peine de nullité de sa décision. • CE 21 janv. 2015, ⚖ n° 365124 : *D. actu.* 27 févr. 2015, obs. Fraisse ; *RDT* 2015. 100, concl. Dumortier ◌ ; *RJS* 4/2015, n° 248.

12. Conséquences de la décision. Lorsque l'inspecteur du travail décide de ne pas reconnaître l'inaptitude, ou lorsque, sur recours contentieux, sa décision la reconnaissant est annulée, le licenciement n'est pas nul mais devient privé de cause ; le salarié a droit non à sa réintégration dans l'entreprise mais à une indemnité qui ne peut être inférieure au salaire des six derniers mois prévue par l'art. L. 122-14-4 [L. 1235-4 nouv.]. • Soc. 8 avr. 2004, ⚖ n° 01-45.693 P : *D.* 2004. IR 1124 ◌ ; *Dr. soc.* 2004. 788, obs. Savatier ◌ ; *RJS* 2004. 470, n° 681, et ibid. 2004. 435, note Bourgeot • 9 févr. 2005 : ⚖ *RJS* 2005. 281, n° 395 ; *Dr. soc.* 2005. 696, obs. Savatier ◌ • 26 nov. 2008 : ⚖ *D.* 2009. AJ 25 ◌ ; *Dr. soc.* 2009. 257, note Savatier ◌ ; *RJS* 2009. 146, n° 168 ; *JSL* 2008, n° 246-2 ; *JCP S* 2009. 1054, obs. Verkindt ; *SSL* 2009, n° 1383, p. 10.

13. L'annulation par l'inspecteur du travail de l'avis d'inaptitude délivré par le médecin du travail et déclarant un salarié apte à un poste d'employé commercial pour tout rayon n'a pas pour effet de suspendre à nouveau le contrat de travail. • Soc. 26 nov. 2008 : ⚖ *RJS* 2009. 146, n° 168 ; *JSL* 2008, n° 246-2. ♦ Comp. : lorsque l'inspecteur du travail décide d'annuler les avis sur l'aptitude du salarié délivrés par le médecin du travail dans le cadre de la visite médicale de reprise du travail, le contrat de travail est de nouveau suspendu de sorte que le salarié ne peut prétendre au paiement des salaires. • Soc. 10 nov. 2004, ⚖ n° 02-44.926 P : *D.* 2004. IR 3037 ◌ ; *Dr. soc.* 2005. 223, obs. Savatier ◌ ; *RJS* 2005. 38, n° 33 ; *JCP E* 2005. 408, note Waquet ; *JSL* 2004, n° 157-6.

Art. L. 4624-1-1 (L. n° 2021-1018 du 2 août 2021, art. 25, en vigueur le 31 mars 2022) En cas de pluralité d'employeurs, le suivi de l'état de santé des travailleurs occupant des emplois identiques est mutualisé suivant des modalités définies par décret. — V. art. D. 4624-59 s.

Art. L. 4624-2 (*L. n° 2016-1088 du 8 août 2016, art. 102*) I. — Tout travailleur affecté à un poste présentant des risques particuliers pour sa santé ou sa sécurité ou pour celles de ses collègues ou des tiers évoluant dans l'environnement immédiat de travail bénéficie d'un suivi individuel renforcé de son état de santé. Ce suivi comprend notamment un examen médical d'aptitude, qui se substitue à la visite d'information et de prévention prévue à l'article L. 4624-1.

II. — L'examen médical d'aptitude permet de s'assurer de la compatibilité de l'état de santé du travailleur avec le poste auquel il est affecté, afin de prévenir tout risque grave d'atteinte à sa santé ou à sa sécurité ou à celles de ses collègues ou des tiers évoluant dans l'environnement immédiat de travail. Il est réalisé avant l'embauche et renouvelé périodiquement. Il est effectué par le médecin du travail, sauf lorsque des dispositions spécifiques le confient à un autre médecin. — *V. art. R. 4624-24 s.*

V. ndlr ss. art. L. 4624-1.

Art. L. 4624-2-1 (*L. n° 2018-217 du 29 mars 2018, art. 13*) Les travailleurs bénéficiant du dispositif de suivi individuel renforcé prévu à l'article L. 4624-2, ou qui ont bénéficié d'un tel suivi au cours de leur carrière professionnelle sont examinés par le médecin du travail au cours d'une visite médicale (*L. n° 2021-1018 du 2 août 2021, art. 5, en vigueur le 31 mars 2022*) « dans les meilleurs délais après la cessation de leur exposition à des risques particuliers pour leur santé ou leur sécurité ou, le cas échéant, », avant leur départ à la retraite.

Cet examen médical vise à établir une traçabilité et un état des lieux, à date, des expositions à un ou plusieurs facteurs de risques professionnels mentionnés à l'article L. 4161-1 auxquelles a été soumis le travailleur. (*L. n° 2021-1018 du 2 août 2021, art. 5, en vigueur le 31 mars 2022*) « S'il constate une exposition du travailleur à certains risques dangereux, notamment chimiques, mentionnés au *a* du 2° du I du même article L. 4161-1, le médecin du travail met en place une surveillance post-exposition ou post-professionnelle, en lien avec le médecin traitant et le médecin conseil des organismes de sécurité sociale. Cette surveillance tient compte de la nature du risque, de l'état de santé et de l'âge de la personne concernée ».

Les modalités d'application du présent article sont précisées par décret en Conseil d'État. — *V. art. R. 4624-28-1 s.*

Art. L. 4624-2-2 (*L. n° 2021-1018 du 2 août 2021, art. 22, en vigueur le 31 mars 2022*) I. — Le travailleur est examiné par le médecin du travail au cours d'une visite médicale de mi-carrière organisée à une échéance déterminée par accord de branche ou, à défaut, durant l'année civile du quarante-cinquième anniversaire du travailleur.

Cet examen médical peut être anticipé et organisé conjointement avec une autre visite médicale lorsque le travailleur doit être examiné par le médecin du travail deux ans avant l'échéance prévue au premier alinéa du présent I. Il peut être réalisé dès le retour à l'emploi du travailleur dès lors qu'il satisfait aux conditions déterminées par l'accord de branche prévu au même premier alinéa ou, à défaut, qu'il est âgé d'au moins quarante-cinq ans.

L'examen médical vise à :

1° Établir un état des lieux de l'adéquation entre le poste de travail et l'état de santé du travailleur, à date, en tenant compte des expositions à des facteurs de risques professionnels auxquelles il a été soumis ;

2° Évaluer les risques de désinsertion professionnelle, en prenant en compte l'évolution des capacités du travailleur en fonction de son parcours professionnel, de son âge et de son état de santé ;

3° Sensibiliser le travailleur aux enjeux du vieillissement au travail et sur la prévention des risques professionnels.

Le médecin du travail peut proposer, par écrit et après échange avec le travailleur et l'employeur, les mesures prévues à l'article L. 4624-3.

II. — La visite médicale de mi-carrière peut être réalisée par un infirmier de santé au travail exerçant en pratique avancée. Celui-ci ne peut proposer les mesures mentionnées au dernier alinéa du I. A l'issue de la visite, l'infirmier peut, s'il l'estime nécessaire, orienter sans délai le travailleur vers le médecin du travail.

Art. L. 4624-2-3 (*L. n° 2021-1018 du 2 août 2021, art. 27, en vigueur le 31 mars 2022*) Après un congé de maternité ou une absence au travail justifiée par une incapacité résultant de maladie ou d'accident et répondant à des conditions fixées par décret, le travailleur bénéficie d'un examen de reprise par un médecin du travail dans un délai déterminé par décret. – V. art. R. 4624-31.

Art. L. 4624-2-4 (L. n° 2021-1018 du 2 août 2021, art. 27, en vigueur le 31 mars 2022) En cas d'absence au travail justifiée par une incapacité résultant de maladie ou d'accident d'une durée supérieure à une durée fixée par décret, le travailleur peut bénéficier d'un examen de préreprise par le médecin du travail, notamment pour étudier la mise en œuvre des mesures d'adaptation individuelles prévues à l'article L. 4624-3, organisé à l'initiative du travailleur, du médecin traitant, des services médicaux de l'assurance maladie ou du médecin du travail, dès lors que le retour du travailleur à son poste est anticipé. – V. art. R. 4624-29.

L'employeur informe le travailleur de la possibilité pour celui-ci de solliciter l'organisation de l'examen de préreprise.

Art. L. 4624-3 (L. n° 2016-1088 du 8 août 2016, art. 102) Le médecin du travail peut proposer, par écrit et après échange avec le salarié et l'employeur, des mesures individuelles d'aménagement, d'adaptation ou de transformation du poste de travail ou des mesures d'aménagement du temps de travail justifiées par des considérations relatives notamment à l'âge ou à l'état de santé physique et mental du travailleur.

Art. L. 4624-4 (L. n° 2016-1088 du 8 août 2016, art. 102) Après avoir procédé ou fait procéder par un membre de l'équipe pluridisciplinaire à une étude de poste et après avoir échangé avec le salarié et l'employeur, le médecin du travail qui constate qu'aucune mesure d'aménagement, d'adaptation ou de transformation du poste de travail occupé n'est possible et que l'état de santé du travailleur justifie un changement de poste déclare le travailleur inapte à son poste de travail. L'avis d'inaptitude rendu par le médecin du travail est éclairé par des conclusions écrites, assorties d'indications relatives au reclassement du travailleur.

BIBL. ▶ FANTONI-QUINTON et VERKINDT, SSL 2017, n° 1752, p. 7 (nouvel encadrement de la décision d'inaptitude). – JEANSEN, JCP S 2017. 1318.

1. Application dans le temps de la loi du 8 août 2016. L'obligation qui pèse sur l'employeur de rechercher un reclassement au salarié déclaré par le médecin du travail inapte à reprendre l'emploi qu'il occupait précédemment naît à la date de la déclaration d'inaptitude par le médecin du travail. Dès lors que l'inaptitude n'a pas été constatée en application de l'art. L. 4624-4 C. trav., dans sa rédaction issue de la L. n° 2016-1088 du 8 août 2016, entrée en vigueur postérieurement à l'avis d'inaptitude, les dispositions antérieures à l'entrée en vigueur de cette loi s'appliquent. ● Soc. 11 mai 2022, ⚖ n° 20-20.717 B : *D. actu.* 24 mai 2022, obs. Couëdel ; *D.* 2022. 997 ⌀ ; *RJS* 7/2021, n° 363.

2. Avis d'aptitude médicale et modification du contrat de travail. La circonstance que les mesures d'aménagement du poste ou des horaires de travail préconisées par le médecin du travail entraînent une modification du contrat de travail du salarié n'implique pas, en elle-même, la formulation d'un avis d'inaptitude médicale. ● Soc. 24 mars 2021, ⚖ n° 19-16.558 P : *D. actu.* 15 avr. 2021, obs. Malfettes ; *D.* 2021. Actu. 638 ⌀ ; *RDT* 2021. 314, obs. Fabre ⌀ ; *Dr. soc.* 2021. 671, obs. Verkindt ⌀ ; *RJS* 5/2021, n° 270 ; *SSL* 2021, n° 1955, obs. Tournaux ; *JSL* 2021, n° 520-4, obs. Pacotte et Daguerre ; *JCP S* 2021. 1114, obs. Babin.

3. Avis d'inaptitude médicale et suspension du contrat de travail. Le médecin du travail peut constater l'inaptitude d'un salarié à son poste à l'occasion d'un examen réalisé à la demande de celui-ci, peu important que l'examen médical ait lieu pendant la suspension du contrat de travail. ● Soc. 24 mai 2023, ⚖ n° 22-10.517 B : *D. actu.* 7 juin, obs. Malfettes ; *D.* 2023. 1015 ⌀ ; *RJS* 8-9/2023, n° 428 ; *JCP S* 2023. 1171, obs. Babin.

Art. L. 4624-5 (L. n° 2016-1088 du 8 août 2016, art. 102) Pour l'application des articles L. 4624-3 et L. 4624-4, le médecin du travail reçoit le salarié, afin d'échanger sur l'avis et les indications ou les propositions qu'il pourrait adresser à l'employeur.

Le médecin du travail peut proposer à l'employeur l'appui de l'équipe pluridisciplinaire ou celui d'un organisme compétent en matière de maintien en emploi pour mettre en œuvre son avis et ses indications ou ses propositions.

Art. L. 4624-6 (L. n° 2016-1088 du 8 août 2016, art. 102) L'employeur est tenu de prendre en considération l'avis et les indications ou les propositions émis par le médecin du travail en application des articles L. 4624-2 à L. 4624-4. En cas de refus, l'employeur fait connaître par écrit au travailleur et au médecin du travail les motifs qui s'opposent à ce qu'il y soit donné suite.

BIBL. ▶ LÉGER, *RJS 4/2020* (contentieux de l'employeur contre les médecins du travail).

COMMENTAIRE
V. sur le Code en ligne 🔒. ☐

Art. L. 4624-7 (Ord. n° 2017-1387 du 22 sept. 2017, art. 8) I. — Le salarié ou l'employeur peut saisir le conseil de prud'hommes (Ord. n° 2019-738 du 17 juill. 2019, art. 15) « selon la procédure accélérée au fond » d'une contestation portant sur les avis, propositions, conclusions écrites ou indications émis par le médecin du travail reposant sur des éléments de nature médicale en application des articles L. 4624-2, L. 4624-3 et L. 4624-4. Le médecin du travail, informé de la contestation (L. n° 2018-217 du 29 mars 2018, art. 11) « par l'employeur », n'est pas partie au litige. — *Les dispositions de l'Ord. n° 2019-738 du 17 juill. 2019 s'appliquent aux demandes introduites à compter du 1er janv. 2020 (Ord. préc., art. 30).*

II. — Le conseil de prud'hommes peut confier toute mesure d'instruction au (Ord. n° 2017-1718 du 20 déc. 2017, art. 1er-I) « médecin inspecteur du travail » territorialement compétent pour l'éclairer sur les questions de fait relevant de sa compétence. Celui-ci, peut, le cas échéant, s'adjoindre le concours de tiers. A la demande de l'employeur, les éléments médicaux ayant fondé les avis, propositions, conclusions écrites ou indications émis par le médecin du travail (L. n° 2021-1018 du 2 août 2021, art. 15-II, en vigueur le 31 mars 2022) « , à l'exception des données recueillies dans le dossier médical partagé en application du IV de l'article L. 1111-17 du code de la santé publique, » peuvent être notifiés au médecin que l'employeur mandate à cet effet. Le salarié est informé de cette notification.

III. — La décision du conseil de prud'hommes se substitue aux avis, propositions, conclusions écrites ou indications contestés.

(L. n° 2018-217 du 29 mars 2018, art. 11) « IV. — Le conseil de prud'hommes peut décider, par décision motivée, de ne pas mettre tout ou partie des honoraires et frais d'expertise à la charge de la partie perdante, dès lors que l'action en justice n'est pas dilatoire ou abusive. Ces honoraires et frais sont réglés d'après le tarif fixé par un arrêté conjoint des ministres chargés du travail et du budget. » — *V. Arr. du 27 mars 2018 (JO 30 mars, NOR : MTRT1806841A).*

V. — Les conditions et les modalités d'application du présent article sont définies par décret en Conseil d'État. — *V. art. R. 4624-45 s.*

Ces dispositions s'appliquent aux instances introduites à compter du 1er janv. 2018 (Ord. n° 2017-1387 du 22 sept. 2017, art. 40-X, et Décr. n° 2017-1698 du 15 déc. 2017, art. 4-II).

BIBL. ▶ BABIN, *JCP S 2017. 1139* (contestation des avis du médecin du travail devant le conseil de prud'hommes). – BOUMENDJEL, LEDUC et MASAMBA-DEBAT, *JCP S 2017. 1276* ; *ibid. 2017. 1320* (recours contre les avis du médecin du travail). – CHONNIER et BAILLY, *Dr. soc. 2020. 648* (contestation par l'employeur des avis du médecin du travail à l'épreuve du secret médical). – VERKINDT, *JCP S 2017. 1310.*

COMMENTAIRE
V. sur le Code en ligne 🔒. ☐

I. JURISPRUDENCE RENDUE SOUS L'EMPIRE DES DISPOSITIONS ANTÉRIEURES À L'ORD. N° 2017-1387 DU 22 SEPT. 2017

1. Cas de recours. En l'absence de recours, exercé devant l'inspecteur du travail, contre les avis du médecin du travail, ceux-ci s'imposent au juge ; le juge ne peut alors refuser de donner effet aux avis donnés par ce médecin. ● Soc. 17 déc. 2014, ⚖ n° 13-12.277 : *D. actu. 21 janv. 2015, obs. Fleuriot ; RJS 3/2015, n° 183 ; JCP S 2015. 1088, obs. Verkindt.* ◆ Le refus par le salarié de la proposition de reclassement ne constitue pas un différend rendant nécessaire l'intervention de l'inspecteur du travail. ● Soc. 13 nov. 1984 : *JS UIMM 1985. 173.* ◆ Solution identique en l'absence de contestation de la part de l'employeur de l'avis du médecin du travail. ● Soc. 24 avr. 1980 : *Bull. civ. V, n° 350.* ◆ Sur le cas particulier des représentants du personnel, V. ● CE 27 juill. 1984 : *JS UIMM 1984. 472* ● 6 juill. 1984 : *Dr. soc. 1985. 52, concl. Boyon* ● 11 juill. 1986 : *ibid. 1987. 620, concl. Guillaume.* ◆ Le recours administratif devant l'inspecteur du travail n'est ouvert qu'en cas de difficulté ou de désaccord sur l'avis du médecin du travail portant sur l'inaptitude physique du salarié à son poste de travail antérieur, son aptitude physique au poste de reclassement proposé, la nécessité d'une adaptation des conditions de travail ou d'une réadaptation du salarié. • Soc. 28 juin 2006 : 🕮 D. 2006. IR 2056 ⌀. ♦ En cas de désaccord concernant les propositions du médecin du travail, l'inspecteur du travail doit se prononcer lui-même sur l'aptitude du salarié à tenir son poste de travail sans pouvoir se borner à annuler les propositions du médecin du travail et à lui enjoindre d'en formuler de nouvelles. • CE 27 sept. 2006 : 🕮 D. 2006. IR 2628 ⌀ ; Dr. soc. 2006. 1117, note Savatier ⌀. ♦ Le recours administratif devant l'inspecteur du travail couvre la visite médicale d'embauche. • CE 17 juin 2009 : 🕮 Dr. soc. 2009. 941, concl. Struillou ⌀ ; ibid. 1137, obs. Chaumette ⌀ ; SSL 2009, n° 1407, p. 12.

2. Recours. L'avis du médecin du travail ne peut faire l'objet, tant de la part de l'employeur que de la part du salarié, que d'un recours administratif devant l'inspecteur du travail. • Soc. 2 févr. 1994, 🕮 n° 88-42.711 P : CSB 1994. 153, S. 79 ; RJS 1994. 181, n° 245. ♦ Il n'appartient pas aux juges du fond de substituer leur appréciation à celle du médecin du travail. • Soc. 10 nov. 2009 : 🕮 R., p. 341 ; D. 2009. AJ 2867, obs. Maillard ⌀ ; Dr. ouvrier 2010. 265 ; RJS 2010. 32, n° 30. ♦ Le juge judiciaire, et plus particulièrement le juge des référés, ne peut ordonner une expertise afin de contester le bien-fondé de cet avis. • Soc. 12 mars 1987 : Dr. soc. 1987. 604, note Savatier. – V. aussi • CE 4 oct. 1991 : 🕮 RJS 1991. 712, n° 1326 • Soc. 9 oct. 2001, 🕮 n° 98-46.144 P : RJS 2001. 957 ; Dr. soc. 2002. 217, obs. Savatier ⌀ ; JSL 2001, n° 91-2.

3. Information du recours. Lorsqu'un salarié déclaré inapte à son poste de travail conteste cet avis d'inaptitude devant l'inspecteur du travail, il n'a pas à en avertir l'employeur ; son silence lors de l'entretien préalable à son licenciement ne caractérise pas sa mauvaise foi. • Soc. 3 févr. 2010 : 🕮 RDT 2010. 304, obs. Véricel ⌀ ; JSL 2010, n° 274-2 ; SSL 2010, n° 1433, p. 11, avis Duplat.

4. Objet de la contestation de la décision de l'inspecteur du travail. L'appréciation donnée par l'inspecteur du travail confirmative ou infirmative de l'avis du médecin du travail se substitue à ce dernier ; seule cette appréciation est susceptible de recours pour excès de pouvoir et les éventuelles irrégularités dans la procédure prévue à l'art. R. 4624-31 C. trav. ayant conduit à l'avis du médecin du travail sont sans incidence sur la légalité de la décision rendue par l'inspecteur du travail. • CE 22 mai 2015, 🕮 n° 377001 : D. actu. 16 sept. 2015, obs. Siro.

5. Recours et salariés protégés. L'inspecteur du travail, lorsqu'il est saisi tout à la fois d'un recours formé par un salarié sur le fondement de l'art. L. 4624-1 et d'une demande d'autorisation de licencier ce salarié pour inaptitude physique, ne peut se prononcer sur la demande d'autorisation de licenciement sans avoir statué sur le recours, après avis du médecin-inspecteur du travail. • CE 7 oct. 2009 : 🕮 Dr. soc. 2010. 168, concl. Struillou ⌀.

6. Incidences sur le contrat de travail. La procédure de contestation n'impose pas la suspension du contrat de travail et l'employeur ne peut empêcher le salarié qui en fait la demande de reprendre son poste. • Soc. 14 janv. 1998 : 🕮 RJS 1998. 280, n° 448. ♦ En présence d'un avis d'inaptitude temporaire délivré par le médecin du travail, en l'absence de recours de l'employeur, le salarié peut refuser de se soumettre à une contre-visite. • Soc. 10 févr. 1998, 🕮 n° 95-41.600 P.

7. Le recours auprès de l'inspecteur du travail ne subordonne pas le licenciement du salarié à une autorisation préalable et ne suspend pas le délai d'un mois imparti à l'employeur pour procéder au licenciement du salarié déclaré inapte à son emploi ; mais est dépourvu de cause réelle et sérieuse le licenciement notifié prématurément, sans prendre en considération la possibilité retenue par l'inspecteur du travail de reclasser sur le poste aménagé moyennant une aide financière qu'il appartient à l'employeur de solliciter. • Soc. 28 janv. 2004, 🕮 n° 01-46.913 P : RJS 2004. 282, n° 401.

8. L'appréciation de l'inspecteur du travail, qui se substitue entièrement à celle du médecin du travail, doit être regardée comme portée dès la date à laquelle l'avis du médecin du travail a été émis, qu'elle la confirme ou qu'elle l'infirme, et nonobstant la circonstance que l'inspecteur du travail doive se prononcer en fonction des circonstances de fait et de droit à la date à laquelle il prend sa décision. • CE 16 avr. 2010 : 🕮 Dr. soc. 2010. 629, concl. Dumortier ⌀.

9. Infirmation de l'avis d'inaptitude. Le principe du contradictoire doit être respecté dans le cadre de la procédure de contestation auprès de l'inspecteur du travail. Lorsque l'inspecteur du travail envisage d'infirmer l'avis d'inaptitude, il doit avertir l'employeur et recueillir au préalable ses observations sous peine de nullité de sa décision. • CE 21 janv. 2015, 🕮 n° 365124 : D. actu. 27 févr. 2015, obs. Fraisse ; RDT 2015. 100, concl. Dumortier ⌀ ; RJS 4/2015, n° 248.

10. Conséquences sur la décision. Lorsque l'inspecteur du travail décide de ne pas reconnaître l'inaptitude, ou lorsque, sur recours contentieux, sa décision la reconnaissant est annulée, le licenciement n'est pas nul mais devient privé de cause ; le salarié a droit non à sa réintégration dans l'entreprise mais à une indemnité qui ne peut être inférieure au salaire des six derniers mois prévue par l'art. L. 122-14-4 [L. 1235-4 nouv.]. • Soc. 8 avr. 2004, 🕮 n° 01-45.693 P : D. 2004. IR 1124 ⌀ ; Dr. soc. 2004. 788, obs. Savatier ⌀ ; RJS 2004. 470, n° 681, et ibid. 2004. 435, note Bourgeot • 9 févr. 2005 : 🕮 RJS 2005. 281, n° 395 ; Dr. soc. 2005. 696, obs. Savatier ⌀ • 26 nov. 2008 : ⚖ D. 2009. AJ 25 ⌀ ; Dr. soc. 2009. 257, note Savatier ⌀ ; RJS 2009. 146, n° 168 ; JSL 2008, n° 246-2 ; JCP S 2009. 1054, obs. Verkindt ; SSL 2009, n° 1383, p. 10.

11. L'annulation par l'inspecteur du travail de l'avis d'inaptitude délivré par le médecin du travail et déclarant un salarié apte à un poste d'employé commercial pour tout rayon n'a pas pour effet de suspendre à nouveau le contrat de travail. • Soc. 26 nov. 2008 : ⚖ RJS 2009. 146, n° 168 ; JSL 2008, n° 246-2. ♦ Comp. : lorsque l'inspecteur du travail décide d'annuler les avis sur l'aptitude du salarié délivrés par le médecin du travail dans le cadre de la visite médicale de reprise du travail, le contrat de travail est de nouveau suspendu de sorte que le salarié ne peut prétendre au paiement des salaires. • Soc. 10 nov. 2004, ⚖ n° 02-44.926 P : D. 2004. IR 3037 ⌀ ; Dr. soc. 2005. 223, obs. Savatier ⌀ ; RJS 2005. 38, n° 33 ; JCP E 2005. 408, note Waquet ; JSL 2004, n° 157-6.

12. Frais de transport exposés à l'occasion de la mesure d'instruction prévue par l'art. L. 4624-7. Les frais de déplacement exposés par un salarié à l'occasion d'une mesure d'instruction ne peuvent être remboursés que sur le fondement de l'art. 700 C. pr. civ. ; le juge ne peut accorder une somme au titre de ce dernier texte en raison de frais exposés pour les besoins d'une procédure antérieure. • Soc. 4 mars 2020, ⚖ n° 18-24.405 P : D. 2020. 606 ⌀ ; RJS 6/2020, n° 298.

II. JURISPRUDENCE RENDUE SOUS L'EMPIRE DE L'ORD. N° 2017-1387 DU 22 SEPT. 2017

(V. QR min. trav. du 26 oct. 2020 : FRS 22/20 inf. 12, p. 23).

13. Portée de l'avis d'inaptitude non contesté dans le délai. Dès lors que l'avis d'inaptitude rendu par le médecin du travail mentionnait les voies et délais de recours et n'avait fait l'objet d'aucune contestation dans le délai de 15 jours, sa régularité ne pouvait plus être contestée, que la contestation concerne les éléments purement médicaux ou l'étude de poste ; en l'absence de recours, l'avis s'impose aux parties. • Soc. 7 déc. 2022, ⚖ n° 21-23.662 B : D. 2023. 419, note Valéry ⌀ ; RJS 2/2023, n° 88 ; JSL 2023, n° 556-3, obs. Giovenal.

14. Point de départ du délai de recours de 15 jours contre un avis d'inaptitude. Le délai de 15 jours pour la saisine du conseil de prud'hommes court à compter de la notification de l'avis d'inaptitude émis par le médecin du travail. • Soc. 2 juin 2021, ⚖ n° 19-24.061 P : D. 2021. 1089 ⌀ ; RDT 2021. 458, obs. Couëdel ⌀ ; RJS 8-9/2021, n° 453 ; JSL 2021, n° 524-2, obs. Lhernould ; ibid., n° 526-5, obs. Pacotte et Layat ; JCP S 2021. 1183, obs. Babin.

15. Point de départ du délai de contestation de l'avis d'inaptitude remis en main propre. Pour constituer la notification faisant courir le délai de recours de 15 jours à l'encontre d'un avis d'aptitude ou d'inaptitude, la remise en main propre de cet avis doit être faite contre émargement ou récépissé. • Soc. 2 mars 2022, ⚖ n° 20-21.715 B : RJS 5/2022, n° 256 ; JCP S 2022. 1148, obs. Babin ; JSL 2022, n° 542, obs. Nasom-Tissandier.

16. Domaine de contrôle susceptible d'être exercé par le conseil de prud'hommes. La contestation dont peut être saisi le conseil de prud'hommes en application de l'art. L. 4624-7 doit porter sur l'avis du médecin du travail ; le juge saisi de la contestation doit donc rechercher si le salarié est effectivement inapte à son poste de travail. Le non-respect des règles de procédure prévues par les dispositions réglementaires ne peut pas affecter, à lui seul, la validité de l'avis délivré. • Soc., avis, 17 mars 2021, ⚖ n° 21-70.002 P : RDT 2021. 397, obs. Véricel ⌀ ; RJS 5/2021, n° 272 ; JCP S 2021. 1115, obs. Laherre.

17. Contestation de l'avis et office du juge prud'homal. La contestation dont peut être saisi le conseil de prud'hommes doit porter sur l'avis du médecin du travail ; le conseil peut, dans ce cadre, examiner les éléments de toute nature sur lesquels le médecin du travail s'est fondé pour rendre son avis. • Soc. 17 mars 2021, ⚖ n° 21-70.002 P : RDT 2021. 397, obs. Véricel ⌀ ; RJS 5/2021, n° 272 ; JSL 2021, n° 519-4, obs. Hautefort ; JCP S 2021. 1115, obs. Laherre. ♦ Il substitue à cet avis sa propre décision, après avoir le cas échéant ordonné une mesure d'instruction. Même arrêt • Soc. 7 déc. 2022, ⚖ n° 21-17.927 B : D. 2022. 2227 ⌀ ; RDT 2023. 110, obs. Abry-Durand ⌀ ; RJS 2/2023, n° 87 ; JSL 2023, n° 556-4, obs. Hautefort.

18. Communication des éléments médicaux par le médecin inspecteur du travail au médecin mandaté par l'employeur. Dans le cadre d'un recours contre un avis d'inaptitude, le médecin inspecteur du travail chargé d'une mesure d'instruction saisie n'est tenu de communiquer au médecin mandaté par l'employeur que les éléments médicaux ayant fondé les avis, propositions, conclusions écrites ou interrogations émis par le médecin du travail, à l'exclusion de tout autre élément porté à sa connaissance dans le cadre de l'exécution de sa mission. • Soc. 13 déc. 2023, ⚖ n° 21-22.401 B.

Art. L. 4624-8 (L. n° 2010-1330 du 9 nov. 2010, art. 60-I) Un dossier médical en santé au travail (Abrogé par L. n° 2021-1018 du 2 août 2021, art. 16-I, à compter du 31 mars 2022) « intégré au dossier médical partagé », constitué par le médecin du travail (L. n° 2021-1018 du 2 août 2021, art. 16-I, en vigueur le 31 mars 2022) « ou, le cas échéant, un des professionnels de santé mentionnés au premier alinéa du I de l'article

L. 4624-1 », retrace dans le respect du secret médical les informations relatives à l'état de santé du travailleur, aux expositions auxquelles il a été soumis ainsi que les avis et propositions du médecin du travail, notamment celles formulées en application (*L. n° 2016-1088 du 8 août 2016, art. 102-II*) « des articles L. 4624-3 et L. 4624-4 ». En cas de risque pour la santé publique ou à sa demande, le médecin du travail le transmet au médecin inspecteur du travail. Le travailleur, ou en cas de décès de celui-ci toute personne autorisée par les articles L. 1110-4 et L. 1111-7 (*L. n° 2021-1018 du 2 août 2021, art. 16-I, en vigueur le 31 mars 2022*) « du code de la santé publique », peut demander la communication de ce dossier.

(*L. n° 2021-1018 du 2 août 2021, art. 16-I, en vigueur le 31 mars 2022*) « Pour chaque titulaire, l'identifiant du dossier médical en santé au travail est l'identifiant de santé mentionné à l'article L. 1111-8-1 du même code, lorsqu'il dispose d'un tel identifiant.

« Le dossier médical en santé au travail est accessible au médecin praticien correspondant et aux professionnels de santé chargés d'assurer, sous l'autorité du médecin du travail, le suivi de l'état de santé d'une personne en application du premier alinéa du I de l'article L. 4624-1 du présent code, sauf opposition de l'intéressé.

« Le médecin du travail ou, le cas échéant, l'un des professionnels de santé mentionnés au même premier alinéa saisit dans le dossier médical en santé au travail l'ensemble des données d'exposition du travailleur à un ou plusieurs facteurs de risques professionnels mentionnés à l'article L. 4161-1 ou toute autre donnée d'exposition à un risque professionnel qu'il estime de nature à affecter l'état de santé du travailleur. Pour la collecte de ces données, le médecin du travail ou le professionnel de santé tient compte des études de poste, des fiches de données de sécurité transmises par l'employeur, du document unique d'évaluation des risques professionnels mentionné à l'article L. 4121-3-1 et de la fiche d'entreprise. Les informations relatives à ces expositions sont confidentielles et ne peuvent pas être communiquées à un employeur auprès duquel le travailleur sollicite un emploi. »

(*L. n° 2021-1018 du 2 août 2021, art. 16-I et III, en vigueur à une date fixée par Décr. et au plus tard le 1er janv. 2024*) « Les éléments nécessaires au développement de la prévention ainsi qu'à la coordination, à la qualité et à la continuité des soins au sein du dossier médical en santé au travail sont versés, sous réserve du consentement du travailleur préalablement informé, dans le dossier médical partagé au sein d'un volet relatif à la santé au travail dans les conditions prévues au troisième alinéa de l'article L. 1111-15 du code de la santé publique. Ces éléments sont accessibles, uniquement à des fins de consultation, aux professionnels de santé participant à la prise en charge du travailleur mentionnés aux articles L. 1110-4 et L. 1110-12 du même code, sous réserve du consentement du travailleur préalablement informé. »

(*L. n° 2021-1018 du 2 août 2021, art. 16-I, en vigueur le 31 mars 2022*) « Lorsque le travailleur relève de plusieurs services de prévention et de santé au travail ou cesse de relever d'un de ces services, son dossier médical en santé au travail est accessible au service compétent pour assurer la continuité du suivi, sauf refus du travailleur. — *V. art. R. 4624-45-7.*

« Un décret en Conseil d'État, pris après avis de la Commission nationale de l'informatique et des libertés, fixe les modalités de mise en œuvre du présent article. » — *V. art. R. 4624-45-3 s.*

BIBL. ▶ AMAUGER-LATTES, *Dr. soc.* 2021. 897 (prévention et traçabilité des expositions professionnelles).

Art. L. 4624-8-1 (*L. n° 2021-1018 du 2 août 2021, art. 15-II, en vigueur le 31 mars 2022*) Le travailleur peut s'opposer à l'accès du médecin du travail chargé du suivi de son état de santé à son dossier médical partagé mentionné à l'article L. 1111-14 du code de la santé publique. Ce refus ne constitue pas une faute et ne peut servir de fondement à l'avis d'inaptitude mentionné à l'article L. 4624-4 du présent code. Il n'est pas porté à la connaissance de l'employeur.

Art. L. 4624-8-2 (*L. n° 2021-1018 du 2 août 2021, art. 17-II, en vigueur à une date fixée par Décr. et au plus tard le 1er janv. 2024*) Afin de garantir l'échange, le partage, la sécurité et la confidentialité des données de santé à caractère personnel, les systèmes d'information ou les services ou outils numériques destinés à être utilisés par les professionnels de santé exerçant pour le compte des services de prévention et de santé au travail ainsi que par les personnes exerçant sous leur autorité doivent être conformes aux référentiels d'interopérabilité et de sécurité élaborés par le groupement d'intérêt public mentionné à l'article L. 1111-24 du code de la santé publique, le cas échéant adaptés aux spécificités de l'activité des services de prévention et de santé au travail, pour le traitement de ces données, leur conservation sur support informatique et leur transmission par voie électronique.

La conformité aux référentiels d'interopérabilité et de sécurité mentionnée au premier alinéa du présent article conditionne la certification prévue à l'article L. 4622-9-3 du présent code.

Art. L. 4624-9 (*L. n° 2011-867 du 20 juill. 2011*) I. — Lorsque le médecin du travail constate la présence d'un risque pour la santé des travailleurs, il propose par un écrit motivé et circonstancié des mesures visant à la préserver.

L'employeur prend en considération ces propositions et, en cas de refus, fait connaître par écrit les motifs qui s'opposent à ce qu'il y soit donné suite.

II. — Lorsque le médecin du travail est saisi par un employeur d'une question relevant des missions qui lui sont dévolues en application de l'article L. 4622-3, il fait connaître ses préconisations par écrit.

III. — Les propositions et les préconisations du médecin du travail et la réponse de l'employeur, prévues aux I et II du présent article, sont (*L. n° 2015-994 du 17 août 2015, art. 26-V*) « transmises au (*Ord. n° 2017-1386 du 22 sept. 2017, art. 4*) « comité social et économique », à l'(*L. n° 2016-1088 du 8 août 2016, art. 113*) « agent de contrôle de l'inspection du travail mentionné à l'article L. 8112-1 », au médecin inspecteur du travail ou aux agents des services de prévention des organismes de sécurité sociale et des organismes mentionnés à l'article L. 4643-1 ».

Art. L. 4624-10 (*L. n° 2011-867 du 20 juill. 2011*) Des décrets en Conseil d'État précisent les modalités d'action des personnels concourant aux services (*L. n° 2021-1018 du 2 août 2021, art. 1ᵉʳ-I, en vigueur le 31 mars 2022*) « de prévention et » de santé au travail ainsi que les conditions d'application du présent chapitre (*L. n° 2016-1088 du 8 août 2016, art. 102-II*) « notamment les modalités du suivi individuel prévu à l'article L. 4624-1, les modalités d'identification des travailleurs mentionnées à l'article L. 4624-2 et les modalités du suivi individuel renforcé dont ils bénéficient ».

CHAPITRE V SURVEILLANCE MÉDICALE DE CATÉGORIES PARTICULIÈRES DE TRAVAILLEURS (*L. n° 2011-867 du 20 juill. 2011*).

Art. L. 4625-1 (*L. n° 2011-867 du 20 juill. 2011*) Un décret détermine les règles relatives à l'organisation, au choix et au financement du service (*L. n° 2021-1018 du 2 août 2021, art. 1ᵉʳ-I, en vigueur le 31 mars 2022*) « de prévention et » de santé au travail ainsi qu'aux modalités de surveillance de l'état de santé des travailleurs applicables aux catégories de travailleurs suivantes :

1° Salariés temporaires ;
2° Stagiaires de la formation professionnelle ;
3° Travailleurs des associations intermédiaires ;
4° Travailleurs exécutant habituellement leur contrat de travail dans une entreprise autre que celle de leur employeur ;
5° Travailleurs éloignés exécutant habituellement leur contrat de travail dans un département différent de celui où se trouve l'établissement qui les emploie ;
6° Travailleurs détachés temporairement par une entreprise non établie en France ;
7° Travailleurs saisonniers.

Ces travailleurs bénéficient d'une protection égale à celle des autres travailleurs.

Des règles et modalités de surveillance adaptées ne peuvent avoir pour effet de modifier la périodicité des examens médicaux définie par le présent code.

Des règles adaptées relatives à l'organisation du service (*L. n° 2021-1018 du 2 août 2021, art. 1ᵉʳ-I, en vigueur le 31 mars 2022*) « de prévention et » de santé au travail ne peuvent avoir pour effet de modifier les modalités de composition et de fonctionnement du conseil d'administration prévues à l'article L. 4622-11.

Pour tenir compte de spécificités locales en matière de recours à des travailleurs saisonniers, l'autorité administrative peut approuver des accords adaptant les modalités

SANTÉ ET SÉCURITÉ AU TRAVAIL

définies par décret sous réserve que ces adaptations garantissent un niveau au moins équivalent de protection de la santé aux travailleurs concernés. – V. art. R. 4625-1 s.

Art. L. 4625-1-1 (L. n° 2016-1088 du 8 août 2016, art. 102) Un décret en Conseil d'État prévoit les adaptations des règles définies aux articles L. 4624-1 et L. 4624-2 pour les salariés temporaires et les salariés en contrat à durée déterminée.

Ces adaptations leur garantissent un suivi individuel de leur état de santé d'une périodicité équivalente à celle du suivi des salariés en contrat à durée indéterminée.

Ce décret en Conseil d'État prévoit les modalités d'information de l'employeur sur le suivi individuel de l'état de santé de son salarié et les modalités particulières d'hébergement des dossiers médicaux en santé au travail et d'échanges d'informations entre médecins du travail. – V. art. R. 4625-1 s.

V. ndlr ss. art. L. 4624-1.

Art. L. 4625-2 (L. n° 2011-867 du 20 juill. 2011, art. 10) Un accord collectif de branche étendu peut prévoir des dérogations aux règles relatives à l'organisation et au choix du service (L. n° 2021-1018 du 2 août 2021, art. 1er-I, en vigueur le 31 mars 2022) « de prévention et » de santé au travail ainsi qu'aux modalités de surveillance de l'état de santé des travailleurs dès lors que ces dérogations n'ont pas pour effet de modifier la périodicité des examens médicaux définie par le présent code.

Ces dérogations concernent les catégories de travailleurs suivantes :

1° Artistes et techniciens intermittents du spectacle ;

2° Mannequins ;

3° Salariés du particulier employeur (Ord. n° 2021-611 du 19 mai 2021, art. 6) « et assistants maternels » ;

4° Voyageurs, représentants et placiers.

L'accord collectif de branche étendu après avis du Conseil national de l'ordre des médecins peut prévoir que le suivi médical des salariés du particulier employeur (Ord. n° 2021-611 du 19 mai 2021, art. 6) « , des assistants maternels employés par un ou plusieurs particuliers » et des mannequins soit effectué par des médecins non spécialisés en médecine du travail qui signent un protocole avec un service (L. n° 2021-1018 du 2 août 2021, art. 1er-I, en vigueur le 31 mars 2022) « de prévention et » de santé au travail interentreprises. Ces protocoles prévoient les garanties en termes de formation des médecins non spécialistes, les modalités de leur exercice au sein du service (L. n° 2021-1018 du 2 août 2021, art. 1er-I, en vigueur le 31 mars 2022) « de prévention et » de santé au travail ainsi que l'incompatibilité entre la fonction de médecin de soin du travailleur ou de l'employeur et le suivi médical du travailleur prévu par le protocole. Ces dispositions ne font pas obstacle à l'application de l'article L. 1133-3.

En cas de difficulté ou de désaccord avec les avis délivrés par les médecins mentionnés au septième alinéa du présent article, l'employeur ou le travailleur peut solliciter un examen médical auprès d'un médecin du travail appartenant au service (L. n° 2021-1018 du 2 août 2021, art. 1er-I, en vigueur le 31 mars 2022) « de prévention et » de santé au travail interentreprises ayant signé le protocole.

Art. L. 4625-3 (L. n° 2021-1018 du 2 août 2021, art. 26, en vigueur le 31 mars 2022) Les particuliers employeurs adhèrent, moyennant une contribution dont le montant est fixé par accord collectif de branche étendu, à un service de prévention et de santé au travail.

L'association paritaire mentionnée au second alinéa de l'article L. 133-7 du code de la sécurité sociale est chargée, au nom et pour le compte des particuliers employeurs d'organiser, la mise en œuvre de la prévention des risques professionnels et de la surveillance médicale des salariés et de désigner le ou les services de prévention et de santé au travail chargés, dans le cadre de conventions conclues avec l'association paritaire, du suivi des salariés sur les territoires.

Elle délègue par voie de convention aux organismes de recouvrement mentionnés au même second alinéa la collecte de la contribution mentionnée au premier alinéa du présent article et le recueil des données, auprès des employeurs et de leurs salariés, nécessaires à la mise en œuvre du deuxième alinéa.

CHAPITRE VI SERVICES DE PRÉVENTION ET DE SANTÉ AU TRAVAIL DES ÉTABLISSEMENTS DE SANTÉ, SOCIAUX ET MÉDICO-SOCIAUX (L. n° 2021-1018 du 2 août 2021, art. 1er-I).

Le présent chapitre ne comprend pas de dispositions législatives.

TITRE III SERVICE SOCIAL DU TRAVAIL

CHAPITRE I MISE EN PLACE ET MISSIONS

Art. L. 4631-1 Un service social du travail est organisé dans tout établissement employant habituellement *(L. n° 2012-387 du 22 mars 2012, art. 43)* « au moins deux cent cinquante salariés ». – *[Anc. art. R. 250-1.]*

Art. L. 4631-2 Le service social du travail agit sur les lieux mêmes du travail pour suivre et faciliter la vie personnelle des travailleurs.
Il collabore étroitement avec le service *(L. n° 2021-1018 du 2 août 2021, art. 1er-I, en vigueur le 31 mars 2022)* « de prévention et » de santé au travail. Il se tient en liaison constante avec les organismes de prévoyance, d'assistance et de placement en vue de faciliter aux travailleurs l'exercice des droits que leur confère la législation sociale. – *[Anc. art. R. 250-2, al. 1er et 2.]* – V. art. D. 4631-1.

CHAPITRE II ORGANISATION ET FONCTIONNEMENT

Le présent chapitre ne comprend pas de dispositions législatives.

TITRE IV INSTITUTIONS ET PERSONNES CONCOURANT À L'ORGANISATION DE LA PRÉVENTION (L. n° 2011-867 du 20 juill. 2011).

CHAPITRE I CONSEIL D'ORIENTATION DES CONDITIONS DE TRAVAIL ET COMITÉS RÉGIONAUX D'ORIENTATION DES CONDITIONS DE TRAVAIL

(L. n° 2015-994 du 17 août 2015, art. 26-VIII)

SECTION 1 Conseil d'orientation des conditions de travail

Art. L. 4641-1 Le conseil d'orientation des conditions de travail est placé auprès du ministre chargé du travail. Il assure les missions suivantes en matière de santé et de sécurité au travail et d'amélioration des conditions de travail :
 1° Il participe à l'élaboration des orientations stratégiques des politiques publiques nationales ;
 2° Il contribue à la définition de la position française sur les questions stratégiques au niveau européen et international ;
 3° Il est consulté sur les projets de textes législatifs et réglementaires concernant cette matière ;
 4° Il participe à la coordination des acteurs intervenant dans ces domaines.

Art. L. 4641-2 Le conseil d'orientation des conditions de travail comprend des représentants de l'État, des représentants des organisations professionnelles d'employeurs représentatives au niveau national et des organisations syndicales de salariés représentatives au niveau national, des représentants des organismes nationaux de sécurité sociale, des représentants des organismes nationaux d'expertise et de prévention, ainsi que des personnalités qualifiées.

Art. L. 4641-2-1 *(L. n° 2021-1018 du 2 août 2021, art. 36, en vigueur le 31 mars 2022)* Au sein du conseil d'orientation des conditions de travail, le comité national de prévention et de santé au travail est composé de représentants de l'État, de la Caisse nationale de l'assurance maladie, de la Caisse centrale de la mutualité sociale agricole, des organisations professionnelles d'employeurs représentatives au niveau national et interprofessionnel et des organisations syndicales de salariés représentatives au niveau national et interprofessionnel.

Ce comité a notamment pour missions :

1° De participer à l'élaboration du plan santé au travail, pour lequel il propose des orientations au ministre chargé du travail ;

2° De participer à l'élaboration des politiques publiques en matière de santé au travail et à la coordination des acteurs intervenant dans ces domaines ;

3° De définir la liste et les modalités de mise en œuvre de l'ensemble socle de services en matière de prévention des risques professionnels, de suivi individuel des travailleurs et de prévention de la désinsertion professionnelle prévus à l'article L. 4622-9-1, et de contribuer à définir les indicateurs permettant d'évaluer la qualité de cet ensemble socle de services ;

4° De proposer les référentiels et les principes guidant l'élaboration du cahier des charges de certification des services de prévention et de santé au travail interentreprises dans les conditions prévues à l'article L. 4622-9-3 ;

5° De déterminer les modalités de mise en œuvre ainsi que les conditions de mise à la disposition de l'employeur du passeport de prévention prévu à l'article L. 4141-5, et d'assurer le suivi du déploiement de ce passeport.

Pour l'exercice des missions prévues aux 3° à 5° du présent article, les délibérations sont adoptées par les seuls représentants des organisations professionnelles d'employeurs et des organisations syndicales de salariés mentionnés au premier alinéa, dans des conditions définies par voie réglementaire.

Un décret en Conseil d'État détermine les missions, la composition, l'organisation et le fonctionnement du comité national de prévention et de santé au travail.

Art. L. 4641-3 Un décret en Conseil d'État détermine l'organisation, les missions, la composition et le fonctionnement des formations du conseil d'orientation des conditions de travail.

SECTION 2 **Comités régionaux d'orientation des conditions de travail**

Art. L. 4641-4 Un comité régional d'orientation des conditions de travail est placé auprès de chaque représentant de l'État dans la région.

Il participe à l'élaboration et au suivi des politiques publiques régionales en matière de santé, de sécurité au travail et de conditions de travail ainsi qu'à la coordination des acteurs intervenant dans cette matière au niveau régional.

(Abrogé par L. n° 2021-1018 du 2 août 2021, art. 37, à compter du 31 mars 2022) « *Un décret en Conseil d'État détermine son organisation, ses missions, sa composition et son fonctionnement.* » – V. art. R. 4641-1 s.

Art. L. 4641-5 (*L. n° 2021-1018 du 2 août 2021, art. 37, en vigueur le 31 mars 2022*) Au sein du comité régional d'orientation des conditions de travail, le comité régional de prévention et de santé au travail est composé de représentants de l'État, de la caisse régionale d'assurance retraite et de la santé au travail, du réseau régional des caisses de mutualité sociale agricole, des organisations professionnelles d'employeurs représentatives au niveau national et interprofessionnel et des organisations syndicales de salariés représentatives au niveau national et interprofessionnel.

Ce comité a notamment pour missions :

1° De formuler les orientations du plan régional santé au travail et de participer au suivi de sa mise en œuvre ;

2° De promouvoir l'action en réseau de l'ensemble des acteurs régionaux et locaux de la prévention des risques professionnels ;

3° De contribuer à la coordination des outils de prévention mis à la disposition des entreprises ;

4° De suivre l'évaluation de la qualité des services de prévention et de santé au travail.

Art. L. 4641-6 (*L. n° 2021-1018 du 2 août 2021, art. 37, en vigueur le 31 mars 2022*) Un décret en Conseil d'État détermine l'organisation, les missions, la composition et le fonctionnement du comité régional d'orientation des conditions de travail et du comité régional de prévention et de santé au travail.

CHAPITRE II AGENCE NATIONALE POUR L'AMÉLIORATION DES CONDITIONS DE TRAVAIL

SECTION 1 Missions

Art. L. 4642-1 L'Agence nationale pour l'amélioration des conditions de travail a pour mission :
1° De contribuer au développement et à l'encouragement de recherches, d'expériences ou réalisations en matière d'amélioration des conditions de travail ;
2° De rassembler et de diffuser les informations concernant, en France et à l'étranger, toute action tendant à améliorer les conditions de travail ;
3° D'appuyer les démarches d'entreprise en matière d'évaluation, de prévention des risques professionnels (L. n° 2021-1018 du 2 août 2021, art. 38-I, en vigueur le 31 mars 2022) « et de promotion de la qualité de vie et des conditions de travail ».

SECTION 2 Composition

Art. L. 4642-2 L'Agence nationale pour l'amélioration des conditions de travail est administrée par un conseil d'administration qui comprend en nombre égal :
1° Des représentants des organisations d'employeurs représentatives au niveau national ;
2° Des représentants des organisations syndicales de salariés représentatives au niveau national ;
3° Des représentants des ministres intéressés et de personnes qualifiées.
En outre, participent au conseil d'administration, à titre consultatif, un représentant de chacune des commissions chargées des affaires sociales au Parlement, ainsi qu'un représentant de la section chargée des affaires sociales au (L. n° 2010-704 du 28 juin 2010, art. 21) « Conseil économique, social et environnemental ». – [Anc. art. L. 200-7, al. 1er à 5.]

SECTION 3 Dispositions d'application

Art. L. 4642-3 Un décret en Conseil d'État détermine les modalités d'application du présent chapitre. – [Anc. art. L. 200-9.] – V. art. R. 4642-1 s.

CHAPITRE III ORGANISMES ET COMMISSIONS DE SANTÉ ET DE SÉCURITÉ

SECTION 1 Organismes professionnels de santé, de sécurité et des conditions de travail

Art. L. 4643-1 Des organismes professionnels de santé, de sécurité et des conditions de travail sont constitués dans les branches d'activités présentant des risques particuliers.
Ces organismes sont chargés notamment :
1° De promouvoir la formation à la sécurité ;
2° De déterminer les causes techniques des risques professionnels ;
3° De susciter les initiatives professionnelles en matière de prévention ;
4° De proposer aux pouvoirs publics toutes mesures dont l'expérience a fait apparaître l'utilité. – [Anc. art. L. 231-2, al. 5, phrase 2 fin.]

Art. L. 4643-2 Les organismes professionnels de santé, de sécurité et des conditions de travail associent les représentants des organisations professionnelles d'employeurs et de salariés représentatives.
Leur activité est coordonnée par l'Agence nationale pour l'amélioration des conditions de travail. – [Anc. art. L. 231-2, al. 5, phrase 2 début.]

Art. L. 4643-3 Des décrets en Conseil d'État déterminent l'organisation, le fonctionnement ainsi que les modalités de participation des employeurs au financement des organismes prévus par la présente section. – [Anc. art. L. 231-2, al. 1er et al. 5, phrase 1.]
– V. art. R. 4643-1 s.

SANTÉ ET SÉCURITÉ AU TRAVAIL **Art. L. 4711-1** 1399

SECTION 2 Commissions de santé et de sécurité

Art. L. 4643-4 Des commissions de santé et de sécurité, instituées par conventions et accords collectifs de travail et composées de représentants des employeurs et des salariés, sont chargées de promouvoir la formation à la sécurité et de contribuer à l'amélioration des conditions de santé et de sécurité.

Ces dispositions ne sont pas applicables aux exploitations et aux entreprises agricoles qui ne disposent pas de *(Ord. n° 2017-1386 du 22 sept. 2017, art. 4)* « comité social et économique ». Ces exploitations et entreprises relevant de l'article L. 717-7 du code rural et de la pêche maritime, relatif aux commissions paritaires d'hygiène, de sécurité et des conditions de travail en agriculture.

A défaut de constitution de commissions dans les conditions prévues au premier alinéa, leur mission est assurée par des organismes professionnels de santé, de sécurité et des conditions de travail constitués dans les branches d'activité présentant des risques particuliers prévus à l'article L. 4643-1. – *[Anc. art. L. 231-2-1, I, al. 1ᵉʳ et 2.]*

CHAPITRE IV AIDE À L'EMPLOYEUR POUR LA GESTION DE LA SANTÉ ET DE LA SÉCURITÉ AU TRAVAIL

(L. n° 2011-867 du 20 juill. 2011, art. 1ᵉʳ)

Art. L. 4644-1 I. – L'employeur désigne un ou plusieurs salariés compétents pour s'occuper des activités de protection et de prévention des risques professionnels de l'entreprise.

Le ou les salariés ainsi désignés par l'employeur bénéficient *(Abrogé par L. n° 2021-1018 du 2 août 2021, art. 39, à compter du 31 mars 2022)* « , à leur demande, » d'une formation en matière de santé au travail dans les conditions prévues aux articles *(L. n° 2021-1018 du 2 août 2021, art. 39, en vigueur le 31 mars 2022)* « **L. 2315-16 à L. 2315-18** ».

A défaut, si les compétences dans l'entreprise ne permettent pas d'organiser ces activités, l'employeur peut faire appel, après avis du *(Ord. n° 2017-1386 du 22 sept. 2017, art. 4)* « comité social et économique », aux intervenants en prévention des risques professionnels appartenant au service *(L. n° 2021-1018 du 2 août 2021, art. 1ᵉʳ-I, en vigueur le 31 mars 2022)* « de prévention et » de santé au travail interentreprises auquel il adhère ou dûment enregistrés auprès de l'autorité administrative disposant de compétences dans le domaine de la prévention des risques professionnels et de l'amélioration des conditions de travail.

L'employeur peut aussi faire appel aux services de prévention des caisses de sécurité sociale avec l'appui de l'Institut national de recherche et de sécurité dans le cadre des programmes de prévention mentionnés à l'article L. 422-5 du code de la sécurité sociale, à l'organisme professionnel de prévention du bâtiment et des travaux publics et à l'Agence nationale pour l'amélioration des conditions de travail et son réseau.

Cet appel aux compétences est réalisé dans des conditions garantissant les règles d'indépendance des professions médicales et l'indépendance des personnes et organismes mentionnés au présent I. Ces conditions sont déterminées par décret en Conseil d'État.

II. – Les modalités d'application du présent article sont déterminées par décret. – V. art. R. 4644-1 s.

En application de l'art. L. 231-5 CRPA, et par exception à l'application du délai de deux mois prévu à l'art. L. 231-1 du même code, le délai à l'expiration duquel le silence gardé par l'administration vaut décision d'acceptation est fixé à trente jours pour une demande d'enregistrement des intervenants en prévention des risques professionnels (Décr. n° 2014-1290 du 23 oct. 2014, art. 1ᵉʳ).

BIBL. ▶ Kapp, *Dr. ouvrier 2012*. 253 (le mystérieux salarié qui apporte son aide à l'employeur pour la gestion de la santé et de la sécurité au travail).

LIVRE VII CONTRÔLE

TITRE I DOCUMENTS ET AFFICHAGES OBLIGATOIRES

CHAPITRE UNIQUE

Art. L. 4711-1 Les attestations, consignes, résultats et rapports relatifs aux vérifications et contrôles mis à la charge de l'employeur au titre de la santé et de la sécurité au travail comportent des mentions obligatoires déterminées par voie réglementaire. – [Anc. art. L. 620-6, al. 1er début.] – V. art. D. 4711-2 et R. 4741-3 (pén.).

Art. L. 4711-2 Les observations et mises en demeure notifiées par l'inspection du travail en matière de santé et de sécurité, de médecine du travail et de prévention des risques sont conservées par l'employeur. – [Anc. art. L. 620-6, al. 2.] – V. art. R. 4741-3 (pén.).

Art. L. 4711-3 Au cours de leurs visites, les (L. n° 2016-1088 du 8 août 2016, art. 113) « agents de contrôle de l'inspection du travail mentionnés à l'article L. 8112-1 » et les agents du service de prévention des organismes de sécurité sociale ont accès aux documents mentionnés aux articles L. 4711-1 et L. 4711-2. – [Anc. art. L. 620-6, al. 3.] – V. art. R. 4741-3 (pén.).

Art. L. 4711-4 Les documents mentionnés aux articles L. 4711-1 et L. 4711-2 sont communiqués, dans des conditions déterminées par voie réglementaire, aux membres des (Ord. n° 2017-1386 du 22 sept. 2017, art. 4) « comités sociaux et économiques », au médecin du travail et, le cas échéant, aux représentants des organismes professionnels d'hygiène, de sécurité et des conditions de travail prévues à l'article L. 4643-2. – [Anc. art. L. 620-6, al. 4.] – V. art. R. 4741-3 (pén.).

Art. L. 4711-5 Lorsqu'il est prévu que les informations énumérées aux articles L. 4711-1 et L. 4711-2 figurent dans des registres distincts, l'employeur est autorisé à réunir ces informations dans un registre unique dès lors que cette mesure est de nature à faciliter la conservation et la consultation de ces informations. – [Anc. art. L. 620-6, al. 6.] – V. art. R. 4741-3 (pén.).

TITRE II MISES EN DEMEURE ET DEMANDES DE VÉRIFICATION

CHAPITRE I MISES EN DEMEURE

SECTION 1 Mises en demeure du directeur départemental du travail, de l'emploi et de la formation professionnelle

Art. L. 4721-1 Le (L. n° 2011-525 du 17 mai 2011, art. 170) « directeur régional des entreprises, de la concurrence, de la consommation, du travail et de l'emploi », sur le rapport de l'(L. n° 2016-1088 du 8 août 2016, art. 113) « agent de contrôle de l'inspection du travail mentionné à l'article L. 8112-1 » constatant une situation dangereuse, peut mettre en demeure l'employeur de prendre toutes mesures utiles pour y remédier, si ce constat résulte :

1° D'un non-respect par l'employeur des principes généraux de prévention prévus par les articles L. 4121-1 à L. 4121-5 et L. 4522-1 ;

2° D'une infraction à l'obligation générale de santé et de sécurité résultant des dispositions de l'article L. 4221-1. – [Anc. art. L. 230-5, phrase 1, et L. 231-5, al. 1er, phrase 1 début et fin.] – V. R. 4721-1 s. et art. R. 4741-2 (pén.).

BIBL. ▶ GRÉVY, Dr. soc. 2011. 764 ⌀ (les procédures d'urgences).

Contestation de l'employeur. S'il entend contester la décision du Direccte de le mettre en demeure de prendre toute mesure utile pour remédier à une situation dangereuse, l'employeur exerce un recours devant le ministre chargé du travail. En l'absence de disposition législative ou réglementaire spécifique, le silence gardé par le ministre chargé du travail pendant plus de 2 mois sur un tel recours ne peut valoir que décision implicite de rejet. ● Soc. 26 juin 2019, ⚐ n° 17-22.080 P : D. 2019. Actu. 1394 ⌀ ; JCP S 2019. 1252, obs. Dauxerre.

Art. L. 4721-2 Les mises en demeure du (L. n° 2011-525 du 17 mai 2011, art. 170) « directeur régional des entreprises, de la concurrence, de la consommation, du travail et de l'emploi », établies selon des modalités déterminées par voie réglementaire, fixent un délai d'exécution tenant compte des difficultés de réalisation.

Si, à l'expiration de ce délai, l'(L. n° 2016-1088 du 8 août 2016, art. 113) « agent de contrôle de l'inspection du travail mentionné à l'article L. 8112-1 » constate que la situation dangereuse n'a pas cessé, il peut dresser procès-verbal à l'employeur. — *[Anc. art. L. 230-5, phrase 2 fin et phrase 3 début, et art. L. 231-5, al. 2, phrase 1.]* — V. *art. R. 4721-3.*

Art. L. 4721-3 Les dispositions du 2° de l'article L. 4721-1 ne sont pas applicables aux établissements mentionnés aux 2° et 3° de l'article L. 4111-1. — *[Anc. art. L. 263-7.]*

SECTION 2 Mises en demeure de l'inspecteur du travail et du contrôleur du travail

SOUS-SECTION 1 Mise en demeure préalable au procès-verbal

Art. L. 4721-4 Lorsque cette procédure est prévue, (L. n° 2016-1088 du 8 août 2016, art. 113) « les agents de contrôle de l'inspection du travail mentionnés à l'article L. 8112-1 », avant de dresser procès-verbal, mettent l'employeur en demeure de se conformer aux prescriptions des décrets mentionnés aux articles L. 4111-6 et L. 4321-4. — *[Anc. art. L. 231-4, al. 1er.]* — V. *art. L. 4741-4 (pén.) et R. 4721-4.*

Lorsque les faits qu'il constate présentent un danger grave et imminent pour l'intégrité physique des travailleurs, l'agent de contrôle, s'il ne dresse pas immédiatement un procès-verbal relevant une infraction à l'art. R. 4224-3 relatif à l'aménagement des lieux de travail, est tenu de mettre l'employeur en demeure de se conformer aux prescriptions des décrets mentionnés aux art. L. 4111-6 et L. 4321-4 ; l'inobservation de cette formalité dont l'objet est de permettre au contrevenant une mise en conformité avant toute poursuite fait nécessairement grief à celui-ci. • Crim. 19 oct. 2021, ⚖ n° 21-80.146 B : *RDT 2022. 453, obs. Véricel ⌀ ; AJ pénal 2021. 538 et les obs. ⌀ ; ibid. 548 et les obs. ⌀ ; RJS 1/2022, n° 30 ; JSL 2021, n° 531-532-2, obs. Pamart.*

Art. L. 4721-5 Par dérogation aux dispositions de l'article L. 4721-4, (L. n° 2016-1088 du 8 août 2016, art. 113) « les agents de contrôle de l'inspection du travail mentionnés à l'article L. 8112-1 » sont autorisés à dresser immédiatement procès-verbal, sans mise en demeure préalable, lorsque les faits qu'ils constatent présentent un danger grave ou imminent pour l'intégrité physique des travailleurs.

Le procès-verbal précise les circonstances de fait et les dispositions légales applicables à l'espèce.

Ces dispositions ne font pas obstacle à la mise en œuvre de la procédure de référé prévue aux articles L. 4732-1 et L. 4732-2. — *[Anc. art. L. 231-4, al. 2 et 3.]*

Art. L. 4721-6 La mise en demeure indique les infractions constatées et fixe un délai à l'expiration duquel ces infractions doivent avoir disparu.

Ce délai est fixé en tenant compte des circonstances. Il est établi à partir du délai minimum prévu dans chaque cas par les décrets pris en application des articles L. 4111-6 et L. 4321-4. Il ne peut être inférieur à quatre jours. — *[Anc. art. L. 231-4, al. 4, phrase 1, 3 et 4.]*

Art. L. 4721-7 Les dispositions de l'article L. 4721-4 ne sont pas applicables aux établissements mentionnés aux 2° et 3° de l'article L. 4111-1. — *[Anc. art. L. 263-7.]*

SOUS-SECTION 2 Mise en demeure préalable à l'arrêt temporaire d'activité

Art. L. 4721-8 (Ord. n° 2016-413 du 7 avr. 2016, art. 2-I) « Lorsque l'agent de contrôle de l'inspection du travail mentionné à l'article L. 8112-1 constate que le travailleur est exposé à un agent chimique cancérogène, mutagène ou toxique pour la reproduction, et qu'il se trouve dans une situation dangereuse avérée résultant de l'une des infractions mentionnées au présent article, il met en demeure l'employeur de remédier à cette situation. Dans le cas où cette mise en demeure est infructueuse, il procède à un arrêt temporaire de l'activité en application de l'article L. 4731-2.

« Les infractions justifiant les mesures mentionnées au premier alinéa sont :

« 1° Le dépassement d'une valeur limite d'exposition professionnelle déterminée par un décret pris en application de l'article L. 4111-6 ;

« 2° Le défaut ou l'insuffisance de mesures et moyens de prévention tels que prévus par le chapitre II du titre I du livre IV de la quatrième partie en ce qui concerne les agents chimiques cancérogènes, mutagènes ou toxiques pour la reproduction. »

La mise en demeure est établie selon des modalités prévues par voie réglementaire. — V. art. R. 4721-6.

CHAPITRE II DEMANDES DE VÉRIFICATIONS, DE MESURES ET D'ANALYSES (Ord. n° 2016-413 du 7 avr. 2016, art. 2-II).

Art. L. 4722-1 (Ord. n° 2016-413 du 7 avr. 2016, art. 2-III) « L'agent de contrôle de l'inspection du travail mentionné à l'article L. 8112-1 » peut, dans des conditions déterminées par décret en Conseil d'État, demander à l'employeur de faire procéder à des contrôles techniques, consistant notamment :
1° A faire vérifier l'état de conformité de ses installations et équipements avec les dispositions qui lui sont applicables ;
2° A faire procéder à la mesure de l'exposition des travailleurs à des nuisances physiques, à des agents physiques, chimiques ou biologiques donnant lieu à des limites d'exposition ;
(Ord. n° 2016-413 du 7 avr. 2016, art. 2-III) « 3° A faire procéder à l'analyse de toutes matières, y compris substances, mélanges, matériaux, équipements, matériels ou articles susceptibles de comporter ou d'émettre des agents physiques, chimiques ou biologiques dangereux pour les travailleurs. » — V. art. R. 4722-1 s.

Art. L. 4722-2 Les vérifications (Ord. n° 2016-413 du 7 avr. 2016, art. 2-IV) « , mesures et analyses prévues à » l'article L. 4722-1 sont réalisées par des organismes ou des personnes désignés dans des conditions déterminées par décret en Conseil d'État.

CHAPITRE III RECOURS

Art. L. 4723-1 (L. n° 2011-525 du 17 mai 2011, art. 170) S'il entend contester la mise en demeure prévue à l'article L. 4721-1, l'employeur exerce un recours devant le ministre chargé du travail.
S'il entend contester la mise en demeure prévue (Ord. n° 2016-413 du 7 avr. 2016, art. 2-V) « aux articles L. 4721-4 ou L. 4721-8 » ainsi que la demande de vérification (Ord. n° 2016-413 du 7 avr. 2016, art. 2-V) « , de mesure et d'analyse » prévue à l'article L. 4722-1, l'employeur exerce un recours devant le directeur régional des entreprises, de la concurrence, de la consommation, du travail et de l'emploi.
Le refus opposé à ces recours est motivé. — V. art. R. 4723-1.

N'est pas saisi hors délai le directeur régional du travail qui reconnaît avoir reçu la réclamation en télécopie avant l'expiration du délai, même si elle ne lui est parvenue par lettre recommandée qu'après l'expiration du délai. • CE 6 mai 1996 : ✞ RJS 1996. 531, n° 825.

Art. L. 4723-2 Abrogé par Ord. n° 2016-413 du 7 avr. 2016, art. 2.

CHAPITRE IV ORGANISMES DE MESURES ET DE VÉRIFICATIONS

Le présent chapitre ne comprend pas de dispositions législatives.

TITRE III MESURES ET PROCÉDURES D'URGENCE

CHAPITRE I ARRÊTS TEMPORAIRES DE TRAVAUX OU D'ACTIVITÉ

Art. L. 4731-1 (Ord. n° 2016-413 du 7 avr. 2016, art. 2-VII) « L'agent de contrôle de l'inspection du travail mentionné à l'article L. 8112-1 » peut prendre toutes mesures utiles visant à soustraire immédiatement un (Ord. n° 2016-413 du 7 avr. 2016, art. 2-VII) « travailleur » qui ne s'est pas retiré d'une situation de danger grave et imminent pour sa vie ou sa santé, constituant une infraction aux obligations des décrets pris en application (Ord. n° 2016-413 du 7 avr. 2016, art. 2-VII) « des articles L. 4111-6, L. 4311-7 ou L. 4321-4 », notamment en prescrivant l'arrêt temporaire de la partie des travaux (Ord. n° 2016-413 du 7 avr. 2016, art. 2-VII) « ou de l'activité » en cause, lorsqu'il constate que la cause de danger résulte :
1° Soit d'un défaut de protection contre les chutes de hauteur ;
2° Soit de l'absence de dispositifs de nature à éviter les risques d'ensevelissement ;

3° Soit de l'absence de dispositifs de protection de nature à éviter les risques liés aux (Ord. n° 2016-413 du 7 avr. 2016, art. 2-VII) « travaux de retrait ou d'encapsulage d'amiante et de matériaux, d'équipements et de matériels ou d'articles en contenant, y compris dans les cas de démolition, ainsi qu'aux interventions sur des matériaux, des équipements, des matériels ou des articles susceptibles de provoquer l'émission de fibres d'amiante » ;

« 4° Soit de l'utilisation d'équipements de travail dépourvus de protecteurs, de dispositifs de protection ou de composants de sécurité appropriés ou sur lesquels ces protecteurs, dispositifs de protection ou composants de sécurité sont inopérants ;

« 5° Soit du risque résultant de travaux ou d'une activité dans l'environnement des lignes électriques aériennes ou souterraines ;

« 6° Soit du risque de contact électrique direct avec des pièces nues sous tension en dehors des opérations prévues au chapitre IV du titre IV du livre V de la présente partie. » — V. art. L. 4741-3-1 (pén.) et R. 4731-1 s.

BIBL. ▶ GRÉVY, Dr. soc. 2011. 764 ⌀ (les procédures d'urgences). - SILHOL, RDT 2008. 459 ⌀ (protection de l'intégrité physique du salarié : un exemple méconnu).

Art. L. 4731-2 Si, à l'issue du délai fixé dans une mise en demeure notifiée en application de l'article L. 4721-8 (Ord. n° 2016-413 du 7 avr. 2016, art. 2-VIII) « , la situation dangereuse persiste, l'agent de contrôle de l'inspection du travail mentionné à l'article L. 8112-1 » peut ordonner l'arrêt temporaire de l'activité concernée. — V. art. L. 4741-3-1 (pén.).

Art. L. 4731-3 Lorsque toutes les mesures ont été prises pour faire cesser la situation de danger grave et imminent ou la situation dangereuse ayant donné lieu à un arrêt temporaire de travaux ou d'activité, l'employeur informe l'(Ord. n° 2016-413 du 7 avr. 2016, art. 2-IX) « agent de contrôle de l'inspection du travail mentionné à l'article L. 8112-1 ».

Après vérification, l'(Ord. n° 2016-413 du 7 avr. 2016, art. 2-IX) « agent de contrôle » autorise la reprise des travaux ou de l'activité concernée.

Art. L. 4731-4 En cas de contestation par l'employeur de la réalité du danger ou de la façon de le faire cesser, notamment à l'occasion de la mise en œuvre de la procédure d'arrêt des travaux ou de l'activité, celui-ci saisit le juge (Ord. n° 2016-413 du 7 avr. 2016, art. 2-X) « administratif par la voie du référé ».

Art. L. 4731-5 La décision d'arrêt temporaire de travaux (Ord. n° 2016-413 du 7 avr. 2016, art. 2-XI) « ou d'activité » de l'(Ord. n° 2016-413 du 7 avr. 2016, art. 2-XI) « agent de contrôle de l'inspection du travail mentionné à l'article L. 8112-1 » prise en application du présent chapitre ne peut entraîner ni rupture, ni suspension du contrat de travail, ni aucun préjudice pécuniaire à l'encontre des salariés concernés.

Art. L. 4731-6 Un décret en Conseil d'État détermine les modalités d'application des articles L. 4731-1 à L. 4731-4. — [Anc. art. L. 231-12.] — V. art. R. 4731-1 s.

CHAPITRE II **RÉFÉRÉ JUDICIAIRE** (Ord. n° 2016-413 du 7 avr. 2016, art. 2-XII).

Art. L. 4732-1 Indépendamment de la mise en œuvre des dispositions de l'article L. 4721-5, l'inspecteur du travail saisit le (Ord. n° 2016-413 du 7 avr. 2016, art. 2-XII) « juge judiciaire statuant en référé » pour voir ordonner toutes mesures propres à faire cesser le risque, telles que la mise hors service, l'immobilisation, la saisie des matériels, machines, dispositifs, produits ou autres, lorsqu'il constate un risque sérieux d'atteinte à l'intégrité physique d'un travailleur résultant de l'inobservation des dispositions suivantes de la présente partie ainsi que des textes pris pour leur application :

1° Titres I, III et IV et chapitre III du titre V du livre I ;
2° Titre II du livre II ;
3° Livre III ;
4° Livre IV ;
5° Titre I, chapitres III et IV du titre III et titre IV du livre V.

Le juge peut également ordonner la fermeture temporaire d'un atelier ou chantier.
Il peut assortir sa décision d'une astreinte qui est liquidée au profit du Trésor. — [Anc. art. L. 263-1, al. 1er, 3 et 4.]

BIBL. ▶ GRÉVY, Dr. soc. 2011. 764 ⌀ (les procédures d'urgences).

Art. L. 4732-2 Pour les opérations de bâtiment ou de génie civil, lorsqu'un risque sérieux d'atteinte à l'intégrité physique d'un intervenant sur le chantier résulte, lors de la réalisation des travaux, ou peut résulter, lors de travaux ultérieurs, de l'inobservation des dispositions incombant au maître d'ouvrage prévues au titre I du livre II et de celles du titre III du livre V ainsi que des textes pris pour leur application, l'inspecteur du travail saisit le *(Ord. n° 2016-413 du 7 avr. 2016, art. 2-XII)* « juge judiciaire statuant en référé » pour voir ordonner toutes mesures propres à faire cesser ou à prévenir ce risque.

Ces mesures peuvent consister notamment en la mise en œuvre effective d'une coordination en matière de sécurité et de santé sur le chantier ou la détermination de délais de préparation et d'exécution des travaux compatibles avec la prévention des risques professionnels.

Le juge peut, en cas de non-respect des dispositions de l'article L. 4531-3, provoquer la réunion des maîtres d'ouvrage intéressés et la rédaction en commun d'un plan général de coordination.

Il peut ordonner la fermeture temporaire d'un atelier ou chantier.

Il peut assortir sa décision d'une astreinte liquidée au profit du Trésor.

La procédure de référé prévue au présent article s'applique sans préjudice de celle prévue à l'article L. 4732-1.

Art. L. 4732-3 Les décisions du *(Ord. n° 2016-413 du 7 avr. 2016, art. 2-XII)* « juge judiciaire statuant en référé » prévues au présent chapitre ne peuvent entraîner ni rupture, ni suspension du contrat de travail, ni aucun préjudice pécuniaire à l'encontre des salariés concernés.

Art. L. 4732-4 Les dispositions du présent chapitre ne sont pas applicables aux établissements mentionnés aux 2° et 3° de l'article L. 4111-1. — *[Anc. art. L. 263-7.]*

CHAPITRE III PROCÉDURES D'URGENCES ET MESURES CONCERNANT LES JEUNES ÂGÉS DE MOINS DE DIX-HUIT ANS

(Ord. n° 2016-413 du 7 avr. 2016, art. 2-XIII)

SECTION 1 Retrait d'affectation à certains travaux

Art. L. 4733-1 Les jeunes travailleurs âgés de moins de dix-huit ans relevant de la présente section sont ceux mentionnés aux articles L. 4153-8 et L. 4153-9.

Art. L. 4733-2 Tout jeune travailleur de moins de dix-huit ans affecté à un ou plusieurs travaux interdits prévus à l'article L. 4153-8 est retiré immédiatement de cette affectation lorsque l'agent de contrôle de l'inspection du travail mentionné à l'article L. 8112-1 le constate. — *V. art. L. 4743-3 (pén.) et R. 4733-1 s.*

Art. L. 4733-3 Lorsque l'agent de contrôle de l'inspection du travail mentionné à l'article L. 8112-1 constate que, par l'affectation à un ou plusieurs travaux réglementés prévus à l'article L. 4153-9, un jeune travailleur âgé de moins de dix-huit ans est placé dans une situation l'exposant à un danger grave et imminent pour sa vie ou sa santé, il procède à son retrait immédiat. — *V. art. L. 4743-3 (pén.).*

Art. L. 4733-4 Les décisions de retrait prises en application des articles L. 4733-2 et L. 4733-3 ne peuvent entraîner aucun préjudice pécuniaire à l'encontre du jeune concerné ni la suspension ou la rupture du contrat de travail ou de la convention de stage.

Art. L. 4733-5 Lorsque toutes les mesures ont été prises pour faire cesser la situation de danger grave et imminent ayant donné lieu à la décision de retrait prévue à l'article L. 4733-3, l'employeur ou le chef d'établissement informe l'agent de contrôle de l'inspection du travail. Après vérification, l'agent de contrôle de l'inspection du travail autorise la reprise des travaux réglementés concernés.

Art. L. 4733-6 Les décisions prévues aux articles L. 4733-2 à L. 4733-5 peuvent être contestées devant le juge administratif par la voie du référé.

SECTION 2 Suspension et rupture du contrat de travail ou de la convention de stage

Art. L. 4733-7 Les jeunes concernés par la présente section sont les travailleurs mentionnés à l'article L. 4111-5 âgés de moins de dix-huit ans.

Art. L. 4733-8 Lorsque l'agent de contrôle de l'inspection du travail constate un risque sérieux d'atteinte à la santé, à la sécurité ou à l'intégrité physique ou morale du jeune dans l'entreprise, il peut proposer au directeur régional des entreprises, de la concurrence, de la consommation, du travail et de l'emploi de suspendre le contrat de travail ou la convention de stage. Cette suspension s'accompagne du maintien par l'employeur de la rémunération ou de la gratification due au jeune. Elle ne peut pas entraîner la rupture du contrat de travail ou de la convention de stage.

Art. L. 4733-9 Dans le délai de quinze jours à compter du constat de l'agent de contrôle de l'inspection du travail, le directeur régional des entreprises, de la concurrence, de la consommation, du travail et de l'emploi se prononce sur la reprise de l'exécution du contrat de travail ou de la convention de stage.

Le refus d'autoriser la reprise de l'exécution du contrat de travail ou de la convention de stage entraîne sa rupture à la date de notification du refus aux parties. Dans ce cas, l'employeur verse au jeune les sommes dont il aurait été redevable si le contrat de travail ou la convention de stage s'était poursuivi jusqu'à son terme.

En cas de recrutement du jeune sous contrat à durée indéterminée, l'employeur lui verse les sommes dont il aurait été redevable si le contrat de travail s'était poursuivi jusqu'au terme de la formation professionnelle suivie.

Art. L. 4733-10 La décision de refus du directeur régional des entreprises, de la concurrence, de la consommation, du travail et de l'emploi peut s'accompagner de l'interdiction faite à l'employeur de recruter ou d'accueillir de nouveaux jeunes âgés de moins de dix-huit ans, travailleurs ou stagiaires, pour une durée qu'elle détermine.

Art. L. 4733-11 En cas de refus d'autoriser la reprise de l'exécution du contrat du travail ou de la convention de stage, l'établissement de formation où est inscrit le jeune est informé de cette décision afin de pouvoir prendre les dispositions nécessaires pour lui permettre de suivre provisoirement la formation dispensée par l'établissement et de trouver un nouvel employeur susceptible de contribuer à l'achèvement de sa formation.

Pour un jeune suivant une formation sous statut scolaire, l'établissement d'enseignement prend les dispositions nécessaires pour assurer la continuité de sa formation.

SECTION 3 Dispositions d'application

Art. L. 4733-12 Un décret en Conseil d'État détermine les modalités d'application du présent chapitre. – *V. art. R. 4733-1 s.*

TITRE IV DISPOSITIONS PÉNALES

CHAPITRE I INFRACTIONS AUX RÈGLES DE SANTÉ ET DE SÉCURITÉ

SECTION 1 Infractions commises par l'employeur ou son délégataire (L. n° 2011-525 du 17 mai 2011, art. 170).

Art. L. 4741-1 Est puni d'une amende de (*Ord. n° 2016-413 du 7 avr. 2016, art. 2-XIV*) « 10 000 euros », le fait pour l'employeur ou (*L. n° 2011-525 du 17 mai 2011, art. 170*) « son délégataire » de méconnaître par sa faute personnelle les dispositions suivantes et celles des décrets en Conseil d'État pris pour leur application :

1° Titres I, III et IV ainsi que section 2 du chapitre IV du titre V du livre I ;
2° Titre II du livre II ;
3° Livre III ;
4° Livre IV ;
5° Titre I, (*Ord. n° 2016-413 du 7 avr. 2016, art. 2-XIV*) « chapitres II et IV à VI du titre II, chapitre IV » du titre III et titre IV du livre V ;

6° Chapitre II du titre II du présent livre.

La récidive est punie d'un emprisonnement d'un an et d'une amende de *(Ord. n° 2016-413 du 7 avr. 2016, art. 2-XIV)* « 30 000 euros ».

L'amende est appliquée autant de fois qu'il y a de *(Ord. n° 2016-413 du 7 avr. 2016, art. 2-XIV)* « travailleurs » de l'entreprise concernés *(L. n° 2011-525 du 17 mai 2011, art. 170)* « indépendamment du nombre d'infractions » relevées dans le procès-verbal prévu à l'article L. 8113-7.

BIBL. ▶ Ferré, *RDT 2008. 583* ⌀ (les cancers professionnels et la sanction pénale). – Rousseau, *RSC 2011. 804* ⌀ (répartition des responsabilités dans l'entreprise).

▶ **Crise sanitaire :** Gamet, *JCP S 2021. 1056* (droit pénal et exposition fautive des salariés au coronavirus).

COMMENTAIRE

V. sur le Code en ligne 🔒.

I. RESPONSABILITÉ PÉNALE DU CHEF D'ENTREPRISE

1. Office du juge. Les prescriptions du code du travail en matière d'hygiène et de sécurité sont impératives, sauf dérogation légale ; la circonstance qu'elles rendraient plus difficile l'exécution du travail n'est pas de nature à exonérer le chef d'entreprise de sa responsabilité et les juges n'ont donc pas à apprécier l'utilité ou l'efficacité de ces prescriptions, ni à rechercher dans quelles conditions elles peuvent être mises en œuvre. ● Crim. 27 nov. 1990, 🔒 n° 89-84.709 P : *RJS 1991. 108, n° 195*.

2. Illustrations. Sur la responsabilité d'un entrepreneur de forage, chef d'une société de fait constituée avec deux autres puisatiers, V. ● Crim. 16 mars 1971 : *Bull. crim. n° 88*. ◆ Pour un gérant de fait, V. ● Crim. 11 janv. 1972 : *Bull. crim. n° 14*. ◆ Sur la responsabilité d'un chef de chantier, dirigeant de fait, postérieurement à la démission du gérant de la société dont il est le salarié, V. : ● Crim. 10 mars 1998, 🔒 n° 96-83.049 P : *RSC 1998. 764, obs. Bouloc* ⌀ ; *RTD com. 1998. 959, obs. Bouloc* ⌀. ◆ Sur la faute caractérisée, V. ● Crim. 6 nov. 2007 : ⌀ *RDT 2008. 464, obs. Dreuille* ⌀ ; *RJS 2008. 235, n° 298* ; *Dr. soc. 2008. 449, note Duquesne* ⌀.

3. L'entrepreneur qui s'immisce dans l'exécution des travaux confiés à un sous-traitant en donnant directement des ordres aux salariés de ce dernier commet une faute pour ne pas s'être assuré que toutes les conditions de sécurité étaient réunies. ● Crim. 24 janv. 1989 : *Bull. crim. n° 27*. ◆ Sur la responsabilité d'un entrepreneur invoquant de prétendus contrats de sous-traitance, V. ● Crim. 29 oct. 1985 : *Bull. crim. n° 335*.

4. Le dirigeant d'une entreprise en redressement judiciaire, dessaisi de l'administration de celle-ci en application de l'art. 31, al. 2, 3°, de la loi du 25 janv. 1985, qui effectue, à l'insu de l'administrateur, des actes étrangers aux pouvoirs propres qui lui sont attribués par la loi, reste tenu au respect des obligations légales et conventionnelles incombant au chef d'entreprise, susceptibles d'engager sa responsabilité pénale. ● Crim. 12 juin 1996, 🔒 n° 94-85.598 P. ◆ Mais doit être cassé l'arrêt qui déclare pénalement responsable, pour infraction à la réglementation relative à la sécurité du travail et blessures involontaires, le président du directoire d'une société, alors qu'à la date de l'accident, la société se trouvait en état de redressement judiciaire et l'administrateur était seul investi, en vertu de l'art. 31 de la loi du 25 janv. 1985, des obligations du chef d'entreprise. ● Crim. 3 mars 1998, 🔒 n° 95-85.808 P : *RTD com. 1998. 959, obs. Bouloc* ⌀ ; *RSC 1998. 764, obs. Bouloc* ⌀. ◆ Sur la responsabilité pénale de l'administrateur judiciaire, pour infraction à la réglementation du travail, lorsqu'un « responsable par intérim » intervient au sein de l'entreprise concernée, V. : ● Crim. 7 avr. 1999 : 🔒 *Dr. pénal 1999. Comm. 131, note J.-H. Robert*.

5. Étendue de la responsabilité. Il appartient au chef d'entreprise de veiller personnellement à la stricte et constante exécution des dispositions édictées par le code du travail ou les règlements pris pour son application en vue d'assurer l'hygiène et la sécurité des travailleurs. ● Crim. 22 mai 1973 : *Bull. crim. n° 230*. – Jurisprudence constante : ● Crim. 16 juin 1971 : *Bull. crim. n° 192* ● 23 janv. 1975 : *ibid., n° 30* ● 29 janv. 1985 : *JCP E 1985. II. 14531, note Godard*. ◆ La faute du constructeur d'une machine, qu'il a à tort certifiée conforme, n'est pas de nature à exonérer le chef d'entreprise. ● Crim. 23 juin 1993 : *RJS 1993. 591, n° 993*. ◆ Une cour d'appel ne peut prononcer la relaxe d'un chef d'entreprise en constatant que la machine était conforme aux normes de sécurité, sans rechercher s'il avait accompli les diligences normales lui incombant au sens de l'art. L. 121-3 C. pén., notamment en veillant à l'application effective des consignes de sécurité et sans constater que l'accident avait pour cause exclusive la faute de la victime. ● Crim. 19 nov. 1996, 🔒 n° 95-85.945 P : *D. 1997. IR 48* ⌀ ; *RJS 1997. 106, n° 154*. ◆ L'indisponibilité du dirigeant n'a pas pour effet de le soustraire à son obligation de veiller personnellement à la stricte et constante exécution des dispositions édictées en vue d'assurer l'hygiène et la sécurité des travailleurs en l'absence de toute délégation de pouvoirs. ● Soc. 7 juin 2006 : ⚖ *Dr. soc. 2006. 1058*, obs. Duquesne ⌀. ◆ Est cassé l'arrêt de la chambre de l'instruction qui, pour confirmer l'ordonnance de non-lieu rendue au bénéfice du dirigeant d'une entreprise effectuant des travaux de sous-traitance sur un chantier et du coordinateur de sécurité sur ce chantier, poursuivis pour homicide involontaire à la suite de la chute mortelle d'un salarié de l'entreprise sous-traitante, retient l'absence du dirigeant de celle-ci sur le site, ce motif étant inopérant, et le non-respect par la victime des consignes de sécurité données le matin même et des recommandations verbales aux mêmes fins, ainsi que l'absence d'utilisation des équipements de sécurité mis à sa disposition, sans mieux expliquer en quoi la faute de la victime aurait été la cause exclusive de l'accident, alors que la cour avait relevé par ailleurs des manquements à l'encontre des prévenus. ● Crim. 7 mai 2019, ⚖ n° 18-80.418 P : *D. 2019. Actu. 996* ⌀ ; *RJS 7/2019, n° 437*.

6. Homicide involontaire. Certaines transgressions de la réglementation relative à la sécurité de travailleurs qui sont la cause indirecte du décès d'un salarié, lorsqu'elles sont suffisamment graves pour être qualifiées de faute caractérisée au sens de l'art. 121-3 C. pén., sont constitutives d'un homicide involontaire. ● Crim. 9 avr. 2019, ⚖ n° 17-86.267 P : *D. 2019. Actu. 762* ⌀ ; *RJS 6/2019 info. 400* ; *JSL 2019, n° 478-4*, obs. Mesa ; *Dr. pén. 2019. Comm. 103*, obs. Conte ; *JCP S 2019. 1180*, obs. Pradel, Pradel-Boureux et Pradel. ◆ Caractérise la faute personnelle du chef d'entreprise, poursuivi pour homicide involontaire, la cour d'appel qui, relevant que le prévenu n'avait pas délégué ses pouvoirs, en déduit qu'il avait conservé l'obligation qui lui était personnellement imposée de prendre toutes les mesures pour que les dispositifs de protection individuelle prévus par le décret du 8 janv. 1965 soient effectivement utilisés. ● Crim. 24 janv. 1978 : *Bull. crim. n° 30* ● 4 oct. 1978 : *ibid., n° 257* ● 27 févr. 1979 : *ibid., n° 88* (défaut de contrôle du respect des prescriptions de sécurité) ● 10 juin 1980 : *ibid., n° 184* (absence de consignes précises et défaut du matériel et des équipements de sécurité nécessaires) ● 20 oct. 1992 : ⚖ *Dr. ouvrier 1993. 37*, obs. Alvarez Pujana. ◆ La qualification d'homicide involontaire peut se cumuler avec l'infraction relative à la sécurité des travailleurs de l'art. L. 4741-1 C. trav., sans qu'il y ait de violation du principe *non bis in idem*. ● Crim. 9 avr. 2019, ⚖ n° 17-86.267 P : *préc.*

7. Est pénalement responsable l'importateur de machines dangereuses italiennes dépourvues du visa technique requis, alors que l'intéressé n'a pas mis les juges en mesure d'apprécier si les exigences de sécurité imposées par la loi italienne étaient équivalentes à celles de la loi française. ● Crim. 23 juin 1992 : ⚖ *JCP E 1993. 397*, note Godard.

8. La faute personnelle du chef d'entreprise ne saurait exclure celle qu'aurait pu commettre de son côté un agent subalterne. ● Crim. 17 oct. 1979 : *D. 1980. IR 296*. ◆ Mais justifient leur décision de condamnation pour blessures involontaires et infraction à l'art. R. 233-3 ancien C. trav. les juges du fond qui relèvent que le prévenu, titulaire d'une délégation de pouvoirs en matière d'hygiène et de sécurité, a laissé à la disposition des salariés une machine insuffisamment protégée, la circonstance que le salarié n'ait pas fait un usage de celle-ci conforme à sa destination n'étant pas de nature à exonérer le prévenu de sa responsabilité, dès lors que cette faute n'a pas été la cause exclusive du dommage. ● Crim. 30 juin 1998, ⚖ n° 97-84.263 P : *D. 1998. IR 225* ⌀ ; *JCP 1999. II. 10067*, note Chevallier ; *RJS 1999. 43, n° 53*.

9. L'employeur doit répondre des agissements des personnes qui exercent, de fait ou de droit, une autorité sur les salariés ; il peut être condamné à réparer le préjudice moral résultant du mauvais traitement infligé à un salarié et des insultes proférées à son égard par son épouse. ● Soc. 10 mai 2001, ⚖ n° 99-40.059 P : *Dr. soc. 2001. 921*, obs. Gauriau ⌀ ; *RJS 2001. 681, n° 989* ; *JCP E 2001. 1679*, note Puigelier.

II. IRRESPONSABILITÉ PÉNALE DU CHEF D'ENTREPRISE

A. DIRECTION UNIQUE

10. Principe. L'employeur peut s'exonérer lorsqu'en raison de la participation de plusieurs entreprises le travail a été placé sous une direction unique autre que la sienne. ● Crim. 18 janv. 1973 : *Bull. crim. n° 25* ; *RSC 1973. 692*, obs. Levasseur ● 5 janv. 1977 : *Dr. ouvrier 1977. 361* ● 25 mai 1982 : *Bull. crim. n° 136*. ◆ V., au contraire, en cas de pluralité de fautes : ● Crim. 27 janv. 1971 : *Bull. crim. n° 28* ● 20 sept. 1980 : *Dr. soc. 1981. 719*, note Roger.

B. FAUTE DE LA VICTIME

11. Faute exclusive de la victime. N'est pas responsable de l'accident dont est victime un salarié l'employeur qui a pris toutes les dispositions pour faire respecter les mesures de sécurité, l'accident étant dû à la seule faute du salarié qui a enfreint les consignes de sécurité et échappé à la vigilance des surveillants. ● Crim. 14 mars 1979 : *Bull. crim. n° 109*. – Dans le même sens : ● Crim. 14 oct. 1986 : *Bull. crim. n° 288*.

C. DÉLÉGATION DE POUVOIR

BIBL. Albiol et Boucaya, *JCP S 2010. 1512* (admission de la délégation de pouvoir dans les SAS). – Aubry, *Rev. soc. 2005. 793* (la responsabilité des dirigeants dans la société par action simplifiée). – Leport et Guyot, *JCP S 2010. 1067* (polémiques autour du pouvoir de licencier dans la société par action simplifiée). – Robé, *SSL 2010, n° 1434, p. 10* (des délégations de pouvoirs dans les SAS. Remarques sur quelques arrêts récents). – Cœuret et Duquesne, *Dr. soc. 2012. 35* (actualité de la délégation de pouvoir de licencier dans l'entreprise ou le groupe d'entreprises). – Cœuret, *RJS 2012. 3* (la délégation de pouvoirs et les responsabilités pénales dans l'entreprise). – Moreau, *D. 2006. 290*. – Desportes, *RJS 2002. 711* (faute pénale et responsabilité civile du préposé).

1° PRINCIPE

12. Principes. Le chef d'établissement ne peut s'exonérer que lorsqu'il démontre qu'il a délégué ses pouvoirs à un préposé désigné par lui et pourvu de la compétence et de l'autorité nécessaires pour veiller efficacement à l'observation des dispositions en vigueur. – Jurisprudence constante : ● Crim. 18 janv. 1973 : *Bull. crim. n° 25* ● 22 mai 1973 : *ibid., n° 230* ● 23 janv. 1975 : *ibid., n° 30* ● 21 oct. 1975 : *ibid., n° 222* ● 18 oct. 1977 : *ibid., n° 305* ● 17 juin 1997, n° 95-83.010 P : *RJS 1997. 679, n° 1101* ● 8 déc. 2009 : *D. 2010. AJ 212 ; RSC 2010. 433, note Cerf-Hollender ; Dr. ouvrier 2010. 381 ; JSL 2010, n° 274-4, obs. Tourreil.*
♦ Rien n'interdit au chef d'un groupe de sociétés, qui est en outre le chef de l'entreprise exécutant les travaux, de déléguer ses pouvoirs au dirigeant d'une autre société du groupe sur lequel il exerce son autorité hiérarchique. ● Crim. 26 mai 1994 : *D. 1995. 110, note Reinhard ; Dr. soc. 1995. 344, note Cœuret ; RJS 1994. 765, n° 1275.* – Dans le même sens : ● Crim. 11 oct. 1994 : *RJS ibid.* ● Soc. 7 févr. 1995 : *RJS 1995. 431, n° 657* (le dirigeant d'une filiale peut invoquer la délégation faite à un préposé d'une autre société du groupe).
♦ Le représentant légal de chacune des entreprises, membres d'une société en participation, intervenant sur un chantier peut consentir une délégation de pouvoirs en matière de sécurité à un préposé (directeur de chantier) de l'une d'entre elles disposant effectivement des pouvoirs, de la compétence et des moyens nécessaires à l'exécution de sa mission. ● Crim. 14 déc. 1999, n° 99-80.104 P : *RJS 2000. 240, n° 350* ● 23 nov. 2010 : *D. actu. 21 janv. 2011, obs. Bombled ; D. 2011. Actu. 170 ; Dr. soc. 2011. 361, note Duquesne* (application au domaine du travail temporaire).

13. Le moyen de défense tiré de l'existence d'une délégation de pouvoir peut être invoqué en cause d'appel. ● Crim. 1er déc. 1992, n° 89-82.689 P : *RJS 1993. 229, n° 369* ● 5 janv. 1993, n° 92-81.918 P : *RJS 1993. 245, n° 406.* ♦ *Contra*, antérieurement : ● Crim. 23 févr. 1988, n° 87-84.160 P ● 26 juin 1952 : *Bull. crim. n° 168 ; Dr. soc. 1952. 602, rapp. Patin.*

14. Lorsque la délégation est établie, la responsabilité pénale du chef d'entreprise est transférée à son délégué ; il s'ensuit que la même infraction ne peut être retenue à la fois contre le chef d'entreprise et contre le préposé délégué par lui. ● Crim. 12 janv. 1988, n° 85-95.950 P ● 14 mars 2006 : *Dr. soc. 2006. 1057, obs. Duquesne ; JSL 2006, n° 189-3.* ♦ Mais la délégation n'interdit pas de rechercher si le chef d'entreprise n'a pas commis, au regard de l'art. 319 C. pén., une imprudence ou une négligence en omettant de prendre les mesures que les circonstances commandaient comme relevant de ses propres obligations. ● Crim. 18 oct. 1977 : *D. 1978. 472, note Benoît.* – V. aussi ● Crim. 23 janv. 1975 : *D. 1976. 375, note Savatier.* ♦ Le titulaire d'une délégation n'engage pas sa responsabilité civile à l'égard des tiers pour le délit de tromperie et de publicité mensongère commis dans l'exercice normal de ses attributions ; l'employeur est, dans ce cas, seul responsable des conséquences civiles de l'infraction. ● Soc. 23 janv. 2001, n° 00-82.826 P : *RJS 2001. 680, n° 988.* ♦ La délégation de pouvoir n'exonère pas l'employeur de sa responsabilité pénale pour les mesures qui ressortent de son pouvoir propre de direction. ● Crim. 15 mai 2007 : *RJS 2007. 747, n° 969 ; JSL 2007, n° 215-2.*

15. Même s'il confie à un représentant le soin de présider le comité central d'entreprise, le chef d'entreprise engage sa responsabilité à l'égard de cet organisme, s'agissant des mesures ressortissant à son pouvoir propre de direction (présentation d'un bilan social incomplet), sans pouvoir opposer l'argumentation prise d'une délégation de pouvoir. ● Crim. 15 mai 2007, n° 06-84.318. ♦ Même solution pour le président de la société qui confie à un représentant le soin de présider les institutions représentatives du personnel et qui engage sa responsabilité personnelle pour avoir affiché un protocole préélectoral n'ayant pas été signé par l'ensemble des syndicats. ● Crim. 6 nov. 2007, n° 06-86.027 P : *Dr. soc. 2008. 449, obs. Duquesne ; RTD com. 2008. 641, note Bouloc ; RJS 3/2008, n° 307.*

16. Multidélégations. La délégation à « deux préposés au moins » rend incertaine la réalité d'une délégation à un préposé ayant autorité sur les autres, le cumul de plusieurs délégations pour l'exécution du même travail étant de nature à restreindre l'autorité et à entraver les initiatives de chacun de prétendus délégataires. ● Crim. 2 oct. 1979 : *Bull. crim. n° 267* ● 6 juin 1990 : *Dr. ouvrier 1990. 458, note Pujana* ● Crim. 30 oct. 1996, n° 94-83.650 P : *D. 1997. IR 20 ; RJS 1997. 197, n° 296.*

17. Subdélégation. Aucune règle de droit n'interdit à l'employeur qui délègue ses pouvoirs à un cadre d'autoriser ce dernier à investir de ces mêmes pouvoirs un préposé pleinement pourvu de l'autorité, de la compétence et des moyens nécessaires pour remplir sa mission. ● Crim. 8 févr. 1983, n° 82-92.364 P : *D. 1983. 639, note Seillan ; D. 1984. IR 172, note Reinhard.* ♦ L'autorisation du chef d'entreprise n'est pas nécessaire à la validité d'une subdélégation régulièrement consentie à un subdélégataire doté de la compétence, de l'autorité et des moyens requis. ● Crim. 30 oct. 1996, ⚖ n° 94-83.650 P : *D. 1997. IR 20* ⧉ *; RJS 1997. 197, n° 296.*

18. Délégation de pouvoir et groupement d'entreprises. En cas d'accident du travail, les infractions en matière d'hygiène et de sécurité des travailleurs commises par les délégataires de pouvoirs désignés par chacune des sociétés constituant un groupement d'entreprises à l'occasion de l'attribution d'un marché engagent la responsabilité pénale de la seule personne morale, membre du groupement, qui est l'employeur de la victime. ● Crim. 13 oct. 2009 : ⚖ *D. 2010. 557, note Planque* ⧉ *; RJS 2010. 78, n° 105 ; JSL 2010, n° 269-6 ; Dr. ouvrier 2010. 543, obs. Lafuma ; Dr. soc. 2010. 144, note Duquesne* ⧉ *; SSL 2010, n° 1428, p. 11, note Cœuret.*

19. Responsabilité des personnes morales. V. ● TGI Paris, 3 nov. 1995 : *Dr. soc. 1996. 157, note Cœuret* ⧉ *; RSC 1996. 392, obs. Giudicelli-Delage* ⧉ *; JCP E 1997. I. 645, chron. Godard.* ♦ Sur l'absence de responsabilité pénale des personnes morales pour infractions à la réglementation du travail sur le fondement de l'art. L. 263-2 [L. 4732-2 nouv.] C. trav., V. : ● Crim. 1er déc. 1998, ⚖ n° 97-80.560 P : *D. 2000. 34, note Houtmann* ⧉ *; RSC 1999. 336, note Giudicelli-Delage* ⧉ *; RTD com. 1999. 774, obs. Bouloc* ⧉ *; JCP E 1999. 1930, note Leroy.* ♦ Sur la qualité de représentant d'une personne morale d'un délégataire de pouvoir pourvu, en matière d'hygiène et de sécurité, des pouvoirs, de la compétence et des moyens nécessaires à l'exécution de sa mission, V. : ● Crim. 14 déc. 1999, ⚖ n° 99-80.104 P : *JCP 2000. I. 235, obs. Véron ; ibid. IV. 1597 ; Dr. pénal 2000. Comm. 56, obs. Véron* ● 30 mai 2000, ⚖ n° 99-84.212 P.

20. Procédure. Encourt la censure l'arrêt d'une chambre d'accusation qui, à l'occasion d'une information ouverte pour blessures involontaires et infraction aux règles relatives à la sécurité des travailleurs, rejette la nullité d'une commission rogatoire délivrée par un juge d'instruction à la gendarmerie avec pour mission de procéder à des saisies ayant pour objet de caractériser le délit de marchandage. ● Crim. 24 nov. 1998, ⚖ n° 98-83.247 P : *RSC 1999. 342, obs. Giudicelli-Delage* ⧉ *; Dr. pénal 1999. Comm. 49 et 50, note Maron.*

2° FORMES

21. Absence d'exigence d'écrit. La délégation n'a pas à être écrite et peut résulter des circonstances de fait. ● Crim. 27 févr. 1979 : *Bull. crim. n° 88.* ♦ Ne constitue pas la preuve d'une délégation la note de service qui n'est qu'un relevé des consignes courantes et qui ne comporte aucun transfert de responsabilité. ● Crim. 17 oct. 1979 : *D. 1980. IR 296.* – V. aussi ● Crim. 26 juin 1979 : *D. 1979. IR 527, obs. Puech.*

22. Rôle du conseil d'administration. Dans les rapports internes de la société, le directeur général ne dispose des pouvoirs de direction qu'en vertu d'une délégation du conseil d'administration décidée en accord avec le président ; en l'absence d'une telle délégation, le président est à bon droit déclaré coupable des infractions relevées (en l'espèce, travail clandestin et emploi irrégulier d'étrangers). ● Crim. 23 juill. 1996, ⚖ n° 94-85.287 P : *JCP E 1997. II. 909, note Robert.* ♦ La délibération du conseil d'administration conférant au directeur général des pouvoirs identiques à ceux du président, exercés concurremment aux siens, ne constitue pas une délégation de pouvoir de ce dernier, susceptible de l'exonérer de sa responsabilité. ● Crim. 17 oct. 2000 : ⚖ *RJS 2001. 559, n° 816.*

23. Délégation de pouvoir et coordinateur de travaux. La délégation de pouvoir en tant que cause d'exonération ne se présume pas, même à l'égard d'un coordinateur de travaux pourvu, par définition, de la compétence, de l'autorité et des moyens nécessaires. ● Crim. 8 avr. 2008, ⚖ n° 07-80.535 P : *RDT 2008. 670, obs. Héas* ⧉ *; RSC 2009. 388* ⧉ *; RDI 2008. 336, obs. G. Roujou de Boubée* ⧉ *; Dr. soc. 2008. 809, note Duquesne* ⧉.

3° RÉPRESSION

24. Peines. L'exception apportée par l'al. 2 de l'art. L. 263-2 [L. 4741-1 nouv.] à la règle générale du non-cumul des peines édictée par l'art. 5 C. pén. doit être appliquée restrictivement et ne saurait être étendue au-delà de ses termes. ● Crim. 17 mai 1977 : *Bull. crim. n° 176.* ♦ Doit en conséquence être cassé l'arrêt qui prononce cinq amendes, alors que seuls trois salariés étaient concernés par les infractions retenues. ● Même arrêt.

25. Les amendes prononcées pour le délit de l'art. L. 263-2 [L. 4741-1 nouv.] et les délits d'atteinte à l'intégrité physique (art. 221-6, 222-19 et 222-20, C. pén.) se cumulent. ● Crim. 13 sept. 2005, n° 04-83.736 P. ♦ Lorsqu'à l'occasion d'une même procédure, la personne poursuivie est reconnue coupable de plusieurs infractions en concours, les unes visées par l'art. L. 4741-1, les autres prévues par les art. 221-6, 221-19 et 222-20 C. pén., les peines de même nature se cumulent, dès lors que leur total n'excède pas le maximum légal de la peine la plus élevée qui est encourue. ● Crim. 2 mars 2010 : ⚖ *Dr. soc. 2010. 1125, obs. Duquesne* ⧉ *; JCP S 2010. 1242, obs. Brissy* ● 21 juin 2022, ⚖ n° 21-85.691 B : *D. 2022. 1211* ⧉ *; AJ pénal 2022. 375* ⧉ *; Dr. soc. 2022. 748, étude Salomon* ⧉ *; RSC 2022. 591, obs. Mayaud* ⧉ *; ibid. 865, obs. Cerf-Hollender* ⧉ *; RJS 8-9/2022, n° 449.*

4° RESPONSABILITÉ PERSONNELLE DU DÉLÉGATAIRE

26. Responsabilité personnelle du salarié. Le salarié qui agit sans excéder les limites de la mission qui lui est impartie par son employeur n'engage pas sa responsabilité à l'égard des tiers. • Cass., ass. plén., 25 févr. 2000 : ⚖ *GADT, 4ᵉ éd., nº 48* ; *RJS 2000. 439, nº 630*. ♦ Un salarié titulaire d'une délégation de pouvoir ne peut se voir reprocher une faute dans l'accomplissement de la mission d'organisation et de surveillance qui lui a été confiée lorsque le chef d'entreprise ou l'un de ses supérieurs hiérarchiques s'immisce dans le déroulement des tâches en rapport avec cette mission, supprimant ainsi l'autonomie d'initiative inhérente à toute délégation effective. • Soc. 21 nov. 2000, ⚖ nº 98-45.420 P : *D. 2001. IR 429* ; *Dr. soc. 2001. 210*, obs. Savatier ; *RJS 2001. 123, nº 175*. ♦ Mais le préposé, titulaire d'une délégation de pouvoir, auteur d'une faute qualifiée au sens de l'art. 121-3 C. pén., engage sa responsabilité civile à l'égard du tiers victime de l'infraction, celle-ci fût-elle commise dans l'exercice de ses fonctions. • Crim. 28 mars 2006 : ⚖ *JCP G 2006. II. 10188*, note Mouly.

27. Responsabilité pécuniaire du salarié. Lorsque le certificat d'immatriculation d'un véhicule verbalisé pour excès de vitesse est établi au nom d'une personne morale, seul le représentant légal de celle-ci peut être déclaré redevable pécuniairement de l'amende encourue ; la délégation de pouvoir du salarié ne permet pas de le déclarer pécuniairement responsable de l'amende encourue. • Crim. 13 oct. 2010 : ⚖ *D. actu. 25 nov. 2010*, obs. Léna.

Art. L. 4741-2 Lorsqu'une des infractions énumérées à l'article L. 4741-1, qui a provoqué la mort ou des blessures dans les conditions définies aux articles 221-6, 222-19 et 222-20 du code pénal ou, involontairement, des blessures, coups ou maladies n'entraînant pas une incapacité totale de travail personnelle supérieure à trois mois, a été commise par un (*L. nº 2011-525 du 17 mai 2011, art. 170*) « délégataire », la juridiction peut, compte tenu des circonstances de fait et des conditions de travail de l'intéressé, décider que le paiement des amendes prononcées sera mis, en totalité ou en partie, à la charge de l'employeur (*L. nº 2011-525 du 17 mai 2011, art. 170*) « si celui-ci a été cité à l'audience ». – [*Anc. art. L. 263-2-1.*]

Art. L. 4741-3 Le fait pour l'employeur de ne pas s'être conformé aux mesures prises par (*Ord. nº 2016-413 du 7 avr. 2016, art. 2-XV*) « le directeur régional des entreprises, de la concurrence, de la consommation, du travail et de l'emploi en application de l'article L. 4721-1 est puni » d'une amende de 3 750 €.

Art. L. 4741-3-1 (*Ord. nº 2016-413 du 7 avr. 2016, art. 2-XVI*) Le fait pour l'employeur de ne pas s'être conformé aux mesures prises par l'agent de contrôle en application des articles L. 4731-1 ou L. 4731-2 est puni d'un emprisonnement d'un an et d'une amende de 3 750 euros.

Art. L. 4741-4 En cas d'infraction aux dispositions de l'article L. 4221-1, de celles du livre III ainsi que des articles L. 4411-7, L. 4525-1 et L. 4721-4 et des décrets pris en application, le jugement fixe, en outre, le délai dans lequel sont exécutés les travaux de sécurité et de salubrité imposés par ces dispositions. Ce délai ne peut excéder dix mois. – [*Anc. art. L. 263-3.*]

Art. L. 4741-5 En cas de condamnation prononcée en application de l'article L. 4741-1, la juridiction peut ordonner, à titre de peine complémentaire, l'affichage du jugement aux portes des établissements de la personne condamnée, aux frais de celle-ci, dans les conditions prévues à l'article 131-35 du code pénal, et son insertion, intégrale ou par extraits, dans les journaux qu'elle désigne. Ces frais ne peuvent excéder le montant de l'amende encourue.

En cas de récidive, la juridiction peut prononcer contre l'auteur de l'infraction l'interdiction d'exercer, pendant une durée maximale de cinq ans, certaines fonctions qu'elle énumère soit dans l'entreprise, soit dans une ou plusieurs catégories d'entreprises qu'elle définit.

Le fait de méconnaître cette interdiction est puni d'un emprisonnement de deux ans et d'une amende de 9 000 €. – [*Anc. art. L. 263-6.*]

Art. L. 4741-6 Les dispositions des articles L. 4741-1 à L. 4741-5 et L. 4741-9 à L. 4742-1 ne sont pas applicables aux établissements mentionnés aux 2º et 3º de l'article L. 4111-1. – [*Anc. art. L. 263-7.*]

Art. L. 4741-7 L'employeur est civilement responsable des condamnations prononcées contre ses directeurs, gérants ou (*L. nº 2011-525 du 17 mai 2011, art. 170*) « délégataires ». – [*Anc. art. L. 260-1.*]

SANTÉ ET SÉCURITÉ AU TRAVAIL — **Art. L. 4741-11**

RÉP. TRAV. v° *Responsabilité des commettants*, par BÉNAC-SCHMIDT et LARROUMET.

L'art. L. 260-1 [L. 4741-7 nouv.] déclarant que le chef d'entreprise est civilement responsable des condamnations prononcées contre ses préposés ne s'applique qu'aux condamnations civiles. ● Crim. 3 mars 1981 : *JCP 1982. II. 19769*, note Reinhard.

Art. L. 4741-8 Le fait d'employer des mineurs à la mendicité habituelle, soit ouvertement, soit sous l'apparence d'une profession, est puni des peines prévues aux articles **225-12-6 et 227-29 du code pénal**. — *[Anc. art. L. 261-3.]*

SECTION 2 Infractions commises par une personne autre que l'employeur ou son délégataire (L. n° 2011-525 du 17 mai 2011, art. 170).

Art. L. 4741-9 Est puni d'une amende de 3 750 €, le fait pour toute personne autre que celles mentionnées à l'article L. 4741-1, de méconnaître par sa faute personnelle les dispositions des articles (*Abrogé par L. n° 2021-1018 du 2 août 2021, art. 10, à compter du 31 mars 2022*) « L. 4311-1 à L. 4311-4, L. 4314-1, » L. 4321-2, L. 4321-3, (*Ord. n° 2009-229 du 26 févr. 2009, art. 2-IV*) « L. 4411-1, L. 4411-2, (*Abrogé par L. n° 2023-171 du 9 mars 2023, art. 25*) « L. 4411-4 à » L. 4411-6 » (*L. n° 2016-1088 du 8 août 2016, art. 113*) « , L. 4412-2 », (*Ord. n° 2016-128 du 10 févr. 2016, art. 42*) « L. 4451-1 à L. 4451-4 » et celles des décrets en Conseil d'État pris pour leur application.

La récidive est punie d'un emprisonnement d'un an et d'une amende de 9 000 €.

L'amende est appliquée autant de fois qu'il y a de salariés de l'entreprise concernés par la ou les infractions relevées dans le procès-verbal mentionné à l'article L. 8113-7.

*Sur les infractions pénales d'atteinte involontaire à la vie ou à l'intégrité de la personne, V. C. pén., art. 221-6, 222-19, 222-20, R. 622-1, R. 625-2 et R. 625-3. — Sur l'infraction pénale de mise en danger de la personne, V. C. pén., art. 223-1. — Sur la responsabilité pénale des personnes morales à raison de ces infractions, V. C. pén., art. 221-7, 222-21, 223-2, R. 622-1. — **C. pén.***

Art. L. 4741-10 En cas de condamnation prononcée en application de l'article L. 4741-9, la juridiction peut ordonner, à titre de peine complémentaire, l'affichage du jugement aux portes des établissements de la personne condamnée, aux frais de celle-ci, dans les conditions prévues à l'article 131-35 du code pénal, et son insertion, intégrale ou par extraits, dans les journaux qu'elle désigne. Ces frais ne peuvent excéder le montant maximum de l'amende encourue.

En cas de récidive, la juridiction peut prononcer contre l'auteur de l'infraction l'interdiction d'exercer, pendant une durée maximale de cinq ans, certaines fonctions qu'elle énumère soit dans l'entreprise, soit dans une ou plusieurs catégories d'entreprises qu'il définit.

Le fait de méconnaître cette interdiction est puni d'un emprisonnement de deux ans et d'une amende de 9 000 €. — *[Anc. art. L. 263-6.]*

SECTION 3 Dispositions particulières aux personnes morales

Art. L. 4741-11 Lorsqu'un accident du travail survient dans une entreprise où ont été relevés des manquements graves ou répétés aux règles de santé et sécurité au travail, la juridiction saisie, qui relaxe la ou les personnes physiques poursuivies sur le fondement des articles **221-6, 221-19 et 221-20** [229-19 et 222-20] du code pénal, fait obligation à l'entreprise de prendre toutes mesures pour rétablir des conditions normales de santé et sécurité au travail.

A cet effet, la juridiction enjoint à l'entreprise de présenter, dans un délai qu'elle fixe, un plan de réalisation de ces mesures, accompagné de l'avis motivé du (*Ord. n° 2017-1386 du 22 sept. 2017, art. 4*) « comité social et économique ».

La juridiction adopte le plan présenté après avis du (*L. n° 2011-525 du 17 mai 2011, art. 170*) « directeur régional des entreprises, de la concurrence, de la consommation, du travail et de l'emploi ». A défaut de présentation ou d'adoption d'un tel plan, elle condamne l'entreprise à exécuter, pendant une période qui ne peut excéder cinq ans, un plan de nature à faire disparaître les manquements mentionnés au premier alinéa.

Dans ce dernier cas, les dépenses mises à la charge de l'entreprise ne peuvent annuellement dépasser le montant annuel moyen des cotisations d'accidents du travail prélevé au cours des cinq années antérieures à celle du jugement, dans le ou les établissements où ont été relevés les manquements.

Le contrôle de l'exécution des mesures prescrites est exercé par l'inspecteur du travail. S'il y a lieu, celui-ci saisit le juge des référés, qui peut ordonner la fermeture totale ou partielle de l'établissement pendant le temps nécessaire pour assurer cette exécution.

L'employeur qui, dans les délais prévus, n'a pas présenté le plan mentionné au deuxième alinéa ou n'a pas pris les mesures nécessaires à la réalisation du plan arrêté par la juridiction en vertu du troisième alinéa, est puni d'une amende de 18 000 € ainsi que des peines prévues à l'article L. 4741-14. − *[Anc. art. L. 263-3-1.]*

BIBL. ▶ Saint-Jours, *Dr. soc.* 1979. 49.

L'ordonnance du juge d'instruction faisant obligation à l'employeur, sur le fondement de l'art. L. 263-3-1 [L. 4741-11 nouv.], de prendre toutes les mesures pour rétablir les conditions normales d'hygiène et de sécurité du travail excède les pouvoirs de ce magistrat. • Crim. 24 févr. 1981 : *D. 1981.* 469, note Malaval ; *JCP* 1981. II. 19689, note Jeandidier. ♦ Une telle ordonnance, même si elle n'entre pas dans les prévisions des dispositions des art. 186 s. C. pr. pén., peut cependant, en vertu du principe général du double degré de juridiction, être frappée d'appel par les personnes qui y sont désignées, auxquelles elle fait directement grief. • Même arrêt.

Art. L. 4741-12 Lorsqu'il a été fait application de l'article L. 4741-11, aucune infraction nouvelle ne peut être relevée pour la même cause durant le délai qui a été, le cas échéant, accordé.

En cas de récidive constatée par procès-verbal, après une condamnation prononcée en vertu de l'article précité, la juridiction peut ordonner la fermeture totale ou partielle, définitive ou temporaire, de l'établissement dans lequel n'ont pas été faits les travaux de sécurité ou de salubrité imposés par les dispositions légales.

Le jugement est susceptible d'appel. Dans ce cas, la juridiction statue d'urgence. − *[Anc. art. L. 263-4, al. 2 à 4.]*

Art. L. 4741-13 Les condamnations prononcées en application de l'article L. 4741-12 ne peuvent, sous réserve des dispositions du second alinéa, entraîner ni rupture, ni suspension du contrat de travail, ni aucun préjudice pécuniaire à l'encontre des salariés concernés.

Lorsque la fermeture totale et définitive entraîne le licenciement du personnel, elle donne lieu, en dehors de l'indemnité de préavis et de l'indemnité de licenciement, aux dommages et intérêts prévus aux articles L. 1235-2 à L. 1235-5 en cas de rupture du contrat de travail. − *[Anc. art. L. 263-5, al. 1er et 2.]*

Art. L. 4741-14 En cas de condamnation prononcée en application de l'article L. 4741-12, la juridiction peut ordonner, à titre de peine complémentaire, l'affichage du jugement aux portes des établissements de la personne condamnée, aux frais de celle-ci, dans les conditions prévues à l'article 131-35 du code pénal, et son insertion, intégrale ou par extraits, dans les journaux qu'elle désigne. Ces frais ne peuvent excéder le montant maximum de l'amende encourue.

En cas de récidive, la juridiction peut prononcer contre l'auteur de l'infraction l'interdiction d'exercer, pendant une durée maximale de cinq ans, certaines fonctions qu'elle énumère soit dans l'entreprise, soit dans une ou plusieurs catégories d'entreprises qu'elle définit.

Le fait de méconnaître cette interdiction est puni d'un emprisonnement de deux ans et d'une amende de 9 000 €. − *[Anc. art. L. 263-6.]*

CHAPITRE II **INFRACTIONS AUX RÈGLES DE REPRÉSENTATION DES SALARIÉS**

Art. L. 4742-1 Le fait de porter atteinte ou de tenter de porter atteinte soit à la constitution, soit à la libre désignation des membres *(Abrogé par L. n° 2015-990 du 6 août 2015, art. 262)* « , *soit au fonctionnement régulier* » du comité d'hygiène, de sécurité et des conditions de travail, notamment par la méconnaissance des dispositions du livre IV de la deuxième partie relatives à la protection des représentants du personnel à ce comité, est puni d'un emprisonnement d'un an et d'une amende de *(L. n° 2015-990 du 6 août 2015, art. 262)* « 7 500 €.

« Le fait de porter atteinte au fonctionnement régulier du comité est puni d'une amende de 7 500 €. »

RÉP. TRAV. v° *Entrave aux institutions représentatives des salariés et à l'exercice du droit syndical,* par AMAUGER-LATTES.

COMMENTAIRE

V. sur le Code en ligne 📖.

1. Compétence d'ordre public. Justifie sa décision condamnant un employeur pour entrave au fonctionnement du CHSCT la cour d'appel qui écarte l'argumentation du prévenu soutenant que les questions relatives à la sécurité étaient généralement traitées par le comité d'entreprise ou qu'elles faisaient l'objet d'informations données aux délégués du personnel et relève que le CHSCT avait été réuni seulement à l'initiative de l'inspecteur du travail.
• Crim. 27 sept. 1989 : *D. 1989. IR 296.*

2. Mandat d'ester en justice délivré par le CHSCT à l'un de ses membres. La citation directe d'un employeur par le secrétaire du comité d'hygiène, de sécurité et des conditions de travail est recevable dès lors que des délibérations régulièrement adoptées ont donné mandat d'agir en justice du chef d'entrave au représentant du comité. • Crim. 28 oct. 2014 : ⚖ *D. actu. 26 nov. 2014,* obs. Ines.

3. Responsabilité de l'employeur. Même s'il confie à un représentant le soin de présider le CHSCT, le chef d'entreprise doit, avant de prendre une décision modifiant les conditions d'hygiène et de sécurité ou les conditions de travail, s'assurer de la consultation du CHSCT. • Crim. 15 mars 1994, ⚖ n° 93-82.109 P : *D. 1995. 30,* note Reinhard ✎ ; *RJS 1994. 429,* n° 708.

4. Élément intentionnel. La violation, en connaissance de cause, des dispositions de l'art. R. 236-5 C. trav. relatif au renouvellement du CHSCT, suffit à caractériser, en tous ses éléments tant matériels qu'intentionnels, le délit prévu par l'art. L. 263-2-2 du même code. • Crim. 3 mars 1998, ⚖ n° 96-85.098 P : *D. 1998. IR 121* ✎ ; *RSC 1998. 763,* obs. Bouloc ✎ ; *RTD com. 1998. 959,* obs. Bouloc ✎ ; *JCP E 1998,* n° 20-21, p. 784.

5. Interprétation stricte. Dès lors que les dispositions, d'interprétation stricte, de l'art. L. 263-2-2 C. trav. [L. 4742-1 nouv.], qui répriment le délit d'entrave à la constitution et au fonctionnement régulier des comités d'hygiène, de sécurité et des conditions de travail, ne contiennent aucune référence aux atteintes au fonctionnement des structures de coordination de ces comités, les faits allégués à l'encontre du président d'un comité local de coordination de CHSCT ne peuvent recevoir la qualification d'entraves au fonctionnement d'un CHSCT. • Crim. 12 avr. 2005, ⚖ n° 04-83.101 P : *RSC 2005,* n° 4, p. 864 ✎.

6. Exemple d'entrave. Toute mutation de poste ou de fonctions imposée contre son gré à un membre du CHSCT est de nature à caractériser l'élément matériel d'une atteinte portée à ses prérogatives statutaires, à moins que l'employeur n'apporte la preuve de sa pleine justification.
• Crim. 4 janv. 1990, ⚖ n° 88-83.311 P.

CHAPITRE III INFRACTIONS AUX RÈGLES CONCERNANT LE TRAVAIL DES JEUNES ET DES FEMMES ENCEINTES, VENANT D'ACCOUCHER OU ALLAITANT

Art. L. 4743-1 En cas d'infraction aux dispositions relatives au travail des jeunes et des femmes enceintes, venant d'accoucher ou allaitant, l'affichage du jugement peut, suivant les circonstances et en cas de récidive seulement, être ordonné par la juridiction.

La juridiction peut également ordonner, dans le même cas, l'insertion du jugement, aux frais du contrevenant, dans un ou plusieurs journaux du département. — [Anc. art. L. 260-2.]

Art. L. 4743-2 (*L. n° 2009-526 du 12 mai 2009, art. 40*) Est puni d'un emprisonnement de cinq ans et d'une amende de 75 000 € le fait, pour le père, la mère, le tuteur ou l'employeur, et généralement toute personne ayant autorité sur un enfant ou en ayant la garde, de le placer sous la conduite de vagabonds, de personnes sans moyen de subsistance ou se livrant à la mendicité, en méconnaissance des dispositions de l'article L. 4153-7.

La condamnation entraîne de plein droit, pour les tuteurs, la destitution de la tutelle. Les pères et mères peuvent être privés de l'autorité parentale.

Art. L. 4743-3 (*Ord. n° 2016-413 du 7 avr. 2016, art. 2-XVII*) Est puni d'un emprisonnement d'un an et d'une amende de 3 750 euros le fait de ne pas se conformer aux mesures prises par l'agent de contrôle en application de l'article L. 4733-2 ou de l'article L. 4733-3.

CHAPITRE IV OPÉRATIONS DE BÂTIMENT ET DE GÉNIE CIVIL

Art. L. 4744-1 (Ord. n° 2020-71 du 29 janv. 2021, art. 7, en vigueur le 1er juill. 2021) Le fait pour un maître d'ouvrage de faire construire ou aménager un bâtiment ou une partie de bâtiment à usage professionnel en méconnaissance des obligations mises à sa charge par les dispositions des articles L. 112-2, L. 134-13 et L. 155-2 du code de la construction et de l'habitation, ainsi que par les dispositions réglementaires prises pour leur application est puni des peines prévues aux articles L. 480-4 et L. 480-5 du code de l'urbanisme.

Art. L. 4744-2 Le fait pour un maître d'ouvrage de ne pas adresser à l'autorité administrative la déclaration préalable prévue à l'article L. 4532-1 est puni d'une amende de 4 500 €. – [Anc. art. L. 263-10-I et III, 1°.]

Art. L. 4744-3 Le fait pour un maître d'ouvrage de faire ouvrir un chantier ne disposant pas de voies et réseaux divers satisfaisant aux dispositions (Ord. n° 2016-413 du 7 avr. 2016, art. 2-XVIII) « réglementaires du chapitre III du titre III du livre V de la présente partie » est puni d'une amende de 22 500 €.

L'interruption du travail peut être ordonnée dans les conditions prévues à l'article L. 480-2 du code de l'urbanisme.

Sur l'application de cette disposition, V. • Crim.
8 août 1994 : ⚖ RJS 1994. 766, n° 1276.

Art. L. 4744-4 Est puni d'une amende de (Ord. n° 2016-413 du 7 avr. 2016, art. 2-XVIII) « 10 000 euros » le fait pour un maître d'ouvrage :

1° De ne pas désigner de coordonnateur en matière de sécurité et de santé, en méconnaissance de l'article L. 4532-4, ou de ne pas assurer au coordonnateur l'autorité et les moyens indispensables à l'exercice de sa mission, en méconnaissance de l'article L. 4532-5 ;

2° De désigner un coordonnateur ne répondant pas à des conditions définies par décret pris en application de l'article L. 4532-18 ;

3° De ne pas faire établir le plan général de coordination prévu à l'article L. 4532-8 ;

4° De ne pas faire constituer le dossier des interventions ultérieures sur l'ouvrage prévu à l'article L. 4532-16.

La récidive est punie d'un emprisonnement d'un an et d'une amende de 15 000 €. La juridiction peut, en outre, prononcer les peines prévues à l'article L. 4741-5.

Art. L. 4744-5 Le fait pour l'entrepreneur de ne pas remettre au maître d'ouvrage ou au coordonnateur le plan particulier de sécurité et de protection de la santé des travailleurs prévu à l'article L. 4532-9 est puni d'une amende de 9 000 €.

La récidive est punie d'un emprisonnement d'un an et d'une amende de 15 000 €. La juridiction peut, en outre, prononcer les peines prévues à l'article L. 4741-5. – [Anc. art. L. 263-10, II, 2°, et III, 2°.]

Art. L. 4744-6 Le fait pour les travailleurs indépendants, ainsi que pour les employeurs lorsqu'ils exercent eux-mêmes une activité sur un chantier de bâtiment ou de génie civil, de ne pas mettre en œuvre les obligations qui leur incombent, (Ord. n° 2016-413 du 7 avr. 2016, art. 2-XVIII) « des dispositions législatives et réglementaires du chapitre V du titre III du livre V de la présente partie », est puni d'une amende de 4 500 €.

Art. L. 4744-7 Outre les officiers de police judiciaire et les (L. n° 2016-1088 du 8 août 2016, art. 113) « agents de contrôle de l'inspection du travail mentionnés à l'article L. 8112-1 », les infractions définies aux articles L. 4744-1 à L. 4744-5 sont constatées par les personnes prévues à l'article L. 480-1 du code de l'urbanisme. – [Anc. art. L. 263-12.]

CHAPITRE V INFRACTIONS AUX RÈGLES RELATIVES À LA MÉDECINE DU TRAVAIL

Art. L. 4745-1 Le fait de méconnaître les dispositions des articles L. 4621-1 à *(L. n° 2016-1088 du 8 août 2016, art. 102)* « L. 4624-9 » *(L. n° 2011-867 du 20 juill. 2011)* « et L. 4644-1 » et des règlements pris pour leur application est puni, en cas de récidive dans le délai de trois ans, d'un emprisonnement de quatre mois et d'une amende de 3 750 €.

La juridiction peut également ordonner, à titre de peine complémentaire, l'affichage du jugement aux portes de l'établissement de la personne condamnée, aux frais de celle-ci, dans les conditions prévues à l'article 131-35 du code pénal, et son insertion, intégrale ou par extraits, dans les journaux qu'elle désigne. Ces frais ne peuvent excéder le montant maximum de l'amende encourue.

CHAPITRE VI INFRACTIONS AUX RÈGLES RELATIVES À LA CONCEPTION, À LA FABRICATION ET À LA MISE SUR LE MARCHÉ DES ÉQUIPEMENTS DE TRAVAIL ET DES ÉQUIPEMENTS DE PROTECTION INDIVIDUELLE

(L. n° 2021-1018 du 2 août 2021, art. 10, en vigueur le 31 mars 2022)

Art. L. 4746-1 Pour un opérateur économique au sens de l'article 3 du règlement (UE) 2019/1020 du Parlement européen et du Conseil du 20 juin 2019 sur la surveillance du marché et la conformité des produits, et modifiant la directive 2004/42/CE et les règlements (CE) n° 765/2008 et (UE) n° 305/2011 :

1° Le fait d'exposer, de mettre en vente, de vendre, d'importer, de louer, de mettre à disposition ou de céder à quelque titre que ce soit un équipement de travail ou un équipement de protection individuelle n'ayant pas fait l'objet de la procédure d'évaluation de la conformité prévue par la réglementation relative à la conception, à la fabrication et à la mise sur le marché qui lui est applicable est puni d'une amende de 50 000 €. En cas de récidive légale, l'amende encourue est portée au double ;

2° Le fait d'exposer, de mettre en vente, de vendre, d'importer, de louer, de mettre à disposition ou de céder à quelque titre que ce soit un équipement de travail ou un équipement de protection individuelle ne satisfaisant pas aux règles techniques prévues à l'article L. 4311-3 du présent code ou aux exigences essentielles de santé et de sécurité prévues à l'annexe II au *[du]* règlement (UE) 2016/425 du Parlement européen et du Conseil du 9 mars 2016 relatif aux équipements de protection individuelle et abrogeant la directive 89/686/CEE du Conseil ou aux exigences de sécurité au travail prévues par le règlement (UE) n° 167/2013 du Parlement européen et du Conseil du 5 février 2013 relatif à la réception et à la surveillance du marché des véhicules agricoles et forestiers est puni d'une amende de 100 000 €. En cas de récidive légale, l'amende encourue est portée au double.

Lorsque les faits mentionnés au 2° sont de nature à compromettre la santé ou la sécurité des utilisateurs ou d'autres personnes, la peine d'amende encourue est de 200 000 €.

En cas de récidive légale, les faits mentionnés au quatrième alinéa sont punis d'une peine de deux ans d'emprisonnement et d'une amende portée au double.

Le présent article s'applique également lorsque les faits mentionnés aux 1° et 2° concernent un équipement d'occasion.

Le présent article ne s'applique pas à l'opérateur économique fabriquant pour sa propre utilisation ou mettant en service un des équipements mentionnés au présent article pour son propre usage.

En cas de condamnation prononcée en application du présent article, la juridiction peut ordonner les peines complémentaires prévues à l'article L. 4741-10.

TITRE V AMENDES ADMINISTRATIVES

(Ord. n° 2016-413 du 7 avr. 2016, art. 3)

> **COMMENTAIRE**
> V. sur le Code en ligne 🔒. ☐

CHAPITRE I DISPOSITIONS COMMUNES

Art. L. 4751-1 Les amendes prévues au présent titre sont prononcées et recouvrées par l'autorité administrative compétente dans les conditions définies aux articles L. 8115-4, L. 8115-5 et L. 8115-7, sur rapport de l'agent de contrôle de l'inspection du travail mentionné à l'article L. 8112-1.
La décision de l'autorité administrative peut être contestée conformément à l'article L. 8115-6.

Art. L. 4751-2 L'autorité administrative informe le *(Ord. n° 2017-1386 du 22 sept. 2017, art. 4)* « comité social et économique », des amendes qu'elle prononce à l'encontre de l'employeur en application du présent titre.

CHAPITRE II MANQUEMENTS AUX DÉCISIONS PRISES PAR L'INSPECTION DU TRAVAIL EN MATIÈRE DE SANTÉ ET DE SÉCURITÉ AU TRAVAIL

Art. L. 4752-1 Le fait pour l'employeur de ne pas se conformer aux décisions prises par l'agent de contrôle de l'inspection du travail mentionné à l'article L. 8112-1 en application des articles L. 4731-1 ou L. 4731-2 est passible d'une amende au plus égale à 10 000 euros par travailleur concerné par l'infraction.

V. Circ. min. du 18 juill. 2016, NOR : JUSD1620181C, et Instr. DEGT n° 2016/03 du 12 juill. 2016.

Art. L. 4752-2 Le fait pour l'employeur de ne pas se conformer aux demandes de vérifications, de mesures ou d'analyses prises par l'agent de contrôle de l'inspection du travail mentionné à l'article L. 8112-1 en application de l'article L. 4722-1 et aux dispositions réglementaires prises pour l'application du même article est passible d'une amende maximale de 10 000 euros.

V. Circ. min. du 18 juill. 2016, NOR : JUSD1620181C, et Instr. DEGT n° 2016/03 du 12 juill. 2016.

CHAPITRE III MANQUEMENTS CONCERNANT LES JEUNES ÂGÉS DE MOINS DE DIX-HUIT ANS

Art. L. 4753-1 Le fait de ne pas se conformer aux décisions prises par l'agent de contrôle de l'inspection du travail mentionné à l'article L. 8112-1 en application de l'article L. 4733-2 ou de l'article L. 4733-3 est passible d'une amende au plus égale à 10 000 euros par jeune concerné.

Art. L. 4753-2 Le fait d'employer un travailleur âgé de moins de dix-huit ans à un ou plusieurs travaux interdits prévus à l'article L. 4153-8 et aux dispositions réglementaires prises pour son application ou à des travaux réglementés prévus à l'article L. 4153-9 en méconnaissance des conditions énoncées à ce même article et des dispositions réglementaires prises pour son application est passible d'une amende de 2 000 euros par travailleur concerné.

CHAPITRE IV MANQUEMENTS AUX RÈGLES CONCERNANT LES REPÉRAGES AVANT TRAVAUX

(L. n° 2016-1088 du 8 août 2016, art. 113)

Art. L. 4754-1 Le fait pour le donneur d'ordre, le maître d'ouvrage ou le propriétaire de ne pas se conformer aux obligations prévues à l'article L. 4412-2 et aux dispositions réglementaires prises pour son application est passible d'une amende maximale de 9 000 €.

CHAPITRE V MANQUEMENTS AUX RÈGLES CONCERNANT LA CONCEPTION, LA FABRICATION ET LA MISE SUR LE MARCHÉ DES ÉQUIPEMENTS DE TRAVAIL ET DES ÉQUIPEMENTS DE PROTECTION INDIVIDUELLE

(L. n° 2021-1018 du 2 août 2021, art. 10, en vigueur le 31 mars 2022)

Art. L. 4755-1 Par exception au premier alinéa de l'article L. 4751-1, les amendes prévues au présent chapitre sont prononcées et recouvrées par l'autorité de surveillance de marché compétente, dans les conditions définies aux articles L. 8115-4, L. 8115-5, à l'exception de son troisième alinéa, L. 8115-6 et L. 8115-7, sur le rapport d'un des agents mentionnés aux articles L. 4311-6 ou L. 4314-1.

Art. L. 4755-2 L'article L. 4751-2 ne s'applique pas au présent chapitre.

Art. L. 4755-3 I. – Est puni d'une amende maximale de 50 000 € le fait pour un opérateur économique au sens de l'article 3 du règlement (UE) 2019/1020 du Parlement européen et du Conseil du 20 juin 2019 sur la surveillance du marché et la conformité des produits et modifiant la directive 2004/42/CE et les règlements (CE) n° 765/2008 et (UE) n° 305/2011 de méconnaître une mesure prise en application de l'article L. 4314-2 du présent code ou du 3 de l'article 16 du règlement (UE) 2019/1020 du Parlement européen et du Conseil du 20 juin 2019 précité.

II. – Le plafond de l'amende prévue au I est porté au double en cas de nouveau manquement constaté dans un délai de deux ans à compter du jour de la notification de l'amende concernant un précédent manquement.

III. – Le présent article n'est pas applicable à l'opérateur économique fabriquant pour sa propre utilisation ou mettant en service un des équipements mentionnés au présent article pour son propre usage.

Art. L. 4755-4 Les modalités d'application du présent chapitre sont fixées par décret en Conseil d'État.

LIVRE VIII DISPOSITIONS RELATIVES À L'OUTRE-MER

TITRE I DISPOSITIONS GÉNÉRALES

CHAPITRE UNIQUE

Art. L. 4811-1 Les dispositions générales prévues par l'article L. 1511-1 sont également applicables aux dispositions du présent livre. – *[Anc. art. L. 800-4, al. 1er à 3.]*

TITRE II GUADELOUPE, GUYANE, MARTINIQUE, MAYOTTE, LA RÉUNION, SAINT-BARTHÉLEMY, SAINT-MARTIN ET SAINT-PIERRE-ET-MIQUELON *(Ord. n° 2017-1491 du 25 oct. 2017, art. 5).*

CHAPITRE I DISPOSITIONS GÉNÉRALES

Art. L. 4821-1 Les dispositions générales prévues par *(Ord. n° 2008-205 du 27 févr. 2008)* « les articles L. 1521-1 à L. 1521-4 » sont également applicables aux dispositions du présent titre.

CHAPITRE II SERVICES DE PRÉVENTION ET DE SANTÉ AU TRAVAIL *(L. n° 2021-1018 du 2 août 2021, art. 1er-I).*

Art. L. 4822-1 A Saint-Pierre-et-Miquelon, en l'absence de médecin du travail, l'autorité administrative peut autoriser un médecin *(L. n° 2021-1018 du 2 août 2021, art. 31,* *en vigueur à une date fixée par Décr. et au plus tard le 1er janv. 2023)* « disposant d'une formation en médecine du travail » à y exercer l'activité de médecin du travail sans être titulaire du diplôme spécial prévu à l'article L. 4623-1.

(L. n° 2021-1018 du 2 août 2021, art. 19, en vigueur le 1er janv. 2024) « Pour l'application à Saint-Pierre-et-Miquelon de l'article L. 4622-2-1, les mots : "les organismes locaux et régionaux d'assurance maladie" sont remplacés par les mots : "la caisse de prévoyance sociale de Saint-Pierre-et-Miquelon". »

(L. n° 2021-1018 du 2 août 2021, art. 31, en vigueur à une date fixée par Décr. et au plus tard le 1er janv. 2023) « S'il ne justifie pas d'une formation en médecine du travail, un médecin peut toutefois être autorisé à exercer l'activité de médecin du travail sans être titulaire du diplôme spécial prévu à l'article L. 4623-1 sous réserve de s'inscrire à une formation en médecine du travail dans les douze mois suivant l'obtention de cette autorisation. Le maintien de l'autorisation est subordonné à la production d'une attestation de validation de cette formation. »

En application de l'art. L. 231-5 CRPA, et par exception à l'application du délai de deux mois prévu à l'art. L. 231-1 du même code, le silence gardé par l'administration pendant deux mois vaut décision de rejet pour une demande d'autorisation d'exercice de la médecine du travail à Saint-Pierre-et-Miquelon (Décr. n° 2014-1289 du 23 oct. 2014, art. 1er).

Art. L. 4822-2 *(L. n° 2021-1018 du 2 août 2021, art. 31, en vigueur à une date fixée par Décr. et au plus tard le 1er janv. 2023)* A Saint-Pierre-et-Miquelon, un décret peut adapter la composition de l'équipe pluridisciplinaire prévue à l'article L. 4622-8.

CHAPITRE III SENSIBILISATION AUX RISQUES NATURELS MAJEURS

(L. n° 2022-217 du 21 févr. 2022, art. 241-I)

Art. L. 4823-1 En Guadeloupe, en Guyane, en Martinique, à Mayotte, à La Réunion, à Saint-Barthélemy, à Saint-Martin et à Saint-Pierre-et-Miquelon, les salariés mentionnés à l'article L. 4644-1 sont également chargés de l'information sur la prévention des risques naturels, mentionnés au I de l'article L. 562-1 du code de l'environnement, auxquels sont exposés les travailleurs sur leur lieu de travail.

Le ou les salariés ainsi désignés par l'employeur bénéficient d'une formation sur la prévention des risques naturels.

Outre les dispositifs prévus aux troisième et avant-dernier alinéas du I de l'article L. 4644-1 du présent code, l'employeur peut faire une demande de financement de cette formation aux opérateurs de compétences définis à l'article L. 6332-1, selon les modalités de prise en charge des actions de formation qui leur sont applicables.

Un décret en Conseil d'État définit les modalités d'application du présent article.

Art. L. 4823-2 En Guadeloupe, en Guyane, en Martinique, à Mayotte, à La Réunion, à Saint-Barthélemy, à Saint-Martin et à Saint-Pierre-et-Miquelon, l'employeur veille à ce que chaque travailleur reçoive régulièrement une information appropriée sur les risques naturels majeurs, mentionnés au I de l'article L. 562-1 du code de l'environnement, auxquels il est exposé sur son lieu de travail ainsi que sur les mesures prises pour leur prévention. Les modalités de cette information sont déterminées par décret en Conseil d'État.

TITRE III MESURES DE COORDINATION AVEC LES AUTRES COLLECTIVITÉS ULTRAMARINES *(Ord. n° 2017-1491 du 25 oct. 2017, art. 5).*

CHAPITRE UNIQUE

Art. L. 4831-1 L'Agence pour l'amélioration des conditions de travail ainsi que les organismes professionnels d'hygiène, de sécurité et des conditions de travail mentionnés à l'article L. 4643-2 dont elle coordonne l'activité peuvent exercer leurs missions *(Abrogé par Ord. n° 2017-1491 du 25 oct. 2017, art. 5, à compter du 1er janv. 2018)* « à Mayotte, » à Wallis-et-Futuna et dans les Terres australes et antarctiques françaises.

CINQUIÈME PARTIE L'EMPLOI

> **COMMENTAIRE**
> V. sur le Code en ligne 🔒

LIVRE I LES DISPOSITIFS EN FAVEUR DE L'EMPLOI

TITRE I POLITIQUE DE L'EMPLOI

CHAPITRE I OBJET

Art. L. 5111-1 Les aides à l'emploi ont pour objet :
1° De faciliter la continuité de l'activité des salariés face aux transformations consécutives aux mutations économiques et de favoriser, à cette fin, leur adaptation à de nouveaux emplois en cas de changements professionnels dus à l'évolution technique ou à la modification des conditions de la production ;
2° De favoriser la mise en place d'actions de prévention permettant de préparer l'adaptation professionnelle des salariés à l'évolution de l'emploi et des qualifications dans les entreprises et les branches professionnelles ;
3° De favoriser la qualification et l'insertion de demandeurs d'emploi ;
4° De contribuer à l'égalité professionnelle entre les femmes et les hommes.

Art. L. 5111-2 L'action des pouvoirs publics s'exerce en liaison avec celle des partenaires sociaux organisée par des accords professionnels ou interprofessionnels.

Art. L. 5111-3 Un décret en Conseil d'État détermine les conditions d'application du présent titre. – V. art. R. 5111-1 s.

CHAPITRE II INSTANCES CONCOURANT À LA POLITIQUE DE L'EMPLOI

Art. L. 5112-1 *Abrogé par L. n° 2014-288 du 5 mars 2014, art. 24-II.*

Art. L. 5112-1-1 *(L. n° 2008-776 du 4 août 2008, art. 7-I)* L'administration chargée des dispositifs en faveur de l'emploi mentionnés dans le présent livre et définis par décret doit se prononcer de manière explicite sur toute demande formulée par un employeur sur une situation de fait au regard des dispositions contenues dans le présent livre, à l'exception de celles ayant un caractère purement fiscal ou social.

Art. L. 5112-2 Un décret en Conseil d'État précise les conditions d'application *(L. n° 2014-288 du 5 mars 2014, art. 24-II)* « du présent chapitre ».

TITRE II MAINTIEN ET SAUVEGARDE DE L'EMPLOI *(L. n° 2013-504 du 14 juin 2013, art. 17-I).*

CHAPITRE I AIDES À L'ADAPTATION DES SALARIÉS AUX ÉVOLUTIONS DE L'EMPLOI ET DES COMPÉTENCES ET À LA GESTION DES ÂGES *(L. n° 2013-185 du 1er mars 2013).*

SECTION 1 Aide au développement de l'emploi et des compétences

Art. L. 5121-1 L'État peut apporter une aide technique et financière à des organisations professionnelles de branche ou à des organisations interprofessionnelles par le moyen de conventions, dénommées "engagements de développement de l'emploi et des compétences", qui ont pour objet d'anticiper et d'accompagner l'évolution des emplois et des qualifications des actifs occupés.
Ces engagements sont annuels ou pluriannuels. – *[Anc. art. L. 322-10, al. 1er et al. 2, phrase 1.]*

Art. L. 5121-2 Un décret détermine les modalités d'application de la présente section. – *[Anc. art. L. 322-10, al. 11.]* – V. art. D. 5121-1 s.

SECTION 2 Aide à l'élaboration d'un plan de gestion prévisionnelle des emplois et des compétences

Art. L. 5121-3 Les entreprises qui souhaitent élaborer un plan de gestion prévisionnelle des emplois et des compétences, peuvent bénéficier d'un dispositif d'appui à la conception de ce plan. Ce dispositif ouvre droit à une prise en charge financière par l'État.

Un décret détermine l'effectif maximal des entreprises éligibles et les conditions de prise en charge par l'État. – *V. art. D. 5121-7.*

BIBL. ▶ DALMASSO, DIRRINGER, JOLY et SACHS, *RDT* 2007. 513 (GPEC). – MARTINON, *Dr. soc.* 2011. 613.

SECTION 3 Aide aux actions de formation pour l'adaptation des salariés

Art. L. 5121-4 Afin de favoriser l'adaptation des salariés aux évolutions de l'emploi dans l'entreprise, notamment de ceux qui présentent des caractéristiques sociales les exposant plus particulièrement aux conséquences des mutations économiques, des accords d'entreprise ouvrant droit à une aide de l'État, conclus dans le cadre d'une convention de branche ou d'un accord professionnel sur l'emploi national, régional ou local, peuvent prévoir la réalisation d'actions de formation de longue durée.

Ces accords peuvent étendre le bénéfice de ces actions aux salariés dont l'entreprise envisage le reclassement externe, à condition que ce reclassement soit expressément accepté par le salarié et intervienne par contrat à durée indéterminée ou dans les conditions prévues pour l'emploi des salariés du secteur public ou des collectivités territoriales. – *[Anc. art. L. 322-7, al. 1er et 2.]*

Art. L. 5121-5 Les entreprises dépourvues de représentants syndicaux bénéficient de l'aide de l'État lorsqu'elles appliquent une convention de branche ou un accord professionnel sur l'emploi qui en prévoit la possibilité et en détermine les modalités d'application directe.

L'aide est attribuée après avis du *(Ord. n° 2017-1386 du 22 sept. 2017, art. 4)* « comité social et économique, s'il existe ».

SECTION 4 *[ABROGÉE]* Contrat de génération

(Abrogée par Ord. n° 2017-1387 du 22 sept. 2017, art. 9)

Art. L. 5121-6 à L. 5121-21 *Abrogés par Ord. n° 2017-1387 du 22 sept. 2017.*

SECTION 5 Dispositions d'application

Art. L. 5121-22 Sauf dispositions contraires, un décret en Conseil d'État détermine les conditions d'application du présent chapitre. – *[Anc. art. L. 322-6.]* – *V. art. D. 5121-1.*

CHAPITRE II AIDE AUX SALARIÉS PLACÉS EN ACTIVITÉ PARTIELLE *(L. n° 2013-504 du 14 juin 2013, art. 16-I).*

BIBL. ▶ BAUGARD, *Dr. soc.* 2013. 798 (indemnisation de l'activité partielle après la loi du 14 juin 2013 et le décret du 26 juin 2013). – FRIEDERICH, *JCP S* 2013. 1357. – WILLMANN, *Dr. soc.* 2013. 57 (chômage partiel et APLD).

COMMENTAIRE
V. sur le Code en ligne 🔒. ❑

Art. L. 5122-1 *(L. n° 2009-1437 du 24 nov. 2009) (L. n° 2013-504 du 14 juin 2013, art. 16-III)* « I. – » Les salariés sont placés en position *(L. n° 2013-504 du 14 juin 2013, art. 16-III)* « d'activité partielle, après autorisation expresse ou implicite de l'autorité administrative, » s'ils subissent une perte de *(L. n° 2013-504 du 14 juin 2013, art. 16-III)* « rémunération » imputable :
– soit à la fermeture temporaire de leur établissement ou partie d'établissement ;
– soit à la réduction de l'horaire de travail pratiqué dans l'établissement ou partie d'établissement en deçà de la durée légale de travail.

EMPLOI **Art. L. 5122-1** 1421

(L. n° 2013-504 du 14 juin 2013, art. 16-III) « En cas de réduction collective de l'horaire de travail, les salariés peuvent être placés en position d'activité partielle individuellement et alternativement.

« II. – Les salariés reçoivent une indemnité horaire, versée par leur employeur, correspondant à une part de leur rémunération antérieure dont le pourcentage est fixé par décret en Conseil d'État. L'employeur perçoit une allocation financée conjointement par l'État et l'organisme gestionnaire du régime d'assurance chômage. Une convention conclue entre l'État et cet organisme détermine les modalités de financement de cette allocation. – V. art. D. 5122-13, R. 5122-18.

« Le contrat de travail des salariés placés en activité partielle est suspendu pendant les périodes où ils ne sont pas en activité.

« III. – L'autorité administrative peut définir des engagements spécifiquement souscrits par l'employeur en contrepartie de l'allocation qui lui est versée, en tenant compte des stipulations de l'accord collectif d'entreprise relatif à l'activité partielle, lorsqu'un tel accord existe. Un décret en Conseil d'État fixe les modalités selon lesquelles sont souscrits ces engagements. » – V. art. R. 5122-9.

(L. n° 2018-1317 du 28 déc. 2018, art. 272-I) « IV. – Sont prescrites, au profit de l'État et de l'organisme gestionnaire de l'assurance chômage, les créances constituées au titre de l'allocation mentionnée au II pour lesquelles l'employeur n'a pas déposé de demande de versement auprès de l'autorité administrative dans un délai (L. n° 2020-1721 du 29 déc. 2020, art. 210) « de six mois » à compter du terme de la période couverte par l'autorisation de recours à l'activité partielle. »

(L. n° 2020-1721 du 29 déc. 2020, art. 210) « Les employeurs ayant mis en place un dispositif d'aménagement du temps de travail sur une période de référence supérieure au délai mentionné au premier alinéa du présent IV peuvent régulariser les demandes d'indemnisation correspondant à la période couverte par l'autorisation de recours à l'activité partielle dans un délai de six mois à compter de l'expiration du délai mentionné au même premier alinéa. »

(L. n° 2022-1726 du 30 déc. 2022, art. 211-I, en vigueur le 1er janv. 2023) « V. – Les employeurs mentionnés à l'article L. 5424-1 peuvent placer en position d'activité partielle, dans les conditions prévues au présent chapitre, leurs salariés de droit privé pour lesquels ils ont adhéré au régime d'assurance chômage en application de l'article L. 5424-2, dès lors qu'ils exercent à titre principal une activité industrielle et commerciale dont le produit constitue la part majoritaire de leurs ressources.

« Ces employeurs bénéficient d'une allocation d'activité partielle selon les modalités prévues au présent chapitre.

« VI. – Les salariés mentionnés à l'article L. 243-1-2 du code de la sécurité sociale qui sont employés par une entreprise ne comportant pas d'établissement en France peuvent être placés en position d'activité partielle lorsque l'employeur est soumis, pour ces salariés, aux contributions et cotisations sociales d'origine légale ou conventionnelle et aux obligations d'assurance contre le risque de privation d'emploi au titre de la législation française.

« Ces employeurs bénéficient d'une allocation d'activité partielle selon les modalités prévues au présent chapitre. »

Les dispositions issues de la L. n° 2018-1317 du 28 déc. 2018 s'appliquent aux demandes de versement de l'allocation pour lesquelles la demande préalable d'autorisation de recours à l'activité partielle a été déposée à compter du 24 sept. 2018 (L. préc., art. 272-II).

Les dispositions issues de la L. n° 2022-1726 du 30 déc. 2022 s'appliquent aux demandes d'autorisation adressées à l'autorité administrative à compter du 1er janv. 2023 et au titre des heures chômées à compter de cette même date (L. préc., art. 211-II).

Loi n° 2022-1157 du 16 août 2022,

De finances rectificative pour 2022.

Art. 33 I. — Peuvent être placés en position d'activité partielle les salariés de droit privé incapables de continuer à travailler en raison de la reconnaissance, selon des critères précisés par décret, de leur qualité de personnes vulnérables présentant un risque avéré de développer une forme grave d'infection au virus de la covid-19.

II. — Les salariés placés en position d'activité partielle mentionnés au I du présent article perçoivent l'indemnité d'activité partielle mentionnée au II de l'article L. 5122-1 du code du travail, sans que les conditions prévues au I du même article L. 5122-1 soient requises. Cette indemnité d'activité partielle n'est pas cumulable avec l'indemnité journalière prévue aux articles L. 321-1 et L. 622-1 du code de la sécurité sociale ainsi qu'aux articles L. 732-4 et L. 742-3 du code rural et de la pêche maritime ou avec l'indemnité complémentaire prévue à l'article L. 1226-1 du code du travail.

L'employeur des salariés placés en position d'activité partielle mentionnés au I du présent article bénéficie de l'allocation d'activité partielle prévue au II de l'article L. 5122-1 du code du travail.

Les modalités de calcul de l'indemnité et de l'allocation sont déterminées par décret. — V. Décr. n° 2022-1195 du 30 août 2022 (JO 31 août).

III. — Les dispositions du présent article sont applicables au titre des heures chômées à compter du 1ᵉʳ septembre 2022, quelle que soit la date du début de l'arrêt de travail mentionné au I, jusqu'à une date fixée par décret et au plus tard jusqu'au 31 janvier 2023.

Art. L. 5122-2 (L. n° 2013-504 du 14 juin 2013, art. 16-IV) Les salariés placés en activité partielle peuvent bénéficier, pendant les périodes où ils ne sont pas en activité, de l'ensemble des actions et de la formation mentionnées aux articles L. 6313-1 et L. 6314-1 réalisées notamment dans le cadre du plan de formation.

Dans ce cas, le pourcentage mentionné au II de l'article L. 5122-1 est majoré dans des conditions prévues par décret en Conseil d'État. — V. art. R. 5122-18.

Art. L. 5122-3 (L. n° 2021-1900 du 30 déc. 2021, art. 207-1°) I. — Pour l'application du troisième alinéa du I de l'article L. 5122-1, est prise en compte, en lieu et place de la durée légale du travail :

1° La durée stipulée au contrat pour les conventions individuelles de forfait ou la durée collective du travail conventionnellement prévue, pour les salariés ayant conclu une convention individuelle de forfait en heures, au sens des articles L. 3121-56 et L. 3121-57, incluant des heures supplémentaires, et pour les salariés dont la durée de travail est supérieure à la durée légale en application d'une convention ou d'un accord collectif de travail ;

2° La durée considérée comme équivalente, pour les salariés dont le temps de travail est décompté selon le régime d'équivalence prévu à l'article L. 3121-13.

II. — Pour l'application du II de l'article L. 5122-1 aux salariés soumis à certains régimes spécifiques de détermination du temps de travail, les modalités de calcul de l'indemnité et de l'allocation sont déterminées selon les règles suivantes :

1° Pour les salariés mentionnés au 1° du I du présent article, il est tenu compte des heures supplémentaires prévues par la convention individuelle de forfait en heures ou par la convention ou l'accord collectif pour la détermination du nombre d'heures non travaillées indemnisées ;

2° Pour les salariés mentionnés au 2° du même I, il est tenu compte des heures d'équivalence rémunérées pour le calcul de l'indemnité et de l'allocation d'activité partielle ;

3° Pour les salariés dont la durée du travail est décomptée en jours, la détermination du nombre d'heures prises en compte pour l'indemnité d'activité partielle et l'allocation d'activité partielle est effectuée en convertissant en heures un nombre de jours ou de demi-journées. Les modalités de cette conversion sont déterminées par décret ; — V. art. D. 5122-15.

4° Pour les salariés qui ne sont pas soumis aux dispositions légales ou conventionnelles relatives à la durée du travail, les modalités de calcul de l'indemnité et de l'allocation sont déterminées par décret.

III. — Le placement en activité partielle des cadres dirigeants mentionnés à l'article L. 3111-2 ne peut intervenir que dans le cas prévu au deuxième alinéa du I de l'article L. 5122-1.

V. art. D. 5122-15.

Art. L. 5122-4 (L. n° 2020-1576 du 14 déc. 2020, art. 8-III, en vigueur le 1ᵉʳ janv. 2021) « L'indemnité légale d'activité partielle est un revenu de remplacement au sens de l'article L. 136-1-2 du code de la sécurité sociale et est assujettie à la contribution mentionnée à l'article L. 136-1 du même code dans les conditions définies au 1° du II de l'article L. 136-8 dudit code. Le régime fiscal applicable aux contributions mentionnées à l'article L. 5422-10 du présent code est applicable à l'indemnité versée au salarié. »

(L. n° 2013-504 du 14 juin 2013, art. 16-VI) « Cette indemnité est cessible et saisissable dans les mêmes conditions et limites que les salaires. »

Art. L. 5122-5 (L. n° 2021-1900 du 30 déc. 2021, art. 207-2°) Les salariés en contrat d'apprentissage ou de professionnalisation dont la rémunération est inférieure au salaire minimum interprofessionnel de croissance reçoivent une indemnité horaire d'activité partielle, versée par leur employeur, d'un montant égal au pourcentage du salaire minimum interprofessionnel de croissance qui leur est applicable au titre du présent code et, s'il y a lieu, des stipulations conventionnelles applicables à l'entreprise.

Le taux horaire de l'indemnité d'activité partielle versée aux salariés mentionnés au premier alinéa dont la rémunération est supérieure ou égale au salaire minimum interprofessionnel de croissance ne peut être inférieur au taux horaire du salaire minimum interprofessionnel de croissance.

L'employeur reçoit une allocation d'activité partielle d'un montant égal à l'indemnité d'activité partielle versée aux salariés en contrat d'apprentissage ou de professionnalisation dont la rémunération est inférieure au salaire minimum interprofessionnel de croissance.

Pour les salariés en contrat d'apprentissage ou de professionnalisation dont la rémunération est supérieure ou égale au salaire minimum interprofessionnel de croissance, l'employeur reçoit l'allocation prévue au II de l'article L. 5122-1.

Art. L. 5122-6 (L. n° 2021-1900 du 30 déc. 2021, art. 207-3°) Un décret en Conseil d'État détermine les conditions d'application du présent chapitre.

CHAPITRE III AIDES AUX ACTIONS DE RECLASSEMENT ET DE RECONVERSION PROFESSIONNELLE

Art. L. 5123-1 Dans les territoires ou à l'égard des professions atteints ou menacés d'un grave déséquilibre de l'emploi, l'autorité administrative engage des actions de reclassement, de placement et de reconversion professionnelle. Elle en assure ou coordonne l'exécution.

Les maisons de l'emploi prévues à l'article L. 5313-1 participent à la mise en œuvre des actions de reclassement prévues au présent chapitre. – [Anc. art. L. 322-4, al. 1er, et L. 322-4-1, al. 1er.]

Art. L. 5123-2 Dans les cas prévus à l'article L. 5123-1, peuvent être attribuées par voie de conventions conclues entre l'État et les organismes professionnels ou interprofessionnels, les organisations syndicales ou avec les entreprises :

1° Des allocations temporaires dégressives en faveur des travailleurs qui ne peuvent bénéficier d'un stage de formation et ne peuvent être temporairement occupés que dans des emplois entraînant un déclassement professionnel ; – V. Arr. du 26 mai 2004 (JO 12 juin), mod. par Arr. du 19 sept. 2005 (JO 15 oct.).

2° Abrogé par L. n° 2011-1977 du 28 déc. 2011, art. 152-I ;

3° Des allocations de conversion en faveur des salariés auxquels est accordé un congé en vue de bénéficier d'actions destinées à favoriser leur reclassement et dont le contrat de travail est, à cet effet, temporairement suspendu ;

4° Des allocations en faveur des salariés dont l'emploi à temps plein est transformé, avec leur accord, en emploi à temps partiel dans le cadre d'une convention d'aide au passage à temps partiel conclue en vue d'éviter des licenciements économiques. Le montant des ressources nettes garanties des salariés adhérents à ces conventions ne pourra dépasser 90 % de leur rémunération nette antérieure.

A moins d'établir une fraude de l'employeur ou un vice du consentement, les salariés licenciés pour motif économique qui ont personnellement adhéré à la convention passée entre leur employeur et l'État, laquelle, compte tenu de leur classement dans une catégorie de salariés non susceptibles de reclassement, leur assure le versement d'une allocation spéciale jusqu'au jour de la retraite, ne peuvent remettre en cause la régularité et la légitimité de la rupture de leur contrat de travail, alors même que cette adhésion se situe après la notification du licenciement pour motif économique. ● Soc. 3 mars 2010 : ⚖ JCP S 2010. 1312, obs. Kerbourc'h ; RDT 2010. 246, obs. Serverin ⌀.

Art. L. 5123-3 L'autorité administrative peut accorder des aides individuelles au reclassement en faveur de certaines catégories de travailleurs sans emploi reprenant un emploi à temps partiel. – *[Anc. art. L. 322-4, al. 8.]*

Art. L. 5123-4 Les allocations versées en application du présent chapitre sont cessibles et saisissables dans les mêmes conditions et limites que les salaires. – *[Anc. art. L. 322-4, al. 9.]*

Art. L. 5123-5 Les contributions des employeurs aux allocations prévues par le présent chapitre ne sont passibles ni de la taxe sur les salaires, ni des cotisations *(Ord. n° 2018-474 du 12 juin 2018, art. 6)* « et des contributions » de sécurité sociale.

Les dispositions de l'Ord. n° 2018-474 du 12 juin 2018 s'appliquent aux cotisations et contributions dues pour les périodes courant à compter du 1ᵉʳ sept. 2018 (Ord. préc., art. 16).

Art. L. 5123-6 Lorsqu'une indemnisation résultant d'accords professionnels ou interprofessionnels, nationaux ou régionaux, vise à permettre à certains salariés de bénéficier d'un avantage de préretraite, elle doit, pour ouvrir droit au bénéfice des exonérations et déductions prévues à l'article L. 5422-10, être mise en œuvre dans le respect de conditions déterminées par décret en Conseil d'État, liées à l'âge et aux caractéristiques, notamment *(Ord. n° 2017-1389 du 22 sept. 2017, art. 2-10°)* « les effets de l'exposition à certains facteurs de risques professionnels », de l'activité des bénéficiaires. – *[Anc. art. L. 352-3, al. 4, phrase 2.]* – V. art. R. 5123-23.

Art. L. 5123-7 *Abrogé par L. n° 2011-1977 du 28 déc. 2011, art. 152-I.*

Art. L. 5123-8 La pénalité administrative prévue à l'article L. 5426-5 est applicable en cas de déclarations délibérément inexactes ou incomplètes faites pour le bénéfice des allocations prévues par le présent chapitre et en cas d'absence de déclaration d'un changement dans la situation justifiant le bénéfice de ces allocations, ayant abouti à des versements indus.

Art. L. 5123-9 Un décret détermine les conditions dans lesquelles les maisons de l'emploi participent à la mise en œuvre des actions de reclassement prévues au présent chapitre.

Les autres dispositions du présent chapitre sont déterminées par décret en Conseil d'État. – *[Anc. art. 322-4-1, al. 1ᵉʳ milieu et art. L. 322-6.]* – V. art. R. 5123-1 s.

CHAPITRE IV **DISPOSITIONS PÉNALES**

Art. L. 5124-1 *(L. n° 2013-1203 du 23 déc. 2013, art. 86-VI-1°)* Sauf constitution éventuelle du délit d'escroquerie, défini et sanctionné à l'article 313-1, au 5° de l'article 313-2 et à l'article 313-3 du code pénal, le fait de bénéficier ou de tenter de bénéficier frauduleusement des allocations mentionnées *(L. n° 2018-1317 du 28 déc. 2018, art. 272-I)* « aux articles L. 5122-1 et L. 5123-2 » du présent code est puni des peines prévues à l'article 441-6 du code pénal. Le fait de faire obtenir frauduleusement ou de tenter de faire obtenir frauduleusement ces allocations est puni de la même peine.

Jurisprudence rendue sous l'empire du régime antérieur à la L. n° 2008-126 du 13 févr. 2008.

1. Fausse déclaration. Doit être condamné celui qui, ayant regagné son pays d'origine, commet une fraude en vue de percevoir le revenu de remplacement en revenant chaque mois en France pour renouveler sa demande d'emploi et en déclarant y être domicilié. ● Crim. 18 déc. 1990 : ⚖ RJS 1991. 125, n° 230. ♦ Se rend coupable du délit sanctionné par l'art. L. 365-1 le chômeur qui participe activement aux opérations commerciales d'un commerce appartenant à son beau-père. ● Crim. 28 juin 1983 : Dr. soc. 1984. 236, note Savatier. ♦ V. aussi ● Crim. 17 janv. 1983 : eod. loc. (fausse qualité de chômeur prise par un salarié devenu, après son licenciement, dirigeant d'une société de fait) ● 15 nov. 1983 : eod. loc. ● 7 avr. 1994 : ⚖ RJS 1994. 688, n° 1166 (chômeur occupant les fonctions de gérant de société).

2. Fraude. A obtenu frauduleusement des allocations de chômage la personne qui exerce une activité, même bénévole, ne lui permettant pas d'accomplir des actes positifs de recherche d'emploi. ● Crim. 27 févr. 1996, ⚖ n° 93-85.619 P : Dr. soc. 1996. 593, note Savatier ⌀ ; RJS 1996. 260, n° 431 ; CSB 1996. 165, A. 35. ♦ En revanche, ne commet pas le délit d'obtention frauduleuse des prestations de l'ASSEDIC le bénéficiaire qui a fait paraître 3 annonces dans 2 journaux spécialisés, dès lors, d'une part, que la perception d'un revenu grâce à l'une de ces annonces, eu égard à son montant et son caractère ponctuel, ne permet pas de caractériser une activité professionnelle, et d'autre part que l'intéressé demeurait disponible pour un emploi, l'accomplissement de missions pour le compte de sociétés de travail temporaire suffisant à démontrer, compte tenu des difficultés de reclassement professionnel du prévenu et de l'état du marché régional du travail, que celui-ci demeurait à la recherche d'un emploi, et alors même qu'il n'est pas établi qu'il se soit abstenu de tout acte en ce sens. • Toulouse, 2 déc. 1999 : BICC 2000, n° 653. ♦ Le fait, pour un bénéficiaire des allocations d'aide aux travailleurs privés d'emploi, de ne pas déclarer à l'Assedic l'exercice d'une activité professionnelle caractérise la fraude en vue d'obtenir les allocations. • Crim. 27 mars 2007 : 🔒 D. 2007. AJ 1275 ⌀ ; RJS 2007. 670, n° 883.

3. Allocations indues. Le délit de fraude ou de fausse déclaration pour obtenir des allocations de chômage n'est caractérisé que si ces prestations ne sont pas dues ; le caractère indu des allocations ne peut se déduire de la seule fausseté de la déclaration effectuée par le prévenu. • Crim. 16 juin 2004, n° 03-53.255 P : RJS 2004. 832, n° 1183 ; JCP E 2005. 136, note J.-H. Robert.

CHAPITRE V *[ABROGÉ]* ACCORDS DE MAINTIEN DE L'EMPLOI

(Abrogé par Ord. n° 2017-1385 du 22 sept. 2017, art. 3) (L. n° 2013-504 du 14 juin 2013, art. 17-I)

BIBL. ▶ ANTONMATTÉI, Dr. soc. 2015. 811 ⌀ (loi du 6 août 2015. Accord de maintien de l'emploi). – BÉAL, SSL 2013, n° 1592, p. 38. – BORENFREUND, RDT 2013. 316 ⌀ (refus du salarié et accords collectifs de maintien de l'emploi). – BRAUN, SSL 2013, n° 1592, p. 43. – COUTURIER, Dr. soc. 2013. 805 ⌀. – LOISEAU, JCP S 2013. 1260. – MORAND, SSL 2013, n° 1570, p. 12. – PESKINE, RDT 2013. 168 ⌀.

COMMENTAIRE
V. sur le Code en ligne 🔒. ☐

Art. L. 5125-1 *I. — En cas de graves difficultés économiques conjoncturelles dans l'entreprise dont le diagnostic est analysé avec les organisations syndicales de salariés représentatives, un accord d'entreprise peut, en contrepartie de l'engagement de la part de l'employeur de maintenir les emplois pendant la durée de validité de l'accord, aménager, pour les salariés occupant ces emplois, la durée du travail, ses modalités d'organisation et de répartition ainsi que la rémunération au sens de l'article L. 3221-3, dans le respect du premier alinéa de l'article L. 2253-3 et des articles (L. n° 2016-1088 du 8 août 2016, art. 8) « L. 3121-16 à L. 3121-39, L. 3122-6, L. 3122-7, L. 3122-17, L. 3122-18 et L. 3122-24 », L. 3131-1 à L. 3132-2, L. 3133-4, L. 3141-1 à L. 3141-3 et L. 3231-2.*

Un expert-comptable peut être mandaté par le comité d'entreprise pour accompagner les organisations syndicales dans l'analyse du diagnostic et dans la négociation, dans les conditions prévues à l'article L. 2325-35.

II. — L'application des stipulations de l'accord ne peut avoir pour effet ni de diminuer la rémunération, horaire ou mensuelle, des salariés lorsque le taux horaire de celle-ci, à la date de conclusion de cet accord, est égal ou inférieur au taux horaire du salaire minimum interprofessionnel de croissance majoré de 20 %, ni de ramener la rémunération des autres salariés en dessous de ce seuil.

L'accord prévoit les conditions dans lesquelles fournissent des efforts proportionnés à ceux demandés aux autres salariés :

1° Les dirigeants salariés exerçant dans le périmètre de l'accord ;

2° Les mandataires sociaux et les actionnaires, dans le respect des compétences des organes d'administration et de surveillance.

L'accord prévoit les modalités de l'organisation du suivi de l'évolution de la situation économique de l'entreprise et de la mise en œuvre de l'accord, notamment auprès des organisations syndicales de salariés représentatives signataires et des institutions représentatives du personnel.

III. — La durée de l'accord ne peut excéder (L. n° 2015-990 du 6 août 2015, art. 287-I) « cinq » ans. Pendant sa durée, l'employeur ne peut procéder à aucune rupture du contrat de travail pour motif économique des salariés auxquels l'accord s'applique. (L. n° 2015-990 du 6 août 2015, art. 287-I) « Un bilan de son application est effectué par les signataires de l'accord deux ans après son entrée en vigueur.

L'accord prévoit les conséquences d'une amélioration de la situation économique de l'entreprise sur la situation des salariés, à l'issue de sa période d'application ou dans l'hypothèse d'une suspension de l'accord pendant son application, pour ce motif, dans les conditions fixées à l'article L. 5125-5.

(L. n° 2015-990 du 6 août 2015, art. 287-I) « *Il peut prévoir les conditions et modalités selon lesquelles il peut, sans préjudice de l'article L. 5125-5, être suspendu, pour une durée au plus égale à la durée restant à courir à la date de la suspension, en cas d'amélioration ou d'aggravation de la situation économique de l'entreprise. Dans cette hypothèse, l'accord prévoit les incidences de cette suspension sur la situation des salariés et sur les engagements pris en matière de maintien de l'emploi.* »

(Abrogé par L. n° 2015-990 du 6 août 2015, art. 287-I) « **IV.** – *L'accord détermine le délai et les modalités de l'acceptation ou du refus par le salarié de l'application des stipulations de l'accord à son contrat de travail. A défaut, l'article L. 1222-6 s'applique.* »

Les dispositions issues de la L. n° 2015-990 du 6 août 2015 sont applicables aux accords de maintien de l'emploi conclus après le 6 août 2015 (L. préc., art. 287-III).

BIBL. ▶ DUMONT, JCP S 2017. 1304. – GÉA, RDT 2014. 760 ⌀ (et maintenant des accords de maintien de l'emploi « offensifs » ?). – LOISEAU et DUFRESNE-CASTETS, RDT 2015. Controverse 499 ⌀ (les accords de maintien de l'emploi ont-ils un avenir ?).

Clause pénale. La disposition conventionnelle prévoyant, en cas de non-respect par l'employeur de son engagement de maintenir un niveau de production déterminé pris en contrepartie de l'abandon de jours de RTT par les salariés, l'obligation d'indemniser chaque salarié du montant total des efforts concédés entre la mise en application de l'accord et la rupture de l'engagement, est une clause pénale susceptible de réduction par le juge. • Soc. 8 mars 2017, ⚖ n° 15-26.975 P : *D. actu.* 31 mars 2017, obs. Cortot ; *D.* 2017. Actu. 651 ⌀ ; *RDT* 2017. 418, obs. Roussel ⌀ ; *Dr. soc.* 2017. 477, obs. Mouly ⌀ ; *RJS* 5/2017, n° 357 ; *Dr. soc.* 2017. 477, obs. Mouly ⌀ ; *JCP S* 2017. 1143, obs. Dumont.

Art. L. 5125-2 (L. n° 2015-990 du 6 août 2015, art. 287-I) « *L'accord mentionné à l'article L. 5125-1 détermine les modalités selon lesquelles chaque salarié est informé de son droit d'accepter ou de refuser l'application des stipulations de l'accord à son contrat de travail. A défaut, cette information est faite par l'employeur par lettre recommandée avec demande d'avis de réception précisant que le salarié dispose d'un délai d'un mois à compter de sa réception pour faire connaître son refus. Le salarié, en l'absence de réponse dans ce délai, est réputé avoir accepté l'application de l'accord à son contrat de travail.* »

Pour les salariés qui l'acceptent, les stipulations de l'accord mentionné à l'article L. 5125-1 sont applicables au contrat de travail. Les clauses du contrat de travail contraires à l'accord sont suspendues pendant la durée d'application de celui-ci.

Lorsqu'un ou plusieurs salariés refusent l'application de l'accord à leur contrat de travail, leur licenciement repose sur un motif économique, est prononcé selon les modalités d'un licenciement individuel pour motif économique (L. n° 2015-990 du 6 août 2015, art. 287-I) « *et il repose sur une cause réelle et sérieuse. L'employeur n'est pas tenu aux obligations d'adaptation et de reclassement prévues aux articles L. 1233-4 et L. 1233-4-1. Le salarié bénéficie soit du congé de reclassement prévu à l'article L. 1233-71, soit du contrat de sécurisation professionnelle prévu à l'article L. 1233-66* ».

L'accord contient une clause pénale au sens de (Ord. n° 2016-131 du 10 févr. 2016, art. 6, en vigueur le 1ᵉʳ oct. 2016) « *l'article 1231-5* » *du code civil. Celle-ci s'applique lorsque l'employeur n'a pas respecté ses engagements, notamment ceux de maintien de l'emploi mentionnés à l'article L. 5125-1 du présent code. Elle donne lieu au versement de dommages et intérêts aux salariés lésés, dont le montant et les modalités d'exécution sont fixés dans l'accord.*

L'accord prévoit les modalités d'information des salariés quant à son application et son suivi pendant toute sa durée.

Les dispositions issues de la L. n° 2015-990 du 6 août 2015 sont applicables aux accords de maintien de l'emploi conclus après le 6 août 2015 (L. préc., art. 287-III).

> **COMMENTAIRE**
>
> V. sur le Code en ligne 🔒.

Si le législateur n'a pas fixé de délai à l'employeur pour décider du licenciement du salarié qui l'a averti de son refus de modification de son contrat de travail, un licenciement fondé sur ce motif spécifique ne saurait, sans méconnaître le droit à l'emploi, intervenir au-delà d'un délai raisonnable à compter de ce refus. • Cons. const. 20 oct. 2017, ⚖ n° 2017-665 QPC : *JCP 2019. 352, obs. Verpeaux et Macaya (V. art. L. 2254-2-V, disposition issue de la L. n° 2018-217 du 29 mars 2018, inspirée de cette décision).*

Art. L. 5125-3 *Les organes d'administration et de surveillance de l'entreprise sont informés du contenu de l'accord mentionné à l'article L. 5125-1 lors de leur première réunion suivant sa conclusion.*

Art. L. 5125-4 *I. – Par dérogation à l'article L. 2232-12, la validité de l'accord mentionné à l'article L. 5125-1 est subordonnée à sa signature par une ou plusieurs organisations syndicales de salariés représentatives ayant recueilli au moins 50 % des suffrages exprimés en faveur d'organisations représentatives au premier tour des dernières élections des titulaires au comité d'entreprise ou de la délégation unique du personnel ou, à défaut, des délégués du personnel, quel que soit le nombre de votants.*

II. – Lorsque l'entreprise est dépourvue de délégué syndical, l'accord peut être conclu par un ou plusieurs représentants élus du personnel expressément mandatés à cet effet par une ou plusieurs organisations syndicales de salariés représentatives dans la branche dont relève l'entreprise ou, à défaut, par une ou plusieurs organisations syndicales de salariés représentatives au niveau national et interprofessionnel.

A défaut de représentants élus du personnel, l'accord peut être conclu avec un ou plusieurs salariés expressément mandatés à cet effet par une ou plusieurs organisations syndicales de salariés représentatives dans la branche dont relève l'entreprise ou, à défaut, par une ou plusieurs organisations syndicales de salariés représentatives au niveau national et interprofessionnel, dans le respect de l'article L. 2232-26.

L'accord signé par un représentant élu du personnel mandaté ou par un salarié mandaté est approuvé par les salariés à la majorité des suffrages exprimés, dans les conditions déterminées par cet accord et dans le respect des principes généraux du droit électoral.

III. – Le temps passé aux négociations de l'accord mentionné au premier alinéa du II du présent article n'est pas imputable sur les heures de délégation prévues aux articles L. 2315-1 et L. 2325-6.

Chaque représentant élu du personnel mandaté et chaque salarié mandaté dispose du temps nécessaire à l'exercice de ses fonctions, dans les conditions prévues à l'article L. 2232-25.

IV. – Le représentant élu du personnel mandaté ou le salarié mandaté bénéficie de la protection contre le licenciement prévue au chapitre I du titre I du livre IV de la deuxième partie du présent code pour les salariés mandatés dans les conditions fixées à l'article L. 2232-24.

Art. L. 5125-5 *L'accord peut être suspendu par décision du président du tribunal de grande instance, statuant en la forme des référés, à la demande de l'un de ses signataires, lorsque le juge estime que les engagements souscrits, notamment en matière de maintien de l'emploi, ne sont pas appliqués de manière loyale et sérieuse ou que la situation économique de l'entreprise a évolué de manière significative.*

Lorsque le juge décide cette suspension, il en fixe le délai. A l'issue de ce délai, à la demande de l'une des parties et au vu des éléments transmis relatifs à l'application loyale et sérieuse de l'accord ou à l'évolution de la situation économique de l'entreprise, il autorise, selon la même procédure, la poursuite de l'accord ou le résilie.

(L. n° 2015-990 du 6 août 2015, art. 287-II) « *Saisi par un des signataires de l'accord d'un recours portant sur l'application du premier alinéa de l'article L. 5125-2, le président du tribunal de grande instance statue également en la forme des référés.* »

Les dispositions issues de la L. n° 2015-990 du 6 août 2015 sont applicables aux accords de maintien de l'emploi conclus après le 6 août 2015 (L. préc., art. 287-III).

Art. L. 5125-6 *En cas de rupture du contrat de travail, consécutive notamment à la décision du juge de suspendre les effets de l'accord mentionné à l'article L. 5125-1, le calcul des indemnités légales, conventionnelles ou contractuelles de préavis et de licenciement ainsi que de l'allocation d'assurance mentionnée à l'article L. 5422-1, dans les conditions prévues par les accords mentionnés à l'article L. 5422-20, se fait sur la base de la rémunération du salarié au moment de la rupture ou, si elle est supérieure, sur la base de la rémunération antérieure à la conclusion de l'accord.*

Art. L. 5125-7 *L'allocation mentionnée à l'article L. 5122-1 est cumulable avec les dispositions prévues au présent chapitre.*

TITRE III AIDES À L'INSERTION, À L'ACCÈS ET AU RETOUR À L'EMPLOI

RÉP. TRAV. v° *Chômage (Aide au retour à l'emploi)*, par DOMERGUE.

CHAPITRE I ACCOMPAGNEMENT PERSONNALISÉ POUR L'ACCÈS À L'EMPLOI

BIBL. ▶ PETIT, *Dr. soc. 2008. 413* (droit à l'accompagnement).

SECTION 1 Objet et conventions

Art. L. 5131-1 L'accompagnement personnalisé pour l'accès à l'emploi a pour objet de faciliter l'accès et le maintien dans l'emploi des personnes qui, rencontrant des difficultés particulières d'insertion professionnelle, ont besoin d'un accompagnement social *(L. n° 2018-771 du 5 sept. 2018, art. 29, en vigueur le 1er janv. 2019)* « et d'une formation ».

À cette fin, l'État peut conclure des conventions avec des organismes compétents.

SECTION 2 Plan local pluriannuel pour l'insertion et l'emploi

Art. L. 5131-2 Afin de faciliter l'accès à l'emploi des personnes en grande difficulté d'insertion sociale et professionnelle dans le cadre de parcours individualisés en associant accueil, accompagnement social, orientation, formation, insertion et suivi, les communes et leurs groupements peuvent établir des plans locaux pluriannuels pour l'insertion et l'emploi dans le ressort géographique le plus approprié à la satisfaction des besoins locaux.

Les autres collectivités territoriales, les entreprises et les organismes intervenant dans le secteur de l'insertion et de l'emploi peuvent s'associer à ces plans. — *[Anc. art. L. 322-4-16-6, phrases 1 et 2.]*

SECTION 3 Droit à l'accompagnement des jeunes vers l'emploi et l'autonomie
(L. n° 2016-1088 du 8 août 2016, art. 46).

Art. L. 5131-3 Tout jeune de seize à vingt-cinq ans révolus en difficulté et confronté à un risque d'exclusion professionnelle a droit à un accompagnement *(L. n° 2016-1088 du 8 août 2016, art. 46)* « vers l'emploi et l'autonomie, organisé par l'État ».

Art. L. 5131-4 *(L. n° 2016-1088 du 8 août 2016, art. 46)* L'accompagnement mentionné à l'article L. 5131-3 peut prendre la forme d'un parcours contractualisé d'accompagnement vers l'emploi et l'autonomie *(Abrogé par L. n° 2023-1196 du 18 déc. 2023, art. 2-II, à compter d'une date fixée par décret et, au plus tard, le 1er janv. 2025)* « conclu avec l'État », élaboré avec le jeune et adapté à ses besoins identifiés lors d'un diagnostic [*nouvelle rédaction issue de la L. n° 2023-1196 du 18 déc. 2023, art. 2- I, en vigueur à une date fixée par décret et, au plus tard, le 1er janv. 2025* : « *du diagnostic mentionné à l'article L. 5411-5-2* »]. Ce parcours est mis en œuvre par les organismes mentionnés à l'article L. 5314-1. Toutefois, par dérogation, un autre organisme peut être désigné par le représentant de l'État dans le département, lorsque cela est justifié par les besoins de la politique d'insertion sociale et professionnelle des jeunes. Le contrat *(L. n° 2023-1196 du 18 déc. 2023, art. 2-I, en vigueur à une date fixée par décret et, au plus tard, le 1er janv. 2025)* « d'engagement mentionné à l'article L. 5411-6 » est signé préalablement à l'entrée dans le parcours contractualisé d'accompagnement vers l'emploi et l'autonomie.

Art. L. 5131-5 *(L. n° 2016-1088 du 8 août 2016, art. 46)* Afin de favoriser son insertion professionnelle, *(L. n° 2021-1900 du 30 déc. 2021, art. 208-I-2°, en vigueur le 1er mars 2022)* « tout jeune mentionné à l'article L. 5131-3 » qui s'engage dans un parcours contractualisé d'accompagnement vers l'emploi et l'autonomie *(L. n° 2021-1900 du 30 déc. 2021, art. 208-I-2°, en vigueur le 1er mars 2022)* « mentionné à l'article

L. 5131-4 ou qui bénéficie d'un suivi par *(L. n° 2023-1196 du 18 déc. 2023, art. 6-I, en vigueur le 1er janv. 2024)* « l'opérateur France Travail », à l'exclusion des jeunes mentionnés à l'article L. 5131-6, » peut *(L. n° 2021-1900 du 30 déc. 2021, art. 208-I-2°, en vigueur le 1er mars 2022)* « percevoir une allocation ponctuelle » versée par l'État et modulable en fonction de la situation de l'intéressé.

Cette allocation est incessible et insaisissable. *(L. n° 2021-1900 du 30 déc. 2021, art. 208-I-2°, en vigueur le 1er mars 2022)* « Elle n'est pas soumise à l'impôt sur le revenu ni aux contributions prévues à l'article L. 136-1 du code de la sécurité sociale et au chapitre II de l'ordonnance n° 96-50 du 24 janvier 1996 relative au remboursement de la dette sociale. Son montant est fixé par décret. » — V. art. D. 5131-9.

Elle peut être suspendue ou supprimée en cas de non-respect par son bénéficiaire des engagements du contrat *(L. n° 2023-1196 du 18 déc. 2023, art. 2-II, en vigueur à une date fixée par décret et, au plus tard, le 1er janv. 2025)* « mentionné à l'article L. 5411-6 ».

Art. L. 5131-6 *(L. n° 2021-1900 du 30 déc. 2021, art. 208-I-3°, en vigueur le 1er mars 2022)* L'accompagnement mentionné à l'article L. 5131-3 peut également prendre la forme d'un accompagnement intensif : le contrat d'engagement jeune, *[nouvelle rédaction issue de la L. n° 2023-1196 du 18 déc. 2023, art. 2- I, en vigueur à une date fixée par décret et, au plus tard, le 1er janv. 2025 : « [intensif] prévu par le contrat mentionné à l'article L. 5411-6, qui est alors dénommé "contrat d'engagement jeune". Ce contrat est »]* élaboré avec le jeune et adapté à ses besoins identifiés lors d'un diagnostic.

Le contrat d'engagement jeune est un droit ouvert aux jeunes de seize à vingt-cinq ans révolus, ou, par dérogation à l'article L. 5131-3, vingt-neuf ans révolus lorsque la qualité de travailleur handicapé leur est reconnue, qui rencontrent des difficultés d'accès à l'emploi durable, qui ne sont pas étudiants et qui ne suivent pas une formation. Son bénéfice est conditionné au respect d'exigences d'engagement, d'assiduité et de motivation, précisées par voie réglementaire.

Il est mis en œuvre par les organismes mentionnés à l'article L. 5314-1 et par *(L. n° 2023-1196 du 18 déc. 2023, art. 6-I, en vigueur le 1er janv. 2024)* « l'opérateur France Travail ». Il peut également être mis en œuvre par tout organisme public ou privé fournissant des services relatifs au placement, à l'insertion, à la formation, à l'accompagnement et au maintien dans l'emploi des personnes en recherche d'emploi.

Une allocation mensuelle dégressive en fonction des ressources est attribuée, à partir de la signature du contrat, aux jeunes qui vivent hors du foyer de leurs parents ou au sein de ce foyer sans recevoir de soutien financier ou en ne percevant qu'un soutien financier limité de la part de leurs parents. Cette allocation est incessible et insaisissable. Elle n'est pas soumise à l'impôt sur le revenu ni aux contributions prévues à l'article L. 136-1 du code de la sécurité sociale et au chapitre II de l'ordonnance n° 96-50 du 24 janvier 1996 relative au remboursement de la dette sociale.

(L. n° 2023-1196 du 18 déc. 2023, art. 2-II, en vigueur à une date fixée par décret et, au plus tard, le 1er janv. 2025) « L'allocation mensuelle peut être suspendue ou supprimée en cas d'inobservation par son bénéficiaire des engagements prévus par le contrat mentionné à l'article L. 5411-6 du présent code. »

Un décret fixe le montant de l'allocation et les conditions dans lesquelles les ressources du jeune sont prises en compte pour sa détermination. Ce montant tient compte de l'âge et de la situation du jeune et du niveau du soutien financier qu'il reçoit de ses parents. — V. art. D. 5131-19.

Les jeunes bénéficiant au 1er mars 2022 de l'allocation mentionnée à l'art. L. 5131-6 continuent de bénéficier de cette allocation dans les conditions en vigueur à la date à laquelle est contractualisé leur parcours d'engagement (L. n° 2021-1900 du 30 déc. 2021, art. 208-II).

Sur la mise en œuvre du contrat d'engagement jeune, V. Circ. DGEFP/MAJE/2022/45 du 21 févr. 2022.

BIBL. ▶ VERKINDT, *Dr. soc.* 2022. 171 (de la « Garantie jeunes » au « Contrat d'engagement jeune »).

Art. L. 5131-6-1 *(L. n° 2017-86 du 27 janv. 2017, art. 67)* Tout bénéficiaire de l'allocation mentionnée à l'article L. 5131-6 est éligible de droit, sous réserve de ne pas bénéficier de caution parentale ou d'un tiers, au dispositif de la caution publique mis en place pour les prêts délivrés par les établissements de crédit ou les sociétés de financement dans le cadre de l'aide au financement de la formation à la conduite et à la sécurité routière prévue par le décret n° 2005-1225 du 29 septembre 2005 instituant une aide au financement de la formation à la conduite et à la sécurité routière.

SECTION 4 Dispositions d'application

Art. L. 5131-7 (L. n° 2016-1088 du 8 août 2016, art. 46) Un décret en Conseil d'État détermine les modalités d'application du présent chapitre, (L. n° 2021-1900 du 30 déc. 2021, art. 208-I-4°, en vigueur le 1er mars 2022) « notamment » :

1° Les modalités du parcours contractualisé d'accompagnement vers l'emploi et l'autonomie (L. n° 2021-1900 du 30 déc. 2021, art. 208-I-4°, en vigueur le 1er mars 2022) « mentionné à l'article L. 5131-4 et du contrat d'engagement mentionné à l'article L. 5131-6 », ainsi que la nature des engagements de chaque partie au contrat ;

(L. n° 2021-1900 du 30 déc. 2021, art. 208-I-4°, en vigueur le 1er mars 2022) « 2° Les conditions dans lesquelles les organismes publics ou privés mentionnés au troisième alinéa de l'article L. 5131-6 mettent en œuvre le contrat d'engagement mentionné au même article ;

« 3° La durée et les modalités d'attribution, de modulation, de versement, de suspension et de suppression de l'allocation mentionnée à l'article L. 5131-6 et de l'allocation ponctuelle mentionnée à l'article L. 5131-5. » – V. art. R. 5131-4 s.

Art. L. 5131-8 Abrogé par L. n° 2016-1088 du 8 août 2016, art. 46-I.

CHAPITRE II INSERTION PAR L'ACTIVITÉ ÉCONOMIQUE

BIBL. ▶ MOLLA, JCP S 2009. 1076 (structures d'insertion par l'activité économique : CDD d'insertion et autres dispositions).

SECTION 1 Objet

Art. L. 5132-1 L'insertion par l'activité économique a pour objet de permettre à des personnes sans emploi, rencontrant des difficultés sociales et professionnelles particulières, de bénéficier de contrats de travail en vue de faciliter leur insertion professionnelle. Elle met en œuvre des modalités spécifiques d'accueil et d'accompagnement.

(L. n° 2008-1249 du 1er déc. 2008, art. 20) « L'insertion par l'activité économique, notamment par la création d'activités économiques, contribue également au développement des territoires. »

SECTION 2 Conventions

Art. L. 5132-2 L'État peut conclure des conventions prévoyant, le cas échéant, des aides financières avec :

1° Les employeurs dont l'activité a spécifiquement pour objet l'insertion par l'activité économique ;

2° Les employeurs autorisés à mettre en œuvre, pour l'application des dispositions prévues à l'article L. 5132-15, un atelier ou un chantier d'insertion ;

3° Les organismes relevant des articles L. 121-2, L. 222-5 et L. 345-1 du code de l'action sociale et des familles pour mettre en œuvre des actions d'insertion sociale et professionnelle au profit des personnes bénéficiant de leurs prestations ;

4° Les régies de quartiers [quartier].

(L. n° 2013-1278 du 29 déc. 2013, art. 142) « Lorsque le département participe au financement de ces aides financières, le président du conseil (L. n° 2020-1577 du 14 déc. 2020, art. 1er-I, en vigueur le 15 juin 2021) « départemental [ancienne rédaction : général] » conclut une convention avec la structure concernée, selon des modalités fixées par décret. » – V. art. R. 5132-1 s.

Les dispositions issues de la L. n° 2020-1577 du 14 déc. 2020 entrent en vigueur à une date fixée par décret et au plus tard le 15 juin 2021 (L. préc., art. 1er-III).

Art. L. 5132-3 (L. n° 2020-1577 du 14 déc. 2020, art. 1er-I, en vigueur le 15 juin 2021) Seules les embauches de personnes éligibles à un parcours d'insertion par l'activité économique ouvrent droit aux aides financières aux entreprises d'insertion, aux entreprises de travail temporaire d'insertion, aux associations intermédiaires ainsi qu'aux ateliers et chantiers d'insertion mentionnées au premier alinéa de l'article L. 5132-2.

EMPLOI **Art. L. 5132-4** 1431

L'éligibilité des personnes à un parcours d'insertion par l'activité économique est appréciée soit par un prescripteur dont la liste est fixée par arrêté du ministre chargé de l'emploi, soit par une structure d'insertion par l'activité économique mentionnée à l'article L. 5132-4. – *V. Arr. du 1er sept. 2021, NOR : MTRD2124285A (JO 2 sept.), mod. par Arr. du 12 avr. 2022, NOR : MTRD2210846A (JO 14 avr.).*

Un décret en Conseil d'État fixe les modalités d'application du présent article, notamment :

1° Les modalités de bénéfice des aides de l'État mentionnées au premier alinéa du présent article ;

2° Les modalités spécifiques d'accueil et d'accompagnement ;

3° Les modalités de collecte, de traitement et d'échange des informations et des données à caractère personnel, parmi lesquelles le numéro d'inscription au répertoire des personnes physiques, nécessaires à la détermination de l'éligibilité d'une personne à un parcours d'insertion par l'activité économique, ainsi qu'au suivi de ces parcours et des aides financières afférentes ;

4° Les modalités d'appréciation de l'éligibilité d'une personne à un parcours d'insertion par l'activité économique et de contrôle par l'administration ;

5° Les conditions dans lesquelles peut être limitée, suspendue ou retirée à une structure d'insertion par l'activité économique la capacité de prescrire un parcours d'insertion en cas de non-respect des règles prévues au présent article. – *V. art. R. 5132-1 s.*

(*L. n° 2023-1196 du 18 déc. 2023, art. 2-II, en vigueur à une date fixée par décret et, au plus tard, le 1er janv. 2025*) « Lorsque la personne bénéficie d'un parcours d'insertion prescrit dans les conditions prévues au présent chapitre, le contrat d'engagement prévu aux I et II de l'article L. 5411-6 tient compte des actions dont le demandeur d'emploi bénéficie dans ce cadre. »

BIBL. ▶ VERKINDT, *Dr. soc.* 2021. 259 ⌀ (territoire zéro chômeur de longue durée – Acte II).

Art. L. 5132-3-1 (*L. n° 2013-1278 du 29 déc. 2013, art. 142*) La convention annuelle d'objectifs et de moyens signée avec l'État, prévue à l'article L. 5134-19-4, comporte un volet relatif au cofinancement par le département des aides financières prévues à l'article L. 5132-2.

En cas d'accord des parties, ce volet fixe le nombre prévisionnel d'aides cofinancées par le département, la manière dont ces aides sont attribuées aux structures d'insertion par l'activité économique et les montants financiers associés. Il peut également prévoir des modalités complémentaires de coordination des financements attribués au secteur de l'insertion par l'activité économique.

À défaut d'accord des parties sur ces points, le conseil (*L. n° 2020-1577 du 14 déc. 2020, art. 1er-I, en vigueur le 15 juin 2021*) « départemental *[ancienne rédaction : général]* » participe au financement des aides financières mentionnées à l'article L. 5132-2, pour les employeurs relevant du 4° de l'article L. 5132-1 lorsque ces aides sont attribuées pour le recrutement de salariés qui étaient, avant leur embauche, bénéficiaires du revenu de solidarité active financé par le département.

La participation mentionnée au troisième alinéa du présent article est déterminée, dans des conditions fixées par décret, par référence au montant forfaitaire mentionné (*L. n° 2015-994 du 17 août 2015, art. 59-V*) « à » l'article L. 262-2 du code de l'action sociale et des familles applicable à une personne isolée. Dans ce cas, la convention prévoit le nombre prévisionnel d'aides attribuées aux ateliers et chantiers d'insertion au titre de l'embauche de ces personnes. – *V. art. D. 5132-41.*

Les dispositions issues de la L. n° 2020-1577 du 14 déc. 2020 entrent en vigueur à une date fixée par décret et au plus tard le 15 juin 2021 (L. préc., art. 1er-III).

SECTION 3 Mise en œuvre des actions d'insertion par l'activité économique

SOUS-SECTION 1 Structures d'insertion par l'activité économique

Art. L. 5132-4 Les structures d'insertion par l'activité économique pouvant conclure des conventions avec l'État sont :

1° Les entreprises d'insertion ;

2° Les entreprises de travail temporaire d'insertion ;

3° Les associations intermédiaires ;
4° Les ateliers et chantiers d'insertion.

SOUS-SECTION 2 Entreprises d'insertion

Art. L. 5132-5 (*L. n° 2008-1249 du 1er déc. 2008, art. 18*) Les entreprises d'insertion concluent avec des personnes sans emploi rencontrant des difficultés sociales et professionnelles particulières des contrats à durée déterminée en application de l'article L. 1242-3.

(*L. n° 2014-288 du 5 mars 2014, art. 20-I*) « Pendant l'exécution de ces contrats, une ou plusieurs conventions conclues en vertu de l'article L. 5135-4 peuvent prévoir une période de mise en situation en milieu professionnel auprès d'un autre employeur dans les conditions prévues au chapitre V du présent titre. »

La durée de ces contrats ne peut être inférieure à quatre mois (*L. n° 2015-994 du 17 août 2015, art. 46*) « , sauf pour les personnes ayant fait l'objet d'une condamnation et bénéficiant d'un aménagement de peine ».

Ces contrats peuvent être renouvelés dans la limite d'une durée totale de vingt-quatre mois.

A titre dérogatoire, ces contrats peuvent être renouvelés au-delà de la durée maximale prévue en vue de permettre d'achever une action de formation professionnelle en cours de réalisation à l'échéance du contrat. La durée de ce renouvellement ne peut excéder le terme de l'action concernée.

A titre exceptionnel, lorsque des salariés âgés de cinquante ans et plus ou des personnes reconnues travailleurs handicapés rencontrent des difficultés particulières qui font obstacle à leur insertion durable dans l'emploi, le contrat de travail peut être prolongé au-delà de la durée maximale prévue. Cette prolongation peut être accordée par (*L. n° 2020-1577 du 14 déc. 2020, art. 1er-I, en vigueur le 15 juin 2021*) « un prescripteur mentionné à l'article L. 5132-3 ou, en cas de recrutement direct, par une entreprise d'insertion, *[ancienne rédaction : l'institution mentionnée à l'article L. 5312-1]* » après examen de la situation du salarié au regard de l'emploi, de la capacité contributive de l'employeur et des actions d'accompagnement et de formation conduites dans le cadre de la durée initialement prévue du contrat.

La durée hebdomadaire de travail du salarié embauché dans ce cadre ne peut être inférieure à vingt heures (*L. n° 2020-1577 du 14 déc. 2020, art. 6-II*) « , sauf en cas de cumul avec un autre contrat de travail à temps partiel, afin d'atteindre une durée globale d'activité correspondant à un temps plein ou au moins égale à la durée mentionnée à l'article L. 3123-27 ». Elle peut varier sur tout ou partie de la période couverte par le contrat sans dépasser la durée légale hebdomadaire. Les périodes travaillées permettent de valider des trimestres de cotisations d'assurance vieillesse dans les conditions de l'article L. 351-2 du code de la sécurité sociale.

Ce contrat peut être suspendu, à la demande du salarié, afin de lui permettre :

1° En accord avec son employeur, d'effectuer une (*L. n° 2014-288 du 5 mars 2014, art. 20-I*) « période de mise en situation en milieu professionnel dans les conditions prévues au chapitre V du présent titre » ou une action concourant à son insertion professionnelle ;

2° D'accomplir une période d'essai afférente à une offre d'emploi visant une embauche en contrat de travail à durée indéterminée ou à durée déterminée au moins égale à six mois.

En cas d'embauche à l'issue de cette (*L. n° 2014-288 du 5 mars 2014, art. 20-I*) « période de mise en situation en milieu professionnel, d'une action concourant à son insertion professionnelle, » ou de cette période d'essai, le contrat est rompu sans préavis.

(*L. n° 2015-994 du 17 août 2015, art. 46*) « Par dérogation aux dispositions relatives à la rupture avant terme du contrat de travail à durée déterminée prévues à l'article L. 1243-2, le contrat peut être rompu avant son terme, à l'initiative du salarié, lorsque la rupture a pour objet de lui permettre de suivre une formation conduisant à une qualification prévue à l'article L. 6314-1. »

EMPLOI   **Art. L. 5132-7** 1433

(L. n° 2020-1577 du 14 déc. 2020, art. 6-II) « Un décret définit les conditions dans lesquelles la dérogation à la durée hebdomadaire de travail minimale prévue au septième alinéa du présent article peut être accordée. » – V. art. D. 5132-10-5-3.

V. art. R. 5132-1 s.

Art. L. 5132-5-1 (L. n° 2020-1577 du 14 déc. 2020, art. 2) Les entreprises d'insertion peuvent conclure des contrats à durée indéterminée avec des personnes âgées d'au moins cinquante-sept ans rencontrant des difficultés sociales et professionnelles particulières, selon des modalités définies par décret. – V. art. D. 5132-10-5 s.

SOUS-SECTION 3 Entreprises de travail temporaire d'insertion

Art. L. 5132-6 Les entreprises de travail temporaire (L. n° 2020-1577 du 14 déc. 2020, art. 3) « d'insertion » dont l'activité exclusive consiste à faciliter l'insertion professionnelle des personnes (L. n° 2020-1577 du 14 déc. 2020, art. 3) « éligibles à un parcours d'insertion tel que défini à l'article L. 5132-3 et qui consacrent l'intégralité de leurs moyens humains et matériels à cette fin » concluent avec ces personnes des contrats de mission.

(L. n° 2013-504 du 14 juin 2013, art. 12-X) « Une durée de travail hebdomadaire inférieure à la durée (L. n° 2016-1088 du 8 août 2016, art. 8) « minimale mentionnée à l'article L. 3123-6 » peut être proposée à ces personnes lorsque le parcours d'insertion le justifie. »

L'activité des entreprises de travail temporaire d'insertion est soumise à l'ensemble des dispositions relatives au travail temporaire prévues au chapitre I du titre V du livre II de la première partie (L. n° 2020-1577 du 14 déc. 2020, art. 2) « , à l'exclusion de la section 4 bis ». Toutefois, par dérogation aux dispositions (Ord. n° 2017-1718 du 20 déc. 2017, art. 1er-I) « des articles L. 1251-12 et L. 1251-12-1 », la durée des contrats de mission peut être portée à vingt-quatre mois, renouvellement compris. – V. art. R. 5132-10-6 s.

(L. n° 2023-1196 du 18 déc. 2023, art. 10-I) « Par dérogation à l'article L. 1251-36, aucun délai de carence n'est applicable :

« 1° Entre deux contrats de mission conclus en application du présent article avec le même salarié durant son parcours d'insertion ;

« 2° En cas d'embauche du salarié, à l'issue de son contrat de mission, par l'entreprise utilisatrice, en contrat à durée déterminée d'une durée d'au moins deux mois. »

Art. L. 5132-6-1 (L. n° 2020-1577 du 14 déc. 2020, art. 2) Par dérogation aux dispositions de l'article L. 5132-6, les entreprises de travail temporaire d'insertion peuvent conclure des contrats à durée indéterminée, tels que mentionnés à l'article L. 1251-58 1, avec des personnes âgées d'au moins cinquante-sept ans rencontrant des difficultés sociales et professionnelles particulières, selon des modalités définies par décret. Dans ce cadre, la durée totale d'une mission ne peut excéder trente-six mois.

SOUS-SECTION 4 Associations intermédiaires

BIBL. ▶ MOLLA, JCP S 2008. 1329 (associations intermédiaires : contrat de mise à disposition et contrat de travail) ; JCP S 2008. 1489 (associations intermédiaires : responsabilités).

Art. L. 5132-7 Les associations intermédiaires sont des associations conventionnées par l'État ayant pour objet l'embauche des personnes sans emploi, rencontrant des difficultés sociales et professionnelles particulières, en vue de faciliter leur insertion professionnelle en les mettant à titre onéreux à disposition de personnes physiques ou de personnes morales.

(L. n° 2013-504 du 14 juin 2013, art. 12-X) « Une durée de travail hebdomadaire inférieure à la durée (L. n° 2016-1088 du 8 août 2016, art. 8) « minimale mentionnée à l'article L. 3123-6 » peut être proposée aux salariés lorsque le parcours d'insertion le justifie. »

L'association intermédiaire assure l'accueil des personnes ainsi que le suivi et l'accompagnement de ses salariés en vue de faciliter leur insertion sociale et de rechercher les conditions d'une insertion professionnelle durable.

Une association intermédiaire ne peut mettre une personne à disposition d'employeurs ayant procédé à un licenciement économique sur un emploi équivalent ou de même qualification dans les six mois précédant cette mise à disposition. — [Anc. art. L. 322-4-16-3, 1, al. 2 et al. 4 et 6.] — V. art. R. 5132-11 s.

1. Conformité à la Constitution. Sur la conformité à la Constitution de la loi n° 95-116 du 4 févr. 1995, art. 95, modifiant le régime des associations intermédiaires fixé par l'art. L. 128 C. trav., V. • Cons. const., 25 janv. 1995, ⚖ Décis. n° 94-357 DC ; JO 31 janv. ; D. 1997. Somm. 136, obs. Oliva ⌀ ; ibid. 199, obs. Mélin-Soucramanien ⌀ ; RJS 1995. 212, n° 309.

2. Qualification. Les contrats de travail conclus par les associations intermédiaires, en application de l'art. L. 5132-7 ne sont pas soumis aux dispositions des art. L. 122-1 et suivants régissant les contrats de travail à durée déterminée ; de tels contrats ne peuvent être considérés comme rompus en application de l'art. L. 122-3-8. • Soc. 14 juin 2006 : ⚖ D. 2006. IR 1988 ⌀ ; RJS 2006. 732, n° 997 ; JCP S 2006. 1690, note Lahalle.

3. Requalification. Dès lors qu'une association est une association intermédiaire soumise aux dispositions de l'art. L. 5132-7, la violation des art. L. 124-1, L. 124-3 et L. 124-4 n'est pas susceptible d'entraîner la requalification des contrats de travail temporaires en contrats de travail à durée indéterminée. • Soc. 23 févr. 2005 : ⚖ D. 2005. IR 666 ⌀ ; Dr. soc. 2005. 817, obs. Roy-Loustaunau ⌀ ; RJS 2005. 408, n° 583 ; JSL 2005, n° 166-6. ♦ Une association intermédiaire ne peut pourvoir, au moyen de mises à disposition successives d'un salarié en voie d'insertion professionnelle, à un emploi lié à l'activité normale et permanente de l'entreprise utilisatrice ; le salarié mis à disposition peut, dans ce cas, faire valoir auprès de cette entreprise les droits tirés d'un contrat à durée déterminée. • Soc. 2 mars 2011 : ⚖ D. actu. 4 mars 2011, obs. Astaix ; RDT 2011.497, obs. Marié ⌀ ; Dr. ouvrier 2011. 616, obs. Cao ; JCP S 2011. 1270, obs. Molla • Soc. 23 mai 2013 : ⚖ D. actu. 7 juin 2013, obs. Fraisse ; D. 2013. Actu. 1353 ⌀.

4. Obligations des prestataires. L'absence de convention entre l'État et une association intermédiaire, qui a pour objet d'embaucher des personnes afin de faciliter leur insertion professionnelle en les mettant à titre onéreux à la disposition de personnes physiques ou de personnes morales, ne peut avoir pour effet de dispenser les bénéficiaires des travaux ou des prestations de leur paiement à l'association. • Soc. 30 mars 2005, ⚖ n° 03-12.057 P ; D. 2005. IR 1177 ⌀ ; RJS 2005. 484, n° 682.

5. Mission d'accompagnement en vue de favoriser une réinsertion professionnelle. L'augmentation du nombre d'heures travaillées et la délivrance d'un certificat de validation des compétences professionnelles ne sont pas de nature à établir que l'association intermédiaire a accompli sa mission d'assurer l'accompagnement du salarié en vue de favoriser une réinsertion professionnelle. • Soc. 23 mai 2013 : ⚖ D. actu. 7 juin 2013, obs. Fraisse ; D. 2013. Actu. 1354 ⌀ ; JCP S 2013. 1371, obs. Molla.

6. Mise à disposition d'une personne morale de droit public. Lorsqu'un contrat à durée déterminée a été conclu dans le cadre des dispositions de l'art. L. 5132-7 C. trav. et que le salarié a été mis à disposition d'une personne morale de droit public gérant un service public administratif par l'association intermédiaire, le juge judiciaire est seul compétent pour se prononcer sur une demande de requalification en contrat à durée indéterminée fondée sur l'occupation par le salarié d'un emploi lié à l'activité normale et permanente de l'entreprise utilisatrice et, dès lors que la demande ne porte pas sur la poursuite d'une relation contractuelle entre le salarié et la personne morale de droit public gérant un service public administratif, pour tirer les conséquences de la requalification du contrat qu'il a prononcée. • Soc. 15 mai 2019, ⚖ n° 18-15.870 P ; D. 2019. Actu. 1110 ⌀ ; RDT 2019. 504, note Guiomard ⌀ ; RJS 7/2019, n° 468 ; JCP S 2019. 1206, obs. Brissy.

Art. L. 5132-8 Une convention de coopération peut être conclue entre l'association intermédiaire et (L. n° 2020-1577 du 14 déc. 2020, art. 1er-I, en vigueur le 15 juin 2021) « l'un des prescripteurs mentionnés à l'article L. 5132-3 [ancienne rédaction : l'institution mentionnée à l'article L. 5312-1] » définissant notamment les conditions de recrutement (L. n° 2018-771 du 5 sept. 2018, art. 28-I, en vigueur le 1er janv. 2019) « , de mise à disposition et de formation des salariés de l'association intermédiaire. »

Cette convention de coopération peut également porter sur l'organisation des fonctions d'accueil, de suivi et d'accompagnement des salariés.

Cette convention peut mettre en œuvre des actions expérimentales d'insertion ou de réinsertion.

Les dispositions issues de la L. n° 2020-1577 du 14 déc. 2020 entrent en vigueur à une date fixée par décret et au plus tard le 15 juin 2021 (L. préc., art. 1er-III).

Art. L. 5132-9 (Abrogé par L. n° 2020-1577 du 14 déc. 2020, art. 1er-I, à compter du 15 juin 2021) « Seules » Les associations intermédiaires (Abrogé par L. n° 2020-1577 du 14 déc. 2020, art. 1er-I, à compter du 15 juin 2021) « qui ont conclu une convention de coopération avec l'institution mentionnée à l'article L. 5312-1 » peuvent effectuer des

EMPLOI **Art. L. 5132-11-1** 1435

mises à disposition auprès des employeurs mentionnés à l'article L. 2211-1 dans les conditions suivantes :

1° La mise à disposition (L. n° 2020-1577 du 14 déc. 2020, art. 1er-I, en vigueur au plus tard le 15 juin 2021) « n'est autorisée que pour l'exécution d'une tâche précise et temporaire *[ancienne rédaction : pour l'exécution d'une tâche précise et temporaire d'une durée supérieure à un seuil déterminé par décret en Conseil d'État n'est autorisée que pour les personnes ayant fait l'objet de l'agrément de l'institution mentionnée à l'article L. 5312-1]* ; »

2° (L. n° 2008-1249 du 1er déc. 2008, art. 19) « La durée totale des mises à disposition d'un même salarié ne peut excéder une durée déterminée par décret, pour une durée de vingt-quatre mois à compter de la première mise à disposition. » (L. n° 2020-1577 du 14 déc. 2020, art. 4) « Dans des conditions définies par décret, le représentant de l'État dans le département peut autoriser une association intermédiaire à déroger à ce plafond, pour une durée maximale de trois ans renouvelable, en tenant compte des activités exercées par les entreprises de travail temporaire d'insertion installées dans le département et à condition que la qualité des parcours d'insertion soit garantie. »

Ces dispositions ne sont pas applicables en cas de mise à disposition auprès de personnes physiques pour des activités ne ressortissant pas à leurs exercices professionnels et de personnes morales de droit privé à but non lucratif. – *V. art. R. 5132-18.*

Les dispositions issues de la L. n° 2020-1577 du 14 déc. 2020 entrent en vigueur à une date fixée par décret et au plus tard le 15 juin 2021. Toutefois, pour les associations intermédiaires mentionnées au 1er al. de l'art. L. 5132-9 et dont les mises à disposition de salariés ne relèvent pas du 1° de ce mbre art., dans sa rédaction antérieure à la loi préc., les dispositions entrent en vigueur à une date fixée par décret, et au plus tard le 15 déc. 2021. Jusqu'à cette date, elles demeurent régies par les dispositions de la sous-section 4 de la section 3 du chapitre II du titre III du livre I de la cinquième partie C. trav., dans leur rédaction antérieure à la L. du 14 déc. 2020, à l'exception des dispositions du 4° de l'art. 2 et de l'art. 4 de la loi préc., qui leur sont applicables le 16 déc. 2020 (L. préc., art. 1er-III).

Art. L. 5132-10 Une personne mise à disposition par une association intermédiaire ne peut en aucun cas être embauchée pour accomplir des travaux particulièrement dangereux qui figurent sur une liste établie par l'autorité administrative. – *[Anc. art. L. 322-4-16-3, 5, al. 2.]*

Art. L. 5132-11 Pour les mises à disposition entrant dans le champ de l'article L. 5132-9, la rémunération du salarié, au sens de l'article L. 3221-3, ne peut être inférieure à celle que percevrait un salarié de qualification équivalente occupant le même poste de travail dans l'entreprise, après période d'essai.

Le salarié d'une association intermédiaire peut être rémunéré soit sur la base du nombre d'heures effectivement travaillées chez l'utilisateur, soit sur la base d'un nombre d'heures forfaitaire déterminé dans le contrat pour les activités autres que celles mentionnées à l'article L. 5132-9.

Le paiement des jours fériés est dû au salarié d'une association intermédiaire mis à disposition des employeurs mentionnés à l'article L. 2212-1 [L. 2211-1] dès lors que les salariés de cette personne morale en bénéficient. – *[Anc. art. L. 322-4-16-3, 2, al. 5 et 6, phrases 2 et 3, et al. 3.]*

Art. L. 5132-11-1 (L. n° 2008-1249 du 1er déc. 2008, art. 18) Les associations intermédiaires peuvent conclure avec des personnes sans emploi rencontrant des difficultés sociales et professionnelles particulières des contrats à durée déterminée en application de l'article L. 1242-3.

(L. n° 2014-288 du 5 mars 2014, art. 20-I) « Pendant l'exécution de ces contrats, une ou plusieurs conventions conclues en vertu de l'article L. 5135-4 peuvent prévoir une période de mise en situation en milieu professionnel auprès d'un autre employeur dans les conditions prévues au chapitre V du présent titre. »

La durée de ces contrats ne peut être inférieure à quatre mois (L. n° 2015-994 du 17 août 2015, art. 46) « , sauf pour les personnes ayant fait l'objet d'une condamnation et bénéficiant d'un aménagement de peine ».

Ces contrats peuvent être renouvelés dans la limite d'une durée totale de vingt-quatre mois.

A titre dérogatoire, ces contrats peuvent être renouvelés au-delà de la durée maximale prévue en vue de permettre d'achever une action de formation professionnelle en cours de réalisation à l'échéance du contrat. La durée de ce renouvellement ne peut excéder le terme de l'action concernée.

(L. n° 2020-1577 du 14 déc. 2020, art. 1er-I, en vigueur le 15 juin 2021) « A titre exceptionnel, ce contrat de travail peut être prolongé par un prescripteur tel que mentionné à l'article L. 5132-3, au-delà de la durée maximale prévue, après examen de la situation du salarié au regard de l'emploi, de la capacité contributive de l'employeur et des actions d'accompagnement et de formation conduites dans le cadre de la durée initialement prévue du contrat :

« a) Lorsque des salariés âgés de cinquante ans et plus ou des personnes reconnues travailleurs handicapés rencontrent des difficultés particulières qui font obstacle à leur insertion durable dans l'emploi, quel que soit leur statut juridique ;

« b) Lorsque des salariés rencontrent des difficultés particulièrement importantes dont l'absence de prise en charge ferait obstacle à leur insertion professionnelle, par décisions successives d'un an au plus, dans la limite de soixante mois. »

La durée hebdomadaire de travail du salarié embauché dans ce cadre ne peut être inférieure à vingt heures (L. n° 2020-1577 du 14 déc. 2020, art. 6-II) « , sauf en cas de cumul avec un autre contrat de travail à temps partiel, afin d'atteindre une durée globale d'activité correspondant à un temps plein ou au moins égale à la durée mentionnée à l'article L. 3123-27 ». Elle peut varier sur tout ou partie de la période couverte par le contrat sans dépasser la durée légale hebdomadaire. Les périodes travaillées permettent de valider des trimestres de cotisations d'assurance vieillesse dans les conditions de l'article L. 351-2 du code de la sécurité sociale.

Ce contrat peut être suspendu, à la demande du salarié, afin de lui permettre :

1° En accord avec son employeur, d'effectuer une (L. n° 2014-288 du 5 mars 2014, art. 20-I) « période de mise en situation en milieu professionnel dans les conditions prévues au chapitre V du présent titre » ou une action concourant à son insertion professionnelle ;

2° D'accomplir une période d'essai afférente à une offre d'emploi visant une embauche en contrat de travail à durée indéterminée ou à durée déterminée au moins égale à six mois.

En cas d'embauche à l'issue de cette (L. n° 2014-288 du 5 mars 2014, art. 20-I) « période de mise en situation en milieu professionnel, d'une action concourant à son insertion professionnelle, » ou de cette période d'essai, le contrat est rompu sans préavis.

(L. n° 2015-994 du 17 août 2015, art. 46) « Par dérogation aux dispositions relatives à la rupture avant terme du contrat de travail à durée déterminée prévues à l'article L. 1243-2, le contrat peut être rompu avant son terme, à l'initiative du salarié, lorsque la rupture a pour objet de lui permettre de suivre une formation conduisant à une qualification prévue à l'article L. 6314-1. »

(L. n° 2020-1577 du 14 déc. 2020, art. 6-II) « Un décret définit les conditions dans lesquelles la dérogation à la durée hebdomadaire de travail minimale prévue au neuvième alinéa du présent article peut être accordée. » — V. art. D. 5132-26-12.

Les dispositions issues de l'art. 1er de la L. n° 2020-1577 du 14 déc. 2020 entrent en vigueur à une date fixée par décret et au plus tard le 15 juin 2021 (L. préc., art. 1er-III).

Une association intermédiaire, dont l'objet est l'embauche de personnes sans emploi rencontrant des difficultés sociales et professionnelles particulières, en vue de faciliter leur insertion professionnelle en les mettant à titre onéreux à la disposition de personnes physiques ou de personnes morales, est tenue, lorsqu'elle conclut un contrat à durée déterminée à cette fin, d'assurer le suivi et l'accompagnement du salarié mis à disposition ; cette obligation constitue une des conditions du dispositif d'insertion par l'activité professionnelle à défaut de laquelle la relation de travail doit être requalifiée en contrat de travail de droit commun à durée indéterminée. ● Soc. 5 juin 2019, 🔗 n° 17-30.984 P : *D. actu. 2019. 1290 ; RJS 8-9/2019, n° 530 ; JCP S 2019. 1275, obs. Vachet.*

Art. L. 5132-12 *Abrogé par L. n° 2011-867 du 20 juill. 2011, art. 16.*

Art. L. 5132-13 Les salariés des associations intermédiaires ont droit à la formation professionnelle continue :

1° Soit à l'initiative de l'employeur, dans le cadre du plan de formation de l'association ou des actions de formation en alternance ;

2° Soit à l'initiative du salarié, dans le cadre d'un (*Ord. n° 2019-861 du 21 août 2019, art. 1er*) « congé spécifique mentionné à l'article L. 6323-17-1 » ou d'un congé de bilan de compétences. – [*Anc. art. L. 322-4-16-3, 4.*]

Art. L. 5132-14 Lorsque l'activité de l'association intermédiaire est exercée dans les conditions de la présente sous-section, ne sont pas applicables :

1° Les sanctions relatives au travail temporaire, prévues aux articles (*L. n° 2016-1088 du 8 août 2016, art. 85*) « L. 1255-1 à L. 1255-12 » ;

2° Les sanctions relatives au marchandage, prévues aux articles L. 8234-1 et L. 8234-2 ;

3° Les sanctions relatives au prêt illicite de main-d'œuvre, prévues aux articles L. 8243-1 et L. 8243-2.

Les sanctions prévues en cas de non-respect des dispositions auxquelles renvoie l'article L. 8241-2, relatives aux opérations de prêt de main-d'œuvre à but non lucratif, sont applicables. – [*Anc. art. L. 322-4-16-3, 5, al. 1er.*]

Art. L. 5132-14-1 (*L. n° 2020-1577 du 14 déc. 2020, art. 2*) Les associations intermédiaires peuvent conclure des contrats à durée indéterminée avec des personnes âgées d'au moins cinquante-sept ans rencontrant des difficultés sociales et professionnelles particulières, selon des modalités définies par décret. – V. art. D. 5132-26-9 s.

SOUS-SECTION 5 **Ateliers et chantiers d'insertion**

Art. L. 5132-15 Les ateliers et chantiers d'insertion conventionnés par l'État sont organisés par les employeurs figurant sur une liste.

Ils ont pour mission :

1° D'assurer l'accueil, l'embauche et la mise au travail sur des actions collectives des personnes sans emploi rencontrant des difficultés sociales et professionnelles particulières ;

2° D'organiser le suivi, l'accompagnement, l'encadrement technique et la formation de leurs salariés en vue de faciliter leur insertion sociale et de rechercher les conditions d'une insertion professionnelle durable. – [*Anc. art. L. 322-4-16-8, al. 1er et 2.*]

Art. L. 5132-15-1 (*L. n° 2008-1249 du 1er déc. 2008, art. 18*) Les ateliers et chantiers d'insertion (*L. n° 2014-288 du 5 mars 2014, art. 20-I*) « , quel que soit leur statut juridique, » peuvent conclure avec des personnes sans emploi rencontrant des difficultés sociales et professionnelles particulières des contrats à durée déterminée en application de l'article L. 1242-3.

(*L. n° 2014-288 du 5 mars 2014, art. 20-I*) « Pendant l'exécution de ces contrats, une ou plusieurs conventions conclues en vertu de l'article L. 5135-4 peuvent prévoir une période de mise en situation en milieu professionnel auprès d'un autre employeur dans les conditions prévues au chapitre V du présent titre. »

La durée de ces contrats ne peut être inférieure à quatre mois (*L. n° 2015-994 du 17 août 2015, art. 46*) « , sauf pour les personnes ayant fait l'objet d'une condamnation et bénéficiant d'un aménagement de peine ».

Ces contrats peuvent être renouvelés dans la limite d'une durée totale de vingt-quatre mois.

A titre dérogatoire, ces contrats peuvent être renouvelés au-delà de la durée maximale prévue en vue de permettre d'achever une action de formation professionnelle en cours de réalisation à l'échéance du contrat. La durée de ce renouvellement ne peut excéder le terme de l'action concernée.

(*L. n° 2016-1088 du 8 août 2016, art. 53*) « A titre exceptionnel, ce contrat de travail peut être prolongé par (*L. n° 2020-1577 du 14 déc. 2020, art. 1er-I, en vigueur le 15 juin 2021*) « un prescripteur mentionné à l'article L. 5132-3 ou, en cas de recrutement direct, par un atelier et chantier d'insertion [*ancienne rédaction : Pôle emploi,*] » au-delà de la durée maximale prévue, après examen de la situation du salarié au regard de l'emploi, de la capacité contributive de l'employeur et des actions d'accompagnement et de formation conduites dans le cadre de la durée initialement prévue du contrat :

« *a*) Lorsque des salariés âgés de cinquante ans et plus ou des personnes reconnues travailleurs handicapés rencontrent des difficultés particulières qui font obstacle à leur insertion durable dans l'emploi, quel que soit leur statut juridique ;

« b) Lorsque des salariés rencontrent des difficultés particulièrement importantes dont l'absence de prise en charge ferait obstacle à leur insertion professionnelle, par décisions successives d'un an au plus, dans la limite de soixante mois. »

La durée hebdomadaire de travail du salarié embauché dans ce cadre ne peut être inférieure à vingt heures (*L. n° 2014-288 du 5 mars 2014, art. 20-I*) « , sauf lorsque le contrat le prévoit pour prendre en compte les difficultés particulièrement importantes de l'intéressé » (*L. n° 2020-1577 du 14 déc. 2020, art. 6*) « ou en cas de cumul avec un autre contrat de travail à temps partiel, afin d'atteindre une durée globale d'activité correspondant à un temps plein ou au moins égale à la durée mentionnée à l'article L. 3123-27 ». Elle peut varier sur tout ou partie de la période couverte par le contrat sans dépasser la durée légale hebdomadaire. Les périodes travaillées permettent de valider des trimestres de cotisations d'assurance vieillesse dans les conditions de l'article L. 351-2 du code de la sécurité sociale.

Ce contrat peut être suspendu, à la demande du salarié, afin de lui permettre :

1° En accord avec son employeur, d'effectuer une (*L. n° 2014-288 du 5 mars 2014, art. 20-I*) « période de mise en situation en milieu professionnel dans les conditions prévues au chapitre V du présent titre » ou une action concourant à son insertion professionnelle ;

2° D'accomplir une période d'essai afférente à une offre d'emploi visant une embauche en contrat de travail à durée indéterminée ou à durée déterminée au moins égale à six mois.

En cas d'embauche à l'issue de cette (*L. n° 2014-288 du 5 mars 2014, art. 20-I*) « période de mise en situation en milieu professionnel, d'une action concourant à son insertion professionnelle, » ou de cette période d'essai, le contrat est rompu sans préavis.

(*L. n° 2014-288 du 5 mars 2014, art. 20-I*) « Un décret définit les conditions dans lesquelles la dérogation à la durée hebdomadaire de travail minimale prévue au (*L. n° 2020-1577 du 14 déc. 2020, art. 1er-I, en vigueur le 15 juin 2021*) « neuvième alinéa du présent article » peut être accordée. » – V. art. R. 5132-43-5 s.

(*L. n° 2015-994 du 17 août 2015, art. 46*) « Par dérogation aux dispositions relatives à la rupture avant terme du contrat de travail à durée déterminée prévues à l'article L. 1243-2, le contrat peut être rompu avant son terme, à l'initiative du salarié, lorsque la rupture a pour objet de lui permettre de suivre une formation conduisant à une qualification prévue à l'article L. 6314-1. » – V. art. D. 5132-43-3.

Les dispositions issues de l'art. 1er de la L. n° 2020-1577 du 14 déc. 2020 sont entrées en vigueur à une date fixée par décret et au plus tard le 15 juin 2021 (L. préc., art. 1er-III).

Les embauches réalisées en contrat à durée déterminée en application de l'art. L. 5132-15-1 et ouvrant droit au versement de l'aide mentionnée à l'art. L. 5132-2 donnent lieu, sur la part de la rémunération inférieure ou égale au salaire minimum de croissance, pendant la durée d'attribution de cette aide, à une exonération :

1° Pour les employeurs publics mettant en place des ateliers et chantiers d'insertion conventionnés par l'État en application de l'art. L. 5132-15, des cotisations à la charge de l'employeur au titre des assurances sociales et des allocations familiales ;

2° De la taxe sur les salaires ;

3° De la taxe d'apprentissage ;

4° Des participations dues par les employeurs au titre de l'effort de construction (L. n° 2013-1203 du 23 déc. 2013, art. 20-IV, mod. par L. n° 2018-1203 du 22 déc. 2018, art. 8-VIII).

Art. L. 5132-15-1-1 (*L. n° 2020-1577 du 14 déc. 2020, art. 2*) Les ateliers et chantiers d'insertion peuvent conclure des contrats à durée indéterminée avec des personnes âgées d'au moins cinquante-sept ans rencontrant des difficultés sociales et professionnelles particulières, selon des modalités définies par décret. – V. art. D. 5132-43-11 s.

SOUS-SECTION 6 **Groupes économiques solidaires**

(*L. n° 2008-1249 du 1er déc. 2008, art. 20*)

Art. L. 5132-15-2 Afin de favoriser la coordination, la complémentarité et le développement économique du territoire et de garantir la continuité des parcours d'inser-

EMPLOI — **Art. L. 5134-19** 1439

tion, une personne morale de droit privé peut porter ou coordonner une ou plusieurs actions d'insertion telles que visées à la sous-section 1 de la présente section.

SECTION 4 Dispositions d'application

Art. L. 5132-16 (L. n° 2020-1577 du 14 déc. 2020, art. 1er-I, en vigueur le 15 juin 2021) Sous réserve des dispositions de l'article L. 5132-17, un décret en Conseil d'État détermine les conditions d'application du présent chapitre, notamment les conditions d'exécution, de suivi, de renouvellement et de contrôle des conventions conclues avec l'État ainsi que les modalités de leur suspension ou de leur dénonciation. – V. art. R. 5132-1-11 s.

Ces dispositions entrent en vigueur à une date fixée par décret et au plus tard le 15 juin 2021 (L. n° 2020-1577 du 14 déc. 2020, art. 1er-III).

Art. L. 5132-17 (L. n° 2011-867 du 20 juill. 2011) Un décret détermine la liste des employeurs habilités à mettre en œuvre les ateliers et chantiers d'insertion mentionnée à l'article L. 5132-15.

CHAPITRE III PRIME DE RETOUR À L'EMPLOI ET AIDE PERSONNALISÉE DE RETOUR À L'EMPLOI (L. n° 2008-1249 du 1er déc. 2008, art. 8).

SECTION 1 [ABROGÉE] Prime de retour à l'emploi (L. n° 2008-1249 du 1er déc. 2008, art. 8).

(Abrogée par L. n° 2010-1657 du 29 déc. 2010, art. 202-I)

Art. L. 5133-1 à L. 5133-7 Abrogés par L. n° 2010-1657 du 29 déc. 2010, art. 202-I.

SECTION 2 Aide personnalisée de retour à l'emploi

(L. n° 2008-1249 du 1er déc. 2008, art. 8)

Art. L. 5133-8 Une aide personnalisée de retour à l'emploi peut être attribuée par l'organisme au sein duquel le référent mentionné à l'article L. 262-27 du code de l'action sociale et des familles a été désigné. Elle a pour objet de prendre en charge tout ou partie des coûts exposés par l'intéressé lorsqu'il débute ou reprend une activité professionnelle.

L'aide personnalisée de retour à l'emploi est incessible et insaisissable.

Art. L. 5133-9 (L. n° 2016-1917 du 29 déc. 2016, art. 152-III) L'aide personnalisée de retour à l'emploi est financée par l'État. Les crédits affectés à l'aide sont répartis entre les organismes au sein desquels les référents mentionnés à l'article L. 262-27 du code de l'action sociale et des familles sont désignés.

Art. L. 5133-10 Un décret en Conseil d'État détermine les modalités d'application de la présente section. – V. art. R. 5132-9.

SECTION 3 [ABROGÉE] Aide à l'embauche des seniors

(Abrogée par L. n° 2013-185 du 1er mars 2013)

Art. L. 5133-11 Abrogé par L. n° 2013-185 du 1er mars 2013.

CHAPITRE IV CONTRATS DE TRAVAIL AIDÉS

BIBL. ▶ BAUGARD, RDT 2012. 492 (panorama des contrats aidés).

SECTION 1 [ABROGÉE] Contrat emploi-jeune

(Abrogée par L. n° 2015-990 du 6 août 2015, art. 276)

Art. L. 5134-1 à L. 5134-19 Abrogés par L. n° 2015-990 du 6 août 2015, art. 276.

SECTION 1-1 Contrat unique d'insertion

(L. n° 2008-1249 du 1er déc. 2008, art. 21)

BIBL. ▶ WILLMANN, JCP S 2009. 1077.

Art. L. 5134-19-1 (*L. n° 2012-1189 du 26 oct. 2012, art. 7*) Le contrat unique d'insertion est un contrat de travail conclu entre un employeur et un salarié dans les conditions prévues à la sous-section 3 des sections 2 et 5 du présent chapitre, au titre duquel est attribuée une aide à l'insertion professionnelle dans les conditions prévues à la sous-section 2 des mêmes sections 2 et 5. La décision d'attribution de cette aide est prise par :

1° Soit, pour le compte de l'État, l'institution mentionnée à l'article L. 5312-1, les organismes mentionnés à l'article L. 5314-1 ou, selon des modalités fixées par décret, un des organismes mentionnés au 1° *bis* de l'article L. 5311-4 ;

2° Soit le président du conseil départemental lorsque cette aide concerne un bénéficiaire du revenu de solidarité active financé par le département ;

3° Soit, pour le compte de l'État, (*L. n° 2019-791 du 26 juill. 2019, art. 54*) « l'autorité académique » pour les contrats mentionnés au I de l'article L. 5134-125.

Le montant de cette aide résulte d'un taux, fixé par l'autorité administrative, appliqué au salaire minimum de croissance.

Art. L. 5134-19-2 Le président du conseil départemental peut déléguer tout ou partie (*L. n° 2012-1189 du 26 oct. 2012, art. 7*) « de la décision d'attribution de l'aide à l'insertion professionnelle mentionnée à » l'article L. 5134-19-1 à l'institution mentionnée à l'article L. 5312-1 ou à tout autre organisme qu'il désigne à cet effet.

Art. L. 5134-19-3 Le contrat unique d'insertion prend la forme :

1° Pour les employeurs du secteur non marchand mentionnés à l'article L. 5134-21, du contrat d'accompagnement dans l'emploi défini par la section 2 ;

2° Pour les employeurs du secteur marchand mentionnés à l'article L. 5134-66, du contrat initiative-emploi défini par la section 5.

Les actions de formation destinées aux personnes bénéficiant d'un contrat d'accompagnement dans l'emploi mentionné à l'art. L. 5134-19-3 dans les collectivités territoriales ou les établissements publics en relevant peuvent être financées, pour tout ou partie, au moyen de la cotisation obligatoire versée par les collectivités territoriales et leurs établissements publics en application de l'art. 12-2 de la loi n° 84-53 du 26 janv. 1984 portant dispositions statutaires relatives à la fonction publique territoriale (L. n° 2008-1249 du 1ᵉʳ déc. 2008, art. 22-II).

Il appartient en principe à l'autorité judiciaire de se prononcer sur les litiges nés de la conclusion, de l'exécution et de la rupture du contrat unique d'insertion, même si l'employeur est une personne publique gérant un service public à caractère administratif ; il lui incombe, à ce titre, de se prononcer sur une demande de requalification de ces contrats et d'indemnisation des conséquences des manquements de l'employeur, y compris lorsqu'ils portent sur les conditions dans lesquelles les contrats ont été conclus et renouvelés. ● T. confl. 12 nov. 2018, ⚖ n° 4136.

Art. L. 5134-19-4 (*L. n° 2012-1189 du 26 oct. 2012, art. 7*) « Le président du conseil départemental » signe, préalablement à (*L. n° 2012-1189 du 26 oct. 2012, art. 7*) « l'attribution des aides à l'insertion professionnelle prévues à » l'article L. 5134-19-1 (*L. n° 2013-1278 du 29 déc. 2013, art. 142*) « et à la signature des conventions prévues à l'article L. 5132-2 », une convention annuelle d'objectifs et de moyens avec l'État.

Cette convention fixe :

1° Le nombre prévisionnel (*L. n° 2012-1189 du 26 oct. 2012, art. 7*) « d'aides à l'insertion professionnelle attribuées » au titre de l'embauche, dans le cadre d'un contrat unique d'insertion, de bénéficiaires du revenu de solidarité active financé par le département ;

2° Les modalités de financement des (*L. n° 2012-1189 du 26 oct. 2012, art. 7*) « aides à l'insertion professionnelle » et les taux d'aide applicables.

Lorsque le département participe au financement de l'aide, les taux mentionnés au dernier alinéa de l'article L. 5134-19-1 peuvent être majorés, en fonction des critères énoncés aux 1°, 2° et 4° des articles L. 5134-30 et L. 5134-72.

Lorsque l'aide est en totalité à la charge du département, le conseil départemental en fixe le taux sur la base des critères mentionnés aux articles L. 5134-30 et L. 5134-72, dans la limite du plafond prévu aux articles L. 5134-30-1 et L. 5134-72-1 ;

3° Les actions d'accompagnement et les autres actions ayant pour objet de favoriser l'insertion durable des salariés embauchés en contrat unique d'insertion (*L. n° 2013-*

EMPLOI **Art. L. 5134-21**

1278 du 29 déc. 2013, art. 142) « et dans les structures d'insertion par l'activité économique ».

A l'occasion de chaque renouvellement de la convention annuelle d'objectifs et de moyens, l'État et le département procèdent au réexamen de leur participation financière au financement du contrat unique d'insertion (L. n° 2013-1278 du 29 déc. 2013, art. 142) « et des aides financières aux structures d'insertion par l'activité économique, » en tenant compte des résultats constatés en matière d'insertion durable des salariés embauchés dans ce cadre ainsi que des contraintes économiques qui pèsent sur certains territoires. — V. art. R. 5134-16.

Art. L. 5134-19-5 Le président du conseil départemental transmet à l'État, dans des conditions fixées par décret, toute information permettant le suivi du contrat unique d'insertion.

SECTION 2 Contrat d'accompagnement dans l'emploi

V. Circ. DGEFP n° 2005/12 du 21 mars 2005 relative à la mise en œuvre du Contrat d'Accompagnement dans l'Emploi — CAE (BOMT 2005/5, p. 21).

V. Instr. DGEFP n° 2005-23 du 27 juin 2005 relative à la mise en œuvre du contrat d'accompagnement dans l'emploi en faveur des jeunes en 2005 (BOMT 2005/8, p. 68).

BIBL. ▶ VERKINDT, Dr. soc. 2005. 440.

SOUS-SECTION 1 Objet

Art. L. 5134-20 (L. n° 2008-1249 du 1er déc. 2008, art. 22-I) Le contrat d'accompagnement dans l'emploi a pour objet de faciliter l'insertion professionnelle des personnes sans emploi rencontrant des difficultés sociales et professionnelles particulières d'accès à l'emploi. A cette fin, il comporte des actions d'accompagnement professionnel. (L. n° 2014-288 du 5 mars 2014, art. 20-I) « Pendant l'exécution de ces contrats, une ou plusieurs conventions conclues en vertu de l'article L. 5135-4 peuvent prévoir une période de mise en situation en milieu professionnel auprès d'un autre employeur dans les conditions prévues au chapitre V du présent titre. » Un décret détermine la durée et les conditions d'agrément et d'exécution de cette période d'immersion.

1. Le non-respect par l'employeur de son obligation de mettre en œuvre des actions de formation, d'orientation professionnelle et de validation des acquis est de nature à causer au salarié un préjudice dont ce dernier peut lui demander réparation. ● Soc. 30 sept. 2014 : D. 2014 Actu. 2002.

2. Action en requalification. L'exécution de l'obligation pour l'employeur d'assurer, dans le cadre du contrat d'accompagnement dans l'emploi, des actions de formation, d'orientation professionnelle et de validation des acquis destinées à réinsérer durablement le salarié s'apprécie au terme du contrat ; le point de départ du délai de prescription de l'action par laquelle un salarié sollicite la requalification de contrats d'accompagnement dans l'emploi à durée déterminée successifs en un contrat à durée indéterminée, fondée sur le non-respect par l'employeur de ses obligations en matière d'orientation et d'accompagnement professionnel, de formation professionnelle et de validation des acquis de l'expérience court à compter du terme de chacun des contrats concernés. ● Soc. 15 déc. 2021, n° 19-14.018 B : D. 2022. 20 ; Dr. soc. 2022. 178, obs. Radé ; RJS 2/2022, n° 51 ; JCP S 2022. 1048, obs. Bousez.

SOUS-SECTION 2 Décision d'attribution de l'aide à l'insertion professionnelle (L. n° 2012-1189 du 26 oct. 2012, art. 7).

Art. L. 5134-21 (L. n° 2012-1189 du 26 oct. 2012, art. 7) « Les aides à l'insertion professionnelle au titre d'un contrat d'accompagnement dans l'emploi peuvent être accordées aux employeurs suivants : »

1° Les collectivités territoriales ;

2° Les autres personnes morales de droit public ;

3° Les organismes de droit privé à but non lucratif ;

4° Les personnes morales de droit privé chargées de la gestion d'un service public ;

(L. n° 2014-856 du 31 juill. 2014, art. 34) « 5° Les sociétés coopératives d'intérêt collectif. » — [Anc. art. L. 322-4-7, I, al. 1er.]

Art. L. 5134-21-1 (*L. n° 2012-1189 du 26 oct. 2012, art. 7*) « La décision d'attribution d'une nouvelle aide à l'insertion professionnelle » (*L. n° 2008-1249 du 1er déc. 2008, art. 22-I*) mentionnée à l'article L. 5134-19-1 est subordonnée au bilan préalable des actions d'accompagnement et des actions visant à l'insertion durable des salariés, réalisées dans le cadre d'un contrat aidé antérieur.

Art. L. 5134-21-2 (*L. n° 2012-1189 du 26 oct. 2012, art. 7*) Il ne peut être attribué d'aide à l'insertion professionnelle dans les cas suivants :
1° Lorsque l'embauche vise à procéder au remplacement d'un salarié licencié pour un motif autre que la faute grave ou lourde. S'il apparaît que l'embauche a eu pour conséquence le licenciement d'un autre salarié, la décision d'attribution de l'aide est retirée par l'État ou par le président du conseil départemental. La décision de retrait de l'attribution de l'aide emporte obligation pour l'employeur de rembourser l'intégralité des sommes perçues au titre de l'aide ;
2° Lorsque l'employeur n'est pas à jour du versement de ses cotisations et contributions sociales.

Art. L. 5134-22 (*L. n° 2008-1249 du 1er déc. 2008 ; L. n° 2012-1189 du 26 oct. 2012, art. 7*) La demande d'aide à l'insertion professionnelle indique les modalités d'orientation et d'accompagnement professionnel de la personne sans emploi et prévoit des actions de formation professionnelle et de validation des acquis de l'expérience nécessaires à la réalisation de son projet professionnel.

Les actions de formation peuvent être menées pendant le temps de travail ou en dehors de celui-ci.

Art. L. 5134-23 (*L. n° 2008-1249 du 1er déc. 2008, art. 22-I ; L. n° 2012-1189 du 26 oct. 2012, art. 7*) La durée de l'aide à l'insertion professionnelle attribuée au titre du contrat d'accompagnement dans l'emploi ne peut excéder le terme du contrat de travail.

L'attribution de l'aide peut être prolongée dans la limite d'une durée totale de vingt-quatre mois.

Art. L. 5134-23-1 (*L. n° 2008-1249 du 1er déc. 2008, art. 22-I*) Il peut être dérogé, selon des modalités fixées par voie réglementaire, à la durée maximale (*L. n° 2012-1189 du 26 oct. 2012, art. 7*) « pour laquelle est attribuée une aide à l'insertion professionnelle », soit lorsque celle-ci concerne un salarié âgé de cinquante ans et plus (*L. n° 2015-994 du 17 août 2015, art. 43*) « rencontrant des difficultés particulières qui font obstacle à son insertion durable dans l'emploi » ou une personne reconnue travailleur handicapé, soit pour permettre d'achever une action de formation professionnelle en cours de réalisation et (*L. n° 2012-1189 du 26 oct. 2012, art. 7*) « prévue au titre de l'aide attribuée ». La durée de cette prolongation ne peut excéder le terme de l'action concernée.

Art. L. 5134-23-2 (*L. n° 2008-1249 du 1er déc. 2008, art. 22-I ; L. n° 2012-1189 du 26 oct. 2012, art. 7-III-9°*) La prolongation de l'attribution de l'aide à l'insertion professionnelle et, s'il est à durée déterminée, du contrat de travail au titre duquel l'aide est attribuée est subordonnée à l'évaluation des actions réalisées au cours du contrat en vue de favoriser l'insertion durable du salarié.

SOUS-SECTION 3 **Contrat de travail**

Art. L. 5134-24 (*L. n° 2008-1249 du 1er déc. 2008, art. 22-I*) « Le contrat de travail, associé à (*L. n° 2012-1189 du 26 oct. 2012, art. 7*) « une aide à l'insertion professionnelle attribuée au titre d'un » contrat d'accompagnement dans l'emploi, est un contrat de travail de droit privé, soit à durée déterminée, conclu en application de l'article L. 1242-3, soit à durée indéterminée. Il porte sur des emplois visant à satisfaire des besoins collectifs non satisfaits. »

Il ne peut être conclu pour pourvoir des emplois dans les services de l'État.

Un contrat d'accompagnement dans l'emploi peut, par exception au régime de droit commun des contrats à durée déterminée, être contracté pour pourvoir un emploi lié à l'activité normale et permanente des collectivités, organismes, personnes morales et sociétés concernés. • Soc. 7 juin 2023, n° 22-10.702 B : RJS 8-9/2023, n° 426 ; JCP S 2023. 1208, obs. Bousez.

Art. L. 5134-25 La durée du contrat d'accompagnement dans l'emploi ne peut être inférieure à six mois, ou trois mois pour les personnes ayant fait l'objet d'une condamnation et bénéficiant d'un aménagement de peine.

Les dispositions relatives au nombre maximum des renouvellements, prévues (*Ord. n° 2017-1718 du 20 déc. 2017, art. 1er-I*) « aux articles L. 1243-13 et L. 1243-13-1 », ne sont pas applicables.

A compter du 1er janv. 2009, à titre exceptionnel, lorsque des salariés âgés de 50 ans et plus ou des personnes reconnues travailleurs handicapés embauchés dans des entreprises d'insertion, des ateliers et chantiers d'insertion ou des associations intermédiaires rencontrent des difficultés particulières qui font obstacle à leur insertion durable dans l'emploi, le contrat de travail conclu en application de l'art. L. 1242-3, le contrat d'avenir ou le contrat d'accompagnement dans l'emploi qu'ils ont conclu peut être prolongé au-delà de la durée maximale. Cette prolongation est accordée par l'institution mentionnée à l'art. L. 5312-1 ou par le président du conseil général lorsque, dans le cas des contrats d'avenir, celui-ci a conclu la convention individuelle mentionnée à l'art. L. 5314-38 associée à ce contrat, après examen de la situation du salarié au regard de l'emploi, de la capacité contributive de l'employeur et des actions d'accompagnement ou de formation conduites dans le cadre de la durée initialement prévue du contrat (L. n° 2008-1249 du 1er déc. 2008, art. 28-IV).

Art. L. 5134-25-1 (*L. n° 2008-1249 du 1er déc. 2008, art. 22-I*) Le contrat de travail, associé à (*L. n° 2012-1189 du 26 oct. 2012, art. 7*) « l'attribution d'une aide à l'insertion professionnelle au titre d'un » contrat d'accompagnement dans l'emploi, conclu pour une durée déterminée, peut être prolongé dans la limite d'une durée totale de vingt-quatre mois, ou de cinq ans pour les salariés âgés de cinquante ans et plus (*L. n° 2015-994 du 17 août 2015, art. 43*) « rencontrant des difficultés particulières qui font obstacle à leur insertion durable dans l'emploi », ainsi que pour les personnes reconnues travailleurs handicapés.

A titre dérogatoire, ce contrat de travail peut être prolongé au-delà de la durée maximale prévue, en vue de permettre d'achever une action de formation professionnelle en cours de réalisation à l'échéance du contrat et (*L. n° 2012-1189 du 26 oct. 2012, art. 7*) « prévue au titre de l'aide attribuée » (*L. n° 2015-994 du 17 août 2015, art. 43*) « , sans que cette prolongation puisse excéder le terme de l'action concernée ou, pour les salariés âgés de cinquante-huit ans ou plus, jusqu'à la date à laquelle ils sont autorisés à faire valoir leurs droits à la retraite ».

Art. L. 5134-26 La durée hebdomadaire du travail du titulaire d'un contrat d'accompagnement dans l'emploi ne peut être inférieure à vingt heures, sauf lorsque (*L. n° 2012-1189 du 26 oct. 2012, art. 7*) « la décision d'attribution de l'aide » le prévoit en vue de répondre aux difficultés particulièrement importantes de l'intéressé.

(*L. n° 2008-1249 du 1er déc. 2008, art. 22-I*) « Lorsque le contrat de travail, associé à (*L. n° 2012-1189 du 26 oct. 2012, art. 7*) » l'attribution d'une aide à l'insertion professionnelle accordée au titre d'un » contrat d'accompagnement dans l'emploi, a été conclu pour une durée déterminée avec une collectivité territoriale ou une autre personne de droit public, la durée hebdomadaire du travail peut varier sur tout ou partie de la période couverte par le contrat, sans être supérieure à la durée légale hebdomadaire. Cette variation est sans incidence sur le calcul de la rémunération due au salarié. »

Lorsque le contrat d'accompagnement dans l'emploi est conclu avec une personne morale de droit public, la durée du travail peut varier sur tout ou partie de la période couverte par le contrat, sans être supérieure à la durée légale hebdomadaire, à condition que le programme prévisionnel de la répartition de la durée du travail sur l'année ou la période couverte soit indiqué dans le contrat. Cette variation, qui est sans incidence sur le calcul de la rémunération due au salarié, le nombre d'heures hebdomadaires de travail accomplies étant réputé égal à la durée du travail contractuelle, peut aboutir sur certaines semaines à une inactivité totale. ● Soc. 15 déc. 2021, 🔒 n° 19-14.017 B : *RJS 2/2022, n° 50 ; JCP S 2022. 1057, obs. Bousez.*

Art. L. 5134-27 (*Abrogé par L. n° 2012-1189 du 26 oct. 2012, art. 7*) « *Sous réserve de clauses contractuelles ou conventionnelles plus favorables,* » Le titulaire d'un contrat d'accompagnement dans l'emploi perçoit un salaire au moins égal au produit du montant du salaire minimum de croissance par le nombre d'heures de travail accomplies.
— [*Anc. art. L. 322-4-7, I, al. 8.*]

Il résulte de l'art. L. 5134-27 que le salarié, engagé selon un contrat d'accompagnement dans l'emploi, doit bénéficier de l'ensemble des dispositions des conventions et accords collectifs applicables dans l'organisme employeur. • Soc. 6 avr. 2011 : ⚖ D. 2011. Actu. 1146, obs. Siro ✍ ; JCP S 2011. 1271, obs. Brissy.

Art. L. 5134-28 Par dérogation aux dispositions relatives à la rupture avant terme du contrat de travail à durée déterminée prévues à l'article L. 1243-2, le contrat d'accompagnement dans l'emploi peut être rompu avant son terme, à l'initiative du salarié, lorsque la rupture a pour objet de lui permettre :

1° D'être embauché par un contrat de travail à durée indéterminée ;

2° D'être embauché par un contrat de travail à durée déterminée d'au moins six mois ;

3° De suivre une formation conduisant à une qualification prévue à l'article L. 6314-1. — [Anc. art. L. 322-4-7, II, al. 7, phrase 1.]

Art. L. 5134-28-1 (L. n° 2008-1249 du 1er déc. 2008, art. 22-I) Une attestation d'expérience professionnelle est établie par l'employeur et remise au salarié à sa demande ou au plus tard un mois avant la fin du contrat d'accompagnement dans l'emploi.

Art. L. 5134-29 (L. n° 2008-1249 du 1er déc. 2008, art. 22-I) Le contrat d'accompagnement dans l'emploi peut être suspendu, à la demande du salarié, afin de lui permettre :

1° En accord avec son employeur, d'effectuer une (L. n° 2014-288 du 5 mars 2014, art. 20-I) « période de mise en situation en milieu professionnel dans les conditions prévues au chapitre V du présent titre » ou une action concourant à son insertion professionnelle ;

2° D'accomplir une période d'essai afférente à une offre d'emploi visant une embauche en contrat de travail à durée indéterminée ou à durée déterminée au moins égale à six mois.

En cas d'embauche à l'issue de cette (L. n° 2014-288 du 5 mars 2014, art. 2-I) « période de mise en situation en milieu professionnel, d'une action concourant à son insertion professionnelle, » ou de cette période d'essai, le contrat est rompu sans préavis.

SOUS-SECTION 4 Aide financière et exonérations

Art. L. 5134-30 (L. n° 2012-1189 du 26 oct. 2012, art. 7) « L'aide à l'insertion professionnelle attribuée au titre d'un contrat d'accompagnement dans l'emploi » peut être modulée en fonction :

1° De la catégorie et du secteur d'activité de l'employeur ;

2° Des actions prévues en matière d'accompagnement professionnel et des actions visant à favoriser l'insertion durable du salarié ;

3° Des conditions économiques locales ;

4° Des difficultés d'accès à l'emploi antérieurement rencontrées par le salarié.

Art. L. 5134-30-1 (L. n° 2008-1249 du 1er déc. 2008, art. 22-I) Le montant de (L. n° 2012-1189 du 26 oct. 2012, art. 7) « l'aide à l'insertion professionnelle versée au titre d'un contrat d'accompagnement dans l'emploi » ne peut excéder 95 % du montant brut du salaire minimum de croissance par heure travaillée, dans la limite de la durée légale hebdomadaire du travail. Elle n'est soumise à aucune charge fiscale.

(Abrogé par L. n° 2013-1278 du 29 déc. 2013, art. 142-I) (L. n° 2009-1673 du 30 déc. 2009, art. 139) « Toutefois, pour les ateliers et chantiers d'insertion conventionnés par l'État au titre de l'article L. 5132-2, le montant de (L. n° 2012-1189 du 26 oct. 2012, art. 7) « l'aide à l'insertion professionnelle versée au titre d'un contrat d'accompagnement dans l'emploi » peut être porté jusqu'à 105 % du montant brut du salaire minimum de croissance par heure travaillée, dans la limite de la durée légale hebdomadaire du travail. »

Le second al., dans sa rédaction antérieure à la L. n° 2013-1278 du 29 déc. 2013, demeure applicable aux contrats de travail conclus avant le 1er juill. 2014 (L. préc., art. 142-II).

Art. L. 5134-30-2 (L. n° 2008-1249 du 1er déc. 2008, art. 22-I) Lorsque (L. n° 2012-1189 du 26 oct. 2012, art. 7) « l'aide à l'insertion professionnelle prévue à la sous-section 2 de la présente section a été attribuée pour le recrutement d'un » salarié qui

EMPLOI   **Art. L. 5134-65** 1445

était, avant son embauche, bénéficiaire du revenu de solidarité active financé par le département, le département participe au financement de l'aide mentionnée à l'article L. 5134-19-1. Cette participation est déterminée, dans des conditions fixées par décret, par référence au montant forfaitaire mentionné *(L. n° 2015-994 du 17 août 2015, art. 59-V)* « à » l'article L. 262-2 du code de l'action sociale et des familles applicable à une personne isolée et en fonction de la majoration des taux prévue par la convention mentionnée à l'article L. 5134-19-4.

Art. L. 5134-31 Les embauches réalisées en contrat d'accompagnement dans l'emploi donnent droit à l'exonération :

1° *(L. n° 2018-1203 du 22 déc. 2018, art. 8-VI et X, en vigueur le 1ᵉʳ janv. 2019)* « Pour les personnes morales mentionnées aux 1° et 2° de l'article L. 5134-21 du présent code, » des cotisations à la charge de l'employeur au titre des assurances sociales et des allocations familiales, pendant la durée *(L. n° 2012-1189 du 26 oct. 2012, art. 7-III-18°)* « d'attribution de l'aide à l'insertion professionnelle », sans qu'il soit fait application des dispositions de l'article L. 131-7 du code de la sécurité sociale. Toutefois, les cotisations afférentes à la partie de la rémunération qui excède un montant fixé par décret ne donnent pas lieu à exonération ;

2° De la taxe sur les salaires ;

3° De la taxe d'apprentissage ;

4° Des participations dues par les employeurs au titre de l'effort de construction. — *V. art. D. 5134-9.*

Art. L. 5134-32 L'État peut contribuer au financement des actions de formation professionnelle et de validation des acquis de l'expérience prévues à l'article L. 5134-22. — *[Anc. art. L. 322-4-7, II, al. 4 début.]*

Art. L. 5134-33 Les aides et les exonérations prévues par la présente sous-section ne peuvent être cumulées avec une autre aide de l'État à l'emploi. — *[Anc. art. L. 322-4-7, II, al. 5.]*

SOUS-SECTION 5 **Dispositions d'application**

Art. L. 5134-34 Un décret en Conseil d'État détermine les conditions d'application de la présente section. — *[Anc. art. L. 322-6, L. 322-4-7, I, al. 3, phrase 2, L. 322-4-7, II, al. 4 fin, L. 322-4-7, II, al. 1, phrase 3.]* — *V. art. R. 5134-26.*

SECTION 3 *[ABROGÉE]* **Contrat d'avenir**

Art. L. 5134-35 à L. 5134-53 *Abrogés par L. n° 2008-1249 du 1ᵉʳ déc. 2008, art. 23-I.*

SECTION 4 *[ABROGÉE]* **Contrat jeune en entreprise**

Art. L. 5134-54 à L. 5134-64 *Abrogés par L. n° 2007-1822 du 24 déc. 2007, art. 127-II.*

Ces art. demeurent toutefois applicables aux contrats de travail ayant ouvert le droit au soutien de l'État mentionné à l'art. L. 322-4-6 C. trav. avant l'entrée en vigueur de la L. n° 2007-1822 du 24 déc. 2007 (L. préc., art. 127-II).

V. art. L. 5134-59, mod. par L. n° 2010-1657 du 29 déc. 2010, art. 201-II, et par L. n° 2018-1203 du 22 déc. 2018, art. 8-VI.

V. art. L. 5134-54, L. 5134-60 et L. 5134-63, mod. par L. n° 2016-1088 du 8 août 2016, art. 46.

SECTION 5 **Contrat initiative-emploi**

V. Circ. DGEFP n° 2005/11 du 21 mars 2005 relative à la mise en œuvre du Contrat Initiative Emploi (CIE) rénové (BOMT 2005/5, p. 9).

SOUS-SECTION 1 **Objet**

Art. L. 5134-65 *(L. n° 2008-1249 du 1ᵉʳ déc. 2008, art. 23-III)* Le contrat initiative-emploi a pour objet de faciliter l'insertion professionnelle des personnes sans emploi rencontrant des difficultés sociales et professionnelles d'accès à l'emploi. A cette fin, il comporte des actions d'accompagnement professionnel. Les actions de formation nécessaires à la réalisation du projet professionnel de la personne peuvent être mentionnées dans la (*L. n° 2012-1189 du 26 oct. 2012, art. 7*) « demande d'aide à l'insertion professionnelle » ; elles sont menées dans le cadre défini à l'article L. 6312-1. — *V. art. R. 5134-51 s.*

Jurisprudence rendue sous l'empire de l'ancien art. L. 5134-65.

1. Convention de CIE. Le refus de l'ANPE de conclure une convention de contrat initiative-emploi ne saurait être constitutif d'une faute de nature à engager la responsabilité de l'ANPE et à justifier sa condamnation à réparer le préjudice qui en est résulté ; le directeur d'une ANPE doit être regardé comme agissant pour le compte de l'État en qualité d'exécutif de cet établissement. • CE 29 nov. 2004 : *RJS 2005. 224, n° 302.*

2. Durée du travail. Le paiement des heures complémentaires en repos compensateur doit être accepté par le salarié engagé par contrat emploi-solidarité. • Soc. 9 juill. 1996, n° 93-41.145 P :

Dr. soc. 1996. 920, note Savatier ; RJS 1996. 616, n° 961 (rupture imputable à l'employeur en cas de refus du salarié).

3. Nature des embauches. Les contrats initiative-emploi, réservés à des travailleurs qui rencontrent des difficultés particulières d'accès à l'emploi, qui sont conclus pour une durée déterminée, peuvent par exception au régime de droit commun des contrats à durée déterminée, être contractés pour pourvoir durablement des emplois liés à l'activité normale et permanente de l'entreprise. • Soc. 26 janv. 2005 : *Dr. soc. 2005. 467, obs. Roy-Loustaunau ; RJS 2005. 298, n° 426.*

SOUS-SECTION 2 **Décision d'attribution de l'aide à l'insertion professionnelle** (*L. n° 2012-1189 du 26 oct. 2012, art. 7*).

Art. L. 5134-66 (*L. n° 2012-1189 du 26 oct. 2012, art. 7*) « Les aides à l'insertion professionnelle au titre d'un contrat initiative-emploi peuvent être accordées aux employeurs suivants : »

1° Les employeurs mentionnés à l'article L. 5422-13 et aux 3° et 4° de l'article L. 5424-1 ;

2° Les groupements d'employeurs (*L. n° 2014-288 du 5 mars 2014, art. 20-IV*) « pour l'insertion et la qualification mentionnés à l'article L. 1253-1 » ;

3° Les employeurs de pêche maritime non couverts par l'article L. 5422-13, les 3° et 4° de l'article L. 5424-1 et l'article L. 1253-1.

Art. L. 5134-66-1 (*L. n° 2008-1249 du 1er déc. 2008, art. 23-II ; L. n° 2012-1189 du 26 oct. 2012, art. 7*) La décision d'attribution d'une nouvelle aide à l'insertion professionnelle est subordonnée au bilan préalable des actions d'accompagnement et des actions visant à l'insertion durable des salariés, réalisées dans le cadre d'un contrat aidé antérieur.

Art. L. 5134-67 Les particuliers employeurs (*L. n° 2012-1189 du 26 oct. 2012, art. 7-IV-5°*) « ne sont pas éligibles aux aides attribuées au titre d'un contrat initiative-emploi ».

Art. L. 5134-67-1 (*L. n° 2008-1249 du 1er déc. 2008, art. 23-II*) La durée de (*L. n° 2012-1189 du 26 oct. 2012, art. 7*) « l'aide à l'insertion professionnelle attribuée au titre » du contrat initiative-emploi ne peut excéder le terme du contrat de travail.

(*L. n° 2012-1189 du 26 oct. 2012, art. 7*) « L'attribution de l'aide » peut être prolongée dans la limite d'une durée totale de vingt-quatre mois.

Il peut être dérogé, selon les modalités fixées par voie réglementaire, à la durée maximale (*L. n° 2012-1189 du 26 oct. 2012, art. 7*) « pour laquelle est attribuée une aide à l'insertion professionnelle », soit lorsque celle-ci concerne un salarié âgé de cinquante ans et plus (*L. n° 2015-994 du 17 août 2015, art. 43*) « rencontrant des difficultés particulières qui font obstacle à son insertion durable dans l'emploi » ou une personne reconnue travailleur handicapé, soit pour permettre d'achever une action de formation professionnelle en cours de réalisation et (*L. n° 2012-1189 du 26 oct. 2012, art. 7*) « prévue au titre de l'aide attribuée ». La durée de cette prolongation ne peut excéder le terme de l'action concernée.

Art. L. 5134-67-2 (*L. n° 2008-1249 du 1er déc. 2008, art. 23-II*) La prolongation de (*L. n° 2012-1189 du 26 oct. 2012, art. 7*) « l'attribution de l'aide à l'insertion profes-

EMPLOI Art. L. 5134-70-1

sionnelle » et, s'il est à durée déterminée, du contrat de travail *(L. n° 2012-1189 du 26 oct. 2012, art. 7)* « au titre duquel l'aide est attribuée » est subordonnée à l'évaluation des actions réalisées au cours du contrat en vue de favoriser l'insertion durable du salarié.

Art. L. 5134-68 *(L. n° 2008-1249 du 1er déc. 2008, art. 23-II)* Il ne peut être *(L. n° 2012-1189 du 26 oct. 2012, art. 7)* « attribué d'aide à l'insertion professionnelle » dans les cas suivants :

1° Lorsque l'établissement a procédé à un licenciement économique dans les six mois précédant la date d'embauche ;

2° Lorsque l'embauche vise à procéder au remplacement d'un salarié licencié pour un motif autre que la faute grave ou lourde. S'il apparaît que l'embauche a eu pour conséquence le licenciement d'un autre salarié, *(L. n° 2012-1189 du 26 oct. 2012, art. 7)* « la décision d'attribution de l'aide peut être retirée » par l'État ou par le président du conseil départemental. *(L. n° 2012-1189 du 26 oct. 2012, art. 7)* « La décision de retrait de l'attribution de l'aide » emporte obligation pour l'employeur de rembourser l'intégralité des sommes perçues ;

3° Lorsque l'employeur n'est pas à jour du versement de ses cotisations et contributions sociales.

SOUS-SECTION 3 Contrat de travail

Art. L. 5134-69 Le contrat initiative-emploi est un contrat de travail de droit privé à durée indéterminée ou à durée déterminée conclu en application de l'article L. 1242-3.

Lorsqu'il est conclu pour une durée déterminée les règles de renouvellement prévues *(Ord. n° 2017-1718 du 20 déc. 2017, art. 1er-I)* « aux articles L. 1243-13 et L. 1243-13-1 » ne sont pas applicables.

Requalification. Le non-respect par l'employeur des obligations relatives à la formation et à l'orientation professionnelle entraîne la requalification du contrat emploi-solidarité en contrat à durée déterminée. • Soc. 30 nov. 2004, n° 01-45.613 P : *Dr. soc. 2005. 212, obs. Roy-Loustaunau ; JSL 2004, n° 158-3.*

Art. L. 5134-69-1 *(L. n° 2008-1249 du 1er déc. 2008, art. 23-II)* Le contrat de travail associé à une *(L. n° 2012-1189 du 26 oct. 2012, art. 7)* « aide à l'insertion professionnelle attribuée au titre d'un » contrat initiative-emploi, conclu pour une durée déterminée, peut être prolongé dans la limite d'une durée totale de vingt-quatre mois, ou de cinq ans pour les salariés âgés de cinquante ans et plus *(L. n° 2015-994 du 17 août 2015, art. 43)* « rencontrant des difficultés particulières qui font obstacle à leur insertion durable dans l'emploi », ainsi que pour les personnes reconnues travailleurs handicapés.

(L. n° 2015-994 du 17 août 2015, art. 43) « A titre dérogatoire, pour les salariés âgés de cinquante-huit ans ou plus, ce contrat de travail peut être prolongé jusqu'à la date à laquelle ils sont autorisés à faire valoir leurs droits à la retraite. »

Art. L. 5134-69-2 *(L. n° 2008-1249 du 1er déc. 2008, art. 23-II)* La durée du contrat initiative-emploi ne peut être inférieure à six mois, ou trois mois pour les personnes ayant fait l'objet d'une condamnation et bénéficiant d'un aménagement de peine.

Art. L. 5134-70 Par dérogation aux dispositions relatives à la rupture avant le terme du contrat de travail à durée déterminée prévues à l'article L. 1243-2, le contrat initiative emploi peut être rompu avant son terme, à l'initiative du salarié, lorsque la rupture a pour objet de lui permettre :

1° D'être embauché par un contrat à durée déterminée d'au moins six mois ;
2° D'être embauché par un contrat à durée indéterminée ;
3° De suivre une formation conduisant à une qualification telle que prévue à l'article L. 6314-1. — [*Anc. art. L. 322-4-8, III, al. 2, phrase 1.*]

Art. L. 5134-70-1 *(L. n° 2008-1249 du 1er déc. 2008, art. 23-II)* La durée hebdomadaire du travail *(L. n° 2015-994 du 17 août 2015, art. 43)* « du titulaire d'un contrat initiative-emploi ne peut être inférieure à vingt heures, sauf lorsque la décision d'attribution de l'aide le prévoit pour répondre aux besoins d'un salarié âgé de soixante ans ou plus et éligible à un dispositif d'intéressement à la reprise d'activité des bénéficiaires des allocations du régime de solidarité ».

Art. L. 5134-70-2 (L. n° 2008-1249 du 1er déc. 2008, art. 23-II) Une attestation d'expérience professionnelle est établie par l'employeur et remise au salarié à sa demande ou au plus tard un mois avant la fin du contrat initiative-emploi.

Art. L. 5134-71 (L. n° 2008-1249 du 1er déc. 2008, art. 23-II) Le contrat initiative-emploi peut être suspendu, à la demande du salarié, afin de lui permettre :
1° En accord avec son employeur, d'effectuer une (L. n° 2014-288 du 5 mars 2014, art. 20-I) « période de mise en situation en milieu professionnel dans les conditions prévues au chapitre V du présent titre » ou une action concourant à son insertion professionnelle ;
2° D'accomplir une période d'essai afférente à une offre d'emploi visant une embauche en contrat de travail à durée indéterminée ou à durée déterminée au moins égale à six mois.
En cas d'embauche à l'issue de cette (L. n° 2014-288 du 5 mars 2014, art. 20-I) « période de mise en situation en milieu professionnel, d'une action concourant à son insertion professionnelle, » ou de cette période d'essai, le contrat est rompu sans préavis.

SOUS-SECTION 4 Aide financière

Art. L. 5134-72 (L. n° 2012-1189 du 26 oct. 2012, art. 7) « L'aide à l'insertion professionnelle attribuée au titre d'un contrat initiative-emploi » peut être modulée en fonction :
1° De la catégorie et du secteur d'activité de l'employeur ;
2° Des actions prévues en matière d'accompagnement professionnel et des actions visant à favoriser l'insertion durable du salarié ;
3° Des conditions économiques locales ;
4° Des difficultés d'accès à l'emploi antérieurement rencontrées par le salarié.

Art. L. 5134-72-1 (L. n° 2008-1249 du 1er déc. 2008, art. 23-II) Le montant de (L. n° 2012-1189 du 26 oct. 2012, art. 7) « l'aide à l'insertion professionnelle versée au titre d'un contrat initiative-emploi » ne peut excéder 47 % du montant brut du salaire minimum de croissance par heure travaillée, dans la limite de la durée légale hebdomadaire du travail.

Art. L. 5134-72-2 (L. n° 2008-1249 du 1er déc. 2008, art. 23-II) Lorsque (L. n° 2012-1189 du 26 oct. 2012, art. 7) « l'aide à l'insertion professionnelle a été attribuée pour le recrutement d'un » salarié qui était, avant son (L. n° 2012-1189 du 26 oct. 2012, art. 7) « recrutement », bénéficiaire du revenu de solidarité active financé par le département, le département participe au financement de l'aide mentionnée à l'article L. 5134-19-1. Cette participation est déterminée, dans des conditions fixées par décret, par référence au montant forfaitaire mentionné (L. n° 2015-994 du 17 août 2015, art. 59-V) « à » l'article L. 262-2 du code de l'action sociale et des familles applicable à une personne isolée et en fonction de la majoration des taux prévue par la convention mentionnée à l'article L. 5134-19-4.

SOUS-SECTION 5 Dispositions d'application

Art. L. 5134-73 Un décret en Conseil d'État détermine les conditions d'application de la présente section. — [Anc. art. L. 322-4-8, I, al. 3 et II, al. 1, phrase 2, et L. 322-6.] — V. art. R. 5134-88.

SECTION 6 *[ABROGÉE]* Contrat insertion-revenu minimum d'activité

(Abrogée par L. n° 2008-1249 du 1er déc. 2008, art. 23-III)

Les contrats d'avenir et les contrats insertion-revenu minimum d'activité conclus antérieurement au 1er janv. 2010 continuent à produire leurs effets dans les conditions applicables antérieurement à cette date, jusqu'au terme de la convention individuelle en application de laquelle ils ont été signés. Cette convention et ces contrats ne peuvent faire l'objet d'aucun renouvellement ni d'aucune prolon-

EMPLOI **Art. L. 5134-103** 1449

gation au-delà du 1er janv. 2010 (L. n° 2008-1249 du 1er déc. 2008, art. 31-I). – V. ces dispositions abrogées dans les éditions précédentes du **C. trav.**

SECTION 7 Contrat relatif aux activités d'adultes-relais

SOUS-SECTION 1 Objet

Art. L. 5134-100 Le contrat relatif aux activités d'adultes-relais a pour objet d'améliorer, dans les (L. n° 2014-173 du 21 févr. 2014, art. 26-I) « quartiers prioritaires de la politique de la ville » et les autres territoires prioritaires des contrats de ville, les relations entre les habitants de ces quartiers et les services publics, ainsi que les rapports sociaux dans les espaces publics ou collectifs.

Il donne lieu :
1° A la conclusion d'une convention entre l'État et l'employeur dans les conditions prévues à la sous-section 2 ;
2° A la conclusion d'un contrat de travail entre l'employeur et le bénéficiaire de la convention dans les conditions prévues à la sous-section 3 ;
3° A l'attribution d'une aide financière dans les conditions prévues à la sous-section 4. – [Anc. art. L. 12-10-1, al. 1er milieu et al. 2.]

SOUS-SECTION 2 Convention

Art. L. 5134-101 L'État peut conclure des conventions ouvrant droit au bénéfice de contrats relatifs à des activités d'adultes-relais avec :
1° Les collectivités territoriales et les établissements publics de coopération intercommunale, ainsi que leurs établissements publics ;
2° Les établissements publics locaux d'enseignement ;
3° Les établissements publics de santé ;
4° Les offices publics d'habitations à loyer modéré et les offices publics d'aménagement et de construction ;
5° Les organismes de droit privé à but non lucratif ;
6° Les personnes morales de droit privé chargées de la gestion d'un service public. – [Anc. art. L. 12-10-1, al. 1er début.]

SOUS-SECTION 3 Contrat de travail

Art. L. 5134-102 Le contrat de travail relatif à des activités d'adultes-relais peut être conclu avec des personnes âgées d'au moins (Décr. n° 2021-1181 du 14 sept. 2021) « vingt-six » ans, sans emploi ou bénéficiant, sous réserve qu'il soit mis fin à ce contrat, (L. n° 2015-990 du 6 août 2015, art. 298-II) « d'un contrat d'accompagnement dans l'emploi » et résidant (L. n° 2014-173 du 21 févr. 2014, art. 26-VI) « dans un quartier prioritaire de la politique de la ville » ou dans un autre territoire prioritaire des contrats de ville.

La condition d'âge pour l'accès au contrat de travail relatif à des activités d'adultes-relais peut être modifiée par décret (Décr. n° 2021-1181 du 14 sept. 2021, art. 2).

Art. L. 5134-103 Le contrat relatif à des activités d'adultes-relais est un contrat de travail de droit privé à durée indéterminée ou à durée déterminée conclu en application du 1° de l'article L. 1242-3 dans la limite d'une durée de trois ans renouvelable une fois.

Les collectivités territoriales et les autres personnes morales de droit public mentionnées à l'article L. 5134-101, à l'exception des établissements publics industriels et commerciaux, ne peuvent conclure que des contrats de travail à durée déterminée dans les conditions mentionnées à la présente section.

Le contrat à durée déterminée comporte une période d'essai d'un mois renouvelable une fois. – [Anc. art. L. 12-10-1, al. 4 et 5.]

1. Irrégularités du contrat. Lorsqu'une personne est engagée dans le cadre d'un contrat relatif à des activités d'adultes-relais mais que le contrat à durée déterminée ne mentionne pas qu'il s'agit d'un contrat « adulte-relais » et ne fait pas référence aux dispositions légales relatives à ce type de contrat, ce dernier doit être requalifié en contrat à durée indéterminée. ● Soc. 13 juin

2012 : D. actu. 9 juill. 2012, obs. Fleuriot ; RDT 2012. 553, obs. Marié ; RJS 2012. 632, n° 731 ; JCP S 2012. 1405, obs. Bousez.

2. Requalification en CDI. La sanction de l'irrégularité d'un contrat adultes-relais ne peut être que sa requalification en contrat de travail à durée indéterminée et non en un contrat à durée déterminée relevant de l'art. L. 1243-1 C. trav. ● Soc. 8 juill. 2015, n° 13-25.209 P : *D. actu. 11 sept. 2015, obs. Doutreleau ; D. 2015. Actu.* 1605 ; *RDT 2015.* 604, *obs. Auzero ; RJS 10/2015, n° 655.*

3. Durée minimale. Aucun texte n'impose une durée minimale lorsque les parties concluent un contrat à durée déterminée relatif à des activités d'adultes-relais ; le contrat d'une durée de 12 mois renouvelé une fois prend fin par l'arrivée du terme et non par l'effet de l'exercice par l'employeur de la faculté de rupture anticipée. ● Soc. 18 janv. 2018, n° 16-18.956 P.

Art. L. 5134-104 Sans préjudice des cas prévus aux articles L. 1243-1 et L. 1243-2, le contrat de travail relatif à des activités d'adultes-relais peut être rompu, à l'expiration de chacune des périodes annuelles de leur exécution, à l'initiative du salarié, sous réserve du respect d'un préavis de deux semaines, ou de l'employeur, s'il justifie d'une cause réelle et sérieuse.

Dans ce dernier cas, les dispositions relatives à l'entretien préalable au licenciement, prévues aux articles L. 1232-2 à L. 1232-4, L. 1233-11 à L. 1233-13 et L. 1233-38, et celles relatives au préavis, prévues à l'article L. 1234-1, sont applicables. − *[Anc. art. L. 12-10-1, al. 6 et al. 7, phrase 1.]*

Rupture du contrat adultes-relais. Lorsque les parties concluent un contrat de travail à durée déterminée relatif à des activités d'adultes-relais, le contrat qui a été renouvelé prend fin par l'arrivée du terme et non par l'effet de l'exercice par l'employeur de la faculté de rupture anticipée dans les conditions de l'art. L. 5134-104. ● Soc. 18 janv. 2018, n° 16-18.956 P : *D. actu. 18 janv. 2018, obs. Cortot ; D. 2018. Actu. 173 ; RJS 3/2018, n° 165 ; JCP S 2018. 1085, obs. Bousez.*

Art. L. 5134-105 L'employeur qui décide de rompre le contrat du salarié pour une cause réelle et sérieuse notifie cette rupture par lettre recommandée avec avis de réception. Cette lettre ne peut être expédiée au salarié moins de deux jours francs après la date fixée pour l'entretien préalable. La date de présentation de la lettre fixe le point de départ du préavis. − *[Anc. art. L. 12-10-1, al. 7, phrases 2 à 4.]*

Art. L. 5134-106 Le salarié dont le contrat est rompu par son employeur dans les conditions prévues à l'article L. 5134-104 bénéficie d'une indemnité calculée sur la base de la rémunération perçue.

Le montant retenu pour le calcul de cette indemnité ne peut cependant excéder le montant perçu par le salarié au titre des dix-huit derniers mois d'exécution de son contrat de travail. Son taux est identique à celui de l'indemnité de fin de contrat prévue à l'article L. 1243-8. − *[Anc. art. L. 12-10-1, al. 8.]*

Art. L. 5134-107 Par dérogation aux dispositions de l'article L. 1243-2, la méconnaissance par l'employeur des dispositions relatives à la rupture du contrat de travail à durée déterminée prévues par la présente sous-section ouvre droit pour le salarié à des dommages et intérêts correspondant au préjudice subi.

Il en est de même lorsque la rupture du contrat intervient suite au non-respect de la convention mentionnée à l'article L. 5134-101 ayant entraîné sa dénonciation. − *[Anc. art. L. 12-10-1, al. 9.]*

SOUS-SECTION 4 **Aide financière**

Art. L. 5134-108 Les employeurs mentionnés à l'article L. 5134-101 bénéficient d'une aide financière de l'État.

Cette aide n'est pas imposable pour les personnes non assujetties à l'impôt sur les sociétés.

Cette aide ne peut être cumulée avec une autre aide de l'État à l'emploi. − *[Anc. art. L. 12-10-1, al. 3.]*

SOUS-SECTION 5 **Dispositions d'application**

Art. L. 5134-109 Un décret détermine les conditions d'application de la présente section. − *[Anc. art. L. 12-10-1, al. 10.]* − *V. art. D. 5134-145 s.*

EMPLOI

SECTION 8 Emploi d'avenir

(L. n° 2012-1189 du 26 oct. 2012, art. 1er)

V. Instr. PE n° 2012-156 du 14 déc. 2012, BOPE n° 129-2012 du 14 déc. 2012.

V. DGEFP, Questions-réponses relatives aux emplois d'avenir, 29 mai 2013.

BIBL. ▶ PETIT et GAMET, RDT 2013. Controverse 76 (les emplois d'avenir ont-ils un avenir ?). – WILLMANN, Dr. soc. 2013. 24.

SOUS-SECTION 1 Dispositions générales

Art. L. 5134-110 I. – L'emploi d'avenir a pour objet de faciliter l'insertion professionnelle et l'accès à la qualification des jeunes sans emploi âgés de seize à vingt-cinq ans au moment de la signature du contrat de travail soit sans qualification, soit peu qualifiés et rencontrant des difficultés particulières d'accès à l'emploi, par leur recrutement dans des activités présentant un caractère d'utilité sociale ou environnementale ou ayant un fort potentiel de création d'emplois. Les personnes bénéficiant de la reconnaissance de la qualité de travailleur handicapé et remplissant ces mêmes conditions peuvent accéder à un emploi d'avenir lorsqu'elles sont âgées de moins de trente ans.

II. – L'emploi d'avenir est destiné en priorité aux jeunes mentionnés au I qui résident soit dans les (L. n° 2014-173 du 21 févr. 2014, art. 26-VI) « quartiers prioritaires de la politique de la ville » ou les zones (L. n° 2023-1322 du 29 déc. 2023, art. 73-XI, en vigueur le 1er juill. 2024) « France ruralités revitalisation mentionnées aux II et III de l'article 44 quindecies A [ancienne rédaction : de revitalisation rurale au sens de l'article 1465 A] » du code général des impôts, soit (Ord. n° 2017-1491 du 25 oct. 2017, art. 6) « en Guadeloupe, en Guyane, en Martinique, à Mayotte, à La Réunion », à Saint-Barthélemy, à Saint-Martin ou à Saint-Pierre-et-Miquelon, soit dans les territoires dans lesquels les jeunes connaissent des difficultés particulières d'accès à l'emploi. – V. art. R. 5134-161 s.

Art. L. 5134-111 L'aide relative à l'emploi d'avenir peut être attribuée aux employeurs suivants :

1° Les organismes de droit privé à but non lucratif ;
2° Les collectivités territoriales et leurs groupements ;
3° Les autres personnes morales de droit public, à l'exception de l'État ;
4° Les groupements d'employeurs (L. n° 2014-288 du 5 mars 2014, art. 20-IV) « pour l'insertion et la qualification mentionnés à l'article L. 1253-1 » ;
5° Les structures d'insertion par l'activité économique mentionnées à l'article L. 5132-4 ;
6° Les personnes morales de droit privé chargées de la gestion d'un service public ;
(L. n° 2014-856 du 31 juill. 2014, art. 31) « 7° Les sociétés coopératives d'intérêt collectif. »

Par exception, lorsqu'ils ne relèvent pas d'une des catégories mentionnées aux 1° à (L. n° 2014-856 du 31 juill. 2014, art. 34) « 7° » du présent article, les employeurs relevant de l'article L. 5422-13 et des 3° et 4° de l'article L. 5424-1 sont éligibles à l'aide relative aux emplois d'avenir s'ils remplissent les conditions fixées par décret en Conseil d'État relatives à leur secteur d'activité et au parcours d'insertion et de qualification proposé au futur bénéficiaire. – V. art. R. 5134-164.

Les particuliers employeurs ne sont pas éligibles à l'aide attribuée au titre d'un emploi d'avenir.

Pour être éligible à une aide relative à l'emploi d'avenir, l'employeur doit pouvoir justifier de sa capacité, notamment financière, à maintenir l'emploi au moins le temps de son versement.

BIBL. ▶ FADEUILHE, JCP S 2012. 1528 (les groupements d'employeurs qui organisent des parcours d'insertion et de qualification).

Art. L. 5134-112 L'emploi d'avenir est conclu sous la forme, selon le cas, d'un contrat d'accompagnement dans l'emploi régi par la section 2 du présent chapitre ou d'un contrat initiative-emploi régi par la section 5 du même chapitre. Les dispositions relatives à ces contrats s'appliquent à l'emploi d'avenir, sous réserve des dispositions spécifiques prévues par la présente section.

Un suivi personnalisé professionnel et, le cas échéant, social du bénéficiaire d'un emploi d'avenir est assuré pendant le temps de travail par l'institution mentionnée à l'article L. 5312-1 ou par l'un des organismes mentionnés à l'article L. 5314-1 ou au 1° bis de l'article L. 5311-4 ou par la personne mentionnée au 2° de l'article L. 5134-19-1. Un bilan relatif au projet professionnel du bénéficiaire et à la suite donnée à l'emploi d'avenir est notamment réalisé deux mois avant l'échéance de l'aide relative à l'emploi d'avenir.

SOUS-SECTION 2 **Aide à l'insertion professionnelle**

Art. L. 5134-113 L'aide relative à l'emploi d'avenir est accordée pour une durée minimale de douze mois et pour une durée maximale de trente-six mois, sans pouvoir excéder le terme du contrat de travail.

Lorsque l'aide a été initialement accordée pour une durée inférieure à trente-six mois, elle peut être prolongée jusqu'à cette durée maximale.

A titre dérogatoire, afin de permettre au bénéficiaire d'achever une action de formation professionnelle, une prolongation de l'aide au-delà de la durée maximale de trente-six mois peut être autorisée par les personnes mentionnées aux 1° et 2° de l'article L. 5134-19-1. La durée de la prolongation ne peut excéder le terme de l'action concernée.

Art. L. 5134-114 L'aide relative à l'emploi d'avenir est attribuée au vu des engagements de l'employeur sur le contenu du poste proposé et sa position dans l'organisation de la structure employant le bénéficiaire de l'emploi d'avenir, sur les conditions d'encadrement et de tutorat ainsi que sur la qualification ou les compétences dont l'acquisition est visée pendant la période en emploi d'avenir. Ces engagements portent obligatoirement sur les actions de formation, réalisées prioritairement pendant le temps de travail, ou en dehors de celui-ci, qui concourent à l'acquisition de cette qualification ou de ces compétences et les moyens à mobiliser pour y parvenir. Ils précisent les modalités d'organisation du temps de travail envisagées afin de permettre la réalisation des actions de formation. Ces actions de formation privilégient l'acquisition de compétences de base et de compétences transférables permettant au bénéficiaire de l'emploi d'avenir d'accéder à un niveau de qualification supérieur.

L'aide est également attribuée au vu des engagements de l'employeur sur les possibilités de pérennisation des activités et les dispositions de nature à assurer la professionnalisation des emplois.

En cas de non-respect de ses engagements par l'employeur, notamment en matière de formation, le remboursement de la totalité des aides publiques perçues est dû à l'État.

La décision d'attribution d'une nouvelle aide à l'insertion professionnelle mentionnée à l'article L. 5134-113 est subordonnée au contrôle du respect par l'employeur des engagements qu'il avait souscrits au titre d'une embauche antérieure en emploi d'avenir.

Obligation de formation. L'employeur a satisfait à son obligation de formation et d'accompagnement à l'égard du salarié employé en contrat d'insertion puisqu'il a été relevé que l'intéressé a bénéficié d'une formation en interne et d'une adaptation aux postes de travail occupés, lui ayant permis d'acquérir de nouvelles compétences, dont la réalité est confirmée par les informations données dans son curriculum vitae. • Soc. 28 juin 2018, ⌂ n° 17-17.842 P : *D.* 2018. Actu. 1443 ⧸ ; *RJS* 10/2018, n° 586 ; *JCP S* 2018. 1365, obs. Willmann.

SOUS-SECTION 3 **Contrat de travail**

Art. L. 5134-115 Le contrat de travail associé à un emploi d'avenir peut être à durée indéterminée ou à durée déterminée.

Lorsqu'il est à durée déterminée, il est conclu pour une durée de trente-six mois.

En cas de circonstances particulières liées soit à la situation ou au parcours du bénéficiaire, soit au projet associé à l'emploi, il peut être conclu initialement pour une durée inférieure, qui ne peut être inférieure à douze mois.

S'il a été initialement conclu pour une durée inférieure à trente-six mois, il peut être prolongé jusqu'à cette durée maximale.

EMPLOI Art. L. 5134-118

Sans préjudice des dispositions de l'article L. 1243-1, il peut être rompu à l'expiration de chacune des périodes annuelles de son exécution à l'initiative du salarié, moyennant le respect d'un préavis de deux semaines, ou de l'employeur, s'il justifie d'une cause réelle et sérieuse, moyennant le respect d'un préavis d'un mois et de la procédure prévue à l'article L. 1232-2.

Dans le cas prévu au dernier alinéa de l'article L. 5134-113, les personnes mentionnées aux 1° et 2° de l'article L. 5134-19-1 peuvent autoriser une prolongation du contrat au-delà de la durée maximale de trente-six mois, sans que cette prolongation puisse excéder le terme de l'action de formation concernée.

Le bénéficiaire d'un emploi d'avenir en contrat à durée déterminée bénéficie d'une priorité d'embauche durant un délai d'un an à compter du terme de son contrat. L'employeur l'informe de tout emploi disponible et compatible avec sa qualification ou ses compétences. Le salarié ainsi recruté est dispensé de la période d'essai mentionnée à l'article L. 1221-19.

Rupture anticipée d'un CDD associé à un emploi d'avenir. Lorsque la rupture anticipée du CDD associé à un emploi d'avenir intervient à l'initiative de l'employeur en dehors des cas prévus par la loi, le salarié a droit à des dommages-intérêts d'un montant au moins égal aux rémunérations qu'il aurait perçues jusqu'au terme du contrat. ● Soc. 13 oct. 2021, 🔒 n° 19-24.540 B : *RJS 12/2021, n° 638 ; JCP S 2021. 1283, obs. Bousez.*

Art. L. 5134-116 Le bénéficiaire d'un emploi d'avenir occupe un emploi à temps plein.

Toutefois, lorsque le parcours ou la situation du bénéficiaire le justifient, notamment pour faciliter le suivi d'une action de formation, ou lorsque la nature de l'emploi ou le volume de l'activité ne permettent pas l'emploi d'un salarié à temps complet, la durée hebdomadaire de travail peut être fixée à temps partiel, avec l'accord du salarié, après autorisation des personnes mentionnées aux 1° et 2° de l'article L. 5134-19-1. Elle ne peut alors être inférieure à la moitié de la durée hebdomadaire de travail à temps plein. Dès lors que les conditions rendent possible une augmentation de la durée hebdomadaire de travail, le contrat ainsi que la demande associée peuvent être modifiés en ce sens avec l'accord des personnes mentionnées aux mêmes 1° et 2°.

SOUS-SECTION 4 **Reconnaissance des compétences acquises**

Art. L. 5134-117 Les compétences acquises dans le cadre de l'emploi d'avenir sont reconnues par une attestation de formation, une attestation d'expérience professionnelle ou une validation des acquis de l'expérience prévue à l'article L. 6411-1. Elles peuvent également faire l'objet d'une certification inscrite au répertoire national des certifications professionnelles.

La présentation à un examen pour acquérir un diplôme ou à un concours doit être favorisée pendant ou à l'issue de l'emploi d'avenir.

A l'issue de son emploi d'avenir, le bénéficiaire qui souhaite aboutir dans son parcours d'accès à la qualification peut prétendre aux contrats de travail mentionnés au livre II et au chapitre V du titre II du livre III de la sixième partie ainsi qu'aux actions de formation professionnelle mentionnées à l'article L. 6313-1, selon des modalités définies dans le cadre d'une concertation annuelle du comité de coordination régional de l'emploi et de la formation professionnelle.

SOUS-SECTION 5 **Dispositions d'application**

Art. L. 5134-118 Un décret en Conseil d'État fixe les conditions d'application de la présente section, notamment les niveaux de qualification et les critères d'appréciation des difficultés particulières d'accès à l'emploi mentionné au I de l'article L. 5134-110, qui peuvent différer selon que les jeunes résident ou non dans des (*L. n° 2014-173 du 21 févr. 2014, art. 26-I*) « quartiers prioritaires de la politique de la ville » ou des zones (*L. n° 2023-1322 du 29 déc. 2023, art. 73-XI, en vigueur le 1er juill. 2024*) « France ruralités revitalisation *[ancienne rédaction : de revitalisation rurale]* » ou (*Ord. n° 2017-1491 du 25 oct. 2017, art. 6*) « en Guadeloupe, en Guyane, en Martinique, à Mayotte, à La Réunion », à Saint-Barthélemy, à Saint-Martin ou à Saint-Pierre-et-Miquelon.

A titre exceptionnel, *(Ord. n° 2017-1491 du 25 oct. 2017, art. 6)* « en Guadeloupe, en Guyane, en Martinique, à Mayotte, à La Réunion », à Saint-Barthélemy, à Saint-Martin et à Saint-Pierre-et-Miquelon, dans les *(L. n° 2014-173 du 21 févr. 2014, art. 26-I)* « quartiers prioritaires de la politique de la ville » et les zones *(L. n° 2023-1322 du 29 déc. 2023, art. 73-XI, en vigueur le 1er juill. 2024)* « France ruralités revitalisation *[ancienne rédaction : de revitalisation rurale]* », les jeunes ayant engagé des études supérieures et confrontés à des difficultés particulières d'insertion professionnelle peuvent être recrutés en emploi d'avenir, sur décision de l'autorité administrative compétente.

Art. L. 5134-119 Les autres textes encadrant la mise en œuvre des emplois d'avenir comportent :

1° Des mesures de nature à favoriser une répartition équilibrée des femmes et des hommes par secteur d'activité ;

2° Des dispositions particulières applicables aux emplois d'avenir créés dans le secteur de l'aide aux personnes handicapées ou aux personnes âgées dépendantes, de nature à favoriser l'amélioration de la qualité de vie de ces personnes ;

3° Les adaptations nécessaires pour tenir compte de la situation particulière des collectivités territoriales d'outre-mer entrant dans son champ d'application.

SECTION 9 Emploi d'avenir professeur

(L. n° 2012-1189 du 26 oct. 2012, art. 4)

SOUS-SECTION 1 Dispositions générales

Art. L. 5134-120 I. – Pour faciliter l'insertion professionnelle et la promotion sociale des jeunes dans les métiers du professorat, les établissements publics locaux d'enseignement et les établissements publics locaux d'enseignement et de formation professionnelle agricoles peuvent proposer des emplois d'avenir professeur.

II. – L'emploi d'avenir professeur est destiné à des étudiants titulaires de bourses de l'enseignement supérieur relevant du chapitre I du titre II du livre VIII de la troisième partie du code de l'éducation inscrits en deuxième année de licence ou, le cas échéant, en troisième année de licence ou en première année de master dans un établissement d'enseignement supérieur, âgés de vingt-cinq ans au plus et se destinant aux métiers du professorat. La limite d'âge est portée à trente ans lorsque l'étudiant présente un handicap reconnu par la commission des droits et de l'autonomie des personnes handicapées.

III. – Les étudiants mentionnés au II bénéficient d'une priorité d'accès aux emplois d'avenir professeur lorsqu'ils effectuent leurs études dans une académie ou dans une discipline connaissant des besoins particuliers de recrutement et qu'ils justifient :

1° Soit d'avoir résidé pendant une durée minimale dans *(L. n° 2014-173 du 21 févr. 2014, art. 26-VI)* « un quartier prioritaire de la politique de la ville », dans une zone *(L. n° 2023-1322 du 29 déc. 2023, art. 73-XI, en vigueur le 1er juill. 2024)* « France ruralités revitalisation mentionnée aux II et III de l'article 44 *quindecies* A *[ancienne rédaction : de revitalisation rurale au sens de l'article 1465 A]* » du code général des impôts, *(Ord. n° 2017-1491 du 25 oct. 2017, art. 6)* « en Guadeloupe, en Guyane, en Martinique, à Mayotte, à La Réunion », à Saint-Barthélemy, à Saint-Martin ou à Saint-Pierre-et-Miquelon ;

2° Soit d'avoir effectué pendant une durée minimale leurs études secondaires dans un établissement situé dans l'une de ces zones ou relevant de l'éducation prioritaire.

Les durées minimales mentionnées aux 1° et 2° du présent III sont fixées par décret.
– V. art. D. 5134-177 et D. 5134-178.

V. Arr. du 18 janv. 2013 (JO 26 janv.).

Art. L. 5134-121 Les bénéficiaires des emplois d'avenir professeur sont recrutés par les établissements publics locaux d'enseignement ou les établissements publics locaux d'enseignement et de formation professionnelle agricoles, après avis d'une commission chargée de vérifier leur aptitude. Lorsqu'ils sont recrutés par un établissement public local d'enseignement, ils peuvent exercer leurs fonctions dans les conditions fixées au *(L. n° 2019-791 du 26 juill. 2019, art. 35)* « III » de l'article L. 421-10 du code de l'éducation.

EMPLOI   **Art. L. 5134-129**

SOUS-SECTION 2   Aide à la formation et à l'insertion professionnelle

Art. L. 5134-122 Les établissements publics locaux d'enseignement et les établissements publics locaux d'enseignement et de formation professionnelle agricoles qui concluent des contrats pour le recrutement d'un étudiant au titre d'un emploi d'avenir professeur bénéficient d'une aide financière et des exonérations déterminées dans les conditions prévues à la sous-section 4 de la section 2 du présent chapitre.

Art. L. 5134-123 La demande d'aide à la formation et à l'insertion professionnelle décrit le contenu du projet proposé, sa position dans l'organisation de l'établissement d'affectation ainsi que les compétences dont l'acquisition est visée pendant la durée du contrat. Elle mentionne obligatoirement la formation dans laquelle est inscrit l'étudiant concerné et le ou les concours de recrutement d'enseignants du premier ou du second degré organisés par l'État auxquels il se destine. L'étudiant bénéficie d'un tutorat au sein de l'établissement dans lequel il exerce son activité. Les modalités d'organisation du tutorat sont fixées par décret.

Art. L. 5134-124 L'aide définie à l'article L. 5134-123 est accordée pour une durée de douze mois, renouvelable chaque année, dans la limite d'une durée totale de trente-six mois, sans pouvoir excéder le terme du contrat de travail.

SOUS-SECTION 3   **Contrat de travail**

Art. L. 5134-125 I. – Le contrat associé à un emploi d'avenir professeur est conclu, sous réserve des dispositions spécifiques prévues par la présente section, sous la forme d'un contrat d'accompagnement dans l'emploi régi par la section 2 du présent chapitre.

II. – Le contrat associé à un emploi d'avenir professeur est conclu pour une durée de douze mois, renouvelable s'il y a lieu, dans la limite d'une durée totale de trente-six mois, en vue d'exercer une activité d'appui éducatif compatible, pour l'étudiant bénéficiaire, avec la poursuite de ses études universitaires et la préparation aux concours.

Le bénéficiaire d'un emploi d'avenir professeur s'engage à poursuivre sa formation dans un établissement d'enseignement supérieur et à se présenter à un des concours de recrutement d'enseignants du premier ou du second degré organisés par l'État. En cas de réussite au concours, le contrat prend fin de plein droit, avant son échéance normale, à la date de nomination dans des fonctions d'enseignement.

Art. L. 5134-126 Le bénéficiaire d'un emploi d'avenir professeur effectue une durée hebdomadaire de travail adaptée à la poursuite de ses études et à la préparation des concours auxquels il se destine. Le contrat de travail mentionne la durée de travail moyenne hebdomadaire, qui ne peut excéder la moitié de la durée fixée à l'article *(L. n° 2016-1088 du 8 août 2016, art. 8)* « L. 3121-27 ».

Le contrat de travail peut prévoir que la durée hebdomadaire peut varier sur tout ou partie de la période couverte par le contrat.

Art. L. 5134-127 La rémunération versée au titre d'un emploi d'avenir professeur est cumulable avec les bourses de l'enseignement supérieur dont l'intéressé peut par ailleurs être titulaire.

A sa demande, le bénéficiaire d'un emploi d'avenir professeur se voit délivrer une attestation d'expérience professionnelle.

SOUS-SECTION 4   **Dispositions applicables aux établissements d'enseignement privés ayant passé un contrat avec l'état**

Art. L. 5134-128 Les sous-sections 1 à 3 de la présente section sont applicables aux établissements d'enseignement privés mentionnés aux articles L. 442-5 et L. 442-12 du code de l'éducation et à l'article L. 813-1 du code rural et de la pêche maritime, sous réserve des adaptations nécessaires fixées, le cas échéant, par décret en Conseil d'État.

SOUS-SECTION 5   **Dispositions d'application**

Art. L. 5134-129 Un décret en Conseil d'État détermine les conditions d'application de la présente section. – *V. art. R. 5134-169 s.*

CHAPITRE V PÉRIODES DE MISE EN SITUATION EN MILIEU PROFESSIONNEL

(L. n° 2014-288 du 5 mars 2014, art. 20-I)

Art. L. 5135-1 Les périodes de mise en situation en milieu professionnel ont pour objet de permettre à un travailleur, privé ou non d'emploi, ou à un demandeur d'emploi :
1° Soit de découvrir un métier ou un secteur d'activité ;
2° Soit de confirmer un projet professionnel ;
3° Soit d'initier une démarche de recrutement.

BIBL. ▶ Duclos et Kerbouc'h, *Dr. soc.* 2020. 860 ⌀ (les conventions de mise en situation en milieu professionnel : un régime creusé de chausse-trappes).

Art. L. 5135-2 Les périodes de mise en situation en milieu professionnel sont ouvertes à toute personne faisant l'objet d'un accompagnement social ou professionnel personnalisé, sous réserve d'être prescrites par l'un des organismes suivants :
1° L'institution mentionnée à l'article L. 5312-1 ;
2° Les organismes mentionnés à l'article L. 5314-1 ;
3° Les organismes mentionnés au 1° *bis* de l'article L. 5311-4 ;
4° Les organismes mentionnés au 2° du même article L. 5311-4 ;
(L. n° 2020-1577 du 14 déc. 2020, art. 7) « 4° *bis* Le conseil départemental, par l'intermédiaire de son président ;
« 4° *ter* Les organismes mentionnés au dernier alinéa de l'article L. 6313-6 ; »
5° Les organismes employant ou accompagnant des bénéficiaires de périodes de mise en situation en milieu professionnel, lorsqu'ils sont liés à l'un des organismes mentionnés aux 1° à 3° *(L. n° 2020-1577 du 14 déc. 2020, art. 7)* « et 4° *bis* » du présent article par une convention leur ouvrant la possibilité de prescrire ces périodes dans des conditions définies par décret.

Art. L. 5135-3 Le bénéficiaire d'une période de mise en situation en milieu professionnel conserve le régime d'indemnisation et le statut dont il bénéficiait avant cette période. Il n'est pas rémunéré par la structure dans laquelle il effectue une période de mise en situation en milieu professionnel.

Il a accès dans la structure d'accueil aux moyens de transport et aux installations collectifs dont bénéficient les salariés.

Lorsqu'il est salarié, le bénéficiaire retrouve son poste de travail à l'issue de cette période.

Art. L. 5135-4 Les périodes de mise en situation en milieu professionnel font l'objet d'une convention entre le bénéficiaire, la structure dans laquelle il effectue la mise en situation en milieu professionnel, l'organisme prescripteur de la mesure mentionnée à l'article L. 5135-2 et la structure d'accompagnement, lorsqu'elle est distincte de l'organisme prescripteur. Un décret détermine les modalités de conclusion de cette convention et son contenu. – V. art. D. 5135-1.

Art. L. 5135-5 Une période de mise en situation en milieu professionnel dans une même structure ne peut être supérieure à une durée définie par décret.
(L. n° 2018-1317 du 28 déc. 2018, art. 270-I) « Pendant cette durée, les modalités de tarification ou de financement de l'organisme employant ou accueillant le bénéficiaire de la période de mise en situation en milieu professionnel restent inchangées. »

Art. L. 5135-6 La personne effectuant une période de mise en situation en milieu professionnel suit les règles applicables aux salariés de la structure dans laquelle s'effectue la mise en situation pour ce qui a trait :
1° Aux durées quotidienne et hebdomadaire de présence ;
2° A la présence de nuit ;
3° Au repos quotidien, au repos hebdomadaire et aux jours fériés ;
4° A la santé et à la sécurité au travail.

Art. L. 5135-7 Aucune convention de mise en situation en milieu professionnel ne peut être conclue pour exécuter une tâche régulière correspondant à un poste de travail permanent, pour faire face à un accroissement temporaire de l'activité de la struc-

EMPLOI   **Art. L. 5141-1** 1457

ture d'accueil, pour occuper un emploi saisonnier *(L. n° 2016-1088 du 8 août 2016, art. 86)* « défini au 3° de l'article L. 1242-2 » ou pour remplacer un salarié en cas d'absence ou de suspension de son contrat de travail.

Art. L. 5135-8 Le bénéficiaire d'une période de mise en situation en milieu professionnel bénéficie des protections et droits mentionnés aux articles L. 1121-1, L. 1152-1 et L. 1153-1, dans les mêmes conditions que les salariés.

CHAPITRE VI DISPOSITIONS PÉNALES

Ce chapitre ne contient aucune disposition législative.

TITRE IV AIDES À LA CRÉATION D'ENTREPRISE ET APPUI AUX ENTREPRISES *(L. n° 2016-1088 du 8 août 2016, art. 61)*.

V. Arr. du 7 déc. 2007 fixant les conditions d'attribution des chéquiers-conseils (JO 15 déc.).

CHAPITRE I AIDES À LA CRÉATION OU À LA REPRISE D'ENTREPRISE

BIBL. ▶ Artus, *LPA* 6 janv. 1995. – Rey, *AJDA* 1996. 91.

SECTION 1 Bénéficiaires *(L. n° 2017-1836 du 30 déc. 2017, art. 13-III).*

Art. L. 5141-1 Peuvent bénéficier *(L. n° 2017-1836 du 30 déc. 2017, art. 13-III)* « d'aides à la création ou à la reprise d'entreprise, dans les conditions prévues au présent chapitre, » lorsqu'elles créent ou reprennent une activité économique, industrielle, commerciale, artisanale, agricole ou libérale, soit à titre individuel, soit sous la forme d'une société, à condition d'en exercer effectivement le contrôle, ou entreprennent l'exercice d'une autre profession non salariée :

1° Les demandeurs d'emploi indemnisés ;

2° Les demandeurs d'emploi non indemnisés inscrits à l'*(L. n° 2008-126 du 13 févr. 2008)* « institution mentionnée à l'article L. 5312-1 » six mois au cours des dix-huit derniers mois ;

3° Les bénéficiaires *(Abrogé par L. n° 2008-1249 du 1er déc. 2008, art. 24-I)* « *de l'allocation de revenu minimum d'insertion,* » de l'allocation de solidarité spécifique ou *(L. n° 2008-1249 du 1er déc. 2008, art. 24-I)* « du revenu de solidarité active » ;

(L. n° 2015-1702 du 21 déc. 2015, art. 21-IV) « 4° Les personnes âgées de 18 ans à moins de 26 ans ;

« 5° Les personnes de moins de 30 ans handicapées mentionnées à l'article L. 5212-13 ou qui ne remplissent pas la condition de durée d'activité antérieure pour ouvrir des droits à l'allocation d'assurance mentionnée à l'article L. 5422-1 ; »

6° Les personnes salariées ou les personnes licenciées d'une entreprise soumise à l'une des procédures de sauvegarde, de redressement ou de liquidation judiciaires prévues aux titres II, III et IV du livre VI du code de commerce qui reprennent tout ou partie *(L. n° 2016-1827 du 23 déc. 2016, art. 6-II)* « d'une entreprise » ;

7° Les personnes ayant conclu un contrat d'appui au projet d'entreprise mentionné à l'article L. 127-1 du code de commerce, sous réserve qu'elles remplissent l'une des conditions prévues aux 1° à 6° à la date de conclusion de ce contrat ;

8° Les personnes physiques créant *(L. n° 2016-1827 du 23 déc. 2016, art. 6-II)* « ou reprenant » une entreprise implantée au sein *(L. n° 2014-173 du 21 févr. 2014, art. 26-VI)* « d'un quartier prioritaire de la politique de la ville » ;

9° Les bénéficiaires du complément de libre choix d'activité mentionné à l'article L. 531-4 du code de la sécurité sociale.

Les dispositions de l'art. 13-III de la L. n° 2017-1836 du 30 déc. 2017 s'appliquent aux cotisations et contributions sociales dues au titre des périodes courant à compter du 1er janv. 2019 pour les créations et reprises d'entreprise intervenues à compter de cette même date (L. préc., art. 13-IV).

1. Licéité de l'activité. L'activité des magasins dits « sex-shops » n'étant pas constitutive d'une activité commerciale illicite, fait une inexacte application de l'art. L. 351-24, alors en vigueur, l'administration qui refuse le bénéfice de l'aide à la création d'entreprise à un chômeur qui entend exercer une telle activité. ● CE 8 sept. 1995 : *D. 1995. IR 206 ; Dr. soc. 1995. 1046, obs. X. P. ; RJS 1995. 733, n° 1156*.

2. Exercice effectif du contrôle sur l'entreprise reprise ou créée. La condition d'exercice effectif du contrôle n'est remplie s'agissant d'une personne ayant la qualité d'agent commercial que si elle entretient avec son mandant des relations de travail constitutives d'un lien de subordination permanente à son égard, assimilable par la suite à un lien salarial. • CE 18 juin 2010 : 🔒 *JCP S 2010. 1341, obs. Cesaro.*

3. Sur les conditions d'attribution de l'aide à la création d'entreprise par les travailleurs privés d'emploi, V. • CE 22 avr. 1992 : 🔒 *RJS 1992. 497, n° 900* • 28 déc. 1992 : 🔒 *RJS 1993. 183, n° 299* (notion de création d'entreprise) • 8 nov. 1993 : 🔒 *D. 1994. IR 1 ; RJS 1994. 62, n° 65* • 31 janv. 1994 : 🔒 *RJS 1994. 286, n° 446* • 8 sept. 1995 : 🔒 *RJS 1995. 733, n° 1157* • 18 oct. 1995 : 🔒 *RJS 1995. 809, n° 1269.*

4. Régularité de la situation. Faute d'avoir été mis en œuvre par des dispositions d'application, le principe selon lequel sont exclues des aides publiques les personnes ne pouvant justifier de la régularité de leur situation fiscale et sociale n'est pas applicable à l'aide à la création d'entreprise. • CE 1er mars 1996 : 🔒 *D. 1996. 568, note Markus*.

5. Le droit à l'exonération de cotisations prévues par l'art. L. 161-1-1 CSS en faveur de certaines catégories de chômeurs ayant créé leur propre entreprise n'est pas subordonné par les textes à l'octroi ou à la demande de l'aide instituée par l'art. L. 5141-1 C. trav. • Soc. 11 juill. 2002 : 🔒 *RJS 2002. 863, n° 1159.*

SECTION 2 Avance remboursable

Art. L. 5141-2 Les personnes remplissant l'une des conditions mentionnées aux 3° à 7° de l'article L. 5141-1 ainsi que les personnes de cinquante ans et plus inscrites sur la liste des demandeurs d'emploi peuvent bénéficier d'une aide financière de l'État.

La décision d'attribution de cette aide emporte décision d'attribution des droits mentionnés à l'article (*L. n° 2017-1836 du 30 déc. 2017, art. 13-III*) « L. 131-6-4 » du code de la sécurité sociale. – *Les dispositions de l'art. 13-III de la L. n° 2017-1836 du 30 déc. 2017 s'appliquent aux cotisations et contributions sociales dues au titre des périodes courant à compter du 1er janv. 2019 pour les créations et reprises d'entreprise intervenues à compter de cette même date (L. préc., art. 13-IV).*

SECTION 3 Maintien d'allocations

Art. L. 5141-3 (*L. n° 2016-1827 du 23 déc. 2016, art. 6-II*) « Les personnes qui remplissent l'une des conditions mentionnées aux 1° à 9° de l'article L. 5141-1 » et qui perçoivent l'allocation de solidarité spécifique ou l'allocation veuvage prévue à l'article L. 356-1 du code de la sécurité sociale reçoivent une aide de l'État, attribuée pour une durée courant à compter de la date de création ou de reprise d'une entreprise. – *V. art. R. 5141-28.*

V. note ss. art. L. 5141-1.

Art. L. 5141-4 (*L. n° 2016-1827 du 23 déc. 2016, art. 6-II*) « Les personnes qui remplissent l'une des conditions mentionnées aux 1° à 9° de l'article L. 5141-1 » et qui perçoivent (*Abrogé par L. n° 2008-1249 du 1er déc. 2008, art. 24-I*) « *l'allocation de revenu minimum d'insertion, l'allocation de parent isolé,* » l'allocation d'insertion ou l'allocation de veuvage ont droit au maintien du versement de leur allocation dans des conditions prévues par décret.

V. note ss. art. L. 5141-1.

SECTION 4 Financement d'actions de conseil, de formation et d'accompagnement

Art. L. 5141-5 (*L. n° 2015-991 du 7 août 2015, art. 7-II*) « La région participe, par convention, » au financement d'actions d'accompagnement et de conseil organisées avant la création ou la reprise d'une entreprise et pendant les trois années suivantes. Ces actions (*L. n° 2015-991 du 7 août 2015, art. 7-II*) « bénéficient » à des personnes sans emploi ou rencontrant des difficultés pour s'insérer durablement dans l'emploi, pour lesquelles la création ou la reprise d'entreprise est un moyen d'accès, de maintien ou de retour à l'emploi. »

Pour le financement des actions prévues à l'art. L. 5141-5, les collectivités territoriales visées reçoivent une compensation financière dans les conditions prévues à l'art. 133 de la L. n° 2015-991 du 7 août 2015 (L. préc., art. 7-IV).

EMPLOI **Art. L. 5143-1**

SECTION 5 Dispositions d'application

Art. L. 5141-6 Un décret en Conseil d'État détermine les conditions d'application du présent chapitre, notamment les conditions dans lesquelles la décision d'attribution des aides peut être déléguée à des organismes habilités par l'État. − *[Anc. art. L. 351-24-1, al. 2 à 5, et L. 351-24-2, al. 2.]* − V. art. R. 5141-29 s.

CHAPITRE II CONTRAT D'APPUI AU PROJET D'ENTREPRISE

Art. L. 5142-1 La personne physique liée par un contrat d'appui au projet d'entreprise pour la création ou la reprise d'une activité économique, dans les conditions prévues à l'article L. 127-1 du code de commerce, bénéficie des dispositions de la quatrième partie relative à la santé et à la sécurité au travail, à l'exclusion de celles figurant au titre IV du livre VII, ainsi que des dispositions du titre II du livre IV relatives aux garanties de ressources du travailleur privé d'emploi. Cette personne bénéficie également des dispositions du code de la sécurité sociale prévues aux articles L. 311-3 et L. 412-8.

Les obligations mises à la charge de l'employeur par les dispositions mentionnées au premier alinéa incombent à la personne morale responsable de l'appui qui a conclu le contrat prévu aux articles L. 127-1 à L. 127-7 du code de commerce. − *[Anc. art. L. 783-1.]*

Art. L. 5142-2 Les aides de l'État et des collectivités publiques peuvent être mobilisées au bénéfice de l'appui et de la préparation à la création ou la reprise d'une activité économique défini à l'article L. 127-1 du code de commerce. − *[Anc. art. L. 322-8, al. 1er.]*

Art. L. 5142-3 Un décret en Conseil d'État précise les modalités d'application du présent chapitre. − *[Anc. art. L. 783-2 et L. 322-8, al. 2.]* − V. art. R. 5142-1 s.

CHAPITRE III APPUI AUX ENTREPRISES

(L. n° 2016-1088 du 8 août 2016, art. 61)

Art. L. 5143-1 Tout employeur d'une entreprise de moins de trois cents salariés a le droit d'obtenir une information précise et délivrée dans un délai raisonnable lorsqu'il sollicite l'administration sur une question relative à l'application d'une disposition du droit du travail ou des stipulations des accords et conventions collectives qui lui sont applicables.

Ce droit à l'information peut porter sur les démarches et les procédures légales à suivre face à une situation de fait. Si la demande est suffisamment précise et complète, le document formalisant la prise de position de l'administration peut être produit par l'entreprise en cas de contentieux pour attester de sa bonne foi.

Pour assurer la mise en œuvre de ce droit, un service public territorial de l'accès au droit est mis en place par le directeur régional des entreprises, de la concurrence, de la consommation, du travail et de l'emploi, qui y associe des représentants des organisations syndicales et professionnelles, les chambres consulaires mentionnées à l'article L. 710-1 du code de commerce, à l'article L. 511-1 du code rural et de la pêche maritime et à l'article 5-1 du code de l'artisanat, les commissions paritaires interprofessionnelles mentionnées à l'article L. 23-111-1 du présent code, les conseils départementaux de l'accès au droit mentionnés à l'article 54 de la loi n° 91-647 du 10 juillet 1991 relative à l'aide juridique et toute autre personne compétente.

TITRE V COMPTE PERSONNEL D'ACTIVITÉ

(L. n° 2016-1088 du 8 août 2016, art. 39)

Les dispositions du titre V sont applicables à Mayotte à compter du 1er janv. 2019 (Ord. n° 2017-1491 du 25 oct. 2017, art. 33-1°).

BIBL. ▶ Dossier spécial Compte personnel d'activité, *Dr. soc. 2016. 788* : DAYAN, *Dr. soc. 2016. 840* (CPA et sécurité professionnelle). − DIF-PRADALIER, HIGÉLÉ et VIVES, *Dr. soc. 2016. 823* (CPA et sécurisation des parcours professionnels). − GAZIER, *Dr. soc. 2016. 829* (CPA et sécurisation des transitions professionnelles). − GUIOMARD, *RDT 2016. 770* (le CPA : l'utopie d'un nouveau modèle d'emploi). – Jubert, *RDT 2016*. 551 ✐ (le CPA : un compte entre droit du travail et droit de la protection sociale). – Laborde, *Dr. soc. 2016*. 829 ✐ (CPA : annonciateur de la réforme du système de protection sociale). – Maggi-Germain, *Dr. soc. 2016*. 792 ✐ (CPA : à la croisée des chemins). – Mahfouz, *Dr. soc. 2016*. 789 ✐ (CPA : de l'utopie au contrat). – Luttringer, *Dr. soc. 2016*. 800 ✐ (naissance du CPA). – Caillaud, *Dr. soc. 2016*. 806 ✐ (notion de compte en droit du travail). – Willmann, *Dr. soc. 2016*. 812 ✐. – Bossu, *JCP S 2017*. 1307.

> **COMMENTAIRE**
> V. sur le Code en ligne 🔒. ❏

CHAPITRE UNIQUE

SECTION 1 **Dispositions générales**

Art. L. 5151-1 Le compte personnel d'activité a pour objectifs, par l'utilisation des droits qui y sont inscrits, de renforcer l'autonomie et la liberté d'action de son titulaire et de sécuriser son parcours professionnel en supprimant les obstacles à la mobilité. Il contribue au droit à la qualification professionnelle mentionné à l'article L. 6314-1. Il permet la reconnaissance de l'engagement citoyen.

Le titulaire du compte personnel d'activité décide de l'utilisation de ses droits dans les conditions définies au présent chapitre, au chapitre III du titre II du livre III de la sixième partie ainsi qu'au chapitre II du titre VI du livre I de la quatrième partie.

Le titulaire du compte personnel d'activité a droit à un accompagnement global et personnalisé destiné à l'aider à exercer ses droits pour la mise en œuvre de son projet professionnel. Cet accompagnement est fourni notamment dans le cadre du conseil en évolution professionnelle mentionné à l'article L. 6111-6.

Art. L. 5151-2 Un compte personnel d'activité est ouvert pour toute personne âgée d'au moins seize ans se trouvant dans l'une des situations suivantes :

1° Personne occupant un emploi, y compris lorsqu'elle est titulaire d'un contrat de travail de droit français et qu'elle exerce son activité à l'étranger ;

2° Personne à la recherche d'un emploi ou accompagnée dans un projet d'orientation et d'insertion professionnelles ;

3° Personne accueillie dans un établissement et service d'(*L. n° 2023-1196 du 18 déc. 2023, art. 15-II*) « accompagnement » par le travail mentionné au *a* du 5° du I de l'article L. 312-1 du code de l'action sociale et des familles ;

4° Personne ayant fait valoir l'ensemble de ses droits à la retraite ;

(*Ord. n° 2022-1336 du 19 oct. 2022, art. 11, en vigueur au plus tard le 1ᵉʳ déc. 2024*) « 5° Personne détenue exerçant une activité de travail ou une activité bénévole ou de volontariat prévue par l'article L. 5151-9. »

Par dérogation au premier alinéa du présent article, un compte personnel d'activité est ouvert dès l'âge de quinze ans pour le jeune qui signe un contrat d'apprentissage sur le fondement du deuxième alinéa de l'article L. 6222-1 du présent code.

Les personnes âgées d'au moins seize ans mais ne relevant pas des situations mentionnées aux 1° à 3° du présent article peuvent ouvrir un compte personnel d'activité afin de bénéficier du compte d'engagement citoyen et d'accéder aux services en ligne mentionnés à l'article L. 5151-6.

Le compte est fermé à la date du décès de la personne. (*L. n° 2018-771 du 5 sept. 2018, art. 2-I*) « Lorsque son titulaire remplit l'une des conditions mentionnées aux 1° à 3° de l'article L. 5421-4 », le compte personnel de formation cesse d'être alimenté, sauf en application de l'article L. 5151-9.

Les dispositions issues de l'Ord. n° 2022-1336 du 19 oct. 2022 entrent en vigueur à une date fixée par décret et au plus tard le 1ᵉʳ déc. 2024.

Ce décret peut prévoir qu'elles sont applicables aux contrats d'emploi pénitentiaire en cours à la date de l'entrée en vigueur (Ord. préc., art. 27-III). – V. *Décr. n° 2023-1169 du 12 déc. 2023 (JO 14 déc.).*

Art. L. 5151-3 Les droits inscrits sur le compte personnel d'activité, y compris en cas de départ du titulaire à l'étranger, demeurent acquis par leur titulaire jusqu'à leur utilisation ou à la fermeture du compte.

Art. L. 5151-4 *Abrogé par L. n° 2018-771 du 5 sept. 2018, art. 2-I.*

Art. L. 5151-5 Le compte personnel d'activité est constitué :
1° Du compte personnel de formation ;
2° Du compte *(Ord. n° 2017-1389 du 22 sept. 2017, art. 2-11°)* « professionnel de prévention » ;
3° Du compte d'engagement citoyen.
Il organise la conversion des droits selon les modalités prévues par chacun des comptes le constituant.

Art. L. 5151-6 I. — Chaque titulaire d'un compte personnel d'activité peut consulter les droits inscrits sur celui-ci et peut les utiliser en accédant à un service en ligne gratuit. Ce service en ligne est géré par la Caisse des dépôts et consignations, sans préjudice de l'article L. 4162-11. La Caisse des dépôts et consignations et la Caisse nationale d'assurance vieillesse *(Abrogé par Ord. n° 2018-470 du 12 juin 2018, art. 9)* « des travailleurs salariés » concluent une convention définissant les modalités d'articulation des différents comptes et de mobilisation par leur titulaire.

II. — Chaque titulaire d'un compte a également accès à une plateforme de services en ligne qui :
1° Lui fournit une information sur ses droits sociaux et la possibilité de les simuler ;
2° Lui donne accès à un service de consultation de ses bulletins de paie, lorsqu'ils ont été transmis par l'employeur sous forme électronique dans les conditions mentionnées à l'article L. 3243-2 ;
3° Lui donne accès à des services utiles à la sécurisation des parcours professionnels et à la mobilité géographique et professionnelle.
Le gestionnaire de la plateforme met en place des interfaces de programmation permettant à des tiers de développer et de mettre à disposition ces services.

III. — Un décret en Conseil d'État, pris après avis de la Commission nationale de l'informatique et des libertés, détermine les conditions dans lesquelles les données à caractère personnel afférentes au compte personnel de formation et au compte *(Ord. n° 2017-1389 du 22 sept. 2017, art. 2-11°)* « professionnel de prévention », ainsi que celles issues de la déclaration sociale nominative mentionnée à l'article L. 133-5-3 du code de la sécurité sociale, peuvent être utilisées pour fournir les services mentionnés aux I et II du présent article. — *V. art. R. 5151-1 s.*

SECTION 2 Compte d'engagement citoyen

Art. L. 5151-7 Le compte d'engagement citoyen recense les activités bénévoles ou de volontariat de son titulaire. Il permet d'acquérir :
1° Des *(L. n° 2018-771 du 5 sept. 2018, art. 2-I, en vigueur le 1er janv. 2019)* « droits » sur le compte personnel de formation à raison de l'exercice de ces activités ;
2° Des jours de congés destinés à l'exercice de ces activités.

Les heures acquises au titre du compte d'engagement citoyen au 31 déc. 2018 sont converties en euros selon un taux de conversion horaire de 12 euros correspondant au plafond horaire de remboursement (Décr. n° 2018-1349 du 28 déc. 2018, art. 1er).

Art. L. 5151-8 Les activités bénévoles ou de volontariat sont recensées dans le cadre du traitement de données à caractère personnel mentionné au II de l'article L. 6323-8.
Le titulaire du compte décide des activités qu'il souhaite y recenser.

Art. L. 5151-9 Les activités bénévoles ou de volontariat permettant d'acquérir des *(L. n° 2018-771 du 5 sept. 2018, art. 2-I, en vigueur le 1er janv. 2019)* « droits comptabilisés en euros, inscrits » sur le compte personnel de formation sont :
1° Le service civique mentionné à l'article L. 120-1 du code du service national ;
2° La réserve militaire *(L. n° 2017-86 du 27 janv. 2017, art. 9-I)* « opérationnelle » mentionnée à l'article L. 4211-1 du code de la défense ;
(L. n° 2017-86 du 27 janv. 2017, art. 9-I ; L. n° 2022-52 du 24 janv. 2022, art. 12-VI)
« 2° bis Le volontariat de la réserve opérationnelle de la police nationale mentionné aux 3° et 4° de l'article L. 411-7 du code de la sécurité intérieure ;
« 3° La réserve civique mentionnée à l'article 1er de la loi n° 2017-86 du 27 janvier 2017 relative à l'égalité et à la citoyenneté, et les réserves thématiques qu'elle comporte ; »

4° La réserve sanitaire mentionnée à l'article L. 3132-1 du code de la santé publique ;

5° L'activité de maître d'apprentissage mentionnée à l'article L. 6223-5 du présent code ;

6° Les activités de bénévolat associatif, lorsque les conditions suivantes sont remplies :

(L. n° 2017-86 du 27 janv. 2017, art. 9-I) « a) L'association est régie par la loi du 1er juillet 1901 relative au contrat d'association ou inscrite au registre des associations en application du code civil local applicable dans les départements du Bas-Rhin, du Haut-Rhin et de la Moselle, et déclarée depuis trois ans au moins et l'ensemble de ses activités est mentionné au b du 1 de l'article 200 du code général des impôts ; »

b) Le bénévole siège dans l'organe d'administration ou de direction de l'association ou participe à l'encadrement d'autres bénévoles, dans des conditions, notamment de durée, fixées par décret ;

(L. n° 2018-771 du 5 sept. 2018, art. 2-I, en vigueur le 1er janv. 2019) « 7° L'aide apportée à une personne en situation de handicap ou à une personne âgée en perte d'autonomie dans les conditions prévues à l'article L. 113-1 du code de l'action sociale et des familles, lorsque les conditions suivantes sont remplies :

« a) Un accord collectif de branche détermine les modalités permettant d'acquérir les droits à la formation ;

« b) Les droits à la formation acquis à ce titre font l'objet d'une prise en charge mutualisée par les employeurs de la branche professionnelle concernée ; »

(L. n° 2016-1867 du 27 déc. 2016, art. 7) « 8° Le volontariat dans les corps de sapeurs-pompiers mentionné (L. n° 2021-1520 du 25 nov. 2021, art. 34-II) « à la section 3 du chapitre III du titre II du livre VII » du code de la sécurité intérieure et dans la loi n° 96-370 du 3 mai 1996 relative au développement du volontariat dans les corps de sapeurs-pompiers. »

Toutefois, les activités mentionnées au présent article ne permettent pas d'acquérir des (L. n° 2018-771 du 5 sept. 2018, art. 2-I, en vigueur le 1er janv. 2019) « droits inscrits » sur le compte personnel de formation lorsqu'elles sont effectuées dans le cadre des formations secondaires mentionnées au code de l'éducation.

Un décret en Conseil d'État définit les modalités d'application du 6° du présent article. – V. art. R. 5151-16 s.

Art. L. 5151-10 Un décret définit, pour chacune des activités mentionnées à l'article L. 5151-9, (L. n° 2018-771 du 5 sept. 2018, art. 2-I, en vigueur le 1er janv. 2019) « le montant des droits acquis en fonction de la durée consacrée à cette activité, dans la limite d'un plafond ». – V. art. D. 5151-14.

Art. L. 5151-11 La mobilisation des (L. n° 2018-771 du 5 sept. 2018, art. 2-I, en vigueur le 1er janv. 2019) « droits mentionnés » à l'article L. 5151-10 est financée :

1° Par l'État, pour les activités mentionnées aux 1°, 2° (L. n° 2017-86 du 27 janv. 2017, art. 9-I) « , 2° bis », 5° (L. n° 2017-86 du 27 janv. 2017, art. 9-I) « et 6° » de l'article L. 5151-9 (L. n° 2017-86 du 27 janv. 2017, art. 9-I) « , ainsi que pour l'activité mentionnée au 3° du même article L. 5151-9, à l'exception de la réserve communale de sécurité civile (L. n° 2021-1520 du 25 nov. 2021, art. 47-IV) « et de la réserve citoyenne des services d'incendie et de secours mentionnées » (L. n° 2018-771 du 5 sept. 2018, art. 2-I, en vigueur le 1er janv. 2019) « au chapitre IV du titre II du livre V » du code de la sécurité intérieure » ;

2° Par la commune, (L. n° 2017-86 du 27 janv. 2017, art. 9-I) « pour la réserve communale de sécurité civile » ;

3° Par l'établissement public chargé de la gestion de la réserve sanitaire, mentionné à l'article L. 1413-1 du code de la santé publique, pour l'activité mentionnée au 4° de l'article L. 5151-9 du présent code ;

(L. n° 2016-1867 du 27 déc. 2016, art. 7) « 4° Par l'autorité de gestion du sapeur-pompier volontaire (L. n° 2021-1520 du 25 nov. 2021, art. 47-IV) « et du réserviste citoyen des services d'incendie et de secours », soit l'État, le service d'incendie et de secours, la commune ou l'établissement public de coopération intercommunale, pour (L. n° 2021-1520 du 25 nov. 2021, art. 47-IV) « les activités de sapeur-pompier volontaire et de réserviste citoyen des services d'incendie et de secours relevant des 3° et » 8° du même article L. 5151-9. »

(L. n° 2019-1479 du 28 déc. 2019, art. 206) « Les ressources destinées au financement des droits mentionnés à l'article L. 5151-10 sont versées à l'organisme mentionné à l'article L. 6333-1. »

Art. L. 5151-12 L'employeur a la faculté d'accorder des jours de congés payés consacrés à l'exercice d'activités bénévoles ou de volontariat. Ces jours de congés peuvent être retracés sur le compte d'engagement citoyen.

LIVRE II DISPOSITIONS APPLICABLES À CERTAINES CATÉGORIES DE TRAVAILLEURS

> **COMMENTAIRE**
> V. sur le Code en ligne 🔒.

TITRE I TRAVAILLEURS HANDICAPÉS

RÉP. TRAV. v° *Handicap*, par JOLY.

CHAPITRE I OBJET DES POLITIQUES EN FAVEUR DE L'EMPLOI DES PERSONNES HANDICAPÉES

Art. L. 5211-1 Le reclassement des travailleurs handicapés comporte :
1° La réadaptation fonctionnelle, complétée éventuellement par un ré-entraînement à l'effort ;
2° L'orientation ;
3° La rééducation ou la formation professionnelle pouvant inclure un ré-entraînement scolaire ;
4° Le placement. — [*Anc. art. L. 323-9, al. 2 à 5.*]

Art. L. 5211-2 (L. n° 2014-288 du 5 mars 2014, art. 21-I) « La région est chargée, dans le cadre du service public régional de la formation professionnelle défini à l'article L. 6121-2, de l'accès à la formation et à la qualification professionnelle des personnes handicapées.
« Elle définit et met en œuvre un programme régional d'accès à la formation et à la qualification professionnelle des personnes handicapées en concertation avec : »
1° L'État ;
2° Le service public de l'emploi ;
3° L'association de gestion du fonds pour l'insertion professionnelle des handicapés ;
4° Le fonds pour l'insertion des personnes handicapées dans la fonction publique ;
5° *Abrogé par L. n° 2014-288 du 5 mars 2014, art. 21-I.*
6° Les organismes de protection sociale ;
7° Les organisations syndicales et associations représentatives des personnes handicapées.

Art. L. 5211-3 (L. n° 2014-288 du 5 mars 2014, art. 21-I) « Le programme régional d'accès à la formation et à la qualification professionnelle des personnes handicapées a pour objectif de répondre à leurs besoins de développement de compétences afin de faciliter leur insertion professionnelle.
« Il recense et quantifie les besoins en s'appuyant sur le diagnostic intégré dans le plan régional pour l'insertion des travailleurs handicapés défini à l'article L. 5211-5 et l'analyse contenue dans le contrat de plan régional de développement des formations et de l'orientation professionnelles défini au I de l'article L. 214-13 du code de l'éducation.
« Il favorise » l'utilisation efficiente des différents dispositifs en facilitant la coordination entre les organismes de formation ordinaires et les organismes spécialement conçus pour la compensation des conséquences du handicap ou la réparation du préjudice.
(L. n° 2014-288 du 5 mars 2014, art. 21-I) « Il est soumis pour avis au comité régional de l'emploi, de la formation et de l'orientation professionnelles.
« Les établissements et services sociaux et médico-sociaux de réadaptation, de préorientation et de rééducation professionnelle mentionnés au b du 5° du I de l'article

L. 312-1 du code de l'action sociale et des familles participent au service public régional de la formation professionnelle dans le cadre du programme régional. »

Art. L. 5211-4 Afin de tenir compte des contraintes particulières des personnes handicapées ou présentant un trouble de santé invalidant, les actions de formation professionnelle prévues à la sixième partie prévoient un accueil à temps partiel ou discontinu ainsi qu'une durée et des modalités adaptées de validation de la formation professionnelle, dans des conditions déterminées par décret. — *[Anc. art. L. 323-11-1, al. 4.]*

Art. L. 5211-5 (*L. n° 2011-901 du 28 juill. 2011, art. 11*) Tous les cinq ans, le service public de l'emploi élabore, sous l'autorité du représentant de l'État dans la région, un plan régional pour l'insertion des travailleurs handicapés. Ce plan, coordonné avec (*L. n° 2014-288 du 5 mars 2014, art. 21*) « le programme régional défini à l'article L. 5211-3 », comprend :
1° Un diagnostic régional englobant les diagnostics locaux établis avec la collaboration des référents pour l'insertion professionnelle des maisons départementales des personnes handicapées ;
2° Un plan d'action régional pour l'insertion des travailleurs handicapés comportant des axes d'intervention et des objectifs précis ;
3° Des indicateurs régionaux de suivi et d'évaluation des actions menées au niveau régional.
(*Abrogé par L. n° 2023-1196 du 18 déc. 2023, art. 4-I, à compter du 1er janv. 2024*) (*L. n° 2014-288 du 5 mars 2014, art. 21-I*) « *Les conventions prévues à l'article L. 6123-4 contribuent à mettre en œuvre ce plan.* »

CHAPITRE II OBLIGATION D'EMPLOI DES TRAVAILLEURS HANDICAPÉS, MUTILÉS DE GUERRE ET ASSIMILÉS

BIBL. GÉN. ▶ Arséguel et Isoux, *Ann. Univ. sc. soc. Toulouse*, 1989, p. 123 (droit du travail relatif aux handicapés). — Auvergnon, *Dr. soc.* 1991. 596 (obligation d'emploi des handicapés). — Chabrol, *Dr. soc.* 2004. 993 (compensation des conséquences du handicap). — Cros-Courtial, *ibid.* 1988. 598 (obligations patronales à l'égard des handicapés après la loi du 10 juill. 1987). — Laborde, *Dr. soc.* 2004. 986. — Villeval, *ibid.* 1984. 227 (État et emploi des handicapés).

▶ **Loi n° 2018-771 du 5 sept. 2018 :** Bidaux et Lançon, *JCP S* 2018. 1315 ; *SSL* 2021, n° 1947 (le handicap et l'emploi : où en est-on ?).

SECTION 1 Champ d'application

Art. L. 5212-1 (*L. n° 2018-771 du 5 sept. 2018, art. 67-I, en vigueur le 1er janv. 2020*) La mobilisation en faveur de l'emploi des travailleurs handicapés concerne tous les employeurs. A ce titre, ces derniers déclarent l'effectif total des bénéficiaires de l'obligation d'emploi mentionnés à l'article L. 5212-13 qu'ils emploient, selon des modalités fixées par décret.
Les articles L. 5212-2 à L. 5212-17 s'appliquent à tout employeur occupant au moins vingt salariés, y compris les établissements publics industriels et commerciaux.
(*L. n° 2019-486 du 22 mai 2019, art. 11-VI, en vigueur le 1er janv. 2020*) « Pour l'application des dispositions du présent chapitre, l'effectif salarié et le franchissement de seuil sont déterminés selon les modalités prévues à l'article L. 130-1 du code de la sécurité sociale *[V. ss. art. L. 1152-1]*. Toutefois, dans les entreprises de travail temporaire, les entreprises de portage salarial et les groupements d'employeurs, l'effectif salarié ne prend pas en compte les salariés mis à disposition ou portés. (*L. n° 2021-1900 du 30 déc. 2021, art. 119*) « Par dérogation au I de l'article L. 130-1 du code de la sécurité sociale, la période à retenir pour apprécier le nombre de salariés est l'année au titre de laquelle la contribution prévue aux articles L. 5212-9 à L. 5212-11 du présent code est due. »
« Le nombre de bénéficiaires de l'obligation d'emploi est déterminé selon les modalités prévues au même article L. 130-1 *[V. ss. art. L. 1152-1]*, sous réserve des dispositions particulières prévues aux articles L. 5212-6 à L. 5212-7-2 du présent code. »

TRAVAILLEURS HANDICAPÉS **Art. L. 5212-5-1** 1465

SECTION 2 **Obligation d'emploi**

Art. L. 5212-2 (L. n° 2018-771 du 5 sept. 2018, art. 67-I, en vigueur le 1er janv. 2020) Tout employeur emploie des bénéficiaires de l'obligation d'emploi mentionnés à l'article L. 5212-13 dans la proportion minimale de 6 % de l'effectif total de ses salariés. — V. art. D. 5212-1.

Ce taux est révisé tous les cinq ans, en référence à la part des bénéficiaires de l'obligation d'emploi dans la population active et à leur situation au regard du marché du travail, après avis du conseil mentionné à l'article L. 146-1 du code de l'action sociale et des familles.

Art. L. 5212-3 Dans les entreprises à établissements multiples, l'obligation d'emploi s'applique (L. n° 2018-771 du 5 sept. 2018, art. 67-I, en vigueur le 1er janv. 2020) « au niveau de l'entreprise ».

(Abrogé par L. n° 2019-486 du 22 mai 2019, art. 11-VI, à compter du 1er janv. 2020) « Les entreprises de travail temporaire ne sont assujetties à l'obligation d'emploi que pour leurs salariés permanents. »

Entre le 1er janv. 2020 et le 31 déc. 2024, l'acquittement de l'obligation d'emploi par le versement d'une contribution annuelle fait l'objet de modalités transitoires déterminées par décret. Ce décret fixe, d'une part, les modalités de calcul de la limite maximale de la contribution, en prenant en compte l'effectif de travailleurs handicapés de l'entreprise assujettie et, d'autre part, les modalités de modulation du montant de la contribution (L. n° 2018-771 du 5 sept. 2018, art. 67-III). — V. Décr. n° 2019-523 du 27 mai 2019, art. 2, 2° (JO 28 mai).

Art. L. 5212-4 Toute entreprise qui occupe (L. n° 2012-387 du 22 mars 2012, art. 43) « au moins vingt salariés » au moment de sa création (Abrogé par L. n° 2019-486 du 22 mai 2019, art. 11-VI, à compter du 1er janv. 2020) « ou en raison de l'accroissement de son effectif » dispose, pour se mettre en conformité avec l'obligation d'emploi, d'un délai (L. n° 2019-486 du 22 mai 2019, art. 11-VI, en vigueur le 1er janv. 2020) « de cinq ans ». — V. art. D. 5212-3.

Art. L. 5212-5 (L. n° 2018-771 du 5 sept. 2018, art. 67-I, en vigueur le 1er janv. 2020) « L'employeur déclare sa situation au regard de l'obligation d'emploi à laquelle il est soumis en application de l'article L. 5212-2 du présent code au moyen de la déclaration prévue à l'article L. 133-5-3 du code de la sécurité sociale. »

(L. n° 2010-1657 du 29 déc. 2010, art. 208-I) « A défaut de toute déclaration, l'employeur est considéré comme ne satisfaisant pas à l'obligation d'emploi. »

(L. n° 2018-771 du 5 sept. 2018, art. 67-I, en vigueur le 1er janv. 2020) « Les informations contenues dans cette déclaration sont confidentielles. Elles ne peuvent être communiquées à un autre employeur auprès duquel un bénéficiaire de l'obligation d'emploi que la déclaration concerne sollicite un emploi. »

Sur la contribution due en l'absence de satisfaction, par l'entreprise, de son obligation déclarative annuelle, V. CSS, art. R. 243-15, III.

Art. L. 5212-5-1 (Abrogé par Ord. n° 2019-861 du 21 août 2019, art. 1er, à compter du 1er janv. 2020) (Ord. n° 2015-1628 du 10 déc. 2015, art. 5) *L'association mentionnée à l'article L. 5214-1 se prononce de manière explicite sur toute demande d'un employeur ayant pour objet de connaître l'application à sa situation de la législation relative :*

1° A l'effectif d'assujettissement à l'obligation d'emploi calculé selon l'article (L. n° 2019-486 du 22 mai 2019, art. 11-VI, en vigueur le 1er janv. 2020) « L. 130-1 du code de la sécurité sociale » ;

2° A la mise en œuvre de l'obligation d'emploi prévue aux articles L. 5212-2 à L. 5212-5 (L. n° 2019-486 du 22 mai 2019, art. 11-VI, en vigueur le 1er janv. 2020) « du présent code » ;

3° Aux modalités d'acquittement de l'obligation d'emploi prévues aux articles (Abrogé par L. n° 2018-771 du 5 sept. 2018, art. 67-I, à compter du 1er janv. 2020) « L. 5212-6, » *L. 5212-7, L. 5212-7-1 et L. 5212-9 à L. 5212-11 ;*

4° Aux bénéficiaires de l'obligation d'emploi visés aux articles (L. n° 2019-486 du 22 mai 2019, art. 11-VI, en vigueur le 1er janv. 2020) « L. 5212-1 et » *L. 5212-13 à L. 5212-15.*

La décision ne s'applique qu'à l'employeur demandeur et est opposable pour l'avenir à l'association mentionnée à l'article L. 5214-1 tant que la situation de fait exposée dans la demande ou la législation au regard de laquelle sa situation a été appréciée n'ont pas été modifiées.

Il ne peut être procédé à la mise en œuvre de la pénalité prévue à l'article L. 5212-12, fondée sur une prise de position différente de celle donnée dans la réponse à compter de la date de notification de celle-ci.

Lorsque l'association mentionnée à l'article L. 5214-1 entend modifier pour l'avenir sa réponse, elle en informe l'employeur selon des conditions et des modalités fixées par décret en Conseil d'État.

Un décret en Conseil d'État précise les modalités de contenu et de dépôt de la demande, ainsi que le délai dans lequel doit intervenir la décision explicite.

Pour les obligations et le traitement des demandes des employeurs ayant pour objet de connaître l'application à leur situation de la législation applicable relative à l'obligation d'emploi des travailleurs handicapés et les pénalités associées à cette obligation, et portant sur les périodes antérieures au 1er janv. 2020, les dispositions des art. L. 5212-5-1 et L. 5212-12 C. trav. sont applicables dans leur rédaction antérieure à l'Ord. n° 2019-861 du 21 août 2019 (Ord. préc., art. 9-I).

SECTION 3 Modalités de mise en œuvre de l'obligation

SOUS-SECTION 1 Mise en œuvre par l'emploi de travailleurs handicapés

(L. n° 2018-771 du 5 sept. 2018, art. 67-I)

Art. L. 5212-6 *(L. n° 2018-771 du 5 sept. 2018, art. 67-I, en vigueur le 1er janv. 2020)* L'employeur s'acquitte de son obligation d'emploi en employant les bénéficiaires mentionnés à l'article L. 5212-13, quelles que soient la durée et la nature de leur contrat.

Art. L. 5212-7 *(L. n° 2018-771 du 5 sept. 2018, art. 67-I, en vigueur le 1er janv. 2020)* L'employeur peut s'acquitter de son obligation d'emploi :

1° En accueillant en stage les bénéficiaires mentionnés à l'article L. 5212-13, quelle qu'en soit la durée, ainsi que les jeunes de plus de seize ans bénéficiaires de droits à la prestation de compensation du handicap, de l'allocation compensatrice pour tierce personne ou de l'allocation d'éducation de l'enfant handicapé qui disposent d'une convention de stage ;

2° En accueillant les bénéficiaires mentionnés au même article L. 5212-13 pour des périodes de mise en situation en milieu professionnel dans les conditions fixées au chapitre V du titre III du livre premier de la présente partie ;

3° En employant les bénéficiaires mentionnés à l'article L. 5212-13 mis à disposition par les entreprises de travail temporaire et par les groupements d'employeurs.

Les modalités de prise en compte des bénéficiaires mentionnés au présent article sont fixées par décret.

Art. L. 5212-7-1 *(Abrogé par L. n° 2018-771 du 5 sept. 2018, art. 67-I, à compter du 1er janv. 2020) (L. n° 2015-990 du 6 août 2015, art. 273) L'employeur peut s'acquitter partiellement de l'obligation d'emploi en accueillant des personnes handicapées pour des périodes de mise en situation en milieu professionnel dans les conditions fixées au chapitre V du titre III du livre I de la présente partie.*

Cet acquittement est pris en compte pour le calcul de la limite fixée au premier alinéa de l'article L. 5212-7.

Les modalités et les limites de cet acquittement partiel sont déterminées par voie réglementaire.

Art. L. 5212-7-2 *(L. n° 2018-771 du 5 sept. 2018, art. 67-I, en vigueur le 1er janv. 2020)* Peut être pris en compte, dans le calcul du nombre de bénéficiaires de l'obligation d'emploi mentionnés à l'article L. 5212-13, l'effort consenti par l'entreprise en faveur des bénéficiaires qui rencontrent des difficultés particulières de maintien en emploi, selon des modalités fixées par décret.

SOUS-SECTION 2 Mise en œuvre par application d'un accord

Art. L. 5212-8 *(L. n° 2018-771 du 5 sept. 2018, art. 67-I, en vigueur le 1er janv. 2020)* L'employeur peut s'acquitter de son obligation d'emploi en faisant application d'un accord de branche, de groupe ou d'entreprise agréé prévoyant la mise en œuvre d'un programme pluriannuel en faveur des travailleurs handicapés pour une durée maximale de trois ans, renouvelable une fois.

Les mentions obligatoires de cet accord et les conditions dans lesquelles cet accord est agréé par l'autorité administrative sont fixées par décret en Conseil d'État. – *V. art. R. 5212-12 s.*

Les accords mentionnés à l'art. L. 5212-8 agréés avant le 1ᵉʳ janv. 2020 continuent à produire leurs effets jusqu'à leur terme et peuvent être renouvelés une fois pour une durée maximale de trois ans, à l'exception des accords d'établissement qui ne peuvent pas être renouvelés (L. nᵒ 2018-771 du 5 sept. 2018, art. 67-IV).

V. Instr. DGEFP/METH/2021/11 du 7 janv. 2021 pour accompagner les entreprises et les groupes dans l'élaboration d'un accord en faveur de l'emploi des travailleurs handicapés en application de l'art. L. 5212-8 C. trav., ainsi que pour agréer, suivre et évaluer cet accord notamment en vue de son renouvellement.

SOUS-SECTION 3 **Mise en œuvre par le versement d'une contribution annuelle**

Art. L. 5212-9 L'employeur peut s'acquitter de l'obligation d'emploi en versant *(Abrogé par L. nᵒ 2023-1322 du 29 déc. 2023, art. 156-XXXI)* « *au fonds de développement pour l'insertion professionnelle des handicapés prévu à l'article L. 5214-1* » une contribution annuelle pour chacun des bénéficiaires de l'obligation qu'il aurait dû employer. *(L. nᵒ 2018-771 du 5 sept. 2018, art. 67-I, en vigueur le 1ᵉʳ janv. 2020)* « Tout employeur qui n'a pas satisfait à l'obligation mentionnée à l'article L. 5212-2 est tenu de s'en acquitter en versant une contribution annuelle, dans des conditions fixées par décret, pour chacun des bénéficiaires de l'obligation qu'il aurait dû employer. Cette contribution est recouvrée *(Ord. nᵒ 2019-861 du 21 août 2019, art. 1ᵉʳ)* « et contrôlée » par les organismes mentionnés à l'article L. 213-1 du code de la sécurité sociale ou à l'article L. 752-4 du même code ou à l'article L. 723-2 du code rural et de la pêche maritime dont relève l'employeur, *(Ord. nᵒ 2019-861 du 21 août 2019, art. 1ᵉʳ)* « selon les règles et sous les garanties et sanctions applicables au recouvrement des cotisations du régime général de la sécurité sociale et du régime de protection sociale des personnes salariées des professions agricoles ».

(L. nᵒ 2023-1322 du 29 déc. 2023, art. 156-XXXI) « La contribution mentionnée au premier alinéa est affectée à l'association mentionnée au deuxième alinéa de l'article L. 5214-1 du présent code. »

Le montant de cette contribution peut être modulé en fonction de l'effectif de l'entreprise et des emplois, déterminés par décret *(L. nᵒ 2018-771 du 5 sept. 2018, art. 67-I, en vigueur le 1ᵉʳ janv. 2020)* « , après avis du conseil mentionné à l'article L. 146-1 du code de l'action sociale et des familles », exigeant des conditions d'aptitude particulières, occupés par des salariés de l'entreprise. – *V. art. D. 5212-20 s.*

(Ord. nᵒ 2019-861 du 21 août 2019, art. 1ᵉʳ) « La modulation de la contribution prenant en compte les emplois exigeant des conditions d'aptitude particulière occupés par des salariés de l'entreprise peut prendre la forme d'une déduction du montant de la contribution annuelle. »

Entre le 1ᵉʳ janv. 2020 et le 31 déc. 2024, l'acquittement de l'obligation d'emploi par le versement d'une contribution annuelle fait l'objet de modalités transitoires déterminées par décret. Ce décret fixe, d'une part, les modalités de calcul de la limite maximale de la contribution, en prenant en compte l'effectif de travailleurs handicapés de l'entreprise assujettie et, d'autre part, les modalités de modulation du montant de la contribution (L. nᵒ 2018-771 du 5 sept. 2018, art. 67-III). – *V. Décr. nᵒ 2019-523 du 27 mai 2019, art. 2, 2° (JO 28 mai).*

Pour l'application de l'art. L. 5212-9, dans sa rédaction résultant de la L. nᵒ 2018-771 du 5 sept. 2018, les branches professionnelles engagent des négociations en vue d'élaborer des propositions pour réviser la liste des emplois exigeant des conditions d'aptitude particulières. Le décret prévu à cet art. ne peut être publié avant le 1ᵉʳ juill. 2019 (L. préc., art. 67-V).

Art. L. 5212-10 Les modalités de calcul de la contribution annuelle, qui ne peut excéder la limite de 600 fois le salaire horaire minimum de croissance par bénéficiaire non employé, sont déterminées par décret. – *V. art. D. 5212-20 s.*

Pour les entreprises qui n'ont occupé aucun bénéficiaire de l'obligation d'emploi, n'ont passé aucun contrat prévu à l'article *(L. nᵒ 2018-771 du 5 sept. 2018, art. 67-I, en vigueur le 1ᵉʳ janv. 2020)* « L. 5212-10-1 » *(L. nᵒ 2011-901 du 28 juill. 2011, art. 18)* « d'un montant supérieur à un montant fixé par décret » ou n'appliquent aucun accord collectif mentionné à l'article L. 5212-8 pendant une période supérieure à trois ans, la limite de la contribution est portée, dans des conditions définies par décret, à 1 500 fois le salaire horaire minimum de croissance.

Art. L. 5212-10-1 (L. n° 2018-771 du 5 sept. 2018, art. 67-I, en vigueur le 1er janv. 2020) Peuvent être déduites du montant de la contribution annuelle les dépenses supportées directement par l'entreprise afférentes à des contrats de fourniture, de sous-traitance ou de prestations de services qu'elle passe avec :
1° Des entreprises adaptées ;
2° Des établissements ou services d'(L. n° 2023-1196 du 18 déc. 2023, art. 15-II) « accompagnement » par le travail ;
3° Des travailleurs indépendants handicapés reconnus bénéficiaires de l'obligation d'emploi au sens de l'article L. 5212-13. Est présumée travailleur indépendant au sens du présent article toute personne remplissant les conditions mentionnées au I de l'article L. 8221-6 ou à l'article L. 8221-6-1 ;
(Ord. n° 2019-861 du 21 août 2019, art. 1er) « 4° des entreprises de portage salarial lorsque le salarié porté est reconnu bénéficiaire de l'obligation d'emploi au sens de l'article L. 5212-13. »
La nature des dépenses mentionnées au premier alinéa du présent article ainsi que les conditions dans lesquelles celles-ci peuvent être déduites du montant de la contribution sont déterminées par décret. – V. art. D. 5212-22.

Art. L. 5212-11 Peuvent être déduites du montant de la contribution annuelle (Abrogé par L. n° 2018-771 du 5 sept. 2018, art. 67-I, à compter du 1er janv. 2020) « , en vue de permettre à l'employeur de s'acquitter partiellement de l'obligation d'emploi, » des dépenses supportées directement par l'entreprise et destinées à favoriser l'accueil, l'insertion ou le maintien dans l'emploi des travailleurs handicapés (Abrogé par L. n° 2018-771 du 5 sept. 2018, art. 67-I, à compter du 1er janv. 2020) « au sein de l'entreprise (L. n° 2014-288 du 5 mars 2014, art. 1er-I) « , l'abondement du compte personnel de formation au bénéfice des personnes mentionnées à l'article L. 5212-13 » ou l'accès de personnes handicapées à la vie professionnelle » qui ne lui incombent pas en application d'une disposition législative ou réglementaire.
L'avantage représenté par cette déduction ne peut se cumuler avec une aide accordée pour le même objet par l'association mentionnée à l'article L. 5214-1.
La nature des dépenses mentionnées au premier alinéa ainsi que les conditions dans lesquelles celles-ci peuvent être déduites du montant de la contribution sont déterminées par décret. – V. art. D. 5212-23.

SOUS-SECTION 4 **Sanction administrative**

Art. L. 5212-12 (Abrogé par Ord. n° 2019-861 du 21 août 2019, art. 1er, à compter du 1er janv. 2020) Lorsqu'ils ne satisfont à aucune des obligations définies aux articles L. 5212-2 et L. 5212-6 à L. 5212-11, les employeurs sont astreints à titre de pénalité au versement au Trésor public d'une somme dont le montant est égal à celui de la contribution instituée par le second alinéa de l'article L. 5212-10, majoré de 25 %.

1. Procédure. Le versement prévu à l'art. L. 323-8-6 [L. 5212-12 nouv.] ayant le caractère d'une sanction, la décision administrative qui le prononce doit être motivée et prise au terme d'une procédure contradictoire. ● CE 4 juin 1997 : ⚖ JCP E 1997. Pan. 1138.

2. Interprétation stricte. Les dispositions de l'art. L. 323-8-6 [L. 5212-5 nouv.] doivent être interprétées strictement. Elles ne peuvent être étendues à la méconnaissance par les employeurs de leurs obligations déclaratives que pour autant que les intéressés s'abstiendraient, comme il est précisé au second alinéa de l'art. L. 323-8-5, de « toute déclaration » ; la pénalité ne peut donc être appliquée à l'employeur qui a satisfait à l'obligation légale d'emploi mais a souscrit la déclaration annuelle lui incombant sans respecter la date de dépôt mentionnée à l'art. R. 323-9. ● CE 26 mars 1999 : ⚖ JCP E 1999. Pan. 653 ; RJS 1999. 531, n° 876.

SECTION 4 **Bénéficiaires de l'obligation d'emploi**

SOUS-SECTION 1 **Catégories de bénéficiaires**

Art. L. 5212-13 Bénéficient de l'obligation d'emploi instituée par l'article L. 5212-2 :

1° Les travailleurs reconnus handicapés par la commission des droits et de l'autonomie des personnes handicapées mentionnée à l'article L. 146-9 du code de l'action sociale et des familles ;

2° Les victimes d'accidents du travail ou de maladies professionnelles ayant entraîné une incapacité permanente au moins égale à 10 % et titulaires d'une rente attribuée au titre du régime général de sécurité sociale ou de tout autre régime de protection sociale obligatoire ;

3° Les titulaires d'une pension d'invalidité attribuée au titre du régime général de sécurité sociale, de tout autre régime de protection sociale obligatoire ou au titre des dispositions régissant les agents publics à condition que l'invalidité des intéressés réduise au moins des deux tiers leur capacité de travail ou de gain ;

(L. n° 2008-492 du 26 mai 2008) « 4° Les bénéficiaires mentionnés à l'article L. 241-2 du code des pensions militaires d' invalidité et des victimes de la guerre ;

« 5° Les bénéficiaires mentionnés aux articles L. 241-3 et L. 241-4 du même code ; »

6° à 8° Abrogés par L. n° 2008-492 du 26 mai 2008.

9° Les titulaires d'une allocation ou d'une rente d'invalidité attribuée dans les conditions définies par la loi n° 91-1389 du 31 décembre 1991 relative à la protection sociale des sapeurs-pompiers volontaires en cas d'accident survenu ou de maladie contractée en service ;

10° Les titulaires de la (L. n° 2016-1321 du 7 oct. 2016, art. 107-VII) « carte "mobilité inclusion" portant la mention "invalidité" » définie à l'article L. 241-3 du code de l'action sociale et des familles ;

11° Les titulaires de l'allocation aux adultes handicapés.

Art. L. 5212-13-1 (L. n° 2023-1196 du 18 déc. 2023, art. 10-I) Les dispositions du présent code relatives aux travailleurs reconnus handicapés par la commission des droits et de l'autonomie des personnes handicapées mentionnée à l'article L. 146-9 du code de l'action sociale et des familles s'appliquent également aux personnes mentionnées à l'article L. 5212-13 du présent code, à l'exception de celles mentionnées au 5° du même article L. 5212-13, ainsi qu'aux personnes mentionnées à l'article L. 351-5 du code général de la fonction publique.

SOUS-SECTION 2 Calcul du nombre de bénéficiaires

Art. L. 5212-14 (Abrogé par L. n° 2019-486 du 22 mai 2019, art. 11-VI, à compter du 1er janv. 2020) (L. n° 2008-1249 du 1er déc. 2008, art. 27-I) *Pour le calcul du nombre de bénéficiaires de l'obligation d'emploi, chaque personne est prise en compte à due proportion de son temps de présence dans l'entreprise au cours de l'année civile, quelle que soit la nature ou la durée de son contrat de travail, dans la limite d'une unité et dans les conditions suivantes :*

– les salariés dont la durée de travail est supérieure ou égale à la moitié de la durée légale ou conventionnelle sont décomptés dans la limite d'une unité comme s'ils avaient été employés à temps complet ;

– les salariés dont la durée de travail est inférieure à la moitié de la durée légale ou conventionnelle sont décomptés dans des conditions fixées par décret sans que leur prise en compte puisse dépasser une demi-unité.

(Abrogé par L. n° 2018-771 du 5 sept. 2018, art. 67-I, à compter du 1er janv. 2020) (L. n° 2011-893 du 28 juill. 2011) « Les personnes mises à disposition de l'entreprise par un groupement d'employeurs sont prises en compte dans les mêmes conditions que les salariés de l'entreprise. »

Art. L. 5212-15 Les titulaires d'un emploi réservé attribué en application des dispositions du chapitre IV du titre III du livre III du code des pensions militaires d'invalidité et des victimes de la guerre sont pris en compte pour le calcul du nombre de bénéficiaires de l'obligation d'emploi. – [Anc. art. L. 323-5, al. 1er.]

SECTION 5 Actions en justice

Art. L. 5212-16 Les associations ayant pour objet principal la défense des intérêts des bénéficiaires du présent chapitre peuvent exercer une action civile fondée sur l'inobservation des dispositions de ce même chapitre, lorsque cette inobservation porte un préjudice certain à l'intérêt collectif qu'elles représentent. – [Anc. art. L. 323-8-7.]

SECTION 6 **Dispositions d'application**

Art. L. 5212-17 Un décret en Conseil d'État détermine les modalités d'application du présent chapitre (*Abrogé par L. n° 2018-771 du 5 sept. 2018, art. 67-I, à compter du 1er janv. 2020*) « *, notamment les conditions dans lesquelles l'accord collectif prévu à l'article L. 5212-8 est agréé par l'autorité administrative* ». – V. art. R. 5212-1 s.

CHAPITRE III RECONNAISSANCE ET ORIENTATION DES TRAVAILLEURS HANDICAPÉS

BIBL. ▶ MANANGA, *RDT 2008. 89* (statut du travailleur handicapé en ESAT).

SECTION 1 **Reconnaissance de la qualité de travailleur handicapé**

Art. L. 5213-1 Est considérée comme travailleur handicapé toute personne dont les possibilités d'obtenir ou de conserver un emploi sont effectivement réduites par suite de l'altération d'une ou plusieurs fonctions physique, sensorielle, mentale ou psychique. – [*Anc. art. L. 323-10, al. 1er.*]

1. Monopole de la Cotorep. Seul peut être considéré comme un travailleur handicapé au sens de l'art. L. 323-10 [L. 5213-1 nouv.] celui qui a été reconnu comme tel par la Cotorep. • Soc. 19 juin 1991 : ⚖ *D. 1991. IR 187 ; Dr. soc. 1991. 636*.

2. Notion de travailleur handicapé. Une Cotorep ne saurait refuser la qualité de travailleur handicapé à un accidenté du travail au motif qu'à ce titre il bénéficie déjà de l'obligation d'emploi prévue à l'art. L. 323-3, 2°, alors que cette circonstance n'est pas de nature à le priver des autres avantages afférents à la qualité de travailleur handicapé énumérés aux art. L. 323-9 s. • CE 25 oct. 1996 : ⚖ *D. 1996. IR 255* ; *RJS 1996. 854, n° 1334*.

Art. L. 5213-2 (*L. n° 2023-1196 du 18 déc. 2023, art. 10-I, en vigueur le 1er janv. 2024*) La qualité de travailleur handicapé est reconnue par la commission des droits et de l'autonomie des personnes handicapées mentionnée à l'article L. 146-9 du code de l'action sociale et des familles. Lorsque le handicap est irréversible, la qualité de travailleur handicapé est attribuée de façon définitive.

Pour les personnes âgées de quinze à vingt ans, l'attribution de l'allocation mentionnée à l'article L. 541-1 du code de la sécurité sociale ou de la prestation mentionnée à l'article L. 245-1 du code de l'action sociale et des familles ainsi que le bénéfice d'un projet personnalisé de scolarisation valent reconnaissance de la qualité de travailleur handicapé.

L'orientation vers un établissement ou un service d'accompagnement par le travail ou vers un établissement ou un service de réadaptation professionnelle vaut reconnaissance de la qualité de travailleur handicapé.

Art. L. 5213-2-1 (*L. n° 2016-1088 du 8 août 2016, art. 52*) I. – Les travailleurs handicapés reconnus au titre de l'article L. 5213-2 peuvent bénéficier d'un dispositif d'emploi accompagné comportant un accompagnement médico-social et un soutien à l'insertion professionnelle, en vue de leur permettre d'accéder et de se maintenir dans l'emploi rémunéré sur le marché du travail. Sa mise en œuvre comprend un soutien et un accompagnement du salarié, ainsi que de l'employeur.

Ce dispositif, mis en œuvre par une personne morale gestionnaire qui respecte les conditions d'un cahier des charges prévu par décret, peut être sollicité tout au long du parcours professionnel par le travailleur handicapé et, lorsque celui-ci occupe un emploi, par l'employeur. – V. art. D. 5213-88 s.

Le dispositif d'emploi accompagné est mobilisé en complément des services, aides et prestations existants.

II. – Le dispositif d'emploi accompagné est mis en œuvre sur décision de la commission mentionnée à l'article L. 146-9 du code de l'action sociale et des familles en complément d'une décision d'orientation (*L. n° 2020-935 du 30 juill. 2020, art. 74*) « ou sur prescription » des organismes désignés aux articles L. 5214-3-1, L. 5312-1 et L. 5314-1 du présent code. Cette commission (*L. n° 2020-935 du 30 juill. 2020, art. 74*) « ou ces organismes désignent », après accord de l'intéressé ou de ses représentants légaux, un dispositif d'emploi accompagné.

Une convention individuelle d'accompagnement conclue entre la personne morale gestionnaire du dispositif d'emploi accompagné, la personne accompagnée ou son représentant légal et son employeur, précise notamment les modalités d'accompagnement et de soutien du travailleur handicapé et de l'employeur, notamment sur le lieu de travail.

III. – Pour la mise en œuvre du dispositif, la personne morale gestionnaire du dispositif d'emploi accompagné conclut une convention de gestion :

1° D'une part, avec l'un des organismes désignés aux articles L. 5214-3-1, L. 5312-1 et L. 5314-1 ;

2° Et, d'autre part, lorsqu'il ne s'agit pas d'un établissement ou service mentionné aux 5° ou 7° du I de l'article L. 312-1 du code de l'action sociale et des familles, avec au moins une personne morale gestionnaire d'un de ces établissement ou service.

Cette convention précise les engagements de chacune des parties. – V. Arr. du 23 nov. 2017, JO 2 déc., NOR : SSAA1727558A.

IV. – Le décret mentionné au I du présent article précise notamment les modalités de mise en œuvre du dispositif d'emploi accompagné, de contractualisation entre le salarié, l'employeur et la personne morale gestionnaire du dispositif, les financements pouvant être mobilisés dans ce cadre, ainsi que les conditions dans lesquelles la personne morale gestionnaire du dispositif d'emploi accompagné ou, le cas échéant, la personne morale gestionnaire d'un établissement ou service conclut avec le directeur de l'agence régionale de santé une convention de financement ou un avenant au contrat mentionné à l'article L. 313-11 du code de l'action sociale et des familles. Le modèle de ces conventions est fixé par arrêté des ministres chargés des affaires sociales et de l'emploi. – V. Arr. du 23 nov. 2017, JO 2 déc., NOR : SSAA1727558A.

Nouvel art. L. 5213-2-1 (L. n° 2016-1088 du 8 août 2016, art. 52) I. – *Les travailleurs handicapés reconnus au titre de l'article L. 5213-2 peuvent bénéficier d'un dispositif d'emploi accompagné* (L. n° 2023-1196 du 18 déc. 2023, art. 10-I, en vigueur le 1er janv. 2025) « , *organisé par l'État sous la forme de plateformes départementales de services intégrés,* » *comportant un accompagnement médico-social et un soutien à l'insertion professionnelle, en vue de leur permettre d'accéder et de se maintenir dans l'emploi rémunéré sur le marché du travail. Sa mise en œuvre comprend un soutien et un accompagnement du salarié, ainsi que de l'employeur.*

Ce dispositif, mis en œuvre par (L. n° 2023-1196 du 18 déc. 2023, art. 10-I, en vigueur le 1er janv. 2025) « *des organismes qui respectent les conditions d'un cahier des charges prévu par arrêté conjoint des ministres chargés de l'emploi et des personnes handicapées et qui sont signataires de la convention mentionnée au III* », *peut être sollicité tout au long du parcours professionnel par le travailleur handicapé et, lorsque celui-ci occupe un emploi, par l'employeur.* – V. art. D. 5213-88 s.

Le dispositif d'emploi accompagné est mobilisé en complément des services, aides et prestations existantes.

II. – *Le dispositif d'emploi accompagné est mis en œuvre sur décision de la commission mentionnée à l'article L. 146-9 du code de l'action sociale et des familles* (Abrogé par L. n° 2023-1196 du 18 déc. 2023, art. 10-I, à compter du 1er janv. 2025) « *en complément d'une décision d'orientation* » (L. n° 2020-935 du 30 juill. 2020, art. 74) « *ou sur prescription* » *des organismes désignés aux articles L. 5214-3-1, L. 5312-1 et L. 5314-1 du présent code* (L. n° 2023-1196 du 18 déc. 2023, art. 10-I, en vigueur le 1er janv. 2025) « , *qui en informent cette commission* ». *Cette commission* (L. n° 2020-935 du 30 juill. 2020, art. 74) « *ou ces organismes désignent* », *après accord de l'intéressé ou de ses représentants légaux,* (L. n° 2023-1196 du 18 déc. 2023, art. 10-I, en vigueur le 1er janv. 2025) « *l'organisme chargé de mettre en œuvre le* » *dispositif d'emploi accompagné.*

Une convention individuelle d'accompagnement conclue entre (L. n° 2023-1196 du 18 déc. 2023, art. 10-I, en vigueur le 1er janv. 2025) « *cet organisme* », *la personne accompagnée ou son représentant légal et son employeur, précise notamment les modalités d'accompagnement et de soutien du travailleur handicapé et de l'employeur, notamment sur le lieu de travail.*

(L. n° 2023-1196 du 18 déc. 2023, art. 10-I, en vigueur le 1er janv. 2025) « III. – *Pour la mise en œuvre du dispositif d'emploi accompagné, les organismes mentionnés au I du présent article signent une convention avec l'État et l'un des organismes mentionnés aux articles L. 5214-3-1, L. 5312-1 et L. 5314-1. Cette convention peut également associer les fonds mentionnés à l'article L. 5214-1 du présent code et à l'article L. 351-7 du code général de la fonction publique.* »

Les conventions individuelles d'accompagnement et les conventions de gestion conclues avant le 1er janv. 2025 pour l'application de l'art. L. 5213-2-1 continuent de s'appliquer jusqu'à leur terme, ou jusqu'au 31 déc. 2025 si leur terme est postérieur à cette date (L. n° 2023-1196 du 18 déc. 2023, art. 10-III).

Art. L. 5213-2-2 (L. n° 2023-1196 du 18 déc. 2023, art. 11) Les informations relatives aux aménagements dont a bénéficié la personne en situation de handicap pendant sa scolarité, en formation professionnelle ou en emploi, définies par arrêté du ministre chargé de la formation professionnelle, sont conservées dans un système d'information national géré par la Caisse des dépôts et consignations.

Les informations mentionnées au premier alinéa sont fournies par :
1° L'État ;
2° Les collectivités territoriales ;
3° L'association mentionnée à l'article L. 5214-1 ;
4° L'employeur ;
5° Toute personne morale qui met en place un aménagement mentionné au premier alinéa du présent article ou qui intervient dans le champ du handicap.

Ce système d'information permet au titulaire d'un compte personnel de formation de consulter les informations mentionnées au même premier alinéa qui le concernent, de les déclarer et d'en disposer sur un espace personnel au sein d'une plateforme sécurisée. La consultation de ces informations par un tiers n'est possible que sur autorisation du titulaire du compte.

Un décret détermine les conditions d'application du présent article.

SECTION 2   Réadaptation, rééducation et formation professionnelle

BIBL. ▶ SERENO, *RDT* 2018. 527 (l'aménagement raisonnable en matière d'emploi).

Art. L. 5213-3 Tout travailleur handicapé peut bénéficier d'une réadaptation, d'une rééducation ou d'une formation professionnelle.

(L. n° 2021-1018 du 2 août 2021, art. 28, en vigueur le 31 mars 2022) « Les travailleurs handicapés déclarés inaptes en application de l'article L. 4624-4 ou pour lesquels le médecin du travail a identifié, dans le cadre de l'examen de préreprise mentionné à l'article L. 4624-2-4, un risque d'inaptitude peuvent bénéficier de la convention de rééducation professionnelle en entreprise mentionnée à l'article L. 5213-3-1. » – *V. art. R. 5213-15 s.*

Art. L. 5213-3-1 (L. n° 2021-1018 du 2 août 2021, art. 28, en vigueur le 31 mars 2022) I. – La convention de rééducation professionnelle en entreprise est conclue entre l'employeur, le salarié et la caisse primaire d'assurance maladie ou la caisse générale de sécurité sociale mentionnée à l'article L. 323-3-1 du code de la sécurité sociale (L. n° 2021-1754 du 23 déc. 2021, art. 98-II, en vigueur le 1er juill. 2022) « ou la caisse de mutualité sociale agricole ». Cette convention détermine les modalités d'exécution de la rééducation professionnelle ainsi que le montant et les conditions dans lesquelles la caisse primaire d'assurance maladie ou la caisse générale de sécurité sociale (L. n° 2021-1754 du 23 déc. 2021, art. 98-II, en vigueur le 1er juill. 2022) « ou la caisse de mutualité sociale agricole » verse au salarié l'indemnité journalière mentionnée au même article L. 323-3-1 (L. n° 2021-1754 du 23 déc. 2021, art. 98-II, en vigueur le 1er juill. 2022) « ou à l'article L. 752-5-2 du code rural et de la pêche maritime, selon le cas ».

II. – Lorsque la rééducation professionnelle est assurée par l'employeur du salarié, elle fait l'objet d'un avenant au contrat de travail, qui ne peut modifier la rémunération prévue par celui-ci.

Lorsque la rééducation professionnelle n'est pas assurée par l'employeur du salarié, elle est effectuée selon les modalités de mise à disposition prévues à l'article L. 8241-2.

III. – Lorsque le salarié présente sa démission mentionnée à l'article L. 1237-1 à l'issue d'une rééducation professionnelle afin d'être embauché par une autre entreprise, il continue à bénéficier, le cas échéant, de l'indemnité mentionnée à l'article L. 323-3-1 du code de la sécurité sociale.

Lorsque l'entreprise mentionnée au premier alinéa du présent III a assuré la rééducation professionnelle et que l'embauche est effectuée dans un emploi similaire à celui occupé par le salarié pendant la période de rééducation, la durée de la mise à disposition est intégralement déduite de la période d'essai.

IV. – Un décret en Conseil d'État définit les modalités d'application du présent article. – *V. art. R. 5213-15 s.*

Art. L. 5213-4 Le travailleur handicapé bénéficie des aides financières accordées aux stagiaires de la formation professionnelle et prévues par le titre IV du livre III de la sixième partie, sous réserve d'adaptations à leur situation particulière.

(*L. n° 2010-1657 du 29 déc. 2010, art. 208-III*) « En outre, le travailleur handicapé peut bénéficier, à l'issue de son stage, de primes destinées à faciliter son reclassement dont le montant et les conditions d'attribution sont déterminés par l'association mentionnée à l'article L. 5214-1. »

Ces primes ne se cumulent pas avec les primes de même nature dont le travailleur handicapé pourrait bénéficier au titre de la législation dont il relève. – [*Anc. art. L. 323-16.*]

Art. L. 5213-5 Tout établissement ou groupe d'établissements appartenant à une même activité professionnelle de plus de cinq mille salariés assure, après avis médical, le ré-entraînement au travail et la rééducation professionnelle de ses salariés malades et blessés.

Les (*L. n° 2016-1088 du 8 août 2016, art. 113*) « agents de contrôle de l'inspection du travail mentionnés à l'article L. 8112-1 » peuvent mettre les chefs d'entreprise en demeure de se conformer à ces prescriptions. – [*Anc. art. L. 323-17, al. 1ᵉʳ et 2.*] – V. art. L. 5215-1 (pén.), R. 5215-1 (pén.) et R. 5213-22 s.

L'obligation de ré-entraînement prévue par l'art. L. 5213-5, inclus dans un chapitre du C. trav. relatif à la reconnaissance et à l'orientation des travailleurs handicapés sous un titre intitulé « travailleurs handicapés », ne concerne que les salariés blessés ou malades reconnus comme travailleurs handicapés. • Soc. 12 janv. 2011 : D. actu. 7 févr. 2011, obs. Ines ; D. 2011. Actu. 310 ; JCP S 2011. 1120, obs. Verkindt. ♦ Il est indifférent qu'il n'ait jamais repris le travail avant son licenciement. • Soc. 23 nov. 2016, n° 14-29.592 P : D. 2016 Actu. 2471 ; RJS 2/2017, n° 157 ; JCP S 2017. 1080, obs. Jeansen.

SECTION 3 Orientation en milieu professionnel

SOUS-SECTION 1 Droits et garanties des travailleurs handicapés

Art. L. 5213-6 Afin de garantir le respect du principe d'égalité de traitement à l'égard des travailleurs handicapés, l'employeur prend, en fonction des besoins dans une situation concrète, les mesures appropriées pour permettre aux travailleurs mentionnés aux 1° à 4° et 9° à 11° de l'article L. 5212-13 d'accéder à un emploi ou de conserver un emploi correspondant à leur qualification, de l'exercer ou d'y progresser ou pour qu'une formation adaptée à leurs besoins leur soit dispensée.

(*L. n° 2016-1088 du 8 août 2016, art. 56-1*) « L'employeur s'assure que les logiciels installés sur le poste de travail des personnes handicapées et nécessaires à leur exercice professionnel sont accessibles. Il s'assure également que le poste de travail des personnes handicapées est accessible en télétravail. »

(*L. n° 2023-1196 du 18 déc. 2023, art. 12*) « En cas de changement d'employeur, la conservation des équipements contribuant à l'adaptation du poste de travail des travailleurs handicapés, lorsqu'il comporte les mêmes caractéristiques dans la nouvelle entreprise, peut être prévue par convention entre les deux entreprises concernées. Cette convention peut également être conclue entre une entreprise privée et un employeur public au sens de l'article L. 131-8 du code général de la fonction publique. »

Ces mesures sont prises sous réserve que les charges consécutives à leur mise en œuvre ne soient pas disproportionnées, compte tenu de l'aide prévue à l'article L. 5213-10 qui (*L. n° 2023-1196 du 18 déc. 2023, art. 12*) « peut » compenser en tout ou partie les dépenses supportées à ce titre par l'employeur.

Le refus de prendre des mesures au sens du premier alinéa peut être constitutif d'une discrimination au sens de l'article (*L. n° 2008-496 du 27 mai 2008, art. 6, 8°*) « L. 1133-3 ».

BIBL. ▶ Bossu, *JCP S 2018. 1192* (l'accommodement raisonnable). – Sereno, *RDT 2018. 527* (l'aménagement raisonnable en matière d'emploi).

Discrimination fondée sur le handicap. Lorsqu'un travailleur handicapé est déclaré inapte, l'exigence générale de recherche d'un reclassement doit être combinée à l'obligation spécifique au travailleur handicapé d'adaptation du poste de travail posée par l'art. L. 5213-6 C. trav. L'employeur doit prendre les « mesures appropriées » pour permettre au salarié handicapé de conserver son emploi ; à défaut le licenciement est nul en tant que constitutif d'une discrimination fondée sur le handicap. ● Soc. 3 juin 2020, ⚖ n° 18-21.993 P : D. 2020. Actu. 1233 ⊘ ; RJS 7/2020, n° 382 ; JCP S 2020. 2077, obs. Babin.

Art. L. 5213-6-1 (L. n° 2018-771 du 5 sept. 2018, art. 69) Dans toute entreprise employant au moins deux cent cinquante salariés, est désigné un référent chargé d'orienter, d'informer et d'accompagner les personnes en situation de handicap.

(L. n° 2019-486 du 22 mai 2019, art. 11-VI, en vigueur le 1er janv. 2020) « Pour l'application du présent article, l'effectif salarié et le franchissement du seuil de deux cent cinquante salariés sont déterminés selon les modalités prévues à l'article L. 130-1 du code de la sécurité sociale [V. cet art. ss. art. L. 1152-1]. »

(L. n° 2021-1018 du 2 août 2021, art. 20, en vigueur le 31 mars 2022) « A la demande du travailleur concerné, le référent participe au rendez-vous de liaison prévu à l'article L. 1226-1-3 du présent code ainsi qu'aux échanges organisés sur le fondement du dernier alinéa du I de l'article L. 4624-2-2. Dans les deux cas, il est tenu à une obligation de discrétion à l'égard des informations à caractère personnel qu'il est amené à connaître. »

Art. L. 5213-7 Le salaire des bénéficiaires mentionnés à l'article L. 5212-13 ne peut être inférieur à celui qui résulte de l'application des dispositions légales ou des stipulations de la convention ou de l'accord collectif de travail. − [Anc. art. L. 323-6, al. 1er.]

Art. L. 5213-8 Les travailleurs handicapés embauchés en application des dispositions du chapitre II ne peuvent, en cas de rechute de l'affection invalidante, bénéficier des avantages spéciaux accordés en cas de maladie par un statut particulier ou une convention ou accord collectif de travail.

Toutefois, ces statuts ou conventions collectives peuvent prévoir des dérogations aux dispositions mentionnées au premier alinéa.

Dans le cas d'accident ou de maladie autre que l'affection invalidante, les intéressés peuvent bénéficier des avantages spéciaux dès leur embauche dans les mêmes conditions que les autres membres du personnel.

Lorsque l'affection du travailleur handicapé est dite consolidée, celui-ci peut, s'il est à nouveau atteint de la maladie qui était à l'origine de son invalidité, bénéficier des avantages spéciaux mentionnés au premier alinéa à l'expiration d'un délai d'un an, à compter de la date de la consolidation. − [Anc. art. L. 323-21, al. 1er à 4.]

Art. L. 5213-9 En cas de licenciement, la durée du préavis déterminée en application de l'article L. 1234-1 est doublée pour les bénéficiaires du chapitre II, sans toutefois que cette mesure puisse avoir pour effet de porter au-delà de trois mois la durée de ce préavis.

Toutefois, ces dispositions ne sont pas applicables lorsque les conventions ou accords collectifs de travail ou, à défaut, les usages prévoient un préavis d'une durée au moins égale à trois mois. − [Anc. art. L. 323-7.]

1. Salariés concernés. L'exclusion de certaines catégories d'emplois prévue à l'art. D. 323-3 n'est édictée que pour le calcul des effectifs à prendre en compte pour l'obligation d'emploi des handicapés définie par l'art. L. 323-1 [L. 5212-1 nouv.]. Il en résulte qu'un travailleur handicapé occupant un emploi qui relève de l'une des catégories figurant sur la liste annexée à l'art. D. 323-3 peut se prévaloir des dispositions de l'art. L. 323-7 [L. 5213-9 nouv.] relatives au doublement de la durée du délai-congé. ● Soc. 28 mars 2000, ⚖ n° 98-40.216 P : Dr. soc. 2000. 656, obs. Chaumette ⊘ ; JSL 2000, n° 58-14.

2. Obligations des salariés. Les renseignements relatifs à l'état de santé du salarié ne peuvent être confiés qu'au médecin du travail ; aussi, le salarié ne commet aucune faute en ne révélant pas sa qualité de travailleur handicapé avant la notification de son licenciement et ne peut se voir priver des droits qu'il tient de l'art. L. 323-7 [L. 5213-9 nouv.]. ● Soc. 7 nov. 2006 : ⚖ D. 2006. IR 2873 ⊘ ; RDT 2007. 116, obs. Véricel ⊘ ; RJS 2006. 96, n° 119.

3. Indemnité compensatrice de préavis. L'art. L. 5213-9, qui a pour but de doubler la durée du délai-congé en faveur des salariés handicapés, n'est pas applicable à cette indemnité compensatrice de préavis qui doit être versée par l'employeur au salarié déclaré par le médecin du travail inapte à reprendre l'emploi occupé précédemment et dont le contrat a été rompu. ● Soc. 10 mars 2009 : ⚖ D. 2009. AJ 954 ⊘ ; RJS 2009. 373, n° 429.

SOUS-SECTION 2 Aides financières

Art. L. 5213-10 L'État peut attribuer une aide financière du fonds de développement pour l'insertion professionnelle des handicapés à tout employeur soumis à l'obligation d'emploi de travailleurs handicapés afin de faciliter la mise ou la remise au travail en milieu ordinaire de production des personnes handicapées.

Cette aide peut également être destinée à compenser les charges supplémentaires d'encadrement. – *[Anc. art. L. 323-9, al. 6, phrases 1 et 3.]* – *V. art. R. 5213-32 s.*

Art. L. 5213-11 *(Abrogé par L. n° 2023-1196 du 18 déc. 2023, art. 10-I)* « *Pour l'application des dispositions de l'article L. 5213-7 relatives au salaire du travailleur handicapé,* » Une aide financée par le fonds de développement pour l'insertion professionnelle des handicapés peut être attribuée sur décision de *(L. n° 2010-1657 du 29 déc. 2010, art. 208-II)* « l'association mentionnée à l'article L. 5214-1 ».

Cette aide, demandée par l'employeur *(L. n° 2023-1196 du 18 déc. 2023, art. 10-I)* « ou le travailleur non salarié », peut être allouée en fonction des caractéristiques *(L. n° 2023-1196 du 18 déc. 2023, art. 10-I)* « du bénéficiaire de l'obligation d'emploi mentionnée à l'article L. 5212-13, notamment de la lourdeur de son handicap, après aménagement optimal de son poste et de son environnement de travail. »

Art. L. 5213-12 Les travailleurs handicapés qui font le choix d'exercer une activité professionnelle non salariée peuvent bénéficier d'une aide du fonds de développement pour l'insertion professionnelle des handicapés lorsque, du fait de leur handicap, leur productivité se trouve notoirement diminuée. – *[Anc. art. L. 323-6, al. 3 fin.]*

SOUS-SECTION 3 Entreprises adaptées *(L. n° 2018-771 du 5 sept. 2018, art. 76-I, en vigueur le 1er janv. 2019).*

Art. L. 5213-13 *(L. n° 2018-771 du 5 sept. 2018, art. 76-II)* L'État agrée en qualité d'entreprise adaptée des structures qui répondent aux critères prévus à l'article L. 5213-13-1 *(L. n° 2023-1196 du 18 déc. 2023, art. 10-I, en vigueur le 1er janv. 2024)* « et en qualité d'entreprise adaptée de travail temporaire celles qui répondent aux critères prévus à l'article L. 5213-13-3 ». Il conclut avec elles des contrats pluriannuels d'objectifs et de moyens valant agrément.

Les entreprises adaptées *(L. n° 2023-1196 du 18 déc. 2023, art. 10-I, en vigueur le 1er janv. 2024)* « et les entreprises adaptées de travail temporaire » sont constituées par des collectivités territoriales ou des organismes publics ou privés. Lorsqu'elles sont constituées par des sociétés commerciales, elles prennent la forme de personnes morales distinctes.

Transfert des contrats de travail et salariés non handicapés. Compte tenu du statut des entreprises adaptées, dont l'un des objectifs prioritaires est de permettre aux personnes handicapées d'exercer une activité professionnelle dans des conditions adaptées à leurs possibilités grâce à l'accompagnement spécifique qu'elles leur proposent, ces entreprises ne sont pas soumises à l'égard des salariés non handicapés à la garantie d'emploi instaurée par l'accord professionnel du 7 juill. 2009 relatif à la garantie de l'emploi et la poursuite des relations de travail en cas de changement de prestataire dans le transport interurbain des voyageurs. ● Soc. 28 févr. 2018, ⚖ n° 16-19.450 P : *RJS 5/2018, n° 377 ; JCP S 2018. 1127, obs. Montpellier.*

Art. L. 5213-13-1 *(L. n° 2018-771 du 5 sept. 2018, art. 76-II, en vigueur le 1er janv. 2019)* Les entreprises adaptées contribuent au développement des territoires et promeuvent un environnement économique inclusif favorable aux femmes et aux hommes en situation de handicap.

Elles concluent des contrats de travail avec des travailleurs reconnus handicapés par la commission des droits et de l'autonomie des personnes handicapées mentionnée à l'article L. 241-5 du code de l'action sociale et des familles qui se trouvent sans emploi ou qui courent le risque de perdre leur emploi en raison de leur handicap. Elles permettent à leurs salariés d'exercer une activité professionnelle dans un environnement adapté à leurs possibilités, afin qu'ils obtiennent ou conservent un emploi.

Ces entreprises emploient des proportions minimale et maximale, fixées par décret, de travailleurs reconnus handicapés, qu'elles recrutent soit sur proposition du service public de l'emploi, soit directement, en application de critères déterminés par arrêté du ministre chargé de l'emploi. – *V. art. D. 5213-63 s.*

Elles mettent en œuvre pour ces salariés un accompagnement spécifique destiné à favoriser la réalisation de leur projet professionnel, la valorisation de leurs compétences et leur mobilité au sein de l'entreprise elle-même ou vers d'autres entreprises.

Le premier alinéa de l'article L. 1224-2 n'est pas applicable à l'entreprise cédante ni au repreneur à la suite d'une reprise de marché ou à la suite d'une entreprise adaptée.

Art. L. 5213-13-2 (*L. n° 2023-1196 du 18 déc. 2023, art. 10-I, en vigueur le 1er janv. 2024*) Les entreprises adaptées peuvent, en application de l'article L. 1242-3, conclure des contrats de travail à durée déterminée avec des travailleurs mentionnés à l'article L. 5213-13-1 afin de faciliter leur transition professionnelle vers d'autres entreprises.

Ces contrats prévoient un accompagnement renforcé destiné à favoriser la réalisation d'un projet professionnel et la valorisation des compétences acquises durant la formation.

Un décret en Conseil d'État prévoit les conditions dans lesquelles, pour tenir compte des actions d'accompagnement et de formation professionnelle mises en œuvre ainsi que de la situation du salarié au regard de son projet professionnel, ces contrats peuvent déroger aux dispositions du présent code relatives à la durée totale des contrats de travail à durée déterminée, dans la limite de vingt-quatre mois, ainsi qu'à celles relatives aux conditions de leur renouvellement, dans la limite d'une durée totale de soixante mois. Ce décret peut également prévoir des modalités spécifiques de suspension ou de rupture du contrat à l'initiative du salarié ainsi que des dérogations à la durée hebdomadaire minimale du travail.

Art. L. 5213-13-3 (*L. n° 2023-1196 du 18 déc. 2023, art. 10-I, en vigueur le 1er janv. 2024*) Les entreprises adaptées de travail temporaire concluent des contrats de mission pour faciliter l'accès à l'emploi durable des travailleurs mentionnés à l'article L. 5213-13-1, dont la durée totale peut être portée à vingt-quatre mois, renouvellement compris, par dérogation aux articles L. 1251-12 et L. 1251-12-1, et dont la durée hebdomadaire de travail peut être inférieure à la durée minimale par dérogation à l'article L. 3123-27, lorsque la situation du salarié le justifie. Elles peuvent également conclure les contrats de travail à durée indéterminée intérimaires mentionnés à l'article L. 1251-58-1.

Ces entreprises mettent en œuvre pour leurs salariés un accompagnement renforcé destiné à favoriser la réalisation de leur projet professionnel, la valorisation des compétences acquises durant leur formation et leur transition professionnelle vers d'autres entreprises.

Par dérogation à l'article L. 1251-36, aucun délai de carence n'est applicable :

1° Entre deux contrats de mission conclus en application du présent article avec le même salarié durant son parcours d'accompagnement ;

2° En cas d'embauche du salarié par l'entreprise utilisatrice, à l'issue de son contrat de mission, en contrat à durée déterminée d'une durée d'au moins deux mois.

Art. L. 5213-14 Les dispositions du présent code sont applicables aux travailleurs handicapés salariés des entreprises adaptées (*L. n° 2023-1196 du 18 déc. 2023, art. 10-I, en vigueur le 1er janv. 2024*) « et des entreprises adaptées de travail temporaire ».

Art. L. 5213-15 Le travailleur handicapé employé dans une entreprise adaptée (*L. n° 2023-1196 du 18 déc. 2023, art. 10-I, en vigueur le 1er janv. 2024*) « ou dans une entreprise adaptée de travail temporaire » reçoit un salaire fixé compte tenu de l'emploi qu'il occupe et de sa qualification par référence aux dispositions légales ou stipulations conventionnelles applicables dans la branche d'activité.

Ce salaire ne peut être inférieur au salaire minimum de croissance déterminé en application des articles L. 3231-1 et suivants.

Le travailleur (*L. n° 2023-1196 du 18 déc. 2023, art. 10-I, en vigueur le 1er janv. 2024*) « handicapé employé dans une entreprise adaptée ou dans une entreprise adaptée de travail temporaire » bénéficie en outre des dispositions prévues au livre III de la troisième partie relatives à l'intéressement, à la participation et à l'épargne salariale.

1. Licenciement pour motif économique. Sur le licenciement économique d'un salarié handicapé employé dans un atelier protégé, V. • Soc. 8 juin 1994, ⚖ n° 90-45.703 P.

2. ESAT. Les travailleurs handicapés ne sont pas liés par un contrat de travail aux centres d'aide par le travail. • Soc. 18 mars 1997, ⚖ n° 94-41.716 P :

Dr. soc. 1997. 525, obs. Verkindt ⌀ ; RJS 1997. 489, n° 765.

3. Garantie de ressources. Les accessoires de salaire sont dus en sus de la garantie de ressources. • Soc. 24 nov. 2004, ⚖ n° 02-45.662 P : Dr. soc. 2005. 220, obs. Savatier ⌀ ; RJS 2005. 163, n° 233.

Art. L. 5213-16 (L. n° 2018-771 du 5 sept. 2018, art. 76-IV, en vigueur le 1er janv. 2019) « Pour favoriser la réalisation de leur projet professionnel, » un ou plusieurs travailleurs handicapés employés dans une entreprise adaptée peuvent être mis à la disposition provisoire d'un autre employeur (L. n° 2018-771 du 5 sept. 2018, art. 76-IV, en vigueur le 1er janv. 2019) « pour une durée déterminée, en vue de leur éventuelle embauche, » dans des conditions prévues par l'article L. 8241-2 et suivant des modalités précisées par décret.

(L. n° 2018-771 du 5 sept. 2018, art. 76-IV, en vigueur le 1er janv. 2019) « Pour faciliter leur accès à un emploi durable, l'entreprise adaptée met en œuvre un appui individualisé pour l'entreprise utilisatrice et des actions d'accompagnement professionnel et de formation pour les travailleurs handicapés. La prestation d'appui individualisée est rémunérée par l'entreprise utilisatrice et est distincte de la mise à disposition. »

Art. L. 5213-17 En cas de départ volontaire vers l'entreprise ordinaire, le salarié handicapé démissionnaire bénéficie, au cas où il souhaiterait réintégrer l'entreprise adaptée, d'une priorité d'embauche dont les modalités sont déterminées par décret. – V. art. D. 5213-86. – [Anc. art. L. 323-33.]

Art. L. 5213-18 (L. n° 2018-771 du 5 sept. 2018, art. 76-VIII) Les entreprises adaptées (L. n° 2023-1196 du 18 déc. 2023, art. 10-I, en vigueur le 1er janv. 2024) « et les entreprises adaptées de travail temporaire » bénéficient de l'ensemble des dispositifs prévus au livre I de la présente partie.

Art. L. 5213-19 (L. n° 2018-771 du 5 sept. 2018, art. 76-V, en vigueur le 1er janv. 2019) Seul l'emploi des travailleurs qui remplissent les conditions mentionnées aux deuxième et troisième alinéas de l'article L. 5213-13-1 ouvre droit au bénéfice d'aides financières contribuant à compenser les conséquences du handicap et des actions engagées liées à leur emploi. Ces aides sont attribuées dans la limite des crédits fixés annuellement par la loi de finances.

V. Arr. du 19 avr. 2022 relatif aux critères des recrutements opérés hors expérimentation, soit sur proposition du service public de l'emploi, soit directement par les entreprises adaptées, et susceptibles d'ouvrir droit aux aides financières de l'État, NOR : MTRD2210858A (JO 29 avr.).

Art. L. 5213-19-1 (L. n° 2018-771 du 5 sept. 2018, art. 76-VI) Un décret en Conseil d'État détermine les conditions d'application de la présente sous-section, notamment :

1° Les conditions d'exécution, de suivi, de renouvellement et du contrôle des contrats pluriannuels d'objectifs et de moyens mentionnés à l'article L. 5213-13 ainsi que leurs modalités de suspension ou de dénonciation ;

(L. n° 2023-1196 du 18 déc. 2023, art. 10-I, en vigueur le 1er janv. 2024) « 2° Les modalités des accompagnements mentionnés aux articles L. 5213-13-1 à L. 5213-13-3 ; »

3° Les modalités de détermination, d'attribution et de versement des aides financières de l'État mentionnées à l'article L. 5213-19 et les règles de non-cumul.

SECTION 4 Autres orientations

Art. L. 5213-20 (Abrogé par L. n° 2018-771 du 5 sept. 2018, art. 76-VII, à compter du 1er janv. 2019) Les personnes handicapées pour lesquelles une orientation sur le marché du travail par la commission des droits et de l'autonomie des personnes handicapées s'avère impossible peuvent être admises dans un établissement ou service d'aide par le travail mentionné au a du 5° du I de l'article L. 312-1 du code de l'action sociale et des familles. – [Anc. art. L. 323-30, al. 1er.]

1. Compétence exclusive de la commission départementale des handicapés (jurisprudence antérieure à la L. n° 2005-102 du 11 févr. 2005 ayant transféré le contentieux des décisions de la Cotorep aux juridictions administratives). La commission départementale des handicapés est seule compétente pour statuer sur les contestations relatives à la décision d'une Cotorep concernant l'orientation d'une personne handicapée et les mesures propres à assurer son reclassement. • T. confl. 14 mars 1988 : *RDSS 1988. 604*, note Lévy. ♦ ... Ainsi que sur les recours contre une décision en matière de reconnaissance de la qualité de travailleur handicapé. • CE 10 juin 1988 : *Lebon 236*. ♦ Comp., lorsque la Cotorep se prononce sur l'aptitude d'un travailleur handicapé candidat à un concours de recrutement : • CE 9 oct. 1987 : *D. 1989. Somm. 210*, obs. Chelle et Prétot (compétence du juge administratif de droit commun).

2. Les recours contre les décisions prises tant par la commission départementale de l'éducation spéciale que par la Cotorep aux fins de prolonger le placement dans un établissement d'éducation spéciale de personnes handicapées qui ne peuvent être immédiatement admises dans un établissement pour adultes, doivent être portés devant la juridiction du contentieux technique de la sécurité sociale, sans qu'il y ait lieu de distinguer suivant que le litige porte sur le bien-fondé de la mesure ou sur le non-respect de la procédure déterminée par la loi. • T. confl. 5 avr. 1993 : *D. 1994. Somm. 245*, obs. Chelle et Prétot. ♦ La contestation d'une décision de la commission technique d'orientation et de reclassement professionnel, relative au point de départ de la période au titre de laquelle le taux d'incapacité d'une personne handicapée justifiait l'attribution de cette allocation, ne peut relever, quels que soient les motifs de cette décision, que de la compétence des juridictions du contentieux technique de la sécurité sociale. • T. confl. 18 avr. 2005, n° 05-03.417 P.

3. Incidence du classement sur le contrat de travail. La décision de la Cotorep de modifier le classement en invalidité d'un travailleur handicapé employé par un atelier protégé, déclaré apte à un emploi en milieu ordinaire, constitue une cause réelle et sérieuse de licenciement, dès lors que l'employeur a démontré l'impossibilité du reclassement de l'intéressé sur un poste de travail correspondant à la nouvelle capacité du salarié. • Soc. 2 juin 2004, n° 02-44.015 P : *Dr. soc. 2004. 895*, obs. Savatier ; *RJS 2004. 664, n° 974* ; *D. 2004. 2082* ; *Dr. ouvrier 2004. 571* ; *JSL 2004, n° 149-5*.

4. La décision de la Cotorep de modifier le classement en invalidité d'un travailleur handicapé employé par un atelier protégé, et de proposer en raison de son classement en catégorie C un essai en centre d'aide par le travail, constitue une cause réelle et sérieuse de licenciement, l'employeur ne pouvant le maintenir dans son établissement qui n'est plus habilité à le recevoir. • Soc. 20 sept. 2006 : *RDT 2007. 116*, obs. Véricel ; *RJS 2006. 986, n° 1328* ; *Dr. soc. 2006. 1117*, note Savatier ; *JCP E 2006. 2848*, obs. Verkindt.

5. Travailleurs handicapés et transfert conventionnel des contrats. L'affectation des travailleurs handicapés dans un atelier protégé, aujourd'hui dénommé entreprise adaptée, dépend d'une décision de la Cotorep, devenue depuis la Commission des droits et de l'autonomie des personnes handicapées ; le statut de ces structures et du personnel handicapé qu'elles emploient est incompatible avec l'application des dispositions de l'annexe VII de la convention collective nationale des entreprises de propreté organisant à l'égard d'autres employeurs, qui ne sont pas soumis aux mêmes dispositions, la reprise du personnel en cas de perte d'un marché. • Soc. 11 mars 2009 : *RDT 2009. 661*, obs. Canut et Cros-Courtial.

SECTION 5 Actions en justice

Art. L. 5213-21 Les associations ayant pour objet principal la défense des intérêts des bénéficiaires du présent chapitre peuvent exercer une action civile fondée sur l'inobservation des dispositions des articles L. 5213-7 et L. 5213-9 à L. 5213-12, lorsque cette inobservation porte un préjudice certain à l'intérêt collectif qu'elles représentent. — *[Anc. art. L. 323-8-7.]*

SECTION 6 Dispositions d'application

Art. L. 5213-22 Un décret en Conseil d'État détermine les modalités d'application du présent chapitre. — *[Anc. art. L. 323-34, al. 1er et 6 à 8, L. 323-17, al. 2, L. 323-6, al. 2, phrase 2 fin, et al. 3 début, L. 323-8-8, L. 323-31, al. 2, L. 323-31, al. 5 fin.]* — V. art. R. 5213-1 s.

CHAPITRE IV INSTITUTIONS ET ORGANISMES CONCOURANT À L'INSERTION PROFESSIONNELLE DES HANDICAPÉS

SECTION 1 A Pilotage des politiques en faveur de l'emploi des personnes handicapées

(L. n° 2011-901 du 28 juill. 2011, art. 12-II)

Art. L. 5214-1 A L'État assure le pilotage de la politique de l'emploi des personnes handicapées. Il fixe, en lien avec le service public de l'emploi, *(L. n° 2014-288 du 5 mars 2014, art. 21-I)* « les régions chargées du service public régional de la formation professionnelle, » l'association chargée de la gestion du fonds de développement pour l'insertion professionnelle des handicapés et le fonds d'insertion des personnes handicapées dans la fonction publique, les objectifs et priorités de cette politique.

Art. L. 5214-1 B Une convention pluriannuelle d'objectifs et de moyens est conclue entre l'État, l'institution mentionnée à l'article L. 5312-1, l'association chargée de la gestion du fonds de développement pour l'insertion professionnelle des handicapés, le fonds d'insertion des personnes handicapées dans la fonction publique et la Caisse nationale de solidarité pour l'autonomie.

Cette convention prévoit :

1° Les modalités de mise en œuvre par les parties à la convention des objectifs et priorités fixés en faveur de l'emploi des personnes handicapées ;

2° Les services rendus aux demandeurs d'emploi bénéficiaires de l'obligation d'emploi et aux employeurs privés et publics qui souhaitent recruter des personnes handicapées ;

3° Les modalités de mise en œuvre de l'activité de placement et les conditions du recours aux organismes de placement spécialisés mentionnés à l'article L. 5214-3-1, en tenant compte de la spécificité des publics pris en charge ;

4° Les actions, prestations, aides ou moyens mis à disposition du service public de l'emploi et des organismes de placement spécialisés par l'association et le fonds mentionnés au premier alinéa du présent article ;

5° Les modalités du partenariat que les maisons départementales des personnes handicapées mettent en place avec le service public de l'emploi, l'association et le fonds mentionnés au premier alinéa et les moyens qui leur sont alloués dans ce cadre pour leur permettre de s'acquitter de leur mission d'évaluation et d'orientation professionnelles ;

6° Les conditions dans lesquelles un comité de suivi, composé des représentants des parties à la convention, assure l'évaluation des actions dont elle prévoit la mise en œuvre.

(L. n° 2014-288 du 5 mars 2014, art. 21-I) « Avant sa signature, la convention est transmise pour avis au Conseil national de l'emploi, de la formation et de l'orientation professionnelles. »

Pour son application, la convention fait l'objet de déclinaisons régionales *(Abrogé par L. n° 2014-288 du 5 mars 2014, art. 21-I)* « ou locales » associant les maisons départementales des personnes handicapées et l'ensemble des acteurs concourant à l'insertion des personnes les plus éloignées de l'emploi. Les organismes de placement spécialisés sont consultés pour avis. Ces conventions régionales *(Abrogé par L. n° 2014-288 du 5 mars 2014, art. 21)* « et locales » s'appuient sur les plans régionaux d'insertion professionnelle des travailleurs handicapés.

SECTION 1 Fonds de développement pour l'insertion professionnelle des handicapés

Art. L. 5214-1 Le fonds de développement pour l'insertion professionnelle des handicapés a pour objet d'accroître les moyens consacrés à l'insertion des handicapés en milieu ordinaire de travail.

La gestion de ce fonds est confiée à une association administrée par des représentants des salariés, des employeurs et des personnes handicapées ainsi que par des personnalités qualifiées. *(L. n° 2023-1322 du 29 déc. 2023, art. 156-XXXI)* « Cette association attribue des subventions à ce fonds, dans la limite des contributions qu'elle perçoit. »

Les statuts de l'association sont agréés par l'autorité administrative. — *V. art. R. 5214-1 s.*

Art. L. 5214-1-1 *Abrogé par L. n° 2014-288 du 5 mars 2014, art. 21-I.*

Art. L. 5214-2 Une convention d'objectifs est conclue, tous les trois ans, entre l'État et l'association chargée de la gestion du fonds de développement pour l'insertion professionnelle des handicapés. — *[Anc. art. L. 323-8-3, al. 3, phrase 1.]*

Art. L. 5214-3 Les ressources *(L. n° 2023-1322 du 29 déc. 2023, art. 156-XXXI)* « affectées à l'association gestionnaire » du fonds de développement pour l'insertion professionnelle des handicapés sont destinées à favoriser toutes les formes d'insertion professionnelle des handicapés en milieu ordinaire de travail.

Elles sont affectées notamment :

1° A la compensation du coût supplémentaire des actions de formation et au financement d'actions d'innovation et de recherche dont bénéficient les intéressés dans l'entreprise ;

(L. n° 2016-1088 du 8 août 2016, art. 101, en vigueur le 1ᵉʳ janv. 2018) « 2° A des mesures nécessaires à l'insertion professionnelle, au suivi durable et au maintien dans l'emploi des travailleurs handicapés dans l'objectif de favoriser la sécurisation de leurs parcours professionnels ; »

(L. n° 2014-288 du 5 mars 2014, art. 21-I) « 3° Au financement de tout ou partie des actions de formation professionnelle préqualifiantes et certifiantes des demandeurs d'emploi handicapés. »

Les actions définies au présent article peuvent concerner les entreprises non assujetties à l'obligation d'emploi prévue par l'article L. 5212-2 lorsqu'elles emploient des bénéficiaires de cette obligation, ainsi que les travailleurs handicapés qui exercent une activité indépendante.

SECTION 1 *BIS* **Organismes de placement spécialisés dans l'insertion professionnelle des personnes handicapées**

(L. n° 2011-901 du 28 juill. 2011, art. 14)

Art. L. 5214-3-1 Des organismes de placement spécialisés, chargés de la préparation, de l'accompagnement *(L. n° 2016-1088 du 8 août 2016, art. 101, en vigueur le 1ᵉʳ janv. 2018)* « , du suivi durable et du maintien » dans l'emploi des personnes handicapées, participent au dispositif d'insertion professionnelle et d'accompagnement spécifique prévu pour les travailleurs handicapés mis en œuvre par l'État, le service public de l'emploi, l'association chargée de la gestion du fonds de développement pour l'insertion professionnelle des handicapés et le fonds pour l'insertion professionnelle des personnes handicapées dans la fonction publique.

(L. n° 2023-1196 du 18 déc. 2023, art. 4-I, en vigueur à une date fixée par décret et, au plus tard, le 1ᵉʳ janv. 2025) « Ces organismes sont des opérateurs spécialisés du réseau pour l'emploi mentionné à l'article L. 5311-7. Ils contribuent à la mise en œuvre des missions de ce réseau au bénéfice des demandeurs d'emploi en situation de handicap et ils participent à ses instances de gouvernance. »

Ils sont conventionnés à cet effet *[nouvelle rédaction issue de la L. n° 2023-1196 du 18 déc. 2023, art. 4-I, en vigueur à une date fixée par décret et, au plus tard, le 1ᵉʳ janv. 2025 : « au titre de l'exercice de ces missions »]* et peuvent, à cette condition, mobiliser les aides, actions et prestations proposées par l'association et le fonds mentionnés au premier alinéa *(L. n° 2023-1196 du 18 déc. 2023, art. 4-I, en vigueur à une date fixée par décret et, au plus tard, le 1ᵉʳ janv. 2025)* « du présent article ».

Les organismes de placement spécialisés assurent, en complémentarité avec l'institution mentionnée à l'article L. 5312-1, une prise en charge adaptée des demandeurs d'emploi bénéficiaires de l'obligation d'emploi dans des conditions définies par une convention.

(L. n° 2023-1196 du 18 déc. 2023, art. 4-I, en vigueur à une date fixée par décret et, au plus tard, le 1ᵉʳ janv. 2025) « Ils assurent, en collaboration avec les autres opérateurs du réseau pour l'emploi, une mission d'appui des entreprises dans le recrutement de travailleurs en situation de handicap et d'aide à l'intégration de ces travailleurs. »

SECTION 2 Actions en justice

Art. L. 5214-4 Les associations ayant pour objet principal la défense des intérêts des bénéficiaires du présent chapitre peuvent exercer une action civile fondée sur l'inobservation des dispositions de ce même chapitre, lorsque cette inobservation porte un préjudice certain à l'intérêt collectif qu'elles représentent. – *[Anc. art. L. 323-8-7.]*

SECTION 3 Dispositions d'application

Art. L. 5214-5 Un décret en Conseil d'État détermine les modalités d'application du présent chapitre, notamment :
1° *Abrogé par L. n° 2011-525 du 17 mai 2011, art. 67.*
2° Les modalités du contrôle de la répartition et de l'utilisation des *(L. n° 2023-1322 du 29 déc. 2023, art. 156-XXXI)* « ressources » versées au fonds de développement pour l'insertion professionnelle des handicapés.

CHAPITRE V DISPOSITIONS PÉNALES

Art. L. 5215-1 En cas de méconnaissance des dispositions de l'article L. 5213-5 relatives au réentraînement au travail et à la rééducation professionnelle des malades et blessés, les dispositions des articles L. 4741-4, L. 4741-5 et L. 4741-12 sont applicables. – *[Anc. art. L. 362-1.]*

TITRE II TRAVAILLEURS ÉTRANGERS

RÉP. TRAV. v° *Travailleur étranger*, par WOLMARK.

BIBL. GÉN. ▶ BONNECHÈRE, *Dr. ouvrier* 1985. 77 ; *ibid.* 1986. 393 (réglementation de l'immigration) ; *ibid.* 1990. 461 (vers un droit à l'intégration). – COMBREXELLE, *Gaz. Pal.* 1988. 2. Doctr. 648 (évolution du droit des étrangers). – COMBREXELLE et CHABANOL, *ibid.* 1987. 2. Doctr. 613. – GUIMEZANES, *JCP* 1987. I. 3270 (loi du 9 sept. 1986) ; *JCP* 1990. I. 3424 (loi n° 89-548 du 2 août 1989). – LOSCHAK, *Dr. soc.* 1990. 76 ⌀ (licéité des discriminations frappant les étrangers ?). – MANGEMATIN, *Dr. soc.* 2013. 402 ⌀ (rupture de la relation de travail du travailleur étranger en situation irrégulière). – MOTTIN, *JCP* 1989. I. 3380 (une priorité d'emploi aux travailleurs français est-elle possible en droit ?). – SAVATIER, *Dr. soc.* 1986. 424 (sanctions civiles à l'emploi des salariés étrangers).

CHAPITRE I EMPLOI D'UN SALARIÉ ÉTRANGER

SECTION 1 Accords internationaux

Art. L. 5221-1 Les dispositions du présent titre sont applicables, sous réserve de celles des traités, conventions ou accords régulièrement ratifiés ou approuvés et publiés, et notamment des traités instituant les communautés européennes ainsi que de celles des actes des autorités de ces communautés pris pour l'application de ces traités. – *[Anc. art. L. 341-1.]*

SECTION 2 Introduction d'un travailleur étranger

Art. L. 5221-2 Pour entrer en France en vue d'y exercer une profession salariée, l'étranger présente :
1° Les documents et visas exigés par les conventions internationales et les règlements en vigueur ;
2° Un contrat de travail visé par l'autorité administrative ou une autorisation de travail. – *[Anc. art. L. 341-2, al. 1er.]*

En application de l'art. L. 231-5 CRPA, et par exception à l'application du délai de deux mois prévu à l'art. L. 231-1 du même code, le silence gardé par l'administration pendant deux mois vaut décision de rejet pour une demande d'autorisation de travail délivrée au étranger en vue d'exercer une activité salariée en France (Décr. n° 2014-1292 du 23 oct. 2014, art. 1er).

1. Rupture imputable au travailleur. En présence d'un refus de renouvellement d'un permis de travail mettant le salarié dans l'impossibilité de continuer à effectuer un travail au service d'une entreprise, la rupture du contrat n'est pas imputable à cette dernière. • Soc. 4 juill. 1978 : *Bull. civ.*

V, n° 545 ; D. 1980. 30, 2ᵉ esp., note G. Lyon-Caen.
♦ Comp., lorsque le non-renouvellement est dû à une faute de l'employeur : • Soc. 13 févr. 1991 : 🔒 RJS 1991. 265, n° 505.

2. Admission exceptionnelle au séjour et accès au marché du travail. La demande présentée par un étranger sur le fondement de l'art. L. 313-14 CESEDA n'a pas à être instruite dans les règles fixées par le code du travail relativement à la délivrance de l'autorisation de travail mentionnée à l'art. L. 5221-2 ; à Paris, le préfet de police n'est pas tenu de saisir le préfet de Paris afin que ce dernier accorde ou refuse, préalablement à ce qu'il soit statué sur la délivrance de la carte de séjour temporaire, l'autorisation de travail visée à l'art. L. 5221-5 C. trav. ; la demande d'autorisation de travail pourra, en tout état de cause, être présentée auprès de l'administration compétente lorsque l'étranger disposera d'un récépissé de demande de titre de séjour ou même de la carte sollicitée. • CE 8 juin 2010, 🔒 *Sacko : Lebon à paraître ; AJDA 2010. 1123*.

Art. L. 5221-2-1 (*L. n° 2019-774 du 24 juill. 2019, art. 70-VII*) Par dérogation à l'article L. 5221-2, n'est pas soumis à la condition prévue au 2° du même article L. 5221-2 :
1° L'étranger qui entre en France afin d'y exercer une activité salariée pour une durée inférieure ou égale à trois mois dans un domaine figurant sur une liste fixée par décret ;
2° Le praticien étranger titulaire d'un diplôme, d'un certificat ou d'un autre titre permettant l'exercice dans le pays d'obtention de ce diplôme, de ce certificat ou de ce titre, sur présentation de la décision d'affectation du ministre chargé de la santé dans un établissement de santé, prévue aux articles L. 4111-2 et L. 4221-12 du code de la santé publique, ainsi que, à titre transitoire, les médecins, chirurgiens-dentistes, sages-femmes et pharmaciens mentionnés à l'article 83 de la loi n° 2006-1640 du 21 décembre 2006 de financement de la sécurité sociale pour 2007, sur présentation de la décision du ministre chargé de la santé d'affectation dans un établissement de santé prévue au même article 83.

Art. L. 5221-3 L'étranger qui souhaite entrer en France en vue d'y exercer une profession salariée et qui manifeste la volonté de s'y installer durablement atteste d'une connaissance suffisante de la langue française sanctionnée par une validation des acquis de l'expérience ou s'engage à l'acquérir après son installation en France. – *[Anc. art. L. 341-2, al. 2 début.]*

Art. L. 5221-4 Sous réserve des accords internationaux, il est interdit à une entreprise de travail temporaire de mettre à la disposition de quelque personne que ce soit des travailleurs étrangers si la prestation de service s'effectue hors du territoire français. – *[Anc. art. L. 341-3.]* – V. art. L. 5224-1 *(pén.).*

SECTION 3 Conditions d'exercice d'une activité salariée

Art. L. 5221-5 Un étranger autorisé à séjourner en France ne peut exercer une activité professionnelle salariée en France sans avoir obtenu au préalable l'autorisation de travail mentionnée au 2° de l'article L. 5221-2.
(*L. n° 2009-1437 du 24 nov. 2009*) « L'autorisation de travail est accordée de droit à l'étranger autorisé à séjourner en France pour la conclusion d'un contrat d'apprentissage ou de professionnalisation à durée déterminée. » (*L. n° 2018-778 du 10 sept. 2018, art. 50*) « Cette autorisation est accordée de droit aux mineurs isolés étrangers pris en charge par l'aide sociale à l'enfance, sous réserve de la présentation d'un contrat d'apprentissage ou de professionnalisation. »
(*L. n° 2024-42 du 26 janv. 2024, art. 27, applicable jusqu'au 31 déc. 2026*) « Lorsqu'un titre de séjour "salarié" ou "travailleur temporaire" est délivré à l'étranger sur le fondement de l'article L. 435-4 du code de l'entrée et du séjour des étrangers et du droit d'asile, l'autorité administrative vérifie par tout moyen la réalité de l'activité alléguée. »
L'autorisation de travail peut être retirée si l'étranger ne s'est pas fait délivrer un certificat médical dans les trois mois suivant la délivrance de cette autorisation.

En application de l'art. L. 231-5 CRPA, et par exception à l'application du délai de deux mois prévu à l'art. L. 231-1 du même code, le silence gardé par l'administration pendant deux mois vaut décision de rejet pour une demande d'autorisation de travail délivrée à un étranger en vue d'exercer une activité salariée en France (Décr. n° 2014-1292 du 23 oct. 2014, art. 1ᵉʳ).

1. Autorité compétente. Le pouvoir d'apprécier la situation du demandeur d'une carte de séjour, au regard de l'exercice d'une activité salariée, appartient au préfet et, le cas échéant, au directeur départemental du travail en vertu d'une délégation de signature et non au préfet délégué pour la police. • CE 24 févr. 1989 : *D. 1989. IR 113 ; AJDA 1989. 404, obs. Prétot.*

2. Mineur étranger. Les mineurs étrangers âgés de 16 à 18 ans, confiés au service de l'aide sociale à l'enfance, doivent être regardés comme autorisés à séjourner en France lorsqu'ils sollicitent, pour la conclusion d'un contrat d'apprentissage ou de professionnalisation à durée déterminée, une autorisation de travail. Cette autorisation doit leur être délivrée de plein droit. En contraignant un mineur isolé étranger, âgé de 17 ans au moment de sa demande, à reporter d'une année le début de sa formation en alternance dans le cadre d'un certificat d'aptitude professionnelle (CAP) de cuisinier, alors que le suivi par l'intéressé d'une formation avant sa majorité est, au surplus, l'une des conditions de la délivrance ultérieure d'un titre de séjour, le refus opposé par la Direccte porte une atteinte grave et manifestement illégale à l'intérêt supérieur de l'enfant et à l'exigence constitutionnelle d'égal accès à l'instruction. ● CE 15 févr. 2017, ⚖ n° 407355 A : *D. 2017. 1732, obs. Gouttenoire* ⊘ *; D. 2018. 324, obs. Joubert* ⊘ *; JCP 2018. 938, obs. Verpeaux et Macaya.*

Art. L. 5221-6 La délivrance d'un titre de séjour ouvre droit, dans les conditions fixées *(Ord. n° 2020-1733 du 16 déc. 2020, art. 16, en vigueur le 1ᵉʳ mai 2021)* « au titre II du livre IV » du code de l'entrée et du séjour des étrangers et du droit d'asile, à l'exercice d'une activité professionnelle salariée.

Art. L. 5221-7 L'autorisation de travail peut être limitée à certaines activités professionnelles ou zones géographiques.

L'autorisation délivrée en France métropolitaine ne confère de droits qu'en France métropolitaine.

Pour l'instruction de la demande d'autorisation de travail, l'autorité administrative peut échanger tous renseignements et documents relatifs à cette demande avec les organismes concourant au service public de l'emploi mentionnés à l'article L. 5311-2, avec les organismes gérant un régime de protection sociale, avec l'établissement mentionné à l'article L. 767-1 du code de la sécurité sociale ainsi qu'avec les caisses de congés payés prévues à l'article *(L. n° 2016-1088 du 8 août 2016, art. 8)* « L. 3141-32 ».

(L. n° 2024-42 du 26 janv. 2024, art. 34) « Les agents de contrôle mentionnés à l'article L. 8271-17 peuvent obtenir tous renseignements et documents relatifs aux autorisations de travail. L'autorité administrative chargée d'instruire et de délivrer les autorisations de travail peut solliciter ces agents afin d'obtenir tous renseignements et documents nécessaires à l'instruction des demandes relatives à ces autorisations, dans des conditions définies par décret. »

Art. L. 5221-8 L'employeur s'assure auprès des administrations territorialement compétentes de l'existence du titre autorisant l'étranger à exercer une activité salariée en France, sauf si cet étranger est inscrit sur la liste des demandeurs d'emploi tenue par l'*(L. n° 2008-126 du 13 févr. 2008)* « institution mentionnée à l'article L. 5312-1 ». – *[Anc. art. L. 341-6, al. 3 fin.]* – V. art. R. 5224-1 *(pén.).*

Art. L. 5221-9 L'embauche d'un salarié étranger titulaire de la carte de séjour temporaire prévue *(Ord. n° 2020-1733 du 16 déc. 2020, art. 16, en vigueur le 1ᵉʳ mai 2021)* « aux articles L. 422-1, L. 422-2, L. 422-4 ou L. 422-5 » du code de l'entrée et du séjour des étrangers et du droit d'asile ne peut intervenir qu'après déclaration nominative effectuée par l'employeur auprès de l'autorité administrative. – V. art. R. 5224-1 *(pén.).*

Art. L. 5221-10 *Abrogé par L. n° 2008-1425 du 27 déc. 2008, art. 155.*

Art. L. 5221-11 Un décret en Conseil d'État détermine les modalités d'application des articles L. 5221-3 et L. 5221-5 à L. 5221-8. – *[Anc. art. L. 341-4, al. 6, L. 341-6, al. 3 début, L. 341-2, al. 2 fin.]* – V. art. R. 5221-1 s.

CHAPITRE II **INTERDICTIONS**

Art. L. 5222-1 Il est interdit, sous réserve des dispositions de l'article L. 7121-18 de se faire remettre ou tenter de se faire remettre, de manière occasionnelle ou renouvelée, des fonds, des valeurs ou des biens mobiliers en vue ou à l'occasion de l'introduction en France d'un travailleur étranger ou de son embauche. – *[Anc. art. L. 341-7-2.]* – V. art. L. 5224-2 *(pén.).*

Art. L. 5222-2 Il est interdit à tout employeur de se faire rembourser la redevance forfaitaire qu'il a versée à l' *(Décr. n° 2009-331 du 25 mars 2009)* « Office français de l'immigration et de l'intégration » ou les frais de voyage qu'il a réglés pour la venue d'un travailleur étranger en France ainsi que d'opérer sur le salaire de celui-ci des retenues, sous quelque dénomination que ce soit, à l'occasion de son embauche. – [Anc. art. L. 341-7-1.] – V. art. L. 5224-4 (pén.).

En sa qualité de travailleur étranger, le salarié ne peut faire l'objet d'aucune retenue sur son salaire, l'employeur ne peut pas pratiquer une retenue en contrepartie de la mise à disposition du logement. ● Soc. 17 juill. 2001, n° 98-43.981 P : D. 2001. IR 2460 ; Dr. soc. 2001. 1010, obs. Radé ; RJS 2001. 922, n° 1370.

CHAPITRE III OFFICE FRANÇAIS DE L'IMMIGRATION ET DE L'INTÉGRATION

SECTION 1 Missions et exercice des missions

Art. L. 5223-1 (Abrogé par Ord. n° 2020-1733 du 16 déc. 2020, art. 16, à compter du 1er mai 2021) L'(Décr. n° 2009-331 du 25 mars 2009) « Office français de l'immigration et de l'intégration » est chargé, sur l'ensemble du territoire, du service public de l'accueil des étrangers titulaires, pour la première fois, d'un titre les autorisant à séjourner durablement en France.

Il a également pour mission de participer à toutes actions administratives, sanitaires et sociales relatives :

1° A l'entrée et au séjour d'une durée inférieure ou égale à trois mois des étrangers ;

2° A l'accueil des demandeurs d'asile (L. n° 2015-925 du 29 juill. 2015, art. 27) « et à la gestion de l'allocation pour demandeur d'asile mentionnée à l'article L. 744-9 du code de l'entrée et du séjour des étrangers et du droit d'asile » ;

3° A l'introduction en France, au titre du regroupement familial (L. n° 2007-1631 du 20 nov. 2007) « , du mariage avec un Français » ou en vue d'y effectuer un travail salarié, d'étrangers ressortissants de pays tiers à l'Union européenne ;

4° (L. n° 2018-778 du 10 sept. 2018, art. 47-I) « A la visite médicale » des étrangers admis à séjourner en France pour une durée supérieure à trois mois. (L. n° 2018-778 du 10 sept. 2018, art. 47-I, en vigueur au plus tard le 1er mars 2019) « Cette visite médicale permet un repérage des troubles psychiques ; »

5° Au retour et à la réinsertion des étrangers dans leur pays d'origine (L. n° 2018-778 du 10 sept. 2018, art. 47-I) « depuis le territoire national ou depuis les pays de transit » ;

(L. n° 2009-323 du 25 mars 2009, art. 67-IV) « 6° A l'intégration en France des étrangers, pendant une période de cinq années au plus à compter de la délivrance d'un premier titre de séjour les autorisant à séjourner durablement en France ou, pour la mise en œuvre des dispositifs d'apprentissage (L. n° 2017-86 du 27 janv. 2017, art. 157) « et d'amélioration de la maîtrise » de la langue française adaptés à leurs besoins, le cas échéant en partenariat avec d'autres opérateurs, quelle que soit la durée de leur séjour » ;

(L. n° 2016-274 du 7 mars 2016, art. 20, en vigueur le 1er janv. 2017) « 7° A la procédure d'instruction des demandes de titre de séjour en qualité d'étranger malade prévue au 11° de l'article L. 313-11 du code de l'entrée et du séjour des étrangers et du droit d'asile. »

(L. n° 2018-778 du 10 sept. 2018, art. 47-I, en vigueur au plus tard le 1er mars 2019) « L'Office français de l'immigration et de l'intégration comprend un service médical. »

(L. n° 2015-925 du 29 juill. 2015, art. 27) « Le conseil d'administration de l'Office français de l'immigration et de l'intégration délibère sur le rapport annuel d'activité présenté par le directeur général, qui comporte des données quantitatives et qualitatives par sexe ainsi que des données sur les actions de formation des agents, en particulier sur la prise en compte des enjeux relatifs au sexe et à la vulnérabilité dans l'accueil des demandeurs d'asile. » – V. art. R. 5223-1 s.

SECTION 2 Statut, organisation et fonctionnement

Art. L. 5223-2 (Abrogé par Ord. n° 2020-1733 du 16 déc. 2020, art. 16, à compter du 1er mai 2021) L'(Décr. n° 2009-331 du 25 mars 2009) « Office français de l'immigration et de l'intégration » est un établissement public administratif de l'État.

Art. L. 5223-3 (Abrogé par Ord. n° 2020-1733 du 16 déc. 2020, art. 16, à compter du 1er mai 2021) L'(Décr. n° 2009-331 du 25 mars 2009) « Office français de l'immigration et de l'intégration » est administré par un conseil d'administration composé :

1° D'un président nommé par décret ;

(L. n° 2018-699 du 3 août 2018, art. 75) « 1° bis D'un député et d'un sénateur ; »

2° *De représentants de l'État ;*
3° *De représentants du personnel de l'office ;*
4° *De personnalités qualifiées.*

Art. L. 5223-4 *Abrogé par L. n° 2015-925 du 29 juill. 2015, art. 34-I.*

Art. L. 5223-5 *(Abrogé par Ord. n° 2020-1733 du 16 déc. 2020, art. 16, à compter du 1er mai 2021) Les règles d'organisation et de fonctionnement de l'(Décr. n° 2009-331 du 25 mars 2009) « Office français de l'immigration et de l'intégration » sont déterminées par décret en Conseil d'État.*

SECTION 3 Ressources

Art. L. 5223-6 *(Abrogé par Ord. n° 2020-1733 du 16 déc. 2020, art. 16, à compter du 1er mai 2021) Les ressources de l'(Décr. n° 2009-331 du 25 mars 2009) « Office français de l'immigration et de l'intégration » sont constituées par des taxes, des redevances et des subventions de l'État.*

CHAPITRE IV DISPOSITIONS PÉNALES

Art. L. 5224-1 Le fait de méconnaître les dispositions de l'article L. 5221-4 est puni d'une amende de 3 000 €.
La juridiction peut également prononcer à titre de peines complémentaires :
1° L'interdiction d'exercer l'activité d'entrepreneur de travail temporaire pour une durée de dix ans au plus ;
2° L'affichage du jugement aux frais de la personne condamnée dans les conditions prévues à l'article 131-35 du code pénal et son insertion, intégrale ou par extraits, dans les journaux qu'elle désigne. Ces frais ne peuvent excéder le montant maximum de l'amende encourue. — *[Anc. art. L. 364-1 et L. 364-7.]*

BIBL. GÉN. ▶ RAULINE, *Dr. soc. 1994. 123* (loi du 20 déc. 1993).

Art. L. 5224-2 Le fait de méconnaître les dispositions de l'article L. 5222-1 est puni d'un emprisonnement de trois ans et d'une amende de 45 000 €.
La juridiction peut également prononcer à titre de peines complémentaires :
1° L'interdiction, pour une durée de cinq ans au plus, d'exercer directement ou par personne interposée l'activité professionnelle dans l'exercice ou à l'occasion de l'exercice de laquelle l'infraction a été commise, selon les modalités prévues par l'article 131-27 du code pénal ;
2° L'exclusion des marchés publics pour une durée de cinq ans au plus ;
3° La confiscation des objets ayant servi, directement ou indirectement, à commettre l'infraction ou qui ont été utilisés à cette occasion, à quelque personne qu'ils appartiennent dès lors que leur propriétaire ne pouvait en ignorer l'utilisation frauduleuse, ainsi que des objets qui sont le produit de l'infraction et qui appartiennent au condamné ;
4° L'affichage du jugement aux frais de la personne condamnée dans les conditions prévues à l'article 131-35 du code pénal et son insertion, intégrale ou par extraits, dans les journaux qu'elle désigne. Ces frais ne peuvent excéder le montant maximum de l'amende encourue ;
5° L'interdiction, suivant les modalités prévues par l'article 131-26 du code pénal, des droits civiques, civils et de la famille ;
6° L'interdiction de séjour pour une durée de cinq ans au plus. — *[Anc. art. L. 364-5 et L. 364-8, al. 1er à 7.]*

Art. L. 5224-3 L'interdiction du territoire français peut être prononcée, dans les conditions prévues par les articles 131-30 à 131-30-2 du code pénal, pour une durée de dix ans au plus ou à titre définitif à l'encontre de tout étranger coupable des infractions définies à l'article L. 5224-2. — *[Anc. art. L. 364-9.]*

Art. L. 5224-4 Le fait de méconnaître les dispositions de l'article L. 5222-2 est puni d'un emprisonnement de deux ans et d'une amende de 3 000 €.
La juridiction peut également ordonner, à titre de peine complémentaire, l'affichage du jugement aux frais de la personne condamnée dans les conditions prévues à l'article 131-35 du code pénal et son insertion, intégrale ou par extraits, dans les journaux qu'elle désigne. Ces frais ne peuvent excéder le montant maximum de l'amende encourue. — *[Anc. art. L. 364-4, L. 364-8, al. 9.]*

LIVRE III SERVICE PUBLIC DE L'EMPLOI ET PLACEMENT

> **COMMENTAIRE**
> V. sur le Code en ligne 🔒.

TITRE I LE SERVICE PUBLIC DE L'EMPLOI

CHAPITRE I MISSIONS ET COMPOSANTES DU SERVICE PUBLIC DE L'EMPLOI

RÉP. TRAV. v° *Chômage (Aspects institutionnels)*, par Domergue.

BIBL. GÉN. ▶ Balmary, *Dr. soc.* 2006. 594 (un nouveau service public de l'emploi ?). – De La Tour, *RDT* 2008. Controverse 568 (avons-nous besoin d'agences privées d'emploi ?). – Hamoniaux, *Dr. soc.* 1995. 851 (ANPE et droit communautaire). – Rousseau, *Dr. soc.* 2005. 456 (nouveau service public de l'emploi) ; *RDT* 2008. Controverse 568 (avons-nous besoin d'agences privées d'emploi ?). – Soldini, *Dr. soc.* 2006. 599 (le service public de l'emploi et le droit de la concurrence). – Véricel, *Dr. soc.* 2000. 95 ; *ibid.* 2008. 406 (la nouvelle réforme de l'organisation du service public de l'emploi). – Willmann, *JCP S* 2008. 1475 (fusion ANPE-UNEDIC et nouveaux droits et devoirs du demandeur d'emploi).

▶ **Loi du 13 février 2008 :** Véricel, *Dr. ouvrier* 2009. 503 (difficile démarrage pour le dispositif d'aide à l'accès à l'emploi) ; *Dr. soc.* 2020. 181 (la responsabilité de Pôle emploi en cas de défaillance dans l'exercice de ses missions).

Art. L. 5311-1 Le service public de l'emploi a pour mission l'accueil, l'orientation, la formation et l'insertion ; il comprend le placement, le versement d'un revenu de remplacement, l'accompagnement des demandeurs d'emploi et l'aide à la sécurisation des parcours professionnels de tous les salariés.

1. Compétence juridictionnelle. Le juge judiciaire répressif est incompétent pour statuer sur la demande de dommages-intérêts provoquée par la discrimination engageant la responsabilité d'une personne morale de droit public à l'occasion de la gestion d'un service public administratif. • Crim. 30 sept. 2008 : 🔒 *RDT* 2009. 109, obs. Ecly.

2. Information des demandeurs. Les organismes d'assurance chômage ont l'obligation d'assurer une information complète des demandeurs d'emploi. • Soc. 8 févr. 2012 : 🔒 *RJS* 2012. 407, n° 493 ; *Dr. ouvrier* 2012. 614, obs. L. C. ; *JCP S* 2012. 1488, obs. Willmann.

Art. L. 5311-2 Le service public de l'emploi est assuré par :

1° Les services de l'État chargés de l'emploi et de l'égalité professionnelle ;

(L. n° 2008-126 du 13 févr. 2008) « 2° L'institution publique mentionnée à l'article L. 5312-1 ; »

3° *(Ord. n° 2016-1519 du 10 nov. 2016, art. 7)* « L'établissement mentionné à l'article L. 5315-1 du code du travail ».

Il est également assuré par *(L. n° 2008-126 du 13 févr. 2008)* « l'organisme gestionnaire du régime d'assurance chômage mentionné à l'article L. 5427-1 dans le cadre des dispositions légales qui lui » sont propres.

Art. L. 5311-3 *(L. n° 2015-991 du 7 août 2015, art. 6-I)* La région participe à la coordination des acteurs du service public de l'emploi sur son territoire, dans les conditions prévues aux articles L. 6123-3 et L. 6123-4.

Les départements, les communes et leurs groupements peuvent concourir au service public de l'emploi, dans les conditions prévues aux articles L. 5322-1 à L. 5322-4.

Art. L. 5311-3-1 *(Abrogé par L. n° 2023-1196 du 18 déc. 2023, art. 4-II, à compter du 1ᵉʳ janv. 2024) (L. n° 2015-991 du 7 août 2015, art. 7-I)* L'État peut déléguer à la région, dans les conditions prévues à l'article L. 1111-8-1 du code général des collectivités territoriales et après avis du comité régional de l'emploi, de la formation et de l'orientation professionnelles, la mission de veiller à la complémentarité et de coordonner l'action des différents intervenants, notamment les missions locales, les plans locaux pluriannuels pour l'insertion et l'emploi, Cap emploi et les maisons de l'emploi, ainsi que de mettre en œuvre la gestion prévisionnelle territoriale des emplois et des compétences, sans préjudice des prérogatives de *l'institution mentionnée à l'article L. 5312-1 du présent code. La région évalue le taux d'insertion dans l'emploi.*

La convention de délégation signée entre les présidents des régions délégataires et le représentant de l'État précise les objectifs et les conditions d'exercice et de suivi de la délégation, notamment les conditions de transfert par l'État aux régions délégataires des crédits affectés hors dispositifs nationaux des politiques de l'emploi.

Art. L. 5311-4 Peuvent également participer au service public de l'emploi :

1° Les organismes publics ou privés dont l'objet consiste en la fourniture de services relatifs au placement, à l'insertion, à la formation et à l'accompagnement des demandeurs d'emploi ;

(*L. n° 2011-901 du 28 juill. 2011, art. 12*) « 1° *bis* Les organismes de placement spécialisés dans l'insertion professionnelle des personnes handicapées, avec avis consultatif ; »

2° Les organismes liés à l'État par une convention mentionnée à l'article L. 5132-2, relative à l'insertion par l'activité économique de personnes rencontrant des difficultés sociales et professionnelles particulières ;

3° Les entreprises de travail temporaire ;

4° *Abrogé par L. n° 2010-853 du 23 juill. 2010, art. 29-I.*

Art. L. 5311-5 *Abrogé par L. n° 2008-126 du 13 févr. 2008, art. 16.*

Art. L. 5311-6 Des décrets en Conseil d'État déterminent les conditions d'application du présent chapitre, notamment les modalités de coordination des actions des services de l'État, de l' (*L. n° 2008-126 du 13 févr. 2008*) « institution mentionnée à l'article L. 5312-1 » et de l' (*L. n° 2008-126 du 13 févr. 2008*) « organisme gestionnaire du régime d'assurance chômage » en l'absence de la convention pluriannuelle prévue à l'article L. 5311-5. – *[Anc. art. L. 311-12 et L. 311-1, al. 7, phrase 2.]*

CHAPITRE I *BIS* RÉSEAU POUR L'EMPLOI

(*L. n° 2023-1196 du 18 déc. 2023, art. 4-I, en vigueur le 1ᵉʳ janv. 2024*)

SECTION 1 Missions, composition et patrimoine commun du réseau pour l'emploi

Art. L. 5311-7 I. – Le réseau pour l'emploi met en œuvre, dans le cadre du service public de l'emploi pour ce qui relève des missions de celui-ci, les missions d'accueil, d'orientation, d'accompagnement, de formation, d'insertion et de placement des personnes à la recherche d'un emploi ou rencontrant des difficultés sociales et professionnelles ainsi que, s'il y a lieu, de versement de revenus de remplacement, d'allocations ou d'aides aux demandeurs d'emploi. Il apporte une réponse aux besoins des employeurs en matière de recrutement, de mise en relation entre les offres et les demandes d'emploi et d'information sur la situation du marché du travail et sur l'évolution des métiers, des parcours professionnels et des compétences. Les missions du réseau sont mises en œuvre, le cas échéant, en lien avec les acteurs du service public de l'éducation.

II. – Le réseau pour l'emploi est constitué :

1° De l'État, des régions, des départements, des communes et des groupements de communes disposant d'une compétence au titre de l'une des missions prévues au I ;

2° De l'opérateur France Travail ;

3° D'opérateurs spécialisés :

a) Les missions locales mentionnées à l'article L. 5314-1 ;

b) Les organismes de placement spécialisés dans l'insertion professionnelle des personnes en situation de handicap mentionnés à l'article L. 5214-3-1.

III. – Les personnes morales mentionnées aux 1°, 2° et 3° de l'article L. 5311-4 et à l'article L. 5316-1, les structures mentionnées à l'article L. 5213-13, les établissements et services mentionnés à l'article L. 344-2 du code de l'action sociale et des familles et au *b* du 5° du I de l'article L. 312-1 du même code, les organismes chargés de la mise en œuvre des plans mentionnés à l'article L. 5131-2 du présent code, les organismes mentionnés à l'article L. 5313-1, les groupements mentionnés au troisième alinéa de l'article L. 1253-1, les autorités et les organismes délégataires du conseil départemental mentionnés au 3° du IV de l'article L. 5411-5-1, les organismes débiteurs de prestations familiales chargés du service du revenu de solidarité active mentionnés à l'article L. 262-16 du code de l'action sociale et des familles et les structures dont l'objet est l'accompagnement à la création d'entreprises pour les personnes à la recherche d'un emploi peuvent participer au réseau pour l'emploi.

Art. L. 5311-8 Les personnes morales constituant le réseau pour l'emploi coordonnent l'exercice de leurs compétences et favorisent la complémentarité de leurs actions, afin d'assurer le suivi et la continuité des parcours d'insertion ainsi que la réalisation des actions d'accompagnement socio-professionnel des bénéficiaires. A ce titre, dans le cadre de leurs compétences respectives, elles :

1° Mettent en œuvre des procédures et des critères communs d'orientation des personnes à la recherche d'un emploi ou rencontrant des difficultés sociales et professionnelles ;

2° Mettent en œuvre un socle commun de services au bénéfice des personnes et des employeurs ainsi que les méthodologies et les référentiels établis par le Comité national pour l'emploi mentionné à l'article L. 5311-9 ;

3° Participent à l'élaboration d'indicateurs communs de suivi, de pilotage et d'évaluation de leurs actions ;

4° [*Dispositions déclarées non conformes à la Constitution par Cons. const. 14 déc. 2023, n° 2023-858 DC*] ;

5° Assurent l'interopérabilité de leurs systèmes d'information avec les outils et les services numériques communs développés par l'opérateur France Travail, dans la mesure où cette interopérabilité est nécessaire à la mise en œuvre des actions mentionnées au présent article ;

6° Organisent la participation des bénéficiaires de leurs services à la définition et à l'évaluation des actions du réseau pour l'emploi ;

[*Dispositions déclarées non conformes à la Constitution par Cons. const. 14 déc. 2023, n° 2023-858 DC*].

SECTION 2 Gouvernance du réseau pour l'emploi

Art. L. 5311-9 I. – Le Comité national pour l'emploi a pour missions et attributions :

1° D'assurer la concertation entre les membres du réseau sur tout sujet d'intérêt commun ;

2° De définir les orientations stratégiques, au niveau national, des actions prévues à l'article L. 5311-8 ;

3° D'évaluer les moyens alloués à la réalisation des actions prévues au même article ;

4° De définir un socle commun de services au bénéfice des personnes et des employeurs et d'établir des méthodologies et des référentiels comportant, le cas échéant, des objectifs de qualité de service ainsi qu'un cahier des charges recensant les besoins des membres du réseau pour assurer l'interopérabilité de leurs systèmes d'information ;

5° De définir les critères d'orientation mentionnés au premier alinéa du III de l'article L. 5411-5-1 ;

6° De fixer la liste des informations devant être transmises et la périodicité de leur transmission mentionnées au dernier alinéa du même III ;

7° D'émettre les avis prévus au dernier alinéa du IV du même article L. 5411-5-1 et à l'article L. 5312-3 ;

8° D'établir les indicateurs nécessaires au pilotage, au suivi et à l'évaluation des actions des membres du réseau et d'assurer la concertation sur les évaluations réalisées ainsi que sur les résultats observés.

Il peut faire procéder à des audits des opérateurs du réseau pour l'emploi mentionnés aux 2° et 3° du II de l'article L. 5311-7, afin notamment de s'assurer du respect des missions qui leur sont confiées en application de l'article L. 5311-8 et de la qualité de l'offre de services. Il peut faire procéder à de tels audits des organismes délégataires des collectivités territoriales et de leurs groupements mettant en œuvre les missions du réseau pour l'emploi, sous réserve de l'accord de la collectivité ou du groupement concerné sur le principe et les modalités de l'audit.

II. – Le comité est présidé par le ministre chargé de l'emploi ou son représentant.

Il est composé de représentants nationaux des personnes morales mentionnées au II de l'article L. 5311-7, des organisations syndicales de salariés représentatives au niveau national et interprofessionnel, des organisations professionnelles d'employeurs représentatives au niveau national, interprofessionnel et multiprofessionnel, des associations représentatives des usagers, de l'organisme mentionné au premier alinéa de l'article L. 5427-1 et de représentants nationaux des personnes morales mentionnées au III de l'article L. 5311-7.

Lorsque le comité est appelé à délibérer pour l'exercice des attributions prévues aux 2° à 8° du I du présent article, seuls les membres du comité représentant les personnes morales mentionnées au 1° du II de l'article L. 5311-7, les organisations syndicales de salariés et les organisations professionnelles d'employeurs représentatives au niveau national et interprofessionnel ont voix délibérative.

Les actes mentionnés aux 2°, 4° et 8° du I du présent article sont approuvés par le ministre chargé de l'emploi avant leur publication.

Les actes mentionnés aux 5° et 6° du même I sont approuvés par les ministres chargés de l'emploi et des solidarités avant leur publication. En l'absence de définition des critères d'orientation mentionnées au 5° dudit I ou de la liste des informations devant être transmises au Comité national mentionnée au 6° du même I, les critères ou la liste des informations ainsi que la périodicité de sa transmission sont définis par arrêté conjoint des ministres chargés de l'emploi et des solidarités.

Au plus tard le 31 déc. 2024, le comité prend en compte, dans l'exercice de ses missions et de ses attributions, les évaluations des expérimentations relatives à la préfiguration du réseau pour l'emploi et aux modalités d'accompagnement des bénéficiaires du revenu de solidarité active (L. n° 2023-1196 du 18 déc. 2023, art. 4-III).

Art. L. 5311-10 (*L. n° 2023-1196 du 18 déc. 2023, art. 4-I, en vigueur à une date fixée par décret et, au plus tard, le 1ᵉʳ janv. 2025*) I. – Des comités territoriaux pour l'emploi sont institués :

1° Au niveau régional, au sein du comité régional de l'emploi, de la formation et de l'orientation professionnelles mentionné à l'article L. 6123-3, dans les conditions prévues au cinquième alinéa du même article L. 6123-3.

Par dérogation au premier alinéa du présent 1°, sous réserve de l'accord du représentant de l'État dans la région et du président du conseil régional, le comité mentionné à l'article L. 6123-3 prend la dénomination de comité régional pour l'emploi. Il exerce l'ensemble des missions et des attributions mentionnées au premier alinéa du même article L. 6123-3 et au II du présent article ;

2° Au niveau départemental ;

3° Au niveau local, dans les limites géographiques arrêtées par le représentant de l'État dans le département en fonction des caractéristiques de chaque territoire, après concertation avec le président du conseil régional et les présidents des conseils départementaux concernés. Le cas échéant, le représentant de l'État dans le département peut prendre en compte les propositions formulées par le comité mentionné au 1° du présent I ou par le comité mentionné au 2° du même I.

II. – Les comités mentionnés au I ont pour missions et attributions :

1° De piloter, de coordonner et d'adapter aux situations régionale, départementale et locale la mise en œuvre des orientations stratégiques arrêtées par le comité mentionné à l'article L. 5311-9 ;

2° De veiller à la mise en œuvre des actions prévues à l'article L. 5311-8.

Le comité départemental peut faire procéder à des audits des opérateurs du réseau pour l'emploi mentionnés aux 2° et 3° du II de l'article L. 5311-7, afin notamment de s'assurer du respect des missions qui leur sont confiées en application de l'article L. 5311-8 et de la qualité de l'offre de services. Il peut faire procéder à de tels audits des organismes délégataires des collectivités territoriales ou de leurs groupements mettant en œuvre les missions du réseau pour l'emploi, sous réserve de l'accord de la collectivité concernée ou du groupement concerné sur le principe et les modalités de l'audit. Lorsqu'un comité mentionné au 3° du I du présent article constate des manquements, il peut saisir le comité départemental en vue de la réalisation d'un audit ;

3° De participer au suivi de l'exécution des conventions conclues entre l'État et les régions en application du II de l'article L. 6122-1 ou de toute convention conclue entre l'État et les départements dans le champ des missions du réseau pour l'emploi. Les comités compétents peuvent être associés par les parties, selon des modalités définies par ces dernières, à la préparation de ces conventions ;

4° De réunir des conférences de financeurs pour l'insertion sociale et professionnelle afin de recenser les ressources mobilisables, les conditions de mobilisation et d'adaptation de ces ressources en fonction des résultats constatés et des priorités établies en matière de retour à l'emploi, dans le respect des compétences de chaque financeur.

III. — Les comités mentionnés au I du présent article sont présidés conjointement par le représentant de l'État dans le ressort territorial concerné et :

1° Au niveau régional, par le président du conseil régional ou son représentant ;

2° Au niveau départemental, par le président du conseil départemental ou son représentant ;

3° Au niveau local, par un ou plusieurs représentants de collectivités territoriales ou de groupements de collectivités territoriales, désignés par le représentant de l'État dans le département, après avis des représentants des collectivités territoriales membres du comité local.

SECTION 3 **Dispositions d'application**

Art. L. 5311-11 Un décret en Conseil d'État détermine les modalités d'application du présent chapitre, notamment :

1° [*Dispositions déclarées non conformes à la Constitution par Cons. const. 14 déc. 2023, n° 2023-858 DC*]

2° La composition et les modalités d'organisation et de fonctionnement du Comité national pour l'emploi et des commissions pouvant être instituées en son sein ainsi que, le cas échéant, les attributions du comité susceptible d'être exercées par ces dernières ;

3° La composition et les modalités d'organisation et de fonctionnement des comités territoriaux pour l'emploi ;

4° Les conditions de réalisation des audits prévus aux articles L. 5311-9 et L. 5311-10.

CHAPITRE II **PLACEMENT ET EMPLOI**

(L. n° 2008-126 du 13 févr. 2008)

Art. L. 5312-1 *(L. n° 2014-288 du 5 mars 2014, art. 20-I ; L. n° 2023-1196 du 18 déc. 2023, art. 6-I et 6-III, en vigueur le 1ᵉʳ janv. 2024)* « I. — L'opérateur France Travail est » une institution nationale publique dotée de la personnalité morale et de l'autonomie financière *(L. n° 2014-288 du 5 mars 2014, art. 20-I)* « qui » a pour mission de :

1° Prospecter le marché du travail, développer une expertise sur l'évolution des emplois *(L. n° 2023-1196 du 18 déc. 2023, art. 6-III, en vigueur le 1ᵉʳ janv. 2024)* « , des parcours professionnels et des compétences », procéder à la collecte des offres d'emploi, aider et conseiller les entreprises dans leur recrutement, assurer la mise en relation entre les offres et les demandes d'emploi *(L. n° 2023-1196 du 18 déc. 2023, art. 6-III, en vigueur le 1ᵉʳ janv. 2024)* « , évaluer les résultats des actions d'accompagnement » et participer activement à la lutte contre les discriminations à l'embauche et pour l'égalité professionnelle ;

2° Accueillir, informer *(Abrogé par L. n° 2023-1196 du 18 déc. 2023, art. 6-III, à compter du 1ᵉʳ janv. 2024)* « , *orienter* » et accompagner les personnes, qu'elles disposent ou non d'un emploi, à la recherche d'un emploi, d'une formation ou d'un conseil professionnel, prescrire toutes actions utiles pour développer leurs compétences professionnelles et améliorer leur employabilité, favoriser leur reclassement et leur promotion professionnelle *(L. n° 2023-270 du 14 avr. 2023, art. 26-V, en vigueur le 1ᵉʳ sept. 2023)* « , participer à leur information sur les dispositifs de transition entre l'emploi et la retraite, notamment sur celui prévu à l'article L. 161-22-1-5 du code de la sécurité sociale », faciliter leur mobilité géographique et professionnelle et participer aux parcours d'insertion sociale et professionnelle. *(L. n° 2019-791 du 26 juill. 2019, art. 15 ; L. n° 2023-1196 du 18 déc. 2023, art. 6-I, en vigueur le 1ᵉʳ janv. 2024)* « A ce titre, l'opérateur France Travail concourt à la mise en œuvre de l'obligation de formation définie à l'article L. 114-1 du code de l'éducation ; »

SERVICE PUBLIC DE L'EMPLOI **Art. L. 5312-1** 1491

(L. n° 2023-1196 du 18 déc. 2023, art. 6-III, en vigueur le 1ᵉʳ janv. 2024) « 2° bis En lien avec les organismes mentionnés à l'article L. 5214-3-1 du présent code, proposer un accompagnement adapté à leurs besoins aux personnes ayant fait l'objet d'une décision de reconnaissance de la qualité de travailleur handicapé mentionnée à l'article L. 5213-2 et inscrites ou souhaitant être inscrites en tant que demandeurs d'emploi et répondre aux besoins de recrutement des entreprises ;

« 2° ter En lien avec les organismes mentionnés à l'article L. 5214-3-1, formuler à la commission des droits et de l'autonomie des personnes handicapées mentionnée à l'article L. 146-9 du code de l'action sociale et des familles des propositions en matière d'orientation vers le milieu protégé et vers les établissements et les services de réadaptation professionnelle, dans des conditions fixées par la convention mentionnée au même article L. 146-9 ; »

3° Procéder aux inscriptions sur la liste des demandeurs d'emploi, tenir celle-ci à jour dans les conditions prévues au titre I du livre IV de la présente partie *(L. n° 2023-1196 du 18 déc. 2023, art. 6-III, en vigueur le 1ᵉʳ janv. 2024)* « , orienter les demandeurs d'emploi dans les conditions fixées à l'article L. 5411-5-1, veiller à la continuité des parcours des personnes inscrites » et assurer le contrôle de la recherche d'emploi *(L. n° 2023-1196 du 18 déc. 2023, art. 6-III, en vigueur le 1ᵉʳ janv. 2024)* « et des engagements » dans les conditions prévues au chapitre VI du titre II du livre IV ;

4° Assurer, pour le compte de l'organisme gestionnaire du régime d'assurance chômage, le service de l'allocation d'assurance *(L. n° 2018-771 du 5 sept. 2018, art. 51-II)* « et de l'allocation des travailleurs indépendants » et, pour le compte de l'État, le service des allocations de solidarité prévues à la section 1 du chapitre III du titre II du livre IV de la présente partie, des allocations mentionnées à l'article *(L. n° 2017-1837 du 30 déc. 2017, art. 112-I)* « L. 5424-21, de l'aide prévue au II de l'article 136 de la loi n° 96-1181 du 30 décembre 1996 de finances pour 1997, des sommes restant dues au titre du versement de l'allocation équivalent retraite prévue à l'article L. 5423-18, dans sa rédaction antérieure au 1ᵉʳ janvier 2009, et des sommes restant dues au titre de la prime forfaitaire prévue à l'article L. 5425-3, dans sa rédaction antérieure au 1ᵉʳ septembre 2017, ainsi que le service » de toute autre allocation ou aide dont l'État lui confierait le versement par convention *(L. n° 2023-1196 du 18 déc. 2023, art. 6-I, en vigueur le 1ᵉʳ janv. 2024)* « , et lutter contre le non-recours à ces aides et allocations » ;

(L. n° 2018-771 du 5 sept. 2018, art. 60-I) « 4° bis Décider de la suppression du revenu de remplacement *(L. n° 2023-1196 du 18 déc. 2023, art. 6-III, en vigueur le 1ᵉʳ janv. 2024)* « ainsi que du prononcé et du recouvrement de la pénalité administrative », dans les conditions prévues aux sections 2 et 3 du chapitre VI du titre II du livre IV de la présente partie ; »

5° Recueillir, traiter, diffuser et mettre à la disposition des services de l'État et de l'organisme gestionnaire du régime d'assurance chômage les données relatives au marché du travail et à l'indemnisation des demandeurs d'emploi ;

6° Mettre en œuvre toutes autres actions qui lui sont confiées par l'État, les collectivités territoriales et l'organisme gestionnaire du régime d'assurance chômage en relation avec sa mission ;

(L. n° 2021-1900 du 30 déc. 2021, art. 208-I-5°, en vigueur le 1ᵉʳ mars 2022) « 7° Mettre en œuvre le contrat d'engagement jeune mentionné à l'article L. 5131-6 et assurer, pour le compte de l'État, l'attribution, la modulation, le versement, la suspension et la suppression de l'allocation mentionnée au même article L. 5131-6 et de l'allocation ponctuelle mentionnée à l'article L. 5131-5, dans les conditions fixées par décret en Conseil d'État. »

(L. n° 2023-1196 du 18 déc. 2023, art. 6-I, en vigueur le 1ᵉʳ janv. 2024) « L'opérateur France Travail » agit en collaboration avec les instances territoriales intervenant dans le domaine de l'emploi, en particulier les maisons de l'emploi, ainsi qu'avec les associations nationales et les réseaux spécialisés d'accueil et d'accompagnement, par des partenariats adaptés.

(L. n° 2023-1196 du 18 déc. 2023, art. 6-III, en vigueur le 1ᵉʳ janv. 2024) « II. – Pour la mise en œuvre des actions du réseau pour l'emploi prévues à l'article L. 5311-8, l'opérateur France Travail a pour missions :

« 1° De contribuer à l'élaboration des critères d'orientation des demandeurs d'emploi mentionnés à l'article L. 5411-5-1 ;

« 2° De proposer au Comité national pour l'emploi les principes d'un socle commun de services aux personnes et aux employeurs et les méthodologies et les référentiels mentionnés au 4° du I de l'article L. 5311-9 ;

« 3° De concevoir et de mettre à la disposition des membres du réseau pour l'emploi, dans le respect du cahier des charges mentionné au même 4°, des outils et des services numériques communs, *[Dispositions déclarées non conformes à la Constitution par la décision du Conseil constitutionnel n° 2023-858 DC du 14 déc. 2023]* en suivant et en facilitant la mise en œuvre de l'interopérabilité mentionnée au 5° du même article ;

« 4° De produire les indicateurs communs de suivi, de pilotage et d'évaluation des actions mises en œuvre dans le cadre du réseau pour l'emploi ;

« 5° De mettre des actions de développement des compétences à la disposition des personnes morales mentionnées aux II et III de l'article L. 5311-7 et de leurs éventuels délégataires afin de favoriser la coordination et la complémentarité des actions des membres du réseau pour l'emploi ;

« 6° D'assurer la fonction de centrale d'achat, au sens de l'article L. 2113-2 du code de la commande publique, afin d'acquérir, pour tout ou partie des personnes morales mentionnées aux II et III de l'article L. 5311-7 du présent code, des fournitures et des services nécessaires à la coordination et à la complémentarité des actions des membres du réseau pour l'emploi ;

« 7° D'assurer une fonction d'appui :

« *a)* Au Comité national pour l'emploi mentionné à l'article L. 5311-9 ;

« *b)* Aux comités territoriaux pour l'emploi mentionnés à l'article L. 5311-10. – *Cette disposition entre en vigueur à une date fixée par décret, et au plus tard le 1er janv. 2025.*

« Les missions mentionnées au présent II sont mises en œuvre par l'opérateur France Travail en associant les autres personnes morales constituant le réseau pour l'emploi ou leurs représentants. »

BIBL. ▶ PETIT, *Dr. soc. 2020. 390* (le droit à l'accompagnement professionnel).

1. Sur la compatibilité du monopole confié à un service public pour le placement des travailleurs sans emploi avec le traité de Rome, V. ● CJCE 23 avr. 1991 : *RJS 1991. 474, n° 908.*

2. Les carences graves de Pôle emploi dans sa mission d'accompagnement d'un demandeur d'emploi durant sa recherche d'emploi constituent, au sens de l'art. L. 521-2 CJA, une atteinte au droit d'obtenir un emploi consacré par l'al. 5 du Préambule de la Constitution de 1946. ● TA Paris, 11 sept. 2012 : *D. 2012. Actu. 2249, obs. Ines* ; *RDT 2012. 558, obs. Fabre*. ♦ Mais la carence de Pôle emploi dans le suivi d'un chômeur ne caractérise pas l'urgence, au sens du référé-liberté, permettant au juge des référés de prendre, dans les quarante-huit heures, les mesures de sauvegarde utiles. ● CE, réf., 4 oct. 2012 : *D. 2012. Actu. 2526, obs. de Montecler* ; *RDT 2013. 33, obs. Grévy* ; *RJS 2012. 827, n° 979* ; *Dr. ouvrier 2013. 77, note Camaji* ; *SSL 2012, n° 1555, p. 11, obs. Champeaux.*

Art. L. 5312-2 L'*(L. n° 2023-1196 du 18 déc. 2023, art. 6-III, en vigueur le 1er janv. 2024)* « opérateur France Travail est **administré** » par un conseil d'administration et *(L. n° 2023-1196 du 18 déc. 2023, art. 6-III, en vigueur le 1er janv. 2024)* « **dirigé** » par un directeur général.

Art. L. 5312-3 *(L. n° 2015-991 du 7 août 2015, art. 6-I ; L. n° 2023-1196 du 18 déc. 2023, art. 6-III, en vigueur le 1er janv. 2024)* « Après consultation du Comité national pour l'emploi mentionné à l'article L. 5311-9, » une convention pluriannuelle conclue entre l'État, l'organisme gestionnaire du régime d'assurance chômage mentionné à l'article L. 5427-1 et l'institution publique mentionnée à l'article L. 5312-1 définit les objectifs assignés à celle-ci au regard de la situation de l'emploi et au vu des moyens prévisionnels qui lui sont alloués par l'organisme gestionnaire du régime d'assurance chômage et l'État.

Elle précise notamment :

1° Les personnes devant bénéficier prioritairement des interventions de l'institution mentionnée à l'article L. 5312-1 ;

2° Les objectifs d'amélioration des services rendus aux demandeurs d'emploi et aux entreprises et en particulier le nombre de demandeurs d'emplois suivis en moyenne par conseiller et les objectifs de réduction de ce ratio ;

3° L'évolution de l'organisation territoriale de l'institution ;
(L. n° 2015-991 du 7 août 2015, art. 6-I) « 3° bis Les conditions dans lesquelles l'institution coopère au niveau régional avec les autres intervenants du service public de l'emploi, le cas échéant au moyen des conventions régionales pluriannuelles de coordination de l'emploi, de l'orientation et de la formation ; »

4° Les conditions de recours aux organismes privés exerçant une activité de placement mentionnés à l'article L. 5311-4 ;

5° Les conditions dans lesquelles les actions de l'institution sont évaluées à partir d'indicateurs de performance qu'elle définit.

Un comité de suivi veille à l'application de la convention et en évalue la mise en œuvre. (L. n° 2023-1196 du 18 déc. 2023, art. 6-III, en vigueur le 1er janv. 2024) « Il s'assure que les conditions de mise en œuvre de la convention sont cohérentes avec les orientations du Comité national pour l'emploi mentionné à l'article L. 5311-9. »

V. art. R. 5311-1 s.

Art. L. 5312-4 Le conseil d'administration comprend :
1° Cinq représentants de l'État ;
2° Cinq représentants des employeurs et cinq représentants des salariés ;
3° Deux personnalités qualifiées choisies en raison de leurs compétences dans les domaines d'activité de l'institution ;
(L. n° 2015-991 du 7 août 2015, art. 6-I) « 4° Un représentant des régions, désigné sur proposition de l'Association des régions de France ;
« 5° Un représentant des autres collectivités territoriales, désigné sur proposition conjointe des associations des collectivités concernées. »

Les représentants des employeurs et les représentants des salariés sont désignés par les organisations syndicales d'employeurs et de salariés représentatives au niveau national et interprofessionnel, mentionnées à l'article L. 5422-22.

Les personnalités qualifiées sont désignées par le ministre chargé de l'emploi.

Le président est élu par le conseil d'administration en son sein.

Art. L. 5312-5 Le conseil d'administration règle par ses délibérations les affaires relatives à l'objet de l'institution.

Les décisions relatives au budget et aux emprunts ainsi qu'aux encours maximaux des crédits de trésorerie sont prises à la majorité des deux tiers des membres présents (L. n° 2018-771 du 5 sept. 2018, art. 87) « ou représentés ».

Le conseil d'administration désigne en son sein un comité d'audit et un comité d'évaluation.

Art. L. 5312-6 Le directeur général exerce la direction de l'institution dans le cadre des orientations définies par le conseil d'administration ; il prépare les délibérations de ce conseil et en assure l'exécution.

Le directeur général est nommé par décret, après avis du conseil d'administration. Le conseil d'administration peut adopter, à la majorité des deux tiers de ses membres, une délibération demandant sa révocation.

Art. L. 5312-7 Le budget de l'institution comporte quatre sections non fongibles (Abrogé par L. n° 2023-1196 du 18 déc. 2023, art. 6-III, à compter du 1er janv. 2024) « *qui doivent chacune être présentées à l'équilibre* » :

1° La section "Assurance chômage" retrace en dépenses les allocations d'assurance prévues à la section 1 du chapitre II du titre II du livre IV de la présente partie, qui sont versées pour le compte de l'organisme gestionnaire du régime d'assurance chômage, ainsi que les cotisations sociales afférentes à ces allocations dans les conditions prévues par les lois et règlements en vigueur, et en recettes une contribution de l'organisme gestionnaire du régime d'assurance chômage prévue à l'article L. 5422-20 permettant d'assurer l'équilibre ;

2° La section "Solidarité" retrace en dépenses les allocations et aides versées pour le compte de l'État, ainsi que les cotisations sociales afférentes à ces allocations dans les conditions prévues par les lois et règlements en vigueur, et en recettes (L. n° 2016-1918 du 29 déc. 2016, art. 143-I) « une contribution de l'État » permettant d'assurer l'équilibre ;

3° La section "Intervention" comporte en dépenses les dépenses d'intervention concourant au placement, à l'orientation, à l'insertion professionnelle, à la formation et à l'accompagnement des demandeurs d'emploi ;
4° La section "Fonctionnement et investissement" comporte en dépenses les charges de personnel et de fonctionnement, les charges financières et les charges exceptionnelles et les dépenses d'investissement.

Le financement de ces deux dernières sections est assuré par une contribution de l'État et une contribution de l'organisme gestionnaire du régime d'assurance chômage dans les conditions prévues à l'article L. 5422-24 ainsi que, le cas échéant, les subventions des collectivités territoriales et autres organismes publics et les produits reçus au titre des prestations pour services rendus, toutes autres recettes autorisées par les lois et règlements en vigueur, les produits financiers et les produits exceptionnels.

L'institution peut en outre créer toute autre section pour compte de tiers.

La contribution de l'État et la contribution de l'organisme gestionnaire du régime d'assurance chômage sont fixées à un niveau compatible avec la poursuite des activités de l'institution, compte tenu de l'évolution du marché du travail.

L'institution est autorisée à placer ses fonds disponibles dans des conditions fixées par les ministres chargés de l'emploi et du budget.

Art. L. 5312-8 (*L. n° 2023-1196 du 18 déc. 2023, art. 6-III, en vigueur le 1ᵉʳ janv. 2024*) « L'opérateur France Travail est soumis » en matière de gestion financière et comptable aux règles applicables aux entreprises industrielles et commerciales. (*Ord. n° 2020-1496 du 2 déc. 2020, art. 3*) « Dans des conditions et à compter d'une date fixée par arrêté du ministre chargé des finances, ses disponibilités sont, à l'exception des fonds issus de dons, legs ou libéralités, déposées à titre principal au Trésor et ne donnent lieu à aucune rémunération. »

(*Abrogé par L. n° 2023-1196 du 18 déc. 2023, art. 6-III, à compter du 1ᵉʳ janv. 2024*) « *Elle est soumise à l'ordonnance n° 2005-649 du 6 juin 2005 relative aux marchés passés par certaines personnes publiques ou privées non soumises au code des marchés publics.* »

Art. L. 5312-9 Les agents de l'institution nationale, qui sont chargés d'une mission de service public, sont régis par le présent code dans les conditions particulières prévues par une convention collective étendue agréée par les ministres chargés de l'emploi et du budget. Cette convention comporte des stipulations, notamment en matière de stabilité de l'emploi et de protection à l'égard des influences extérieures, nécessaires à l'accomplissement de cette mission.

Les règles relatives aux relations collectives de travail prévues par la deuxième partie du présent code s'appliquent à tous les agents de l'institution, sous réserve des garanties justifiées par la situation particulière de ceux qui restent contractuels de droit public. Ces garanties sont définies par décret en Conseil d'État.

Répartition des compétences. La définition des principes généraux d'ouverture des sites mixtes, les décisions d'engagement des travaux, de mouvement de personnel et d'ouverture des sites mixtes qui s'inscrivent dans le processus de réorganisation du service public de l'emploi consécutif à la création de Pôle emploi, en vue d'assurer les services d'indemnisation et de placement des demandeurs d'emploi, constituent des décisions structurelles d'organisation du service public ; le juge de l'ordre administratif est donc seul compétent pour trancher un litige relatif à la procédure de consultation préalable des institutions représentatives du personnel. ● Soc. 5 janv. 2011 : ⚖ *D. actu. 2 févr. 2011, obs. Perrin ; JCP S 2011. 1115, obs. Brissy.* ♦ En revanche, le juge judiciaire est compétent pour trancher un litige relatif à une procédure de consultation préalable des institutions représentatives du personnel lorsque est en cause une décision qui ne se rapporte pas à l'organisation de ce service public. ● Soc. 16 déc. 2014, ⚖ n° 13-20.443 : *D. actu. 21 janv. 2015, obs. Ines ; D. 2015. Actu. 83 ⚖ ; JCP S 2015. 1094, obs. Brissy ; JSL 2015, n° 384-6, obs. Levavasseur.*

Art. L. 5312-10 (*L. n° 2018-771 du 5 sept. 2018, art. 87 ; L. n° 2023-1196 du 18 déc. 2023, art. 6-I, en vigueur le 1ᵉʳ janv. 2024*) « L'opérateur France Travail est composé d'une direction générale, de directions régionales et, sur décision de son conseil d'administration, d'établissements à compétence nationale ou spécifique. »

Au sein de chaque direction régionale, une instance paritaire, composée de représentants des employeurs et des salariés désignés par les organisations syndicales d'employeurs et de salariés représentatives au niveau national et interprofessionnel, veille à l'application *(L. n° 2016-1088 du 8 août 2016, art. 121)* « des accords d'assurance chômage prévus » à l'article L. 5422-20 *(L. n° 2016-1088 du 8 août 2016, art. 121)* « , statue dans les cas prévus par ces accords selon les modalités d'examen qu'ils définissent » et est consultée sur la programmation des interventions au niveau territorial.

(L. n° 2016-1088 du 8 août 2016, art. 121 ; L. n° 2023-1196 du 18 déc. 2023, art. 6-I, en vigueur le 1ᵉʳ janv. 2024) « Il peut, en outre, être créé au sein de l'opérateur France Travail, par délibération de son conseil d'administration, des instances paritaires territoriales ou spécifiques exerçant tout ou partie des missions prévues au deuxième alinéa du présent article. »

Art. L. 5312-11 *Abrogé par L. n° 2015-991 du 7 août 2015, art. 6-I.*

Art. L. 5312-12 Les litiges relatifs aux prestations dont le service est assuré par l'institution, pour le compte de l'organisme chargé de la gestion du régime d'assurance chômage *(L. n° 2016-1918 du 29 déc. 2016, art. 143-I, en vigueur le 1ᵉʳ janv. 2018)* « ou de l'État » sont soumis au régime contentieux qui leur était applicable antérieurement à la création de cette institution.

L'allocation temporaire d'attente, versée par Pôle emploi pour le compte de l'État en application d'une convention passée avec lui, ne relève pas du régime de l'assurance chômage mais du régime de la solidarité, de sorte que les litiges relatifs à son attribution sont de la compétence de l'ordre administratif. • T. confl. 7 avr. 2014 : ⚖ *AJDA 2014. 827* ⌀ *; RJS 2014. 411, n° 510.*

Art. L. 5312-12-1 *(L. n° 2008-758 du 1ᵉʳ août 2008)* Il est créé, au sein de l'institution mentionnée à l'article L. 5312-1, un médiateur national dont la mission est de recevoir et de traiter les réclamations individuelles relatives au fonctionnement de cette institution, sans préjudice des voies de recours existantes. Le médiateur national, placé auprès du directeur général, coordonne l'activité de médiateurs régionaux, placés auprès de chaque directeur régional, qui reçoivent et traitent les réclamations dans le ressort territorial de la direction régionale. Les réclamations doivent avoir été précédées de démarches auprès des services concernés.

Le médiateur national est le correspondant du *(L. n° 2011-334 du 29 mars 2011, art. 17-I-2°)* « Défenseur des droits ».

Il remet chaque année au conseil d'administration de l'institution mentionnée à l'article L. 5312-1 un rapport dans lequel il formule les propositions qui lui paraissent de nature à améliorer le fonctionnement du service rendu aux usagers. Ce rapport est transmis au ministre chargé de l'emploi *(Abrogé par L. n° 2023-1196 du 18 déc. 2023, art. 4-I, à compter du 1ᵉʳ janv. 2024) (L. n° 2014-288 du 5 mars 2014, art. 24-II)* « au Conseil national de l'emploi, de la formation et de l'orientation professionnelles mentionné à l'article L. 6123-1 » et au *(L. n° 2011-334 du 29 mars 2011, art. 17-I-2°)* « Défenseur des droits ».

(L. n° 2011-334 du 29 mars 2011, art. 15) « En dehors de celles qui mettent en cause l'institution mentionnée à l'article L. 5312-1, les réclamations qui relèvent de la compétence du Défenseur des droits en application de la loi organique n° 2011-333 du 29 mars 2011 relative au Défenseur des droits sont transmises à ce dernier. »

La saisine du *(L. n° 2011-334 du 29 mars 2011, art. 17-I-2°)* « Défenseur des droits », dans son champ de compétences, met fin à la procédure de réclamation.

Art. L. 5312-12-2 *(L. n° 2018-727 du 10 août 2018, art. 21) (L. n° 2023-1196 du 18 déc. 2023, art. 6-I, en vigueur le 1ᵉʳ janv. 2024)* « L'opérateur France Travail » se prononce de manière explicite sur toute demande d'un employeur concernant un de ses mandataires sociaux ou d'une personne titulaire d'un mandat social ayant pour objet de déterminer son assujettissement à l'obligation d'assurance contre le risque de privation d'emploi prévue à l'article L. 5422-13.

La décision ne s'applique qu'à la personne objet de cette demande et est opposable pour l'avenir à son employeur, à *(L. n° 2023-1196 du 18 déc. 2023, art. 6-I, en vigueur le 1ᵉʳ janv. 2024)* « l'opérateur France Travail » et aux organismes en charge du recouvrement des contributions d'assurance chômage tant que la situation de fait exposée dans la demande ou la législation au regard de laquelle la situation a été appréciée n'a pas été modifiée.

Pour toute la période couverte par une décision explicite de *(L. n° 2023-1196 du 18 déc. 2023, art. 6-I, en vigueur le 1ᵉʳ janv. 2024)* « l'opérateur France Travail » concluant au non-assujettissement à l'obligation d'assurance, il ne peut être procédé à la mise en œuvre d'une action, d'une poursuite ou d'un recouvrement prévu à l'article L. 5422-16.

Lorsque *(L. n° 2023-1196 du 18 déc. 2023, art. 6-I, en vigueur le 1ᵉʳ janv. 2024)* « l'opérateur France Travail » entend modifier pour l'avenir sa réponse, il en informe le demandeur selon des conditions et des modalités fixées par décret en Conseil d'État. — *V. art. R. 5312-5-1.*

Art. L. 5312-13 Les biens immobiliers de l'institution mentionnée à l'article L. 5312-1 relèvent en totalité de son domaine privé. Sont déclassés les biens immobiliers qui lui sont transférés, lorsqu'ils appartiennent au domaine public. Lorsqu'un ouvrage ou terrain appartenant à l'institution est nécessaire à la bonne exécution de ses missions de service public ou au développement de celles-ci, l'État peut s'opposer à sa cession, à son apport, sous quelque forme que ce soit, à la création d'une sûreté sur cet ouvrage ou terrain, ou subordonner la cession, la réalisation de l'apport ou la création de la sûreté à la condition qu'elle ne soit pas susceptible de porter préjudice à l'accomplissement de ses missions. Est nul de plein droit tout acte de cession, apport ou création de sûreté réalisé sans que l'État ait été mis à même de s'y opposer, en violation de son opposition ou en méconnaissance des conditions fixées à la réalisation de l'opération.

Art. L. 5312-13-1 *(L. n° 2011-267 du 14 mars 2011, art. 105)* Au sein de *(L. n° 2023-1196 du 18 déc. 2023, art. 6-I, en vigueur le 1ᵉʳ janv. 2024)* « l'opérateur France Travail », des agents chargés de la prévention des fraudes sont assermentés et agréés dans des conditions définies par arrêté du ministre chargé de l'emploi. Ces agents ont qualité pour dresser, en cas d'infraction aux dispositions du présent code entrant dans le champ de compétence de ladite institution, des procès-verbaux faisant foi jusqu'à preuve du contraire. Ils les transmettent, aux fins de poursuite, au procureur de la République s'il s'agit d'infractions pénalement sanctionnées. — *V. Arr. du 16 juin 2011 (JO 30 juin).*

Le fait de faire obstacle à l'accomplissement des fonctions des agents mentionnés au premier alinéa, quel que soit leur cadre d'action, est puni de six mois d'emprisonnement et de 7 500 € d'amende.

Art. L. 5312-13-2 *(L. n° 2020-1721 du 29 déc. 2020, art. 268)* Les agents chargés de la prévention des fraudes agréés et assermentés mentionnés à l'article L. 5312-13-1 bénéficient d'un droit de communication qui permet d'obtenir, sans que s'y oppose le secret professionnel, les documents et informations nécessaires au contrôle de la sincérité et de l'exactitude des déclarations souscrites ainsi que de l'authenticité des pièces produites en vue de l'attribution et du paiement des allocations, des aides ainsi que de toute autre prestation servies par *(L. n° 2023-1196 du 18 déc. 2023, art. 6-I, en vigueur le 1ᵉʳ janv. 2024)* « l'opérateur France Travail ».

Le droit prévu au premier alinéa du présent article peut porter sur des informations relatives à des personnes non identifiées, dans des conditions fixées par décret en Conseil d'État pris après avis de la Commission nationale de l'informatique et des libertés. — *V. art. R. 5312-47.*

Le droit prévu au même premier alinéa s'exerce quel que soit le support utilisé pour la conservation des documents et peut s'accompagner de la prise immédiate d'extraits et de copies.

Les documents et informations sont communiqués à titre gratuit dans les trente jours qui suivent la réception de la demande.

La communication des documents et informations est effectuée par voie numérique.

Le silence gardé ou le refus de déférer à une demande relevant dudit premier alinéa est puni d'une amende de 1 500 € par cotisant ou allocataire concerné, sans que le total de l'amende puisse être supérieur à 10 000 €.

Le silence gardé ou le refus de déférer à une demande relevant du deuxième alinéa est puni d'une amende de 5 000 €. Cette amende s'applique pour chaque demande, dès lors que tout ou partie des documents ou renseignements sollicités n'est pas communiqué.

Ces montants sont doublés en cas de récidive de refus ou de silence gardé du tiers dans le délai de cinq ans à compter de l'expiration du délai de trente jours octroyé au tiers pour faire droit à la première demande de (*L. n° 2023-1196 du 18 déc. 2023, art. 6-I, en vigueur le 1er janv. 2024*) « l'opérateur France Travail ».

Sans préjudice des autres dispositions législatives applicables en matière d'échanges d'informations, le droit de communication défini au présent article est exercé dans les conditions prévues et auprès des personnes mentionnées à la section 1 du chapitre II du titre II du livre des procédures fiscales, à l'exception des personnes mentionnées aux articles L. 82 C, L. 83 A à L. 83 E, L. 84 à L. 84 E, L. 89 à L. 91, L. 95, L. 96, L. 96 B à L. 96 CA, L. 96 F à L. 96 H et L. 96 J du même livre.

Lorsqu'une procédure de recouvrement ou de suppression totale ou partielle d'une allocation, d'une aide ou de toute autre prestation est engagée à l'encontre d'une personne physique ou morale, suite à l'usage du droit mentionné au premier alinéa du présent article, (*L. n° 2023-1196 du 18 déc. 2023, art. 6-I, en vigueur le 1er janv. 2024*) « l'opérateur France Travail » est tenu d'informer cette personne de la teneur et de l'origine des informations et documents obtenus auprès de tiers sur lesquels est fondée cette décision. Il communique une copie des documents mentionnés au présent alinéa à la personne qui en fait la demande.

Art. L. 5312-14 Un décret en Conseil d'État précise les modalités d'application du présent chapitre. – *V. art. R. 5312-1 s.*

CHAPITRE III **MAISONS DE L'EMPLOI**

Art. L. 5313-1 (*L. n° 2008-126 du 13 févr. 2008*) Les maisons de l'emploi, dont le ressort, adapté à la configuration des bassins d'emploi, ne peut excéder la région ou, en Corse, la collectivité territoriale, concourent à la coordination des politiques publiques et du partenariat local des acteurs publics et privés qui agissent en faveur de l'emploi, de la formation, de l'insertion et du développement économique.

A partir d'un diagnostic partagé, elles exercent notamment une mission d'observation de la situation de l'emploi et d'anticipation des mutations économiques.

Elles contribuent à la coordination des actions du service public de l'emploi et participent en complémentarité avec l'institution mentionnée à l'article L. 5312-1, les réseaux spécialisés et les acteurs locaux dans le respect des compétences des régions et des départements :

– à l'accueil, l'information, l'orientation et l'accompagnement des personnes à la recherche d'une formation ou d'un emploi ;

– au maintien et au développement de l'activité et de l'emploi ainsi qu'à l'aide à la création et à la reprise d'entreprise.

En lien avec les entreprises, les partenaires sociaux, les chambres consulaires et les branches professionnelles, elles contribuent au développement de la gestion territorialisée des ressources humaines. Elles mènent également des actions d'information et de sensibilisation aux phénomènes des discriminations à l'embauche et dans l'emploi ainsi que relatives à l'égalité professionnelle et à la réduction des écarts de rémunération entre les femmes et les hommes.

Les maisons de l'emploi qui respectent les missions qui leur sont attribuées bénéficient d'une aide de l'État selon un cahier des charges dans des conditions fixées par décret en Conseil d'État. – *V. art. R. 5313-4.*

Art. L. 5313-2 Les maisons de l'emploi associent obligatoirement l'État, l'(*L. n° 2008-126 du 13 févr. 2008*) « institution mentionnée à l'article L. 5312-1 » et au moins une collectivité territoriale ou un établissement public de coopération intercommunale. – *[Anc. art. L. 311-10-1, al. 2.]*

Art. L. 5313-3 (*L. n° 2011-525 du 17 mai 2011, art. 119-VIII*) Les maisons de l'emploi peuvent prendre la forme de groupements d'intérêt public régis par le chapitre II de la loi n° 2011-525 du 17 mai 2011 de simplification et d'amélioration de la qualité du droit.

Art. L. 5313-4 *Abrogé par L. n° 2011-525 du 17 mai 2011, art. 119-VIII.*

Art. L. 5313-5 Des décrets en Conseil d'État déterminent les conditions d'application du présent chapitre. – *[Anc. art. L. 311-12.] – V. art. R. 5313-1 s.*

CHAPITRE IV MISSIONS LOCALES POUR L'INSERTION PROFESSIONNELLE ET SOCIALE DES JEUNES

Art. L. 5314-1 Des missions locales pour l'insertion professionnelle et sociale des jeunes peuvent être constituées entre l'État, des collectivités territoriales, des établissements publics, des organisations professionnelles et syndicales et des associations.

Elles prennent la forme d'une association ou d'un groupement d'intérêt public. Dans ce dernier cas, elles peuvent recruter des personnels qui leur sont propres, régis par le présent code. — *[Anc. art. L. 311-10-2, al. 1er et 2.]*

V. Circ. DGEFP n° 2005-09 du 19 mars 2005 relative à l'insertion professionnelle et sociale des jeunes.

Art. L. 5314-2 Les missions locales pour l'insertion professionnelle et sociale des jeunes, dans le cadre de leur mission de service public pour l'emploi, ont pour objet d'aider les jeunes de seize à vingt-cinq ans révolus à résoudre l'ensemble des problèmes que pose leur insertion professionnelle et sociale en assurant des fonctions d'accueil, d'information, d'orientation et d'accompagnement *(L. n° 2014-288 du 5 mars 2014, art. 21-I)* « à l'accès à la formation professionnelle initiale ou continue, ou à un emploi ».

Elles favorisent la concertation entre les différents partenaires en vue de renforcer ou compléter les actions conduites par ceux-ci, notamment pour les jeunes rencontrant des difficultés particulières d'insertion professionnelle et sociale.

(L. n° 2019-791 du 26 juill. 2019, art. 15, en vigueur le 1er sept. 2020) « Elles *(L. n° 2023-1196 du 18 déc. 2023, art. 4-I, en vigueur à une date fixée par décret et, au plus tard, le 1er janv. 2025)* « assurent un accompagnement vers la formation initiale et » concourent à la mise en œuvre de l'obligation de formation définie à l'article L. 114-1 du code de l'éducation. »

Elles contribuent à l'élaboration et à la mise en œuvre, dans leur zone de compétence, d'une politique locale concertée d'insertion professionnelle et sociale des jeunes.

(L. n° 2016-41 du 26 janv. 2016, art. 6) « A ce titre, les missions locales sont reconnues comme participant au repérage des situations qui nécessitent un accès aux droits sociaux, à la prévention et aux soins, et comme mettant ainsi en œuvre les actions et orientant les jeunes vers des services compétents qui permettront la prise en charge du jeune concerné par le système de santé de droit commun et la prise en compte par le jeune lui-même de son capital santé. »

(L. n° 2009-1437 du 24 nov. 2009) « Les résultats obtenus par les missions locales en termes d'insertion professionnelle et sociale, ainsi que la qualité de l'accueil, de l'information, de l'orientation et de l'accompagnement qu'elles procurent aux jeunes sont évalués dans des conditions qui sont fixées par convention avec l'État *(L. n° 2014-288 du 5 mars 2014, art. 21-I)* « , la région et les autres » collectivités territoriales qui les financent. Les financements accordés tiennent compte de ces résultats. »

(L. n° 2021-1900 du 30 déc. 2021, art. 208-I-6°, en vigueur le 1er mars 2022) « Par dérogation à l'article L. 5131-3 et au premier alinéa du présent article, les missions locales peuvent accompagner les jeunes auxquels la qualité de travailleur handicapé est reconnue jusqu'à l'âge de vingt-neuf ans révolus dans le cadre du contrat d'engagement jeune prévu à l'article L. 5131-6. »

Nouvel art. L. 5314-2, al. 1er *Les missions locales pour l'insertion professionnelle et sociale des jeunes, dans le cadre de leur mission de service public pour l'emploi, ont pour objet d'aider les jeunes de seize à vingt-cinq ans révolus à résoudre l'ensemble des problèmes que pose leur insertion professionnelle et sociale. (L. n° 2023-1196 du 18 déc. 2023, art. 4-I, en vigueur à une date fixée par décret et, au plus tard, le 1er janv. 2025)* « *Elles assurent des fonctions d'accueil, d'information et d'accès aux droits ainsi que, dans les conditions prévues au chapitre I du titre I du livre IV de la présente partie, des fonctions d'orientation et d'accompagnement vers la formation professionnelle ou vers un emploi. Elles sont, à ce titre, des opérateurs spécialisés du réseau pour l'emploi mentionné à l'article L. 5311-7. Elles mettent en œuvre, dans leur champ de compétences, les missions de ce réseau et participent à ses instances de gouvernance, auprès desquelles elles assurent une fonction d'appui en lien avec la fonction mentionnée au 7° du II de l'article L. 5312-1.* »

Art. L. 5314-3 *(Abrogé par L. n° 2018-771 du 5 sept. 2018, art. 86)* Les missions locales pour l'insertion professionnelle et sociale des jeunes participent aux maisons de l'emploi.

Art. L. 5314-4 Des décrets en Conseil d'État déterminent les conditions d'application du présent chapitre. — *[Anc. art. L. 311-12.] — V. art. D. 5314-0.*

CHAPITRE V ÉTABLISSEMENT PUBLIC CHARGÉ DE LA FORMATION PROFESSIONNELLE DES ADULTES

(Ord. n° 2016-1519 du 10 nov. 2016, art. 1ᵉʳ, ratifiée par L. n° 2017-204 du 21 févr. 2017)

Art. L. 5315-1 Un établissement public de l'État à caractère industriel et commercial contribue au service public de l'emploi mentionné à l'article L. 5311-1. A ce titre :
1° Il participe à la formation et à la qualification des personnes les plus éloignées de l'emploi et contribue à leur insertion sociale et professionnelle ;
2° Il contribue à la politique de certification menée par le ministre chargé de l'emploi ;
3° Il contribue à l'égal accès des femmes et des hommes à la formation professionnelle et à la promotion de la mixité des métiers ;
4° Il contribue à l'égal accès, sur l'ensemble du territoire, aux services publics de l'emploi et de la formation professionnelle.

I. — L'établissement public mentionné à l'art. L. 5315-1, dans sa rédaction résultant de l'Ord. n° 2016-1519 du 10 nov. 2016, est substitué à l'Association nationale pour la formation professionnelle des adultes dans les droits et obligations de toute nature qui pèsent sur cette association à compter de la date d'effet de la dissolution de celle-ci et dans des conditions fixées par décret.

Cette substitution est réalisée de plein droit, nonobstant toute disposition ou stipulation contraire. Elle n'a aucune incidence sur ces droits et obligations et n'entraîne ni la modification des contrats, conventions en cours conclues par l'Association nationale pour la formation professionnelle des adultes, ni leur résiliation, ni, le cas échéant, le remboursement anticipé des dettes qui en constituent l'objet. Elle entraîne le transfert de plein droit et sans formalité des accessoires des créances cédées et des sûretés réelles et personnelles les garantissant.

Les hypothèques consenties par l'Association nationale pour la formation professionnelle des adultes sur les droits réels issus de baux emphytéotiques administratifs conclus avec l'État sont transférées et se reportent directement sur les biens objets desdits baux lorsque ces biens sont apportés en pleine propriété à l'établissement public.

En cas de réalisation des sûretés ou des hypothèques susmentionnées, et si cette réalisation est de nature à porter préjudice à la bonne exécution ou au développement des missions de service public de l'établissement public, l'État peut s'y opposer.

II. — L'établissement mentionné à l'art. L. 5315-1 se substitue à l'Association nationale pour la formation professionnelle des adultes en tant qu'employeur des personnels titulaires d'un contrat de travail conclu antérieurement.

Le cas échéant, la ou les filiales de l'Association nationale pour la formation des adultes deviennent filiales de ce même établissement et s'y substituent en tant qu'employeurs des personnels titulaires d'un contrat de travail conclu antérieurement.

III. — Les conventions et accords collectifs applicables, avant la date d'entrée en vigueur de l'Ord. n° 2016-1519 du 10 nov. 2016, à l'Association nationale pour la formation professionnelle des adultes et à ses filiales s'appliquent, après cette date, à l'ensemble des personnels de l'établissement mentionné à l'art. L. 5315-1 C. trav. et, le cas échéant, à ses filiales.

IV. — Le directeur général de l'établissement public mentionné à l'art. L. 5315-1 prend toutes les mesures utiles à l'exercice des missions et activités de l'établissement public jusqu'à l'installation du conseil d'administration. Il rend alors compte de sa gestion à ce dernier (Ord. préc., art. 3).

Art. L. 5315-2 Dans le respect des compétences des régions chargées du service public régional de la formation professionnelle, l'établissement mentionné à l'article L. 5315-1 a également pour missions :
1° De contribuer à l'émergence et à l'organisation de nouveaux métiers et de nouvelles compétences, notamment par le développement d'une ingénierie de formation adaptée aux besoins ;

2° De développer une expertise prospective de l'évolution des compétences adaptées au marché local de l'emploi ;

3° De fournir un appui aux opérateurs chargés des activités de conseil en évolution professionnelle mentionné à l'article L. 6111-6 ;

4° D'exercer les activités qui constituent le complément normal de ses missions de service public et sont directement utiles à l'amélioration des conditions d'exercice de celles-ci, notamment :

a) En contribuant à la politique de certification de l'État exercée par d'autres ministres que celui chargé de l'emploi, en application du chapitre V du titre III du livre III de la deuxième partie du code de l'éducation ;

b) En participant à la formation des personnes en recherche d'emploi ;

c) En participant à la formation des personnes en situation d'emploi ;

Les activités prévues aux *b* et *c* sont mises en œuvre au moyen des filiales créées dans les conditions mentionnées à l'article L. 5315-6 ;

5° De contribuer au développement des actions de formation en matière de développement durable et de transition énergétique *(Abrogé par L. n° 2018-771 du 5 sept. 2018, art. 4-IV, à compter du 1ᵉʳ janv. 2019)* « *prévues à l'article L. 6313-15* ».

Art. L. 5315-3 L'établissement public est dirigé par un directeur général nommé par décret, après avis du Conseil national de l'emploi, de la formation et de l'orientation professionnelles.

Il est administré par un conseil d'administration composé de représentants de l'État, des régions, des organisations syndicales de salariés et des organisations professionnelles d'employeurs représentatives au niveau national et interprofessionnel, de personnalités qualifiées et de représentants du personnel. Pour la détermination du nombre de représentants de cette dernière catégorie, il peut être dérogé au cinquième alinéa de l'article 5 de la loi n° 83-675 du 26 juillet 1983 relative à la démocratisation du secteur public.

A l'exception de son président, nommé par décret parmi les personnalités qualifiées, les membres du conseil d'administration sont nommés par arrêté des ministres de tutelle.

Les représentants de l'État et des régions disposent chacun d'au plus deux voix.

Art. L. 5315-4 Un médiateur national est chargé au sein de l'établissement public d'instruire les réclamations individuelles des usagers, sans préjudice des voies de recours existantes.

Le médiateur national est le correspondant du Défenseur des droits.

Art. L. 5315-5 Les ressources de l'établissement public sont constituées par des dotations de l'État, des redevances pour service rendu, le produit des ventes et des locations ainsi que par des emprunts autorisés, dons et legs et recettes diverses.

Les dotations de l'État sont calculées pour compenser au plus la charge financière des missions et sujétions de service public résultant de l'application de l'article L. 5315-1 et des 1° à 3° et du *a* du 4° de l'article L. 5315-2.

Art. L. 5315-6 L'établissement public peut créer des filiales ou prendre des participations dans des sociétés, groupements ou organismes en vue de réaliser toute opération utile à ses missions.

Art. L. 5315-7 Les biens de l'établissement public relèvent de son domaine privé. Ils peuvent être librement gérés et aliénés dans les conditions du droit commun.

Lorsqu'un bien appartenant à l'établissement public est nécessaire à la bonne exécution de ses missions de service public ou au développement de celles-ci, l'État peut s'opposer à la disposition de ce bien par cession ou apport sous quelque forme que ce soit, à la création d'une sûreté sur ce bien, ou subordonner la cession, la réalisation de l'apport ou la création de la sûreté à la condition qu'elle ne soit pas susceptible de porter préjudice à l'accomplissement de ces missions. Est nul de plein droit tout acte de cession, apport ou création de sûreté réalisé sans que l'État ait été mis à même de s'y opposer, en violation de son opposition ou en méconnaissance des conditions fixées à la réalisation de l'opération.

Le produit des cessions des biens immobiliers transférés à l'établissement public, mentionnés dans l'arrêté prévu à l'article 2 de l'ordonnance n° 2016-1519 du

10 novembre 2016 est exclusivement réservé au financement des investissements destinés à l'exercice de la mission de service public prévue au 4° de l'article L. 5315-1 ou, à défaut, affecté au budget de l'État.

Il en est de même des produits des cessions des biens immobiliers financés en remploi du produit des ventes des biens visés au troisième alinéa.

Toutefois les produits issus de la réalisation des sûretés réelles portant sur des biens mentionnés au troisième alinéa sont destinés aux créanciers.

Art. L. 5315-8 Les organismes de formation bénéficiant d'une habilitation au titre de l'article L. 6121-2-1 ont accès aux locaux et équipements de l'établissement public dans des conditions objectives, transparentes et non discriminatoires, selon des modalités fixées par une convention signée entre l'État, la région et l'établissement public.

Cette convention est conforme à la stratégie coordonnée de la région et de l'État prévue à l'article L. 6123-4-1.

Cette convention est conclue dans le respect d'un cahier des charges défini par décret en Conseil d'État qui fixe notamment les modalités du versement par l'organisme bénéficiaire à l'établissement public d'une redevance pour service rendu. Cette redevance est fixée en fonction du coût d'entretien et de fonctionnement des installations, après déduction des coûts liés aux actifs immobiliers mentionnés à l'article L. 5315-7.

Art. L. 5315-9 Pour la mise en œuvre des dispositions prévues au 2° de l'article L. 5315-1 et au 1° de l'article L. 5315-2, les organismes de formation concourant au service public régional de la formation professionnelle défini à l'article L. 6121-2 ont accès aux locaux et équipements mentionnés à l'article L. 5315-7 dans des conditions objectives, transparentes et non discriminatoires selon un cahier des charges, défini par décret en Conseil d'État. Ce cahier des charges détermine notamment les modalités du versement par l'organisme bénéficiaire d'une redevance pour service rendu à l'établissement public.

Art. L. 5315-10 Un décret en Conseil d'État définit les modalités d'application du présent chapitre. – *V. art. R. 5315-1 s.*

CHAPITRE VI ORGANISMES CHARGÉS DU REPÉRAGE ET DE L'ACCOMPAGNEMENT SPÉCIFIQUE DES PERSONNES LES PLUS ÉLOIGNÉES DE L'EMPLOI

(L. n° 2023-1196 du 18 déc. 2023, art. 7-I, en vigueur le 1er janv. 2024)

Art. L. 5316-1 Des organismes publics ou privés peuvent être chargés, dans les conditions prévues à l'article L. 5316-2, du repérage des personnes les plus éloignées de l'emploi ou qui ne sont pas inscrites dans un parcours d'insertion suivi par un autre membre du réseau pour l'emploi ainsi que de la remobilisation et de l'accompagnement socio-professionnel de ces personnes.

Ces organismes contribuent, à ce titre, au dispositif d'insertion professionnelle et d'accompagnement des personnes rencontrant des difficultés sociales et professionnelles particulières mis en œuvre par l'État. Ils participent au réseau pour l'emploi et mettent en œuvre leurs actions en lien avec les autres membres du réseau.

Art. L. 5316-2 Les organismes mentionnés au premier alinéa de l'article L. 5316-1 répondent aux conditions fixées par un cahier des charges établi par arrêté conjoint des ministres chargés de l'emploi et du budget.

Ils concluent des conventions pluriannuelles d'objectifs et de moyens avec l'État qui précisent, notamment, les conditions d'évaluation des actions menées.

Art. L. 5316-3 Les personnes bénéficiant des actions de repérage, de remobilisation ou d'accompagnement socio-professionnel mentionnées à l'article L. 5316-1 sont affiliées à un régime de sécurité sociale dans les conditions prévues à l'article L. 6342-1 et peuvent, en fonction de leurs ressources, bénéficier de la rémunération prévue à l'article L. 6341-1.

Art. L. 5316-4 Un décret détermine les modalités d'application du présent chapitre, notamment les modalités de bénéfice et la durée de versement de la rémunération

TITRE II PLACEMENT

RÉP. TRAV. v° *Agences d'emploi*, par ROUSSEAU.

BIBL. GÉN. ▶ BUISSON, HAUTEFORT et MARTINEZ-RANDÉ, *SSL 1993*, suppl. n° 655 (recrutement, embauche). – DUNES, *BS Lefebvre 1989*. 257 (responsabilité du conseil en recrutement de personnel). – ROUSSEAU, *Dr. soc. 1990*. 545 (conseils en recrutement, chasseurs de têtes et notion de placement).

CHAPITRE I PRINCIPES

Art. L. 5321-1 L'activité de placement consiste à fournir, à titre habituel, des services visant à rapprocher les offres et les demandes d'emploi, sans que la personne assurant cette activité ne devienne partie aux relations de travail susceptibles d'en découler.
(L. n° 2010-853 du 23 juill. 2010, art. 29-I) « La fourniture de services de placement peut être exercée à titre lucratif. Les entreprises de travail temporaire peuvent fournir des services de placement au sens du présent article. »

Art. L. 5321-2 Aucun service de placement ne peut être refusé à une personne à la recherche d'un emploi ou à un employeur fondé sur l'un des motifs de discrimination énumérés à l'article L. 1132-1. Aucune offre d'emploi ne peut comporter de référence à l'une des caractéristiques mentionnées à cet article. — *[Anc. art. L. 310-2, al. 1er.]*

Art. L. 5321-3 Aucune rétribution, directe ou indirecte, ne peut être exigée des personnes à la recherche d'un emploi en contrepartie de la fourniture de services de placement, sous réserve des dispositions :
1° (Ord. n° 2015-1682 du 17 déc. 2015, art. 15) « De l'article L. 7121-9 », relatives aux conditions de placement, à titre onéreux, des artistes du spectacle ;
2° De l'article L. 222-6 du code du sport, relatives aux conditions d'exercice de l'activité d'agent sportif.

CHAPITRE II RÔLE DES COLLECTIVITÉS TERRITORIALES

Art. L. 5322-1 Dans les localités où il n'existe pas de bureau de l'(L. n° 2008-126 du 13 févr. 2008) « institution mentionnée à l'article L. 5312-1 » ou de bureau des organismes ayant conclu une convention avec l'(L. n° 2008-126 du 13 févr. 2008) « institution mentionnée à l'article L. 5312-1 » en application des dispositions de l'article L. 5312-3, les maires sont chargés de recevoir et de consigner les déclarations des demandeurs d'emploi et de les transmettre à ces organismes ou, en l'absence de convention, à l'(L. n° 2008-126 du 13 févr. 2008) « institution mentionnée à l'article L. 5312-1 ». — *[Anc. art. L. 311-6.]*

Art. L. 5322-2 Les communes peuvent recevoir des offres d'emploi et réaliser des opérations de placement en faveur de leurs administrés à la recherche d'un emploi, après avoir conclu à cet effet une convention avec l'État et l'(L. n° 2008-126 du 13 févr. 2008) « institution mentionnée à l'article L. 5312-1 ». — *[Anc. art. L. 311-9.]*

Art. L. 5322-3 A leur demande, les maires, pour les besoins du placement ou pour la détermination des avantages sociaux auxquels peuvent prétendre les intéressés, ont communication de la liste des demandeurs d'emploi domiciliés dans leur commune. — *[Anc. art. L. 311-11.]*

Art. L. 5322-4 Des décrets en Conseil d'État déterminent les conditions d'application du présent chapitre, notamment les conditions de transmission aux maires de la liste des demandeurs d'emploi inscrits sur leur commune, en application de l'article L. 5322-3. — *[Anc. art. L. 311-12.]* — V. art. R. 5322-1 s.

CHAPITRE III CONTRÔLE

Art. L. 5323-1 (L. n° 2010-853 du 23 juill. 2010, art. 29-I) « Les fonctionnaires et agents chargés du contrôle de l'application du droit du travail sont habilités à constater les manquements aux dispositions du chapitre I. »

Lorsque l'activité de placement est exercée en méconnaissance de ces dispositions ou en cas d'atteinte à l'ordre public, l'autorité administrative peut, après mise en demeure, ordonner la fermeture de l'organisme en cause pour une durée n'excédant pas trois mois. — *[Anc. art. L. 312-2.]*

Art. L. 5323-2 et L. 5323-3 Abrogés par L. n° 2010-853 du 23 juill. 2010, art. 29-I.

CHAPITRE IV DISPOSITIONS PÉNALES

Art. L. 5324-1 Le fait d'exiger une rétribution, directe ou indirecte, des personnes à la recherche d'un emploi, en contrepartie de la fourniture de services de placement, en méconnaissance des dispositions de l'article L. 5321-3, est puni d'un emprisonnement de six mois et d'une amende de 3 750 €. — *[Anc. art. L. 361-1.]* — V. art. R. 5324-1.

TITRE III DIFFUSION ET PUBLICITÉ DES OFFRES ET DEMANDES D'EMPLOI

BIBL. ▶ Rousseau, Dr. soc. 1992. 323. — Verkindt et Wacongne, ibid. 1993. 932 (travailleur vieillissant). — Wallon, ibid. 1989. 488 (télématique et offres d'emploi).

CHAPITRE I INTERDICTIONS

Art. L. 5331-1 Il est interdit de vendre des offres ou des demandes d'emploi, quel que soit le support utilisé.

Toutefois, cette interdiction ne fait pas obstacle à l'insertion, à titre onéreux, d'offres ou demandes d'emploi dans une publication ou un autre moyen de communication payant. — *[Anc. art. L. 311-4, al. 1ᵉʳ.]*

Art. L. 5331-2 Il est interdit de faire publier dans un journal, revue ou écrit périodique ou de diffuser par tout autre moyen de communication accessible au public une insertion d'offres d'emploi ou d'offres de travaux à domicile comportant la mention d'une limite d'âge supérieure exigée du postulant à un emploi.

Cette interdiction ne concerne pas les offres qui fixent des conditions d'âge imposées par les dispositions légales. — *[Anc. art. L. 311-4, al. 5 et 6.]*

Art. L. 5331-3 Il est interdit de faire publier dans un journal, revue ou écrit périodique ou de diffuser par tout autre moyen de communication accessible au public une insertion d'offres d'emploi ou d'offres de travaux à domicile comportant des allégations fausses ou susceptibles d'induire en erreur et portant en particulier sur un ou plusieurs éléments suivants :

1° L'existence, le caractère effectivement disponible, l'origine, la nature et la description de l'emploi ou du travail à domicile offert ;

2° La rémunération et les avantages annexes proposés ;

3° Le lieu du travail. — *[Anc. art. L. 311-4, al. 5 et 7.]* — V. art. L. 5334-1 (pén.).

Art. L. 5331-4 Il est interdit de faire publier dans un journal, revue ou écrit périodique ou de diffuser par tout autre moyen de communication accessible au public une insertion d'offres d'emploi ou d'offres de travaux à domicile comportant un texte rédigé en langue étrangère.

Lorsque l'emploi ou le travail offert ne peut être désigné que par un terme étranger sans correspondant en français, le texte français en comporte une description suffisamment détaillée pour ne pas induire en erreur au sens de l'article L. 5331-3.

Ces prescriptions s'appliquent aux services à exécuter sur le territoire français, quelle que soit la nationalité de l'auteur de l'offre ou de l'employeur, et aux services à exécuter hors du territoire français lorsque l'auteur de l'offre ou l'employeur est français, alors même que la parfaite connaissance d'une langue étrangère serait une des conditions requises pour tenir l'emploi proposé.

Toutefois, les directeurs de publications et les personnes responsables de moyens de communication utilisant, en tout ou partie, une langue étrangère peuvent, en France, recevoir des offres d'emploi rédigées dans cette langue. — *[Anc. art. L. 311-4, al. 5 et 8 à 10.]*

Art. L. 5331-5 Il est interdit de faire publier dans un journal, revue ou écrit périodique, ou de diffuser par tout autre moyen de communication accessible au public une insertion de prestation de services concernant les offres d'emploi ou les carrières et comportant des allégations fausses ou susceptibles d'induire en erreur, notamment sur le caractère gratuit de ce service. — *[Anc. art. L. 311-4-1.]* — V. art. L. 5334-1 (pén.).

Art. L. 5331-6 Des décrets en Conseil d'État déterminent les conditions d'application du présent chapitre. — *[Anc. art. L. 311-12.]*

CHAPITRE II **CONDITIONS DE PUBLICATION ET DE DIFFUSION DES OFFRES D'EMPLOI**

Art. L. 5332-1 Toute offre d'emploi publiée ou diffusée est datée. — *[Anc. art. L. 311-4, al. 2.]*

Art. L. 5332-2 Tout employeur qui fait insérer dans un journal, revue ou écrit périodique ou fait diffuser par tout autre moyen de communication accessible au public une offre anonyme d'emploi fait connaître son nom ou sa raison sociale et son adresse au directeur de la publication ou au responsable du moyen de communication.

Lorsque l'insertion est demandée par une agence de publicité, un organisme de sélection ou tout autre intermédiaire, celui-ci fournit au directeur de la publication ou au responsable du moyen de communication les renseignements concernant l'employeur mentionnés au premier alinéa. — *[Anc. art. L. 311-4, al. 3.]*

Art. L. 5332-3 Les publicités faites en faveur d'une ou plusieurs entreprises de travail temporaire et les offres d'emploi provenant de celles-ci mentionnent expressément leur dénomination et leur caractère d'entreprise de travail temporaire. — *[Anc. art. L. 311-4, al. 11.]*

Art. L. 5332-4 Dans le cas d'offre anonyme, l'autorité administrative et les services de l'(*L. n° 2008-126 du 13 févr. 2008*) « institution mentionnée à l'article L. 5312-1 » peuvent, sur simple demande de leur part, obtenir du directeur de la publication ou du responsable du moyen de communication le nom ou la raison sociale et l'adresse de l'employeur.

Ces renseignements peuvent être utilisés pour l'information des candidats éventuels à l'offre d'emploi publiée ou diffusée. — *[Anc. art. L. 311-4, al. 4.]*

Art. L. 5332-5 Des décrets en Conseil d'État déterminent les conditions d'application du présent chapitre, notamment, les conditions d'utilisation des informations nominatives que les organismes exerçant une activité de placement peuvent demander, détenir, conserver, diffuser et céder pour les besoins de cette activité. — *[Anc. art. L. 311-12, L. 312-3.]* — V. art. R. 5332-1 s.

CHAPITRE III **CONTRÔLE**

Art. L. 5333-1 Les agents de la concurrence, de la consommation et de la répression des fraudes sont habilités à rechercher et constater, dans les conditions prévues à l'article (*Ord. n° 2016-301 du 14 mars 2016, art. 21*) « L. 511-5 » du code de la consommation :

1° Les infractions aux dispositions de l'article L. 5331-3 ;

2° Les infractions aux dispositions de l'article L. 5331-5. — *[Anc. art. L. 311-4-2.]*

Art. L. 5333-2 Des décrets en Conseil d'État déterminent les conditions d'application du présent chapitre. — *[Anc. art. L. 311-12.]*

CHAPITRE IV DISPOSITIONS PÉNALES

Art. L. 5334-1 Le fait d'insérer une offre d'emploi ou une offre de travaux à domicile, en méconnaissance des dispositions de l'article L. 5331-3, est puni d'un emprisonnement d'un an et d'une amende de 37 500 €.

Le fait d'insérer une offre de service concernant les emplois et carrières, en méconnaissance des dispositions de l'article L. 5331-5, est puni des mêmes peines.

L'annonceur qui a demandé la diffusion de l'offre est responsable de l'infraction commise. Le directeur de la publication ou le fournisseur du service ayant communiqué l'offre au public est responsable lorsqu'il a agi sans demande expresse d'insertion de l'offre émanant de l'annonceur. – *[Anc. art. L. 631-4.]*

LIVRE IV LE DEMANDEUR D'EMPLOI

RÉP. TRAV. v° *Chômage (Indemnisation)*, par DOMERGUE.

BIBL. GÉN. ▶ Indemnisation du chômage : DANIEL, *Dr. soc.* 1999. 1065.

▶ ARSÉGUEL, *Dr. soc.* 1996. 586 (missions du régime d'assurance-chômage). – ARSÉGUEL et ISOUX, *Dr. soc.* 1991. 438 (effets de la transaction sur l'indemnisation du chômage). – BARTHÉLÉMY, *JCP E* 1991. I. 47 (loi du 3 janv. 1991). – CAMAJI, *Dr. ouvrier* 2013. 65 (droits du chômeur, usager du service public de l'emploi). – CASAUX-LABRUNÉE, *Dr. soc.* 1996. 577 (qu'est-ce qu'un chômeur ?). – DEL SOL, *JCP E* 1996. I. 577 (droit à allocations de chômage et exercice d'une activité). – DOMERGUE, *Dr. soc.* 1997. 463 (droit du chômage). – FAURE-MURET, *Dr. soc.* 1989. 677 (raisons d'une précarité). – MARTIN, *ibid.* 1985. 769 (protection sociale des travailleurs privés d'emploi). – PICCA, *LPA 2 déc.* 1996 (le droit, arme contre le chômage). – TALBOT, *JCP E* 1993. I. 216 (contentieux administratif des aides aux chômeurs). – TEYSSIÉ, *JCP CI* 1980. I. 8891 (assurance-chômage des chefs d'entreprise). – THÉRY, *Dr. soc.* 2000. 739 (adaptation de l'assurance-chômage). – TRIBOULET, *Dr. soc.* 1987. 526 (recours contre les décisions des ASSEDIC).

▶ Numéro spécial : WILLMANN (dir.), *Dr. soc.* 2018. 580 (assurance chômage : un nouveau modèle).

▶ **Loi Marché du travail du 21 déc. 2022 :** TOURNAUX, *Dr. soc.* 2023. 155 (durées des relations de travail et indemnisation du chômage). – WILLMANN, *Dr. soc.* 2023. 150 (réformes sensibles et controversées de l'indemnisation chômage par la loi n° 2022-1598 du 21 déc. 2022).

COMMENTAIRE
  V. sur le Code en ligne.

TITRE I DROITS ET OBLIGATIONS DU DEMANDEUR D'EMPLOI

BIBL. ▶ CAMAJI, *Dr. soc.* 2010. 666 (le demandeur d'emploi à la recherche de ses obligations). – VÉRICEL, *RDT* 2009. 101 (droits et devoirs du demandeur d'emploi : loi du 1er août 2008).

CHAPITRE I INSCRIPTION DU DEMANDEUR D'EMPLOI ET RECHERCHE D'EMPLOI

SECTION 1 Inscription sur la liste des demandeurs d'emploi

Art. L. 5411-1 A la qualité de demandeur d'emploi toute personne qui recherche un emploi et demande son inscription sur la liste des demandeurs d'emploi auprès de *(L. n° 2018-771 du 5 sept. 2018, art. 64-III, en vigueur le 1er janv. 2019)* « Pôle emploi ». – *[Anc. art. L. 311-2, L. 311-5, al. 1er, phrase 1.]* – V. art. L. 5413-1 (pén.).

En application de l'art. L. 231-5 CRPA, et par exception à l'application du délai de deux mois prévu de l'art. L. 231-1 du même code, le silence gardé par l'administration pendant deux mois vaut décision de rejet pour une demande d'inscription sur la liste des demandeurs d'emploi (Décr. n° 2014-1289 du 23 oct. 2014, art. 1er).

Nouvel art. L. 5411-1 *(L. n° 2023-1196 du 18 déc. 2023, art. 1er-1, en vigueur à une date fixée par décret et, au plus tard, le 1er janv. 2025)* **Est inscrite sur la liste des demandeurs d'emploi auprès de l'opérateur France Travail :**

1° La personne à la recherche d'un emploi qui demande son inscription ;

2° La personne qui demande le revenu de solidarité active mentionné à l'article L. 262-1 du code de l'action sociale et des familles ainsi que son conjoint, son concubin ou le partenaire auquel elle est liée par un pacte civil de solidarité. Le présent 2° ne s'applique pas lorsque la personne est un assuré mentionné à l'article L. 351-1 du code de la sécurité sociale qui a atteint l'âge prévu au 1° de l'article L. 351-8 du même code ou qui justifie, à partir de l'âge prévu à l'article L. 161-17-2 dudit code, d'une durée d'assurance et de périodes reconnues équivalentes au moins égales à la limite prévue au deuxième alinéa de l'article L. 351-1 du même code ;

3° La personne à la recherche d'un emploi mentionnée à l'article L. 5314-2 du présent code qui sollicite un accompagnement par une mission locale mentionnée à l'article L. 5314-1 ;

4° La personne qui sollicite un accompagnement par un organisme de placement spécialisé dans l'insertion professionnelle des personnes en situation de handicap mentionné à l'article L. 5214-3-1.

A la suite de son inscription, la personne bénéficie de l'orientation prévue à l'article L. 5411-5-1.

Le présent article ne s'applique pas aux personnes mentionnées aux 2° et 3° de l'article L. 341-4 du code de la sécurité sociale.

Ces dispositions entrent en vigueur à une date fixée par décret et, au plus tard, le 1ᵉʳ janv. 2025. A cette date, l'opérateur France Travail inscrit sur la liste des demandeurs d'emploi mentionnée à l'art. L. 5411-1 les personnes qui ont conclu un des contrats mentionnés aux art. L. 5131-4 et L. 5131-6 ou qui sont bénéficiaires du revenu de solidarité active et qui n'y sont pas inscrites. Cette inscription n'est toutefois pas effectuée lorsque la personne est un assuré mentionné à l'art. L. 351-1 CSS qui a atteint l'âge prévu au 1° de l'art. L. 351-8 du même code ou qui justifie, à partir de l'âge prévu à l'art. L. 161-17-2 CSS, d'une durée d'assurance et de périodes reconnues équivalentes au moins égales à la limite prévue au 2ᵉ al. de l'art. L. 351-1 CSS (L. n° 2023-1196 du 18 déc. 2023, art. 1ᵉʳ-II).

Art. L. 5411-2 Les demandeurs d'emploi renouvellent périodiquement leur inscription selon des modalités fixées par arrêté du ministre chargé de l'emploi et la catégorie dans laquelle ils ont été inscrits. – V. Arr. du 22 déc. 2015 (JO 27 déc.).

Ils portent également à la connaissance de (L. n° 2023-1196 du 18 déc. 2023, art. 6-I, en vigueur le 1ᵉʳ janv. 2024) « l'opérateur France Travail » les changements affectant leur situation susceptibles d'avoir une incidence sur leur inscription comme demandeurs d'emploi. – V. art. R. 5411-6. – [Anc. art. L. 311-5, al. 3, phrases 3 et 4.]

1. Obligations du chômeur. Un demandeur d'emploi ne peut se plaindre de n'avoir pas reçu de document d'actualisation mensuelle de demande d'emploi, s'il n'a pas fait connaître préalablement son changement d'adresse aux services de l'ANPE. ● CE 16 oct. 1998, n° 161094 : 🔑 D. 2000. Somm. 349, obs. Erizo 🖉.

2. Valeur du document d'actualisation. Le document d'actualisation adressé chaque mois aux demandeurs d'emploi n'a d'autre objet que de faciliter les démarches des intéressés et n'a pas pour objet, ni ne saurait avoir légalement pour effet d'entraîner, lorsque l'intéressé n'a pas reçu le document, un renouvellement automatique de son inscription en l'absence de toute démarche de sa part. ● CE 15 oct. 2001, 🔑 n° 226713, ANPE : RJS 2002. 68, n° 72.

Nouvel art. L. 5411-2, al. 1ᵉʳ (L. n° 2023-1196 du 18 déc. 2023, art. 1ᵉʳ-1, en vigueur à une date fixée par décret et, au plus tard, le 1ᵉʳ janv. 2025) *« Les personnes inscrites sur la liste des demandeurs d'emploi renouvellent périodiquement leur inscription, selon des modalités fixées par arrêté conjoint des ministres chargés de l'emploi et des solidarités, en fonction de leur classement dans les catégories mentionnées à l'article L. 5411-3. »*

V. ndlr ss. art. L. 5411-1 nouv., al. 1ᵉʳ.

Art. L. 5411-3 Les personnes inscrites sur la liste des demandeurs d'emploi sont classées dans des catégories déterminées par arrêté du ministre chargé de l'emploi en fonction de l'objet de leur demande et de leur disponibilité pour occuper un emploi. – [Anc. art. L. 311-5, al. 1ᵉʳ, phrase 2.]

Art. L. 5411-4 Lors de l'inscription d'une personne étrangère sur la liste des demandeurs d'emplois, (L. n° 2023-1196 du 18 déc. 2023, art. 6-I, en vigueur le 1ᵉʳ janv. 2024) « l'opérateur France Travail » vérifie la validité de ses titres de séjour et de travail.

(L. n° 2023-1196 du 18 déc. 2023, art. 6-I, en vigueur le 1ᵉʳ janv. 2024) « L'opérateur France Travail » peut avoir accès aux fichiers des services de l'État pour obtenir les informations nécessaires à cette vérification (L. n° 2018-771 du 5 sept. 2018, art. 64-III, en vigueur le 1ᵉʳ janv. 2019) « , y compris lors du renouvellement des titres de séjour et de travail afin de s'assurer du maintien de l'intéressé sur la liste des demandeurs d'emploi ».

Lorsque ces informations sont conservées sur support informatique, elles peuvent faire l'objet d'une transmission (*Ord. n° 2018-1125 du 12 déc. 2018, art. 25, en vigueur le 1er juin 2019*) « dans le respect des dispositions » de la loi n° 78-17 du 6 janvier 1978 relative à l'informatique, aux fichiers et aux libertés.

Art. L. 5411-5 Les personnes invalides mentionnées aux 2° et 3° de l'article L. 341-4 du code de la sécurité sociale, bénéficiaires à ce titre d'un avantage social lié à une incapacité totale de travail, ne peuvent être inscrites sur la liste des demandeurs d'emploi pendant la durée de leur incapacité. − *[Anc. art. L. 311-5, al. 2.]*

SECTION 1 *BIS* **Orientation et accompagnement des demandeurs d'emploi**

(L. n° 2023-1196 du 18 déc. 2023, art. 1er-I, en vigueur à une date fixée par décret et, au plus tard, le 1er janv. 2025)

Art. L. 5411-5-1 I. − Les personnes mentionnées à l'article L. 5411-1 sont orientées par un organisme mentionné au II du présent article, selon les critères mentionnés au III, vers un des organismes référents mentionnés au IV. Elles bénéficient d'un accompagnement vers l'accès ou le retour à l'emploi, le cas échéant par la reprise ou la création d'entreprise, qui peut notamment comporter des aides à la formation, à la mobilité et à visée d'insertion sociale.

Toutefois, lorsqu'il apparaît que des difficultés, notamment en matière de santé, de logement, de mobilité, de garde d'enfants ou tenant à leur situation de proche aidant, font temporairement obstacle à leur engagement dans une démarche de recherche d'emploi, les personnes bénéficient au préalable, de la part de l'organisme référent vers lequel elles sont orientées, d'un accompagnement à vocation d'insertion sociale.

II. − La décision d'orientation vers l'organisme référent chargé d'assurer l'accompagnement mentionné au I est prise :

1° Par l'opérateur France Travail lorsque la personne n'est pas bénéficiaire du revenu de solidarité active ;

2° Par le président du conseil départemental, dans les conditions prévues à l'article L. 262-29 du code de l'action sociale et des familles, pour les bénéficiaires du revenu de solidarité active résidant dans le département. Il peut déléguer cette compétence à l'opérateur France Travail, par convention signée avec ce dernier ;

3° Par les missions locales mentionnées à l'article L. 5314-1, pour les personnes mentionnées à l'article L. 5314-2 qui les sollicitent et qui ne relèvent pas du 2° du présent II ;

4° Par les organismes de placement spécialisés dans l'insertion professionnelle des personnes en situation de handicap mentionnés à l'article L. 5214-3-1, pour les personnes en situation de handicap qui les sollicitent et qui ne relèvent pas du 2° du présent II.

III. − La décision d'orientation mentionnée au II du présent article est prise en fonction de critères définis dans les conditions prévues à l'article L. 5311-9. Ces critères tiennent compte du niveau de qualification de la personne, de sa situation au regard de l'emploi, de ses aspirations et, le cas échéant, des difficultés particulières qu'elle rencontre, notamment en matière de santé, de logement, de mobilité et de garde d'enfants ou tenant à sa situation de proche aidant.

Lorsque des circonstances locales le justifient, les critères mentionnés au premier alinéa du présent III peuvent être précisés, pour l'orientation des personnes bénéficiaires du revenu de solidarité active résidant dans le département, par un arrêté conjoint du représentant de l'État dans le département et du président du conseil départemental, pris après avis de l'instance départementale mentionnée à l'article L. 5311-10.

L'opérateur France Travail, le président du conseil départemental et les organismes mentionnés aux 3° et 4° du II du présent article transmettent à l'instance nationale mentionnée à l'article L. 5311-9 les informations relatives aux orientations qu'ils ont prises et à la mise en œuvre des critères mentionnés au premier alinéa du présent III. Ils transmettent les mêmes informations aux instances départementales mentionnées à l'article L. 5311-10, pour les personnes qui relèvent de ces dernières.

La liste des informations devant être transmises et la périodicité de leur transmission sont fixées dans les conditions prévues à l'article L. 5311-9.

IV. — Les organismes référents vers lesquels peuvent être orientées les personnes mentionnées à l'article L. 5411-1 sont :

1° L'opérateur France Travail ;

2° Les conseils départementaux ;

3° Les organismes délégataires d'un conseil départemental, dans des conditions fixées par une convention signée entre le conseil départemental et l'opérateur France Travail, après avis de l'instance départementale mentionnée à l'article L. 5311-10 ;

4° Les missions locales mentionnées à l'article L. 5314-1 ;

5° Les organismes de placement spécialisés dans l'insertion professionnelle des personnes en situation de handicap mentionnés à l'article L. 5214-3-1.

Un décret, pris après avis de l'instance nationale mentionnée à l'article L. 5311-9, fixe les conditions dans lesquelles ces personnes peuvent également être orientées vers d'autres organismes référents, publics ou privés, fournissant des services relatifs au placement, à l'insertion, à la formation, à l'accompagnement et au maintien dans l'emploi des personnes à la recherche d'un emploi ainsi que les conditions à remplir par ces organismes.

V. ndlr ss. art. L. 5411-1 nouv., al. 1er.

Art. L. 5411-5-2 I. — L'organisme référent chargé de l'accompagnement réalise, conjointement avec la personne qu'il accompagne, un diagnostic global de sa situation. Ce diagnostic global est réalisé selon un référentiel défini en application des modalités prévues à l'article L. 5311-9.

II. — Lorsque, à la suite de la réalisation du diagnostic global ou au cours de l'accompagnement, la situation de la personne fait apparaître qu'un autre organisme référent serait mieux à même de conduire les actions d'accompagnement nécessaires, l'organisme référent, à la demande de la personne ou de sa propre initiative, saisit, en vue d'une nouvelle décision d'orientation :

1° L'opérateur France Travail lorsque la personne n'est pas bénéficiaire du revenu de solidarité active ;

2° Le président du conseil départemental pour les bénéficiaires du revenu de solidarité active résidant dans le département ;

3° Les missions locales mentionnées à l'article L. 5314-1 lorsque la personne a fait l'objet d'une décision d'orientation mentionnée au 3° du II de l'article L. 5411-5-1 ;

4° Les organismes de placement spécialisés dans l'insertion professionnelle des personnes en situation de handicap mentionnés à l'article L. 5214-3-1 lorsque la personne a fait l'objet d'une décision d'orientation mentionnée au 4° du II de l'article L. 5411-5-1.

III. — Les modalités d'application du présent article sont précisées par décret.

V. ndlr ss. art. L. 5411-1 nouv., al. 1er.

SECTION 2 **Contrat d'engagement et recherche d'emploi** (L. n° 2023-1196 du 18 déc. 2023, art. 2-I, en vigueur à une date fixée par décret et, au plus tard, le 1er janv. 2025).

BIBL. ▶ DEL SOL, JCP E 1996. I. 577 (droit à allocations de chômage et exercice d'une activité). – MOUSSY, Dr. ouvrier 1996. 147 (contrôle des demandeurs d'emploi). – ROUSSEAU et WALLON, Dr. soc. 1990. 27 (droit pour un chômeur de refuser un emploi).

Art. L. 5411-6 (L. n° 2008-758 du 1er août 2008) Le demandeur d'emploi immédiatement disponible pour occuper un emploi est orienté et accompagné dans sa recherche d'emploi par (L. n° 2018-771 du 5 sept. 2018, art. 64-III, en vigueur le 1er janv. 2019) « Pôle emploi ». Il est tenu de participer à la définition et à l'actualisation du projet personnalisé d'accès à l'emploi mentionné à l'article L. 5411-6-1, d'accomplir des actes positifs et répétés de recherche d'emploi et d'accepter les offres raisonnables d'emploi telles que définies aux articles L. 5411-6-2 et L. 5411-6-3.

Nouvel art. L. 5411-6 (L. n° 2023-1196 du 18 déc. 2023, art. 2-I, en vigueur à une date fixée par décret et, au plus tard, le 1er janv. 2025) I. — Au vu du diagnostic global réalisé en application de l'article L. 5411-5-2, la personne mentionnée à l'article L. 5411-1 élabore et signe, avec l'organisme référent vers lequel elle a été orientée et dans un délai fixé par décret, un contrat d'engagement qui est ensuite périodiquement actualisé dans les mêmes formes.

II. — Le contrat d'engagement définit :

1° Les engagements de l'organisme référent, notamment les actions mises en œuvre en matière d'accompagnement personnalisé de la personne mentionnée à l'article L. 5411-1 et, le cas échéant, de formation et de levée des freins périphériques à l'emploi. Ces engagements comportent la désignation d'un référent unique en son sein, chargé de l'accompagnement de la personne mentionnée au même article L. 5411-1 pendant la durée du contrat ;

2° Les engagements de la personne mentionnée audit article L. 5411-1, parmi lesquels son assiduité et sa participation active aux actions prévues par le plan mentionné au 3° du présent II ;

3° Un plan d'action, précisant les objectifs d'insertion sociale et professionnelle et, en fonction de la situation du demandeur d'emploi, le niveau d'intensité de l'accompagnement requis auquel correspond une durée hebdomadaire d'activité du demandeur d'emploi d'au moins quinze heures. Il comporte notamment des actions de formation, d'accompagnement et d'appui.

La durée hebdomadaire minimale mentionnée au même 3° peut être minorée, sans pouvoir être nulle, pour des raisons liées à la situation individuelle de l'intéressé et au vu du diagnostic global réalisé en application de l'article L. 5411-5-2.

A leur demande, les personnes rencontrant des difficultés particulières et avérées en raison de leur état de santé, de leur handicap, de leur invalidité ou de leur situation de parent isolé sans solution de garde pour un enfant de moins de douze ans peuvent disposer d'un plan d'action sans durée hebdomadaire d'activité.

Le contrat d'engagement, élaboré en fonction des besoins du demandeur d'emploi, tient compte notamment de sa formation, de ses qualifications, de ses connaissances et compétences acquises au cours de ses expériences professionnelles et extraprofessionnelles, de sa situation personnelle et familiale ainsi que de la situation locale du marché du travail.

Le contrat d'engagement précise les droits du demandeur d'emploi ainsi que les voies et les délais de recours contre les sanctions susceptibles d'être prononcées en cas de non-respect de ses stipulations.

III. — Le cas échéant, il est tenu compte, lors de l'élaboration du contrat d'engagement, des actions ou des parcours d'accompagnement dont le demandeur d'emploi bénéficie et qui sont mis en œuvre par d'autres organismes que l'organisme référent mentionné au IV de l'article L. 5411-5-1, notamment dans le cadre d'un parcours d'insertion par l'activité économique défini à l'article L. 5132-3.

Ces dispositions entrent en vigueur à une date fixée par décret et, au plus tard, le 1er janv. 2025.

Pour chaque demandeur d'emploi dont il assure, à cette date, l'accompagnement, chaque organisme référent mentionné au IV de l'art. L. 5411-5-1 conclut, dans un délai fixé par décret, qui ne peut excéder 2 ans à compter de la date mentionnée ci-dessus, le contrat d'engagement mentionné à l'art. L. 5411-6. Ce contrat se substitue, selon les cas, au projet personnalisé d'accès à l'emploi élaboré en application de l'art. L. 5411-6-1, aux contrats conclus en application des art. L. 5131-5 et L. 5131-6 ou au contrat d'engagements réciproques conclu en application des art. L. 262-35 et L. 262-36 CASF, dans leur rédaction antérieure à la L. n° 2023-1196 du 18 déc. 2023 (L. préc., art. 2-IV).

Art. L. 5411-6-1 (L. n° 2008-758 du 1er août 2008) Un projet personnalisé d'accès à l'emploi est élaboré et actualisé conjointement par le demandeur d'emploi et (L. n° 2018-771 du 5 sept. 2018, art. 59-I, en vigueur le 1er janv. 2019) « Pôle emploi » ou, lorsqu'une convention passée avec (L. n° 2018-771 du 5 sept. 2018, art. 59-I, en vigueur le 1er janv. 2019) « Pôle emploi » le prévoit, un organisme participant au service public de l'emploi. Le projet personnalisé d'accès à l'emploi et ses actualisations sont alors transmis pour information à (L. n° 2018-771 du 5 sept. 2018, art. 59-I, en vigueur le 1er janv. 2019) « Pôle emploi ».

Ce projet précise, en tenant compte de la formation du demandeur d'emploi, de ses qualifications, de ses connaissances et compétences acquises au cours de ses expériences professionnelles, de sa situation personnelle et familiale ainsi que de la situation du marché du travail local, la nature et les caractéristiques de l'emploi ou des emplois recherchés, la zone géographique privilégiée et le niveau de salaire attendu. (L. n° 2018-771 du 5 sept. 2018, art. 59-I, en vigueur le 1er janv. 2019) « Il intègre, le cas échéant, le projet de reconversion professionnelle mentionné au 2° du II de l'article L. 5422-1 (L. n° 2021-1900 du 30 déc. 2021, art. 208-I-7°, en vigueur le 1er mars 2022) « ou les engagements prévus dans le cadre du contrat d'engagement jeune mentionné à l'article L. 5131-6 ». »

Le projet personnalisé d'accès à l'emploi retrace les actions que *(L. n° 2018-771 du 5 sept. 2018, art. 59-I, en vigueur le 1er janv. 2019)* « Pôle emploi » s'engage à mettre en œuvre dans le cadre du service public de l'emploi, notamment en matière d'accompagnement personnalisé et, le cas échéant, de formation et d'aide à la mobilité.

(L. n° 2018-771 du 5 sept. 2018, art. 59-I, en vigueur le 1er janv. 2019) « La notification du projet personnalisé d'accès à l'emploi adressée au demandeur d'emploi précise ses droits concernant l'acceptation ou le refus des offres raisonnables d'emploi qui lui sont soumises et, notamment, les voies et délais de recours en cas de sanction par Pôle emploi. »

Nouvel art. L. 5411-6-1 *(L. n° 2023-1196 du 18 déc. 2023, art. 2-I, en vigueur à une date fixée par décret et, au plus tard, le 1er janv. 2025)* I. — Si le projet professionnel du demandeur d'emploi comporte la recherche d'une activité salariée et si ce projet est suffisamment établi, le contrat d'engagement définit les éléments constitutifs de l'offre raisonnable d'emploi que le demandeur d'emploi est tenu d'accepter. Lorsque seuls des objectifs d'insertion professionnelle sont fixés à la signature du contrat, la définition de ces éléments fait l'objet d'une actualisation dès que le projet professionnel est suffisamment établi.

Les éléments constitutifs de l'offre raisonnable d'emploi comprennent la nature et les caractéristiques de l'emploi ou des emplois recherchés, la zone géographique privilégiée et le salaire attendu. Ces éléments peuvent être révisés dans le cadre d'une actualisation du contrat d'engagement, notamment afin d'accroître les perspectives de retour à l'emploi du demandeur d'emploi.

Conjointement à la définition des éléments constitutifs de l'offre raisonnable d'emploi, le contrat d'engagement précise les actes positifs et répétés de recherche d'emploi que le demandeur d'emploi est tenu de réaliser.

Si le projet professionnel du demandeur d'emploi comporte la reprise ou la création d'une entreprise, le contrat d'engagement en définit les éléments essentiels et comporte les actes que le demandeur d'emploi est tenu de réaliser.

Le contrat d'engagement intègre, le cas échéant, le projet de reconversion professionnelle mentionné au 2° du II de l'article L. 5422-1.

II. — Le I du présent article ne s'applique pas aux personnes mentionnées au second alinéa du I de l'article L. 5411-5-1.

V. ndlr ss. art. L. 5411-6 nouv.

Art. L. 5411-6-2 *(Abrogé par L. n° 2023-1196 du 18 déc. 2023, art. 2-I, à compter d'une date fixée par décret et, au plus tard, le 1er janv. 2025) (L. n° 2008-758 du 1er août 2008)* La nature et les caractéristiques de l'emploi ou des emplois recherchés, la zone géographique privilégiée et le salaire attendu, tels que mentionnés dans le projet personnalisé d'accès à l'emploi, sont constitutifs de l'offre raisonnable d'emploi.

Art. L. 5411-6-3 *(Abrogé par L. n° 2023-1196 du 18 déc. 2023, art. 2-I, à compter d'une date fixée par décret et, au plus tard, le 1er janv. 2025) (L. n° 2008-758 du 1er août 2008)* Le projet personnalisé d'accès à l'emploi est actualisé périodiquement. Lors de cette actualisation, les éléments constitutifs de l'offre raisonnable d'emploi sont révisés, notamment pour accroître les perspectives de retour à l'emploi.

Art. L. 5411-6-4 *(L. n° 2018-771 du 5 sept. 2018, art. 59-III)* Les dispositions de la présente section et du 2° de l'article L. 5412-1 ne peuvent obliger un demandeur d'emploi à accepter :

1° Un niveau de salaire inférieur au salaire normalement pratiqué dans la région et pour la profession concernée, sans préjudice des autres dispositions légales et des stipulations conventionnelles en vigueur, notamment celles relatives au salaire minimum de croissance ;

2° Un emploi à temps partiel, lorsque le projet personnalisé d'accès à l'emploi [*nouvelle rédaction issue de la L. n° 2023-1196 du 18 déc. 2023, art. 2-I, en vigueur à une date fixée par décret et, au plus tard, le 1er janv. 2025 : « contrat d'engagement »*] prévoit que le ou les emplois recherchés sont à temps complet ;

3° Un emploi qui ne soit pas compatible avec ses qualifications et ses compétences professionnelles.

BIBL. ▶ ADAM, *Dr. soc.* 2020. 423 (le droit de refuser un emploi).

Art. L. 5411-7 Lorsqu'elles satisfont à des conditions déterminées par décret en Conseil d'État, les personnes qui ne peuvent occuper sans délai un emploi, notamment en raison d'une activité occasionnelle ou réduite ou d'une formation, peuvent être réputées immédiatement disponibles. – [Anc. art. L. 311-5, al. 3, phrase 2.] – V. art. R. 5411-10.

Art. L. 5411-8 (Abrogé par L. n° 2008-758 du 1er août 2008) *Les personnes inscrites comme demandeurs d'emploi qui ne peuvent bénéficier de la dispense de recherche d'emploi dans les conditions prévues au deuxième alinéa de l'article L. 5421-3 et âgées d'au moins cinquante-six ans et demi en 2009, d'au moins cinquante-huit ans en 2010 et d'au moins soixante ans en 2011, sont dispensées, à leur demande et à partir de ces âges, des obligations mentionnées à l'article L. 5411-6.*

A compter du 1er janv. 2012, cet article est supprimé. Mais toute personne bénéficiant d'une dispense de recherche d'emploi avant le 1er janv. 2012 continue à en bénéficier (L. n° 2008-758 du 1er août 2008, art. 4-II et III).

SECTION 3 Représentation du demandeur d'emploi

Art. L. 5411-9 Afin d'améliorer l'information des demandeurs d'emploi et leur capacité à exercer leurs droits, l'État ainsi que les organismes chargés du placement et de la formation des demandeurs d'emploi fixent les règles de constitution de comités de liaison auprès de leurs échelons locaux dans lesquels siègent des demandeurs d'emploi représentant les organisations syndicales représentatives au plan national et les organisations ayant spécifiquement pour objet la défense des intérêts ou l'insertion des personnes privées d'emploi. – [Anc. art. L. 353-3.]

SECTION 4 Dispositions d'application

Art. L. 5411-10 Un décret en Conseil d'État détermine les conditions d'application du présent chapitre, notamment :
1° La liste des changements affectant la situation des demandeurs d'emploi que ceux-ci sont tenus de signaler à (L. n° 2023-1196 du 18 déc. 2023, art. 6-I, en vigueur le 1er janv. 2024) « l'opérateur France Travail » ;
2° Les conditions dans lesquelles cessent d'être inscrites sur la liste des demandeurs d'emploi les personnes :
a) Qui ne renouvellent pas leur demande d'emploi ;
b) Pour lesquelles l'employeur ou l'organisme compétent informe (L. n° 2023-1196 du 18 déc. 2023, art. 6-I, en vigueur le 1er janv. 2024) « l'opérateur France Travail » d'une reprise d'emploi ou d'activité, d'une entrée en formation ou de tout changement affectant leur situation au regard des conditions d'inscription. – V. art. R. 5411-6.

V. note ss. art. L. 5411-2.

CHAPITRE II RADIATION DE LA LISTE DES DEMANDEURS D'EMPLOI

A compter d'une date fixée par décret et, au plus tard, le 1er janv. 2025, l'intitulé du présent chapitre est ainsi rédigé : « Sanctions des demandeurs d'emploi » (L. n° 2023-1196 du 18 déc. 2023, art. 2-I).

Art. L. 5412-1 (L. n° 2008-758 du 1er août 2008) Est radiée de la liste des demandeurs d'emploi, dans des conditions déterminées par un décret en Conseil d'État, la personne qui :
1° Soit ne peut justifier de l'accomplissement d'actes positifs et répétés en vue de retrouver un emploi, de créer (L. n° 2018-771 du 5 sept. 2018, art. 60-II, en vigueur le 1er janv. 2019) « , reprendre ou développer » une entreprise ;
2° Soit, sans motif légitime, refuse à deux reprises une offre raisonnable d'emploi mentionnée à l'article L. 5411-6-2 ;
3° Soit, sans motif légitime :
a) Refuse d'élaborer ou d'actualiser le projet personnalisé d'accès à l'emploi prévu à l'article L. 5411-6-1 ;
(L. n° 2018-771 du 5 sept. 2018, art. 60-II, en vigueur le 1er janv. 2019) « *b)* Est absente à une action de formation ou abandonne celle-ci ; »
c) (L. n° 2018-771 du 5 sept. 2018, art. 60-II, en vigueur le 1er janv. 2019) « Est absente à un rendez-vous avec les » services et organismes mentionnés à l'article L. 5311-2 ou mandatés par ces services et organismes ;

d) Refuse de se soumettre à une visite médicale (*Abrogé par L. n° 2018-771 du 5 sept. 2018, art. 60-II, à compter du 1ᵉʳ janv. 2019*) « *auprès des services médicaux de main-d'œuvre* » destinée à vérifier son aptitude au travail ou à certains types d'emploi ;

(*L. n° 2018-771 du 5 sept. 2018, art. 60-II, en vigueur le 1ᵉʳ janv. 2019*) « *e)* Refuse de suivre ou abandonne une action d'aide à la recherche d'une activité professionnelle ;

« *f)* Ne peut justifier, sans motif légitime, de la réalité des démarches mentionnée au II de l'article L. 5426-1-2. »

Nouvel art. L. 5412-1 (*L. n° 2023-1196 du 18 déc. 2023, art. 2-I, en vigueur à une date fixée par décret et, au plus tard, le 1ᵉʳ janv. 2025*) I. — *Le revenu de remplacement mentionné à l'article L. 5421-1 et les allocations mentionnées aux articles L. 5131-5 et L. 5131-6 sont suspendus ou supprimés, en tout ou partie, ou le demandeur d'emploi est radié de la liste des demandeurs d'emploi mentionnée à l'article L. 5411-1 en fonction des manquements constatés, de leur fréquence et de la nature du revenu ou de l'allocation perçus par le demandeur d'emploi.*

Sauf motif légitime, sont sanctionnés les manquements aux obligations énoncées dans le contrat d'engagement relatives à l'assiduité, à la participation active aux actions prévues par le plan d'action et à l'obligation de réaliser des actes positifs et répétés en vue de trouver un emploi, parmi lesquels figurent les candidatures à des offres d'emploi, en vue de créer, de reprendre ou de développer une entreprise, de réaliser des actions concourant à l'insertion sociale et professionnelle et de mettre en œuvre, le cas échéant, le projet de reconversion professionnelle mentionné au 2° du II de l'article L. 5422-1.

Pour l'appréciation des manquements aux obligations d'assiduité, il est tenu compte de l'absence du demandeur d'emploi aux actions de formation, d'accompagnement et d'appui à la mise en œuvre de son projet d'insertion sociale ou professionnelle prévues par le contrat d'engagement.

II. — Lorsque le demandeur d'emploi refuse, sans motif légitime, d'élaborer ou d'actualiser le contrat d'engagement mentionné à l'article L. 5411-6, le revenu de remplacement mentionné à l'article L. 5421-1 est suspendu, en tout ou partie.

III. — Lorsque le demandeur d'emploi refuse à deux reprises, sans motif légitime, une offre raisonnable d'emploi mentionnée au I de l'article L. 5411-6-1, sa radiation de la liste des demandeurs d'emploi est prononcée et le revenu de remplacement mentionné à l'article L. 5421-1 ou les allocations mentionnées aux articles L. 5131-5 et L. 5131-6 sont supprimés.

IV. — En cas de fraude ou lorsque le demandeur d'emploi a fait de fausses déclarations pour être ou demeurer inscrit sur la liste des demandeurs d'emploi mentionnée à l'article L. 5411-1 ou pour bénéficier indûment du revenu de remplacement mentionné à l'article L. 5421-1 ou des allocations mentionnées aux articles L. 5131-5 et L. 5131-6, sa radiation de la liste est prononcée et le revenu de remplacement ou les allocations sont supprimés. Les sommes indûment perçues donnent lieu à remboursement.

V. — Lorsque le demandeur d'emploi bénéficie du revenu de solidarité active, celui-ci peut être suspendu ou supprimé dans les conditions prévues à l'article L. 262-37 du code de l'action sociale et des familles.

VI. — Un décret en Conseil d'État précise les modalités de mise en œuvre du présent article, notamment :

1° Les durées minimale et maximale de la suspension et de la suppression du revenu de remplacement mentionné à l'article L. 5421-1 et des allocations mentionnées aux articles L. 5131-5 et L. 5131-6 ainsi que la part de ces revenus ou allocations pouvant être suspendue ou supprimée ;

2° Les conditions dans lesquelles cette suspension ou cette suppression donne lieu à une radiation de la liste des demandeurs d'emploi et, le cas échéant, les durées minimale et maximale de cette radiation ;

3° Les durées minimale et maximale de la radiation de la liste des demandeurs d'emploi pouvant être prononcées en cas de fraude ou de fausses déclarations.

Lorsque le demandeur d'emploi bénéficie d'un accompagnement à vocation d'insertion sociale mentionné au second alinéa du I de l'article L. 5411-5-1, les durées mentionnées aux 1° et 2° du présent VI peuvent être adaptées.

V. ndlr ss. art. L. 5411-6 nouv.

Art. L. 5412-2 (*Abrogé par L. n° 2023-1196 du 18 déc. 2023, art. 2-I, à compter d'une date fixée par décret et, au plus tard, le 1ᵉʳ janv. 2025*) (*L. n° 2008-758 du 1ᵉʳ août 2008*) *Est radiée de la liste des demandeurs d'emploi, dans les conditions déterminées par un décret en Conseil d'État, la personne qui a fait de fausses déclarations pour être ou demeurer inscrite sur cette liste.* — V. art. R. 5412-1 s.

DEMANDEUR D'EMPLOI   **Art. L. 5421-1** 1513

CHAPITRE III DISPOSITIONS PÉNALES

Art. L. 5413-1 Le fait d'établir de fausses déclarations ou de fournir de fausses informations pour être *(Abrogé par L. n° 2018-771 du 5 sept. 2018, art. 64-III, à compter du 1er janv. 2019)* « *inscrit* » ou demeurer inscrit sur la liste des demandeurs d'emploi mentionnée à l'article L. 5411-1 est puni *(L. n° 2013-1203 du 23 déc. 2013, art. 86-VI-3°)* « des peines prévues à l'article 441-6 du code pénal ».

TITRE II INDEMNISATION DES TRAVAILLEURS PRIVÉS D'EMPLOI *(L. n° 2018-771 du 5 sept. 2018, art. 49-III, en vigueur le 1er janv. 2019)*.

CHAPITRE I DISPOSITIONS GÉNÉRALES

Art. L. 5421-1 *(L. n° 2018-771 du 5 sept. 2018, art. 49-I, en vigueur le 1er janv. 2019)* En complément des mesures tendant à faciliter leur reclassement ou leur conversion, les personnes aptes au travail et recherchant un emploi ont droit à un revenu de remplacement dans les conditions fixées au présent titre.

Ancien art. L. 5421-1 *(Applicable jusqu'au 31 déc. 2018) (Ord. n° 2017-1387 du 22 sept. 2017, art. 13, en vigueur au plus tard le 1er janv. 2018)* En complément des mesures tendant à faciliter leur reclassement ou leur conversion, les travailleurs involontairement privés d'emploi, ceux dont le contrat de travail a été rompu conventionnellement selon les modalités prévues aux articles *(Ord. n° 2017-1718 du 20 déc. 2017, art. 1er-I)* « *L. 1237-11 à L. 1237-15* » du présent code ou à l'article L. 421-12-2 du code de la construction et de l'habitation et ceux dont le contrat de travail a été rompu d'un commun accord selon les modalités prévues aux articles *(Ord. n° 2017-1718 du 20 déc. 2017, art. 1er-I)* « *L. 1237-17 à L. 1237-19-14 du présent code* », aptes au travail et recherchant un emploi, ont droit à un revenu de remplacement dans les conditions fixées au présent titre. — V. art. L. 5429-1 *(pén.)*.

BIBL. ▶ Camaji, RDT 2017. 534 (quelle effectivité des droits à ressources en cas de chômage ?). – Chagny, SSL 2003, n° 1138, suppl. p. 14 (indemnisation du chômage). – Taquet, SSL 2003, n° 1138, suppl. p. 8 (contentieux de l'assurance chômage).

COMMENTAIRE

V. sur le Code en ligne.

1. Privation involontaire d'emploi. La qualité de membre d'un GIE ne peut avoir, en soi, aucune incidence quant au bénéfice du régime de l'assurance-chômage ; les allocations sont dues pour les périodes où les intéressés n'exercent aucune activité professionnelle tant en dehors du GIE qu'au sein de ce groupement. ● Soc. 27 mars 1990 : *RJS 1990. 248, n° 332.*

2. Seuls les salariés involontairement privés d'emploi, aptes au travail et recherchant un emploi, ont droit aux allocations de chômage. ● Soc. 13 oct. 1988 : *Bull. civ. V, n° 517 ; D. 1988. IR 245 ; Dr. soc. 1989. 176.* ♦ Doit être cassé l'arrêt qui a débouté l'Assedic de sa demande en remboursement des allocations à un salarié en arrêt de travail pour maladie et qui a bénéficié de prestations en espèces de la sécurité sociale durant toute sa période d'indisponibilité. ● Même arrêt. ♦ Ne peut être considéré comme involontairement privé d'emploi celui qui volontairement refuse un nouvel engagement militaire. ● CE 2 juin 1995 : *RJS 1995. 605, n° 927.* ♦ De même, ne peut prétendre au revenu de remplacement entre la date de fin de son contrat de travail et la date de la fin théorique de son préavis le salarié qui a été dispensé de ce dernier à sa demande. ● Soc. 26 juin 2008 : *RJS 2008. 830, n° 1017.*

3. Refus de renouvellement d'un CDD. Le salarié qui refuse la proposition de renouvellement de son contrat à durée déterminée doit être considéré comme involontairement privé d'emploi au sens de la convention d'assurance chômage du 19 févr. 2009. ● Soc. 16 janv. 2019, n° 17-11.975 P : *D. actu. 11 févr. 2019, obs. Boujenah ; D. 2019. Actu. 132 ; Dr. soc. 2019. 271, note Mouly ; RJS 4/2019, n° 243 ; JCP S 2019. 1090, obs. Bousez.*

4. Sont assimilés aux travailleurs involontairement privés d'emploi ceux qui, volontairement, ont quitté leur dernière activité pour un motif reconnu légitime par la commission paritaire de l'Assedic. ● Soc. 20 mars 1990 : *RJS 1990. 295, n° 407 ; SSL 1990, n° 500, 16.* ♦ Un tribunal décide à bon droit qu'il ne peut substituer son appréciation à celle de la commission paritaire. ● Même arrêt. ♦ S'agissant d'un agent d'une collectivité locale, il appartient à l'autorité administrative compétente d'apprécier si la démission équivaut à une privation involontaire d'emploi. ● CE 25 sept. 1996 : *D. 1996. IR 222 ; Quot. jur. 9 janv. 1997.*

♦ Est un motif légitime de démission le fait, pour une employée de collectivité locale, de quitter son emploi pour suivre la personne avec qui elle vit depuis plusieurs années en concubinage notoire et qui fait l'objet d'une mutation professionnelle dans une ville éloignée. ● Même arrêt.

5. La mise en disponibilité initiale d'agent, renouvelée annuellement à sa demande, ne lui permet pas d'être regardé comme ayant été involontairement privé d'emploi pour la période antérieure. ● Soc. 13 févr. 2019, ⚖ n° 17-10.925 P : *D. actu. 13 mars 2019, obs. Drutinus ; RJS 4/2019, n° 243 ; Gaz. Pal. 2 avr. 2019, p. 18, obs. Casson ; JCP S 2019. 1124, obs. François.*

6. *Recherche d'emploi.* Pour satisfaire à la condition de recherche d'emploi, un demandeur d'emploi qui accomplit les démarches qui lui sont proposées par les services de l'ANPE n'est pas dispensé, par principe, d'accomplir en outre des démarches de recherche d'emploi de sa propre initiative. ● CE 12 juin 1995 : ⚖ *RJS 1995. 605, n° 928.*
♦ Constituent des actes positifs de recherche d'emploi, les démarches accomplies en vue de la création d'une entreprise. ● Soc. 18 mars 1997, ⚖ n° 95-11.127 P : *Dr. soc. 1997. 550, obs. Verkindt ⁄ ; CSB 1997. 165, A. 30 ; RJS 1997. 465, n° 720.* ♦ L'exercice d'une activité professionnelle régulière et permanente non déclarée, même bénévole, par un chômeur indemnisé le prive du revenu de remplacement. ● CAA Nancy, 21 nov. 2002 : *D. 2003. 2925, obs. Labouz ⁄.*

7. *Radiation.* L'acte administratif prononçant la radiation d'un chômeur de la liste des demandeurs d'emploi s'impose au juge judiciaire qui ne peut en apprécier la légalité et estimer que la radiation est due à une erreur de l'administration. ● Soc. 6 janv. 1984 : *Dr. soc. 1984. 236, note Savatier.*

8. *Union européenne.* Une direction départementale du travail et de l'emploi commet une faute en omettant de faire connaître à un travailleur licencié qu'en application du Règl. (CEE) n° 1408-71 du 14 juin 1971, il a le choix, pour les prestations de chômage, entre l'État de son dernier emploi ou l'État de sa résidence et en l'incitant à choisir l'État de son dernier emploi. ● CE 20 janv. 1988 : *D. 1989. Somm. 113, obs. Moderne et Bon.*

9. Le Règl. (CEE) n° 1408-71 du 14 juin 1971 ne s'oppose pas à ce qu'un État membre refuse à un travailleur le bénéfice des allocations de chômage au-delà de la période maximale de trois mois prévue à l'art. 69 de ce règlement, lorsque le travailleur n'a pas accompli en dernier lieu des périodes d'assurance ou d'emploi dans cet État. ● CJCE 16 mai 1991 : *D. 1991. IR 168.*

10. *Travailleurs frontaliers.* Les conditions d'attribution des prestations de chômage doivent être mises en œuvre en tenant compte des particularités du régime de la rupture du contrat de travail résultant de la loi étrangère applicable au contrat ; il ne peut ainsi être imposé au travailleur de justifier d'une condition incompatible avec la loi étrangère dont relève le contrat (salarié de nationalité allemande ayant démissionné en raison du non-paiement de ses salaires). ● Soc. 21 janv. 2014 : ⚖ *D. actu. 12 févr. 2014, obs. Fraisse ; RJS 2014. 278, n° 340.*

Art. L. 5421-2 (L. n° 2018-771 du 5 sept. 2018, art. 49-I, en vigueur le 1ᵉʳ janv. 2019) Le revenu de remplacement prend, selon le cas, la forme :

1° D'une allocation d'assurance, prévue au chapitre II du présent titre ;

2° Des allocations de solidarité, prévues au chapitre III ;

3° De l'allocation des travailleurs indépendants et des autres allocations et indemnités régies par les régimes particuliers, prévues au chapitre IV.

Ancien art. L. 5421-2 *(Applicable jusqu'au 31 déc. 2018) Le revenu de remplacement prend, selon le cas, la forme :*

1° D'une allocation d'assurance, prévue au chapitre II ;

2° Des allocations de solidarité, prévues au chapitre III ;

3° D'allocations et d'indemnités régies par les régimes particuliers, prévus au chapitre IV. — [Anc. art. L. 351-2.]

Art. L. 5421-3 La condition de recherche d'emploi requise pour bénéficier d'un revenu de remplacement est satisfaite dès lors que les intéressés sont inscrits comme demandeurs d'emploi et accomplissent, à leur initiative ou sur proposition de l'un des organismes mentionnés à l'article L. 5311-2, des actes positifs et répétés en vue de retrouver un emploi, de créer (L. n° 2018-771 du 5 sept. 2018, art. 60-III, en vigueur le 1ᵉʳ janv. 2019) « , reprendre ou développer » une entreprise.

(Abrogé par L. n° 2008-758 du 1ᵉʳ août 2008) « *Les personnes inscrites comme demandeurs d'emploi et bénéficiaires de l'allocation d'assurance mentionnée à l'article L. 5422-1, âgées d'au moins cinquante-huit ans en 2009, d'au moins cinquante-neuf ans en 2010 et d'au moins soixante ans en 2011, sont dispensées, à leur demande et à partir de ces âges, de la condition de recherche d'emploi. Les personnes inscrites comme demandeurs d'emploi, bénéficiaires de l'allocation de solidarité spécifique mentionnée à l'article L. 5423-1, âgées d'au moins cinquante-six ans et demi en 2009, d'au moins cinquante-huit ans en 2010 et d'au moins soixante ans en 2011, sont dispensées, à leur demande et à partir de ces âges, de la condition de recherche d'emploi. »*

Un décret en Conseil d'État détermine les mesures d'application du présent article.

A compter du 1er janv. 2012, le 2e al. de cet art. est supprimé. Mais toute personne bénéficiant d'une dispense de recherche d'emploi avant le 1er janv. 2012 continue à en bénéficier (L. n° 2008-758 du 1er août 2008, art. 4-II et III).

Art. L. 5421-4 Le revenu de remplacement cesse d'être versé :

1° Aux allocataires *(L. n° 2010-1330 du 9 nov. 2010, art. 32)* « ayant atteint l'âge prévu à l'article L. 161-17-2 du code de la sécurité sociale » justifiant de la durée d'assurance, définie au deuxième alinéa de l'article L. 351-1 du code de la sécurité sociale, requise pour l'ouverture du droit à une pension de vieillesse à taux plein ;

2° Aux allocataires atteignant l'âge prévu *(L. n° 2023-270 du 14 avr. 2023, art. 11-V, en vigueur le 1er sept. 2023)* « au 1° de l'article L. 351-8 du même code *[ancienne rédaction : à l'article L. 161-17-2 du même code augmenté de cinq ans]* » ;

(L. n° 2014-40 du 20 janv. 2014, art. 21) « 3° Aux allocataires bénéficiant d'une retraite attribuée en application des articles L. 161-17-4, L. 351-1-1, L. 351-1-3 *(L. n° 2023-270 du 14 avr. 2023, art. 11-V, en vigueur le 1er sept. 2023)* « à L. 351-1-5 *[ancienne rédaction :, L. 351-1-4]* » *(L. n° 2018-771 du 5 sept. 2018, art. 51-II, en vigueur le 1er janv. 2019)* « et des II et III des articles L. 643-3 et *(L. n° 2023-270 du 14 avr. 2023, art. 11-V, en vigueur le 1er sept. 2023)* « L. 653-2 *[ancienne rédaction : L. 723-10-1]* » du code de la sécurité sociale, des articles L. 732-18-1 à *(L. n° 2023-270 du 14 avr. 2023, art. 10-I, en vigueur le 1er sept. 2023)* « L. 732-18-4 *[ancienne rédaction : L. 732-18-3]* » du code rural et de la pêche maritime » et des troisième et septième alinéas du I de l'article 41 de la loi de financement de la sécurité sociale pour 1999 (n° 98-1194 du 23 décembre 1998). »

Les dispositions issues de l'art. 11-V de la L. n° 2023-270 du 14 avr. 2023 s'appliquent aux pensions prenant effet à compter du 1er sept. 2023 (L. préc., art. 11-VII, B).

CHAPITRE II RÉGIME D'ASSURANCE

SECTION 1 Conditions et modalités d'attribution de l'allocation d'assurance

SOUS-SECTION 1 Conditions d'attribution

Art. L. 5422-1 *(L. n° 2018-771 du 5 sept. 2018, art. 49-II, en vigueur le 1er janv. 2019)*
I. — Ont droit à l'allocation d'assurance les travailleurs aptes au travail et recherchant un emploi qui satisfont à des conditions d'âge et d'activité antérieure, et dont :

1° Soit la privation d'emploi est involontaire, ou assimilée à une privation involontaire par les accords relatifs à l'assurance chômage mentionnés à l'article L. 5422-20 ;

2° Soit le contrat de travail a été rompu conventionnellement selon les modalités prévues aux articles L. 1237-11 à L. 1237-16 du présent code ou à l'article L. 421-12-2 du code de la construction et de l'habitation ;

3° Soit le contrat de travail a été rompu d'un commun accord selon les modalités prévues aux articles L. 1237-17 à L. 1237-19-14 du présent code.

(L. n° 2022-1598 du 21 déc. 2022, art. 2) « S'il est constaté qu'un demandeur d'emploi a refusé à deux reprises, au cours des douze mois précédents, une proposition de contrat de travail à durée indéterminée dans les conditions prévues à l'article L. 1243-11-1, ou s'il est constaté qu'il a refusé à deux reprises, au cours de la même période, une proposition de contrat de travail à durée indéterminée dans les conditions prévues à l'article L. 1251-33-1, le bénéfice de l'allocation d'assurance ne peut lui être ouvert au titre du 1° du présent I que s'il a été employé dans le cadre d'un contrat de travail à durée indéterminée au cours de la même période. Le présent alinéa ne s'applique pas lorsque la dernière proposition adressée au demandeur d'emploi n'est pas conforme aux critères prévus par le projet personnalisé d'accès à l'emploi mentionné à l'article L. 5411-6-1 si ce projet *[nouvelle rédaction issue de la L. n° 2023-1196 du 18 déc. 2023, art. 2-I, en vigueur à une date fixée par décret et, au plus tard, le 1er janv. 2025 : « [par le] contrat d'engagement mentionné à l'article L. 5411-6 si ce contrat »]* a été élaboré avant la date du dernier refus pris en compte. »

II. — Ont également droit à l'allocation d'assurance les travailleurs dont la privation d'emploi volontaire résulte d'une démission au sens de l'article L. 1237-1, sans préjudice du 1° du I du présent article, aptes au travail et recherchant un emploi qui :
1° Satisfont à des conditions d'activité antérieure spécifiques ;
2° Poursuivent un projet de reconversion professionnelle nécessitant le suivi d'une formation ou un projet de création ou de reprise d'une entreprise. Ce projet doit présenter un caractère réel et sérieux attesté par la commission paritaire interprofessionnelle régionale mentionnée à l'article L. 6323-17-6, dans des conditions fixées par décret en Conseil d'État. — V. art. L. 5429-1 (pén.) et R. 5422-1 s.

V. Décr. n° 2019-797 du 26 juill. 2019 et Règl. d'assurance chômage annexé au Décr., App. III. C, v° Chômage.

Sur les mesures d'urgence liées à la crise sanitaire due à l'épidémie de covid-19, V. Ord. n° 2020-324 du 25 mars 2020, Décr. n° 2020-425 du 14 avr. 2020 et Décr. n° 2020-929 du 29 juill. 2020, App. III. C, v° Chômage.

Sans préjudice des situations de subrogation de l'employeur dans les droits de son salarié, ne peuvent être versées à un compte bancaire ou postal dont le bénéficiaire n'est pas titulaire ou cotitulaire les prestations mentionnées aux art. L. 5422-1 et L. 5424-25 (L. n° 2021-1774 du 24 déc. 2021, art. 3, en vigueur le 26 déc. 2022).

Jurisprudence rendue sous l'empire des dispositions antérieures à la loi du 5 sept. 2018.

Privation involontaire d'emploi. Le règlement général annexé à la convention du 19 févr. 2009 relative à l'indemnisation du chômage dispose que sont involontairement privés d'emploi ou assimilés les salariés dont la cessation du contrat de travail résulte de la fin de leur contrat de travail à durée déterminée, dont notamment les contrats à objet défini ; dès lors que le contrat unique d'insertion a pris fin, le salarié ne peut être privé du paiement des allocations de chômage en raison de son refus de la proposition de renouvellement de ce contrat. • Soc. 16 janv. 2019, ⚖ n° 17-11.975 P : *D. actu. 11 févr. 2019, obs. Boujenah ; D. 2019. Actu. 132 ⌐ ; Dr. soc. 2019. 271, note Mouly ⌐ ; RJS 4/2019, n° 243 ; JCP S 2019. 1090, obs. Bousez.*

Art. L. 5422-1-1 (L. n° 2018-771 du 5 sept. 2018, art. 50-I) Pour bénéficier de l'allocation d'assurance au titre du II de l'article L. 5422-1, le travailleur salarié demande, préalablement à sa démission, un conseil en évolution professionnelle auprès des institutions, organismes ou opérateurs mentionnés à l'article L. 6111-6, à l'exception de (L. n° 2023-1196 du 18 déc. 2023, art. 6-I, en vigueur le 1er janv. 2024) « l'opérateur France Travail » et des organismes mentionnés à l'article L. 5314-1, dans les conditions prévues à l'article L. 6111-6. Le cas échéant, l'institution, l'organisme ou l'opérateur en charge du conseil en évolution professionnelle informe le travailleur salarié des droits qu'il pourrait faire valoir pour mettre en œuvre son projet dans le cadre de son contrat de travail.

Le travailleur salarié établit avec le concours de l'institution, de l'organisme ou de l'opérateur le projet de reconversion professionnelle mentionné au 2° du II de l'article L. 5422-1.

Art. L. 5422-2 L'allocation d'assurance est accordée pour des durées limitées qui tiennent compte de l'âge des intéressés et de leurs conditions d'activité professionnelle antérieure. (L. n° 2018-771 du 5 sept. 2018, art. 64-III, en vigueur le 1er janv. 2019) « Ces durées peuvent également tenir compte, le cas échéant, du suivi d'une formation par les intéressés. Elles » ne peuvent être inférieures aux durées déterminées par décret en Conseil d'État.

(Abrogé par L. n° 2018-771 du 5 sept. 2018, art. 64-III, à compter du 1er janv. 2019) « Le temps consacré, avec l'accord de l'(L. n° 2008-126 du 13 févr. 2008) « institution mentionnée à l'article L. 5312-1 », à des actions de formation rémunérées s'impute partiellement ou totalement sur la durée de versement de l'allocation d'assurance. »

Art. L. 5422-2-1 (L. n° 2013-504 du 14 juin 2013, art. 10-I) Les droits à l'allocation d'assurance non épuisés, issus de périodes antérieures d'indemnisation, sont pris en compte, en tout ou partie, dans le calcul de la durée et du montant des droits lors de l'ouverture d'une nouvelle période d'indemnisation, dans les conditions définies dans les accords relatifs à l'assurance chômage mentionnés à l'article L. 5422-20.

BIBL. ▶ WILLMANN, *Dr. soc.* 2013. 772 ⌐ (loi de sécurisation de l'emploi et assurance chômage : l'essentiel et l'accessoire).

DEMANDEUR D'EMPLOI **Art. L. 5422-8** 1517

> *COMMENTAIRE*
> V. sur le Code en ligne 🔒.

Art. L. 5422-2-2 (L. n° 2022-1598 du 21 déc. 2022, art. 2) Les conditions d'activité antérieure pour l'ouverture ou le rechargement des droits et la durée des droits à l'allocation d'assurance peuvent être modulées en tenant compte d'indicateurs conjoncturels sur l'emploi et le fonctionnement du marché du travail.

SOUS-SECTION 2 **Modalités de calcul et de paiement**

Art. L. 5422-3 L'allocation d'assurance est calculée soit en fonction de la rémunération antérieurement perçue dans la limite d'un plafond, soit en fonction de la rémunération ayant servi au calcul des contributions mentionnées (L. n° 2018-771 du 5 sept. 2018, art. 51-II, en vigueur le 1er janv. 2019) « au 1° de l'article L. 5422-9 et à l'article L. 5422-11 ».

Elle ne peut excéder le montant net de la rémunération antérieurement perçue.

Elle peut comporter un taux dégressif en fonction de l'âge des intéressés et de la durée de l'indemnisation.

Art. L. 5422-4 La demande en paiement de l'allocation d'assurance est déposée auprès de (L. n° 2023-1196 du 18 déc. 2023, art. 6-I, en vigueur le 1er janv. 2024) « l'opérateur France Travail » par le travailleur privé d'emploi dans un délai de deux ans à compter de sa date d'inscription comme demandeur d'emploi.

(L. n° 2018-771 du 5 sept. 2018, art. 61) « La notification de la décision relative à la demande en paiement de l'allocation d'assurance prise par (L. n° 2023-1196 du 18 déc. 2023, art. 6-I, en vigueur le 1er janv. 2024) « l'opérateur France Travail » mentionne, à peine de nullité, les délais et voies de recours. »

L'action en paiement est précédée du dépôt de la demande en paiement. Elle se prescrit par deux ans à compter de la date de notification de la décision prise par (L. n° 2023-1196 du 18 déc. 2023, art. 6-I, en vigueur le 1er janv. 2024) « l'opérateur France Travail ».

Point de départ de la prescription. La télécopie avisant un demandeur d'emploi d'un refus de prise en charge au titre de l'indemnisation du chômage ne constitue pas une notification au sens de l'art. L. 5422-4 C. trav., de sorte qu'elle ne fait pas courir le délai de prescription de deux ans. • Soc. 25 sept. 2012 : 🔒 *RJS 2012. 828, n° 980 ; JCP S 2013. 1038, obs. Willmann.*

Art. L. 5422-5 L'action en remboursement de l'allocation d'assurance indûment versée se prescrit par trois ans.

En cas de fraude ou de fausse déclaration, elle se prescrit par dix ans.

Ces délais courent à compter du jour de versement de ces sommes. – *[Anc. art. L. 351-6-2, al. 3.]*

Art. L. 5422-6 Lorsque, du fait des modalités particulières d'exercice d'une profession, les conditions d'activité antérieure pour l'admission à l'allocation d'assurance ne sont pas remplies, des aménagements peuvent être apportés à ces conditions d'activité ainsi qu'à la durée d'indemnisation et aux taux de l'allocation dans des conditions fixées selon le cas par l'accord prévu à l'article L. 5422-20 ou par décret en Conseil d'État. – *[Anc. art. L. 351-14, al. 1er.]*

Art. L. 5422-7 Les travailleurs privés d'emploi bénéficient de l'allocation d'assurance, indépendamment du respect par l'employeur des obligations qui pèsent sur lui en application de la section 3, des dispositions réglementaires et des stipulations conventionnelles prises pour son exécution. – *[Anc. art. L. 351-7.]*

Art. L. 5422-8 Par dérogation aux dispositions des articles L. 5421-1 et L. 5421-3, le bénéfice de l'allocation d'assurance peut être maintenu, sur leur demande, aux travailleurs étrangers involontairement privés d'emploi qui quittent la France pour s'installer dans leur pays d'origine.

Le versement du revenu de remplacement se fait alors en une fois, dans la limite maximum des droits constitués à la date du départ.

Les mesures d'application du présent article sont prises par l'accord prévu à l'article L. 5422-20. — *[Anc. art. L. 351-15.]*

SECTION 2   Financement de l'allocation d'assurance

Art. L. 5422-9 (L. n° 2018-771 du 5 sept. 2018, art. 54-I, en vigueur le 1ᵉʳ janv. 2019) « L'allocation d'assurance et l'allocation des travailleurs indépendants prévue à la section 4 du chapitre IV du présent titre sont financées par :

« 1° Des contributions des employeurs ;

« 2° Le cas échéant, des contributions des salariés relevant des professions de la production cinématographique, de l'audiovisuel ou du spectacle mentionnées à la section 3 du même chapitre IV ;

« 3° Le cas échéant, des contributions de salariés expatriés *(Ord. n° 2019-861 du 21 août 2019, art. 1ᵉʳ)* « qui adhèrent individuellement au régime d'assurance et » dont l'employeur ne relève pas du champ d'application de l'article L. 5422-13 ;

« 4° Le cas échéant, des contributions des salariés *(Ord. n° 2019-861 du 21 août 2019, art. 1ᵉʳ)* « , à l'exception des salariés expatriés, » relevant de l'extension du champ d'application des accords mentionnés à l'article L. 5422-20 hors du territoire national ;

« 5° Les impositions de toute nature qui sont affectées en tout ou partie à l'organisme mentionné au premier alinéa de l'article L. 5427-1, notamment pour le financement de l'allocation des travailleurs indépendants.

« Les contributions mentionnées aux 1° à 3° sont assises sur les rémunérations brutes dans la limite d'un plafond. »

Toutefois, l'assiette des contributions peut être forfaitaire pour les catégories de salariés pour lesquelles les cotisations à un régime de base de sécurité sociale sont ou peuvent être calculées sur une assiette forfaitaire. — *V. art. L. 5429-2 (pén.).*

Art. L. 5422-10 Les contributions des employeurs *(L. n° 2020-1576 du 14 déc. 2020, art. 8-III, en vigueur le 1ᵉʳ janv. 2021)* « sont exclues de l'assiette de la contribution mentionnée à l'article L. 136-1 du code de la sécurité sociale ». Elles sont déductibles des bénéfices industriels et commerciaux, agricoles ou non commerciaux pour l'établissement de l'impôt sur le revenu ou de l'impôt sur les sociétés dû par ces employeurs.

Les contributions payées *(L. n° 2018-771 du 5 sept. 2018, art. 54-II, en vigueur le 1ᵉʳ janv. 2019 ; L. n° 2020-1576 du 14 déc. 2020, art. 8-III)* « par les travailleurs, mentionnées aux 2° et 3° de l'article L. 5422-9 du présent code, » sont déductibles pour l'établissement de l'impôt sur le revenu des personnes physiques dû par les intéressés.

Art. L. 5422-11 L'allocation d'assurance peut être financée par des contributions forfaitaires à la charge de l'employeur à l'occasion de la fin d'un contrat de travail dont la durée permet l'ouverture du droit à l'allocation.

Ces contributions forfaitaires ne sont pas applicables :

1° Au contrat d'apprentissage, au contrat d'accompagnement dans l'emploi et au contrat de professionnalisation ;

2° Au contrat conclu par une personne physique pour un service rendu à son domicile ;

3° Au contrat conclu par une personne physique pour un emploi d'assistant maternel agréé. — *[Anc. art. L. 351-3-1, al. 2 à 5.]*

Art. L. 5422-12 Les taux des contributions et de l'allocation sont calculés de manière à garantir l'équilibre financier du régime.

(L. n° 2018-771 du 5 sept. 2018, art. 52, en vigueur le 1ᵉʳ janv. 2019) « Le taux de contribution de chaque employeur peut être minoré ou majoré en fonction :

« 1° Du nombre de fins de contrat de travail et de contrats de mise à disposition mentionnées au 1° de l'article L. 1251-1, à l'exclusion des démissions *(L. n° 2020-1577 du 14 déc. 2020, art. 12-III, en vigueur le 1ᵉʳ janv. 2021)* « , des contrats de travail et des contrats de mise à disposition conclus avec une structure d'insertion par l'activité économique mentionnée à l'article L. 5132-4 » et des contrats de mission mentionnés au 2° *(L. n° 2020-1577 du 14 déc. 2020, art. 12, en vigueur le 1ᵉʳ janv. 2021)* « de l' » article L. 1251-1, et sous réserve de l'inscription des personnes concernées par ces fins de contrat sur la liste des demandeurs d'emploi mentionnée à l'article L. 5411-1 ;

DEMANDEUR D'EMPLOI   Art. L. 5422-16

« 2° De la nature du contrat de travail, de sa durée ou du motif de recours à un contrat d'une telle nature ;
« 3° De l'âge du salarié ;
« 4° De la taille de l'entreprise ;
« 5° Du secteur d'activité de l'entreprise. »

(L. n° 2022-1598 du 21 déc. 2022, art. 5) « Les données nécessaires à la détermination du nombre mentionné au 1° du présent article, y compris celles relatives aux personnes concernées par les fins de contrat prises en compte qui sont inscrites sur la liste des demandeurs d'emploi, peuvent être communiquées à l'employeur par les organismes chargés du recouvrement des contributions d'assurance chômage, dans des conditions prévues par décret. » — V. art. D. 5422-3 s.

Les dispositions issues de la L. n° 2022-1598 du 21 déc. 2022 sont applicables aux taux notifiés aux employeurs pour les périodes courant à compter du 1er sept. 2022 (L. préc., art. 5-II).

BIBL. ▶ WILLMANN, *Dr. soc. 2013. 778* ∅ (modulation des cotisations d'assurance chômage, un nouvel instrument des politiques de l'emploi ?).

SECTION 3 Obligations d'assurance et de déclaration des rémunérations

Art. L. 5422-13 Sauf dans les cas prévus à l'article L. 5424-1, dans lesquels l'employeur assure lui-même la charge et la gestion de l'allocation d'assurance, tout employeur assure contre le risque de privation d'emploi tout salarié, y compris les travailleurs salariés détachés à l'étranger ainsi que les travailleurs salariés français expatriés.

L'adhésion au régime d'assurance ne peut être refusée. — *[Anc. art. L. 351-4.]* — V. art. R. 5429-1 *(pén.)* et R. 5422-5 s.

1. Gérant de succursales. L'obligation d'assurance contre le risque de privation d'emploi ne s'impose qu'au profit des salariés dont l'engagement résulte d'un contrat de travail et n'est par conséquent pas applicable au statut de gérant de succursales. • Soc. 16 sept. 2015, ⚖ n° 14-14.525 P : *D. 2015. Actu. 1898* ∅ ; *RJS 12/2015, n° 822 ; JCP S 2015. 1384, obs. Cesaro.*

2. Formateur occasionnel. Une personne physique ou morale ne saurait être tenue au paiement des contributions à l'assurance chômage, des cotisations AGS et du versement de transport que pour les personnes qu'elle emploie dans des conditions caractérisant l'existence d'un lien de subordination juridique dans la relation de travail ; le versement des cotisations de sécurité sociale n'implique pas par lui-même l'existence d'un tel lien pour l'application des règles d'assujettissement à des régimes distincts ou au paiement d'une taxe locale ; la preuve de l'existence d'un tel lien de subordination n'étant pas rapportée entre la société et chacun des formateurs occasionnels employés par celle-ci, l'Urssaf ne peut pas procéder au redressement des contributions chômage, AGS et du versement de transport. • Civ. 2e, 9 mai 2019, ⚖ n° 18-11.158 P : *D. 2019. Actu. 1057* ∅ ; *RJS 7/2019, n° 453 ; JCP S 2019. 1242, obs. Aumeran.*

Art. L. 5422-14 Les employeurs soumis à l'obligation d'assurance déclarent les rémunérations servant au calcul *(L. n° 2018-771 du 5 sept. 2018, art. 54-II, en vigueur le 1er janv. 2019)* « des contributions mentionnées aux 1° et 2° de l'article L. 5422-9 ».

Ces contributions sont dues à compter de la date d'embauche de chaque salarié. — V. art. R. 5429-1 *(pén.)*.

SECTION 4 Modalités de recouvrement et de contrôle des contributions

Art. L. 5422-15 Toute action ou poursuite intentée contre un employeur pour manquement aux dispositions du présent titre, à l'exception de celles des articles L. 5422-10, L. 5422-21, L. 5422-22 et L. 5422-24 ainsi que de celles du chapitre IV, est précédée d'une mise en demeure.

Les modalités d'application du présent article sont déterminées par décret en Conseil d'État. — *[Anc. art. L. 351-6, al. 1er début et al. 5.]* — V. art. R. 5422-9.

Art. L. 5422-16 *(L. n° 2008-126 du 13 févr. 2008 ; L. n° 2012-1189 du 26 oct. 2012, art. 9)* Les contributions prévues aux *(L. n° 2018-771 du 5 sept. 2018, art. 64-III)* « 1° à 3° de l'article L. 5422-9 ainsi qu'aux articles L. 5422-11 » et L. 5424-20 sont recouvrées et contrôlées par les organismes chargés du recouvrement mentionnés à l'article L. 5427-1 pour le compte de l'organisme gestionnaire du régime d'assurance chômage mentionné à ce même article, selon les règles et sous les garanties et sanctions applicables au recouvrement des cotisations du régime général de la sécurité sociale assises sur les rémunérations. *(L. n° 2011-525 du 17 mai 2011, art. 41-I)* « Pour l'application des dispositions prévues aux *(L. n° 2012-1189 du 26 oct. 2012, art. 9)* « articles L. 1233-66, L. 1233-69 ainsi qu'aux » *a* et *e* de l'article L. 5427-1, le directeur de *(L. n° 2023-1196 du 18 déc. 2023, art. 6-I, en vigueur le 1er janv. 2024)* « l'opérateur France Travail » dispose de la faculté prévue à l'article L. 244-9 du code de la sécurité sociale. » Les différends relatifs au recouvrement de ces contributions relèvent du contentieux de la sécurité sociale.

Par dérogation à l'alinéa précédent :

1° Les contributions dues au titre de l'emploi des salariés mentionnés à l'article L. 722-20 du code rural et de la pêche maritime sont recouvrées et contrôlées selon les règles et sous les garanties et sanctions applicables au recouvrement des cotisations dues au titre des assurances sociales agricoles obligatoires, dans des conditions définies par convention entre l'organisme gestionnaire du régime d'assurance chômage et la Caisse centrale de la mutualité sociale agricole ;

2° Les différends relatifs au recouvrement des contributions dues au titre de l'emploi de salariés à Saint-Pierre-et-Miquelon relèvent de la compétence des juridictions mentionnées à l'article 8 de l'ordonnance n° 77-1102 du 26 septembre 1977 portant extension et adaptation au département de Saint-Pierre-et-Miquelon de diverses dispositions relatives aux affaires sociales.

(L. n° 2021-1754 du 23 déc. 2021, art. 12-II, en vigueur le 1er janv. 2022) « Une convention conclue entre l'Agence centrale des organismes de sécurité sociale et l'organisme gestionnaire du régime d'assurance chômage mentionné à l'article L. 5427-1 précise les conditions garantissant à ce dernier la pleine autonomie de gestion. Elle régit les relations financières entre les deux organismes dans le cadre fixé à l'article L. 225-1-1 du code de la sécurité sociale, en fixant des modalités de reversement de recettes affectées à l'assurance chômage de manière à assurer la neutralité des flux financiers pour la trésorerie de l'organisme gestionnaire du régime et précise les données nécessaires à l'exercice de ses activités, en particulier concernant les masses salariales assujetties et les établissements cotisants. Elle fixe également les conditions dans lesquelles est assurée la vérification de l'exhaustivité des sommes dues par les employeurs et définit les objectifs de la politique de contrôle et de lutte contre la fraude. Les modalités de rémunération du service rendu par les organismes chargés du recouvrement des cotisations du régime général sont fixées en application du même article L. 225-1-1. »

Portée de l'appréciation par Pôle emploi de la situation du travailleur. Si l'Urssaf peut, lors d'un contrôle, se prononcer sur l'application des règles d'assujettissement au régime d'assurance chômage aux fins de redressement des bases des contributions dues par l'employeur, elle est néanmoins liée par l'appréciation portée par Pôle emploi sur la situation du travailleur. La juridiction du contentieux général ne peut se prononcer sur la contestation du redressement par l'employeur qu'après avoir appelé en la cause le travailleur concerné ainsi que Pôle emploi, intéressés à la solution du litige. ● Civ. 2e, 12 juill. 2018, n° 17-16.547 P : *D.* 2018. Actu. 1558 ; *RJS* 10/2018, n° 626.

Art. L. 5422-17 à L. 5422-19 *Abrogés par Décr. n° 2009-1708 du 30 déc. 2009, mod. par Décr. n° 2010-1736 du 30 déc. 2010.*

SECTION 5 Accords relatifs à l'assurance chômage

Art. L. 5422-20 Les mesures d'application des dispositions du présent chapitre *(L. n° 2008-126 du 13 févr. 2008)* « , à l'exception des articles *(L. n° 2018-771 du 5 sept. 2018, art. 56-I, en vigueur le 1er janv. 2019)* « de la présente section, du 5° de l'article L. 5422-9, des articles L. 5422-10, » L. 5422-14 à L. 5422-16 » *(L. n° 2014-1653 du 29 déc. 2014, art. 29)* « et de l'article L. 5422-25, » font l'objet d'accords conclus entre les organisations représentatives d'employeurs et de salariés.

Ces accords sont agréés dans les conditions définies par la présente section.

En l'absence d'accord ou d'agrément de celui-ci, les mesures d'application sont déterminées par décret en Conseil d'État.

Les mesures d'application du régime d'assurance chômage sont déterminées à l'annexe A du Décr. n° 2019-797 du 26 juill. 2019, V. App. III. C, v° Chômage.

BIBL. ▶ FERKANE et GASSERT, *RDT 2023. Controverse. 8* (paritarisme et réforme de l'assurance chômage).

Pouvoirs du gestionnaire. Le règlement d'assurance chômage, conclu en vertu de l'art. L. 351-8 [L. 5422-20 nouv.], qui donne compétence aux employeurs et aux travailleurs pour fixer les mesures d'application des dispositions légales relatives à ce régime, confère aux institutions gestionnaires de régime, personnes morales de droit privé, un pouvoir propre d'interrompre le service de l'allocation d'assurance et d'agir en extinction du droit à l'allocation et d'agir en répétition des sommes indûment versées. ● Soc. 22 févr. 2005, ⚖ n° 03-13.942 P : *RJS 2005. 385, n° 553.*

Loi n° 2022-1598 du 21 décembre 2022,

Portant mesures d'urgence relatives au fonctionnement du marché du travail en vue du plein emploi.

Art. 1ᵉʳ I. — Par dérogation aux articles L. 5422-20 à L. 5422-24 et L. 5524-3 du code du travail, un décret en Conseil d'État, pris après concertation avec les organisations syndicales de salariés et les organisations professionnelles d'employeurs représentatives au niveau national et interprofessionnel, détermine, à compter du 1ᵉʳ novembre 2022, les mesures d'application des dispositions législatives relatives à l'assurance chômage mentionnées au premier alinéa de l'article L. 5422-20 du même code. Ces mesures sont applicables jusqu'à une date fixée par décret, et au plus tard jusqu'au 31 décembre 2023, et peuvent faire l'objet de dispositions d'adaptation en Guadeloupe, en Guyane, en Martinique, à La Réunion, à Mayotte, à Saint-Barthélemy, à Saint-Martin et à Saint-Pierre-et-Miquelon.

Toutefois, les mesures d'application des deuxième à avant-dernier alinéas de l'article L. 5422-12 dudit code peuvent recevoir application jusqu'au 31 août 2024. Le décret en Conseil d'État mentionné au premier alinéa du présent I précise notamment les périodes de mise en œuvre de la modulation du taux de contribution des employeurs concernés ainsi que les périodes au cours desquelles est constaté le nombre de fins de contrat de travail et de contrat de mise à disposition pris en compte pour le calcul du taux modulé.

II. — A compter de la publication de la présente loi *[JO 22 déc.]*, le Gouvernement engage, dans les conditions prévues à l'article L. 1 du code du travail, une concertation avec les organisations syndicales de salariés et d'employeurs représentatives au niveau national et interprofessionnel sur la gouvernance de l'assurance chômage, suivie le cas échéant d'une négociation. Le document d'orientation prévu au même article L. 1 invite les partenaires sociaux à négocier notamment sur les conditions de l'équilibre financier du régime et sur l'opportunité de maintenir le document de cadrage prévu à l'article L. 5422-20-1 du même code.

Art. L. 5422-20-1 (*L. n° 2018-771 du 5 sept. 2018, art. 56-II, en vigueur le 1ᵉʳ janv. 2019*) Préalablement à la négociation de l'accord mentionné à l'article L. 5422-20 dont l'agrément arrive à son terme ou à celle de l'accord mentionné à l'article L. 5422-25 et après concertation avec les organisations syndicales de salariés et les organisations professionnelles d'employeurs représentatives au niveau national et interprofessionnel, le Premier ministre transmet à ces organisations un document de cadrage. Ce document est transmis concomitamment au Parlement.

Ce document précise les objectifs de la négociation en ce qui concerne la trajectoire financière, le délai dans lequel cette négociation doit aboutir et, le cas échéant, les objectifs d'évolution des règles du régime d'assurance chômage.

Il détaille les hypothèses macroéconomiques sur lesquelles se fonde la trajectoire financière, ainsi que le montant prévisionnel, pour les trois exercices à venir, du produit des impositions de toute nature mentionnées au 5° de l'article L. 5422-9, sans préjudice des dispositions des prochaines lois de finances et lois de financement de la sécurité sociale.

Un décret en Conseil d'État détermine les conditions d'application du présent article.
— V. art. R. 5422-10 s.

Art. L. 5422-20-2 (*L. n° 2018-771 du 5 sept. 2018, art. 56-II ; L. n° 2023-1196 du 18 déc. 2023, art. 6-I, en vigueur le 1ᵉʳ janv. 2024*) L'opérateur France Travail et l'organisme chargé de la gestion de l'assurance chômage mentionné à l'article L. 5427-1 fournissent aux services de l'État toutes les informations nécessaires à l'élaboration du document de cadrage mentionné aux articles L. 5422-20-1 et L. 5422-25 ainsi qu'au suivi des négociations.

Art. L. 5422-21 L'agrément rend obligatoires les dispositions de l'accord pour tous les employeurs et salariés compris dans le champ d'application professionnel et territorial de cet accord.

L'agrément est délivré pour la durée de la validité de l'accord.

Les accords présentés à l'agrément *(L. n° 2018-771 du 5 sept. 2018, art. 56-III, en vigueur le 1er janv. 2019)* « du Premier ministre » sont soumis aux conditions de publicité des arrêtés d'extension et d'élargissement des conventions et accords collectifs de travail.

BIBL. ▶ BARTHÉLÉMY, *Dr. soc.* 1987. 623 (agrément des accords collectifs). – DOMERGUE, *SSL* 2003, n° 1138, suppl. p. 5 (élaboration des décisions de l'UNEDIC). – LASSERRE, *ibid.* 1985. 285 (possibilité d'agréer un accord adaptant à la situation particulière d'une profession les règles d'indemnisation du chômage prévues par une convention nationale et interprofessionnelle).

1. Conditions de l'agrément ministériel. V. ● CE 10 juill. 1987 : *D.* 1989. Somm. 210, obs. *Chelle et Prétot* ● 21 oct. 1991 : 🔒 *D.* 1991. IR 278 ; *RJS* 1992. 122, n° 179 ; *Dr. ouvrier* 1992. 75, note Pascré.

2. Compétence judiciaire. Compétence pour connaître de la validité des stipulations des accords ou avenants, V. ● CE 29 juill. 1994 : 🔒 *Dr. soc.* 1994. 900 ⊘ ; *D.* 1995. Somm. 353, obs. *Soubise* ⊘ ; *D.* 1996. Somm. 229, obs. *Chelle et Prétot*⊘. – Dans le même sens : ● CE 21 juin 1996 : 🔒 *RJS* 1996. 618, n° 964. ♦ *Contra* : ● CE 18 mai 1998 : 🔒 *RJS* 1998. 660, n° 1041.

3. Principe de faveur. Les accords conclus en vertu des art. L. 352-1 s. ne peuvent restreindre les droits que les travailleurs privés d'emploi tiennent de la loi. ● Soc. 2 févr. 1999, 🔒 n° 96-20.696 P : *D.* 1999. IR 58 ; *RJS* 1999. 242, n° 408 ; *JCP* 1999 éd. E 604, note *Taquet* (cessation de l'arrêt d'une cour d'appel qui avait admis la réduction des allocations versées à un ancien militaire percevant un avantage de vieillesse, la loi ne prévoyant aucune réduction de ce type).

Art. L. 5422-22 *(L. n° 2018-771 du 5 sept. 2018, art. 56-IV, en vigueur le 1er janv. 2019)* Pour être agréés, les accords mentionnés à l'article L. 5422-20 doivent avoir été négociés et conclus sur le plan national et interprofessionnel entre organisations d'employeurs et de salariés représentatives au niveau national et interprofessionnel.

Ces accords doivent être conformes aux dispositions légales et réglementaires en vigueur. Ils doivent également être compatibles avec la trajectoire financière et, le cas échéant, les objectifs d'évolution des règles du régime d'assurance-chômage définis dans le document de cadrage mentionné à l'article L. 5422-20-1.

Art. L. 5422-23 Lorsque l'accord prévu à l'article L. 5422-20 n'a pas été signé par la totalité des organisations représentatives d'employeurs et de salariés, le *(L. n° 2018-771 du 5 sept. 2018, art. 56-V, en vigueur le 1er janv. 2019)* « Premier ministre » peut procéder à son agrément selon une procédure déterminée par décret en Conseil d'État, en l'absence d'opposition exprimée dans des conditions prévues par ce même décret.

Art. L. 5422-24 *(L. n° 2008-126 du 13 févr. 2008 ; L. n° 2018-771 du 5 sept. 2018, art. 54-II, en vigueur le 1er janv. 2019)* I. – Les ressources mentionnées aux articles L. 5422-9, L. 5422-11 et L. 5424-20 financent, pour la part définie par la convention mentionnée à l'article L. 5422-20 et qui ne peut être inférieure à 10 % du montant des ressources précitées, une contribution globale versée à la section "Fonctionnement et investissement" et à la section "Intervention" du budget de *(L. n° 2023-1196 du 18 déc. 2023, art. 6-I, en vigueur le 1er janv. 2024)* « l'opérateur France Travail », dont la répartition est décidée annuellement par le conseil d'administration de cette institution.

II. – Pour l'application du I du présent article, l'appréciation des contributions des employeurs mentionnées au 1° de l'article L. 5422-9 s'entend avant application des exonérations et réductions applicables à ces contributions.

La contribution globale mentionnée au I correspond à 10 % des ressources mentionnées aux art. L. 5422-9, L. 5422-11 et L. 5424-20. Cette contribution globale est majorée d'un point au titre du renforcement de l'accompagnement des demandeurs d'emploi (Décr. n° 2019-797 du 26 juill. 2019, art. 3 et 5).

SECTION 6 Suivi financier du régime d'assurance chômage

(L. n° 2014-1653 du 29 déc. 2014, art. 29)

Art. L. 5422-25 (L. n° 2018-771 du 5 sept. 2018, art. 56-VI, en vigueur le 1ᵉʳ janv. 2019) Le Gouvernement transmet chaque année au Parlement et aux partenaires sociaux gestionnaires de l'organisme mentionné à l'article L. 5427-1, au plus tard le 15 octobre, un rapport sur la situation financière de l'assurance chômage, précisant notamment les mesures mises en œuvre pour contribuer à l'atteinte de l'équilibre financier à moyen terme et celles susceptibles de l'être.

Si ce rapport fait état d'un écart significatif entre la trajectoire financière du régime d'assurance chômage et la trajectoire financière prévue par l'accord mentionné à l'article L. 5422-20, ou si la trajectoire financière décidée par le législateur dans le cadre de la loi de programmation des finances publiques évolue significativement, le Premier ministre peut demander aux organisations d'employeurs et de salariés représentatives au niveau national et interprofessionnel de prendre les mesures nécessaires pour corriger cet écart en modifiant l'accord mentionné au même article L. 5422-20, dans un délai qu'il détermine. A cette fin, le Premier ministre transmet un document de cadrage aux organisations précitées dans les conditions fixées à l'article L. 5422-20-1.

Les dispositions de la section 5 du présent chapitre sont applicables à la modification de l'accord mentionné à l'article L. 5422-20 opérée dans le cadre des dispositions du présent article.

Lorsqu'aucun accord remplissant les conditions du second alinéa de l'article L. 5422-22 n'est conclu, le Premier ministre peut mettre fin à l'agrément de l'accord qu'il avait demandé aux organisations d'employeurs et de salariés représentatives au niveau national et interprofessionnel de modifier. Il est alors fait application du dernier alinéa de l'article L. 5422-20.

CHAPITRE III RÉGIME DE SOLIDARITÉ

SECTION 1 Allocations

SOUS-SECTION 1 Allocation de solidarité spécifique

Art. L. 5423-1 Ont droit à une allocation de solidarité spécifique les travailleurs privés d'emploi qui ont épuisé leurs droits à l'allocation d'assurance (Ord. n° 2019-861 du 21 août 2019, art. 1ᵉʳ) « , qui ne satisfont pas aux conditions pour bénéficier de l'allocation des travailleurs indépendants prévue à l'article L. 5424-25 » et qui satisfont à des conditions d'activité antérieure et de ressources. – V. art. L. 5429-1 (pén.) et R. 5423-1 s.

Art. L. 5423-2 Ont également droit à l'allocation de solidarité spécifique les bénéficiaires de l'allocation d'assurance âgés de cinquante ans au moins qui satisfont aux conditions mentionnées à l'article L. 5423-1 et qui optent pour la perception de cette allocation.

Dans ce cas, le versement de l'allocation d'assurance est interrompu. – [Anc. art. L. 351-10, al. 2.]

Art. L. 5423-3 Les artistes non salariés, dès lors qu'ils ne peuvent prétendre au bénéfice de l'allocation d'assurance, ont également droit à l'allocation de solidarité spécifique, selon des conditions d'âge et d'activité antérieure. – [Anc. art. L. 351-13, al. 1ᵉʳ et 4.]

Art. L. 5423-4 (Abrogé par L. n° 2018-771 du 5 sept. 2018, art. 64-III, à compter du 1ᵉʳ janv. 2019) Lorsque, du fait des modalités particulières d'exercice d'une profession, les conditions d'activité antérieure pour l'admission à l'allocation de solidarité spécifique ne sont pas remplies, des aménagements peuvent être apportés à ces conditions ainsi qu'à la durée d'indemnisation et aux taux de l'allocation dans des conditions déterminées, selon le cas, par l'accord prévu à l'article L. 5422-20 ou par décret en Conseil d'État.

Art. L. 5423-5 (L. n° 2011-1977 du 28 déc. 2011, art. 61-4°) « Sous réserve des dispositions prévues aux articles L. 5426-8-1 à L. 5426-8-3, l'allocation » de solidarité spécifique est incessible et insaisissable.

Al. abrogé par L. n° 2011-1977 du 28 déc. 2011, art. 61-4°.

Les blocages de comptes courants de dépôts ou d'avances ne peuvent avoir pour effet de faire obstacle à son insaisissabilité.

Nonobstant toute opposition, le bénéficiaire dont l'allocation est versée sur un compte courant de dépôts ou d'avances peut effectuer mensuellement des retraits de ce compte dans la limite du montant de son allocation.

Art. L. 5423-6 Le taux de l'allocation de solidarité spécifique est *(L. n° 2015-1785 du 29 déc. 2015, art. 67-III)* « revalorisé le 1er avril de chaque année par application du coefficient mentionné à l'article L. 161-25 du code de la sécurité sociale » et est fixé par décret.

Le montant journalier de l'allocation de solidarité spécifique est fixé à 18,17 € à compter du 1er avr. 2023 (Décr. n° 2023-301 du 22 avr. 2023, art. 1er).

Sur le montant de l'ASS pour l'année en cours, V. www.service-public.fr > Social-Santé.

Art. L. 5423-7 *(L. n° 2016-1917 du 29 déc. 2016, art. 87-V)* L'allocation de solidarité spécifique ne peut être cumulée avec l'allocation aux adultes handicapés mentionnée aux articles L. 821-1 et L. 821-2 du code de la sécurité sociale dès lors qu'un versement a été effectué au titre de cette dernière allocation et tant que les conditions d'éligibilité à celle-ci demeurent remplies.

Pour la récupération des sommes trop perçues à ce titre, l'institution mentionnée à l'article L. 5312-1 du présent code est subrogée dans les droits du bénéficiaire vis-à-vis des organismes payeurs mentionnés à l'article L. 821-7 du code de la sécurité sociale.

Les allocataires ayant, au 31 déc. 2016, des droits ouverts simultanément à l'allocation de solidarité spécifique et à l'allocation mentionnée aux art. L. 821-1 et L. 821-2 CSS continuent à bénéficier de ces allocations dans les conditions antérieures à la L. n° 2016-1917 du 29 déc. 2016 tant que les conditions d'éligibilité à ces allocations demeurent remplies, dans la limite d'une durée de dix ans (L. préc., art. 87-V).

SOUS-SECTION 2 *[ABROGÉE]* Allocation de fin de formation

(Abrogée par L. n° 2008-1425 du 27 déc. 2008, art. 188-I)

SOUS-SECTION 3 *[ABROGÉE]* Allocation temporaire d'attente

(Abrogée par L. n° 2016-1917 du 29 déc. 2016, art. 87-IV-A)

Les personnes qui, au 1er sept. 2017, ont des droits ouverts à l'allocation temporaire d'attente continuent de bénéficier de cette allocation dans les conditions antérieures à la L. du 29 déc. 2017 jusqu'à expiration de leurs droits (L. n° 2016-1917 du 29 déc. 2016, art. 87-IV-E).

Le montant journalier de l'allocation temporaire d'attente est fixé à 12,80 € à compter du 1er avr. 2023 (Décr. n° 2023-301 du 22 avr. 2023, art. 2).

SOUS-SECTION 4 *[ABROGÉE]* Allocation forfaitaire du contrat nouvelles embauches

(Abrogée par L. n° 2008-596 du 25 juin 2008, art. 9)

Les contrats « nouvelles embauches » en cours à la date de publication de la L. n° 2008-596 du 25 juin 2008 sont requalifiés en contrats à durée indéterminée de droit commun dont la période d'essai est fixée par voie conventionnelle ou, à défaut, à l'art. L. 1221-19 C. trav. (L. préc., art. 9).

SOUS-SECTION 5 *[ABROGÉE]* Allocation équivalent retraite

(Abrogée par L. n° 2007-1822 du 24 déc. 2007, art. 132-I, à compter du 1er janv. 2009)

Les allocataires qui, au 1er janv. 2009, bénéficient de l'allocation équivalent retraite continuent à la percevoir jusqu'à l'expiration de leurs droits (L. n° 2007-1822 du 24 déc. 2007, art. 132-II).

Le montant journalier de l'allocation équivalent retraite est fixé à 39,28 € à compter du 1er avr. 2023 (Décr. n° 2023-301 du 22 avr. 2023, art. 3).

SECTION 2 *[ABROGÉE]* Financement des allocations

(Abrogée par L. n° 2017-1837 du 30 déc. 2017, art. 112-I)

SOUS-SECTION 1 *[ABROGÉE]* Fonds de solidarité

(Abrogée par L. n° 2016-1918 du 29 déc. 2016, art. 143-I, à compter du 1er janv. 2018)

Art. L. 5423-24 Le fonds de solidarité gère les moyens de financement :

(Abrogé par L. n° 2010-1657 du 29 déc. 2010, art. 202-I) **« 1° De la prime de retour à l'emploi prévue à l'article L. 5133-1 ; »**

(Abrogé par L. n° 2009-1673 du 30 déc. 2009) (L. n° 2008-1249 du 1ᵉʳ déc. 2008) **« 2° Des aides mentionnées aux articles L. 5134-30 et L. 5134-72 en tant qu'elles concernent les employeurs qui ont conclu un contrat unique d'insertion avec une personne qui était, avant son embauche, bénéficiaire de l'allocation de solidarité spécifique » ;**

3° De l'allocation de solidarité spécifique prévue à l'article L. 5423-1 ;

(Abrogé par L. n° 2008-596 du 25 juin 2008, art. 9-I) **« 4° De l'allocation forfaitaire du contrat nouvelles embauches prévue à l'article L. 5423-15 ; »**

5° De l'allocation équivalent retraite prévue à l'article L. 5423-18 ;

(Abrogé par L. n° 2016-1917 du 29 déc. 2016, art. 87-III, à compter d'une date fixée par décret et au plus tard le 1ᵉʳ sept. 2017) **« 6° De la prime forfaitaire prévue à l'article L. 5425-3 » ;**

7° De l'aide prévue au II de l'article 136 de la loi de finances pour 1997 n° 96-1181 du 30 décembre 1996.

Art. L. 5423-25 Le fonds de solidarité reçoit la contribution exceptionnelle de solidarité prévue à l'article L. 5423-26 ainsi que, le cas échéant, une subvention de l'État.

(Abrogé par L. n° 2016-1917 du 29 déc. 2016, art. 152-III, à compter du 1ᵉʳ janv. 2017) (L. n° 2014-1654 du 29 déc. 2014, art. 45-V) **« Le fonds de solidarité reverse au fonds national des solidarités actives une fraction, fixée à 15,20 %, du produit de la contribution exceptionnelle de solidarité. Ce reversement est effectué lors de l'encaissement de la contribution par le fonds de solidarité. »**

SOUS-SECTION 2 *[ABROGÉE]* **Contribution exceptionnelle de solidarité**

Art. L. 5423-26 Les salariés des employeurs du secteur public et parapublic mentionnés aux articles L. 5424-1 et L. 5424-2, lorsque ceux-ci ne sont pas placés sous le régime de l'article L. 5422-13, versent une contribution exceptionnelle de solidarité.

Art. L. 5423-27 La contribution exceptionnelle de solidarité est assise sur la rémunération nette totale des salariés, y compris l'ensemble des éléments ayant le caractère d'accessoire du traitement, de la solde ou du salaire, à l'exclusion des remboursements de frais professionnels, dans la limite du plafond mentionné à l'article L. 5422-3.

Art. L. 5423-28 *(Abrogé par L. n° 2016-1918 du 29 déc. 2016, art. 143-I, à compter du 1ᵉʳ janv. 2018)* A défaut de versement de la contribution exceptionnelle de solidarité dans un délai déterminé par décret en Conseil d'État, la contribution est majorée de 10 %.

Art. L. 5423-29 *(Abrogé par L. n° 2016-1918 du 29 déc. 2016, art. 143-I, à compter du 1ᵉʳ janv. 2018)* L'absence de précompte ou de versement par l'employeur de la contribution exceptionnelle de solidarité le rend débiteur du montant de l'ensemble des sommes en cause.

Art. L. 5423-30 *(L. n° 2016-1918 du 29 déc. 2016, art. 143-I, en vigueur le 1ᵉʳ janv. 2018)* Le recouvrement de la contribution mentionnée à l'article L. 5423-26 est effectué dans les conditions prévues par la section 1 du chapitre VII du titre III du livre I du code de la sécurité sociale.

Art. L. 5423-30-1 *(L. n° 2016-1918 du 29 déc. 2016, art. 143-I, en vigueur le 1ᵉʳ janv. 2018)* La contribution exceptionnelle de solidarité est affectée à la section "Solidarité" prévue à l'article L. 5312-7 de l'institution mentionnée à l'article L. 5312-1 en vue de financer :

1° L'allocation de solidarité spécifique prévue à l'article L. 5423-1 ;

2° Les sommes restant dues au titre du versement de l'allocation équivalent retraite prévue à l'article L. 5423-18 dans sa rédaction antérieure à l'entrée en vigueur de l'article 132 de la loi n° 2007-1822 du 24 décembre 2007 de finances pour 2008 ;

3° L'aide prévue au II de l'article 136 de la loi n° 96-1181 du 30 décembre 1996 de finances pour 1997 ;

4° Les allocations spécifiques prévues à l'article L. 5424-21 ;

5° Les sommes restant dues au titre du versement de la prime forfaitaire prévue à l'article L. 5425-3 dans sa rédaction antérieure à l'entrée en vigueur du 3° du B du III de l'article 49 de la loi n° 2016-1917 du 29 décembre 2016 de finances pour 2017.

Art. L. 5423-31 Un décret en Conseil d'État détermine les conditions de recouvrement de la contribution exceptionnelle de solidarité *(Abrogé par L. n° 2016-1918 du 29 déc. 2016,* *art. 143-I, à compter du 1ᵉʳ janv. 2018) « et les dérogations à la périodicité de son versement compte tenu du nombre de salariés des collectivités et organismes intéressés ».*

Art. L. 5423-32 *Le taux de la contribution exceptionnelle de solidarité est fixé à 1 % du montant de l'assiette prévue à l'article L. 5423-27.*

Sont exonérés du versement de la contribution les salariés dont la rémunération mensuelle nette définie au troisième alinéa est inférieure à un montant déterminé par décret en Conseil d'État.

La rémunération mensuelle nette comprend la rémunération de base mensuelle brute augmentée de l'indemnité de résidence et diminuée des cotisations de sécurité sociale obligatoires, des prélèvements pour pension et, le cas échéant, des prélèvements au profit des régimes de retraite complémentaire obligatoires.

SECTION 3 Dispositions d'application

Art. L. 5423-33 Un décret en Conseil d'État détermine les conditions d'application du présent chapitre, notamment :

1° Les délais après l'expiration desquels l'inscription comme demandeur d'emploi est réputée tardive pour l'ouverture du droit à indemnisation ;

2° Le délai au terme duquel le reliquat des droits antérieurement constitués ne peut plus être utilisé ;

3° Le délai dans lequel doit être présentée la demande de paiement de cette indemnisation ;

4° Le montant au-dessous duquel l'indemnisation différentielle n'est plus versée ;

5° Le montant au-dessous duquel l'indemnisation indûment versée ne donne pas lieu à remboursement. – V. art. R. 5312-1 s. – *[Anc. art. L. 351-9-5, L. 351-10, al. 5 phrase 1, L. 351-10-1, al. 1, L. 351-10-2, L. 351-11, L. 351-13.]*

CHAPITRE IV RÉGIMES PARTICULIERS

SECTION 1 Dispositions particulières à certains salariés *(L. nº 2010-1488 du 7 déc. 2010, art. 26-I).*

Art. L. 5424-1 Ont droit à une allocation d'assurance *(Ord. nº 2019-861 du 21 août 2019, art. 1ᵉʳ)* « , lorsque leur privation d'emploi est involontaire ou assimilée à une privation involontaire ou en cas de cessation d'un commun accord de leur relation de travail avec leur employeur, et lorsqu'ils satisfont à des conditions d'âge et d'activité antérieure, » dans les conditions prévues aux articles L. 5422-2 et L. 5422-3 :

1° Les agents fonctionnaires et non fonctionnaires de l'État et de ses établissements publics administratifs, les agents titulaires des collectivités territoriales ainsi que les agents statutaires des autres établissements publics administratifs ainsi que les militaires ;

2° Les agents non titulaires des collectivités territoriales et les agents non statutaires des établissements publics administratifs autres que ceux de l'État et ceux mentionnés au 4° ainsi que les agents non statutaires des groupements d'intérêt public ;

3° Les salariés des entreprises inscrites au répertoire national des entreprises contrôlées majoritairement par l'État, les salariés relevant soit des établissements publics à caractère industriel et commercial des collectivités territoriales, soit des sociétés d'économie mixte dans lesquelles ces collectivités ont une participation majoritaire ;

4° Les salariés non statutaires des chambres de métiers, *(Abrogé par L. nº 2019-486 du 22 mai 2019, art. 52)* « *des services à caractère industriel et commercial gérés par les chambres de commerce et d'industrie territoriales,* » des chambres d'agriculture, ainsi que les salariés des établissements et services d'utilité agricole de ces chambres ;

(L. nº 2019-486 du 22 mai 2019, art. 52) « 4° *bis* Les personnels des chambres de commerce et d'industrie ; »

5° Les fonctionnaires de France Télécom placés hors de la position d'activité dans leurs corps en vue d'assurer des fonctions soit dans l'entreprise, en application du cinquième alinéa de l'article 29 de la loi nº 90-568 du 2 juillet 1990 relative à l'organisation du service public de la poste et des télécommunications, soit dans l'une de ses filiales ;

DEMANDEUR D'EMPLOI **Art. L. 5424-3** 1527

(L. n° 2010-1488 du 7 déc. 2010, art. 26-II) « 6° Les salariés des entreprises de la branche professionnelle des industries électriques et gazières soumis au statut national du personnel des industries électriques et gazières ; »

(L. n° 2019-486 du 22 mai 2019, art. 151-II) « 7° Dans le cas où l'État ne détiendrait plus la majorité du capital de La Poste, les personnels de la société anonyme La Poste. »

1. Agent non fonctionnaire. A acquis la qualité d'agent non fonctionnaire de l'État, au sens de l'art. L. 351-12 [L. 5424-1 nouv.], l'agent non titulaire qui a été licencié à la suite de son stage en raison de son échec aux épreuves professionnelles. • CE 11 mars 1994 : ⚖ RJS 1994. 368, n° 590.

2. Militaires. Ne peut être considéré comme involontairement privé d'emploi celui qui volontairement refuse un nouvel engagement militaire. • CE 2 juin 1995 : ⚖ RJS 1995. 605, n° 927.

3. Agent hospitalier. Un agent visé au 1° de l'art. L. 351-12 [L. 5424-1 nouv.] a droit aux allocations d'assurance chômage dès lors que, apte au travail, il peut être regardé comme ayant été involontairement privé d'emploi et à la recherche d'un emploi. • CE 30 sept. 2002 : ⚖ D. 2003. 2922, obs. Rousseau ⬚ (agent hospitalier titulaire mise en disponibilité d'office après avoir sollicité sa réintégration, qui était de droit, à l'issue d'une période de mise en disponibilité pour convenances personnelles).

4. Fonctionnaires territoriaux. La rémunération des fonctionnaires territoriaux dont le travail s'exerce au sein d'un établissement public à caractère industriel et commercial entrant dans le champ d'application de l'art. L. 5424-1, 3°, C. trav., est comprise dans l'assiette des contributions d'assurance chômage dues par cet établissement. • Civ. 2e, 11 mai 2023, ⚖ n° 21-22.981 B.

5. Groupement d'intérêt public. Il résulte de la combinaison des art. L. 241-13 CSS et L. 5424-1 C. trav., dans leur rédaction applicable à la date d'exigibilité des cotisations litigieuses, que les groupements d'intérêt public ne sont pas au nombre des employeurs auxquels s'applique, pour la rémunération de leurs agents, la réduction générale de cotisations patronales. • Civ. 2e, 7 nov. 2019, ⚖ n° 18-12.128 P : RJS 1/2020, n° 46 ; JCP S 2019. 1366, obs. Baudouin.

Art. L. 5424-2 Les employeurs mentionnés à l'article L. 5424-1 assurent la charge et la gestion de l'allocation d'assurance. (L. n° 2008-126 du 13 févr. 2008) « Ceux-ci peuvent, par convention conclue avec (L. n° 2023-1196 du 18 déc. 2023, art. 6-I, en vigueur le 1er janv. 2024) « l'opérateur France Travail », pour le compte de l'organisme mentionné à l'article L. 5427-1, lui confier cette gestion. »

Toutefois, peuvent adhérer au régime d'assurance :

1° Les employeurs mentionnés au 2° de l'article L. 5424-1 ;

2° Par une option irrévocable, les employeurs mentionnés aux 3° (L. n° 2010-1488 du 7 déc. 2010, art. 26-III) « , 4° » (L. n° 2019-486 du 22 mai 2019, art. 52 et 151-II) « , 4° bis, 6° et 7° » de ce même article ;

3° Pour leurs agents non titulaires, les établissements publics d'enseignement supérieur et les établissements publics à caractère scientifique et technologique ;

4° Pour les assistants d'éducation, les établissements d'enseignement mentionnés à l'article L. 916-1 du code de l'éducation.

(L. n° 2010-1488 du 7 déc. 2010, art. 26-III) « Les entreprises de la branche professionnelle des industries électriques et gazières soumises au statut national du personnel des industries électriques et gazières, adhérentes, avant leur assujettissement au statut national, au régime d'assurance chômage prévu par les articles L. 5422-1 et suivants, ainsi que les entreprises en création sont considérées comme ayant exercé leur option irrévocable mentionnée au 2°. »

Constitutionnalité de l'art. L. 5424-2, 2°. Le caractère irrévocable de l'option d'adhésion au régime d'assurance chômage des EPIC, notamment, est justifié par un motif d'intérêt général et la contrainte imposée aux employeurs en cause n'est pas disproportionnée ; le législateur ayant poursuivi le double objectif, d'« éviter que certains employeurs, intervenant dans le secteur concurrentiel, puissent révoquer leur adhésion au régime de l'assurance chômage afin d'optimiser le coût de la prise en charge de l'allocation due à leurs anciens agents ou salariés, le cas échéant au détriment de l'équilibre financier de ce régime » et de « limiter l'avantage compétitif procuré à ces employeurs par le caractère facultatif de leur adhésion, par rapport à leurs concurrents pour lesquels cette adhésion est obligatoire ». • Cons. const. 21 sept. 2018, ⚖ n° 2018-732 QPC : D. 2018. Actu. 1814 ⬚ ; RJS 12/2018, info. 759.

Art. L. 5424-3 Les employeurs mentionnés à la présente section adhèrent au régime d'assurance pour les salariés engagés à titre temporaire qui relèvent des professions de la production cinématographique, de l'audiovisuel ou du spectacle, lorsque l'activité exercée bénéficie de l'aménagement des conditions d'indemnisation prévues par l'article L. 5424-20. — [Anc. art. L. 351-12, al. 11.]

Art. L. 5424-4 Un décret en Conseil d'État fixe les règles de coordination applicables pour l'indemnisation des travailleurs dont les activités antérieures prises en compte pour l'ouverture des droits ont été exercées auprès d'employeurs relevant les uns de l'article L. 5422-13, les autres de la présente section. — [Anc. art. L. 351-12, al. 10.] — V. art. R. 5424-6.

Art. L. 5424-5 Les litiges résultant de l'adhésion au régime d'assurance (L. n° 2008-126 du 13 févr. 2008 ; Décr. n° 2009-1708 du 30 déc. 2009) « suivent les règles de compétence prévues à l'article L. 5422-16 ».

V. ndlr ss. art. L. 5422-1.

Art. L. 5424-5-1 (L. n° 2019-486 du 22 mai 2019, art. 52) Les employeurs mentionnés au 4° bis de l'article L. 5424-1 ayant eu recours à l'option mentionnée au 2° de l'article L. 5424-2 s'acquittent, en sus de la contribution prévue au 1° de l'article L. 5422-9, pour une durée limitée, d'une contribution spécifique assise sur la rémunération brute de leurs agents statutaires et non statutaires dans la limite d'un plafond, dans des conditions fixées par décret. — V. art. D. 5424-6-1.

SECTION 2 Entreprises du bâtiment et des travaux publics privées d'emploi par suite d'intempéries

RÉP. TRAV. v° *Chômage (Privation partielle d'emploi)*, par Domergue.

BIBL. GÉN. ▶ Benamara-Bouaziz, *Dr. ouvrier* 1990. 12 (indemnité de licenciement des ouvriers du bâtiment et des travaux publics).

Art. L. 5424-6 Les dispositions de la présente section déterminent les règles suivant lesquelles les entreprises du bâtiment et des travaux publics relevant de certaines activités professionnelles déterminées par décret indemnisent les travailleurs qu'elles occupent habituellement en cas d'arrêt de travail occasionné par les intempéries. — [Anc. art. L. 731-1, al. 1er et 6.] — V. art. D. 5424-7 ; L. 5429-3 (pén.).

Les cotisations chômage-intempéries doivent être assises sur l'ensemble des salaires versés à tout le personnel occupé dans la branche d'activité professionnelle de l'entreprise donnant lieu à son assujettissement à la caisse des congés payés, sans que puissent être exclus les salaires versés aux travailleurs dont l'activité est de nature à n'être affectée qu'indirectement par ce risque. • Soc. 1er mars 1984 : *Bull. civ. V, n° 89 ; JCP E 1984. I. 13686, n° 7, obs. Teyssié*.

Art. L. 5424-7 Dans les zones où les conditions climatiques entraînent un arrêt saisonnier pour diverses catégories d'entreprises mentionnées à l'article L. 5424-6, l'autorité administrative, après avis des organisations d'employeurs et de salariés, intéressées, détermine par région pour chaque catégorie d'entreprises les périodes où il n'y a pas lieu à l'indemnisation du fait de l'arrêt habituel de l'activité. — [Anc. art. L. 731-1, al. 8.]

Art. L. 5424-8 Sont considérées comme intempéries, les conditions atmosphériques et les inondations lorsqu'elles rendent dangereux ou impossible l'accomplissement du travail eu égard soit à la santé ou à la sécurité des salariés, soit à la nature ou à la technique du travail à accomplir. — [Anc. art. L. 731-2.]

La notion d'intempéries ne se réduit pas aux conditions atmosphériques anormales mais s'entend des circonstances extérieures qui rendent effectivement impossible l'accomplissement du travail compte tenu de sa nature, de sorte que la période de chômage partiel peut dépasser la période d'intempéries réelles. • Soc. 8 juill. 1997, ⚖ n° 95-12.870 P : *D. 1997. IR 190 ; RJS 1997. 642, n° 1036 ; CSB 1997. 291, S. 157*.

Art. L. 5424-9 L'arrêt du travail en cas d'intempéries est décidé par l'entrepreneur ou par son représentant sur le chantier après consultation (Ord. n° 2017-1386 du 22 sept. 2017, art. 4) « du comité social et économique ».

Lorsque les travaux sont exécutés pour le compte d'une administration, d'une collectivité publique, d'un service concédé ou subventionné, le représentant du maître d'(L. n° 2009-526 du 12 mai 2009, art. 41) « ouvrage » sur le chantier peut s'opposer à l'arrêt du travail. — [Anc. art. L. 731-8.]

Art. L. 5424-10 Les salariés bénéficient de l'indemnisation pour intempéries, quels que soient le montant et la nature de leur rémunération. — [Anc. art. L. 731-3.]

Art. L. 5424-11 Le salarié a droit à l'indemnisation pour intempéries s'il justifie avoir accompli avant l'arrêt du travail un nombre minimum d'heures de travail durant une période déterminée dans l'une des entreprises définies à l'article L. 5424-6. — [Anc. art. L. 731-4.] — V. art. D. 5424-11 s.

Art. L. 5424-12 L'indemnité journalière d'intempéries est due pour chaque heure perdue après expiration d'un délai de carence fixé par décret.

Ce décret détermine également :

1° La limite d'indemnisation des heures perdues en fonction du salaire afférent à ces heures ;

2° Le nombre maximum des indemnités journalières susceptibles d'être attribuées au cours d'une année civile. — [Anc. art. L. 731-5.] — V. art. D. 5424-12 s.

Art. L. 5424-13 L'indemnité journalière d'intempéries est versée au salarié par son entreprise à l'échéance normale de la paie dans les mêmes conditions que cette dernière.

Elle n'est pas due au salarié momentanément inapte.

Elle ne se cumule pas avec les indemnités journalières d'accident du travail, de maladie, des assurances sociales et de congés payés.

Elle est exclusive de toute indemnité de chômage.

Elle cesse d'être due dans le cas où le salarié exerce une autre activité salariée pendant la période d'arrêt du travail. — [Anc. art. L. 731-6.]

Art. L. 5424-14 Les indemnités journalières d'intempéries ne constituent pas un salaire et ne donnent pas lieu en conséquence au versement de cotisations sociales, à l'exception de celles concernant l'application de la législation sur les congés payés et de celles qui sont prévues à l'article 6 de la loi n° 82-1 du 4 janvier 1982 portant diverses mesures d'ordre social.

Toutefois, les dispositions des titres III, IV et V du livre II de la troisième partie du présent code et de l'article 2101 du code civil sont applicables au paiement des indemnités d'intempéries.

En vue de la détermination du droit des intéressés aux diverses prestations de la sécurité sociale, les périodes pour lesquelles ils ont bénéficié des indemnités journalières d'intempéries sont assimilées à des périodes de chômage involontaire. — [Anc. art. L. 731-7.]

Art. L. 5424-15 La charge du paiement des indemnités journalières d'intempéries, y compris les charges sociales, sont réparties au plan national entre les entreprises prévues à l'article L. 5424-6 en fonction des salaires payés par celles-ci à leurs salariés.

La péréquation des charges est opérée par des organismes et dans des conditions déterminées par décret. — [Anc. art. L. 731-9, al. 1er et al. 2 début et fin.] — V. art. D. 5424-7 et D. 5424-41.

Art. L. 5424-16 Le contrôle de l'application par les employeurs des dispositions de la présente section est confié aux (L. n° 2016-1088 du 8 août 2016, art. 113) « agents de contrôle de l'inspection du travail mentionnés à l'article L. 8112-1 » et aux contrôleurs des caisses de congés payés du bâtiment. — [Anc. art. L. 731-10.]

Art. L. 5424-17 En cas de retard dans le paiement des cotisations et dans la production des déclarations de salaires servant d'assiette aux cotisations, les cotisations échues et non payées ou correspondant aux déclarations non produites en temps utile sont majorées selon un taux et dans des conditions fixées par décret. — [Anc. art. L. 731-11, phrase 1 début.]

Art. L. 5424-18 En cas d'arrêt pour cause d'intempéries, les salariés que leur employeur ne peut occuper peuvent être mis par leur entreprise à la disposition de collectivités publiques pour l'exécution de travaux d'intérêt général.

Dans ce cas, les intéressés perçoivent le salaire correspondant aux travaux accomplis auxquels [auquel] s'ajoute, le cas échéant, une indemnité égale à la différence entre le salaire servant de base au calcul de l'indemnité d'intempéries et le salaire perçu pour ces travaux occasionnels. – *[Anc. art. L. 731-12, al. 1ᵉʳ phrase 1 et al. 2 phrase 1.]*

Art. L. 5424-19 Un décret détermine les modalités d'application de la présente section, notamment les conditions dans lesquelles les contestations nées de son application peuvent être soumises à des organismes paritaires de conciliation dont il peut rendre l'intervention obligatoire. – *[Anc. art. L. 731-13.]* – *V. art. D. 5424-7 s.*

SECTION 3 **Professions de la production cinématographique, de l'audiovisuel ou du spectacle**

SOUS-SECTION 1 **Contributions et allocations** *(L. nº 2015-994 du 17 août 2015, art. 34-I).*

Art. L. 5424-20 Du fait de l'aménagement de leurs conditions d'indemnisation, l'allocation d'assurance versée aux travailleurs *(Abrogé par L. nº 2018-771 du 5 sept. 2018, art. 54-II, à compter du 1ᵉʳ janv. 2019)* « *involontairement* » privés d'emploi relevant des professions de la production cinématographique, de l'audiovisuel ou du spectacle peut, en sus de la contribution *(L. nº 2018-771 du 5 sept. 2018, art. 54-II, en vigueur le 1ᵉʳ janv. 2019)* « des employeurs prévue au 1º de l'article L. 5422-9 », être financée par une contribution spécifique à la charge des employeurs, y compris ceux mentionnés à l'article L. 5424-3 et des salariés relevant de ces professions, assise sur la rémunération brute dans la limite d'un plafond, dans des conditions fixées par l'accord prévu à l'article L. 5422-20.

(L. nº 2008-126 du 13 févr. 2008) « La contribution spécifique est recouvrée et contrôlée par les organismes chargés du recouvrement mentionnés à l'article L. 5427-1 selon les règles applicables aux contributions mentionnées *(L. nº 2018-771 du 5 sept. 2018, art. 54-II, en vigueur le 1ᵉʳ janv. 2019)* « aux 1º à 3º de l'article L. 5422-9. » Les différends relatifs au recouvrement de cette contribution suivent les règles de compétence prévues à l'article L. 5422-16.

(L. nº 2018-771 du 5 sept. 2018, art. 54-II, en vigueur le 1ᵉʳ janv. 2019) « Les fins de contrat de travail des travailleurs relevant de la contribution spécifique prévue au présent article ne sont pas prises en compte au titre du 1º de l'article L. 5422-12 et la majoration ou la minoration de contributions qui résulte de l'application du même 1º n'est pas applicable à ces contrats. »

Art. L. 5424-21 Les travailleurs *(Abrogé par L. nº 2018-771 du 5 sept. 2018, art. 64-III, à compter du 1ᵉʳ janv. 2019)* « *involontairement* » privés d'emploi et qui ont épuisé leurs droits à l'assurance chômage au titre des dispositions spécifiques relatives aux artistes du spectacle et aux ouvriers et techniciens de l'édition d'enregistrement sonore, de la production cinématographique et audiovisuelle, de la radio, de la diffusion et du spectacle, annexées au règlement général annexé à la convention relative à l'aide au retour à l'emploi et à l'indemnisation du chômage peuvent bénéficier d'allocations spécifiques d'indemnisation du chômage au titre de la solidarité nationale dans les conditions suivantes :

1º Ne pas satisfaire aux conditions pour bénéficier de *(Ord. nº 2019-861 du 21 août 2019, art. 1ᵉʳ)* « l'allocation des travailleurs indépendants prévue à l'article L. 5424-25 ni aux conditions pour bénéficier de » l'allocation de solidarité spécifique prévue à l'article L. 5423-1 ;

2º Satisfaire à des conditions d'activité professionnelle antérieure et de prise en charge au titre d'un revenu de remplacement.

Ces allocations sont à la charge *(L. nº 2016-1918 du 29 déc. 2016, art. 143-I, en vigueur le 1ᵉʳ janv. 2018)* « de l'État ». Leur gestion est assuré[e] par *(L. nº 2023-1196 du 18 déc. 2023, art. 6-I, en vigueur le 1ᵉʳ janv. 2024)* « l'opérateur France Travail » dans les conditions prévues par une convention conclue avec l'État.

Ces allocations sont cessibles et saisissables dans les mêmes conditions et limites que les salaires.

Un décret détermine les modalités d'application du présent article. – *V. art. D. 5424-50.*

DEMANDEUR D'EMPLOI **Art. L. 5424-23**

SOUS-SECTION 2 Règles spécifiques en matière de négociation des accords relatifs à l'assurance chômage

(L. n° 2015-994 du 17 août 2015, art. 34-I)

BIBL. ▶ BAUGARD, *Dr. soc.* 2015. 915 ⌀ (Régime d'assurance-chômage des intermittents du spectacle).

Art. L. 5424-22 I. — Pour tenir compte des modalités particulières d'exercice des professions de la production cinématographique, de l'audiovisuel ou du spectacle, les accords relatifs au régime d'assurance chômage mentionnés à l'article L. 5422-20 comportent des règles spécifiques d'indemnisation des artistes et des techniciens intermittents du spectacle, annexées au règlement général annexé à la convention relative à l'indemnisation du chômage.

II. — Les organisations d'employeurs et de salariés représentatives de l'ensemble des professions mentionnées à l'article L. 5424-20 négocient entre elles les règles spécifiques définies au I du présent article. A cette fin, dans le cadre de la négociation des accords relatifs au régime d'assurance chômage mentionnés à l'article L. 5422-20, les organisations professionnelles d'employeurs et les organisations syndicales de salariés représentatives au niveau national et interprofessionnel leur transmettent en temps utile un document de cadrage.

Ce document précise les objectifs de la négociation en ce qui concerne la trajectoire financière et le respect de principes généraux applicables à l'ensemble du régime d'assurance chômage *(L. n° 2018-771 du 5 sept. 2018, art. 56-VII, en vigueur le 1er janv. 2019)* « , en respectant les objectifs et la trajectoire financière définis dans le document de cadrage mentionné à l'article L. 5422-20-1 ». Il fixe le délai dans lequel cette négociation doit aboutir.

Les règles spécifiques prévues par un accord respectant les objectifs définis par le document de cadrage et conclu dans le délai fixé par le même document sont reprises dans les accords relatifs au régime d'assurance chômage mentionnés à l'article L. 5422-20. A défaut de conclusion d'un tel accord, les organisations professionnelles d'employeurs et les organisations syndicales de salariés représentatives au niveau national et interprofessionnel fixent les règles d'indemnisation du chômage applicables aux artistes et aux techniciens intermittents du spectacle *(L. n° 2018-771 du 5 sept. 2018, art. 56-VII, en vigueur le 1er janv. 2019)* « , dans le respect des conditions définies au second alinéa de l'article L. 5422-22 ».

Art. L. 5424-23 I. — Il est créé un comité d'expertise sur les règles spécifiques applicables en matière d'indemnisation des artistes et des techniciens intermittents du spectacle, composé de représentants de services statistiques de l'État, de *(L. n° 2023-1196 du 18 déc. 2023, art. 6-I, en vigueur le 1er janv. 2024)* « l'opérateur France Travail » et de l'organisme chargé de la gestion du régime d'assurance chômage mentionné à l'article L. 5427-1, ainsi que de personnalités qualifiées. Ces représentants sont désignés par l'État. Un décret précise les modalités de désignation des membres du comité ainsi que ses règles de fonctionnement. — *V. art. D. 5424-66 s.*

II. — Le comité évalue toutes les propositions qui lui sont transmises en cours de négociation par une organisation d'employeurs ou de salariés représentative de l'ensemble des professions mentionnées à l'article L. 5424-20. Il peut également être saisi d'une telle demande d'évaluation par une organisation professionnelle d'employeurs ou par une organisation syndicale de salariés représentative au niveau national et interprofessionnel. Le décret mentionné au I du présent article détermine les modalités de communication de cette évaluation.

III. — Lorsque les organisations d'employeurs et de salariés représentatives de l'ensemble des professions mentionnées à l'article L. 5424-20 ont conclu un accord, le comité évalue le respect par celui-ci de la trajectoire financière figurant dans *(L. n° 2018-771 du 5 sept. 2018, art. 56-VIII, en vigueur le 1er janv. 2019)* « les documents de cadrage mentionnés » au II de l'article L. 5424-22 *(L. n° 2018-771 du 5 sept. 2018, art. 56-VIII, en vigueur le 1er janv. 2019)* « et à l'article L. 5422-20-1 », dans un délai fixé par le décret mentionné au I du présent article.

IV. — *(L. n° 2023-1196 du 18 déc. 2023, art. 6-I, en vigueur le 1er janv. 2024)* « L'opérateur France Travail » et l'organisme chargé de la gestion de l'assurance chômage mentionné à l'article L. 5427-1 fournissent au comité d'expertise les informations nécessaires à l'exercice de ses missions.

SECTION 4 **Allocation des travailleurs indépendants**

(L. n° 2018-771 du 5 sept. 2018, art. 51-I, en vigueur le 1er janv. 2019)

V. Circ. Unedic n° 2022-11 du 13 juill. 2022.

Art. L. 5424-24 Pour l'application de la présente section, sont regardés [regardées] comme travailleurs indépendants les personnes mentionnées à l'article L. 611-1 du code de la sécurité sociale, aux articles L. 722-1 et L. 731-23 du code rural et de la pêche maritime, aux 4° à 6°, 11°, 12°, 23°, 30° et 35° de l'article L. 311-3 du code de la sécurité sociale et à l'article L. 382-1 du même code.

Art. L. 5424-25 Ont droit à l'allocation des travailleurs indépendants les travailleurs qui étaient indépendants au titre de leur dernière activité, qui satisfont à des conditions de ressources, de durée antérieure d'activité et de revenus antérieurs d'activité et :

1° Dont l'entreprise a fait l'objet d'un jugement d'ouverture de liquidation judiciaire dans les conditions prévues à l'article L. 641-1 du code de commerce, à l'exception des cas prévus à l'article L. 640-3 du même code ;

2° Ou dont l'entreprise a fait l'objet d'une procédure de redressement judiciaire dans les conditions prévues au titre III du livre VI dudit code, lorsque l'adoption du plan de redressement est subordonnée par le tribunal au remplacement du dirigeant conformément à l'article L. 631-19-1 du même code ;

(L. n° 2022-172 du 14 févr. 2022, art. 11, en vigueur le 1er mars 2022) « 3° Ou dont l'entreprise a fait l'objet d'une déclaration de cessation totale et définitive d'activité (Abrogé par L. n° 2022-172 du 14 févr. 2022, art. 19-III, à compter du 1er janv. 2023) « *soit auprès du centre de formalités des entreprises compétent, soit* » auprès de l'organisme unique mentionné au deuxième alinéa de l'article L. 123-33 du même code (Abrogé par L. n° 2022-172 du 14 févr. 2022, art. 19-III, à compter du 1er janv. 2023) « *dans les conditions prévues à la seconde phrase du VIII de l'article 1er de la loi n° 2019-486 du 22 mai 2019 relative à la croissance et la transformation des entreprises* », lorsque cette activité n'est pas économiquement viable. Le caractère non viable de l'activité est attesté par un tiers de confiance désigné dans des conditions définies par décret en Conseil d'État. » — V. art. R. 5424-72-1.

Les dispositions de la L. n° 2022-172 du 14 févr. 2022 sont applicables aux demandes d'allocation introduites à compter du 1er mars 2022 (L. préc., art. 19-II).

Art. L. 5424-26 Les articles L. 5422-4 et L. 5422-5 sont applicables à l'allocation des travailleurs indépendants.

Art. L. 5424-27 Les mesures d'application de la présente section, notamment les conditions de ressources, de durée antérieure d'activité et de revenus antérieurs d'activité (L. n° 2022-172 du 14 févr. 2022, art. 11, en vigueur le 1er mars 2022) « ainsi que les critères d'appréciation et les modalités d'attestation du caractère non viable de l'activité auxquels » est subordonné le droit à l'allocation des travailleurs indépendants sont fixées par décret en Conseil d'État. Toutefois :

1° Le montant (L. n° 2022-172 du 14 févr. 2022, art. 11, en vigueur le 1er mars 2022) « forfaitaire » de l'allocation (Abrogé par L. n° 2022-172 du 14 févr. 2022, art. 11, à compter du 1er mars 2022) « *, qui est forfaitaire,* » et sa durée d'attribution sont fixés par décret. (L. n° 2022-172 du 14 févr. 2022, art. 11, en vigueur le 1er mars 2022) « Si ce montant forfaitaire est supérieur au montant moyen mensuel des revenus d'activité antérieurs perçus sur la durée antérieure d'activité à laquelle est subordonné le droit à l'allocation des travailleurs indépendants, l'allocation versée mensuellement est réduite d'autant, sans pouvoir être inférieure à un montant fixé par décret ; »

2° Les mesures d'application relatives à la coordination de l'allocation des travailleurs indépendants avec l'allocation d'assurance sont fixées par les accords mentionnés à l'article L. 5422-20.

V. art. R. 5424-70 s. et D. 5424-74.

Les dispositions de la L. n° 2022-172 du 14 févr. 2022 sont applicables aux demandes d'allocation introduites à compter du 1er mars 2022 (L. préc., art. 19-II).

Art. L. 5424-28 L'allocation des travailleurs indépendants est financée exclusivement par les impositions de toute nature mentionnées au 5° de l'article L. 5422-9.

Art. L. 5424-29 (L. n° 2022-172 du 14 févr. 2022, art. 11) Une personne ne peut bénéficier de l'allocation des travailleurs indépendants pendant une période de cinq ans à compter de la date à laquelle cette personne a cessé d'en bénéficier au titre d'une activité antérieure.

SECTION 5 Contrat d'emploi pénitentiaire

(Ord. n° 2022-1336 du 19 oct. 2022, art. 7, en vigueur au plus tard le 1er déc. 2024)

Art. L. 5424-30 Les conditions d'attribution et les modalités de calcul et de paiement de l'allocation d'assurance chômage mentionnée au deuxième alinéa de l'article L. 5421-2 tiennent compte, le cas échéant, des activités de travail effectuées dans le cadre du contrat d'emploi pénitentiaire défini par les articles L. 412-10 à L. 412-18 du code pénitentiaire, dans les conditions prévues par la section 3 du chapitre IV du titre II du livre III de ce code.

Le versement de l'allocation n'est accordé qu'à compter de la libération de la personne détenue ou à compter de la date à laquelle elle bénéficie d'un aménagement de peine, lorsque cette mesure permet la recherche effective d'un emploi.

Ces dispositions entrent en vigueur à une date fixée par décret et au plus tard le 1er déc. 2024. Ce décret peut prévoir qu'elles sont applicables aux contrats d'emploi pénitentiaire en cours à la date de l'entrée en vigueur (Ord. n° 2022-1336 du 19 oct. 2022, art. 27-III).

CHAPITRE V MAINTIEN DES DROITS AU REVENU DE REMPLACEMENT DU DEMANDEUR INDEMNISÉ

SECTION 1 Cumul d'un revenu de remplacement avec d'autres revenus

Art. L. 5425-1 Les allocations du présent titre, à l'exception de celles prévues à la section 2 du chapitre IV, pour les salariés du bâtiment et des travaux publics privés d'emploi par suite d'intempéries, peuvent se cumuler avec les revenus tirés d'une activité occasionnelle ou réduite ainsi qu'avec les prestations de sécurité sociale ou d'aide sociale dans les conditions et limites fixées :

1° Pour l'allocation d'assurance (L. n° 2018-771 du 5 sept. 2018, art. 51-II, en vigueur le 1er janv. 2019) « et l'allocation des travailleurs indépendants », par l'accord prévu à l'article L. 5422-20 ;

2° Pour les allocations de solidarité, par décret en Conseil d'État.

Ces dispositions s'appliquent notamment au cas des revenus tirés de travaux saisonniers.

V. art. R. 5425-1 s.

Art. L. 5425-2 Les personnes mentionnées à l'article L. 5421-4 de moins de soixante-cinq ans et ne pouvant percevoir qu'une pension de vieillesse à taux plein calculée sur une durée de cotisation inférieure à 150 trimestres bénéficient sous condition de ressources d'une allocation complémentaire à la charge de l'État jusqu'à la date à laquelle elles peuvent faire liquider au taux plein l'ensemble des pensions auxquelles elles peuvent prétendre, dans des conditions déterminées par décret en Conseil d'État.

La période pendant laquelle cette allocation complémentaire est versée n'est pas prise en considération en vue de l'ouverture de droits à pension. — *[Anc. art. L. 351-19, al. 2.]*

SECTION 2 Accès des bénéficiaires de l'allocation de solidarité spécifique à la prime d'activité

(L. n° 2016-1917 du 29 déc. 2016, art. 87-III)

Art. L. 5425-3 Lorsqu'il exerce, prend ou reprend une activité professionnelle, le bénéficiaire de l'allocation de solidarité spécifique est réputé avoir formulé une demande de prime d'activité mentionnée à l'article L. 841-1 du code de la sécurité sociale, sauf mention contraire de sa part.

SECTION 2 *[ANCIENNE]* Prime forfaitaire pour reprise d'activité

Les allocataires qui, à une date fixée par décret et au plus tard le 1er sept. 2017, ont des droits ouverts à la prime forfaitaire pour reprise d'activité prévue aux art. L. 5425-3 à L. 5425-7, dans leur rédaction antérieure à la L. n° 2016-1917 du 29 déc. 2016, continuent à bénéficier de cette prime dans les conditions antérieures à ladite loi jusqu'à expiration de leurs droits. Les coûts afférents au maintien du bénéfice de cette prime restent à la charge du fonds de solidarité mentionné à l'art. L. 5423-24. La gestion de cette prime reste assurée par l'institution mentionnée à l'art. L. 5312-1 (L. préc., art. 87-III, en vigueur le 1er sept. 2017).

Ancien art. L. 5425-3 *Le bénéficiaire de l'allocation de solidarité spécifique qui reprend une activité professionnelle a droit à une prime forfaitaire.* – *[Anc. art. L. 351-20, al. 3 phrase 1.]* – *V. art. L. 5429-1 (pén.).*

Les bénéficiaires de l'allocation de solidarité spécifique ayant au 1er sept. 2017 des droits ouverts à la prime forfaitaire continuent à percevoir cette prime, dans les conditions prévues avant l'entrée en vigueur de la L. n° 2016-1917 du 29 déc. 2016 et des art. 2, 3 et 4 du Décr. n° 2017-826 du 5 mai 2017, et jusqu'à expiration de leurs droits (Décr. n° 2017-826 du 5 mai 2017, art. 5).

Ancien art. L. 5425-4 *Abrogé par L. n° 2008-1249 du 1er déc. 2008, art. 24-I.*

Ancien art. L. 5425-5 *La prime forfaitaire est versée chaque mois pendant une période dont la durée est déterminée par voie réglementaire, y compris s'il a été mis fin au droit à l'allocation de solidarité spécifique.* – *[Anc. art. L. 351-20, al. 3 phrase 2.]*

Ancien art. L. 5425-6 *La prime forfaitaire est soumise aux règles applicables à l'allocation de solidarité spécifique relatives au contentieux, à la prescription, à la récupération des indus, à l'insaisissabilité et l'incessibilité.* – *[Anc. art. L. 351-20, al. 4.]*

Ancien art. L. 5425-7 *Un décret en Conseil d'État détermine les conditions d'attribution de cette prime, notamment la durée de travail minimale et le nombre de mois d'activité consécutifs auxquels son versement est subordonné, ainsi que son montant.* – *[Anc. art. L. 351-20, al. 8.]*

SECTION 3 Exercice d'une activité bénévole

Art. L. 5425-8 Tout demandeur d'emploi peut exercer une activité bénévole.
Cette activité ne peut s'accomplir chez un précédent employeur, ni se substituer à un emploi salarié, et doit rester compatible avec l'obligation de recherche d'emploi.
L'exercice d'une activité bénévole n'est pas considéré comme un motif légitime pour écarter l'application des dispositions prévues par l'article L. 5426-2 *[nouvelle rédaction issue de la L. n° 2023-1196 du 18 déc. 2023, art. 2-I, en vigueur à une date fixée par décret et, au plus tard, le 1er janv. 2025 : « L. 5412-1 »].*

BIBL. ▶ WILLMANN, *Dr. soc.* 1999. 162.

1. Gérant bénévole. Le fait d'être gérant bénévole de sociétés civiles immobilières n'est pas incompatible avec l'obligation de recherche d'emploi, selon la Cour de cassation, ceci n'implique pas nécessairement, en soi, l'exercice d'une activité professionnelle interdisant la recherche effective et permanente d'un emploi, il appartient aux juges du fond de vérifier si, malgré sa qualité de gérant bénévole, l'intéressé justifiait avoir procédé à une telle recherche. • Soc. 10 nov. 1998, n° 96-22.103 P : *D. 1999. 348*, note Willmann • Crim. 20 mars 2007 : *D. 2007. AJ 1274 ; RJS 2007. 670, n° 883 ; JCP S 2007. 1548,* note Willmann.

2. Dirigeant et associé de société. Les fonctions de mandataire social d'une société commerciale ne peuvent être regardées comme une activité bénévole au sens des dispositions légales permettant l'exercice d'une telle activité par un demandeur d'emploi percevant un revenu de remplacement ; dès lors, l'exercice de ces fonctions, que l'allocataire a omis de déclarer à Pôle emploi, justifie la décision de suppression du revenu de remplacement prise à titre définitif par le préfet. • CE 26 mars 2018, n° 402044 : *RJS 6/2018, n° 450.*

3. Poursuite de l'activité à titre bénévole. En revanche, le demandeur d'emploi qui, après une période d'embauche rémunérée auprès d'une association comme trésorier, a continué la même activité à titre bénévole auprès du même employeur ne peut prétendre au bénéfice des allocations d'assurance chômage. • Soc. 29 juin 1999, n° 97-14.581 P : *D. 1999. IR 215 ; RJS 1999. 782, n° 1269.*

SECTION 4 Exercice d'une activité d'intérêt général

Art. L. 5425-9 (*Abrogé par L. n° 2018-771 du 5 sept. 2018, art. 49-III, à compter du 1ᵉʳ janv. 2019*) « *involontairement* » privés d'emploi, bénéficiaires d'un revenu de remplacement, peuvent accomplir pendant une durée limitée des tâches d'intérêt général agréées par l'autorité administrative.

Leur indemnisation peut être complétée par une rémunération directement versée par l'organisme qui les emploie.

Un décret en Conseil d'État détermine les mesures d'application du présent article. — [*Anc. art. L. 351-23.*] — V. art. R. 5425-19 s.

CHAPITRE VI CONTRÔLE ET SANCTIONS

SECTION 1 Agents chargés du contrôle de la recherche d'emploi

A compter d'une date fixée par décret et, au plus tard, le 1ᵉʳ janv. 2025, l'intitulé de la présente section est ainsi rédigé : « Contrôle des engagements des demandeurs d'emploi » (L. n° 2023-1196 du 18 déc. 2023, art. 2-I).

Art. L. 5426-1 (*L. n° 2008-126 du 13 févr. 2008*) Le contrôle de la recherche d'emploi est exercé par les agents de (*L. n° 2018-771 du 5 sept. 2018, art. 64-III, en vigueur le 1ᵉʳ janv. 2019*) « Pôle emploi ».

L'autorité administrative est seule compétente pour contrôler le respect des conditions nécessaires au maintien du droit à un revenu de remplacement. • Soc. 3 juill. 1990 : ⚖ *RJS 1990. 538, n° 800.*

Nouvel art. L. 5426-1 (*L. n° 2023-1196 du 18 déc. 2023, art. 2-I, en vigueur à une date fixée par décret et, au plus tard, le 1ᵉʳ janv. 2025*) I. — Le contrôle des engagements pris par les demandeurs d'emploi est exercé par l'opérateur France Travail, sous réserve des dérogations prévues au présent article. A la suite de ce contrôle, l'opérateur France Travail prend, le cas échéant, les mesures de suspension ou de suppression du revenu de remplacement mentionné à l'article L. 5421-1 et des allocations mentionnées aux articles L. 5131-5 et L. 5131-6 ou la mesure de radiation de la liste des demandeurs d'emploi mentionnée à l'article L. 5412-1. Lorsque cette mesure concerne un bénéficiaire du revenu de solidarité active, il en informe le président du conseil départemental dans les conditions prévues à l'article L. 262-42 du code de l'action sociale et des familles.

Le contrôle des engagements pris par les bénéficiaires du revenu de solidarité active est exercé, dans les conditions prévues à l'article L. 262-37 du même code, par le président du conseil départemental qui prend, le cas échéant, les mesures de suspension ou de suppression du versement du revenu de solidarité active prévues au même article L. 262-37. Il propose, s'il y a lieu, à l'opérateur la mesure de radiation de la liste des demandeurs d'emploi dans les conditions prévues au 2° du VI de l'article L. 5412-1 du présent code.

Par dérogation au deuxième alinéa du présent I, lorsque l'opérateur France Travail est l'organisme référent d'un bénéficiaire du revenu de solidarité active, il exerce le contrôle des engagements pris par celui-ci et peut, s'il y a lieu, proposer au président du conseil départemental de prononcer les mesures de suspension ou de suppression mentionnées à l'article L. 262-37 du code de l'action sociale et des familles.

Le contrôle des engagements des jeunes dont ils assurent l'accompagnement est exercé par les organismes mentionnés à l'article L. 5314-1 du présent code qui prononcent, s'il y a lieu, les mesures de suspension ou de suppression des allocations mentionnées aux articles L. 5131-5 et L. 5131-6 et en informent l'opérateur France Travail. Ils proposent, s'il y a lieu, à ce même opérateur la mesure de radiation de la liste des demandeurs d'emploi dans les conditions prévues au 2° du VI de l'article L. 5412-1.

II. — L'opérateur France Travail, le président du conseil départemental et les organismes mentionnés à l'article L. 5314-1 informent les instances mentionnées à l'article L. 5311-10, chacun pour ce qui le concerne, de la mise en œuvre et des résultats du contrôle des engagements des demandeurs d'emploi.

III. — L'opérateur France Travail, le président du conseil départemental et les organismes mentionnés à l'article L. 5314-1 peuvent, par convention, organiser des modalités de contrôle conjointes.

IV. — Le contrôle des engagements des demandeurs d'emploi exercé par l'opérateur France Travail, le président du conseil départemental et les organismes mentionnés à l'article L. 5314-1 comprend une part minimale de contrôle aléatoire.

SECTION 1 BIS Périodes d'activité non declarées (L. n° 2018-771 du 5 sept. 2018, art. 64-III).

(L. n° 2016-1088 du 8 août 2016, art. 119)

Art. L. 5426-1-1 I. — Les périodes d'activité professionnelle d'une durée supérieure à trois jours, consécutifs ou non, au cours du même mois civil, non déclarées par le demandeur d'emploi à (L. n° 2023-1196 du 18 déc. 2023, art. 6-I, en vigueur le 1er janv. 2024) « l'opérateur France Travail » au terme de ce mois ne sont pas prises en compte pour l'ouverture ou le rechargement des droits à l'allocation d'assurance. Les rémunérations correspondant aux périodes non déclarées ne sont pas incluses dans le salaire de référence.

II. — Sans préjudice de l'exercice d'un recours gracieux ou contentieux par le demandeur d'emploi, lorsque l'application du I du présent article fait obstacle à l'ouverture ou au rechargement des droits à l'allocation d'assurance, le demandeur d'emploi peut saisir l'instance paritaire de (L. n° 2023-1196 du 18 déc. 2023, art. 6-I, en vigueur le 1er janv. 2024) « l'opérateur France Travail » mentionnée à l'article L. 5312-10.

SECTION 1 TER Dispositions particulières applicables aux bénéficiaires de l'allocation d'assurance à la suite d'une démission

(L. n° 2018-771 du 5 sept. 2018, art. 50-II, en vigueur le 1er janv. 2019)

Art. L. 5426-1-2 I. — Par dérogation à l'article L. 5421-3, durant la période de mise en œuvre du projet mentionné au 2° du II de l'article L. 5422-1, la condition de recherche d'emploi requise pour bénéficier de l'allocation d'assurance au titre du même II est satisfaite dès lors que les intéressés sont inscrits comme demandeurs d'emploi et accomplissent les démarches nécessaires à la mise en œuvre de leur projet.

II. — La réalité des démarches accomplies en vue de la mise en œuvre du projet mentionné au 2° du II de l'article L. 5422-1 est contrôlée par (L. n° 2023-1196 du 18 déc. 2023, art. 6-I, en vigueur le 1er janv. 2024) « l'opérateur France Travail » au plus tard à l'issue d'une période de six mois suivant l'ouverture du droit à l'allocation d'assurance.

La personne qui ne peut justifier, sans motif légitime, de la réalité de ces démarches est radiée de la liste des demandeurs d'emploi, dans les conditions mentionnées au f du 3° de l'article L. 5412-1. L'allocation d'assurance cesse alors d'être due.

Les accords relatifs à l'assurance chômage mentionnés à l'article L. 5422-20 définissent les conditions dans lesquelles l'allocataire peut bénéficier de la reprise du versement du reliquat de ses droits à l'allocation d'assurance.

Nouvel art. L. 5426-1-2, II, al. 2 (L. n° 2023-1196 du 18 déc. 2023, art. 2-I, en vigueur à une date fixée par décret et, au plus tard, le 1er janv. 2025) « *La personne qui ne peut justifier, sans motif légitime, de la réalité de ces démarches est sanctionnée dans les conditions prévues à l'article L. 5412-1.* »

V. ndlr ss. art. L. 5411-6 nouv.

SECTION 2 [ABROGÉE] Suppression du revenu de remplacement (L. n° 2018-771 du 5 sept. 2018, art. 60-IV).

(Abrogée par L. n° 2023-1196 du 18 déc. 2023, art. 2-I, à compter d'une date fixée par décret et, au plus tard, le 1er janv. 2025)

Art. L. 5426-2 (L. n° 2018-771 du 5 sept. 2018, art. 60-IV) « *Le revenu de remplacement est supprimé par Pôle emploi dans les cas mentionnés aux 1° à 3° de l'article L. 5412-1, à l'article L. 5412-2 et au II de l'article L. 5426-1-2.* »

Il est également supprimé en cas de fraude ou de fausse déclaration. Les sommes indûment perçues donnent lieu à remboursement.

Art. L. 5426-3 et L. 5426-4 Abrogés par L. n° 2008-126 du 13 févr. 2008, art. 16-II, 32°.

DEMANDEUR D'EMPLOI **Art. L. 5426-8-1** 1537

SECTION 3 Pénalité administrative

Art. L. 5426-5 Sans préjudice des actions en récupération des allocations indûment versées et des poursuites pénales, l'inexactitude ou le caractère incomplet, lorsqu'ils sont délibérés, des déclarations faites pour le bénéfice des allocations d'aide aux travailleurs privés d'emploi *(Abrogé par L. n° 2010-1657 du 29 déc. 2010, art. 202-I)* « *, de la prime de retour à l'emploi mentionnée à l'article L. 5133-1* » *(Abrogé par L. n° 2016-1917 du 29 déc. 2016, art. 87-III, à compter d'une date fixée par décret et au plus tard le 1er sept. 2017)* « *et de la prime forfaitaire mentionnée à l'article L. 5425-3* », ainsi que l'absence de déclaration d'un changement dans la situation justifiant ce bénéfice, ayant abouti à des versements indus, peuvent être sanctionnés par une pénalité prononcée par *(L. n° 2023-1196 du 18 déc. 2023, art. 6-I, en vigueur le 1er janv. 2024)* « l'opérateur France Travail ».

Le montant de la pénalité ne peut excéder 3 000 €.

V. art. R. 5426-15 s.

Art. L. 5426-6 La pénalité est recouvrée par *(L. n° 2023-1196 du 18 déc. 2023, art. 6-I, en vigueur le 1er janv. 2024)* « l'opérateur France Travail ». Les dispositions de l'article L. 5426-8-2 sont applicables au recouvrement de la pénalité. »

Art. L. 5426-7 Aucune pénalité ne peut être prononcée à raison de faits remontant à plus de deux ans, ni lorsque la personne intéressée a, pour les mêmes faits, déjà été définitivement condamnée par le juge pénal ou a bénéficié d'une décision définitive de non-lieu ou de relaxe déclarant que la réalité de l'infraction n'est pas établie ou que cette infraction ne lui est pas imputable.

Si une telle décision de non-lieu ou de relaxe intervient postérieurement au prononcé d'une pénalité par *(L. n° 2023-1196 du 18 déc. 2023, art. 6-I, en vigueur le 1er janv. 2024)* « l'opérateur France Travail », la révision de cette pénalité est de droit.

Si, à la suite du prononcé d'une pénalité par *(L. n° 2023-1196 du 18 déc. 2023, art. 6-I, en vigueur le 1er janv. 2024)* « l'opérateur France Travail », une amende pénale est infligée pour les mêmes faits, la pénalité s'impute sur cette amende.

Art. L. 5426-8 La personne à l'égard de laquelle est susceptible d'être prononcée la pénalité est informée préalablement des faits qui lui sont reprochés et de la pénalité envisagée, afin qu'elle puisse présenter ses observations écrites et orales, le cas échéant assistée d'une personne de son choix, dans un délai qui ne peut être inférieur à un mois. — *[Anc. art. L. 365-3, al. 4 phrase 1.]*

SECTION 4 Répétition des prestations indues

(L. n° 2011-1977 du 28 déc. 2011, art. 61)

Art. L. 5426-8-1 Pour le remboursement des allocations, aides, ainsi que de toute autre prestation indûment versées par *(L. n° 2023-1196 du 18 déc. 2023, art. 6-I, en vigueur le 1er janv. 2024)* « l'opérateur France Travail », pour son propre compte, pour le compte de l'État *(Abrogé par L. n° 2016-1918 du 29 déc. 2016, art. 143-I, à compter du 1er janv. 2018)* « *, du fonds de solidarité prévu à l'article L. 5423-24* » ou des employeurs mentionnés à l'article L. 5424-1, *(L. n° 2023-1196 du 18 déc. 2023, art. 6-I, en vigueur le 1er janv. 2024)* « l'opérateur France Travail » peut, si le débiteur n'en conteste pas le caractère indu, procéder par retenues sur les échéances à venir dues à quelque titre que ce soit *(L. n° 2016-1088 du 8 août 2016, art. 119)* « , à l'exclusion des allocations mentionnées au deuxième alinéa du présent article.

« Pour le remboursement des allocations indûment versées par *(L. n° 2023-1196 du 18 déc. 2023, art. 6-I, en vigueur le 1er janv. 2024)* « l'opérateur France Travail » pour le compte de l'organisme chargé de la gestion du régime d'assurance chômage mentionné à l'article L. 5427-1, *(L. n° 2023-1196 du 18 déc. 2023, art. 6-I, en vigueur le 1er janv. 2024)* « l'opérateur France Travail » peut, si le débiteur n'en conteste pas le caractère indu, procéder par retenues sur les échéances à venir dues à ce titre.

« Le montant des retenues prévues aux deux premiers alinéas du présent article ne peut dépasser un plafond fixé selon des modalités définies par voie réglementaire, sauf en cas de remboursement intégral de la dette en un seul versement si le bénéficiaire opte pour cette solution. » — *V. art. R. 5426-18 à R. 5426-24.*

Caractère obligatoire de la procédure de contrainte. Pôle emploi ne peut pas légalement récupérer les sommes indûment versées à un allocataire en procédant par retenues sur des échéances à venir lorsque le débiteur conteste le caractère indu des sommes ainsi recouvrées ; seule la mise en œuvre de la procédure de contrainte prévue par l'art. L. 5426-8-2 est possible. • Civ. 2e, 23 juin 2022, n° 20-21.534 B : *RJS 10/2022, n° 537 ; JCP S 2022. 1203, obs. Tauran.*

Art. L. 5426-8-2 Pour le remboursement des allocations, aides, ainsi que de toute autre prestation indûment versées par *(L. n° 2023-1196 du 18 déc. 2023, art. 6-I, en vigueur le 1er janv. 2024)* « l'opérateur France Travail », pour son propre compte, *(L. n° 2016-1088 du 8 août 2016, art. 119)* « pour le compte de l'organisme chargé de la gestion du régime d'assurance chômage mentionné à l'article L. 5427-1, » pour le compte de l'État *(Abrogé par L. n° 2016-1918 du 29 déc. 2016, art. 143-I, à compter du 1er janv. 2018)* « , du fonds de solidarité prévu à l'article L. 5423-24 » ou des employeurs mentionnés à l'article L. 5424-1, le directeur général de *(L. n° 2023-1196 du 18 déc. 2023, art. 6-I, en vigueur le 1er janv. 2024)* « l'opérateur France Travail » ou la personne qu'il désigne en son sein peut, dans les délais et selon les conditions fixés par voie réglementaire, et après mise en demeure, délivrer une contrainte qui, à défaut d'opposition du débiteur devant la juridiction compétente, comporte tous les effets d'un jugement et confère le bénéfice de l'hypothèque judiciaire. – *V. art. R. 5426-20 s.*

Les juridictions de l'ordre judiciaire sont compétentes pour statuer sur une opposition formée par un allocataire à l'encontre d'une contrainte émise par Pôle emploi aux fins d'obtenir, en application de l'art. L. 5426-8-2 C. trav., issu de la L. n° 2016-1088 du 8 août 2016, le remboursement de l'allocation d'aide au retour à l'emploi qu'il estime avoir indûment versée. • Avis, 18 oct. 2018, n° 18-70.009 P : *D. 2018. Actu. 2095 ; JCP S 2018. 1411, obs. Bugada.*

Art. L. 5426-8-3 *(L. n° 2018-771 du 5 sept. 2018, art. 64-III ; L. n° 2023-1196 du 18 déc. 2023, art. 6-I, en vigueur le 1er janv. 2024)* « L'opérateur France Travail est autorisé » à différer ou à abandonner la mise en recouvrement des allocations, aides, ainsi que de toute autre prestation indûment versées pour son propre compte, pour le compte de l'État ou des employeurs mentionnés à l'article L. 5424-1.

SECTION 5 Dispositions d'application

Art. L. 5426-9 Un décret en Conseil d'État détermine les modalités d'application du présent chapitre, notamment :

1° Les conditions dans lesquelles les agents chargés du contrôle ont accès, pour l'exercice de leur mission, aux renseignements détenus par les administrations sociales et fiscales ;

2° Les conditions dans lesquelles *(L. n° 2018-771 du 5 sept. 2018, art. 60-IV)* « et la durée pendant laquelle » le revenu de remplacement peut être supprimé en application du premier alinéa de l'article L. 5426-2 ;

(L. n° 2011-1977 du 28 déc. 2011, art. 61) « 3° Les conditions dans lesquelles *(L. n° 2023-1196 du 18 déc. 2023, art. 6-I, en vigueur le 1er janv. 2024)* « l'opérateur France Travail » procède à la répétition des prestations indues en application des articles L. 5426-8-1 à L. 5426-8-3 ainsi que la part des échéances mensuelles mentionnée au même article L. 5426-8-1 ; »

4° Les conditions dans lesquelles *(L. n° 2018-771 du 5 sept. 2018, art. 60-IV ; L. n° 2023-1196 du 18 déc. 2023, art. 6-I, en vigueur le 1er janv. 2024)* « l'opérateur France Travail prononce et recouvre » la pénalité prévue à l'article L. 5426-5.

V. art. R. 5426-1 s.

CHAPITRE VII ORGANISME GESTIONNAIRE DU RÉGIME D'ASSURANCE CHÔMAGE *(L. n° 2008-126 du 13 févr. 2008).*

SECTION 1 Gestion confiée à des organismes de droit privé par voie d'accord ou de convention

Art. L. 5427-1 *(L. n° 2008-126 du 13 févr. 2008)* Les parties signataires de l'accord prévu à l'article L. 5422-20 confient la gestion du régime d'assurance chômage à un organisme de droit privé de leur choix.

Le service de l'allocation d'assurance *(L. n° 2018-771 du 5 sept. 2018, art. 51-II)* « et de l'allocation des travailleurs indépendants » est assuré, pour le compte de cet organisme, par l'institution mentionnée à l'article L. 5312-1.

(L. n° 2012-1189 du 26 oct. 2012, art. 9) « Le recouvrement des contributions mentionnées *(L. n° 2018-771 du 5 sept. 2018, art. 54-II)* « aux 1° à 3° de l'article L. 5422-9 et à l'article L. 5422-11 » est assuré, pour le compte de cet organisme, par les unions pour le recouvrement des cotisations de sécurité sociale et d'allocations familiales et les caisses générales de sécurité sociale mentionnées aux articles L. 213-1 et L. 752-1 du code de la sécurité sociale. »

Par dérogation, le recouvrement de ces contributions est assuré pour le compte de l'organisme gestionnaire du régime d'assurance chômage :

a) Par *(L. n° 2023-1196 du 18 déc. 2023, art. 6-I, en vigueur le 1ᵉʳ janv. 2024)* « l'opérateur France Travail », lorsqu'elles sont dues au titre des salariés expatriés, des travailleurs frontaliers résidant en France et ne remplissant pas les conditions pour bénéficier des dispositions du règlement *(L. n° 2018-771 du 5 sept. 2018, art. 54-II)* « (CE) n° 883/2004 du Parlement européen et du Conseil du 29 avril 2004 sur la coordination des systèmes de sécurité sociale », notamment en matière d'assurance chômage, et des marins embarqués sur des navires battant pavillon d'un État étranger autre qu'un État membre de l'Union européenne, de l'Espace économique européen ou de la Confédération helvétique, ressortissants de ces États, inscrits à un quartier maritime français et admis au bénéfice de l'Établissement national des invalides de la marine ;

b) Par les organismes mentionnés à l'article L. 723-1 du code rural et de la pêche maritime, lorsqu'elles sont dues au titre de l'emploi de salariés mentionnés à l'article L. 722-20 du même code ;

c) Abrogé par L. n° 2018-771 du 5 sept. 2018, art. 54-II.

d) Par la caisse de prévoyance sociale prévue par l'ordonnance n° 77-1102 du 26 septembre 1977 portant extension et adaptation au département de Saint-Pierre-et-Miquelon de diverses dispositions relatives aux affaires sociales, lorsqu'elles sont dues au titre de l'emploi de salariés à Saint-Pierre-et-Miquelon ;

e) Par *(L. n° 2023-1196 du 18 déc. 2023, art. 6-I, en vigueur le 1ᵉʳ janv. 2024)* « l'opérateur France Travail », lorsqu'elles sont dues au titre des salariés engagés à titre temporaire qui relèvent des professions de la production cinématographique, de l'audiovisuel ou du spectacle et lorsque l'activité exercée bénéficie de l'aménagement des conditions d'indemnisation mentionné à l'article L. 5424-20 ;

(Ord. n° 2017-1491 du 25 oct. 2017, art. 6) « *f)* Par la caisse de sécurité sociale prévue par l'ordonnance n° 96-1122 du 20 décembre 1996, relative à l'amélioration de la santé publique, à l'assurance maladie, maternité, invalidité et décès, au financement de la sécurité sociale à Mayotte et à la Caisse de sécurité sociale de Mayotte, lorsqu'elles sont dues au titre de l'emploi de salariés à Mayotte. »

Art. L. 5427-2 *(L. n° 2008-126 du 13 févr. 2008)* Les agents des organismes de sécurité sociale peuvent communiquer à *(L. n° 2023-1196 du 18 déc. 2023, art. 6-I, en vigueur le 1ᵉʳ janv. 2024)* « l'opérateur France Travail » les renseignements nécessaires au calcul des prestations.

Art. L. 5427-3 *(L. n° 2008-126 du 13 févr. 2008)* Les informations détenues par les organismes de sécurité sociale peuvent être rapprochées de celles détenues par *(L. n° 2023-1196 du 18 déc. 2023, art. 6-I, en vigueur le 1ᵉʳ janv. 2024)* « l'opérateur France Travail » pour garantir le respect des règles d'inscription et vérifier les droits des salariés au revenu de remplacement prévu à l'article L. 5421-2.

Art. L. 5427-4 *(L. n° 2008-126 du 13 févr. 2008)* Pour procéder à la vérification des droits des salariés au revenu de remplacement prévu à l'article L. 5421-2, les informations détenues par la caisse de congés payés des professions de la production cinématographique et audiovisuelle et des spectacles ainsi que par les institutions des régimes complémentaires de retraite de ces professions peuvent être rapprochées de celles détenues par *(L. n° 2023-1196 du 18 déc. 2023, art. 6-I, en vigueur le 1ᵉʳ janv. 2024)* « l'opérateur France Travail ».

Art. L. 5427-5 (*L. n° 2008-126 du 13 févr. 2008*) La caisse de congés payés des professions de la production cinématographique et audiovisuelle et des spectacles, les institutions des régimes complémentaires de retraite de ces professions et les organismes de sécurité sociale se communiquent les informations nécessaires à la vérification des droits des salariés et des demandeurs d'emploi, et des obligations des employeurs.

Art. L. 5427-6 Un décret en Conseil d'État, pris après avis de la Commission nationale de l'informatique et des libertés, détermine les conditions d'application des articles L. 5427-1 à L. 5427-5. — *[Anc. art. L. 351-21, al. 6.]* — V. Décr. n° 2004-1332 du 6 déc. 2004 (JO 8 déc.).

SECTION 2 Gestion confiée à un établissement public en l'absence de convention

Art. L. 5427-7 En l'absence de la convention prévue au (*L. n° 2008-126 du 13 févr. 2008*) « premier » alinéa de l'article L. 5427-1, un établissement public national à caractère administratif exerce les compétences définies au (*L. n° 2008-126 du 13 févr. 2008*) « premier » alinéa de cet article.

Les missions nécessaires à l'exercice de ces compétences peuvent être confiées, en tout ou partie, à un ou des organismes ayant conclu avec l'établissement public une convention délibérée par le conseil d'administration et approuvée dans les conditions déterminées par décret.

Le décret portant création de l'établissement public détermine, en outre, l'ensemble des règles d'organisation et de fonctionnement nécessaires à l'application du présent article. — *[Anc. art. L. 351-22, al. 1ᵉʳ, 2 et 6.]*

V. art. D. 5427-2 s.

Art. L. 5427-8 Le conseil d'administration de l'établissement public mentionné par l'article L. 5427-7 comprend un nombre égal de représentants des travailleurs et des employeurs, désignés par le ministre chargé de l'emploi sur proposition des organisations syndicales représentatives au plan national.

Le conseil d'administration élit son président parmi ses membres. — *[Anc. art. L. 351-22, al. 3 et al. 4, phrase 1.]*

Art. L. 5427-9 Les conditions du contrôle auquel (*L. n° 2008-126 du 13 févr. 2008*) « est soumis l'organisme mentionné à l'article L. 5427-1 » sont déterminées par voie réglementaire. — *[Anc. art. L. 352-5.]*

SECTION 3 Dispositions communes

Art. L. 5427-10 Les mesures propres à assurer la sécurité et la liquidité des fonds de l' (*L. n° 2008-126 du 13 févr. 2008*) « organisme gestionnaire du régime d'assurance chômage » et de l'établissement public mentionné à l'article L. 5427-7 sont déterminées par arrêté conjoint du ministre chargé du budget et du ministre chargé de l'emploi. — *[Anc. art. L. 352-4.]*

CHAPITRE VIII DISPOSITIONS FINANCIÈRES

Art. L. 5428-1 (*L. n° 2018-771 du 5 sept. 2018, art. 64-III*) « Sous réserve des dispositions prévoyant leur incessibilité ou leur insaisissabilité, les allocations, aides ainsi que toute autre prestation versées par (*L. n° 2023-1196 du 18 déc. 2023, art. 6-I, en vigueur le 1ᵉʳ janv. 2024*) « l'opérateur France Travail » sont cessibles et saisissables dans les mêmes conditions et limites que les salaires. »

Ces prestations ainsi que (*L. n° 2013-504 du 14 juin 2013, art. 16-X*) « l'indemnité d'activité partielle, » (*L. n° 2018-771 du 5 sept. 2018, art. 64-III*) « et l'allocation de solidarité spécifique » sont exonérées de la taxe sur les salaires et des cotisations de sécurité sociale, sous réserve de l'application des dispositions des articles L. 131-2, L. 241-2, L. 242-13 et L. 711-2 du code de la sécurité sociale et de l'article L. 741-9 du code rural et de la pêche maritime.

Les règles fixées au 5 de l'article 158 du code général des impôts sont applicables.

CHAPITRE IX DISPOSITIONS PÉNALES

Art. L. 5429-1 (L. n° 2013-1203 du 23 déc. 2013, art. 86-VI-2°) Sauf constitution éventuelle du délit d'escroquerie défini et sanctionné à l'article 313-1, au 5° de l'article 313-2 et à l'article 313-3 du code pénal, le fait de bénéficier ou de tenter de bénéficier frauduleusement des allocations d'aide aux travailleurs privés d'emploi définies au présent livre *(Abrogé par L. n° 2016-1917 du 29 déc. 2016, art. 87-III, à compter du 1er sept. 2017)* « , *y compris la prime forfaitaire instituée par l'article L. 5425-3 du présent code,* » est puni des peines prévues à l'article 441-6 du code pénal. Le fait de faire obtenir frauduleusement ou de tenter de faire obtenir frauduleusement ces allocations et cette prime est puni de la même peine. – *[Anc. art. L. 365-1.]*

Art. L. 5429-2 En cas de récidive dans le délai de trois ans, l'employeur qui a indûment retenu la contribution prévue *(L. n° 2018-771 du 5 sept. 2018, art. 54-II, en vigueur le 1er janv. 2019)* « au 2° de l'article » L. 5422-9 et précomptée sur le salaire, est puni *(L. n° 2018-771 du 5 sept. 2018, art. 54-II, en vigueur le 1er janv. 2019)* « des peines prévues par l'article L. 244-6 du code de la sécurité sociale ».

Art. L. 5429-3 *Abrogé par L. n° 2013-1203 du 23 déc. 2013, art. 86-VI-4°.*

LIVRE V DISPOSITIONS RELATIVES À L'OUTRE-MER

TITRE I DISPOSITIONS GÉNÉRALES

CHAPITRE UNIQUE

Art. L. 5511-1 Les dispositions générales prévues par l'article L. 1511-1 sont également applicables aux dispositions du présent livre. – *[Anc. art. L. 800-4, al. 1er à 3.]*

TITRE II GUADELOUPE, GUYANE, MARTINIQUE, MAYOTTE, LA RÉUNION, SAINT-BARTHÉLEMY, SAINT-MARTIN ET SAINT-PIERRE-ET-MIQUELON (Ord. n° 2017-1491 du 25 oct. 2017, art. 6).

CHAPITRE I DISPOSITIONS GÉNÉRALES

Art. L. 5521-1 Les dispositions générales prévues par *(Ord. n° 2008-205 du 27 févr. 2008)* « les articles L. 1521-1 à L. 1521-4 » sont également applicables aux dispositions du présent titre.

Art. L. 5521-2 *(Ord. n° 2017-1491 du 25 oct. 2017, art. 6, en vigueur le 1er janv. 2018)* Pour l'application des articles L. 5132-11-1 et L. 5132-15-1 à Mayotte, les mots : "l'article L. 351-2 du code de la sécurité sociale" sont remplacés par les mots : "l'article 7 de l'ordonnance n° 2002-411 du 27 mars 2002 relative à la protection sanitaire et sociale à Mayotte".

CHAPITRE II DISPOSITIFS EN FAVEUR DE L'EMPLOI

SECTION 1 Aides à l'insertion, à l'accès et au retour à l'emploi

SOUS-SECTION 2 Contrat unique d'insertion

(Ord. n° 2010-686 du 24 juin 2010, art. 4)

Art. L. 5522-2 *(L. n° 2012-1189 du 26 oct. 2012, art. 8)* Pour son application *(Ord. n° 2017-1491 du 25 oct. 2017, art. 6, en vigueur le 1er janv. 2018)* « en Guadeloupe, en Guyane, en Martinique, à Mayotte, à La Réunion », à Saint-Barthélemy, à Saint-Martin et à Saint-Pierre-et-Miquelon, l'article L. 5134-19-1 est ainsi rédigé :

Art. L. 5134-19-1 Le contrat unique d'insertion est un contrat de travail conclu entre un employeur et un salarié dans les conditions prévues à la sous-section 3 des sections 2 et 5 du présent chapitre et au paragraphe 3 de la sous-section 4 de la section 1 du chapitre II du titre II du livre V, au titre duquel est attribuée une aide à l'insertion professionnelle dans les conditions prévues à la sous-section 2 des sections 2 et 5 du présent chapitre et au paragraphe 2 de la sous-section 4 de la section 1 du chapitre II du titre II du livre V. La décision d'attribution de cette aide est prise par :

1° Soit, pour le compte de l'État, l'institution mentionnée à l'article L. 5312-1, les organismes mentionnés à l'article L. 5314-1 ou, selon des modalités fixées par décret, un des organismes mentionnés au 1° bis de l'article L. 5311-4 ;

2° Soit le président du conseil général lorsque cette aide concerne un bénéficiaire du revenu de solidarité active financé par le département ;

3° Soit, pour le compte de l'État, les recteurs d'académie pour les contrats mentionnés au I de l'article L. 5134-125.

Le montant de cette aide résulte d'un taux, fixé par l'autorité administrative, appliqué au salaire minimum de croissance.

Art. L. 5522-2-1 Pour son application (*Ord. n° 2017-1491 du 25 oct. 2017, art. 6, en vigueur le 1ᵉʳ janv. 2018*) « en Guadeloupe, en Guyane, en Martinique, à Mayotte, à La Réunion », à Saint-Barthélemy, à Saint-Martin et à Saint-Pierre-et-Miquelon, l'article L. 5134-19-3 est ainsi rédigé :

Art. L. 5134-19-3 Le contrat unique d'insertion prend la forme :

1° Pour les employeurs du secteur non marchand mentionnés à l'article L. 5134-21, du contrat d'accompagnement dans l'emploi défini par la section 2 du chapitre IV du titre III du livre I de la présente partie ;

(*L. n° 2012-1189 du 26 oct. 2012, art. 8*) « 2° Pour les employeurs du secteur marchand » (*Ord. n° 2015-1578 du 3 déc. 2015, art. 1ᵉʳ*) « mentionnés à l'article L. 5134-66, du contrat initiative-emploi défini par la section 5 du même chapitre IV. »

Art. L. 5522-2-2 (*Ord. n° 2015-1578 du 3 déc. 2015, art. 1ᵉʳ*) Pour son application en Guadeloupe, en Guyane, en Martinique, (*Ord. n° 2017-1491 du 25 oct. 2017, art. 6, en vigueur le 1ᵉʳ janv. 2018*) « à Mayotte, » à La Réunion, à Saint-Barthélemy, à Saint-Martin et à Saint-Pierre-et-Miquelon, l'article L. 5134-72 est complété par deux alinéas ainsi rédigés :

"Lorsque le contrat initiative-emploi associe l'exercice d'une activité professionnelle et le bénéfice d'une formation liée à cette activité et dispensée pendant le temps de travail, l'État peut prendre en charge tout ou partie des frais engagés pour dispenser cette formation, selon des modalités déterminées par décret."

"Sauf disposition contraire, un décret en Conseil d'État détermine les modalités d'application du présent article."

Art. L. 5522-2-3 (*L. n° 2012-1189 du 26 oct. 2012, art. 8*) La section 5 du chapitre IV du titre III du livre I de la présente partie ne s'applique (*Ord. n° 2017-1491 du 25 oct. 2017, art. 6, en vigueur le 1ᵉʳ janv. 2018*) « en Guadeloupe, en Guyane, en Martinique, à Mayotte, à La Réunion », à Saint-Barthélemy, à Saint-Martin et à Saint-Pierre-et-Miquelon que dans le cadre des emplois d'avenir prévus à la section 8 du même chapitre IV.

SECTION 2 Aides à la création d'entreprise

SOUS-SECTION 1 Aide au conseil et à la formation

Art. L. 5522-21 (*Ord. n° 2017-1491 du 25 oct. 2017, art. 6, en vigueur le 1ᵉʳ janv. 2018*) « En Guadeloupe, en Guyane, en Martinique, à Mayotte, à La Réunion » (*Ord. n° 2008-205 du 27 févr. 2008*) « , à Saint-Barthélemy, à Saint-Martin » et à Saint-Pierre-et-Miquelon, pour l'application (*L. n° 2015-991 du 7 août 2015, art. 7-III*) « de l'article L. 5141-1 relatif » à la création ou à la reprise d'entreprise, l'État peut participer au financement des actions de conseil ou de formation à la gestion d'entreprise qui sont organisées avant la création ou la reprise d'entreprise et pendant trois années après.

(*L. n° 2015-991 du 7 août 2015, art. 7-III*) « Pour l'application de l'article L. 5141-5, la région ou la collectivité territoriale régie par l'article 73 de la Constitution (*L.*

n° 2017-256 du 28 févr. 2017, art. 74, en vigueur le 1ᵉʳ janv. 2018) « , la collectivité d'outre-mer de Saint-Barthélemy, celle de Saint-Martin ou celle de Saint-Pierre-et-Miquelon participent », par convention, au financement d'actions d'accompagnement et de conseil organisées avant la création ou la reprise d'une entreprise et pendant les trois années suivantes. »

Pour le financement des actions prévues au 2ᵉ al. de l'art. L. 5522-21, les collectivités territoriales visées reçoivent une compensation financière dans les conditions prévues à l'art. 133 de la L. n° 2015-991 du 7 août 2015 (L. préc., art. 7-IV).

SOUS-SECTION 2 Aide au projet initiative-jeune

(L. n° 2009-594 du 27 mai 2009, art. 51)

Art. L. 5522-22 (Ord. n° 2017-1491 du 25 oct. 2017, art. 6, en vigueur le 1ᵉʳ janv. 2018) « En Guadeloupe, en Guyane, en Martinique, à Mayotte, à La Réunion », à Saint-Barthélemy, à Saint-Martin et à Saint-Pierre-et-Miquelon, en vue de faciliter la réalisation d'un projet professionnel, les jeunes âgés de dix-huit à trente ans *(Abrogé par L. n° 2015-990 du 6 août 2015, art. 276-I)* « *ainsi que les bénéficiaires du contrat emploi-jeune arrivant au terme de leur contrat* » peuvent bénéficier d'une aide financière de l'État dénommée "aide au projet initiative-jeune". — V. art. L. 5522-8 (pén.).

Art. L. 5522-23 L'aide au projet initiative-jeune bénéficie aux jeunes qui créent ou reprennent une entreprise à but lucratif dont le siège et l'établissement principal sont situés (Ord. n° 2017-1491 du 25 oct. 2017, art. 6, en vigueur le 1ᵉʳ janv. 2018) « en Guadeloupe, en Guyane, en Martinique, à Mayotte, à La Réunion », à Saint-Barthélemy, à Saint-Martin ou à Saint-Pierre-et-Miquelon et dont ils assurent la direction effective.

Art. L. 5522-24 L'aide prévue à l'article L. 5522-23, dont le montant maximum est déterminé par décret, est versée à compter de la date de la création ou de la reprise effective de l'entreprise. — V. art. L. 5522-28 (pén.).

Art. L. 5522-25 L'aide prévue à l'article L. 5522-23 est exonérée de toutes charges sociales et fiscales. — V. art. L. 5522-28 (pén.).

Art. L. 5522-26 Les jeunes bénéficiant ou ayant bénéficié de l'aide au projet initiative-jeune au titre de la présente sous-section peuvent également bénéficier des aides à la création ou à la reprise d'entreprise prévues au titre IV du livre I de la présente partie. — V. art. L. 5522-26 (pén.).

Art. L. 5522-27 Un décret en Conseil d'État détermine les conditions d'application de la présente sous-section, notamment celles du versement, de la suspension ou de la suppression de l'aide, ainsi que celles relatives au non-cumul de cette aide avec d'autres aides publiques. — V. art. L. 5522-28 (pén.) et R. 5522-27 s.

SOUS-SECTION 3 Autres dispositions

(Ord. n° 2017-1491 du 25 oct. 2017, art. 6)

Art. L. 5522-27-1 *Abrogé par Ord. n° 2017-1491 du 25 oct. 2017, art. 32, à compter du 1ᵉʳ janv. 2022.*

Art. L. 5522-27-2 Pour l'application à Mayotte de l'article L. 5142-1, les mots : "aux articles L. 311-3 et L. 412-8" sont remplacés par les mots : "à l'article L. 412-8".

SECTION 3 Dispositions pénales

Art. L. 5522-28 Le fait de bénéficier ou de tenter de bénéficier frauduleusement de l'aide au projet initiative-jeune, en méconnaissance des dispositions des articles L. 5522-22 à L. 5522-25, est puni des peines prévues aux articles 313-1 à 313-3 du code pénal. — *[Anc. art. L. 832-6, al. 9.]*

SECTION 4 Compte personnel d'activité

(Ord. n° 2017-1491 du 25 oct. 2017, art. 6, en vigueur le 1ᵉʳ janv. 2018)

Art. L. 5522-29 (Abrogé par Ord. n° 2017-1491 du 25 oct. 2017, art. 32, à compter du 1ᵉʳ janv. 2022) *Pour l'application à Mayotte de l'article L. 5151-5, les mots : "2° Du* *compte professionnel de prévention"* sont supprimés. — *Les dispositions du présent art. sont applicables à Mayotte à compter du 1er janv. 2019 (Ord. n° 2017-1491 du 25 oct. 2017, art. 33-1°).*

CHAPITRE III DISPOSITIONS APPLICABLES À CERTAINES CATÉGORIES DE TRAVAILLEURS

Art. L. 5523-1 A l'exception des dispositions du deuxième alinéa de l'article L. 5221-7, les dispositions du titre II du livre II relatives au travailleurs étrangers sont applicables *(Ord. n° 2017-1491 du 25 oct. 2017, art. 6, en vigueur le 1er janv. 2018)* « en Guadeloupe, en Guyane, en Martinique, à Mayotte, à La Réunion ».

Art. L. 5523-2 *(L. n° 2016-274 du 7 mars 2016, art. 61)* L'autorisation de travail accordée à l'étranger est limitée au département ou à la collectivité dans lequel elle a été délivrée lorsqu'il s'agit :

1° De la carte de séjour temporaire portant la mention "vie privée et familiale" *(Ord. n° 2020-1733 du 16 déc. 2020, art. 16, en vigueur le 1er mai 2021)* « prévue aux articles L. 423-1, L. 423-7, L. 423-13, L. 423-14, L. 423-15, L. 423-21, L. 423-22, L. 423-23, L. 425-9, L. 426-5, L. 426-12 ou L. 426-13 » du code de l'entrée et du séjour des étrangers et du droit d'asile ;

2° De la carte de séjour temporaire portant la mention "stagiaire ICT (famille)" et "stagiaire mobile ICT (famille)", *(Ord. n° 2020-1733 du 16 déc. 2020, art. 16, en vigueur le 1er mai 2021)* « prévues aux articles L. 421-32 et L. 421-33 » du même code ;

3° *(Ord. n° 2020-1733 du 16 déc. 2020, art. 16, en vigueur le 1er mai 2021)* « De la carte de séjour pluriannuelle portant la mention "(L. n° 2024-42 du 26 janv. 2024, art. 30)* « talent » (famille)" prévue aux articles L. 421-22, L. 421-23 ou L. 422-13 » dudit code ;

4° De la carte de séjour pluriannuelle portant la mention "salarié détaché ICT (famille)" et "salarié détaché mobile ICT (famille)", *(Ord. n° 2020-1733 du 16 déc. 2020, art. 16, en vigueur le 1er mai 2021)* « prévues aux articles L. 421-28 et L. 421-29 » du même code ;

5° De la carte de résident *(Ord. n° 2020-1733 du 16 déc. 2020, art. 16, en vigueur le 1er mai 2021)* « prévue aux articles L. 421-12, L. 421-25, L. 423-6, L. 423-10, L. 423-11, L. 423-12, L. 423-16, L. 424-1, L. 424-3, L. 424-5, L. 424-13, L. 424-14, L. 424-21, L. 425-3, L. 426-1, L. 426-2, L. 426-3, L. 426-6, L. 426-7, L. 426-10 ou L. 426-17 ainsi que de la carte de résident délivrée en Nouvelle-Calédonie » du même code.

Art. L. 5523-3 L'autorisation de travail accordée à l'étranger lui confère le droit d'exercer, sur le territoire du département *(Ord. n° 2008-205 du 27 févr. 2008)* « ou de la collectivité », toute activité professionnelle salariée de son choix dans le cadre de la législation en vigueur. — *[Anc. art. L. 831-2, phrase 2.]*

Art. L. 5523-4 *Abrogé par L. n° 2018-771 du 5 sept. 2018, art. 67-II, à compter du 1er janv. 2020.*

Art. L. 5523-5 *(Abrogé par Ord. n° 2017-1491 du 25 oct. 2017, art. 32, à compter du 1er janv. 2022) (Ord. n° 2017-1491 du 25 oct. 2017, art. 6, en vigueur le 1er janv. 2018)* Un décret prévoit les conditions dans lesquelles les taux prévus aux articles L. 5212-2 et L. 5212-7 sont atteints à Mayotte.

Le taux fixé de manière transitoire pour l'application à Mayotte de l'article L. 5212-2 ne peut être inférieur à 2 %.

Art. L. 5523-6 *(L. n° 2018-771 du 5 sept. 2018, art. 100)* L'étranger qui entre à Saint-Pierre-et-Miquelon afin d'y exercer une activité salariée pour une durée inférieure ou égale à trois mois dans un domaine figurant sur la liste fixée par le décret pris pour l'application de l'article L. 5221-2-1 n'est pas soumis à la condition de détention de l'autorisation de travail mentionnée à l'article L. 8323-2.

OUTRE-MER   **Art. L. 5524-10**

CHAPITRE IV INDEMNISATION DES TRAVAILLEURS INVOLONTAIREMENT PRIVÉS D'EMPLOI *(Ord. n° 2017-1491 du 25 oct. 2017, art. 6).*

SECTION 1 Dispositions relatives à Mayotte
(Ord. n° 2017-1491 du 25 oct. 2017, art. 6, en vigueur le 1ᵉʳ janv. 2018)

Art. L. 5524-1 L'article L. 5411-5 n'est pas applicable à Mayotte.

Art. L. 5524-2 Pour l'application à Mayotte de l'article L. 5421-4, les mots : ″à l'article L. 161-17-2 du code de la sécurité sociale″ sont remplacés par les mots : ″au premier alinéa de l'article 6 de l'ordonnance *(L. n° 2018-771 du 5 sept. 2018, art. 63-I, en vigueur le 1ᵉʳ janv. 2019)* « n° 2002-411 du 27 mars 2002 relative à la protection sanitaire et sociale à Mayotte », les mots : ″au deuxième alinéa de l'article L. 351-1 du code de la sécurité sociale″ sont remplacés par les mots : ″au même alinéa″ et les mots : ″attribuée en application des articles L. 161-17-4, L. 351-1-1, L. 351-1-3 et L. 351-1-4 du code de la sécurité sociale et des troisième et septième alinéas du I de l'article 41 de la loi de financement de la sécurité sociale pour 1999 (n° 98-1194 du 23 décembre 1998)″ sont remplacés par les mots : ″anticipée attribuée en application de la législation sociale applicable à Mayotte″.

Art. L. 5524-3 Mayotte peut faire l'objet d'accords spécifiques conclus en application de l'article L. 5422-20 *(L. n° 2018-771 du 5 sept. 2018, art. 63-II, en vigueur le 1ᵉʳ janv. 2019)* « , dans les conditions fixées aux articles L. 5422-20-1 et L. 5422-20-2 ».

Les dispositions de la section 3 du chapitre IV du titre II du livre IV de la présente partie ne sont pas applicables à ces accords. Ces accords peuvent prévoir des règles spécifiques d'indemnisation des artistes et des techniciens intermittents du spectacle, en vue de l'alignement progressif de ces règles avec celles appliquées en métropole, en Guadeloupe, en Guyane, en Martinique, à La Réunion, à Saint-Barthélemy, à Saint-Martin et à Saint-Pierre-et-Miquelon *(L. n° 2018-771 du 5 sept. 2018, art. 63-II, en vigueur le 1ᵉʳ janv. 2019)* « , dans les conditions fixées aux articles L. 5422-20-1 et L. 5422-20-2 ».

V. Décr. n° 2019-374 du 26 avr. 2019 relatif à l'indemnisation du chômage à Mayotte (JO 28 avr.).

Art. L. 5524-4 Le taux de l'allocation de solidarité spécifique à Mayotte est revalorisé par décret, en vue de réduire la différence de taux de l'allocation avec celui appliqué, en métropole, en Guadeloupe, en Guyane, en Martinique, à La Réunion, à Saint-Barthélemy, à Saint-Martin et à Saint-Pierre-et-Miquelon.

Art. L. 5524-5 Pour l'application à Mayotte de l'article *(Ord. n° 2019-861 du 21 août 2019, art. 1ᵉʳ)* « L. 5423-7 », les mots : ″aux articles L. 821-1 et L. 821-2 du code de la sécurité sociale″ sont remplacés par les mots : ″à l'article 35 de l'ordonnance n° 2002-411 du 27 mars 2002 relative à la protection sanitaire et sociale à Mayotte″ et les mots : ″à l'article L. 821-7 du code de la sécurité sociale″ sont remplacés par les mots : ″à l'article 19 de l'ordonnance n° 2002-149 du 7 février 2002 relative à l'extension et à la généralisation des prestations familiales et de la protection sociale dans la collectivité départementale de Mayotte″.

Art. L. 5524-6 Pour l'application à Mayotte de l'article L. 5428-1, les mots : ″sous réserve de l'application des dispositions des articles L. 131-1, L. 241-2, L. 242-13 et L. 711-2 du code de la sécurité sociale″ sont remplacés par les mots : ″sous réserve des dispositions de l'article 28-7 de l'ordonnance n° 96-1122 du 20 décembre 1996 relative à l'amélioration de la santé publique, à l'assurance maladie, maternité, invalidité et décès, au financement de la sécurité sociale à Mayotte et à la caisse de sécurité sociale de Mayotte″.

SECTION 2 Autres dispositions d'adaptation *(Ord. n° 2017-1491 du 25 oct. 2017, art. 6).*

Art. L. 5524-10 Un décret en Conseil d'État apporte aux dispositions du titre II du livre IV, relatives à l'indemnisation des travailleurs *(Abrogé par L. n° 2018-771 du*

5 sept. 2018, art. 63-III, à compter du 1ᵉʳ janv. 2019) « *involontairement* » privés d'emploi, les adaptations nécessaires à leur application *(Ord. n° 2017-1491 du 25 oct. 2017, art. 6, en vigueur le 1ᵉʳ janv. 2018)* « en Guadeloupe, en Guyane, en Martinique, à Mayotte, à La Réunion » *(Ord. n° 2008-205 du 27 févr. 2008)* « , à Saint-Barthélemy, à Saint-Martin et » à Saint-Pierre-et-Miquelon. – V. art. R. 5524-1.

TITRE III MESURES DE COORDINATION AVEC LES AUTRES COLLECTIVITÉS ULTRAMARINES *(Décr. n° 2017-1491 du 25 oct. 2017, art. 6).*

CHAPITRE UNIQUE

Art. L. 5531-1 *(L. n° 2023-1196 du 18 déc. 2023, art. 6-I, en vigueur le 1ᵉʳ janv. 2024)* « L'opérateur France Travail » peut exercer ses missions à Wallis-et-Futuna et dans les Terres australes et antarctiques françaises.

SIXIÈME PARTIE LA FORMATION PROFESSIONNELLE TOUT AU LONG DE LA VIE

RÉP. TRAV. v° *Formation professionnelle continue*, par CAILLAUD.
BIBL. GÉN. ▶ AUDIBERT, *RD publ.* 1978. 141 (formation des adultes et droit public). – BARTHÉLÉMY, *Dr. soc.* 2014. 1007 (le rôle de la jurisprudence dans le droit de la formation). – BROUSSOLLE, *Dr. soc.* 1987. 50 (formation continue et service public). – CAILLAUD, *Dr. soc.* 2012. 281 (la formation continue a-t-elle remis en cause le diplôme ?). – CHAUCHARD, *ibid.* 1989. 388 (clause de dédit-formation). – CORREIA et MAGGI-GERMAIN, *ibid.* 2001. 830 (évolution de la formation professionnelle continue). – DEJEAN, *ibid.* 1998. 233 (formation et pouvoirs de l'employeur). – DEL SOL, *ibid.* 1994. 412 (droit à une formation qualifiante). – DOUGADOS et PÉLICIER-LOEVENBRUCK, *SSL* 2010, n° 1431 (numéro spécial). – DUTERTRE, *ibid.* 1982. 127 (séquences éducatives en entreprise). – FAVENNEC-HÉRY, *Dr. soc.* 2004. 866 (droit à la formation professionnelle) ; *ibid.* 2007. 1105 (sécurisation des parcours professionnels). – GAUDU, *ibid.* 1991. 419 (clause de dédit-formation). – GUILLOUX, *ibid.* 1986. 151 (négociation de branche) ; *ibid.* 1990. 818 (négociation collective et adaptation professionnelle). – GUIOMARD, *RDT* 2010. 106 (loi du 24 nov. 2009 : toilettage ou mutation de la formation professionnelle ?) ; *ibid.* 2013. 616 (sécurisation des parcours professionnels). – JUNTER-LOISEAU et GUILLOUX, *ibid.* 1979. 435 (formation continue des femmes). – KOECHLIN, *Dr. soc.* 1973. 369 ; *ibid.* 1979, n° spéc. févr. – LE GALL et BLANLUET, *ibid.* 1989. 683 (crédit d'impôt). – LUTTRINGER, *ibid.* 1981. 425 ; *ibid.* 1984. 355 (réforme du droit de la formation professionnelle) ; *ibid.* 1986. 145 (obligation de négocier la formation continue dans l'entreprise) ; *ibid.* 1987. 234 (formation et reclassement) ; *ibid.* 1991. 326 (crédit-formation) ; *ibid.* 1991. 800 (accord national interprofessionnel du 3 juill. 1991) ; *ibid.* 1994. 192 (loi du 20 déc.1993) ; *ibid.* 1994. 283 (entreprise formatrice) ; *Ét. offertes à H. Sinay*, 1994, p. 43 (formation continue et négociation collective) ; *Dr. soc.* 2013. 701 (grille de lecture pour la réforme annoncée de la formation professionnelle). – LUTTRINGER et WILLEMS, *Dr. soc.* 2010. 417 (loi du 24 nov. 2009). – A. LYON-CAEN, *Dr. soc.* 1985. 660 (congé de conversion). – MAGGI-GERMAIN, *ibid.* 2002. 334 (loi de modernisation sociale et formation professionnelle continue). – MAZAUD, *ibid.* 1978. 242 (rôle des groupements professionnels) ; *ibid.* 1994. 343 (clause pénale et clause de dédit-formation). – MONTALESCOT, *ibid.* 1984. 366 (distanciation de l'accord et de la loi). – P.-H. MOUSSERON, *ibid.* 1989. 479 (clause de dédit-formation). – MURCIER, *ibid.* 1982. 179 (droit à l'orientation professionnelle continue). – RAYNAL, *ibid.* 1977, n° spéc. févr., 56 (convention de formation). – SANTELMANN, *ibid.* 1998. 463 (formation professionnelle continue : la fin des illusions) ; *ibid.* 2000. 521 (relations État/partenaires sociaux). – SIGNORETTO, *RPDS* 1984. 339 (formation professionnelle). – TARBY, *Dr. soc.* 1994. 570 (formation et démarche « qualité ») ; *ibid.* 1995. 914 (paritarisme). – TISSIER, *ibid.* 1984. 562 (évolution de la formation professionnelle). – VINCENS, *Mél. Marty*, 1978, p. 1137 (formation et systèmes éducatifs). – M. WAGNER, *Dr. soc.* 1976. 516 (formation professionnelle des travailleurs immigrés) ; *Travail et Emploi*, 1991, n° 34 (formation professionnelle continue).

V. aussi numéros spéciaux : *Dr. soc.* 2008. 1163 s. (formation professionnelle : les nouveaux chantiers). – *ibid.* 2016. 972 (mutations de la formation professionnelle). – *ibid.* 2021. 772 (la formation professionnelle : 1971-2021).

▶ **Loi du 5 mars 2014** : Numéro spécial : *Cahiers de droit de l'entreprise* 2014, n° 3 (la formation professionnelle : une réforme de plus ?).

FORMATION PROFESSIONNELLE

▶ Beauvois, *Dr. soc.* 2014. 992 (la formation des demandeurs d'emploi, enjeu de la réforme de la formation professionnelle ?). – Boterdael, *Dr. soc.* 2014. 1013 (caractéristiques de la négociation collective de branche en matière de formation professionnelle). – Caillaud, *Dr. soc.* 2014. 1000 (un « droit à la qualification » enfin effectif ?). – Dubar, Nasser et Issehnane, *RDT* 2014. *Controverse* 380 (la loi du 5 mars 2014, un nouveau souffle pour la formation professionnelle ?). – Seiler, *Dr. soc.* 2014. 1020 (la négociation collective d'entreprise sur la formation : enjeux juridiques et stratégiques).

▶ **Loi du 8 août 2016 :** Pagnerre, *JCP S* 2017. 1308.

▶ **Loi pour la liberté de choisir son avenir professionnel du 5 septembre 2018 :** Dougados et Poyau, *JCP S* 2018. 1302. – Guiomard, *RDT* 2018. 589 (loi du 5 septembre 2018 et rôle des partenaires sociaux). – Pagnerre et Dougados, *Dr. soc.* 2019. 250 (présentation des décrets d'application). – Tournaux, *RDT* 2018. 671 . – Willmann et Abherve, *RDT* 2018. *Controverse* 564 (réforme du compte personnel de formation et accès à la formation).

▶ **Travailleurs non salariés :** Larrazet, *RDT* 2022. 163 (formation professionnelle des travailleurs non salariés).

COMMENTAIRE

V. sur le Code en ligne.

LIVRE I PRINCIPES GÉNÉRAUX ET ORGANISATION INSTITUTIONNELLE DE LA FORMATION ET DE L'ORIENTATION PROFESSIONNELLES *(L. n° 2014-288 du 5 mars 2014, art. 22-I).*

TITRE I PRINCIPES GÉNÉRAUX

CHAPITRE I OBJECTIFS ET CONTENU DE LA FORMATION ET DE L'ORIENTATION PROFESSIONNELLES *(L. n° 2014-288 du 5 mars 2014, art. 22-II).*

SECTION 1 La formation professionnelle tout au long de la vie

(L. n° 2014-288 du 5 mars 2014, art. 22-II)

Art. L. 6111-1 La formation professionnelle tout au long de la vie constitue une obligation nationale. *(L. n° 2009-1437 du 24 nov. 2009)* « Elle vise à permettre à chaque personne, indépendamment de son statut, d'acquérir et d'actualiser des connaissances et des compétences favorisant son évolution professionnelle, ainsi que de progresser d'au moins un niveau de qualification au cours de sa vie professionnelle. *(L. n° 2013-504 du 14 juin 2013, art. 5-I)* « Elle constitue un élément déterminant de sécurisation des parcours professionnels et de la promotion des salariés. » Une stratégie nationale coordonnée est définie et mise en œuvre par l'État, les régions et les partenaires sociaux » *(L. n° 2014-288 du 5 mars 2014, art. 24-II)* « , dans les conditions prévues au 2° de l'article L. 6123-1. Cette stratégie est déclinée dans chaque région dans le cadre du comité régional de l'emploi, de la formation et de l'orientation professionnelles ».

Elle comporte une formation initiale, comprenant notamment l'apprentissage, et des formations ultérieures, qui constituent la formation professionnelle continue, destinées aux adultes et aux jeunes déjà engagés dans la vie active ou qui s'y engagent.

En outre, toute personne *(Abrogé par L. n° 2022-1598 du 21 déc. 2022, art. 10)* « *engagée dans la vie active* » est en droit de faire valider les acquis de son expérience, notamment professionnelle *(Abrogé par L. n° 2022-1598 du 21 déc. 2022, art. 10)* « *, liée à l'exercice d'un mandat d'élu au sein d'une collectivité territoriale ou liée à l'exercice de responsabilités syndicales* ».

(L. n° 2013-504 du 14 juin 2013, art. 5-I) « Afin de favoriser son accès à la formation professionnelle tout au long de la vie, chaque personne dispose dès son entrée sur le marché du travail *(L. n° 2014-288 du 5 mars 2014, art. 1er-I)* « et jusqu'à la retraite », indépendamment de son statut, d'un compte personnel de formation *(L.*

n° 2014-288 du 5 mars 2014, art. 1ᵉʳ-I) « qui contribue à l'acquisition d'un premier niveau de qualification ou au développement de ses compétences et de ses qualifications en lui permettant, à son initiative, de bénéficier de formations ».

(L. n° 2013-504 du 14 juin 2013, art. 5-I) « Peuvent être mobilisés en complément du compte les autres dispositifs de formation auxquels son titulaire peut prétendre. »

BIBL. ▶ DERUE, SSL 2013, n° 1570, p. 5 (sécurisation des parcours professionnels). – MAGGI-GERMAIN, Dr. soc. 2013. 687 ⌀ (compte personnel de formation). – NDJOKO, Dr. soc. 2022. 811 ⌀ (validation ou valorisation de l'expérience syndicale).

Art. L. 6111-2 (L. n° 2009-1437 du 24 nov. 2009) « Les connaissances et les compétences mentionnées au premier alinéa de l'article L. 6111-1 prennent appui sur le socle mentionné à l'article L. 122-1-1 du code de l'éducation, qu'elles développent et complètent. »

(L. n° 2017-86 du 27 janv. 2017, art. 157-1°) « Les actions de lutte contre l'illettrisme et en faveur de l'apprentissage et de l'amélioration de la maîtrise de la langue française ainsi que des compétences numériques font partie de la formation professionnelle tout au long de la vie. Tous les services publics, les collectivités territoriales et leurs groupements, les entreprises et leurs institutions sociales, les associations et les organisations syndicales et professionnelles concourent à l'élaboration et la mise en œuvre de ces actions dans leurs domaines d'action respectifs. »

SECTION 2 L'orientation professionnelle tout au long de la vie

(L. n° 2014-288 du 5 mars 2014, art. 22-II)

Art. L. 6111-3 (L. n° 2009-1437 du 24 nov. 2009) (L. n° 2017-86 du 27 janv. 2017, art. 54-II) « I. — » Toute personne dispose du droit à être informée, conseillée et accompagnée en matière d'orientation professionnelle, au titre du droit à l'éducation garanti à chacun par l'article L. 111-1 du code de l'éducation.

Le service public de l'orientation tout au long de la vie (L. n° 2014-288 du 5 mars 2014, art. 22-II) « garantit » à toute personne l'accès à une information gratuite, complète et objective sur les métiers, les formations, les certifications, les débouchés et les niveaux de rémunération, ainsi que l'accès à des services de conseil et d'accompagnement en orientation de qualité et organisés en réseaux. (L. n° 2014-288 du 5 mars 2014, art. 22-II) « Il concourt à la mixité professionnelle en luttant contre les stéréotypes de genre.

« L'État et les régions assurent le service public de l'orientation tout au long de la vie (L. n° 2017-86 du 27 janv. 2017, art. 54-II) « et garantissent à tous les jeunes l'accès à une information généraliste, objective, fiable et de qualité ayant trait à tous les aspects de leur vie quotidienne ».

« L'État définit, au niveau national, la politique d'orientation des élèves et des étudiants dans les établissements scolaires et les établissements d'enseignement supérieur. Avec l'appui, notamment, des centres publics d'orientation scolaire et professionnelle et des services communs internes aux universités chargés de l'accueil, de l'information et de l'orientation des étudiants mentionnées, respectivement, aux articles L. 313-5 et L. 714-1 du même code, il met en œuvre cette politique dans ces établissements scolaires et d'enseignement supérieur et délivre à cet effet l'information nécessaire sur toutes les voies de formation aux élèves et aux étudiants (L. n° 2018-771 du 5 sept. 2018, art. 18-I) « ainsi que l'accompagnement utile aux élèves, étudiants ou apprentis pour trouver leur voie de formation.

« La région organise des actions d'information sur les métiers et les formations aux niveaux régional, national et européen ainsi que sur la mixité des métiers et l'égalité professionnelle entre les femmes et les hommes en direction des élèves et de leurs familles, des apprentis ainsi que des étudiants, notamment dans les établissements scolaires et universitaires. Lorsque ces actions ont lieu dans un établissement scolaire, elles sont organisées en coordination avec les psychologues de l'éducation nationale et les enseignants volontaires formés à cet effet. Pour garantir l'unité du service public de l'orientation et favoriser l'égalité d'accès de l'ensemble des élèves, des apprentis et des étudiants à cette information sur les métiers et les formations, un cadre national de référence est établi conjointement entre l'État et les régions. Il précise les rôles respectifs de l'État et des régions et les principes guidant l'intervention des régions dans les établissements. » *(L. n° 2014-288 du 5 mars 2014, art. 22-II)* « La région coordonne les actions des autres organismes participant au service public régional de l'orientation et met en place un réseau de centres de conseil sur la validation des acquis de l'expérience. *(L. n° 2018-771 du 5 sept. 2018, art. 18-I)* « Avec le concours de l'établissement public national mentionné à l'article L. 313-6 dudit code, elle élabore la documentation de portée régionale sur les enseignements et les professions et, en lien avec les services de l'État, diffuse l'information et la met à disposition des établissements de l'enseignement scolaire et supérieur, selon des modalités fixées par décret. »

« Les organismes mentionnés *(L. n° 2018-771 du 5 sept. 2018, art. 3-I)* « à l'avant-dernier » alinéa de l'article L. 6111-6 du présent code ainsi que les organismes consulaires participent au service public régional de l'orientation.

« Une convention annuelle conclue entre l'État et la région dans le cadre du contrat de plan régional de développement des formations et de l'orientation professionnelles prévu au I de l'article L. 214-13 du code de l'éducation détermine les conditions dans lesquelles l'État et la région coordonnent l'exercice de leurs compétences respectives dans la région. »

(L. n° 2017-86 du 27 janv. 2017, art. 54-II) « II. — La région coordonne également, de manière complémentaire avec le service public régional de l'orientation et sous réserve des missions de l'État, les initiatives des collectivités territoriales, des établissements publics de coopération intercommunale et des personnes morales, dont une ou plusieurs structures d'information des jeunes sont labellisées par l'État dans les conditions et selon les modalités prévues par décret. Ces structures visent à garantir à tous les jeunes l'accès à une information généraliste, objective, fiable et de qualité touchant tous les domaines de leur vie quotidienne. »

(L. n° 2018-771 du 5 sept. 2018, art. 18-I) « La région établit annuellement un rapport publié rendant compte des actions mises en œuvre par les structures en charge de l'orientation professionnelle et garantissant la qualité de l'information disponible auprès des jeunes, notamment en termes de lutte contre les stéréotypes et les classifications sexistes. »

Art. L. 6111-4 *(L. n° 2009-1437 du 24 nov. 2009)* Il est créé un service dématérialisé gratuit et accessible à toute personne, lui permettant :

1° De disposer d'une première information et d'un premier conseil personnalisé en matière d'orientation et de formation professionnelles ;

2° D'être orientée vers les structures susceptibles de lui fournir les informations et les conseils nécessaires à sa bonne orientation professionnelle.

Une convention peut être conclue entre l'État, les régions et le fonds visé à l'article L. 6332-18 pour concourir au financement de ce service.

Sur le service dématérialisé gratuit favorisant le développement de la formation en alternance, V. L. n° 2011-893 du 28 juill. 2011, art. 4.

Art. L. 6111-5 *(L. n° 2014-288 du 5 mars 2014, art. 22-II)* « Sur le fondement de normes de qualité élaborées par la région à partir d'un cahier des charges qu'elle arrête, peuvent être reconnus comme participant au service public régional de l'orientation tout au long de la vie les organismes qui proposent à toute personne un ensemble de services lui permettant : »

1° De disposer d'une information exhaustive et objective sur les métiers, les compétences et les qualifications nécessaires pour les exercer, les dispositifs de formation et de certification, ainsi que les organismes de formation et les labels de qualité dont ceux-ci bénéficient ;

(L. n° 2017-86 du 27 janv. 2017, art. 54-II-2°) « 2° S'agissant des jeunes de seize ans à trente ans, de disposer d'une information sur l'accès aux droits sociaux et aux loisirs ;

« 3° » De bénéficier de conseils personnalisés afin de pouvoir choisir en connaissance de cause un métier, une formation ou une certification adapté à ses aspirations, à ses aptitudes et aux perspectives professionnelles liées aux besoins prévisibles de la société, de l'économie et de l'aménagement du territoire, lorsque le métier, la formation ou la certification envisagé fait l'objet d'un service d'orientation ou d'accompagnement spécifique assuré par un autre organisme, d'être orientée de manière pertinente vers cet organisme.

SECTION 3 Le conseil en évolution professionnelle

(L. n° 2014-288 du 5 mars 2014, art. 22-II)

BIBL. ▶ Dole, *Dr. soc.* 2014. 986 ⌀ (le conseil en évolution professionnelle : nouvel espace public de construction de projet).

Art. L. 6111-6 (*L. n° 2018-771 du 5 sept. 2018, art. 3-I*) Toute personne peut bénéficier tout au long de sa vie professionnelle d'un conseil en évolution professionnelle, dont l'objectif est de favoriser l'évolution et la sécurisation de son parcours professionnel.

Le conseil est gratuit et est mis en œuvre dans le cadre du service public régional de l'orientation mentionné à l'article L. 6111-3. L'opérateur du conseil en évolution professionnelle accompagne la personne dans la formalisation et la mise en œuvre de ses projets d'évolution professionnelle, en lien avec les besoins économiques et sociaux existants et prévisibles dans les territoires. Il facilite l'accès à la formation, en identifiant les compétences de la personne, les qualifications et les formations répondant aux besoins qu'elle exprime ainsi que les financements disponibles.

Il accompagne les salariés dans le cadre de leurs projets de transition professionnelle prévus à l'article L. 6323-17-1.

L'offre de service du conseil en évolution professionnelle est définie par un cahier des charges arrêté par le ministre chargé de la formation professionnelle. – *V. Arr. du 29 mars 2019, NOR : MTRD1909505A (JO 30 mars).*

Sous réserve de l'article L. 6111-6-1, le conseil en évolution professionnelle est assuré par les institutions et organismes mentionnés au 1° *bis* de l'article L. 5311-4 et à l'article L. 5314-1, par (*L. n° 2023-1196 du 18 déc. 2023, art. 6-I, en vigueur le 1ᵉʳ janv. 2024*) « l'opérateur France Travail », par l'institution chargée de l'amélioration du fonctionnement du marché de l'emploi des cadres créée par l'accord national interprofessionnel du 12 juillet 2011 relatif à l'Association pour l'emploi des cadres ainsi que par les opérateurs désignés au titre du 4° de l'article L. 6123-5, après avis du bureau du comité régional de l'emploi, de l'orientation et de la formation professionnelles mentionnée à l'article L. 6123-3. Les opérateurs régionaux sont financés par France compétences et sélectionnés (*Ord. n° 2019-861 du 21 août 2019, art. 1ᵉʳ*) « par un marché public ».

Ces institutions, organismes et opérateurs assurent l'information directe des personnes sur les modalités d'accès à ce conseil et sur son contenu, selon des modalités définies par voie réglementaire. – *V. art. R. 6111-5 s.*

Art. L. 6111-6-1 (*L. n° 2018-771 du 5 sept. 2018, art. 3-I, en vigueur le 1ᵉʳ janv. 2019*) Les organismes chargés du conseil en évolution professionnelle partagent les données relatives à leur activité de conseil dans les conditions prévues à l'article L. 6353-10.

Ceux d'entre eux qui ne remplissent pas cette obligation perdent le bénéfice des dispositions mentionnées à l'article L. 6111-6, dans des conditions précisées par décret en Conseil d'État.

SECTION 4 Supports d'information

(L. n° 2014-288 du 5 mars 2014, art. 22-II)

Art. L. 6111-7 (*L. n° 2018-771 du 5 sept. 2018, art. 1ᵉʳ-III, en vigueur le 1ᵉʳ janv. 2019*) Les informations relatives à l'offre de formation, définies par un arrêté du ministre chargé de la formation professionnelle, sont collectées au sein d'un système d'information national géré par la Caisse des dépôts et consignations, dont les conditions de mise en œuvre sont précisées par décret.

Ce système est alimenté par :

1° Les organismes mentionnés à l'article L. 6316-1 ;

2° Les prestataires d'actions mentionnés à l'article L. 6351-1.

France compétences communique à la Caisse des dépôts et consignations la liste des opérateurs du conseil en évolution professionnelle qu'elle finance.

Ce système d'information identifie les formations éligibles au compte personnel de formation mentionnées à l'article L. 6323-6. Ce système d'information national est publié en ligne, dans un standard ouvert aisément réutilisable.

Art. L. 6111-8 (L. n° 2018-771 du 5 sept. 2018, art. 24-I, en vigueur le 1ᵉʳ janv. 2019) Chaque année, pour chaque centre de formation d'apprentis et pour chaque lycée professionnel, sont rendus publics quand leur effectifs concernés sont suffisants :
 1° Le taux d'obtention des diplômes ou titres professionnels ;
 2° Le taux de poursuite d'études ;
 3° Le taux d'interruption en cours de formation ;
 4° Le taux d'insertion professionnelle des sortants de l'établissement concerné, à la suite des formations dispensées ;
 5° La valeur ajoutée de l'établissement.
 Pour chaque centre de formation d'apprentis, est également rendu public chaque année le taux de rupture des contrats d'apprentissage conclus.
 Les modalités de diffusion des informations publiées sont déterminées par arrêté conjoint des ministres chargés de la formation professionnelle et de l'éducation nationale.

CHAPITRE II ÉGALITÉ D'ACCÈS À LA FORMATION

SECTION 1 Égalité d'accès entre les femmes et les hommes

Art. L. 6112-1 Pour l'application de la présente partie, aucune distinction entre les femmes et les hommes ne peut être faite.

Art. L. 6112-2 Le principe de non-discrimination énoncé à l'article L. 6112-1 ne fait pas obstacle à l'intervention, à titre transitoire, par voie réglementaire ou conventionnelle, de mesures prises au seul bénéfice des femmes en vue d'établir l'égalité des chances entre les femmes et les hommes en matière de formation.
 Ces mesures sont destinées notamment à corriger les déséquilibres constatés au détriment des femmes dans la répartition des femmes et des hommes dans les actions de formation et à favoriser l'accès à la formation des femmes souhaitant reprendre une activité professionnelle interrompue pour des motifs familiaux. – [Anc. art. L. 900-5, al. 2.]

SECTION 2 Égalité d'accès des personnes handicapées et assimilées

Art. L. 6112-3 Les personnes handicapées et assimilées, mentionnées à l'article L. 5212-13, ont accès à l'ensemble des dispositifs de formation prévus dans la présente partie dans le respect du principe d'égalité de traitement, en prenant les mesures appropriées.
 Elles bénéficient, le cas échéant, d'actions spécifiques de formation ayant pour objet de permettre leur insertion ou leur réinsertion professionnelle ainsi que leur maintien dans l'emploi, de favoriser le développement de leurs compétences et l'accès aux différents niveaux de la qualification professionnelle et de contribuer au développement économique et culturel et à la promotion sociale.
 (L. n° 2013-504 du 14 juin 2013, art. 5-II) « La stratégie nationale définie à l'article L. 6111-1 comporte un volet consacré à l'accès et au développement de la formation professionnelle des personnes en situation de handicap. »

SECTION 3 Égalité d'accès des représentants du personnel et des délégués syndicaux

(L. n° 2015-994 du 17 août 2015, art. 5-I)

Art. L. 6112-4 Les ministres chargés du travail et de la formation professionnelle établissent une liste des compétences correspondant à l'exercice d'un mandat de représentant du personnel ou d'un mandat syndical. Après avis de la (L. n° 2018-771 du 5 sept. 2018, art. 45-I, en vigueur le 1ᵉʳ janv. 2019) « commission de France compétences en charge de la certification professionnelle », ces compétences font l'objet d'une certification inscrite (L. n° 2018-771 du 5 sept. 2018, art. 45-I, en vigueur le 1ᵉʳ janv. 2019) « au répertoire spécifique mentionné à l'article L. 6113-6 ». La certification est enregistrée en blocs de compétences qui permettent d'obtenir des dispenses dans le cadre notamment d'une démarche de validation des acquis de l'expérience permettant, le cas échéant, l'obtention d'une autre certification.

Un recensement des certifications ou parties de certification comportant ces compétences et enregistrées au répertoire national des certifications professionnelles est annexé à la liste mentionnée au premier alinéa du présent article.

V. Arr. du 18 juin 2018 portant création de la certification relative aux compétences acquises dans l'exercice d'un mandat de représentant du personnel ou d'un mandat syndical (JO 26 juin, NOR : MTRD1816141A).

V. Arr. du 18 juin 2018 fixant les modalités d'équivalence entre la certification relative aux compétences acquises dans l'exercice d'un mandat de représentant du personnel ou d'un mandat syndical et plusieurs titres professionnels du ministère chargé de l'emploi (JO 26 juin, NOR : MTRD1816142A) et Arr. du 19 janv. 2022 portant renouvellement de la certification relative aux compétences acquises dans l'exercice d'un mandat de représentant du personnel ou d'un mandat syndical (JO 22 janv., NOR : MTRD2133311A), mod. par Arr. du 1er juin 2022, NOR : MTRD22156733A (JO 16 juin).

V. Instr. DGEFP/MPCP/2019/15 du 22 janv. 2019 relative au déploiement national de la certification relative aux compétences acquises dans l'exercice d'un mandat de représentant du personnel ou d'un mandat syndical (NOR : MTRD1902492J).

CHAPITRE III LA CERTIFICATION PROFESSIONNELLE

(L. n° 2018-771 du 5 sept. 2018, art. 31-I)

SECTION 1 Principes généraux

Art. L. 6113-1 Un répertoire national des certifications professionnelles est établi et actualisé par l'institution nationale dénommée France compétences mentionnée à l'article L. 6123-5.

Les certifications professionnelles enregistrées *(Ord. n° 2019-861 du 21 août 2019, art. 1er)* « dans le répertoire national » des certifications professionnelles permettent une validation des compétences et des connaissances acquises nécessaires à l'exercice d'activités professionnelles. Elles sont définies notamment par un référentiel d'activités qui décrit les situations de travail et les activités exercées, les métiers ou emplois visés, un référentiel de compétences qui identifie les compétences et les connaissances, y compris transversales, qui en découlent et un référentiel d'évaluation qui définit les critères et les modalités d'évaluation des acquis.

Les certifications professionnelles sont classées par niveau de qualification et domaine d'activité. La classification par niveau de qualification est établie selon un cadre national des certifications *(Ord. n° 2019-861 du 21 août 2019, art. 1er)* « professionnelles » défini par décret qui détermine les critères de gradation des compétences au regard des emplois et des correspondances possibles avec les certifications des États appartenant à l'Union européenne.

Les certifications professionnelles sont constituées de blocs de compétences, ensembles homogènes et cohérents de compétences contribuant à l'exercice autonome d'une activité professionnelle et pouvant être évaluées et validées.

V. art. D. 6113-18 s.

Par dérogation à ces dispositions et jusqu'à l'échéance de leur enregistrement, les certificats de qualification professionnelle enregistrés, au 1er janv. 2019, au répertoire national des certifications professionnelles ne sont pas classés par niveau de qualification (L. n° 2018-771 du 5 sept. 2018, art. 31-IV).

Art. L. 6113-2 Les ministères, les commissions paritaires nationales de l'emploi de branches professionnelles, les organismes et les instances à l'origine de l'enregistrement d'une ou plusieurs certifications professionnelles enregistrées *(Ord. n° 2019-861 du 21 août 2019, art. 1er)* « dans le répertoire national » des certifications professionnelles ou d'une ou plusieurs certifications ou habilitations enregistrées *(Ord. n° 2019-861 du 21 août 2019, art. 1er)* « dans le répertoire spécifique » mentionné à l'article L. 6113-6 sont dénommés ministères et organismes certificateurs.

SECTION 2 Diplômes et titres à finalité professionnelle et certificats de qualification professionnelle

Art. L. 6113-3 I. — Des commissions professionnelles consultatives ministérielles, composées au moins pour moitié de représentants d'organisations syndicales de salariés représentatives au niveau national et interprofessionnel et d'organisations professionnelles d'employeurs représentatives *(Ord. n° 2019-861 du 21 août 2019, art. 1ᵉʳ)* « au niveau national et interprofessionnel ou au niveau national et multiprofessionnel », peuvent être créées afin d'examiner les projets de création, de révision ou de suppression de diplômes et titres à finalité professionnelle et de leurs référentiels, à l'exception des diplômes de l'enseignement supérieur régis par les articles L. 613-1, L. 641-4 et L. 641-5 du code de l'éducation. La composition, les règles d'organisation et les règles de fonctionnement de ces commissions sont fixées par décret en Conseil d'État. – *V. Décr. n° 2019-958 du 13 sept. 2019 (JO 15 sept.), mod. par Décr. n° 2022-4 du 4 janv. 2022 (JO 5 janv.).*

Les projets de création, de révision ou de suppression de diplômes de l'enseignement supérieur à finalité professionnelle régis par les mêmes articles L. 613-1, L. 641-4 et L. 641-5 font l'objet d'une concertation spécifique, selon des modalités fixées par voie réglementaire, avec les organisations syndicales de salariés représentatives au niveau national et interprofessionnel et les organisations professionnelles d'employeurs représentatives *(Ord. n° 2019-861 du 21 août 2019, art. 1ᵉʳ)* « au niveau national et interprofessionnel ou au niveau national et multiprofessionnel ».

II. – La création, la révision ou la suppression de diplômes et titres à finalité professionnelle et de leurs référentiels, à l'exception des modalités de mise en œuvre de l'évaluation des compétences et connaissances en vue de la délivrance de ces diplômes et titres, est décidée après avis conforme des commissions professionnelles consultatives ministérielles.

Lorsque la décision porte sur un diplôme ou titre à finalité professionnelle requis pour l'exercice d'une profession en application d'une *(Ord. n° 2019-861 du 21 août 2019, art. 1ᵉʳ)* « norme » internationale ou d'une *(Ord. n° 2019-861 du 21 août 2019, art. 1ᵉʳ)* « disposition législative ou réglementaire », la commission professionnelle consultative ministérielle compétente émet un avis simple.

Les avis rendus, avant le 1ᵉʳ janv. 2019, par les commissions professionnelles consultatives ministérielles sur les projets de création, de révision ou de suppression de diplômes et titres à finalité professionnelle constituent des avis au sens des dispositions du II de l'art. L. 6113-3 (Décr. n° 2018-1172 du 18 déc. 2018, art. 3).

V. art. R. 6113-21 s.

Art. L. 6113-4 Les certificats de qualification professionnelle sont établis par une ou plusieurs commissions paritaires nationales de l'emploi de branche professionnelle.

Ces commissions déterminent à l'occasion de la création de cette certification professionnelle la personne morale détentrice des droits de sa propriété intellectuelle. Elles peuvent, dans les mêmes formes et à tout moment, désigner une nouvelle personne morale qui se substitue à la précédente détentrice des droits de propriété de ce certificat.

Ces certificats sont transmis à France compétences et à la Caisse des dépôts et consignations.

Ils peuvent faire l'objet d'une demande d'enregistrement *(Ord. n° 2019-861 du 21 août 2019, art. 1ᵉʳ)* « dans le répertoire national » des certifications professionnelles dans les conditions prévues à l'article L. 6113-5 ou *(Ord. n° 2019-861 du 21 août 2019, art. 1ᵉʳ)* « dans le répertoire spécifique » prévu à l'article L. 6113-6 dans les conditions prévues au même article L. 6113-6.

SECTION 3 **Enregistrement dans les répertoires nationaux** *(Ord. n° 2019-861 du 21 août 2019, art. 1ᵉʳ).*

Art. L. 6113-5 I. – Sont enregistrés par France compétences, pour une durée *(Ord. n° 2019-861 du 21 août 2019, art. 1ᵉʳ)* « maximale » de cinq ans, *(Ord. n° 2019-861 du 21 août 2019, art. 1ᵉʳ)* « dans le répertoire national » des certifications professionnelles les diplômes et titres à finalité professionnelle délivrés au nom de l'État créés par décret et organisés par arrêté des ministres compétents, après avis des commissions professionnelles consultatives ministérielles compétentes rendu dans les conditions prévues au II de l'article L. 6113-3, ainsi que ceux délivrés au nom de l'État prévus aux articles L. 613-1, L. 641-4 et L. 641-5 du code de l'éducation.

II. — Sont enregistrés par France compétences, pour une durée maximale de cinq ans, *(Ord. n° 2019-861 du 21 août 2019, art. 1ᵉʳ)* « dans le répertoire national » des certifications professionnelles, sur demande des ministères et organismes certificateurs les ayant créés et après avis conforme de la commission de France compétences en charge de la certification professionnelle, les diplômes et titres à finalité professionnelle ne relevant pas du I et les certificats de qualification professionnelle.

Un décret en Conseil d'État définit les modalités d'enregistrement des titres, diplômes et certificats mentionnés au I et au présent II ainsi que les conditions simplifiées d'enregistrement des certifications professionnelles portant sur des métiers *(Abrogé par Ord. n° 2019-861 du 21 août 2019, art. 1ᵉʳ)* « *et compétences* » identifiés par la commission de France compétences en charge de la certification professionnelle comme particulièrement en évolution ou en émergence. — *V. art. R. 6113-8 s.*

V. Arr. du 4 janv. 2019 fixant les informations permettant l'enregistrement d'une certification professionnelle ou d'une certification ou habilitation dans les répertoires nationaux au titre des procédures prévues aux art. L. 6113-5 et L. 6113-6 C. trav., NFOR : MTRD1835660A (JO 15 janv.).

Les diplômes et titres à finalité professionnelle mentionnés au I de l'art. L. 6113-5 enregistrés au répertoire national des certifications professionnelles au 1ᵉʳ janv. 2019 le demeurent jusqu'au 1ᵉʳ janv. 2024 au plus tard (L. n° 2018-771 du 5 sept. 2018, art. 31-III).

Art. L. 6113-6 Sont enregistrées pour une durée maximale de cinq ans, dans un répertoire spécifique établi par France compétences, sur demande des ministères et organismes certificateurs les ayant créées et après avis conforme de la commission de France compétences en charge de la certification professionnelle, les certifications et habilitations correspondant à des compétences professionnelles complémentaires aux certifications professionnelles. Ces certifications et habilitations peuvent, le cas échéant, faire l'objet de correspondances avec des blocs de compétences de certifications professionnelles.

(Ord. n° 2019-861 du 21 août 2019, art. 1ᵉʳ) « Les certifications et habilitations établies par l'État requises pour l'exercice d'une profession ou une activité sur le territoire national en application d'une norme internationale ou d'une disposition législative ou réglementaire sont enregistrées de droit dans le répertoire spécifique. »

V. art. R. 6113-1 s.

Art. L. 6113-7 La commission de France compétences en charge de la certification professionnelle peut adresser aux ministères et organismes certificateurs une demande tendant à la mise en place de correspondances totales ou partielles entre la certification professionnelle dont ils sont responsables *(Ord. n° 2019-861 du 21 août 2019, art. 1ᵉʳ)* « et » les certifications professionnelles équivalentes et de même niveau de qualification et leurs blocs de compétences. A défaut pour *(Ord. n° 2019-861 du 21 août 2019, art. 1ᵉʳ)* « le ministère ou » l'organisme certificateur de satisfaire cette demande, France compétences procède au retrait de la certification professionnelle délivrée par l'organisme du répertoire.

Art. L. 6113-8 Les ministères et organismes certificateurs procèdent à la communication des informations relatives aux titulaires des certifications délivrées *(L. n° 2023-1196 du 18 déc. 2023, art. 9-III)* « , y compris les données nécessaires à leur identification, dont le numéro d'inscription au répertoire national d'identification des personnes physiques, » au système d'information du compte personnel de formation prévu au II de l'article L. 6323-8, selon les modalités de mise en œuvre fixées par décret en Conseil d'État. — *V. art. R. 6113-17-1 s.*

Un décret en Conseil d'État définit les conditions dans lesquelles *(Ord. n° 2019-861 du 21 août 2019, art. 1ᵉʳ)* « France compétences » vérifie les conditions d'honorabilité professionnelle des organismes certificateurs et s'assure qu'ils ne poursuivent pas des buts autres que ceux liés à la certification professionnelle.

Art. L. 6113-9 Les personnes qui appartiennent aux promotions prises en compte dans le cadre de la procédure d'instruction pour enregistrement *(Ord. n° 2019-861 du 21 août 2019, art. 1ᵉʳ)* « dans le répertoire national » des certifications professionnelles ainsi que celles qui appartiennent à la promotion en cours et ayant obtenu la certification peuvent se prévaloir de l'inscription de cette certification *(Ord. n° 2019-861 du 21 août 2019, art. 1ᵉʳ)* « dans le répertoire national » des certifications professionnelles.

Les personnes dont la candidature a été déclarée recevable à une démarche de validation des acquis de l'expérience *(Abrogé par L. n° 2022-1598 du 21 déc. 2022, art. 10)* « *au sens de l'article L. 6412-2* » ou les personnes suivant une formation visant à l'acquisition d'une certification professionnelle en cours de validité au moment de leur entrée en formation peuvent, après obtention de la certification, se prévaloir de l'inscription de celle-ci *(Ord. n° 2019-861 du 21 août 2019, art. 1er)* « dans le répertoire national » des certifications professionnelles.

Art. L. 6113-10 Un décret en Conseil d'État détermine les modalités d'application du présent chapitre.

TITRE II RÔLE DES RÉGIONS, DE L'ÉTAT ET DES INSTITUTIONS DE LA FORMATION PROFESSIONNELLE

BIBL. ▶ Soldini, *Dr. soc.* 2014. 1045 (la consécration légale des services publics régionaux de formation professionnelle).

CHAPITRE I RÔLE DES RÉGIONS

SECTION 1 Compétences des régions

(L. n° 2014-288 du 5 mars 2014, art. 21-II)

Art. L. 6121-1 Sans préjudice des compétences de l'État en matière de formation professionnelle initiale des jeunes sous statut scolaire et universitaire et en matière de service militaire adapté prévu à l'article L. 4132-12 du code de la défense, la région est chargée de la politique régionale d'accès à la formation professionnelle des jeunes et des adultes à la recherche d'un emploi ou d'une nouvelle orientation professionnelle.

Elle assure, dans le cadre de cette compétence, les missions suivantes :

1° Conformément aux orientations précisées à l'article L. 6111-1 du présent code, elle définit et met en œuvre la politique de formation professionnelle, élabore le contrat de plan régional de développement des formations et de l'orientation professionnelles défini au I de l'article L. 214-13 du code de l'éducation et adopte la carte régionale des formations professionnelles initiales *(L. n° 2018-771 du 5 sept. 2018, art. 34-II, en vigueur le 1er janv. 2020)* « hors apprentissage » prévue au troisième alinéa de l'article L. 214-13-1 du même code ;

2° Dans le cadre du service public régional défini à l'article L. 6121-2 du présent code, elle peut accorder des aides individuelles à la formation et coordonne les interventions contribuant au financement d'actions de formation au bénéfice du public mentionné au premier alinéa du présent article ;

3° Elle conclut, avec les départements qui souhaitent contribuer au financement de formations collectives pour la mise en œuvre de leur programme départemental d'insertion prévu à l'article L. 263-1 du code de l'action sociale et des familles, une convention qui détermine l'objet, le montant et les modalités de ce financement ;

4° Elle organise l'accompagnement des jeunes et des adultes à la recherche d'un emploi qui sont candidats à la validation des acquis de l'expérience et participe à son financement. Cet accompagnement recouvre les actions d'assistance et de préparation de ces candidats *(Abrogé par L. n° 2022-1598 du 21 déc. 2022, art. 10)* « *après la recevabilité de leur dossier de candidature* ». Un décret en Conseil d'État en définit les modalités ;

5° Elle pilote la concertation sur les priorités de sa politique et sur la complémentarité des interventions en matière de formation professionnelle, notamment au sein du bureau du comité régional de l'emploi, de la formation et de l'orientation professionnelles mentionné à l'article L. 6123-3 ;

(L. n° 2018-771 du 5 sept. 2018, art. 34-II, en vigueur le 1er janv. 2020) « 6° Elle contribue à l'évaluation de la politique de formation professionnelle continue pour les jeunes et les personnes à la recherche d'un emploi ;

« 7° Elle contribue à la mise en œuvre du développement de l'apprentissage de manière équilibrée sur son territoire selon les modalités prévues à l'article L. 6211-3. »

Art. L. 6121-2 I. – La région organise et finance le service public régional de la formation professionnelle selon les principes ci-après.

Toute personne cherchant à s'insérer sur le marché du travail dispose, quel que soit son lieu de résidence, du droit d'accéder à une formation professionnelle afin d'acquérir un premier niveau de qualification, de faciliter son insertion professionnelle, sa mobilité ou sa reconversion. A cette fin, la région assure, selon des modalités définies par décret, l'accès gratuit à une formation professionnelle conduisant à un diplôme ou à un titre à finalité professionnelle classé au plus (*Ord. n° 2019-861 du 21 août 2019, art. 1er*) « au niveau 4 » et enregistré au répertoire national des certifications professionnelles prévu à l'article (*L. n° 2018-771 du 5 sept. 2018, art. 45-I*) « L. 6113-1 ».

Des conventions conclues entre les régions concernées ou, à défaut, un décret fixent les conditions de la prise en charge par la région de résidence du coût de la formation et, le cas échéant, des frais d'hébergement et de restauration d'une personne accueillie dans une autre région. – *V. art. R. 6121-9 s.*

II. – La région exerce, dans le cadre du service public régional de la formation professionnelle, les missions spécifiques suivantes :

1° En application de l'article L. 121-2 du code de l'éducation, la région contribue à la lutte contre l'illettrisme sur le territoire régional, en organisant des actions de prévention et d'acquisition d'un socle de connaissances et de compétences défini par décret ; – *V. art. D. 6113-18 s.*

2° Elle favorise l'égal accès des femmes et des hommes aux filières de formation et contribue à développer la mixité de ces dernières ;

3° Elle assure l'accès des personnes handicapées à la formation, dans les conditions fixées à l'article L. 5211-3 du présent code ;

4° Elle finance et organise la formation professionnelle des personnes sous main de justice. Une convention conclue avec l'État précise les conditions de fonctionnement du service public régional de la formation professionnelle au sein des établissements pénitentiaires ;

5° Elle finance et organise la formation professionnelle des Français établis hors de France et l'hébergement des bénéficiaires. Une convention conclue avec l'État précise les modalités de leur accès au service public régional de la formation professionnelle ;

6° Elle peut conduire des actions de sensibilisation et de promotion de la validation des acquis de l'expérience et contribuer au financement des projets collectifs mis en œuvre sur le territoire afin de favoriser l'accès à cette validation.

Concernant les établissements dans lesquels la gestion de la formation professionnelle fait l'objet d'un contrat en cours de délégation à une personne morale tierce, le 4° du II de cet art. s'applique à compter de la date d'expiration de ce contrat (L. n° 2014-288 du 5 mars 2014, art. 21-IX).

Art. L. 6121-2-1 Dans le cadre du service public régional de la formation professionnelle défini à l'article L. 6121-2 et sous réserve des compétences du département, la région peut financer des actions d'insertion et de formation professionnelle à destination des jeunes et des adultes rencontrant des difficultés d'apprentissage ou d'insertion, afin de leur permettre de bénéficier, à titre gratuit, d'un parcours individualisé comportant un accompagnement à caractère pédagogique, social ou professionnel.

A cette fin, elle peut, par voie de convention, habiliter des organismes chargés de mettre en œuvre ces actions, en contrepartie d'une juste compensation financière. L'habilitation, dont la durée ne peut pas excéder cinq ans, précise notamment les obligations de service public qui pèsent sur l'organisme.

Cette habilitation est délivrée, dans des conditions de transparence et de non-discrimination et sur la base de critères objectifs de sélection, selon une procédure définie par décret en Conseil d'État. – *V. art. R. 6121-1 s.*

SECTION 2 Coordination avec les branches professionnelles, le service public de l'emploi et le service public de l'orientation

(*L. n° 2014-288 du 5 mars 2014, art. 21-II*)

Art. L. 6121-3 *Abrogé par L. n° 2018-771 du 5 sept. 2018, art. 34-I.*

Art. L. 6121-4 (*L. n° 2018-771 du 5 sept. 2018, art. 34-II*) (*L. n° 2023-1196 du 18 déc. 2023, art. 6-I, en vigueur le 1er janv. 2024*) « L'opérateur France Travail » attribue des aides individuelles à la formation.

Lorsqu'il procède ou contribue à l'achat de formations collectives, il le fait dans le cadre d'une convention conclue avec la région, qui en précise l'objet et les modalités.

Il peut procéder ou contribuer à l'achat de formations mentionnées aux I et II de l'article L. 6122-1, dans les conditions prévues aux mêmes I et II (L. n° 2023-1196 du 18 déc. 2023, art. 8-I, en vigueur le 1er janv. 2024) « , et de formations mentionnées à l'article L. 6122-2, dans les conditions prévues au même article L. 6122-2 ».

Art. L. 6121-5 (L. n° 2018-771 du 5 sept. 2018, art. 34-II) Les prestataires mentionnés à l'article L. 6351-1 informent (L. n° 2023-1196 du 18 déc. 2023, art. 6-I, en vigueur le 1er janv. 2024) « l'opérateur France Travail » ainsi que les missions locales et les Capemploi, dans les conditions fixées par décret, de l'entrée effective en formation, de l'interruption et de la sortie effective d'une personne inscrite sur la liste des demandeurs d'emploi ou bénéficiant d'un accompagnement personnalisé au sein des structures mentionnées au présent article.

Art. L. 6121-6 (L. n° 2018-771 du 5 sept. 2018, art. 34-II, en vigueur le 1er janv. 2019) La région organise sur son territoire, en coordination avec l'État et les membres du comité régional de l'emploi, de la formation et de l'orientation professionnelles, et en lien avec les organismes de formation, la diffusion de l'information relative à l'offre de formation professionnelle continue.

Art. L. 6121-7 (L. n° 2014-288 du 5 mars 2014, art. 21-II) Un décret en Conseil d'État détermine les modalités de mise en œuvre du présent chapitre. – V. art. R. 6121-1 s.

CHAPITRE II RÔLE DE L'ÉTAT

Art. L. 6122-1 (L. n° 2016-1691 du 9 déc. 2016, art. 126) « I. – (L. n° 2023-1196 du 18 déc. 2023, art. 8-I, en vigueur le 1er janv. 2024) « Après concertation avec les régions et en tenant compte des besoins recensés par les comités mentionnés à l'article L. 6123-3, l'État, le cas échéant avec l'opérateur France Travail, » peut organiser et financer, au profit des personnes à la recherche d'un emploi, des formations dont le faible développement ou le caractère émergent justifient, temporairement ou durablement, des actions définies au niveau national pour répondre aux besoins de compétences. »

(L. n° 2023-1196 du 18 déc. 2023, art. 8-I, en vigueur le 1er janv. 2024) « II. – Pour la mise en œuvre d'un programme national défini par l'État et destiné à répondre à des besoins additionnels recensés de qualification des personnes à la recherche d'un emploi en tenant compte des besoins des entreprises, notamment de celles qui rencontrent des difficultés particulières de recrutement, l'État conclut une convention avec la région. »

(L. n° 2018-771 du 5 sept. 2018, art. 34-II) « Ce conventionnement peut être prévu dans le contrat de plan régional de développement des formations et de l'orientation professionnelles mentionné à l'article L. 214-13 du code de l'éducation.

« En l'absence de conventionnement, l'État peut organiser et financer ces actions de formation avec (L. n° 2023-1196 du 18 déc. 2023, art. 6-I, en vigueur le 1er janv. 2024) « l'opérateur France Travail » ou l'une des institutions mentionnées à l'article L. 5311-4 du présent code. Ces actions peuvent prendre notamment en compte les besoins spécifiques des quartiers prioritaires de la politique de la ville.

« III. – » Lorsque l'État contribue au financement des actions de formation professionnelle, à travers les dépenses de rémunération des stagiaires, de financement des stages ou d'investissement des centres, il conclut avec les organismes des conventions qui prennent en compte les types d'actions de formation définis à l'article L. 6313-1, les publics accueillis, les objectifs poursuivis et les résultats obtenus, notamment en matière d'insertion professionnelle. Les modalités particulières de ces conventions sont définies par décret. – V. art. D. 6122-4 s.

Lorsque ces conventions concernent des centres de formation gérés par une ou plusieurs entreprises, elles font l'objet d'une consultation du ou des (Ord. n° 2017-1386 du 22 sept. 2017, art. 4) « comités sociaux et économiques » intéressés, conformément à l'article (L. n° 2015-994 du 17 août 2015, art. 18-XIV) « L. 2323-15 ».

V. art. L. 2271-1, 10°.

Lorsque l'État met en œuvre un programme national dans les conditions définies au II de l'art. L. 6122-1, la Caisse des dépôts et consignations peut assurer la gestion administrative et financière des fonds pour le compte de l'État, de ses établissements publics ou des collectivités territoriales. Pour chaque action financée par des crédits ouverts au titre du programme national, une convention de gestion est conclue entre la Caisse des dépôts et consignations et, selon le cas, l'État, ses établissements publics ou la collectivité territoriale concernée, après avis de la commission de surveillance.

Les fonds sont déposés chez un comptable du Trésor pour le compte de l'État ou des autres organismes mentionnés ci-dessus. Les commissions chargées des finances de l'Assemblée nationale et du Sénat sont informées annuellement de la situation et des mouvements des comptes correspondants (L. n° 2018-771 du 5 sept. 2018, art. 35).

Art. L. 6122-2 (L. n° 2023-1196 du 18 déc. 2023, art. 8-I, en vigueur le 1ᵉʳ janv. 2024) Après accord de la région, l'État peut organiser et financer, avec l'opérateur France Travail, des formations réalisées exclusivement à distance au bénéfice des personnes à la recherche d'un emploi.

Art. L. 6122-3 Afin de faciliter l'accès aux fonctions de chef d'entreprise du secteur des métiers et d'assurer le perfectionnement et la qualification professionnelle des chefs d'entreprise de ce secteur et de leurs salariés, l'État concourt, dans les conditions fixées au présent titre, au financement des stages qui leur sont destinés.

En outre, l'État peut participer au financement des fonds d'assurance-formation de non-salariés prévus à l'article L. 6332-9 créés pour ce secteur professionnel. – *[Anc. art. L. 992-2.]*

Art. L. 6122-4 L'État concourt financièrement, dans le cadre de conventions conclues en application de l'article L. 6353-2, à la formation des travailleurs du secteur des métiers mentionnés à l'article L. 6122-3 du code du travail et à l'article L. 718-2-2 du code rural et de la pêche maritime, appelés à exercer des responsabilités dans des organisations syndicales ou professionnelles.

Cette formation peut être assurée par des centres créés par les organisations professionnelles ou syndicales ou reconnus par celles-ci, sous réserve que ces centres obtiennent la délivrance d'un agrément des ministères intéressés. – *[Anc. art. L. 992-3, al. 1ᵉʳ et 2.]*

CHAPITRE III COORDINATION ET RÉGULATION DES POLITIQUES DE L'EMPLOI, DE L'ORIENTATION ET DE LA FORMATION PROFESSIONNELLE (L. n° 2018-771 du 5 sept. 2018, art. 36-V).

(L. n° 2014-288 du 5 mars 2014, art. 24-I)

SECTION 1 *[ABROGÉE]* Conseil national de l'emploi, de la formation et de l'orientation professionnelles

(Abrogée par L. n° 2018-771 du 5 sept. 2018, art. 36-V, à compter du 1ᵉʳ janv. 2019)

Art. L. 6123-1 et L. 6123-2 *Abrogés par L. n° 2018-771 du 5 sept. 2018, art. 36-V.*

SECTION 2 Comité régional de l'emploi, de la formation et de l'orientation professionnelles

Art. L. 6123-3 Le comité régional de l'emploi, de la formation et de l'orientation professionnelles a pour mission d'assurer la coordination entre les acteurs des politiques d'orientation, de formation professionnelle et d'emploi et la cohérence des programmes de formation dans la région.

Il comprend le président du conseil régional, des représentants de la région (Ord. n° 2016-1562 du 21 nov. 2016, art. 24) « , ou, en Corse, le président du conseil exécutif et des conseillers à l'Assemblée de Corse élus en son sein », des représentants de l'État dans la région (Ord. n° 2016-1562 du 21 nov. 2016, art. 24) « ou en Corse, dans la collectivité, » et des représentants des organisations syndicales de salariés et des organisations professionnelles d'employeurs représentatives au niveau national et interprofessionnel ou multi-professionnel, ou intéressées, (L. n° 2023-1196 du 18 déc. 2023, art. 4-I, en vigueur à une date fixée par décret et, au plus tard, le 1ᵉʳ janv. 2025) « des représentants des départements de la région » et des chambres consulaires, ainsi que, avec voix consultative, des représentants des principaux opérateurs de l'emploi, de l'orientation et de la formation professionnelles *(L. n° 2021-1104 du 22 août 2021, art. 42-I)* « et des personnes qualifiées dans le domaine de la transition écologique. Pour chaque institution et organisation ainsi que pour la nomination des personnes qualifiées dans le domaine de la transition écologique, le principe » de parité entre les femmes et les hommes doit être respecté.

Il est présidé conjointement par le président du conseil régional et le représentant de l'État dans la région *(Ord. n° 2016-1562 du 21 nov. 2016, art. 24)* « , ou, en Corse, par le président du conseil exécutif et le représentant de l'État dans la collectivité de Corse ». La vice-présidence est assurée par un représentant des organisations professionnelles d'employeurs et par un représentant des organisations syndicales de salariés.

Il est doté d'un bureau, composé de représentants de l'État, de la région *(Ord. n° 2016-1562 du 21 nov. 2016, art. 24)* « , ou, en Corse, de la collectivité de Corse », de représentants régionaux des organisations syndicales de salariés et des organisations professionnelles d'employeurs représentatives au niveau national et interprofessionnel.

(L. n° 2015-991 du 7 août 2015, art. 6-I) « Il est doté également d'une commission chargée de la concertation relative aux politiques de l'emploi sur le territoire, qui assure la coordination des acteurs du service public de l'emploi défini à l'article L. 5311-1 en fonction de la stratégie prévue à l'article L. 6123-4-1. »

(Ord. n° 2019-861 du 21 août 2019, art. 1er) « Le bureau rend également l'avis prévu au cinquième alinéa de l'article L. 6111-6. »

Un décret en Conseil d'État précise la composition, le rôle et le fonctionnement du bureau. — *V. art. R. 6123-3 s.*

Nouvel art. L. 6123-3, al. 5 *(L. n° 2023-1196 du 18 déc. 2023, art. 4-I, en vigueur à une date fixée par décret et, au plus tard, le 1er janv. 2025)* « *Sauf dans le cas prévu au second alinéa du 1° du I de l'article L. 5311-10, il comprend le comité régional pour l'emploi. Ce comité est chargé de la concertation relative aux politiques de l'emploi dans la région, de la coordination des membres du réseau pour l'emploi défini à l'article L. 5311-7, s'agissant notamment des interventions de la région, de l'État et de l'opérateur France Travail en matière de formation professionnelle ainsi que des autres missions prévues au II de l'article L. 5311-10.* »

Art. L. 6123-4 *(Abrogé par L. n° 2023-1196 du 18 déc. 2023, art. 4-I, à compter du 1er janv. 2024) (L. n° 2015-991 du 7 août 2015, art. 6-I) Le président du conseil régional et le représentant de l'État dans la région (Ord. n° 2016-1562 du 21 nov. 2016, art. 24)* « *ou, en Corse, le président du conseil exécutif et le représentant de l'État dans la collectivité de Corse* » *signent avec (L. n° 2018-771 du 5 sept. 2018, art. 36-V)* « *Pôle emploi », les représentants régionaux des missions locales mentionnées à l'article L. 5314-1, des organismes spécialisés dans l'insertion professionnelle des personnes handicapées et des présidents de maisons de l'emploi et de structures gestionnaires de plans locaux pluriannuels pour l'insertion et l'emploi une convention régionale pluriannuelle de coordination de l'emploi, de l'orientation et de la formation.*

(L. n° 2018-771 du 5 sept. 2018, art. 36-V) « *Cette convention détermine pour chaque signataire, en cohérence avec les orientations définies par l'État et par la région dans le schéma régional de développement économique, d'innovation et d'internationalisation, avec les plans de convergence mentionnés à l'article 7 de la loi n° 2017-256 du 28 février 2017 de programmation relative à l'égalité réelle outre-mer et portant autres dispositions en matière sociale et économique, dans le respect de ses missions et, s'agissant de Pôle emploi, de la convention tripartite pluriannuelle mentionnée à l'article L. 5312-3 :* »

1° Les conditions dans lesquelles il mobilise de manière coordonnée les outils des politiques de l'emploi et de la formation professionnelle de l'État et de la région (Ord. n° 2016-1562 du 21 nov. 2016, art. 24) « *, ou, en Corse, de la collectivité de Corse », au regard de la situation locale de l'emploi et dans le cadre de la politique nationale de l'emploi ;*

2° Les conditions dans lesquelles il participe, le cas échéant, au service public régional de l'orientation ;

3° Les conditions dans lesquelles il conduit, le cas échéant, son action au sein du service public régional de la formation professionnelle ;

4° Les modalités d'évaluation des actions entreprises.

Un plan de coordination des outils qui concourent au service public de l'emploi et à la mise en œuvre de ses objectifs, visant à rationaliser et à mutualiser les interventions à l'échelle des bassins d'emploi, est inscrit dans la convention régionale pluriannuelle.

Art. L. 6123-4-1 *Abrogé par L. n° 2018-771 du 5 sept. 2018, art. 36-V.*

SECTION 3 **France compétences**

(L. n° 2018-771 du 5 sept. 2018, art. 36-V)

Art. L. 6123-5 France compétences est une institution nationale publique dotée de la personnalité morale et de l'autonomie financière. Elle a pour mission :

1° De verser aux opérateurs de compétences mentionnés à l'article L. 6332-1 des fonds pour un financement complémentaire des contrats d'apprentissage et de professionnalisation et des reconversions ou promotions par alternance mentionnées à l'article L. 6324-1, au titre de la péréquation *(Ord. n° 2019-861 du 21 août 2019, art. 1ᵉʳ)* « inter-branches » ainsi que d'assurer le financement de l'aide au permis de conduire *(L. n° 2021-1900 du 30 déc. 2021, art. 122-II, en vigueur le 1ᵉʳ janv. 2022)* « et de verser des fonds au Centre national de la fonction publique territoriale pour le financement des frais de formation des apprentis employés par les collectivités et établissements », selon des modalités fixées par décret ; – *V. art. R. 6123-8.*

2° De verser aux régions des fonds pour le financement des centres de formation d'apprentis, au titre de l'article L. 6211-3, selon des *(Ord. n° 2019-861 du 21 août 2019, art. 1ᵉʳ)* « modalités définies » par décret en Conseil d'État, pris après concertation avec les régions ;

3° D'assurer la répartition et le versement des fonds *(Ord. n° 2019-861 du 21 août 2019, art. 1ᵉʳ)* « issus des contributions *(Ord. n° 2021-797 du 23 juin 2021, art. 1ᵉʳ, en vigueur le 1ᵉʳ janv. 2022)* « mentionnées au I de l'article L. 6131-4 » *(L. n° 2022-172 du 14 févr. 2022, art. 12-II, en vigueur le 1ᵉʳ sept. 2022)* « ainsi qu'aux articles L. 6331-48, L. 6331-53 et L. 6331-65 » dédiées au financement de la formation professionnelle », en fonction *(Ord. n° 2019-861 du 21 août 2019, art. 1ᵉʳ)* « des conditions d'utilisation des ressources allouées, » des effectifs et des catégories de public, dans des conditions *(Ord. n° 2021-797 du 23 juin 2021, art. 1ᵉʳ, en vigueur le 1ᵉʳ janv. 2022)* « fixées par un décret qui précise, notamment, la liste des informations relatives aux entreprises redevables de ces contributions transmises à France compétences par les organismes chargés du recouvrement de ces fonds. Ces fonds sont affectés : »

a) A la Caisse des dépôts et consignations, pour le financement du compte personnel de formation ;

b) A l'État, pour la formation des demandeurs d'emploi *(L. n° 2023-1196 du 18 déc. 2023, art. 8-I, en vigueur le 1ᵉʳ janv. 2024)* « , dans la limite d'un montant fixé chaque année par le conseil d'administration de France compétences » ;

c) Aux opérateurs de compétences *(Ord. n° 2019-861 du 21 août 2019, art. 1ᵉʳ)* « selon leur champ d'intervention », pour l'aide au développement des compétences au bénéfice des entreprises de moins de cinquante salariés et pour le financement de l'alternance *(Ord. n° 2019-861 du 21 août 2019, art. 1ᵉʳ)* « selon des modalités fixées par décret » ;

(Ord. n° 2019-861 du 21 août 2019, art. 1ᵉʳ) « *d)* Aux régions ;

« *e)* A l'opérateur assurant le versement de l'aide au permis de conduire ;

« *f)* Aux opérateurs chargés de la mise en œuvre du conseil en évolution professionnelle désignés au titre du 4° ;

« *g)* Aux commissions paritaires interprofessionnelles régionales mentionnées à l'article L. 6323-17-6 ;

« *h)* Aux fonds d'assurance-formation de non-salariés mentionnés à l'article L. 6332-9 » *(L. n° 2022-172 du 14 févr. 2022, art. 12-II, en vigueur le 1ᵉʳ sept. 2022)* « , sur la base de la nature d'activité du travailleur indépendant déterminée dans les conditions mentionnées aux cinquième à huitième alinéas de l'article L. 6331-50 » ;

4° D'organiser et de financer le conseil en évolution professionnelle à destination de l'ensemble des actifs occupés, hors agents publics, selon des modalités fixées par décret ;

(L. n° 2020-1721 du 29 déc. 2020, art. 239-I) « 4° *bis* De prendre toute mesure visant à l'équilibre du budget dont elle a la charge, notamment en révisant les recommanda-

tions mentionnées aux *a* et *f* du 10° du présent article. L'équilibre du budget est réputé atteint lorsque les dépenses totales n'excèdent pas les recettes existantes, y compris reports à nouveau et hors emprunt bancaire ; »

5° De verser aux commissions paritaires interprofessionnelles régionales mentionnées à l'article L. 6323-17-6 des fonds pour le financement de projets de transition professionnelle mentionnés à l'article L. 6323-17-1 (*L. n° 2023-270 du 14 avr. 2023, art. 17-III*) « et de projets de reconversion professionnelle mentionnés au 4° du I de l'article L. 4163-7 » selon des modalités fixées par décret ;

6° D'assurer la veille, l'observation et la transparence des coûts et des règles de prise en charge en matière de formation professionnelle, lorsque les prestataires perçoivent un financement d'un opérateur de compétences, de la commission mentionnée à l'article L. 6323-17-6, des fonds d'assurances formation de non-salariés, de l'État, des régions, de la Caisse des dépôts et consignations, de (*L. n° 2023-1196 du 18 déc. 2023, art. 6-I, en vigueur le 1er janv. 2024*) « l'opérateur France Travail » et de l'institution mentionnée à l'article L. 5214-1, de collecter à cette fin les informations transmises par les prestataires de formation et de publier des indicateurs permettant d'apprécier la valeur ajoutée des actions de formation. A ce titre, elle est (*Ord. n° 2019-861 du 21 août 2019, art. 1er*) « associée à la mise en œuvre du » partage d'informations prévu à l'article L. 6353-10 et (*Ord. n° 2019-861 du 21 août 2019, art. 1er ; L. n° 2023-1250 du 26 déc. 2023, art. 13-II, en vigueur le 1er janv. 2024*) « rend compte » annuellement de l'usage des fonds de la formation professionnelle et du conseil en évolution professionnelle. Les centres de formation d'apprentis ont l'obligation de transmettre à France compétences tout élément relatif à la détermination de leurs coûts ;

7° De contribuer au suivi et à l'évaluation de la qualité des actions de formation dispensées. A ce titre, elle émet un avis sur le référentiel national mentionné à l'article L. 6316-3 ;

8° D'établir le répertoire national des certifications professionnelles prévu à l'article L. 6113-1 et le répertoire spécifique prévu à l'article L. 6113-6 ;

9° De suivre la mise en œuvre des contrats de plans régionaux de développement des formations et de l'orientation professionnelles définis au I de l'article L. 214-13 du code de l'éducation. France compétences est destinataire, à cet effet, de ces contrats de plans régionaux de développement des formations et de l'orientation professionnelles ainsi que de leurs conventions annuelles d'application ;

10° D'émettre des recommandations sur :

a) Le niveau et les règles de prise en charge du financement de l'alternance afin de favoriser leur convergence (*L. n° 2020-1721 du 29 déc. 2020, art. 239-I*) « et de concourir à l'objectif d'équilibre financier du système de la formation professionnelle continue et de l'apprentissage » ;

b) La qualité des formations effectuées, notamment au regard de leurs résultats en matière d'accès à l'emploi et à la qualification ;

c) L'articulation des actions en matière d'orientation, de formation professionnelle et d'emploi ;

d) La garantie de l'égal accès de tous les actifs à la formation professionnelle continue et à l'apprentissage ;

e) Toute question relative à la formation professionnelle continue et à l'apprentissage, notamment à leurs modalités d'accès et à leur financement ;

f) Les modalités et règles de prise en charge des financements alloués au titre du compte personnel de formation mentionné à l'article L. 6323-17-1 du présent code, en vue de leur harmonisation sur l'ensemble du territoire (*L. n° 2020-1721 du 29 déc. 2020, art. 239-I*) « et de la soutenabilité du système de la formation professionnelle continue et de l'apprentissage » ;

11° De mettre en œuvre toutes autres actions en matière de formation professionnelle continue et d'apprentissage qui lui sont confiées par l'État, les régions et les organisations syndicales de salariés et les organisations professionnelles d'employeurs représentatives au niveau national et interprofessionnel ;

12° De signaler tout dysfonctionnement identifié dans le cadre de ses missions en matière de formation professionnelle aux services de contrôle de l'État ;

13° De consolider, d'animer et de rendre publics les travaux des observatoires prospectifs des métiers et des qualifications mentionnés à l'article L. 2241-4 ;

14° De financer des enquêtes de satisfaction pour évaluer la qualité de l'offre de service, au regard notamment des missions des opérateurs de compétences mentionnées au 1° du I de l'article L. 6332-1. Ces enquêtes sont réalisées auprès d'une partie significative des entreprises couvertes par les accords collectifs des branches adhérentes à chaque opérateur de compétences ainsi qu'auprès des organismes de formation que l'opérateur finance. Ces enquêtes sont transmises à l'État, afin que leurs résultats soient pris en compte dans le cadre de l'élaboration et de l'évaluation des conventions d'objectifs et de moyens mentionnées au même article L. 6332-1 ;

(Ord. n° 2021-797 du 23 juin 2021, art. 1er, en vigueur le 1er janv. 2024) « 15° De reverser aux opérateurs de compétences des branches concernées les montants perçus au titre des contributions supplémentaires ayant pour objet le développement de la formation professionnelle continue, créées par un accord professionnel national conclu en application de l'article (L. n° 2021-1900 du 30 déc. 2021, art. 121-I-1°) « L. 6332-1-2 » (L. n° 2023-1250 du 26 déc. 2023, art. 13-II, en vigueur le 1er janv. 2024) « lorsqu'elles sont recouvrées dans les conditions prévues au II de l'article L. 6131-3 ; »

(Ord. n° 2021-797 du 23 juin 2021, art. 1er, en vigueur le 1er janv. 2022) « 16° D'établir, diffuser et actualiser selon une périodicité fixée par décret des tables de correspondance des branches et entreprises adhérentes des opérateurs de compétences, en vue de faciliter les déclarations des employeurs, et de guider l'affectation aux opérateurs de compétences des fonds collectés par les organismes mentionnés aux articles L. 225-1-1 du code de la sécurité sociale et L. 723-11 du code rural et de la pêche maritime. »

V. art. R. 6123-5 s.

Les dispositions du 3° et du 16° issues de l'Ord. n° 2021-797 du 23 juin 2021 entrent en vigueur au 1er janv. 2022 pour les contributions dues à compter de cette date.

Les dispositions du 15° issues de l'Ord. n° 2021-797 du 23 juin 2021 entrent en vigueur au 1er janv. 2024 pour les contributions dues à compter de cette date (Ord. préc., art. 8-I).

Art. L. 6123-6 France compétences est administrée par un conseil d'administration et dirigée par un directeur général.

Art. L. 6123-7 Le conseil d'administration de France compétences comprend :
1° Un collège de représentants de l'État ;
2° Un collège de représentants des organisations syndicales de salariés représentatives au niveau national et interprofessionnel ;
3° Un collège de représentants des organisations professionnelles d'employeurs représentatives au niveau national et interprofessionnel ;
4° Un collège de représentants des régions ;
5° Un collège de personnalités qualifiées désignées par le ministre chargé de la formation professionnelle.

Le président du conseil d'administration est nommé par décret du président de la République parmi le collège des personnalités qualifiées.

La fonction de membre du conseil d'administration est exercée à titre gratuit.

La composition et le fonctionnement du conseil d'administration sont déterminés par décret en Conseil d'État. – *V. art. R. 6123-6 s.*

Art. L. 6123-8 Le directeur général exerce la direction de l'institution dans le cadre des orientations définies par le conseil d'administration. Il prépare les délibérations de ce conseil et en assure l'exécution.

Le directeur général est nommé par décret, après avis du conseil d'administration, sur le rapport du ministre chargé de la formation professionnelle. Il est auditionné par le Parlement avant sa nomination et durant l'exercice de ses fonctions. Le conseil d'administration peut adopter, à la majorité des deux tiers de ses membres, une délibération demandant sa révocation.

Art. L. 6123-9 Les agents de l'institution nationale, qui sont chargés d'une mission de service public, sont régis par le présent code.

Les règles relatives aux relations collectives de travail prévues par la deuxième partie du présent code s'appliquent à tous les agents de l'institution.

Art. L. 6123-10 Les recommandations mentionnées au 10° de l'article L. 6123-5 sont adoptées par le conseil d'administration de France compétences. Elles sont rendues publiques et transmises *(Ord. n° 2019-861 du 21 août 2019, art. 1ᵉʳ)* « , en fonction de leur objet, » aux ministres chargés de la formation professionnelle, de l'éducation nationale, de l'enseignement supérieur et de l'enseignement agricole, aux présidents des conseils régionaux, aux présidents des commissions nationales paritaires pour l'emploi et aux présidents des opérateurs de compétences *(Ord. n° 2019-861 du 21 août 2019, art. 1ᵉʳ)* « concernés ».

Art. L. 6123-11 Une convention triennale d'objectifs et de performance est conclue entre l'État et France compétences. Cette convention est rendue publique à sa signature et à son renouvellement. Elle définit les modalités de financement, la mise en œuvre des missions et les modalités de suivi de l'activité. Un rapport d'activité est remis chaque année au Parlement et au ministre chargé de la formation professionnelle pour indiquer la mise en œuvre des missions dévolues à France compétences.

L'institution est soumise en matière de gestion financière et comptable aux règles applicables aux entreprises industrielles et commerciales. *(Ord. n° 2019-861 du 21 août 2019, art. 1ᵉʳ)* « Elle est soumise aux dispositions du code de la commande publique. » *(Ord. n° 2020-1496 du 2 déc. 2020, art. 2, en vigueur le 1ᵉʳ oct. 2021)* « A l'exception des fonds issus de dons, legs ou libéralités, ses disponibilités sont déposées au Trésor et ne donnent lieu à aucune rémunération. »

Art. L. 6123-12 Les recettes de France compétences sont constituées d'impositions de toutes natures, de subventions, de redevances pour service rendu, du produit des ventes et des locations ainsi que de dons et legs et recettes diverses.

Un pourcentage assis sur ces recettes permet de financer la mise en œuvre des missions de l'institution.

Les recettes et leurs modalités d'affectation sont précisées par décret.

Art. L. 6123-13 Lorsque *(Ord. n° 2019-861 du 21 août 2019, art. 1ᵉʳ)* « la commission paritaire nationale de l'emploi ou la commission paritaire de la branche concernée » ne *(Ord. n° 2019-861 du 21 août 2019, art. 1ᵉʳ)* « fixe » pas les modalités de prise en charge du financement de l'alternance ou lorsque le niveau retenu ne converge pas vers le niveau identifié par les recommandations mentionnées au *a* du 10° de l'article L. 6123-5, le niveau de prise en charge des contrats de professionnalisation ou d'apprentissage est fixé par décret.

Art. L. 6123-14 Un décret en Conseil d'État détermine les conditions d'application de la présente section, notamment :
1° La nature des disponibilités et des charges mentionnées au 6° de l'article L. 6332-6 ;
2° Les documents et pièces relatifs à leur gestion que les opérateurs de compétences communiquent à France compétences et ceux qu'ils présentent aux personnes commissionnées par cette dernière pour les contrôler. Ces dispositions s'appliquent sans préjudice des contrôles exercés par les agents mentionnés à l'article L. 6361-5.

V. art. R. 6123-5 s.

TITRE III FINANCEMENT DE LA FORMATION PROFESSIONNELLE

(L. n° 2018-771 du 5 sept. 2018, art. 37-I)

CHAPITRE UNIQUE FINANCEMENT DE LA FORMATION PROFESSIONNELLE

Art. L. 6131-1 I. – Les employeurs concourent *(Abrogé par L. n° 2020-1721 du 29 déc. 2020, art. 159-IV, à compter du 1ᵉʳ janv. 2022 au plus tard)* « , chaque année, » au développement de la formation professionnelle et de l'apprentissage par :
1° Le financement direct des actions de formation de leurs salariés ;
2° Le versement de la contribution unique à la formation professionnelle et à l'alternance mentionnée à l'article L. 6131-2 ;

3° Le versement de la contribution supplémentaire à l'apprentissage mentionnée à l'article *(Ord. n° 2021-797 du 23 juin 2021, art. 1er, en vigueur le 1er janv. 2022)* « L. 6242-1 *[ancienne rédaction : L. 6241-1]* » ;

4° Le versement de la contribution dédiée au financement du compte personnel de formation pour les titulaires d'un contrat à durée déterminée mentionnée à l'article L. 6331-6 ;

(Ord. n° 2021-797 du 23 juin 2021, art. 1er, en vigueur le 1er janv. 2024) « 5° Le versement, le cas échéant, des contributions supplémentaires ayant pour objet le développement de la formation professionnelle continue prévues par un accord professionnel national conclu en application de l'article L. 6332-1-2. » — *Les dispositions du 5° entrent en vigueur le 1er janv. 2024 pour les contributions dues à compter de cette date (Ord. n° 2021-797 du 23 juin 2021, art. 8-I).*

II. — Le I ne s'applique pas à l'État, *(L. n° 2021-1900 du 30 déc. 2021, art. 121-I-1°)* « aux établissements publics de santé, sociaux et médico-sociaux relevant de la fonction publique hospitalière, aux groupements de coopération sanitaire mentionnés aux articles L. 6133-1 et L. 6133-4 du code de la santé publique, aux groupements de coopération sociale et médico-sociale mentionnés à l'article L. 312-7 du code de l'action sociale et des familles, » aux collectivités territoriales et à leurs établissements publics à caractère administratif *(L. n° 2020-1721 du 29 déc. 2020, art. 159-IV, en vigueur au plus tard le 1er janv. 2022)* « ainsi qu'aux employeurs dont l'entreprise ne comporte pas d'établissement en France mentionnés à l'article L. 243-1-2 du code de la sécurité sociale ».

(Abrogé par Ord. n° 2021-797 du 23 juin 2021, art. 1er, à compter du 1er janv. 2022) « *III. — A l'exception du 1° du I du présent article et du solde mentionné au II de l'article L. 6241-2, ces contributions sont recouvrées par les unions pour le recouvrement des cotisations de sécurité sociale et d'allocations familiales et les caisses générales de sécurité sociale mentionnées aux articles L. 213-1 et L. 752-1 du code de la sécurité sociale et par les organismes mentionnés à l'article L. 723-1 du code rural et de la pêche maritime selon les règles et sous les garanties et sanctions applicables en matière de cotisations et de contributions de sécurité sociale. Elles sont reversées (L. n° 2020-1721 du 29 déc. 2020, art. 159-IV, en vigueur au plus tard le 1er janv. 2022)* « *par les organismes mentionnés à l'article L. 225-1-1 du code de la sécurité sociale et à l'article L. 723-11 du code rural et de la pêche maritime à l'organisme mentionné à l'article L. 6123-5 du présent code selon les modalités définies par convention entre ces organismes, approuvée par le ministre chargé de la sécurité sociale [ancienne rédaction : à France compétences selon les modalités prévues à l'article L. 6123-5]* » *(L. n° 2019-1479 du 28 déc. 2019, art. 81-IV, en vigueur le 1er janv. 2020)* « *et, s'agissant de la contribution mentionnée au 2° du I, dans la limite du plafond prévu au I de l'article 46 de la loi n° 2011-1977 du 28 décembre 2011 de finances pour 2012* ». »

V. Ord. n° 2021-797 du 23 juin 2021, art. 8-V à 8-VII, App. I. A, v° Apprentissage.

Les dispositions issues de la L. n° 2020-1721 du 29 déc. 2020 entrent en vigueur à la date d'entrée en vigueur de l'Ord. relative à la collecte des contributions des employeurs au titre du financement de la formation professionnelle et de l'apprentissage prévue au I de l'art. 41 de la L. n° 2018-771 du 5 sept. 2018, et au plus tard le 1er janv. 2022 (L. n° 2020-1721 du 29 déc. 2020, art. 159-VII).

Par dérogation au III de l'art. L. 6131-1 C. trav., du 1er janv. 2019 jusqu'à la date d'entrée en vigueur de l'ordonnance relative à la collecte des contributions des employeurs au titre du financement de la formation professionnelle et de l'apprentissage prévue à l'art. 41 de la L. n° 2018-771 du 5 sept. 2018 ou au plus tard le 31 déc. 2020 :

1° A l'exception du solde de la taxe d'apprentissage mentionné au II de l'art. L. 6241-2 C. trav., la collecte des contributions mentionnées aux 2° à 4° du I de l'art. L. 6131-1 du même code est assurée par les opérateurs de compétences mentionnés à l'art. L. 6332-1 dans sa rédaction résultant de la loi préc. et qui sont agréés à cet effet ;

2° Lorsqu'un employeur n'a pas opéré le versement dans les conditions prévues par le décret mentionné à l'art. L. 6131-3 C. trav. ou a opéré un versement insuffisant d'une des contributions mentionnées aux 2° à 4° du I de l'art. L. 6131-1 du même code, la contribution concernée est majorée de l'insuffisance constatée.

FORMATION PROFESSIONNELLE **Art. L. 6131-3** 1565

L'employeur verse au Trésor public, auprès du comptable public du lieu du siège de la direction de l'entreprise ou, à défaut, du principal lieu d'exercice de la profession ou du lieu du principal établissement ou, pour les exploitants agricoles, du lieu d'exploitation ou du siège de la direction en cas de pluralité d'exploitations, accompagné du bordereau établi selon un modèle fixé par l'administration indiquant la désignation et l'adresse de l'entreprise, la nature et les montants des sommes restant dues augmentées de la majoration qui leur est applicable, et déposé au plus tard le 30 avril de l'année qui suit celle du versement des rémunérations, un montant égal à la différence constatée entre sa contribution ainsi majorée et le versement déjà effectué à l'organisme agréé.

Le montant de ce versement supplémentaire est établi et recouvré selon les modalités ainsi que sous les sûretés, garanties et sanctions applicables en matière de taxe sur le chiffre d'affaires.

Le contrôle et le contentieux des contributions mentionnées aux 2° à 4° du I de l'art. L. 6131-1 sont opérés selon les règles applicables en matière de taxe sur le chiffre d'affaires.

Toutefois, ces dispositions ne s'appliquent pas aux litiges relatifs à la réalité et à la validité des versements effectués au titre de la participation des employeurs au développement de la formation professionnelle (L. préc., art. 37-III-B).

V. Décr. n° 2018-1331 du 28 déc. 2018, art. 4-III, IV et V, mod. par Décr. n° 2019-1326 du 10 déc. 2019, art. 3.

V. ndlr ss. art. L. 6361-5 et L. 6332-1.

Pour les années 2021 à 2023, l'art. L. 6131-1 est applicable aux employeurs de Saint-Pierre-et-Miquelon relevant de la caisse de prévoyance sociale, sous réserve des dispositions suivantes :

1° Les rémunérations dues en 2021 sont exonérées des contributions mentionnées aux 2° à 4° du même art. L. 6131-1 ;

2° Pour les rémunérations dues au titre des années 2022 et 2023, ces employeurs ne sont redevables que de la contribution à la formation professionnelle mentionnée aux art. L. 6331-1 et L. 6331-3. Les entreprises de 11 salariés et plus sont assujetties au taux de 0,55 % du montant du revenu d'activité retenu pour le calcul des cotisations sociales mentionnées à l'art. L. 242-1 CSS.

Par dérogation au II de l'art. L. 6131-1, lorsque les ports mentionnés au 1° de l'art. L. 5311-1 C. transp. et à l'art. 2 de la L. du 26 avr. 1924 ayant pour objet la constitution du port rhénan de Strasbourg en port autonome ne procèdent à aucune distinction lors de l'établissement de leurs déclarations sociales entre la masse salariale des effectifs attachés aux missions à caractère administratif et celle des effectifs engagés dans des activités de nature industrielle et commerciale, il est appliqué un abattement forfaitaire de 50 % de l'assiette des contributions dues mentionnées aux 2° à 4° de l'art. L. 6131-1, calculées sur la masse salariale globale de l'établissement (L. n° 2021-1900 du 30 déc. 2021, art. 121-VII et VIII).

Art. L. 6131-2 La contribution unique à la formation professionnelle et à l'alternance mentionnée au 2° de l'article L. 6131-1 est composée :

1° De la taxe d'apprentissage mentionnée à l'article L. 6241-1 ;
2° De la contribution à la formation professionnelle mentionnée aux articles L. 6331-1 et L. 6331-3.

V. Décr. n° 2018-1331 du 28 déc. 2018, art. 4-III, IV et V, mod. par Décr. n° 2019-1326 du 10 déc. 2019, art. 3.

Art. L. 6131-3 (*Ord. n° 2021-797 du 23 juin 2021, art. 1ᵉʳ, en vigueur le 1ᵉʳ janv. 2022*) « I. – Les contributions mentionnées aux 2° à 4° du I de l'article L. 6131-1 sont recouvrées par les unions pour le recouvrement des cotisations de sécurité sociale et d'allocations familiales et les caisses générales de sécurité sociale mentionnées aux articles L. 213-1 et L. 752-4 du code de la sécurité sociale et par les organismes mentionnés à l'article L. 723-1 du code rural et de la pêche maritime selon les règles et sous les garanties et sanctions applicables en matière de cotisations et de contributions de sécurité sociale.

« Pour le recouvrement de ces contributions, « l'organisme mentionné à l'article L. 225-1-1 du code de la sécurité sociale perçoit des frais de gestion ainsi qu'un taux forfaitaire fixé, au regard du risque de non-recouvrement, selon les modalités prévues au 5° du même article. L'organisme mentionné à l'article L. 723-11 du code rural et de la pêche maritime perçoit (*Abrogé par L. n° 2023-1250 du 26 déc. 2023, art. 13-II, à compter du 1ᵉʳ janv. 2025*) « , *pour sa part,* » des frais de gestion selon les modalités déterminées par une convention conclue entre cet organisme et l'institution mentionnée à l'article L. 6123-5 du présent code, et approuvée par les ministres chargés de la sécurité sociale et de l'agriculture » (*L. n° 2023-1250 du 26 déc. 2023, art. 13-II, en vigueur le 1ᵉʳ janv. 2025*) « , ainsi qu'un taux forfaitaire fixé, au regard du risque de non-recouvrement, selon les modalités prévues au III de l'article L. 725-3 du code rural et de la pêche maritime.

« II. – Un accord conclu en application du I de l'article L. 6332-1-2 peut donner mandat à des organisations syndicales de salariés et à des organisations professionnelles d'employeurs représentatives au niveau de la branche de conclure une convention avec les organismes mentionnés au second alinéa du I du présent article, afin de confier aux organismes mentionnés au premier alinéa du même I le recouvrement de la contribution mentionnée au 5° du I de l'article L. 6131-1. Cette contribution est alors versée à l'institution mentionnée à l'article L. 6123-5, qui en assure la répartition entre les opérateurs de compétences.

« La convention prévue au premier alinéa du présent II respecte les conditions suivantes :

« 1° Elle prévoit :

« *a)* Un montant minimal de collecte de la contribution, fixé par arrêté ;

« *b)* Sa durée de mise en œuvre, qui ne peut être inférieure à huit ans ;

« *c)* Par dérogation aux trois derniers alinéas du 5° de l'article L. 225-1-1 du code de la sécurité sociale, un niveau de frais prélevés sur le rendement de la contribution correspondant aux coûts réels de mise en œuvre et de gestion de la contribution ; ces frais sont majorés lorsque la convention est dénoncée avant que la durée prévue au *b* du présent 1° ne soit échue ;

« *d)* Un délai de préavis lorsque l'une des parties envisage de dénoncer l'accord. Ce délai ne peut être inférieur ni à la moitié de la durée restante de la convention ni à douze mois.

« Les *b* et *c* ne sont pas applicables lorsque la branche concernée est engagée dans une procédure de restructuration des branches professionnelles en application des articles L. 2261-32 à L. 2261-34 ;

« 2° La contribution faisant l'objet de la convention est :

« *a)* Assise sur les revenus d'activité pris en compte pour la détermination de l'assiette définie aux articles L. 6331-1 et L. 6331-3 et calculée selon un taux proportionnel, qui ne peut être modulé qu'en fonction de seuils d'effectifs définis par arrêté conjoint des ministres chargés de la sécurité sociale et du travail ou des éléments d'identification de la branche déclarés par l'employeur ;

« *b)* Due pour les périodes au titre desquelles les revenus sont attribués et déclarés mensuellement ;

« *c)* Recouvrée selon les règles et sous les garanties et sanctions applicables en matière de cotisations et de contributions de sécurité sociale ;

« *d)* Recouvrée à compter du début de l'année civile suivant une période d'au moins six mois à compter de la signature de la convention, sans que ce recouvrement puisse intervenir avant le 1ᵉʳ janvier 2026.

« Le modèle de la convention prévue au premier alinéa du présent II est fixé par arrêté conjoint des ministres chargés de la sécurité sociale et du travail. »

Ancien art. L. 6131-3 *Un décret en Conseil d'État détermine les dispositions d'application du présent chapitre, notamment l'organisation, les modalités et les critères d'affectation ainsi que les modalités et conditions de recouvrement des différentes contributions.*

Art. L. 6131-4 (*Ord. n° 2021-797 du 23 juin 2021, art. 1ᵉʳ, en vigueur le 1ᵉʳ janv. 2022*) I. – Sous réserve des dispositions du II, les contributions faisant l'objet d'un recouvrement par les organismes mentionnés aux articles L. 213-1 et L. 752-4 du code de la sécurité sociale et à l'article L. 723-2 du code rural et de la pêche maritime en application de l'article L. 6131-3 du présent code sont reversées à France compétences selon les modalités définies à l'article L. 6123-5. France compétences procède à l'affectation de ces fonds conformément aux dispositions du même article.

II. – Les contributions prélevées au titre du solde de la taxe d'apprentissage mentionné au II de l'article L. 6241-2 sont, à l'exception des versements directs mentionnés au 2° de ce même II, reversées à la Caisse des dépôts et consignations, selon des modalités définies par une convention conclue avec elle par les organismes mentionnés aux articles L. 225-1-1 du code de la sécurité sociale et L. 723-11 du code rural et de la pêche maritime, et approuvée par les ministres chargés de la sécurité sociale, de l'agriculture, de l'éducation nationale et de l'enseignement supérieur.

La Caisse des dépôts et des consignations est chargée d'affecter les fonds, pour le compte de l'employeur, aux établissements destinataires, dans les conditions définies au II de l'article L. 6241-2 du présent code. A cette fin, elle mutualise les ressources dès leur réception, au sein du fonds dédié dont elle assure la gestion administrative, financière et comptable dans un compte spécifique ouvert dans ses livres.

La Caisse des dépôts et des consignations peut percevoir des frais de gestion, prélevés sur le solde de la taxe avant répartition, au titre de la mission mentionnée au présent II, selon des modalités de calcul et pour un montant déterminés par arrêté conjoint des ministres chargés de l'enseignement supérieur et de l'éducation nationale. — *V. Arr. du 15 juin 2023, NOR : MENE2316447A (JO 29 juin).*

Ces dispositions entrent en vigueur le 1ᵉʳ janv. 2022 pour les contributions dues à compter de cette date (Décr. n° 2021-797 du 23 juin 2021, art. 8-I).

Art. L. 6131-5 (*Ord. n° 2021-797 du 23 juin 2021, art. 1ᵉʳ, en vigueur le 1ᵉʳ janv. 2022*) Un décret en Conseil d'État détermine les dispositions d'application du présent chapitre, notamment l'organisation, les modalités et les critères d'affectation des différentes contributions.

V. ndlr ss. art. L. 6131-4.

LIVRE II L'APPRENTISSAGE

TITRE I DISPOSITIONS GÉNÉRALES

CHAPITRE UNIQUE

RÉP. TRAV. v° *Apprentissage,* par Pignarre.
BIBL. GÉN. ▶ Ballet, *Dr. ouvrier* 1988. 493 (réforme de l'apprentissage). – Kerbourc'h, *Dr. soc.* 2005. 427 ∅. – Paillisser, *SSL* 1996, n° 798, suppl.

▶ **Loi du 8 août 2016 :** Pagnerre, *JCP S* 2017. 1308. – Willems, *Dr. soc.* 2021. 787 ∅.

Art. L. 6211-1 L'apprentissage concourt aux objectifs éducatifs de la nation. (*L. n° 2018-771 du 5 sept. 2018, art. 11-II, en vigueur le 1ᵉʳ janv. 2019*) « Il contribue à l'insertion professionnelle. »

Il a pour objet de donner à des travailleurs, ayant satisfait à l'obligation scolaire, une formation générale, théorique et pratique, en vue de l'obtention d'une qualification professionnelle sanctionnée par un diplôme ou un titre à finalité professionnelle enregistré au répertoire national des certifications professionnelles.

(*L. n° 2018-771 du 5 sept. 2018, art. 11-II, en vigueur le 1ᵉʳ janv. 2019*) « La formation est gratuite pour l'apprenti et pour son représentant légal. »

(*L. n° 2023-703 du 1ᵉʳ août 2023, art. 34-II*) « Sous réserve de l'article L. 6241-5, le présent livre n'est pas applicable aux apprentis militaires, qui sont régis par le code de la défense. »

Les dispositions issues de la L. n° 2018-771 du 5 sept. 2018 ne sont pas applicables aux contrats conclus avant le 1ᵉʳ janv. 2019 (L. préc., art. 46-II).

Art. L. 6211-2 L'apprentissage est une forme d'éducation alternée associant :

1° Une formation dans une ou plusieurs entreprises, fondée sur l'exercice d'une ou plusieurs activités professionnelles en relation directe avec la qualification objet du contrat entre l'apprenti et l'employeur ;

(*L. n° 2018-771 du 5 sept. 2018, art. 24-II, en vigueur le 1ᵉʳ janv. 2019*) « 2° Des enseignements dispensés pendant le temps de travail dans un centre de formation d'apprentis, dont tout ou partie peut être effectué à distance.

« La durée de formation en centre de formation tient compte des exigences propres à chaque niveau de qualification et des orientations prévues par les conventions ou les accords de branches nationaux ou conclus à d'autres niveaux territoriaux mentionnés à l'article L. 2261-23.

« Sous réserve, le cas échéant, des règles fixées par l'organisme certificateur du diplôme ou titre à finalité professionnelle visé, cette durée ne peut être inférieure à 25 % de la durée totale du contrat.

« Les formations par apprentissage conduisant à l'obtention d'un diplôme sont soumises à un contrôle pédagogique associant les corps d'inspection ou les agents publics habilités par les ministres certificateurs et des représentants désignés par les branches professionnelles et les chambres consulaires, selon des modalités déterminées par décret en Conseil d'État. » – *V. art. R. 6251-1 s.*

Art. L. 6211-3 (L. n° 2018-771 du 5 sept. 2018, art. 34-II, en vigueur le 1er janv. 2020) I. – La région peut contribuer au financement des centres de formation d'apprentis quand des besoins d'aménagement du territoire et de développement économique qu'elle identifie le justifient. Elle peut :

1° En matière de dépenses de fonctionnement, majorer la prise en charge des contrats d'apprentissage assurée par les opérateurs de compétences, dans les conditions prévues à l'article L. 6332-14 ;

2° En matière de dépenses d'investissement, verser des subventions.

II. – Le montant des dépenses engagées et mandatées en matière de fonctionnement et d'investissement mentionnées au I du présent article ainsi qu'un état détaillé de leur affectation font l'objet d'un débat annuel en conseil régional sur la base d'un rapport présenté par le président du conseil régional. Ce débat peut également porter sur les autres dépenses engagées par la région en matière d'apprentissage. Le rapport, comprenant une annexe présentant les montants des dépenses engagées et mandatées et l'état détaillé de leur affectation, est transmis pour information au représentant de l'État dans la région et à France compétences. Les ressources allouées à la région pour les dépenses d'investissement mentionnées au 2° du même I sont déterminées et réparties sur la base des dépenses d'investissement constatées au titre des exercices *(L. n° 2019-1479 du 28 déc. 2019, art. 76-IV)* « 2017 et 2018 ».

III. – Les dépenses mentionnées au II s'inscrivent dans les orientations du contrat de plan régional de développement des formations et de l'orientation professionnelles mentionné à l'article L. 214-13 du code de l'éducation. A ce titre, elles peuvent faire l'objet de conventions d'objectifs et de moyens avec les opérateurs de compétences agissant pour le compte des branches adhérentes.

V. art. R. 6123-25 et R. 6211-5.

Art. L. 6211-4 (L. n° 2018-771 du 5 sept. 2018, art. 11-II, en vigueur le 1er janv. 2020) Les chambres de commerce et d'industrie, les chambres de métiers et de l'artisanat et les chambres d'agriculture exercent leurs attributions en matière d'apprentissage dans le cadre du présent livre. Elles participent à la formation professionnelle initiale ou continue, notamment grâce aux établissements publics et privés d'enseignement qu'elles créent, gèrent ou financent.

Elles contribuent au développement de l'apprentissage en accomplissant les missions :

1° D'accompagner les entreprises qui le souhaitent, notamment pour la préparation du contrat d'apprentissage, préalablement à son dépôt dans les conditions prévues à l'article L. 6224-1. A ce dernier titre, les chambres consulaires peuvent être chargées par les opérateurs de compétences de participer à la mission définie au même article L. 6224-1 ;

2° D'assurer la médiation définie à l'article L. 6222-39 ;

3° De participer à la formation des maîtres d'apprentissage. Dans ce cadre, elles peuvent conclure avec les opérateurs de compétences des conventions de partenariat ;

4° De participer au service public régional de l'orientation conformément à l'article L. 6111-3 ;

5° De participer à la gouvernance régionale de l'apprentissage conformément à l'article L. 214-13 du code de l'éducation.

Ces dispositions ne sont pas applicables aux contrats conclus avant le 1er janv. 2019 (L. n° 2018-771 du 5 sept. 2018, art. 46-II).

TITRE II CONTRAT D'APPRENTISSAGE

RÉP. TRAV. ▶ v° *Apprentissage*, par PIGNARRE.

BIBL. GÉN. ▶ CRÉMIEUX, D. 1972. Chron. 235. – MICHEL, JCP S 2021. 1181 (pour un contrat unique d'alternance). – PAILLISSER, SSL 1996, n° 798, suppl. – LARDY-PÉLISSIER, RDT 2006. 20 (formation d'apprenti junior).

▶ **Loi du 5 septembre 2018 :** JEANSEN, JCP S 2018. 1305.

CHAPITRE I DÉFINITION ET RÉGIME JURIDIQUE

Art. L. 6221-1 Le contrat d'apprentissage est un contrat de travail de type particulier conclu entre un apprenti ou son représentant légal et un employeur.

L'employeur s'engage, outre le versement d'un salaire, à assurer à l'apprenti une formation professionnelle complète, dispensée pour partie en entreprise et pour partie en centre de formation d'apprentis ou section d'apprentissage.

L'apprenti s'oblige, en retour, en vue de sa formation, à travailler pour cet employeur, pendant la durée du contrat, et à suivre cette formation. – [Anc. art. L. 117-1 et L. 115-1, al. 3 phrase 1.] – V. art. R. 6227-1 (pén.).

Art. L. 6221-2 (L. n° 2014-288 du 5 mars 2014, art. 14-III) Aucune contrepartie financière ne peut être demandée ni à l'apprenti (L. n° 2018-771 du 5 sept. 2018, art. 11-II, en vigueur le 1er janv. 2020) « ou à son représentant légal » à l'occasion de la conclusion, (L. n° 2018-771 du 5 sept. 2018, art. 11-II, en vigueur le 1er janv. 2020) « du dépôt » ou de la rupture du contrat d'apprentissage, ni à l'employeur à l'occasion (L. n° 2018-771 du 5 sept. 2018, art. 11-II, en vigueur le 1er janv. 2020) « du dépôt » du contrat d'apprentissage.

Les dispositions issues de l'art. 11 de la L. n° 2018-771 du 5 sept. 2018 ne sont pas applicables aux contrats conclus avant le 1er janv. 2019 (L. préc., art. 46-II).

CHAPITRE II CONTRAT DE TRAVAIL ET CONDITIONS DE TRAVAIL

SECTION 1 Formation, exécution et rupture du contrat de travail

SOUS-SECTION 1 Conditions de formation du contrat

Art. L. 6222-1 Nul ne peut être engagé en qualité d'apprenti s'il n'est âgé de seize ans au moins à (L. n° 2018-771 du 5 sept. 2018, art. 13-II, en vigueur le 1er janv. 2019) « vingt-neuf ans révolus » au début de l'apprentissage.

(L. n° 2011-893 du 28 juill. 2011) « Toutefois, les jeunes âgés d'au moins quinze ans peuvent (L. n° 2018-771 du 5 sept. 2018, art. 13-II, en vigueur le 1er janv. 2019) « débuter » un contrat d'apprentissage s'ils justifient avoir accompli la scolarité du premier cycle de l'enseignement secondaire. »

(L. n° 2014-288 du 5 mars 2014, art. 14-III) « Les jeunes qui atteignent l'âge de quinze ans avant le terme de l'année civile peuvent être inscrits, sous statut scolaire, dans un lycée professionnel ou dans un centre de formation d'apprentis pour débuter leur formation, dans des conditions fixées par décret en Conseil d'État. »

Art. L. 6222-2 La limite d'âge de (L. n° 2018-771 du 5 sept. 2018, art. 13-II, en vigueur le 1er janv. 2019) « vingt-neuf ans révolus » n'est pas applicable dans les cas suivants :

(L. n° 2014-288 du 5 mars 2014, art. 14-III) « 1° Lorsque le contrat ou la période d'apprentissage proposés fait [font] suite à un contrat ou à une période d'apprentissage précédemment exécutés et conduit [conduisent] à un niveau de diplôme supérieur à celui obtenu à l'issue du contrat ou de la période d'apprentissage précédents ; »

2° Lorsqu'il y a eu rupture de contrat pour des causes indépendantes de la volonté de l'apprenti ou suite à une inaptitude physique et temporaire de celui-ci ;

3° Lorsque le contrat d'apprentissage est souscrit par une personne à laquelle la qualité de travailleur handicapé est reconnue (*Abrogé par L. n° 2008-1425 du 27 déc. 2008, art. 187-II*) « *et dont l'âge maximal, fixé par décret, ne peut être supérieur à trente ans* » ;

4° Lorsque le contrat d'apprentissage est souscrit par une personne qui a un projet de création ou de reprise d'entreprise dont la réalisation est subordonnée à l'obtention du diplôme ou titre sanctionnant la formation poursuivie ;

(L. n° 2015-1541 du 27 nov. 2015, art. 10) « 5° Lorsque le contrat d'apprentissage est souscrit par une personne inscrite en tant que sportif de haut niveau sur la liste mentionnée au premier alinéa de l'article L. 221-2 du code du sport. »

V. art. D. 6222-1, D. 6222-26 et R. 6227-1 (pén.).

Art. L. 6222-3 Un décret détermine les conditions d'application des dérogations prévues à l'article L. 6222-2, notamment le délai maximum dans lequel le contrat d'apprentissage mentionné au 1° de ce même article est souscrit après l'expiration du contrat précédent.

Les autres mesures d'application de la présente sous-section sont déterminées par décret en Conseil d'État. — *[Anc. art. L. 117-3, al. 7, et L. 119-4, al. 2.]* — V. art. D. 6222-1.

SOUS-SECTION 2 Conclusion du contrat

Art. L. 6222-4 Le contrat d'apprentissage est un contrat écrit qui comporte des clauses et des mentions obligatoires.

Il est signé par les deux parties contractantes préalablement à l'emploi de l'apprenti. — *[Anc. art. L. 117-12, al. 1er et 3.]*

1. Nécessité d'un écrit. Faute d'être constaté par écrit, le contrat d'apprentissage est nul. • Soc. 29 janv. 1953 : *D. 1953. 237* • 20 oct. 1965 : *D. 1965. 811.*

2. En l'absence d'écrit, le juge peut ordonner une expertise afin de déterminer la nature des relations entre l'employeur et l'apprenti. • Civ. 2e, 10 févr. 1960, n° 57-50.922 P.

3. Lorsque son contrat est nul, l'apprenti a droit à une rémunération calculée sur le salaire minimum conventionnel avec les abattements tenant à l'âge. • Soc. 1er avr. 1992 : ⚖ *D. 1992. IR 153 ; CSB 1992. 147, S. 84.* – V. aussi : • Soc. 8 avr. 1957 : *D. 1958. 221, note Malaurie* • 27 oct. 1959 : *D. 1960. 109* • 9 mars 1978 : *Bull. civ. V, n° 178* • 26 mars 1981 : *ibid., n° 263.*

4. Le défaut d'écrit rend le contrat d'apprentissage inopposable à une caisse d'allocations familiales. • Soc. 7 oct. 1970 : *Bull. civ. V, n° 509.* ♦ ... Et interdit le calcul des cotisations de sécurité sociale sur la base du salaire d'un apprenti. • Soc. 17 avr. 1969 : *Bull. civ. V, n° 243.*

5. Nécessité d'une signature. Un contrat d'apprentissage non signé par les parties ne peut valablement être enregistré par l'administration ; il doit par conséquent être requalifié en contrat de droit commun. • Soc. 15 juin 1999 : ⚖ *JSL 1999, n° 42-34.*

Art. L. 6222-5 Lorsque l'apprenti mineur est employé par un ascendant, le contrat d'apprentissage est remplacé par une déclaration souscrite par l'employeur. Cette déclaration est assimilée dans tous ses effets à un contrat d'apprentissage.

Elle comporte l'engagement de satisfaire aux conditions prévues par les articles :

1° L. 6221-1, relatif à la définition et au régime juridique du contrat ;

2° L. 6222-1 à L. 6222-3, relatifs aux conditions de formation du contrat ;

3° L. 6222-4, relatif à la conclusion du contrat ;

4° L. 6222-11 et L. 6222-12, relatifs à la durée du contrat ;

5° L. 6222-16, relatif au contrat d'apprentissage suivi d'un contrat de travail à durée indéterminée ;

6° L. 6222-27 à L. 6222-29, relatifs au salaire ;

7° L. 6223-1 à L. 6223-8, relatifs aux obligations de l'employeur en matière d'organisation de l'apprentissage et de formation ;

8° L. 6225-1, relatif à l'opposition à l'engagement d'apprentis ;

9° L. 6225-4 à L. 6225-7, relatifs à la suspension de l'exécution du contrat et à l'interdiction de recruter de nouveaux apprentis.

L'ascendant verse une partie du salaire à un compte ouvert à cet effet au nom de l'apprenti. — *[Anc. art. L. 117-15, al. 1er et al. 2 fin et al. 3.]* — V. art. R. 6227-2 (pén.).

Art. L. 6222-5-1 (L. n° 2011-893 du 28 juill. 2011) Par dérogation à l'article L. 6221-1 et au second alinéa de l'article L. 6222-4 et pour l'exercice d'activités saisonnières au sens du 3° de l'article L. 1242-2, deux employeurs peuvent conclure conjointement un contrat d'apprentissage avec toute personne éligible à ce contrat en application des articles L. 6222-1 et L. 6222-2. Par dérogation à l'article L. 6211-1, ce contrat peut avoir pour finalité l'obtention de deux qualifications professionnelles sanctionnées par un diplôme ou un titre à finalité professionnelle enregistré au répertoire national des certifications professionnelles.

Une convention tripartite signée par les deux employeurs et l'apprenti est annexée au contrat d'apprentissage. Elle détermine :

1° L'affectation de l'apprenti entre les deux entreprises au cours du contrat selon un calendrier prédéfini, ainsi que le nombre d'heures effectuées dans chaque entreprise ;

2° Les conditions de mise en place du tutorat entre les deux entreprises ;

APPRENTISSAGE — **Art. L. 6222-11**

3° La désignation de l'employeur tenu de verser la rémunération due au titre de chaque période consacrée par l'apprenti à la formation dispensée dans les centres de formation d'apprentis et les sections d'apprentissage.

Le premier alinéa de l'article L. 6222-18 est applicable, à l'initiative de l'apprenti ou de l'un des employeurs.

L'apprenti bénéficie d'un maître d'apprentissage, au sens de l'article L. 6223-5, dans chacune des entreprises.

Le contrat peut être rompu, dans les conditions prévues à l'article L. 6222-18, à l'initiative des deux employeurs ou de l'un d'entre eux, lequel prend en charge les conséquences financières d'une rupture à ses torts.

Art. L. 6222-6 Un décret en Conseil d'État détermine les conditions d'application de la présente sous-section. — *[Anc. art. L. 117-12, al. 3, L. 117-15, al. 3 et L. 119-4, al. 2.]* — *V. art. R. 6222-2.*

SOUS-SECTION 3 **Durée du contrat**

Art. L. 6222-7 (*L. n° 2014-288 du 5 mars 2014, art. 14-III*) Le contrat d'apprentissage peut être conclu pour une durée limitée ou pour une durée indéterminée.

Lorsqu'il est conclu pour une durée indéterminée, le contrat débute par la période d'apprentissage, pendant laquelle il est régi par le présent titre. A l'issue de cette période, la relation contractuelle est régie par les titres II et III du livre II de la première partie, à l'exception de l'article L. 1221-19.

[Jurisprudence antérieure à la L. n° 2014-288 du 5 mars 2014]
La durée du contrat d'apprentissage se calcule à compter du jour de l'entrée effective en fonctions de l'apprenti. • Soc. 5 juin 1985 : *Bull. civ. V, n° 322.*

Art. L. 6222-7-1 (*L. n° 2018-771 du 5 sept. 2018, art. 13-II, en vigueur le 1ᵉʳ janv. 2019*) La durée du contrat d'apprentissage, lorsqu'il est conclu pour une durée limitée, ou de la période d'apprentissage, lorsque le contrat d'apprentissage est conclu pour une durée indéterminée, varie entre six mois et trois ans, sous réserve des cas de prolongation prévus à l'article L. 6222-11.

Elle est égale à la durée du cycle de formation préparant à la qualification qui fait l'objet du contrat, laquelle est fixée en fonction du type de profession et du niveau de qualification préparés.

Par dérogation au deuxième alinéa du présent article, la durée du contrat ou de la période d'apprentissage peut être inférieure (*Ord. n° 2019-861 du 21 août 2019, art. 1ᵉʳ*) « ou supérieure » à celle du cycle de formation préparant à la qualification qui fait l'objet du contrat, compte tenu du niveau initial de compétences de l'apprenti ou des compétences acquises, le cas échéant, lors d'une mobilité à l'étranger, telle que prévue à l'article L. 6222-42, lors d'une activité militaire dans la réserve opérationnelle prévue au livre II de la quatrième partie du code de la défense, lors d'un service civique défini au II de l'article L. 120-1 du code du service national, lors d'un volontariat militaire prévu à l'article L. 121-1 du même code ou lors d'un engagement comme sapeur-pompier volontaire en application de l'article L. 723-3 du code de la sécurité intérieure. Cette durée est alors fixée par une convention tripartite signée par le centre de formation, l'employeur et l'apprenti ou son représentant légal, annexée au contrat d'apprentissage. — *V. art. R. 6222-6 s.*

Sur le modèle de convention tripartite de réduction ou d'allongement de la durée du contrat d'apprentissage, V. Arr. du 14 sept. 2020, MTRD 2024415A (JO 25 sept.).

Ces dispositions ne sont pas applicables aux contrats conclus avant le 1ᵉʳ janv. 2019 (L. n° 2018-771 du 5 sept. 2018, art. 46-II).

Art. L. 6222-8 à L. 6222-10 *Abrogés par L. n° 2018-771 du 5 sept. 2018, art. 13-II, à compter du 1ᵉʳ janv. 2019.*

Art. L. 6222-11 En cas d'échec à (*L. n° 2018-771 du 5 sept. 2018, art. 13-II, en vigueur le 1ᵉʳ janv. 2019*) « l'obtention du diplôme ou du titre professionnel visé », l'apprentissage peut être prolongé pour une durée d'un an au plus :

1° Soit par prorogation du contrat initial *(L. n° 2014-288 du 5 mars 2014, art. 14-III)* « ou de la période d'apprentissage » ;

2° Soit par conclusion d'un nouveau contrat avec un autre employeur dans des conditions fixées par décret. – *V. art. R. 6227-1 (pén.).*

Les dispositions issues de l'art. 13 de la L. n° 2018-771 du 5 sept. 2018 ne sont pas applicables aux contrats d'apprentissage conclus avant le 1ᵉʳ janv. 2019 (L. préc., art. 46-II).

Art. L. 6222-12 *(L. n° 2018-771 du 5 sept. 2018, art. 13-II, en vigueur le 1ᵉʳ janv. 2019)* Le contrat d'apprentissage porte mention de la date du début de l'exécution du contrat d'apprentissage, de la période de formation pratique chez l'employeur et de la période de formation en centre de formation d'apprentis.

La date de début de la formation pratique chez l'employeur ne peut être postérieure de plus de trois mois au début d'exécution du contrat.

La date de début de la période de formation en centre de formation d'apprentis ne peut être postérieure de plus de trois mois au début d'exécution du contrat.

Ces dispositions ne sont pas applicables aux contrats d'apprentissage conclus avant le 1ᵉʳ janv. 2019 (L. n° 2018-771 du 5 sept. 2018, art. 46-II).

Art. L. 6222-12-1 *(L. n° 2018-771 du 5 sept. 2018, art. 13-II, en vigueur le 1ᵉʳ janv. 2019)* Par dérogation à l'article L. 6222-12, toute personne âgée de seize à vingt-neuf ans révolus, ou ayant au moins quinze ans et justifiant avoir accompli la scolarité du premier cycle de l'enseignement secondaire, peut, à sa demande, si elle n'a pas été engagée par un employeur, débuter un cycle de formation en apprentissage dans la limite d'une durée de trois mois.

Elle bénéficie pendant cette période du statut de stagiaire de la formation professionnelle et le centre de formation d'apprentis dans lequel elle est inscrite l'assiste dans la recherche d'un employeur. Les coûts de formation correspondants peuvent faire l'objet d'une prise en charge par les opérateurs de compétences selon des modalités déterminées par décret.

A tout moment, le bénéficiaire du présent article peut signer un contrat d'apprentissage. Dans ce cas, la durée du contrat ou de la période d'apprentissage est réduite du nombre de mois écoulés depuis le début du cycle de formation.

Ces dispositions ne sont pas applicables aux contrats d'apprentissage conclus avant le 1ᵉʳ janv. 2019 (L. n° 2018-771 du 5 sept. 2018, art. 46-II).

Art. L. 6222-13 Lorsqu'un salarié est titulaire d'un contrat de travail à durée indéterminée, ce contrat peut, par accord entre le salarié et l'employeur, être suspendu pendant la durée d'un contrat d'apprentissage conclu avec le même employeur.

La durée de la suspension du contrat de travail est égale à la durée de la formation nécessaire à l'obtention de la qualification professionnelle recherchée, prévue à l'article L. 6233-8. – *[Anc. art. L. 115-3.]*

Art. L. 6222-14 Un décret en Conseil d'État détermine les conditions d'application de la présente sous-section. – *[Anc. art. L. 115-2, al. 1ᵉʳ, phrase 2 milieu, et L. 119-4, al. 2.]* – *V. art. R. 6222-6.*

SOUS-SECTION 4 **Succession de contrats**

Art. L. 6222-15 Tout jeune travailleur peut souscrire des contrats d'apprentissage successifs pour préparer des diplômes ou titres sanctionnant des qualifications différentes.

Lorsque l'apprenti a déjà conclu deux contrats successifs de même niveau, il doit obtenir l'autorisation du directeur du dernier centre de formation d'apprentis qu'il a fréquenté pour conclure un troisième contrat d'apprentissage du même niveau.

Il n'est exigé aucune condition de délai entre deux contrats. – *[Anc. art. L. 115-2, al. 13 à 15.]*

Art. L. 6222-16 Si le contrat d'apprentissage est suivi de la signature d'un contrat de travail à durée indéterminée *(L. n° 2011-893 du 28 juill. 2011, art. 8)* « , d'un contrat à durée déterminée ou d'un contrat de travail temporaire » dans la même entreprise, aucune période d'essai ne peut être imposée, sauf dispositions conventionnelles contraires.

La durée du contrat d'apprentissage est prise en compte pour le calcul de la rémunération et l'ancienneté du salarié. — *[Anc. art. L. 117-10, al. 4.]*

Disposition conventionnelle. Aucune disposition conventionnelle ne peut faire obstacle à l'application de l'art. L. 6222-16 ; lorsqu'un contrat d'apprentissage est suivi d'un contrat à durée indéterminée dans la même entreprise, la durée du contrat d'apprentissage est prise en compte pour le calcul de la rémunération et de l'ancienneté du salarié. • Soc. 27 mars 2013 : 🏛 *D. actu. 12 avr. 2013, obs. Fleuriot ; D. 2013. Actu. 924 ⊘ ; JCP S 2013. 1215, obs. Flament.*

Art. L. 6222-17 Un décret en Conseil d'État détermine les mesures d'application de la présente sous-section. — *[Anc. art. L. 119-4, al. 2.]* — V. art. R. 6222-6.

SOUS-SECTION 5 Rupture du contrat

Art. L. 6222-18 Le contrat d'apprentissage peut être rompu par l'une ou l'autre des parties *(L. n° 2015-994 du 17 août 2015, art. 53-I)* « jusqu'à l'échéance des quarante-cinq premiers jours, consécutifs ou non, de formation pratique en entreprise effectuée par l'apprenti ».

(L. n° 2018-771 du 5 sept. 2018, art. 16, en vigueur le 1er janv. 2019) « Passé ce délai, le contrat peut être rompu par accord écrit signé des deux parties.

« A défaut, le contrat peut être rompu en cas de force majeure, de faute grave de l'apprenti, d'inaptitude constatée par le médecin du travail dans les conditions définies à l'article L. 4624-4 ou en cas de décès d'un employeur maître d'apprentissage dans le cadre d'une entreprise unipersonnelle. La rupture prend la forme d'un licenciement prononcé selon les modalités prévues aux articles L. 1232-2 à L. 1232-6 et L. 1332-3 à L. 1332-5. En cas d'inaptitude constatée par le médecin du travail, l'employeur n'est pas tenu à une obligation de reclassement.

« Au-delà de la période prévue au premier alinéa du présent article, la rupture du contrat d'apprentissage peut intervenir à l'initiative de l'apprenti et après respect d'un préavis, dans des conditions déterminées par décret. L'apprenti doit, au préalable, solliciter le médiateur mentionné à l'article L. 6222-39 ou, pour les apprentis du secteur public non industriel et commercial, le service désigné comme étant chargé de la médiation. Si l'apprenti est mineur, l'acte de rupture doit être conjointement signé par son représentant légal. Lorsque l'apprenti mineur ne parvient pas à obtenir de réponse de son représentant légal, il peut solliciter le médiateur mentionné au même article L. 6222-39. Le médiateur intervient, dans un délai maximum de quinze jours calendaires consécutifs à la demande de l'apprenti, afin d'obtenir l'accord ou non du représentant légal sur l'acte de rupture du contrat. Une copie de cet acte est adressée, pour information, à l'établissement de formation dans lequel l'apprenti est inscrit. — *V. art. D. 6222-21-1.*

« En cas de liquidation judiciaire sans maintien de l'activité ou lorsqu'il est mis fin au maintien de l'activité en application du dernier alinéa de l'article L. 641-10 du code de commerce et qu'il doit être mis fin au contrat d'apprentissage, le liquidateur notifie la rupture du contrat à l'apprenti. Dans cette hypothèse, les dispositions de l'article L. 1243-4 du présent code s'appliquent, à l'exception de celles relatives à l'indemnité prévue à l'article L. 1243-8. »

1. Décès de l'employeur. Le décès de l'employeur n'emporte pas par lui-même la rupture du contrat d'apprentissage ; la reprise de l'exploitation du fonds de commerce, dans les mêmes locaux, entraîne l'application de l'art. L. 1224-1 et le transfert du contrat d'apprentissage. • Soc. 14 nov. 2018, 🏛 n° 17-24.464 P : *D. 2018. Actu. 2241 ⊘ ; RJS 1/2019, n° 8 ; JCP S 2018. 1406, obs. Jeansen.*

2. Rupture d'un commun accord du contrat d'apprentissage. Dès lors que les parties ont signé un acte de résiliation du contrat d'apprentissage, peu importe le motif invoqué, l'employeur ne peut être condamné à payer à l'apprenti une somme représentant les salaires qu'il aurait perçus jusqu'au terme du contrat d'apprentissage au motif que la preuve d'une telle rupture n'était pas rapportée en raison de la présence sur le formulaire de rupture des cases « commun accord » et « autre », et que seule cette dernière avait été cochée. • Soc. 17 févr. 2021, 🏛 n° 19-25.746 P : *D. 2021. 426 ⊘ ; RJS 5/2021, n° 252 ; JCP S 2021. 1085, obs. Jeansen.*

3. Rupture anticipée et indemnisation de l'apprenti. L'irrégularité de la rupture à l'initiative de l'employeur du contrat d'apprentissage après les 45 premiers jours de formation pratique en entreprise ouvre droit pour l'apprenti à la réparation du préjudice subi du fait de la rupture anticipée de son contrat. • Soc. 10 mars 2021, n° 19-16.805. ♦ La rupture unilatérale par l'employeur du contrat d'apprentissage intervenue hors des cas prévus par la loi est sans effet, l'apprenti est fondé à prétendre au paiement des salaires dus jusqu'au terme du contrat et ceux-ci ouvrent droit au paiement des congés payés afférents (jurisprudence rendue sous l'empire des dispositions antérieures à la L. n° 2015-994 du 17 août 2015). • Soc. 16 mars 2022, n° 19-20.658 B : *D. actu.* 29 mars 2022, obs. *Malfettes* ; *D. 2022.* 562 ; *RDT* 2022. 440, note *Thomas* ; *RJS* 6/2022, n° 284 ; *JCP* 2022. 386, obs. *Dedessus-le-Moustier.*

Art. L. 6222-18-1 (*L. n° 2018-771 du 5 sept. 2018, art. 16, en vigueur le 1er janv. 2019*) Lorsque le centre de formation d'apprentis prononce l'exclusion définitive de l'apprenti, l'employeur peut engager à son encontre une procédure de licenciement. Cette exclusion constitue la cause réelle et sérieuse du licenciement, qui est prononcé dans les conditions prévues par les dispositions du code du travail relatives à la rupture du contrat de travail pour motif personnel. Le centre de formation d'apprentis ou l'apprenti peut saisir le médiateur mentionné à l'article L. 6222-39 et, pour les apprentis du secteur public non industriel et commercial, le service désigné comme étant chargé de la médiation.

A défaut pour l'apprenti d'être inscrit dans un nouveau centre de formation d'apprentis dans un délai de deux mois à compter de son exclusion définitive, son maintien dans l'entreprise est subordonné à la conclusion soit d'un contrat de travail dans les conditions du droit commun, soit d'un avenant mettant fin à la période d'apprentissage lorsque le contrat d'apprentissage est conclu pour une durée indéterminée.

Ces dispositions ne sont pas applicables aux contrats d'apprentissage conclus avant le 1er janv. 2019 (L. n° 2018-771 du 5 sept. 2018, art. 46-II).

Art. L. 6222-18-2 (*L. n° 2018-771 du 5 sept. 2018, art. 16, en vigueur le 1er janv. 2019*) En cas de rupture du contrat d'apprentissage en application de l'article L. 6222-18, le centre de formation dans lequel est inscrit l'apprenti prend les dispositions nécessaires pour lui permettre de suivre sa formation théorique pendant six mois et contribue à lui trouver un nouvel employeur susceptible de lui permettre d'achever son cycle de formation.

(*Ord. n° 2019-861 du 21 août 2019, art. 1er*) « L'apprenti bénéficie pendant cette période du statut de stagiaire de la formation professionnelle. »

V. ndlr ss. art. L. 6222-18-1.

Art. L. 6222-19 En cas d'obtention du diplôme ou du titre préparé, le contrat d'apprentissage peut prendre fin, à l'initiative de l'apprenti, avant le terme fixé initialement, à condition d'en avoir informé l'employeur. — [*Anc. art. L. 115-2, al. 12 début.*]

Art. L. 6222-20 *Abrogé par L. n° 2013-595 du 8 juill. 2013, art. 56.*

Art. L. 6222-21 La rupture pendant (*L. n° 2018-771 du 5 sept. 2018, art. 16, en vigueur le 1er janv. 2019*) « la période prévue au premier alinéa de l'article L. 6222-18 » ne peut donner lieu à indemnité à moins d'une stipulation contraire dans le contrat.

Les dispositions issues de la L. n° 2018-771 du 5 sept. 2018 ne s'appliquent pas aux contrats d'apprentissage conclus avant le 1er janv. 2019 (L. préc., art. 46-II).

Art. L. 6222-22 Un décret en Conseil d'État détermine les mesures d'application de la présente sous-section. — [*Anc. art. 119-4, al. 2, L. 117-17, al. 1, phrase 2 fin.*]

SOUS-SECTION 6 **Contrat d'apprentissage préparant au baccalauréat professionnel**

(*L. n° 2011-893 du 28 juill. 2011*)

Art. L. 6222-22-1 Un apprenti engagé dans la préparation d'un baccalauréat professionnel peut, à sa demande ou à celle de son employeur, au terme de la première année du contrat, poursuivre sa formation en vue d'obtenir un certificat d'aptitude professionnelle, un certificat d'aptitude professionnelle agricole ou un brevet professionnel agricole.

Lorsque la spécialité du certificat d'aptitude professionnelle, du certificat d'aptitude professionnelle agricole ou du brevet professionnel agricole appartient au même domaine professionnel que celle du baccalauréat professionnel initialement visée, la durée du contrat *(L. n° 2014-288 du 5 mars 2014, art. 14-III)* « ou de la période d'apprentissage » est réduite d'une année.

Un avenant au contrat d'apprentissage précisant le diplôme préparé et la durée du contrat *(L. n° 2014-288 du 5 mars 2014, art. 14-III)* « ou de la période d'apprentissage » correspondante est signé entre l'apprenti, ou son représentant légal, et l'employeur.

Il est *(L. n° 2018-771 du 5 sept. 2018, art. 11-II, en vigueur le 1er janv. 2020)* « déposé » dans les conditions fixées au chapitre IV du présent titre.

Les dispositions issues de la L. n° 2018-771 du 5 sept. 2018 ne s'appliquent pas aux contrats d'apprentissage conclus avant le 1er janv. 2019 (L. préc., art. 46-II).

SECTION 2 Conditions de travail de l'apprenti

BIBL. GÉN. ▶ PAILLISSER, *SSL 1996, n° 798, suppl.*

SOUS-SECTION 1 Garanties

Art. L. 6222-23 L'apprenti bénéficie des dispositions applicables à l'ensemble des salariés dans la mesure où elles ne sont pas contraires à celles qui sont liées à sa situation de jeune travailleur en formation. — *[Anc. art. L. 117 bis-1, phrase 2.]*

Les apprentis, en tant que tels, ne peuvent être exclus par une disposition générale du champ d'application d'une convention collective, d'un accord collectif, d'un usage ou d'un engagement unilatéral de l'employeur ; les seules dispositions dont les apprentis ne peuvent réclamer le bénéfice sont celles qui réservent spécifiquement un avantage déterminé à une catégorie particulière de salariés pour lequel ils ne remplissent pas les conditions objectives d'attribution. • Soc. 12 juill. 1999, 🔒 n° 97-43.400 P : *D. 2000. Somm. 82, obs. Escande-Varniol* 🖉 *; RJS 1999. 784, n° 1270 ; Dr. soc. 1999. 949, obs. J. Savatier* 🖉 *; JS UIMM 1999. 375 ; Dr. ouvrier 2000. 23, note De Senga* (droit au bénéfice d'une prime de vacances profitant à l'ensemble des salariés).

SOUS-SECTION 2 Durée du travail

Art. L. 6222-24 Le temps consacré par l'apprenti à la formation dispensée dans les centres de formation d'apprentis est compris dans l'horaire de travail, sauf lorsqu'il s'agit de modules complémentaires au cycle de formation, librement choisis par l'apprenti et acceptés par le centre de formation d'apprentis.

Pour le temps restant, et dans la limite de l'horaire de travail applicable dans l'entreprise, l'apprenti accomplit le travail qui lui est confié par l'employeur. Ce travail doit être en relation directe avec la formation professionnelle prévue au contrat. — *[Anc. art. L. 117 bis-2.] — V. art. R. 6227-1 (pén.).*

Art. L. 6222-25 *(L. n° 2018-771 du 5 sept. 2018, art. 13-III, en vigueur le 1er janv. 2019)* La durée du temps de travail de l'apprenti de moins de dix-huit ans est déterminée dans les conditions fixées à l'article L. 3162-1.

Ces dispositions ne s'appliquent pas aux contrats d'apprentissage conclus avant le 1er janv. 2019 (L. n° 2018-771 du 5 sept. 2018, art. 46-II).

Art. L. 6222-26 Le travail de nuit défini à l'article L. 3163-1 est interdit pour l'apprenti de moins de dix-huit ans.

Toutefois, des dérogations peuvent être accordées dans les conditions prévues à l'article L. 3163-2 pour les établissements mentionnés à ce même article. — *[Anc. art. L. 117 bis-4.] — V. art. R. 6227-3 (pén.).*

En application de l'art. L. 231-5 CRPA, et par exception à l'application du délai de deux mois prévu à l'art. L. 231-1 du même code, le délai à l'expiration duquel le silence gardé par l'administration vaut décision d'acceptation est fixé à trente jours pour une demande de dérogation à l'interdiction du travail de nuit pour les apprentis de moins de 18 ans (Décr. n° 2014-1290 du 23 oct. 2014, art. 1er).

SOUS-SECTION 3 Salaire

Art. L. 6222-27 Sous réserve de dispositions contractuelles ou conventionnelles plus favorables, l'apprenti *(L. n° 2018-771 du 5 sept. 2018, art. 13-VIII, en vigueur le 1er janv. 2019)* « ne peut percevoir un salaire inférieur à un montant » déterminé en pourcentage du salaire minimum de croissance et *(L. n° 2018-771 du 5 sept. 2018, art. 13-VIII, en vigueur le 1er janv. 2019)* « variant » en fonction de l'âge du bénéficiaire et de sa progression dans le ou les cycles de formation faisant l'objet de l'apprentissage.

Les dispositions issues de l'art. 13 de la L. n° 2018-771 du 5 sept. 2018 ne s'appliquent pas aux contrats d'apprentissage conclus avant le 1er janv. 2019 (L. préc., art. 46-II).

1. Apprenti à disposition. C'est à tort qu'a été rejetée la demande en paiement des salaires d'un apprenti formée contre un employeur qui, après avoir engagé un apprenti, a fermé son entreprise, alors que l'apprenti était resté à sa disposition.
• Soc. 17 juin 1960 : *Bull. civ. IV, n° 647.*

2. Augmentation du salaire. Le salaire minimum d'un apprenti variant en fonction du salaire minimum de croissance, l'augmentation de celui-ci au cours d'un semestre doit s'appliquer au salaire mensuel pour la période restant à courir.
• Soc. 12 mars 1987 : *Bull. civ. V, n° 138.*

3. Garantie par l'AGS. En cas de procédure de redressement ou de liquidation judiciaires, les sommes dues à l'apprenti en exécution du contrat d'apprentissage bénéficient de la garantie de l'AGS. • Soc. 6 juin 2000, ⚖ n° 98-42.083 P : *RJS 2000. 562, n° 812.*

Art. L. 6222-28 Les modalités de rémunération des heures supplémentaires sont celles applicables aux salariés de l'entreprise. — *[Anc. art. L. 117-10, al. 2.]*

La majoration pour heures supplémentaires doit être calculée sur la base du salaire de l'intéressé déterminé en pourcentage du SMIC, compte tenu de son âge et du taux fixé réglementairement.
• Soc. 30 mars 1993 : ⚖ *RJS 1993. 371, n° 640 ; CSB 1993. 129, B. 63.*

Art. L. 6222-29 Un décret détermine le montant du salaire prévu à l'article L. 6222-27 et les conditions dans lesquelles les avantages en nature peuvent être déduits du salaire. — *[Anc. art. L. 117-10, al. 1er milieu et al. 3.]* — V. art. D. 6222-26 s.

SOUS-SECTION 4 Santé et sécurité

Art. L. 6222-30 Il est interdit d'employer l'apprenti à des travaux dangereux pour sa santé ou sa sécurité. — *[Anc. art. L. 234-5.]* — V. art. R. 6227-5 (pén.).

Art. L. 6222-31 *(L. n° 2009-1437 du 24 nov. 2009)* Pour certaines formations professionnelles limitativement énumérées par décret et dans des conditions fixées par ce décret, l'apprenti peut accomplir tous les travaux que peut nécessiter sa formation, sous la responsabilité de l'employeur.

L'employeur adresse à cette fin une déclaration à la *(Décr. n° 2020-1545 du 9 déc. 2020, art. 28-X)* « direction régionale de l'économie, de l'emploi, du travail et des solidarités ».

Ces dispositions s'appliquent sans préjudice des pouvoirs de contrôle en cours d'exécution du contrat de travail par l'inspection du travail.

Art. L. 6222-32 Lorsque l'apprenti fréquente le centre de formation, il continue à bénéficier du régime de sécurité sociale sur les accidents du travail et les maladies professionnelles dont il relève en tant que salarié. — *[Anc. art. L. 117 bis-7.]*

SOUS-SECTION 5 Dispositions d'application

Art. L. 6222-33 Les mesures d'application de la présente section sont déterminées par décret en Conseil d'État, notamment les conditions dans lesquelles l'apprenti peut accomplir des travaux dangereux ainsi que les formations spécifiques à la sécurité que doit dispenser le centre de formation d'apprentis. — *[Anc. art. L. 119-4, al. 2, et L. 117 bis-6, phrases 1 début et 2.]* — V. art. R. 6222-41.

SECTION 3 Présentation et préparation aux examens

Art. L. 6222-34 L'apprenti est tenu de se présenter aux épreuves du diplôme ou du titre prévu par le contrat d'apprentissage. — *[Anc. art. L. 117 bis-5, al. 1, phrase 1.]* — V. art. R. 6227-6 (pén.).

Art. L. 6222-35 (L. n° 2009-1437 du 24 nov. 2009) « Pour la préparation directe des épreuves, l'apprenti a droit à un congé supplémentaire de cinq jours ouvrables. Il doit suivre les enseignements spécialement dispensés dans le centre de formation d'apprentis dès lors que la convention mentionnée à l'article L. 6232-1 en prévoit l'organisation. »

Ce congé, qui donne droit au maintien du salaire, est situé dans le mois qui précède les épreuves. Il s'ajoute au congé payé prévu à l'article L. 3141-1 et au congé annuel pour les salariés de moins de vingt et un ans prévu à l'article L. 3164-9, ainsi qu'à la durée de formation en centre de formation d'apprentis fixée par le contrat. — V. art. R. 6227-7 (pén.).

Art. L. 6222-36 Un décret en Conseil d'État détermine les mesures d'application de la présente section. — [Anc. art. L. 119-4, al. 2, et L. 117 bis-5, al. 2.] — V. art. R. 6222-41.

SECTION 3 BIS Carte d'étudiant des métiers

(L. n° 2011-893 du 28 juill. 2011, art. 1er)

Art. L. 6222-36-1 Une carte portant la mention : "Étudiant des métiers" est délivrée à l'apprenti par l'organisme qui assure sa formation. Cette carte permet à l'apprenti de faire valoir sur l'ensemble du territoire national la spécificité de son statut auprès des tiers, notamment en vue d'accéder à des réductions tarifaires identiques à celles dont bénéficient les étudiants de l'enseignement supérieur.

La carte d'étudiant des métiers est établie conformément à un modèle déterminé par voie réglementaire. — V. Arr. du 30 déc. 2011 (JO 31 déc.).

SECTION 4 Aménagements en faveur des personnes handicapées

Art. L. 6222-37 En ce qui concerne les personnes handicapées, des aménagements sont apportés aux dispositions des articles :

1° L. 6222-1 à L. 6222-3, relatifs aux conditions de formation du contrat d'apprentissage ;

2° L. 6222-7 à L. 6222-10, relatifs à la durée du contrat ;

3° L. 6222-15, relatif à la succession de contrats d'apprentissage ;

4° L. 6222-19, relatif à la rupture du contrat avant le terme fixé en cas d'obtention du diplôme ou du titre préparé ;

5° L. 6223-3 et L. 6223-4, relatifs aux obligations de l'employeur en matière de formation ;

(L. n° 2014-288 du 5 mars 2014, art. 14-III) « 6° Et du second alinéa de l'article L. 6222-24, relatif à la durée du temps de travail dans l'entreprise. »

Art. L. 6222-38 (L. n° 2018-771 du 5 sept. 2018, art. 27-I, en vigueur le 1er janv. 2019) Un décret en Conseil d'État détermine les aménagements prévus à l'article L. 6222-37 pour les personnes handicapées. — V. art. R. 6222-50 s.

SECTION 5 Médiateur consulaire

Art. L. 6222-39 Dans les entreprises ressortissant des chambres consulaires, un médiateur désigné par celles-ci peut être sollicité par les parties pour résoudre les différends entre les employeurs et les apprentis ou leur famille, au sujet de l'exécution ou de la rupture du contrat d'apprentissage. — [Anc. art. L. 117-17, al. 3.]

SECTION 6 Aménagements en faveur des sportifs de haut niveau

(L. n° 2015-1541 du 27 nov. 2015, art. 10)

Art. L. 6222-40 En ce qui concerne les sportifs de haut niveau, des aménagements sont apportés :

1° Aux articles L. 6222-7 à L. 6222-10, relatifs à la durée du contrat ;

2° Et au second alinéa de l'article L. 6222-24, relatif à la durée du temps de travail dans l'entreprise.

Art. L. 6222-41 Un décret en Conseil d'État détermine les aménagements prévus à l'article L. 6222-40 pour les sportifs de haut niveau. — V. art. R. 6222-64 s.

SECTION 7 Mobilité internationale et européenne des apprentis

(L. n° 2018-217 du 29 mars 2018, art. 23-I)

Art. L. 6222-42 *(L. n° 2018-771 du 5 sept. 2018, art. 13-V)* « I. — Le contrat d'apprentissage peut être exécuté en partie à l'étranger pour une durée » qui ne peut excéder un an *(L. n° 2023-1267 du 27 déc. 2023, art. 1er-A)* « ni la moitié de la durée totale du contrat ».

(Abrogé par L. n° 2023-1267 du 27 déc. 2023, art. 1er-A) « *La durée d'exécution du contrat en France doit être au minimum de six mois.* »

(L. n° 2018-771 du 5 sept. 2018, art. 13-V) « Pendant la période de mobilité à l'étranger, les dispositions de l'article L. 6211-2 ne s'appliquent pas. »

(L. n° 2023-1267 du 27 déc. 2023, art. 1er-A) « II. — Par dérogation à l'article L. 6221-1 et au second alinéa de l'article L. 6222-4, les conditions de mise en œuvre de la mobilité de l'apprenti à l'étranger sont prévues par une convention conclue entre les parties au contrat d'apprentissage, le centre de formation d'apprentis en France et la structure ou, le cas échéant, les structures d'accueil à l'étranger.

« La convention prévoit que la mobilité est réalisée dans les conditions suivantes :

« 1° Soit dans le cadre d'une mise en veille du contrat.

« Dans ce cas, la structure d'accueil à l'étranger est seule responsable des conditions d'exécution du travail de l'apprenti, telles qu'elles sont déterminées par les dispositions légales et les stipulations conventionnelles en vigueur dans l'État d'accueil, notamment pour ce qui a trait à la santé et à la sécurité au travail, à la rémunération, à la durée du travail, au repos hebdomadaire et aux jours fériés. »

Pendant la période de mobilité dans *(L. n° 2018-771 du 5 sept. 2018, art. 13-V)* « ou hors de » l'Union européenne, l'apprenti relève de la sécurité sociale de l'État d'accueil, sauf lorsqu'il ne bénéficie pas du statut de salarié ou assimilé dans cet État. Dans ce cas, sa couverture sociale est régie par le code de la sécurité sociale pour ce qui concerne les risques maladie, vieillesse, *(L. n° 2018-771 du 5 sept. 2018, art. 13-V)* « maternité, » accidents du travail et maladies professionnelles et invalidité. *(L. n° 2018-771 du 5 sept. 2018, art. 13-V)* « Cette couverture est assurée en dehors de l'Union européenne, sous réserve des dispositions des *(Ord. n° 2019-861 du 21 août 2019, art. 1er)* « règlements européens et des » conventions internationales de sécurité sociale, par une adhésion à une assurance volontaire. »

(L. n° 2023-1267 du 27 déc. 2023, art. 1er-A) « Par dérogation au premier alinéa du présent II, les conditions de mise en œuvre de la mobilité de l'apprenti à l'étranger, lorsqu'elle est effectuée en entreprise, peuvent être prévues par une convention conclue entre les parties au contrat d'apprentissage et le centre de formation d'apprentis en France lorsqu'il est établi que l'apprenti bénéficie, conformément aux engagements pris par l'employeur de l'État d'accueil, de garanties, notamment en termes d'organisation de la mobilité et de conditions d'accueil, équivalentes à celles dont il aurait bénéficié en application de la convention conclue sur le fondement du même premier alinéa. La liste de ces garanties est fixée par voie réglementaire ; — V. art. R. 6222-66 s.

« 2° Soit dans le cadre d'une mise à disposition de l'apprenti auprès de la structure d'ccueil à l'étranger. »

(L. n° 2023-1267 du 27 déc. 2023, art. 2-1°) « III. — Par dérogation au premier alinéa du II du présent article, lorsque la mobilité se déroule dans un organisme de formation d'accueil établi dans ou hors de l'Union européenne avec lequel le centre de formation d'apprentis français ou l'une des structures mentionnées aux articles L. 6232-1 ou L. 6233-1 a conclu une convention de partenariat, la convention organisant la mobilité peut être conclue entre l'apprenti, l'employeur en France et le centre de formation d'apprentis français. »

Art. L. 6222-43 Les apprentis originaires d'un État membre de l'Union européenne effectuant une période de mobilité en France bénéficient des dispositions du présent livre. En raison du caractère temporaire de cette mobilité, les dispositions suivantes ne leur sont pas applicables :

1° L'article L. 6211-1, relatif à la finalité du contrat d'apprentissage ;

2° L'article L. 6222-7-1, relatif à la durée du contrat d'apprentissage ;

3° Le deuxième alinéa de l'article L. 6222-12, relatif aux conditions d'intégration d'une formation en apprentissage ;

4° L'article *(Ord. n° 2019-861 du 21 août 2019, art. 1ᵉʳ)* « L. 6211-2 », relatif à la durée de la formation en apprentissage ;
(L. n° 2023-1267 du 27 déc. 2023, art. 3) « 5° Le premier alinéa de l'article L. 6222-1, relatif à la limite d'âge pour débuter un apprentissage. »

Art. L. 6222-44 *(L. n° 2023-1267 du 27 déc. 2023, art. 4-1°)* Les modalités de mise en œuvre de la présente section, notamment le contenu des relations conventionnelles, sont fixées par décret en Conseil d'État.

CHAPITRE III OBLIGATIONS DE L'EMPLOYEUR

SECTION 1 Organisation de l'apprentissage

Art. L. 6223-1 Toute entreprise peut engager un apprenti si l'employeur déclare à l'autorité administrative prendre les mesures nécessaires à l'organisation de l'apprentissage et s'il garantit que l'équipement de l'entreprise, les techniques utilisées, les conditions de travail, de santé et de sécurité, les compétences professionnelles et pédagogiques ainsi que la moralité des personnes qui sont responsables de la formation sont de nature à permettre une formation satisfaisante.

Cette déclaration devient caduque si l'entreprise n'a pas conclu de contrat d'apprentissage dans la période de cinq ans écoulée à compter de sa notification. – *[Anc. art. L. 117-5, al. 1ᵉʳ et 3.] – V. art. R. 6227-8 (pén.).*

A titre expérimental sur l'ensemble du territoire national et pour une durée de 3 ans à compter du 5 sept. 2018, date de promulgation de la L. n° 2018-771 du 5 sept. 2018, lorsque l'employeur de l'apprenti est un groupement d'employeurs tel que prévu à l'art. L. 1253-1 C. trav., la formation pratique peut être dispensée chez trois de ses membres (L. préc., art. 11-IV).

Lorsque le contrat d'apprentissage est nul en raison du défaut d'agrément de l'employeur (régime antérieur à la loi du 20 déc. 1993), l'apprenti a droit à une rémunération calculée sur le salaire minimum conventionnel avec application des abattements d'âge. • Soc. 1ᵉʳ avr. 1992, n° 88-40.438 P : *D. 1993. Somm. 256, obs. Escande-Varniol ; CSB 1992. 147, S. 84.*

SECTION 2 Engagements dans le cadre de la formation

Art. L. 6223-2 L'employeur inscrit l'apprenti dans un centre de formation d'apprentis assurant l'enseignement correspondant à la formation prévue au contrat.

Le choix du centre de formation d'apprentis est précisé par le contrat d'apprentissage. – *[Anc. art. L. 117-6.] – V. art. R. 6227-1 (pén.).*

L'employeur qui, en violation de ses engagements, n'inscrit pas l'apprenti dans un centre de formation professionnelle engage sa responsabilité à l'égard des parents privés du bénéfice des allocations familiales. • Soc. 19 déc. 1972 : *Bull. civ. V, n° 706.*

Art. L. 6223-3 L'employeur assure dans l'entreprise la formation pratique de l'apprenti.

Il lui confie notamment des tâches ou des postes permettant d'exécuter des opérations ou travaux conformes à une progression annuelle définie par accord entre le centre de formation d'apprentis et les représentants des entreprises qui inscrivent des apprentis dans celui-ci. – *[Anc. art. L. 117-7, al. 1ᵉʳ.] – V. art. R. 6227-1 (pén.).*

Art. L. 6223-4 L'employeur s'engage à faire suivre à l'apprenti la formation dispensée par le centre et à prendre part aux activités destinées à coordonner celle-ci et la formation en entreprise.

Il veille à l'inscription et à la participation de l'apprenti aux épreuves du diplôme ou du titre sanctionnant la qualification professionnelle prévue par le contrat. – *[Anc. art. L. 117-7, al. 2.] – V. art. R. 6227-1 (pén.).*

SECTION 3 Maître d'apprentissage

Art. L. 6223-5 La personne directement responsable de la formation de l'apprenti et assumant la fonction de tuteur est dénommée maître d'apprentissage.

Le maître d'apprentissage a pour mission de contribuer à l'acquisition par l'apprenti dans l'entreprise des compétences correspondant à la qualification recherchée et au titre du diplôme préparés, en liaison avec le centre de formation d'apprentis.

(*L. n° 2016-1088 du 8 août 2016, art. 91*) « Lorsque l'apprenti est recruté par un groupement d'employeurs mentionné aux articles L. 1253-1 à L. 1253-23, les dispositions relatives au maître d'apprentissage sont appréciées au niveau de l'entreprise utilisatrice membre de ce groupement. » – *V. art. R. 6227-1 (pén.).*

BIBL. ▶ PETIT, *Dr. soc. 2006. 1136* (accompagnement dans l'emploi).

Art. L. 6223-6 La fonction tutorale peut être partagée entre plusieurs salariés. – *[Anc. art. L. 117-4, al. 3 début.] – V. art. R. 6227-1 (pén.).*

Art. L. 6223-7 L'employeur permet au maître d'apprentissage de dégager sur son temps de travail les disponibilités nécessaires à l'accompagnement de l'apprenti et aux relations avec le centre de formation d'apprentis. – *[Anc. art. L. 117-4, al. 4.] – V. art. R. 6227-1 (pén.).*

Art. L. 6223-8 L'employeur veille à ce que le maître d'apprentissage bénéficie de formations lui permettant d'exercer correctement sa mission et de suivre l'évolution du contenu des formations dispensées à l'apprenti et des diplômes qui les validant. – *V. art. R. 6227-1 (pén.).*

(*L. n° 2014-288 du 5 mars 2014, art. 14-III*) « Un accord collectif d'entreprise ou de branche peut définir les modalités de mise en œuvre et de prise en charge de ces formations. »

Art. L. 6223-8-1 (*L. n° 2018-771 du 5 sept. 2018, art. 13-VII, en vigueur le 1er janv. 2019*) Le maître d'apprentissage doit être salarié de l'entreprise, volontaire, majeur et offrir toutes garanties de moralité. Le cas échéant, l'employeur (*Ord. n° 2019-861 du 21 août 2019, art. 1er*) « ou le conjoint collaborateur » peut remplir cette fonction.

Les conditions de compétence professionnelle exigées d'un maître d'apprentissage en application de l'article L. 6223-1 sont déterminées par convention ou accord collectif de branche.

A défaut d'un tel accord, les conditions de compétence professionnelle exigées d'un maître d'apprentissage sont déterminées par voie réglementaire.

Pour les contrats conclus en application de l'article L. 6227-1, les conditions de compétence professionnelle exigées d'un maître d'apprentissage sont déterminées par voie réglementaire. – *V. art. R. 6223-22 et R. 6273-1 s.*

Les dispositions issues de l'art. 13 de la L. n° 2018-771 du 5 sept. 2018 ne s'appliquent pas aux contrats d'apprentissage conclus avant le 1er janv. 2019 (L. préc., art. 46-II).

SECTION 4 Dispositions d'application

Art. L. 6223-9 Un décret en Conseil d'État détermine les mesures d'application du présent chapitre. – *[Anc. art. L. 119-4, al. 2.] – V. art. R. 6223-1 s.*

CHAPITRE IV DÉPÔT DU CONTRAT

(*L. n° 2018-771 du 5 sept. 2018, art. 11-II, en vigueur le 1er janv. 2020*)

Art. L. 6224-1 Le contrat d'apprentissage ou, le cas échéant, la déclaration mentionnée à l'article L. 6222-5 est (*Ord. n° 2019-861 du 21 août 2019, art. 1er*) « transmis à l'opérateur de compétences, qui procède à son dépôt » dans des conditions fixées par voie réglementaire.

CHAPITRE V PROCÉDURES D'OPPOSITION, DE SUSPENSION ET D'INTERDICTION DE RECRUTEMENT

SECTION 1 Opposition à l'engagement d'apprentis

Art. L. 6225-1 L'autorité administrative peut s'opposer à l'engagement d'apprentis par une entreprise lorsqu'il est établi par les autorités chargées du contrôle de l'exécution du contrat d'apprentissage que l'employeur méconnaît les obligations mises à sa

APPRENTISSAGE **Art. L. 6225-6**

charge, soit par le présent livre, soit par les autres dispositions du présent code applicables aux jeunes travailleurs ou aux apprentis, soit par le contrat d'apprentissage. — *[Anc. art. L. 117-5, al. 4.]* — V. art. R. 6227-9 (pén.).

Art. L. 6225-2 En cas d'opposition à l'engagement d'apprentis, l'autorité administrative décide si les contrats en cours peuvent *(L. n° 2014-288 du 5 mars 2014, art. 14-III)* « continuer à être exécutés ».

Il en va de même en cas de transfert des contrats de travail dans le cas prévu à l'article L. 1224-1, en l'absence de déclaration par l'employeur de la nouvelle entreprise. — *[Anc. art. L. 117-18, al. 1er.]*

Transfert d'entreprise. Le contrat d'apprentissage est soumis à l'art. L. 122-12, al. 2 [L. 1242-2 nouv.], relatif à la modification de la situation juridique de l'employeur. • Soc. 4 mars 1982 : *Bull. civ. V, n° 146 ; D. 1982. IR 312* • 31 oct. 1989 : *Bull. civ. V, n° 621* • 23 oct. 1996 : 🗎 *D. 1996. IR 253* ⚖. ♦ L'absence d'agrément du nouvel employeur au moment de la modification ou le retard apporté à l'octroi de cet agrément n'entraîne pas la caducité du contrat d'apprentissage. • Mêmes arrêts (régime antérieur à la loi du 20 déc. 1993). ♦ La convention constatant la rupture du contrat d'apprentissage conclue postérieurement à la cession est inopposable au cessionnaire. • Soc. 28 mars 1996, 🗎 n° 93-40.716 P : *RJS 1996. 368, n° 582*.

Art. L. 6225-3 Lorsque l'autorité administrative décide que les contrats en cours ne peuvent *(L. n° 2014-288 du 5 mars 2014, art. 14-III)* « continuer à être exécutés », la décision entraîne la rupture des contrats à la date de notification de ce refus aux parties en cause.

L'employeur verse aux apprentis les sommes dont il aurait été redevable si le contrat s'était poursuivi jusqu'à son terme *(L. n° 2014-288 du 5 mars 2014, art. 14-III)* « ou jusqu'au terme de la période d'apprentissage ». — *[Anc. art. L. 117-18, al. 2.]*

Art. L. 6225-3-1 *(L. n° 2018-771 du 5 sept. 2018, art. 16, en vigueur le 1er janv. 2019)* En cas de rupture du contrat d'apprentissage en application de l'article L. 6225-3, le centre de formation dans lequel est inscrit l'apprenti prend les dispositions nécessaires pour lui permettre de suivre sa formation théorique pendant six mois et contribue à lui trouver un nouvel employeur susceptible de lui permettre d'achever son cycle de formation.

Les dispositions issues de l'art. 16 de la L. n° 2018-771 du 5 sept. 2018 ne s'appliquent pas aux contrats d'apprentissage conclus avant le 1er janv. 2019 (L. préc., art. 46-II).

SECTION 2 Suspension de l'exécution du contrat et interdiction de recrutement

Art. L. 6225-4 En cas de risque sérieux d'atteinte à la santé ou à l'intégrité physique ou morale de l'apprenti, l'*(L. n° 2016-1088 du 8 août 2016, art. 113)* « agent de contrôle de l'inspection du travail mentionné à l'article L. 8112 1 » ou le fonctionnaire de contrôle assimilé propose au *(L. n° 2011-525 du 17 mai 2011, art. 170)* « directeur régional des entreprises, de la concurrence, de la consommation, du travail et de l'emploi » la suspension du contrat d'apprentissage.

Cette suspension s'accompagne du maintien par l'employeur de la rémunération de l'apprenti. — *[Anc. art. L. 117-5-1, al. 1er, phrases 1 début et 2.]*

Art. L. 6225-5 Dans le délai de quinze jours à compter du constat de l'agent de contrôle, le *(L. n° 2011-525 du 17 mai 2011, art. 170)* « directeur régional des entreprises, de la concurrence, de la consommation, du travail et de l'emploi » se prononce sur la reprise de l'exécution du contrat d'apprentissage.

Le refus d'autoriser la reprise de l'exécution du contrat d'apprentissage entraîne la rupture de ce contrat à la date de notification du refus aux parties. Dans ce cas, l'employeur verse à l'apprenti les sommes dont il aurait été redevable si le contrat s'était poursuivi jusqu'à son terme *(L. n° 2014-288 du 5 mars 2014, art. 14-III)* « ou jusqu'au terme de la période d'apprentissage ». — *[Anc. art. L. 117-5-1, al. 2 et 3.]*

Art. L. 6225-6 La décision de refus du *(L. n° 2011-525 du 17 mai 2011, art. 170)* « directeur régional des entreprises, de la concurrence, de la consommation, du travail et de l'emploi » peut s'accompagner de l'interdiction faite à l'employeur de recruter de nouveaux apprentis ainsi que des jeunes titulaires d'un contrat d'insertion en alternance, pour une durée qu'elle détermine. — *[Anc. art. L. 117-5-1, al. 4.]*

Art. L. 6225-7 En cas de refus d'autoriser la reprise de l'exécution du contrat d'apprentissage, le centre de formation d'apprentis où est inscrit l'apprenti prend les dispositions nécessaires pour lui permettre de suivre provisoirement la formation dispensée par le centre et de trouver un nouvel employeur susceptible de contribuer à l'achèvement de sa formation. — *[Anc. art. L. 117-5-1, al. 5.]*

SECTION 3 **Dispositions d'application**

Art. L. 6225-8 Un décret en Conseil d'État détermine les mesures d'application du présent chapitre. — *[Anc. art. L. 119-4, al. 2.] — V. art. R. 6225-1 s.*

CHAPITRE VI ENTREPRISES DE TRAVAIL TEMPORAIRE

(L. n° 2011-893 du 28 juill. 2011)

Art. L. 6226-1 Les entreprises de travail temporaire mentionnées à l'article L. 1251-45 peuvent conclure des contrats d'apprentissage. Ces contrats assurent à l'apprenti une formation professionnelle dispensée pour partie en entreprise dans le cadre des missions de travail temporaire définies au chapitre I du titre V du livre II de la première partie et pour partie en centre de formation d'apprentis ou section d'apprentissage dans les conditions prévues à l'article L. 1251-57.

La durée minimale de chaque mission de travail temporaire effectuée dans le cadre de l'apprentissage est de six mois. Le temps consacré aux enseignements dispensés en centre de formation d'apprentis ou en section d'apprentissage et afférents à ces missions est pris en compte dans cette durée.

La fonction tutorale mentionnée à l'article L. 6223-6 est assurée par un maître d'apprentissage dans l'entreprise de travail temporaire et par un maître d'apprentissage dans l'entreprise utilisatrice.

CHAPITRE VII DÉVELOPPEMENT DE L'APPRENTISSAGE DANS LE SECTEUR PUBLIC NON INDUSTRIEL ET COMMERCIAL

(L. n° 2016-1088 du 8 août 2016, art. 73)

Art. L. 6227-1 Les personnes morales de droit public dont le personnel ne relève pas du droit privé peuvent conclure des contrats d'apprentissage selon les modalités définies au présent titre, sous réserve du présent chapitre.

(L. n° 2019-828 du 6 août 2019, art. 18) « Les organismes publics ne disposant pas de la personnalité morale peuvent, sous réserve d'avoir la capacité juridique de recruter des personnels, conclure des contrats d'apprentissage dans les mêmes conditions que celles prévues au premier alinéa. »

Les dispositions issues de la L. n° 2019-828 du 6 août 2019 entrent en vigueur le lendemain de la publication des dispositions réglementaires prises pour l'application de l'art. 15 de cette même loi (L. préc., art. 94-V). — V. Décr. n° 2019-1414 du 19 déc. 2019 (JO 21 déc.).

Contrat d'apprentissage conclu avec une personne morale de droit public et compétence prud'homale. Le contrat d'apprentissage conclu par une personne morale de droit public dont le personnel ne relève pas du droit privé est un contrat de droit privé. En conséquence, les litiges nés à propos de la conclusion, de l'exécution, de la rupture ou de l'échéance de ces contrats relèvent de la compétence des juridictions de l'ordre judiciaire. • Soc. 29 juin 2022, ⚖ n° 21-10.111 B : *D. actu. 8 sept. 2022, obs. Couëdel ; D. 2022. 1264 ⃠ ; RJS 10/2022, n° 502 ; JCP S 2022. 1231, obs. Pagani.*

Art. L. 6227-2 Par dérogation à l'article L. 6222-7, le contrat d'apprentissage est conclu pour une durée limitée.

Art. L. 6227-3 Les personnes morales mentionnées à l'article L. 6227-1 peuvent conclure avec une autre personne morale de droit public ou avec une entreprise des conventions prévoyant qu'une partie de la formation pratique est dispensée par cette autre personne morale de droit public ou par cette entreprise. Un décret fixe les clauses que comportent ces conventions ainsi que les autres dispositions qui leur sont applicables. — *V. art. D. 6271-1 s.*

Art. L. 6227-4 Les conditions générales d'accueil et de formation des apprentis font l'objet d'un avis du comité technique ou de toute autre instance compétente au sein de laquelle siègent les représentants du personnel. Cette instance examine annuellement un rapport sur l'exécution des contrats d'apprentissage.

Art. L. 6227-5 Pour la mise en œuvre du présent chapitre, un centre de formation d'apprentis peut conclure avec un ou plusieurs centres de formation gérés par une personne mentionnée à l'article L. 6227-1 ou avec le Centre national de la fonction publique territoriale une convention aux termes de laquelle ces établissements assurent une partie des formations normalement dispensées par le centre de formation d'apprentis et peut mettre à sa disposition des équipements pédagogiques ou d'hébergement. Dans ce cas, les centres de formation d'apprentis conservent la responsabilité administrative et pédagogique des enseignements dispensés.

Art. L. 6227-6 Les personnes morales mentionnées à l'article L. 6227-1 prennent en charge les coûts de la formation de leurs apprentis dans les centres de formation d'apprentis qui les accueillent, sauf lorsque ces personnes morales sont redevables de la taxe d'apprentissage. A cet effet, elles concluent une convention avec ces centres pour définir les conditions de cette prise en charge.

Art. L. 6227-7 *Abrogé par L. n° 2019-828 du 6 août 2019, art. 63.*

Art. L. 6227-8 L'apprenti est affilié au régime général de la sécurité sociale pour tous les risques et au régime complémentaire de retraite institué au profit des agents non titulaires de l'État et des collectivités territoriales ou au profit des agents des autres personnes morales de droit public mentionnées à l'article L. 6227-1. Les validations de droit à l'assurance vieillesse sont opérées selon les conditions fixées *(L. n° 2018-1203 du 22 déc. 2018, art. 8-VI, en vigueur le 1er janv. 2019)* « au dernier alinéa de l'article L. 6243-3 ».

Art. L. 6227-8-1 *(L. n° 2018-1203 du 22 déc. 2018, art. 8-VI, en vigueur le 1er janv. 2019)* L'employeur de l'apprenti est exonéré de la totalité des cotisations sociales d'origine légale et conventionnelle qui sont à sa charge, à l'exclusion de celles dues au titre des accidents du travail et des maladies professionnelles.

Art. L. 6227-9 L'État prend en charge les cotisations d'assurance sociale et les allocations familiales dues par l'employeur ainsi que les cotisations et contributions salariales d'origine légale et conventionnelle rendues obligatoires par la loi dues au titre des salaires versés aux apprentis, y compris les contributions d'assurance chômage versées par l'employeur qui a adhéré au régime mentionné à l'article L. 5422-13. Par dérogation, cette adhésion peut être limitée aux apprentis.

Compétence prud'homale. Les litiges relatifs aux allocations d'assurance chômage réclamées à la suite de la rupture d'un contrat d'apprentissage relèvent de la compétence du juge judiciaire, quand bien même l'employeur est une personne publique qui n'a pas adhéré au régime particulier d'assurance chômage et indépendamment des contrats de droit public conclus antérieurement par le salarié avec le même employeur. ● Soc. 29 juin 2022, n° 21-10.111 B : *D. actu. 8 sept. 2022, obs. Couëdel ; D. 2022. 1264 ; RJS 10/2022, n° 502 ; JCP S 2022. 1231, obs. Pagani.*

Art. L. 6227-10 Les services accomplis par l'apprenti au titre de son ou de ses contrats d'apprentissage ne peuvent ni être pris en compte comme services publics au sens des dispositions applicables aux fonctionnaires, aux agents publics ou aux agents employés par les personnes morales mentionnées à l'article L. 6227-1, ni au titre de l'un des régimes spéciaux de retraite applicables à ces agents.

Art. L. 6227-11 Le contrat d'apprentissage est *(L. n° 2018-771 du 5 sept. 2018, art. 11-II, en vigueur le 1er janv. 2020)* « déposé auprès du » représentant de l'État dans le département du lieu d'exécution du contrat.

Art. L. 6227-12 *(L. n° 2018-771 du 5 sept. 2018, art. 11-II, en vigueur le 1er janv. 2019)* L'ensemble des dispositions relatives à l'apprentissage est applicable au secteur public non industriel et commercial, à l'exception des articles L. 6222-5, L. 6222-13, L. 6222-16, L. 6222-31, L. 6222-39, L. 6223-1, L. 6224-1, L. 6225-1 à L. 6225-3-1, L. 6243-1 et L. 6243-1-2.

Les modalités de mise en œuvre du présent chapitre sont déterminées par voie réglementaire.

Ces dispositions ne s'appliquent pas aux contrats d'apprentissage conclus avant le 1ᵉʳ janv. 2019 (L. n° 2018-771 du 5 sept. 2018, art. 46-II).

TITRE III DISPOSITIONS SPÉCIFIQUES APPLICABLES AUX CENTRES DE FORMATION D'APPRENTIS

(L. n° 2018-771 du 5 sept. 2018, art. 24-VI)

Les centres de formation d'apprentis existants au 6 sept. 2018, date de publication de la L. n° 2018-771 du 5 sept. 2018 ont jusqu'au 31 déc. 2021 pour se mettre en conformité avec les dispositions de ladite loi. Jusqu'à cette mise en conformité, ils sont autorisés à poursuivre leur activité et sont réputés satisfaire aux obligations résultant de la même loi applicables aux centres de formations d'apprentis, notamment aux critères de qualité mentionnés à l'art. L. 6316-1.

Les art. L. 6232-1 à L. 6232-9 et le 2° de l'art. L. 6232-10 C. trav. dans leur rédaction antérieure à la L. n° 2018-771 du 5 sept. 2018 sont applicables aux centres de formations d'apprentis et aux sections d'apprentissage créés entre le 1ᵉʳ janv. 2019 et le 31 déc. 2019.

Pendant cette période, il peut être dérogé aux art. L. 6232-1 à L. 6232-4 pour créer un centre de formation d'apprentis ou une section d'apprentissage répondant aux objectifs de l'art. L. 6211-1. Le centre de formation d'apprentis ou la section d'apprentissage ainsi créé peut percevoir les fonds issus de la taxe d'apprentissage prévus à l'art. L. 6241-4 mais n'est pas éligible au financement de la région dans laquelle le centre ou la section est implanté ou dans laquelle les formations sont réalisées (L. préc., art. 24-VIII et X).

BIBL. ▶ Vetu et Alluome, *JCP S* 2021. 1084 (création d'un CFA d'entreprise).

CHAPITRE I MISSIONS ET OBLIGATIONS DES CENTRES DE FORMATION D'APPRENTIS

Art. L. 6231-1 Le titre V du livre III de la présente partie, à l'exception des articles L. 6353-3 à L. 6353-7, s'applique aux centres de formation d'apprentis.

Les dispositions spécifiques applicables à ces organismes sont prévues au présent titre.

Art. L. 6231-2 Les centres de formation dispensant les actions mentionnées au 4° de l'article L. 6313-1 ont pour mission :

1° D'accompagner les personnes, y compris celles en situation de handicap, souhaitant s'orienter ou se réorienter par la voie de l'apprentissage, en développant leurs connaissances et leurs compétences et en facilitant leur intégration en emploi, en cohérence avec leur projet professionnel. Pour les personnes en situation de handicap, le centre de formation d'apprentis appuie la recherche d'un employeur et facilite leur intégration tant en centre de formation d'apprentis qu'en entreprise en proposant les adaptations nécessaires au bon déroulement de leur contrat d'apprentissage. Pour accomplir cette mission, le centre de formation d'apprentis désigne un référent chargé de l'intégration des personnes en situation de handicap ;

2° D'appuyer et d'accompagner les postulants à l'apprentissage dans leur recherche d'un employeur ;

3° D'assurer la cohérence entre la formation dispensée en leur sein et celle dispensée au sein de l'entreprise, en particulier en organisant la coopération entre les formateurs et les maîtres d'apprentissage ;

4° D'informer, dès le début de leur formation, les apprentis de leurs droits et devoirs en tant qu'apprentis et en tant que salariés et des règles applicables en matière de santé et de sécurité en milieu professionnel ;

5° De permettre aux apprentis en rupture de contrat la poursuite de leur formation pendant six mois tout en les accompagnant dans la recherche d'un nouvel employeur, en lien avec le service public de l'emploi. Les apprentis en rupture de contrat sont affiliés à un régime de sécurité sociale et peuvent bénéficier d'une rémunération, en application des dispositions prévues respectivement aux articles L. 6342-1 et L. 6341-1 ;

6° D'apporter, en lien avec le service public de l'emploi, en particulier avec les missions locales, un accompagnement aux apprentis pour prévenir ou résoudre les dif-

APPRENTISSAGE   **Art. L. 6231-7**

ficultés d'ordre social et matériel susceptibles de mettre en péril le déroulement du contrat d'apprentissage ;

7° De favoriser la mixité au sein de leurs structures en sensibilisant les formateurs, les maîtres d'apprentissage et les apprentis à la question de l'égalité entre les femmes et les hommes ainsi qu'à la prévention du harcèlement sexuel au travail et en menant une politique d'orientation et de promotion des formations qui met en avant les avantages de la mixité. Ils participent à la lutte contre la répartition sexuée des métiers ;

8° D'encourager la mixité des métiers et l'égalité professionnelle entre les femmes et les hommes en organisant des actions d'information sur ces sujets à destination des apprentis ;

9° De favoriser, au-delà de l'égalité entre les femmes et les hommes, la diversité au sein de leurs structures en sensibilisant les formateurs, les maîtres d'apprentissage et les apprentis à l'égalité des chances et à la lutte contre toutes formes de discriminations et en menant une politique d'orientation et de promotion des formations qui mette en avant les avantages de la diversité ;

10° D'encourager la mobilité nationale et internationale des apprentis en nommant un personnel dédié, qui peut comprendre un référent mobilité mobilisant, au niveau national, les ressources locales et, au niveau international, les programmes de l'Union européenne, et en mentionnant, le cas échéant, dans le contenu de la formation, la période de mobilité ;

11° D'assurer le suivi et l'accompagnement des apprentis quand la formation prévue au 2° de l'article L. 6211-2 est dispensée en tout ou partie à distance ;

12° D'évaluer les compétences acquises par les apprentis, y compris sous la forme d'un contrôle continu, dans le respect des règles définies par chaque organisme certificateur ;

13° D'accompagner les apprentis ayant interrompu leur formation et ceux n'ayant pas, à l'issue de leur formation, obtenu de diplôme ou de titre à finalité professionnelle vers les personnes et les organismes susceptibles de les accompagner dans la définition d'un projet de poursuite de formation ;

14° D'accompagner les apprentis dans leurs démarches pour accéder aux aides auxquelles ils peuvent prétendre au regard de la législation et de la réglementation en vigueur.

Les centres de formation peuvent confier certaines de ces missions aux chambres consulaires dans des conditions déterminées par décret. — *V. art. R. 6231-2.*

Art. L. 6231-3 Tout centre de formation d'apprentis prévoit l'institution d'un conseil de perfectionnement dont la fonction est de veiller à son organisation et à son fonctionnement.

Art. L. 6231-4 Tout centre de formation d'apprentis a l'obligation de mettre en place une comptabilité analytique. Les règles de mise en œuvre de cette comptabilité analytique ainsi que le seuil à partir duquel cette obligation s'applique sont fixés par arrêté du ministre chargé de la formation professionnelle. — *V. Arr. du 21 juill. 2020, NOR : MTRD2017636A (JO 29 juill.), mod. par Arr. du 30 mars 2023, NOR : MTRD2308136A (JO 15 avr.).*

Art. L. 6231-5 Les statuts de l'organisme de formation qui dispense des actions au titre du 4° de l'article L. 6313-1 mentionnent expressément dans leur objet l'activité de formation en apprentissage.

(*Ord. n° 2019-861 du 21 août 2019, art. 1ᵉʳ*) « Cette obligation ne s'applique pas au centre de formation d'apprentis d'entreprise mentionné au I de l'article L. 6241-2. »

Art. L. 6231-6 Il est interdit de donner le nom de centre de formation d'apprentis à un organisme dont la déclaration d'activité n'a pas été enregistrée par l'autorité administrative conformément à l'article L. 6351-1 et dont les statuts ne font pas référence à l'apprentissage (*Ord. n° 2019-861 du 21 août 2019, art. 1ᵉʳ*) « sans préjudice des dispositions de l'article L. 6231-5 ».

Le fait de contrevenir aux dispositions du premier alinéa du présent article est puni de 4 500 € d'amende.

Art. L. 6231-7 La devise de la République, le drapeau tricolore et le drapeau européen sont apposés sur la façade des centres de formation d'apprentis. La Déclaration des droits de l'homme et du citoyen du 26 août 1789 est affichée de manière visible dans les locaux des mêmes établissements.

CHAPITRE II ORGANISATION DE L'APPRENTISSAGE AU SEIN DES CENTRES DE FORMATION D'APPRENTIS

Art. L. 6232-1 Un centre de formation d'apprentis peut conclure avec des établissements d'enseignement, des organismes de formation ou des entreprises une convention aux termes de laquelle ces derniers assurent tout ou partie des enseignements normalement dispensés par le centre de formation d'apprentis et mettent à disposition des équipements pédagogiques ou d'hébergement.

Les centres de formation d'apprentis mentionnés au premier alinéa conservent la responsabilité pédagogique et administrative des enseignements dispensés.

CHAPITRE III CRÉATION D'UNITÉS DE FORMATION PAR APPRENTISSAGE

Art. L. 6233-1 Les enseignements dispensés par le centre de formation d'apprentis peuvent être dispensés dans un établissement d'enseignement au sein d'une unité de formation par apprentissage. Cette unité est créée dans le cadre d'une convention entre cet établissement et le centre de formation d'apprentis.

L'établissement d'enseignement a la responsabilité pédagogique des formations dispensées par son unité de formation par apprentissage.

CHAPITRE IV DISPOSITIONS D'APPLICATION

Art. L. 6234-1 Un décret en Conseil d'État détermine les mesures d'application du présent titre. – *V. art. R. 6231-1 s.*

CHAPITRE V DÉVELOPPEMENT DE L'APPRENTISSAGE TRANSFRONTALIER

(L. n° 2022-217 du 21 févr. 2022, art. 186)

Art. L. 6235-1 L'apprentissage transfrontalier permet à un apprenti d'effectuer une partie de sa formation pratique ou théorique dans un pays frontalier de la France.

Art. L. 6235-2 I. – Les modalités de mise en œuvre de l'apprentissage transfrontalier sont précisées dans le cadre d'une convention conclue entre la France et le pays frontalier dans lequel est réalisée la partie pratique ou la partie théorique de la formation par apprentissage.

II. – La convention mentionnée au I précise notamment :

1° Les dispositions relatives au régime juridique applicable au contrat de travail, concernant notamment les conditions de travail et de rémunération, la santé et la sécurité au travail ainsi que la protection sociale de l'apprenti, lorsque la partie pratique de la formation par apprentissage est réalisée dans le pays frontalier ;

2° Les dispositions relatives à l'organisme de formation et à la certification professionnelle visée par le contrat ainsi que les modalités applicables au déroulement de la formation et à la délivrance de la certification professionnelle, lorsque la partie théorique de la formation par apprentissage est réalisée dans le pays frontalier ;

3° Les dispositions relatives au financement de l'apprentissage transfrontalier, notamment les contributions des parties et leurs relations sur le plan financier.

Art. L. 6235-3 *(Ord. n° 2022-1607 du 22 déc. 2022, art. 1ᵉʳ)* I. – Le livre I de la présente partie, dans ses dispositions applicables à l'apprentissage, est applicable à l'apprentissage transfrontalier.

II. – Par dérogation au I, les dispositions suivantes ne sont pas applicables :

1° Lorsque la partie pratique de la formation par apprentissage est réalisée dans le pays frontalier, le titre III ;

2° Lorsque la partie théorique de la formation par apprentissage est réalisée dans le pays frontalier, la section 4 du chapitre I du titre I et le chapitre III du même titre.

Art. L. 6235-4 (Ord. n° 2022-1607 du 22 déc. 2022, art. 1ᵉʳ) I. — Le livre II de la présente partie est applicable à l'apprentissage transfrontalier.
II. — Par dérogation au I, les dispositions suivantes ne sont pas applicables :
1° Les articles L. 6222-42 à L. 6222-44 ;
2° Lorsque la partie pratique de la formation par apprentissage est réalisée dans le pays frontalier, les 2° et 3° de l'article L. 6211-4 et les titres II et IV du présent livre, sauf les articles L. 6222-18-2, L. 6222-34 et L. 6222-36-1 qui s'appliquent ;
3° Lorsque la partie théorique de la formation par apprentissage est réalisée dans le pays frontalier, le deuxième alinéa de l'article L. 6211-1, les trois derniers alinéas de l'article L. 6211-2, les articles L. 6211-3, L. 6222-5, L. 6222-5-1, L. 6222-12-1, le premier alinéa de l'article L. 6222-18-2, [les articles] L. 6222-36-1, L. 6225-7, L. 6227-5 et L. 6227-6 ainsi que les chapitres I à IV du présent titre.
III. — Par dérogation à l'article L. 6227-11, les contrats d'apprentissage conclus en application du présent chapitre dans les conditions de l'article L. 6227-1 sont transmis à l'opérateur de compétences désigné dans les conditions prévues à l'article L. 6235-5.

Art. L. 6235-5 (Ord. n° 2022-1607 du 22 déc. 2022, art. 1ᵉʳ) I. — Le livre III de la présente partie, dans ses dispositions applicables à l'apprentissage, est applicable à l'apprentissage transfrontalier.
II. — Par dérogation au I, les dispositions suivantes ne sont pas applicables :
1° Lorsque la partie pratique de la formation par apprentissage est réalisée dans le pays frontalier, le chapitre I du titre III, le I de l'article L. 6332-1, le 2° du I de l'article L. 6332-1-3 dans ses dispositions relatives au maître d'apprentissage, ainsi que le 1° et le 4° du I et le 2° du II de l'article L. 6332-14 ;
2° Lorsque la partie théorique de la formation par apprentissage est réalisée dans le pays frontalier, l'article L. 6313-6 s'agissant des certifications qui font l'objet du contrat d'apprentissage, le chapitre VI du titre I, le 1° du I de l'article L. 6332-1, le 2° du I de l'article L. 6332-1-3 s'agissant de la prise en charge des contrats d'apprentissage, les 1°, 2° et 3° du I de l'article L. 6332-14, ainsi que le titre V.
III. — Lorsque la partie pratique de la formation par apprentissage est réalisée dans le pays frontalier, un opérateur de compétences prend en charge au titre de la section financière mentionnée au 1° de l'article L. 6332-3 :
1° Les frais supportés par le centre de formation des apprentis pour un montant fixé par arrêté des ministres chargés de la formation professionnelle et du budget ;
2° Les frais mentionnés aux 2° et 3° du I de l'article L. 6332-14.
IV. — Par dérogation à l'article L. 6332-1-1, la gestion des contrats d'apprentissage conclus en application du présent chapitre est confiée à un opérateur de compétences unique, agréé par arrêté du ministre chargé de la formation professionnelle. Cet opérateur de compétences procède au dépôt des contrats d'apprentissage dans des conditions fixées par décret.

Art. L. 6235-6 (Ord. n° 2022-1607 du 22 déc. 2022, art. 1ᵉʳ) Les modalités de mise en œuvre du présent chapitre sont fixées par décret.

TITRE III *[ANCIEN]* CENTRES DE FORMATION D'APPRENTIS ET SECTIONS D'APPRENTISSAGE

Anciens art. L. 6231-1 à L. 6234-2.

TITRE IV FINANCEMENT DE L'APPRENTISSAGE

CHAPITRE I TAXE D'APPRENTISSAGE

SECTION 1 Principes

Art. L. 6241-1 (Ord. n° 2021-797 du 23 juin 2021, art. 1ᵉʳ, en vigueur le 1ᵉʳ janv. 2022) I. — La taxe d'apprentissage vise à favoriser l'égal accès à l'apprentissage et à contribuer au financement d'actions de développement de l'apprentissage dans les conditions prévues à l'article L. 6241-2.
Elle est due par les employeurs passibles de l'impôt sur les sociétés mentionné à l'article 205 du code général des impôts, de plein droit ou sur option, ainsi que par les

personnes physiques et par les sociétés ayant opté pour le régime fiscal des sociétés de personnes, lorsque ces personnes et sociétés exercent une activité mentionnée aux articles 34 et 35 du même code.

II. — Pour l'application du I et conformément à l'article L. 152 du livre des procédures fiscales, les agents des administrations fiscales communiquent, dans des conditions fixées par décret, aux organismes mentionnés aux articles L. 213-1 et L. 752-4 du code de la sécurité sociale ainsi qu'à ceux mentionnés à l'article L. 723-1 du code rural et de la pêche maritime la liste des entreprises passibles de l'impôt sur les sociétés mentionnés [mentionné] au I.

III. — Par dérogation au I, ne sont pas redevables de cette taxe :

1° Les sociétés et personnes morales ayant pour objet exclusif les enseignements maternel, primaire, secondaire, supérieur, technique agricole, industriel et commercial, technologique, ainsi que de l'ensemble des disciplines médicales et paramédicales placées sous l'autorité du ministère en charge de la santé ;

2° Les groupements d'employeurs agricoles mentionnés à l'article L. 1253-1 du présent code ;

(*L. n° 2021-1900 du 30 déc. 2021, art. 121-I-3°*) « 3° Les mutuelles régies par les livres I et III du code de la mutualité ; »

4° Les associations, organismes, fondations, fonds de dotation, congrégations, syndicats à activités non lucratives mentionnées au 1 bis de l'article 206 du code général des impôts et aux 5°, 5° bis et 11° de l'article 207 du même code ;

5° Les sociétés coopératives agricoles d'approvisionnement et d'achat ainsi que les unions de sociétés coopératives agricoles d'approvisionnement et d'achat ;

6° Les sociétés coopératives de production, de transformation, conservation et vente de produits agricoles ainsi que les unions de sociétés coopératives de production, transformation, conservation et vente de produits agricoles mentionnés au 3° du 1 de l'article 207 du code général des impôts ;

7° Les coopératives et unions artisanales, maritimes, de transport fluvial et d'entreprises de transport mentionnées au 3° bis de l'article 207 du code général des impôts ;

8° Les organismes d'habitations à loyer modéré mentionnées à l'article L. 411-2 du code de la construction et de l'habitation, les sociétés anonymes de crédit immobilier qui exercent uniquement les activités prévues au I et au II de l'article L. 422-4 du même code ainsi que les unions d'économie sociale ;

9° Les sociétés coopératives de construction désignées à l'article L. 432-2 du code de la construction et de l'habitation.

La réalisation d'activités commerciales accessoires par les employeurs non redevables de cette taxe d'apprentissage en application du présent III ne remet pas en cause le bénéfice de l'exonération.

IV. — Sont exonérés mensuellement de la taxe d'apprentissage les employeurs mentionnés au I occupant un ou plusieurs apprentis avec lesquels ils ont conclu un contrat d'apprentissage dans les conditions prévues aux articles L. 6221-1 à L. 6225-8 du présent code, lorsque les rémunérations mensuellement dues par ces employeurs, telles qu'elles sont prises en compte pour la détermination de l'assiette des cotisations définie à l'article L. 242-1 du code de la sécurité sociale, n'excèdent pas six fois le montant du salaire minimum de croissance mensuel en vigueur au cours de la période d'emploi au titre de laquelle les rémunérations sont dues. Les modalités de mise en œuvre de cette exonération sont définies par décret.

Ces dispositions entrent en vigueur au 1ᵉʳ janv. 2022 pour les contributions dues à compter de cette date (Ord. n° 2021-797 du 23 juin 2021, art. 8-I).

Ancien art. L. 6241-1 *La taxe d'apprentissage est régie par les articles* (*L. n° 2013-1279 du 29 déc. 2013, art. 60-II-1°*) « *1599 ter A à* » (*L. n° 2018-1317 du 28 déc. 2018, art. 136-II*) « *1599 ter C, 1599 ter J et 1599 ter K* » *du code général des impôts.*

(*L. n° 2013-1279 du 29 déc. 2013, art. 60-II-1°*) « *Les dispositions du présent chapitre déterminent les conditions dans lesquelles l'employeur s'acquitte de la contribution supplémentaire à l'apprentissage et des fractions de la taxe d'apprentissage réservées au développement de l'apprentissage.* »

Art. L. 6241-1-1 (*L. n° 2020-1721 du 29 déc. 2020, art. 159-IV, en vigueur au plus tard le 1ᵉʳ janv. 2022*) I. — La taxe d'apprentissage mentionnée à l'article L. 6241-1 est

APPRENTISSAGE **Art. L. 6241-2** 1589

assise sur les revenus d'activités *(L. n° 2021-1900 du 30 déc. 2021, art. 121-I-4°)* « retenus pour le calcul de l'assiette des cotisations sociales mentionnée à » l'article L. **242-1** du code de la sécurité sociale et à l'article L. **741-10** du code rural et de la pêche maritime.

Toutefois, les rémunérations dues aux apprentis par les employeurs de moins de onze salariés, selon les modalités prévues au I de l'article L. **130-1** du code de la sécurité sociale, sont exonérées de la taxe d'apprentissage.

II. – Le taux de la taxe d'apprentissage est fixé à 0,68 %.

Toutefois, ce taux est fixé à 0,44 % pour les établissements situés dans les départements du Bas-Rhin, du Haut-Rhin et de la Moselle, quel que soit le lieu du siège du principal établissement de l'entreprise. La taxe est versée dans les conditions fixées à l'article L. **6261-2**.

III. – Pour le calcul de la taxe, le montant de la contribution et l'assiette déclarée sont arrondis conformément aux dispositions de l'article L. **133-10** du code de la sécurité sociale.

Ces dispositions entrent en vigueur à la date d'entrée en vigueur de l'Ord. relative à la collecte des contributions des employeurs au titre du financement de la formation professionnelle et de l'apprentissage prévue au I de l'art. 41 de la L. n° 2018-771 du 5 sept. 2018, et au plus tard le 1er janv. 2022 (L. n° 2020-1721 du 29 déc. 2020, art. 159-VII).

Art. L. 6241-2 *(L. n° 2018-771 du 5 sept. 2018, art. 37-II, en vigueur le 1er janv. 2019)* I. – Une part *(Ord. n° 2021-797 du 23 juin 2021, art. 1er, en vigueur le 1er janv. 2022)* « principale » du produit de la taxe d'apprentissage mentionnée à l'article *(Ord. n° 2021-797 du 23 juin 2021, art. 1er, en vigueur le 1er janv. 2022)* « L. **6241-1**, correspondant à l'application d'un taux de 0,59 %, » « est destinée au financement de l'apprentissage en application du 2° de l'article L. **6211-2** du présent code et reversée à France compétences selon les modalités prévues à l'article L. **6123-5**. Pour satisfaire à cette obligation de financement, une entreprise qui dispose d'un *(Ord. n° 2019-861 du 21 août 2019, art. 1er)* « centre de formation d'apprentis », accueillant ses apprentis, peut déduire de cette *(Ord. n° 2021-797 du 23 juin 2021, art. 1er, en vigueur le 1er janv. 2022)* « part » de la taxe d'apprentissage le montant des dépenses relatives aux formations délivrées par ce service, dans des conditions de mise en œuvre et sous réserve d'un plafonnement précisés par décret. L'entreprise peut aussi déduire de cette même *(Ord. n° 2021-797 du 23 juin 2021, art. 1er, en vigueur le 1er janv. 2022)* « part » les versements destinés à financer le développement d'offres nouvelles de formations par apprentissage, lorsque ces dernières servent à former un ou plusieurs apprentis de cette même entreprise, dans des conditions de mise en œuvre et sous réserve d'un plafonnement précisés par décret. – *V. art. D. 6241-29 s.*

(Ord. n° 2021-797 du 23 juin 2021, art. 1er, en vigueur le 1er janv. 2022) « Cette part principale de la taxe d'apprentissage est recouvrée dans les conditions prévues au I de l'article L. **6131-3** du présent code, selon la périodicité applicable en matière de cotisations et de contributions de sécurité sociale.

« II. – Le solde, soit la part du produit de la taxe d'apprentissage dû correspondant à l'application d'un taux de 0,09 %, déclaré et recouvré annuellement, est versé :

« 1° Par l'intermédiaire de la Caisse des dépôts et consignations, aux établissements destinataires mentionnés à l'article L. **6241-5**, pour les dépenses imputées sur le solde au titre du 1° de l'article L. **6241-4**.

« Cette part est recouvrée dans les conditions prévues au I de l'article L. **6131-3**. Elle fait l'objet d'un versement annuel unique concomitant aux cotisations et contributions de sécurité sociale versées au titre de la période d'activité du mois d'avril de l'année suivant celle au titre de laquelle elle est due. Un décret fixe la liste des informations relatives aux entreprises redevables qui sont communiquées à la Caisse des dépôts et consignations par les organismes chargés du recouvrement.

« Les établissements destinataires de cette part sont désignés par l'employeur, selon des modalités fixées par décret, au moyen d'un service dématérialisé mis en œuvre par la Caisse des dépôts et consignations ; – *V. art. R. 6241-25 s.*

« 2° Directement aux centres de formation d'apprentis, pour les dépenses imputées sur le solde au titre du 2° de l'article L. **6241-4**.

« Les entreprises redevables de la contribution supplémentaire à l'apprentissage mentionnées au I de l'article L. 6242-1 qui dépassent, au titre d'une année, le seuil prévu au premier alinéa du même I bénéficient d'une créance égale au pourcentage de l'effectif dépassant ce taux, retenu dans la limite de deux points, multiplié par l'effectif annuel moyen de l'entreprise au 31 décembre de l'année puis par un montant, compris entre 2,50 € et 5,00 €, défini par arrêté des ministres chargés du budget et de la formation professionnelle. Cette créance est imputable sur le solde mentionné au présent II. – *Ce montant est fixé à 4 € par Arr. du 28 févr. 2023, NOR : MTRD2304477A (JO 23 mars).*

« Les subventions mentionnées au 2° et la créance mentionnée à l'alinéa précédent ne peuvent donner lieu ni à report ni à restitution.

« III. – Les dispositions de l'article L. 133-10 du code de la sécurité sociale sont applicables au calcul des parts mentionnées au I et au II. »

Art. L. 6241-3 (*Abrogé par Ord. n° 2021-797 du 23 juin 2021, art. 1er, à compter du 1er janv. 2022*) (*L. n° 2018-771 du 5 sept. 2018, art. 37-II, en vigueur le 1er janv. 2019*) *La fraction mentionnée au I de l'article L. 6241-2 et la contribution supplémentaire à l'apprentissage sont recouvrées dans les conditions prévues au III de l'article L. 6131-1.*

SECTION 2 **Dépenses imputables sur le solde de la taxe d'apprentissage** (*Ord. n° 2021-797 du 23 juin 2021, art. 1er, en vigueur le 1er janv. 2022*).

Art. L. 6241-4 (*Ord. n° 2021-797 du 23 juin 2021, art. 1er, en vigueur le 1er janv. 2022*) Les employeurs peuvent imputer sur le solde de la taxe d'apprentissage, à hauteur du montant mentionné au II de l'article L. 6241-2 :

1° Les dépenses réellement exposées permettant de financer le développement des formations initiales technologiques et professionnelles, hors apprentissage, et l'insertion professionnelle, dont les frais de premier équipement, de renouvellement de matériel existant et d'équipement complémentaire, dans l'une des catégories d'établissements habilités mentionnées à l'article L. 6241-5.

Les formations technologiques et professionnelles mentionnées à l'alinéa précédent sont celles qui, dispensées dans le cadre de la formation initiale, remplissent les conditions suivantes :

a) Elles conduisent à des diplômes ou titres enregistrés au répertoire national des certifications professionnelles et classés dans la nomenclature interministérielle des niveaux de formation ;

b) Elles sont dispensées à temps complet et de manière continue, ou selon un rythme approprié au sens des dispositions de l'article L. 813-9 du code rural et de la pêche maritime ;

2° Les subventions versées à un centre de formation d'apprentis sous forme d'équipements et de matériels conformes aux besoins des formations dispensées.

Art. L. 6241-5 (*L. n° 2018-771 du 5 sept. 2018, art. 37-II, en vigueur le 1er janv. 2019*) Sont habilités à percevoir le solde de la taxe d'apprentissage (*Ord. n° 2021-797 du 23 juin 2021, art. 1er, en vigueur le 1er janv. 2022*) « au titre des » dépenses mentionnées au 1° de l'article L. 6241-4 :

1° Les établissements publics d'enseignement du second degré ;

2° Les établissements d'enseignement privés du second degré gérés par des organismes à but non lucratif et qui remplissent l'une des conditions suivantes :

a) Être lié à l'État par l'un des contrats d'association mentionnés à l'article L. 442-5 du code de l'éducation ou à l'article L. 813-1 du code rural et de la pêche maritime ;

b) Être habilité à recevoir des boursiers nationaux conformément aux procédures prévues à l'article L. 531-4 du code de l'éducation ;

c) Être reconnu conformément à la procédure prévue à l'article L. 443-2 du même code ;

3° Les établissements publics d'enseignement supérieur ou leurs groupements agissant pour leur compte ;

4° Les établissements gérés par une chambre consulaire et les établissements d'enseignement supérieur consulaire mentionnés à l'article L. 711-17 du code de commerce ;

5° Les établissements privés relevant de l'enseignement supérieur gérés par des organismes à but non lucratif ou leurs groupements agissant pour leur compte ;

6° Les établissements publics ou privés dispensant des formations conduisant aux diplômes professionnels délivrés par les ministères chargés de la santé, des affaires sociales, de la jeunesse et des sports ;

7° Les écoles de la deuxième chance, mentionnées à l'article L. 214-14 du code de l'éducation, les centres de formation gérés et administrés par l'établissement public d'insertion de la défense, mentionnés à l'article L. 130-1 du code du service national, et les établissements à but non lucratif concourant, par des actions de formation professionnelle, à offrir aux jeunes sans qualification une nouvelle chance d'accès à la qualification ;

8° Les établissements ou services d'enseignement qui assurent, à titre principal, une éducation adaptée et un accompagnement social ou médico-social aux mineurs ou jeunes adultes handicapés ou présentant des difficultés d'adaptation, mentionnés au 2° du I de l'article L. 312-1 du code de l'action sociale et des familles, ainsi que les établissements délivrant l'enseignement adapté prévu au premier alinéa de l'article L. 332-4 du code de l'éducation ;

9° Les établissements ou services mentionnés au 5° du I de l'article L. 312-1 du code de l'action sociale et des familles ;

10° Les établissements ou services à caractère expérimental accueillant des jeunes handicapés ou présentant des difficultés d'adaptation, mentionnés au 12° du I du même article L. 312-1 ;

11° Les organismes participant au service public de l'orientation tout au long de la vie, dont la liste est établie par décision du président du conseil régional ;

12° Les écoles de production mentionnées à l'article L. 443-6 du code de l'éducation ;

13° Les organismes figurant sur une liste établie par arrêté des ministres chargés de l'éducation nationale et de la formation professionnelle, agissant au plan national pour la promotion de la formation technologique et professionnelle initiale et des métiers. Cette liste est établie pour trois ans et les organismes y figurant justifient d'un niveau d'activité suffisant, déterminé par décret, pour prétendre continuer à y être inscrits. Le montant versé par les entreprises à ces organismes au titre du solde de la taxe d'apprentissage ne peut dépasser 30 % du montant dû ; – *V. art. D. 6241-33 ; Arr. du 30 déc. 2019, NOR : MTRD1937843A (JO 5 janv. 2020), mod. par Arr. du 22 déc. 2020, NOR : MTRD2036571A (JO 28 déc.).*

(L. n° 2023-703 du 1er août 2023, art. 35) « 14° Les établissements d'enseignement technique et préparatoire militaire mentionnés à l'article L. 4153-1 du code de la défense. »

SECTION 3 Affectation des fonds

Art. L. 6241-10 et L. 6241-11 *Abrogés par L. n° 2018-771 du 5 sept. 2018, art. 37-II, à compter du 1er janv. 2019.*

SECTION 4 Dispositions d'application

Art. L. 6241-12 *Abrogé par L. n° 2018-771 du 5 sept. 2018, art. 37-II.*

SECTION 5 *[ABROGÉE]* Dispositions applicables aux employeurs occupant des salariés intermittents du spectacle

(Abrogée par Ord. n° 2019-861 du 21 août 2019, art. 1er) (L. n° 2014-288 du 5 mars 2014, art. 17-III)

Art. L. 6241-13 *Abrogé par Ord. n° 2019-861 du 21 août 2019, art. 1er.*

CHAPITRE II CONTRIBUTION SUPPLÉMENTAIRE À L'APPRENTISSAGE

(Ord. n° 2021-797 du 23 juin 2021, art. 1er, en vigueur le 1er janv. 2022, ratifiée par la L. n° 2022-1598 du 21 déc. 2022, art. 12)

Art. L. 6242-1 I. – Une contribution supplémentaire à l'apprentissage est due annuellement par les entreprises d'au moins deux cent cinquante salariés qui sont redevables de la taxe d'apprentissage en application de l'article L. 6241-1 et dont le quotient de l'effectif annuel salarié pour l'ensemble des catégories mentionnées au II par l'effectif total de l'entreprise est inférieur à un seuil de 5 % au cours de l'année de référence.

II. — Sont pris en compte au numérateur du quotient prévu au I :

1° Les salariés sous contrat de professionnalisation ou d'apprentissage et, pendant l'année suivant la date de fin du contrat de professionnalisation ou d'apprentissage, les salariés embauchés en contrat à durée indéterminée par l'entreprise à l'issue de ce contrat ;

2° Les personnes bénéficiant d'une convention industrielle de formation par la recherche.

Toutefois, l'entreprise dont l'effectif salarié annuel relevant des catégories définies aux 1° et 2° du présent II est supérieur ou égal à 3 % de l'effectif salarié annuel et a progressé d'au moins 10 % par rapport à l'année précédente est exonérée de la contribution supplémentaire à l'apprentissage due au titre des rémunérations versées l'année au cours de laquelle cette progression intervient.

III. — Cette contribution est assise sur les rémunérations retenues pour l'assiette de la taxe d'apprentissage en application de l'article L. 6241-1-1.

IV. — Les taux de la contribution sont déterminés comme suit :

1° 0,4 % lorsque le quotient mentionné au I est inférieur à 1 %. Ce taux est porté à 0,6 % lorsque l'effectif salarié annuel excède deux mille salariés ;

2° 0,2 % lorsque le quotient mentionné au I est au moins égal à 1 % et inférieur à 2 % ;

3° 0,1 % lorsque le quotient mentionné au I est au moins égal à 2 % et inférieur à 3 % ;

4° 0,05 % lorsque le quotient mentionné au I est au moins égal à 3 % et inférieur à 5 %.

V. — Pour l'application du présent article, l'effectif salarié est apprécié selon les modalités prévues au I de l'article L. 130-1 du code de la sécurité sociale.

Toutefois, par dérogation au même I, la période à retenir pour apprécier le nombre de salariés est l'année au titre de laquelle la contribution est due. En cas de franchissement du seuil de deux cent cinquante salariés ou du seuil de deux mille salariés, les dispositions du II du même article L. 130-1 sont applicables.

Pour les entreprises de travail temporaire mentionnées à l'article L. 1251-2 du présent code, le seuil mentionné au premier alinéa du I est apprécié sans tenir compte des salariés titulaires d'un contrat de travail, dit "contrat de mission", mentionné au 2° de l'article L. 1251-1. La contribution n'est pas due sur les rémunérations versées à ces salariés.

(L. n° 2023-1322 du 29 déc. 2023, art. 158) « Les salariés en contrat de professionnalisation ou d'apprentissage mis à disposition par un groupement d'employeurs pour l'insertion et la qualification mentionné au troisième alinéa de l'article L. 1253-1 sont pris en compte par l'entreprise utilisatrice pour le calcul du seuil mentionné au I du présent article. »

VI. — Par dérogation, pour les établissements mentionnés au deuxième alinéa du II de l'article 6241-1-1, les taux prévus au IV du présent article sont réduits à 52 % de leur montant.

VII. — Pour le calcul de cette contribution, le montant de la contribution et l'assiette déclarée sont arrondis conformément aux dispositions de l'article L. 133-10 du code de la sécurité sociale.

VIII. — Cette contribution est recouvrée dans les conditions prévues au I de l'article L. 6131-3 du présent code. Elle fait l'objet d'un versement unique complémentaire aux cotisations et contributions de sécurité sociale versées au titre de la période d'activité du mois de mars de l'année suivant celle au titre de laquelle elle est due.

Ces dispositions entrent en vigueur au 1ᵉʳ janv. 2022 pour les contributions dues à compter de cette date (Ord. n° 2021-797 du 23 juin 2021, art. 8-I).

APPRENTISSAGE **Art. L. 6244-1**

CHAPITRE III AIDES À L'APPRENTISSAGE

SECTION 1 **Aide unique aux employeurs d'apprentis** (L. n° 2018-771 du 5 sept. 2018, art. 27-I, en vigueur le 1ᵉʳ janv. 2019).

(L. n° 2013-1278 du 29 déc. 2013, art. 140)

Art. L. 6243-1 (L. n° 2018-771 du 5 sept. 2018, art. 27-I, en vigueur le 1ᵉʳ janv. 2019) Les contrats d'apprentissage conclus dans les entreprises de moins de deux cent cinquante salariés afin de préparer un diplôme ou un titre à finalité professionnelle équivalant au plus au baccalauréat ouvrent droit à une aide versée à l'employeur par l'État.

Un décret fixe les modalités d'application du présent article. — V. art. D. 6243-2.

Art. L. 6243-1-1 (L. n° 2019-486 du 22 mai 2019, art. 11-VI, en vigueur le 1ᵉʳ janv. 2020) Pour l'application de l'article L. 6243-1, l'effectif salarié est déterminé selon les modalités prévues au I de l'article L. 130-1 du code de la sécurité sociale [V. ss. art. L. 1152-1].

Art. L. 6243-1-2 (Ord. n° 2021-797 du 23 juin 2021, art. 1ᵉʳ, en vigueur le 1ᵉʳ janv. 2022) (L. n° 2023-1196 du 18 déc. 2023, art. 6-I, en vigueur le 1ᵉʳ janv. 2024) « L'opérateur France Travail » aide et conseille les entreprises assujetties à la contribution supplémentaire à l'apprentissage mentionnée à l'article L. 6242-1 dans leur recrutement de jeunes ou d'adultes par la voie de l'apprentissage ou de la professionnalisation. A cette fin, France compétences transmet chaque année à (L. n° 2023-1196 du 18 déc. 2023, art. 6-I, en vigueur le 1ᵉʳ janv. 2024) « l'opérateur France Travail » la liste des entreprises redevables de cette contribution.

Ces dispositions entrent en vigueur au 1ᵉʳ janv. 2022 pour les contributions dues à compter de cette date (Ord. n° 2021-797 du 23 juin 2021, art. 8-I).

SECTION 2 **Cotisations dues au titre de l'emploi des apprentis** (L. n° 2014-40 du 20 janv. 2014, art. 30).

Art. L. 6243-2 (L. n° 2018-1203 du 22 déc. 2018, art. 8-VI, en vigueur le 1ᵉʳ janv. 2019) L'apprenti est exonéré de la totalité des cotisations salariales d'origine légale et conventionnelle pour la part de sa rémunération inférieure ou égale à un plafond fixé par décret. — V. art. D. 6243-5.

Art. L. 6243-3 (L. n° 2018 1203 du 22 déc. 2018, art. 8 VI, en vigueur le 1ᵉʳ janv. 2019) « L'État prend en charge les cotisations et contributions sociales des apprentis qui font l'objet des exonérations prévues aux articles L. 6227-8-1 et L. 6243-2. »

(L. n° 2014-40 du 20 janv. 2014, art. 30) « Le fonds mentionné à l'article L. 135-1 du code de la sécurité sociale prend à sa charge, dans des conditions fixées par décret, le versement d'un complément de cotisations d'assurance vieillesse afin de valider auprès des régimes de base un nombre de trimestres correspondant à la durée du contrat d'apprentissage. »

SECTION 3 **Dispositions d'application**

Art. L. 6243-4 Un décret en Conseil d'État détermine les mesures d'application du présent chapitre. — V. art. D. 6243-1 s.

CHAPITRE IV *[ABROGÉ]* DISPOSITIONS PÉNALES

(Abrogé par Ord. n° 2019-861 du 21 août 2019, art. 1ᵉʳ)

Art. L. 6244-1 Abrogé par Ord. n° 2019-861 du 21 août 2019, art. 1ᵉʳ.

TITRE VI DISPOSITIONS PARTICULIÈRES AUX DÉPARTEMENTS DE LA MOSELLE, DU BAS-RHIN ET DU HAUT-RHIN

RÉP. TRAV. v° *Alsace-Moselle*, par Grisey Martinez.

CHAPITRE UNIQUE

Art. L. 6261-1 *Abrogé par L. n° 2018-1203 du 22 déc. 2018, art. 8-VI, à compter du 1er janv. 2019.*

Art. L. 6261-2 Dans les départements de la Moselle, du Bas-Rhin et du Haut-Rhin, un décret en Conseil d'État détermine les modalités particulières d'application du présent livre pour tenir compte des circonstances locales. — *[Anc. art. L. 119-4, al. 4.]* — V. art. R. 6261-2 s.

LIVRE III LA FORMATION PROFESSIONNELLE (L. n° 2018-771 du 5 sept. 2018, art. 4-I).

TITRE I DISPOSITIONS GÉNÉRALES

CHAPITRE I OBJET DE LA FORMATION PROFESSIONNELLE CONTINUE

Art. L. 6311-1 La formation professionnelle continue a pour objet de favoriser l'insertion ou la réinsertion professionnelle des travailleurs, de permettre leur maintien dans l'emploi, de favoriser le développement de leurs compétences et l'accès aux différents niveaux de la qualification professionnelle, de contribuer au développement économique et culturel (L. n° 2009-1437 du 24 nov. 2009) « , à la sécurisation des parcours professionnels » et à leur promotion sociale.

Elle a également pour objet de permettre le retour à l'emploi des personnes qui ont interrompu leur activité professionnelle pour s'occuper de leurs enfants ou de leur conjoint ou ascendants en situation de dépendance. — *[Anc. art. L. 900-1, al. 2 à 4.]*

CHAPITRE II ACCÈS À LA FORMATION PROFESSIONNELLE CONTINUE

Art. L. 6312-1 (L. n° 2018-771 du 5 sept. 2018, art. 8-I, en vigueur le 1er janv. 2019) L'accès des salariés à des actions de formation professionnelle est assuré :

1° A l'initiative de l'employeur, le cas échéant, dans le cadre d'un plan de développement des compétences ;

2° A l'initiative du salarié, notamment par la mobilisation du compte personnel de formation prévu à l'article L. 6323-1 ;

3° Dans le cadre des contrats de professionnalisation prévus à l'article L. 6325-1.

Art. L. 6312-2 Les travailleurs indépendants, les membres des professions libérales et des professions non salariées, y compris ceux n'employant aucun salarié, ainsi que leur conjoint collaborateur ou leur conjoint associé mentionné à l'article L. 121-4 du code de commerce, bénéficient personnellement du droit à la formation professionnelle continue.

Le même droit est ouvert aux travailleurs privés d'emploi. — *[Anc. art. L. 953-1, al. 1er.]*

CHAPITRE III CATÉGORIES D'ACTIONS (L. n° 2018-771 du 5 sept. 2018, art. 4-II, en vigueur le 1er janv. 2019).

Art. L. 6313-1 (L. n° 2018-771 du 5 sept. 2018, art. 4-II, en vigueur le 1er janv. 2019) Les actions concourant au développement des compétences qui entrent dans le champ d'application des dispositions relatives à la formation professionnelle sont :

1° Les actions de formation ;

2° Les bilans de compétences ;

3° Les actions permettant de faire valider les acquis de l'expérience, dans les conditions prévues au livre IV de la présente partie ;

4° Les actions de formation par apprentissage, au sens de l'article L. 6211-2.

Art. L. 6313-2 (*L. n° 2018-771 du 5 sept. 2018, art. 4-II, en vigueur le 1er janv. 2019*) L'action de formation mentionnée au 1° de l'article L. 6313-1 se définit comme un parcours pédagogique permettant d'atteindre un objectif professionnel.

Elle peut être réalisée en tout ou partie à distance.

Elle peut également être réalisée en situation de travail.

Les modalités d'application des deuxième et troisième alinéas du présent article sont déterminées par décret.

BIBL. ▶ LEVANNIER-GOUEL, JCP S 2020. 3009 (l'action de formation en situation de travail).

Art. L. 6313-3 (*L. n° 2018-771 du 5 sept. 2018, art. 4-II, en vigueur le 1er janv. 2019*) Les actions de formation mentionnées au 1° de l'article L. 6313-1 ont pour objet :

1° De permettre à toute personne sans qualification professionnelle ou sans contrat de travail d'accéder dans les meilleures conditions à un emploi ;

2° De favoriser l'adaptation des travailleurs à leur poste de travail, à l'évolution des emplois ainsi que leur maintien dans l'emploi et de participer au développement de leurs compétences en lien ou non avec leur poste de travail. Elles peuvent permettre à des travailleurs d'acquérir une qualification plus élevée ;

3° De réduire, pour les travailleurs dont l'emploi est menacé, les risques résultant d'une qualification inadaptée à l'évolution des techniques et des structures des entreprises, en les préparant à une mutation d'activité soit dans le cadre, soit en dehors de leur entreprise. Elles peuvent permettre à des salariés dont le contrat de travail est rompu d'accéder à des emplois exigeant une qualification différente, ou à des non-salariés d'accéder à de nouvelles activités professionnelles ;

4° De favoriser la mobilité professionnelle.

Art. L. 6313-4 (*L. n° 2018-771 du 5 sept. 2018, art. 4-II, en vigueur le 1er janv. 2019*) « Les bilans de compétences mentionnés au 2° de l'article L. 6313-1 » ont pour objet de permettre à des travailleurs d'analyser leurs compétences professionnelles et personnelles ainsi que leurs aptitudes et leurs motivations afin de définir un projet professionnel et, le cas échéant, un projet de formation.

Ce bilan ne peut être réalisé qu'avec le consentement du travailleur. Le refus d'un salarié d'y consentir ne constitue ni une faute ni un motif de licenciement.

(*L. n° 2018-771 du 5 sept. 2018, art. 4-II, en vigueur le 1er janv. 2019*) « Les informations demandées au bénéficiaire du bilan doivent présenter un lien direct et nécessaire avec son objet. Le bénéficiaire est tenu d'y répondre de bonne foi. Il est destinataire des résultats détaillés et d'un document de synthèse. Ce document de synthèse peut être communiqué, à sa demande, à l'opérateur du conseil en évolution professionnelle mentionné à l'article L. 6111-6. Les résultats détaillés et le document de synthèse ne peuvent être communiqués à toute autre personne ou institution qu'avec l'accord du bénéficiaire. »

Les personnes chargées de réaliser et de détenir les bilans sont soumises aux dispositions des articles 226-13 et 226-14 du code pénal en ce qui concerne les informations qu'elles détiennent à ce titre.

(*L. n° 2018-771 du 5 sept. 2018, art. 4-II, en vigueur le 1er janv. 2019*) « La durée du bilan de compétences ne peut excéder vingt-quatre heures par bilan. »

L'art. L. 6313-10 devient l'art. L. 6313-4 (L. n° 2018-771 du 5 sept. 2018, art. 4-II).

Art. L. 6313-5 (*L. n° 2018-771 du 5 sept. 2018, art. 4-II, en vigueur le 1er janv. 2019*) Les actions permettant de faire valider les acquis de l'expérience mentionnées au 3° de l'article L. 6313-1 ont pour objet l'acquisition d'une certification professionnelle enregistrée au répertoire national des certifications professionnelles mentionné à l'article L. 6113-1 (*L. n° 2022-1598 du 21 déc. 2022, art. 10*) « ou d'un bloc de compétences d'une certification enregistrée dans ce répertoire.

« Le parcours de validation des acquis de l'expérience comprend un accompagnement et, le cas échéant, les actions de formation mentionnées à l'article L. 6313-1 ou les périodes de mise en situation en milieu professionnel mentionnées à l'article L. 5135-1 ».

Art. L. 6313-6 (*L. n° 2018-771 du 5 sept. 2018, art. 4-II, en vigueur le 1er janv. 2019*)
Les actions de formation par apprentissage mentionnées au 4° de l'article L. 6313-1 ont pour objet :

1° De permettre aux travailleurs titulaires d'un contrat d'apprentissage d'obtenir une qualification professionnelle sanctionnée par un diplôme ou un titre à finalité professionnelle enregistré au répertoire national des certifications professionnelles mentionné à l'article L. 6113-1 ;

2° De dispenser aux travailleurs titulaires d'un contrat d'apprentissage ainsi qu'aux apprentis originaires de l'Union européenne en mobilité en France une formation générale associée à une formation technologique et pratique, qui complète la formation reçue en entreprise et s'articule avec elle ;

3° De contribuer au développement des connaissances, des compétences et de la culture nécessaires à l'exercice de la citoyenneté ;

4° De contribuer au développement de l'aptitude des apprentis à poursuivre des études par la voie de l'apprentissage ou par toute autre voie.

La préparation à l'apprentissage vise à accompagner les personnes souhaitant s'orienter ou se réorienter par la voie de l'apprentissage, par toute action qui permet de développer leurs connaissances et leurs compétences et de faciliter leur intégration dans l'emploi, en cohérence avec leur projet professionnel. Ces actions sont accessibles en amont d'un contrat d'apprentissage. Elles sont organisées par les centres de formation d'apprentis ainsi que par des organismes et établissements déterminés par arrêté conjoint des ministres chargés de la formation professionnelle, de l'éducation nationale, de l'enseignement supérieur et de l'enseignement agricole. Les bénéficiaires des actions de préparation à l'apprentissage sont obligatoirement affiliés à un régime de sécurité sociale tel que défini à l'article L. 6342-1. Par ailleurs, ils peuvent bénéficier d'une rémunération en application de l'article L. 6341-1. Les actions de préparation à l'apprentissage (*Ord. n° 2019-861 du 21 août 2019, art. 1er*) « peuvent être financées par l'État dans le cadre d'un programme national destiné à répondre à un besoin additionnel de qualification au profit de jeunes sortis du système scolaire sans qualification et des personnes à la recherche d'emploi disposant d'un niveau de qualification inférieur ou égal au baccalauréat ».

A partir du 1er janv. 2020, pour une durée de 5 ans, les actions de formation par apprentissage peuvent être mises en œuvre à titre expérimental dans des établissements pénitentiaires. Cette expérimentation vise à permettre à des détenus âgés au plus de 29 ans révolus d'obtenir une qualification professionnelle sanctionnée par un diplôme ou un titre à finalité professionnelle, dans les conditions prévues à l'art. 719-3 C. pr. pén. (le titre II du livre II de la 6e partie C. trav. ne s'applique pas à cette expérimentation).

Les personnes qui ont bénéficié de ce dispositif et souhaitent conclure un contrat d'apprentissage ou un contrat de professionnalisation dans le cadre d'une semi-liberté ou à l'issue de leur détention afin de terminer leur formation ne peuvent bénéficier de l'application :

1° Des deux 1ers al. de l'art. L. 6222-7-1 et de l'art. L. 6325-11 C. trav. relatifs aux durées des contrats ;

2° Des 4e et avant-dernier al. de l'art. L. 6211-2 et du 2e al. de l'art. L. 6325-13 du même code relatifs aux durées de formation ;

3° Des dispositions du 1er al. de l'art. L. 6222-1 et du 1° de l'art. L. 6325-1 dudit code relatives à l'âge maximal de l'apprenti ou du bénéficiaire du contrat de professionnalisation.

(*L. n° 2018-771 du 5 sept. 2018, art. 12, mod. par L. n° 2021-1729 du 22 déc. 2021, art. 21 et 23*). — V. aussi Décr. n° 2019-1463 du 26 déc. 2019 relatif à l'expérimentation des actions de formation par apprentissage dans les établissements pénitentiaires (JO 28 déc.), mod. par Décr. n° 2022-917 du 21 juin 2022, art. 2 (JO 22 juin).

Art. L. 6313-7 (*L. n° 2018-771 du 5 sept. 2018, art. 4-II, en vigueur le 1er janv. 2019*)
Sont dénommées formations certifiantes, les formations sanctionnées :

1° Par une certification professionnelle enregistrée au répertoire national des certifications professionnelles mentionné à l'article L. 6113-1 ;

2° Par l'acquisition d'un bloc de compétences au sens du même article L. 6113-1 ;

3° Par une certification enregistrée au répertoire spécifique mentionné à l'article L. 6113-6.

Les autres formations peuvent faire l'objet d'une attestation dont le titulaire peut se prévaloir.

Art. L. 6313-8 (L. n° 2018-771 du 5 sept. 2018, art. 4-II, en vigueur le 1er janv. 2019) Un décret en Conseil d'État précise les conditions d'application du présent chapitre. — V. art. R. 6313-1 s.

Art. L. 6313-9 Abrogé par L. n° 2018-771 du 5 sept. 2018, art. 4-II, à compter du 1er janv. 2019.

CHAPITRE IV DROIT À LA QUALIFICATION PROFESSIONNELLE (L. n° 2014-288 du 5 mars 2014, art. 22-III).

Art. L. 6314-1 Tout travailleur engagé dans la vie active ou toute personne qui s'y engage a droit à (L. n° 2014-288 du 5 mars 2014, art. 22) « la qualification professionnelle » et doit pouvoir suivre, à son initiative, une formation lui permettant, quel que soit son statut, (L. n° 2009-1437 du 24 nov. 2009) « de progresser au cours de sa vie professionnelle d'au moins un niveau en acquérant » une qualification correspondant aux besoins de l'économie prévisibles à court ou moyen terme :
1° Soit enregistrée dans le répertoire national des certifications professionnelles (Ord. n° 2019-861 du 21 août 2019, art. 1er) « mentionné à l'article L. 6113-1 » ;
2° Soit reconnue dans les classifications d'une convention collective nationale de branche ;
(L. n° 2014-288 du 5 mars 2014, art. 1er-I) « 3° Soit ouvrant droit à un certificat de qualification professionnelle de branche ou interbranche ».

A titre expérimental pour une durée de 3 ans à compter de la publication du décret prévu au 3e al. du VI de l'art. 28 de la L. n° 2018-771 du 5 sept. 2018, par dérogation à l'art. L. 6314-1 C. trav., le contrat de professionnalisation peut être conclu en vue d'acquérir des compétences définies par l'employeur et l'opérateur de compétences, en accord avec le salarié.

Les employeurs relevant de l'art. L. 5132-4 du même code sont éligibles à cette expérimentation.

Les modalités d'application de cette expérimentation sont définies par décret (L. préc., art. 28-VI).

Art. L. 6314-2 (L. n° 2009-1437 du 24 nov. 2009) Les certificats de qualification professionnelle sont établis par une ou plusieurs commissions paritaires nationales de l'emploi d'une branche professionnelle.
Ils s'appuient, d'une part, sur un référentiel d'activités qui permet d'analyser les situations de travail et d'en déduire les connaissances et les compétences nécessaires et, d'autre part, sur un référentiel de certification qui définit les modalités et les critères d'évaluation des acquis.
Les certificats de qualification professionnelle ainsi que les référentiels mentionnés à l'alinéa précédent sont transmis à la Commission nationale de la certification professionnelle.

Art. L. 6314-3 Abrogé par L. n° 2014-288 du 5 mars 2014, art. 22-IV.

CHAPITRE V ENTRETIEN PROFESSIONNEL

(L. n° 2014-288 du 5 mars 2014, art. 5-I)

BIBL. ▶ RIBEREAU-GAYON, SSL 2020, n° 1894, p. 5 (expiration du délai de 6 ans et sanctions).

Art. L. 6315-1 I. — A l'occasion de son embauche, le salarié est informé qu'il bénéficie tous les deux ans d'un entretien professionnel avec son employeur consacré à ses perspectives d'évolution professionnelle, notamment en termes de qualifications et d'emploi. Cet entretien ne porte pas sur l'évaluation du travail du salarié. (L. n° 2016-1088 du 8 août 2016, art. 78) « Cet entretien comporte également des informations relatives à la validation des acquis de l'expérience (L. n° 2018-771 du 5 sept. 2018, art. 8-I, en vigueur le 1er janv. 2019) « , à l'activation par le salarié de son compte personnel de formation, aux abondements de ce compte que l'employeur est susceptible de financer et au conseil en évolution professionnelle ». »

Cet entretien professionnel, qui donne lieu à la rédaction d'un document dont une copie est remise au salarié, est proposé systématiquement au salarié qui reprend son activité à l'issue d'un congé de maternité, d'un congé parental d'éducation, d'un *(L. n° 2016-1088 du 8 août 2016, art. 9)* « congé de proche aidant », d'un congé d'adoption, d'un congé sabbatique, d'une période de mobilité volontaire sécurisée mentionnée à l'article L. **1222-12**, d'une période d'activité à temps partiel au sens de l'article L. **1225-47** du présent code, d'un arrêt longue maladie prévu à l'article L. **324-1** du code de la sécurité sociale ou à l'issue d'un mandat syndical. *(L. n° 2018-771 du 5 sept. 2018, art. 8-I, en vigueur le 1er janv. 2019)* « Cet entretien peut avoir lieu, à l'initiative du salarié, à une date antérieure à la reprise de poste. »

II. — Tous les six ans, l'entretien professionnel mentionné au I du présent article fait un état des lieux récapitulatif du parcours professionnel du salarié. Cette durée s'apprécie par référence à l'ancienneté du salarié dans l'entreprise.

Cet état des lieux, qui donne lieu à la rédaction d'un document dont une copie est remise au salarié, permet de vérifier que le salarié a bénéficié au cours des six dernières années des entretiens professionnels prévus au I et d'apprécier s'il a :

1° Suivi au moins une action de formation ;

2° Acquis des éléments de certification par la formation ou par une validation des acquis de son expérience ;

3° Bénéficié d'une progression salariale ou professionnelle.

Dans les entreprises d'au moins cinquante salariés, lorsque, au cours de ces six années, le salarié n'a pas bénéficié des entretiens prévus et d'au moins *(L. n° 2018-771 du 5 sept. 2018, art. 8-I, en vigueur le 1er janv. 2019)* « une formation autre que celle mentionnée à l'article L. 6321-2 », son compte personnel est abondé dans les conditions définies à l'article L. **6323-13**.

(L. n° 2019-486 du 22 mai 2019, art. 11-VI, en vigueur le 1er janv. 2020) « Pour l'application du présent article, l'effectif salarié et le franchissement du seuil de cinquante salariés sont déterminés selon les modalités prévues à l'article L. **130-1** du code de la sécurité sociale *[V. ss. art. L. 1152-1]*. »

(L. n° 2018-771 du 5 sept. 2018, art. 8-I, en vigueur le 1er janv. 2019) « III. — Un accord collectif d'entreprise ou, à défaut, de branche peut définir un cadre, des objectifs et des critères collectifs d'abondement par l'employeur du compte personnel de formation des salariés. Il peut également prévoir d'autres modalités d'appréciation du parcours professionnel du salarié que celles mentionnés aux 1° à 3° du II du présent article ainsi qu'une périodicité des entretiens professionnels différente de celle définie au I. »

Jusqu'au 30 sept. 2021, l'employeur peut justifier de l'accomplissement des obligations prévues au II de l'art. L. 6315-1 dans sa version en vigueur au 31 déc. 2018 (L. n° 2018-771 du 5 sept. 2018, art. 1er-XIII, mod. par Ord. n° 2019-861 du 21 août 2019, art. 7-1°, par Ord. n° 2020-1501 du 2 déc. 2020, art. 2, et par L. n° 2021-689 du 31 mai 2021, art. 8-XX).

BIBL. ▶ DUCHET, *JCP S* 2022. 1217 (l'entretien professionnel de fin de mandat).

Tenue de l'entretien d'évaluation et de l'entretien professionnel à la même date. L'art. L. 6315-1 C. trav. ne s'oppose pas à la tenue à la même date de l'entretien d'évaluation et de l'entretien professionnel pourvu que, lors de la tenue de ce dernier, les questions d'évaluation ne soient pas évoquées. ● Soc. 5 juill. 2023, n° 21-24.122 B : *D. actu.* 17 juill. 2023, obs. Malfettes ; *D.* 2023. 1317.

Art. L. 6315-2 *(L. n° 2019-1461 du 27 déc. 2019, art. 90-II)* Au début de son mandat de conseiller municipal, de conseiller départemental ou de conseiller régional, le salarié bénéficie, à sa demande, d'un entretien individuel avec son employeur portant sur les modalités pratiques d'exercice de son mandat au regard de son emploi. Cet entretien ne se substitue pas à l'entretien professionnel mentionné à l'article L. **6315-1**.

L'employeur et le salarié concerné peuvent s'accorder sur les mesures à mettre en œuvre pour faciliter la conciliation entre la vie professionnelle et les fonctions électives du salarié et, le cas échéant, sur les conditions de rémunération des temps d'absence consacrés à l'exercice de ces fonctions.

CHAPITRE VI **QUALITÉ DES ACTIONS DE LA FORMATION PROFESSIONNELLE** (L. n° 2018-771 du 5 sept. 2018, art. 6-I).

(L. n° 2014-288 du 5 mars 2014, art. 8)

Art. L. 6316-1 (L. n° 2018-771 du 5 sept. 2018, art. 6-I, en vigueur le 1er janv. 2022) Les prestataires mentionnés à l'article L. 6351-1 financés par un opérateur de compétences, par la commission mentionnée à l'article L. 6323-17-6, par l'État, par les régions, par la Caisse des dépôts et consignations, par *(L. n° 2023-1196 du 18 déc. 2023, art. 6-I, en vigueur le 1er janv. 2024)* « l'opérateur France Travail » ou par l'institution mentionnée à l'article L. 5214-1 sont certifiés sur la base de critères définis par décret en Conseil d'État. — V. art. R. 6316-1 s. et R. 6316-8 s.

Art. L. 6316-2 (L. n° 2018-771 du 5 sept. 2018, art. 6-I, en vigueur le 1er janv. 2022) La certification mentionnée à l'article L. 6316-1 est délivrée par un organisme certificateur accrédité à cet effet ou en cours d'accréditation par l'instance nationale d'accréditation mentionnée à l'article 137 de la loi n° 2008-776 du 4 août 2008 de modernisation de l'économie ou par tout autre organisme signataire d'un accord européen multilatéral pris dans le cadre de la coordination européenne des organismes d'accréditation.

Elle peut également être délivrée par une instance de labellisation reconnue par France compétences sur la base du référentiel national mentionné à l'article L. 6316-3 du présent code.

Art. L. 6316-3 (L. n° 2018-771 du 5 sept. 2018, art. 6-I, en vigueur le 1er janv. 2019) Un référentiel national déterminé par décret pris après avis de France compétences fixe les indicateurs d'appréciation des critères mentionnés à l'article L. 6316-1 ainsi que les modalités d'audit associées qui doivent être mises en œuvre.

Ce référentiel prend notamment en compte les spécificités des publics accueillis et des actions dispensées par apprentissage.

(L. n° 2018-771 du 5 sept. 2018, art. 6-I et III, en vigueur le 1er janv. 2022) « Les organismes financeurs mentionnés au même article L. 6316-1 procèdent à des contrôles afin de s'assurer de la qualité des formations effectuées. »

V. art. D. 6316-1-1.

Art. L. 6316-4 (L. n° 2018-771 du 5 sept. 2018, art. 6-I, en vigueur le 1er janv. 2019) I. — Les établissements d'enseignement secondaire publics et privés associés à l'État par contrat ayant déclaré un centre de formation d'apprentis sont soumis à l'obligation de certification mentionnée à l'article L. 6316-1 pour les actions de formation dispensées par apprentissage à compter du 1er janvier 2022.

II. — Les établissements d'enseignement supérieur publics accrédités conformément à l'article L. 613-1 du code de l'éducation après évaluation par le Haut Conseil de l'évaluation de la recherche et de l'enseignement supérieur ou après une évaluation dont les procédures ont été validées par celui-ci ainsi que les établissements d'enseignement supérieur privés évalués par le comité consultatif pour l'enseignement supérieur privé mentionné à l'article L. 732-1 du même code et ceux évalués par la commission mentionnée à l'article L. 642-3 dudit code sont réputés avoir satisfait à l'obligation de certification mentionnée à l'article L. 6316-1 du présent code.

III. — Les accréditations et évaluations mentionnées au II sont mises en œuvre selon des critères et des indicateurs qui font l'objet d'une conférence annuelle entre France compétences, le Haut Conseil de l'évaluation de la recherche et de l'enseignement supérieur et la commission mentionnée à l'article L. 642-3 du code de l'éducation. Cette conférence concourt à la réalisation de l'objectif de mise en cohérence des critères d'évaluation de la qualité des formations *(Abrogé par Ord. n° 2019-861 du 21 août 2019, art. 1er, à compter du 1er janv. 2022)* « en apprentissage ».

Art. L. 6316-5 (L. n° 2018-771 du 5 sept. 2018, art. 6-I, en vigueur le 1er janv. 2019) Un décret en Conseil d'État détermine les modalités d'application du présent chapitre. — V. art. R. 6316-1 s.

TITRE II DISPOSITIFS DE FORMATION PROFESSIONNELLE CONTINUE

CHAPITRE I FORMATIONS À L'INITIATIVE DE L'EMPLOYEUR ET PLAN DE FORMATION

SECTION 1 Obligations de l'employeur et plan de formation

Art. L. 6321-1 L'employeur assure l'adaptation des salariés à leur poste de travail.

Il veille au maintien de leur capacité à occuper un emploi, au regard notamment de l'évolution des emplois, des technologies et des organisations.

Il peut proposer des formations qui participent au développement des compétences, (L. n° 2016-1321 du 7 oct. 2016, art. 109) « y compris numériques, » ainsi qu'à la lutte contre l'illettrisme (L. n° 2016-1088 du 8 août 2016, art. 40) « , notamment des actions d'évaluation et de formation permettant l'accès au socle de connaissances et de compétences défini par décret ». (L. n° 2024-42 du 26 janv. 2024, art. 23) « Il peut également proposer aux salariés allophones des formations visant à atteindre une connaissance de la langue française au moins égale à un niveau déterminé par décret.

« Pour les salariés mentionnés à l'article L. 7221-1 et ceux employés par les particuliers employeurs mentionnés à l'article L. 421-1 du code de l'action sociale et des familles, les modalités d'application du troisième alinéa du présent article sont fixées par décret. »

Les actions de formation mises en œuvre à ces fins sont prévues, le cas échéant, par le (L. n° 2018-771 du 5 sept. 2018, art. 8-I, en vigueur le 1er janv. 2019) « plan de développement des compétences » mentionné au 1° de l'article L. 6312-1. (L. n° 2016-1088 du 8 août 2016, art. 40) « Elles peuvent permettre d'obtenir une partie identifiée de certification professionnelle, classée au sein du répertoire national des certifications professionnelles et visant à l'acquisition d'un bloc de compétences. »

BIBL. ▶ Pélicier-Loevenbruck et Dumel, *JCP S 2019. 1234* (établir un plan de développement des compétences). – Scherrmann et Vetu, *SSL 2020, n° 1931, p. 9* (compte personnel de formation et employeur).

1. Obligation d'adaptation. Le manquement de l'employeur à son obligation d'assurer l'adaptation des salariés à leur poste de travail et de veiller au maintien de leur capacité à occuper un emploi entraîne un préjudice distinct de celui résultant de la rupture. ● Soc. 23 oct. 2007 : *D. 2007. AJ 2874, obs. Perrin ; RDT 2008. 33, obs. Fabre ; Dr. soc. 2008. 126, obs. Savatier ; SSL 2007, n° 1334, p. 10.* ♦ Le fait de ne pas faire bénéficier les salariés d'une formation pendant toute la durée de l'emploi établit un manquement de l'employeur à son obligation de maintien de leur capacité à occuper un emploi ; il appartient au juge d'évaluer le préjudice subi par les salariés. ● Soc. 2 mars 2010 : *Dr. ouvrier 2010. 537, obs. Mazières ; Dr. soc. 2010. 714, obs. Barthélémy.* ♦ De même s'agissant d'un employeur qui n'a fait bénéficier son salarié d'aucune formation en seize ans. ● Soc. 5 juin 2013 : *D. actu. 4 juill. 2013, obs. Peyronnet ; SSL 2013, n° 1589, p. 12, obs. Champeaux ; JSL 2013, n° 348-3, obs. Hautefort ; JCP S 2013. 1322, obs. Cailloux-Meurice.* ♦ L'employeur a l'obligation de veiller au maintien de la capacité des salariés à occuper un emploi, même si les salariés n'ont formulé aucune demande de formation au cours de l'exécution de leur contrat de travail. ● Soc. 18 juin 2014 : *D. actu. 10 juill. 2014, obs. Peyronnet ; D. 2014. Actu. 1386 ; RJS 2014. 614, n° 718 ; JSL 2014, n° 371-4.*

2. Obtention d'une formation qualifiante. L'employeur d'un salarié qui a suivi la formation qualifiante exigée doit lui faire bénéficier de la qualification qu'il a obtenue par la validation des acquis de l'expérience. ● Soc. 13 juill. 2010 : *JCP S 2010. 1386, obs. Favennec-Héry ; RJS 2010. 663, n° 717.*

SECTION 2 Régimes applicables aux heures de formation

Art. L. 6321-2 (L. n° 2018-771 du 5 sept. 2018, art. 8-I, en vigueur le 1er janv. 2019) Toute action de formation qui conditionne l'exercice d'une activité ou d'une fonction, en application d'une convention internationale ou de dispositions légales et règlementaires, constitue un temps de travail effectif et donne lieu pendant sa réalisation au maintien par l'entreprise de la rémunération.

Art. L. 6321-3 (L. n° 2024-42 du 26 janv. 2024, art. 23) Pour les salariés allophones signataires du contrat mentionné à l'article L. 413-2 du code de l'entrée et du séjour des étrangers et du droit d'asile et engagés dans un parcours de formation linguistique visant à atteindre une connaissance de la langue française au moins égale à un niveau déterminé par décret, les actions permettant la poursuite de celui-ci constituent un temps de travail effectif, dans la limite d'une durée fixée par décret en Conseil d'État, et donnent lieu au maintien de la rémunération par l'employeur pendant leur réalisation.

Art. L. 6321-4 et L. 6321-5 *Abrogés par L. n° 2009-1437 du 24 nov. 2009, art. 8.*

Art. L. 6321-6 *(L. n° 2018-771 du 5 sept. 2018, art. 8-I, en vigueur le 1er janv. 2019)* Les actions de formation autres que celles mentionnées *(L. n° 2024-42 du 26 janv. 2024, art. 23)* « aux articles L. 6321-2 et L. 6321-3 » constituent également un temps de travail effectif et donnent lieu pendant leur déroulement au maintien par l'entreprise de la rémunération, à l'exception :
1° Des actions de formation déterminées par accord collectif d'entreprise ou, à défaut, de branche qui peuvent se dérouler, en tout ou partie, hors du temps de travail, selon le cas, soit dans une limite horaire par salarié, soit dans une limite correspondant à un pourcentage du forfait pour les salariés dont la durée de travail est fixée par une convention de forfait en jours ou en heures sur l'année, fixées par ledit accord. L'accord peut également prévoir les contreparties mises en œuvre par l'employeur pour compenser les charges induites par la garde d'enfant pour les salariés qui suivent des formations se déroulant en dehors du temps de travail ;
2° En l'absence d'accord collectif et avec l'accord du salarié, des actions de formation qui peuvent se dérouler, en tout ou partie, hors du temps de travail, dans la limite de trente heures par an et par salarié. Pour les salariés dont la durée de travail est fixée par une convention de forfait en jours ou en heures sur l'année, cette limite est fixée à 2 % du forfait.
L'accord du salarié est formalisé et peut être dénoncé.
Un décret en Conseil d'État précise les modalités d'application du présent article. — *V. art. R. 6321-4 et D. 6112-2.*

Art. L. 6321-7 *(L. n° 2018-771 du 5 sept. 2018, art. 8-I, en vigueur le 1er janv. 2019)* « Dans les cas prévus aux 1° et 2° de l'article L. 6321-6[,] » le refus du salarié de participer à des actions de formation *(L. n° 2018-771 du 5 sept. 2018, art. 8-I, en vigueur le 1er janv. 2019)* « hors temps de travail » ou la dénonciation de l'accord dans les conditions prévues à l'article L. 6321-6, ne constitue ni une faute ni un motif de licenciement.

Art. L. 6321-8 Pendant la durée de la formation accomplie en dehors du temps de travail, le salarié bénéficie de la législation de la sécurité sociale relative à la protection en matière d'accidents du travail et de maladies professionnelles.

L'art. L. 6321-11 devient l'art. L. 6321-8 (L. n° 2018-771 du 5 sept. 2018, art. 8-I, en vigueur le 1er janv. 2019).

SECTION 3 Actions de formation du salarié occupant un emploi saisonnier

Art. L. 6321-9 Sans préjudice des dispositions de la section 2, lorsque, en application d'une convention ou d'un accord collectif étendu ou du contrat de travail, l'employeur s'engage à reconduire le contrat d'un salarié occupant un emploi à caractère saisonnier *(L. n° 2016-1088 du 8 août 2016, art. 86)* « défini au 3° de l'article L. 1242-2 » pour la saison suivante, un contrat de travail à durée déterminée peut être conclu, sur le fondement de l'article L. 1242-3, pour permettre au salarié de participer à une action de formation prévue au *(L. n° 2018-771 du 5 sept. 2018, art. 8-I, en vigueur le 1er janv. 2019)* « plan de développement des compétences » de l'entreprise. La durée du contrat est égale à la durée prévue de l'action de formation.
Pour la détermination de la rémunération perçue par le salarié, les fonctions mentionnées à l'article L. 1242-15 sont celles que le salarié doit exercer au cours de la saison suivante.
(L. n° 2018-771 du 5 sept. 2018, art. 8-I, en vigueur le 1er janv. 2019) « Les saisonniers pour lesquels l'employeur s'engage à reconduire le contrat la saison suivante peuvent également bénéficier d'un abondement du compte personnel de formation par accord de branche ou d'entreprise. »

L'art. L. 6321-13 devient l'art. L. 6321-9 (L. n° 2018-771 du 5 sept. 2018, art. 8-I, en vigueur le 1er janv. 2019).

Art. L. 6321-10 Une convention ou un accord collectif de travail étendu détermine les conditions dans lesquelles l'employeur propose au salarié de participer à une action de formation et, en particulier, dans quel délai avant le début de la formation cette proposition doit être faite.

L'art. L. 6321-14 devient l'art. L. 6321-10 (L. n° 2018-771 du 5 sept. 2018, art. 8-I, en vigueur le 1er janv. 2019).

Art. L. 6321-11 Le refus du salarié de participer à une action de formation dans les conditions fixées à la présente section n'exonère pas l'employeur de son obligation de reconduction du contrat pour la saison suivante.

L'art. L. 6321-15 devient l'art. L. 6321-11 (L. n° 2018-771 du 5 sept. 2018, art. 8-I, en vigueur le 1er janv. 2019).

SECTION 4 Secteur public

Art. L. 6321-12 Dans les entreprises mentionnées à l'article 1er de la loi n° 83-675 du 26 juillet 1983 relative à la démocratisation du secteur public, tout plan de formation contient un programme d'actions, notamment avec le service public de l'éducation, portant notamment sur l'accueil d'élèves et de stagiaires dans l'entreprise, la formation dispensée au personnel de l'entreprise par les établissements d'enseignement et un programme de collaboration dans le domaine de la recherche scientifique et technique. — *[Anc. art. L. 934-4, al. 7, phrase 2.]*

L'art. L. 6321-16 devient l'art. L. 6321-12 (L. n° 2018-771 du 5 sept. 2018, art. 8-I, en vigueur le 1er janv. 2019).

CHAPITRE III COMPTE PERSONNEL DE FORMATION

(L. n° 2014-288 du 5 mars 2014, art. 1er-I)

Les droits à des heures de formation acquis jusqu'au 31 déc. 2014 au titre du droit individuel à la formation obéissent au régime applicable aux heures inscrites sur le compte personnel de formation par le chap. III du titre II du livre III de la sixième partie du code du travail à compter du 1er janv. 2015. Ces heures peuvent être mobilisées jusqu'au 1er janv. 2021, le cas échéant complétées par les heures inscrites sur le compte personnel de formation, dans la limite d'un plafond total de 150 heures et dans des conditions définies par décret en Conseil d'État. Leur utilisation est mentionnée dans le compte personnel de formation.

Elles ne sont prises en compte ni pour le calcul du plafond, ni pour le mode de calcul des heures créditées sur le compte mentionnés au nouvel l'art. L. 6323-11 C. trav. (L. n° 2014-288 du 5 mars 2014, art. 1er-V).

Les dispositions du chapitre III sont applicables à Mayotte à compter du 1er janv. 2019 (Ord. n° 2017-1491 du 25 oct. 2017, art. 33-1°).

BIBL. ▶ GAUTIÉ, MAGGI-GERMAIN et PÉREZ, *Dr. soc.* 2015. 169 ⌀ (fondements et enjeux des comptes de formation). — LUTTRINGER, *ibid.* 2014. 972 ⌀ (le compte personnel de formation : genèse, droit positif, socio-dynamique).

COMMENTAIRE
V. sur le Code en ligne 🔒. ☐

SECTION 1 Principes communs

Art. L. 6323-1 *(L. n° 2016-1088 du 8 août 2016, art. 39)* Le compte personnel de formation est ouvert et fermé dans les conditions définies à l'article L. 5151-2.

Art. L. 6323-2 *(L. n° 2014-288 du 5 mars 2014, art. 1er-I)* Le compte personnel de formation est comptabilisé *(L. n° 2018-771 du 5 sept. 2018, art. 1er-I, en vigueur le 1er janv. 2019)* « en euros » et mobilisé par la personne, qu'elle soit salariée *(L. n° 2016-1088 du 8 août 2016, art. 39)* « , » à la recherche d'un emploi, *(L. n° 2016-1088 du 8 août 2016, art. 39)* « travailleur indépendant, membre d'une profession libérale ou d'une profession non salariée ou conjoint collaborateur, » afin de suivre, à son initiative, une formation. Le compte ne peut être mobilisé qu'avec l'accord exprès de son titulaire. Le refus du titulaire du compte de le mobiliser ne constitue pas une faute.

Les heures acquises au titre du compte personnel de formation et du droit individuel à la formation au 31 déc. 2018 sont converties en euros selon des modalités définies par décret (L. n° 2018-771 du 5 sept. 2018, art. 1er-VIII).

Les heures inscrites sur le compte personnel de formation et les heures acquises au titre du droit individuel à la formation au 31 déc. 2018 sont converties en euros à raison de 15 euros par heure (Décr. n° 2018-1153 du 14 déc. 2018).

Art. L. 6323-3 (L. n° 2018-771 du 5 sept. 2018, art. 1er-I, en vigueur le 1er janv. 2019) Les droits inscrits sur le compte personnel de formation demeurent acquis en cas de changement de situation professionnelle ou de perte d'emploi de son titulaire.

(L. n° 2019-828 du 6 août 2019, art. 58) « Les droits acquis en heures, conformément à l'article 22 *quater* de la loi n° 83-634 du 13 juillet 1983 portant droits et obligations des fonctionnaires, sont conservés et convertis en euros au bénéfice de toute personne qui, au moment de sa demande, est autorisée, au titre d'une disposition du présent code, à utiliser les droits inscrits sur son compte personnel de formation. Les modalités d'application du présent alinéa sont fixées par décret en Conseil d'État. »

Le compte personnel de formation cesse d'être alimenté et les droits qui y sont inscrits ne peuvent plus être mobilisés lorsque son titulaire remplit l'une des conditions mentionnées aux 1° à 3° de l'article L. 5421-4.

Toutefois, par dérogation au (L. n° 2019-828 du 6 août 2019, art. 58) « troisième » alinéa du présent article, les droits inscrits sur le compte personnel de formation au titre du compte d'engagement citoyen en application de l'article L. 5151-9 demeurent mobilisables pour financer les actions de formation destinées à permettre aux volontaires, aux bénévoles et aux sapeurs-pompiers volontaires d'acquérir les compétences nécessaires à l'exercice de leurs missions.

Art. L. 6323-4 (L. n° 2018-771 du 5 sept. 2018, art. 1er-I, en vigueur le 1er janv. 2019) I. — Les droits inscrits sur le compte personnel de formation permettent à son titulaire de financer une formation éligible au compte, au sens des articles L. 6323-6, L. 6323-21, L. 6323-31 et L. 6323-34.

(L. n° 2022-1726 du 30 déc. 2022, art. 212) « Le titulaire participe au financement de la formation éligible dans les conditions fixées à l'article L. 6323-7. »

II. — Lorsque le coût de cette formation est supérieur au montant des droits inscrits sur le compte ou aux plafonds respectivement mentionnés aux articles L. 6323-11, L. 6323-11-1, L. 6323-27 et L. 6323-34, le compte peut faire l'objet, à la demande de son titulaire, d'abondements en droits complémentaires pour assurer le financement de cette formation. Ces abondements peuvent être financés notamment par :

1° Le titulaire lui-même ;

2° L'employeur, lorsque le titulaire du compte est salarié ;

3° Un opérateur de compétences ;

4° L'organisme mentionné à l'article L. 4163-14, chargé de la gestion du compte professionnel de prévention, à la demande de la personne, dans des conditions déterminées par décret en Conseil d'État ;

5° Les organismes chargés de la gestion de la branche accidents du travail et maladies professionnelles en application de l'article L. 221-1 du code de la sécurité sociale, à la demande de la personne, dans des conditions déterminées par décret en Conseil d'État ;

6° L'État ;

7° Les régions ;

8° (L. n° 2023-1196 du 18 déc. 2023, art. 6-I, en vigueur le 1er janv. 2024) « L'opérateur France Travail » ;

9° L'institution mentionnée à l'article L. 5214-1 du présent code ;

10° Un fonds d'assurance-formation de non-salariés défini à l'article L. 6332-9 du présent code ou à l'article L. 718-2-1 du code rural et de la pêche maritime ;

11° Une chambre régionale de métiers et de l'artisanat ou une chambre de métiers et de l'artisanat de région ;

12° Une autre collectivité territoriale ;

13° L'établissement public chargé de la gestion de la réserve sanitaire mentionné à l'article L. 1413-1 du code de la santé publique ;

14° L'organisme gestionnaire de l'assurance chômage mentionné à l'article L. 5427-1 du présent code.

III. — A l'exception du titulaire du compte personnel de formation, les financeurs mentionnés au II peuvent alimenter le compte du titulaire. Les sommes correspondant à cette alimentation supplémentaire sont versées à l'organisme mentionné à l'article L. 6333-1 dans des conditions fixées par décret en Conseil d'État.

Art. L. 6323-5 *Abrogé par L. n° 2018-771 du 5 sept. 2018, à compter du 1er janv. 2019.*

Art. L. 6323-6 (*L. n° 2018-771 du 5 sept. 2018, art. 1er-I, en vigueur le 1er janv. 2019*) I. — Sont éligibles au compte personnel de formation les actions de formation sanctionnées par les certifications professionnelles enregistrées au répertoire national prévu à l'article L. 6113-1, celles sanctionnées par les attestations de validation de blocs de compétences au sens du même article L. 6113-1 et celles sanctionnées par les certifications et habilitations enregistrées dans le répertoire spécifique mentionné à l'article L. 6113-6 comprenant notamment la certification relative au socle de connaissances et de compétences professionnelles.

II. — Sont également éligibles au compte personnel de formation, dans des conditions définies par décret :

1° Les actions permettant de faire valider les acquis de l'expérience mentionnées au 3° de l'article L. 6313-1 ;

2° Les bilans de compétences mentionnés au 2° du même article L. 6313-1 ; — *V. art. D. 6323-6.*

(*L. n° 2023-479 du 21 juin 2023, art. 3-I et II, en vigueur le 1er janv. 2024*) « 3° La préparation aux épreuves théoriques et pratiques de toutes les catégories de permis de conduire d'un véhicule terrestre à moteur ; » — *V. art. R. 6323-8.*

4° Les actions de formation d'accompagnement et de conseil dispensées aux créateurs ou repreneurs d'entreprises ayant pour objet de réaliser leur projet de création ou de reprise d'entreprise et de pérenniser l'activité de celle-ci ; — *V. art. D. 6323-7.*

5° Les actions de formation destinées à permettre aux bénévoles et aux volontaires en service civique d'acquérir les compétences nécessaires à l'exercice de leurs missions. Seuls les droits acquis au titre du compte d'engagement citoyen peuvent financer ces actions ;

(*Ord. n° 2021-45 du 20 janv. 2021, art. 6, en vigueur le 1er janv. 2022*) « 6° Les actions de formations financées par le fonds du droit individuel à la formation des élus locaux mentionné à l'article L. 1621-3 du code général des collectivités territoriales, dans les conditions prévues à la section 6 du présent chapitre. »

Art. L. 6323-6-1 (*L. n° 2016-1088 du 8 août 2016, art. 39*) Le compte peut être mobilisé par son titulaire pour la prise en charge d'une formation à l'étranger dans les conditions fixées à l'article L. 6323-6.

Art. L. 6323-7 (*L. n° 2022-1726 du 30 déc. 2022, art. 212*) La participation mentionnée au I de l'article L. 6323-4 peut être proportionnelle au coût de la formation, dans la limite d'un plafond, ou fixée à une somme forfaitaire.

La participation n'est due ni par les demandeurs d'emploi ni par les titulaires de compte lorsque la formation fait l'objet d'un abondement prévu au 2° du II du même article L. 6323-4.

Les modalités de mise en œuvre du présent article, notamment les conditions dans lesquelles la participation peut être prise en charge par un tiers, sont fixées par décret en Conseil d'État.

Art. L. 6323-8 (*L. n° 2018-771 du 5 sept. 2018, art. 1er-I*) « I. — Chaque titulaire d'un compte a connaissance du montant des droits inscrits sur son compte et des abondements dont il peut bénéficier en accédant à un service dématérialisé gratuit. Ce service dématérialisé donne également les informations sur les formations éligibles. Il assure la prise en charge des actions de formation de l'inscription du titulaire du compte aux formations jusqu'au paiement des prestataires mentionnés à l'article L. 6351-1. »

(*L. n° 2014-288 du 5 mars 2014, art. 1er-I*) II. — Un traitement automatisé de données à caractère personnel, dénommé "système d'information du compte personnel de formation", dont les modalités de mise en œuvre sont fixées par décret en Conseil d'État, permet la gestion (*L. n° 2018-771 du 5 sept. 2018, art. 1er-I*) « et l'utilisation des droits inscrits » sur le compte personnel de formation. — *V. art. R. 5151-1 s.*

(*L. n° 2023-1196 du 18 déc. 2023, art. 9-III*) « III. — Un passeport d'orientation, de formation et de compétences recense, pour chaque titulaire, les éléments relatifs à la formation initiale ou continue, au parcours professionnel et aux activités mentionnées

FORMATION PROFESSIONNELLE **Art. L. 6323-9-1** 1605

à l'article L. 5151-9 qui sont susceptibles de faciliter le maintien ou l'insertion des personnes dans l'emploi.

« Le passeport d'orientation, de formation et de compétences est ouvert à tout titulaire d'un compte personnel de formation mentionné à l'article L. 6323-1. Il est intégré au système d'information du compte personnel de formation mentionné au II du présent article.

« Le titulaire du passeport d'orientation, de formation et de compétences a accès à l'ensemble des données qui y figurent. Il peut autoriser un tiers à consulter tout ou partie de ces données, sous réserve du respect des conditions prévues à l'article 4 de la loi n° 78-17 du 6 janvier 1978 relative à l'informatique, aux fichiers et aux libertés.

« Par dérogation au troisième alinéa du présent III, pour les seuls besoins des missions d'orientation, d'accompagnement, de formation et d'insertion mentionnées au I de l'article L. 5311-7, les agents des administrations, des institutions et des organismes dont la liste est fixée par le décret en Conseil d'État mentionné au II du présent article sont destinataires, dans la limite de ce qui est nécessaire à l'exercice de leurs missions respectives, des données contenues dans le passeport d'orientation, de formation et de compétences. »

Afin de permettre la mobilisation des droits acquis au titre du droit individuel à la formation, le titulaire du compte personnel de formation doit procéder à l'inscription de son montant de droits dans le service dématérialisé mentionné au I de l'art. L. 6323-8 avant le 30 juin 2021 (Ord. n° 2019-861 du 21 août 2019, art. 8, mod. par L. n° 2020-1379 du 14 nov. 2020, art. 13).

Art. L. 6323-8-1 (*L. n° 2022-1587 du 19 déc. 2022, art. 1ᵉʳ*) Est interdite toute prospection commerciale des titulaires d'un compte personnel de formation, par voie téléphonique, par message provenant d'un service de communications interpersonnelles, par courrier électronique ou sur un service de réseaux sociaux en ligne visant à :

1° Collecter leurs données à caractère personnel, notamment le montant des droits inscrits sur le compte mentionné au premier alinéa du présent article, et leurs données d'identification permettant d'accéder au service dématérialisé mentionné au I de l'article L. 6323-8 ;

2° Conclure des contrats portant sur des actions mentionnées à l'article L. 6323-6, à l'exception des sollicitations intervenant dans le cadre d'une action en cours et présentant un lien direct avec l'objet de celle-ci ;

(*L. n° 2023-451 du 9 juin 2023, art. 4*) « Est également interdite toute vente ou offre promotionnelle d'un produit ou toute rétribution en échange d'une inscription à des actions mentionnées au même article L. 6323-6. »

Tout manquement au présent article est passible d'une amende administrative dont le montant ne peut excéder 75 000 euros pour une personne physique et 375 000 euros pour une personne morale. Cette amende est prononcée dans les conditions prévues au chapitre II du titre II du livre V du code de la consommation.

Art. L. 6323-9 (*L. n° 2018-771 du 5 sept. 2018, art. 1ᵉʳ-I, en vigueur le 1ᵉʳ janv. 2019*) La Caisse des dépôts et consignations gère le compte personnel de formation, le service dématérialisé, ses conditions générales d'utilisation et le traitement automatisé mentionnés à l'article L. 6323-8 dans les conditions prévues au chapitre III du titre III du présent livre. Les conditions générales d'utilisation précisent les engagements souscrits par les titulaires du compte et les prestataires mentionnés à l'article L. 6351-1.

Art. L. 6323-9-1 (*L. n° 2022-1587 du 19 déc. 2022, art. 4*) Les prestataires mentionnés à l'article L. 6351-1 adressent à la Caisse des dépôts et consignations une demande de référencement sur le service dématérialisé mentionné à l'article L. 6323-9.

Ces prestataires sont référencés sur le service dématérialisé à condition :

1° D'être enregistrés dans les conditions prévues à la section 2 du chapitre I du titre V du présent livre et de justifier du respect des obligations mentionnées aux articles L. 6352-1, L. 6352-2, L. 6352-6 et L. 6352-11 ;

2° De satisfaire aux conditions d'exercice dans le cadre du service dématérialisé, notamment à celles liées à l'éligibilité des actions prévues à l'article L. 6323-6 et à celles liées à la détention des autorisations et des certifications nécessaires, dont celles mentionnées à l'article L. 6316-1 du présent code et à l'article L. 1221-3 du code général des collectivités territoriales, ainsi que des habilitations délivrées par les ministères et les organismes certificateurs mentionnés à l'article L. 6113-2 du présent code ;

3° De respecter les prescriptions de la législation fiscale et de sécurité sociale ;

4° D'avoir produit toutes les pièces justificatives requises ;

5° De satisfaire aux conditions prévues par les conditions générales d'utilisation du service dématérialisé prévues à l'article L. 6323-9.

La Caisse des dépôts et consignations peut refuser de référencer le prestataire qui, au cours des deux années précédentes, a fait l'objet d'une sanction du fait d'un manquement à ses obligations contractuelles prévues par ces conditions générales d'utilisation.

Lorsque les conditions de référencement mentionnées au présent article cessent d'être remplies, la Caisse des dépôts et consignations procède au déréférencement du prestataire. — *Cet al. s'applique aux prestataires déjà référencés sur le service dématérialisé mentionné au I de l'art. L. 6323-8 au 20 déc. 2022 (L. n° 2022-1587 du 19 déc. 2022, art. 4-II).*

Pour l'application du 3° du présent article, des traitements automatisés de données peuvent être organisés entre la Caisse des dépôts et consignations, les organismes de sécurité sociale chargés du recouvrement des cotisations et contributions de sécurité sociale et l'administration fiscale.

Un décret en Conseil d'État précise les modalités de mise en œuvre du présent article. — *V. art. R. 6333-5.*

Art. L. 6323-9-2 (*L. n° 2022-1587 du 19 déc. 2022, art. 5*) Le prestataire mentionné à l'article L. 6351-1 peut confier à un sous-traitant, par contrat et sous sa responsabilité, l'exécution des actions mentionnées à l'article L. 6323-6, dans des conditions définies par voie réglementaire. Le sous-traitant doit avoir préalablement procédé à la déclaration prévue à l'article L. 6351-1 et justifier du respect des conditions mentionnées aux 1° à 3° et 5° de l'article L. 6323-9-1.

Lorsqu'une ou plusieurs des conditions mentionnées aux mêmes 1° à 3° et 5° cessent d'être remplies par le sous-traitant, la Caisse des dépôts et consignations, après avoir mis en demeure le prestataire mentionné au premier alinéa du présent article selon des modalités fixées par voie réglementaire, procède au déréférencement du prestataire.

Un décret en Conseil d'État précise les modalités de mise en œuvre du présent article. — *V. art. R. 6333-6-2 s.*

SECTION 2 Mise en œuvre du compte personnel de formation pour les salariés

SOUS-SECTION 1 Alimentation et abondement du compte

Art. L. 6323-10 Le compte est alimenté en (*L. n° 2018-771 du 5 sept. 2018, art. 1er-I, en vigueur le 1er janv. 2019*) « euros » (*Ord. n° 2019-861 du 21 août 2019, art. 1er*) « au titre » de chaque année et, le cas échéant, par des abondements (*L. n° 2018-771 du 5 sept. 2018, art. 1er-I, en vigueur le 1er janv. 2019*) « en droits complémentaires », selon les modalités définies par la présente sous-section.

Les heures acquises au titre du compte personnel de formation et du droit individuel à la formation au 31 déc. 2018 sont converties en euros selon des modalités définies par décret (L. n° 2018-771 du 5 sept. 2018, art. 1er-VIII). — V. 2e ndlr ss. art. L. 6323-2.

Art. L. 6323-11 (*L. n° 2018-771 du 5 sept. 2018, art. 1er-I, en vigueur le 1er janv. 2019*) « Le compte du salarié ayant effectué une durée de travail supérieure ou égale à la moitié de la durée légale ou conventionnelle du travail sur l'ensemble de l'année est alimenté (*Ord. n° 2019-861 du 21 août 2019, art. 1er*) « au titre » de cette année dans la limite d'un plafond. La valeur de ce plafond ne peut excéder dix fois le montant annuel de cette alimentation. Cette valeur et ce montant, exprimés en euros, sont fixés par décret en Conseil d'État.

« Le compte du salarié ayant effectué une durée de travail inférieure à la moitié de la durée légale ou conventionnelle du travail sur l'ensemble de l'année est alimenté (*Ord. n° 2019-861 du 21 août 2019, art. 1er*) « au titre » de cette année, dans la limite du plafond mentionné au premier alinéa, à due proportion de la durée de travail effectuée.

« En outre, le compte d'un bénéficiaire mentionné à l'article L. 5212-13 est alimenté par une majoration dont le montant est défini par décret dans la limite du plafond mentionné (*Ord. n° 2019-861 du 21 août 2019, art. 1er*) « à l'article L. **6323-11-1** ». — *V. art. D. 6323-3-3.*

« Un accord collectif d'entreprise, de groupe ou, à défaut, un accord de branche peut prévoir des modalités d'alimentation du compte plus favorables dans des conditions fixées par décret en Conseil d'État dès lors qu'elles sont assorties d'un financement spécifique à cet effet. — *V. art. R. 6323-2.*

« Un accord d'entreprise ou de groupe peut définir les actions de formation éligibles au sens de l'article L. 6323-6 pour lesquelles l'employeur s'engage à financer, dans les conditions définies par cet accord, les abondements prévus au 2° du II de l'article L. 6324-4, sans préjudice des dispositions de l'article L. 6323-2. Dans ce cas, l'entreprise peut prendre en charge l'ensemble des frais et peut demander le remboursement à la Caisse des dépôts et consignations des sommes correspondantes dans la limite des droits inscrits sur le compte personnel de chaque salarié concerné.

« Tous les trois ans à compter de la promulgation de la loi n° 2018-771 du 5 septembre 2018 pour la liberté de choisir son avenir professionnel, sur la base du rapport de la Caisse des dépôts et consignations mentionné à l'article L. 6333-5, le ministre chargé de la formation professionnelle saisit le conseil d'administration de France compétences pour un avis relatif à l'actualisation des droits au compte personnel de formation, compte tenu de l'évolution générale des prix des biens et services et, plus particulièrement, de l'observation des coûts des organismes de formation par France compétences, telle que mentionnée au 6° de l'article L. 6123-5. Une fois cet avis recueilli, une éventuelle actualisation des droits à l'alimentation annuelle du compte personnel de formation et des plafonds mentionnés au présent article ainsi qu'aux articles L. 6323-11-1, L. 6323-27 et L. 6323-34 est fixée par décret en Conseil d'État. »

(L. n° 2016-1088 du 8 août 2016, art. 39) « Les salariés à caractère saisonnier, au sens du 3° de l'article L. 1242-2, peuvent bénéficier, en application d'un accord ou d'une décision unilatérale de l'employeur, de droits majorés sur leur compte personnel de formation. »

Les droits acquis au titre du droit individuel à la formation sont pris en compte pour le calcul des plafonds mentionnés à l'art. L. 6323-11 (Ord. n° 2019-861 du 21 août 2019, art. 8-I).

Art. L. 6323-11-1 (L. n° 2016-1088 du 8 août 2016, art. 39) Pour le salarié qui n'a pas atteint un niveau de formation sanctionné par un diplôme classé (Ord. n° 2019-861 du 21 août 2019, art. 1er) « au niveau 3 », un titre professionnel enregistré et classé (Ord. n° 2019-861 du 21 août 2019, art. 1er) « au niveau 3 » du répertoire national des certifications professionnelles ou une certification reconnue par une convention collective nationale de branche, l'alimentation du compte se fait à hauteur (L. n° 2018-771 du 5 sept. 2018, art. 1er-I, en vigueur le 1er janv. 2019) « d'un **montant annuel et d'un plafond, exprimés en euros et fixés par décret en Conseil d'État,** supérieurs au montant et au plafond mentionnés à l'article L. 6323-11. Ce montant et ce plafond sont portés à un niveau au moins égal à 1,6 fois ceux prévus au premier alinéa du même article L. 6323-11 ». — V. art. R. 6323-3-1.

Art. L. 6323-12 La période d'absence du salarié pour un congé de maternité, de paternité et d'accueil de l'enfant, d'adoption, de présence parentale, de (L. n° 2016-1088 du 8 août 2016, art. 39) « proche aidant » ou un congé parental d'éducation ou pour une maladie professionnelle ou un accident du travail est intégralement prise en compte pour le calcul (L. n° 2018-771 du 5 sept. 2018, art. 1er-I, en vigueur le 1er janv. 2019) « de la durée du travail effectuée ».

Art. L. 6323-13 (L. n° 2018-771 du 5 sept. 2018, art. 1er-I, en vigueur le 1er janv. 2019) « Dans les entreprises d'au moins cinquante salariés, lorsque le salarié n'a pas bénéficié, durant les six ans précédant l'entretien mentionné au II de l'article L. 6315-1, des entretiens prévus au même article L. 6315-1 et d'au moins une formation autre que celle mentionnée à l'article L. 6321-2, un abondement est inscrit à son compte dans des conditions définies par décret en Conseil d'État et l'entreprise verse (Abrogé par Ord. n° 2021-797 du 23 juin 2021, art. 1er, à compter du 1er janv. 2022) « *, dans le cadre de ses contributions au titre de la formation professionnelle,* » une somme dont le montant, fixé par décret en Conseil d'État, ne peut excéder six fois le montant annuel mentionné à l'article L. 6323-11. Le salarié est informé de ce versement. » — V. art. R. 6323-3.

(L. n° 2014-288 du 5 mars 2014, art. 1er-I) « Dans le cadre des contrôles menés par les agents mentionnés à l'article L. 6361-5, lorsque l'entreprise n'a pas opéré le versement prévu au premier alinéa du présent article ou a opéré un versement insuffisant, elle est mise en demeure de procéder au versement de l'insuffisance constatée (L. n° 2018-771 du 5 sept. 2018, art. 1er-I, en vigueur le 1er janv. 2019) « dans le respect de la procédure contradictoire mentionnée à l'article L. 6362-10 ».

« A défaut, l'entreprise verse au Trésor public un montant équivalent à l'insuffisance constatée majorée de 100 %. » *(Abrogé par L. n° 2018-771 du 5 sept. 2018, art. 1ᵉʳ-I, à compter du 1ᵉʳ janv. 2019)* « *Les deux derniers alinéas de l'article L. 6331-30 s'appliquent à ce versement.* »

(L. n° 2018-771 du 5 sept. 2018, art. 1ᵉʳ-I, en vigueur le 1ᵉʳ janv. 2019) « Ce versement est établi et recouvré selon les modalités ainsi que sous les sûretés, garanties et sanctions applicables aux taxes sur le chiffre d'affaires.

« Le contrôle et le contentieux de ce versement sont opérés selon les règles applicables en matière de taxe sur le chiffre d'affaires. »

(L. n° 2019-486 du 22 mai 2019, art. 11-VI, en vigueur le 1ᵉʳ janv. 2020) « Pour l'application du premier alinéa du présent article, l'effectif salarié et le franchissement du seuil de cinquante salariés sont déterminés selon les modalités prévues à l'article L. 130-1 du code de la sécurité sociale *[V. cet art. ss. art. L. 1152-1]*. »

Jusqu'au 30 sept. 2021, l'employeur peut justifier de l'accomplissement des obligations prévues à l'art. L. 6323-13 dans sa version en vigueur au 31 déc. 2018 (L. n° 2018-771 du 5 sept. 2018, art. 1ᵉʳ-XIII, mod. par Ord. n° 2019-861 du 21 août 2019, art. 7-1°, par Ord. n° 2020-1501 du 2 déc. 2020, art. 2, et par L. n° 2021-689 du 31 mai 2021, art. 8-XX).

A compter du 1ᵉʳ juill. 2021, pour l'application s'il y a lieu du 1ᵉʳ al. de l'art. L. 6323-13, il est tenu compte de la date à laquelle l'employeur a procédé à l'entretien mentionné au II de l'art. L. 6315-1 compte tenu du report de délai (Ord. n° 2020-387 du 1ᵉʳ avr. 2020, art. 1ᵉʳ-II, mod. par Ord. n° 2020-1501 du 2 déc. 2020, art. 1ᵉʳ).

L'abrogation issue de l'Ord. n° 2021-797 du 23 juin 2021 entre en vigueur à compter du 1ᵉʳ janv. 2022 pour les contributions dues à compter de cette date (Ord. préc., art. 8-I).

Art. L. 6323-14 Le compte personnel de formation peut être abondé en application d'un accord d'entreprise ou de groupe, un accord de branche ou un accord conclu par les organisations syndicales de salariés et d'employeurs *(L. n° 2018-771 du 5 sept. 2018, art. 1ᵉʳ-I, en vigueur le 1ᵉʳ janv. 2019)* « gestionnaires d'un opérateur de compétences », portant notamment sur la définition des formations éligibles et les salariés prioritaires, en particulier les salariés les moins qualifiés, les salariés exposés à des facteurs de risques professionnels mentionnés à l'article *(Ord. n° 2017-1389 du 22 sept. 2017, art. 2-13°)* « L. 4161-1 », les salariés occupant des emplois menacés par les évolutions économiques ou technologiques *(L. n° 2019-485 du 22 mai 2019, art. 1ᵉʳ)* « , les salariés mentionnés à l'article L. 6323-12 » et les salariés à temps partiel.

(L. n° 2019-485 du 22 mai 2019, art. 1ᵉʳ) « Un décret en Conseil d'État fixe les conditions d'application du premier alinéa du présent article pour les agents publics civils et militaires. »

Art. L. 6323-15 Les abondements mentionnés aux articles *(L. n° 2016-1088 du 8 août 2016, art. 39 ; Ord. n° 2017-1385 du 22 sept. 2017, art. 3)* « L. 2254-2[,] L. 5151-9, » L. 6323-13 et L. 6323-14 n'entrent pas en compte dans les modes de calcul *(L. n° 2018-771 du 5 sept. 2018, art. 1ᵉʳ-I, en vigueur le 1ᵉʳ janv. 2019)* « du montant des droits inscrits » sur le compte du salarié chaque année et du plafond mentionnés à l'article L. 6323-11.

SOUS-SECTION 2 **Formations éligibles et mobilisation du compte**

Art. L. 6323-16 *(L. n° 2018-771 du 5 sept. 2018, art. 1ᵉʳ-I, en vigueur le 1ᵉʳ janv. 2019)* Les formations éligibles au compte personnel de formation sont les formations mentionnées à l'article L. 6323-6.

Art. L. 6323-17 *(L. n° 2018-771 du 5 sept. 2018, art. 1ᵉʳ-I, en vigueur le 1ᵉʳ janv. 2019)* Lorsque les formations financées dans le cadre du compte personnel de formation sont suivies en tout ou partie pendant le temps de travail, le salarié demande une autorisation d'absence à l'employeur qui lui notifie sa réponse dans des délais déterminés par décret. L'absence de réponse de l'employeur vaut acceptation.

(L. n° 2024-42 du 26 janv. 2024, art. 23) « Pour les formations en français langue étrangère choisies par les salariés allophones signataires du contrat mentionné à l'article L. 413-2 du code de l'entrée et du séjour des étrangers et du droit d'asile visant à atteindre une connaissance de la langue française au moins égale à un niveau déterminé par décret, financées par le compte personnel de formation et réalisées en tout ou partie durant le temps de travail, l'autorisation d'absence est de droit, dans la limite d'une durée fixée par décret en Conseil d'État. »

« Pour les salariés mentionnés à l'article L. 7221-1 du présent code et pour ceux employés par les particuliers employeurs mentionnés à l'article L. 421-1 du code de l'action sociale et des familles, les modalités d'application du deuxième alinéa du présent article sont fixées par décret. »

Art. L. 6323-17-1 (L. n° 2018-771 du 5 sept. 2018, art. 1er-I, en vigueur le 1er janv. 2019) Tout salarié mobilise les droits inscrits sur son compte personnel de formation afin que celui-ci contribue au financement d'une action de formation certifiante, destinée à lui permettre de changer de métier ou de profession dans le cadre d'un projet de transition professionnelle. Il bénéficie d'un positionnement préalable au suivi de l'action de formation afin d'identifier ses acquis professionnels permettant d'adapter la durée du parcours de formation proposé. Il bénéficie d'un congé spécifique lorsqu'il suit cette action de formation en tout ou partie durant son temps de travail.

(Ord. n° 2019-861 du 21 août 2019, art. 1er) « Pour les salariés titulaires d'un contrat de travail conclu avec une entreprise de travail temporaire et les salariés intermittents du spectacle, un décret en Conseil d'État détermine les conditions d'ouverture et de prise en charge des projets de transition professionnelle. » — V. art. R. 6323-9-1.

(L. n° 2023-270 du 14 avr. 2023, art. 17-III) « Le projet de transition professionnelle d'un salarié concerné par les facteurs de risques professionnels mentionnés au 1° du I de l'article L. 4161-1 peut être financé par la dotation versée par France compétences aux commissions paritaires interprofessionnelles régionales en application du 3° du IV de l'article L. 221-1-5 du code de la sécurité sociale, en vue de permettre au salarié d'accéder à un emploi non exposé aux facteurs de risques professionnels mentionnés à l'article L. 4161-1 du présent code, lorsque le projet de transition professionnelle du salarié fait l'objet d'un cofinancement assuré par son employeur, dans des conditions fixées par décret. » — V. art. D. 6323-9-2.

Sur le dispositif « transitions collectives » prévu par France relance, V. Instr. n° DGEFPO/2022/35 du 7 févr. 2022.

BIBL. ▶ Géa, RDT 2021. 298 ⌀ (le défi des transitions collectives).

Art. L. 6323-17-2 (L. n° 2018-771 du 5 sept. 2018, art. 1er-I, en vigueur le 1er janv. 2019) I. — Pour bénéficier d'un projet de transition professionnelle, le salarié doit justifier d'une ancienneté minimale en qualité de salarié, déterminée par décret. La condition d'ancienneté n'est pas exigée pour le salarié mentionné à l'article L. 5212-13, ni pour le salarié qui a changé d'emploi à la suite d'un licenciement pour motif économique ou pour inaptitude et qui n'a pas suivi d'action de formation entre son licenciement et son réemploi (L. n° 2021-1018 du 2 août 2021, art. 29, en vigueur le 31 mars 2022) « , ni pour le salarié ayant connu, dans les vingt-quatre mois ayant précédé sa demande de projet de transition professionnelle, soit une absence au travail résultant d'une maladie professionnelle, soit une absence au travail supérieure à une durée fixée par décret résultant d'un accident du travail, d'une maladie ou d'un accident non professionnel ».

(L. n° 2023-270 du 14 avr. 2023, art. 17-III) « Pour bénéficier du projet de transition professionnelle dans le cadre des interventions du fonds mentionné à l'article L. 221-1-5 du code de la sécurité sociale, le salarié doit justifier d'une durée minimale d'activité professionnelle dans un métier concerné par les facteurs de risques professionnels mentionnés au 1° du I de l'article L. 4161-1 du présent code. Cette durée minimale d'activité, déterminée par décret, n'est pas exigée pour le salarié mentionné à l'article L. 5212-13. »

II. — Le projet du salarié peut faire l'objet d'un accompagnement par l'un des opérateurs financés par l'organisme mentionné à l'article L. 6123-5 au titre du conseil en évolution professionnelle mentionné à l'article L. 6111-6. Cet opérateur informe, oriente et aide le salarié à formaliser son projet. Il propose un plan de financement.

Le projet est présenté à la commission paritaire interprofessionnelle régionale mentionnée à l'article L. 6323-17-6. Cette commission apprécie la pertinence du projet et du positionnement préalable prévu à l'article L. 6323-17-1, instruit la demande de prise en charge financière et autorise la réalisation et le financement du projet. Cette décision est motivée et notifiée au salarié.

Les modalités d'accompagnement du salarié et de prise en charge financière du projet de transition professionnelle sont précisées par décret en Conseil d'État.

Un système d'information national commun aux commissions paritaires interprofessionnelles régionales mentionnées à l'article L. 6323-17-6 est mis en œuvre par France compétences. Ses règles de création et d'alimentation sont précisées par décret en Conseil d'État. — V. art. R. 6323-21-7 s.

Art. L. 6323-17-3 (L. n° 2018-771 du 5 sept. 2018, art. 1er-I, en vigueur le 1er janv. 2019) La durée du projet de transition professionnelle correspond à la durée de l'action de formation.

Art. L. 6323-17-4 (L. n° 2018-771 du 5 sept. 2018, art. 1er-I, en vigueur le 1er janv. 2019) La durée du projet de transition professionnelle ne peut être imputée sur la durée du congé payé annuel. Ce projet est assimilé à une période de travail :
 1° Pour la détermination des droits des intéressés en matière de congé payé annuel ;
 2° A l'égard des droits que le salarié tient de son ancienneté dans l'entreprise.

Art. L. 6323-17-5 (L. n° 2018-771 du 5 sept. 2018, art. 1er-I, en vigueur le 1er janv. 2019) Le salarié bénéficiaire du projet de transition professionnelle a droit à une rémunération minimale déterminée par décret.
(Ord. n° 2019-861 du 21 août 2019, art. 1er) « Dans les entreprises de cinquante salariés et plus, la rémunération due au bénéficiaire du projet de transition professionnelle est versée par l'employeur, qui est remboursé par la commission paritaire interprofessionnelle régionale mentionnée à l'article L. 6323-17-6. »
Un décret précise les modalités selon lesquelles cette rémunération est versée, notamment dans les entreprises de moins de cinquante salariés.
(L. n° 2019-486 du 22 mai 2019, art. 11-VI, en vigueur le 1er janv. 2020) « Pour l'application du présent article, l'effectif salarié est déterminé selon les modalités prévues au I de l'article L. 130-1 du code de la sécurité sociale [V. cet art. ss. art. L. 1152-1]. »

V. art. D. 6323-18-1.

Art. L. 6323-17-6 (L. n° 2018-771 du 5 sept. 2018, art. 1er-I, en vigueur le 1er janv. 2019) Une commission paritaire interprofessionnelle est agréée dans chaque région par l'autorité administrative pour prendre en charge financièrement le projet de transition professionnelle mentionné à l'article L. 6323-17-1. Elle est dotée de la personnalité morale. Cette commission atteste également du caractère réel et sérieux du projet mentionné au 2° du II de l'article L. 5422-1. Elle suit la mise en œuvre du conseil en évolution professionnelle sur le territoire régional. L'agrément de cette commission est accordé au regard des critères mentionnés aux 1°, 3° et 5° du II de l'article L. 6332-1-1 et de leur aptitude à assurer leurs missions compte tenu de leurs moyens.
(L. n° 2022-1598 du 21 déc. 2022, art. 10) « Cette commission peut, sous réserve du caractère réel et sérieux du projet, financer les dépenses afférentes à la validation des acquis de l'expérience du salarié, dans des conditions définies par voie réglementaire. »
Cette commission est composée de représentants des organisations syndicales de salariés et des organisations professionnelles d'employeurs représentatives au niveau national et interprofessionnel.
Les frais de gestion correspondant aux missions de cette commission sont fixés par arrêté du ministre chargé de la formation professionnelle, dans la limite d'un plafond déterminé en pourcentage des ressources reçues par la commission, en application du 5° de l'article L. 6123-5.
Les commissions sont soumises au contrôle économique et financier de l'État et aux obligations mentionnées au 4° du II de l'article L. 6332-1-1.
En cas de dysfonctionnement répété ou de défaillance de la commission, un administrateur est nommé par le ministre chargé de la formation professionnelle. L'administrateur prend toute décision pour le compte de la commission, afin de rétablir son fonctionnement normal.
Un décret détermine les conditions d'application du présent article.

Sur la composition du dossier de demande d'agrément, V. Arr. du 26 juin 2019, NOR : MTRD1916209A (JO 29 juin).

SOUS-SECTION 3 Rémunération et protection sociale

Art. L. 6323-18 Les heures consacrées à la formation pendant le temps de travail constituent un temps de travail effectif et donnent lieu au maintien par l'employeur de la rémunération du salarié.

FORMATION PROFESSIONNELLE **Art. L. 6323-22**

Art. L. 6323-19 Pendant la durée de la formation, le salarié bénéficie du régime de sécurité sociale relatif à la protection en matière d'accidents du travail et de maladies professionnelles.

SOUS-SECTION 4 **Prise en charge des frais de formation**

Art. L. 6323-20 (L. n° 2018-771 du 5 sept. 2018, art. 1er-I, en vigueur le 1er janv. 2019) Les frais pédagogiques et les frais liés à la validation des compétences et des connaissances afférents à la formation sont pris en charge par l'organisme mentionné à l'article L. 6333-1.
Par dérogation au premier alinéa du présent article, les frais pédagogiques et les frais liés à la validation des compétences et des connaissances afférents à la formation suivie dans le cadre du projet de transition professionnelle mentionné à l'article L. 6323-17-1 sont pris en charge par la commission paritaire interprofessionnelle régionale mentionnée à l'article L. 6323-17-6.
Les modalités selon lesquelles ces prises en charges sont réalisées sont déterminées par décret. – *V. art. D. 6323-5.*

Art. L. 6323-20-1 (L. n° 2018-771 du 5 sept. 2018, art. 1er-I, en vigueur le 1er janv. 2019) « Le salarié employé par une personne publique qui ne verse pas la contribution mentionnée à l'article (Ord. n° 2021-797 du 23 juin 2021, art. 1er, en vigueur le 1er janv. 2022) « L. 6331-1 *[ancienne rédaction : L. 6331-4 à un opérateur de compétences]* » mobilise son compte personnel de formation en application de l'article 22 *ter* de la loi n° 83-634 du 13 juillet 1983 portant droits et obligations des fonctionnaires.
« Lorsque la personne publique verse la contribution mentionnée à l'article (Ord. n° 2021-797 du 23 juin 2021, art. 1er, en vigueur le 1er janv. 2022) « L. 6331-1 *[ancienne rédaction : L. 6331-4 à un opérateur de compétences]* », le salarié qu'elle emploie utilise ses droits inscrits sur le compte personnel de formation dans les conditions définies au présent chapitre. Il peut également solliciter une formation dans les conditions définies à l'article 22 *ter* de la loi n° 83-634 du 13 juillet 1983 précitée. »
(L. n° 2016-1088 du 8 août 2016, art. 39) « Les établissements mentionnés à l'article 2 de la loi n° 86-33 du 9 janvier 1986 portant dispositions statutaires relatives à la fonction publique hospitalière peuvent choisir une prise en charge par l'organisme paritaire agréé par l'État mentionné à l'article 22 de la loi n° 90-579 du 4 juillet 1990 relative au crédit-formation, à la qualité et au contrôle de la formation professionnelle continue et modifiant le livre IX du code du travail. »

Les dispositions issues de l'Ord. n° 2021-797 du 23 juin 2021 entrent en vigueur au 1er janv. 2022 pour les contributions dues à compter de cette date (Ord. préc., art. 8-I).

SECTION 3 **Mise en œuvre du compte personnel de formation pour les demandeurs d'emploi**

SOUS-SECTION 1 **Formations éligibles et mobilisation du compte**

Art. L. 6323-21 (Ord. n° 2019-861 du 21 août 2019, art. 1er) Les formations éligibles au compte personnel de formation sont, pour les demandeurs d'emploi, les formations mentionnées à l'article L. 6323-6.

Art. L. 6323-22 (L. n° 2020-1577 du 14 déc. 2020, art. 14) Lorsque le demandeur d'emploi accepte une formation achetée par la région, par l'opérateur de compétences mentionné à l'article L. 6332-1, par (L. n° 2023-1196 du 18 déc. 2023, art. 6-I, en vigueur le 1er janv. 2024) « l'opérateur France Travail » ou par l'institution mentionnée à l'article L. 5214-1, ces organismes ou collectivités prennent en charge les frais pédagogiques et les frais liés à la validation des compétences et des connaissances afférents à la formation du demandeur d'emploi. Ils peuvent également prendre en charge des frais annexes hors rémunération. Le compte personnel de formation du demandeur d'emploi peut être débité selon des modalités définies par décret, en fonction notamment de la situation sociale et professionnelle de l'intéressé et dans la limite des droits inscrits sur son compte, après que le demandeur en a été informé.

SOUS-SECTION 2 Prise en charge des frais de formation

Art. L. 6323-23 (L. n° 2018-771 du 5 sept. 2018, art. 1er-I, en vigueur le 1er janv. 2019) Les frais pédagogiques et les frais liés à la validation des compétences et des connaissances afférents à la formation du demandeur d'emploi qui mobilise son compte personnel sont pris en charge par l'organisme mentionné à l'article L. 6333-1 si la prise en charge de l'action est effectuée sans financement complémentaire ou dans la limite du droit acquis du compte personnel en cas de financement complémentaire. Ce financement complémentaire correspond à toute aide individuelle à la formation du demandeur d'emploi.

Art. L. 6323-24 (L. n° 2016-1088 du 8 août 2016, art. 39, en vigueur le 1er janv. 2017) Le compte peut être mobilisé par son titulaire à la recherche d'emploi dans un État membre de l'Union européenne autre que la France s'il n'est pas inscrit auprès de l'institution mentionnée à l'article L. 5312-1, sous réserve de la conclusion d'une convention entre cette institution et l'organisme chargé du service public de l'emploi dans le pays de la recherche d'emploi. Cette convention détermine les conditions de prise en charge des formations mobilisées par le demandeur d'emploi dans le cadre de son compte.

SOUS-SECTION 3 Dispositions d'application

(L. n° 2018-771 du 5 sept. 2018, art. 1er-I, en vigueur le 1er janv. 2019)

Art. L. 6323-24-1 Un décret en Conseil d'État fixe les conditions d'application de la présente section.

SECTION 4 Mise en œuvre du compte personnel de formation pour les travailleurs indépendants, les membres des professions libérales et des professions non salariées, leurs conjoints collaborateurs et les artistes auteurs

(L. n° 2016-1088 du 8 août 2016, art. 39)

SOUS-SECTION 1 Alimentation et abondement du compte

Art. L. 6323-25 (L. n° 2018-771 du 5 sept. 2018, art. 1er-I, en vigueur le 1er janv. 2019) Les droits à formation inscrits sur le compte personnel de formation des travailleurs indépendants, des membres des professions libérales et des professions non salariées, de leurs conjoints collaborateurs et des artistes auteurs sont financés conformément aux modalités de répartition de la contribution prévue aux articles L. 6331-48, L. 6331-53 et L. 6331-65 du présent code et à l'article L. 718-2-1 du code rural et de la pêche maritime. — V. art. R. 6323-22.

Art. L. 6323-26 Le compte est alimenté en (L. n° 2018-771 du 5 sept. 2018, art. 1er-I, en vigueur le 1er janv. 2019) « euros » (Ord. n° 2019-861 du 21 août 2019, art. 1er) « au titre » de chaque année et, le cas échéant, par des abondements supplémentaires, selon les modalités définies à la présente sous-section.

Les heures acquises au titre du compte personnel de formation et du droit individuel à la formation au 31 déc. 2018 sont converties en euros selon des modalités définies par décret (L. n° 2018-771 du 5 sept. 2018, art. 1er-VIII). — V. 2e ndlr ss. art. L. 6323-2.

Art. L. 6323-27 (L. n° 2018-771 du 5 sept. 2018, art. 1er-I, en vigueur le 1er janv. 2019) « L'alimentation du compte se fait à hauteur d'un montant annuel, exprimé en euros, dans la limite d'un plafond qui ne peut excéder dix fois le montant annuel. La valeur de ce plafond et ce montant sont fixées par décret en Conseil d'État. »

(L. n° 2016-1088 du 8 août 2016, art. 39) « L'alimentation du compte est subordonnée à l'acquittement effectif de la contribution mentionnée aux articles L. 6331-48 et L. 6331-53 et au 1° de l'article L. 6331-65 du présent code ainsi qu'à l'article L. 718-2-1 du code rural et de la pêche maritime. »

(L. n° 2018-771 du 5 sept. 2018, art. 1er-I, en vigueur le 1er janv. 2019) « Le montant mentionné au premier alinéa du présent article est diminué au prorata du temps d'exercice de l'activité au cours de l'année. »

FORMATION PROFESSIONNELLE   Art. L. 6323-33 1613

Les droits acquis au titre du droit individuel à la formation sont pris en compte pour le calcul des plafonds mentionnés à l'art. L. 6323-27 (Ord. n° 2019-861 du 21 août 2019, art. 8-I).

Art. L. 6323-28 La période d'absence du travailleur indépendant, du membre d'une profession libérale ou d'une profession non salariée, du conjoint collaborateur ou de l'artiste auteur pour un congé de maternité, de paternité et d'accueil de l'enfant, d'adoption, de présence parentale ou de proche aidant, pour un congé parental d'éducation ou pour une maladie professionnelle ou un accident du travail est intégralement prise en compte pour le calcul *(L. n° 2018-771 du 5 sept. 2018, art. 1er-I, en vigueur le 1er janv. 2019)* « du montant mentionné » au premier alinéa de l'article L. 6323-27.

Art. L. 6323-29 Le compte personnel de formation peut être abondé en application de l'accord constitutif du fonds d'assurance-formation de non-salariés mentionné à l'article L. 6332-9 du présent code ou à l'article L. 718-2-1 du code rural et de la pêche maritime. Il peut également être abondé par les chambres de métiers et de l'artisanat de région et les chambres régionales de métiers et de l'artisanat mentionnées à l'article 5-1 du code de l'artisanat, grâce aux contributions à la formation professionnelle versées dans les conditions prévues aux articles L. 6331-48 et L. 6331-50 du présent code.

Le compte personnel de formation des travailleurs indépendants de la pêche maritime, des employeurs de pêche maritime de moins de onze salariés, ainsi que des travailleurs indépendants et des employeurs de cultures marines de moins de onze salariés peut être abondé en application d'une décision du conseil d'administration de *(L. n° 2018-771 du 5 sept. 2018, art. 1er-I, en vigueur le 1er janv. 2019)* « l'opérateur de compétences » mentionné au *(L. n° 2022-172 du 14 févr. 2022, art. 12-III, en vigueur le 1er sept. 2022)* « 1° » de l'article L. 6331-53 du présent code.

Le compte personnel de formation des artistes auteurs peut être abondé en application d'une décision du conseil d'administration de *(L. n° 2018-771 du 5 sept. 2018, art. 1er-I, en vigueur le 1er janv. 2019)* « l'opérateur de compétences » mentionné au premier alinéa de l'article L. 6331-68.

Art. L. 6323-30 *Abrogé par L. n° 2018-771 du 5 sept. 2018, art. 1er-I, à compter du 1er janv. 2019.*

SOUS-SECTION 2 Formations éligibles et mobilisation du compte

Art. L. 6323-31 *(L. n° 2018-771 du 5 sept. 2018, art. 1er-I, en vigueur le 1er janv. 2019)* Les formations éligibles au compte personnel de formation sont les formations mentionnées à l'article L. 6323-6.

SOUS-SECTION 3 Prise en charge des frais de formation

Art. L. 6323-32 *(L. n° 2018-771 du 5 sept. 2018, art. 1er-I, en vigueur le 1er janv. 2020)* Les frais pédagogiques et les frais liés à la validation des compétences et des connaissances afférents à la formation du travailleur indépendant, du membre d'une profession libérale ou d'une profession non salariée, du conjoint collaborateur ou de l'artiste auteur qui mobilise son compte personnel de formation sont pris en charge par l'organisme mentionné à l'article L. 6333-1.

SECTION 5 Mise en œuvre du compte personnel de formation pour les personnes handicapées accueillies dans un établissement ou service d'accompagnement par le travail *(L. n° 2023-1196 du 18 déc. 2023, art. 15-II).*

(L. n° 2016-1088 du 8 août 2016, art. 43)

SOUS-SECTION 1 Alimentation et abondement du compte

Art. L. 6323-33 Le compte personnel de formation du bénéficiaire d'un contrat *(L. n° 2023-1196 du 18 déc. 2023, art. 15-II)* « d'accompagnement » par le travail mentionné à l'article L. 311-4 du code de l'action sociale et des familles est alimenté en *(L. n° 2018-771 du 5 sept. 2018, art. 1er-I)* « euros » *(Ord. n° 2019-861 du 21 août 2019, art. 1er)* « au titre » de chaque année et mobilisé par le titulaire ou son représentant légal afin qu'il puisse suivre, à son initiative, une formation. Le compte ne peut être mobilisé qu'avec l'accord exprès de son titulaire ou de son représentant légal. – V. art. R. 6323-29.

Les heures acquises au titre du compte personnel de formation et du droit individuel à la formation au 31 déc. 2018 sont converties en euros selon des modalités définies par décret (L. n° 2018-771 du 5 sept. 2018, art. 1er-VIII). – V. 2e ndlr ss. art. L. 6323-2.

Art. L. 6323-34 *(L. n° 2018-771 du 5 sept. 2018, art. 1er-I)* L'alimentation du compte se fait à hauteur d'un montant exprimé en euros, par année d'admission à temps plein ou à temps partiel dans un établissement ou un service d'*(L. n° 2023-1196 du 18 déc. 2023, art. 15-II)* « accompagnement » par le travail, dans la limite d'un plafond. La valeur de ce plafond et ce montant sont supérieurs au montant et au plafond mentionnés à l'article L. 6323-11. Le montant inscrit sur le compte permet à son titulaire de financer une formation éligible au compte, au sens de l'article L. 6323-6.

Les droits acquis au titre du droit individuel à la formation sont pris en compte pour le calcul des plafonds mentionnés à l'art. L. 6323-34 (Ord. n° 2019-861 du 21 août 2019, art. 8-I).

Art. L. 6323-35 La période d'absence de la personne handicapée pour un congé de maternité, de paternité et d'accueil de l'enfant, d'adoption, de présence parentale, de soutien familial ou un congé parental d'éducation ou pour une maladie professionnelle ou un accident du travail est intégralement prise en compte pour le calcul *(L. n° 2018-771 du 5 sept. 2018, art. 1er-I, en vigueur le 1er janv. 2019)* « du montant des droits inscrits sur le compte ».

Art. L. 6323-36 *(L. n° 2018-771 du 5 sept. 2018, art. 1er-I)* L'établissement ou le service d'*(L. n° 2023-1196 du 18 déc. 2023, art. 15-II)* « accompagnement » par le travail verse à l'opérateur de compétences dont il relève une contribution égale au plus à 0,35 % d'une partie forfaitaire de la rémunération garantie versée aux travailleurs handicapés concernés dont le montant ainsi que le taux de la contribution sont définis par décret. – V. art. D. 6323-29-2.

Art. L. 6323-37 *(L. n° 2018-771 du 5 sept. 2018, art. 1er-I)* Lorsque le coût de cette formation est supérieur au montant inscrit sur le compte ou au plafond mentionné à l'article L. 6323-34, le compte peut faire l'objet, à la demande de son titulaire ou de son représentant légal, d'abondements complémentaires. Outre les abondements mentionnés à l'article L. 6323-4, ces abondements peuvent être financés par les entreprises dans le cadre d'une mise à disposition par l'établissement ou le service d'*(L. n° 2023-1196 du 18 déc. 2023, art. 15-II)* « accompagnement » par le travail mentionnée à l'article L. 344-2-4 du code de l'action sociale et des familles.

SOUS-SECTION 2 **Mobilisation du compte et prise en charge des frais de formation**

Art. L. 6323-38 Abrogé par L. n° 2018-771 du 5 sept. 2018, art. 1er-I.

Art. L. 6323-39 Lorsque la formation financée dans le cadre du compte personnel de formation est suivie pendant le temps d'exercice d'une activité à caractère professionnel au sein de l'établissement ou du service d'*(L. n° 2023-1196 du 18 déc. 2023, art. 15-II)* « accompagnement » par le travail, le travailleur handicapé doit demander l'accord préalable dudit établissement ou service sur le contenu et le calendrier de la formation.

Art. L. 6323-40 En cas d'acceptation par l'établissement ou le service d'*(L. n° 2023-1196 du 18 déc. 2023, art. 15-II)* « accompagnement » par le travail, le travailleur handicapé bénéficie pendant la durée de la formation du maintien de sa rémunération garantie et du régime de sécurité sociale relatif à la protection en matière d'accidents du travail et de maladies professionnelles.

Art. L. 6323-41 *(L. n° 2018-771 du 5 sept. 2018, art. 1er-I, en vigueur le 1er janv. 2019)* Les frais pédagogiques et les frais liés à la validation des compétences et des connaissances afférents à la formation du titulaire qui mobilise son compte personnel de formation sont pris en charge par l'organisme mentionné à l'article L. 6333-1.

FORMATION PROFESSIONNELLE **Art. L. 6324-2** 1615

SOUS-SECTION 3 **Dispositions d'application**

(L. n° 2018-771 du 5 sept. 2018, art. 1ᵉʳ-I, en vigueur le 1ᵉʳ janv. 2019)

Art. L. 6323-42 Un décret en Conseil d'État fixe les conditions d'application de la présente section. — V. art. R. 6323-29 s.

SECTION 6 **Contribution du compte personnel au droit individuel à la formation des élus locaux**

(Ord. n° 2021-45 du 20 janv. 2021, art. 6, en vigueur le 1ᵉʳ janv. 2022)

Art. L. 6323-43 Le titulaire d'un compte personnel de formation peut mobiliser les droits inscrits sur ce compte afin de financer tout ou partie d'une action de formation sollicitée au titre du droit individuel à la formation des élus locaux mentionné à l'article L. 1621-3 du code général des collectivités territoriales, lorsque cette action de formation contribue à sa réinsertion professionnelle.

SECTION 7 **Modalités de remboursement des sommes indues**

(L. n° 2022-1587 du 19 déc. 2022, art. 3)

Art. L. 6323-44 Pour le remboursement des sommes indûment versées par la Caisse des dépôts et consignations, le directeur général de la Caisse des dépôts et consignations peut délivrer une contrainte qui, à défaut d'opposition du prestataire mentionnée à l'article L. 6351-1 devant la juridiction compétente, comporte tous les effets d'un jugement.

Art. L. 6323-45 Lorsqu'elle constate la mobilisation par le titulaire du compte personnel de formation de droits indus ou une mobilisation par celui-ci des droits en violation de la réglementation ou des conditions générales d'utilisation du service dématérialisé, la Caisse des dépôts et consignations peut procéder au recouvrement de l'indu par retenue sur les droits inscrits ou sur ceux faisant l'objet d'une inscription ultérieure sur le compte.

SECTION 8 **Dispositions d'application**

(L. n° 2022-1587 du 19 déc. 2022, art. 3)

Art. L. 6323-46 Un décret en Conseil d'État détermine les conditions d'application du présent chapitre.

CHAPITRE IV **RECONVERSION OU PROMOTION PAR ALTERNANCE**
(L. n° 2018-771 du 5 sept. 2018, art. 28-II, en vigueur le 1ᵉʳ janv. 2019).

SECTION 1 **Objet et conditions d'ouverture**

Art. L. 6324-1 *(L. n° 2018-771 du 5 sept. 2018, art. 28-II, en vigueur le 1ᵉʳ janv. 2019)* La reconversion ou la promotion par alternance a pour objet de permettre au salarié de changer de métier ou de profession, ou de bénéficier d'une promotion sociale ou professionnelle par des actions de formation *(Ord. n° 2019-861 du 21 août 2019, art. 1ᵉʳ)* « ou par des actions permettant de faire valider les acquis de l'expérience mentionnées à l'article L. 6313-5 ».

Elle concerne les salariés en contrat à durée indéterminée, les salariés, qu'ils soient sportifs ou entraîneurs professionnels, en contrat de travail à durée déterminée conclu en application de l'article L. 222-2-3 du code du sport et les salariés bénéficiaires d'un contrat à durée indéterminée conclu en application de l'article L. 5134-19-1 du présent code, notamment les salariés dont la qualification est insuffisante au regard de l'évolution des technologies ou de l'organisation du travail. *(Ord. n° 2019-861 du 21 août 2019, art. 1ᵉʳ)* « Elle concerne également les salariés placés en position d'activité partielle mentionnée à l'article L. 5122-1. »

Art. L. 6324-2 *(L. n° 2018-771 du 5 sept. 2018, art. 28-II, en vigueur le 1ᵉʳ janv. 2019)* *(Ord. n° 2019-861 du 21 août 2019, art. 1ᵉʳ)* « La reconversion ou promotion par alternance concerne » les salariés dont la qualification est inférieure ou égale à un niveau déterminé par décret. – *V. art. D. 6324-1-1.*

Art. L. 6324-3 (*Ord. nº 2019-861 du 21 août 2019, art. 1ᵉʳ*) Un accord collectif de branche étendu définit la liste des certifications professionnelles éligibles à la reconversion ou promotion par alternance. L'extension de cet accord est subordonnée au respect des critères de forte mutation de l'activité et de risque d'obsolescence des compétences.

La reconversion ou promotion par alternance peut permettre l'acquisition du socle de connaissance et de compétences mentionné aux articles L. 6121-2, L. 6324-1 et L. 6323-6.

Art. L. 6324-4 (*L. nº 2018-771 du 5 sept. 2018, art. 28-II, en vigueur le 1ᵉʳ janv. 2019*) (*Ord. nº 2019-861 du 21 août 2019, art. 1ᵉʳ*) « Lorsque la reconversion ou la promotion par alternance prévoit des actions de formation, ces dernières associent » des enseignements généraux, professionnels et technologiques dispensés dans des organismes publics ou privés de formation ou, lorsqu'elle dispose d'un service de formation, par l'entreprise et l'acquisition d'un savoir-faire par l'exercice en entreprise d'une ou plusieurs activités professionnelles en relation avec les qualifications recherchées.

L'art. L. 6324-5 devient l'art. L. 6324-4 (Ord. nº 2019-861 du 21 août 2019, art. 1ᵉʳ, 58º).

Art. L. 6324-5 (*L. nº 2018-771 du 5 sept. 2018, art. 28-II, en vigueur le 1ᵉʳ janv. 2019*) Les actions de formation mentionnées à l'article L. 6324-2 sont financées selon les modalités prévues au (*Ord. nº 2019-861 du 21 août 2019, art. 1ᵉʳ*) « 5º » du I de l'article L. 6332-14.

(*Ord. nº 2019-861 du 21 août 2019, art. 1ᵉʳ*) « L'accord de branche étendu mentionné à l'article L. 6324-3 prévoit que la rémunération du salarié en reconversion ou promotion par alternance peut être prise en charge par l'opérateur de compétences selon les modalités prévues au 5º du II de l'article L. 6332-14 et dans les conditions déterminées par décret. »

L'art. L. 6324-5-1 devient l'art. L. 6324-5 (Ord. nº 2019-861 du 21 août 2019, art. 1ᵉʳ, 59º).

Art. L. 6324-6 (*L. nº 2018-771 du 5 sept. 2018, art. 28-II, en vigueur le 1ᵉʳ janv. 2019*) Le contrat de travail du salarié fait l'objet d'un avenant qui précise la durée et l'objet de la reconversion ou de la promotion par alternance. L'avenant au contrat est déposé selon les modalités prévues à l'article (*Ord. nº 2019-861 du 21 août 2019, art. 1ᵉʳ*) « L. 6325-5 ».

SECTION 2 Déroulement de la reconversion ou de la promotion par alternance
(*L. nº 2018-771 du 5 sept. 2018, art. 28-II, en vigueur le 1ᵉʳ janv. 2019*).

Art. L. 6324-7 (*L. nº 2018-771 du 5 sept. 2018, art. 28-II, en vigueur le 1ᵉʳ janv. 2019*) Les actions de reconversion ou promotion par alternance peuvent se dérouler pour tout ou partie en dehors du temps de travail à l'initiative soit du salarié, soit de l'employeur, après accord écrit du salarié, en application du 2º de l'article L. 6321-6.

Art. L. 6324-8 (*L. nº 2018-771 du 5 sept. 2018, art. 28-II, en vigueur le 1ᵉʳ janv. 2019*) Lorsque les actions mises en œuvre en application de l'article L. 6324-1 sont effectuées pendant le temps de travail, elles donnent lieu au maintien par l'employeur de la rémunération du salarié.

Art. L. 6324-9 Pendant la durée des formations, le salarié bénéficie de la législation de la sécurité sociale relative à la protection en matière d'accidents du travail et de maladies professionnelles. – *[Anc. art. L. 982-4, al. 3, phrase 3.]*

L'art. L. 6324-10 devient l'art. L. 6324-9 (Ord. nº 2019-861 du 21 août 2019, art. 1ᵉʳ, 62º).

Art. L. 6324-10 (*Ord. nº 2019-861 du 21 août 2019, art. 1ᵉʳ*) Un décret précise les modalités d'application du présent chapitre. – *V. art. D. 6324-1 s.*

FORMATION PROFESSIONNELLE **Art. L. 6325-2** 1617

CHAPITRE V **CONTRATS DE PROFESSIONNALISATION**

V. Circ. n° 2007/21 du 23 juill. 2007 et Instr. DGEFP du 3 mars 2010 relatives à la mise en œuvre du contrat de professionnalisation.

V. Instr. DGEFP du 3 mars 2010 relative à la mise en œuvre du contrat de professionnalisation.

SECTION 1 **Objet et conditions d'ouverture**

Art. L. 6325-1 Le contrat de professionnalisation a pour objet de permettre d'acquérir une des qualifications prévues à l'article L. 6314-1 et de favoriser l'insertion ou la réinsertion professionnelle.

Ce contrat est ouvert :

1° Aux personnes âgées de seize à vingt-cinq ans révolus afin de compléter leur formation initiale ;

2° Aux demandeurs d'emploi âgés de vingt-six ans et plus ;

(*L. n° 2009-1437 du 24 nov. 2009*) « 3° Aux bénéficiaires du revenu de solidarité active, de l'allocation de solidarité spécifique ou de l'allocation aux adultes handicapés ou aux personnes ayant bénéficié d'un contrat conclu en application de l'article L. 5134-19-1. »

Loi n° 2022-1598 du 21 décembre 2022,

Portant mesures d'urgence relatives au fonctionnement du marché du travail en vue du plein emploi.

* Actions en vue d'une VAE

Art. 11 A titre expérimental, afin de favoriser l'accès à la certification et à l'insertion professionnelles dans les secteurs rencontrant des difficultés particulières de recrutement, pour une durée de trois ans à compter d'une date fixée par décret, et au plus tard le 1er mars 2023, les contrats de professionnalisation conclus par les employeurs de droit privé peuvent comporter des actions en vue de la validation des acquis de l'expérience.

Pour la mise en œuvre de cette expérimentation, il peut être dérogé aux articles L. 6314-1, L. 6325-1, L. 6325-2, L. 6325-11, L. 6325-13 et L. 6332-14 du code du travail.

Les conditions de mise en œuvre de cette expérimentation, notamment les qualifications ou blocs de certifications professionnelles pouvant être obtenus par la validation des acquis de l'expérience, sont déterminées par décret. — *V. Décr. n° 2023-408 du 26 mai 2023 (JO 27 mai) et Arr. du 26 juin 2023, NOR : MTRD2315303A (JO 30 juin).*

Au plus tard six mois avant son terme, le Gouvernement remet au Parlement un rapport d'évaluation de cette expérimentation.

Art. L. 6325-1-1 (*L. n° 2009-1437 du 24 nov. 2009*) Les personnes mentionnées au 1° de l'article L. 6325-1 qui n'ont pas validé un second cycle de l'enseignement secondaire et qui ne sont pas titulaires d'un diplôme de l'enseignement technologique ou professionnel, (*L. n° 2015-994 du 17 août 2015, art. 42*) « les personnes mentionnées aux 1° et 2° du même article L. 6325-1 inscrites depuis plus d'un an sur la liste des demandeurs d'emploi définie à l'article L. 5411-1, » ainsi que les personnes mentionnées (*L. n° 2015-994 du 17 août 2015, art. 42*) « au 3° de l'article L. 6325-1 » bénéficient du contrat de professionnalisation selon les modalités prévues aux articles L. 6325-11, L. 6325-14, L. 6332-14 et L. 6332-15.

Art. L. 6325-2 Le contrat de professionnalisation associe des enseignements généraux, professionnels et technologiques dispensés dans des organismes publics ou privés de formation ou, lorsqu'elle dispose d'un service de formation, par l'entreprise, et l'acquisition d'un savoir-faire par l'exercice en entreprise d'une ou plusieurs activités professionnelles en relation avec les qualifications recherchées.

(*L. n° 2015-994 du 17 août 2015, art. 54*) « Le contrat de professionnalisation peut comporter des périodes d'acquisition d'un savoir-faire dans plusieurs entreprises. Une convention est conclue à cet effet entre l'employeur, les entreprises d'accueil et le salarié en contrat de professionnalisation. Les modalités de l'accueil et le contenu de la convention sont fixés par décret. » — *V. art. D. 6325-30 s.*

Art. L. 6325-2-1 (L. n° 2014-288 du 5 mars 2014, art. 7-I) Les organismes publics ou privés de formation mentionnés à l'article L. 6325-2 ne peuvent conditionner l'inscription d'un salarié en contrat de professionnalisation au versement par ce dernier d'une contribution financière de quelque nature qu'elle soit.

Principe de gratuité. Une association de formation ne peut pas réclamer de contribution au titre des frais de scolarité aux étudiants ayant signé des contrats de professionnalisation, et doit leur rembourser les frais d'inscription pour les deux années couvrant la période de ce contrat. • Soc. 13 avr. 2023, ⛨ n° 21-22.242 B : *D. actu.* 23 mai 2023, obs. Cortot ; *D.* 2023. 794 ; *RJS* 7/2023, n° 365.

Art. L. 6325-3 L'employeur s'engage à assurer une formation au salarié lui permettant d'acquérir une qualification professionnelle et à lui fournir un emploi en relation avec cet objectif pendant la durée du contrat à durée déterminée ou de l'action de professionnalisation du contrat à durée indéterminée.

Le salarié s'engage à travailler pour le compte de son employeur et à suivre la formation prévue au contrat. — [Anc. art. L. 981-3, al. 1ᵉʳ, phrases 2 et 3.]

Exclusion du centre de formation. Le contrat de professionnalisation à durée déterminée ne peut être rompu de manière anticipée, à défaut d'accord des parties, qu'en cas de faute grave ou de force majeure ; l'exclusion du salarié du centre de formation n'est pas un cas de force majeure autorisant de ce seul fait l'employeur à rompre ou à suspendre l'exécution du contrat. • Soc. 31 oct. 2012 : ⛨ *D.* 2012. Actu. 2669 ⌀ ; *Dr. soc.* 2013. 67, obs. Mouly ⌀ ; *RJS* 2013. 64, n° 64.

Art. L. 6325-3-1 (L. n° 2014-288 du 5 mars 2014, art. 7-I) L'employeur désigne, pour chaque salarié en contrat de professionnalisation, un tuteur chargé de l'accompagner. Un décret fixe les conditions de cette désignation ainsi que les missions et les conditions d'exercice de la fonction de tuteur.

Art. L. 6325-4 Les titulaires d'un contrat de professionnalisation ne sont pas pris en compte pour le calcul du nombre de salariés simultanément absents au titre de congés de formation pour l'application des articles (L. n° 2018-771 du 5 sept. 2018, art. 28-III, en vigueur le 1ᵉʳ janv. 2019) « L. 6323-17-1 à L. 6323-17-5 ».

Art. L. 6325-4-1 (L. n° 2011-893 du 28 juill. 2011) Pour l'exercice d'activités saisonnières au sens du 3° de l'article L. 1242-2, deux employeurs peuvent conclure conjointement un contrat de professionnalisation à durée déterminée avec toute personne mentionnée au 1° de l'article L. 6325-1, en vue de l'acquisition d'une ou, par dérogation au même article L. 6325-1, de deux qualifications mentionnées à l'article L. 6314-1.

Une convention tripartite signée par les deux employeurs et le titulaire du contrat est annexée au contrat de professionnalisation. Elle détermine :

1° L'affectation du titulaire entre les deux entreprises au cours du contrat, selon un calendrier prédéfini ;

2° La désignation de l'employeur tenu de verser la rémunération due au titre de chaque période consacrée par le titulaire aux actions et aux enseignements mentionnés à l'article L. 6325-13 ;

3° Les conditions de mise en place du tutorat.

La période d'essai prévue à l'article L. 1242-10 est applicable au début de la première période de travail effectif chez chacun des employeurs.

Ce contrat peut être rompu, dans les conditions applicables aux contrats à durée déterminée, à l'initiative de chacune des parties, laquelle prend en charge les conséquences financières éventuelles de cette rupture.

SECTION 2 Formation et exécution du contrat

Art. L. 6325-5 Le contrat de professionnalisation est un contrat de travail à durée déterminée ou à durée indéterminée. Il est établi par écrit.

Lorsqu'il est à durée déterminée, il est conclu en application de l'article L. 1242-3.

Le contrat de professionnalisation est déposé auprès de l'autorité administrative. — [Anc. art. L. 981-2, al. 1ᵉʳ.]

FORMATION PROFESSIONNELLE **Art. L. 6325-10** 1619

Art. L. 6325-6 Le titulaire d'un contrat de professionnalisation bénéficie de l'ensemble des dispositions applicables aux autres salariés de l'entreprise dans la mesure où elles ne sont pas incompatibles avec les exigences de la formation. — *[Anc. art. L. 981-7, al. 1er.]*

Art. L. 6325-6-1 (L. n° 2009-1437 du 24 nov. 2009) Les mineurs titulaires d'un contrat de professionnalisation peuvent être autorisés à utiliser au cours de leur formation professionnelle les équipements de travail dont l'usage est interdit aux jeunes travailleurs, dans des conditions définies par décret.

Art. L. 6325-6-2 (L. n° 2011-893 du 28 juill. 2011) Une carte portant la mention "Étudiant des métiers" est délivrée par l'organisme ou le service chargé de leur formation aux personnes qui sont mentionnées au 1° de l'article L. 6325-1 et dont le contrat de professionnalisation a pour objet d'acquérir une qualification enregistrée dans le répertoire national des certifications professionnelles mentionné à l'article (L. n° 2018-771 du 5 sept. 2018, art. 45-I, en vigueur le 1er janv. 2019) « L. 6113-1 » et comporte une action de professionnalisation, au sens de l'article L. 6325-11 du présent code, d'une durée minimale de douze mois. Cette carte permet à son titulaire de faire valoir sur l'ensemble du territoire national la spécificité de son statut auprès des tiers, notamment en vue d'accéder à des réductions tarifaires identiques à celles dont bénéficient les étudiants de l'enseignement supérieur.

La carte d'étudiant des métiers est établie conformément à un modèle déterminé par voie réglementaire. — *V. Arr. du 30 déc. 2011 (JO 31 déc.).*

Art. L. 6325-7 (L. n° 2011-893 du 28 juill. 2011) Le contrat de professionnalisation à durée déterminée peut être renouvelé une fois si :

1° Le bénéficiaire, ayant obtenu la qualification visée, prépare une qualification supérieure ou complémentaire ;

2° Le bénéficiaire n'a pu obtenir la qualification visée pour cause d'échec aux épreuves d'évaluation de la formation suivie, de maternité, de maladie, d'accident du travail, de maladie professionnelle ou de défaillance de l'organisme de formation.

SECTION 3 Salaire et durée du travail

Art. L. 6325-8 Sauf dispositions conventionnelles ou contractuelles plus favorables, le salarié âgé de moins de vingt-six ans et titulaire d'un contrat de professionnalisation perçoit pendant la durée du contrat à durée déterminée ou de l'action de professionnalisation du contrat à durée indéterminée une rémunération calculée en fonction du salaire minimum de croissance.

Le montant de cette rémunération peut varier en fonction de l'âge du bénéficiaire et du niveau de sa formation.

Un décret détermine ce montant et les conditions de déduction des avantages en nature. — *[Anc. art. L. 981-5, al. 1er.] — V. art. D. 6325-14 s.*

Art. L. 6325-9 Le titulaire d'un contrat de professionnalisation âgé d'au moins vingt-six ans perçoit, pendant la durée du contrat à durée déterminée ou de l'action de professionnalisation du contrat à durée indéterminée, une rémunération qui ne peut être inférieure ni au salaire minimum de croissance ni à un pourcentage déterminé par décret de la rémunération minimale prévue par les dispositions de la convention ou de l'accord collectif de branche dont relève l'entreprise. — *[Anc. art. L. 981-5, al. 2.] — V. art. D. 6325-15.*

N'est pas sérieuse la QPC contestant la conformité au principe d'égalité de l'art. L. 6325-9 C. trav. qui détermine le salaire minimum légal et aménage la mise en œuvre du principe de faveur au salaire minimum conventionnel applicables aux salariés sous contrat de professionnalisation. • Soc., QPC, 5 mars 2014 : 🕮 *D. actu. 17 juin 2014, obs. Ines ; RJS 2014. 346, n° 418.*

Art. L. 6325-10 La durée du travail du salarié, incluant le temps passé en formation, ne peut excéder la durée hebdomadaire de travail pratiquée dans l'entreprise ni la durée quotidienne maximale du travail fixée par l'article (L. n° 2016-1088 du 8 août 2016, art. 8) « L. 3121-18 ».

Il bénéficie du repos hebdomadaire dans les conditions fixées au présent code et au I de l'article L. 714-1 du code rural et de la pêche maritime. – *[Anc. art. L. 981-7, al. 2.]*

SECTION 4 **Durée et mise en œuvre des actions de professionnalisation**

Art. L. 6325-11 L'action de professionnalisation d'un contrat de professionnalisation à durée déterminée ou qui se situe au début d'un contrat de professionnalisation à durée indéterminée est d'une durée minimale comprise entre six et douze mois. *(L. n° 2009-1437 du 24 nov. 2009)* « Elle peut être allongée jusqu'à *(L. n° 2018-771 du 5 sept. 2018, art. 28-III, en vigueur le 1er janv. 2019)* « trente-six » mois pour les personnes mentionnées à l'article L. 6325-1-1. »

Art. L. 6325-12 La durée minimale de l'action de professionnalisation peut être allongée jusqu'à vingt-quatre mois *(L. n° 2009-1437 du 24 nov. 2009)* « pour d'autres personnes que celles mentionnées à l'article L. 6325-11 » ou lorsque la nature des qualifications prévues l'exige.

Ces bénéficiaires et la nature de ces qualifications sont définis par convention ou accord collectif de branche ou, à défaut, par accord collectif conclu entre les organisations représentatives d'employeurs et de salariés signataires de l'accord constitutif d'un organisme collecteur paritaire interprofessionnel agréé.

La nature de ces qualifications peut être définie par un accord conclu au niveau national et interprofessionnel.

Art. L. 6325-13 Dans le cadre du contrat de professionnalisation à durée déterminée ou d'actions de professionnalisation engagées dans le cadre de contrats à durée indéterminée, les actions *(L. n° 2016-1088 du 8 août 2016, art. 82)* « de positionnement, » d'évaluation et d'accompagnement ainsi que les enseignements généraux, professionnels et technologiques sont mis en œuvre par un organisme de formation ou, lorsqu'elle dispose d'un service de formation, par l'entreprise elle-même.

Ils sont d'une durée minimale comprise entre 15 %, sans être inférieure à cent cinquante heures, et 25 % de la durée totale du contrat. – *[Anc. art. L. 981-3, al. 2, phrases 1 et 3.]*

Art. L. 6325-14 Un accord de branche peut porter au-delà de 25 % la durée des actions pour certaines catégories de bénéficiaires, notamment pour *(L. n° 2009-1437 du 24 nov. 2009)* « ceux mentionnés à l'article L. 6325-1-1 » ou pour ceux qui visent des formations diplômantes.

A défaut d'accord de branche, un accord peut être conclu entre les organisations représentatives d'employeurs et de salariés signataires de l'accord constitutif d'un organisme collecteur paritaire des fonds de la formation professionnelle continue à compétence interprofessionnelle mentionnée à l'article L. 6325-12.

Art. L. 6325-14-1 *(L. n° 2011-893 du 28 juill. 2011)* Un accord de branche ou un accord collectif conclu entre les organisations syndicales de salariés et d'employeurs signataires de l'accord constitutif d'un *(L. n° 2018-771 du 5 sept. 2018, art. 28-III, en vigueur le 1er janv. 2019)* « opérateur de compétences » interprofessionnel peut définir les modalités de continuation et de financement, pour une durée n'excédant pas *(L. n° 2018-771 du 5 sept. 2018, art. 28-III, en vigueur le 1er janv. 2019)* « six » mois, des actions d'évaluation et d'accompagnement et des enseignements mentionnés à l'article L. 6325-13, au bénéfice des personnes dont le contrat de professionnalisation comportait une action de professionnalisation, au sens de l'article L. 6325-11, d'une durée minimale de douze mois et a été rompu sans que ces personnes soient à l'initiative de cette rupture.

Art. L. 6325-15 Est nulle, toute clause prévoyant le remboursement à l'employeur par le titulaire d'un contrat de professionnalisation des dépenses de formation en cas de rupture du contrat de travail. – *[Anc. art. L. 981-7, al. 4.]*

SECTION 5 *[ABROGÉE]* **Exonération de cotisations sociales**

(Abrogée par L. n° 2018-1203 du 22 déc. 2018, art. 8-VI)

Art. L. 6325-16 à L. 6325-22 *Abrogés par L. n° 2018-1203 du 22 déc. 2018, art. 8-VI.*

FORMATION PROFESSIONNELLE **Art. L. 6325-25** 1621

SECTION 6 **Entreprises de travail temporaire**

Art. L. 6325-23 Les entreprises de travail temporaire peuvent conclure des contrats de professionnalisation à durée déterminée en application de l'article L. 1242-3.

Les activités professionnelles en relation avec les enseignements reçus sont alors exercées dans le cadre des missions de travail temporaire définies par le chapitre I du titre V du livre II de la première partie. — *[Anc. art. L. 981-4, al. 1er, phrases 1 et 2.]*

Art. L. 6325-24 Un accord, conclu au niveau de la branche professionnelle entre les organisations représentatives d'employeurs et de salariés du travail temporaire et l'État, peut prévoir qu'une partie des fonds *(L. n° 2014-288 du 5 mars 2014, art. 1er-I)* « affectés *(L. n° 2018-771 du 5 sept. 2018, art. 28-III, en vigueur le 1er janv. 2019)* « à l'alternance » soit utilisée pour le » financement d'actions de formation réalisées dans le cadre de l'article L. 1251-57 et ayant pour objet la professionnalisation des salariés intérimaires ou l'amélioration de leur insertion professionnelle.

V. not. accord du 8 juill. 2004 relatif à la mise en place de contrats spécifiques dans le cadre de l'art. L. 6325-24 ; accord du 8 déc. 2004 avec le min. de l'Emploi, du Travail et de la Cohésion sociale, relatif au financement et à la mise en œuvre des contrats spécifiques des salariés intérimaires, contrats d'insertion professionnelle des intérimaires (CIPI), contrats de développement professionnel des intérimaires (CDPI) ; avenant du 28 févr. 2006 à l'accord du 8 juill. 2004 relatif à la mise en place de contrats spécifiques dans le cadre de l'art. L. 6325-24.

SECTION 7 **Mobilité dans l'Union européenne et à l'étranger**

(L. n° 2018-771 du 5 sept. 2018, art. 28-III)

Art. L. 6325-25 I. — Le contrat de professionnalisation peut être exécuté en partie à l'étranger pour une durée qui ne peut excéder un an *(L. n° 2023-1267 du 27 déc. 2023, art. 1er-B)* « ni la moitié de la durée totale du contrat ».

La durée du contrat peut être portée à vingt-quatre mois. *(Abrogé par L. n° 2023-1267 du 27 déc. 2023, art. 1er-B)* « *L'exécution du contrat en France doit être au minimum de six mois.* »

Pendant la période de mobilité à l'étranger, l'article L. 6325-13 ne s'applique pas.

(L. n° 2023-1267 du 27 déc. 2023, art. 1er-B) « II. — Les conditions de mise en œuvre de la mobilité du bénéficiaire du contrat de professionnalisation à l'étranger sont prévues par une convention conclue entre les parties au contrat de professionnalisation, l'organisme de formation en France et la structure ou, le cas échéant, les structures d'accueil à l'étranger.

« La convention prévoit que la mobilité est réalisée dans les conditions suivantes :

« 1° Soit dans le cadre d'une mise en veille du contrat.

« Dans ce cas, la structure d'accueil à l'étranger est seule responsable des conditions d'exécution du travail du bénéficiaire du contrat de professionnalisation, telles qu'elles sont déterminées par les dispositions légales et les stipulations conventionnelles en vigueur dans l'État d'accueil, notamment pour ce qui a trait à la santé et à la sécurité au travail, à la rémunération, à la durée du travail, au repos hebdomadaire et aux jours fériés. »

Pendant la période de mobilité dans ou hors de l'Union européenne, le bénéficiaire du contrat de professionnalisation relève de la sécurité sociale de l'État d'accueil, sauf lorsqu'il ne bénéficie pas du statut de salarié ou assimilé dans cet État. Dans ce cas, sa couverture sociale est régie par le code de la sécurité sociale pour ce qui concerne les risques maladie, vieillesse, maternité, accidents du travail et maladies professionnelles et invalidité. Cette couverture est assurée en dehors de l'Union européenne, sous réserve des dispositions des *(Ord. n° 2019-861 du 21 août 2019, art. 1er)* « règlements européens et des » conventions internationales de sécurité sociale, par une adhésion à une assurance volontaire.

(L. n° 2023-1267 du 27 déc. 2023, art. 1er-B) « Par dérogation au premier alinéa du présent II, les conditions de mise en œuvre de la mobilité du bénéficiaire du contrat de professionnalisation à l'étranger, lorsqu'elle est effectuée en entreprise, peuvent être prévues par une convention conclue entre les parties au contrat de professionnalisation et l'organisme de formation en France lorsqu'il est établi que le bénéficiaire dudit contrat bénéficie, conformément aux engagements pris par l'employeur de l'État

d'accueil, de garanties, notamment en termes d'organisation de la mobilité et de conditions d'accueil, équivalentes à celles dont il aurait bénéficié en application de la convention conclue sur le fondement du même premier alinéa. La liste de ces garanties est fixée par voie réglementaire ;
« 2° Soit dans le cadre d'une mise à disposition du bénéficiaire du contrat de professionnalisation auprès de la structure d'accueil à l'étranger. »
(Abrogé par L. n° 2023-1267 du 27 déc. 2023, art. 4-2°) « *Un arrêté du ministre chargé du travail détermine le modèle de cette convention.* »
(L. n° 2023-1267 du 27 déc. 2023, art. 2-2°) « III. — Par dérogation au premier alinéa du II du présent article, lorsque la mobilité se déroule dans un organisme de formation d'accueil établi dans ou hors de l'Union européenne avec lequel l'organisme de formation français ou toute structure chargée de la mise en œuvre de tout ou partie des enseignements généraux professionnels et technologiques du contrat de professionnalisation a conclu une convention de partenariat, la convention organisant la mobilité peut être conclue entre le bénéficiaire du contrat de professionnalisation, l'employeur en France et l'organisme de formation français. »

A titre expérimental, pendant une durée de 3 ans à compter du 6 sept. 2018, date de publication de la L. n° 2018-771 du 5 sept. 2018, les bénéficiaires de contrats de professionnalisation résidant depuis au moins 2 ans dans l'une des collectivités relevant de l'art. 73 Const. se voient appliquer, dans le cadre de mobilité hors Union européenne et dans l'environnement géographique au sens de la L. n° 2016-1657 du 5 déc. 2016 relative à l'action extérieure des collectivités territoriales et à la coopération des outre-mer dans leur environnement régional, les dispositions de l'art. L. 6325-25 C. trav. Ces dispositions s'appliquent sous réserve d'un accord bilatéral avec l'État d'accueil (L. n° 2018-771 du 5 sept. 2018, art. 28-IV).

Art. L. 6325-25-1 (L. n° 2023-1267 du 27 déc. 2023, art. 4-3°) Les modalités de mise en œuvre de l'article L. 6325-25, notamment le contenu des relations conventionnelles, sont fixées par décret en Conseil d'État.

CHAPITRE VI PRÉPARATION OPÉRATIONNELLE À L'EMPLOI

(L. n° 2009-1437 du 24 nov. 2009)

Art. L. 6326-1 La préparation opérationnelle à l'emploi (L. n° 2011-893 du 28 juill. 2011) « individuelle » permet à un demandeur d'emploi (L. n° 2023-1196 du 18 déc. 2023, art. 8-I, en vigueur le 1ᵉʳ janv. 2024) « , à un travailleur handicapé employé dans l'une des entreprises adaptées mentionnées à l'article L. 5213-13 » (L. n° 2014-288 du 5 mars 2014, art. 7-III) « ou à un salarié recruté en contrat à durée déterminée ou indéterminée conclu en application de l'article L. 5134-19-1, ou en contrat à durée déterminée conclu en application de l'article L. 1242-3 avec un employeur relevant de l'article L. 5132-4 » de bénéficier d'une formation nécessaire à l'acquisition des compétences requises pour occuper un emploi correspondant à une offre déposée par une entreprise auprès de (L. n° 2023-1196 du 18 déc. 2023, art. 6-I, en vigueur le 1ᵉʳ janv. 2024) « l'opérateur France Travail ». L'offre d'emploi est située dans la zone géographique privilégiée définie par le (L. n° 2023-1196 du 18 déc. 2023, art. 8-I, en vigueur le 1ᵉʳ janv. 2024) « contrat d'engagement » du demandeur d'emploi. (L. n° 2023-1196 du 18 déc. 2023, art. 8-I, en vigueur le 1ᵉʳ janv. 2024) « La formation est dispensée avant l'entrée dans l'entreprise.
« Un décret détermine la nature et la durée du contrat de travail pouvant être conclu à l'issue de la formation. »

Art. L. 6326-2 (L. n° 2018-771 du 5 sept. 2018, art. 28-V) Dans le cadre de la préparation opérationnelle à l'emploi, la formation est financée par (L. n° 2023-1196 du 18 déc. 2023, art. 6-I, en vigueur le 1ᵉʳ janv. 2024) « l'opérateur France Travail ». L'opérateur de compétences dont relève l'entreprise concernée peut contribuer au financement du coût pédagogique et des frais annexes de la formation.
L'employeur, en concertation avec (L. n° 2023-1196 du 18 déc. 2023, art. 6-I, en vigueur le 1ᵉʳ janv. 2024) « l'opérateur France Travail » et avec l'opérateur de compétences dont relève l'entreprise concernée, définit les compétences que le demandeur d'emploi acquiert au cours de la formation pour occuper l'emploi proposé.
(L. n° 2023-1196 du 18 déc. 2023, art. 8-I, en vigueur le 1ᵉʳ janv. 2024) « Les opérateurs de compétences ainsi que tout organisme relevant du réseau pour l'emploi au

FORMATION PROFESSIONNELLE **Art. L. 6331-1 A** 1623

titre des II ou III de l'article L. 5311-7 désigné à cette fin par l'opérateur France Travail peuvent être associés à l'instruction de la préparation opérationnelle à l'emploi dans les conditions prévues à l'article L. 6326-1 et au présent article. »

Art. L. 6326-3 (L. n° 2011-893 du 28 juill. 2011) La préparation opérationnelle à l'emploi collective permet à plusieurs demandeurs d'emploi (L. n° 2014-288 du 5 mars 2014, art. 7-III) « et salariés recrutés en contrat à durée déterminée ou indéterminée conclu en application de l'article L. 5134-19-1, ou en contrat à durée déterminée conclu en application de l'article L. 1242-3 avec un employeur relevant de l'article L. 5132-4 » de bénéficier d'une formation nécessaire à l'acquisition des compétences requises pour occuper des emplois correspondant à des besoins identifiés par un accord de branche ou, à défaut, par un conseil d'administration d'un (L. n° 2018-771 du 5 sept. 2018, art. 28-V) « opérateur de compétences ».

Le contrat de travail qui peut être conclu à l'issue de la préparation opérationnelle à l'emploi collective est un contrat à durée indéterminée, un contrat de professionnalisation d'une durée minimale de douze mois, un contrat d'apprentissage ou un contrat à durée déterminée d'une durée minimale de douze mois.

La formation est financée par l'(L. n° 2018-771 du 5 sept. 2018, art. 28-V) « opérateur de compétences » compétent. (L. n° 2018-771 du 5 sept. 2018, art. 28-V) « L'État et (L. n° 2023-1196 du 18 déc. 2023, art. 6-I, en vigueur le 1er janv. 2024) « l'opérateur France Travail » peuvent également financer la formation dans des conditions fixées, le cas échéant, par une convention avec l'opérateur de compétences. »

Pour les demandeurs d'emploi âgés de moins de vingt-six ans, la formation peut être dispensée dans un centre de formation d'apprentis.

Art. L. 6326-4 (L. n° 2014-288 du 5 mars 2014, art. 7-III) Dans le cadre de la préparation opérationnelle à l'emploi, la rémunération du salarié recruté en contrat à durée déterminée ou indéterminée conclu en application de l'article L. 5134-19-1, ou en contrat à durée déterminée conclu en application de l'article L. 1242-3 avec un employeur relevant de l'article L. 5132-4 est maintenue par l'employeur.

Elle peut être prise en charge par l'(L. n° 2018-771 du 5 sept. 2018, art. 28-V) « opérateur de compétences » compétent (L. n° 2018-771 du 5 sept. 2018, art. 28-V) « , l'État ou » (L. n° 2023-1196 du 18 déc. 2023, art. 6-I, en vigueur le 1er janv. 2024) « l'opérateur France Travail », déduction faite des aides financières et exonérations de cotisations sociales dont bénéficie l'employeur au titre du contrat mentionné au premier alinéa.

TITRE III FINANCEMENT DE LA FORMATION PROFESSIONNELLE CONTINUE

BIBL. ▶ EMSELLEM et PERRIN-PILLOT, Dr. soc. 2014. 1033 ⌀ (les nouvelles règles de financement, un enjeu essentiel de la réforme de la formation professionnelle continue).

CHAPITRE I PARTICIPATION DES EMPLOYEURS AU DÉVELOPPEMENT DE LA FORMATION PROFESSIONNELLE CONTINUE

SECTION PRÉLIMINAIRE Décompte et franchissement d'un seuil d'effectif

(L. n° 2019-486 du 22 mai 2019, art. 11-VI, en vigueur le 1er janv. 2020)

Art. L. 6331-1 A Pour l'application du présent chapitre, l'effectif salarié et le franchissement d'un seuil d'effectif salarié sont déterminés selon les modalités prévues à l'article L. 130-1 du code de la sécurité sociale [V. cet art. ss. art. L. 1152-1].

SECTION 1 Obligation de financement des employeurs de moins de onze salariés

(L. n° 2018-771 du 5 sept. 2018, art. 37-V, en vigueur le 1er janv. 2019)

Jusqu'à l'entrée en vigueur de l'Ord. mentionnée à l'art. 41 de la L. n° 2018-771 du 5 sept. 2018, et au plus tard jusqu'au 31 déc. 2020, l'État exerce un contrôle administratif et financier, dans les conditions prévues au titre VI du livre III de la sixième partie du C. trav., sur les dépenses exposées par les employeurs au titre de leurs obligations de participation au développement de la formation professionnelle mentionnées aux sections 1 à 3, dans leur rédaction en vigueur au 31 déc. 2018.

Les employeurs présentent aux agents de contrôle mentionnés à l'art. L. 6361-5 les documents et pièces établissant la réalité et le bien-fondé des dépenses.

A défaut, l'employeur n'est pas regardé comme ayant rempli les obligations qui lui incombent et verse au Trésor public, par décision de l'autorité administrative, les sommes mentionnées aux art. L. 6322-40, L. 6331-6, L. 6331-28 et L. 6331-30 dans leur rédaction en vigueur au 31 déc. 2018 pour la participation assise sur les rémunérations versées au titre de l'année 2018 et celles mentionnées au 2º et au 4º al., B, III, de l'art. 37 de la L. préc. pour les participations assises sur les rémunérations versées au titre des années 2019 et 2020. Ce versement est recouvré conformément à l'art. L. 6362-12 C. trav. (L. préc., art. 42-III).

Art. L. 6331-1 L'employeur de moins de onze salariés s'acquitte de la contribution à la formation professionnelle mentionnée au 2º de l'article L. 6131-2 du présent code par le versement de 0,55 % du montant du revenu d'activité retenu pour le calcul des cotisations sociales mentionnées à l'article L. 242-1 du code de la sécurité sociale et à l'article L. 741-10 du code rural et de la pêche maritime. Les rémunérations versées aux apprentis sont exonérées de cette contribution *(Abrogé par L. nº 2019-1479 du 28 déc. 2019, art. 190-III)* « ; *il en va de même des rémunérations exonérées de la taxe sur les salaires en application de l'article 231 bis L du code général des impôts* ».

Cette contribution est recouvrée dans les conditions prévues au *(L. nº 2021-1900 du 30 déc. 2021, art. 121-I-5º)* « I de l'article L. 6131-3 » du présent code *(Ord. nº 2021-797 du 23 juin 2021, art. 1er, en vigueur le 1er janv. 2022)* « , selon la périodicité applicable en matière de cotisations et de contributions de sécurité sociale ». — V. art. L. 6355-24 (pén.).

L'abrogation issue de la L. nº 2019-1479 du 28 déc. 2019 s'applique à compter de la date d'entrée en vigueur de l'Ord. relative à la collecte des contributions des employeurs au titre du financement de la formation professionnelle et de l'apprentissage prévue à l'art. 41 de la L. nº 2018-771 du 5 sept. 2018, et au plus tard à compter du 1er janv. 2022 (L. nº 2019-1479 préc., art. 190-V).

Les dispositions issues de l'Ord. nº 2021-797 du 23 juin 2021 entrent en vigueur au 1er janv. 2022 pour les contributions dues à compter de cette date (Ord. préc., art. 8-I).

Art. L. 6331-2 La contribution mentionnée à l'article L. 6331-1 *(Abrogé par Ord. nº 2021-797 du 23 juin 2021, art. 1er, à compter du 1er janv. 2022)* « *est versée à France compétences et* » est dédiée au financement :

1º De l'alternance ;

2º Du conseil en évolution professionnelle pour les actifs occupés du secteur privé ;

3º Du développement des compétences des salariés des entreprises de moins de cinquante salariés ;

4º De la formation des demandeurs d'emploi ;

5º Du compte personnel de formation.

L'abrogation issue de l'Ord. nº 2021-797 du 23 juin 2021 entre en vigueur à compter du 1er janv. 2022 pour les contributions dues à compter de cette date (Ord. préc., art. 8-I).

SECTION 2 **Obligation de financement des employeurs d'au moins onze salariés**
(L. nº 2019-486 du 22 mai 2019, art. 11-VI, en vigueur le 1er janv. 2020).

(L. nº 2018-771 du 5 sept. 2018, art. 37-V, en vigueur le 1er janv. 2019)

V. ndlr ss. la section 1.

Art. L. 6331-3 L'employeur *(L. nº 2019-486 du 22 mai 2019, art. 11-VI, en vigueur le 1er janv. 2020)* « d'au moins onze salariés *[ancienne rédaction : de onze salariés et plus]* » s'acquitte de la contribution à la formation professionnelle mentionnée au 2º de l'article L. 6131-2 du présent code par le versement de 1 % du montant du revenu d'activité retenu pour le calcul des cotisations sociales mentionnées à l'article L. 242-1 du code de la sécurité sociale et à l'article L. 741-10 du code rural et de la pêche maritime. *(Abrogé par L. nº 2019-1479 du 28 déc. 2019, art. 190-III)* « *Les rémunérations exonérées de la taxe sur les salaires en application de l'article 231 bis L du code général des impôts sont exonérées de cette contribution.* »

Cette contribution est recouvrée dans les conditions prévues au *(L. nº 2021-1900 du 30 déc. 2021, art. 121-I-5º)* « I de l'article L. 6131-3 » du présent code *(Ord. nº 2021-797 du 23 juin 2021, art. 1er, en vigueur le 1er janv. 2022)* « , selon la périodicité appli-

FORMATION PROFESSIONNELLE **Art. L. 6331-35**

cable en matière de cotisations et de contributions de sécurité sociale ». – *V. art. L. 6355-24 (pén.).*

L'abrogation issue de la L. n° 2019-1479 du 28 déc. 2019 s'applique à compter de la date d'entrée en vigueur de l'Ord. relative à la collecte des contributions des employeurs au titre du financement de la formation professionnelle et de l'apprentissage prévue à l'art. 41 de la L. n° 2018-771 du 5 sept. 2018, et au plus tard à compter du 1ᵉʳ janv. 2022 (L. n° 2019-1479 préc., art. 190-V).

Les dispositions issues de l'Ord. n° 2021-797 du 23 juin 2021 entrent en vigueur au 1ᵉʳ janv. 2022 pour les contributions dues à compter de cette date (Ord. préc., art. 8-I).

Art. L. 6331-4 La contribution mentionnée à l'article L. 6331-3 *(Abrogé par Ord. n° 2021-797 du 23 juin 2021, art. 1ᵉʳ, à compter du 1ᵉʳ janv. 2022)* « *est versée à France compétences et* » est dédiée au financement :
1° De l'alternance ;
2° Du conseil en évolution professionnelle pour les actifs occupés du secteur privé ;
3° Du développement des compétences des salariés des entreprises de moins de cinquante salariés ;
4° De la formation des demandeurs d'emploi ;
5° Du compte personnel de formation.

L'abrogation issue de l'Ord. n° 2021-797 du 23 juin 2021 entre en vigueur à compter du 1ᵉʳ janv. 2022 pour les contributions dues à compter de cette date (Ord. préc., art. 8-I).

Art. L. 6331-5 *(L. n° 2021-1900 du 30 déc. 2021, art. 121-I-6°)* Pour les entreprises de travail temporaire, le taux mentionné au premier alinéa de l'article L. 6331-3 est fixé à 1,30 %.
(Ord. n° 2019-861 du 21 août 2019, art. 1ᵉʳ) « Cette contribution fait l'objet de la répartition suivante :
« – une part de 1 % fait l'objet de la répartition par France compétences mentionnée au 3° de l'article L. 6123-5 ;
« – pour la part restante de 0,30 %, un accord de branche étendu conclu entre les organisations syndicales de salariés et les organisations professionnelles d'employeurs concernés en détermine les modalités d'utilisation tenant compte notamment des besoins des publics prioritaires au titre de la politique de l'emploi. »

SECTION 3 Contribution dédiée au financement du compte personnel de formation pour les titulaires d'un contrat à durée déterminée

Art. L. 6331-6 *(L. n° 2018-771 du 5 sept. 2018, art. 37-V, en vigueur le 1ᵉʳ janv. 2019)* Les employeurs s'acquittent d'une contribution dédiée au financement du compte personnel de formation égale à 1 % du revenu d'activité retenu pour le calcul des cotisations sociales des titulaires d'un contrat à durée déterminée mentionnées à l'article L. 242-1 du code de la sécurité sociale et à l'article L. 741-10 du code rural et de la pêche maritime.
(Ord. n° 2021-797 du 23 juin 2021, art. 1ᵉʳ, en vigueur le 1ᵉʳ janv. 2022) « Cette contribution est recouvrée dans les conditions prévues au I de l'article L. 6131-3, selon la périodicité applicable en matière de cotisations et de contributions de sécurité sociale. Elle est versée à France compétences selon les modalités prévues au I de l'article L. 6131-4. »
Les contrats *(Ord. n° 2021-797 du 23 juin 2021, art. 1ᵉʳ, en vigueur le 1ᵉʳ janv. 2022)* « à durée déterminée ayant pour objet principal l'accès ou le maintien dans l'emploi des salariés par la formation professionnelle ou en alternance, dont la liste est fixée » par décret et ceux visant les salariés occupant un emploi à caractère saisonnier défini au 3° de l'article L. 1242-2 ne donnent pas lieu au versement de cette contribution. – *V. art. D. 6331-72 et L. 6355-24 (pén.).*

SECTION 4 Dispositions applicables à certaines catégories d'employeurs

SOUS-SECTION 1 Employeurs du bâtiment et des travaux publics

Art. L. 6331-35 Les entreprises appartenant aux professions du bâtiment et des travaux publics entrant dans le champ d'application des articles *(L. n° 2016-1088 du*

8 août 2016, art. 8) « L. 3141-32 et L. 3141-33 », relatifs à la caisse de congés payés, ainsi que des articles L. 5424-6 à L. 5424-19, relatifs au régime particulier applicable à ces entreprises en cas d'intempéries, versent une cotisation créée par accord entre les organisations représentatives au niveau national des employeurs et des salariés du bâtiment et des travaux publics.

Cette cotisation est *(L. n° 2019-1479 du 28 déc. 2019, art. 198)* « , sauf exception prévue par la loi ou par l'accord mentionné à l'article L. 6331-38, » versée au profit du comité de concertation et de coordination de l'apprentissage du bâtiment et des travaux publics.

Art. L. 6331-36 La cotisation prévue à l'article L. 6331-35 concourt au développement de la formation professionnelle initiale, notamment de l'apprentissage, et de la formation professionnelle continue dans les métiers des professions du bâtiment et des travaux publics.

Cette cotisation contribue :

1° A l'information des jeunes, de leurs familles et des entreprises, sur la formation professionnelle initiale ou sur les métiers du bâtiment et des travaux publics ;

2° Au développement de la formation professionnelle dans les métiers du bâtiment et des travaux publics ;

3° Au financement d'actions particulières visant, d'une part, la préformation et l'insertion professionnelle des publics de moins de vingt-six ans, d'autre part, l'animation et l'accompagnement connexes à la formation des apprentis ;

4° Aux frais de fonctionnement du comité de concertation et de coordination de l'apprentissage du bâtiment et des travaux publics, dans certaines limites ;

5° A la prise en charge des dépenses exposées pour la gestion paritaire de cette cotisation par les organisations, siégeant au comité de concertation et de coordination de l'apprentissage du bâtiment et des travaux publics, dans la limite d'un pourcentage du montant des sommes collectées au titre de la cotisation. − *[Anc. art. L. 951-10-1, I, al. 2 à 8.]*

Art. L. 6331-37 *(L. n° 2020-1721 du 29 déc. 2020, art. 159-IV, en vigueur le 1er janv. 2022)* L'assiette de la cotisation prévue à la présente sous-section est celle de la contribution à la formation professionnelle mentionnée aux articles L. 6331-1 et L. 6331-3.

Ces dispositions entrent en vigueur à la date d'entrée en vigueur de l'Ord. relative à la collecte des contributions des employeurs au titre du financement de la formation professionnelle et de l'apprentissage prévue au I de l'art. 41 de la L. n° 2018-771 du 5 sept. 2018, et au plus tard le 1er janv. 2022 (L. n° 2020-1721 du 29 déc. 2020, art. 159-VII).

Ancien art. L. 6331-37 *(Applicable jusqu'au 31 déc. 2021) La cotisation prévue à la présente sous-section est assise sur les rémunérations versées pendant l'année en cours entendues au sens des règles prévues aux chapitres I et II du titre IV du livre II du code de la sécurité sociale.*

Art. L. 6331-38 *(L. n° 2018-771 du 5 sept. 2018, art. 38-I, en vigueur le 1er janv. 2019) (L. n° 2019-1479 du 28 déc. 2019, art. 198)* « I. − Le taux de cotisation pour les entreprises est fixé par accord entre les organisations professionnelles d'employeurs et les organisations syndicales de salariés représentatives au niveau national dans le secteur du bâtiment et des travaux publics.

(L. n° 2019-1479 du 28 déc. 2019, art. 198) « II. − A défaut d'accord au 31 décembre de l'année précédant l'exercice, le taux de contribution au titre des salaires versés sur l'année de l'exercice est le suivant :

« 1° Pour les entreprises dont l'effectif *(Abrogé par L. n° 2021-1900 du 30 déc. 2021, art. 121-I-7°)* « moyen » est d'au moins onze salariés :

« *a)* 0,30 % pour les entreprises relevant du secteur des métiers du bâtiment ;

« *b)* 0,22 % pour les entreprises relevant du secteur des travaux publics ;

« 2° Pour les entreprises dont l'effectif *(Abrogé par L. n° 2021-1900 du 30 déc. 2021, art. 121-I-7°)* « moyen » est inférieur à onze salariés :

« *a)* 0,30 % pour les entreprises relevant du secteur des métiers du bâtiment ;

« *b)* 0,22 % pour les entreprises relevant du secteur des travaux publics.

« *(Abrogé par L. n° 2021-1900 du 30 déc. 2021, art. 121-I-7°)* « *Le nombre de salariés pris en compte pour la détermination du taux applicable est celui de l'année au titre de laquelle la cotisation est due.* »

« III. — Les fractions du produit de la cotisation prévue à l'article L. 6331-35 obtenue en application du *a* des 1° et 2° du II du présent article sont reversées pour moitié à la section financière dédiée au financement de l'alternance de l'opérateur de compétences de la construction, dans les conditions prévues à l'article L. 6331-39. »

Art. L. 6331-39 La cotisation *(L. n° 2020-1721 du 29 déc. 2020, art. 159-IV, en vigueur le 1ᵉʳ janv. 2022)* « versée par les entreprises de moins de onze salariés » donne lieu au versement d'acomptes provisionnels dont la périodicité et la quotité sont déterminées par décret en Conseil d'État. — *V. art. R. 6331-37.*

Les dispositions issues de la L. n° 2020-1721 du 29 déc. 2020 entrent en vigueur à la date d'entrée en vigueur de l'Ord. relative à la collecte des contributions des employeurs au titre du financement de la formation professionnelle et de l'apprentissage prévue au I de l'art. 41 de la L. n° 2018-771 du 5 sept. 2018, et au plus tard le 1ᵉʳ janv. 2022 (L. n° 2020-1721 préc., art. 159-VII).

Art. L. 6331-40 La caisse BTP Prévoyance recouvre *(L. n° 2020-1721 du 29 déc. 2020, art. 159-IV, en vigueur le 1ᵉʳ janv. 2022)* « pour les entreprises de moins de onze salariés » la cotisation affectée au bénéfice du comité de concertation et de coordination de l'apprentissage du bâtiment et des travaux publics, sous la responsabilité de cet organisme.
A ce titre, l'institution de prévoyance assure la gestion du fichier des entreprises redevables et est chargée de l'émission des bordereaux d'appel de la cotisation et de l'encaissement des versements des entreprises redevables *(L. n° 2020-1721 du 29 déc. 2020, art. 159-IV, en vigueur le 1ᵉʳ janv. 2022)* « de moins de onze salariés ».

Les dispositions issues de la L. n° 2020-1721 du 29 déc. 2020 entrent en vigueur à la date d'entrée en vigueur de l'Ord. relative à la collecte des contributions des employeurs au titre du financement de la formation professionnelle et de l'apprentissage prévue au I de l'art. 41 de la L. n° 2018-771 du 5 sept. 2018, et au plus tard le 1ᵉʳ janv. 2022 (L. n° 2020-1721 préc., art. 159-VII).

Art. L. 6331-41 *(L. n° 2020-1721 du 29 déc. 2020, art. 107, en vigueur le 1ᵉʳ janv. 2022)* Pour les entreprises de onze salariés et plus, la cotisation est prélevée par France compétences sur les produits de la contribution à la formation professionnelle mentionnée à l'article L. 6331-3. France compétences la reverse respectivement au comité de concertation et de coordination de l'apprentissage du bâtiment et des travaux publics, et à l'opérateur de compétences de la construction en application du III de l'article L. 6331-38.

Ces dispositions issues de la L. n° 2020-1721 du 29 déc. 2020 entrent en vigueur à la date d'entrée en vigueur de l'Ord. relative à la collecte des contributions des employeurs au titre du financement de la formation professionnelle et de l'apprentissage prévue au I de l'art. 41 de la L. n° 2018-771 du 5 sept. 2018, et au plus tard le 1ᵉʳ janv. 2022 (L. n° 2020-1721 préc., art. 159-VII).

Art. L. 6331-42 La caisse BTP Prévoyance met en œuvre toute action précontentieuse ou contentieuse relative au recouvrement de la cotisation à l'encontre des entreprises redevables défaillantes.
A défaut, le recouvrement de cette cotisation est opéré selon les règles ainsi que sous les sûretés, garanties et sanctions applicables aux taxes sur le chiffre d'affaires telles qu'elles sont prévues par l'article L. 137-4 du code de la sécurité sociale pour *(L. n° 2011-1906 du 21 déc. 2011, art. 12-V)* « les contributions mentionnées au chapitre-VII du titre III du livre I » du même code. — *[Anc. art. L. 951-10-1, VI, al. 2 et 3.]*

Art. L. 6331-43 Le comité de concertation et de coordination de l'apprentissage du bâtiment et des travaux publics est constitué sous la forme d'une association régie par la loi du 1ᵉʳ juillet 1901 relative au contrat d'association.
Il est géré paritairement par les organisations syndicales d'employeurs et de salariés représentatives au plan national du bâtiment et des travaux publics. — *[Anc. art. L. 951-10-1, VII, al. 1ᵉʳ.]*

Art. L. 6331-44 Les statuts du comité de concertation et de coordination de l'apprentissage du bâtiment et des travaux publics sont élaborés par les organisations syndicales d'employeurs et de salariés représentatives au plan national du bâtiment et des travaux publics.
Les frais de gestion correspondant aux missions de ce comité ainsi que les dépenses liées à la gestion du paritarisme au sein de l'organisme sont respectivement fixés par

arrêté conjoint des ministres chargés de la formation professionnelle et de l'éducation nationale, dans la limite d'un plafond déterminé en pourcentage de la collecte annuelle encaissée par l'association. – *[Anc. art. L. 951-10-1, VII, al. 2 et 3.]*

Art. L. 6331-45 Le comité de concertation et de coordination de l'apprentissage du bâtiment et des travaux publics est soumis au contrôle économique et financier de l'État. – *[Anc. art. L. 951-10-1, VII, al. 4.]*

Art. L. 6331-46 *Abrogé par L. n° 2018-771 du 5 sept. 2018, art. 38-I, à compter du 1er janv. 2019.*

Art. L. 6331-47 Un décret en Conseil d'État détermine les conditions d'application de la présente sous-section. – *[Anc. art. L. 951-13.]* – *V. art. R. 6331-36 s.*

SOUS-SECTION 2 **Travailleurs indépendants, membres des professions libérales et professions non salariées**

Art. L. 6331-48 (*L. n° 2016-1088 du 8 août 2016, art. 41, en vigueur le 1er janv. 2018*) Les travailleurs indépendants, y compris ceux n'employant aucun salarié, consacrent chaque année au financement des actions définies à l'article (*L. n° 2022-172 du 14 févr. 2022, art. 12-IV, en vigueur le 1er sept. 2022*) « **L. 6313-1** » du présent code :
1° Une contribution qui ne peut être inférieure à 0,25 % du montant annuel du plafond de la sécurité sociale pour les personnes (*L. n° 2016-1827 du 23 déc. 2016, art. 50-III*) « mentionnées au premier alinéa, à l'exception de celles mentionnées au 2° du présent article ». Ce taux est porté à 0,34 % lorsque ces personnes bénéficient du concours de leur conjoint collaborateur dans les conditions prévues au premier alinéa du I de l'article L. 121-4 du code de commerce ;
2° Une contribution égale à 0,29 % du montant annuel du plafond de la sécurité sociale pour les personnes (*L. n° 2016-1827 du 23 déc. 2016, art. 50-III*) « immatriculées au » (*Ord. n° 2021-1189 du 15 sept. 2021, art. 35, en vigueur le 1er janv. 2023*) « registre national des entreprises en tant qu'entreprise du secteur des métiers et de l'artisanat ».
Les travailleurs indépendants (*Ord. n° 2018-470 du 12 juin 2018, art. 1er*) « mentionnés » (*L. n° 2021-1900 du 30 déc. 2021, art. 121-I-8°*) « à l'article L. 613-7 » du code de la sécurité sociale consacrent chaque année au financement des actions définies à l'article L. 6313-1 du présent code, en sus des cotisations et contributions acquittées au titre de ce régime, une contribution égale à 0,1 % du montant annuel de leur chiffre d'affaires pour ceux mentionnés au 1° du présent article qui relèvent de la première catégorie définie au dernier alinéa du 1 de l'article 50-0 du code général des impôts, à 0,2 % du montant annuel de leur chiffre d'affaires pour les autres travailleurs indépendants mentionnés au même 1° et à 0,3 % du montant annuel de leur chiffre d'affaires pour les travailleurs indépendants mentionnés au 2° du présent article. » (*Abrogé par L. n° 2022-172 du 14 févr. 2022, art. 12-IV, à compter du 1er sept. 2022*) « *Pour cette dernière catégorie, la contribution est répartie dans les conditions mentionnées au même 2°, au prorata des valeurs qui y sont indiquées.* »
(*L. n° 2021-1900 du 30 déc. 2021, art. 121-I-8°*) « Le présent article ne s'applique pas aux travailleurs indépendants relevant de l'article L. 642-4-2 du code de la sécurité sociale. »
Un décret en Conseil d'État détermine les modalités de mise en œuvre du présent article. – *V. art. L. 6355-24 (pén.).*

Ces dispositions s'appliquent à la contribution à la formation professionnelle due par les travailleurs indépendants pour les périodes courant à compter du 1er janv. 2018.

Par dérogation à l'art. L. 6331-51 C. trav., la contribution prévue au 2° de l'art. L. 6331-48 est due en 2019 pour les personnes immatriculées au répertoire des métiers pour le financement des droits à la formation des années 2019 et 2020. Elle fait l'objet de deux versements qui s'ajoutent à l'échéance provisionnelle des cotisations et contributions sociales des mois de février et novembre 2019 ou aux cotisations des mois de février et octobre 2019 pour les chefs d'entreprise mentionnés au 2ᵉ al. de l'art. L. 6331-51.

Par dérogation à l'art. L. 225-1-4 CSS et pour les besoins de ce transfert, l'ACOSS peut consentir en 2018, contre rémunération, des avances aux organismes mentionnés au 2° de l'art. L. 6331-48 C.

FORMATION PROFESSIONNELLE **Art. L. 6331-51** 1629

trav. dans la limite du montant prévisionnel des flux financiers de l'année en cours ainsi que du plafond individuel de l'année précédente prévu à l'art. L. 6331-50 du même code applicable aux chambres mentionnées au a de l'art. 1601 CGI (L. n° 2016-1088 du 8 août 2016, art. 41, mod. par L. n° 2018-771 du 5 sept. 2018, art. 38-II).

Art. L. 6331-48-1 *(L. n° 2014-626 du 18 juin 2014, art. 30)* Les travailleurs indépendants mentionnés *(L. n° 2021-1900 du 30 déc. 2021, art. 121-I-9°)* « au sixième » alinéa de l'article L. 6331-48 qui ont déclaré un montant de chiffre d'affaires ou de recettes nul pendant une période de douze mois civils consécutifs précédant le dépôt de la demande de prise en charge de la formation ne peuvent bénéficier du droit prévu à l'article L. 6312-2. – *V. art. L. 6355-24 (pén.).*

V. notes ss. art. L. 6331-48.

Art. L. 6331-49 *Abrogé par L. n° 2014-626 du 18 juin 2014, art. 25-II.*

Art. L. 6331-50 *(L. n° 2022-172 du 14 févr. 2022, art. 12-IV, en vigueur le 1er sept. 2022)* Les contributions mentionnées à l'article L. 6331-48 sont recouvrées par les organismes mentionnés aux articles L. 213-1 et L. 752-4 du code de la sécurité sociale et sont reversées à France compétences, *(L. n° 2022-1726 du 30 déc. 2022, art. 116, en vigueur le 1er janv. 2023)* « dans la limite *(L. n° 2023-1322 du 29 déc. 2023, art. 156-XVI)* « d'un plafond annuel » s'agissant de la contribution prévue au 2° de l'article L. 6331-48 du présent code et » selon les modalités définies à l'article L. 6123-5 du présent code. France compétences procède à la répartition et à l'affectation des fonds, selon les modalités prévues au même article L. 6123-5 :

1° Aux fonds d'assurance formation de non-salariés mentionnés à l'article L. 6332-9 ;
2° A l'organisme mentionné à l'article L. 6333-1, pour le financement du compte personnel de formation des travailleurs indépendants ;
3° Aux opérateurs chargés de la mise en œuvre du conseil en évolution professionnelle.

Pour l'affectation des fonds dans les conditions prévues au 1° du présent article, les organismes mentionnés au premier alinéa identifient les montants des contributions dues :

a) Par les personnes mentionnées au 2° de l'article L. 6331-48 qui ont l'obligation de *(L. n° 2022-172 du 14 févr. 2022, art. 12-VII, en vigueur le 1er janv. 2023)* « s'immatriculer au registre national des entreprises en tant qu'entreprise du secteur des métiers et de l'artisanat ou qui y demeurent immatriculées en tant que telle » ;

b) Par les personnes exerçant les professions mentionnées à l'article L. 640-1 du code de la sécurité sociale, dans sa rédaction antérieure à la loi n° 2017-1836 du 30 décembre 2017 de financement de la sécurité sociale pour 2018, et à l'article L. 651-1 du code de la sécurité sociale ;

c) Par les autres travailleurs indépendants qui ont notamment obligation de s'inscrire au registre du commerce et des sociétés. – *V. art. L. 6355-24 (pén.).*

Art. L. 6331-51 *(L. n° 2016-1088 du 8 août 2016, art. 41, en vigueur le 1er janv. 2018)* Les contributions prévues à l'article L. 6331-48, à l'exception de celle mentionnée à l'avant-dernier alinéa, sont recouvrées et contrôlées selon les règles et sous les garanties et sanctions applicables au recouvrement des cotisations *(L. n° 2017-1836 du 30 déc. 2017, art. 15-X)* « du régime général dues par les assujettis concernés ». Elles font l'objet d'un versement unique s'ajoutant à l'échéance provisionnelle des cotisations et contributions sociales du mois de novembre de l'année au titre de laquelle elles sont dues.

Les versements de la contribution mentionnée à l'avant-dernier alinéa de l'article L. 6331-48 du présent code sont effectués suivant la périodicité, selon les règles et sous les garanties et sanctions applicables au recouvrement des cotisations et contributions de sécurité sociale mentionnées à l'article *(Ord. n° 2018-470 du 12 juin 2018, art. 1er)* « L. 613-7 » du code de la sécurité sociale.

(Abrogé par L. n° 2022-172 du 14 févr. 2022, art. 12-IV, à compter du 1er sept. 2022) « *Les organismes chargés du recouvrement reversent le montant de leur collecte aux fonds d'assurance-formation de non-salariés, agréés à cet effet par l'État et aux organismes mentionnés au a de l'article 1601 du code général des impôts, dans des conditions déterminées par décret en Conseil d'État. Ce décret prévoit les modalités de fixation des frais afférents au*

recouvrement et au reversement de la contribution mentionnée à l'article L. 6331-48 du présent code. »

Les règles applicables en cas de contentieux sont *(Ord. n° 2018-358 du 16 mai 2018, art. 6, en vigueur le 1ᵉʳ janv. 2019)* « celles du *(L. n° 2019-222 du 23 mars 2019, art. 96-V)* « contentieux » de la sécurité sociale ». – *V. art. L. 6355-24 (pén.).*

Ces dispositions s'appliquent à la contribution à la formation professionnelle due par les travailleurs indépendants pour les périodes courant à compter du 1ᵉʳ janv. 2018 (L. n° 2016-1088 du 8 août 2016, art. 41).

Les dispositions issues de l'Ord. n° 2018-358 du 16 mai 2018 entrent en vigueur à la date fixée par le décret mentionné au 1ᵉʳ al. du I de l'art. 114 de la L. du 18 nov. 2016, et au plus tard le 1ᵉʳ janv. 2019 (Ord. préc., art. 8).

Art. L. 6331-52 *(L. n° 2022-172 du 14 févr. 2022, art. 12-IV, en vigueur le 1ᵉʳ sept. 2022)* Pour le recouvrement des contributions mentionnées aux articles L. 6331-48 et L. 6331-53, l'organisme mentionné à l'article L. 225-1-1 du code de la sécurité sociale perçoit des frais de gestion selon les modalités prévues au 5° du même article L. 225-1-1.

Lorsque le recouvrement de la contribution mentionnée à l'article L. 6331-53 du présent code est effectué par l'organisme mentionné à l'article L. 723-11 du code rural et de la pêche maritime, cet organisme perçoit, pour sa part, des frais de gestion selon des modalités déterminées par une convention conclue entre cet organisme et l'institution mentionnée à l'article L. 6123-5 du présent code, approuvée par les ministres chargés de la sécurité sociale et de l'agriculture. – *V. art. L. 6355-24 (pén.).*

Art. L. 6331-53 Les travailleurs indépendants de la pêche maritime et les employeurs de pêche maritime de moins de *(L. n° 2015-1785 du 29 déc. 2015, art. 15-II)* « onze » salariés ainsi que les travailleurs indépendants et les employeurs de cultures marines de moins de *(L. n° 2015-1785 du 29 déc. 2015, art. 15-II)* « onze » salariés affiliés au régime social des marins et, le cas échéant, leurs conjoints, partenaires liés par un pacte civil de solidarité ou concubins, collaborateurs ou associés, consacrent chaque année, pour le financement de leurs propres actions de formation, telles que définies à l'article L. 6313-1, une contribution qui ne peut être inférieure à 0,15 % du montant annuel du plafond de la sécurité sociale.

Cette contribution est *(Abrogé par L. n° 2022-172 du 14 févr. 2022, art. 12-IV, à compter du 1ᵉʳ sept. 2022)* « directement » recouvrée en une seule fois et contrôlée par *(L. n° 2014-1554 du 22 déc. 2014, art. 30-III ; L. n° 2015-1702 du 21 déc. 2015, art. 16-II)* « l'organisme mentionné à l'article L. 213-4 du code de la sécurité sociale », selon les règles et sous les garanties et sanctions applicables au recouvrement des cotisations *(L. n° 2022-172 du 14 févr. 2022, art. 12-IV, en vigueur le 1ᵉʳ sept. 2022)* « de sécurité sociale. Par dérogation, la contribution due par les non-salariés agricoles occupés aux activités ou dans les entreprises ou établissements définis au 4° de l'article L. 722-1 du code rural et de la pêche maritime et, le cas échéant, par leurs conjoints, s'ils sont collaborateurs ou associés, est recouvrée par les caisses de mutualité sociale agricole.

« Le montant annuel de la collecte des contributions mentionnées au premier alinéa du présent article est reversé par les organismes mentionnés à l'article L. 723-11 du code rural et de la pêche maritime et à l'article L. 225-1-1 du code de la sécurité sociale à France compétences, qui procède, selon les modalités prévues à l'article L. 6123-5 du présent code, à la répartition et à l'affectation des fonds :

« 1° A un opérateur de compétences agréé dans des conditions déterminées par décret en Conseil d'État ;

« 2° A l'organisme mentionné à l'article L. 6333-1, pour le financement du compte personnel de formation ;

« 3° Aux opérateurs chargés de la mise en œuvre du conseil en évolution professionnelle.

« Les montants des deux fractions de la collecte affectées au financement du compte personnel de formation des travailleurs indépendants et au conseil en évolution professionnelle sont déterminés par un arrêté des ministres chargés de la formation professionnelle, de l'agriculture, des gens de mer et de la pêche maritime. »

Art. L. 6331-54 et L. 6331-54-1 *Abrogés par L. n° 2016-1088 du 8 août 2016, art. 41, à compter du 1ᵉʳ janv. 2018.*

FORMATION PROFESSIONNELLE

SOUS-SECTION 3 Employeurs occupant des salariés intermittents du spectacle

Art. L. 6331-55 Par dérogation aux dispositions relatives au financement du *(L. n° 2018-771 du 5 sept. 2018, art. 38-I, en vigueur le 1er janv. 2019)* « compte personnel » de formation, prévues par l'article *(Ord. n° 2019-861 du 21 août 2019, art. 1er)* « L. 6331-6 », à l'obligation de financement pour les employeurs *(Ord. n° 2021-797 du 23 juin 2021, art. 1er, en vigueur le 1er janv. 2022)* « prévue aux articles L. 6331-1 et L. 6331-3 », lorsque des employeurs occupent un ou plusieurs salariés intermittents du spectacle qui relèvent des secteurs d'activités *[activité]* *(L. n° 2014-288 du 5 mars 2014, art. 3-1°)* « du spectacle vivant et du spectacle enregistré », pour lesquels il est d'usage constant de ne pas recourir au contrat à durée indéterminée en raison de la nature de l'activité exercée et du caractère par nature temporaire de ces emplois, une convention ou un accord professionnel national étendu peut prévoir pour ce ou ces salariés intermittents une participation unique au développement de la formation professionnelle, quel que soit le nombre de salariés occupés. Cette contribution est due à compter du premier salarié intermittent.

Le pourcentage de la contribution ne peut être inférieur à 2 % des rémunérations versées pendant l'année en cours. Les rémunérations sont entendues au sens des règles prévues aux chapitres I et II du titre IV du livre II du code de la sécurité sociale.

(L. n° 2014-288 du 5 mars 2014, art. 3-2°) « Pour permettre la gestion des droits inscrits ou mentionnés dans le compte personnel de formation de ces salariés, le décret prévu à l'article L. 6323-8 peut prévoir des aménagements spécifiques. »

(Ord. n° 2021-797 du 23 juin 2021, art. 1er, en vigueur le 1er janv. 2022) « Cette contribution est recouvrée dans les conditions prévues au I de l'article L. 6131-3. » — V. art. L. 6355-24 *(pén.)*.

Les dispositions issues de l'Ord. n° 2021-797 du 23 juin 2021 entrent en vigueur au 1er janv. 2022 pour les contributions dues à compter de cette date (Ord. préc., art. 8-I).

Art. L. 6331-56 *(L. n° 2018-771 du 5 sept. 2018, art. 38-I, en vigueur le 1er janv. 2019)* La convention ou l'accord mentionné à l'article L. 6331-55, qui détermine la répartition de la contribution au titre du compte personnel de formation, de l'aide au développement des compétences, de l'alternance, du conseil en évolution professionnelle des actifs occupés du secteur privé ainsi que des actions de formation au bénéfice des demandeurs d'emploi ne peut avoir pour effet d'abaisser le taux en dessous de :

1° 0,35 % du revenu d'activité retenu pour le calcul des cotisations sociales en application de l'article L. 242-1 du code de la sécurité sociale, au titre du compte personnel de formation ;

2° 1,10 % au titre de l'aide au développement des compétences ;

3° 0,10 % au titre des actions de formation au bénéfice des demandeurs d'emploi. — V. art. L. 6355-24 *(pén.)*.

SOUS-SECTION 4 Particuliers employeurs

Art. L. 6331-57 Sont redevables d'une contribution versée au titre de la participation au développement de la formation professionnelle continue et égale à 0,15 % des rémunérations de l'année de référence les particuliers employeurs occupant un ou plusieurs :

1° *(L. n° 2016-1088 du 8 août 2016, art. 93)* « Salariés du particulier employeur » mentionnés à l'article L. 7221-1 ;

2° Assistants maternels mentionnés *[à l'article]* L. 421-1 du code de l'action sociale et des familles ;

3° Salariés mentionnés aux 2° et 3° de l'article L. 722-20 du code rural et de la pêche maritime.

V. Arr. du 21 déc. 2018, JO 27 déc., NOR : MTRD1833924A.

Art. L. 6331-58 La contribution prévue à l'article L. 6331-57 est calculée sur l'assiette retenue en application :

1° Pour les employés de maison, de l'article L. 133-7 du code de la sécurité sociale ;

2° Pour les assistants maternels, de l'article L. 242-1 du même code. — *[Anc. art. L. 952-6, al. 3, phrase 1.]*

Art. L. 6331-59 La contribution est recouvrée et contrôlée par les organismes chargés du recouvrement des cotisations de sécurité sociale et d'allocations familiales en même temps que les cotisations de sécurité sociale dues sur les rémunérations versées aux travailleurs salariés et assimilés, selon les mêmes règles et sous les mêmes garanties et sanctions. – [Anc. art. L. 952-6, al. 3, phrase 2.]

Art. L. 6331-60 (L. n° 2018-771 du 5 sept. 2018, art. 38-I, en vigueur le 1er janv. 2019) La contribution est versée à un opérateur de compétences agréé, France Compétences ou à la Caisse des dépôts et consignations selon une répartition et des modalités déterminées par un arrêté du ministre chargé de la formation professionnelle.

La part versée à l'opérateur de compétences peut faire l'objet d'une gestion particulière par un organisme créé par accord entre les organisations représentatives au niveau national des employeurs et des salariés des branches des salariés du particulier employeur et des assistants maternels du particulier employeur. Elle fait l'objet d'un suivi comptable distinct et permet le financement des dépenses éligibles au titre des sections financières mentionnées (Ord. n° 2019-861 du 21 août 2019, art. 1er) « aux 1° et 2° » de l'article L. 6332-3 ainsi que des dépenses spécifiques nécessaires à l'accessibilité à la formation des salariés du particulier employeur et des assistants maternels du particulier employeur.

Les modalités de constitution et de gestion de cet organisme ainsi que les dépenses spécifiques mentionnées au deuxième alinéa du présent article sont fixées par décret. – V. art. D. 6331-67 s.

Art. L. 6331-61 Le produit de la contribution est reversé à l'(L. n° 2018-771 du 5 sept. 2018, art. 45-II) « opérateur de compétences », après déduction de frais de gestion, selon des modalités déterminées par arrêté conjoint du ministre chargé de la sécurité sociale et du ministre chargé de la formation professionnelle. – [Anc. art. L. 952-6, al. 3, phrase 4.]

Art. L. 6331-62 Les règles applicables en cas de contentieux sont (Ord. n° 2018-358 du 16 mai 2018, art. 6, en vigueur le 1er janv. 2019 ; L. n° 2019-222 du 23 mars 2019, art. 96-V) « celles du contentieux de la sécurité sociale ».

SOUS-SECTION 5 **Employeurs de la pêche maritime et des cultures marines**

Art. L. 6331-63 et L. 6331-64 Abrogés par L. n° 2018-771 du 5 sept. 2018, art. 38-I, à compter du 1er janv. 2019.

SOUS-SECTION 6 **Artistes auteurs**

(L. n° 2011-1978 du 28 déc. 2011, art. 89-I)

Art. L. 6331-65 Pour le financement des actions prévues à l'article L. 6331-1 au profit des artistes auteurs définis à l'article L. 382-1 du code de la sécurité sociale, il est créé :

1° Une contribution annuelle des artistes auteurs assise sur les revenus définis à l'article L. 382-3 du même code. Le taux de cette contribution est de 0,35 % ;

2° Une contribution annuelle des personnes physiques ou morales mentionnées à l'article L. 382-4 du même code, assise sur les éléments mentionnés au deuxième alinéa du même article. Le taux de cette contribution est de 0,1 %.

Les contributions prévues aux 1° et 2° du présent article ne sont pas exclusives de financements par les sociétés d'auteurs.

(L. n° 2014-288 du 5 mars 2014, art. 4) « Pour permettre la gestion des droits inscrits ou mentionnés dans le compte personnel de formation des artistes auteurs et leur compatibilité avec les droits mis en place au titre du présent article, le décret prévu à l'article L. 6323-8 peut prévoir des aménagements spécifiques. »

V. Arr. du 27 janv. 2020, NOR : MTRD1937383A (JO 31 janv.).

Art. L. 6331-66 Les contributions mentionnées aux 1° et 2° de l'article L. 6331-65 sont recouvrées et contrôlées selon les règles et sous les garanties et sanctions applicables au recouvrement des cotisations de sécurité sociale dues sur les revenus et éléments mentionnés à ces mêmes 1° et 2°.

Art. L. 6331-67 (L. n° 2022-172 du 14 févr. 2022, art. 12-IV, en vigueur le 1er sept. 2022) Pour le recouvrement des contributions mentionnées à l'article L. 6331-65, l'organisme mentionné à l'article L. 225-1-1 du code de la sécurité sociale perçoit des frais de gestion selon les modalités prévues au 5° du même article L. 225-1-1.

Art. L. 6331-68 (L. n° 2022-172 du 14 févr. 2022, art. 12-IV, en vigueur le 1er sept. 2022) « Les contributions prévues à l'article L. 6331-65 sont reversées à France compétences, qui procède, conformément à l'article L. 6123-5, à la répartition et à l'affectation des fonds :

« 1° A l'opérateur de compétences agréé, au titre des contributions versées en application de l'article L. 6331-55, au sein d'une section particulière ;

« 2° A l'organisme mentionné à l'article L. 6333-1, pour le financement du compte personnel de formation ;

« 3° Aux opérateurs chargés de la mise en œuvre du conseil en évolution professionnelle.

« Les montants des deux fractions de la collecte affectés au financement du compte personnel de formation des travailleurs indépendants et au conseil en évolution professionnelle sont déterminés par un arrêté conjoint des ministres chargés de la sécurité sociale, de la culture et de la formation professionnelle. »

Un décret en Conseil d'État détermine les modalités d'organisation et de fonctionnement de la section particulière mentionnée au (L. n° 2022-172 du 14 févr. 2022, art. 12-IV) « 1° du présent article ».

SOUS-SECTION 7 Entreprises de travail temporaire

(L. n° 2021-1900 du 30 déc. 2021, art. 121-I-11°)

Art. L. 6331-69 Les entreprises de travail temporaire, quel que soit leur effectif, s'acquittent d'une contribution conventionnelle, dont le taux est au moins égal à 0,30 % du montant du revenu d'activité mentionné au premier alinéa de l'article L. 6331-3, définie par un accord de branche étendu conclu entre les organisations syndicales de salariés et les organisations professionnelles d'employeurs concernées, qui en détermine les modalités d'utilisation, en tenant compte notamment des besoins des publics prioritaires au titre de la politique de l'emploi. Cette contribution est calculée sur la même assiette que la contribution légale. (L. n° 2023-1322 du 29 déc. 2023, art. XXXI) « Cette contribution conventionnelle est reversée au fonds professionnel pour l'emploi dans le travail temporaire. Elle est collectée par l'opérateur de compétences agréé pour ce champ d'intervention. »

En l'absence d'accord étendu, une contribution supplémentaire égale à 0,30 % du montant du revenu d'activité mentionné au premier alinéa de l'article L. 6331-3 est versée au titre de l'obligation de financement. Ses modalités d'utilisation sont définies par décision de l'opérateur gestionnaire des fonds de la formation professionnelle continue. Cette contribution est calculée sur la même assiette que la contribution légale et recouvrée par l'opérateur de compétences.

CHAPITRE II OPÉRATEURS DE COMPÉTENCES (L. n° 2018-771 du 5 sept. 2018, art. 39-I, en vigueur le 1er janv. 2019).

BIBL. ▶ WILLEMS, *Dr. soc.* 2014. 1026 ⌀ (nouvelles frontières, nouveaux défis pour les OPCA).

SECTION 1 Dispositions générales

SOUS-SECTION PRÉLIMINAIRE Décompte et franchissement d'un seuil d'effectif

(L. n° 2019-486 du 22 mai 2019, art. 11-VI, en vigueur le 1er janv. 2020)

Art. L. 6332-1 A Pour l'application du présent chapitre, l'effectif salarié est déterminé selon les modalités prévues au I de l'article L. 130-1 du code de la sécurité sociale *[V. ss. art. L. 1152-1]*.

SOUS-SECTION 1 **Agrément**

Art. L. 6332-1 (L. n° 2018-771 du 5 sept. 2018, art. 39-I, en vigueur le 1er janv. 2019)
I. — Les organismes paritaires agréés sont dénommés "opérateurs de compétences". Ils ont pour mission :
1° D'assurer le financement des contrats d'apprentissage et de professionnalisation, selon les niveaux de prise en charge fixés par les branches ;
2° D'apporter un appui technique aux branches adhérentes pour établir la gestion prévisionnelle de l'emploi et des compétences et pour déterminer les niveaux de prise en charge des contrats d'apprentissage et des contrats de professionnalisation ;
3° D'assurer un appui technique aux branches professionnelles pour leur mission de certification mentionnée à l'article (Ord. n° 2019-861 du 21 août 2019, art. 1er) « L. 6113-4 » ;
4° D'assurer un service de proximité au bénéfice des très petites, petites et moyennes entreprises, permettant d'améliorer l'information et l'accès des salariés de ces entreprises à la formation professionnelle et d'accompagner ces entreprises dans l'analyse et la définition de leurs besoins en matière de formation professionnelle, notamment au regard des mutations économiques et techniques de leur secteur d'activité ;
5° De promouvoir les modalités de formation prévues aux deuxième et troisième alinéas de l'article L. 6313-2 auprès des entreprises ;
(L. n° 2021-1018 du 2 août 2021, art. 39, en vigueur le 31 mars 2022) « 6° De financer les formations en matière de santé, de sécurité et de conditions de travail des membres de la délégation du personnel du comité social et économique et du référent prévu au dernier alinéa de l'article L. 2314-1 au sein des entreprises de moins de cinquante salariés. »
(L. n° 2021-1104 du 22 août 2021, art. 43) « 6° [7°] D'informer les entreprises sur les enjeux liés au développement durable et de les accompagner dans leurs projets d'adaptation à la transition écologique, notamment par l'analyse et la définition de leurs besoins en compétences. »
II. — Les opérateurs de compétences peuvent conclure :
1° Avec l'État :
a) Des conventions dont l'objet est notamment de définir la part de leurs ressources qu'ils peuvent affecter au cofinancement d'actions en faveur de la formation professionnelle et du développement des compétences des salariés et des demandeurs d'emploi ;
b) Une convention-cadre de coopération définissant les conditions de leur participation à l'amélioration et à la promotion des formations technologiques et professionnelles initiales, notamment l'apprentissage, ainsi que la promotion des métiers. Cette convention peut, le cas échéant, être conclue conjointement avec les organisations couvrant une branche ou un secteur d'activité ;
2° Avec les régions, des conventions dans les conditions déterminées à l'article L. 6211-3.

V. les 11 arrêtés d'agrément des opérateurs de compétences (OPCO) publiés au Journal officiel le 31 mars 2019 (NOR : MTRD1908300A, NOR : MTRD1908304A, NOR : MTRD1908307A, NOR : MTRD1908310A, NOR : MTRD1908313A, NOR : MTRD1908314A, NOR : MTRD1908315A, NOR : MTRD1908319A, NOR : MTRD1908323A, NOR : MTRD1908325A, NOR : MTRD1908337A).

La validité des agréments délivrés aux organismes collecteurs paritaires agréés des fonds de la formation professionnelle continue mentionnés à l'art. L. 6332-1 dans sa rédaction en vigueur au 31 déc. 2018 et des organismes collecteurs de la taxe d'apprentissage mentionnés aux art. L. 6242-1 et L. 6242-2 expire le 1er janv. 2019. Les organismes collecteurs paritaires agréés au 31 déc. 2018 bénéficient d'un agrément provisoire en tant qu'opérateurs de compétences à compter du 1er janv. 2019 et jusqu'au 31 mars 2019.

Un nouvel agrément, subordonné à l'existence d'un accord de branche conclu à cet effet entre les organisations syndicales de salariés et les organisations professionnelles d'employeurs représentatives dans le champ d'application de l'accord est pris sur le fondement de l'art. L. 6332-1-1, selon des modalités déterminées par décret, au plus tard au 1er avr. 2019. En l'absence de convention de branche transmise à l'autorité administrative au 31 déc. 2018, celle-ci désigne pour la branche concernée un opérateur de compétences agréé (L. n° 2018-771 du 5 sept. 2018, art. 39-IV).

Les opérateurs de compétences mentionnés à l'art. L. 6332-1 sont chargés du recouvrement des contributions mentionnées aux 2° à 4° du I de l'art. L. 6131-1 et du solde mentionné au II de l'art. L. 6241-2 au titre de l'année 2021.

Cette collecte est effectuée :

1° Par un premier acompte devant être versé à partir d'un montant minimum fixé par décret avant le 15 sept. 2021, puis par un solde avant le 1ᵉʳ mars 2022 pour les entreprises de moins de 11 salariés ;

2° Par un premier acompte avant le 1ᵉʳ juill. 2021, puis par un second acompte avant le 15 sept. 2021, puis un solde avant le 1ᵉʳ mars 2022 pour les entreprises de 11 salariés et plus.

Ces versements peuvent faire l'objet d'un contrôle en application des art. L. 6361-1 à L. 6361-3.

Les modalités de versement et d'affectation de ces acomptes et de ces soldes par taille d'entreprise sont fixés par décret en Conseil d'État.

Jusqu'au 31 déc. 2023, les opérateurs de compétences mentionnés à l'art. L. 6332-1 peuvent recouvrer les contributions ayant pour objet de financer des organisations syndicales de salariés ou des organisations professionnelles d'employeurs, versées en application d'une convention, d'un accord de branche ou d'un accord professionnel ou interprofessionnel (Ord. n° 2021-797 du 23 juin 2021, art. 8-V et VI).

Art. L. 6332-1-1 (L. n° 2018-771 du 5 sept. 2018, art. 39-I, en vigueur le 1ᵉʳ janv. 2019) I. — L'opérateur de compétences est agréé par l'autorité administrative pour gérer les fonds mentionnés aux 1° et *c* du 3° de l'article L. 6123-5. Il a une compétence nationale.

II. — L'agrément est accordé aux opérateurs de compétences en fonction :

1° De leur capacité financière et de leurs performances de gestion ;

2° De la cohérence et de la pertinence économique de leur champ d'intervention ;

3° De leur mode de gestion paritaire ;

4° De leur aptitude à assurer leurs missions compte tenu de leurs moyens et de leur capacité à assurer des services de proximité aux entreprises et à leurs salariés sur l'ensemble du territoire national, sans préjudice des dispositions de l'article L. 6523-1 ;

5° De l'application d'engagements relatifs à la transparence de la gouvernance et à la publicité des comptes.

L'agrément des opérateurs de compétences n'est accordé que lorsque le montant des contributions gérées ou le nombre d'entreprises couvertes sont supérieurs respectivement à un montant et à un nombre fixés par décret. — V. art. R. 6332-4.

III. — L'agrément est subordonné à l'existence d'un accord conclu à cette fin entre les organisations syndicales de salariés et les organisations professionnelles d'employeurs représentatives d'une ou plusieurs branches qui composent le champ d'application de l'accord.

Une branche professionnelle ne peut adhérer qu'à un seul opérateur de compétences dans le champ d'application d'une convention collective au sens de l'article L. 2222-1.

S'agissant d'un opérateur de compétences interprofessionnel, cet accord est valide et peut être agréé même s'il n'est signé, en ce qui concerne la représentation des employeurs, que par une organisation professionnelle.

IV. — En cas de refus d'agrément par l'autorité administrative, celle-ci émet des recommandations permettant de satisfaire les critères mentionnés au II. A compter de la notification de ces recommandations, les organisations syndicales de salariés et les organisations professionnelles d'employeurs concernées disposent d'un délai de deux mois pour parvenir à un nouvel accord et transmettre celui-ci à l'autorité administrative.

A défaut d'agrément sur le fondement du nouvel accord, l'autorité administrative peut, eu égard à l'intérêt général que constitue la cohérence et la pertinence économique du champ d'intervention des opérateurs de compétences :

1° Agréer l'opérateur de compétences désigné par le nouvel accord dès lors qu'il satisfait aux critères mentionnés au II, pour les branches dont les activités répondent au critère mentionné au 2° du même II ;

2° Agréer un autre opérateur de compétences satisfaisant aux critères mentionnés au II, pour chacune des branches dont les activités ne permettent pas le rattachement au champ d'intervention de l'opérateur de compétences désigné par le nouvel accord en application du critère mentionné au 2° du même II.

V. note ss. art. L. 6332-1.

Les transferts de biens, droits et obligations réalisés dans le cadre de dévolutions effectués jusqu'au 31 déc. 2019, à titre gratuit ou moyennant la seule prise en charge du passif ayant grevé l'acquisition des biens transférés au profit d'organismes agréés en application de l'art. L. 6332-1-1 ne donnent lieu au paiement d'aucun droit, taxe ou impôt de quelque nature que ce soit. Ils ne donnent pas non plus lieu au paiement de la contribution prévue à l'art. 879 CGI (L. n° 2018-771 du 5 sept. 2018, art. 39-IV).

Art. L. 6332-1-2 (*L. n° 2014-288 du 5 mars 2014, art. 11-I*) (*L. n° 2023-1250 du 26 déc. 2023, art. 13-II, en vigueur le 1er janv. 2024*) « I. – » Les (*L. n° 2018-771 du 5 sept. 2018, art. 39-I, en vigueur le 1er janv. 2019*) « opérateurs de compétences agréés pour gérer » la contribution mentionnée au chapitre I du présent titre peuvent (*Ord. n° 2021-797 du 23 juin 2021, art. 1er, en vigueur le 1er janv. 2024*) « également (*L. n° 2023-1250 du 26 déc. 2023, art. 13-II, en vigueur le 1er janv. 2024*) « collecter et » gérer les » contributions supplémentaires ayant pour objet le développement de la formation professionnelle continue.

Ces contributions sont versées soit en application d'un accord professionnel national conclu entre les organisations représentatives d'employeurs et de salariés et mutualisées dès réception par l'organisme (*L. n° 2018-771 du 5 sept. 2018, art. 39-I, en vigueur le 1er janv. 2019*) « au sein des branches concernées », soit sur une base volontaire par l'entreprise.

(*Ord. n° 2021-797 du 23 juin 2021, art. 1er, en vigueur le 1er janv. 2024*) « Les contributions supplémentaires (*L. n° 2023-1250 du 26 déc. 2023, art. 13-II, en vigueur le 1er janv. 2024*) « mentionnées au 5° du I de l'article L. 6131-1 » versées en application d'un accord professionnel national sont, au choix, suivant les dispositions de l'accord, recouvrées par les opérateurs de compétences (*L. n° 2023-1250 du 26 déc. 2023, art. 13-II, en vigueur le 1er janv. 2024*) « agréés » ou recouvrées et contrôlées par les organismes mentionnés aux articles L. 213-1 et L. 752-4 du code de la sécurité sociale et à l'article L. 723-2 du code rural et de la pêche maritime dans les conditions prévues au II de l'article L. 6131-3. »

Elles font l'objet d'un suivi comptable distinct.

(*L. n° 2023-1250 du 26 déc. 2023, art. 13-II, en vigueur le 1er janv. 2024*) « II. — Les opérateurs de compétences peuvent collecter les contributions aux fonds de financement du paritarisme mentionnées au 4° du I de l'article L. 2135-10. Une convention conclue entre l'opérateur de compétences et l'association désignée dans l'accord de la branche professionnelle concernée relatif au financement du paritarisme prévoit les modalités de collecte de cette contribution.

« Ces contributions font l'objet d'un suivi comptable distinct et les frais liés à leur recouvrement sont établis séparément. »

Art. L. 6332-1-3 (*L. n° 2018-771 du 5 sept. 2018, art. 39-I*) I. — L'opérateur de compétences prend en charge :

1° Les actions concourant au développement des compétences au bénéfice des entreprises de moins de cinquante salariés mentionnées à l'article L. 6313-1 ;

2° Les contrats d'apprentissage et de professionnalisation, les dépenses afférentes à la formation du tuteur et du maître d'apprentissage et à l'exercice de leurs fonctions ainsi que les actions de reconversion ou de promotion par l'alternance ;

3° Si un accord de branche le prévoit, pendant une durée maximale de deux ans, les coûts de formation engagés pour faire face à de graves difficultés économiques conjoncturelles ;

(*L. n° 2021-1018 du 2 août 2021, art. 39, en vigueur le 31 mars 2022*) « 4° Les formations des membres de la délégation du personnel du comité social et économique et du référent prévu au dernier alinéa de l'article L. 2314-1 nécessaires à l'exercice de leurs missions en matière de santé, de sécurité et de conditions de travail au sein des entreprises de moins de cinquante salariés. »

II. — L'opérateur de compétences n'assure aucun financement, direct ou indirect, des organisations syndicales de salariés et des organisations professionnelles d'employeurs.

Il peut toutefois rembourser, sur présentation de justificatifs, les frais de déplacement, de séjour et de restauration engagés par les personnes qui siègent au sein de leurs organes de direction.

(L. n° 2023-1250 du 26 déc. 2023, art. 13-II, en vigueur le 1er janv. 2024) « Il reverse le cas échéant les contributions mentionnées au II de l'article L. 6332-1-2 aux associations de gestion mises en place par les organisations syndicales de salariés et les organisations professionnelles d'employeurs des branches concernées. »

Art. L. 6332-2 (L. n° 2018-771 du 5 sept. 2018, art. 39-I, en vigueur le 1er janv. 2019) Une convention d'objectifs et de moyens est conclue entre chaque opérateur de compétences et l'État. Elle prévoit les modalités de financement, le cadre d'action ainsi que les objectifs et les résultats attendus des opérateurs dans la conduite de leurs missions définies à l'article L. 6332-1. Cette convention est rendue publique à sa signature et à son renouvellement.

Un décret détermine le contenu, la périodicité ainsi que les modalités d'évaluation de ces conventions.

Art. L. 6332-2-1 (L. n° 2009-1437 du 24 nov. 2009) Lorsqu'une personne exerce une fonction de salarié dans un (L. n° 2018-771 du 5 sept. 2018, art. 39-I, en vigueur le 1er janv. 2019) « organisme » de formation, elle ne peut exercer une fonction de salarié dans un (L. n° 2018-771 du 5 sept. 2018, art. 39-I, en vigueur le 1er janv. 2019) « opérateur de compétences » ou un organisme délégué par ce dernier.

Lorsqu'une personne exerce une fonction de salarié dans un établissement de crédit, elle ne peut exercer une fonction de salarié dans un (L. n° 2018-771 du 5 sept. 2018, art. 39-I, en vigueur le 1er janv. 2019) « opérateur de compétences » ou un organisme délégué par ce dernier.

Le cumul des fonctions d'administrateur dans un (L. n° 2018-771 du 5 sept. 2018, art. 39-I, en vigueur le 1er janv. 2019) « opérateur de compétences » et d'administrateur ou de salarié dans un établissement de crédit est porté à la connaissance des instances paritaires de l'(L. n° 2018-771 du 5 sept. 2018, art. 39-I, en vigueur le 1er janv. 2019) « opérateur de compétences » ainsi qu'à celle du commissaire aux comptes qui établit, s'il y a lieu, un rapport spécial.

SOUS-SECTION 2 Gestion des fonds

Art. L. 6332-3 (L. n° 2018-771 du 5 sept. 2018, art. 39-I, en vigueur le 1er janv. 2019) L'opérateur de compétences gère, paritairement, les fonds mentionnés au I de l'article L. 6332-1-1 au sein des sections financières suivantes :

1° Des actions de financement de l'alternance ;
2° Des actions utiles au développement des compétences au bénéfice des entreprises de moins de cinquante salariés.

Art. L. 6332-3-1 à L. 6332-4 Abrogés par L. n° 2018-771 du 5 sept. 2018, art. 39-I, à compter du 1er janv. 2019.

Art. L. 6332-5 Abrogé par L. n° 2014-288 du 5 mars 2014, art. 11-I.

Art. L. 6332-5-1 (L. n° 2009-1437 du 24 nov. 2009 ; L. n° 2018-771 du 5 sept. 2018, art. 45-II) L'opérateur de compétences est assujetti aux (Ord. n° 2019-698 du 3 juill. 2019, art. 12) « deuxième et troisième alinéas du I de l'article L. 441-10 et au I de l'article L. 441-11 » du code de commerce pour le délai de règlement des sommes dues aux organismes de formation.

SOUS-SECTION 3 Dispositions d'application

Art. L. 6332-6 (L. n° 2018-771 du 5 sept. 2018, art. 39-I, en vigueur le 1er janv. 2019) Un décret en Conseil d'État détermine les conditions d'application de la présente section ainsi que :

1° Les règles relatives à la constitution, aux attributions, au fonctionnement des opérateurs de compétences ;
2° Les modalités de mise en œuvre du principe de transparence dans le fonctionnement de l'opérateur de compétences, notamment en ce qui concerne l'égalité de traite-

ment des entreprises, des salariés et des prestataires de formations ou de prestations entrant dans le champ d'application du présent livre, notamment au regard de leurs obligations prévues à l'article L. 6316-1 ;

3° Les modalités d'information, sur chacun des points mentionnés aux 1° et 2°, des entreprises ayant contribué au financement de la formation professionnelle et des prestataires de formation ;

4° Les conditions dans lesquelles un administrateur provisoire peut être nommé en cas de dysfonctionnement répété ou de défaillance de l'opérateur de compétences, notamment en matière de non-respect des délais de paiement par l'opérateur, lesquels sont fixés au trentième jour suivant la date de réception des pièces justificatives pour le règlement des organismes de formation au titre des frais relatifs aux contrats de professionnalisation et aux contrats d'apprentissage ; – *V. art. R. 6332-5.*

5° Les conditions dans lesquelles l'agrément de l'opérateur de compétences peut être accordé, refusé ou retiré, ainsi que, le cas échéant, les modalités de désignation par l'autorité administrative, pour les branches concernées, d'un opérateur de compétences, eu égard à l'intérêt général que constitue la cohérence et la pertinence économique de son champ d'intervention ;

6° Les règles applicables aux excédents financiers dont est susceptible de disposer l'opérateur de compétences agréé et les conditions de reversement de ces fonds à France compétences ;

7° Les conditions d'utilisation des versements ainsi que les modalités de fonctionnement des sections prévues à l'article L. 6332-3 ;

8° Les conditions de gestion des versements mentionnés à l'article L. 6123-5 ;

9° La définition et les modalités de fixation du plafond des dépenses pouvant être négociées dans le cadre de la convention prévue à l'article L. 6332-2 relatives aux frais de gestion, d'information et de mission des opérateurs de compétences. – *V. art. R. 6332-17.*

SECTION 2   Fonds d'assurance-formation

SOUS-SECTION 1 *[ABROGÉE]*   Fonds d'assurance-formation de salariés

(Abrogée par L. n° 2018-771 du 5 sept. 2018, art. 39-I, à compter du 1ᵉʳ janv. 2019)

Art. L. 6332-7 et L. 6332-8 *Abrogés par L. n° 2018-771 du 5 sept. 2018, art. 39-I, à compter du 1ᵉʳ janv. 2019.*

SOUS-SECTION 2   Fonds d'assurance-formation de non-salariés

Art. L. 6332-9 Les travailleurs indépendants, les membres des professions libérales et des professions non salariées peuvent créer dans les professions ou les branches professionnelles considérées des fonds d'assurance-formation de non-salariés.

Ces fonds sont dotés de la personnalité morale. *(L. n° 2018-771 du 5 sept. 2018, art. 39-I, en vigueur le 1ᵉʳ janv. 2019)* « Ils peuvent, le cas échéant, être créés au sein d'un opérateur de compétences mentionnée à l'article L. 6332-1-1, selon les modalités définies par décret, et faire l'objet d'une gestion dans une section particulière. »

(L. n° 2022-172 du 14 févr. 2022, art. 12-IV, en vigueur le 1ᵉʳ sept. 2022) « Les fonds d'assurance formation de non-salariés sont agréés par l'autorité administrative pour gérer les fonds mentionnés au h du 3° de l'article L. 6123-5, selon les critères mentionnés aux 1°, 2° et 5° du II de l'article L. 6332-1-1 et en fonction de leur aptitude à assurer leurs missions et de leur capacité à assurer des services de proximité aux entreprises compte tenu de leurs moyens. »

Art. L. 6332-10 Les fonds d'assurance-formation de non-salariés sont alimentés par des ressources dégagées par voie de concertation entre les organisations professionnelles intéressées ou les chambres consulaires. – *[Anc. art. L. 961-10, al. 2.]*

Art. L. 6332-11 *(L. n° 2018-771 du 5 sept. 2018, art. 39-I, en vigueur le 1ᵉʳ janv. 2019)* Deux fractions de la collecte, dont le montant est déterminé par un arrêté du ministre chargé de la formation professionnelle, sont affectées au financement du compte personnel de formation des travailleurs indépendants et au conseil en évolution professionnelle *(Abrogé par L. n° 2022-172 du 14 févr. 2022, art. 12-IV, à compter* du 1ᵉʳ sept. 2022) « et versées respectivement à l'organisme mentionné à l'article L. 6333-1 et à France compétences ».

V. Arr. du 15 févr. 2019, NOR : MTRD1834733A (JO 11 avr.).

V. Arr. du 27 janv. 2020, NOR : MTRD1937383A (JO 31 janv.).

Art. L. 6332-11-1 (L. n° 2018-771 du 5 sept. 2018, art. 39-I, en vigueur le 1ᵉʳ janv. 2019) Un accord de branche peut prévoir que la part de la collecte non affectée au financement du compte personnel de formation des travailleurs indépendants et du conseil en évolution professionnelle est gérée au sein d'une section particulière d'un opérateur de compétences mentionné à l'article L. 6332-1-1. L'opérateur de compétences désigné est celui agréé pour recevoir les fonds mentionnés au c du 3° de l'article L. 6123-5 de la branche professionnelle concernée.

Un décret détermine les modalités d'organisation et de fonctionnement de la section particulière mentionnée au premier alinéa du présent article.

Art. L. 6332-12 A défaut d'être déjà financées par un organisme de financement de la formation professionnelle continue des professions salariées ou des demandeurs d'emploi, les dépenses de formation engagées par le bénéficiaire du stage d'initiation à la gestion prévu à l'article 59 de la loi n° 73-1193 du 27 décembre 1973 d'orientation du commerce et de l'artisanat sont éligibles au financement du fonds d'assurance-formation, à condition que ce bénéficiaire soit immatriculé au registre du commerce et des sociétés dans un délai déterminé par décret et courant à compter de la fin du stage. – [Anc. art. L. 961-10, al. 5.]

SOUS-SECTION 3 **Dispositions d'application**

Art. L. 6332-13 (L. n° 2009-1437 du 24 nov. 2009) Un décret en Conseil d'État détermine les conditions d'application de la présente section selon les modalités définies à l'article L. 6332-6. – V. art. R. 6332-63.

SECTION 3 **Utilisation des fonds par les opérateurs de compétences pour la prise en charge de l'alternance, du compte personnel de formation et du développement des compétences au bénéfice des entreprises de moins de cinquante salariés** (L. n° 2018-771 du 5 sept. 2018, art. 39-I).

Art. L. 6332-14 (L. n° 2018-771 du 5 sept. 2018, art. 39-I) I. – L'opérateur de compétences prend en charge au titre de la section financière mentionnée au 1° de l'article L. 6332-3 :

1° Les contrats d'apprentissage et de professionnalisation au niveau de prise en charge fixé par les branches ou, à défaut, par un accord collectif conclu entre les organisations représentatives d'employeurs et de salariés signataires d'un accord constitutif d'un opérateur de compétences interprofessionnel gestionnaire des fonds de la formation professionnelle continue. Ce niveau est déterminé pour les contrats d'apprentissage en fonction du domaine d'activité du titre ou du diplôme visé. Ces niveaux de prise en charge prennent en compte les recommandations de France compétences mentionnées au 10° de l'article L. 6123-5 en matière d'observation des coûts et de niveaux de prise en charge. Les niveaux de prise en charge fixés par les branches peuvent faire l'objet de modulations en fonction de critères et selon un montant déterminés par décret, en particulier lorsque le salarié est reconnu travailleur handicapé ou lorsqu'il existe d'autres sources de financement public. A défaut de fixation du niveau de la prise en charge ou de prise en compte des recommandations à une date et dans un délai fixés par voie réglementaire, les modalités de détermination de la prise en charge sont définies par décret ; – V. art. R. 6332-25 et D. 6233-78-1.

2° Les dépenses d'investissement visant à financer les équipements nécessaires à la réalisation des formations ;

3° Des frais annexes à la formation des salariés en contrat d'apprentissage ou de professionnalisation, notamment d'hébergement et de restauration, (L. n° 2023-1267 du 27 déc. 2023, art. 4-4°) « ainsi que, le cas échéant, les frais correspondant aux cotisations sociales liées à une mobilité hors du territoire national, » dans des conditions déterminées par décret ;

4° Les dépenses exposées par l'entreprise pour chaque salarié, ou pour tout employeur de moins de onze salariés, lorsqu'il bénéficie d'une action de formation en qualité de tuteur ou de maître d'apprentissage, limitées à un plafond horaire et à une durée maximale, ainsi que les coûts liés à l'exercice de ces fonctions engagés par l'entreprise dans la limite de plafonds mensuels et de durées maximales. Les plafonds et durées mentionnés au présent 4° sont fixés par décret ;

5° Les frais pédagogiques et les frais annexes d'une action de reconversion ou de promotion par l'alternance mentionné *[mentionnée]* à l'article L. 6324-1.

II. — L'opérateur de compétences peut également prendre en charge dans les conditions prévues au I du présent article :

1° Des actions d'évaluation, d'accompagnement, d'inscription aux examens et de formation des bénéficiaires des contrats prévus aux articles L. 6221-1 et L. 6325-5 dans les cas de rupture du contrat définis aux articles L. 1233-3, L. 1243-4 et L. 6222-18, dans les cas prévus à l'article L. 6222-12-1 et dans les cas de redressement ou de liquidation judiciaires de l'entreprise ;

2° Une partie des dépenses de tutorat externe à l'entreprise engagées pour :
a) Les personnes mentionnées à l'article L. 6325-1-1 ;
b) Les personnes qui ont été suivies par un référent avant la signature d'un contrat de professionnalisation ou d'un contrat d'apprentissage ;
c) Les personnes qui n'ont exercé aucune activité professionnelle à plein temps et en contrat à durée indéterminée au cours des trois années précédant la signature du contrat de professionnalisation ;

3° Tout ou partie de la perte de ressources ainsi que des coûts de toute nature, *(Abrogé par L. n° 2023-1267 du 27 déc. 2023, art. 4-4°)* « *y compris ceux correspondant aux cotisations sociales* » et, le cas échéant, la rémunération et les frais annexes générés par la mobilité hors du territoire national des apprentis et des salariés en contrat de professionnalisation en application des articles L. 6222-42 et L. 6325-25 ;

4° Les actions portées par une convention-cadre de coopération mentionnée au *b* du 1° du II de l'article L. 6332-1, dans la limite d'un plafond fixé par voie réglementaire ;

(Ord. n° 2019-861 du 21 août 2019, art. 1ᵉʳ) « 5° La rémunération des salariés bénéficiaires d'une action de reconversion ou de promotion par alternance ».

V. art. D. 6332-78 s.

A compter du 1ᵉʳ janv. 2020, l'opérateur de compétences assure le financement des contrats d'apprentissage selon le niveau de prise en charge fixé par les branches selon les modalités mentionnées à l'art. L. 6332-14 (L. n° 2018-771 du 5 sept. 2018, art. 39-IX).

Art. L. 6332-15 *Abrogé par Ord. n° 2019-861 du 21 août 2019, art. 1ᵉʳ.*

Art. L. 6332-16 et L. 6332-16-1 *Abrogés par L. n° 2018-771 du 5 sept. 2018, art. 39-I, à compter du 1ᵉʳ janv. 2019.*

Art. L. 6332-17 *(L. n° 2018-771 du 5 sept. 2018, art. 39-I, en vigueur le 1ᵉʳ janv. 2019)* L'opérateur de compétences finance au titre de la section financière mentionnée au 2° de l'article L. 6332-3 relative aux actions concourant au développement des compétences au bénéfice des entreprises de moins de cinquante salariés :

1° Les coûts des actions de formation du plan de développement des compétences, de la rémunération du salarié en formation et des frais annexes ;

2° Un abondement du compte personnel de formation d'un salarié ;

3° Les coûts des diagnostics et d'accompagnement de ces entreprises en vue de la mise en œuvre d'actions de formation ;

4° La formation de demandeurs d'emploi, dont notamment la préparation opérationnelle à l'emploi mentionnée aux articles L. 6326-1 et L. 6326-3 ;

5° Les dépenses afférentes à la participation d'un salarié ou d'un bénévole à un jury d'examen ou de validation des acquis de l'expérience selon les modalités fixées par accord de branche.

Les dépenses y afférentes couvrent :
a) Les frais de transport, d'hébergement et de restauration ;
b) La rémunération du salarié ;
c) Les cotisations sociales obligatoires ou conventionnelles qui s'y rattachent ;
d) Le cas échéant, la taxe sur les salaires qui s'y rattache.

Les modalités et priorités de prise en charge de ces frais sont définies par le conseil d'administration de l'opérateur de compétences.

Art. L. 6332-17-1 (L. n° 2018-771 du 5 sept. 2018, art. 39-I, en vigueur le 1er janv. 2019) Un décret détermine les conditions d'application de la présente section. — V. art. D. 6332-39.

SECTION 4 [ABROGÉE] Fonds paritaire de sécurisation des parcours professionnels

(Abrogée par L. n° 2018-771 du 5 sept. 2018, art. 36-VII, à compter du 1er janv. 2019)
(L. n° 2009-1437 du 24 nov. 2009)

France compétences est substituée au Fonds paritaire de sécurisation des parcours professionnels dans les droits et obligations de toute nature qui pèsent sur cette association à compter du 1er janv. 2019. Pour les besoins de la collecte au titre de la masse salariale 2018, l'association gestionnaire du Fonds paritaire de sécurisation des parcours professionnels perçoit les versements au titre de l'art. 37 de la L. n° 2018-771 du 5 sept. 2018 et les affecte conformément aux dispositions législatives, règlementaires et conventionnelles en vigueur au 31 déc. 2018. Cette association est dissoute au plus tard le 30 juin 2019.

Cette substitution est réalisée de plein droit, nonobstant toute disposition ou stipulation contraire. Elle n'a aucune incidence sur ces droits et obligations et n'entraîne ni la modification des contrats et conventions en cours conclus par le Fonds paritaire de sécurisation des parcours professionnels, ni leur résiliation, ni, le cas échéant, le remboursement anticipé des dettes qui en constituent l'objet. Elle entraîne le transfert de plein droit et sans formalité des accessoires des créances cédées et des sûretés réelles et personnelles les garantissant.

Par dérogation à l'art. L. 1224-3 C. trav., France compétences maintient les contrats de droit privé antérieurement conclus avec le Fonds paritaire de sécurisation des parcours professionnels.

Dans les conditions prévues à l'art. L. 1224-3, France compétences se substitue au Fonds paritaire de sécurisation des parcours professionnels en tant qu'employeur des personnels titulaires d'un contrat de travail conclu antérieurement (L. préc., art. 36-VII).

Art. L. 6332-18 et L. 6332-19 Abrogés par L. n° 2018-771 du 5 sept. 2018, art. 36-VII, à compter du 1er janv. 2019.

Art. L. 6332-20 Abrogé par L. n° 2014-288 du 5 mars 2014, art. 11-I.

Art. L. 6332-21 à L. 6332-22-2 Abrogés par L. n° 2018-771 du 5 sept. 2018, art. 36-VII, à compter du 1er janv. 2019.

SECTION 5 Information de l'État

Art. L. 6332-23 Les (L. n° 2018-771 du 5 sept. 2018, art. 45-II) « opérateurs de compétences » et (Ord. n° 2019-861 du 21 août 2019, art. 1er) « France compétences » transmettent à l'État, dans des conditions déterminées par décret en Conseil d'État :

1° Des données physiques et comptables relatives aux actions qu'ils contribuent à financer ;

2° Des données agrégées et sexuées sur les caractéristiques des bénéficiaires des actions menées ;

3° Des informations relatives aux bénéficiaires des actions menées et destinées à la constitution d'échantillons statistiquement représentatifs.

Art. L. 6332-24 Lorsqu'un (L. n° 2018-771 du 5 sept. 2018, art. 45-II) « opérateur de compétences » ou (Ord. n° 2019-861 du 21 août 2019, art. 1er) « France compétences » n'établit pas ou ne transmet pas les informations prévues à l'article L. 6332-23, l'autorité administrative peut le mettre en demeure d'y procéder.

CHAPITRE III GESTION DU COMPTE PERSONNEL DE FORMATION PAR LA CAISSE DES DÉPÔTS ET CONSIGNATIONS

(L. n° 2018-771 du 5 sept. 2018, art. 1er-II)

Les conditions de la dévolution des biens des organismes paritaires agréés en application des art. L. 6333-1 et L. 6333-2 C. trav., dans leur rédaction antérieure à la L. n° 2018-771 du 5 sept. 2018, sont précisées par décret en Conseil d'État.

Les organismes paritaires agréés en application de ces anciens art. L. 6333-1 ou L. 6333-2 (V. éd. précédentes du code du travail Dalloz) assurent jusqu'à leur terme la prise en charge financière des congés individuels de formation accordés avant le 1ᵉʳ janv. 2019. Le cas échéant, les conventions triennales d'objectifs et de moyens qu'ils concluent avec l'État en application de l'ancien art. L. 6333-7 sont prolongées jusqu'à ce terme (L. n° 2018-771 du 5 sept. 2018, art. 1ᵉʳ-VII).

SECTION 1 Missions

Les organismes mentionnés à l'anc. art. L. 6333-1 C. trav., dans sa rédaction en vigueur au 31 déc. 2018 (V. infra), assurent les missions des commissions paritaires interprofessionnelles régionales mentionnées à l'art. L. 6323-17-6 du même code, dans sa rédaction résultant de la L. n° 2018-771 du 5 sept. 2018, jusqu'au 31 déc. 2018 (L. préc., art. 1ᵉʳ-X).

Art. L. 6333-1 La Caisse des dépôts et consignations est habilitée à recevoir les ressources mentionnées au *a* du 3° de l'article L. 6123-5 et aux articles L. 6331-6, L. 6323-36 et L. 6332-11.

La Caisse des dépôts et consignations assure la gestion de ces ressources en vue de financer les droits acquis au titre du compte personnel de formation selon les modalités prévues aux deux premiers alinéas de l'article L. 6323-11 et aux articles L. 6323-11-1, L. 6323-27 et L. 6323-34.

(L. n° 2019-1479 du 28 déc. 2019, art. 206) « La Caisse des dépôts et consignations est habilitée à recevoir les ressources mentionnées à l'article L. 5151-11 dans des conditions définies par conventions entre la Caisse des dépôts et consignations et les financeurs mentionnés à l'article L. 5151-11 » *(L. n° 2021-1520 du 25 nov. 2021, art. 34-II)* « ou, lorsque des dispositions particulières le prévoient, leurs organismes de collecte ».

Art. L. 6333-2 La Caisse des dépôts et consignations peut recevoir des ressources supplémentaires mentionnées au VI de l'article L. 2254-2 et aux articles L. 6323-4, L. 6323-11, L. 6323-13, L. 6323-14, L. 6323-29 et L. 6323-37.

Art. L. 6333-3 La Caisse des dépôts et consignations reçoit les ressources supplémentaires prévues par un accord collectif de branche et destinées à financer l'abondement du compte personnel de formation. Cet accord détermine les priorités et modalités d'abondement.

Elle peut également recevoir des ressources supplémentaires destinées à financer l'abondement du compte personnel de formation versées à cet effet par l'employeur hors accord collectif d'entreprise ou de branche.

Art. L. 6333-4 La Caisse des dépôts et consignations est habilitée à conduire les procédures d'attribution des marchés publics répondant à ses besoins pour la mise en œuvre du compte personnel de formation ainsi qu'à conclure ces marchés et à assurer le suivi de leur exécution.

La Caisse des dépôts et consignations peut conclure avec toute personne morale des conventions, notamment financières, dont l'objet est de promouvoir le développement de la formation professionnelle continue pour tout ou partie des titulaires du compte personnel de formation.

Art. L. 6333-5 La Caisse des dépôts et consignations conclut avec l'État une convention triennale d'objectifs et de performance qui définit notamment la part des ressources mentionnées aux articles L. 6333-1 et L. 6333-2 destinée à financer les frais de mise en œuvre de ses missions, dont le financement des traitements automatisés de données à caractère personnel mentionnés aux articles L. 5151-6, L. 6111-7 et L. 6323-8.

La Caisse des dépôts et consignations rend compte trimestriellement à France compétences de l'utilisation de ses ressources et de ses engagements financiers dans des conditions prévues par décret. – V. Décr. n° 2019-631 du 24 juin 2019 (JO 25 juin).

Elle élabore un rapport annuel de gestion du compte personnel de formation remis à France compétences.

Ce rapport est transmis au Parlement et aux ministres chargés de la formation professionnelle et du budget.

FORMATION PROFESSIONNELLE **Art. L. 6341-2** 1643

SECTION 2 Gestion

Art. L. 6333-6 La Caisse des dépôts et consignations gère les ressources mentionnées au premier alinéa de l'article L. 6333-1 *(Ord. n° 2019-861 du 21 août 2019, art. 1ᵉʳ)* « et à l'article L. 6333-2 » au sein d'un fonds dédié dont elle assure la gestion administrative, financière et comptable dans un compte spécifique ouvert dans ses livres. Les ressources *(Ord. n° 2019-861 du 21 août 2019, art. 1ᵉʳ)* « mentionnées au premier alinéa de l'article L. 6333-1 » sont mutualisées dès réception.

Les ressources supplémentaires mentionnées à l'article L. 6333-2 font l'objet d'un suivi comptable distinct. *(L. n° 2019-1479 du 28 déc. 2019, art. 206)* « Il en est de même des ressources mentionnées au dernier alinéa de l'article L. 6333-1. »

Les sommes dont dispose la Caisse des dépôts et consignations au 31 décembre de chaque année constituent, pour l'année suivante, ses ressources et alimentent une réserve de précaution dans un compte spécifique ouvert dans ses livres.

Art. L. 6333-7 La Caisse des dépôts et consignations conclut avec les régions, *(L. n° 2023-1196 du 18 déc. 2023, art. 6-I, en vigueur le 1ᵉʳ janv. 2024)* « l'opérateur France Travail », l'institution mentionnée à l'article L. 5214-1, les opérateurs de compétences, les commissions mentionnées à l'article L. 6323-17-6, les organismes mentionnés à l'article L. 6332-9 et tout autre organisme intervenant dans le suivi ou la gestion des droits acquis au titre du compte personnel de formation des titulaires des conventions définissant les modalités de gestion permettant le suivi de ces droits.

Art. L. 6333-7-1 *(L. n° 2022-1587 du 19 déc. 2022, art. 2)* La Caisse des dépôts et consignations, les services de l'État chargés de la concurrence, de la consommation et de la répression des fraudes et ceux chargés des contrôles de la formation professionnelle mentionnés au chapitre I du titre VI du présent livre, les organismes financeurs mentionnés à l'article L. 6316-1, les organismes certificateurs et les instances de labellisation mentionnés à l'article L. 6316-2, les ministères et organismes certificateurs mentionnés à l'article L. 6113-2 et France compétences peuvent échanger, spontanément ou sur demande, tous documents et informations détenus ou recueillis dans le cadre de leurs missions respectives et utiles à leur exercice.

SECTION 3 Dispositions d'application

Art. L. 6333-8 Un décret en Conseil d'État détermine les conditions d'application du présent chapitre.

CHAPITRE IV DISPOSITIONS PÉNALES

Le présent chapitre ne comprend pas de dispositions législatives.

TITRE IV STAGIAIRE DE LA FORMATION PROFESSIONNELLE

RÉP. TRAV. v° *Stages et stagiaires*, par PAULIN.

CHAPITRE I RÉMUNÉRATION DU STAGIAIRE

SECTION 1 Financement des stages rémunérés par l'État ou la région

Art. L. 6341-1 L'État, les régions, les employeurs et les *(L. n° 2018-771 du 5 sept. 2018, art. 45-II)* « opérateurs de compétences » concourent au financement de la rémunération des stagiaires de la formation professionnelle.

(L. n° 2008-126 du 13 févr. 2008) « L'institution mentionnée à l'article L. 5312-1 y concourt également, le cas échéant pour le compte de l'organisme mentionné à l'article L. 5427-1, notamment dans les conditions prévues » *(L. n° 2011-893 du 28 juill. 2011)* « à l'article L. 1233-68 ». — *[Anc. art. L. 961-1, al. 1ᵉʳ et 2.]*

Art. L. 6341-2 Les stages pour lesquels l'État et les régions concourent au financement de la rémunération du stagiaire, lorsqu'il suit un stage agréé dans les conditions fixées à l'article L. 6341-4, sont :

1° Les stages suivis par les salariés à l'initiative de leur employeur ;

2° Les stages suivis par les travailleurs non salariés prévus à l'article (*L. n° 2020-1721 du 29 déc. 2020, art. 240-I, en vigueur le 1ᵉʳ janv. 2021*) « L. 6341-7 » ;

(*L. n° 2014-288 du 5 mars 2014, art. 21-V, en vigueur le 1ᵉʳ janv. 2015*) « 3° Les stages en direction des (*L. n° 2020-1721 du 29 déc. 2020, art. 240-I, en vigueur le 1ᵉʳ janv. 2021*) « personnes en recherche » d'emploi qui ne relèvent plus du régime d'assurance chômage, mentionnés à l'article L. 6341-7. »

Art. L. 6341-3 Les stages pour lesquels (*Abrogé par L. n° 2014-288 du 5 mars 2014, art. 21-V*) « l'État et » les régions assurent le financement de la rémunération du stagiaire, lorsqu'il suit un stage agréé dans les conditions fixées à l'article L. 6341-4, sont :

(*Abrogé par L. n° 2014-288 du 5 mars 2014, art. 21-V*) « 1° Les stages en direction des demandeurs d'emploi qui ne relèvent plus du régime d'assurance chômage, mentionnés à l'article L. 6341-7 ; »

2° Les stages en direction des travailleurs reconnus handicapés en application de l'article L. 5213-1 ;

(*Abrogé par L. n° 2018-771 du 5 sept. 2018, art. 24-VII, à compter du 1ᵉʳ janv. 2019*) (*L. n° 2009-1437 du 24 nov. 2009*) « 3° Les formations suivies en centre de formation d'apprentis par les apprentis dont le contrat a été rompu sans qu'ils soient à l'initiative de cette rupture, pour une durée n'excédant pas trois mois ; »

(*L. n° 2014-288 du 5 mars 2014, art. 21-V*) « 4° Les stages en direction des personnes sous main de justice. »

Art. L. 6341-4 Dans la limite de leurs compétences respectives, l'agrément des stages est accordé :

1° En ce qui concerne l'État, par l'autorité administrative ;

2° En ce qui concerne les régions, par décision du conseil régional ;

(*L. n° 2018-771 du 5 sept. 2018, art. 39-II, en vigueur le 1ᵉʳ janv. 2019*) « 3° En ce qui concerne les opérateurs de compétences, par décision du conseil d'administration. »

En application de l'art. L. 231-5 CRPA, et par exception à l'application du délai de deux mois prévu à l'art. L. 231-1 du même code, le silence gardé par l'administration pendant deux mois vaut décision de rejet pour une demande d'agrément des stages de la formation professionnelle financés par l'État (Décr. n° 2014-1289 du 23 oct. 2014, art. 1ᵉʳ).

Art. L. 6341-5 *Abrogé par Ord. n° 2019-861 du 21 août 2019, art. 1ᵉʳ.*

Art. L. 6341-6 (*Ord. n° 2009-325 du 25 mars 2009, art. 11*) Les collectivités territoriales responsables de la gestion de la rémunération des stagiaires de la formation professionnelle assurent l'accueil et l'information des stagiaires, le respect de délais rapides de paiement de cette rémunération, la conservation des archives nécessaires au calcul de leurs droits à pension et la transmission aux services de l'État des informations relatives aux stagiaires, dont la liste est fixée par décret.

(*L. n° 2016-1088 du 8 août 2016, art. 81*) « Les collectivités territoriales mentionnées au premier alinéa du présent article transmettent chaque mois à (*L. n° 2023-1196 du 18 déc. 2023, art. 6-I, en vigueur le 1ᵉʳ janv. 2024*) « l'opérateur France Travail » les informations individuelles nominatives relatives aux stagiaires de la formation professionnelle inscrits sur la liste mentionnée à l'article L. 5411-1 dont elles financent la rémunération. »

SECTION 2 Montant de la rémunération

Art. L. 6341-7 (*L. n° 2020-1721 du 29 déc. 2020, art. 240-I, en vigueur le 1ᵉʳ janv. 2021*) Lorsqu'elles suivent des stages agréés dans les conditions prévues à l'article L. 6341-4, les personnes en recherche d'emploi et les travailleurs non salariés perçoivent une rémunération dont le montant minimum est déterminé par décret.

Cette rémunération peut se cumuler avec une rémunération perçue au titre d'une activité salariée ou non salariée, sous réserve du respect des obligations de la formation, dans des conditions déterminées par l'autorité agréant ces formations sur le fondement du même article L. 6341-4.

Un décret précise les conditions d'application du présent article, notamment la durée minimum de formation ouvrant droit à la rémunération et les conditions dans lesquelles il est tenu compte de la rémunération antérieurement perçue par les personnes qui se sont vu reconnaître la qualité de travailleurs handicapés.

Art. L. 6341-8 (Abrogé par L. n° 2020-1721 du 29 déc. 2020, art. 240-I, à compter du 1er janv. 2021) *Les travailleurs non salariés bénéficient d'une rémunération déterminée par décret, à condition d'avoir exercé pendant une durée minimale une activité professionnelle salariée ou non salariée.*

SECTION 3 Remboursement des frais de transport

Art. L. 6341-9 Les frais de transport supportés par les stagiaires qui reçoivent une rémunération de l'État ou des régions pour les déplacements de toute nature nécessités par les stages donnent lieu à un remboursement total ou partiel par l'État ou la région. — *[Anc. art. L. 961-7.]*

SECTION 4 Prêts au stagiaire

Art. L. 6341-10 Sous certaines conditions définies par décret en Conseil d'État, le stagiaire peut bénéficier d'un prêt accordé par l'État ou par les organismes agréés bénéficiant du concours de l'État.

Ce prêt peut se cumuler avec les indemnités éventuellement perçues en vertu des dispositions du présent titre. — *[Anc. art. L. 961-1, al. 3 et 4.]*

SECTION 5 Règlement des litiges

Art. L. 6341-11 Tous les litiges auxquels peuvent donner lieu la liquidation, le versement et le remboursement des rémunérations et indemnités prévues au présent chapitre relèvent de la compétence du juge judiciaire. — *[Anc. art. L. 961-11.]*

SECTION 6 Dispositions d'application

Art. L. 6341-12 Un décret en Conseil d'État détermine les conditions d'application du présent chapitre. — *[Anc. art. L. 961-2, al. 5, phrase 1, et 6.]* — V. art. R. 6341-1.

CHAPITRE II PROTECTION SOCIALE DU STAGIAIRE

SECTION 1 Affiliation à un régime de sécurité sociale

Art. L. 6342-1 Toute personne qui suit un stage de formation professionnelle continue en vertu du présent livre est obligatoirement affiliée à un régime de sécurité sociale.

Le stagiaire qui, avant son stage, relevait, à quelque titre que ce soit, d'un régime de sécurité sociale, reste affilié à ce régime pendant la durée de son stage.

Celui qui ne relevait d'aucun régime est affilié au régime général de sécurité sociale.

Toutefois, des exceptions peuvent, par décret, être apportées à la règle posée par les deuxième et troisième alinéas lorsque le stage de formation suivi prépare exclusivement et directement à une profession relevant d'un régime de sécurité sociale plus favorable que le régime général. — *[Anc. art. L. 962-1.]*

BIBL. ▶ CHAUCHARD, *Dr. soc.* 1990. 566 ⌀. - SAISI, *ibid.* 1980. 48.

SECTION 2 Prise en charge des cotisations par l'État ou la région

Art. L. 6342-2 Lorsque le stagiaire de la formation professionnelle relevant d'un régime de sécurité sociale de salariés est rémunéré par son employeur, l'État participe aux cotisations de sécurité sociale incombant à l'employeur dans la même proportion qu'aux rémunérations. — *[Anc. art. L. 962-2.]*

Art. L. 6342-3 Les cotisations de sécurité sociale d'un stagiaire qui est rémunéré par l'État (L. n° 2020-935 du 30 juill. 2020, art. 75-II) « , l'opérateur de compétences » ou par la région pendant la durée du stage ou qui ne bénéficie d'aucune rémunération sont intégralement prises en charge au même titre que le financement de l'action de formation, selon le cas, par l'État (L. n° 2020-935 du 30 juill. 2020, art. 75-II) « , l'opérateur de compétences » ou la région.

(*L. n° 2014-288 du 5 mars 2014, art. 21-V*) « Pour les formations financées par le fonds de développement pour l'insertion professionnelle des handicapés mentionné à l'article L. 5214-1 ou cofinancées avec le fonds d'insertion des personnes handicapées dans la fonction publique mentionné à l'article L. 5214-1 A, les cotisations de sécurité sociale d'un stagiaire, qu'il soit rémunéré ou non par le ou les fonds, sont prises en charge par ce ou ces fonds. »

Ces cotisations sont calculées sur la base de taux forfaitaires fixés par voie réglementaire et révisés annuellement compte tenu de l'évolution du plafond retenu pour le calcul des cotisations du régime général de sécurité sociale.

Le seul fait de dispenser une formation à un élève non rémunéré de la formation professionnelle continue, fût-il en situation de chômage non indemnisé, ne rend pas l'organisme qui y procède débiteur des cotisations sociales afférentes à l'affiliation du stagiaire à un régime de sécurité sociale. • Civ. 2ᵉ, 20 juin 2019, n° 17-28.270 P.

SECTION 3 Droits aux prestations

Art. L. 6342-4 Les droits aux prestations de sécurité sociale d'un salarié qui a bénéficié d'un congé non rémunéré au titre de la formation professionnelle continue sont garantis dans des conditions identiques à celles qui leur étaient appliquées antérieurement à ce congé. — *[Anc. art. L. 962-5.]*

Art. L. 6342-5 Les dispositions applicables en matière d'accidents du travail et de maladies professionnelles aux personnes mentionnées au 2° de l'article L. 412-8 du code de la sécurité sociale sont applicables à l'ensemble des stagiaires de la formation professionnelle continue, réserve faite des fonctionnaires de l'État et des collectivités territoriales qui restent régis par les dispositions qui leur sont propres. — *[Anc. art. L. 962-4.]* — *V. art. R. 6342-1 s.*

SECTION 4 Règlement des litiges

Art. L. 6342-6 Tous les litiges auxquels peuvent donner lieu le versement et la prise en charge des cotisations de sécurité sociale en application du présent chapitre relèvent de la compétence du juge judiciaire. — *[Anc. art. L. 962-6.]*

SECTION 5 Dispositions d'application

Art. L. 6342-7 Un décret en Conseil d'État détermine les mesures d'application du présent chapitre autres que celles qui portent fixation des taux forfaitaires prévus à l'article L. 6342-3. — *[Anc. art. L. 962-7.]*

CHAPITRE III CONDITIONS DE TRAVAIL DU STAGIAIRE

Art. L. 6343-1 Pendant la durée de sa présence en entreprise au titre de l'une des actions de formation mentionnées à l'article L. 6313-1, le stagiaire non titulaire d'un contrat de travail bénéficie des dispositions du présent code et, le cas échéant, du code rural et de la pêche maritime relatives :
1° A la durée du travail, à l'exception de celles relatives aux heures supplémentaires ;
2° Au repos hebdomadaire ;
3° A la santé et à la sécurité. — *[Anc. art. L. 900-2-1, al. 1ᵉʳ.]*

Se rend coupable du délit d'obtention abusive, de la part d'une personne vulnérable ou en situation de dépendance, de services insuffisamment rétribués par rapport au travail accompli le directeur d'un hôtel, titulaire d'une délégation de pouvoir, qui a employé, dans le cadre d'un stage obligatoire, trois personnes 7 nuits sur 7, soit plus de 242 heures par mois, en contrepartie d'une faible rémunération. • Crim. 3 déc. 2002, n° 02-81.453 P : *Dr. soc. 2003. 428, obs. Duquesne* ; *CSB 2003. 134, A. 18* ; *JSL 2003, n° 116-2.*

Art. L. 6343-2 La durée du travail applicable au stagiaire non titulaire d'un contrat de travail ne peut excéder la durée légale hebdomadaire et la durée quotidienne du travail respectivement fixées par les articles (*L. n° 2016-1088 du 8 août 2016, art. 8*) « L. 3121-27 et L. 3121-18 ».

FORMATION PROFESSIONNELLE **Art. L. 6351-4** 1647

La durée maximale hebdomadaire ci-dessus fixée s'entend de toute heure de travail effectif ou de présence sur les lieux de travail. — *[Anc. art. L. 900-2-1, al. 2 et 3.]*

Art. L. 6343-3 Le stagiaire non titulaire d'un contrat de travail ne peut accomplir d'heures supplémentaires. — *[Anc. art. L. 900-2-1, al. 4, phrase 1.]*

Art. L. 6343-4 Le stagiaire non titulaire d'un contrat de travail bénéficie du repos dominical. — *[Anc. art. L. 900-2-1, al. 4, phrase 2.]+*

TITRE V ORGANISMES DE FORMATION

CHAPITRE I DÉCLARATION D'ACTIVITÉ

SECTION 1 Principes généraux

(L. n° 2009-1437 du 24 nov. 2009)

Art. L. 6351-1 A L'employeur est libre de choisir l'organisme de formation, enregistré conformément aux dispositions de la section 2 ou en cours d'enregistrement, auquel il confie la formation de ses salariés.

SECTION 2 **Régime juridique de la déclaration d'activité** *(L. n° 2009-1437 du 24 nov. 2009).*

Art. L. 6351-1 Toute personne qui réalise *(L. n° 2018-771 du 5 sept. 2018, art. 24-VII, en vigueur le 1er janv. 2019)* « des actions prévues à » l'article L. 6313-1 dépose auprès de l'autorité administrative une déclaration d'activité, dès la conclusion de la première convention de formation professionnelle ou du premier contrat de formation professionnelle, conclus respectivement en application des articles *(L. n° 2018-771 du 5 sept. 2018, art. 24-VII, en vigueur le 1er janv. 2019)* « L. 6353-1 » et L. 6353-3.

(L. n° 2009-1437 du 24 nov. 2009) « L'autorité administrative procède à l'enregistrement de la déclaration sauf dans les cas prévus par l'article L. 6351-3. » — *V. art. L. 6355-1 (pén.).*

Art. L. 6351-2 La déclaration d'activité comprend les informations administratives d'identification du déclarant, ainsi que les éléments descriptifs de son activité. — *[Anc. art. L. 920-4, 3 phrase 1.] — V. art. L. 6355-2 (pén.). — V. art. R. 6351-13 s.*

Art. L. 6351-3 *(L. n° 2009-1437 du 24 nov. 2009)* L'enregistrement de la déclaration d'activité peut être refusé de manière motivée, avec indication des modalités de recours, par décision de l'autorité administrative dans les cas suivants :

1° Les prestations prévues à la première convention de formation professionnelle ou au premier contrat de formation professionnelle ne correspondent pas aux actions mentionnées à l'article L. 6313-1 ;

2° Les dispositions du chapitre III du présent titre relatives à la réalisation des actions de formation ne sont pas respectées ;

(L. n° 2018-771 du 5 sept. 2018, art. 24-VII, en vigueur le 1er janv. 2019) « 3° Les statuts de l'organisme ne mentionnent pas expressément dans leur objet l'activité de formation en apprentissage, conformément à l'article L. 6231-5 ;

« 4° » L'une des pièces justificatives n'est pas produite.

Art. L. 6351-4 *(L. n° 2009-1437 du 24 nov. 2009)* L'enregistrement de la déclaration d'activité est annulé par décision de l'autorité administrative lorsqu'il est constaté, au terme d'un contrôle réalisé en application du 1° de l'article L. 6361-2 :

1° Soit que les prestations réalisées ne correspondent pas aux actions mentionnées à l'article L. 6313-1 ;

2° Soit que l'une des dispositions du chapitre III du présent titre relatives à la réalisation des actions de formation n'est pas respectée ;

3° Soit que, après mise en demeure de se mettre en conformité avec les textes applicables dans un délai fixé par décret, l'une des dispositions du chapitre II du présent titre relatives au fonctionnement des organismes de formation *(L. n° 2018-771 du 5 sept. 2018, art. 24-VII, en vigueur le 1er janv. 2019)* « ou l'une des dispositions du titre III du livre II de la présente partie relatives aux dispositions spécifiques applicables aux organismes de formation d'apprentis » n'est pas respectée.

Avant toute décision d'annulation, l'intéressé est invité à faire part de ses observations.

Art. L. 6351-5 (L. n° 2009-1437 du 24 nov. 2009) « Une déclaration rectificative est souscrite en cas de modification d'un ou des éléments de la déclaration initiale. »

La cessation d'activité fait l'objet d'une déclaration. — [Anc. art. L. 920-4, al. 3 phrase 7.] — V. art. L. 6355-3 et L. 6355-4 (pén.).

Art. L. 6351-6 (L. n° 2009-1437 du 24 nov. 2009) La déclaration d'activité devient caduque lorsque le bilan pédagogique et financier prévu à l'article L. 6352-11 ne fait apparaître aucune activité de formation, ou lorsque ce bilan n'a pas été adressé à l'autorité administrative.

Art. L. 6351-7 Le conseil régional a communication des éléments de la déclaration d'activité et de ses éventuelles modifications.

Il a communication du bilan pédagogique et financier de l'activité, du bilan, du compte de résultat et de l'annexe du dernier exercice clos par les organismes dont les actions de formation au sens de l'article L. 6313-1 bénéficient de son concours financier. — [Anc. art. L. 920-4, al. 3, phrases 8 et 9.] — V. art. L. 6355-5 (pén.).

Art. L. 6351-7-1 (L. n° 2009-1437 du 24 nov. 2009) La liste des organismes déclarés dans les conditions fixées au présent chapitre et à jour de leur obligation de transmettre le bilan pédagogique et financier mentionné à l'article L. 6352-11 est rendue publique et comporte les renseignements relatifs à la raison sociale de l'organisme, à ses effectifs, à la description des actions de formation dispensées et au nombre de salariés et de personnes formées.

V. http://www.data.gouv.fr/fr/datasets/liste-publique-des-organismes-de-formation-l-6351-7-1-du-code-du-travail-2/.

Art. L. 6351-8 Un décret en Conseil d'État détermine les modalités d'application du présent chapitre. — [Anc. art. L. 920-4, al. 5.] — V. art. R. 6351-1 s.

CHAPITRE II **FONCTIONNEMENT**

SECTION 1 **Personnels**

Art. L. 6352-1 La personne mentionnée à l'article L. 6351-1 doit justifier des titres et qualités des personnels d'enseignement et d'encadrement (L. n° 2009-1437 du 24 nov. 2009, art. 49) « qui interviennent à quelque titre que ce soit dans les prestations de formation qu'elle réalise », et de la relation entre ces titres et qualités et les prestations réalisées dans le champ de la formation professionnelle. — [Anc. art. L. 920-4, al. 4.] — V. art. L. 6355-6 (pén.).

Art. L. 6352-2 Nul ne peut, même de fait, exercer une fonction de direction (L. n° 2018-771 du 5 sept. 2018, art. 24-VII, en vigueur le 1er janv. 2019) « , d'enseignement » (Ord. n° 2019-861 du 21 août 2019, art. 1er) « aux apprentis » ou d'administration dans un organisme de formation s'il a fait l'objet d'une condamnation pénale pour des faits constituant des manquements à la probité, aux bonnes mœurs et à l'honneur. — V. art. L. 6355-7 (pén.).

SECTION 2 **Règlement intérieur**

Art. L. 6352-3 Tout organisme de formation établit un règlement intérieur applicable aux stagiaires (L. n° 2018-771 du 5 sept. 2018, art. 24-VII, en vigueur le 1er janv. 2019) « et aux apprentis ». Ce règlement constitue un document écrit qui détermine les principales mesures applicables en matière de santé, de sécurité dans l'établissement et de discipline ainsi que les modalités de représentation des stagiaires et apprentis. » — V. art. L. 6355-8 (pén.).

Art. L. 6352-4 Abrogé par L. n° 2018-771 du 5 sept. 2018, art. 24-VII, à compter du 1er janv. 2019.

FORMATION PROFESSIONNELLE — Art. L. 6352-13

Art. L. 6352-5 Un décret en Conseil d'État détermine les mesures d'application de la présente section. — *[Anc. art. L. 920-5-1, al. 6.] — V. art. R. 6352-1 s.*

SECTION 3 Obligations comptables

SOUS-SECTION 1 Dispensateurs de droit privé

Art. L. 6352-6 Les dispensateurs de formation de droit privé établissent, chaque année, un bilan, un compte de résultat et une annexe dans des conditions déterminées par décret. — *[Anc. art. L. 920-8, al. 1er.] — V. art. L. 6355-10 (pén.). — V. art. D. 6352-16 s.*

Art. L. 6352-7 Les organismes de formation à activités multiples suivent d'une façon distincte en comptabilité l'activité exercée au titre *(L. n° 2018-771 du 5 sept. 2018, art. 24-VII, en vigueur le 1er janv. 2019)* « , d'une part, » de la formation professionnelle continue *(L. n° 2018-771 du 5 sept. 2018, art. 24-VII, en vigueur le 1er janv. 2019)* « et, d'autre part, de l'apprentissage ». — *V. art. L. 6355-11 (pén.).*

Art. L. 6352-8 Un décret en Conseil d'État pris conformément aux articles L. 221-9, L. 223-35 et L. 612-1 du code de commerce détermine des seuils particuliers aux dispensateurs de formation en ce qui concerne l'obligation de désigner un commissaire aux comptes. — *[Anc. art. L. 920-8, al. 3.] — V. art. L. 6355-12 (pén.). — V. art. R. 6352-19.*

Art. L. 6352-9 Le contrôle des comptes des dispensateurs de formation de droit privé constitués en groupement d'intérêt économique est exercé par un commissaire aux comptes, dans les conditions fixées par l'article L. 251-12 du code de commerce lorsque leur chiffre d'affaires annuel est supérieur à un montant déterminé par décret en Conseil d'État. — *[Anc. art. L. 920-8, al. 4.] — V. art. L. 6355-13 (pén.). — V. art. R. 6352-21.*

SOUS-SECTION 2 Dispensateurs de droit public

Art. L. 6352-10 Les dispensateurs de formation de droit public tiennent un compte séparé de leur activité en matière de formation professionnelle continue *(L. n° 2018-771 du 5 sept. 2018, art. 24-VII, en vigueur le 1er janv. 2019)* « , d'une part, et d'apprentissage, d'autre part ».

SECTION 4 Bilan pédagogique et financier

Art. L. 6352-11 Une personne qui réalise des actions entrant dans le champ de la formation professionnelle défini à l'article L. 6313-1 adresse chaque année à l'autorité administrative un document retraçant l'emploi des sommes reçues et dressant un bilan pédagogique et financier de leur activité.
(L. n° 2018-771 du 5 sept. 2018, art. 24-VII, en vigueur le 1er janv. 2019) « Sur demande des inspections compétentes, le bilan, le compte de résultat et l'annexe du dernier exercice clos sont transmis par l'organisme de formation. »
Un décret en Conseil d'État détermine les conditions d'application du présent article. — *V. art. L. 6355-15 (pén.). — V. art. R. 6352-22 s.*

SECTION 5 Publicité

Art. L. 6352-12 Lorsque la publicité réalisée par un organisme de formation fait mention de la déclaration d'activité, elle doit l'être sous la seule forme : "Enregistrée sous le numéro... Cet enregistrement ne vaut pas agrément de l'État." — *[Anc. art. L. 920-6, al. 1er.] — V. art. L. 6355-16 (pén.).*

Art. L. 6352-13 La publicité *(L. n° 2018-771 du 5 sept. 2018, art. 24-VII, en vigueur le 1er janv. 2019)* « réalisée par un organisme de formation » ne doit comporter aucune mention de nature à induire en erreur sur les conditions d'accès aux formations proposées, leurs contenus, leurs sanctions ou leurs modalités de financement. — *V. art. L. 6355-17 (pén.).*

CHAPITRE III RÉALISATION DES ACTIONS DE FORMATION

SECTION 1 Convention de formation entre l'acheteur de formation et l'organisme de formation

Art. L. 6353-1 (L. n° 2018-771 du 5 sept. 2018, art. 24-VII, en vigueur le 1er janv. 2019) Pour la réalisation des actions mentionnées à l'article L. 6313-1, une convention est conclue entre l'acheteur et l'organisme qui les dispense, selon des modalités déterminées par décret. – V. art. D. 6353-1.

Art. L. 6353-2 Abrogé par L. n° 2018-771 du 5 sept. 2018, art. 24-VII, à compter du 1er janv. 2019.

SECTION 2 Contrat de formation entre une personne physique et un organisme de formation

Art. L. 6353-3 Lorsqu'une personne physique entreprend une formation, à titre individuel et à ses frais, un contrat est conclu entre elle et le dispensateur de formation. – [Anc. art. L. 920-13, al. 1er, phrase 1.]
(L. n° 2009-1437 du 24 nov. 2009) « Ce contrat est conclu avant l'inscription définitive du stagiaire et tout règlement de frais. » – V. art. L. 6355-18 (pén.).

Art. L. 6353-4 Le contrat conclu entre la personne physique qui entreprend une formation et le dispensateur de formation précise, à peine de nullité :
1° La nature, la durée, le programme et l'objet des actions de formation qu'il prévoit ainsi que les effectifs qu'elles concernent ;
2° Le niveau de connaissances préalables requis pour suivre la formation et obtenir les qualifications auxquelles elle prépare ;
3° Les conditions dans lesquelles la formation est donnée aux stagiaires, notamment les modalités de formation dans le cas des formations réalisées en tout ou en partie à distance, les moyens pédagogiques et techniques mis en œuvre ainsi que les modalités de contrôle des connaissances et la nature de la sanction éventuelle de la formation ;
4° Les diplômes, titres ou références des personnes chargées de la formation prévue par le contrat ;
5° Les modalités de paiement ainsi que les conditions financières prévues en cas de cessation anticipée de la formation ou d'abandon en cours de stage. – [Anc. art. L. 920-13, al. 1er, phrase 2 à al. 6.] – V. art. L. 6355-19 (pén.).

Art. L. 6353-5 Dans le délai de dix jours à compter de la signature du contrat, le stagiaire peut se rétracter par lettre recommandée avec avis de réception. – [Anc. art. L. 920-13, al. 7, phrase 1.] – V. art. L. 6355-20 (pén.).

Art. L. 6353-6 Aucune somme ne peut être exigée du stagiaire avant l'expiration du délai de rétractation prévu à l'article L. 6353-5.
Il ne peut être payé à l'expiration de ce délai une somme supérieure à 30 % du prix convenu.
Le solde donne lieu à échelonnement des paiements au fur et à mesure du déroulement de l'action de formation. – [Anc. art. L. 920-13, al. 8.] – V. art. L. 6355-20 (pén.).

Art. L. 6353-7 Si, par suite de force majeure dûment reconnue, le stagiaire est empêché de suivre la formation, il peut rompre le contrat. Dans ce cas, seules les prestations effectivement dispensées sont rémunérées à due proportion de leur valeur prévue au contrat. – [Anc. art. L. 920-13, al. 7, phrases 2 et 3.] – V. art. L. 6355-21 (pén.).

SECTION 3 Obligations vis-à-vis du stagiaire et de l'apprenti (L. n° 2018-771 du 5 sept. 2018, art. 24-VII, en vigueur le 1er janv. 2019).

Art. L. 6353-8 (L. n° 2018-771 du 5 sept. 2018, art. 24-VII, en vigueur le 1er janv. 2019) « Les objectifs et le contenu de la formation, la liste des formateurs et des enseignants, les horaires, les modalités d'évaluation, les coordonnées de la personne chargée des relations avec les stagiaires ou les apprentis par l'entité commanditaire de la formation et le règlement intérieur applicable à la formation sont mis à disposition du stagiaire et de l'apprenti avant leur inscription définitive. »

FORMATION PROFESSIONNELLE **Art. L. 6355-3** 1651

(L. n° 2009-1437 du 24 nov. 2009) « Dans le cas des contrats conclus en application de l'article L. 6353-3, les informations mentionnées au premier alinéa du présent article ainsi que les tarifs, les modalités de règlement et les conditions financières prévues en cas de cessation anticipée de la formation ou d'abandon en cours de stage sont remis au stagiaire potentiel avant son inscription définitive et tout règlement de frais. » – V. art. L. 6355-22 (pén.).

Art. L. 6353-9 Les informations demandées, sous quelque forme que ce soit, par un organisme de formation au candidat (L. n° 2018-771 du 5 sept. 2018, art. 24-VII, en vigueur le 1er janv. 2019) « à une action telle que définie à l'article L. 6313-1, à un stagiaire ou à un apprenti » ne peuvent avoir comme finalité que d'apprécier son aptitude à suivre l'action de formation, qu'elle soit sollicitée, proposée ou poursuivie.

Ces informations doivent présenter un lien direct et nécessaire avec l'action de formation (L. n° 2018-771 du 5 sept. 2018, art. 24-VII, en vigueur le 1er janv. 2019) « et il doit y être répondu de bonne foi ».

SECTION 4 Obligations vis-à-vis des organismes financeurs

(L. n° 2016-1088 du 8 août 2016, art. 81)

Art. L. 6353-10 Les organismes de formation informent les organismes qui financent la formation, dans des conditions définies par décret, du début, des interruptions et de l'achèvement de la formation, pour chacun de leurs stagiaires (L. n° 2018-771 du 5 sept. 2018, art. 24-VII, en vigueur le 1er janv. 2021) « et apprentis », et leur communiquent les données relatives à l'emploi et au parcours de formation professionnelle dont ils disposent sur ces stagiaires (L. n° 2018-771 du 5 sept. 2018, art. 24-VII, en vigueur le 1er janv. 2021) « et apprentis ».

Les organismes financeurs, l'organisme gestionnaire du système d'information du compte personnel de formation mentionné (L. n° 2018-771 du 5 sept. 2018, art. 1er-IV) « à l'article L. 6323-9 » (L. n° 2023-1196 du 18 déc. 2023, art. 5) « , les conseils départementaux » et les institutions et organismes chargés du conseil en évolution professionnelle mentionnés à l'article L. 6111-6 partagent les données mentionnées au premier alinéa du présent article, ainsi que celles relatives aux coûts des actions de formation, sous forme dématérialisée et dans des conditions définies par décret en Conseil d'État. – V. art. R. 6323-13 s.

CHAPITRE IV SANCTIONS FINANCIÈRES

Art. L. 6354-1 En cas d'inexécution totale ou partielle d'une prestation de formation, l'organisme prestataire rembourse au cocontractant les sommes indûment perçues de ce fait. – [Anc. art. L. 991-6, al. 1er.]

Art. L. 6354-2 Abrogé par L. n° 2009-1437 du 24 nov. 2009, art. 61.

Art. L. 6354-3 Abrogé par L. n° 2018-771 du 5 sept. 2018, art. 24-VII, à compter du 1er janv. 2019.

CHAPITRE V DISPOSITIONS PÉNALES

Art. L. 6355-1 Le fait de réaliser des (L. n° 2018-771 du 5 sept. 2018, art. 24-VII, en vigueur le 1er janv. 2019) « actions mentionnées à l'article L. 6313-1 » sans déposer auprès de l'autorité administrative une déclaration d'activité, dès la conclusion de la première convention de formation professionnelle ou du premier contrat de formation professionnelle, en méconnaissance des dispositions de l'article L. 6351-1, est puni d'une amende de 4 500 €. – V. art. R. 6363-1 (pén.).

Art. L. 6355-2 Le fait de procéder à une déclaration d'activité, en méconnaissance des dispositions de l'article L. 6351-2, est puni d'une amende de 4 500 €. – [Anc. art. L. 993-2, al. 1er.] – V. art. R. 6363-1 (pén.).

Art. L. 6355-3 Le fait de ne pas souscrire une déclaration rectificative en cas de modification d'un ou des éléments de la déclaration initiale, en méconnaissance des dispositions (L. n° 2009-1437 du 24 nov. 2009) « du premier alinéa de l'article L. 6351-5 », est puni d'une amende de 4 500 €. – V. art. R. 6363-1 (pén.).

Art. L. 6355-4 Le fait de ne pas déclarer la cessation d'activité, en méconnaissance des dispositions de l'article L. 6351-5, est puni d'une amende de 4 500 €. — *[Anc. art. L. 993-2, al. 1er.]* — *V. art. R. 6363-1 (pén.).*

Art. L. 6355-5 *Abrogé par L. n° 2018-771 du 5 sept. 2018, art. 24-VII, à compter du 1er janv. 2019.*

Art. L. 6355-6 Le fait de ne pas justifier des titres et qualités des personnels d'enseignement et d'encadrement employés et de la relation entre ces titres et qualités et les prestations réalisées dans le champ de la formation professionnelle, en méconnaissance des dispositions de l'article L. 6352-1, est puni d'une amende de 4 500 €. — *[Anc. art. L. 993-2, al. 1er.]* — *V. art. R. 6363-1 (pén.).*

Art. L. 6355-7 Le fait, pour toute personne qui a fait l'objet d'une condamnation pénale pour des faits constituant des manquements à la probité, aux bonnes mœurs et à l'honneur, d'exercer, même de fait, une fonction de direction *(L. n° 2018-771 du 5 sept. 2018, art. 24-VII, en vigueur le 1er janv. 2019)* « , d'enseignement » *(Ord. n° 2019-861 du 21 août 2019, art. 1er)* « aux apprentis » ou d'administration dans un organisme de formation, en méconnaissance des dispositions de l'article L. 6352-2, est puni d'une amende de 4 500 €. — *V. art. R. 6363-1 (pén.).*

Art. L. 6355-8 Le fait de ne pas établir un règlement intérieur applicable aux stagiaires *(L. n° 2018-771 du 5 sept. 2018, art. 24-VII, en vigueur le 1er janv. 2019)* « et aux apprentis », en méconnaissance des dispositions de l'article L. 6352-3, est puni d'une amende de 4 500 €. — *V. art. R. 6363-1 (pén.).*

Art. L. 6355-9 Le fait d'établir un règlement intérieur ne comportant pas les prescriptions exigées par l'article *(Ord. n° 2019-861 du 21 août 2019, art. 1er)* « L. 6352-3 » est puni d'une amende de 4 500 €. — *V. art. R. 6363-1 (pén.).*

Art. L. 6355-10 Le fait, pour tout dispensateur de formation de droit privé, de ne pas avoir établi un bilan, un compte de résultat et une annexe, en méconnaissance des dispositions de l'article L. 6352-6, est puni d'une amende de 4 500 €. — *[Anc. art. L. 993-2, al. 1er.]* — *V. art. R. 6363-1 (pén.).*

Art. L. 6355-11 Le fait, pour tout dispensateur de formation de droit privé, lorsque l'organisme de formation exerce des activités multiples, de ne pas suivre d'une façon distincte en comptabilité l'activité au titre de la formation professionnelle continue *(L. n° 2018-771 du 5 sept. 2018, art. 24-VII, en vigueur le 1er janv. 2019)* « , d'une part, et de l'apprentissage, d'autre part », en méconnaissance des dispositions de l'article L. 6352-7, est puni d'une amende de 4 500 €. — *V. art. R. 6363-1 (pén.).*

Art. L. 6355-12 Le fait, pour tout dispensateur de formation de droit privé, de ne pas désigner un commissaire aux comptes, en méconnaissance des dispositions de l'article L. 6352-8, est puni d'une amende de 4 500 €. — *[Anc. art. L. 993-2, al. 1er.]* — *V. art. R. 6363-1 (pén.).*

Art. L. 6355-13 Le fait, pour tout dispensateur de formation de droit privé, constitué en groupement d'intérêt économique, de ne pas confier le contrôle des comptes à un commissaire aux comptes, en méconnaissance des dispositions de l'article L. 6352-9, est puni d'une amende de 4 500 €. — *[Anc. art. L. 993-2, al. 1er.]* — *V. art. R. 6363-1 (pén.).*

Art. L. 6355-14 Le fait, pour tout dispensateur de formation de droit public, de ne pas tenir un compte séparé de son activité en matière de formation professionnelle continue *(L. n° 2018-771 du 5 sept. 2018, art. 24-VII, en vigueur le 1er janv. 2019)* « , d'une part, et d'apprentissage, d'autre part », en méconnaissance des dispositions de l'article L. 6352-10, est puni d'une amende de 4 500 €. — *V. art. R. 6363-1 (pén.).*

Art. L. 6355-15 Le fait de réaliser des actions entrant dans le champ de la formation professionnelle continue sans adresser à l'autorité administrative le document retraçant l'emploi des sommes reçues et dressant le bilan pédagogique et financier de son activité, le bilan, le compte de résultat et l'annexe du dernier exercice clos, en méconnaissance des dispositions de l'article L. 6352-11, est puni d'une amende de 4 500 €. — *[Anc. art. L. 993-2, al. 1er.]* — *V. art. R. 6363-1 (pén.).*

Art. L. 6355-16 Le fait de réaliser une publicité mentionnant la déclaration d'activité, en méconnaissance des formes prescrites par l'article L. 6352-12, est puni d'un emprisonnement d'un an et d'une amende de 4 500 €. – *[Anc. art. L. 993-2, al. 2.]* – V. art. R. 6363-1 (pén.).

Art. L. 6355-17 (L. n° 2018-771 du 5 sept. 2018, art. 24-VII, en vigueur le 1ᵉʳ janv. 2019) Le fait de réaliser une publicité comportant une mention de nature à induire en erreur sur les conditions d'accès aux formations proposées, leurs contenus, leurs sanctions ou leurs modalités de financement, en méconnaissance de l'article L. 6352-13, est puni d'un an [d']emprisonnement et de 4 500 € d'amende. – V. art. R. 6363-1 (pén.).

Art. L. 6355-18 Le fait, pour tout dispensateur de formation, de ne pas conclure un contrat avec la personne physique qui entreprend une formation à titre individuel et à ses frais, en méconnaissance des dispositions de l'article L. 6353-3, est puni d'une amende de 4 500 €. – *[Anc. art. L. 993-2, al. 1ᵉʳ.]* – V. art. R. 6363-1 (pén.).

Art. L. 6355-19 Le fait, pour tout dispensateur de formation, d'établir un contrat ne comportant pas les prescriptions exigées par l'article L. 6353-4 est puni d'une amende de 4 500 €. – *[Anc. art. L. 993-2, al. 1ᵉʳ.]* – V. art. R. 6363-1 (pén.).

Art. L. 6355-20 Le fait, pour tout dispensateur de formation, d'exiger du stagiaire, avant l'expiration du délai de rétractation prévu à l'article L. 6353-5, le paiement de sommes en méconnaissance des dispositions du premier alinéa de l'article L. 6353-6 est puni d'une amende de 4 500 €.

Est puni de la même peine le dispensateur de formation qui exige le paiement à l'expiration de ce délai de rétractation une somme supérieure à 30 % du prix convenu, en méconnaissance du deuxième alinéa de l'article L. 6353-6.

Est également puni de la même peine le dispensateur de formation qui n'échelonne pas les paiements du solde du prix convenu, en méconnaissance du troisième alinéa de l'article L. 6353-6. – *[Anc. art. L. 993-2, al. 1ᵉʳ.]* – V. art. R. 6363-1 (pén.).

Art. L. 6355-21 Le fait de demander au stagiaire empêché de suivre la formation par suite de force majeure dûment reconnue le paiement de prestations, en méconnaissance des dispositions de l'article L. 6353-7, est puni d'une amende de 4 500 €. – *[Anc. art. L. 993-2, al. 1ᵉʳ.]* – V. art. R. 6363-1 (pén.).

Art. L. 6355-22 Le fait, pour tout dispensateur de formation, de ne pas remettre au stagiaire avant son inscription définitive et tout règlement de frais (L. n° 2009-1437 du 24 nov. 2009) « le document mentionné » à l'article L. 6353-8 est puni d'une amende de 4 500 €. – V. art. R. 6363-1 (pén.).

Art. L. 6355-23 La condamnation aux peines prévues aux articles L. 6355-1 à L. 6355-22 peut être assortie, à titre de peine complémentaire, d'une interdiction d'exercer temporairement ou définitivement l'activité de dirigeant d'un organisme de formation professionnelle.

Toute infraction à cette interdiction est punie d'un emprisonnement de deux ans et d'une amende de 15 000 €.

En outre, en cas de récidive, la juridiction peut, pour l'application des peines prévues aux articles L. 6355-16 et L. 6355-17 ainsi qu'au deuxième alinéa du présent article, ordonner l'insertion du jugement, aux frais du contrevenant, dans un ou plusieurs journaux. – *[Anc. art. L. 993-2, al. 3 à 5.]* – V. art. R. 6363-1 (pén.).

Art. L. 6355-24 (L. n° 2018-771 du 5 sept. 2018, art. 24-VII, en vigueur le 1ᵉʳ janv. 2019) Est punie de cinq ans d'emprisonnement et de 37 500 € d'amende toute personne qui :

1° En qualité d'employeur, de travailleur indépendant, de membre des professions libérales et des professions non salariées, a, par des moyens ou agissements frauduleux, éludé les obligations qui lui incombent en application des articles L. 6331-1, L. 6331-3, (L. n° 2021-1900 du 30 déc. 2021, art. 121-I-10°) « L. 6331-6 », L. 6331-48 à L. 6331-52, L. 6331-55 (L. n° 2021-1900 du 30 déc. 2021, art. 121-I-10°) « , L. 6331-56 et L. 6331-69 » ;

2° En qualité de responsable d'un opérateur de compétences ou d'un fonds d'assurance-formation, a frauduleusement utilisé les fonds reçus dans des conditions non conformes aux dispositions légales régissant l'utilisation de ces fonds. — V. art. R. 6363-1 (pén.).

TITRE VI CONTRÔLE DE LA FORMATION PROFESSIONNELLE
(L. n° 2018-771 du 5 sept. 2018, art. 42-I).

BIBL. ▶ RÉMY, Dr. soc. 2014. 1039 ⃠ (la régulation et le contrôle du système de formation professionnelle).

CHAPITRE I OBJET DU CONTRÔLE ET FONCTIONNAIRES DE CONTRÔLE

SECTION 1 Objet du contrôle

SOUS-SECTION 1 Contrôle des dépenses et activités de formation

Art. L. 6361-1 (L. n° 2018-771 du 5 sept. 2018, art. 42-I) L'État exerce un contrôle administratif et financier, dans les conditions prévues au présent titre, sur les actions prévues à l'article L. 6313-1 conduites par les employeurs lorsqu'elles sont financées par l'État, les collectivités territoriales, la Caisse des dépôts et consignations, (L. n° 2023-1196 du 18 déc. 2023, art. 6-I, en vigueur le 1ᵉʳ janv. 2024) « l'opérateur France Travail » ou les opérateurs de compétences ainsi que sur le respect des obligations mentionnées à l'article L. 6323-13.

Art. L. 6361-2 L'État exerce un contrôle administratif et financier sur :
(L. n° 2018-771 du 5 sept. 2018, art. 42-I) « 1° Les activités en matière de formation professionnelle conduites par :
« a) Les opérateurs de compétences ;
« b) Les organismes habilités à percevoir la contribution de financement mentionnée (Ord. n° 2019-861 du 21 août 2019, art. 1ᵉʳ) « à l'article L. 6331-48 » ;
« c) Les organismes chargés de réaliser des conseils en évolution professionnelle qui sont financés à ce titre par France compétences ;
« d) Les commissions mentionnées à l'article L. 6323-17-6 agréées pour prendre en charge les projets de transition professionnelle ;
« e) Les organismes chargés de réaliser tout ou partie des actions mentionnées à l'article L. 6313-1 ; »
2° Les activités d'accueil, d'information, d'orientation et d'évaluation, en matière de formation professionnelle (Abrogé par L. n° 2018-771 du 5 sept. 2018, art. 42-I) « continue », au financement desquelles l'État concourt par voie de convention, conduites par tout organisme.

Agents chargés du contrôle. Le contrôle des organismes de formation exercé par les contrôleurs et inspecteurs de la formation professionnelle ou du travail n'est pas exclusif d'un contrôle exercé par le fonds de gestion du congé individuel de formation (Fongecif). • Soc. 4 oct. 2011 : 🏛 D. actu. 25 oct. 2011, obs. Siro ; D. 2011. Actu. 2546 ⃠ ; RJS 2011. 877, n° 1010 ; JCP S 2012. 1043, obs. Masnou.

Art. L. 6361-3 Le contrôle administratif et financier des dépenses et activités (Abrogé par L. n° 2018-771 du 5 sept. 2018, art. 42-I) « de formation » porte sur l'ensemble des moyens financiers, techniques et pédagogiques, à l'exclusion des qualités pédagogiques, mis en œuvre pour la formation professionnelle (Abrogé par L. n° 2018-771 du 5 sept. 2018, art. 42-I) « continue ».
Ce contrôle peut porter sur tout ou partie de l'activité, des actions de formation ou des dépenses de l'organisme.
(L. n° 2014-288 du 5 mars 2014, art. 34-II) « Les agents de contrôle peuvent solliciter, en tant que de besoin, l'avis ou l'expertise d'autorités publiques ou professionnelles pour les aider à apprécier les moyens financiers, techniques et pédagogiques mis en œuvre pour la formation professionnelle (Abrogé par L. n° 2018-771 du 5 sept. 2018, art. 42-I) « continue ». »

SOUS-SECTION 2 [ABROGÉE] Contrôle de l'obligation de financement des employeurs

(Abrogée par L. n° 2018-771 du 5 sept. 2018, art. 42-I, à compter du 1er janv. 2019)

Art. L. 6361-4 *Abrogé par L. n° 2018-771 du 5 sept. 2018, art. 42-I, à compter du 1er janv. 2019.*

SECTION 2 Agents de contrôle

Art. L. 6361-5 (L. n° 2009-1437 du 24 nov. 2009) Sans préjudice des attributions propres des corps d'inspection compétents à l'égard des établissements concernés, les contrôles prévus au présent titre sont réalisés par les (L. n° 2016-1088 du 8 août 2016, art. 113) « agents de contrôle de l'inspection du travail mentionnés à l'article L. 8112-1 », les inspecteurs de la formation professionnelle et les agents de la fonction publique de l'État de catégorie A placés sous l'autorité du ministre chargé de la formation professionnelle, formés préalablement pour assurer les contrôles prévus au présent titre, assermentés et commissionnés à cet effet.

Ils peuvent se faire assister par des agents de l'État.

Les agents participant aux contrôles sont tenus au secret professionnel dans les termes des articles 226-13 et 226-14 du code pénal.

Jusqu'au 31 déc. 2022, sans préjudice des prérogatives de l'administration fiscale, les agents mentionnés à l'art. L. 6361-5 sont habilités à contrôler, dans les conditions prévues au titre VI du livre III de la sixième partie du même code, les informations déclarées par les entreprises au titre de la contribution de l'année 2021 prévue au 3° du I de l'art. L. 6131-1. Aux fins de ce contrôle, les entreprises remettent à ces agents tous documents et pièces justifiant le respect de leur obligation.

A défaut, les entreprises versent au Trésor public, par décision de l'autorité administrative, la contribution concernée, majorée de l'insuffisance constatée. Ce versement est recouvré conformément à l'art. L. 6362-12 (Ord. n° 2021-797 du 23 juin 2021, art. 8-IV).

Il résulte de l'art. L. 6361-5 que le contrôle de la formation professionnelle continue, exercé par les inspecteurs et les contrôleurs de la formation professionnelle, entre également dans les attributions des inspecteurs du travail. ● Crim. 14 oct. 2008, ✠ n° 07-84.365 P : *RSC 2009. 393*, note Cerf-Hollender ⌀ ; *AJ pénal 2008. 508*, obs. Charbonnier ⌀.

SECTION 3 Dispositions d'application

Art. L. 6361-6 Un décret en Conseil d'État détermine les conditions d'application du présent chapitre. – *[Anc. art. L. 991-9.]* – V. art. R. 6361-1 s.

CHAPITRE II DÉROULEMENT DES OPÉRATIONS DE CONTRÔLE

SECTION 1 Accès aux documents et justifications à apporter

Art. L. 6362-1 L'administration fiscale, (L. n° 2007-1787 du 20 déc. 2007, art. 12-III) « les organismes de sécurité sociale, » (L. n° 2018-771 du 5 sept. 2018, art. 42-I) « les opérateurs de compétences, (L. n° 2023-1196 du 18 déc. 2023, art. 6-I, en vigueur le 1er janv. 2024) « l'opérateur France Travail », les commissions mentionnées à l'article L. 6323-17-6, les organismes habilités à percevoir la contribution de financement mentionnée (Ord. n° 2019-861 du 21 août 2019, art. 1er) « à l'article L. 6331-48 », la Caisse des dépôts et consignations, France compétences » (L. n° 2009-1437 du 24 nov. 2009) « , les collectivités territoriales, les employeurs, les organismes » (L. n° 2018-771 du 5 sept. 2018, art. 42-I) « chargés de réaliser tout ou partie des actions mentionnées à l'article L. 6313-1 » et les administrations qui financent des actions de formation communiquent aux agents de contrôle mentionnés à l'article L. 6361-5 les renseignements nécessaires à l'accomplissement de leur mission.

Art. L. 6362-2 (L. n° 2018-771 du 5 sept. 2018, art. 42-I) Les employeurs présentent aux agents de contrôle mentionnés à l'article L. 6361-5 les documents et pièces établissant le respect des obligations mentionnées à l'article L. 6323-13.

A défaut, l'employeur n'est pas regardé comme ayant rempli les obligations qui lui incombent et verse au Trésor public, par décision de l'autorité administrative, les sommes mentionnées au troisième alinéa de l'article L. 6323-13.

Art. L. 6362-3 (L. n° 2014-288 du 5 mars 2014, art. 34-II) En cas de contrôle d'un organisme (L. n° 2018-771 du 5 sept. 2018, art. 42-I) « chargé de réaliser tout ou partie des actions mentionnées à l'article L. 6313-1 », lorsqu'il est constaté que des actions financées par des fonds de la formation professionnelle ont poursuivi d'autres buts que (L. n° 2018-771 du 5 sept. 2018, art. 42-I) « ceux définis aux articles L. 6313-1 à L. 6313-8 », ces actions sont réputées inexécutées et donnent lieu à remboursement des fonds auprès de l'organisme ou de la personne qui les a financées.

A défaut de remboursement dans le délai fixé à l'intéressé pour faire valoir ses observations, l'organisme mentionné au premier alinéa du présent article est tenu de verser au Trésor public, par décision de l'autorité administrative, un montant équivalent aux sommes non remboursées.

Art. L. 6362-4 (L. n° 2018-771 du 5 sept. 2018, art. 42-I) « Les employeurs présentent les documents et pièces justifiant les objectifs et la réalisation des actions mentionnées à l'article L. 6313-1 ainsi que les moyens mis en œuvre à cet effet, lorsque ces actions sont financées par l'État, les collectivités territoriales, la Caisse des dépôts et consignations, (L. n° 2023-1196 du 18 déc. 2023, art. 6-I, en vigueur le 1er janv. 2024) « l'opérateur France Travail » ou les opérateurs de compétences. »

A défaut, ces actions sont réputées ne pas avoir été exécutées et donnent lieu à remboursement auprès de l'organisme ou de la collectivité qui les a financées.

Art. L. 6362-5 Les organismes mentionnés à l'article L. 6361-2 sont tenus, à l'égard des agents de contrôle mentionnés à l'article L. 6361-5 :

1° De présenter les documents et pièces établissant l'origine des produits et des fonds reçus ainsi que la nature et la réalité des dépenses exposées pour l'exercice des activités conduites en matière de formation professionnelle ;

2° De justifier (L. n° 2018-771 du 5 sept. 2018, art. 42-I, en vigueur le 1er janv. 2019) « le bien-fondé de ces dépenses et leur rattachement » à leurs activités ainsi que la conformité de l'utilisation des fonds aux dispositions légales (L. n° 2018-771 du 5 sept. 2018, art. 42-I) « et réglementaires » régissant ces activités.

A défaut de remplir ces conditions, les organismes font, pour les dépenses (L. n° 2018-771 du 5 sept. 2018, art. 42-I) « ou les emplois de fonds considérés », l'objet de la décision de rejet prévue à l'article L. 6362-10.

Art. L. 6362-6 Les organismes (L. n° 2018-771 du 5 sept. 2018, art. 42-I) « chargés de réaliser tout ou partie des actions mentionnées à » l'article L. 6313-1 présentent tous documents et pièces établissant (L. n° 2018-771 du 5 sept. 2018, art. 42-I) « les objectifs et la réalisation de ces actions ainsi que les moyens mis en œuvre à cet effet ».

A défaut, celles-ci sont réputées ne pas avoir été exécutées (L. n° 2009-1437 du 24 nov. 2009) « et donnent lieu à remboursement au cocontractant des sommes (L. n° 2018-771 du 5 sept. 2018, art. 42-I) « indûment » perçues ».

Art. L. 6362-6-1 (L. n° 2018-771 du 5 sept. 2018, art. 42-I) Les organismes mentionnés aux *a* à *d* du 1° de l'article L. 6361-2 versent au Trésor public une somme égale au montant des emplois de fonds injustifiés ayant fait l'objet d'une décision de rejet en application de l'article L. 6362-10.

Art. L. 6362-6-2 (L. n° 2018-771 du 5 sept. 2018, art. 42-I) Les dépenses des organismes mentionnés au 2° de l'article L. 6361-2 qui ne sont pas conformes à leur objet ou aux stipulations des conventions conclues avec l'État donnent lieu à reversement à ce dernier, à due proportion de sa participation financière, dans les conditions prévues par les textes qui régissent ces conventions ou les stipulations de ces dernières.

Art. L. 6362-7 Les organismes (L. n° 2018-771 du 5 sept. 2018, art. 42-I) « chargés de réaliser tout ou partie des actions mentionnées à » l'article L. 6313-1 versent au Trésor public, solidairement avec leurs dirigeants de fait ou de droit, une somme égale au montant des dépenses ayant fait l'objet d'une décision de rejet en application de l'article L. 6362-10.

Art. L. 6362-7-1 (L. n° 2009-1437 du 24 nov. 2009) En cas de contrôle, les remboursements mentionnés aux articles L. 6362-4 et L. 6362-6 interviennent dans le délai fixé à l'intéressé pour faire valoir ses observations.

FORMATION PROFESSIONNELLE **Art. L. 6362-12** 1657

A défaut, l'intéressé verse au Trésor public, par décision de l'autorité administrative, une somme équivalente aux remboursements non effectués.

Constitutionnalité. Sous la réserve que le second al. de l'art. L. 6362-7-1 ne soit pas interprété comme permettant de sanctionner un défaut de remboursement lorsqu'il s'avère que les sommes ne sont pas dues, l'art. L. 6362-7-1 est conforme à la Constitution et ne méconnaît ni le droit de propriété ni aucun autre droit ou liberté que la Constitution garantit. • Cons. const. 16 mars 2017, n° 2016-619 QPC : *D. 2017. Actu. 651* ; *RJS 5/2017, n° 361.*

Art. L. 6362-7-2 (L. n° 2009-1437 du 24 nov. 2009) Tout employeur ou (L. n° 2018-771 du 5 sept. 2018, art. 42-I) « organisme chargé de réaliser tout ou partie des actions mentionnées à l'article L. 6313-1 » qui établit ou utilise intentionnellement des documents de nature à obtenir indûment le versement d'une aide, le paiement ou la prise en charge de tout ou partie du prix des prestations de formation professionnelle est tenu, par décision de l'autorité administrative, solidairement avec ses dirigeants de fait ou de droit, de verser au Trésor public une somme égale aux montants indûment reçus.

Art. L. 6362-7-3 (L. n° 2009-1437 du 24 nov. 2009) Sans préjudice des dispositions des articles L. 8114-1 et L. 8114-2, le refus de se soumettre aux contrôles prévus au présent chapitre donne lieu à évaluation d'office par l'administration des sommes faisant l'objet des remboursements ou des versements au Trésor public prévus au présent livre.

Un décret en Conseil d'État détermine les modalités d'application du présent article.

SECTION 2 **Procédure**

Art. L. 6362-8 Les contrôles en matière de formation professionnelle peuvent être opérés soit sur place, soit sur pièces.

Art. L. 6362-9 Les résultats du contrôle sont notifiés à l'intéressé.

Cette notification interrompt la prescription courant à l'encontre du Trésor public, au regard des versements dus et des pénalités fiscales correspondantes. — *[Anc. art. L. 991-8, al. 2.]*

Art. L. 6362-10 Les décisions de rejet et de versement mentionnées (L. n° 2009-1437 du 24 nov. 2009) « au présent livre » prises par l'autorité administrative ne peuvent intervenir, après la notification des résultats du contrôle, que si une procédure contradictoire a été respectée.

Art. L. 6362-11 (L. n° 2018-771 du 5 sept. 2018, art. 42-I) « Lorsque les contrôles ont porté sur des actions mentionnées à l'article L. 6313-1 ou des activités de conseil en évolution professionnelle financées par l'État, les collectivités territoriales, la Caisse des dépôts et consignations, France compétences, (L. n° 2023-1196 du 18 déc. 2023, art. 6-I, en vigueur le 1ᵉʳ janv. 2024) « l'opérateur France Travail », les commissions mentionnées à l'article L. 6323-17-6, les employeurs, les opérateurs de compétences ou les organismes habilités à percevoir la contribution de financement mentionnée (Ord. n° 2019-861 du 21 août 2019, art. 1ᵉʳ) « à l'article L. 6331-48 », l'autorité administrative les informe, chacun pour ce qui le concerne, des constats opérés. »

(L. n° 2009-1437 du 24 nov. 2009) « Le cas échéant, les constats opérés sont adressés au service chargé du contrôle de l'application de la législation du travail. »

SECTION 3 **Sanctions**

Art. L. 6362-12 Le recouvrement des versements exigibles au titre des contrôles réalisés en application des articles L. 6361-1 à L. 6361-3 est établi et poursuivi selon les modalités ainsi que sous les sûretés, garanties et sanctions applicables aux taxes sur le chiffre d'affaires. — *[Anc. art. L. 991-8, al. 4 phrase 2.]*

SECTION 4 Dispositions d'application

Art. L. 6362-13 Un décret en Conseil d'État détermine les conditions d'application du présent chapitre. — *[Anc. art. L. 991-9.]* — *V. art. R. 6362-1 s.*

CHAPITRE III CONSTATATION DES INFRACTIONS ET DISPOSITIONS PÉNALES

SECTION 1 Constatation des infractions

Art. L. 6363-1 Les *(L. n° 2016-1088 du 8 août 2016, art. 113)* « agents de contrôle de l'inspection du travail mentionnés à l'article L. 8112-1 », concurremment avec les inspecteurs de la formation professionnelle *(L. n° 2009-1437 du 24 nov. 2009)* « et les agents de la fonction publique de l'État de catégorie A placés sous l'autorité du ministre chargé de la formation professionnelle », habilités dans des conditions prévues par décret en Conseil d'État, peuvent rechercher et constater par procès-verbal les infractions prévues aux articles L. 6355-1 à L. 6355-22, L. 6355-24 et L. 6363-2.

Les contrôles s'exercent dans les conditions prévues au présent titre.

Le procureur de la République est préalablement informé des opérations envisagées en cas de recherche d'une infraction. Il peut s'opposer à ces opérations.

Les procès-verbaux lui sont transmis dans les cinq jours suivant leur établissement. Une copie est remise à l'intéressé.

SECTION 2 Dispositions pénales

Art. L. 6363-2 *(L. n° 2009-1437 du 24 nov. 2009)* Les articles L. 8114-1 et L. 8114-2 sont applicables aux faits et gestes commis à l'égard des agents en charge des contrôles prévus au présent titre.

LIVRE IV VALIDATION DES ACQUIS DE L'EXPÉRIENCE

BIBL. ▶ **Réforme de la loi Marché du travail du 21 déc. 2022 :** CAILLAUD, *Dr. soc.* 2023. 169 — CIBOIS, *RDT* 2023. 23 (l'universalisation de la VAE, une nouvelle étape pour le droit de la formation professionnelle).

TITRE I OBJET DE LA VALIDATION DES ACQUIS DE L'EXPÉRIENCE ET RÉGIME JURIDIQUE

CHAPITRE I SERVICE PUBLIC DE LA VALIDATION DES ACQUIS DE L'EXPÉRIENCE *(L. n° 2022-1598 du 21 déc. 2022, art. 10)*.

Art. L. 6411-1 *(L. n° 2022-1598 du 21 déc. 2022, art. 10)* Le service public de la validation des acquis de l'expérience a pour mission d'orienter et d'accompagner toute personne demandant la validation des acquis de son expérience et justifiant d'une activité en rapport direct avec le contenu de la certification visée.

Art. L. 6411-2 *(L. n° 2022-1598 du 21 déc. 2022, art. 10)* Un groupement d'intérêt public met en œuvre, au niveau national, les missions du service public de la validation des acquis de l'expérience mentionné à l'article L. 6411-1.

Le groupement contribue à l'information des personnes et à leur orientation dans l'organisation de leur parcours. Il contribue également à la promotion de la validation des acquis de l'expérience, en tenant compte des besoins en qualifications selon les territoires, ainsi qu'à l'animation et à la cohérence des pratiques sur l'ensemble du territoire et permet d'assurer le suivi statistique des parcours.

L'État, les régions, dans le cadre de leurs compétences définies aux articles L. 6121-1 et L. 6121-2, *(L. n° 2023-1196 du 18 déc. 2023, art. 6-I, en vigueur le 1ᵉʳ janv. 2024)* « l'opérateur France Travail », l'organisme mentionné à l'article L. 5315-1, les opérateurs de compétences et les commissions paritaires interprofessionnelles régionales sont membres de droit du groupement, auquel peuvent adhérer d'autres personnes morales publiques ou privées.

VALIDATION DES ACQUIS   **Art. L. 6422-1** 1659

CHAPITRE II RÉGIME JURIDIQUE DE LA VALIDATION DES ACQUIS DE L'EXPÉRIENCE *(L. n° 2022-1598 du 21 déc. 2022, art. 10).*

Art. L. 6412-1 *(Abrogé par L. n° 2022-1598 du 21 déc. 2022, art. 10) (L. n° 2014-288 du 5 mars 2014, art. 6-III)* La validation des acquis de l'expérience est régie par le II de l'article L. 335-5, le premier alinéa de l'article L. 613-3 et l'article L. 613-4 du code de l'éducation.

Art. L. 6412-1-1 *(L. n° 2022-1598 du 21 déc. 2022, art. 10)* Le ministère ou l'organisme certificateur prévu à l'article L. 6113-2 qui se prononce sur la recevabilité d'une demande peut prendre en compte des activités mentionnées à l'article L. 6411-1, de nature différente, exercées sur une même période, les périodes de stage et les périodes de formation initiale ou continue en milieu professionnel mentionnées à l'article L. 124-1 du code de l'éducation ainsi que les périodes de mise en situation en milieu professionnel mentionnées à l'article L. 5135-1 du présent code.

Art. L. 6412-2 *(Abrogé par L. n° 2022-1598 du 21 déc. 2022, art. 10) (L. n° 2018-771 du 5 sept. 2018, art. 4-IV, en vigueur le 1ᵉʳ janv. 2019)* Sous réserve des dérogations prévues aux articles L. 231-4 à L. 231-6 du code des relations entre le public et l'administration, le ministère ou l'organisme certificateur au sens de l'article L. 6113-2 du présent code se prononce, dans un délai de deux mois à compter de la réception de la demande, sur la recevabilité du candidat à la validation des acquis de l'expérience au regard des conditions fixées aux articles L. 335-5 et L. 613-3 du code de l'éducation. A l'expiration de ce délai, l'absence de réponse vaut recevabilité de la demande.

Art. L. 6412-3 *(L. n° 2022-1598 du 21 déc. 2022, art. 10)* La validation des acquis de l'expérience est prononcée par un jury dont la composition et les modalités de fonctionnement sont fixées par décret.

TITRE II MISE EN ŒUVRE DE LA VALIDATION DES ACQUIS DE L'EXPÉRIENCE

CHAPITRE I GARANTIES

Art. L. 6421-1 La validation des acquis de l'expérience ne peut être réalisée qu'avec le consentement du travailleur. — *[Anc. art. L. 900-4-2, phrase 1.]*

Art. L. 6421-2 Le refus d'un salarié de consentir à une action de validation des acquis de l'expérience ne constitue ni une faute ni un motif de licenciement. — *[Anc. art. L. 900-4-2, phrase 4.]*

Art. L. 6421-3 Les informations demandées au bénéficiaire d'une action de validation des acquis de l'expérience présentent un lien direct et nécessaire avec l'objet de la validation tel qu'il est défini à l'article L. 6411-1. — *[Anc. art. L. 900-4-2, phrase 2.]*

Art. L. 6421-4 Les personnes dépositaires d'informations communiquées par le candidat dans le cadre de sa demande de validation sont soumises aux dispositions des articles 226-13 et 226-14 du code pénal. — *[Anc. art. L. 900-4-2, phrase 3.]*

CHAPITRE II DISPOSITIONS GÉNÉRALES DE MISE EN ŒUVRE *(L. n° 2018-771 du 5 sept. 2018, art. 9-I, en vigueur le 1ᵉʳ janv. 2019).*

SECTION 1 Congé de validation des acquis de l'expérience *(L. n° 2018-771 du 5 sept. 2018, art. 9-I, en vigueur le 1ᵉʳ janv. 2019).*

Art. L. 6422-1 *(L. n° 2018-771 du 5 sept. 2018, art. 9-I, en vigueur le 1ᵉʳ janv. 2019)* Lorsqu'un salarié fait valider les acquis de son expérience en tout ou partie pendant le temps de travail et à son initiative, il bénéficie d'un congé à cet effet.

Le salarié demande à l'employeur une autorisation d'absence prévue à l'article L. 6323-17. L'employeur peut refuser cette autorisation pour des raisons de service, motivant son report sous un délai et selon des modalités définis par décret.

Art. L. 6422-2 (L. n° 2018-771 du 5 sept. 2018, art. 9-I, en vigueur le 1er janv. 2019) La durée de cette autorisation d'absence ne peut excéder (L. n° 2022-1598 du 21 déc. 2022, art. 10) « quarante-huit » heures par session d'évaluation. Cette durée peut être augmentée par convention ou accord collectif (Abrogé par L. n° 2022-1598 du 21 déc. 2022, art. 10) « pour les salariés n'ayant pas atteint un niveau de qualification fixé par décret ou dont l'emploi est menacé par les évolutions économiques ou technologiques ».

SECTION 2 **Rémunération**

(L. n° 2018-771 du 5 sept. 2018, art. 9-I, en vigueur le 1er janv. 2019)

Art. L. 6422-3 Les heures consacrées à la validation des acquis de l'expérience bénéficiant de l'autorisation prévue à l'article L. 6422-1 constituent du temps de travail effectif et donnent lieu au maintien de la rémunération et de la protection sociale du salarié conformément aux articles L. 6323-18 et L. 6323-19 et par dérogation à l'article L. 6323-17-5.

SECTION 3 **Conditions de prise en charge et rémunération**

Art. L. 6422-4 (L. n° 2018-771 du 5 sept. 2018, art. 9-I, en vigueur le 1er janv. 2019) Les frais afférents aux actions permettant de faire valider les acquis de l'expérience comprennent les frais de procédure et d'accompagnement déterminés par voie réglementaire.

Art. L. 6422-5 (L. n° 2018-771 du 5 sept. 2018, art. 9-I, en vigueur le 1er janv. 2019) Les motifs de refus des demandes de prise en charge des frais mentionnés à l'article L. 6422-4 sont déterminés par voie réglementaire.

SECTION 4 *[ABROGÉE]* **Dispositions d'application**

(Abrogée par L. n° 2022-1598 du 21 déc. 2022, art. 10)

Art. L. 6422-6 Un décret en Conseil d'État détermine les conditions d'application du présent chapitre.

CHAPITRE III ACCOMPAGNEMENT À LA VALIDATION DES ACQUIS DE L'EXPÉRIENCE

(L. n° 2014-288 du 5 mars 2014, art. 6-III)

Art. L. 6423-1 (Abrogé par L. n° 2022-1598 du 21 déc. 2022, art. 10) Toute personne dont la candidature a été déclarée recevable en application de l'article L. 6412-2 peut bénéficier d'un accompagnement dans la préparation de son dossier et de son entretien avec le jury en vue de la validation des acquis de son expérience.

La région organise cet accompagnement pour les jeunes et les adultes à la recherche d'un emploi selon les modalités définies au 4° de l'article L. 6121-1.

Un décret en Conseil d'État détermine les modalités de cet accompagnement.

(L. n° 2016-1088 du 8 août 2016, art. 78) « Un accompagnement renforcé pour certains publics peut être prévu et financé par un accord de branche. »

Art. L. 6423-2 Le comité régional de l'emploi, de la formation et de l'orientation professionnelles et (L. n° 2018-771 du 5 sept. 2018, art. 36-VI, en vigueur le 1er janv. 2019) « France compétences » assurent le suivi statistique des parcours de validation des acquis de l'expérience, selon des modalités définies par décret en Conseil d'État.

Art. L. 6423-3 (L. n° 2022-1598 du 21 déc. 2022, art. 10) Un décret en Conseil d'État détermine les conditions d'application du présent livre, notamment les modalités de collecte, de traitement et d'échange des informations et des données à caractère personnel, parmi lesquelles le numéro d'inscription au répertoire national d'identification des personnes physiques, nécessaires à l'orientation des personnes et au suivi de leur parcours au niveau national, par l'organisme mentionné à l'article L. 6411-2.

OUTRE-MER   Art. L. 6522-3

LIVRE V DISPOSITIONS RELATIVES À L'OUTRE-MER

TITRE I DISPOSITIONS GÉNÉRALES

CHAPITRE UNIQUE

Art. L. 6511-1 Les dispositions générales prévues par l'article L. 1511-1 sont également applicables aux dispositions du présent livre. — *[Anc. art. L. 800-4, al. 1ᵉʳ à 3.]*

TITRE II GUADELOUPE, GUYANE, MARTINIQUE, MAYOTTE, LA RÉUNION, SAINT-BARTHÉLEMY, SAINT-MARTIN ET SAINT-PIERRE-ET-MIQUELON *(Ord. n° 2017-1491 du 25 oct. 2017, art. 7).*

CHAPITRE I DISPOSITIONS GÉNÉRALES

Art. L. 6521-1 Les dispositions générales prévues par *(Ord. n° 2008-205 du 27 févr. 2008)* « les articles L. 1521-1 à L. 1521-4 » sont également applicables aux dispositions du présent titre.

Art. L. 6521-2 *(L. n° 2014-288 du 5 mars 2014, art. 21-VI)* Les personnes ayant leur résidence habituelle en Guadeloupe, en Guyane, à la Martinique, à La Réunion, à Mayotte, à Saint-Barthélemy, à Saint-Martin, à Saint-Pierre-et-Miquelon, en Nouvelle-Calédonie, en Polynésie française ou à Wallis-et-Futuna qui poursuivent une formation professionnelle en dehors de leur territoire de résidence peuvent bénéficier des aides versées par l'État, notamment dans le cadre de la mise en œuvre de la politique nationale de continuité territoriale prévue au chapitre III du titre préliminaire du livre VIII de la première partie du code des transports.

Art. L. 6521-3 *(Ord. n° 2017-1491 du 25 oct. 2017, art. 7, en vigueur le 1ᵉʳ janv. 2018)* Pour l'application à Mayotte de l'article L. 6121-1, les mots : "et adopte la carte régionale des formations professionnelles initiales *(L. n° 2018-771 du 5 sept. 2018, art. 43-II, en vigueur le 1ᵉʳ janv. 2019)* « hors apprentissage » prévue au troisième alinéa de l'article L. 214-13-1 du même code" sont supprimés.

CHAPITRE II DISPOSITIONS SPÉCIFIQUES À L'APPRENTISSAGE *(L. n° 2018-771 du 5 sept. 2018, art. 43-I).*

Art. L. 6522-1 *(Ord. n° 2017-1491 du 25 oct. 2017, art. 7, en vigueur le 1ᵉʳ janv. 2018)* « En Guadeloupe, en Guyane, en Martinique, à Mayotte, à La Réunion » *(Ord. n° 2008-205 du 27 févr. 2008)* « , à Saint-Barthélemy, à Saint-Martin » et à Saint-Pierre-et-Miquelon, les modalités particulières d'application du livre II relatif à l'apprentissage sont déterminées par décret. — *V. art. D. 6522-1 s.*

Art. L. 6522-2 *(Ord. n° 2017-1491 du 25 oct. 2017, art. 7, en vigueur le 1ᵉʳ janv. 2018)* « En Guadeloupe, en Guyane, en Martinique, à Mayotte, à La Réunion » *(Ord. n° 2008-205 du 27 févr. 2008)* « , à Saint-Barthélemy, à Saint-Martin » et à Saint-Pierre-et-Miquelon, l'employeur peut assurer dans l'entreprise la formation pratique d'un apprenti dans les mêmes conditions de parrainage que celles prévues aux articles L. 6523-1 et suivants.

Art. L. 6522-3 *(Ord. n° 2019-893 du 28 août 2019, art. 1ᵉʳ-I, en vigueur le 1ᵉʳ janv. 2020)* Pour son application en Guadeloupe, en Guyane, en Martinique, à Mayotte, à La Réunion, à Saint-Barthélemy, à Saint-Martin et à Saint-Pierre-et-Miquelon le II de l'article L. 6211-3 est ainsi rédigé :

"II. — Le montant des dépenses engagées et mandatées en matière de fonctionnement et d'investissement mentionnées au I du présent article ainsi qu'un état détaillé de leur affectation font l'objet d'un débat annuel en conseil régional sur la base d'un rapport présenté par le président du conseil régional. Ce débat peut également porter sur les autres dépenses engagées par la région en matière d'apprentissage. Le rapport, compre-

nant une annexe présentant les montants des dépenses engagées et mandatées et l'état détaillé de leur affectation, est transmis pour information au représentant de l'État dans la région et à France compétences. Les ressources allouées à la région pour les dépenses d'investissement mentionnées au 2° du même I sont déterminées et réparties sur la base des dépenses d'investissement constatées au titre des exercices *(L. n° 2019-1479 du 28 déc. 2019, art. 76-IV)* « **2017 et 2018** », ou, à défaut de dépenses d'investissement réalisées sur cette période dans les territoires d'outre-mer, en fonction d'un montant minimum défini par *(L. n° 2019-1479 du 28 déc. 2019, art. 76-IV)* « **décret** ».
— V. art. D. 6522-3.

Art. L. 6522-4 *(Ord. n° 2019-893 du 28 août 2019, art. 1ᵉʳ-I, en vigueur le 1ᵉʳ janv. 2020)* Pour l'application de l'article L. 6243-1 en Guadeloupe, en Guyane, en Martinique, à Mayotte, à La Réunion, à Saint-Barthélemy, à Saint-Martin et à Saint-Pierre-et-Miquelon, les mots : "au baccalauréat" sont remplacés par les mots : "au niveau 5".

Art. L. 6522-5 *(Ord. n° 2022-1607 du 22 déc. 2022, art. 1ᵉʳ)* Pour l'application de l'article L. 6235-1 en Guadeloupe, en Guyane, en Martinique, à Mayotte, à La Réunion, à Saint-Barthélemy, à Saint-Martin et à Saint-Pierre-et-Miquelon, les pays frontaliers sont :
1° Pour la Guadeloupe, la Guyane, la Martinique, Saint-Barthélemy, Saint-Martin et Saint-Pierre-et-Miquelon : les États ou territoires de la Caraïbe, ainsi que les États ou territoires du continent américain disposant d'une façade atlantique ;
2° Pour La Réunion et Mayotte : les États ou territoires de l'océan Indien, ainsi que les États ou territoires des continents disposant d'une façade maritime sur l'océan Indien.

Art. L. 6522-6 *(Ord. n° 2022-1607 du 22 déc. 2022, art. 1ᵉʳ)* Pour l'application du chapitre V du titre III du livre II en Guadeloupe, en Guyane, en Martinique, à Mayotte, à La Réunion, à Saint-Barthélemy, à Saint-Martin et à Saint-Pierre-et-Miquelon :
1° Par dérogation aux dispositions des articles L. 6523-1 à L. 6523-2-4, la gestion des contrats d'apprentissage conclus en application du présent chapitre est confiée à l'opérateur de compétences unique mentionné au III de l'article L. 6235-5 ;
2° Le conseil d'administration de l'opérateur de compétences compétent peut prévoir une modulation des niveaux de prise en charge prévus au II de l'article L. 6235-5 pour tenir compte des surcoûts liés à l'accompagnement social des apprentis les plus en difficulté.

CHAPITRE III LA FORMATION PROFESSIONNELLE *(L. n° 2018-771 du 5 sept. 2018, art. 43-III).*

SECTION 1 Financement de la formation professionnelle *(L. n° 2018-771 du 5 sept. 2018, art. 43-III).*

Art. L. 6523-1 *(Ord. n° 2017-1491 du 25 oct. 2017, art. 7)* « En Guadeloupe, en Guyane, en Martinique *(Ord. n° 2019-893 du 28 août 2019, art. 1ᵉʳ- II, en vigueur le 1ᵉʳ janv. 2021)* « et » à La Réunion » *(Abrogé par Ord. n° 2019-893 du 28 août 2019, art. 1ᵉʳ- II, à compter du 1ᵉʳ janv. 2021) (Ord. n° 2008-205 du 25 févr. 2008)* « , à Saint-Barthélemy et à Saint-Martin », les *(L. n° 2014-288 du 5 mars 2014, art. 11-II)* « contributions mentionnées au *(Ord. n° 2019-893 du 28 août 2019, art. 1ᵉʳ-II, en vigueur le 1ᵉʳ janv. 2021)* « titre III du livre I » de la présente partie ne peuvent être » *(Ord. n° 2019-893 du 28 août 2019, art. 1ᵉʳ-I)* « gérées » que par des *(L. n° 2018-771 du 5 sept. 2018, art. 43-III ; Ord. n° 2019-893 du 28 août 2019, art. 1ᵉʳ-II, en vigueur le 1ᵉʳ janv. 2021)* « opérateurs de compétences interprofessionnels », à l'exception des contributions des entreprises relevant du *(L. n° 2014-288 du 5 mars 2014, art. 11-II)* « champ professionnel des *(L. n° 2018-771 du 5 sept. 2018, art. 43-III)* « opérateurs de compétences » autorisés à *(L. n° 2018-771 du 5 sept. 2018, art. 43-III)* « les gérer » dans ces territoires par arrêté conjoint des ministres chargés de la formation professionnelle et de l'outre-mer.

« Un décret détermine les modalités et les critères selon lesquels cette autorisation est accordée, en fonction notamment des services de proximité aux entreprises que les

(L. n° 2018-771 du 5 sept. 2018, art. 43-III) « opérateurs de compétences » sont en mesure d'assurer sur les territoires concernés. »

(L. n° 2015-994 du 17 août 2015, art. 36) « Le présent article n'est pas applicable aux secteurs d'activité employant les salariés mentionnés aux articles L. 6331-55, L. 6331-65 et L. 7111-1. La liste des secteurs concernés est fixée par arrêté du ministre du travail. »

Art. L. 6523-1-1 (Ord. n° 2019-893 du 28 août 2019, art. 1er-II, en vigueur le 1er janv. 2020) Les opérateurs de compétences qui ne sont pas implantés dans les territoires d'outre-mer en application de l'article L. 6523-1 ou des articles L. 6523-1-2 à L. 6523-1-4 peuvent conclure, dans des conditions prévues par décret en Conseil d'État, des conventions avec un opérateur de compétences implanté dans ces territoires.

Art. L. 6523-1-2 (Ord. n° 2019-893 du 28 août 2019, art. 1er-II, en vigueur le 1er janv. 2021) A Mayotte, les contributions mentionnées au titre III du livre I de la présente partie sont gérées par un seul opérateur de compétences interprofessionnel.

Les conditions de désignation et les modalités d'intervention de cet opérateur de compétences sur le territoire de Mayotte sont déterminées par décret en Conseil d'État.

Art. L. 6523-1-3 (Ord. n° 2019-893 du 28 août 2019, art. 1er-II, en vigueur le 1er janv. 2021) A Saint-Martin et à Saint-Barthélemy, les contributions mentionnées au titre III du livre I de la présente partie sont gérées par un seul opérateur de compétences interprofessionnel.

Les conditions de désignation et les modalités d'intervention de cet opérateur de compétences sur les territoires de Saint-Martin et de Saint-Barthélemy sont déterminées par décret en Conseil d'État.

Art. L. 6523-1-4 (Ord. n° 2019-893 du 28 août 2019, art. 1er-II, en vigueur le 1er janv. 2021) A Saint-Pierre-et-Miquelon, les contributions dédiées au développement de la formation professionnelle et à l'alternance sont gérées par un seul opérateur de compétences interprofessionnel.

Les conditions de désignation et les modalités d'intervention de cet opérateur de compétences ainsi que les modalités selon lesquelles les ressources sont versées à l'opérateur de compétences pour la réalisation de ses missions sont déterminées par décret en Conseil d'État.

Art. L. 6523-1-5 (L. n° 2021-1900 du 30 déc. 2021, art. 121-I-12°) A Saint-Pierre-et-Miquelon, la caisse de prévoyance sociale est chargée de recouvrer les contributions mentionnées aux 2° à 4° du I de l'article L. 6131-1 et, le cas échéant, à compter du 1er janvier 2024, celles mentionnées au 5° du même I, ainsi que les contributions mentionnées au II de l'article L. 2135-10, sous réserve des adaptations prévues à l'article 20 de l'ordonnance n° 77-1102 du 26 septembre 1977 portant extension et adaptation au département de Saint-Pierre-et-Miquelon de diverses dispositions relatives aux affaires sociales.

Art. L. 6523-2 (Ord. n° 2017-1491 du 25 oct. 2017, art. 7, en vigueur le 1er janv. 2018) « En Guadeloupe, en Guyane, en Martinique, à Mayotte, à La Réunion » (Ord. n° 2019-893 du 28 août 2019, art. 1er-II, en vigueur le 1er janv. 2021) « à Saint-Barthélemy, à Saint-Martin et à Saint-Pierre-et-Miquelon », les (L. n° 2018-771 du 5 sept. 2018, art. 43-III, en vigueur le 1er janv. 2019) « opérateurs de compétences » à compétence interprofessionnelle rendent compte aux (L. n° 2018-771 du 5 sept. 2018, art. 43-III, en vigueur le 1er janv. 2019) « opérateurs de compétences » à compétence nationale et professionnelle de l'utilisation des fonds (L. n° 2018-771 du 5 sept. 2018, art. 43-III, en vigueur le 1er janv. 2019) « qu'ils gèrent » auprès d'entreprises relevant du champ professionnel de ces organismes.

(Ord. n° 2019-893 du 28 août 2019, art. 1er-II, en vigueur le 1er janv. 2021) « Les opérateurs de compétences rendent compte annuellement de leur activité et de l'état de leurs engagements financiers au comité régional de l'emploi, de l'orientation et de la formation professionnelles, ou au comité de l'emploi, de la formation et de l'orientation professionnelles lorsqu'il en exerce les attributions. »

Art. L. 6523-2-1 (Ord. n° 2017-1491 du 25 oct. 2017, art. 7, en vigueur le 1ᵉʳ janv. 2018) Ne sont pas applicables à Mayotte :
 a) Le deuxième alinéa de l'article L. 6331-54 ;
 b) La sous-section 6 de la section 4 du chapitre I du titre III du livre III.

Art. L. 6523-2-2 (Ord. n° 2019-893 du 28 août 2019, art. 1ᵉʳ-II, en vigueur le 1ᵉʳ janv. 2021) Pour l'application, en Guadeloupe, en Guyane, en Martinique, à Mayotte, à La Réunion, à Saint-Barthélemy, à Saint-Martin et à Saint-Pierre-et-Miquelon, de l'article L. 6332-3, l'opérateur de compétences comporte un conseil d'orientation comprenant les organisations syndicales de salariés et les organisations professionnelles d'employeurs adhérentes et présentes sur le territoire concerné. Ce conseil d'orientation reçoit communication du rapport annuel d'activité de l'opérateur de compétences comportant l'état de ses engagements financiers sur le territoire concerné. Il propose des orientations au conseil d'administration de l'opérateur de compétences pour la gestion des fonds et la mise en œuvre de ses missions.

Art. L. 6523-2-3 (Ord. n° 2019-893 du 28 août 2019, art. 1ᵉʳ-II, en vigueur le 1ᵉʳ janv. 2020) Pour l'application en Guadeloupe, en Guyane, en Martinique, à Mayotte, à La Réunion, à Saint-Barthélemy, à Saint-Martin et à Saint-Pierre-et-Miquelon de l'article L. 6332-14 :
 1° Les niveaux de prise en charge des contrats d'apprentissage fixés au niveau national par les branches, mentionnés au 1° du I de cet article, peuvent faire l'objet d'une modulation par décision du conseil d'administration de l'opérateur de compétences pour tenir compte des surcoûts liés à l'accompagnement social des apprentis les plus en difficulté ;
 2° L'opérateur de compétences peut prendre en charge, au titre de la section financière mentionnée au 1° de l'article L. 6332-3, les frais annexes générés par la mobilité des apprentis vers la métropole ou vers d'autres territoires d'outre-mer.

Art. L. 6523-2-4 (Ord. n° 2019-893 du 28 août 2019, art. 1ᵉʳ-II, en vigueur le 1ᵉʳ janv. 2020) Pour l'application en Guadeloupe, en Guyane, en Martinique, à Mayotte, à La Réunion, à Saint-Barthélemy, à Saint-Martin et à Saint-Pierre-et-Miquelon de l'article L. 6332-17 du code du travail, le 1° de cet article est ainsi rédigé :
 "1° Les coûts des actions de formation du plan de développement des compétences, de la rémunération du salarié en formation et des frais annexes, notamment une partie des frais de transport liés à la mobilité vers la métropole ou vers d'autres territoires d'outre-mer et à la mobilité internationale en l'absence d'offre de formation disponible sur les territoires d'outre-mer. A cette fin, l'opérateur de compétences peut notamment solliciter le concours financier de la collectivité territoriale ;".

SECTION 2 Parrainage

Art. L. 6523-3 (Ord. n° 2017-1491 du 25 oct. 2017, art. 7, en vigueur le 1ᵉʳ janv. 2018) « En Guadeloupe, en Guyane, en Martinique, à Mayotte, à La Réunion » (Ord. n° 2008-205 du 27 févr. 2008) « , à Saint-Barthélemy, à Saint-Martin » et à Saint-Pierre-et-Miquelon, pour assurer dans l'entreprise la formation pratique d'un salarié en contrat de professionnalisation, l'employeur peut, pour une durée limitée, bénéficier du concours de personnes qui le parrainent.
 Ces personnes sont choisies parmi les salariés concernés par une mesure de retraite anticipée au sens de l'article L. 5123-2, les travailleurs privés d'emploi, bénéficiaires d'un des revenus de remplacement dont la liste est déterminée par décret ou parmi les personnes retraitées.

Art. L. 6523-4 Les personnes habilitées à exercer les fonctions de parrain sont agréées par l'autorité administrative, compte tenu notamment de leur expérience en matière de tutorat au sens des articles L. 6223-5, relatif au maître d'apprentissage, et L. 6325-1 et suivants, relatifs au contrat de professionnalisation.
 Pendant l'exercice de leur mission, elles bénéficient de la législation de sécurité sociale relative à la protection en matière d'accident du travail et de maladie professionnelle dans les conditions prévues à l'article L. 754-5 du code de la sécurité sociale.
 — [Anc. art. L. 811-2, al. 2, phrase 2 et al. 3.]

Art. L. 6523-5 Un décret en Conseil d'État détermine les mesures d'application de la présente section. — *[Anc. art. L. 811-2, al. 4.]* — V. art. R. 6523-3 s.

SECTION 2 BIS Autres dispositifs

(Ord. n° 2017-1491 du 25 oct. 2017, art. 7)

Art. L. 6523-5-1 Pour l'application à Mayotte de l'article L. 6315-1, les mots : "prévu à l'article L. 324-1 du code de la sécurité sociale" sont supprimés.

Art. L. 6523-5-2 *Abrogé par L. n° 2018-1203 du 22 déc. 2018, art. 8-VI, à compter du 1er janv. 2019.*

Art. L. 6523-5-3 *Abrogé par L. n° 2018-771 du 5 sept. 2018, art. 43-III, à compter du 1er janv. 2019.*

SECTION 3 Stagiaire de la formation professionnelle

Art. L. 6523-6 A Saint-Pierre-et-Miquelon, en vue d'améliorer la qualification et de faciliter l'insertion professionnelle des personnes sans emploi rencontrant des difficultés particulières d'accès à l'emploi ou l'adaptation des salariés à l'évolution de l'emploi dans les entreprises, l'État peut prendre en charge, en application de conventions conclues avec des organismes de formation pour l'organisation de stages de formation et d'insertion professionnelles, les frais de formation ainsi que les dépenses afférentes à la rémunération et à la protection sociale des stagiaires. — *[Anc. art. L. 832-9-1.]*

SECTION 3 BIS Comité régional de l'emploi, de la formation et de l'orientation professionnelles

(L. n° 2014-288 du 5 mars 2014, art. 25)

Art. L. 6523-6-1 *(L. n° 2018-771 du 5 sept. 2018, art. 43-III, en vigueur le 1er janv. 2019)* Pour son application en Guadeloupe, en Guyane, en Martinique, à Mayotte, à La Réunion, à Saint-Barthélemy, à Saint-Martin et à Saint-Pierre-et-Miquelon, l'article L. 6123-3 est ainsi modifié :
1° Au deuxième alinéa, après le mot : "intéressées", sont insérés les mots : "et des représentants des organisations syndicales de salariés et des organisations professionnelles d'employeurs les plus représentatives au niveau régional et interprofessionnel et intéressées" ;
2° Le quatrième alinéa est complété par les mots : "ainsi que des représentants régionaux des organisations syndicales de salariés et des organisations professionnelles d'employeurs les plus représentatives au niveau régional et interprofessionnel".

SECTION 3 TER [ABROGÉE] Comité paritaire interprofessionnel régional pour l'emploi et la formation

(Abrogée par L. n° 2018-771 du 5 sept. 2018, art. 43-III, à compter du 1er janv. 2019)
(L. n° 2014-288 du 5 mars 2014, art. 25)

Art. L. 6523-6-2 et L. 6523-6-3 *Abrogés par L. n° 2018-771 du 5 sept. 2018, art. 43-III, à compter du 1er janv. 2019.*

SECTION 4 Dispositions d'adaptation

Art. L. 6523-7 *(L. n° 2018-771 du 5 sept. 2018, art. 43-III, en vigueur le 1er janv. 2019)* En Guadeloupe, en Guyane, en Martinique, à Mayotte, à La Réunion, à Saint-Barthélemy, à Saint-Martin et à Saint-Pierre-et-Miquelon, les modalités particulières d'application de la présente partie, notamment celles relatives aux dispositifs et au financement de la formation professionnelle et celles relatives aux opérateurs de compétences, sont déterminées par décret.

SEPTIÈME PARTIE DISPOSITIONS PARTICULIÈRES À CERTAINES PROFESSIONS ET ACTIVITÉS

> **COMMENTAIRE**
> V. sur le Code en ligne 🔗.

LIVRE I JOURNALISTES PROFESSIONNELS, PROFESSIONS DU SPECTACLE, DE l'AUDIOVISUEL, DE LA PUBLICITÉ ET DE LA MODE (L. n° 2020-1266 du 19 oct. 2020, art. 1er, en vigueur le 20 avr. 2021).

TITRE I JOURNALISTES PROFESSIONNELS

RÉP. TRAV. v° *Journalistes*, par DERIEUX.
BIBL. GÉN. ▶ CAYRON, *Dr. soc.* 2023. 687 (droits des journalistes salariés sur leurs textes). – DERIEUX, *LPA* 19 mars 1997 (journaliste - internaute ?). – J.-L. DURAND, *Dr. soc.* 1994. 256 (clause de conscience). – LINDON, *JCP* 1960. I. 1548 (pigiste) ; *ibid.* 1669 (clause de conscience). – RIALLAND, *Gaz. Pal.* 1997. 2. Doctr. 881 (pigiste). – VILLEBRUN, *Gaz. Pal.* 1960. 2. Doctr. 77 (compétence prud'homale).

CHAPITRE I CHAMP D'APPLICATION ET DÉFINITIONS

SECTION 1 Champ d'application

Art. L. 7111-1 Les dispositions du présent code sont applicables aux journalistes professionnels et assimilés, sous réserve des dispositions particulières du présent titre. – *[Anc. art. L. 761-1.]*

Constitue des dispositions impératives de la loi française le statut légal des journalistes professionnels institué par les art. L. 761-1 s. [L. 7111-1 s. nouv.], et il s'applique donc au correspondant de presse, qu'il travaille sur le territoire français ou à l'étranger. • Soc. 31 janv. 2007, n° 05-44.203 P : D. 2007. AJ 583 ; RDT 2007. 398, note Tissandier ; RJS 2007. 416, n° 560 ; JSL 2007, n° 206-5.

Art. L. 7111-2 Est nulle toute convention contraire aux dispositions du présent chapitre, du chapitre II ainsi qu'à celles de l'article L. 7113-1. – *[Anc. art. L. 761-3.]*

SECTION 2 Définitions

Art. L. 7111-3 Est journaliste professionnel toute personne qui a pour activité principale, régulière et rétribuée, l'exercice de sa profession dans une ou plusieurs entreprises de presse, publications quotidiennes et périodiques ou agences de presse et qui en tire le principal de ses ressources.

Le correspondant, qu'il travaille sur le territoire français ou à l'étranger, est un journaliste professionnel s'il perçoit des rémunérations fixes et remplit les conditions prévues au premier alinéa. – *[Anc. art. L. 761-2, al. 1er et 2.]*

BIBL. ▶ PETIT, *Dr. soc.* 2023. 692 (les correspondants locaux de presse).

1. Journaliste et entreprises de presse. Sont journalistes, au sens de l'art. L. 761-2 [L. 7111-3 nouv.], ceux qui apportent une collaboration intellectuelle et personnelle à une publication périodique en vue de l'information des lecteurs, peu important qu'une carte professionnelle leur ait été remise. • Soc. 1er avr. 1992, n° 88-42.951 P : D. 1992. IR 157 ; CSB 1992. 137, A. 25. ♦ Mais il n'en est pas de même si leur employeur n'est pas une entreprise de presse (collaborateurs de publications internes d'entreprises industrielles et commerciales). • Soc. 24 févr. 1993 (1er arrêt), n° 89-19.948 P : D. 1993. 389, concl. Chauvy ; RJS 1993. 270, n° 446 • 24 févr. 1993 (2e arrêt) : *ibid.* ♦ Dans le cas où l'employeur n'est pas une entreprise de presse ou une agence de presse, la qualité de journaliste professionnel peut être retenue si la personne exerce son activité dans une publication de presse disposant d'une indépendance éditoriale. • Soc. 25 sept. 2013 : D. actu. 10 oct. 2013, obs. Ines ; D. 2013. Actu. 2278 ; RDT 2013. 699, obs. Auzero ; RJS 12/2013, n° 859 ; JSL 2013, n° 353-6, avis Richard • Soc. 2 mars 2022, 🏛 n° 20-13.272 B : D. 2022. 464 ⃥ ; RJS 6/2022, n° 342 ; JCP S 2022. 1146, obs. Dauxerre. ◆ V. aussi note 7 • Soc. 1ᵉʳ déc. 2016, n° 15-19.177 P : D. actu. 12 déc. 2016, obs. de Korodi ; D. 2016. Actu. 2523 ⃥ ; RDT 2017. 122, obs. Auzero ⃥ ; D. 2016. Actu. 2523 ⃥ ; RJS 2/2017, n° 158 ; JCP S 2017. 1020, obs. Dauxerre.

2. Agent contractuel d'une CCI. N'a pas la qualité de journaliste professionnel une personne qui est agent public contractuel d'une chambre de commerce et d'industrie, même si elle est affectée à des tâches de journaliste au sein d'une publication. • CE 24 oct. 1997 : 🏛 RJS 1997. 888, n° 1451. ◆ De même, n'a pas la qualité de journaliste une personne qui n'apporte qu'une contribution technique dans un reportage audiovisuel. • CE 20 avr. 2005 : 🏛 RJS 2006. 659, n° 922.

3. Faisceau d'indices. En relevant que l'intéressée avait depuis son engagement exercé des fonctions de rédactrice, procédant à des coupures et rajouts dans les récits proposés, modifiant des scénarios pour les rendre conformes à la ligne éditoriale et éthique de l'éditeur, les juges du fond ont pu déduire qu'elle exerçait des fonctions assimilables à celles de journaliste. • Soc. 25 oct. 1989 : Bull. civ. V, n° 617. – V. aussi • Soc. 9 févr. 1989 : Bull. civ. V, n° 109 ; D. 1989. IR 77. ◆ V., pour un reporter-photographe de presse pigiste : • CE 15 nov. 1995 : 🏛 RJS 1996. 114, n° 179. ◆ ... Pour un reporter photographe fournissant, sur instructions, de manière constante et habituelle, des reportages photographiques sur des événements précis traités dans le journal. • Soc. 8 juill. 1997 : CSB 1997. 295, S. 167.

4. Cadres. L'exercice de fonctions d'autorité et de direction générale au sein d'une publication ne fait pas obstacle à la reconnaissance de la qualité de journaliste, dès lors que les activités rédactionnelles de l'intéressé constituaient son activité principale et lui procuraient l'essentiel de ses ressources. • CE 26 avr. 1985 : JCP 1986. II. 20541, concl. Lasserre.

5. Ressources. L'art. L. 761-2 [L. 7111-3 nouv.] ne comporte pas de condition relative à un montant minimum des ressources. • Soc. 7 févr. 1990, 🏛 n° 86-45.551 P : D. 1990. IR 52 ⃥ • 13 juill. 1993 : 🏛 CSB 1993. 272, S. 143.

6. Illustrations. En démontrant que le travail d'une personne ne portait que sur des sujets de son choix, qu'elle les traitait à son initiative, sans instruction, ni même orientation ou directive de l'employeur, ce dernier a renversé la présomption établie par l'art. L. 761-2 [L. 7111-3 nouv.]. • Soc. 9 févr. 1989 : Bull. civ. V, n° 108 ; D. 1989. IR 77. – Dans le même sens : • Soc. 30 juin 1988 : Bull. civ. V, n° 399 ; D. 1988. IR 215.

7. Ne peut se voir reconnaître la qualité de journaliste professionnel le dessinateur qui s'est toujours borné à illustrer des textes de fiction ou de pure imagination. • Soc. 4 févr. 1988 : Bull. civ. V, n° 100 ; D. 1988. IR 49. ◆ Il n'y a pas lieu de distinguer l'absence de rapport avec l'actualité des œuvres publiées et le fait que celles-ci n'étaient pas destinées à l'information des lecteurs, ces deux éléments étant équivalents. • Même arrêt. – V. aussi • Soc. 4 juin 1987 : Bull. civ. V, n° 363. ◆ Comp., pour une personne collaborant à la rédaction d'almanachs : • CE 22 mai 1992 : 🏛 CSB 1993. 9, A. 3. ◆ ... Pour le dessinateur illustrant les fiches d'une revue de jardinage : • CE 24 oct. 1997 : 🏛 RJS 1997. 888, n° 1451. ◆ ... Pour le rédacteur en chef de publications présentant les programmes des chaînes de télévision. • CE 24 oct. 2001 : 🏛 RJS 2002. 192, n° 242.

8. Ne peut se voir reconnaître la qualité de journaliste la personne rédacteur d'une revue interne à l'entreprise, distribuée gratuitement, sans ressources propres, et sans que cette activité puisse être dissociable de l'ensemble de l'objet de la société. • Soc. 29 avr. 1969 : Bull. civ. V, n° 275. – Dans le même sens : • Soc. 24 févr. 1993 (1ᵉʳ arrêt) : 🏛 préc. note 1 • 24 févr. 1993 (2ᵉ arrêt) : 🏛 ibid. • 22 oct. 1996, 🏛 n° 94-17.199 P : RJS 1996. 854, n° 1337 ; CSB 1997. 22, S. 8. ◆ Le statut de journaliste ne peut être reconnu aux salariés participant à une entreprise qui a pour activité principale des essais, recherches, informations et documentation dans le domaine de la consommation et dont la publication « 50 millions de consommateurs » a pour objectif unique l'information des consommateurs et ne constitue pas un établissement autonome au sein de l'entreprise. • Soc. 17 mars 1999 : 🏛 RJS 1999. 460, n° 759. ◆ De même, la qualité de journaliste professionnel ne peut être reconnue au salarié d'une entreprise de communication audiovisuelle dont l'activité principale est la publicité. • Soc. 6 juill. 2011 : 🏛 RJS 2011. 801, n° 910 ; JCP S 2011. 1461, obs. Dauxerre.

9. Correspondant de presse. Le 2ᵈ al. de l'art. L. 7111-3 n'apparaît pas contraire au principe d'égalité devant la loi dès lors que pour bénéficier de la présomption de salariat de l'art. L. 7112-1, le correspondant local de presse doit démontrer qu'il remplit les conditions posées pour être journaliste professionnel mais également que ses revenus sont fixes. • Soc., QPC, 15 nov. 2023, 🏛 n° 23-14.979 B : D. actu. 27 nov. 2023, obs. Malfettes. ◆ Les correspondants de presse ne figurent pas au nombre des collaborateurs de la rédaction visés par l'art. L. 761-2 [L. 7111-3 nouv.]. • Soc. 14 nov. 1991, 🏛 n° 89-15.267 P : D. 1992. IR 47. ◆ Le collaborateur d'un journal qui fournit des articles et photographies de manifestations sportives locales mais ne participe pas à la politique rédactionnelle du journal, à la hiérarchisation et à la vérification de l'information et dont la rémunération – variable – est versée sous forme d'honoraires n'est pas un journaliste professionnel mais un correspondant local de presse qui, faute d'appointements fixes, a un statut de travailleur indépendant. • Soc. 20 déc. 2006 : 🏛 D. 2007. AJ 446, obs.

Favre ⌀. ♦ **Comp. :** • Soc. 14 mai 1997, ⚷ n° 94-43.966 P : *RJS 1997. 490, n° 767.* ♦ Les juges du fond doivent rechercher si les rémunérations versées au titre de l'activité de correspondant présentent un caractère fixe. • Soc. 30 mai 2018, ⚷ n° 16-26.415 P : *RJS 8-9/2018, n° 569 ; JCP S 2018. 1234, obs. Dauxerre.*

10. C'est à l'employeur qu'il appartient de renverser la présomption édictée par l'art. L. 761-2 [L. 7111-3 nouv.]. • Soc. 16 mars 1983 : *Bull. civ. V, n° 163* • 1ᵉʳ févr. 1995, ⚷ n° 91-42.789 P : *D. 1996. Somm. 26, obs. Karaquillo* ⌀ ; *RJS 1995. 216, n° 315 ; CSB 1995. 132, S. 68.*

11. Pour l'application du statut à des collaborateurs d'une entreprise de presse étrangère, V. • Paris, 9 juin 1993 : *RJS 1993. 619, n° 1042.*

12. Pigistes. La qualité de journaliste pigiste ne fait pas obstacle à ce que l'intéressé revendique le bénéfice de la présomption de salariat attachée à l'exercice de l'activité de journaliste professionnel. • Soc. 17 oct. 2012 : ⚷ *D. actu. 8 nov. 2012, obs. Ines ; D. 2012. Actu. 2526* ⌀ ; *RDT 2013. 692, obs. Auzero* ⌀ ; *RJS 2013. 74, n° 79.* ♦ L'employeur d'un journaliste pigiste employé comme collaborateur régulier est tenu de lui fournir régulièrement du travail sauf à engager la procédure de licenciement, il n'est, en revanche, pas tenu de lui fournir un volume de travail constant ; aussi en cas de baisse importante de la rémunération pendant une certaine période alors que des modalités de dédommagement avaient été prévues, la baisse des commandes et de la rémunération intervenue ne constituait pas une modification du contrat de travail du salarié. • Soc. 29 sept. 2009 : ⚷ *D. 2009. AJ 2495* ⌀ ; *RJS 2009. 848, n° 985.* ♦ Lorsque la collaboration d'un pigiste n'a pas de caractère permanent et que la société n'a pas l'obligation de lui assurer la parution et la rémunération d'un nombre d'articles déterminé dans un temps donné, la baisse du niveau des piges puis l'interruption du versement de celles-ci ne s'analyse pas en un licenciement. • Soc. 6 oct. 1998 : ⚷ *RJS 1998. 852, n° 1415.* ♦ Il n'en est pas de même si, en fournissant régulièrement du travail à un journaliste pigiste pendant une longue période, une entreprise de presse a fait de ce dernier, même rémunéré à la pige, un collaborateur régulier auquel l'entreprise est tenue de fournir du travail. Dans ce cas, l'interruption de la relation de travail, du fait de l'employeur, s'analyse en un licenciement. • Soc. 1ᵉʳ févr. 2000, ⚷ n° 98-40.195 P : *D. 2000. IR 76* ⌀ ; *RJS 2000. 224, n° 345.*

Art. L. 7111-4
Sont assimilés aux journalistes professionnels les collaborateurs directs de la rédaction, rédacteurs-traducteurs, sténographes-rédacteurs, rédacteurs-réviseurs, reporters-dessinateurs, reporters-photographes, à l'exclusion des agents de publicité et de tous ceux qui n'apportent, à un titre quelconque, qu'une collaboration occasionnelle. — [*Anc. art. L. 761-2, al. 3.*]

Infographiste. Est journaliste professionnel l'infographiste, collaborateur direct de la rédaction, apportant une contribution permanente illustrative dans le cadre de l'élaboration de journaux télévisés et en tirant le principal de ses ressources. • Soc. 25 janv. 2017, ⚷ n° 15-23.169 P : *D. 2017. Actu. 303* ⌀ ; *RJS 4/2017, n° 302 ; JCP S 2017. 1079, obs. Chenu.*

Art. L. 7111-5
Les journalistes exerçant leur profession dans une ou plusieurs entreprises de communication au public par voie électronique ont la qualité de journaliste professionnel. — [*Anc. art. 93, al. 1, L. n° 82-652 du 29 juill. 1982.*]

Entreprise de communication audiovisuelle. Une entreprise qui a pour activité la création d'œuvres audiovisuelles destinées à être diffusées dans le public doit être regardée, pour l'application des dispositions relatives à la délivrance de la carte d'identité professionnelle des journalistes, comme une entreprise de communication au public par voie électronique, alors même qu'elle n'assure pas directement la diffusion des œuvres qu'elle produit. • CE 5 avr. 2002 : ⚷ *RJS 2002. 683, n° 909.*

Art. L. 7111-5-1
(*L. n° 2009-669 du 12 juin 2009, art. 20-II*) La collaboration entre une entreprise de presse et un journaliste professionnel porte sur l'ensemble des supports du titre de presse tel que défini au premier alinéa de l'article L. 132-35 du code de la propriété intellectuelle, sauf stipulation contraire dans le contrat de travail ou dans toute autre convention de collaboration ponctuelle.

Art. L. 7111-5-2
(*L. n° 2016-1524 du 14 nov. 2016, art. 2*) Un exemplaire de la charte déontologique prévue à l'article 2 *bis* de la loi du 29 juillet 1881 sur la liberté de la presse est remis à tout journaliste lors de son embauche et à tout journaliste déjà employé dans une entreprise de presse, de publication quotidienne ou périodique, une agence de presse, une entreprise de communication au public par voie électronique ou de communication audiovisuelle, dans un délai de trois mois suivant l'adoption de la charte par cette entreprise ou cette agence.

JOURNALISTES PROFESSIONNELS **Art. L. 7111-9** 1669

SECTION 3 Carte d'identité professionnelle

Art. L. 7111-6 Le journaliste professionnel dispose d'une carte d'identité professionnelle dont les conditions de délivrance, la durée de validité, les conditions et les formes dans lesquelles elle peut être annulée sont déterminées par décret en Conseil d'État.

L'ancien journaliste professionnel peut bénéficier d'une carte d'identité de journaliste professionnel honoraire dans des conditions déterminées par ce même décret. — *[Anc. art. L. 761-15, al. 2, et L. 761-16, al. 2.]* — V. art. R. 7111-1 s.

En application de l'art. L. 231-5 CRPA, et par exception à l'application du délai de deux mois prévu à l'art. L. 231-1 du même code, le silence gardé par l'administration pendant deux mois vaut décision de rejet pour une demande de délivrance et renouvellement de la carte d'identité de journaliste professionnel ou honoraire (Décr. n° 2014-1304 du 23 oct. 2014, art. 1ᵉʳ).

SECTION 4 Représentation professionnelle

(L. n° 2008-789 du 20 août 2008, art. 2 et 8)

Art. L. 7111-7 Dans les entreprises mentionnées aux articles L. 7111-3 et L. 7111-5, lorsqu'un collège électoral spécifique est créé pour les journalistes professionnels et assimilés, est représentative à l'égard des personnels relevant de ce collège l'organisation syndicale qui satisfait aux critères de l'article L. 2121-1 et qui a recueilli au moins 10 % des suffrages exprimés au premier tour des dernières élections des titulaires au *(Ord. n° 2017-1386 du 22 sept. 2017, art. 4)* « comité social et économique » dans ce collège.

1. *Accord collectif unanime.* La création d'un collège électoral spécifique aux journalistes prévu par la loi n'est pas soumise à la conclusion d'un accord unanime. • Soc. 2 mars 2011 : ⚖ *D. actu.* 17 mars 2011, obs. Siro ; D. 2011. Actu. 759 ⌀.

2. *Collège spécifique.* La condition de spécificité du collège des journalistes, préalable au privilège de l'art. L. 7111-7, n'impose pas que le collège soit composé des seuls journalistes ; la condition tenant à la création d'un collège électoral spécifique est satisfaite dès lors qu'un accord préélectoral impose l'inscription de tous les journalistes dans un seul et même collège et interdit, par là même, à un syndicat de journalistes de présenter des candidats dans d'autres collèges, peu important que ce collège, au sein duquel sont inscrits les journalistes, puisse aussi comprendre d'autres salariés. • Soc. 2 mars 2011 : ⚖ *D. actu.* 17 mars 2011, obs. Siro ; Dr. soc. 2011. 874, obs. Petit ⌀ ; Dr. ouvrier 2011. 373, obs. Masson ; JCP S 2011. 1231, obs. Dauxerre.

Art. L. 7111-8 Dans les branches qui couvrent les activités des entreprises de presse, publications quotidiennes ou périodiques et agences de presse, ainsi que les activités des entreprises de communication au public par voie électronique ou de communication audiovisuelle, sont représentatives à l'égard des personnels mentionnés à l'article L. 7111-1 les organisations syndicales qui remplissent les conditions de l'article L. 2122-5 dans les collèges électoraux de journalistes.

Art. L. 7111-9 Dans les entreprises dans lesquelles un collège électoral spécifique est créé pour les journalistes professionnels et assimilés, lorsque la convention ou l'accord ne concerne que les journalistes ou assimilés, sa validité est subordonnée à sa signature par *(L. n° 2016-1088 du 8 août 2016, art. 21)* « , d'une part, l'employeur ou son représentant et, d'autre part, » une ou plusieurs organisations syndicales de salariés représentatives ayant recueilli *(L. n° 2016-1088 du 8 août 2016, art. 21)* « plus de 50 % » des suffrages exprimés *(L. n° 2016-1088 du 8 août 2016, art. 21)* « en faveur d'organisations représentatives » dans ce collège spécifique au premier tour des dernières élections des titulaires au *(Ord. n° 2017-1386 du 22 sept. 2017, art. 4)* « comité social et économique », quel que soit le nombre de votants *(Abrogé par L. n° 2016-1088 du 8 août 2016, art. 21)* « , et à l'absence d'opposition d'une ou de plusieurs organisations syndicales de salariés représentatives ayant recueilli la majorité des suffrages exprimés dans ce collège à ces élections, quel que soit le nombre de votants ».

(L. 2016-1088 du 8 août 2016, art. 21) « Les règles de sa validité sont celles prévues à l'article L. 2232-12. Les taux de 30 % et de 50 % mentionnés au même article sont appréciés à l'échelle du collège des journalistes. »

Les dispositions issues de la L. n° 2016-1088 du 8 août 2016 s'appliquent à compter du 1er janv. 2017 aux accords collectifs qui portent sur la durée du travail, les repos et les congés et, dès la publication de la loi, aux accords mentionnés à l'art. L. 2254-2. Elles s'appliquent à compter du 1er mai 2018 aux autres accords collectifs, à l'exception de ceux mentionnés à l'art. L. 5125-1 (L. préc., art. 21-IX, mod. par Ord. n° 2017-1385 du 22 sept. 2017, art. 10).

Art. L. 7111-10 Lorsque la convention de branche ou l'accord ne concerne que les journalistes professionnels et assimilés, sa validité est subordonnée à sa signature par une ou plusieurs organisations syndicales de salariés représentatives ayant recueilli, aux élections prises en compte pour la mesure de l'audience prévue au 3° de l'article L. 2122-5 *(Abrogé par L. n° 2010-1215 du 15 oct. 2010)* « *ou, le cas échéant, dans le cadre de la mesure de l'audience prévue à l'article L. 2122-6* », au moins 30 % des suffrages exprimés dans le collège de journalistes en faveur d'organisations reconnues représentatives à ce niveau, quel que soit le nombre de votants, et à l'absence d'opposition d'une ou de plusieurs organisations syndicales de salariés représentatives ayant recueilli la majorité des suffrages exprimés dans ce collège à ces élections *(Abrogé par L. n° 2010-1215 du 15 oct. 2010)* « *ou, le cas échéant, dans le cadre de la même mesure d'audience* », quel que soit le nombre de votants.

Art. L. 7111-11 (L. n° 2016-1524 du 14 nov. 2016, art. 3) Le (Ord. n° 2017-1386 du 22 sept. 2017, art. 4) « comité social et économique » de toute entreprise de presse, de toute publication quotidienne ou périodique, de toute agence de presse ou de toute entreprise de communication au public en ligne ou de communication audiovisuelle est informé chaque année sur le respect par celle-ci de l'article 2 bis de la loi du 29 juillet 1881 sur la liberté de la presse.

CHAPITRE II **CONTRAT DE TRAVAIL**

SECTION 1 **Présomption de salariat**

Art. L. 7112-1 Toute convention par laquelle une entreprise de presse s'assure, moyennant rémunération, le concours d'un journaliste professionnel est présumée être un contrat de travail.

Cette présomption subsiste quels que soient le mode et le montant de la rémunération ainsi que la qualification donnée à la convention par les parties. — *[Anc. art. L. 761-2, al. 4.]*

1. Essentiel des ressources. Seul peut avoir la qualité de journaliste professionnel celui qui apporte à l'entreprise de presse une collaboration constante et régulière et qui en tire l'essentiel de ses ressources ; bien qu'apportant une collaboration constante et régulière à une société éditrice, un avocat ne tirait pas de cette collaboration l'essentiel de ses ressources, de sorte qu'il ne pouvait prétendre au statut de journaliste professionnel et au bénéfice de la présomption de salariat. ● Soc. 7 déc. 2011 : *D. actu. 21 déc. 2011, obs. Siro ; RJS 2012. 236, n° 289 ; JCP S 2012. 1095, obs. Lahalle.*

2. Présomption de salariat et journaliste pigiste. La qualité de journaliste pigiste ne fait pas obstacle à ce que l'intéressé revendique le bénéfice de la présomption de salariat attachée à l'exercice de l'activité de journaliste professionnel. ● Soc. 17 oct. 2012 : *D. actu. 8 nov. 2012, obs. Ines ; D. 2012. Actu. 2526 ; RDT 2012. 692, obs. Auzero ; RJS 2013. 74, n° 79 ; JCP S 2013. 1190, obs. Dauxerre.* ♦ Un journaliste pigiste ne peut pas invoquer l'existence d'un contrat de travail apparent en produisant seulement des bulletins de paie dès lors que l'établissement de tels bulletins est rendu nécessaire par l'obligation faite à l'entreprise de presse de prélever diverses cotisations liées au statut de journaliste pigiste. ● Soc. 28 juin 2018, n° 16-27.544 P : *D. 2018. Actu. 1443 ; RJS 10/2018, n° 645 ; JCP S 2018. 1284, obs. Dauxerre.*

3. Journaliste professionnel et agence de presse. Le journaliste professionnel exerçant son activité auprès d'une agence de presse bénéficie de la présomption de salariat de l'art. L. 7112-1 mais il ne peut se voir appliquer l'indemnité de licenciement prévue à l'art. L. 7112-3. ● Soc. 13 avr. 2016, n° 11-28.713 P : *D. actu. 4 mai 2016, obs. Roussel ; D. 2016. Actu. 900 ; RJS 6/2016, n° 46 ; JCP S 2016. 1228, obs. Lahalle.*

JOURNALISTES PROFESSIONNELS **Art. L. 7112-4** 1671

SECTION 2 Rupture du contrat

Art. L. 7112-2 Dans les entreprises de journaux et périodiques, en cas de rupture par l'une ou l'autre des parties du contrat de travail à durée indéterminée d'un journaliste professionnel, la durée du préavis, sous réserve du 3° de l'article L. 7112-5, est fixée à :
1° Un mois pour une ancienneté inférieure ou égale à trois ans ;
2° Deux mois pour une ancienneté supérieure à trois ans.
Toutefois, lorsque la rupture est à l'initiative de l'employeur et que le salarié a une ancienneté de plus de deux ans et de moins de trois ans, celui-ci bénéficie du préavis prévu au 3° de l'article L. 1234-1. − [Anc. art. L. 761-4.]

Art. L. 7112-3 Si l'employeur est à l'initiative de la rupture, le salarié a droit à une indemnité qui ne peut être inférieure à la somme représentant un mois, par année ou fraction d'année de collaboration, des derniers appointements. Le maximum des mensualités est fixé à quinze. − [Anc. art. L. 761-5, al. 1er, phrase 1.]

1. Constitutionnalité du régime d'indemnisation des journalistes. Les journalistes sont, compte tenu de la nature particulière de leur travail, placés dans une situation différente de celles des autres salariés ; l'art. L. 7112-3, propre à l'indemnisation des journalistes professionnels salariés, vise à prendre en compte les conditions particulières dans lesquelles s'exerce leur profession ; aussi le législateur ne méconnaît pas le principe d'égalité devant la loi en instaurant un mode de détermination de l'indemnité de rupture du contrat de travail applicable aux seuls journalistes à l'exclusion des autres salariés. ● Cons. const. 14 mai 2012 : D. actu. 4 juin 2012, obs. Perrin ; Dr. soc. 2012. 1039, obs. de Sintives ⌀ ; D. 2012. Actu. 1340 ; RJS 2012. 642, n° 746.

2. Conditions. Il n'y a pas lieu de distinguer là où la loi ne distingue pas ; les dispositions des art. L. 7112-3 et L. 7112-4 sont applicables aux journalistes professionnels au service d'une entreprise de presse quelle qu'elle soit. ● Soc. 30 sept. 2020, ⚖ n° 19-12.885 P : D. actu. 20 oct. 2020, obs. Couëdel ; D. 2020. Actu. 1898 ⌀ ; RJS 12/2020, n° 630. ♦ Comp. ante : il résulte des art. L. 761-4 et L. 761-5 [L. 7112-2 à L. 7112-4 nouv.] que seules les personnes liées par un contrat de travail à une entreprise de journaux et périodiques peuvent prétendre à l'indemnité de congédiement. ● Soc. 24 févr. 1993 (1er arrêt), ⚖ n° 89-19.948 P : D. 1993. 389, concl. Chauvy ⌀ ● 24 févr. 1993 (2e arrêt) : ⚖ ibid. ; RJS 1993. 270, n° 446.

3. Montant. L'indemnité de congédiement est calculée en fonction des seules années passées dans l'exercice de la profession de journaliste, sauf à l'intéressé à choisir l'indemnité légale si elle est plus favorable. ● Soc. 11 déc. 1991, ⚖ n° 88-41.103 P : D. 1992. IR 37 ; CSB 1992. 54, S. 35 ; RJS 1992. 136, n° 205. ♦ L'indemnité de congédiement ne se cumule pas avec une indemnité conventionnelle de licenciement. ● Même arrêt.

4. Salaire de référence. Si l'employeur d'un journaliste pigiste employé comme collaborateur régulier est tenu de lui fournir régulièrement du travail sauf à engager la procédure de licenciement, il n'est pas tenu de lui fournir un volume de travail constant, il en résulte qu'en cas de rupture du contrat de travail s'analysant en un licenciement, le salaire de référence pour déterminer le montant des indemnités de préavis et de congés payés ainsi que la somme due en l'absence de cause réelle et sérieuse doivent être fixés par application de l'art. 44 de la Conv. coll. nat. des journalistes du 1er nov. 1976. ● Soc. 21 sept. 2017, ⚖ n°s 16-10.346 P et 16-16.531 P : D. 2017. Actu. 1923 ⌀ ; RJS 12/2017, n° 842 ; JCP S 2017. 1345, obs. Dauxerre.

5. Montant de l'indemnité de rupture conventionnelle. L'indemnité minimale due par l'employeur en cas de rupture conventionnelle est l'indemnité légale de licenciement prévue par l'art. L. 1234-9, à l'exclusion de toute autre. ● Soc. 3 juin 2015, ⚖ n° 13-26.799 P : D. 2015. 1276 ⌀ ; ibid. 1384 ⌀. Chron. Ducloz ; Dr. soc. 2015. 746, obs. Mouly ⌀ ; RDT 2015. 458, obs. Auzero ⌀ ; Légipresse 2015. 396 et les obs. ⌀ ; ibid. 480. Comm. Gras ⌀.

Art. L. 7112-4 Lorsque l'ancienneté excède quinze années, une commission arbitrale est saisie pour déterminer l'indemnité due.
Cette commission est composée paritairement d'arbitres désignés par les organisations professionnelles d'employeurs et de salariés. Elle est présidée par un fonctionnaire ou par un magistrat en activité ou retraité.
Si les parties ou l'une d'elles ne désignent pas d'arbitres, ceux-ci sont nommés par le président du (Ord. n° 2019-964 du 18 sept. 2019, art. 35, en vigueur le 1er janv. 2020) « tribunal judiciaire », dans des conditions déterminées par voie réglementaire.
Si les arbitres désignés par les parties ne s'entendent pas pour choisir le président de la commission arbitrale, celui-ci est désigné à la requête de la partie la plus diligente

par le président du (Ord. n° 2019-964 du 18 sept. 2019, art. 35, en vigueur le 1er janv. 2020) « tribunal judiciaire ».

En cas de faute grave ou de fautes répétées, l'indemnité peut être réduite dans une proportion qui est arbitrée par la commission ou même supprimée.

La décision de la commission arbitrale est obligatoire et ne peut être frappée d'appel.
— [Anc. art. L. 761-5, al. 2 à 4 début et 5 à 7.] — V. art. R. 7111-1 s.

BIBL. ▶ Gras, *Légipresse* 2022. 19 (bréviaire pour la bien mal nommée commission arbitrale des journalistes).

1. Constitutionnalité de la commission arbitrale des journalistes. Le législateur a pu prendre en compte la spécificité de la profession de journaliste pour l'évaluation, lors de la rupture du contrat de travail, des sommes dues aux journalistes les plus anciens ou à qui il est reproché une faute grave ou des fautes répétées ; en conséquence, il a pu confier la fixation de ces sommes à une commission arbitrale, juridiction spéciale composée majoritairement de personnes désignées par des organismes professionnels. Et les dispositions contestées permettent que les décisions de cette commission fassent l'objet d'un recours en annulation. ● Cons. const. 14 mai 2012 : *D. actu.* 4 juin 2012, obs. Perrin ; *D.* 2012. Actu. 1340 ; *RDT* 2012. 438, obs. Serverin ; *RJS* 2012. 642, n° 746 ; *JCP S* 2012. 1343, obs. Dauxerre ● Cons. const. 14 mai 2012 : *ibid.*

2. Champ d'application. L'art. L. 7111-3 C. trav. fixe le champ d'application des dispositions du code particulières aux journalistes professionnels et définit ceux-ci comme toute personne qui a pour activité principale, régulière et rétribuée, l'exercice de sa profession dans une ou plusieurs entreprises de presse, publications quotidiennes ou périodiques ou agences de presse et qui en tire le principal de ses ressources ; les art. L. 7112-3 et L. 7112-4 ne prévoient pas expressément que leur champ d'application serait limité aux entreprises de journaux et périodiques et si une restriction apparaît dans l'art. L. 7112-2 relatif au préavis, elle ne saurait être étendue aux art. L. 7112-3 et L. 7112-4. Aussi la demande d'annulation de la sentence de la commission arbitrale, qui avait accueilli une demande de fixation de l'indemnité de licenciement d'un salarié de l'AFP, doit être rejetée. ● Soc. 30 sept. 2020, n° 19-12.885 P : *D. actu.* 20 oct. 2020, obs. Couëdel ; *D.* 2020. Actu. 1898 ; *RJS* 12/2020, n° 630.

3. Pouvoirs de la commission. La commission arbitrale des journalistes doit pour fixer le quantum ou supprimer l'indemnité de congédiement, apprécier la gravité ou l'existence des fautes alléguées, sans que la décision de la juridiction prud'homale statuant sur les autres indemnités réclamées au titre de la rupture du contrat de travail, ne s'impose à elle. ● Soc. 29 oct. 2002, n° 00-13.413 P : *RJS* 2003. 261, n° 397 ; *CSB* 2003. 5, A. 1 ; *TPS* 2003, n° 1, p. 15. ◆ V. aussi ● Soc. 6 juill. 1961 : *JCP* 1961. II. 12319, concl. Lindon ● 12 oct. 1961 : *JCP* 1961. II. 12361, note R.L. ; *Dr. soc.* 1962. 98, obs. Savatier ● 19 févr. 1969 : *D.* 1969. Somm. 123 ; *JCP* 1969. II. 15872, note Lindon. ◆ La commission arbitrale a la pleine compétence pour fixer l'indemnité de rupture du contrat de travail à l'initiative de l'employeur et retenir les critères pour y parvenir, indépendamment de ceux retenus par la juridiction prud'homale, qui conserve la sienne du chef des autres préjudices pour lesquels le journaliste peut demander réparation. ● Soc. 26 oct. 2022, n° 21-14.816 B : *D. actu.* 18 nov. 2022, obs. Maurel ; *D.* 2022. 1911 ; *RJS* 1/2023, n° 43 ; *JCP S* 2022. 1304, obs. Dauxerre.

4. La commission arbitrale des journalistes est seule compétente pour statuer sur l'octroi et sur le montant d'une indemnité de licenciement, quelle qu'en soit la cause, au journaliste professionnel ayant plus de 15 années d'ancienneté. ● Soc. 14 févr. 2018, n° 16-25.649 P : *D.* 2018. Actu. 463 ; *RJS* 4/2018, n° 299 ; *JCP S* 2018. 1104, obs. Dauxerre. ◆ La commission arbitrale des journalistes a seulement compétence pour déterminer l'indemnité de licenciement et la cour d'appel, saisie d'un recours en annulation d'une sentence arbitrale, ne peut connaître du fond du litige que dans la limite de la compétence de l'arbitre. ● Soc. 20 févr. 1991, n° 89-16.188 P : *D.* 1991. IR 83 ; *CSB* 1992. 229, A. 42 ; *RJS* 1991. 276, n° 527. ◆ La commission arbitrale est seule compétente pour décider si une indemnité de licenciement est due et pour déterminer son montant ; les juges ne peuvent condamner l'employeur à payer une indemnité de licenciement au motif que, n'ayant pas saisi la commission arbitrale, il était redevable de cette indemnité. ● Soc. 13 avr. 1999, n° 46-45.028 P : *D.* 1999. IR 129 ; *RJS* 1999. 433, n° 877.

5. Compétences du conseil de prud'hommes. La juridiction prud'homale garde la plénitude de sa compétence en ce qui concerne toute indemnité, autre que l'indemnité de licenciement, réclamée au titre de la rupture du contrat de travail. ● Soc. 8 juill. 1992, n° 89-41.343 P. ● 17 mars 1993 : *RJS* 1993. 329, n° 561.

6. La saisine de la commission arbitrale, compétente lorsqu'est rompu le contrat à durée indéterminée d'un journaliste professionnel, suppose une rupture à l'initiative de l'employeur, ce qui exclut le départ volontaire dans le cadre d'un plan de sauvegarde de l'emploi. ● Soc. 9 avr. 2015 : *D. actu.* 6 mai 2015, obs. Ines ; *D.* 2015. Actu. 870 ; *RJS* 6/2015, n° 452.

7. Procédure devant la commission. Le caractère obligatoire de l'arbitrage et l'exclusion de l'appel contre la décision rendue par la commission arbitrale ne sont pas contraires à l'art. 6, § 1,

JOURNALISTES PROFESSIONNELS

Conv. EDH. ● Soc. 29 oct. 2002, n° 00-13.413 P : *RJS 2003. 261, n° 397 ; CSB 2003. 5, A. 1 ; TPS 2003, n° 1, p. 15.*

8. Les dispositions de l'art. 1456 C. pr. civ. limitant à six mois la durée de la mission des arbitres ne sont pas applicables à la procédure légale d'arbitrage instituée par l'art. L. 761-5. ● Soc. 11 janv. 2000, n° 98-42.487 P : *D. 2000. IR 51 ; RJS 2000. 151, n° 226.*

Art. L. 7112-5 Si la rupture du contrat de travail survient à l'initiative du journaliste professionnel, les dispositions des articles L. 7112-3 et L. 7112-4 sont applicables, lorsque cette rupture est motivée par l'une des circonstances suivantes :

1° Cession du journal ou du périodique ;

2° Cessation de la publication du journal ou périodique pour quelque cause que ce soit ;

3° Changement notable dans le caractère ou l'orientation du journal ou périodique si ce changement crée, pour le salarié, une situation de nature à porter atteinte à son honneur, à sa réputation ou, d'une manière générale, à ses intérêts moraux. Dans ces cas, le salarié qui rompt le contrat n'est pas tenu d'observer la durée du préavis prévue à l'article L. 7112-2. — [*Anc. art. L. 761-7.*]

BIBL. ▶ JEANTIN, *Dr. soc.* 1990. 539 (cession indirecte du contrôle d'une société de presse).

1. Constitutionnalité de l'art. L. 7112-5. N'est pas sérieuse et ne doit pas donner lieu à renvoi au Conseil constitutionnel la question prioritaire de constitutionnalité tendant à faire constater que l'art. L. 7112-5 C. trav. relatif à la mise en œuvre de la clause de conscience, tel qu'interprété par la Cour de cassation, crée un droit imprescriptible pour les journalistes, dès lors qu'elle prête à l'interprétation jurisprudentielle une portée qu'elle n'a pas. ● Soc. QPC, 7 juill. 2015, n° 15-40.019 : *RJS 11/2015, n° 738.*

2. Cession et location-gérance. La mise en location-gérance d'un journal ou d'un périodique ne constitue pas une cession au sens de l'art. L. 761-7. ● Soc. 29 mai 1991, n° 87-45.677 P : *D. 1991. IR 173 ; RJS 1991. 470, n° 900 ; CSB 1991. 202, S. 115.* ◆ Même solution en cas de cessation d'une gérance libre. ● Soc. 4 avr. 1960 : *JCP 1960. II. 11818, 2e esp., note R.L.*

3. Cession et prise de contrôle. Ni la connaissance par le journaliste de la cession du journal, fût-elle ancienne, ni l'application par les employeurs successifs de l'art. L. 122-12 [L. 1224-1 nouv.] C. trav. ne peuvent à elles seules priver le journaliste du droit qu'il tient des dispositions de l'art. L. 761-7. ● Soc. 15 nov. 1989 : *Bull. civ. V, n° 666 ; D. 1989. IR 313.* ◆ Les juges du fond qui relèvent qu'une société, possédant la moitié des actions d'une société de presse, en avait acquis l'autre moitié, prenant ainsi le contrôle de la société et du journal, ont décidé à bon droit que cette transmission équivalait à la « cession » du journal au sens de l'art. L. 761-7. ● Soc. 21 juin 1984, n° 81-42.857 P : *Rev. sociétés 1985. 127, note Jeantin.* ◆ Sur la prise de contrôle résultant d'une cession d'actions, V. ● Soc. 12 janv. 1994, n° 90-42.783 P. ● 12 janv. 1994, n° 92-41.137 P : *D. 1994. IR 42 ; Dr. soc. 1994. 278 ; RJS 1994. 149, n° 198 ; ibid. 97, concl. Kessous.*

4. Cession et procédure collective. La cession du titre d'un journal intervenue dans le cadre d'une procédure collective s'analyse en une cession de périodique, au sens de l'art. L. 761-7 [L. 7112-5 nouv.], peu important que le cessionnaire exploitait déjà ce journal depuis plusieurs années en vertu d'un contrat de licence. ● Soc. 26 févr. 2002, n° 00-40.763 P : *RJS 2002. 482, n° 635 ; CSB 2002, A. 27.*

5. Cessation de publication. Il n'y a pas cessation mais interruption momentanée de la publication lorsqu'un quotidien n'a pas paru pendant deux à trois semaines en raison de troubles sociaux dans l'entreprise. ● Soc. 8 juill. 1997 : *RJS 1997. 725, n° 1174 ; CSB 1997. 296, S. 168.*

6. Changement notable d'orientation. Pour bénéficier des dispositions de l'art. L. 761-7 [L. 7112-5 nouv.], le journaliste doit apporter la preuve d'un changement notable dans le caractère ou l'orientation du journal, créant une situation de nature à porter atteinte à son honneur, à sa conscience ou à ses intérêts moraux. ● Soc. 21 juin 1978 : *Bull. civ. V, n° 497.* – Dans le même sens : ● Soc. 9 nov. 1961 (trois arrêts) : *JCP 1962. II. 12433.* ◆ Constitue un changement notable d'orientation d'un journal, auparavant exclusif de tout caractère scandaleux, le fait qu'il s'oriente délibérément, pour élargir sa diffusion, vers la publication d'articles privilégiant le sensationnel et portant atteinte à la vie privée. ● Soc. 17 avr. 1996, n° 93-42.409 P : *D. 1997. 126, note Edelman ; Dr. soc. 1996. 638, note Savatier ; RJS 1996. 545, n° 856 ; CSB 1996. 205, A. 45.*

7. Délai d'exercice de la clause. L'art. L. 761-7 n'impose aucun délai aux journalistes pour mettre en œuvre la clause de conscience et il suffit, pour que les dispositions de ce texte puissent être invoquées, que la résiliation du contrat de travail ait été motivée par l'une des circonstances qu'il énumère. ● Soc. 30 nov. 2004, n° 02-42.437 P : *D. 2005. IR 15 ; Dr. soc. 2005. 335, obs. Mouly ; RJS 2005. 164, n° 234.*

8. Préavis. La rupture par le journaliste se prévalant de l'art. L. 761-7 reste de son fait et, dispensé légalement de préavis, il ne peut réclamer une indemnité compensatrice de préavis. • Soc. 17 avr. 1996 : ⚖ *préc. note 6.*

CHAPITRE III RÉMUNÉRATION

Art. L. 7113-1 Tout travail non prévu au contrat de travail conclu entre une entreprise de journal et périodique et un journaliste professionnel entraîne une rémunération spéciale. — *[Anc. art. L. 761-8.]*

Art. L. 7113-2 (L. n° 2009-669 du 12 juin 2009, art. 20-II) Tout travail commandé ou accepté par l'éditeur d'un titre de presse au sens de l'article L. 132-35 du code de la propriété intellectuelle, quel qu'en soit le support, est rémunéré, même s'il n'est pas publié.

1. Conditions du droit à rémunération. Il n'y a pas lieu à application de l'art. L. 761-9, al. 2 [L. 7113-2, al. 2 nouv.], dans le cas où un article n'a pu être publié dans un journal mais a paru dans un autre quotidien du même groupe. • Soc. 8 juill. 1997 : ⚖ *RJS 1997. 725, n° 1174 ; CSB 1997. 296, S. 168.*

2. Violation du droit à rémunération. La transgression des dispositions de l'art. L. 761-9 [L. 7113-2 nouv.] est de nature à porter atteinte aux intérêts collectifs de la profession représentée par un syndicat de journalistes, ce qui autorise ce dernier à se constituer partie civile. • Crim. 7 janv. 1995 : *RJS 1995. 388, n° 589.*

Art. L. 7113-3 (L. n° 2009-669 du 12 juin 2009, art. 20-II) Lorsque le travail du journaliste professionnel donne lieu à publication dans les conditions définies à l'article L. 132-37 du code de la propriété intellectuelle, la rémunération qu'il perçoit est un salaire.

Art. L. 7113-4 (L. n° 2009-669 du 12 juin 2009, art. 20-II) La négociation obligatoire visée aux articles L. 2241-1 et L. 2241-8 porte également sur les salaires versés aux journalistes professionnels qui contribuent, de manière permanente ou occasionnelle, à l'élaboration d'un titre de presse.

CHAPITRE IV DISPOSITIONS PÉNALES

Art. L. 7114-1 Est puni d'un emprisonnement de deux ans et d'une amende de 3 750 €, le fait :
1° Soit de faire sciemment une déclaration inexacte en vue d'obtenir la carte d'identité de journaliste professionnel ou la carte d'identité de journaliste professionnel honoraire ;
2° Soit de faire usage d'une carte frauduleusement obtenue, périmée ou annulée, en vue de bénéficier des avantages offerts par ces cartes ;
3° Soit de délivrer sciemment des attestations inexactes en vue de faire attribuer l'une de ces cartes.

Est puni des mêmes peines le fait de fabriquer, de distribuer ou d'utiliser une carte présentant avec l'une de ces cartes ou les documents délivrés par l'autorité administrative aux journalistes une ressemblance de nature à prêter à confusion. — *[Anc. art. L. 796-1.]*

TITRE II PROFESSIONS DU SPECTACLE, DE L'AUDIOVISUEL, DE LA PUBLICITÉ ET DE LA MODE (L. n° 2020-1266 du 19 oct. 2020, art. 1er, en vigueur le 20 avr. 2021).

CHAPITRE I ARTISTES DU SPECTACLE

BIBL. GÉN. ▶ Debonne-Penet, *D. 1980. Chron. 17.* — Labatut, *RDT 2019. 545* (enfant-artiste : un travail sans danger). — Pallantza, *RDT 2015. 597* (rémunération des artistes-interprètes). — Saint-Jours, *D. 1970. Chron. 17.* — Veyssière, *Gaz. Pal. 1996. 1. Doctr. 528* (comédiens et mannequins de films publicitaires).

SECTION 1 Champ d'application

Art. L. 7121-1 Les dispositions du présent code sont applicables aux artistes du spectacle, sous réserve des dispositions particulières du présent chapitre.

SECTION 2 Définitions

Art. L. 7121-2 Sont considérés comme artistes du spectacle, notamment :
1° L'artiste lyrique ;
2° L'artiste dramatique ;
3° L'artiste chorégraphique ;
4° L'artiste de variétés ;
5° Le musicien ;
6° Le chansonnier ;
7° L'artiste de complément ;
8° Le chef d'orchestre ;
9° L'arrangeur-orchestrateur ;
10° Le metteur en scène (L. n° 2016-925 du 7 juill. 2016, art. 46) « , le réalisateur et le chorégraphe, pour l'exécution matérielle de leur » conception artistique ;
(L. n° 2016-925 du 7 juill. 2016, art. 46) « 11° L'artiste de cirque ;
« 12° Le marionnettiste ;
« 13° Les personnes dont l'activité est reconnue comme un métier d'artiste-interprète par les conventions collectives du spectacle vivant étendues. »

Si elles ne sont pas expressément désignées comme telles par l'art. L. 7121-2 fixant une liste non limitative d'artistes du spectacle, les personnes employées pour participer à une manifestation tauromachique doivent être regardées comme des artistes du spectacle régis par les dispositions du chapitre I du titre II du livre I de la septième partie de ce code, et non des règles générales posées par les art. L. 4153-8, D. 4153-16 et D. 4153-17 C. trav. qui ne régissent pas la situation des artistes du spectacle mineurs. • CE 8 juill. 2016, 🔒 n° 388609.

SECTION 3 Contrat de travail

Art. L. 7121-3 Tout contrat par lequel une personne s'assure, moyennant rémunération, le concours d'un artiste du spectacle en vue de sa production, est présumé être un contrat de travail dès lors que cet artiste n'exerce pas l'activité qui fait l'objet de ce contrat dans des conditions impliquant son inscription au registre du commerce (Ord. n° 2021-1189 du 15 sept. 2021, art. 35, en vigueur le 1ᵉʳ janv. 2023) « et des sociétés ».

BIBL. ▶ KERBOURC'H et VINCENT, *Dr. soc. 2007. 808* (contrats de production et d'édition et limitation de la liberté de travailler).

1. Conditions indifférentes. L'art. L. 762-1 [L. 7121-3 nouv.] n'exige pas que le contrat conclu en vue de la production de l'artiste soit passé directement avec celui-ci, ni que la rémunération qu'il reçoit lui soit de même versée directement par l'entrepreneur de spectacles. • Soc. 22 mars 1984 : *Bull. civ. V, n° 112 ; D. 1984. IR 406* • 25 janv. 1990, 🔒 n° 86-10.188 P : *D. 1992. 161, note Daverat*. – Dans le même sens : • Soc. 1ᵉʳ avr. 1993, n° 91-11.649 P : *RJS 1993. 323, n° 554*.

2. Faisceau d'indices. Doit être considérée comme une artiste du spectacle la personne chargée de fournir la sonorisation et l'éclairage d'un spectacle en liaison avec le metteur en scène, son rôle étant d'autant plus important qu'il travaillait pour une association de bénévoles et n'était pas un simple exécutant ; l'intéressé est lié par un contrat de travail sans qu'il soit nécessaire de caractériser l'existence d'un lien de subordination. • Soc. 8 juill. 1999 : 🔒 *D. 1999. IR 212 ; RJS 1999. 801, n° 1310*.

3. Portée de la présomption. La présomption de contrat de travail posée par l'art. L. 762-1 [L. 7121-3 nouv.] ne vaut qu'entre les organisateurs de spectacles et les artistes y participant. • Soc. 3 oct. 2007 : 🔒 *D. 2007. AJ 2674 ; RJS 2007. 1059, n° 1326*. ♦ N'est de nature à exclure l'application de la présomption légale ni le fait que le contrat passé par l'organisateur de spectacles et les artistes ne fasse pas mention du nom de chacun d'eux, ni la preuve de l'absence de subordination des artistes à l'organisateur. • Soc. 14 nov. 1991, 🔒 n° 89-15.909 P : *D. 1991. IR 286 ; RJS 1991. 737, n° 1376*. ♦ ... Ni les irrégularités que présente le contrat. • Soc. 19 mai 1998, 🔒 n° 96-41.138 P : *D. 1998. IR 148 , RJS 1998. 685, n° 1084*. ♦ La présomption subsiste quels que soient le mode et le montant de la rémunération, ainsi que la qualification donnée au contrat par les parties ; elle n'est pas détruite par la preuve que l'artiste emploie lui-même une ou plusieurs personnes pour le seconder, dès lors qu'il participe personnellement au spectacle ; le contrat de travail peut être commun à plusieurs artistes. • Soc. 20 sept. 2006 : 🔒 *D. 2006. IR 2344* . ♦ Il appartient au juge de vérifier si l'intéressé, disc-jockey, dont la qualité d'artiste n'est pas discutée, exerçait son activité dans des conditions impliquant son inscription au registre du commerce. • Soc. 14 oct. 2009 : 🔒 *JCP S 2009. 1577, obs. Lahalle*.

4. N'a pas la qualité d'employeur le chef d'orchestre qui, non inscrit au registre du commerce, signe les contrats d'engagement remplissant les conditions exigées par l'art. L. 762-1, agit en tant que mandataire et traduit le mécontentement général en déclarant qu'il ne voulait plus jouer en compagnie d'un musicien, sans qu'il soit établi qu'il exerçait une autorité quelconque sur les autres musiciens. • Soc. 30 juin 1988 : *Bull. civ. V, n° 400 ; D. 1989. Somm. 164*, note Fieschi-Vivet. – Dans le même sens : • Soc. 4 janv. 1990, n° 86-45.681 P : *D. 1990. IR 24.* ♦ *Contra*, lorsque l'existence d'un lien de dépendance est établie : • Soc. 7 juill. 1979 : *Bull. civ. V, n° 490* • 8 juill. 1980 : *ibid.*, n° 621. ♦ Rappr. : • Soc. 13 mai 1980 : *Bull. civ. V, n° 420 ; D. 1981. IR 124*, obs. Langlois.

5. Qualité de co-entrepreneur. La constitution entre un artiste et un organisateur de spectacles d'une société en participation dans laquelle est prévu le partage des bénéfices et des pertes manifeste de la part de l'artiste la volonté de se comporter en co-entrepreneur de spectacles lui interdisant de bénéficier de la présomption de l'art. L. 762-1. • Soc. 31 oct. 1991, n° 89-11.763 P : *D. 1991. IR 272 ; RJS 1991. 737, n° 1376*.

6. Concours artiste-mannequin. Il résulte des art. L. 762-1 et L. 763-1 et de la loi du 12 juill. 1990 que la distinction des fonctions de mannequin et d'artiste passe par la notion d'interprétation qui caractérise l'artiste à la différence du mannequin. • Paris, 27 janv. 1995 : *RJS 1995. 297, n° 448* (la finalité publicitaire d'un message ne permet de qualifier de mannequin la personne qui s'y prête qu'autant que cette personne n'assure qu'une « présentation » directe ou indirecte). ♦ Dans le même sens, sur la distinction des fonctions de mannequin et d'artiste : • CE 17 mars 1997 : *D. 1997. 467*, concl. Maugüé ; *RJS 1997. 490, n° 768*. • Soc. 10 févr. 1998, n° 95-43.510 P : *D. 1998. IR 73 ; RJS 1998. 233, n° 381*.

7. Artistes de complément. V. • Paris, 18 févr. 1993 : *D. 1993. 397*, note Wekstein-Steg.

8. Droit de l'Union européenne et présomption de salariat. En soumettant l'octroi d'une licence aux agents de placement des artistes établis dans un autre État membre de l'UE aux besoins de placement des artistes et en imposant une présomption de salariat aux artistes qui sont reconnus comme prestataires de services établis dans leur État membre d'origine où ils fournissent habituellement des services analogues, la République française a manqué aux obligations qui lui incombent en vertu de l'art. 49 CE. • CJCE 15 juin 2006, *Commission c/ République française*, n° C-255/04, pt 55 : *Rec. CJCE, p. I-5254 ; D. 2006. IR 1988 ; JCP S 2006. 1611*, note Cavallini. ♦ Il incombe à la partie soutenant que les artistes sont reconnus comme prestataires de services dans leur État d'origine d'en rapporter la preuve. • Soc. 14 mai 2014 : *D. actu. 3 juin 2014*, obs. Ines ; *RJS 2014. 486, n° 592*.

Art. L. 7121-4 La présomption de l'existence d'un contrat de travail subsiste quels que soient le mode et le montant de la rémunération, ainsi que la qualification donnée au contrat par les parties.

Cette présomption subsiste même s'il est prouvé que l'artiste conserve la liberté d'expression de son art, qu'il est propriétaire de tout ou partie du matériel utilisé ou qu'il emploie lui-même une ou plusieurs personnes pour le seconder, dès lors qu'il participe personnellement au spectacle. – [*Anc. art. L. 762-1, al. 2.*]

Art. L. 7121-5 La présomption de salariat prévue à l'article L. 7121-3 ne s'applique pas aux artistes reconnus comme prestataires de services établis dans un État membre de la Communauté européenne ou dans un autre État partie à l'accord sur l'Espace économique européen où ils fournissent habituellement des services analogues et qui viennent exercer leur activité en France, par la voie de la prestation de services, à titre temporaire et indépendant.

Art. L. 7121-6 Le contrat de travail d'un artiste du spectacle est individuel. – [*Anc. art. L. 762-1, al. 4, phrase 1.*]

Art. L. 7121-7 Le contrat de travail peut être commun à plusieurs artistes lorsqu'il concerne des artistes se produisant dans un même numéro ou des musiciens appartenant au même orchestre.

Dans ce cas, le contrat de travail désigne nominativement tous les artistes engagés et comporte le montant du salaire attribué à chacun d'eux. Il peut être revêtu de la signature d'un seul artiste, à condition que le signataire ait reçu mandat écrit de chacun des artistes figurant au contrat.

L'artiste contractant dans ces conditions conserve la qualité de salarié. – [*Anc. art. L. 762-1, al. 4, phrase 2 et al. 5 à 7.*]

L'artiste dont les agissements excèdent les éléments inhérents à l'exécution du mandat donné à lui par un autre artiste en application de l'art. L. 7121-7 C. trav. peut être l'employeur de ce dernier s'il est établi l'existence d'un lien de subordination caractérisant le contrat de travail. • Soc. 4 déc. 2013 : *D. actu. 6 janv. 2014*, obs. Ines.

Art. L. 7121-7-1 (L. n° 2011-525 du 17 mai 2011, art. 8) Les employeurs relevant du champ d'application du guichet unique fixé à l'article L. 7122-22 doivent, en l'absence de dispositions conventionnelles spécifiques aux artistes et techniciens du spectacle au titre de leur activité principale, lorsqu'ils emploient un artiste ou un technicien du spectacle, les faire bénéficier des dispositions d'une convention collective des activités du spectacle et s'y référer dans le formulaire de déclaration d'emploi.

SECTION 4 Rémunération

Art. L. 7121-8 La rémunération due à l'artiste à l'occasion de la vente ou de l'exploitation de l'enregistrement de son interprétation, exécution ou présentation par l'employeur ou tout autre utilisateur n'est pas considérée comme salaire dès que la présence physique de l'artiste n'est plus requise pour exploiter cet enregistrement et que cette rémunération n'est pas fonction du salaire reçu pour la production de son interprétation, exécution ou présentation, mais est fonction du produit de la vente ou de l'exploitation de cet enregistrement. — [Anc. art. L. 762-2.]

Sur les droits des artistes-interprètes, V. CPI, art. L. 212-4 à L. 212-7.

1. Jurisprudence antérieure à la loi du 17 juin 2008 portant réforme de la prescription en matière civile. Dès lors que le contrat d'enregistrement conclu par un artiste prévoit une cession de droits rémunérés par des redevances calculées sur les ventes des enregistrements, non liées à la présence de l'artiste ni ne présentant pas le caractère de salaire, l'action en paiement n'est pas soumise à la prescription quinquennale mais à la prescription trentenaire. ● Soc. 17 mai 2006 : D. 2006. IR 1634 ; JCP S 2006. 1613, obs. Lahalle.

2. Avance requalifiée en salaire. Doivent être requalifiées en salaire, les avances de redevances dont le versement, d'une part, était conditionné par la présence physique de l'artiste nécessairement présent lors de son entrée en studio et lors de l'achèvement de l'enregistrement d'un album et, d'autre part, n'était fonction ni du produit de la vente, ni du produit de l'exploitation de cet enregistrement. ● Soc. 8 juill. 2015, n° 13-25.681 P : D. 2015. Actu. 1546 ; RJS 10/2015, n° 680.

SECTION 5 Placement

BIBL. ▶ FLAMENT, JCP S 2012. 1036 (nouveau régime de l'activité d'agent artistique).

SOUS-SECTION 1 Activité d'agent artistique (Ord. n° 2015-1682 du 17 déc. 2015, art. 15).

Art. L. 7121-9 (L. n° 2010-853 du 23 juill. 2010, art. 21-I) L'activité d'agent artistique, qu'elle soit exercée sous l'appellation d'impresario, de manager ou sous toute autre dénomination, consiste à recevoir mandat à titre onéreux d'un ou de plusieurs artistes du spectacle aux fins de placement et de représentation de leurs intérêts professionnels.

Un décret en Conseil d'État fixe les modalités du mandat écrit visé au premier alinéa et les obligations respectives à la charge des parties.

Nul ne peut exercer l'activité d'agent artistique s'il exerce, directement ou par personne interposée, l'activité de producteur d'œuvres cinématographiques ou audiovisuelles. — V. art. R. 7121-50 (pén.).

Le placement d'un orchestre équivaut au placement d'un seul artiste, s'il n'est pas accompli d'actes de courtage distincts pour le chef d'orchestre et les musiciens. ● Crim. 14 avr. 1992, n° 91-82.911 P.

Art. L. 7121-10 Abrogé par Ord. n° 2015-1682 du 17 déc. 2015, art. 15.

Art. L. 7121-11 L'activité d'agent artistique présente un caractère commercial au sens des dispositions du code de commerce. — [Anc. art. L. 762-4.]

Art. L. 7121-12 Sous réserve du respect (L. n° 2010-853 du 23 juill. 2010, art. 21-I) « de l'incompatibilité prévue à l'article L. 7121-9 », un agent artistique peut produire un spectacle vivant au sens du chapitre II, lorsqu'il est titulaire d'une licence d'entrepreneur de spectacles vivants.

Dans ce cas, il ne peut percevoir aucune commission sur l'ensemble des artistes composant la distribution du spectacle. — [Anc. art. L. 762-5, al. 5.] — V. art. R. 7121-51 (pén.).

SOUS-SECTION 2 Rémunération des services de placement

Art. L. 7121-13 (L. n° 2010-853 du 20 juill. 2010, art. 21-I) Les sommes que les agents artistiques peuvent percevoir en rémunération de leurs services et notamment du placement se calculent en pourcentage sur l'ensemble des rémunérations de l'artiste. Un décret fixe la nature des rémunérations prises en compte pour le calcul de la rétribution de l'agent artistique ainsi que le plafond et les modalités de versement de sa rémunération. — V. art. L. 7121-17 (pén.).

Ces sommes peuvent, par accord entre l'agent artistique et l'artiste du spectacle bénéficiaire du placement, être en tout ou partie mises à la charge de l'artiste. Dans ce cas, l'agent artistique donne quittance à l'artiste du paiement opéré par ce dernier. — V. art. R. 7121-52 (pén.).

SOUS-SECTION 3 Agences artistiques

Art. L. 7121-14 Le maire surveille les agences artistiques, leurs succursales et leurs bureaux annexes pour y assurer le maintien de l'ordre et le respect des règles d'hygiène.

SECTION 6 Dispositions pénales

Art. L. 7121-15 Le fait, pour un agent artistique, de produire un spectacle vivant sans être titulaire d'une licence d'entrepreneur de spectacles vivants, en méconnaissance des dispositions de (L. n° 2010-853 du 23 juill. 2010, art. 21-II) « l'article L. 7121-12 », est puni, en cas de récidive, d'un emprisonnement de six mois et d'une amende de 3 750 €. — [Anc. art. L. 796-2.]

Art. L. 7121-16 Le fait, pour un agent artistique titulaire d'une licence d'entrepreneur de spectacles vivants et produisant un spectacle vivant, de percevoir une commission sur l'ensemble des artistes composant la distribution du spectacle, en méconnaissance des dispositions de (L. n° 2010-853 du 23 juill. 2010, art. 21-II) « l'article L. 7121-12 », est puni, en cas de récidive, d'un emprisonnement de six mois et d'une amende de 3 750 €.

Art. L. 7121-17 (L. n° 2010-853 du 23 juill. 2010, art. 21-II) Le fait, pour un agent artistique établi sur le territoire national, de percevoir des sommes en méconnaissance du premier alinéa de l'article L. 7121-13 est puni, en cas de récidive, d'un emprisonnement de six mois et d'une amende de 3 750 €.

CHAPITRE II ENTREPRISES DE SPECTACLES VIVANTS

SECTION 1 Activité d'entrepreneur de spectacles vivants (Ord. n° 2019-700 du 3 juill. 2019, art. 2-I).

SOUS-SECTION 1 Champ d'application

Art. L. 7122-1 Les dispositions de la présente section s'appliquent aux entrepreneurs de spectacles vivants qui, en vue de la représentation en public d'une œuvre de l'esprit, s'assurent la présence physique d'au moins un artiste du spectacle percevant une rémunération. — [Anc. art. 1, Ord. n° 45-2339 du 13 oct. 1945.]

SOUS-SECTION 2 Définitions

Art. L. 7122-2 Est entrepreneur de spectacles vivants toute personne qui exerce une activité d'exploitation de lieux de spectacles, de production ou de diffusion de spectacles, seul ou dans le cadre de contrats conclus avec d'autres entrepreneurs de spectacles vivants, quel que soit le mode de gestion, public ou privé, à but lucratif ou non, de ces activités.

Les différentes catégories d'entrepreneurs de spectacles vivants sont déterminées par voie réglementaire. — [Anc. art. 1-1, al. 1, Ord. n° 45-2339 du 13 oct. 1945.]

SOUS-SECTION 3 La déclaration d'activité d'entrepreneur de spectacles vivants

(Ord. n° 2019-700 du 3 juill. 2019, art. 2-II, en vigueur le 1er oct. 2019)

Les demandes de licence et de renouvellement de licence, déposées avant le 1er oct. 2019, demeurent régies par les dispositions du code du travail relatives à la licence d'entrepreneur de spectacles vivants dans leur rédaction antérieure à l'Ord. n° 2019-700 du 3 juill. 2019 (Ord. préc., art. 6). — V. sous-section 3 [ancienne], anc. art. L. 7122-3 s., infra.

Art. L. 7122-3 Toute personne établie sur le territoire national et qui relève d'une ou plusieurs des catégories mentionnées à l'article L. 7122-2 peut exercer une activité d'entrepreneur de spectacles vivants sous réserve de :
1° Remplir les conditions énoncées à l'article L. 7122-4 ;
2° Déclarer son activité auprès de l'autorité administrative compétente.

Cette déclaration donne lieu à la délivrance d'un récépissé de déclaration d'entrepreneur de spectacles vivants, valant licence. Toutefois, l'autorité administrative compétente peut s'opposer à cette délivrance lorsque les conditions pour exercer l'activité d'entrepreneur de spectacles vivants ne sont pas remplies.

Le décret en Conseil d'État mentionné à l'article L. 7122-17 détermine le délai de validité de la déclaration ainsi que les modalités d'instruction et d'opposition à cette déclaration par l'autorité administrative compétente.

Art. L. 7122-4 I. — Lorsque l'activité d'entrepreneur de spectacles vivants est exercée par une personne physique, celle-ci est tenue de remplir des conditions de compétence ou d'expérience professionnelle.

Lorsque l'activité d'entrepreneur de spectacles vivants est exercée par une personne morale, le représentant légal ou toute autre personne désignée par la structure est tenu de remplir des conditions de compétence ou d'expérience professionnelle.

En cas de cessation de fonctions, pendant le délai de validité de la déclaration, de la personne tenue de remplir les conditions de compétence ou d'expérience mentionnées au deuxième alinéa, l'entrepreneur de spectacles en informe l'administration, ainsi que des nom et qualités de la personne qui la remplace. L'administration peut alors, si elle estime que les conditions de compétence ou d'expérience ne sont plus remplies, s'opposer à la poursuite de l'activité et mettre fin à la validité de la déclaration dans les conditions et délais fixés par le décret prévu à l'article L. 7122-17.

II. — La personne déclarante ne doit pas avoir fait l'objet d'une décision judiciaire interdisant l'exercice d'une activité commerciale et doit être immatriculée au registre du commerce et des sociétés ou au *(Ord. n° 2021-1189 du 15 sept. 2021, art. 35, en vigueur le 1er janv. 2023)* « registre national des entreprises en tant qu'entreprise du secteur des métiers et de l'artisanat » lorsqu'elle est soumise à cette obligation.

III. — La déclaration d'activité d'entreprise de spectacles vivants établit que les obligations en matière de sécurité des lieux de spectacles sont respectées.

Art. L. 7122-5 Les entrepreneurs de spectacles vivants ressortissants d'un État européen peuvent s'établir, sans déclarer leur activité, pour exercer leurs activités en France, sous réserve de produire un titre d'effet équivalent délivré dans un de ces États dans des conditions comparables.

Art. L. 7122-6 Les entrepreneurs de spectacles vivants autres que ceux mentionnés aux articles L. 7122-3 et L. 7122-5 peuvent exercer cette activité de façon temporaire et occasionnelle dans des conditions fixées par décret en Conseil d'État, sous réserve :
1° S'ils sont légalement établis dans un autre État membre de l'Union européenne ou partie à l'accord sur l'Espace économique européen, d'avoir préalablement informé l'autorité administrative compétente de cette activité ;
2° S'ils ne sont pas établis dans un État membre de l'Union européenne ou partie à l'accord sur l'Espace économique européen, d'avoir préalablement informé l'autorité administrative compétente de cette activité et conclu un contrat avec un entrepreneur de spectacles vivants détenteur du récépissé mentionné à l'article L. 7122-3.

Art. L. 7122-7 L'autorité administrative compétente peut s'opposer à la poursuite de l'activité et mettre fin à la validité de la déclaration en cas de méconnaissance des obligations de l'employeur prévues par le présent code, par le régime de sécurité sociale ou par les dispositions relatives à la protection de la propriété littéraire et artistique ainsi que des obligations en matière de sécurité des lieux de spectacle.

Art. L. 7122-8 Les administrations et organismes intéressés communiquent à l'autorité administrative compétente pour délivrer le récépissé de déclaration toute information relative à la situation des entrepreneurs de spectacles au regard des obligations mentionnées à l'article L. 7122-7.

SOUS-SECTION 3 *[ANCIENNE]* **Licence d'entrepreneur de spectacles vivants**

Les demandes de licence et de renouvellement de licence, déposées avant le 1er oct. 2019, demeurent régies par les dispositions du code du travail relatives à la licence d'entrepreneur de spectacles vivants dans leur rédaction antérieure à l'Ord. n° 2019-700 du 3 juill. 2019 (Ord. préc., art. 6).

Ancien art. L. 7122-3 *(L. n° 2011-302 du 22 mars 2011, art. 12-1°)* « Toute personne établie sur le territoire national qui exerce l'activité » *d'entrepreneur de spectacles vivants (L. n° 2011-302 du 22 mars 2011, art. 12-1°)* « doit détenir une » *licence d'entrepreneur de spectacles vivants d'une ou plusieurs des catégories mentionnées à l'article L. 7122-2 (L. n° 2011-302 du 22 mars 2011, art. 12-1°)* « , sous réserve des dispositions de l'article L. 7122-10 ».

Ancien art. L. 7122-4 *Lorsque l'activité d'entrepreneur de spectacles vivants est exercée par une personne physique, la licence est délivrée à cette personne sur justification de son immatriculation au registre du commerce et des sociétés ou au répertoire des métiers.*

Ancien art. L. 7122-5 *Lorsque l'activité d'entrepreneur de spectacles vivants est exercée par une personne morale, la licence est accordée au représentant légal ou statutaire de celle-ci, sous réserve des dispositions suivantes :*
1° Pour les associations et pour les établissements publics, la licence est accordée au dirigeant désigné par l'organe délibérant prévu par les statuts ;
2° Pour les salles de spectacles exploitées en régie directe par les collectivités publiques, la licence est accordée à la personne physique désignée par l'autorité compétente.
En cas de cessation de fonctions du détenteur de la licence d'entrepreneur de spectacles vivants, les droits attachés à cette licence sont transférés à la personne désignée par l'entreprise, l'autorité compétente ou l'organe délibérant, pour une durée déterminée. L'identité de la personne ainsi désignée est transmise pour information à l'autorité administrative.

Ancien art. L. 7122-6 *La licence est personnelle et incessible.*
Elle est accordée pour la direction d'une entreprise déterminée.
L'interposition de quelque personne que ce soit est interdite.

Ancien art. L. 7122-7 *La délivrance de la licence est subordonnée à des conditions de compétence ou d'expérience professionnelle du demandeur.*

Ancien art. L. 7122-8 *La licence ne peut être attribuée à une personne ayant fait l'objet d'une décision judiciaire lui interdisant l'exercice d'une activité commerciale.*

Ancien art. L. 7122-9 *(Abrogé par L. n° 2011-302 du 22 mars 2011, art. 12-2°)* « Lorsque l'entrepreneur de spectacles vivants est établi en France, » *La licence d'entrepreneur de spectacles vivants est délivrée pour une durée déterminée renouvelable.*

Ancien art. L. 7122-10 *Les entrepreneurs de spectacles vivants ressortissants d'un État membre de (L. n° 2011-302 du 22 mars 2011, art. 12-3°)* « l'Union » *européenne ou d'un autre État partie à l'accord sur l'Espace économique européen peuvent (L. n° 2011-302 du 22 mars 2011, art. 12-3°)* « s'établir, sans licence, pour exercer » *leurs activités en France, sous réserve de produire un titre d'effet équivalent délivré dans un de ces États dans des conditions comparables.*

Ancien art. L. 7122-11 *(L. n° 2011-302 du 22 mars 2011, art. 12-4°) Les entrepreneurs de spectacles vivants autres que ceux mentionnés aux articles L. 7122-3 et L. 7122-10 peuvent exercer cette activité de façon temporaire et occasionnelle, sous réserve :*
1° S'ils sont légalement établis dans un autre État membre de l'Union européenne ou partie à l'accord sur l'Espace économique européen, d'avoir préalablement déclaré leur activité dans des conditions fixées par voie réglementaire ;
2° S'ils ne sont pas établis dans un État membre de l'Union européenne ou partie à l'accord sur l'Espace économique européen, d'avoir obtenu une licence pour la durée des représentations publiques envisagées ou d'avoir préalablement déclaré ces représentations et conclu un contrat avec un entrepreneur de spectacles vivants détenteur d'une licence mentionnée à l'article L. 7122-3, dans des conditions fixées par voie réglementaire.

Ancien art. L. 7122-12 *La licence peut être retirée en cas de méconnaissance des dispositions légales relatives aux obligations de l'employeur prévues par le présent code, par l'ordonnance n° 45-2339 du 13 octobre 1945 relative aux spectacles, par le régime de sécurité sociale ainsi que des dispositions relatives à la protection de la propriété littéraire et artistique.*

Ancien art. L. 7122-13 *Les administrations et organismes intéressés communiquent à l'autorité compétente pour délivrer la licence toute information relative à la situation des entrepreneurs de spectacles au regard des obligations mentionnées à l'article L. 7122-12.*

Ancien art. L. 7122-14 *Un décret en Conseil d'État détermine les conditions d'application de la présente sous-section.*

SOUS-SECTION 4 Protection des salaires

Art. L. 7122-15 En cas de besoin, pour assurer le paiement des salaires, les recettes peuvent, sur la demande de l'autorité administrative ou des intéressés, faire en cours de représentation l'objet de saisies autorisées par ordonnance du juge judiciaire statuant en référé. — *[Anc. art. 8, al. 2, Ord. n° 45-2339 du 13 oct. 1945.]*

SOUS-SECTION 5 Sanctions en cas de non-respect de l'obligation de déclaration et d'information

(Ord. n° 2019-700 du 3 juill. 2019, art. 3, en vigueur le 1er oct. 2019)

Art. L. 7122-16 I. — Lorsqu'il est constaté qu'une personne, physique ou morale, exerce l'activité d'entrepreneurs *[entrepreneur]* de spectacles vivants sans être détentrice du récépissé de déclaration d'activité valide mentionné à l'article L. 7122-3, ou qu'elle n'a pas satisfait aux obligations prévues au troisième alinéa du I de l'article L. 7122-4, ou au 1° ou 2° de l'article L. 7122-6, ou qu'elle n'est pas titulaire d'un titre d'effet équivalent visé à l'article L. 7122-5, l'autorité administrative compétente informe par écrit la personne mise en cause de la sanction envisagée en portant à sa connaissance le manquement retenu à son encontre et en l'invitant à présenter ses observations, dans un délai fixé par voie réglementaire.

II. — A l'issue de ce délai, l'autorité administrative compétente peut, par décision motivée :
1° Prononcer une amende administrative d'un montant maximum de 1 500 €, pour une personne physique, et d'un montant maximum de 7 500 € pour une personne morale ;
2° Assortir l'amende mentionnée au 1° d'une astreinte en cas de non-paiement de l'amende. L'astreinte cesse de courir le jour de la régularisation de la situation ;
3° Ordonner la fermeture, pour une durée de un an au plus, du ou des établissements de l'entrepreneur ayant servi à commettre l'infraction.

III. — Le plafond de l'amende est porté au double en cas de nouveau manquement de même nature constaté dans un délai de deux ans à compter du jour de la notification de l'amende concernant un précédent manquement de même nature.

IV. — Sous réserve des secrets protégés par la loi, les sanctions mentionnées au présent article peuvent être assorties d'une mesure de publicité qui n'a pas à être spécialement motivée.

V. — Pour fixer le montant de l'amende ou la durée de la fermeture d'un établissement, l'autorité administrative compétente prend en compte les circonstances et la gravité du manquement, le comportement de son auteur, notamment sa bonne foi, ainsi que ses ressources et ses charges.

VI. — La décision est prise sur rapport constatant le manquement transmis à l'autorité administrative compétente dans des conditions fixées par voie réglementaire.

VII. — Le délai de prescription de l'action de l'autorité administrative compétente pour la sanction du manquement par une amende administrative ou la fermeture d'un établissement est de deux années révolues à compter du jour où le manquement a été commis.

VIII. — Les amendes et les astreintes mentionnées aux 1° et 2° du II sont recouvrées au profit du Trésor public.

Art. L. 7122-17 Outre les officiers et agents de police judiciaire, les agents de contrôle de l'inspection du travail mentionnés à l'article L. 8112-1 ainsi que les agents de contrôle des organismes de sécurité sociale sont habilités à constater l'infraction prévue à l'article L. 7122-16.

Art. L. 7122-18 Un décret en Conseil d'État détermine les conditions d'application de la présente section. — *V. art. D. 7122-1 s.*

SECTION 2 Exercice de l'activité d'entrepreneur de spectacles vivants à titre accessoire

(Ord. n° 2019-700 du 3 juill. 2019, art. 4, en vigueur le 1er oct. 2019)

Art. L. 7122-19 Peuvent exercer l'activité d'entrepreneur de spectacles vivants, dans la limite d'un plafond annuel de représentations, sans être soumis aux obligations de déclaration mentionnées aux articles L. 7122-3 et L. 7122-6 :
 1° Toute personne qui n'a pas pour activité principale ou pour objet l'exploitation de lieux de spectacles, la production ou la diffusion de spectacles ;
 2° Les groupements d'artistes amateurs bénévoles faisant occasionnellement appel à un ou plusieurs artistes du spectacle percevant une rémunération.

Art. L. 7122-20 Un décret en Conseil d'État détermine les modalités d'application de la présente section.

SECTION 3 Guichet unique pour le spectacle vivant

SOUS-SECTION 1 Champ d'application

Art. L. 7122-22 Les dispositions de la présente section s'appliquent : •
 1° Aux personnes mentionnées à l'article L. 7122-19 ;
 2° Aux personnes qui n'ont pas pour activité principale ou pour objet l'exploitation de lieux de spectacles, de parcs de loisirs ou d'attraction, la production ou la diffusion de spectacles. — *[Anc. art. L. 620-9, I, al. 1er début.]*

SOUS-SECTION 2 Conditions de mise en œuvre

Art. L. 7122-23 Les groupements et les personnes mentionnés à l'article L. 7122-22 procèdent auprès d'un organisme habilité par l'État *(L. n° 2016-1917 du 29 déc. 2016, art. 60-I-E, en vigueur le 1er janv. 2019)* « à la déclaration de la retenue à la source prévue à l'article 204 A du code général des impôts et » aux déclarations obligatoires liées à l'embauche et à l'emploi sous contrat de travail à durée déterminée :
 1° Des artistes du spectacle mentionnés à l'article L. 7121-2 ;
 2° Des ouvriers et des techniciens concourant au spectacle, engagés pour pourvoir l'un des emplois figurant sur une liste déterminée par décret en Conseil d'État. — *V. art. R. 7122-14 s.*

Art. L. 7122-24 L'employeur, qui remet au salarié et qui adresse à l'organisme habilité par l'État les éléments de la déclaration prévue à l'article L. 7122-23 qui leur sont respectivement destinés, est réputé satisfaire aux obligations relatives :
 1° A la déclaration préalable à l'embauche, prévue par l'article L. 1221-10 ;
 2° A la remise du certificat de travail, prévue par l'article L. 1234-19 ;
 3° A l'établissement, au contenu et à la transmission du contrat de travail à durée déterminée, prévus par les articles L. 1242-12 et L. 1242-13 *(L. n° 2023-171 du 9 mars 2023, art. 19-I)* « ainsi qu'à l'information du salarié prévue à l'article L. 1221-5-1 » ; — *V. art. R. 7122-18.*
 4° A l'affiliation à la caisse de congés payés, prévue par l'article *(L. n° 2016-1088 du 8 août 2016, art. 8)* « L. 3141-32 » ;
 (L. n° 2016-1917 du 29 déc. 2016, art. 60-I-E, en vigueur le 1er janv. 2019) « 5° Aux déclarations prévues aux articles 87 et 87-0 A du code général des impôts. »

Art. L. 7122-25 Par dérogation aux dispositions de l'article L. 7122-24, les parties conservent la faculté d'établir le contrat de travail sur un autre document que celui prévu par ce même article. — *[Anc. art. L. 620-9, II, al. 2 phrase 2.]*

Art. L. 7122-26 L'organisme habilité par l'État délivre au salarié une attestation mensuelle d'emploi qui se substitue à la remise du bulletin de paie prévue par l'article L. 3243-2. — *[Anc. art. L. 620-9, II, al. 3.]*

SOUS-SECTION 3 Litiges

Art. L. 7122-27 Les litiges résultant de l'application aux employeurs du secteur public mentionnés à l'article L. 5424-1 des dispositions de l'article L. 7122-23, relatives aux déclarations obligatoires, *(L. n° 2008-126 du 13 févr. 2008)* « suivent les règles de compétence prévues à l'article L. 5422-16 ». — *[Anc. art. L. 620-9, IV, al. 8.]*

SOUS-SECTION 4 Dispositions d'application

Art. L. 7122-28 Un décret en Conseil d'État détermine les modalités d'application de la présente section. — *[Anc. art. L. 620-9, VI.]* — *V. art. R. 7122-29 s.*

CHAPITRE III MANNEQUINS ET AGENCES DE MANNEQUINS

V. Circ. DGT n° 2012/06 du 26 juill. 2012 relative à l'application de l'art. 14 de la L. n° 2011-302 du 22 mars 2011 et du Décr. n° 2011-1001 du 24 août 2011 relatifs à l'emploi des mannequins et aux agences de mannequins.

RÉP. TRAV. v° *Artiste, mannequin et spectacle*, par DAUGAREILH et MARTIN.

BIBL. GÉN. ▶ VEYSSIÈRE, *Gaz. Pal.* 1996. 1. Doctr. 528 (comédiens et mannequins de films publicitaires).

SECTION 1 Mannequins

SOUS-SECTION 1 Champ d'application

Art. L. 7123-1 Les dispositions du présent code sont applicables aux mannequins, sous réserve des dispositions particulières du présent chapitre.

SOUS-SECTION 2 Définitions

Art. L. 7123-2 Est considérée comme exerçant une activité de mannequin, même si cette activité n'est exercée qu'à titre occasionnel, toute personne qui est chargée :
1° Soit de présenter au public, directement ou indirectement par reproduction de son image sur tout support visuel ou audiovisuel, un produit, un service ou un message publicitaire ;
2° Soit de poser comme modèle, avec ou sans utilisation ultérieure de son image. — *[Anc. art. L. 763-1, al. 3.]*

Art. L. 7123-2-1 *(L. n° 2016-41 du 26 janv. 2016, art. 20)* L'exercice de l'activité de mannequin est conditionné à la délivrance d'un certificat médical. Ce certificat atteste que l'évaluation globale de l'état de santé du mannequin, évalué notamment au regard de son indice de masse corporelle, est compatible avec l'exercice de son métier.
Un arrêté des ministres chargés de la santé et du travail, pris après avis de la Haute Autorité de santé, définit les modalités d'application du premier alinéa.

SOUS-SECTION 3 Contrat de travail

V. Circ. DRT n° 93-17 du 4 juin 1993 relative à l'application de la loi n° 90-603 du 12 juill. 1990 et de son décret d'application (BOMT n° 93/17, texte n° 578).

Art. L. 7123-3 Tout contrat par lequel une personne s'assure, moyennant rémunération, le concours d'un mannequin est présumé être un contrat de travail. — *[Anc. art. L. 763-1, al. 1er.]*

La présentation directe au public d'un produit par un athlète à l'occasion de diverses manifestations et notamment, d'exhibitions sportives, avec ou sans compétition, entre dans le champ d'application de la présomption de salariat des mannequins prévue par les art. L. 7123-3 et L. 7123-4. La société qui soutient que les conventions litigieuses – qui emportent pour les athlètes concernés l'obligation, moyennant rémunération, de porter les équipements de la marque en vue d'en assurer la promotion à l'occasion de diverses manifestations – sont de nature commerciale doit renverser cette présomption en apportant la preuve de l'absence de lien de subordination. ● Civ. 2e, 12 mai 2021, 🔒 n° 19-24.610 P : *D.* 2021. 1455, obs. Loiseau ✎ ; *RJS* 7/2021, n° 412.

Art. L. 7123-4 La présomption de l'existence d'un contrat de travail subsiste quels que soient le mode et le montant de la rémunération ainsi que la qualification donnée au contrat par les parties.

Elle n'est pas non plus détruite par la preuve que le mannequin conserve une entière liberté d'action pour l'exécution de son travail de présentation. — [Anc. art. L. 763-1, al. 2.]

1. Renversement de la présomption. La présomption de salariat posée par l'art. L. 763-1 [L. 7123-4 nouv.] n'est pas irréfragable. • Soc. 16 janv. 1997 : ⚖ RJS 1997. 217, n° 326 (absence de lien de subordination, en l'espèce, entre une joueuse de tennis professionnelle et la société avec laquelle elle avait conclu un contrat de parrainage).

2. Concours mannequin-artiste. Il résulte des art. L. 762-1 et L. 763-1 et de la loi du 12 juill. 1990 que la distinction des fonctions de mannequin et d'artiste passe par la notion d'interprétation qui caractérise l'artiste à la différence du mannequin. • Paris, 27 janv. 1995 : RJS 1995. 297, n° 448 (la finalité publicitaire d'un message ne permet de qualifier de mannequin la personne qui s'y prête qu'autant que cette personne n'assure qu'une « présentation » directe ou indirecte). ♦ Dans le même sens, sur la distinction des fonctions de mannequin et d'artiste : • CE 17 mars 1997 : ⚖ D. 1997. 467, concl. Maugüé ⌀ ; RJS 1997. 490, n° 768 (illégalité, sur ce point, de la circulaire DRT n° 93-17 du 4 juin 1993, citée au-dessus de l'art. L. 7123-3).

Art. L. 7123-4-1 (L. n° 2011-302 du 22 mars 2011, art. 14-1°) La présomption de salariat prévue aux articles L. 7123-3 et L. 7123-4 ne s'applique pas aux mannequins reconnus comme prestataires de services établis dans un État membre de l'Union européenne ou dans un autre État partie à l'accord sur l'Espace économique européen où ils fournissent habituellement des services analogues et qui viennent exercer leur activité en France, par la voie de la prestation de services, à titre temporaire et indépendant.

Art. L. 7123-5 Tout contrat de travail conclu entre une agence de mannequins et chacun des mannequins qu'elle emploie est établi par écrit et comporte la définition précise de son objet. — [Anc. art. L. 763-4, al. 1er.]

SOUS-SECTION 4 **Rémunération**

Art. L. 7123-6 La rémunération due au mannequin à l'occasion de la vente ou de l'exploitation de l'enregistrement de sa présentation par l'employeur ou tout autre utilisateur n'est pas considérée comme salaire dès que la présence physique du mannequin n'est plus requise pour exploiter cet enregistrement et que cette rémunération n'est pas fonction du salaire reçu pour la production de sa présentation, mais est fonction du produit de la vente ou de l'exploitation de l'enregistrement. — [Anc. art. L. 763-2.]

Art. L. 7123-7 Le salaire perçu par un mannequin pour une prestation donnée ne peut être inférieur à un pourcentage minimum des sommes versées à cette occasion par l'utilisateur à l'agence de mannequins.

Ce pourcentage est établi, pour les différents types de prestation, par convention ou accord collectif de travail. — [Anc. art. L. 763-5, al. 1er et 2.]

Art. L. 7123-8 Toute consultation donnée à un jeune sur les possibilités d'accès à l'activité de mannequin est gratuite. — [Anc. art. L. 763-6, al. 1er.]

Art. L. 7123-9 Les frais avancés par l'agence de mannequins pour la promotion et le déroulement de la carrière du mannequin ne peuvent faire l'objet d'un remboursement qu'au moyen de retenues successives ne dépassant pas un pourcentage du montant des salaires et rémunérations exigibles. Ce pourcentage est déterminé par décret en Conseil d'État. — [Anc. art. L. 763-6, al. 2.] — V. art. R. 7123-3 s.

Art. L. 7123-10 Le salarié lié à l'agence de mannequins par un contrat de travail a droit à une indemnité compensatrice de congé payé pour chaque prestation, quelle que soit la durée de celle-ci.

Le montant de l'indemnité, calculé en fonction de cette durée, ne peut être inférieur au dixième de la rémunération totale due au salarié.

L'indemnité est versée à la fin de la prestation. — [Anc. art. L. 763-7.]

SECTION 2 Agences de mannequins

SOUS-SECTION 1 Licence d'agence de mannequins

Art. L. 7123-11 (L. n° 2011-302 du 22 mars 2011, art. 14-2°) Le placement des mannequins peut être réalisé à titre onéreux.

Toute personne établie sur le territoire national qui exerce l'activité définie au premier alinéa doit être titulaire d'une licence d'agence de mannequins.

Les agences de mannequins légalement établies dans un autre État membre de l'Union européenne ou partie à l'accord sur l'Espace économique européen peuvent exercer cette activité de façon temporaire et occasionnelle sur le territoire national, sous réserve d'avoir préalablement déclaré leur activité.

Art. L. 7123-12 Est considérée comme exploitant une agence de mannequins toute personne physique ou morale dont l'activité consiste à mettre à la disposition provisoire d'utilisateurs, à titre onéreux, des mannequins qu'elle embauche et rémunère à cet effet. — [Anc. art. L. 763-3, al. 3.]

Art. L. 7123-13 Les dispositions relatives au prêt de main-d'œuvre illicite prévues à l'article L. 8241-1 ne s'appliquent pas à l'activité d'exploitant d'une agence de mannequins lorsque celle-ci est exercée par une personne (L. n° 2011-302 du 22 mars 2011, art. 14-3°) « exerçant l'activité d'agence de mannequins dans les conditions prévues par l'article L. 7123-11. »

Art. L. 7123-14 (L. n° 2011-302 du 22 mars 2011, art. 14-4°) La délivrance de la licence d'agence de mannequins par l'autorité administrative est subordonnée à des conditions déterminées par voie réglementaire. Lorsqu'une agence est légalement établie dans un autre État membre de l'Union européenne ou partie à l'accord sur l'Espace économique européen, il est tenu compte des exigences équivalentes auxquelles elle est déjà soumise.

La licence devient caduque si son titulaire ne produit pas, à des échéances déterminées, les pièces établissant qu'il continue de remplir les conditions de sa délivrance et que sa situation est régulière au regard du présent code. — V. art. R. 7123-8 s.

Art. L. 7123-15 (L. n° 2011-302 du 22 mars 2011, art. 14-5°) Les agences de mannequins prennent toutes mesures nécessaires pour garantir la défense des intérêts des mannequins qu'elles emploient et éviter les situations de conflit d'intérêts.

Un décret en Conseil d'État fixe les conditions dans lesquelles elles rendent publiques les autres activités professionnelles exercées par leurs dirigeants, dirigeants sociaux, associés et salariés, ainsi que les mesures prises pour se conformer au premier alinéa. Il fixe également les sanctions en cas de méconnaissance de ces dispositions.

Art. L. 7123-16 Abrogé par L. n° 2011-302 du 22 mars 2011, art. 14-6°.

SOUS-SECTION 2 Mise à disposition

Art. L. 7123-17 Lorsqu'une agence de mannequins met un mannequin à la disposition d'un utilisateur, un contrat de mise à disposition est conclu par écrit entre l'utilisateur et l'agence.

Ce contrat précise les caractéristiques de la prestation demandée au mannequin.

Un exemplaire du contrat est délivré par l'agence au mannequin avant toute acceptation de sa part de la mission qui lui est proposée. — [Anc. art. L. 763-4, al. 2.]

Art. L. 7123-18 Pendant la durée de la prestation, l'utilisateur est responsable des conditions d'exécution du travail conformément aux dispositions légales et stipulations conventionnelles applicables au lieu du travail.

Pour l'application de ces dispositions, les conditions d'exécution du travail comprennent limitativement les dispositions relatives à la durée du travail, au travail de nuit, au repos hebdomadaire et aux jours fériés, à la santé et à la sécurité au travail, au travail des femmes enceintes, venant d'accoucher ou allaitant, des enfants et des jeunes travailleurs. — [Anc. art. L. 763-8.]

SOUS-SECTION 3 Garantie financière

Art. L. 7123-19 Toute agence de mannequins justifie d'une garantie financière assurant, en cas de défaillance de sa part, le paiement des salaires, de leurs accessoires et compléments, des cotisations sociales obligatoires et le versement des sommes dues au mannequin à la date de la mise en jeu de cette garantie, au titre de la rémunération définie à l'article L. 7123-6. — *[Anc. art. L. 763-9, al. 1ᵉʳ.]*

Art. L. 7123-20 La garantie financière ne peut résulter que d'un engagement de caution pris par une société de caution mutuelle, un organisme de garantie collective, une compagnie d'assurance, une banque ou un établissement financier habilité à donner caution. — *[Anc. art. L. 763-10.]*

Art. L. 7123-21 En cas d'insuffisance de la garantie financière, l'utilisateur est substitué à l'agence de mannequins pour le paiement des sommes restant dues aux salariés et aux organismes de sécurité sociale dont relèvent ces salariés, pour la durée de la prestation accomplie pour le compte de l'utilisateur. — *[Anc. art. L. 763-9, al. 2.]*

Art. L. 7123-22 L'agence de mannequins fournit aux utilisateurs, sur leur demande, une attestation des organismes de sécurité sociale précisant leur situation au regard du recouvrement des cotisations dues à ces organismes. — *[Anc. art. L. 763-9, al. 3.]*

SECTION 3 Dispositions d'application

Art. L. 7123-23 Un décret en Conseil d'État détermine les conditions d'application du présent chapitre. — *[Anc. art. L. 763-11.] — V. art. R. 7123-1 s.*

SECTION 4 Dispositions pénales

Art. L. 7123-24 Le fait, pour toute personne exploitant une agence de mannequins, de ne pas avoir conclu par écrit un contrat de travail avec chaque mannequin qu'elle emploie, en méconnaissance des dispositions de l'article L. 7123-5, est puni d'un emprisonnement de six mois et d'une amende de 75 000 €. — *[Anc. art. L. 796-3.]*

Art. L. 7123-25 Le fait, pour toute personne exploitant une agence de mannequins, d'avoir établi un contrat de travail ne comportant pas la définition précise de son objet, en méconnaissance des dispositions de l'article L. 7123-5, est puni d'un emprisonnement de six mois et d'une amende de 75 000 €. — *[Anc. art. L. 796-3.]*

Art. L. 7123-26 Le fait d'exercer l'activité d'exploitant d'agence de mannequins sans être titulaire d'une licence d'agence de mannequins *(L. n° 2011-302 du 22 mars 2011, art. 14-7°)* « ou sans avoir déclaré préalablement son activité », en méconnaissance des dispositions de l'article L. 7123-11, est puni d'un emprisonnement de six mois et d'une amende de 75 000 €. — *[Anc. art. L. 796-3.]*

Art. L. 7123-27 *(L. n° 2016-41 du 26 janv. 2016, art. 20)* Le fait, pour toute personne exploitant une agence de mannequins ou s'assurant, moyennant rémunération, le concours d'un mannequin, de ne pas respecter l'obligation prévue à l'article L. 7123-2-1 est puni de six mois d'emprisonnement et de 75 000 € d'amende.

Art. L. 7123-28 Le fait, pour toute personne exploitant une agence de mannequins, de mettre un mannequin à la disposition d'un utilisateur sans conclure un contrat de mise à disposition par écrit ou ne précisant pas les caractéristiques de la prestation demandée au mannequin, en méconnaissance des dispositions des premier et deuxième alinéas de l'article L. 7123-17, est puni d'un emprisonnement de six mois et d'une amende de 75 000 €.

Est puni des mêmes peines le fait de ne pas délivrer un exemplaire du contrat de mise à disposition au mannequin avant toute acceptation par celui-ci de la mission qui lui est proposée, en méconnaissance des dispositions du troisième alinéa de l'article *(L. n° 2011-302 du 22 mars 2011, art. 14-9°)* « L. 7123-17 ». — *[Anc. art. L. 796-3.]*

Art. L. 7123-29 Le fait, pour toute personne exploitant une agence de mannequins, de ne pas justifier d'une garantie financière, en méconnaissance des dispositions de l'article L. 7123-19, est puni d'un emprisonnement de six mois et d'une amende de 75 000 €. — *[Anc. art. L. 796-3.]*

Art. L. 7123-30 Le fait, pour toute personne exploitant une agence de mannequins, de présenter une garantie financière résultant d'un engagement de caution pris en méconnaissance des dispositions de l'article L. 7123-20 est puni d'un emprisonnement de six mois et d'une amende de 75 000 €. – *[Anc. art. L. 796-3.]*

Art. L. 7123-31 Le fait, pour tout utilisateur, en cas d'insuffisance de la garantie financière prévue à l'article L. 7123-19, de ne pas se substituer à l'agence de mannequins pour le paiement des sommes restant dues aux salariés et aux organismes de sécurité sociale, en méconnaissance des dispositions de l'article L. 7123-21, est puni d'un emprisonnement de six mois et d'une amende de 75 000 €. – *[Anc. art. L. 796-3.]*

Art. L. 7123-32 Le fait, pour toute personne exploitant une agence de mannequins, de ne pas fournir à l'utilisateur, sur sa demande, une attestation des organismes de sécurité sociale, en méconnaissance des dispositions de l'article L. 7123-22, est puni d'un emprisonnement de six mois et d'une amende de 75 000 €. – *[Anc. art. L. 796-3.]*

CHAPITRE IV ENFANTS DANS LE SPECTACLE, L'AUDIOVISUEL, LES PROFESSIONS AMBULANTES, LA PUBLICITÉ ET LA MODE (L. n° 2020-1266 du 19 oct. 2020, art. 1er, en vigueur le 20 avr. 2021).

RÉP. TRAV. v° *Artiste, mannequin et spectacle*, par DAUGAREILH et MARTIN.

BIBL. GÉN. ▶ LABATUT, *RDT* 2019. 545 (enfant artiste : un travail sans danger ?, Étude comparée : France - États-Unis). – SAINT-JOURS, *D.* 1970. Chron. 17 (statut des artistes et des mannequins).

COMMENTAIRE
V. sur le Code en ligne.

SECTION 1 Autorisation individuelle

Art. L. 7124-1 Un enfant de moins de seize ans ne peut, sans autorisation individuelle préalable, accordée par l'autorité administrative, être, à quelque titre que ce soit, engagé ou produit :
1° Dans une entreprise de spectacles, sédentaire ou itinérante ;
2° Dans une entreprise de cinéma, de radiophonie, de télévision *(L. n° 2020-1266 du 19 oct. 2020, art. 1er, en vigueur le 20 avr. 2021)* « , d'enregistrements sonores ou d'enregistrements audiovisuels, quels que soient leurs modes de communication au public *[ancienne rédaction : ou d'enregistrements sonores]* » ;
3° En vue d'exercer une activité de mannequin au sens de l'article L. 7123-2 ;
(L. n° 2016-1321 du 7 oct. 2016, art. 101-II) « 4° Dans une entreprise ou association ayant pour objet la participation à des compétitions de jeux vidéo au sens de l'article L. 321-8 du code de la sécurité intérieure » ;
(L. n° 2020-1266 du 19 oct. 2020, art. 1er, en vigueur le 20 avr. 2021) « 5° Par un employeur dont l'activité consiste à réaliser des enregistrements audiovisuels dont le sujet principal est un enfant de moins de seize ans, en vue d'une diffusion à titre lucratif sur un service de plateforme *(L. n° 2023-451 du 9 juin 2023, art. 2)* « en ligne au sens du i de l'article 3 du règlement (UE) 2022/2065 du Parlement européen et du Conseil du 19 octobre 2022 relatif à un marché unique des services numériques et modifiant la directive 2000/31/CE (règlement sur les services numériques) ».
« En cas d'obtention de l'autorisation mentionnée au 5° du présent article, l'autorité administrative délivre aux représentants légaux une information relative à la protection des droits de l'enfant dans le cadre de la réalisation de ces vidéos, qui porte notamment sur les conséquences, sur la vie privée de l'enfant, de la diffusion de son image sur une plateforme *(L. n° 2023-451 du 9 juin 2023, art. 2)* « en ligne mentionnée au même 5° ». Cette information porte également sur les obligations financières qui leur incombent, en application de l'article L. 7124-25. » – *V. art. R. 7124-19 s.*

En application de l'art. L. 231-5 CRPA, et par exception à l'application du délai de deux mois prévu à l'art. L. 231-1 du même code, le délai à l'expiration duquel le silence gardé par l'administration vaut décision de rejet est fixé à un mois pour une demande d'autorisation individuelle préalable d'emploi d'enfants de moins de seize ans (Décr. n° 2014-1289 du 23 oct. 2014, art. 1er).

Art. L. 7124-2 L'emploi d'un mineur de plus de treize ans, en vue d'exercer les activités définies à l'article L. 7124-1, est subordonné à son avis favorable écrit. – *[Anc. art. L. 211-6, al. 4.]*

Art. L. 7124-3 L'autorisation individuelle préalable à l'emploi d'un enfant mentionnée à l'article L. 7124-1 peut être retirée à tout moment. – *[Anc. art. L. 211-7, al. 1er début et al. 3, phrase 1 début.]*

SECTION 2 **Dérogations pour l'emploi d'enfants par des personnes agréées** (*Décr. n° 2020-1266 du 19 oct. 2020, art. 1er, en vigueur le 20 avr. 2021*).

Art. L. 7124-4 L'autorisation individuelle n'est pas requise si l'enfant est engagé par une agence de mannequins (*L. n° 2011-302 du 22 mars 2011, art. 14-10°*) « exerçant son activité dans les conditions prévues par l'article L. 7123-11 » et qui a obtenu un agrément lui permettant d'engager des enfants. – *[Anc. art. L. 211-6, al. 3.]*

Art. L. 7124-4-1 (*L. n° 2020-1266 du 19 oct. 2020, art. 1er, en vigueur le 20 avr. 2021*) Lorsque l'enfant est engagé, en application du 5° de l'article L. 7124-1, l'autorisation individuelle prend la forme d'un agrément.

Art. L. 7124-5 (*L. n° 2020-1266 du 19 oct. 2020, art. 1er, en vigueur le 20 avr. 2021*) Les agréments prévus aux articles L. 7124-4 et L. 7124-4-1 pour l'engagement des enfants de moins de seize ans sont accordés par l'autorité administrative pour une durée déterminée renouvelable.

Ils peuvent être retirés à tout moment.

En cas d'urgence, ils peuvent être suspendus pour une durée limitée.

En application de l'art. L. 231-5 CRPA, et par exception à l'application du délai de deux mois prévu à l'art. L. 231-1 du même code, le délai à l'expiration duquel le silence gardé par l'administration vaut décision de rejet est fixé à un mois pour une demande d'agrément initial des agences de mannequins pour l'engagement des enfants de moins de seize ans (Décr. n° 2014-1289 du 23 oct. 2014, art. 1er).

SECTION 3 **Conditions de travail des enfants**

SOUS-SECTION 1 **Durée du travail et repos**

Art. L. 7124-6 L'emploi et la sélection d'un enfant scolarisé ou non exerçant l'activité de mannequin ne peuvent excéder des durées journalières et hebdomadaires maximales déterminées par décret en Conseil d'État. – *[Anc. art. L. 211-7-1, al. 3.]*

Art. L. 7124-7 L'emploi et la sélection d'un enfant non scolarisé exerçant l'activité de mannequin ne peuvent être autorisés que deux jours par semaine à l'exclusion du dimanche. – *[Anc. art. L. 211-7-1, al. 2.]*

Art. L. 7124-8 Durant les périodes scolaires, l'emploi d'un enfant scolarisé exerçant l'activité de mannequin et la sélection préalable en vue de cette activité ne peuvent être autorisés que les jours de repos hebdomadaire autres que le dimanche. – *[Anc. art. L. 211-7-1, al. 1er.]*

SOUS-SECTION 2 **Rémunération**

Art. L. 7124-9 Une part de la rémunération perçue par l'enfant peut être laissée à la disposition de ses représentants légaux.

Le surplus, qui constitue le pécule, est versé à la Caisse des dépôts et consignations et géré par cette caisse jusqu'à la majorité de l'enfant (*L. n° 2020-1266 du 19 oct. 2020, art. 1er, en vigueur le 20 avr. 2021*) « ou son émancipation ». Des prélèvements peuvent être autorisés en cas d'urgence et à titre exceptionnel.

(*Abrogé par L. n° 2020-1266 du 19 oct. 2020, art. 1er, à compter du 20 avr. 2021*) « En cas d'émancipation, il est à nouveau statué. »

Art. L. 7124-10 Lorsque, en application (*L. n° 2020-1266 du 19 oct. 2020, art. 1er, en vigueur le 20 avr. 2021*) « des articles L. 7124-4 et L. 7124-4-1 *[ancienne rédaction : de l'article L. 7124-4]* », l'emploi d'un enfant n'est pas soumis à autorisation, les règles de répartition de la rémunération perçue par cet enfant entre ses représentants légaux et le pécule sont fixées par la décision d'agrément (*L. n° 2020-1266 du 19 oct. 2020, art. 1er, en vigueur le 20 avr. 2021*) « prévue à l'article L. 7124-5 *[ancienne rédaction : de l'agence de mannequins qui emploie l'enfant]* ».

Des prélèvements sur le pécule peuvent être autorisés dans les conditions mentionnées au (*L. n° 2020-1266 du 19 oct. 2020, art. 1er, en vigueur le 20 avr. 2021*) « second » alinéa de l'article L. 7124-9.

Art. L. 7124-11 La rémunération à laquelle l'enfant a droit en cas d'utilisation de son image en application de l'article L. 7123-6 est soumise aux dispositions de la présente sous-section. — *[Anc. art. L. 211-8, al. 4.]*

Art. L. 7124-12 Les rémunérations de toute nature perçues par des enfants de seize ans et moins pour l'exercice d'une activité artistique ou littéraire, autre que celles mentionnées à l'article L. 7124-1 sont soumises aux dispositions de la présente sous-section. — *[Anc. art. L. 211-4, al. 1er.]*

SECTION 4 **Interdictions**

Art. L. 7124-13 Il est interdit à toute personne de publier au sujet des mineurs engagés ou produits dans les conditions prévues aux articles L. 7124-1 et L. 7124-4 par tous moyens, commentaires, informations ou renseignements autres que ceux concernant leur création artistique. — *[Anc. art. L. 211-10, al. 1er.]*

Art. L. 7124-14 Est interdite toute publicité abusive tendant à attirer les mineurs vers des professions artistiques dont elle souligne le caractère lucratif. — *[Anc. art. L. 211-10, al. 2.]*

Art. L. 7124-15 La publicité écrite tendant à proposer à des enfants de moins de seize ans une activité de mannequin ne peut émaner que des agences de mannequins titulaires d'un agrément leur permettant d'engager des enfants de moins de seize ans. — *[Anc. art. L. 211-10, al. 3.]*

Art. L. 7124-16 Il est interdit :

1° A toute personne de faire exécuter par des enfants de moins de seize ans des tours de force périlleux ou des exercices de dislocation, ou de leur confier des emplois dangereux pour leur vie, leur santé ou leur moralité ;

2° A toute personne autre que les père et mère pratiquant les professions d'acrobate saltimbanque, montreur d'animaux, directeur de cirque ou d'attraction foraine, d'employer dans ses représentations des enfants âgés de moins de seize ans ;

3° Aux père et mère exerçant des activités et professions mentionnées au *[aux]* 1° et 2°, d'employer dans leurs représentations leurs enfants âgés de moins de douze ans ;

4° A toute personne d'employer comme mannequin un enfant durant une période de vacances scolaires pour un nombre de jours supérieur à la moitié de la durée des vacances. — *[Anc. art. L. 211-11.]*

Art. L. 7124-17 Il est interdit aux père, mère, tuteurs ou employeurs, et généralement à toute personne ayant autorité sur un enfant ou en ayant la garde, de confier, à titre gratuit ou onéreux, leurs enfants, pupilles ou apprentis âgés de moins de seize ans aux personnes exerçant les professions mentionnées à l'article L. 7124-16.

Il est également interdit aux intermédiaires ou agents de confier ou de faire confier ces enfants.

Il est interdit à toute personne d'inciter des enfants âgés de moins de seize ans à quitter le domicile de leurs parents ou tuteurs pour suivre les personnes des activités et professions mentionnées à l'article L. 7124-16. — *[Anc. art. L. 211-12, al. 1er début et al. 2.]*

Art. L. 7124-18 Il est interdit à toute personne exerçant une des activités et professions mentionnées à l'article L. 7124-16 d'employer des enfants sans être porteur de l'extrait des actes de naissance et sans justifier de leur origine ainsi que de leur identité par la production d'un passeport. — *[Anc. art. L. 211-13.]*

Art. L. 7124-19 En cas d'infraction aux dispositions du présent chapitre, le maire interdit toutes représentations aux personnes exerçant une des professions mentionnées à l'article L. 7124-16.

Il requiert également la justification, conformément à l'article L. 7124-18, de l'origine et de l'identité de tous les enfants placés sous la conduite des personnes mentionnées à cet article. A défaut de cette justification, le maire en avise immédiatement le procureur de la République. – *[Anc. art. L. 211-14.]*

Art. L. 7124-20 Les dispositions des articles L. 7124-13 à L. 7124-15 s'appliquent également aux mineurs qui exercent une activité artistique ou littéraire, autre que celles mentionnées à l'article L. 7124-12. – *[Anc. art. L. 211-4, al. 3.]*

SECTION 5 **Dispositions d'application**

Art. L. 7124-21 Un décret en Conseil d'État détermine les modalités d'application des articles L. 7124-1 à L. 7124-11. – *[Anc. art. L. 211-9.] – V. art. R. 7124-1 s.*

SECTION 6 **Dispositions pénales**

Art. L. 7124-22 Le fait d'engager ou de produire dans une entreprise mentionnée à l'article L. 7124-1, un enfant de seize ans et moins, soumis à l'obligation scolaire, sans autorisation individuelle préalable, en méconnaissance des dispositions de ce même article, est puni d'un emprisonnement de cinq ans et d'une amende de 75 000 €. – *[Anc. art. L. 261-4, al. 1er.]*

Art. L. 7124-23 Le fait d'employer un mineur de plus de treize ans, en vue d'exercer les activités définies à l'article L. 7124-1, sans avoir préalablement recueilli son avis favorable écrit, en méconnaissance des dispositions de l'article L. 7124-2, est puni d'un emprisonnement de cinq ans et d'une amende de 75 000 €. – *[Anc. art. L. 261-4, al. 1er.]*

Art. L. 7124-24 Le fait de méconnaître les dispositions des articles L. 7124-6 à L. 7124-8, relatives à la durée du travail et au repos, est puni d'un emprisonnement de cinq ans et d'une amende de 75 000 €. – *[Anc. art. L. 261-2, al. 1er.]*

Art. L. 7124-25 Le fait de remettre directement ou indirectement aux enfants mentionnés aux *(L. n° 2020-1266 du 19 oct. 2020, art. 1er, en vigueur le 20 avr. 2021)* « 1° à 4° de l'article L. 7124-1 et à l'article L. 7124-2 *[ancienne rédaction : articles L. 7124-1 et L. 7124-2]* » ou à leurs représentants légaux des fonds au-delà de la part fixée en application du premier alinéa de l'article L. 7124-9 est puni d'une amende de 3 750 €.
(L. n° 2020-1266 du 19 oct. 2020, art. 1er, en vigueur le 20 avr. 2021) « Est puni de la même peine le fait pour toute personne employant des enfants mentionnés au 5° de l'article L. 7124-1 de ne pas respecter l'obligation mentionnée au second alinéa de l'article L. 7124-9. »
La récidive est punie d'un emprisonnement de quatre mois et d'une amende de 7 500 €.

Art. L. 7124-26 Est puni d'une amende de 3 750 € le fait de remettre des fonds, directement ou indirectement, à un enfant mentionné à l'article L. 7124-12, ou à ses représentants légaux :
1° Soit sans avoir requis ou obtenu l'autorisation individuelle préalable à l'emploi d'un enfant dans les conditions prévues par l'article L. 7124-3 ;
2° Soit au-delà de la part fixée en application du premier alinéa de l'article L. 7124-9.
La récidive est punie d'un emprisonnement de quatre mois et d'une amende de 7 500 €. – *[Anc. art. L. 261-1, al. 1er à 3.]*

Art. L. 7124-27 Le fait de publier au sujet des mineurs engagés ou produits dans les conditions prévues aux articles L. 7124-1 et L. 7124-4 par tous moyens, commentaires, informations ou renseignements autres que ceux concernant leur création artistique, en méconnaissance des dispositions de l'article L. 7124-13, est puni d'une amende de 6 000 €.
La récidive est punie d'un emprisonnement de deux ans. – *[Anc. art. L. 261-5.]*

Art. L. 7124-28 Le fait de réaliser une publicité abusive tendant à attirer un mineur vers des professions artistiques dont elle souligne le caractère lucratif, en méconnaissance des dispositions de l'article L. 7124-14, est puni d'une amende de 6 000 €.

La récidive est punie d'un emprisonnement de deux ans. – [Anc. art. L. 261-5.]

Art. L. 7124-29 Le fait de réaliser une publicité écrite tendant à proposer à un enfant de moins de seize ans une activité de mannequins, en méconnaissance des dispositions de l'article L. 7124-15, est puni d'une amende de 6 000 €.

La récidive est punie d'un emprisonnement de deux ans. – [Anc. art. L. 261-5.]

Art. L. 7124-30 Est puni d'un emprisonnement de cinq ans et d'une amende de 75 000 €, le fait, en méconnaissance des dispositions de l'article L. 7124-16 :

1° Pour toute personne, de faire exécuter par un enfant de moins de seize ans des tours de force périlleux ou des exercices de dislocation, ou de lui confier des emplois dangereux pour sa vie, sa santé ou sa moralité ;

2° Pour toute personne autre que les père et mère pratiquant les professions d'acrobate saltimbanque, montreur d'animaux, directeur de cirque ou d'attraction foraine, d'employer dans ses représentations un enfant âgé de moins de seize ans ;

3° Pour le père et la mère exerçant des professions mentionnées aux 1° et 2°, d'employer dans leurs représentations leur enfant âgé de moins de douze ans ;

4° Pour toute personne, d'employer comme mannequin un enfant durant une période de vacances scolaires pour un nombre de jours supérieur à la moitié de la durée des vacances. – [Anc. art. L. 261-2, al. 1er.]

Art. L. 7124-31 Est puni d'un emprisonnement de cinq ans et d'une amende de 75 000 € le fait, en méconnaissance des dispositions de l'article L. 7124-17 :

1° Pour le père, la mère, le tuteur ou l'employeur, et généralement toute personne ayant autorité sur un enfant ou en ayant la garde, de livrer, à titre gratuit ou onéreux, son enfant, pupille ou apprenti âgé de moins de seize ans aux personnes exerçant les professions mentionnées à l'article L. 7124-16 ou de le placer sous la conduite de vagabonds, de personnes sans moyens de subsistance ou se livrant à la mendicité ;

2° Pour les intermédiaires ou agents, de confier ou de faire confier l'enfant mentionné au 1° ;

3° Pour toute personne, d'inciter un enfant âgé de moins de seize ans à quitter le domicile de ses parents ou tuteurs pour suivre les personnes des professions mentionnées à l'article L. 7124-16.

La condamnation entraîne de plein droit, pour les tuteurs, la destitution de la tutelle. Les pères et mères peuvent être privés de l'autorité parentale. – [Anc. art. L. 261-2, al. 1er et 2.]

Art. L. 7124-32 Le fait, pour toute personne exerçant une des professions mentionnées à l'article L. 7124-16, de ne pas être porteur de l'extrait des actes de naissance des enfants placés sous son autorité et de ne pas justifier de leur origine ainsi que de leur identité par la production d'un passeport, en méconnaissance des dispositions de l'article L. 7124-18, est puni d'un emprisonnement de six mois et d'une amende de 3 750 €. – [Anc. art. L. 261-6.]

Art. L. 7124-33 Le fait de méconnaître les dispositions de l'article L. 7124-20 est puni d'une amende de 6 000 €.

La récidive est punie d'un emprisonnement de deux ans. – [Anc. art. L. 261-1, al. 4.]

Art. L. 7124-34 En cas d'infraction aux dispositions concernant le travail des enfants, prévues par le présent chapitre, l'affichage du jugement peut, suivant les circonstances et en cas de récidive seulement, être ordonné par la juridiction.

La juridiction peut également ordonner, dans le même cas, l'insertion du jugement, aux frais du contrevenant, dans un ou plusieurs journaux du département. – [Anc. art. L. 260-2.]

Art. L. 7124-35 Les pénalités réprimant les infractions relatives au travail des enfants ne sont pas applicables lorsque l'infraction a été le résultat d'une erreur provenant de la production d'actes de naissance, livrets ou certificats contenant de fausses énonciations ou délivrés pour une autre personne. – [Anc. art. L. 260-3.]

LIVRE II CONCIERGES ET EMPLOYÉS D'IMMEUBLES À USAGE D'HABITATION, EMPLOYÉS DE MAISON ET SERVICES À LA PERSONNE

TITRE I CONCIERGES ET EMPLOYÉS D'IMMEUBLES À USAGE D'HABITATION

CHAPITRE I DISPOSITIONS GÉNÉRALES

SECTION 1 Champ d'application et définitions

Art. L. 7211-1 Les dispositions du présent titre sont applicables aux salariés définis à l'article L. 7211-2, à l'exclusion des concierges attachés à la personne même du propriétaire, lesquels relèvent des dispositions du titre II applicables aux employés de maison. – *[Anc. art. L. 771-1, al. 2.]*

Art. L. 7211-2 Est considérée comme concierge, employé d'immeubles, femme ou homme de ménage d'immeuble à usage d'habitation, toute personne salariée par le propriétaire ou par le principal locataire et qui, logeant dans l'immeuble au titre d'accessoire au contrat de travail, est chargée d'en assurer la garde, la surveillance et l'entretien ou une partie de ces fonctions. – *[Anc. art. L. 771-1, al. 1er.]*

Art. L. 7211-3 Sont applicables aux salariés définis à l'article L. 7211-2 les dispositions relatives :
1° Au harcèlement moral prévues aux articles L. 1152-1 et suivants, au harcèlement sexuel prévues aux articles L. 1153-1 et suivants ainsi qu'à l'exercice en justice par les organisations syndicales des actions qui naissent du harcèlement en application de l'article L. 1154-2 ;
2° Aux absences pour maladie ou accident, prévues à l'article L. 1226-1 ;
3° Au repos hebdomadaire, prévues par les articles L. 3132-1 et suivants ;
4° Aux jours fériés, prévues par les articles L. 3133-1 et suivants ;
5° Aux congés pour événements familiaux, prévus (*L. n° 2016-1088 du 8 août 2016, art. 9*) « à la sous-section 1 de la section 1 du chapitre II du titre IV du livre I de la troisième partie » ;
6° Au mode de paiement des salaires prévu par les articles L. 3241-1 et suivants ;
(*L. n° 2011-867 du 20 juill. 2011*) « 7° A la surveillance médicale définie au titre II du livre VI de la quatrième partie. »

1. Principe. Les concierges et employés d'immeubles à usage d'habitation relèvent, sur les points non réglés par le statut spécial fixé par les art. L. 7211-1 et s. C. trav., des dispositions de droit commun du code du travail à l'exception de celles qui prévoient expressément qu'elles ne leur sont pas applicables ; ils peuvent prétendre à l'intéressement ou à la participation aux résultats mis en place par l'employeur au profit de ses salariés, dans les conditions prévues par les art. L. 3311-1 à L. 3325-4. • Soc. 20 janv. 2010 : D. 2010. AJ 385 ; D. actu. 8 févr. 2010, obs. Ines.

2. SMIC. En application des art. L. 131-1 et L. 141-1 [L. 2221-1 et L. 3231-1 nouv.] C. trav., la législation sur le SMIC s'applique aux concierges d'immeubles à usage d'habitation. • Soc. 23 juin 1982 : *Bull. civ. V, n° 411.* ♦ Il résulte des art. L. 120-1, L. 771-1 et L. 771-6 [L. 1111-1 nouv.] que les dispositions du titre II du livre I du code du travail énoncées par le premier de ces textes s'appliquent aux concierges et employés d'immeubles à usage d'habitation. • Soc. 30 juin 1994 : *RJS 1994. 713, n° 1212* (législation sur les accidents du travail et les maladies professionnelles).

3. Égalité salariale. Lorsqu'un couple a été engagé comme gardiens d'immeubles sans que la tâche de chacun soit spécifiée et que les époux accomplissaient le même travail, l'épouse doit recevoir une rémunération identique à celle de son mari. • Soc. 19 févr. 1992 : *RJS 1992. 259, n° 447.* – V. égal. • Soc. 21 juill. 1976 : *Bull. civ. V, n° 458.* • 20 juill. 1981 : *ibid., n° 705.*

4. Indivisibilité des contrats. Sur l'indivisibilité du contrat de travail conclu par deux époux gardiens d'immeuble, en ce qui concerne le licenciement, V. • Soc. 14 oct. 1993 : *D. 1993. IR 232 ; CSB 1993. 317, S. 167 ; RJS 1993. 732, n° 1240 ; Dr. soc. 1994. 237, note Savatier.* ♦ Comp. : • Soc. 14 nov. 1995 : *RJS 1996. 113, n° 177* (indivisibilité non établie en l'espèce).

CONCIERGES ET EMPLOYÉS D'IMMEUBLES

SECTION 2 Dispositions d'application

Art. L. 7211-4 Un décret en Conseil d'État détermine les conditions d'application du présent titre. — [Anc. art. L. 771-7 et L. 771-9.] — V. art. R. 7212-1 s.

CHAPITRE II CONTRAT DE TRAVAIL

Art. L. 7212-1 Le salarié dont le contrat de travail est rompu à l'initiative de l'employeur ne peut être obligé à quitter son logement avant un délai minimum déterminé par décret en Conseil d'État ou sans le paiement d'une indemnité.

Le montant de cette indemnité est égal au prix de la location trimestrielle d'un logement équivalent à celui que le salarié occupe et des avantages en nature qu'il perçoit. — [Anc. art. L. 771-3, al. 1er.]

Le logement attribué à titre gratuit à un salarié pour l'exercice de ses fonctions, qui est l'accessoire du contrat de travail et dont il bénéficie dans sa vie personnelle, ne peut lui être retiré ou donner lieu au versement d'un loyer, pendant une période de suspension du contrat de travail pour maladie. • Soc. 26 janv. 2011 : D. 2011. Actu. 452, obs. Ines ; JCP S 2011. 1150, obs. Corrignan-Carsin.

Art. L. 7212-2 En cas de faute grave dans l'exercice de ses fonctions, le licenciement immédiat du salarié peut être prononcé par le conseil de prud'hommes sur la demande de l'employeur. — [Anc. art. L. 771-3, al. 2.]

CHAPITRE III CONGÉS PAYÉS

Art. L. 7213-1 La durée du congé annuel payé est déterminée conformément aux dispositions des articles L. 3141-3 à (L. n° 2016-1088 du 8 août 2016, art. 8-XI) « L. 3141-23 ». — [Anc. art. L. 771-4, al. 1er.]

Art. L. 7213-2 Pendant la durée du congé annuel payé, le salarié assure lui-même son remplacement, avec l'accord et sous la responsabilité de l'employeur.

La rémunération du remplaçant est assurée par l'employeur. — [Anc. art. L. 771-4, al. 2.]

Art. L. 7213-3 Lorsque le service est assuré par des conjoints, des partenaires liés par un pacte civil de solidarité ou des concubins salariés, le congé annuel payé est donné simultanément. — [Anc. art. L. 771-4, al. 3.]

Art. L. 7213-4 Le salaire de la période de congé annuel payé est majoré d'une indemnité représentative du logement et de tous les autres avantages en nature accordés par l'employeur en application du contrat de travail ou de tout contrat qui en est l'accessoire. — [Anc. art. L. 771-4, al. 4.]

Art. L. 7213-5 Lorsque le remplacement du salarié pendant la durée du congé payé implique l'occupation totale ou partielle du logement du salarié par son remplaçant, le salarié a le choix de ne pas user de son droit à congé.

Dans ce cas, le salarié perçoit une indemnité égale au montant de l'indemnité représentative du salaire qui serait versée à son remplaçant. — [Anc. art. L. 771-4, al. 5 et 6.]

Art. L. 7213-6 L'employeur déclare, dans un délai déterminé par voie réglementaire, s'il accepte le remplaçant que lui propose le salarié. — [Anc. art. L. 771-5, phrase 1.]

Art. L. 7213-7 Lorsque l'employeur refuse le remplaçant proposé il pourvoit lui-même au remplacement du salarié.

Dans ce cas, pendant la durée de son congé payé, le salarié met les locaux et le mobilier à la disposition du remplaçant désigné par l'employeur.

L'employeur est responsable des abus et dommages qui pourraient être commis par le remplaçant. — [Anc. art. L. 771-5, phrases 2 à 4.]

CHAPITRE IV SURVEILLANCE MÉDICALE

Art. L. 7214-1 Abrogé par L. n° 2011-867 du 20 juill. 2011, art. 16-2°.

CHAPITRE V LITIGES

Art. L. 7215-1 Le conseil de prud'hommes est seul compétent pour connaître des différends relatifs au contrat de travail conclu entre les salariés définis à l'article L. 7211-2 et leurs employeurs ainsi qu'aux contrats qui en sont l'accessoire. — *[Anc. art. L. 771-6.]*

CHAPITRE VI DISPOSITIONS PÉNALES

Le présent chapitre ne comprend pas de dispositions législatives.

TITRE II EMPLOYÉS À DOMICILE PAR DES PARTICULIERS EMPLOYEURS (L. n° 2016-1088 du 8 août 2016, art. 93).

RÉP. TRAV. v° *Travail domestique*, par Maillard-Pinon.

BIBL. GÉN. ▶ Kerbourc'h, *Dr. soc.* 1999. 335. – Lévy, *RPDS* 1981. 323. – Perrier, *JCP S* 2012. 1493.

Dossier : Maillard-Pinon (dir.), Travailleuses et travailleurs domestiques, *Dr. soc.* 2022. 668.

COMMENTAIRE
V. sur le Code en ligne. ❑

CHAPITRE I DISPOSITIONS GÉNÉRALES

Art. L. 7221-1 (L. n° 2016-1088 du 8 août 2016, art. 93) Le présent titre est applicable aux salariés employés par des particuliers à leur domicile privé pour réaliser des travaux à caractère familial ou ménager.

Le particulier employeur emploie un ou plusieurs salariés à son domicile privé, au sens de l'article 226-4 du code pénal, ou à proximité de celui-ci, sans poursuivre de but lucratif et afin de satisfaire des besoins relevant de sa vie personnelle, notamment familiale, à l'exclusion de ceux relevant de sa vie professionnelle.

1. Coemployeur. Ont tous deux la qualité d'employeurs le père et la mère d'un enfant gardé au domicile du père, dès lors qu'ils donnaient tous deux des directives à la salariée, que celle-ci rendait compte au père qui versait la rémunération prévue au contrat, que la mère contrôlait l'accomplissement des tâches confiées à l'intéressée, que les deux parents avaient pris en concertation la décision de rompre le contrat de travail. ● Soc. 8 juill. 2020, n° 17-10.622 P : *D.* 2020. Actu. 1466 ; *RJS* 10/2020, n° 508 ; *JCP S* 2020. 3002, obs. Lahalle.

2. Activité principale. La convention collective des employés de maison est applicable à une employée de maison exerçant au domicile privé d'un médecin et n'intervenant qu'accessoirement dans l'entretien du cabinet médical. ● Soc. 17 oct. 1979 : *Bull. civ.* V, n° 745 ; *D.* 1980. IR 81.

3. SMIC. La législation sur le salaire minimum de croissance s'applique aux employés de maison. ● Soc. 31 mars 1982 : *Bull. civ.* V, n° 242.

4. Durée du travail. Les dispositions du code du travail relatives à la durée du travail et à la définition du travail effectif ne sont pas applicables aux employés de maison qui travaillent au domicile privé de leur employeur. ● Soc. 13 juill. 2004, n° 02-43.026 P : *Dr. soc.* 2004. 1027, obs. Radé. ♦ Il résulte de la combinaison des art. L. 3123-14 et L. 7221-2 C. trav. que les dispositions de ce code relatives à la durée du travail et au travail à temps partiel ne sont pas applicables aux employés de maison qui travaillent au domicile privé de leur employeur et sont soumis à la convention collective nationale des salariés du particulier employeur du 24 nov. 1999. ● Soc. 7 déc. 2017, n° 16-12.809 P : *D.* 2017. Actu. 2541 ; *RJS* 2/2018, n° 148 ; *JCP S* 2018. 1003, obs. Lahalle. ♦ Les dispositions du C. trav. relatives à la durée du travail et au repos compensateur ne sont pas applicables aux employés de maison qui travaillent au domicile privé de leur employeur et sont soumis à la convention collective nationale des salariés du particulier employeur du 24 nov. 1999. ● Soc. 8 juill. 2020, n° 17-10.622 P : préc. note 2. ♦ Si les dispositions du C. trav. relatives à la durée du travail ne sont pas applicables aux employés de maison qui travaillent au domicile privé de leur employeur et sont soumis à la convention collective nationale des salariés du particulier employeur du 24 nov. 1999, il n'en va pas de même des celles de l'art. L. 3171-4 relatives à la preuve de l'existence ou du nombre des heures effectuées. ● Même arrêt.

5. Licenciement pour motif économique. Le licenciement d'un employé de maison même s'il repose sur un motif étranger à sa personne n'est pas soumis aux dispositions sur le licenciement économique sauf si l'employeur n'est pas un

EMPLOYÉS DE MAISON **Art. L. 7221-2** 1695

particulier. • Soc. 21 janv. 2015, n° 13-17.850 : *D. 2015. Actu. 272 ; RJS 4/2015, n° 295 ; JCP S 2015. 1087, note Duchange.*

Art. L. 7221-2 Sont seules applicables au salarié défini à l'article L. 7221-1 les dispositions relatives :

1° Au harcèlement moral, prévues aux articles L. 1152-1 et suivants, au harcèlement sexuel, prévues aux articles L. 1153-1 et suivants ainsi qu'à l'exercice en justice par les organisations syndicales des actions qui naissent du harcèlement en application de l'article L. 1154-2 ;

2° A la journée du 1ᵉʳ mai, prévues par les articles L. 3133-4 à L. 3133-6 ;

3° Aux congés payés, prévues aux articles L. 3141-1 à *(L. n° 2016-1088 du 8 août 2016, art. 8)* « L. 3141-33 », sous réserve d'adaptation par décret en Conseil d'État ;

4° Aux congés pour événements familiaux, *(L. n° 2023-171 du 9 mars 2023, art. 18-I)* « de solidarité familiale et de proche aidant, prévus aux articles L. 3142-1 à L. 3142-27 » ;

(L. n° 2011-867 du 20 juill. 2011, art. 16-3°) « 5° A la surveillance médicale définie au titre II du livre VI de la quatrième partie. » — *V. art. R. 7222-1 (pén.).*

BIBL. ▶ QUÉTANT, *JSL 2006, n° 188-1* (licenciement de l'employé de maison).

1. Champ d'application. Les art. L. 122-14-1 et L. 122-14-2 [L. 1233-15 et L. 1232-6 nouv.] C. trav. sont applicables aux employés de maison. • Aix-en-Provence, 3 nov. 1992 : *RJS 1993. 64, n° 85.* ♦ Le licenciement d'une employée de maison doit reposer sur une cause réelle et sérieuse. • Soc. 13 janv. 1994 : *RJS 1994. 225, n° 329 ; ibid. 163, concl. Chauvy.* ♦ Il résulte des dispositions combinées de l'art. 12 de la convention collective nationale des salariés du particulier employeur du 24 nov. 1999, étendue par arrêté du 2 mars 2000, et des art. L. 1111-1 et L. 7221-2 C. trav., que le bien-fondé du licenciement de l'employé de maison pour une cause réelle et sérieuse n'est soumis qu'aux dispositions de la convention collective. • Soc. 16 sept. 2015, n° 14-11.990 P : *D. 2015. Actu. 1900 ; RJS 12/2015, n° 818.*

2. En application de l'accord national interprofessionnel du 10 déc. 1977, étendu aux employés de maison par la loi du 19 janv. 1978, l'employeur doit supporter le paiement des jours fériés non travaillés au prorata du temps de travail qui lui est consacré. • Soc. 19 mars 1987 : *Bull. civ. V, n° 175.*

3. Durée du travail. Les dispositions du C. trav. relatives à la durée du travail ne sont pas applicables aux employés de maison qui travaillent au domicile de leur employeur et sont soumis à la convention collective des employés de maison. • Soc. 17 oct. 2000, n° 98-43.443 P : *RJS 2000. 838, n° 1304* • 13 juill. 2004, n° 02-43.026 P : *RJS 2004. 850, n° 1209* • 5 juill. 2017, n° 16-10.841 P : *D. 2017. Actu. 1476 ; RJS 10/2017, n° 714 ; JCP S 2017. 1297, obs. Lahalle* • Soc. 7 déc. 2017, n° 16-12.809 P : *D. actu. 19 janv. 2018, obs. Siro ; D. 2017. Actu. 2541 ; RJS 2/2018, n° 148 ; JCP S 2018. 1003, obs. Lahalle.* ♦ Il en résulte notamment que les intéressés ne peuvent pas solliciter la requalification de leur contrat à temps partiel en contrat à temps complet pour défaut de contrat écrit et des mentions légales obligatoires ou en cas de dépassement du nombre maximal d'heures complémentaires. • Soc. 8 juill. 2020, n° 18-21.584 P : *RJS 10/2020, n° 509 ; JCP S 2020. 3003, obs. Lahalle.* ♦ Il n'en va pas de même des dispositions de l'art. L. 3171-4 relatives à la preuve de l'existence ou du nombre des heures effectuées. • Soc. 8 juill. 2020, n° 17-10.622 P : *D. 2020. Actu. 1466 ; RJS 10/2020, n° 508 ; JCP S 2020. 3002, obs. Lahalle.*

4. Constitutionnalité. Le particulier employeur, entendu comme une personne physique qui emploie un salarié à son domicile privé pour réaliser des travaux à caractère familial ou ménager, sans poursuivre un but lucratif, n'est pas dans la même situation que l'employeur, personne morale ou personne physique, agissant dans le cadre professionnel ; l'exclusion par la loi de l'application des dispositions relatives à la durée du travail au salarié du particulier employeur, qui ne lui interdit pas d'obtenir le paiement des heures de travail qu'il a effectuées, dont la preuve relève du régime probatoire spécifique prévu par l'art. L. 3171-4 C. trav., est justifiée par la différence de situation entre le particulier employeur et l'employeur agissant dans le cadre de son activité professionnelle. • Soc. 13 avr. 2022, n° 20-22.993 P : *D. actu. 21 avr. 2022, obs. Malfettes.*

5. Licenciement pour inaptitude physique. Les dispositions de l'art. L. 1226-14 selon lesquelles la rupture du contrat de travail en raison d'une inaptitude d'origine professionnelle ouvre droit, pour le salarié, notamment à une indemnité spéciale de licenciement qui est égale au double de l'indemnité légale, s'appliquent aux employés de maison. • Soc. 10 juill. 2013 : *D. 2013. Actu. 1906 ; RJS 2013. 688, n° 761.* ♦ Comp. antérieurement : le licenciement pour inaptitude physique d'une employée de maison n'est soumis qu'aux dispositions de la convention collective et permet la non-application des règles sur l'indemnisation du licenciement pour inaptitude. • Soc. 13 avr. 2005, n° 03-42.004 P : *Dr. soc. 2005. 698, obs. Savatier* • 17 févr. 2010 : *JCP S 2010. 1269, obs. Lahalle.*

6. Calcul de l'indemnité de licenciement. Les dispositions de l'art. R. 1234-2 C. trav. selon lesquelles l'indemnité de licenciement ne peut être inférieure à 1/5 de mois de salaire par année d'ancienneté s'appliquant à tous les salariés, y compris les employés de maison, la liste des textes mentionnés à l'art. L. 7221-2 n'étant pas limitative. • Soc. 29 juin 2011 : ⚖ *D. 2011. Actu. 1909* ⌀ ; *RJS 10/2011, n° 846 ; JCP S 2011. 1427*, obs. Boulmier.

7. Travail dissimulé. Les dispositions de l'art. L. 7221-2 C. trav. ne font pas obstacle à l'application aux employés de maison des dispositions légales relatives au travail dissimulé. • Soc. 20 nov. 2013 : ⚖ *D. actu. 9 déc. 2013,* obs. Peyronnet.

8. Surveillance médicale. En vertu du principe de l'égalité de traitement de l'art. L. 3123-11 qui garantit aux salariés à temps partiel le bénéfice des droits légaux et conventionnels reconnus aux salariés à temps complet, les salariés employés de maison à temps partiel doivent bénéficier, comme les salariés employés de maison à temps complet, de la surveillance médicale. • Soc. 28 sept. 2011 : ⚖ *D. actu. 15 oct. 2011,* obs. Dechristé ; *D. 2011. Actu. 2407* ⌀ ; *JSL 2011, n° 309-34,* obs. Gardair-Rérolle ; *JCP S 2011. 1520,* obs. Boulmier.

9. Obligation de sécurité de l'employeur. Le manquement à l'obligation de sécurité et de protection de la santé à laquelle le particulier employeur est tenu envers l'employé de maison a le caractère d'une faute inexcusable, au sens de l'art. L. 452 CSS, lorsqu'il avait ou aurait dû avoir conscience du danger auquel était soumis l'employé et qu'il n'a pas pris les mesures nécessaires pour l'en préserver. • Civ. 2ᵉ, 8 avr. 2021, ⚖ n° 20-11.935 P : *D. 2021. 702* ⌀ ; *ibid. 1795,* chron. Guého, Talabardon, Jollec, de Leiris, Le Fischer et Gauthier ⌀ ; *Dr. soc. 2021. 573,* obs. Keim-Bagot ⌀ ; *RDSS 2021. 560,* obs. Badel ⌀ ; *RJS 6/2021, n° 347 ; Dr. ouvrier 2021. 463,* obs. Maillard.

CHAPITRE II DISPOSITIONS PÉNALES

Le présent chapitre ne comprend pas de dispositions législatives.

TITRE III ACTIVITÉS DE SERVICES À LA PERSONNE

CHAPITRE I CHAMP D'APPLICATION

Art. L. 7231-1 Les services à la personne portent sur les activités suivantes :
1° La garde d'enfants ;
2° L'assistance aux personnes âgées, aux personnes handicapées ou aux autres personnes qui ont besoin d'une aide personnelle à leur domicile ou d'une aide à la mobilité dans l'environnement de proximité favorisant leur maintien à domicile ;
3° Les services aux personnes à leur domicile relatifs aux tâches ménagères ou familiales. – *[Anc. art. L. 129-1, al. 1ᵉʳ et 2.]*

BIBL. ▶ LAFORGE, LOGNEAU, BOULMIER, VERKINDT et LHUILLIER, *RDSS 2006, n° 1, p. 3.*

Les associations qui assurent le placement de travailleurs auprès de personnes physiques employeurs et accomplissent pour le compte de ces personnes des formalités administratives et des déclarations sociales et fiscales liées à l'emploi de ces travailleurs ne remplissent qu'un rôle de mandataire, les personnes physiques étant les seuls employeurs des travailleurs. • Soc. 23 nov. 2005 : ⚖ *RJS 2006. 167, n° 281 ; Dr. soc. 2006. 217,* obs. Gauriau ⌀.

Art. L. 7231-2 Des décrets précisent :
1° Le contenu des activités de services à la personne mentionnées à l'article L. 7231-1 ;
2° Un plafond en valeur ou en temps de travail des interventions à domicile permettant aux activités figurant dans le décret prévu au 1° de bénéficier des dispositions du présent titre. – *[Anc. art. L. 129-17, II, al. 1ᵉʳ à 3.]* – V. art. D. 7231-1.

CHAPITRE II DÉCLARATION ET AGRÉMENT DES ORGANISMES ET MISE EN ŒUVRE DES ACTIVITÉS *(L. n° 2010-853 du 23 juill. 2010, art. 31-I).*

SECTION 1 Déclaration et agrément des organismes *(L. n° 2010-853 du 23 juill. 2010, art. 31-I).*

Art. L. 7232-1 *(L. n° 2010-853 du 23 juill. 2010, art. 31-I)* Toute personne morale ou entreprise individuelle qui exerce les activités de service à la personne mentionnées ci-dessous est soumise à agrément délivré par l'autorité compétente suivant des critères de qualité :

SERVICES À LA PERSONNE **Art. L. 7232-1-2** 1697

1° La garde d'enfants au-dessous d'une limite d'âge fixée par arrêté conjoint du ministre de l'emploi et du ministre chargé de la famille ; – *V. Arr. du 5 févr. 2019, NOR : ECOI1832261A (JO 2 mars).*

2° Les activités relevant du 2° de l'article L. 7231-1, à l'exception des activités dont la liste est définie par décret et qui ne mettent pas en cause la sécurité des personnes.

En application de l'art. L. 231-5 CRPA, et par exception à l'application du délai de deux mois prévu à l'art. L. 231-1 1 du même code, le délai à l'expiration duquel le silence gardé par l'administration vaut décision d'acceptation est fixé à trois mois pour une demande d'agrément pour l'exercice d'une activité s'adressant à un public fragile dans le secteur des services à la personne (Décr. n° 2014-1281 du 23 oct. 2014, art. 1ᵉʳ).

Art. L. 7232-1-1 (L. n° 2010-853 du 23 juill. 2010, art. 31-I) A condition qu'elle exerce son activité à titre exclusif (*L. n° 2023-1322 du 29 déc. 2023, art. 34-I, en vigueur le 1ᵉʳ janv. 2025*) « ou lorsqu'elle est dispensée du respect de cette condition en application de l'article L. 7232-1-2 », toute personne morale ou entreprise individuelle qui souhaite bénéficier des 1° et 2° de l'article L. 7233-2 et de l'article L. 7233-3 déclare son activité auprès de l'autorité compétente dans des conditions et selon des modalités prévues par décret en Conseil d'État.

Art. L. 7232-1-2 (*L. n° 2010-853 du 23 juill. 2010, art. 31-I*) « Sont dispensées de la condition d'activité exclusive fixée par les articles L. 7232-1-1, L. 7233-2 et L. 7233-3 : »

1° Pour leurs activités d'aide à domicile :

a) Les associations intermédiaires ;

(*L. n° 2009-1673 du 30 déc. 2009, art. 140*) « *a bis)* Les régies de quartiers. Un décret définit les conditions de leur agrément et de la dérogation à la clause d'activité exclusive dont elles bénéficient ; »

b) Les communes, les centres communaux ou intercommunaux d'action sociale, les établissements publics de coopération intercommunale compétents ;

c) Les organismes ayant conclu une convention avec un organisme de sécurité sociale au titre de leur action sociale ;

d) Les organismes publics ou privés gestionnaires d'un établissement ou d'un service autorisé au titre du I de l'article L. 312-1 du code de l'action sociale et des familles et les groupements de coopération mentionnés au 3° de l'article L. 312-7 du même code ;

(*L. n° 2023-1322 du 29 déc. 2023, art. 34-I, en vigueur le 1ᵉʳ janv. 2025*) « *e)* Les entrepreneurs individuels définis aux articles L. 526-22 à L. 526-26 du code de commerce et soumis aux régimes prévus à l'article 50-0 du code général des impôts et à l'article L. 613-7 du code de la sécurité sociale ainsi que les entreprises de moins de onze salariés, lorsqu'ils exercent à titre principal des activités de services à la personne mentionnées aux articles L. 7231-1 et D. 7231-1 du présent code et que le chiffre d'affaires réalisé au titre de l'année civile précédente afférent aux autres activités, exercées à titre accessoire, représente une proportion du chiffre d'affaires total, déterminée par décret, ne pouvant excéder 30 %.

« Un décret fixe les modalités d'application de la dispense prévue au présent e, notamment le taux maximal du chiffre d'affaires afférent aux activités accessoires ; »

2° Pour leurs activités qui concourent directement à coordonner et délivrer les services à la personne, les unions et fédérations d'associations (*L. n° 2023-1322 du 29 déc. 2023, art. 34-I, en vigueur le 1ᵉʳ janv. 2025*) « ainsi que les entreprises mentionnées au *e* du 1° du présent article dans les mêmes conditions » ;

3° Pour leurs activités d'aide à domicile rendues aux personnes mentionnées à l'article L. 7231-1 :

a) Les organismes publics ou privés gestionnaires d'un établissement de santé relevant de l'article L. 6111-1 du code de la santé publique ;

b) Les centres de santé relevant de l'article L. 6323-1 du même code ;

c) Les organismes publics ou privés gestionnaires d'un établissement ou d'un service mentionné (*L. n° 2023-1196 du 18 déc. 2023, art. 19-II*) « au premier alinéa » de l'article L. 2324-1 du même code ;

4° Pour les services d'aide à domicile rendus aux personnes mentionnées à l'article L. 7231-1 qui y résident, les (*L. n° 2015-1776 du 28 déc. 2015, art. 14-II*) « prestataires

appelés à fournir les services spécifiques individualisables dans les copropriétés avec services, mentionnés à l'article 41-4 » de la loi n° 65-557 du 10 juillet 1965 fixant le statut de la copropriété des immeubles bâtis ;
(*L. n° 2015-1776 du 28 déc. 2015, art. 15-III*) « 5° Pour leurs services d'aide à domicile rendus aux personnes mentionnées à l'article L. 7231-1 qui y résident, les gérants de résidences-services relevant de l'article L. 631-13 du code de la construction et de l'habitation. »

Art. L. 7232-2 *Abrogé par L. n° 2015-1776 du 28 déc. 2015, art. 47-II.*

Art. L. 7232-3 *Abrogé par L. n° 2010-853 du 23 juill. 2010, art. 31-I.*

Art. L. 7232-4 (*L. n° 2015-1776 du 28 déc. 2015, art. 15-IV*) Par dérogation à l'article L. 313-1-1 du code de l'action sociale et des familles, les résidences-services mentionnées au 5° de l'article L. 7232-1-2 du présent code qui gèrent des services d'aide à domicile rendus aux personnes mentionnées à l'article L. 7231-1 qui y résident sont autorisées au titre de l'article L. 313-1-2 du code de l'action sociale et des familles, sous réserve du respect du cahier des charges national prévu à l'article L. 313-1-3 du même code.

Art. L. 7232-5 *Abrogé par L. n° 2015-1776 du 28 déc. 2015, art. 47-II.*

SECTION 2 Mise en œuvre des activités

Art. L. 7232-6 (*L. n° 2010-853 du 23 juill. 2010, art. 31-I*) « Les personnes morales ou les entreprises individuelles mentionnées aux articles L. 7232-1, L. 7232-1-1 et L. 7232-1-2 peuvent assurer leur activité selon les modalités suivantes : »

1° Le placement de travailleurs auprès de personnes physiques employeurs ainsi que, pour le compte de ces dernières, l'accomplissement des formalités administratives et des déclarations sociales et fiscales liées à l'emploi de ces travailleurs ;

2° Le recrutement de travailleurs pour les mettre, à titre onéreux, à la disposition de personnes physiques. Dans ce cas, l'activité des associations est réputée non lucrative au regard des articles L. 8231-1 et L. 8241-1 ;

3° La fourniture de prestations de services aux personnes physiques.

SECTION 3 Dispositions d'application

Art. L. 7232-7 Un décret en Conseil d'État détermine les conditions de délivrance, de contrôle et de retrait de l'agrément des (*L. n° 2010-853 du 23 juill. 2010, art. 31-I*) « personnes morales ou des entreprises individuelles mentionnées aux articles L. 7232-1 et L. 7232-1-2 », notamment les conditions particulières auxquelles sont soumises celles dont l'activité porte sur la garde d'enfants ou l'assistance aux personnes âgées, handicapées ou dépendantes et les modalités de mise en œuvre du régime de la décision implicite d'acceptation de cet agrément. − [*Anc. art. L. 129-17, I phrase 1.*] − V. art. R. 7232-1 s.

Art. L. 7232-8 (*L. n° 2010-853 du 23 juill. 2010, art. 31-I*) Lorsqu'il est constaté qu'une personne morale ou une entreprise individuelle mentionnée aux articles L. 7232-1 et L. 7232-1-1 ne se livre pas à titre exclusif à une activité prévue à l'article L. 7231-1 (*L. n° 2023-1322 du 29 déc. 2023, art. 34-I, en vigueur le 1er janv. 2025*) « et ne remplit pas les conditions prévues à l'article L. 7232-1-2 pour être dispensée du respect de cette condition », elle perd le bénéfice des 1° et 2° de l'article L. 7233-2 (*L. n° 2010-1657 du 29 déc. 2010, art. 200*) « et de l'article L. 241-10 du code de la sécurité sociale ».

Elle ne peut bénéficier de nouveau de ces avantages à l'occasion d'une nouvelle déclaration qu'après une période de douze mois.

Le contribuable de bonne foi conserve le bénéfice (*L. n° 2016-1917 du 29 déc. 2016, art. 82-II*) « du crédit d'impôt prévu » à l'article 199 *sexdecies* du code général des impôts.

Un décret en Conseil d'État détermine les modalités d'application des deux premiers alinéas du présent article.

Art. L. 7232-9 (*L. n° 2010-853 du 23 juill. 2010, art. 31-I*) Outre les (*L. n° 2016-1088 du 8 août 2016, art. 113*) « agents de contrôle de l'inspection du travail mention-

SERVICES À LA PERSONNE   **Art. L. 7233-5** 1699

nés à l'article L. 8112-1 », les agents de la concurrence, de la consommation et de la répression des fraudes sont compétents pour constater, par procès-verbal, les infractions aux dispositions relatives à la facturation des services. Les agents de la concurrence, de la consommation et de la répression des fraudes disposent à cet effet des pouvoirs prévus aux articles L. 450-3, L. 450-7 et L. 450-8 du code de commerce.

CHAPITRE III DISPOSITIONS FINANCIÈRES

SECTION 1 Frais de gestion et mesures fiscales et sociales

Art. L. 7233-1 (L. n° 2010-853 du 23 juill. 2010, art. 31-I) « La personne morale ou l'entreprise individuelle qui assure » le placement de travailleurs auprès de personnes physiques employeurs ou qui, pour le compte de ces dernières, accomplit des formalités administratives et des déclarations sociales et fiscales liées à l'emploi de ces travailleurs peut demander aux employeurs une contribution représentative de ses frais de gestion. − [Anc. art. L. 129-2, al. 5 phrase 1.]

Art. L. 7233-2 (L. n° 2010-853 du 23 juill. 2010, art. 31-I) « La personne morale ou l'entreprise individuelle déclarée qui exerce, à titre exclusif (L. n° 2023-1322 du 29 déc. 2023, art. 34-I, en vigueur le 1er janv. 2025) « ou est dispensée du respect de cette condition en application de l'article L. 7232-1-2 », une activité » de services à la personne rendus aux personnes physiques bénéficie :
1° Du taux réduit de taxe sur la valeur ajoutée (L. n° 2010-853 du 23 juill. 2010, art. 31-I) « sous les conditions prévues » au i de l'article 279 du code général des impôts ;
2° De l'aide (L. n° 2010-853 du 23 juill. 2010, art. 31-I) « sous les conditions prévues » à l'article 199 *sexdecies* du même code.

Art. L. 7233-3 Abrogé par L. n° 2010-853 du 23 juill. 2010, art. 31-I.

SECTION 2 Aide financière en faveur des salariés, du chef d'entreprise ou des dirigeants sociaux

Art. L. 7233-4 L'aide financière du (Ord. n° 2017-1386 du 22 sept. 2017, art. 4) « comité social et économique » et celle de l'entreprise versées en faveur des salariés n'ont pas le caractère de rémunération (Abrogé par Ord. n° 2018-474 du 12 juin 2018, art. 6) « au sens des articles L. 242-1 du code de la sécurité sociale et L. 741-10 du code rural et de la pêche maritime ainsi que » pour l'application de la législation du travail (Ord. n° 2018-474 du 12 juin 2018, art. 6) « et sont exclues de l'assiette de la contribution définie à l'article L. 136-1 du code de la sécurité sociale et de l'assiette des cotisations définie à l'article L. 242-1 du même code et à l'article L. 741-10 du code rural et de la pêche maritime », lorsque ces aides sont destinées soit à faciliter l'accès des services aux salariés, soit à financer :
1° Des activités entrant dans le champ des services à la personne ;
2° Des activités de services assurées par les organismes mentionnés (L. n° 2023-1196 du 18 déc. 2023, art. 19-II) « au premier alinéa » de l'article L. 2324-1 du code de la santé publique (L. n° 2010-853 du 23 juill. 2010, art. 31-I) « ou les organismes ou les personnes organisant l'accueil sans hébergement prévu au troisième alinéa du même article » ou par des assistants maternels agréés en application de l'article L. 421-1 du code de l'action sociale et des familles ;
(L. n° 2010-853 du 23 juill. 2010, art. 31-I) « 3° Des prestations directement liées à la gestion et au fonctionnement du chèque emploi-service et proposées aux salariés par les établissements spécialisés mentionnés à l'article L. 1271-10. »
Les dispositions du présent article ne donnent pas lieu à application de l'article L. 131-7 du code de la sécurité sociale. − [Anc. art. L. 129-13, al. 1er à 3.]

Le montant maximum de l'aide financière est fixé à 2 421 € à compter du 1er janv. 2024 (Arr. du 29 déc. 2023, NOR : TSSS2329962A, JO 25 janv. 2024).

Art. L. 7233-5 Les dispositions de l'article L. 7233-4 s'appliquent également au chef d'entreprise ou, si l'entreprise est une personne morale, à son président, son directeur général, son ou ses directeurs généraux délégués, ses gérants ou des membres de son directoire, dès lors que l'aide financière leur est versée aux mêmes fins et peut bénéficier à l'ensemble des salariés de l'entreprise selon les mêmes règles d'attribution. — *[Anc. art. L. 129-13, al. 4.]*

Art. L. 7233-6 L'aide financière de l'entreprise n'entre pas dans le cadre des activités sociales et culturelles du *(Ord. n° 2017-1386 du 22 sept. 2017, art. 4)* « comité social et économique » mentionnées à l'article L. 2323-83 et ne constitue pas une dépense sociale au sens de l'article L. 2323-86. — *[Anc. art. L. 129-14, al. 3.]*

Art. L. 7233-7 L'aide financière est exonérée d'impôt sur le revenu pour les bénéficiaires.
Elle n'est pas prise en compte dans le montant des dépenses à retenir pour l'assiette *(L. n° 2016-1917 du 29 déc. 2016, art. 82-II, applicable à compter de l'imposition des revenus de l'année 2017)* « du crédit d'impôt mentionné » à l'article 199 *sexdecies* du code général des impôts.
L'aide financière de l'entreprise bénéficie des dispositions du *f* du I de l'article 244 *quater* F du même code. — *[Anc. art. L. 129-15.]*

Art. L. 7233-8 L'aide financière peut être gérée par le *(Ord. n° 2017-1386 du 22 sept. 2017, art. 4)* « comité social et économique » ou l'entreprise ou, conjointement, par le *(Ord. n° 2017-1386 du 22 sept. 2017, art. 4)* « comité social et économique » et l'entreprise.
La gestion de l'aide financière de l'entreprise fait l'objet d'une consultation préalable du *(Ord. n° 2017-1386 du 22 sept. 2017, art. 4)* « comité social et économique » en cas de gestion conjointe et d'une procédure d'évaluation associant le *(Ord. n° 2017-1386 du 22 sept. 2017, art. 4)* « comité social et économique ». — *[Anc. art. L. 129-14, al. 1er et 2.]*

Art. L. 7233-9 Un décret précise les conditions d'application des articles L. 7233-4 et L. 7233-5. — *[Anc. art. L. 129-17, II, al. 1er et 10.]*

CHAPITRE IV AGENCE NATIONALE DES SERVICES À LA PERSONNE

Art. L. 7234-1 L'Agence nationale des services à la personne, établissement public national chargé de promouvoir le développement des activités de services à la personne, peut recruter des contractuels de droit privé pour une durée déterminée ou pour une mission déterminée. — *[Anc. art. L. 129-16.]*

L'établissement public dénommé : "Agence nationale des services à la personne" est dissous. Les biens, droits et obligations de cet établissement sont transférés à l'État (Décr. n° 2014-753 du 2 juill. 2014, art. 1er).

LIVRE III VOYAGEURS, REPRÉSENTANTS OU PLACIERS, GÉRANTS DE SUCCURSALES, ENTREPRENEURS SALARIÉS ASSOCIÉS D'UNE COOPÉRATIVE D'ACTIVITÉ ET D'EMPLOI ET TRAVAILLEURS UTILISANT UNE PLATEFORME DE MISE EN RELATION PAR VOIE ÉLECTRONIQUE *(L. n° 2014-856 du 31 juill. 2014, art. 48 ; L. n° 2016-1088 du 8 août 2016, art. 60).*

TITRE I VOYAGEURS, REPRÉSENTANTS ET PLACIERS

RÉP. TRAV. v° *Voyageurs, représentants, placiers,* par Grignon.

BIBL. GÉN. ▶ Statut de représentant issu de la loi du 7 mars 1957 : A. Boccara, *JCP CI 1957. 60739.* – Camerlynck, *JCP 1957. I. 1369.* – Despax, *Mél. A. Brun, 1974, p. 165.* – Dureteste, *D. 1957. Chron. 229.* – Friedel, *Dr. soc. 1958. 589.*

▶ Coudy et Chatillon, *D. 1974. Chron. 273* (indemnité de clientèle). – Guillot et Forsterling, *Gaz. Pal. 1981. 1. Doctr. 83* (statut en République fédérale d'Allemagne). – Laschon, *SSL 1998, suppl. n° 361.* – G. Lyon-Caen, *RTD eur. 1970. 666.* – Morillot, *JCP CI 1973. 11027* (le représentant à la marine). – Rayroux, *Gaz. Pal. 1975. 2. Doctr. 639.* – H. et J.C. Vitry, *Gaz. Pal. 1973. 2. Doctr. 713* (loi du 9 mai 1973) ; *ibid. 1976. 1. Doctr. 67 et 147.*

COMMENTAIRE
V. sur le Code en ligne 🔒

CHAPITRE I CHAMP D'APPLICATION ET DÉFINITIONS

SECTION 1 Champ d'application

Art. L. 7311-1 Les dispositions du présent code sont applicables au voyageur, représentant ou placier, sous réserve des dispositions particulières du présent titre.

1. Conformité du statut au droit international. Le caractère d'ordre public du statut des VRP ne commande pas d'écarter une règle de compétence contenue dans un traité international dont l'autorité est supérieure à celle de la loi interne. • Cass., ass. plén., 14 oct. 1977 : *Bull. civ. n° 6.* ♦ La référence dans le contrat à une convention collective ne peut l'emporter sur un statut d'ordre public dès lors que les conditions d'application de celui-ci sont réunies. • Soc. 12 avr. 1995 : 🔒 *Dr. soc. 1995. 606* ⌀ ; *GADT, 4ᵉ éd., n° 23.*

2. Impérativité du statut. En faveur de l'application conventionnelle du statut : V. • Soc. 10 oct. 1962 : *Bull. civ. IV, n° 704 ; D. 1963. 46 ; JCP 1962. II.* 12943, note Camerlynck • 7 mai 1980 : *Bull. civ. V, n° 398* (le statut conventionnel doit être appliqué quelles que soient les attributions du salarié) • 29 oct. 1986 : *ibid., n° 501* (nécessité d'un accord non équivoque de l'employeur). ♦ Mais la seule volonté des parties est impuissante à soustraire le salarié au statut social qui découle nécessairement des conditions effectives d'exercice de son activité ; si les conditions ne sont pas réunies et nonobstant la référence au statut de VRP figurant dans le contrat de travail, le salarié ne peut se voir opposer ce statut. • Soc. 17 déc. 2002, 🔒 n° 00-44.375 P : *Dr. soc. 2003. 334, obs. Mouly* ⌀ ; *RJS 2003. 262, n° 398 ; CSB 2003. 129, A. 16.*

Art. L. 7311-2 Les dispositions du présent titre s'appliquent au voyageur, représentant ou placier exclusif, ainsi qu'au salarié qui, conjointement à l'exercice effectif et habituel de la représentation, accepte de se livrer à d'autres activités, quelle qu'en soit la nature, pour le compte d'un ou plusieurs de ses employeurs. − *[Anc. art. L. 751-2.]*

1. Activité principale. En cas d'activités mixtes au sein d'une même entreprise, l'activité de représentant doit demeurer l'activité principale. • Soc. 9 mai 1990, 🔒 n° 86-45.317 P.

2. Dès lors que le salarié exerce de façon effective et habituelle des fonctions de représentant, il bénéficie d'un statut légal, peu importe qu'en raison de sa compétence la société ait accessoirement ajouté à ses fonctions une activité d'assistance technique et une activité administrative, ces activités exercées pour le compte de son employeur étant manifestement complémentaires de ses tâches de représentation. • Soc. 27 oct. 1976 : *Bull. civ. V, n° 541.* ♦ Solution inverse, lorsque l'activité de représentant n'est que l'accessoire d'une activité salariée : • Soc. 17 oct. 1979, 🔒 n° 78-40.040 P.

3. VRP multicartes. Les VRP à cartes multiples sont des travailleurs à temps partiel. • Soc. 16 avr. 1986 : *JCP E 1986. I. 15690, n° 7, obs. Teyssié.*

4. Clause d'exclusivité. La clause d'exclusivité imposée à un VRP n'est pas compatible avec l'exercice de son activité à temps partiel : en effet, une clause d'exclusivité porte atteinte à la liberté du travail et n'est valable que si elle est indispensable à la protection des intérêts légitimes de l'entreprise et justifiée par la nature de la tâche à accomplir et proportionnée au but recherché. • Soc. 11 juill. 2000 : 🔒 *Dr. soc. 2000. 1141, obs. Mouly* ⌀ ; *D. 2000. IR 228* ⌀ ; *RJS 2000. 767, n° 1154.* ♦ Si la nullité d'une telle clause n'a pas pour effet d'entraîner la requalification du contrat de travail à temps partiel en contrat de travail à temps complet, elle permet toutefois au salarié d'obtenir réparation du préjudice ayant résulté pour lui de cette clause illicite. • Soc. 25 févr. 2004 : 🔒 *Dr. soc. 2004. 665, obs. Radé* ⌀. ♦ La clause imposant à un salarié de travailler à temps partiel et à titre exclusif ne peut lui être opposée et lui interdire de se consacrer à temps complet à son activité professionnelle ; il en résulte qu'en présence de ces clauses le représentant peut réclamer le bénéfice d'une rémunération minimale normalement réservée aux salariés exerçant à temps complet. • Soc. 11 mai 2005 : 🔒 *D. 2005. IR 1590 ; D. 2006. Pan. 30* ⌀ ; *JCP S 2005. 1005 ; RJS 2005. 565, n° 787.*

SECTION 2 Définitions

Art. L. 7311-3 Est voyageur, représentant ou placier, toute personne qui :

1° Travaille pour le compte d'un ou plusieurs employeurs ;

2° Exerce en fait d'une façon exclusive et constante une profession de représentant ;

3° Ne fait aucune opération commerciale pour son compte personnel ;

4° Est liée à l'employeur par des engagements déterminant :

a) La nature des prestations de services ou des marchandises offertes à la vente ou à l'achat ;

b) La région dans laquelle il exerce son activité ou les catégories de clients qu'il est chargé de visiter ;

c) Le taux des rémunérations. — *[Anc. art. L. 751-1, al. 1er fin et al. 2 à 5.]*

1. Qualification contractuelle. Le salarié embauché en qualité de VRP peut se prévaloir de la qualification contractuellement reconnue, quelles qu'auraient pu être ses attributions. • Soc. 25 avr. 1990, n° 86-43.723 P. – Dans le même sens : • Soc. 13 janv. 1971 : *Bull. civ. V, n° 23.*

2. Faisceau d'indices. Ont à bon droit décidé de l'application du statut légal les juges du fond qui, quelle que soit la dénomination donnée au contrat par les parties, relèvent que celui-ci comportait un secteur de prospection, une clientèle et des marchandises et que l'intéressé exerçait en fait d'une façon exclusive et constante sa profession sans faire aucune opération commerciale pour son compte personnel. • Soc. 4 janv. 1979, n° 77-41.163 P. – V. aussi • Soc. 13 janv. 1982 : *Bull. civ. V, n° 15* • 2 mars 1989 : *ibid., n° 177.* ♦ Sur l'office du juge dans la recherche des conditions réelles de l'exercice de l'activité du salarié, V. • Soc. 8 oct. 1997 : *SSL 1997, n° 858, p. 10, obs. C.G.*

3. Sur l'appréciation des éléments de fait caractérisant la profession de représentant, V. notamment • Soc. 14 févr. 1962 : *Bull. civ. IV, n° 193* (situation fiscale du représentant) • 9 janv. 1974 : *ibid. V, n° 32* • 24 janv. 1974 : *ibid., n° 71* (portée de la carte d'identité professionnelle) • 18 févr. 1976 : *ibid., n° 104* (caractère indifférent de la non-affiliation au régime général de sécurité sociale).

4. Lien de dépendance. L'absence de lien de subordination n'est pas à elle seule exclusive du statut légal. • Soc. 12 mars 1942 : *JCP 1942. II. 1952, note Paillot.* – Dans le même sens : • Soc. 3 déc. 1969 : *D. 1970. 184, 2e esp., note Dupeyroux* • 18 févr. 1976, n° 74-40.737 P • 4 janv. 1979, n° 77-41.163 P • 13 janv. 2009 : *RJS 2009. 249, n° 290 ; JCP S 2009. 1139, obs. Cesaro.* ♦ Sur la nécessité d'un lien de dépendance, V. • Soc. 21 janv. 1970 : *JCP 1971. II. 16349, note Bouteloup* • 30 mai 1979, n° 77-41.386 P. (dès lors qu'il utilise à son profit l'activité de collaborateurs, l'intéressé exploite une entreprise personnelle et indépendante, exclusive du bénéfice du statut de VRP.) • 10 févr. 1971 : *D. 1971. 327.*

5. Prise d'ordre. La prise d'ordre constituant l'une des conditions nécessaires d'application du statut de représentant, celui qui ne conteste pas qu'il n'entrait pas dans ses attributions de prendre des commandes de la clientèle ne peut bénéficier du statut. • Soc. 26 févr. 1986 : *Bull. civ. V, n° 42.* – Dans le même sens : • Soc. 4 févr. 1976 : *Bull. civ. V, n° 75 ; D. 1976. IR 94.* ♦ Sont ainsi exclus du statut : le salarié qui prospecte la clientèle sans prendre de commandes. • Soc. 14 oct. 1970 : *D. 1971. 9* • 8 juill. 1976 : *Bull. civ. V, n° 436 ; D. 1976. IR 247.* ♦ ... Le délégué commercial.

• Soc. 17 oct. 1979, n° 78-40.040 P : *D. 1980. IR 192.* ♦ ... Le salarié chargé de recruter et de sélectionner des agents. • Soc. 1er févr. 1978 : *Bull. civ. V, n° 81 ; D. 1978. IR 232.* ♦ ... L'intermédiaire dont l'activité consiste à rapprocher les vendeurs et les acheteurs de biens immobiliers. • Soc. 27 févr. 1992 : *RJS 1992. 305, n° 541.*

6. Exercice exclusif. Ne peut prétendre au bénéfice du statut légal celui qui exerce parallèlement une activité salariée. • Soc. 17 oct. 1979, n° 78-40.040 P : *D. 1980. IR 192.* ♦ Même solution en cas d'activité libérale. • Soc. 6 mars 1963 : *Bull. civ. IV, n° 220.* ♦ ... Ou commerciale. • Soc. 6 juill. 1964 : *Bull. civ. IV, n° 605* • 30 mai 1979 : *ibid. V, n° 487 ; D. 1979. IR 455.*

7. Secteur. L'existence d'un secteur fixe de prospection est un des éléments essentiels du contrat de VRP. • Soc. 29 mai 1962, n° 61-40.160 P : *JCP 1962. II. 12845, note Bizière* • 2 juin 1976 : *Bull. civ. V, n° 355.* ♦ La clause qui ne limite pas les activités d'un représentant à un territoire ou à une catégorie de clientèles est exclusive de la notion de secteur et interdit à l'intéressé de bénéficier du statut légal. • Soc. 17 juin 1964, n° 63-10.603 P : *D. 1965. Somm. 16.* – Dans le même sens : • Soc. 31 janv. 1973 : *Bull. civ. V, n° 56.* – V. aussi • Soc. 24 janv. 1979 : *Bull. civ. V, n° 75 ; D. 1979. IR 302* • 5 juill. 1982 : *D. 1982. IR 520.* ♦ Sur la détermination du secteur par la catégorie de clients à visiter, V. • Soc. 13 oct. 1988 : *Bull. civ. V, n° 519* • 30 mars 1977 : *ibid., n° 242.*

8. Lorsqu'il est expressément convenu que la modification du secteur d'activité peut se faire selon les besoins de l'entreprise et qu'une telle modification est intervenue à plusieurs reprises, le statut légal de VRP doit être écarté. • Soc. 29 mai 1962 : *préc. note 7.* – V. aussi • Soc. 2 déc. 1964 : *Bull. civ. IV, n° 812 ; D. 1965. 82 ; JCP 1965. II. 14319, note B.A.* ♦ Comp., lorsqu'une clause analogue n'a pas été mise en œuvre : • Soc. 7 oct. 1970 : *Bull. civ. V, n° 504 ; D. 1971. Somm. 62* • 13 oct. 1988 : *Bull. civ. V, n° 520.* ♦ Sur la preuve de l'existence d'un secteur, V. • Soc. 1er juill. 1964 : *Bull. civ. IV, n° 573* • 26 nov. 1964 : *ibid., n° 791* • 10 mai 1989 : *ibid., n° 359.*

9. Mandataires. À moins d'une novation, les juges du fond ne peuvent reconnaître la qualité de représentant statutaire à un représentant engagé en qualité de mandataire. • Soc. 17 mai 1962 : *D. 1963. 488, note Garola-Giuglaris.* ♦ Comp. : • Soc. 14 déc. 1976 : *D. 1977. IR 28.*

10. Charge de la preuve. C'est au salarié, engagé en tant qu'attaché commercial, de démontrer qu'il exerçait en fait une profession autre que celle stipulée dans le contrat. • Soc. 11 déc. 1990, n° 87-45.544 P.

CHAPITRE II ACCÈS À LA PROFESSION

Art. L. 7312-1 Les dispositions du chapitre VII du titre II du livre I du code de commerce relatives aux incapacités d'exercer une profession commerciale et industrielle sont applicables au voyageur, représentant ou placier qui exerce la représentation commerciale dans les conditions du présent titre. — *[Anc. art. L. 751-14.]*

CHAPITRE III CONTRAT DE TRAVAIL

SECTION 1 Présomption de salariat

Art. L. 7313-1 Toute convention dont l'objet est la représentation, conclue entre un voyageur, représentant ou placier et un employeur est, nonobstant toute stipulation expresse du contrat ou en son silence, un contrat de travail. — *[Anc. art. L. 751-1, al. 1er.]*

Art. L. 7313-2 L'absence de clauses interdisant soit l'exercice d'une autre profession, soit l'accomplissement d'opérations commerciales personnelles ne peut faire obstacle à l'application des dispositions de l'article L. 7313-1. — *[Anc. art. L. 751-1, al. 6.]*

Art. L. 7313-3 En l'absence de contrat de travail écrit, toute personne exerçant la représentation est présumée être un voyageur, représentant ou placier soumis aux règles particulières du présent titre. — *[Anc. art. L. 751-4.]*

1. Force de la présomption. L'art. L. 751-4 [L. 7313-3 nouv.] ne s'applique que si le représentant concerné réunit les conditions définies par la loi pour bénéficier du statut légal. • Soc. 21 juill. 1981 : *Bull. civ. V, n° 732* • 16 janv. 1992 : *RJS 1992. 217, n° 369.*

2. Renversement de la présomption. Sur l'appréciation des différents éléments caractérisant une activité de représentant et interdisant que soit renversée la présomption de l'art. L. 751-4 [L. 7313-3 nouv.], V. • Soc. 13 févr. 1959, n° 57-40.130 P : *JCP 1959. II. 1114*, note Camerlynck • 18 févr. 1976, n° 74-40.737 P.

3. La présomption de l'art. L. 751-4 [L. 7313-3 nouv.] est renversée dès lors que l'intéressé a été inscrit au registre du commerce en qualité de courtier et représentant, qu'il l'a mentionné sur son papier à lettres, qu'il percevait des commissions supérieures à celles accordées en général aux représentants et qu'il n'était pas soumis aux obligations incombant à ces derniers. • Soc. 21 févr. 1978 : *Bull. civ. V, n° 132.*

Art. L. 7313-4 Est nulle toute convention qui aurait pour objet de faire obstacle [à] l'application des dispositions du présent titre. — *[Anc. art. L. 751-11.]*

1. Désignation d'une convention collective. La référence dans le contrat à une convention collective ne peut l'emporter sur un statut d'ordre public dès lors que les conditions d'application de celui-ci sont réunies. • Soc. 12 avr. 1995 : *Dr. soc. 1995. 606*.

2. Paiement de la valeur de la clientèle. Un représentant de commerce ne peut être valablement tenu par une clause de son contrat de travail lui imposant de payer la valeur de la clientèle qu'il est chargé de visiter pour le compte de son employeur. • Soc. 3 oct. 2007 : *D. 2007. AJ 2674*.

SECTION 2 Conclusion et exécution du contrat de travail

SOUS-SECTION 1 Période d'essai

Art. L. 7313-5 Le contrat de travail peut comporter une période d'essai dont la durée ne peut être supérieure à trois mois. — *[Anc. art. L. 751-6, al. 1er.]*

SOUS-SECTION 2 Clause d'exclusivité

Art. L. 7313-6 Le contrat de travail peut, pour sa durée, prévoir l'interdiction pour le voyageur, représentant ou placier, de représenter des entreprises ou des produits déterminés.

Lorsque le contrat de travail ne prévoit pas cette interdiction, il comporte, à moins que les parties n'y renoncent par une stipulation expresse, la déclaration des entreprises ou des produits que le voyageur, représentant ou placier représente déjà et l'engagement de ne pas prendre en cours de contrat de nouvelles représentations sans autorisation préalable de l'employeur. — *[Anc. art. L. 751-3.]*

A. EXCLUSIVITÉ PENDANT L'EXÉCUTION DU CONTRAT

1. Conditions. Doit être cassé l'arrêt qui, en constatant que le représentant avait pris une représentation nouvelle sans demander l'autorisation de l'employeur, décide que cette autorisation ne paraissait pas nécessaire, sauf en cas de représentation d'activités concurrentielles, dès lors que l'employeur avait donné son accord aux représentations dont le salarié lui avait remis la liste en prenant son emploi et que le contrat ne contenait à cet égard aucune stipulation expresse. ● Soc. 17 mars 1970 : *Bull. civ. V, n° 202.* – V. aussi ● Soc. 9 mai 1973 : *Bull. civ. V, n° 294.*

B. NON-CONCURRENCE APRÈS LA RUPTURE DU CONTRAT

2. Nullité relative de la clause. L'employeur ne pouvant se prévaloir de la non-conformité de la clause de non-concurrence aux dispositions impératives de la convention collective, c'est à bon droit que les juges du fond, faisant application de celle-ci, ont réduit à deux ans la durée de l'interdiction de concurrence et mis à la charge de la société le versement d'une indemnité compensatrice. ● Soc. 2 juill. 1984 : *Bull. civ. V, n° 278 ; D. 1985. IR 153, obs. Serra.*

3. Droit à la contrepartie pécuniaire. Dès lors qu'il a respecté l'interdiction de non-concurrence, le représentant n'a pas à justifier de l'existence d'un préjudice pour prétendre à la contrepartie pécuniaire de cette obligation stipulée au contrat. ● Soc. 5 mars 1986 : *Bull. civ. V, n° 55.* ♦ L'art. 17 de la convention collective prévoyant le versement d'une contrepartie pécuniaire n'a pas prévu la nullité de la clause de non-concurrence en cas d'absence d'indemnisation. ● Soc. 3 mai 1984 : *Bull. civ. V, n° 166 ; D. 1985. IR 475, obs. Serra.* ♦ L'indemnité due au salarié n'est pas une peine au sens de l'art. 1152 C. civ. pouvant être modérée par le juge. ● Soc. 4 juill. 1983 : *Bull. civ. V, n° 380.*

4. Modalités de calcul de l'indemnité. Selon les termes de la convention collective, la créance du salarié prenant naissance mois par mois au cours de la période de non-concurrence, une cour d'appel ne peut condamner un employeur au paiement d'une indemnité de non-concurrence prenant en compte une période durant laquelle l'obligation de non-concurrence n'a pas encore été exécutée. ● Soc. 19 déc. 1990, 🔒 n° 87-45.486 P.

5. Renonciation. Une renonciation par l'employeur à la clause de non-concurrence antérieure à la rupture du contrat ne peut avoir d'effet en l'absence de confirmation dans les conditions prévues par la convention collective. ● Soc. 20 juin 1990, 🔒 n° 87-40.103 P : *D. 1990. IR 193.* ♦ Lorsque l'employeur a accordé la dispense d'exécution de l'obligation de non-concurrence après l'expiration du délai de quinze jours prévu dans la convention collective, le représentant doit percevoir l'intégralité de l'indemnité compensatrice, alors même qu'il percevrait des allocations de chômage, qui n'ont ni le même fondement, ni le même objet. ● Soc. 28 févr. 1991, 🔒 n° 89-40.499 P : *D. 1991. IR 97.*

6. Information du nouvel employeur. Le représentant a l'obligation d'aviser son nouvel employeur de l'existence d'une clause de non-concurrence même si elle a peu d'intérêt en pratique. ● Soc. 23 mars 1977 : *Bull. civ. V, n° 227.*

SECTION 3 Rémunération et congés

Art. L. 7313-7 Les commissions dues au voyageur, représentant ou placier du commerce sont payées au moins tous les trois mois. – *[Anc. art. L. 751-12.]*

Les avances sur commission d'où résultait le solde débiteur du compte d'un représentant ne sauraient être atteintes que par la prescription trentenaire, s'agissant de la répétition d'un trop-perçu insusceptible d'être déterminé à l'avance et non de créances périodiques et fixes se prescrivant en cinq ans. ● Soc. 26 nov. 1979 : *Bull. civ. V, n° 349 ; D. 1980. IR 27, obs. Langlois.*

Art. L. 7313-8 Les dispositions des articles L. 3253-2 et L. 3253-3, relatives aux garanties des rémunérations dans le cadre d'une procédure de sauvegarde, de redressement ou de liquidation judiciaire, s'appliquent aux voyageurs, représentants ou placiers pour les rémunérations de toute nature dues au titre des quatre-vingt-dix derniers jours de travail. – *[Anc. art. L. 751-15.]*

SECTION 4 Rupture du contrat de travail

SOUS-SECTION 1 Préavis

Art. L. 7313-9 En cas de rupture du contrat de travail, la durée du préavis ne peut être inférieure à :

1° Un mois durant la première année de présence dans l'entreprise ;
2° Deux mois durant la deuxième année ;
3° Trois mois au-delà. – *[Anc. art. L. 751-5, al. 1ᵉʳ, phrases 1 fin et 2.]*

Art. L. 7313-10 La durée du préavis du voyageur, représentant ou placier employé hors de France est augmentée de la durée normale du voyage de retour lorsque la rupture du contrat entraîne son retour en France. — *[Anc. art. L. 751-5, al. 2.]*

SOUS-SECTION 2 Commissions et remises

Art. L. 7313-11 Quelles que soient la cause et la date de rupture du contrat de travail, le voyageur, représentant ou placier a droit, à titre de salaire, aux commissions et remises sur les ordres non encore transmis à la date de son départ, mais qui sont la suite directe des remises d'échantillon et des prix faits antérieurs à l'expiration du contrat. — *[Anc. art. L. 751-8, al. 1ᵉʳ.]*

1. Circonstances de la rupture. La cause de la cessation des services d'un représentant, en l'occurrence l'existence d'une faute lourde, ne saurait le priver des commissions de retour. • Soc. 25 mai 1981 : *Bull. civ. V, n° 464* • 22 mai 1995 : 🔒 *RJS 1995. 544, n° 838.*

2. Conditions du droit aux commissions. Une salariée ne peut prétendre à une commission sur une commande passée après son départ en congé de maternité dès lors qu'elle n'a pris aucun ordre et s'est bornée à une prise de contacts. • Soc. 9 oct. 2001, 🔒 n° 99-44.353 P : *D. 2002. 1234, note Damas* ⌀ *; RJS 2001. 986, n° 1468.* ♦ Sur la nécessité pour le juge d'établir que les commandes ont été passées avant l'expiration du contrat de travail, V. notamment • Soc. 23 oct. 1963 : *Bull. civ. IV, n° 715* • 12 janv. 1977 : *ibid. V, n° 16* • 8 déc. 1982 : *ibid., n° 698.*

3. Clause de bonne fin et condition de présence. Les clauses de bonne fin sont licites dès lors qu'elles ne privent le salarié que d'un droit éventuel et non d'un droit acquis au paiement d'une rémunération. Dès lors que l'évolution des contrats initialement conclus par le salarié est ensuite le fait d'autres commerciaux ou de tiers, ces clauses peuvent le priver du versement de commissions au-delà de la cessation du contrat de travail. • Soc. 30 nov. 2011 : 🔒 *D. actu. 23 déc. 2011, obs. Siro ; RJS 2012. 112, n° 120 ; JCP S 2012. 1053, obs. Guyot.*

4. Intérêts légaux. Les commissions de retour sur échantillonnages constituent des créances que le juge ne fait que constater et sur lesquelles les intérêts légaux courent de plein droit à compter de la demande. • Soc. 2 févr. 1983 : *Bull. civ. V, n° 70* • 22 juill. 1985 : *ibid., n° 426.*

5. Commission de retour sur échantillonnages et assiette de l'indemnité de congés payés. Les commissions de retour sur échantillonnages, qui sont fonction des résultats produits par le travail personnel du salarié, entrent dans l'assiette de calcul de l'indemnité de congés payés. • Soc. 27 mars 2019, 🔒 n° 17-21.014 P : *D. 2019. Actu. 705* ⌀ *; Dr. soc. 2019. 571, note Mouly* ⌀ *; RJS 6/2019, n° 354 ; JCP S 2019. 1130, obs. Bossu.*

6. Aménagements conventionnels. Sur la possibilité d'un aménagement conventionnel des conditions de versement des commissions de retour, V. • Soc. 17 oct. 1979 : *Bull. civ. V, n° 751.*

Art. L. 7313-12 Sauf clause contractuelle plus favorable au voyageur, représentant ou placier, le droit à commissions est apprécié en fonction de la durée normale consacrée par les usages.

Une durée plus longue est retenue pour tenir compte des sujétions administratives, techniques, commerciales ou financières propres à la clientèle. Cette durée ne peut excéder trois ans à compter de la date à laquelle le contrat de travail a pris fin. — *[Anc. art. L. 751-8, al. 2.]*

SOUS-SECTION 3 Indemnité de clientèle

BIBL. ▶ CAMERLYNCK, *JCP* 1957. I. 1347. – COUDY et CHATILLON, *D.* 1974. Chron. 273. – FOUILLAND, *JCP S* 2012. 1079. – PAUTET, *Inf. chef d'entrepr.* 1970. 216 et 292.

Art. L. 7313-13 En cas de rupture du contrat de travail à durée indéterminée par l'employeur, en l'absence de faute grave, le voyageur, représentant ou placier a droit à une indemnité pour la part qui lui revient personnellement dans l'importance en nombre et en valeur de la clientèle apportée, créée ou développée par lui.

Le montant de cette indemnité de clientèle tient compte des rémunérations spéciales accordées en cours de contrat pour le même objet ainsi que des diminutions constatées dans la clientèle préexistante et imputables au salarié.

Ces dispositions s'appliquent également en cas de rupture du contrat de travail par suite d'accident ou de maladie entraînant une incapacité permanente totale de travail du salarié. — *[Anc. art. L. 751-9, al. 1ᵉʳ.]*

A. RÈGLES GÉNÉRALES

1. Principe de non-cumul. Le représentant ne peut cumuler, au titre du même contrat, le bénéfice d'une indemnité de clientèle et d'une indemnité de licenciement. ● Soc. 2 mai 1989 : *Bull. civ. V, n° 317.* – Jurisprudence constante : ● Soc. 16 nov. 1983 : *Bull. civ. V, n° 361* ● 21 mars 1990, n° 87-40.626 P. ♦ Ayant apprécié souverainement qu'un VRP n'avait pas droit à une indemnité de clientèle, une cour d'appel n'a pas satisfait aux exigences légales en s'abstenant d'allouer une indemnité de licenciement qui constitue le minimum auquel le VRP a droit et dont le montant est nécessairement inclus dans la demande d'indemnité de clientèle plus élevée. ● Soc. 21 mars 1990 : ⚖ *préc.* ♦ Dans le même sens, en faveur du non-cumul de l'indemnité de clientèle et de l'indemnité de départ à la retraite, seule la plus élevée étant due : ● Soc. 21 juin 1995, ⚖ n° 91-43.639 P : *CSB 1995. 263, A. 50 ; RJS 1995. 626, n° 968 ; JCP 1996. I. 3899, n° 18, obs. Chevillard* ● 11 mai 2011 : ⚖ *D. actu. 1er juin 2011, obs. Ines ; D. 2011. Actu. 1357 ; RJS 2011. 580, n° 649 ; JCP S 2011. 1334, obs. Cesaro.* ♦ Le représentant licencié a droit au paiement d'une indemnité au moins égale à l'indemnité légale de licenciement ; il revient en conséquence au juge qui accorde une indemnité de clientèle, en réponse à une demande incluant nécessairement l'indemnité légale de licenciement, de vérifier que la somme allouée n'est pas inférieure au montant de cette dernière et, si tel est le cas, de retenir le montant de l'indemnité légale de licenciement. ● Soc. 2 juill. 2014 : ⚖ *RJS 2014. 690, n° 818.*

2. Indemnité spéciale de rupture (ANI VRP, art. 14). En cas de résiliation d'un contrat à durée indéterminée par le fait de l'employeur pour une autre cause que la faute grave du VRP, celui-ci bénéficie d'une indemnité spéciale de rupture, à condition d'avoir renoncé, dans les 30 jours suivant l'expiration du contrat de travail, à l'indemnité de clientèle à laquelle il pourrait avoir droit. Le bénéfice de l'indemnité spéciale de rupture n'est pas subordonné à la reconnaissance d'un droit à l'indemnité de clientèle. Dès lors, pour pouvoir bénéficier de l'indemnité spéciale de rupture, le salarié doit, peu important qu'il puisse ou non prétendre à l'indemnité de clientèle, renoncer à son bénéfice dans les 30 jours suivant l'expiration du contrat de travail. ● Soc. 2 juin 2021, ⚖ n° 18-22.016 P : *RJS 8-9/2021, n° 500.*

3. Nature de l'indemnité de clientèle. Même si les indemnités de clientèle et de licenciement ne se cumulent pas, l'indemnité de clientèle, qui a pour objet de réparer le préjudice que cause au représentant pour l'avenir la perte de la clientèle apportée, créée ou développée par lui, n'est pas de même nature que l'indemnité de licenciement qui seule est comprise dans l'énumération des art. 2101 et 2104 C. civ. ● Soc. 19 mars 1986 : *Bull. civ. V, n° 108 ; D. 1986. IR 239, obs. A. Honorat.*

4. Caractère d'ordre public. Les conventions des parties ne peuvent avoir valablement comme objet de supprimer ou de restreindre les droits du représentant à l'indemnité de clientèle. ● Soc. 26 oct. 1964 : *Bull. civ. IV, n° 706.* – V. aussi ● Soc. 3 juin 1970 : *Bull. civ. V, n° 374* ● 22 janv. 1976 : *ibid., n° 46.*

5. Contrepartie financière à la clause de non-concurrence. L'indemnité de clientèle peut se cumuler avec la contrepartie de la clause de non-concurrence destinée à compenser le dommage résultant de la restriction apportée à l'activité du salarié et réparant un préjudice différent. ● Soc. 6 juin 1990, ⚖ n° 87-44.104 P : *D. 1990. IR 171 ; RJS 1990. 426, n° 638.*

6. AGS. Le plafond de garantie fixé par les art. L. 143-11-8 [L. 3253-17 nouv.] et D. 143-2 ne s'applique pas à l'indemnité de clientèle. ● Soc. 11 mars 1992, ⚖ n° 89-45.168 P : *D. 1992. IR 119 ; RJS 1992. 260, n° 453.*

B. CAS D'OUVERTURE DU DROIT À L'INDEMNITÉ DE CLIENTÈLE

7. Imputabilité de la rupture. La rupture du contrat est imputable à l'employeur notamment en cas de modification substantielle du contrat du représentant. ● Soc. 14 déc. 1966 : *Bull. civ. IV, n° 946* ● 28 oct. 1970 : *ibid. V, n° 566* ● 25 avr. 1974 : *ibid., n° 251* ● 21 juin 1978 : *ibid., n° 505.* ♦ L'employeur est également responsable de la rupture en cas de non-paiement des commissions. ● Soc. 30 juin 1976 : *Bull. civ. V, n° 409* ● 19 nov. 1987 : *ibid., n° 673.* ♦ ... Lorsqu'il met le représentant dans l'impossibilité d'exercer sa mission. ● Soc. 13 avr. 1976 : *Bull. civ. V, n° 214* ● 21 févr. 1978 : *ibid., n° 131* ● 19 nov. 1987 : *préc.* ♦ ... Se livre à des actes de concurrence. ● Soc. 28 mai 1974 : *Bull. civ. V, n° 335 ; JCP 1975. II. 18058, note Raynal* ● 22 janv. 1976 : *Bull. civ. V, n° 46.* ♦ ... Ou dénigre le représentant auprès de la clientèle. ● Soc. 13 avr. 1976 : *Bull. civ. V, n° 214.*

8. L'indemnité de clientèle n'est pas due en cas de rupture du fait du représentant. ● Soc. 29 mars 1969 : *D. 1970. 31, note Dureteste* ● 20 mars 1980 : *Bull. civ. V, n° 278.* ♦ Dès lors que l'employeur refuse la modification substantielle apportée à son statut par un représentant, ce dernier est responsable de la rupture des relations contractuelles. ● Soc. 15 nov. 1989 : *Bull. civ. V, n° 667 ; D. 1989. IR 314.* ♦ Pour d'autres hypothèses de rupture imputable au représentant, V. ● Soc. 18 nov. 1970 : *Bull. civ. V, n° 630* ● 6 déc. 1972 : *ibid., n° 673* ● 30 juin 1976 : *ibid., n° 410* ● 22 janv. 1981 : *ibid., n° 70.*

9. L'indemnité de clientèle n'est pas due en cas de rupture du contrat de travail d'un commun accord. ● Soc. 20 mars 1980 : *Bull. civ. V, n° 278.* ♦ ... Ou en cas de décès du représentant. ● Soc. 19 sept. 1940 : *JCP 1941. II. 1602, note Roubier.* ♦ ... Ou de cession de clientèle par le représentant à un successeur. ● Soc. 28 oct. 1992, ⚖ n° 89-43.805

P : *RJS 1992.* 771, n° 1424. ♦ Mais elle est due en cas d'acceptation d'une convention de conversion. • Soc. 2 déc. 1998 : 🔒 *D. 1999. IR 35* ⌀ ; *RJS 1999.* 86, n° 130.

10. Inaptitude. Le VRP licencié sans avoir commis de faute grave peut prétendre à l'indemnité de clientèle, peu important que l'inaptitude au travail invoquée comme cause de licenciement ait été totale ou partielle. • Soc. 8 juin 2005 : 🔒 *Dr. soc. 2005. 1056*, obs. Mouly ; *RJS 2005*, n° 926. ♦ Comp. : • Soc. 13 avr. 2005 : 🔒 *Dr. soc. 2005. 822*, obs. Mouly ⌀ ; *CSB 2005, A. 59*, obs. Charbonneau. ♦ Le droit au bénéfice de l'indemnité de clientèle d'un VRP licencié pour inaptitude et impossibilité de reclassement n'est pas subordonné au fait que l'inaptitude invoquée comme motif de licenciement corresponde à une incapacité permanente totale de travail. • Soc. 19 nov. 2014 : *D. actu. 9 déc. 2014*, obs. Fraisse ; *D. 2014. Actu. 2415* ; *RDT 2015. 109*, obs. Auzero ⌀ ; *RJS 2/2015*, n° 157.

C. CONDITIONS D'ATTRIBUTION

a. Absence de faute grave

11. Critères. La faute grave justifiant la rupture immédiate avec privation de l'indemnité compensatrice de préavis est également privative de l'indemnité de clientèle. • Soc. 5 juin 1991, 🔒 n° 88-43.464 P : *D. 1991. IR 190* ; *JCP E 1991. II. 206*, note Taquet ; *RJS 1991. 470*, n° 901 ; *CSB 1991. 197, A. 44.* ♦ Comp., en faveur d'une distinction selon que la faute grave entraîne la privation de l'indemnité de préavis ou de clientèle : • Soc. 14 déc. 1960 : *JCP 1961. II. 12307*, note Camerlynck • 16 oct. 1985 : *Bull. civ. V, n° 466.*

12. Préavis. La faute grave commise en cours d'exécution du préavis laisse subsister le droit à l'indemnité compensatrice de préavis jusqu'au jour où la faute grave a été constatée et n'entraîne pas la perte du droit à l'indemnité de clientèle, lequel prend naissance à la date de la notification du licenciement. • Soc. 1er avr. 1992, 🔒 n° 88-43.524 P : *D. 1992. IR 158* ; *Dr. soc. 1992. 479.* ♦ Comp. : • Soc. 5 févr. 1964 : *JCP 1964. II. 13805*, note P. L. • 23 mai 1984 : *Bull. civ. V, n° 222* ; *D. 1984. IR 449.* ♦ V. aussi notes ss. art. L. 1234-1.

b. Existence d'une clientèle

13. Action conjointe. Le développement de la clientèle peut résulter d'une action conjointe du représentant et de la société. • Soc. 14 oct. 1998, 🔒 n° 96-40.638 P : *D. 1998. IR 246* ⌀. ♦ Les juges du fond n'ont pas à s'expliquer sur l'existence d'une clientèle dont l'apport n'est pas contesté par la société. • Soc. 3 déc. 1987 : *Bull. civ. V, n° 701* ; *D. 1987. IR 261.*

14. Nature des marchandises. La nature des marchandises vendues peut faire obstacle à la constitution d'une clientèle. • Soc. 8 juill. 1968 : *Bull. civ. IV, n° 383* (machines importantes et vétustes) • 8 juin 1966 : *ibid., n° 559* (agencement et restauration de magasins) • 16 nov. 1983 : *ibid. V, n° 561* (instruments scientifiques et industriels) • Versailles, 15 sept. 1997 : *D. 1997. IR 243* ⌀ (vente immobilière). ♦ Mais une cour d'appel peut, sans se contredire, estimer que la nature des marchandises permettait de ne visiter les clients qu'à des périodes assez espacées et accorder au représentant l'indemnité de clientèle, dès lors que les clients devaient nécessairement se réapprovisionner par la suite en petits matériels. • Soc. 6 juill. 1966 : *Bull. civ. IV, n° 698.* – Dans le même sens : • Soc. 2 juin 1976 : *Bull. civ. V, n° 355.* ♦ V. aussi • Soc. 30 avr. 1987 : *Bull. civ. V, n° 254* (la diversité des marchandises offertes et le « service après-vente » peuvent créer au profit de la société une clientèle susceptible de renouveler et de compléter régulièrement les ordres du représentant et présentant un caractère certain de stabilité).

15. Valeur de la clientèle. Sur la condition du versement de l'indemnité de clientèle tenant à l'apport, la création ou le développement de la clientèle par le représentant, V. • Soc. 17 mars 1965 : *Bull. civ. IV, n° 245* • 12 févr. 1969 : *ibid. V, n° 96* • 17 mars 1970 : *ibid., n° 200* ; *D. 1970. 485* • 12 janv. 1977 : *Bull. civ. V, n° 16* • 8 nov. 1979 : *ibid., n° 826* • 28 oct. 1992, 🔒 n° 89-44.016 P.

16. Cession de la clientèle. Un VRP peut être autorisé à céder la valeur de la clientèle qu'il a apportée, créée ou développée pour son entreprise, sous réserve qu'il renonce au bénéfice de l'indemnité de clientèle à laquelle il peut prétendre et que l'employeur ait donné son accord à ladite cession. • Soc. 17 déc. 2002, 🔒 n° 01-01.188 P : *Dr. soc. 2003. 335*, obs. Mouly ⌀ ; *RJS 2003. 181*, n° 271.

17. Un salarié engagé en qualité de VRP exclusif peut prétendre au paiement d'une indemnité de clientèle dès lors qu'il reprend la clientèle de son père avec l'accord de la société sans que ce dernier en ait été indemnisé, de sorte qu'en succédant à son père, il apporte à l'entreprise la clientèle développée par celui-ci. • Soc. 16 juin 2004, 🔒 n° 02-42.674 P : *RJS 2004. 764*, n° 1114.

c. Préjudice

18. Principe. L'indemnité de clientèle a pour objet la réparation du préjudice que cause au représentant la perte de sa clientèle. • Soc. 18 janv. 1957 : *JCP 1957. II. 9832*, note Camerlynck • 19 mars 1986 : *Bull. civ. V, n° 108* ; *D. 1986. IR 209.*

19. Réalité du préjudice. Une cour d'appel ne peut condamner une société à payer une indemnité de clientèle sans rechercher si les particuliers démarchés par le représentant renouvelaient leurs commandes assez fréquemment pour que l'intéressé puisse éprouver un préjudice du fait de la perte pour l'avenir du bénéfice d'une telle clientèle. • Soc. 22 oct. 1981 : *Bull. civ. V, n° 824* ; *JCP 1982. II. 19864*, note Bouteloup. ♦ Dans le même sens : • Soc. 26 oct. 1964 : *Bull. civ. IV, n° 701* (démarcheurs d'appareils électroménagers) • 11 mai 1966 : *ibid., n° 439* ; *D. 1966. 487* (représentant en camion-magasin). ♦ Comp., lorsque les sociétés prospectées présentent un caractère de stabilité et renouvellent leurs commandes à un rythme suffisant pour constituer une clientèle : • Soc. 3 juill. 1963 : *Bull. civ. IV, n° 562* • 2 juin 1963 : *ibid. V, n° 355*. – V. aussi • Soc. 20 mai 1963 : *ibid. IV, n° 413* ; *D. 1963. 476*.

20. Ne peut invoquer un préjudice le représentant qui crée une maison concurrente. • Soc. 5 févr. 1964 : *Bull. civ. IV, n° 100* ; *JCP 1964. II. 13805, note P.L.* ♦ ... Ou qui continue de démarcher dans le même secteur d'activité. • Soc. 21 févr. 1962 : *Bull. civ. IV, n° 209* ; *JCP 1962. II. 12682, note G.-H. C.* ; *D. 1962. 570* • 2 mars 1977 : *Bull. civ. V, n° 161.* ♦ ... Ou qui a vendu sa clientèle à son successeur. • Soc. 28 oct. 1992, ⚷ n° 89-43.805 P : *RJS 1992. 771, n° 1424.* ♦ Il appartient à l'employeur de prouver que le salarié a continué à visiter la clientèle apportée, créée ou développée par lui, et n'a pas subi de ce fait de préjudice justifiant l'attribution de l'indemnité de clientèle. • Soc. 11 févr. 2004, ⚷ n° 02-40.601 P : *RJS 2004. 416, n° 622*.

21. L'indemnité de clientèle est due quand bien même l'employeur abandonne la prospection de la clientèle. • Soc. 4 avr. 1973 : *Bull. civ. V, n° 224*. ♦ ... Ou cesse son activité. • Soc. 28 mars 1979 : *Bull. civ. V, n° 288*.

22. Malgré la régression du chiffre d'affaires, l'indemnité de clientèle est due au représentant qui avait presque intégralement créé une clientèle dont la société avait pu profiter. • Soc. 9 nov. 1982 : *Bull. civ. V, n° 616* ; *JCP 1984. II. 20134, note Heidsieck.* ♦ Comp. : • Soc. 6 janv. 1967 : *Bull. civ. IV, n° 25* (baisse du chiffre d'affaires faisant craindre une diminution rapide de la clientèle, alors que le représentant continuait de prospecter pour une maison concurrente).

23. Alors même qu'un salarié bénéficierait du statut légal de représentant, le fait de percevoir une rémunération fixe lui interdit de prétendre à une indemnité de clientèle. • Soc. 30 mai 1979 : *Bull. civ. V, n° 477* • 16 févr. 1983 : *ibid., n° 96.* ♦ Tel n'est pas le cas si les commissions ont simplement été forfaitisées. • Soc. 10 mars 2004, ⚷ n° 03-42.744 P : *D. 2004. IR 996* ; *RJS 2004. 416, n° 622*.

d. Évaluation

24. Éléments. Aucune disposition n'en réglant l'évaluation, c'est souverainement que les juges du fond apprécient le montant de l'indemnité de clientèle. • Soc. 24 janv. 1989 : *Bull. civ. V, n° 56* ; *D. 1989. IR 58*. – Jurisprudence constante : • Soc. 5 avr. 1995 : *D. 1965. 450* • 2 juin 1976 : *Bull. civ. V, n° 355.* ♦ Sur le rôle du juge, V. • Soc. 13 nov. 1970 : *Bull. civ. V, n° 607* • 24 janv. 1979 : *ibid., n° 75*.

25. Une cour d'appel ne peut, pour apprécier le montant d'une indemnité de clientèle, tenir compte d'une année où la marchandise a été livrée incomplète et avec retard. • Soc. 6 mars 1980 : *Bull. civ. V, n° 240*.

26. Date d'évaluation. Si l'indemnité de clientèle doit en principe se calculer au moment de la rupture, c'est à juste titre que l'expert a retenu l'époque où le fait dommageable entraînant la rupture avait commencé à se produire. • Soc. 22 janv. 1976 : *Bull. civ. V, n° 46*.

27. Calcul. Doit être cassé l'arrêt qui fixe le montant de l'indemnité de clientèle par adoption des motifs des premiers juges, selon lesquels l'indemnité est généralement basée sur le montant de deux années de commission, sans rechercher l'importance en nombre et en valeur qui revenait personnellement au représentant dans l'augmentation de la clientèle. • Soc. 13 nov. 1970 : *Bull. civ. V, n° 607*. – Dans le même sens : • Soc. 21 mars 1979 : *Bull. civ. V, n° 259*.

28. Doit être pris en considération pour le calcul de l'indemnité le salaire fixe versé au représentant et destiné à compenser forfaitairement la réduction du taux de commission. • Soc. 14 nov. 1973 : *Bull. civ. V, n° 577*.

29. L'indemnité de clientèle, de nature indemnitaire, ne produit d'intérêts moratoires que'à compter du jour où elle est fixée. • Soc. 16 févr. 1983 : *Bull. civ. V, n° 96* • 12 nov. 1987 : *ibid., n° 633.* ♦ V. aussi • Soc. 19 oct. 1983 : *Bull. civ. V, n° 516* (intégration des intérêts dans une indemnité globale).

30. Sur la déduction des rémunérations spéciales perçues en cours de contrat, V. • Soc. 8 avr. 1974 : *Bull. civ. V, n° 229* • 25 janv. 1981 : *ibid., n° 616* • 18 nov. 2003 : ⚷ *RJS 2004. 183, n° 272*.

31. Indemnités spéciales. Le bénéfice de l'indemnité spéciale de rupture prévue par l'accord interprofessionnel du 3 oct. 1975 n'est pas subordonné à la reconnaissance d'un droit à l'indemnité de clientèle. • Soc. 12 nov. 1987 : *Bull. civ. V, n° 640* ; *D. 1987. IR 241*.

32. Lorsqu'il est jugé que le licenciement d'un VRP, prononcé pour faute grave, repose en réalité sur une cause réelle et sérieuse, le bénéfice de l'indemnité spéciale de rupture ne peut être subordonné à la condition de renonciation par le salarié à l'indemnité de clientèle dans le délai de 30 jours suivant l'expiration du contrat de travail. • Soc. 9 déc. 2020, ⚷ n° 19-17.395 P : *D. 2021. 21* ; *D. actu. 12 janv. 2021, obs. Couëdel* ; *RJS 2/2021, n° 121*.

33. Le représentant ne peut valablement renoncer avant l'expiration du contrat de travail au paiement de l'indemnité de clientèle en contrepartie du bénéfice de l'indemnité spéciale. • Soc. 3 déc. 1987 : *Bull. civ. V, n° 701*.

34. L'indemnité spéciale ne peut être cumulée avec l'indemnité de clientèle. • Soc. 6 mars 1980 :

Bull. civ. V, n° 240 • 18 mars 1992, 🛡 n° 88-40.923 P. ♦ Mais elle est cumulable avec des rémunérations accordées en cours de contrat pour le même objet que l'indemnité de clientèle. • Soc. 4 janv. 1996, 🛡 n° 92-40.440 P : *RJS 1996. 116, n° 182 ; LPA 10 janv. 1997, note Yamba.*

35. Pour le calcul de l'indemnité spéciale, la période de référence ne peut s'entendre que d'une période d'activité professionnelle habituelle, excluant donc la période d'arrêt de travail prolongé ayant précédé le licenciement. • Soc. 1er juill. 1997, 🛡 n° 94-40.449 P : *RJS 1997. 726, n° 1175.*

36. Indemnités conventionnelles. Le représentant qui cède sa clientèle à un successeur agréé par la société ne peut cumuler le produit de cette cession avec l'indemnité conventionnelle de départ à la retraite prévue par l'accord national interprofessionnel du 3 oct. 1975. • Soc. 12 nov. 1987 : *Bull. civ. V, n° 647* • 31 janv. 1996 : 🛡 *RJS 1996. 201, n° 337.*

37. Convention collective. Il ne résulte pas de l'art. L. 751-9 [L. 7313-11 s. nouv.], dernier al., que les parties signataires de la convention collective, qui en déterminent le champ d'application, ne puissent exclure les VRP du bénéfice de ses dispositions. • Soc. 30 sept. 1997, 🛡 n° 94-43.733 P : *D. 1997. IR 223* ∅ ; *Dr. soc. 1997. 1098, obs. Couturier* ∅ ; *RJS 1997. 796, n° 1297 ; SSL 1997, n° 858, p. 10, obs. C.G.*

Art. L. 7313-14 L'indemnité de clientèle est due en cas de rupture du contrat de travail à durée déterminée par l'employeur avant l'échéance du terme ou lorsque le contrat venu à échéance n'est pas renouvelé, et en l'absence de faute grave. — *[Anc. art. L. 751-9, al. 2.]*

Lorsqu'il est jugé que le licenciement d'un VRP prononcé pour faute grave repose en réalité sur une cause réelle et sérieuse, le bénéfice de l'indemnité spéciale de rupture ne peut pas être subordonné à la condition de renonciation par le salarié à l'indemnité de clientèle dans le délai de 30 jours suivant l'expiration du contrat de travail. • Soc. 9 déc. 2020, 🛡 n° 19-17.395 P : *D. 2021. Actu. 21* ∅ ; *D. actu. 12 janv. 2021, obs. Couëdel ; RJS 2/2021, n° 121.*

Art. L. 7313-15 L'indemnité de clientèle ne se confond ni avec l'indemnité pour rupture abusive du contrat de travail à durée indéterminée, ni avec celle due en cas de rupture anticipée du contrat de travail à durée déterminée. — *[Anc. art. L. 751-9, al. 3.]*

Art. L. 7313-16 L'indemnité de clientèle ne peut être déterminée forfaitairement à l'avance. — *[Anc. art. L. 751-9, al. 4.]*

SOUS-SECTION 4 **Indemnité conventionnelle de substitution**

Art. L. 7313-17 Lorsque l'employeur est assujetti à une convention ou accord collectif de travail ou à une décision unilatérale de sa part ou d'un groupement d'employeurs, le voyageur, représentant ou placier peut, dans les cas de rupture du contrat de travail mentionnés aux articles L. 7313-13 et L. 7313-14, bénéficier d'une indemnité.

L'indemnité est égale à celle à laquelle le voyageur, représentant ou placier aurait pu prétendre si, bénéficiant de la convention ou du règlement il avait, selon son âge, été licencié ou mis à la retraite.

Cette indemnité n'est pas cumulable avec l'indemnité de clientèle. Seule la plus élevée est due. — *[Anc. art. L. 751-9, al. 5.]*

SECTION 5 **Litiges**

Art. L. 7313-18 Le conseil de prud'hommes est seul compétent pour connaître des litiges relatifs à l'application du contrat de représentation régi par les dispositions du présent titre. — *[Anc. art. L. 751-10, phrase 1.]*

CHAPITRE IV DISPOSITIONS PÉNALES

Le présent chapitre ne comprend pas de dispositions législatives.

TITRE II GÉRANTS DE SUCCURSALES

RÉP. TRAV. v° *Gérants de succursales*, par Chalaron.

BIBL. GÉN. ▶ Amiel-Cosme, note *D. 1997. 10* ∅ (compatibilité entre les art. L. 781-1 et L. 120-3). – Bizière, *Quest. prud'h. 1972. 388* (distribution des produits pétroliers) ; *ibid. 1973. 6 ; ibid. 1974. 513* (gérants libres de station-service). – Delpech, *RDT 2021. 702* ∅ (statut de gérant succursaliste). – Déprez, RJS 1992. 319 (responsabilité pécuniaire du salarié). – Ghestin et Langlois, note D. 1993. 414. – Lambert, D. 2020. 1630 (franchisé ou gérant de succursale : synthèse de 10 années d'analyse des critères de qualification par les cours d'appel). – Schaeffer, JCP 1972. I. 2503 (pompiste de station-service).

CHAPITRE I DISPOSITIONS GÉNÉRALES

Art. L. 7321-1 Les dispositions du présent code sont applicables aux gérants de succursales, dans la mesure de ce qui est prévu au présent titre. – *[Anc. art. L. 781-1, al. 1er.]*

Les gérants de succursales bénéficient des dispositions du code du travail et notamment de celles du titre V livre II relatif aux conventions collectives, ce dont il résulte qu'ils relèvent de la convention collective à laquelle est soumis le chef d'entreprise qui les emploie, y compris s'agissant de ses dispositions qui concernent la protection de la santé du personnel. • Soc. 26 oct. 2011 : *D. actu. 21 nov. 2011, obs. Perrin ; RJS 2012. 75, n° 86 ; JCP S 2012. 1003, obs. Guyot.*

Art. L. 7321-2 Est gérant de succursale toute personne :
1° Chargée, par le chef d'entreprise ou avec son accord, de se mettre à la disposition des clients durant le séjour de ceux-ci dans les locaux ou dépendances de l'entreprise, en vue de recevoir d'eux des dépôts de vêtements ou d'autres objets ou de leur rendre des services de toute nature ;
2° Dont la profession consiste essentiellement :
a) Soit à vendre des marchandises de toute nature qui leur sont fournies exclusivement ou presque exclusivement par une seule entreprise *(L. n° 2008-776 du 4 août 2008, art. 39)* « , lorsque ces personnes exercent leur profession dans un local fourni ou agréé par cette entreprise et aux conditions *(L. n° 2009-526 du 12 mai 2009, art. 55)* « et » prix imposés par cette entreprise » ;
b) Soit à recueillir des commandes ou à recevoir des marchandises à traiter, manutentionner ou transporter, pour le compte d'une seule entreprise, lorsque ces personnes exercent leur profession dans un local fourni ou agréé par cette entreprise et aux conditions et prix imposés par cette entreprise. – *[Anc. art. L. 781-1, al. 2 et 3.]*

1. Principe de conventionnalité juridique. Ne constitue pas une atteinte à la sécurité juridique le fait que les juridictions apprécient l'importance de l'activité consacrée par un distributeur de produits au service du fournisseur. • Soc. 5 déc. 2012 : *D. actu. 30 janv. 2013, obs. Ines ; JCP S 2013. 1122, obs. Lahalle.*

A. CONDITIONS D'APPLICATION

2. Office du juge. Le recours par les parties à la dénomination « contrat de franchise » ne peut interdire aux juges de requalifier la relation contractuelle lorsque les conditions de l'art. L. 781-1 [L. 7321-1 s. nouv.] sont remplies. • Com. 3 mai 1995 : *D. 1997. 10, note Amiel-Cosme ; D. 1997. Somm. 57, obs. Ferrier ; RJS 1995. 691, n° 1077.* ◆ Sur le caractère cumulatif des conditions posées par l'art. L. 781-1, V. • Soc. 28 nov. 1984 : *Bull. civ. V, n° 461.* ◆ Un gérant de magasin qui ne contestait pas qu'il avait toujours aménagé ses propres horaires de travail sans contrôle, organisé lui-même ses conditions de travail au sein du magasin et déclaré sous son immatriculation auprès de l'Urssaf le personnel placé sous ses ordres, ne peut être assimilé à un cadre salarié en l'absence de lien de subordination juridique. • Soc. 12 janv. 2011 : *D. actu. 9 févr. 2011, obs. Siro ; D. 2011. Actu. 309 ; JCP S 2011. 1227, obs. Lahalle.*

3. Activité. Les dispositions C. trav. qui visent les apprentis, ouvriers, employés et travailleurs sont applicables aux personnes dont la profession consiste essentiellement à recueillir les commandes ou à recevoir les objets à traiter, manutentionner ou transporter, pour le compte d'une seule entreprise industrielle ou commerciale, lorsque ces personnes exercent leur profession dans un local formé ou agréé par cette entreprise et aux conditions et prix imposés par ladite entreprise. • Soc. 4 déc. 2001, n° 99-44.452 P : *GADT, 4ᵉ éd., n° 5 ; Dr. soc. 2002. 158, obs. Jeammaud ; RJS 2002. 190, n° 241.* ◆ Les dispositions législatives ont été étendues : aux gérants libres de station-service. • Soc. 13 janv. 1972 : *GADT, 4ᵉ éd., n° 4 ; D. 1972. 425* • 18 déc. 1975 : *D. 1976. 399, note Jeammaud* • 14 janv. 1982 : *D. 1983. 242, note Saint-Jours.* ◆ ... A un distributeur indépendant. • Soc. 1ᵉʳ mars 1973 : *JCP 1974. II. 17687, note Meysonnade.* ◆ ... A un dépositaire exclusif de marchandises. • Soc. 12 mai 1982 : *Bull. civ. V, n° 295.* ◆ ... A un concessionnaire. • Cass., Ch. réun. 24 juin 1966 : *D. 1967. 137, note Catala-Franjou.* ◆ ... A un distributeur exclusif. • Soc. 7 févr. 1983 : *Bull. civ. V, n° 88.* ◆ Solution inverse, lorsque le gérant libre d'une station-service déploie une activité hors de tout lien de subordination. • Soc. 1ᵉʳ juin 1983 : *JCP E 1983. II. 14508, note Vachet.*

4. Approvisionnement. Sur l'appréciation souveraine par les juges du fond du caractère exclusif ou quasi exclusif de l'approvisionnement, V. • Soc. 13 janv. 1972 : *D. 1972. 524* ; *JCP 1972. II. 17240 bis* • 7 juill. 1977 : *Bull. civ. V, n° 480, 1er arrêt* • 6 juill. 1982 : *ibid., n° 458* • 28 nov. 1984 : *préc. note 2.*

5. Local. L'art. L. 781-1 [L. 7321-1 s. nouv.] envisageant le local fourni ou agréé, les droits du gérant sur le local ne sont pas pris en compte pour l'application de ce texte. • Soc. 9 juill. 1974 : *Bull. civ. V, n° 429.*

6. Prix et conditions. Sur la condition relative au prix imposé, V. • Soc. 18 déc. 1975 : *Bull. civ. V, n° 621* • 17 janv. 1979 : *ibid., n° 48* • 18 nov. 1981 : *ibid., n° 895.*

7. Tout en relevant que le contrat posait le principe de la liberté, pour les locataires-gérants, de fixer les horaires d'ouverture de la station-service, une cour d'appel a pu estimer que cette liberté était illusoire, l'horaire devant obéir aux impératifs de vente sans cesse rappelés par la société et à la nécessité de ne pas nuire à l'image de marque de celle-ci. • Soc. 12 janv. 1983 : *Bull. civ. V, n° 14.* ♦ *Contra* : • Soc. 15 déc. 1993 : *RJS 1994. 74, n° 90* ; *CSB 1994. 41, A. 10* (la clause imposant l'ouverture du magasin aux heures habituelles n'est pas une clause fixant les conditions de travail).

8. Emploi de personnel. N'a pas légalement justifié sa décision la cour d'appel qui reconnaît la qualité d'employeur à une société sans rechercher si le gérant n'avait pas le pouvoir de recruter le personnel de son choix et de le congédier sous sa responsabilité. • Soc. 27 oct. 1978 : *Bull. civ. V, n° 730.*

9. Renonciation. Sur la possibilité de renoncer au bénéfice de la loi du 21 mars 1941 (art. L. 781-1 s.), V. • Soc. 12 juin 1980 : *Bull. civ. V, n° 520* • 3 mars 1983 : *ibid., n° 133.*

B. EFFETS

10. Compétence. La soumission du gérant au droit du travail entraîne la compétence du conseil de prud'hommes en cas de litige entre le gérant et son employeur : V. notamment • Soc. 13 janv. 1972 : *préc. note 4* • 10 juin 1976 : *Bull. civ. V, n° 357.* ♦ Solution inverse lorsque la demande est relative au paiement de factures de fournitures, ainsi qu'aux modalités commerciales d'exploitation du fonds : • Soc. 8 nov. 1979 : *Bull. civ. V, n° 843.* ♦ Le litige se rattachant aux modalités commerciales d'exploitation d'un magasin tenu par des gérants non salariés dans les conditions fixées par l'art. L. 781-1, 2° [L. 7321-2 nouv.] relève de la compétence du tribunal de commerce ; c'est ainsi pour un litige portant sur des détournements et un déficit d'invention. • Soc. 8 mars 2006 : *RJS 2006. 525, n° 766* ; *Dr. soc. 2006. 789, obs. Savatier*.

11. Indemnité de gérance. Le gérant d'une station-service, admis au bénéfice des dispositions de l'art. L. 781-1 [L. 7321-1 s. nouv.], ne peut prétendre au paiement des indemnités de gérance et de reprise de stock. • Soc. 26 févr. 1992, n° 88-41.533 P : *CSB 1992. 122, S. 76* ; *RJS 1992. 302, n° 536.* ♦ Mais celui qui, ayant bénéficié de la législation du travail, s'est désisté de son action devant la juridiction prud'homale aux fins de se voir reconnaître le bénéfice de l'art. L. 781-1, est en droit de réclamer le bénéfice des dispositions de son contrat de locataire-gérant pour opérer une compensation entre la prime de fin de gérance et le montant du solde débiteur de son compte. • Soc. 8 avr. 1992, n° 89-13.956 P : *D. 1992. IR 151* ; *RJS 1992. 439, n° 807.*

12. Rupture. Sur l'application des règles de droit commun relatives à la rupture du contrat de travail, V. notamment • Soc. 11 oct. 1978 : *Bull. civ. V, n° 662* • 4 oct. 1979 : *ibid., n° 689* • 17 juin 1982 : *ibid., n° 404.*

13. Heures supplémentaires. Doit être cassée la décision accordant à un couple de gérants salariés une rémunération pour heures supplémentaires, sans rechercher si la durée et les conditions de travail étaient imposées par l'entreprise et si les époux étaient dans la nécessité de travailler au-delà de la durée légale. • Soc. 22 mai 1986, n° 83-42.341 P. – Dans le même sens : • Soc. 15 nov. 1989 : *Bull. civ. V, n° 665* ; *D. 1990. IR 14* • 26 févr. 1992 : *préc. note 11.*

14. Rémunération minimale. Quelle que soit l'importance du déficit imputable à leur gestion, des gérants salariés ne peuvent être privés du droit de conserver définitivement chaque mois une rémunération au moins égale au SMIC, sauf faute lourde de leur part. • Soc. 19 nov. 1959 : *D. 1960. 74, note Lindon* ; *JCP 1960. II. 11397, note Bizière.* • 23 avr. 1976 : *Bull. civ. V, n° 231* ; *D. 1976. IR 153.* – V. aussi • Soc. 28 nov. 1978 : *Bull. civ. V, n° 795* • 5 mars 1981 : *ibid., n° 195.*

15. La promesse faite par un salarié ou assimilé de restituer un dépôt fait par l'employeur pour l'exercice de ses fonctions est licite dans la mesure où il n'est pas porté atteinte à son droit au salaire minimum garanti. • Soc. 24 mai 1978 : *Bull. civ. V, n° 389* ; *D. 1978. IR 386, obs. Pélissier.* ♦ Dès lors que le contrat liant les parties est soumis aux dispositions de l'art. L. 781-1 [L. 7321-1 s. nouv.], est licite l'engagement pris par un gérant salarié de garantir le déficit d'inventaire, dans la mesure où il n'est pas porté atteinte à son droit au salaire minimum. • Soc. 20 janv. 1993 : *D. 1993. 414, note Ghestin et Langlois*. ♦ Comp. : • Soc. 31 oct. 1989 : *Bull. civ. V, n° 624* • 23 janv. 1992, n° 88-43.275 P : *JCP 1993. II. 22000, note Delebecque* ; *Dr. soc. 1992. 267* ; *RJS 1992. 322, n° 581* (décisions affirmant, à propos d'un gérant, que, les parties étant liées par un contrat de travail, seule la faute lourde du salarié peut engager sa responsabilité pécuniaire).

16. Indemnité de licenciement. L'indemnité de licenciement compensant le préjudice résultant pour le salarié de la rupture du contrat de travail, elle doit être versée quel que soit le bénéfice réalisé par le gérant. ● Soc. 11 déc. 1985 : *Bull. civ. V, n° 606.* – V. aussi ● Soc. 4 oct. 1979 : *Bull. civ. V, n° 689.*

17. Responsabilité pécuniaire. Dès lors qu'un gérant de station-service s'est vu reconnaître, non pas la qualité de salarié, mais l'application des dispositions de l'art. L. 7321-2 C. trav., l'engagement de sa responsabilité pécuniaire n'est pas soumis à l'exigence d'une faute lourde. ● Soc. 23 nov. 2016, ⚖ n° 15-21.942 P : *D. actu. 13 déc. 2016, obs. Roussel ; D. 2016. Actu. 2471* ⌀. ♦ Lorsqu'un fournisseur a conclu avec un distributeur, personne morale, un contrat pour la distribution de ses produits et que le statut de gérant de succursale est reconnu au dirigeant de cette personne, le fournisseur, condamné à payer à ce dernier les sommes qui lui étaient dues en application de ce statut d'ordre public, auquel il ne peut être porté atteinte, même indirectement, ne peut pas réclamer à la personne morale, fût-ce pour partie, le reversement des sommes ayant rémunéré les prestations qu'elle a effectuées en exécution du contrat de distribution. ● Com. 12 févr. 2020, ⚖ n° 18-10.790 P : *D. 2020. 388*⌀ ; *RJS 4/2020, n° 218.*

18. Retraite complémentaire. Ne sont pas applicables aux gérants non-salariés de succursales les dispositions relatives à l'affiliation des salariés aux régimes de retraite complémentaires AGIRC et ARRCO. ● Soc. 23 nov. 2016, ⚖ n°ˢ 15-21.192 et 15-21.942 P : *D. actu. 13 déc. 2016, obs. Roussel ; D. 2016. Actu. 2471* ⌀ ; *RJS 2/2017, n° 157 ; JCP S 2017. 1080, obs. Jeansen.*

19. Application de la convention collective. En l'absence de lien de subordination, le gérant d'une station-service ne peut pas se voir appliquer la qualification conventionnelle et le salaire minimal en découlant prévus par la convention collective applicable dans la société fournisseur de carburant. ● Soc. 7 déc. 2017, ⚖ n° 16-18.669 P : *D. 2018. 871, obs. Ferrier* ⌀ ; *RJS 2/2018, n° 151 ; JCP S 2017. 1035, obs. Lahalle.*

20. Autres effets. Lorsqu'un fournisseur a conclu avec une personne morale un contrat pour la distribution de ses produits et que le statut de gérant de succursale est reconnu au dirigeant de cette personne, le fournisseur, condamné à payer à ce dernier les sommes qui lui étaient dues en application de ce statut d'ordre public, auquel il ne peut être porté atteinte, même indirectement, n'est pas admis à réclamer à la personne morale, fût-ce pour partie, le reversement des sommes ayant rémunéré les prestations qu'elle a effectuées en exécution du contrat de distribution. ● Com. 11 déc. 2019, ⚖ n° 18-10.790 P : *D. 2020. 51, concl. Grimaldi* ⌀ ; *D. 2019. Actu. 2405* ⌀ ; *D. 2020. Pan. 797, obs. Ferrier* ⌀ ; *AJ Contrat 2020. 95, obs. Dissaux*⌀.

C. ACTION

21. Qualité pour agir. L'action tendant à faire reconnaître que les dispositions de l'art. L. 7321-2 sont applicables à un rapport contractuel, qui n'exige pas que soit établie l'existence d'un lien de subordination, n'est pas une action exclusivement attachée à la personne qui désire bénéficier de ces dispositions. ● Soc. 9 mars 2011 : ⚖ *D. actu. 25 mars 2011, obs. Siro ; Dr. soc. 2011. 715, obs. Dockès*⌀ ; *JCP S 2011. 1335, obs. Lahalle.*

Art. L. 7321-3 Le chef d'entreprise qui fournit les marchandises ou pour le compte duquel sont recueillies les commandes ou sont reçues les marchandises à traiter, manutentionner ou transporter n'est responsable de l'application aux gérants salariés de succursales des dispositions du livre I de la troisième partie relatives à la durée du travail, aux repos et aux congés et de celles de la quatrième partie relatives à la santé et à la sécurité au travail que s'il a fixé les conditions de travail, de santé et de sécurité au travail dans l'établissement ou si celles-ci ont été soumises à son accord.

Dans le cas contraire, ces gérants sont assimilés à des chefs d'établissement. Leur sont applicables, dans la mesure où elles s'appliquent aux chefs d'établissement, directeurs ou gérants salariés, les dispositions relatives :

1° Aux relations individuelles de travail prévues à la première partie ;

2° A la négociation collective et aux conventions et accords collectifs de travail prévus au livre II de la deuxième partie ;

3° A la durée du travail, aux repos et aux congés prévus au livre I de la troisième partie ;

4° Aux salaires prévus au livre II de la troisième partie ;

5° A la santé et à la sécurité au travail prévues à la quatrième partie. — *[Anc. art. L. 781-1, al. 4 et 5.]*

La prescription quinquennale prévue par l'art. L. 3245-1 C. trav. s'applique en vertu des art. L. 7321-1 à L. 7321-4 à l'action engagée par un gérant de succursale devant la juridiction prud'homale en tant que celle-ci porte sur des demandes de nature salariale. ● Soc. 17 nov. 2010 : ⚖ *Dr. soc. 2011. 392, note Gaba* ⌀ ; *JCP S 2011. 1090, obs. Lahalle.*

Art. L. 7321-4 Les gérants de succursales sont responsables à l'égard des salariés placés sous leur autorité, au lieu et place du chef d'entreprise avec lequel ils ont contracté, de l'application des dispositions mentionnées aux 1° à 5° de l'article L. 7321-3 à condition d'avoir toute liberté en matière d'embauche, de licenciement et de fixation des conditions de travail de ces salariés. – *[Anc. art. L. 781-1, al. 6.]*

Art. L. 7321-5 Est nulle toute convention contraire aux dispositions du présent chapitre. – *[Anc. art. L. 781-2.]*

Si toute convention contraire aux dispositions de l'art. L. 781-1 [L. 7321-1 s. et L. 7321-5 nouv.] est nulle, l'art. L. 781-2 [L. 7321-1 s. et L. 7321-5 nouv.] ne s'oppose pas à ce que, après l'expiration du contrat les liant à une entreprise industrielle ou commerciale, les personnes intéressées renoncent, en contrepartie d'autres avantages, aux dispositions dudit art. L. 781-1. ● Soc. 17 avr. 1985 : *Bull. civ. V, n° 233 ; JCP E 1985. I. 14858, n° 8, obs. Teyssié.*

CHAPITRE II **GÉRANTS NON SALARIÉS DES SUCCURSALES DE COMMERCE DE DÉTAIL ALIMENTAIRE**

Art. L. 7322-1 Les dispositions du chapitre I sont applicables aux gérants non salariés définis à l'article L. 7322-2, sous réserve des dispositions du présent chapitre.

L'entreprise propriétaire de la succursale est responsable de l'application au profit des gérants non salariés des dispositions du livre I de la troisième partie relatives à la durée du travail, aux repos et aux congés, ainsi que de celles de la quatrième partie relatives à la santé et à la sécurité au travail lorsque les conditions de travail, de santé et de sécurité au travail dans l'établissement ont été fixées par elle ou soumises à son accord.

Dans tous les cas, les gérants non salariés bénéficient des avantages légaux accordés aux salariés en matière de congés payés.

Par dérogation aux dispositions des articles L. 3141-1 et suivants relatives aux congés payés, l'attribution d'un congé payé peut, en cas d'accord entre les parties, être remplacée par le versement d'une indemnité d'un montant égal au douzième des rémunérations perçues pendant la période de référence.

Les obligations légales à la charge de l'employeur incombent à l'entreprise propriétaire de la succursale. – *[Anc. art. L. 782-1, al. 2, et L. 782-7, al. 1ᵉʳ.]*

1. Recodification. La rédaction du nouvel article L. 7322-1, plus restrictive que celle de l'ancien article L. 782-7 ne remet pas en cause sa jurisprudence antérieure. ● Soc. 8 déc. 2009 : ⚷ *R., p. 358 ; D. 2010. AJ 97* ⌀ *; RJS 2010. 111, Rapp. Ludet ; D. actu. 13 janv. 2010, obs. Dechristé* (2 arrêts).

2. Subordination juridique. La brièveté et la multiplicité des remplacements ainsi que les contraintes inhérentes aux conditions d'exploitation des succursales de commerce de détail alimentaire ne permettent pas à elles seules de caractériser l'existence d'un lien de subordination juridique. ● Soc. 10 oct. 2018, ⚷ n° 16-26.497 P : *D. 2018. Actu. 2024* ⌀ *; JCP S 2018. 1355, obs. Lahalle.*

3. Droit disciplinaire. Il résulte des termes de l'art. L. 782-7 [L. 7322-1 et L. 7322-7 nouv.] que le gérant non salarié ne peut être privé, dès l'origine, par une clause du contrat (clause, en l'espèce, assimilant l'existence d'un déficit d'inventaire à une faute grave), du bénéfice des règles protectrices relatives à la rupture du contrat. ● Soc. 28 oct. 1997 : ⚷ *D. 1997. IR 252* ⌀ *; RJS 1997. 887, n° 1450 ; CSB 1998. 39, A. 8* ● 11 mars 2009 : ⚷ *RDT 2009. 373, obs. Auzero* ⌀ ● 28 sept. 2011 : ⚷ *D. 2011. Actu. 2407* ⌀ *; JCP S 2011. 1521, obs. Lahalle* ● 13 avr. 2023, ⚷ n° 21-21.275 B. ♦ Les dispositions du code du travail relatives à la prescription des fautes disciplinaires leur sont également applicables. ● Soc. 8 déc. 2009, ⚷ n° 08-42.090 P : *D. 2010. AJ 97* ⌀ *; RJS 2/2010, n° 223 ; JCP S 2010. 1079, note Lahalle.*

4. Inaptitude. Le gérant non salarié bénéficie de tous les avantages accordés aux salariés par la législation sociale dont ceux relatifs à l'inaptitude énoncés par les art. L. 124-24-4 s. [L. 1226-2 s. nouv.]. ● Soc. 15 mai 2007 : ⚷ *D. 2007. AJ 1599* ⌀ *; Dr. soc. 2007. 1054, obs. Savatier* ⌀ *; RJS 2007. 678, n° 896 ; JCP S 2007. 1586, note Lahalle* ● Soc. 5 oct. 2016, ⚷ n° 15-22.730 P : *D. 2016. Actu. 2070* ⌀ *; RJS 12/2016, n° 830 ; BJS 2016. 650 ; JCP S 2016. 1402, obs. Drai.* ♦ En revanche, l'obligation de reclassement en cas d'inaptitude du gérant non salarié de succursale alimentaire n'implique pas pour l'entreprise propriétaire de la succursale d'étendre sa recherche aux emplois relevant d'un autre statut. ● Soc. 15 sept. 2021, ⚷ n° 20-14.064 B : *D. actu. 1ᵉʳ oct. 2021, obs. Malfettes ; D. 2021. 167* ⌀ *; Dr. soc. 2021. 1038, note Héas* ⌀ *; RJS 11/2021, n° 624 ; JCP S 2021. 1252, obs. Lahalle.*

5. Heures supplémentaires. Il résulte de la combinaison des art. L. 782-2 [L. 7322-1 et L. 7322-7 nouv.] et L. 782-7 [L. 7322-1 et L. 7322-7 nouv.] qu'un gérant non salarié est fondé à demander le paiement des heures supplémentaires dont l'exécution lui est imposée par l'entreprise propriétaire de la succursale. ● Soc. 15 nov. 1989 : *Bull. civ. V, n° 665 ; D. 1990. IR 14.* – Dans le même sens : • Soc. 22 mai 1986, ⚖ n° 83-42.341 P. • 26 févr. 1992 : ⚖ CSB 1992. 122, S. 76 ; RJS 1992. 302, n° 536 • 29 sept. 2021, ⚖ n° 20-10.634 B : D. 2021. 1770 ⌀ ; RDT 2021. 663, obs. Mraouahi ⌀ ; RJS 12/2021, n° 675 ; JCP S 2021. 1268, obs. Lahalle.

6. Indemnités journalières. Le gérant non salarié a droit au versement des indemnités journalières pour maladie quand bien même sa rémunération serait maintenue par l'employeur. • Soc. 29 mars 1990, ⚖ n° 87-14.121 P : RJS 1990. 366, n° 536.

7. Droit syndical. Les gérants non salariés des succursales de commerce de détail alimentaire bénéficient du droit syndical dans les mêmes conditions que les salariés ; ils peuvent se prévaloir de l'ensemble des dispositions légales relatives aux institutions représentatives du personnel, sous réserve des aménagements expressément prévus par des dispositions particulières les concernant. • Crim. 11 oct. 2011 : ⚖ JCP S 2012. 1045, obs. Lahalle.

8. Élections professionnelles. L'électorat au comité d'entreprise entre dans les avantages accordés aux salariés par la législation sociale dont l'art. L. 782-7 [L. 7322-1 et L. 7322-7 nouv.] ne donne pas une énumération limitative. • Soc. 9 janv. 1975 : Bull. civ. V, n° 6. ♦ Pour l'élection des délégués du personnel, V. • Soc. 21 mai 1981 : Bull. civ. V, n° 447.

9. Clause de non-concurrence. Une clause de non-concurrence stipulée dans le contrat d'un gérant non salarié de succursale de maison d'alimentation de détail n'est licite que si elle comporte l'obligation pour la société de distribution de verser au gérant une contrepartie financière. • Soc. 9 janv. 2013 : ⚖ D. 2013. Actu. 180 ⌀ ; CCC 2013, n° 52, note Malaurie-Vignal ; JCP S 2013. 38, obs. Miara ; ibid. 1362, obs. Kerbourc'h ; D. 2013. Actu. 180 ⌀ • Soc. 27 mars 2013 : ⚖ D. 2013. Actu. 924 ⌀.

Art. L. 7322-2 Est gérant non salarié toute personne qui exploite, moyennant des remises proportionnelles au montant des ventes, les succursales des commerces de détail alimentaire ou des coopératives de consommation lorsque le contrat intervenu ne fixe pas les conditions de son travail et lui laisse toute latitude d'embaucher des salariés ou de se faire remplacer à ses frais et sous son entière responsabilité.

La clause de fourniture exclusive avec vente à prix imposé est une modalité commerciale qui ne modifie pas la nature du contrat. – [Anc. art. L. 782-1, al. 1ᵉʳ.]

Portée de la requalification en contrat de travail. Le gérant d'une succursale de commerce de détail alimentaire qui a obtenu la requalification du contrat de gérance en contrat de travail ne peut obtenir, au cours d'une même année, le cumul des sommes qui lui étaient dues à titre de salaires et celles perçues à titre de commission commercial. • Soc. 13 avr. 2023, ⚖ n° 21-13.757 B : D. 2023. 792 ⌀ ; RJS 7/2023, n° 413 ; JCP S 2023. 1160, obs. Duquesne.

Art. L. 7322-3 Les accords collectifs fixant les conditions auxquelles doivent satisfaire les contrats individuels conclus entre les entreprises et leurs gérants de succursales non salariés sont régis, en ce qui concerne leur validité, leur durée, leur résolution, leur champ d'application, leurs effets et leurs sanctions, par les dispositions du livre II de la deuxième partie.

Ces accords déterminent, notamment, le minimum de la rémunération garantie aux gérants non salariés, compte tenu de l'importance de la succursale et des modalités d'exploitation de celle-ci. – [Anc. art. L. 782-3.]

1. Rupture du contrat. Il résulte de la combinaison des art. L. 782-3 et L. 132-4 [L. 7322-3 et L. 2251-1 nouv.] qu'un accord collectif ne peut priver un gérant non salarié du bénéfice des dispositions des art. L. 122-4 s. [L. 1231-1 nouv.] sur la résiliation du contrat de travail qu'à la condition de comporter des dispositions plus favorables au gérant. • Soc. 4 févr. 1993, ⚖ n° 89-41.354 P : Dr. soc. 1993. 302.

2. Rémunération minimale. Sur le droit pour le gérant non salarié de bénéficier d'une rémunération au moins égale au SMIC, V. • Soc. 22 oct. 1980 : Bull. civ. V, n° 757 • 31 janv. 1985 : Dr. soc. 1985. 811, note Savatier • 24 mars 1988 : Bull. civ. V, n° 217.

Art. L. 7322-4 Les dispositions des accords collectifs mentionnés à l'article L. 7322-3 peuvent, après consultation des organisations professionnelles intéressées, être rendues obligatoires par l'autorité administrative à l'ensemble des commerces de détail alimentaire et des coopératives de consommation comprises dans leur champ d'application.

A défaut de tels accords, l'autorité administrative peut, après consultation des organisations professionnelles intéressées, fixer, soit pour la région déterminée, soit pour l'ensemble du territoire, les conditions auxquelles doivent satisfaire les contrats individuels conclus entre les entreprises et leurs gérants non salariés, notamment le minimum de rémunération. – [Anc. art. L. 782-4.]

Art. L. 7322-5 Les litiges entre les entreprises et leurs gérants non salariés relèvent de la compétence des tribunaux de commerce lorsqu'ils concernent les modalités commerciales d'exploitation des succursales.

Ils relèvent de celle des conseils de prud'hommes lorsqu'ils concernent les conditions de travail des gérants non salariés. – *[Anc. art. L. 782-5.]*

Art. L. 7322-6 Toute clause attributive de juridiction incluse dans un contrat conclu entre une entreprise mentionnée à l'article L. 7322-2 et un gérant non salarié de succursale est nulle. – *[Anc. art. L. 782-6.]*

Nullité d'une clause attributive de juridiction : V.
• Soc. 1er juin 1994 : ⚖ *CSB 1994. 197, A. 40.*

TITRE III ENTREPRENEURS SALARIÉS ASSOCIÉS D'UNE COOPÉRATIVE D'ACTIVITÉ ET D'EMPLOI

(L. n° 2014-856 du 31 juill. 2014, art. 48)

BIBL. ▶ AUZERO, *RDT 2014. 681* ⌀ (le statut d'entrepreneur salarié associé d'une coopérative d'activité et d'emploi). – ENJOLRAS, *RJS 10/2022, chron. p. 797* (l'entrepreneuriat salarié).

CHAPITRE I DISPOSITIONS GÉNÉRALES

SECTION 1 Champ d'application

Art. L. 7331-1 Le présent code est applicable aux entrepreneurs salariés associés d'une coopérative d'activité et d'emploi mentionnée à l'article 26-41 de la loi n° 47-1775 du 10 septembre 1947 portant statut de la coopération, sous réserve des dispositions du présent titre.

SECTION 2 Principes

Art. L. 7331-2 Est entrepreneur salarié d'une coopérative d'activité et d'emploi toute personne physique qui :

1° Crée et développe une activité économique en bénéficiant d'un accompagnement individualisé et de services mutualisés mis en œuvre par la coopérative en vue d'en devenir associé ;

2° Conclut avec la coopérative un contrat, établi par écrit, comportant :

a) Les objectifs à atteindre et les obligations d'activité minimale de l'entrepreneur salarié ;

b) Les moyens mis en œuvre par la coopérative pour soutenir et contrôler son activité économique ;

c) Les modalités de calcul de la contribution de l'entrepreneur salarié au financement des services mutualisés mis en œuvre par la coopérative, dans les conditions prévues par les statuts de celle-ci ;

d) Le montant de la part fixe et les modalités de calcul de la part variable de la rémunération de l'entrepreneur salarié, en application de l'article L. 7332-3 ;

e) La mention des statuts en vigueur de la coopérative ;

f) Les conditions dans lesquelles sont garantis à l'entrepreneur salarié ses droits sur la clientèle qu'il a apportée, créée et développée, ainsi que ses droits de propriété intellectuelle.

Art. L. 7331-3 Dans un délai maximal de trois ans à compter de la conclusion du contrat mentionné à l'article L. 7331-2, l'entrepreneur salarié devient associé de la coopérative d'activité et d'emploi.

Ce délai est minoré, le cas échéant, de la durée du contrat d'appui au projet d'entreprise pour la création ou la reprise d'une activité économique prévu à l'article L. 127-1 du code de commerce ou de tout autre contrat conclu entre les parties.

Le contrat mentionné à l'article L. 7331-2 du présent code prend fin si l'entrepreneur salarié ne devient pas associé avant ce délai.

CHAPITRE II MISE EN ŒUVRE

Art. L. 7332-1 Le contrat mentionné au 2° de l'article L. 7331-2 peut comporter une période d'essai dont la durée, renouvellement compris, ne peut excéder huit mois.

Lorsque les parties ont préalablement conclu un contrat d'appui au projet d'entreprise pour la création ou la reprise d'une activité économique, prévu à l'article L. 127-1 du code de commerce, ou tout autre contrat, la durée de ces contrats est déduite de la durée prévue au premier alinéa du présent article.

Art. L. 7332-2 La coopérative d'activité et d'emploi est responsable de l'application, au profit des entrepreneurs salariés associés, des dispositions du livre I de la troisième partie relatives à la durée du travail, aux repos et aux congés, ainsi que de celles de la quatrième partie relatives à la santé et à la sécurité au travail lorsque les conditions de travail, de santé et de sécurité au travail ont été fixées par elle ou soumises à son accord.

Dans tous les cas, les entrepreneurs salariés associés bénéficient des avantages légaux accordés aux salariés, notamment en matière de congés payés.

Art. L. 7332-3 La rémunération d'un entrepreneur salarié associé d'une coopérative d'activité et d'emploi comprend une part fixe et une part variable calculée en fonction du chiffre d'affaires de son activité, après déduction des charges directement et exclusivement liées à son activité et de la contribution mentionnée au c du 2° de l'article L. 7331-2.

La coopérative met à la disposition de l'entrepreneur salarié associé un état des comptes faisant apparaître le détail des charges et des produits liés à son activité.

Les modalités de calcul et de versement de la rémunération à l'entrepreneur salarié associé et de déclaration auprès des organismes sociaux sont précisées par décret en Conseil d'État.

Art. L. 7332-4 Les dispositions des articles L. 3253-2 et L. 3253-3 relatives aux garanties des rémunérations dans le cadre d'une procédure de sauvegarde, de redressement ou de liquidation judiciaires s'appliquent aux entrepreneurs salariés associés d'une coopérative d'activité et d'emploi pour les rémunérations de toute nature dues au titre des quatre-vingt-dix derniers jours de travail.

Art. L. 7332-5 La coopérative d'activité et d'emploi est responsable des engagements pris vis-à-vis des tiers dans le cadre de l'activité économique développée par l'entrepreneur salarié associé.

Art. L. 7332-6 Le conseil de prud'hommes est seul compétent pour connaître des litiges relatifs au contrat mentionné au 2° de l'article L. 7331-2.

Toute clause attributive de juridiction incluse dans un contrat conclu entre un entrepreneur salarié associé et une coopérative d'activité et d'emploi dont il est l'associé est nulle.

Art. L. 7332-7 Le présent titre s'applique aux entrepreneurs salariés régis par les articles L. 7331-2 et L. 7331-3 qui ne sont pas encore associés de la coopérative d'activité et d'emploi.

TITRE IV TRAVAILLEURS UTILISANT UNE PLATEFORME DE MISE EN RELATION PAR VOIE ÉLECTRONIQUE

(L. n° 2016-1088 du 8 août 2016, art. 60)

V. Circ. intermin. n° DGT/RT1/DGEFP/SDPFC/DSS/2C/2017/256 du 8 juin 2017 relative à la responsabilité sociale des plateformes de mise en relation par voie électronique, NOR : MTRT1724167C.

BIBL. ▶ PASQUIER, *SSL* 2023, n° 2039, p. 4 (travailleurs de plateforme et subordination). – BONNIN, *RJS* 1/2023, chron. (le pouvoir dans la relation de travail sous l'effet de la numérisation). – ASSER, FROUIN, LOKIEC et PINATEL, *JCP S* 2022. 1136 (regards croisés). – THOMAS, *RDT* 2022. 215 (le travail en lien avec les plateformes devant les juges du fond). – ROSA, *Dr. soc.* 2021. 610 (le « coopérativisme de plateforme »). – DIRRINGER et FERKANE, *Dr. soc.* 2021. 598 (modéliser la négociation collective dans le champ économique). – LECOMTE-MENAHES et

RAULY, *Dr. soc. 2021. 581* (travailleurs de plateforme : l'accompagnement social en question). – BALAT, *D. 2021. 646* (ubérisation et faux courtiers). – GOMES et ISIDRO, *RDT 2020. 728* (travailleurs de plateforme et sans-papiers). – LAMPERT, *JCP S 2020. 3096* (entre salarié et travailleur indépendant). – GUYOT, *JCP S 2020. 2075* (place de l'entrepreneur dans l'intermédiation numérique). – JEAMMAUD, *Dr. ouvrier 2020. 181* (le régime des travailleurs de plateformes, une œuvre tripartite). – LHERNOULD et ROBIN-OLIVIER, *RJS 7/2020, p. 472* (travailleurs de plateformes : état des lieux et perspectives du droit social de l'Union européenne). – KHODRI et MAZUYER, *RDT 2023. 91* (micro-travail numérique et force attractive du droit du travail). – MILLERAND, *JCP S 2020. 294*. – DESBARATS, *RDT 2020. 592* (quelle protection sociale pour les travailleurs des plateformes ?). – VAN DEN BERGH, *RDT 2019. 101* (plateformes numériques de mise au travail : mettre en perspective le particularisme français). – ESCANDE-VARNIOL, *SSL 2018, n° 1804, p. 4* (Uber est un service de transport, mais quel statut pour les chauffeurs ?). – FABRE, *Dr. soc. 2018. 547* (les travailleurs de plateformes sont-ils salariés ?). – JULIEN et MAZUYER, *RDT 2018. 189* (le droit du travail à l'épreuve des plateformes numériques). – FABRE et ESCANDE-VARNIOL, *RDT 2017. Controverse 166* (le droit du travail peut-il répondre aux défis de l'ubérisation ?). – MINET-LETALLE, *JCP 2017. 1286* (le particulier : un offreur de services). – PASQUIER, *RDT 2017. 95* (sens et limites de la qualification de contrat de travail, de l'arrêt Formacad aux travailleurs « ubérisés »). – SERIZAY, *JCP S 2016. 1337* (quel statut pour les entrepreneurs collaboratifs ?). – BINI, *RDT 2018. 542* (à la recherche de l'employeur dans les plateformes numériques). – LEDERLIN, *JCP S 2016. 1367* (naissance d'un droit de l'activité). – COURSIER, *JCP S 2016. 1400* (quelles normes sociales pour les entrepreneurs de l'économie collaborative et distributive ?).

▶ **Droit comparé :** ALLAMPRESE, BAVARO, CARABELLI, LOI et SPINELLI, *Dr. soc. 2021. 621* (le travail de plateforme et l'expérience controversée des *riders*, à la recherche d'une identité juridique et de garanties adéquates). – LHERNOULD et ROBIN-OLIVIER, *RJS 7/2020, p. 472* (travailleurs de plateformes : état des lieux et perspectives du droit social de l'Union européenne). – VICENTE, *RDT 2018. 515* (les coursiers Deliveroo face au droit anglais) ; *RDT 2021. 339* (quel(s) droit(s) du travail pour les travailleurs des plateformes numériques. – Séminaire de droit comparé – Nanterre mars 2021).

▶ **Rapport Frouin :** Dossier Droit social, mars 2021 : DIRRINGER et DEL-SOL, *Dr. soc. 2021. 223* (enjeux de la protection sociale). – FROUIN, *ibid. 201* (retour sur une mission compliquée). – GOMES, *ibid. 207* (lecture critique). – SACHS et VERNAC, *ibid. 216* (pouvoir et responsabilité au sein des plateformes). – DAUGAREILH et PASQUIER, *RDT 2021. Controverse 14* (l'obligation de recourir à un tiers employeur doit-elle être encouragée ?). – VAN DEN BERGH, *RDT 2021. 98*.

COMMENTAIRE

V. sur le Code en ligne. ☐

CHAPITRE I **CHAMP D'APPLICATION**

Art. L. 7341-1 Le présent titre est applicable aux travailleurs indépendants recourant, pour l'exercice de leur activité professionnelle, à une ou plusieurs plateformes de mise en relation par voie électronique définies à l'article 242 *bis* du code général des impôts.

V. C. transp., art. L. 1326-1 s., App. VII. J, v° *Transports*.

COMMENTAIRE

V. sur le Code en ligne. ☐

1. Lien de subordination du travailleur de plateforme. L'existence d'une relation de travail ne dépend ni de la volonté exprimée par les parties ni de la dénomination qu'elles ont donnée à leur convention mais des conditions de fait dans lesquelles est exercée l'activité des travailleurs. Le lien de subordination est caractérisé par l'exécution d'un travail sous l'autorité d'un employeur qui a le pouvoir de donner des ordres et des directives, d'en contrôler l'exécution et de sanctionner les manquements de son subordonné. Une cour d'appel ne saurait dire qu'un coursier n'était pas lié par un contrat de travail à la plateforme numérique pour laquelle il travaillait alors, d'une part, que l'application était dotée d'un système de géolocalisation permettant le suivi en temps réel par la société de sa position et la comptabilisation du nombre total de kilomètres parcourus par lui et, d'autre part, que la société disposait d'un pouvoir de sanction à l'égard du coursier, ce dont il résultait l'existence d'un pouvoir de direction et de contrôle de l'exécution de la prestation caractérisant un lien de subordination. • Soc. 28 nov. 2018, n° 17-20.079 P : *D. actu. 12 déc. 2018*, obs. Peyronnet ; *ibid.* 169, avis Courcol-Bouchard, obs. Escande-Varniol ; *RDT 2019.* 36, note Peyronnet ; *RJS 2/2019*, p. 98, Rapp. Salomon ; *ibid.*, n° 72 ; *SSL 2018*, n° 1841, p. 6, obs. Gomez et Lokiec ; *JCP S 2018.* 1398, obs. Loiseau. ♦ Le lien de subordination est caractérisé par l'exécution d'un travail sous l'autorité d'un employeur qui a le pouvoir de donner des ordres et des directives, d'en contrôler l'exécution et de sanctionner les manquements de son subordonné et que le travail au sein d'un service organisé peut constituer un indice de subordination lorsque l'employeur en détermine unilatéralement les conditions d'exécution ; il ressortait de l'ensemble des éléments relevé par les juges du fond que la société avait adressé des directives au chauffeur, en avait contrôlé l'exécution et avait exercé un pouvoir de sanction. Dès lors, la cour d'appel ne pouvait que constater l'existence d'un lien de subordination, et donc d'un contrat de travail, entre le chauffeur et la société et juger que son statut de travailleur indépendant était fictif. • Soc. 4 mars 2020, n° 19-13.316 P : *D. 2020.* 490 ; *Dr. soc. 2020.* 374, obs. Antonmattéi ; *RDT 2020.* 328, note Willocx ; *RJS 5/2020*, n° 223 ; *SSL 2020*, n° 1899, p. 2, obs. Champeaux, entretien Huglo ; *JCP S 2020.* 1080, obs. Loiseau. ♦ Un faisceau suffisant d'indices se trouve réuni pour permettre au chauffeur de caractériser le lien de subordination dans lequel il se trouvait lors de ses connexions à la plateforme Uber et d'ainsi renverser la présomption simple de non-salariat que font peser sur lui les dispositions de l'art. L. 8221-6 C. trav. Parmi les indices, est relevé notamment que le chauffeur ne peut constituer aucune clientèle propre en dehors de l'application Uber, qu'il ne fixe pas librement ses tarifs ni les conditions d'exercice de sa prestation de transport, qui sont entièrement régis par la société Uber ; la société exerce également un pouvoir de contrôle *via* un système de géolocalisation et un pouvoir de sanction, se réservant la possibilité de restreindre, voire d'interdire définitivement l'accès à l'application en cas de « signalements de comportements problématiques » par les utilisateurs, auquel l'intéressé en l'espèce a été exposé peu important que les faits reprochés soient constitués ou que leur sanction soit proportionnée à leur commission. • Paris, 10 janv. 2019, n° RG 18/08357 : *RJS 3/2019*, n° 144 ; *Dr. ouvrier 2019.* 499, note Gomes ; *JSL 2019*, n° 470-1, obs. Lhernould ; *Com. com. électr. 2019.* Comm. 17, obs. Loiseau ; *AJC 2019.* Actu. 53.

2. Contrôle de la Cour de cassation. Une cour d'appel ne peut pas retenir l'existence d'un contrat de travail entre un chauffeur et une société utilisant une plateforme numérique de mise en relation avec une clientèle de chauffeurs VTC en se déterminant par des motifs insuffisants à caractériser l'exercice d'un travail au sein d'un service organisé selon des conditions déterminées unilatéralement par la société, sans constater que celle-ci a adressé au chauffeur des directives sur les modalités d'exécution du travail, qu'elle disposait du pouvoir d'en contrôler le respect et d'en sanctionner l'inobservation. • Soc. 13 avr. 2022, n° 20-14.870 B : *D. actu. 4 mai 2022*, obs. Couëdel ; *D. 2022.* 796 ; *Dr. soc. 2022.* 522, obs. Radé ; *RJS 6/2022*, n° 343 ; *JSL 2022*, n° 544, obs. Lhernould ; *JCP 2022.* 565, obs. Dedessus-Le-Moustier ; *JCP S 2022.* 1137, obs. Loiseau.

3. Intérim et plateforme numérique de mise en relation. Une plateformes numérique qui a vocation à mettre en relation des auto-entrepreneurs et des entreprises du secteur de l'hôtellerie et de la restauration est encadrée par les dispositions des art. L. 7341-1 s. ; en l'absence d'indices suffisants permettant avec l'évidence requise en référé de renverser la présomption de non-salariat des travailleurs indépendants inscrits, et alors qu'il n'est pas établi avec évidence le fait que la société mise en cause exerce de façon illicite une activité d'exploitation de plateforme numérique légalement reconnue, l'activité d'une telle plateforme ne cause pas de trouble manifestement illicite au détriment des agences de travail temporaire. • Soc. 12 nov. 2020, n° 19-10.606 P : *D. actu. 26 nov. 2020*, obs. Couëdel ; *D. 2020.* 2295 ; *JSL 2021*, n° 512-5, obs. Nassom-Tissandier.

CHAPITRE II RESPONSABILITÉ SOCIALE DES PLATEFORMES

COMMENTAIRE

V. sur le Code en ligne. ☐

SECTION 1 **Dispositions communes** (*L. n° 2019-1428 du 24 déc. 2019, art. 44*).

Art. L. 7342-1 Lorsque la plateforme détermine les caractéristiques de la prestation de service fournie ou du bien vendu et fixe son prix, elle a, à l'égard des travailleurs concernés, une responsabilité sociale qui s'exerce dans les conditions prévues au présent chapitre.

Art. L. 7342-2 Lorsque le travailleur souscrit une assurance couvrant le risque d'accidents du travail ou adhère à l'assurance volontaire en matière d'accidents du travail mentionnée à l'article L. 743-1 du code de la sécurité sociale, la plateforme prend en charge sa cotisation, dans la limite d'un plafond fixé par décret. Ce plafond ne peut être supérieur à la cotisation prévue au même article L. 743-1. – *V. art. D. 7342-1, al. 1er.*

Le premier alinéa du présent article n'est pas applicable lorsque le travailleur adhère à un contrat collectif souscrit par la plateforme et comportant des garanties au moins équivalentes à l'assurance volontaire en matière d'accidents du travail mentionnée au premier alinéa, et que la cotisation à ce contrat est prise en charge par la plateforme.

Art. L. 7342-3 Le travailleur bénéficie du droit d'accès à la formation professionnelle continue prévu à l'article L. 6312-2. La contribution à la formation professionnelle mentionnée à l'article L. 6331-48 est prise en charge par la plateforme.

(*L. no 2019-1428 du 24 déc. 2019, art. 44-II*) « Il bénéficie, à sa demande, des actions mentionnées au 3° de l'article L. 6313-1. La plateforme prend alors en charge les frais d'accompagnement et lui verse une indemnité dans des conditions définies par décret. – *V. art. D. 7342-1 s.*

« Le compte personnel de formation du travailleur est abondé par la plateforme lorsque le chiffre d'affaires qu'il réalise sur cette plateforme est supérieur à un seuil déterminé selon le secteur d'activité du travailleur. Les conditions d'abondement, les seuils et les secteurs d'activité sont précisés par décret. »

Art. L. 7342-4 (*L. no 2019-1428 du 24 déc. 2019, art. 44-II*) L'article L. 7342-2 et les deux premiers alinéas de l'article L. 7342-3 ne sont pas applicables lorsque le chiffre d'affaires réalisé sur la plateforme est inférieur à un seuil fixé par décret. Pour le calcul de la cotisation afférente aux accidents du travail et de la contribution à la formation professionnelle, seul est pris en compte le chiffre d'affaires réalisé par le travailleur sur la plateforme.

Art. L. 7342-5 Les mouvements de refus concerté de fournir leurs services organisés par les travailleurs mentionnés à l'article L. 7341-1 en vue de défendre leurs revendications professionnelles ne peuvent, sauf abus, ni engager leur responsabilité contractuelle, ni constituer un motif de rupture de leurs relations avec les plateformes, ni justifier de mesures les pénalisant dans l'exercice de leur activité.

Art. L. 7342-6 Les travailleurs mentionnés à l'article L. 7341-1 bénéficient du droit de constituer une organisation syndicale, d'y adhérer et de faire valoir par son intermédiaire leurs intérêts collectifs.

Art. L. 7342-7 (*L. no 2019-1428 du 24 déc. 2019, art. 47*) Les travailleurs mentionnés à l'article L. 7341-1 bénéficient du droit d'accès à l'ensemble des données concernant leurs activités propres au sein de la plateforme et permettant de les identifier. Ils ont le droit de recevoir ces données dans un format structuré et celui de les transmettre. Le périmètre précis de ces données ainsi que leurs modalités d'accès, d'extraction et de transmission sont définies par décret.

SECTION 2 Dispositions particulières

(*L. no 2019-1428 du 24 déc. 2019, art. 44-II*)

> **COMMENTAIRE**
>
> V. sur le Code en ligne 📖. ❏

Art. L. 7342-8 Les dispositions de la présente section sont applicables aux travailleurs en lien avec des plateformes définis à l'article L. 7341-1 et exerçant l'une des activités suivantes :

1° Conduite d'une voiture de transport avec chauffeur ;

2° Livraison de marchandises au moyen d'un véhicule à deux ou trois roues, motorisé ou non.

Art. L. 7342-9 Dans le cadre de sa responsabilité sociale à l'égard des travailleurs mentionnés à l'article L. 7342-8, la plateforme peut établir une charte déterminant les conditions et modalités d'exercice de sa responsabilité sociale, définissant ses droits et obligations ainsi que ceux des travailleurs avec lesquels elle est en relation. Cette charte, qui rappelle les dispositions du présent chapitre, précise notamment :

1° Les conditions d'exercice de l'activité professionnelle des travailleurs avec lesquels la plateforme est en relation, en particulier les règles selon lesquelles ils sont mis en relation avec ses utilisateurs ainsi que les règles qui peuvent être mises en œuvre pour réguler le nombre de connexions simultanées de travailleurs afin de répondre, le cas échéant, à une faible demande de prestations par les utilisateurs. Ces règles garantissent le caractère non exclusif de la relation entre les travailleurs et la plateforme et la liberté pour les travailleurs d'avoir recours à la plateforme et de se connecter ou se déconnecter, sans que soient imposées des plages horaires d'activité ;

2° Les modalités visant à permettre aux travailleurs d'obtenir un prix décent pour leur prestation de services ;

3° Les modalités de développement des compétences professionnelles et de sécurisation des parcours professionnels ;

4° Les mesures visant notamment :

a) A améliorer les conditions de travail ;

b) A prévenir les risques professionnels auxquels les travailleurs peuvent être exposés en raison de leur activité ainsi que les dommages causés à des tiers ;

5° Les modalités de partage d'informations et de dialogue entre la plateforme et les travailleurs sur les conditions d'exercice de leur activité professionnelle ;

6° Les modalités selon lesquelles les travailleurs sont informés de tout changement relatif aux conditions d'exercice de leur activité professionnelle ;

7° La qualité de service attendue, les modalités de contrôle par la plateforme de l'activité et de sa réalisation et les circonstances qui peuvent conduire à une rupture des relations commerciales entre la plateforme et le travailleur répondant aux exigences de l'article L. 442-1 du code de commerce ainsi que les garanties dont le travailleur bénéficie dans ce cas ;

8° Le cas échéant, les garanties de protection sociale complémentaire négociées par la plateforme dont les travailleurs peuvent bénéficier.

Dans des conditions précisées par décret, la charte est transmise par la plateforme à l'autorité administrative. – V. art. D. 7342-7.

Lorsqu'elle en est saisie par la plateforme, l'autorité administrative se prononce sur toute demande d'appréciation de la conformité du contenu de la charte au présent titre par décision d'homologation. Préalablement à cette demande d'homologation, la plateforme consulte par tout moyen les travailleurs indépendants sur la charte qu'elle a établie. Le résultat de la consultation est communiqué aux travailleurs indépendants et joint à la demande d'homologation.

L'autorité administrative notifie à la plateforme la décision d'homologation ou son refus dans un délai de quatre mois à compter de la réception de la charte. A défaut de réponse dans ce délai, la charte est réputée homologuée.

La charte est publiée sur le site internet de la plateforme et annexée aux contrats ou aux conditions générales d'utilisation qui la lient aux travailleurs.

Lorsqu'elle est homologuée, l'établissement de la charte [*Dispositions déclarées non conformes à la Constitution par la décision du Conseil constitutionnel n° 2019-794 DC du 20 décembre 2019*] ne peut caractériser l'existence d'un lien de subordination juridique entre la plateforme et les travailleurs.

Art. L. 7342-10 Tout litige concernant la conformité de la charte aux dispositions du présent titre, l'homologation ou le refus d'homologation relève de la compétence du (*Ord. n° 2019-964 du 18 sept. 2019, art. 35, en vigueur le 1ᵉʳ janv. 2020*) « tribunal judiciaire » dont le siège et le ressort sont fixés par décret, à l'exclusion de tout autre recours contentieux ou administratif. Le recours doit être formé, à peine d'irrecevabilité, par la plateforme, avant l'expiration d'un délai de deux mois à compter de la notification de la décision d'homologation de la charte ou, par le travailleur, avant l'expiration d'un délai de deux mois à compter de la date à laquelle cette décision a été portée à sa connaissance par tout moyen conférant date certaine.

La juridiction saisie se prononce dans un délai de quatre mois. Si, à l'issue de ce délai, elle ne s'est pas prononcée ou en cas d'appel, le litige est porté devant la cour d'appel.

Lorsque dans un litige relevant de la compétence du conseil des prud'hommes, est soulevée une difficulté sérieuse relative à l'homologation de la charte dont dépend la solution du litige, le conseil des prud'hommes initialement saisi sursoit à statuer et transmet la question à la juridiction judiciaire désignée par le décret mentionné au premier alinéa.

V. art. R. 7342-12 s.

Aux termes de l'art. D. 211-7-3 COJ, le tribunal judiciaire de Paris est seul compétent pour connaître des litiges prévus à l'art. L. 7342-10 C. trav.

Art. L. 7342-11 Les modalités d'application de la présente section sont déterminées par voie réglementaire. − V. art. D. 7342-7 à D. 7342-11.

CHAPITRE III DIALOGUE SOCIAL DE SECTEUR

(Ord. n° 2021-484 du 21 avr. 2021, ratifiée par L. n° 2022-139 du 7 févr. 2022)

BIBL. ▶ LOISEAU, JCP S 2021. 1129.

SECTION 1 Champ d'application

Art. L. 7343-1 Dans les conditions et selon les modalités définies au présent chapitre, un dialogue social est organisé entre les plateformes mentionnées à l'article L. 7342-1 et les travailleurs indépendants définis à l'article L. 7341-1 qui y recourent pour leur activité, au niveau de chacun des secteurs d'activité suivants :
 1° Activités de conduite d'une voiture de transport avec chauffeur ;
 2° Activités de livraison de marchandises au moyen d'un véhicule à deux ou trois roues, motorisé ou non.

SECTION 2 Représentation des travailleurs indépendants recourant aux plateformes

SOUS-SECTION 1 Organisations représentant les travailleurs indépendants recourant aux plateformes

Art. L. 7343-2 Pour l'application de la présente section, sont considérés comme des organisations représentant les travailleurs définis à l'article L. 7341-1 recourant pour leur activité aux plateformes mentionnées à l'article L. 7342-1 :
 1° Les syndicats professionnels mentionnés à l'article L. 2131-1 et leurs unions mentionnées à l'article L. 2133-2 lorsque la défense des droits de ces travailleurs entre dans leur objet social ;
 2° Les associations constituées conformément aux dispositions de la loi du 1er juillet 1901 relative au contrat d'association lorsque la représentation de ces travailleurs et la négociation des conventions et accords qui leur sont applicables entrent dans leur objet social.

SOUS-SECTION 2 Représentativité des organisations

Art. L. 7343-3 La représentativité des organisations représentant les travailleurs définis à l'article L. 7341-1 recourant pour leur activité aux plateformes mentionnées à l'article L. 7342-1 est déterminée d'après les critères cumulatifs suivants, appréciés dans le cadre du secteur considéré :
 1° Le respect des valeurs républicaines ;
 2° L'indépendance ;
 3° La transparence financière. Ce critère est satisfait, notamment, lorsque le syndicat ou l'association s'acquitte des obligations définies aux articles L. 2135-1 à L. 2135-6 ;
 4° Une ancienneté minimale d'un an dans le champ professionnel des travailleurs mentionnés au premier alinéa et au niveau national. Cette ancienneté s'apprécie à compter de la date de dépôt légal des statuts conférant à l'organisation concernée une vocation à représenter ces travailleurs ;
 5° L'audience, appréciée au regard des suffrages exprimés lors du scrutin prévu à l'article L. 7343-5. L'organisation doit avoir recueilli au moins 8 % des suffrages exprimés ;
 6° L'influence, appréciée au regard de l'activité et de l'expérience de l'organisation en matière de représentation des travailleurs mentionnés au premier alinéa ;

7° Les effectifs d'adhérents et les cotisations.

Par dérogation à l'art. L. 7343-3, la représentativité des organisations représentant les travailleurs définis à l'art. L. 7341-1 s'apprécie dans les conditions suivantes :

1° Au titre de la première mesure de l'audience, le seuil mentionné au 5° de l'art. L. 7343-3 est fixé à 5 % des suffrages exprimés ;

2° Au titre des deux premières mesures de l'audience :

a) L'ancienneté minimale mentionnée au 4° de l'art. L. 7343-3 est fixée à six mois ;

b) L'influence mentionnée au 6° de l'art. L. 7343-3 s'apprécie exclusivement au regard de l'activité des organisations concernées (Ord. n° 2021-484 du 21 avr. 2021, art. 2-II).

Art. L. 7343-4 La liste des organisations mentionnées à l'article L. 7343-2 reconnues représentatives au niveau des secteurs mentionnés à l'article L. 7343-1 est arrêtée, au nom de l'État, par le directeur général de l'Autorité des relations sociales des plateformes d'emploi mentionnée à l'article L. 7345-1, après avis de son conseil d'administration et selon des modalités fixées par décret en Conseil d'État.

Pour le secteur des activités de livraison de marchandises au moyen d'un véhicule à deux ou trois roues motorisé ou non, V. Arr. du 24 juin 2022, NOR : MTRT2218667A (JO 24 juin).

Pour le secteur de conduite d'une voiture de transport avec chauffeur (VTC), V. Arr. du 24 juin 2022, NOR : MTRT2218665A (JO 28 juin).

SOUS-SECTION 3 **Mesure de l'audience**

Art. L. 7343-5 L'Autorité des relations sociales des plateformes d'emploi mentionnée à l'article L. 7345-1 organise tous les quatre ans un scrutin destiné à mesurer l'audience des organisations dans chacun des secteurs mentionnés à l'article L. 7343-1.

L'Autorité des relations sociales des plateformes d'emploi mentionnée à l'art. L. 7345-1 organise, avant le 31 déc. 2022, le premier scrutin visant à établir la représentativité des organisations représentant les travailleurs recourant pour leur activité aux plateformes. Elle arrête, avant le 30 juin 2023, la liste des organisations reconnues représentatives mentionnée à l'art. L. 7343-4.

Par dérogation à l'art. L. 7343-5, le 2ᵉ scrutin visant à établir la représentativité des organisations représentant les travailleurs définis à l'art. L. 7341-1 est organisé deux ans après la date du premier scrutin organisé (Ord. n° 2021-484 du 21 avr. 2021, art. 2-I). Le 1ᵉʳ scrutin se déroulera du 9 au 16 mai 2022 (Arr. du 25 févr. 2022, NOR : MTRT2206621A, JO 2 mars).

V. Arr. du 8 févr. 2022, NOR : MTRT2204024A (JO 12 févr.).

V. Arr. du 25 févr. 2022, NOR : MTRT2206621A (JO 2 mars).

Art. L. 7343-6 Se déclarent candidates auprès de l'Autorité des relations sociales des plateformes d'emploi, selon les modalités fixées par décret en Conseil d'État, les organisations mentionnées à l'article L. 7343-2 qui satisfont les critères mentionnés aux 1° à 4° de l'article L. 7343-3.

Art. L. 7343-7 Sont électeurs les travailleurs utilisant une plateforme de mise en relation par voie électronique mentionnée à l'article L. 7342-1 qui justifient d'une ancienneté de trois mois d'exercice de leur activité dans le secteur économique considéré. Cette condition s'apprécie au premier jour du quatrième mois précédant l'organisation du scrutin en totalisant, au cours de la période constituée des six mois précédents, les mois pendant lesquels ces travailleurs ont effectué au moins cinq prestations pour une plateforme mentionnée à l'article L. 7342-1.

Art. L. 7343-8 Pour l'établissement de la liste électorale, les plateformes mentionnées à l'article L. 7342-1 transmettent à l'Autorité des relations sociales des plateformes d'emploi les données nécessaires à la constitution de la liste électorale et à la vérification de la condition définie à l'article L. 7343-7, selon des modalités définies par décret en Conseil d'État. – *V. art. R. 7343-1 s.*

Art. L. 7343-9 Le scrutin a lieu par vote électronique.
Chaque travailleur dispose d'une voix. – *V. art. R. 7343-3 s.*

Art. L. 7343-10 Les contestations relatives à la liste électorale et à la régularité des opérations électorales sont de la compétence du juge judiciaire.

Dans le cadre des élections des représentants des travailleurs indépendants recourant pour leur activité aux plateformes, dans le secteur des activités de conduite d'une voiture de transport avec chauffeur et le secteur des activités de livraison de marchandises au moyen d'un véhicule à deux ou trois roues, motorisé ou non, est irrecevable la contestation d'une organisation portant sur la liste électorale ou la régularité des opérations électorales du scrutin relatif au secteur d'activité pour lequel cette organisation n'a pas déposé de candidature. • Soc. 18 oct. 2023, ⚖ n° 22-19.937 B.

Art. L. 7343-11 Un décret en Conseil d'État précise les modalités d'organisation du scrutin, notamment les modalités d'information préalable des travailleurs et des plateformes, ainsi que les conditions de déroulement du scrutin et de confidentialité du vote. — V. art. R. 7343-1 s.

SOUS-SECTION 4 **Désignation des représentants**

Art. L. 7343-12 Les organisations reconnues représentatives auprès des travailleurs en application de l'article L. 7343-4 désignent un nombre de représentants déterminé par décret. Le cas échéant, l'Autorité des relations sociales des plateformes d'emploi mentionnée à l'article L. 7345-1 communique le nom de ces représentants à la plateforme avec laquelle ils sont liés par contrat. — V. art. D. 7343-61 s.

SOUS-SECTION 5 **Protection des représentants**

Art. L. 7343-13 Lorsque le représentant désigné en application de l'article L. 7343-12 recourt, comme travailleur indépendant, à une plateforme pour l'exercice de son activité professionnelle, la rupture du contrat commercial ne peut intervenir à l'initiative de la plateforme qu'après autorisation de l'Autorité des relations sociales des plateformes d'emploi mentionnée à l'article L. 7345-1.

Cette autorisation est également requise lorsque le travailleur indépendant a fait la preuve que la plateforme a eu connaissance de l'imminence de sa désignation en tant que représentant, ainsi que durant les six mois suivant l'expiration du mandat de représentant.

L'autorisation est délivrée lorsque la rupture envisagée n'est pas en rapport avec les fonctions représentatives exercées par le travailleur.

En application de l'art. L. 231-4, 4°, CRPA, et par exception à l'application du délai de 2 mois prévu à l'art. L. 231-1 du même code, le silence gardé par l'administration pendant 2 mois vaut décision de rejet pour une demande d'autorisation de rupture du contrat commercial entre une plateforme de mise en relation et un travailleur désigné représentant (Décr. n° 2014-1291 du 23 oct. 2014, art. 1ᵉʳ, mod. par Décr. n° 2022-650 du 25 avr. 2022, art. 3).

Art. L. 7343-14 La demande d'autorisation de rupture du contrat commercial est adressée à l'Autorité des relations sociales des plateformes d'emploi dans des conditions fixées par décret. — V. art. D. 7343-66.

En cas de faute grave, la plateforme peut suspendre provisoirement ses relations commerciales avec l'intéressé jusqu'à la décision de l'Autorité des relations sociales des plateformes d'emploi. Cette décision est motivée et notifiée à l'Autorité sans délai.

Si l'autorisation de rupture est refusée, le contrat suspendu reprend son cours et son plein effet.

Art. L. 7343-15 Lorsque le juge administratif annule la décision de l'autorité mentionnée à l'article L. 7345-1 autorisant la rupture du contrat conclu entre une plateforme et un représentant désigné en application de l'article L. 7343-12, ou lorsque la rupture de ce contrat est prononcée en méconnaissance des dispositions relatives à la procédure d'autorisation administrative prévue à l'article L. 7343-13, le représentant a droit au paiement par la plateforme de dommages et intérêts correspondant à la totalité du préjudice subi au cours de la période écoulée entre la rupture du contrat et la fin de la période de protection mentionnée au deuxième alinéa de l'article L. 7343-13.

Art. L. 7343-16 Le fait de rompre, en méconnaissance des dispositions relatives à la procédure d'autorisation administrative prévue à l'article L. 7343-13, le contrat commercial conclu avec un représentant des travailleurs recourant aux plateformes est puni d'un emprisonnement d'un an et d'une amende de 3 750 euros.

Art. L. 7343-17 Lorsque le travailleur indépendant estime subir, du fait de la plateforme, une baisse d'activité en rapport avec son mandat de représentation, il peut saisir le tribunal judiciaire dont le siège et le ressort sont fixés par décret pour faire cesser cette situation et demander la réparation du préjudice subi à ce titre.

Le représentant des travailleurs présente à l'appui de sa demande des éléments de fait de nature à justifier une baisse substantielle de son activité moyenne sur les trois derniers mois d'activité, au regard de l'activité exercée sur les douze mois précédents ou, lorsque la durée d'activité est inférieure à un an, à la moyenne mensuelle d'activité sur l'ensemble des mois précédents. Au vu de ces éléments, il incombe à la plateforme de prouver que cette baisse d'activité est justifiée par des éléments objectifs étrangers à l'activité de représentation du travailleur.

Art. L. 7343-18 Les modalités d'application de la présente sous-section sont déterminées par décret en Conseil d'État, notamment les conditions de calcul de la baisse d'activité substantielle mentionnée à l'article L. 7343-17. – *V. art. R. 7343-64 s.*

SOUS-SECTION 6 **Formation et temps de délégation des représentants**

Art. L. 7343-19 Les représentants désignés en application de l'article L. 7343-12 bénéficient de jours de formation au dialogue social dont le financement est pris en charge par l'Autorité des relations sociales des plateformes d'emploi, dans des conditions fixées par décret en Conseil d'État. – *V. art. R. 7343-72 s.*

Art. L. 7343-20 Les représentants désignés en application de l'article L. 7343-12 ont droit à une indemnisation forfaitaire destinée à compenser la perte de rémunération résultant :

1° Le cas échéant, des jours de formation mentionnés à l'article L. 7343-19 ;
2° Du temps, fixé de manière forfaitaire en heures de délégation, consacré à l'exercice de leur mandat.

Un décret détermine le nombre maximal de jours de formation et le nombre d'heures de délégation garantis chaque année aux représentants, ainsi que les modalités de calcul et de versement de l'indemnisation forfaitaire. – *V. art. D. 7343-74 s.*

SECTION 3 **Représentation des plateformes faisant appel à des travailleurs indépendants**

(Ord. n° 2022-492 du 6 avr. 2022, art. 2)

SOUS-SECTION 1 **Organisations professionnelles de plateformes**

Art. L. 7343-21 Pour l'application du présent chapitre, sont considérées comme des organisations professionnelles représentant les plateformes mentionnées à l'article L. 7342-1 :

1° Les syndicats professionnels mentionnés à l'article L. 2131-1 et leurs unions mentionnées à l'article L. 2133-2 lorsque la défense des intérêts de ces plateformes dans leurs relations avec les travailleurs mentionnés à l'article L. 7341-1 entre dans leur objet social ;

2° Les associations constituées conformément aux dispositions de la loi du 1er juillet 1901 relative au contrat d'association lorsque la représentation de ces plateformes et la négociation des conventions et accords qui leur sont applicables dans leurs relations avec les travailleurs mentionnés à l'article L. 7341-1 entre dans leur objet social.

SOUS-SECTION 2 **Représentativité des organisations professionnelles de plateformes**

Art. L. 7343-22 La représentativité, au niveau du secteur considéré, des organisations professionnelles de plateformes est déterminée d'après les critères cumulatifs suivants :

1° Le respect des valeurs républicaines ;
2° L'indépendance ;
3° La transparence financière. Ce critère est satisfait, notamment, lorsque le syndicat ou l'association s'acquitte des obligations définies aux articles L. 2135-1 à L. 2135-6 ;
4° Une ancienneté minimale d'un an dans le champ professionnel des plateformes mentionnées au premier alinéa et au niveau national. Cette ancienneté s'apprécie à

compter de la date de dépôt légal de statuts conférant à l'organisation candidate vocation à représenter les plateformes mentionnées au premier alinéa dans leurs relations avec les travailleurs définis à l'article L. 7341-1 ;

5° L'influence, qui s'apprécie au regard de l'activité et de l'expérience de l'organisation en matière de représentation des plateformes mentionnées au premier alinéa ;

6° L'audience, mesurée tous les quatre ans, qui s'apprécie en tenant compte :

a) A hauteur de 30 %, du nombre de travailleurs des plateformes adhérentes à l'organisation candidate rapporté au nombre total de travailleurs de l'ensemble des plateformes adhérentes aux organisations candidates du secteur qui remplissent les conditions d'ancienneté et de nombre de prestations fixées à l'article L. 7343-7 ;

b) A hauteur de 70 %, du montant des revenus d'activité mentionnés à l'article L. 1326-3 du code des transports générés par les plateformes adhérentes à l'organisation candidate, rapporté au montant total des revenus générés par les plateformes adhérentes à l'ensemble des organisations candidates au titre des activités accomplies par les travailleurs en lien avec les plateformes du secteur.

Pour le calcul de l'audience, ne sont prises en compte que les entreprises à jour de leurs cotisations. L'audience résultant de ce calcul doit être au moins égale à 8 %.

Par dérogation à l'art. L. 7343-22, la représentativité des organisations professionnelles représentant les plateformes est appréciée dans les conditions suivantes :

1° Au titre de la première mesure de l'audience :

a) L'ancienneté minimale mentionnée au 4° de l'art. L. 7343-22 n'est pas un critère de représentativité applicable ;

b) La transparence financière mentionnée au 3° du même article est présumée pour les organisations dont la création est postérieure au 31 déc. 2021 ;

2° Au titre des deux premières mesures de l'audience, l'influence mentionnée au 5° de l'art. L. 7343-22 s'apprécie exclusivement au regard de l'activité des organisations concernées (Ord. n° 2022-492 du 6 avr. 2022, art. 5-I-B).

Art. L. 7343-23 Pour l'établissement de leur représentativité en application de la présente section, les organisations mentionnées à l'article L. 7343-21 présentent leur candidature à l'Autorité des relations sociales des plateformes d'emploi mentionnée à l'article L. 7345-1. Le directeur général de l'Autorité des relations sociales des plateformes d'emploi procède aux vérifications nécessaires au contrôle des critères définis à l'article L. 7343-22 auprès des plateformes.

Pour l'appréciation du respect du critère visé au 6° de l'article L. 7343-22, l'Autorité des relations sociales des plateformes d'emploi est rendue destinataire des données relatives au nombre total de travailleurs sous contrat avec les plateformes adhérant aux organisations candidates et remplissant les conditions d'électorat fixées à l'article L. 7343-7 ainsi que celles relatives au montant des revenus perçus par ces travailleurs au titre de leur activité en lien avec les plateformes précitées.

Le directeur général de l'Autorité des relations sociales des plateformes d'emploi fixe les modalités d'organisation du recueil des informations permettant d'établir la représentativité des organisations.

Art. L. 7343-24 La liste des organisations mentionnées à l'article L. 7343-21 reconnues représentatives au niveau des secteurs mentionnés à l'article L. 7343-1 est arrêtée, au nom de l'État, par le directeur général de l'Autorité des relations sociales des plateformes d'emploi, après avis de son conseil d'administration.

Le directeur général de l'Autorité des relations sociales des plateformes d'emploi arrête la liste des organisations reconnues représentatives mentionnée à l'art. L. 7343-24 :

1° Au titre de la première mesure de l'audience, avant le 31 oct. 2022 ;

2° Au titre de la deuxième mesure de l'audience, avant le 31 oct. 2024, par dérogation au 6° de l'art. L. 7343-22 (Ord. n° 2022-492 du 6 avr. 2022, art. 5-I-A).

V. Arr. du 5 sept. 2022, NOR : MTRT2225279A (JO 13 sept.).

V. Arr. du 5 sept. 2022, NOR : MTRT2225277A (JO 13 sept.).

Art. L. 7343-25 Un décret en Conseil d'État définit les modalités d'application de la présente sous-section, notamment en ce qui concerne l'exercice de ses attributions par le directeur général de l'Autorité des relations sociales des plateformes d'emploi. — V. art. R. 7343-79 s.

SOUS-SECTION 3 **Désignation des représentants**

Art. L. 7343-26 Les organisations reconnues représentatives auprès des plateformes en application de l'article L. 7343-24 désignent un nombre de représentants déterminé par décret.

SECTION 4 **Organisation du dialogue social et de la négociation de secteur**

(Ord. n° 2022-492 du 6 avr. 2022, art. 2)

SOUS-SECTION 1 **Champ d'application et objet des accords collectifs de secteur**

Art. L. 7343-27 Les dispositions de la présente section sont applicables aux plateformes des secteurs d'activité mentionnés à l'article L. 7343-1, ci-après désignées "plateformes", et aux travailleurs indépendants recourant à ces plateformes tels que définis à l'article L. 7341-1, ci-après désignés "travailleurs".

Art. L. 7343-28 Des accords, ci-après désignés "accords collectifs de secteur", peuvent être conclus au niveau des secteurs d'activité mentionnés à l'article L. 7343-1. Ils peuvent notamment porter sur l'ensemble des conditions de travail, de rémunération et d'exercice de l'activité professionnelle, sur la formation professionnelle et les garanties sociales des travailleurs, ainsi que sur l'établissement et la rupture des relations commerciales avec les plateformes.

Ils peuvent comporter des stipulations plus favorables aux travailleurs que les dispositions légales en vigueur. Ils ne peuvent déroger aux dispositions qui revêtent un caractère d'ordre public.

Ces accords déterminent, au sein de chacun des secteurs d'activité mentionnés à l'article L. 7343-1, leur champ d'application territorial et professionnel. Le champ d'application territorial peut être national, régional ou local. Le champ d'application professionnel est défini en termes d'activités économiques.

SOUS-SECTION 2 **Conditions de négociation et de conclusion des accords collectifs de secteur**

Art. L. 7343-29 I. — L'accord collectif de secteur est négocié et conclu par :
— d'une part, une ou plusieurs organisations de travailleurs reconnues représentatives dans le secteur figurant sur la liste prévue à l'article L. 7343-4 ;
— d'autre part, une ou plusieurs organisations professionnelles de plateformes reconnues représentatives dans le secteur figurant sur la liste prévue à l'article L. 7343-24.

II. — Sa validité est subordonnée à sa signature par, d'une part, au moins une organisation professionnelle de plateformes reconnue représentative et, d'autre part, une ou plusieurs organisations de travailleurs reconnues représentatives ayant recueilli, lors de l'élection prévue aux articles L. 7343-5 à L. 7343-11, plus de 30 % des suffrages exprimés en faveur d'organisations de travailleurs reconnues représentatives, quel que soit le nombre de votants, et à l'absence d'opposition d'une ou plusieurs organisations de travailleurs reconnues représentatives ayant recueilli la majorité des suffrages exprimés en faveur des mêmes organisations à ces mêmes élections, quel que soit le nombre de votants.

III. — Les représentants des organisations mentionnées au I sont habilités à contracter, au nom de l'organisation qu'ils représentent, dans les conditions prévues à l'article L. 2231-2.

Art. L. 7343-30 L'engagement sérieux et loyal des négociations implique que les organisations représentant les plateformes communiquent aux organisations représentant les travailleurs les informations nécessaires pour leur permettre de négocier en toute connaissance de cause et aient répondu de manière motivée à leurs éventuelles propositions.

Art. L. 7343-31 L'accord est conclu pour une durée déterminée ou indéterminée.

A défaut de stipulation de l'accord sur sa durée, celle-ci est fixée à cinq ans.
Lorsque l'accord arrive à expiration, il cesse de produire ses effets.

Art. L. 7343-32 L'accord est, à peine de nullité, un acte écrit.
L'accord est rédigé en français.
Toute clause rédigée en langue étrangère est inopposable au travailleur mentionné à l'article L. 7341-1 à qui elle ferait grief.

Art. L. 7343-33 La partie la plus diligente des organisations signataires d'un accord en notifie le texte à l'ensemble des organisations représentatives au niveau du secteur concerné.

Art. L. 7343-34 Les accords collectifs de secteur sont rendus publics et versés dans une base de données nationale, dont le contenu est publié en ligne dans un standard ouvert aisément réutilisable. Ils sont publiés dans une version ne comportant pas les noms et prénoms des négociateurs et des signataires.
Après la conclusion de l'accord, les parties peuvent acter qu'une partie de la convention ou de l'accord ne doit pas faire l'objet de la publication prévue au premier alinéa. Cet acte, ainsi que la version intégrale de l'accord et la version de l'accord destinée à la publication, sont joints au dépôt prévu à l'article L. 7343-35.
Les conditions d'application du présent article sont définies par décret en Conseil d'État. – *V. art. R. 7343-89 s.*

Art. L. 7343-35 L'accord fait l'objet d'un dépôt auprès des services de l'Autorité des relations sociales des plateformes d'emploi dans des conditions déterminées par voie réglementaire.

SOUS-SECTION 3 **Négociation obligatoire, négociation facultative, calendrier et méthode de négociation**

Art. L. 7343-36 Une négociation est engagée au moins une fois par an au niveau du secteur, sur un ou plusieurs des thèmes suivants :
1° Les modalités de détermination des revenus des travailleurs, y compris le prix de leur prestation de service ;
2° Les conditions d'exercice de l'activité professionnelle des travailleurs, et notamment l'encadrement de leur temps d'activité ainsi que les effets des algorithmes et des changements les affectant sur les modalités d'accomplissement des prestations ;
3° La prévention des risques professionnels auxquels les travailleurs peuvent être exposés en raison de leur activité ainsi que les dommages causés à des tiers ;
4° Les modalités de développement des compétences professionnelles et de sécurisation des parcours professionnels.

Par dérogation aux dispositions des 1° et 2° de l'art. L. 7343-36, une négociation est engagée, au niveau de chaque secteur mentionné à l'art. L. 7343-1, dans les deux ans suivant la publication du dernier arrêté édicté en application des art. L. 7343-3 et L. 7343-22 au titre de la première mesure de l'audience, sur :

1° Les modalités de détermination des revenus des travailleurs, y compris le prix de leur prestation de service ;

2° Les conditions d'exercice de l'activité professionnelle des travailleurs, et notamment l'encadrement de leur temps d'activité ainsi que les effets des algorithmes et des changements les affectant sur les modalités d'accomplissement des prestations (Ord. n° 2022-492 du 6 avr. 2022, art. 5-II).

Art. L. 7343-37 Une négociation peut également être engagée au niveau du secteur sur tout autre thème relatif aux conditions de travail et d'exercice de l'activité, notamment :
1° Les modalités d'échanges d'informations entre la plateforme et les travailleurs sur l'organisation de leurs relations commerciales ;
2° Les modalités de contrôle par la plateforme de l'activité du travailleur indépendant et de la réalisation de la prestation lui incombant, les circonstances pouvant conduire à une rupture des relations commerciales entre la plateforme et le travailleur indépendant ainsi que les garanties dont l'intéressé bénéficie dans ce cas au regard des dispositions de l'article L. 442-1 du code de commerce ;

3° Les prestations de protection sociale complémentaire entrant dans le champ des articles L. 911-1 et L. 911-2 du code de la sécurité sociale.

Art. L. 7343-38 Un accord peut définir la méthode permettant à la négociation de s'accomplir dans des conditions de loyauté et de confiance mutuelle entre les parties.

Cet accord précise les thèmes, le calendrier des négociations et les modalités selon lesquelles sont suivis les engagements souscrits par les parties.

Il peut également définir :

1° Les modalités de prise en compte des demandes relatives aux thèmes de négociation émanant d'une ou plusieurs organisations de travailleurs reconnues représentatives ;

2° Les informations que les membres du collège des organisations professionnelles de plateformes reconnues représentatives remettent aux négociateurs sur les thèmes prévus par la négociation et la date de cette remise.

Sauf si l'accord en stipule autrement, la méconnaissance de ses stipulations n'est pas de nature à entraîner la nullité des accords conclus dès lors qu'est respecté le principe de loyauté entre les parties.

Les organisations de travailleurs et les organisations professionnelles de plateformes habilitées à négocier cet accord peuvent recourir à l'Autorité des relations sociales des plateformes d'emploi pour les accompagner dans sa négociation.

SOUS-SECTION 4 **Application, révision et dénonciation des accords collectifs de secteur**

Art. L. 7343-39 Les accords collectifs de secteur sont applicables, sauf stipulations contraires, à partir du jour qui suit leur dépôt dans les conditions prévues à l'article L. 7343-35.

Art. L. 7343-40 I. — Sont habilitées à réviser un accord collectif de secteur :

1° Pendant un délai de deux ans à compter de la signature de l'accord, les organisations de travailleurs et les organisations professionnelles de plateformes signataires ;

2° A l'issue du délai prévu au 1°, les organisations de travailleurs reconnues représentatives et les organisations professionnelles de plateformes reconnues représentatives.

II. — Les avenants de révision obéissent aux conditions de validité des accords prévues à l'article L. 7343-29.

L'avenant portant révision de tout ou partie d'un accord se substitue de plein droit aux stipulations de l'accord qu'il modifie.

Il est opposable, dans des conditions de dépôt prévues à l'article L. 7343-35, à l'ensemble des plateformes liées par l'accord et aux travailleurs mentionnés à l'article L. 7341-1 dont les prestations entrent dans son champ d'application.

Art. L. 7343-41 I. — L'accord collectif de secteur à durée indéterminée peut être dénoncé par les parties signataires.

En l'absence de stipulation expresse, la durée du préavis qui doit précéder la dénonciation est de trois mois.

La dénonciation est notifiée par son auteur aux autres signataires de la convention ou de l'accord.

Elle est déposée dans des conditions prévues par l'article L. 7343-35.

II. — Lorsque la dénonciation émane de la totalité des signataires représentant les travailleurs ou des signataires représentant les plateformes, l'accord collectif de secteur continue de produire effet jusqu'à l'entrée en vigueur de l'accord qui lui est substitué ou, à défaut, pendant une durée d'un an à compter de l'expiration du délai de préavis, sauf clause prévoyant une durée déterminée supérieure.

Une nouvelle négociation s'engage, à la demande d'une des parties intéressées, dans les trois mois qui suivent le début du préavis mentionné au I. Elle peut donner lieu à un accord, y compris avant l'expiration du délai de préavis.

Lorsque l'une des organisations représentant les travailleurs ou l'une des organisations représentant les plateformes signataires de l'accord perd la qualité d'organisation représentative dans le champ d'application de cet accord, la dénonciation de ce texte n'emporte d'effets que si la ou les organisations dont elle émane ont la qualité :

1° Soit d'organisations de travailleurs reconnues représentatives ayant recueilli, lors de l'élection prévue aux articles L. 7343-5 à L. 7343-11, plus de 50 % des suffrages exprimés en faveur d'organisations de travailleurs reconnues représentatives dans le champ considéré, quel que soit le nombre de votants ;

2° Soit d'organisations professionnelles de plateformes reconnues représentatives dont le poids au sein du secteur considéré est supérieur à 50 %. Ce poids est calculé en tenant compte :

a) A hauteur de 30 %, de l'audience de la ou des organisations ayant dénoncé l'accord, au regard du nombre total de travailleurs de l'ensemble des plateformes adhérentes à une organisation de plateforme représentative dans le secteur considéré qui remplissent les conditions d'ancienneté et de nombre de prestations fixées à l'article L. 7343-7 ;

b) A hauteur de 70 %, de l'audience de la ou des organisations précitées au regard du montant total des revenus d'activité mentionnés à l'article L. 1326-3 du code des transports générés par les plateformes adhérentes à une organisation de plateforme représentative au titre des activités accomplies par les travailleurs en lien avec les plateformes du secteur.

III. – Lorsque la dénonciation est le fait d'une partie seulement des signataires représentant les travailleurs ou des signataires représentant les plateformes, elle ne fait pas obstacle au maintien en vigueur de l'accord entre les autres parties signataires.

Dans ce cas, les dispositions de l'accord continuent de produire effet à l'égard des auteurs de la dénonciation jusqu'à l'entrée en vigueur de l'accord qui lui est substitué ou, à défaut, pendant une durée d'un an à compter de l'expiration du délai de préavis, sauf clause prévoyant une durée déterminée supérieure.

IV. – Les modalités d'application du présent article sont déterminées par décret en Conseil d'État. – *V. art. R. 7343-95.*

SOUS-SECTION 5 — Effets des accords collectifs de secteur

Art. L. 7343-42 I. – Sans préjudice des effets attachés à l'homologation, l'application des accords collectifs de secteur est obligatoire pour tous les signataires ou membres des organisations signataires.

II. – La plateforme qui démissionne de l'organisation signataire postérieurement à la signature de l'accord de secteur demeure liée par ce dernier.

III. – Les organisations représentant les travailleurs des plateformes et les organisations représentant les plateformes, ou les plateformes prises individuellement, liées par un accord, sont tenues de ne rien faire qui soit de nature à en compromettre l'exécution loyale. Elles ne sont garantes de cette exécution que dans la mesure déterminée par l'accord.

Art. L. 7343-43 Les stipulations de l'accord de secteur prévalent sur les chartes mentionnées à l'article L. 7342-9, ainsi que sur tout engagement unilatéral de la plateforme, notamment pris en application de dispositions légales, ayant le même objet que l'accord sauf si cette charte ou cet engagement comporte des stipulations plus favorables aux travailleurs.

Art. L. 7343-44 Lorsqu'une plateforme est liée par les clauses d'un accord de secteur, ces clauses s'appliquent aux contrats commerciaux conclus entre les plateformes et les travailleurs mentionnés à l'article L. 7341-1 dont les prestations entrent dans son champ d'application, sauf stipulations plus favorables figurant dans lesdits contrats.

Art. L. 7343-45 Les conditions d'information des travailleurs sur les règles qui leur sont applicables résultant d'accords négociés en application de la présente section sont définies par accord collectif de secteur. A défaut d'accord, ces modalités d'information sont définies par voie réglementaire.

Art. L. 7343-46 Lorsqu'elle démissionne d'une organisation signataire d'un accord, la plateforme en informe sans délai les travailleurs mentionnés à l'article L. 7341-1 régis par cet accord.

Art. L. 7343-47 Il peut être donné communication et délivré copie des accords collectifs de secteur déposés auprès de l'Autorité des relations sociales des plateformes d'emploi, dans des conditions prévues par décret.

Art. L. 7343-48 Les actions en justice exercées par une organisation représentant les travailleurs ou par une organisation représentant les plateformes sont soumises aux conditions prévues par les articles L. 2262-9 à L. 2262-13.

Toute action en nullité de tout ou partie d'un accord de secteur doit, à peine d'irrecevabilité, être engagée dans un délai de deux mois à compter :

1° De la notification de l'accord de secteur prévue à l'article L. 7343-33 pour les organisations mentionnées à cet article ;

2° De la publication de l'accord prévue à l'article L. 7343-34 dans tous les autres cas.

Lorsque le juge est saisi d'une action en nullité, il rend sa décision dans un délai de six mois. Les dispositions de l'article L. 2262-15 sont applicables.

SOUS-SECTION 6 **Homologation des accords collectifs de secteur**

Art. L. 7343-49 Les stipulations d'un accord collectif de secteur, ainsi que de ses avenants ou de ses annexes peuvent être rendues obligatoires pour toutes les plateformes et leurs travailleurs compris dans son champ d'application, par décision d'homologation prise par l'Autorité des relations sociales des plateformes d'emploi.

Pour pouvoir être homologués, l'accord, ses avenants ou annexes ne doivent pas avoir fait l'objet dans un délai d'un mois à compter de la publication par l'autorité administrative d'un avis d'homologation au *Journal officiel* de la République française de l'opposition écrite et motivée d'une ou de plusieurs organisations professionnelles de plateformes reconnues représentatives dont le poids au niveau du secteur est de plus de 50 %. Ce poids est calculé selon les modalités définies au 2° du II de l'article L. 7343-41.

Cette opposition est notifiée et déposée dans les conditions prévues aux articles L. 7343-33 et L. 7343-35.

L'homologation des effets et des sanctions de l'accord se fait pour la durée et aux conditions prévues par l'accord concerné.

V. Accord du 18 janv. 2023 relatif au revenu minimal par courses dans le secteur des plateformes VTC rendu obligatoire par Décis. du 17 mars 2023, NOR : MTRT2307569S (JO 22 mars).

V. Accord du 28 août 2023 relatif à l'instauration d'une garantie minimale de revenus pour les livreurs indépendants utilisant une plateforme de mise en relation rendu obligatoire par Décis. du 28 août 2023, NOR : MTRY2323322S (JO 30 août).

Art. L. 7343-50 La procédure d'homologation d'un accord de secteur est engagée par l'Autorité des relations sociales des plateformes d'emploi, à la demande d'une des organisations mentionnées aux articles L. 7343-4 et L. 7343-24.

Saisi[e] de cette demande, l'Autorité des relations sociales des plateformes d'emploi engage sans délai la procédure d'homologation.

L'Autorité de la concurrence mentionnée à l'article L. 461-1 du code de commerce peut être consultée dans les conditions prévues par l'article L. 462-1 dudit code.

Art. L. 7343-51 L'Autorité des relations sociales des plateformes d'emploi exclut de l'homologation les clauses qui apparaissent en contradiction avec des dispositions légales.

Elle peut également refuser, pour des motifs d'intérêt général, notamment pour atteinte excessive à la libre concurrence, l'homologation d'un accord.

Elle peut également exclure les clauses pouvant être distraites de l'accord sans en modifier l'économie, mais ne répondant pas à la situation du secteur considéré.

Elle peut, dans les mêmes conditions, homologuer, sous réserve de l'application des dispositions légales, les clauses incomplètes au regard de ces dispositions.

Art. L. 7343-52 La décision d'homologation est rendue publique selon des modalités fixées par décret.

Art. L. 7343-53 La décision d'homologation d'un accord de secteur devient caduque à compter du jour ou [où] l'accord en cause cesse de produire effet.

SECTION 5 Commission de négociation

(Ord. n° 2022-492 du 6 avr. 2022, art. 2)

Art. L. 7343-54 Dans chacun des secteurs mentionnés à l'article L. 7343-1, une commission de négociation composée des représentants des organisations reconnues représentatives, désignés dans les conditions prévues aux articles L. 7343-12 et L. 7343-26, est mise en place par accord de secteur, aux fins de négocier des accords, dialoguer sur les conditions de travail des travailleurs recourant aux plateformes et échanger des informations.

En l'absence d'accord de secteur homologué, le nombre et la composition des collèges de la commission de négociation, le nombre de sièges et leur répartition au sein de chacun des collèges sont définis par décret. – V. art. D. 7343-96 s.

Art. L. 7343-55 A la demande d'au moins une organisation de travailleurs reconnue représentative figurant sur la liste prévue à l'article L. 7343-4 et une organisation professionnelle de plateformes reconnue représentative figurant sur la liste prévue à *[l'article]* L. 7343-24, ou de sa propre initiative, l'Autorité des relations sociales des plateformes d'emploi peut provoquer la réunion d'une commission mixte de négociation.

Le directeur général de l'Autorité des relations sociales des plateformes d'emploi ou son représentant préside la commission mixte de négociation et facilite le déroulement des négociations.

SECTION 6 Expertise

(Ord. n° 2022-492 du 6 avr. 2022, art. 2)

Art. L. 7343-56 Lors de la négociation d'un accord de secteur, une ou plusieurs organisations de travailleurs reconnues représentatives ou une ou plusieurs organisations professionnelles de plateformes reconnues représentatives peuvent demander à l'Autorité des relations sociales des plateformes d'emploi l'autorisation de recourir à une expertise portant sur les éléments nécessaires à la négociation, relevant de questions d'ordre économique, financier, social, environnemental ou technologique.

La demande est accompagnée d'un cahier des charges établi par l'organisation demandant l'autorisation ainsi que d'une évaluation par l'expert pressenti du coût prévisionnel, de l'étendue et de la durée de la mission.

Art. L. 7343-57 L'Autorité des relations sociales des plateformes d'emploi apprécie l'utilité de l'expertise sollicitée notamment au regard de l'objet de la négociation et de la complexité du sujet traité.

La décision autorisant le recours à l'expertise emporte prise en charge de son financement par l'Autorité des relations sociales des plateformes d'emploi.

Art. L. 7343-58 La ou les organisations professionnelles de plateformes concernées, si elles ne sont pas à l'origine de la demande d'expertise, fournissent à l'expert les informations nécessaires à la réalisation de sa mission.

Le secret des affaires n'est, dans cette mesure, pas opposable à l'expert.

Les conclusions de l'expert sont portées à la connaissance de l'ensemble des organisations représentatives du secteur et de l'Autorité des relations sociales des plateformes d'emploi dans le respect du secret des affaires.

Art. L. 7343-59 Un décret en Conseil d'État détermine notamment les conditions dans lesquelles le directeur général de l'Autorité des relations sociales des plateformes d'emploi statue sur la demande d'autorisation d'expertise, assure le suivi du déroulement de la mission et procède à la rétribution de l'expert. – V. art. R. 7343-100 s.

CHAPITRE IV DIALOGUE SOCIAL DE PLATEFORME

(Ord. n° 2021-484 du 21 avr. 2021)

Ce chapitre ne contient pas de dispositions législatives.

CHAPITRE V AUTORITÉ DES RELATIONS SOCIALES DES PLATEFORMES D'EMPLOI

(Ord. n° 2021-484 du 21 avr. 2021, art. 1ᵉʳ)

SECTION 1 Missions

Art. L. 7345-1 L'Autorité des relations sociales des plateformes d'emploi est un établissement public national à caractère administratif, placé sous la tutelle du ministre chargé du travail et du ministre chargé des transports.

Elle a pour mission la régulation *(L. n° 2022-139 du 7 févr. 2022, art. 1ᵉʳ)* « du dialogue social » entre les plateformes mentionnées à l'article L. 7342-1 et les travailleurs qui leur sont liés par un contrat commercial, notamment en assurant la diffusion d'informations et en favorisant la concertation.

A ce titre, elle est chargée :

1° De fixer, dans les conditions mentionnées à l'article L. 7343-4 *(Ord. n° 2022-492 du 6 avr. 2022, art. 3)* « et à l'article L. 7343-24 », la liste des organisations représentatives des travailleurs en organisant, à cette fin, le scrutin mentionné à l'article L. 7343-5 *(Ord. n° 2022-492 du 6 avr. 2022, art. 3)* « et la mesure d'audience mentionnée au 6° de l'article L. 7343-22 » ;

2° D'assurer le financement des formations mentionnées à l'article L. 7343-19 et l'indemnisation des jours de formation et des heures de délégation mentionnée à l'article L. 7343-20 ;

3° De promouvoir auprès des représentants des travailleurs et des plateformes le développement du dialogue social et de les accompagner dans *(Ord. n° 2022-492 du 6 avr. 2022, art. 3)* « la mise en œuvre des règles de négociation de secteur ainsi que dans » l'organisation des cycles électoraux ;

4° D'autoriser la rupture des relations commerciales entre les plateformes et les travailleurs disposant d'un mandat de représentation dans les conditions mentionnées à l'article L. 7343-14 ;

5° De collecter des statistiques, transmises par les plateformes, relatives à l'activité des plateformes et de leurs travailleurs, à l'exclusion des données à caractère personnel relatives aux clients et dans le respect de la loi n° 78-17 du 5 janvier 1978 relative à l'informatique, aux fichiers et aux libertés, dans des conditions fixées par décret, afin de produire des études et rapports statistiques, en vue de leur mise à disposition des organisations représentatives ;

(Ord. n° 2022-492 du 6 avr. 2022, art. 3) « 6° De connaître des demandes d'homologation des accords de secteur ;

« 7° De proposer une médiation en cas de différend opposant un ou plusieurs travailleurs indépendants aux plateformes, dans les conditions fixées à l'article L. 7345-7 ;

« 8° De statuer sur les demandes d'expertise, dans les conditions fixées à la section 6 du chapitre IV du présent titre ;

« 9° D'observer les pratiques des plateformes relatives aux conditions d'exercice de l'activité professionnelle des travailleurs, notamment en matière d'usage des algorithmes, des outils numériques et des données personnelles des travailleurs, de conduire des enquêtes ou études et d'émettre des avis et préconisations sur ces sujets. »

SECTION 2 Composition, organisation et fonctionnement

Art. L. 7345-2 L'Autorité des relations sociales des plateformes d'emploi est administrée par un conseil d'administration et dirigée par un directeur général.

Le conseil d'administration comprend, outre son président, des représentants de l'État, *(Abrogé par L. n° 2022-139 du 7 févr. 2022, art. 1ᵉʳ)* « *un député et un sénateur,* » des représentants des organisations de travailleurs représentatives au niveau des secteurs et des représentants des plateformes mentionnées à l'article L. 7342-1. Il comprend également des personnalités qualifiées désignées en raison de leur compétence en matière d'économie numérique, de dialogue social et de droit commercial.

Le président du conseil d'administration et le directeur général sont nommés par décret.

Art. L. 7345-3 Pour l'accomplissement des missions qui lui sont confiées, l'Autorité des relations sociales des plateformes d'emploi peut :

1° Demander à se faire communiquer tout document en possession des plateformes, nécessaire à l'exercice de ses missions, notamment pour l'examen des demandes mentionnées à l'article L. 7343-14 ;

2° Demander l'audition de toute personne susceptible de contribuer à son information.

Art. L. 7345-4 (L. n° 2021-1900 du 30 déc. 2021, art. 45-V et 116-II) Pour le financement de la mission mentionnée à l'article L. 7345-1, le produit de la taxe (Ord. n° 2023-1210 du 20 déc. 2023, art. 22) « sur la mise en relation par voie électronique en vue de fournir certaines prestations de transport mentionnée à l'article L. 453-35 du code des impositions sur les biens et services » est affecté à l'Autorité des relations sociales des plateformes d'emploi. La taxe est affectée dans la limite (L. n° 2023-1322 du 29 déc. 2023, art. 156-XVI) « d'un plafond annuel ».

Art. L. 7345-5 L'Autorité des relations sociales des plateformes d'emploi peut recruter des salariés soumis aux dispositions du code du travail, des agents contractuels de droit public ou des fonctionnaires détachés auprès d'elle.

Art. L. 7345-6 Un décret en Conseil d'État détermine les modalités d'application du présent chapitre, notamment les modalités d'organisation et de fonctionnement de l'Autorité des relations sociales des plateformes d'emploi. – *V. art. R. 7345-1 s.*

SECTION 3 **Médiation**

(Ord. n° 2022-492 du 6 avr. 2022, art. 4)

Art. L. 7345-7 Au titre de sa fonction de médiation mentionnée au 7° de l'article L. 7345-1, l'Autorité des relations sociales des plateformes d'emploi est chargée de proposer aux plateformes mentionnées à l'article L. 7343-1 et aux travailleurs indépendants y recourant pour leur activité, en cas de différend relatif à la mise en œuvre d'un accord collectif de secteur, un processus structuré leur permettant de parvenir à un accord. Elle peut, dans ce cadre, recommander des solutions aux parties à la médiation.

L'Autorité des relations sociales des plateformes d'emploi est saisie gratuitement par une plateforme ou par un représentant désigné en application de l'article L. 7343-12.

Lorsqu'elle formule une recommandation, celle-ci est prise dans un délai raisonnable et motivée.

Art. L. 7345-8 L'Autorité des relations sociales des plateformes d'emploi ne peut connaître au titre de ses fonctions de médiation :

1° Des différends survenant entre une plateforme et les consommateurs au sujet des prestations qu'elle fournit par l'intermédiaire des travailleurs mentionnés à l'article L. 7341-1 ;

2° Des différends survenant entre les consommateurs et les travailleurs mentionnés à l'article L. 7341-1 ;

3° Des procédures juridictionnelles introduites par une plateforme ou un travailleur mentionné à l'article L. 7341-1 contre un consommateur ;

4° Des tentatives de conciliation ou de médiation ordonnées par une juridiction.

Art. L. 7345-9 Un différend ne peut être soumis à l'Autorité des relations sociales des plateformes d'emploi lorsque :

1° Le représentant mentionné à l'article L. 7343-7 ou la plateforme ne justifie de l'existence d'une tentative préalable de résolution du litige directement auprès de la partie adverse par une réclamation écrite ou selon les modalités prévues le cas échéant dans le contrat ;

2° La demande est manifestement infondée ou abusive ;

3° Le différend a été précédemment examiné ou est en cours d'examen dans le cadre d'une autre médiation ou par un tribunal ;

4° Le différend n'entre pas dans le champ de compétence de l'Autorité des relations sociales des plateformes d'emploi ;

5° Le représentant mentionné à l'article L. 7343-7 ou la plateforme a introduit sa demande dans un délai supérieur à un an à compter de la réclamation écrite auprès de la partie adverse mentionnée au 1°.

Le représentant mentionné à l'article L. 7343-7 ou la plateforme est informé par l'Autorité des relations sociales des plateformes d'emploi dans un délai de trois semaines à compter de la réception de son dossier du rejet de sa demande de médiation.

Art. L. 7345-10 La médiation des différends mentionnés à l'article L. 7345-7 est soumise à l'obligation de confidentialité prévue par l'article 21-3 de la loi n° 95-125 du 8 février 1995 relative à l'organisation des juridictions et à la procédure civile, pénale et administrative.

Art. L. 7345-11 La saisine de l'Autorité des relations sociales des plateformes d'emploi aux fins de médiation suspend la prescription de l'action civile et pénale à compter du jour de sa saisine. En application de l'article 2238 du code civil, celle-ci court à nouveau pour une durée qui ne peut être inférieure à six mois lorsque le médiateur déclare la médiation terminée.

Art. L. 7345-12 Un décret en Conseil d'État définit les modalités d'application de la présente section, notamment en ce qui concerne la saisine de l'Autorité des relations sociales des plateformes d'emploi et l'intervention du représentant mentionné à l'article L. 7343-7. — V. art. R. 7345-20 s.

LIVRE IV TRAVAILLEURS À DOMICILE

RÉP. TRAV. v° *Travail à domicile et télétravail*, par DEDESSUS-LE MOUSTIER.

BIBL. GÉN. ▶ BIZIÈRE, *Inf. chef d'entrepr.* 1960. 443 ; *ibid.* 1964. 387. - BRAUN, *Dr. soc.* 1981. 569 (télétravail). - CAMERLYNCK, *ibid.* 1958. 334. - J.-P. DURAND, *Travail et Emploi* 1985, n° 23, 33. - JAMBU-MERLIN, *Dr. soc.* 1981. 561 (travailleurs intellectuels à domicile). - GONIÉ, *Dr. soc.* 2005. 273 (télétravail). - LABEAUME, *Gaz. Pal.* 1996. 1. Doctr. 567 (télétravail à domicile). - MARTINEZ, *SSL* 1984, suppl. n° 216. - PAUTET, *Inf. chef d'entrepr.* 1971. 209. - PÉLISSIER, *Dr. soc.* 1985. 531 (travail atypique). - RAY, *ibid.* 1992. 535 (nouvelles technologies) ; *ibid.* 1996. 121 (télétravail).

> *COMMENTAIRE*
> V. sur le Code en ligne.

TITRE I DISPOSITIONS GÉNÉRALES

CHAPITRE I CHAMP D'APPLICATION ET DISPOSITIONS D'APPLICATION

Art. L. 7411-1 Les dispositions du présent code sont applicables aux travailleurs à domicile, sous réserve des dispositions du présent livre. — *[Anc. art. L. 721-1, al. 10 et L. 721-4, al. 1er.]*

Art. L. 7411-2 Des décrets en Conseil d'État déterminent les modalités d'application du présent livre. — *[Anc. art. L. 721-8.]* — V. art. R. 7413-1 s.

CHAPITRE II DÉFINITIONS

Art. L. 7412-1 Est travailleur à domicile toute personne qui :
1° Exécute, moyennant une rémunération forfaitaire, pour le compte d'un ou plusieurs établissements, un travail qui lui est confié soit directement, soit par un intermédiaire ;

2° Travaille soit seule, soit avec son conjoint, partenaire lié par un pacte civil de solidarité, concubin ou avec ses enfants à charge au sens fixé par l'article L. 313-3 du code de la sécurité sociale, ou avec un auxiliaire.

Il n'y a pas lieu de rechercher :
a) S'il existe entre lui et le donneur d'ouvrage un lien de subordination juridique, sous réserve de l'application des dispositions de l'article L. 8221-6 ;

TRAVAILLEURS À DOMICILE

Art. L. 7412-1

b) S'il travaille sous la surveillance immédiate et habituelle du donneur d'ouvrage ;
c) Si le local où il travaille et le matériel qu'il emploie, quelle qu'en soit l'importance, lui appartient ;
d) S'il se procure lui-même les fournitures accessoires ;
e) Le nombre d'heures accomplies. — *[Anc. art. L. 721-1, al. 1er à 9.]*

1. Qualité de travailleur à domicile. La qualité de travailleur à domicile peut être reconnue même en l'absence de lien de subordination et quels que soient la dénomination donnée à la rémunération, le caractère accessoire du travail, la durée de la convention et le caractère non annuel de la rémunération forfaitaire. • Soc. 23 nov. 1978 : *Bull. civ. V, n° 797 ; D. 1979. IR 158* (correcteur à domicile d'un établissement d'enseignement privé). ♦ Sur l'initiative laissée à un travailleur à domicile, V. • Soc. 28 oct. 1980 : *Bull. civ. V, n° 782.*

2. La qualité de travailleur à domicile a été reconnue, en l'absence de distinction entre travail manuel et travail intellectuel, à : un conseiller littéraire d'une maison d'édition. • Soc. 22 janv. 1981 : *Bull. civ. V, n° 60 ; Dr. soc. 1981. 561,* note Jambu-Merlin. ♦ ... Un rédacteur d'articles pour une maison d'édition. • Soc. 22 janv. 1981 : *Bull. civ. V, n° 63 ; Dr. soc. 1981, eod. loc.* ♦ ... Un lecteur-correcteur. • Soc. 19 juill. 1988 : *Bull. civ. V, n° 478 ; D. 1989. Somm. 170, obs. Fieschi-Vivet.* ♦ *Contra*, lorsqu'un dessinateur-illustrateur dont les travaux peuvent être refusés par l'éditeur exerce ainsi une activité artistique à ses risques et périls : • Soc. 22 janv. 1981 : *Bull. civ. V, n° 61.* ♦ ... Ou lorsqu'un rédacteur d'articles historiques choisit librement ses sujets que l'éditeur peut accepter ou refuser : • Soc. 22 janv. 1981 : *Bull. civ. V, n° 62.* – V. aussi • Soc. 8 nov. 1979 : *Bull. civ. V, n° 832.*

3. Pour déterminer la qualité de travailleur à domicile, il importe peu que le travailleur reçoive des ordres de plusieurs établissements industriels. • Soc. 27 oct. 1976 : *Bull. civ. V, n° 533.* ♦ L'art. L. 721-1 [L. 7412-1 s.] n'interdit pas au salarié de travailler pour des entreprises concurrentes, et la violation par une salariée de la clause de non-concurrence n'a pas pour effet de la priver de la qualité de travailleuse à domicile. • Soc. 5 janv. 1995, n° 91-41.174 P : *D. 1995. IR 60 ; Dr. soc. 1995. 189 ; RJS 1995. 127, n° 166.*

4. N'a pas la qualité de travailleur à domicile une confectionneuse de chapeaux qui a une clientèle privée et qui ne travaille pas exclusivement pour des établissements industriels. • Soc. 14 oct. 1970 : *Bull. civ. V, n° 530 ; D. 1971. 23 ; Dr. soc. 1971. 192, obs. Savatier.* ♦ En faisant ressortir que la salariée n'avait que de façon occasionnelle eu recours aux services de sa mère ou de personnes extérieures et en établissant ainsi qu'elle n'avait pas de clientèle privée, une cour d'appel a pu décider que l'intéressée avait la qualité de travailleur à domicile. • Soc. 5 janv. 1995 : préc. note 3.

5. Quantité de travail fournie. L'employeur n'a pas l'obligation, sauf disposition conventionnelle ou contractuelle contraire, de fournir un volume de travail constant au travailleur à domicile ; toutefois, l'employeur ne peut modifier unilatéralement et sans justification de façon durable la quantité de travail fournie et la rémunération, sous peine de dommages-intérêts en réparation du préjudice subi du fait de la diminution du travail. • Soc. 10 oct. 2001, n° 99-45.420 P : *D. 2002. 764, obs. Fabre ; CSB 2001, A. 41, obs. Pansier* • 5 avr. 2006 : *D. 2006. IR 1189.*

6. Qualité de donneur d'ouvrage. Doit être considéré comme un donneur d'ouvrage : celui qui vend des machines à tricoter en s'engageant à racheter tous les travaux effectués avec la machine acquise et avec des matières premières achetées dans ses établissements. • Crim. 18 févr. 1969 : *Bull. crim. n° 86.* ♦ ... La maison d'édition qui confère à une personne, moyennant une rémunération forfaitaire, la lecture d'ouvrages italiens et de manuscrits français à l'effet d'en établir un compte rendu analytique et critique. • Soc. 29 mars 1990, n° 87-13.409 P : *RJS 1990. 309, n° 446.*

7. Ni le caractère libéral de la profession du donneur d'ouvrage, ni l'absence de lien de subordination, ni le fait que le salarié ait à titre principal une activité de fonctionnaire ne font obstacle à l'application de l'art. L. 721-1. • Soc. 6 mai 1981 : *Bull. civ. V, n° 378.*

8. Rémunération forfaitaire. Lorsqu'une dactylographe est rémunérée à la ligne ou à la page et qu'un arrêté préfectoral a fixé le salaire horaire minimum applicable aux travailleurs à domicile de cette profession, il en résulte que la rémunération calculée d'après des tarifs de base fixes et connus d'avance a un caractère forfaitaire. • Soc. 9 nov. 1971 : *Bull. civ. V, n° 650.* ♦ Mais la seule rémunération à la ligne est insuffisante s'il n'est pas établi qu'elle est calculée d'après un tarif de base fixé et connu d'avance. • Soc. 22 janv. 1981 : *Bull. civ. V, n° 62.*

9. Revêt un caractère forfaitaire : la rémunération d'un rédacteur-correcteur déterminée selon un tarif horaire fixe et connu d'avance, peu important que le travailleur établisse une note d'honoraires. • Soc. 11 oct. 1979 : *Bull. civ. V, n° 721.* ♦ ... Celle d'un traducteur rémunéré au mot traduit. • Soc. 3 juin 1981 : *ibid., n° 509.* ♦ ... Celle d'un maquettiste rémunéré à l'annonce sur la base d'un prix unitaire non modifiable. • Soc. 23 juin 1982 : *Bull. civ. V, n° 412.* ♦ ... Celle d'un lecteur-correcteur. • Soc. 19 juill. 1988 : *Bull. civ. V, n° 478 ; D. 1989. Somm. 170, obs. Fieschi-Vivet.* ♦ *Contra*, lorsque la rémunération est fonction des difficultés du travail et du temps approximatif nécessaire à la réalisation de l'ouvrage : • Soc. 23 janv. 1985 : *Juri-soc. 1985, 52, SJ 104.*

10. Durée du travail. L'emploi de travailleur à domicile n'est pas incompatible avec la stipulation d'une durée hebdomadaire minimale de travail. ● Soc. 31 janv. 1996 : 🔒 *Dr. soc. 1996. 423* ∅ ; *CSB 1996. 111, A. 26 ; LPA 26 août 1996,* note Labeaume. ♦ L'employeur qui ne respecte pas la durée de travail minimale contractuelle rend impossible la poursuite du contrat, dont la rupture lui est imputable. ● Même arrêt.

11. Transport de la marchandise. Lorsqu'un travailleur à domicile est obligé d'effectuer le transport de la marchandise depuis l'entreprise jusqu'à son domicile, l'accident survenu au cours de ce transport est un accident du travail. ● Soc. 18 janv. 1995, 🔒 n° 91-42.161 P : *Dr. soc. 1995. 266 ; RJS 1995. 219, n° 319 ; JCP 1996. I. 3899, n° 15, obs. Dubœuf.*

Art. L. 7412-2 Conserve la qualité de travailleur à domicile celui qui, en même temps que le travail, fournit tout ou partie des matières premières, lorsque ces matières premières lui sont vendues par un donneur d'ouvrage qui acquiert ensuite l'objet fabriqué ou par un fournisseur indiqué par le donneur d'ouvrage et auquel le travailleur est tenu de s'adresser. — *[Anc. art. L. 721-2.]*

Art. L. 7412-3 Lorsque des travailleurs à domicile exercent leur activité dans un même local pour exécuter des tâches complémentaires les unes des autres, ils acquièrent la qualité de salariés en atelier.

Ces dispositions ne s'appliquent pas lorsque le travailleur à domicile travaille avec son conjoint partenaire lié par un pacte civil de solidarité, concubin ou avec ses enfants, dans les conditions prévues au 2° de l'article L. 7412-1. — *[Anc. art. L. 721-3.]*

CHAPITRE III MISE EN ŒUVRE

Art. L. 7413-1 Le donneur d'ouvrage est responsable à l'égard du travailleur à domicile de l'application de l'ensemble des dispositions légales applicables aux salariés, même s'il utilise un intermédiaire. — *[Anc. art. L. 721-4, al. 2.]*

Art. L. 7413-2 Le travailleur à domicile bénéficie des dispositions conventionnelles liant le donneur d'ouvrage, sauf stipulations contraires, dans les conventions ou accords collectifs de travail en cause. — *[Anc. art. L. 721-6.]*

L'art. L. 721-6 [L. 7413-2 nouv.] ne vise pas les dispositions conventionnelles qui peuvent exclure valablement les travailleurs à domicile du bénéfice de l'accord sur la mensualisation. ● Soc. 15 mars 1978 : *Bull. civ. V, n° 191.* ♦ Comp., lorsqu'une telle exclusion n'est pas expressément prévue : ● Soc. 21 oct. 1992 : 🔒 *RJS 1992. 773, n° 1427.*

Art. L. 7413-3 Le donneur d'ouvrage (*Ord. n° 2014-699 du 26 juin 2014, art. 18*) « communique, à sa demande, » à l'(*L. n° 2016-1088 du 8 août 2016, art. 113*) « agent de contrôle de l'inspection du travail mentionné à l'article L. 8112-1 » une déclaration dès qu'il commence ou cesse de faire exécuter du travail à domicile. — *[Anc. art. L. 721-7, al. 1er.]*

L'employeur ne peut tirer parti de la faute qu'il a commise en n'établissant pas de bulletin ou de carnet et le salarié doit être autorisé à faire procéder, au besoin par voie d'expertise, à des investigations auprès de l'employeur. ● Soc. 22 juin 1994, 🔒 n° 89-42.461 P : *D. 1994. IR 222 ; RJS 1994. 627, n° 1068.*

Art. L. 7413-4 Le travailleur à domicile qui utilise le concours d'un auxiliaire est responsable de l'application à celui-ci de l'ensemble des dispositions légales applicables aux salariés, sous réserve de l'application des articles L. 8232-1 à L. 8232-3 relatifs à l'obligation et à la solidarité financière du donneur d'ordre. — *[Anc. art. L. 721-5.]*

TITRE II RÉMUNÉRATION ET CONDITIONS DE TRAVAIL

CHAPITRE I FOURNITURE ET LIVRAISON DES TRAVAUX

Art. L. 7421-1 Lorsqu'un donneur d'ouvrage recourt à un travailleur à domicile, il établit un bulletin ou un carnet.

Un décret en Conseil d'État détermine les conditions dans lesquelles ce bulletin ou carnet est établi. Il précise notamment les mentions devant y figurer :

1° Lors de la remise des travaux à exécuter à domicile ;

2° Lors de la livraison du travail achevé. — *[Anc. art. L. 721-7, al. 2 début et 9 début.]* — V. art. R. 7421-4 (pén.).

Obligation de l'employeur. L'employeur est tenu lors de la remise de travaux à effectuer à domicile d'établir en deux exemplaires au moins un bulletin, ou un carnet, sur lequel doivent figurer notamment la nature et la quantité du travail, la date à laquelle il est donné, les temps d'exécution, les prix de façon ou les salaires applicables ; à défaut, le contrat de travail est présumé à temps complet. ● Soc. 3 nov. 2010 : *D. actu. 22 nov. 2010, obs. Ines ; D. 2010. AJ 2779 ; JCP S 2011. 1123, obs. Lahalle.*

Art. L. 7421-2 Un exemplaire du bulletin ou carnet est remis au travailleur.

Un exemplaire est conservé pendant au moins cinq ans par le donneur d'ouvrage et, le cas échéant, son intermédiaire et présenté par eux à toute demande de l'(*L. n° 2016-1088 du 8 août 2016, art. 113*) « agent de contrôle de l'inspection du travail mentionné à l'article L. 8112-1 ». — *[Anc. art. L. 721-7, al. 19.]* — V. art. R. 7421-4 (pén.).

CHAPITRE II CONDITIONS DE RÉMUNÉRATION

SECTION 1 Salaires

SOUS-SECTION 1 Détermination des temps d'exécution

Art. L. 7422-1 Dans les branches professionnelles employant des travailleurs à domicile, le tableau des temps nécessaires à l'exécution des travaux en série et de ceux qui peuvent être préalablement décrits pour les divers articles et les diverses catégories de travailleurs est établi par les conventions ou accords collectifs de travail. — *[Anc. art. L. 721-10.]*

Art. L. 7422-2 A défaut de convention ou accord collectif de travail étendu, l'autorité administrative dresse le tableau des temps d'exécution des travaux. — *[Anc. art. L. 721-11, al. 1er début.]*

Art. L. 7422-3 L'autorité administrative peut fixer soit spontanément, soit à la demande d'une organisation professionnelle ou de toute personne intéressée, pour une partie ou pour l'ensemble du territoire, les temps d'exécution de certains travaux à domicile. — *[Anc. art. L. 721-13.]*

SOUS-SECTION 2 Détermination du salaire

Art. L. 7422-4 Il est interdit au donneur d'ouvrage d'appliquer aux travaux à domicile des tarifs inférieurs aux tarifs minimaux définis à l'article L. 7422-5. — *[Anc. art. L. 721-9, al. 2.]* — V. art. R. 7422-14 (pén.).

Art. L. 7422-5 Le tarif minimum des travaux à domicile est le produit du salaire fixé conformément aux dispositions des articles L. 7422-6 et L. 7422-7 par les temps d'exécution fixés conformément aux dispositions des articles L. 7422-1 à L. 7422-3.

S'ajoutent à ce tarif :

1° Le cas échéant, les majorations prévues aux articles L. 7422-9 et L. 7422-10 ;

2° Les frais d'atelier et les frais accessoires prévus à l'article L. 7422-11. — *[Anc. art. L. 721-9, al. 1er.]*

Est illicite la clause du contrat de travail subordonnant la rémunération du travailleur à domicile au règlement par le client de la commande qu'il a enregistrée. ● Soc. 10 mai 2007 : *D. 2007. AJ 1423 ; RDT 2007. 594, obs. Véricel ; Dr. soc. 2007. 1177, obs. Jourdan et Barthélémy ; RJS 2007. 641, n° 847 ; JSL 2007, n° 213-3 ; JCP S 2007. 1571, note Lahalle.*

Art. L. 7422-6 A défaut de convention ou d'accord collectif de travail étendu ou lorsque les salaires pratiqués en atelier sont sensiblement supérieurs aux taux horaires prévus par la convention ou accord collectif de travail applicable, l'autorité administrative constate le salaire habituellement payé dans la région aux ouvriers de la même profession et d'habileté moyenne travaillant en atelier et exécutant les divers travaux courants de la profession.

Dans les régions où, pour les professions en cause, le travail à domicile est seul pratiqué, l'autorité administrative fixe le taux horaire du salaire, d'après le salaire des ouvriers d'habileté moyenne exécutant en atelier des travaux analogues dans la région ou dans des régions similaires.

Le taux horaire de salaire ainsi fixé peut être révisé soit d'office, soit sur la demande des employeurs ou des travailleurs intéressés, lorsque des variations de salaires se sont produites d'une manière générale dans l'industrie en cause. — *[Anc. art. L. 721-12.]*

Art. L. 7422-7 L'autorité administrative peut fixer soit spontanément, soit à la demande d'une organisation professionnelle, pour une partie ou pour l'ensemble du territoire, les taux horaires de salaires applicables à certaines professions. — *[Anc. art. L. 721-14, al. 1ᵉʳ début.]*

Art. L. 7422-8 Lorsque le salaire horaire fixé par l'autorité administrative pour servir de base au calcul des tarifs d'exécution est inférieur au montant cumulé du salaire minimum de croissance et des indemnités, primes ou majorations susceptibles de s'y ajouter, les tarifs d'exécution sont complétés dès la date d'entrée en vigueur du texte modifiant le salaire minimum et sans attendre la publication de la décision administrative. — *[Anc. art. L. 721-14, al. 2.]* — V. art. R. 7422-15 *(pén.)*.

SOUS-SECTION 3 **Majorations**

Art. L. 7422-9 Lorsque les délais fixés par le donneur d'ouvrage pour la remise du travail imposent au travailleur à domicile de prolonger son activité au-delà de huit heures par jour ouvrable, le tarif d'exécution est majoré, sauf stipulation plus favorable d'une convention ou d'un accord collectif de travail :

1° De 25 % au minimum pour les deux premières heures ainsi accomplies ;
2° De 50 % au minimum pour les heures suivantes.

Le droit des intéressés à ces majorations est apprécié sur la base des temps d'exécution définis conformément à l'article L. 7422-6, et compte tenu, le cas échéant, des concours auxquels le travailleur à domicile peut recourir, conformément au 2° de l'article L. 7412-1. — *[Anc. art. L. 721-16, al. 1 à 4.]* — V. art. R. 7422-16 *(pén.)*.

Art. L. 7422-10 Lorsque le donneur d'ouvrage remet un travail à livrer dans des délais tels que celui-ci ne peut être terminé qu'en travaillant le dimanche ou un jour de fête légale, le travailleur bénéficie des majorations prévues par la convention ou l'accord collectif de travail applicable pour le travail exécuté le jour de repos hebdomadaire ou les jours fériés. — *[Anc. art. L. 721-16, al. 5.]*

SECTION 2 **Frais d'atelier et frais accessoires**

Art. L. 7422-11 Les frais d'ateliers correspondant notamment au loyer, au chauffage et à l'éclairage du local de travail, à la force motrice, à l'amortissement normal des moyens de production, ainsi que les frais accessoires sont déterminés par l'autorité administrative suivant la procédure définie à l'article L. 7422-6. — *[Anc. art. L. 721-15.]*

A défaut de convention, d'accord collectif ou d'arrêté préfectoral déterminant les frais d'atelier, il appartient au juge, en l'absence d'accord des parties, d'en apprécier le montant. • Soc. 18 janv. 1995, ⚖ n° 91-40.605 P : D. 1995. IR 56 ; RJS 1995. 218, n° 318.

Art. L. 7422-12 La valeur des matières premières et des fournitures accessoires que le travailleur à domicile est tenu de se procurer en tout ou en partie ne constitue pas un élément du tarif et fait l'objet d'un remboursement séparé.

Lorsque le travailleur est tenu de prendre les fournitures accessoires chez l'employeur, celles-ci lui sont fournies gratuitement. — *[Anc. art. L. 721-17.]*

CHAPITRE III **RÈGLEMENT DES LITIGES**

Art. L. 7423-1 Les réclamations des travailleurs à domicile relatives au tarif du travail exécuté, aux frais d'atelier, aux frais accessoires et aux congés payés se prescrivent par cinq ans à compter du paiement de leur salaire. — *[Anc. art. L. 721-18.]*

Art. L. 7423-2 Les syndicats professionnels peuvent exercer tout action civile fondée sur l'inobservation des dispositions du présent livre.

CHAPITRE IV SANTÉ ET SÉCURITÉ AU TRAVAIL

Art. L. 7424-1 L'autorité administrative peut déterminer les catégories de travaux présentant des risques pour la santé et la sécurité des travailleurs, qui ne peuvent être exécutés par des travailleurs à domicile, que dans les conditions fixées par le présent chapitre. — [Anc. art. L. 721-22, al. 1er.]

Art. L. 7424-2 L'employeur qui fait exécuter des travaux à domicile relevant de l'une des catégories prévues par l'article L. 7424-1 est responsable de l'application aux travailleurs à domicile et aux auxiliaires que ceux-ci emploient des mesures de protection individuelles prévues par les dispositions des décrets mentionnés à l'article L. 4111-6. — [Anc. art. L. 721-22, al. 2.]

Art. L. 7424-3 Lorsque le travailleur à domicile et ses auxiliaires éventuels exécutant des travaux mentionnés à l'article L. 7424-1 sont occupés dans des conditions ne répondant pas aux obligations de santé et de sécurité au travail, l'(L. n° 2016-1088 du 8 août 2016, art. 113) « agent de contrôle de l'inspection du travail mentionné à l'article L. 8112-1 » peut mettre le donneur d'ouvrage en demeure de cesser de recourir aux services de ce travailleur. — [Anc. art. L. 721-22, al. 3.]

Art. L. 7424-4 Abrogé par L. n° 2011-867 du 20 juill. 2011, art. 16-2°.

LIVRE V DISPOSITIONS RELATIVES À L'OUTRE-MER

TITRE I DISPOSITIONS GÉNÉRALES

CHAPITRE UNIQUE

Art. L. 7511-1 Les dispositions générales prévues par l'article L. 1511-1 sont également applicables aux dispositions du présent livre. — [Anc. art. L. 800-4, al. 1 à 3.]

TITRE II GUADELOUPE, GUYANE, MARTINIQUE, MAYOTTE, LA RÉUNION, SAINT-BARTHÉLEMY, SAINT-MARTIN ET SAINT-PIERRE-ET-MIQUELON (Ord. n° 2017-1491 du 25 oct. 2017, art. 8).

CHAPITRE I DISPOSITIONS GÉNÉRALES

Art. L. 7521-1 Les dispositions générales prévues par les articles L. 1521-1 à L. 1521-4 sont également applicables aux dispositions du présent titre.

CHAPITRE II JOURNALISTES PROFESSIONNELS

Le présent chapitre ne comprend pas de dispositions législatives.

HUITIÈME PARTIE CONTRÔLE DE L'APPLICATION DE LA LÉGISLATION DU TRAVAIL

LIVRE I INSPECTION DU TRAVAIL

RÉP. TRAV. v^{is} *Inspection du travail*, par Calvez et Lavaure ; *Droit pénal du travail*, par Cerf-Hollender.

BIBL. GÉN. ▶ Auvergnon, *Dr. soc.* 1996. 598 (contrôle étatique). – Auvergnon et Calves, *RDT* 2014. 229 (réformer l'inspection du travail ?). – Auvergnon, *Dr. soc.* 2015. 826 (loi du 6 août 2015. De nouvelles prérogatives pour l'inspection du travail). – Bodiguel, *Rev. adm.*

1981. 9 (où va l'inspection du travail ?). - Butaud, Perin et Théry, *Dr. soc. 1985*. 271 (pratiques de l'inspection du travail). - Chetcati, *ibid. 1983*. 451 (contrôle de l'emploi) ; *ibid. 1984*. 464 (modalités d'intervention) ; *ibid.* 474 (statistiques d'activité). - De Clausade, *ibid. 1989*. 326 (communication des dossiers et des pièces). - Dessalles, *Dr. ouvrier 2020*. 375 (refonder l'inspection du travail). - Dughera, Lenoir, Ricochon et Triomphe, *ibid. 1993*. 138 🖉. - Gaudemet, *ibid. 1984*. 446 (limites des pouvoirs des inspecteurs du travail). - Grémaud, *ibid. 1987*. 492 (recours hiérarchiques). - Grumbach, *Dr. ouvrier 1985*. 39 (inspection du travail et droits des salariés). - Hidalgo, *Dr. soc. 1992*. 538 🖉 (nouvelles technologies) ; *ibid.* 849 (crise d'identité). - Jeammaud, *D. 1987. Chron.* 27 (pouvoir de l'inspecteur du travail de trancher certains conflits). - Kapp, Terrier et Ramackers, *SSL 2012, n° 1561,* p. 4 (les mutations de l'inspection du travail). - Lazerges, *ibid. 1984*. 480 (constatation des infractions). - Muguet-Poullenec, *SSL 1986, suppl. n° 300*. - Prétot, *Dr. soc. 2007*. 707 🖉 (sanctions administratives de l'insécurité au travail). - Ricochon, Lenoir et Dughera, *Dr. soc. 1992*. 855 🖉 (évolution des services extérieurs du travail). - Saint-Jevin, *ibid. 1982*. 213 (congé de formation). - Salvi, *ibid. 1987*. 488 (recours informels). - Tiano, *Dr. soc. 2020*. 67 🖉 (le nouveau visage de l'inspection du travail : 2006 - 2020, près de 15 ans de réformes incessantes) ; *ibid. 2023*. 71 🖉 ; *ibid.* 172 🖉 (l'inspection du travail en appui aux IRP et à la négociation collective). - Troupenat, *Dr. ouvrier 2007*. 333 (dénaturation de la mission de l'inspection du travail). - Viano, *Dr. soc. 1977*. 94 (règlement des conflits collectifs). - *Liaisons sociales, 1986, n° spécial 9675*. ▶ *Adde :* Ramackers et Vilbeuf, *L'inspection du travail, PUF, Que sais-je ?,* 1997.

COMMENTAIRE

V. sur le Code en ligne 🔒. ❏

TITRE I COMPÉTENCES ET MOYENS D'INTERVENTION

CHAPITRE I RÉPARTITION DES COMPÉTENCES ENTRE LES DIFFÉRENTS DÉPARTEMENTS MINISTÉRIELS

Le présent chapitre ne comprend pas de dispositions législatives.

CHAPITRE II COMPÉTENCE DES AGENTS DE CONTRÔLE DE L'INSPECTION DU TRAVAIL *(Ord. n° 2016-413 du 7 avr. 2016, art. 4).*

BIBL. ▶ Mandy, *Dr. soc. 2017*. 170 🖉 (Ord. du 7 avr. 2016).

Art. L. 8112-1 *(Ord. n° 2016-413 du 7 avr. 2016, art. 4)* « Les agents de contrôle de l'inspection du travail sont membres soit du corps des inspecteurs du travail, soit du corps des contrôleurs du travail jusqu'à l'extinction de leur corps.

« Ils disposent d'une garantie d'indépendance dans l'exercice de leurs missions au sens des conventions internationales concernant l'inspection du travail.

« Ils » sont chargés de veiller à l'application des dispositions du code du travail et des autres dispositions légales relatives au régime du travail, ainsi qu'aux stipulations des conventions et accords collectifs de travail répondant aux conditions fixées au livre II de la deuxième partie.

Ils sont également chargés, concurremment avec les officiers et agents de police judiciaire, de constater les infractions à ces dispositions et stipulations.

(Ord. n° 2016-413 du 7 avr. 2016, art. 4) « Les agents de contrôle de l'inspection du travail sont associés à la définition des orientations collectives et des priorités d'intérêt général pour le système d'inspection du travail arrêtées, chaque année, par le ministre chargé du travail après concertation avec les organisations syndicales de salariés et les organisations professionnelles d'employeurs représentatives, et ils contribuent à leur mise en œuvre.

« Ils sont libres d'organiser et de conduire des contrôles à leur initiative et décident des suites à leur apporter. »

(L. n° 2016-1088 du 8 août 2016, art. 116) « Les attributions des agents de contrôle de l'inspection du travail peuvent être exercées par des agents de contrôle assimilés dans les conditions fixées par voie réglementaire. »

BIBL. ▶ Bouchard, *RSC 2005*. 273 🖉 (pouvoirs de police judiciaire de l'inspecteur du travail). - Carrere et Giraudet, *Dr. ouvrier 2022*. 573 (lutter contre le travail illégal et défendre les droits de travailleurs sans papiers). - Kapp, *Dr. ouvrier 2009*. 357 (rôle de l'administration du travail

INSPECTION DU TRAVAIL **Art. L. 8112-2** 1741

en matière d'immigration). – Mériaux, *RDT 2006. 359* (réforme ou contre-réforme). – Triomphe, *RDT 2006. 356* (l'avenir de l'inspection du travail). – Szarlej et Tiano, *Dr. soc. 2013. 164*.

1. Principe d'indépendance. L'indépendance de l'inspection du travail doit être rangée au nombre des principes fondamentaux du droit du travail au sens de l'art. 34 de la Constitution ; la détermination de l'autorité administrative chargée des attributions en cause au sein du « système d'inspection du travail », au sens du titre II du livre premier de la huitième partie du nouveau code, relève du pouvoir réglementaire. • Cons. const. 17 janv. 2008 : *Décis. n° 2007-561, cons. 14.*

2. Étendue des compétences. Les inspecteurs et les contrôleurs du travail ont le pouvoir et le devoir de vérifier les conditions de travail des salariés travaillant dans tous les établissements situés dans leur ressort, que ceux-ci soient ou non autonomes ou qu'ils dépendent ou non d'un autre établissement situé hors dudit ressort. • Crim. 17 janv. 1995 : *D. 1995. IR 84 ; RJS 1995. 281, n° 414.* ♦ L'inspecteur du travail d'un département a légalement pu contrôler l'application de la législation du travail par un cirque à l'occasion du séjour de ce cirque dans le département, peu important le caractère temporaire dudit séjour. • CE 6 mai 1996 : *RJS 1996. 530, n° 824.*

3. Infractions de droit. Les dispositions du code du travail fixant les domaines de compétence de l'inspection du travail n'interdisent pas à celle-ci de faire état des infractions de droit commun dont les éléments constitutifs lui paraissent réunis et de les porter à la connaissance du procureur de la République en application de l'art. 40 C. pr. pén. • Crim. 9 janv. 2018, n° 17-80.200 P : *RJS 3/2018, n° 213 ; JCP S 2018. 1083, obs. Leduc et Massamba-Débat ; Dr. pén. 2018. Comm. 66, obs. Robert.*

4. Sur le caractère général de la mission de contrôle dévolue à l'inspection du travail, V. • Crim. 4 mars 1980 : *D. 1980. IR 549, obs. Pélissier ; Juri-soc. 1980, F. 44.*

Art. L. 8112-2 Les (*Ord. n° 2016-413 du 7 avr. 2016, art. 4*) « agents de contrôle de l'inspection du travail mentionnés à l'article L. 8112-1 » constatent également :

1° Les infractions commises en matière de discriminations prévues au 3° et au 6° de l'article 225-2 du code pénal, (*L. n° 2012-954 du 6 août 2012*) « les délits de harcèlement sexuel ou moral prévus, dans le cadre des relations de travail, par les articles 222-33 et 222-33-2 du même code » (*L. n° 2016-444 du 13 avr. 2016, art. 4*) « , l'infraction de traite des êtres humains prévue à l'article 225-4-1 dudit code » (*Ord. n° 2016-413 du 7 avr. 2016, art. 4*) « , les infractions relatives à la traite des êtres humains, au travail forcé et à la réduction en servitude, prévues aux articles 225-4-1, 225-14-1 et 225-14-2 du même code, » ainsi que les infractions relatives aux conditions de travail et d'hébergement contraires à la dignité des personnes, prévues par les articles 225-13 à 225-15-1 du même code ;

2° Les infractions aux mesures de prévention édictées par les caisses régionales d'assurance maladie et étendues sur le fondement de l'article L. 422-1 du code de la sécurité sociale ainsi que les infractions aux dispositions relatives à la déclaration des accidents du travail et à la délivrance d'une feuille d'accident, prévues aux articles L. 441-2 et L. 441-5 du même code ;

3° Les infractions aux dispositions relatives à l'interdiction de fumer dans les lieux affectés à un usage collectif, prévues à l'article L. 3511-7 du code de la santé publique ;

4° Les infractions relatives aux conditions d'entrée et de séjour des étrangers en France, prévues par les articles (*Ord. n° 2020-1733 du 16 déc. 2020, art. 16, en vigueur le 1er mai 2021*) « L. 823-1, L. 823-2 et L. 823-3 » du code de l'entrée et du séjour des étrangers et du droit d'asile ;

5° Les infractions aux dispositions de la section 4 du chapitre V du titre I du livre I du code de la consommation, relatives à la certification des services et produits autres qu'alimentaires, ainsi qu'au livre II de ce même code, relatives à la conformité et la sécurité des produits et des services ;

6° Les infractions aux dispositions des articles L. 123-10 à L. 123-11-1 du code de commerce, relatives à la domiciliation des personnes immatriculées au registre du commerce et des sociétés ;

(*L. n° 2014-788 du 10 juill. 2014, art. 5*) « 7° Les manquements aux articles L. 124-7, L. 124-8, L. 124-10, L. 124-13 et L. 124-14 et à la première phrase du premier alinéa de l'article L. 124-9 du code de l'éducation ; »

(*Ord. n° 2020-71 du 29 janv. 2020, art. 7, en vigueur le 1er juill. 2021*) « 8° Lorsqu'elles concernent des bâtiments à usage professionnel, les infractions aux dispositions des articles L. 112-2, L. 134-13 et L. 155-2 du code de la construction et de l'habitation ainsi qu'à celles des dispositions réglementaires prises pour leur application. »

Art. L. 8112-3 (Ord. n° 2022-1336 du 19 oct. 2022, art. 14, en vigueur au plus tard le 1er déc. 2024) Les agents de contrôle de l'inspection du travail mentionnés à l'article L. 8112-1 sont chargés de veiller, dans les conditions prévues par la sous-section 2 de la section 5 du chapitre II du titre I du livre IV du code pénitentiaire, à l'application des dispositions relatives à la santé et la sécurité des personnes détenues qui exercent une activité de travail en détention.

Ces dispositions entrent en vigueur à une date fixée par décret et au plus tard le 1er déc. 2024 (Ord. n° 2022-1336 du 19 oct. 2022, art. 27-III).

CHAPITRE III PRÉROGATIVES ET MOYENS D'INTERVENTION

SECTION 1 Droit d'entrée dans les établissements et dans les locaux affectés à l'hébergement (L. n° 2015-990 du 6 août 2015, art. 280-IV).

Art. L. 8113-1 Les (L. n° 2016-1088 du 8 août 2016, art. 113) « agents de contrôle de l'inspection du travail mentionnés à l'article L. 8112-1 » ont un droit d'entrée dans tout établissement où sont applicables les règles énoncées au premier alinéa de l'article L. 8112-1 afin d'y assurer la surveillance et les enquêtes dont ils sont chargés.

Ils ont également un droit d'entrée dans les locaux où les travailleurs à domicile réalisent les travaux définis à l'article L. 7424-1.

Toutefois, lorsque les travaux sont exécutés dans des locaux habités, les (L. n° 2016-1088 du 8 août 2016, art. 113) « agents de contrôle de l'inspection du travail mentionnés à l'article L. 8112-1 » ne peuvent y pénétrer qu'après avoir reçu l'autorisation des personnes qui les occupent. − [Anc. art. L. 611-8, al. 1er à 3, et L. 611-12, al. 2 début.]

1. Champ d'application. Les dispositions de l'al. 3 de l'art. L. 611-8 [L. 8113-1 nouv.] ne s'appliquent pas à un hôtel-restaurant ouvert à la clientèle, même si une petite partie en est réservée à l'habitation des hôteliers. ● Crim. 19 mars 1985 : *Bull. crim. n° 113 ; Dr. ouvrier 1986. 273.*

2. Étendue des compétences. Aucune disposition du code du travail ne restreint le pouvoir dévolu aux inspecteurs du travail de procéder à l'intérieur des établissements où ils ont accès en raison de leurs fonctions aux enquêtes dont ils sont chargés. ● Crim. 22 juill. 1981 : *Bull. crim. n° 237.*

3. Sur les visites de nuit, V. ● Crim. 12 juill. 1902 : *S. 1903. 1. 251* ● 14 déc. 1912 : *S. 1914. 1. 420.*

Art. L. 8113-2 Les (L. n° 2016-1088 du 8 août 2016, art. 113) « agents de contrôle de l'inspection du travail mentionnés à l'article L. 8112-1 » sont habilités à demander aux employeurs et aux personnes employées dans les établissements soumis au présent code de justifier de leur identité et de leur adresse. − [Anc. art. L. 611-8, al. 5, et L. 611-12, al. 3.]

Art. L. 8113-2-1 (L. n° 2015-990 du 6 août 2015, art. 280) Pour l'application des articles L. 4221-1 et L. 4231-1 et du 1° de l'article L. 8112-2 du présent code et de l'article L. 716-1 du code rural et de la pêche maritime, les agents de contrôle de l'inspection du travail peuvent pénétrer dans tout local affecté à l'hébergement de travailleurs, après avoir reçu l'autorisation de la ou des personnes qui l'occupent.

SECTION 2 Droit de prélèvement

Art. L. 8113-3 Les (L. n° 2016-1088 du 8 août 2016, art. 113) « agents de contrôle de l'inspection du travail mentionnés à l'article L. 8112-1 » ont qualité, concurremment avec les officiers de police judiciaire et les agents de la concurrence, de la consommation et de la répression des fraudes, pour procéder, aux fins d'analyse, à tous prélèvements portant sur les matières mises en œuvre et les produits distribués ou utilisés.

En vue de constater les infractions, ces prélèvements doivent être faits conformément à la procédure instituée par les décrets pris en application de l'article (Ord. n° 2016-301 du 14 mars 2016, art. 21) « L. 512-23 » du code de la consommation. − [Anc. art. L. 611-8, al. 4.]

INSPECTION DU TRAVAIL **Art. L. 8113-5-2** 1743

SECTION 3 **Accès aux documents**

Art. L. 8113-4 Les (*L. n° 2016-1088 du 8 août 2016, art. 113*) « agents de contrôle de l'inspection du travail mentionnés à l'article L. 8112-1 » peuvent se faire présenter, au cours de leurs visites, l'ensemble des livres, registres et documents rendus obligatoires par le présent code ou par une disposition légale relative au régime du travail. — [*Anc. art. L. 611-9, al. 1ᵉʳ et L. 611-12, al. 2 fin V1.*]

1. Caractère obligatoire. Les inspecteurs du travail ne peuvent exiger que la présentation des seuls livres, registres et documents rendus obligatoires par le code du travail ou par une disposition légale ou réglementaire relative au régime du travail. • Crim. 17 mars 1992, 🔒 n° 90-86.492 P : *D. 1992. IR 222 ; JCP 1993. II. 22020, 2ᵉ esp., note Godard ; RJS 1992. 561, n° 1017.* ♦ L'employeur peut refuser de présenter les fiches d'appréciation des salariés ayant saisi l'inspecteur du travail d'une plainte pour discrimination syndicale. • Même arrêt.

2. Documents exigibles. Constituent des documents permettant de comptabiliser les heures de travail des salariés les « fiches-navettes » mentionnant le temps de travail effectué chez les clients, les états de frais de déplacement mensuels et les disques de contrôlographe de poids lourds. • Crim. 4 juin 1991 : 🔒 *RJS 1991. 454, n° 869.*

3. Subvention CE. Constitue une entrave à l'exercice des fonctions d'inspecteur du travail le fait pour un employeur d'effectuer à ce dernier de fausses déclarations en vue de dissimuler l'absence de versement de la subvention de fonctionnement du comité d'entreprise et de faire ainsi obstacle à l'accomplissement de sa mission. • Crim. 15 mars 2016, 🔒 n° 14-87.989 : *RJS 5/2016, n° 365 ; JCPS 2016. 1164, obs. Pagnerre.*

Art. L. 8113-5 Les (*L. n° 2016-1088 du 8 août 2016, art. 113*) « agents de contrôle de l'inspection du travail mentionnés à l'article L. 8112-1 » peuvent se faire communiquer tout document ou tout élément d'information, quel qu'en soit le support, utile à la constatation de faits susceptibles de vérifier le respect de l'application :

1° Des dispositions des articles L. 1132-1 à L. 1132-4 du code du travail et de celles de l'article 225-2 du code pénal, relatives aux discriminations ;

2° Des dispositions des articles L. 1142-1 et L. 1142-2, relatives à l'égalité professionnelle entre les femmes et les hommes ;

3° Des dispositions des articles L. 2141-5 à L. 2141-8, relatives à l'exercice du droit syndical ;

(*Ord. n° 2016-413 du 7 avr. 2016, art. 4-V*) « 4° Des dispositions des articles L. 1152-1 à L. 1152-6 et L. 1153-1 à L. 1153-6, relatives aux harcèlements moral et sexuel ;

« 5° Des dispositions de la quatrième partie, relatives à la santé et la sécurité au travail. »

Art. L. 8113-5-1 (*L. n° 2018-771 du 5 sept. 2018, art. 103*) Pour la recherche et la constatation des infractions constitutives de travail illégal mentionnées à l'article L. 8211-1, les agents de contrôle définis par voie règlementaire peuvent obtenir, au cours de leurs visites, communication de tout document comptable ou professionnel ou tout autre élément d'information propre à faciliter l'accomplissement de leur mission. Ils peuvent également en prendre copie immédiate, par tout moyen et sur tout support.

Pour la communication des données informatisées, ils ont accès aux logiciels et aux données stockées ainsi qu'à la restitution en clair des informations propres à faciliter l'accomplissement de leur mission. Ils peuvent en demander la transcription par tout traitement approprié en des documents directement utilisables pour les besoins du contrôle.

Art. L. 8113-5-2 (*L. n° 2018-771 du 5 sept. 2018, art. 103*) Pour la recherche et la constatation des infractions constitutives de travail illégal mentionnées à l'article L. 8211-1, les agents de contrôle définis par voie règlementaire disposent d'un droit de communication leur permettant d'obtenir, sans que s'y oppose le secret professionnel, communication de tout document, renseignement ou élément d'information utile à l'accomplissement de leur mission.

Sans préjudice des autres dispositions législatives applicables en matière d'échanges d'informations, le droit de communication défini au présent article est exercé dans les conditions prévues et auprès des personnes mentionnées à la section 1 du chapitre II du titre II de la première partie du livre des procédures fiscales, à l'exception des personnes mentionnées aux articles L. 82 C, L. 83 A à L. 83 E, L. 84 à L. 84 E, L. 91, L. 95 et L. 96 B à L. 96 F du même livre.

Pour les données conservées et traitées par les opérateurs de communications électroniques dans le cadre de l'article L. 34-1 du code des postes et des communications électroniques et par les prestataires mentionnés aux 1 et 2 du I de l'article 6 de la loi n° 2004-575 du 21 juin 2004 pour la confiance dans l'économie numérique, le droit de communication institué par le présent article ne s'applique qu'aux seules données permettant l'identification des personnes proposant un travail, une prestation ou une activité pouvant relever des infractions constitutives de travail illégal mentionnées à l'article L. 8211-1 du présent code.

Le droit de communication prévu au premier alinéa du présent article s'exerce quel que soit le support utilisé pour la conservation des documents et peut s'accompagner de la prise d'extraits et de copies. Les documents et informations sont communiqués à titre gratuit dans les trente jours qui suivent la réception de la demande écrite.

Il peut porter sur des informations relatives à des personnes non identifiées, dans des conditions fixées par décret en Conseil d'État pris après avis de la Commission nationale de l'informatique et des libertés.

Art. L. 8113-6 Lorsque des garanties de contrôle équivalentes sont maintenues, les entreprises peuvent, dans les conditions et limites déterminées par décret, déroger à la conservation des bulletins de paie et à la tenue de certains registres pour tenir compte du recours à d'autres moyens, notamment informatiques. — [*Anc. art. L. 620-7, al. 1er et 2.*]

SECTION 4 **Recherche et constatation des infractions ou des manquements** (*Ord. n° 2016-413 du 7 avr. 2016, art. 4-VI*).

SOUS-SECTION 1 **Procès-verbaux**

Art. L. 8113-7 (*Ord. n° 2016-413 du 7 avr. 2016, art. 4-VII*) « Les agents de contrôle de l'inspection du travail mentionnés à l'article L. 8112-1 » et les fonctionnaires de contrôle assimilés constatent les infractions par des procès-verbaux qui font foi jusqu'à preuve du contraire.

Ces procès-verbaux sont transmis au procureur de la République. Un exemplaire est également adressé au représentant de l'État dans le département.

(*L. n° 2012-387 du 22 mars 2012, art. 55*) « Avant la transmission au procureur de la République, l'agent de contrôle informe la personne visée au procès-verbal des faits susceptibles de constituer une infraction pénale ainsi que des sanctions encourues. »

(*Ord. n° 2016-413 du 7 avr. 2016, art. 4-VII*) « Lorsqu'il constate des infractions pour lesquelles une amende administrative est prévue au titre V du livre VII de la quatrième partie ou à l'article L. 8115-1, l'agent de contrôle de l'inspection du travail peut, lorsqu'il n'a pas dressé un procès-verbal à l'attention du procureur de la République, adresser un rapport à l'autorité administrative compétente, dans le cadre de la procédure prévue au chapitre V du présent titre. »

BIBL. ▶ COHEN, *Dr. soc. 1984. 473.*

1. Agents de contrôle assimilés. Les agents en charge du contrôle des transports à la direction régionale de l'environnement, de l'aménagement et du logement sont comptés au nombre des fonctionnaires de contrôle assimilés mentionnés par l'art. L. 8113-7. ● Crim. 13 déc. 2016, ⚖ n° 16-80.219 P : *RJS 2/2017, n° 135 ; Dr. pén. 2017. 43, obs. Robert.*

2. Procès-verbal. L'inspecteur du travail qui saisit en référé le président du tribunal de grande instance afin qu'il prenne toutes mesures propres à faire cesser le travail illicite du dimanche de salariés d'établissements de vente au détail et de prestations de services au consommateur n'est pas tenu de dresser le procès-verbal prévu par l'article L. 8113-7 au soutien d'éventuelles poursuites pénales ; il lui appartient seulement d'établir par tous moyens, et en usant des pouvoirs qu'il tient des articles L. 8113-1, L. 8113-2 et L. 8113-4, l'emploi illicite qu'il entend faire cesser et dont il atteste dans le cadre de l'assignation. ● Soc. 10 mars 2010 : ⚖ *RDT 2010. 302, obs. Véricel* ✎.

3. Valeur probante du procès-verbal. Les procès-verbaux de l'inspection du travail constatant des infractions font foi jusqu'à preuve contraire et la valeur probante des constatations s'étend à celles qui résulteraient des documents fournis par l'employeur. ● Crim. 30 oct. 2018, ⚖ n° 17-87.520 P : *D. actu. 15 nov. 2018, obs. Recotillet ; D. 2018. Actu. 2143* ✎ ; *RJS 1/19, n° 46* ;

INSPECTION DU TRAVAIL **Art. L. 8114-1** 1745

JSL 2018, n° 467-3, obs. Genty et Durif.

4. Prescription de l'action publique. Seul peut être regardé comme un acte d'instruction ou de poursuite, le procès-verbal dressé par l'inspecteur du travail, dans l'exercice de ses attributions de police judiciaire et à l'effet de constater les infractions, à l'exclusion des actes de l'enquête administrative qui en ont constitué le prélude ; le seul déplacement de l'inspecteur du travail dans les locaux d'une société n'est pas interruptif de prescription. • Crim. 21 mai 2019, n° 18-82.574 P : *D. 2019. 1106* ; *RSC 2019. 841, obs. Cerf-Hollender* ; *RJS 8-9/2019, n° 545* ; *LPA 13 nov. 2019, p. 10, obs. Richevaux.*

Art. L. 8113-8 Les dispositions de l'article L. 8113-7 ne sont pas applicables à l'État, aux collectivités territoriales et à leurs établissements publics administratifs.

Un décret en Conseil d'État détermine les conditions dans lesquelles les constatations des *(L. n° 2016-1088 du 8 août 2016, art. 113)* « agents de contrôle de l'inspection du travail mentionnés à l'article L. 8112-1 » dans ces établissements sont communiquées par le ministre chargé du travail aux administrations concernées. – *[Anc. art. L. 631-3, al. 1er V1 et al. 2.]* – V. art. R. 8113-6 s.

SOUS-SECTION 2 **Mises en demeure et demandes de vérification**

Art. L. 8113-9 Les mises en demeure prévues par le présent code ou par des dispositions légales relatives au régime du travail et les demandes de vérification *(Ord. n° 2016-413 du 7 avr. 2016, art. 4-VIII)* « , de mesure et d'analyse » prévues à l'article L. 4722-1 sont soumises à des règles de procédure déterminées par décret en Conseil d'État.

SECTION 5 **Secret professionnel**

Art. L. 8113-10 Les inspecteurs du travail prêtent serment de ne pas révéler les secrets de fabrication et les procédés d'exploitation dont ils pourraient prendre connaissance dans l'exercice de leurs fonctions.

La méconnaissance de ce serment est punie conformément à l'article 226-13 du code pénal. – *[Anc. art. L. 611-11.]*

Art. L. 8113-11 Il est interdit aux contrôleurs du travail de révéler les secrets de fabrication et les procédés d'exploitation dont ils pourraient prendre connaissance dans l'exercice de leurs fonctions.

La méconnaissance de ces interdictions est punie conformément à l'article 226-13 du code pénal. – *[Anc. art. L. 611-12, al. 4 et 5.]*

CHAPITRE IV DISPOSITIONS PÉNALES

SECTION 1 **Obstacles et outrages** *(Ord. n° 2016-413 du 7 avr. 2016, art. 1 IX).*

Art. L. 8114-1 Le fait de faire obstacle à l'accomplissement des devoirs d'un *(Ord. n° 2016-413 du 7 avr. 2016, art. 4-IX)* « agent de contrôle de l'inspection du travail mentionnés à l'article L. 8112-1 » est puni d'un emprisonnement d'un an et d'une amende de *(Ord. n° 2016-413 du 7 avr. 2016, art. 4-IX)* « 37 500 € ».

1. Légalité de l'incrimination. Le délit d'obstacle s'apprécie nécessairement en fonction des pouvoirs et moyens énumérés par le code du travail et dont disposent les inspecteurs et contrôleurs du travail, et l'incrimination n'est donc ni obscure ni imprécise. • Crim. 18 mars 1997 : *Dr. ouvrier 1997. 397, obs. Richevaux.*

2. Illustrations. Le délit d'obstacle à l'accomplissement des devoirs d'un inspecteur du travail est constitué dès lors que les renseignements donnés lors d'un contrôle comportent volontairement des inexactitudes. • Crim. 27 oct. 1987 : *Bull. crim. n° 376* ; *D. 1987. IR 262.* – V. aussi • Crim. 8 juill. 1980 : *Dr. ouvrier 1981. 28, note Petit* • 26 nov. 1980 : *Bull. crim. n° 322.* ♦ Dans le même sens : • Crim. 4 févr. 1992 : *Dr. ouvrier 1993. 37, obs. Alvarez-Pujana* (document portant, sous la rubrique « primes exceptionnelles », la rémunération d'heures supplémentaires irrégulières) • 28 sept. 1993 : *CSB 1993. 313, S. 160* ; *RJS 1993. 725, n° 1228* ; *Dr. pénal 1994. Comm. 44, obs. Robert.*

3. Commet le délit réprimé par l'art. L. 631-1 [L. 8114-1 nouv.] l'employeur qui refuse de fournir les justificatifs demandés et s'oppose à la visite des locaux. • Crim. 18 mars 1997 : *préc. note 1.* ♦ ... Qui, par son fait personnel, met obstacle, dans un établissement dépendant de son entreprise, à l'exercice des fonctions d'agent de contrôle. • Crim. 4 août 1998, n° 97-83.427 P : *RSC 1999. 316, obs. Bouloc* ; *RTD com. 1999. 525, obs.*

Bouloc ⌀. ♦ ... Qui produit un faux extrait de procès-verbal d'une réunion du comité d'entreprise, le fait de présenter un document comportant volontairement des inexactitudes établissant l'élément intentionnel. • Crim. 26 févr. 1991 : ⚖ *RJS 1991. 328, n° 618.* ♦ ... Qui refuse de mentionner sur le bulletin de paie la prime représentant la rémunération des heures supplémentaires, empêchant ainsi l'inspecteur du travail d'exercer son contrôle sur la durée effective du travail. • Crim. 7 juin 1994 : ⚖ *RJS 1994. 776, n° 1291.* ♦ Ou qui refuse de fournir à l'inspection du travail les documents nécessaires au décompte des heures travaillées. • Crim. 8 nov. 2005, ⚖ n° 05-81.269 P : *RSC 2006. 338, obs. Cerf-Hollender* ⌀ ; *RJS 2006. 483, n° 326.* ♦ De même, l'employeur qui ne satisfait pas à son obligation d'afficher les horaires de travail après plusieurs rappels de l'inspecteur du travail est l'auteur d'un délit d'obstacle. • Crim. 14 avr. 2015, ⚖ n° 14-83.267 : *D. actu. 2 juin 2015, obs. Fraisse.*

4. Est constitutif du délit d'obstacle au contrôle de l'inspecteur du travail, sans porter atteinte au droit à ne pas s'auto-incriminer de l'employeur, le fait pour celui-ci de ne pas présenter les documents demandés ou de fournir des informations inexactes. • Crim. 25 avr. 2017, ⚖ n° 16-81.793 P : *D. 2017. Actu. 1051* ⌀ ; *RJS 7/2017, n° 515* ; *JSL 2017, n° 433-3, obs. Buisson et Antoniazzi* ; *JCP S 2017. 119, obs. Pottier.*

5. Incompétence. Le délit réprimé par l'art. L. 631-1 [L. 8114-1 nouv.] ne peut être reproché à un employeur dès lors qu'un inspecteur du travail n'est pas compétent pour demander à celui-ci de procéder au licenciement de son salarié « en respectant les formes prévues par la loi sans s'informer préalablement de l'intention réelle de l'employeur ». • Aix-en-Provence, 17 sept. 1998 : *JCP E 1998. pan. 1814.*

6. Action des syndicats. L'opposition mise à l'exécution de la mission dévolue aux inspecteurs du travail peut être de nature à préjudicier à l'intérêt collectif de la profession à laquelle appartient le personnel de l'entreprise et, par suite, à autoriser l'action civile des syndicats qui la représentent. • Crim. 4 oct. 1988 : *Bull. crim. n° 328* ; *D. 1988. IR 272.*

Art. L. 8114-2 Les dispositions des articles 433-3, 433-5 et 433-6 du code pénal qui prévoient et répriment respectivement les actes de violences, d'outrages et de résistance contre les officiers de police judiciaire sont applicables à ceux qui se rendent coupables de faits de même nature à l'égard des (*L. n° 2016-1088 du 8 août 2016, art. 113*) « agents de contrôle de l'inspection du travail mentionnés à l'article L. 8112-1 du présent code ». — *[Anc. art. L. 631-2.]*

Le délit prévu par l'art. L. 8114-2 C. trav. et par l'art. 433-5 C. pén. suppose, si l'outrage est indirect, que puisse être constatée chez son auteur l'intention de faire parvenir à la personne concernée l'écrit ou les propos outrageants ; justifie en conséquence sa décision la cour d'appel qui, à la suite du procès-verbal dressé par un inspecteur du travail contre un chef d'établissement, dit non établi à la charge de ce dernier le délit d'outrage lui étant reproché pour avoir adressé au directeur départemental du travail un écrit mettant en cause l'impartialité du fonctionnaire, en retenant que le courrier litigieux n'était pas parvenu à la connaissance de l'inspecteur du travail par la volonté de son auteur. En cet état, il ne saurait être reproché aux juges du fond de ne pas avoir requalifié les faits poursuivis au regard des dispositions de l'article 226-10 C. pén. relatives à l'infraction de dénonciation calomnieuse, dès lors qu'il se déduit de la Convention internationale du travail n° 81 signée le 19 juillet 1947 et du décret du 20 août 2003 portant statut du corps de l'inspection du travail, que lorsqu'ils décident de dresser procès-verbal d'une infraction, les inspecteurs du travail ne sont pas placés sous le contrôle hiérarchique du directeur départemental du travail. • Crim. 6 mai 2008, ⚖ n° 07-80.530 P : *RSC 2009. 391, note Cerf-Hollender* ⌀ ; *AJ pénal 2008. 375, obs. Lasserre Capdeville* ⌀.

Art. L. 8114-3 Les dispositions des articles L. 8114-1 et L. 8114-2 ne sont pas applicables à l'État, aux collectivités territoriales et à leurs établissements publics administratifs. — *[Anc. art. L. 631-3, al. 1er.]*

SECTION 2 Transaction pénale

(Ord. n° 2016-413 du 7 avr. 2016, art. 4-IX)

BIBL. ▶ GAMET, *Dr. soc. 2017. 439* ⌀.

Art. L. 8114-4 L'autorité administrative compétente peut, tant que l'action publique n'a pas été mise en mouvement, transiger avec les personnes physiques et les personnes morales sur la poursuite d'une infraction constituant une contravention ou un délit, prévue et réprimée :
1° Aux livres II et III de la première partie ;
2° Au titre VI du livre II de la deuxième partie ;

3° Aux livres I, II et IV de la troisième partie, à l'exception des dispositions mentionnées aux 1° à 4° de l'article L. 8115-1 ;
4° A la quatrième partie, à l'exception des dispositions mentionnées au titre V du livre VII et au 5° de l'article L. 8115-1 ;
5° Au titre II du livre II de la sixième partie ;
6° A la septième partie.
Sont exclus de cette procédure les délits punis d'une peine d'emprisonnement d'un an ou plus.

COMMENTAIRE

V. sur le Code en ligne 🔒. ❏

Art. L. 8114-5 La proposition de transaction est déterminée en fonction des circonstances et de la gravité de l'infraction, de la personnalité de son auteur ainsi que de ses ressources et de ses charges.

Elle précise le montant de l'amende transactionnelle que l'auteur de l'infraction devra payer, ainsi que, le cas échéant, les obligations qui lui seront imposées pour faire cesser l'infraction, éviter son renouvellement ou se mettre en conformité avec les obligations auxquelles il est soumis par le présent code ou les autres dispositions relatives au régime du travail. Elle fixe également les délais impartis pour le paiement et, s'il y a lieu, l'exécution des obligations.

Une copie du procès-verbal de constatation de l'infraction est jointe à la proposition de transaction adressée à l'auteur de l'infraction.

Art. L. 8114-6 Lorsqu'elle a été acceptée par l'auteur de l'infraction, la proposition de transaction est soumise à l'homologation du procureur de la République.

L'acte par lequel le procureur de la République homologue la proposition de transaction est interruptif de la prescription de l'action publique.

L'action publique est éteinte lorsque l'auteur de l'infraction a exécuté dans les délais impartis l'intégralité des obligations résultant pour lui de l'acceptation de la transaction.

Art. L. 8114-7 Lorsque la transaction est homologuée, l'autorité administrative en informe le *(Ord. n° 2017-1386 du 22 sept. 2017, art. 4)* « comité social et économique ».

Art. L. 8114-8 Les modalités d'application de la présente section sont fixées par décret en Conseil d'État. — *V. art. R. 8114-3 s.*

CHAPITRE V AMENDES ADMINISTRATIVES

(Ord. n° 2016-413 du 7 avr. 2016, art. 5)

BIBL. ▶ Auvergnon et Kapp, *Dr. soc. 2017.* 617 ⌕ (nouveaux rapports du système d'inspection du travail avec le parquet et les juges). – Cœuret, Duquesne et Jonin, *RJS 2016.* 555 (punir sans juger en droit du travail). – Cœuret et Duquesne, *JCP S 2016.* 1327 (pratique de l'amende administrative en droit du travail). – Duquesne, *JCP S 2017.* 1397 (le quantum de l'amende administrative) ; *ibid. 2018.* 1282 (nouveau régime de l'amende administrative). – Duthrillet de Lamothe, *SSL 2018, n° 1834, p. 6* (régime des sanctions administratives). – Gamet, *Dr. soc. 2017.* 439 ⌕ (inspection du travail et répression). – Mandi, *Dr. soc. 2017.* 170 ⌕ (nouveaux pouvoirs de l'inspecteur du travail après l'ordonnance du 7 avril 2016). – Tomi, *Dr. soc. 2017.* 436 ⌕ (nouveau droit répressif du travail). – Vilbœuf, *Dr. soc. 2017.* 432 ⌕ (amendes administratives).

COMMENTAIRE

V. sur le Code en ligne 🔒. ❏

Art. L. 8115-1 L'autorité administrative compétente peut, sur rapport de l'agent de contrôle de l'inspection du travail mentionné à l'article L. 8112-1, et sous réserve de l'absence de poursuites pénales, *(L. n° 2018-727 du 10 août 2018, art. 18)* « soit adresser à l'employeur un avertissement, soit » prononcer à l'encontre de l'employeur une amende en cas de manquement :

1° Aux dispositions relatives aux durées maximales du travail fixées aux articles *(L. n° 2016-1088 du 8 août 2016, art. 115)* « L. 3121-18 à L. 3121-25 » et aux mesures réglementaires prises pour leur application ;

2° Aux dispositions relatives aux repos fixées aux articles *(L. n° 2016-1088 du 8 août 2016, art. 115)* « L. 3131-1 à L. 3131-3 et » L. 3132-2 et aux mesures réglementaires prises pour leur application ;

3° A l'article L. 3171-2 relatif à l'établissement d'un décompte de la durée de travail et aux dispositions réglementaires prises pour son application ;

4° Aux dispositions relatives à la détermination du salaire minimum de croissance prévues aux articles L. 3231-1 à L. 3231-11 et aux dispositions relatives au salaire minimum fixé par la convention collective ou l'accord étendu applicable à l'entreprise, et aux mesures réglementaires prises pour leur application ;

5° Aux dispositions prises pour l'application des obligations de l'employeur relatives aux installations sanitaires, à la restauration et à l'hébergement prévues au chapitre VIII du titre II du livre II de la quatrième partie, ainsi qu'aux mesures relatives aux prescriptions techniques de protection durant l'exécution des travaux de bâtiment et génie civil prévues au chapitre IV du titre III du livre V de la même partie pour ce qui concerne l'hygiène et l'hébergement.

Évaluation du quantum de l'amende. Le pouvoir de sanction de l'administration n'est pas limité au prononcé d'une seule amende par catégorie de manquements et par travailleur concerné. Lorsque le juge administratif est saisi comme juge de plein contentieux d'une contestation portant sur une sanction prononcée sur le fondement de l'art. L. 8115-1, il lui appartient d'examiner tant les moyens tirés des vices de forme de la décision de sanction que ceux mettant en cause le bien-fondé de cette décision ; il lui revient de faire application, le cas échéant, d'une loi nouvelle plus douce entrée en vigueur entre la date à laquelle l'infraction a été commise et celle à laquelle il statue. ● CE 2 févr. 2022, n° 448372 : *AJDA 2022. 314* ; *JCP S 2022. 1166, obs. Brissy.*

Art. L. 8115-2 L'autorité administrative compétente informe par tout moyen le procureur de la République des suites données au rapport de l'agent de contrôle.

Art. L. 8115-3 Le montant maximal de l'amende est de *(L. n° 2018-771 du 5 sept. 2018, art. 95-II)* « 4 000 € » et peut être appliqué autant de fois qu'il y a de travailleurs concernés par le manquement.

Le plafond de l'amende est porté au double en cas de nouveau manquement constaté dans un délai *(L. n° 2018-771 du 5 sept. 2018, art. 95-II)* « de deux ans » à compter du jour de la notification de l'amende concernant un précédent manquement *(L. n° 2018-727 du 10 août 2018, art. 18)* « de même nature.

« Il est majoré de 50 % en cas de nouveau manquement constaté dans un délai d'un an à compter du jour de la notification d'un avertissement concernant un précédent manquement de même nature. »

Art. L. 8115-4 *(L. n° 2018-727 du 10 août 2018, art. 18)* Pour déterminer si elle prononce un avertissement ou une amende et, le cas échéant, pour fixer le montant de cette dernière, l'autorité administrative prend en compte les circonstances et la gravité du manquement, le comportement de son auteur, notamment sa bonne foi, ainsi que ses ressources et ses charges.

Art. L. 8115-5 Avant toute décision, l'autorité administrative informe par écrit la personne mise en cause de la sanction envisagée en portant à sa connaissance le manquement retenu à son encontre et en l'invitant à présenter, dans un délai fixé par décret en Conseil d'État, ses observations.

A l'issue de ce délai, l'autorité administrative peut, par décision motivée, prononcer l'amende et émettre le titre de perception correspondant.

Elle informe de cette décision le *(Ord. n° 2017-1386 du 22 sept. 2017, art. 4)* « comité social et économique ».

Le délai de prescription de l'action de l'autorité administrative pour la sanction du manquement par une amende administrative est de deux années révolues à compter du jour où le manquement a été commis.

Art. L. 8115-6 La personne à l'encontre de laquelle *(L. n° 2018-727 du 10 août 2018, art. 18)* « un avertissement ou une amende est prononcé » peut contester la décision

Art. L. 8115-7 Les amendes sont recouvrées selon les modalités prévues pour les créances de l'État étrangères à l'impôt et au domaine. *(L. n° 2018-771 du 5 sept. 2018, art. 97-IV)* « L'opposition à l'exécution ou l'opposition aux poursuites n'a pas pour effet de suspendre l'action en recouvrement de la créance. »

Art. L. 8115-8 Les modalités d'application de la présente section sont fixées par décret en Conseil d'État.

TITRE II SYSTÈME D'INSPECTION DU TRAVAIL

COMMENTAIRE
V. sur le Code en ligne 🏛. ☐

CHAPITRE I ÉCHELON CENTRAL

Art. L. 8121-1 *(L. n° 2018-727 du 10 août 2018, art. 19)* L'autorité centrale de l'inspection du travail prévue par la convention n° 81 de l'Organisation internationale du travail du 11 juillet 1947 sur l'inspection du travail ainsi que par la convention n° 129 de l'Organisation internationale du travail du 25 juin 1969 sur l'inspection du travail veille au respect des droits, garanties et obligations des agents de l'inspection du travail placés sous sa surveillance et son contrôle. Elle détermine les règles qui encadrent l'exercice des missions et s'assure de leur respect. Elle veille à l'application du code de déontologie du service public de l'inspection du travail prévu par l'article L. 8124-1.

CHAPITRE II SERVICES DÉCONCENTRÉS

Le présent chapitre ne comprend pas de dispositions législatives.

CHAPITRE III APPUI À L'INSPECTION DU TRAVAIL

SECTION 1 Médecin inspecteur du travail

Art. L. 8123-1 Les médecins inspecteurs du travail exercent une action permanente en vue de la protection de la santé physique et mentale des travailleurs sur leur lieu de travail et participent à la veille sanitaire au bénéfice des travailleurs. Leur action porte en particulier sur l'organisation et le fonctionnement des services *(L. n° 2021-1018 du 2 août 2021, art. 1er-I, en vigueur le 31 mars 2022)* « de prévention et » de santé au travail prévus au titre II du livre VI de la quatrième partie.

Les médecins inspecteurs du travail agissent en liaison avec *(L. n° 2016-1088 du 8 août 2016, art. 113)* « les agents de contrôle mentionnés à l'article L. 8112-1 », avec lesquels ils coopèrent à l'application de la réglementation relative à la santé au travail.

Art. L. 8123-2 Les dispositions du présent code relatives aux pouvoirs et obligations des *(Ord. n° 2016-413 du 7 avr. 2016, art. 6)* « agents de contrôle de l'inspection du travail mentionnés à l'article L. 8112-1 » sont étendues aux médecins inspecteurs du travail à l'exception des dispositions de l'article L. 8113-7, relatives aux procès-verbaux, de l'article L. 4721-4, relatives aux mises en demeure *(Ord. n° 2016-413 du 7 avr. 2016, art. 6)* « et des articles L. 8115-1 à L. 8115-7, relatives aux sanctions administratives ».

Art. L. 8123-3 En vue de la prévention des affections professionnelles, les médecins inspecteurs du travail sont autorisés à faire, aux fins d'analyse, tous prélèvements portant notamment sur les matières mises en œuvre et les produits utilisés. – *[Anc. art. L. 612-2, al. 2.]*

SECTION 2 Ingénieurs de prévention

Art. L. 8123-4 Les ingénieurs de prévention des *(Décr. n° 2020-1545 du 9 déc. 2020, art. 28-X)* « directions régionales de l'économie, de l'emploi, du travail et des solidarités », lorsqu'ils assurent un appui technique aux (*Ord. n° 2016-413 du 7 avr. 2016, art. 7*) « agents de contrôle de l'inspection du travail mentionnés à l'article L. 8112-1 » dans leurs contrôles, enquêtes et missions, jouissent du droit d'entrée et du droit de prélèvement respectivement prévus aux articles L. 8113-1 et L. 8113-3. (*Ord. n° 2016-413 du 7 avr. 2016, art. 7*) « Leurs constats peuvent être produits dans les actes et procédures des agents de contrôle. »

Ils peuvent se faire présenter les documents prévus à l'article L. 8113-4, lorsqu'ils concernent la santé, la sécurité et les conditions de travail.

Art. L. 8123-5 Il est interdit aux ingénieurs de prévention des (*Décr. n° 2020-1545 du 9 déc. 2020, art. 28-X*) « directions régionales de l'économie, de l'emploi, du travail et des solidarités » de révéler les secrets de fabrication et les procédés d'exploitation dont ils pourraient prendre connaissance dans l'exercice de leurs fonctions.

La méconnaissance de ces interdictions est punie conformément à l'article 226-13 du code pénal.

SECTION 3 **Missions spéciales temporaires confiées à des médecins et ingénieurs**

Art. L. 8123-6 Le ministre chargé du travail peut charger des médecins de missions spéciales temporaires concernant l'application des dispositions relatives à la santé des travailleurs.

Le ministre peut également charger des ingénieurs, titulaires du titre d'ingénieur diplômé au sens des articles L. 642-1 et suivants du code de l'éducation, de missions temporaires concernant l'application des dispositions relatives à la santé et la sécurité des travailleurs.

Les médecins conseils et les ingénieurs conseils de l'inspection du travail jouissent, pour l'exécution de ces missions, des droits attribués aux (*L. n° 2016-1088 du 8 août 2016, art. 113*) « agents de contrôle de l'inspection du travail mentionnés à l'article L. 8112-1 » par les articles L. 8113-1 et L. 8113-3. — [*Anc. art. L. 611-7, al. 1ᵉʳ à 3.*]

CHAPITRE IV **DE LA DÉONTOLOGIE DES AGENTS DU SYSTÈME D'INSPECTION DU TRAVAIL**

(*L. n° 2016-1088 du 8 août 2016, art. 117*)

Art. L. 8124-1 Un code de déontologie du service public de l'inspection du travail, établi par décret en Conseil d'État, fixe les règles que doivent respecter ses agents ainsi que leurs droits dans le respect des prérogatives et garanties qui leurs sont accordées pour l'exercice de leurs missions définies notamment par les conventions n° 81 et n° 129 de l'Organisation internationale du travail sur l'inspection du travail et au présent livre I. — *V. art. R. 8124-1 s.*

LIVRE II **LUTTE CONTRE LE TRAVAIL ILLÉGAL**

COMMENTAIRE
V. sur le Code en ligne 📖. ❑

TITRE I **DÉFINITION**

CHAPITRE UNIQUE

Art. L. 8211-1 Sont constitutives de travail illégal, dans les conditions prévues par le présent livre, les infractions suivantes :
1° Travail dissimulé ;
2° Marchandage ;
3° Prêt illicite de main-d'œuvre ;
4° Emploi d'étranger (*L. n° 2016-274 du 7 mars 2016, art. 18*) « non autorisé à travailler » ;
5° Cumuls irréguliers d'emplois ;
6° Fraude ou fausse déclaration prévue aux articles L. 5124-1 (*Abrogé par L. n° 2014-288 du 5 mars 2014, art. 20*) « , L. 5135-1 » et L. 5429-1. — [*Anc. art. L. 325-1, phrase 1.*]

TITRE II TRAVAIL DISSIMULÉ

RÉP. TRAV. v° *Travail dissimulé*, par Cerf-Hollender.
BIBL. GÉN. ▶ Bonnin, RJS 2014. 151 (qu'est-ce que le travail illégal ?). – Bouvier, RJS 2006. 746. – Brémond, Gaz. Pal. 24-25 mai 2000, p. 8 (présomption de responsabilité pénale du donneur d'ordre). – Damy, JCP E 2007. 1467 (renforcement des sanctions du travail dissimulé). – Delorozoy, Dr. soc. 1981. 580. – Duquesne, Dr. soc. 2009. 936 (intention coupable de travail dissimulé). – Fau, ibid. 1981. 597. – Fieschi-Vivet, LPA 1987, n° 124, 11. – Gasser, RJS 2003. 855 (dissimulation partielle d'emploi). – Geniaut, JCP S 2022. 1152 (l'intention de travail dissimulé et la qualification de contrat de travail). – Goma, JCP S 2013. 1188. – Guichaoua, Dr. ouvrier 2012. 340 (emploi illégal des salariés étrangers : ambiguïtés et insuffisances de la loi du 16 juin 2011) ; ibid. 510 (droits du salarié victime du travail illégal) ; Dr. soc. 2014. 51 (quarante ans de lutte contre le travail illégal). – Hue, Dr. soc. 1989. 494 ; ibid. 1993. 227. – Le Fischer, RJS 8-9/2020, p. 591 (contrôle URSSAF et travail dissimulé). – Lhernould, RJS 2014. 227 (travail dissimulé par sous-évaluation du bulletin de paie). – G. Lyon-Caen, ibid. 1963. 281. – Marchi, Gaz. Pal. 1979. 1. Doctr. 258. – Roméro, Dr. soc. 1990. 847. – Salas, ibid. 1996. 680 (déclaration préalable à l'embauche) ; ibid. 913 (mise en cause des bénéficiaires). – Salomon, JCP S 2021. 1052 (analyse comparative de la jurisprudence de la chambre criminelle et des chambres civiles en matière de travail dissimulé).

COMMENTAIRE
V. sur le Code en ligne.

CHAPITRE I **INTERDICTIONS**

SECTION 1 **Dispositions générales**

Art. L. 8221-1 Sont interdits :
1° Le travail totalement ou partiellement dissimulé, défini et exercé dans les conditions prévues aux articles L. 8221-3 et L. 8221-5 ;
2° La publicité, par quelque moyen que ce soit, tendant à favoriser, en toute connaissance de cause, le travail dissimulé ;
3° Le fait de recourir sciemment, directement ou par personne interposée, aux services de celui qui exerce un travail dissimulé. – [Anc. art. L. 324-9, al. 1er.]

Art. L. 8221-2 Sont exclus des interdictions prévues au présent chapitre, les travaux d'urgence dont l'exécution immédiate est nécessaire pour prévenir les accidents imminents ou organiser les mesures de sauvetage. – [Anc. art. L. 324-9, al. 2.]

SECTION 2 **Travail dissimulé par dissimulation d'activité**

Art. L. 8221-3 Est réputé travail dissimulé par dissimulation d'activité, l'exercice à but lucratif d'une activité de production, de transformation, de réparation ou de prestation de services ou l'accomplissement d'actes de commerce par toute personne qui, se soustrayant intentionnellement à ses obligations :
1° Soit n'a pas demandé son immatriculation au *(Ord. n° 2021-1189 du 15 sept. 2021, art. 35, en vigueur le 1er janv. 2023)* « registre national des entreprises en tant qu'entreprise du secteur des métiers et de l'artisanat » ou au registre du commerce et des sociétés, lorsque celle-ci est obligatoire, ou a poursuivi son activité après refus d'immatriculation, ou postérieurement à une radiation ;
2° Soit n'a pas procédé aux déclarations qui doivent être faites aux organismes de protection sociale ou à l'administration fiscale en vertu des dispositions légales en vigueur. *(L. n° 2011-1906 du 21 déc. 2011, art. 123-II)* « Cette situation peut notamment résulter de la non-déclaration d'une partie de son chiffre d'affaires ou de ses revenus ou de la continuation d'activité après avoir été radié [radiée] par les organismes de protection sociale en application de l'article *(L. n° 2017-1836 du 30 déc. 2017, art. 15-XI, en vigueur le 1er janv. 2018)* « L. 613-4 » du code de la sécurité sociale » ;
(L. n° 2018-771 du 5 sept. 2018, art. 99) « 3° Soit s'est prévalue des dispositions applicables au détachement de salariés lorsque l'employeur de ces derniers exerce dans l'État sur le territoire duquel il est établi des activités relevant uniquement de la ges-

tion interne ou administrative, ou lorsque son activité est réalisée sur le territoire national de façon habituelle, stable et continue. »

COMMENTAIRE

V. sur le Code en ligne 🏛.

1. Indices. La méconnaissance par un donneur d'ouvrage d'une obligation positive de vérification imposée par la loi à des professionnels, notamment l'absence de demandes de justification de déclarations préalables à l'embauche, ou de déclarations trimestrielles à l'URSSAF, l'ignorance du nombre exact d'employés du cocontractant, constituent l'élément intentionnel du délit, cette carence délibérée révélant un acquiescement implicite au recours à l'exercice du travail dissimulé. • Paris, 8 janv. 1999 : *D. 1999. IR 92.* ♦ De même, est condamnée pour travail dissimulé la personne qui a exercé une activité de voyance et de guérisseur sans avoir procédé aux déclarations à faire aux organismes de protection sociale prévues par les art. L. 324-10 et L. 324-11 [L. 8221-3 à L. 8221-5 nouv.] C. trav. • Crim. 21 nov. 2001 : 🏛 *Dr. soc. 2002. 214,* obs. Savatier ⌐. ♦ Le défaut d'accomplissement par l'employeur, auprès d'un organisme de recouvrement, de ses obligations déclaratives relatives aux salaires ou aux cotisations sociales constitutif du travail dissimulé par dissimulation d'activité, s'apprécie à la date à laquelle les déclarations sont ou auraient dû être transmises à cet organisme, peu important toute régularisation ultérieure. • Civ. 2e, 22 oct. 2020, 🏛 n° 19-21.933 P : *Dr. soc. 2021. 170,* étude Salomon ⌐ ; *RJS 1/2021, n° 31 ; JCP S 2020. 3101,* obs. Riancho.

2. Prestation de services. L'interdiction de recourir sciemment, directement ou par personne interposée, aux services de celui qui exerce un travail dissimulé suppose l'existence d'un contrat de prestations de services avec un donneur d'ordre, et se trouve exclue en présence d'un contrat de vente. • Crim. 4 sept. 2012 : 🏛 *RDT 2013. 471,* note Partouche ⌐.

3. Auto-entrepreneur et travail dissimulé. L'employeur qui fait travailler ses anciens salariés sous le statut d'auto-entrepreneur, dans des conditions qui les placent dans un lien de subordination juridique permanente à son égard, se rend coupable de travail dissimulé. • Crim. 15 déc. 2015, 🏛 n° 14-85.638 P : *JSL 2016, n° 403-6,* obs. Taquet.

4. Temps de déplacement professionnel. Doivent être analysés comme un temps de travail effectif au sens de l'art. L. 3121-1 C. trav., dont l'absence de prise en compte dans le calcul du salaire caractérise le délit de travail dissimulé, les temps de déplacement professionnel ne relevant pas des dispositions de l'art. L. 3121-4, effectués par le salarié d'une entreprise d'aide à la personne pour se rendre du domicile d'un client à celui d'un autre afin d'y accomplir la mission que lui confie son employeur. • Crim. 2 sept. 2014, 🏛 n° 13-80.665 : *D. 2014. Actu. 1769* ⌐ ; *D. 2015. Pan. 835,* obs. Lokiec ⌐ ; *RDT 2015. 197,* obs. Véricel ⌐ ; *RJS 11/2014, n° 803 ; JCP S 2014. 1016,* obs. Duquesne.

5. Activité de revente à l'étranger. Se rendent coupables de travail dissimulé les personnes qui réalisent de très nombreux achats d'objets divers, notamment de véhicules revendus sur internet, et constituent un stock, et ce même si les opérations de revente n'étaient pas selon eux réalisées sur le territoire français. • Crim. 30 mars 2016, 🏛 n° 15-81.478 : *JCP 2016. 1190,* obs. Detraz.

6. Fraude au détachement de travailleurs. Lorsqu'il est saisi de poursuites pénales du chef de travail dissimulé, pour défaut de déclarations aux organismes de protection sociale et que la personne poursuivie produit des certificats E101 à l'égard des travailleurs concernés, le juge ne peut les écarter qu'aux conditions énoncées par la Cour de justice de l'Union européenne. • Crim. 18 sept. 2018, 🏛 nos 13-88.632 P, 11-88.040 P et 13-88.631 P : *D. 2018. Actu. 1870* ⌐ ; *D. actu. 3 oct. 2018,* obs. Fuccini ; *RJS 11/2018, n° 705 ; JSL 2018, n° 463-3,* obs. Mesa. ♦ La délivrance d'un certificat E106, devenu S1, qui constitue une simple attestation de droits à prestation en matière d'assurance maladie délivrée par un organisme de sécurité sociale d'un État membre de l'Union européenne, ne lie pas le juge répressif, saisi d'un défaut de déclaration aux organismes sociaux français constitutif de l'infraction de travail dissimulé. • Crim. 12 janv. 2021, 🏛 n° 20-80.647 P : *D. actu. 2021. 83 ; ibid. 5 févr. 2021,* obs. Mihman ; *AJ pénal 2021. 92* ⌐ et les obs. ; *RTD com. 2021. 220,* obs. Bouloc ⌐ ; *RJS 3/2021, n° 170.*

7. Défaut d'immatriculation au RCS. Est sanctionné pénalement, au titre de travail dissimulé, le défaut d'enregistrement au registre français du commerce et des sociétés d'une société étrangère tenue à cette formalité en vertu des dispositions du C. com., bien qu'elle soit déjà enregistrée dans un autre État membre de l'Union européenne, dès lors qu'elle ouvre un premier établissement dans un département français, c'est-à-dire lorsqu'elle y établit une agence, une succursale ou une représentation. • Crim. 2 mars 2021, 🏛 n° 19-80.991 P : *D. actu. 1er avr. 2021,* obs. Fraisse ; *D. 2021. Actu. 474* ⌐ ; *RJS 5/2021, n° 279 ; JSL 2021, n° 524-6,* obs. Mesa ; *JCP S 2021. 1076,* obs. Lhernould.

Art. L. 8221-4 Les activités mentionnées à l'article L. 8221-3 sont présumées, sauf preuve contraire, accomplies à titre lucratif :

1° Soit lorsque leur réalisation a lieu avec recours à la publicité sous une forme quelconque en vue de la recherche de la clientèle ;
2° Soit lorsque leur fréquence ou leur importance est établie ;
3° Soit lorsque la facturation est absente ou frauduleuse ;
4° Soit lorsque, pour des activités artisanales, elles sont réalisées avec un matériel ou un outillage présentant par sa nature ou son importance un caractère professionnel. – *[Anc. art. L. 324-11.]*

SECTION 3 Travail dissimulé par dissimulation d'emploi salarié

Art. L. 8221-5 Est réputé travail dissimulé par dissimulation d'emploi salarié le fait pour tout employeur :
1° Soit de se soustraire intentionnellement à l'accomplissement de la formalité prévue à l'article L. 1221-10, relatif à la déclaration préalable à l'embauche ;
(L. n° 2016-1088 du 8 août 2016, art. 105) « 2° Soit de se soustraire intentionnellement à la délivrance d'un bulletin de paie ou d'un document équivalent défini par voie réglementaire, ou de mentionner sur le bulletin de paie ou le document équivalent un nombre d'heures » de travail inférieur à celui réellement accompli, si cette mention ne résulte pas d'une convention ou d'un accord collectif d'aménagement du temps de travail conclu en application du titre II du livre I de la troisième partie ;
(L. n° 2011-672 du 16 juin 2011, art. 73-I) « 3° Soit de se soustraire intentionnellement aux déclarations relatives aux salaires ou aux cotisations sociales assises sur ceux-ci auprès des organismes de recouvrement des contributions et cotisations sociales ou de l'administration fiscale en vertu des dispositions légales. »

1. Nécessité d'un lien de subordination. Il se déduit des art. L. 8221-5 et L. 8224-1 que le délit de travail dissimulé par dissimulation d'emploi salarié suppose que soit établie l'existence d'un lien de subordination. ● Crim. 5 avr. 2022, n° 20-81.775 B : *D. actu. 13 avr. 2022, obs. Malfettes ; D. 2022. 709 ; RJS 6/2022, n° 318 ; ibid. chron. Salomon ; JSL 2022, n° 542, obs. Mesa.*

2. Appréciation de l'intention de l'employeur. L'intention de l'employeur de dissimuler tout ou partie de l'activité du salarié ouvrant droit à son profit au bénéfice d'une indemnité forfaitaire de six mois de salaire est appréciée souverainement par les juges du fond. ● Soc. 2 déc. 2015, n° 14-22.311 P : *RJS 2/2016, n° 142 ; JCP S 2016. 1034, obs. Guyot.*

3. Entraide familiale. Le juge ne peut pas, pour relaxer l'employeur du chef de travail dissimulé par dissimulation d'emploi salarié, retenir que sa salariée était intervenue au-delà des horaires contractuels en qualité d'épouse liée par une communauté de vie et d'intérêt avec le prévenu, pour la bonne marche de l'entreprise familiale. ● Crim. 26 mai 2021, n° 20-85.118 P : *D. 2021. 1034 ; AJ pénal 2021. 371, obs. Chopin ; Dr. soc. 2021. 726, obs. Salomon ; RTD com. 2021. 671, obs. Bouloc ; RJS 8-9/2021, n° 475 ; JCP S 2021. 1184, obs. Duquesne ; Gaz. Pal. 7 sept. 2021, p. 72, obs. Atindéhou-Laporte.*

4. Dissimulation d'emploi salarié. Constitue le délit de dissimulation d'emploi salarié le fait, pour un employeur, de se soustraire intentionnellement à la déclaration préalable d'embauche ou à la remise du bulletin de salaire ou encore de mentionner sur le bulletin de paie un nombre d'heures de travail inférieur à celui réellement effectué. ● Crim. 22 févr. 2000 : *RJS 2000. 386,*

n° 562. ● Soc. 21 mai 2002, n° 99-45.890 P : *RJS 2002. 749, n° 983.* ♦ Mais la mention sur le bulletin de paie d'un nombre d'heures de travail inférieur à celui réellement accompli n'est pas punissable, au titre du travail dissimulé, quand cette mention résulte d'une convention ou d'un accord collectif d'aménagement du temps de travail. ● Crim. 16 avr. 2013 : *D. actu. 30 avr. 2013, obs. Ines ; D. 2013. Actu. 1072 ; Dr. ouvrier 2013. 563, obs. Guichaoua.*

5. Dissimulation d'heures salariées. La dissimulation d'emploi salarié prévue par le dernier al. de l'art. L. 324-10 [L. 8221-5 nouv.] C. trav. n'est caractérisée que s'il est établi que l'employeur a, de manière intentionnelle, mentionné sur le bulletin de paie un nombre d'heures de travail inférieur à celui réellement effectué. ● Soc. 4 mars 2003, n° 00-46.906 P : *Dr. soc. 2003. 528, obs. Radé* ● 19 janv. 2005 : *Dr. soc. 2005. 472, obs. Radé* ● 29 juin 2005 : *RJS 2005. 717, n° 1015* ● 8 mars 2007 : *RDT 2007. 395, note Pignarre* ● Soc. 20 juin 2013 : *D. actu. 12 juill. 2013, obs. Fraisse ; RJS 10/2013, n° 715 ; JSL, n° 349-6, obs. Tourreil.* ♦ ... Et non pas si le nombre d'heures indiqué, inférieur au nombre d'heures réalisées, résulte d'une erreur de rédaction. ● Soc. 29 oct. 2003, n° 01-44.940 P : *D. 2003. IR 2933 ; RJS 2004. 74, n° 89* ● 24 mars 2004, n° 01-43.875 P : *Dr. soc. 2004. 664, obs. Radé ; JSL 2004, n° 146-3.* ♦ L'élément intentionnel est apprécié souverainement par les juges du fond. ● Soc. 19 janv. 2005 : *Dr. soc. 2005. 472, obs. Radé* ♦ La dissimulation d'emploi salarié est caractérisée lorsque l'employeur était informé de ce que les horaires de travail de la salariée étaient supérieurs aux temps de travail pré-quantifiés et avait interdit à celle-ci de mentionner sur ses feuilles de route les heures qu'elle avait réellement accomplies. • Crim. 5 juin 2019, n° 17-23.228 P : *D. 2019. Actu. 1232* ; *RJS 8-9/2019, n° 515* ; *JCP S 2019. 1257*, obs. Aubert-Monpeyssen. ♦ L'infraction de travail dissimulé, par dissimulation d'emploi salarié résultant de la mention sur le bulletin de paie d'un nombre d'heures de travail inférieur à celui réellement accompli, n'est pas constituée, lorsque les heures non mentionnées sur la fiche de salaire, correspondant à un temps durant lequel le salarié n'exerce aucune activité et peut vaquer librement à des occupations personnelles, ne sont pas du temps de travail effectif • Crim. 5 juin 2012 : *D. actu. 19 juin 2012*, obs. Siro ; *D. 2012. Actu. 1622* ; *RDT 2012. 616*, note Maziau ; *RJS 2012. 709, n° 836* ; *JCP S 2012. 1475*, obs. Martinon. ♦ En application de l'art. L. 3122-4 C. trav., une dérogation conventionnelle régissant le décompte des heures supplémentaires de travail ne peut être régulièrement opérée qu'à partir de l'un des deux seuils prévus par la loi. • Crim. 28 janv. 2014, n° 12-81.406 : *RJS 4/2014, n° 326* • Crim. 16 avr. 2013, n° 12-81.767 : *D. 2013. Actu. 1072* ; *RJS 7/2013, n° 558* ; *Dr. pénal 2013. Comm. 97*, obs. Robert.

6. Non-déclaration de pourboires centralisés par l'employeur. Le délit de travail dissimulé prévu par l'art. L. 8221-5, 3°, C. trav. est caractérisé dès lors que sont méconnues les dispositions de l'art. L. 3244-1 et L. 3244-2 C. trav. selon lesquelles toutes les perceptions faites « pour le service » par l'employeur ainsi que toutes les sommes remises volontairement par les clients pour le service entre les mains de l'employeur, ou centralisées par celui-ci, doivent être intégralement versées au personnel en contact avec la clientèle et s'ajoutent au salaire fixe. • Crim. 1er déc. 2015, n° 14-85.480 P : *D. 2015. Actu. 2568* ; *RJS 2/2016, n° 141* ; *JCP S 2015. 1035*, obs. Duquesne.

7. Non-déclaration aux organismes de recouvrement des cotisations sociales. Les dispositions légales réputant travail dissimulé par dissimulation d'emploi salarié s'appliquent aussi bien au défaut de souscription de toute déclaration qu'au fait, lorsqu'une déclaration a été souscrite, d'y porter des informations tendant à minorer les obligations de l'employeur. • Crim. 27 mars 2018, n° 16-87.585 P : *D. 2018. Actu. 724* ; *RJS 6/2018, n° 436*.

8. Avocat salarié. L'avocat lié par un contrat de collaboration libérale, qui entend établir sa qualité de salarié et le délit de travail dissimulé par dissimulation d'emploi salarié dont il se prétend victime, doit rapporter la preuve de ce qu'ayant manifesté la volonté de développer une clientèle personnelle, il en a été empêché en raison des conditions d'exercice de son activité. • Crim. 15 mars 2016, n° 14-85.328 : *RJS 6/2016, n° 443* ; *JCP S 2016. 1184*, obs. Duquesne.

9. Conséquences sociales du délit. Les faits établissant l'élément matériel du délit de travail dissimulé constituent le fait générateur du versement des cotisations et contributions dues au titre du redressement et justifient l'annulation par l'organisme de recouvrement des mesures d'exonération et de réduction de celles-ci. • Civ. 2e, 10 oct. 2013, n° 12-26.123 : *D. 2014. 582*, obs. Salomon ; *Dr. soc. 2014. 278*, obs. Salomon ; *RJS 1/2014, n° 66* ; *JCP E 2013. 1697*, note Ronet-Yague.

10. Cumul infractions de travail dissimulé et prêt de main-d'œuvre illicite. A commis les délits de travail dissimulé par minoration du nombre d'heures de travail réellement accomplies et prêt illicite de main-d'œuvre le prévenu qui, d'une part, faisait travailler une personne résidant sur sa propriété au-delà de ce qu'il déclarait effectivement aux organismes sociaux et, d'autre part, dissimulait la facturation à la société gérée par son fils d'une partie des heures effectuées, en vue d'occulter le caractère lucratif de l'opération ; dès lors que les éléments constitutifs de ces deux infractions n'ont pas procédé, de manière indissociable, d'une action unique caractérisée par une seule intention coupable, la règle *ne bis in idem* n'est pas violée. • Crim. 10 mars 2020, n° 19-80.768 P : *RJS 5/2020, n° 250*.

Art. L. 8221-6 I. — Sont présumés ne pas être liés avec le donneur d'ordre par un contrat de travail dans l'exécution de l'activité donnant lieu à immatriculation ou inscription :

1° Les personnes physiques immatriculées au registre du commerce et des sociétés, au (*Ord. n° 2021-1189 du 15 sept. 2021, art. 35, en vigueur le 1er janv. 2023*) « registre national des entreprises en tant qu'entreprise du secteur des métiers et de l'artisanat », au registre des agents commerciaux ou auprès des unions de recouvrement des cotisations de sécurité sociale et d'allocations familiales pour le recouvrement des cotisations d'allocations familiales ;

2° Les personnes physiques inscrites au registre des entreprises de transport routier de personnes, qui exercent une activité de transport scolaire prévu par l'article (*L. n° 2015-991 du 7 août 2015, art. 15-IV*) « L. 214-18 » du code de l'éducation ou de transport à la demande conformément à l'article 29 de la loi n° 82-1153 du 30 décembre 1982 d'orientation des transports intérieurs ;

3° Les dirigeants des personnes morales immatriculées au registre du commerce et des sociétés et leurs salariés.

TRAVAIL DISSIMULÉ — Art. L. 8221-7

II. — L'existence d'un contrat de travail peut toutefois être établie lorsque les personnes mentionnées au I fournissent directement ou par une personne interposée des prestations à un donneur d'ordre dans des conditions qui les placent dans un lien de subordination juridique permanente à l'égard de celui-ci.

(L. n° 2011-1906 du 21 déc. 2011, art. 125) « Dans ce cas, la dissimulation d'emploi salarié est établie si le donneur d'ordre s'est soustrait intentionnellement par ce moyen à l'accomplissement des obligations incombant à l'employeur mentionnées à l'article L. 8221-5.

« Le donneur d'ordre qui a fait l'objet d'une condamnation pénale pour travail dissimulé en application du présent II est tenu au paiement des cotisations et contributions sociales à la charge des employeurs, calculées sur les sommes versées aux personnes mentionnées au I au titre de la période pour laquelle la dissimulation d'emploi salarié a été établie. »

BIBL. ▶ Arséguel et Isoux, *BJS* 1994. 469. – Aubert-Montpeyssen, *LPA* 22 sept. 1995 ; *Dr. soc.* 1997. 616 (frontières du salariat). – Barthélémy, *JCP E* 1994. I. 361 ; *JCP S* 2008. 1430 (contrat du sportif). – Chauchard, *Dr. soc.* 1995. 642. – Doroy, *Dr. soc.* 1995. 638. – Gonié, *Dr. soc.* 2005. 273 (télétravail). – Laroque, *Dr. soc.* 1995. 631. – Lemière, *Dr. ouvrier* 1997. 274 (démonstrateurs dans les grands magasins). – G. Lyon-Caen, *Dr. soc.* 1995. 647. – Probst, *Dr. soc.* 2006. 1109 (télétravail au domicile). – Ray, *Dr. soc.* 1995. 634 ; *ibid.* 1996. 121 (télétravail). – Teyssié, *Dr. soc.* 1994. 667. – Assoc. Villermé, *ibid.* 673. – Véricel, *Dr. soc.* 2004. 297. ▶ Adde : Amiel-Cosme, note *D.* 1997. 10.

COMMENTAIRE

V. sur le Code en ligne.

1. Application immédiate. La loi nouvelle du 1er août 2003, plus douce, est immédiatement applicable et le recouvrement des cotisations dues par l'employeur n'est possible que pour la période postérieure à la requalification des emplois. ● Civ. 2e, 9 mars 2006 : *Dr. soc.* 2006. 697, obs. Coursier ; *RJS* 2006. 433, n° 624.

2. Renversement de la présomption. Une inscription au RCS n'exclut pas la qualité de salarié dès lors que l'intéressé a été soumis à une période d'essai, travaille 35 heures par semaine, bénéficie en contrepartie d'une rémunération mensuelle et d'avantages en nature, reçoit des directives précises quant à l'exécution de sa tâche, et est tenu d'obtenir un accord pour fixer sa période de congés. ● Soc. 22 mars 2006 : *JCP S* 2006. 1423, note Puigelier.

3. L'existence d'un contrat de travail est établie dès lors que les artisans, immatriculés au répertoire des métiers, fournissaient des prestations les mettant en état de subordination juridique par rapport au maître de l'ouvrage durant tout le temps d'exécution de leur tâche, même en l'absence d'un lien contractuel permanent. ● Soc. 14 févr. 2006 : *JSL* 2006, n° 187-6.

4. Auto-entrepreneur. La présomption légale de non-salariat qui bénéficie aux personnes sous le statut d'auto-entrepreneur peut être détruite s'il est établi qu'elles fournissent directement, ou par une personne interposée, des prestations au donneur d'ordre dans des conditions qui les placent dans un lien de subordination juridique permanente à l'égard de celui-ci (formateurs recrutés sous statut d'auto-entrepreneur en contrat de prestations de services à durée indéterminée) ; il en résulte que le montant des sommes qui leur avaient été versées devait être réintégré dans l'assiette des cotisations de l'employeur. ● Soc. 7 juill. 2016, n° 15-16.110 P : *D. actu.* 7 sept. 2016, obs. Cortot ; *D.* 2016. Actu. 1574 ; *Dr. soc.* 2016. 859 ; *RJS* 11/2016, n° 722 ; *JCP E* 2016. 1462, obs. Taquet. ◆ Un travailleur inscrit en qualité d'auto-entrepreneur relève de la législation des travailleurs salariés s'il apparaît qu'il exerce sa prestation de travail sans aucune indépendance dans l'organisation et l'exécution de sa mission ; le donneur d'ordre a alors la qualité d'employeur et est dès lors soumis au paiement des cotisations et contributions sociales dues pour tous salariés. ● Civ. 2e, 28 nov. 2019, n° 18-15.333 P : *D.* 2019. Actu. 2359 ; *RJS* 2/2020, n° 70 ; *JSL* 2020, n° 491-3, obs. Blanc ; *JCP S* 2019. 1002, obs. Duchange.

5. Travailleur de plateforme. V. jurispr. ss. art. L. 7341-1.

Art. L. 8221-6-1 (L. n° 2008-776 du 4 août 2008, art. 11-II) Est présumé travailleur indépendant celui dont les conditions de travail sont définies exclusivement par lui-même ou par le contrat les définissant avec son donneur d'ordre.

SECTION 4 Règles applicables à la diffusion d'annonces

Art. L. 8221-7 Toute personne qui publie, diffuse ou fait diffuser par tout moyen une offre de service ou de vente ou une annonce destinée à faire connaître son activité professionnelle au public est tenue :

1° Lorsqu'elle est soumise au respect des formalités mentionnées aux articles L. 8221-3 et L. 8221-5 :

a) De mentionner un numéro d'identification prévu par décret en Conseil d'État ou, pour l'entreprise en cours de création, son nom ou sa dénomination sociale et son adresse professionnelle ;

b) De communiquer au responsable de la publication ou de la diffusion son nom ou sa dénomination sociale et son adresse professionnelle ;

2° Lorsqu'elle n'est pas soumise au respect des formalités mentionnées au 1° :

a) De mentionner son nom et son adresse sur toute annonce faite par voie d'affiche ou de prospectus ;

b) De communiquer son nom et son adresse au responsable de la publication ou de la diffusion.

Le responsable de la publication ou de la diffusion tient ces informations à la disposition des agents de contrôle mentionnés à l'article L. 8271-7 pendant un délai de six mois à compter de la cessation de la diffusion de l'annonce. — *[Anc. art. L. 324-11-2, I.]* — *V. art. R. 8221-3.*

SECTION 5 **Dispositions d'application**

Art. L. 8221-8 Un décret en Conseil d'État détermine les conditions d'application des dispositions du présent chapitre. — *[Anc. art. L. 324-15.]* — *V. art. R. 8221-1 s.*

V. Circ. du 9 nov. 1992 (JO 18 nov.) relative au renforcement de la lutte contre le travail clandestin et à l'application de la loi n° 91-1383 du 31 déc. 1991 ; Circ. du 30 déc. 1994 (BOMT n° 95/5) (solidarité financière des donneurs d'ordres et des maîtres d'ouvrage).

CHAPITRE II **OBLIGATIONS ET SOLIDARITÉ FINANCIÈRE DES DONNEURS D'ORDRE ET DES MAÎTRES D'OUVRAGE**

Art. L. 8222-1 Toute personne vérifie lors de la conclusion d'un contrat dont l'objet porte sur une obligation d'un montant minimum en vue de l'exécution d'un travail, de la fourniture d'une prestation de services ou de l'accomplissement d'un acte de commerce, et périodiquement jusqu'à la fin de l'exécution du contrat, que son cocontractant *(L. n° 2011-672 du 16 juin 2011, art. 73-II)* « s'acquitte » :

1° des formalités mentionnées aux articles L. 8221-3 et L. 8221-5 ;

2° de l'une seulement des formalités mentionnées au 1°, dans le cas d'un contrat conclu par un particulier pour son usage personnel, celui de son conjoint, partenaire lié par un pacte civil de solidarité, concubin, de ses ascendants ou descendants.

Les modalités selon lesquelles sont opérées les vérifications imposées par le présent article sont précisées par décret. — *V. art. R. 8222-1 s.*

V. CSS, art. L. 133-4-5.

Jurisprudence rendue sous l'empire des dispositions antérieures à la loi du 11 mars 1997.

1. Détermination de l'employeur. Lorsque les factures établies par une société sont de pure complaisance et ne correspondent pas à une prestation effective en sorte qu'il s'agit d'une entreprise de facturation créée dans le but de couvrir l'activité d'ateliers clandestins, il en résulte que le véritable employeur, au sens des art. L. 120 et L. 241 [art. L. 242-1 et L. 311-2] CSS, est le donneur d'ordre qui doit être déclaré débiteur des cotisations de sécurité sociale, peu important que les conditions d'application de l'art. L. 125-2 [L. 8232-1, L. 8232-3, L. 8241-1, L. 8241-2 nouv.] C. trav. soient ou non réunies. ● Soc. 21 janv. 1987 (2 arrêts) : *Bull. civ. V, n° 41.* ◆ V. aussi ● Civ. 2ᵉ, 16 nov. 2004, ⚖ n° 02-30.550 P : *RJS 2005. 133, n° 189.*

2. Caractère intentionnel. En relevant la durée des relations entre deux sociétés, les conditions de leur exercice et le fait que le prévenu n'a effectué aucune des vérifications imposées par l'art. 324-14 [L. 1233-45 nouv.] concernant les obligations auxquelles la société avec laquelle il traitait était soumise, la cour d'appel démontre que le prévenu a sciemment eu recours aux services d'une société qui effectuait un travail clandestin. ● Crim. 21 janv. 1997, ⚖ n° 95-84.204 P : *CSB 1997. 192, S. 120.*

3. Vérification des obligations du cocontractant. Si le donneur d'ordre est considéré comme ayant procédé aux vérifications requises en matière de solidarité financière dès lors qu'il s'est fait remettre par son cocontractant les documents prévus par l'art. R. 324-4 [art. R. 8222-5] C. trav., cette présomption de vérification est écartée en cas de discordance entre la dénomination de la société, désignée sur les documents remis, et l'identité du cocontractant. ● Civ. 2ᵉ, 11 juill. 2013 : ⚖ *Dr. soc. 2014. 137, obs. Salomon* ⌀ *; RJS 2013. 682, n° 754.* ◆ Les documents énumérés par l'art. D. 8222-5 C. trav. sont les seuls dont la remise permet à la personne dont le cocontractant est établi en France, lorsqu'elle n'est pas un particulier répondant aux conditions fixées par l'art. D. 8222-4, de s'acquitter de l'obligation de vérification mise à sa charge par l'art. L. 8222-1. • Civ. 2e, 11 févr. 2016, 🏛 n° 14-10.614 P : *JCP S 2016. 1120, obs. Lahalle.*

Jurisprudence rendue sous l'empire des dispositions postérieures à la loi du 11 mars 1997.

4. Le particulier qui contracte pour son usage personnel ne peut être considéré comme ayant eu recours sciemment au travail dissimulé, s'il se fait remettre par son cocontractant l'un des documents prévus à l'art. D. 8222-5 C. trav., sauf s'il existe une discordance entre la dénomination de la société désignée sur le document et l'identité du cocontractant. • Crim. 9 nov. 2010 : 🏛 *D. actu.* *15 déc. 2010, obs. Bombled ; JCP S 2011. 1075, obs. Martinon.*

5. *Étendue des vérifications du donneur d'ordre.* Si le donneur d'ordre est considéré comme ayant procédé aux vérifications requises en matière de solidarité financière dès lors qu'il s'est fait remettre par son cocontractant les documents énumérés à l'art. D. 8222-5, cette présomption de vérification est écartée en cas de discordance entre les déclarations mentionnées sur ces documents et les informations dont le donneur d'ordre pouvait avoir connaissance ou que s'agissant de l'authenticité de l'attestation de fourniture des déclarations sociales et de paiement des cotisations et contributions sociales prévues à l'art. L. 243-15 CSS, l'administration fiscale établisse que celle-ci n'émane pas de l'organisme chargé du recouvrement de ces cotisations. • CE 22 mars 2023, 🏛 n° 456631 B : *RJS 8-9/2023, n° 465.*

Art. L. 8222-2 Toute personne qui méconnaît les dispositions de l'article L. 8222-1, ainsi que toute personne condamnée pour avoir recouru directement ou par personne interposée aux services de celui qui exerce un travail dissimulé, est tenue solidairement avec celui qui a fait l'objet d'un procès-verbal pour délit de travail dissimulé :

1° Au paiement des impôts, taxes et cotisations obligatoires ainsi que des pénalités et majorations dus par celui-ci au Trésor ou aux organismes de protection sociale ;

2° Le cas échéant, au remboursement des sommes correspondant au montant des aides publiques dont il a bénéficié ;

3° Au paiement des rémunérations, indemnités et charges dues par lui à raison de l'emploi de salariés n'ayant pas fait l'objet de l'une des formalités prévues aux articles L. 1221-10, relatif à la déclaration préalable à l'embauche et L. 3243-2, relatif à la délivrance du bulletin de paie. – *[Anc. art. L. 324-14, al. 1er fin et 2 à 4, et L. 324-13-1, al. 1 à 4.]*

1. *Constitutionnalité.* Sont conformes à la Constitution les dispositions de l'art. L. 8222-2 relatives à la solidarité financière du donneur d'ordre vis-à-vis d'un sous-traitant ayant fait l'objet d'un procès-verbal pour délit de travail dissimulé ; cette solidarité n'a pas le caractère d'une punition, dans la mesure où le donneur d'ordre qui s'est acquitté du paiement des sommes exigibles dispose d'une action récursoire contre le débiteur principal et, le cas échéant, contre les codébiteurs solidaires. • Cons. const. 31 juill. 2015, 🏛 n° 2015-479 QPC : *D. 2015. Actu. 1709 ⊘ ; RJS 10/2015, n° 657 ; JCP 2015. 1341, obs. Mathieu.* ♦ N'est pas nouvelle, ni sérieuse, et n'a donc pas à être renvoyée au Conseil constitutionnel la question de savoir si l'art. L. 8222-2, 3° sur la solidarité financière du donneur d'ordre en cas de recours au service d'une personne exerçant un travail dissimulé est contraire aux principes d'individualisation et de proportionnalité des peines et méconnaît le principe de responsabilité, la garantie des droits et le principe d'égalité devant la justice prévus par la Constitution ; cette solidarité financière n'a pas le caractère d'une punition puisqu'elle ne prive pas le donneur d'ordre, qui s'est acquitté des sommes exigibles, d'une action récursoire contre le débiteur principal et, le cas échéant, contre ses débiteurs solidaires, le donneur d'ordre peut être regardé comme ayant facilité la réalisation du travail dissimulé ou ayant contribué à celle-ci et la solidarité financière est limitée dès lors que les sommes dues au salarié employé de façon illégale sont déterminées à due proportion de la valeur des travaux réalisés, des services fournis, du bien vendu et de la rémunération en vigueur dans la profession, le donneur d'ordre, qui a la possibilité de contester devant la juridiction civile saisie par le salarié, tant la régularité de la procédure que l'exigibilité et le bien-fondé des sommes réclamées, dispose d'un recours juridictionnel effectif et l'atteinte au droit de propriété qui résulte de ces dispositions est justifiée par des objectifs d'intérêt général et proportionnée à ces objectifs. • Soc., QPC, 11 févr. 2022, 🏛 n° 21-19.494 B : *RJS 4/2022, n° 208.*

2. *Mise en œuvre de la solidarité financière du donneur d'ordre.* L'administration doit adresser au donneur d'ordre un avis de mise en recouvrement individuel ; celui-ci peut alors obtenir, à sa demande, la communication des documents visés dans l'avis ainsi que de tout document utile à la contestation de la régularité de la procédure, du bien-fondé et de l'exigibilité des impositions qui lui sont réclamées. • CE 22 févr. 2017, 🏛 QPC, n° 386430 : *JCP 2015. 894, obs. Mathieu.* ♦ L'administration est tenue de faire droit à cette demande, sans pouvoir exiger le paiement de frais de reproduction et d'envoi. En cas de refus de communication, la solidarité financière ne pourra pas être mise en œuvre, sauf si les éléments du dossier fiscal sont finalement produits au cours d'une instance en décharge de paiement introduite devant le juge de l'impôt, cette production ayant pour effet de régulariser l'atteinte aux droits de la défense. Dans ce dernier cas, le débiteur solidaire pourra soulever devant le juge, jusqu'à la clôture de l'instruction, tous moyens relatifs à la régularité et au bien-fondé des impositions au paiement desquelles il est solidairement tenu. ● CE, avis, 6 juin 2018, ⚖ n° 418863 : *JO 10 juin ; SSL 2018, n° 1821, p. 12, obs. Champeaux.* ♦ La lettre d'observations de l'URSSAF adressée au donneur d'ordre qui a eu recours aux services d'un sous-traitant en situation de travail dissimulé doit, pour assurer le caractère contradictoire du contrôle et la garantie des droits de la défense à l'égard de ce dernier dont la solidarité financière est recherchée, préciser année par année le montant des sommes dues ; et ce, à peine de nullité. ● Civ. 2e, 13 févr. 2020, ⚖ n° 19-11.645 P. ♦ Si la mise en œuvre de la solidarité financière du donneur d'ordre n'est pas subordonnée à la communication préalable à ce dernier du procès-verbal pour délit de travail dissimulé, établi à l'encontre du cocontractant, l'organisme de recouvrement est tenu de produire ce procès-verbal devant la juridiction de sécurité sociale en cas de contestation par le donneur d'ordre de l'existence ou du contenu de ce document. ● Civ. 2e, 8 avr. 2021, ⚖ n°s 19-23.728 P et 20-11.126 P : *D. 2021. Actu. 749* ⌨ *; RJS 6/2021, n° 330.*

3. Irrégularités affectant le redressement. Le donneur d'ordre peut invoquer, à l'appui de sa contestation de la solidarité financière, les irrégularités entachant le redressement opéré à l'encontre de son cocontractant du chef du travail dissimulé. ● Civ. 2e, 23 juin 2022, ⚖ n° 20-22.128 B : *RJS 10/2022, n° 535 ; JCP E 2022. 1274, obs. Taquet ; JCP S 2022. 1236, obs. Aumeran.*

Art. L. 8222-3 Les sommes dont le paiement est exigible en application de l'article L. 8222-2 sont déterminées à due proportion de la valeur des travaux réalisés, des services fournis, ou du bien vendu et de la rémunération en vigueur dans la profession. – *[Anc. art. L. 324-14, al. 5, et L. 324-13-1, al. 5.]*

Art. L. 8222-4 Lorsque le cocontractant intervenant sur le territoire national est établi ou domicilié à l'étranger, les obligations dont le respect fait l'objet de vérifications sont celles qui résultent de la réglementation d'effet équivalent de son pays d'origine et celles qui lui sont applicables au titre de son activité en France. – *[Anc. art. L. 324-14-2.]*

Art. L. 8222-5 Le maître de l'ouvrage ou le donneur d'ordre, informé par écrit par un agent de contrôle mentionné à l'article L. 8271-7 ou par un syndicat ou une association professionnels ou une institution représentative du personnel, de l'intervention (*L. n° 2014-790 du 10 juill. 2014, art. 6*) « du cocontractant, » d'un sous-traitant ou d'un subdélégataire en situation irrégulière au regard des formalités mentionnées aux articles L. 8221-3 et L. 8221-5 enjoint aussitôt à son cocontractant de faire cesser sans délai cette situation.

A défaut, il est tenu solidairement avec son cocontractant au paiement des impôts, taxes, cotisations, rémunérations et charges mentionnés aux 1° à 3° de l'article L. 8222-2, dans les conditions fixées à l'article L. 8222-3.

Les dispositions du présent article ne s'appliquent pas au particulier qui contracte pour son usage personnel, celui de son conjoint, partenaire lié par un pacte civil de solidarité, concubin, de ses ascendants ou descendants. – *[Anc. art. L. 324-14-1, al. 1er et 2.]*

Détachement en France et devoir d'injonction de l'entreprise utilisatrice en l'absence de certificat A1. En l'absence de certificat attestant du maintien d'affiliation au régime de sécurité sociale de l'État d'origine, en raison d'un refus de délivrance ou de son retrait par l'institution de l'État membre compétent, la législation de l'État membre où est exercée l'activité salariée est la seule applicable ; l'entreprise utilisatrice, informée de l'intervention de salariés employés par une entreprise de travail temporaire, en situation irrégulière au regard des formalités mentionnées aux art. L. 8221-3 et L. 8221-5 C. trav., doit enjoindre celle-ci de faire cesser sans délai cette situation et, à défaut, elle est tenue solidairement avec elle au paiement des indemnités pour travail dissimulé. ● Soc. 4 nov. 2020, ⚖ n° 18-24.451 P : *D. 2020. 2175* ⌨ *; Dr. soc. 2021. 243, obs. Robin-Olivier* ⌨ *; RJS 1/2021, n° 60 ; Dr. ouvrier 2021. 19, note Driguez ; JCP S 2020. 3118, obs. Icard.*

Art. L. 8222-6 (*L. n° 2013-1203 du 23 déc. 2013, art. 83-I*) Sans préjudice des articles L. 8222-1 à L. 8222-3, toute personne morale de droit public ayant contracté avec une entreprise, informée par écrit par un agent de contrôle de la situation irrégulière de cette entreprise au regard des formalités mentionnées aux articles L. 8221-3 et L. 8221-5, enjoint aussitôt à cette entreprise de faire cesser sans délai cette situation.

L'entreprise ainsi mise en demeure apporte à la personne publique, dans un délai de deux mois, la preuve qu'elle a mis fin à la situation délictuelle. A défaut, le contrat peut être rompu sans indemnité, aux frais et risques de l'entrepreneur.

La personne morale de droit public informe l'agent auteur du signalement des suites données par l'entreprise à son injonction.

A défaut de respecter les obligations qui découlent des premier et troisième alinéas du présent article ou, en cas de poursuite du contrat, si la preuve de la fin de la situation délictuelle ne lui a pas été apportée dans un délai de six mois suivant la mise en demeure, la personne morale de droit public est tenue solidairement avec son cocontractant au paiement des sommes mentionnées aux 1° à 3° de l'article L. 8222-2, dans les conditions fixées à l'article L. 8222-3.

Art. L. 8222-7 Un décret en Conseil d'État détermine les conditions d'application des dispositions du présent chapitre. – *[Anc. art. L. 324-15.]*

CHAPITRE III DROITS DES SALARIÉS ET ACTIONS EN JUSTICE (*L. n° 2014-790 du 10 juill. 2014, art. 9*).

SECTION 1 Droits des salariés (*L. n° 2014-790 du 10 juill. 2014, art. 9*).

Art. L. 8223-1 En cas de rupture de la relation de travail, le salarié auquel un employeur a eu recours dans les conditions de l'article L. 8221-3 ou en commettant les faits prévus à l'article L. 8221-5 a droit à une indemnité forfaitaire égale à six mois de salaire. – *[Anc. art. L. 324-11-1, al. 1er]*

BIBL. ▶ HOLLEAUX, *SSL* 2002, n° 1103, p. 10.

1. Conformité de l'indemnité. L'indemnité de l'art. L. 8223-1 ne constitue pas une sanction ayant le caractère d'une punition, elle a pour objet d'assurer une réparation minimale du préjudice subi par le salarié du fait de la dissimulation du travail, le caractère forfaitaire de cette indemnité est destiné à compenser la difficulté, pour le salarié, de rapporter le nombre d'heures accompli ; l'art. L. 8223-1 C. trav. est conforme à la Constitution. • Cons. const., QPC, 25 mars 2011 : *RSC* 2011. 404, note Cerf-Hollender ⌀ • Cass., QPC, 5 janv. 2011 : *D. actu. 18 janv. 2011, obs. Bombled* • Soc. QPC, 23 oct. 2020, n° 19-26.020 P.

2. Droit à l'indemnité. Le salarié dont l'employeur a volontairement dissimulé une partie du temps de travail a droit à l'indemnité forfaitaire. • Soc. 15 oct. 2002, n° 00-45.082 P : *D. 2002. IR 2918* ⌀ ; *Dr. soc.* 2002. 1145, obs. Duquesne ⌀ ; *RJS* 2002. 1046, n° 1424 ; *JCP E* 2002. 1792, note Taquet ; *ibid.* 2003. 399, note Aubert-Monpeyssen ; *CSB* 2003. 17, A. 6 ; *JSL* 2002, n° 112-3. ◆ Le salarié a droit à une indemnité forfaitaire non modulable par le juge égale à six mois de salaire quelles que soient la cause et l'initiative de la rupture du contrat de travail, cette somme ne pouvant se cumuler avec les autres indemnités auxquelles le salarié peut prétendre en raison de la rupture de son contrat de travail. • Soc. 24 sept. 2003 : *RJS* 2003. 993, n° 1422. ◆ L'indemnité forfaitaire est due même si les salariés concernés avaient donné leur démission et qu'il avait été mis fin au préavis d'un commun accord. • Soc. 12 oct. 2004, n° 02-44.666 P : *Dr. soc.* 2004. 1152, obs. Radé ⌀ ; *RJS* 2004. 915, n° 1310 ; *TPS* 2004, n° 360. ◆ L'indemnité forfaitaire est due quel que soit le mode de rupture de la relation de travail ; elle est due s'agissant d'un contrat à durée déterminée comme le contrat d'apprentissage arrivé à son terme après s'être exécuté en totalité. • Soc. 7 nov. 2006 : *D. 2006. IR 2952* ⌀.

3. Caractère indemnitaire. L'indemnité forfaitaire présente un caractère indemnitaire et n'est, en conséquence, pas soumise à cotisations sociales. • Soc. 20 févr. 2008, n° 06-44.964 P : *RJS* 2008. 452, n° 579 ; *JCP S* 2008. 1235, note Martinon.

4. Cumul des indemnités. Indépendamment de la sanction civile de l'art. L. 8223-1, tout salarié a droit à l'indemnisation du préjudice lié à la faute de l'employeur dans l'exécution de ses obligations. • Soc. 14 avr. 2010 : *D. 2010. Actu. 1151* ⌀ ; *D. actu. 14 mai 2010, obs. Maillard* ; *RJS* 6/2010, n° 540 ; *JSL* 2010, n° 280-6, obs. Julien-Paturle ; *Dr. ouvrier* 2010. 688, obs. Ferraro ; *JCP S* 2010. 1327, obs. Willmann. ◆ Au regard de la nature de sanction civile de l'indemnité forfaitaire prévue à l'art. L. 8223-1 C. trav., rien ne s'oppose au cumul de cette indemnité avec les indemnités de toute nature auxquelles le salarié a droit en cas de rupture de la relation de travail. • Soc. 6 févr. 2013, n° 11-23.738 : *D. 2013. Actu. 439, obs. Siro* ⌀ ; *D. 2013. 1775, obs. Sommé* ⌀ ; *Dr. ouvrier* 2013. 296, obs. Boulmier ; *ibid.* 2013. 562, obs. Bonnechère ; *JSL* 2013, n° 340-5 ; *JCP S* 2013. 1149, obs. Verkindt • 15 mai 2013 : ⚖ *D. actu. 5 juin 2013*, obs. Fleuriot ; *D. 2013. Actu. 1285* ⌀. ♦ L'indemnité prévue en cas de travail dissimulé peut se cumuler avec l'indemnité compensatrice de préavis, l'indemnité de congés payés sur préavis et l'indemnité conventionnelle de licenciement. • Soc. 25 mai 2005 : ⚖ *D. 2005. IR 1507* ⌀ ; *Dr. soc. 2005. 1038*, obs. Roy-Loustaunau ⌀ ; *RJS 2005. 665, n° 929*. ♦ Comp. : Le paiement de l'indemnité forfaitaire n'est pas subordonné à l'existence d'une décision pénale déclarant l'employeur coupable du délit de travail dissimulé ; elle ne se cumule pas avec les autres indemnités auxquelles le salarié pourrait prétendre au titre de la rupture de son contrat de travail, seule l'indemnisation la plus favorable devant lui être accordée. • Soc. 15 oct. 2002 : ⚖ *préc. note 2.* ♦ Seule l'indemnité la plus favorable lui est due. L'indemnité tient compte des heures supplémentaires effectuées par le salarié au cours des six mois précédant la rupture. • Soc. 10 juin 2003, ⚖ n° 01-40.779 P : *D. 2003. IR 2054* ⌀ ; *RJS 2003. 695, n° 1023*.

5. Travailleur étranger sans titre et travail dissimulé. Lorsque l'étranger employé sans titre l'a été dans le cadre d'un travail dissimulé, il bénéficie soit des dispositions de l'art. L. 8223-1 prévoyant une indemnité forfaitaire pour travail dissimulé de 6 mois de salaire, soit des dispositions des art. L. 8252-1 à L. 8252-4 relatifs aux droits du salarié étranger si celles-ci lui sont plus favorables. • Soc. 14 févr. 2018, ⚖ n° 16-22.335 P : *D. actu. 8 mars 2018*, obs. Peyronnet ; *D. 2018. Actu. 466* ⌀ ; *RJS 4/2018, n° 297* ; *JCP S 2018. 1129*, obs. Barège • Soc. 18 mars 2020, ⚖ n° 18-24.982 P : *D. 2020. 826* ⌀ ; *Dr. soc. 2020. 627*, note Wolmark ⌀ ; *RJS 6/2020, n° 321*.

Art. L. 8223-1-1 (L. n° 2014-788 du 10 juill. 2014, art. 6) Sans préjudice du chapitre I du présent titre et des articles L. 8113-7 et L. 8271-8 du présent code, lorsque l'(L. n° 2016-1088 du 8 août 2016, art. 113) « agent de contrôle de l'inspection du travail mentionné à l'article L. 8112-1 du présent code » constate qu'un stagiaire occupe un poste de travail en méconnaissance des articles L. 124-7 et L. 124-8 du code de l'éducation ou que l'organisme d'accueil ne respecte pas les articles L. 124-13 et L. 124-14 du même code, il en informe le stagiaire, l'établissement d'enseignement dont il relève, ainsi que les institutions représentatives du personnel de l'organisme d'accueil, dans des conditions fixées par décret.

Art. L. 8223-2 Le salarié obtient des agents de contrôle mentionnés à l'article L. 8271-7, dans les conditions définies par décret, les informations relatives à l'accomplissement par son employeur de la déclaration préalable à l'embauche le concernant.

Lorsque cette formalité n'est pas accomplie par l'employeur, ces agents sont habilités à communiquer au salarié les informations relatives à son inscription sur le registre unique du personnel. – *[Anc. art. L. 324-11-1, al. 2.]*

Art. L. 8223-3 Un décret en Conseil d'État détermine les conditions d'application des dispositions du présent chapitre. – *[Anc. art. L. 324-15.]* – V. art. D. 8223-1 s.

SECTION 2 Actions en justice

(L. n° 2014-790 du 10 juill. 2014, art. 9)

Art. L. 8223-4 Les organisations syndicales représentatives peuvent exercer en justice toutes les actions résultant de l'application du présent titre en faveur d'un salarié, sans avoir à justifier d'un mandat de l'intéressé.

Il suffit que celui-ci ait été averti, dans des conditions déterminées par voie réglementaire, et ne s'y soit pas opposé dans un délai de quinze jours à compter de la date à laquelle l'organisation syndicale lui a notifié son intention.

L'intéressé peut toujours intervenir à l'instance engagée par le syndicat et y mettre un terme à tout moment.

CHAPITRE IV **DISPOSITIONS PÉNALES**

BIBL. GÉN. ▶ CHOPIN, *AJ pénal 2016. 348* ⌀ (actualité jurisprudentielle du travail dissimulé). – RAULINE, *Dr. soc. 1994. 123* ⌀ (loi du 20 déc. 1993).

Art. L. 8224-1 Le fait de méconnaître les interdictions définies à l'article L. 8221-1 est puni d'un emprisonnement de trois ans et d'une amende de 45 000 €. – *[Anc. art. L. 362-3, al. 1ᵉʳ.]*

Art. L. 8224-2 Le fait de méconnaître les interdictions définies à l'article L. 8221-1 par l'emploi dissimulé d'un mineur soumis à l'obligation scolaire est puni d'un emprisonnement de cinq ans et d'une amende de 75 000 €.

(L. n° 2014-1554 du 22 déc. 2014, art. 94) « Le fait de méconnaître les interdictions définies au même article L. 8221-1 en commettant les faits à l'égard de plusieurs personnes ou d'une personne dont la vulnérabilité ou l'état de dépendance sont apparents ou connus de l'auteur est puni d'un emprisonnement de cinq ans et d'une amende de 75 000 €. »

(L. n° 2014-790 du 10 juill. 2014, art. 13) « Le fait de méconnaître les interdictions définies aux 1° et 3° du même article L. 8221-1 en commettant les faits en bande organisée est puni de dix ans d'emprisonnement et de 100 000 € d'amende. »

Art. L. 8224-3 Les personnes physiques coupables des infractions prévues aux articles L. 8224-1 et L. 8224-2 encourent les peines complémentaires suivantes :

(L. n° 2008-776 du 4 août 2008, art. 73-II) « 1° L'interdiction, suivant les modalités prévues par l'article 131-27 du code pénal, soit d'exercer une fonction publique ou d'exercer l'activité professionnelle ou sociale dans l'exercice ou à l'occasion de l'exercice de laquelle l'infraction a été commise, soit d'exercer une profession commerciale ou industrielle, de diriger, d'administrer, de gérer ou de contrôler à un titre quelconque, directement ou indirectement, pour son propre compte ou pour le compte d'autrui, une entreprise commerciale ou industrielle ou une société commerciale. Ces interdictions d'exercice peuvent être prononcées cumulativement ; »

2° L'exclusion des marchés publics pour une durée de cinq ans au plus ;

(L. n° 2015-990 du 6 août 2015, art. 282-II) « 3° La peine de confiscation dans les conditions et selon les modalités prévues à l'article 131-21 du code pénal ; »

(L. n° 2018-771 du 5 sept. 2018, art. 102) « 4° L'affichage ou la diffusion de la décision prononcée, dans les conditions prévues à l'article 131-35 du même code.

« Le prononcé de la peine complémentaire d'affichage ou de diffusion de la décision est obligatoire à l'encontre de toute personne coupable d'un délit mentionné à l'article L. 8224-2 du présent code. L'affichage ou la diffusion est alors opéré pour une durée maximale d'un an par les services du ministre chargé du travail sur un site internet dédié, dans les conditions prévues par décret en Conseil d'État pris après avis de la Commission nationale de l'informatique et des libertés. Toutefois, la juridiction peut, par une décision spécialement motivée, décider de ne pas prononcer la peine mentionnée au présent alinéa, en considération des circonstances de l'infraction et de la personnalité de son auteur ; »

5° L'interdiction, suivant les modalités prévues par l'article 131-26 du code pénal, des droits civiques, civils et de famille.

1. Caractère alternatif des peines. L'art. L. 362-4, 4° [L. 8224-3 nouv.], ne permet de prononcer que l'une ou l'autre des peines complémentaires d'affichage et de publication, non les deux. • Crim. 13 mai 1997, n° 97-80.772 P : *Dr. pénal 1997. Comm. 146, obs. J.-H. Robert.*

2. Confiscation. Une somme d'argent, trouvée en possession du salarié et considérée comme la rémunération occulte versée à celui-ci par le prévenu, n'entre pas dans la catégorie des biens ou objets prévus par l'art. L. 362-4, 3° [L. 8224-3 nouv.], C. trav. comme pouvant faire l'objet d'une confiscation. • Crim. 8 juin 1999 : *Dr. pénal 1999. Comm. 132, obs. J.-H. Robert.*

3. Il appartient aux juges du fond de rechercher, conformément à l'art. 99 C. pr. pén., si la restitution d'un objet sous main de justice est de nature à faire obstacle à la manifestation de la vérité ou à la sauvegarde des droits des parties ou si la confiscation des objets saisis est possible en application de l'art. L. 362-4, 3° [L. 8224-3 nouv.], C. trav. Ainsi, doit être cassé l'arrêt qui, pour écarter l'argumentation d'une personne de nationalité britannique dont le véhicule automobile et la caravane ont été saisis par les gendarmes dans le cadre d'une information menée contre personne non dénommée pour travail dissimulé et emplois d'étrangers démunis de titre de travail, affirme qu'il y a de fortes présomptions en faveur de la non-résidence en France du requérant pour raisons de vacances, ajoute que le maintien du véhicule sous main de justice doit garantir la représentation de l'intéressé et de son époux devant la justice française et retient enfin que la justification du requérant selon laquelle la caravane est son domicile principal n'est pas suffisante. • Crim. 5 oct. 1999, n° 98-87.593 P : *D. 1999. IR 280.*

Art. L. 8224-4 Tout étranger coupable des infractions prévues aux articles L. 8224-1 et L. 8224-2 est passible d'une interdiction du territoire français qui peut être prononcée dans les conditions prévues par l'article 131-30 du code pénal pour une durée de cinq ans au plus. — *[Anc. art. L. 362-5.]*

Art. L. 8224-5 Les personnes morales reconnues pénalement responsables, dans les conditions prévues par l'article 121-2 du code pénal, des infractions prévues par les articles L. 8224-1 et L. 8224-2 encourent :

1° L'amende, dans les conditions prévues à l'article 131-38 du code pénal ;

2° Les peines mentionnées aux 1° à 5°, 8° (*L. n° 2014-790 du 10 juill. 2014, art. 12* ; *L. n° 2018-771 du 5 sept. 2018, art. 102*) « et 12° » de l'article 131-39 du même code.

L'interdiction prévue au 2° de l'article 131-39 du code pénal porte sur l'activité dans l'exercice ou à l'occasion de l'exercice de laquelle l'infraction a été commise ;

(*L. n° 2018-771 du 5 sept. 2018, art. 102*) « 3° L'affichage ou la diffusion de la décision prononcée, dans les conditions prévues à l'article 131-39 du code pénal.

« Le prononcé de la peine complémentaire d'affichage ou de diffusion de la décision est obligatoire à l'encontre de toute personne coupable d'un délit mentionné à l'article L. 8224-2 du présent code. L'affichage ou la diffusion est alors opéré pour une durée maximale d'un an par les services du ministre chargé du travail sur un site internet dédié, dans des conditions prévues par décret en Conseil d'État pris après avis de la Commission nationale de l'informatique et des libertés. Toutefois, la juridiction peut, par une décision spécialement motivée, décider de ne pas prononcer la peine mentionnée au présent alinéa en considération des circonstances de l'infraction et de la personnalité de son auteur. »

Cumul de sanctions. Les faits de travail dissimulé, réprimés par l'art. L. 8224-5, qui prévoit notamment une peine d'amende, ainsi que les peines de dissolution de la personne morale ou d'interdiction d'exercice de l'activité professionnelle ou sociale, et par l'art. L. 243-7-7 CSS, qui prévoit une majoration du montant du redressement des cotisations et contributions sociales, doivent être regardés comme faisant l'objet de sanctions de nature différente. Le grief tiré de la méconnaissance du principe de nécessité et de proportionnalité des peines doit donc être écarté et les dispositions précitées sont conformes à la Constitution. ● Cons. const. 7 oct. 2021, ⚖ n° 2021-937 QPC : *D. 2021. 1818* ; *AJ pénal 2021. 538 et les obs.* ; *RJS 12/2021, n° 673* ; *JCP S 2021. 1297, obs. Segonds*.

Art. L. 8224-5-1 (*L. n° 2011-672 du 16 juin 2011, art. 88*) Le prononcé de la peine complémentaire de fermeture provisoire d'établissement mentionnée au 4° de l'article 131-39 du code pénal n'entraîne ni rupture, ni suspension du contrat de travail, ni aucun préjudice pécuniaire à l'encontre des salariés de l'établissement concerné.

Art. L. 8224-6 Le fait, pour toute personne soumise aux obligations énoncées à l'article L. 8221-7, de diffuser ou de faire diffuser, ou de communiquer au responsable de la publication ou de la diffusion des informations mensongères relatives à son identification est puni d'une amende de 7 500 €. — [*Anc. art. L. 324-11-2, II, al. 1er.*]

TITRE III MARCHANDAGE

RÉP. TRAV. v° *Marchandage*, par Bouloc.

BIBL. GÉN. ▶ Blaise, *Dr. soc. 1990. 418* (fourniture de main-d'œuvre). – Chalaron, *ibid. 1980. 507* (pour un nouveau concept pénal du marchandage). – Danti-Juan, *ibid. 1985. 834* (détachement). - Doroy, *ibid. 1994. 547* (préjudice causé au salarié). – Frossard, in *Flexibilité du droit du travail, objectif ou réalité ?*, ELA, 1986, p. 89 (prestations de services). – Gaudu, D. 1988. Chron. 235 (responsabilité civile du prêteur de main-d'œuvre). – Lasserre, *Dr. soc. 1975. 96* (travail en équipe autonome). – A. Lyon-Caen et De Maillard, *Dr. soc. 1981. 320* (mise à disposition). – Moreau, *ibid. 1981. 392* (trafics de main-d'œuvre). – Petit, *Dr. ouvrier 1981. 138* (fausse sous-traitance et prestation de services illégale). ▶ Sur le phénomène d'éclatement de l'entreprise : Jeantin, *Dr. ouvrier 1981. 118*. – Henry, *ibid. 122*. – A. Lyon-Caen, *ibid. 127*. – De Maillard, Mandroyan, Plattier et Priestley, *Dr. soc. 1979. 323*. – Rauline, *ibid. 1994. 123* (travail illégal).

> ***COMMENTAIRE***
> V. sur le Code en ligne 📖.

CHAPITRE I INTERDICTION

Art. L. 8231-1 Le marchandage, défini comme toute opération à but lucratif de fourniture de main-d'œuvre qui a pour effet de causer un préjudice au salarié qu'elle concerne ou d'éluder l'application de dispositions légales ou de stipulations d'une convention ou d'un accord collectif de travail, est interdit. − *[Anc. art. L. 125-1, al. 1ᵉʳ.]*

COMMENTAIRE

V. sur le Code en ligne 🏛.

1. Éléments constitutifs. A la différence de l'art. L. 125-3 [L. 8231-1, L. 8241-1, L. 8241-2 nouv.] l'art. L. 125-1 n'exige pas que l'opération prohibée concernant la main-d'œuvre ait un caractère exclusif. • Crim. 23 juin 1987 : *Bull. crim. n° 263*. ♦ Le délit de marchandage n'est pas subordonné à un mode particulier de rémunération. • Crim. 15 mars 1994 : 🏛 *D. 1994. IR 123*. ♦ L'opération de fourniture de main-d'œuvre présente un caractère lucratif dès lors que l'entreprise bénéficiaire n'a pas à supporter les charges sociales et financières qu'elle aurait eues si elle avait employé ses propres salariés. • Crim. 23 mars 1993 : 🏛 *CSB 1993. 185, S. 101*. ♦ Le but lucratif de l'opération de prêt de main-d'œuvre conclue entre des entreprises liées par des intérêts communs doit être caractérisée pour que soit reconnu le délit de marchandage dans les cas où une telle opération est de nature à entraîner des conséquences préjudiciables pour les salariés concernés. • Crim. 20 mars 2007 : 🏛 *D. 2007. AJ 1275 ⌀ ; RJS 2007. 681, n° 898*.

2. Préjudice. En constatant que des salariés prétendument passés au service d'une société sous-traitante ont continué à travailler dans les mêmes sociétés, étaient intégrés dans les équipes de travail de ces sociétés et soumis à l'autorité de leurs agents de maîtrise, les juges ont pu caractériser le délit de fourniture de main-d'œuvre à but lucratif ayant eu pour effet de priver les salariés des garanties légales en matière d'embauchage et de licenciement, du bénéfice des conventions collectives et des avantages sociaux conférés aux salariés permanents. • Crim. 25 avr. 1989 : *Dr. soc. 1990. 418, note II. Blaise ⌀*. − Dans le même sens . • Crim. 15 nov. 1983 : *Bull. crim. n° 299 ; D. 1984. IR 374, obs. A. Lyon-Caen* • 25 juin 1985 : *Bull. crim. n° 250* • 23 juin 1987 : *préc. note 1*. ♦ Le délit de marchandage est caractérisé dès l'instant que les salariés mis à disposition n'ont pas perçu les mêmes avantages que les salariés permanents. • Crim. 20 oct. 1992 : 🏛 *Dr. soc. 1994. 547, note Doroy ⌀*. ♦ Le délit de marchandage est caractérisé dès lors que l'engagement des salariés par une filiale suisse, sous état de dépendance et de subordination de la seule société utilisatrice française, leur a fait perdre le bénéfice des avantages sociaux qu'ils auraient eu en cas d'embauche par la société française. La circonstance que les contrats de travail des salariés aient été régulièrement soumis au droit suisse, loin d'exclure l'application de la loi pénale, caractérise le préjudice causé à ces salariés privés des avantages sociaux liés à l'application de la loi française. • Crim. 12 mai 1998, 🏛 n° 96-86.479 P : *RTD com. 1999. 217, obs. Bouloc ⌀ ; RSC 1999. 316, obs. Bouloc ⌀ ; JCP 1998. IV. 2755*. ♦ La responsabilité pénale de présidents de sociétés pour délit de marchandage est justement retenue, lorsqu'il est relevé un prêt de main-d'œuvre à but lucratif de l'une à l'autre, occasionnant aux salariés un préjudice lié à la perte d'une convention collective applicable plus favorable et à la conclusion de contrats de travail à durée déterminée avec durée minimale et sans terme précis, hors les cas légaux. • Crim. 16 juin 1998, 🏛 n° 97-80.138 P : *RTD com. 1999. 523, obs. Bouloc ⌀ ; JCP 1998. IV. 3223*. ♦ La complicité de marchandage est caractérisée en présence d'un contrat fictif entre un établissement public industriel et commercial et un sous-traitant, alors que les salariés sont placés sous l'autorité d'un établissement public industriel et commercial pour l'accomplissement d'activités relevant des obligations lui incombant et alors qu'ils ont ainsi été privés de leurs droits sociaux. • Soc. 29 avr. 2003, 🏛 n° 00-44.840 P : *RJS 2003. 637, n° 957*.

3. Doit être jugée recevable la constitution de partie civile d'un syndicat dès lors que la violation des dispositions légales relatives au travail temporaire, en diminuant la possibilité d'embaucher des travailleurs permanents, est de nature à causer un préjudice à la profession représentée par le syndicat. • Crim. 15 nov. 1983 : *préc. note 2*.

4. Responsabilité pénale des personnes morales. La liste des infractions établie par le législateur prévoit expressément le délit de marchandage. Ainsi, est pénalement responsable l'entreprise, personne morale, pour le compte de laquelle l'organe dirigeant, président-directeur général, a eu recours à la sous-traitance dans des conditions imposant une réelle précarité pour la main-d'œuvre extérieure mais privilégiant la stratégie d'entreprise dans le but d'éviter de perdre des marchés et de tenir les délais. • T. corr. Versailles, 18 déc. 1995 : *Dr. pénal 1996. comm. 71, obs. J.-H. Robert*.

CHAPITRE II **OBLIGATIONS ET SOLIDARITÉ FINANCIÈRE DU DONNEUR D'ORDRE**

Art. L. 8232-1 Lorsqu'un chef d'entreprise conclut un contrat pour l'exécution d'un travail ou la fourniture de services avec un entrepreneur qui recrute lui-même la main-d'œuvre nécessaire et que celui-ci n'est pas propriétaire d'un fonds de commerce ou d'un fonds artisanal, le chef d'entreprise respecte, à l'égard des salariés de l'entre-

preneur employés dans son établissement ou les dépendances de celui-ci et sous les mêmes sanctions que pour ses propres salariés, les prescriptions prévues :
1° A l'article L. 1225-29, relatives aux repos obligatoires prénatal et postnatal ;
2° Aux articles L. 1225-30 à L. 1225-33, relatives aux dispositions particulières à l'allaitement ;
3° Au livre I de la troisième partie, relatives à la durée du travail, aux repos et aux congés ;
4° A la quatrième partie, relatives à la santé et à la sécurité au travail. — *[Anc. art. L. 125-2, al. 1ᵉʳ, et L. 200-3.]*

Art. L. 8232-2 En cas de défaillance de l'entreprise, à laquelle il est recouru dans les conditions prévues à l'article L. 8232-1, le chef d'entreprise encourt, nonobstant toute stipulation contraire, les responsabilités suivantes :
1° Si les travaux sont exécutés ou les services fournis dans son établissement ou dans les dépendances de celui-ci, le chef d'entreprise est substitué au sous-traitant en ce qui concerne les salariés que celui-ci emploie pour le paiement des salaires et des congés payés ainsi que pour les obligations résultant de la législation sur les assurances sociales, sur les accidents du travail et les maladies professionnelles et sur les prestations familiales ;
2° S'il s'agit de travaux exécutés dans des établissements autres que ceux du chef d'entreprise ou de travaux exécutés par des salariés travaillant à domicile, le chef d'entreprise est substitué au sous-traitant pour le paiement des salaires et congés payés ainsi que pour le versement de la cotisation des prestations familiales et de la double cotisation des assurances sociales. — *[Anc. art. L. 125-2, al. 2 et 3.]*

1. Sous-traitance. Lorsque, en dépit des apparences, une entreprise de sous-traitance n'est qu'une façade, c'est le donneur d'ouvrage qui doit être considéré comme le véritable employeur et être tenu du paiement des cotisations sociales.

• Soc. 21 janv. 1987 : *Bull. civ. V, n° 41.*

2. Insolvabilité. Sur la notion d'insolvabilité, V.
• Soc. 24 juin 1971 : *Bull. civ. V, n° 484.*

Art. L. 8232-3 Dans les cas prévus au présent chapitre, le salarié lésé, les organismes de sécurité sociale et d'allocations familiales et la caisse de congés payés peuvent engager, en cas de défaillance de l'entrepreneur, une action directe contre le chef d'entreprise pour lequel le travail a été réalisé. — *[Anc. art. L. 125-2, al. 4.]*

CHAPITRE III ACTIONS EN JUSTICE

Art. L. 8233-1 Les organisations syndicales représentatives peuvent exercer en justice toutes les actions résultant de l'application des dispositions du présent titre en faveur d'un salarié sans avoir à justifier d'un mandat de l'intéressé.
Il suffit que celui-ci ait été averti, dans des conditions déterminées par voie réglementaire, et ne s'y soit pas opposé dans un délai de quinze jours à compter de la date à laquelle l'organisation syndicale lui a notifié son intention.
L'intéressé peut toujours intervenir à l'instance engagée par le syndicat et y mettre un terme à tout moment. — *[Anc. art. L. 125-3-1.]*

CHAPITRE IV DISPOSITIONS PÉNALES

Art. L. 8234-1 Le fait de commettre le délit de marchandage, défini par l'article L. 8231-1, est puni d'un emprisonnement de deux ans et d'une amende de 30 000 €.
(*L. n° 2014-1554 du 22 déc. 2014, art. 94*) « Les peines sont portées à cinq ans d'emprisonnement et à 75 000 € d'amende :
« 1° Lorsque l'infraction est commise à l'égard de plusieurs personnes ;
« 2° Lorsque l'infraction est commise à l'égard d'une personne dont la vulnérabilité ou l'état de dépendance sont apparents ou connus de l'auteur. »
(*L. n° 2014-790 du 10 juill. 2014, art. 13*) « Les peines sont portées à dix ans d'emprisonnement et à 100 000 € d'amende lorsque l'infraction est commise en bande organisée. »
(*L. n° 2015-990 du 6 août 2015, art. 282-III*) « La juridiction peut ordonner, à titre de peine complémentaire, la peine de confiscation dans les conditions et selon les modalités prévues à l'article 131-21 du code pénal. »

La juridiction peut prononcer, en outre, l'interdiction de sous-traiter de la main-d'œuvre pour une durée de deux à dix ans.

Le fait de méconnaître cette interdiction, directement ou par personne interposée, est puni d'un emprisonnement de douze mois et d'une amende de 12 000 €.

(L. n° 2014-790 du 10 juill. 2014, art. 8) « La juridiction peut également ordonner, à titre de peine complémentaire, l'affichage ou la diffusion de la décision prononcée, dans les conditions prévues à l'article 131-35 du code pénal. Lorsqu'une amende est prononcée, la juridiction peut ordonner que cette diffusion soit opérée, pour une durée maximale de deux ans, par les services du ministre chargé du travail sur un site internet dédié, dans les conditions prévues par décret en Conseil d'État pris après avis de la Commission nationale de l'informatique et des libertés. »

Art. L. 8234-2 Les personnes morales reconnues pénalement responsables, dans les conditions prévues par l'article 121-2 du code pénal, du délit de marchandage défini à l'article L. 8231-1 encourent les peines suivantes :

1° L'amende dans les conditions prévues à l'article 131-38 du code pénal ;

2° Les peines mentionnées aux 1° à 5°, 8° (L. n° 2014-790 du 10 juill. 2014, art. 12) « , 9° et 12° » de l'article 131-39 du même code.

L'interdiction mentionnée au 2° de l'article 131-39 porte sur l'activité dans l'exercice ou à l'occasion de l'exercice de laquelle l'infraction a été commise.

(L. n° 2014-790 du 10 juill. 2014, art. 8) « Lorsqu'une amende est prononcée, la juridiction peut ordonner que la diffusion prévue au 9° du même article 131-39 soit opérée, pour une durée maximale de deux ans, par les services du ministre chargé du travail sur un site internet dédié, dans des conditions prévues par décret en Conseil d'État pris après avis de la Commission nationale de l'informatique et des libertés. »

Art. L. 8234-3 (L. n° 2011-672 du 16 juin 2011, art. 88) Le prononcé de la peine complémentaire de fermeture provisoire d'établissement mentionnée au 4° de l'article 131-39 du code pénal n'entraîne ni rupture, ni suspension du contrat de travail, ni aucun préjudice pécuniaire à l'encontre des salariés de l'établissement concerné.

TITRE IV PRÊT ILLICITE DE MAIN-D'ŒUVRE

BIBL ▶ Dockès et Del Sol, *RDT 2009. Controverse 625* (faut-il libéraliser le prêt de main-d'œuvre ?).

CHAPITRE I INTERDICTION

Art. L. 8241-1 Toute opération à but lucratif ayant pour objet exclusif le prêt de main-d'œuvre est interdite.

Toutefois, ces dispositions ne s'appliquent pas aux opérations réalisées dans le cadre :

1° Des dispositions du présent code relatives au travail temporaire, (L. n° 2008-596 du 25 juin 2008, art. 10) (Abrogé par Ord. n° 2015-380 du 2 avr. 2015, art. 7) « *au portage salarial,* » aux entreprises de travail à temps partagé et à l'exploitation d'une agence de mannequins lorsque celle-ci est exercée par une personne titulaire de la licence d'agence de mannequin ;

2° Des dispositions de l'article L. 222-3 du code du sport relatives aux associations ou sociétés sportives ;

(L. n° 2008-789 du 20 août 2008) « 3° Des dispositions des articles L. 2135-7 et L. 2135-8 du présent code relatives à la mise à disposition des salariés auprès des organisations syndicales ou des associations d'employeurs mentionnées à l'article L. 2231-1. »

(L. n° 2011-893 du 28 juill. 2011) « Une opération de prêt de main-d'œuvre ne poursuit pas de but lucratif lorsque l'entreprise prêteuse ne facture à l'entreprise utilisatrice, pendant la mise à disposition, que les salaires versés au salarié, les charges sociales afférentes et les frais professionnels remboursés à l'intéressé au titre de la mise à disposition. »

BIBL. ▶ Auzero, *Dr. soc.* 2012. 115 (le but lucratif dans les opérations de prêt de main-d'œuvre). – Duchange, *RJS* 5/2022 (le contrat de prêt de main-d'œuvre). – Favennec-Héry, *Dr. soc.* 2011. 1200 (prêt de main-d'œuvre à but non lucratif : un texte décevant). – Métin, *Dr. ouvrier* 2013. 173 (mise à disposition et prêt de main-d'œuvre). – Pelletier, *JCP S* 2011. 1397 (prêt de main-d'œuvre exclusif). – ROBACZEWSKI, *Dr. soc. 2020. 557* (opérations de fourniture de main-d'œuvre et risque pénal).

> *COMMENTAIRE*
> V. sur le Code en ligne.

1. Office du juge. Les juges du fond ont l'obligation de rechercher par tous moyens la véritable nature des conventions intervenues entre les parties. ● Crim. 7 févr. 1984 : *Bull. crim. n° 46.*

2. Éléments constitutifs. Caractérise le prêt de main-d'œuvre illicite l'arrêt qui relève que le seul objet de la convention entre deux sociétés était la fourniture de main-d'œuvre et que, ce contrat ayant été conclu moyennant une rémunération, l'opération avait un but lucratif. ● Soc. 4 avr. 1990, n° 86-44.229 P : *CSB 1990. 135, A. 31 ; Dr. soc. 1990. 780, rapp. Waquet*. – Dans le même sens : ● Soc. 16 mai 1990, n° 86-43.561 P : *CSB 1990. 183, S. 110* ● Crim. 3 nov. 1999, n° 98-85.665 P. ♦ Le but lucratif de l'opération de prêt de main-d'œuvre conclue entre des entreprises liées par des intérêts communs doit être caractérisé pour que soit reconnu le délit de marchandage dans les cas où une telle opération est de nature à entraîner des conséquences préjudiciables pour les salariés concernés. ● Crim. 20 mars 2007 : *D. 2007. AJ 1275 ; RJS 2007. 681, n° 898.* ♦ La mise à disposition de salariés entre sociétés du même groupe, qui permet à l'utilisateur d'économiser des frais de gestion du personnel, est un prêt de main-d'œuvre à but lucratif ; le caractère lucratif de l'opération résulte de l'accroissement de flexibilité dans la gestion du personnel et dans l'économie de charges procurés à l'entreprise utilisatrice. ● Soc. 18 mai 2011 : *D. actu. 20 juin 2011, obs. Ines ; RJS 2011. 611, n° 659 ; JSL 2011, n° 302-2, obs. Hautefort.* ♦ Le dirigeant d'une société, qui, à l'occasion de l'utilisation d'une main-d'œuvre extérieure, élude le paiement des charges sociales, prend part à une opération illicite de prêt de main-d'œuvre dont le caractère lucratif est ainsi avéré. ● Crim. 19 mars 2013 : *D. actu. 23 avr. 2013, obs. Ines ; Dr. ouvrier 2013. 680, obs. Kapp.* ♦ Est constitutive des délits de marchandage et de prêt illicite de main-d'œuvre l'opération de prêt de main-d'œuvre qui, ayant permis de pourvoir durablement des emplois liés à l'activité normale et permanente de l'entreprise utilisatrice, a relevé d'une fraude à la loi sur le travail temporaire en éludant l'application des dispositions protectrices relatives au contrat de travail. ● Crim. 28 mars 2017, n° 15-84.795 P : *D. 2017. Actu. 824 ; RJS 6/2017, n° 395.*

3. Est illicite le contrat de mise à disposition de salariés prévoyant le transfert du lien de subordination, l'obligation pour l'utilisateur de payer les salaires par l'intermédiaire de l'employeur initial, lequel prélevait un bénéfice et facturait les prestations de travail en fonction du nombre d'heures de travail. ● Soc. 25 sept. 1990 : *D. 1990. IR 228 ; RJS 1990. 552, n° 833.*

4. Caractérisent la fourniture de main-d'œuvre illicite les juges qui constatent que la convention litigieuse ne présentait pas les caractères d'un contrat d'entreprise dès lors que les salariés étaient placés sous l'autorité de l'entreprise utilisatrice, que celle-ci définissait les tâches à exécuter, fournissait elle-même les pièces de rechange, que le montant des prestations était calculé en fonction du prix de la main-d'œuvre et que la société de prestations de services ne mettait en œuvre aucune technique qui lui fût propre. ● Crim. 15 juin 1984 : *Bull. crim. n° 229.* ♦ Comp. : ● Crim. 5 févr. 1980 : *Dr. ouvrier 1981. 149.* – V. aussi : ● Crim. 21 janv. 1986 : *JCP E 1987. II. 14869, note Godard.*

5. Est établi le délit de prêt illicite de main-d'œuvre à l'encontre d'une société française ayant eu recours aux services de travailleurs chinois mis à sa disposition par une société de droit allemand et exerçant la même activité que celle de ses propres salariés, sans apport d'un savoir-faire spécifique ; ces travailleurs, qui se trouvaient dans un lien de subordination à l'égard de la société française en exécution d'un prêt illicite de main-d'œuvre sans entretenir avec la société allemande une quelconque relation de travail, ne sauraient être considérés comme des travailleurs temporaires détachés d'une entreprise non établie en France pour effectuer sur le territoire national des prestations de services. ● Soc. 8 juin 2010 : *RJS 2010. 792, n° 891 ; Dr. soc. 2010. 1109, obs. Duquesne.*

6. Sur le recours au contrat de sous-traitance pour dissimuler un prêt de main-d'œuvre illicite, V. ● Crim. 15 févr. 1983 : *Bull. crim. n° 57 ; JCP E 1984. II. 14244, note Montredon* ● 23 juin 1987 : *Bull. crim. n° 263* ● 23 mars 1993 : *CSB 1993. 185, S. 101* ● 3 nov. 1999 : préc. note 2.

7. Faute de preuve de l'existence d'une opération illicite à but lucratif ayant pour objet exclusif un prêt de main-d'œuvre ou d'une opération de fourniture de main-d'œuvre ayant pour effet de causer un préjudice aux salariés ou d'éluder les dispositions légales ou réglementaires, les infractions prévues aux art. L. 125-1 et L. 125-3 ne sont pas caractérisées, la société prestataire de services étant tenue d'une obligation de résultat et agissant sous sa responsabilité, ce qui caractérise le contrat d'entreprise. ● Crim. 18 avr. 1989 : *Dr. soc. 1990. 418, note H. Blaise.*

8. Une convention entre deux entreprises ayant pour objet exclusif la mise à disposition, à but lucratif, d'un salarié pour une durée déterminée est prohibée ; la convention étant nulle, l'entreprise prêteuse n'est pas fondée à obtenir le paiement de la prestation prévue. • Soc. 17 juin 2005 : RJS 2005. 743, n° 1056 ; JSL 2005, n° 174-6. ♦ Le caractère illicite d'un prêt de main-d'œuvre interdit à la société ayant mis à disposition les salariés de réclamer le paiement des sommes qui lui sont dues. • Soc. 5 juill. 1984 : Bull. civ. V, n° 299.

9. Prêt de main-d'œuvre entre sociétés coemployeuses. L'art. L. 8241-1 prohibe toute opération à but lucratif ayant pour objet exclusif le prêt de main-d'œuvre, y compris entre sociétés fonctionnant comme une entité unique, lorsqu'elle n'est pas effectuée dans le cadre des dispositions régissant le travail temporaire ; le but lucratif de l'opération conclue entre ces sociétés peut consister, au profit de l'utilisateur ou du prêteur de main-d'œuvre, en un bénéfice, un profit ou un gain pécuniaire. • Crim. 9 sept. 2020, n° 18-82.746 P : Dr. soc. 2021. 41, obs. R. Salomon ; RTD com. 2020. 973, obs. B. Bouloc ; RJS 11/2020, n° 555 ; JCP 2020. 11119, obs. Detraz.

10. Établissement public. L'interdiction du prêt illicite de main-d'œuvre s'applique pour une société ayant mis du personnel à disposition d'un établissement public, même si le personnel de cet établissement public n'est pas soumis aux dispositions du code du travail. • Crim. 30 sept. 2003 : RJS 2004. 184, n° 273.

11. Prêt de main-d'œuvre à but lucratif : conditions de licéité. Dès lors qu'une société a choisi de confier l'activité de nettoyage à un prestataire, spécialisé dans l'activité de nettoyage des hôtels de luxe et palaces et ayant un savoir-faire spécifique dans ce domaine, aux termes d'un contrat de prestations de services prévoyant que ce dernier s'engage à fournir et exécuter les prestations de nettoyage des chambres et des lieux publics de l'hôtel par un personnel qualifié, en fournissant les produits et le matériel nécessaires, que le contrat précise que le prestataire assure une permanence d'encadrement et assume l'entière responsabilité du recrutement et de l'administration de son personnel, ainsi que, de manière générale, de toutes les obligations qui lui incombent en qualité d'employeur et qu'aucune pièce ne démontre la réalité de l'existence d'un lien de subordination entre la salariée et la société donneuse d'ordre, il y a bien lieu, comme l'a fait la cour d'appel, d'infirmer le jugement en ce qu'il a notamment condamné *in solidum* cette dernière au paiement de dommages-intérêts pour marchandage et prêt de main-d'œuvre illicite. • Soc. 4 mars 2020, n° 18-10.636 P : RDT 2020. 396, note Fabre ; RJS 5/2020, n° 249 ; JSL 2020, n° 498-2, obs. Hautefort.

12. Cumul infractions de travail dissimulé et prêt de main-d'œuvre illicite. A commis les délits de travail dissimulé par minoration du nombre d'heures de travail réellement accomplies et prêt illicite de main-d'œuvre le prévenu qui, d'une part, faisait travailler une personne résidant sur sa propriété au-delà de ce qu'il déclarait effectivement aux organismes sociaux et, d'autre part, dissimulait la facturation à la société gérée par son fils d'une partie des heures effectuées, en vue d'occulter le caractère lucratif de l'opération ; dès lors que les éléments constitutifs de ces deux infractions n'ont pas procédé, de manière indissociable, d'une action unique caractérisée par une seule intention coupable, la règle *ne bis in idem* n'est pas violée. • Crim. 10 mars 2020, n° 19-80.768 P : RJS 5/2020, n° 250.

Art. L. 8241-2 Les opérations de prêt de main-d'œuvre à but non lucratif sont autorisées.

Dans ce cas, les articles L. 1251-21 à L. 1251-24, (Ord. n° 2017-1718 du 20 déc. 2017, art. 1ᵉʳ-I) « les 2° et 3° de l'article L. 2312-6, le 9° du II de l'article L. 2312-26 et l'article L. 5221-4 » du présent code ainsi que les articles L. 412-3 à L. 412-7 du code de la sécurité sociale sont applicables.

(L. n° 2011-893 du 28 juill. 2011) « Le prêt de main-d'œuvre à but non lucratif conclu entre entreprises requiert :

« 1° L'accord du salarié concerné ;

« 2° Une convention de mise à disposition entre l'entreprise prêteuse et l'entreprise utilisatrice qui en définit la durée et mentionne l'identité et la qualification du salarié concerné, ainsi que le mode de détermination des salaires, des charges sociales et des frais professionnels qui seront facturés à l'entreprise utilisatrice par l'entreprise prêteuse ;

« 3° Un avenant au contrat de travail, signé par le salarié, précisant le travail confié dans l'entreprise utilisatrice, les horaires et le lieu d'exécution du travail, ainsi que les caractéristiques particulières du poste de travail.

« A l'issue de sa mise à disposition, le salarié retrouve son poste de travail (L. n° 2012-387 du 22 mars 2012, art. 56) « ou un poste équivalent » dans l'entreprise prêteuse sans que l'évolution de sa carrière ou de sa rémunération ne soit affectée par la période de prêt.

« Les salariés mis à disposition ont accès aux installations et moyens de transport collectifs dont bénéficient les salariés de l'entreprise utilisatrice.

« Un salarié ne peut être sanctionné, licencié ou faire l'objet d'une mesure discriminatoire pour avoir refusé une proposition de mise à disposition.

« La mise à disposition ne peut affecter la protection dont jouit un salarié en vertu d'un mandat représentatif.

« Pendant la période de prêt de main-d'œuvre, le contrat de travail qui lie le salarié à l'entreprise prêteuse n'est ni rompu ni suspendu. Le salarié continue d'appartenir au personnel de l'entreprise prêteuse ; il conserve le bénéfice de l'ensemble des dispositions conventionnelles dont il aurait bénéficié s'il avait exécuté son travail dans l'entreprise prêteuse.

« Le *(Ord. n° 2017-1386 du 22 sept. 2017, art. 4)* « comité social et économique est consulté préalablement à la mise en œuvre d'un prêt de main-d'œuvre et informé » des différentes conventions signées.

« Le *(Ord. n° 2017-1386 du 22 sept. 2017, art. 4)* « comité » de l'entreprise prêteuse est informé lorsque le poste occupé dans l'entreprise utilisatrice par le salarié mis à disposition figure sur la liste de ceux présentant des risques particuliers pour la santé ou la sécurité des salariés mentionnée au second alinéa de l'article L. 4154-2.

« Le *(Ord. n° 2017-1386 du 22 sept. 2017, art. 4)* « comité social et économique de l'entreprise utilisatrice est informé et consulté » préalablement à l'accueil de salariés mis à la disposition de celle-ci dans le cadre de prêts de main-d'œuvre.

« L'entreprise prêteuse et le salarié peuvent convenir que le prêt de main-d'œuvre est soumis à une période probatoire au cours de laquelle il peut y être mis fin à la demande de l'une des parties. Cette période probatoire est obligatoire lorsque le prêt de main-d'œuvre entraîne la modification d'un élément essentiel du contrat de travail. La cessation du prêt de main-d'œuvre à l'initiative de l'une des parties avant la fin de la période probatoire ne peut, sauf faute grave du salarié, constituer un motif de sanction ou de licenciement. »

BIBL. ▶ TOURNAUX, *RDT* 2011. 572 (libéralisation des groupements d'employeurs et statut embryonnaire de la mise à disposition).

Le prêt de main-d'œuvre n'est pas prohibé lorsqu'il n'est que la conséquence nécessaire de la transmission d'un savoir-faire ou de la mise en œuvre d'une technique qui relève de la spécificité propre de l'entreprise prêteuse. • Soc. 9 juin 1993, n° 91-40.222 P : *D.* 1993. IR 176 ; *Dr. soc.* 1993. 768 ; *RJS* 1993. 472, n° 815 • 19 juin 2002 : *RJS* 2002. 879, n° 1189. ♦ Solution inverse lorsque le savoir-faire du personnel mis à disposition n'est pas distinct de celui de l'entreprise utilisatrice : • Crim. 3 mai 1994 : *CSB* 1994. 213, S. 123 ; *RJS* 1994. 721, n° 1224.

Art. L. 8241-3 *(Ord. n° 2017-1387 du 22 sept. 2017, art. 33 ; L. n° 2018-217 du 29 mars 2018, art. 11)* I. — Par dérogation au dernier alinéa de l'article L. 8241-1 et dans les conditions prévues par le présent article, *(Abrogé par Ord. n° 2017-1718 du 20 déc. 2017, art. 1er-I)* « un groupe ou » une entreprise peut mettre à disposition de manière temporaire ses salariés auprès *(Ord. n° 2017-1718 du 20 déc. 2017, art. 1er-I)* « d'une jeune ou d'une petite ou moyenne entreprise », afin de lui permettre d'améliorer la qualification de sa main-d'œuvre, de favoriser les transitions professionnelles ou de constituer un partenariat d'affaires ou d'intérêt commun. Le dispositif est applicable :

1° Pour les entreprises utilisatrices, aux personnes morales dont la liste est fixée aux *a* à *g* du 1 de l'article 238 *bis* du code général des impôts, aux jeunes entreprises qui ont moins de huit ans d'existence au moment de la mise à disposition et aux petites ou moyennes entreprises *(L. n° 2019-486 du 22 mai 2019, art. 11-VI, en vigueur le 1er janv. 2020)* « de moins de » deux cent cinquante salariés ;

2° Pour les entreprises prêteuses, *(Ord. n° 2017-1718 du 20 déc. 2017, art. 1er-I)* « aux entreprises ou aux entreprises appartenant à un groupe d'au moins 5 000 salariés ».

La mise à disposition d'un salarié dans les conditions prévues au présent article ne peut être effectuée au sein d'un même groupe, au sens des dispositions de l'article L. 233-1, des I et II de l'article L. 233-3 et de l'article L. 233-16 du code de commerce.

Elle ne peut excéder une durée de deux ans.

(L. n° 2019-486 du 22 mai 2019, art. 11-VI, en vigueur le 1er janv. 2020) « L'effectif salarié et le franchissement du seuil de deux cent cinquante salariés sont déterminés

selon les modalités prévues à l'article L. 130-1 du code de la sécurité sociale [V. ss. art. L. 1152-1]. »

II. — Les opérations de prêt de main-d'œuvre réalisées (Ord. n° 2017-1718 du 20 déc. 2017, art. 1er-I) « sur le fondement » du présent article n'ont pas de but lucratif au sens de l'article L. 8241-1 pour les entreprises utilisatrices, même lorsque le montant facturé par l'entreprise prêteuse à l'entreprise utilisatrice est inférieur aux salaires versés au salarié, aux charges sociales afférentes et aux frais professionnels remboursés à l'intéressé au titre de sa mise à disposition temporaire ou est égal à zéro.

(Ord. n° 2017-1718 du 20 déc. 2017, art. 1er-I) « Ces opérations ne sont pas soumises aux dispositions de l'article L. 8241-2. »

III. — Un décret en Conseil d'État détermine les conditions d'application du présent article.

Les dispositions issues de l'Ord. n° 2017-1387 du 22 sept. 2017 entrent en vigueur à la date de publication des décrets pris pour son application et au plus tard le 1er janv. 2018 (Ord. préc., art. 40-X).

BIBL. ▶ CARRIÈRE, *JCP S* 2019. 1189 (prêt de main-d'œuvre et obligations en matière de refacturation). – DUCHANGE, *JCP S* 2017. 1322.

CHAPITRE II ACTIONS EN JUSTICE

Art. L. 8242-1 Les organisations syndicales représentatives peuvent exercer en justice toutes les actions résultant des dispositions du présent titre en faveur d'un salarié sans avoir à justifier d'un mandat de l'intéressé.

Il suffit que celui-ci ait été averti, dans des conditions déterminées par voie réglementaire, et ne s'y soit pas opposé dans un délai de quinze jours à compter de la date à laquelle l'organisation syndicale lui a notifié son intention.

L'intéressé peut toujours intervenir à l'instance engagée par le syndicat et y mettre un terme à tout moment. — *[Anc. art. L. 125-3-1.]* — V. art. R. 8242-1.

CHAPITRE III DISPOSITIONS PÉNALES

Art. L. 8243-1 Le fait de procéder à une opération de prêt illicite de main-d'œuvre[,] en méconnaissance des dispositions de l'article L. 8241-1, est puni d'un emprisonnement de deux ans et d'une amende de 30 000 €.

(L. n° 2014-1554 du 22 déc. 2014, art. 94) « Les peines sont portées à cinq ans d'emprisonnement et à 75 000 € d'amende :

« 1° Lorsque l'infraction est commise à l'égard de plusieurs personnes ;

« 2° Lorsque l'infraction est commise à l'égard d'une personne dont la vulnérabilité ou l'état de dépendance sont apparents ou connus de l'auteur. »

(L. n° 2014-790 du 10 juill. 2014, art. 13) « Les peines sont portées à dix ans d'emprisonnement et à 100 000 € d'amende lorsque l'infraction est commise en bande organisée. »

(L. n° 2015-990 du 6 août 2015, art. 282-III) « La juridiction peut ordonner, à titre de peine complémentaire, la peine de confiscation dans les conditions et selon les modalités prévues à l'article 131-21 du code pénal. »

La juridiction peut prononcer, en outre, l'interdiction de sous-traiter de la main-d'œuvre pour une durée de deux à dix ans.

Le fait de méconnaître cette interdiction, directement ou par personne interposée, est puni d'un emprisonnement de douze mois et d'une amende de 12 000 €.

(L. n° 2014-790 du 10 juill. 2014, art. 8) « Dans tous les cas, la juridiction peut ordonner l'affichage ou la diffusion de la décision prononcée, dans les conditions prévues à l'article 131-35 du code pénal. Lorsqu'une amende est prononcée, la juridiction peut ordonner que cette diffusion soit opérée, pour une durée maximale de deux ans, par les services du ministre chargé du travail sur un site internet dédié, dans des conditions prévues par décret en Conseil d'État pris après avis de la Commission nationale de l'informatique et des libertés. » — *[Anc. art. L. 152-3.]*

Art. L. 8243-2 Les personnes morales reconnues pénalement responsables, dans les conditions prévues par l'article 121-2 du code pénal, du délit de prêt illicite de main-d'œuvre prévu par l'article L. 8241-1 encourent les peines suivantes :

1° L'amende dans les conditions prévues à l'article 131-38 du code pénal ;
2° Les peines mentionnées aux 1° à 5°, 8° *(L. n° 2014-790 du 10 juill. 2014, art. 12)* « , 9° et 12° » de l'article 131-39 du même code.

L'interdiction mentionnée au 2° de l'article 131-39 porte sur l'activité dans l'exercice ou à l'occasion de l'exercice de laquelle l'infraction a été commise.

(L. n° 2014-790 du 10 juill. 2014, art. 8) « Lorsqu'une amende est prononcée, la juridiction peut ordonner que la diffusion prévue au 9° du même article 131-39 soit opérée, pour une durée maximale de deux ans, par les services du ministre chargé du travail sur un site internet dédié, dans des conditions prévues par décret en Conseil d'État pris après avis de la Commission nationale de l'informatique et des libertés. »

Art. L. 8243-3 *(L. n° 2011-672 du 16 juin 2011, art. 85)* Le prononcé de la peine complémentaire de fermeture provisoire d'établissement mentionnée au 4° de l'article 131-39 du code pénal n'entraîne ni rupture, ni suspension du contrat de travail, ni aucun préjudice pécuniaire à l'encontre des salariés de l'établissement concerné.

TITRE V EMPLOI D'ÉTRANGERS SANS TITRE DE TRAVAIL

COMMENTAIRE

V. sur le Code en ligne 🔒.

CHAPITRE I INTERDICTIONS

Art. L. 8251-1 Nul ne peut, directement ou *(L. n° 2011-672 du 16 juin 2011, art. 74-I)* « indirectement », embaucher, conserver à son service ou employer pour quelque durée que ce soit un étranger non muni du titre l'autorisant à exercer une activité salariée en France.

Il est également interdit à toute personne d'engager ou de conserver à son service un étranger dans une catégorie professionnelle, une profession ou une zone géographique autres que celles qui sont mentionnées, le cas échéant, sur le titre prévu au premier alinéa. – *[Anc. art. L. 341-6, al. 1ᵉʳ et 2.]* – V. art. R. 8256-1 *(pén.)*.

1. Nature des relations de travail. Doit être cassé l'arrêt qui énonce que, sous peine d'enfreindre les dispositions des art. L. 341-4 et L. 341-6, l'employeur ne pouvait engager le salarié que par contrat à durée déterminée pour des périodes couvertes par les autorisations administratives successives, alors que la nécessité d'une autorisation de travail est sans influence sur la nature des relations de travail. • Soc. 10 janv. 1991 : 🔒 *D. 1991. IR 39*.

2. Vie personnelle du salarié. La publication dans la presse locale de la condamnation d'un clerc de notaire pour aide au séjour irrégulier d'un étranger ne peut justifier son licenciement pour faute grave. • Soc. 16 déc. 1997 : 🔒 *GADT, 4ᵉ éd., n° 66 ; D. 1998. IR 42* ∅.

3. Période transitoire. Sur les infractions dues au maintien de la réglementation en vigueur prévu jusqu'au 1ᵉʳ janv. 1993 par les dispositions transitoires de l'acte d'adhésion de l'Espagne et du Portugal à la CEE, V. • Crim. 23 mai 1991 : 🔒 *RJS 1991. 468, n° 897*.

4. Maternité et interdiction d'emploi. Les dispositions d'ordre public de l'art. L. 8251-1 C. trav. s'imposant à l'employeur qui ne peut, directement ou indirectement, conserver à son service ou employer pour quelque durée que ce soit un étranger non muni du titre l'autorisant à exercer une activité salariée en France, une salariée dans une telle situation ne saurait bénéficier de la protection légale de la femme enceinte interdisant ou limitant les cas de licenciement. • Soc. 15 mars 2017, 🔒 n° 15-27.928 P : *D. actu. 25 avr. 2017, obs. Roussel ; D. 2017. Actu. 652* ∅ *; Dr. soc. 2017. 566, obs. Mouly* ∅ *; RJS 5/2017, n° 382 ; JSL 2017, n° 430-2, obs. Pacotte et Margerin ; SSL 2017, n° 1771, p. 11, obs. Wolmark*.

Art. L. 8251-2 *(L. n° 2011-672 du 16 juin 2011, art. 75-I)* Nul ne peut, directement ou indirectement, recourir sciemment aux services d'un employeur d'un étranger *(L. n° 2016-274 du 7 mars 2016, art. 18)* « non autorisé à travailler ».

CHAPITRE II DROITS DU SALARIÉ ÉTRANGER

Art. L. 8252-1 Le salarié étranger employé en méconnaissance des dispositions du premier alinéa de l'article L. 8251-1 est assimilé, à compter de la date de son embau-

ÉTRANGERS SANS TITRE DE TRAVAIL **Art. L. 8252-2** 1771

che, à un salarié régulièrement engagé au regard des obligations de l'employeur définies par le présent code :

1° Pour l'application des dispositions relatives aux périodes d'interdiction d'emploi prénatal et postnatal et à l'allaitement, prévues aux articles L. 1225-29 à L. 1225-33 ;

2° Pour l'application des dispositions relatives à la durée du travail, au repos et aux congés prévues au livre I de la troisième partie ;

3° Pour l'application des dispositions relatives à la santé et la sécurité au travail prévues à la quatrième partie ;

4° Pour la prise en compte de l'ancienneté dans l'entreprise.

Il en va de même pour les articles L. 713-1 et suivants du code rural et de la pêche maritime pour les professions agricoles. — [Anc. art. L. 341-6-1, al. 1er.]

1. Cause objective de licenciement. L'irrégularité de la situation d'un travailleur étranger constitue nécessairement une cause objective justifiant la rupture de son contrat de travail exclusive de l'application des dispositions relatives au licenciement et de l'allocation de dommages-intérêts pour licenciement sans cause réelle et sérieuse, mais elle n'est pas constitutive en soi d'une faute privative des indemnités de rupture. ● Soc. 11 mai 2023, ⚖ n° 20-22.472 B : D. 2023. 1014 ⌀ ; RJS 7/2023, n° 398 ; JCP 2023. 851, obs. Loiseau ; JCP S 2023. 1169, obs. Bousez. ♦ Les règles régissant le licenciement ne s'appliquent pas à la rupture du contrat de travail d'un salarié étranger motivé par son emploi irrégulier. ● Soc. 13 nov. 2008 : ⚖ D. 2009. AJ 3016 ⌀ ; RJS 2009. 77, n° 70. ♦ Si l'irrégularité de la situation d'un travailleur étranger constitue nécessairement une cause objective justifiant la rupture de son contrat de travail exclusive de l'application des dispositions relatives aux licenciements et de l'allocation de dommages-intérêts pour licenciement sans cause réelle et sérieuse, elle n'est pas constitutive en soi d'une faute grave ; l'employeur qui entend invoquer une faute grave distincte de la seule irrégularité de l'emploi doit donc en faire état dans la lettre de licenciement. ● Soc. 23 nov. 2022, ⚖ n° 21-12.125 B : D. actu. 13 déc. 2022 ; D. 2022. 2167 ⌀ ; RJS 2/2023, n° 118 ; JCP S 2023. 1002, obs. Barège ● 4 juill. 2012 : ⚖ D. actu. 5 sept. 2012, obs. Perrin ; Dr. soc. 2023. 276, note Mouly ⌀ ; RJS 2012. 721, n° 850 ; Dr. ouvrier 2012. 736, obs. Bonnechère ; JCP S 2013. 1097, obs. Hodez.

2. Transfert d'entreprise et travailleur étranger (sans titre de séjour). Le travailleur étranger non muni d'un titre l'autorisant à exercer une activité salariée en France n'est pas assimilé à un salarié régulièrement engagé au regard des règles régissant le transfert du contrat de travail. ● Soc. 17 avr. 2019, ⚖ n° 18-15.321 P : D. actu. 27 mai 2019, obs. Fraisse ; D. 2019. Actu. 893 ⌀ ; Dr. soc. 2019. 660, note Mouly ⌀ ; RJS 7/2019, n° 415 ; Dr. ouvrier 2019. 625, obs. Schmid.

Art. L. 8252-2 Le salarié étranger a droit au titre de la période d'emploi illicite :

1° Au paiement du salaire et des accessoires de celui-ci, conformément aux dispositions légales (L. n° 2011-672 du 16 juin 2011, art. 76-1°) « , conventionnelles » et aux stipulations contractuelles applicables à son emploi, déduction faite des sommes antérieurement perçues au titre de la période considérée. (L. n° 2011-672 du 16 juin 2011, art. 76-1°) « A défaut de preuve contraire, les sommes dues au salarié correspondent à une relation de travail présumée d'une durée de trois mois. Le salarié peut apporter par tous moyens la preuve du travail effectué ; »

2° En cas de rupture de la relation de travail, à une indemnité forfaitaire égale à (L. n° 2011-672 du 16 juin 2011, art. 76-2°) « trois mois » de salaire, à moins que l'application des règles figurant aux articles L. 1234-5, L. 1234-9, L. 1243-4 et L. 1243-8 ou des stipulations contractuelles correspondantes ne conduise à une solution plus favorable ;

(L. n° 2011-672 du 16 juin 2011, art. 76-3°) « 3° Le cas échéant, à la prise en charge par l'employeur de tous les frais d'envoi des rémunérations impayées vers le pays dans lequel il est parti volontairement ou a été reconduit.

« Lorsque l'étranger (L. n° 2016-274 du 7 mars 2016, art. 18) « non autorisé à travailler a été employé » dans le cadre d'un travail dissimulé, il bénéficie soit des dispositions de l'article L. 8223-1, soit des dispositions du présent chapitre si celles-ci lui sont plus favorables. »

Le conseil de prud'hommes saisi peut ordonner par provision le versement de l'indemnité forfaitaire prévue au 2°.

Ces dispositions ne font pas obstacle au droit du salarié de demander en justice une indemnisation supplémentaire s'il est en mesure d'établir l'existence d'un préjudice non réparé au titre de ces dispositions.

BIBL. ▶ BAILLY et le GISTI, *RDT 2011. Controverse 221* ⌐ (le travailleur sans papiers a-t-il droit aux règles du licenciement ?).

1. Faux titre de séjour. La présentation frauduleuse d'un faux titre de séjour par le salarié constitue une faute grave privative des indemnités de rupture et le prive également du bénéfice de l'indemnité forfaitaire prévue par l'art. L. 8252-2 C. trav. ● Soc. 18 févr. 2014 : ⛨ *D. actu. 19 mars 2014, obs. Fraisse ; D. 2014. Actu. 547* ⌐ *; RJS 2014. 292, n° 359.*

2. Retrait de l'autorisation de travail et absence de périodes de travail illicites. Il n'y a pas lieu de référés sur les demandes d'indemnité compensatrice de préavis et d'indemnité compensatrice de congés payés, dès lors qu'il est constaté que, dès que la salariée avait informé son employeur de ce qu'elle ne bénéficiait plus d'une autorisation de travail, celui-ci avait diligenté une procédure de licenciement, ce dont il résultait que l'art. L. 8252-2, 2° C. trav. n'était pas applicable. Le conseil de prud'hommes a pu en déduire, en l'absence d'un trouble manifestement illicite, l'existence d'une contestation sérieuse. ● Soc. 3 avr. 2019, ⛨ n° 17-17.106 P : *D. 2019. Actu. 766* ⌐ *; RJS 6/2019, n° 392, avis Weissmann, p. 435.*

3. Non-cumul des indemnités. Lorsque l'étranger employé sans titre l'a été dans le cadre d'un travail dissimulé, il bénéficie soit des dispositions de l'art. L. 8223-1 prévoyant une indemnité forfaitaire pour travail dissimulé de 6 mois de salaire, soit des dispositions des art. L. 8252-1 à L. 8252-4 relatifs aux droits du salarié étranger si celles-ci lui sont plus favorables. ● Soc. 14 févr. 2018, ⛨ n° 16-22.335 P : *D. actu. 8 mars 2018, obs. Peyronnet ; D. 2018. Actu. 466* ⌐ *; RJS 4/2018, n° 297 ; JCP S 2018. 1129, obs. Barège.*

4. Non-cumul de l'indemnité forfaitaire et de l'indemnité de travail dissimulé. Le salarié étranger non muni d'une autorisation de travail n'a droit en cas de rupture de la relation de travail qu'à l'indemnité de travail dissimulé ou à l'indemnité forfaitaire de trois mois de salaire. ● Soc. 14 févr. 2018, ⛨ n° 16-22.335 P : *D. 2018. Actu. 466* ⌐ *; RJS 4/2018, n° 297 ; JCP S 2018. 1129, obs. Barège.*

Art. L. 8252-3 Le salarié étranger mentionné à l'article L. 8252-1 bénéficie des dispositions du chapitre III du titre V du livre II de la troisième partie relatives aux assurances et privilèges de salaire pour les sommes qui lui sont dues en application de cet article. – *[Anc. art. L. 143-13-1.]*

Art. L. 8252-4 (L. n° 2011-672 du 16 juin 2011, art. 77) Les sommes dues à l'étranger (L. n° 2016-274 du 7 mars 2016, art. 18) « non autorisé à travailler », dans les cas prévus aux 1° à 3° de l'article L. 8252-2, lui sont versées par l'employeur dans un délai de trente jours à compter de la constatation de l'infraction. Lorsque l'étranger est placé en rétention administrative (Ord. n° 2020-1733 du 16 déc. 2020, art. 16, en vigueur le 1er mai 2021) « en application des articles L. 740-1 ou L. 751-8 » du code de l'entrée et du séjour des étrangers et du droit d'asile ou assigné à résidence (Ord. n° 2020-1733 du 16 déc. 2020, art. 16, en vigueur le 1er mai 2021) « en application des articles L. 731-1 ou L. 751-2 » du même code ou lorsqu'il n'est plus sur le territoire national, ces sommes sont déposées sous le même délai auprès d'un organisme désigné à cet effet, puis reversées à l'étranger.

Lorsque l'employeur ne s'acquitte pas des obligations mentionnées au premier alinéa, l'organisme recouvre les sommes dues pour le compte de l'étranger.

Les modalités d'application des dispositions relatives à la consignation, au recouvrement et au reversement des sommes dues à l'étranger (L. n° 2016-274 du 7 mars 2016, art. 18) « non autorisé à travailler » ainsi que les modalités d'information de celui-ci sur ses droits sont précisées par décret en Conseil d'État. – V. Décr. n° 2011-1693 du 30 nov. 2011.

CHAPITRE III **AMENDE ADMINISTRATIVE** (L. n° 2024-42 du 26 janv. 2024, art. 34).

Art. L. 8253-1 (L. n° 2024-42 du 26 janv. 2024, art. 34) Le ministre chargé de l'immigration prononce, au vu des procès-verbaux et des rapports qui lui sont transmis en application de l'article L. 8271-17, une amende administrative contre l'auteur d'un manquement aux articles L. 8251-1 et L. 8251-2, sans préjudice des poursuites judiciaires pouvant être intentées à son encontre.

Lorsqu'il prononce l'amende, le ministre chargé de l'immigration prend en compte, pour déterminer le montant de cette dernière, les capacités financières de l'auteur d'un manquement, le degré d'intentionnalité, le degré de gravité de la négligence com-

ÉTRANGERS SANS TITRE DE TRAVAIL   **Art. L. 8253-1** 1773

mise et les frais d'éloignement du territoire français du ressortissant étranger en situation irrégulière.

Le montant de l'amende est, au plus, égal à 5 000 fois le taux horaire du minimum garanti prévu à l'article L. 3231-12. Il peut être majoré en cas de réitération et est alors, au plus, égal à 15 000 fois ce même taux.

L'amende est appliquée autant de fois qu'il y a d'étrangers concernés.

Lorsque sont prononcées, à l'encontre de la même personne, une amende administrative en application du présent article et une sanction pénale en application des articles L. 8256-2, L. 8256-7 et L. 8256-8 à raison des mêmes faits, le montant global des amendes prononcées ne dépasse pas le maximum légal le plus élevé des sanctions encourues.

L'État est ordonnateur de l'amende. A ce titre, il liquide et émet le titre de perception.

Le comptable public compétent assure le recouvrement de cette amende comme en matière de créances étrangères à l'impôt et aux domaines.

Les conditions d'application du présent article sont déterminées par décret en Conseil d'État.

Ancien art. L. 8253-1 Sans préjudice des poursuites judiciaires pouvant être intentées à son encontre, l'employeur qui a employé un travailleur étranger en méconnaissance des dispositions du premier alinéa de l'article L. 8251-1 acquitte (L. n° 2012-1509 du 29 déc. 2012, art. 42-IV) «, pour chaque travailleur étranger (L. n° 2016-274 du 7 mars 2016, art. 18) «non autorisé à travailler», » une contribution spéciale. Le montant de cette contribution spéciale est déterminé dans des conditions fixées par décret en Conseil d'État. (L. n° 2012-1509 du 29 déc. 2012, art. 42-IV) «Il est, au plus, égal à 5 000 fois le taux horaire du minimum garanti prévu à l'article L. 3231-12. Ce montant peut être minoré en cas de non-cumul d'infractions ou en cas de paiement spontané par l'employeur des salaires et indemnités dus au salarié étranger (L. n° 2016-274 du 7 mars 2016, art. 18) «non autorisé à travailler» mentionné à l'article R. 8252-6. Il est alors, au plus, égal à 2 000 fois ce même taux. Il peut être majoré en cas de réitération et est alors, au plus, égal à 15 000 fois ce même taux.»

(L. n° 2010-1657 du 29 déc. 2010, art. 78-II-3°) «L'Office français de l'immigration et de l'intégration est chargé de constater et (L. n° 2018-1317 du 28 déc. 2018, art. 245-II, en vigueur le 1er janv. 2018) «fixer le montant de cette contribution pour le compte de l'État selon des modalités définies par convention.

« L'État est ordonnateur de la contribution spéciale. A ce titre, il liquide et émet le titre de perception.

« Le comptable public compétent assure le recouvrement de cette contribution comme en matière de créances étrangères à l'impôt et aux domaines. »

BIBL. ▶ HEERS, D. 1996. Chron. 15 (caractère de « peine » de la contribution spéciale de l'OMI).

1. Constitutionnalité, art. L. 8253-1, al. 1er. L'art. L. 8253-1 oblige l'employeur d'un étranger non autorisé à exercer une activité salariée en France à acquitter une contribution spéciale [devenue amende administrative], dont le montant est, au plus, égal à 5 000 fois le taux horaire du salaire minimum garanti. L'art. L. 8256-2 punit ces mêmes faits d'une peine d'emprisonnement de 5 ans et d'une amende de 15 000 euros ; les faits prévus et réprimés par les articles précités doivent être regardés comme susceptibles de faire l'objet de sanctions de nature différente. Le grief tiré de la méconnaissance du principe de nécessité et de proportionnalité des peines doit donc être écarté. ● Cons. const. QPC 30 mars 2017, n° 2016-621 : D. 2017. Actu. 765 ; RJS 6/2017, n° 443.

2. Absence d'élément intentionnel. La contribution a pour objet de sanctionner les faits d'emploi d'un travailleur étranger séjournant irrégulièrement sur le territoire français ou démuni de titre l'autorisant à exercer une activité salariée, sans qu'un élément intentionnel soit nécessaire à la caractérisation du manquement. ● CE 26 nov. 2018, n° 403978 : D. 2019. Pan. 358, obs. Joubert.

3. Indifférence des instances pénales. Ni la relaxe de l'employeur au bénéfice du doute pour l'emploi irrégulier de travailleurs étrangers, ni le classement sans suite par le parquet de l'infraction constatée par un procès-verbal de gendarmerie ne font obstacle à ce que la contribution spéciale [devenue amende administrative] puisse être mise à la charge de l'employeur pour l'emploi de deux travailleurs étrangers, dès lors que les faits retenus à son encontre sont établis. ● CE 5 mai 1986, Zemouli : Lebon 370 ; D. 1988. Somm. 82, obs. Chelle et Prétot. ♦ Ni les dispositions de l'art. L. 8253-1 C. trav., ni celles de l'art. L. 626-1 CESEDA, ne subordonnent la mise à la charge de l'employeur de la contribution spéciale [devenue amende administrative] et de la contribution forfaitaire à la condition que les faits qui les fondent constituent une infraction pénale. ● CE 12 oct. 2018, n° 408567 A : D. 2018. Actu. 2023, obs. Pastor ; D. 2019. 678, obs. Belliard et Grange ; ibid. Pan. 1018, obs. Clavel ; Gaz. Pal. 5 févr. 2019. 26, obs. Guyomar.

4. Irrégularités. Le refus de communication du procès-verbal constatant l'infraction ne saurait entacher la sanction d'irrégularité que dans le cas où la demande de communication a été faite avant l'intervention de la décision qui, mettant la contribution spéciale [devenue amende administrative] à la charge de l'intéressé, prononce la sanction. Si la communication du procès-verbal est demandée alors que la sanction a déjà été prononcée, elle doit intervenir non au titre du respect des droits de la défense mais en raison de l'exercice d'une voie de recours ; un éventuel refus ne saurait alors être regardé comme entachant d'irrégularité la sanction antérieurement prononcée, non plus que les décisions consécutives, même ultérieures, procédant au recouvrement de cette sanction. • CE 6 mai 2019, ⚖ n° 417756.

5. Communication du PV d'infraction. Le respect des droits de la défense oblige l'Office français de l'immigration et de l'intégration (OFII) à informer, avant le prononcé de la sanction, la personne qu'il entend sanctionner pour l'emploi irrégulier d'un étranger de son droit de demander la communication du procès-verbal de l'infraction. • CE 30 déc. 2021, ⚖ n° 437653 : D. actu. 21 janv. 2022, obs. Maupin ; AJDA 2022. 16 ⌀.

6. Juridiction compétente. La contribution mentionnée à l'art. L. 341-7 [L. 8253-1 nouv.], due indépendamment des poursuites judiciaires, est de nature administrative et le juge judiciaire n'est pas compétent pour apprécier l'existence de la créance. • Civ. 1re, 16 juill. 1992 : ⚖ D. 1993. 231, note Prévault ⌀ ; JCP 1993. II. 22116, note Julien-Laferrière.

7. Travail rémunéré. La condamnation de l'employeur au versement de la contribution spéciale [devenue amende administrative] suppose la preuve de l'existence d'un travail rémunéré. • CE 4 déc. 1987 : D. 1989. Somm. 210, obs. Chelle et Prétot (enfants de travailleurs étrangers dont rien n'établissait qu'ils fournissaient un travail en échange d'une rémunération versée par l'employeur).

8. Montant de la contribution spéciale [devenue amende administrative]. Le montant de la contribution spéciale [devenue amende administrative] ne peut excéder le plafond établi par l'art. L. 626-1 CESEDA, même à défaut de cumul avec la contribution forfaitaire prévue par ce dernier art. • CE 17 juin 2019, ⚖ n° 417837 : D. 2019. 1963, note d'Avout ⌀ ; D. 2020. Pan. 956, obs. S. Clavel ⌀ ; ibid. 308, obs. Joubert ⌀ ; JCP S 2019. 1326, obs. Riancho ; RDC 2019/4, p. 65, note Haftel. ♦ En matière de sanctions prononcées par l'inspection du travail, l'administration est tenue de faire apparaître dans sa motivation les circonstances prises en compte pour déterminer le montant de l'amende prononcée, donc pour apprécier sa proportionnalité qui tend à assurer l'individualisation de cette sanction. • CE 28 sept. 2022, ⚖ n° 453857 : D. actu. 11 oct. 2022, obs. Norval-Grivet ; RDT 2022. 662, obs. Mraouahi ⌀ ; RJS 12/2022, n° 628.

Art. L. 8253-2 Le paiement de l'amende administrative spéciale est garanti par un privilège sur les biens meubles et effets mobiliers des redevables, où qu'ils se trouvent, au même rang que celui dont bénéficie le Trésor en application de l'article 1920 du code général des impôts. — *[Anc. art. L. 341-11, I, al. 1, phrase 1.]*

Art. L. 8253-3 Les créances privilégiées en application de l'article L. 8253-2 dues par un commerçant, un artisan ou une personne morale de droit privé même non commerçante, sont inscrites à un registre public, dans le délai de six mois suivant leur date limite de paiement.

L'inscription conserve le privilège pendant deux années et six mois à compter du jour où elle est effectuée. Elle ne peut être renouvelée. — *[Anc. art. L. 341-11, I, al. 1, phrase 2, et al. 2, phrases 2 et 3.]*

Art. L. 8253-4 En cas de procédure de sauvegarde, de redressement ou de liquidation judiciaire du redevable ou d'un tiers tenu légalement au paiement de l'amende administrative, le privilège dont l'inscription n'a pas été régulièrement requise à l'encontre du redevable ne peut plus être exercé pour les créances qui étaient soumises à titre obligatoire à cette inscription.

Les frais de poursuite dus par le redevable à la date du jugement d'ouverture ne sont pas dus. — *[Anc. art. L. 341-11, I, al. 2, phrase 1, et al. 4.]*

Art. L. 8253-5 L'inscription d'une créance privilégiée en application de l'article L. 8253-2 peut faire l'objet à tout moment d'une radiation totale ou partielle. — *[Anc. art. L. 341-11, I, al. 3 début.]*

Art. L. 8253-6 *Abrogé par L. n° 2010-1657 du 29 déc. 2010, art. 78-IV.*

Art. L. 8253-7 Un décret en Conseil d'État détermine les modalités d'application du présent chapitre. — *[Anc. art. L. 341-7, al. 2, et L. 341-11, III.]* — V. art. R. 8253-1 s.

CHAPITRE IV SOLIDARITÉ FINANCIÈRE DU DONNEUR D'ORDRE

Art. L. 8254-1 Toute personne vérifie, lors de la conclusion d'un contrat dont l'objet porte sur une obligation d'un montant minimum en vue de l'exécution d'un travail, de la fourniture d'une prestation de services ou de l'accomplissement d'un acte de commerce et périodiquement jusqu'à la fin de l'exécution de ce contrat, que son cocontractant s'acquitte de ses obligations au regard des dispositions du premier alinéa de l'article L. 8251-1. – *[Anc. art. L. 341-6-4, al. 1 début.]*

Art. L. 8254-2 *(L. n° 2011-672 du 16 juin 2011, art. 78)* La personne qui méconnaît l'article L. 8254-1 est tenue solidairement avec son cocontractant, sans préjudice de l'application des articles L. 8222-1 à L. 8222-6, au paiement :

1° Du salaire et des accessoires de celui-ci dus à l'étranger *(L. n° 2016-274 du 7 mars 2016, art. 18)* « non autorisé à travailler », conformément au 1° de l'article L. 8252-2 ;

2° Des indemnités versées au titre de la rupture de la relation de travail, en application soit du 2° de l'article L. 8252-2, soit des articles L. 1234-5, L. 1234-9, L. 1243-4 et L. 1243-8 ou des stipulations contractuelles, lorsque celles-ci conduisent à une solution plus favorable pour le salarié ;

3° De tous les frais d'envoi des rémunérations impayées vers le pays dans lequel l'étranger est parti volontairement ou a été reconduit, mentionnés au 3° de l'article L. 8252-2 ;

4° De *(L. n° 2024-42 du 26 janv. 2024, art. 34)* « l'amende administrative » prévue à l'article L. 8253-1 du présent code *(Abrogé par L. n° 2024-42 du 26 janv. 2024, art. 34)* « et de la contribution forfaitaire prévue à l'article *(Ord. n° 2020-1733 du 16 déc. 2020, art. 16, en vigueur le 1ᵉʳ mai 2021)* « L. 822-2 » du code de l'entrée et du séjour des étrangers et du droit d'asile ».

Art. L. 8254-2-1 *(L. n° 2011-672 du 16 juin 2011, art. 80)* Toute personne mentionnée à l'article L. 8254-1, informée par écrit par un agent mentionné à l'article L. 8271-1-2, par un syndicat de salariés, un syndicat ou une association professionnels d'employeurs ou une institution représentative du personnel que son cocontractant ou un sous-traitant direct ou indirect de ce dernier emploie un étranger *(L. n° 2016-274 du 7 mars 2016, art. 18)* « non autorisé à travailler » enjoint aussitôt à son cocontractant de faire cesser cette situation.

L'employeur mis ainsi en demeure informe la personne mentionnée au premier alinéa des suites données à l'injonction. Si celle-ci n'est pas suivie d'effet, la personne mentionnée au premier alinéa peut résilier le contrat aux frais et risques du cocontractant.

La personne qui méconnaît le premier alinéa ainsi que son cocontractant sont tenus, solidairement avec le sous-traitant employant l'étranger *(L. n° 2016-274 du 7 mars 2016, art. 18)* « non autorisé à travailler », au paiement des rémunérations et charges, *(L. n° 2024-42 du 26 janv. 2024, art. 34)* « amendes » et frais mentionnés à l'article L. 8254-2.

Art. L. 8254-2-2 *(L. n° 2011-672 du 16 juin 2011, art. 80)* Toute personne condamnée en vertu de l'article L. 8256-2 pour avoir recouru sciemment aux services d'un employeur d'un étranger *(L. n° 2016-274 du 7 mars 2016, art. 18)* « non autorisé à travailler » est tenue solidairement avec cet employeur au paiement des rémunérations et charges, *(L. n° 2024-42 du 26 janv. 2024, art. 34)* « amendes » et frais mentionnés aux 1° à 4° de l'article L. 8254-2.

Art. L. 8254-3 Le particulier qui conclut pour son usage personnel, celui de son conjoint, partenaire lié par un pacte civil de solidarité, concubin, de ses ascendants ou descendants un contrat dont l'objet porte sur une obligation d'un montant minimum est soumis aux dispositions des articles L. 8254-1 et L. 8254-2, lors de la conclusion de ce contrat. – *[Anc. art. L. 341-6-4, al. 2.]*

Art. L. 8254-4 Les modalités selon lesquelles sont opérées les vérifications imposées par le présent chapitre ainsi que la répartition de la charge de *(L. n° 2024-42 du 26 janv. 2024, art. 34)* « l'amende administrative » en cas de pluralité de cocontractants sont précisées par décret. – *[Anc. art. L. 341-6-4, al. 3.]*

CHAPITRE V ACTIONS EN JUSTICE

Art. L. 8255-1 Les organisations syndicales représentatives peuvent exercer en justice les actions nées en faveur des salariés étrangers en vertu des dispositions des articles

L. 8252-1 et L. 8252-2, sans avoir à justifier d'un mandat de l'intéressé, à condition que celui-ci n'ait pas déclaré s'y opposer.

L'intéressé peut toujours intervenir à l'instance engagée par le syndicat. — *[Anc. art. L. 341-6-2.]*

CHAPITRE VI DISPOSITIONS PÉNALES

Art. L. 8256-1 Le fait de se rendre coupable de fraude ou de fausse déclaration pour obtenir, faire obtenir ou tenter de faire obtenir à un étranger le titre mentionné à l'article L. 8251-1 est puni d'un emprisonnement d'un an et d'une amende de 3 000 €. — *[Anc. art. L. 364-2.]*

Art. L. 8256-2 Le fait pour toute personne, directement ou par personne interposée, d'embaucher, de conserver à son service ou d'employer pour quelque durée que ce soit un étranger non muni du titre l'autorisant à exercer une activité salariée en France, en méconnaissance *(Abrogé par L. n° 2024-42 du 26 janv. 2024, art. 34)* « *des dispositions du premier alinéa* » de l'article L. 8251-1, est puni d'un emprisonnement de cinq ans et d'une amende de *(L. n° 2024-42 du 26 janv. 2024, art. 34)* « 30 000 € ».

(L. n° 2011-672 du 16 juin 2011, art. 81) « Le fait de recourir sciemment, directement ou indirectement, aux services d'un employeur d'un étranger *(L. n° 2016-274 du 7 mars 2016, art. 18)* « non autorisé à travailler » est puni des mêmes peines. »

Ces peines sont portées à un emprisonnement de dix ans et une amende de *(L. n° 2024-42 du 26 janv. 2024, art. 34)* « 200 000 € » lorsque l'infraction est commise en bande organisée.

(L. n° 2011-672 du 16 juin 2011, art. 74-II) « Le premier alinéa n'est pas applicable à l'employeur qui, sur la base d'un titre frauduleux ou présenté frauduleusement par un étranger salarié, a procédé sans intention de participer à la fraude et sans connaissance de celle-ci à la déclaration auprès des organismes de sécurité sociale prévue à l'article L. 1221-10, à la déclaration unique d'embauche et à la vérification auprès des administrations territorialement compétentes du titre autorisant cet étranger à exercer une activité salariée en France. »

L'amende est appliquée autant de fois qu'il y a d'étrangers concernés. — *[Anc. art. L. 364-3.]*

1. Caractère intentionnel. Le fait d'engager ou de conserver à son service un étranger non muni de titre l'autorisant à exercer une activité salariée est une infraction intentionnelle qui requiert, pour être constituée, la connaissance par l'employeur de la qualité d'étranger du salarié. ● Crim. 1ᵉʳ oct. 1987, 🔒 n° 87-80.766 P : *D. 1989. Somm. 209*, obs. Fieschi-Vivet. – Dans le même sens : ● Crim. 24 avr. 1990 : 🔒 *RJS 1990. 427, n° 639*.

2. Est coupable du délit d'emploi, par personne interposée, de travailleurs étrangers en situation irrégulière l'entrepreneur principal qui recourt à un sous-traitant fictif pour se procurer la main-d'œuvre qu'il emploie en parfaite connaissance de sa situation. ● Crim. 20 mai 1992, 🔒 n° 91-85.848 P. – Dans le même sens : ● Crim. 6 mai 1997, 🔒 n° 96-83.063 P.

3. Obligations de l'employeur. Dès lors que l'employeur n'ignore pas la qualité d'étranger du salarié, il lui appartient de vérifier que ce dernier est titulaire, et pour quelle durée, d'un titre l'autorisant à travailler en France. ● Crim. 9 janv. 1989 : *RJS 1990. 111, n° 175*. – Dans le même sens : ● Crim. 29 mars 1994, 🔒 n° 93-82.178 P : *RJS 1994. 552, n° 924 ; Dr. pénal 1994. Comm. 166*, obs. J.-H. Robert.

4. Respect de la vie personnelle du salarié. La publication dans la presse locale de la condamnation d'un salarié pour aide au séjour irrégulier d'un étranger ne peut justifier son licenciement pour faute grave. ● Soc. 16 déc. 1997 : 🔒 *GADT, 4ᵉ éd., n° 66 ; D. 1998. IR 42* ✏

Art. L. 8256-3 Les personnes physiques coupables des infractions prévues à l'article L. 8256-2 encourent les peines complémentaires suivantes :

1° L'interdiction, pour une durée de cinq ans au plus, d'exercer directement ou par personne interposée l'activité professionnelle dans l'exercice ou à l'occasion de l'exercice de laquelle l'infraction a été commise, selon les modalités prévues par l'article 131-27 du code pénal ;

2° L'exclusion des marchés publics pour une durée de cinq ans au plus ;

(L. n° 2015-990 du 6 août 2015, art. 282-II) « 3° La peine de confiscation dans les conditions et selon les modalités prévues à l'article 131-21 du code pénal ; »

(L. n° 2014-790 du 10 juill. 2014, art. 8) « 4° L'affichage ou la diffusion de la décision prononcée, dans les conditions prévues à l'article 131-35 du code pénal.

Lorsqu'une amende est prononcée, la juridiction peut ordonner que cette diffusion soit opérée, pour une durée maximale de deux ans, par les services du ministre chargé du travail sur un site internet dédié, dans des conditions prévues par décret en Conseil d'État pris après avis de la Commission nationale de l'informatique et des libertés ; »

5° L'interdiction, suivant les modalités prévues par l'article 131-26 du code pénal, des droits civiques, civils et de la famille ;

6° L'interdiction de séjour pour une durée de cinq ans au plus. — *[Anc. art. L. 364-8, al. 1er à 7.]*

Art. L. 8256-4 Les personnes physiques coupables des infractions prévues à l'article L. 8256-2 encourent la peine complémentaire de fermeture des locaux ou établissements tenus ou exploités par elles et ayant servi à commettre les faits incriminés. — *[Anc. art. L. 364-8, al. 8.]*

Art. L. 8256-5 Les personnes physiques condamnées au titre de l'infraction prévue au deuxième alinéa de l'article L. 8256-2 encourent la peine complémentaire de confiscation de tout ou partie de leurs biens, quelle qu'en soit la nature. — *[Anc. art. L. 364-8, al. 10.]*

Art. L. 8256-6 L'interdiction du territoire français peut être prononcée, dans les conditions prévues par les articles 131-30 à 131-30-2 du code pénal, pour une durée de dix ans au plus ou à titre définitif à l'encontre de tout étranger coupable des infractions définies à l'article L. 8256-2. — *[Anc. art. L. 364-9.]*

Art. L. 8256-7 Les personnes morales reconnues pénalement responsables, dans les conditions prévues par l'article 121-2 du code pénal, des infractions prévues au présent chapitre, à l'exception de l'article L. 8256-1, encourent :

1° L'amende, dans les conditions prévues à l'article 131-38 du code pénal ;

2° Les peines mentionnées aux 1° à 5°, 8° (*L. n° 2014-790 du 10 juill. 2014, art. 12*) « , 9° et 12° » de l'article 131-39 du même code.

L'interdiction mentionnée au 2° de l'article 131-39 porte sur l'activité dans l'exercice ou à l'occasion de l'exercice de laquelle l'infraction a été commise.

(*L. n° 2014-790 du 10 juill. 2014, art. 8*) « Lorsqu'une amende est prononcée, la juridiction peut ordonner que la diffusion prévue au 9° du même article 131-39 soit opérée, pour une durée maximale de deux ans, par les services du ministre chargé du travail sur un site internet dédié, dans des conditions prévues par décret en Conseil d'État pris après avis de la Commission nationale de l'informatique et des libertés. »

Art. L. 8256-7-1 (*L. n° 2011-672 du 16 juin 2011, art. 82*) Le prononcé de la peine complémentaire de fermeture provisoire d'établissement mentionnée au 4° de l'article 131-39 du code pénal n'entraîne ni rupture, ni suspension du contrat de travail, ni aucun préjudice pécuniaire à l'encontre des salariés de l'établissement concerné.

Art. L. 8256-8 Les personnes morales condamnées au titre de l'infraction prévue au (*L. n° 2011-672 du 16 juin 2011, art. 81-II*) « troisième » alinéa de l'article L. 8256-2 encourent la peine complémentaire de confiscation de tout ou partie de leurs biens, quelle qu'en soit la nature. — *[Anc. art. L. 364-10, al. 6.]*

TITRE VI CUMULS IRRÉGULIERS D'EMPLOIS

RÉP. TRAV. v° *Cumul d'activités*, par Casaux-Labrunée.

BIBL. GÉN. ▶ Savatier, *Dr. soc.* 1989. 725 (interdiction des cumuls d'emploi, une réglementation inapplicable).

CHAPITRE I INTERDICTIONS ET DÉROGATIONS

SECTION 1 Interdictions

Art. L. 8261-1 Aucun salarié ne peut accomplir des travaux rémunérés au-delà de la durée maximale du travail, telle qu'elle ressort des dispositions légales de sa profession. — *[Anc. art. L. 324-2.]* — *V. art. D. 8261-1 (pén.).*

1. Notion de cumul d'emplois. La prohibition d'un cumul d'emplois ne concerne que les périodes pendant lesquelles les salariés sont en activité de service, en conséquence aucune faute grave ne peut être reconnue à l'encontre d'un salarié ayant travaillé dans le commerce tenu par son conjoint pendant son congé maladie puis son congé sans solde ; la circonstance que l'activité litigieuse était profitable aux revenus du ménage ne caractérisant pas la perception d'une rémunération. • Soc. 27 mars 2002 : ⚖ RJS 2002. 667, n° 870.

2. Demande de réduction d'horaire. En cas de cumul par le salarié de deux contrats de travail entraînant un dépassement de la durée maximale de travail telle qu'elle ressort des dispositions légales de sa profession, l'employeur, auquel le salarié demande de réduire son temps de travail, n'est pas tenu d'accepter cette modification du contrat de travail, mais doit simplement le mettre en demeure de choisir l'emploi qu'il souhaite conserver. • Soc. 10 mars 2009 : ⚖ RDT 2009. 455, obs. Véricel ⌀ ; RJS 2009. 393, n° 456 ; JSL 2009, n° 254-5.

Art. L. 8261-2 Nul ne peut recourir aux services d'une personne qui méconnaît les dispositions de la présente section. — *[Anc. art. L. 324-3.]*

1. Dépassement de la durée. Si l'interdiction qu'édictent les art. L. 324-2 et L. 324-3 [L. 8261-1 et L. 8261-2 nouv.] C. trav. établit une incompatibilité entre deux contrats entraînant un dépassement de la durée maximale du travail, la violation desdits articles résulte de l'accomplissement de travaux au-delà de la durée autorisée, mais non de la conclusion du second contrat. • Soc. 27 avr. 1989 : *Dr. soc. 1989. 725, note Savatier.*

2. Refus de choix du salarié. L'inertie du salarié invité à se conformer aux prescriptions de l'art. L. 324-2 [L. 8261-1] ne peut constituer la preuve d'une volonté claire et non équivoque de mettre fin au contrat et il appartient à l'employeur qui entend respecter l'interdiction légale de mettre en œuvre une procédure de licenciement. • Soc. 25 oct. 1990 : ⚖ D. 1990. IR 260 ; CSB 1990. 281, S. 174.

3. Si l'inertie du salarié invité à régulariser sa situation au regard des art. L. 324-2 et L. 324-3 [L. 8261-1 et L. 8261-2 nouv.] justifie son licenciement, elle ne dispense pas l'employeur de payer les heures de travail accomplies. • Soc. 31 janv. 1996, n° 92-40.944 P : *Dr. soc. 1996. 424, obs. Savatier* ⌀ ; RJS 1996. 191, n° 319.

4. Dans une hypothèse où l'employeur a accordé au salarié un délai de réflexion lui permettant de choisir entre l'emploi qu'il souhaite conserver et une réduction d'horaire, le refus du salarié de choisir une solution permettant de l'employeur dans les conditions légales constitue une cause réelle et sérieuse de licenciement. • Soc. 4 juin 1998 : ⚖ RJS 1998. 787, n° 1305.

SECTION 2 Dérogations

Art. L. 8261-3 Sont exclus des interdictions prévues à l'article L. 8261-1 :

1° Les travaux d'ordre scientifique, littéraire ou artistique et les concours apportés aux œuvres d'intérêt général, notamment d'enseignement, d'éducation ou de bienfaisance ;

2° Les travaux accomplis pour son propre compte ou à titre gratuit sous forme d'une entraide bénévole ;

3° Les petits travaux ménagers accomplis chez des particuliers pour leurs besoins personnels ;

4° Les travaux d'extrême urgence dont l'exécution immédiate est nécessaire pour prévenir des accidents imminents ou organiser des mesures de sauvetage. — *[Anc. art. L. 324-4.]*

Il résulte des art. 25 de la L. n° 83-634 du 13 juill. 1983, L. 324-1, L. 324-4 [L. 8261-3] C. trav., 1er et 3 du Décr.-L. du 29 oct. 1936, alors applicables, que seule la production autonome d'œuvres scientifiques, littéraires ou artistiques peut être exercée librement par les agents des organismes de sécurité sociale ; pour dire le titre de recette sans fondement, l'annuler et condamner l'employeur au remboursement des sommes reversées par le salarié, le juge doit rechercher si le salarié n'avait pas exercé les fonctions de président du conseil d'administration de l'association éditrice ou de directeur de la publication de la revue, ce dont il aurait pu déduire que son activité d'éditorialiste ne s'exerçait pas de façon autonome. • Soc. 5 janv. 2011 : ⚖ D. 2011. Actu. 245 ⌀ ; JCP S 2011. 1133, obs. Lahalle.

CHAPITRE II DISPOSITIONS PÉNALES

Le présent chapitre ne comprend pas de dispositions législatives.

TITRE VII CONTRÔLE DU TRAVAIL ILLÉGAL

CHAPITRE I COMPÉTENCE DES AGENTS

SECTION 1 Dispositions communes

Art. L. 8271-1 Les infractions constitutives de travail illégal mentionnées à l'article L. 8211-1 sont recherchées et constatées par les agents de contrôle mentionnés à l'article

CONTRÔLE DU TRAVAIL ILLÉGAL — Art. L. 8271-4

(L. n° 2011-672 du 16 juin 2011, art. 84-III) « L. 8271-1-2 » dans la limite de leurs compétences respectives en matière de travail illégal. — *[Anc. art. L. 325-1, phrase 2.]*

V. Circ. intermin. du 11 févr. 2013 relative à la mise en œuvre du plan national de lutte contre le travail illégal 2013-2015, NOR : INTK1300188C.

BIBL. ▶ RAMACKERS, *Dr. soc.* 2014. 898 (la recherche et le constat des infractions en matière de travail illégal par l'inspection du travail : un exemple d'enquête).

Art. L. 8271-1-1 *(L. n° 2011-672 du 16 juin 2011, art. 83)* Les infractions au premier alinéa de l'article 3 de la loi n° 75-1334 du 31 décembre 1975 relative à la sous-traitance sont constatées par les agents mentionnés à l'article L. 8271-1-2. Ces infractions sont punies d'une amende de 7 500 €.

Art. L. 8271-1-2 *(L. n° 2011-672 du 16 juin 2011, art. 84)* Les agents de contrôle compétents en application de l'article L. 8271-1 sont :

1° Les *(L. n° 2016-1088 du 8 août 2016, art. 113)* « agents de contrôle de l'inspection du travail mentionnés à l'article L. 8112-1 » ;

2° Les officiers et agents de police judiciaire ;

3° Les agents des impôts et des douanes ;

4° Les agents des organismes de sécurité sociale et des caisses de mutualité sociale agricole agréés à cet effet et assermentés ;

(L. n° 2013-431 du 28 mai 2013, art. 31-IX) « 5° Les administrateurs des affaires maritimes, les officiers du corps technique et administratif des affaires maritimes et les fonctionnaires affectés dans les services exerçant des missions de contrôle dans le domaine des affaires maritimes sous l'autorité ou à la disposition du ministre chargé de la mer ; »

6° Les fonctionnaires des corps techniques de l'aviation civile commissionnés à cet effet et assermentés ;

7° Les fonctionnaires ou agents de l'État chargés du contrôle des transports terrestres ;

8° Les agents de l'institution mentionnée à l'article L. 5312-1, chargés de la prévention des fraudes, agréés et assermentés à cet effet ;

(L. n° 2021-646 du 25 mai 2021, art. 20) « 9° Les agents du Conseil national des activités privées de sécurité commissionnés par son directeur et assermentés. »

Art. L. 8271-1-3 *(L. n° 2011-1977 du 28 déc. 2011, art. 62-IV)* Pour la mise en œuvre des articles L. 8272-1 à L. 8272-4, le représentant de l'État dans le département reçoit copie des procès-verbaux relevant des infractions constitutives de travail illégal constatées par les agents de contrôle mentionnés à l'article L. 8271-1-2.

V. Circ. NOR : EFIZ1239322C intermin. du 28 nov. 2012 relative aux sanctions administratives suite à un procès-verbal relevant une infraction de travail illégal.

Art. L. 8271-2 Les agents de contrôle mentionnés à l'article *(L. n° 2011-672 du 16 juin 2011, art. 84-III)* « L. 8271-1-2 » se communiquent réciproquement tous renseignements et tous documents utiles à l'accomplissement de leur mission de lutte contre le travail illégal.

Les agents de la concurrence, de la consommation et de la répression des fraudes sont habilités à leur transmettre tous renseignements et documents nécessaires à cette mission. — *[Anc. art. L. 325-2 et L. 125-3-2, al. 1er.]*

Art. L. 8271-3 Lorsqu'ils ne relèvent pas des services de la police ou de la gendarmerie nationales, les agents de contrôle mentionnés à l'article *(L. n° 2011-672 du 16 juin 2011, art. 84-III)* « L. 8271-1-2 » peuvent solliciter des interprètes assermentés inscrits sur l'une des listes prévues à l'article 157 du code de procédure pénale, pour le contrôle de la réglementation sur la main-d'œuvre étrangère et le détachement transnational de travailleurs.

(L. n° 2016-1088 du 8 août 2016, art. 109) « Les agents de contrôle mentionnés au premier alinéa du présent article qui exercent leur droit d'entrée dans les établissements dans les conditions mentionnées à l'article L. 8113-1 du présent code peuvent être accompagnés de ces interprètes assermentés. »

Art. L. 8271-4 Les agents de contrôle mentionnés à l'article *(L. n° 2011-672 du 16 juin 2011, art. 84-III)* « L. 8271-1-2 » transmettent, sur demande écrite, aux agents du Centre national du cinéma et de l'image animée, des directions régionales des affaires culturelles, de l'*(L. n° 2008-126 du 13 févr. 2008)* « institution mentionnée à l'article L. 5312-1 », de l'(*L. n° 2008-126 du 13 févr. 2008*) « organisme gestionnaire du régime d'assurance chômage » et des collectivités territoriales tous renseignements et tous documents nécessaires à l'appréciation des droits ou à l'exécution d'obligations qui entrent dans le champ de leurs compétences respectives.

Ils disposent, dans l'exercice de leur mission de lutte contre le travail illégal, d'un droit de communication sur tous renseignements et documents nécessaires auprès de ces services. — [*Anc. art. L. 325-4.*]

V. Circ. NOR : EFIZ1239322C intermin. du 28 nov. 2012 relative aux sanctions administratives suite à un procès-verbal relevant une infraction de travail illégal.

Art. L. 8271-5 Les agents de contrôle mentionnés à l'article (*L. n° 2011-672 du 16 juin 2011, art. 84-III*) « L. 8271-1-2 » peuvent, sur demande écrite, obtenir des organismes chargés d'un régime de protection sociale ou des caisses assurant le service des congés payés mentionnées au livre I de la troisième partie tous renseignements ou tous documents utiles à l'accomplissement de leurs missions en matière de travail illégal.

Ils transmettent à ces organismes, qui doivent en faire la demande par écrit, tous renseignements et tous documents permettant à ces derniers de recouvrer les sommes impayées ou d'obtenir le remboursement de sommes indûment versées. — [*Anc. art. L. 325-5.*]

Art. L. 8271-5-1 (*L. n° 2016-1088 du 8 août 2016, art. 109*) Les agents de contrôle mentionnés à l'article L. 8271-1-2 du présent code peuvent transmettre aux agents de l'organisme mentionné à l'article L. 767-1 du code de la sécurité sociale tous renseignements et documents utiles à l'accomplissement par ces derniers des missions confiées à cet organisme pour l'application des règlements et accords internationaux et européens de sécurité sociale.

Les agents de l'organisme mentionné au même article L. 767-1 peuvent transmettre aux agents de contrôle mentionnés à l'article L. 8271-1-2 du présent code tous renseignements et documents utiles à l'accomplissement de leur mission de lutte contre le travail illégal.

Art. L. 8271-5-2 (*L. n° 2022-1587 du 19 déc. 2022, art. 2*) Les agents de contrôle mentionnés au 1° de l'article L. 8271-1-2 peuvent transmettre aux agents de la Caisse des dépôts et consignations tous renseignements et documents utiles à l'accomplissement par ces derniers des missions prévues à l'article L. 6323-9 confiées à cet organisme.

Les agents de la Caisse des dépôts et consignations peuvent transmettre aux agents de contrôle mentionnés à l'article L. 8271-1-2 tous renseignements et documents utiles à l'accomplissement de leur mission de lutte contre le travail illégal.

Art. L. 8271-6 Les agents de contrôle mentionnés à l'article (*L. n° 2011-672 du 16 juin 2011, art. 84-III*) « L. 8271-1-2 », ainsi que les autorités chargées de la coordination de leurs actions, peuvent échanger tous renseignements et tous documents nécessaires à l'accomplissement de leur mission de lutte contre le travail illégal avec les agents investis des mêmes compétences et les autorités chargées de la coordination de leurs actions dans les États étrangers.

Lorsque des accords sont conclus avec les autorités de ces États, ils prévoient les modalités de mise en œuvre de ces échanges. — [*Anc. art. L. 325-6.*]

Art. L. 8271-6-1 (*L. n° 2011-672 du 16 juin 2011, art. 84-I*) Les agents de contrôle mentionnés à l'article L. 8271-1-2 sont habilités à entendre, en quelque lieu que ce soit et avec son consentement, tout employeur ou son représentant et toute personne rémunérée, ayant été rémunérée ou présumée être ou avoir été rémunérée par l'employeur ou par un travailleur indépendant, afin de connaître la nature des activités de cette personne, ses conditions d'emploi et le montant des rémunérations s'y rapportant, y compris les avantages en nature. De même, ils peuvent entendre toute personne susceptible de fournir des informations utiles à l'accomplissement de leur mission de lutte contre le travail illégal.

(*L. n° 2016-731 du 3 juin 2016, art. 83*) « Conformément à l'article 28 du code de procédure pénale, l'article 61-1 du même code est applicable lorsqu'il est procédé à l'audition d'une personne à l'égard de laquelle il existe des raisons plausibles de soupçonner qu'elle a commis ou tenté de commettre une infraction. »

Ces auditions peuvent faire l'objet d'un procès-verbal signé des agents mentionnés au premier alinéa et des personnes entendues.

Ces agents sont en outre habilités à demander aux employeurs, aux travailleurs indépendants, aux personnes employées dans l'entreprise ou sur le lieu de travail ainsi qu'à

CONTRÔLE DU TRAVAIL ILLÉGAL **Art. L. 8271-8** 1781

toute personne dont ils recueillent les déclarations dans l'exercice de leur mission de justifier de leur identité et de leur adresse.

Auditions par l'agent de contrôle. Les auditions auxquelles les agents de contrôle procèdent pour la recherche et le constat des infractions en matière de travail illégal ne peuvent être réalisées qu'avec le consentement des personnes entendues ; même si les personnes ne sont entendues que dans le cadre de vérifications. • Civ. 2ᵉ, 19 sept. 2019, ⚖ n° 18-19.929 P : *D. 2019. Actu.* *1844* ⌀ *; RJS 12/2019, n° 716 ; JCP S 2019. 1303, obs. Aumeran.* ♦ L'audition intervenue après la notification de la lettre d'observations consécutive au procès-verbal de constatation d'infraction n'entre pas dans le champ d'application des opérations de recherche et de constat d'infraction. • Civ. 2ᵉ, 19 sept. 2019, ⚖ n° 18-19.847 P : *s références.*

Art. L. 8271-6-2 (*L. n° 2011-672 du 16 juin 2011, art. 84-I*) Pour la recherche et la constatation des infractions constitutives de travail illégal, les agents de contrôle mentionnés à l'article L. 8271-1-2 peuvent se faire présenter et obtenir copie immédiate des documents justifiant du respect des dispositions du présent livre (*L. n° 2014-790 du 10 juill. 2014, art. 7*) « et du chapitre II du titre VI du livre II de la première partie ».

Art. L. 8271-6-3 (*L. n° 2015-1702 du 21 déc. 2015, art. 94-I*) Les agents de contrôle mentionnés à l'article L. 8271-1-2 peuvent transmettre aux agents habilités par le directeur du Conseil national des activités privées de sécurité, mentionnés à l'article L. 634-1 du code de la sécurité intérieure, tous renseignements et tous documents leur permettant d'assurer le contrôle des personnes exerçant les activités privées de sécurité pour tirer les conséquences d'une situation de travail illégal.

Les agents habilités par le directeur du Conseil national des activités privées de sécurité peuvent transmettre aux agents de contrôle mentionnés à l'article L. 8271-1-2 du présent code tous renseignements et documents nécessaires à leur mission de lutte contre le travail illégal.

Art. L. 8271-6-4 (*L. n° 2016-1827 du 23 déc. 2016, art. 24-III*) Les agents de contrôle mentionnés à l'article L. 8271-1-2 communiquent leurs procès-verbaux relevant une des infractions constitutives de travail illégal mentionnées aux 1° à 4° de l'article L. 8211-1 du présent code aux organismes de recouvrement mentionnés aux articles L. 213-1 et L. 752-1 du code de la sécurité sociale et à l'article L. 723-3 du code rural et de la pêche maritime, qui procèdent à la mise en recouvrement des cotisations et contributions qui leur sont dues sur la base des informations contenues dans ces procès-verbaux.

Ces dispositions s'appliquent aux contrôles engagés à compter du 1ᵉʳ janv. 2017 (L. n° 2016-1827 du 23 déc. 2016, art. 24-IV).

Art. L. 8271-6-5 (*L. n° 2022-1616 du 23 déc. 2022, art. 98*) Aux seules fins de constater les infractions de travail illégal commises par la voie des communications électroniques pour lesquelles ils sont compétents, les agents de contrôle de l'inspection du travail mentionnés à l'article L. 8112-1 et spécialement habilités à cet effet, dans des conditions précisées par arrêté conjoint du ministre de la justice et du ministre chargé du travail, ainsi que les agents de contrôle mentionnés aux 4° et 8° de l'article L. 8271-1-2 peuvent procéder sous pseudonyme aux actes suivants sans être pénalement responsables :

1° Participer à des échanges électroniques, y compris avec les personnes susceptibles d'être les auteurs de ces infractions ;

2° Extraire ou conserver par ce moyen les données sur les personnes susceptibles d'être les auteurs de ces infractions et tout élément de preuve.

A peine de nullité, ces actes ne peuvent constituer une incitation à commettre une infraction.

SECTION 2 Travail dissimulé

Art. L. 8271-7 (*L. n° 2011-672 du 16 juin 2011, art. 84-III*) Les infractions aux interdictions du travail dissimulé prévues à l'article L. 8221-1 sont recherchées par les agents mentionnés à l'article L. 8271-1-2.

Art. L. 8271-8 Les infractions aux interdictions du travail dissimulé sont constatées au moyen de procès-verbaux qui font foi jusqu'à preuve du contraire.

Ces procès-verbaux sont transmis directement au procureur de la République. – *[Anc. art. L. 324-12, al. 1er.]*

Constitutionnalité. Les dispositions de l'art. L. 8271-8 ne méconnaissent pas les droits et libertés garantis par la Constitution et, en particulier, par l'art. 16 de la DDH, en ce qu'elles ne prévoient pas la transmission à l'intéressé du procès-verbal de constat d'infraction de travail dissimulé préalablement à sa transmission au procureur de la République dès lors, d'une part, qu'une telle transmission porterait atteinte au secret de l'enquête et aurait une incidence sur la conservation des preuves et que, d'autre part, après la première comparution ou la première audition, les avocats des parties peuvent se faire délivrer copie de tout ou partie des pièces et actes du dossier et que les parties peuvent se faire délivrer une expédition de toutes les pièces de la procédure. • Crim. 5 août 2020, n° 20-80.647 : *D.* 2020. Actu. 1624 ; *RJS* 10/2020, n° 490.

Art. L. 8271-8-1 *(Abrogé par L. n° 2016-1827 du 23 déc. 2016, art. 24-III) (L. n° 2007-1786 du 19 déc. 2007, art. 112-IV)* **Les agents de contrôle mentionnés à l'article** *(L. n° 2011-672 du 16 juin 2011, art. 84-III)* **« L. 8271-1-2 » communiquent leurs procès-verbaux de travail dissimulé aux organismes de recouvrement mentionnés aux articles L. 213-1 et L. 752-1 du code de la sécurité sociale et à l'article L. 723-3 du code rural et de la pêche maritime, qui procèdent à la mise en recouvrement des cotisations et contributions qui leur sont dues sur la base des informations contenues dans lesdits procès-verbaux.**

Cette abrogation s'applique aux contrôles engagés à compter du 1er janv. 2017 *(L. n° 2016-1827 du 23 déc. 2016, art. 24-IV).*

Art. L. 8271-9 Pour la recherche et la constatation des infractions aux interdictions du travail dissimulé, les agents de contrôle peuvent se faire présenter et obtenir copie immédiate des documents suivants, quels que soient leur forme et leur support :

1° Les documents justifiant que l'immatriculation, les déclarations et les formalités mentionnées aux articles L. 8221-3 et L. 8221-5 ont été effectuées ainsi que ceux relatifs à l'autorisation d'exercice de la profession ou à l'agrément lorsqu'une disposition particulière l'a prévu ;

2° Les documents justifiant que l'entreprise a vérifié, conformément aux dispositions des articles L. 8222-1 ou L. 8222-4, que son ou ses cocontractants ont accompli les formalités mentionnées aux articles L. 8221-3 et L. 8221-5 ou des réglementations d'effet équivalent de leur pays d'origine ;

3° Les devis, les bons de commande ou de travaux, les factures et les contrats ou documents commerciaux relatifs aux prestations exécutées en méconnaissance des dispositions de l'article L. 8221-1 ;

(L. n° 2014-626 du 18 juin 2014, art. 31) « 4° **Les attestations d'assurances professionnelles détenues par les travailleurs indépendants lorsque ces assurances répondent à une obligation légale.** »

Art. L. 8271-10 Les agents de contrôle peuvent, sur demande écrite, obtenir des services préfectoraux tous renseignements ou tous documents relatifs à l'autorisation d'exercice ou à l'agrément d'une profession réglementée. – *[Anc. art. L. 324-12, al. 7.]*

Art. L. 8271-11 *Abrogé par L. n° 2011-672 du 16 juin 2011, art. 84-II.*

Art. L. 8271-12 Les agents de contrôle sont habilités, lorsque le siège de l'entreprise est domicilié dans des locaux occupés en commun en application de l'article **L. 123-10** du code de commerce réprimant certaines infractions en matière de registre du commerce et des sociétés, à se faire communiquer par l'entreprise domiciliataire tous les documents détenus dans ses locaux nécessaires à l'accomplissement de leur mission de lutte contre le travail dissimulé. – *[Anc. art. L. 324-13.]*

SECTION 3 Marchandage

Art. L. 8271-14 Outre les *(L. n° 2016-1088 du 8 août 2016, art. 113)* « **agents de contrôle de l'inspection du travail mentionnés à l'article L. 8112-1** », les agents et officiers de police judiciaire, les agents des impôts et des douanes sont compétents pour rechercher et constater, au moyen de procès-verbaux transmis directement au procureur de la République, les infractions aux dispositions de l'article L. 8231-1 relatives à l'interdiction du marchandage. – *[Anc. art. L. 611-15.]*

CONTRÔLE DU TRAVAIL ILLÉGAL **Art. L. 8272-1**

Art. L. 8271-15 Dans le cadre de leur mission de lutte contre le marchandage, les agents mentionnés à l'article L. 8271-14 peuvent se faire présenter les devis, les bons de commande ou de travaux, les factures et les contrats ou documents commerciaux relatifs aux opérations de marchandage. — *[Anc. art. L. 125-3-2, al. 2 V1.]*

SECTION 4 **Prêt illicite de main-d'œuvre**

Art. L. 8271-16 Dans le cadre de leur mission de lutte contre le prêt illicite de main-d'œuvre, les agents mentionnés à l'article L. 8112-1 peuvent se faire présenter les devis, les bons de commande ou de travaux, les factures et les contrats ou documents commerciaux relatifs aux opérations de prêt illicite de main-d'œuvre. — *[Anc. art. L. 125-3-2, al. 2 V2.]*

SECTION 5 **Emploi d'étrangers non autorisés à travailler** *(L. n° 2016-274 du 7 mars 2016, art. 18).*

Art. L. 8271-17 Outre les *(L. n° 2016-1088 du 8 août 2016, art. 113)* « agents de contrôle de l'inspection du travail mentionnés à l'article L. 8112-1 », les agents et officiers de police judiciaire, les agents de la direction générale des douanes *(L. n° 2021-646 du 25 mai 2021, art. 20)* « et les agents du Conseil national des activités privées de sécurité commissionnés par son directeur et assermentés » sont compétents pour rechercher et constater, au moyen de procès-verbaux transmis directement au procureur de la République, les infractions aux dispositions de l'article L. 8251-1 relatif à l'emploi d'un étranger *(L. n° 2016-274 du 7 mars 2016, art. 18)* « non autorisé à travailler » *(L. n° 2011-672 du 16 juin 2011, art. 75-II, art. 111 ; L. n° 2016-274 du 7 mars 2016, art. 18)* « et de l'article L. 8251-2 interdisant le recours aux services d'un employeur d'un étranger non autorisé à travailler ».

(L. n° 2024-42 du 26 janv. 2024, art. 34) « Afin de permettre la liquidation de l'amende administrative mentionnée à l'article L. 8253-1, le ministre chargé de l'immigration reçoit des agents mentionnés au premier alinéa du présent article une copie des rapports et des procès-verbaux relatifs à ces infractions. »

Art. L. 8271-18 Les dispositions de l'article L. 8271-13 sont applicables à la recherche et à la constatation des infractions à l'emploi d'étranger *(L. n° 2016-274 du 7 mars 2016, art. 18)* « non autorisé à travailler ». — *[Anc. art. L. 611-13.]*

Art. L. 8271-19 Afin de lutter contre le travail illégal, les agents chargés de la délivrance des titres de séjour, individuellement désignés et dûment habilités, peuvent avoir accès aux traitements automatisés des autorisations de travail dans les conditions définies par la loi n° 78-17 du 6 janvier 1978 relative à l'informatique, aux fichiers et aux libertés.

Pour les mêmes motifs, les *(L. n° 2016-1088 du 8 août 2016, art. 113)* « agents de contrôle de l'inspection du travail mentionnés à l'article L. 8112-1 » et fonctionnaires assimilés, individuellement désignés et dûment habilités, peuvent avoir accès aux traitements automatisés des titres de séjour des étrangers dans les conditions définies par la loi n° 78-17 du 6 janvier 1978 précitée. — *[Anc. art. L. 325-7.]*

SECTION 6 **Dispositions d'application**

Art. L. 8271-20 Un décret en Conseil d'État détermine les conditions d'application des dispositions des articles L. 8271-7 à L. 8271-12. — *[Anc. art. L. 324-15, V2.]*

CHAPITRE II **SANCTIONS ADMINISTRATIVES**

Art. L. 8272-1 Lorsque l'autorité administrative a connaissance d'un procès-verbal relevant une des infractions constitutives de travail illégal mentionnées à l'article L. 8211-1, elle peut, eu égard à la gravité des faits constatés, à la nature des aides sollicitées et à l'avantage qu'elles procurent à l'employeur, refuser d'accorder, pendant une durée maximale de cinq ans, *(L. n° 2011-672 du 16 juin 2011, art. 85)* « certaines des aides publiques en matière d'emploi, de formation professionnelle et de culture » à la personne ayant fait l'objet de cette verbalisation.

Cette décision de refus est prise sans préjudice des poursuites judiciaires qui peuvent être engagées.

(L. n° 2011-672 du 16 juin 2011, art. 85) « L'autorité administrative peut également demander, eu égard aux critères mentionnés au premier alinéa, le remboursement de tout ou partie des aides publiques mentionnées au premier alinéa et perçues au cours des douze derniers mois précédant l'établissement du procès-verbal. »

Un décret fixe la nature des aides concernées et les modalités de la prise de décision relative au refus de leur attribution (L. n° 2011-672 du 16 juin 2011, art. 85) « ou à leur remboursement ».

V. Circ. du 28 nov. 2012 relative aux sanctions administratives suite à un procès-verbal relevant une infraction de travail illégal NOR : EFIZ1239322C.

BIBL. ▶ GAMET, JCP S 2018. 1032 (sanctions pénales et administratives du travail illégal).

Art. L. 8272-2 (L. n° 2011-672 du 16 juin 2011, art. 86) Lorsque l'autorité administrative a connaissance d'un procès-verbal relevant une infraction prévue aux 1° à 4° de l'article L. 8211-1 (L. n° 2015-990 du 6 août 2015, art. 282-I) « ou d'un rapport établi par l'un des agents de contrôle mentionnés à l'article L. 8271-1-2 constatant un manquement prévu aux mêmes 1° à 4° », elle peut, (L. n° 2014-790 du 10 juill. 2014, art. 10) « si la proportion de salariés concernés le justifie, » eu égard à la répétition (L. n° 2014-790 du 10 juill. 2014, art. 10) « ou » à la gravité des faits constatés (Abrogé par L. n° 2014-790 du 10 juill. 2014, art. 10) « et à la proportion de salariés concernés », ordonner par décision motivée la fermeture de l'établissement ayant servi à commettre l'infraction, à titre (L. n° 2015-990 du 6 août 2015, art. 282-I) « temporaire » et pour une durée ne pouvant excéder trois mois. Elle en avise sans délai le procureur de la République.

(L. n° 2015-990 du 6 août 2015, art. 282-I) « La mesure de fermeture temporaire est levée de plein droit en cas de décision de relaxe ou de non-lieu. Lorsqu'une fermeture administrative temporaire a été décidée par l'autorité administrative avant un jugement pénal, sa durée s'impute sur la durée de la peine complémentaire de fermeture mentionnée au 4° de l'article 131-39 du code pénal, pour une durée de cinq ans au plus des établissements ou de l'un ou de plusieurs des établissements de l'entreprise ayant servi à commettre les faits incriminés, prononcée, le cas échéant, par la juridiction pénale. »

La mesure de fermeture (L. n° 2015-990 du 6 août 2015, art. 282-I) « temporaire » peut s'accompagner de la saisie à titre conservatoire du matériel professionnel des contrevenants.

(L. n° 2016-1088 du 8 août 2016, art. 110) « Lorsque l'activité de l'entreprise est exercée sur des chantiers de bâtiment ou de travaux publics (L. n° 2018-771 du 5 sept. 2018, art. 98) « ou dans tout lieu autre que son siège ou l'un de ses établissements », la fermeture temporaire prend la forme d'un arrêt de l'activité de l'entreprise sur le site dans lequel a été commis l'infraction ou le manquement. »

« Lorsque la fermeture temporaire selon les modalités mentionnées au quatrième alinéa est devenue sans objet parce que l'activité est déjà achevée ou a été interrompue, l'autorité administrative peut, dans les conditions prévues au même alinéa, prononcer l'arrêt de l'activité de l'entreprise sur un autre site. »

Les modalités d'application du présent article ainsi que les conditions de sa mise en œuvre (Abrogé par L. n° 2018-771 du 5 sept. 2018, art. 98) « aux chantiers du bâtiment et des travaux publics » sont fixées par décret en Conseil d'État.

Art. L. 8272-3 (L. n° 2011-672 du 16 juin 2011, art. 86) La décision de fermeture provisoire de l'établissement par l'autorité administrative prise en application de l'article L. 8272-2 n'entraîne ni rupture, ni suspension du contrat de travail, ni aucun préjudice pécuniaire à l'encontre des salariés de l'établissement.

Art. L. 8272-4 (L. n° 2011-672 du 16 juin 2011, art. 87) Lorsque l'autorité administrative a connaissance d'un procès-verbal relevant une infraction prévue aux 1° à 4° de l'article L. 8211-1, elle peut, (L. n° 2014-790 du 10 juill. 2014, art. 10) « si la proportion de salariés concernés le justifie, » eu égard à la répétition (L. n° 2014-790 du 10 juill. 2014, art. 10) « ou » à la gravité des faits constatés, ordonner, par décision motivée prise à l'encontre de la personne ayant commis l'infraction, l'exclusion des contrats administratifs mentionnés aux articles L. 551-1 et L. 551-5 du code de justice administrative, pour une durée ne pouvant excéder six mois. Elle en avise sans délai le procureur de la République.

La mesure d'exclusion est levée de plein droit en cas de classement sans suite de l'affaire, d'ordonnance de non-lieu et de décision de relaxe ou si la juridiction pénale ne prononce pas la peine complémentaire d'exclusion des marchés publics mentionnée au 5° de l'article 131-39 du code pénal.

Les modalités d'application du présent article sont fixées par décret en Conseil d'État.

Art. L. 8272-5 (L. n° 2014-790 du 10 juill. 2014, art. 10) Le fait de ne pas respecter les décisions administratives mentionnées au troisième alinéa de l'article L. 8272-1 ainsi qu'aux articles L. 8272-2 ou L. 8272-4 est puni d'un emprisonnement de deux mois et d'une amende de 3 750 €.

V. Circ. du 22 oct. 2014, NOR : JUSD1425137C.

CHAPITRE III COORDINATION INTERMINISTÉRIELLE DE LA LUTTE CONTRE LE TRAVAIL ILLÉGAL

Le présent chapitre ne comprend pas de dispositions législatives.

TITRE VIII VIGILANCE DU DONNEUR D'ORDRE EN MATIÈRE D'APPLICATION DE LA LÉGISLATION DU TRAVAIL

(L. n° 2014-790 du 10 juill. 2014, art. 4)

CHAPITRE UNIQUE OBLIGATION DE VIGILANCE ET RESPONSABILITÉ DU DONNEUR D'ORDRE

Art. L. 8281-1 Le maître d'ouvrage ou le donneur d'ordre, informé par écrit par l'un des agents mentionnés à l'article L. 8271-1-2 d'une infraction aux dispositions légales et aux stipulations conventionnelles applicables au salarié d'un sous-traitant direct ou indirect dans les matières suivantes :

1° Libertés individuelles et collectives dans la relation de travail ;

2° Discriminations et égalité professionnelle entre les femmes et les hommes ;

3° Protection de la maternité, congés de maternité et de paternité et d'accueil de l'enfant, congés pour événements familiaux ;

4° Conditions de mise à disposition et garanties dues aux salariés par les entreprises exerçant une activité de travail temporaire ;

5° Exercice du droit de grève ;

6° Durée du travail, repos compensateurs, jours fériés, congés annuels payés, durée du travail et travail de nuit des jeunes travailleurs ;

7° Conditions d'assujettissement aux caisses de congés et intempéries ;

8° Salaire minimum et paiement du salaire, y compris les majorations pour les heures supplémentaires ;

9° Règles relatives à la santé et sécurité au travail, âge d'admission au travail, emploi des enfants,

enjoint aussitôt, par écrit, à ce sous-traitant de faire cesser sans délai cette situation.

Le sous-traitant mentionné au premier alinéa informe, par écrit, le maître d'ouvrage ou le donneur d'ordre de la régularisation de la situation. Ce dernier en transmet une copie à l'agent de contrôle mentionné au même premier alinéa.

En l'absence de réponse écrite du sous-traitant dans un délai fixé par décret en Conseil d'État, le maître d'ouvrage ou le donneur d'ordre informe aussitôt l'agent de contrôle.

Pour tout manquement à ses obligations d'injonction et d'information mentionnées au présent article, le maître d'ouvrage ou le donneur d'ordre est passible d'une sanction prévue par décret en Conseil d'État.

TITRE IX DÉCLARATION ET CARTE D'IDENTIFICATION PROFESSIONNELLE DES SALARIÉS DU BÂTIMENT ET DES TRAVAUX PUBLICS

(L. n° 2015-990 du 6 août 2015, art. 282-IV)

CHAPITRE UNIQUE

Art. L. 8291-1 Une carte d'identification professionnelle est délivrée par un organisme national désigné par décret en Conseil d'État à chaque salarié effectuant des travaux de bâtiment ou de travaux publics pour le compte d'une entreprise établie en France ou pour le compte d'une entreprise établie hors de France en cas de détachement. Elle comporte les informations relatives au salarié, à son employeur, le cas échéant à l'entreprise utilisatrice, ainsi qu'à l'organisme ayant délivré la carte.

Un décret en Conseil d'État détermine les modalités de déclaration des salariés soit par l'employeur établi en France, soit, en cas de détachement, par l'employeur établi hors de France, soit par l'entreprise utilisatrice qui recourt à des travailleurs temporaires, aux fins de délivrance de la carte.

Un décret en Conseil d'État, pris après avis de la Commission nationale de l'informatique et des libertés, détermine les modalités de délivrance de la carte d'identification professionnelle, ainsi que les informations relatives aux salariés y figurant. (*L. n° 2016-1088 du 8 août 2016, art. 105*) « Il précise également les modalités d'information des travailleurs détachés sur le territoire national sur la réglementation qui leur est applicable en application de l'article L. 1262-4 au moyen d'un document, rédigé dans une langue qu'ils comprennent, qui leur est remis en même temps que la carte d'identification professionnelle. »

Art. L. 8291-2 En cas de manquement à l'obligation de déclaration mentionnée à l'article L. 8291-1, l'employeur ou, le cas échéant, l'entreprise utilisatrice est passible d'une amende administrative.

Le manquement est passible d'une amende administrative, qui est prononcée par l'autorité administrative compétente sur le rapport motivé d'un agent de contrôle de l'inspection du travail mentionné (*L. n° 2016-1088 du 8 août 2016, art. 113*) « à l'article L. 8112-1 » ou d'un agent mentionné au 3° de l'article L. 8271-1-2.

Le montant maximal de l'amende est de (*Ord. n° 2019-861 du 21 août 2019, art. 1ᵉʳ*) « 4 000 € par salarié et de 8 000 € » en cas de récidive dans un délai (*Ord. n° 2019-861 du 21 août 2019, art. 1ᵉʳ*) « de deux ans » à compter du jour de la notification de la première amende. Le montant total de l'amende ne peut être supérieur à 500 000 €.

Pour fixer le montant de l'amende, l'autorité administrative prend en compte les circonstances et la gravité du manquement, le comportement de son auteur ainsi que les ressources et les charges de ce dernier.

Le délai de prescription de l'action de l'administration pour la sanction du manquement par une amende administrative est de deux années révolues à compter du jour où le manquement a été commis.

(*Ord. n° 2016-413 du 7 avr. 2016, art. 9*) « L'employeur ou l'entreprise utilisatrice peut contester la décision de l'administration devant le tribunal administratif, à l'exclusion de tout recours hiérarchique. »

L'amende est recouvrée comme les créances de l'État étrangères à l'impôt et au domaine.

Art. L. 8291-3 (*L. n° 2018-727 du 10 août 2018, art. 21*) L'autorité administrative se prononce sur toute demande d'un employeur portant sur l'application à sa situation des dispositions du présent titre. La demande doit poser une question précise, nouvelle et présenter un caractère sérieux.

La demande mentionnée au premier alinéa n'est pas recevable dès lors qu'un agent de contrôle de l'inspection du travail a engagé un contrôle sur le respect des dispositions de l'article L. 8291-1.

La décision de l'autorité administrative est opposable pour l'avenir à l'ensemble des agents de l'administration du travail ainsi qu'aux agents mentionnés au 3° de l'article L. 8271-1-2 tant que la situation de fait exposée dans la demande ou la législation au regard de laquelle la situation a été appréciée n'ont pas été modifiées ou jusqu'à ce que l'autorité administrative notifie au demandeur une modification de son appréciation.

La demande mentionnée au premier alinéa du présent article peut être adressée par une organisation professionnelle d'employeurs représentative au niveau de la branche professionnelle. – *V. art. R. 8291-1-1*.

LIVRE III DISPOSITIONS RELATIVES À L'OUTRE-MER
TITRE I DISPOSITIONS GÉNÉRALES
CHAPITRE UNIQUE

Art. L. 8311-1 Les dispositions générales prévues par l'article L. 1511-1 sont également applicables aux dispositions du présent livre. – *[Anc. art. L. 800-4, al. 1 à 3.]*

TITRE II GUADELOUPE, GUYANE, MARTINIQUE, MAYOTTE, LA RÉUNION, SAINT-BARTHÉLEMY, SAINT-MARTIN ET SAINT-PIERRE-ET-MIQUELON *(Ord. n° 2017-1491 du 25 oct. 2017, art. 9).*

CHAPITRE I DISPOSITIONS GÉNÉRALES

Art. L. 8321-1 Les dispositions générales prévues par *(Ord. n° 2008-205 du 27 févr. 2008)* « les articles L. 1521-1 à L. 1521-4 » sont également applicables aux dispositions du présent titre.

CHAPITRE II INSPECTION DU TRAVAIL

Le présent chapitre ne comprend pas de dispositions législatives.

CHAPITRE III LUTTE CONTRE LE TRAVAIL ILLÉGAL

SECTION 1 Travail dissimulé

Art. L. 8323-1 Un décret en Conseil d'État apporte aux dispositions du titre II du livre II, relatives au travail dissimulé, les adaptations nécessaires à leur application *(Ord. n° 2017-1491 du 25 oct. 2017, art. 9, en vigueur le 1er janv. 2018)* « en Guadeloupe, en Guyane, en Martinique, à Mayotte, à La Réunion » *(Ord. n° 2008-205 du 27 févr. 2008)* « , à Saint-Barthélemy et à Saint-Martin ». – *V. art. R. 8323-1.*

Art. L. 8323-1-1 *(Ord. n° 2017-1491 du 25 oct. 2017, art. 9, en vigueur le 1er janv. 2018)* Pour l'application à Mayotte de l'article L. 8221-3, les mots : "en application de l'article L. 133-6-7-1 du code de la sécurité sociale" sont supprimés.

Art. L. 8323-1-2 *(Ord. n° 2017-1491 du 25 oct. 2017, art. 9, en vigueur le 1er janv. 2018)* Pour l'application à Mayotte de l'article L. 8271-6-4, il est inséré, après les mots : "aux articles L. 213-1 et L. 752-1 du code de la sécurité sociale," les mots : "à l'article 22 de l'ordonnance n° 96-1122 du 20 décembre 1996 relative à l'amélioration de la santé publique, à l'assurance-maladie, maternité et décès, au financement de la sécurité sociale à Mayotte et à la caisse de sécurité sociale de Mayotte".

SECTION 2 Emploi d'étrangers sans titre de travail

SOUS-SECTION 1 Interdictions

Art. L. 8323-2 Nul ne peut, directement ou par personne interposée, engager, conserver à son service ou employer pour quelque durée que ce soit un étranger non muni du titre l'autorisant à exercer une activité salariée à Saint-Pierre-et-Miquelon.

Les conditions de délivrance de l'autorisation de travail sont déterminées par voie réglementaire. – *[Anc. art. L. 831-1-1.]*

Art. L. 8323-2-1 *(L. n° 2024-42 du 26 janv. 2024, art. 80)* Pour l'application de l'article L. 8253-1 à Saint-Pierre-et-Miquelon, les mots : "aux articles L. 8251-1 et L. 8251-2" sont remplacés par les mots : "à l'article L. 8323-2".

SOUS-SECTION 2 Dispositions pénales

Art. L. 8323-3 Le fait pour toute personne, directement ou par personne interposée, d'engager, de conserver à son service ou d'employer pour quelque durée que ce soit un étranger non muni du titre l'autorisant à exercer une activité salariée à Saint-Pierre-et-Miquelon, en méconnaissance des dispositions de l'article L. 8323-2, est puni des peines prévues aux articles L. 8256-2 à L. 8256-6 (L. n° 2024-42 du 26 janv. 2024, art. 80) « et L. 8256-8 ». — [Anc. art. L. 883-1.]

TITRE III MESURES DE COORDINATION AVEC LES AUTRES COLLECTIVITÉS ULTRAMARINES (Ord. n° 2017-1491 du 25 oct. 2017, art. 9).

CHAPITRE UNIQUE

Art. L. 8331-1 Lorsque les salariés et les entreprises interviennent dans les collectivités de la République française exclues du champ d'application géographique défini à l'article L. 1511-1, les dispositions de l'article L. 8222-4 sont applicables au cocontractant établi ou domicilié (Abrogé par Ord. n° 2017-1491 du 25 oct. 2017, art. 9, à compter du 1er janv. 2018) « à Mayotte, » à Wallis-et-Futuna ou dans les Terres australes et antarctiques françaises.

DEUXIÈME PARTIE : RÉGLEMENTAIRE

(Décr. nº 2008-244 du 7 mars 2008)

PREMIÈRE PARTIE LES RELATIONS INDIVIDUELLES DE TRAVAIL

LIVRE I DISPOSITIONS PRÉLIMINAIRES

TITRE I CHAMP D'APPLICATION ET CALCUL DES SEUILS D'EFFECTIFS

CHAPITRE UNIQUE

Art. R. 1111-1 En application de l'article L. 1111-2, les salariés mis à disposition par une entreprise de travail temporaire, un groupement d'employeurs ou une association intermédiaire ne sont pas pris en compte pour le calcul des effectifs de l'entreprise utilisatrice pour l'application des dispositions légales relatives *(Abrogé par Décr. nº 2019-1586 du 31 déc. 2019, art. 2, à compter du 1ᵉʳ janv. 2020)* « *à la formation professionnelle continue et* » à la tarification des risques accident du travail et maladie professionnelle qui se réfèrent à une condition d'effectif.

TITRE II DROITS ET LIBERTÉS DANS L'ENTREPRISE

Le présent titre ne comprend pas de dispositions réglementaires.

TITRE III DISCRIMINATIONS

Le présent titre ne comprend pas de dispositions réglementaires.

TITRE IV ÉGALITÉ PROFESSIONNELLE ENTRE LES FEMMES ET LES HOMMES

CHAPITRE I CHAMP D'APPLICATION

Le présent chapitre ne comprend pas de dispositions réglementaires.

CHAPITRE II DISPOSITIONS GÉNÉRALES

Art. R. 1142-1 Les emplois et activités professionnelles pour l'exercice desquels l'appartenance à l'un ou l'autre sexe constitue la condition déterminante sont les suivants :
  1º Artistes appelés à interpréter soit un rôle féminin, soit un rôle masculin ;
  2º Mannequins chargés de présenter des vêtements et accessoires ;
  3º Modèles masculins et féminins. — *[Anc. art. R. 123-1.]*

CHAPITRE II *BIS* MESURES VISANT À SUPPRIMER LES ÉCARTS DE RÉMUNÉRATION ENTRE LES FEMMES ET LES HOMMES DANS L'ENTREPRISE ET À ASSURER UNE RÉPARTITION ÉQUILIBRÉE DE CHAQUE SEXE PARMI LES CADRES DIRIGEANTS ET LES MEMBRES DES INSTANCES DIRIGEANTES *(Décr. nº 2022-680 du 26 avr. 2022, art. 1ᵉʳ).*

(Décr. nº 2019-15 du 8 janv. 2019, art. 1ᵉʳ)

BIBL. ▶ Dechoz, *Dr. ouvrier 2021.* 70. - Coron, Boussard-Verrecchia et Berthou, *RDT 2019.* Controverse 14 ⌀ (quelle efficacité attendre des indicateurs ?). - Leyre, *SSL 2019, nº 1850,* p. 3. - Petit, *Dr. soc. 2020.* 53 ⌀ (les éléments constitutifs de la rémunération pour l'application de l'index de l'égalité entre les femmes et les hommes). – Pignarre, *RDT 2022. 391* ⌀ (Décr. n° 2022-243 du 25 févr. 2022). – Santoro, *RDT 2019. 190* ⌀.

SECTION 1 Mesures visant à supprimer les écarts de rémunération entre les femmes et les hommes dans l'entreprise *(Décr. n° 2023-370 du 15 mai 2023, art. 1er).*

Art. D. 1142-2 Pour les entreprises de plus de deux cent cinquante salariés, les indicateurs mentionnés à l'article L. 1142-8 sont les suivants :
1° L'écart de rémunération entre les femmes et les hommes, calculé à partir de la moyenne de la rémunération des femmes comparée à celle des hommes, par tranche d'âge et par catégorie de postes équivalents ;
2° L'écart de taux d'augmentations individuelles de salaire ne correspondant pas à des promotions entre les femmes et les hommes ;
3° L'écart de taux de promotions entre les femmes et les hommes ;
4° Le pourcentage de salariées ayant bénéficié d'une augmentation dans l'année de leur retour de congé de maternité, si des augmentations sont intervenues au cours de la période pendant laquelle le congé a été pris ;
5° Le nombre de salariés du sexe sous-représenté parmi les dix salariés ayant perçu les plus hautes rémunérations.
Ces indicateurs sont calculés selon les modalités définies à l'annexe I figurant à la fin du présent chapitre *[de cet article].* En cas de constitution d'un comité social et économique au niveau d'une unité économique et sociale reconnue par accord collectif ou par décision de justice entre plusieurs entreprises juridiquement distinctes, les indicateurs sont calculés au niveau de l'unité économique et sociale.

ANNEXE I
Modalités de calcul et d'évaluation des indicateurs définis à l'article D. 1142-2 pour les entreprises de plus de 250 salariés

1. Période de référence

L'employeur peut choisir la période de douze mois consécutifs servant de période de référence pour le calcul des indicateurs.
Les indicateurs sont calculés chaque année par l'employeur, au plus tard le 1er mars de l'année en cours, à partir des données de la période de référence annuelle choisie par l'employeur qui précède l'année de publication des indicateurs.

2. Salariés à prendre en compte pour le calcul des indicateurs

L'effectif des salariés à prendre en compte pour le calcul des indicateurs est apprécié sur la période de référence annuelle choisie par l'employeur.
Les apprentis, les titulaires d'un contrat de professionnalisation, les salariés mis à la disposition de l'entreprise par une entreprise extérieure, les salariés expatriés, ainsi que les salariés absents plus de la moitié de la période de référence annuelle considérée ne sont pas pris en compte dans les effectifs de l'entreprise pour le calcul des indicateurs.
Les caractéristiques individuelles des salariés suivantes sont appréciées au dernier jour de la période de référence annuelle choisie par l'employeur ou au dernier jour de présence du salarié dans l'entreprise :
— l'âge ;
— le niveau ou coefficient hiérarchique en application de la classification de branche ;
— le niveau selon la méthode de cotation des postes de l'entreprise ;
— la catégorie socioprofessionnelle.

3. Éléments de la rémunération à prendre en compte pour le calcul des indicateurs

La rémunération de chaque salarié, au sens de l'art. L. 3221-3, est reconstituée en équivalent temps plein sur la période de référence annuelle considérée. Les indemnités de licenciement et de départ à la retraite, les primes liées à une sujétion particulière qui ne concerne pas la personne du salarié, les primes d'ancienneté, les heures supplémentaires, les heures complémentaires, ainsi que les versements effectués au titre de l'intéressement et de la participation ne sont pas pris en compte.

4. Méthode de calcul des indicateurs et barème à appliquer aux résultats ainsi obtenus

Les indicateurs définis à l'art. D. 1142-2 sont calculés et évalués selon un barème allant de 0 à 100 points, conformément aux tableaux suivants :

ÉGALITÉ PROFESSIONNELLE

Art. D. 1142-2 1791

4.1. Indicateur relatif à l'écart de rémunération entre les femmes et les hommes

INDICATEUR	MÉTHODE DE CALCUL	RÉSULTATS OBTENUS	NOMBRE DE POINTS
Écart de rémunération entre les femmes et les hommes (1° de l'art. D. 1142-2)	a) Les salariés sont répartis en groupe, selon quatre tranches d'âge et par catégorie de postes équivalents. Les tranches d'âge sont les suivantes : - moins de 30 ans ; - de 30 à 39 ans ; - de 40 à 49 ans ; - et 50 ans et plus. S'agissant des catégories de postes équivalents, l'employeur peut répartir les salariés, après consultation du comité social et économique, par niveau ou coefficient hiérarchique, en application de la classification de branche ou d'une autre méthode de cotation des postes. La méthode de cotation des postes est adoptée après avis du comité social et économique. Si l'employeur ne souhaite pas répartir les salariés par niveau ou coefficient hiérarchique ou selon une autre méthode de cotation des postes, ou si ces méthodes de répartition ne permettent pas de calculer l'indicateur, il répartit les salariés entre les quatre catégories socioprofessionnelles suivantes : - ouvriers ; - employés ; - techniciens et agents de maîtrise ; - ingénieurs et cadres. b) Seuls les groupes comprenant au moins trois hommes et au moins trois femmes sont pris en compte. Si, en application de cette règle, le calcul de l'indicateur par niveau ou coefficient hiérarchique, dans les conditions prévues au a), est rendu impossible, au regard du critère défini au paragraphe 5.1, le classement par niveau ou coefficient hiérarchique n'est pas retenu et les salariés sont regroupés selon les quatre catégories socioprofessionnelles définies au même a). c) La rémunération moyenne des femmes et des hommes est calculée pour chacun des groupes ainsi constitué en calculant le salaire en équivalent temps plein pour chaque salariés [salarié] puis en en faisant la moyenne. d) L'écart de rémunération est calculé, en pourcentage, pour chacun des groupes, en soustrayant la rémunération moyenne des femmes à la rémunération moyenne des hommes et en rapportant ce résultat à la rémunération moyenne des hommes. e) Dans les groupes constitués par catégorie socioprofessionnelle, le seuil de pertinence des écarts est de 5 %. Dans les groupes constitués par niveau ou coefficient hiérarchique, le seuil de pertinence des écarts est de 2 %. Lorsque l'écart de rémunération est positif, le seuil de pertinence est déduit de l'écart, sans toutefois pouvoir l'amener à devenir négatif (plancher à zéro). Lorsque l'écart de rémunération est négatif, le seuil de pertinence est ajouté à l'écart, sans toutefois pouvoir l'amener à devenir positif (plafond à zéro). f) Les écarts ainsi ajustés en fonction des seuils pour chacun des groupes sont multipliés par le ratio de l'effectif du groupe à l'effectif total des groupes pris en compte, puis additionnés pour obtenir l'écart global de rémunération entre les femmes et les hommes. g) Le résultat final est la valeur absolue de l'écart global de rémunération, arrondie à la première décimale.	Égal à 0 %	40 points
		Supérieur à 0 % et inférieur ou égal à 1 %	39 points
		Supérieur à 1 % et inférieur ou égal à 2 %	38 points
		Supérieur à 2 % et inférieur ou égal à 3 %	37 points
		Supérieur à 3 % et inférieur ou égal à 4 %	36 points
		Supérieur à 4 % et inférieur ou égal à 5 %	35 points
		Supérieur à 5 % et inférieur ou égal à 6 %	34 points
		Supérieur à 6 % et inférieur ou égal à 7 %	33 points
		Supérieur à 7 % et inférieur ou égal à 8 %	31 points
		Supérieur à 8 % et inférieur ou égal à 9 %	29 points
		Supérieur à 9 % et inférieur ou égal à 10 %	27 points
		Supérieur à 10 % et inférieur ou égal à 11 %	25 points
		Supérieur à 11 % et inférieur ou égal à 12 %	23 points
		Supérieur à 12 % et inférieur ou égal à 13 %	21 points
		Supérieur à 13 % et inférieur ou égal à 14 %	19 points
		Supérieur à 14 % et inférieur ou égal à 15 %	17 points
		Supérieur à 15 % et inférieur ou égal à 16 %	14 points
		Supérieur à 16 % et inférieur ou égal à 17 %	11 points
		Supérieur à 17 % et inférieur ou égal à 18 %	8 points
		Supérieur à 18 % et inférieur ou égal à 19 %	5 points
		Supérieur à 19 % et inférieur ou égal à 20 %	2 points
		Supérieur à 20 %	0 point

4.2. Indicateurs relatifs aux écarts de taux d'augmentations individuelles et de promotions entre les femmes et les hommes

INDICATEUR	MÉTHODE DE CALCUL	RÉSULTATS OBTENUS	NOMBRE DE POINTS
Écart de taux d'augmentations individuelles (hors promotion) entre les femmes et les hommes (2° de l'art. D. 1142-2)	a) Les salariés sont répartis en 4 groupes selon les quatre catégories socioprofessionnelles définies au § 4.1. b) Seuls les groupes comprenant au moins dix femmes et dix hommes sont pris en compte. c) Dans chacun des groupes, les taux d'augmentations des femmes et des hommes sont calculés, en pourcentage, comme la proportion de salariés augmentés au cours de la période de référence. Sont uniquement prises en compte les augmentations individuelles (1) ne correspondant pas à des promotions (2). d) L'écart de taux d'augmentations est calculé, en points de pourcentage, pour chacun des groupes, en soustrayant le taux d'augmentations des femmes au taux d'augmentations des hommes. e) Les écarts ainsi obtenus sont multipliés par le ratio de l'effectif du groupe à l'effectif total des groupes pris en compte, puis additionnés pour obtenir l'écart global de taux d'augmentations entre les femmes et les hommes. f) Le résultat final est la valeur absolue de l'écart global de taux d'augmentations, arrondie à la première décimale.	Inférieur ou égal à 2 points de %	20 points
		Supérieur à 2 et inférieur ou égal à 5 points de %	10 points
		Supérieur à 5 et inférieur ou égal à 10 points de %	5 points
		Supérieur à 10 points de %	0 point
Écart de taux de promotions entre les femmes et les hommes (3° de l'art. D. 1142-2)	a) Les salariés sont répartis en 4 groupes selon les quatre catégories socioprofessionnelles définies au § 4.1. b) Seuls les groupes comprenant au moins dix hommes et dix femmes sont pris en compte. c) Dans chacun des groupes, les taux de promotions des femmes et des hommes sont calculés, en pourcentage, comme la proportion de salariés ayant bénéficié d'une promotion (2) au cours de la période de référence. Les augmentations exclues du calcul de l'indicateur défini au (1) au motif qu'elles correspondent à des promotions doivent être prises en compte. d) L'écart de taux de promotions est calculé, en points de pourcentage, pour chacun des groupes, en soustrayant le taux de promotions des femmes au taux de promotions des hommes. e) Les écarts ainsi obtenus sont multipliés par le ratio de l'effectif du groupe à l'effectif total des groupes pris en compte, puis additionnés pour obtenir l'écart global de taux de promotions entre les femmes et les hommes. f) Le résultat final est la valeur absolue de l'écart global de taux de promotions, arrondie à la première décimale.	Inférieur ou égal à 2 points de %	15 points
		Supérieur à 2 et inférieur ou égal à 5 points de %	10 points
		Supérieur à 5 et inférieur ou égal à 10 points de %	5 points
		Supérieur à 10 points de %	0 point

(1) La notion d'augmentation individuelle correspond à une augmentation individuelle du salaire de base du salarié concerné.
(2) La notion de promotion retenue correspond au passage à [un] niveau ou un coefficient hiérarchique supérieur.

4.3. Indicateur relatif au pourcentage de salariées ayant bénéficié d'une augmentation dans l'année suivant leur retour de congé de maternité

INDICATEUR	RÉSULTATS OBTENUS	NOMBRE DE POINTS
Pourcentage de salariées revenues de congé maternité pendant l'année de référence et ayant bénéficié d'une augmentation à leur retour pendant cette même période, si des augmentations sont intervenues durant la durée de leur congé (4° de l'art. D. 1142-2)	Égal à 100 %	15 points
	Inférieur à 100 %	0 point

4.4. Indicateur relatif au nombre de salariés du sexe sous-représenté parmi les dix salariés ayant perçu les plus hautes rémunérations

INDICATEUR	MÉTHODE DE CALCUL	RÉSULTATS OBTENUS	NOMBRE DE POINTS
Nombre de salariés du sexe sous-représenté parmi les dix salariés ayant perçu les plus hautes rémunérations (5° de l'art. D. 1142-2)	L'indicateur est le plus petit des deux nombres suivants : le nombre de femmes et le nombre d'hommes parmi les salariés ayant perçu les dix plus hautes rémunérations (nombres compris entre 0 et 10).	4 ou 5 salariés	10 points
		2 ou 3 salariés	5 points
		0 ou 1 salarié	0 point

5. Niveau de résultat

Le niveau de résultat obtenu par l'entreprise au regard des indicateurs définis à l'article D. 1142-2 correspond à la somme des points obtenus pour chacun des indicateurs en application du barème prévu au paragraphe 4.

5.1. Détermination du niveau de résultat en cas d'indicateurs incalculables

Des indicateurs peuvent ne pas être calculables dans les cas suivants :
— pour le calcul de l'indicateur défini au 1° de l'article D. 1142-2 : parce que l'effectif total retenu, en application des modalités de calcul définies au paragraphe 4.1, est inférieur à 40 % de l'effectif devant être pris en compte pour le calcul de l'ensemble des indicateurs, selon les dispositions prévues au paragraphe 2 ;
— pour le calcul des indicateurs définis aux 2° et 3° de l'article D. 1142-2 : soit parce qu'aucune promotion ou aucune augmentation individuelle n'est intervenue au cours de la période de référence annuelle considérée, soit parce que l'effectif total retenu, en application des modalités de calcul définies au paragraphe 4.2, est inférieur à 40 % de l'effectif devant être pris en compte pour le calcul de l'ensemble des indicateurs, selon les dispositions prévues au paragraphe 2 ;
— pour le calcul de l'indicateur défini au 4° de l'article D. 1142-2 : parce qu'aucun retour de congé maternité n'est intervenu au cours de la période de référence annuelle considérée ou qu'aucune augmentation n'est intervenue durant la durée de ces congés.

Pour les cas énumérés ci-dessus, lorsqu'un ou plusieurs indicateurs ne sont pas calculables, les autres indicateurs sont calculés. Le nombre total de points ainsi obtenus est ramené sur cent en appliquant la règle de la proportionnalité.

Dès lors que le nombre maximum de points pouvant être obtenus, au total, par l'entreprise, avant application de la règle de la proportionnalité, est inférieur à soixante-quinze points, le niveau de résultat mentionné au premier alinéa du paragraphe 5 ne peut être déterminé pour la période de référence annuelle considérée. Le fait de ne pas pouvoir déterminer le niveau de résultat n'exonère pas l'entreprise de son obligation de mettre les indicateurs qui peuvent être calculés à disposition du comité social et économique, ainsi que des services du ministre chargé du travail selon les modalités fixées à l'article D. 1142-5.

5.2. Prise en compte des mesures de correction

Afin de ne pas pénaliser les entreprises prenant des mesures adéquates et pertinentes et, le cas échéant, programmant des mesures financières de rattrapage salarial, en application de l'article L. 1142-9, lorsque l'indicateur défini au 1° de l'article D. 1142-2 est calculable et que l'entreprise n'obtient pas la note maximale pour cet indicateur :
— elle obtient le maximum de points à l'indicateur défini au 2° de l'article D. 1142-2 si les écarts constatés à cet indicateur favorisent la population ayant la rémunération la plus faible au regard des résultats obtenus à l'indicateur *[défini au]* 1° ;
— elle obtient le maximum de points à l'indicateur défini au 3° de l'article D. 1142-2 si les écarts constatés à cet indicateur favorisent la population ayant la rémunération la plus faible au regard des résultats obtenus à l'indicateur *[défini au]* 1°.

Art. D. 1142-2-1 Pour les entreprises de cinquante à deux cent cinquante salariés, les indicateurs mentionnés à l'article L. 1142-8 sont les suivants :
1° L'écart de rémunération entre les femmes et les hommes, calculé à partir de la moyenne de la rémunération des femmes comparée à celle des hommes, par tranche d'âge et par catégorie de postes équivalents ;

2° L'écart de taux d'augmentations individuelles de salaire entre les femmes et les hommes ;

3° Le pourcentage de salariées ayant bénéficié d'une augmentation dans l'année suivant leur retour de congé de maternité, si des augmentations sont intervenues au cours de la période pendant laquelle le congé a été pris ;

4° Le nombre de salariés du sexe sous-représenté parmi les dix salariés ayant perçu les plus hautes rémunérations.

Ces indicateurs sont calculés selon les modalités définies à l'annexe II figurant à la fin du présent chapitre *[de cet article]*. En cas de constitution d'un comité social et économique au niveau d'une unité économique et sociale reconnue par accord collectif ou par décision de justice entre plusieurs entreprises juridiquement distinctes, les indicateurs sont calculés au niveau de l'unité économique et sociale.

ANNEXE II

Modalités de calcul et d'évaluation des indicateurs définis à l'article D. 1142-2-1 pour les entreprises entre 50 et 250 salariés

1. Période de référence

L'employeur peut choisir la période de douze mois consécutifs servant de période de référence pour le calcul des indicateurs.

Les indicateurs sont calculés chaque année par l'employeur, au plus tard le 1er mars de l'année en cours, à partir des données de la période de référence annuelle choisie par l'employeur qui précède l'année de publication des indicateurs.

L'employeur peut décider de calculer l'indicateur relatif aux augmentations individuelles, défini au 2° de l'article D. 1142-2-1, sur une période de référence pluriannuelle, à partir des données des deux ou trois années précédentes. Son caractère pluriannuel peut être révisé tous les trois ans.

2. Salariés à prendre en compte pour le calcul des indicateurs

L'effectif des salariés à prendre en compte pour le calcul des indicateurs est apprécié sur la période de référence annuelle choisie par l'employeur.

Les apprentis, les titulaires d'un contrat de professionnalisation, les salariés mis à la disposition de l'entreprise par une entreprise extérieure, les salariés expatriés, ainsi que les salariés absents plus de la moitié de la période de référence considérée ne sont pas pris en compte dans les effectifs de l'entreprise pour le calcul des indicateurs.

Les caractéristiques individuelles des salariés suivantes sont appréciées au dernier jour de la période de référence annuelle choisie par l'employeur ou au dernier jour de présence du salarié dans l'entreprise :

— l'âge ;
— le niveau ou coefficient hiérarchique en application de la classification de branche ;
— le niveau selon la méthode de cotation des postes de l'entreprise ;
— la catégorie socioprofessionnelle.

3. Éléments de la rémunération à prendre en compte pour le calcul des indicateurs

La rémunération de chaque salarié, au sens de l'article L. 3221-3, est reconstituée en équivalent temps plein sur la période de référence annuelle considérée. Les indemnités de licenciement et de départ à la retraite, les primes liées à une sujétion particulière qui ne concerne pas la personne du salarié, les primes d'ancienneté, les heures supplémentaires, les heures complémentaires, ainsi que les versements effectués au titre de l'intéressement et de la participation ne sont pas pris en compte.

4. Méthode de calcul des indicateurs et barème à appliquer aux résultats ainsi obtenus

Les indicateurs définis à l'article D. 1142-2-1 sont calculés et évalués selon un barème allant de 0 à 100 points, conformément aux tableaux suivants :

4.1. Indicateur relatif à l'écart de rémunération entre les femmes et les hommes

INDICATEUR	MÉTHODE DE CALCUL	RÉSULTATS OBTENUS	NOMBRE DE POINTS
Écart de rémunération entre les femmes et les hommes (1° de l'art. D. 1142-2-1)	a) Les salariés sont répartis en groupe, selon quatre tranches d'âge et par catégorie de postes équivalents. Les tranches d'âge sont les suivantes : - moins de 30 ans ; - de 30 à 39 ans ; - de 40 à 49 ans ; - et 50 ans et plus. S'agissant des catégories de postes équivalents, l'employeur peut répartir les salariés, après consultation du comité social et économique, par niveau ou coefficient hiérarchique, en application de la classification de branche ou d'une autre méthode de cotation des postes. La méthode de cotation des postes est adoptée après avis du comité social et économique. Si l'employeur ne souhaite pas répartir les salariés par niveau ou coefficient hiérarchique ou selon une autre méthode de cotation des postes, ou si ces méthodes de répartition ne permettent pas de calculer l'indicateur, il répartit les salariés entre les quatre catégories socioprofessionnelles suivantes : - ouvriers ; - employés ; - techniciens et agents de maîtrise ; - ingénieurs et cadres. b) Seuls les groupes comprenant au moins trois hommes et trois femmes sont pris en compte. Si, en application de cette règle, le calcul de l'indicateur par niveau ou coefficient hiérarchique, dans les conditions prévues au a), est rendu impossible, au regard du critère défini au § 5.1, le classement par niveau ou coefficient hiérarchique n'est pas retenu et les salariés sont regroupés selon les quatre catégories socioprofessionnelles définies au même a). c) La rémunération moyenne des femmes et des hommes est calculée pour chacun des groupes ainsi constitué, en calculant le salaire en équivalent temps plein pour chaque salariés [salarié] puis en en faisant la moyenne. d) L'écart de rémunération est calculé, en pourcentage, pour chacun des groupes, en soustrayant la rémunération moyenne des femmes à la rémunération moyenne des hommes et en rapportant ce résultat à la rémunération moyenne des hommes. e) Dans les groupes constitués par catégorie socioprofessionnelle, le seuil de pertinence des écarts est de 5 %. Dans les groupes constitués par niveau ou coefficient hiérarchique, le seuil de pertinence des écarts est de 2 %. Lorsque l'écart de rémunération est positif, le seuil de pertinence est déduit de l'écart, sans toutefois pouvoir [pouvoir] l'amener à devenir négatif (plancher à zéro). Lorsque l'écart de rémunération est négatif, le seuil de pertinence est ajouté à l'écart, sans toutefois pouvoir l'amener à devenir positif (plafond à zéro). f) Les écarts ainsi ajustés en fonction des seuils pour chacun des groupes sont multipliés par le ratio de l'effectif du groupe à l'effectif total des groupes pris en compte, puis additionnés pour obtenir l'écart global de rémunération entre les femmes et les hommes. g) Le résultat final est la valeur absolue de l'écart global de rémunération, arrondie à la première décimale.	Égal à 0 %	40 points
		Supérieur à 0 % et inférieur ou égal à 1 %	39 points
		Supérieur à 1 % et inférieur ou égal à 2 %	38 points
		Supérieur à 2 % et inférieur ou égal à 3 %	37 points
		Supérieur à 3 % et inférieur ou égal à 4 %	36 points
		Supérieur à 4 % et inférieur ou égal à 5 %	35 points
		Supérieur à 5 % et inférieur ou égal à 6 %	34 points
		Supérieur à 6 % et inférieur ou égal à 7 %	33 points
		Supérieur à 7 % et inférieur ou égal à 8 %	31 points
		Supérieur à 8 % et inférieur ou égal à 9 %	29 points
		Supérieur à 9 % et inférieur ou égal à 10 %	27 points
		Supérieur à 10 % et inférieur ou égal à 11 %	25 points
		Supérieur à 11 % et inférieur ou égal à 12 %	23 points
		Supérieur à 12 % et inférieur ou égal à 13 %	21 points
		Supérieur à 13 % et inférieur ou égal à 14 %	19 points
		Supérieur à 14 % et inférieur ou égal à 15 %	17 points
		Supérieur à 15 % et inférieur ou égal à 16 %	14 points
		Supérieur à 16 % et inférieur ou égal à 17 %	11 points
		Supérieur à 17 % et inférieur ou égal à 18 %	8 points
		Supérieur à 18 % et inférieur ou égal à 19 %	5 points
		Supérieur à 19 % et inférieur ou égal à 20 %	2 points
		Supérieur à 20 %	0 point

4.2. Indicateur relatif à l'écart de taux d'augmentations individuelles entre les femmes et les hommes

INDICATEUR	MÉTHODE DE CALCUL	RÉSULTATS OBTENUS	NOMBRE DE POINTS
Écart de taux d'augmentations individuelles entre les femmes et les hommes (2° de l'art. D. 1142-2-1)	a) Les taux d'augmentations des femmes et des hommes sont calculés, en pourcentage, comme la proportion de salariés augmentés au cours de la période de référence. Sont prises en compte toutes les augmentations individuelles (1), qu'elles correspondent ou non à une promotion. b) L'écart absolu de taux d'augmentations est égal à la valeur absolue de la différence entre le taux d'augmentations des hommes et le taux d'augmentations des femmes. c) L'écart en nombre de salariés est obtenu en appliquant l'écart absolu de taux d'augmentations calculé au b), au nombre de femmes, ou au nombre d'hommes pris en compte dans le calcul, en choisissant le plus petit de ces deux nombres. d) L'écart en points de pourcentage et le nombre de salariés sont arrondis à la première décimale. e) Le barème est appliqué à l'écart en points de pourcentage et à l'écart en nombre de salariés, et le résultat correspondant au nombre de points le plus élevé est retenu.	Inférieur ou égal à 2 points de % Ou à 2 salariés	35 points
		Supérieur à 2 et inférieur ou égal à 5 points de % Ou supérieur à 2 salariés et inférieur ou égal à 5 salariés	25 points
		Supérieur à 5 et inférieur ou égal à 10 points de % Ou supérieur à 5 salariés et inférieur ou égal à 10 salariés	15 points
		Supérieur à 10 points de % ou [à] plus de 10 salariés	0 point

(1) La notion d'augmentation individuelle correspond à une augmentation individuelle du salaire de base du salarié concerné.

4.3. Indicateur relatif au pourcentage de salariées ayant bénéficié d'une augmentation dans l'année suivant leur retour de congé de maternité

INDICATEUR	RÉSULTATS OBTENUS	NOMBRE DE POINTS
Pourcentage de salariées revenues de congé maternité pendant l'année de référence et ayant bénéficié d'une augmentation à leur retour pendant cette même période, si des augmentations sont intervenues durant la durée de leur congé (4° de l'art. D. 1142-2)	Égal à 100 %	15 points
	Inférieur à 100 %	0 point

4.4. Indicateur relatif au nombre de salariés du sexe sous-représenté parmi les dix salariés ayant perçu les plus hautes rémunérations

INDICATEUR	MÉTHODE DE CALCUL	RÉSULTATS OBTENUS	NOMBRE DE POINTS
Nombre de salariés du sexe sous-représenté parmi les dix salariés ayant perçu les plus hautes rémunérations (4° de l'art. D. 1142-2-1)	L'indicateur est le plus petit des deux nombres suivants : le nombre de femmes et le nombre d'hommes parmi les salariés ayant perçu les dix plus hautes rémunérations (nombres compris entre 0 et 10).	4 ou 5 salariés	10 points
		2 ou 3 salariés	5 points
		0 ou 1 salarié	0 point

5. Niveau de résultat

Le niveau de résultat obtenu par l'entreprise au regard des indicateurs définis à l'article D. 1142-2-1 correspond à la somme des points obtenus pour chacun des indicateurs en application du barème prévu.

5.1. Détermination du niveau de résultat en cas d'indicateurs incalculables

Des indicateurs peuvent ne pas être calculables dans les cas suivants :
— pour le calcul de l'indicateur défini au 1° de l'article D. 1142-2-1 : parce que l'effectif total retenu, en application des modalités de calcul définies au paragraphe 4.1, est inférieur à 40 % de

ÉGALITÉ PROFESSIONNELLE **Art. D. 1142-5** 1797

l'effectif devant être pris en compte pour le calcul de l'ensemble des indicateurs, selon les dispositions prévues au paragraphe 2 ;
— pour le calcul de l'indicateur défini au 2° de l'article D. 1142-2-1 : soit parce qu'aucune augmentation individuelle n'est intervenue au cours de la période de référence considérée, soit parce que l'entreprise ne comporte pas au moins cinq femmes et cinq hommes en application des dispositions prévues au paragraphe 2 ;
— pour le calcul de l'indicateur défini au 3° de l'article D. 1142-2-1 : parce qu'aucun retour de congé maternité n'est intervenu au cours de la période de référence annuelle considérée ou qu'aucune augmentation n'est intervenue durant la durée de ces congés.

Pour les cas énumérés ci-dessus, lorsqu'un ou plusieurs indicateurs ne sont pas calculables, les autres indicateurs sont calculés. Le nombre total de points ainsi obtenus est ramené sur cent en appliquant la règle de la proportionnalité.

Dès lors que le nombre maximum de points pouvant être obtenus, au total, par l'entreprise, avant application de la règle de la proportionnalité, est inférieur à soixante-quinze points, le niveau de résultat mentionné au premier alinéa du paragraphe 5 ne peut être déterminé pour la période de référence considérée. Le fait de ne pas pouvoir déterminer le niveau de résultat n'exonère pas l'entreprise de son obligation de mettre les indicateurs qui peuvent être calculés à disposition du comité social et économique ainsi que des services du ministre chargé du travail selon les modalités fixées à l'article D. 1142-5.

5.2. Prise en compte des mesures de correction

Afin de ne pas pénaliser les entreprises prenant des mesures adéquates et pertinentes et, le cas échéant, programmant des mesures financières de rattrapage salarial, en application de l'art. L. 1142-9 : lorsque l'indicateur défini au 1° de l'art. D. 1142-2-1 est calculable et que l'entreprise n'obtient pas la note maximale pour cet indicateur, elle obtient le maximum de points à l'indicateur défini au 2° du même article si les écarts constatés à cet indicateur favorisent la population ayant la rémunération la plus faible au regard des résultats obtenus à l'indicateur 1 *[défini au 1°]*.

Art. D. 1142-3 Le niveau de résultat obtenu par l'entreprise au regard des indicateurs définis aux articles D. 1142-2 et D. 1142-2-1 est déterminé selon les modalités fixées aux annexes I et II figurant à la fin du présent chapitre. — *V. ss. art. D. 1142-2 et D. 1142-2-1.*

Art. D. 1142-4 (Décr. n° 2021-265 du 10 mars 2021, art. 1er) Le niveau de résultat mentionné à l'article D. 1142-3 et les résultats obtenus pour chaque indicateur mentionné aux articles D. 1142-2 et D. 1142-2-1 sont publiés annuellement, au plus tard le 1er mars de l'année en cours, au titre de l'année précédente, de manière visible et lisible, sur le site internet de l'entreprise lorsqu'il en existe un. Ils sont consultables sur le site internet de l'entreprise au moins jusqu'à la publication, l'année suivante, du niveau de résultat et des résultats obtenus au titre de l'année en cours. A défaut de site internet, ils sont portés à la connaissance des salariés par tout moyen.
(Décr. n° 2022-243 du 25 févr. 2022, art. 1er) « La publication des informations mentionnées au premier alinéa est actualisée sur le site internet du ministère chargé du travail, chaque année au plus tard le 31 décembre, par les services du ministre chargé du travail. »

Art. D. 1142-5 Les indicateurs définis aux articles D. 1142-2 et D. 1142-2-1, ainsi que le niveau de résultat mentionné à l'article D. 1142-3, sont mis à la disposition du comité social et économique, selon la périodicité fixée (Décr. n° 2022-243 du 25 févr. 2022, art. 1er) « au premier alinéa de l'article » D. 1142-4, dans les conditions prévues au deuxième alinéa de l'article L. 2312-18. Les résultats sont présentés par catégorie socio-professionnelle, niveau ou coefficient hiérarchique ou selon les niveaux de la méthode de cotation des postes de l'entreprise. Ces informations sont accompagnées de toutes les précisions utiles à leur compréhension, notamment relatives à (Décr. n° 2022-243 du 25 févr. 2022, art. 1er) « la méthodologie appliquée et à » la répartition des salariés par catégorie socio-professionnelle ou selon les niveaux de la méthode de cotation des postes de l'entreprise (Abrogé par Décr. n° 2022-243 du 25 févr. 2022, art. 1er) « et, le cas échéant, des mesures de correction envisagées ou déjà mises en œuvre ».
Les dispositions prévues au premier alinéa s'appliquent également dans les cas, prévus aux annexes I et II, où certains indicateurs ne peuvent pas être calculés. Dans ce cas, l'information du comité social et économique est accompagnée de toutes les précisions expliquant les raisons pour lesquelles les indicateurs n'ont pas pu être calculés.

L'ensemble de ces informations est également transmis aux services du ministre chargé du travail selon *(Abrogé par Décr. n° 2022-243 du 25 févr. 2022, art. 1ᵉʳ)* « *un modèle et* » une procédure de télédéclaration définie par arrêté du ministre chargé du travail. – *V. Arr. du 17 août 2022, NOR : MTRT2224232A (JO 30 août).*

Art. D. 1142-6 Les mesures de correction et, le cas échéant, la programmation de mesures financières de rattrapage salarial, prévues à l'article L. 1142-9, doivent être mises en œuvre dès lors que le niveau de résultat mentionné à l'article D. 1142-3 est inférieur à soixante-quinze points.

(Décr. n° 2022-243 du 25 févr. 2022, art. 1ᵉʳ) « Elles sont publiées sur le site internet de l'entreprise lorsqu'il en existe un, sur la même page que le niveau de résultat et les résultats mentionnés à l'article D. 1142-4, dès lors que l'accord ou la décision unilatérale est déposé dans les conditions prévues à l'article D. 2231-4 du même code. Elles sont consultables sur le site internet de l'entreprise jusqu'à ce que celle-ci obtienne un **niveau de résultat au moins égal à soixante-quinze points. En outre, l'employeur les porte à la connaissance des salariés par tout moyen.** »

A titre transitoire et par dérogation aux dispositions des art. D. 1142-5 à D. 1142-6-2 dans leur rédaction issue du Décr. n° 2022-243 du 25 févr. 2022, les entreprises ayant obtenu, en 2022, au titre de l'année 2021, un niveau de résultat inférieur aux seuils définis aux art. D. 1142-6 et D. 1142-6-1, ont jusqu'au 1ᵉʳ sept. 2022 pour appliquer les dispositions relatives à la fixation d'objectifs de progression de chacun des indicateurs, à la publication de ces objectifs ainsi que des mesures de correction et de rattrapage et à la transmission de ces informations aux services du ministre chargé du travail et au comité social et économique (Décr. préc., art. 4-II).

Art. D. 1142-6-1 *(Décr. n° 2022-243 du 25 févr. 2022, art. 1ᵉʳ)* Les objectifs de progression prévus à l'article L. 1142-9-1 sont fixés pour chaque indicateur mentionné aux articles D. 1142-2 et D. 1142-2-1 pour lequel la note maximale n'a pas été atteinte, dès lors que le niveau de résultat mentionné à l'article D. 1142-3 est inférieur à quatre-vingt-cinq points. L'objectif de progression fixé le cas échéant à l'indicateur mentionné au 1° des articles D. 1142-2 et D. 1142-2-1 doit permettre d'assurer le respect des dispositions relatives à l'égalité de rémunération prévues à l'article L. 3221-2.

Ils sont publiés sur le site internet de l'entreprise lorsqu'il en existe un, sur la même page que le niveau de résultat et les résultats mentionnés à l'article D. 1142-4 du code du travail, dès lors que l'accord ou la décision unilatérale est déposé dans les conditions prévues à l'article D. 2231-4 du même code.

Ils sont consultables sur le site internet de l'entreprise jusqu'à ce que celle-ci obtienne un niveau de résultat au moins égal à quatre-vingt-cinq points. A défaut de site internet, ils sont portés à la connaissance des salariés par tout moyen.

Art. D. 1142-6-2 *(Décr. n° 2022-243 du 25 févr. 2022, art. 1ᵉʳ)* Les mesures de correction envisagées ou déjà mises en œuvre, les objectifs de progression de chacun des indicateurs, ainsi que les modalités de publication de ces mesures et de ces objectifs, sont transmis aux services du ministre chargé du travail selon la procédure prévue au dernier alinéa de l'article D. 1142-5, dès lors que l'accord ou la décision unilatérale mentionné aux articles D. 1142-6 et D. 1142-6-1 est déposé.

Ces informations sont également mises à la disposition du comité social et économique dans les conditions prévues au deuxième alinéa de l'article L. 2312-18.

Art. D. 1142-7 Chaque *(Décr. n° 2020-1545 du 9 déc. 2020, art. 28-X)* « directeur régional de l'économie, de l'emploi, du travail et des solidarités » désigne un ou plusieurs référents chargés d'accompagner les entreprises de cinquante à deux cent cinquante salariés, à leur demande, pour le calcul des indicateurs mentionnés à l'article D. 1142-2 et, le cas échéant, pour la définition des mesures adéquates et pertinentes de correction.

Art. D. 1142-8 L'entreprise ne peut se voir appliquer la pénalité mentionnée à l'article L. 1142-10 avant l'expiration d'un délai de trois ans à compter de la publication d'un niveau de résultat de moins de soixante-quinze points. Si elle atteint un niveau de résultat au moins égal à soixante-quinze points avant l'expiration de ce délai, un nouveau délai de trois ans lui est accordé pour mettre en œuvre des mesures de correction à compter de l'année où est publié un niveau de résultat inférieur à ce nombre.

ÉGALITÉ PROFESSIONNELLE **Art. D. 1142-14** 1799

L'entreprise *(Décr. n° 2022-243 du 25 févr. 2022, art. 1er)* « de moins de cinquante salariés » dont l'effectif atteint cinquante salariés a trois ans pour appliquer les dispositions prévues *(Décr. n° 2022-243 du 25 févr. 2022, art. 1er)* « au premier alinéa de l'article D. 1142-4 et aux articles D. 1142-5 à D. 1142-6-2 ». Les modalités de calcul des effectifs sont celles prévues aux articles L. 1111-2, L. 1111-3 et L. 1251-54.

Art. D. 1142-9 Lorsque l'agent de contrôle de l'inspection du travail constate que le niveau de résultat, mentionné à l'article D. 1142-3, est, depuis trois ans, inférieur à soixante-quinze points, il transmet au *(Décr. n° 2020-1545 du 9 déc. 2020, art. 28-X)* « directeur régional de l'économie, de l'emploi, du travail et des solidarités » un rapport sur cette situation.

Art. D. 1142-10 Lorsque le *(Décr. n° 2020-1545 du 9 déc. 2020, art. 28-X)* « directeur régional de l'économie, de l'emploi, du travail et des solidarités » envisage de prononcer la pénalité mentionnée à l'article L. 1142-10, il en informe l'employeur, par tout moyen permettant de conférer date certaine de sa réception par le destinataire, dans un délai maximum de deux mois à compter de la date de transmission du rapport mentionné à l'article D. 1142-9.

Il invite l'employeur à lui présenter ses observations et à justifier, le cas échéant, des motifs de sa défaillance dans un délai d'un mois. Ce délai peut être prorogé d'un mois à la demande de l'intéressé, si les circonstances ou la complexité de la situation le justifient. L'employeur peut à sa demande être entendu.

Art. D. 1142-11 Le *(Décr. n° 2020-1545 du 9 déc. 2020, art. 28-X)* « directeur régional de l'économie, de l'emploi, du travail et des solidarités » tient compte des mesures prises par l'entreprise en matière d'égalité salariale entre les femmes et les hommes, de la bonne foi de l'employeur, ainsi que des motifs de défaillance dont il a justifiés *[justifié]*, soit pour accorder à l'employeur le délai supplémentaire d'une durée maximale d'un an prévu à l'article L. 1142-10, pour atteindre le niveau de résultat mentionné à l'article D. 1142-3, soit pour déterminer le montant de la pénalité.

Au titre des motifs de défaillance, sont notamment prises en compte :
1° La survenance de difficultés économiques de l'entreprise ;
2° Les restructurations ou fusions en cours ;
3° L'existence d'une procédure collective en cours.

Art. D. 1142-12 Lorsque le *(Décr. n° 2020-1545 du 9 déc. 2020, art. 28-X)* « directeur régional de l'économie, de l'emploi, du travail et des solidarités » décide d'accorder un délai supplémentaire à l'employeur, il lui notifie sa décision, par tout moyen permettant de conférer date certaine de sa réception par le destinataire, dans le délai de deux mois à compter de l'expiration du délai prévu au deuxième alinéa de l'article D. 1142-10.

Art. D. 1142-13 La pénalité mentionnée à l'article L. 1142-10 est calculée sur la base des revenus d'activité, tels qu'ils sont pris en compte pour la détermination de l'assiette des cotisations définie à l'article L. 242-1 du code de la sécurité sociale et de celle définie à l'article L. 741-10 du code rural et de la pêche maritime dus au cours de l'année civile précédant l'expiration du délai de trois ans laissé à l'entreprise pour se mettre en conformité.

Art. D. 1142-14 Le *(Décr. n° 2020-1545 du 9 déc. 2020, art. 28-X)* « directeur régional de l'économie, de l'emploi, du travail et des solidarités » adresse à l'employeur, par tout moyen permettant de conférer date certaine de sa réception par le destinataire, une notification motivée du taux de pénalité qui lui est appliqué, dans le délai de deux mois à compter de l'expiration du délai prévu au deuxième alinéa de l'article D. 1142-10. Il lui demande de communiquer en retour les revenus d'activité servant de base au calcul de la pénalité conformément aux dispositions de l'article D. 1142-13 dans le délai de deux mois. A défaut, la pénalité est calculée sur la base de deux fois la valeur du plafond mensuel de la sécurité sociale, par salarié de l'entreprise et par mois compris dans l'année civile mentionnée à l'article D. 1142-13.

Le *(Décr. n° 2020-1545 du 9 déc. 2020, art. 28-X)* « directeur régional de l'économie, de l'emploi, du travail et des solidarités » établit un titre de perception et le transmet au directeur départemental ou, le cas échéant, régional des finances publiques qui en assure le recouvrement comme en matière de créance étrangère à l'impôt et au domaine.

SECTION 2 **Mesures visant à assurer une répartition équilibrée de chaque sexe parmi les cadres dirigeants et les membres des instances dirigeantes** (Décr. n° 2023-370 du 15 mai 2023, art. 1er).

Art. D. 1142-15 (Décr. n° 2022-680 du 26 avr. 2022, art. 1er) Les données permettant d'apprécier les écarts éventuels de représentation entre les femmes et les hommes mentionnés à l'article L. 1142-11 sont les suivantes :
1° Le pourcentage de femmes parmi l'ensemble des cadres dirigeants au sens de l'article L. 3111-2 ;
2° Le pourcentage d'hommes parmi l'ensemble des cadres dirigeants au sens de l'article L. 3111-2 ;
3° Le pourcentage de femmes parmi l'ensemble des membres des instances dirigeantes définies à l'article L. 23-12-1 du code de commerce, y compris les personnes non salariées ;
4° Le pourcentage d'hommes parmi l'ensemble des membres des instances dirigeantes définies à l'article L. 23-12-1 du code de commerce, y compris les personnes non salariées.
La proportion de ces femmes et de ces hommes est appréciée chaque année sur une période de douze mois consécutifs correspondant à l'exercice comptable, en fonction du temps passé par chaque homme et chaque femme sur cette période de référence en tant que cadres dirigeants ou membres des instances dirigeantes précitées.

Art. D. 1142-16 (Décr. n° 2022-680 du 26 avr. 2022, art. 1er) Les écarts éventuels de représentation entre les femmes et les hommes mentionnés à l'article L. 1142-11 sont publiés annuellement, au plus tard le 1er mars de l'année en cours, au titre de l'année précédente, de manière visible et lisible sur le site internet de l'entreprise lorsqu'il en existe un. Ils sont consultables sur le site internet de l'entreprise au moins jusqu'à la publication, l'année suivante, des écarts éventuels de représentation de l'année en cours. A défaut de site internet, ils sont portés à la connaissance des salariés par tout moyen.

A titre transitoire et par dérogation aux dispositions de l'art. D. 1142-16, les entreprises peuvent publier jusqu'au 1er sept. 2022 les écarts éventuels de représentation entre les femmes et les hommes mentionnés à l'art. L. 1142-11, au titre de l'année précédente, de manière visible et lisible sur leur site internet lorsqu'il en existe un, ou à défaut pour les porter à la connaissance des salariés par tout moyen (Décr. n° 2022-680 du 26 avr. 2022, art. 2-II).

Art. D. 1142-17 (Décr. n° 2022-680 du 26 avr. 2022, art. 1er, en vigueur le 1er mars 2023) Les écarts éventuels de représentation mentionnés à l'article D. 1142-16 sont publiés et actualisés sur le site internet du ministère chargé du travail, chaque année au plus tard le 31 décembre, par les services du ministre chargé du travail.

Art. D. 1142-18 (Décr. n° 2022-680 du 26 avr. 2022, art. 1er, en vigueur le 1er mars 2029) Les objectifs de progression et les mesures de correction mentionnés à l'article L. 1142-12 sont publiés sur le site internet de l'entreprise lorsqu'il en existe un, sur la même page que les écarts éventuels de représentation entre les femmes et les hommes mentionnés à l'article D. 1142-16. Cette publication a lieu au plus tard le 1er mars de l'année suivant la publication d'écarts éventuels de représentation entre les femmes et les hommes non conformes à l'obligation prévue au dernier alinéa de l'article L. 1142-11.
Ils sont consultables sur le site internet de l'entreprise jusqu'à ce que celle-ci publie des écarts éventuels de représentation entre les femmes et les hommes conformes à l'obligation prévue au dernier alinéa de l'article L. 1142-11. A défaut de site internet, ils sont portés à la connaissance des salariés par tout moyen.

Art. D. 1142-19 (Décr. n° 2022-680 du 26 avr. 2022, art. 1er) Les écarts éventuels de représentation entre les femmes et les hommes mentionnés à l'article D. 1142-16, ainsi que leurs modalités de publication, sont transmis aux services du ministre chargé du travail selon une procédure de télédéclaration définie par arrêté du ministre chargé

ÉGALITÉ PROFESSIONNELLE **Art. R. 1142-23** 1801

du travail. — *V. Arr. du 27 oct. 2022, NOR : MTRT2230178A (JO 4 nov.). Les informations sont renseignées par les entreprises concernées à l'adresse suivante : https://travail-emploi. gouv.fr/demarches-et-fiches-pratiques/formulaires-et-teledeclarations/entreprises/.*

Ces informations sont également mises à la disposition du comité social et économique dans les conditions prévues au deuxième alinéa de l'article L. 2312-18.

Dans le cas où l'ensemble ou certains des écarts de représentation ne peuvent pas être calculés, la transmission des informations prévues au présent article aux services du ministre chargé du travail et au comité social et économique est accompagnée des précisions expliquant la raison pour laquelle les écarts n'ont pas pu être calculés.

Au 1er mars 2026, le 1er al. de l'art. D. 1142-19 est remplacé par un al. ainsi rédigé : « Les écarts éventuels de représentation entre les femmes et les hommes mentionnés à l'article D. 1142-16, leurs modalités de publication, ainsi que, le cas échéant, les mesures de correction envisagées ou déjà mises en œuvre, sont transmis aux services du ministre chargé du travail selon une procédure de télédéclaration définie par arrêté du ministre chargé du travail. »

Au 1er mars 2029, le 1er al. de l'art. D. 1142-19 est remplacé par un al. ainsi rédigé : « Les écarts éventuels de représentation entre les femmes et les hommes mentionnés à l'article D. 1142-16, les objectifs de progression et les mesures de correction envisagées ou déjà mises en œuvre le cas échéant, ainsi que les modalités de publication de ces écarts, de ces objectifs et de ces mesures, sont transmis aux services du ministre chargé du travail selon une procédure de télédéclaration définie par arrêté du ministre chargé du travail. » (Décr. n° 2022-680 du 26 avr. 2022, art. 2-IV et VI).

Art. R. 1142-20 (*Décr. n° 2023-370 du 15 mai 2023, art. 1er, en vigueur le 1er mars 2029*) Lorsque, à l'issue du délai de deux ans mentionné au premier alinéa de l'article L. 1142-12, l'agent de contrôle de l'inspection du travail constate que l'entreprise ne se conforme pas à l'obligation prévue au dernier alinéa de l'article L. 1142-11, il transmet au directeur régional de l'économie, de l'emploi, du travail et des solidarités un rapport sur cette situation.

Art. R. 1142-21 (*Décr. n° 2023-370 du 15 mai 2023, art. 1er, en vigueur le 1er mars 2029*) Si, au vu du rapport mentionné à l'article R. 1142-20, le directeur régional de l'économie, de l'emploi, du travail et des solidarités envisage de prononcer la pénalité mentionnée à l'article L. 1142-12, il notifie son intention à l'employeur dans les deux mois qui suivent la réception du rapport.

Il invite l'employeur à lui présenter ses observations et à justifier, le cas échéant, des motifs de sa défaillance dans un délai d'un mois. Ce délai peut être prorogé d'un mois à la demande de l'intéressé, si les circonstances ou la complexité de la situation le justifient. L'employeur peut être entendu à sa demande.

Art. R. 1142-22 (*Décr. n° 2023-370 du 15 mai 2023, art. 1er, en vigueur le 1er mars 2029*) Le directeur régional de l'économie, de l'emploi, du travail et des solidarités notifie à l'employeur la décision motivée fixant le taux de pénalité qui lui est appliqué, dans un délai de deux mois à compter de l'expiration du délai prévu au deuxième alinéa de l'article R. 1142-21.

Ce taux tient compte de la situation initiale de l'entreprise, des mesures prises par l'entreprise en matière de représentation des femmes et des hommes, de la bonne foi de l'employeur, ainsi que des motifs de défaillance dont il a justifié.

Dans un délai de deux mois suivant cette notification, l'entreprise communique à l'administration les rémunérations et gains servant de base au calcul de la pénalité, tels qu'ils résultent des dispositions du deuxième alinéa de l'article L. 1142-12. La décision mentionnée au premier alinéa rappelle cette obligation.

Art. R. 1142-23 (*Décr. n° 2023-370 du 15 mai 2023, art. 1er, en vigueur le 1er mars 2029*) Le directeur régional établit un titre de perception fixant le montant de la pénalité sur la base du taux mentionné à l'article R. 1142-22 et des données transmises par l'entreprise en application du troisième alinéa du même article. Il le transmet au directeur départemental ou régional des finances publiques. Celui-ci en assure le recouvrement comme en matière de créance étrangère à l'impôt et au domaine.

A défaut de transmission, dans le délai requis, des informations mentionnées au troisième alinéa de l'article R. 1142-22 ou dans l'hypothèse où celles-ci seraient manifestement erronées, la pénalité est calculée sur la base de deux fois la valeur du plafond mensuel de la sécurité sociale, par salarié de l'entreprise et par mois compris dans l'année civile mentionnée au deuxième alinéa de l'article L. 1142-12.

CHAPITRE III **PLAN ET CONTRAT POUR L'ÉGALITÉ PROFESSIONNELLE**

SECTION 1 Convention d'étude

Art. R. 1143-1 Toute entreprise de moins de trois cents salariés peut conclure avec l'État une convention lui permettant de recevoir une aide financière afin de faire procéder à une étude portant sur :
1° Sa situation en matière d'égalité professionnelle ;
2° Les mesures à prendre pour rétablir l'égalité des chances entre les femmes et les hommes. — *[Anc. art. L. 123-4-1.]*

Art. D. 1143-2 La convention d'étude est conclue après avis du *(Décr. n° 2017-1819 du 29 déc. 2017, art. 3)* « comité social et économique, s'il existe ».

Art. D. 1143-3 La convention d'étude fixe :
1° L'objet, le contenu, le délai de réalisation et les conditions de diffusion de l'étude ;
2° Le montant de l'aide financière de l'État. — *[Anc. art. D. 123-2.]*

Art. D. 1143-4 Pour chaque convention, l'aide financière de l'État est au plus égale à 70 % des frais d'intervention hors taxe du consultant chargé de l'étude.
Elle ne peut excéder 10 700 €. — *[Anc. art. D. 123-3.]*

Art. D. 1143-5 Le *(Décr. n° 2017-1819 du 29 déc. 2017, art. 3)* « comité social et économique est consulté » sur l'étude réalisée dans les conditions prévues à l'article R. 1143-1 et les suites à lui donner.
L'étude est également communiquée aux délégués syndicaux.
L'étude et les avis recueillis sont communiqués au *(Décr. n° 2020-1545 du 9 déc. 2020, art. 28-X)* « directeur régional de l'économie, de l'emploi, du travail et des solidarités ».

SECTION 2 Plan pour l'égalité professionnelle

Art. D. 1143-6 Le *(Décr. n° 2020-1545 du 9 déc. 2020, art. 28-X)* « directeur régional de l'économie, de l'emploi, du travail et des solidarités » peut s'opposer, en application de l'article L. 1143-3, au plan pour l'égalité professionnelle. Il émet un avis écrit et motivé dans un délai de deux mois suivant la date de sa saisine.

SECTION 3 Contrat pour la mixité des emplois et l'égalité professionnelle entre les femmes et les hommes *(Décr. n° 2011-1830 du 6 déc. 2011)*.

V. Circ. DGCS/SDFE/B3/2012/77 du 17 févr. 2012 relative aux conditions d'application du contrat pour la mixité des emplois et l'égalité professionnelle entre les femmes et les hommes (NOR : SCSA1205236C).

SOUS-SECTION 1 Conclusion et objet du contrat

Art. D. 1143-7 Un *(Décr. n° 2011-1830 du 6 déc. 2011)* « contrat pour la mixité des emplois et l'égalité professionnelle entre les femmes et les hommes », ouvrant droit à l'aide financière de l'État prévue à la sous-section 2, est conclu entre l'État et l'employeur, après avis des organisations syndicales de salariés représentatives au plan national *(Décr. n° 2011-1830 du 6 déc. 2011)* « implantées dans l'entreprise si elles existent ».

Art. D. 1143-8 Le *(Décr. n° 2011-1830 du 6 déc. 2011)* « contrat pour la mixité des emplois et l'égalité professionnelle entre les femmes et les hommes » ne peut intervenir qu'après :
1° Soit la conclusion d'un accord collectif de travail comportant des actions exemplaires en faveur de l'égalité professionnelle entre les femmes et les hommes ;
2° Soit l'adoption d'un plan pour l'égalité professionnelle ;
(Décr. n° 2011-1830 du 6 déc. 2011) « 3° Soit l'adoption d'une ou plusieurs mesures en faveur de la mixité des emplois. »

Art. D. 1143-9 Le *(Décr. n° 2011-1830 du 6 déc. 2011)* « contrat pour la mixité des emplois et l'égalité professionnelle entre les femmes et les hommes » précise :
1° L'objet et la nature des engagements souscrits par l'employeur ;
2° Le montant de l'aide de l'État et ses modalités de versement ;
3° Les modalités d'évaluation et de contrôle de la réalisation des engagements souscrits. — *[Anc. art. D. 123-7, al. 1ᵉʳ, phrase 1, et al. 2.]*

Art. D. 1143-10 Les engagements souscrits par l'employeur dans le *(Décr. n° 2011-1830 du 6 déc. 2011)* « contrat pour la mixité des emplois et l'égalité professionnelle entre les femmes et les hommes » doivent avoir pour but de contribuer significativement à la mise en place de l'égalité professionnelle entre les femmes et les hommes dans l'entreprise *(Décr. n° 2011-1830 du 6 déc. 2011)* « ou l'établissement, ou de contribuer à développer la mixité des emplois, » par l'adoption de mesures de sensibilisation, *(Décr. n° 2011-1830 du 6 déc. 2011)* « d'embauche, » de formation, de promotion et d'amélioration des conditions de travail.

Art. D. 1143-11 Le *(Décr. n° 2011-1830 du 6 déc. 2011)* « contrat pour la mixité des emplois et l'égalité professionnelle entre les femmes et les hommes » est conclu au nom de l'État par le préfet de région.
Si son champ d'application excède le cadre régional, le contrat est conclu par le ministre chargé des droits des femmes. — *[Anc. art. D. 123-8.]*

SOUS-SECTION 2 **Aide financière de l'État**

Art. D. 1143-12 La participation financière de l'État aux dépenses directement imputables à la réalisation du *(Décr. n° 2011-1830 du 6 déc. 2011)* « contrat pour la mixité des emplois et l'égalité professionnelle entre les femmes et les hommes », déduction faite de la taxe sur la valeur ajoutée, est calculée dans la limite maximale d'un pourcentage variable selon la nature et le contenu des actions :
1° 50 % du coût d'investissement en matériel lié à la modification de l'organisation et des conditions de travail ;
2° 30 % des dépenses de rémunération exposées par l'employeur pour les salariés bénéficiant d'actions de formation au titre et pendant la durée de la réalisation du plan pour l'égalité professionnelle. Sont exclues de l'aide éventuelle les augmentations de rémunérations, quelles qu'en soient les modalités, acquises par les salariés du fait de la réalisation du plan ;
3° 50 % des autres coûts.

Art. D. 1143-13 *(Décr. n° 2011-1830 du 6 déc. 2011)* Pour le bénéfice de l'aide financière, les actions en faveur des salariés sous contrat à durée déterminée et des salariés intérimaires sont prises en compte lorsque leur contrat, ou la durée de leur mission, est d'une durée supérieure ou égale à six mois.

Art. D. 1143-14 L'aide de l'État prévue à l'article *(Décr. n° 2011-1830 du 6 déc. 2011, art. 10)* « D. 1143-12 » n'est pas cumulable avec une aide publique ayant un objet identique. — *[Anc. art. D. 123-9, al. 5.]*

Art. D. 1143-15 En cas de non-respect du *(Décr. n° 2011-1830 du 6 déc. 2011)* « contrat pour la mixité des emplois et l'égalité professionnelle entre les femmes et les hommes » par l'entreprise, l'aide de l'État fait l'objet d'un ordre de reversement.

SOUS-SECTION 3 **Suivi et évaluation**

Art. D. 1143-16 Le *(Décr. n° 2017-1819 du 29 déc. 2017, art. 3)* « comité social et économique est régulièrement informé » de l'exécution des engagements souscrits par l'employeur dans le *(Décr. n° 2011-1830 du 6 déc. 2011)* « contrat pour la mixité des emplois et l'égalité professionnelle entre les femmes et les hommes ».

Art. D. 1143-17 Le compte rendu de l'exécution des engagements souscrits par l'employeur dans le *(Décr. n° 2011-1830 du 6 déc. 2011)* « contrat pour la mixité des emplois et l'égalité professionnelle entre les femmes et les hommes » est adressé au *(Décr. n° 2020-1545 du 9 déc. 2020, art. 28-X)* « directeur régional de l'économie, de l'emploi, du travail et des solidarités » et au chargé de mission départemental aux droits des femmes et à l'égalité.

Art. D. 1143-18 Au terme du *(Décr. n° 2011-1830 du 6 déc. 2011)* « contrat pour la mixité des emplois et l'égalité professionnelle entre les femmes et les hommes », une évaluation des engagements souscrits et des mesures concrètes mises en œuvre est réalisée sous la responsabilité de l'employeur signataire du contrat.

Cette évaluation est transmise au *(Décr. n° 2020-1545 du 9 déc. 2020, art. 28-X)* « directeur régional de l'économie, de l'emploi, du travail et des solidarités » et au chargé de mission départemental aux droits des femmes et à l'égalité.

CHAPITRE IV ACTIONS EN JUSTICE

Le présent chapitre ne comprend pas de dispositions réglementaires.

CHAPITRE V [ABROGÉ] INSTANCES CONCOURANT À L'ÉGALITÉ PROFESSIONNELLE

(Abrogé par Décr. n° 2021-921 du 9 juill. 2021, art. 9)

V. Haut Conseil à l'égalité entre les hommes et les femmes (L. n° 2008-496 du 27 mai 2008, art. 9-1, mod. par L. n° 2020-1525 du 7 déc. 2020, art. 20).

CHAPITRE VI DISPOSITIONS PÉNALES

Le présent chapitre ne comprend pas de dispositions réglementaires.

TITRE V HARCÈLEMENTS

CHAPITRE UNIQUE DISPOSITIONS GÉNÉRALES

(Décr. n° 2019-15 du 8 janv. 2019, art. 2, en vigueur le 1ᵉʳ janv. 2019)

Art. D. 1151-1 L'information prévue au second alinéa de l'article L. 1153-5 précise l'adresse et le numéro d'appel :

1° Du médecin du travail ou du service de prévention et de santé au travail compétent pour l'établissement ;
2° De l'inspection du travail compétente ainsi que le nom de l'inspecteur compétent ;
3° Du Défenseur des droits ;
4° Du référent prévu à l'article L. 1153-5-1 dans toute entreprise employant au moins deux cent cinquante salariés ;
5° Du référent prévu à l'article L. 2314-1 lorsqu'un comité social et économique existe.

TITRE VI CORRUPTION

Le présent titre ne comprend pas de dispositions réglementaires.

LIVRE II LE CONTRAT DE TRAVAIL

TITRE I CHAMP D'APPLICATION

Le présent titre ne comprend pas de dispositions réglementaires.

TITRE II FORMATION ET EXÉCUTION DU CONTRAT DE TRAVAIL

CHAPITRE I FORMATION DU CONTRAT DE TRAVAIL

SECTION 1 Déclaration préalable à l'embauche

SOUS-SECTION 1 **Mentions obligatoires et portée de la déclaration** *(Décr. n° 2011-681 du 16 juin 2011).*

Art. R. 1221-1 La déclaration préalable à l'embauche comporte les mentions suivantes :
1° Dénomination sociale ou nom et prénoms de l'employeur, code APE, adresse de l'employeur, numéro du système d'identification du répertoire des entreprises et de

2° Les cas précis et exceptionnels de report ;

3° Les conditions dans lesquelles ces reports peuvent être effectués, à la demande du salarié après accord de l'employeur ;

4° Les conséquences de ces reports sur le respect des seuils annuels fixés au sixième alinéa de l'article L. 3121-44, au 3° du I de l'article L. 3121-64 et à l'article L. 3123-1. Ce report ne doit pas avoir pour effet de majorer ces seuils dans une proportion plus importante que celle correspondant à la durée ainsi reportée.

Le présent article s'applique sans préjudice des reports également prévus aux articles L. 3142-118 et L. 3142-120 à L. 3142-124 relatifs au congé pour création d'entreprise, aux articles L. 3142-33 et L. 3142-35 relatifs au congé sabbatique et aux articles L. 3151-1 à L. 3151-3 relatifs au compte épargne-temps. − V. art. R. 3143-1 (pén.).

Comp. anc. art. L. 3141-21.

> *COMMENTAIRE*
>
> V. sur le Code en ligne 📕. ❑

§ 3 Dispositions supplétives

Art. L. 3141-23 A défaut de stipulation dans la convention ou l'accord conclu en application de l'article L. 3141-22 :

1° La fraction continue d'au moins douze jours ouvrables est attribuée pendant la période du 1ᵉʳ mai au 31 octobre de chaque année ;

2° Le fractionnement des congés au-delà du douzième jour est effectué dans les conditions suivantes :

a) Les jours restant dus en application du second alinéa de l'article L. 3141-19 peuvent être accordés en une ou plusieurs fois en dehors de la période du 1ᵉʳ mai au 31 octobre de chaque année ;

b) Deux jours ouvrables de congé supplémentaire sont attribués lorsque le nombre de jours de congé pris en dehors de cette période est au moins égal à six et un seul lorsque ce nombre est compris entre trois et cinq jours. Les jours de congé principal dus au-delà de vingt-quatre jours ouvrables ne sont pas pris en compte pour l'ouverture du droit à ce supplément.

Il peut être dérogé au présent article après accord individuel du salarié.

SECTION 4 Indemnité de congés

SOUS-SECTION UNIQUE Ordre public

Art. L. 3141-24 I. − Le congé annuel prévu à l'article L. 3141-3 ouvre droit à une indemnité égale au dixième de la rémunération brute totale perçue par le salarié au cours de la période de référence.

Pour la détermination de la rémunération brute totale, il est tenu compte :

1° De l'indemnité de congé de l'année précédente ;

2° Des indemnités afférentes à la contrepartie obligatoire sous forme de repos prévues aux articles L. 3121-30, L. 3121-33 et L. 3121-38 ;

3° Des périodes assimilées à un temps de travail par les articles L. 3141-4 et L. 3141-5 qui sont considérées comme ayant donné lieu à rémunération en fonction de l'horaire de travail de l'établissement.

Lorsque la durée du congé est différente de celle prévue à l'article L. 3141-3, l'indemnité est calculée selon les règles fixées au présent I et proportionnellement à la durée du congé effectivement dû.

II. − Toutefois, l'indemnité prévue au I du présent article ne peut être inférieure au montant de la rémunération qui aurait été perçue pendant la période de congé si le salarié avait continué à travailler.

Cette rémunération, sous réserve du respect des dispositions légales, est calculée en fonction :

1° Du salaire gagné dû pour la période précédant le congé ;

2° De la durée du travail effectif de l'établissement.

III. — Un arrêté du ministre chargé du travail détermine les modalités d'application du présent article dans les professions mentionnées à l'article L. 3141-32. — *V. art. R. 3143-1 (pén.) et D. 3141-7.*

Comp. anc. art. L. 3141-22.

Jurisprudence rendue sous l'empire des textes antérieurs à la L. n° 2016-1088 du 8 août 2016.

1. Caractère d'ordre public. Le mode de calcul de l'indemnité de congés payés étant d'ordre public, un accord d'entreprise ne peut contenir de stipulations moins favorables au salarié. ● Soc. 11 févr. 1982 : *Bull. civ. V, n° 95 ; D. 1983. IR 205, obs. Vachet.* ♦ De même, s'agissant de congés supplémentaires d'origine conventionnelle, un employeur ne peut se prévaloir d'un usage pour imposer aux salariés des mesures moins favorables. ● Soc. 26 févr. 1997, ⚖ n° 93-46.579 P : *D. 1997. IR 78* ⌀. ♦ Les dispositions du code du travail étant applicables de plein droit aux salariés d'EDF toutes les fois qu'elles sont plus favorables que les règles statutaires, des dispositions du statut de cette entreprise publique, même agréées par l'autorité administrative, ne font pas obstacle à l'application de l'art. L. 223-11 [L. 3141-22 nouv.], si elles ne sont pas plus favorables. ● Soc. 11 mai 1993 : ⚖ *Dr. ouvrier 1993. 348, note Saramito ; Dr. soc. 1993. 953, note Chorin* ⌀.

2. Exclusion. Les dispositions du C. trav. relatives aux indemnités de congés payés ne sont pas applicables aux assistants maternels employés par les particuliers qui sont soumis aux dispositions des art. L. 423-1 s. CASF, et à la CCN des assistants maternels du particulier employeur du 1er juill. 2004. ● Soc. 9 mai 2019, ⚖ n° 17-26.232 P : *D. 2019. Actu. 1054* ⌀ ; *RJS 7/2019, n° 467.*

I. ASSIETTE DE L'INDEMNITÉ

3. Primes incluses. Sont prises en compte dans l'assiette de l'indemnité de congés payés : les primes d'ancienneté. ● Soc. 6 déc. 1979 : *Bull. civ. V, n° 970.* ♦ ... Les indemnités représentatives de frais ayant une nature salariale. ● Soc. 21 mars 1972 : *Bull. civ. V, n° 236 ; JCP 1972. II. 17229, note P. L.* ● 24 janv. 1980 : *Bull. civ. V, n° 76.* ♦ ... Les primes d'expatriation. ● Soc. 22 nov. 1979 : *Bull. civ. V, n° 897* ● 25 mars 1998 : ⚖ *RJS 1998. 474, n° 746.* ♦ ... Une indemnité d'astreinte à domicile. ● Soc. 4 juill. 1983 : *Bull. civ. V, n° 379.* ♦ ... Ou une prime de soirée. ● Soc. 3 juill. 1990, ⚖ n° 89-40.340 P : *CSB 1990. 221.* ♦ La prime annuelle de vacances prévue par une convention collective, dont le montant est déterminé en fonction du temps de travail effectif accompli au cours de la période de référence, n'ayant pas pour objet de rémunérer des périodes de travail et de congés confondues, doit être prise en compte dans l'assiette de calcul des congés payés, peu important qu'elle soit allouée pour l'année entière. ● Soc. 3 juill. 2019, ⚖ n° 18-16.351 P : *RJS 10/2019, n° 578.*

4. Compléments de rémunération inclus. Doivent être également pris en compte : la contrepartie financière de l'obligation de non-concurrence. ● Soc. 17 mai 2006 : ⚖ *JCP E 2006. 2678, note Vachet* ● 23 juin 2010 : ⚖ *D. actu. 9 juill. 2010, obs. Perrin ; D. 2010. AJ 1795* ⌀ ; *RJS 2010. 689, n° 754 ; Dr. soc. 2010. 1254, obs. Mouly ; JCP S 2010. 1540, obs. Beyneix.* ♦ La rémunération de la correction des copies et des « soutenances LP ». ● Soc. 13 sept. 2023, ⚖ n° 22-10.529 B : *D. 2023. 1936, note Tinière* ⌀ ; *RJS 11/2023, n° 587 ; JCP S 2023. 1265, obs. Terrenoire.*

5. Primes exclues. Sont exclus de l'assiette de calcul : les frais professionnels. ● Soc. 29 oct. 1980 : *Bull. civ. V, n° 792.* ♦ ... L'indemnité de repas prévue par une convention collective, en ayant pour objet de compenser le surcoût du repas consécutif au déplacement. ● Soc. 17 déc. 2014, ⚖ n° 13-14.855 : *D. actu. 10 févr. 2015, obs. Fraisse ; RJS 3/2015, n° 224 ; JCP S 2015. 1047, obs. Drai.* ♦ ... Les primes annuelles. ● Soc. 10 juill. 1961 : *Bull. civ. V, n° 770 ; Dr. soc. 1962. 101, obs. Savatier* ● 9 mai 1962 : *ibid. 1963. 41, obs. Savatier* ● 2 avr. 1997 : ⚖ *RJS 1997. 360, n° 554* ● 8 juin 2011 : ⚖ *RJS 2011. 638, n° 699 ; JCP S 2011. 1451, obs. d'Allende.* ♦ ... Les sommes attribuées au salarié en fonction d'une production globale annuelle sans distinction entre les périodes de travail et celles des congés payés. ● Soc. 18 févr. 1988 : *Bull. civ. V, n° 128 ; D. 1988. Somm. 331, obs. Langlois* ● 1er juill. 1998 : ⚖ *RJS 1998. 635, n° 1000.* ♦ ... La prime d'intéressement. ● Soc. 15 juin 1978 : *Bull. civ. V, n° 489.* ♦ ... Les indemnités journalières de maladie. ● Soc. 8 juin 1994 : ⚖ *RJS 1994. 518, n° 806.* ♦ ... Les indemnités de chômage partiel, les périodes de chômage partiel n'étant pas assimilées à un temps de travail effectif. ● Soc. 19 févr. 1992 : ⚖ *D. 1992. IR 10 ; CSB 1992. 118, S. 69 ; RJS 1992. 263, n° 458* ● 19 nov. 1997, ⚖ n° 95-44.093 P : *RJS 1998. 41, n° 52.* ♦ Une prime de panier et une indemnité de transport ayant pour objet, pour la première, de compenser le surcoût du repas consécutif à un travail posté, de nuit ou selon des horaires atypiques, pour la seconde d'indemniser les frais de déplacement du salarié de son domicile à son lieu de travail, constituent, nonobstant leur caractère forfaitaire et le fait que leur versement ne soit soumis à la production d'aucun justificatif, un remboursement de frais et non un complément de salaire ; elles n'ont donc pas à être incluses dans l'assiette de calcul de l'indemnité de maintien de salaire en cas de maladie et de l'indemnité de congés payés. ● Soc. 11 janv. 2017, ⚖ n° 15-23.341 P : *D. 2017. Actu. 115* ⌀ ; *RJS 3/2017, n° 201 ; JSL 2017, n° 426-2 ; JCP S 2017. 1040, obs. Vachet.* ♦ *Contra*, lorsqu'une prime annuelle est assise uniquement sur les périodes de travail en sorte que sa prise en considération n'aurait pas pour effet de la faire payer, même en partie, une deuxième fois : • Soc. 25 mars 1982 : *Bull. civ. V, n° 228.*

6. Commissions de retour sur échantillonnages. Les commissions de retour sur échantillonnages, qui sont fonction des résultats produits par le travail personnel du VRP, entrent dans l'assiette des indemnités de congés payés. • Soc. 27 mars 2019, n° 17-21.014 P : *D. 2019. Actu. 705 ; Dr. soc. 2019. 571, note Mouly ; RJS 6/2019, n° 354 ; JCP S 2019. 1130, obs. Bossu.*

II. CALCUL

7. Maintien du salaire. Les dispositions de l'art. L. 223-11 [L. 3141-22 nouv.] impliquent que le total de la rémunération des jours travaillés et de l'indemnité de congé payé peut, dans certains cas, être supérieur au salaire mensuel. • Soc. 12 janv. 1994 : *RJS 1994. 123, n° 157.* ♦ Lorsque la rémunération d'un salarié est constituée d'un salaire fixe et d'un intéressement sur la vente, ce salarié est en droit d'obtenir à titre d'indemnité compensatrice une somme au moins égale à la rémunération totale qu'il aurait reçue s'il avait travaillé ce mois. • Soc. 11 mai 1988 : *Bull. civ. V, n° 288.* ♦ Une rémunération pour travaux supplémentaires peut inclure forfaitairement les congés payés à condition que cette convention soit expresse et que ses modalités n'aboutissent pas pour le salarié à un résultat moins favorable que la stricte application des dispositions légales. • Soc. 2 avr. 1997, n° 95-42.320 P : *Dr. soc. 1997. 528, obs. Couturier ; RJS 1997. 361, n° 555.*

8. Le juge a l'obligation de prendre en considération le seul mois précédant les congés payés, même si la rémunération du salarié a été affectée par une grève. • Soc. 14 oct. 1982 : *Cah. prud'h. 1983, n° 5, 61.* ♦ ... Ou par une mise au chômage partiel. • Soc. 10 juill. 1988 : *Liaisons soc. Lég. soc., n° 6238.* ♦ En faveur de la prise en compte des heures supplémentaires accomplies de façon habituelle dans l'entreprise : • Soc. 13 déc. 1955 : *Dr. soc. 1956. 33.* ♦ Contra, lorsqu'il s'agit d'heures supplémentaires accomplies à titre exceptionnel pendant la période de congé de certains salariés : • Soc. 23 oct. 1963 : *Bull. civ. V, n° 718 ; JCP 1963. II. 13438, note G.H.C.* ♦ 21 oct. 1970 : *Bull. civ. V, n° 544.*

9. En cas d'horaire alterné, l'indemnité doit être calculée en tenant compte de l'horaire qui aurait été appliqué pendant les congés. • Soc. 2 juin 1988 : *Bull. civ. V, n° 341.*

10. Lorsque l'horaire hebdomadaire de travail est réparti sur cinq jours, le samedi étant chômé et non payé, ce sixième jour demeure ouvrable pour la détermination du congé, sans l'être pour le calcul de l'indemnité. • Soc. 8 juin 1978 : *Bull. civ. V, n° 462 ; D. 1979. IR 29, obs. Langlois* • 4 déc. 1990, n° 85-41.289 P.

11. Dans une entreprise où est appliqué un régime de salaire mensualisé, il convient d'affecter le salaire mensuel correspondant à la durée légale du travail d'un coefficient égal au rapport existant entre le nombre d'heures de travail que le salarié aurait accompli pendant la période de congé et le nombre d'heures correspondant à la durée légale effective du travail pendant le mois considéré. • Comm. sup. arbitrage 27 nov. 1972 : *Cah. prud'h. 1973, n° 3, 57 ; Dr. ouvrier 1973. 319.* – V. aussi • Soc. 16 janv. 1974 : *Cah. prud'h. 1974, n° 5, 94.* • 11 févr. 1982 : *Bull. civ. V, n° 95 ; D. 1983. IR 205, obs. Vachet.*

III. CLAUSE D'INCLUSION

12. Salaire forfaitaire. S'il est possible d'inclure l'indemnité de congés payés dans la rémunération forfaitaire lorsque des conditions particulières le justifient, cette inclusion doit résulter d'une convention expresse entre les parties et ne pas être défavorable au salarié. • Soc. 25 mars 2009 : *Dr. ouvrier 2009. 257.* ♦ L'incorporation de l'indemnité de congés payés dans la rémunération forfaitaire n'est envisageable que si elle résulte d'une convention écrite, témoignant de l'accord de chacune des parties. • Soc. 9 nov. 1988, n° 88-12.458. ♦ La convention de forfait ne se présume pas et ni le caractère intermittent de l'activité exercée, ni l'absence de protestation du salarié ne permettent de caractériser une telle convention. • Soc. 7 déc. 1994 : *D. 1995. 285, concl. Chauvy.* ♦ Dès lors que le contrat de travail se borne à stipuler l'inclusion des congés payés dans la rémunération globale du salarié, ce dont il résulte que cette clause n'est ni transparente ni compréhensible, l'employeur doit être condamné au paiement d'une indemnité compensatrice de congés payés si, lors de la rupture du contrat, le salarié n'a pas pris effectivement un reliquat de congés payés. • Soc. 14 nov. 2013 : *D. 2013. Actu. 2703 ; ibid. 2014. 302, chron. Flores, Ducloz, Sommé, Wurtz, Mariette et Contamine ; RDT 2014. 346, obs. Véricel ; Dr. soc. 2014. 94, obs. Mouly ; RTD eur. 2014. 460, obs. de Clavière ; RJS 2014. 111, n° 142.* ♦ S'il est possible d'inclure l'indemnité de congés payés dans la rémunération forfaitaire lorsque des conditions particulières le justifient, cette inclusion doit résulter d'une clause contractuelle transparente et compréhensible, ce qui suppose que soit clairement distinguée la part de rémunération qui correspond au travail de celle qui correspond aux congés, et que soit précisée l'imputation de ces sommes sur un congé déterminé, devant être effectivement pris. • Soc. 22 mai 2019, n° 17-31.517 P : *D. 2019. Actu. 1177 ; Dr. soc. 2019. 641, obs. Radé ; RJS 8-9/2019, n° 500* • 29 nov. 2023, n° 22-10.494 B : *D. 2023. 2139.* ♦ La clause du contrat de travail se bornant à mentionner que la rémunération variable s'entend congés payés inclus, sans préciser la répartition entre la rémunération et les congés payés, n'est ni transparente ni compréhensible, et ne peut donc pas être opposée au salarié. • Soc. 13 oct. 2021, n° 19-19.407 B : *D. actu. 27 oct.*

2021, obs. Malfettes ; RJS 12/2021, n° 660 ; JCP S 2021. 1307, obs. Morand.

IV. PAIEMENT

13. Paiement d'un élément de salaire. Les congés payés s'acquièrent mois par mois et constituent un élément du salaire à paiement différé. • Soc. 19 mars 1954 : JCP 1954. II. 8221, note G.B. ; Dr. soc. 1954. 409 • CE 29 mai 1970 : Dr. soc. 1971. 121, concl. Dufour, note Savatier.

14. Jugé, avant l'entrée en vigueur de la loi du 23 juin 1983, que, si l'indemnité de congés payés n'est due au salarié qu'au moment où s'ouvre la période des vacances, il ne résulte pas de l'art. L. 122-12 [L. 1224-1 nouv.] que le nouvel employeur doive conserver la charge de la totalité de l'indemnité, procurant ainsi au précédent employeur un enrichissement sans cause. • Soc. 2 févr. 1984 : Bull. civ. V, n°s 43, 44 et 45 ; D. 1984. 321, concl. Picca et Écoutin ; Dr. soc. 1984. 271, note Savatier. – V. aussi : • Soc. 17 janv. 1989 : Bull. civ. V, n° 30 ; D. 1990. IR 53 • 10 oct. 1990, 🔒 n° 88-41.644 P.

15. Indemnisation du salarié. Aucune indemnité ne peut être accordée au salarié dès lors que ce dernier n'a pas personnellement réclamé le bénéfice des congés et n'établit pas avoir été mis dans l'impossibilité de les prendre du fait de l'employeur. • Soc. 6 mai 2002 : 🔒 RJS 2002. 643, n° 828. ♦ En revanche, dès lors qu'il est établi que le salarié a été empêché de les prendre du fait de l'employeur, le préjudice nécessaire qui en résulte doit être indemnisé. • Soc. 6 mai 2002 : 🔒 RJS 2002. 644, n° 828 (2ᵉ esp.).

16. Prescription et point de départ de la prescription. V. jurispr. 3 et 15 ss. art. L. 3245-1.

Art. L. 3141-25 Pour la fixation de l'indemnité de congé, il est tenu compte des avantages accessoires et des prestations en nature dont le salarié ne continuerait pas à jouir pendant la durée de son congé.

La valeur de ces avantages et prestations ne peut être inférieure à celle fixée par l'autorité administrative. – V. art. R. 3143-1 (pén.).

Comp. anc. art. L. 3141-23.

Art. L. 3141-26 Dans les professions où, d'après les stipulations du contrat de travail, la rémunération des salariés est constituée en totalité ou en partie de pourboires, la rémunération à prendre en considération pour la détermination de l'indemnité de congé est évaluée conformément aux règles applicables en matière de sécurité sociale.

L'indemnité de congé ne peut être prélevée sur la masse des pourboires ou du pourcentage perçu pour le service. – V. art. R. 3143-1 (pén.).

Comp. anc. art. L. 3141-24.

Art. L. 3141-27 Les dispositions de la présente section ne portent atteinte ni aux stipulations contractuelles ni aux usages qui assurent des indemnités de congé d'un montant plus élevé. – V. art. R. 3143-1 (pén.).

Comp. anc. art. L. 3141-25.

Art. L. 3141-28 Lorsque le contrat de travail est rompu avant que le salarié ait pu bénéficier de la totalité du congé auquel il avait droit, il reçoit, pour la fraction de congé dont il n'a pas bénéficié, une indemnité compensatrice de congé déterminée d'après les articles L. 3141-24 à L. 3141-27.

L'indemnité est due[,] que cette rupture résulte du fait du salarié ou du fait de l'employeur.

Cette indemnité est également due aux ayants droit du salarié dont le décès survient avant qu'il ait pris son congé annuel payé. L'indemnité est versée à ceux des ayants droit qui auraient qualité pour obtenir le paiement des salaires arriérés. – V. art. R. 3143-1 (pén.).

Comp. anc. art. L. 3141-26.

COMMENTAIRE

V. sur le Code en ligne 🔒.

Jurisprudence rendue sous l'empire des textes antérieurs à la L. n° 2016-1088 du 8 août 2016.

1° INDEMNITÉ COMPENSATRICE

1. Nature. L'indemnité compensatrice de congés payés a un caractère salarial et est soumise comme telle à la prescription quinquennale. • Soc. 7 mars 1990, 🔒 n° 86-43.406 P.

2. Conditions. L'indemnité compensatrice est due dès lors que le licenciement est intervenu au cours de la période légale de prise de congés, sans que le salarié ait à démontrer qu'il a été empêché par l'employeur de prendre ses congés. • Soc.

25 mars 1998 : *RJS 1998. 388, n° 600.* ♦ L'employeur ne peut imposer au salarié la prise par anticipation des congés afférents à la période au cours de laquelle intervient la rupture du contrat. • Soc. 30 avr. 2003 : *RJS 2003. 593, n° 898.* ♦ L'indemnité compensatrice est due dès lors que la rupture est imputable à l'employeur qui ne fournit plus de travail ; elle est exigible à la date où le contrat prend fin. • Soc. 7 mars 1990 : *D. 1990. IR 84.* ♦ Mais son attribution suppose qu'un droit à congés payés a été acquis dans les conditions prévues à l'art. L. 223-2 [L. 3141-3 nouv.] (salarié occupé chez le même employeur pendant au minimum un mois de travail effectif pendant l'année de référence). • Soc. 12 nov. 1992, n° 90-45.892 P : *RJS 1992. 754, n° 1393.*

3. Calcul. L'indemnité compensatrice doit être calculée sur l'ensemble de la rémunération perçue par le salarié entre le 1er juin et le 31 mai, période pendant laquelle se situe la rupture du contrat de travail avant que le salarié ait pu bénéficier de son congé. • Soc. 20 févr. 1990, n° 87-40.498 P. ♦ Mais l'indemnité compensatrice de congés payés versée au titre d'une période de référence ne peut être prise en compte pour le calcul de l'indemnité compensatrice due pour la période de référence suivante. • Soc. 17 févr. 1993 : *RJS 1993. 246, n° 407.*

4. Assiette et contrepartie financière de l'obligation de non-concurrence. La contrepartie financière de l'obligation de non-concurrence, ayant la nature d'une indemnité compensatrice de salaires, ouvre droit à congés payés et, partant, au paiement d'une indemnité de congés payés. • Soc. 23 juin 2010 : *D. actu. 9 juill. 2010, obs. Perrin ; D. 2010. AJ 1795 ; RJS 2010. 689, n° 754 ; Dr. soc. 2010. 1254, obs. Mouly ; JCP S 2010. 1540, obs. Beyneix.*

2° FAUTE LOURDE DU SALARIÉ

5. Application de la décision du Conseil constitutionnel aux instances en cours. La décision du Conseil constitutionnel en vertu de laquelle l'indemnité compensatrice de congés payés est due au salarié même en cas de faute lourde étant applicable aux instances en cours, la cour d'appel ne saurait débouter l'intéressé de sa demande d'indemnité compensatrice de congés payés. • Soc. 28 mars 2018, n° 16-26.013 P : *D. actu. 12 avr. 2018, obs. Fraisse ; D. 2018. Actu. 729 ; RJS 6/2018, n° 409 ; JSL 2018, n° 454-2, obs. Lhernould ; JCP S 2018. 1217, obs. Chenu.*

Jurisprudence rendue sous l'empire de l'ancien art. L. 3141-26, al. 2 : « L'indemnité est due dès lors que la rupture du contrat de travail n'a pas été provoquée par la faute lourde du salarié, que cette rupture résulte du fait du salarié ou du fait de l'employeur ».

6. Notion. La faute lourde requiert de la part du salarié l'intention de nuire vis-à-vis de l'employeur ou de l'entreprise. • Soc. 29 nov. 1990 : *D. 1991. IR 6 ; Dr. soc. 1991. 105, note Couturier.* – Dans le même sens : • Soc. 12 mars 1991, n° 89-41.941 P : *D. 1991. IR 101 ; JCP E 1991. I. 180, note Taquet* • 23 sept. 1992, n° 91-41.312 P. – V. aussi : • Soc. 5 avr. 1990, n° 88-40.245 P : *D. 1990. IR 113* • 16 mai 1990, n° 88-41.565 P : *D. 1990. IR 154* • 31 mai 1990, n° 88-41.419 P. • 28 juin 1990 : *JS RJS 1990. 517, n° 759* • 25 mai 1994 (deux arrêts) : *RJS 1994. 508, n° 847* (tentative de débauchage ; destruction de fichiers informatiques) • 5 déc. 1996, n° 93-44.073 P : *RJS 1997. 25, n° 17.* ♦ Si la fraude comporte un élément intentionnel, celui-ci n'implique pas par lui-même, l'intention de nuire à l'employeur. • Soc. 3 oct. 2000 : *RJS 2000. 803, n° 1236* • 6 juill. 1999 : *D. 1999. IR 208 ; RJS 1999. 766, n° 1235 ; Dr. soc. 1999. 961, obs. Savatier* (vol). ♦ Caractérisée par l'intention de nuire à l'employeur, la faute lourde implique la volonté du salarié de lui porter préjudice dans la commission du fait fautif ; elle ne résulte pas dès lors de la seule commission d'un acte préjudiciable à l'entreprise. • Soc. 22 oct. 2015, n°s 14-11.801 P et 14-11.291 P : *D. actu. 23 nov. 2015, obs. Fraisse ; D. 2015. Actu. 2186 ; RDT 2016. 100, obs. Adam ; JSL 2015, n° 399-400-3, obs. Lhernould* • Soc. 8 févr. 2017, n° 15-21.064 P : *D. actu. 3 mars 2017, obs. Cortot ; D. 2017. Actu. 411 ; Dr. soc. 2017. 378, obs. Mouly ; RJS 4/2017, n° 261 ; JSL 2017, n° 428-2, obs. Lhernould ; JCP 2017. 1089, obs. Dedessus-Le Moustier.* ♦ Caractérise l'intention de nuire à l'employeur, laquelle implique la volonté du salarié de lui porter préjudice dans la commission du fait fautif et ne résulte pas de la seule commission d'un acte préjudiciable à l'entreprise, d'une part la conclusion de divers contrats par le salarié par l'intermédiaire notamment d'une société dont il était, à l'insu de son employeur, associé majoritaire, avec plusieurs sociétés, clientes ou filiales de son employeur, ayant généré des facturations ignorées de celui-ci et le fait que l'intéressé avait laissé sans réponse la légitime interrogation de l'employeur, qui face à la découverte des fonctions exercées par le salarié, évoquait à juste titre une situation de conflit d'intérêts et, d'autre part, la dissimulation par le salarié de son intérêt personnel dans la réalisation d'opérations financières mettant en cause le fonctionnement de la société employeur, constitutive d'un manquement à l'obligation de loyauté, qui établissait la volonté de l'intéressé de faire prévaloir son intérêt personnel sur celui de l'employeur. • Soc. 10 févr. 2021, n° 19-14.315 P : *RJS 4/2021, n° 212.*

7. Condamnation pénale. Lorsqu'un salarié, licencié pour faute lourde, a été relaxé des fins de poursuite pour recel au seul motif qu'aucun élément de la procédure ne permettait d'établir péremptoirement le caractère frauduleux de ses agissements, cette décision ne fait pas obstacle à ce que le juge prud'homal recherche si la perception de la somme litigieuse ne pouvait pas caractériser une faute civile de nature à le priver des indemnités de licenciement. • Soc. 21 juin 1989 : *D. 1990. 132*, note Pralus-Dupuy (1ʳᵉ esp.). ♦ Dans le même sens : • Soc. 14 nov. 1991, n° 90-44.663 P : *D. 1991. IR 292* (maintien du licenciement malgré la relaxe au pénal du chef de vol, dès lors que le salarié avait emporté chez lui des documents contrairement aux instructions de l'employeur. ♦ En sens inverse, lorsqu'il résulte de la décision de relaxe que la matérialité des faits n'est pas établie : • Soc. 12 juill. 1989 : *D. 1990. 132*, note Pralus-Dupuy (2ᵉ esp.). • 18 avr. 1991, n° 89-45.069 P : *Dr. soc. 1991. 626*, note Savatier.

8. Requalification de la faute lourde. Il incombe au juge saisi de la contestation d'une mesure de licenciement prononcé en raison d'une faute grave ou lourde, lorsque cette qualification n'est pas retenue, de vérifier si le licenciement ne repose pas néanmoins sur une cause réelle et sérieuse ; si les faits reprochés au salarié ne caractérisent pas son intention de nuire, les juges du fond doivent rechercher s'ils ne sont pas constitutifs d'une faute grave ou d'une faute de nature à conférer une cause réelle et sérieuse au licenciement. • Soc. 16 sept. 2020, n° 18-25.943 P : *D. actu. 2 oct. 2020*, obs. Ciray ; *D. 2020. 1841* ; *RJS 11/2020, n° 534* ; *JSL 2020, n° 507-2*, obs. Nasom-Tissandier ; *JCP 2020. 1107*, obs. Corrignan-Carsin.

9. Perte de l'indemnité compensatrice. Les indemnités de licenciement et de congés payés étant acquises au jour de la décision de licenciement, le salarié qui commet une faute lourde pendant le préavis ne peut en être privé. • Soc. 23 oct. 1991, n° 88-43.008 P : *RJS 1991. 713, n° 1329*. ♦ La faute lourde commise pendant le préavis ne peut priver le salarié de l'indemnité compensatrice de congés payés acquise au jour de sa démission et afférente à la période antérieure à la rupture du préavis causée par cette faute, mais elle l'en prive pour la période postérieure à cette rupture. • Soc. 10 oct. 1995 : *CSB 1995. 321, A. 58*.

10. La loi ne prive le salarié, auteur d'une faute lourde, de son indemnité compensatrice de congés payés que pour la partie afférente à la fraction du congé dont il n'a pas bénéficié en raison de la rupture de son contrat. • Soc. 7 mai 1969, n° 68-40.274 P. • 28 oct. 1975 : *Bull. civ. V, n° 490*. ♦ La faute lourde prive le salarié de l'indemnité de congés payés seulement pour la période de l'année en cours lors du licenciement. • Soc. 28 févr. 2001 : *Dr. soc. 2001. 551*, obs. Radé.

11. Sur les rapports entre indemnité de congés payés et indemnité de préavis, V. note 84 ss. art. L. 1234-1.

12. Faute lourde et responsabilité pécuniaire du salarié. La responsabilité pécuniaire du salarié à l'égard de l'employeur ne peut résulter que de sa faute lourde ; les juges du fond ne peuvent pas condamner un salarié à payer des sommes à l'employeur en réparation du préjudice qu'il aurait subi sans caractériser la faute lourde. • Soc. 13 févr. 2013 : *RJS 5/2013, n° 413* ; *JCP S 2013. 1395*, obs. Hodez • 6 mai 2009 : *D. 2009. Actu. 1486* ; *Dr. soc. 2009. 865*, obs. Radé ; *JCP S 2009. 1370*, obs. Bousez. ♦ La responsabilité pécuniaire d'un salarié à l'égard de son employeur ne peut résulter que de sa faute lourde ; une cour d'appel ne saurait condamner un salarié licencié pour faute grave à verser des dommages et intérêts à son employeur sans constater l'existence de faits, distincts de ceux visés par la lettre de licenciement, susceptibles de caractériser une faute lourde. • Soc. 25 janv. 2017, n° 14-26.071 P : *D. 2017. Pan. 848*, obs. Lokiec ; *RDT 2017. 264*, obs. Adam ; *Dr. soc. 2017. 269*, obs. Mouly ; *RJS 4/2017, n° 245* ; *JCP S 2017. 1089*, obs. Chenu.

Art. L. 3141-29 Lorsque, à l'occasion de la rupture de son contrat de travail, un salarié, par suite de l'ordre fixé pour les départs en congé, a pris un congé donnant lieu à une indemnité de congé d'un montant supérieur à celle à laquelle il avait droit au moment de la rupture, il rembourse le trop-perçu à l'employeur.

Le remboursement n'est pas dû si la rupture du contrat de travail par le salarié est provoquée par une faute lourde de l'employeur. — V. art. R. 3143-1 (pén.).

Comp. anc. art. L. 3141-27.

Art. L. 3141-30 Les articles L. 3141-28 et L. 3141-29 ne sont pas applicables lorsque l'employeur est tenu d'adhérer à une caisse de congés en application de l'article L. 3141-32. — V. art. R. 3143-1 (pén.).

Comp. anc. art. L. 3141-28.

Il appartient à l'employeur relevant d'une caisse de congés payés, en application des art. L. 3141-12, L. 3141-14 et L. 3141-30, interprétés à la lumière de l'art. 7 de la Dir. 2003/88 du 4 nov. 2003, de prendre les mesures propres à assurer au salarié la possibilité de bénéficier effectivement de son droit à congé auprès de la caisse de congés payés, et, en cas de contestation, de justifier qu'il a accompli à cette fin les diligences qui lui incombent légalement ; seule l'exécution de cette obligation entraîne la substitution de l'employeur par la caisse pour le paiement de l'indemnité de congés payés. • Soc. 22 sept. 2021, n° 17-17.046 B : *D. 2021. 1723* ; *RDT 2021. 656*, obs. Véricel ; *RJS 12/2021, n° 661* ; *JCP S 2021. 1274*, obs. Jeansen.

Art. L. 3141-31 Lorsqu'un établissement ferme pendant un nombre de jours dépassant la durée des congés légaux annuels, l'employeur verse aux salariés, pour chacun des jours ouvrables de fermeture excédant cette durée, une indemnité qui ne peut être inférieure à l'indemnité journalière de congés.

Cette indemnité journalière ne se confond pas avec l'indemnité de congés. — V. art. R. 3143-1 (pén.).

Comp. anc. art. L. 3141-29.

Jurisprudence rendue sous l'empire des textes antérieurs à la L. n° 2016-1088 du 8 août 2016.

1. Motifs de la fermeture. Les dispositions de l'art. L. 223-15 [L. 3141-29 nouv.] sont applicables lorsque la fermeture de l'entreprise au-delà de la durée des congés payés est motivée par des circonstances extérieures. • Soc. 17 déc. 1987 : *Bull. civ. V, n° 771 ; D. 1988. IR 37* • 14 nov. 1991, n° 87-45.135 P : *RJS 1992. 39, n° 36* • 17 déc. 1997, n° 94-43.718 P : *RJS 1998. 118, n° 181 ; D. 1998. IR 54*. ♦ V., pour l'application du texte à une association s'occupant de handicapés : • Soc. 26 sept. 1990, n° 87-40.520 P : *D. 1990. IR 238.*

2. Bénéfice de l'indemnité spécifique. Lorsque l'employeur répartit sur douze mois et non pas seulement sur la période d'activité le salaire qu'il a déterminé en fonction des seules semaines d'activité, il en résulte que le paiement de la période d'inactivité est assuré par le fractionnement du salaire et non par le versement, en sus du salaire, de l'indemnité spécifique prévu par l'art. L. 223-15 [L. 3141-29 nouv.] ; cette méthode est contraire aux dispositions dudit article. • Soc. 21 mai 1996, n° 92-11.901 P.

3. Temps partiel. La loi du 19 janvier 2000 ayant abrogé les dispositions légales relatives au temps partiel annualisé, les seuls modes d'annualisation du temps de travail applicables aux salariés à temps partiel pendant la période litigieuse étaient ceux prévus par les articles L. 212-4-12 et L. 212-4-6 alors en vigueur ; aussi le salarié qui ne peut bénéficier d'un contrat de travail intermittent, ce dont il résultait que l'employeur ne pouvait lui appliquer un système d'annualisation du temps de travail et de lissage de sa rémunération, fût-il prévu par une convention de forfait, doit bénéficier de l'indemnité prévue par l'art. L. 3141-29. • Soc. 23 sept. 2009 : *RJS 2009. 830, n° 948.*

SECTION 5 Caisses de congés payés

Art. L. 3141-32 Des décrets déterminent les professions, industries et commerces pour lesquels l'application des dispositions relatives aux congés payés comporte des modalités particulières, telles que la constitution de caisses de congés auxquelles les employeurs intéressés s'affilient obligatoirement.

Ces décrets fixent la nature et l'étendue des obligations des employeurs, les règles d'organisation et de fonctionnement des caisses ainsi que la nature et les conditions d'exercice du contrôle de l'État à leur égard. — V. art. D. 3141-9 s.

Comp. anc. art. L. 3141-30.

En application de l'art. L. 231-5 CRPA, et par exception à l'application du délai de deux mois prévu à l'art. L. 231-1 du même code, le silence gardé par l'administration pendant deux mois vaut décision de rejet pour :

— une demande d'autorisation d'exercice des caisses de congés payés pour les professions du bâtiment et des travaux publics ;

— une demande d'agrément de la caisse de congés payés du spectacle ;

— une demande d'agrément des caisses de congés payés des personnels des entreprises de manutention des ports ;

— une demande d'autorisation d'exercice des caisses de congés payés des travailleurs intermittents des transports (Décr. n° 2014-1289 du 23 oct. 2014, art. 1ᵉʳ).

Jurisprudence rendue sous l'empire des dispositions antérieures à la loi n° 2016-1088 du 8 août 2016.

1. Constitutionnalité. Les dispositions de l'art. L. 3141-30 C. trav. répondent à l'objectif de prévisibilité de la loi et ne méconnaissent ni le principe d'égalité, ni celui du respect du droit de propriété. • Soc. 24 janv. 2013, n° 12-40.087 : *D. actu. 4 mars 2013, obs. Siro.*

2. Responsabilité de l'employeur affilié à une caisse de congés payés. Il appartient à l'employeur relevant d'une caisse de congés payés de prendre les mesures propres à assurer au salarié la possibilité de bénéficier effectivement de son droit à congé auprès de la caisse, et, en cas de contestation, de justifier qu'il a accompli à cette fin les diligences qui lui incombent légalement ; seule l'exécution de cette obligation entraîne la substitution de l'employeur par la caisse pour le paiement de l'indemnité de congés payés. • Soc. 22 sept. 2021, 🔗 n° 19-17.046 B : *D. 2021. 1723* ⊘ ; *RDT 2021. 656*, obs. Véricel ⊘ ; *Dr. soc. 2021. 1017*, obs. Tournaux ⊘ ; *RJS 12/2021, n° 661* ; *JCP S 2021. 1274*, obs. Jeansen.

3. Critère d'affiliation. Il ne résulte pas de l'art. L. 223-16 [L. 3141-20 nouv.] que l'exposition au risque de chômage temporaire lié aux intempéries soit le critère de l'obligation d'affiliation à une caisse de congés payés ; cette obligation n'implique pas non plus que l'entreprise soit soumise à une convention collective. • Soc. 29 mai 1990, 🔗 n° 88-19.548 P : *D. 1990. IR 171* ⊘ ; *RJS 1990. 423, n° 632*.

4. Liberté d'association. Les entreprises de spectacle qui recrutent des salariés intermittents doivent cotiser à une caisse de congés payés ; cette adhésion est obligatoire, elle n'est donc pas contraire à l'art. 11 Conv. EDH relatif à la liberté d'association. • Civ. 1re, 28 juin 2007, 🔗 n° 06-12.061 : *JCP S 2007. 1746*, note Lahalle.

5. L'obligation d'affiliation pour une activité accessoire du bâtiment n'est pas subordonnée à la condition que cette activité accessoire soit exercée dans le cadre d'une entreprise distincte et qu'elle soit accomplie par un personnel affecté de manière permanente à cette tâche. • Soc. 29 mai 1990, 🔗 n° 88-12.217 : *D. 1990. IR 164* ⊘. ♦ En faveur de l'affiliation des constructeurs de maisons individuelles, V. • Cass., ch. mixte, 10 avr. 1992, 🔗 n° 88-84.489 : *RJS 1992. 437, n° 803* • Soc. 28 oct. 1992, 🔗 n° 89-12.642 : *D. 1992. IR 270* ⊘ • 1er juin 1995, 🔗 n° 92-18.371 P : *D. 1995. IR 176* (société dont l'activité est la recherche et l'exécution de contrats de construction de maisons individuelles sur plan par l'intermédiaire de sous-traitants).

6. Paiement des cotisations. L'employeur tenu de s'affilier à une caisse de congés payés doit régler ses cotisations et ne peut s'en exonérer au motif que la caisse n'a pas versé aux salariés concernés les indemnités de congés payés. • Soc. 15 juin 1999, 🔗 n° 97-41.270 : *Dr. soc. 1999. 841*, obs. Radé ⊘.

7. Information du taux de cotisation. Les textes légaux, réglementaires et statutaires ne subordonnent pas l'opposabilité et la mise en œuvre des décisions du conseil d'administration des caisses de congés payés, organismes de droit privé, à des modalités particulières de publicité ; aussi, les personnes affiliées à la caisse de congés payés sont valablement informées des taux de cotisation appliqués par les mentions figurant sur les imprimés de déclaration qui leur sont adressés. • Soc. 7 avr. 2010, 🔗 n° 08-16.262 : *RJS 2010. 455, n° 524*. ♦ ... Ou par la publication de ces taux dans un journal d'annonces légales spécialisé. • Soc. 7 avr. 2010, 🔗 n° 08-14.843 : *RJS 2010. 455, n° 524* ; *JCP S 2010. 1370*, obs. Martinon.

Art. L. 3141-33 Les caisses de congés payés peuvent nommer des contrôleurs chargés de collaborer à la surveillance de l'application de la législation sur les congés payés par les employeurs intéressés. Ceux-ci fournissent à tout moment aux contrôleurs toutes justifications établissant qu'ils se sont acquittés de leurs obligations.

Pour l'accomplissement de leur mission, les contrôleurs disposent des mêmes pouvoirs que ceux attribués aux agents de contrôle de l'inspection du travail. Tout obstacle à l'accomplissement de cette mission est passible des sanctions prévues à l'article L. 8114-1.

Les contrôleurs sont agréés. Cet agrément est révocable à tout moment.

Les contrôleurs ne doivent rien révéler des secrets de fabrication ni des procédés et résultats d'exploitation dont ils pourraient prendre connaissance dans l'exercice de leur mission.

Comp. anc. art. L. 3141-30.

CHAPITRE II AUTRES CONGÉS

RÉP. TRAV. v° *Congés*, par BOUSIGES.

SECTION 1 Congés d'articulation entre la vie professionnelle et la vie personnelle et familiale

(L. n° 2016-1088 du 8 août 2016, art. 9)

Cette section, dans sa rédaction antérieure à la L. n° 2016-1088 du 8 août 2016, est consultable sur le Code en ligne 🔗.

SOUS-SECTION 1 **Congés pour événements familiaux**

§ 1 Ordre public

Art. L. 3142-1 Le salarié a droit, sur justification, à un congé :
1° Pour son mariage ou pour la conclusion d'un pacte civil de solidarité ;

2° Pour le mariage d'un enfant ;

3° Pour chaque naissance (*L. n° 2020-1576 du 14 déc. 2020, art. 73-I, en vigueur le 1ᵉʳ juill. 2021*) « pour le père et, le cas échéant, le conjoint ou le concubin de la mère ou la personne liée à elle par un pacte civil de solidarité *[ancienne rédaction : survenue à son foyer ou pour l'arrivée d'un enfant placé en vue de son adoption. Ces jours d'absence ne se cumulent pas avec les congés accordés pour ce même enfant dans le cadre du congé de maternité]* ;

« 3° *bis* Pour l'arrivée d'un enfant placé en vue de son adoption. » (*L. n° 2022-219 du 21 févr. 2022, art. 25-II*) « Ce congé peut être pris dans un délai fixé par décret ; » — *V. art. D. 3142-1-3.*

4° Pour le décès d'un enfant, du conjoint, du concubin ou du partenaire lié par un pacte civil de solidarité, du père, de la mère, du beau-père, de la belle-mère, d'un frère ou d'une sœur ;

5° Pour l'annonce de la survenue d'un handicap (*L. n° 2021-1678 du 17 déc. 2021, art. 1ᵉʳ-I*) « , d'une pathologie chronique nécessitant un apprentissage thérapeutique ou d'un cancer » chez un enfant. — *V. art. D. 3142-1-2.*

Comp. anc. art. L. 3142-1.

Les dispositions issues de la L. n° 2020-1576 du 14 déc. 2020 s'appliquent aux enfants nés ou adoptés à compter du 1ᵉʳ juill. 2021 ainsi qu'aux enfants, nés avant cette date, dont la naissance était supposée intervenir à compter de cette date (L. préc., art. 73-IV).

Jurisprudence rendue sous l'empire des textes antérieurs à la L. n° 2016-1088 du 8 août 2016.

1. Cumul des congés. Doit être cassé l'arrêt qui affirme que le congé pour événement familial n'est pas limité à la seule période où le salarié est en activité et qui accorde le paiement d'un congé pour naissance alors que celle-ci était survenue pendant le congé annuel du salarié. • Soc. 11 oct. 1994 : 🕮 *RJS 1994. 767, n° 1277.*

2. Mise en œuvre de l'autorisation d'absence. Le jour d'autorisation d'absence accordé n'a pas à être nécessairement pris le jour de l'événement le justifiant mais pendant une période qui doit être raisonnable durant laquelle le jour chômé et rémunéré est accordé. • Soc. 16 déc. 1998, 🕮 n° 96-43.323 P : *D. 1999. IR 36* ⌀ ; *JCP 1999. II. 10034,* note Puigelier ; *JCP E 1999, p. 404,* note Bonijoly.

3. Non-discrimination (Jurisprudence antérieure à la L. n° 2014-873 du 4 août 2014). Les salariés qui concluaient un pacte civil de solidarité avec un partenaire de même sexe se trouvaient, avant l'entrée en vigueur de la L. n° 2013-404 du 17 mai 2013 ouvrant le mariage aux couples de personnes de même sexe, dans une situation identique au regard des avantages en cause à celle des salariés contractant un mariage ; les dispositions conventionnelles qui excluaient un travailleur salarié ayant conclu un pacs avec une personne de même sexe du droit d'obtenir des avantages, tels que des jours de congés spéciaux et une prime salariale, octroyés aux salariés à l'occasion de leur mariage, instauraient dès lors une discrimination directement fondée sur leur orientation sexuelle. • Soc. 9 juill. 2014 : 🕮 *RJS 2014. 574, n° 666.*

4. Congé pour événements familiaux et portage salarial. Le salarié porté qui effectue une prestation dans une entreprise cliente lorsque survient un des événements familiaux ouvrant droit à une autorisation exceptionnelle d'absence bénéficie de jours d'absence dans les conditions prévues par la loi et sans réduction de sa rémunération et ces jours d'absence, assimilés à du temps de travail effectif, sont pris en compte pour la détermination de la durée du congé annuel. • Soc. 11 févr. 2021, 🕮 n° 20-70.005 P : *D. actu. 4 mars 2021,* obs. Couëdel.

Art. L. 3142-1-1 (*L. n° 2020-692 du 8 juin 2020, art. 1ᵉʳ-I*) Sans préjudice du 4° de l'article L. 3142-1, en cas de décès de son enfant âgé de moins de vingt-cinq ans ou d'une personne âgée de moins de vingt-cinq ans à sa charge effective et permanente, le salarié a droit, sur justification, à un congé de deuil de huit jours qui peuvent être fractionnés dans des conditions prévues par décret. Le salarié informe l'employeur vingt-quatre heures au moins avant le début de chaque période d'absence.

Le congé de deuil peut être pris dans un délai d'un an à compter du décès de l'enfant.

Ces dispositions s'appliquent pour les décès intervenus à compter du 1ᵉʳ juill. 2020 (L. n° 2020-692 du 8 juin 2020, art. 1ᵉʳ-V).

Art. L. 3142-2 Les congés mentionnés (*L. n° 2020-692 du 8 juin 2020, art. 1ᵉʳ-I*) « aux articles L. 3142-1 et L. 3142-1-1 » n'entraînent pas de réduction de la rémunération (*L. n° 2020-692 du 8 juin 2020, art. 1ᵉʳ-I*) « qui tient compte, le cas échéant, de l'indemnité mentionnée à l'article L. 331-9 du code de la sécurité sociale » et sont

assimilés à du temps de travail effectif pour la détermination de la durée du congé payé annuel.
La durée de ces congés ne peut être imputée sur celle du congé payé annuel.

Comp. anc. art. L. 3142-2.

Les dispositions issues de la L. n° 2020-692 du 8 juin 2020 s'appliquent pour les décès intervenus à compter du 1er juill. 2020 (L. préc., art. 1er-V).

Jurisprudence rendue sous l'empire des textes antérieurs à la L. n° 2016-1088 du 8 août 2016.

Aucune rémunération, qu'elle soit légale, contractuelle ou conventionnelle, ne peut être réduite en raison de la prise de congé pour événement familial. Par suite, une convention collective, qui peut librement fixer les conditions d'attribution de la prime trimestrielle de présence qu'elle institue, ne peut cependant disposer que la prise de jours d'absence autorisée par la loi entraînera privation de cette prime. • Soc. 10 déc. 1997 : ⚖ *RJS 1998. 42, n° 54.*

Art. L. 3142-3 En cas de différend, le refus de l'employeur peut être directement contesté par le salarié devant le conseil de prud'hommes, statuant *(Ord. n° 2019-738 du 17 juill. 2019, art. 15)* « selon la procédure accélérée au fond », dans des conditions fixées par décret en Conseil d'État. — *Les dispositions de l'Ord. n° 2019-738 du 17 juill. 2019 s'appliquent aux demandes introduites à compter du 1er janv. 2020 (Ord. préc., art. 30).* — V. art. R. 3142-1.

En cas de différend dans la prise de congés pour événements familiaux, le refus de l'employeur peut être directement contesté par le salarié devant le conseil de prud'hommes statuant en la forme des référés, le conseil exerçant alors les pouvoirs dont dispose la juridiction au fond et statuant par ordonnance ayant l'autorité de la chose jugée relativement aux contestations qu'elle tranche. • Soc. 23 janv. 2019, ⚖ n° 17-28.330 P : *D. 2019. Actu. 205* 📎 ; *RJS 4/2019, n° 225* ; *JCP S 2019. 1087, obs. Brissy.*

§ 2 Champ de la négociation collective

Art. L. 3142-4 Pour mettre en œuvre le droit à congé du salarié défini à l'article L. 3142-1, une convention ou un accord collectif d'entreprise ou, à défaut, une convention ou un accord de branche détermine la durée de chacun des congés mentionnés au même article L. 3142-1 qui ne peut être inférieure à :
1° Quatre jours pour son mariage ou pour la conclusion d'un pacte civil de solidarité ;
2° Un jour pour le mariage d'un enfant ;
(L. n° 2020-1576 du 14 déc. 2020, art. 73-I, en vigueur le 1er juill. 2021) « 3° Trois jours, pour chaque naissance. Cette période de congés commence à courir, au choix du salarié, le jour de la naissance de l'enfant ou le premier jour ouvrable qui suit *[ancienne rédaction : 3° Trois jours pour chaque naissance survenue à son foyer ou pour l'arrivée d'un enfant placé en vue de son adoption]* ;
« 3° *bis* Trois jours pour l'arrivée d'un enfant placé en vue de son adoption ; »
4° *(L. n° 2023-622 du 19 juill. 2023, art. 2-I)* « Douze » jours pour le décès d'un enfant *(L. n° 2020-692 du 8 juin 2020, art. 1er-I)* « ou *(L. n° 2023-622 du 19 juill. 2023, art. 2-I)* « quatorze jours » lorsque l'enfant est âgé de moins de vingt-cinq ans et quel que soit son âge si l'enfant décédé était lui-même parent ou en cas de décès d'une personne âgée de moins de vingt-cinq ans à sa charge effective et permanente » ;
5° Trois jours pour le décès du conjoint, du partenaire lié par un pacte civil de solidarité, du concubin, du père, de la mère, du beau-père, de la belle-mère, d'un frère ou d'une sœur ;
6° *(L. n° 2023-622 du 19 juill. 2023, art. 2-I)* « Cinq » jours pour l'annonce de la survenue d'un handicap *(L. n° 2021-1678 du 17 déc. 2021, art. 1er-I)* « , d'une pathologie chronique nécessitant un apprentissage thérapeutique ou d'un cancer » chez un enfant. — V. art. D. 3142-1-2.
(L. n° 2020-1576 du 14 déc. 2020, art. 73-I, en vigueur le 1er juill. 2021) « Les jours de congés mentionnés au présent article sont des jours ouvrables. »

Comp. anc. art. L. 3142-1.

Les dispositions issues de la L. n° 2020-692 du 8 juin 2020 s'appliquent pour les décès intervenus à compter du 1er juill. 2020 (L. préc., art. 1er-V).

Les dispositions issues de la L. n° 2020-1576 du 14 déc. 2020 s'appliquent aux enfants nés ou adoptés à compter du 1ᵉʳ juill. 2021 ainsi qu'aux enfants, nés avant cette date, dont la naissance était supposée intervenir à compter de cette date (L. préc., art. 73-IV).

§ 3 Dispositions supplétives

Art. L. 3142-5 A défaut de convention ou d'accord, le salarié a droit au congé mentionné à l'article L. 3142-4, dont la durée ne peut être inférieure à celle prévue au même article L. 3142-4.

Comp. anc. art. L. 3142-1.

SOUS-SECTION 2 Congé de solidarité familiale

BIBL. ▶ **Loi du 8 août 2016 :** Legros, *JCP S* 2017. 1085 (regard critique sur la réécriture du congé de solidarité familiale).

§ 1 Ordre public

Art. L. 3142-6 Le salarié dont un ascendant, un descendant, un frère, une sœur ou une personne partageant le même domicile souffre d'une pathologie mettant en jeu le pronostic vital ou est en phase avancée ou terminale d'une affection grave et incurable a droit à un congé de solidarité familiale.

Ce droit bénéficie, dans les mêmes conditions, au salarié ayant été désigné comme personne de confiance, au sens de l'article L. 1111-6 du code de la santé publique.

Comp. anc. art. L. 3142-16, al. 1ᵉʳ et 3.

Sur l'allocation d'accompagnement d'une personne en fin de vie, V. CSS, art. L. 168-1 s. et D. 168-1 s. — **CSS**.

Art. L. 3142-7 Le congé débute ou est renouvelé à l'initiative du salarié. La durée du congé est fixée par le salarié, dans la limite prévue *(Ord. n° 2017-1718 du 20 déc. 2017, art. 1ᵉʳ-I)* « au 1° de l'article L. 3142-14 ou, à défaut d'accord, dans la limite prévue au 1° de l'article L. 3142-15 ».

En cas d'urgence absolue constatée par écrit par le médecin, le congé débute ou peut être renouvelé sans délai.

Le congé prend fin soit à l'expiration de la durée mentionnée au premier alinéa du présent article, soit dans les trois jours qui suivent le décès de la personne assistée, sans préjudice du bénéfice des dispositions relatives aux congés pour événements personnels et aux congés pour événements familiaux, soit à une date antérieure choisie par le salarié.

Comp. anc. art. L. 3142-17, al. 2.

Art. L. 3142-8 Le salarié peut, avec l'accord de son employeur, transformer ce congé en période d'activité à temps partiel ou le fractionner.

Comp. anc. art. L. 3142-16, al. 2.

Art. L. 3142-9 Le salarié bénéficiant des droits prévus aux articles L. 3142-6 à L. 3142-8 ne peut exercer aucune autre activité professionnelle.

Comp. anc. art. L. 3142-18.

Art. L. 3142-10 A l'issue du congé ou de la période d'activité à temps partiel mentionnée à l'article L. 3142-8, le salarié retrouve son emploi ou un emploi similaire assorti d'une rémunération au moins équivalente.

Comp. anc. art. L. 3142-19.

Art. L. 3142-11 Avant et après son congé, le salarié a droit à l'entretien professionnel mentionné au I de l'article L. 6315-1.

Art. L. 3142-12 La durée de ce congé ne peut être imputée sur celle du congé payé annuel.

Elle est prise en compte pour la détermination des avantages liés à l'ancienneté.

Le salarié conserve le bénéfice de tous les avantages qu'il avait acquis avant le début du congé.

Comp. anc. art. L. 3142-20.

Art. L. 3142-13 En cas de différend, le refus de l'employeur peut être directement contesté par le salarié devant le conseil de prud'hommes, statuant *(Ord. n° 2019-738 du 17 juill. 2019, art. 15)* « selon la procédure accélérée au fond », dans des conditions fixées par décret en Conseil d'État. — *Les dispositions de l'Ord. n° 2019-738 du 17 juill. 2019 s'appliquent aux demandes introduites à compter du 1er janv. 2020 (Ord. préc., art. 30).*

§ 2 Champ de la négociation collective

Art. L. 3142-14 Pour mettre en œuvre le droit à congé du salarié mentionné à l'article L. 3142-6, une convention ou un accord collectif d'entreprise ou, à défaut, une convention ou un accord de branche détermine :
 1° La durée maximale du congé ;
 2° Le nombre de renouvellements possibles ;
 3° Les conditions de fractionnement du congé ou de sa transformation en période d'activité à temps partiel ;
 4° Les délais d'information de l'employeur par le salarié sur la prise du congé, sa durée prévisible, son renouvellement et la durée du préavis en cas de retour du salarié avant le terme prévu du congé ;
 5° Les mesures permettant le maintien d'un lien entre l'entreprise et le salarié pendant la durée du congé et les modalités d'accompagnement du salarié à son retour.

§ 3 Dispositions supplétives

Art. L. 3142-15 A défaut de convention ou d'accord mentionné à l'article L. 3142-14, les dispositions suivantes sont applicables :
 1° La durée maximale du congé est de trois mois, renouvelable une fois ;
 2° Les modalités de fractionnement du congé et de sa transformation en période d'activité à temps partiel sont définies par décret ;
 3° Les délais d'information de l'employeur par le salarié sur la prise du congé, sa durée prévisible, son renouvellement ainsi que les conditions du retour du salarié avant le terme prévu sont fixés par décret.

Comp. anc. art. L. 3142-17, al. 1er.

SOUS-SECTION 3 Congé de proche aidant

BIBL. ▶ BUGADA, *JCP S* 2019. 1387 (reconnaissance juridique des proches aidants). – PONTIF, *RDT* 2023. 481 (salariés proches aidants : pour un meilleur accompagnement en entreprise).

§ 1 Ordre public

Art. L. 3142-16 Le salarié *(Abrogé par L. n° 2019-1446 du 24 déc. 2019, art. 68)* « *ayant au moins un an d'ancienneté dans l'entreprise* » a droit à un congé de proche aidant lorsque l'une des personnes suivantes présente un handicap ou une perte d'autonomie *(Abrogé par L. n° 2021-1754 du 23 déc. 2021, art. 54-II, à compter du 1er juill. 2022)* « *d'une particulière gravité* » :
 1° Son conjoint ;
 2° Son concubin ;
 3° Son partenaire lié par un pacte civil de solidarité ;
 4° Un ascendant ;
 5° Un descendant ;
 6° Un enfant dont il assume la charge au sens de l'article L. 512-1 du code de la sécurité sociale ;
 7° Un collatéral jusqu'au quatrième degré ;
 8° Un ascendant, un descendant ou un collatéral jusqu'au quatrième degré de son conjoint, concubin ou partenaire lié par un pacte civil de solidarité ;
 9° Une personne âgée ou handicapée avec laquelle il réside ou avec laquelle il entretient des liens étroits et stables, à qui il vient en aide de manière régulière et fréquente, à titre non professionnel, pour accomplir tout ou partie des actes ou des activités de la vie quotidienne.

Comp. anc. art. L. 3142-22.

Sur l'allocation journalière du proche aidant, V. CSS, art. L. 168-1 s.

Les dispositions issues de la L. n° 2021-1754 du 23 déc. 2021 entrent en vigueur à une date fixée par décret, et au plus tard le 1ᵉʳ janv. 2023 (L. préc., art. 54-VI). – V. Décr. n° 2022-1037 du 22 juill. 2022 fixant une entrée en vigueur au 1ᵉʳ juill. 2022 (Décr. préc., art. 3).

Art. L. 3142-17 La personne aidée doit résider en France de façon stable et régulière.

Comp. anc. art. L. 3142-22.

Art. L. 3142-18 Le salarié ne peut exercer aucune autre activité professionnelle pendant la durée du congé.

Toutefois, il peut être employé par la personne aidée dans les conditions prévues au deuxième alinéa des articles L. 232-7 ou L. 245-12 du code de l'action sociale et des familles.

Comp. anc. art. L. 3142-26.

Art. L. 3142-19 Le congé débute ou est renouvelé à l'initiative du salarié.

Il ne peut excéder, renouvellement compris, la durée d'un an pour l'ensemble de la carrière.

En cas de dégradation soudaine de l'état de santé de la personne aidée, de situation de crise nécessitant une action urgente du proche aidant ou de cessation brutale de l'hébergement en établissement dont bénéficiait la personne aidée, le congé débute ou peut être renouvelé sans délai.

Le salarié peut mettre fin de façon anticipée au congé ou y renoncer dans les cas suivants :
1° Décès de la personne aidée ;
2° Admission dans un établissement de la personne aidée ;
3° Diminution importante des ressources du salarié ;
4° Recours à un service d'aide à domicile pour assister la personne aidée ;
5° Congé de proche aidant pris par un autre membre de la famille.

Comp. anc. art. L. 3142-24, al. 1ᵉʳ et 4, in fine, L. 3142-25.

Art. L. 3142-20 Le salarié peut, avec l'accord de son employeur, transformer ce congé en période d'activité à temps partiel ou le fractionner. Dans cette hypothèse, le salarié doit avertir son employeur au moins quarante-huit heures avant la date à laquelle il entend prendre chaque période de congé. Cette transformation ou ce fractionnement est accordé sans délai dans les cas mentionnés au troisième alinéa de l'article L. 3142-19.

Comp. anc. art. L. 3142-24, al. 3 et 4.

Art. L. 3142-21 La durée de ce congé ne peut être imputée sur celle du congé payé annuel. Elle est prise en compte pour la détermination des avantages liés à l'ancienneté. Le salarié conserve le bénéfice de tous les avantages qu'il avait acquis avant le début du congé.

Comp. anc. art. L. 3142-24, al. 1ᵉʳ et al. 4, in fine, L. 3142-28.

Art. L. 3142-22 A l'issue du congé ou de la période d'activité à temps partiel mentionnée à l'article L. 3142-20, le salarié retrouve son emploi ou un emploi similaire assorti d'une rémunération au moins équivalente.

Comp. anc. art. L. 3142-27.

Art. L. 3142-23 Avant et après son congé, le salarié a droit à l'entretien professionnel mentionné au I de l'article L. 6315-1.

Comp. anc. art. L. 3142-29.

Art. L. 3142-24 Un décret détermine les conditions d'application du présent paragraphe, notamment les critères d'appréciation *(Abrogé par L. n° 2021-1754 du 23 déc. 2021, art. 54-II, à compter du 1ᵉʳ juill. 2022)* **« *de la particulière gravité* »** du handicap ou de la perte d'autonomie de la personne aidée. – V. art. D. 3142-7 s.

Comp. anc. art. L. 3142-31.

Les dispositions issues de la L. n° 2021-1754 du 23 déc. 2021 entrent en vigueur à une date fixée par décret, et au plus tard le 1ᵉʳ janv. 2023 (L. préc., art. 54-VI). – V. Décr. n° 2022-1037 du 22 juill. 2022 fixant une entrée en vigueur au 1ᵉʳ juill. 2022 (Décr. préc., art. 3).

Art. L. 3142-25 En cas de différend, le refus de l'employeur peut être directement contesté par le salarié devant le conseil de prud'hommes, statuant *(Ord. n° 2019-738 du 17 juill. 2019, art. 15)* « selon la procédure accélérée au fond », dans des conditions fixées par décret en Conseil d'État. — *Les dispositions de l'Ord. n° 2019-738 du 17 juill. 2019 s'appliquent aux demandes introduites à compter du 1er janv. 2020 (Ord. préc., art. 30).*

Art. L. 3142-25-1 (*L. n° 2018-84 du 13 févr. 2018*) Un salarié peut, sur sa demande et en accord avec son employeur, renoncer anonymement et sans contrepartie à tout ou partie de ses jours de repos non pris, qu'ils aient été ou non affectés sur un compte épargne-temps, au bénéfice d'un autre salarié de l'entreprise qui vient en aide à une personne atteinte d'une perte d'autonomie *(Abrogé par L. n° 2021-1754 du 23 déc. 2021, art. 54-II, à compter du 1er juill. 2022)* « d'une particulière gravité » ou présentant un handicap lorsque cette personne est, pour cet autre salarié, l'une de celles mentionnées aux 1° à 9° de l'article L. 3142-16.

Le congé annuel ne peut être cédé que pour sa durée excédant vingt-quatre jours ouvrables.

Le salarié bénéficiant d'un ou de plusieurs jours cédés en application du premier alinéa du présent article bénéficie du maintien de sa rémunération pendant sa période d'absence. Cette période d'absence est assimilée à une période de travail effectif pour la détermination des droits que le salarié tient de son ancienneté. Le salarié conserve le bénéfice de tous les avantages qu'il avait acquis avant le début de sa période d'absence.

V. ndlr ss. art. L. 3142-24.

§ 2 Champ de la négociation collective

Art. L. 3142-26 Pour mettre en œuvre le droit à congé du salarié mentionné à l'article L. 3142-16, (*L. n° 2019-485 du 22 mai 2019, art. 1er*) « une convention ou un accord de branche ou, à défaut, une convention ou un accord collectif d'entreprise détermine : »

1° La durée maximale du congé ;
2° Le nombre de renouvellements possibles ;
3° Les délais d'information de l'employeur par le salarié sur la prise du congé et son renouvellement ainsi que la durée du préavis en cas de retour du salarié avant la fin du congé ;
4° Les délais de demande du salarié et de réponse de l'employeur sur le fractionnement du congé ou sa transformation en période d'activité à temps partiel.

§ 3 Dispositions supplétives

Art. L. 3142-27 A défaut de convention ou d'accord mentionné à l'article L. 3142-26, les dispositions suivantes sont applicables :
1° La durée maximale du congé est de trois mois, renouvelable dans la limite mentionnée à l'article L. 3142-19 ;
2° Les délais d'information de l'employeur par le salarié sur la prise du congé et son renouvellement, la durée du préavis en cas de retour du salarié avant le terme prévu du congé, ainsi que les délais de demande du salarié et de réponse de l'employeur sur le fractionnement du congé ou sa transformation en période d'activité à temps partiel sont fixés par décret.

SOUS-SECTION 4 Congé sabbatique

§ 1 Ordre public

Art. L. 3142-28 Le salarié a droit à un congé sabbatique pendant lequel son contrat de travail est suspendu.

Le droit à ce congé est ouvert au salarié justifiant, à la date de départ en congé, d'une ancienneté minimale dans l'entreprise, cumulée, le cas échéant, sur plusieurs périodes non consécutives, ainsi que de six années d'activité professionnelle et n'ayant pas bénéficié depuis une durée minimale, dans la même entreprise, d'un congé sabbatique, d'un congé pour création d'entreprise ou d'un (Ord. n° 2019-861 du 21 août 2019, art. 1er) « congé spécifique mentionné à l'article L. 6323-17-1 » d'une durée d'au moins six mois. L'ancienneté acquise dans toute autre entreprise du même groupe, au sens de l'article L. 2331-1, est prise en compte au titre de l'ancienneté dans l'entreprise.

Comp. anc. art. L. 3142-91 et L. 3142-92.

Sur l'indemnisation éventuelle de ce congé par un compte épargne-temps, V. art. L. 3151-2.

Jurisprudence rendue sous l'empire des textes antérieurs à la L. n° 2016-1088 du 8 août 2016.

Aucune interdiction d'avoir une activité salariée ou non ne s'impose au bénéficiaire d'un congé sabbatique, qui demeure cependant tenu de respecter les obligations de loyauté et de non-concurrence à l'égard de son employeur. ● Soc. 27 nov. 1991, ⚖ n° 88-43.161 P : *D. 1992. IR 25 ; CSB 1992. 7, A. 2 ; RJS 1992. 42, n° 43, 2e esp.* ● 5 juin 1996, ⚖ n° 93-42.588 P : *RJS 1996. 600, n° 937.*

Art. L. 3142-29 L'employeur peut différer le départ en congé dans la limite de six mois à compter de la demande, en fonction de la proportion de salariés absents dans l'entreprise au titre du congé ou en fonction du nombre de jours d'absence prévus au titre du même congé. Dans les entreprises de moins de trois cents salariés, cette limite est portée à neuf mois.

L'employeur peut également différer ce congé sur le fondement de l'article L. 3142-114 et, pour les entreprises de moins de trois cents salariés, le refuser sur le fondement du 1° de l'article L. 3142-113 selon les modalités prévues aux deux derniers alinéas du même article L. 3142-113.

Comp. anc. art. L. 3142-91, L. 3142-94, L. 3142-96 et L. 3142-97.

Jurisprudence rendue sous l'empire des textes antérieurs à la L. n° 2016-1088 du 8 août 2016.

1. Départ différé. Dans les entreprises de plus de 200 salariés, l'employeur ne peut que différer la date de départ en congé sabbatique retenue par le salarié ; aussi l'information de la date et de la durée de son départ faite par le salarié hors du délai de trois mois ne peut que conduire l'employeur à différer la date de départ du salarié, elle ne saurait le dispenser de lui répondre dans les délais des art. L. 3142-98 et D. 3142-53. ● Soc. 12 mars 2008 : ⚖ *JSL 2008, n° 231 ; JCP S 2008. 1480, note Bossu.*

2. Renonciation. Lorsque l'accord des parties s'est réalisé sur la suspension du contrat de travail pour congé sabbatique, l'employeur conserve, sauf abus, le droit de s'opposer à la dénonciation unilatérale de cet accord par le salarié. ● Soc. 7 mai 1996, ⚖ n° 92-43.545 P : *JCP 1996. II. 22683, note Corrignan-Carsin ; Dr. soc. 1996. 975, obs. Couturier ✏ ; RJS 1996. 432, n° 682.*

Art. L. 3142-30 L'employeur informe le salarié soit de son accord sur la date de départ choisie par l'intéressé, soit du report de cette date, soit de son refus.

(Ord. n° 2017-1718 du 20 déc. 2017, art. 1er-I) « L'accord de l'employeur est réputé acquis à défaut de réponse dans un délai de trente jours à compter de la présentation de la demande. »

Comp. anc. art. L. 3142-98.

Art. L. 3142-31 A l'issue du congé, le salarié retrouve son précédent emploi ou un emploi similaire assorti d'une rémunération au moins équivalente et bénéficie de l'entretien professionnel mentionné au I de l'article L. 6315-1.

Il ne peut invoquer aucun droit à être réemployé avant l'expiration du congé.

Comp. anc. art. L. 3142-95.

Jurisprudence rendue sous l'empire des textes antérieurs à la L. n° 2016-1088 du 8 août 2016.

1. Obligations de l'employeur. Doit être cassé l'arrêt qui considère qu'un employeur pouvait imposer au salarié un nouvel emploi impliquant un changement de résidence, alors qu'à l'issue du congé sabbatique, le salarié doit retrouver son emploi ou un emploi similaire. ● Soc. 26 févr. 1997 : ⚖ *RJS 1997. 453, n° 699.*

2. Sanctions. Le seul fait pour l'employeur de ne pas réintégrer le salarié dans l'emploi qu'il occupait avant son départ en congé sabbatique ou de ne pas lui proposer un emploi similaire donne lieu à l'attribution de dommages-intérêts. ● Soc. 16 mars 1989 : *Liaisons soc. Lég. soc. n° 6224, p. 15.* – V. aussi ● Soc. 2 mars 1993 : ⚖ *CSB 1993. 131, B. 76.*

3. Doit être cassé l'arrêt qui rejette la demande d'indemnisation du salarié muté dans un autre service sans rechercher s'il n'aurait pas pu être réintégré dans son précédent emploi alors même que son contrat prévoyait qu'il pourrait être affecté à un autre emploi ou muté dans un autre service. ● Soc. 8 juin 1994 : ⚖ *CSB 1994. 199, A. 41.*

4. Démission. L'absence du salarié à l'issue du congé sabbatique ne caractérise pas, à elle seule, la volonté claire et non équivoque de démissionner. ● Soc. 20 oct. 1993 : ⚖ *RJS 1993. 718, n° 1214.*
♦ Mais les juges du fond peuvent déduire du silence gardé par le salarié pendant un mois sa volonté claire et non équivoque de démissionner. ● Soc. 14 déc. 1995 : ⚖ *RJS 1996. 86, n° 131.*

5. Refus d'un emploi similaire. Si au retour d'un congé sabbatique le salarié doit retrouver son précédent emploi, ou un emploi similaire, lorsque l'emploi précédent n'est plus disponible, le refus par le salarié de plusieurs postes similaires peut justifier un licenciement. ● Soc. 3 juin 2015, ⚖ n° 14-12.245 P : *D. actu. 21 juill. 2015, obs. Siro ; D. 2015. Actu. 1278* ⊘ *; RDT 2015. 761, obs. Véricel* ⊘ *; RJS 8-9/2015, n° 574 ; JCP S 2015. 1311, obs. Dumont.*

§ 2 Champ de la négociation collective

Art. L. 3142-32 Pour mettre en œuvre le droit à congé du salarié mentionné à l'article L. 3142-28, une convention ou un accord collectif d'entreprise ou, à défaut, une convention ou un accord de branche détermine :
 1° Les durées minimale et maximale du congé et le nombre de renouvellements ;
 2° La condition d'ancienneté requise dans l'entreprise pour ouvrir droit à ce congé ;
 3° La durée minimale dans l'entreprise durant laquelle le salarié ne doit pas avoir bénéficié des dispositifs mentionnés au second alinéa de l'article L. 3142-28 ;
 4° Les plafonds mentionnés aux articles L. 3142-29, L. 3142-114 et L. 3142-115 ;
 5° Les conditions et délais d'information de l'employeur par le salarié sur sa demande de congé ainsi que sur la date de son départ et sur la durée envisagée de ce congé.

Art. L. 3142-33 Cette convention ou cet accord détermine également les modalités de report des congés payés dus au salarié qui bénéficie du congé.

§ 3 Dispositions supplétives

SOUS-§ 1 *Règles générales de prise du congé*

Art. L. 3142-34 A défaut de convention ou d'accord mentionné à l'article L. 3142-32, les dispositions suivantes sont applicables :
 1° La durée minimale du congé est de six mois et sa durée maximale est de onze mois ;
 2° Le droit à ce congé est ouvert au salarié justifiant, à la date de départ en congé, d'une ancienneté dans l'entreprise d'au moins trente-six mois, consécutifs ou non, et n'ayant pas bénéficié dans l'entreprise, au cours des six années précédentes, des dispositifs mentionnés au second alinéa de l'article L. 3142-28 ;
 3° Les conditions et délais mentionnés au 5° de l'article L. 3142-32 sont fixés par décret ;
 4° Les plafonds mentionnés à l'article L. 3142-29 sont fixés par décret.

SOUS-§ 2 Report de congés payés

Art. L. 3142-35 A défaut de stipulation dans la convention ou l'accord mentionné à l'article L. 3142-32, les articles L. 3142-120 à L. 3142-124 s'appliquent.

Comp. anc. art. L. 3142-100.

SECTION 2 Congés pour engagement associatif, politique ou militant (*L. n° 2016-1088 du 8 août 2016, art. 9*).

RÉP. TRAV. v° *Congés*, par Bousiges.

SOUS-SECTION 1 Congé mutualiste de formation

(*L. n° 2016-1088 du 8 août 2016, art. 9*)

§ 1 Ordre public

Art. L. 3142-36 Tout administrateur d'une mutuelle, d'une union ou d'une fédération, au sens de l'article L. 114-16 du code de la mutualité, a droit, chaque année, à un congé de formation.

Comp. anc. art. L. 3142-47.

Art. L. 3142-37 La durée du congé ne peut être imputée sur la durée du congé payé annuel. Elle est assimilée à une période de travail effectif pour la détermination des droits à congés payés ainsi que pour l'ensemble des autres droits résultant pour l'intéressé de son contrat de travail.

Comp. anc. art. L. 3142-47.

Art. L. 3142-38 Un décret en Conseil d'État détermine les modalités d'application de la présente sous-section, notamment :
1° Les conditions dans lesquelles l'employeur peut différer le congé en raison des nécessités propres de l'entreprise ou de son exploitation ;
2° Les conditions dans lesquelles est établie la liste des stages ouvrant droit au congé mutualiste de formation et des organismes susceptibles de dispenser ces stages ;
3° Les conditions dans lesquelles le congé est attribué aux agents des services publics et des entreprises publiques ;
4° Les conditions dans lesquelles le congé est attribué au salarié bénéficiant d'un régime de congé plus avantageux que celui qui résulte du chapitre I.

Comp. anc. art. L. 3142-50.

Art. L. 3142-39 En cas de différend, le refus de l'employeur peut être directement contesté par le salarié devant le conseil de prud'hommes, statuant (Ord. n° 2019-738 du 17 juill. 2019, art. 15) « selon la procédure accélérée au fond », dans des conditions fixées par décret en Conseil d'État. — *Les dispositions de l'Ord. n° 2019-738 du 17 juill. 2019 s'appliquent aux demandes introduites à compter du 1ᵉʳ janv. 2020 (Ord. préc., art. 30).*

§ 2 Champ de la négociation collective

Art. L. 3142-40 Pour mettre en œuvre le droit à congé du salarié mentionné à l'article L. 3142-36, une convention ou un accord collectif d'entreprise ou, à défaut, une convention ou un accord de branche détermine :
1° La durée totale maximale du congé ;
2° Le délai dans lequel le salarié informe l'employeur de sa demande de congé ;
3° Les règles selon lesquelles est déterminé, par établissement, le nombre maximal de salariés susceptibles de bénéficier de ce congé au cours d'une année.

§ 3 Dispositions supplétives

Art. L. 3142-41 A défaut de convention ou d'accord mentionné à l'article L. 3142-40, les dispositions suivantes sont applicables :
1° Le nombre maximal de jours pouvant être pris au titre du congé est de neuf jours ouvrables par an ;
2° Le délai dans lequel le salarié informe l'employeur de sa demande de congé est fixé par décret ;
3° Les règles selon lesquelles est déterminé, par établissement, le nombre maximal de salariés susceptibles de bénéficier de ce congé au cours d'une année sont définies par décret en Conseil d'État.

SOUS-SECTION 2 **Congé de participation aux instances d'emploi et de formation professionnelle ou à un jury d'examen**

(L. n° 2016-1088 du 8 août 2016, art. 9)

§ 1 Ordre public

Art. L. 3142-42 Lorsqu'un salarié est désigné pour siéger dans une commission, un conseil ou un comité administratif ou paritaire appelé à traiter des problèmes d'emploi et de formation, l'employeur lui accorde le temps nécessaire pour participer aux réunions de ces instances.

La liste de ces instances est fixée par arrêté interministériel.

Lorsqu'un salarié est désigné pour participer à un jury d'examen ou de validation des acquis de l'expérience, l'employeur lui accorde une autorisation d'absence pour participer à ce jury.

Comp. anc. art. L. 3142-3.

Art. L. 3142-43 La participation du salarié aux réunions et jurys mentionnés à l'article L. 3142-42 n'entraîne aucune réduction de la rémunération.

La durée des congés correspondants ne peut être imputée sur celle du congé payé annuel.

Comp. anc. art. L. 3142-5.

Art. L. 3142-44 Un décret détermine les conditions dans lesquelles les dépenses afférentes au maintien du salaire et au remboursement des frais de déplacement sont supportées par les instances et jurys mentionnés à l'article L. 3142-42 ou par l'entreprise.

(Abrogé par L. n° 2018-771 du 5 sept. 2018, art. 45-I, à compter du 1er janv. 2019) « *Dans ce dernier cas, le salaire ainsi que les cotisations sociales obligatoires et, s'il y a lieu, la taxe sur les salaires qui s'y rattachent sont pris en compte au titre de la participation des employeurs au financement de la formation professionnelle prévue à l'article L. 6331-1.* »

Comp. anc. art. L. 3142-6.

Art. L. 3142-45 Le bénéfice du congé peut être refusé par l'employeur s'il estime que cette absence est susceptible d'avoir des conséquences préjudiciables à la bonne marche de l'entreprise.

Le refus de l'employeur intervient après avis du *(Ord. n° 2017-1386 du 22 sept. 2017, art. 4)* « comité social et économique ». Il est motivé.

En cas de différend, le refus de l'employeur peut être directement contesté par le salarié devant le conseil de prud'hommes, statuant *(Ord. n° 2019-738 du 17 juill. 2019, art. 15)* « selon la procédure accélérée au fond », dans des conditions fixées par décret en Conseil d'État. — *Les dispositions de l'Ord. n° 2019-738 du 17 juill. 2019 s'appliquent aux demandes introduites à compter du 1er janv. 2020 (Ord. préc., art. 30).*

Comp. anc. art. L. 3142-4.

§ 2 Champ de la négociation collective

Art. L. 3142-46 Pour mettre en œuvre le droit à congé du salarié mentionné à l'article L. 3142-42, une convention ou un accord collectif d'entreprise ou, à défaut, une convention ou un accord de branche détermine les délais dans lesquels le salarié adresse sa demande de congé.

§ 3 Dispositions supplétives

Art. L. 3142-47 A défaut de convention ou d'accord mentionné à l'article L. 3142-46, un décret fixe les délais dans lesquels le salarié adresse sa demande de congé.

SOUS-SECTION 3 Congé pour catastrophe naturelle

(L. n° 2016-1088 du 8 août 2016, art. 9)

§ 1 Ordre public

Art. L. 3142-48 Le salarié résidant ou habituellement employé dans une zone touchée par une catastrophe naturelle a droit à un congé, pris en une ou plusieurs fois, pour participer aux activités d'organismes apportant une aide aux victimes de catastrophes naturelles.

Comp. anc. art. L. 3142-41, al. 1er.

Art. L. 3142-49 En cas d'urgence, le congé peut être pris sous préavis de vingt-quatre heures.

Comp. anc. art. L. 3142-5, al. 2.

Art. L. 3142-50 La durée du congé ne peut être imputée sur la durée du congé payé annuel.

Art. L. 3142-51 Le bénéfice du congé peut être refusé par l'employeur s'il estime que cette absence est susceptible d'avoir des conséquences préjudiciables à la bonne marche de l'entreprise.

CONGÉS PAYÉS ET AUTRES CONGÉS — Art. L. 3142-54-1

Le refus de l'employeur intervient après avis du *(Ord. n° 2017-1386 du 22 sept. 2017, art. 4)* « comité social et économique ». Il est motivé.

En cas de différend, le refus de l'employeur peut être directement contesté devant le conseil de prud'hommes, statuant *(Ord. n° 2019-738 du 17 juill. 2019, art. 15)* « selon la procédure accélérée au fond », dans des conditions fixées par décret en Conseil d'État. — *Les dispositions de l'Ord. n° 2019-738 du 17 juill. 2019 s'appliquent aux demandes introduites à compter du 1er janv. 2020 (Ord. préc., art. 30).*

Comp. anc. art. L. 3142-42.

§ 2 Champ de la négociation collective

Art. L. 3142-52 Pour mettre en œuvre le droit à congé du salarié mentionné à l'article L. 3142-48, une convention ou un accord collectif d'entreprise ou, à défaut, une convention ou un accord de branche détermine :
1° La durée totale maximale du congé ;
2° Les délais dans lesquels le salarié adresse sa demande de congé.

§ 3 Dispositions supplétives

Art. L. 3142-53 A défaut de convention ou d'accord mentionné à l'article L. 3142-52 :
1° La durée maximale du congé est de vingt jours par an ;
2° Les délais dans lesquels le salarié adresse sa demande de congé sont fixés par décret.

Comp. anc. art. L. 3142-41, al. 1er.

SOUS-SECTION 4 **Congés de formation de cadres et d'animateurs pour la jeunesse, des responsables associatifs bénévoles, des titulaires de mandats mutualistes autres qu'administrateurs et des membres des conseils citoyens** *(L. n° 2017-86 du 27 janv. 2017, art. 10-I).*

(L. n° 2016-1088 du 8 août 2016, art. 9)

§ 1 Ordre public

Art. L. 3142-54 Le salarié âgé de moins de vingt-cinq ans souhaitant participer aux activités des organisations de jeunesse et d'éducation populaire et des fédérations et associations sportives agréées par l'autorité administrative destinées à favoriser la préparation et la formation ou le perfectionnement de cadres et animateurs a droit, chaque année, à un congé de formation de cadres et d'animateurs pour la jeunesse pouvant être pris en une ou deux fois à la demande du bénéficiaire.

Comp. anc. art. L. 3142-43.

Art. L. 3142-54-1 *(L. n° 2017-86 du 27 janv. 2017, art. 10-I)* Un congé est accordé chaque année, à sa demande, sans condition d'âge :
1° A tout salarié désigné pour siéger à titre bénévole dans l'organe d'administration ou de direction d'une association régie par la loi du 1er juillet 1901 relative au contrat d'association ou inscrite au registre des associations en application du code civil local applicable dans les départements du Bas-Rhin, du Haut-Rhin et de la Moselle, déclarée depuis trois ans au moins et dont l'ensemble des activités est mentionné au *b* du 1 de l'article 200 du code général des impôts, et à tout salarié exerçant à titre bénévole des fonctions de direction ou d'encadrement au sein d'une telle association ;
2° A tout salarié membre d'un conseil citoyen dont la composition a été reconnue par le représentant de l'État dans le département dans les conditions prévues à l'article 7 de la loi n° 2014-173 du 21 février 2014 de programmation pour la ville et la cohésion urbaine, pour siéger dans les instances internes du conseil citoyen et participer aux instances de pilotage du contrat de ville, y compris celles relatives aux projets de renouvellement urbain ;
3° A toute personne, non administrateur, apportant à une mutuelle, union ou fédération, en dehors de tout contrat de travail, un concours personnel et bénévole, dans le cadre d'un mandat pour lequel elle a été statutairement désignée ou élue.

Ce congé peut être fractionné en demi-journées.

Art. L. 3142-55 La durée du congé ne peut être imputée sur la durée du congé payé annuel et est assimilée à une période de travail effectif pour la détermination des droits à congés payés ainsi que pour l'ensemble des autres droits résultant pour l'intéressé de son contrat de travail.

Comp. anc. art. L. 3142-44.

Art. L. 3142-56 Un décret en Conseil d'État détermine, pour l'application de la présente sous-section :

1° Les conditions dans lesquelles l'employeur peut différer le congé en raison des nécessités propres de l'entreprise ou de son exploitation ;

2° Les conditions dans lesquelles les salariés âgés de plus de vingt-cinq ans peuvent être exceptionnellement admis à bénéficier du congé ;

3° Les conditions dans lesquelles le congé est attribué aux agents des services publics et des entreprises publiques ;

4° Les conditions dans lesquelles le congé est attribué au salarié bénéficiant d'un régime de congés payés plus avantageux que celui qui résulte du chapitre I.

Comp. anc. art. L. 3142-46.

Art. L. 3142-57 En cas de différend, le refus de l'employeur peut être directement contesté par le salarié devant le conseil de prud'hommes, statuant *(Ord. n° 2019-738 du 17 juill. 2019, art. 15)* « selon la procédure accélérée au fond », dans des conditions fixées par décret en Conseil d'État. – *Les dispositions de l'Ord. n° 2019-738 du 17 juill. 2019 s'appliquent aux demandes introduites à compter du 1er janv. 2020 (Ord. préc., art. 30).*

§ 2 Champ de la négociation collective

Art. L. 3142-58 Pour mettre en œuvre le droit à congé du salarié mentionné *(L. n° 2017-86 du 27 janv. 2017, art. 10-I)* « aux articles L. 3142-54 et L. 3142-54-1 », une convention ou un accord collectif d'entreprise ou, à défaut, une convention ou un accord de branche détermine :

1° La durée totale maximale du congé et les conditions de son cumul avec le congé de formation économique, sociale *(L. n° 2021-1104 du 22 août 2021, art. 41-II)* « , environnementale » et syndicale prévu aux articles L. 2145-5 à L. 2145-13 ;

2° Le délai dans lequel le salarié adresse sa demande de congé à l'employeur ;

3° Les règles selon lesquelles est déterminé, par établissement, le nombre maximal de salariés susceptibles de bénéficier de ce congé au cours d'une année.

Art. L. 3142-58-1 *(L. n° 2017-86 du 27 janv. 2017, art. 10-I)* Pour mettre en œuvre le droit à congé du salarié mentionné à l'article L. 3142-54-1, une convention ou un accord d'entreprise ou, à défaut, un accord de branche peut fixer les conditions de maintien de la rémunération du salarié pendant la durée de son congé.

§ 3 Dispositions suplétives

Art. L. 3142-59 A défaut de convention ou d'accord mentionné à l'article L. 3142-58, les dispositions suivantes sont applicables :

1° Le nombre maximal total de jours pouvant être pris au titre du congé est de six jours ouvrables par an ;

2° Le congé ne peut se cumuler avec le congé de formation économique, sociale *(L. n° 2021-1104 du 22 août 2021, art. 41-II)* « , environnementale » et syndicale qu'à concurrence de douze jours ouvrables pour une même année ;

3° Le délai dans lequel le salarié adresse sa demande de congé à l'employeur est fixé par décret ;

4° Les règles selon lesquelles est déterminé, par établissement, le nombre maximal de salariés susceptibles de bénéficier de ce congé sont fixées par décret en Conseil d'État.

CONGÉS PAYÉS ET AUTRES CONGÉS

SOUS-SECTION 5   Congé de représentation

(L. n° 2016-1088 du 8 août 2016, art. 9)

§ 1   Ordre public

Art. L. 3142-60 Lorsqu'un salarié est désigné représentant d'une association régie par la loi du 1er juillet 1901 relative au contrat d'association ou inscrite au registre des associations en application du code civil local applicable aux départements du Bas-Rhin, du Haut-Rhin et de la Moselle ou d'une mutuelle au sens du code de la mutualité pour siéger dans une instance, que celle-ci soit consultative ou non, instituée par une disposition législative ou réglementaire auprès d'une autorité de l'État ou d'une collectivité territoriale, l'employeur lui accorde le temps nécessaire pour participer aux réunions de cette instance. — *V. art. R. 3142-51.* — *V. Arr. du 15 juill. 2021, NOR : AGRE2121951A (JO 20 juill.).*

Comp. anc. art. L. 3142-51.

Art. L. 3142-61 Le salarié bénéficiant du congé de représentation qui subit, à cette occasion, une diminution de rémunération reçoit de l'État ou de la collectivité territoriale une indemnité compensant, en totalité ou partiellement, le cas échéant sous forme forfaitaire, la diminution de sa rémunération.

L'employeur peut décider de maintenir cette rémunération en totalité ou en partie, au-delà de l'indemnité compensatrice. Dans ce cas, les sommes versées peuvent faire l'objet d'une déduction fiscale, dans les conditions fixées à l'article 238 *bis* du code général des impôts.

Comp. anc. art. L. 3142-52.

Art. L. 3142-62 Le congé de représentation peut être fractionné en demi-journées.

Sa durée ne peut être imputée sur la durée du congé payé annuel et est assimilée à une période de travail effectif pour la détermination des droits à congés payés ainsi que pour l'ensemble des autres droits résultant pour l'intéressé de son contrat de travail.

Comp. anc. art. L. 3142-53.

Art. L. 3142-63 Le bénéfice du congé peut être refusé par l'employeur s'il estime que cette absence est susceptible d'avoir des conséquences préjudiciables à la bonne marche de l'entreprise.

Le refus de l'employeur intervient après avis du *(Ord. n° 2017-1386 du 22 sept. 2017, art. 4)* « comité social et économique ». Il est motivé.

En cas de différend, le refus de l'employeur peut être directement contesté par le salarié devant le conseil de prud'hommes, statuant *(Ord. n° 2019-738 du 17 juill. 2019, art. 15)* « selon la procédure accélérée au fond », dans des conditions fixées par décret en Conseil d'État. — *Les dispositions de l'Ord. n° 2019-738 du 17 juill. 2019 s'appliquent aux demandes introduites à compter du 1er janv. 2020 (Ord. préc., art. 30).*

Comp. anc. art. L. 3142-54.

Art. L. 3142-64 Un décret en Conseil d'État détermine les modalités d'application de la présente sous-section, notamment les conditions d'indemnisation du salarié par l'État.

Comp. anc. art. L. 3142-55.

V. art. R. 3142-45 s.

§ 2   Champ de la négociation collective

Art. L. 3142-65 Pour mettre en œuvre le droit à congé du salarié mentionné à l'article L. 3142-60, une convention ou un accord collectif d'entreprise ou, à défaut, une convention ou un accord de branche détermine :

1° La durée totale maximale du congé ;

2° Le délai dans lequel le salarié adresse sa demande de congé à l'employeur ;

3° Le nombre maximal par établissement de salariés susceptibles de bénéficier du congé au cours d'une année.

§ 3 Dispositions supplétives

Art. L. 3142-66 A défaut de convention ou d'accord conclu en application de l'article L. 3142-65, les dispositions suivantes sont applicables :
1° La durée totale maximale du congé est de neuf jours ouvrables par an ;
2° Le délai dans lequel le salarié adresse sa demande de congé à l'employeur et les règles selon lesquelles est déterminé, par établissement, le nombre maximal de salariés susceptibles de bénéficier du congé au cours d'une année sont fixés par décret.

SOUS-SECTION 6 **Congé de solidarité internationale**

(L. n° 2016-1088 du 8 août 2016, art. 9)

§ 1 Ordre public

Art. L. 3142-67 Le salarié participant à une mission hors de France pour le compte d'une association à objet humanitaire régie par la loi du 1er juillet 1901 relative au contrat d'association ou inscrite au registre des associations en application du code civil local applicable aux départements du Bas-Rhin, du Haut-Rhin et de la Moselle, ou pour le compte d'une organisation internationale dont la France est membre, a droit à un congé de solidarité internationale.
La liste des associations et organisations mentionnées au premier alinéa est fixée par l'autorité administrative. – *V. Arr. du 16 juill. 1996 (JO 30 juill.).*

Comp. anc. art. L. 3142-32.

Art. L. 3142-68 La durée du congé ne peut être imputée sur la durée du congé payé annuel et est assimilée à une période de travail effectif pour la détermination des avantages légaux et conventionnels liés à l'ancienneté.

Comp. anc. art. L. 3142-37.

Art. L. 3142-69 Le bénéfice du congé peut être refusé par l'employeur s'il estime que cette absence est susceptible d'avoir des conséquences préjudiciables à la bonne marche de l'entreprise.
Le refus de l'employeur intervient après avis du *(Ord. n° 2017-1386 du 22 sept. 2017, art. 4)* « comité social et économique ». Il est motivé.
En cas de différend, le refus de l'employeur peut être directement contesté par le salarié devant le conseil de prud'hommes, statuant *(Ord. n° 2019-738 du 17 juill. 2019, art. 15)* « selon la procédure accélérée au fond », dans des conditions fixées par décret en Conseil d'État. – *Les dispositions de l'Ord. n° 2019-738 du 17 juill. 2019 s'appliquent aux demandes introduites à compter du 1er janv. 2020 (Ord. préc., art. 30).*
A défaut de réponse de l'employeur dans un délai fixé par décret, son accord est réputé acquis. – *V. art. D. 3142-54.*

Comp. anc. art. L. 3142-34.

Art. L. 3142-70 En cas d'urgence, l'employeur n'est pas tenu de motiver son refus et son silence ne vaut pas accord.

Comp. anc. art. L. 3142-35.

Art. L. 3142-71 A l'issue du congé de solidarité internationale ou à la suite de son interruption pour cas de force majeure, le salarié retrouve son précédent emploi ou un emploi similaire assorti d'une rémunération au moins équivalente.

Comp. anc. art. L. 3142-38.

Art. L. 3142-72 A l'issue du congé, le salarié remet à l'employeur une attestation constatant l'accomplissement de la mission, délivrée par l'association ou l'organisation concernée.

Comp. anc. art. L. 3142-39.

§ 2 Champ de la négociation collective

Art. L. 3142-73 Pour mettre en œuvre le droit à congé du salarié mentionné à l'article L. 3142-67, une convention ou un accord collectif d'entreprise ou, à défaut, une convention ou un accord de branche détermine :

1° La durée maximale du congé ;
2° L'ancienneté requise pour bénéficier de ce congé ;
3° En fonction de l'effectif de l'établissement, le nombre maximal de salariés susceptibles de bénéficier simultanément du congé de solidarité internationale ;
4° Les délais dans lesquels le salarié adresse sa demande de congé à son employeur ;
5° Les mesures permettant le maintien d'un lien entre l'entreprise et le salarié pendant la durée du congé et, le cas échéant, les modalités d'accompagnement du salarié à son retour.

§ 3 Dispositions suplétives

Art. L. 3142-74 A défaut de convention ou d'accord mentionné à l'article L. 3142-73, les dispositions suivantes sont applicables :
1° La durée maximale du congé est de six mois. Elle est de six semaines en cas d'urgence ;
2° L'ancienneté requise dans l'entreprise pour ouvrir droit au congé est de douze mois, consécutifs ou non ;
3° Les règles selon lesquelles sont déterminés, en fonction de l'effectif de l'établissement, le nombre maximal de salariés susceptibles de bénéficier simultanément du congé et les délais mentionnés au 4° de l'article L. 3142-73 dans lesquels le salarié adresse sa demande de congé à son employeur sont fixées par décret.

SOUS-SECTION 7 Congé pour acquisition de la nationalité

(L. n° 2016-1088 du 8 août 2016, art. 9)

§ 1 Ordre public

Art. L. 3142-75 Le salarié a le droit de bénéficier, sur justification, d'un congé pour assister à sa cérémonie d'accueil dans la citoyenneté française.
Bénéficie de ce droit, dans les mêmes conditions, le conjoint de la personne mentionnée au premier alinéa.
La durée de ce congé ne peut être imputée sur celle du congé payé annuel.

Comp. anc. art. L. 3142-116.

Art. L. 3142-76 En cas de différend, le refus de l'employeur peut être directement contesté par le salarié devant le conseil de prud'hommes, statuant (Ord. n° 2019-738 du 17 juill. 2019, art. 15) « selon la procédure accélérée au fond », dans des conditions fixées par décret en Conseil d'État. — Les dispositions de l'Ord. n° 2019-738 du 17 juill. 2019 s'appliquent aux demandes introduites à compter du 1ᵉʳ janv. 2020 (Ord. préc., art. 30).

§ 2 Champ de la négociation collective

Art. L. 3142-77 Pour mettre en œuvre le droit à congé du salarié mentionné à l'article L. 3142-75, une convention ou un accord collectif d'entreprise ou, à défaut, une convention ou un accord de branche déterminent la durée de ce congé.

§ 3 Dispositions suplétives

Art. L. 3142-78 A défaut de convention ou d'accord mentionné à l'article L. 3142-77, la durée du congé est d'une demi-journée.

Comp. anc. art. L. 3142-38.

SOUS-SECTION 8 Congés des salariés candidats ou élus à un mandat parlementaire ou local

RÉP. TRAV. v° Suspension du contrat de travail (Règles générales), par Fin-Langer.

Les art. L. 3142-56 à L. 3142-64-1, dans leur rédaction antérieure à la L. n° 2016-1088 du 8 août 2016, deviennent, respectivement, les art. L. 3142-79 à L. 3142-88 (L. préc., art. 9).

Art. L. 3142-79 L'employeur laisse au salarié, candidat à l'Assemblée nationale ou au Sénat, le temps nécessaire pour participer à la campagne électorale dans la limite de vingt jours ouvrables.

Le même droit est accordé, sur sa demande, dans la limite de dix jours ouvrables au salarié candidat :
1° Au Parlement européen ;
2° Au conseil municipal *(Abrogé par L. n° 2019-1461 du 27 déc. 2019, art. 85)* « *dans une commune d'au moins* (L. n° 2015-366 du 31 mars 2015, art. 6) « 1 000 » *habitants* » ;
3° Au conseil départemental ou au conseil régional ;
4° A l'Assemblée de Corse ;
(L. n° 2019-1461 du 27 déc. 2019, art. 85) « 5° Au conseil de la métropole de Lyon. »

Comp. anc. art. L. 3142-56.

Pour l'application de l'art. L. 3142-79 à certains élus locaux, V. CGCT, art. L. 2123-9 et L. 2123-10 (commune), L. 3123-7 et L. 3123-8 (département), L. 4135-7 et L. 4135-8 (région). — **CGCT.**

Art. L. 3142-80 Le salarié bénéficie à sa convenance des dispositions de l'article *(L. n° 2016-1088 du 8 août 2016, art. 9)* « L. 3142-79 », à condition que chaque absence soit au moins d'une demi-journée entière. Il avertit son employeur vingt-quatre heures au moins avant le début de chaque absence.

Comp. anc. art. L. 3142-57.

Art. L. 3142-81 Sur demande du salarié, la durée des absences est imputée sur celle du congé payé annuel dans la limite des droits qu'il a acquis à ce titre à la date du premier tour de scrutin.
Lorsqu'elles ne sont pas imputées sur le congé payé annuel, les absences ne sont pas rémunérées. Elles donnent alors lieu à récupération en accord avec l'employeur.

Comp. anc. art. L. 3142-58.

Art. L. 3142-82 La durée des absences est assimilée à une période de travail effectif pour la détermination des droits à congés payés ainsi que des droits liés à l'ancienneté résultant des dispositions légales et des stipulations conventionnelles.

Comp. anc. art. L. 3142-59.

Art. L. 3142-83 Le contrat de travail d'un salarié membre de l'Assemblée nationale ou du Sénat est, sur sa demande, suspendu jusqu'à l'expiration de son mandat, s'il justifie d'une ancienneté minimale d'une année chez l'employeur à la date de son entrée en fonction.

Comp. anc. art. L. 3142-60.

Art. L. 3142-84 A l'expiration de son mandat, le salarié retrouve son précédent emploi, ou un emploi analogue assorti d'une rémunération équivalente, dans les deux mois suivant la date à laquelle il a avisé son employeur de son intention de reprendre cet emploi.
Il bénéficie de tous les avantages acquis par les salariés de sa catégorie durant l'exercice de son mandat.
Il bénéficie, en tant que de besoin, d'une réadaptation professionnelle en cas de changement de techniques ou de méthodes de travail.

Comp. anc. art. L. 3142-61.

Art. L. 3142-85 Les dispositions de l'article *(L. n° 2016-1088 du 8 août 2016, art. 9)* « L. 3142-84 » ne sont pas applicables lorsque le mandat a été renouvelé, sauf si la durée de la suspension prévue à l'article *(L. n° 2016-1088 du 8 août 2016, art. 9)* « L. 3142-83 » a été, pour quelque cause que ce soit, inférieure à cinq ans.
Ces dispositions ne s'appliquent pas non plus lorsque le salarié membre de l'Assemblée nationale ou du Sénat est élu dans l'autre de ces deux assemblées.
A l'expiration du ou des mandats renouvelés, le salarié peut cependant solliciter sa réembauche dans des conditions déterminées par voie réglementaire.
Le salarié bénéficie alors pendant un an d'une priorité de réembauche dans les emplois auxquels sa qualification lui permet de prétendre. En cas de réemploi,

l'employeur lui accorde le bénéfice de tous les avantages qu'il avait acquis au moment de son départ.

Comp. anc. art. L. 3142-62.

Art. L. 3142-86 Un décret détermine les conditions dans lesquelles les droits des salariés, notamment en matière de prévoyance et de retraite, leur sont conservés durant la durée du mandat.

Comp. anc. art. L. 3142-63.

Art. L. 3142-87 Les dispositions de la présente sous-section sont applicables aux fonctionnaires et aux agents non titulaires de l'État, des collectivités territoriales et de leurs établissements publics ainsi qu'aux personnels des entreprises publiques, sauf s'ils bénéficient de dispositions plus favorables.

Comp. anc. art. L. 3142-64.

Art. L. 3142-88 Les maires et les adjoints au maire, les présidents et les vice-présidents de conseil départemental, les présidents et les vice-présidents de conseil régional bénéficient des dispositions des articles (*L. n° 2016-1088 du 8 août 2016, art. 9*) « L. 3142-83 à L. 3142-87 » dans les conditions prévues, respectivement, aux articles L. 2123-9, L. 3123-7 et L. 4135-7 du code général des collectivités territoriales.

Comp. anc. art. L. 3142-64-1.

SOUS-SECTION 9 Réserve opérationnelle et service national

§ 1 Réserve opérationnelle

Les art. L. 3142-65 à L. 3142-70, dans leur rédaction antérieure à la L. n° 2016-1088 du 8 août 2016, deviennent, respectivement, les art. L. 3142-89 à L. 3142-94 (L. préc., art. 9).

SOUS-§ 1 Ordre public (*L. n° 2023-703 du 1er août 2023, art. 29-II*).

Art. L. 3142-89 (*L. n° 2023-703 du 1er août 2023, art. 29-II*) Lorsqu'il n'est pas fait application de l'article L. 2171-1, du second alinéa de l'article L. 4221-5 et des articles L. 4231-4 et L. 4231-5 du code de la défense, le réserviste salarié a droit à une autorisation d'absence annuelle d'une durée minimale de dix jours ouvrés par année civile au titre de ses activités d'emploi ou de formation dans la réserve opérationnelle militaire ou la réserve opérationnelle de la police nationale.

Au-delà de sa durée d'autorisation d'absence annuelle, le réserviste salarié peut obtenir l'accord de son employeur pour effectuer une période d'emploi ou de formation au titre de la réserve opérationnelle militaire ou de la réserve opérationnelle de la police nationale pendant son temps de travail.

Le nombre de jours d'autorisation d'absence annuelle au titre de la réserve opérationnelle peut être étendu par un accord entre l'employeur et l'employé. Cet accord doit être écrit, signé par les deux parties et annexé au contrat de travail.

(*L. n° 2023-703 du 1er août 2023, art. 31*) « Pour les entreprises de moins de cinquante salariés, l'employeur peut décider, afin de conserver le bon fonctionnement de l'entreprise, de limiter l'autorisation d'absence annuelle au titre de la réserve opérationnelle militaire ou de la réserve opérationnelle de la police nationale à cinq jours ouvrés par année civile. »

Sur les activités ouvrant droit à autorisation d'absence du sapeur-pompier volontaire pendant son temps de travail, V. CSI, art. L. 723-12 s.

Art. L. 3142-90 (*L. n° 2023-703 du 1er août 2023, art. 29-II*) Pour obtenir l'accord mentionné à l'article L. 3142-89, le réserviste salarié présente sa demande par écrit à son employeur, en indiquant la date et la durée de l'absence envisagée. A défaut de réponse de l'employeur dans le délai de préavis mentionné aux articles L. 3142-94-2 et L. 3142-94-3, son accord est réputé acquis.

Lorsque les ressources militaires disponibles apparaissent insuffisantes pour répondre à des circonstances ou à des nécessités ponctuelles et imprévues, le délai de préavis prévu au premier alinéa du présent article peut, sur arrêté du ministre de la défense ou du ministre de l'intérieur pour les réservistes de la gendarmerie nationale, être réduit à quinze jours pour les réservistes ayant souscrit avec l'accord de l'employeur la clause de réactivité prévue au huitième alinéa de l'article L. 4221-1 du code de la défense.

Art. L. 3142-91 Les périodes d'activité dans la réserve opérationnelle sont considérées comme des périodes de travail effectif pour les avantages légaux et conventionnels en matière d'ancienneté, d'avancement, de congés payés et de droits aux prestations sociales.

Comp. anc. art. L. 3142-67.

Art. L. 3142-92 L'employeur ne peut rompre le contrat de travail d'un salarié en raison des absences résultant d'une activité exercée au titre d'un engagement à servir dans la réserve opérationnelle ou faisant suite à un appel ou un rappel des personnes soumises à l'obligation de disponibilité.

A l'issue d'une période exécutée au titre du premier alinéa, le salarié retrouve son précédent emploi.

Comp. anc. art. L. 3142-68.

RÉP. TRAV. v° *Suspension du contrat de travail (Règles générales)*, par Fin-Langer.

Art. L. 3142-93 La rupture du contrat de travail ne peut être notifiée ou prendre effet pendant l'accomplissement d'une période d'activité dans la réserve opérationnelle.

Comp. anc. art. L. 3142-69.

Art. L. 3142-94 Lorsque son accord préalable est requis, le refus de l'employeur d'accorder à un salarié l'autorisation de participer à une activité dans la réserve opérationnelle intervient dans des conditions déterminées par voie réglementaire. – V. art. D. 3142-62.

Comp. anc. art. L. 3142-70.

Art. L. 3142-94-1 (*L. n° 2018-607 du 13 juill. 2018, art. 22*) Un salarié peut, sur sa demande et en accord avec l'employeur, renoncer anonymement et sans contrepartie à tout ou partie de ses jours de repos non pris, qu'ils aient été affectés ou non sur un compte épargne-temps, au bénéfice d'un autre salarié de l'entreprise ayant souscrit un engagement à servir dans la réserve opérationnelle pour lui permettre d'effectuer une période d'activité dans la réserve opérationnelle. Le congé annuel ne peut être cédé que pour sa durée excédant vingt-quatre jours ouvrables.

Le salarié bénéficiaire d'un ou plusieurs jours cédés en application du premier alinéa bénéficie du maintien de sa rémunération pendant sa période d'absence. Cette période d'absence est assimilée à une période de travail effectif pour la détermination des droits que le salarié tient de son ancienneté. Le salarié conserve le bénéfice de tous les avantages qu'il avait acquis avant le début de sa période d'absence.

SOUS-§ 2 Champ de la négociation collective

(*L. n° 2023-703 du 1er août 2023, art. 29-II*)

Art. L. 3142-94-2 Pour mettre en œuvre le droit à autorisation d'absence au titre de ses activités dans la réserve opérationnelle militaire ou dans la réserve opérationnelle de la police nationale mentionné à l'article L. 3142-89, le contrat de travail, une convention conclue entre le ministre de la défense ou le ministre de l'intérieur et l'employeur, une convention ou un accord collectif d'entreprise ou, à défaut, une convention ou un accord de branche détermine :

1° La durée de l'autorisation d'absence annuelle, d'une durée minimale de dix jours ouvrés par année civile ;

2° Le délai de préavis dans lequel le salarié prévient son employeur de son absence ou, au-delà de sa durée d'autorisation d'absence annuelle, adresse sa demande à son employeur, d'une durée maximale d'un mois.

SOUS-§ 3 Dispositions suplétives

(*L. n° 2023-703 du 1er août 2023, art. 29-II*)

Art. L. 3142-94-3 A défaut de stipulations plus favorables résultant du contrat de travail, d'une convention conclue entre le ministre de la défense ou le ministre de l'intérieur et l'employeur ou d'une convention ou d'un accord mentionné à l'article L. 3142-94-2, les dispositions suivantes sont applicables :

1° La durée de l'autorisation d'absence annuelle est de dix jours ouvrés par année civile, sous réserve de l'article L. 3142-89 du présent code et de l'article L. 2171-1 du code de la défense, du second alinéa de l'article L. 4221-5 du même code et des articles L. 4231-4 et L. 4231-5 dudit code ;

2° Le délai de préavis dans lequel le salarié prévient son employeur de son absence ou, au-delà de sa durée d'autorisation d'absence annuelle, adresse sa demande à son employeur est d'un mois.

§ 2 Service national

Les art. L. 3142-71 à L. 3142-77, dans leur rédaction antérieure à la L. n° 2016-1088 du 8 août 2016, deviennent, respectivement, les art. L. 3142-95 à L. 3142-101 (L. préc., art. 9).

Art. L. 3142-95 Le contrat de travail d'un salarié appelé au service national en application du livre II du code du service national est suspendu pendant toute la durée du service national actif.

Lorsqu'il connaît la date de sa libération du service national actif, et au plus tard dans le mois suivant celle-ci, le salarié désirant reprendre l'emploi qu'il occupait précédemment en avertit son ancien employeur.

La réintégration dans l'entreprise est de droit.

Le salarié réintégré bénéficie de tous les avantages acquis au moment de son départ.

Comp. anc. art. L. 3142-71.

BIBL. ▶ Brondy, *Dr. ouvrier* 1983. 215. – Doll, *JCP* 1967. I. 2077. – Enclos, *RJS* 1995. 481. – Gaudemet, *RFDA* 1988. 725.

1. Champ d'application. L'art. L. 122-18 [L. 3142-16 nouv.] ne s'applique pas, sauf convention internationale contraire, aux salariés de nationalité étrangère ayant exécuté leurs obligations militaires dans leur pays. ● Soc. 25 févr. 1992 : *D.* 1992. IR 100 ; *RJS* 1992. 170, n° 277. ◆ Il ne s'applique pas non plus au salarié qui, à l'issue de sa période de service obligatoire, prolonge volontairement son service national actif. ● Soc. 1er juill. 1998, n° 96-40.895 P ; *RJS* 1998. 629, n° 982 ; *D.* 1998. IR 189. ◆ Mais une convention collective peut, sans introduire une discrimination prohibée fondée sur la nationalité, prévoir une suspension du contrat de travail pour les salariés, quelle que soit leur nationalité, qui accomplissent leurs obligations du service national prévues par le code français du service national. ● Soc. 1er mars 1995, n° 91-41.390 P : *D.* 1995. IR 86 ; *RJS* 1995. 300, n° 451 ; *JCP* 1996. I. 3899, n° 11, obs. Mazière.

2. Résiliation du contrat. Sauf dispositions conventionnelles plus favorables, le contrat de travail se trouve résilié et non pas seulement suspendu par l'accomplissement du service national. ● Soc. 9 déc. 1961. 60 ; *JCP* 1961. II. 12330, note Sinay ● 14 mars 1983 : *Bull. civ. V*, n° 147 ● 4 mars 1992, n° 90-43.066 P.

3. Retour du salarié. Justifie son refus de réintégrer le salarié l'employeur qui produit une attestation démontrant que le salarié avait en partant exprimé sa volonté de ne pas reprendre son emploi. ● Soc. 12 déc. 1979 : *Bull. civ. V*, n° 973.

4. L'employeur a seulement l'obligation de reprendre le salarié à sa libération du service national dans la même catégorie d'emplois et non de l'affecter au même poste. ● Soc. 3 juill. 1979 : *Bull. civ. V*, n° 600. ◆ Cette obligation de réintégration est transférée au nouvel employeur, en application de l'article L. 122-18. ● Soc. 10 déc. 1997, n° 95-41.382 P : *D.* 1998. IR 29 ; *Dr. soc.* 1998. 201, obs. A. Mazeaud ; *RJS* 1998. 108, n° 167 ; *JCP* 1998. II. 10106, note Mouly.

5. Le salarié réintégré bénéficiera de tous les avantages qu'il avait acquis avant son départ, le calcul de son ancienneté doit prendre en compte l'ancienneté acquise antérieurement, mais non la durée du service national. ● Soc. 28 juin 1973 : *Bull. civ. V*, n° 422 ● 22 juill. 1985 : *ibid.*, n° 425.

6. La violation par l'employeur de son obligation de réintégration ne peut donner lieu qu'à des dommages-intérêts, le juge des référés ne pouvant ordonner la réintégration du salarié. ● Soc. 14 mars 1983 : *Bull. civ. V*, n° 147 ; *D.* 1983. IR 354.

7. Une cour d'appel peut considérer que le licenciement d'un salarié engagé pour une durée indéterminée ne procède pas d'une cause réelle et sérieuse et présente un caractère abusif lorsqu'il est prononcé uniquement pour permettre la réintégration d'un autre salarié à l'issue de son service national. ● Soc. 7 nov. 1990 : *CSB* 1990. 275, A. 61. ◆ Comp. : ● Soc. 8 déc. 1955 : *Bull. civ. IV*, n° 884.

8. Suppression de l'emploi. Le salarié n'a pas à être réintégré lorsque l'emploi qu'il occupait ou un emploi ressortissant à la même catégorie que le sien a été supprimé. ● Soc. 22 juin 1977 : *Bull. civ. V*, n° 413 ● 17 oct. 1979 : *ibid.*, n° 743 ● 16 déc. 1980 : *ibid.*, n° 903 ● 28 mars 1990 : *CSB* 1990. 149, S. 89.

9. La suppression du poste n'est pas établie lorsqu'il a seulement été occupé par un remplaçant. ● Soc. 12 juin 1981 : *Bull. civ. V, n° 542.* ♦ ... Ou lorsque l'employeur, bien qu'ayant fermé une succursale de son entreprise, a maintenu localement la même activité. ● Soc. 18 juill. 1962 : *Dr. soc. 1962. 628, obs. Savatier.*

10. La preuve de la suppression de l'emploi occupé par le salarié avant son départ au service national incombe à l'employeur. ● Soc. 7 mars 1985 : *JCP E 1985. I. 14858, p. 349, n° 9, obs. Teyssié.*

11. Le salarié qui, en raison d'un manque de travail, n'a pas pu être réintégré n'a droit ni à l'indemnité de préavis... ● Soc. 26 févr. 1964 : *Bull. civ. IV, n° 173 ; JCP 1964. II. 13808, note B. P.* ● 17 oct. 1979 : *Bull. civ. V, n° 743 ; D. 1980. IR 174.* ♦ ... Ni à l'indemnité de licenciement. ● Soc. 22 juin 1977 : *Bull. civ. V, n° 413 ; D. 1977. IR 469.*

Art. L. 3142-96 Les dispositions de l'article (*L. n° 2016-1088 du 8 août 2016, art. 9*) « L. 3142-95 » sont applicables, lors de leur renvoi dans leurs foyers, aux personnes qui, ayant accompli leur service actif, ont été maintenues au service national.

Comp. anc. art. L. 3142-72.

Art. L. 3142-97 Tout salarié âgé de seize à vingt-cinq ans, qui participe à l'appel de préparation à la défense, bénéficie d'une autorisation d'absence exceptionnelle d'un jour.

Cette absence exceptionnelle a pour but exclusif de permettre au salarié de participer à l'appel de préparation à la défense. Elle n'entraîne pas de réduction de rémunération. Elle est assimilée à une période de travail effectif pour la détermination de la durée de congé annuel.

Comp. anc. art. L. 3142-73.

Art. L. 3142-98 Aucun employeur ne peut rompre le contrat de travail d'un salarié au motif que lui-même ou le salarié se trouve astreint aux obligations du service national, ou se trouve appelé au service national en exécution d'un engagement pour la durée de la guerre, ou rappelé au service national à un titre quelconque.

Toutefois, l'employeur peut rompre le contrat s'il justifie d'une faute grave de l'intéressé, non liée aux obligations du premier alinéa, ou s'il se trouve dans l'impossibilité de maintenir le contrat pour un motif étranger à ces obligations.

Comp. anc. art. L. 3142-74.

Art. L. 3142-99 Lorsque le contrat de travail est rompu pour une autre cause légitime par l'une des parties, la rupture du contrat ne peut être notifiée ni prendre effet pendant la période passée au service national.

Ces dispositions ne sont pas applicables si l'objet pour lequel le contrat de travail a été conclu arrive à échéance pendant cette période.

Comp. anc. art. L. 3142-75.

Art. L. 3142-100 En cas de méconnaissance des dispositions du présent paragraphe, la partie lésée a droit à des dommages-intérêts fixés par le juge judiciaire, en plus de l'indemnité de licenciement.

Comp. anc. art. L. 3142-76.

Les dommages-intérêts sanctionnant la violation des dispositions spécifiques doivent être calculés en fonction du préjudice subi par le salarié du fait de sa non-réintégration dans l'entreprise. ● Soc. 11 avr. 1991 : ⚠ *D. 1991. IR 131 ; CSB 1991. 137, A. 35 ; RJS 1991. 370, n° 692.*

Art. L. 3142-101 Toute stipulation contraire aux dispositions du présent paragraphe est nulle de plein droit.

Comp. anc. art. L. 3142-77.

SOUS-SECTION 10 Réserve dans la sécurité civile, opérations de secours et réserve sanitaire

La sous-section 11, dans sa rédaction antérieure à la L. n° 2016-1088 du 8 août 2016, devient la sous-section 10 (L. préc., art. 9).

CONGÉS PAYÉS ET AUTRES CONGÉS

§ 1 Réserve dans la sécurité civile

Art. L. 3142-102 (Ord. n° 2012-351 du 12 mars 2012, art. 11) Les dispositions applicables aux salariés servant dans la réserve de sécurité civile sont définies aux articles L. 724-7 à L. 724-10 du code de la sécurité intérieure.

Comp. anc. art. L. 3142-108.

§ 2 Participation aux opérations de secours

Art. L. 3142-103 (Ord. n° 2012-351 du 12 mars 2012, art. 11) Les dispositions applicables aux salariés membres d'une association agréée en matière de sécurité civile sont définies aux articles L. 725-7 à L. 725-9 du code de la sécurité intérieure.

Comp. anc. art. L. 3142-112.

§ 3 Réserve sanitaire

Art. L. 3142-104 Les dispositions applicables aux réservistes sanitaires sont définies au chapitre III du titre III du livre I de la troisième partie du code de la santé publique.

Comp. anc. art. L. 3142-115.

SECTION 3 Congé et période de travail à temps partiel pour la création ou la reprise d'entreprise

(L. n° 2016-1088 du 8 août 2016, art. 9)

RÉP. TRAV. v^{is} *Congés*, par BOUSIGES ; *Suspension du contrat de travail (Règles générales)*, par FIN-LANGER.

SOUS-SECTION 1 Ordre public

Art. L. 3142-105 Le salarié qui crée ou reprend une entreprise a droit, sous réserve d'une condition d'ancienneté dans l'entreprise et dans les conditions fixées à la présente section :
1° Soit à un congé ;
2° Soit à une période de travail à temps partiel.
L'ancienneté acquise dans toute autre entreprise du même groupe, au sens de l'article L. 2331-1, est prise en compte au titre de l'ancienneté dans l'entreprise.

Comp. art. L. 3142-78 et L. 3142-81.

Sur l'indemnisation éventuelle de ce congé par un compte épargne-temps, V. art. L. 3151-2.

Sur la prise en compte de ce congé dans la durée d'affiliation à l'assurance chômage, V. Règl. d'assurance chômage, annexé au Décr. n° 2019-797 du 26 juill. 2019 relatif au régime d'assurance chômage, art. 3, App. III. C, v° Chômage.

Art. L. 3142-106 L'article L. 3142-105 s'applique également au salarié qui exerce des responsabilités de direction au sein d'une entreprise répondant, au moment où il sollicite son congé, aux critères de jeune entreprise innovante définie à l'article 44 *sexies*-0 A du code général des impôts.

Comp. anc. art. L. 3142-79.

Art. L. 3142-107 L'employeur peut différer le départ en congé ou le début de la période de travail à temps partiel, dans la limite de six mois à compter de la demande du salarié, sans préjudice de l'application des articles L. 3142-113 et L. 3142-114.

Comp. anc. art. L. 3142-83.

Art. L. 3142-108 A l'issue du congé, le salarié retrouve son précédent emploi ou un emploi similaire assorti d'une rémunération au moins équivalente.

Comp. anc. art. L. 3142-84, al. 1er.

Jurisprudence rendue sous l'empire des textes antérieurs à la L. n° 2016-1088 du 8 août 2016.

1. Conditions de la réintégration. L'art. L. 122-32-16 [L. 3142-108 nouv.] ne subordonne à aucune condition la réintégration du salarié à l'issue d'un congé pour création d'entreprise. • Soc. 21 nov. 1995 : ⚖ *RJS 1996. 25, n° 34* (salarié ayant conservé son activité dans l'entreprise créée). ♦ Aussi, l'employeur ne peut subordonner cette réintégration à la condition que le salarié justifie du respect de la finalité du congé. • Soc. 1er déc. 2005 : ⚖ *D. 2006. IR 102* ; *RJS 2006. 137, n° 230* ; *JSL 2005, n° 180-3*.

2. Modalités de la réintégration. Dès lors que la cour d'appel constate que la société n'avait proposé au salarié que des emplois entraînant une perte de qualification et une réduction de son autorité, elle a pu en déduire que la société n'avait pas proposé au salarié un emploi similaire à celui qu'il occupait avant son départ. • Soc. 2 oct. 1997 : ⚖ *RJS 1997. 771, n° 1251*.

Art. L. 3142-109 A l'issue du congé ou de la période de travail à temps partiel, si le salarié souhaite mettre fin à la relation de travail, les conditions de la rupture sont celles prévues par son contrat de travail, à l'exception de celles relatives au préavis. Le salarié est, de ce fait, dispensé de payer une indemnité de rupture.

Le salarié ne peut invoquer aucun droit à être réemployé avant l'expiration du congé.

Comp. anc. art. L. 3142-84, al. 2, et L. 3142-85, al. 2.

Jurisprudence rendue sous l'empire des textes antérieurs à la L. n° 2016-1088 du 8 août 2016.

L'inobservation du délai de trois mois n'est pas sanctionnée par une rupture automatique du contrat imputable au salarié. • Soc. 23 oct. 1991, ⚖ n° 88-43.819 P : *D. 1991. IR 265* ; *RJS 1991. 715, n° 1333* • 2 juin 1992, ⚖ n° 91-42.791 P : *D. 1992. IR 184* ; *RJS 1992. 473, n° 881*. ♦ Il incombe à l'employeur qui soutient que le non-respect du délai de trois mois constitue un empêchement à la réintégration de prononcer le licenciement, dont le juge devra apprécier si la cause est réelle et sérieuse. • Soc. 13 déc. 1995 : ⚖ *Dr. soc. 1996. 427* ; *RJS 1996. 85, n° 130*.

Art. L. 3142-110 Le salarié qui reprend son activité dans l'entreprise à l'issue de son congé bénéficie en tant que de besoin d'une réadaptation professionnelle, notamment en cas de changement de techniques ou de méthodes de travail. *(Abrogé par Ord. n° 2019-861 du 21 août 2019, art. 1er)* « Il n'est pas comptabilisé dans le plafond de salariés pouvant bénéficier simultanément d'un congé individuel de formation prévu à l'article L. 6322-7. »

Comp. anc. art. L. 3142-86.

Art. L. 3142-111 Lorsqu'il est envisagé une période de travail à temps partiel, un avenant au contrat de travail fixe la durée de cette période conformément à l'article L. 3123-6.

Toute prolongation de la période de travail à temps partiel à la demande du salarié donne lieu à la signature d'un nouvel avenant dans les mêmes conditions.

Comp. anc. art. L. 3142-87.

Art. L. 3142-112 Le salarié dont un avenant au contrat de travail prévoit le passage à temps partiel ne peut invoquer aucun droit à être réemployé à temps plein avant le terme de cet avenant.

A l'issue de la période de travail à temps partiel, le salarié retrouve une activité à temps plein assortie d'une rémunération au moins équivalente à celle qui lui était précédemment servie.

Comp. anc. art. L. 3142-90.

Art. L. 3142-113 Dans les entreprises de moins de trois cents salariés, l'employeur peut refuser le congé ou le passage à temps partiel :

1° S'il estime, après avis du *(Ord. n° 2017-1386 du 22 sept. 2017, art. 4)* « comité social et économique », que ce congé ou cette activité à temps partiel aura des conséquences préjudiciables à la bonne marche de l'entreprise ;

2° Si le salarié demande ce congé ou cette période d'activité à temps partiel moins de trois ans après une précédente création ou reprise d'entreprise ou après le début de l'exercice de précédentes responsabilités de direction au sein d'une entreprise répondant aux critères de jeune entreprise innovante.

L'employeur précise le motif de son refus et le porte à la connaissance du salarié.

CONGÉS PAYÉS ET AUTRES CONGÉS

Ce refus peut être contesté par le salarié directement devant le conseil de prud'hommes, statuant *(Ord. n° 2019-738 du 17 juill. 2019, art. 15)* « selon la procédure accélérée au fond », dans des conditions déterminées par décret en Conseil d'État.
— *Les dispositions de l'Ord. n° 2019-738 du 17 juill. 2019 s'appliquent aux demandes introduites à compter du 1er janv. 2020 (Ord. préc., art. 30).*

Comp. anc. art. L. 3142-88.

Art. L. 3142-114 L'employeur peut différer le départ en congé du salarié lorsque ce départ aurait pour effet de porter l'effectif des salariés simultanément absents ou le nombre de jours d'absence au titre de ce congé et au titre du congé sabbatique à un niveau excessif au regard, respectivement, de l'effectif total et du nombre de jours travaillés dans l'entreprise.

Art. L. 3142-115 Dans les entreprises d'au moins trois cents salariés, l'employeur peut différer le début de la période de travail à temps partiel lorsque celle-ci aurait pour effet de porter l'effectif de salariés employés simultanément à temps partiel au titre de la présente section à un niveau excessif au regard de l'effectif total de l'entreprise.

Comp. anc. art. L. 3142-89.

Art. L. 3142-116 L'employeur informe le salarié de sa décision relative à la date de départ choisie par ce dernier.
A défaut de réponse de la part de l'employeur dans un délai fixé par décret, son accord est réputé acquis.

SOUS-SECTION 2 Champ de la négociation collective

Art. L. 3142-117 Pour mettre en œuvre le droit à congé du salarié mentionné à l'article L. 3142-105, une convention ou un accord collectif d'entreprise ou, à défaut, une convention ou un accord de branche détermine :
1° La durée maximale du congé ou de la période de travail à temps partiel ;
2° Le nombre de renouvellements possibles de ce congé ou de cette période ;
3° La condition d'ancienneté requise pour avoir droit à ce congé ou à cette période ;
4° Les délais dans lesquels le salarié informe l'employeur de la date à laquelle il souhaite partir en congé ou, en cas de passage à temps partiel, de la date de début de la période de travail à temps partiel et de l'amplitude de la réduction souhaitée de son temps de travail, ainsi que de la durée envisagée de ce congé ou de cette période ;
5° Les conditions et délais de la demande de prolongation de ce congé ou de cette période de travail à temps partiel ;
6° Les conditions dans lesquelles le salarié informe l'employeur de son intention de poursuivre ou de rompre son contrat de travail à l'issue de son congé ou de sa période de travail à temps partiel ;
7° Les plafonds ou niveaux mentionnés à l'article L. 3142-114 et, pour les entreprises d'au moins trois cents salariés, le niveau mentionné à l'article L. 3142-115 ;
8° Les conditions permettant le maintien d'un lien entre l'entreprise et le salarié pendant la durée du congé et, le cas échéant, les modalités d'accompagnement et de réadaptation professionnelle à son retour.

Art. L. 3142-118 Cette convention ou cet accord détermine également les modalités de report des congés payés dus au salarié qui bénéficie du congé.

SOUS-SECTION 3 Dispositions supplétives

§ 1 *Règles générales de prise du congé et de passage à temps partiel*

Art. L. 3142-119 A défaut de convention ou d'accord mentionné à l'article L. 3142-117, les dispositions suivantes sont applicables :
1° La durée maximale du congé ou de la période de travail à temps partiel est d'un an. Elle peut être prolongée au plus d'un an ;
2° L'ancienneté requise pour ouvrir droit au congé ou à la période de travail à temps partiel est de vingt-quatre mois, consécutifs ou non, dans l'entreprise ;

3° Les conditions et délais d'information mentionnés aux 4° à 6° de l'article L. 3142-117 sont fixés par décret ;

4° Le niveau de salariés absents au titre du congé dans l'entreprise et de jours d'absence prévus au titre de ce congé, pour lequel l'employeur peut différer le départ ou le début de la période de travail à temps partiel, sont fixés par décret.

§ 2 Report de congés payés

Art. L. 3142-120 A défaut de stipulation dans la convention ou l'accord mentionné à l'article L. 3142-117, les congés payés annuels dus au salarié en plus de vingt-quatre jours ouvrables peuvent être reportés, à sa demande, jusqu'au départ en congé, dans les conditions prévues au présent paragraphe.

Le cumul de ces congés payés porte au maximum sur six années.

Art. L. 3142-121 Une indemnité compensatrice est perçue par le salarié lors de son départ pour l'ensemble des congés payés dont il n'a pas bénéficié.

Le premier alinéa du présent article ne s'applique pas lorsque l'employeur est tenu d'adhérer à une caisse de congés payés mentionnée à l'article L. 3141-32.

Art. L. 3142-122 En cas de renonciation au congé, les congés payés du salarié reportés en application de l'article L. 3142-120 sont ajoutés aux congés payés annuels.

Ces congés payés reportés sont ajoutés chaque année aux congés payés annuels, par fraction de six jours et jusqu'à épuisement, à compter de la renonciation.

Jusqu'à épuisement des congés payés reportés, tout report au titre de l'article L. 3142-120 est exclu.

Art. L. 3142-123 En cas de rupture du contrat de travail, le salarié perçoit une indemnité compensatrice pour les droits à congés payés reportés.

Ces dispositions ne s'appliquent pas lorsque l'employeur est tenu d'adhérer à une caisse de congés payés mentionnée à l'article L. 3141-32.

Art. L. 3142-124 Les indemnités compensatrices prévues au présent paragraphe sont calculées conformément aux articles L. 3141-24 à L. 3141-27.

SECTION 4 Congé d'enseignement ou de recherche

(L. n° 2020-1674 du 24 déc. 2020, art. 26)

SOUS-SECTION 1 Ordre public

Art. L. 3142-125 Le salarié qui souhaite dispenser à temps plein ou à temps partiel un enseignement technologique, professionnel ou supérieur en formation initiale ou continue a droit, sous réserve d'une condition d'ancienneté et dans les conditions fixées à la présente section :

1° Soit à un congé ;
2° Soit à une période de travail à temps partiel.

Art. L. 3142-126 L'article L. 3142-125 s'applique également au salarié qui souhaite se livrer à une activité de recherche et d'innovation dans un établissement public de recherche, une collectivité territoriale, une entreprise publique ou privée, sauf si son employeur établit que l'exercice de ce droit par le salarié compromet directement la politique de recherche, d'innovation et de développement technologique de l'entreprise.

Art. L. 3142-127 Dans les entreprises de trois cents salariés et plus, l'employeur peut différer le départ en congé ou le début de la période de travail à temps partiel du salarié lorsque l'exercice de ce droit aurait pour effet de porter le pourcentage de salariés simultanément absents à ce titre à un niveau excessif au regard de l'effectif total de l'entreprise.

Art. L. 3142-128 Dans les entreprises de moins de trois cents salariés, l'employeur peut différer le départ en congé ou le début de la période de travail à temps partiel du salarié lorsque l'exercice de ce droit aurait pour effet de porter le nombre d'heures de congé demandées à un niveau excessif au regard du nombre total d'heures travaillées dans l'année.

Toutefois, le nombre d'heures de congé auquel un salarié a droit peut être, à sa demande, reporté d'une année sur l'autre, sans que le cumul des reports puisse dépasser quatre ans.

SOUS-SECTION 2 **Champ de la négociation collective**

Art. L. 3142-129 Pour mettre en œuvre le droit à congé du salarié mentionné à l'article L. 3142-125, un accord collectif détermine :
1° La durée maximale du congé ou de la période de travail à temps partiel ;
2° Le nombre de renouvellements possibles de ce congé ou de cette période ;
3° La condition d'ancienneté requise pour avoir droit à ce congé ou à cette période ;
4° Les délais dans lesquels le salarié informe l'employeur de la date à laquelle il souhaite partir en congé ou, en cas de passage à temps partiel, de la date de début de la période de travail à temps partiel et de l'amplitude de la réduction souhaitée de son temps de travail, ainsi que de la durée envisagée de ce congé ou de cette période ;
5° Les conditions et délais de la demande de prolongation de ce congé ou de cette période de travail à temps partiel ;
6° Les conditions dans lesquelles le salarié informe l'employeur de son intention de poursuivre ou de rompre son contrat de travail à l'issue de son congé ou de sa période de travail à temps partiel ;
7° Les plafonds ou niveaux mentionnés aux articles L. 3142-127 et L. 3142-128 ;
8° Les conditions permettant le maintien d'un lien entre l'entreprise et le salarié pendant la durée du congé et, le cas échéant, les modalités d'accompagnement et de réadaptation professionnelle à son retour.

SOUS-SECTION 3 **Dispositions supplétives**

Art. L. 3142-130 A défaut de l'accord mentionné à l'article L. 3142-129, les dispositions suivantes sont applicables :
1° La durée maximale du congé ou de la période de travail à temps partiel est d'un an. Cette durée peut être prolongée sur demande du salarié par accord entre l'entreprise et l'organisme ou l'entreprise d'accueil ;
2° L'ancienneté requise pour ouvrir droit au congé ou à la période de travail à temps partiel est d'un an en cas d'accord de l'employeur et de vingt-quatre mois, consécutifs ou non, dans l'entreprise en cas de désaccord de ce dernier ;
3° Les conditions et délais d'information mentionnés aux 4° à 6° du même article L. 3142-129 sont fixés par décret ;
4° Le[s] niveau[x] de salariés absents au titre du congé dans l'entreprise et de jours d'absence prévus au titre de ce congé, pour lequel l'employeur peut différer le départ ou le début de la période de travail à temps partiel, sont fixés par décret.

V. art. D. 3142-77 s.

CHAPITRE III **DISPOSITIONS PÉNALES**

Le présent chapitre ne comprend pas de dispositions législatives.

TITRE V **COMPTE ÉPARGNE-TEMPS**

(L. n° 2016-1088 du 8 août 2016, art. 11)

Ce titre V, dans sa rédaction antérieure à la L. n° 2016-1088 du 8 août 2016, est consultable en ligne, V. sur le Code en ligne. 🔒

V. Circ. DGT n° 20 du 13 nov. 2008 relative à la loi portant rénovation de la démocratie sociale et du temps de travail, Fiche n° 13.

BIBL. GÉN. ▶ Dedessus-Le-Moustier, *Dr. soc.* 1998. 547 ✏ (fonctions du compte épargne-temps).

COMMENTAIRE

V. sur le Code en ligne. 🔒

CHAPITRE I ORDRE PUBLIC

Art. L. 3151-1 Le compte épargne-temps peut être mis en place par une convention ou un accord d'entreprise ou d'établissement ou, à défaut, par une convention ou accord de branche.

Comp. anc. art. L. 3152-1.

Art. L. 3151-2 Le compte épargne-temps permet au salarié d'accumuler des droits à congé rémunéré ou de bénéficier d'une rémunération, immédiate ou différée, en contrepartie des périodes de congé ou de repos non pris ou des sommes qu'il y a affectées.

Le congé annuel ne peut être affecté au compte épargne-temps que pour sa durée excédant vingt-quatre jours ouvrables.

Comp. anc. art. L. 3151-1 et L. 3252-2 in fine.

Utilisation du CET et rémunération des jours fériés. Les sommes issues de l'utilisation, par le salarié, des droits affectés sur son compte épargne-temps ne répondent à aucune périodicité de la prestation de travail ou de sa rémunération, puisque, d'une part, le salarié et l'employeur décident librement de l'alimentation de ce compte et, d'autre part, la liquidation du compte épargne-temps ne dépend que des dispositions légales et conventionnelles applicables ; pendant une période de congé sans solde le salarié ne peut prétendre qu'à une indemnisation au titre du compte épargne-temps et l'employeur n'est pas dans l'obligation de payer les rémunérations relatives aux jours fériés inclus dans ce congé. • Soc. 23 nov. 2022, ⚖ n° 21-17.300 B : *RJS 2/2023, n° 82.*

Art. L. 3151-3 Tout salarié peut, sur sa demande et en accord avec son employeur, utiliser les droits affectés sur le compte épargne-temps pour compléter sa rémunération ou pour cesser de manière progressive son activité.

L'utilisation sous forme de complément de rémunération des droits versés sur le compte épargne-temps au titre du congé annuel n'est autorisée que pour ceux de ces droits correspondant à des jours excédant la durée de trente jours fixée à l'article L. 3141-3.

Comp. anc. art. L. 3153-1.

Art. L. 3151-4 Les droits acquis dans le cadre du compte épargne-temps sont garantis dans les conditions prévues à l'article L. 3253-8.

Comp. anc. art. L. 3154-1.

CHAPITRE II CHAMP DE LA NÉGOCIATION COLLECTIVE

Art. L. 3152-1 La convention ou l'accord collectif détermine dans quelles conditions et limites le compte épargne-temps peut être alimenté en temps ou en argent à l'initiative du salarié ou, pour les heures accomplies au-delà de la durée collective, à l'initiative de l'employeur.

Art. L. 3152-2 La convention ou l'accord collectif définit les modalités de gestion du compte épargne-temps et détermine les conditions d'utilisation, de liquidation et de transfert des droits d'un employeur à un autre.

Art. L. 3152-3 Pour les droits acquis, convertis en unités monétaires, qui excèdent le plus élevé des montants fixés par décret en application de l'article L. 3253-17, la convention ou l'accord collectif établit un dispositif d'assurance ou de garantie.

Art. L. 3152-4 La convention ou l'accord collectif prévoit que les droits affectés sur le compte épargne-temps sont utilisés, en tout ou partie :

1° Pour contribuer au financement de prestations de retraite qui revêtent un caractère collectif et obligatoire déterminé dans le cadre d'une des procédures mentionnées à l'article L. 911-1 du code de la sécurité sociale. Dans ce cas, les droits qui correspondent à un abondement de l'employeur en temps ou en argent bénéficient des régimes prévus aux 2° ou 2°-0 bis de l'article 83 du code général des impôts et au sixième alinéa et au 1° de l'article L. 242-1 du code de la sécurité sociale ou à l'article L. 741-10 du code rural et de la pêche maritime ;

2° Pour réaliser des versements sur un ou plusieurs plans d'épargne pour la retraite collectifs *(Ord. n° 2019-766 du 24 juill. 2019, art. 7-IV, en vigueur le 1ᵉʳ oct. 2019)* « ou plan d'épargne retraite d'entreprise collectif ». Dans ce cas, les droits qui correspondent à un abondement de l'employeur en temps ou en argent bénéficient du régime prévu aux articles L. 3332-11 à L. 3332-13 et L. 3332-27 du présent code.

Les droits utilisés selon les modalités prévues aux 1° et 2° du présent article qui ne sont pas issus d'un abondement en temps ou en argent de l'employeur bénéficient, dans la limite d'un plafond de dix jours par an :

a) De l'exonération prévue à l'article L. 242-4-3 du code de la sécurité sociale ou aux articles L. 741-4 et L. 741-15 du code rural et de la pêche maritime en tant qu'ils visent l'article L. 242-4-3 du code de la sécurité sociale ;

b) Et, selon le cas, des régimes prévus aux 2° ou 2°-0 *bis* de l'article 83 du code général des impôts, pour ceux utilisés selon les modalités prévues au 1° du présent article, ou de l'exonération prévue au *b* du 18° de l'article 81 du même code, pour ceux utilisés selon les modalités prévues au 2° du présent article.

Les dispositions issues de l'Ord. n° 2019-766 du 24 juill. 2019 entrent en vigueur à une date fixée par Décr. et au plus tard le 1ᵉʳ janv. 2020 (Ord. préc., art. 9-I). La date d'entrée en vigueur est fixée au 1ᵉʳ oct. 2019 (Décr. n° 2019-807 du 30 juill. 2019, art. 9-II).

Les dispositions de cet art. sont applicables à Mayotte à compter du 1ᵉʳ janv. 2022 (Ord. n° 2017-1491 du 25 oct. 2017, art. 33).

CHAPITRE III DISPOSITIONS SUPPLÉTIVES

Art. L. 3153-1 A défaut de convention ou d'accord collectif mentionné à l'article L. 3152-3, un dispositif de garantie est mis en place par décret.

Dans l'attente de la mise en place d'un dispositif de garantie, lorsque les droits acquis, convertis en unités monétaires, excèdent le plafond mentionné à l'article L. 3152-3, une indemnité correspondant à la conversion monétaire de l'ensemble des droits est versée au salarié.

Art. L. 3153-2 A défaut de stipulation conventionnelle prévoyant les conditions de transfert des droits d'un employeur à un autre, le salarié peut :

1° Percevoir, en cas de rupture du contrat de travail, une indemnité correspondant à la conversion monétaire de l'ensemble des droits qu'il a acquis ;

2° Demander, en accord avec l'employeur, la consignation auprès d'un organisme tiers de l'ensemble des droits, convertis en unités monétaires, qu'il a acquis. Le déblocage des droits consignés se fait au profit du salarié bénéficiaire ou de ses ayants droit dans des conditions fixées par décret.

TITRE VI DISPOSITIONS PARTICULIÈRES AUX JEUNES TRAVAILLEURS

BIBL. ▶ KERBOURC'H et WILLMANN, *RDT* 2010. Controverse 342 ⌀ (faut-il un droit du travail des jeunes ?). – PAULIN, *RDT* 2011. 500 ⌀ (emploi des jeunes : quelques aménagements de crise).

CHAPITRE I DÉFINITIONS

Art. L. 3161-1 Pour l'application des dispositions du présent titre, sont considérés comme des jeunes travailleurs :

1° Les salariés âgés de moins de dix-huit ans ;

2° Les stagiaires âgés de moins de dix-huit ans qui accomplissent des stages d'initiation ou d'application en milieu professionnel dans le cadre d'un enseignement alterné ou du déroulement de leur scolarité.

CHAPITRE II DURÉE DU TRAVAIL

Art. L. 3162-1 (*L. n° 2018-771 du 5 sept. 2018, art. 13-III*) Les jeunes travailleurs ne peuvent être employés à un travail effectif excédant huit heures par jour et trente-cinq heures par semaine.

Par dérogation au premier alinéa, pour certaines activités déterminées par décret en Conseil d'État, lorsque l'organisation collective du travail le justifie, il peut être dérogé :

1° A la durée hebdomadaire de travail effectif de trente-cinq heures, dans la limite de cinq heures par semaine ;

2° A la durée quotidienne de travail effectif de huit heures, dans la limite de deux heures par jour.

Lorsqu'il est fait application des dépassements prévus aux 1° et 2° :

a) Des périodes de repos d'une durée au moins équivalente au nombre d'heures accomplies au-delà de la durée quotidienne de huit heures sont attribuées ;

b) Les heures supplémentaires éventuelles, ainsi que leurs majorations, donnent lieu à un repos compensateur équivalent.

Pour les autres activités et à titre exceptionnel, des dérogations aux durées maximales hebdomadaire et quotidienne de travail effectif fixées au premier alinéa peuvent être accordées dans la limite de cinq heures par semaine par l'inspecteur du travail après avis conforme du médecin du travail ou du médecin chargé du suivi médical de l'élève.

La durée du travail des intéressés ne peut en aucun cas être supérieure à la durée quotidienne ou hebdomadaire normale du travail des adultes employés dans l'établissement. — *V. art. R. 3162-1 et R. 3165-2 (pén.).*

En application de l'art. L. 231-5 CRPA, et par exception à l'application du délai de deux mois prévu à l'art. L. 231-1 du même code, le délai à l'expiration duquel le silence gardé par l'administration vaut décision d'acceptation est fixé à trente jours pour des demandes de dérogations aux durées quotidienne et hebdomadaire maximales de travail effectif des jeunes travailleurs (Décr. n° 2014-1290 du 23 oct. 2014, art. 1er).

Les dispositions du présent art. ne sont pas applicables aux contrats conclus avant le 1er janv. 2019 (L. n° 2018-771 du 5 sept. 2018, art. 46-II).

Ancien art. L. 3162-1 *Les jeunes travailleurs ne peuvent être employés à un travail effectif excédant huit heures par jour et trente-cinq heures par semaine.*

A titre exceptionnel, des dérogations à ces dispositions peuvent être accordées dans la limite de cinq heures par semaine par l'inspecteur du travail après avis conforme du médecin du travail de l'établissement.

La durée du travail des intéressés ne peut en aucun cas être supérieure à la durée quotidienne ou hebdomadaire normale du travail des adultes employés dans l'établissement.

Art. L. 3162-2 L'employeur laisse aux jeunes travailleurs soumis à l'obligation de suivre des cours professionnels pendant la journée de travail le temps et la liberté nécessaires au respect de cette obligation.

Le temps consacré à la formation dans un établissement d'enseignement est considéré comme un temps de travail effectif. — *[Anc. art. L. 212-13, al. 1er, phrase 2, et al. 4.]* — *V. art. R. 3165-2 (pén.).*

Art. L. 3162-3 Aucune période de travail effectif ininterrompue ne peut excéder, pour les jeunes travailleurs, une durée maximale de quatre heures et demie. Lorsque le temps de travail quotidien est supérieur à quatre heures et demie, les jeunes travailleurs bénéficient d'un temps de pause d'au moins trente minutes consécutives. — *[Anc. art. L. 212-14.]* — *V. art. R. 3165-1 (pén.).*

CHAPITRE III **TRAVAIL DE NUIT**

Art. L. 3163-1 Pour l'application du présent chapitre, est considéré comme travail de nuit :

1° Pour les jeunes travailleurs de plus de seize ans et de moins de dix-huit ans, tout travail entre 22 heures et 6 heures ;

2° Pour les jeunes travailleurs de moins de seize ans, tout travail entre 20 heures et 6 heures. — *[Anc. art. L. 213-8.]* — *V. art. R. 3124-15 (pén.).*

Art. L. 3163-2 Le travail de nuit est interdit pour les jeunes travailleurs.

Pour les jeunes salariés des établissements commerciaux et de ceux du spectacle, des dérogations peuvent être accordées, à titre exceptionnel, par l'inspecteur du travail.

Un décret en Conseil d'État détermine en outre la liste des secteurs pour lesquels les caractéristiques particulières de l'activité justifient une dérogation. Une convention ou un accord collectif de travail étendu ou une convention ou un accord d'entreprise ou d'établissement peut définir les conditions dans lesquelles cette autorisation peut être accordée dans ces secteurs. — *V. art. R. 3163-2.*

Il ne peut être accordé de dérogation entre minuit et 4 heures, sous réserve des cas d'extrême urgence prévus à l'article L. 3163-3.

Il ne peut être accordé de dérogation pour l'emploi de mineurs de moins de seize ans que s'il s'agit de ceux mentionnés à l'article L. 7124-1 dans les entreprises de spectacle, de cinéma, de radiophonie, de télévision ou d'enregistrements sonores. — [Anc. art. L. 213-7.] — V. art. R. 3124-15 (pén.).

En application de l'art. L. 231-5 CRPA, et par exception à l'application du délai de deux mois prévu à l'art. L. 231-1 du même code, le délai à l'expiration duquel le silence gardé par l'administration vaut décision d'acceptation est fixé à trente jours pour une demande de dérogation à l'interdiction du travail de nuit pour les jeunes travailleurs salariés des établissements commerciaux et de ceux du spectacle (Décr. n° 2014-1290 du 23 oct. 2014, art. 1ᵉʳ).

Art. L. 3163-3 En cas d'extrême urgence, si des travailleurs adultes ne sont pas disponibles, il peut être dérogé aux dispositions des articles L. 3163-1 et L. 3163-2, en ce qui concerne les jeunes travailleurs de seize à dix-huit ans, pour des travaux passagers destinés à prévenir des accidents imminents ou à réparer les conséquences des accidents survenus. — V. art. R. 3124-16 (pén.).

Une période équivalente de repos compensateur leur est accordée dans un délai de trois semaines. — [Anc. art. L. 213-10.] — V. art. R. 3124-15 (pén.).

CHAPITRE IV REPOS ET CONGÉS

SECTION 1 Repos quotidien

Art. L. 3164-1 La durée minimale du repos quotidien des jeunes travailleurs ne peut être inférieure à douze heures consécutives. Cette durée minimale est portée à quatorze heures consécutives s'ils ont moins de seize ans.

La durée minimale de repos continu quotidien des jeunes salariés ne peut être inférieure à douze heures dans le cas des dérogations prévues à l'article L. 3163-2. — [Anc. art. L. 213-9.]

SECTION 2 Repos hebdomadaire et dominical

Art. L. 3164-2 Les jeunes travailleurs ont droit à deux jours de repos consécutifs par semaine.

Lorsque les caractéristiques particulières de l'activité le justifient, (*Ord. n° 2017-1718 du 20 déc. 2017, art. 1ᵉʳ-I*) « une convention ou un accord d'entreprise ou d'établissement ou, à défaut, une convention ou un accord collectif de travail étendu » peut définir les conditions dans lesquelles il peut être dérogé aux dispositions du premier alinéa pour les jeunes libérés de l'obligation scolaire, sous réserve qu'ils bénéficient d'une période minimale de repos de trente-six heures consécutives.

A défaut d'accord, un décret en Conseil d'État définit les conditions dans lesquelles cette dérogation peut être accordée par l'inspecteur du travail. — V. art. R. 3164-1 s.

(*L. n° 2015-994 du 17 août 2015, art. 37 ; Ord. n° 2017-1718 du 20 déc. 2017, art. 1ᵉʳ-I*) « Une convention ou un accord d'entreprise ou d'établissement ou, à défaut, une convention ou un accord collectif de travail étendu peut définir les conditions dans lesquelles il peut être dérogé au premier alinéa pour les jeunes travailleurs de moins de seize ans employés par un entrepreneur du spectacle, à condition qu'ils bénéficient d'une période minimale de repos de trente-six heures, dont au moins vingt-quatre heures consécutives, et que leur participation à une répétition ou à un spectacle soit de nature à contribuer à leur développement et s'effectue dans des conditions garantissant la préservation de leur santé.

« A défaut d'accord et si les conditions mentionnées à l'avant-dernier alinéa du présent article sont remplies, cette dérogation peut être accordée par l'inspecteur du travail, après avis de la commission chargée d'accorder les autorisations mentionnées à l'article L. 7124-1. » — V. art. R. 3135-5 (pén.).

En application de l'art. L. 231-5 CRPA, et par exception à l'application du délai de deux mois prévu à l'art. L. 231-1 du même code, le délai à l'expiration duquel le silence gardé par l'administration vaut décision d'acceptation est fixé à trente jours pour une demande de dérogation à l'obligation d'accorder deux jours de repos consécutifs par semaine aux jeunes travailleurs (Décr. n° 2014-1290 du 23 oct. 2014, art. 1ᵉʳ).

Art. L. 3164-3 Les dérogations au repos hebdomadaire prévues par les articles L. 3132-4 et L. 3132-8 ne sont pas applicables aux jeunes travailleurs de moins de dix-huit ans. — *[Anc. art. L. 221-14.]* — *V. art. R. 3135-5 (pén.).*

Art. L. 3164-4 Un décret en Conseil d'État établit la nomenclature des industries autorisées à bénéficier des dérogations au repos hebdomadaire prévues aux articles L. 3132-5 à L. 3132-7 et pour les jeunes salariés.

Ce décret est pris dans les formes prévues à l'article (*L. n° 2016-1088 du 8 août 2016, art. 8*) « L. 3121-67 » pour les décrets d'application des dispositions relatives à la durée du travail. — *[Anc. art. L. 221-23 et L. 221-24.]* — *V. art. R. 3135-5 (pén.).*

Art. L. 3164-5 L'interdiction de travail le dimanche prévue à l'article L. 3132-3 n'est pas applicable aux apprentis âgés de moins de dix-huit ans employés dans les secteurs pour lesquels les caractéristiques particulières de l'activité le justifient et dont la liste est déterminée par décret en Conseil d'État. — *[Anc. art. L. 221-3, al. 1er et 3.]* — *V. art. R. 3164-1 et R. 3164-3.*

SECTION 3 Jours fériés

Art. L. 3164-6 Les jeunes travailleurs ne peuvent travailler les jours de fête reconnus par la loi. — *[Anc. art. L. 222-2.]* — *V. art. R. 3165-4 (pén.).*

L'interdiction de faire travailler un apprenti les jours fériés est de portée absolue ; des circulaires à caractère interprétatif ne sont pas de nature à empêcher l'application d'une disposition pénale.
• Crim. 18 janv. 2005, n° 04-81.404 P : *JSL 2005, n° 165-5.*

Art. L. 3164-7 Dans les établissements industriels fonctionnant en continu, les jeunes travailleurs peuvent être employés tous les jours de la semaine, sous réserve de bénéficier du repos minimal prévu aux articles L. 3132-2 et L. 3164-2. — *[Anc. art. L. 222-3.]* — *V. art. R. 3165-5 (pén.).*

Art. L. 3164-8 Dans les secteurs pour lesquels les caractéristiques particulières de l'activité le justifient et dont la liste est fixée par décret en Conseil d'État, une convention ou un accord collectif de travail étendu ou une convention ou un accord d'entreprise ou d'établissement peut définir les conditions dans lesquelles il peut être dérogé aux dispositions de l'article L. 3164-6, sous réserve que les jeunes travailleurs intéressés par ces dérogations bénéficient des dispositions relatives au repos hebdomadaire fixées aux articles L. 3132-2 et L. 3164-2. — *[Anc. art. L. 222-4, al. 2.]* — *V. art. R. 3165-6 (pén.) et R. 3164-2.*

SECTION 4 Congés annuels

Art. L. 3164-9 Quelle que soit leur ancienneté dans l'entreprise, les salariés de moins de vingt et un ans au 30 avril de l'année précédente, ont droit, s'ils le demandent, à un congé de trente jours ouvrables.

Ils ne peuvent exiger aucune indemnité de congé pour les journées de vacances dont ils réclament le bénéfice en plus de celles qu'ils ont acquises à raison du travail accompli au cours de la période de référence. — *[Anc. art. L. 223-3, al. 2.]*

CHAPITRE V DISPOSITIONS PÉNALES

Le présent chapitre ne comprend pas de dispositions législatives.

TITRE VII CONTRÔLE DE LA DURÉE DU TRAVAIL ET DES REPOS

CHAPITRE I CONTRÔLE DE LA DURÉE DU TRAVAIL

SECTION 1 Information des salariés et affichages

Art. L. 3171-1 L'employeur affiche les heures auxquelles commence et finit le travail ainsi que les heures et la durée des repos.

CONTRÔLE DE LA DURÉE DU TRAVAIL **Art. L. 3171-2** 1185

Lorsque la durée du travail est organisée (L. n° 2008-789 du 20 août 2008) « dans les conditions fixées par l'article (L. n° 2016-1088 du 8 août 2016, art. 8) « L. 3121-44 », l'affichage comprend la répartition de la durée du travail dans le cadre de cette organisation ».

La programmation individuelle des périodes d'astreinte est portée à la connaissance de chaque salarié dans des conditions déterminées par voie réglementaire. – [Anc. art. L. 620-2, al. 1er et 2, et L. 212-4 bis, al. 3, phrase 3.] – V. art. R. 3173-2 (pén.).

1. Conventions de forfait. Exception faite de certains emplois de cadres supérieurs rémunérés par un forfait ne comportant aucune référence à un horaire quelconque, l'existence d'une convention de forfait ne dispense pas l'employeur des obligations prévues par l'art. L. 620-2 [L. 3171-1 nouv.]. • Crim. 14 déc. 1993, ⚖ n° 93-81.404 P : RJS 1994. 279, n° 422.

2. Modalités de l'affichage. L'horaire de travail doit être affiché sur tous les lieux de travail où il s'applique. • Crim. 17 janv. 1995 : ⚖ D. 1995. IR 84 ; RJS 1995. 281, n° 414.

3. Sanctions pénales. Pour une condamnation d'un employeur d'une entreprise de distribution de documents publicitaires ou commerciaux à la contravention de défaut de décompte de la durée du travail, prévue et réprimée par les art. D. 3171-8 à D. 3171-10 et R. 3124-3, dès lors que les salariés ne se trouvaient pas, de fait, dans une situation spécifique au regard du décompte de la durée du travail. • Crim. 7 sept. 1999 : ⚖ D. 1999. IR 251 ⊘ ; TPS 1999. 12, n° 414.

4. Géolocalisation. Un système de géolocalisation ne peut être utilisé pour contrôler la durée du temps de travail d'un salarié que lorsque aucun autre moyen n'est possible ; si le salarié dispose d'une liberté d'organisation dans son travail, un tel usage est, de surcroît, prohibé. • Soc. 3 nov. 2011 : ⚖ D. actu. 14 nov. 2011, obs. Astaix ; D. 2011. Actu. 2803 ⊘ ; RDT 2012. 156, obs. Bossu et Morgenroth ⊘ ; Dr. soc. 2012. 61, note Ray ⊘ ; RJS 2012. 22, n° 4 ; SSL 2011, n° 1518, p. 7, note Flores ; JSL 2011, n° 311-312-4, obs. Hautefort ; JCP S 2012. 1054, obs. Loiseau.

SECTION 2 Registres et documents obligatoires

Art. L. 3171-2 Lorsque tous les salariés occupés dans un service ou un atelier ne travaillent pas selon le même horaire collectif, l'employeur établit les documents nécessaires au décompte de la durée du travail, des repos compensateurs acquis et de leur prise effective, pour chacun des salariés concernés.

(Ord. n° 2017-1386 du 22 sept. 2017, art. 4) « Le comité social et économique » peut consulter ces documents. – [Anc. art. L. 620-2, al. 3.]

BIBL. ▶ HERZOG, JCP S 2021. 1205 (prescription de la contravention de non-décompte du temps de travail).

1. Droit de l'Union européenne. Afin d'assurer l'effet utile des droits prévus par la Dir. 2003/88 du 4 nov. 2003 concernant certains aspects de l'aménagement du temps de travail et du droit fondamental consacré à l'art. 31, § 2, de la Charte UE, les États membres doivent imposer aux employeurs l'obligation de mettre en place un système objectif, fiable et accessible permettant de mesurer la durée du temps de travail journalier effectué par chaque travailleur. • CJUE 14 mai 2019, ⚖ n° C-55/18 : RJS 8-9/2019, n° 499 ; JSL 2019, n° 479-1, obs. Nasom-Tissandier.

2. Preuve des heures effectuées. En cas de litige relatif à l'existence ou au nombre d'heures de travail accomplies, il appartient au salarié de présenter, à l'appui de sa demande, des éléments suffisamment précis quant aux heures non rémunérées qu'il prétend avoir accomplies afin de permettre à l'employeur, qui assure le contrôle des heures de travail effectuées, d'y répondre utilement en produisant ses propres éléments : le juge forme sa conviction en tenant compte de l'ensemble de ces éléments, après analyse des pièces produites par l'une et l'autre des parties ; dans l'hypothèse où il retient l'existence d'heures supplémentaires, il évalue souverainement, sans être tenu de préciser le détail de son calcul, l'importance de celles-ci et fixe les créances salariales s'y rapportant. • Soc. 18 mars 2020, ⚖ n° 18-10.919 P : D. 2020. 657 ⊘ ; ibid. 1136, obs. Vernac et Ferkane ⊘ ; ibid. 1740, obs. David ⊘ ; RDT 2020. 552, note Véricel ⊘ ; RJS 6/2020, n° 293 ; JSL 2020, n° 499-4, obs. Hautefort ; JCP S 2020. 2036, obs. Frouin ; JCP E 2020. 1368, obs. Jeansen ; Gaz. Pal. 2 juin 2020, p. 78, note Mégret.

3. L'art. L. 3171-2 autorisant les délégués du personnel à consulter des documents relatifs au décompte de la durée du travail n'interdit pas à un syndicat de produire ces documents en justice ; le droit à la preuve peut justifier la production d'éléments portant atteinte à la vie personnelle d'un salarié à la condition que cette production soit nécessaire à l'exercice de ce droit et que l'atteinte soit proportionnée au but poursuivi. • Soc. 9 nov. 2016, ⚖ n° 15-10.203 P : D. actu. 25 nov. 2016, obs. Roussel ; D. 2016. Actu. 2347 ⊘ ; ibid. 2017. 37, note Lardeux ⊘ ; RDT 2017. 134, obs. Géniaut ⊘ ; Dr. soc. 2017. 89, obs. Mouly ⊘ ; RJS 2017/1, n° 27 ; JCP S 2017. 1008, obs. Bugada.

Art. L. 3171-3 — CODE DU TRAVAIL

SECTION 3 Documents fournis à l'inspecteur du travail

Art. L. 3171-3 L'employeur tient à la disposition de l'(*L. n° 2016-1088 du 8 août 2016, art. 113*) « agent de contrôle de l'inspection du travail mentionné à l'article L. 8112-1 » les documents permettant de comptabiliser le temps de travail accompli par chaque salarié.

La nature des documents et la durée pendant laquelle ils sont tenus à disposition sont déterminées par voie réglementaire. — [*Anc. art. L. 611-9, al. 2, L. 212-15-3, III, al. 4, phrase 1, et L. 212-4 bis, al. 3, phrase 3.*] — V. art. D. 3171-16 s. et R. 3173-1 (*pén.*).

SECTION 4 Documents fournis au juge

Art. L. 3171-4 En cas de litige relatif à l'existence ou au nombre d'heures de travail accomplies, l'employeur fournit au juge les éléments de nature à justifier les horaires effectivement réalisés par le salarié.

Au vu de ces éléments et de ceux fournis par le salarié à l'appui de sa demande, le juge forme sa conviction après avoir ordonné, en cas de besoin, toutes les mesures d'instruction qu'il estime utiles.

Si le décompte des heures de travail accomplies par chaque salarié est assuré par un système d'enregistrement automatique, celui-ci doit être fiable et infalsifiable. — [*Anc. art. L. 212-1-1.*]

BIBL. ▶ GASSER, *RJS* 2005. 175 (preuve des heures supplémentaires).

COMMENTAIRE

V. sur le Code en ligne.

1. Champ d'application. Si les dispositions du code du travail relatives à la durée du travail ne sont pas applicables aux assistants maternels employés par des particuliers qui sont soumis à la convention collective nationale des assistants maternels du particulier employeur, il n'en va pas de même de celles de l'art. L. 3171-4 relatives à la preuve de l'existence ou du nombre d'heures de travail effectuées. ● Soc. 8 juin 2011 : *D. actu. 20 juin 2011, obs. Astaix ; D. 2011. Actu. 1692 ; JCP S 2011. 1375, obs. Lahalle.* ♦ L'utilisation du chèque emploi-service universel ne fait pas obstacle à l'application des dispositions de l'art. L. 3171-4 relatives à la preuve de l'existence ou du nombre d'heures de travail accomplies. ● Soc. 17 oct. 2012 : *D. 2012. Actu. 2526 ; RJS 2013. 72, n° 77 ; JCP S 2012. 1519, obs. Boulmier.*

2. Respect des seuils et plafonds. Les dispositions de l'art. L. 3171-4 relatives à la répartition de la charge de la preuve des heures de travail effectuée entre l'employeur et le salarié ne sont pas applicables à la preuve du respect des seuils et plafonds prévus par le droit de l'Union européenne, qui incombe à l'employeur. ● Soc. 17 oct. 2012 : *D. 2012. Actu. 2525, obs. Siro ; D. 2013. Pan. 1026, obs. Lokiec ; RDT 2012. 707, obs. Véricel ; RJS 2013. 44, n° 36 ; JSL 2012, n° 333-334-4, obs. Lhernould ; JCP S 2013. 1031, obs. Andréo.* ♦ Les dispositions de l'art. L. 3171-4 ne sont pas non plus applicables à la preuve du respect des seuils et plafonds prévus par les art. L. 3121-34 et L. 3121-35 relatifs aux durées quotidienne et hebdomadaire maximales, qui incombe uniquement à l'employeur. ● Soc. 20 févr. 2013 : *D. actu. 26 mars 2013, obs. Siro ; JCP S 2013. 1170, obs. Puigelier.* ♦ Les dispositions de l'art. L. 3171-4 ne sont pas non plus applicables à la preuve du respect du temps de pause prévu par l'art. L. 3121-33, qui incombe uniquement à l'employeur. ● Soc. 20 févr. 2013 : *D. actu. 2 avr. 2013, obs. Siro ; D. 2013. Actu. 575.*

3. Principes. Il résulte de l'art. L. 212-1-1 [L. 3171-4 nouv.] que la preuve des heures de travail effectuées n'incombe spécialement à aucune des parties. Le juge ne peut donc, pour rejeter une demande en paiement d'heures supplémentaires, se fonder exclusivement sur l'insuffisance des preuves apportées par le salarié ; il doit examiner les éléments que l'employeur est tenu de lui fournir, de nature à justifier les horaires effectivement réalisés. ● Soc. 3 juill. 1996, n° 93-41.645 P : *JCP 1996. II. 22697, note Corrignan-Carsin ; Dr. soc. 1996. 974, obs. Couturier ; RJS 1996. 595, n° 929 ; CSB 1996. 279, A. 57* ● 27 oct. 1998 : *RJS 1998. 909, n° 1493* ● 9 mai 2006 : *RDT 2006. 182, obs. Pignarre* ● 30 sept. 2003, n° 02-42.730 P.

4. Le juge doit examiner les éléments de nature à justifier les horaires effectivement réalisés par le salarié et que l'employeur est tenu de lui fournir. ● Soc. 23 mars 1999 : *RJS 1999. 415, n° 677* ● 30 sept. 2003, n° 02-42.730 P : *RJS 2003. 1010, n° 1452.* ♦ Il n'en va pas de même de la preuve de l'existence d'une convention de forfait dont la charge incombe à celui qui l'invoque. ● Soc. 21 nov. 2000, n° 98-44.026 P : *RJS 2001. 33, n° 50.*

5. Rôle des parties. Si la preuve des heures de travail effectuées n'incombe spécialement à aucune des parties et que l'employeur doit fournir au juge les éléments de nature à justifier les horaires effectivement réalisés par le salarié, il appartient au salarié qui demande le paiement d'heures supplémentaires de fournir préalablement au juge des éléments de nature à étayer sa demande. • Soc. 25 févr. 2004, 🏛 n° 01-45.441 P : *D. 2004. IR 926* ⌀ ; *Dr. soc. 2004. 665*, obs. Radé ⌀ ; *RJS 2004. 373, n° 548* • 31 mai 2006, 🏛 n° 04-47.376 • 10 mai 2007 : *Dr. soc. 2007. 1183*, obs. Jourdan et Barthélémy ⌀ ; *JSL 2007, n° 213-5* (preuve des heures complémentaires). ♦ Comp. : Le salarié doit présenter, à l'appui de sa demande, des éléments suffisamment précis quant aux heures non rémunérées qu'il prétend avoir accomplies afin de permettre à l'employeur, qui assure le contrôle des heures de travail effectuées, d'y répondre utilement en produisant ses propres éléments : le juge forme sa conviction en tenant compte de l'ensemble de ces éléments, après analyse des pièces produites par l'une et l'autre des parties ; dans l'hypothèse où il retient l'existence d'heures supplémentaires, il évalue souverainement, sans être tenu de préciser le détail de son calcul, l'importance de celles-ci et fixe les créances salariales s'y rapportant. • Soc. 18 mars 2020, 🏛 n° 18-10.919 P : *D. 2020. 657* ⌀ ; *RJS 6/2020, n° 293*.

6. *Éléments suffisamment précis*. Les éléments apportés à l'appui de la demande du salarié doivent permettre à l'employeur de répondre en fournissant ses propres éléments. • Soc. 24 nov. 2010, 🏛 n° 09-40.928 P : *D. 2010. 2915* ⌀ ; *RJS 2/2011, n° 142* ; *PA 18 févr. 2011, p. 5*, note Picca ⌀ ; *JCP S 2011. 1081*, obs. Dumont. ♦ Le décompte produit par le salarié n'a pas à indiquer la prise éventuelle d'une pause méridienne, dès lors qu'il est suffisamment précis en indiquant, jour après jour, les heures de prise et de fin de service, ainsi que de ses rendez-vous professionnels avec la mention du magasin visité, le nombre d'heures de travail quotidien et le total hebdomadaire. • 27 janv. 2021, 🏛 n° 17-31.046 P : *D. 2021. Actu. 241* ⌀ ; *Dr. soc. 2021. 474*, note Tournaux ⌀ ; *RJS 5/2021, n° 264* ; *JCP 2021, n° 516-3*, obs. Lhernould ; *JCP S 2021. 1042*, avis Courcol-Bouchard. ♦ Le tableau de décompte des temps de travail du salarié sur plusieurs années, le rapport d'inspection du travail donnant ses heures de début et de fin de travail sur quelques jours non consécutifs, les relevés de mails et les diverses attestations présentés par les ayants droit du salarié sont des éléments suffisamment précis pour permettre à l'employeur de répondre, ce dernier ne produisant aucun élément de contrôle de la durée du travail. • Soc. 14 déc. 2022, 🏛 n° 21-18.139 B : *RJS 3/2023, n° 143* ; *JSL 2023, n° 558-1*, obs. Lhernould ; *JCP S 2023. 1031*, obs. Guyot.

7. *Obligations de l'employeur*. L'obligation pour l'employeur de verser des éléments de nature à justifier les horaires effectivement réalisés par le salarié n'est pas subordonnée à la production préalable par celui-ci d'un décompte précis des heures supplémentaires dont il réclame le paiement. • Soc. 10 mai 2001, 🏛 n° 99-42.200 P : *D. 2001. IR 1672* ⌀ ; *Dr. soc. 2001. 768*, obs. Radé ⌀ ; *RJS 2001. 599, n° 871*.

8. *Office du juge*. En cas de litige relatif à l'existence ou au nombre d'heures de travail accomplies, il appartient au salarié de présenter, à l'appui de sa demande, des éléments suffisamment précis quant aux heures non rémunérées qu'il prétend avoir accomplies afin de permettre à l'employeur, qui assure le contrôle des heures de travail effectuées, d'y répondre utilement en produisant ses propres éléments ; le juge forme sa conviction en tenant compte de l'ensemble de ces éléments au regard des exigences des dispositions légales et réglementaires ; après analyse des pièces produites par l'une et l'autre des parties, dans l'hypothèse où il retient l'existence d'heures supplémentaires, il évalue souverainement, sans être tenu de préciser le détail de son calcul, l'importance de celles-ci et fixe les créances salariales s'y rapportant. • Soc. 23 sept. 2020, 🏛 n° 18-19.988.

9. *Obligations conventionnelles en matière de décompte du temps de travail*. En présence de mécanismes conventionnels de décompte du temps de travail et de leur effet impératif, l'employeur doit être en mesure de présenter ces justificatifs ; à défaut, le salarié qui produit de simples feuilles de présence apporte la preuve de ses horaires de travail effectivement réalisés. • Soc. 10 janv. 2012 : 🏛 *D. actu. 2 févr. 2012*, obs. Siro ; *RJS 2012. 231, n° 282* ; *JCP S 2012. 1130*, obs. Lahalle.

10. *Quantification préalable conventionnelle*. La quantification préalable de l'ensemble des missions confiées et accomplies par les distributeurs de journaux, dans le cadre de l'exécution de son métier, en fonction des critères associés à un référencement horaire par famille de tâches prévue par l'art. 2.2.1.2 du chap. IV de la convention collective nationale de la distribution directe ne saurait, à elle seule, satisfaire aux exigences de l'art. L. 3171-4 C. trav. ; en cas de litige relatif à l'existence ou au nombre d'heures de travail accomplies, il appartient au salarié d'étayer sa demande par la production d'éléments suffisamment précis quant aux horaires effectivement réalisés pour permettre à l'employeur de répondre en fournissant ses propres éléments. • Soc. 24 sept. 2014 : 🏛 *D. actu. 21 oct. 2014*, obs. Fraisse ; *RJS 2014. 745, n° 868*. ♦ Les juges qui ne se sont pas fondés exclusivement sur la quantification préalable des missions confiées et accomplies par le salarié mais qui ont constaté que l'employeur justifiait des heures effectivement réalisées par l'intéressé et que celui-ci n'avait pas produit d'éléments contraires ont pu considérer que le contrat de travail à temps partiel modulé de l'intéressé n'avait pas à être requalifié en contrat à temps complet. • Soc. 18 sept. 2019, 🏛 n° 17-31.274 P : *D. actu. 3 oct. 2019*, obs. Ilieva ; *D. 2019. Actu. 1843* ⌀.

11. Moyens de preuve. La preuve de l'accomplissement d'heures supplémentaires peut être établie par des fiches de présence remplies par le salarié à la demande de l'employeur. ● Soc. 19 janv. 1999, n° 95-45.628 P : *D.* 1999. IR 50 ; *JCP* 1999. II. 10175, note Del Sol ; *RJS* 1999. 223, n° 376 ; *JS UIMM* 1999. ♦ Les documents permettant le contrôle ne doivent pas être dépourvus d'exactitude et de sincérité. ● Crim. 30 mars 1999 : *RJS* 1999. 585, n° 956. ♦ Il appartient au salarié d'étayer sa demande par la production d'éléments suffisamment précis quant aux horaires effectivement réalisés pour permettre à l'employeur de répondre en fournissant ses propres éléments ; un décompte mensuel établi à la main suffit, sans autre explication ni indication complémentaire portée par le salarié. ● Soc. 24 nov. 2010 : *D.* 2010. *AJ* 2915 ; *JCP S* 2011. 1081, obs. Dumont. ♦ Tel est également le cas d'un document récapitulatif dactylographié non circonstancié produit, alors que des heures supplémentaires figurent sur les bulletins de salaire. ● Soc. 15 déc. 2010, n° 08-45.242 P : *RJS* 2011, n° 359 ; *JCP S* 2011, n° 1130, note Sébille. ♦ V. aussi : ● Soc. 26 sept. 2012 : *D.* 2012. *Actu.* 2316 ; *RJS* 2012. 805, n° 944. ♦ Les attestations de collègues de travail produites à l'appui d'une demande de rappel de salaires pour heures supplémentaires ne sont pas suffisantes à prouver les horaires effectivement réalisés dès lors qu'elles ne font pas état de faits directement constatés. ● Soc. 15 janv. 2014 : *D. actu.* 10 févr. 2014, obs. Fraisse ; *RDT* 2014. 267, obs. Pignarre.

12. Heures supplémentaires et charge de travail. Le salarié peut prétendre au paiement des heures supplémentaires accomplies, soit avec l'accord ou au moins implicite de l'employeur, soit s'il est établi que la réalisation de telles heures a été rendue nécessaire par les tâches qui lui ont été confiées. ● Soc. 14 nov. 2018, n° 17-20.659 P : *D. actu.* 6 déc. 2018, obs. Ciray ; *RDT* 2019. 198, obs. Véricel ; *RJS* 1/2019, n° 24 ; *SSL* 2018, n° 1839, p. 13, obs. Caro.

13. Convention de forfait-jours. En cas de litige relatif à l'existence ou au nombre d'heures de travail effectuées dans le cadre de la conclusion d'une convention de forfait-jours, l'employeur doit fournir au juge les éléments de nature à justifier les horaires effectivement réalisés par le salarié afin que le juge forme sa conviction au vu des éléments et de ceux fournis par le salarié à l'appui de sa demande après avoir ordonné, en cas de besoin, toutes les mesures d'instruction qu'il estime utiles, sans que la preuve en incombe en particulier à l'une ou l'autre des parties. ● Soc. 23 sept. 2009 : *R.*, p. 336 ; *D.* 2009. 2350, obs. Perrin ; *RDT* 2010. 112, obs. Canut ; *RJS* 2009. 824, n° 942 ; *JSL* 2009, n° 265-6 ; *SSL* 2009, n° 1420, rapp. Gosselin.

14. Réparation. Il résulte de l'art. L. 212-1-1 [L. 3171-4 nouv.] que la possibilité de réparer une perte de chance de prouver le nombre d'heures supplémentaires effectuées est exclue. ● Soc. 15 oct. 2002, n° 00-40.728 P : *D.* 2002. IR 2989 ; *Dr. soc.* 2002. 1144, obs. Radé ; *RJS* 2002. 1033, n° 1404 ; *JSL* 2002, n° 113-6.

15. Appréciation souveraine des juges du fond. Les juges du fond qui constatent l'existence d'heures supplémentaires en évaluent souverainement l'importance et fixent en conséquence les créances salariales s'y rapportant, en fonction des éléments de fait qui leur sont soumis et qu'ils ont analysés. ● Soc. 4 déc. 2013 (4 arrêts, n°s 12-17.525, 12-11.886, 12-22.344, 11-28.314) : *D. actu.* 14 janv. 2014, obs. Fraisse ; *D.* 2013. *Actu.* 2920 ; *RDT* 2014. 267, obs. Pignarre ; *RJS* 2014. 106, n° 136 ; *JSL* 2014, n° 359-5, obs. Chuilon.

CHAPITRE II **CONTRÔLE DU REPOS HEBDOMADAIRE**

Art. L. 3172-1 Des décrets en Conseil d'État déterminent :

1° Les conditions dans lesquelles est organisé le contrôle des jours de repos pour tous les établissements, que le repos hebdomadaire soit collectif ou organisé par roulement ;

2° Les conditions dans lesquelles l'employeur avise l'(*L. n° 2016-1088 du 8 août 2016, art. 113*) « agent de contrôle de l'inspection du travail mentionné à l'article L. 8112-1 » de la mise en œuvre des dérogations au repos hebdomadaire. – [*Anc. art. L. 221-26.*] – V. art. R. 3172-1 s. et R. 3135-4 (*pén.*).

Art. L. 3172-2 Les chambres (*L. n° 2023-1059 du 20 nov. 2023, art. 42*) « régionales des commissaires de justice et les conseils régionaux des notaires » dont relèvent les offices ministériels assurent, sous le contrôle du procureur de la République, l'application des dispositions relatives au repos hebdomadaire aux clercs, commis et employés des études et greffes dans ces offices. – V. art. R. 3135-4 (*pén.*).

CHAPITRE III **DISPOSITIONS PÉNALES**

Le présent chapitre ne comprend pas de dispositions législatives.

LIVRE II SALAIRE ET AVANTAGES DIVERS

RÉP. TRAV. v^{is} *Salaire (Définition et formes)*, par Escande-Varniol ; *Salaire (Fixation, montant)*, par Bouilloux ; *Salaire (Paiement)*, par Debord ; *Taxes et impôts sur les salaires*, par Grégoire.

BIBL. ▶ Ahumada, *RPDS* 1983. 119 (frais de transport) ; *ibid.* 1985. 113 (primes et usages). - Alter, *ibid.* 1981. 187 (primes d'ancienneté). - Antonmattéi, *Dr. soc.* 1997. 571 ∅ (qualification de salaire). - Auzero, *Dr. soc.* 2006. 822 ∅ (égalité de traitement dans l'entreprise). - Barthélémy, *ibid.* 1997. 581 ∅ (salaire et temps de travail). - Chauchard, *Dr. soc.* 2011. 32 ∅ (l'évitement du salaire). - Chevillard, *ibid.* 1997. 561 ∅ (contentieux). - Couturier, *Dr. soc.* 2011. 10 ∅ (de quoi le salaire est-il la contrepartie ?). - Dupeyroux, *Ét. offertes à G.H. Camerlynck*, 1978, p. 149 (contrat de travail et garanties de ressources). - Eustache, *Travail et Emploi*, 1986, n° 20, p. 17 (individualisation des salaires). - Gaudu, *Dr. soc.* 2011. 24 ∅ (salaire et hiérarchie des normes). - Grandjean, *ibid.* 1987, n° 32, p. 17 (individualisation des salaires). - Guilhamon, *Dr. soc.* 1989. 792 (négociation des salaires dans le secteur public). - Javillier, *ibid.* 1988. 68 (négociation en matière de rémunération). - Katz, *Dr. ouvrier* 2005. 151 (rémunération variable). - Langlois, *Dr. soc.* 1998. 785 ∅ (réduction du temps de travail et rémunération). - Milhau, *ibid.* 1969. 424 (indexation). - Morvan, *Dr. soc.* 2008. 643 ∅ (le nouveau droit de la rémunération). - Olcaz-Godefert et Bonnet, *RJS* 2012. 571 (rémunération variable). - Pélissier, *ibid.* 1984. 678 (négociation des salaires). - Pignarre, *ibid.* 1997. 589 (régime juridique de la créance de salaire). - Ray, *ibid.* 1990. 83 (égalité). - Riandey, *Dr. ouvrier* 2012. 213 (fixation unilatérale des objectifs en matière de rémunération). - Rodière, *Dr. soc.* 2011. 6 ∅ (le salaire dans les écrits de G. Lyon-Caen). - Saglio, *Travail et Emploi*, 1986, 7 (hiérarchies de salaires et négociations de classifications). - Saint-Jours, *Ét. offertes à G. Lyon-Caen*, 1989, p. 317 (du salaire au revenu salarial). - Saramito, *Dr. ouvrier* 1961. 146 (forfait). - Savatier, *Dr. soc.* 1977. 485 (nullité des clauses d'indexation) ; *ibid.* 1983. 221 (prohibition de l'indexation) ; *ibid.* 1984. 710 (salaires d'inactivité) ; *ibid.* 1991. 756 ∅ (interdiction de substituer un intéressement à un élément de salaire) ; *ibid.* 1993. 641 ∅ (treizième mois et primes analogues) ; *ibid.* 1997. 575 ∅ (minima de salaire). - Sinay, *JCP* 1960. I. 1586 (forfait). - Soubie, *Dr. soc.* 1984. 674 (évolution des politiques de rémunérations). - Teyssié, *ibid.* 695 (réduction du salaire) ; *ibid.* 1997. 606 ∅ (entreprise, salaire et norme). ▶ V. aussi : *JCP E* 1994. I. 366 (clauses contractuelles relatives à la rémunération). - Verkindt, *Dr. soc.* 2011. 18 ∅ (vivre dignement de son travail : entre salaire et revenu garanti).

> **COMMENTAIRE**
> V. sur le Code en ligne 🏛.

TITRE I CHAMP D'APPLICATION

CHAPITRE UNIQUE

Art. L. 3211-1 Les dispositions du présent livre sont applicables aux employeurs de droit privé et à leurs salariés. — [*Anc. art. L. 140-1.*]

I. GÉNÉRALITÉS

1. Définition du salaire. Une cour d'appel relève exactement que par salaire il faut entendre toute rémunération d'un travailleur en état de subordination, quelle que soit l'appellation employée pour le désigner. ● Soc. 10 oct. 1979 : *Bull. civ.* V, n° 704. ◆ La rémunération, contrepartie du travail du salarié, résulte en principe du contrat de travail sous réserve, d'une part du SMIC et, d'autre part, des avantages résultant des accords collectifs, des usages de l'entreprise ou des engagements unilatéraux de l'employeur. ● Soc. 20 oct. 1998, 🏛 n° 95-44.290 P : *D.* 1998. IR 260 ; *RJS* 1998. 884, n° 1448.

2. Conditions du droit à rémunération. En raison du caractère synallagmatique du contrat de travail, tout salaire est la contrepartie de la prestation de travail et, en principe, aucun salaire n'est dû lorsque le travail n'a pas été accompli. ● Soc. 11 janv. 1962 : *GADT*, 4e éd., n° 78 ; *JCP* 1962. II. 12564. ◆ Sur l'assimilation à un travail effectif le fait pour un salarié de s'être tenu à la disposition de l'employeur, V. ● Soc. 28 févr. 1962 : *D.* 1962. 605, note G. Lyon-Caen. ◆ Il appartient au salarié réclamant le paiement d'un salaire ne correspondant à aucune contrepartie de travail d'apporter la preuve de l'existence de l'usage sur lequel il fonde sa prétention. ● Soc. 22 oct. 1981 : *Bull. civ.* V, n° 823.

3. Il appartient au salarié réclamant le paiement d'un salaire ne correspondant à aucune contrepartie de travail d'apporter la preuve de l'existence de l'usage sur lequel il fonde sa prétention. ● Soc. 22 oct. 1981 : *Bull. civ.* V, n° 823. ◆ Le salarié qui se tient à la disposition de son employeur et qui ne refuse pas d'exécuter son travail a droit à son salaire peu important que l'employeur ne lui fournisse pas de travail. • Soc. 17 juin 1960 : *Bull. civ. IV, n° 647* • 28 févr. 1962 : *D. 1962. 605* • 16 juin 1982 : *D. 1982. IR 341* • 3 juill. 2001 : ⚖ *Dr. soc. 2001. 1009*, obs. Radé ⊘. ♦ Sur l'assimilation à un travail effectif le fait pour un salarié de s'être tenu à la disposition de l'employeur, V. • Soc. 28 févr. 1962 : *D. 1962. 605*, note G. Lyon-Caen.

4. L'employeur n'est tenu de verser la rémunération convenue que pour un travail fourni dans des conditions d'exécution normales prévues par le contrat. – Jurisprudence constante : • Soc. 15 oct. 1981 : *Bull. civ. V, n° 789* • 8 déc. 1982 : *ibid., n° 695*.

5. Responsabilité contractuelle de l'employeur. L'employeur est tenu de s'acquitter de l'intégralité du salaire dû au salarié ; à défaut, il engage sa responsabilité contractuelle, peu important que ce manquement résulte d'une erreur dans la détermination du précompte des charges sociales salariales. • Soc. 31 oct. 2006 : ⚖ *D. 2006. IR 2951* ⊘ ; *RDT 2007. 44*, obs. Véricel ⊘ ; *RJS 2006. 33, n° 11*.

6. Sanctions pécuniaires prohibées. Est justifiée la décision du juge des référés affirmant que la retenue pratiquée sur les salaires des agents de la SNCF en raison de la mauvaise exécution de leurs obligations constitue une sanction pécuniaire interdite et qu'il convient de faire cesser le trouble illicite qui en résulte. • Soc. 20 févr. 1991, ⚖ n° 90-41.119 P : *D. 1991. IR 81* ; *Dr. ouvrier 1991. 217*, note Bied-Charreton ; *RJS 1991. 246, n° 461*. – Dans le même sens : • Soc. 17 avr. 1991, ⚖ n° 89-43.127 P : *Dr. soc. 1991. 469*, note Mazeaud ⊘ ; *RJS 1991. 309, n° 580*. ♦ Comp. : • Soc. 12 avr. 1995 : ⚖ *D. 1995. IR 128* ; *Dr. soc. 1995. 599*, obs. Savatier ⊘ (considérant que la réduction pour baisse de la production ne s'analyse en une sanction pécuniaire qu'à l'égard des salariés qui ne sont pas rémunérés en fonction du rendement).

7. Répétition de l'indu. Dès lors que le paiement d'un complément de salaire ne procède pas de la décision de l'employeur d'appliquer volontairement une convention collective prévoyant ce complément, le paiement est sujet à répétition. • Soc. 24 nov. 1993, ⚖ n° 89-44.820 P : *Dr. soc. 1994. 41*.

II. ÉLÉMENTS DU SALAIRE

A. PRIMES ET GRATIFICATIONS

1° SOURCES

a. Libéralités

8. Notion. Lorsque le caractère bénévole d'une prime liée aux résultats de l'entreprise a été indiqué au personnel, elle ne peut constituer une obligation pour l'employeur dès lors que son montant est pour partie fonction d'éléments subjectifs et discrétionnaires non déterminés par avance avec certitude et ne présentant pas un caractère de fixité. • Soc. 22 janv. 1981, ⚖ n° 79-40.050 P : *D. 1981. IR 434*, obs. Langlois. – Jurisprudence constante : • 6 déc. 1979 : *Bull. civ. V, n° 956* • 21 févr. 1980 : *ibid., n° 166* • 2 juill. 1981 : *ibid., n° 637*.

9. Ne justifie pas légalement sa décision la cour d'appel qui estime qu'un salarié a droit à une prime d'un montant déterminé après avoir constaté que cette prime avait chaque année varié, tantôt en hausse, tantôt en baisse. • Soc. 26 juin 1968 : *Bull. civ. V, n° 330*. – Dans le même sens : • Soc. 30 nov. 1972 : *Bull. civ. V, n° 662* • 7 mai 1981 : *JS UIMM 1981. 506*.

10. Sur le régime juridique des primes et gratifications constitutives d'une libéralité, V. • Soc. 25 janv. 1979 : *D. 1979. IR 331*, obs. Langlois.

b. Usage

11. Principe. Le paiement d'une prime est obligatoire pour l'employeur lorsque son versement résulte d'un usage répondant à des caractères de généralité, de constance et de fixité. • Soc. 28 févr. 1996, ⚖ n° 93-40.883 P.

12. Généralité. Ont répondu aux conclusions dont ils étaient saisis les juges du fond qui ont condamné l'employeur à payer à un salarié la totalité d'une prime de fin d'année, affectée unilatéralement par lui de restrictions nouvelles, dès lors qu'ils ont constaté les caractères de constance et de continuité de la prime versée depuis plus de dix ans à tous les salariés proportionnellement à leur coefficient hiérarchique. • Soc. 22 mars 1979 : *Bull. civ. V, n° 265*. – Dans le même sens : • Soc. 4 janv. 1978 : *Bull. civ. V, n° 6* • 20 juill. 1978 : *ibid., n° 611* • 19 déc. 1979 : *ibid., n° 1023*. ♦ Dans le cas où la rémunération du salarié résulterait exclusivement de l'usage ou de l'engagement unilatéral de l'employeur, la dénonciation régulière de cet usage ou de l'engagement unilatéral ne permet pas à l'employeur de fixer unilatéralement le salaire ; celui-ci doit alors résulter d'un accord contractuel, à défaut duquel il incombe au juge de se prononcer. • Soc. 20 oct. 1998 : ⚖ *préc. note 1*.

13. Constance. Ne présente pas un caractère de constance la prime versée une seule fois auparavant. • Soc. 3 nov. 1976 : *D. 1976. IR 335* • 9 déc. 1976 : *D. 1977. IR 18* • 12 nov. 1987 : *Bull. civ, n° 639*. – V. aussi • Soc. 4 janv. 1978 : *préc. note 12* • 20 juill. 1978 : *ibid.* • 22 mars 1979 : *ibid.* ♦ Comp., pour une prime de soirée : • Soc. 3 juill. 1990, ⚖ n° 89-40.340 P. ♦ En cas de cession d'entreprise, le nouvel employeur ne peut se prévaloir de l'absence de versement de la prime l'année de la cession pour lui dénier le caractère de constance. • Soc. 7 juin 1995 : ⚖ *Defrénois 1997. 105*, note Quétant.

14. Fixité. Est dépourvue de tout caractère obligatoire la prime variable dans son montant et déterminée sans référence à un critère fixe et précis. • Soc. 26 févr. 1976 : *D. 1976. IR 111*. – Dans le même sens : • Soc. 7 juin 1979 : *Bull. civ. V,* n° 489 • 22 janv. 1981 : préc. note 8 • 2 juill. 1987 : Bull. civ. V, n° 442 • 16 juill. 1987 : ibid., n° 499. ♦ Ne peut être réduite la prime qui, loin d'avoir un caractère discrétionnaire, n'a jamais cessé de progresser pendant 15 années, a toujours été calculée, sinon suivant des règles arithmétiques précises, du moins selon une évolution sensiblement parallèle à celle des salaires et du coût de la vie. • Soc. 20 juill. 1978 : préc. note 12. – Dans le même sens : • Soc. 22 mars 1979 : préc. note 12 • 19 déc. 1979 : préc. note 12.

c. Engagement unilatéral

15. Dès lors qu'elle est payée en exécution d'un engagement unilatéral de l'employeur, une prime constitue un élément du salaire et elle est obligatoire dans les conditions fixées par cet engagement, peu important son caractère variable. • Soc. 5 juin 1996, n° 92-43.480 P : GADT, 4ᵉ éd., n° 56 ; Dr. soc. 1996. 973, obs. Couturier ⌀ ; RJS 1996. 666, n° 1047. – Dans le même sens : • Soc. 28 oct. 1997, n° 95-41.873 P : D. 1997. IR 251 ⌀ ; Dr. soc. 1998. 77, obs. Couturier ⌀ ; RJS 1997. 847, n° 1373 ; CSB 1998. 17, A. 6.

d. Contrat de travail

16. Conditions. Dès lors que la lettre d'engagement du salarié prévoyait une gratification attribuée selon les résultats de l'entreprise, le salarié a droit à ces gratifications, l'employeur ne pouvant en refuser le versement en raison de la qualité du travail du salarié, ce qui aurait en toute hypothèse constitué une sanction pécuniaire. • Soc. 17 juill. 1996, n° 93-43.963 P : GADT, 4ᵉ éd., n° 57 ; RJS 1996. 594, n° 923 ; CSB 1996. 329, S. 142 ; Defrénois 1997. 974, note Quétant. ♦ La prime due en vertu du contrat de travail ne peut être supprimée unilatéralement par l'employeur. • Soc. 9 oct. 1996 : RJS 1996. 760, n° 1177. ♦ La prime prévue par un avenant est de nature contractuelle et présente un caractère obligatoire, peu important dès lors que son versement fut ou non constant. • Soc. 1ᵉʳ juill. 1997 : RJS 1997. 675, n° 1093. ♦ Lorsque le montant d'une prime dont l'octroi est prévu au contrat de travail doit résulter d'un accord annuel des parties, il incombe au juge à défaut de conclusion d'un accord sur ce point, de déterminer cette prime en fonction des critères visés au contrat de travail et des accords conclus les années précédentes. • Soc. 27 mai 1998, n° 96-41.152 P : RJS 1998. 557, n° 860. ♦ Dans le même sens : • Soc. 20 oct. 1998, n° 96-40.908 P : Dr. soc. 1999. 125, note Langlois ⌀ ; RJS 1998. 886, n° 1448 ; CBP 1998. 317, A. 47 • Soc. 22 févr. 2000, n° 97-43.465 P : Dr. soc. 2000. 438, obs. Radé ⌀ ; RJS 2000. 295, n° 411.

2° RÉGIME JURIDIQUE

17. Paiement prorata temporis. Le droit au paiement prorata temporis d'une prime de treizième mois à un salarié ayant quitté l'entreprise, quel qu'en soit le motif, avant la date de son versement ne peut résulter que d'une convention ou d'un usage dont il appartient au salarié de rapporter la preuve. • Cass., ass. plén., 5 mars 1993, n° 89-43.464 P : D. 1993. 245, concl. Jéol ⌀ ; JCP 1993. II. 22030, concl. Jéol ; JCP E 1994. II. 531, note Pignarre ; Dr. ouvrier 1993. 195, note Rochois •. 18 oct. 2007 : RDT 2007. 736, obs. Pignarre ⌀ ; RJS 2007. 1026, n° 1279. ♦ Dans le même sens, pour une prime annuelle sur le chiffre d'affaires faisant l'objet de versements trimestriels à titre d'avance : • Soc. 7 avr. 1993 : RJS 1993. 521, n° 868. ♦ ... Pour une prime d'objectifs. • Soc. 17 oct. 2000 : Dr. soc. 2000. 86, obs. Radé ⌀ • 9 avr. 2002 : Dr. soc. 2002. 777, obs. Radé ⌀. ♦ ... Ou pour une prime de treizième mois. • Soc. 28 mai 2003, n° 01-40.591 P : Dr. soc. 2003. 886, obs. Radé ⌀. ♦ V. aussi, à propos de la nécessité de respecter les conditions d'attribution d'une prime : • Soc. 26 oct. 1978 : Bull. civ. V, n° 718 (réduction de la prime d'assiduité à la suite d'une absence pour maladie) • 21 févr. 1979 : D. 1979. IR 420 • 18 avr. 1980 : Bull. civ. V, n° 328 • 3 oct. 1980 : ibid., n° 705.

18. Lorsque le contrat de travail stipule, non pas une prime de treizième mois, mais un salaire annuel égal à treize mois, le salarié quittant l'entreprise a droit à la partie de treizième mois de salaire qui ne lui a pas été versée pendant son temps de présence. • Soc. 19 déc. 1990, n° 88-41.075 P : RJS 1991. 103, n° 184.

19. Disparition. Même si une prime constitue un complément de salaire, elle ne représente pas un élément stable et certain de rémunération lui donnant le caractère d'un droit acquis et irréversible devant être maintenu même après la disparition des circonstances économiques qui ont motivé sa création. • Soc. 5 mars 1980 : Bull. civ. V, n° 222.

20. Sanction pécuniaire prohibée. Le salarié privé d'une prime de fin d'année en raison de faits qualifiés de fautifs par l'employeur subit une sanction pécuniaire prohibée. • Soc. 7 mai 1991 : RJS 1991. 377, n° 705. ♦ Mais la seule circonstance que le versement d'une prime ayant le caractère d'un élément de salaire soit subordonné à la condition d'un défaut d'absence ne constitue pas une sanction pécuniaire. • Soc. 10 juin 1992, n° 88-44.717 P : RJS 1992. 479, n° 683.

B. AUTRES ÉLÉMENTS

21. Avantages en nature. Constitue un avantage en nature, obéissant au régime juridique du salaire la fourniture : d'un véhicule. • Soc. 31 mars 1981 : Bull. civ. V, n° 290. ♦ ... D'un logement. • Soc. 6 mars 1985 : Bull. civ. V, n° 148. ♦ ... Ou celle d'un chèque-restaurant. • Soc. 2 mars 1983 : Bull. civ. V, n° 121.

22. Prime de panier. La prime dite de casse-croûte, uniformément et forfaitairement fixée à une demi-heure de salaire, ne correspond pas à la

valeur du repas apporté par les salariés eux-mêmes et constitue un véritable complément de rémunération versé indépendamment de son utilisation. • Soc. 20 avr. 1972 : *Bull. civ. V, n° 279.* – V. aussi • Soc. 7 juin 1967 : *ibid. IV, n° 455* • 19 oct. 1983 : *ibid. V, n° 513* • 16 juill. 1987 : *ibid., n° 504.*
♦ L'indemnité de repas constitue un remboursement de frais que le salarié dispensé d'exécuter son préavis n'a pas à exposer ; l'employeur ne peut donc être tenu de verser à ce titre un complément d'indemnité de préavis. • Soc. 17 janv. 1980 : *Bull. civ. V, n° 55.*

23. Indemnités de déplacement. Lorsque l'indemnité de petit déplacement est fixée depuis plusieurs années et qu'elle est versée à l'ensemble du personnel quel que soit l'éloignement de son domicile et qu'il ne résulte d'aucun élément qu'elle a été attribuée forfaitairement en vue de rembourser des frais, le conseil de prud'hommes a pu estimer que cette indemnité était un élément du salaire. • Soc. 11 déc. 1980 : *Bull. civ. V, n° 890.* – Déjà dans le même sens : • Soc. 24 janv. 1980 : *Bull. civ. V, n° 76* • 20 mai 1976 : *ibid., n° 302.* ♦ Sur l'indemnité de grand déplacement prévue par l'additif du 7 juin 1963 à la convention collective nationale du 15 déc. 1954 dans le secteur du bâtiment et des travaux publics, V. • Soc. 17 févr. 1971 : *Bull. civ. V, n° 118* • 8 avr. 1976 : *ibid., n° 200* • 7 mai 1991 : ⚖ *RJS 1991. 400, n° 758.* ♦ Le salarié qui s'installe à proximité de son lieu de travail, de sorte que le lieu de résidence figurant sur son bulletin d'embauche ne correspond plus à la situation réelle, ne peut plus bénéficier de l'indemnité de grand déplacement. • Soc. 14 nov. 1990, ⚖ n° 87-43.469 P : *RJS 1990. 640, n° 970.* ♦ Pour une indemnité de détachement, V. • Soc. 12 déc. 1991, ⚖ n° 88-40.450 P : *RJS 1992. 109, n° 150.*

III. FIXATION DU SALAIRE

A. NÉGOCIATION COLLECTIVE

24. Principe de liberté. La fixation des rémunérations salariales, ainsi que de leurs accessoires de toute nature, par des contrats librement passés entre employeurs et salariés relève des principes fondamentaux du droit du travail. • Cons. const. 11 juin 1963 : *D. 1964. 109, note L. Hamon.*

25. Salaire minimum conventionnel. Les minima conventionnels sont définis par rapport à une durée de travail précise ; l'appréciation du respect du montant de ces minima doit donc être effectuée au regard de la durée du travail pratiquée dans l'entreprise. • Soc. 7 sept. 2017, ⚖ n° 15-26.722 P : *RJS 11/2017, n° 738 ; JCP S 2017. 1339, obs. Dumont.* ♦ V. jurispr., ss. art. L. 3231-1, notes 10 et 11.

26. Une prime d'ancienneté peut être calculée conformément à la convention collective sur le salaire minimum de base conventionnel même si ce dernier est inférieur au SMIC. • Soc. 12 avr. 1995 : ⚖ *RJS 1995. 428, n° 651.*

27. Office du juge. Le juge doit constater que la rémunération perçue par le salarié au titre de chacun des mois est au moins égale au salaire minimum conventionnel, primes comprises. • Soc. 7 mai 1991 : ⚖ *RJS 1991. 380, n° 712* • 18 mars 1992 : ⚖ *RJS 1992. 405, n° 737.*

28. Augmentation des minima. Le salarié qui pendant six ans a perçu une rémunération supérieure à celle à laquelle il pouvait prétendre en application de la convention collective n'a pas de droit acquis au maintien de la proportion existant en sa faveur lorsqu'une augmentation conventionnelle est décidée. • Soc. 4 oct. 1978 : *JS UIMM 1979. 132.* – V. aussi : • Soc. 24 janv. 1985 : *Bull. civ. V, n° 61* • 13 juin 1984 : *ibid., n° 244* • 12 mai 1980 : *D. 1981. IR 132, obs. Langlois.* ♦ *Contra,* lorsque la convention prévoit l'augmentation des salaires réels : • Soc. 22 juin 1970 : *Bull. civ. V, n° 436* • 31 mai 1978 : *ibid., n° 417.*

29. Modification du contrat. Une modification du contrat de travail ne peut avoir pour effet de ramener la rémunération des salariés au-dessous des minima légaux ou conventionnels. • Soc. 27 mai 1997 : ⚖ *D. 1997. IR 143* ⊘ *; Dr. soc. 1997. 733, note Savatier* ⊘ *; RJS 1997. 515, n° 793.*

30. Révision conventionnelle. La majoration des taux minimaux ne s'impose pas dans une entreprise payant son personnel à des salaires supérieurs aux taux minimaux fixés conventionnellement. • Soc. 19 déc. 1961 : *Dr. soc. 1962. 287, obs. Savatier.*

31. Indexation. Pour une illustration de la nullité absolue frappant les clauses d'indexation prohibées, V. • Soc. 2 mars 1977 : *Dr. soc. 1977. 485, obs. Savatier* • 3 mai 1979 : *D. 1980. IR 27, obs. Langlois* • 27 févr. 1980 : *Bull. civ. V, n° 197* • 23 sept. 1982 : *D. 1982. IR 508 ; Dr. soc. 1983. 221, note Savatier* • 7 déc. 1983 et • 15 févr. 1984 : *Dr. soc. 1984. 687, note Savatier* • 18 mars 1992, ⚖ n° 88-43.434 P : *D. 1992. IR 119 ; RJS 1992. 348, n° 618.*

32. L'employeur peut unilatéralement suspendre l'indexation automatique appliquée pendant plus de dix ans, le salarié ayant le droit de considérer le contrat de travail comme rompu du fait de la modification importante qui lui est imposée. • Soc. 26 janv. 1978 : *Bull. civ. V, n° 69 ; Dr. soc. 1979. 287, note Savatier.* ♦ Rappr. : • Soc. 16 mai 1984 : *Dr. soc. 1984. 687, note Savatier.*

33. Peut être indexée sur le taux de change du pays dans lequel le salarié exécute son contrat la partie de salaire qui lui est versée dans ce pays. • Soc. 25 oct. 1990, ⚖ n° 87-40.852 P : *D. 1990. IR 278 ; RJS 1990. 640, n° 971.*

34. Recommandation patronale. Ne donne pas de base légale à sa décision le conseil de prud'hommes qui impose à un employeur le respect d'une recommandation patronale sans rechercher si cette recommandation présentait ou non pour lui un caractère impératif. • Soc. 7 nov. 1985 : *Bull. civ. V, n° 520 ; JS UIMM 1986. 141.*

♦ Une recommandation patronale revêt un caractère obligatoire lorsque l'employeur reconnaît être adhérent d'une organisation l'ayant prise et que la recommandation, intervenue après l'échec de tout accord entre les partenaires sociaux sur la question des salaires, a été diffusée à l'ensemble des entreprises adhérentes et que les termes utilisés étaient clairs et précis. • Soc. 29 juin 1999, n° 98-44.348 P : *Dr. soc. 1999. 795*, concl. *Dupat* ⌀ ; *RJS 1999. 667, n° 1063*. ♦ En relevant que le syndicat patronal conseillait une majorations de salaires aux entreprises qui étaient en mesure de le faire, mais ne donnait pas de directives contraignantes, et que l'entreprise ne suivait pas systématiquement ces recommandations, une cour d'appel a pu en déduire que celles-ci n'avaient pas un caractère impératif. • Soc. 28 avr. 1988, n° 85-44.378 P : *D. 1989. 85*, note *Véricel* ; *JS UIMM 1988. 319*.

35. Ont un caractère impératif les recommandations patronales constituant le minimum de relèvement des salaires envisagé par la fédération dans ses rapports avec les salariés et ayant le même caractère impératif que les accords paritaires pour les employeurs adhérents aux organismes patronaux les appliquant habituellement. • Soc. 4 mars 1981 : *Bull. civ. V, n° 180* ; *D. 1982. IR 82*, obs. *Pélissier* ; *JS UIMM 1981. 350*. – V. aussi : • Soc. 8 oct. 1987 : *D. 1989. 85*, note *Véricel* / *Dr. ouvrier 1989. 32*, note *Darves-Bornoz*. ♦ Le caractère obligatoire d'une recommandation peut découler de l'application de règles statutaires du groupement des employeurs. • Soc. 6 juill. 1961, n° 3.831 P : *Dr. soc. 1961. 550*, obs. *Savatier* / *JCP 1961. II. 12331*, note *J. Blaise*. ♦ Revêt une force contraignante la recommandation patronale diffusée à l'ensemble des entreprises adhérentes dont les termes utilisés sont clairs et précis en ce qui concerne le montant de la prime et les modalités de son versement. • Soc. 6 janv. 2011 : *RDT 2011. 388*, obs. *Tissandier* ⌀.

36. L'engagement pris par l'employeur de se conformer aux prescriptions de la convention collective s'applique aux accords de salaire, sans impliquer l'acceptation par avance de recommandations unilatérales émanant d'une organisation patronale dont il n'est pas membre. • Soc. 4 janv. 1978 : *Bull. civ. V, n° 8* ; *D. 1978. IR 91*.

B. CONTRAT DE TRAVAIL

37. Validité de la part variable. Sont illicites les modalités de fixation de la rémunération variable dès lors que les honoraires servant de base de calcul à la rémunération variable étaient ceux qui étaient retenus par la direction générale à laquelle était rattaché le salarié pour l'établissement du compte d'exploitation, ce dont il résultait que la variation de la rémunération dépendait de la seule volonté de l'employeur. • Soc. 9 mai 2019, n° 17-27.448 P : *D. 2019. Actu. 1053* ⌀ ; *Dr. soc. 2019. 641*, obs. *Radé* ⌀ ; *RJS 7/2019, n° 430* ; *JCP S 2019. 1178*, obs. *Morand*.

38. Fixation de la part variable. Une clause du contrat de travail peut prévoir une variation de la rémunération du salarié dès lors qu'elle est fondée sur des éléments objectifs indépendants de la volonté de l'employeur, qu'elle ne fait pas porter le risque d'entreprise sur le salarié et n'a pas pour effet de réduire la rémunération en-dessous des minima légaux et conventionnels. • Soc. 2 juill. 2002, n° 00-13.111 P : *D. 2003. Somm. 391*, obs. *Wauquier* ⌀ ; *Dr. soc. 2002. 998*, obs. *Radé* ⌀ ; *RJS 10/2002, n° 1076*. ♦ Le salarié doit pouvoir vérifier que le calcul de sa rémunération a été effectué conformément aux modalités prévues par le contrat de travail. • Soc. 29 janv. 2008, n° 06-42.712 P : *RDT 2008. 310*, note *Fabre* ⌀ ; *Dr. soc. 2008. 501*, obs. *A. Mazeaud* ⌀ ; *RJS 4/2008, n° 396* ; *JCP S 2008. 1410*, obs. *Drai*. • 18 juin 2008, n° 07-41.910 P : *D. 2008. AJ 1832*, obs. *Ines* ⌀ ; *ibid. 2209*, note *Gaba* ⌀ ; *RJS 8-9/2008, n° 874* ; *JCP S 2008. 1410*, obs. *Morvan*.

39. Office du juge. Lorsque le montant de la partie variable du salaire n'a pas été fixé par les parties, contrairement aux prévisions du contrat, il appartient au juge de fixer la rémunération en fonction des critères visés au contrat et des accords conclus précédemment. • Soc. 22 mai 1995, n° 91-41.584 P : *GADT*, 4ᵉ éd., n° 55 ; *Dr. soc. 1995. 668* ; *RJS 1995. 513*. ♦ Dans le même sens : • Soc. 27 mai 1998, n° 96-41.152 P : *RJS 1998. 557, n° 860* • Soc. 20 oct. 1998, n° 96-40.908 P : *Dr. soc. 1999. 125*, note *Langlois* ⌀ ; *RJS 1998. 886, n° 1448* • Soc. 22 févr. 2000, n° 97-43.465 P : *Dr. soc. 2000. 438*, obs. *Radé* ⌀ ; *RJS 2000. 295, n° 411*. ♦ A défaut d'un accord entre l'employeur et le salarié sur le montant de cette rémunération variable, il incombe au juge de déterminer en fonction des critères visés au contrat et des accords conclus lors des années précédentes, de sorte que, si l'objectif de résultats dont le contrat de travail fait dépendre la rémunération variable n'a pas été déterminé, il appartient au juge de le fixer par référence aux années antérieures. • Soc. 4 juin 2009 : *RDT 2009. 524*, obs. *Pignarre* ⌀ ; *RJS 2009. 636, n° 711* ; *Dr. ouvrier 2009. 515*, obs. *Sabatté* / *JCP S 2009. 1308*, obs. *Beyneix*.

40. Condition de présence dans l'entreprise. Un contrat peut prévoir que les commissions ne seront versées que si le salarié est présent dans l'entreprise au moment où les conditions d'exigibilité de ces commissions sont remplies ; une telle clause n'est pas purement potestative dès lors que son application dépend d'éléments qui sont pour partie étrangers à la volonté de l'employeur. • Soc. 7 janv. 1992 : *Dr. soc. 1992. 190* ⌀ ; *RJS 1992. 108, n° 149* • 19 juill. 1995 : *RJS 1995. 719, n° 1131*. ♦ Une telle clause ne peut être écartée que si le salarié démontre soit la faute de l'employeur ayant empêché la réalisation de l'une des conditions, soit la réduction du salaire à un montant inférieur au minimum légal ou conventionnel. • Soc. 7 janv. 1992 : 🛡 préc. ♦ Dans le même sens : • Soc. 13 nov. 2002 : 🛡 Dr. soc. 2003. 228, obs. Radé ∅ (licenciement sans cause réelle et sérieuse).

41. Si l'employeur peut assortir la prime qu'il institue de conditions, il convient, dans ce cas, que celles-ci ne portent pas atteinte aux libertés et droits fondamentaux du salarié (maintien de la présence du salarié dans l'entreprise au cours des six mois suivant le versement de la prime). • Soc. 18 avr. 2000, 🛡 n° 97-44.235 P : D. 2000. IR 150 ∅ ; Dr. soc. 2000. 646, obs. Radé ∅.

42. Rémunération proportionnelle. Il n'est pas illicite de convenir d'une rémunération proportionnelle au chiffre d'affaires réalisé par le salarié, déduction faite des différentes charges d'exploitation de l'employeur, y compris les charges sociales. • Soc. 10 nov. 1993, 🛡 n° 89-44.063 P. ♦ Dès lors que la lettre d'engagement du salarié prévoyait une gratification attribuée selon les résultats de l'entreprise, le salarié a droit à cette gratification, l'employeur ne pouvant en refuser le versement en raison de la qualité du travail du salarié, ce qui aurait en toute hypothèse constitué une sanction pécuniaire. • Soc. 17 juill. 1996, 🛡 n° 93-43.963 P : GADT, 4ᵉ éd., n° 57 ; RJS 1996. 594, n° 923 ; CSB 1996. 329, S. 142 ; Defrénois 1997. 974, note Quétant.

43. Forfait. Ni l'absence de mention d'heures supplémentaires sur les fiches de paie, ni le fait que des accords fussent intervenus sur la réduction d'horaires n'implique nécessairement l'existence d'un accord sur une rémunération forfaitaire. • Soc. 28 oct. 1981 : Bull. civ. V, n° 839. ♦ V. aussi : • Soc. 11 déc. 1980 : ibid., n° 885 (la convention de forfait ne se présume pas) • 11 oct. 1984 : ibid., n° 371 (la preuve d'une convention de forfait peut être apportée conformément au droit commun).

44. La seule fixation d'une rémunération forfaitaire, sans que soit déterminé le nombre d'heures supplémentaires inclus dans cette rémunération, ne permet pas de caractériser une convention de forfait, peu important à cet égard que le salarié ait disposé d'une liberté dans l'organisation de son travail. • Soc. 9 avr. 2002 : 🛡 Dr. soc. 2002. 777, obs. Radé ∅.

45. Aucune disposition légale ou réglementaire n'exige l'existence d'un écrit pour l'établissement d'une convention de forfait. • Soc. 11 janv. 1995 : 🛡 RJS 1995. 99, n° 109 (salarié d'un club de vacances ne contestant pas que ses fonctions incluaient des tâches d'animation pour l'exécution desquelles sa disponibilité auprès de la clientèle était requise sans référence à des temps de travail particuliers).

46. Modification de la rémunération contractuelle. Le mode de rémunération contractuel d'un salarié constitue un élément du contrat de travail qui ne peut être modifié sans son accord, peu important que l'employeur prétende que le nouveau mode serait plus avantageux, une clause du contrat ne peut valablement permettre à l'employeur de modifier unilatéralement la rémunération contractuelle du salarié. • Soc. 30 mai 2000, 🛡 n° 98-44.016 P : D. 2001 ; Somm. 738, obs. Lokiec ; RJS 7/2000, n° 772 • 27 févr. 2001, 🛡 n° 99-40.219 P : D. 2001. Somm. 2166, obs. Frossard ∅ ; Dr. soc. 2001. 514, note Radé ∅ ; RJS 5/2001, n° 562 ; JCP 2001. I. 330, obs. Loiseau.

47. Renonciation. La renonciation à un salaire ou à des compléments de salaire fixés par des dispositions d'ordre public ne se présume pas et ne peut résulter, sauf circonstances particulières, de la simple perception, même prolongée, par le salarié des paiements qui lui sont faits. • Soc. 3 juill. 1973 : Bull. civ. V, n° 438 • 25 janv. 1989 : ibid., n° 59.

48. Le fait pour un salarié d'avoir travaillé plusieurs années sans percevoir la rémunération convenue n'emporte pas renonciation au paiement des sommes dues. • Soc. 7 oct. 1987 : JS UIMM 1988. 630 ; Dr. ouvrier 1989. 31. – Dans le même sens : • Soc. 2 févr. 1983 : Bull. civ. V, n° 69. ♦ Comp., en cas d'adhésion implicite à un blocage des salaires répondant à une nécessité économique : • Soc. 22 juin 1983 : D. 1984. IR 19 • 28 févr. 1985 : Bull. civ. V, n° 139 ; D. 1985. IR 454, obs. A. Lyon-Caen. – V. aussi : • Soc. 21 oct. 1976 : D. 1976. IR 292.

49. Attestation de l'employeur. L'attestation destinée à un tiers, en l'espèce un établissement bancaire, indiquant que le salarié percevra un minimum annuel de 328 507 F ne suffit pas à constituer un engagement de l'employeur envers son salarié. • Soc. 17 mars 1999 : 🛡 RJS 1999. 411, n° 666 ; Dr. soc. 1999. 503, note Couturier ∅.

TITRE II ÉGALITÉ DE RÉMUNÉRATION ENTRE LES FEMMES ET LES HOMMES

COMMENTAIRE

V. sur le Code en ligne 🛡.

CHAPITRE I PRINCIPES

RÉP. TRAV. v^{is} *Salaire (Fixation, montant)*, par Bouilloux ; *Discrimination*, par Lanquetin.

BIBL. GÉN. ▶ Aubert-Monpeyssen, *Dr. soc.* 2005. 18 (principe « A travail égal, salaire égal » et politiques de gestion des rémunérations) ; *JCP E* 2009. 1884. - Aubert-Monpeyssen et Gasser, *RDT* 2007. Contr. 632. - Auzero et Chonnier, *Dr. soc.* 2011. 52 (conventions et accords collectifs à l'épreuve de l'égalité de traitement). - Auzero, *RDT* 2012. 269 (avantages catégoriels, principe d'égalité et négociation collective). - Bailly, *RJS* 2014. 299 (égalité dans les relations individuelles de travail). - Bughin et Payen, *Travail et Emploi*, 1985, n° 23, p. 49. - Byre, *Dr. soc.* 1988. 815 (droit anglais). - Cesaro, *JCP S* 2011. 1206 (le statut des cadres à l'épreuve du principe d'égalité). - Devaud, *ibid.* 1976, n° spéc. janv., S 39. - Hannelais, *JSL* 2005, n° 173-2. - Huglo, *RJS* 3/2018, p. 179 (accords collectifs et principe d'égalité de traitement). - Jeansen et Pagnerre, *JCP S* 2012. 1338 (les avantages catégoriels contenus dans les accords collectifs, une espèce en voie d'extinction). - Junter-Loiseau, *ibid.* 1990, n° 109. - Lanquetin, *Dr. soc.* 2006. 624. - Leroy, *RJS* 2002. 887 (égalité professionnelle). - Loiseau, *RJS* 8-9/2018, n° 615 (crépuscule du principe d'égalité de traitement). - Loschak, *ibid.* 1987. 778 (notion de discrimination). - Morand, *JCP E* 2008. 1754 (statut collectif et égalité de rémunération). - Omarjee et Loiseau, *RDT* 2019. Controverse 301 (l'accord collectif comme justification d'une inégalité de traitement : quelles limites ?). - Poirier, *Dr. ouvrier* 2009. 425 et 491 (égalité de traitement et différences de statut). - Ray, *Dr. soc.* 1990. 83 ; *ibid.* 2011. 42 (à travail inégal, salaire inégal). - Rongère, *ibid.* 1990. 99. - Serizay, *JSL* 2015, n° 384-1 (égalité : le retour vers la raison ?). - Sousi-Roubi, *ibid.* 1980. 31. - Tillié, *Dr. ouvrier* 1981. 367. - Vachet, *Dr. soc.* 2008. 1046 (à travail égal, salaire égal). - Van Raepenbusch, *RJS* 1994. 3 (jurisprudence de la CJCE) ; *ibid.* 1999. 7 (égalité de traitement). - Vergne, *JSL* 2008, n° 232-1 (principe « A travail égal, salaire égal »).

Art. L. 3221-1 Les dispositions des articles L. 3221-2 à L. 3221-7 sont applicables, outre aux employeurs et salariés mentionnés à l'article L. 3211-1, à ceux non régis par le code du travail et, notamment, aux agents de droit public. — *[Anc. art. L. 140-5.]* — *V. art. R. 3221-2.*

Art. L. 3221-2 Tout employeur assure, pour un même travail ou pour un travail de valeur égale, l'égalité de rémunération entre les femmes et les hommes. — *[Anc. art. L. 140-2, al. 1er.]* — *V. art. L. 3222-1 et R. 3222-1 (pén.).*

V. aussi Dir. (UE) 2023/970 du Parlement européen et du Conseil du 10 mai 2023 visant à renforcer l'application du principe de l'égalité des rémunérations entre les femmes et les hommes pour un même travail ou un travail de même valeur par la transparence des rémunérations et les mécanismes d'application du droit, App. I. D.

COMMENTAIRE

V. sur le Code en ligne 🔒.

I. ÉGALITÉ SALARIALE ENTRE LES FEMMES ET LES HOMMES

1. Champ d'application. Le principe selon lequel un même travail doit être rémunéré de la même façon, qu'il soit accompli par un travailleur masculin ou par un travailleur féminin, n'est pas applicable lorsque les différences observées dans les conditions de rémunération de travailleurs de sexe différent effectuant un même travail ne peuvent être attribuées à une source unique (législateur, parties à une convention collective ou direction de l'entreprise). ● CJCE 17 sept. 2002, n° C-320/00, *Lawrence et Regent Office Care Ltd et a.* : *RJS* 2002. 1065, n° 1454.

2. Travail égal, ou de valeur égale. V. jurispr. ss. art. L. 3221-4.

3. Différences de traitement injustifiées. Les art. 3, § 1 et 2, § 4, de la Dir. 76/207/CEE du Conseil du 9 févr. 1976, relative à la mise en œuvre du principe de l'égalité de traitement entre hommes et femmes en ce qui concerne l'accès à l'emploi, à la formation et à la promotion professionnelles, et les conditions de travail, doivent être interprétés en ce sens qu'ils s'opposent à une réglementation nationale qui réserve l'inopposabilité des limites d'âge pour l'accès aux emplois publics aux veuves non remariées qui se trouvent dans l'obligation de travailler, à l'exclusion des veufs non remariés qui sont dans la même situation. ● CJCE 30 sept. 2004, n° C-319/03, *Serge X... c/ Min. de l'Intérieur et a.* : *BICC* n° 608 du 15 nov. 2004, n° 1667.

4. L'épouse d'un gardien d'immeuble doit recevoir une rémunération identique à celle de son mari dès lors que tous les deux ont été engagés comme gardiens d'immeuble et qu'aucun document ne comportait une spécification de leurs tâches et qu'ils accomplissaient en la même qualité le même travail. ● Soc. 19 févr. 1992, n° 88-

45.217 P : *CSB 1992. 111, A. 20 ; RJS 1992. 259, n° 447.* ♦ L'attribution de prime de crèche aux mères de famille prévue par accord collectif doit bénéficier aux pères de famille remplissant les conditions prévues par l'accord. • Soc. 27 févr. 1991, 🏛 n° 90-42.239 P : *D. 1991. IR 89 ; RJS 1991. 227, concl. Picca* • 8 oct. 1996 : 🏛 *D. 1996. IR 243 ; RJS 1996. 760, n° 1178 ; CSB 1997. 20, S. 5 et 6.* ♦ Dans le même sens pour un complément d'indemnité de congés payés. • Soc. 9 avr. 1996, 🏛 n° 94-43.279 P : *CSB 1996. 201, A. 43.* ♦ Dans la mesure où les dispositions d'une convention collective prévoyant le versement d'une prime familiale à chaque salarié du réseau, chef de famille, ne sont assorties d'aucune restriction, tout salarié dont le conjoint, salarié d'un autre employeur, perçoit un supplément de rémunération au titre des enfants dont ils ont la charge ou dont ils contribuent à l'entretien, doit percevoir cette prime. • Soc. 10 mars 2004, n° 02-40.010 P : *Dr. soc. 2004. 558, obs. Radé* ✎.

5. Un texte réglementaire ne peut accorder une priorité absolue et inconditionnelle aux candidatures de certaines catégories de femmes, au nombre desquelles figurent les femmes divorcées non remariées qui se trouvent dans l'obligation de travailler, en réservant à celles-ci le bénéfice de l'inopposabilité des limites d'âge pour l'accès au statut d'agent permanent de la RATP, à l'exclusion des hommes divorcés non remariés qui sont dans la même situation. • Soc. 18 déc. 2007, 🏛 n° 06-45.132 P : *RJS 2008. 251, n° 319 ; JSL 2008, n° 226-5 ; Dr. soc. 2008. 246, obs. Radé* ✎.

6. Différences de traitement justifiées. Le principe « à travail égal, salaire égal », qui est également consacré par l'art. 11 du Traité CE, ne s'oppose pas au versement d'une allocation forfaitaire aux seuls travailleurs féminins qui partent en congé de maternité, dès lors que cette allocation est destinée à compenser les désavantages professionnels qui résultent pour ces travailleurs de leur éloignement du travail. • CJCE 16 sept. 1999, 🏛 n° C-218/98 : *RJS 1999. 844, n° 1375* • Soc. 21 mars 2000, 🏛 n° 98-45.485 P : *D. 2000. IR 124* ✎ ; *Dr. soc. 2000. 645, obs. Radé* ✎ ; *RJS 2000. 372, n° 536.*

7. Ancienneté. Le recours au critère de l'ancienneté étant, en règle générale, apte à atteindre le but légitime de récompenser l'expérience acquise qui met le travailleur en mesure de mieux s'acquitter de ses prestations, l'employeur ne doit pas spécialement établir que le recours à ce critère est apte à atteindre ledit but en ce qui concerne un emploi donné, à moins que le travailleur fournisse des éléments susceptibles de faire naître des doutes sérieux à cet égard. • CJCE 3 oct. 2006, n° C-17-05 : *RDT 2006. 393, obs. Aubert-Monpeyssen* ✎ ; *RJS 2006. 199, n° 298.*

8. Référé probatoire. Il appartient au juge saisi d'une demande de communication de pièces sur le fondement de l'art. 145 C. pr. civ., d'abord, de rechercher si cette communication n'est pas nécessaire à l'exercice du droit à la preuve de l'inégalité de traitement alléguée et proportionnée au but poursuivi et s'il existe ainsi un motif légitime de conserver ou d'établir avant tout procès la preuve de faits dont pourrait dépendre la solution d'un litige, ensuite, si les éléments dont la communication est demandée sont de nature à porter atteinte à la vie personnelle d'autres salariés, de vérifier quelles mesures sont indispensables à l'exercice du droit à la preuve et proportionnées au but poursuivi, au besoin en cantonnant le périmètre de la production de pièces sollicitée. • Soc. 8 mars 2023, 🏛 n° 21-12.492 B : *D. 2023. 505* ✎ ; *RJS 6/2023, n° 296 ; Gaz. Pal. 30 mai 2023, p. 59, obs. Sereno ; JSL 2023, n° 562-4, obs. Tissandier.*

II. ÉGALITÉ SALARIALE

A. CHAMP D'APPLICATION

1° PRINCIPE « À TRAVAIL ÉGAL, SALAIRE ÉGAL » ÉTENDU AUX SALARIÉS DE MÊME SEXE

9. Principe. Le principe « à travail égal, salaire égal », énoncé par les art. L. 133-5, 4, et L. 136-2, 8° [L. 2261-22 et L. 2271-1 nouv.], dont la règle de l'égalité des rémunérations entre hommes et femmes n'est qu'une application, impose à l'employeur d'assurer l'égalité de rémunération entre tous les salariés de l'un ou l'autre sexe, pour autant que les salariés en cause sont placés dans une situation identique. • Soc. 29 oct. 1996, 🏛 n° 92-43.680 P : *GADT, 4ᵉ éd., n° 71 ; D. 1998. Somm. 259, note Lanquetin* ✎ ; *Dr. soc. 1996. 1013, note A. Lyon-Caen* ✎ ; *CSB 1997. 5, A. 1, note A. P. et J. M. ; RJS 1996. 821, n° 1272 ; LPA 22 nov. 1996, note Picca.* – Langlois, *D. 1997. Chron. 45 (III, C)* ✎. – V. aussi • Soc. 15 déc. 1998, n° 95-43.630 P : *Dr. soc. 1999. 187, obs. Bonnechère* ✎.

10. Champ d'application. Le principe « à travail égal, salaire égal » ne s'applique pas dans la mesure où les salariés qui revendiquaient le bénéfice d'un jour de congé supplémentaire n'appartenaient pas aux entreprises au sein desquelles ce droit était reconnu en vertu d'un usage ou d'un engagement unilatéral de l'employeur ou d'un statut de droit public. • Soc. 6 juill. 2005, 🏛 n° 03-43.074 P : *D. 2005. IR 2105* ✎ ; *Dr. soc. 2006. 98, obs. Radé* ✎ ; *RJS 2005. 697, n° 979.* ♦ Le principe d'égalité de traitement n'est pas applicable entre salariés d'entreprises différentes, peu important qu'elles appartiennent au même groupe. • Soc. 16 sept. 2015, 🏛 n° 13-28.415 P : *D. 2015. Actu. 1898* ✎ ; *RJS 12/2015, n° 779 ; JSL 2015, n° 396-2, obs. Lhernould ; JCP S 2015. 1408, obs. Daniel.*

11. Cas particulier des salariés au sein d'une même UES. Au sein d'une UES, qui est composée de personnes juridiques distinctes, pour la détermination des droits à rémunération d'un salarié, il ne peut y avoir comparaison entre les conditions de rémunération de ce salarié et celles d'autres salariés compris dans l'UES que si ces conditions

SALAIRE ET AVANTAGES DIVERS

sont fixées par la loi, une convention ou un accord collectif commun, ainsi que dans le cas où le travail de ces salariés est accompli dans un même établissement. • Soc. 1er juin 2005, ⚖ n° 04-42.143 P : *D. 2006. Pan. 32, obs. Escande-Varniol ⊘ ; Dr. soc. 2005. 1049, obs. Radé ⊘ ; RJS 2005. 611, n° 546 ; Dr. ouvrier 2005, A. 69, obs. Charbonneau ; JSL 2005, n° 171-2 ; SSL 2005, n° 1219.*

2° PRINCIPE D'ÉGALITÉ DE TRAITEMENT

12. Principe. Le principe d'égalité de traitement impose de rechercher si des retenues opérées pour fait de grève entre deux catégories de personnels aboutissent à des résultats différents au regard du mode de rémunération applicable à chacune des deux catégories de personnels. • Soc. 10 juin 2008, ⚖ n° 06-46.000 P : *D. 2008. 1770 ⊘ ; ibid. 2009. 191, obs. Centre de recherche en droit social de l'Institut d'études du travail de Lyon ⊘ ; Dr. soc. 2008. 981, obs. Radé ⊘ ; SSL 2008, n° 1359, p. 10, entretien avec P. Bailly.*

13. Articulation des principes. Lorsque la différence de traitement entre des salariés placés dans une situation identique au regard de l'avantage considéré résulte des termes mêmes de l'accord collectif, il y a lieu de faire application du principe d'égalité de traitement sans recourir nécessairement à une comparaison entre salariés de l'entreprise effectuant le même travail ou un travail de valeur égale. • Soc. 23 mars 2011, ⚖ n° 09-42.666 P : *D. 2011. Actu. 1021, obs. Ines ⊘ ; RJS 2011. 458, n° 496 ; Dr. soc. 2011. 592, obs. Radé ⊘ ; JCP S 2011. 1243, obs. Cesaro.*

14. Comparaison limitée aux salariés. Un salarié qui se prévaut du principe d'égalité de traitement ne peut utilement invoquer la comparaison de sa situation avec des non-salariés ; il ne peut y avoir une comparaison utile entre un médecin exerçant à titre libéral et les médecins salariés d'un établissement. • Soc. 16 déc. 2015, ⚖ n° 14-11.294 P : *D. 2016. Actu. 83 ⊘ ; ibid. Pan. 814, obs. Porta ⊘ ; D. actu. 12 janv. 2016, obs. Peyronnet ; RJS 3/2016, n° 159 ; JCP S 2016. 1097, note Daniel.*

15. Régimes de prévoyance. En raison des particularités des régimes de prévoyance incluant la protection sociale complémentaire, qui reposent sur une évaluation des risques garantis, en fonction des spécificités de chaque catégorie professionnelle, prennent en compte un objectif de solidarité et requièrent dans leur mise en œuvre la garantie d'un organisme extérieur à l'entreprise, l'égalité de traitement ne s'applique qu'entre les salariés relevant d'une même catégorie professionnelle. • Soc. 9 juill. 2014 : *RJS 2014. 651, n° 764.*

16. Égalité de traitement et effet relatif de la chose jugée. Des salariés ne peuvent revendiquer un avantage sur le seul fondement des effets d'une décision rendue dans une instance où ils ne sont ni parties ni représentés, la différence de traitement trouvant dans ce cas son origine et sa justification dans l'effet relatif de la chose jugée. • Soc. 23 oct. 2013 : *RJS 1/2014, n° 42.*

17. Égalité de traitement et transaction. Un salarié ne peut invoquer le principe d'égalité de traitement pour remettre en cause les droits et avantages d'une transaction revêtue de l'autorité de la chose jugée et dont il ne conteste pas la validité. • Soc. 30 nov. 2011, ⚖ n° 10-21.119 P : *RJS 2012. 125, n° 143.*

B. EXISTENCE D'UNE DIFFÉRENCE DE TRAITEMENT

18. Avantages accordés discrétionnairement. Ne viole pas la règle « à travail égal, salaire égal » et ne constitue pas une mesure discriminatoire le fait pour un employeur de subordonner l'octroi d'un avantage en nature, résultant d'un engagement unilatéral de sa part, à des conditions particulières, dès lors que tous les salariés de l'entreprise peuvent bénéficier, dans les mêmes conditions, de l'avantage accordé. • Soc. 18 mai 1999, ⚖ n° 98-40.201 P : *Dr. soc. 1999. 747, obs. Radé. ⊘* ◆ L'employeur ne peut opposer son pouvoir discrétionnaire pour se soustraire à son obligation de justifier de façon objective et pertinente une différence de rémunération. • Soc. 30 avr. 2009, ⚖ n° 07-40.527 P : *D. 2009. AJ 1420, obs. Perrin ⊘ ; ibid. Pan. 2128, obs. Auber ⊘ ; RDT 2009. 516, obs. Aubert-Monpeyssen ⊘ ; RJS 2009. 561, n° 631 ; Dr. soc. 2009. 1006, obs. Radé ⊘ ; JSL 2009, n° 256-5 ; Dr. ouvrier 2009. 459, obs. Ménard ; SSL 2009, n° 1399, p. 10.* ◆ Les règles déterminant l'octroi de cet avantage doivent être préalablement définies et contrôlables. • Soc. 18 janv. 2000, ⚖ n° 98-44.745 P : *D. 2000. IR 118 ⊘ , Dr. soc. 2000. 436, obs. Radé ⊘ ; RJS 2000. 190, n° 277* • 27 mars 2007 : *RDT 2007. 393, note Aubert-Monpeyssen ⊘.*

19. Rémunération. Dans la comparaison de rémunération entre les salariés effectuant un même travail ou un travail de valeur égale, il ne faut pas tenir compte de l'indemnité de précarité qui compense la situation dans laquelle le salarié est placé du fait de son CDD ; il faut se placer sur le terrain de l'existence d'une différence de traitement au regard de la rémunération. • Soc. 10 oct. 2012 : *D. actu. 31 oct. 2012, obs. Siro ; RJS 2013. 29, n° 10 ; JCP S 2012. 1529, obs. Sébille.*

20. Évolution de carrière. Le principe d'égalité de traitement ne fait pas obstacle à ce que les salariés embauchés postérieurement à l'entrée en vigueur d'un nouveau barème conventionnel soient appelés dans l'avenir à avoir une évolution de carrière plus rapide dès lors qu'ils ne bénéficient à aucun moment d'une classification ou d'une rémunération plus élevée que celle des salariés embauchés antérieurement à l'entrée en vigueur du nouveau barème et placés dans une situation identique ou similaire. • Soc. 7 déc. 2017, ⚖ n° 16-14.235 P : *D. actu. 8 janv. 2018, obs.*

Peyronnet ; D. 2017. Actu. 2541 ⌀ ; RJS 2/2018, n° 91 ; JCP S 2018. 1040, obs. Barège ; JSL 2018, n° 447-2, obs. Lhernould.

C. JUSTIFICATION DES DIFFÉRENCES DE TRAITEMENT

1° DIFFÉRENCES D'ORIGINE CONVENTIONNELLE

a. Application de la présomption de justification

21. Salariés appartenant à des catégories professionnelles différentes. Les différences de traitement entre catégories professionnelles opérées par voie de conventions ou d'accords collectifs, négociés et signés par les organisations syndicales représentatives, investies de la défense des droits et intérêts des salariés et à l'habilitation desquelles ces derniers participent directement par leur vote, sont présumées justifiées de sorte qu'il appartient à celui qui les conteste de démontrer qu'elles sont étrangères à toute considération de nature professionnelle. • Soc. 27 janv. 2015, ⚐ n°s 13-22.179, 13-25.437 et 13-14.773 (3 arrêts) : D. actu. 6 févr. 2015, obs. Peyronnet ; D. 2015. Actu. 270 ⌀ ; RDT 2015. 339, obs. Peskine ⌀ ; ibid. 472, obs. Pignarre ⌀ ; Dr. soc. 2015. 237, note Fabre ⌀ ; SSL 2015, n° 1663, p. 7, obs. Pécaut-Rivolier ; RJS 3/2015, n° 172.

22. Salariés exerçant des fonctions distinctes. Les différences de traitement entre les salariés exerçant, au sein d'une même catégorie professionnelle, des fonctions distinctes, opérées par voie de convention ou d'accord collectifs, négociés et signés par les organisations syndicales représentatives, investies de la défense des droits et intérêts des salariés et à l'habilitation desquelles ces derniers participent directement par leur vote, sont présumées justifiées de sorte qu'il appartient à celui qui les conteste de démontrer qu'elles sont étrangères à toute considération de nature professionnelle. • Soc. 8 juin 2016, ⚐ n° 15-11.324 P : D. actu. 15 juin 2016, obs. Peyronnet ; D. 2016. Actu. 1259 ⌀ ; RJS 8-9/2016, n° 542 ; D. 2016. 1593, obs. Ducloz ⌀ ; JSL 2016, n° 414-2, obs. Tissandier ; JCP S 2016. 1321, note Bossu. ♦ N'est pas étrangère à des considérations professionnelles, s'agissant du bénéfice d'une indemnité de logement, de la prise en compte des spécificités de la fonction de chef d'agence et de cadre de direction. • Même arrêt. ♦ La présomption de justification d'une différence de traitement établie par accords collectifs entre cadres sur l'octroi d'une indemnité de repas n'est pas renversée dès lors que, certains d'entre eux étant amenés à exposer des frais plus importants dans le cadre de leurs fonctions, cette différence n'est pas étrangère à toute considération professionnelle. • Soc. 26 avr. 2017, ⚐ n° 15-23.968 P : D. actu. 22 mai 2017, obs. Ines.

23. Salariés appartenant à des établissements distincts. Les différences de traitement entre des salariés appartenant à la même entreprise mais à des établissements distincts, opérées par voie d'accords d'entreprise négociés et signés par les organisations syndicales représentatives au sein de l'entreprise, investies de la défense des droits et intérêts des salariés de l'ensemble de cette entreprise et à l'habilitation desquelles ces derniers participent directement par leur vote, sont présumées justifiées de sorte qu'il appartient à celui qui les conteste de démontrer qu'elles sont étrangères à toute considération de nature professionnelle. • Soc. 4 oct. 2017, ⚐ n° 16-17.517 P : D. 2017. Actu. 1981 ⌀ ; RJS 12/2017, n° 780 ; JSL 2017, n° 442-2, obs. Lhernould ; JCP S 2017. 1391, obs. Cesaro ; Gaz. Pal. 12 déc. 2017, Jur. p. 51, obs. Harir • Soc. 30 mai 2018, ⚐ n° 17-12.782 P : D. actu. 19 juin 2018, obs. Peyronnet ; D. 2018. Actu. 1210 ⌀ ; RJS 8-9/2018, n° 565 ; JSL 2018, n° 457-4, obs. Tissandier (accord de fin de conflit).

24. Salariés relevant d'accord d'établissements distincts. Les différences de traitement entre des salariés appartenant à la même entreprise mais à des établissements distincts, opérées par voie d'accords d'établissement négociés et signés par les organisations syndicales représentatives au sein de ces établissements, investies de la défense des droits et intérêts des salariés de l'ensemble de cette entreprise et à l'habilitation desquelles ces derniers participent directement par leur vote, sont présumées justifiées, de sorte qu'il appartient à celui qui les conteste de démontrer qu'elles sont étrangères à toute considération de nature professionnelle. • Soc. 3 nov. 2016, ⚐ n° 15-18.444 P : D. actu. 21 nov. 2016, obs. Peyronnet ; D. 2016. Actu. 2286 ⌀ ; ibid. 2017. Pan. 2275, obs. Lokiec ⌀ ; RDT 2017. 140, obs. Odoul-Asorey ⌀ ; Dr. soc. 2017. 87, obs. Antonmattéi ⌀ ; RJS 1/2017, n° 7 ; JSL 2016, n° 421-422-1, obs. Tissandier ; JCP S 2016. 1392, obs. Cesaro • Soc. 27 sept. 2017, ⚐ n°s 16-60.238 et 16-60.264 P : D. actu. 24 oct. 2017, obs. Peyronnet ; D. 2017. Actu. 1981 ⌀ ; RJS 12/2017, n° 807 ; JSL 2017, n° 443-444-5, obs. Patin ; JCP S 2017. 1371, obs. Pagnerre.

b. Mise à l'écart de la présomption de justification

25. Limites à la présomption de justification. La reconnaissance d'une présomption générale de justification de toutes différences de traitement entre les salariés opérées par voie de conventions ou d'accords collectifs, de sorte qu'il appartient à celui qui les conteste de démontrer que celles-ci sont étrangères à toute considération de nature professionnelle, serait, dans les domaines où est mis en œuvre le droit de l'Union, contraire à celui-ci en ce qu'elle ferait reposer sur le seul salarié la charge de la preuve de l'atteinte au principe d'égalité et en ce qu'un accord collectif n'est pas en soi de nature à justifier une différence de traitement ; dans ces domaines, une telle présomption se trouverait privée d'effet dans la

SALAIRE ET AVANTAGES DIVERS

Art. L. 3221-2 1199

mesure où les règles de preuve propres au droit de l'Union viendraient à s'appliquer ; partant, la généralisation d'une présomption de justification de toutes différences de traitement ne peut qu'être écartée. ● Soc. 3 avr. 2019, 🛡 n° 17-11.970 P : *D. actu. 11 avr. 2019*, obs. Peyronnet ; *D. 2019. 1558*, obs. David ⌀ ; *RDT 2019. 498*, note Berthier ⌀ ; *ibid. 578*, note Rosa ⌀ ; *Dr. soc. 2019. 447*, note Radé ⌀ ; *RJS 6/2019, n° 338*, avis Berriat, p. 431 ; *Dr. ouvrier 2019. 489*, note Ferkane ; *SSL 2019, n° 1858, p. 8*, obs. Dutheillet de Lamothe ; *JSL 2019, n° 476-1*, obs. Hautefort ; *JCP S 2019. 1134*, obs. Loiseau ; *ibid. 1135*, obs. Cavallini.

26. Différence de traitement fondée sur la date de présence. Ne saurait être présumé justifié au regard du principe d'égalité de traitement, un accord collectif qui opère, entre les salariés, une différence de traitement en raison uniquement de la date de présence sur un site désigné, les salariés étant placés dans une situation exactement identique au regard des avantages de cet accord dont l'objet est de prendre en compte les impacts professionnels, économiques et familiaux de la mobilité géographique et d'accompagner les salariés pour préserver leurs conditions d'emploi et de vie familiale. ● Soc. 3 avr. 2019, 🛡 n° 17-11.970 P : *D. actu. 11 avr. 2019*, obs. Peyronnet ; *D. 2019. 1558*, obs. David ⌀ ; *RDT 2019. 498*, note Berthier ⌀ ; *ibid. 578*, note Rosa ⌀ ; *Dr. soc. 2019. 447*, note Radé ⌀ ; *RJS 6/2019, n° 338*, avis Berriat, p. 431 ; *Dr. ouvrier 2019. 489*, note Ferkane ; *SSL 2019, n° 1858, p. 8*, obs. Dutheillet de Lamothe ; *JSL 2019, n° 476-1*, obs. Hautefort ; *JCP S 2019. 1134*, obs. Loiseau ; *ibid. 1135*, obs. Cavallini.

2° DIFFÉRENCES DE TRAITEMENT D'ORIGINE NON CONVENTIONNELLE

27. Différences de traitement établies par engagement unilatéral. Pour l'attribution d'un avantage particulier, une différence de statut juridique entre des salariés placés dans une situation comparable au regard dudit avantage ne suffit pas, à elle seule, à exclure l'application du principe d'égalité de traitement ; il appartient à l'employeur de démontrer que la différence de traitement entre des salariés placés dans la même situation au regard de l'avantage litigieux repose sur des raisons objectives dont le juge doit contrôler la réalité et la pertinence. ● Soc. 27 janv. 2015, 🛡 n° 13-17.622 : *D. 2015. Actu. 327* ⌀ ; *RJS 3/2015, n° 172*. ♦ Une différence de traitement établie par un engagement unilatéral peut être pratiquée entre des salariés d'une même entreprise, lorsque ceux-ci relèvent d'établissements différents et qu'ils exercent un travail égal ou de valeur égale, si elle repose sur des raisons objectives dont le juge contrôle la réalité et la pertinence ; tel est le cas de la différence fondée sur une disparité du coût de la vie, invoquée par l'employeur pour justifier la différence de traitement qu'il a mise en place entre les salariés de deux sites. ● Soc. 14 sept. 2016, 🛡 n° 15-11.386 P : *D. actu. 20 sept. 2016*, obs. Peyronnet ; *SSL 2016, n° 1737, p. 9*, obs. Champeaux ● Soc. 23 juin 2021, 🛡 n°ˢ 19-21.772 s. : *Dr. soc. 2021.696*, note Radé ⌀.

28. Si, conformément au droit commun des accords collectifs de travail, le nouvel employeur peut, en l'absence d'adaptation aux dispositions conventionnelles nouvellement applicables ou d'élaboration de nouvelles dispositions, maintenir, en vertu d'un engagement unilatéral, tout ou partie des dispositions conventionnelles en vigueur dans l'entreprise absorbée, ce n'est qu'à la condition, s'agissant d'avantages ayant le même objet ou la même cause, que cet accord soit plus favorable que celui applicable au sein de l'entreprise absorbante. ● Soc. 24 mars 2021, 🛡 n° 19-15.920 : *D. 2021. 639* ⌀ ; *Dr. soc. 2021.665*, note Radé.

29. Entrée en vigueur d'un accord collectif. Le droit à la gratification liée à l'obtention de la médaille d'honneur du travail naît à la date à laquelle le salarié atteint le nombre d'années de services requis pour l'échelon concerné ; il n'y a pas de rupture d'égalité entre les salariés ayant acquis l'ancienneté requise pour pouvoir prétendre à tel échelon avant la date d'entrée en vigueur de la convention collective prévoyant la gratification et ceux l'ayant acquise après cette date, le régime juridique applicable à la gratification relevant, pour les premiers, de l'usage d'entreprise, et pour les seconds, de la convention collective. ● Soc. 28 mars 2018, 🛡 n° 16-19.260 P : *JSL 2018, n° 454-4*, obs. Pacotte et Margerin ; *JCP S 2018, n° 1184*, note Barège. ♦ Les salariés engagés postérieurement à l'entrée en vigueur d'un accord de substitution ne peuvent revendiquer, au titre du principe d'égalité de traitement, le bénéfice des dispositions prévues par l'accord collectif antérieur. ● Soc. 28 juin 2018, 🛡 n° 17-16.499 P : *D. 2018. Actu. 1443* ⌀ ; *RJS 10/2018, n° 582* ; *JSL 2018, n° 459-1* ; *JCP S 2018. 1323*, obs. Vachet. ♦ Le principe d'égalité de traitement ne fait pas obstacle à ce que les salariés embauchés postérieurement à l'entrée en vigueur d'un nouveau barème conventionnel soient appelés dans l'avenir à avoir une évolution de carrière plus rapide, dès lors qu'ils ne bénéficient à aucun moment d'une classification ou d'une rémunération plus élevée que celle des salariés embauchés antérieurement à l'entrée en vigueur du nouveau barème et placés dans une situation identique ou similaire. ● Soc. 7 déc. 2017, 🛡 n° 16-14.235 P : *D. 2017. Actu. 2541* ⌀ ; *RJS 2/2018, n° 91* ; *JCP S 2018. 1040*, obs. Barège ; *D. 2018. 815*, note Porta ⌀.

30. Maintien des avantages conventionnels. Sauf disposition légale contraire, un accord collectif ne peut modifier le contrat de travail d'un salarié, seules les dispositions plus favorables de cet accord pouvant se substituer aux clauses du contrat ; il en résulte que cette règle constitue un élément objectif pertinent propre à justifier la différence de traitement entre les salariés engagés antérieurement à l'entrée en vigueur d'un accord collectif et ceux engagés postérieurement, et découlant du maintien, pour les premiers, des stipulations de leur contrat de travail. • Soc. 7 déc. 2017, ⚖ n° 16-15.109 P : *D. actu. 8 janv. 2018, obs. Peyronnet ; D. 2017. Actu. 2541* ⊘ *; RJS 2/2018, n° 91 ; JCP S 2018. 1052, obs. Barège ; JSL 2018, n° 447-2, obs. Lhernould* • Soc. 3 mai 2018, ⚖ n° 16-11.588 P : *D. actu. 18 mai 2018, obs. Peyronnet ; D. 2018. Actu. 1018* ⊘ *; RJS 7/2018, n° 467 ; JSL 2018, n° 455-2, obs. Lhernould ; JCP S 2018. 1265, obs. François* • Soc. 14 nov. 2018, n° 17-14.937 P : *D. 2018. Actu. 2239* ⊘ *; RDT 2019. 11, obs. Dechristé* ⊘ *; RJS 1/2019, n° 4.*

31. Cadre débutant. Ne constitue pas une discrimination fondée sur l'âge et ne porte pas atteinte au principe « à travail égal, salaire égal » la faculté accordée aux employeurs, par les stipulations d'une convention collective, de procéder, sous le contrôle du juge et suivant des critères préalablement définis, à un abattement, limité dans son taux et sa durée, sur le minimum salarial de tous les cadres nouvellement diplômés dépourvus d'expérience dans la mesure où elle est en relation avec les fonctions exercées et encadrée par les entretiens réguliers auxquels l'employeur doit procéder avec les intéressés pendant la période concernée. • CE 16 oct. 2017, ⚖ n° 390011 : *RJS 1/2018, n° 7.*

32. Treizième mois. Quelles que soient les modalités de son versement, une prime de treizième mois, qui n'a pas d'objet spécifique étranger au travail accompli ou destiné à compenser une sujétion particulière, participe de la rémunération annuelle versée, au même titre que le salaire de base, en contrepartie du travail à l'égard duquel les salariés cadres et non cadres ne sont pas placés dans une situation identique ; l'employeur ne peut être condamné, au titre du principe d'égalité de traitement, à verser aux ouvriers et employés l'avantage correspondant à un treizième mois accordé aux salariés cadres. • Soc. 26 sept. 2018, ⚖ n° 17-15.101 P : *D. 2018. Actu. 1918* ⊘ *; D. actu. 11 oct. 2018, obs. Ciray ; RJS 12/2018, n° 715 ; SSL 2018, n° 1832, entretien Icare ; JSL 2018, n° 463-1, obs. Hautefort ; JCP S 2018. 1337, obs. Lederlin.*

33. « Complément Poste ». Des salariés de la Poste sous statut contractuel doivent, pour pouvoir prétendre au « complément Poste » du même montant que celui accordé aux fonctionnaires auxquels ils se comparent, justifier exercer au même niveau des fonctions identiques ou similaires ; une atteinte au principe d'égalité de traitement n'est pas établie dès lors que les salariés se comparent à des fonctionnaires qui soit n'exercent pas des fonctions identiques ou similaires, soit exerçaient en dernier lieu au même niveau des fonctions identiques ou similaires de facteur, mais avaient tous occupé des fonctions qui, par leur diversité et leur nature, leur conféraient une meilleure maîtrise de leur poste. • Soc. 4 avr. 2018, ⚖ n° 16-27.703 P : *D. 2018. Actu. 728* ⊘ *; ibid. 1706, obs. Sabotier* ⊘ *; Dr. soc. 2018. 471, note Radé* ⊘ *; RJS 6/2018, n° 451 ; JSL 2018, n° 454-3, obs. Tissandier ; JCP 2018. 483, obs. Dedessus-Le-Moustier.* ♦ Une convention ou un accord collectif, même dérogatoire, ne peut priver un salarié des droits qu'il tient du principe d'égalité de traitement pour la période antérieure à l'entrée en vigueur de l'accord. • Soc. 28 nov. 2018, ⚖ n° 17-20.007 P : *D. 2018. Actu. 2369* ⊘ *; RJS 2/2019, n° 131.* ♦ L'égalité de rémunération doit être assurée pour chacun des éléments de la rémunération. • décision. ♦ Ne constitue pas une raison pertinente justifiant la différence de traitement entre salariés et fonctionnaires de la Poste la seule indication d'un historique de carrière distinct ainsi que la renonciation aux indemnités et primes perçues avant 1995. • décision.

34. Protocole de fin de grève. Le protocole de fin de grève ne définissant de manière précise ni la catégorie correspondant aux salariés grévistes pouvant prétendre au bénéfice de ses dispositions, celle-ci ne reposant sur aucun critère objectif et vérifiable, ni la nature et l'importance de la participation au conflit susceptibles d'entraîner l'inclusion des grévistes dans ladite catégorie, de sorte qu'il n'était pas établi que seuls des grévistes dont le reclassement serait compromis auraient bénéficié de l'indemnité prévue par le protocole, la cour d'appel a estimé à bon droit qu'il n'existait pas de raisons objectives et pertinentes justifiant la différence de traitement dont elle avait constaté l'existence, la liste établie par les organisations syndicales signataires étant en soi insuffisante à constituer une justification objective et pertinente à la différence de traitement. • Soc. 13 déc. 2017, ⚖ n° 16-12.397 P : *D. 2018. 815, note Porta* ⊘ *; RJS 2/2018, n° 140 ; JSL 2018, n° 448-5, obs. Lhernould ; JCP 2018. 14, obs. Dedessus-Le-Moustier.*

35. Formation, diplôme. La seule différence de diplômes, alors qu'ils sont de niveau équivalent, ne permet pas de fonder une différence de rémunération entre des salariés qui exercent les mêmes fonctions, sauf s'il est démontré par des justifications, dont il appartient au juge de contrôler la réalité et la pertinence, que la possession d'un diplôme spécifique atteste de connaissances particulières utiles à l'exercice de la fonction occupée. • Soc. 16 déc. 2008, ⚖ n° 07-42.107 P : *D. 2009. AJ 172* ⊘ *; RDT 2009. 173, obs. Aubert-Monpeyssen* ⊘ *; RJS 2009. 151, n° 177 ; Dr. soc. 2009. 361, obs. Radé* ⊘ *; JSL 2009, n° 248-3 ; JCP S 2009. 1005, obs. Cesaro* • Soc. 13 nov. 2014 : *D. actu. 13 nov. 2014, obs. Peyronnet ; D. 2014. Actu. 2414 ; JSL 2015, n° 380-2 ; RJS 2/2015, n° 100* (l'expérience acquise pendant plus de vingt ans par le salarié au sein de la société compensant très largement la différence de niveau de diplôme invoquée et la détention du diplôme d'ingénieur, dont il n'était pas démontré qu'il était utile à l'exercice de la fonction occupée par les salariés, n'était pas de nature à justifier la disparité de traitement litigieuse). ♦ Le fait que des salariés ne disposent pas contrairement à leurs autres collègues du diplôme requis par la convention collective pour l'exercice des fonctions exercées constitue un élément objectif et pertinent justifiant la différence de traitement. • Soc. 10 nov. 2009, n° 07-45.528 P : *Dr. soc. 2010. 345, obs. Radé* ⌀ ; *RJS 2010. 39, n° 42*. ♦ Des diplômes, utiles à l'exercice des fonctions occupées, sanctionnant des formations professionnelles de niveaux et de durées inégaux, constituent une raison objective et pertinente justifiant la différence de rémunération. • Soc. 17 mars 2010, n° 08-43.088 P : *RDT 2010. 377, obs. Laulier* ⌀ ; *Dr. soc. 2010. 583, obs. Radé* ⌀ ; *RJS 6/2010, n° 519* ; *JCP S 2010. 1257, obs. Puigelier*.

36. Qualifications. Le juge ne peut considérer qu'une différence de qualification entre deux salariés lors de leur embauche constitue une raison objective à la différence de salaire, sans préciser en quoi la différence de qualification des salariés lors de leur engagement en 1999, respectivement en qualité d'assistant journaliste reporter d'images stagiaire et d'assistant journaliste reporter d'images, constituait une raison objective et pertinente justifiant la disparité de traitement dans l'exercice des mêmes fonctions de grand reporter groupe 9. • Soc. 13 sept. 2023, n° 22-11.338 B.

37. Carrière. La carrière conventionnelle qui n'est pas fondée sur des données tenant à la formation, à la nature des fonctions exercées ou à l'ancienneté dans l'emploi des salariés n'est pas de nature à justifier des disparités de traitement. • 4 févr. 2009, n° 07-41.406 P : *R., p. 343 et 350* ; *D. 2009 AJ 571* ⌀ , *Dr. soc. 2009. 399, note Radé* ⌀ ; *RJS 2009. 300, n° 351* ; *JCP S 2009. 1198, obs. d'Allende*.

38. Statut juridique. Au regard du principe d'égalité de traitement, la seule différence de statut juridique ne permet pas de fonder une différence de rémunération entre des salariés qui effectuent un même travail ou un travail de valeur égale, sauf s'il est démontré, par des justifications dont le juge contrôle la réalité et la pertinence, que la différence de rémunération résulte de l'application de règles de droit public. • Soc. 16 févr. 2012, n° 10-21.864 P : *D. actu. 3 avr. 2012, obs. Perrin* ; *D. 2012. Actu. 615* ⌀ ; *ibid. 2013. Pan. 1026, obs. Porta* ⌀ ; *RJS 2012. 381, n° 454* ; *JCP S 2012. 1147, obs. Daniel* • Soc. 12 juin 2013 : *D. actu. 1er juill. 2013, obs. Peyronnet* ; *D. 2013. Actu. 1555* ; *Dr. soc. 2013. 762, obs. Mouly* ⌀ ; *JCP S 2013. 1348, obs. Lahalle* (application facultative aux agents de droit public d'éléments de rémunération fondés sur un texte réglementaire). ♦ Une différence de statut ne suffit pas, à elle seule, à caractériser une différence de situation ; le juge doit rechercher concrètement si des différences de rémunération constatées sont justifiées par des raisons objectives matériellement vérifiables. • Soc. 15 mai 2007, n° 05-42.894 P : *D. 2007. AJ 1506* ⌀ ; *RJS 2007. 641, n° 848* ; *Dr. soc. 2007. 896, obs. Radé* ⌀ ; *JSL 2007, n° 215-4*. ♦ Mais la différence de rémunération peut compenser la précarité du statut (intermittent du spectacle). • Soc. 28 avr. 2006, n° 03-47.171 P : *D. 2007. Pan. 185, obs. Jeammaud* ⌀ ; *JSL 2006, n° 189-2*. ♦ L'employeur qui emploie à la fois des fonctionnaires, des agents de droit public et des agents de droit privé est fondé à justifier une différence de rémunération entre ces catégories de personnels dont la rémunération de base et certains éléments sont calculés en fonction, pour les premiers, de règles de droit public et, pour les seconds, de dispositions conventionnelles de droit privé ; il en va autrement s'agissant d'un complément de rémunération fixé par décision de l'employeur applicable à l'ensemble du personnel sur le critère de la fonction ou du poste de travail occupé. • Cass., ass. plén., 27 févr. 2009 : *R., p. 340* ; *D. 2009. Pan. 2128, obs. Auber* ⌀ ; *RDT 2009. 316, obs. Tissandier* ⌀ ; *RJS 2009. 407, n° 475* ; *JSL 2009, n° 253-3* ; *Dr. soc. 2009. 792, rapp. Mas* ⌀ ; *JCP S 2009. 1228, obs. Daïoglou* ; *RDC 2009, p. 1501, note C. Neau-Leduc*. ♦ Le « champ de normalité » qui organise l'inégalité de traitement entre les agents en fonction de leur statut juridique n'est pas une raison objective pertinente permettant de justifier une différence de traitement. • Soc. 6 févr. 2013 : *D. actu. 21 févr. 2013, obs. Peyronnet* ; *D. 2013. Actu. 441* ; *ibid. Pan. 1026, obs. Porta* ⌀ ; *D. 2013. 1770, obs. Mariette* ⌀ ; *Dr. soc. 2013. 378, obs. Radé* ⌀ ♦ La nécessité de maintenir au bénéfice des fonctionnaires les primes qui leur étaient versées n'est pas de nature à justifier une différence de salaire au titre du « complément Poste » entre les fonctionnaires et les agents de droit privé (à propos du complément Poste). • Soc. 9 déc. 2015, n°s 14-18.033 P, 14-24.948 P, 14-23.558 P et 14-22.430 P : *D. 2016. Actu. 15* ⌀ ; *RJS 2/2016, p. 111, obs. Dutheillet de Lamotte* ; *JCP S 2016. 1057, obs. Bossu*. ♦ V. aussi : • Soc. 9 nov. 2016, n° 15-10.373 P : *D. actu. 29 nov. 2016, obs. Peyronnet* ; *RJS 1/2017, n° 69* ; *JCP S 2016. 1433, obs. Cailloux-Meurice* ; *JCP E 2017. 1161, obs. Cesaro* ⌀.

39. Travailleur de nuit et travailleur de jour. Les jours de repos aménagé et les jours de réduction du temps de travail n'ont ni le même objet, ni la même nature, ni la même finalité, ni le même régime ; les premiers ne correspondant pas à du temps de travail effectif mais visant à prendre des heures de travail au sein d'un cycle de 8 semaines, alors que les seconds constituent la contrepartie d'un travail supérieur à 35 heures hebdomadaires, en sorte que les infirmiers de nuit et les infirmiers de jour ne se trouvent pas dans une situation identique au regard du décompte des congés payés, la règle « à travail égal, salaire égal » ne peut être invoquée. • Soc. 24 avr. 2013 : *RDT 2013. 710, obs. Almaric* ⌀.

40. Expérience. L'employeur peut tenir compte de l'expérience acquise dans d'autres relations contractuelles. ● Soc. 15 nov. 2006, ⚖ n° 04-47.156 P : *RJS 2007, n° 220.*

41. Ancienneté. La différence d'ancienneté ne saurait constituer la justification d'une inégalité de rémunération dès lors qu'il est constaté que l'ancienneté est prise en compte par une prime d'ancienneté distincte du salaire de base. ● Soc. 29 oct. 1996, ⚖ n° 92-43.680 P : *GADT, 4ᵉ éd., n° 71 ; D. 1998. Somm. 259, note Lanquetin⌀ ; Dr. soc. 1996. 1013, note A. Lyon-Caen⌀ ; CSB 1997. 5, A. 1, note A. P. et J. M. ; RJS 1996. 821, n° 1272 ; LPA 22 nov. 1996, note Picca.*

42. Date d'embauche. La seule circonstance que les salariés aient été engagés avant ou après l'entrée en vigueur d'un accord collectif ne saurait suffire à justifier des différences de traitement entre eux, pour autant que cet accord n'a pas pour objet de compenser un préjudice subi par les salariés présents dans l'entreprise lors de son entrée en vigueur. ● Soc. 21 févr. 2007 : *RDT 2007. 320, obs. Aubert-Monpeyssen⌀ ; Dr. soc. 2007. 651, obs. Barthélémy⌀* ● 4 févr. 2009, ⚖ n° 07-41.406 P : *R., p. 343 et 350 ; D. 2009. AJ 571⌀ ; Dr. soc. 2009. 399, note Radé⌀ ; RJS 2009. 300, n° 351 ; JCP S 2009. 1198, obs. d'Allende.* ♦ L'engagement pris par le nouveau concessionnaire, à l'intention du seul personnel en fonction au jour du changement d'employeur, qui ne résulte pas de l'application de la loi, qui n'est pas destiné à compenser un préjudice spécifique à cette catégorie de salariés, qui a pour seul objet de maintenir des avantages à caractère collectif, crée au détriment des salariés engagés par la suite et affectés dans la même entité, pour y exercer des travaux de même nature, une différence de traitement qui n'est pas justifiée par des raisons objectives et constitue un trouble illicite. ● Soc. 19 juin 2007, ⚖ n° 06-44.047 P : *D. 2007. AJ 1964⌀ ; Dr. soc. 2007. 1045, obs. Radé.⌀* ♦ Le principe d'égalité de traitement ne fait pas obstacle à ce que les salariés embauchés postérieurement à l'entrée en vigueur d'un nouveau barème conventionnel soient appelés dans l'avenir à avoir une évolution de carrière plus rapide dès lors qu'ils ne bénéficient d'aucun moment d'une classification ou d'une rémunération plus élevée que celle des salariés embauchés antérieurement à l'entrée en vigueur du nouveau barème et placés dans une situation identique ou similaire. ● Soc. 17 oct. 2018, ⚖ n° 16-26.729 P : *D. 2018. Actu. 2095⌀ ; JSL 2018, n° 465-466-3, obs. Tissandier.* ● 5 juin 2019, n° 17-21.749 P : *RJS 8-9/2019, n° 475 ; JCP S 2019. 1266, obs. Tharaud.*

43. L'employeur peut justifier une disparité de traitement fondée sur la date d'embauche : un salarié, engagé postérieurement à la mise en œuvre d'un accord collectif de réduction du temps de travail, ne se trouve pas dans une situation identique à celle des salariés présents dans l'entreprise à la date de conclusion de l'accord et ayant subi une diminution de leur salaire de base compensée par une indemnité différentielle. ● Soc. 1ᵉʳ déc. 2005, ⚖ n° 03-47.197 P : *D. 2006. IR 15⌀ ; ibid. 2006. Pan. 420, obs. Guiomard⌀ ; RJS 2006. 131, n° 221 ; Dr. soc. 2006. 224, obs. Radé⌀* ● 31 oct. 2006, ⚖ n° 03-42.641 P : *D. 2006. IR 2951⌀ ; JSL 2006, n° 201-4 ; RJS 2006. 97, n° 121 ; SSL 2006, n° 1282, p. 11* ● 21 févr. 2007, ⚖ n° 05-43.136 P : *D. 2007. AJ 729, obs. Pahlawan-Sentilhes⌀ ; ibid. Pan. 2269⌀ ; RJS 2007. 439, n° 598 ; Dr. soc. 2007. 647, obs. Radé⌀* ● 24 sept. 2008, ⚖ n° 06-43.529 P : *D. 2009. Pan. 590, obs. Porta⌀ ; RJS 2008. 896, n° 1077 ; Dr. soc. 2008. 1271, obs. Radé⌀ ; JSL 2008, n° 246-4 ; JCP S 2009. 1040, obs. Cesaro.*

44. Avantages acquis. L'employeur peut justifier une différence de traitement par l'existence d'avantages individuels acquis à des salariés transférés compte tenu de l'absence d'accord d'adaptation faisant suite à l'absorption. ● Soc. 11 janv. 2005, ⚖ n° 02-45.608 P : *Dr. soc. 2005. 323, obs. Radé⌀ ; RJS 2005. 220, n° 299.* ♦ Le maintien d'un avantage acquis en cas de mise en cause de l'application d'un accord collectif dans les conditions prévues à l'art. L. 132-8, al. 7 [art. L. 2261-14 nouv.], C. trav. ne méconnaît pas le principe « à travail égal, salaire égal », que ce maintien résulte d'une absence d'accord de substitution ou d'un tel accord. ● Soc. 4 déc. 2007, ⚖ n° 06-44.041 P : *Dr. soc. 2008. 244, obs. Radé.⌀*

45. Obligation de maintenir les usages en cas de transfert. L'obligation à laquelle est légalement tenu le nouvel employeur, en cas de transfert d'une entité économique, de maintenir au bénéfice des salariés qui y sont attachés les droits qu'ils tiennent d'un usage en vigueur au jour du transfert, justifie la différence de traitement qui en résulte. ● Soc. 11 janv. 2012, ⚖ n° 10-14.614 P : *D. actu. 23 janv. 2012, obs. Fleuriot ; D. 2012. Actu. 290⌀ ; RDT 2012. 294, obs. Icard⌀ ; Dr. soc. 2012. 428, obs. Radé⌀ ; RJS 2012. 188, n° 219 ; JSL 2012, n° 316-6, obs. Guyader ; JCP S 2012. 1148, obs. Daniel* ● Soc. 23 juin 2021, ⚖ n° 18-24.809 B : *Dr. soc. 2021. 696, note Radé⌀ ; RJS 10/2021, n° 531 ; JSL 2021, n° 526-4, obs. Nassom-Tissandier.*

46. Contraintes particulières de recrutement. Ne méconnaît pas le principe « à travail égal, salaire égal », dont s'inspirent les art. L. 133-5-4°-d, L. 136-2-8°, et L. 140-2 [L. 2261-22-9°, L. 2271-1-8° et L. 3221-2 nouv.], l'employeur qui justifie par des raisons objectives et matériellement vérifiables la différence de rémunération entre des salariés effectuant un même travail ou un travail de valeur égale ; ainsi constitue une raison objective justifiant une disparité de traitement la nécessité pour une entreprise de recruter d'urgence en remplacement de la directrice en congé maladie, une directrice qualifiée au tarif imposé par celle-ci. ● Soc. 21 juin 2005, ⚖ n° 02-42.658 P : *D. 2005. IR 1807⌀ ; ibid. 2006. Pan. 33, obs. Escande-Varniol⌀ ; Dr. soc. 2005. 1047, obs. Radé⌀ ; RJS 2005. 695, n° 978 ; JSL 2005, n° 174-2.* ♦ Est justifiée l'attribution d'une prime aux seuls

SALAIRE ET AVANTAGES DIVERS

salariés étrangers dès lors qu'elle vise non seulement à compenser les inconvénients résultant de l'installation d'un individu en pays étranger, mais aussi à faciliter l'embauche de salariés ressortissants non français afin de contribuer à la création d'un pôle d'excellence scientifique. • Soc. 9 nov. 2005, n° 03-47.720 P : *D. 2005. IR 2972* ; *ibid. 2006. Pan. 419, obs. F. Guiomard* ; *RJS 2006. 127, n° 210* ; *SSL 2005, n° 1243* • 17 avr. 2008, n° 06-45.270 P : *D. 2008. 1519, note Petit et Cohen* ; *ibid. 1339, obs. Perrin*.

47. Disparité du coût de la vie. La disparité du coût de la vie, invoquée par l'employeur pour justifier la différence de traitement qu'il a mise en place entre les salariés de deux sites, est une justification objective pertinente, dès lors qu'elle est établie. • Soc. 14 sept. 2016, n° 15-11.386 P : *D. actu. 20 sept. 2016, obs. Peyronnet* ; *D. 2016. Actu. 1823* ; *RJS 11/2016, n° 676* ; *SSL 2016, n° 1737, p. 9, obs. Champeaux* ; *JCP S 2016. 1362, obs. Dumont* ; *JSL 2016, n° 418-1, obs. Tissandier*.

48. Contraintes budgétaires. Les contraintes budgétaires imposées par l'autorité de tutelle ne constituent pas une justification pertinente, ces impératifs financiers n'impliquant pas nécessairement une différence de traitement entre les salariés en fonction de leur date d'engagement. • Soc. 4 févr. 2009, n° 07-11.884 P : *Dr. soc. 2009. 399, note Radé* ; *RJS 2009. 300, n° 351*.

49. Rétablissement de l'égalité. L'employeur peut valablement faire bénéficier, par engagement unilatéral, les salariés engagés postérieurement à la dénonciation d'un accord collectif d'avantages identiques à ceux dont bénéficient, au titre des avantages individuels acquis, les salariés engagés antérieurement à la dénonciation de l'accord. • Soc. 24 avr. 2013, n° 12-10.219 P : *D. 2013. Pan. 2599, obs. Lokiec* ; *RJS 7/2013, n° 540* ; *RDT 2013. 497, obs. Souriac* ; *Dr. soc. 2013. 567, obs. Radé* ; *SSL 2013, n° 1583, p. 9, obs. Ducloz*.

50. Administration de la preuve. En application de l'art. 1315 C. civ., s'il appartient au salarié qui invoque une atteinte au principe « à travail égal, salaire égal » de soumettre au juge les éléments de faits susceptibles de caractériser une inégalité de rémunération, il incombe à l'employeur de rapporter la preuve d'éléments objectifs justifiant cette différence. • Soc. 13 janv. 2004, n° 01-46.407 P : *Dr. soc. 2004. 307, obs. Radé* • 28 sept. 2004, n° 03-41.825 P : *Dr. soc. 2004. 1144, obs. Radé* ; *RJS 2004. 905, n° 1287* ; *Dr. ouvrier 2005. 65* • 25 mai 2005, n° 04-40.169 P : *D. 2005. IR 1655* ; *ibid. 2006. Pan. 33, obs. Jeammaud*. ♦ Lorsque le salarié soutient que la preuve des inégalités de rémunération est détenue par un tiers, il lui appartient de demander au juge d'en ordonner la production, et ce dernier peut ensuite tirer les conséquences du refus de l'autre partie. • Soc. 12 juin 2013 : *D. actu. 1er juill. 2013, obs. Peyronnet* ; *JSL 2013, n° 348-2, obs. Lhernould* ; *JCP S 2013. 1397, obs. Manigot*.

D. RÉPARATION DES INÉGALITÉS SALARIALES

51. Prescription. Lorsque le salarié invoque une atteinte au principe d'égalité de traitement, la durée de la prescription est déterminée par la nature de la créance objet de sa demande ; la demande de rappel de salaire fondée non pas sur une discrimination mais sur une atteinte au principe d'égalité de traitement relève donc de la prescription triennale. • 30 juin 2021, n° 20-12.960 B : *D. actu 20 juill. 2021, obs. Couëdel* ; *D. 2021. 1292* ; *RJS 10/2021, n° 524*.

52. Alignement par le haut. Le principe d'égalité de traitement ne saurait conduire à réduire la rémunération d'un salarié au motif qu'un autre salarié assurant un travail d'une valeur supérieure percevrait la même rémunération. • Soc. 29 juin 1999, n° 97-41.567 P : *RJS 1999. 670, n° 1069* ; *Dr. soc. 1999. 771, obs. Kehrig* ; *Dr. ouvrier 1999. 347, note Poirier*. ♦ Mais l'accord national applicable à l'ensemble du réseau des caisses d'épargne et de prévoyance, qui instituait deux avantages familiaux : une prime familiale versée à tout salarié « chef de famille » selon qu'il est sans enfant ou avec enfant et majorée selon le nombre d'enfants, et une prime de vacances versée à chaque salarié du réseau, s'applique aux salariés divorcés auxquels le jugement de divorce confie la garde des enfants ou impose le paiement d'une pension alimentaire pour pourvoir à leurs besoins ; l'accord ne permet pas le versement des primes au salarié de ces caisses au titre d'enfant du concubin dont celui-ci n'a pas la garde et pour lequel il verse une pension alimentaire. • Soc. 17 févr. 2010, n° 08-41.949 P : *JCP S 2010. 1200, obs. Lahalle*.

53. Rétablissement de l'égalité. Le principe d'égalité de traitement ne s'oppose pas à ce que l'employeur fasse bénéficier, par engagement unilatéral, les salariés engagés postérieurement à la dénonciation d'un accord collectif d'avantages identiques à ceux dont bénéficient, au titre des avantages individuels acquis, les salariés engagés antérieurement à la dénonciation de l'accord. • Soc. 24 avr. 2013, *Caisse d'Épargne d'Auvergne et du Limousin*, n° 12-10.196 P : *D. 2013. 1144, obs. C. de presse* ; *ibid. 2599, obs. P. Lokiec et J. Porta* ; *RDT 2013. 497, obs. M.-A. Souriac* ; *JCP S 2013, n° 22, p. 27, note G. Loiseau* ; *Dr. ouvrier 2013. 593, note M.-T. Lanquetin*. ♦ Repose sur une justification objective et pertinente la différence de traitement justifiée par la volonté de réduire les inégalités entre des salariés dont les contrats de travail se sont poursuivis sur un site de nettoyage en application de la garantie d'emploi instituée par la convention collective des entreprises de propreté et ceux recrutés postérieurement sur le même site et placés dans une situation identique. • Soc. 23 juin 2021, n° 19-21.772 B : *D. actu. 8 juill. 2021, obs. Malfettes* ; *D. 2021. 1291* ; *Dr. soc. 2021. 696, note Radé* ; *RJS 10/2021, n° 532*.

Art. L. 3221-3 Constitue une rémunération au sens du présent chapitre, le salaire ou traitement ordinaire de base ou minimum et tous les autres avantages et accessoires payés, directement ou indirectement, en espèces ou en nature, par l'employeur au salarié en raison de l'emploi de ce dernier. – [Anc. art. L. 140-2, al. 2.] – V. art. L. 3222-1 (pén.).

Le juge ne peut statuer sur une demande fondée sur le non-respect du principe d'égalité de rémunération, au sens de l'art. L. 3221-3, sans avoir préalablement déterminé si les avantages en cause constituaient un élément de rémunération versé par l'employeur, en tant que contrepartie du travail fourni, ou un avantage directement ou indirectement payé par l'employeur au salarié, en espèces ou en nature, en raison de l'emploi de ce dernier (en l'espèce les juges n'ont pas caractérisé en quoi les parts de *carried interest* constituaient un élément de rémunération). ● Soc. 12 nov. 2020, ⚖ n° 18-23.986 P : *Dr. soc. 2021. 190*, obs. Radé.

Art. L. 3221-4 Sont considérés comme ayant une valeur égale, les travaux qui exigent des salariés un ensemble comparable de connaissances professionnelles consacrées par un titre, un diplôme ou une pratique professionnelle, de capacités découlant de l'expérience acquise, de responsabilités et de charge physique ou nerveuse. – [Anc. art. L. 140-2, al. 3.] – V. art. L. 3222-1 (pén.).

> *COMMENTAIRE*
>
> V. sur le Code en ligne ⚖.

1. Méthode. Est victime d'une inégalité de traitement – dès lors que l'employeur ne rapporte pas la preuve d'éléments étrangers à toute discrimination justifiant cette inégalité – la salariée, membre du comité de direction comme ses collègues avec lesquels elle se comparait, qui connaît une identité de niveau hiérarchique, de classification, de responsabilités, ainsi qu'une importance comparable dans le fonctionnement de l'entreprise, chacune d'elles exigeant en outre des capacités comparables et représentant une charge nerveuse du même ordre, qui perçoit une rémunération inférieure. ● Soc. 6 juill. 2010 : ⚖ *D. 2010. 1883*, obs. Perrin ; *RDT 2010. 723*, obs. Aubert-Monpeyssen ; *Dr. ouvrier 2010. 538*, obs. Lanquetin ; *RJS 2010. 694, n° 764* ; *JSL 2010, n° 285-3*, obs. Tourreil ; *Dr. soc. 2010. 1076*, avis Zientara-Logeay. ◆ Les juges du fond ne peuvent exclure l'application du principe d'égalité de traitement sans se livrer à une analyse comparée de la situation, des fonctions et des responsabilités d'une salariée, membre du comité de direction, avec celles des autres membres du comité de direction et sans rechercher si les fonctions respectivement exercées par les uns et les autres n'étaient pas de valeur égale à celles de l'intéressée. ● Soc. 22 oct. 2014 : ⚖ *D. actu. 3 déc. 2014*, obs. Fraisse ; *RJS 1/2015, n° 4* ; *JSL 2014, n° 377-*

378-7. ◆ Comp. : l'employeur n'est tenu d'assurer l'égalité de rémunération entre hommes et femmes que pour un même travail ou pour un travail de valeur égale, et tel n'est pas le cas de salariés qui exercent des fonctions différentes ; le versement à une salariée exerçant les fonctions de directeur des ressources humaines d'une rémunération inférieure à celles de ses collègues masculins employés en qualité de directeur commercial, directeur industrie et directeur de projet n'est pas de nature à laisser présumer une discrimination fondée sur le sexe. ● Soc. 26 juin 2008 : ⚖ *D. 2008. AJ 2084* ; *RDT 2008. 747*, obs. Laulom ; *RJS 2008. 1129*, obs. Lanquetin ; *RJS 2008. 814, n° 996* ; *JSL 2008, n° 241-3*.

2. Illustration. N'est pas justifiée la différence de rémunération entre opérateurs de laboratoire alors que les femmes travaillaient principalement de nuit comme les hommes, qu'elles avaient une ancienneté au moins égale à celle des hommes et que leurs fonctions réelles étaient de valeur égale à celles des hommes, l'apport de nouvelles techniques ayant pour effet de rendre les différents postes de travail sur machines d'une technicité équivalente. ● Soc. 19 déc. 2000 : ⚖ *D. 2001. IR 358* ; *RJS 2001. 218, n° 305* ; *Dr. soc. 2001. 314*, obs. Radé.

Art. L. 3221-5 Les disparités de rémunération entre les établissements d'une même entreprise ne peuvent pas, pour un même travail ou pour un travail de valeur égale, être fondées sur l'appartenance des salariés de ces établissements à l'un ou l'autre sexe. – [Anc. art. L. 140-2, al. 4.] – V. art. L. 3222-1 (pén.).

Art. L. 3221-6 Les différents éléments composant la rémunération sont établis selon des normes identiques pour les femmes et pour les hommes.

Les catégories et les critères de classification et de promotion professionnelles ainsi que toutes les autres bases de calcul de la rémunération, notamment les modes d'évaluation des emplois, (L. n° 2014-873 du 4 août 2014, art. 2 et 5) « sont établis selon

SALAIRE ET AVANTAGES DIVERS — Art. L. 3222-1

des règles qui assurent l'application du principe fixé à l'article L. 3221-2. — *V. art. L. 3222-1 et R. 3222-1 (pén.).*

« *(Abrogé par L. n° 2018-771 du 5 sept. 2018, art. 104-VI)* « *A l'issue des négociations mentionnées à l'article L. 2241-7, les organisations liées par une convention de branche ou, à défaut, par des accords professionnels remettent à la Commission nationale de la négociation collective et au Conseil supérieur de l'égalité professionnelle entre les femmes et les hommes un rapport sur la révision des catégories professionnelles et des classifications, portant sur l'analyse des négociations réalisées et sur les bonnes pratiques.* » »

Art. L. 3221-7 Est nulle de plein droit toute disposition figurant notamment dans un contrat de travail, une convention ou accord collectif de travail, un accord de salaires, un règlement ou barème de salaires résultant d'une décision d'un employeur ou d'un groupement d'employeurs et qui, contrairement aux articles L. 3221-2 à L. 3221-6, comporte, pour un ou des salariés de l'un des deux sexes, une rémunération inférieure à celle de salariés de l'autre sexe pour un même travail ou un travail de valeur égale.

La rémunération plus élevée dont bénéficient ces derniers salariés est substituée de plein droit à celle que comportait la disposition entachée de nullité. — *[Anc. art. L. 140-4.]* — *V. art. L. 3222-1 (pén.).*

> *COMMENTAIRE*
> V. sur le Code en ligne 🔒.

Art. L. 3221-8 Lorsque survient un litige relatif à l'application du présent chapitre, les règles de preuve énoncées à l'article L. 1144-1 s'appliquent. — *[Anc. art. L. 140-8.]*

> *COMMENTAIRE*
> V. sur le Code en ligne 🔒.

Principe. Il appartient au salarié qui se prétend lésé par une mesure discriminatoire de soumettre au juge des éléments de fait susceptibles de caractériser une atteinte au principe d'égalité de traitement entre hommes et femmes et il incombe à l'employeur, s'il conteste le caractère discriminatoire de cette mesure, d'établir que la disparité de situation ou la différence de rémunération constatée est justifiée par des critères objectifs, étrangers à toute discrimination fondée sur le sexe. • Soc. 28 sept. 2004, 🔒 n° 03-41.825 P : *Dr. soc.* 2004. 1144, obs. Radé ⌀ ; *RJS* 2004. 905, n° 1287 ; *Dr. ouvrier* 2005. 65 • 23 nov. 1999, 🔒 n° 97-42.940 P : *D.* 2000. IR 46 ⌀ ; *RJS* 2000. 350, n° 498 (1ʳᵉ esp.) ; *Dr. soc.* 2000. 589, obs. Lanquetin ⌀ (discrimination fondée sur le sexe) • 28 mars 2000, 🔒 n° 97-45.258 P : *RJS* 2000. 350, n° 498 (2ᵉ esp.) ; *Dr. soc.* 2000. 589, obs. Lanquetin ⌀.

Art. L. 3221-9 Les *(L. n° 2016-1088 du 8 août 2016, art. 113)* « agents de contrôle de l'inspection du travail mentionnés à l'article L. 8112-1 » *(Abrogé par L. n° 2011-525 du 17 mai 2011, art. 170)* « , *les inspecteurs des lois sociales en agriculture* » ou, le cas échéant, les autres fonctionnaires de contrôle assimilés sont chargés, dans le domaine de leurs compétences respectives, concurremment avec les officiers et agents de police judiciaire, de constater les infractions à ces dispositions. — *[Anc. art. L. 140-6.]*

Art. L. 3221-10 Un décret en Conseil d'État détermine les modalités d'application du présent chapitre. — *V. art. R. 3221-1 s.*

CHAPITRE II DISPOSITIONS PÉNALES

Art. L. 3222-1 Les dispositions des articles 132-58 à 132-62 du code pénal relatives à l'ajournement du prononcé de la peine sont applicables dans le cas de poursuites pour infraction aux dispositions des articles L. 3221-2 à L. 3221-7, sous réserve des mesures particulières prévues par le présent article.

L'ajournement comporte injonction à l'employeur de définir, après consultation du *(Ord. n° 2017-1386 du 22 sept. 2017, art. 4)* « comité social et économique », et dans un délai déterminé, les mesures propres à assurer dans l'entreprise en cause le rétablissement de l'égalité professionnelle entre les femmes et les hommes. L'ajournement peut comporter également injonction à l'employeur d'exécuter dans le même délai les mesures définies.

Le juge peut ordonner l'exécution provisoire de sa décision. — *[Anc. art. L. 154-1.]*

Art. L. 3222-2 A l'audience de renvoi et au vu des mesures définies et, le cas échéant, exécutées par l'employeur, la juridiction apprécie s'il y a lieu de prononcer une dispense de peine ou d'infliger les peines prévues par la loi.

Toutefois, dans le cas où le délai prévu au deuxième alinéa de l'article L. 3222-1 n'a pas été respecté, la juridiction peut prononcer un nouvel et dernier ajournement et impartir un nouveau délai au prévenu pour exécuter l'injonction. – *[Anc. art. L. 154-1.]*

TITRE III DÉTERMINATION DU SALAIRE

CHAPITRE I SALAIRE MINIMUM INTERPROFESSIONNEL DE CROISSANCE

BIBL. ▶ Bargain, *RDT 2018. 199* ∅ (revalorisation du SMIC et emprise de l'expertise économique). – Dabosville, *RDT 2018. 77* ∅ (le salaire minimum légal, la convention collective et le juge. Comparaison franco-allemande). – Radé, *Dr. soc. 1999. 986* ∅ (SMIC et réduction du temps de travail : la politique des petits pas). – Savatier, *Dr. soc. 1997. 575* ∅ (les minima de salaire). – Tournaux, *CSB 2015, n° 279, p. 611* (faut-il modifier les règles de détermination des salaires minima ?).

COMMENTAIRE

V. sur le Code en ligne 🔒. ☐

SECTION 1 Champ d'application

Art. L. 3231-1 Les dispositions du présent chapitre sont applicables, outre aux employeurs et salariés mentionnés à l'article L. 3211-1, au personnel des établissements publics à caractère industriel et commercial et au personnel de droit privé des établissements publics administratifs. – *V. art. R. 3233-1 (pén.), D. 3211-1 et D. 3231-5.*

RÉP. TRAV. v° *Salaire (Fixation, montant)*, par Bouilloux.

BIBL. GÉN. ▶ Boubli, *Dr. soc. 1985. 489* ; *JCP S 2005. 1346* (SMIC et distributeurs de prospectus). – Bughin, *Travail et Emploi, 1989, n° 4, 69.* – Bughin et Payen, *Dr. soc. 1984. 747.* – Courthéoux, *ibid. 1978. 276* ; *ibid. 1984. 100.* – Courthéoux et Lacombe, *ibid. 1972. 449.* – H. Duval, *JCP E 1989. II. 15464.* – G. Lyon-Caen, *Dr. 1970. Chron. 33.* – Milano, *Dr. soc. 1988. 523* (SMIC dans la CEE). – Roche, *ibid. 1988. 291.* – Savatier, *ibid. 1985. 811.*

COMMENTAIRE

V. sur le Code en ligne 🔒. ☐

I. CHAMP D'APPLICATION

1. Principe général du droit. L'obligation de rémunérer un salarié à un niveau au moins égal au salaire minimum de croissance est un principe général du droit. ● CE 23 avr. 1982 : *D. 1983. 8, note J.-B. Auby.*

2. Principe d'ordre public. Un salarié a droit, quelles que soient les stipulations de son contrat de travail, à une rémunération au moins égale au SMIC. ● Soc. 11 avr. 1996, 🔒 n° 92-42.847 P : *D. 1996. IR 128* ∅ ● 13 oct. 2004, 🔒 n° 01-45.325 P : *Dr. soc. 2004. 1141, obs. Radé* ∅. ◆ Et ce, sauf les cas où la loi en dispose autrement. ● Soc. 10 nov. 2004, 🔒 n° 02-41.881 P : *Dr. soc. 2005. 216, obs. Radé* ∅.

3. Non-respect du SMIC et préjudice du salarié. La demande de dommages et intérêts pour préjudice distinct n'est pas recevable, dès lors que le salarié ne caractérise pas la mauvaise foi de l'employeur justifiant le versement de dommages et intérêts ; le préjudice est réparé par le versement des intérêts de retard afférents au rappel de salaire. ● Soc. 29 sept. 2021, 🔒 n° 20-10.634 B : *D. 2021. 1770* ∅ ; *RDT 2021. 663, obs. Mraouahi* ∅ ; *RJS 12/2021, n° 675* ; *JCP S 2021. 1268, obs. Lahalle.* ◆ Comp. : Le manquement de l'employeur à son obligation de paiement d'une rémunération au moins égale au SMIC cause nécessairement un préjudice au salarié dont il appartient au juge d'apprécier le montant. ● Soc. 29 juin 2011, 🔒 n° 10-12.884 P : *D. 2011. 1909* ∅ ; *RJS 10/2011, n° 797* ; *JCP 2011. 865, obs. Lefranc-Hamoniaux* ; *Dr. soc. 2012. 197, obs. Roy-Loustaunau* ∅.

4. Travailleurs concernés. Le SMIC s'applique notamment aux : agents non titulaires d'une commune. ● CE 23 avr. 1982 : *préc. note 1.* ◆ ... Concierges d'immeuble. ● Soc. 23 juin 1982 : *Bull. civ. V, n° 411.* ◆ ... Employés de maison. ● Soc. 31 mars 1982 : *Bull. civ. V, n° 242.* ◆ ... Gérants de station-service. ● Soc. 7 mars 1979 : *Bull. civ. V, n° 213* ; *D. 1979. IR 395.* ◆ ... Aux contrats de travail maritime. ● Soc. 1er juin 1992 : 🔒 *Dr. soc. 1992. 665, note Eoche-Duval* ∅. ◆ ... Aux agents commerciaux. ● Soc. 11 avr. 1996 : 🔒 *préc. note 2.*

SALAIRE ET AVANTAGES DIVERS

♦ ... Au démarcheur salarié ou conseiller financier stagiaire ayant un superviseur attitré, qui effectue une partie de son travail dans les locaux de l'entreprise et dont le contrat prévoit une activité exclusive au service de l'employeur. • Soc. 13 oct. 2004, ⚖ n° 01-45.325 P : *Dr. soc. 2004. 1141, obs. Radé ⚖*.

5. Les gérants non salariés de succursales de maisons d'alimentation ont droit au SMIC quelle que soit l'importance du déficit imputable à leur gestion, sauf faute lourde ; mais ils doivent, sauf convention contraire, assumer la charge de tout déficit d'inventaire. • Soc. 4 juill. 1987 : *Dr. soc. 1985. 811, note Savatier* • 4 déc. 1990, ⚖ n° 88-18.497 P. ♦ Sur cette question, V. aussi • Soc. 19 nov. 1959 : *D. 1960. 74, note Lindon ; JCP 1960. II. 11397, note Bizière* • 28 avr. 1976 : *D. 1976. IR 153.* ♦ Un distributeur de prospectus payé au rendement doit percevoir une rémunération au moins équivalente au SMIC et ce, même s'il est libre de fixer ses périodes de distribution et qu'il n'est pas tenu d'exécuter sa prestation de travail dans une plage de temps déterminée par l'employeur. • Soc. 25 mai 2005 : ⚖ *D. 2005. IR 1734 ⚖ ; Dr. soc. 2005. 924, obs. Radé ⚖ ; RJS 2005. 610, n° 544 ; JCP S 2005. 1033, note Darmaisin ; Dr. ouvrier 2005. 460, obs. Gourdol.*

6. Exclusion. Un représentant de commerce, libre d'organiser son activité sans être soumis à un horaire déterminé, ne peut prétendre au SMIC. • Soc. 10 nov. 1993 : ⚖ *RJS 1993. 734, n° 1245.* ♦ Il peut y prétendre s'il est soumis à un horaire de travail déterminé. • Soc. 22 mai 1996, n° 95-40.200 P : *RJS 1996. 546, n° 857.*

II. CONDITION

7. Salaire horaire. Les termes « salaire horaire » ne sauraient être interprétés dans un sens restrictif comme désignant un mode de rémunération unique ; ils doivent s'entendre de salaires perçus par le salarié pour une heure de travail effectif quel que soit le mode de rémunération pratiqué. • Soc. 28 avr. 1956 : *Dr. soc. 1956. 485* • 16 déc. 1981 : *Bull. civ. V, n° 971* • 25 sept. 1990, ⚖ n° 87-40.493 P : *D. 1990. IR 230 ⚖* (salaires à la tâche).

8. Travail effectif. Sur la nécessité d'un travail effectif, V. • Soc. 18 mars 1970 : *Bull. civ. V, n° 206* • 11 févr. 1971 : *ibid., n° 112* • 30 juin 1988 : *ibid., n° 408.* ♦ En faveur de l'imputabilité sur le SMIC des indemnités de compensation pour réduction d'horaires, V. • Soc. 15 oct. 1987 : *Bull. civ. V, n° 576 ; JS UIMM 1987. 522.*

9. Aptitude. La seule inexpérience ne saurait être assimilée à l'inaptitude physique. • Soc. 20 nov. 1959, n° 58-40.390 P.

III. ASSIETTE DE CALCUL

A. MINIMA CONVENTIONNELS

10. Critères conventionnels. Lorsqu'une convention collective détermine d'une manière limitative la liste des sommes devant être incluses dans l'assiette de calcul du minimum conventionnel, les compléments de rémunération qui ne sont pas mentionnés doivent logiquement être exclus par le juge. • Soc. 22 mai 2001 : ⚖ *Dr. soc. 2001. 766, obs. Radé ⚖*. ♦ Lorsqu'une convention collective détermine d'une manière limitative la liste des sommes devant être exclues de l'assiette de calcul du minimum conventionnel, les juges d'appel ne peuvent exclure d'autres commissions perçues par le salarié. • Soc. 7 mai 2002 : ⚖ *Dr. soc. 2002. 776, obs. Radé ⚖* • 2 avr. 2003 : ⚖ *Dr. soc. 2003. 661, obs. Radé ⚖*.

11. Critères judiciaires. En l'absence de dispositions conventionnelles contraires, toutes les sommes versées en contrepartie du travail entrent dans le calcul de la rémunération à comparer avec le salaire minimum garanti. • Soc. 7 avr. 2010, ⚖ n° 07-45.322 P : *Dr. soc. 2010. 712, obs. Radé ⚖ ; RJS 6/2010, n° 516 ; JCP S 2010. 1286, obs. Everaert-Dumont* • 17 oct. 2012, ⚖ n° 11-15.699 : *JCP 2012. 1206, obs. Dedessus-le-Moustier* • 14 nov. 2018, ⚖ n° 17-22.539 P : *RJS 1/2019, n° 20* • 13 mars 2019, n° 17-21.151 P : *RJS 5/2019, n° 296 ; JCP S 2019. 1170, obs. Carré.* ♦ Comp. antérieurement, la formule visant également les sommes perçues par le salarié « à l'occasion » de son travail, • Soc. 15 févr. 1979 : *Bull. civ. V, n° 140.* ♦ Sont inclus dans le calcul du minimum conventionnel : la prime de chiffre d'affaires et la prime de rendement. • Soc. 8 nov. 1972, (2 arrêts) : *Bull. civ. V, n° 604.* ♦ ... La prime de treizième mois. • Soc. 13 oct. 1971 : *Bull. civ. V, n° 560* • 15 févr. 1979 : *préc.* • 16 mars 1989 : *JS UIMM 1989. 238.* ♦ ... Sauf volonté contraire des parties. • Soc. 3 juill. 1990 : ⚖ *JS UIMM 1990. 313* • 22 janv. 1991, ⚖ n° 87-45.285 P. ♦ ... Les pourcentages sur les ventes. • Soc. 23 juin 1971 : *Bull. civ. V, n° 470.* ♦ ... Les tantièmes versés aux vendeuses. • Cass., ass. plén., 6 févr. 1976 : ⚖ *GADT, 4ᵉ éd., n° 20 ; Dr. soc. 1976. 472, note Savatier ; JCP 1976. II. 18481, note Groutel.* ♦ ... Les indemnités de compensation en cas de réduction d'horaires. • Soc. 19 mars 1985 : *Bull. civ. V, n° 192 ; Dr. soc. 1985. 489, rapp. Boubli* • 15 oct. 1987 : *D. 1987. IR 233.* ♦ ... L'avantage versé mensuellement mais calculé annuellement selon le mérite du salarié. • Soc. 6 juill. 1994 : ⚖ *RJS 1994. 672, n° 1138.* ♦ ... La prime contractuelle allouée en fonction de la réalisation d'objectifs, pour les mois où elle est versée. • Soc. 4 juin 2002, ⚖ n° 00-41.140 P : *Dr. soc. 2002. 895, obs. Radé ⚖ ; RJS 2002. 747, n° 974.* ♦ ... La prime d'objectifs versée périodiquement, en tant qu'élément permanent et obligatoire de la rémunération du salarié. • Soc. 3 juill. 2019, ⚖ n° 17-18.210 P : *D. actu. 22 juill. 2019, obs. Malfettes ; D. 2019. Actu. 1455 ⚖ ; RJS 10/2019, n° 571 ; JCP S 2019. 1276, obs. Barège.* ♦ ... Les primes horaires de vol octroyées aux pilotes en tant qu'elles constituent la contrepartie d'une prestation de travail. • Soc. 13 mars 2019, ⚖ n° 17-21.151 P : *préc.* ♦ Sont exclues les primes de rendement ou d'assiduité prévues au contrat de travail. • Soc. 19 mars 1986 : *JS UIMM 1986. 237.* ♦ ... Une prime d'ancienneté. • Soc. 1er juin 1983 : *JS UIMM 1983. 300.* ♦ ... Une prime « manifestant la reconnaissance de l'effort et/ou de la performance au cours de l'année passée ». • Soc. 20 avr. 2005 : 🗓 *RJS 2005. 537, n° 739.* ♦ ... Les sommes consacrées par l'employeur pour l'acquisition par le salarié de titres-restaurant. • Soc. 3 juill. 2019, 🗓 n° 17-18.210 P : *préc.*

B. SMIC

1° SOMMES VERSÉES EN CONTREPARTIE DU TRAVAIL

a. Sommes exclues

12. Primes. Une prime d'ancienneté, qui n'est pas versée en contrepartie du travail mais pour récompenser la stabilité des salariés, n'a pas à être prise en compte pour le calcul du SMIC. • Soc. 19 juin 1996 : *RJS 1996. 667, n° 1048.* – Déjà dans le même sens : • Soc. 1er juin 1983 : *D. 1984. IR 367, obs. Langlois* ; *JCP E 1984. II. 14312, note Vachet* • 7 janv. 1985 : *Bull. civ. V, n° 3* ; *Dr. soc. 1985. 811, note Savatier* • Crim. 3 janv. 1986 : *Bull. crim. n° 4* ; *JS UIMM 1986. 27* • 27 janv. 1987 : *Bull. crim. n° 46.* ♦ Même solution pour la prime d'assiduité. • Soc. 6 févr. 1985 : *Dr. soc. 1985. 811, note Savatier* • 19 mars 1955 : *Bull. civ. IV, n° 192* • Crim. 27 janv. 1987 : *préc.* • Soc. 19 juin 1996 : *préc.* • 27 mai 1997 : 🗓 *D. 1997. IR 143* ; *Dr. soc. 1997. 733, note Savatier* ; *RJS 1997. 515, n° 793.* ♦ ... Une prime de fin d'année. • Soc. 29 nov. 1988 : *CSB 1989. 41.* ♦ ... Une prime de rythme liée au caractère contraignant du rythme de travail imposé, ou la majoration de rémunération pour travail des dimanches ou des jours fériés déterminée en fonction du rythme, dès lors qu'elles ne constituent pas une contrepartie du travail, mais la compensation de sujétions particulières. • Soc. 29 mars 1995 : 🗓 *D. 1995. Somm. 372, obs. Bouilloux* ; *Dr. soc. 1995. 503* ; *RJS 1995. 346, n° 514.* ♦ ... La prime fondée sur les résultats financiers de l'entreprise et dépendant de facteurs sur lesquels les salariés n'avaient pas d'influence et qui était susceptible d'être remise en cause, voire suspendue, en cas de mauvais résultats de la société. • Crim. 5 nov. 1996, 🗓 n° 95-82.994 P : *RJS 1997. 101, n° 145.* ♦ ... Une prime d'activité. • Soc. 27 mai 1997 : 🗓 *préc.* ♦ ... La prime compensatrice de l'obligation de non-concurrence. • Soc. 14 janv. 1988, 🗓 n° 85-42.047 P.

13. Rémunération des temps de pause. Lorsque les pauses ne constituent pas du temps de travail effectif, les primes les rémunérant, qui ne sont pas la contrepartie du travail et dont la détermination dépend de facteurs généraux sur lesquels les salariés n'influent pas, sont exclues du salaire devant être comparé au SMIC. • Soc. 13 juill. 2010 : 🗓 *D. actu. 3 sept. 2010, obs. Perrin* ; *RJS 2010. 693, n° 762* ; *Dr. soc. 2010. 1112, obs. Radé*. ♦ Lorsque les temps de pause correspondent à un repos obligatoire durant lequel les salariés ne sont plus à la disposition de leur employeur, les primes les rémunérant, qui ne correspondent ni à un travail effectif ni à un complément de salaire, sont exclues du salaire devant être comparé au salaire minimum de croissance. • Soc. 9 nov. 2010 : 🗓 *JCP S 2011. 1193, note Lahalle.* Crim. 15 févr. 2011 : 🗓 *D. 2011. Actu. 683, obs. Astaix* ; *RDT 2011. 319, obs. Pignarre* ; *Dr. soc. 2011. 719, obs. Duquesne* ; *Dr. ouvrier 2011. 385, obs. Desrues* ; *JSL 2011, n° 297-5* ; *JCP S 2011. 1193, note Lahalle.*

14. Frais professionnels. Les frais qu'un salarié justifie avoir exposés pour les besoins de son activité professionnelle et dans l'intérêt de l'employeur doivent être remboursés sans qu'ils puissent être imputés sur la rémunération qui lui est due, à moins qu'il n'ait été contractuellement prévu qu'il en conserverait la charge moyennant le versement d'une somme fixée à l'avance de manière forfaitaire et à la condition que la rémunération proprement dite du travail reste au moins égale au SMIC. • Soc. 10 nov. 2004, 🗓 n° 02-41.881 P : *Dr. soc. 2005, obs. Radé* ; *SSL 2004, n° 1193, p. 12* • 9 janv. 2001 : 🗓 *Dr. soc. 2001. 441, obs. Mouly* ; *RTD civ. 2001. 699, obs. Molfessis*.

b. Sommes incluses

15. Variétés. Sont constitutifs d'un complément de salaire : l'indemnité compensatrice de réduction d'horaire et l'indemnité de transport. • Soc. 12 févr. 1985 : *Dr. soc. 1985. 811, note Savatier.* ♦ ... La prime de chauffage. • Soc. 9 mars 1989 : *JS UIMM 1989. 278.* ♦ ... L'indemnité de panier pour la fraction représentant un complément de salaire. • Soc. 26 mai 2004 : 🗓 *RJS 2004. 623, n° 913.* ♦ ... La prime d'hôtesse enquêtrice. • Soc. 13 mars 1990, 🗓 n° 87-41.726 P : *D. 1990. IR 114*. ♦ ... La prime de polyvalence compensant la formation du salarié à plusieurs postes de travail et la part de rémunération résultant de ses performances de travail. • Soc. 29 mars 1995 : 🗓 *D. 1995. Somm. 372, obs. Bouilloux* ; *Dr. soc. 1995. 503.* ♦ ... La prime de bilan. • Soc. 14 mai 1987, 🗓 n° 84-43.769 P. • 4 juin 2002 : 🗓 *Dr. soc. 2002. 895, obs. Radé*. ♦ ... Le « complément métier perçu dès lors que l'agent « exécute, pendant au moins la moitié de son temps, ses tâches au contact de la clientèle ». • Soc. 14 nov. 2012 : 🗓 *D. actu. 11 déc. 2012, obs. Siro* ; *D. 2012. Actu. 2743* ; *Dr. soc. 2013. 88, obs. Radé*. ♦ Le fait qu'une prime ait pour objectif le maintien du pouvoir d'achat n'exclut pas qu'elle soit versée en contrepartie du travail ; elle doit donc être prise en compte dans la rémunération à comparer avec le salaire minimum garanti. • Soc. 7 avr. 2010 : 🗓 *Dr. soc. 2010. 712, obs. Radé* ; *RJS 6/2010, n° 516* ; *JCP S 2010. 1286, obs. Everaert-Dumont.* ♦ ... La prime de bonus déterminée en fonction du tonnage produit auquel participait le salarié constitue la contrepartie d'un travail et doit être prise en compte au titre du SMIC. • Soc. 4 févr.

SALAIRE ET AVANTAGES DIVERS **Art. L. 3231-5** 1209

2015, 🔒 n° 13-18.523 P : *D. actu. 20 févr. 2015*, obs. Peyronnet ; *D. 2015. Pan. 834*, obs. Lokiec ; *RJS 4/2015, n° 257 ; JCP S 2015. 1202*, obs. Chenu.

2° CARACTÈRE PÉRIODIQUE OU ALÉATOIRE DU PAIEMENT

16. Inclusion. Une rémunération mensuelle forfaitaire compensant l'amplitude de la journée de travail doit être incluse dans le calcul du SMIC, dès lors qu'elle était garantie dans les mêmes conditions que le salaire de base, qu'elle présentait un caractère uniforme et forfaitaire et constituait une rémunération sur laquelle le salarié pouvait compter. • Crim. 18 juill. 1991 : 🔒 *CSB 1991. 205, S. 123 ; RJS 1991. 605, n° 1155*.

17. Exclusion. Ne peut être prise en considération la prime de treizième mois devant être payée annuellement et par référence à un salaire qui n'est connu qu'à la fin de l'année. • Crim. 27 janv. 1987 : *Bull. crim. n° 46 ; Dr. ouvrier 1987. 404*. ♦ V. aussi : • Soc. 18 mars 1986 : *JS UIMM 1987. 237* • 15 oct. 1987 : *Bull. civ. V, n° 576 ; JS UIMM 1987. 522* • 3 mars 1988 : *JS UIMM 1988. 125* (non-inclusion d'une prime de treizième mois instituée par un accord d'entreprise qui en faisait une obligation contractuelle pour l'employeur). ♦ Comp.

• Soc. 17 mars 1988 : *Bull. civ. V, n° 187 ; JS UIMM 1988. 317*, admettant la prise en compte des primes de treizième mois et de vacances les mois où elles sont versées. – Dans le même sens : • Soc. 2 mars 1994, 🔒 n° 89-45.881 P : *Dr. soc. 1994. 372 ; RJS 1994. 269, n° 412*. ♦ Comp. notes ss. art. L. 3211-1. ♦ Une prime de « non-accident » qui présente un caractère aléatoire dès lors qu'un simple accident entraîne la suppression de son paiement même si l'intéressé n'a commis aucun manquement à ses obligations professionnelles ou s'il n'encourt aucune responsabilité dans l'accident ne constitue pas un complément de salaire. • Soc. 3 juill. 2001 : 🔒 *Dr. soc. 2001. 1004*, obs. Radé⌀. ♦ La prime conventionnelle ayant pour objet de compenser la cherté de la vie dans les départements d'outre-mer ne constitue pas un complément de salaire puisque non perçue en contrepartie du travail. • Soc. 4 mars 2003 : 🔒 *Dr. soc. 2003. 658*, obs. Radé⌀.

IV. PAIEMENT

18. L'employeur n'a pas la faculté de différer le paiement du SMIC en pratiquant une compensation d'une période de paie sur l'autre. • Soc. 29 janv. 2002, 🔒 n° 99-44.842 P : *Dr. soc. 2002. 460*, obs. Radé⌀.

SECTION 2 Principes

Art. L. 3231-2 Le salaire minimum de croissance assure aux salariés dont les rémunérations sont les plus faibles :
1° La garantie de leur pouvoir d'achat ;
2° Une participation au développement économique de la nation. — *[Anc. art. L. 141-2.]* — V. art. R. 3233-1 (pén.).

Art. L. 3231-3 Sont interdites, dans les conventions ou accords collectifs de travail, les clauses comportant des indexations sur le salaire minimum de croissance ou des références à ce dernier en vue de la fixation et de la révision des salaires prévus par ces conventions ou accords. — *[Anc. art. L. 141-9.]* — V. art. R. 3233-1 (pén.).

Sont interdites dans les conventions ou accords collectifs de travail toutes clauses prévoyant des indexations fondées sur le Smic ou par référence à ce dernier, sur le niveau général des prix ou des salaires, ou sur le prix des biens produits ou services n'ayant pas de relation directe avec l'objet du statut ou de la convention ou avec l'activité de l'une des parties ; de telles clauses sont frappées d'une nullité d'ordre public. • Soc. 5 oct. 2017, 🔒 n° 15-20.390 P : *D. 2017. Actu. 2034 ⌀ ; RJS 12/2017, n° 794 ; JCP S 2017. 1410*, obs. Vachet.

SECTION 3 Modalités de fixation

SOUS-SECTION 1 Garantie du pouvoir d'achat des salariés

Art. L. 3231-4 La garantie du pouvoir d'achat des salariés prévue au 1° de l'article L. 3231-2 est assurée par l'indexation du salaire minimum de croissance sur l'évolution de l'indice national des prix à la consommation institué comme référence par voie réglementaire. — *[Anc. art. L. 141-3, al. 1er début.]* — V. art. R.* 3231-2 s. et R. 3233-1 (pén.).

Art. L. 3231-5 Lorsque l'indice national des prix à la consommation atteint un niveau correspondant à une hausse d'au moins 2 % par rapport à l'indice constaté lors de l'établissement du salaire minimum de croissance immédiatement antérieur, le salaire minimum de croissance est relevé dans la même proportion à compter du premier jour du mois qui suit la publication de l'indice entraînant ce relèvement. — *[Anc. art. L. 141-3, al. 2.]* — *V. art. R. 3233-1 (pén.).*

SOUS-SECTION 2 **Participation des salariés au développement économique de la nation**

Art. L. 3231-6 La participation des salariés au développement économique de la nation prévue au 2° de l'article L. 3231-2 est assurée, indépendamment de l'application de l'article L. 3231-4, par la fixation du salaire minimum de croissance, chaque année avec effet au *(L. n° 2008-1258 du 3 déc. 2008)* « 1ᵉʳ janvier ». — *[Anc. art. L. 141-4, al. 1ᵉʳ.]* — *V. art. R. 3233-1 (pén.) et R.* 3231-7.*

Art. L. 3231-7 Le taux du salaire minimum de croissance est fixé par voie réglementaire à l'issue d'une procédure déterminée par décret. — *[Anc. art. L. 141-4, al. 4.]* — *V. art. R. 3231-7 et R. 3233-1 (pén.).*

A compter du 1ᵉʳ janv. 2024, pour les catégories de travailleurs mentionnées à l'art. L. 2211-1, le montant du salaire minimum de croissance est relevé dans les conditions ci-après :

1° En métropole, en Guadeloupe, en Guyane, en Martinique, à La Réunion, à Saint-Barthélemy, à Saint-Martin et à Saint-Pierre-et-Miquelon, son montant est porté à 11,65 € l'heure ;

2° A Mayotte, son montant est fixé à 8,80 € l'heure (Décr. n° 2023-1216 du 20 déc. 2023, art. 1ᵉʳ).

Art. L. 3231-8 En aucun cas, l'accroissement annuel du pouvoir d'achat du salaire minimum de croissance ne peut être inférieur à la moitié de l'augmentation du pouvoir d'achat des salaires horaires moyens enregistrés par l'enquête trimestrielle du ministère chargé du travail.

L'indice de référence peut être modifié par voie réglementaire. — *[Anc. art. L. 141-5.]* — *V. art. R. 3233-1 (pén.) et R.* 3231-2-1.*

Art. L. 3231-9 Les relèvements annuels successifs du salaire minimum de croissance doivent tendre à éliminer toute distorsion durable entre sa progression et l'évolution des conditions économiques générales et des revenus. — *V. art. R. 3233-1 (pén.).*

SOUS-SECTION 3 **Autres modalités de fixation**

Art. L. 3231-10 En cours d'année, le salaire minimum de croissance peut être porté, par voie réglementaire, à un niveau supérieur à celui qui résulte de l'application des dispositions de l'article L. 3231-5. — *V. art. R. 3233-1 (pén.).*

Art. L. 3231-11 Les améliorations du pouvoir d'achat intervenues en application de l'article L. 3231-10 depuis le *(L. n° 2008-1258 du 3 déc. 2008)* « 1ᵉʳ janvier » de l'année précédente entrent en compte pour l'application, lors de la fixation annuelle du salaire minimum de croissance, de la règle fixée à l'article L. 3231-8. — *V. art. R. 3233-1 (pén.).*

SECTION 4 **Minimum garanti**

Art. L. 3231-12 Un minimum garanti est déterminé en fonction de l'évolution de l'indice national des prix à la consommation par application des dispositions de l'article L. 3231-4. Il intervient notamment pour l'évaluation des avantages en nature.

Ce minimum garanti peut être porté, par voie réglementaire, à un niveau supérieur à celui résultant de l'application du premier alinéa. — *V. art. R.* 3231-2, R.* 3231-17 et R. 3233-1 (pén.).*

A compter du 1ᵉʳ janv. 2024, le montant du minimum garanti est fixé à 4,15 € en métropole, dans les collectivités régies par l'art. 73 Const., à Saint-Barthélemy, à Saint-Martin et à Saint-Pierre-et-Miquelon (Décr. n° 2023-1216 du 20 déc. 2023, art. 2).

CHAPITRE II **RÉMUNÉRATION MENSUELLE MINIMALE**

RÉP. TRAV. v° *Salaire (Fixation, montant),* par BOUILLOUX.

SALAIRE ET AVANTAGES DIVERS

SECTION 1 Dispositions générales

Art. L. 3232-1 Tout salarié dont l'horaire de travail est au moins égal à la durée légale hebdomadaire, perçoit, s'il n'est pas apprenti, une rémunération au moins égale au minimum fixé dans les conditions prévues à la section 2.

Ces dispositions ne s'appliquent pas aux salariés temporaires. − [Anc. art. L. 141-10.] − V. art. R. 3233-1 (pén.).

Art. L. 3232-2 Le Gouvernement présente chaque année, en annexe au projet de loi de finances, un rapport sur l'application du présent chapitre indiquant notamment :

1° Le nombre de salariés bénéficiaires de l'allocation complémentaire établie par l'article L. 3232-5 ;

2° Le coût du versement de l'allocation prévue au 1° pour l'année écoulée ;

3° Le nombre de bénéficiaires des allocations publiques de chômage total et des allocations publiques (L. n° 2013-504 du 14 juin 2013, art. 16-VII) « d'activité partielle » ainsi que les mesures prises en application de l'article L. 3232-9. − [Anc. art. L. 141-17.]

SECTION 2 Modalités de fixation

Art. L. 3232-3 La rémunération mensuelle minimale est égale au produit du montant du salaire minimum de croissance tel qu'il est fixé en application des articles L. 3231-2 à L. 3231-12, par le nombre d'heures correspondant à la durée légale hebdomadaire pour le mois considéré.

Elle ne peut excéder, après déduction des cotisations obligatoires retenues par l'employeur, la rémunération nette qui aurait été perçue pour un travail effectif de même durée payé au taux du salaire minimum de croissance. − [Anc. art. L. 141-11, al. 1er.]

Période de référence. L'employeur qui verse certains mois une rémunération supérieure au minimum mensuel ne se libère pas pour autant de sa dette relative aux périodes pendant lesquelles une rémunération insuffisante a été acquittée. • Soc. 29 janv. 2002, n° 99-44.842 P : D. 2002. IR 866 ; RJS 2002. 338, n° 437.

Art. L. 3232-4 La rémunération mensuelle minimale est réduite à due concurrence lorsque :

1° Au cours du mois considéré, le salarié a accompli un nombre d'heures inférieur à celui qui correspond à la durée légale hebdomadaire en cas de suspension du contrat de travail ;

2° Le contrat de travail a débuté ou s'est terminé au cours du mois considéré. − [Anc. art. L. 141-11, al. 2 à 5.]

1. Causes de réduction. Le salaire ne peut être réduit pour une autre cause que celles figurant à l'art. L. 141-11 [L. 3232-4 nouv.] ; l'affectation sur un chantier où l'horaire de travail est inférieur à la durée légale ne figure pas au nombre de ces causes. • Soc. 11 déc. 1990 : RJS 1991. 104, n° 185 ; CSB 1991. 41, A. 14 • 25 mai 1993, n° 89-45.167 P : RJS 1993. 452, n° 773.

2. La rémunération mensuelle minimale d'un salarié étant réduite en cas de fermeture de l'entreprise pour congé annuel, le salarié ne peut prétendre qu'à une allocation pour privation partielle d'emploi, compte tenu de ses droits à congé. • Soc. 2 avr. 1992, n° 88-42.817 P : D. 1992. IR 159 ; Dr. soc. 1992. 475.

SECTION 3 Allocation complémentaire

Art. L. 3232-5 Lorsque, par suite d'une réduction de l'horaire de travail au-dessous de la durée légale hebdomadaire pour des causes autres que celles énumérées à l'article L. 3232-4, un salarié a perçu au cours d'un mois, à titre de salaire et (L. n° 2013-504 du 14 juin 2013, art. 16-VIII) « d'indemnité d'activité partielle », une somme totale inférieure à la rémunération minimale, il lui est alloué une allocation complémentaire égale à la différence entre la rémunération minimale et la somme qu'il a effectivement perçue.

Pour l'application du présent chapitre, sont assimilées (L. n° 2013-504 du 14 juin 2013, art. 16-VIII) « à l'indemnité d'activité partielle » les indemnités pour intempéries prévues aux articles L. 5424-6 et suivants. − [Anc. art. L. 141-12.] − V. art. R. 3232-1.

Art. L. 3232-6 Les dispositions fiscales et sociales relatives aux allocations et contributions prévues à l'article L. 5428-1 sont applicables à l'allocation complémentaire. – *[Anc. art. L. 141-13.]*

Art. L. 3232-7 L'allocation complémentaire est à la charge de l'employeur. – *[Anc. art. L. 141-14, al. 1ᵉʳ, phrase 1ᵉʳ.]*

SECTION 4 *[ABROGÉE]* **Remboursement par l'État**

(Abrogée par L. n° 2013-504 du 14 juin 2013, art. 16-IX)

Art. L. 3232-8 *Abrogé par L. n° 2013-504 du 14 juin 2013, art. 16-IX.*

SECTION 5 **Dispositions d'application**

Art. L. 3232-9 Des décrets en Conseil d'État déterminent les modalités d'application du présent chapitre, notamment :
1° Les conditions, les modalités et les délais de remboursement par l'État de la part lui incombant dans l'allocation complémentaire ;
2° En tant que de besoin, les modalités particulières applicables aux salariés de l'agriculture, aux salariés du bâtiment et des travaux publics, aux marins professionnels, aux dockers professionnels, aux salariés travaillant à domicile, aux salariés intermittents, aux travailleurs handicapés, ainsi qu'aux salariés saisonniers pendant la période normale de leur activité. Ces décrets peuvent prévoir le calcul de la rémunération minimale sur une période autre que mensuelle. – *[Anc. art. L. 141-16.]* – V. art. R. 3232-1.

CHAPITRE III DISPOSITIONS PÉNALES

Le présent chapitre ne comprend pas de dispositions législatives.

TITRE IV PAIEMENT DU SALAIRE

RÉP. TRAV. v° *Salaire (Paiement)*, par Debord.

CHAPITRE I DISPOSITIONS GÉNÉRALES

Art. L. 3241-1 Sous réserve des dispositions législatives imposant le paiement des salaires sous une forme déterminée, le salaire est payé en espèces ou par chèque barré ou par virement à un compte bancaire ou postal *(L. n° 2021-1774 du 24 déc. 2021, art. 1ᵉʳ-I, en vigueur le 26 déc. 2022)* « dont le salarié est le titulaire ou le cotitulaire. Le salarié ne peut désigner un tiers pour recevoir son salaire. »
Toute stipulation contraire est nulle.
En dessous d'un montant mensuel déterminé par décret, le salaire est payé en espèces au salarié qui le demande.
Au-delà d'un montant mensuel déterminé par décret, le salaire est payé par chèque barré ou par virement à un compte bancaire ou postal *(L. n° 2021-1774 du 24 déc. 2021, art. 1ᵉʳ-I, en vigueur le 26 déc. 2022)* « dont le salarié est le titulaire ou le cotitulaire ». – V. art. R. 3246-1 (pén.).

Au-delà d'un montant mensuel fixé par décret, le paiement des traitements et salaires doit être effectué par chèque barré ou par virement à un compte bancaire ou postal ou à un compte tenu par un établissement de paiement ou un établissement de monnaie électronique qui fournit des services de paiement (art. L. 112-6, al. 2, C. mon. fin.). – Montant fixé à 1 500 € par Décr. n° 85-1073 du 7 oct. 1985, mod. par Décr. n° 2001-96 du 2 févr. 2001.

COMMENTAIRE
V. sur le Code en ligne 📖.

1. Salaires visés. L'art. L. 143-1 [L. 3241-1 nouv.] ne vise pas les salaires non échus dont le paiement peut être réalisé au moyen d'effets de commerce. • Soc. 11 oct. 1957 : *Bull. civ. IV, n° 949*.

2. Paiement en monnaie étrangère. Sur le paiement du salaire en monnaie étrangère, V. • Soc. 20 janv. 1961 : *Bull. civ. IV, n° 96*. • 22 juin 1993 : ⚖ *RJS 1993. 589, n° 987* (règles de conversion).

3. Salaire quérable. À défaut de convention entre les parties, le salaire est quérable. • Soc. 11 avr. 1991, ⚖ n° 89-43.337 P : *RJS 1991. 442, n° 844*.

SALAIRE ET AVANTAGES DIVERS **Art. L. 3242-1** 1213

4. Inscription à un compte courant. L'inscription d'une créance de salaire en compte courant, qui équivaut à un paiement, fait perdre à la créance son individualité et la transforme en simple article du compte courant dont seul le solde peut constituer une créance exigible entre les parties. • Soc. 15 oct. 2002, ⚖ n° 00-41.975 P : *Dr. soc. 2002. 1142*, obs. Radé ⌀. ♦ Un compte courant ne peut fonctionner qu'en vertu d'une convention entre les parties ; les remises sur le compte doivent être faites avec l'accord exprès du salarié. • Soc. 23 févr. 2005, ⚖ n° 03-40.482 P : *D. 2005. IR 799* ⌀ ; *RJS 2005. 410, n° 584.*

5. Salaire et groupe de sociétés. La reconnaissance d'une UES entre plusieurs sociétés n'a pas pour effet de transférer les contrats de travail et le salarié d'une entreprise, ferait-elle partie d'un groupe, ne peut diriger une demande salariale que contre son employeur. • Soc. 12 juill. 2006 : ⚖ *D. 2006. IR 2210* ⌀ ; *Dr. soc. 2006. 1065,* obs. Savatier ⌀ ; *JSL 2006, n° 197-6.*

6. Rappels de salaire et intérêts moratoires. Les intérêts moratoires portant sur les rappels de salaire ne peuvent courir qu'à compter de chaque échéance devenue exigible. • Soc. 12 sept. 2018, ⚖ n° 17-10.307 P : *JCP S 2018. 1336,* obs. Brissy.

CHAPITRE II MENSUALISATION

> *COMMENTAIRE*
>
> V. sur le Code en ligne 🔒.

Art. L. 3242-1 La rémunération des salariés est mensuelle et indépendante, pour un horaire de travail effectif déterminé, du nombre de jours travaillés dans le mois. Le paiement mensuel neutralise les conséquences de la répartition inégale des jours entre les douze mois de l'année.

Pour un horaire équivalent à la durée légale hebdomadaire, la rémunération mensuelle due au salarié se calcule en multipliant la rémunération horaire par les 52/12 de la durée légale hebdomadaire.

Le paiement de la rémunération est effectué une fois par mois. Un acompte correspondant, pour une quinzaine, à la moitié de la rémunération mensuelle, est versé au salarié qui en fait la demande.

Ces dispositions ne s'appliquent pas aux salariés travaillant à domicile, aux salariés saisonniers, aux salariés intermittents et aux salariés temporaires. — *[Anc. art. 1, al. 1er, 2 et 6, L. n° 78-49 du 19 janv. 1978.]*

BIBL. ▶ BURNOT, *Dr. soc. 1979. 396* (bilan de la mensualisation). – DESSET, *RPDS 1978. 319.*

> *COMMENTAIRE*
>
> V. sur le Code en ligne 🔒.

1. Exclusion des gratifications annuelles. Les dispositions de l'art. L. 143-2 [L. 3242-1 nouv.] ne sont pas applicables aux gratifications annuelles variables dans leur montant. • Soc. 18 juin 1981 : *Bull. civ. V, n° 571.*

2. Salariés mensualisés. La rémunération d'un salarié mensualisé revêt un caractère forfaitaire et est indépendante du nombre de jours travaillés dans le mois, peu important la répartition des jours ouvrables selon les mois et les années. • Soc. 22 juin 1983 : *Bull. civ. V, n° 351* ; *D. 1984. IR 363,* obs. Langlois • 16 févr. 1994 : ⚖ *Dr. soc. 1994. 373* ; *RJS 1994. 269, n° 414.* ♦ Pour apprécier si le salarié a reçu la rémunération minimale résultant de la mensualisation, il convient de se référer à l'horaire hebdomadaire de travail. • Soc. 29 mars 1995 : ⚖ *Dr. soc. 1995. 504.*

3. La loi sur la mensualisation du 19 janv. 1978 n'exclut pas les salariés sous contrat à durée déterminée du bénéfice de ses dispositions. • Soc. 9 avr. 1996, ⚖ n° 92-43.458 P.

4. Point de départ de la prescription. Le délai de prescription des salaires court à compter de la date à laquelle la créance salariale est devenue exigible ; pour les salariés payés au mois, la date d'exigibilité du salaire correspond à la date habituelle du paiement des salaires en vigueur dans l'entreprise et concerne l'intégralité du salaire afférent au mois considéré. • Soc. 9 juin 2022, ⚖ n° 20-16.992 B : *D. actu. 27 juin 2022,* obs. Couëdel ; *D. 2022. 1619,* note Ala ⌀ ; *RDT 2022. 576,* obs. Guillemot ⌀ ; *RJS 8-9/2022, n° 470* ; *JSL 2022, n° 548,* obs. Nasom-Tissandier ; *JCP 2022. 864,* obs. Loiseau • Soc. 14 déc. 2022, ⚖ n° 21-16.623 B : *D. actu. 5 janv. 2023,* obs. Malfettes ; *D. 2023. 12* ⌀ ; *RJS 2/2023, n° 100* ; *JCPS 2023. 1018,* obs. Brissy.

5. Paiement à l'échéance. L'employeur n'a pas la faculté de différer le paiement du salaire au-delà du délai mensuel prévu. • Soc. 17 déc. 1987 : *Dr. ouvrier 1988. 346,* note Henry. – Dans le même sens : • Soc. 2 déc. 1992 : ⚖ *Dr. soc. 1993. 183.* ♦ Les créances salariales ne sont pas susceptibles de délai de paiement au titre de l'art. 1244 (1244-1) C. civ. • Soc. 18 nov. 1992, ⚖ n° 91-40.596 P : *Dr. soc. 1993. 61* ; *RJS 1993. 38, n° 39.*

Art. L. 3242-2 La mensualisation n'exclut pas les divers modes de calcul du salaire aux pièces, à la prime ou au rendement. — *[Anc. art. 1er, al. 1er, 2 et 6, L. n° 78-49 du 19 janv. 1978.]*

Art. L. 3242-3 Les salariés ne bénéficiant pas de la mensualisation sont payés au moins deux fois par mois, à seize jours au plus d'intervalle. — *[Anc. art. 1er, al. 5, L. n° 78-49 du 19 janv. 1978.]* — V. art. R. 3246-1 (pén.).

Art. L. 3242-4 Pour tout travail aux pièces dont l'exécution dure plus d'une quinzaine, les dates de paiement peuvent être fixées d'un commun accord. Toutefois, le salarié reçoit des acomptes chaque quinzaine et est intégralement payé la quinzaine qui suit la livraison de l'ouvrage. — *[Anc. art. L. 143-2, al. 2, phrase 1.]* — V. art. R. 3246-1 (pén.).

CHAPITRE III BULLETIN DE PAIE

Art. L. 3243-1 Les dispositions du présent chapitre s'appliquent à toutes les personnes salariées ou travaillant à quelque titre ou en quelque lieu que ce soit pour un ou plusieurs employeurs et quels que soient le montant et la nature de leurs rémunérations, la forme, ou la validité de leur contrat. — *[Anc. art. L. 143-3, al. 1er.]* — V. art. R. 3243-1 et R. 3246-3 (pén.).

BIBL. ▶ H. BLAISE et LORANS, *Dr. soc.* 1992. 16. - P. LYON-CAEN, *Dr. soc.* 1999. 255 (présomption de paiement et acceptation du bulletin de paie). - SIGNORETTO, *RPDS* 1986. 361. - SINAY, *JCP* 1960. I. 1586 (forfait). - WALLON, *Juri-soc.* 1987, n° 10. 51.

Existence d'un contrat de travail. L'obligation de délivrer un bulletin de paie n'existe qu'à l'égard des personnes unies à l'employeur par un contrat de travail. • Crim. 22 nov. 1956 : *Bull. crim. n° 775.* • 22 oct. 2002, n° 02-81.859 P : *JCP E* 2004. 330, note Pomart (conjoint de l'employeur travaillant dans une situation de subordination). ♦ Cette obligation subsiste après le décès du salarié au profit de ses ayants droit. • Crim. 5 déc. 1989 : *Bull. crim. n° 462.*

Art. L. 3243-2 Lors du paiement du salaire, l'employeur remet aux personnes mentionnées à l'article L. 3243-1 une pièce justificative dite bulletin de paie. Il ne peut exiger aucune formalité de signature ou d'émargement autre que celle établissant que la somme reçue correspond bien au montant net figurant sur ce bulletin.
(L. n° 2016-1088 du 8 août 2016, art. 54) « Sauf opposition du salarié, l'employeur peut procéder à la remise du bulletin de paie sous forme électronique, dans des conditions de nature à garantir l'intégrité, la disponibilité pendant une durée fixée par décret et la confidentialité des données ainsi que leur accessibilité dans le cadre du service associé au compte mentionné au 2° du II de l'article L. 5151-6. Un décret en Conseil d'État pris après avis de la Commission nationale de l'informatique et des libertés détermine les modalités de cette accessibilité afin de préserver la confidentialité des données. » — V. art. D. 3243-7 s.
Les mentions devant figurer sur le bulletin ou y être annexées sont déterminées par décret en Conseil d'État. — V. art. R. 3243-1. — V. art. R. 3246-2 (pén.).

BIBL. ▶ PIETTE-COUDOL, *JCP S* 2010. 1440 (remise électronique du bulletin de paie).

COMMENTAIRE

V. sur le Code en ligne.

1. Chèque emploi-service. L'utilisation d'un commun accord du chèque emploi-service dispense l'employeur de la remise d'un contrat de travail écrit et du bulletin de paie. • Soc. 27 oct. 2004, n° 03-48.234 P : *Dr. soc. 2005. 103*, obs. Radé.

2. Modalités de la remise. La loi n'imposant pas la remise en main propre, un bulletin de paie peut être envoyé par voie postale. • Soc. 7 juin 1995, n° 91-44.919 P : *Dr. soc. 1995. 1043* ; *RJS 1995. 591*, n° 901. ♦ À défaut de remise du bulletin de paie au salarié, l'employeur doit le lui faire parvenir par tous moyens ; il ne peut se contenter de tenir le bulletin de paie à la disposition du salarié. • Soc. 19 mai 1998, n° 97-41.814 P : *Dr. soc. 1998. 723*, obs. Marraud ; *RJS 1998. 558*, n° 865.

3. Rémunération. Ni l'absence de mention d'heures supplémentaires sur les fiches de paie, ni le fait que des accords fussent intervenus sur la réduction d'horaires n'implique nécessairement l'existence d'un accord sur une rémunération forfaitaire. • Soc. 28 oct. 1981 : *Bull. civ. V, n° 839.* ♦ V. aussi : • Soc. 11 déc. 1980 : *Bull. civ. V, n° 885* (la convention de forfait ne se présume pas) ♦ 11 oct. 1984 : *ibid.*, *n° 371* (la preuve d'une convention de forfait peut être apportée conformément au droit commun). ♦ V. note 36 ss. art. L. 3211-1.

4. Emploi. La mention de l'emploi sur le bulletin de paie doit permettre de contrôler que la rémunération versée au salarié est conforme à sa qualification professionnelle ; le conseil de prud'hommes apprécie souverainement le montant du préjudice causé au salarié par l'omission de cette mention. • Soc. 22 mai 1986 : *Bull. civ. V, n° 243.* ♦ La modification de la qualification du salarié sur le bulletin de paie ne suffit pas à établir un accord de volonté des parties sur cette nouvelle classification. • Soc. 6 juill. 1976 : *Bull. civ. V, n° 415* ; *D. 1978. 274*, note J. Mouly. – V. aussi : • Soc. 12 mai 1980 : *D. 1981. IR 132.*

5. C'est à l'employeur qui conteste la mention relative à l'emploi portée sur le bulletin de paie, de rapporter la preuve de son inexactitude au regard des fonctions exercées par la salariée. • Soc. 19 mars 2003 : 🔒 *Dr. soc. 2003. 662*, obs. Radé⌀.

6. Un rappel de primes dues sur plusieurs mois peut figurer sur un seul bulletin de paie établi lors de leur paiement. • Soc. 30 nov. 2010 : 🔒 *JCP S 2011. 1093*, obs. Tricoit.

7. Convention collective. La mention de la convention collective sur le bulletin de paie vaut présomption de l'applicabilité de la convention collective à l'égard du salarié, l'employeur étant admis à apporter la preuve contraire. • Soc. 15 nov. 2007 : 🔒 *GADT, 4ᵉ éd., n° 168* ; *D. 2008. 325*, note Reynès ⌀ ; *RDT 2008. 44*, obs. Tissandier⌀. ♦ Comp. : La mention de la convention collective sur le bulletin de paie fait irréfragablement présumer la volonté de l'employeur d'en faire application dans l'entreprise. • Soc. 18 nov. 1998, 🔒 *n° 96-42.991* P : *JCP G 1999. II. 10088*, note Lhernould • 18 juill. 2000, 🔒 *n° 97-44.897* P : *Dr. soc. 2000. 921*, obs. Frouin⌀ ; *ibid. 1024*, obs. Lhernould⌀ ; *D. 2001. 1201*, note Reynès⌀.

8. Mais l'application volontaire par un employeur d'une convention collective résultant de la mention dans un contrat de travail n'implique pas à elle seule l'engagement d'appliquer à l'avenir les dispositions de ses avenants, même lorsque cette mention est reproduite sur les bulletins de salaire ultérieurs. • Soc. 21 oct. 1998, 🔒 *n° 97-44.337* P : *Dr. soc. 1999. 103*, obs. Bélier⌀ • 2 avr. 2003, 🔒 *n° 00-43.601* P : *Dr. soc. 2003. 901*, obs. Radé⌀.

9. Prohibition des mentions discriminatoires. Aucune mention du bulletin de paie ne doit permettre d'établir une distinction entre les heures travaillées et les heures de délégation dont bénéficient les salariés protégés. • Soc. 3 févr. 1993 : 🔒 *Dr. soc. 1993. 304* • 18 févr. 2004, 🔒 *n° 01-46.565* P : *Dr. soc. 2004. 559*, obs. Radé⌀.

10. Responsabilité civile. L'employeur engage sa responsabilité en cas de non-délivrance du bulletin de paie. • Soc. 21 févr. 1979 : *Bull. civ. V, n° 159* ; *JCP 1981. II. 19525*, note Hertzog. ♦ Comp. • Soc. 15 oct. 1969 : *D. 1970. 90* (une erreur unique n'engage pas la responsabilité de l'employeur). ♦ Le chef d'entreprise qui a, dès l'origine, entendu dissimuler partiellement le salaire convenu sur le bulletin de paie est responsable de la rupture du contrat de travail. • Soc. 24 mars 1971 : *JCP 1971. IV. 122.* ♦ L'existence d'un préjudice et l'évaluation de celui-ci relevant du pouvoir souverain d'appréciation des juges du fond, le salarié qui n'apporte aucun élément pour justifier le préjudice allégué n'obtiendra pas réparation en cas de délivrance tardive du bulletin de paie. • Soc. 13 avr. 2016, 🔒 *n° 14-28.293* P : *D. actu. 17 mai 2016*, obs. Ines ; *D. 2016. Actu. 900*⌀ ; *RDT 2017. Controverse 374* ⌀, Bailly et Boulmier ; *RJS 6/2016, n° 423* ; *SSL 2016, n° 1721, p. 12*, obs. Florès et Saada ; *JSL 2016, n° 411-2*, obs. Dejean de la Bâtie ; *JCP S 2016. 1213*, obs. Turpin.

11. Délit de travail dissimulé. L'employeur qui délivre un bulletin de paie ne mentionnant qu'une partie de la rémunération des heures de travail se rend coupable du chef de travail clandestin. • Crim. 27 sept. 1994 : 🔒 *D. 1994. IR 253* ; *JCP 1995. II. 22444*, note Taquet ; *Dr. pénal 1994. Comm. 266*, obs. J.-H. Robert. ♦ Mais la dissimulation d'emploi salarié n'est caractérisée que si l'employeur a, de manière intentionnelle, mentionné sur le bulletin de paie un nombre d'heures de travail inférieur à celui réellement effectué. • Crim. 27 févr. 2000, 🔒 *n° 99-84.643* • Soc. 21 mai 2002, 🔒 *n° 99-45.890* P. • 4 mars 2003, 🔒 *n° 00-46.906* P : *Dr. soc. 2003. 528*, obs. Radé⌀ • 24 mars 2004, 🔒 *n° 01-43.875* P : *Dr. soc. 2004. 664*, obs. Radé⌀.

Art. L. 3243-3 L'acceptation sans protestation ni réserve d'un bulletin de paie par le travailleur ne peut valoir de sa part renonciation au paiement de tout ou partie du salaire et des indemnités ou accessoires de salaire qui lui sont dus en application de la loi, du règlement, d'une convention ou d'un accord collectif de travail ou d'un contrat.

Cette acceptation ne peut valoir non plus compte arrêté et réglé au sens *(L. n° 2008-561 du 17 juin 2008)* « de l'article » 1269 du code de procédure civile. – *[Anc. art. L. 143-4.]*

COMMENTAIRE

V. sur le Code en ligne 🔒.

1. Absence de présomption de paiement. Nonobstant la délivrance d'une fiche de paie, l'acceptation sans protestation ni réserve du bulletin de paie par le salarié ne vaut pas présomption de paiement au profit du salarié ; c'est à l'employeur de prouver le paiement du salaire notamment par la production des pièces comptables. • Soc. 2 févr. 1999, ⚓ n° 96-44.798 P : *D. 1999. IR 78* ⌀ ; *RJS 1999. 221, n° 370 ; Dr. soc. 1999. 257,* concl. A. Lyon-Caen ⌀. • 16 févr. 1999, ⚓ n° 96-41.838 P : *D. 1999. IR 84* ⌀ ; *RJS 1999. 221, n° 370 ; Dr. soc. 1999. 411,* obs. Roy-Loustaunau ⌀. ♦ V. jurisprudence antérieure : la présomption de paiement résultant de l'acceptation du bulletin de paie par le salarié, sans protestation ni réserve, est une présomption simple. • Soc. 20 mai 1966 : *JCP 1966. IV. 94* • 5 mars 1987 : *Bull. civ. V, n° 116* • 27 oct. 1993 : ⚓ *Dr. soc. 1993. 964.* ♦ Il appartient au salarié qui détient des fiches de paie faisant apparaître le paiement d'un salaire par de détruire par la preuve contraire la présomption qui en résulte. • Soc. 11 févr. 1997 : ⚓ *D. 1997. IR 82* ⌀.

2. En relevant que sur les bulletins de paie la signature du salarié, malhabile, émanait d'une personne ne sachant ni lire ni écrire, sauf tracer son nom, une cour d'appel a pu en déduire que leur délivrance n'emportait pas la preuve du paiement des sommes qu'ils mentionnaient. • Soc. 26 nov. 1987 : *Bull. civ. V, n° 685.*

3. Preuve positive du paiement. Les agissements tardifs du salarié qui n'a pas protesté au moment de la remise de la paie, ajoutés à d'autres éléments, constituent des présomptions précises et concordantes que les sommes remises correspondent à celles portées sur les bulletins de salaire. • Soc. 19 déc. 1979 : *Bull. civ. V, n° 1025.*

4. En l'absence de mention expresse de paiement d'une prime sur le bulletin de paie, un tribunal peut estimer, par une appréciation souveraine des éléments de la cause, que la preuve d'un tel paiement n'est pas rapportée. • Soc. 8 févr. 1979 : *Bull. civ. V, n° 131 ; Dr. ouvrier 1979. 352.* – V. aussi : • Soc. 21 nov. 1973 : *D. 1973. IR 252* • 3 déc. 1975 : *D. 1976. IR 6* • 4 mai 1983 : *Bull. civ. V, n° 228.* ♦

Comp. • Soc. 5 juin 1991 : ⚓ *D. 1991. IR 191 ; Dr. soc. 1992. 16,* note H. Blaise et Lorans ⌀ ; *RJS 1991. 441, n° 842,* affirmant que les dispositions de l'art. R. 143-2 n'interdisent pas à l'employeur de rapporter la preuve du paiement d'une prime dont le montant ne figure pas au bulletin de paie. ♦ Mais la preuve du versement d'une prime d'ancienneté ne peut résulter ni du fait que le salaire effectif était supérieur au salaire minimum conventionnel augmenté du montant de cette prime, ni de l'absence de réclamation du salarié pendant la durée d'exécution du contrat. • Soc. 5 janv. 1994 : ⚓ *RJS 1994. 121, n° 153, 1ʳᵉ esp.* ♦ Le salarié qui perçoit un salaire supérieur à la rémunération globale à laquelle il peut prétendre au regard de son ancienneté doit démontrer ne pas avoir été rempli de ses droits au regard de la convention collective. • Soc. 16 nov. 2004 : ⚓ *Dr. soc. 2005. 218,* obs. Radé ⌀.

5. Preuve du contrat de travail. La délivrance de bulletins de paie mentionnant des retenues pour cotisations de sécurité sociale fait présumer l'existence d'un contrat de travail et d'un lien de subordination. • Soc. 7 oct. 1976 : *Bull. civ. V, n° 478.* ♦ Pour la preuve de la qualification, V. • Soc. 6 déc. 1973 : *Bull. civ. V, n° 635.*

6. Arrêté de compte. Au sens de l'art. 541 C. pr. civ., un compte n'est arrêté que s'il a été discuté, approuvé ou ratifié dans des conditions impliquant, dans la commune intention des parties appréciée souverainement par les juges du fond, la volonté de fixer définitivement leur situation respective. • Soc. 6 nov. 1953 : *D. 1954. 170 ; JCP 1954. II. 7929* • 3 mars 1958 : *Bull. civ. IV, n° 392* • 5 juin 1958 : *ibid., n° 684.* ♦ La clause du contrat de travail d'un VRP prévoyant un arrêté de compte le dernier jour du trimestre, la communication du compte au salarié et la possibilité pour le salarié de contester l'arrêté qui lui est communiqué dans le mois qui suit, est licite ; l'absence de contestation du salarié sur le relevé détaillé transmis par l'employeur concrétise l'accord définitif sur le montant des commissions. • Soc. 30 sept. 2003 : ⚓ *RJS 2003. 971, n° 1389.*

Art. L. 3243-4 L'employeur conserve un double des bulletins de paie des salariés (*L. n° 2009-526 du 12 mai 2009, art. 26*) « ou les bulletins de paie remis aux salariés sous forme électronique » pendant cinq ans. – [Anc. art. L. 143-3, al. 4.]

Art. L. 3243-5 Il peut être dérogé à la conservation des bulletins de paie, pour tenir compte du recours à d'autres moyens, notamment informatiques, dans les conditions prévues au deuxième alinéa de l'article L. 8113-6.

CHAPITRE IV **POURBOIRES**

Art. L. 3244-1 Dans tous les établissements commerciaux où existe la pratique du pourboire, toutes les perceptions faites « pour le service » par l'employeur sous forme de pourcentage obligatoirement ajouté aux notes des clients ou autrement, ainsi que toutes sommes remises volontairement par les clients pour le service entre les mains de l'employeur, ou centralisées par lui, sont intégralement versées au personnel en contact avec la clientèle et à qui celle-ci avait coutume de les remettre directement. – [Anc. art. L. 147-1.] – V. art. R. 3246-2 (pén.).

SALAIRE ET AVANTAGES DIVERS — Art. L. 3244-2

Sur l'exonération de cotisations et contributions sociales sur les pourboires versés en 2022, 2023 et 2024, V. L. n° 2021-1900 du 30 déc. 2021, art. 5, mod. par L. n° 2023-1322 du 29 déc. 2023, art. 28.

> **COMMENTAIRE**

V. sur le Code en ligne.

1. Établissements concernés. L'activité d'un casino entre dans le champ d'application de ce texte. ● Soc. 9 mars 1994, n° 91-17.543 P : *RJS 1994. 268, n° 409*.

2. Principe du reversement intégral. Il ne peut être dérogé aux règles de répartition fixées par l'art. L. 147-1 [L. 3244-1 nouv.]. ● Soc. 19 juin 1990, n° 87-41.769 P : *D. 1990. IR 194*. – Dans le même sens : ● Soc. 5 nov. 1970 : *Bull. civ. V, n° 592* ● 26 janv. 1972 : *ibid., n° 61*. ♦ Mais les dispositions de l'art. L. 3244-1 ne font pas obstacle à ce qu'il soit décidé que les sommes reversées par l'employeur au titre d'une rémunération au pourboire avec un salaire minimum garanti soient calculées sur la base d'une masse à partager supérieure à celle facturée aux clients au titre du service. ● Soc. 13 oct. 2021, n°s 19-24.739 B et 19-24.741 B : *D. actu. 10 nov. 2021, obs. Couëdel ; D. 2021. 1925 ; RDT 2022. 46, note Pignarre ; RJS 12/2021, n° 652 ; JCP S 2021. 1306, obs. François*.

3. L'obligation de reversement intégral n'exclut toutefois pas la possibilité pour l'employeur, s'il justifie avoir dû régler la TVA sur ces sommes, d'en déduire au préalable le montant. ● Soc. 6 mai 1998, n° 96-40.077 P : *D. 1998. IR 152 ; RJS 1998. 470, n° 737*.

4. Ni les sommes payées comme temps de travail au titre des heures de délégation, ni les indemnités garantissant le maintien du salaire pendant les périodes d'arrêt de travail pour maladie ne rémunèrent le service de la clientèle et ne peuvent en conséquence être imputées sur les pourboires. ● Crim. 26 juill. 1989 : *Bull. crim. n° 302 ; D. 1989. IR 254*.

5. Travail dissimulé. Les retenues pécuniaires constatées sur le cahier des pourboires et effectuées par l'employeur, en fonction du travail fourni, démontrent une volonté de l'employeur de soustraire des sommes des déclarations sociales obligatoires et des versements des cotisations et contributions sociales, et constituent aussi l'infraction de travail dissimulé. ● Crim. 1er déc. 2015, n° 14-85.480 P : *D. 2015. Actu. 2568 ; RJS 2/2016,* n° 141 ; *JCP S 2015. 1035, obs. Duquesne*.

6. Personnel en contact avec la clientèle. Sur la détermination du personnel en contact avec la clientèle, V. ● Soc. 3 mars 1976 : *D. 1976. IR 110* ● 24 janv. 1980 : *Bull. civ. V, n° 77* ● 4 févr. 1981 : *ibid., n° 103* ● 4 juill. 1984 : *ibid., n° 288* ● 3 mars 1993 : *CSB 1993. 159, S. 85* ● 18 juin 1997 : *RJS 1997. 795, n° 1295*. ♦ La répartition des pourboires doit bénéficier à l'ensemble des personnels en contact avec la clientèle, quelle que soit la catégorie du personnel à qui les sommes sont matériellement remises. ● Soc. 9 mai 2000, n° 98-20.146 P : *D. 2000. IR 166 ; Dr. soc. 2000. 773, obs. Radé ; RJS 2000. 460, n° 672* ● 18 juill. 2001, n° 99-41.214 P : *RJS 2001. 876, n° 1287*. ♦ Et ce, indépendamment des pourboires qui peuvent leur être remis personnellement à l'occasion de leurs propres fonctions. ● Soc. 29 sept. 2004, n° 02-43.500 P : *D. 2004. IR 2894 ; Dr. soc. 2004. 1142, obs. Radé ; RJS 2004. 904, n° 1285*. ♦ Sont exclus de la répartition des pourboires les directeurs régionaux d'une chaîne de restaurants qui ne sont pas habituellement en contact avec la clientèle et dont la mission principale consiste à encadrer et contrôler des établissements et dont les fonctions de service, limitées aux hypothèses de remplacement d'un salarié absent, ne sont qu'accessoires. ● Soc. 14 nov. 2013 : *D. actu. 2 déc. 2013, obs. Peyronnet ; D. 2013. Actu. 2704 ; RJS 1/2014, p. 8, Avis Liffran*.

7. Respect du SMIC. L'employeur, tenu de verser chaque mois le montant du salaire minimum, doit supporter la charge éventuelle de l'insuffisance des pourboires et ne peut se dispenser de verser l'intégralité des pourboires de chaque mois en reportant le déficit d'un mois sur un autre. ● Soc. 17 janv. 1962 : *JCP 1962. II. 12922, note Bizière*.

8. Assiette de calcul et indemnités. Les indemnités de rupture devant être calculées sur les sommes réellement perçues par le salarié, il convient d'y intégrer les pourboires. ● Soc. 21 févr. 1980 : *Bull. civ. V, n° 174*.

Art. L. 3244-2 Les sommes mentionnées à l'article L. 3244-1 s'ajoutent au salaire fixe, sauf dans le cas où un salaire minimum a été garanti par l'employeur. — *[Anc. art. L. 147-2.]* — V. art. R. 3246-2 (pén.).

En l'absence de disposition contractuelle ou conventionnelle relative au régime des pourboires susceptibles d'être perçus par la salariée de la part des usagers des toilettes de l'aérogare d'Orly, le montant des pourboires s'ajoute au salaire garanti. ● Soc. 16 déc. 2015, n° 14-19.073 P : *D. 2016. Actu. 82 ; JCP S 2016. 1076, obs. Vachet*.

CHAPITRE V ACTION EN PAIEMENT ET PRESCRIPTION

Art. L. 3245-1 (*L. n° 2008-561 du 17 juin 2008*) L'action en paiement ou en répétition du salaire se prescrit par (*L. n° 2013-504 du 14 juin 2013, art. 21-IV*) « trois ans à compter du jour où celui qui l'exerce a connu ou aurait dû connaître les faits lui permettant de l'exercer. La demande peut porter sur les sommes dues au titre des trois dernières années à compter de ce jour ou, lorsque le contrat de travail est rompu, sur les sommes dues au titre des trois années précédant la rupture du contrat. »

Les dispositions issues de la L. n° 2013-504 du 14 juin 2013 s'appliquent aux prescriptions en cours à compter du 16 juin 2013, sans que la durée totale de la prescription puisse excéder la durée prévue par la loi antérieure.

Lorsqu'une instance a été introduite avant le 16 juin 2013, date de promulgation de la L. n° 2013-504 du 14 juin 2013, l'action est poursuivie et jugée conformément à la loi ancienne. Cette loi s'applique également en appel et en cassation (L. préc., art. 21-V).

RÉP. TRAV. v° *Salaire (Paiement)*, par Debord.

BIBL. ▶ Camerlynck, D. 1971. Chron. 237. – Husson, RPDS 1988. 369. – Radé, Dr. soc. 2012. 164. – Savatier, Dr. soc. 1992. 882.

> **COMMENTAIRE**
> V. sur le Code en ligne. ❏

I. CRÉANCES VISÉES

A. CRÉANCES SOUMISES À LA PRESCRIPTION DES GAINS ET SALAIRES

1. Portée de l'application de la prescription triennale. Les dispositions relatives à la prescription triennale de l'action en paiement des salaires issues de la L. n° 2013-504 du 14 juin 2013 s'appliquent aux prescriptions en cours à compter de la date de promulgation de ladite loi sans que la durée totale de la prescription puisse excéder la durée prévue par la loi antérieure. • Soc. 30 mai 2018, n°s 17-10.227 P et 16-25.557 P : *D. actu. 15 juin 2018, obs. Fraisse ; D. 2018. Actu. 1211 ; RJS 8-9/2018, n° 537 ; JCP S 2018. 1264, obs. Guyot* • Soc. 20 nov. 2019, n° 18-20.208 P : *D. 2019. Actu. 2305 ; RJS 2/2020, n° 91 ; RPC 2020. Comm. 11, obs. Taquet ; JCP S 2019. 1372, obs. Dumont.* ♦ À défaut de saisine de la juridiction prud'homale dans les trois années suivant cette date, les dispositions transitoires ne sont pas applicables en sorte que l'action en paiement de créances de salaire nées sous l'empire de la loi ancienne se trouve prescrite. • Soc. 9 déc. 2020, n° 19-12.788 P : *D. 2021. 21 ; ibid. 370, chron. Ala, Lanoue et Prache ; RJS 2/2021, n° 87* • 15 mars 2023, n° 21-16.057 B : *D. 2023. 555 ; RDT 2023. 340, obs. Serres ; RJS 5/2023, n° 254 ; JCP S 2023. 1091, obs. Lahalle.*

2. Délai de prescription applicable aux actions en remboursement de frais professionnels. Le versement de l'indemnité de transport relevant du régime des frais professionnels, l'action en paiement de cette prime n'est pas soumise à la prescription triennale applicable à l'action en paiement ou en répétition du salaire. • Soc. 20 nov. 2019, n° 18-20.208 P : *préc. note 1.*

3. Durée de la prescription fondée sur la nature de la créance invoquée. La durée de la prescription est déterminée par la nature de la créance invoquée. • Soc. 30 juin 2021, n° 18-23.932 B (l'action en paiement d'un rappel de salaire fondé sur l'invalidité d'une convention de forfait en jours est soumise à la prescription triennale prévue par l'art. L. 3245-1) • 30 juin 2021, n° 19-10.161 B (la demande de rappel de salaire fondée sur la requalification d'un contrat de travail à temps partiel en contrat de travail à temps complet est soumise à la prescription triennale de l'art. L. 3245-1) • 30 juin 2021, n° 19-14.543 B (l'action relative à l'utilisation des droits affectés sur un compte épargne-temps, acquis en contrepartie du travail, a une nature salariale et est soumise à la prescription triennale prévue par l'art. L. 3245-1) • 30 juin 2021, n° 20-12.960 B (la demande de rappel de salaire fondée non pas sur une discrimination mais sur une atteinte au principe d'égalité de traitement relève de la prescription triennale).

4. Principe. La prescription quinquennale s'applique aux sommes constituant des salaires ou payables par année ou à des termes périodiques plus courts. • Soc. 29 mai 1991 : *D. 1991. IR 180 ; CSB 1991. 206, S. 124 ; RJS 1991. 442, n° 845.* ♦ Les juges du fond ne peuvent appliquer la prescription en se bornant à énoncer que la prime réclamée avait le caractère d'un salaire sans préciser s'il s'agissait d'une créance payable par année ou à des termes périodiques plus courts. • Soc. 5 mai 1993 : *RJS 1993. 355, n° 615.*

5. Sincérité de la demande indemnitaire. Le salarié ne peut, sous le couvert d'une demande de dommages-intérêts pour absence de répartition des horaires sur le contrat de travail, demander le paiement d'une créance de rappel de salaire prescrite. • Soc. 28 mars 2018, 🔒 n° 12-28.606 P : *RJS 6/2018, n° 416* ; *JCP 2018. 877*, obs. Loiseau.

6. Rémunération. Sont notamment concernés : les commissions dues à un VRP. • Soc. 28 mars 1966 : *Bull. civ. IV, n° 330*. ♦ ... Les avantages en nature. • Soc. 16 juill. 1963 : *Bull. civ. IV, n° 605*. ♦ ... Une allocation de déplacement. • Soc. 4 janv. 1990 : 🔒 *D. 1990. IR 41* ; *RJS 1990. 156, n° 209*. ♦ ... Les primes. • Soc. 25 oct. 1990 : 🔒 *D. 1990. IR 261*. ♦ ... Les indemnités de préavis. • Soc. 7 mars 1990, 🔒 n° 86-43.406 P. ♦ ... Les indemnités de congés payés. • Soc. 16 déc. 2015, 🔒 n° 14-15.997 P : *D. 2016. Actu. 81* ⁄. ♦ ... Des « indemnités compensatrices de réduction d'horaire ». • Soc. 6 déc. 1995 : 🔒 *CSB 1996. 79, A. 19*. ♦ ... Les sommes compensant l'absence de prise de repos hebdomadaire • Soc. 13 janv. 2004 : 🔒 *JSL 2004, n° 139-2* ; *RJS 2004. 215, n° 311* ; *Dr. soc. 2004. 307*, obs. Radé ⁄. ♦ ... La partie variable de la rémunération déterminée annuellement sur les honoraires des missions exécutées en totalité et menées à bonne fin. • Soc. 10 mars 2004 : 🔒 *Dr. soc. 2004. 558*, obs. Radé ⁄. ♦ ... Le complément de salaire constitué par l'indemnité de départ et d'installation prévu par la convention collective. • Soc. 15 mars 2005 : 🔒 *Dr. soc. 2005. 820*, obs. Radé ⁄ ; *RJS 2005. 365, n° 521*. ♦ ... Le remboursement des frais professionnels. • Soc. 20 mai 2009 : *Dr. soc. 2009. 866*, obs. Couturier ⁄ ; *SSL 2009, n° 1417*, p. 11, obs. Rousseau. ♦ ... L'action en paiement d'un rappel de gratification allouée au titre de la médaille du travail en vertu d'un engagement unilatéral de l'employeur. • Soc. 11 mai 2023, 🔒 n° 21-15.187 B : *D. 2023. 1013* ⁄ ; *RJS 7/2023, n° 379*.

7. Cotisations sociales indûment précomptées. En cas de précompte de cotisations de retraite erroné en défaveur du salarié, l'action dirigée contre l'employeur constitue une demande en rappel de salaires soumise à la prescription de cinq ans, et non une action en répétition de l'indu, laquelle ne pourrait être engagée qu'à l'encontre de la caisse de retraite. • Soc. 31 janv. 1996, 🔒 n° 93-43.801 P : *D. 1997. 306*, note Thullier ⁄ ; *RJS 1996. 173, n° 291* • 19 mai 1998, 🔒 n° 96-40.799 P : *RJS 1998. 559, n° 866* • 6 avr. 1999, 🔒 n° 96-44.162 P. • 26 oct. 2000, 🔒 n° 98-21.450 P. • 2 déc. 2003 : 🔒 *Dr. soc. 2004. 204*, obs. Jeammaud ⁄ ; *RJS 2004. 144, n° 209*.

8. Actions en remboursement. La prescription quinquennale édictée par l'art. 2277 C. civ. pour les actions en paiement des sommes payables par année ou à des termes périodiques plus courts s'applique également aux actions relatives à la répétition de ces sommes. • Soc. 12 janv. 1999 : 🔒 *Dr. soc. 1999. 312*, obs. Radé ⁄ • 23 juin 2004, 🔒 n° 02-41.877 P : *Dr. soc. 2004. 1030*, obs. Radé ⁄ ; *Dr. ouvrier 2005. 81*. ♦ Contra • Civ. 1ʳᵉ, 27 févr. 1996, 🔒 n° 94-12.645 P : *Defrénois 1996, art. 36365*, rapp. P. Sargos ; *RTD civ. 1997. 428*, obs. Mestre ⁄ (art. L. 114-1, C. assur.) • Civ. 3ᵉ, 21 févr. 1996, 🔒 n° 93-12.675 P : *Defrénois 1996. 1436*, obs. Bénabent ; *RTD civ. 1997. 428*, obs. Mestre ⁄ (paiement des loyers) • Civ. 2ᵉ, 22 nov. 2001, 🔒 n° 99-16.052 P : *Defrénois 2002. 268*, obs. Savau ; *ibid. 684*, note Massip ; *D. 2002. IR 45* ⁄ (créance alimentaire) • 18 mars 2004, 🔒 n° 03-10.620 P : *RCA 2004, chron. 16*, Groutel (art. L. 114-1, C. assur.) • Cass., ch. mixte, 12 avr. 2002, 🔒 n° 00-18.529 P : *BICC 557 du 1ᵉʳ juin 2002*, concl. Guérin, rapp. Duvernier (charges locatives) • Soc. 12 juill. 2006 : 🔒 *RDT 2006. 324*, obs. Pignarre ⁄ ; *JCP S 2006. 1693*, note Verkindt ; *RJS 2006. 790, n° 1068* (remboursement d'indemnités kilométriques et de repas). ♦ L'action en paiement et en répétition de l'allocation de remplacement versée dans le cadre d'un dispositif de cessation anticipée d'activité est soumise à la prescription quinquennale prévue par l'art. 2224 C. civ. • Soc. 27 mai 2015, 🔒 n° 14-10.864 P : *D. 2015. Actu. 1214* ⁄ ; *JCP S 2015. 1303*, obs. Guyot. ♦ Mais l'obligation pour l'employeur d'affilier son personnel-cadre à un régime de retraite complémentaire et de régler les cotisations qui en découlent était soumise à la prescription de droit commun qui était, pour la période antérieure à l'entrée en vigueur de la L. n° 2008-561 du 17 juin 2008, trentenaire ; la créance dépendant d'éléments qui ne sont pas connus du créancier et qui résultent de déclarations que le débiteur est tenu de faire, la prescription ne court qu'à compter de la liquidation pour le salarié de ses droits à la retraite. • Soc. 11 juill. 2018, 🔒 n° 16-20.029 P : *JCP S 2018. 1309*, obs. Jean-Marie et Moreau.

B. CRÉANCES EXCLUES DE LA PRESCRIPTION

9. Gérant. La prescription de l'art. L. 143-14 [L. 3245-1 nouv.] n'est pas applicable à la créance d'un gérant de SARL. • Com. 19 juill. 1965 : *D. 1965. 666* ♦ Comp., lorsque le gérant est titulaire d'un contrat de travail : • Soc. 23 oct. 1958, n° 5.204 P.

10. Créances indemnitaires. Sont en revanche exclus : les indemnités de licenciement. • Soc. 9 mars 1957 : *Dr. soc. 1957. 278*, concl. Blanchet • Com. 5 févr. 1958 : *JCP 1958. II. 10441*, note Nectoux • Soc. 7 juill. 1961 : *JCP 1961. II. 12287 bis*, note Lindon. ♦ ... Les avances sur commissions qui sont payables à terme périodique et dont le montant est insusceptible d'être déterminé à l'avance. • Soc. 23 juin 1988 : *Bull. civ. V, n° 387* ; *Dr. ouvrier 1990. 34*. ♦ Dans le même sens : • Soc. 8 juill. 1992, 🔒 n° 89-40.051 P : *D. 1992. IR 229* ; *Dr. soc. 1992. 882*, note Savatier ⁄ ; *RJS 1992. 752, n° 1387*. ♦ ... Une allocation de fin de carrière. • Soc. 4 mars 1992, 🔒 n° 88-45.753 P : *D. 1992. IR 128* ; *Dr. soc. 1992. 882*, note Savatier ⁄ ; *RJS 1992. 243, n° 414*. ♦ ... Le remboursement de « frais kilométriques ». • Soc. 29 mai 1991 : 🔒 préc. note 4. ♦ ... L'indemnité forfaitaire pour travail dissimulé. • Soc. 10 mai 2006 : 🔒 *D. 2006. IR 1486* ⁄. ♦ ... Les dommages-intérêts en réparation du préjudice résultant d'une discrimination syndicale. • Soc. 15 mars 2005 : 🔒 *RJS 2005. 376, n° 540*.

♦ ... L'indemnisation d'un préjudice spécifique né de l'atteinte portée à la liberté individuelle des salariés. • Soc. 4 avr. 2012 : 🗎 *RDT 2012.* 297, obs. G. et L.-F. Pignarre ⌀.

11. *Éléments inconnus du débiteur.* La prescription quinquennale ne court pas lorsque la créance, même périodique, dépend d'éléments qui ne sont pas connus du créancier et doivent résulter de déclarations que le débiteur est tenu de faire. • Cass., ass. plén., 7 juill. 1978 : 🗎 *JCP 1978. II. 18948, rapp. Ponsard, concl. Baudouin.* ♦ ... Des cotisations versées à des caisses de congés payés. • Soc. 22 avr. 1982, 🗎 n° 81-11.091. ♦ ... Des créances relatives à la participation. • Soc. 26 janv. 1989, 🗎 n° 86-43.081 ♦ ... Des commissions sur ventes. • Soc. 12 févr. 1992, 🗎 n° 89-41.082 ♦ ... Des rappels de salaires consécutifs à la restitution de cotisations indûment versées. • Soc. 31 janv. 1996 : 🗎 *RJS 1996, n° 291 ; D. 1997.* 306, note Thullier ⌀ ; *Bull. civ. V, n° 37* • Soc. 1er févr. 2011, 🗎 n° 10-30.160 P : *D. 2011. Actu.* 525 ⌀ ; *JCP S 2011, n° 1192, note Guyot ; RJS 2011, n° 342* (subventions du comité d'entreprise). ♦ Dans cette hypothèse, il convient d'appliquer la prescription de droit commun. • Soc. 26 sept. 2007, 🗎 n° 06-44.246 P : *Actu. 2610.*

12. *Régularisation des cotisations patronales de retraite complémentaire.* L'obligation pour l'employeur d'affilier son personnel-cadre à un régime de retraite complémentaire et de régler les cotisations qui en découlent est soumise à la prescription de droit commun ; dès lors que la demande du salarié, tendant à ce que l'employeur soit condamné à régulariser sa situation auprès des organismes de retraite complémentaire en tenant compte de l'ensemble des éléments de sa rémunération, ne concerne pas des cotisations afférentes à des salaires non versés mais porte sur la contestation de l'assiette des cotisations retenue par l'employeur sur les salaires versés, elle est, pour la période antérieure à l'entrée en vigueur de la L. n° 2008-561 du 17 juin 2008, soumise à la prescription trentenaire : la créance dépendant d'éléments qui ne sont pas connus du créancier et qui résultent de déclarations que le débiteur est tenu de faire, la prescription ne court qu'à compter de la liquidation par le salarié de ses droits à la retraite. • Soc. 11 juill. 2018, 🗎 n°s 17-12.605 P et 16-20.029 P : *D. actu. 11 sept. 2018, obs. Fraisse ; D. 2018. Actu. 1556* ⌀ ; *RJS 10/2018, n° 641.*

13. *Créance de participation aux résultats de l'entreprise.* Le délai de prescription de trois ans applicable à l'action en paiement des salaires n'est pas applicable à l'action en paiement d'une créance de participation aux résultats de l'entreprise. • Soc., QPC, 23 mars 2022, 🗎 n° 21-22.455 B : *RJS 6/2022, n° 317 ; JCP S 2022. 1165, obs. Kovac.* ♦ ... et relève de l'exécution du contrat de travail et est soumise à la prescription biennale de l'art. L. 1471-1 C. trav. • Soc. 13 avr. 2023, 🗎 n° 21-22.455 B : *D. 2023.* 790 ⌀ ; *RJS 6/2023, n° 329 ; SSL 2023, n° 2049, p. 11, obs. Kovac* et *Gaudemet-Toulemonde ; JCP 2023. 851, obs. Loiseau.*

II. RÉGIME JURIDIQUE

14. *Conformité aux droits fondamentaux.* Sur la constitutionnalité, V. • Cass., QPC, 25 juin 2010, 🗎 n° 10-40.009. ♦ Sur la conformité de la prescription quinquennale aux art. 6, § 1, et 7 du Pacte international relatif aux droits économiques, sociaux et culturels du 16 déc. 1966, ainsi qu'à l'art. 6, § 1, la Conv. EDH, V. • Soc. 12 janv. 2011, 🗎 n° 09-69.348.

A. ACTION EN PAIEMENT DE L'INDU

15. *Point de départ.* La prescription d'une action en responsabilité résultant d'un manquement aux obligations nées du contrat de travail ne court qu'à compter de la réalisation du dommage ou de la date à laquelle il est révélé à la victime si celle-ci établit qu'elle n'en avait pas eu précédemment connaissance. • Soc. 1er avr. 1997, 🗎 n° 94-43.381 P : *D. 1997. IR 116* ⌀ (faute de l'employeur qui avait omis de payer les cotisations vieillesse sur une certaine période, cette faute n'ayant été connue du salarié qu'au moment où il voulut valider ses droits). ♦ La prescription de l'action en paiement du salaire court à compter de la date à laquelle ce dernier devient exigible. • Soc. 1er févr. 1961, n° 60-40.329 P. • 16 juill. 1963 : *Bull. civ. V, n° 605.* ♦ Le délai court à compter de chacune des fractions de la somme réclamée. • Soc. 14 avr. 1988 : *Bull. civ. V, n° 228 ; D. 1988. IR 127.* ♦ Si des salariés n'ont été en mesure de connaître la convention collective dont relevait leur entreprise qu'à l'issue d'une procédure judiciaire, le délai de prescription de leurs actions visant à faire fixer leurs créances salariales correspondant à un rappel de primes sur la base de ladite convention ne commence pas à courir antérieurement. • Soc. 25 sept. 2013 : 🗎 *D. 2013. Actu. 2279* ⌀ ; *RJS 12/2013, n° 820 ; SSL 2013, n° 1608, p. 4.* ♦ Pour les salariés payés au mois, la date d'exigibilité du salaire correspond à la date habituelle du paiement des salaires en vigueur dans l'entreprise et concerne l'intégralité du salaire afférent au mois considéré et, s'agissant de l'indemnité de congés payés, le point de départ du délai de prescription doit être fixé à l'expiration de la période légale ou conventionnelle au cours de laquelle les congés payés auraient pu être pris. • Soc. 14 nov. 2013 : 🗎 *D. 2013. Actu. 2703* ⌀ ; *D. 2014.* 302, obs. Ducloz ⌀ ; *RDT 2014.* 475, obs. Pignarre ⌀ ; *RJS 1/2014, n° 44.* ♦ Le point de départ de l'action en rappel de salaires fondée sur la requalification d'un contrat de travail à temps partiel en contrat à temps plein n'est pas la date à laquelle le salarié a connu l'irrégularité justifiant la requalification, mais la date d'exigibilité des rappels de salaires dus en conséquence de celle-ci, même échus plus de trois ans après l'irrégularité soulevée. • Soc. 9 juin 2022, 🗎 n° 20-16.992 B : *D. actu. 27 juin*

2022, obs. Couëdel ; D. 2022. 1619, note Ala ✐ ; RDT 2022. 576, obs. Guillemot ✐ ; RJS 8-9/2022, n° 470 ; JSL 2022, n° 548, obs. Nasom-Tissandier ; JCP 2022. 864, obs. Loiseau. ♦ Le point de départ du délai de prescription de l'action en rappel de salaires fondée sur la requalification d'un contrat de travail à temps partiel en contrat à temps plein court à compter de la date à laquelle la créance salariale est devenue exigible ; pour les salariés payés au mois, la date d'exigibilité du salaire correspond à la date habituelle du paiement des salaires en vigueur dans l'entreprise et concerne l'intégralité du salaire afférent au mois considéré.
• Soc. 14 déc. 2022, ⚖ n° 21-16.623 B : D. actu. 5 janv. 2023, obs. Malfettes ; D. 2023. 12 ✐ ; RJS 2/2023, n° 100 ; JCPS 2023. 1018, obs. Brissy.

16. Impossibilité d'agir. Le refus opposé par une entreprise de reconnaître à des gérants de succursales le statut de salariés ne place pas ces derniers dans l'impossibilité d'agir en justice et ne suspend donc pas le cours de la prescription quinquennale. • Soc. 26 nov. 2008 : ⚖ D. 2009. 1251, note Gaba ✐ ; RDT 2009. 159, obs. Ferrier ✐ ; Dr. soc. 2009. 372, obs. Radé ✐. ♦ ... Dès lors que les contrats conclus ne présentaient pas de caractère frauduleux. • Soc. 12 janv. 2011 : D. 2011. 1198, note Khodri ✐ ; JCP S 2011. 1167, note Lahalle ; Dr. soc. 2011. 392, note Gaba ✐.

17. Effet libératoire extinctif. La prescription de cinq ans est une prescription libératoire extinctive. • Soc. 25 oct. 1990, ⚖ n° 87-40.584 P : D. 1990. IR 261. ♦ L'écoulement du délai prévu par l'art. 2277 C. civ. met fin à toute contestation relative au paiement du salaire, qu'elle émane du salarié ou de l'employeur. • Soc. 18 juin 1980 : D. 1980. 542. ♦ Doit être rejetée une demande qui ne tend, sous couvert de dommages-intérêts, qu'à obtenir le paiement de salaires prescrits.
• Soc. 9 oct. 1996 : ⚖ RJS 1996. 762, n° 1180.

18. Effet interruptif. L'effet interruptif de prescription attaché à une demande en rappel de salaire ne s'étend pas à une seconde demande tendant au paiement d'heures supplémentaires.
• Soc. 15 avr. 1992 : ⚖ D. 1992. IR 157 ; Dr. soc. 1992. 882, note Savatier ✐ ; RJS 1992. 406, n° 741
• 22 sept. 2015, ⚖ n° 14-17.895 P : RDT 2015. 700, obs. Guiomard ✐ ; RJS 12/2015, n° 781 ; JCP S 2015. 1425, obs. Guyot.

19. L'effet interruptif d'une action en responsabilité contractuelle s'étend également à l'action en paiement des salaires lorsque ces actions procèdent des mêmes relations contractuelles ayant lié les parties, peu important que ces relations aient fait l'objet d'une autre qualification. • Soc. 11 févr. 2004 : ⚖ Dr. soc. 2004. 562, obs. Radé ✐
• 8 avr. 2010 : ⚖ D. 2010. 1084 ✐ ; CSBP 2010. 221, note Pansier (exécution du même contrat de travail) • Soc. 15 mai 2014 : RJS 2014. 465, n° 565.

20. Interruption de la prescription. En cas de redressement judiciaire de l'employeur, la production d'une créance en rappel de salaire auprès du représentant des créanciers vaut interruption de la prescription à l'instar d'une demande en justice.
• Aix-en-Provence, 21 nov. 1995 : RJS 1996. 22, n° 27. ♦ Le jugement d'ouverture, indépendant de toute interpellation du débiteur par le créancier, ne constitue pas une cause d'interruption.
• Même arrêt. ♦ La prescription est interrompue par la lettre de l'employeur reconnaissant le principe d'une dette. • Soc. 22 oct. 1996, ⚖ n° 93-44.148 P : RJS 1997. 190, n° 285.

21. Une première citation déclarée caduque n'a pu interrompre la prescription. • Soc. 21 mai 1996, ⚖ n° 92-44.347 P : RJS 1996. 512, n° 795.

22. Office du juge. Le juge n'a pas à rechercher d'office si la prescription doit être appliquée.
• Soc. 17 juill. 1962 : Bull. civ. IV, n° 648.

23. Renonciation. L'employeur peut renoncer expressément ou tacitement au moyen tiré de l'exception de prescription. • Soc. 17 oct. 1958 : Bull. civ. IV, n° 1056 • 15 déc. 1961 : Dr. ouvrier 1963. 71.

24. Ayants droit. Les héritiers et conjoints survivants sont recevables dans leur action en paiement du salaire pour la prestation de travail effectuée par le salarié avant son décès ; peu importe que le salarié lui-même n'ait pas intenté d'action avant son décès pour réclamer les sommes litigieuses. • Soc. 29 oct. 2002, ⚖ n° 00-41.269 P : D. 2002. IR 3189 ✐ ; RJS 2003. 34, n° 36.

B. ACTION EN RÉPÉTITION DE L'INDU

25. Action en répétition de l'indu. L'absence de faute de celui qui a payé ne constitue pas une condition de mise en œuvre de l'action en répétition de l'indu ; la répétition de l'indu se trouve légalement justifiée s'agissant d'un salaire qui a perçu indûment en salaire net la rémunération prévue contractuellement en brut. • Soc. 30 sept. 2010 : ⚖ D. actu. 14 oct. 2010, obs. Dechristé ; RJS 2010. 829, n° 917 ; JCP S 2010. 1513, obs. Dumont.

26. Lorsque la convention de forfait à laquelle le salarié était soumis est privée d'effet, pour la durée de la période de suspension de la convention individuelle de forfait en jours, le paiement des jours de réduction du temps de travail accordés en exécution de la convention devient indu.
• Soc. 6 janv. 2021, ⚖ n° 17-28.234 P : D. actu. 3 févr. 2021, obs. Fraisse ; RDT 2021. 254, obs. Pignarre ✐ ; Dr. soc. 2021. 278, obs. Radé ✐ ; RJS 3/2021, n° 150 ; JSL 2021, n° 514-2, obs. Franco et Saignet ; JCP S 2021. 1043, obs. Teissier.

CHAPITRE V BIS OBLIGATIONS ET RESPONSABILITÉ FINANCIÈRE DU DONNEUR D'ORDRE

(L. n° 2014-790 du 10 juill. 2014, art. 5)

Art. L. 3245-2 Le maître d'ouvrage ou le donneur d'ordre, informé par écrit par l'un des agents de contrôle mentionnés à l'article L. 8271-1-2 du non-paiement partiel ou total du salaire minimum légal ou conventionnel dû au salarié de son cocontractant, d'un sous-traitant direct ou indirect ou d'un cocontractant d'un sous-traitant, enjoint aussitôt, par écrit, à ce sous-traitant ou à ce cocontractant de faire cesser sans délai cette situation.

Le sous-traitant ou le cocontractant mentionné au premier alinéa du présent article informe, par écrit, le maître d'ouvrage ou le donneur d'ordre de la régularisation de la situation. Ce dernier en transmet une copie à l'agent de contrôle mentionné au même premier alinéa.

En l'absence de réponse écrite du sous-traitant ou du cocontractant dans un délai fixé par décret en Conseil d'État, le maître d'ouvrage ou le donneur d'ordre en informe aussitôt l'agent de contrôle.

Pour tout manquement à ses obligations d'injonction et d'information mentionnées aux premier et troisième alinéas, le maître d'ouvrage ou le donneur d'ordre est tenu solidairement avec l'employeur du salarié au paiement des rémunérations, indemnités et charges dues, dans des conditions fixées par décret en Conseil d'État.

Le présent article ne s'applique pas au particulier qui contracte avec une entreprise pour son usage personnel, celui de son conjoint, de son partenaire lié par un pacte civil de solidarité, de son concubin ou de ses ascendants ou descendants.

V. art. R. 3245-1 s.

CHAPITRE VI DISPOSITIONS PÉNALES

Le présent chapitre ne comprend pas de dispositions législatives.

TITRE V PROTECTION DU SALAIRE

CHAPITRE I RETENUES

RÉP. TRAV. v° *Salaire (Paiement)*, par Debord.

Art. L. 3251-1 L'employeur ne peut opérer une retenue de salaire pour compenser des sommes qui lui seraient dues par un salarié pour fournitures diverses, quelle qu'en soit la nature. — *[Anc. art. L. 144-1, al. 1ᵉʳ.]*

BIBL. ▶ Alvarez-Pujana, *RPDS* 1990. 131 (compensation). – Déprez, *RJS* 1989. 155 (compensation). – Savatier, *Dr. soc.* 1994. 864 (remboursement de prêts). – Vachet, *Dr. soc.* 1997. 600 (compensation).

COMMENTAIRE

V. sur le Code en ligne.

A. RÈGLES GÉNÉRALES DE LA COMPENSATION

1. Champ d'application. Les art. L. 3251-1 s. relatifs à la retenue sur le salaire, sont applicables aux gérants non salariés de succursales de commerce de détail alimentaire. ● 13 avr. 2023, n° 21-21.275 B : *RJS 7/2023, n° 413*.

2. Conditions générales de la compensation. La compensation implique l'existence d'obligations réciproques entre les parties ; dans une action en paiement de salaires, la compensation n'est possible que si le ou les salariés, personnes physiques, sont endettés par rapport à l'employeur. V. ● Soc. 12 janv. 2011 : *D. actu. 31 janv. 2011*, obs. Astaix ; *JCP S 2011. 1167*, obs. Lahalle.

3. Lorsqu'un logement n'est pas l'accessoire d'un contrat de travail, il ne peut y avoir compensation entre les salaires et certaines charges payées par l'employeur. ● Soc. 12 juin 1986 : *Bull. civ. V, n° 301* ● 13 oct. 1998 : *RJS 1998. 827, n° 1370*. – Comp., dans l'hypothèse d'un logement de fonction : ● Soc. 17 mars 1982 : *JCP CI 1982. I. 10885, n° 8*, obs. Teyssié.

4. Il est interdit à tout employeur d'opérer, sur le salaire d'un étranger venu travailler en France, des retenues, sous quelque dénomination que ce soit, à l'occasion de son engagement. ● Soc. 17 juill. 2001 : *Dr. soc. 2001. 1010*, obs. Radé.

5. Lorsque la dette du salarié envers l'employeur n'a ni la même cause, ni le même objet que la

SALAIRE ET AVANTAGES DIVERS **Art. L. 3251-1** 1223

créance de salaire alléguée, la compensation ne peut être opérée avec cette éventuelle créance salariale. • Soc. 3 déc. 1981 : *Bull. civ. V, n° 936 ; D. 1982. IR 320, obs. Vachet.*

6. Une cour d'appel ne peut déclarer applicable un accord conclu au sein du comité d'entreprise prévoyant une compensation entre les sommes qui auraient dû être versées au titre de la prime d'ancienneté et le trop-perçu de la prime annuelle, alors que la décision contenue dans le procès-verbal du comité d'entreprise n'est pas opposable au salarié. • Soc. 7 févr. 1990 : 🔒 *JS UIMM 1990. 181.*

7. Compensation judiciaire. V. : • Soc. 24 févr. 1961 : *Dr. soc. 1961. 359, obs. Savatier* (compensation entre rappel de salaire et dommages-intérêts dus par le salarié pour faute lourde) • 3 févr. 1971 : *D. 1971. 203* (compensation entre salaire et dommages-intérêts dus par le salarié dont la responsabilité était engagée) • 10 janv. 1974 : *D. 1974. IR 43* (compensation entre l'indemnité de congés payés et les cotisations de sécurité sociale non précomptées).

8. Déchéance du terme. L'art. L. 144-1 [L. 3251-1 nouv.] n'interdit pas à l'employeur de stipuler à son profit la déchéance du terme pour le remboursement d'un prêt à échéances successives dans le cas où le salarié cesse ses fonctions. • Civ. 1re, 9 mai 1994 : 🔒 *D. 1994. IR 139* ⌀ *; Dr. soc. 1994. 864, note Savatier* ⌀. – Comp. : sur la validité des clauses du contrat de prêt prévoyant l'exigibilité immédiate des sommes restant dues en cas de cessation du contrat de travail, il a été jugé que le juge des référés était incompétent pour admettre la compensation entre, d'une part, l'indemnité de licenciement due au salarié et, d'autre part, une partie des sommes restant dues sur le prêt, l'existence de la créance invoquée par l'employeur n'étant pas certaine car fondée sur une cause dont la licéité est discutable. • Soc. 7 avr. 1998, 🔒 n° 96-40.145 P : *JSL 1998. 8, note Riolacci.*

B. DOMAINE DE L'INTERDICTION

9. Créances protégées. L'interdiction s'applique à l'indemnité de congés payés. • Soc. 4 févr. 1988 : *RJS 1989. 155, note Déprez.* ♦ ... A l'indemnité de préavis. • Soc. 23 juin 1988 : *cité note 10 ss. art. L. 3245-1.* ♦ En faveur du refus de la compensation entre le salaire et l'indemnité de préavis due par le salarié, V. • Soc. 9 mars 1988 : *RJS 1989. 155, note Déprez* • 29 oct. 1991 : 🔒 *RJS 1991. 710, n° 1321* • 28 avr. 1994 : 🔒 *D. 1994. IR 132 ; Dr. soc. 1994. 704* ⌀ *; RJS 1994. 427, n° 703.* – V. aussi • Soc. 6 mars 1969 : *D. 1969. Somm. 111 ; Dr. soc. 1969. 460, note Savatier.*

10. Créances non protégées. L'interdiction de la compensation ne concerne pas : l'indemnité de licenciement. • Soc. 10 déc. 1975 : *Bull. civ. V, n° 598* • 23 juin 1988 : *ibid., n° 383 ; D. 1988. IR 213 ; RJS 1989. 155, note Déprez ; Dr. soc. 1989. 125, note Savatier* (compensation entre un déficit d'inventaire et l'indemnité de licenciement). ♦ ... Ni la retenue sur salaires pour absence. • Soc. 27 mai 1992, 🔒 n° 89-44.166 P. ♦ ... Ni le montant des cotisations salariales payées par l'employeur pour le compte du salarié. • Soc. 25 févr. 1997, 🔒 n° 94-44.788 P : *Dr. soc. 1997. 451, note Savatier* ⌀ *; ibid. 415, obs. Couturier* ⌀.

11. Viole l'art. L. 144-1 [L. 3251-1 nouv.] le jugement qui refuse d'opérer une compensation entre le montant d'une caution dont le remboursement est réclamé par un gérant non salarié et le montant du déficit d'inventaire. • Soc. 4 févr. 1988 : *préc.*

12. L'employeur qui s'est porté caution d'un de ses salariés et qui a désintéressé le créancier se trouve subrogé dans les droits de ce dernier et peut retenir, sur le salaire, une somme correspondante dans les limites de la partie saisissable. • Soc. 6 mars 1980 : *Dr. ouvrier 1981. 232.*

13. La créance issue d'un prêt accordé par le chef d'entreprise est entièrement compensable avec les dommages-intérêts mis à sa charge et peut être compensée dans les limites fixées par la loi avec le salaire et l'indemnité compensatrice de préavis. • Soc. 21 nov. 1984 : *JS UIMM 1984. 260.*

14. Dettes concernées. L'art. L. 144-1 [L. 3251-1 nouv.] concerne seulement les dettes contractées par les salariés envers leurs employeurs « pour fournitures diverses quelle qu'en soit la nature ». • Soc. 16 nov. 1960 : *D. 1961. 219* • 5 mars 1987 : *RJS 1989. 155, note Déprez.* ♦ Des créances de salaire ne peuvent être compensées avec des sommes réclamées au salarié, vendeur en laisser sur place, pour des manquants dans des marchandises fournies par l'employeur, le salarié n'ayant pas l'usage de ces marchandises. • Soc. 24 mars 1993, 🔒 n° 90-44.491 P : *JCP 1993. II. 22141, note Meunier-Le Querrec ; RJS 1993. 306, n° 515 ; CSB 1993. 159, S. 86 ; Dr. soc. 1993. 455.* ♦ Le ticket-restaurant constitue un avantage en nature payé par l'employeur entrant dans la rémunération du salarié et ne constitue pas la compensation de sommes dues par un salarié pour fournitures diverses au sens de l'art. L. 3251-1 C. trav. • Soc. 1er mars 2017, 🔒 n° 15-18.333 P : *D. actu. 30 mars 2017, obs. Fraisse ; RJS 5/2017, n° 334 ; JCP S 2017. 1140, obs. Barège.*

15. La responsabilité pécuniaire d'un salarié à l'égard de son employeur ne peut résulter que de sa faute lourde, même en ce qui concerne le droit à compensation prévu à l'art. L. 144-1 C. trav. [L. 3251-1 nouv.] (s'agissant d'un badge considéré comme un outil nécessaire au travail). • Soc. 20 avr. 2005, 🔒 n° 03-40.069 P : *D. 2006. 1346, note Mouly* ⌀ *; JSL 2005, n° 168-3 ; JCP E 2006. 1261, note Vachet.* ♦ La retenue sur salaire pour le remboursement des contraventions afférentes à un véhicule professionnel mis au service du salarié est illégale, même si elle est prévue par le contrat de travail. • Soc. 11 janv. 2006 : 🔒 *D. 2006. 2013, note Mouly* ⌀ • 6 mai 2009 : 🔒 *D. 2009. AJ*

1486 ⌀ ; Dr. soc. 2009. 865, obs. Radé ⌀ ; RJS 2009. 540, n° 603 ; JCP S 2009. 1372, obs. Bossu. ♦ De même, il ne peut y avoir compensation entre la dette salariale due par l'employeur et la perte des recettes encaissées résultant de la négligence du salarié alors que sa faute lourde n'est pas invoquée. • Soc. 21 oct. 2008 : ⚖ RDT 2009. 112, obs. Pignarre ⌀ ; JCP S 2009. 1084, obs. Bossu ; RJS 2008. 977, n° 1174 ; Dr. ouvrier 2009. 213, note Matthieu-Géniaut.

C. LIMITES À LA COMPENSATION

16. Respect du salaire minimum. Le salaire minimum ne peut être réduit par l'imputation sur la paie ou sur le cautionnement des risques normaux d'exploitation. • Soc. 19 nov. 1959 : D. 1960. 74, note Lindon ; JCP 1960. II. 11397, note Bizière.

17. Fraction saisissable. La compensation pratiquée par un employeur entre le salaire et les sommes dues par un salarié ne peut s'appliquer que sur la fraction saisissable du salaire en application de l'art. L. 145-2 [L. 3252-2 nouv.]. • Soc. 21 mars 2000, ⚖ n° 99-40.003 P : D. 2000. IR 117 ⌀ ; Dr. soc. 2000. 594, note Radé ⌀ ; RJS 2000. 462, n° 676. ♦ Le versement effectué en exécution d'une ordonnance infirmée lui conférant un caractère indu, les sommes versées ne constituent pas des avances en espèces obligeant l'employeur à opérer des retenues successives ne dépassant pas un dixième du montant des salariés exigibles. La compensation peut s'opérer dans la limite de la fraction saisissable du salaire. • Soc. 19 oct. 2017, ⚖ n° 16-11.617 P : D. 2017. Actu. 2156 ⌀ ; RJS 1/2018, n° 31 ; JCP S 2017. 1389, obs. François.

Art. L. 3251-2 Par dérogation aux dispositions de l'article L. 3251-1, une compensation entre le montant des salaires et les sommes qui seraient dues à l'employeur peut être opérée dans les cas de fournitures suivants :

1° Outils et instruments nécessaires au travail ;

2° Matières ou matériaux dont le salarié a la charge et l'usage ;

3° Sommes avancées pour l'acquisition de ces mêmes objets. — *[Anc. art. L. 144-1, al. 2 à 4.]*

Art. L. 3251-3 En dehors des cas prévus au 3° de l'article L. 3251-2, l'employeur ne peut opérer de retenue de salaire pour les avances en espèces qu'il a faites, que s'il s'agit de retenues successives ne dépassant pas le dixième du montant des salaires exigibles.

La retenue opérée à ce titre ne se confond pas avec la partie saisissable ou cessible.

Les acomptes sur un travail en cours ne sont pas considérés comme des avances. — *[Anc. art. L. 144-2.]*

COMMENTAIRE

V. sur le Code en ligne 📖.

1. Paiement de cotisations sociales. Lorsque l'employeur a payé des cotisations sociales pour le compte du salarié, il ne s'agit pas d'avance en espèces consentie au salarié et l'art. L. 144-2 [L. 3251-3 nouv.] est inapplicable en la cause. • Soc. 25 févr. 1997, ⚖ n° 94-44.788 P : Dr. soc. 1997. 451, note Savatier ⌀ ; ibid. 415, obs. Couturier ⌀ (la compensation ne peut s'appliquer que sur la fraction saisissable du salaire).

2. Trop-perçu. Le trop-perçu par un salarié constaté lors de la régularisation annuelle du salaire s'analyse en une avance en espèces et ne peut donner lieu à une retenue excédant le dixième du salaire. • Soc. 3 nov. 2011 : ⚖ RJS 2012. 45, n° 41.

3. Opérations de prêt. Des conventions de prêt avec intérêt, d'avances moyennant intérêt et d'ouverture de crédit à des salariés n'ont pas pour objet le versement d'acomptes sur un travail en cours au sens de l'art. L. 144-2 [L. 3251-3 nouv.]. • Soc. 5 mai 1993, ⚖ n° 90-40.801 P : RJS 1993. 356, n° 616.

4. Portée de l'interdiction. L'interdiction faite à l'employeur de se rembourser des avances faites au-delà de la limite fixée par l'art. L. 144-2 [L. 3251-3 nouv.] s'impose également au juge. • Soc. 2 déc. 1970 : Bull. civ. V, n° 681 ; D. 1971. 553.

5. Viole l'art. L. 144-2 [L. 3251-3 nouv.] la cour d'appel qui admet une compensation entre un prêt consenti par l'employeur et les salaires, sans respecter les limites imposées par le texte. • Soc. 7 déc. 1989 : Bull. civ. V, n° 701 ; D. 1990. IR 19 ⌀ ; RJS 1990. 80, n° 115.

6. Le versement effectué en exécution d'une ordonnance infirmée lui conférant un caractère indu, les sommes versées ne constituent pas des avances en espèces obligeant l'employeur à opérer des retenues successives ne dépassant pas un dixième du montant des salaires exigibles et la compensation peut s'opérer dans la limite de la fraction saisissable du salaire en application de l'art. L. 3252-2 C. trav. • Soc. 19 oct. 2017, ⚖ n° 16-11.617 P : D. 2017. Actu. 2156 ⌀ ; RJS 1/2018, n° 31 ; JCP S 2017. 1389, obs. François.

Art. L. 3251-4 Il est interdit à l'employeur, sous réserve des dispositions de *(Ord. n° 2016-131 du 10 févr. 2016, art. 6)* « l'article 1240 » du code civil, d'imposer aux salariés des versements d'argent ou d'opérer des retenues d'argent sous la dénomination de frais ou sous toute autre dénomination pour quelque objet que ce soit, à l'occasion de l'exercice normal de leur travail dans les secteurs suivants :
1° Hôtels, cafés, restaurants et établissements similaires ;
2° Entreprises de spectacle, cercles et casinos ;
3° Entreprises de transport. — *[Anc. art. L. 144-3.]*

V. *art. R. 3255-1 s. (pén.)*

1. Sanction. L'art. L. 144-3 [L. 3251-4 nouv.] interdit, sans aucune exception, à tout employeur imposer au personnel de restaurants, cafés ou établissements similaires, des prélèvements sous quelque dénomination ou pour quelque objet que ce soit, la convention ou l'usage illicite ne pouvant produire aucun effet. • Soc. 26 janv. 1972 : *D. 1972. 230.*

2. Recours au droit commun. Une entreprise de chemin de fer peut, en vertu du contrat conclu entre les parties, refacturer à un agent le coût de ses communications téléphoniques personnelles excédant le forfait, et dispose de la faculté de recouvrer sa créance par les voies du droit commun, mais ne peut, en revanche, procéder à une retenue illégale sur la rémunération de cet agent. • Soc. 18 févr. 2003, n° 00-45.931 P : *Dr. soc. 2003. 459,* note Radé. ♦ Comp. • Soc. 7 mai 1987, n° 83-45.871 P.

CHAPITRE II SAISIES ET CESSIONS

RÉP. TRAV. v° *Saisie (Paiement),* par Debord.

BIBL. GÉN. ▶ Ahumada, *RPDS 1984. 283.* – Alter, *ibid. 1980. 5.* – Bizière, *Inf. chef d'entrepr. 1975. 132.* – Bongrand, *Gaz. Pal. 1986. 1. Doctr. 363.* – Courtier, *Rev. huissiers 1995. 897.* – Le Bayon, *Mél. H. Blaise, 1995, p. 287.* – Vanoverschelde, *Gaz. Pal. 1974. 2. Doctr. 839.*

▶ Cession des rémunérations : Crevel, *JCP E 1995. I. 511.*

V. aussi *C. pr. exéc., art. 212-1 s.*

Art. L. 3252-1 Les dispositions du présent chapitre sont applicables aux sommes dues à titre de rémunération à toute personne salariée ou travaillant, à quelque titre ou en quelque lieu que ce soit, pour un ou plusieurs employeurs, quels que soient le montant et la nature de sa rémunération, la forme et la nature de son contrat. — *[Anc. art. L. 145-1.]*

1. Existence d'un contrat de travail. La saisie des rémunérations dues par un employeur est soumise aux dispositions du code du travail, que le contrat de travail soit ou non en cours d'exécution. • Civ. 2e, 30 sept. 1999, n° 97-19.732 P. • Cass., ass. plén., 9 juill. 2004, n° 02-21.040 P : *D. 2004. 3161,* note Bugada ; *Dr. soc. 2004. 1031,* obs. Radé.

2. Gérant. En estimant que le régime d'insaisissabilité prévu par l'art. L. 145-1 [L. 3252-1 nouv.] s'étend à la rémunération d'un gérant de SARL, sans rechercher si, quelle qu'ait été la qualification juridique donnée dans la convention, le gérant se trouvait dans un état de subordination, une cour d'appel n'a pas donné de base légale à sa décision. • Soc. 11 mars 1982 : *Bull. civ. V, n° 169.* – V. aussi : • Soc. 23 mars 1977 : *D. 1977. IR 307.*

3. Protection sociale. La procédure spéciale prévue pour le recouvrement des cotisations et majorations de retard dues au titre des régimes de protection sociale agricole ne fait pas obstacle à l'application des dispositions des art. L. 145-1 [L. 3252-1 nouv.] et R. 145-1 C. trav. relatifs à la saisissabilité des rémunérations dues par un employeur. • Soc. 3 juin 1993, n° 88-15.344 P.

4. En raison des termes de l'art. L. 355-2 CSS selon lequel les sommes qu'il vise sont cessibles et saisissables dans les mêmes conditions que les salaires, la saisie des pensions de vieillesse du régime général de la sécurité sociale ne peut être effectuée que par la procédure de saisie des rémunérations des art. L. 145-1 s. C. trav. [L. 3252-1 s. nouv.]. • Cass., avis, 21 juill. 1995, n° 09-50.010 P : *JCP 1996. I. 3923, n° 14,* obs. Pétel-Teyssié. ♦ Même solution pour la saisie de la pension de retraite complémentaire. • Civ. 2e, 16 mars 2000, n° 98-18.728 P. ♦ *Contra,* antérieurement : • Civ. 2e, 8 janv. 1992 : *D. 1993. 42,* note Camproux ; *D. 1993. Somm. 281,* obs. Julien.

5. Jugement de saisie. Le jugement rendu par le juge du tribunal d'instance statuant, à l'occasion de la procédure de saisie des rémunérations, avec les pouvoirs du juge de l'exécution, qui n'a pas pour objet de constater une créance liquide et exigible, mais, à défaut de conciliation, de vérifier le montant de la créance en principal, intérêts et frais et, s'il y a lieu, de trancher les contestations soulevées par le débiteur, ne constitue pas un titre exécutoire ; il ne peut, dès lors, servir de fondement à une mesure d'exécution forcée pratiquée par le créancier à l'égard du débiteur. • Civ. 2e, 4 mars 2021, n° 19-22.704 P : *D. actu. 23 mars 2021,* obs. Payan.

Art. L. 3252-2 Sous réserve des dispositions relatives aux pensions alimentaires prévues à l'article L. 3252-5, les sommes dues à titre de rémunération ne sont saisissables ou cessibles que dans des proportions et selon des seuils de rémunération affectés d'un correctif pour toute personne à charge, déterminés par décret en Conseil d'État.

Ce décret précise les conditions dans lesquelles ces seuils et correctifs sont révisés en fonction de l'évolution des circonstances économiques. — [Anc. art. L. 145-2, al. 1er.] — V. art. R. 3252-2.

> *COMMENTAIRE*
>
> V. sur le Code en ligne.

1. Étendue de la protection. L'insaisissabilité concerne les sommes ayant une nature salariale, telles les indemnités de préavis. • Soc. 18 juin 1963 : *D. 1963. 643, note Minjoz.* ♦ ... Ou l'indemnité de non-concurrence. • Soc. 2 févr. 1972 : *Bull. civ. V, n° 89.*

2. La procédure de l'art. L. 145-1 [L. 3252-1 nouv.] est inapplicable : aux indemnités de licenciement légales ou conventionnelles. • Com. 5 févr. 1958 : *JCP 1958. II. 10441, note Nectoux.* ♦ ... Ou aux allocations familiales. • Soc. 28 avr. 1980 : *Bull. civ. V, n° 370 ; D. 1980. IR 487.*

3. A propos du régime susceptible d'être appliqué aux indemnités versées en cas d'accidents professionnels ou non, V. • Cass., ass. plén., 15 avr. 1983 : *D. 1983. 461, concl. Dontenwille, note Derrida ; RTD civ. 1983. 799, obs. Perrot ; JCP 1984. II. 20126, note Chartier* • Civ. 2e, 23 nov. 1983 : *D. 1984. IR 300 ; JCP E 1985. II. 14475, note Chartier,* relevant que l'appréciation du caractère alimentaire d'une indemnité relève du pouvoir souverain des juges du fond.

Art. L. 3252-3 Pour la détermination de la fraction insaisissable, il est tenu compte du montant de la rémunération, de ses accessoires ainsi que de la valeur des avantages en nature, après déduction des cotisations et contributions sociales obligatoires (*L. n° 2016-1917 du 29 déc. 2016, art. 60-I-E, en vigueur le 1er janv. 2019, mod. par Ord. n° 2017-1390 du 22 sept. 2017, art. 1er*) « et de la retenue à la source prévue à l'article 204 A du code général des impôts ».

(*L. n° 2008-1249 du 1er déc. 2008, art. 18*) « Il est en outre tenu compte d'une fraction insaisissable égale au montant forfaitaire mentionné (*L. n° 2015-994 du 17 août 2015, art. 59-V*) « à » l'article L. 262-2 du code de l'action sociale et des familles applicable » (*L. n° 2011-1862 du 13 déc. 2011, art. 3*) « à un foyer composé d'une seule personne ».

Il n'est pas tenu compte des indemnités insaisissables, des sommes allouées à titre de remboursement de frais exposés par le travailleur et des allocations ou indemnités pour charges de famille.

Calcul. S'agissant d'un représentant payé à la commission, le taux de la quotité saisissable doit être calculé sur le montant de la rémunération acquise par l'intéressé et afférente à une année. • Soc. 27 mars 1968 : *Bull. civ. V, n° 183.*

Art. L. 3252-4 Lorsqu'un débiteur perçoit de plusieurs payeurs des sommes saisissables ou cessibles dans les conditions prévues par le présent chapitre (*L. n° 2023-1059 du 20 nov. 2023, art. 47, en vigueur à une date fixée par décret et au plus tard le 1er juill. 2025*) « et par le code des procédures civiles d'exécution », la fraction saisissable est calculée sur l'ensemble de ces sommes.

Les retenues sont opérées selon les modalités déterminées par (*L. n° 2011-1862 du 13 déc. 2011, art. 3*) « décret en Conseil d'État ».

Lorsqu'une demande incidente ou une contestation a été présentée avant le 1er juill. 2025 (ou la date fixée par décret), elle est jugée conformément aux dispositions du C. trav. et du C. pr. exéc. dans leur rédaction antérieure à la L. n° 2023-1059 du 20 nov. 2023. Ces procédures sont transmises dans les conditions fixées au 3e al. du X de l'art. 60 de la L. préc., après le prononcé d'une décision ayant acquis force de chose jugée.

Les requêtes en saisie des rémunérations introduites avant le 1er juill. 2025 (ou la date fixée par décret) sont instruites et jugées conformément aux dispositions du C. trav. et du C. pr. exéc. dans leur rédaction antérieure à la L. n° 2023-1059 du 20 nov. 2023. Elles sont transmises dans les conditions fixées au 3e al. du X de l'art. 60 de la L. préc., après l'établissement d'un procès-verbal de non-conciliation ou le prononcé d'un jugement autorisant la saisie ayant acquis force de chose jugée (L. préc., art. 60-X).

SALAIRE ET AVANTAGES DIVERS

Art. L. 3252-5 Le prélèvement direct du terme mensuel courant et des six derniers mois impayés des pensions alimentaires (*L. n° 2015-1702 du 21 déc. 2015, art. 44-III*) « ou des vingt-quatre derniers mois lorsque l'organisme débiteur des prestations familiales agit pour le compte du créancier » peut être poursuivi sur l'intégralité de la rémunération. Il est d'abord imputé sur la fraction insaisissable et, s'il y a lieu, sur la fraction saisissable.

Toutefois, une somme est, dans tous les cas, laissée à la disposition du salarié dans des conditions déterminées par décret en Conseil d'État. — *[Anc. art. L. 145-4.]* — V. art. R. 3252-5.

> **COMMENTAIRE**
> V. sur le Code en ligne.

Art. L. 3252-6 *Abrogé par Ord. n° 2019-964 du 18 sept. 2019, art. 23.*

Art. L. 3252-7 Les rémunérations ne peuvent faire l'objet d'une saisie conservatoire. — *[Anc. art. L. 145-6.]*

L'art. L. 145-6 [devenu L. 3252-7] n'est pas applicable aux sommes versées sur un compte bancaire, même si elles proviennent des rémunérations du travail, la saisie de ces sommes étant réglementée par l'art. 44 du décret du 31 juill. 1992. ● Civ. 2e, 24 juin 2004, n° 02-14.813 P.

Art. L. 3252-8 (*Abrogé par L. n° 2023-1059 du 20 nov. 2023, art. 47-II, à compter d'une date fixée par décret et au plus tard à compter du 1er juill. 2025*) En cas de pluralité de saisies, les créanciers viennent en concours sous réserve des causes légitimes de préférence.

(*L. n° 2011-1862 du 13 déc. 2011, art. 3*) « Toutefois, les créances résiduelles les plus faibles, prises dans l'ordre croissant de leur montant, sans que celles-ci puissent excéder un montant fixé par décret, sont payées prioritairement dans les conditions fixées par ce décret. » — V. art. D. 3252-34-1.

V. ndlr ss. art. L. 3252-4.

Art. L. 3252-9 (*Abrogé par L. n° 2023-1059 du 20 nov. 2023, art. 47-II, à compter d'une date fixée par décret et au plus tard à compter du 1er juill. 2025*) Le tiers saisi fait connaître :

1° La situation de droit existant entre lui-même et le débiteur saisi ;

2° Les cessions, saisies, (*L. n° 2017-1775 du 28 déc. 2017, art. 73-XII, en vigueur le 1er janv. 2019*) « saisies administratives à tiers détenteur » ou paiement direct de créances d'aliments en cours d'exécution.

Le tiers employeur saisi qui s'abstient sans motif légitime de faire cette déclaration ou fait une déclaration mensongère peut être condamné par le juge au paiement d'une amende civile sans préjudice d'une condamnation à des dommages et intérêts et de l'application des dispositions du deuxième alinéa de l'article L. 3252-10.

V. art. R. 3252-24 s.

V. ndlr ss. art. L. 3252-4.

1. Atteinte à la vie privée. Une cour d'appel retient exactement que la divulgation par l'administration du domicile d'un agent, sans son accord, à un créancier voulant procéder à une saisie-arrêt constituerait une atteinte à la vie privée justifiant le refus de l'administration. ● Civ. 1re, 6 nov. 1990 : *Dr. ouvrier 1991. 150.*

2. Responsabilité du tiers saisi. Seule une absence de déclaration ou une déclaration mensongère peut entraîner la condamnation du tiers saisi au paiement des retenues qui auraient dû être opérées, et non une simple déclaration incomplète. ● Civ. 2e, 11 juill. 2002, n° 01-00.757 P.

3. Identité de l'employeur. Aucun texte n'exige que l'identité de l'employeur soit indiquée dans le jugement qui autorise la saisie des rémunérations. ● Civ. 2e, 16 déc. 2004, n° 03-11.803 P : *D. 2005. IR 246.*

Art. L. 3252-10 (*Abrogé par L. n° 2023-1059 du 20 nov. 2023, art. 47-II, à compter d'une date fixée par décret et au plus tard à compter du 1er juill. 2025*) Le tiers saisi verse mensuellement les retenues pour lesquelles la saisie est opérée dans les limites des sommes disponibles.

(*L. n° 2011-1862 du 13 déc. 2011, art. 3*) « A défaut, le juge, même d'office, le déclare débiteur des retenues qui auraient dû être opérées. Il peut, pour déterminer le montant de ces retenues, s'adresser aux organismes fiscaux et sociaux dans les conditions prévues aux articles L. 152-1 et L. 152-2 du code des procédures civiles d'exécution pour obtenir les informations relatives au montant de la rémunération perçue par le débiteur ainsi que sur la composition de sa famille. »

Le recours du tiers saisi contre le débiteur ne peut être exercé qu'après mainlevée de la saisie.

V. ndlr ss. art. L. 3252-4.

Art. L. 3252-11 (Abrogé par L. n° 2023-1059 du 20 nov. 2023, art. 47-II, à compter d'une date fixée par décret et au plus tard à compter du 1er juill. 2025) **Les parties peuvent se faire représenter par :**
1° Un avocat ;
2° Un officier ministériel du ressort, lequel est dispensé de produire une procuration ;
3° Un mandataire de leur choix muni d'une procuration.

Si ce mandataire représente le créancier saisissant, sa procuration doit être spéciale à l'affaire pour laquelle il représente son mandant.

V. ndlr ss. art. L. 3252-4.

Art. L. 3252-12 (Abrogé par L. n° 2023-1059 du 20 nov. 2023, art. 47-II, à compter d'une date fixée par décret et au plus tard à compter du 1er juill. 2025) **En cas de saisie portant sur une rémunération sur laquelle une cession a été antérieurement consentie et régulièrement notifiée, le cessionnaire est de droit réputé saisissant pour les sommes qui lui restent dues, tant qu'il est en concours avec d'autres créanciers saisissants.**

V. ndlr ss. art. L. 3252-4.

Art. L. 3252-13 (Abrogé par L. n° 2023-1059 du 20 nov. 2023, art. 47-II, à compter d'une date fixée par décret et au plus tard à compter du 1er juill. 2025) **Le juge peut décider, à la demande du débiteur ou du créancier et en considération de la quotité saisissable de la rémunération, du montant de la créance et du taux des intérêts dus, que la créance cause de la saisie produira intérêt à un taux réduit à compter de l'autorisation de saisie ou que les sommes retenues sur la rémunération s'imputeront d'abord sur le capital.**

Les majorations de retard prévues par l'article 3 de la loi n° 75-619 du 11 juillet 1975 relative au taux de l'intérêt légal cessent de s'appliquer aux sommes retenues à compter du jour de leur prélèvement sur la rémunération.

V. ndlr ss. art. L. 3252-4.

CHAPITRE III PRIVILÈGES ET ASSURANCE

SECTION 1 Dispositions générales

Art. L. 3253-1 Les créances résultant du contrat de travail sont garanties dans les conditions prévues au (Ord. n° 2021-1192 du 15 sept. 2021, art. 34-XVII, en vigueur le 1er janv. 2022) « 3° » de l'article 2331 et au 2° de l'article (Ord. n° 2021-1192 du 15 sept. 2021, art. 34-XVII, en vigueur le 1er janv. 2022) « 2377 » du code civil, relatifs aux privilèges sur les biens mobiliers et immobiliers du débiteur.

En outre, en cas de sauvegarde, de redressement ou de liquidation judiciaire, elles sont garanties, conformément aux articles L. 625-7 et L. 625-8 du code de commerce, dans les conditions prévues aux articles L. 3253-2 à L. 3253-21.

COMMENTAIRE

V. sur le Code en ligne 🔒.   ❑

1. Assedic. Une cour d'appel décide exactement qu'il y a lieu d'appliquer les termes clairs et précis des art. 2101-4° C. civ. et L. 143-10 C. trav. [L. 3253-2 et L. 3253-3 nouv.], sans ajouter une limitation qu'ils ne comportent plus, de sorte que l'Assedic soit admise à titre privilégié et superprivilégié, peu important que le contrat de travail ait cessé plus de six mois avant le jugement déclaratif. • Soc. 15 mars 1983 : *Bull. civ. V, n° 159 ; D. 1983. IR 342,* obs. A. Honorat. – V. déjà • Soc. 25 oct. 1972 : *Bull. civ. V, n° 574 ; D. 1973. 218,* note G. Lyon-Caen.

2. Sommes visées. Le délai de six mois édicté par l'art. 2101-4° C. civ. ne concerne que les salaires et non l'indemnité de délai-congé. • Soc. 6 nov. 1968 : *Bull. civ. V, n° 484 ; D. 1969. Somm.*

52. ♦ ... Ni l'indemnité de congés payés. • Soc. 5 févr. 1969 : *Bull. civ. V, n° 76.*

3. L'indemnité de clientèle, n'étant pas de même nature que l'indemnité de licenciement, n'est pas comprise dans l'énumération limitative des art. 2101 et 2104 C. civ. • Soc. 19 mars 1986 : *Bull. civ. V, n° 108 ; D. 1986. IR 239,* obs. A. Honorat. ♦ Les cotisations afférentes à un contrat d'assurance ne sont pas comprises dans l'énumération limitative des art. 2101, 4° C. civ., 128 L. 1985 et L. 143-7 C. trav. [L. 3253-1 nouv.], de sorte qu'elles ne peuvent être couvertes par le privilège général sur les salaires. • Com. 9 juin 1998 : ⚖ *RJS 1998. 741, n° 1225.*

4. La liquidation judiciaire de l'employeur après le retrait de l'agrément accordé à une entreprise d'assurance ne prive pas les salariés du bénéfice de la garantie contre le risque de non-paiement des sommes dues en exécution du contrat de travail. • Soc. 15 juin 2010 : ⚖ *D. 2010. Actu. 1721* ⌀ ; *D. actu. 9 juill. 2010,* obs. Cortot ; *RJS 2010. 590, n° 651.* ♦ Comp. antérieurement. • Soc. 22 mars 1995, ⚖ n° 93-42.531 P : *RJS 1995. 347, n° 517.*

SECTION 2 Privilèges et assurance en cas de procédure de sauvegarde, de redressement ou de liquidation judiciaire

RÉP. TRAV. v^{is} *Entreprises en difficulté (Salariés),* par CESARO et DUCHANGE ; *Salaire (Paiement),* par DEBORD.

BIBL. GÉN. ▶ **Protection des créances salariales dans les entreprises en difficultés :** ARSEGUEL, *Dr. soc. 1987. 807 ;* Ann. Université sc. soc. Toulouse, t. XXXIV, p. 133. - BARBÉ, *SSL 1996, n° 794,* suppl. - BELL'ASSINOT, *Gaz. Pal. 1986. 2. Doctr. 590.* - BEZIAN, *Dr. soc. 1991. 678* ⌀. - BLAISE, *ibid. 1982. 185 ; ibid. 1985. 449 ; ibid. 1987. 616 ; ibid. 1994. 778.* - BONGRAND, *CSB 1998. 209.* - CANTENOT, *ibid. 1978, n° spéc. févr., S 103.* - CARDI-BRODA, *Gaz. Pal. 1986. 2. Doctr. 425.* - CHAGNY, *SSL 2003, n° 1138,* suppl. p. 30 (jurisprudence de la Cour de cassation en matière de garantie des créances salariales). - DELEBECQUE, *SSL 1988, n° 419, D. 73.* - DERRIDA, *D. 1973. Chron. 59 ; ibid. 1974. Chron. 119.* - DERRIDA, GODÉ et SORTAIS, *D. 1986, n° spéc., 106.* - GUYON, *Dr. soc. 1974. 138.* - HENRY, *Dr. ouvrier 1985. 172 ; Dr. soc. 1986. 678.* - LAFARGE, *ibid. 1986. 672 ; RJ com. 1987. 178.* - LAFARGE et MÉTÉYÉ, *Gaz. Pal. 1987. 1. Doctr. 391.* - LANGLOIS, *Dr. soc. 1987. 799.* - MÉTÉYÉ, *ibid. 1987. 827 ; Gaz. Pal. 1994. 2. Doctr. 1293* (loi du 10 juin 1994), *Dr. soc. 2002. 972* ⌀. - MORVILLE, *CSB 1992. 213.* - PANSIER, *CSB 1999, suppl. n° 112, p. 37* (un an d'actualité en matière d'AGS). - QUETANT, *SSL 2003, n° 1138, suppl. p. 26* (contentieux prud'homal de l'AGS). - RAMACKERS, *D. 1989. Chron. 301.* - SAINT-ALARY-HOUIN, *Dr. soc. 1987. 842.* - SAINT-GENIEST, *ibid. 1987. 836.* - SARAMITO, *Dr. ouvrier 1995. 497.* - SOINNE, *Dr. soc. 1986. 685.* - TEYSSIÉ, *JCP 1986. I. 3239.* - TILLHET-PRETNAR, *Dr. soc. 1981. 150.* - Adde : *Cah. dr. soc., 1993. 285* ⌀ ; *JCP E 1992. I. 198.* - VATINET, *Dr. soc. 2003. 287* ⌀ (garantie de l'AGS et sort du contrat de travail).

▶ **Réforme du droit des restructurations et de l'insolvabilité :** BONDAT, *Dr. soc. 2023. 54* ⌀. - URBAN, *RDT 2022. 82* ⌀.

SOUS-SECTION 1 Privilèges

Art. L. 3253-2 Lorsqu'une procédure de sauvegarde, de redressement ou de liquidation judiciaire est ouverte, les rémunérations de toute nature dues aux salariés pour les soixante derniers jours de travail sont, déduction faite des acomptes déjà perçus, payées, nonobstant l'existence de toute autre créance privilégiée, jusqu'à concurrence d'un plafond mensuel identique pour toutes les catégories de bénéficiaires.

Ce plafond est fixé par voie réglementaire sans pouvoir être inférieur à deux fois le plafond retenu pour le calcul des cotisations de sécurité sociale. – *[Anc. art. L. 143-10, al. 1er et 2.]* — V. art. D. 3253-1.

1. Créances concernées. Est seule garantie par le superprivilège institué par l'art. L. 3253-2 la créance résultant du contrat de travail pesant sur l'employeur faisant l'objet d'une procédure collective ; la société cessionnaire « *in bonis* » est seule obligée au paiement des indemnités de congés payés, elle n'est pas subrogée dans les droits des salariés. • Com. 3 nov. 2010 : ⚖ *D. 2010. AJ 2701,* obs. Lienhard ⌀ ; *JCP S 2011. 1155,* obs. Fin-Langer. ♦ Les salaires dus pour la période de poursuite de l'exploitation postérieure au jugement de règlement judiciaire ne conservent pas le caractère superprivilégié. • Soc. 7 mai 1987 : *Bull. civ. V, n° 285.*

2. Plafond. Le plafond étant identique pour toutes les catégories de bénéficiaires, il s'ensuit que les acomptes déjà perçus doivent venir en diminution dudit plafond pour ne pas rompre l'égalité entre salariés créanciers auxquels la loi a voulu assurer le seul règlement de la portion insaisissable et incessible de leur rémunération. • Soc. 29 avr. 1975 : *D. 1975. 678,* note F. D.

3. Concours. Les créances superprivilégiées de salaires l'emportent sur toutes les autres créances, même postérieures au jugement d'ouverture de la procédure collective. • Com. 6 juill. 1993 : ⚖ *D. 1993.* 530, note Ramackers ✍ ; *RJS 1993.* 588, n° 988. ♦ Une ASSEDIC subrogée dans les droits des créanciers superprivilégiés bénéficie de cette priorité de paiement. • Même arrêt. ♦ Mais il en va différemment en cas de poursuites individuelles du Trésor public exercées par voie d'avis à tiers détenteur. • Poitiers, 8 mars 1995 : *D. 1996.* 256, note Derrida ✍.

4. Dans le cas d'une seconde procédure collective s'ouvrant après résolution du plan de continuation de la première, aucun texte ne prévoit la disparition du privilège ou du superprivilège des créances salariales. • Poitiers, 23 avr. 1996 : *D. 1996. Somm.* 284, obs. A. Honorat ✍.

Art. L. 3253-3 Les rémunérations prévues au premier alinéa de l'article L. 3253-2 comprennent :
 1° Les salaires, appointements ou commissions proprement dites ;
 2° Les accessoires et notamment l'indemnité compensatrice prévue à l'article L. 1226-14, l'indemnité compensatrice de préavis prévue à l'article L. 1234-5, l'indemnité de fin de contrat prévue à l'article L. 1243-8 et l'indemnité de fin de mission prévue à l'article L. 1251-32. — *[Anc. art. L. 143-10, al. 3.]*

Art. L. 3253-4 Les indemnités de congés payés sont, nonobstant l'existence de toute créance privilégiée, payées jusqu'à concurrence d'un plafond identique à celui établi pour une période de trente jours de rémunération par l'article L. 3253-1. — *[Anc. art. L. 143-11.]*

Art. L. 3253-5 Les sommes dues aux façonniers par leurs donneurs d'ordres sont payées, lorsque ces derniers font l'objet d'une procédure de sauvegarde, de redressement ou de liquidation judiciaire, nonobstant l'existence de toute autre créance privilégiée à l'exception de celles garanties par l'article L. 3253-2, à due concurrence du montant total des rémunérations de toute nature dues aux salariés de ces façonniers, au titre des soixante derniers jours de travail ou d'apprentissage précédant l'ouverture de la procédure. — *[Anc. art. L. 786-1.]*

SOUS-SECTION 2 **Assurance contre le risque de non-paiement**

COMMENTAIRE

V. sur le Code en ligne 🔒. ❏

§ 1 Principes

Art. L. 3253-6 Tout employeur de droit privé assure ses salariés, y compris ceux détachés à l'étranger ou expatriés mentionnés à l'article L. 5422-13, contre le risque de non-paiement des sommes qui leur sont dues en exécution du contrat de travail, en cas de procédure de sauvegarde, de redressement ou de liquidation judiciaire. — *[Anc. art. L. 143-11-1, al. 1ᵉʳ.]*

COMMENTAIRE

V. sur le Code en ligne 🔒. ❏

A. ENTREPRISES ASSUJETTIES

1. Commerçants. Est assujetti à la garantie des salaires un agent général d'assurances, dès lors que la loi ne fait pas de distinction entre le caractère principal ou accessoire d'une activité commerciale et que l'agent exerçait accessoirement l'activité de courtier d'assurances, ce qui lui conférait la qualité de commerçant. • Soc. 3 nov. 1977 : *Bull. civ. V, n° 583 ; D. 1978. IR 42.*

2. Entreprises privées gérant un service public. Sont notamment concernés : les caisses d'allocations familiales. • Soc. 12 janv. 1978 : *Bull. civ. V, n° 38 ; D. 1978. IR 115 ; Dr. soc. 1979. 30,* note Derrida. ♦ ... Les URSSAF. • Soc. 21 avr. 1988 : *Bull. civ. V, n° 245 ; D. 1989. Somm.* 240, obs. Prétot. ♦ ... Les sociétés civiles professionnelles d'huissiers. • Soc. 7 nov. 1990 : ⚖ *RJS 1990.* 641, n° 973.

3. Entreprises à statut. L'assujettissement de l'employeur à l'obligation d'assurance des salariés contre le risque de non-paiement des sommes qui leur sont dues en exécution du contrat de travail, en cas de procédure collective, résulte de la seule qualité de personne morale de droit privé, sans qu'il y ait lieu de tenir compte de son statut particulier, et notamment de l'origine de son capital, de la nature de ses ressources, du contrôle économique et financier de l'État auquel il est soumis, du mode de désignation de ses administrateurs et

de la mission de service public dont il est investi.
• Soc. 2 juill. 2014 : ⚖ *RJS 2014. 591, n° 688* (Radio France) • Soc. 2 juill. 2014 : ⚖ *RJS 2014. 591, n° 688* (France Télévision). ♦ Une société de télévision, soumise à la législation sur les sociétés anonymes, a la qualité de personne morale de droit privé et doit donc assurer ses salariés contre le risque de non-paiement des sommes dues en exécution du contrat de travail, même si certaines règles applicables en matière de procédures collectives ne lui sont pas applicables. • Soc. 29 févr. 2000, ⚖ n° 98-13.264 P : *Dr. soc. 2000. 560, obs. Radé* ⚖ ; *Dr. soc. 2001. 149, chron. Hatoux* ⚖ • Lyon, 6ᵉ ch., 5 mars 2003, R. G. n° 02/00978 : *BICC 579 du 15 juin 2003, n° 737* (GIAT industrie) • 7 sept. 2004, ⚖ n° 02-21.384 P : *Dr. soc. 2004. 1033, obs. Radé* ⚖ (France Télécom). • Soc. 2 juill. 2014 : ⚖ *D. actu. 26 sept. 2014, obs. Fraisse* (France 2 et RFO).

4. Jurisprudence antérieure au revirement. Même soumises à la législation sur les sociétés anonymes, les sociétés de programmes qui ont pour objectif le service public de la radiodiffusion et de la télévision et comme unique actionnaire l'État ne sont pas soumises aux procédures collectives d'apurement du passif et ne sont pas, en conséquence, tenues des obligations découlant de l'art. L. 143-11-1 [L. 3253-6 nouv.]. • Soc. 16 déc. 1987 : *Bull. civ. V, n° 730 ; D. 1988. IR 15 ; Dr. soc. 1988. 489, concl. Picca.* ♦ Même solution pour la SNCF et Air France. • Soc. 16 déc. 1987 : *Bull. civ. V, n° 731 ; D. 1988. IR 37 ; Dr. soc. 1988. 489, concl. Picca* ♦ 17 avr. 1991, ⚖ n° 89-16.708 P : *D. 1991. IR 134 ; Dr. soc. 1991. 497, concl. Picca* ⚖ ; *Rev. sociétés 1991. 593, note Maleville* ⚖ ; *RJS 1991. 310, n° 582.* ♦ ... La SEITA. • Soc. 6 nov. 1991, ⚖ n° 88-17.869 P : *RJS 1991. 711, n° 1323.*

5. Syndicat de copropriété. Depuis l'entrée en vigueur de la loi n° 94-624 du 21 juill 1994 sur l'habitat, les syndicats de copropriété sont exclus du champ d'application de la garantie des salaires (V. Instr. UNEDIC n° 96-11 du 21 févr. 1996, *JCP E 1996. Pan. 338*).

6. Entreprises non assujetties. Est recevable la demande en répétition de l'indu en cas de paiement, par erreur, de cotisations au GARP.
• Soc. 3 mai 1995, ⚖ n° 92-20.372 P.

B. PROCÉDURE COLLECTIVE

7. Principe. Pour que la garantie puisse être mise en œuvre, il est nécessaire de constater que l'employeur a fait l'objet d'une procédure de règlement judiciaire. • Soc. 7 févr. 1990, ⚖ n° 87-40.780 P : *RJS 1990. 157, n° 210.* ♦ Ainsi, la garantie est acquise dès lors que les jugements ouvrant la procédure de redressement ou de liquidation judiciaire ont l'autorité absolue de chose jugée et sont opposables à tous, même si le tribunal de commerce n'aurait pas dû prononcer la liquidation judiciaire d'une personne exerçant une activité libérale. • Soc. 6 juin 2000 : ⚖ *RJS 2000. 562, n° 812.* ♦ La garantie est due dès lors que le représentant des créanciers ne dispose pas des sommes nécessaires pour régler les salaires, peu important qu'un tiers soit susceptible de garantir également en tout ou partie ces créances. • Soc. 1ᵉʳ déc. 1993, ⚖ n° 91-40.761 P : *D. 1994. IR 20 ; Dr. soc. 1994. 221 ; CSB 1994. 15, A. 5 ; RJS 1994. 48, n° 39.*

8. Dissolution anticipée pour justes motifs. Dès lors que la liquidation judiciaire de la société résulte d'une décision judiciaire ayant ordonné sa dissolution anticipée à la demande d'un associé pour justes motifs et que la société est toujours *in bonis*, la décision de la cour d'appel de payer aux salariés des indemnités de rupture et un rappel de salaire n'est pas opposable à l'AGS. • Soc. 16 mai 2018, ⚖ n° 16-25.898 P : *D. 2018. Actu. 1070* ⚖ ; *RDT 2018. 770, obs. Bondat* ⚖ ; *RJS 8-9/2018, n° 538 ; JCP S 2018. 1238, obs. Fin-Langer.*

9. Société d'assurance. La liquidation judiciaire de l'employeur après le retrait de l'agrément accordé à une entreprise d'assurance ne prive pas les salariés du bénéfice de la garantie contre le risque de non-paiement des sommes dues en exécution du contrat de travail. • Soc. 15 juin 2010 : ⚖ *D. 2010. Actu. 1721* ⚖ ; *D. actu. 9 juill. 2010, obs. Cortot ; RJS 2010. 590, n° 651* • Soc. 22 mars 1995, ⚖ n° 93-42.531 P : *RJS 1995. 347, n° 517.*

C. SALARIÉS

10. Salariés expatriés. Si sont inclus dans la protection légale les salariés détachés à l'étranger ainsi que les travailleurs français expatriés, le régime d'assurance ne s'étend, en revanche, pas aux salariés engagés à l'étranger et y travaillant. • Paris, 26 nov. 1986 : *D. 1988. Somm. 41, obs. A. Honorat.*

11. Employeur étranger. Lorsque l'employeur est établi dans un État membre de la CEE et que le salarié réside et exécute son travail dans un autre État membre, l'institution de garantie compétente pour le paiement des créances salariales en cas d'insolvabilité de l'employeur est l'institution de l'État sur lequel soit, l'ouverture de la procédure collective est décidée soit, la fermeture de l'entreprise ou de l'établissement est constatée.
• CJCE 17 sept. 1997, n° S-117/96 • Soc. 20 janv. 1998, n° 96-43.577 P : *JCP 1998. II. 10086, note Kerckhove ; Dr. soc. 1998. 298, obs. Vatinet* ⚖ ; *D. 1998. IR 53 ; RJS 1998. 294, n° 468.* ♦ La Dir. n° 80/987 ne s'oppose pas à ce que la législation d'un État membre prévoie qu'un travailleur salarié puisse se prévaloir de la garantie salariale de l'institution nationale, conformément au droit de cet État membre, à titre complémentaire ou substitutif, par rapport à celle offerte par l'institution désignée comme étant compétente en application de cette directive, pour autant, toutefois que ladite garantie donne lieu à un niveau supérieur de protection du travailleur.

- CJUE, 10 mars 2011 : ⚠ *JCP S 2011. 1275, obs. Jeansen* • Soc. 21 sept. 2011 : ⚠ *RJS 2011. 777, n° 878 ; JCP S 2011. 1581, obs. Fin-Langer* • 11 avr. 2012 : ⚠ *D. actu. 16 mai 2012, obs. Perrin ; RDT 2012. 422, obs. Driguez⊘ ; RJS 2012. 474, n° 557 ; JCP S 2012. 1310, obs. Vachet.*

12. La garantie de l'AGS s'applique aux créances d'un salarié de la succursale française d'une entreprise constituée selon le droit d'un autre État membre de l'Union européenne, dans lequel elle a son siège social et y est mise en redressement judiciaire. • CJCE, 16 déc. 1999, n° C-198/98, sp. § 23 et 24 • Soc. 2 juill. 2002, ⚠ *n° 99-46.140 P : Dr. soc. 2002. 1004, obs. Radé⊘* • 3 juin 2003, ⚠ *n° 01-41.697 P : Dr. soc. 2003. 837, rapp. Chagny⊘ ; RJS 2003. 691, n° 1020 (2ᵉ esp.).*

13. Cette garantie s'applique également lorsqu'une procédure collective d'apurement du passif a été ouverte hors de l'Union européenne mais a fait l'objet d'une décision d'*exequatur*. • Soc. 3 juin 2003, ⚠ *n° 00-45.948 P : Dr. soc. 2003. 837, rapp. Chagny⊘ ; RJS 2003. 691, n° 1020 (1ʳᵉ esp.).*

14. Salariés étrangers. La règle de non-discrimination entre les ressortissants des États membres de la CEE s'appliquant à tous les rapports juridiques qui peuvent être localisés sur le territoire de la Communauté, il en résulte qu'un salarié belge dont le contrat de travail a été conclu en France avec une société française doit bénéficier des dispositions de l'art. L. 143-11-1 [L. 3253-6 nouv.]. • Soc. 21 nov. 1990 : ⚠ *D. 1990. IR 288 ; CSB 1991. 19, A. 9 ; RJS 1991. 18, n° 23 ; JS UIMM 1991. 47.* ♦ Lorsque les travailleurs victimes de l'insolvabilité de leur employeur exercent leur activité salariée dans un État membre pour le compte de la succursale d'une société constituée selon le droit d'un autre État membre, dans lequel cette société a son siège social et y est mise en liquidation, l'institution compétente, au regard de l'art. 3 de la directive CEE n° 80-987 du 20 oct. 1980, pour le paiement des créances de ces travailleurs, est celle de l'État sur le territoire duquel ils exerçaient leur activité salariée. • CJCE 16 déc. 1999, n° 198/999, *Everson c/ Bell : RJS 2000. 327, n° 471* • Soc. 2 juill. 2002 : ⚠ *D. 2002. IR 2778⊘ ; RJS 2002. 846, n° 1128 ; JSL 2002, n° 109-6.*

15. Procédure collective transnationale. Si l'art. 8 *bis* de la Dir. 2002/74/CE du 23 sept. 2002, devenu l'art. 9 de la Dir. 2008/94/CE du 22 oct. 2008, ne s'oppose pas à ce qu'une législation nationale prévoie qu'un travailleur puisse se prévaloir de la garantie salariale plus favorable de l'institution nationale, l'art. L. 3253-6 C. trav. se borne à imposer à tout employeur de droit privé d'assurer ses salariés, y compris ceux détachés à l'étranger ou expatriés, contre le risque de non-paiement des sommes qui leur sont dues en cas de liquidation judiciaire. Un salarié domicilié en Allemagne, qui y avait été recruté et y avait toujours exercé son activité, n'était ni expatrié ni en position de détachement et ne pouvait, dès lors, se prévaloir de la garantie plus favorable de l'institution nationale française en application de l'art. L. 3253-6. • Soc. 28 mars 2018, ⚠ n° 16-19.086 P : *D. 2018. Actu. 718⊘ ; RJS 6/2018, n° 418 ; JSL 2018, n° 455-4, obs. Tissandier ; JCP S 2018. 1174, obs. Fin-Langer.*

Art. L. 3253-7 Le droit du salarié est garanti indépendamment de l'observation par l'employeur tant des prescriptions de la présente section que des obligations dont il est tenu à l'égard des institutions prévues à l'article L. 3253-14. — [*Anc. art. L. 143-11-5.*]

§ 2 Créances couvertes par l'assurance

Art. L. 3253-8 L'assurance mentionnée à l'article L. 3253-6 couvre :
1° Les sommes dues aux salariés à la date du jugement d'ouverture de toute procédure de redressement ou de liquidation judiciaire, ainsi que les contributions dues par l'employeur dans le cadre (*L. n° 2011-893 du 28 juill. 2011*) « du contrat de sécurisation professionnelle » ;
2° Les créances résultant de la rupture des contrats de travail intervenant :
a) Pendant la période d'observation ;
b) Dans le mois suivant le jugement qui arrête le plan de sauvegarde, de redressement ou de cession ;
c) Dans les quinze jours (*L. n° 2013-504 du 14 juin 2013, art. 18-XXI*) « , ou vingt et un jours lorsqu'un plan de sauvegarde de l'emploi est élaboré, » suivant le jugement de liquidation ;
d) Pendant le maintien provisoire de l'activité autorisé par le jugement de liquidation judiciaire (*Ord. n° 2008-1345 du 18 déc. 2008, art. 167*) « et dans les quinze jours (*L. n° 2013-504 du 14 juin 2013, art. 18-XXI*) « , ou vingt et un jours lorsqu'un plan de sauvegarde de l'emploi est élaboré, » suivant la fin de ce maintien de l'activité » ;
3° Les créances résultant de la rupture du contrat de travail des salariés auxquels a été (*L. n° 2011-893 du 28 juill. 2011*) « proposé le contrat de sécurisation professionnelle », sous réserve que l'administrateur, l'employeur ou le liquidateur, selon le cas, ait proposé (*L. n° 2011-893 du 28 juill. 2011*) « ce contrat » aux intéressés au cours de

l'une des périodes indiquées au 2°, y compris les contributions dues par l'employeur dans le cadre de (*L. n° 2011-893 du 28 juill. 2011*) « ce contrat » et les salaires dus pendant le délai de réponse du salarié ;

(*L. n° 2013-504 du 14 juin 2013, art. 18-XXI*) « 4° Les mesures d'accompagnement résultant d'un plan de sauvegarde de l'emploi déterminé par un accord collectif majoritaire ou par un document élaboré par l'employeur, conformément aux articles L. 1233-24-1 à L. 1233-24-4, dès lors qu'il a été validé ou homologué dans les conditions prévues à l'article L. 1233-58 avant ou après l'ouverture de la procédure de redressement ou de liquidation judiciaire ;

« 5° » Lorsque le tribunal prononce la liquidation judiciaire, dans la limite d'un montant maximal correspondant à un mois et demi de travail, les sommes dues :

a) Au cours de la période d'observation ;

b) Au cours des quinze jours (*L. n° 2013-504 du 14 juin 2013, art. 18-XXI*) « , ou vingt et un jours lorsqu'un plan de sauvegarde de l'emploi est élaboré, » suivant le jugement de liquidation ;

c) Au cours du mois suivant le jugement de liquidation pour les représentants des salariés prévus par les articles L. 621-4 et L. 631-9 du code de commerce ;

d) Pendant le maintien provisoire de l'activité autorisé par le jugement de liquidation (*Ord. n° 2008-1345 du 18 déc. 2008, art. 167*) « et au cours des quinze jours (*L. n° 2013-504 du 14 juin 2013, art. 18-XXI*) « , ou vingt et un jours lorsqu'un plan de sauvegarde de l'emploi est élaboré, » suivant la fin de ce maintien de l'activité ».

La garantie des sommes et créances mentionnées aux 1°, 2° et (*L. n° 2013-504 du 14 juin 2013, art. 18-XXI*) « 5° » inclut les cotisations et contributions sociales et salariales d'origine légale, ou d'origine conventionnelle imposée par la loi (*L. n° 2016-1917 du 29 déc. 2016, art. 60-I-E, en vigueur le 1er janv. 2019*) « , ainsi que la retenue à la source prévue à l'article 204 A du code général des impôts ».

Les dispositions issues de la L. n° 14 juin 2013 sont applicables aux procédures de licenciement collectif engagées à compter du 1er juill. 2013.

Une procédure de licenciement collectif est réputée engagée à compter de la date d'envoi de la convocation à la première réunion du comité d'entreprise mentionnée à l'art. L. 1233-30 C. trav. (L. préc., art. 18-XXXIII).

Les délais et durée mentionnés aux b, c et d du 2° et 5° de l'art. L. 3253-8 sont prolongés jusqu'à l'expiration d'un délai d'un mois après la date de fin de l'état d'urgence sanitaire pour une durée équivalente à celle de la période d'état d'urgence sanitaire plus un mois (Ord. n° 2020-341 du 27 mars 2020, art. 2, II, 2° et 3°).

BIBL. ▶ ARLIE, JCP S 2016. 1053 (protection des salariés en cas de jugement de conversion d'une procédure de sauvegarde en une autre procédure collective). – ARSÉGUEL et REYNÈS, *D.* 2003. Chron. 502. – FIN-LANGER, *RDT* 2023. 167 (être ou ne pas être subsidiaire et subrogée, telle est la question posée à l'AGS). – MÉTÉYÉ, *Dr. soc.* 2002. 972. – PÉRIÈS, JCP E 2002, suppl. n° 2, p. 15. – VATINET, *Dr. soc.* 2003. 287.

COMMENTAIRE

V. sur le Code en ligne 🏛. ❑

I. PÉRIODE GARANTIE

A. ART. L. 3253-8, 1°

1° CRÉANCES GARANTIES

1. Effet d'une conversion de la sauvegarde en liquidation judiciaire. La garantie prévue par le 1° de l'art. L. 3253-8 ne dépend que de la seule ouverture d'une procédure de redressement ou de liquidation judiciaire sans qu'il y ait lieu d'établir une distinction entre les diverses causes d'ouverture de cette procédure. ● Soc. 22 sept. 2015, n° 1417.837 : *RDT* 2015. 753, obs. Driguez.

2. Licenciement abusif. Le régime de la garantie des salaires s'applique à l'indemnité accordée à un salarié abusivement licencié avant la date du jugement ayant déclaré l'employeur en règlement judiciaire, peu important que la décision ayant condamné l'employeur soit postérieure au jugement déclaratif. ● Soc. 13 mai 1981 : *Dr. soc.* 1982. 193, obs. H. Blaise.

3. Résiliation du contrat d'apprentissage. Le juge qui prononce la résiliation d'un contrat d'apprentissage peut en fixer la date au jour où l'une des parties a manqué à ses obligations ou au jour de la demande de résiliation. Cette date étant alors antérieure à la liquidation judiciaire, la créance indemnitaire du salarié relève de la garantie de l'AGS. ● Soc. 1er oct. 2003 : *RJS 2003*. 992, n° 1421.

4. Accord de rupture amiable. La créance du salarié qui résulte d'un accord de rupture amiable du contrat de travail conclu avant le jugement d'ouverture doit être garantie par l'AGS dès lors que la somme convenue était due à la date de ce jugement, et ce même si l'employeur devait rembourser ces sommes postérieurement au jugement d'ouverture. • Soc. 23 nov. 2004, n° 02-41.836 P : *Dr. soc. 2005. 221*, obs. Radé ⌀ ; *RJS 2005. 118, n° 157.*

5. Préjudice d'anxiété. Les dommages et intérêts accordés en réparation du préjudice d'anxiété des salariés des sites classés exposés à l'amiante sont garantis par l'AGS. • Soc. 25 sept. 2013 : ⚖ *D. actu. 8 oct. 2013*, obs. Fraisse ; *SSL 2013, n° 1599, p. 9*, Rapp. Sabotier ; *JSL 2013, n° 353-2*, obs. Bœuf et Mo. ♦ Le préjudice d'anxiété naît à la date à laquelle les salariés ont eu connaissance de l'arrêté ministériel d'inscription de l'activité en cause sur la liste des établissements permettant la mise en œuvre de l'ACAATA ; la garantie de l'AGS dépend alors de l'antériorité de cette inscription à l'ouverture de la procédure collective. • Soc. 2 juill. 2014 : ⚖ *RJS 2014. 617, n° 725* ; *JSL 2014, n° 373-4*, obs. Pacotte et Layat-Le-Bourhis.

6. Indemnité de congés payés en cas de transfert d'entreprise. Lorsque la modification de la situation de l'employeur intervient dans le cadre d'une procédure collective, l'indemnité de congés payés, qui s'acquiert mois par mois et qui correspond au travail effectué pour le compte de l'ancien employeur, est inscrite au passif de ce dernier et est couverte par l'AGS dans la limite de sa garantie. • Soc. 8 nov. 2023, ⚖ n° 21-19.764 B.

2° CRÉANCES NON GARANTIES

7. Arrérages d'une rente invalidité-décès. Si les arrérages de rente invalidité-décès résultant d'une assurance collective souscrite par l'employeur au profit de ses salariés sont dus en exécution du contrat de travail, le bénéficiaire n'en devient créancier qu'au fur et à mesure des échéances ; ils sont dès lors exclus du régime d'assurance de l'art. L. 143-11-1 [L. 3253-8 nouv.] si cette échéance est postérieure à la date d'ouverture de la procédure collective. • Soc. 2 juin 1992, ⚖ n° 90-15.370 P. • 5 mars 1996 : ⚖ *D. 1996. IR 99*. ♦ Pour la contrepartie pécuniaire d'une clause de non-concurrence, V. • Soc. 6 mai 1997 (1er arrêt), ⚖ n° 95-43.166 P : *Dr. soc. 1997. 751* ⌀ et *752*, obs. Vatinet ; *RJS 1997. 614, n° 984* ; *JCP E 1997. II. 1001*, note Serret • 6 mai 1997 (2e arrêt) ⚖ *ibid.*

8. Indemnité de départ à la retraite. Est exclue de la garantie l'indemnité de départ à la retraite, dès lors que les salariés n'ont atteint l'âge de 60 ans fixé par la convention collective qu'après l'ouverture de la procédure collective. • Soc. 12 avr. 1995, ⚖ n° 92-18.005 P : *D. 1995. Somm. 307*, obs. A. Honorat ⌀ ; *Dr. soc. 1995. 603*, obs. Blaise ⌀. ♦ De même, l'indemnité de départ à la retraite est exclue de la garantie lorsque la rupture se produit après le jugement d'ouverture et à la seule initiative du salarié qui n'a pas informé son employeur de son intention. • Soc. 20 avr. 2005, ⚖ n° 02-47.063 P : *RJS 2005. 538, n° 743* ; *JCP S 2005. 1009*, note Morvan.

9. Prime de fin d'année. Doit être cassé le jugement qui, pour condamner l'AGS à garantir le paiement d'une prime de fin d'année, retient que l'art. L. 143-11-1 [L. 3253-8 nouv.] doit être applicable pour la prime de 1992 puisque le jugement d'ouverture est du 10 déc. 1992 et que la créance ne résulte pas de la rupture du contrat de travail, alors, d'une part, que le droit à la prime de treizième mois ne naissant que le 31 décembre de l'année concernée, cette prime est due par l'employeur à cette date, et alors, d'autre part, que cette créance, née postérieurement au jugement d'ouverture pendant la période d'observation, n'est pas garantie par l'AGS. • Soc. 14 mai 1997, ⚖ n° 95-43.735 P : *D. 1997. IR 145* ⌀.

10. Indemnités compensatrices de non-concurrence. En cas de redressement judiciaire, la contrepartie pécuniaire de la clause de non-concurrence étant une créance due mois par mois pendant la durée de l'interdiction de concurrence à compter du jour du licenciement, l'AGS ne doit garantir que les seuls versements dus au jour du jugement d'ouverture. • Soc. 6 mai 1997 : ⚖ *préc. note 7* • 6 mai 1997, ⚖ n° 94-42.699 P : *eod. loc.* • 27 oct. 1999, ⚖ n° 96-43.941 P : *Dr. soc. 2000. 123*, obs. Radé ⌀.

B. ART. L. 3253-8, 2°

11. Constitutionnalité. Ne présente pas de caractère sérieux la question tendant à considérer que l'obligation imposée au liquidateur judiciaire de procéder tout à la fois à la mise en place de mesures préalables de reclassement et au licenciement des salariés, dans le délai de quinze jours suivant le jugement de liquidation, est contraire au principe d'égalité devant la loi. • Soc., QPC, 6 oct. 2011 : ⚖ *D. actu. 4 nov. 2011*, obs. Ines ; *JSL 2011, n° 311-312-3*, obs. Millet et Rivet.

12. Principe. L'assurance des créances des salariés ne concerne que les créances attachées au contrat de travail rompu dans les quinze jours suivant le jugement de liquidation. • Soc. 21 nov. 1989, ⚖ n° 88-43.446 P : *D. 1990. Somm. 217*, obs. Honorat ⌀ ; *BS Lefebvre 1990. 40, n° 102* • 24 janv. 1990, ⚖ n° 89-40.867 P. ♦ La garantie AGS n'est pas due pour les indemnités de rupture d'un contrat de travail qui n'a pas été rompu par le liquidateur dans le délai de 15 jours du jugement de liquidation. • Soc. 3 avr. 2002, ⚖ n° 99-44.288 P : *D. 2002. IR 1534* ⌀ ; *RJS 2002. 532, n° 668* ; *Dr. soc. 2002. 527*, obs. P. Lyon-Caen ⌀ *(3 arrêts)*. ♦ ... La liquidation judiciaire n'entraînant pas en soi la rupture des contrats de travail. • Soc. 18 nov. 1992, ⚖ n° 91-43.960 P : *RJS 1993. 37, n° 38*. ♦ Lorsque le salarié a été licencié plus de quinze jours après le prononcé de la liquidation judiciaire, la garantie de l'AGS ne peut couvrir les indemnités de préavis, de licenciement et de congés payés concernant la période postérieure à l'ouverture de la procédure collective. • Soc. 10 oct. 1990, ⚖ n° 88-43.927 P : *RJS 1990. 577, n° 864, 2ᵉ esp.* ♦ Même solution pour les salaires correspondant à une période de travail postérieure à l'adoption du plan de redressement. • Soc. 18 déc. 1991, ⚖ n° 88-43.567 P : *RJS 1992. 111, n° 154.* ♦ Sur la responsabilité du liquidateur envers le salarié licencié tardivement, V. • Com. 6 juill. 1993 : ⚖ *RJS 1993. 590, n° 991.* ♦ Mais la seule manifestation de l'intention de l'employeur de rompre les contrats de travail des salariés dans le délai de 15 jours suivant le jugement de liquidation judiciaire permet, dans les rapports avec l'AGS, de considérer les contrats comme rompus. • Soc. 6 juin 2007 : ⚖ *Dr. soc. 2007. 984,* note Radé ✎ ; *JCP S 2007. 1761, obs. Lahalle.* ♦ Cette manifestation de volonté existe dès lors que les salariés protégés ont été convoqués à leur entretien individuel. • Soc. 8 févr. 2012 : ⚖ *RJS 2012. 299, n° 346 ; JCP S 2012. 1153, obs. Fin-Langer.* ♦ ... Ou que l'administrateur judiciaire a, dans les quinze jours de la liquidation judiciaire, manifesté son intention de rompre le contrat de travail de la salariée protégée, peu important le refus de l'inspecteur du travail d'autoriser son licenciement. • Soc. 13 déc. 2017, ⚖ n° 16-21.773 P : *D. 2018. Actu. 6* ✎ ; *RJS 2/2018, n° 115 ; JCP S 2018. 1014, obs. Fin-Langer.*

13. Prise d'acte de la rupture. Les créances résultant de la rupture du contrat de travail visées par l'art. L. 3253-8, 2°, C. trav. s'entendent d'une rupture à l'initiative de l'administrateur ou du mandataire judiciaire ; lorsque le salarié prend acte de la rupture du contrat aux torts de l'employeur, la garantie de l'AGS n'est pas due. • Soc. 20 déc. 2017, ⚖ n° 16-19.517 P : *D. 2018. Actu. 6* ✎ ; *RDT 2018. 209, note Bondat* ✎ ; *RJS 3/2018, n° 189 ; JCP S 2018. 1072, obs. Fin-Langer ; RPC 2018. Comm. 46, obs. Taquet.*

14. Modification du plan de redressement. La garantie de l'AGS s'applique aux créances résultant de la rupture des contrats de travail intervenue dans le mois suivant le jugement qui a modifié le plan de redressement, lequel fait corps avec le jugement arrêtant ce plan. • Soc. 17 oct. 1990 : ⚖ *CSB 1990. 287, S. 187 ; RJS 1990. 642, n° 974* • 3 avr. 1991, ⚖ n° 90-41.566 P : *RJS 1991. 311, n° 581.* ♦ Mais, dès lors que le plan de redressement ne prévoit aucun licenciement, le contrat de travail se poursuit de plein droit avec le cessionnaire et l'AGS n'a pas à garantir les conséquences d'un licenciement inexistant. • Soc. 6 juill. 1999 : ⚖ *D. 1999. IR 226 ; RJS 1999. 648, n° 1027 ; Dr. soc. 1999. 959, obs. Radé* ✎.

15. Sommes prévues par le PSE. La garantie de l'AGS s'étend aux sommes prévues par le PSE pour favoriser le reclassement des salariés, y compris à l'extérieur de l'entreprise ou du groupe auquel elle appartient, ainsi qu'aux dommages-intérêts réparant l'inexécution d'un engagement tendant à ces reclassements. • Soc. 8 févr. 2012 : ⚖ *JCP S 2012. 1153, obs. Fin-Langer.*

16. Viole l'art. L. 143-11-1 (2°) [L. 3253-8, 2° nouv.] la cour d'appel qui, pour retenir la garantie de l'AGS, estime que, si le jugement de liquidation judiciaire n'a pas autorisé expressément la poursuite d'activité, celle-ci a eu lieu, en fait, jusqu'à la date des licenciements, alors qu'elle a constaté, d'une part, que les licenciements sont intervenus plus de quinze jours après le jugement de liquidation judiciaire et, d'autre part, que ce jugement n'a pas autorisé le maintien provisoire de l'activité de l'entreprise. • Soc. 20 mai 1992, ⚖ n° 91-41.822 P : *D. 1992. IR 187.*

17. Liquidation judiciaire et licenciement économique d'un salarié inapte. Le liquidateur tenu de licencier dans le délai prévu par l'art. L. 3253-8, 2°, n'est pas tenu d'organiser un second examen médical avant de procéder au licenciement d'un salarié inapte dès lors que le motif économique ressortissait à la cessation totale de l'activité de l'entreprise et que celle-ci n'appartenait à aucun groupe. • Soc. 9 déc. 2014, ⚖ n° 13-12.535.

C. ART. L. 3253-8, 3°

18. Contributions de l'employeur au dispositif de la convention de reclassement personnalisé (jurisprudence rendue sous l'empire des dispositions antérieures à la L. n° 2011-893 du 28 juill. 2011). Le montant des contributions de l'employeur au dispositif de la convention de reclassement personnalisé est une créance du salarié au sens de l'art. L. 3253-17 dans sa version en vigueur avant la L. du 18 nov 2016, et entre de ce fait dans le calcul des créances garanties par l'AGS ainsi que dans la détermination de son plafond de garantie. • Soc. 10 févr. 2021, ⚖ n° 19-13.225 P : *D. actu. 1ᵉʳ mars 2021, obs. Malfettes ; D. 2021. Actu. 348* ✎ ; *Dr. soc. 2021. 571, obs. Bondat* ✎ ; *JSL 2021, n° 317-7, obs. Nassom-Tissandier ; RPC 2021. Comm. 73, note Jacotot.*

D. ART. L. 3253-8, 4°

19. Liquidation judiciaire. Il résulte de l'art. L. 143-11-1, 3° [L. 3253-8, 4° nouv.], que les sommes dues en exécution du contrat de travail au cours de la période d'observation ne sont couvertes par l'AGS que lorsque le tribunal prononce la liquidation judiciaire. • Soc. 7 févr. 1990, ⚖ n° 87-40.780 P : *D. 1990. Somm. 217, obs. A. Honorat* ✎. ♦ La garantie ne peut donc jouer lorsque la société intéressée a fait l'objet d'un plan de cession. • Soc. 3 oct. 1995 : ⚖ *JCP E 1996. Pan. 24.*

20. Bénéficient de la garantie les salariés engagés au cours de la période d'observation et licenciés pendant cette même période. • Soc. 20 mai

1992, 🔄 n° 91-41.516 P : *RJS 1992. 481, n° 871* ● 12 nov. 1997, 🔄 n° 94-43.354 P.

II. CRÉANCES

A. RATTACHEMENT AU CONTRAT DE TRAVAIL

1° CRÉANCES GARANTIES

21. Frais professionnels. Les frais professionnels sont garantis dans la mesure où la protection est accordée indépendamment de la qualification de salaire de la somme en cause, le critère n'étant pas la nature salariale de la créance, mais son rattachement au contrat de travail. ● Soc. 17 déc. 1991, 🔄 n° 88-40.638 P : *D. 1992. IR 47.*

22. Rémunération. Sont garanties les gratifications annuelles portées sur un compte de dépôt. ♦ ... Est garantie l'indemnité de non-concurrence, dans la limite d'un montant maximal correspondant à un mois et demi de travail. ● Soc. 28 juin 1995 : 🔄 *RJS 1995. 722, n° 1136.*

23. Lorsqu'elles revêtent la forme d'un droit de créance sur l'entreprise, les sommes dues au titre de l'intéressement conformément aux dispositions des art. L. 441-1 s. [L. 3311-1 s. nouv.], au titre de la participation des salariés aux fruits de l'expansion conformément aux dispositions des art. L. 442-1 s. [L. 3322-1 s. nouv.], ou en application d'un accord créant un fonds salarial dans les conditions prévues par les art. L. 471-1 s. [non repris] sont couvertes. ● Soc. 30 sept. 2004, 🔄 n° 02-16.439 P : *TPS 2004, n° 358 ; Dr. soc. 2004. 1149, obs. Savatier.*

24. Statut de cadre. L'AGS doit garantir le paiement des dommages-intérêts dus par l'employeur à raison de l'inexécution de son obligation d'affiliation à une caisse de retraite complémentaire des cadres en méconnaissance des obligations mises à sa charge par le contrat de travail de l'intéressée qui lui conférait le statut de cadre. ● Soc. 8 janv. 2002 : 🔄 *Dr. soc. 2002. 371, obs. Radé.*

2° CONVENTIONS COLLECTIVES

25. Rémunération. Sont garanties les sommes dues en vertu d'un accord d'entreprise. ● Soc. 5 avr. 1995 : 🔄 *RJS 1995. 429, n° 652 (1re esp.).*

26. Protection sociale. La garantie de ressources et le remboursement de frais médicaux prévus par la convention collective applicable sont des sommes dues en exécution du contrat de travail et du statut collectif qu'il implique, couvertes par l'assurance de garantie des salaires. ● Soc. 28 oct. 1997, 🔄 n° 94-42.272 P : *D. 1998. IR 16.* ♦ L'indemnité due en réparation du préjudice subi par le salarié du fait du non-paiement par l'employeur des cotisations à la caisse complémentaire de prévoyance, obligation conventionnelle de l'employeur, doit être garantie par l'AGS, sous réserve de son exigibilité dans un délai de 15 jours en cas de liquidation judiciaire. ● Soc. 31 mars 1998, 🔄 n° 95-44.333 P : *D. 1998. IR 125.* ♦ Peu important le taux de cotisation choisi par l'employeur qui n'est qu'une modalité de l'exécution de son obligation conventionnelle. ● Soc. 25 janv. 2005 : 🔄 *Dr. soc. 2005. 477, obs. Radé ; CSB 2005, A. 33, obs. Charbonneau.*

27. En ce sens que le capital-décès, lorsqu'il est dû en vertu d'une convention collective, étant directement rattaché au contrat de travail, la protection de l'art. L. 143-11-1 [L. 3253-8 nouv.] doit bénéficier aux ayants droit de salariés cadres, V. ● Soc. 8 nov. 1994, 🔄 n° 93-11.239 P : *D. 1995. 143, note A. Honorat ; JCP 1995. II. 22383, note Saint-Jours ; Dr. soc. 1995. 58, obs. Blaise ; RJS 1995. 30, n° 27.* ♦ Il ne saurait être reproché à une cour d'appel de décider que l'AGS doit garantir le paiement d'une allocation-décès, au prétendu motif que la créance résultant pour la veuve d'un salarié du défaut de souscription par l'employeur d'un contrat d'assurance garantissant le paiement d'un capital-décès prévu par la convention collective, relève d'une action en responsabilité. ● Soc. 8 juill. 1997 : 🔄 *D. 1997. IR 200 ; RJS 1997. 765, n° 1242 ; CSB 1997. 289, A. 54.*

3° USAGE

28. Prime. L'AGS doit garantir le paiement d'une prime de treizième mois devenue obligatoire par voie d'usage dans l'entreprise. ● Soc. 23 sept. 1992 : 🔄 *Gaz. Pal. 1992. 2. Pan. 264.* ♦ L'AGS doit garantir le paiement d'une prime d'objectifs et d'indemnités de rupture dues en application d'une transaction mais résultant tant dans leur principe que dans leur montant des stipulations du contrat de travail. ● Soc. 3 avr. 2001, 🔄 n° 99-42.183 P : *D. 2001. IR 1852 ; RJS 2001. 513, n° 745 ; Dr. soc. 2001. 672, obs. Radé.*

4° LOI

29. Emploi. Doivent être garantis les dommages-intérêts réparant les conséquences du prêt illicite de main-d'œuvre pratiqué au détriment du salarié qui caractérise un manquement de l'employeur à son obligation d'exécuter de bonne foi le contrat de travail. ● Soc. 9 nov. 2004, 🔄 n° 02-45.048 P : *RJS 2005. 42, n° 43.*

30. Conditions de travail. Les dommages-intérêts dus aux salariés résultant de la condamnation de l'employeur pour violation des règles relatives au repos dominical. ● Soc. 8 juin 1999 : 🔄 *Dr. soc. 1999. 847, obs. Radé ; RJS 1999. 565, n° 922.* ♦ L'indemnité compensatrice de congés payés fait partie des créances résultant de la rupture du contrat de travail. ● Soc. 2 juin 1992, 🔄 n° 89-41.675 P : *D. 1993. Somm. 75, obs. A. Honorat.* ♦ ... Mais pas l'indemnité pour travail dissimulé allouée au salarié qui a pris acte de la rupture du contrat de travail aux torts de l'employeur. ● Soc. 20 déc. 2017, 🔄 n° 16-19.517 P : *D. 2018. Actu. 6 ; RDT 2018. 209, note Bondat ; RJS 3/2018, n° 189.*

31. Documents. De même doit être garantie la créance de dommages-intérêts allouée en réparation de l'inexécution par l'employeur de son obligation de délivrer aux salariés des bulletins de paie, des certificats de travail et attestations Assedic. • Soc. 4 déc. 2002, ⚖ n° 00-44.303 P : *RJS 2003. 136, n° 199.* ♦ Comp. : • Versailles, 2 déc. 1994 : cité note 42.

5° RUPTURE DU CONTRAT DE TRAVAIL

32. Rupture abusive. Sont garantis les dommages-intérêts dus pour rupture abusive. • Soc. 20 mai 1992 : ⚖ *RJS 1993. 108, n° 155.* ♦ ... Les dommages-intérêts alloués en raison de la rupture du contrat avant la prise de fonctions. • Soc. 22 mars 1995 : ⚖ *Gaz. Pal. 1995. 1 Pan. 106.* ♦ ... Le paiement de dommages-intérêts alloués à un salarié sur le fondement de l'art. L. 122-14-5 C. trav. [L. 1235-5 nouv.] en réparation du préjudice moral lorsque le licenciement a été prononcé avant le jugement d'ouverture de la procédure collective. • Soc. 8 juin 1999 : ⚖ *Dr. soc. 1999. 847, obs. Radé* ⚖ ; *RJS 1999. 565, n° 922.* ♦ ... Ou sanctionnant un licenciement vexatoire. • Soc. 29 janv. 2003, ⚖ n° 00-42.630 P.

33. L'AGS doit garantir le paiement des dommages-intérêts auxquels l'employeur a été condamné en réparation du préjudice moral causé à un salarié à l'occasion de son licenciement dans la mesure où il a manqué à son obligation d'exécuter le contrat de bonne foi. • Soc. 24 oct. 2000 : ⚖ *Dr. soc. 2001. 206, obs. Radé* ⚖.

34. Primes. La garantie s'applique aux primes prévues par le plan social pour faciliter le reclassement professionnel des salariés, primes qui concourent à l'indemnisation du préjudice causé par la rupture du contrat de travail. • Soc. 30 avr. 2003 : ⚖ *D. 2003. IR 1139* ⚖ ; *RJS 2003. 589, n° 886 (3ᵉ esp.).*

35. Paiement tardif des indemnités de rupture. La créance de dommages-intérêts allouée en raison du retard apporté au paiement des indemnités de rupture, somme due en exécution du contrat de travail. • Soc. 10 juill. 2001, ⚖ n° 99-43.912 P : *D. 2001. IR 2462* ⚖ ; *Dr. soc. 2001. 1127, obs. Couturier* ⚖ ; *RJS 2001. 878, n° 1292.* ♦ ... La créance de dommages-intérêts allouée en raison de la transmission tardive par le représentant des créanciers des documents nécessaires pour adhérer à la convention de conversion qui se rattache directement à une obligation prise par l'employeur lors de la rupture du contrat de travail résultant de l'adhésion du salarié à une convention de conversion. • Soc. 2 mars 1999 : ⚖ *D. 1999. IR 91* ; *RJS 1999. 412, n° 670* ; *Dr. soc. 1999. 532, obs. Radé* ⚖. • 16 mars 1999 : ⚖ *D. 1999. IR 102* ⚖ ; *RJS 1999. 412, n° 670.*

36. Exécution tardive du plan social. L'AGS doit garantir la dette de l'employeur résultant de sa condamnation pour avoir exécuté avec retard les engagements contenus dans un plan social concernant la sollicitation auprès des pouvoirs publics la conclusion d'une convention de conversion. • Soc. 14 nov. 2001 : ⚖ *Dr. soc. 2002. 117, obs. Couturier* ⚖.

37. Contrepartie pécuniaire de la clause de non-concurrence. L'AGS doit garantir le paiement de la contrepartie financière de la clause de non-concurrence, peu important que toutes les échéances ne soient pas encore exigibles. • Soc. 20 juin 2006 : ⚖ *RJS 2006. 791, n° 1070* ; *Dr. soc. 2006. 1054, obs. Radé* ⚖.

B. EXCLUSION

38. Dette de l'entreprise. Sont exclues de la garantie les créances d'une caisse complémentaire de prévoyance qui ne constituent pas une créance du salarié, mais une dette de l'entreprise. • Soc. 31 mars 1998, ⚖ n° 95-44.333 P : *D. 1998. IR 125* ⚖ • 30 mars 1999 : ⚖ *Dr. soc. 1999. 646, obs. Radé* ⚖ • 28 mars 2000 : ⚖ *Dr. soc. 2000. 664, obs. Radé* ⚖.

39. Dette de la Sécurité sociale. Sont exclues les sommes dues en réparation du préjudice causé par les souffrances physiques et morales endurées par la victime d'un accident de travail dû à la faute inexcusable de son employeur, le versement de ces sommes incombant à la caisse de sécurité sociale et non à l'employeur. • Soc. 21 oct. 1998, ⚖ n° 96-20.978 P : *RJS 1998. 908, n° 1491.* ♦ ... Les sommes dues par l'employeur à la suite d'une astreinte prononcée contre lui pour l'obliger à remettre certains documents. • Soc. 7 nov. 1990 (deux arrêts) ; ⚖ *D. 1990. IR 285* ; *RJS 1990. 642, n° 376.*

40. La créance résultant du non-paiement par l'employeur des cotisations d'assurance décès ne résulte pas de l'exécution du contrat de travail, mais d'une action en responsabilité contre l'employeur qui ne peut être couverte par l'assurance de garantie des salaires. • Soc. 6 avr. 1994, ⚖ n° 91-43.912 P : *CSB 1994. 181, A. 39* ; *JCP 1994. II. 22335, note Saint-Jours* ; *RJ com. 1995. 53, note A. Honorat* ; *RJS 1994. 347, n° 554.*

41. De même, sont exclues de la garantie les sommes retenues par l'employeur sur le salaire et qui n'ont pas été versées à une caisse de prévoyance. • Soc. 5 avr. 1995 : ⚖ *RJS 1995. 429, n° 652.* ♦ ... Ou à une mutuelle. • Soc. 21 févr. 1995 : ⚖ *D. 1995. Somm. 305, obs. A. Honorat* ⚖. ♦ V. aussi, pour des sommes non reversées par l'employeur : • Soc. 22 févr. 1994 : ⚖ *RJS 1994. 271, n° 418* • 15 mars 1994 : ⚖ *ibid.*

42. Sont également exclus de la garantie les dommages-intérêts dus par l'employeur du fait de l'illégalité d'une clause de non-concurrence. • Soc. 16 déc. 1992, ⚖ n° 91-41.550 P : *D. 1993. Somm. 193, obs. A. Honorat* ⚖. ♦ ... Ou du fait de la rupture d'une promesse d'embauche. • Versailles, 2 déc. 1994 : *D. 1996. Somm. 87, obs. Honorat* ⚖. ♦ ... Ou du fait de la violation d'une clause de garantie d'emploi prévue dans l'acte de vente d'une entreprise. • Soc. 7 mai 2003 : ⚖ *RJS 2003. 589, n° 886 (2ᵉ esp.).*

43. Frais judiciaires. Les sommes dues en application de l'art. 700 C. pr. civ. sont nées d'une procédure judiciaire, n'étant pas dues en exécution du contrat de travail, elles ne peuvent être garanties par l'AGS. ● Soc. 2 mars 1999, 🛡 n° 97-40.044 P : *D. 1999. IR 98* ⌀ ; *RJS 1999. 319, n° 515 ; Dr. soc. 1999. 532, obs. Radé* ⌀. ♦ Ne sont pas garanties les sommes au titre des frais d'huissier de justice dues à la suite de la résistance opposée par le débiteur à l'exécution d'une décision de justice. ● Soc. 12 janv. 1999, 🛡 n° 96-42.585 P : *D. 1999. IR 50.*

44. Fonction publique. Ne sont pas garanties les sommes versées à un fonctionnaire détaché auprès d'une société d'économie mixte en vertu de dispositions statutaires relatives à la fonction publique et non d'un contrat de travail. ● Soc. 7 juill. 1998, 🛡 n° 95-43.419 P : *RJS 1998. 742, n° 1226.*

45. Accords collectifs irréguliers. Les sommes versées à l'entreprise par les salariés en application d'un accord créant un fonds salarial, en l'absence d'agrément de cet accord par le ministre du Travail. ● Soc. 1er déc. 1993 : 🛡 *RJS 1994. 47, n° 38.*

46. Actionnariat. Les sommes versées par le salarié à l'entreprise en vue de l'acquisition de parts sociales. ● Soc. 7 juill. 1998, 🛡 n° 96-40.249 P : *D. 1998. IR 209* ⌀.

47. Prestations sociales. Ne sont pas garanties les sommes que, selon le plan social, l'employeur s'est engagé à verser aux salariés licenciés âgés de plus de 50 ans pour compléter l'allocation de fin de droit ou de solidarité jusqu'à 60 ans, sommes qui ont le caractère d'une prestation sociale. ● Soc. 25 mai 1993 : 🛡 *D. 1994. Somm. 80, obs. A. Honorat* ⌀ ; *RJS 1993. 440, n° 749 ; Dr. soc. 1993. 679.* ♦ ... Les « aides au retour » des travailleurs immigrés, dues en application, non du contrat de travail, mais d'une convention passée entre l'employeur et l'OMI. ● Soc. 24 févr. 1993, 🛡 n° 89-42.863 P : *D. 1993. Somm. 322, obs. A. Honorat* ⌀ ; *RJS 1993. 243, n° 402 ; CSB 1993. 121, S. 65.*

48. Novation. En présence de sommes laissées en « compte courant » par le salarié actionnaire de la société qui l'emploie, les juges du fond apprécient souverainement, pour décider de la garantie de l'AGS, si, selon la commune intention des parties, ces sommes ont gardé leur nature salariale ou si les éléments constitutifs d'une novation sont réunis. ● Soc. 22 juin 1993, 🛡 n° 90-46.005 P : *D. 1994. Somm. 80, obs. A. Honorat* ⌀ ; *RJS 1993. 523, n° 873* (3 arrêts) ; 1er oct. 2003 : 🛡 *RJS 2003. 978, n° 1399.* ♦ V. aussi, excluant la garantie après avoir relevé la novation des créances salariales en créances de prêt (avances de trésorerie à la société employeur) : ● Paris, 2 mai 1994 : *D. 1994. IR 217.*

III. CONTENTIEUX

A. DROIT PROPRE

49. Principe. L'AGS et l'Assedic ont un droit propre pour contester le principe et l'étendue de leurs garanties dans tous les cas où les conditions de celles-ci ne seraient pas remplies. ● Soc. 2 mai 1978 et ● 3 mai 1978 : *Dr. soc. 1979. 33,* note Derrida ● 12 mai 1980 : *ibid. 1982. 185,* note H. Blaise ● 1er févr. 1983 : *Bull. civ. V, n° 67.*

50. Créances attestées. L'AGS dispose d'un droit propre à contester le principe et l'étendue du bénéfice net et ceux des capitaux propres établis par une attestation de l'inspecteur des impôts ou du commissaire aux comptes. ● Soc. 10 févr. 1999 : 🛡 *Dr. soc. 1999. 413, obs. Radé* ⌀.

51. Requalification du CDD. Les dispositions prévues par les art. L. 122-1 s. C. trav. [L. 1242-1 s. nouv.] relatives au contrat à durée déterminée ont été édictées dans un souci de protection du salarié, qui peut seul se prévaloir de leur inobservation ; l'AGS n'est pas recevable, sauf fraude qu'il lui appartient de démontrer, à demander la requalification d'un contrat de travail à durée déterminée en contrat à durée indéterminée. ● Soc. 4 déc. 2002 : 🛡 *Dr. soc. 2003. 293, avis Lyon-Caen* ● 18 oct. 2007 : 🛡 *D. 2007. AJ 2733, obs. Perrin* ⌀ ; *Dr. soc. 2008. 742, obs. Roy-Loustaunau* ⌀. ♦ En l'absence de fraude du salarié, l'AGS ne dispose d'aucun droit propre en reconnaissance d'un transfert des contrats de travail. ● Soc. 8 déc. 2016, 🛡 n° 14-28.401 : *D. 2016. Actu. 2577* ⌀ ; *RJS 2/2017, n° 95 ; JCP S 2017. 1032, obs. Fin-Langer.*

52. Nullité de la clause de non-concurrence. L'AGS, qui a un droit propre pour contester le principe et l'étendue de sa garantie, dans tous les cas où les conditions de celle-ci ne paraissent pas remplies, peut se prévaloir de l'inobservation des dispositions de l'art. L. 121-1 C. trav. [L. 1221-1 nouv.] et de la nullité d'une clause de non-concurrence. ● Soc. 13 juin 2001 : 🛡 *Dr. soc. 2001. 891, obs. Radé* ⌀.

B. TIERCE OPPOSITION

53. Principe. L'AGS et l'Assedic ne peuvent être considérées comme représentées à l'instance par l'employeur ou le salarié ou comme ayant la qualité de créancières ou ayant droit de l'employeur ; il s'ensuit qu'elles sont recevables à former tierce opposition à un jugement condamnant l'employeur à payer des créances salariales. ● Soc. 2 juill. 1992, 🛡 n° 90-40.581 P : *D. 1992. IR 246.* ♦ La décision qui fait droit à la tierce opposition ne rétracte ou ne réforme le jugement attaqué, sauf indivisibilité, que sur les chefs préjudiciables au tiers opposant, peu important que des parties à l'égard desquelles la décision attaquée n'était pas indivisible aient été appelées à l'instance. Dès lors, une cour d'appel ne saurait fixer les créances du salarié dans la liquidation judiciaire de la société à

SALAIRE ET AVANTAGES DIVERS   **Art. L. 3253-11** 1239

des sommes différentes de celles déterminées par la décision frappée de tierce opposition alors qu'il n'existe pas d'indivisibilité entre une décision de condamnation de l'employeur établissant définitivement les créances et une décision déterminant l'étendue de la garantie de l'AGS. • Soc. 27 nov. 2019, n° 18-10.929 P : *RJS 2/2020, n° 110 ; JCP S 2019. 1005, obs. Brissy ; Gaz. pal. 28 janv. 2020, Chron. 61, obs. Orif ; RPC 2020. Comm. 13, obs. Taquet.*

Art. L. 3253-9 Sont également couvertes les créances résultant du licenciement des salariés bénéficiaires d'une protection particulière relative au licenciement dès lors que l'administrateur, l'employeur ou le liquidateur, selon le cas, a manifesté, au cours des périodes mentionnées au 2° de l'article L. 3253-8, son intention de rompre le contrat de travail. — *[Anc. art. L. 143-11-2.]*

1. Rupture du contrat de travail. Le mandateur-liquidateur doit avoir manifesté son intention de rompre le contrat dans les quinze jours qui suivent le jugement de liquidation judiciaire. • Soc. 18 déc. 1991, n° 89-42.188 P : *D. 1992. IR 47 ; CSB 1992. 45, A. 10 ; RJS 1992. 112, n° 156.* ♦ Dès lors que l'administrateur judiciaire a, dans les 15 jours de la liquidation judiciaire de l'entreprise, manifesté son intention de rompre le contrat de travail d'un salarié protégé, l'AGS doit sa garantie au titre des créances résultant du licenciement, peu important le refus de l'inspecteur du travail de l'autoriser. • Soc. 13 déc. 2017, n° 16-21.773 P : *D. 2018. Actu. 6 ; RJS 2/2018, n° 115 ; JCP S 2018. 1014, obs. Fin-Langer.* ♦ Les créances dues à un salarié bénéficant d'une protection particulière relatives au licenciement, qui ne résultent pas de la rupture de son contrat de travail mais concernent des salaires pour une période postérieure à l'expiration du délai de 15 jours suivant la liquidation judiciaire, ne sont pas garanties par l'AGS. • Soc. 2 juin 1992, n° 89-44.415 P : *D. 1993. Somm. 75, obs. A. Honorat.*

2. Salariés bénéficiant d'une protection particulière. Le salarié dont le contrat de travail est suspendu en raison d'un accident du travail ou d'une maladie professionnelle bénéficie d'une protection particulière en matière de licenciement pendant la durée de la suspension du contrat de travail. En conséquence, les dommages-intérêts alloués au salarié au titre de l'absence de cause réelle et sérieuse de son licenciement et de la violation des dispositions de l'art. L. 122-32-5 [L. 143-11-2 nouv.] sont garantis par l'AGS, dès lors que l'administrateur a manifesté son intention de rompre le contrat de travail de l'intéressé dans le mois suivant le jugement arrêtant le plan de cession. • Soc. 2 oct. 2001, n° 99-45.346 P : *D. 2001. IR 3090 ; RJS 2001. 960, n° 1420.* ♦ La créance d'une salariée enceinte dont le licenciement est nul, au titre des salaires qui auraient été perçus pendant la période couverte par la nullité, constitue une créance résultant du licenciement, de sorte que l'AGS doit sa garantie en application de l'art. L. 3253-9. • Soc. 18 nov. 2020, n° 19-11.686 : *RJS 2/2021, n° 88.*

Art. L. 3253-10 Sont également couvertes, lorsqu'elles revêtent la forme d'un droit de créance sur l'entreprise, les sommes dues aux titres de l'intéressement, de la participation des salariés aux fruits de l'expansion ou d'un fonds salarial. — *[Anc. art. L. 143-11-3, al. 1er.]*

BIBL. ▶ Auzero, *RDT 2009. 358* (détermination des créances garanties par l'AGS en matière d'épargne salariale).

1. Intéressement. La garantie de l'AGS s'applique aux versements volontaires effectués par les salariés sur le plan d'épargne d'entreprise, ces sommes revêtant la forme d'un droit de créances sur l'entreprise. • Soc. 17 mai 1995 : *RPC 1996. 272, obs. Taquet.*

2. Participation. Les droits constitués au profit des salariés au titre de la participation aux résultats de l'entreprise, constitués en exécution du contrat de travail et du statut collectif qu'il implique, revêtent la forme d'un droit de créance sur l'entreprise quel que soit leur emploi pendant le temps de leur indisponibilité. • Soc. 30 sept. 2004, n° 02-16.439 P : *n° 02-16.439* (parts du capital ne conférant pas la qualité d'associé).

3. Droit propre de contestation. L'AGS, tiers au contrat de travail, dispose d'un droit propre pour contester le principe et l'étendue du bénéfice net et des capitaux propres établis par une attestation de l'inspecteur des impôts ou du commissaire aux comptes. • Soc. 10 févr. 1999, n° 96-22.157 P : *D. 1999. IR 70 ; RJS 1999. 239, n° 402 ; Dr. soc. 1999. 413, obs. Radé.*

Art. L. 3253-11 Sont également couverts les arrérages de préretraite dus à un salarié ou à un ancien salarié en application d'un accord professionnel ou interprofessionnel, d'une convention collective ou d'un accord d'entreprise.

Ces dispositions s'appliquent lorsque l'accord ou la convention prévoit le départ en préretraite à cinquante-cinq ans au plus tôt.

La garantie prévue par le présent article est limitée dans des conditions déterminées par décret. — *[Anc. art. L. 143-11-3, al. 2.]* — V. art. D. 3253-3.

Arrérages de préretraite. N'entrent pas dans les prévisions de l'art. L. 143-11-3 [L. 3253-11 nouv.] les arrérages de préretraite versés en application d'une note ou d'un procès-verbal d'une réunion du comité d'entreprise, la note prise en application de l'accord entre l'employeur et le comité d'entreprise ne constituant pas un accord collectif au sens des art. L. 131-1 s. C. trav. [L. 2221-1 s. nouv.]. ● Soc. 10 avr. 1991, ⚖ n° 88-45.688 P : D. 1993. Somm. 75, obs. A. Honorat ∅ ; RJS 1991. 311, n° 584. – Dans le même sens : ● Soc. 2 nov. 1993 : ⚖ RJS 1993. 714, n° 1203.

Art. L. 3253-12 Les créances mentionnées aux articles L. 3253-10 et L. 3253-11 sont garanties :

1° Lorsqu'elles sont exigibles à la date du jugement d'ouverture de la procédure ;

2° Lorsque, si un plan organisant la sauvegarde ou le redressement judiciaire de l'entreprise intervient à l'issue de la procédure, elles deviennent exigibles du fait de la rupture du contrat de travail, dans les délais prévus au 2° de l'article L. 3253-8 ;

3° Lorsque intervient un jugement de liquidation judiciaire ou un jugement arrêtant le plan de cession totale de l'entreprise. – *[Anc. art. L. 143-11-3, al. 3 à 6.]*

Art. L. 3253-13 L'assurance prévue à l'article L. 3253-6 ne couvre pas les sommes qui concourent à l'indemnisation du préjudice causé par la rupture du contrat de travail dans le cadre d'un licenciement pour motif économique, en application d'un accord d'entreprise ou d'établissement ou de groupe *(L. n° 2013-504 du 14 juin 2013, art. 18-XXII)* « , d'un accord collectif validé » ou d'une décision unilatérale de l'employeur *(L. n° 2013-504 du 14 juin 2013, art. 18-XXII)* « homologuée conformément à l'article L. 1233-57-3 », lorsque l'accord a été conclu et déposé ou la décision notifiée moins de dix-huit mois avant la date du jugement d'ouverture de la procédure de sauvegarde, de redressement ou de liquidation judiciaire *(L. n° 2013-504 du 14 juin 2013, art. 18-XXII)* « , ou l'accord conclu ou la décision notifiée postérieurement à l'ouverture de la procédure de sauvegarde, de redressement ou de liquidation judiciaire ». – *[Anc. art. L. 143-11-3, al. 7.]*

Les dispositions issues de la L. n° 2013-504 du 14 juin 2013 sont applicables aux procédures de licenciement collectif engagées à compter du 1ᵉʳ juill. 2013.

Une procédure de licenciement collectif est réputée engagée à compter de la date d'envoi de la convocation à la première réunion du comité d'entreprise mentionnée à l'art. L. 1233-30 C. trav. (L. préc., art. 18-XXXIII).

1. Plan de sauvegarde de l'emploi (PSE). Les garanties supplémentaires prévues dans un plan de sauvegarde de l'emploi conclu postérieurement au jugement arrêtant le plan de cession sont couvertes par la garantie AGS. ● Soc. 30 sept. 2009 : ⚖ RJS 2009. 822, n° 939.

2. Indemnité supralégale. Une indemnité supralégale de licenciement n'est pas une mesure d'accompagnement résultant d'un plan de sauvegarde de l'emploi, mais une somme concourant à l'indemnisation du préjudice causé par la rupture du contrat de travail ; la créance du salarié fixée à titre d'indemnité supralégale de licenciement n'est donc pas opposable à l'AGS. ● Soc. 16 déc. 2020, ⚖ n° 18-15.532 P : Dr. soc. 2021. 463, note Bondat ∅ ; RJS 3/2021, n° 149 ; Gaz. Pal. 9 mars 2021, p. 75, note Rognet-Yague ; JSL 2021, n° 514-5, obs. Nassom-Tissandier ; JCP S 2021. 1035, obs. Fin-Langer.

§ 3 Institutions de garantie contre le risque de non-paiement

Art. L. 3253-14 L'assurance prévue à l'article L. 3253-6 est mise en œuvre par une association créée par les organisations nationales professionnelles d'employeurs représentatives et agréée par l'autorité administrative. – *Cette association a pris le nom d'Association pour la gestion du régime d'assurance des créances des salariés (AGS).*

Cette association conclut une convention de gestion avec *(L. n° 2008-126 du 13 févr. 2008)* « l'organisme gestionnaire » du régime d'assurance chômage *(L. n° 2008-126 du 13 févr. 2008)* « et avec l'Agence centrale des organismes de sécurité sociale pour le recouvrement des cotisations mentionnées à l'article L. 3253-18.

« En cas de dissolution de cette association, l'autorité administrative confie à l'organisme prévu à l'article L. 5427-1 la gestion du régime d'assurance institué à l'article L. 3253-6, à l'exception du recouvrement des cotisations mentionnées à l'article L. 3253-18 confié aux organismes mentionnés à l'article L. 5422-16. »

Cette association et l'organisme précité constituent les institutions de garantie contre le risque de non-paiement.

Le salarié auquel est reconnu le droit d'agir contre les institutions mentionnées à l'art. L. 143-11-4 [L. 3253-14 nouv.] lorsque celles-ci refusent de régler une créance figurant sur le relevé des créances salariales, est recevable à appeler en cause ces mêmes institutions pour les entendre condamner à garantir la créance, qui, sur sa réclamation, serait jugée devoir figurer sur ledit relevé. ● Soc. 30 mai 1990, n° 87-43.422 P.

Art. L. 3253-15 Les institutions de garantie mentionnées à l'article L. 3253-14 avancent les sommes comprises dans le relevé établi par le mandataire judiciaire, même en cas de contestation par un tiers.

Elles avancent également les sommes correspondant à des créances établies par décision de justice exécutoire, même si les délais de garantie sont expirés.

Les décisions de justice sont de plein droit opposables à l'association prévue à l'article L. 3253-14.

Lorsque le mandataire judiciaire a cessé ses fonctions, le greffier du tribunal ou le commissaire à l'exécution du plan, selon le cas, adresse un relevé complémentaire aux institutions de garantie mentionnées à l'article L. 3253-14, à charge pour lui de reverser les sommes aux salariés et organismes créanciers. — [Anc. art. L. 143-11-7, al. 13 et 14.]

Relevé complémentaire. Il résulte de la combinaison des art. L. 625-1, al. 2, L. 625-6 C. com. et L. 3253-8, 1°, et L. 3253-15 C. trav. que l'AGS doit garantir les sommes dues au salarié portées sur le relevé complémentaire établi à la suite d'une décision de la juridiction prud'homale rendue après la clôture de la liquidation judiciaire. ● Soc. 16 mars 2022, n° 19-20.658 B : D. 2022. 562 ; RDT 2022. 440, obs. Thomas ; RJS 6/2022, n° 284 ; JCP 2022. 386, obs. Dedessus-le-Moustier.

Art. L. 3253-16 Les institutions de garantie mentionnées à l'article L. 3253-14 sont subrogées dans les droits des salariés pour lesquels elles ont réalisé des avances :

1° Pour l'ensemble des créances, lors d'une procédure de sauvegarde ;

2° Pour les créances garanties par le privilège prévu aux articles L. 3253-2, L. 3253-4 et L. 7313-8 et les créances avancées au titre du 3° de l'article L. 3253-8, lors d'une procédure de redressement ou de liquidation judiciaire. Les autres sommes avancées dans le cadre de ces procédures leur sont remboursées dans les conditions prévues par les dispositions du livre VI du code de commerce pour le règlement des créances nées antérieurement au jugement d'ouverture de la procédure. Elles bénéficient alors des privilèges attachés à celle-ci. — [Anc. art. L. 143-11-9.]

L'AGS, légalement subrogée dans les droits des salariés au titre des avances effectuées pour les créances superprivilégiées dans le cadre d'une première procédure, ne perd pas le bénéfice de cette subrogation du fait de l'ouverture de la seconde procédure et demeure en conséquence dispensée de l'obligation de déclarer cette créance. ● Com. 3 févr. 2009 : JCP S 2009. 1229, obs. Lahalle.

Directive 2008/94/CE du Parlement européen et du Conseil du 22 octobre 2008, relative à la protection des travailleurs en cas d'insolvabilité de l'employeur (JOCE L 283 du 28 oct.)

Art. L. 3253-17 La garantie des institutions de garantie mentionnées à l'article L. 3253-14 est limitée, toutes (L. n° 2016-1547 du 18 nov. 2016, art. 99-XIII) « sommes et créances avancées » confondues, à un ou des montants déterminés par décret, en référence au plafond mensuel retenu pour le calcul des contributions du régime d'assurance chômage (L. n° 2016-1547 du 18 nov. 2016, art. 99-XIII) « , et inclut les cotisations et contributions sociales et salariales d'origine légale, ou d'origine conventionnelle imposée par la loi » (L. n° 2016-1917 du 29 déc. 2016, art. 60-I-E, en vigueur le 1er janv. 2019) « , ainsi que la retenue à la source prévue à l'article 204 A du code général des impôts ».

Les dispositions issues de la L. n° 2016-1547 du 19 nov. 2016 ne sont pas applicables aux procédures en cours au 19 nov. 2016 (L. préc., art. 114-XVI).

V. art. D. 3253-5.

BIBL. ▶ Bondat, Dr. soc. 2020. 177 (de l'utilité de la tierce opposition pour l'AGS). – Saramito, Dr. ouvrier 1995. 497 (plafonnement de la garantie de l'AGS).

> *COMMENTAIRE*
> V. sur le Code en ligne 📖.

Jurisprudence rendue sous l'empire des dispositions antérieures à la loi du 18 nov. 2016.

1. Précompte effectué par l'employeur en vertu de l'art. L. 242-3 CSS. Le plafond de garantie des salaires de l'AGS s'entend de la totalité des créances salariales, en ce compris le précompte effectué par l'employeur en vertu de l'art. L. 242-3 CSS au profit des organismes sociaux. • Soc. 8 mars 2017, n° 15-29.392 P : *D. 2017. Actu. 645* ; *RJS 5/2017, n° 335* ; *RDT 2017. 261*, obs. Fabre ; *JCP S 2017. 1142*, obs. Jacotot. ♦ Comp. ante : • Soc. 2 juill. 2014 : *RJS 2014. 592, n° 690*.

2. Contributions de l'employeur au dispositif de la convention de reclassement personnalisé. Le montant des contributions de l'employeur au dispositif de la convention de reclassement personnalisé est une créance du salarié au sens de l'art. L. 3253-17 dans sa version en vigueur avant la L. du 18 nov. 2016, et entre de ce fait dans le calcul des créances garanties par l'AGS ainsi que dans la détermination de son plafond de garantie. • Soc. 10 févr. 2021, n° 19-13.225 P : *D. actu. 1er mars 2021*, obs. Malfettes ; *D. 2021. Actu. 348* ; *Dr. soc. 2021. 571*, obs. Bondat ; *JSL 2021, n° 317-7*, obs. Nassom-Tissandier ; *RPC 2021. Comm. 73*, note Jacotot.

§ 4 Financement

Art. L. 3253-18 L'assurance est financée par des cotisations des employeurs assises sur les rémunérations servant de base au calcul des contributions au régime d'assurance-chômage.

(*L. n° 2008-126 du 13 févr. 2008*) « Le recouvrement, le contrôle de ces cotisations et leur contentieux suivent les règles prévues à l'article L. 5422-16. »

Le taux de cotisation AGS est maintenu à 0,20 % au 1er janv. 2024 (Conseil d'administration de l'AGS, nov. 2023).

§ 5 Dispositions applicables dans le cas où l'employeur est établi dans un autre État membre de la Communauté européenne ou de l'Espace économique européen

(*L. n° 2008-89 du 30 janv. 2008*)

Art. L. 3253-18-1 Les institutions de garantie mentionnées à l'article L. 3253-14 assurent le règlement des créances impayées des salariés qui exercent ou exerçaient habituellement leur activité sur le territoire français, pour le compte d'un employeur dont le siège social, s'il s'agit d'une personne morale, ou, s'il s'agit d'une personne physique, l'activité ou l'adresse de l'entreprise est situé dans un autre État membre de la Communauté européenne ou de l'Espace économique européen, lorsque cet employeur se trouve en état d'insolvabilité.

Art. L. 3253-18-2 Un employeur est considéré comme se trouvant en état d'insolvabilité au sens de l'article L. 3253-18-1 lorsqu'a été demandée l'ouverture d'une procédure collective fondée sur son insolvabilité, prévue par les dispositions législatives, réglementaires et administratives d'un État membre de la Communauté européenne ou de l'Espace économique européen, qui entraîne le dessaisissement partiel ou total de cet employeur ainsi que la désignation d'un syndic ou de toute personne exerçant une fonction similaire à celle du mandataire judiciaire, de l'administrateur judiciaire ou du liquidateur, et que l'autorité compétente en application de ces dispositions a :
1° Soit décidé l'ouverture de la procédure ;
2° Soit constaté la fermeture de l'entreprise ou de l'établissement de l'employeur ainsi que l'insuffisance de l'actif disponible pour justifier l'ouverture de la procédure.

Art. L. 3253-18-3 La garantie due en application de l'article L. 3253-18-1 porte sur les créances impayées mentionnées à l'article L. 3253-8.
Toutefois, les délais prévus aux 2° et 3° de l'article L. 3253-8 sont portés à trois mois à compter de toute décision équivalente à une décision de liquidation ou arrêtant un plan de redressement.

Art. L. 3253-18-4 Si les créances ne peuvent être payées en tout ou partie sur les fonds disponibles, les institutions de garantie mentionnées à l'article L. 3253-14 procèdent au versement des fonds sur présentation par le syndic étranger ou par toute autre personne exerçant une fonction similaire à celle du mandataire judiciaire, de l'administrateur judiciaire ou du liquidateur, des relevés des créances impayées.

Le dernier alinéa de l'article L. 3253-19 est applicable.

Art. L. 3253-18-5 Les sommes figurant sur ces relevés et restées impayées sont directement versées au salarié dans les huit jours suivant la réception des relevés des créances.

Par dérogation au premier alinéa, l'avance des contributions dues par l'employeur dans le cadre *(L. n° 2011-893 du 28 juill. 2011)* « du contrat de sécurisation professionnelle » mentionnées au 1° de l'article L. 3253-8 est versée à l'*(L. n° 2008-126 du 13 févr. 2008)* « organisme gestionnaire du régime d'assurance chômage ».

Art. L. 3253-18-6 L'article L. 3253-15 est applicable à l'exception du dernier alinéa.

Lorsque le mandataire judiciaire, l'administrateur judiciaire ou le liquidateur reçoit d'une institution située dans un autre État membre équivalente aux institutions de garantie mentionnées à l'article L. 3253-14 les sommes dues aux salariés, il reverse immédiatement ces sommes aux salariés concernés.

Le mandataire judiciaire ou le liquidateur transmet à toute institution située dans un autre État membre équivalente aux institutions de garantie mentionnées à l'article L. 3253-14 les relevés des créances impayées.

Art. L. 3253-18-7 Les articles L. 3253-7, L. 3253-10 à L. 3253-13 et L. 3253-17 sont applicables aux procédures définies aux articles L. 3253-18-1 et L. 3253-18-2.

Les jugements mentionnés à l'article L. 3253-12 s'entendent de toute décision équivalente prise par l'autorité étrangère compétente.

Les institutions mentionnées à l'article L. 3253-14 sont subrogées dans les droits des salariés pour lesquels elles ont réalisé des avances.

Art. L. 3253-18-8 Lorsque le syndic étranger ou toute personne exerçant une fonction similaire à celle du mandataire judiciaire, de l'administrateur judiciaire ou du liquidateur a cessé ses fonctions ou dans le cas mentionnée au 2° de l'article L. 3253-18-2, les institutions de garantie versent les sommes dues au salarié sur présentation, par celui-ci, des pièces justifiant du montant de sa créance. Dans ce cas, les dispositions relatives aux relevés des créances ne sont pas applicables.

Art. L. 3253-18-9 Les institutions mentionnées à l'article L. 3253-14 informent, en cas de demande, toutes autres institutions de garantie des États membres de la Communauté européenne ou de l'Espace économique européen sur la législation et la réglementation nationales applicables en cas de mise en œuvre d'une procédure d'insolvabilité définie aux articles L. 3253-18-1 et L. 3253-18-2.

SOUS-SECTION 3 Établissement et liquidation des créances

Art. L. 3253-19 Le mandataire judiciaire établit les relevés des créances dans les conditions suivantes :

1° Pour les créances mentionnées aux articles L. 3253-2 et L. 3253-4, dans les dix jours suivant le prononcé du jugement d'ouverture de la procédure ;

2° Pour les autres créances également exigibles à la date du jugement d'ouverture de la procédure, dans les trois mois suivant le prononcé du jugement ;

3° Pour les salaires et les indemnités de congés payés couvertes en application du 3° de l'article L. 3253-8 et les salaires couverts en application du dernier alinéa de ce même article, dans les dix jours suivant l'expiration des périodes de garantie prévues à ce 3° et ce, jusqu'à concurrence du plafond mentionné aux articles L. 3253-2, L. 3253-4 et L. 7313-8 ;

4° Pour les autres créances, dans les trois mois suivant l'expiration de la période de garantie.

Les relevés des créances précisent le montant des cotisations et contributions mentionnées au dernier alinéa de l'article L. 3253-8 dues au titre de chacun des salariés intéressés. — *[Anc. art. L. 143-11-7, al. 1er à 6.]*

BIBL. ▶ SARAMITO, *Dr. ouvrier* 2002. 383 (AGS et garantie des créances établies après l'ouverture de la procédure collective).

1. Absence de relevé. Le salarié dont les relevés résultant du contrat de travail n'ont pas été établis dans les délais légaux est recevable à demander le paiement desdites créances directement devant le bureau de jugement du conseil de prud'hommes. ● Soc. 26 févr. 2003, 🗝 n° 00-46.174 P.

2. Action en responsabilité personnelle du liquidateur judiciaire. La juridiction prud'homale n'est pas compétente pour connaître de la demande incidente formée par un salarié pour obtenir la condamnation du liquidateur de la société qui l'employait à garantir le paiement des sommes fixées au titre des créances salariales, au passif de la liquidation. ● Soc. 19 janv. 2022, 🗝 n° 19-19.313 B : *D. actu. 8 févr. 2022, obs. Couëdel ; D. 2022. 164* ⌀ *; RDT 2022. 257, obs. Mraouahi* ⌀ *; RJS 3/2022, n° 138 ; JCP 2022. 138, obs. Dedessus-le-Moustier.*

3. Avances de l'AGS. La présentation des relevés de créances salariales est suffisante au paiement par l'AGS des sommes y figurant ; il n'incombe pas au salarié d'apporter la preuve de l'absence ou de l'insuffisance de fonds disponibles dans l'entreprise. ● Soc. 21 oct. 1998, 🗝 n° 96-19.865 P : *RJS 1999. 127, n° 206.* ♦ L'AGS ne peut contester la réalité de l'insuffisance des fonds dans l'actif de l'entreprise. ● Com. 7 juill. 2023, 🗝 n° 22-17.902 B : *D. 2023. 1357* ⌀ *; Rev. sociétés 2023. 547, obs. Henry* ⌀ *; RDT 2023. 628, obs. Ilieva et Mittelette* ⌀ *; RJS 10/2023, n° 514.* ♦ Comp. : ● Soc. 9 mars 2004, n° 02-41.852 P.

4. Absence d'action directe. Les juges du fond ne peuvent condamner l'AGS à verser directement au salarié les sommes litigieuses. ● Soc. 21 mars 1990, 🗝 n° 87-41.404 P ● 10 oct. 1990, 🗝 n° 88-43.927 P : *RJS 1990. 577, n° 864* ● 11 juin 1992, 🗝 n° 89-43.138 P. ♦ Les salariés ne peuvent que demander l'inscription des créances litigieuses sur l'état dressé par le syndic. ● Soc. 19 nov. 1987 : *Bull. civ. V, n° 659* ● 30 mai 1990, 🗝 n° 87-43.422 P ● 12 déc. 1991 : *RJS 1991. 177, n° 342* ● 26 janv. 2000, 🗝 n° 96-42.376 P.

5. La fin de non-recevoir à opposer aux demandes de salariés dirigées contre l'Assedic a un caractère d'ordre public et doit être relevée d'office. ● Soc. 12 févr. 1991 : 🗝 *RJS 1991. 177, n° 342.*

6. Refus de paiement. Aucune disposition ne prévoit que le refus de l'AGS de payer les sommes figurant sur les relevés des créances salariales doive être formulé dans les délais fixés par l'art. L. 143-11-7, al. 3 [L. 3253-19, al. 3 nouv.]. ● Soc. 20 mai 1992, 🗝 n° 90-44.061 P : *D. 1993. Somm. 367, obs. A. Honorat* ⌀.

7. Les litiges relatifs au refus de paiement par l'Assedic des créances salariales sont de la compétence exclusive du conseil de prud'hommes et les salariés concernés ont seuls qualité pour engager l'action. ● Soc. 21 mars 1989 : *Bull. civ. V, n° 233 ; D. 1991. Somm. 108, obs. Derrida* ⌀ ● 4 juin 2003, 🗝 n° 01-41.791 P. (compétence exclusive du bureau de jugement) ● 23 oct. 2012 : 🗝 *D. actu. 6 nov. 2012, obs. Siro ; Dr. ouvrier 2013. 214, obs. Ondze ; RJS 2013. 42, n° 34 ; JCP S 2013. 1039, obs. Fin-Langer.* ♦ Peu important que le salarié ait appelé en garantie une partie étrangère à la procédure collective de l'employeur. ● Soc. 21 juin 2005 : 🗝 *D. 2005. IR 2039* ⌀ *; RJS 2005. 698, n° 984.*

8. Créances définitivement établies. Une créance fixée par un arrêt d'appel, passé en force de chose jugée, est définitivement établie, au sens de l'art. L. 143-11-7 [L. 3253-19 nouv.], dernier alinéa, nonobstant pourvoi en cassation contre cet arrêt. ● Cass., ord., 13 oct. 1992, 🗝 n° 91-44.421 P : *Dr. soc. 1993. 760, note Derrida* ⌀ ● Soc. 1er juin 1994, 🗝 n° 91-43.477 P : *D. 1995. 76, note Souweine* ⌀ *; Dr. soc. 1994. 814, obs. Derrida* ⌀ *; RJS 1994. 586, n° 991.*

9. Délai de forclusion. Le délai imparti au salarié pour agir en relevé de forclusion ne court pas à son encontre si le représentant des créanciers a déposé le relevé de créance postérieurement à ce délai. ● Soc. 8 janv. 2002, 🗝 n° 99-41.520 P : *RJS 2002. 237, n° 289.* ♦ Le délai de forclusion ne court pas lorsque le représentant des créanciers n'a pas informé le salarié de son existence et de son point de départ. ● Soc. 25 juin 2002, 🗝 n° 00-44.704 P : *RJS 2002. 845, n° 1127* ● 9 nov. 2004 : 🗝 *RJS 2005. 42, n° 43.*

10. Aucune forclusion n'est opposable au salarié qui saisit la juridiction prud'homale afin de contester le refus de l'AGS de régler tout ou partie d'une créance figurant sur un relevé de créances résultant d'un contrat de travail. ● Soc. 1er févr. 2001, 🗝 n° 97-45.009 P.

Art. L. 3253-20 Si les créances ne peuvent être payées en tout ou partie sur les fonds disponibles avant l'expiration des délais prévus par l'article L. 3253-19, le mandataire judiciaire demande, sur présentation des relevés, l'avance des fonds nécessaires aux institutions de garantie mentionnées à l'article L. 3253-14.

Dans le cas d'une procédure de sauvegarde, le mandataire judiciaire justifie à ces institutions, lors de sa demande, que l'insuffisance des fonds disponibles est caractérisée. Ces institutions peuvent contester, dans un délai déterminé par décret en Conseil d'État, la réalité de cette insuffisance devant le juge-commissaire. Dans ce cas, l'avance des fonds est soumise à l'autorisation du juge-commissaire. — *[Anc. art. L. 143-11-7, al. 7.]* — V. art. R. 3253-6.

BIBL. ▶ Morvan, *Dr. soc. 2022. 799* ⌀ (la garantie de l'AGS est-elle subsidiaire ?). – Vernac, *RDT 2023. 452* ⌀ (l'intervention de l'AGS dans les entreprises en redressement et liquidation judiciaires, en quête de nouveaux équilibres).

1. Les dispositions légales relatives à la garantie de l'AGS excluent pour le salarié le droit d'agir directement contre cette institution et lui permettent seulement de demander que les créances litigieuses soient inscrites sur le relevé dressé par le mandataire judiciaire afin d'entraîner l'obligation pour cette institution de verser, selon la procédure légale, les sommes litigieuses entre les mains de celui-ci. • Soc. 18 nov. 2020, ⚖ n° 19-15.795 P : *D. actu.* 14 déc. 2020, obs. Couëdel ; *D.* 2020. 2341 ⧸ ; *Dr. soc.* 2021. 55, note Bondat ⧸ ; *RJS* 2/2021, n° 89 ; *JSL* 2021, n° 513-6, obs. Philippot et Clément.

2. Absence de contrôle de l'indisponibilité des fonds. En cas de redressement ou de liquidation judiciaires, l'AGS doit avancer les sommes sur présentation du relevé des créances salariales, sans pouvoir contester la réalité de l'insuffisance des fonds dans l'actif de l'entreprise. • Com. 7 juill. 2023, ⚖ n° 22-17.902 B : *D.* 2023. 1357 ⧸ ; *Rev. sociétés* 2023. 547, obs. Henry ⧸ ; *RDT* 2023. 628, obs. Ilieva et Mittelette ⧸ ; *RJS* 10/2023, n° 514.

Art. L. 3253-21 Les institutions de garantie mentionnées à l'article L. 3253-14 versent au mandataire judiciaire les sommes figurant sur les relevés et restées impayées :

1° Dans les cinq jours suivant la réception des relevés mentionnés aux 1° et 3° de l'article L. 3253-19 ;

2° Dans les huit jours suivant la réception des relevés mentionnés aux 2° et 4° du même article.

Par dérogation, l'avance des contributions de l'employeur au financement *(L. n° 2011-893 du 28 juill. 2011, art. 44)* « du contrat de sécurisation professionnelle » est versée directement *(L. n° 2008-126 du 13 févr. 2008)* « aux organismes chargés du recouvrement mentionnés à l'article L. 5427-1 ».

Le mandataire judiciaire reverse immédiatement les sommes qu'il a reçues aux salariés et organismes créanciers, à l'exclusion des créanciers subrogés, et en informe le représentant des salariés. – *[Anc. art. L. 143-11-7, al. 8 à 12.]*

SECTION 3 Privilèges spéciaux

Art. L. 3253-22 Les sommes dues aux entrepreneurs de travaux publics ne peuvent être frappées de *(Ord. n° 2011-1895 du 19 déc. 2011, art. 3-13°)* « saisie » ni d'opposition au préjudice soit des salariés, soit des fournisseurs créanciers à raison de fournitures de matériaux de toute nature servant à la construction des ouvrages.

Les sommes dues aux salariés à titre de salaire sont payées de préférence à celles dues aux fournisseurs. – *[Anc. art. L. 143-6.]*

Art. L. 3253-23 Peuvent faire valoir une action directe ou des privilèges spéciaux ·

1° Dans les conditions fixées à l'article 1798 du code civil, les salariés des secteurs du bâtiment et des travaux publics ;

2° Dans les conditions fixées aux 1° et 3° de l'article 2332 du code civil, les salariés des entreprises agricoles ;

3° Dans les conditions fixées au *(Ord. n° 2021-1192 du 15 sept. 2021, art. 34-XVII, en vigueur le 1ᵉʳ janv. 2022)* « 4° » de l'article 2332 du code civil, les auxiliaires salariés des travailleurs à domicile ;

4° Les caisses de congé pour le paiement des cotisations qui leur sont dues en application des articles *(L. n° 2016-1088 du 8 août 2016, art. 8)* « L. 3141-32 » et L. 5424-6 et suivants. Ce privilège qui garantit le recouvrement de ces cotisations pendant un an à dater de leur exigibilité porte sur les biens meubles des débiteurs et prend rang immédiatement après celui des salariés établis par le *(Ord. n° 2021-1192 du 15 sept. 2021, art. 34-XVII, en vigueur le 1ᵉʳ janv. 2022)* « 3° » de l'article 2331 du code civil. Les immeubles des débiteurs sont également grevés d'une hypothèque légale prenant rang à la date de son inscription ;

5° Dans les conditions fixées à l'article 89 du code du domaine public fluvial et de la navigation intérieure, les salariés employés à la construction, à la réparation, l'armement et à l'équipement du bateau.

CHAPITRE IV ÉCONOMATS

Art. L. 3254-1 Il est interdit à tout employeur :

1° D'annexer à son établissement un économat destiné à la vente, directe ou indirecte, aux salariés et à leurs familles de denrées ou marchandises de quelque nature que ce soit ;

2° D'imposer au salarié l'obligation de dépenser tout ou partie de leur salaire dans des magasins désignés par lui. — *[Anc. art. L. 148-1, al. 1er à 3.]* — V. art. L. 3255-1 (pén.).

Art. L. 3254-2 L'interdiction prévue à l'article L. 3254-1 ne vise pas les cas suivants :
1° Lorsque le contrat de travail stipule que le salarié logé et nourri reçoit en outre un salaire déterminé en argent ;
2° Lorsque, pour l'exécution d'un contrat de travail, l'employeur cède au salarié des fournitures à prix coûtant. — *[Anc. art. L. 148-1, al. 4.]*

CHAPITRE V DISPOSITIONS PÉNALES

Art. L. 3255-1 Le fait de méconnaître les dispositions de l'article L. 3254-1, relatives aux économats, est puni d'une amende de 3 750 €. — *[Anc. art. L. 154-3.]*

TITRE VI AVANTAGES DIVERS

CHAPITRE I FRAIS DE TRANSPORT

COMMENTAIRE
V. sur le Code en ligne.

SECTION 1 Champ d'application

Art. L. 3261-1 (L. n° 2019-1428 du 24 déc. 2019, art. 82, en vigueur le 1er janv. 2020) Les dispositions du présent chapitre s'appliquent aux employeurs mentionnés à l'article L. 3211-1.

Elles s'appliquent également, dans les conditions et selon des modalités prévues par décret, aux magistrats et aux personnels civils et militaires de l'État, des collectivités territoriales et de leurs établissements publics, des établissements mentionnés à l'article 2 de la loi n° 86-33 du 9 janvier 1986 portant dispositions statutaires relatives à la fonction publique hospitalière et des groupements d'intérêt public.

COMMENTAIRE
V. sur le Code en ligne.

SECTION 2 Prise en charge des frais de transports publics

(L. n° 2008-1330 du 17 déc. 2008, art. 20-I)

Art. L. 3261-2 L'employeur prend en charge, dans une proportion et des conditions déterminées par voie réglementaire, le prix des titres d'abonnements souscrits par ses salariés pour leurs déplacements entre leur résidence habituelle et leur lieu de travail accomplis au moyen de transports publics de personnes ou de services publics de location de vélos. — *V. art. R. 3261-1 s.*

Pour les années 2022 et 2023, la prise en charge par l'employeur du prix des titres d'abonnements souscrits par ses salariés dans les conditions prévues à l'art. L. 3261-2 et excédant l'obligation de prise en charge définie au même art. L. 3261-2 bénéficie, dans la limite de 25 % du prix de ces titres, des exonérations définies au a du 19° ter de l'art. 81 CGI et au d du 4 du III de l'art. L. 136-1-1 CSS (L. n° 2022-1157 du 16 août 2022, art. 2-III).

1. Avantage en nature. L'art. L. 3261-2 impose aux employeurs la prise en charge partielle du prix des titres d'abonnements souscrits par leurs salariés pour leurs déplacements accomplis au moyen de transports publics entre leur résidence habituelle et leur lieu de travail, sans distinguer selon la situation géographique de cette résidence. ● Soc. 12 déc. 2012 : *D. 2013. Actu. 22 ; JSL 2013, n° 337-5, obs. Taquet ; JCP S 2013. 1091, obs. Giovenal.*

2. Exclusion de l'assiette des minimas. Les sommes consacrées par l'employeur pour l'acquisition par le salarié de titres-restaurant n'étant pas versées en contrepartie du travail, elles n'entrent pas dans le calcul de la rémunération à comparer avec le salaire minimum conventionnel. ● Soc. 3 juill. 2019, n° 17-18.210 P : *D. 2019. Actu. 1455 ; RJS 10/2019, n° 571 ; JCP S 2019. 1276, obs. Barège.*

SECTION 3 Prise en charge des frais de transports personnels

(L. n° 2008-1330 du 17 déc. 2008, art. 20-I)

Art. L. 3261-3 L'employeur peut prendre en charge, dans les conditions prévues à l'article L. 3261-4, tout ou partie des frais de carburant *(L. n° 2019-1428 du 24 déc. 2019, art. 82-III, en vigueur le 1er janv. 2020)* « et des frais exposés pour l'alimentation de véhicules électriques, hybrides rechargeables ou hydrogène » engagés pour leurs déplacements entre leur résidence habituelle et leur lieu de travail par ceux de ses salariés :

1° Dont la résidence habituelle ou le lieu de travail *(L. n° 2019-1428 du 24 déc. 2019, art. 82-III, en vigueur le 1er janv. 2020)* « soit est situé dans une commune non desservie par un service public de transport collectif régulier ou un service privé mis en place par l'employeur, soit n'est pas inclus dans le périmètre d'un plan de mobilité obligatoire en application des articles L. 1214-3 et L. 1214-24 du code des transports » ;

2° Ou pour lesquels l'utilisation d'un véhicule personnel est rendue indispensable par des conditions d'horaires de travail particuliers ne permettant pas d'emprunter un mode collectif de transport.

(Abrogé par L. n° 2019-1428 du 24 déc. 2019, art. 82-III, à compter du 1er janv. 2020) « *Dans les mêmes conditions, l'employeur peut prendre en charge les frais exposés pour l'alimentation de véhicules électriques* (L. n° 2010-788 du 12 juill. 2010, art. 57-III) « *ou hybrides rechargeables et permettre la recharge desdits véhicules sur le lieu de travail* ». »

Le bénéfice de cette prise en charge ne peut être cumulé avec celle prévue à l'article L. 3261-2.

Par dérogation au b du 19° ter de l'art. 81 CGI, pour l'imposition des revenus des années 2022 et 2023, l'avantage résultant de la prise en charge par l'employeur des frais de carburant ou des frais exposés pour l'alimentation de véhicules électriques, hybrides rechargeables ou hydrogène engagés par les salariés dans les conditions prévues à l'art. L. 3261-3 C. trav. et des frais mentionnés à l'art. L. 3261-3-1 est exonéré d'impôt sur le revenu dans la limite globale de 700 € par an, dont 400 € au maximum pour les frais de carburant. Par exception, dans les collectivités régies par l'art. 73 de la Constitution, la limite globale est portée à 900 €, dont 600 € pour les frais de carburant.

Par dérogation aux trois premiers al. de l'art. L. 3261-3, l'employeur peut prendre en charge, au titre de l'année 2022 et de l'année 2023, dans les conditions prévues à l'art. L. 3261-4, tout ou partie des frais de carburant et des frais exposés pour l'alimentation de véhicules électriques, hybrides rechargeables ou hydrogène engagés par ses salariés pour leurs déplacements entre leur résidence habituelle et leur lieu de travail. Par dérogation au dernier al. de l'art. L. 3261-3, la prise en charge par l'employeur des frais mentionnés au même art. L. 3261-3 exposés par ses salariés peut, au titre de l'année 2022 et de l'année 2023, être cumulée avec la prise en charge prévue à l'art. L. 3261-2 (L. n° 2022-1157 du 16 août 2022, art. 2-I et II).

Art. L. 3261-3-1 *(L. n° 2019-1428 du 24 déc. 2019, art. 82-III, en vigueur le 1er janv. 2020)* L'employeur peut prendre en charge, dans les conditions prévues pour les frais de carburant à l'article L. 3261-4, tout ou partie des frais engagés par ses salariés se déplaçant entre leur résidence habituelle et leur lieu de travail avec leur cycle ou cycle à pédalage assisté personnel *(L. n° 2020-1721 du 29 déc. 2020, art. 119, en vigueur le 1er janv. 2022)* « ou leur engin de déplacement personnel motorisé » ou en tant que conducteur ou passager en covoiturage, ou en transports publics de personnes à l'exception des frais d'abonnement mentionnées à l'article L. 3261-2, ou à l'aide d'autres services de mobilité partagée définis par décret sous la forme d'un "forfait mobilités durables" dont les modalités sont fixées par décret. – V. art. R. 3261-13-1 s.

BIBL. ▶ Casado, SSL 2022, n° 2019, p. 7 (forfait mobilités durables : le foisonnement de la négociation collective).

Art. L. 3261-4 *(L. n° 2019-1428 du 24 déc. 2019, art. 82-III, en vigueur le 1er janv. 2020)* Le montant, les modalités et les critères d'attribution de la prise en charge des frais mentionnés aux articles L. 3261-3 et L. 3261-3-1 sont déterminés par accord d'entreprise ou par accord interentreprises, et à défaut par accord de branche. A défaut d'accord, la prise en charge de ces frais est mise en œuvre par décision unilatérale de l'employeur, après consultation du comité social et économique, s'il existe.

SECTION 4 Titre-mobilité

(L. n° 2019-1428 du 24 déc. 2019, art. 82-III, en vigueur le 1er janv. 2020)

Art. L. 3261-5 La prise en charge mentionnée aux articles L. 3261-3 et L. 3261-3-1 peut prendre la forme d'une solution de paiement spécifique, dématérialisée et prépayée, intitulée "titre-mobilité". Ce titre est émis par une société spécialisée qui les cède à l'employeur contre paiement de leur valeur libératoire et, le cas échéant, d'une commission.

Art. L. 3261-6 L'émetteur du titre-mobilité ouvre un compte bancaire ou postal sur lequel sont uniquement versés les fonds qu'il perçoit en contrepartie de la cession de ces titres.

Le montant des versements est égal à la valeur libératoire des titres mis en circulation.

Les fonds provenant d'autres sources, notamment des commissions éventuellement perçues par les émetteurs, ne peuvent être versés aux comptes ouverts en application du présent article.

Art. L. 3261-7 Les comptes prévus à l'article L. 3261-6 sont des comptes de dépôt de fonds intitulés "comptes de titre-mobilité".

Sous réserve du même article L. 3261-6 et du présent article ainsi que du décret prévu à l'article L. 3261-10, ils ne peuvent être débités qu'en règlement de biens ou de services spécifiques liés aux déplacements des salariés entre leur résidence habituelle et leur lieu de travail, fournis ou commercialisés par des organismes agréés, dans des conditions fixées par ce même décret. – V. art. R. 3261-13-5.

Les émetteurs spécialisés mentionnés à l'article L. 3261-6 qui n'ont pas déposé à l'avance, sur leur compte de titre-mobilité, le montant de la valeur libératoire des titres-mobilité qu'ils cèdent à des employeurs ne peuvent recevoir de ces derniers, en contrepartie de cette valeur, que des versements effectués au crédit de leur compte, à l'exclusion d'espèces, d'effets ou de valeurs quelconques.

Art. L. 3261-8 En cas de procédure de sauvegarde, de redressement ou de liquidation judiciaire de l'émetteur, les salariés détenteurs de titres non utilisés mais encore valables et échangeables à la date du jugement déclaratif peuvent, par priorité à toute autre créance privilégiée ou non, se faire rembourser immédiatement, sur les fonds déposés aux comptes ouverts en application de l'article L. 3261-6, le montant des sommes versées pour l'acquisition de ces titres-mobilité.

Art. L. 3261-9 Les titres qui n'ont pas été présentés au remboursement par un organisme mentionné à l'article L. 3261-7 avant la fin du deuxième mois suivant l'expiration de leur période d'utilisation sont définitivement périmés.

Sous réserve de prélèvements autorisés par le décret prévu à l'article L. 3261-10, la contre-valeur des titres périmés est versée au budget des activités sociales et culturelles des entreprises auprès desquelles les salariés se sont procuré leurs titres.

Art. L. 3261-10 Un décret en Conseil d'État détermine les modalités d'application du présent titre, notamment :

1° Les mentions obligatoires attachées aux titres-mobilité et les modalités d'accessibilité de ces mentions ;

2° Les conditions d'utilisation et de remboursement de ces titres ;

3° Les règles de fonctionnement des comptes bancaires spécialement affectés à l'émission et à l'utilisation des titres mobilité ;

4° Les conditions du contrôle de la gestion des fonds mentionnées à l'article L. 3261-7.

V. art. R. 3261-13-3 s.

SECTION 5 Dispositions d'application

(L. n° 2008-1330 du 17 déc. 2008, art. 20-I)

La section 4 devient la section 5 *(L. n° 2019-1428 du 24 déc. 2019, art. 82-III, en vigueur le 1er janv. 2020).*

SALAIRE ET AVANTAGES DIVERS **Art. L. 3262-3** 1249

Art. L. 3261-11 (L. n° 2019-1428 du 24 déc. 2019, art. 82, en vigueur le 1er janv. 2020) Un décret en Conseil d'État détermine les modalités des prises en charge prévues aux articles L. 3261-2 à L. 3261-4, notamment pour les salariés ayant plusieurs employeurs et les salariés à temps partiel, ainsi que les sanctions pour contravention aux dispositions du présent chapitre.

L'art. L. 3261-5 devient l'art. L. 3261-11 (L. n° 2019-1428 du 24 déc. 2019, art. 82-III, en vigueur le 1er janv. 2020).

CHAPITRE II TITRES-RESTAURANT

COMMENTAIRE

V. sur le Code en ligne 🔒.

SECTION 1 Émission

Art. L. 3262-1 Le titre-restaurant est un titre spécial de paiement remis par l'employeur aux salariés pour leur permettre d'acquitter en tout ou en partie le prix du repas consommé au restaurant ou (L. n° 2009-879 du 21 juill. 2009, art. 113 ; L. n° 2010-874 du 27 juill. 2010, art. 2) « acheté auprès d'une personne ou d'un organisme mentionné au deuxième alinéa de l'article L. 3262-3. Ce repas peut être composé de fruits et légumes, qu'ils soient ou non directement consommables. »

Ces titres sont émis :

1° Soit par l'employeur au profit des salariés directement ou par l'intermédiaire du (Ord. n° 2017-1386 du 22 sept. 2017, art. 4) « comité social et économique » ;

2° Soit par une entreprise spécialisée qui les cède à l'employeur contre paiement de leur valeur libératoire et, le cas échéant, d'une commission.

Un décret détermine les conditions d'application du présent article. – V. art. R. 3262-1 s.

Par dérogation à l'art. L. 3262-1, jusqu'au 31 déc. 2024, les titres-restaurant peuvent être utilisés pour acquitter en tout ou en partie le prix de tout produit alimentaire, qu'il soit ou non directement consommable, acheté auprès d'une personne ou d'un organisme mentionné au 2ᵉ al. de l'art. L. 3262-3 (L. n° 2022-1158 du 16 août 2022, art. 6, mod. par L. n° 2023-1252 du 26 déc. 2023).

1. Nature juridique. Le ticket-restaurant, qui constitue un avantage en nature payé par l'employeur, entre dans la rémunération du salarié et ne constitue pas une fourniture diverse au sens de l'art. L. 3251-1 C. trav. ● Soc. 1er mars 2017, 🔒 n° 15-18.333 P : *D. actu. 30 mars 2017, obs. Fraisse.*
♦ Le salarié doit donc être indemnisé de la perte du bénéfice de la contribution de l'employeur au financement des titres-restaurant. ● Soc. 30 mars 2023, 🔒 n° 21-21.070 B.

2. Titres-restaurant et télétravail. Les salariés en télétravail, qui ne sont pas dans une situation comparable à celle des salariés travaillant sur site et n'ayant pas accès à un restaurant d'entreprise, ne peuvent prétendre à l'attribution de titres-restaurant. ● TJ Nanterre, 10 mars 2021, 🔒 n° 20/09616 : *RJS 5/2021, n° 290* (position contraire à celle exprimée par le ministère du Travail : *QR min. Trav. du 25 mars 2021*).

Art. L. 3262-2 L'émetteur de titres-restaurant ouvre un compte bancaire ou postal sur lequel sont uniquement versés les fonds qu'il perçoit en contrepartie de la cession de ces titres.

Toutefois, cette règle n'est pas applicable à l'employeur émettant ses titres au profit des salariés (Abrogé par L. n° 2019-486 du 22 mai 2019, art. 11-VI, à compter du 1er janv. 2020) « lorsque l'effectif n'excède par vingt-cinq salariés ».

Le montant des versements est égal à la valeur libératoire des titres mis en circulation. Les fonds provenant d'autres sources, et notamment des commissions éventuellement perçues par les émetteurs ne peuvent être versés aux comptes ouverts en application du présent article. – V. art. R. 3262-46 (pén.).

Art. L. 3262-3 Les comptes prévus à l'article L. 3262-2 sont des comptes de dépôts de fonds intitulés "comptes de titres-restaurant".

Sous réserve des dispositions des articles L. 3262-4 et L. 3262-5, ils ne peuvent être débités qu'au profit de personnes ou d'organismes exerçant la profession de restaurateur, d'hôtelier restaurateur ou une activité assimilée (L. n° 2009-879 du 21 juill. 2009, art. 113) « , ou la profession de détaillant en fruits et légumes ».

Les émetteurs spécialisés mentionnés au 2° de l'article L. 3262-1, qui n'ont pas déposé à l'avance à leur compte de titres-restaurant le montant de la valeur libératoire des titres-restaurant qu'ils cèdent à des employeurs, ne peuvent recevoir de ces derniers, en contrepartie de cette valeur, que des versements effectués au crédit de leur compte, à l'exclusion d'espèces, d'effets ou de valeurs quelconques. — *[Anc. art. 24, L. n° 67-830 du 27 sept. 1967.]* — V. art. R. 3262-46 (pén.).

SECTION 2 Utilisation

Art. L. 3262-4 En cas de procédure de sauvegarde, de redressement ou de liquidation judiciaire de l'émetteur, les salariés détenteurs de titres non utilisés mais encore valables et échangeables à la date du jugement déclaratif peuvent, par priorité à toute autre créance privilégiée ou non, se faire rembourser immédiatement, sur les fonds déposés aux comptes ouverts en application de l'article L. 3262-2, le montant des sommes versées pour l'acquisition de ces titres-restaurant. — *[Anc. art. 21, L. n° 67-830 du 27 sept. 1967.]*

Art. L. 3262-5 Les titres qui n'ont pas été présentés au remboursement par un restaurant (L. n° 2009-879 du 21 juill. 2009, art. 113) « ou un détaillant en fruits et légumes » avant la fin du deuxième mois suivant l'expiration de leur période d'utilisation sont définitivement périmés.

Sous réserve de prélèvements autorisés par le décret prévu à l'article L. 3262-7, la contre-valeur des titres périmés est versée au budget des activités sociales et culturelles des entreprises auprès desquelles les salariés se sont procuré leurs titres. — *[Anc. art. 22, al. 1er et 4, L. n° 67-830 du 27 sept. 1967.]* — V. art. R. 3262-46 (pén.).

SECTION 3 Exonérations

Art. L. 3262-6 (L. n° 2008-1443 du 30 déc. 2008) Conformément à l'article 81 du code général des impôts, lorsque l'employeur contribue à l'acquisition des titres par le salarié bénéficiaire, le complément de rémunération qui en résulte pour le salarié est exonéré d'impôt sur le revenu dans la limite prévue au 19° dudit article.

La limite d'exonération de cotisations et contributions sociales et d'impôt sur le revenu de la part patronale au financement des titres-restaurant est fixée à 7,18 € pour l'année 2024. Pour être exonérée de cotisations et d'impôt sur le revenu, la valeur du titre-restaurant doit ainsi être comprise entre 11,97 € et 14,36 € (CGI, art. 81-19° et BOSS, Avantages en nature, § 130).

SECTION 4 Dispositions d'application

Art. L. 3262-7 Un décret en Conseil d'État détermine les modalités d'application du présent titre, notamment :

1° Les mentions qui figurent sur les titres-restaurant et les conditions d'apposition de ces mentions ;

2° Les conditions d'utilisation et de remboursement de ces titres ;

3° Les règles de fonctionnement des comptes bancaires ou postaux spécialement affectés à l'émission et à l'utilisation des titres-restaurant ;

4° Les conditions du contrôle de la gestion des fonds mentionnées à l'article L. 3262-2. — *[Anc. art. 28, al. 1er à 5, L. n° 67-830 du 27 sept. 1967.]* — V. art. R. 3262-1 s.

CHAPITRE III CHÈQUES-VACANCES

Art. L. 3263-1 Les dispositions relatives aux chèques-vacances sont prévues aux articles L. 411-1 à L. 411-17 du code du tourisme. — V. App. II. C.

LIVRE III DIVIDENDE DU TRAVAIL, INTÉRESSEMENT, PARTICIPATION ET ÉPARGNE SALARIALE (L. n° 2008-1258 du 3 déc. 2008, art. 1er).

RÉP. TRAV. v° *Épargne salariale*, par DENKIEWICZ et MAURIN.
BIBL. ▶ **Participation et intéressement :** CAIRE, *Dr. ouvrier* 1983. 61 (entreprises multinationales). - COURET et AUBERT-MONPEYSSEN, *BJS* 1986. 1069. - COUTURIER, *Journées de législ.*

comparée 1981, vol. 3, p. 305. - Daubler, Dr. ouvrier 1984. 333 (entreprises transnationales). - Despax, Dr. soc. 1969. 378. - Le Gall et Coudin, Dr. soc. 1987. 437. - Savatier, ibid. 1988. 89. - Teyssié, Journées de législ. comparée, 1983, vol. 5, p. 103.

▶ **Actionnariat :** Laronze, Tuffery-Andrieu, Lieutier, Bourdeau, Géniaut, Lacroix-de Sousa, Keim-Bagot, Nicolas, Kocher, Lafarge, Benhamou, Schmitt et Moizard, Dr. soc. 2014. 492 ⌀. - Madiot, AJDA 1974. 60 (entreprises publiques). - Mouchtouris, Gaz. Pal. 1981. 1. Doctr. 56. - Muzellec, Dr. soc. 1974. 85 (entreprises publiques).

▶ **SCOP :** Grelon, Dr. ouvrier 1983. 400. - Mialon, Dr. soc. 1979. 211.

▶ **Loi du 19 févr. 2001 sur l'épargne salariale :** Favennec-Héry, RJS 2002. 2. - Iacono, D. 2001. 1259 ⌀. - Pansier, CSB 2001. 191. - Sauret, JCP E 2001. 552. - Taquet, JCP 2001. 737. - Saint-Jours, D. 2001. 1179 ⌀.

▶ **Loi du 30 décembre 2006 sur la participation, l'intéressement, l'actionnariat et le PEE :** Jourdan et Morand, JCP E 2007. 1395. - Vatinet, JCP S 2007. 1001 et 1032.

> *COMMENTAIRE*
> V. sur le Code en ligne 🔒.

TITRE I INTÉRESSEMENT

V. Instr. min. n° DGT/RT3/DSS/DGTRESOR/2016/5 du 18 févr. 2016 (https://www.legifrance.gouv.fr/circulaire/id/40587).

V. Instr. min. n° DGT/RT3/DSS/DGT/2019/252 du 19 déc. 2019 (https://travail-emploi.gouv.fr/IMG/pdf/instruction_interministerielle_epargne_salariale_19122019.pdf).

BIBL. GÉN. ▶ Arséguel et Isoux, Dr. soc. 1991. 126 ⌀ (dépôt des accords d'intéressement). - Auzero, RDT 2009. 358 ⌀ (détermination des créances garanties par l'AGS en matière d'épargne salariale). - Boulmier, SSL 1996, n° 780. - Cuzacq, RDT 2019. 460 ⌀ (participation aux résultats dans les entreprises de moins de 50 salariés). - De Lestapis, BS Lefebvre 1989. 66. - Sauret, JCP E 1987. I. 16496. - Sauret et Lipiski, JCP S 2009. 1279 (intéressement et impact de la recodification). - Savatier, Dr. soc. 1991. 756 ⌀ (interdiction de substituer un intéressement à un élément du salaire). - Taquet, Dr. trav. 1990, n° 3, 1 (substitution d'un intéressement à des primes). - Derue, TPS 1998. Chron. 2 (caractère collectif).

> *COMMENTAIRE*
> V. sur le Code en ligne 🔒.

CHAPITRE I CHAMP D'APPLICATION

Art. L. 3311-1 Les dispositions du présent titre sont applicables aux employeurs de droit privé ainsi qu'à leurs salariés.
Elles sont également applicables :
1° Aux établissements publics à caractère industriel et commercial ;
2° Aux établissements publics administratifs lorsqu'ils emploient du personnel de droit privé.
(L. n° 2019-486 du 22 mai 2019, art. 155-I, en vigueur le 1er janv. 2019) « Pour l'application du présent titre, l'effectif salarié et le franchissement du seuil sont déterminés selon les modalités prévues au I de l'article L. 130-1 du code de la sécurité sociale [V. cet art. ss. art. L. 1151-2]. »
Un décret en Conseil d'État détermine les conditions dans lesquelles les dispositions du présent titre sont applicables aux entreprises publiques et aux sociétés nationales ne pouvant pas conclure une convention ou un accord collectif de travail mentionné à l'article L. 3312-5 (L. n° 2019-486 du 22 mai 2019, art. 155-I, en vigueur le 1er janv. 2020) « du présent code ». – V. art. R. 3311-1.

Ndlr : les dispositions issues de la L. n° 2019-486 du 22 mai 2019 prévoient une entrée en vigueur au 1er janv. 2019 (art. 155-VII) ; l'art. L. 130-1 CSS qui détermine les modalités de calcul de l'effectif annuel des salariés entre en vigueur le 1er janv. 2020 (V. CSS, art. L. 130-1, ss. art. L. 1151-2). A moins qu'il ne s'agisse d'une erreur matérielle, il faudrait alors considérer que les nouvelles règles de décompte reçoivent une application rétroactive - dès le 1er janv. 2019, en ce qui concerne la participation.

> **COMMENTAIRE**
> V. sur le Code en ligne 🕮.

CHAPITRE II MISE EN PLACE DE L'INTÉRESSEMENT

Art. L. 3312-1 L'intéressement a pour objet d'associer collectivement les salariés aux résultats ou aux performances de l'entreprise.

Il présente un caractère aléatoire et résulte d'une formule de calcul liée à ces résultats ou performances.

Il est facultatif.

1. Caractère salarial. La loi réservant aux seuls salariés le bénéfice de l'intéressement, doit être réintégré dans l'assiette des cotisations sociales l'intéressement versé à un gérant de SARL non lié à la société par un contrat de travail. ● Versailles, 23 janv. 1996 : *RJS 1996. 613, n° 957.* ♦ Tout mandataire social cumulant un contrat de travail peut bénéficier de l'intéressement, mais uniquement au titre de son contrat de travail. ● Paris, 24 sept. 1997 : *D. 1997. IR 235.* ♦ Un accord d'intéressement peut exclure les stagiaires non titulaires d'un contrat de travail. ● Soc. 27 juin 2000, 🔒 n° 98-11.909 P.

2. Caractère collectif. S'appuyant sur le caractère collectif de l'intéressement, la Cour de cassation interdit d'écarter des salariés pour un motif autre que l'ancienneté sous peine de réintégration des primes dans l'assiette des cotisations sociales et fiscales, les clauses écartant les salariés du bénéfice de l'intéressement pour un motif autre que celui de l'ancienneté sont interdites et ne sont pas opposables aux salariés ainsi écartés. ● Soc. 23 nov. 1999, 🔒 n° 97-42.979 P : *D. 2000. IR 3 ⌐ ; Dr. soc. 2000. 216, obs. Radé ⌐ ; RJS 2000. 60, n° 77.* ♦ Ne sont pas conformes au caractère collectif de l'intéressement et, dès lors, n'ouvrent pas droit aux exonérations de cotisations sociales les clauses d'accords d'intéressement permettant de minorer la part revenant à un salarié ayant fait preuve d'insuffisance caractérisée dans son travail ou de la supprimer en cas de faute grave. ● Soc. 26 oct. 1995 : 🔒 *RJS 1995. 806, n° 1264.* – V. aussi : ● Soc. 5 janv. 1995 : 🔒 *Dr. soc. 1995. 194, obs. Savatier ⌐* ● 9 mars 1995 : 🔒 *ibid. 514, obs. Savatier.* ♦ ... Subordonnant les versements à une condition de présence continue dans l'entreprise pendant la totalité de l'exercice. ● Soc. 9 mai 1996, 🔒 n° 94-12.650 P : *Dr. soc. 1996. 953 (4ᵉ esp.), concl. P. Lyon-Caen ⌐ ; RJS 1996. 437, n° 692 (2ᵉ esp.)* ● 13 mars 1997 : 🔒 *RJS 1997. 378, n° 578* (exigence d'une présence effective et continue de six mois dans l'entreprise). ♦ ... Pouvant conduire à priver des salariés de tout intéressement pour un exercice donné. ● Soc. 11 juill. 1996 : 🔒 *RJS 1996. 614, n° 958.* ♦ ... Faisant dépendre tout ou partie de l'intéressement, pour chaque salarié, de ses performances individuelles. ● Soc. 9 mai 1996, 🔒 n° 93-21.888 P : *D. 1997. 137, note Keller ⌐ ; Dr. soc. 1996. 953 (5ᵉ esp.), concl. P. Lyon-Caen ⌐ ; RJS 1996. 438, n° 693.* ♦ ... Instituant une pénalisation des absences. ● Soc. 1ᵉʳ avr. 1999, 🔒 n° 97-17.515 P : *RJS 1999. 512, n° 837* ● 21 oct. 2003, 🔒 n° 01-21.353 P : *RJS 2003. 72, n° 85 ; Dr. ouvrier 2004. 405, note Wauquier.* ♦ ... Excluant les apprentis. ● Soc. 27 juin 2000, 🔒 n° 98-11.909 P. ♦ N'est pas non plus autorisée l'application de modalités différentes de calcul et de répartition de l'intéressement à une catégorie professionnelle (en l'espèce des VRP). ● Soc. 20 juin 2006 : 🔒 *RJS 2006. 813, n° 1102.* ♦ Un accord ne peut exclure les concierges et employés d'immeubles à usage d'habitation. ● Soc. 20 janv. 2010 : 🔒 *D. 2010. AJ 385 ⌐ ; D. actu. 8 févr. 2010, obs. Ines.*

3. Les salariés ne peuvent être privés, en raison des motifs de leur licenciement, des droits à l'intéressement. ● Soc. 12 avr. 1995, n° 93-18.391 P : *Dr. soc. 1995. 1039, obs. Savatier ⌐ ; RJS 1995. 731, n° 1154* ● 9 mai 1996, 🔒 n° 94-17.175 P : *Dr. soc. 1996. 953 ⌐ (1ʳᵉ esp.), concl. P. Lyon-Caen.*

4. La méconnaissance de l'exigence du caractère collectif du mode de rémunération mis en place entraîne une perte totale du droit à exonération. ● Soc. 23 mai 1996, 🔒 n° 94-15.177 P : *Dr. soc. 1996. 746, obs. Saint-Jours ⌐ ; RJS 1996. 527, n° 819.*

5. Caractère aléatoire. L'appréciation du caractère aléatoire de l'accord d'intéressement est soumis à l'exercice du pouvoir souverain des juges du fond. ● Soc. 17 déc. 2002, 🔒 n° 00-20.472 P : *Dr. soc. 2003. 337, obs. Savatier ⌐ ; RJS 2003. 245, n° 370.* ♦ Un mode de calcul qui ne laisse pas la maîtrise des paramètres servant à déterminer la prime aux unités de travail, mais comporte l'intervention en dernier ressort de la direction de la société, n'est pas contraire aux art. L. 441-1 s. [L. 3311-1 s. nouv.]. ● Soc. 10 oct. 1996 : 🔒 *RJS 1996. 773, n° 1195.* ♦ De même, un accord prévoyant une prime calculée en pourcentage de la valeur ajoutée réalise un intéressement conforme aux dispositions légales. ● Soc. 24 oct. 1996, 🔒 n° 94-16.484 P : *RJS 1996. 835, n° 1297.* – Boulmier, *Dr. ouvrier 1997. 233.* ♦ ... Ainsi qu'un accord prévoyant des primes calculées en pourcentage du chiffre d'affaires consolidé des sociétés du groupe auquel appartient la société, du fait du caractère variable de cet élément. ● Soc. 5 juin 1997 : 🔒 *JCP 1997. II. 22920, note Renard.* ♦ ... Ou un accord retenant le chiffre d'affaires comme base de calcul dès lors qu'est exclue toute garantie d'un montant minimum ou forfaitaire des primes.

- Soc. 11 juin 1998 : RJS 1998. 656, n° 1035
- 25 mars 1999 : RJS 432, n° 708.

6. En revanche, il n'y a pas conformité aux exigences de la loi lorsque le seuil à partir duquel le plan d'intéressement peut être appliqué ne résulte pas de l'accord lui-même, mais est laissé à l'entière discrétion de l'employeur. • Soc. 20 mars 1997, n° 95-16.930 P : RJS 1997. 377, n° 577. ♦
... Ou lorsque la notion d'objectifs à laquelle se réfère l'accord n'est pas définie. • Soc. 27 juin 2000, n° 98-11.909 P.

Art. L. 3312-2 Toute entreprise qui satisfait aux obligations incombant à l'employeur en matière de représentation du personnel peut instituer, par voie d'accord (L. n° 2022-1158 du 16 août 2022, art. 4-I) « ou par décision unilatérale de l'employeur, selon les modalités énoncées respectivement aux I et II de l'article L. 3312-5 », un intéressement collectif des salariés.
(Abrogé par L. n° 2020-1525 du 7 déc. 2020, art. 118-I) (L. n° 2015-990 du 6 août 2015, art. 155) « Toute entreprise employant moins de cinquante salariés peut bénéficier d'un dispositif d'intéressement conclu par la branche. »
(L. n° 2008-1258 du 3 déc. 2008, art. 7) « Le salarié d'un groupement d'employeurs peut bénéficier du dispositif d'intéressement mis en place dans chacune des entreprises adhérentes du groupement auprès de laquelle il est mis à disposition dans des conditions fixées par décret. » – V. art. D. 3311-4.

V. L. n° 2019-486 du 22 mai 2019, art. 155-V, App. IV. C, v° Intéressement et participation.

BIBL. Fadeuilhe, JCP S 2009. 1062 (groupements d'employeurs et dispositifs d'épargne salariale).

1. CCI. Une chambre de commerce et d'industrie peut conclure un accord d'intéressement avec son personnel dans les conditions de droit commun, et le directeur départemental du travail et de l'emploi est tenu d'accuser réception de cet accord. • CE, avis, 8 nov. 1996 : JO 7 janv. 1997 ; LPA 17 janv. 1997, concl. Bonichot.

2. Capitaux publics. Une entreprise privée qui exerce une activité purement commerciale est assujettie à la participation, quelle que soit l'origine de son capital. • Soc. 6 juin 2000 : RJS 2000. 575, n° 835 (entreprise privée détenue à plus de 50 % par une entreprise publique ou des sociétés nationales).

3. GIE. Un groupement d'intérêt économique peut conclure un accord d'intéressement ; un tel accord peut prendre en compte les résultats des entreprises, membres du groupement. • Soc. 1er juin 2005 : D. 2005. IR 1732 ; Dr. soc. 2005. 925, obs. Savatier ; RJS 2005. 633, n° 881.

4. Impossibilité de contractualiser l'accord d'intéressement. La référence dans le contrat de travail d'un salarié aux modalités de calcul de la prime d'intéressement telles que prévues par l'accord collectif alors en vigueur n'emporte pas contractualisation, au profit du salarié, de ce mode de calcul. • Soc. 6 mars 2019, n° 18-10.615 P : D. actu. 22 mars 2019, obs. Ciray ; D. 2019. Actu. 542 ; RDT 2019. 249, obs. Maillard-Pinon ; Dr. soc. 2019. 443, obs. Véricel ; RJS 5/2019, n° 311 ; Dr. ouvrier 2019. 675, obs. Kahn ; JCP S 2019. 1123, obs. Anciaux.

Art. L. 3312-3 Dans les entreprises (L. n° 2019-486 du 22 mai 2019, art. 11-VI, en vigueur le 1er janv. 2020) « employant au moins un salarié et moins de deux cent cinquante salariés », peuvent bénéficier des dispositions du présent titre :
1° Les chefs de ces entreprises ;
2° Les présidents, directeurs généraux, gérants ou membres du directoire s'il s'agit de personnes morales ;
3° Le conjoint (L. n° 2019-486 du 22 mai 2019, art. 155-I) « ou le partenaire lié par un pacte civil de solidarité » du chef d'entreprise s'il a le statut de conjoint collaborateur ou de conjoint associé mentionné à l'article L. 121-4 du code de commerce (L. n° 2012-387 du 22 mars 2012, art. 79) « ou à l'article L. 321-5 du code rural et de la pêche maritime ».
Toutefois, un accord d'intéressement ne peut être conclu dans une entreprise dont l'effectif est limité à un salarié si celui-ci a également la qualité de président, directeur général, gérant ou membre du directoire.
(L. n° 2019-486 du 22 mai 2019, art. 155-I) « Par dérogation à l'avant-dernier alinéa de l'article L. 3311-1 du présent code, le II de l'article L. 130-1 du code la sécurité sociale ne s'applique pas au franchissement du seuil d'un salarié. »

Art. L. 3312-4 Les sommes attribuées aux bénéficiaires en application de l'accord d'intéressement ou au titre du supplément d'intéressement mentionné à l'article L. 3314-10 (Ord. n° 2018-474 du 12 juin 2018, art. 6) « sont exclues des assiettes des cotisations définies aux articles L. 131-6 et L. 242-1 du code de la sécurité sociale et aux articles L. 731-14, L. 731-15 et L. 741-10 du code rural et de la pêche maritime ». Ces sommes ne peuvent se substituer à aucun des éléments de rémunération, au sens des mêmes articles, en vigueur dans l'entreprise ou qui deviennent obligatoires en vertu de dispositions légales ou de clauses contractuelles.

Toutefois, en cas de suppression totale ou partielle d'un élément de rémunération, cette règle de non-substitution ne peut avoir pour effet de remettre en cause les exonérations prévues tant au présent article qu'aux articles L. 3315-1 à L. 3315-3, dès lors qu'un délai de douze mois s'est écoulé entre le dernier versement de cet élément de rémunération et la date d'effet de cet accord.

Les sommes mentionnées au premier alinéa n'ont pas le caractère d'élément de salaire pour l'application de la législation du travail.

Les dispositions de l'Ord. n° 2018-474 du 12 juin 2018 s'appliquent aux cotisations et contributions dues pour les périodes courant à compter du 1er sept. 2018 (Ord. préc., art. 16).

BIBL. ▶ LEJEUNE et PONCET, *JSL 2014, n° 364-1* (le principe de non-substitution et la mise en place d'un accord d'intéressement).

1. Substitution prohibée. Sur l'interdiction de substituer une prime d'intéressement à une prime de fin d'année prévue par un accord d'entreprise et considérée comme un élément du salaire, V. ● Douai, 26 avr. 1991 : *Dr. soc. 1991.* 756, note Savatier. – V. aussi ● Paris, 7 oct. 1992 : *JCP E 1993.* I. 259, n° 2, obs. Gatumel ; *RJS 1993.* 179, n° 295 ● Soc. 13 avr. 1995 : n° *RJS 1995.* 362, n° 543 ● 21 mars 1996, n° 94-11.611 P : *RJS 1996.* 439, n° 695 (aucune substitution, même partielle, n'est possible) ● 9 mai 1996, n° 93-21.874 P : *Dr. soc. 1996.* 953 (6e esp.), concl. P. Lyon-Caen ; *RJS 1996.* 439, n° 694. ♦ Guillemot, *SSL 1993, n° 634.* – Chonnier, *ibid. 1997, n° 849.*

2. Portée à l'égard du salarié. Un accord d'intéressement conclu en même temps qu'un accord supprimant le paiement d'une prime réalise la substitution prohibée et un salarié peut être reçu en sa demande de rappel de salaire au titre de l'accord salarial dénoncé. ● Soc. 9 oct. 2001, n° 98-43.905 P : *Dr. soc. 2001.* 1120, obs. Savatier ; *RJS 2001.* 971, n° 1448.

Art. L. 3312-5 (L. n° 2020-734 du 17 juin 2020, art. 18) « I. — » Les accords d'intéressement sont conclus pour une durée (L. n° 2020-1525 du 7 déc. 2020, art. 121) « comprise entre un an et (L. n° 2022-1158 du 16 août 2022, art. 4-II) « cinq » ans », selon l'une des modalités suivantes :

1° Par convention ou accord collectif de travail ;

2° Par accord entre l'employeur et les représentants d'organisations syndicales représentatives dans l'entreprise ;

3° Par accord conclu au sein du (Ord. n° 2017-1386 du 22 sept. 2017, art. 4) « comité social et économique » ;

4° A la suite de la ratification, à la majorité des deux tiers du personnel, d'un projet d'accord proposé par l'employeur. Lorsqu'il existe dans l'entreprise une ou plusieurs organisations syndicales représentatives ou un (Ord. n° 2017-1386 du 22 sept. 2017, art. 4) « comité social et économique », la ratification est demandée conjointement par l'employeur et une ou plusieurs de ces organisations ou ce comité.

(L. n° 2008-1258 du 3 déc. 2008, art. 8) « Si aucune des parties habilitées à négocier ou à ratifier un accord d'intéressement dans les conditions prévues (L. n° 2015-990 du 6 août 2015, art. 166) « au présent article » ne demande de renégociation dans les trois mois précédant la date d'échéance de l'accord, ce dernier est renouvelé par tacite reconduction (L. n° 2015-990 du 6 août 2015, art. 166) « pour une durée » (L. n° 2020-1525 du 7 déc. 2020, art. 121) « égale à la durée initiale », si l'accord d'origine en prévoit la possibilité. » (L. n° 2022-1158 du 16 août 2022, art. 4-II) « Le renouvellement par tacite reconduction peut intervenir plusieurs fois.

« II. — Par dérogation au I, lorsque l'entreprise n'est pas couverte par un accord de branche agréé, un régime d'intéressement peut être mis en place par décision unilatérale, pour une durée comprise entre un an et cinq ans, par :

« 1° L'employeur d'une entreprise de moins de cinquante salariés dépourvue de délégué syndical et de comité social et économique. Il en informe les salariés par tous moyens ;

« 2° L'employeur d'une entreprise de moins de cinquante salariés si, au terme d'une négociation engagée sur le fondement des 1° ou 3° du même I, aucun accord n'a été conclu. Dans ce cas, un procès-verbal de désaccord est établi et consigne en leur dernier état les propositions respectives des parties. Le comité social et économique est consulté sur le projet de régime d'intéressement au moins quinze jours avant son dépôt auprès de l'autorité administrative.

« Le régime d'intéressement mis en place unilatéralement en application du présent II vaut accord d'intéressement au sens du I du présent article et du 18° *bis* de l'article 81 du code général des impôts. Le présent titre est applicable à ce régime, à l'exception des articles L. 3312-6 et L. 3314-7 du présent code. »

Loi n° 2022-1158 du 16 août 2022,

Portant mesures d'urgence pour la protection du pouvoir d'achat.

* PRIME DE PARTAGE DE LA VALEUR

Art. 1ᵉʳ I. — La prime de partage de la valeur attribuée dans les conditions prévues aux II à IV bénéficie *(L. n° 2023-1107 du 29 nov. 2023, art. 9)* « des exonérations prévues aux V à VI *bis* ».

II. — L'exonération prévue au V est applicable à la prime de partage de la valeur versée à compter du 1ᵉʳ juillet 2022 par les employeurs mentionnés à l'article L. 3311-1 du code du travail à leurs salariés ou à leurs agents.

L'entreprise utilisatrice mentionnée au 1° de l'article L. 1251-1 du même code qui attribue cette prime à ses salariés en informe sans délai l'entreprise de travail temporaire dont relève le salarié mis à disposition. Cette dernière en informe sans délai le comité social et économique mentionné à l'article L. 2311-2 dudit code, lorsqu'il existe. L'entreprise de travail temporaire verse la prime au salarié mis à disposition, selon les conditions et les modalités fixées par l'accord ou la décision de l'entreprise utilisatrice mentionnée au IV du présent article. La prime ainsi versée bénéficie de l'exonération prévue au V lorsque les conditions prévues aux III et IV sont remplies par l'entreprise utilisatrice.

L'exonération est également applicable à la prime versée aux travailleurs handicapés bénéficiant d'un contrat de soutien et d'aide par le travail mentionné à l'article L. 311-4 du code de l'action sociale et des familles et relevant des établissements et services d'aide par le travail mentionnés à l'article L. 344-2 du même code.

III. — L'exonération prévue au V du présent article est applicable à la prime de partage de la valeur bénéficiant aux personnes mentionnées au II lorsque cette prime remplit les conditions suivantes :

1° Elle bénéficie aux salariés liés à l'entreprise par un contrat de travail, aux intérimaires mis à disposition de l'entreprise utilisatrice, aux agents publics relevant de l'établissement public ou aux travailleurs handicapés liés à un établissement ou service d'aide par le travail mentionné à l'article L. 344-2 du code de l'action sociale et des familles par un contrat de soutien et d'aide par le travail mentionné à l'article L. 311-4 du même code à la date de versement de cette prime, à la date de dépôt de l'accord mentionné au IV du présent article auprès de l'autorité compétente ou à la date de la signature de la décision unilatérale mentionnée au même IV ;

2° Son montant peut différer selon les bénéficiaires en fonction de la rémunération, du niveau de classification, de l'ancienneté dans l'entreprise, de la durée de présence effective pendant l'année écoulée ou de la durée de travail prévue au contrat de travail mentionnée à la dernière phrase du deuxième alinéa du III de l'article L. 241-13 du code de la sécurité sociale. Les congés prévus au chapitre V du titre II du livre II de la première partie du code du travail sont assimilés à des périodes de présence effective ;

3° Elle ne peut se substituer à aucun des éléments de rémunération, au sens de l'article L. 242-1 du code de la sécurité sociale, qui sont versés par l'employeur ou qui deviennent obligatoires en application de règles légales, contractuelles ou d'usage. Elle ne peut non plus se substituer à des augmentations de rémunération ni à des primes prévues par un accord salarial, par le contrat de travail ou par les usages en vigueur dans l'entreprise, l'établissement ou le service mentionnés au 1° du présent III.

IV. — Le montant de la prime de partage de la valeur ainsi que, le cas échéant, le niveau maximal de rémunération des salariés éligibles et les conditions de modulation du niveau de la prime selon les bénéficiaires dans les conditions prévues au 2° du III font l'objet d'un accord d'entreprise ou de groupe conclu selon les modalités prévues au I de l'article L. 3312-5 du code du travail ou d'une décision unilatérale de l'employeur. En cas de décision unilatérale, l'employeur consulte préalablement le comité social et économique mentionné à l'article L. 2311-2 du même code, lorsqu'il existe.

(L. n° 2023-1107 du 29 nov. 2023, art. 9) « Au titre d'une même année civile, deux primes de partage de la valeur peuvent être attribuées. »
Le versement de la prime *(L. n° 2023-1107 du 29 nov. 2023, art. 9)* « ou des deux primes » peut être réalisé en une ou plusieurs fois, dans la limite d'une fois par trimestre, au cours de l'année civile.
V. — *(L. n° 2023-1107 du 29 nov. 2023, art. 9)* « Les primes » de partage de la valeur *(L. n° 2023-1107 du 29 nov. 2023, art. 9)* « attribuées » dans les conditions prévues aux II à IV du présent article *(L. n° 2023-1107 du 29 nov. 2023, art. 9)* « sont exonérées », dans la limite *(L. n° 2023-1107 du 29 nov. 2023, art. 9)* « globale » de 3 000 € par bénéficiaire et par année civile, de toutes les cotisations sociales d'origine légale ou conventionnelle à la charge du salarié et de l'employeur ainsi que des participations, taxes et contributions prévues à l'article 235 *bis* du code général des impôts et à l'article L. 6131-1 du code du travail, dans leur rédaction en vigueur à la date de *(L. n° 2023-1107 du 29 nov. 2023, art. 9)* « leur » versement.
La prime de partage de la valeur est assimilée, pour l'assujettissement à la contribution prévue à l'article L. 137-15 du code de la sécurité sociale, aux sommes versées au titre de l'intéressement mentionné au titre I du livre III de la troisième partie du code du travail.
La limite prévue au premier alinéa du présent V est portée à 6 000 € par bénéficiaire et par année civile pour les employeurs mettant en œuvre, à la date de versement *(L. n° 2023-1107 du 29 nov. 2023, art. 9)* « des primes » de partage de la valeur, ou ayant conclu, au titre du même exercice que celui du versement de *(L. n° 2023-1107 du 29 nov. 2023, art. 9)* « ces primes » :
1° Un dispositif d'intéressement en application du chapitre II du titre I du livre III de la troisième partie du code du travail, lorsqu'ils sont soumis à l'obligation de mise en place de la participation en application des articles L. 3322-1 à L. 3322-5 du même code ;
2° Ou un dispositif d'intéressement ou de participation en application du chapitre II du titre I et du titre II du livre III de la troisième partie dudit code, lorsqu'ils ne sont pas soumis à l'obligation de mise en place de la participation mentionnée au 1° du présent V.
Les conditions prévues aux 1° et 2° ne sont pas applicables aux associations ni aux fondations mentionnées aux *a* et *b* du 1 des articles 200 et 238 *bis* du code général des impôts, ni aux établissements ou services d'aide par le travail mentionnés à l'article L. 344-2 du code de l'action sociale et des familles, pour les primes versées aux travailleurs handicapés mentionnés au 1° du III du présent article.
VI. — Lorsque, entre le 1er juillet 2022 et le 31 décembre 2023, *(L. n° 2023-1107 du 29 nov. 2023, art. 9)* « les primes » de partage de la valeur *(L. n° 2023-1107 du 29 nov. 2023, art. 9)* « sont versées » aux salariés ayant perçu, au cours des douze mois précédant son *[leur]* versement, une rémunération inférieure à trois fois la valeur annuelle du salaire minimum de croissance correspondant à la durée de travail prévue au contrat mentionnée à la dernière phrase du deuxième alinéa du III de l'article L. 241-13 du code de la sécurité sociale, *(L. n° 2023-1107 du 29 nov. 2023, art. 9)* « ces primes, exonérées » dans les conditions prévues au V du présent article, *(L. n° 2023-1107 du 29 nov. 2023, art. 9)* « sont également exonérées » d'impôt sur le revenu ainsi que des contributions prévues à l'article L. 136-1 du code de la sécurité sociale et à l'article 14 de l'ordonnance n° 96-50 du 24 janvier 1996 relative au remboursement de la dette sociale *(L. n° 2022-1616 du 23 déc. 2022, art. 12)* « ou, le cas échéant, de la contribution prévue à l'article 28-3 de l'ordonnance n° 96-1122 du 20 décembre 1996 relative à l'amélioration de la santé publique, à l'assurance maladie, maternité, invalidité, décès et autonomie, au financement de la sécurité sociale à Mayotte et à la caisse de sécurité sociale de Mayotte ».
(Abrogé par L. n° 2023-1107 du 29 nov. 2023, art. 9) « *La prime exonérée en application du premier alinéa du présent VI est incluse dans le montant du revenu fiscal de référence défini au 1° du IV de l'article 1417 du code général des impôts.* »
En cas de cumul de la prime exonérée en application du premier alinéa du présent VI avec celle prévue à l'article 4 de la loi n° 2021-953 du 19 juillet 2021 de finances rectificative pour 2021, le montant total exonéré d'impôt sur le revenu au titre des revenus de l'année 2022 ne peut excéder 6 000 €.
(L. n° 2023-1107 du 29 nov. 2023, art. 9) « VI *bis*. — Lorsque, entre le 1er janvier 2024 et le 31 décembre 2026, les primes de partage de la valeur sont versées par une entreprise employant moins de cinquante salariés à des salariés ayant perçu, au cours des douze mois précédant leur versement, une rémunération inférieure à trois fois la valeur annuelle du salaire minimum de croissance correspondant à la durée de travail prévue au contrat mentionnée à la dernière phrase du deuxième alinéa du III de l'article L. 241-13 du code de la sécurité sociale, ces primes, exonérées dans les conditions prévues au V du présent article,

sont également exonérées d'impôt sur le revenu ainsi que des contributions prévues à l'article L. 136-1 du code de la sécurité sociale et à l'article 14 de l'ordonnance n° 96-50 du 24 janvier 1996 précitée.

« VI ter. — Lorsqu'un bénéficiaire a adhéré à un plan d'épargne salariale prévu au titre du livre III de la troisième partie du code du travail ou à un plan d'épargne retraite d'entreprise prévu à la section 2 du chapitre IV du titre II du livre II du code monétaire et financier et qu'il affecte à la réalisation de ce plan, dans un délai défini par décret, tout ou partie des sommes qui lui sont attribuées par l'entreprise au titre des primes de partage de la valeur versées dans les conditions prévues aux II à IV du présent article, ces sommes sont exonérées d'impôt sur le revenu dans les limites prévues au V.

« L'employeur informe le bénéficiaire des sommes qui lui sont attribuées au titre de ces primes et du délai dans lequel il peut formuler sa demande d'affectation au plan d'épargne salariale ou au plan d'épargne retraite d'entreprise.

« VI quater. — Les primes exonérées en application du premier alinéa du VI, du VI bis et du VI ter du présent article sont incluses dans le montant du revenu fiscal de référence défini au 1° du V de l'article 1417 du code général des impôts. »

VII. — Pour l'application du présent article à Mayotte et à Saint-Pierre-et-Miquelon, les références au code de la sécurité sociale sont remplacées par les références aux dispositions applicables localement ayant le même objet.

VIII. — Avant le 31 décembre 2024, le Gouvernement remet au Parlement un rapport d'évaluation de la prime de partage de la valeur prévue au présent article. Ce rapport comprend des données quantitatives sur le recours au dispositif et évalue le respect, tout au long de son application, des conditions d'attribution prévues au 3° du III, notamment au regard de l'évolution de son régime social et fiscal.

IX. — Le coût résultant du présent article est intégralement pris en charge par l'État, conformément à l'article L. 131-7 du code de la sécurité sociale.

V. BOSS, *Questions-réponses relatif à la prime de partage de la valeur*, 10 oct. 2022, mise à jour du 22 déc. 2023.

BIBL. ▶ Di Camillo, *Dr. soc.* 2023. 188 *⊘* (prime de partage de la valeur : le jeu de dupes).

Art. L. 3312-6 Dans les entreprises ou les groupes disposant d'un accord d'intéressement et concourant avec d'autres entreprises à une activité caractérisée et coordonnée, un accord peut être conclu pour prévoir que tout ou partie des salariés bénéficie d'un intéressement de projet.

Cet accord d'intéressement de projet est négocié dans les conditions prévues au présent chapitre s'il n'implique que tout ou partie des salariés d'une même entreprise ou d'un même groupe. Il est négocié selon des modalités identiques à celles prévues au premier alinéa de l'article L. 3333-2 s'il concerne tout ou partie des salariés d'entreprises qui ne constituent pas un groupe.

Dans les deux cas, la majorité des deux tiers requise pour la ratification s'entend sur les personnels entrant dans le champ d'application du projet.

(*L. n° 2019-486 du 22 mai 2019, art. 155-I*) « Dans les entreprises disposant d'un accord d'intéressement, cet accord peut comporter un intéressement de projet définissant un objectif commun à tout ou partie des salariés de l'entreprise. »

L'accord définit un champ d'application et une période de calcul spécifiques, qui peuvent différer de ceux prévus aux articles L. 3311-1 et L. 3312-5 sans pouvoir excéder (*L. n° 2022-1158 du 16 août 2022, art. 4-III*) « cinq » ans.

L'application à l'intéressement de projet des dispositions du premier alinéa de l'article L. 3312-4 ne donne pas lieu à application de l'article L. 131-7 du code de la sécurité sociale.

Art. L. 3312-7 *Abrogé par L. n° 2015-994 du 17 août 2015, art. 18.*

Art. L. 3312-8 (*L. n° 2020-1525 du 7 déc. 2020, art. 118*) Toute entreprise peut faire application d'un dispositif d'intéressement conclu au niveau de la branche, dès lors que l'accord de branche a été agréé en application de l'article L. 3345-4.

Les entreprises qui souhaitent appliquer l'accord de branche agréé concluent à cet effet un accord dans les conditions prévues au I de l'article L. 3312-5.

Les entreprises de moins de cinquante salariés peuvent opter pour l'application de ce régime au moyen d'un document unilatéral d'adhésion de l'employeur, dans les conditions prévues à l'article L. 2232-10-1, si l'accord de branche prévoit cette possibilité et propose, sous forme d'accord type indiquant les différents choix laissés à l'employeur, des stipulations spécifiques pour ces entreprises.

L'accord d'entreprise ou le document unilatéral d'adhésion est conclu ou signé avant la date fixée à l'article L. 3314-4 et déposé selon les modalités prévues à l'article L. 3313-3.

Par dérogation aux articles L. 3345-2 et L. 3345-3 ainsi qu'aux deuxième et dernier alinéas de l'article L. 3313-3, les exonérations prévues aux articles L. 3312-4 et L. 3315-1 à L. 3315-3 sont réputées acquises dès le dépôt et pour la durée d'application de l'accord ou du document unilatéral d'adhésion à l'accord de branche agréé, dès lors que cette adhésion a été conclue ou signée dans les délais mentionnés à l'avant-dernier alinéa du présent article.

Art. L. 3312-9 (Abrogé par L. n° 2019-486 du 22 mai 2019, art. 155-I) (L. n° 2015-990 du 6 août 2015, art. 155) *Un régime d'intéressement, établi selon les modalités prévues aux articles L. 3312-1 à L. 3312-4, est négocié par branche, au plus tard le 30 décembre 2017. Il est adapté aux spécificités des entreprises employant moins de cinquante salariés au sein de la branche.*

Les entreprises de la branche mentionnées à l'article L. 3312-8 peuvent opter pour l'application de l'accord ainsi négocié.

A défaut d'initiative de la partie patronale au plus tard le 31 décembre 2016, la négociation s'engage dans les quinze jours suivant la demande d'une organisation de salariés représentative.

CHAPITRE III CONTENU ET RÉGIME DES ACCORDS

SECTION 1 Contenu des accords

Art. L. 3313-1 L'accord d'intéressement institue un système d'information du personnel et de vérification des modalités d'exécution de l'accord.

Il comporte notamment un préambule indiquant les motifs de l'accord ainsi que les raisons du choix des modalités de calcul de l'intéressement et des critères de répartition de ses produits. – [Anc. art. L. 441-2, al. 3.]

Art. L. 3313-2 L'accord d'intéressement définit notamment :
1° La période pour laquelle il est conclu ;
2° Les établissements concernés ;
3° Les modalités d'intéressement retenues ;
4° Les modalités de calcul de l'intéressement et les critères de répartition de ses produits dans le respect des dispositions prévues aux articles L. 3314-1 à L. 3314-7 ;
5° Les dates de versement ;
6° Les conditions dans lesquelles le (Ord. n° 2017-1386 du 22 sept. 2017, art. 4) « comité social et économique ou une commission spécialisée créée par lui dispose » des moyens d'information nécessaires sur les conditions d'application des clauses du contrat ;
7° Les procédures convenues pour régler les différends qui peuvent surgir dans l'application de l'accord ou lors de sa révision. – [Anc. art. L. 441-3, al. 1er à 6, phrase 1, et al. 7 à 8.]

SECTION 2 Régime des accords

SOUS-SECTION 1 Dépôt et contrôle administratif

Art. L. 3313-3 (L. n° 2020-1525 du 7 déc. 2020, art. 119-1, en vigueur le 1er sept. 2021) L'accord d'intéressement est déposé auprès de l'autorité administrative compétente dans un délai et selon des modalités déterminés par voie réglementaire.

En l'absence d'observation de l'un des organismes mentionnés aux articles L. 213-1 et L. 752-4 du code de la sécurité sociale ou à l'article L. 723-3 du code rural et de la pêche maritime à l'expiration du délai prévu (L. n° 2022-1158 du 16 août 2022, art. 4-IV) « au premier » alinéa de l'article L. 3345-2 du présent code, les exonérations prévues aux articles L. 3312-4 et L. 3315-1 à L. 3315-3 sont réputées acquises pour l'exercice en cours.

INTÉRESSEMENT — Art. L. 3314-2

L'organisme mentionné au deuxième alinéa du présent article dispose d'un délai supplémentaire de deux mois à compter de l'expiration du délai prévu *(L. n° 2022-1158 du 16 août 2022, art. 4-IV)* « au premier » alinéa de l'article L. 3345-2 pour formuler, le cas échéant, des demandes de retrait ou de modification de clauses contraires aux dispositions légales afin que l'entreprise puisse mettre l'accord en conformité avec les dispositions en vigueur pour les exercices suivant celui du dépôt. Si cet organisme n'a pas formulé de telles demandes dans ce nouveau délai, les exonérations prévues aux articles L. 3312-4 et L. 3315-1 à L. 3315-3 sont réputées acquises pour les exercices ultérieurs.

(L. n° 2022-1158 du 16 août 2022, art. 4-IV) « Un décret en Conseil d'État fixe les conditions dans lesquelles, lorsque l'accord a été rédigé selon une procédure dématérialisée permettant de vérifier préalablement sa conformité aux dispositions légales en vigueur, les exonérations prévues aux mêmes articles L. 3312-4 et L. 3315-1 à L. 3315-3 sont réputées acquises pour la durée dudit accord à compter de son dépôt dans les conditions prévues au premier alinéa du présent article. »

Les dispositions issues de la L. n° 2020-1525 du 7 déc. 2020 sont applicables aux accords et réglements déposés à compter du 1er sept. 2021 (L. préc., art. 119-III).

Les dispositions issues de la L. n° 2022-1158 du 16 août 2022 sont applicables aux accords et réglements déposés à compter du 1er janv. 2023 (L. préc., art. 4-IX).

1. Dépôt. Est justifiée la réintégration dans l'assiette des cotisations sociales de primes versées en application d'un accord d'intéressement non déposé. ● Soc. 14 mars 1996 : RJS 1996. 260, n° 429 ● 20 févr. 1997 : RJS 1997. 297, n° 447 ● 30 avr. 1997 : RJS 1997. 464, n° 716.

2. Réserve faite des entreprises publiques à statut, les accords d'intéressement ne peuvent, à l'occasion de leur dépôt, être soumis à un contrôle préalable de leur validité. ● CE, avis, 8 nov. 1996 : RJS 1997. 50, n° 70.

3. Le fait que l'accord d'intéressement et un avenant organisant son renouvellement par tacite reconduction aient été déposés n'est pas suffisant pour ouvrir droit à l'exonération de charges sociales : le renouvellement par tacite reconduction doit lui-même faire l'objet d'un dépôt. ● Soc. 5 nov. 1999, n° 97-22.485 P : RJS 1999. 866, n° 1490, p. 866.

SOUS-SECTION 2 — Modification dans la situation juridique de l'entreprise

Art. L. 3313-4 *(L. n° 2019-486 du 22 mai 2019, art. 155-I)* « Lorsqu'une modification survenue dans la situation juridique de l'entreprise, notamment par fusion, cession ou scission, nécessite la mise en place de nouvelles institutions représentatives du personnel, l'accord d'intéressement se poursuit ou peut être renouvelé selon l'une des modalités prévues à l'article L. 3312-5. »

Lorsque cette modification rend impossible l'application de l'accord d'intéressement, cet accord cesse de produire effet entre le nouvel employeur et les salariés de l'entreprise.

En l'absence d'accord d'intéressement applicable à la nouvelle entreprise, celle-ci engage dans un délai de six mois une négociation, selon l'une des modalités prévues à l'article L. 3312-5, en vue de la conclusion éventuelle d'un nouvel accord.

L'impossibilité d'appliquer un accord d'intéressement au sens de l'art. 441-7 relève de l'appréciation souveraine des juges du fond. ● Soc. 13 mai 2003, n° 01-14.565 P : RJS 2003. 615, n° 922.

CHAPITRE IV — CALCUL, RÉPARTITION ET DISTRIBUTION DE L'INTÉRESSEMENT

SECTION 1 — Calcul de l'intéressement

Art. L. 3314-1 Les modalités de calcul de l'intéressement peuvent varier selon les établissements et les unités de travail. A cet effet, l'accord d'intéressement peut renvoyer à des accords d'établissement. — *[Anc. art. L. 441-2, al. 4.]*

Art. L. 3314-2 Pour ouvrir droit aux exonérations prévues aux articles L. 3315-1 à L. 3315-3, l'intéressement collectif des salariés doit présenter un caractère aléatoire et résulter d'une formule de calcul liée :

1° Soit aux résultats ou aux performances de l'entreprise au cours d'une année ou d'une période d'une durée inférieure, exprimée en nombre entier de mois au moins égal à trois ;

2° Soit aux résultats de l'une ou plusieurs de ses filiales au sens de l'article L. 233-16 du code de commerce, dès lors que, à la date de conclusion de l'accord, au moins deux tiers des salariés de ces filiales situées en France sont couverts par un accord d'intéressement.

(L. n° 2019-486 du 22 mai 2019, art. 156) « La formule de calcul décrite au 1° peut être complétée d'un objectif pluriannuel lié aux résultats ou aux performances de l'entreprise. »

Art. L. 3314-3 L'intéressement aux résultats des salariés d'un groupement d'intérêt économique ou d'un groupement d'employeurs peut prendre en compte les résultats ou les performances des entreprises membres du groupement. – *[Anc. art. L. 441-2, al. 5.]*

Art. L. 3314-4 Pour ouvrir droit aux exonérations prévues aux articles L. 3315-1 à L. 3315-3, l'accord d'intéressement doit avoir été conclu avant le premier jour de la deuxième moitié de la période de calcul suivant la date de sa prise d'effet. – *[Anc. art. L. 441-2, al. 9.]*

SECTION 2 Répartition de l'intéressement

Art. L. 3314-5 La répartition de l'intéressement entre les bénéficiaires peut être uniforme, proportionnelle à la durée de présence dans l'entreprise au cours de l'exercice ou proportionnelle aux salaires. L'accord peut également retenir conjointement ces différents critères. Ces critères peuvent varier selon les établissements et les unités de travail. A cet effet, l'accord peut renvoyer à des accords d'établissement.

(L. n° 2023-1107 du 29 nov. 2023, art. 14) « L'accord peut fixer un salaire plancher, un salaire plafond ou les deux, servant de base de calcul de la part individuelle. »

Sont assimilées à des périodes de présence :

1° Les périodes de congé de maternité prévu à l'article L. 1225-17 *(L. n° 2020-692 du 8 juin 2020, art. 1er-II)* « , » *(L. n° 2022-1158 du 16 août 2022, art. 4-V)* « de congé de paternité et d'accueil de l'enfant prévu à l'article L. 1225-35, » de congé d'adoption prévu à l'article L. 1225-37 *(L. n° 2020-692 du 8 juin 2020, art. 1er-II)* « et de congé de deuil prévu à l'article L. 3142-1-1 » ;

2° Les périodes de suspension du contrat de travail consécutives à un accident du travail ou à une maladie professionnelle en application de l'article L. 1226-7 ;

(L. n° 2020-546 du 11 mai 2020, art. 6) « 3° Les périodes de mise en quarantaine au sens du *(L. n° 2022-1089 du 30 juill. 2022, art. 1er-III)* « 2° du I de l'article L. 3131-1 » du code de la santé publique. »

Les dispositions issues de la L. n° 2020-692 du 8 juin 2020 s'appliquent pour les décès intervenus à compter du 1er juill. 2020 (L. préc., art. 1er-V).

Prime d'intéressement et congé de reclassement. Le salarié en congé de reclassement bénéficie par principe de l'intéressement, mais les modalités de répartition, fixées par l'accord d'intéressement, peuvent aboutir à une prime nulle ; le congé n'est pas assimilé par la loi à du temps de travail effectif. ● Soc. 1er juin 2022, 🔼 n° 20-16.404 B : D. 2022. 1095 ; RJS 8-9/2022, n° 467 ; JSL 2022, n° 546, obs. Mureau ; SSL 2022, n° 2010, p. 15, obs. Frisoni Pascaud et Loizel.

Art. L. 3314-6 Pour les personnes mentionnées à l'article L. 3312-3, lorsqu'elle est proportionnelle aux salaires, la répartition prend en compte la rémunération annuelle ou le revenu professionnel imposé à l'impôt sur le revenu au titre de l'année précédente, dans la limite d'un plafond égal au salaire le plus élevé versé dans l'entreprise.

(L. n° 2019-486 du 22 mai 2019, art. 155-I) « Toutefois, si l'accord le prévoit, pour les personnes mentionnées au 3° du même article L. 3312-3, la répartition proportionnelle aux salaires peut retenir un montant qui ne peut excéder le quart du plafond mentionné au premier alinéa de l'article L. 241-3 du code de la sécurité sociale. »

Art. L. 3314-7 L'accord d'intéressement homologué en application de l'ordonnance n° 59-126 du 7 janvier 1959 tendant à favoriser l'association ou l'intéressement des travailleurs à l'entreprise peut continuer de retenir les critères de répartition fondés sur l'ancienneté et la qualification tel qu'il a été homologué dans ce cadre, dès lors qu'il aura été renouvelé sans discontinuité depuis sa dernière homologation. – *[Anc. art. L. 441-2, al. 7, phrase 6.]*

SECTION 3 Distribution de l'intéressement

Art. L. 3314-8 Le montant global des primes distribuées aux bénéficiaires ne doit pas dépasser annuellement 20 % du total des salaires bruts et, le cas échéant, de la rémunération annuelle ou du revenu professionnel des bénéficiaires mentionnés à l'article L. 3312-3 imposé à l'impôt sur le revenu au titre de l'année précédente versés aux personnes concernées.

Le montant des primes distribuées à un même bénéficiaire ne peut, au titre d'un même exercice, excéder une somme égale (*L. n° 2019-486 du 22 mai 2019, art. 155-I*) « aux trois quarts » du montant du plafond annuel moyen retenu pour le calcul des cotisations de sécurité sociale.

V. art. D. 3314-1.

Art. L. 3314-9 Toute somme versée aux bénéficiaires en application de l'accord d'intéressement au-delà du (*L. n° 2015-990 du 6 août 2015, art. 153-I*) « dernier jour du cinquième mois suivant la clôture de l'exercice produit un intérêt de retard égal à 1,33 fois le taux fixé à l'article 14 de la loi n° 47-1775 du 10 septembre 1947 portant statut de la coopération ». Ces intérêts, à la charge de l'entreprise, sont versés en même temps que le principal et bénéficient du régime d'exonération prévu aux articles L. 3315-1 à L. 3315-3.

Lorsque la formule de calcul de l'intéressement retient une période inférieure à une année, les intérêts commencent à courir le premier jour du troisième mois suivant la fin de la période de calcul de l'intéressement.

Les dispositions issues de la L. n° 2015-990 du 6 août 2015 sont applicables aux droits à intéressement et à participation des salariés aux résultats de l'entreprise attribués au titre des exercices clos après le 7 août 2015 (L. préc., art. 153-III).

Art. L. 3314-10 Le conseil d'administration ou le directoire peut décider de verser un supplément d'intéressement collectif au titre de l'exercice clos, dans le respect des plafonds mentionnés à l'article L. 3314-8 et selon les modalités de répartition prévues par l'accord d'intéressement ou par un accord spécifique conclu selon les modalités prévues à l'article L. 3312-5.

Ces sommes peuvent notamment être affectées à la réalisation d'un plan d'épargne d'entreprise, d'un plan d'épargne interentreprises (*Ord. n° 2019-766 du 24 juill. 2019, art. 7-IV, en vigueur le 1ᵉʳ oct. 2019*) « , d'un plan d'épargne pour la retraite collectif ou d'un plan d'épargne retraite d'entreprise collectif ».

Dans une entreprise où il n'existe ni conseil d'administration, ni directoire, l'employeur peut décider le versement d'un supplément d'intéressement, dans les conditions prévues au présent article.

L'application au supplément d'intéressement des dispositions du premier alinéa de l'article L. 3312-4 ne donne pas lieu à application de l'article L. 131-7 du code de la sécurité sociale.

Les dispositions issues de l'Ord. n° 2019-766 du 24 juill. 2019 entrent en vigueur à une date fixée par Décr. et au plus tard le 1ᵉʳ janv. 2020 (Ord. préc., art. 9-I). La date d'entrée en vigueur est fixée au 1ᵉʳ oct. 2019 (Décr. n° 2019-807 du 30 juill. 2019, art. 9-II).

Supplément d'intéressement et accord spécifique. Lorsqu'un accord d'intéressement a été négocié dans l'entreprise, l'employeur ne peut mettre en œuvre un supplément d'intéressement qu'en application d'un accord spécifique dont l'objet est de prévoir les modalités de répartition du supplément d'intéressement ; pour ouvrir droit à exonération, cet accord spécifique doit avoir été déposé à la DREETS du lieu où il a été conclu. • Civ. 2ᵉ, 19 oct. 2023, 🛡 n° 21-10.221 B.

Art. L. 3314-11 (*L. n° 2019-486 du 22 mai 2019, art. 157*) Les sommes qui n'auraient pu être mises en distribution en raison des règles définies aux articles L. 3314-5 et L. 3314-8 font l'objet, si l'accord le prévoit, d'une répartition immédiate entre tous les salariés et, le cas échéant, les bénéficiaires mentionnés à l'article L. 3312-3 auxquels ont été versées des sommes d'un montant inférieur au plafond des droits individuels fixé à l'article L. 3314-8. Ce plafond ne peut être dépassé du fait de cette répartition supplémentaire, effectuée selon les mêmes modalités que la répartition originelle.

CHAPITRE V RÉGIME SOCIAL ET FISCAL DE L'INTÉRESSEMENT

Art. L. 3315-1 Les entreprises qui mettent en œuvre l'intéressement dans les conditions prévues au présent titre peuvent déduire des bases retenues pour l'assiette de l'impôt sur les sociétés ou de l'impôt sur le revenu le montant des sommes versées en espèces aux bénéficiaires en application de l'accord d'intéressement.

Ces sommes sont soumises à l'impôt sur le revenu selon les règles fixées au *a* du 5 de l'article 158 du code général des impôts.

Ces dispositions ne sont pas applicables aux sommes versées aux exploitants individuels, aux associés de sociétés de personnes et assimilées n'ayant pas opté pour leur assujettissement à l'impôt sur les sociétés et aux conjoints collaborateurs et associés. – [Anc. art. L. 441-5.]

V. art. D. 3314-2.

Art. L. 3315-2 Lorsqu'un bénéficiaire a adhéré à un plan d'épargne d'entreprise mentionné au titre III et qu'il affecte, dans un délai prévu par voie réglementaire, à la réalisation de ce plan tout ou partie des sommes qui lui sont attribuées par l'entreprise au titre de l'intéressement, ces sommes sont exonérées d'impôt sur le revenu dans la limite d'un montant égal *(L. n° 2019-486 du 22 mai 2019, art. 155-I)* « aux trois quarts » du plafond annuel moyen retenu pour le calcul des cotisations de sécurité sociale.

(L. n° 2015-990 du 6 août 2015, art. 150-I) « Lorsque le salarié et, le cas échéant, le bénéficiaire mentionné au 1° de l'article L. 3312-3 ne demandent pas le versement, en tout ou partie, des sommes qui leur sont attribuées au titre de l'intéressement, ni leur affectation au plan prévu au premier alinéa du présent article, leur quote-part d'intéressement y est affectée dans les conditions prévues par l'accord mentionné à l'article L. 3312-5. Cet accord précise les modalités d'information du salarié sur cette affectation. A défaut de précision dans l'accord, ces conditions et ces modalités sont déterminées par décret. »

Art. L. 3315-3 Lorsqu'un bénéficiaire mentionné au troisième alinéa de l'article L. 3315-1 qui a adhéré à un plan d'épargne salariale prévu au titre III affecte à la réalisation de ce plan tout ou partie des sommes qui lui sont attribuées par l'entreprise au titre de l'intéressement, ces sommes sont exclues de l'assiette des bénéfices non commerciaux et de l'assiette des bénéfices industriels et commerciaux, dans la limite d'un plafond égal *(L. n° 2019-486 du 22 mai 2019, art. 155-I)* « aux trois quarts » du plafond annuel moyen retenu pour le calcul des cotisations de sécurité sociale.

Art. L. 3315-4 Les accords d'intéressement conclus au sein d'un groupe de sociétés établies dans plusieurs États membres de la Communauté européenne ouvrent droit aux exonérations prévues aux articles L. 3315-1 à L. 3315-3 pour les primes versées à leurs salariés ainsi qu'aux personnes mentionnées à l'article L. 3312-3 par les entreprises situées en France, parties à ces accords. – [Anc. art. L. 441-2, al. 2.]

Art. L. 3315-5 Lorsqu'un accord, valide au sens de l'article L. 2232-2, a été conclu ou déposé hors délai, il produit ses effets entre les parties mais n'ouvre droit aux exonérations que pour les périodes de calcul ouvertes postérieurement au dépôt.

Dépôt tardif et droit aux exonérations. Pour ouvrir droit aux exonérations de cotisations sur les sommes versées aux salariés à titre d'intéressement, l'accord d'intéressement doit avoir été conclu avant le premier jour de la deuxième moitié de la période de calcul suivant la date de sa prise d'effet et déposé dans les 15 jours à compter de cette date limite auprès de l'administration ; lorsqu'il est déposé hors délai, l'accord n'ouvre droit aux exonérations que pour les périodes de calcul ouvertes postérieurement à son dépôt. • Civ. 2e, 12 mai 2022, ⚖ n° 20-22.367 B : *RJS 7/2022, n° 388 ; JSL 2022, n° 545, obs. Mureau.*

TITRE II PARTICIPATION AUX RÉSULTATS DE L'ENTREPRISE

V. Instr. min. n° DGT/RT3/DSS/DGTRESOR/2016/5 du 18 févr. 2016 (https://www.legifrance.gouv.fr/circulaire/id/40587).

V. Instr. min. n° DGT/RT3/DSS/DGT/2019/252 du 19 déc. 2019 (https://travail-emploi.gouv.fr/IMG/pdf/instruction_interministerielle_epargne_salariale_19122019.pdf).

PARTICIPATION AUX RÉSULTATS **Art. L. 3322-1** 1263

> *COMMENTAIRE*
> V. sur le Code en ligne 🏛. ❑

CHAPITRE I CHAMP D'APPLICATION

Art. L. 3321-1 Les dispositions du présent titre sont applicables aux employeurs de droit privé et à leurs salariés.
(*L. n° 2008-1258 du 3 déc. 2008, art. 9-I*) « Un décret en Conseil d'État détermine les établissements publics de l'État à caractère industriel et commercial et les sociétés, groupements ou personnes morales, quel que soit leur statut juridique, dont plus de la moitié du capital est détenue directement par l'État, qui sont soumis aux dispositions du présent titre. Ce décret fixe les conditions dans lesquelles ces dispositions leur sont applicables.
« Les dispositions du présent titre sont également applicables aux sociétés, groupements ou personnes morales, quel que soit leur statut juridique, dont plus de la moitié du capital est détenue, ensemble ou séparément, indirectement par l'État et directement ou indirectement par ses établissements publics, s'ils ne bénéficient pas de subventions d'exploitation, ne sont pas en situation de monopole et ne sont pas soumis à des prix réglementés.
« Un décret en Conseil d'État peut déterminer les sociétés, groupements ou personnes morales, quel que soit leur statut juridique, dont plus de la moitié du capital est détenue, ensemble ou séparément, indirectement par l'État et directement ou indirectement par ses établissements publics, bénéficiant de subventions d'exploitation, étant en situation de monopole ou soumis à des prix réglementés, qui sont soumis aux dispositions du présent titre. Ce décret fixe les conditions dans lesquelles ces dispositions leur sont applicables. » – *V. art. R. 3321-1*.
(*L. n° 2019-486 du 22 mai 2019, art. 155, en vigueur le 1er janv. 2019*) « Lorsque, dans le présent titre, il est fait référence à l'effectif salarié, cet effectif et le franchissement du seuil sont déterminés au niveau de l'entreprise ou de l'unité économique et sociale selon les modalités prévues à l'article L. 130-1 du code de la sécurité sociale *[V. cet art. ss. art. L. 1151-2]*. »

Sur l'entrée en vigueur des dispositions issues de la L. n° 2019-486 du 22 mai 2019, V. note ss. art. L. 3311-1.

Art. L. 3321-2 Un décret en Conseil d'État détermine les conditions dans lesquelles le présent titre est appliqué aux sociétés mères et aux sociétés filiales. – *[Anc. art. L. 442-2, al. 6, phrase 2.]*

CHAPITRE II MISE EN PLACE DE LA PARTICIPATION

SECTION 1 Mise en place dans l'entreprise

Art. L. 3322-1 La participation a pour objet de garantir collectivement aux salariés le droit de participer aux résultats de l'entreprise.
Elle prend la forme d'une participation financière à effet différé, calculée en fonction du bénéfice net de l'entreprise, constituant la réserve spéciale de participation.
Elle est obligatoire dans les entreprises mentionnées au présent chapitre. (*L. n° 2019-486 du 22 mai 2019, art. 155-I, en vigueur le 1er janv. 2019*) « L'obligation s'applique à compter du premier exercice ouvert postérieurement à la période des cinq années civiles consécutives mentionnées au premier alinéa du II de l'article L. 130-1 du code de la sécurité sociale. »
(*L. n° 2008-1258 du 3 déc. 2008, art. 6*) « Elle concourt à la mise en œuvre de la gestion participative dans l'entreprise. »

Sur l'entrée en vigueur des dispositions issues de la L. n° 2019-486 du 22 mai 2019, V. note ss. art. L. 3311-1.

V. Circ. du 14 sept. 2005 relative à l'épargne salariale, dossier participation (JO 1er nov.).

BIBL. ▶ Savatier, *Dr. soc.* 1989. 381 (détermination des bénéficiaires : salariés à temps partiel ; salariés mis à disposition).

1. Indifférence des motifs du licenciement. Un salarié ne peut être privé de ses droits à participation en raison des motifs de son licenciement. • Soc. 9 mars 1989 : *CSB 1989. 103, S. 56 ; JCP E 1989. I. 15578, n° 11, obs. Gatumel* (illicéité de la décision d'un comité d'entreprise prévoyant qu'un salarié licencié pour vol serait privé de ses droits à participation).

2. Indisponibilité. Les droits constitués au profit des salariés au titre de la participation aux résultats de l'entreprise, en exécution du contrat de travail et du statut collectif de l'entreprise qu'il implique, revêtent la forme d'un droit de créance sur l'entreprise quel que soit leur emploi pendant le temps de leur indisponibilité. • Soc. 30 sept. 2004, n° 02-16.439 P : *Dr. soc. 2004. 1149, obs. Savatier*.

3. Performance individuelle des salariés. Le caractère collectif du système d'épargne d'entreprise s'oppose à ce que le montant des versements de l'employeur soit fondé sur des critères de performance individuelle des salariés. • Soc. 26 oct. 2000, n° 99-11.401 P : *RJS 2001. 45, n° 73 ; JCP 2000. IV. 2856*.

4. Participation et entreprise étrangère disposant d'un établissement en France. Une entreprise étrangère disposant d'un établissement en France peut être tenue de constituer une réserve spéciale de participation dès lors qu'elle est imposable en France à raison des opérations qu'elle y réalise. • Soc. 8 févr. 2012 : *D. 2012. Actu. 560 ; RJS 2012. 404, n° 486 ; JCP S 2012. 1165, obs. Lipski*.

5. Action du syndicat relative à la participation. L'action exercée par le syndicat tendant à la constitution d'une réserve spéciale de participation en raison d'une fraude alléguée aux droits des salariés à la participation aux résultats de l'entreprise, qui résulterait d'une mise en location-gérance, suppose au préalable que le juge se prononce sur la validité du transfert des contrats de travail intervenu en application de l'art. L. 1224-1 C. trav. ; l'action en contestation du transfert d'un contrat de travail étant un droit exclusivement attaché à la personne du salarié, l'action du syndicat est irrecevable. • Soc. 9 mars 2016, n° 14-11.837 P : *D. 2016. Actu. 659 ; RJS 5/2016, n° 350 ; SSL 2016, n° 1732, p. 12, obs. Métin et Chevallier ; JCP S 2016. 1243, obs. Gauriau*.

Loi n° 2023-1107 du 29 nov. 2023,

Portant transposition de l'accord national interprofessionnel relatif au partage de la valeur au sein de l'entreprise.

Art. 5 I. — A titre expérimental et pendant une durée de cinq ans à compter de la promulgation de la présente loi *[29 nov. 2023]*, les entreprises d'au moins onze salariés qui ont réalisé pendant trois exercices consécutifs un bénéfice net fiscal, au sens du 1° de l'article L. 3324-1 du code du travail, au moins égal à 1 % du chiffre d'affaires et qui ne sont pas tenues de mettre en place un régime de participation en application des articles L. 3322-1 à L. 3322-5 du même code doivent, au titre de l'exercice suivant :

1° Soit mettre en place un régime de participation, dans les conditions prévues aux articles L. 3322-9 ou L. 3323-6 dudit code ou au I de l'article 4 de la présente loi *[V. ss. art. L. 3323-6]*, ou un régime d'intéressement, dans les conditions prévues aux articles L. 3312-5 ou L. 3312-8 du code du travail ;

2° Soit abonder un plan d'épargne salariale prévu aux articles L. 3332-1, L. 3333-2, L. 3334-2 ou L. 3334-4 du même code ou aux articles L. 224-13 ou L. 224-16 du code monétaire et financier, selon les modalités prévues aux articles L. 3332-11 et L. 3334-6 du code du travail et à l'article L. 224-20 du code monétaire et financier ;

3° Soit verser la prime de partage de la valeur prévue à l'article 1er de la loi n° 2022-1158 du 16 août 2022 portant mesures d'urgence pour la protection du pouvoir d'achat.

II. — Sont réputées satisfaire à l'obligation prévue au I du présent article les entreprises dans lesquelles l'un des dispositifs mentionnés aux 1° à 3° du même I est mis en œuvre et s'applique au titre de l'exercice considéré.

III. — Ne sont pas soumises à l'obligation prévue au I :

1° Les entreprises individuelles créées sur le fondement de l'article L. 526-5-1 du code de commerce, dans sa rédaction antérieure à la loi n° 2022-172 du 14 février 2022 en faveur de l'activité professionnelle indépendante, ou de l'article L. 526-22 du code de commerce ;

2° Les entreprises qui relèvent du statut des sociétés anonymes à participation ouvrière prévu aux articles L. 225-258 à L. 225-270 du même code, qui versent un dividende à leurs salariés au titre de l'exercice écoulé et dont le taux d'intérêt sur la somme versée aux porteurs d'actions de capital en application du troisième alinéa de l'article L. 225-261 dudit code est égal à 0 %.

IV. — L'obligation de mettre en place l'un des dispositifs mentionnés aux 1° à 3° du I du présent article s'applique aux exercices ouverts après le 31 décembre 2024. Les trois exercices

PARTICIPATION AUX RÉSULTATS **Art. L. 3322-3**

précédents sont pris en compte pour l'appréciation du respect de la condition relative à la réalisation du bénéfice net fiscal.

V. — Le Gouvernement remet au Parlement, au plus tard six mois avant le terme de l'expérimentation, un rapport d'évaluation de l'expérimentation prévue au présent article comprenant une présentation des dispositifs mis en place par les entreprises.

Un suivi annuel de l'application du présent article est transmis aux organisations syndicales et patronales représentatives au niveau national et interprofessionnel.

Art. L. 3322-2 (L. n° 2019-486 du 22 mai 2019, art. 155-I, en vigueur le 1er janv. 2019) « **Les entreprises employant au moins cinquante salariés garantissent le droit de leurs salariés à participer aux résultats de l'entreprise. Il en va de même pour les entreprises constituant une unité économique et sociale mentionnée à l'article L. 2313-8 et composée d'au moins cinquante salariés.** »

La base, les modalités de calcul, ainsi que les modalités d'affectation et de gestion de la participation sont fixées par accord dans les conditions prévues par le présent titre.

(L. n° 2008-1258 du 3 déc. 2008, art. 7) « Le salarié d'un groupement d'employeurs peut bénéficier du dispositif de participation mis en place dans chacune des entreprises adhérentes du groupement auprès de laquelle il est mis à disposition dans des conditions fixées par décret. » — V. art. R. 3221-2.

Sur l'entrée en vigueur des dispositions issues de la L. n° 2019-486 du 22 mai 2019, V. note ss. art. L. 3311-1.

BIBL. ▶ Cuzacq, *RDT 2019*. 460 (la participation aux résultats dans les entreprises de moins de 50 salariés).

BIBL. Fadeuilhe, *JCP S 2009*. 1062 (groupements d'employeurs et dispositifs d'épargne salariale).

1. Effectif de l'entreprise. Un accord de participation n'étant obligatoire que dans les entreprises de plus de cinquante salariés, un tel accord peut valablement prévoir, par une clause particulière, qu'il cessera de s'appliquer en cas d'abaissement des effectifs en dessous de cinquante salariés. ● Soc. 18 sept. 2002, n° 99-15.454 P : *D. 2002. IR 2717* ; *RJS 2002. 942, n° 1264*. ♦ L'effectif à partir duquel la participation est obligatoire s'apprécie au niveau de l'entreprise. ● Soc. 24 janv. 2006 : *RJS 2006. 325, n° 480* ; *Dr. soc. 2006. 454, obs. Savatier*. ♦ Le calcul de l'effectif doit être effectué mois par mois au cours des 12 mois précédents, il se calcule nécessairement à la fin de la période considérée ; les salariés titulaires d'un contrat à durée indéterminée à temps plein sont pris en compte pour une unité dans l'effectif du mois au cours duquel ils ont été engagés. ● Soc. 8 déc. 2010 : *D. actu. 13 janv. 2011, obs. Siro* ; *D. 2011. Actu. 85* ; *JSL 2011, n° 293-4, obs. Tourreil* ; *JCP S 2011. 1064, obs. Vatinet*. ♦ Le calcul de l'effectif, pour la mise en place de la participation aux résultats de l'entreprise, s'effectue mois par mois au cours des douze précédents, en prenant en compte les salariés titulaires d'un contrat à durée déterminée au prorata de leur temps de présence peu important qu'à la fin du mois où s'effectue le décompte, les contrats à durée déterminée aient pris fin. ● Soc. 1er juin 2017, n° 16-16.779 P : *D. actu. 19 juin 2017, obs. Fraisse* ; *D. 2017. Actu. 1195* ; *RJS 8-9/2017, n° 601* ; *JCP S 2017. 1233, obs. Kovac*.

2. Fusion. Une société absorbante est tenue de constituer une réserve de participation calculée sur l'ensemble des bénéfices pris en compte par elle du fait de la fusion, peu important que la société absorbée n'ait pas été elle-même soumise au régime légal de la participation. ● Soc. 23 févr. 1983 : *Dr. soc. 1983. 634, note Savatier*.

3. Salariés mis à disposition. Le comité d'une entreprise accueillant des salariés mis à sa disposition ne peut demander la création d'une réserve spéciale de participation, dès lors que les autres sociétés ont continué d'assumer leurs obligations d'employeur et qu'elles ont fait bénéficier le personnel détaché de leur réserve de participation. ● Soc. 23 juin 1988 : *Dr. soc. 1989. 381, note Savatier*.

4. Salariés à temps partiel. Les salariés à temps partiel doivent être compris dans l'effectif habituel de l'entreprise. ● Soc. 26 janv. 1989 : *Bull. civ. V, n° 81* ; *Dr. soc. 1989. 381, note Savatier*.

5. Participation et abus de biens sociaux. La diminution du montant des primes perçues au titre de la participation n'étant qu'une conséquence indirecte des abus de biens sociaux, la cour d'appel ne peut allouer des dommages-intérêts à des salariés et à une section syndicale d'une société réparant le préjudice résultant de ces abus. ● Crim. 28 janv. 2004 : *RJS 2004. 826, n° 1176*.

Art. L. 3322-3 (Abrogé par L. n° 2023-1107 du 29 nov. 2023, art. 7) (L. n° 2015-990 du 6 août 2015, art. 156) « *Lorsqu'une entreprise ayant conclu un accord d'intéressement vient à employer au moins cinquante salariés, les obligations prévues à la présente section ne* *s'appliquent qu'au troisième exercice clos après le franchissement du seuil d'assujettissement à la participation, si l'accord est appliqué sans discontinuité pendant cette période. »*

A cette date, un accord de participation peut être conclu dans les conditions de l'article L. 3324-2 sur une base de calcul et de répartition reprenant celle de l'accord d'intéressement ayant expiré.

Les entreprises qui ne sont tenues d'appliquer un régime de participation qu'à compter du 3e exercice clos après le franchissement du seuil d'assujettissement à la participation en application du 1er al. de l'art. L. 3322-3, dans sa rédaction antérieure à la L. n° 2023-1107 du 29 nov. 2023, conservent le bénéfice de cette disposition jusqu'au terme du report (L. préc., art. 7-II).

Art. L. 3322-4 (Abrogé par L. n° 2019-486 du 22 mai 2019, art. 155-I) *Pour l'appréciation du seuil de cinquante salariés, l'effectif des salariés employés habituellement par les entreprises de travail temporaire est calculé en ajoutant au nombre des salariés permanents le nombre moyen par jour ouvrable des salariés qui ont été liés par un contrat de travail temporaire au cours de l'exercice.*

Art. L. 3322-4-1 (Abrogé par L. n° 2020-1525 du 7 déc. 2020, art. 119-I, à compter du 1er sept. 2021) (Ord. n° 2015-380 du 2 avr. 2015, art. 4) *Pour l'appréciation du seuil de cinquante salariés, l'effectif des salariés employés habituellement par les entreprises de portage salarial mentionnées aux articles L. 1254-1 et suivants est calculé en ajoutant au nombre des salariés permanents de l'entreprise de portage salarial le nombre moyen par jour ouvrable des salariés qui ont effectué des prestations de portage salarial dans le cadre d'un contrat de travail conclu avec cette entreprise au cours de l'exercice.*

Cette abrogation est applicable aux accords et règlements déposés à compter du 1er sept. 2021(L. n° 2020-1525 du 7 déc. 2020, art. 119-III).

Art. L. 3322-5 Dans les entreprises nouvelles dont la création ne résulte pas d'une fusion, totale ou partielle, d'entreprises préexistantes, les accords de participation sont conclus à partir du troisième exercice clos après leur création. — *[Anc. art. L. 442-16.]*

Art. L. 3322-6 Les accords de participation sont conclus selon l'une des modalités suivantes :
1° Par convention ou accord collectif de travail ;
2° Par accord entre l'employeur et les représentants d'organisations syndicales représentatives dans l'entreprise ;
3° Par accord conclu au sein du (Ord. n° 2017-1386 du 22 sept. 2017, art. 4) « comité social et économique » ;
4° A la suite de la ratification, à la majorité des deux tiers du personnel, d'un projet de contrat proposé par l'employeur. S'il existe dans l'entreprise une ou plusieurs organisations syndicales représentatives ou un (Ord. n° 2017-1386 du 22 sept. 2017, art. 4) « comité social et économique », la ratification est demandée conjointement par l'employeur et une ou plusieurs de ces organisations ou ce comité.

1. Domaine. Ce n'est que lorsque les plans d'épargne entreprise sont établis en vertu d'accords avec le personnel qu'ils doivent être conclus selon l'une des procédures énumérées à l'art. L. 442-10 [L. 3322-6 nouv.]. • Soc. 21 nov. 2000, n° 98-18.605 P : D. 2001. IR 281.

2. Droit applicable. Il résulte de l'art. 2 C. civ. qu'en l'absence de modification, autre que de forme, de l'accord au sens de l'art. L. 3322-6 C. trav. instaurant un plan d'épargne d'entreprise, et de nouveau dépôt de cet accord auprès de l'administration du travail, les dispositions de cet accord ne peuvent être contestées qu'au regard des dispositions légales en vigueur au moment de sa conclusion. • Soc. 21 sept. 2016, n° 13-24.437 P : D. actu. 6 oct. 2016, obs. Peyronnet ; D. 2016. Actu. 1935 ; RJS 12/2016, n° 800 ; JCP S 2016. 1370, obs. Kovac et Gaudemet-Toulemonde.

Art. L. 3322-7 Par dérogation à l'article L. 3322-6, un accord de groupe peut être passé entre les sociétés d'un même groupe ou seulement certaines d'entre elles.

Cet accord est conclu selon l'une des modalités suivantes :

1° Entre le mandataire des sociétés intéressées et le ou les salariés appartenant à l'une des entreprises du groupe mandatés à cet effet par une ou plusieurs organisations syndicales représentatives ;

2° Entre le mandataire des sociétés intéressées et les représentants mandatés par chacun des (Ord. n° 2017-1386 du 22 sept. 2017, art. 4) « comités sociaux et économiques » concernés ;

PARTICIPATION AUX RÉSULTATS **Art. L. 3323-3** 1267

3° A la suite de la ratification, à la majorité des deux tiers du personnel, d'un projet d'accord proposé par le mandataire des sociétés du groupe. S'il existe dans les sociétés intéressées une ou plusieurs organisations syndicales représentatives ou, lorsque toutes les sociétés du groupe sont intéressées, s'il existe un comité de groupe, la ratification est demandée conjointement par le mandataire des sociétés du groupe et soit une ou plusieurs de ces organisations, soit la majorité des *(Ord. n° 2017-1386 du 22 sept. 2017, art. 4)* « comités sociaux et économiques » des sociétés concernées, soit le comité de groupe. La majorité des deux tiers est appréciée au niveau de l'ensemble des sociétés concernées. – *[Anc. art. L. 442-11.]*

Art. L. 3322-8 *(Abrogé par L. n° 2020-1525 du 7 déc. 2020, art. 119, à compter du 1ᵉʳ sept. 2021)* **Un décret en Conseil d'État détermine les modalités de calcul de l'effectif de l'entreprise pour l'application de l'article L. 3322-2.**

Cette abrogation est applicable aux accords et réglements déposés à compter du 1ᵉʳ sept. 2021 (L. n° 2020-1525 du 7 déc. 2020, art. 119-III).

SECTION 2 Mise en place dans la branche

Art. L. 3322-9 *(L. n° 2020-1525 du 7 déc. 2020, art. 118)* Toute entreprise peut faire application d'un dispositif de participation conclu au niveau de la branche, dès lors que l'accord de branche a été agréé en application de l'article L. 3345-4.

Les entreprises qui souhaitent appliquer l'accord de branche agréé concluent à cet effet un accord dans les conditions prévues à l'article L. 3322-6.

Les entreprises de moins de cinquante salariés peuvent opter pour l'application de ce régime au moyen d'un document unilatéral d'adhésion de l'employeur, dans les conditions prévues à l'article L. 2232-10-1, si l'accord de branche prévoit cette possibilité et propose, sous forme d'accord type indiquant les différents choix laissés à l'employeur, des stipulations spécifiques pour ces entreprises.

L'accord d'entreprise conclu ou le document unilatéral d'adhésion signé est déposé selon les modalités prévues à l'article L. 3323-4.

Par dérogation aux articles L. 3345-2 et L. 3345-3, les exonérations prévues au chapitre V du présent titre sont réputées acquises dès le dépôt et pour la durée d'application de l'accord ou du document d'adhésion à l'accord de branche agréé.

CHAPITRE III CONTENU ET RÉGIME DES ACCORDS

SECTION 1 Contenu des accords

Art. L. 3323-1 L'accord de participation détermine :
1° Les conditions dans lesquelles les salariés sont informés de l'application des dispositions du présent titre ;
2° La nature et les modalités de gestion des droits reconnus aux salariés sur les sommes constituant la réserve spéciale de participation prévue à l'article L. 3324-1. – *[Anc. art. L. 442-5, al. 1ᵉʳ.]*

Art. L. 3323-2 L'accord de participation peut prévoir l'affectation des sommes constituant la réserve spéciale de participation :
1° A des comptes ouverts au nom des intéressés en application d'un plan d'épargne salariale remplissant les conditions fixées au titre III ;
(Abrogé par L. n° 2019-486 du 22 mai 2019, art. 155-I) « *2° A un compte que l'entreprise doit consacrer à des investissements. Les salariés ont sur l'entreprise un droit de créance égal au montant des sommes versées.* » – *Ces dispositions continuent à s'appliquer aux entreprises qui en bénéficient au jour de la publication de la L. n° 2019-486 du 22 mai 2019 (L. préc., art. 155-VI).*

(L. n° 2010-1330 du 9 nov. 2010, art. 110) « Tout accord de participation existant à la date de promulgation de la loi n° 2010-1330 du 9 novembre 2010 portant réforme des retraites doit être mis en conformité avec le présent article et l'article L. 3323-3 au plus tard le 1ᵉʳ janvier 2013. » – *V. Circ. Questions-réponses du 19 avr. 2012 sur l'alimentation du plan d'épargne pour la retraite collectif par des jours de repos non pris et par la moitié de la réserve spéciale de participation, NOR : ETST1221259C.*

Art. L. 3323-3 *(Abrogé par L. n° 2019-486 du 22 mai 2019, art. 155-I)* « *Un accord de participation ne peut prévoir l'affectation des sommes constituant la réserve spéciale de participation uniquement à un compte courant bloqué.* »

(L. n° 2019-486 du 22 mai 2019, art. 155-I) « Par dérogation à l'article L. 3323-2 » (L. n° 2012-387 du 22 mars 2012, art. 26) « , les accords de participation conclus au sein des (L. n° 2014-856 du 31 juill. 2014, art. 30) « sociétés coopératives de production » peuvent prévoir l'emploi de la totalité de la réserve spéciale de participation en parts sociales ou en comptes courants bloqués. Les mêmes accords peuvent stipuler que, en cas d'emploi de la réserve spéciale de participation en comptes courants bloqués, les associés qui sont employés dans l'entreprise sont en droit, nonobstant l'article L. 225-128 du code de commerce, d'affecter leur créance à la libération de parts sociales qui restent soumises à la même indisponibilité. »

SECTION 2 Régime des accords

SOUS-SECTION 1 Dépôt

Art. L. 3323-4 Les accords de participation sont déposés auprès de l'autorité administrative.

Ce dépôt conditionne l'ouverture du droit aux exonérations prévues au chapitre V. — [Anc. art. L. 442-8.]

V. art. D. 3323-1 s.

1. En l'absence d'accord de participation déposé pour la période de contrôle, la totalité des sommes versées au titre de la participation doit être réintégrée dans l'assiette des cotisations. • Civ. 2e, 3 juill. 2008 : ⚖ RJS 2008. 915, n° 1109 ; JSL 2008, n° 246-5, note Kesztenbaum et Rault ; JCP S 2008. 1555, note Tauran.

2. Le dépôt conditionne l'ouverture du droit aux exonérations de cotisations sociales ; il en résulte que l'exonération ne s'applique qu'à compter de la date du dépôt de l'accord de participation et que sont soumises à cotisations les sommes attribuées aux salariés, en exécution de cet accord, antérieurement à son dépôt. • Civ. 2e, 22 juin 2023, ⚖ n° 21-18.363 B.

SOUS-SECTION 2 Dispositions applicables en l'absence d'accord

Art. L. 3323-5 Lorsque, dans un délai d'un an suivant la clôture de l'exercice au titre duquel sont nés les droits des salariés, un accord de participation n'a pas été conclu, cette situation est constatée par l'inspecteur du travail (Abrogé par L. n° 2019-486 du 22 mai 2019, art. 155-I) « et les dispositions du 2° de l'article L. 3323-2 sont applicables ».

(L. n° 2019-486 du 22 mai 2019, art. 155-I) « Les sommes attribuées aux salariés sont affectées sur un compte courant que l'entreprise doit consacrer à des investissements et, sous réserve des cas prévus par décret en application de l'article L. 3324-10, bloquées » pour huit ans (L. n° 2008-1258 du 3 déc. 2008, art. 4-I) « , sauf si le salarié demande le versement de tout ou partie des sommes correspondantes dans des conditions fixées par décret. La demande peut être présentée à l'occasion de chaque versement effectué au titre de la répartition de la réserve spéciale de participation. Les sommes précitées, versées à des comptes courants, » portent intérêt à un taux fixé par arrêté du ministre chargé du budget et de l'économie.

La provision pour investissement prévue à l'article L. 3325-3 ne peut être constituée. — [Anc. art. L. 442-12.] — V. art. R. 3324-22.

1. Juridictions compétentes. Les litiges relatifs à la constatation par l'inspecteur du travail du défaut d'accord de participation ne relèvent pas des juridictions administratives compte tenu de l'art. L. 442-13 [L. 3323-5 nouv.]. • CE 18 juin 2003 : ⚖ RJS 2003. 823, n° 1198.

2. Application du régime légal. L'absence de constat par l'inspecteur du travail du défaut de conclusion d'un contrat de participation dans le délai d'un an suivant la clôture de l'exercice au titre duquel sont nés les droits des salariés d'une entreprise ne prive pas ces derniers du droit de demander au juge de faire application du régime légal de participation prévu par l'art. L. 442-12 [L. 3323-5 nouv.] lorsque les conditions de sa mise en œuvre sont réunies. • Soc. 13 sept. 2005 : ⚖ D. 2005. IR 2411 ✐ ; Dr. soc. 2005. 1051, obs. Savatier ✐.

PARTICIPATION AUX RÉSULTATS **Art. L. 3323-7** 1269

SOUS-SECTION 3 Participation volontaire

Art. L. 3323-6 Les entreprises qui ne sont pas tenues de mettre en application un régime de participation peuvent, par un accord de participation, se soumettre volontairement aux dispositions du présent titre.

(L. n° 2008-1258 du 3 déc. 2008, art. 11-I) « Les chefs de ces entreprises ou, s'il s'agit de personnes morales, leurs présidents, directeurs généraux, gérants ou membres du directoire, ainsi que le conjoint *(L. n° 2019-486 du 22 mai 2019, art. 155-I)* « ou le partenaire lié par un pacte civil de solidarité » du chef d'entreprise s'il bénéficie du statut de conjoint collaborateur ou de conjoint associé mentionné à l'article L. 121-4 du code de commerce, peuvent bénéficier de ce régime. »

En cas d'échec des négociations, l'employeur peut mettre en application unilatéralement un régime de participation conforme aux dispositions du présent titre. Le *(Ord. n° 2017-1386 du 22 sept. 2017, art. 4)* « comité social et économique est consulté » sur le projet d'assujettissement unilatéral à la participation au moins quinze jours avant son dépôt auprès de l'autorité administrative.

Ces entreprises *(L. n° 2008-1258 du 3 déc. 2008, art. 11-I)* « , leurs salariés et les bénéficiaires visés au deuxième alinéa se voient appliquer le » régime social et fiscal prévu au chapitre V. – *[Anc. art. L. 442-15, al. 1ᵉʳ, 2 et 4.]*

BIBL. ▶ Cuzacq, *RDT 2019. 460* ⌀ (la participation aux résultats dans les entreprises de moins de 50 salariés).

Loi n° 2023-1107 du 29 nov. 2023,

Portant transposition de l'accord national interprofessionnel relatif au partage de la valeur au sein de l'entreprise.

Art. 4 I. — A titre expérimental et pendant une durée de cinq ans à compter de la promulgation de la présente loi, les entreprises mentionnées au premier alinéa de l'article L. 3323-6 du code du travail peuvent mettre en application un régime de participation, au sens du même article L. 3323-6, dérogeant à la règle de l'équivalence des avantages consentis aux salariés prévue à l'article L. 3324-2 du même code :

1° Soit par application d'un accord de participation conclu au niveau de la branche dans les conditions prévues à l'article L. 3322-9 dudit code ;

2° Soit par application d'un accord de participation conclu dans les conditions prévues à l'article L. 3322-6 du même code.

II. — Les entreprises mentionnées au I du présent article qui mettent en application un régime de participation à la date d'entrée en vigueur de la présente loi *[1ᵉʳ déc. 2023]* ne peuvent opter pour le régime défini au même I, lorsqu'il déroge à la règle de l'équivalence des avantages consentis aux salariés, qu'en concluant un accord dans les conditions prévues à l'article L. 3322-6 du code du travail.

III. — Une négociation en vue de la mise en place d'un régime de participation mentionné au I du présent article est ouverte dans chaque branche au plus tard le 30 juin 2024.

A défaut d'initiative de la partie patronale avant cette date, la négociation s'engage dans un délai de quinze jours à compter de la demande d'une organisation de salariés représentative dans la branche.

IV. — Le Gouvernement remet au Parlement un rapport d'évaluation de l'expérimentation prévue au présent article au plus tard six mois avant le terme de l'expérimentation. Ce rapport propose différentes évolutions envisageables de la formule de calcul de la réserve spéciale de participation définie à l'article L. 3324-1 du code du travail et évalue les incidences de chacune d'entre elles.

Un suivi annuel de l'application du présent article est transmis aux organisations syndicales et patronales représentatives au niveau national et interprofessionnel.

SOUS-SECTION 4 Participation dans les entreprises agricoles

Art. L. 3323-7 Une convention ou un accord de branche étendu peut prévoir la mise en application d'un régime de participation dans les entreprises agricoles employant des salariés mentionnés aux 1° à 3°, 6° et 7° de l'article L. 722-20 du code rural et de la pêche maritime selon des modalités dérogeant aux dispositions de l'article L. 3324-1.

Ces entreprises et leurs salariés bénéficient alors, dans les mêmes conditions, du régime social et fiscal prévu au chapitre V. – *[Anc. art. L. 442-15, al. 3 et 4.]*

SOUS-SECTION 5 **Modification dans la situation juridique de l'entreprise**

Art. L. 3323-8 Lorsque survient une modification dans la situation juridique de l'entreprise, par fusion, cession ou scission, rendant impossible l'application d'un accord de participation, cet accord cesse de produire effet entre le nouvel employeur et le personnel de l'entreprise.

En l'absence d'accord de participation applicable à la nouvelle entreprise, celle-ci engage, dans un délai de six mois à compter de la clôture de l'exercice au cours duquel est intervenue la modification, une négociation en vue de la conclusion d'un nouvel accord, selon l'un des modes prévus à l'article L. 3322-6. – *[Anc. art. L. 442-17.]*

SOUS-SECTION 6 **Sociétés coopératives ouvrières de production, coopératives agricoles et entreprises publiques**

Art. L. 3323-9 Les dispositions du présent titre ainsi que celles régissant les *(L. n° 2014-856 du 31 juill. 2014, art. 30)* « sociétés coopératives de production » et les coopératives agricoles sont adaptées, par décret en Conseil d'État, pour les rendre applicables à ces sociétés. – *V. art. R. 3323-9.*

(L. n° 2008-1258 du 3 déc. 2008, art. 4-II) « Par dérogation à l'article L. 3324-10, l'accord de participation applicable dans ces sociétés peut prévoir que tout ou partie de la réserve spéciale de participation n'est exigible qu'à l'expiration d'un délai de cinq ans à compter de l'ouverture de ces droits. »

V. art. R. 3323-9.

Les dispositions issues de la L. n° 2008-1258 du 3 déc. 2008 sont applicables aux droits à participation des salariés aux résultats de l'entreprise attribués au titre des exercices clos après le 4 déc. 2008, date de publication de ladite loi (L. préc., art. 4).

Art. L. 3323-10 Les dispositions du présent titre ne sont pas applicables aux exercices antérieurs à l'exercice suivant *(L. n° 2008-1258 du 3 déc. 2008, art. 9-I)* « le 1er janvier 2005 » pour les sociétés, groupements ou personnes morales, quel que soit leur statut juridique, dont plus de la moitié du capital est détenue, ensemble ou séparément, directement ou indirectement, par les établissements publics et les entreprises publiques mentionnées au deuxième alinéa de l'article L. 3321-1, à l'exception de celles et ceux pour lesquels ces dispositions s'appliquaient en vertu du décret n° 87-948 du 26 novembre 1987 dans sa rédaction antérieure *(L. n° 2008-1258 du 3 déc. 2008, art. 9-I)* « au 1er janvier 2005 ». – *[Anc. art. L. 442-9, al. 2, phrase 2.]*

Les dispositions issues de la L. n° 2008-1258 du 3 déc. 2008 sont applicables à compter du 1er mai 2008. Les entreprises et établissements publics qui entraient légalement dans le champ de la participation à cette date demeurent soumis au même régime (L. préc., art. 9-II).

CHAPITRE IV CALCUL ET GESTION DE LA PARTICIPATION

SECTION 1 Calcul de la réserve spéciale de participation

Art. L. 3324-1 La réserve spéciale de participation des salariés est constituée comme suit :

1° Les sommes affectées à cette réserve spéciale sont, après clôture des comptes de l'exercice, calculées sur le bénéfice réalisé en France métropolitaine et *(Ord. n° 2017-1491 du 25 oct. 2017, art. 4, en vigueur le 1er janv. 2018)* « en Guadeloupe, en Guyane, en Martinique, à Mayotte, à La Réunion » *(Ord. n° 2008-205 du 27 févr. 2008)* « , à Saint-Barthélemy et à Saint-Martin », tel qu'il est retenu pour être imposé à l'impôt sur le revenu ou aux taux de l'impôt sur les sociétés prévus au deuxième alinéa et au *b* du I de l'article 219 du code général des impôts et majoré des bénéfices exonérés en application des dispositions des articles 44 *sexies*, 44 *sexies* A, *(Abrogé par L. n° 2021-1900 du 30 déc. 2021, art. 35-III)* « 44 *septies*, 44 *octies*, » 44 *octies* A, 44 *undecies* *(L. n° 2011-1977 du 28 déc. 2011, art. 10-II)* « et 208 C » du code général des impôts. Ce bénéfice est diminué de l'impôt correspondant qui, pour les entreprises soumises à

PARTICIPATION AUX RÉSULTATS **Art. L. 3324-2** 1271

l'impôt sur le revenu, est déterminé dans les conditions déterminées par décret en Conseil d'État ; – V. art. D. 3324-2.

2° Une déduction représentant la rémunération au taux de 5 % des capitaux propres de l'entreprise est opérée sur le bénéfice net ainsi défini ;

3° Le bénéfice net est augmenté du montant de la provision pour investissement prévue à l'article L. 3325-3. Si cette provision est rapportée au bénéfice imposable d'un exercice déterminé, son montant est exclu, pour le calcul de la réserve de participation, du bénéfice net à retenir au titre de l'exercice au cours duquel ce rapport a été opéré ;

4° La réserve spéciale de participation des salariés est égale à la moitié du chiffre obtenu en appliquant au résultat des opérations effectuées conformément aux dispositions des 1° et 2° le rapport des salaires à la valeur ajoutée de l'entreprise.

1. Impôt concerné. L'impôt qui correspond au bénéfice réalisé par l'entreprise et qui doit être retranché de ce bénéfice ne peut s'entendre que de l'impôt sur les sociétés, au taux de droit commun, résultant des règles d'assiette et de liquidation régissant l'impôt sur les bénéfices ; dans le cas d'une société imposée suivant le régime du « bénéfice consolidé », il faut retenir le montant de l'imposition qui aurait été dû par elle si elle n'avait pas été soumise à ce régime. • CE 26 janv. 1990 : ⚖ *D. 1990. IR 52 ; RJS 1990. 139, concl. Liébert-Champagne*. ♦ Dans le cas où l'entreprise bénéficie de crédits d'impôts imputables sur le montant de cet impôt, il n'y a pas lieu de tenir compte du montant de ces crédits. • Soc. 10 janv. 2017, ⚖ n° 14-23.888 P : *D. actu. 31 janv. 2017, obs. Siro ; D. 2017. Actu. 166 ∅ ; RJS 3/2017, n° 217 ; JCP S 2017. 1081, obs. Duchange*. ♦ V. aussi • Soc. 2 mars 1989 : *RJS 1989. 194, n° 373* (exclusion des sociétés de courses dès lors que, constituées en association, elles ne sont pas soumises à l'impôt sur les sociétés).

2. RSP et crédit d'impôt recherche. Pour le calcul de la RSP, il n'y a pas lieu de déduire le crédit d'impôt recherche du montant de l'impôt à retrancher au bénéfice fiscal. • Cass., avis, 14 sept. 2015, n° 1570003 P : *D. actu. 9 oct. 2015, obs. Siro ; D. 2015. Actu. 1899 ∅*.

Art. L. 3324-2 L'accord de participation peut établir un régime de participation comportant une base de calcul et des modalités différentes de celles définies à l'article L. 3324-1. Cet accord ne dispense de l'application des règles définies à cet article que si, respectant les principes posés par le présent titre, il comporte pour les salariés des avantages au moins équivalents. La base de calcul retenue peut ainsi être le tiers du bénéfice net fiscal. La réserve spéciale de participation peut être calculée en prenant en compte l'évolution de la valeur des actions ou parts sociales de l'entreprise ou du groupe au cours du dernier exercice clos.

Lorsqu'un accord est conclu au sein d'un groupe de sociétés, l'équivalence des avantages consentis aux salariés s'apprécie globalement au niveau du groupe et non entreprise par entreprise.

(L. n° 2008-1258 du 3 déc. 2008, art. 11-II) « Dans les entreprises (L. n° 2019-486 du 22 mai 2019, art. 11-VI, en vigueur le 1ᵉʳ janv. 2020) « employant au moins un salarié et moins de deux cent cinquante salariés », la part de la réserve spéciale de participation excédant le montant qui aurait résulté d'un calcul effectué en application de l'article L. 3324-1 peut être répartie entre les salariés et les chefs de ces entreprises, les présidents, directeurs généraux, gérants ou membres du directoire s'il s'agit de personnes morales, le conjoint (L. n° 2019-486 du 22 mai 2019, art. 155-I) « ou le partenaire lié par un pacte civil de solidarité » du chef d'entreprise s'il a le statut de conjoint collaborateur ou de conjoint associé mentionné à l'article L. 121-4 du code de commerce. »

L'accord n'ouvre droit au régime social et fiscal prévu au chapitre V que si la réserve spéciale de participation n'excède pas la moitié du bénéfice net comptable, ou, au choix des parties, l'un des trois plafonds suivants :

1° Le bénéfice net comptable diminué de 5 % des capitaux propres ;

2° Le bénéfice net fiscal diminué de 5 % des capitaux propres ;

3° La moitié du bénéfice net fiscal.

L'accord précise le plafond retenu.

(L. n° 2019-486 du 22 mai 2019, art. 155-I) « Par dérogation au dernier alinéa de l'article L. 3321-1, le II de l'article L. 130-1 du code de la sécurité sociale ne s'applique pas au franchissement du seuil d'un salarié. »

Art. L. 3324-3 Dans les entreprises relevant de l'impôt sur le revenu, le bénéfice à retenir, avant déduction de l'impôt correspondant, est égal au bénéfice imposable de cet exercice, diminué :

1° De la rémunération normale du travail du chef d'entreprise lorsque cette rémunération n'est pas admise dans les frais généraux pour l'assiette de l'impôt de droit commun ;

2° Des résultats déficitaires enregistrés au cours des cinq années antérieures qui ont été imputés sur des revenus d'une autre nature mais n'ont pas déjà été pris en compte pour le calcul de la participation afférente aux exercices précédents. – *[Anc. art. L. 442-3.]*

Art. L. 3324-4 Un décret en Conseil d'État détermine le mode de calcul, éventuellement forfaitaire, de la réduction opérée au titre de l'impôt sur le revenu prévue à l'article L. 3324-3. – *[Anc. art. L. 442-3, al. 6, phrase 1.]* – V. art. R. 3324-7.

SECTION 2 Répartition de la réserve spéciale de participation

Art. L. 3324-5 La répartition de la réserve spéciale de participation entre les *(L. n° 2008-1258 du 3 déc. 2008, art. 11-II)* « bénéficiaires » est calculée proportionnellement au salaire perçu dans la limite de *(L. n° 2019-486 du 22 mai 2019, art. 158)* « trois fois le plafond mentionné au premier alinéa de l'article L. 241-3 du code de la sécurité sociale ». *(L. n° 2008-1258 du 3 déc. 2008, art. 11-II)* « Pour les bénéficiaires visés au deuxième alinéa de l'article L. 3323-6 *(L. n° 2019-486 du 22 mai 2019, art. 158)* « du présent code » et au troisième alinéa de l'article L. 3324-2, la répartition est calculée proportionnellement à la rémunération annuelle ou au revenu professionnel imposé à l'impôt sur le revenu au titre de l'année précédente, plafonnés au niveau du salaire le plus élevé versé dans l'entreprise, et dans les limites de plafonds de répartition individuelle déterminés par *(Abrogé par L. n° 2019-486 du 22 mai 2019, art. 158)* « le même » décret. »

Toutefois, l'accord de participation peut décider que cette répartition entre les *(L. n° 2008-1258 du 3 déc. 2008, art. 11-II)* « bénéficiaires » est uniforme, proportionnelle à la durée de présence dans l'entreprise au cours de l'exercice, ou retenir conjointement plusieurs de ces critères.

L'accord peut fixer un salaire plancher servant de base de calcul à la part individuelle.

Le plafond de répartition individuelle déterminé par le décret prévu au premier alinéa ne peut faire l'objet d'aucun aménagement, à la hausse ou à la baisse, y compris par un accord mentionné à l'article L. 3323-1. – V. art. D. 3324-10 et D. 3324-12.

1. Bénéficiaires. Tous les salariés de l'entreprise où a été conclu un accord de participation doivent pouvoir bénéficier de la répartition des résultats sans que puisse être opposé aux salariés expatriés le fait que leur salaire n'est pas assujetti à la taxe sur les salaires et n'est pas pris en compte pour le calcul de la réserve spéciale de participation. • Soc. 22 mai 2001, n° 99-12.902 P : *RJS 2001. 716, n° 1047* • 29 oct. 2002, n° 00-14.787 P ; *D. 2002. IR 3060* ; *Dr. soc. 2003. 138, obs. Savatier* ; *RJS 2003. 47, n° 60*. ♦ Sous réserve d'une condition d'ancienneté qui ne peut excéder trois mois, tous les salariés d'une entreprise compris dans le champ des accords de participation bénéficient de leurs dispositions, de sorte que les titulaires d'un congé de reclassement, qui demeurent salariés de l'entreprise jusqu'à l'issue de ce congé, bénéficient de la participation, que leur rémunération soit ou non prise en compte pour le calcul de la réserve spéciale de participation. • Soc. 7 nov. 2018, n° 17-18.936 P : *D. actu. 29 nov. 2018, obs. Mlapa ; D. 2018. Actu. 2238* ; *RJS 1/2019, n° 39 ; JCP S 2018. 1399, obs. Kovac ; SSL 2019, n° 1851, p. 11, obs. Lepoutre* • Soc. 1er juin 2022, n° 20-16.404 B : *D. 2022. 1095* ; *RJS 8-9/2022, n° 467*. ♦ Les journalistes pigistes, dès lors qu'ils sont collaborateurs réguliers de l'entreprise de presse, doivent bénéficier de l'accord de participation conclu dans leur entreprise. • Soc. 10 janv. 2001, P 54 F-D, *Sté Emap international Magazines Téléstar c/ Mérigeau : RJS 2001. 235, n° 323* • 1er juill. 1998, n° 96-17.076 P : *RJS 1998. 655, n° 1033* (enseignants sous contrat mis à disposition par l'État). ♦ La période pendant laquelle un salarié, en raison de son état de santé, travaille selon un mi-temps thérapeutique doit être assimilée à une période de présence dans l'entreprise, de sorte que le salaire à prendre en compte pour le calcul de l'assiette de la participation due à ce salarié est le salaire perçu avant le mi-temps thérapeutique et l'arrêt de travail pour maladie l'ayant, le cas échéant, précédé. • Soc. 20 sept. 2023, n° 22-12.293 B : *D. actu. 4 oct. 2023, obs. Mélin ; D. 2023. 1653* ; *RJS 12/2023, n° 661 ; JCP S 2023. 1266, obs. Teissier et Muniz.*

2. Modalités de calcul. Les modalités de calcul et la répartition de la réserve spéciale de participation entre les salariés bénéficiaires ne peuvent faire l'objet d'une distinction suivant que les salariés d'une même entreprise travaillent en France ou à l'étranger. • Soc. 29 oct. 2002, 🏛 n° 00-14.787 P : *D. 2002. IR 3060* 🖉 *; Dr. soc. 2003. 138, obs. Savatier* 🖉 *; RJS 2003. 47, n° 60.*

Art. L. 3324-6 Sont assimilées à des périodes de présence, quel que soit le mode de répartition retenu par l'accord :
1° Les périodes de congé de maternité prévu à l'article L. **1225-17** *(L. n° 2020-692 du 8 juin 2020, art. 1ᵉʳ-II)* « , » *(L. n° 2023-171 du 9 mars 2023, art. 18-I)* « de congé de paternité et d'accueil de l'enfant prévu à l'article L. **1225-35**, » de congé d'adoption prévu à l'article L. **1225-37** *(L. n° 2020-692 du 8 juin 2020, art. 1ᵉʳ-II)* « et de congé de deuil prévu à l'article L. 3142-1-1 » ;
2° Les périodes de suspension du contrat de travail consécutives à un accident du travail ou à une maladie professionnelle en application de l'article L. **1226-7** ;
(L. n° 2020-546 du 11 mai 2020, art. 6) « 3° Les périodes de mise en quarantaine au sens du *(L. n° 2022-1089 du 30 juill. 2022, art. 1ᵉʳ-III)* « 2° du I de l'article L. 3131-1 » du code de la santé publique. »

Les dispositions issues de la L. n° 2020-692 du 8 juin 2020 s'appliquent pour les décès intervenus à compter du 1ᵉʳ juill. 2020 (L. préc., art. 1ᵉʳ-V).

Salarié en mi-temps thérapeutique. La période pendant laquelle un salarié, en raison de son état de santé, travaille selon un mi-temps thérapeutique doit être assimilée à une période de présence dans l'entreprise, de sorte que le salaire à prendre en compte pour le calcul de l'assiette de la participation due à ce salarié est le salaire perçu avant le mi-temps thérapeutique et l'arrêt de travail pour maladie l'ayant, le cas échéant, précédé. • Soc. 20 sept. 2023, 🏛 n° 22-12.293 : *V. note 1 ss. art. L. 3324-5.*

Art. L. 3324-7 Les sommes qui n'auraient pu être mises en distribution en raison des règles définies aux articles L. **3324-5** et L. **3324-6** font l'objet d'une répartition immédiate entre tous les salariés *(L. n° 2008-1258 du 3 déc. 2008, art. 11-IV)* « et, le cas échéant, les bénéficiaires visés au deuxième alinéa de l'article L. 3323-6 et au troisième alinéa de l'article L. 3324-2, » auxquels ont été versées, en application de ces articles, des sommes d'un montant inférieur au plafond des droits individuels déterminé par décret. Ce plafond ne peut être dépassé du fait de cette répartition supplémentaire. — *V. art. D.* **3324-12**.
Les sommes qui, en raison des règles définies par l'article précité et celles du premier alinéa du présent article, n'auraient pu être mises en distribution demeurent dans la réserve spéciale de participation des salariés pour être réparties au cours des exercices ultérieurs. — *[Anc. art. L. 442-4, al. 4 et 5.]*

Art. L. 3324-8 Lorsqu'un accord unique est conclu au sein d'une unité économique et sociale en application de l'article L. **3322-2** pour les entreprises qui n'entrent pas dans un même périmètre de consolidation ou de combinaison des comptes au sens du deuxième alinéa de l'article L. **3344-1**, la répartition des sommes est effectuée entre tous les salariés *(L. n° 2008-1258 du 3 déc. 2008, art. 11-IV)* « et, le cas échéant, les bénéficiaires visés au deuxième alinéa de l'article L. 3323-6 et au troisième alinéa de l'article L. 3324-2, » employés dans les entreprises sur la base du total des réserves de participation constituées dans chaque entreprise. — *[Anc. art. L. 442-4, al. 6.]*

Art. L. 3324-9 Le conseil d'administration ou le directoire peut décider de verser un supplément de réserve spéciale de participation au titre de l'exercice clos, dans le respect des plafonds mentionnés à l'article L. **3324-5** et selon les modalités de répartition prévues par l'accord de participation ou par un accord spécifique conclu selon les modalités prévues à l'article L. **3322-6**.
Si l'entreprise dispose d'un accord de participation conclu conformément à l'article L. **3324-2**, la réserve spéciale de participation, y compris le supplément, ne peut excéder le plafond prévu au dernier alinéa de cet article. En l'absence d'un tel accord, elle ne peut excéder le plus élevé des plafonds mentionnés à l'avant-dernier alinéa du même article.
Dans une entreprise où il n'existe ni conseil d'administration, ni directoire, l'employeur peut décider le versement d'un supplément de réserve spéciale de participation, dans les conditions prévues au présent article.

L'application au supplément de réserve spéciale de participation des dispositions du second alinéa de l'article L. 3325-1 ne donne pas lieu à application de l'article L. 131-7 du code de la sécurité sociale. – *[Anc. art. L. 444-12, al. 1ᵉʳ, 3 et 4.]*

Supplément de participation et accord spécifique. Lorsque l'augmentation de la réserve spéciale de participation est négociée par la voie collective, le supplément de participation doit faire l'objet d'un accord spécifique prévoyant les modalités de répartition entre les salariés ; à défaut d'un tel accord régulièrement déposé à la DREETS, les suppléments de participation ne bénéficient pas de l'exonération de cotisations. • Civ. 2ᵉ, 19 oct. 2023, 🔒 n° 21-10.221 B.

SECTION 3 **Règles de disponibilité des droits des salariés** (*L. n° 2008-1258 du 3 déc. 2008, art. 4-III*).

Art. L. 3324-10 Les droits constitués (*Abrogé par L. n° 2008-1258 du 3 déc. 2008, art. 11-V*) « *au profit des salariés* » en application des dispositions du présent titre sont négociables ou exigibles à l'expiration d'un délai de cinq ans à compter (*L. n° 2015-990 du 6 août 2015, art. 153-II*) « du premier jour du sixième mois suivant l'exercice au titre duquel les droits sont nés » (*L. n° 2008-1258 du 3 déc. 2008, art. 11-IV*) « , sauf si le salarié demande le versement de tout ou partie des sommes correspondantes dans des conditions fixées par décret. La demande peut être présentée à l'occasion de chaque versement effectué au titre de la répartition de la réserve spéciale de participation. Toutefois, un accord collectif qui, en application de l'article L. 3324-2, établit un régime de participation comportant une base de calcul différente de celle établie à l'article L. 3324-1, peut prévoir que tout ou partie de la part des sommes versées aux salariés au titre de la participation aux résultats de l'entreprise supérieure à la répartition d'une réserve spéciale de participation calculée selon les modalités de l'article L. 3324-1 n'est négociable ou exigible qu'à l'expiration d'un délai de cinq ans à compter (*L. n° 2015-990 du 6 août 2015, art. 153-II*) « du premier jour du sixième mois suivant l'exercice au titre duquel les droits sont nés ».

« Lorsque les sommes ont été affectées dans les conditions prévues à l'article L. 3323-2, » un décret en Conseil d'État détermine les conditions liées à la situation ou aux projets du salarié, dans lesquelles ces droits peuvent être exceptionnellement liquidés ou transférés avant l'expiration de ces délais. – *V. art. R. 3324-22*.

Les dispositions issues de la L. n° 2008-1258 du 3 déc. 2008 sont applicables aux droits à participation des salariés aux résultats de l'entreprise attribués au titre des exercices clos après le 4 déc. 2008, date de publication de ladite loi (L. préc., art. 4).

Les dispositions issues de la L. n° 2015-990 du 6 août 2015 sont applicables aux droits à intéressement et à participation des salariés aux résultats de l'entreprise attribués au titre des exercices clos après le 7 août 2015 (L. préc., art. 153-III).

SECTION 4 **Paiement et déblocage anticipé**

Art. L. 3324-11 Les entreprises peuvent payer directement aux salariés (*L. n° 2008-1258 du 3 déc. 2008, art. 11-VI*) « et, le cas échéant, aux bénéficiaires visés au deuxième alinéa de l'article L. 3323-6 et au troisième alinéa de l'article L. 3324-2, » les sommes leur revenant lorsque celles-ci n'atteignent pas un montant fixé par un arrêté ministériel. – *[Anc. art. L. 442-5, al. 7.]*

SECTION 5 **Affectation à un plan d'épargne salariale**

Art. L. 3324-12 (*L. n° 2010-1330 du 9 nov. 2010, art. 110*) « Lorsque le salarié, et le cas échéant le bénéficiaire visé au deuxième alinéa de l'article L. 3323-6 et au troisième alinéa de l'article L. 3324-2, ne demande pas le versement en tout ou partie des sommes qui lui sont attribuées au titre de la participation dans les conditions prévues à l'article L. 3324-10 ou qu'il ne décide pas de les affecter dans l'un des dispositifs prévus par l'article L. 3323-2, sa quote-part de réserve spéciale de participation, dans la limite de celle calculée à l'article L. 3324-1, est affectée, pour moitié, dans un plan d'épargne pour la retraite collectif (*Ord. n° 2019-766 du 24 juill. 2019, art. 7-IV, en vigueur le 1ᵉʳ oct. 2019*) « ou dans un plan d'épargne retraite d'entreprise collectif lorsqu'un tel plan » a été mis en place dans l'entreprise et, pour moitié, dans les conditions prévues par l'accord mentionné à l'article L. 3323-1. Les modalités d'infor-

PARTICIPATION AUX RÉSULTATS **Art. L. 3325-2** 1275

mation du salarié sur cette affectation sont déterminées par décret. (*L. n° 2015-990 du 6 août 2015, art. 151-I*) « La fraction de la quote-part affectée dans le plan d'épargne pour la retraite collectif est investie conformément au second alinéa de l'article L. 3334-11. »

« Les modalités d'affectation de la part des sommes versées aux salariés au titre de la participation aux résultats de l'entreprise supérieure à celle calculée selon les modalités de l'article L. 3324-1 peuvent être fixées par l'accord de participation. »

Le plan peut également être alimenté, suivant les modalités qu'il fixe, par les versements complémentaires de l'entreprise et les versements opérés volontairement par les salariés.

Les dispositions issues de la L. n° 2010-1330 du 9 nov. 2010 sont applicables aux droits à participation attribués au titre des exercices clos après le 10 nov. 2010, date de promulgation de ladite loi (L. préc., art. 118-VII).

Les dispositions issues de la L. n° 2015-990 du 6 août 2015 sont applicables aux versements effectués sur un plan d'épargne pour la retraite collectif à compter du 1ᵉʳ janv. 2016 (L. préc., art. 151-II).

Les dispositions issues de l'Ord. n° 2019-766 du 24 juill. 2019 entrent en vigueur à une date fixée par Décr. et au plus tard le 1ᵉʳ janv. 2020 (Ord. préc., art. 9-I). La date d'entrée en vigueur est fixée au 1ᵉʳ oct. 2019 (Décr. n° 2019-807 du 30 juill. 2019, art. 9-II).

V. Circ. Questions-réponses du 19 avr. 2012 sur l'alimentation du plan d'épargne pour la retraite collectif par des jours de repos non pris et par la moitié de la réserve spéciale de participation, NOR : ETST1221259C.

CHAPITRE V RÉGIME SOCIAL ET FISCAL DE LA PARTICIPATION

Art. L. 3325-1 Les sommes portées à la réserve spéciale de participation au cours d'un exercice sont déductibles pour l'assiette de l'impôt sur les sociétés ou de l'impôt sur le revenu exigible au titre de l'exercice au cours duquel elles sont réparties entre les salariés.

(*L. n° 2023-1107 du 29 nov. 2023, art. 3*) « Ces sommes n'ont pas le caractère d'élément de salaire pour l'application de la législation du travail et sont exclues de l'assiette des cotisations définies aux articles L. 131-6 et L. 242-1 du code de la sécurité sociale et aux articles L. 731-14, L. 731-15 et L. 741-10 du code rural et de la pêche maritime.

« Elles ne peuvent se substituer à aucun des éléments de rémunération, au sens des articles L. 131-6 et L. 242-1 du code de la sécurité sociale et des articles L. 731-14, L. 731-15 et L. 741-10 du code rural et de la pêche maritime, qui sont en vigueur dans l'entreprise ou qui deviennent obligatoires en application de dispositions légales ou de clauses contractuelles. Toutefois, en cas de suppression totale ou partielle d'un élément de rémunération, cette règle de non-substitution ne peut avoir pour effet de remettre en cause les exonérations prévues au présent chapitre, dès lors qu'un délai de douze mois s'est écoulé entre le dernier versement de cet élément de rémunération et la date d'effet de l'accord de participation. »

Art. L. 3325-2 Les sommes (*L. n° 2008-1258 du 3 déc. 2008, art. 4-V*) « affectées dans les conditions prévues à l'article L. 3323-2 » sont exonérées d'impôt sur le revenu.

Les revenus provenant des sommes attribuées au titre de la participation et recevant la même affectation qu'elles sont exonérés dans les mêmes conditions. Ils se trouvent alors frappés de la même indisponibilité que ces sommes et sont définitivement exonérés à l'expiration de la période d'indisponibilité correspondante.

Après l'expiration de la période d'indisponibilité, l'exonération est toutefois maintenue pour les revenus provenant de sommes utilisées pour acquérir des actions de l'entreprise ou versées à des organismes de placement extérieurs à l'entreprise tels que ceux énumérés au 1° de l'article L. 3323-2, tant que les salariés (*L. n° 2008-1258 du 3 déc. 2008, art. 11-VII*) « et, le cas échéant, les bénéficiaires visés au deuxième alinéa de l'article L. 3323-6 et au troisième alinéa de l'article L. 3324-2 » ne demandent pas la délivrance des droits constitués à leur profit.

(Abrogé par L. n° 2019-486 du 22 mai 2019, art. 155-I) « *Cette exonération est maintenue dans les mêmes conditions lorsque les salariés transfèrent sans délai au profit des organismes de placement mentionnés au 1° de l'article L. 3323-2 les sommes initialement investies dans l'entreprise conformément aux dispositions du 2° de cet article.* »

(Abrogé par L. n° 2013-1278 du 29 déc. 2013, art. 26-XI-5, à compter du 1ᵉʳ janv. 2017) « *Cette exonération est également maintenue dans les mêmes conditions lorsque ces mêmes sommes sont retirées par les salariés pour être affectées à la constitution du capital d'une société ayant pour objet exclusif de racheter tout ou partie du capital de leur entreprise dans les conditions prévues à l'article 83 bis du code général des impôts.* »

Art. L. 3325-3 Les conditions dans lesquelles les entreprises peuvent constituer en franchise d'impôt une provision pour investissement sont fixées par le code général des impôts. — *[Anc. art. L. 442-8, III.]*

Art. L. 3325-4 Les dispositions du présent chapitre sont applicables au supplément de réserve spéciale de participation mentionné à l'article L. 3324-9. — *[Anc. art. L. 442-8, V.]*

CHAPITRE VI **CONTESTATIONS ET SANCTIONS**

Art. L. 3326-1 Le montant du bénéfice net et celui des capitaux propres de l'entreprise sont établis par une attestation de l'inspecteur des impôts ou du commissaire aux comptes. Ils ne peuvent être remis en cause à l'occasion des litiges nés de l'application du présent titre.

Les contestations relatives au montant des salaires et au calcul de la valeur ajoutée prévus au 4° de l'article L. 3324-1 sont réglées par les procédures stipulées par les accords de participation. A défaut, elles relèvent des juridictions compétentes en matière d'impôts directs. Lorsqu'un accord de participation est intervenu, les juridictions ne peuvent être saisies que par les signataires de cet accord.

Tous les autres litiges relatifs à l'application du présent titre sont de la compétence du juge judiciaire. — *[Anc. art. L. 442-13.]*

V. art. R. 3326-1.

1. Juridiction compétente. Le juge judiciaire est en principe compétent pour tous les litiges portant sur un accord de participation, dès lors qu'ils ne portent pas sur le montant des salaires déclarés à l'administration fiscale. • Soc. 2 déc. 2008 : 🔒 *JCP S 2009. 1074*, obs. Kerbourc'h. ♦ Les litiges individuels opposant un ou plusieurs salariés à leur employeur en matière de participation ou d'intéressement relèvent de la compétence des conseils de prud'hommes. • Soc. 28 févr. 2018, 🔒 n° 16-13.682 P : *D. 2018. Actu. 515* ⌀ ; *RJS 5/2018, n° 354* ; *JCP S 2018. 1131*, obs. Brissy. ♦ La contestation, portant sur les modalités de présentation comptable des dotations aux provisions et la prise en compte des reprises, qui a pour effet d'affecter le montant de la valeur ajoutée retenu pour le calcul de la réserve de participation, relève de la compétence du juge administratif. • Soc. 26 juin 2019, 🔒 n° 17-23.110 P : *D. 2019. Actu. 1395* ⌀ ; *RJS 10/2019, n° 585* ; *JCP S 2019. 1287*, obs. Brissy.

2. Attestation. Le document délivré par les commissaires aux comptes doit comporter les informations relatives au montant des capitaux propres, à l'excédent net répartissable retenu et à l'exercice auquel ces montants se rapportent, une attestation d'ordre général, certifiant que le calcul de la réserve spéciale de participation respecte les dispositions légales et réglementaires est insuffisante. • Soc. 30 janv. 2011 : *D. actu. 21 févr. 2013*, obs. Siro. ♦ Le montant du bénéfice net et celui des capitaux propres de l'entreprise étant établis par une attestation de l'inspecteur des impôts ou du commissaire aux comptes, ils ne peuvent pas être remis en cause à l'occasion des litiges relatifs à la participation aux résultats de l'entreprise ; il en est ainsi même si l'action en justice est fondée sur la fraude ou l'abus de droit invoqués à l'encontre des actes de gestion de la société. • Soc. 28 févr. 2018, 🔒 n° 16-50.015 P : *D. 2018. 1930*, obs. Dockès ⌀ ; *ibid. 1953*, obs. Jubé ⌀ ; *D. actu. 19 mars 2018*, obs. Fraisse ; *RDT 2018. 606*, note Berthier ⌀ ; *Dr. soc. 2018. 933*, note Mouly ⌀ ; *RJS 5/2018, n° 353* ; *JCP S 2018. 1145*, avis Weissmann, obs. Kovac et Loiseau ; *ibid. 1251*, obs. Cesaro, Martinon et Vatinet • Soc. 24 nov. 1982 : *Bull. civ. V, n° 636*. ♦ Cette impossibilité est limitée aux litiges opposant le salarié à l'employeur. • Soc. 10 févr. 1999, 🔒 n° 96-22.157 P : *D. 1999. IR 70* ⌀ ; *Dr. soc. 1999. 413*, obs. Radé ⌀ ; *RJS 1999. 239, n° 402*. ♦ Le montant des capitaux propres attesté par le commissaire aux comptes de la société ne peut être remis en cause à l'occasion de litiges nés de l'application des dispositions relatives à la participation. • Soc. 8 déc. 2010 : 🔒 *D. actu. 13 janv. 2010*, obs. Siro ; *JCP S 2011. 1063*, obs. Vatinet.

3. L'attestation de l'inspecteur des impôts a pour seul objet de garantir la correspondance entre le montant des bénéfices et des capitaux propres déclarés à l'administration et ceux utilisés par l'entreprise pour le calcul de la réserve spéciale de participation. • CE 5 déc. 1984 : *JCP E 1985. II.* 14616, concl. Bissara, note D. F. ♦ L'attestation n'interdit pas à l'administration de procéder à un contrôle des déclarations faites par l'entreprise. • Même arrêt.

Art. L. 3326-1-1 (L. n° 2023-1107 du 29 nov. 2023, art. 13) Lorsque la déclaration des résultats d'un exercice est rectifiée par l'administration ou par le juge de l'impôt, que les rectifications donnent lieu ou non à l'application de majorations, à des poursuites pénales ou à une convention judiciaire d'intérêt public, le montant de la participation des salariés au bénéfice de cet exercice fait l'objet d'un nouveau calcul tenant compte des rectifications apportées.

Le montant de la réserve spéciale de participation est modifié en conséquence au cours de l'exercice pendant lequel les rectifications opérées par l'administration ou par le juge de l'impôt sont devenues définitives ou ont été formellement acceptées par l'entreprise. Ce montant est majoré d'un intérêt, dont le taux est égal au taux mentionné à l'article 14 de la loi n° 47-1775 du 10 septembre 1947 portant statut de la coopération et qui court à partir du premier jour du sixième mois de l'exercice qui suit celui au titre duquel les rectifications ont été opérées.

V. art. D. 3324-40.

Art. L. 3326-2 Des astreintes peuvent être prononcées par le juge judiciaire contre les entreprises qui n'exécutent pas les obligations qui leur incombent en application du présent titre.

Les salariés de l'entreprise en cause et le procureur de la République dans le ressort duquel cette entreprise est située ont seuls qualité pour agir.

L'astreinte a un caractère provisoire et est liquidée par le juge après exécution par l'entreprise de ses obligations. Il est tenu compte, lors de sa liquidation, notamment du préjudice effectivement causé et de la résistance opposée par l'entreprise. — *[Anc. art. L. 442-14.]*

TITRE III PLANS D'ÉPARGNE SALARIALE

BIBL. GÉN. ▶ LPA 22 févr. 2001, n° spécial réalisé avec le concours du cabinet J. Barthélémy et associés. – BORDIER et SALOMÉ, *JCP S 2010. 1478* (restructurations juridiques et épargne salariale). – LIEUTIER, *Dr. soc. 2015. 777* ⌀ (réforme de l'épargne salariale, de l'épargne retraite et de l'actionnariat salarié).

▶ **Loi PACTE :** LIEUTIER, *Dr. soc. 2019. 23* ⌀ (épargne retraite, épargne salariale et actionnariat salarié dans le projet de loi PACTE).

RÉP. TRAV. v° *Épargne salariale*, par DENKIEWICZ et MAURIN.

CHAPITRE I CHAMP D'APPLICATION

Art. L. 3331-1 Les dispositions du présent titre sont applicables aux employeurs de droit privé ainsi qu'à leurs salariés.

(L. n° 2019-486 du 22 mai 2019, art. 155-I) « Lorsque, dans le présent titre, il est fait référence à l'effectif salarié, cet effectif et le franchissement du seuil sont déterminés selon les modalités prévues à l'article L. 130-1 du code de la sécurité sociale *[V. cet art. ss. art. L. 1151-2]*. »

CHAPITRE II PLAN D'ÉPARGNE D'ENTREPRISE

SECTION 1 Conditions de mise en place

SOUS-SECTION 1 Bénéficiaires

Art. L. 3332-1 Le plan d'épargne d'entreprise est un système d'épargne collectif ouvrant aux salariés de l'entreprise la faculté de participer, avec l'aide de celle-ci, à la constitution d'un portefeuille de valeurs mobilières. — *[Anc. art. L. 443-1, al. 1ᵉʳ.]*

Droit applicable. En l'absence de modification, autre que de forme, de l'accord instaurant un plan d'épargne d'entreprise, et de nouveau dépôt de cet accord auprès de l'administration du travail, les dispositions de cet accord ne peuvent être contestées qu'au regard des dispositions légales en vigueur au moment de sa conclusion. • Soc. 21 sept. 2016, n° 13-24.437 P : *D. actu. 6 oct. 2016*, obs. Peyronnet ; *D. 2016. Actu. 1935* ; *RJS 12/2016, n° 800* ; *JCP S 2016. 1370*, obs. Kovac.

Art. L. 3332-2 Les anciens salariés ayant quitté l'entreprise à la suite d'un départ à la retraite ou en préretraite peuvent continuer à effectuer des versements au plan d'épargne d'entreprise.

Dans les entreprises *(L. n° 2019-486 du 22 mai 2019, art. 11-VI, en vigueur le 1ᵉʳ janv. 2020)* « employant au moins un salarié et moins de deux cent cinquante salariés », peuvent également participer aux plans d'épargne d'entreprise :

1° Les chefs de ces entreprises ;

2° Les présidents, directeurs généraux, gérants ou membres du directoire, s'il s'agit de personnes morales ;

3° Le conjoint *(L. n° 2019-486 du 22 mai 2019, art. 155-I)* « ou le partenaire lié par un pacte civil de solidarité » du chef d'entreprise s'il a le statut de conjoint collaborateur ou de conjoint associé mentionné à l'article L. 121-4 du code de commerce *(L. n° 2012-387 du 22 mars 2012, art. 79)* « ou à l'article L. 321-5 du code rural et de la pêche maritime ».

(L. n° 2008-1258 du 3 déc. 2008, art. 7 et 13) « Le salarié d'un groupement d'employeurs peut bénéficier du plan d'épargne salariale mis en place dans chacune des entreprises adhérentes du groupement auprès de laquelle il est mis à disposition dans des conditions fixées par décret.

« Les travailleurs non salariés visés à l'article L. 134-1 du code de commerce ou au titre IV du livre V du code des assurances ayant un contrat individuel avec une entreprise dont ils commercialisent les produits peuvent bénéficier du plan d'épargne salariale mis en place dans l'entreprise, si le règlement le prévoit, dans des conditions fixées par décret. »

(L. n° 2019-486 du 22 mai 2019, art. 155-I) « Par dérogation au second alinéa de l'article L. 3331-1 du présent code, le II de l'article L. 130-1 du code de la sécurité sociale ne s'applique pas au franchissement du seuil d'un salarié. »

BIBL. ▶ Fadeuilhe, *JCP S 2009. 1062* (groupements d'employeurs et dispositifs d'épargne salariale).

SOUS-SECTION 2 **Mise en place**

Art. L. 3332-3 Le plan d'épargne d'entreprise peut être établi dans l'entreprise à l'initiative de celle-ci ou par un accord avec le personnel *(L. n° 2015-990 du 6 août 2015, art. 157)* « , conclu dans les conditions prévues à l'article L. 3322-6 », notamment en vue de recevoir les versements effectués en application des titres I et II relatifs à l'intéressement et à la participation des salariés aux résultats de l'entreprise *(L. n° 2023-1107 du 29 nov. 2023, art. 11-I)* « , de l'article 1ᵉʳ de la loi n° 2022-1158 du 16 août 2022 portant mesures d'urgence pour la protection du pouvoir d'achat et de l'article 10 de la loi n° 2023-1107 du 29 novembre 2023 portant transposition de l'accord national interprofessionnel relatif au partage de la valeur au sein de l'entreprise ».

Art. L. 3332-4 Lorsque l'entreprise compte au moins un délégué syndical ou est dotée d'un *(Ord. n° 2017-1386 du 22 sept. 2017, art. 4)* « comité social et économique », le plan d'épargne d'entreprise est négocié dans les conditions prévues à l'article L. 3322-6. Si, au terme de la négociation, aucun accord n'a été conclu, un procès-verbal de désaccord est établi dans lequel sont consignées en leur dernier état les propositions respectives des parties et les mesures que l'employeur entend appliquer unilatéralement.

Toutefois, ces dispositions ne sont pas applicables à la modification des plans d'épargne d'entreprise mis en place à l'initiative de l'entreprise avant la date de publication de la loi n° 2004-804 du 9 août 2004 pour le soutien à la consommation et à l'investissement. – *[Anc. art. L. 443-1, al. 5.]*

Art. L. 3332-5 Lorsque le plan d'épargne d'entreprise n'est pas établi en vertu d'un accord avec le personnel, le *(Ord. n° 2017-1386 du 22 sept. 2017, art. 4)* « comité

PLANS D'ÉPARGNE SALARIALE **Art. L. 3332-9** 1279

social et économique est consulté » sur le projet de règlement du plan au moins quinze jours avant son dépôt auprès de l'autorité administrative. — *[Anc. art. L. 443-1, al. 6.]*

Art. L. 3332-6 Lors de la négociation des accords prévus aux titres I et II, la question de l'établissement d'un plan d'épargne d'entreprise est examinée. — *[Anc. art. L. 443-1, al. 3, phrase 2.]*

Art. L. 3332-6-1 *(L. n° 2020-1525 du 7 déc. 2020, art. 118)* Toute entreprise peut faire application d'un dispositif d'épargne d'entreprise conclu au niveau de la branche, dès lors que l'accord de branche a été agréé en application de l'article L. 3345-4.

Les entreprises qui souhaitent appliquer l'accord de branche agréé concluent à cet effet un accord dans les conditions prévues aux articles L. 3332-3 et L. 3332-4.

Les entreprises de moins de cinquante salariés peuvent opter pour l'application de ce régime au moyen d'un document unilatéral d'adhésion de l'employeur, dans les conditions prévues à l'article L. 2232-10-1, si l'accord de branche prévoit cette possibilité et propose, sous forme d'accord type indiquant les différents choix laissés à l'employeur, des stipulations spécifiques pour ces entreprises.

L'accord d'entreprise conclu ou le document unilatéral d'adhésion signé est déposé selon les modalités prévues à l'article L. 3332-9.

Par dérogation aux articles L. 3345-2 et L. 3345-3, les exonérations prévues à l'article L. 3332-27 sont réputées acquises dès le dépôt et pour la durée de l'accord ou du document d'adhésion à l'accord de branche agréé.

SOUS-SECTION 3 **Information des salariés**

Art. L. 3332-7 Le règlement du plan d'épargne d'entreprise détermine les conditions dans lesquelles le personnel est informé de son existence et de son contenu. *(L. n° 2019-486 du 22 mai 2019, art. 159)* « Il prévoit des conditions de mise en œuvre d'une aide à la décision pour les bénéficiaires. »

Étendue de l'obligation d'information. L'employeur est, en vertu de l'art. L. 3332-7, dès la souscription d'un plan d'épargne d'entreprise, débiteur d'une obligation d'information qui ne porte pas seulement sur l'existence de ce plan, mais doit aussi concerner son contenu. • Soc. 5 mars 2008 : ⚘ *RJS 2008. 451, n° 577.* ♦ Il en résulte qu'il lui appartient d'informer en temps utile chacun des salariés des modifications intervenues par rapport au règlement initial portant sur les dates auxquelles les versements des salariés doivent être réalisés. • Soc. 17 juin 2009 : ⚘ *D. 2009. AJ 1835*.

Art. L. 3332-7-1 *(L. n° 2019-486 du 22 mai 2019, art. 161)* La personne chargée de la tenue de registre des comptes administratifs fournit à tout bénéficiaire d'un plan d'épargne salariale un relevé annuel de situation comportant le choix d'affectation de son épargne, ainsi que le montant de ses valeurs mobilières estimé au 31 décembre de l'année précédente.

Un décret détermine les mentions devant figurer au sein de ce relevé annuel de situation, notamment les versements et retraits de l'année précédente, ainsi que la date à laquelle ce relevé est au plus tard édité. — *V. art. D. 3332-16-1.*

Art. L. 3332-8 Lorsque le plan d'épargne d'entreprise n'est pas établi en vertu d'un accord avec le personnel, les entreprises communiquent la liste nominative de la totalité de leurs salariés à l'établissement habilité pour les activités de conservation ou d'administration d'instruments financiers, en application de l'article L. 542-1 du code monétaire et financier, auquel elles ont confié la tenue des comptes des adhérents. Cet établissement informe nominativement par courrier chaque salarié de l'existence d'un plan d'épargne d'entreprise dans l'entreprise.

Ces dispositions ne s'appliquent pas aux entreprises ayant remis à l'ensemble de leurs salariés une note d'information individuelle sur l'existence et le contenu du plan prévue par le règlement du plan d'épargne d'entreprise. — *[Anc. art. L. 443-1, al. 8 et 9.]*

SOUS-SECTION 4 **Dépôt**

Art. L. 3332-9 Les règlements des plans d'épargne d'entreprise sont déposés auprès de l'autorité administrative.

SECTION 2 Versements

Art. L. 3332-10 Les versements annuels d'un salarié ou d'une personne mentionnée à l'article L. 3332-2 aux plans d'épargne d'entreprise auxquels il participe ne peuvent excéder un quart de sa rémunération annuelle ou de son revenu professionnel imposé à l'impôt sur le revenu au titre de l'année précédente. *(L. n° 2019-486 du 22 mai 2019, art. 65)* « Ces versements ne peuvent excéder une fois la rémunération annuelle ou le revenu professionnel imposé à l'impôt sur le revenu au titre de l'année précédente lorsqu'ils sont effectués à destination du fonds commun de placement mentionné à l'article L. 3332-16. »

Pour le conjoint du chef d'entreprise mentionné au 3° du même article et pour le salarié dont le contrat de travail est suspendu, qui n'ont perçu aucune rémunération au titre de l'année *(L. n° 2012-387 du 22 mars 2012, art. 52)* « de versement », les versements ne peuvent excéder le quart du montant annuel du plafond prévu à l'article L. 241-3 du code de la sécurité sociale. *(L. n° 2019-486 du 22 mai 2019, art. 65)* « Ces versements ne peuvent excéder une fois le montant annuel du plafond prévu au même article L. 241-3 lorsqu'ils sont effectués à destination du fonds commun de placement régi par l'article L. 3332-16 du présent code. »

Le montant des droits inscrits à un compte épargne-temps *(L. n° 2015-990 du 6 août 2015, art. 162-II)* « ainsi que le montant des sommes correspondant à des jours de repos non pris » et qui sont utilisés pour alimenter un plan d'épargne pour la retraite collectif défini au chapitre IV *(L. n° 2015-990 du 6 août 2015, art. 162-II)* « ne sont » pas pris en compte pour l'appréciation du plafond mentionné au premier alinéa. Il en est de même des droits utilisés pour alimenter un plan d'épargne d'entreprise, à condition qu'ils servent à l'acquisition de titres de l'entreprise ou d'une entreprise qui lui est liée au sens des articles L. 3344-1 et L. 3344-2, ou de parts ou d'actions *(Ord. n° 2013-676 du 25 juill. 2013, art. 44)* « de fonds d'épargne salariale mentionnés aux articles L. 214-165 et L. 214-166 » du code monétaire et financier.

Art. L. 3332-11 Les sommes versées annuellement par une ou plusieurs entreprises pour un salarié ou une personne mentionnée à l'article L. 3332-2 *(L. n° 2019-486 du 22 mai 2019, art. 162-V)* « constituent l'abondement de l'employeur et » ne peuvent excéder un plafond fixé par voie réglementaire pour les versements à un plan d'épargne d'entreprise, sans pouvoir excéder le triple de la contribution du bénéficiaire. *(L. n° 2008-1258 du 3 déc. 2008, art. 14)* « Cette contribution peut être constituée de sommes provenant de l'intéressement, de la participation aux résultats de l'entreprise *(L. n° 2023-1107 du 29 nov. 2023, art. 11-I)* « , de la prime de partage de la valeur prévue à l'article 1er de la loi n° 2022-1158 du 16 août 2022 portant mesures d'urgence pour la protection du pouvoir d'achat » et des versements volontaires des bénéficiaires. »

L'entreprise peut majorer *(L. n° 2019-486 du 22 mai 2019, art. 162-V)* « l'abondement mentionné au premier alinéa » à concurrence du montant consacré par le salarié ou la personne mentionnée à l'article L. 3332-2 à l'acquisition d'actions ou de certificats d'investissement émis par l'entreprise ou par une entreprise *(L. n° 2019-486 du 22 mai 2019, art. 162-V)* « incluse dans le même périmètre de consolidation ou de combinaison des comptes au sens du deuxième alinéa de l'article L. 3344-1 », sans que cette majoration puisse excéder 80 %.

(L. n° 2019-486 du 22 mai 2019, art. 162-V) « En outre, les entreprises peuvent, même en l'absence de contribution du salarié :

« 1° Si le règlement du plan le prévoit, effectuer des versements sur ce plan, sous réserve d'une attribution uniforme à l'ensemble des salariés, pour l'acquisition d'actions ou de certificats d'investissement émis par l'entreprise ou par une entreprise incluse dans le même périmètre de consolidation ou de combinaison des comptes au sens du deuxième alinéa de l'article L. 3344-1. Les actions ou certificats d'investissement ainsi acquis par le salarié ne sont disponibles qu'à l'expiration d'un délai minimum de cinq ans à compter de ce versement ;

« 2° Effectuer des versements sur ce plan dans les conditions prévues au chapitre XI du titre III du livre II du code de commerce, dans la limite de 30 % du montant annuel du plafond mentionné à l'article L. 241-3 du code de la sécurité sociale. Ces

PLANS D'ÉPARGNE SALARIALE **Art. L. 3332-15** 1281

versements ne sont pas pris en compte pour l'appréciation du plafond mentionné au premier alinéa du présent article ;

« Un décret détermine les conditions d'application des 1° et 2° du présent article. Les versements mentionnés aux mêmes 1° et 2° sont soumis au même régime social et fiscal que les versements des entreprises mentionnés au premier alinéa. Les sommes excédant le plafond mentionné au 2° sont versées directement au salarié bénéficiaire et constituent un revenu d'activité au sens de l'article L. 136-1-1 du code de la sécurité sociale, imposable à l'impôt sur le revenu dans les conditions prévues à l'article 80 *sexdecies* du code général des impôts. » — *V. art. R. 3332-8 et D. 3332-8-1.*

Art. L. 3332-12 La modulation éventuelle *(L. n° 2019-486 du 22 mai 2019, art. 162-VI)* « de l'abondement de » l'entreprise ne saurait résulter que de l'application de règles à caractère général, qui ne peuvent, en outre, en aucun cas avoir pour effet de rendre le rapport entre le versement de l'entreprise et celui du salarié ou de la personne mentionnée à l'article L. 3332-2 croissant avec la rémunération de ce dernier.

Ordre public absolu (non). Un plan d'épargne d'entreprise résultant d'un accord signé le 2 mars 2000 au sein du comité central d'entreprise conformément aux art. L. 443-1 et R. 443-1 C. trav. alors applicables, et n'ayant pas été dénoncé, ne peut être contesté au regard des dispositions postérieures de l'art. L. 3332-12 issues de la L. n° 2001-152 du 19 févr. 2001, lesquelles ne sont pas d'ordre public absolu. • Soc. 21 sept. 2016, ☆ n° 13-24.437 P : *D. actu. 6 oct. 2016, obs. Peyronnet ; D. 2016. Actu. 1935 ⃝ ; RJS 12/2016, n° 800 ; JCP S 2016. 1370, obs. Kovac.*

Art. L. 3332-13 *(L. n° 2019-486 du 22 mai 2019, art. 162-VII)* « L'abondement de l'entreprise ne peut » se substituer à aucun des éléments de rémunération *(Ord. n° 2018-474 du 12 juin 2018, art. 6)* « tels qu'ils sont pris en compte pour la détermination de l'assiette des cotisations définie à » l'article L. 242-1 du code de la sécurité sociale, en vigueur dans l'entreprise au moment de la mise en place d'un plan mentionné au présent article ou qui deviennent obligatoires en vertu de règles légales ou contractuelles. Toutefois, cette règle ne peut avoir pour effet de remettre en cause les exonérations fiscales et sociales prévues à l'article L. 3332-27, dès lors qu'un délai de douze mois s'est écoulé entre le dernier versement de l'élément de rémunération en tout ou partie supprimé et la date de mise en place du plan.

Les dispositions de l'Ord. n° 2018-474 du 12 juin 2018 s'appliquent aux cotisations et contributions dues pour les périodes courant à compter du 1ᵉʳ sept. 2018 (Ord. préc., art. 16).

Principe de non-substitution. L'employeur ne peut pas s'acquitter de son obligation de paiement de tout ou partie du salaire sous forme de versement au plan d'épargne d'entreprise. • Soc. 10 mai 2007 : ☆ *Dr. soc. 2007. 1047, obs. Savatier ⃝ ; RJS 2007. 667, n° 879 ; JCP S 2007. 1818, obs. Vatinet.*

Art. L. 3332-14 Les actions gratuites attribuées aux salariés dans les conditions prévues aux articles L. 225-197-1 à L. 225-197-3 *(Ord. n° 2020-1142 du 16 sept. 2020, art. 18, en vigueur le 1ᵉʳ janv. 2021)* « et L. 22-10-59 » du code de commerce, sans préjudice des dispositions particulières prévues par le présent alinéa, peuvent être versées, à l'expiration de la période d'acquisition mentionnée au *(L. n° 2015-990 du 6 août 2015, art. 135-V)* « sixième » alinéa du I de l'article L. 225-197-1 du même code, sur un plan d'épargne d'entreprise, dans la limite d'un montant égal à 7,5 % du plafond annuel de la sécurité sociale par adhérent, sous réserve d'une attribution à l'ensemble des salariés de l'entreprise.

La répartition des actions entre les salariés fait l'objet d'un accord d'entreprise. A défaut d'accord, elle fait l'objet d'une décision du conseil d'administration, du directoire ou du chef d'entreprise.

La répartition peut être uniforme, proportionnelle à la durée de présence dans l'entreprise au cours de l'exercice ou proportionnelle aux salaires ou retenir conjointement ces différents critères. — *[Anc. art. L. 443-6, al. 3, phrases 1 à 4.]*

SECTION 3 **Composition et gestion du plan**

Art. L. 3332-15 Les sommes recueillies par un plan d'épargne d'entreprise peuvent être affectées à l'acquisition :

1° De titres émis par des sociétés d'investissement à capital variable régies par les (Ord. n° 2011-915 du 1ᵉʳ août 2011, art. 29) « articles L. 214-7 à L. 214-7-4 » (Ord. n° 2013-676 du 25 juill. 2013, art. 44) « et L. 214-24-29 à L. 214-24-33 » du code monétaire et financier ;

2° De parts de fonds communs de placement ou des titres émis par des sociétés d'investissement à capital variable régis par les articles (Ord. n° 2013-676 du 25 juill. 2013, art. 44) « L. 214-164 et L. 214-165 » du code monétaire et financier ;

3° D'actions émises par des sociétés mentionnées au paragraphe II de l'article 83 bis et à l'article 220 quater A du code général des impôts ;

4° D'actions émises par des sociétés créées dans les conditions prévues à l'article 220 nonies du code général des impôts.

Les actifs des fonds communs de placement peuvent également comprendre soit exclusivement des valeurs mobilières émises par l'entreprise ou par une entreprise du même groupe au sens des articles L. 3344-1 et L. 3344-2, soit des valeurs mobilières diversifiées émises par une personne morale ayant son siège dans un État partie à l'accord sur l'Espace économique européen comprenant ou non des titres de l'entreprise, y compris les (L. n° 2019-486 du 22 mai 2019, art. 162-VIII) « parts ou » titres de capital émis par les entreprises régies par la loi n° 47-1775 du 10 septembre 1947 portant statut de la coopération, sans préjudice des dispositions spécifiques qui régissent, le cas échéant, la souscription de ces (L. n° 2019-486 du 22 mai 2019, art. 162-VIII) « parts ou » titres par les salariés.

Lorsque tout ou partie de l'épargne recueillie par le plan est destinée à être consacrée à l'acquisition de valeurs mobilières émises par l'entreprise ou par une entreprise du même groupe au sens des articles L. 3344-1 et L. 3344-2, l'institution d'un fonds commun de placement n'est pas obligatoire pour la gestion de cet investissement.

Le règlement du plan d'épargne d'entreprise peut prévoir que les fonds communs de placement régis par l'article (Ord. n° 2013-676 du 25 juill. 2013, art. 44) « L. 214-164 » du code monétaire et financier qui peuvent recevoir les sommes versées dans le plan disposent d'un conseil de surveillance commun. Il peut également fixer la composition des conseils de surveillance des fonds communs de placement régis par les articles (Ord. n° 2013-676 du 25 juill. 2013, art. 44) « L. 214-164 et L. 214-165 » du même code. En ce cas, il est fait application des dispositions de ces articles. Le règlement précise les modalités de désignation de ces conseils.

L'entreprise dont les titres ne sont pas admis aux négociations sur un marché réglementé et qui a proposé ses titres aux adhérents de son plan d'épargne d'entreprise sans déterminer le prix de cession conformément aux dispositions légales relatives à l'évaluation de ses titres ne bénéficie pas, au titre de cette opération, des exonérations fiscales et sociales prévues aux articles L. 3332-22 et L. 3332-27. — [Anc. art. L. 443-3.]

Art. L. 3332-16 Un plan d'épargne d'entreprise établi par accord avec le personnel peut prévoir l'affectation des sommes versées à un fonds dédié au rachat des titres de cette entreprise ou d'actions émises par des sociétés créées dans les conditions prévues à l'article 220 nonies du code général des impôts, ainsi que de titres d'une entreprise du même groupe au sens du deuxième alinéa de l'article L. 3344-1, dans le cadre d'une opération de rachat réservée aux salariés.

Les sommes ou valeurs inscrites aux comptes des participants, sur décision individuelle de ces derniers, doivent être détenues jusqu'au terme de l'opération de rachat mentionnée au 2°, sans que la durée de détention puisse être inférieure à (L. n° 2019-486 du 22 mai 2019, art. 65) « trois » ans. Toutefois, un décret précise les cas dans lesquels les sommes ou valeurs mentionnées ci-dessus peuvent être exceptionnellement débloquées avant l'expiration de ce délai.

Par dérogation aux dispositions de l'article L. 3332-17, l'actif de ce fonds peut être investi à 95 % en titres de l'entreprise.

Par dérogation aux dispositions de l'article (Ord. n° 2013-676 du 25 juill. 2013, art. 44) « L. 214-165 » du code monétaire et financier, les membres du conseil de surveillance sont élus par l'ensemble des salariés porteurs de parts.

La mise en place de ce fonds est subordonnée aux conditions suivantes :

1° Au moins (L. n° 2019-486 du 22 mai 2019, art. 65) « dix » salariés, ou au moins (L. n° 2019-486 du 22 mai 2019, art. 65) « 20 % » des salariés si les effectifs de

PLANS D'ÉPARGNE SALARIALE **Art. L. 3332-17-1** 1283

l'entreprise n'excèdent pas cinquante salariés, sont impliqués dans l'opération de rachat réservée aux salariés ;

2° L'accord avec le personnel précise l'identité des salariés impliqués dans l'opération, le contrôle final de l'entreprise au sens de l'article L. 233-16 du code de commerce et le terme de l'opération. – V. art. R. 3332-29.

Art. L. 3332-17 (L. n° 2008-776 du 4 août 2008, art. 81-I) « Le règlement du plan d'épargne d'entreprise prévoit qu'une partie des sommes recueillies peut être affectée à l'acquisition de parts de fonds investis, dans les limites prévues à l'article (Ord. n° 2013-676 du 25 juill. 2013, art. 44) « L. 214-164 » du code monétaire et financier, dans les entreprises solidaires au sens de l'article L. 3332-17-1 du présent code. »

Le règlement du plan d'épargne d'entreprise ouvre à ses participants au moins une possibilité d'acquérir soit des titres émis par des sociétés d'investissement à capital variable mentionnés au 1° de l'article L. 3332-15, soit des parts de fonds communs de placement d'entreprise dont l'actif est composé de valeurs mobilières admises aux négociations sur un marché réglementé et, à titre accessoire, de liquidités, selon les règles fixées en application de l'article (Ord. n° 2013-676 du 25 juill. 2013, art. 44) « L. 214-24-55 du code monétaire et financier, ou de parts d'organismes de placement collectif en valeurs mobilières ou de placements collectifs relevant des paragraphes 1, 2 et 6 de la sous-section 2, du paragraphe 2 ou du sous-paragraphe 1 du paragraphe 1 de la sous-section 3 de la section 2 du chapitre IV du titre I du livre II du code monétaire et financier » dont l'actif est ainsi composé. Cette disposition n'est pas exigée lorsqu'un plan d'épargne de groupe ou un plan d'épargne interentreprises de même durée minimum de placement offre aux participants de l'entreprise la possibilité de placer les sommes versées dans un organisme de placement collectif en valeurs mobilières (Ord. n° 2013-676 du 25 juill. 2013, art. 44) « ou dans un placement collectif relevant des paragraphes 1, 2 et 6 de la sous-section 2, du paragraphe 2 ou du sous-paragraphe 1 du paragraphe 1 de la sous-section 3, ou de la sous-section 4 de la section 2 du chapitre IV du titre I du livre II du code monétaire et financier » présentant les mêmes caractéristiques.

Lorsqu'un fonds commun de placement d'entreprise mentionné au 2° de l'article L. 3332-15 est investi en titres de l'entreprise et que ceux-ci ne sont pas admis aux négociations sur un marché réglementé, l'actif de ce fonds doit comporter au moins un tiers de titres liquides. Cette condition n'est pas exigée dans l'un des cas suivants :

1° Lorsqu'il est instauré un mécanisme garantissant la liquidité de ces valeurs dans des conditions déterminées par décret ;

2° Lorsque, pour l'application du présent livre, l'entreprise, la société qui la contrôle ou toute société contrôlée par elle au sens de l'article L. 233-16 du code de commerce s'est engagée à racheter, dans la limite de 10 % de son capital social, les titres non admis aux négociations sur un marché réglementé détenus par le fonds commun de placement d'entreprise.

Dans ce dernier cas, la valeur liquidative du fonds commun de placement d'entreprise est publiée au moins une fois par an. Après communication de la valeur d'expertise de l'entreprise, les salariés disposent d'un délai de deux mois avant la publication de la valeur liquidative du fonds pour présenter leur demande de souscription, de rachat ou d'arbitrage de leurs avoirs. – V. art. R. 3332-19.

Nouvel art. L. 3332-17, al. 1er (L. n° 2008-776 du 4 août 2008, art. 81-I) (L. n° 2023-1107 du 29 nov. 2023, art. 18, en vigueur le 1er juill. 2024) *« Le règlement du plan d'épargne d'entreprise prévoit qu'une partie des sommes recueillies peut être affectée, dans les limites prévues à l'article L. 214-164 du code monétaire et financier, à l'acquisition :*

« a) De parts de fonds investis dans des entreprises solidaires d'utilité sociale, au sens de l'article L. 3332-17-1 du présent code ;

« b) De parts d'au moins un fonds labellisé ou d'un fonds nourricier d'un fonds labellisé au titre du financement de la transition énergétique et écologique ou de l'investissement socialement responsable. La liste des labels ainsi que, pour ceux qui sont créés par l'État, leurs critères et leurs modalités de délivrance sont précisés par décret. »

Art. L. 3332-17-1 (L. n° 2014-856 du 31 juill. 2014, art. 11) I. – Peut prétendre à l'agrément "entreprise solidaire d'utilité sociale" l'entreprise qui relève de l'article 1er de la loi n° 2014-856 du 31 juillet 2014 relative à l'économie sociale et solidaire et qui remplit les conditions cumulatives suivantes :

(L. n° 2019-1479 du 28 déc. 2019, art. 157-II, en vigueur le 1ᵉʳ janv. 2020) « 1° L'entreprise poursuit à titre principal l'un au moins des objectifs suivants :

« *a)* Elle exerce son activité en faveur de personnes fragilisées du fait de leur situation économique ou sociale au sens du 1° de l'article 2 de la loi n° 2014-856 du 31 juillet 2014 relative à l'économie sociale et solidaire ;

« *b)* Elle poursuit un objectif défini aux 2°, 3° ou 4° de l'article 2 de la loi n° 2014-856 précitée ; »

(L. n° 2019-486 du 22 mai 2019, art. 105-II) « 2° La charge induite par ses activités d'utilité sociale a un impact significatif sur son compte de résultat ; » − V. art. R. 3332-21-1.

3° La politique de rémunération de l'entreprise satisfait aux deux conditions suivantes :

a) La moyenne des sommes versées, y compris les primes, aux cinq salariés ou dirigeants les mieux rémunérés n'excède pas, au titre de l'année pour un emploi à temps complet, un plafond fixé à sept fois la rémunération annuelle perçue par un salarié à temps complet sur la base de la durée légale du travail et du salaire minimum de croissance, ou du salaire minimum de branche si ce dernier est supérieur ;

b) Les sommes versées, y compris les primes, au salarié ou dirigeant le mieux rémunéré n'excèdent pas, au titre de l'année pour un emploi à temps complet, un plafond fixé à dix fois la rémunération annuelle mentionnée au *a* ; − V. art. D. 3332-21-2.

4° Les titres de capital de l'entreprise, lorsqu'ils existent, ne sont pas admis aux négociations sur un marché d'instruments financiers, français ou étranger, dont le fonctionnement est assuré par une entreprise de marché ou un prestataire de services d'investissement *(Ord. n° 2017-1107 du 22 juin 2017, art. 18)* « autre qu'une société de gestion de portefeuille » ou tout autre organisme similaire étranger ;

(L. n° 2019-486 du 22 mai 2019, art. 105-II) « 5° La condition mentionnée au 1° figure dans les statuts. »

II. — Bénéficient de plein droit de l'agrément mentionné au I, sous réserve de satisfaire aux conditions fixées à l'article 1ᵉʳ de la loi n° 2014-856 du 31 juillet 2014 précitée et *(L. n° 2019-486 du 22 mai 2019, art. 105-II)* « aux conditions fixées aux 3° et 4° » du I du présent article :

1° Les entreprises d'insertion ;

2° Les entreprises de travail temporaire d'insertion ;

3° Les associations intermédiaires ;

4° Les ateliers et chantiers d'insertion ;

5° Les organismes d'insertion sociale relevant de l'article L. 121-2 du code de l'action sociale et des familles ;

6° Les services de l'aide sociale à l'enfance ;

7° Les centres d'hébergement et de réinsertion sociale ;

8° Les régies de quartier ;

9° Les entreprises adaptées ;

(Abrogé par L. n° 2018-771 du 5 sept. 2018, art. 76-VIII, à compter du 1ᵉʳ janv. 2019) « *10° Les centres de distribution de travail à domicile ;* »

11° Les établissements et services d'*(L. n° 2023-1196 du 18 déc. 2023, art. 15-II)* « accompagnement » par le travail ;

12° Les organismes agréés mentionnés à l'article L. 365-1 du code de la construction et de l'habitation ;

13° Les associations et fondations reconnues d'utilité publique et considérées comme recherchant une utilité sociale au sens de l'article 2 de la loi n° 2014-856 du 31 juillet 2014 précitée ;

14° Les organismes agréés mentionnés à l'article L. 265-1 du code de l'action sociale et des familles ;

15° Les établissements et services accompagnant et accueillant des enfants et des adultes handicapés mentionnés aux 2°, 3° et 7° du I de l'article L. 312-1 du même code ;

(L. n° 2022-217 du 21 févr. 2022, art. 134-IV) « 16° Les personnes morales ayant conclu une convention mentionnée au deuxième alinéa de l'article L. 281-2-1 dudit code et dont la mission principale est d'assurer le projet de vie sociale et partagée. »

III. — Sont assimilés aux entreprises solidaires d'utilité sociale agréées en application du présent article :

1° Les organismes de financement dont l'actif est composé pour au moins 35 % de titres émis par des entreprises de l'économie sociale et solidaire définies à l'article 1er de la loi n° 2014-856 du 31 juillet 2014 précitée dont au moins cinq septièmes de titres émis par des entreprises solidaires d'utilité sociale définies au présent article ;

2° Les établissements de crédit dont au moins 80 % de l'ensemble des prêts et des investissements sont effectués en faveur des entreprises solidaires d'utilité sociale.

IV. — Les entreprises solidaires d'utilité sociale sont agréées par l'autorité compétente.

V. — Un décret en Conseil d'État précise les conditions d'application du présent article. — *V. art. R. 3332-21-1 à R. 3332-21-5.*

Les entreprises bénéficiant, au 23 mai 2019, de l'agrément prévu à l'art. L. 3332-17-1, dans sa rédaction antérieure à la L. n° 2019-486 du 22 mai 2019, continuent d'en bénéficier jusqu'à son terme (L. préc., art. 105-III).

SECTION 4 Augmentation de capital

Art. L. 3332-18 Les sociétés peuvent procéder à des augmentations de capital réservées aux adhérents d'un plan d'épargne d'entreprise. — *[Anc. art. L. 443-5, al. 1er.]*

V. art. R. 3332-24 s.

Art. L. 3332-19 Lorsque les titres sont admis aux négociations sur un marché réglementé, le prix de cession est fixé d'après les cours de bourse.

La décision fixant la date de souscription est prise par le conseil d'administration, le directoire ou leur délégué.

Lorsque l'augmentation de capital est concomitante à une première introduction sur un marché réglementé, le prix de souscription est déterminé par référence au prix d'admission sur le marché, à condition que la décision du conseil d'administration ou du directoire, ou de leur délégué, intervienne au plus tard dix séances de bourse après la date de la première cotation.

Le prix de souscription ne peut être supérieur à ce prix d'admission sur le marché ni, lorsqu'il s'agit de titres déjà cotés sur un marché réglementé, à la moyenne des cours cotés aux vingt séances de bourse précédant le jour de la décision fixant la date d'ouverture de la souscription. Il ne peut, en outre, être inférieur de plus de (*L. n° 2019-486 du 22 mai 2019, art. 162-IX*) « 30 % » à ce prix d'admission ou à cette moyenne, ou de (*L. n° 2019-486 du 22 mai 2019, art. 162-IX*) « 40 % » lorsque la durée d'indisponibilité prévue par le plan en application des articles L. 3332-25 et L. 3332-26 est supérieure ou égale à dix ans.

Art. L. 3332-20 Lorsque les titres ne sont pas admis aux négociations sur un marché réglementé, le prix de cession est déterminé conformément aux méthodes objectives retenues en matière d'évaluation d'actions en tenant compte, selon une pondération appropriée à chaque cas, de la situation nette comptable, de la rentabilité et des perspectives d'activité de l'entreprise. Ces critères sont appréciés, le cas échéant, sur une base consolidée ou, à défaut, en tenant compte des éléments financiers issus de filiales significatives.

A défaut, le prix de cession est déterminé en divisant par le nombre de titres existants le montant de l'actif net réévalué d'après le bilan le plus récent. Celui-ci est ainsi déterminé à chaque exercice sous le contrôle du commissaire aux comptes.

(*L. n° 2008-1258 du 3 déc. 2008, art. 21*) « A compter du troisième exercice clos, le prix de cession des titres émis par des entreprises employant moins de cinq cents salariés peut être déterminé, au choix de l'entreprise, selon l'une des méthodes décrites aux deux alinéas précédents. »

Le prix de souscription ne peut être ni supérieur au prix de cession ainsi déterminé, ni inférieur de plus de (*L. n° 2019-486 du 22 mai 2019, art. 162-IX*) « 30 % » à celui-ci ou de (*L. n° 2019-486 du 22 mai 2019, art. 162-IX*) « 40 % » lorsque la durée d'indisponibilité prévue par le plan, en application des articles L. 3332-25 et L. 3332-26, est supérieure ou égale à dix ans.

Art. L. 3332-21 L'assemblée générale qui décide l'augmentation de capital peut prévoir l'attribution gratuite d'actions ou d'autres titres donnant accès au capital.

L'avantage total résultant de cette attribution et, le cas échéant, de l'écart entre le prix de souscription et la moyenne des cours mentionnée à l'article L. 3332-19, ou entre le prix de souscription et le prix de cession déterminé en application de l'article L. 3332-20, ne peut pas dépasser l'avantage dont auraient bénéficié les adhérents au plan d'épargne si cet écart avait été de *(L. n° 2019-486 du 22 mai 2019, art. 162-IX)* « 30 % » ou de *(L. n° 2019-486 du 22 mai 2019, art. 162-IX)* « 40 % » lorsque la durée d'indisponibilité prévue par le plan en application des articles L. 3332-25 et L. 3332-26 est supérieure ou égale à dix ans.

Par ailleurs, l'assemblée générale peut également prévoir une attribution gratuite d'actions ou d'autres titres donnant accès au capital, sous réserve que la prise en compte de leur contre-valeur pécuniaire, évaluée au prix de souscription, n'ait pour effet de dépasser les limites prévues à l'article L. 3332-11.

Art. L. 3332-22 L'avantage constitué par l'écart entre le prix de souscription et la moyenne des cours mentionnés à l'article L. 3332-19, par l'écart entre le prix de souscription et le prix de cession déterminé en application de l'article L. 3332-20 et, le cas échéant, par l'attribution gratuite d'actions ou de titres donnant accès au capital est exonéré d'impôt sur le revenu et de taxe sur les salaires et n'entre pas dans l'assiette des cotisations sociales définie à l'article L. 242-1 du code de la sécurité sociale. − *[Anc. art. L. 443-5, al. 5.]*

Art. L. 3332-23 Lorsqu'une société propose aux adhérents d'un plan d'épargne d'entreprise de souscrire des obligations qu'elle a émises, le prix de cession est fixé selon des conditions déterminées par décret en Conseil d'État. − *[Anc. art. L. 443-5, al. 6.]*

Art. L. 3332-24 La présente section s'applique aux cessions par une société de ses titres, dans la limite de 10 % du total des titres qu'elle a émis, aux adhérents d'un plan d'épargne d'entreprise. − *[Anc. art. L. 443-5, al. 7.]*

SECTION 5 **Indisponibilité des sommes, déblocage anticipé et liquidation**

Art. L. 3332-25 Sauf dans les cas énumérés par le décret en Conseil d'État prévu à l'article L. 3324-10, les actions ou parts acquises pour le compte des salariés et des anciens salariés leur sont délivrées à l'expiration d'un délai minimum de cinq ans courant à compter de la date d'acquisition des titres.

Ce délai ne s'applique pas si la liquidation des avoirs acquis dans le cadre du plan d'épargne d'entreprise sert *(L. n° 2019-486 du 22 mai 2019, art. 160)* « à acheter des parts de l'entreprise ou » à lever des options consenties dans les conditions prévues *(Ord. n° 2020-1142 du 16 sept. 2020, art. 18, en vigueur le 1ᵉʳ janv. 2021)* « aux articles L. 225-177, L. 22-10-56 ou L. 225-179 » du code de commerce. Les actions *(L. n° 2019-486 du 22 mai 2019, art. 160)* « ou les parts de l'entreprise » ainsi souscrites ou achetées sont versées dans le plan d'épargne et ne sont disponibles qu'à l'expiration d'un délai minimum de cinq ans à compter de ce versement. Toutefois, les actions peuvent être apportées à une société ou à un fonds commun de placement dont l'actif est exclusivement composé de titres de capital ou donnant accès au capital émis par l'entreprise ou par une entreprise du même groupe au sens du deuxième alinéa de l'article L. 3344-1. Le délai de cinq ans mentionné au présent alinéa reste applicable, pour la durée restant à courir à la date de l'apport, aux actions ou parts reçues en contrepartie de l'apport. − *V. art. R. 3324-22.*

Art. L. 3332-26 Les actions gratuites mentionnées à l'article L. 3332-14 ne sont disponibles qu'à l'expiration d'un délai minimum de cinq ans à compter de leur versement sur le plan.

Les dispositions des articles L. 225-197-4 et L. 225-197-5 du code de commerce sont applicables. − *[Anc. art. L. 443-6, al. 3, phrases 5 et 6.]*

SECTION 6 **Régime social et fiscal**

Art. L. 3332-27 Les sommes mentionnées à l'article L. 3332-11 peuvent être déduites par l'entreprise de son bénéfice pour l'assiette de l'impôt sur les sociétés ou de l'impôt sur le revenu, selon le cas.

PLANS D'ÉPARGNE SALARIALE **Art. L. 3333-4** 1287

Elles ne sont pas prises en considération pour l'application de la législation du travail et *(Ord. n° 2018-474 du 12 juin 2018, art. 6)* « sont exclues de l'assiette des cotisations définie à l'article L. 242-1 du code de la sécurité sociale ».

Elles sont exonérées de l'impôt sur le revenu des bénéficiaires.

Pour ouvrir droit à ces exonérations fiscales et sociales, les règlements des plans d'épargne d'entreprise établis à compter de la publication de la loi n° 2001-152 du 19 février 2001 sur l'épargne salariale doivent être déposés dans les conditions prévues à l'article L. 3332-9.

V. note ss. art. L. 3332-13.

Toute modification, autre que de forme, apportée au règlement d'un plan d'épargne équivaut à l'établissement d'un règlement nouveau qui doit être déposé à la DDTEFP. ● Soc. 16 déc. 2008 : *RJS 2009. 229, n° 267 ; Dr. soc. 2009. 370, obs. Logeais et Jonin*.

SECTION 7 Dispositions d'application

Art. L. 3332-28 Un décret en Conseil d'État détermine les modalités d'application du présent chapitre. — *[Anc. art. L. 443-9.]* — *V. art. R. 3332-1.*

CHAPITRE III PLAN D'ÉPARGNE INTERENTREPRISES

V. Circ. du 14 sept. 2005 relative à l'épargne salariale, dossier plan d'épargne interentreprises (PEI) (JO 1er nov.).

Art. L. 3333-1 Sous réserve des dispositions particulières du présent chapitre, les dispositions relatives au plan d'épargne d'entreprise sont applicables au plan d'épargne interentreprises. — *[Anc. art. L. 443-1-1, al. 13.]*

Art. L. 3333-2 Un plan d'épargne interentreprises peut être institué par accord collectif conclu dans les conditions prévues au livre II de la deuxième partie.

(L. n° 2020-1525 du 7 déc. 2020, art. 122) « Si ce plan est institué entre plusieurs employeurs pris individuellement, il peut également être établi selon l'une des modalités prévues aux articles L. 3332-3 et L. 3332-4. Dans ce cas, le plan est approuvé dans les mêmes termes au sein de chacune des entreprises et celles qui souhaitent y adhérer ou en sortir doivent le faire suivant l'une de ces modalités. »

Art. L. 3333-3 L'accord fixe le règlement du plan d'épargne interentreprises.

Ce règlement détermine notamment :

1° Les entreprises signataires ou le champ d'application professionnel et géographique ;

2° La nature des sommes qui peuvent être versées ;

3° Les différentes possibilités d'affectation des sommes recueillies, en particulier le nombre, l'orientation de gestion et le profil de risque des fonds utilisés ;

4° Les conditions dans lesquelles les frais de tenue de compte sont pris en charge par les employeurs ;

5° La liste de différents taux et plafonds d'abondement parmi lesquels les entreprises souhaitant effectuer des versements complémentaires à ceux de leurs salariés pourront opter ;

6° Les conditions dans lesquelles sont désignés les membres des conseils de surveillance des fonds communs de placement prévus par le règlement du plan et les modalités de fonctionnement des conseils. — *[Anc. art. L. 443-1-1, al. 1er, phrase 4, et al. 2 à 7.]*

Art. L. 3333-3-1 *(L. n° 2020-1525 du 7 déc. 2020, art. 122)* Lorsque l'institution d'un plan d'épargne interentreprises entre plusieurs employeurs pris individuellement ou l'adhésion à un tel plan ne sont pas établies en vertu d'un accord avec le personnel, les dispositions de l'article L. 3332-8 sont applicables.

Art. L. 3333-4 Le plan d'épargne interentreprises peut recueillir des sommes provenant de l'intéressement, de la participation aux résultats de l'entreprise, *(L. n° 2023-1107 du 29 nov. 2023, art. 11-I)* « de la prime de partage de la valeur prévue à l'article 1er de la loi n° 2022-1158 du 16 août 2022 portant mesures d'urgence pour la protection du pouvoir d'achat, de la prime de partage de la valorisation de l'entreprise prévue à l'article 10 de la loi n° 2023-1107 du 29 novembre 2023 portant transposition de l'accord national interprofessionnel relatif au partage de la valeur au sein de l'entreprise, » de versements volontaires des salariés et des personnes mentionnées à l'article L. 3332-2 appartenant aux entreprises entrant dans le champ de l'accord et, le cas échéant, des versements complémentaires de ces entreprises.

Art. L. 3333-5 (Abrogé par L. n° 2019-486 du 22 mai 2019, art. 155-I) « *Le règlement peut prévoir que les sommes issues de la participation mise en place dans une entreprise peuvent être affectées à un fonds d'investissement créé dans l'entreprise en application du 2° de l'article L. 3323-2.* »

Lorsqu'il prévoit de recueillir les sommes issues de la participation, l'accord instituant le plan d'épargne interentreprises dispense les entreprises mentionnées aux articles L. 3323-6 et L. 3323-7 de conclure un accord de participation. Son règlement inclut alors les clauses prévues aux articles L. 3323-1 à L. 3323-3 et L. 3324-5.

Art. L. 3333-6 Par dérogation aux dispositions du 2° de l'article L. 3332-15, le plan d'épargne interentreprises ne peut pas prévoir l'acquisition de parts de fonds communs de placement régis par l'article *(Ord. n° 2013-676 du 25 juill. 2013, art. 44)* « **L. 214-165** » du code monétaire et financier.

Lorsque le plan prévoit l'acquisition de parts de fonds communs de placement régis par l'article *(Ord. n° 2013-676 du 25 juill. 2013, art. 44)* « **L. 214-164** » du même code, ceux-ci ne peuvent détenir plus de 10 % de titres non admis aux négociations sur un marché réglementé. Cette limitation ne s'applique pas aux parts et actions d'organismes de placement collectif en valeurs mobilières *(Ord. n° 2013-676 du 25 juill. 2013, art. 44)* « ou de placements collectifs relevant des paragraphes 1, 2 et 6 de la sous-section 2, du paragraphe 2 ou du sous-paragraphe 1 du paragraphe 1 de la sous-section 3 de la section 2 du chapitre IV du titre I du livre II du code monétaire et financier » éventuellement détenus par le fonds. – *[Anc. art. L. 443-1-1, al. 11.]*

Art. L. 3333-7 Un avenant au plan d'épargne interentreprises peut être conclu selon les modalités prévues au présent chapitre.

Toutefois, le règlement d'un plan institué entre plusieurs employeurs pris individuellement et ouvert à l'adhésion d'autres entreprises peut *(L. n° 2015-990 du 6 août 2015, art. 160)* « valablement être modifié pour intégrer des dispositions législatives ou réglementaires postérieures à l'institution du plan ou de nouvelles dispositions relatives aux 2°, 3° et 5° du règlement de ce plan conformément à l'article L. 3333-3, si cette modification fait l'objet d'une information » des entreprises parties prenantes au plan.

(L. n° 2015-990 du 6 août 2015, art. 160) « La modification prévue au deuxième alinéa du présent article s'applique à la condition que la majorité des entreprises parties prenantes ne s'y oppose pas dans un délai d'un mois à compter de la date d'envoi de l'information *(Abrogé par L. n° 2023-1107 du 29 nov. 2023, art. 15)* « et, pour chaque entreprise, à compter du premier exercice suivant la date d'envoi de l'information ». En cas contraire, le plan est fermé à tout nouveau versement.

(L. n° 2023-1107 du 29 nov. 2023, art. 15) « Par dérogation au troisième alinéa, lorsqu'elles portent sur l'ajout de nouvelles possibilités d'affectation des sommes recueillies, les modifications mentionnées au deuxième alinéa s'appliquent dès que les entreprises parties prenantes en ont été informées. »

Art. L. 3333-7-1 *(L. n° 2020-1525 du 7 déc. 2020, art. 118)* Toute entreprise peut faire application d'un dispositif d'épargne interentreprises conclu au niveau de la branche, dès lors que l'accord de branche a été agréé en application de l'article L. 3345-4.

Les entreprises qui souhaitent appliquer l'accord de branche agréé concluent à cet effet un accord dans les conditions prévues à l'article L. 3332-2.

Les entreprises de moins de cinquante salariés peuvent opter pour l'application de ce régime au moyen d'un document unilatéral d'adhésion de l'employeur, dans les conditions prévues à l'article L. 2232-10-1, si l'accord de branche prévoit cette possibilité et propose, sous forme d'accord type indiquant les différents choix laissés à l'employeur, des stipulations spécifiques pour ces entreprises.

Les deux derniers alinéas de l'article L. 3332-6-1 sont applicables au plan d'épargne interentreprises.

Art. L. 3333-8 Un décret en Conseil d'État détermine les modalités d'application du présent chapitre. — *[Anc. art. L. 443-1-2.]* — V. art. R. 3333-1 s.

CHAPITRE IV PLAN D'ÉPARGNE POUR LA RETRAITE COLLECTIF

BIBL. ▶ RIGAUD, *JCP S* 2010. 1526 (réforme des retraites, épargne retraite et épargne salariale).

V. Circ. NOR : ETST1221259C du 19 avr. 2012, Questions-réponses relatif à l'alimentation et à la gestion du plan d'épargne pour la retraite collectif et à l'information des bénéficiaires.

V. Instr. min. n° DGT/RT3/DSS/DGTRESOR/2016/5 du 18 févr. 2016 (https://www.legifrance.gouv.fr/circulaire/id/40587).

SECTION 1 Mise en place

Art. L. 3334-1 Sous réserve des dispositions particulières du présent chapitre et des articles L. 3332-18 à L. 3332-24, les dispositions relatives au plan d'épargne d'entreprise sont applicables au plan d'épargne pour la retraite collectif. — *[Anc. art. L. 443-1-2.]*

Art. L. 3334-2 Un plan d'épargne pour la retraite collectif peut être mis en place *(L. n° 2008-1258 du 3 déc. 2008, art. 16)* « à l'initiative de l'entreprise ou » *(L. n° 2015-990 du 6 août 2015, art. 161)* « selon l'une des modalités mentionnées à l'article L. 3322-6. Le plan peut être mis en place » sans recourir aux services de l'institution mentionnée au I de l'article 8 de l'ordonnance n° 2006-344 du 23 mars 2006, lorsque ce plan n'est pas proposé sur le territoire d'un autre État membre ou dans un autre État partie à l'accord sur l'Espace économique européen. Dans ce cas, l'accord mettant en place le plan précise les modalités d'exécution des obligations mentionnées au dernier alinéa du I et aux premier et deuxième alinéas du II de cet article.

(L. n° 2008-1258 du 3 déc. 2008, art. 16) « Lorsque l'entreprise compte au moins un délégué syndical ou est dotée d'un *(Ord. n° 2017-1386 du 22 sept. 2017, art. 4)* « comité social et économique », le plan d'épargne pour la retraite collectif est négocié dans les conditions prévues à l'article L. 3322-6. Si, au terme de la négociation, aucun accord n'a été conclu, un procès-verbal de désaccord est établi dans lequel sont consignées en leur dernier état les propositions respectives des parties et les mesures que l'employeur entend *(L. n° 2015-990 du 6 août 2015, art. 161)* « soumettre à la ratification du personnel dans les conditions prévues au 4° du même article L. 3322-6 ou » appliquer unilatéralement. »

Art. L. 3334-3 L'entreprise qui a mis en place un plan d'épargne d'entreprise depuis plus de *(L. n° 2008-1258 du 3 déc. 2008, art. 18)* « trois » ans ouvre une négociation en vue de la mise en place d'un plan d'épargne pour la retraite collectif ou d'un contrat mentionné au *b* du 1 du I de l'article 163 *quatervicies* du code général des impôts ou d'un régime mentionné au 2° de l'article 83 du même code. — *[Anc. art. L. 443-1-2, I, al. 1er, phrase 3.]*

Art. L. 3334-4 Le plan d'épargne pour la retraite collectif peut également être créé en tant que plan d'épargne interentreprises dans les conditions prévues au chapitre III. — *[Anc. art. L. 443-1-2, I, al. 5.]*

Art. L. 3334-5 *(Abrogé par L. n° 2019-486 du 22 mai 2019, art. 161) Le plan d'épargne pour la retraite collectif ne peut être mis en place que si les salariés et les personnes mentionnées à l'article L. 3332-2 ont la possibilité d'opter pour un plan de durée plus courte régi par cet article ou par le plan d'épargne interentreprises.*

Art. L. 3334-5-1 *(L. n° 2008-1258 du 3 déc. 2008, art. 17)* Un plan d'épargne pour la retraite collectif peut prévoir l'adhésion par défaut des salariés de l'entreprise, sauf avis contraire de ces derniers. Les salariés sont informés de cette clause dans des conditions prévues par décret.

SECTION 2 Versements

Art. L. 3334-6 Le plan d'épargne pour la retraite collectif peut recevoir, à l'initiative des participants, les versements des sommes issues de l'intéressement, de la participation (L. n° 2023-1107 du 29 nov. 2023, art. 11-I) « , de la prime de partage de la valeur prévue à l'article 1er de la loi n° 2022-1158 du 16 août 2022 portant mesures d'urgence pour la protection du pouvoir d'achat, de la prime de partage de la valorisation de l'entreprise prévue à l'article 10 de la loi n° 2023-1107 du 29 novembre 2023 portant transposition de l'accord national interprofessionnel relatif au partage de la valeur au sein de l'entreprise » ainsi que d'autres versements volontaires et des contributions des entreprises prévues aux articles L. 3332-11 à L. 3332-13 et L. 3334-10.

(L. n° 2015-990 du 6 août 2015, art. 152) « En outre, si le règlement du plan le prévoit, les entreprises peuvent, même en l'absence de contribution du salarié :

« 1° Effectuer un versement initial sur ce plan ;

« 2° Effectuer des versements périodiques sur ce plan, sous réserve d'une attribution uniforme à l'ensemble des salariés. La périodicité de ces versements est précisée dans le règlement du plan.

« Les plafonds de versement annuel sont fixés par décret.

« Ces versements sont soumis au même régime social et fiscal que les contributions des entreprises mentionnées au premier alinéa du présent article. Ils respectent l'article L. 3332-13. »

Art. L. 3334-7 Un ancien salarié peut continuer à effectuer des versements sur le plan d'épargne pour la retraite collectif. Ces versements ne bénéficient pas des versements complémentaires de l'entreprise et les frais afférents à leur gestion sont à la charge exclusive de l'ancien salarié qui effectue ces versements. (L. n° 2019-486 du 22 mai 2019, art. 155-I) « Ces frais font l'objet de plafonds fixés par décret. » – V. art. D. 3334-3-3.

Cette possibilité n'est pas ouverte au salarié qui a accès à un plan d'épargne pour la retraite collectif dans la nouvelle entreprise où il est employé.

Art. L. 3334-8 Les droits inscrits au compte épargne-temps peuvent être versés sur le plan d'épargne pour la retraite collectif (L. n° 2010-1330 du 9 nov. 2010, art. 108) « ou contribuer au financement de prestations de retraite qui revêtent un caractère collectif et obligatoire déterminé dans le cadre d'une des procédures mentionnées à l'article L. 911-1 du code de la sécurité sociale.

« En l'absence de compte épargne-temps dans l'entreprise, le salarié peut, dans la limite de (L. n° 2015-990 du 6 août 2015, art. 162-I) « dix » jours par an, verser les sommes correspondant à des jours de repos non pris sur le plan d'épargne pour la retraite collectif ou faire contribuer ces sommes au financement de prestations de retraite qui revêtent un caractère collectif et obligatoire déterminé dans le cadre d'une des procédures mentionnées à l'article L. 911-1 du code de la sécurité sociale. Le congé annuel ne peut être affecté à l'un de ces dispositifs que pour sa durée excédant vingt-quatre jours ouvrables.

« Les sommes ainsi épargnées bénéficient de l'exonération prévue à l'article L. 242-4-3 du même code ou aux articles L. 741-4 et L. 741-15 du code rural et de la pêche maritime en tant qu'ils visent l'article L. 242-4-3 du code de la sécurité sociale.

« Elles bénéficient également, selon le cas, des régimes prévus aux 2° ou 2° 0 bis de l'article 83 du code général des impôts ou de l'exonération prévue au b du 18° de l'article 81 du même code. »

V. Circ. intermin. du 19 avr. 2012 n° NOR ETST1221259C sur l'alimentation du plan d'épargne pour la retraite collectif par des jours de repos non pris et par la moitié de la réserve spéciale de participation, ainsi que sur la sécurisation de sa gestion, SSL 2012, n° 1547, p. 5.

Art. L. 3334-9 Par dérogation aux dispositions des articles L. 3332-11 à L. 3332-13 et L. 3334-10, les sommes issues de la participation qui sont versées au plan d'épargne pour la retraite collectif peuvent donner lieu à versement complémentaire de l'entreprise dans les limites prévues à ces articles. – [Anc. art. L. 443-1-2, II, al. 2.]

Art. L. 3334-10 Les sommes provenant d'un compte épargne-temps dans les conditions mentionnées au (L. n° 2016-1088 du 8 août 2016, art. 11) « 2° de l'article L. 3152-4 », correspondant à un abondement de l'employeur et transférées sur un ou plusieurs plans d'épargne pour la retraite collectifs, sont assimilées à des versements des employeurs à un ou plusieurs de ces plans. – [Anc. art. L. 443-7, al. 1er, phrase 3.]

PLANS D'ÉPARGNE SALARIALE   **Art. L. 3334-15** 1291

SECTION 3 Composition et gestion du plan

Art. L. 3334-11 Les participants au plan d'épargne pour la retraite collectif bénéficient d'un choix entre au moins trois organismes de placement collectif *(L. n° 2014-1 du 2 janv. 2014, art. 25-IV)* « mentionnés à l'article L. 3332-15, présentant différents profils d'investissement, sous réserve des restrictions prévues à l'article L. 3334-12 ».

(L. n° 2010-1330 du 9 nov. 2010, art. 109) « Il leur est également proposé une allocation de l'épargne permettant de réduire progressivement les risques financiers dans des conditions fixées par décret. » *(L. n° 2015-990 du 6 août 2015, art. 151-I)* « A défaut de choix explicite du participant, ses versements dans le plan d'épargne pour la retraite collectif sont affectés selon cette allocation. »

V. art. R. 3334-1-2.

Les dispositions issues de la L. n° 2015-990 du 6 août 2015 sont applicables aux versements effectués sur un plan d'épargne pour la retraite collectif à compter du 1er janv. 2016 (L. préc., art. 151-II).

V. CSS, art. L. 137-16. — **CSS.**

Art. L. 3334-12 Par dérogation aux dispositions du 2° de l'article L. 3332-15, le plan d'épargne pour la retraite collectif ne peut pas prévoir l'acquisition de parts de fonds communs de placement régis par l'article *(Ord. n° 2013-676 du 25 juill. 2013, art. 44)* « L. 214-165 » du code monétaire et financier, ni d'actions de sociétés d'investissement à capital variable régies par l'article *(Ord. n° 2013-676 du 25 juill. 2013, art. 44)* « L. 214-166 » du même code, ni de titres de l'entreprise ou d'une société qui lui est liée au sens des articles L. 3344-1 et L. 3344-2.

Lorsque le plan prévoit l'acquisition de parts de fonds communs de placement régis par l'article *(Ord. n° 2013-676 du 25 juill. 2013, art. 44)* « L. 214-164 » du code monétaire et financier et sans préjudice des dispositions du seizième alinéa de cet article, ceux-ci ne peuvent détenir plus de *(L. n° 2019-486 du 22 mai 2019, art. 77-III)* « 10 % » de titres non admis aux négociations sur un marché réglementé ou plus de *(L. n° 2019-486 du 22 mai 2019, art. 77-III)* « 10 % » de titres de l'entreprise qui a mis en place le plan ou de sociétés qui lui sont liées au sens des articles L. 3344-1 et L. 3344-2. Cette limitation ne s'applique pas aux parts et actions d'organismes de placement collectif en valeurs mobilières *(Ord. n° 2013-676 du 25 juill. 2013, art. 44)* « ou de placements collectifs relevant des paragraphes 1, 2 *(L. n° 2019-486 du 22 mai 2019, art. 77-III)* « , 3 » et 6 de la sous-section 2, du paragraphe 2 ou du sous-paragraphe 1 du paragraphe 1 de la sous-section 3 de la section 2 du chapitre IV du titre I du livre II du code monétaire et financier » éventuellement détenues par le fonds.

Art. L. 3334-13 Le règlement du plan d'épargne pour la retraite collectif prévoit qu'une partie des sommes recueillies peut être affectée à l'acquisition de parts de fonds investis, dans les limites prévues à l'article *(Ord. n° 2013-676 du 25 juill. 2013, art. 44)* « L. 214-164 » du code monétaire et financier, dans les entreprises solidaires *(L. n° 2008-776 du 4 août 2008, art. 81-I)* « au sens de l'article L. 3332-17-1 du présent code ». — *[Anc. art. L. 443-1-2, III, al. 1er.]*

SECTION 4 Indisponibilité, déblocage anticipé et délivrance des sommes

Art. L. 3334-14 Les sommes ou valeurs inscrites aux comptes des participants sont détenues jusqu'au départ à la retraite.

Toutefois, dans des cas liés à la situation ou au projet du participant, ces sommes ou valeurs peuvent être exceptionnellement débloquées avant le départ en retraite. — *[Anc. art. L. 443-1-2, I, al. 2 et 3.]*

V. art. R. 3334-4 s.

Art. L. 3334-15 Sans préjudice des cas de déblocage anticipé prévus à l'article L. 3334-14, la délivrance des sommes ou valeurs inscrites aux comptes des participants s'effectue sous forme de rente viagère acquise à titre onéreux.

Toutefois, l'accord qui établit le plan d'épargne pour la retraite collectif peut prévoir des modalités de délivrance en capital et de conversion en rente de ces sommes ou valeurs, ainsi que les conditions dans lesquelles chaque participant au plan exprime son choix. — *[Anc. art. L. 443-1-2, IV.]*

SECTION 5 Dispositions d'application

Art. L. 3334-16 Un décret en Conseil d'État détermine les modalités d'application du présent chapitre. — *[Anc. art. L. 443-9 et L. 443-1-2, III, al. 2.]* — V. art. R. 3334-1.

CHAPITRE V TRANSFERTS

Art. L. 3335-1 En cas de modification survenue dans la situation juridique d'une entreprise ayant mis en place un plan d'épargne d'entreprise, notamment par fusion, cession, absorption ou scission, *(L. n° 2019-486 du 22 mai 2019, art. 155-I)* « et lorsqu'elle rend » impossible la poursuite de l'ancien plan d'épargne, les sommes qui y étaient affectées peuvent être transférées dans le plan d'épargne de la nouvelle entreprise, après information des représentants du personnel dans des conditions prévues par décret.

Dans ce cas, le délai d'indisponibilité écoulé des sommes transférées s'impute sur la durée de blocage prévue par le nouveau plan.

V. art. D. 3335-1.

V. Circ. du 14 sept. 2005 relative à l'épargne salariale, dossier transfert : information des salariés sur leurs avoirs (JO 1ᵉʳ nov.).

BIBL. ▶ ROCHE, *JCP S 2023. 1263* (sort du plan d'épargne en cas de transfert d'entreprise).

En cas de transfert d'un salarié au sens de l'art. L. 1224-1 C. trav., le salarié conserve ses droits au sein du PEE mis en place par l'employeur sortant mais dispose seulement de la faculté de transférer ses avoirs au sein du plan d'épargne d'entreprise, s'il existe, de son nouvel employeur. • Soc. 19 mai 2016, n° 14-29.786 P : *D. actu. 7 juin 2016, obs. Roussel ; D. 2016. Actu. 1142 ; RJS 8-9/2016, n° 582.*

Art. L. 3335-2 *(L. n° 2008-1258 du 3 déc. 2008, art. 10-I)* Les sommes détenues par un salarié, au titre de la réserve spéciale de la participation des salariés aux résultats de l'entreprise, dont il n'a pas demandé la délivrance au moment de la rupture de son contrat de travail, peuvent être affectées dans le plan d'épargne mentionné aux articles L. 3332-1, L. 3333-1 et L. 3334-1 de son nouvel employeur. Dans ce cas, le délai d'indisponibilité écoulé des sommes transférées s'impute sur la durée de blocage prévue par le plan d'épargne mentionné aux articles L. 3332-1 et L. 3333-1 sur lequel elles ont été transférées, sauf si ces sommes sont utilisées pour souscrire à une augmentation de capital prévue à l'article L. 3332-18.

Les sommes détenues par un salarié dans un plan d'épargne mentionné aux articles L. 3332-1 et L. 3333-1 peuvent être transférées, à la demande du salarié, avec ou sans rupture de son contrat de travail, dans un autre plan d'épargne mentionné aux mêmes articles, comportant dans son règlement une durée de blocage d'une durée minimale équivalente à celle figurant dans le règlement du plan d'origine. Dans ce cas, le délai d'indisponibilité déjà écoulé des sommes transférées s'impute sur la durée de blocage prévue par le plan sur lequel elles ont été transférées, sauf si ces sommes sont utilisées pour souscrire à une augmentation de capital prévue à l'article L. 3332-18.

Les sommes détenues par un salarié dans un plan d'épargne mentionné aux articles L. 3332-1, L. 3333-1 et L. 3334-1 peuvent être transférées, à la demande du salarié, avec ou sans rupture de son contrat de travail, dans un plan d'épargne mentionné à l'article L. 3334-1.

Les sommes transférées ne sont pas prises en compte pour l'appréciation du plafond mentionné au premier alinéa de l'article L. 3332-10. Elles ne donnent pas lieu au versement complémentaire de l'entreprise prévu à l'article L. 3332-11, sauf si le transfert a lieu à l'expiration de leur délai d'indisponibilité ou si les sommes sont transférées d'un plan d'épargne mentionné aux articles L. 3332-1, L. 3333-1 vers un plan d'épargne mentionné à l'article L. 3334-1. Les sommes qui ont bénéficié du supplément d'abondement dans les conditions prévues au deuxième alinéa de l'article L. 3332-11 ne peuvent être transférées, sauf si le règlement du plan au titre duquel le supplément d'abondement a été versé l'autorise.

TITRE IV DISPOSITIONS COMMUNES

CHAPITRE I RÉPRÉSENTATION ET INFORMATION DES SALARIÉS

SECTION 1 Participation aux assemblées générales des actionnaires de la société

Art. L. 3341-1 *(Abrogé par L. n° 2019-486 du 22 mai 2019, art. 167)* Les dispositions de la présente section sont applicables aux salariés de l'entreprise, membres des conseils de surveillance des fonds communs de placement d'entreprise prévus aux articles *(Ord. n° 2013-676 du 25 juill. 2013, art. 44)* « L. 214-164 et L. 214-165 » du code monétaire et financier.

SECTION 2 Formation économique, financière et juridique des représentants des salariés

Art. L. 3341-2 *(L. n° 2019-486 du 22 mai 2019, art. 167)* Les administrateurs des SICAV d'actionnariat salarié représentant les salariés actionnaires ou les membres du conseil de surveillance des fonds communs de placement d'entreprise représentant les porteurs de parts bénéficient, dans les conditions et les limites prévues à l'article L. 2145-11, d'une formation économique, financière et juridique, d'une durée minimale de trois jours.

Cette formation est dispensée par un organisme figurant sur une liste arrêtée par voie réglementaire.

Art. L. 3341-3 Le temps consacré à la formation économique, financière et juridique est pris sur le temps de travail et est rémunéré comme tel. Il est imputé sur la durée du congé de formation économique, sociale *(L. n° 2021-1104 du 22 août 2021, art. 41-II)* « , environnementale » et syndicale prévu aux articles *(L. n° 2016-1088 du 8 août 2016, art. 33)* « L. 2145-5 » et suivants.

(Abrogé par L. n° 2018-771 du 5 sept. 2018, art. 45-I, à compter du 1er janv. 2019) « Les dépenses correspondantes des entreprises sont déductibles du montant de la participation des employeurs au financement de la formation professionnelle continue prévu à l'article L. 6331-1. »

Art. L. 3341-4 Les dispositions de la présente section sont applicables aux salariés de l'entreprise, membres des conseils de surveillance des fonds communs de placement d'entreprise prévus aux articles *(Ord. n° 2013-676 du 25 juill. 2013, art. 44)* « L. 214-164 et L. 214-165 » du code monétaire et financier. — *[Anc. art. L. 444-1, al. 3.]*

SECTION 3 Information des représentants du personnel

Art. L. 3341-5 L'accord de participation ou le règlement d'un plan d'épargne salariale peuvent prévoir les conditions dans lesquelles le *(Ord. n° 2017-1386 du 22 sept. 2017, art. 4)* « comité social et économique ou une commission spécialisée créée par lui dispose » des moyens d'information nécessaires sur les conditions d'application de cet accord ou de ce règlement. — *[Anc. art. L. 444-10.]*

SECTION 4 Information des salariés

Art. L. 3341-6 Tout salarié d'une entreprise proposant un dispositif d'intéressement, de participation, un plan d'épargne entreprise, un plan d'épargne interentreprises *(Ord. n° 2019-766 du 24 juill. 2019, art. 7-IV, en vigueur le 1er oct. 2019)* « , un plan d'épargne pour la retraite collectif ou un plan d'épargne retraite d'entreprise collectif » reçoit, lors de la conclusion de son contrat de travail, un livret d'épargne salariale présentant *(L. n° 2015-990 du 6 août 2015, art. 163)* « les dispositifs mis en place au sein de l'entreprise.

« Le livret d'épargne salariale est également porté à la connaissance des représentants du personnel, le cas échéant en tant qu'élément de la base de données économiques *(L. n° 2021-1104 du 22 août 2021, art. 41-I)* « , sociales et environnementales » établie en application de l'article *(L. n° 2021-1104 du 22 août 2021, art. 40-I)* « L. 2312-18 ». »

Les dispositions issues de l'Ord. n° 2019-766 du 24 juill. 2019 entrent en vigueur à une date fixée par Décr. et au plus tard le 1ᵉʳ janv. 2020 (Ord. préc., art. 9-I). La date d'entrée en vigueur est fixée au 1ᵉʳ oct. 2019 (Décr. n° 2019-807 du 30 juill. 2019, art. 9-II).

Art. L. 3341-7 Tout bénéficiaire quittant l'entreprise reçoit un état récapitulatif de l'ensemble des sommes et valeurs mobilières épargnées ou transférées au sein de l'entreprise dans le cadre des dispositifs prévus aux titres II et III *(Ord. n° 2019-766 du 24 juill. 2019, art. 7-IV, en vigueur le 1ᵉʳ oct. 2019)* « et dans le cadre des plans d'épargne retraite d'entreprise mentionnés à l'article L. 224-9 du code monétaire et financier » *(L. n° 2021-219 du 26 févr. 2021, art. 2)* « ainsi que dans le cadre d'un régime de retraite supplémentaire mentionné au 2° de l'article 83 du code général des impôts, d'un dispositif de retraite à prestations définies répondant aux caractéristiques des régimes mentionnés aux articles L. 137-11 et L. 137-11-2 du code de la sécurité sociale ou d'un régime supplémentaire dont les cotisations sont assujetties à l'impôt sur le revenu dans le cadre de l'article 82 du code général des impôts ».

Cet état distingue les actifs disponibles, en mentionnant tout élément utile au salarié pour en obtenir la liquidation ou le transfert, et ceux qui sont affectés *(Ord. n° 2019-766 du 24 juill. 2019, art. 7-IV, en vigueur le 1ᵉʳ oct. 2019)* « à un plan d'épargne pour la retraite collectif ou à un plan d'épargne retraite d'entreprise », en précisant les échéances auxquelles ces actifs seront disponibles ainsi que tout élément utile au transfert éventuel vers un autre plan.

L'état récapitulatif est inséré dans un livret d'épargne salariale dont les modalités de mise en place et le contenu sont fixés par un décret en Conseil d'État. – *V. art. R. 3341-6.*

Le numéro d'inscription au répertoire national d'identification des personnes physiques est la référence pour la tenue du livret du salarié. Il peut figurer sur les relevés de compte individuels et l'état récapitulatif.

(L. n° 2015-990 du 6 août 2015, art. 164) « Lors du départ de l'entreprise, cet état récapitulatif informe le bénéficiaire que les frais de tenue de compte-conservation sont pris en charge soit par l'entreprise, soit par prélèvements sur les avoirs. »

V. note ss. art. L. 3341-6.

Art. L. 3341-8 Les références de l'ensemble des établissements habilités pour les activités de conservation ou d'administration d'instruments financiers en application de l'article L. 542-1 du code monétaire et financier, gérant des sommes et valeurs mobilières épargnées ou transférées par le salarié dans le cadre des dispositifs prévus au présent livre, figurent sur chaque relevé de compte individuel et chaque état récapitulatif.

CHAPITRE II CONDITIONS D'ANCIENNETÉ

Art. L. 3342-1 Tous les salariés d'une entreprise compris dans le champ des accords d'intéressement et de participation ou des plans d'épargne salariale bénéficient de leurs dispositions.

Toutefois, une condition d'ancienneté dans l'entreprise ou dans le groupe d'entreprises défini aux articles L. 3344-1 et L. 3344-2 peut être exigée. Elle ne peut excéder trois mois. Pour la détermination de l'ancienneté éventuellement requise, sont pris en compte tous les contrats de travail exécutés au cours de la période de calcul et des douze mois qui la précèdent. Le salarié temporaire est réputé compter trois mois d'ancienneté dans l'entreprise ou dans le groupe qui l'emploie s'il a été mis à la disposition d'entreprises utilisatrices pendant une durée totale d'au moins soixante jours au cours du dernier exercice.

(Ord. n° 2015-380 du 2 avr. 2015, art. 5) « Le salarié porté mentionné aux articles L. 1254-1 et suivants est réputé compter trois mois d'ancienneté dans l'entreprise de portage ou dans le groupe qui l'emploie s'il a réalisé une prestation dans une entreprise cliente pendant une durée totale d'au moins soixante jours au cours du dernier exercice. »

La condition maximale d'ancienneté de trois mois, prévue au premier alinéa, remplace de plein droit, à compter de la date de publication de la loi n° 2001-152 du 19 février 2001 sur l'épargne salariale, toute condition maximale d'ancienneté supérieure figurant dans les accords d'intéressement et de participation et dans les règlements de plan d'épargne d'entreprise en vigueur à cette même date.

(L. n° 2023-1107 du 29 nov. 2023, art. 16) « Par dérogation au deuxième alinéa du présent article, un accord étendu de la branche professionnelle du travail temporaire

DISPOSITIONS COMMUNES **Art. L. 3344-2** 1295

peut prévoir une durée d'ancienneté différente pour les salariés temporaires, dans la limite de quatre-vingt-dix jours. »

1. Salariés détachés à l'étranger. Tous les salariés de l'entreprise où a été conclu un accord d'intéressement doivent avoir la possibilité de bénéficier de la répartition des résultats de l'entreprise, sans que puisse leur être opposé le fait qu'ils n'exécutent pas leur activité en France ou qu'ils n'y sont pas rémunérés ; la clause d'un accord d'intéressement excluant les salariés détachés à l'étranger dans une succursale est réputée non écrite. ● Soc. 6 juin 2018, 🔒 n° 17-14.372 P : *D. actu. 5 juill. 2018, obs. Fraisse ; D. 2018. Actu. 1262 ⌀ ; RDT 2018. 871, obs. Jault-Seseke ⌀ ; RJS 8-9/2018, n° 558 ; JSL 2018, n° 457-2, obs. Jacotot et Frisoni.*

2. Salariés titulaires d'un congé de reclassement. Les salariés titulaires d'un congé de reclassement, qui demeurent salariés de l'entreprise jusqu'à l'issue de ce congé en application de l'art. L. 1233-72 C. trav., bénéficient de la participation, que leur rémunération soit ou non prise en compte pour le calcul de la réserve de participation. ● Soc. 7 nov. 2018, 🔒 n° 17-18.936 P : *D. actu. 29 nov. 2018, obs. Mlapa ; D. 2018. Actu. 2238 ⌀ ; RJS 1/2019, n° 39 ; JCP S 2018. 1399, obs. Kovac ; SSL 2019, n° 1851, p. 11, obs. Lepoutre* ● Soc. 1ᵉʳ juin 2022, 🔒 n° 20-16.404 B : *D. 2022. 1095 ⌀ ; RJS 8-9/2022, n° 467.*

CHAPITRE III VERSEMENTS SUR LE COMPTE ÉPARGNE-TEMPS

Art. L. 3343-1 Si la convention ou l'accord instituant un compte épargne-temps le prévoit, le salarié peut verser dans ce compte tout ou partie des primes qui lui sont attribuées en application d'un accord d'intéressement, ainsi que, à l'issue de leur période d'indisponibilité, tout ou partie des sommes issues de la répartition de la réserve de participation, les sommes qu'il a versées dans un plan d'épargne d'entreprise et celles versées par l'entreprise en application des articles L. 3332-11 à L. 3332-13 et L. 3334-10.

Lorsque des droits à congé rémunéré ont été accumulés en contrepartie du versement des sommes énumérées au premier alinéa, les indemnités compensatrices correspondantes ne bénéficient pas de l'exonération de cotisations sociales prévues aux articles L. 3312-4, L. 3325-1 à L. 3325-3 et L. 3332-27. Elles sont exonérées de l'impôt sur le revenu des bénéficiaires.

L'accord d'intéressement précise les modalités selon lesquelles le choix du salarié s'opère lors de la répartition de l'intéressement. − *[Anc. art. L. 444-6.]*

CHAPITRE IV MISE EN PLACE DANS UN GROUPE D'ENTREPRISES ET DANS LES ENTREPRISES DÉPOURVUES D'ÉPARGNE SALARIALE

SECTION 1 Mise en place dans un groupe d'entreprises

Art. L. 3344-1 L'intéressement, la participation ou un plan d'épargne d'entreprise peut être mis en place au sein d'un groupe constitué par des entreprises juridiquement indépendantes, mais ayant établi entre elles des liens financiers et économiques.

Toutefois, les dispositifs d'augmentation du capital prévus aux articles L. 3332-18 et suivants ainsi que de majoration des sommes versées annuellement par une ou plusieurs entreprises prévus au deuxième alinéa de l'article L. 3332-11 ne peuvent s'appliquer qu'au sein d'un groupe d'entreprises incluses dans le même périmètre de consolidation ou de combinaison des comptes en application des dispositions suivantes :

1° Article L. 345-2 du code des assurances pour les entreprises régies par ce code ;

2° Article L. 233-16 du code de commerce pour les entreprises régies par ce code ;

3° Article L. 511-36 du code monétaire et financier pour les établissements de crédit (Ord. n° 2013-544 du 27 juin 2013, art. 20 et 36) « et les sociétés de financement » ;

4° Dispositions du code de la mutualité pour les mutuelles ;

5° Article L. 931-34 du code de la sécurité sociale pour les institutions de prévoyance. − *[Anc. art. L. 444-3, al. 1ᵉʳ et al. 2, phrase 1.]*

BIBL. ▶ Morvan, *Dr. soc. 2010. 748 ⌀* (groupe d'entreprises et rémunération).

Art. L. 3344-2 Les dispositifs d'augmentation du capital mentionnés à l'article L. 3344-1 peuvent également être mis en place au sein d'un groupe constitué par des sociétés régies par la loi n° 47-1775 du 10 septembre 1947 portant statut de la coopération, les unions qu'elles ont constituées et les filiales que celles-ci détiennent. − *[Anc. art. L. 444-3, al. 2, phrase 2.]*

SECTION 2 Entreprises dépourvues de dispositif d'épargne salariale

Art. L. 3344-3 Dans les entreprises dépourvues de délégué syndical dans lesquelles un *(Ord. n° 2017-1386 du 22 sept. 2017, art. 4)* « comité social et économique existe » et aucun accord d'intéressement ou de participation n'est en vigueur, l'employeur propose, tous les trois ans, un examen des conditions dans lesquelles pourraient être mis en œuvre un ou plusieurs des dispositifs mentionnés aux titres I à III. — *[Anc. art. L. 444-8.]*

CHAPITRE V DÉPÔT ET CONTRÔLE DE L'AUTORITÉ ADMINISTRATIVE

SECTION 1 Dépôt

Art. L. 3345-1 L'accord d'intéressement, l'accord de participation et le règlement d'un plan d'épargne salariale, lorsqu'ils sont conclus concomitamment, peuvent faire l'objet d'un dépôt commun dans les conditions applicables aux accords d'intéressement. — *[Anc. art. L. 132-27, al. 6.]*

SECTION 2 Contrôle de l'autorité administrative

Art. L. 3345-2 *(L. n° 2022-1158 du 16 août 2022, art. 4-VI)* Les organismes mentionnés aux articles L. 213-1 ou L. 752-4 du code de la sécurité sociale ou à l'article L. 723-3 du code rural et de la pêche maritime disposent d'un délai, fixé par décret, à compter du dépôt auprès de l'autorité administrative des accords mentionnés aux articles L. 3313-3 et L. 3323-4 du présent code et des règlements des plans d'épargne mentionnés aux articles L. 3332-9, L. 3333-2, L. 3334-2 et L. 3334-4 du présent code et aux articles L. 224-14 et L. 224-16 du code monétaire et financier, pour demander le retrait ou la modification des clauses contraires aux dispositions légales, à l'exception des règles relatives aux modalités de dénonciation et de révision des accords.

Le délai mentionné au premier alinéa du présent article ne peut excéder trois mois.

Ces dispositions sont applicables aux accords et règlements déposés à compter du 1er janv. 2023 (L. n° 2022-1158 du 16 août 2022, art. 4-IX).

Jurisprudence rendue sous l'empire des dispositions antérieures à la L. n° 2020-1525 du 7 déc. 2020.

1. Il n'appartient pas à l'employeur de justifier de l'absence d'observations de la DIRECCTE dans le délai de 4 mois qui suit le dépôt d'un accord d'intéressement, d'un accord de participation, ou de règlement d'un plan d'épargne salariale en application de l'art. L. 3345-2 ; il incombe à l'URSSAF de prouver la formulation éventuelle d'observations par la DIRECCTE. • Civ. 2e, 19 janv. 2017, 🔒 n° 16-11.312

P : JCP S 2017. 1058, obs. Kovac.

2. Sécurisation des exonérations fiscales et sociales dans l'hypothèse d'un avenant modifiant l'accord de base. Sauf si la modification de l'accord initial n'est que de forme, le dispositif de sécurisation des exonérations issu de la L. du 30 déc. 2006 s'applique à un avenant conclu après l'entrée en vigueur de cette loi, même s'il se rapporte à un accord antérieur à cette date. • Civ. 2e, 23 sept. 2021, 🔒 n° 20-16.756 B : *RJS 12/2021, n° 672 ; JSL 2021, n° 529-4, obs. Mureau ; JCP S 2021. 1273, note Nicolini, Debiemme et Delannoy.*

Art. L. 3345-3 En l'absence de demande *(L. n° 2020-1525 du 7 déc. 2020, art. 119-I, en vigueur le 1er sept. 2021)* « d'un organisme mentionné aux articles L. 213-1 ou L. 752-4 du code de la sécurité sociale ou à l'article L. 723-3 du code rural et de la pêche maritime dans le délai fixé *(L. n° 2022-1158 du 16 août 2022, art. 4-VII)* « au premier » alinéa de l'article L. 3345-2 du présent code », aucune contestation ultérieure de la conformité des termes de l'accord ou du règlement aux dispositions légales en vigueur au moment de sa conclusion ne peut avoir pour effet de remettre en cause les exonérations fiscales et sociales attachées aux avantages accordés aux salariés au titre des exercices en cours ou antérieurs à la contestation.

Les dispositions issues de la L. n° 2020-1525 du 7 déc. 2020 sont applicables aux accords et règlements déposés à compter du 1er sept. 2021 (L. préc., art. 119-III).

Les dispositions issues de la L. n° 2022-1158 du 16 août 2022 sont applicables aux accords et règlements déposés à compter du 1er janv. 2023 (L. préc., art. 4-IX).

Art. L. 3345-4 *(L. n° 2020-1525 du 7 déc. 2020, art. 118)* Un accord de branche d'intéressement, de participation ou instaurant un plan d'épargne salariale fait l'objet

DISPOSITIONS COMMUNES **Art. L. 3346-1** 1297

d'une procédure d'agrément conduite par l'autorité administrative compétente à compter de son dépôt dans un délai et des conditions déterminés par décret.

(*L. n° 2022-1158 du 16 août 2022, art. 4-VIII*) « Le délai mentionné au premier alinéa ne peut excéder quatre mois. Il peut être prorogé une fois pour une durée équivalente à la moitié de la durée initiale. »

Pendant le délai mentionné au (*L. n° 2022-1158 du 16 août 2022, art. 4-VIII*) « même » premier alinéa, l'autorité administrative peut demander le retrait ou la modification des dispositions contraires aux dispositions légales.

L'absence de décision dans le délai mentionné au même premier alinéa vaut décision d'agrément.

Dès lors que l'accord de branche a été agréé, aucune contestation ultérieure de la conformité des termes de l'accord de branche aux dispositions légales en vigueur au moment de sa conclusion ne peut avoir pour effet de remettre en cause les exonérations fiscales et sociales attachées aux avantages accordés aux salariés des entreprises qui adhèrent à l'accord de branche par accord d'entreprise ou, le cas échéant, pour les entreprises de moins de cinquante salariés et dans les conditions de l'article L. 2232-10-1, par document unilatéral de l'employeur.

Les dispositions issues de la L. n° 2022-1158 du 16 août 2022 sont applicables aux accords et règlements déposés à compter du 1ᵉʳ janv. 2023 (L. préc., art. 4-IX).

CHAPITRE VI **PARTAGE DE LA VALEUR EN CAS D'AUGMENTATION EXCEPTIONNELLE DU BÉNÉFICE NET FISCAL**

(L. n° 2023-1107 du 29 nov. 2023, art. 8)

Art. L. 3346-1 I. – Lorsqu'une entreprise qui est tenue de mettre en place un régime de participation en application des articles L. 3322-1 à L. 3322-5 et qui dispose d'un ou de plusieurs délégués syndicaux a ouvert une négociation pour mettre en œuvre un dispositif d'intéressement ou de participation, cette négociation porte également sur la définition d'une augmentation exceptionnelle de son bénéfice défini au 1° de l'article L. 3324-1 et sur les modalités de partage de la valeur avec les salariés qui en découlent.

Pour l'application du premier alinéa du présent I, la définition de l'augmentation exceptionnelle du bénéfice prend en compte des critères tels que la taille de l'entreprise, le secteur d'activité, la survenance d'une ou de plusieurs opérations de rachat d'actions de l'entreprise suivie de leur annulation dès lors que ces opérations n'ont pas été précédées des attributions aux salariés dans les conditions prévues aux articles L. 225-197-1 à L. 225-197-5, L. 22-10-59 et L. 22-10-60 du code de commerce, les bénéfices réalisés lors des années précédentes ou les événements exceptionnels externes à l'entreprise intervenus avant la réalisation du bénéfice.

Le partage de la valeur mentionné au premier alinéa du présent I peut être mis en œuvre :

1° Soit par le versement du supplément de participation prévu à l'article L. 3324-9 ;

2° Soit par le versement du supplément d'intéressement prévu à l'article L. 3314-10, lorsqu'un dispositif d'intéressement s'applique dans l'entreprise ;

3° Soit par l'ouverture d'une nouvelle négociation ayant pour objet de mettre en place un dispositif d'intéressement défini à l'article L. 3312-1 lorsqu'il n'existe pas dans l'entreprise, de verser un supplément mentionné aux articles L. 3314-10 et L. 3324-9 si l'accord en application duquel il est versé a donné lieu à un versement, d'abonder un plan d'épargne mentionné aux articles L. 3332-1, L. 3333-2, L. 3334-2 ou L. 3334-4 du présent code ou à l'article L. 224-13 du code monétaire et financier ou de verser la prime de partage de la valeur mentionnée à l'article 1ᵉʳ de la loi n° 2022-1158 du 16 août 2022 portant mesures d'urgence pour la protection du pouvoir d'achat.

II. – Le présent article ne s'applique pas aux entreprises qui ont mis en place un accord de participation ou d'intéressement comprenant déjà une clause spécifique prenant en compte les bénéfices exceptionnels ou un régime de participation comportant une base de calcul conduisant à un résultat plus favorable que la formule prévue à l'article L. 3324-1.

Les entreprises soumises à l'obligation prévue à l'art. L. 3346-1 dans lesquelles un accord d'intéressement ou de participation est applicable au 29 nov. 2023, date de promulgation de la loi, engagent, avant le 30 juin 2024, la négociation portant sur la définition d'une augmentation exceptionnelle de leur bénéfice et sur les modalités de partage de la valeur avec les salariés qui en découlent prévue à l'art. L. 3346-1 (L. n° 2023-1107 du 29 nov. 2023, art. 8-II).

CHAPITRE VII INTÉRESSEMENT MIS EN PLACE UNILATÉRALEMENT

(L. n° 2020-734 du 17 juin 2020, art. 18)

Art. L. 3347-1 Les dispositions du présent titre en tant qu'elles concernent les accords d'intéressement s'appliquent aux régimes d'intéressement mis en place unilatéralement en application du II de l'article L. 3312-5, à l'exception de celles prévues aux sections 1 à 3 du chapitre I et aux articles L. 3344-2, L. 3344-3 et L. 3345-4.

CHAPITRE VIII AVANCES SUR INTÉRESSEMENT ET PARTICIPATION

(L. n° 2023-1107 du 29 nov. 2023, art. 12)

Art. L. 3348-1 L'accord d'intéressement ou de participation peut prévoir le versement, en cours d'exercice, d'avances sur les sommes dues au titre de l'intéressement ou de la réserve spéciale de participation.

Les avances sont versées au bénéficiaire, après avoir recueilli son accord, selon une périodicité qui ne peut être inférieure au trimestre.

Lorsque les droits définitifs attribués au bénéficiaire au titre de l'intéressement ou de la participation sont inférieurs à la somme des avances reçues, les sommes trop perçues sont intégralement reversées par le bénéficiaire à l'employeur sous la forme d'une retenue sur salaire dans les conditions prévues à l'article L. 3251-3.

Lorsque le trop-perçu a été affecté à un plan d'épargne salariale, il ne peut être débloqué. Il constitue un versement volontaire du bénéficiaire et n'ouvre pas droit aux exonérations prévues aux articles L. 3312-4, L. 3315-1 à L. 3315-3 et L. 3325-1 à L. 3325-4.

Un décret détermine les conditions d'information des bénéficiaires.

LIVRE IV DISPOSITIONS RELATIVES À L'OUTRE-MER

TITRE I DISPOSITIONS GÉNÉRALES

CHAPITRE UNIQUE

Art. L. 3411-1 Les dispositions générales prévues par l'article L. 1511-1 sont également applicables aux dispositions du présent livre. — *[Anc. art. L. 800-4, al. 1er à 3.]*

TITRE II GUADELOUPE, GUYANE, MARTINIQUE, MAYOTTE, LA RÉUNION, SAINT-BARTHÉLEMY, SAINT-MARTIN ET SAINT-PIERRE-ET-MIQUELON *(Ord. n° 2017-1491 du 25 oct. 2017, art. 4).*

CHAPITRE I DISPOSITIONS GÉNÉRALES

Art. L. 3421-1 Les dispositions générales prévues par *(Ord. n° 2008-205 du 27 févr. 2008)* « les articles L. 1521-1 à L. 1521-4 » sont également applicables aux dispositions du présent titre.

CHAPITRE II DURÉE DU TRAVAIL, REPOS ET CONGÉS

Art. L. 3422-1 Les articles *(L. n° 2016-1088 du 8 août 2016, art. 8)* « L. 3133-7 à L. 3133-9, L. 3133-11 et L. 3133-12 », relatifs à la journée de solidarité, ne sont pas applicables à Saint-Pierre-et-Miquelon. — *[Anc. art. L. 821-1.]*

Art. L. 3422-2 *(Ord. n° 2017-1491 du 25 oct. 2017, art. 4, en vigueur le 1er janv. 2018)* En Guadeloupe, en Guyane, en Martinique, à Mayotte, à La Réunion, à Saint-Barthélemy et à Saint-Martin, les journées de commémoration de l'abolition de l'esclavage ci-après désignées sont des jours fériés :

1° Le 27 avril à Mayotte ;

2° Le 22 mai en Martinique ;
3° Le 27 mai en Guadeloupe et à Saint-Martin ;
4° Le 10 juin en Guyane ;
5° Le 9 octobre à Saint-Barthélemy ;
6° Le 20 décembre à La Réunion.

Art. L. 3422-3 (*Ord. n° 2017-1491 du 25 oct. 2017, art. 4, en vigueur le 1er janv. 2018*) A Mayotte, les listes établies aux articles L. 3133-1 et L. 3422-2 ne portent atteinte ni aux stipulations des conventions ou accords collectifs de travail ni aux usages qui prévoiraient des jours fériés supplémentaires, notamment les fêtes de Miradji, Idi-el-Fitri, Idi-el-Kabir et Maoulid.

Art. L. 3422-4 (*Ord. n° 2017-1491 du 25 oct. 2017, art. 4, en vigueur le 1er janv. 2018*) Pour l'application à Mayotte des articles L. 3141-13 et L. 3141-23, les mots : "du 1er mai au 31 octobre" sont remplacés par les mots : "du 1er juillet au 31 décembre".

Art. L. 3422-5 (*Ord. n° 2017-1491 du 25 oct. 2017, art. 4, en vigueur le 1er janv. 2018*) Pour l'application à Mayotte de l'article L. 3152-4 :
a) Les prestations mentionnées au 1° sont celles des régimes mentionnés aux articles 23-7 et 23-8 de l'ordonnance n° 2002-411 du 27 mars 2002 relative à la protection sanitaire et sociale à Mayotte ;
b) Le *a* du 2° n'est pas applicable ;
c) Au *b* du 2°, le mot : "Et," est supprimé.

CHAPITRE III SALAIRE ET AVANTAGES DIVERS

SECTION 1 Salaire minimum de croissance

Art. L. 3423-1 Lorsque le salaire minimum applicable en métropole est relevé en application des articles L. 3231-4 et L. 3231-5, le salaire minimum (*Ord. n° 2017-1491 du 25 oct. 2017, art. 4*) « de Guadeloupe, de Guyane, de Martinique, de Mayotte, de La Réunion » (*Ord. n° 2008-205 du 27 févr. 2008*) « , de Saint-Barthélemy et de Saint-Martin » est relevé à la même date et dans les mêmes proportions.

Art. L. 3423-2 Le salaire minimum de croissance (*Ord. n° 2017-1491 du 25 oct. 2017, art. 4, en vigueur le 1er janv. 2018*) « de Guadeloupe, de Guyane, de Martinique, de Mayotte, de La Réunion » (*Ord. n° 2008-205 du 27 févr. 2008*) « , de Saint-Barthélemy et de Saint-Martin » est fixé chaque année compte tenu de la situation économique locale telle qu'elle résulte notamment des comptes économiques du département considéré par décret en conseil des ministres.

Art. L. 3423-3 En cours d'année, le salaire minimum de croissance (*Ord. n° 2017-1491 du 25 oct. 2017, art. 4, en vigueur le 1er janv. 2018*) « de Guadeloupe, de Guyane, de Martinique, de Mayotte, de La Réunion » (*Ord. n° 2008-205 du 27 févr. 2008*) « , de Saint-Barthélemy et de Saint-Martin » peut être porté par voie réglementaire à un niveau supérieur à celui qui résulte de l'application des dispositions de l'article L. 3423-1.

Art. L. 3423-4 Les améliorations du pouvoir d'achat intervenues en cours d'année entrent en compte pour la fixation annuelle du salaire minimum de croissance (*Ord. n° 2017-1491 du 25 oct. 2017, art. 4, en vigueur le 1er janv. 2018*) « de Guadeloupe, de Guyane, de Martinique, de Mayotte, de La Réunion » (*Ord. n° 2008-205 du 27 févr. 2008*) « , de Saint-Barthélemy et de Saint-Martin » en application de la règle fixée à l'article L. 3423-2.

SECTION 2 Rémunération mensuelle minimale

SOUS-SECTION 1 Dispositions générales

Art. L. 3423-5 Les dispositions relatives à la rémunération mensuelle minimale prévues aux articles L. 3232-1 et suivants sont applicables (*Ord. n° 2017-1491 du 25 oct. 2017, art. 4, en vigueur le 1er janv. 2018*) « en Guadeloupe, en Guyane, en Martinique, à Mayotte, à La Réunion » *(Ord. n° 2008-205 du 27 févr. 2008)* « , à Saint-Barthélemy et à Saint-Martin », sous réserve des adaptations prévues par la présente section.

Art. L. 3423-6 Tout salarié mentionné à l'article L. 3211-1 qui ne perçoit pas d'allocations légales et conventionnelles pour privation partielle d'emploi et qui est lié à son employeur par un contrat de travail comportant un horaire de travail hebdomadaire au moins égal à vingt heures de travail effectif, perçoit une rémunération minimale. – *[Anc. art. L. 832-1, al. 2.]*

SOUS-SECTION 2 Modalités de fixation

Art. L. 3423-7 La rémunération mensuelle minimale est égale au produit du montant du salaire minimum de croissance tel qu'il est fixé en application des articles L. 3231-2 à L. 3231-12 et L. 3423-1 à L. 3423-4, par le nombre d'heures correspondant à la durée contractuelle du travail pour le mois considéré.

Elle ne peut excéder, après déduction des cotisations obligatoires retenues par l'employeur, la rémunération nette qui aurait été perçue pour un travail effectif égal à la durée légale du travail payé au taux du salaire minimum de croissance. – *[Anc. art. L. 832-1, al. 3, et L. 141-11, al. 1er.]*

Art. L. 3423-8 La rémunération mensuelle minimale est réduite à due concurrence lorsque :

1° Au cours du mois considéré, le travailleur a accompli un nombre d'heures inférieur à la durée contractuelle du travail pour l'un des motifs suivants :

a) Suspension du contrat de travail, notamment par suite d'absence du salarié ou par suite de maladie, d'accident ou de maternité ;

b) Effet direct d'une cessation collective du travail ;

2° Le contrat de travail a débuté ou s'est terminé au cours du mois considéré. – *[Anc. art. L. 832-1, al. 3, et L. 141-11, al. 2 à 5.]*

SOUS-SECTION 3 Allocation complémentaire

Art. L. 3423-9 Lorsque, par suite d'une réduction de l'horaire de travail au-dessous de la durée contractuelle pour des causes autres que celles qui sont énumérées au 1° de l'article L. 3423-8, un salarié a perçu au cours d'un mois, à titre de salaire et d'allocations légales ou conventionnelles pour privation partielle d'emploi, une somme totale inférieure à la rémunération minimale, il lui est alloué une allocation complémentaire égale à la différence entre la rémunération minimale et la somme qu'il a effectivement perçue.

Ces dispositions s'appliquent sans préjudice de celles prévues au deuxième alinéa de l'article L. 3232-5. – *[Anc. art. L. 832-1, al. 3.]* – V. art. R. 3423-4.

TITRE III MESURES DE COORDINATION AVEC LES AUTRES COLLECTIVITÉS ULTRAMARINES *(Ord. n° 2017-1491 du 25 oct. 2017, art. 4).*

CHAPITRE UNIQUE INTÉRESSEMENT, PARTICIPATION ET ÉPARGNE SALARIALE

Art. L. 3431-1 Les salariés des entreprises soumises aux dispositions du livre III, exerçant leur activité à Wallis-et-Futuna ou dans les Terres australes et antarctiques françaises bénéficient de l'intéressement, de la participation et du plan d'épargne salariale dans les mêmes conditions que les salariés de ces entreprises travaillant dans les départements de métropole, *(Ord. n° 2017-1491 du 25 oct. 2017, art. 4)* « en Guadeloupe, en Guyane, en Martinique, à La Réunion » *(Ord. n° 2008-205 du 27 févr. 2008)* « , à Saint-Barthélemy, à Saint-Martin » ou à Saint-Pierre-et-Miquelon.

QUATRIÈME PARTIE SANTÉ ET SÉCURITÉ AU TRAVAIL

LIVRE I DISPOSITIONS GÉNÉRALES

TITRE I CHAMP ET DISPOSITIONS D'APPLICATION

RÉP. TRAV. v^{is} *Santé et sécurité au travail*, par Segonds ; *Droit pénal du travail*, par Cerf-Hollender.

BIBL. GÉN. ▶ Adam, *RDT* 2017. 476 (QVT : la part des juristes). – Bonnechère, *Dr. ouvrier* 2003. 453 (santé-sécurité dans l'entreprise et dignité de la personne au travail). – Cesaro, *Dr. soc.* 2007. 729 (sanctions pénales de l'insécurité). – Chaumette, *ALD* 1985. 139 (protection sanitaire des personnels des établissements publics à caractère sanitaire et social) ; *Dr. soc.* 1992. 337 (loi du 31 déc. 1991). – Combrexelle, *Dr. soc.* 2011. 778 (vérités simples sur la santé au travail). – Crozafon, *JCP S* 2013. 1245 (santé au travail et nouveau cadre réglementaire). – Dejean de la Batie, *JSL* 2013, n° 340-1 (santé au travail et réorganisation). – Duguet, *RPDS* 1989. 89. – Gaudu, *Dr. soc.* 1991. 30 (impact des difficultés économiques). – Dedessus-le-Moustier et Lerouge, *RDT* 2011. 627 (une réflexion syndicale contrastée sur la prévention des risques psychosociaux). – de Givry, *Mél. O. Kahn-Freund*, 1980, p. 445 (amélioration des conditions de travail). – Fabre, *RDT* 2008. 145 (à la découverte du nouveau code). – Fantoni-Quinton, *JCP S* 2013. 1452 (impact des TIC sur la santé au travail). – Fantoni-Quinton, Leclercq, Verkindt et Frimat, *JCP S* 2011. 1541 (un avenir pour la santé au travail sans « aptitude périodique » est possible...). – Gardin, *RJS* 6/2018, p. 467 (santé et sécurité au travail et fusion des IRP). – Gauriau, *Dr. soc.* 2007. 719 (sanctions civiles de l'insécurité). – Grinsnir, *Dr. ouvrier* 1989. 335 (sécurité et conditions de travail). – Guirimand, *RJS* 1989. 111 (obligation de sécurité du chef d'entreprise). – Héas, *RDT* 2009. 565 (la protection de l'environnement en droit du travail) ; *JCP S* 2010. 1284 (le bien-être au travail). – Keim-Bagot, *RDT* 2016. Controverse 222 (quel devenir pour l'obligation patronale ?). – Krynen, *Dr. soc.* 1980. 523 (droit des conditions et du milieu de travail). – Lafay, *Mél. A. Brun*, 1974, p. 305 (loi du 27 déc. 1973). – Lanouzière, *SSL* 2011, n° 1480, p. 6 (prévention des risques psychosociaux). – Lenoir, *RDT* 2016. 318 (prévenir les conduites addictives au travail). – Lerouge (dir.), *SSL* 2012, suppl. n° 1536 (approche institutionnelle de la prévention des risques psychosociaux) ; *JSL* 2016, n° 411, p. 4 (santé mentale au travail). – Lokiec, *Dr. soc.* 2011. 771 (la mesure du travail). – Luccini, Marant et Héas, *RDT* 2023. 311 (perspectives du droit de la santé au travail). – Mazeaud, *Dr. soc.* 2007. 738 (sécurité dans l'entreprise). – Meyer et Kessler, *Dr. ouvrier* 1992. 161 (transposition de la directive CEE 89/391). – Meyer et Guillon, *SSL* 2011, n° 1492, p. 4 (reconnaissance des pathologies psychiques). – Meyer et Sachs-Durand, *RDT* 2012. 633. – Moreau, *Dr. soc.* 2013. 410 (obligation générale de préserver la santé des travailleurs). – Murcier, *Dr. soc.* 1988. 610 (obligation générale de sécurité). – Mraouahi, *RDT* 2012. 703 (procédures d'urgence et prévention des risques psychosociaux). – L.-F. Pignarre, *RDT* 2016. 152 (la prévention : pierre angulaire ou/et maillon faible de l'obligation de santé et sécurité au travail de l'employeur ?). – Prétot, *Dr. soc.* 2007. 707 (sanctions administratives de l'insécurité au travail). – Schramm, *RJS* 1/2014, p. 2 (qualité de vie au travail et prévention des risques psychosociaux). – Seillan, *Dr. soc.* 1989. 369 (sécurité du travail et ordre public). – Spiropoulos, *ibid.* 1990. 851. – Teyssié, *ibid.* 2007. 671 (sécurité dans l'entreprise). – Tonin, *JCP E* 1987. I. 16138 (nouvelles technologies et négociation en matière d'hygiène, de sécurité et des conditions de travail). – Vacarie et Supiot, *Dr. soc.* 1993. 18 (santé, sécurité et libre circulation des marchandises) ; *JSL* 2008, n° 239-1 (santé au travail : l'ère de la maturité). – Verkindt, *Dr. soc.* 2007. 697 (rôle des instances de représentation du personnel en matière de sécurité). – Vieille, *ibid.* 1988. 185 (obligation générale de sécurité du chef d'entreprise).

▶ **Risques psychosociaux dans l'entreprise :** Adam, *Dr. ouvrier* 2011. 345 (restructurations, risques psychosociaux et CHSCT). – Daoud et Desplanques, *AJ pénal* 2010. 532 (gestion pénale des risques psychosociaux en entreprise). – Durieu, *JSL* 2015, n° 389-1 (risques psychosociaux et enquête dans l'entreprise). – Lerouge, *Dr. soc.* 2014. 152 (les « risques psychosociaux » en droit : retour sur un terme controversé). – Plac, *AJ pénal* 2010. 536 (risques psychosociaux : communication et management). – Roussel, *AJ pénal* 2010. 526 (prévention des risques psychosociaux). – Sanseverino-Godfrin, *JSL* 2013, n° 339-1 (contours juridiques des risques liés au travail). – Tilman et Frimat, *JCP S* 2013. 1453 (TIC et santé au travail : protection des données de santé). – Vanuls, *RDT* 2016. 16 (regards sur la précaution en droit du travail). – Verkindt, *RJS* 3/2020 (la notion de charge de travail, clé de voûte du principe d'adaptation du travail à l'homme). - Wallach, *Dr. ouvrier 2011. 33* (prévention des risques psychosociaux : l'exemple de la SNCF). - Wolff et Clot, *RDT 2015. Controverse 228* ∅ (faut-il encore parler des RPS ?).

▶ **Qualité de vie au travail :** Adam, *RDT 2017. 476* ∅.

▶ **Droit du travail et transition écologique :** Portier et Hommeril, *RDT 2022. 74* ∅. - Vanuls et Casado, *RDT 2022. Controverse. 9* (quel droit du travail pour la transition écologique).

▶ **Cancer et travail :** Dossiers spéciaux, *Dr. soc. 2023. 100* ∅ - *SSL 2022, n° 2016.*

▶ **Loi du 8 août 2016 :** Ayadi, *SSL 2016, n° 1743, p. 3* (la réforme tant attendue de la santé au travail). - Fantoni, Héas et Verkindt, *Dr. soc. 2016. 921* ∅. - Soulat, *SSL 2017, n° 1765, p. 3* (la loi Travail et la santé au travail : évolution ou révolution ?).

▶ **Loi du 2 août 2021 :** Antonmattéi et Selusi, *Dr. soc. 2021. 880* ∅ (services fournis par les services de prévention et de santé au travail interentreprises à leurs entreprises adhérentes). - Brun, *ibid. 2021. 875* ∅ (nouvelle gouvernance et réorganisation des services de prévention et de santé au travail interentreprises). - Del Sol, *ibid. 2021. 920* ∅ (esquisse d'une cartographie de la mobilisation des outils digitaux dans le champ de la santé au travail). - Dirringer, *ibid. 2021. 934* ∅ (santé-travail, santé environnementale, santé globale...). - Fantoni-Quinton, *ibid. 2021. 870* ∅ (évolution ou révolution ?). - Héas, *ibid. 2021. 909* ∅ (la désinsertion professionnelle). - Lacoste-Mary, *ibid. 2021. 924* ∅ (transposition de l'ANI du 9 déc. 2020). - Moulat, *ibid. 2021. 889* ∅ (une loi de plus... pour préparer la prochaine ?). - Véricel, *RDT 2021. 689* ∅.

CHAPITRE UNIQUE

SECTION 1 Champ d'application

Art. L. 4111-1 Sous réserve des exceptions prévues à l'article L. 4111-4, les dispositions de la présente partie sont applicables aux employeurs de droit privé ainsi qu'aux travailleurs.

Elles sont également applicables :

1° Aux établissements publics à caractère industriel et commercial ;

2° Aux établissements publics administratifs lorsqu'ils emploient du personnel dans les conditions du droit privé ;

3° Aux établissements de santé, sociaux et médico-sociaux mentionnés à l'article 2 de la loi n° 86-33 du 9 janvier 1986 portant dispositions statutaires relatives à la fonction publique hospitalière *(Ord. n° 2017-28 du 12 janv. 2017, art. 5)* « ainsi qu'aux groupements de coopération sanitaire de droit public mentionnés au 1° de l'article L. 6133-3 du code de la santé publique ».

Art. L. 4111-2 Pour les établissements *(Ord. n° 2017-28 du 12 janv. 2017, art. 5)* « et les groupements » mentionnés aux 1° à 3° de l'article L. 4111-1, les dispositions de la présente partie peuvent faire l'objet d'adaptations, par décret pris, sauf dispositions particulières, en Conseil d'État, compte tenu des caractéristiques particulières de certains de ces établissements et des organismes de représentation du personnel existants. Ces adaptations assurent les mêmes garanties aux salariés. - *[Anc. art. L. 231-1, al. 3, phrase 2.]*

Art. L. 4111-3 Les ateliers des établissements publics *(Ord. n° 2016-413 du 7 avr. 2016, art. 1er)* « ou privés » dispensant un enseignement technique ou professionnel *(L. n° 2011-901 du 28 juill. 2011, art. 15)* « , ainsi que ceux des établissements et services sociaux et médico-sociaux mentionnés aux 2°, *a* du 5° et 12° du I de l'article L. 312-1 du code de l'action sociale et des familles accueillant des jeunes handicapés ou présentant des difficultés d'adaptation et au 4° du même I, de même que ceux des établissements et services conventionnés ou habilités par la protection judiciaire de la jeunesse, dispensant des formations professionnelles au sens du V du même article, » sont soumis, pour leurs personnels comme pour *(L. n° 2011-901 du 28 juill. 2011, art. 15)* « les jeunes accueillis en formation professionnelle », aux dispositions suivantes de la présente partie :

1° Dispositions particulières applicables aux femmes enceintes, venant d'accoucher ou allaitant, et aux jeunes travailleurs prévues par les chapitres II et III du titre V ;

2° Obligations des employeurs pour l'utilisation des lieux de travail prévues par le titre II du livre II ;

3° Dispositions relatives aux équipements de travail et moyens de protection prévues par le livre III ;

4° Dispositions applicables à certains risques d'exposition prévues par le livre IV ;

5° Dispositions relatives à la prévention des risques de manutention des charges prévues par le titre IV du livre V.

Un décret détermine les conditions de mise en œuvre de ces dispositions compte tenu des finalités spécifiques des établissements d'enseignement. — *[Anc. art. L. 231-1, al. 4.] — V. Décr. n° 82-453 du 28 mai 1982, mod. par. Décr. n° 2015-1583 du 3 déc. 2015 ; Décr. n° 91-1162 du 7 nov. 1991 (JO 14 nov.) relatif au rôle de l'inspection du travail dans les ateliers des établissements publics dispensant un enseignement technique ou professionnel, et, pour le secteur agricole, Décr. n° 93-602 du 27 mars 1993 (JO 28 mars), mod. par Décr. n° 2010-429 du 29 avr. 2010 (JO 1ᵉʳ mai).*

Art. L. 4111-4 (L. n° 2009-526 du 12 mai 2009, art. 33) **Les dispositions de la présente partie peuvent être complétées ou adaptées par décret pour tenir compte des spécificités des entreprises et établissements relevant des mines, des carrières et de leurs dépendances.**

Sur les compléments et adaptations spécifiques pour les mines et carrières en matière de poussières alvéolaires, V. Décr. n° 2013-797 du 30 août 2013, App. VII. B, v° Mines.

Sur certains compléments et adaptations du code du travail spécifiques aux mines et aux carrières en matière d'entreprises extérieures, V. Décr. n° 2019-574 du 11 juin 2019, App. VII. B, v° Mines.

Sur certains compléments et adaptations du code du travail spécifiques aux mines et aux carrières en matière de travail et circulation en hauteur, V. Décr. n° 2019-735 du 16 juill. 2019, App. VII. B, v° Mines.

Sur certains compléments et adaptations du code du travail spécifiques aux mines et aux carrières en matière de rayonnements ionisants, V. Décr. n° 2019-1158 du 8 nov. 2019, App. VII. B, v° Mines.

Sur les compléments et adaptations du code du travail spécifiques pour les mines et carrières en matière d'équipements de travail, V. Décr. n° 2021-902 du 6 juill. 2021, App. VII. B, v° Mines.

Sur certains compléments et adaptations du code du travail spécifiques aux mines et carrières en matière de règles générales, V. Décr. n° 2021-1838 du 24 déc. 2021, App. VII. B, v° Mines.

En ce qui concerne la Société nationale des chemins de fer français, V. Décr. n° 60-72 du 15 janv. 1960 (D. 1960. 76 ; BLD 1960. 152) ; ... les chemins de fer secondaires d'intérêt général, les réseaux de voies ferrées d'intérêt local et de tramways, V. Décr. n° 60-73 du 15 janv. 1960 (D. 1960. 76 ; BLD 1960. 153) ; ... les entreprises de transports privés, V. Décr. n° 62-120 du 27 janv. 1962 (BLD 1962. 93 ; JO 2 févr.) ; ... les entreprises de transport et de travail aériens, V. Décr. n° 62-197 du 19 févr. 1962 (BLD 1962. 130 ; JO 23 févr.).

Les dispositions relatives à l'information et à la formation des travailleurs sur les risques pour leur santé et leur sécurité issues du Décr. n° 2008-1347 du 17 déc. 2008 (art. R. 4121-4, R. 4141-2, R. 4141-3-1, R. 4141-5, R. 4141-6) sont applicables aux entreprises et établissements mentionnés à l'art. L. 4111-4. Pour leur application au 1° de l'art. L. 4111-4, les expressions : « document unique d'évaluation des risques » ainsi que « délégués du personnel » et « agents de l'inspection du travail » désignent respectivement le « document de sécurité et de santé », les « délégués mineurs, délégués permanents de la surface ou délégués du personnel concernés » selon le cas et s'ils existent et les « agents de l'autorité administrative compétents en matière de police des mines et carrières exerçant les fonctions de l'inspection du travail » (Décr. préc., art. 7 et 8).

Art. L. 4111-5 Pour l'application de la présente partie, les travailleurs sont les salariés, y compris temporaires, et les stagiaires, ainsi que toute personne placée à quelque titre que ce soit sous l'autorité de l'employeur.

SECTION 2 Dispositions d'application

Art. L. 4111-6 Des décrets en Conseil d'État déterminent :

1° Les modalités de l'évaluation des risques et de la mise en œuvre des actions de prévention pour la santé et la sécurité des travailleurs prévues aux articles L. 4121-3 à L. 4121-5 ;

2° Les mesures générales de santé et de sécurité ;

3° Les prescriptions particulières relatives soit à certaines professions, soit à certains modes de travail, soit à certains risques ;

4° Les conditions d'information des travailleurs sur les risques pour la santé et la sécurité et les mesures prises pour y remédier ;

5° Les conditions dans lesquelles les formations à la sécurité sont organisées et dispensées. — *[Anc. art. L. 231-2, al. 1er à 4, L. 231-3-1, al. 8, L. 231-3-2, phrase 1 début, et L. 231-3-3.]*

TITRE II PRINCIPES GÉNÉRAUX DE PRÉVENTION

V. Circ. DRT n° 2002-6 du 18 avr. 2002, Dr. ouvrier 2003. 10.

BIBL. GÉN. ▶ ANTONMATTÉI, *Dr. soc.* 2012. 491 (obligation de sécurité de résultat : les suites de la jurisprudence SNECMA). - FANTONI-QUINTON, *RDT* 2016. 472 (le maintien en emploi au cœur des missions des services de santé au travail). - FAVENNEC-HÉRY, *Dr. soc.* 2007. 687 (obligation de sécurité du salarié). - MARTINEZ, *JCP S* 2009. 1170 (les mouvements d'extension du droit de la santé). - MEYER, *Dr. ouvrier* 1995. 12 (les valeurs limites d'exposition aux risques). - MEYER et KESSLER, *Dr. ouvrier* 1992. 161 (transposition de la directive CEE 89/391). - MORVAN, *Dr. soc.* 2007. 674 (obligation patronale de protection de la santé et de la sécurité). - PIGNARRE, *RDT* 2006. 150 (obligation de sécurité patronale). - SAADA, *Dr. ouvrier* 2003. 90. - SAVATIER, *Dr. soc.* 2005. 971 (protection contre le tabagisme sur les lieux de travail). - SEILLAN, *ALD* 1993. 1 (commentaire de la loi du 31 déc. 1991). - SIFFERMANN, *Dr. soc.* 1993. 33 (réglementation communautaire et pratique de l'inspecteur du travail). - VACHET, *JCP S* 2016. 1136 (obligation de sécurité de résultat).

COMMENTAIRE

V. sur le Code en ligne. ❑

CHAPITRE I OBLIGATIONS DE L'EMPLOYEUR

Art. L. 4121-1 L'employeur prend les mesures nécessaires pour assurer la sécurité et protéger la santé physique et mentale des travailleurs.

Ces mesures comprennent :

1° Des actions de prévention des risques professionnels *(Ord. n° 2017-1389 du 22 sept. 2017, art. 2-5°)* « , y compris ceux mentionnés à l'article L. 4161-1 » ;

2° Des actions d'information et de formation ;

3° La mise en place d'une organisation et de moyens adaptés.

L'employeur veille à l'adaptation de ces mesures pour tenir compte du changement des circonstances et tendre à l'amélioration des situations existantes. — *[Anc. art. L. 230-2, I.]*

BIBL. ▶ AMAUGER-LATTES, *SSL* 2017, n° 1765, p. 15 (renforcement de la prévention après l'ordonnance du 7 avr. 2016). - BABIN, *JCP S* 2016. 1011 (obligation de sécurité de résultat, nouvelle approche). - BLANVILLAIN, *RDT* 2019. 173 . - BLATMAN, *Dr. soc.* 2011. 743 (obligation de sécurité). - BŒUF et MO, *JSL* n° 348-1 (bien-fondé de l'indemnisation du préjudice résultant du bouleversement des conditions d'existence). - BOULMIER, *Dr. ouvrier* 2012. 590 (le référé sur la santé). - DE MONTVALON, *JSL* 2018, n° 449-1 (obligation de sécurité de résultat). - FRANGIE-MOUKANAS et POTIER, *JSL* 2014, n° 366-1 (obligation de sécurité de résultat). - GACIA, *JCP S* 2008. 1373 (responsabilité de l'employeur en raison du suicide du salarié). - GARAND, *JCP S* 2011. 1281 (obligation de sécurité de résultat et santé mentale). - JEANSEN, *Dr. soc.* 2020. 277 (l'éclipse de l'obligation de sécurité : l'éveil d'un principe ?). - JOLY, *Dr. soc.* 2010. 258 (la prise en compte du suicide au titre des risques professionnels). - LAPÉROU-SCHENEIDER, *Dr. soc.* 2012. 273 (responsabilité pénale de l'employeur personne physique et présomption de faute). - LEROUGE, *JSL* 2010, n° 283-4 (protection de la santé mentale au travail et responsabilité de l'employeur). - MILLET-URSIN, *SSL* 2017, n° 1764, p. 13 (place de la prévention dans les relations sociales). - PETIT, *Dr. soc.* 2013. 42 (obligation de sécurité et outils de prévention de la pénibilité). - ROZEC, *JCP S* 2012. 1080 (lutte contre le travail sous l'emprise de drogues). - SAINT-JOURS, *D.* 2007. 3024 (de l'obligation contractuelle de sécurité de résultat de l'employeur). - TOURNAUX, *Dr. ouvrier* 2012. 571 (l'intensité de l'obligation de sécurité de l'employeur : un traitement aux effets mal assurés) ; *Dr. soc.* 2020. 904 (la mort du salarié au regard des relations individuelles de travail). - VANULS, *Dr. soc.* 2023. 114 (convergence des risques professionnels et environnementaux). - VIAL, *Dr. ouvrier* 2011. 28 (travail et droit à un environnement sain).

▶ **Préjudice d'anxiété :** ASQUINAZI-BAILLEUX, *JCP S* 2015. 1106. - AUMERAN, *Dr. soc.* 2020. 58 (le préjudice d'anxiété à l'ère de l'obligation de sécurité de l'employeur). - BAILLY et VÉRICEL, *RJS*

3/2019, p. 161. – GAMET, *Dr. soc.* 2015. 55. – KEIM-BAGOT, *Dr. soc.* 2015. 360. – LEDOUX et QUINQUIS, *RJS* 4/2015, p. 355.

▶ **Crise sanitaire – covid-19 :** DIAZ et SAINT MICHEL, *D. actu.* 28 mars 2020 (concilier obligation de sécurité de l'employeur et respect de la vie privée du salarié). – GUIOMARD, *RDT* 2020. 351 (les référés, juges de la prévention). – ILLY, *D.* 2020. 829 (covid-19 et faute inexcusable de l'employeur : est-ce possible ?). – KEIM-BAGOT et MOIZARD, *RDT* 2021. 25 (santé au travail et pandémie : les droits du salarié en recul ?). – LAPÉROU-SCHENEIDER, *JCP S* 2021. 1049 (protection de la santé des salariés dans le contexte de la covid-19). – SCHAPIRA, *D. actu.* 27 mai 2020 (responsabilité de l'employeur et pandémie de covid-19).

COMMENTAIRE
V. sur le Code en ligne.

I. ÉTENDUE DE L'OBLIGATION DE SÉCURITÉ

A. SALARIÉS CONCERNÉS

1. Étendue de l'obligation de sécurité. Ne méconnaît pas l'obligation légale lui imposant de prendre les mesures nécessaires pour assurer la sécurité et protéger la santé physique et mentale des travailleurs l'employeur qui justifie avoir pris toutes les mesures prévues par les art. L. 4121-1 et L. 4121-2 C. trav. • Soc. 25 nov. 2015, n° 14-24.444 P : *D.* 2015. Actu. 2507 ; *Dr. soc.* 2016. 457, note Antonmattéi ; *RJS* 2/2016, p. 99, obs. Gardin ; *JSL* 2016, n° 401-1, obs. Dejean de la Bâtie. ♦ Le juge ne peut refuser de prononcer la résiliation judiciaire du contrat de travail d'un salarié, et ses demandes indemnitaires, victime de faits de harcèlement dans l'entreprise, sans qu'il résulte de ses constatations que l'employeur avait pris toutes les mesures de prévention visées aux art. L. 4121-1 et L. 4121-2 et, notamment, avait mis en œuvre des actions d'information et de formation propres à prévenir la survenance de faits de harcèlement moral. • Soc. 1er juin 2016, n° 14-19.702 P : *D. actu.* 14 juin 2016, obs. Peyronnet ; *D.* 2016. Actu. 1258 ; *SSL* 2016, n° 1726, p. 11, obs. Verkindt ; *JSL* 2016, n° 413-2, obs. Verkindt ; *JCP S* 2016. 1220, obs. Loiseau. ♦ Même en cas d'imprudence du salarié, le juge doit vérifier que l'employeur a bien pris toutes les mesures pour assurer la santé et la sécurité du salarié. • Soc. 15 nov. 2023, n° 22-17.733 B.

2. Crise sanitaire – covid-19. Condamnation en référé de la société Amazon pour ne pas avoir suffisamment évalué les risques induits par la covid-19 à l'égard de ses salariés, ni associé les représentants du personnel à cette évaluation ; sont reprochées l'absence d'une évaluation des risques adaptée au contexte d'une pandémie, l'absence d'évaluation des risques psychosociaux, l'insuffisante actualisation du document unique d'évaluation des risques professionnels sur plusieurs sites, l'absence de plan d'ensemble maîtrisé et l'insuffisante formation des salariés. • TJ Nanterre, 14 avr. 2020, n° 20/00503 : *D. actu.* 20 avr. 2020, obs. Malfettes ; *JSL* 2020, n° 499-1, obs. Nassom-Tissandier. ♦ Condamnation confirmée en appel. • Versailles, 24 avr. 2020, n° 20/01993 : *D. actu.* 29 avr. 2020, obs. Malfettes ; *RDT* 2020. 482, note Berthier ; *RJS* 7/2020, p. 494, note L. Vogel et J. Vogel ; ibid. 7-8/2020, p. 587, note Adam. ♦ Condamnation en référé de la société Renault pour ne pas avoir suffisamment évalué les risques induits par la covid-19 à l'égard de ses salariés ni associé les représentants du personnel à cette évaluation dans le cadre de son plan de reprise progressive d'activité. • TJ Le Havre, 7 mai 2020, n° 20/00143 : *D. actu.* 20 mai 2020, obs. Malfettes. ♦ Il appartient à l'employeur de mesurer par unité de travail les risques professionnels induits par la covid-19 et de les transcrire dans le document unique d'évaluation des risques (DUER), sans paraphraser les recommandations publiques et officielles du Gouvernement ou des autorités sanitaires. • TJ Paris, 9 avr. 2020, n° 20/52223 : *D. actu.* 24 avr. 2020, obs. Ciray.

3. Responsabilité de l'employeur pour des faits commis par des tiers. L'employeur doit répondre des agissements des personnes qui exercent, de fait ou de droit, une autorité sur les salariés. • Soc. 10 mai 2001, n° 99-40.059 P : *D.* 2002. 1167, note Desbarats ; *Dr. soc.* 2001. 921, obs. Gauriau ; *RJS* 2001. 681, n° 989 ; *JCP E* 2001. 1679, note Puigelier (salariée qui avait fait l'objet d'un mauvais traitement de la part de l'épouse du gérant de l'entreprise qui l'employait et qu'elle avait également insulté) • 1er mars 2011, n° 09-69.616 P : *Dr. soc.* 2011. 594, note Radé ; *RJS* 5/2011, n° 390 ; *JCP E* 2011. 1566, obs. Fadeuilhe ; *PA* 9 nov. 2011, p. 17, obs. Le Blan-Delannoy (harcèlement imputable à un formateur extérieur à l'entreprise) • 19 oct. 2011, n° 09-68.272 P : *D.* 2012. 910, note Lokiec ; *RDT* 2012. 44, note Vèricel ; *RJS* 1/2012, n° 5 ; *JCP* 2011. 1204, obs. Lefranc-Hamoniaux ; *JCP S* 2011. 1569, obs. Leborgne-Ingelaere (le président du conseil syndical avait exercé une autorité de fait sur le gardien employé par le syndicat des copropriétaires) • 30 janv. 2019, n° 17-28.905 P : *D. actu.* 25 févr. 2019, obs. Castel ; *D.* 2019. Actu. 261 ; *RDT* 2019. 335, note Adam ; *RJS* 4/2019, n° 196 ; *SSL* 2019, n° 1848, p. 11, obs. Champeaux ; *JSL* 2019, n° 472-2, obs. Hautefort ; *JCP* 2019. 168, obs. Dedessus-Le-Moustier ; *JCP S* 2019. 1133, obs. Leborgne-Ingelaere (agissements discriminatoires à l'égard d'une salariée commis par les bénévoles d'une association).

4. Salariés expatriés. L'obligation de sécurité de résultat à laquelle l'employeur est tenu s'applique aux salariés expatriés, y compris dans le cadre de leur vie privée si des dangers sont prévisibles. • Soc. 7 déc. 2011 : ⚖ *RJS 2012. 161, n° 194 ; SSL 2012, n° 1520, p. 10, obs. Marcon.*

5. Travail temporaire. L'entreprise de travail temporaire et l'entreprise utilisatrice sont tenues, à l'égard des salariés mis à disposition, d'une obligation de sécurité dont elles doivent assurer l'effectivité, chacune au regard des dispositions que les textes mettent à leur charge en matière de prévention des risques. • Soc. 30 nov. 2010 : ⚖ *D. actu. 6 janv. 2011, obs. Ines ; D. 2011. AJ 22* ⊘ *; JSL 2011, n° 292-2, obs. Hautefort ; JCP S 2011. 1183, obs. Bousez.*

B. HYPOTHÈSES

6. Visite de reprise. L'employeur, tenu d'une obligation de sécurité de résultat en matière de protection de la santé et de la sécurité des travailleurs dans l'entreprise, doit en assurer l'effectivité ; il ne peut pas laisser un salarié reprendre son travail, après une période d'absence pour accident du travail d'au moins 8 jours, sans le faire bénéficier d'une visite médicale par le médecin du travail, destinée à apprécier son aptitude ; à défaut, l'employeur ne peut rompre le contrat de travail que s'il justifie d'une faute grave ou de l'impossibilité, pour un motif non lié à l'accident, de poursuivre le contrat. • Soc. 28 févr. 2006 : ⚖ *D. 2006. IR 746* ⊘ *; RDT 2006. 23, obs. Lardy-Pélissier* ⊘ *; RJS 2006. 392, n° 555 ; Dr. soc. 2006. 653, note Blatman* ⊘ *; ibid. 2006. 514, obs. Savatier* ⊘ *; JSL 2006, n° 186-6 ; JCP E 2006. 1990, note Miné* • 25 mars 2009 : ⚖ *D. 2009. Pan. 2128, obs. Desbarats* ⊘ *; RJS 2009. 558, n° 626 ; Dr. soc. 2009. 741, obs. Savatier* ⊘ *; JSL 2009, n° 258-5 ; JCP S 2009. 1227, obs. Verkindt.* ♦ L'employeur ne peut laisser un salarié reprendre son travail après une succession d'arrêts de travail pour maladie, ni lui proposer une mutation géographique sans lui avoir fait passer une visite de reprise auprès du médecin du travail afin de s'assurer de son aptitude à l'emploi envisagé. • Soc. 16 juin 2009 : ⚖ *RDT 2010. 30, obs. Véricel* ⊘ *; RJS 2009. 632, n° 706 ; JSL 2009, n° 263-6 ; SSL 2009, n° 1417, p. 12, obs. Toureil.*

7. Manque aussi à son obligation de sécurité l'employeur qui, pour décider du placement en position de détachement d'un salarié déclaré apte avec réserve, ne justifie pas s'être rapproché du médecin du travail pour savoir si les recommandations faites par celui-ci, concernant not. l'examen médical complémentaire, avaient été suivies et pour solliciter éventuellement son avis sur le changement de poste envisagé. • Soc. 26 sept. 2012 : ⚖ *D. actu. 19 oct. 2012, obs. Siro ; JSL 2012, n° 332-6, obs. Boucheret ; JCP S 2012. 1509, obs. Jacotot.*

8. Lutte contre le tabagisme. L'employeur doit prendre des mesures efficaces pour éviter le tabagisme passif ; à défaut la prise d'acte de la rupture d'un salarié non-fumeur est justifiée. • Soc. 29 juin 2005 : ⚖ *D. 2005. IR 2565* ⊘ *; Dr. soc. 2005. 971, note Savatier* ⊘ *; JSL 2005, n° 172-2.* ♦ Le non-respect des dispositions du CSP sur l'interdiction de fumer dans les lieux publics constitue un manquement à l'obligation de sécurité de résultat, et ce, malgré l'insuffisance du taux de nicotine trouvé dans le sang du salarié (barman) exposé aux fumées de cigarettes. • Soc. 6 oct. 2010 : ⚖ *D. actu. 25 oct. 2010, obs. Ines ; D. 2010. AJ 2439* ⊘ *; ibid. 2011. Pan. 1246, obs. Porta* ⊘ *; RDT 2011. 322, obs. Véricel* ⊘ *; RJS 2010. 842, n° 940 ; JSL 2010, n° 287-4, obs. Toureil ; JCP S 2011. 1043, obs. Verkindt.*

9. Harcèlement moral. La responsabilité de l'employeur, tenu de prendre les mesures nécessaires à la prévention des risques professionnels liés au harcèlement moral n'exclut pas la responsabilité du travailleur auquel il incombe, selon l'art. L. 230-3 [L. 4121-1 nouv.], de prendre soin de la sécurité et de la santé des personnes concernées du fait de ses actes ou de ses omissions au travail. • Soc. 21 juin 2006 : ⚖ *RDT 2006. 245, obs. Adam* ⊘ *; D. 2006. 2831, note Miné* ⊘ *; ibid. 2007. Pan. 183, obs. Dockès* ⊘ *; RJS 2006. 679, n° 916 ; Dr. soc. 2006. 826, note Radé* ⊘ *; JSL 2006, n° 193-2 ; JCP E 2006. 2315, note Prieur.* ♦ L'obligation de prévention des risques professionnels est distincte de la prohibition des agissements de harcèlement moral et ne se confond pas avec elle ; l'absence de tels agissements ne s'oppose pas à ce que la responsabilité de l'employeur soit engagée sur le fondement d'un manquement à son obligation de sécurité. • Soc. 27 nov. 2019, ⚖ n° 18-10.551 P : *D. actu. 9 déc. 2019, obs. de Montvalon ; D. 2019. Actu. 2357* ⊘ *; RJS 2/2020, n° 94 ; JSL 2020, n° 492-4, obs. Pacotte et Layat ; JCP S 2020. 1011, obs. Armillei* • Soc. 8 juill. 2020, ⚖ n° 18-24.320 P : *D. 2020. Actu. 1467* ⊘ *; ibid. 2312, obs. Vernac et Ferkane* ⊘ *; RDT 2020. 687, obs. Pignarre* ⊘ *; RJS 11/2020, n° 523 ; JCP S 2020. 2097, obs. Leborgne-Ingelaere.*

10. Agression d'un salarié. L'obligation patronale de protection de la santé et de la sécurité est méconnue, lorsque l'employeur, averti de la situation de danger, s'est abstenu d'y mettre fin et de garantir la santé physique et morale d'un salarié agressé. • Soc. 7 févr. 2007 : ⚖ *RDT 2007. 249, obs. Véricel* ⊘*.* ♦ Constitue un manquement à l'obligation de sécurité de l'employeur le fait pour ce dernier, bien qu'ayant connaissance des répercussions immédiates causées sur la santé du salarié par une première altercation avec l'un de ses collègues, des divergences de vues et des caractères très différents voire incompatibles des protagonistes et donc du risque d'un nouvel incident, de n'avoir pris aucune mesure concrète pour éviter son renouvellement hormis une réunion le lendemain de l'altercation et des réunions périodiques de travail concernant l'ensemble des salariés. • Soc. 17 oct. 2018, 🔒 n° 17-17.985 P : *D. actu. 14 nov. 2018*, obs. Fraisse ; *D. 2018. Actu. 2142* ⊘ ; *RJS 1/2019, n° 37* ; *JCP S 2018. 1391*, obs. Leborgne-Ingelaere.

11. Déclaration des heures supplémentaires. Doit être condamné l'employeur dès lors qu'est établie la carence structurelle du système de déclaration des heures supplémentaires dans l'entreprise et que les salariés sont dans l'incapacité de déclarer leurs heures supplémentaires en raison des réglages opérés dans le logiciel de déclaration, ni la faculté ouverte aux salariés de procéder par eux-mêmes aux déclarations d'heures supplémentaires ni l'ouverture de négociations collectives n'étant de nature à caractériser que l'employeur avait satisfait à son obligation de contrôle de la durée du travail et d'assurer la sécurité et de protéger la santé physique et mentale des travailleurs en matière de durée du travail. • Soc. 5 juill. 2023, 🔒 n° 21-24.122 B : *D. actu. 17 juill. 2023*, obs. Malfettes ; *D. 2023. 131* ⊘ ; *RJS 10/2023, n° 497.*

12. Mise en œuvre d'une convention de forfait. Dès lors que l'employeur ne justifie pas avoir pris les dispositions nécessaires de nature à garantir que l'amplitude et la charge de travail du salarié titulaire d'une convention de forfait en jours restent raisonnables et assurent une bonne répartition dans le temps du travail et donc à assurer la protection de la sécurité et de la santé de l'intéressé, ce dont il résulte que l'employeur a manqué à son obligation de sécurité, il appartient à la cour d'appel de vérifier si un préjudice en a résulté. • Soc. 2 mars 2022, 🔒 n° 20-16.683 B : *D. 2022. 463* ⊘ ; *RJS 5/2022, n° 254* ; *Dr. ouvrier 2022. 206*, obs. Garnier ; *JSL 2022, n° 540*, obs. Paturle ; *JCP S 2022. 1138*, obs. Dumont.

II. RÉGIME

A. RESPONSABILITÉ PÉNALE

13. Absence de responsabilité pénale. Les dispositions de l'art. L. 230-2 [L. 4121-1 nouv.] ne sont pas pénalement sanctionnées. • Crim. 14 oct. 1997, 🔒 n° 96-83.356 P : *Dr. pénal 1998. 25*, note J.-H. Robert. ♦ Comp. : l'employeur qui a contribué à créer la situation ayant permis la réalisation du dommage et n'a pas pris les mesures permettant de l'éviter, a commis une faute caractérisée, au sens de l'art. 121-3 C. pén. • Crim. 16 janv. 2001 : 🔒 *Dr. soc. 2001. 654*, note Morvan ⊘. ♦ Sans preuve de l'existence effective d'une délégation de pouvoirs, ni précisions concernant le statut et les attributions des agents mis en cause, la responsabilité pénale de l'employeur pour des faits commis par ses salariés ne peut être engagée (au sens de l'art. 121-3 C. pén.). • Crim. 11 oct. 2011 : 🔒 *Dr. soc. 2012. 93*, obs. Duquesne ⊘.

B. SUSPENSION DES MESURES

14. Pouvoirs du juge des référés. L'employeur est tenu d'une obligation de sécurité de résultat qui lui interdit, dans l'exercice de son pouvoir de direction, de prendre des mesures qui auraient pour objet ou pour effet de compromettre la santé et la sécurité des salariés ; aussi, la mise en œuvre de l'organisation mise en place par l'employeur de nature à compromettre la santé et la sécurité des travailleurs concernés doit être suspendue. • Soc. 5 mars 2008 : 🔒 *RDT 2008. 316*, obs. Lerouge ⊘ ; *D. 2008. Pan. 2315*, obs. Desbarats ⊘ ; *JCP E 2008. 1834*, note Babin ; *JSL 2008, n° 231-2* ; *RJS 2008. 403, n° 509* ; *Dr. soc. 2008. 605*, obs. Chaumette ⊘. ♦ Il n'y a pas lieu d'interdire la mise en œuvre d'un projet d'externalisation de l'activité d'un service lorsque l'employeur a prévu un processus de reclassement, un plan global de prévention des risques psychosociaux et de poursuivre cette démarche dans la durée avec un suivi mensuel. • Soc. 22 oct. 2015, 🔒 n° 14-20.173 P : *D. actu. 1er déc. 2015*, obs. Peyronnet ; *D. 2015. Actu. 2324* ⊘ ; *RJS 1/2016, n° 33* ; *JSL 2016, n° 402-1*, obs. Bonnet ; *SSL 2016, n° 1697, p. 5*, obs. Champeaux et Levannier-Gouël.

C. FAUTE INEXCUSABLE

15. Caractères. Commet une faute inexcusable l'employeur qui, par ses actes de harcèlement, compromet gravement l'équilibre psychologique d'un salarié, à tel point que celui-ci tente de se suicider. • Civ. 2e, 22 févr. 2007 : 🔒 *D. 2007. AJ 791*, obs. Fabre ⊘ ; *ibid. 1767*, note Gaba ⊘ ; *ibid. Pan. 2264*, obs. Lardy-Pélissier ⊘ ; *RDT 2007. 306*, obs. Lardy-Pélissier ⊘ ; *RJS 2007. 489, n° 666* ; *Dr. soc. 2007. 836*, note Milet ⊘ ; *JSL 2007, n° 208-1*. ♦ En vertu du contrat de travail le liant à son salarié, l'employeur est tenu envers ce dernier d'une obligation de sécurité de résultat, notamment en ce qui concerne les accidents du travail, le manquement à cette obligation a le caractère d'une faute inexcusable lorsque l'employeur avait ou aurait dû avoir conscience du danger auquel était exposé le salarié, et qu'il n'a pas pris les mesures nécessaires pour l'en préserver. • Soc. 27 nov. 2014 : 🔒 *RDT 2014. 764*, obs. Pignarre ⊘. ♦ Il appartient aux juges du fond de rechercher si les circonstances dans lesquelles est intervenu un suicide, conséquence directe du harcèlement moral subi par la victime dans l'entreprise, ne conduisent pas à le qualifier d'accident du travail. • Civ. 2e, 10 mai 2007 : 🔒 *D. 2007. AJ 1598*, obs. Fabre ⊘ ; *JCP S 2007. 1547*, note Leborgne-Ingelaere. ♦ En revanche, l'employeur n'a pas commis de faute inexcusable lorsqu'il n'avait pas et ne pouvait pas avoir conscience du danger auquel était exposé un salarié qui ne participait pas habituellement à des travaux comportant l'usage direct de l'amiante. • Civ. 2e, 31 mai 2006 : 🔒 *D. 2006. IR 1768* ⊘.

D. PRÉJUDICE D'ANXIÉTÉ DES VICTIMES DE L'AMIANTE ET AUTRES SUBSTANCES NOCIVES OU TOXIQUES

1° VICTIMES DE L'AMIANTE

16. Indemnisation des salariés bénéficiaires de l'ACAATA. Selon l'art. 41 de la L. n° 98-1194 du 23 déc. 1998, qui crée un dispositif spécifique destiné à compenser la perte d'espérance de vie que peuvent connaître des salariés en raison de leur exposition à l'amiante, une allocation de cessation anticipée d'activité (dite ACAATA) est versée aux salariés et anciens salariés des établissements de fabrication de matériaux contenant de l'amiante, des établissements de flocage et de calorifugeage à l'amiante ou de construction et de réparations navales, sous réserve qu'ils cessent toute activité professionnelle, lorsqu'ils remplissent certaines conditions ; peuvent prétendre à la réparation d'un préjudice spécifique d'anxiété les salariés qui, ayant travaillé dans un des établissements dont le personnel peut demander le bénéfice de la « préretraite amiante », se trouvent du fait de l'employeur dans une situation d'inquiétude permanente face au risque de déclaration à tout moment d'une maladie liée à l'amiante et sont amenés à subir des contrôles et examens réguliers propres à réactiver cette angoisse. ● Soc. 11 mai 2010, ⚖ n° 09-42.241 P : *D. 2010. 2048*, note *Bernard* ⌀ ; *D. 2011. 35*, obs. *Brun et Gout* ⌀ ; *JCP 2010, n° 568*, obs. *Miara* ; *ibid., n° 733*, note *Colonna et Renaux-Personnic* ; *ibid., n° 1015*, obs. *Bloch* ; *RLDC 2010/73, n° 3876*, obs. *Le Nestour-Drelon* ; *RTD civ. 2010. 564*, obs. *Jourdain* ⌀ ; *Dr. soc. 2010. 839* ⌀, avis *Duplat* ● Soc. 25 sept. 2013 : ⚖ *D. actu. 8 oct. 2013*, obs. *Fraisse* ; *SSL 2013, n° 1599*, Rapp. *Sabotier* ; *JSL 2013, n° 353-2*, obs. *Bœuf et Mo*.

17. Conditions générales (salariés bénéficiaires de l'ACAATA). Est caractérisé un préjudice spécifique d'anxiété à l'égard des salariés qui avaient travaillé dans un des établissements mentionnés à l'art. 41 de la L. du 23 déc. 1998 et figurant sur une liste établie par arrêté ministériel pendant une période où y étaient fabriqués ou traités l'amiante ou des matériaux contenant de l'amiante, et qui se trouvaient par le fait de l'employeur dans une situation d'inquiétude permanente face au risque de déclaration à tout moment d'une maladie liée à l'amiante et étaient amenés à subir des contrôles et examens réguliers propres à réactiver cette angoisse. ● Soc. 11 mai 2010 : ⚖ *préc. note 16* ● 3 mars 2015, ⚖ n° 13-20.474 : *D. actu. 26 mars 2015*, obs. *Fraisse* ; *JSL 2015, n° 387-6* ; *RJS 5/2015, n° 358* ● Soc. 8 juill. 2020, ⚖ n° 19-12.340 P : *RJS 10/2020, n° 491* ; *JCP S 2020. 3025*, obs. *Asquinazi-Bailleux*. ♦ Le salarié qui justifie d'une exposition à l'amiante, générant un risque élevé de développer une pathologie grave, peut agir contre son employeur pour manquement à son obligation de sécurité, quand bien même ce dernier n'entrerait pas dans les prévisions de l'art. 41 de la L. n° 98-1194 du 23 déc. 1998 ; dès lors, un salarié peut rechercher la responsabilité de son employeur au titre de son préjudice d'anxiété si celui-ci l'a mis à disposition, dans le cadre d'un contrat de sous-traitance, d'une société tierce inscrite sur la liste des établissements ouvrant droit à la préretraite amiante. ● Soc. 30 sept. 2020, ⚖ n° 19-10.352 P : *D. 2020. 1958* ⌀ ; *RJS 12/2020, n° 596* ; *JSL 2020, n° 508-4*, obs. *Nassom-Tissandier* ; *JCP S 2020. 3062*, obs. *Asquinazi-Bailleux*. ♦ Comp. : même s'il est éligible à l'allocation de cessation anticipée d'activité des travailleurs de l'amiante, le salarié ne peut obtenir réparation d'un préjudice spécifique d'anxiété par une demande dirigée contre une société qui n'entrait pas dans les prévisions de l'art. 41 de la L. n° 98-1194 du 23 déc. 1998. ● Soc. 22 juin 2016, ⚖ n° 14-28.175 P : *D. 2016. Actu. 1436* ⌀ ; *RJS 10/2016, n° 652* ; *JCP S 2016. 1333*, obs. *Asquinazi-Bailleux*. ♦ Les salariés d'une société sous-traitante ne peuvent obtenir la réparation de leur préjudice d'anxiété en cas d'exposition à l'amiante sur des chantiers si la société qui les emploie n'est pas elle-même inscrite sur la liste des établissements susceptibles d'ouvrir droit à l'allocation de cessation anticipée d'activité des travailleurs de l'amiante. ● Soc. 11 janv. 2017, ⚖ n°s 15-20.040, 15-50.080 et 15-17.164 P : *D. 2017. Actu. 165* ⌀ ; *RJS 3/2017, n°s 190, 220 et 222* ; *ibid. 4/2017, p. 267*, obs. *Mouly* ● 26 avr. 2017, ⚖ n° 15-19.037 P : *D. 2017. Actu. 1051* ⌀ ; *RJS 7/2017, n° 512* ; *JCP S 2017. 1186*, obs. *Asquinazi-Bailleux*. ♦ En revanche, dès lors qu'il est constaté que le salarié avait travaillé dans un établissement, figurant sur la liste établie par un arrêté d'inscription, et que pendant la période visée par cet arrêté, il avait occupé un poste susceptible d'ouvrir droit à ACAATA, il était fondé à obtenir l'indemnisation de son préjudice d'anxiété, même si la saisine de la juridiction prud'homale est antérieure à l'inscription de l'établissement sur l'arrêté. ● Soc. 24 mai 2023, ⚖ n° 21-17.536 B : *RJS 8-9/2023, n° 466*.

18. Éléments constitutifs. L'indemnisation accordée au titre du préjudice d'anxiété répare l'ensemble des troubles psychologiques, y compris ceux liés au bouleversement dans les conditions d'existence, résultant du risque de déclaration à tout moment d'une maladie liée à l'amiante, et intègre le trouble lié au bouleversement dans les conditions d'existence et au changement de situation sociale, pour suite de la cessation d'activité intervenue en application de la L. du 23 déc. 1998. ● Soc. 25 sept. 2013 : ⚖ *préc. note 16* ● 3 mars 2015, ⚖ n° 13-21.832 : *D. actu. 26 mars 2015*, obs. *Fraisse* ; *Dr. soc. 2015. 360*, note *Keim-Bagot* ⌀ ; *JSL 2015, n° 387-6* ; *RJS 6/2015, n° 432*. ♦ Le préjudice d'anxiété d'un salarié ayant été exposé à l'amiante est caractérisé du fait même de l'exposition et de l'inquiétude permanente face au risque de déclaration d'une maladie qui en découle, sans qu'il ait besoin de se soumettre à des contrôles ou examens médicaux qui réactiveraient cette angoisse. ● Soc. 4 déc. 2012 : 🔒 *D. actu. 16 janv. 2013, obs. Peyronnet ; JCP S 2013. 1042, obs. Plichon* ● Soc. 25 sept. 2013 : 🔒 *préc. note 16.* ♦ Il faut et il suffit que le salarié remplisse les conditions d'adhésion à la préretraite amiante prévue par l'art. 41 de la L. n° 98-1194 du 23 déc. 1998 pour bénéficier d'une réparation du préjudice d'anxiété ; il importe peu que le salarié ait adhéré à ce régime légal, ce qui compte, c'est la situation d'inquiétude permanente face au risque de déclaration à tout moment d'une maladie grave pouvant résulter de l'exposition à l'amiante. ● Soc. 3 mars 2015, 🔒 n° 13-20.486 : *D. actu. 26 mars 2015, obs. Fraisse ; JSL 2015, n° 387-6 ; RJS 5/2015, n° 358.* ♦ Les salariés ayant travaillé dans un établissement où étaient fabriqués ou traités de l'amiante ou des matériaux contenant de l'amiante n'ont pas à démontrer la réalité de leur anxiété par examen médical régulier pour être indemnisés à ce titre. ● Soc. 2 avr. 2014 : 🔒 *D. actu. 2 mai 2014, obs. Fraisse ; D. 2014. 1404, obs. Wurtz* ✏ *; JSL 2014, n° 367-4, obs. Tissandier* ● Soc. 2 avr. 2014 : 🔒 *solution.* ♦ La réparation du préjudice résultant du manquement de l'employeur à son obligation de sécurité de résultat est prise en compte par les mécanismes d'indemnisation spécifique (ACAATA) ; dès lors, les juges du fond, qui ont constaté que les salariés avaient renoncé à la demande d'indemnisation du préjudice d'anxiété, ont, à bon droit, écarté l'indemnisation d'un préjudice, présenté comme distinct, résultant du manquement de l'employeur à son obligation de sécurité de résultat. ● Soc. 27 janv. 2016, 🔒 n° 15-10.640 P : *D. actu. 23 févr. 2016, obs. Fraisse ; RDT 2016. 272* ✏ *; JSL 2016, n° 405-5, obs. Mo ; RDT 2016. 272, note Meyer* ✏ *; RJS 4/2016, n° 284 ; JCP S 2016. 1101, note Asquinazi-Bailleux.*

19. Conformité de la jurisprudence admettant la réparation du préjudice d'anxiété pour les seuls salariés exposés à l'amiante et remplissant les conditions prévues par l'art. 41 de la L. du 23 déc. 1998. Sur la conformité au droit de l'Union européenne, V. ● Soc. 10 févr. 2016, 🔒 n° 14-26.909 P : *RJS 4/2016, n° 253 ; RDC 2016. 441, note Viney ; JCP S 2016. 1111, obs. Babin ; JCP E 2016. 1580, obs. Colonna et Renaux-Personnic.* ♦ Sur la conformité de cette jurisprudence aux droits et libertés que la Constitution garantit, V. ● Soc. 17 févr. 2016, 🔒 n° 15-40.042 P : *JCP 2016. 901, obs. Mathieu.*

20. Conformité de la jurisprudence relative à la reconnaissance automatique du préjudice d'anxiété fondée sur l'art. 41 de la L. du 23 déc. 1998. Il n'y a pas lieu de renvoyer au Conseil constitutionnel la question prioritaire de constitutionnalité relative à l'interprétation par la Cour de cassation de l'art. 41 de la L. n° 98-1194 du 23 déc. 1998 relative à la préretraite d'anxiété des bénéficiaires de la préretraite amiante ; l'indemnisation du préjudice d'anxiété, en premier lieu, n'exclut pas toute cause d'exonération de responsabilité, en deuxième lieu, ne prive pas l'employeur d'un recours effectif dès lors notamment qu'il peut remettre en cause devant le juge compétent l'arrêté ministériel et, en troisième lieu, ne porte pas atteinte au principe d'égalité en ce que la différence de traitement invoquée est en rapport direct avec l'objet de la loi qui l'établit et ne constitue pas un avantage disproportionné. ● Soc. 22 janv. 2020, n° 19-18.353 QPC : *D. actu. 6 févr. 2020, obs. de Montvalon.*

21. Prescription de l'action en reconnaissance du préjudice d'anxiété pour les salariés bénéficiaires de l'ACAATA. L'action en reconnaissance du préjudice d'anxiété se prescrit par cinq ans à compter du jour où le titulaire du droit a connu ou aurait dû connaître le risque à l'origine de l'anxiété, c'est-à-dire, pour les salariés susceptibles de bénéficier de la préretraite amiante, à compter du jour de la publication de l'arrêté ministériel ayant inscrit l'établissement employeur sur la liste permettant la mise en œuvre du régime légal de préretraite. ● Soc. 11 sept. 2019, 🔒 n° 18-50.030 P : *D. actu. 2 oct. 2019, obs. de Montvalon ; D. 2019. Actu. 1764* ✏ *; RJS 11/2019, n° 648 ; JSL 2019, n° 483-2, obs. Rodriguez et Nasica ; JCP 2019. 1024, obs. Bacache ; JCP S 2019. 1282, obs. Asquinazi-Bailleux* ● Soc. 29 janv. 2020, 🔒 n° 18-15.388 P : *D. 2020. 288* ✏ *; RDT 2020. 205, obs. Mraouahi* ✏ *; RJS 4/2020, n° 202 ; JCP S 2020. 1084, obs. Asquinazi-Bailleux.*

22. Indemnisation des salariés non bénéficiaires de l'ACAATA. Le salarié qui justifie d'une exposition à l'amiante générant un risque élevé de développer une pathologie grave peut être admis à agir contre son employeur, sur le fondement des règles de droit commun régissant l'obligation de sécurité de ce dernier, quand bien même il n'aurait pas travaillé dans l'un des établissements mentionnés à l'art. 41 de la L. du 23 déc. 1998 modifiée. ● Ass. plén., 5 avr. 2019, 🔒 n° 18-17.442 P : *D. actu. 9 avr. 2019, obs. Fraisse ; D. 2019. 922, concl. Jourdain* ✏ *; RDT 2019. 340, note Pignarre* ✏ *; Dr. soc. 2019. 456, obs. Asquinazi-Bailleux* ✏ *; RJS 6/2019, n° 360 ; SSL 2019, n° 1857, p. 3, obs. Keim-Bagot, Quinquis et Frangié-Moukanas ; JSL 2019, n° 476-3, obs. Mo et Merlet ; Dr. ouvrier 2019. 681, note Adam ; JCP S 2019. 1126, avis Courcol-Bouchard, obs. Aumeran.* ♦ Ne méconnaît pas l'obligation légale lui imposant de prendre les mesures nécessaires pour assurer la sécurité et protéger la santé physique et mentale des travailleurs l'employeur qui justifie avoir pris toutes les mesures prévues par le C. trav. ● Même arrêt.

23. La reconnaissance et l'évaluation du préjudice d'anxiété ne peuvent reposer sur des motifs généraux ; le préjudice personnellement subi par le salarié, résultant du risque élevé de développer une pathologie grave, doit être caractérisé. ● Ass. plén., 5 avr. 2019, 🔒 n° 18-17.442 P : *préc. note 22* ● Soc. 11 sept. 2019, 🔒 n° 17-18.311 P : *D. actu.*

2 oct. 2019, obs. de Montvalon ; D. 2019. Actu. 1764 ; RJS 11/2019, n° 635 ; JCP 2019. 1024, obs. Bacache ; JCP S 2019. 1282, obs. Asquinazi-Bailleux. ♦ Le salarié doit justifier d'un préjudice d'anxiété personnellement subi résultant d'un tel risque. • Soc. 13 oct. 2021, n° 20-16.584 B : RJS 12/2021, n° 658 ; JSL 2021, n° 531-532-1, obs. Chatelier ; SSL 2021, n° 177, p. 9, obs. Champeaux ; JCP S 2021. 1294, obs. Asquinazi-Bailleux. ♦ Le préjudice d'anxiété, qui ne résulte pas de la seule exposition au risque créé par une substance nocive ou toxique, est constitué par les troubles psychologiques qu'engendre la connaissance du risque élevé de développer une pathologie grave par les salariés. • Soc. 15 déc. 2021, n° 20-11.046 B : D. 2022. 19 ; RJS 2/2022, n° 70 ; SSL 2022, n° 1990, p. 6, note Montvalon ; JCP S 2022. 1015, obs. Asquinazi-Bailleux. ♦ Comp. : CE 28 mars 2022, n° 453378 A : AJDA 2022. 655 ; ibid. 1243, concl. Le Corre ; RJS 6/2022, n° 339 ; JSL 2022, n° 542, obs. Chatelier (le Conseil d'État consacre une sorte de présomption de préjudice d'anxiété résultant de la seule présence, pendant une durée significative, sur un lieu de travail confiné contenant de l'amiante, la preuve de troubles psychologiques n'étant pas nécessaire).

24. Il en va de même pour les salariés d'un sous-traitant exerçant leur activité dans un établissement inscrit sur la liste établie par l'art. 41 de la L. n° 98-1194 du 23 déc. 1998 mais dont l'employeur ne relève pas de cette liste. • Soc. 30 sept. 2020, n° 19-10.352 B : préc. note 17.

25. Prescription de l'action en reconnaissance du préjudice d'anxiété pour les salariés non éligibles à l'ACAATA. Le point de départ du délai de prescription de l'action par laquelle un salarié demande à son employeur, auquel il reproche un manquement à son obligation de sécurité, réparation de son préjudice d'anxiété, est la date à laquelle il a eu connaissance du risque élevé de développer une pathologie grave résultant de son exposition à l'amiante ; ce point de départ ne peut être antérieur à la date à laquelle cette exposition a pris fin (décision au visa de l'art. L. 1471-1 : prescription biennale). • Soc. 8 juill. 2020, n° 18-26.585 P : D. 2020. Actu. 1467 ; RJS 10/2020, n° 472 ; JCP S 2020. 3026, obs. Asquinazi-Bailleux.

26. Responsabilité extracontractuelle de l'entreprise utilisatrice. Les dispositions des art. R. 4511-4, R. 4511-5 et R. 4511-6 C. trav., qui mettent à la charge de l'entreprise utilisatrice une obligation générale de coordination des mesures de prévention qu'elle prend et de celles que prennent l'ensemble des chefs des entreprises intervenant dans son établissement, et précisent que chaque chef d'entreprise est responsable de l'application des mesures de prévention nécessaires à la protection de son personnel, n'interdisent pas au salarié de l'entreprise extérieure de rechercher la responsabilité de l'entreprise utilisatrice, s'il démontre que celle-ci a manqué aux obligations mises à sa charge par le code du travail et que ce manquement lui a causé un dommage, sans qu'il soit nécessaire que la responsabilité de l'entreprise extérieure au titre de l'obligation de sécurité ait été retenue. • Soc. 8 févr. 2023, n° 20-23.312 B : D. actu. 20 févr. 2023, obs. Malfettes ; D. 2023. 299 ; RDT 2023. 273, obs Nivert.

2° AUTRES VICTIMES

27. Exposition à une substance nocive ou toxique. En application des règles de droit commun régissant l'obligation de sécurité de l'employeur, le salarié qui justifie d'une exposition à une substance nocive ou toxique générant un risque élevé de développer une pathologie grave et d'un préjudice d'anxiété personnellement subi résultant d'une telle exposition, peut agir contre son employeur pour manquement de ce dernier à son obligation de sécurité. • Soc. 11 sept. 2019, nos 17-24.879 et 17-18.311 P : préc. note 23. ♦ Le salarié doit justifier d'un préjudice d'anxiété personnellement subi résultant d'un tel risque. • Soc. 13 oct. 2021, n° 20-16.584 B : préc. note 23. ♦ Le préjudice d'anxiété, qui ne résulte pas de la seule exposition au risque créé par une substance nocive ou toxique, est constitué par les troubles psychologiques qu'engendre la connaissance du risque élevé de développer une pathologie grave par les salariés. • Même arrêt.

E. RUPTURE DU CONTRAT DE TRAVAIL

28. Impossibilité d'invoquer la désorganisation de l'activité. L'absence prolongée pour maladie du salarié qui perturbe le fonctionnement de l'entreprise ne peut être invoquée pour justifier un licenciement si cette absence résulte d'une situation de surcharge de travail ; l'absence résulte d'un manquement de l'employeur à l'obligation de sécurité de résultat et ses conséquences sur le fonctionnement de l'entreprise ne peuvent être invoquées pour justifier un licenciement. • Soc. 13 mars 2013 : D. 2013. Actu. 778 ; RDT 2013. 328, obs. Pélissier ; JSL 2013, n° 342-6, obs. Tourreil ; SSL 2013, n° 1582, p. 11, obs. Chandivert ; JCP S 2013. 1315, obs. Pelletier.

F. EXONÉRATION

29. Manquement du salarié à son obligation de sécurité. Les obligations des travailleurs dans le domaine de la sécurité et de la santé au travail n'affectent pas le principe de responsabilité de l'employeur. • Soc. 10 févr. 2016, n° 14-24.350 P : D. actu. 26 févr. 2016, obs. Cortot ; D. 2016. Actu. 432 ; ibid. Pan. 814, obs. Lokiec ; RDT 2016. 425, obs. Véricel ; RJS 4/2016, n° 254 ; SSL 2016, n° 1717, obs. Tissandier ; Gaz. Pal. 2016. 66, obs. Bugada ; JCP S 2016. 1128, obs. Asquinazi-Bailleux.

SANTÉ ET SÉCURITÉ AU TRAVAIL **Art. L. 4121-2** 1311

30. Cause étrangère exonératoire. Ne constitue pas une cause étrangère exonératoire, imprévisible et irrésistible, permettant d'écarter un manquement de l'employeur à son obligation de sécurité, le fait d'agression à l'encontre d'une salariée commis par son conjoint, tiers à la relation de travail, alors que l'employeur n'était pas présent lors des faits et n'avait jamais été prévenu d'un risque quelconque encouru par sa salariée. • Soc. 4 avr. 2012 : ⚖ *D. actu. 25 avr. 2012, obs. Siro ; D. 2012. Actu. 1064 ⌀ ; RDT 2012. 709, obs. Véricel ⌀ ; RJS 2012. 448, n° 521 ; JCP S 2012. 1330, obs. Boulmier.* ♦ Comp. jurispr. antérieure : en vertu du contrat de travail, l'employeur est tenu envers le salarié d'une obligation de sécurité de résultat, notamment en ce qui concerne les accidents du travail ; le manquement à cette obligation a le caractère d'une faute inexcusable lorsque l'employeur avait ou aurait dû avoir conscience du danger auquel était exposé le salarié, et qu'il n'a pas pris les mesures nécessaires pour l'en préserver. • Soc. 11 avr. 2002, ⚖ n° 00-16.535 P : *D. 2002. 2215, note Saint-Jours ⌀ ; ibid. 2696, note Prétot ⌀ ; RJS 2002. 565, n° 727 ; Dr. soc. 2002. 676, obs. Chaumette ⌀* • Civ. 2e, 12 mai 2003, ⚖ n° 01-21.071 P : *RJS 2003. 728, n° 1071.* ♦ ... Et cela même en présence d'une faute de la victime. ♦ Même arrêt. ♦ V. aussi • Civ. 2e, 2 nov. 2004, ⚖ n° 03-30.206 P : *RJS 2005. 67, n° 77.* ♦ De même, l'employeur est tenu envers le salarié d'une obligation de sécurité de résultat, notamment en ce qui concerne les maladies professionnelles contractées par ce salarié lorsque l'employeur avait ou aurait dû avoir conscience du danger auquel était exposé le salarié et qu'il n'a pas pris les mesures nécessaires pour l'en préserver. • Civ. 2e, 31 mai 2006 : ⚖ *D. 2006. IR 1701 ⌀ ; JCP S 2006. 1701, note Coursier.* ♦ L'employeur, tenu d'une obligation de sécurité de résultat en matière de protection de la santé et de la sécurité des travailleurs, manque à cette obligation lorsqu'un salarié est victime sur le lieu du travail d'agissements de harcèlement moral ou sexuel, exercés par l'un ou l'autre de ses salariés, quand bien même il aurait pris des mesures pour faire cesser ces agissements. • Soc. 11 mars 2015, ⚖ n° 13-18.603 P : *D. actu. 25 mars 2015, obs. Peyronnet ; Dr. soc. 2015. 384, obs. Mouly ⌀ ; RJS 5/2015, n° 319 ; JSL 2015, n° 386-6, obs. Hautefort ; JCP 2015. 375, obs. Dedessus-Le Moustier.*

31. Conclusion d'un contrat prévoyant qu'un tiers assurera l'obligation de sécurité de l'employeur. L'employeur ne peut s'affranchir de son obligation de sécurité par la conclusion d'un contrat prévoyant qu'un tiers assurera cette sécurité, les sociétés tierces intervenant pour assurer les prestations techniques et de sécurité demeurant sous la supervision, la direction et le contrôle de l'employeur. L'employeur, qui avait ou aurait dû avoir conscience du danger résultant pour son salarié du vol en formation rapprochée de l'hélicoptère dont il était passager et qui n'a pas pris les mesures nécessaires pour l'en préserver, a commis une faute inexcusable. • Civ. 2e, 16 nov. 2023, ⚖ n° 21-20.740 B.

Art. L. 4121-2 L'employeur met en œuvre les mesures prévues à l'article L. 4121-1 sur le fondement des principes généraux de prévention suivants :

1° Éviter les risques ;

2° Évaluer les risques qui ne peuvent pas être évités ;

3° Combattre les risques à la source ;

4° Adapter le travail à l'homme, en particulier en ce qui concerne la conception des postes de travail ainsi que le choix des équipements de travail et des méthodes de travail et de production, en vue notamment de limiter le travail monotone et le travail cadencé et de réduire les effets de ceux-ci sur la santé ;

5° Tenir compte de l'état d'évolution de la technique ;

6° Remplacer ce qui est dangereux par ce qui n'est pas dangereux ou par ce qui est moins dangereux ;

7° Planifier la prévention en y intégrant, dans un ensemble cohérent, la technique, l'organisation du travail, les conditions de travail, les relations sociales et l'influence des facteurs ambiants, notamment les risques liés au harcèlement moral » *(L. n° 2012-954 du 6 août 2012)* « et au harcèlement sexuel, tels qu'ils sont définis aux articles L. 1152-1 et L. 1153-1 *(L. n° 2016-1088 du 8 août 2016, art. 5)* « , ainsi que ceux liés aux agissements sexistes définis à l'article L. 1142-2-1 » ;

8° Prendre des mesures de protection collective en leur donnant la priorité sur les mesures de protection individuelle ;

9° Donner les instructions appropriées aux travailleurs. — *[Anc. art. L. 230-2, II.]*

Les dispositions d'un accord collectif autorisant l'employeur, dans le domaine du transport sanitaire, à ne pas assurer directement l'entretien de la tenue de travail des ambulanciers en leur allouant une indemnité, sont contraires aux dispositions des art. L. 4121-1, L. 4121-2 et R. 4422-1 C. trav. qui font obligation à l'employeur de prendre les mesures de prévention nécessaires pour supprimer ou réduire les risques professionnels résultant de l'exposition aux agents biologiques, et à ce titre, d'assurer lui-même l'entretien et le nettoyage des tenues professionnelles. • Soc. 23 sept.

2020, n° 18-23.474 P : *D. actu. 26 oct. 2020, obs. de Montvalon* ; *RDT 2020. 684, obs. M. Miné* ; *RJS 12/2020, n° 599* ; *JCP S 2020. 3047, obs. Larroque-Daran et Rohou.*

Art. L. 4121-3 L'employeur, compte tenu de la nature des activités de l'établissement, évalue les risques pour la santé et la sécurité des travailleurs, y compris dans le choix des procédés de fabrication, des équipements de travail, des substances ou préparations chimiques, dans l'aménagement ou le réaménagement des lieux de travail ou des installations *(L. n° 2021-1018 du 2 août 2021, art. 3, en vigueur le 31 mars 2022)* « , dans l'organisation du travail » et dans la définition des postes de travail. *(L. n° 2014-873 du 4 août 2014, art. 20)* « Cette évaluation des risques tient compte de l'impact différencié de l'exposition au risque en fonction du sexe. »
(L. n° 2021-1018 du 2 août 2021, art. 3, en vigueur le 31 mars 2022) « Apportent leur contribution à l'évaluation des risques professionnels dans l'entreprise :
« 1° Dans le cadre du dialogue social dans l'entreprise, le comité social et économique et sa commission santé, sécurité et conditions de travail, s'ils existent, en application du 1° de l'article L. 2312-9. Le comité social et économique est consulté sur le document unique d'évaluation des risques professionnels et sur ses mises à jour ;
« 2° Le ou les salariés mentionnés au premier alinéa du I de l'article L. 4644-1, s'ils ont été désignés ;
« 3° Le service de prévention et de santé au travail auquel l'employeur adhère.
« Pour l'évaluation des risques professionnels, l'employeur peut également solliciter le concours des personnes et organismes mentionnés aux troisième et avant-dernier alinéas du même I. »
A la suite de cette évaluation, l'employeur met en œuvre les actions de prévention ainsi que les méthodes de travail et de production garantissant un meilleur niveau de protection de la santé et de la sécurité des travailleurs. Il intègre ces actions et ces méthodes dans l'ensemble des activités de l'établissement et à tous les niveaux de l'encadrement.
(L. n° 2012-387 du 22 mars 2012, art. 53) « Lorsque les documents prévus *(Abrogé par L. n° 2021-1018 du 2 août 2021, art. 3, à compter du 31 mars 2022)* « *par les dispositions réglementaires prises* » pour l'application du présent article doivent faire l'objet d'une mise à jour, celle-ci peut être moins fréquente dans les entreprises de moins de onze salariés, sous réserve que soit garanti un niveau équivalent de protection de la santé et de la sécurité des travailleurs, dans des conditions fixées par décret en Conseil d'État après avis des organisations professionnelles concernées. » – *V. art. R. 4121-1.*

BIBL. ▶ AMAUGER-LATTES, *Dr. soc. 2021. 897* (prévention et traçabilité des expositions professionnelles).

Art. L. 4121-3-1 *(L. n° 2021-1018 du 2 août 2021, art. 3, en vigueur le 31 mars 2022)*
I. – Le document unique d'évaluation des risques professionnels répertorie l'ensemble des risques professionnels auxquels sont exposés les travailleurs et assure la traçabilité collective de ces expositions.
II. – L'employeur transcrit et met à jour dans le document unique les résultats de l'évaluation des risques pour la santé et la sécurité des travailleurs à laquelle il procède en application de l'article L. 4121-3.
III. – Les résultats de cette évaluation débouchent :
1° Pour les entreprises dont l'effectif est supérieur ou égal à cinquante salariés, sur un programme annuel de prévention des risques professionnels et d'amélioration des conditions de travail qui :
a) Fixe la liste détaillée des mesures devant être prises au cours de l'année à venir, qui comprennent les mesures de prévention des effets de l'exposition aux facteurs de risques professionnels ainsi que, pour chaque mesure, ses conditions d'exécution, des indicateurs de résultat et l'estimation de son coût ;
b) Identifie les ressources de l'entreprise pouvant être mobilisées ;
c) Comprend un calendrier de mise en œuvre ;
2° Pour les entreprises dont l'effectif est inférieur à cinquante salariés, sur la définition d'actions de prévention des risques et de protection des salariés. La liste de ces actions est consignée dans le document unique d'évaluation des risques professionnels et ses mises à jour.

SANTÉ ET SÉCURITÉ AU TRAVAIL

IV. – Les organismes et instances mis en place par la branche peuvent accompagner les entreprises dans l'élaboration et la mise à jour du document unique d'évaluation des risques professionnels prévu au I, dans la définition du programme annuel de prévention des risques professionnels et d'amélioration des conditions de travail prévu au 1° du III ainsi que dans la définition des actions de prévention et de protection prévues au 2° du même III au moyen de méthodes et référentiels adaptés aux risques considérés et d'outils d'aide à la rédaction.

V. – A. – Le document unique d'évaluation des risques professionnels, dans ses versions successives, est conservé par l'employeur et tenu à la disposition des travailleurs, des anciens travailleurs ainsi que de toute personne ou instance pouvant justifier d'un intérêt à y avoir accès. La durée, qui ne peut être inférieure à quarante ans, et les modalités de conservation et de mise à disposition du document ainsi que la liste des personnes et instances sont fixées par décret en Conseil d'État.

B. – Pour la mise en œuvre des obligations mentionnées au A du présent V, le document unique d'évaluation des risques professionnels et ses mises à jour font l'objet d'un dépôt dématérialisé sur un portail numérique déployé et administré par un organisme géré par les organisations professionnelles d'employeurs représentatives au niveau national et interprofessionnel. Ce portail garantit la conservation et la mise à disposition du document unique conformément aux dispositions législatives et règlementaires en vigueur. Il préserve la confidentialité des données contenues dans le document unique et en restreint l'accès par l'intermédiaire d'une procédure d'authentification sécurisée réservée aux personnes et instances habilitées à déposer et mettre à jour le document sur le portail ainsi qu'aux personnes et instances justifiant d'un intérêt à y avoir accès.

Sont arrêtés par les organisations professionnelles d'employeurs représentatives au niveau national et interprofessionnel et agréées par le ministre chargé du travail, selon des modalités et dans des délais déterminés par décret :

1° Le cahier des charges du déploiement et du fonctionnement du portail numérique, sur avis conforme de la Commission nationale de l'informatique et des libertés ;

2° Les statuts de l'organisme gestionnaire du portail numérique.

En l'absence d'agrément des éléments mentionnés aux 1° et 2° du présent B à l'expiration des délais mentionnés au deuxième alinéa, les mesures d'application nécessaires à l'entrée en vigueur du premier alinéa sont déterminées par décret en Conseil d'État.

L'obligation de dépôt dématérialisé du document unique prévue au même premier alinéa est applicable :

a) A compter du 1er juillet 2023, aux entreprises dont l'effectif est supérieur ou égal à cent cinquante salariés ;

b) A compter de dates fixées par décret, en fonction des effectifs des entreprises, et au plus tard à compter du 1er juillet 2024 aux entreprises dont l'effectif est inférieur à cent cinquante salariés.

VI. – Le document unique d'évaluation des risques professionnels est transmis par l'employeur à chaque mise à jour au service de prévention et de santé au travail auquel il adhère.

BIBL. ▶ CHASTAGNOL, *JCP S* 2022. 1081 (DUERP et prévention en entreprise). – LAHALLE, *JCP S* 2022. 1080 (nouvelles contraintes du DUERP).

Art. L. 4121-4 Lorsqu'il confie des tâches à un travailleur, l'employeur, compte tenu de la nature des activités de l'établissement, prend en considération les capacités de l'intéressé à mettre en œuvre les précautions nécessaires pour la santé et la sécurité. – *[Anc. art. L. 230-2, III, al. 3.]*

Art. L. 4121-5 Lorsque dans un même lieu de travail les travailleurs de plusieurs entreprises sont présents, les employeurs coopèrent à la mise en œuvre des dispositions relatives à la santé et à la sécurité au travail. – *[Anc. art. L. 230-2, IV, al. 1er.]*

CHAPITRE II OBLIGATIONS DES TRAVAILLEURS

Art. L. 4122-1 Conformément aux instructions qui lui sont données par l'employeur, dans les conditions prévues au règlement intérieur pour les entreprises tenues d'en élaborer un, il incombe à chaque travailleur de prendre soin, en fonction de sa formation et selon ses possibilités, de sa santé et de sa sécurité ainsi que de celles des autres personnes concernées par ses actes ou ses omissions au travail.

Les instructions de l'employeur précisent, en particulier lorsque la nature des risques le justifie, les conditions d'utilisation des équipements de travail, des moyens de protection, des substances et préparations dangereuses. Elles sont adaptées à la nature des tâches à accomplir.

Les dispositions du premier alinéa sont sans incidence sur le principe de la responsabilité de l'employeur. – *[Anc. art. L. 230-3, L. 122-34, al. 2, phrase 2, et L. 230-4.]*

BIBL. ▶ Gaba, *Dr. ouvrier* 2011. 114 (obligation de sécurité du salarié : ombres et lumières jurisprudentielles). – Cousseau, *JSL* 2015, n° 382-382-5 (quelle obligation de prévention imposer au salarié ?). – Radé, *Dr. ouvrier* 2012. 578 (obligation de sécurité du salarié).

COMMENTAIRE

V. sur le Code en ligne 🔒.

1. Responsabilité. Selon l'art. L. 230-3 [L. 4122-1 nouv.], il incombe à chaque travailleur de prendre soin, en fonction de sa formation et selon ses possibilités, de sa sécurité et de sa santé ainsi que de celles des autres personnes concernées du fait de ses actes ou de ses omissions au travail ; dès lors, même s'il n'a pas reçu de délégation de pouvoir, un salarié répond des fautes qu'il a commises dans l'exécution de son contrat de travail. ● Soc. 28 févr. 2002, ⚖ n° 00-41.220 P : *D. 2002. IR 1118* ⌀ ; *RJS 2002*. 440, n° 582 ; *Dr. soc. 2002*. 533, obs. Vatinet ⌀ ; *JSL 2002*, n° 99-5 ● 30 sept. 2005 : ⚖ *D. 2006*. 973, note Gaba ⌀ ; *Dr. soc. 2006*. 102, obs. Savatier ⌀ ; *JCP E 2006*. 1632, note Brissy. ♦ Le salarié est investi d'une obligation de ne pas mettre en danger d'autres membres du personnel ; la responsabilité du salarié commence dès qu'il pénètre dans l'enceinte de l'entreprise. ● Soc. 4 oct. 2011 : ⚖ *RJS 2011*. 840, n° 949 ; *JSL 2011*, n° 309-2, obs. Hautefort ; *JCP S 2011*. 1533, obs. Dauxerre.

2. Harcèlement moral et inaction du responsable RH. En cautionnant les méthodes managériales inacceptables du directeur d'un magasin et en les laissant perdurer, la responsable des ressources humaines a manqué à ses obligations contractuelles et mis en danger la santé physique et mentale des salariés, ce qui justifie son licenciement ; en l'espèce, il a été constaté que la salariée, qui travaillait en très étroite collaboration avec le directeur du magasin, avait connaissance du comportement inacceptable de celui-ci à l'encontre de ses subordonnés et pouvait en outre s'y associer, qu'elle n'a rien fait pour mettre fin à ces pratiques alors qu'en sa qualité de responsable des ressources humaines, elle avait une mission particulière en matière de management, qu'il relevait de ses fonctions de veiller au climat social et à des conditions de travail optimales pour les collaborateurs. ● Soc. 8 mars 2017, ⚖ n° 15-24.406 : *RJS 5/2017, n° 328.*

3. Faute grave. En cas de manquement à l'obligation qui lui est faite par l'art. L. 230-3 [L. 4122-1 nouv.] de prendre soin de sa sécurité et de sa santé, ainsi que celle des autres personnes concernées du fait de ses actes ou de ses omissions au travail, un salarié engage sa responsabilité et une faute grave peut être retenue contre lui, notamment s'il refuse de porter un casque de sécurité. ● Soc. 23 mars 2005 : ⚖ *D. 2005. 1758*, note Gaba ⌀ ; *JSL 2005*, n° 166-3 ; *RJS 2005*. 454, n° 641. ♦ Constitue une faute grave le comportement du salarié surpris en train de fumer dans les locaux de l'entreprise alors que l'interdiction de fumer résultait d'une décision préfectorale justifiée par la sécurité des personnes et des biens, et que cette interdiction avait bien été portée à la connaissance de tous les salariés. ● Soc. 1er juill. 2008 : ⚖ *RJS 2008*. 819, n° 1003 ; *JCP S 2008*. 1509, obs. Bugada ; *SSL 2008*, n° 136, p. 14. ♦ Le salarié, titulaire d'une délégation de pouvoirs, qui ne prend aucune mesure pour prévenir un accident et ne fait pas procéder aux réparations qui s'imposent, commet un manquement grave à son obligation de sécurité, rendant impossible son maintien dans l'entreprise. ● Soc. 23 juin 2010 : ⚖ *D. actu. 8 juill. 2010*, obs. Maillard ; *D. 2011. Pan. 840*, obs. Mazuyer ⌀ ; *RJS 2010*. 700, n° 776 ; *Dr. soc. 2010. 954*, note Duquesne ⌀.

4. Absence d'incidence sur la responsabilité de l'employeur. Le juge ne peut limiter le montant des dommages-intérêts alloués pour manquements de l'employeur à son obligation de sécurité de résultat en raison de l'attitude du salarié qui avait accepté le risque qu'elle dénonçait dans le même temps. ● Soc. 10 févr. 2016, ⚖ n° 14-24.350 P : *D. actu. 26 févr. 2016*, obs. Cortot ; *D. 2016. Actu. 432* ⌀ ; *ibid. Pan. 814*, obs. Lokiec ⌀ ; *RDT 2016*. 425, obs. Vérciel ⌀ ; *RJS 4/2016, n° 254 ; SSL 2016, n° 1717*, obs. Tissandier ; *Gaz. Pal. 2016. 66*, obs. Bugada ; *JCP S 2016. 1128*, obs. Asquinazi-Bailleux.

Art. L. 4122-2 Les mesures prises en matière de santé et de sécurité au travail ne doivent entraîner aucune charge financière pour les travailleurs. – *[Anc. art. L. 230-3, L. 122-34, al. 2, phrase 2 et L. 230-4.]*

1. Frais professionnels. Les frais exposés par un salarié pour les besoins de son activité professionnelle et dans l'intérêt de l'employeur doivent être supportés par ce dernier ; l'employeur doit assumer la charge de l'entretien du vêtement de travail dont le port est obligatoire et inhérent à l'emploi des salariés concernés. • Soc. 21 mai 2008 : 🔒 *RDT 2008. 536, obs. Frouin ⌀ ; JSL 2008, n° 238-5 ; RJS 2008. 718, n° 896 ; JCP S 2008. 1538, obs. Bossu ; Dr. ouvrier 2008. 533, obs. Taraud.* ♦ Pour le Conseil d'État, cette obligation s'étend au nettoyage des vêtements ordinairement portés par le salarié. • CE 17 juin 2014 : 🔒 *AJDA 2014. 1295 ⌀ ; ibid. 1963, note Seurot ⌀.* ♦ Le facteur, qui n'est pas statutairement soumis au port d'une tenue de travail spécifique, n'a pas le droit au remboursement des frais exposés pour l'entretien des vêtements de travail qui lui sont fournis. • Soc. 3 mai 2016, 🔒 n° 15-12.549 : *D. 2016. Actu. 1005 ⌀ ; RJS 7/2016, n° 494 ; JCP S 2016. 1275, obs. Pagani.*

2. Prise en charge des frais médicaux. Les frais qu'un salarié expose pour les besoins de son activité professionnelle et dans l'intérêt de son employeur doivent être supportés par ce dernier ; il appartient aux juges du fond de caractériser ces deux éléments, y compris dans l'hypothèse où les frais engagés par le salarié l'ont été sur la base d'une ordonnance établie par le médecin du travail dans le cadre de sa mission de suivi individuel de l'état de santé du travailleur. • Soc. 5 juill. 2017, 🔒 n° 15-29.424 P : *D. 2017. Actu. 1477 ⌀ ; RJS 10/2017, n° 673 ; JCP S 2017. 1337, obs. Michalletz.*

TITRE III DROITS D'ALERTE ET DE RETRAIT

Sur les modalités d'exercice du droit d'alerte et de retrait des gens de mer à bord des navires, V. Décr. n° 2016-303 du 15 mars 2016 (JO 17 mars).

COMMENTAIRE

V. sur le Code en ligne 🔒. ❑

CHAPITRE I **PRINCIPES**

Art. L. 4131-1 Le travailleur alerte immédiatement l'employeur de toute situation de travail dont il a un motif raisonnable de penser qu'elle présente un danger grave et imminent pour sa vie ou sa santé ainsi que de toute défectuosité qu'il constate dans les systèmes de protection.

Il peut se retirer d'une telle situation.

L'employeur ne peut demander au travailleur qui a fait usage de son droit de retrait de reprendre son activité dans une situation de travail où persiste un danger grave et imminent résultant notamment d'une défectuosité du système de protection. — *[Anc. art. L. 231-8, al. 1er et 2.]*

BIBL. ▶ AMIARD, LIBERT et FANTONI QUINTON, *SSL 2015, n° 1688, p. 8* (droit de retrait et fortes chaleurs). – BOUSIGES, *Dr. soc. 1991. 279 ⌀*. – CHAUMETTE, *ibid. 1983. 425*. – DÉPREZ, *RJS 1990. 619* (droit de retrait et droit de grève). – FROSSARD, *Dr. soc. 1987. 496*. – DEGOUSÉE, *Dr. ouvrier 2021. 156* (face au covid, l'exercice (contrarié) du droit de retrait dans le secteur du commerce). – DESAIN et BELJEAN, *JSL 2010, n° 286-1* (panorama de jurisprudence en matière de droit de retrait). – GODARD, *JCP E 1984. II. 14215* (responsabilités en cas de danger grave et imminent). – GRÉVY, *Dr. soc. 2011. 764 ⌀* (les procédures d'urgences). – JUBERT-TOMASSO, *Dr. ouvrier 2021. 149* (légitimité du droit de retrait face à l'épidémie de covid-19). – LACHAISE, *JCP E 1991. I. 88*. – LEBORGNE-INGELAERE, *Dr. ouvrier 2023. 278* (l'ambivalence du droit de retrait). – LEDUC et MASSAMBA-DÉBAT, *Dr. ouvrier 2020. 349* (le système de protection du travailleur en situation de danger grave et imminent). – LEVANNIER-GOUËL, *SSL 2012, n° 1548, p. 11* (la retenue immédiate sur salaire est-elle compatible avec le droit de retrait ?). – VERKINDT et BABIN, *RDT 2020. Controverse 721 ⌀* (quels usages du droit de retrait ?).

COMMENTAIRE

V. sur le Code en ligne 🔒. ❑

1. Notion de danger. La condition d'extériorité du danger n'est pas exigée d'une manière exclusive par les art. L. 231-8 et L. 231-8-1 [L. 4131-1 et L. 4131-3 nouv.]. • Soc. 20 mars 1996, 🔒 n° 93-40.111 P : *JCP E 1996. II. 850, note Lachaise ; Dr. soc. 1996. 684, obs. Savatier ⌀ ; RJS 1996. 350, n° 554 ; ibid. 319, concl. Chauvy ; CSB 1996. 169, A. 37.*

2. Pouvoir souverain des juges du fond. C'est par une appréciation souveraine des éléments de la cause qu'une cour d'appel a pu estimer que le salarié avait un motif raisonnable de penser que le maintien à son poste de travail présentait un danger grave et imminent pour sa santé. • Soc. 11 déc. 1986 : *D. 1987. IR 4 ; JCP 1987. II. 20807, note Godard* • 20 janv. 1993, 🔒 n° 91-

42.028 P : *RJS* 1993. 173, n° 285 ; *CSB* 1993. 96, S. 44 ; *JCP E* 1993. II. 494, note Lachaise (défaut de motif raisonnable). ● 23 avr. 2003, ⚛ n° 01-44.806 P : *Dr. soc.* 2003. 805, note Savatier ⊘.

3. Signalement à l'employeur. Si l'art. L. 231-8 [L. 4131-1 nouv.] oblige le salarié à signaler immédiatement à l'employeur l'existence d'une situation de travail qu'il estime dangereuse, il ne lui impose pas de le faire par écrit. ● CE 12 juin 1987 : *D.* 1987. IR 162 ; *Dr. soc.* 1987. 645, note Savatier ● 11 juill. 1990 : ⚛ *RJS* 1990. 520, n° 767 ● Soc. 28 mai 2008 : ⚛ *JCP S* 2008. 1506, note Barège et Bossu ; *RJS* 2008. 717, n° 894 ; *JSL* 2008, n° 236-2 ; *Dr. ouvrier* 2008. 74, note Meyrat.

4. CHSCT. L'exercice par un salarié de son droit d'alerte ou de retrait n'est pas subordonné à la procédure d'intervention du CHSCT. ● Soc. 10 mai 2001 : ⚛ *RJS* 2001. 600, n° 872.

5. Revendications professionnelles. Constitue l'exercice du droit de grève et non du droit de retrait l'arrêt de travail décidé par les salariés qui, après avoir refusé d'exécuter un ordre dangereux pour leur santé et leur vie, ont présenté une revendication professionnelle en demandant le bénéfice de la position chômage intempéries. ● Soc. 26 sept. 1990 : ⚛ *GADT*, 4ᵉ éd., n° 206 ; *D.* 1990. IR 228 ; *Dr. soc.* 1991. 60, concl. Waquet, note Ray ⊘ ; *Dr. ouvrier* 1990. 457, note F. S. ; *CSB* 1990. 237, A. 52 ; *RJS* 1990. 542, n° 812 et note Déprez, ibid. 619.

6. Agents publics. Sur la reconnaissance à un agent public communal du droit de retrait, considéré comme inspiré d'un principe général du droit, V. ▶ TA Besançon, 10 oct. 1996 : *Dr. soc.* 1996. 1034, concl. Moulin ⊘ ; *LPA* 23 juill. 1997, note Portet.

7. Exercice illégitime. Un employeur peut opérer une retenue sur la rémunération d'un salarié qui a, de façon illégitime, invoqué son droit de retrait, sans qu'il soit nécessaire de saisir préalablement la juridiction prud'homale pour faire constater l'absence pour le salarié de motif raisonnable de penser que sa situation de travail présentait un danger grave et imminent pour sa vie ou sa santé ; lorsque les conditions du droit de retrait ne sont pas réunies, le salarié s'expose à une retenue sur salaire, peu important qu'il reste à la disposition de l'employeur. ● Soc. 25 nov. 2008 : ⚛ *D.* 2009. AJ 25 ⊘ ; *RJS* 2009. 153, n° 180 ; *Dr. soc.* 2009. 369, obs. Chaumette ⊘ ; *JSL* 2009, n° 248-5.

8. Droit de retrait et suspension du contrat de travail. Le droit de retrait ne pouvant être exercé que pendant l'exécution du contrat de travail, un salarié ne peut demander un rappel de salaire au titre de l'exercice du droit de retrait pour les périodes où il se trouvait en arrêt maladie. ● Soc. 9 oct. 2013 : ⚛ *D. actu.* 25 oct. 2013, obs. Peyronnet ; *D.* 2013. Actu. 2404 ⊘ ; *RJS* 12/2013, n° 783 ; *JSL* 2013, n° 354-3, obs. Hautefort.

9. Compétence du juge des référés. La formation des référés, qui a relevé que le CHSCT d'un établissement avait constaté un danger grave et imminent d'exposition des travailleurs à l'amiante et qu'un recours de l'employeur sur la validité de la procédure initiée par ce comité n'avait pas abouti, n'a pas excédé ses pouvoirs tirés de l'art. R. 1455-7 C. trav. en allouant aux salariés une provision sur le salaire qui leur avait été retenu par l'employeur. ● Soc. 31 mars 2016, ⚛ n° 14-25.237 P : *D. actu.* 9 mai 2016, obs. Fraisse ; *D.* 2016. Actu. 790 ⊘ ; *RJS* 6/2016, n° 425 ; *JCP S* 2016. 1214, obs. Bugada.

10. Nullité du licenciement. L'exercice du droit de retrait par le salarié rend nul le licenciement fondé sur l'exercice de ce droit, peu important qu'il ait obtenu l'accord son employeur pour quitter son poste de travail, et dès lors que l'un des reproches formulés par l'employeur dans la lettre de licenciement reposait sur l'exercice de ce droit de retrait. ● Soc. 25 nov. 2015, ⚛ n° 14-21.272 P : *D.* 2015. Actu. 2508 ⊘ ; *RDT* 2016. 183, obs. Pontif ⊘ ; *RJS* 2/2016, n° 126 ; *JCP S* 2016. 1037, obs. Bossu.

Art. L. 4131-2 Le représentant du personnel au (*Ord. n° 2017-1386 du 22 sept. 2017, art. 4*) « comité social et économique », qui constate qu'il existe une cause de danger grave et imminent, notamment par l'intermédiaire d'un travailleur, en alerte immédiatement l'employeur selon la procédure prévue au premier alinéa de l'article L. 4132-2. — [*Anc. art. L. 231-9, al. 1, phrase 1.*]

BIBL. ▶ GRÉVY, *Dr. soc.* 2011. 764 ⊘ (les procédures d'urgences).

1. Mise à disposition de moyens. L'employeur étant tenu de procéder sur-le-champ à une enquête avec le membre du CHSCT qui lui a signalé le danger, il ne saurait refuser au représentant de se rendre sur les lieux, ni de lui fournir à cet effet les moyens nécessaires (véhicule). ● Soc. 10 oct. 1990, n° 89-61.351 P : *D.* 1990. IR 280.

2. Danger grave et imminent. L'admission dans un établissement hospitalier de malades porteurs du virus HIV ou de l'hépatite virale B ne présente pas par elle-même le caractère d'un danger grave et imminent. ● TA Versailles, 2 juin 1994 : *RJS* 1994. 675, n° 1142.

Art. L. 4131-3 Aucune sanction, aucune retenue de salaire ne peut être prise à l'encontre d'un travailleur ou d'un groupe de travailleurs qui se sont retirés d'une situation de travail dont ils avaient un motif raisonnable de penser qu'elle présentait

SANTÉ ET SÉCURITÉ AU TRAVAIL **Art. L. 4132-2**

un danger grave et imminent pour la vie ou pour la santé de chacun d'eux. — *[Anc. art. L. 231-8-1, phrase 1.]*

COMMENTAIRE
V. sur le Code en ligne 🔒.

1. Non-respect du droit de retrait. Le fait, pour un grutier intérimaire d'être obligé de rester en position de travail alors qu'il a, à plusieurs reprises, averti sa hiérarchie du danger existant pour la sécurité des personnes sur un chantier de travaux en raison de la violence du vent, et alors même qu'il n'a pas été informé des dispositions de l'art. L. 231-8-1 [L. 4131-3 nouv.], constitue, dans le contexte de la précarité de sa situation professionnelle, une contrainte irrésistible au sens de l'art. 122-2 C. pén. de nature à exonérer le prévenu de sa responsabilité pénale du chef des infractions de violences et homicide involontaires. ● T. corr. Nancy, 7 juill. 1997 : *LPA 27 févr. 1998, p. 22, note Besanger.*

2. Retenue de salaire. Les salariés qui se retirent d'une situation qu'ils estiment dangereuse n'exercent pas leur droit de grève, mais peuvent néanmoins faire l'objet, indépendamment de toute sanction, d'une retenue sur salaire s'ils n'avaient pas un motif raisonnable de penser que la situation présentait un danger grave et imminent. ● Soc. 11 juill. 1989 : *D. 1989. IR 235 ; Dr. ouvrier 1989. 492 ; JCP 1989. IV. 347.*

3. Exercice non fondé. L'exercice non fondé du droit de retrait ne caractérise pas l'existence d'une faute grave, mais constitue une cause réelle et sérieuse de licenciement. ● Soc. 6 déc. 1990 : 🔒 *CSB 1991. 47, S. 25.*

4. Est justifié le licenciement d'un salarié qui, exposé à des courants d'air, se retire de son poste de travail, alors qu'il n'existait pas de motif raisonnable de penser qu'une telle situation présentait un danger grave et imminent pour sa vie ou sa santé. ● Soc. 17 oct. 1989 : *JS UIMM 1990. 54.*

5. Exercice fondé. Le licenciement prononcé par l'employeur pour un motif lié à l'exercice légitime par le salarié du droit de retrait de son poste de travail dans une situation de danger est nul. ● Soc. 28 janv. 2009 : 🔒 *RDT 2009. 167, obs. Miné* 🖉 *; D. 2009. Pan. 2128, obs. Amauger-Lattes* 🖉 *; Dr. soc. 2009. 489, obs. Chaumette* 🖉 *; RJS 2009. 308, n° 361 ; JCP S 2009. 1226, obs. Verkindt ; JCP E 2009. 1638, note Pochet ; JSL 2009, n° 250-2.* ♦ Comp. : le licenciement d'un salarié fondé sur son seul refus de conduire le camion de l'entreprise est dépourvu de cause réelle et sérieuse, dès lors que le véhicule présentait un système de freinage défectueux, qu'après une interdiction de circulation émise par le service des mines l'employeur était tenu de présenter le camion à une contre-visite, et que dans l'attente de celle-ci le salarié était en droit d'exercer son droit de retrait, la conduite du véhicule présentant un danger grave et imminent pour sa vie. ● Montpellier, 30 avr. 1998 : *JCP 1999. IV. 2620.*

6. Fonctions à risques. Dès lors que le risque est inhérent à la fonction exercée et initialement acceptée par le salarié, convoyeur de fonds, la cessation du travail ne constitue pas l'exercice justifié du droit de retrait, en l'absence de menace particulière d'agression et alors que l'employeur n'a méconnu aucune mesure légale de sécurité. ● Aix-en-Provence, 8 nov. 1995 : *JCP E 1996. II. 859, note Cohen-Donsimoni.*

Art. L. 4131-4 Le bénéfice de la faute inexcusable de l'employeur prévue à l'article L. 452-1 du code de la sécurité sociale est de droit pour le ou les travailleurs qui seraient victimes d'un accident du travail ou d'une maladie professionnelle alors qu'eux-mêmes ou un représentant du personnel au *(Ord. n° 2017-1386 du 22 sept. 2017, art. 4)* « comité social et économique » avaient signalé à l'employeur le risque qui s'est matérialisé. — *[Anc. art. L. 231-8-1, phrase 2.]*

Bénéfice de la faute inexcusable. Le bénéfice de la faute inexcusable de l'employeur est de droit pour le salarié qui a signalé un risque qui s'est matérialisé. ● Soc. 17 juill. 1998, 🔒 n° 96-20.988 P : *RJS 1998. 777, n° 1286.*

CHAPITRE II CONDITIONS D'EXERCICE DES DROITS D'ALERTE ET DE RETRAIT

Art. L. 4132-1 Le droit de retrait est exercé de telle manière qu'elle *[il]* ne puisse créer pour autrui une nouvelle situation de danger grave et imminent. — *[Anc. art. L. 231-8-2.]*

Art. L. 4132-2 Lorsque le représentant du personnel au *(Ord. n° 2017-1386 du 22 sept. 2017, art. 4)* « comité social et économique » alerte l'employeur en application de l'article L. 4131-2, il consigne son avis par écrit dans des conditions déterminées par voie réglementaire.

L'employeur procède immédiatement à une enquête avec le représentant du *(Ord. n° 2017-1386 du 22 sept. 2017, art. 4)* « comité social et économique » qui lui a signalé le danger et prend les dispositions nécessaires pour y remédier. — *[Anc. art. L. 231-9, al. 1er, phrase 1 fin et phrase 2.]* — V. art. D. 4132-1.

Art. L. 4132-3 En cas de divergence sur la réalité du danger ou la façon de le faire cesser, notamment par arrêt du travail, de la machine ou de l'installation, le *(Ord. n° 2017-1386 du 22 sept. 2017, art. 4)* « comité social et économique » est réuni d'urgence, dans un délai n'excédant pas vingt-quatre heures.

L'employeur informe immédiatement l'*(L. n° 2016-1088 du 8 août 2016, art. 113)* « agent de contrôle de l'inspection du travail mentionné à l'article L. 8112-1 » et l'agent du service de prévention de la caisse régionale d'assurance maladie, qui peuvent assister à la réunion du *(Ord. n° 2017-1386 du 22 sept. 2017, art. 4)* « comité social et économique ». — *[Anc. art. L. 231-9, al. 2.]*

Art. L. 4132-4 A défaut d'accord entre l'employeur et la majorité du *(Ord. n° 2017-1386 du 22 sept. 2017, art. 4)* « comité social et économique » sur les mesures à prendre et leurs conditions d'exécution, l'inspecteur du travail est saisi immédiatement par l'employeur.

L'inspecteur du travail met en œuvre soit l'une des procédures de mise en demeure prévues à l'article L. 4721-1, soit la procédure de référé prévue aux articles L. 4732-1 et L. 4732-2. — *[Anc. art. L. 231-9, al. 3.]*

Art. L. 4132-5 L'employeur prend les mesures et donne les instructions nécessaires pour permettre aux travailleurs, en cas de danger grave et imminent, d'arrêter leur activité et de se mettre en sécurité en quittant immédiatement le lieu de travail. — *[Anc. art. L. 231-10.]*

CHAPITRE III   DROIT D'ALERTE EN MATIÈRE DE SANTÉ PUBLIQUE ET D'ENVIRONNEMENT

(L. n° 2013-316 du 16 avr. 2013, art. 8)

BIBL. ▶ BOUTON, *RDT* 2014. 471 *(vers une généralisation du lanceur d'alerte en droit français).* — VÉRICEL, *RDT* 2013. 415.

▶ **Alerte verte :** VACARIE, *RDT* 2020. 601 (travail et développement durable).

COMMENTAIRE
V. sur le Code en ligne.

Art. L. 4133-1 *(L. n° 2022-401 du 21 mars 2022, art. 7-I, en vigueur le 1er sept. 2022)* « Sans préjudice du droit de recourir, si les conditions en sont remplies, au dispositif de signalement ou de divulgation publique prévu au chapitre II du titre I de la loi n° 2016-1691 du 9 décembre 2016 relative à la transparence, à la lutte contre la corruption et à la modernisation de la vie économique, le travailleur alerte » *(L. n° 2013-316 du 16 avr. 2013, art. 8)* « immédiatement l'employeur s'il estime, de bonne foi, que les produits ou procédés de fabrication utilisés ou mis en œuvre par l'établissement font peser un risque grave sur la santé publique ou l'environnement.

« L'alerte est consignée par écrit dans des conditions déterminées par voie réglementaire.

« L'employeur informe le travailleur qui lui a transmis l'alerte de la suite qu'il réserve à celle-ci. » — V. art. D. 4133-1 s.

Toute personne physique ou morale qui lance une alerte de mauvaise foi ou avec l'intention de nuire ou avec la connaissance au moins partielle de l'inexactitude des faits rendus publics ou diffusés est punie des peines prévues au premier alinéa de l'art. 226-10 C. pén.

Tout employeur saisi d'une alerte en matière de santé publique ou d'environnement qui n'a pas respecté les obligations lui incombant en application des art. L. 4133-1 et L. 4133-2 C. trav. perd le bénéfice des dispositions du 4° de l'art. 1386-11 C. civ. (L. n° 2013-316 du 16 avr. 2013, art. 12 et 13).

Ancien art. L. 4133-1 *Le travailleur alerte immédiatement l'employeur s'il estime, de bonne foi, que les produits ou procédés de fabrication utilisés ou mis en œuvre par l'établissement font peser un risque grave sur la santé publique ou l'environnement.*

SANTÉ ET SÉCURITÉ AU TRAVAIL   **Art. L. 4141-2** 1319

L'alerte est consignée par écrit dans des conditions déterminées par voie réglementaire.
L'employeur informe le travailleur qui lui a transmis l'alerte de la suite qu'il réserve à celle-ci.
— V. art. D. 4133-1 s.

Art. L. 4133-2 (L. n° 2022-401 du 21 mars 2022, art. 7-I, en vigueur le 1er sept. 2022) « Sans préjudice du droit de recourir, si les conditions en sont remplies, au dispositif de signalement ou de divulgation publique prévu au chapitre II du titre I de la loi n° 2016-1691 du 9 décembre 2016 relative à la transparence, à la lutte contre la corruption et à la modernisation de la vie économique, le représentant du personnel au comité social et économique qui constate, notamment par l'intermédiaire d'un travailleur, que les produits ou procédés de fabrication utilisés ou mis en œuvre par l'établissement font peser un risque grave » (L. n° 2013-316 du 16 avr. 2013, art. 8) « pour la santé publique ou l'environnement en alerte immédiatement l'employeur.

« L'alerte est consignée par écrit dans des conditions déterminées par voie réglementaire.

« L'employeur examine la situation conjointement avec le représentant du personnel au (Ord. n° 2017-1386 du 22 sept. 2017, art. 4) « comité social et économique » qui lui a transmis l'alerte et l'informe de la suite qu'il réserve à celle-ci. »

Ancien art. L. 4133-2 *Le représentant du personnel au (Ord. n° 2017-1386 du 22 sept. 2017, art. 4) « comité social et économique » qui constate, notamment par l'intermédiaire d'un travailleur, qu'il existe un risque grave pour la santé publique ou l'environnement en alerte immédiatement l'employeur.*

L'alerte est consignée par écrit dans des conditions déterminées par voie réglementaire.

L'employeur examine la situation conjointement avec le représentant du personnel au (Ord. n° 2017-1386 du 22 sept. 2017, art. 4) « comité social et économique » qui lui a transmis l'alerte et l'informe de la suite qu'il réserve à celle-ci.

Art. L. 4133-3 (L. n° 2022-401 du 21 mars 2022, art. 7-I, en vigueur le 1er sept. 2022) Les personnes mentionnées à l'article L. 4133-1 ne peuvent pas faire l'objet des mesures mentionnées à l'article L. 1121-2. Elles bénéficient des protections prévues aux I et III de l'article 10-1 et aux articles 12 à 13-1 de la loi n° 2016-1691 du 9 décembre 2016 relative à la transparence, à la lutte contre la corruption et à la modernisation de la vie économique.

Ancien art. L. 4133-3 *En cas de divergence avec l'employeur sur le bien-fondé d'une alerte transmise en application des articles L. 4133-1 et L. 4133-2 ou en l'absence de suite dans un délai d'un mois, le travailleur ou le représentant du personnel au (Ord. n° 2017-1386 du 22 sept. 2017, art. 4) « comité social et économique » peut saisir le représentant de l'État dans le département.*

Art. L. 4133-4 Le (Ord. n° 2017-1386 du 22 sept. 2017, art. 4) « comité social et économique » est informé des alertes transmises à l'employeur en application des articles L. 4133-1 et L. 4133-2 (Abrogé par L. n° 2022-401 du 21 mars 2022, art. 7-I, à compter du 1er sept. 2022) « , de leurs suites ainsi que des saisines éventuelles du représentant de l'État dans le département en application de l'article L. 4133-3 ».

Art. L. 4133-5 Abrogé par L. n° 2016-1691 du 9 déc. 2016, art. 15-III.

TITRE IV INFORMATION ET FORMATION DES TRAVAILLEURS

CHAPITRE I OBLIGATION GÉNÉRALE D'INFORMATION ET DE FORMATION

Art. L. 4141-1 L'employeur organise et dispense une information des travailleurs sur les risques pour la santé et la sécurité et les mesures prises pour y remédier.

(L. n° 2013-316 du 16 avr. 2013, art. 9) « Il organise et dispense également une information des travailleurs sur les risques que peuvent faire peser sur la santé publique ou l'environnement les produits ou procédés de fabrication utilisés ou mis en œuvre par l'établissement ainsi que sur les mesures prises pour y remédier. »

V. art. R. 4141-1 s.

Art. L. 4141-2 L'employeur organise une formation pratique et appropriée à la sécurité au bénéfice :

1° Des travailleurs qu'il embauche ;

2° Des travailleurs qui changent de poste de travail ou de technique ;

3° Des salariés temporaires, à l'exception de ceux auxquels il est fait appel en vue de l'exécution de travaux urgents nécessités par des mesures de sécurité et déjà dotés de la qualification nécessaire à cette intervention ;

4° A la demande du médecin du travail, des travailleurs qui reprennent leur activité après un arrêt de travail d'une durée d'au moins vingt et un jours.

Cette formation est répétée périodiquement dans des conditions déterminées par voie réglementaire ou par convention ou accord collectif de travail. — [Anc. art. L. 231-3-1, al. 1er.] — V. art. R. 4141-2.

1. Limites à l'obligation. Il ne peut être reproché à un employeur d'avoir omis de donner la formation pratique et appropriée en matière de sécurité au bénéfice d'un salarié changeant de poste de travail, alors que le changement provisoire s'est fait à la seule initiative du salarié, à l'insu de l'employeur, dont la faute personnelle n'est ainsi pas caractérisée. ● Crim. 23 oct. 1990, ⚖ n° 89-84.718 P.

2. Responsabilité de l'employeur. Doit être déclaré coupable d'infraction à l'art. L. 231-3-1 C. trav. [L. 4141-2 nouv.] l'employeur qui n'a pas organisé une formation pratique et appropriée en matière de sécurité au bénéfice de son salarié. En effet, le dirigeant d'une entreprise qui met des salariés à la disposition d'une autre entreprise ne s'exonère pas de l'obligation préalable qui lui est faite de donner une formation appropriée à la sécurité. ● Crim. 16 sept. 1997, ⚖ n° 96-82.618 P.
◆ Est coupable de l'infraction d'homicide involontaire en raison d'un accident du travail subi par un salarié mortellement blessé la société, personne morale du fait de ses organes ou représentants, qui a mis à la disposition du salarié une nacelle autoportée de location sans la formation à la sécurité correspondant, un tel manquement à une obligation de sécurité ou de prudence imposée par la loi ou le règlement rentrant dans les prévisions de l'art. 221-6 C. pén. qui définit et réprime le délit d'homicide involontaire, il n'importe pas que la société ait elle-même préalablement bénéficié d'une décision de non-lieu partiel s'agissant de l'infraction distincte prévue en matière de formation à la sécurité par l'article L. 231-3-1 [L. 4141-2] du code du travail, infraction pour laquelle, à l'époque des faits, la responsabilité pénale de la personne morale n'était pas encourue. ● Crim. 15 janv. 2008 : ⚖ JCP S 2008. 1287, obs. Cesaro.

3. Absence de délit de violences non intentionnelles. L'employeur qui ne respecte pas les prescriptions des art. L. 4141-1 et L. 4141-2 C. trav. lui imposant d'organiser et de dispenser une information des travailleurs sur les risques pour la santé et la sécurité, ainsi qu'une formation périodique, pratique et appropriée à la sécurité au bénéfice des travailleurs qu'il embauche ou qui changent de poste de travail ou de technique, ne se rend pas auteur d'une faute de mise en danger délibérée ; une telle transgression qui serait à l'origine, chez un travailleur, de blessures génératrices d'une incapacité totale de travail d'une durée inférieure ou égale à trois mois, ne permet pas d'imputer à l'employeur le délit de violences non intentionnelles par la violation manifestement délibérée d'une obligation particulière de prudence ou de sécurité imposée par la loi ou le règlement de l'art. 222-20 C. pén. ● Crim. 21 juin 2022, ⚖ n° 21-85.691 B : RJS 8-9/2022, n° 449 ; JSL 2022, n° 247, obs. Mesa ; JCP S 2022. 1220, obs. Gamet.

Art. L. 4141-3 L'étendue de l'obligation d'information et de formation à la sécurité varie selon la taille de l'établissement, la nature de son activité, le caractère des risques qui y sont constatés et le type d'emploi des travailleurs. — [Anc. art. L. 231-3-1, al. 6, phrase 1, et L. 231-3-2, phrase 2.]

Art. L. 4141-4 Le financement des actions de formation à la sécurité est à la charge de l'employeur.

(Abrogé par L. n° 2018-771 du 5 sept. 2018, art. 45-I, à compter du 1er janv. 2019) « Il ne peut imputer ce financement sur la participation prévue à l'article L. 6331-1 que pour les actions de formation mentionnées à l'article L. 6313-1. »

Art. L. 4141-5 (L. n° 2021-1018 du 2 août 2021, art. 6, en vigueur à une date fixée par décret et au plus tard le 1er oct. 2022) L'employeur renseigne dans un passeport de prévention les attestations, certificats et diplômes obtenus par le travailleur dans le cadre des formations relatives à la santé et à la sécurité au travail dispensées à son initiative. Les organismes de formation renseignent le passeport selon les mêmes modalités dans le cadre des formations relatives à la santé et à la sécurité au travail qu'ils dispensent. Le travailleur peut également inscrire ces éléments dans le passeport de prévention lorsqu'ils sont obtenus à l'issue de formations qu'il a suivies de sa propre initiative.

Le travailleur peut autoriser l'employeur à consulter l'ensemble des données contenues dans le passeport de prévention, y compris celles que l'employeur n'y a pas versées, pour les besoins du suivi des obligations de ce dernier en matière de formation à la santé et à la sécurité, sous réserve du respect des conditions de traitement des données à caractère personnel prévues à l'article 4 de la loi n° 78-17 du 6 janvier 1978 relative à l'informatique, aux fichiers et aux libertés.

Un demandeur d'emploi peut ouvrir un passeport de prévention et y inscrire les attestations, certificats et diplômes obtenus dans le cadre des formations qu'il a suivies dans les domaines de la santé et de la sécurité au travail.

Lorsque le travailleur ou le demandeur d'emploi dispose d'un passeport d'orientation, de formation et de compétences prévu au second alinéa du II de l'article L. 6323-8 du présent code, son passeport de prévention y est intégré. Il est mis en œuvre et géré selon les mêmes modalités.

(*L. n° 2021-1018 du 2 août 2021, art. 6, en vigueur le 31 mars 2022*) « Les modalités de mise en œuvre du passeport de prévention et de sa mise à la disposition de l'employeur sont déterminées par le comité national de prévention et de santé au travail et approuvées par voie réglementaire. En l'absence de décision du comité à l'issue d'un délai de six mois à compter de la publication du décret en Conseil d'État prévu au dernier alinéa de l'article L. 4641-2-1, ces modalités sont déterminées par décret en Conseil d'État. Le comité national de prévention et de santé au travail assure également le suivi du déploiement du passeport de prévention. » — *V. Délib. du comité national de prévention et de santé au travail du 13 juill. 2022 (Annexe du Décr. n° 2022-1712 du 29 déc. 2022, JO 30 déc.).*

Les 4 premiers al. de cet art. entrent en vigueur à une date fixée par Décr. et au plus tard le 1er oct. 2022 (L. n° 2021-1018 du 5 août 2021, art. 6-II). Le dernier al. entre en vigueur le 31 mars 2022 (L. préc., art. 40-I).

BIBL. ▶ GUIOMARD, *Dr. soc. 2021.* 914 ⌀ (le passeport de prévention).

CHAPITRE II FORMATIONS ET MESURES D'ADAPTATION PARTICULIÈRES

Art. L. 4142-1 En fonction des risques constatés, des actions particulières de formation à la sécurité sont conduites dans certains établissements avec le concours, le cas échéant, des organismes professionnels d'hygiène, de sécurité et des conditions de travail prévus à l'article L. 4643-1 et des services de prévention des caisses régionales d'assurance maladie. — *[Anc. art. L. 231-3-1, al. 5.]*

Art. L. 4142-2 Les salariés titulaires d'un contrat de travail à durée déterminée et les salariés temporaires affectés à des postes de travail présentant des risques particuliers pour leur santé ou leur sécurité bénéficient d'une formation renforcée à la sécurité, dans les conditions prévues à l'article L. 4154-2.

Par dérogation aux dispositions de l'article L. 4141-4, le financement de ces actions de formation est à la charge de l'entreprise utilisatrice. — *[Anc. art. L. 231-3-1, al. 6, phrase 2, al. 4 début.]*

Art. L. 4142-3 Dans les établissements comprenant au moins une installation figurant sur la liste prévue (*L. n° 2013-619 du 16 juill. 2013, art. 11-V*) « à l'article L. 515-36 » du code de l'environnement ou mentionnée à (*Ord. n° 2011-91 du 21 janv. 2011*) « l'article L. 211-2 du code minier », l'employeur définit et met en œuvre une formation aux risques des chefs d'entreprises extérieures et de leurs salariés ainsi que des travailleurs indépendants qu'il accueille, dans les conditions prévues à l'article L. 4522-2.

Par dérogation aux dispositions à l'article L. 4141-4, le financement de ces actions de formation est à la charge de l'entreprise utilisatrice. — *[Anc. art. L. 231-3-1, al. 2 et al. 4 début.]*

Art. L. 4142-3-1 (*L. n° 2015-988 du 5 août 2015, art. 2*) Dans les établissements recevant du public dont la capacité d'accueil est supérieure à deux cents personnes, l'employeur met en œuvre une formation à l'accueil et à l'accompagnement des personnes handicapées à destination des professionnels en contact avec les usagers et les clients.

Art. L. 4142-4 Toute modification apportée au poste de travail pour des raisons de sécurité, qui entraînerait une diminution de la productivité, est suivie d'une période d'adaptation de deux semaines au moins pendant laquelle tout mode de rémunération au rendement est interdit. La rémunération est établie sur la moyenne des deux semaines précédant la modification. — [Anc. art. L. 231-3-1, al. 9.]

CHAPITRE III CONSULTATION DES REPRÉSENTANTS DU PERSONNEL

Art. L. 4143-1 Le (Ord. n° 2017-1386 du 22 sept. 2017, art. 4) « comité social et économique est consulté sur les programmes de formation et veille » à leur mise en œuvre effective.
(Ord. n° 2017-1386 du 22 sept. 2017, art. 4) « Il est également consulté » :
1° Sur le programme et les modalités pratiques de la formation renforcée des salariés titulaires d'un contrat de travail à durée déterminée et des salariés temporaires affectés à des postes de travail présentant des risques particuliers, prévue à l'article L. 4142-2 ainsi que sur les conditions d'accueil de ces salariés à ces postes ;
2° Sur la formation prévue à l'article L. 4142-3 dans les établissements comprenant une installation figurant sur la liste prévue (L. n° 2013-619 du 16 juill. 2013, art. 11-V) « à l'article L. 515-36 » du code de l'environnement ou mentionnée à (Ord. n° 2011-91 du 21 janv. 2011) « l'article L. 211-2 du code minier ».

V. art. R. 4143-1 s.

TITRE V DISPOSITIONS PARTICULIÈRES À CERTAINES CATÉGORIES DE TRAVAILLEURS

CHAPITRE I CHAMP D'APPLICATION

Art. L. 4151-1 Les dispositions du présent titre sont applicables aux employeurs de droit privé ainsi qu'aux travailleurs.
Elles sont également applicables :
1° Aux établissements mentionnés aux 1° à 3° de l'article L. 4111-1 ;
2° Aux mines et carrières ainsi qu'à leurs dépendances ;
3° Aux entreprises de transports dont le personnel est régi par un statut.

CHAPITRE II FEMMES ENCEINTES, VENANT D'ACCOUCHER OU ALLAITANT

Art. L. 4152-1 Il est interdit d'employer les femmes enceintes, venant d'accoucher ou allaitant à certaines catégories de travaux qui, en raison de leur état, présentent des risques pour leur santé ou leur sécurité.
Ces catégories de travaux sont déterminées par voie réglementaire. — [Anc. art. L. 234-2.] — V. art. L. 4743-1 (pén.) et D. 4152-3 s.

Art. L. 4152-2 Conformément aux dispositions des articles L. 1225-12 et suivants, l'employeur propose à la salariée en état de grossesse médicalement constatée, venant d'accoucher ou allaitant, qui occupe un poste l'exposant à des risques déterminés par voie réglementaire, un autre emploi compatible avec son état de santé. — V. art. D. 4152-3 s.

CHAPITRE III JEUNES TRAVAILLEURS

SECTION 1 Âge d'admission

RÉP. TRAV. v^{is} *Apprentissage*, par Pignarre ; *Âge du salarié*, par Leroy.
BIBL. GÉN. ▶ Rimbaud, *RF aff. soc.* 1979. 115 (travail des enfants). - Labatut, *RDT* 2019. 545 (enfants artistes).

Art. L. 4153-1 Il est interdit d'employer des travailleurs de moins de seize ans, sauf s'il s'agit :
1° De mineurs de quinze ans et plus titulaires d'un contrat d'apprentissage, dans les conditions prévues à l'article L. 6222-1 ;

2° D'élèves de l'enseignement général lorsqu'ils font des visites d'information organisées par leurs enseignants ou, durant les deux (*L. n° 2018-771 du 5 sept. 2018, art. 19, en vigueur le 1ᵉʳ janv. 2019*) « derniers niveaux de l'enseignement des collèges ou durant la scolarité au lycée », lorsqu'ils suivent (*L. n° 2011-893 du 28 juill. 2011*) « des périodes d'observation mentionnées à l'article L. 332-3-1 du code de l'éducation ou » des séquences d'observation et selon des modalités déterminées par décret ;

3° D'élèves qui suivent un enseignement alterné ou un enseignement professionnel durant les deux dernières années de leur scolarité obligatoire, lorsqu'ils accomplissent des stages d'initiation, d'application ou des périodes de formation en milieu professionnel selon des modalités déterminées par décret. – *V. art. L. 4743-1 (pén.) et D. 4153-41 s.*

Art. L. 4153-2 Dans les cas prévus aux 2° et 3° de l'article L. 4153-1, une convention est passée entre l'établissement d'enseignement dont relève l'élève et l'entreprise.

Aucune convention ne peut être conclue avec une entreprise pour l'admission ou l'emploi d'un élève dans un établissement lorsque les services de contrôle ont établi que les conditions de travail sont de nature à porter atteinte à la sécurité, à la santé ou à l'intégrité physique ou morale des personnes qui y sont présentes. – *[Anc. art. L. 211-1, I, al. 4.]*

Art. L. 4153-3 Les dispositions de l'article L. 4153-1 ne font pas obstacle à ce que les mineurs de plus de quatorze ans soient autorisés pendant leurs vacances scolaires à exercer des travaux adaptés à leur âge, à condition de leur assurer un repos effectif d'une durée au moins égale à la moitié de chaque période de congés.

Les modalités d'application de ces dispositions sont déterminées par décret. – *[Anc. art. L. 211-1, I, al. 5, phrase 1 et al. 6.]* – *V. art. D. 4153-1 s.*

Art. L. 4153-4 L'inspecteur du travail peut à tout moment requérir un examen médical d'un jeune travailleur âgé de quinze ans et plus pour constater si le travail dont il est chargé excède ses forces.

Dans ce cas, l'inspecteur du travail peut exiger son renvoi de l'établissement.

Les conditions d'application du présent article sont déterminées par décret. – *[Anc. art. L. 211-2.]* – *V. art. D. 4153-14.*

Art. L. 4153-5 Les dispositions des articles L. 4153-1 à L. 4153-3 ne sont pas applicables dans les établissements où ne sont employés que les membres de la famille sous l'autorité soit du père, soit de la mère, soit du tuteur, sous réserve qu'il s'agisse de travaux occasionnels ou de courte durée, ne pouvant présenter des risques pour leur santé ou leur sécurité.

La liste de ces travaux est déterminée par décret. – *[Anc. art. L. 211-1, II.]*

Art. L. 4153-6 Il est interdit d'employer ou (*L. n° 2018-771 du 5 sept. 2018, art. 15*) « d'affecter des mineurs en stage au service du bar » dans les débits de boissons à consommer sur place. Cette interdiction ne s'applique pas au conjoint du débitant et de ses parents et alliés jusqu'au quatrième degré inclusivement.

Dans les débits de boissons agréés, cette interdiction ne s'applique pas aux mineurs de plus de seize ans s'ils bénéficient d'une formation comportant une ou plusieurs périodes accomplies en entreprise leur permettant d'acquérir une qualification professionnelle sanctionnée par un diplôme ou un titre à finalité professionnelle enregistré dans le répertoire national des certifications professionnelles dans les conditions prévues (*L. n° 2018-771 du 5 sept. 2018, art. 45-I, en vigueur le 1ᵉʳ janv. 2019*) « à l'article L. 6113-5 ».

L'agrément est accordé, refusé, non renouvelé ou retiré dans des conditions déterminées par décret en Conseil d'État. – *V. art. R. 4153-8.*

Art. L. 4153-7 Il est interdit aux père, mère, tuteurs ou employeurs, et généralement à toute personne ayant autorité sur un enfant ou en ayant la garde, de le placer sous la conduite de vagabonds, de personnes sans moyens de subsistance ou se livrant à la mendicité. – *[Anc. art. L. 211-12.]*

SECTION 2 Travaux interdits

Art. L. 4153-8 Il est interdit d'employer des travailleurs de moins de dix-huit ans à certaines catégories de travaux les exposant à des risques pour leur santé, leur sécurité, leur moralité ou excédant leurs forces.

Ces catégories de travaux sont déterminées par voie réglementaire. — *[Anc. art. L. 234-2.] — V. art. D. 4153-15 s.*

SECTION 3 Travaux réglementés

Art. L. 4153-9 Par dérogation aux dispositions de l'article L. 4153-8, les travailleurs de moins de dix-huit ans ne peuvent être employés à certaines catégories de travaux mentionnés à ce même article que sous certaines conditions déterminées par voie réglementaire. — *[Anc. art. L. 234-3.] — V. art. D. 4153-15 s. et R. 4153-40 s.*

CHAPITRE IV SALARIÉS TITULAIRES D'UN CONTRAT DE TRAVAIL À DURÉE DÉTERMINÉE ET SALARIÉS TEMPORAIRES

SECTION 1 Travaux interdits

Art. L. 4154-1 Il est interdit de recourir à un salarié titulaire d'un contrat de travail à durée déterminée ou à un salarié temporaire pour l'exécution de travaux particulièrement dangereux figurant sur une liste établie par voie réglementaire. Cette liste comporte notamment certains des travaux qui font l'objet d'une surveillance médicale renforcée au sens de la réglementation relative à la médecine du travail. — *V. art. D. 4154-1.*

L'autorité administrative peut exceptionnellement autoriser une dérogation à cette interdiction dans des conditions déterminées par voie réglementaire. — *[Anc. art. L. 122-3, al. 1er et 3, et L. 124-2-3, al. 1er et 3.] — V. art. D. 4154-2 s.*

SECTION 2 Obligations particulières d'information et de formation

Art. L. 4154-2 (*L. n° 2009-526 du 12 mai 2009, art. 34*) Les salariés titulaires d'un contrat de travail à durée déterminée, les salariés temporaires et les stagiaires en entreprise affectés à des postes de travail présentant des risques particuliers pour leur santé ou leur sécurité bénéficient d'une formation renforcée à la sécurité ainsi que d'un accueil et d'une information adaptés dans l'entreprise dans laquelle ils sont employés.

La liste de ces postes de travail est établie par l'employeur, après avis du médecin du travail et du (*Ord. n° 2017-1386 du 22 sept. 2017, art. 4*) « comité social et économique, s'il existe ». Elle est tenue à la disposition de l'(*L. n° 2016-1088 du 8 août 2016, art. 113*) « agent de contrôle de l'inspection du travail mentionné à l'article L. 8112-1 ».

Art. L. 4154-3 (*L. n° 2009-526 du 12 mai 2009, art. 34*) La faute inexcusable de l'employeur prévue à l'article L. 452-1 du code de la sécurité sociale est présumée établie pour les salariés titulaires d'un contrat de travail à durée déterminée, les salariés temporaires et les stagiaires en entreprise victimes d'un accident du travail ou d'une maladie professionnelle alors qu'affectés à des postes de travail présentant des risques particuliers pour leur santé ou leur sécurité ils n'auraient pas bénéficié de la formation à la sécurité renforcée prévue par l'article L. 4154-2.

1. Salariés sous contrat à durée déterminée. En cas d'accident dont les circonstances sont indéterminées, l'employeur ne s'exonère pas de la présomption de faute inexcusable que l'art. L. 231-8, 3ᵉ al., fait peser sur lui. • Soc. 4 avr. 1996 : ⚖ *Dr. soc. 1996. 636, obs. Roy-Loustaunau* ⌀ ; *RJS 1996. 333, n° 521.*

2. Salariés mis à disposition. L'existence de la faute inexcusable est présumée établie pour les salariés mis à la disposition d'une entreprise utilisatrice par une entreprise de travail temporaire, victimes d'un accident du travail alors que, affectés à un poste présentant des risques particuliers pour leur santé ou leur sécurité, ils n'ont pas bénéficié de la formation à la sécurité renforcée prévue par l'art. L. 231-3-1 [L. 4154-2 nouv.]. • Soc. 27 juin 2002, ⚖ n° 00-14.744 P : *RJS 2002. 880, n° 1190.*

SANTÉ ET SÉCURITÉ AU TRAVAIL

Art. L. 4154-4 Lorsqu'il est fait appel, en vue de l'exécution de travaux urgents nécessités par des mesures de sécurité, à des salariés temporaires déjà dotés de la qualification nécessaire à cette intervention, le chef de l'entreprise utilisatrice leur donne toutes les informations nécessaires sur les particularités de l'entreprise et de son environnement susceptibles d'avoir une incidence sur leur sécurité. – *[Anc. art. L. 231-3-1, al. 7.]*

TITRE VI DISPOSITIONS RELATIVES À LA PRÉVENTION DES EFFETS DE L'EXPOSITION À CERTAINS FACTEURS DE RISQUES PROFESSIONNELS ET AU COMPTE PROFESSIONNEL DE PRÉVENTION

(Ord. n° 2017-1389 du 22 sept. 2017, art. 1er, en vigueur le 1er oct. 2017)

Pour les expositions aux facteurs de risques professionnels au titre des années 2015, 2016 et des trois premiers trimestres de 2017, les art. L. 4161-1, L. 4162-1 à L. 4162-10, L. 4162-12 à L. 4162-16 et 4162-20 dans leur rédaction antérieure aux dispositions issues de l'Ord. n° 2017-1389 du 22 sept. 2017, demeurent applicables (Ord. préc., art. 5-IV). – V. ces art. dans le titre [ancien] sur le Code en ligne 🔒.

Les dispositions de ce titre VI sont applicables à Mayotte à compter du 1er janv. 2022 (Ord. n° 2017-1491 du 25 oct. 2017, art. 33).

BIBL. ▶ **Ordonnance du 22 septembre 2017** : C.-F. PRADEL, V. PRADEL et PRADEL-BOUREUX, *JCP S* 2017. 1315 (prévention des risques professionnels et compte personnel de prévention).

CHAPITRE I FACTEURS DE RISQUES PROFESSIONNELS

Art. L. 4161-1 I. – Constituent des facteurs de risques professionnels au sens du présent titre les facteurs liés à :
1° Des contraintes physiques marquées :
a) Manutentions manuelles de charges ;
b) Postures pénibles définies comme positions forcées des articulations ;
c) Vibrations mécaniques ;
2° Un environnement physique agressif :
a) Agents chimiques dangereux, y compris les poussières et les fumées ;
b) Activités exercées en milieu hyperbare ;
c) Températures extrêmes ;
d) Bruit ;
3° Certains rythmes de travail :
a) Travail de nuit dans les conditions fixées aux articles L. 3122-2 à L. 3122-5 ;
b) Travail en équipes successives alternantes ;
c) Travail répétitif caractérisé par la réalisation de travaux impliquant l'exécution de mouvements répétés, sollicitant tout ou partie du membre supérieur, à une fréquence élevée et sous cadence contrainte.
II. – Un décret précise les facteurs de risques mentionnés au I. – *V. art. D. 4161-1.*

CHAPITRE II ACCORDS EN FAVEUR DE LA PRÉVENTION DES EFFETS DE L'EXPOSITION À CERTAINS FACTEURS DE RISQUES PROFESSIONNELS

(Ord. n° 2017-1389 du 22 sept. 2017, art. 1er, en vigueur le 1er janv. 2019)

Jusqu'au 31 déc. 2018, le chapitre III du titre VI du livre I de la quatrième partie du C. trav. continue à s'appliquer dans sa rédaction antérieure à l'entrée en vigueur de l'Ord. du 22 sept. 2017 (Ord. n° 2017-1389 du 22 sept. 2017, art. 5-III). – V. ce chap. sur le Code en ligne 🔒.

Art. L. 4162-1 I. – Les employeurs d'au moins cinquante salariés, y compris les entreprises et les établissements publics mentionnés aux articles L. 2211-1 et L. 2233-1 employant au moins cinquante salariés, ainsi que les entreprises appartenant à un groupe au sens de l'article *(L. n° 2023-270 du 14 avr. 2023, art. 17-III)* « L. 2331-1 » dont l'effectif comprend au moins cinquante salariés, engagent une négociation d'un accord en faveur de la prévention des effets de l'exposition aux facteurs de risques professionnels mentionnés à l'article L. 4161-1 :

1° Soit lorsqu'ils emploient une proportion minimale, fixée par décret, de salariés déclarés exposés au titre du dispositif mentionné à l'article L. 4163-1 ;

2° Soit lorsque leur sinistralité au titre des accidents du travail et des maladies professionnelles est supérieure à un seuil *(Ord. n° 2017-1718 du 20 déc. 2017, art. 1er-I)* « dans des conditions » définies par décret.

II. — Les entreprises dont l'effectif comprend au moins cinquante salariés et est inférieur à trois cents salariés ou appartenant à un groupe au sens de l'article L. 2331-1 dont l'effectif est inférieur à trois cents salariés n'ont pas l'obligation de conclure un accord mentionné *(Ord. n° 2017-1718 du 20 déc. 2017, art. 1er-I)* « au I du présent article » ou un plan d'action mentionné à l'article L. 4162-2 si elles sont déjà couvertes par un accord de branche étendu comprenant les thèmes mentionnés au 1° de l'article L. 4162-3.

V. art. D. 4162-1 s.

Art. L. 4162-2 Si, au terme de la négociation, aucun accord n'est conclu, un procès-verbal de désaccord est établi dans les conditions définies à l'article *(Ord. n° 2017-1718 du 20 déc. 2017, art. 1er-I)* « L. 2242-5. L'employeur mentionné à l'article L. 4162-1 est alors tenu » d'arrêter, au niveau de l'entreprise ou du groupe, un plan d'action relatif à la prévention des effets de l'exposition aux facteurs de risques professionnels mentionnés à l'article L. 4161-1, après avis du comité social et économique.

Art. L. 4162-3 L'accord d'entreprise ou de groupe ou, à défaut d'accord, le plan d'action mentionné à l'article L. 4162-2 :

1° Comprend une liste de thèmes obligatoires fixée par décret ;

2° Est conclu pour une durée maximale de trois ans ;

3° Fait l'objet d'un dépôt auprès de l'autorité administrative compétente définie par décret, qui en informe l'organisme compétent de la branche accidents du travail et maladies professionnelles.

Art. L. 4162-4 I. — La méconnaissance des obligations mentionnées *(Ord. n° 2017-1718 du 20 déc. 2017, art. 1er-I)* « aux articles L. 4162-1 à L. 4162-3 » entraîne une pénalité à la charge de l'employeur.

II. — Le montant de cette pénalité, fixé par décret en Conseil d'État, ne peut excéder 1 % des rémunérations ou gains, au sens du premier alinéa de l'article L. 242-1 du code de la sécurité sociale et du premier alinéa de l'article L. 741-10 du code rural et de la pêche maritime, versés aux travailleurs salariés ou assimilés concernés au cours des périodes au titre desquelles l'entreprise n'est pas couverte par l'accord ou le plan d'action mentionnés à l'article L. 4162-2.

III. — Cette pénalité est prononcée par l'autorité administrative compétente définie par décret en Conseil d'État qui en précise le montant.

IV. — Le produit de cette pénalité est affecté aux organismes nationaux de la branche accidents du travail et maladies professionnelles.

V. — Les articles L. 137-3 et L. 137-4 du code de la sécurité sociale sont applicables à cette pénalité.

V. art. R. 4162-6 s.

CHAPITRE III   COMPTE PROFESSIONNEL DE PRÉVENTION

Les points acquis au titre du compte personnel de prévention de la pénibilité, qui n'ont pas été utilisés avant l'entrée en vigueur de l'Ord. n° 2017-1389 du 22 sept. 2017, sont transférés sur le compte professionnel de prévention.

Pour l'utilisation des points inscrits, avant l'entrée en vigueur de l'Ord. n° 2017-1389 du 22 sept. 2017, sur le compte personnel de prévention de la pénibilité, les dispositions réglementaires d'application restent en vigueur jusqu'à la publication des décrets mentionnés au présent chapitre dans sa rédaction résultant de l'ordonnance susvisée, et au plus tard jusqu'au 1er janv. 2018 (Ord. n° 2017-1389 du 22 sept. 2017, art. 5-V).

Au 1er janv. 2018, l'ensemble des biens, droits et obligations du fonds chargé du financement des droits liés au compte personnel de prévention de la pénibilité sont transférés de plein droit aux organismes nationaux de la branche accidents du travail et maladies professionnelles, nonobstant toute disposition ou stipulation contraire.

SANTÉ ET SÉCURITÉ AU TRAVAIL

A la même date, le solde de ce fonds, tel que résultant de l'exécution des opérations autorisées au titre des années 2015 à 2017, est affecté aux ressources des organismes nationaux de la branche accidents du travail et maladies professionnelles.

Un décret détermine les conditions d'application des présentes dispositions. Il précise notamment les conditions dans lesquelles un liquidateur permet de clôturer les opérations financières et comptables du fonds au titre de l'année 2017 (Ord. n° 2017-1389 du 22 sept. 2017, art. 6). — V. Décr. n° 2017-1766 du 27 déc. 2017 (JO 28 déc.).

BIBL. ▶ VÉRICEL, RDT 2017. 649.

COMMENTAIRE
V. sur le Code en ligne. ☐

SECTION 1 Obligations de déclaration relatives à certains facteurs de risques professionnels

Art. L. 4163-1 I. — L'employeur déclare de façon dématérialisée aux caisses mentionnées au II les facteurs de risques professionnels mentionnés aux b, c, d du 2° et au 3° de l'article L. 4161-1, auxquels les travailleurs pouvant acquérir des droits au titre d'un compte professionnel de prévention, dans les conditions fixées au présent chapitre, sont exposés au-delà de certains seuils, appréciés après application des mesures de protection collective et individuelle.

II. — La déclaration mentionnée au I est effectuée, selon les modalités prévues à l'article L. 133-5-3 du code de la sécurité sociale, auprès de la caisse mentionnée aux articles L. 215-1 ou L. 752-4 du même code ou à l'article L. 723-2 du code rural et de la pêche maritime dont relève l'employeur. Un décret en précise les modalités.

III. — Les informations contenues dans cette déclaration sont confidentielles et ne peuvent pas être communiquées à un autre employeur auprès duquel le travailleur sollicite un emploi.

IV. — Les entreprises utilisatrices mentionnées à l'article L. 1251-1 transmettent à l'entreprise de travail temporaire les informations nécessaires à l'établissement par cette dernière de la déclaration mentionnée au I. Les conditions dans lesquelles les entreprises utilisatrices transmettent ces informations et les modalités selon lesquelles l'entreprise de travail temporaire établit la déclaration sont définies par décret en Conseil d'État.

V. — Un décret détermine :
1° Les seuils mentionnés au I du présent article ;
2° Les modalités d'adaptation de la déclaration mentionnée au même I pour les travailleurs qui ne sont pas susceptibles d'acquérir des droits au titre du compte professionnel de prévention dans les conditions fixées au présent chapitre et exposés à certains facteurs de risques professionnels dans les conditions prévues au I.

Art. L. 4163-2 I. — L'accord collectif de branche étendu mentionné à l'article *(Ord. n° 2017-1718 du 20 déc. 2017, art. 1er-I)* « L. 4162-1 » peut déterminer l'exposition des travailleurs à un ou plusieurs des facteurs de risques professionnels mentionnés au I de l'article L. 4163-1 au-delà des seuils mentionnés au même I, en faisant notamment référence aux postes, métiers ou situations de travail occupés et aux mesures de protection collective et individuelle appliquées.

II. — En l'absence d'accord collectif de branche étendu, ces postes, métiers ou situations de travail peuvent également être définis par un référentiel professionnel de branche homologué par un arrêté conjoint des ministres chargés du travail et des affaires sociales, dans des conditions fixées par décret.

L'employeur qui applique le référentiel de branche pour déterminer l'exposition de ses salariés est présumé de bonne foi.

III. — Un décret définit les conditions dans lesquelles l'employeur peut établir la déclaration mentionnée à l'article L. 4163-1 à partir de ces postes, de ces métiers ou de ces situations de travail.

IV. — L'employeur qui applique les stipulations d'un accord de branche étendu ou d'un référentiel professionnel de branche homologué mentionnés au I et au II pour déclarer l'exposition de ses travailleurs ne peut se voir appliquer la pénalité mentionnée au II de l'article L. 4163-16.

Art. L. 4163-2-1 (L. n° 2023-270 du 14 avr. 2023, art. 17-III) Dans le cadre d'accords, les branches professionnelles peuvent établir des listes de métiers ou d'activités particulièrement exposés aux facteurs de risques professionnels mentionnés au 1° du I de l'article L. 4161-1 du présent code, en vue de l'application de l'article L. 221-1-5 du code de la sécurité sociale.

Les branches professionnelles engagent, dans les 2 mois suivant la promulgation de la loi (soit avant le 14 juin 2023), une négociation en vue d'aboutir à l'établissement des listes de métiers ou d'activités particulièrement exposés aux facteurs de risques professionnels mentionnés au 1° du I de l'art. L. 4161-1 C. trav. dans les conditions prévues à l'art. L. 4163-2-1. Pour les dépenses engagées en 2023, le fonds de prévention [prévu à l'art. L. 221-1-5 CSS] établit ses orientations mentionnées à l'art. L. 221-1-5 CSS en se fondant sur les données disponibles relatives à la sinistralité et aux expositions professionnelles (L. n° 2023-270 du 14 avr. 2023, art. 17-V).

Art. L. 4163-3 Le seul fait pour l'employeur d'avoir déclaré l'exposition d'un travailleur aux facteurs de risques professionnels mentionnés au I de l'article L. 4163-1 dans les conditions et formes prévues au même article ne saurait constituer une présomption de manquement à son obligation d'assurer la sécurité et de protéger la santé physique et mentale des travailleurs résultant du titre II du présent livre.

SECTION 2 **Ouverture et abondement du compte professionnel de prévention**

Art. L. 4163-4 Les salariés des employeurs de droit privé (L. n° 2023-270 du 14 avr. 2023, art. 1er-VIII, en vigueur le 1er sept. 2023) « , les salariés régis par un statut particulier et [ancienne rédaction : ainsi que] » le personnel des personnes publiques employé dans les conditions du droit privé peuvent acquérir des droits au titre d'un compte professionnel de prévention, dans les conditions définies au présent chapitre.

Les salariés affiliés à un régime spécial de retraite comportant un dispositif spécifique de reconnaissance et de compensation des effets de l'exposition à certains risques professionnels n'acquièrent pas de droits au titre du compte professionnel de prévention. Un décret fixe la liste des régimes concernés.

Art. L. 4163-5 Le compte professionnel de prévention est ouvert dès lors qu'un salarié a acquis des droits dans les conditions définies au présent chapitre. Les droits constitués sur le compte lui restent acquis jusqu'à leur liquidation ou à son admission à la retraite.

L'exposition d'un travailleur, après application des mesures de protection collective et individuelle, à un ou plusieurs des facteurs de risques professionnels mentionnés au I de l'article L. 4163-1 au-delà des seuils d'exposition définis par décret, consignée dans la déclaration prévue au même article, ouvre droit à l'acquisition de points sur le compte professionnel de prévention.

Un décret en Conseil d'État fixe les modalités d'inscription des points sur le compte. (L. n° 2023-270 du 14 avr. 2023, art. 17-III) « Il définit le nombre de points auxquels ouvrent droit les expositions simultanées à plusieurs facteurs de risques professionnels, en fonction du nombre de facteurs auxquels le salarié est exposé [ancienne rédaction : Il précise le nombre maximal de points pouvant être acquis par un salarié au cours de sa carrière et définit le nombre de points auquel ouvrent droit les expositions simultanées à plusieurs facteurs de risques professionnels] ».

Art. L. 4163-6 Les points sont attribués au vu des expositions du salarié déclarées par l'employeur, sur la base de la déclaration mentionnée à l'article L. 4163-1, auprès de la caisse mentionnée aux articles L. 215-1, L. 222-1-1 ou L. 752-4 du code de la sécurité sociale ou à l'article L. 723-2 du code rural et de la pêche maritime dont il relève.

SECTION 3 **Utilisations du compte professionnel de prévention**

Art. L. 4163-7 I. – Le titulaire du compte professionnel de prévention peut décider d'affecter en tout ou partie les points inscrits sur son compte à une ou plusieurs des (Abrogé par L. n° 2023-270 du 14 avr. 2023, art. 17-III) « trois » utilisations suivantes :

1° La prise en charge de tout ou partie des frais d'une action de formation professionnelle continue en vue d'accéder à un emploi non exposé ou moins exposé aux facteurs de risques professionnels mentionnés au I de l'article L. 4163-1 ;

SANTÉ ET SÉCURITÉ AU TRAVAIL **Art. L. 4163-8-1** 1329

2° Le financement du complément de sa rémunération et des cotisations et contributions sociales légales et conventionnelles en cas de réduction de sa durée de travail ;

3° Le financement d'une majoration de durée d'assurance vieillesse et d'un départ en retraite avant l'âge légal de départ en retraite de droit commun ;

(*L. n° 2023-270 du 14 avr. 2023, art. 17-III*) « 4° Le financement des frais afférents à une ou plusieurs actions mentionnées aux 1°, 2° ou 3° de l'article L. 6313-1 dans le cadre d'un projet de reconversion professionnelle et, le cas échéant, le financement de sa rémunération pendant un congé de reconversion professionnelle, lorsqu'il suit cette action de formation en tout ou partie durant son temps de travail, en vue d'accéder à un emploi non exposé aux facteurs de risques professionnels mentionnés au I de l'article L. 4163-1. »

II. – La demande d'utilisation des points peut intervenir à tout moment de la carrière du titulaire du compte (*L. n° 2023-270 du 14 avr. 2023, art. 17-III*) « pour les utilisations mentionnées aux 2° et 4° du I et, que celui-ci soit salarié ou demandeur d'emploi, pour la prise en charge d'une ou de plusieurs actions de formation professionnelle dans le cadre des utilisations mentionnées aux 1° et 4° du même I *[ancienne rédaction : pour l'utilisation mentionnée au 2° du I et, que celui-ci soit salarié ou demandeur d'emploi, pour l'utilisation mentionnée au 1° du même I]* ». Pour les droits mentionnés au 3° de ce I, la liquidation des points acquis, sous réserve d'un nombre suffisant, peut intervenir à partir de cinquante-cinq ans.

Les droits mentionnés aux 1° (*L. n° 2023-270 du 14 avr. 2023, art. 17-III*) « , 2° et 4° *[ancienne rédaction : et 2°]* » du même I ne peuvent être exercés que lorsque le salarié relève, à la date de sa demande, des catégories définies au premier alinéa de l'article L. 4163-4.

(*L. n° 2023-270 du 14 avr. 2023, art. 17-III*) « II bis. – L'organisme gestionnaire mentionné à l'article L. 4163-14 communique sur le dispositif à l'égard des employeurs mentionnés à l'article L. 4163-4 et des bénéficiaires du compte professionnel de prévention. »

III. – Un décret en Conseil d'État fixe les modalités suivant lesquelles le salarié est informé des possibilités d'utilisation du compte et détermine les conditions d'utilisation des points inscrits sur le compte. Il fixe le barème de points spécifique à chaque utilisation du compte. Il précise les conditions et limites dans lesquelles les points acquis ne peuvent être affectés qu'à l'utilisation mentionnée au 1° du I. – *V. art. R. 4163-11 et Arr. du 30 déc. 2015, JO 31 déc. (NOR : AFSS1531436), mod. par Arr. du 29 déc. 2017, JO 31 déc. (NOR : SSAS1736545A).*

(*L. n° 2023-270 du 14 avr. 2023, art. 17-III*) « Un décret fixe le plafond du nombre de points pouvant être affectés à l'utilisation prévue au 2° du même I par le salarié qui n'a pas atteint son soixantième anniversaire. »

IV. – Pour les personnes âgées d'au moins cinquante-deux ans au 1er janvier 2015, le barème d'acquisition des points portés au compte professionnel de prévention et les conditions d'utilisation des points acquis peuvent être aménagés par décret en Conseil d'État afin de faciliter le recours aux utilisations prévues aux 2° et 3° du I.

SOUS-SECTION 1 Utilisation du compte pour la formation professionnelle

Art. L. 4163-8 Lorsque le titulaire du compte professionnel de prévention décide de mobiliser tout ou partie des points inscrits sur le compte pour l'utilisation mentionnée au 1° du I de l'article L. 4163-7, ces points sont convertis en (*L. n° 2018-771 du 5 sept. 2018, art. 1er-IV, en vigueur le 1er janv. 2019*) « euros » pour abonder son compte personnel de formation prévu à l'article (*L. n° 2018-771 du 5 sept. 2018, art. 1er-IV, en vigueur le 1er janv. 2019*) « L. 6323-1 ».

SOUS-SECTION 1 *BIS* Utilisation du compte pour un projet de reconversion professionnelle

(*L. n° 2023-270 du 14 avr. 2023, art. 17-III*)

Art. L. 4163-8-1 Lorsque le titulaire du compte professionnel de prévention décide de mobiliser tout ou partie des points inscrits sur le compte pour l'utilisation mentionnée au 4° du I de l'article L. 4163-7, ces points sont convertis en euros :

1° Pour abonder son compte personnel de formation afin de financer les coûts pédagogiques afférents à son projet de reconversion professionnelle ;
2° Le cas échéant, pour assurer sa rémunération pendant un congé de reconversion professionnelle mentionné à l'article L. 4163-8-4.

Art. L. 4163-8-2 Le projet de reconversion professionnelle mentionné au 4° du I de l'article L. 4163-7 fait l'objet d'un accompagnement par l'un des opérateurs financés par l'institution mentionnée à l'article L. 6123-5 au titre du conseil en évolution professionnelle mentionné à l'article L. 6111-6. Cet opérateur informe et oriente le salarié et l'aide à formaliser son projet.

Art. L. 4163-8-3 Les commissions paritaires interprofessionnelles régionales mentionnées à l'article L. 6323-17-6 assurent l'instruction et la prise en charge administrative et financière des projets de reconversion professionnelle, dans des conditions fixées par décret.

Art. L. 4163-8-4 Le salarié titulaire du compte professionnel de prévention peut demander un congé de reconversion professionnelle à son employeur, dans des conditions précisées par décret, afin de suivre tout ou partie des actions de formation incluses dans son projet de reconversion professionnelle.

Art. L. 4163-8-5 La durée du congé de reconversion professionnelle est assimilée à une période de travail effectif pour la détermination des droits que le salarié tient de son ancienneté. Le salarié conserve le bénéfice de tous les avantages qu'il avait acquis avant le début du congé.

SOUS-SECTION 2 **Utilisation du compte pour le passage à temps partiel**

Art. L. 4163-9 Le salarié titulaire d'un compte professionnel de prévention a droit, dans les conditions et limites prévues aux articles L. 4163-5 et L. 4163-7, à une réduction de sa durée de travail.

Art. L. 4163-10 Le salarié demande à l'employeur à bénéficier d'une réduction de sa durée de travail, dans des conditions fixées par décret.
Cette demande ne peut être refusée que si ce refus est motivé et si l'employeur peut démontrer que cette réduction est impossible compte tenu de l'activité économique de l'entreprise.

Art. L. 4163-11 En cas de différend avec son employeur dû à un refus de celui-ci de faire droit à la demande du salarié d'utiliser son compte pour un passage à temps partiel tel que précisé à l'article L. 4163-10, le salarié peut saisir le conseil de prud'hommes dans les conditions mentionnées au titre I du livre IV de la première partie.

Art. L. 4163-12 Le complément de rémunération mentionné au 2° du I de l'article L. 4163-7 est déterminé dans des conditions et limites fixées par décret. Il est assujetti à l'ensemble des cotisations et contributions sociales légales et conventionnelles, selon les modalités en vigueur à la date de son versement.

SOUS-SECTION 3 **Utilisation du compte pour la retraite**

Art. L. 4163-13 Les titulaires du compte professionnel de prévention décidant, (*Ord. n° 2017-1718 du 20 déc. 2017, art. 1er-I*) « à compter de l'âge prévu au II de l'article L. 4163-7 », d'affecter des points à l'utilisation mentionnée au 3° du I du même article bénéficient de la majoration de durée d'assurance mentionnée à l'article L. 351-6-1 du code de la sécurité sociale.

SECTION 4 **Gestion du compte, contrôle et réclamations**

(*Ord. n° 2017-1389 du 22 sept. 2017, art. 1er, en vigueur le 1er janv. 2018*)

SOUS-SECTION 1 **Gestion du compte**

Art. L. 4163-14 La gestion du compte professionnel de prévention est assurée par la Caisse nationale (*Ord. n° 2018-470 du 12 juin 2018, art. 9*) « de l'assurance maladie »

SANTÉ ET SÉCURITÉ AU TRAVAIL   **Art. L. 4163-17** 1331

et le réseau des organismes de la branche accidents du travail et maladies professionnelles du régime général.

La caisse mentionnée au premier alinéa peut déléguer par convention les fonctions de gestion mentionnées aux articles L. 4163-15, L. 4163-16 et L. 4163-18. Le terme "organisme gestionnaire" mentionné aux articles L. 4163-15, L. 4163-16 et L. 4163-18 désigne alors, le cas échéant, l'organisme délégataire.

Art. L. 4163-15 Les organismes gestionnaires enregistrent sur le compte les points correspondant aux données déclarées par l'employeur en application de l'article L. 4163-6 et portent annuellement à la connaissance du travailleur les points acquis au titre de l'année écoulée dans un relevé précisant chaque contrat de travail ayant donné lieu à déclaration et les facteurs d'exposition ainsi que les modalités de contestation mentionnées à l'article L. 4163-18. Ils mettent à la disposition du travailleur un service d'information sur internet lui permettant de connaître le nombre de points qu'il a acquis et consommés au cours de l'année civile précédente, le nombre total de points inscrits sur son compte ainsi que les utilisations possibles de ces points.

Ils versent les sommes représentatives des points que le travailleur souhaite affecter aux utilisations mentionnées aux 1° (*L. n° 2023-270 du 14 avr. 2023, art. 17-III*) « à 4° *[ancienne rédaction :, 2° et 3°]* » du I de l'article L. 4163-7, respectivement, aux financeurs des actions de formation professionnelle suivies, aux employeurs concernés ou au régime de retraite compétent.

Un décret fixe les conditions d'application du présent article.

SOUS-SECTION 2 **Contrôle de l'exposition aux facteurs de risques professionnels**

Art. L. 4163-16 I. – Dans des conditions définies par décret, les organismes gestionnaires mentionnés à l'article L. 4163-14 du présent code ainsi que, pour les entreprises et établissements mentionnés aux articles L. 722-20 et L. 722-24 du code rural et de la pêche maritime, les caisses de mutualité sociale agricole peuvent procéder ou faire procéder à des contrôles de l'effectivité et de l'ampleur de l'exposition aux facteurs de risques professionnels ainsi que de l'exhaustivité des données déclarées, sur pièces et sur place.

Ces contrôles sont effectués par des agents assermentés et agréés dans des conditions définies par arrêté des ministres chargés de la sécurité sociale, du travail et de l'agriculture ou confiés à des organismes de sécurité sociale habilités dans des conditions définies par décret. Les organismes gestionnaires peuvent demander aux services de l'administration du travail et aux caisses de mutualité sociale agricole de leur communiquer toute information utile. Le cas échéant, ils notifient à l'employeur et au salarié les modifications qu'ils souhaitent apporter aux éléments ayant conduit à la détermination du nombre de points inscrits sur le compte du salarié.

Ce redressement ne peut intervenir qu'au cours des trois années civiles suivant la fin de l'année au titre de laquelle des points ont été ou auraient dû être inscrits au compte.

II. – En cas de déclaration inexacte, le nombre de points est régularisé. L'employeur peut faire l'objet d'une pénalité prononcée par le directeur de l'organisme gestionnaire, fixée par décret en Conseil d'État dans la limite de 50 % du plafond mensuel mentionné à l'article L. 241-3 du code de la sécurité sociale, au titre de chaque salarié ou assimilé pour lequel l'inexactitude est constatée.

L'entreprise utilisatrice, au sens de l'article L. 1251-1 du présent code, peut, dans les mêmes conditions, faire l'objet d'une pénalité lorsque la déclaration inexacte de l'employeur résulte d'une méconnaissance de l'obligation mise à sa charge par l'article L. 4163-1.

La pénalité est recouvrée selon les modalités définies (*L. n° 2022-1616 du 23 déc. 2022, art. 98*) « au I de l'article L. 114-17-2 du code de la sécurité sociale et au premier alinéa du V de l'article L. 114-17-1 du même code ».

SOUS-SECTION 3 **Réclamations**

Art. L. 4163-17 Sous réserve des articles L. 4163-18 à L. 4163-20, les différends relatifs aux décisions de l'organisme gestionnaire prises en application des sections 2 et 3 du présent chapitre et de la présente section 4 sont réglés suivant les dispositions régissant le *(L. n° 2019-222 du 23 mars 2019, art. 96-V)* « contentieux » de la sécurité sociale. Les différends portant sur la déclaration mentionnée à l'article L. 4163-1 ne peuvent faire l'objet d'un litige distinct de celui mentionné au présent article. Par dérogation à l'article L. 144-5 du code de la sécurité sociale, les dépenses liées aux frais des expertises demandées par les juridictions dans le cadre de ce contentieux sont prises en charge par les organismes nationaux de la branche accidents du travail et maladies professionnelles, selon des modalités fixées par décret. – *V. art. R. 4163-34 s.*

Art. L. 4163-18 Lorsque le différend est lié à un désaccord avec son employeur sur l'effectivité ou l'ampleur de son exposition aux facteurs de risques professionnels mentionnés à l'article L. 4163-1, le salarié ne peut saisir l'organisme gestionnaire d'une réclamation relative à l'ouverture du compte professionnel de prévention ou au nombre de points enregistrés sur celui-ci que s'il a préalablement porté cette contestation devant l'employeur, dans des conditions précisées par décret en Conseil d'État. Le salarié peut être assisté ou représenté par une personne de son choix appartenant au personnel de l'entreprise.

En cas de rejet de cette contestation par l'employeur, l'organisme gestionnaire se prononce sur la réclamation du salarié, après enquête des agents de contrôle ou organismes mentionnés au I de l'article L. 4163-16 et avis motivé d'une commission dont la composition, le fonctionnement et le ressort territorial sont fixés par décret en Conseil d'État. L'organisme gestionnaire et la commission peuvent demander aux services de l'administration du travail et aux caisses de mutualité sociale agricole de leur communiquer toute information utile.

Le II de l'article L. 4163-16 est applicable aux réclamations portées devant l'organisme gestionnaire.

Art. L. 4163-19 En cas de recours juridictionnel contre une décision de l'organisme gestionnaire, le salarié et l'employeur sont parties à la cause. Ils sont mis en mesure, l'un et l'autre, de produire leurs observations à l'instance. Le présent article n'est pas applicable aux recours dirigés contre la pénalité mentionnée à l'article L. 4163-16.

Un décret détermine les conditions dans lesquelles le salarié peut être assisté ou représenté.

Art. L. 4163-20 L'action du salarié en vue de l'attribution de points ne peut intervenir qu'au cours des deux années civiles suivant la fin de l'année au titre de laquelle des points ont été ou auraient dû être portés au compte. La prescription est interrompue par une des causes prévues par le code civil.

SECTION 5 Financement

(Ord. n° 2017-1389 du 22 sept. 2017, art. 1er)

Jusqu'au 31 déc. 2017, les dispositions de la sect. IV du chap. II du titre VI du livre I de la quatrième partie C. trav., dans sa rédaction antérieure à l'entrée en vigueur de l'Ord. n° 2017-1389 du 22 sept. 2017, continuent à s'appliquer (Ord. préc., art. 5-II).

V. cette section sur le Code en ligne 🔒.

Art. L. 4163-21 Les dépenses engendrées par le compte professionnel de prévention mentionné à l'article L. 4163-1 et sa gestion sont couvertes par les organismes nationaux de la branche accidents du travail et maladies professionnelles du régime général et celle du régime des salariés agricoles, chacune pour ce qui la concerne.

(L. n° 2023-1250 du 26 déc. 2023, art. 15-III, en vigueur le 1er janv. 2025) « Pour les personnels relevant du statut mentionné à l'article 47 de la loi n° 46-628 du 8 avril 1946 sur la nationalisation de l'électricité et du gaz, pour les personnels relevant du statut particulier mentionné à l'article L. 2142-4-1 du code des transports et pour les agents titulaires de la Banque de France, ces dépenses sont couvertes par une contribution de leur employeur assise sur les revenus d'activité pris en compte dans l'assiette des cotisations définie à l'article L. 242-1 du code de la sécurité sociale.

« Le taux de la contribution mentionnée au deuxième alinéa du présent article est fixé par arrêté des ministres chargés de la sécurité sociale et du budget. Cette contribution est recouvrée par les organismes mentionnés aux articles L. 213-1 et L. 752-1 du code de la sécurité sociale et par les organismes mentionnés à l'article L. 723-1 du

SANTÉ ET SÉCURITÉ AU TRAVAIL **Art. L. 4211-2**

code rural et de la pêche maritime, selon les règles et sous les garanties et les sanctions applicables en matière de cotisations et de contributions de sécurité sociale. »

Les modalités de prise en charge des utilisations mentionnées au I de l'article L. 4163-7 (*L. n° 2023-1250 du 26 déc. 2023, art. 15-III, en vigueur le 1er janv. 2025*) « du présent code » sont déterminées par décret. – V. art. D. 4163-47.

SECTION 6 Dispositions d'application

Art. L. 4163-22 Sauf dispositions contraires, les modalités d'application du présent chapitre sont déterminées par décret en Conseil d'État. – V. art. R. 4163-1 s.

LIVRE II DISPOSITIONS APPLICABLES AUX LIEUX DE TRAVAIL

TITRE I OBLIGATIONS DU MAÎTRE D'OUVRAGE POUR LA CONCEPTION DES LIEUX DE TRAVAIL

CHAPITRE I PRINCIPES GÉNÉRAUX

Art. L. 4211-1 (*Abrogé par Ord. n° 2020-71 du 29 janv. 2020, art. 7*) Le maître d'ouvrage entreprenant la construction ou l'aménagement de bâtiments destinés à recevoir des travailleurs se conforme aux dispositions légales visant à protéger leur santé et sécurité au travail. – [*Anc. art. L. 235-19, al. 1er.*] – V. art. L. 4744-1 (pén.).

Art. L. 4211-2 (*Abrogé par Ord. n° 2020-71 du 29 janv. 2020, art. 7*) Pour l'application des dispositions relatives à la conception des lieux de travail, des décrets en Conseil d'État, pris en application de l'article L. 4111-6 déterminent :

1° Les règles de santé et de sécurité auxquelles se conforment les maîtres d'ouvrage lors de la construction ou l'aménagement de bâtiments destinés à recevoir des travailleurs ;

2° Les locaux et dispositifs ou aménagements de toute nature dont sont dotés les bâtiments que ces décrets désignent en vue d'améliorer les conditions de santé et de sécurité des travailleurs affectés à leur construction ou à leur entretien.

Ces décrets sont pris après avis des organisations professionnelles d'employeurs et de salariés intéressées. – [*Anc. art. L. 235-17, L. 235-19, al. 2.*] – V. art. L. 4744-1 (pén.) et R. 4211-1 s.

CHAPITRE II AÉRATION ET ASSAINISSEMENT

Le présent chapitre ne comprend pas de dispositions législatives.

CHAPITRE III ÉCLAIRAGE, INSONORISATION ET AMBIANCE THERMIQUE

Le présent chapitre ne comprend pas de dispositions législatives.

CHAPITRE IV SÉCURITÉ DES LIEUX DE TRAVAIL

Le présent chapitre ne comprend pas de dispositions législatives.

CHAPITRE V INSTALLATIONS ÉLECTRIQUES

Le présent chapitre ne comprend pas de dispositions législatives.

CHAPITRE VI RISQUES D'INCENDIES ET D'EXPLOSIONS ET ÉVACUATION

Le présent chapitre ne comprend pas de dispositions législatives.

CHAPITRE VII INSTALLATIONS SANITAIRES, RESTAURATION

Le présent chapitre ne comprend pas de dispositions législatives.

TITRE II OBLIGATIONS DE L'EMPLOYEUR POUR L'UTILISATION DES LIEUX DE TRAVAIL

CHAPITRE I PRINCIPES GÉNÉRAUX

Art. L. 4221-1 Les établissements et locaux de travail sont aménagés de manière à ce que leur utilisation garantisse la sécurité des travailleurs.

Ils sont tenus dans un état constant de propreté et présentent les conditions d'hygiène et de salubrité propres à assurer la santé des intéressés.

Les décrets en Conseil d'État prévus à l'article L. 4111-6 déterminent les conditions d'application du présent titre. — *[Anc. art. L. 232-1, L. 233-1.]* — V. art. L. 4741-4 (pén.) et R. 4221-1 s.

BIBL. ▶ Leroy, *RPDS* 1981. 309.

CHAPITRE II AÉRATION, ASSAINISSEMENT

Le présent chapitre ne comprend pas de dispositions législatives.

CHAPITRE III ÉCLAIRAGE, AMBIANCE THERMIQUE

Le présent chapitre ne comprend pas de dispositions législatives.

CHAPITRE IV SÉCURITÉ DES LIEUX DE TRAVAIL

Le présent chapitre ne comprend pas de dispositions législatives.

CHAPITRE V AMÉNAGEMENT DES POSTES DE TRAVAIL

Le présent chapitre ne comprend pas de dispositions législatives.

CHAPITRE VI INSTALLATIONS ÉLECTRIQUES

Le présent chapitre ne comprend pas de dispositions législatives.

CHAPITRE VII RISQUES D'INCENDIES ET D'EXPLOSIONS ET ÉVACUATION

Le présent chapitre ne comprend pas de dispositions législatives.

CHAPITRE VIII INSTALLATIONS SANITAIRES, RESTAURATION ET HÉBERGEMENT

Art. L. 4228-1 (L. n° 2019-486 du 22 mai 2019, art. 11-VI, en vigueur le 1er janv. 2020) Par dérogation aux articles L. 1111-2 et L. 1111-3, pour l'application du chapitre VIII du titre II du livre II de la quatrième partie de la partie réglementaire, un décret en Conseil d'État fixe les conditions dans lesquelles l'effectif salarié et les règles de franchissement des seuils d'effectif sont déterminés. — V. art. R. 4228-22 et R. 4228-23.

TITRE III VIGILANCE DU DONNEUR D'ORDRE EN MATIÈRE D'HÉBERGEMENT

(L. n° 2014-790 du 10 juill. 2014, art. 4)

CHAPITRE UNIQUE OBLIGATION DE VIGILANCE ET RESPONSABILITÉ DU DONNEUR D'ORDRE

Art. L. 4231-1 Tout maître d'ouvrage ou tout donneur d'ordre, informé par écrit, par un agent de contrôle mentionné à l'article L. 8271-1-2 du présent code, du fait que des salariés de son cocontractant ou d'une entreprise sous-traitante directe ou indirecte sont soumis à des conditions d'hébergement collectif incompatibles avec la dignité humaine, mentionnées à l'article 225-14 du code pénal, lui enjoint aussitôt, par écrit, de faire cesser sans délai cette situation.

A défaut de régularisation de la situation signalée, le maître d'ouvrage ou le donneur d'ordre est tenu de prendre à sa charge l'hébergement collectif des salariés, dans des conditions respectant les normes prises en application de l'article L. 4111-6 du présent code (L. n° 2016-1088 du 8 août 2016, art. 111) « ou, le cas échéant, de l'article L. 716-1 du code rural et de la pêche maritime ».

Le présent article ne s'applique pas au particulier qui contracte avec une entreprise pour son usage personnel, celui de son conjoint, de son partenaire lié par un pacte civil de solidarité, de son concubin ou de ses ascendants ou descendants. — V. art. R. 4231-1.

Conformité à la Constitution de l'art. L. 4231-1. Les dispositions du deuxième alinéa de l'art. L. 4231-1 sont conformes à la Constitution avec deux réserves d'interprétation : la mise en œuvre de la responsabilité du maître d'ouvrage ou du donneur d'ordre est nécessairement subordonnée au constat par les agents de contrôle compétents d'une infraction aux dispositions de l'art. 225-14 C. pén. imputable à l'un de ses cocontractants ou d'une entreprise sous-traitante directe ou indirecte ; l'obligation de prise en charge de l'hébergement collectif des salariés de l'entreprise cocontractante ou sous-traitante par le maître d'ouvrage ou le donneur d'ordre est limitée aux salariés qui sont employés à l'exécution du contrat direct ou de sous-traitance et à la durée d'exécution dudit contrat. ● Cons. const. 22 janv. 2016, ⚖ n° 2015-517 QPC : D. 2016. Actu. 206 ⊘ ; RDT 2016. 276, obs. Lapin ⊘ ; Dr. soc. 2016. 372, note Muller ⊘ ; RJS 4/2016, n° 252 ; JSL 2016, n° 405-3 ; JCP G 2016. 208, obs. Mathieu.

LIVRE III ÉQUIPEMENTS DE TRAVAIL ET MOYENS DE PROTECTION

TITRE I CONCEPTION ET MISE SUR LE MARCHÉ DES ÉQUIPEMENTS DE TRAVAIL ET DES MOYENS DE PROTECTION

CHAPITRE I RÈGLES GÉNÉRALES

SECTION 1 Principes

Art. L. 4311-1 Les équipements de travail destinés à être exposés, mis en vente, vendus, importés, loués, mis à disposition ou cédés à quelque titre que ce soit sont conçus et construits de sorte que leur mise en place, leur utilisation, leur réglage, leur maintenance, dans des conditions conformes à leur destination, n'exposent pas les personnes à un risque d'atteinte à leur santé ou leur sécurité (L. n° 2012-387 du 22 mars 2012, art. 54) « et assurent, le cas échéant, la protection des animaux domestiques, des biens ainsi que de l'environnement ».

Les moyens de protection, qui font l'objet des opérations mentionnées au premier alinéa, sont conçus et fabriqués de manière à protéger les personnes, dans des conditions d'utilisation et de maintenance conformes à leur destination, contre les risques pour lesquels ils sont prévus. — [Anc. art. L. 233-5, al. 1er fin et al. 2 fin.] — V. art. L. 4741-9 et L. 4744-6 (pén.).

Art. L. 4311-2 Les équipements de travail sont les machines, appareils, outils, engins, matériels et installations.

Les moyens de protection sont les protecteurs et dispositifs de protection, les équipements et produits de protection individuelle. — [Anc. art. L. 233-5, I, al. 1er début et al. 2 début.] — V. art. L. 4741-9 et L. 4744-6 (pén.).

Art. L. 4311-3 Il est interdit d'exposer, de mettre en vente, de vendre, d'importer, de louer, de mettre à disposition ou de céder à quelque titre que ce soit des équipements de travail et des moyens de protection qui ne répondent pas aux règles techniques du chapitre II et aux procédures de certification du chapitre III. — [Anc. art. L. 233-5, II.] — V. art. L. 4741-9 et L. 4744-6 (pén.).

Art. L. 4311-4 Par dérogation aux dispositions de l'article L. 4311-3, sont permises, pour une durée déterminée, l'exposition et l'importation aux fins d'exposition dans les foires et salons autorisés d'équipements de travail ou de moyens de protection neufs ne satisfaisant pas aux dispositions de l'article L. 4311-1.

Dans ce cas, un avertissement dont les caractéristiques sont déterminées par arrêté conjoint du ministre chargé du travail et du ministre chargé de l'agriculture est placé à proximité de l'équipement de travail ou du moyen de protection faisant l'objet de l'exposition, pendant toute la durée de celle-ci. — *[Anc. art. L. 233-5-3, I et II.]* — *V. art. L. 4741-9 (pén.).* — *V. Arr. du 22 oct. 2009 (JO 21 nov.).*

Art. L. 4311-5 L'acheteur ou le locataire d'un équipement de travail ou d'un moyen de protection qui a été livré dans des conditions contraires aux dispositions des articles L. 4311-1 et L. 4311-3 peut, nonobstant toute clause contraire, demander la résolution de la vente ou du bail dans le délai d'une année à compter du jour de la livraison.

Le tribunal qui prononce cette résolution peut accorder des dommages et intérêts à l'acheteur ou au locataire. — *[Anc. art. L. 233-6, VI.]*

Art. L. 4311-6 Outre les *(L. n° 2016-1088 du 8 août 2016, art. 113)* « agents de contrôle de l'inspection du travail mentionnés à l'article L. 8112-1 », les agents des douanes, les agents de la concurrence, de la consommation et de la répression des fraudes, les ingénieurs des mines, les ingénieurs de l'industrie et des mines sont compétents pour *(L. n° 2021-1018 du 2 août 2021, art. 10, en vigueur le 31 mars 2022)* « rechercher et constater les manquements et infractions aux dispositions du présent titre et des textes pris pour son application, aux dispositions du règlement (UE) 2016/425 du Parlement européen et du Conseil du 9 mars 2016 relatif aux équipements de protection individuelle et abrogeant la directive 89/686/CEE du Conseil et aux dispositions des articles 4 et 7 du règlement (UE) 2019/1020 du Parlement européen et du Conseil du 20 juin 2019 sur la surveillance du marché et la conformité des produits, et modifiant la directive 2004/42/CE et les règlements (CE) n° 765/2008 et (UE) n° 305/2011, en ce qui concerne les équipements de travail et les moyens de protection. Les agents habilités en application de l'article L. 4314-1 du présent code sont également compétents pour rechercher et constater les manquements à ces dispositions. »

Les agents de la concurrence, de la consommation et de la répression des fraudes disposent à cet effet des pouvoirs prévus *(Ord. n° 2016-301 du 14 mars 2016, art. 21)* « au I de l'article L. 511-22 » du code de la consommation.

SECTION 2 Dispositions d'application

Art. L. 4311-7 Pour l'application des dispositions du présent titre, des décrets en Conseil d'État, pris après avis des organisations professionnelles d'employeurs et de salariés intéressées, déterminent :

1° Les équipements de travail et les moyens de protection soumis aux obligations de sécurité définies à l'article L. 4311-1 ;

2° Les règles techniques auxquelles satisfait chaque type d'équipement de travail et de moyen de protection, prévues au chapitre II ;

3° Les procédures de certification de conformité aux règles techniques auxquelles sont soumis les fabricants, importateurs et cédants, selon le type d'équipement de travail et de moyen de protection, ainsi que les garanties dont ils bénéficient prévues au chapitre III ;

4° Les conditions dans lesquelles l'autorité administrative habilitée à contrôler la conformité peut demander au fabricant ou à l'importateur, en application de l'article L. 4313-1, communication d'une documentation technique ;

5° Les conditions dans lesquelles est organisée la procédure de sauvegarde prévue à l'article *(L. n° 2021-1018 du 2 août 2021, art. 10, en vigueur le 31 mars 2022)* « L. 4314-2 » ;

6° Les conditions dans lesquelles le respect de normes est réputé satisfaire aux règles techniques ainsi que celles dans lesquelles certaines d'entre elles peuvent être rendues obligatoires. — *V. art. R. 4311-1 s.*

CHAPITRE II RÈGLES TECHNIQUES DE CONCEPTION

Le présent chapitre ne comprend pas de dispositions législatives.

SANTÉ ET SÉCURITÉ AU TRAVAIL

CHAPITRE III **PROCÉDURES DE CERTIFICATION DE CONFORMITÉ**

Art. L. 4313-1 L'autorité administrative habilitée à contrôler la conformité des équipements de travail et des moyens de protection peut demander au fabricant ou à l'importateur communication d'une documentation technique dont le contenu est déterminé par voie réglementaire.

Les personnes ayant accès à cette documentation technique sont tenues au secret professionnel pour toutes les informations relatives aux procédés de fabrication et d'exploitation. – [Anc. art. L. 233-5, III, al. 8, phrase 1, al. 9.] – V. art. R. 4313-1 s.

CHAPITRE IV **SURVEILLANCE DU MARCHÉ** (L. n° 2021-1018 du 2 août 2021, art. 10, en vigueur le 31 mars 2022).

Art. L. 4314-1 (L. n° 2021-1018 du 2 août 2021, art. 10, en vigueur le 31 mars 2022) Pour l'application du règlement (UE) 2019/1020 du Parlement européen et du Conseil du 20 juin 2019 sur la surveillance du marché et la conformité des produits, et modifiant la directive 2004/42/CE et les règlements (CE) n° 765/2008 et (UE) n° 305/2011, la surveillance du marché est exercée par les autorités administratives désignées par décret en Conseil d'État. Ces autorités s'assurent du respect par les opérateurs économiques, au sens de l'article 3 du règlement (UE) 2019/1020 du Parlement européen et du Conseil du 20 juin 2019 précité, de leurs obligations respectives, mettent en œuvre les pouvoirs et mesures appropriés et proportionnés définis aux articles 14 et 16 du même règlement et peuvent habiliter des agents à cet effet, sans préjudice des missions et des prérogatives des agents de contrôle mentionnés à l'article L. 4311-6 du présent code, selon des modalités définies par décret en Conseil d'État.

L'accès aux locaux, terrains et moyens de transport à usage professionnel prévu à l'article 14 du règlement (UE) 2019/1020 du Parlement européen et du Conseil du 20 juin 2019 précité par les agents mentionnés au premier alinéa du présent article est autorisé entre 8 heures et 20 heures. Lorsque ces locaux sont également à usage d'habitation, ces agents ne peuvent y pénétrer qu'après avoir reçu l'autorisation des personnes qui les occupent.

Sans préjudice des autres sanctions encourues, lorsque la non-conformité à la réglementation d'un produit a été établie par des contrôles réalisés en application du présent article, les autorités chargées de la surveillance du marché peuvent décider de faire supporter à l'opérateur économique en cause la totalité des frais directement exposés par ces autorités et occasionnés par des essais, l'interdiction de la mise sur le marché d'un produit ou le stockage et les activités relatives aux produits qui se révèlent non conformes et qui font l'objet d'une mesure corrective avant leur mise en libre pratique ou leur mise sur le marché.

Les modalités d'application du présent article sont déterminées par décret en Conseil d'État.

Art. L. 4314-2 Une procédure de sauvegarde est organisée permettant :

1° Soit de s'opposer à ce que des équipements de travail ou des moyens de protection ne répondant pas aux obligations de sécurité et à tout ou partie des règles techniques auxquelles doit satisfaire chaque type d'équipement de travail et de moyen de protection fassent l'objet des opérations mentionnées aux articles L. 4311-3 et L. 4321-2 (L. n° 2021-1018 du 2 août 2021, art. 10-4°, en vigueur le 31 mars 2022) « , de les retirer du marché et de les rappeler » ;

2° Soit de subordonner l'accomplissement de ces opérations à des vérifications, épreuves, règles d'entretien, modifications des modes d'emploi des équipements de travail ou moyens de protection concernés. – V. art. L. 4741-9 (pén.) et R. 4314-1.

L'art. L. 4314-1 devient l'art. L. 4314-2 (L. n° 2021-1018 du 2 août 2021, art. 10-4°, en vigueur le 31 mars 2022).

TITRE II UTILISATION DES ÉQUIPEMENTS DE TRAVAIL ET DES MOYENS DE PROTECTION

CHAPITRE I RÈGLES GÉNÉRALES

SECTION 1 Principes

Art. L. 4321-1 Les équipements de travail et les moyens de protection mis en service ou utilisés dans les établissements destinés à recevoir des travailleurs sont équipés, installés, utilisés, réglés et maintenus de manière à préserver la santé et la sécurité des travailleurs, y compris en cas de modification de ces équipements de travail et de ces moyens de protection. – *[Anc. art. L. 233-5-1, I.]* – V. art. L. 4744-6 (pén.).

Accessibilité et intelligibilité de l'art. L. 4321-1. L'art. L. 4321-1 définit, en des termes suffisamment clairs et précis pour exclure l'arbitraire, les principes régissant l'utilisation des équipements de travail et des moyens de protection mis en service dans les établissements recevant des travailleurs, dont l'application est déterminée par décret. ● Crim., QPC, 3 janv. 2012 : ⚖ *D. 2012. Actu. 222* ⌀.

Art. L. 4321-2 Il est interdit de mettre en service ou d'utiliser des équipements de travail et des moyens de protection qui ne répondent pas aux règles techniques de conception du chapitre II et aux procédures de certification du chapitre III du titre I. – V. art. L. 4741-9 et L. 4744-6 (pén.).

Art. L. 4321-3 Par dérogation aux dispositions de l'article L. 4321-2, est permise, aux seules fins de démonstration, l'utilisation des équipements de travail neufs ne répondant pas aux dispositions de l'article L. 4311-1. Les mesures nécessaires, destinées à éviter toute atteinte à la sécurité et la santé des travailleurs chargés de la démonstration et des personnes exposées aux risques qui en résultent, sont alors mises en œuvre.

Dans ce cas, un avertissement dont les caractéristiques sont déterminées par arrêté conjoint du ministre chargé du travail et du ministre chargé de l'agriculture est placé à proximité de l'équipement de travail faisant l'objet de la démonstration, pendant toute la durée de celle-ci. – *[Anc. art. L. 233-5-3, II et III.]* – V. art. L. 4741-9 (pén.). – V. Arr. du 22 oct. 2009 (JO 21 nov.).

SECTION 2 Dispositions d'application

Art. L. 4321-4 Pour l'application des dispositions du présent titre, des décrets en Conseil d'État, pris après avis des organisations professionnelles d'employeurs et de salariés intéressées, déterminent les mesures d'organisation, les conditions de mise en œuvre et les prescriptions techniques auxquelles est subordonnée l'utilisation des équipements de travail et moyens de protection soumis aux obligations de sécurité définies à l'article L. 4321-1. – *[Anc. art. L. 233-5-1, III, al. 1ᵉʳ et 2.]* – V. art. R. 4321-1 s.

Art. L. 4321-5 Les modalités d'application des décrets en Conseil d'État mentionnés à l'article L. 4321-4 peuvent être définies par des conventions ou des accords conclus entre l'autorité administrative et les organisations professionnelles nationales d'employeurs représentatives. – *[Anc. art. L. 233-5-1, IV.]*

CHAPITRE II MAINTIEN EN ÉTAT DE CONFORMITÉ

Le présent chapitre ne comprend pas de dispositions législatives.

CHAPITRE III MESURES D'ORGANISATION ET CONDITIONS D'UTILISATION DES ÉQUIPEMENTS DE TRAVAIL ET DES ÉQUIPEMENTS DE PROTECTION INDIVIDUELLE

Le présent chapitre ne comprend pas de dispositions législatives.

SANTÉ ET SÉCURITÉ AU TRAVAIL **Art. L. 4411-4** 1339

CHAPITRE IV UTILISATION DES ÉQUIPEMENTS DE TRAVAIL NON SOUMIS À DES RÈGLES DE CONCEPTION LORS DE LEUR PREMIÈRE MISE SUR LE MARCHÉ

Le présent chapitre ne comprend pas de dispositions législatives.

LIVRE IV PRÉVENTION DE CERTAINS RISQUES D'EXPOSITION

TITRE I RISQUES CHIMIQUES

CHAPITRE I MISE SUR LE MARCHÉ DES SUBSTANCES ET MÉLANGES DANGEREUX *(Ord. n° 2011-1922 du 22 déc. 2011).*

SECTION 1 Mesures générales et dispositions d'application

Art. L. 4411-1 Dans l'intérêt de la santé et de la sécurité au travail, la fabrication, la mise en vente, la vente, l'importation, la cession à quelque titre que ce soit ainsi que l'utilisation des substances et *(Ord. n° 2011-1922 du 22 déc. 2011)* « mélanges dangereux » pour les travailleurs peuvent être limitées, réglementées ou interdites.

Ces limitations, réglementations ou interdictions peuvent être établies même lorsque l'utilisation de ces substances et préparations est réalisée par l'employeur lui-même ou par des travailleurs indépendants. — *[Anc. art. L. 231-7, al. 1er et 2.]* — *V. art. L. 4741-9 et L. 4744-6 (pén.).*

Art. L. 4411-2 Des décrets en Conseil d'État, pris après avis des organisations professionnelles d'employeurs et de salariés intéressées, déterminent les mesures d'application du présent chapitre et peuvent notamment organiser des procédures spéciales lorsqu'il y a urgence à suspendre la commercialisation ou l'utilisation des substances et *(Ord. n° 2011-1922 du 22 déc. 2011)* « mélanges dangereux », et prévoir les modalités d'indemnisation des travailleurs atteints d'affections causées par ces produits. — *[Anc. art. L. 231-7, al. 4, phrase 1 milieu et phrase 2 et al. 7, phrase 1 fin et phrase 2, et al. 10.]* — *V. art. L. 4741-9, L. 4744-6 (pén.) et R. 4411-1 s.*

SECTION 2 Fabrication, importation et vente

SOUS-SECTION 1 Déclaration des substances et préparations

§ 1 Mise sur le marché

Art. L. 4411-3 *(Ord. n° 2011-1922 du 22 déc. 2011)* La fabrication, la mise sur le marché, l'utilisation des substances, telles quelles ou contenues dans des mélanges ou des articles, et la mise sur le marché des mélanges sont soumises aux dispositions du règlement (CE) n° 1907/2006 du Parlement européen et du Conseil du 18 décembre 2006 concernant l'enregistrement, l'évaluation et l'autorisation des substances chimiques ainsi que les restrictions applicables à ces substances (REACH) et aux dispositions du règlement (CE) n° 1272/2008 du Parlement européen et du Conseil du 16 décembre 2008 relatif à la classification, à l'étiquetage et à l'emballage des substances et des mélanges.

§ 2 Information des autorités

Art. L. 4411-4 *(Abrogé par L. n° 2023-171 du 9 mars 2023, art. 25) Les fabricants, les importateurs ou (Ord. n° 2009-229 du 26 févr. 2009, art. 2-II)* « *tout responsable de la mise sur le marché* » *de substances ou de (Ord. n° 2011-1922 du 22 déc. 2011)* « *mélanges dangereux destinés à être utilisés* » *dans des établissements employant des travailleurs fournissent à un organisme compétent désigné par l'autorité administrative toutes les informations nécessaires sur ces produits, notamment leur composition.*

Il peut leur être imposé de participer à la conservation et à l'exploitation de ces informations et de contribuer à la couverture des dépenses qui en résultent.

§ 3 Exceptions

Art. L. 4411-5 *(Abrogé par L. n° 2023-171 du 9 mars 2023, art. 25) (Ord. n° 2009-229 du 26 févr. 2009, art. 2-III) Les dispositions du paragraphe 2 ne s'appliquent pas au fabricant, à l'importateur ou à tout responsable de la mise sur le marché de certaines catégories de (Ord. n° 2011-1922 du 22 déc. 2011) « mélanges » soumises à d'autres procédures de déclaration lorsque ces procédures prennent en compte les risques encourus par les travailleurs.*

SOUS-SECTION 2 Protection des utilisateurs et acheteurs

§ 1 Information des utilisateurs

Art. L. 4411-6 Sans préjudice de l'application des dispositions légales non prévues par le présent code, les vendeurs ou distributeurs de substances ou de *(Ord. n° 2011-1922 du 22 déc. 2011)* « mélanges dangereux », ainsi que les employeurs qui en font usage, procèdent à l'étiquetage de ces substances ou *(Ord. n° 2011-1922 du 22 déc. 2011)* « mélanges » dans des conditions déterminées *(Ord. n° 2011-1922 du 22 déc. 2011)* « par le règlement (CE) n° 1272/2008 du Parlement européen et du Conseil du 16 décembre 2008 relatif à la classification, à l'étiquetage et à l'emballage des substances et des mélanges et » par voie réglementaire. – *V. art. L. 4741-9 et L. 4744-6 (pén.).*

§ 2 Résolution de la vente

Art. L. 4411-7 L'acheteur d'une substance ou d'*(Ord. n° 2011-1922 du 22 déc. 2011)* « un mélange dangereux » qui a été livré dans des conditions contraires aux dispositions des articles L. 4411-1 et L. 4411-3 peut, même en présence d'une clause contraire, dans le délai d'une année à compter du jour de la livraison, demander la résolution de la vente.

La juridiction qui prononce cette résolution peut accorder des dommages et intérêts à l'acheteur. – *[Anc. art. L. 233-6.]* – *V. art. L. 4741-4 (pén.).*

CHAPITRE II MESURES DE PRÉVENTION DES RISQUES CHIMIQUES

Art. L. 4412-1 Les règles de prévention des risques pour la santé et la sécurité des travailleurs exposés à des risques chimiques sont déterminées par décret en Conseil d'État pris en application de l'article L. 4111-6 *(L. n° 2021-1018 du 2 août 2021, art. 5, en vigueur le 31 mars 2022)* « , en tenant compte des situations de polyexpositions ». – *V. art. R. 4412-1 s.*

BIBL. ▶ Bastos, *Dr. soc.* 2023. 135 ⌀ (exposome : état des lieux sur un concept aux multiples enjeux).

CHAPITRE II BIS RISQUES D'EXPOSITION À L'AMIANTE : REPÉRAGES AVANT TRAVAUX

(L. n° 2016-1088 du 8 août 2016, art. 113)

Art. L. 4412-2 En vue de renforcer le rôle de surveillance dévolu aux agents de contrôle de l'inspection du travail, le donneur d'ordre, le maître d'ouvrage ou le propriétaire d'immeubles par nature ou par destination, d'équipements, de matériels ou d'articles y font rechercher la présence d'amiante préalablement à toute opération comportant des risques d'exposition des travailleurs à l'amiante. Cette recherche donne lieu à un document mentionnant, le cas échéant, la présence, la nature et la localisation de matériaux ou de produits contenant de l'amiante. Ce document est joint aux documents de la consultation remis aux entreprises candidates ou transmis aux entreprises envisageant de réaliser l'opération.

Les conditions d'application ou d'exemption, selon la nature de l'opération envisagée, du présent article sont déterminées par décret en Conseil d'État. – *V. art. R. 4412-97 s., L. 4741-9 et L. 4754-1 (pén.).*

TITRE II PRÉVENTION DES RISQUES BIOLOGIQUES

CHAPITRE I DISPOSITIONS GÉNÉRALES

Art. L. 4421-1 Les règles de prévention des risques pour la santé et la sécurité des travailleurs exposés à des agents biologiques sont déterminées par décret en Conseil d'État pris en application de l'article L. 4111-6. — *V. art. R. 4421-1 s.*

CHAPITRE II PRINCIPES DE PRÉVENTION

Le présent chapitre ne comprend pas de dispositions législatives.

CHAPITRE III ÉVALUATION DES RISQUES

Le présent chapitre ne comprend pas de dispositions législatives.

CHAPITRE IV MESURES ET MOYENS DE PRÉVENTION

Le présent chapitre ne comprend pas de dispositions législatives.

CHAPITRE V INFORMATION ET FORMATION DES TRAVAILLEURS

Le présent chapitre ne comprend pas de dispositions législatives.

CHAPITRE VI SURVEILLANCE MÉDICALE

Le présent chapitre ne comprend pas de dispositions législatives.

CHAPITRE VII DÉCLARATION ADMINISTRATIVE

Le présent chapitre ne comprend pas de dispositions législatives.

TITRE III PRÉVENTION DES RISQUES D'EXPOSITION AU BRUIT

CHAPITRE I DISPOSITIONS GÉNÉRALES

Art. L. 4431-1 Les règles de prévention des risques pour la santé et la sécurité des travailleurs exposés au bruit sont déterminées par décret en Conseil d'État pris en application de l'article L. 4111-6. — *V. art. R. 4431-1 s.*

CHAPITRE II PRINCIPES DE PRÉVENTION

Le présent chapitre ne comprend pas de dispositions législatives.

CHAPITRE III ÉVALUATION DES RISQUES

Le présent chapitre ne comprend pas de dispositions législatives.

CHAPITRE IV MESURES ET MOYENS DE PRÉVENTION

Le présent chapitre ne comprend pas de dispositions législatives.

CHAPITRE V SURVEILLANCE MÉDICALE

Le présent chapitre ne comprend pas de dispositions législatives.

CHAPITRE VI INFORMATION ET FORMATION DES TRAVAILLEURS

Le présent chapitre ne comprend pas de dispositions législatives.

CHAPITRE VII DÉROGATIONS

Le présent chapitre ne comprend pas de dispositions législatives.

TITRE IV PRÉVENTION DES RISQUES D'EXPOSITION AUX VIBRATIONS MÉCANIQUES

CHAPITRE I DISPOSITIONS GÉNÉRALES

Art. L. 4441-1 Les règles de prévention des risques pour la santé et la sécurité des travailleurs exposés aux vibrations mécaniques sont déterminées par décret en Conseil d'État pris en application de l'article L. 4111-6. — *V. art. R. 4441-1 s.*

CHAPITRE II PRINCIPES DE PRÉVENTION

Le présent chapitre ne comprend pas de dispositions législatives.

CHAPITRE III VALEURS LIMITES D'EXPOSITION

Le présent chapitre ne comprend pas de dispositions législatives.

CHAPITRE IV ÉVALUATION DES RISQUES

Le présent chapitre ne comprend pas de dispositions législatives.

CHAPITRE V MESURES ET MOYENS DE PRÉVENTION

Le présent chapitre ne comprend pas de dispositions législatives.

CHAPITRE VI SURVEILLANCE MÉDICALE

Le présent chapitre ne comprend pas de dispositions législatives.

CHAPITRE VII INFORMATION ET FORMATION DES TRAVAILLEURS

Le présent chapitre ne comprend pas de dispositions législatives.

TITRE V PRÉVENTION DES RISQUES D'EXPOSITION AUX RAYONNEMENTS (L. n° 2009-526 du 12 mai 2009, art. 35).

CHAPITRE I PRÉVENTION DES RISQUES D'EXPOSITION AUX RAYONNEMENTS IONISANTS (L. n° 2009-526 du 12 mai 2009, art. 35).

Art. L. 4451-1 Les règles de prévention des risques pour la santé et la sécurité des travailleurs (L. n° 2009-526 du 12 mai 2009, art. 36) « , y compris les travailleurs indépendants et les employeurs, » exposés aux rayonnements ionisants sont fixées dans le respect des principes généraux de radioprotection des personnes énoncés (Ord. n° 2016-128 du 10 févr. 2016, art. 42-V) « aux articles L. 1333-2 et L. 1333-3 du code de la santé publique, sans préjudice des principes généraux de prévention prévus à l'article L. 4121-2 du présent code ». — *V. art. L. 4741-9 (pén.).*

Art. L. 4451-2 (Ord. n° 2016-128 du 10 févr. 2016, art. 41) Par exception à l'article 226-13 du code pénal, le médecin du travail peut communiquer à la personne désignée par l'employeur pour le conseiller en matière de radioprotection des travailleurs tous éléments ou informations couvertes par le secret dès lors que leur transmission est limitée à ceux qui sont strictement nécessaires à l'exercice de ses missions.

Art. L. 4451-3 (Ord. n° 2016-128 du 10 févr. 2016, art. 41) La personne désignée par l'employeur pour le conseiller en matière de radioprotection des travailleurs est tenue au secret professionnel sous les peines et dans les conditions prévues par les articles 226-13 et 226-14 du code pénal, au titre des données couvertes par le secret qui lui ont été communiquées par le médecin du travail en application de l'article L. 4451-2.

Art. L. 4451-4 (Ord. n° 2016-128 du 10 févr. 2016, art. 41) Les règles de prévention appelées par le présent chapitre sont déterminées par décret en Conseil d'État pris en application de l'article L. 4111-6, notamment les modalités de suivi médical spécifiques et adaptées pour les travailleurs exposés à des rayonnements ionisants, en particulier pour les travailleurs mentionnés à l'article L. 4511-1. — *V. art. R. 4451-1 s.*

SANTÉ ET SÉCURITÉ AU TRAVAIL

CHAPITRE II PRÉVENTION DES RISQUES D'EXPOSITION AUX RAYONNEMENTS OPTIQUES ARTIFICIELS *(L. n° 2009-526 du 12 mai 2009, art. 35).*

Le présent chapitre ne comprend pas de dispositions législatives.

CHAPITRE III PRÉVENTION DES RISQUES D'EXPOSITION AUX CHAMPS ÉLECTROMAGNÉTIQUES *(L. n° 2009-526 du 12 mai 2009, art. 35).*

Art. L. 4453-1 *(L. n° 2010-788 du 12 juill. 2010, art. 183-V)* Les règles de prévention des risques pour la santé et la sécurité des travailleurs exposés aux champs électromagnétiques sont déterminées par décret en Conseil d'État pris en application de l'article L. 4111-6.

Ce décret se conforme aux principes de prévention fixés aux articles L. 4121-1 et L. 4121-2.

CHAPITRE IV SURVEILLANCE MÉDICALE

Le présent chapitre ne comprend pas de dispositions législatives.

CHAPITRE V SITUATIONS ANORMALES DE TRAVAIL

Le présent chapitre ne comprend pas de dispositions législatives.

CHAPITRE VI ORGANISATION DE LA RADIOPROTECTION

Le présent chapitre ne comprend pas de dispositions législatives.

CHAPITRE VII RÈGLES APPLICABLES EN CAS D'EXPOSITION PROFESSIONNELLE LIÉE À LA RADIOACTIVITÉ NATURELLE

Le présent chapitre ne comprend pas de dispositions législatives.

TITRE VI AUTRES RISQUES *(L. n° 2009-526 du 12 mai 2009, art. 35).*

CHAPITRE I PRÉVENTION DES RISQUES EN MILIEU HYPERBARE *(L. n° 2009-526 du 12 mai 2009, art. 35).*

Art. L. 4461-1 *(L. n° 2019-486 du 22 mai 2019, art. 11-VI, en vigueur le 1ᵉʳ janv. 2020)* Par dérogation aux articles L. 1111-2 et L. 1111-3, pour l'application du chapitre I du titre VI du livre IV de la quatrième partie de la partie réglementaire, un décret en Conseil d'État fixe les conditions dans lesquelles l'effectif salarié et les règles de franchissement des seuils d'effectif sont déterminés. — *V. art. R. 4461-1 s.*

LIVRE V PRÉVENTION DES RISQUES LIÉS À CERTAINES ACTIVITÉS OU OPÉRATIONS

TITRE I TRAVAUX RÉALISÉS DANS UN ÉTABLISSEMENT PAR UNE ENTREPRISE EXTÉRIEURE

CHAPITRE I DISPOSITIONS GÉNÉRALES

Art. L. 4511-1 Les règles de prévention des risques pour la santé et la sécurité des travailleurs, liés aux travaux réalisés dans un établissement par une entreprise extérieure, sont déterminées par décret en Conseil d'État pris en application des articles L. 4111-6 et L. 4611-8. — *V. art. R. 4511-1 s.*

CHAPITRE II MESURES PRÉALABLES À L'EXÉCUTION D'UNE OPÉRATION

Le présent chapitre ne comprend pas de dispositions législatives.

CHAPITRE III MESURES À PRENDRE PENDANT L'EXÉCUTION DES OPÉRATIONS

Le présent chapitre ne comprend pas de dispositions législatives.

CHAPITRE IV RÔLE DES INSTITUTIONS REPRÉSENTATIVES DU PERSONNEL

Le présent chapitre ne comprend pas de dispositions législatives.

CHAPITRE V DISPOSITIONS PARTICULIÈRES AUX OPÉRATIONS DE CHARGEMENT ET DE DÉCHARGEMENT

Le présent chapitre ne comprend pas de dispositions législatives.

TITRE II INSTALLATIONS NUCLÉAIRES DE BASE ET INSTALLATIONS SUSCEPTIBLES DE DONNER LIEU À DES SERVITUDES D'UTILITÉ PUBLIQUE

CHAPITRE I CHAMP D'APPLICATION

Art. L. 4521-1 Les dispositions du présent titre sont applicables dans les établissements comprenant au moins une installation nucléaire de base au sens de *(Ord. n° 2012-6 du 5 janv. 2012, art. 5)* « l'article L. 593-1 du code de l'environnement » ou une installation figurant sur la liste prévue *(L. n° 2013-619 du 16 juill. 2013, art. 11-V)* « à l'article L. 515-36 » du même code ou soumise aux *(Ord. n° 2011-91 du 21 janv. 2011)* « dispositions des articles L. 211-2 et L. 211-3, des titres II à VII et du chapitre II du titre VIII du livre II du code minier ».

CHAPITRE II COORDINATION DE LA PRÉVENTION

Art. L. 4522-1 Dans les établissements mentionnés à l'article L. 4521-1, lorsqu'un travailleur ou le chef d'une entreprise extérieure ou un travailleur indépendant est appelé à réaliser une intervention pouvant présenter des risques particuliers en raison de sa nature ou de la proximité de cette installation, le chef d'établissement de l'entreprise utilisatrice et le chef de l'entreprise extérieure définissent conjointement les mesures de prévention prévues aux articles L. 4121-1 à L. 4121-4.
Le chef d'établissement de l'entreprise utilisatrice veille au respect par l'entreprise extérieure des mesures que celle-ci a la responsabilité d'appliquer, compte tenu de la spécificité de l'établissement, préalablement à l'exécution de l'opération, durant son déroulement et à son issue. — *[Anc. art. L. 230-2, IV, al. 2.]*

Art. L. 4522-2 L'employeur définit et met en œuvre au bénéfice des chefs d'entreprises extérieures et des travailleurs qu'ils emploient ainsi que des travailleurs indépendants, avant le début de leur première intervention dans l'enceinte de l'établissement, une formation pratique et appropriée aux risques particuliers que leur intervention peut présenter en raison de sa nature ou de la proximité de l'installation classée.
Cette formation est dispensée sans préjudice de celles prévues par les articles L. 4141-2 et L. 4142-1. Ses modalités de mise en œuvre, son contenu et les conditions de son renouvellement peuvent être précisés par convention ou accord collectif de branche ou par convention ou accord collectif d'entreprise ou d'établissement. — *[Anc. art. L. 231-3-1, al. 2.]*

SANTÉ ET SÉCURITÉ AU TRAVAIL **Art. L. 4523-7** 1345

CHAPITRE III COMITÉ SOCIAL ET ÉCONOMIQUE (Ord. n° 2017-1386 du 22 sept. 2017, art. 3).

SECTION 1 Attributions particulières

Art. L. 4523-1 Les dispositions du présent chapitre s'appliquent sans préjudice de celles prévues (Ord. n° 2017-1386 du 22 sept. 2017, art. 3) « au titre II du livre III de la deuxième partie relatives au comité social et économique ».

Art. L. 4523-2 (Ord. n° 2017-1386 du 22 sept. 2017, art. 3) « Le comité social et économique » est consulté sur la liste des postes de travail liés à la sécurité de l'installation. Cette liste est établie par l'employeur dans des conditions déterminées par décret en Conseil d'État.

Le comité est également consulté avant toute décision de sous-traiter une activité, jusqu'alors réalisée par les salariés de l'établissement, à une entreprise extérieure appelée à réaliser une intervention pouvant présenter des risques particuliers en raison de sa nature ou de la proximité de l'installation. — V. art. R. 4523-1.

Art. L. 4523-3 (Ord. n° 2017-1386 du 22 sept. 2017, art. 3) « Le comité social et économique » est informé à la suite de tout incident qui aurait pu entraîner des conséquences graves. Il peut procéder à l'analyse de l'incident et proposer toute action visant à prévenir son renouvellement. Le suivi de ces propositions fait l'objet d'un examen (Ord. n° 2017-1386 du 22 sept. 2017, art. 3) « dans le cadre de la présentation de bilan et de programme annuels, prévue à l'article (Ord. n° 2017-1718 du 20 déc. 2017, art. 1er-I) « L. 2312-27 ».

Art. L. 4523-4 Dans les établissements comportant une ou plusieurs installations nucléaires de base, (Ord. n° 2017-1386 du 22 sept. 2017, art. 3) « le comité social et économique » est informé par l'employeur de la politique de sûreté et peut lui demander communication des informations sur les risques liés à l'exposition aux rayonnements ionisants et sur les mesures de sûreté et de radioprotection prises pour prévenir ou réduire ces risques ou expositions, dans les conditions définies aux articles **L. 124-1 à L. 124-6** du code de l'environnement.

Le comité est consulté par l'employeur sur la définition et les modifications ultérieures du plan d'urgence interne mentionné à l'article (Ord. n° 2016-128 du 10 févr. 2016, art. 42) « **L. 1333-12** » du code de la santé publique. Il peut proposer des modifications de ce plan à l'employeur qui justifie auprès du comité les suites qu'il donne à ces propositions.

Un décret en Conseil d'État détermine le délai dans lequel le comité formule son avis.

Art. L. 4523-5 (Ord. n° 2017-1386 du 22 sept. 2017, art. 3) « Le comité social et économique » peut faire appel à un expert en risques technologiques, dans des conditions déterminées par décret en Conseil d'État. — V. art. R. 4523-3.

Toutefois, ces dispositions ne sont pas applicables dans les établissements comprenant au moins une installation nucléaire de base.

La possibilité reconnue au CHSCT d'avoir recours à un expert en risques technologiques ne peut résulter de la seule activité soumise à la législation sur les installations classées. • Soc. 15 janv. 2013 : ⚖ *D. actu. 13 févr. 2013*, obs. Siro ; *D. 2013. Actu. 255* ⬈ ; *JCP S 2013. 1103*, obs. Dauxerre.

SECTION 2 Composition

Art. L. 4523-6 Le nombre de représentants du personnel (Ord. n° 2017-1386 du 22 sept. 2017, art. 3) « au comité social et économique » est augmenté par voie de convention collective ou d'accord collectif de travail entre l'employeur et les organisations syndicales représentatives dans l'entreprise.

SECTION 3 Fonctionnement

Art. L. 4523-7 (Ord. n° 2017-1386 du 22 sept. 2017, art. 3) La commission santé, sécurité et conditions de travail, mentionnée aux articles L. 2315-36 et suivants, est créée au sein du comité social et économique.

Art. L. 4523-7-1 *(Ord. n° 2017-1386 du 22 sept. 2017, art. 3)* A défaut d'accord, le nombre d'heures de délégation prévu à l'article *(Ord. n° 2017-1718 du 20 déc. 2017, art. 1ᵉʳ-I)* « L. 2315-7 », accordé aux représentants du personnel au comité social et économique pour exercer leurs fonctions, est majoré de 30 %.

L'art. L. 4523-7 devient l'art. L. 4523-7-1 *(Ord. n° 2017-1386 du 22 sept. 2017, art. 3)*.

Art. L. 4523-8 *(Ord. n° 2017-1386 du 22 sept. 2017, art. 3)* L'autorité chargée de la police des installations est invitée aux réunions du comité social et économique et de la commission santé, sécurité et conditions de travail dans les conditions prévues à l'article L. 2314-3.

Art. L. 4523-9 Les représentants du personnel *(Ord. n° 2017-1386 du 22 sept. 2017, art. 3)* « au comité social et économique » sont informés par l'employeur de la présence de l'autorité chargée de la police des installations, lors de ses visites, et peuvent présenter leurs observations écrites.

SECTION 4 **Formation des représentants**

Art. L. 4523-10 Les représentants du personnel *(Ord. n° 2017-1386 du 22 sept. 2017, art. 3)* « au comité social et économique », y compris, le cas échéant, les représentants des salariés des entreprises extérieures, bénéficient d'une formation spécifique correspondant aux risques ou facteurs de risques particuliers, en rapport avec l'activité de l'entreprise.

Les conditions dans lesquelles cette formation est dispensée et renouvelée peuvent être définies par convention ou accord collectif de branche, d'entreprise ou d'établissement.

SECTION 5 **Commission santé, sécurité et conditions de travail** *(Ord. n° 2017-1386 du 22 sept. 2017, art. 3)*.

Art. L. 4523-11 Lorsque la réunion *(Ord. n° 2017-1386 du 22 sept. 2017, art. 3)* « du comité social et économique » a pour objet de contribuer à la définition des règles communes de sécurité dans l'établissement et à l'observation des mesures de prévention définies en application de l'article L. 4522-1, *(Ord. n° 2017-1386 du 22 sept. 2017, art. 3)* « il s'appuie sur les travaux de la commission santé, sécurité et conditions de travail élargie » à une représentation des chefs d'entreprises extérieures et des travailleurs qu'ils emploient selon des conditions déterminées par convention ou accord collectif de branche, d'entreprise ou d'établissement. Cette convention ou cet accord détermine également les modalités de fonctionnement *(Ord. n° 2017-1718 du 20 déc. 2017, art. 1ᵉʳ-I)* « de la commission élargie ».

A défaut de convention ou d'accord, *(Ord. n° 2017-1386 du 22 sept. 2017, art. 3)* « la commission est élargie » et fonctionne dans des conditions déterminées par décret en Conseil d'État. – V. art. R. 4523-4.

Art. L. 4523-12 Les dispositions de l'article L. 4523-11 ne sont pas applicables aux établissements comprenant au moins une installation nucléaire de base dans lesquels les chefs d'entreprises extérieures et les représentants de leurs salariés sont associés à la prévention des risques particuliers liés à l'activité de l'établissement, selon des modalités mises en œuvre avant la publication de la loi n° 2006-686 du 13 juin 2006 relative à la transparence et à la sécurité en matière nucléaire et répondant à des caractéristiques définies par décret. – [Anc. art. L. 236-1, al. 7, phrase 3.] – V. art. R. 4523-17.

Art. L. 4523-13 *(Ord. n° 2017-1386 du 22 sept. 2017, art. 3)* « La commission santé, sécurité et conditions de travail élargie » se réunit au moins une fois par an. *(Ord. n° 2017-1718 du 20 déc. 2017, art. 1ᵉʳ-I)* « Elle est également réunie » lorsque s'est produit un accident du travail dont la victime est une personne extérieure intervenant dans l'établissement.

Art. L. 4523-14 La représentation des entreprises extérieures *(Ord. n° 2017-1386 du 22 sept. 2017, art. 3)* « à la commission santé, sécurité et conditions de travail élargie » est fonction de la durée de leur intervention, de la nature de cette dernière et de leur effectif intervenant dans l'établissement.

SANTÉ ET SÉCURITÉ AU TRAVAIL **Art. L. 4525-1** 1347

Les salariés des entreprises extérieures sont désignés, parmi les salariés intervenant régulièrement sur le site, par *(Ord. n° 2017-1386 du 22 sept. 2017, art. 3)* « le comité social et économique » de leur établissement ou, à défaut, *(Abrogé par Ord. n° 2017-1386 du 22 sept. 2017, art. 3)* « *par les délégués du personnel ou, en leur absence,* » par les membres de l'équipe appelés à intervenir dans l'établissement.

Art. L. 4523-15 L'employeur et les chefs des entreprises extérieures prennent respectivement les dispositions relevant de leurs prérogatives pour permettre aux salariés des entreprises extérieures désignés *(Ord. n° 2017-1386 du 22 sept. 2017, art. 3)* « à la commission santé, sécurité et conditions de travail élargie » d'exercer leurs fonctions.

Le comité *(Ord. n° 2017-1386 du 22 sept. 2017, art. 3)* « social et économique » peut inviter, à titre consultatif et occasionnel, le chef d'une entreprise extérieure.

Art. L. 4523-16 Les salariés d'entreprises extérieures qui siègent ou ont siégé en qualité de représentants du personnel dans *(Ord. n° 2017-1386 du 22 sept. 2017, art. 3)* « une commission santé, sécurité et conditions de travail élargie » sont tenus à une obligation de discrétion à l'égard des informations présentant un caractère confidentiel et données comme telles par l'employeur.

Ils sont tenus au secret professionnel pour toutes les questions relatives aux procédés de fabrication.

Art. L. 4523-17 Les salariés d'entreprises extérieures qui siègent ou ont siégé en qualité de représentants du personnel dans *(Ord. n° 2017-1386 du 22 sept. 2017, art. 3)* « une commission santé, sécurité et conditions de travail élargie » bénéficient de la protection prévue par le livre IV de la deuxième partie.

CHAPITRE IV COMITÉ INTERENTREPRISES DE SANTÉ ET DE SÉCURITÉ AU TRAVAIL

Art. L. 4524-1 Dans le périmètre d'un plan de prévention des risques technologiques mis en place en application de l'article L. 515-15 du code de l'environnement, un comité interentreprises de santé et de sécurité au travail est institué par l'autorité administrative.

Il assure la concertation entre *(Ord. n° 2017-1386 du 22 sept. 2017, art. 3)* « les comités sociaux et économiques » des établissements comprenant au moins une installation figurant sur la liste prévue *(L. n° 2013-619 du 16 juill. 2013, art. 11-V)* « à l'article L. 515-36 » du code de l'environnement ou soumise aux *(Ord. n° 2011-91 du 21 janv. 2011)* « dispositions des articles L. 211-2 et L. 211-3, des titres II à VII et du chapitre II du titre VIII du livre II du code minier » situés dans ce périmètre.

Il contribue à la prévention des risques professionnels susceptibles de résulter des interférences entre les activités et les installations des différents établissements.

La composition du comité interentreprises, les modalités de sa création, de la désignation de ses membres et de son fonctionnement sont déterminées par décret en Conseil d'État. — *V. art. R. 4524-1 s.*

CHAPITRE V DISPOSITIONS PARTICULIÈRES EN MATIÈRE D'INCENDIE ET DE SECOURS

Art. L. 4525-1 Sans préjudice de l'application des autres mesures prévues par le présent code, relatives à la prévention des incendies et des explosions, des moyens appropriés, humains et matériels, de prévention, de lutte contre l'incendie et de secours sont prévus afin de veiller en permanence à la sécurité des personnes occupées dans l'enceinte de l'établissement.

L'employeur définit ces moyens en fonction du nombre de personnes employées dans l'enceinte de l'établissement et des risques encourus.

Il consulte le *(Ord. n° 2017-1386 du 22 sept. 2017, art. 3)* « comité social et économique » sur la définition et la modification de ces moyens. — *V. art. L. 4741-4 (pén.).*

CHAPITRE VI DISPOSITIONS PARTICULIÈRES EN CAS DE DANGER GRAVE ET IMMINENT ET DROIT DE RETRAIT

Art. L. 4526-1 En cas de danger grave et imminent, l'employeur informe, dès qu'il en a connaissance, l'*(L. n° 2016-1088 du 8 août 2016, art. 113)* « agent de contrôle de l'inspection du travail mentionné à l'article L. 8112-1 », le service de prévention des organismes de sécurité sociale et, selon le cas, l'Autorité de sûreté nucléaire, l'inspection des installations classées ou l'ingénieur chargé de l'exercice de la police des installations mentionnées à *(Ord. n° 2011-91 du 21 janv. 2011)* « l'article L. 211-2 du code minier », de l'avis émis par le représentant du *(Ord. n° 2017-1386 du 22 sept. 2017, art. 4)* « comité social et économique » en application de l'article L. 4132-2.

L'employeur précise à cette occasion les suites qu'il entend donner à cet avis.

TITRE III BÂTIMENT ET GÉNIE CIVIL

CHAPITRE I PRINCIPES DE PRÉVENTION

Art. L. 4531-1 Afin d'assurer la sécurité et de protéger la santé des personnes qui interviennent sur un chantier de bâtiment ou de génie civil, le maître d'ouvrage, le maître d'œuvre et le coordonnateur en matière de sécurité et de protection de la santé mentionné à l'article L. 4532-4 mettent en œuvre, pendant la phase de conception, d'étude et d'élaboration du projet et pendant la réalisation de l'ouvrage, les principes généraux de prévention énoncés aux 1° à 3° et 5° à 8° de l'article L. 4121-2.

Ces principes sont pris en compte notamment lors des choix architecturaux et techniques ainsi que dans l'organisation des opérations de chantier, en vue :
1° De permettre la planification de l'exécution des différents travaux ou phases de travail se déroulant simultanément ou successivement ;
2° De prévoir la durée de ces phases ;
3° De faciliter les interventions ultérieures sur l'ouvrage. – *[Anc. art. L. 235-1, al. 3.]*

Art. L. 4531-2 Pour les opérations de bâtiment ou de génie civil entreprises par les communes ou groupements de communes de moins de 5 000 habitants, le maître d'œuvre peut se voir confier, sur délégation du maître d'ouvrage, l'application des principes généraux de prévention prévus au premier alinéa de l'article L. 4531-1 ainsi que les règles de coordination prévues au chapitre II. – *[Anc. art. L. 235-1, al. 3.]*

Art. L. 4531-3 Lorsque, sur un même site, plusieurs opérations de bâtiment ou de génie civil doivent être conduites dans le même temps par plusieurs maîtres d'ouvrage, ceux-ci se concertent afin de prévenir les risques résultant de l'interférence de ces interventions. – *[Anc. art. L. 235-10.]*

CHAPITRE II COORDINATION LORS DES OPÉRATIONS DE BÂTIMENT ET DE GÉNIE CIVIL

SECTION 1 Déclaration préalable

Art. L. 4532-1 Lorsque la durée ou le volume prévus des travaux d'une opération de bâtiment ou de génie civil excède certains seuils, le maître d'ouvrage adresse avant le début des travaux une déclaration préalable :
1° A l'autorité administrative ;
2° A l'organisme professionnel de santé, de sécurité et des conditions de travail prévu par l'article L. 4111-6 dans la branche d'activité du bâtiment et des travaux publics ;
3° Aux organismes de sécurité sociale compétents en matière de prévention des risques professionnels.

Le texte de cette déclaration, dont le contenu est précisé par arrêté ministériel, est affiché sur le chantier. – *[Anc. art. L. 235-2.]* – *V. art. L. 4744-2 (pén.).* – *V. art. R. 4532-2 s.* – *V. Arr. du 7 mars 1995 (JO 18 mars).*

SANTÉ ET SÉCURITÉ AU TRAVAIL **Art. L. 4532-8** 1349

SECTION 2 Mission de coordination et coordonnateur en matière de sécurité et de protection de la santé

Art. L. 4532-2 Une coordination en matière de sécurité et de santé des travailleurs est organisée pour tout chantier de bâtiment ou de génie civil où sont appelés à intervenir plusieurs travailleurs indépendants ou entreprises, entreprises sous-traitantes incluses, afin de prévenir les risques résultant de leurs interventions simultanées ou successives et de prévoir, lorsqu'elle s'impose, l'utilisation des moyens communs tels que les infrastructures, les moyens logistiques et les protections collectives. — *[Anc. art. L. 235-3.]*

Art. L. 4532-3 La coordination en matière de sécurité et de santé est organisée tant au cours de la conception, de l'étude et de l'élaboration du projet qu'au cours de la réalisation de l'ouvrage. — *[Anc. art. L. 235-4, al. 1, phrase 1.]* — V. art. L. 4744-4 (pén.).

Art. L. 4532-4 Le maître d'ouvrage désigne un coordonnateur en matière de sécurité et de protection de la santé pour chacune des deux phases de conception et de réalisation ou pour l'ensemble de celles-ci. — *[Anc. art. L. 235-4, al. 1, phrase 2.]*

Lorsque plusieurs entreprises sont présentes sur un chantier, un coordonnateur en matière de sécurité et de santé doit toujours être désigné lors de l'élaboration du projet de l'ouvrage ou, en tout état de cause, avant l'exécution des travaux. • CJUE 7 oct. 2010 : 🔒 *JCP S 2010. 1467, obs. Jeanssen.*

Art. L. 4532-5 Sauf dans les cas prévus à l'article L. 4532-7, les dispositions nécessaires pour assurer aux personnes chargées d'une mission de coordination, l'autorité et les moyens indispensables à l'exercice de leur mission sont déterminées par voie contractuelle, notamment par les contrats de maîtrise d'œuvre. — *[Anc. art. L. 235-5, al. 2.]* — V. art. L. 4744-4 (pén.).

Art. L. 4532-6 L'intervention du coordonnateur ne modifie ni la nature ni l'étendue des responsabilités qui incombent, en application des autres dispositions du présent code, à chacun des participants aux opérations de bâtiment et de génie civil. — *[Anc. art. L. 235-5, al. 1er.]*

La responsabilité du maître d'ouvrage peut être engagée alors même qu'il a désigné un coordonnateur de la sécurité et de la protection de la santé s'il a omis d'indiquer dans la liste des entreprises appelées à intervenir sur le chantier le nom d'un artisan. • Civ. 3e, 17 juin 2015, 🔒 n° 14-13.350 P.

Art. L. 4532-7 Pour les opérations de bâtiment ou de génie civil entreprises par un particulier pour son usage personnel, celui de son conjoint, partenaire lié par un pacte civil de solidarité, concubin ou de ses ascendants ou descendants, la coordination est assurée :

1° Lorsqu'il s'agit d'opérations soumises à l'obtention d'un permis de construire, par la personne chargée de la maîtrise d'œuvre pendant la phase de conception, d'étude et d'élaboration du projet, et par la personne qui assure effectivement la maîtrise du chantier pendant la phase de réalisation de l'ouvrage ;

2° Lorsqu'il s'agit d'opérations non soumises à l'obtention d'un permis de construire, par l'un des entrepreneurs présents sur le chantier au cours des travaux. — *[Anc. art. L. 235-4, al. 2 à 4.]*

SECTION 3 Plan général de coordination en matière de sécurité et de protection de la santé

Art. L. 4532-8 Lorsque plusieurs entreprises sont appelées à intervenir sur un chantier qui, soit fait l'objet de la déclaration préalable prévue à l'article L. 4532-1, soit nécessite l'exécution d'un ou de plusieurs des travaux inscrits sur une liste de travaux comportant des risques particuliers déterminée par arrêté des ministres chargés du travail et de l'agriculture, le maître d'ouvrage fait établir par le coordonnateur un plan général de coordination en matière de sécurité et de protection de la santé.

Ce plan est rédigé dès la phase de conception, d'étude et d'élaboration du projet et tenu à jour pendant toute la durée des travaux. — *[Anc. art. L. 235-6.]* — *V. art. L. 4744-4 (pén.).* — *V. Arr. du 25 févr. 2003, JO 6 mars.*

SECTION 4 Plan particulier de sécurité et de protection de la santé

Art. L. 4532-9 Sur les chantiers soumis à l'obligation d'établir un plan général de coordination, chaque entreprise, y compris les entreprises sous-traitantes, appelée à intervenir à un moment quelconque des travaux, établit, avant le début des travaux, un plan particulier de sécurité et de protection de la santé. Ce plan est communiqué au coordonnateur.

Toute entreprise appelée à exécuter seule des travaux dont la durée et le volume prévus excèdent certains seuils établit également ce plan. Elle le communique au maître d'ouvrage. — *[Anc. art. L. 235-7.]* — *V. art. L. 4744-5 (pén.).*

SECTION 5 Collège interentreprises de sécurité, de santé et des conditions de travail

Art. L. 4532-10 Lorsque le nombre des entreprises, travailleurs indépendants et entreprises sous-traitantes inclus, et l'effectif des travailleurs dépassent certains seuils, le maître d'ouvrage constitue un collège interentreprises de sécurité, de santé et des conditions de travail. — *[Anc. art. L. 235-11, al. 1er.]*

Art. L. 4532-11 Les opinions que les travailleurs employés sur le chantier émettent dans l'exercice de leurs fonctions au sein du collège interentreprises ne peuvent motiver une sanction ou un licenciement. — *[Anc. art. L. 235-11, al. 3.]*

Art. L. 4532-12 Le maître d'ouvrage ainsi que l'entrepreneur qui entend sous-traiter une partie des travaux mentionnent dans les contrats conclus respectivement avec les entrepreneurs ou les sous-traitants l'obligation de participer à un collège interentreprises de sécurité, de santé et des conditions de travail. — *[Anc. art. L. 235-12.]*

Art. L. 4532-13 Le collège interentreprises de sécurité, de santé et des conditions de travail peut définir, notamment sur proposition du coordonnateur, certaines règles communes destinées à assurer le respect des mesures de sécurité et de protection de la santé applicables au chantier.

Il vérifie que l'ensemble des règles prescrites, soit par lui-même, soit par le coordonnateur, sont effectivement mises en œuvre. — *[Anc. art. L. 235-13, al. 1er.]*

Art. L. 4532-14 L'intervention du collège interentreprises de sécurité, de santé et des conditions de travail ne modifie pas la nature et l'étendue des responsabilités qui incombent aux participants à l'opération de bâtiment ou de génie civil en application des autres dispositions du présent code, ni les attributions des institutions représentatives du personnel compétentes en matière de santé, de sécurité et des conditions de travail. — *[Anc. art. L. 235-13, al. 2.]*

Art. L. 4532-15 Les salariés désignés comme membres du collège interentreprises disposent du temps nécessaire, rémunéré comme temps de travail, pour assister aux réunions de ce collège. — *[Anc. art. L. 235-14, al. 2.]*

SECTION 6 Interventions ultérieures sur l'ouvrage

Art. L. 4532-16 Sauf dans les cas prévus à l'article L. 4532-7, au fur et à mesure du déroulement des phases de conception, d'étude et d'élaboration du projet puis de la réalisation de l'ouvrage, le maître d'ouvrage fait établir et compléter par le coordonnateur un dossier rassemblant toutes les données de nature à faciliter la prévention des risques professionnels lors d'interventions ultérieures. — *[Anc. art. L. 235-15, al. 1er.]* — *V. art. L. 4744-4 (pén.).*

SECTION 7 Travaux d'extrême urgence

Art. L. 4532-17 En cas de travaux d'extrême urgence dont l'exécution immédiate est nécessaire pour prévenir des accidents graves et imminents ou organiser des mesures de sauvetage, les obligations suivantes ne s'appliquent pas :

SANTÉ ET SÉCURITÉ AU TRAVAIL **Art. L. 4541-1** 1351

1° Envoi de la déclaration préalable prévue à l'article L. 4532-1 ;
2° Établissement d'un plan général de coordination en matière de sécurité et de protection de la santé prévu à l'article L. 4532-8 ;
3° Établissement et envoi d'un plan particulier de sécurité et de protection de la santé prévu à l'article L. 4532-9. — *[Anc. art. L. 235-8.]*

SECTION 8 Dispositions d'application

Art. L. 4532-18 Des décrets en Conseil d'État déterminent les conditions d'application du présent *(L. n° 2009-526 du 12 mai 2009, art. 37)* « chapitre ». — *[Anc. art. L. 235-5, al. 3, L. 235-4, al. 5, L. 235-9, L. 235-15, al. 2, L. 235-14, al. 1, L. 235-16, al. 2, L. 235-2, L. 235-7, L. 235-11, al. 1ᵉʳ, et L. 235-18.]* — *V. art. L. 4744-3, L. 4744-4 (pén.) et R. 4532-1 s.*

CHAPITRE III PRESCRIPTIONS TECHNIQUES APPLICABLES AVANT L'EXÉCUTION DES TRAVAUX

Le présent chapitre ne comprend pas de dispositions législatives.

CHAPITRE IV PRESCRIPTIONS TECHNIQUES DE PROTECTION DURANT L'EXÉCUTION DES TRAVAUX

Le présent chapitre ne comprend pas de dispositions législatives.

CHAPITRE V DISPOSITIONS APPLICABLES AUX TRAVAILLEURS INDÉPENDANTS

Art. L. 4535-1 Les travailleurs indépendants, ainsi que les employeurs lorsqu'ils exercent directement une activité sur un chantier de bâtiment et de génie civil, mettent en œuvre, vis-à-vis des autres personnes intervenant sur le chantier comme d'eux-mêmes, les principes généraux de prévention fixés aux 1°, 2°, 3°, 5° et 6° de l'article L. 4121-2 ainsi que les dispositions des articles L. 4111-6, L. 4311-1, L. 4321-1, L. 4321-2, L. 4411-1 et L. 4411-6. — *[Anc. art. L. 235-18.]* — *V. art. L. 4744-6 (pén.).*

TITRE IV AUTRES ACTIVITÉS ET OPÉRATIONS

CHAPITRE I MANUTENTION DES CHARGES

Art. L. 4541-1 Les règles de prévention des risques pour la santé et la sécurité des travailleurs résultant de la manutention des charges sont déterminées par décret en Conseil d'État pris en application de l'article L. 4111-6. — *V. art. R. 4541-1 s.*

CHAPITRE II UTILISATION D'ÉCRANS DE VISUALISATION

Le présent chapitre ne comprend pas de dispositions législatives.

CHAPITRE III INTERVENTIONS SUR LES ÉQUIPEMENTS ÉLÉVATEURS ET INSTALLÉS À DEMEURE *(L. n° 2009-526 du 12 mai 2009, art. 35).*

Le présent chapitre ne comprend pas de dispositions législatives.

CHAPITRE IV OPÉRATIONS SUR LES INSTALLATIONS ÉLECTRIQUES ET DANS LEUR VOISINAGE *(L. n° 2009-526 du 12 mai 2009, art. 35).*

Le présent chapitre ne comprend pas de dispositions législatives.

CHAPITRE V SURVEILLANCE MÉDICALE

Le présent chapitre ne comprend pas de dispositions législatives.

LIVRE VI INSTITUTIONS ET ORGANISMES DE PRÉVENTION

COMMENTAIRE

V. sur le Code en ligne 🔗.

TITRE I *[ANCIEN]* COMITÉ D'HYGIÈNE, DE SÉCURITÉ ET DES CONDITIONS DE TRAVAIL

(Abrogé par Ord. n° 2017-1386 du 22 sept. 2017, art. 1ᵉʳ)

Les dispositions relatives au comité d'hygiène, de sécurité et des conditions de travail demeurent applicables, dans leur rédaction antérieure à l'Ord. n° 2017-1386 du 22 sept. 2017, en tant qu'elles s'appliquent aux établissements publics de santé, sociaux et médico-sociaux et aux groupements de coopération sanitaire de droit public et aux agences régionales de santé (Ord. préc., art. 10).

BIBL. GÉN. ▶ ADAM, *Dr. ouvrier* 2010. 629 (CHSCT et souffrance au travail). – ALVAREZ, *Dr. ouvrier* 1983. 123. – AYADI et DU JONCHAY, *JSL* 2010, n° 269-1 (l'heure de gloire du CHSCT ?). – BOSSY, FRANCIA et SALAMAND, *JCP S* 2012. 1315 (les CHSCT à l'épreuve des marchés publics). – CARIO, *RD rur.* 1984. 183 (CHSCT dans l'agriculture). – CHARBONNEAU, *Dr. ouvrier* 2012. 583 (CHSCT : une institution en attente de réforme ?) ; *JSL* 2015, n° 382-383-6 (le CHSCT : des moyens à la hauteur des compétences ?). – CHAUMETTE, *Dr. soc.* 1983. 425. – COTTIN, *JSL* 2008, n° 239-4 (le CHSCT face au risque professionnel) ; *RJS* 2014. 643 (périmètres du CHSCT) ; *Dr. soc.* 2014. 721 ⊘ (le financement des activités du CHSCT) ; *JSL* 2015, n° 391-1 (l'action en justice du CHSCT). – COTTIN et LAFUMA, *RDT* 2013. 2013, *Controverse* 379 ⊘ (CHSCT : quel contrôle de l'expertise ?). – EMERAS, *Dr. soc.* 2015. 868 ⊘ (le patrimoine du CHSCT). – FILOCHE, *SSL* 2001, n° 1052, p. 4. – GRINSNIR, *Dr. ouvrier* 1992. 170 ; *ibid.* 1996. 15 (expert). – GUEDES DA COSTA et LAFUMA, *RDT* 2010. 419 ⊘ (le CHSCT dans la décision d'organisation du travail). – GUYOT, *JCP S* 2010. 1340 (CHSCT central). – LEROUGE et VERKINDT, *Dr. soc.* 2015. 365 ⊘ (sauvegarder et renforcer le CHSCT : un enjeu majeur de santé au travail). – LEROY, *RPDS* 1983. 67 ; *ibid.* 1986. 73 et 135. – MOULINIER, *SSL* 1983, suppl. n° 189. – NANSOT, *Travail et Emploi* 1987, n° 32, 57. – PATIN, *JCP S* 2013. 1246 (concours CHSCT et comité d'entreprise). – PESCHAUD, *Dr. ouvrier* 2001. 317 (mise en place). – PETIT, *Dr. soc.* 2017. 645 ⊘ (actions en justice du CHSCT). – SEILLAN, *ALD* 1983. 33 et 135. – TEYSSIÉ, *JCP* 1984. I. 3129. – TEYSSIÉ, CESARO et MARTINON, *JCP S* 2011. 1291 (du CHSCT à la commission santé et sécurité du comité d'entreprise). – ZANNOU et FÉVRIER, *RDT* 2015. *Controverse* 725 ⊘ (quels moyens pour le CHSCT ?).

▶ **Lois des 17 août 2015 et 8 août 2016 :** DESBARAT, *SSL* 2017, n° 1765, p. 8 (CHSCT : encore des marges de progrès).

COMMENTAIRE

V. sur le Code en ligne 🔗.

CHAPITRE I *[ANCIEN]* RÈGLES GÉNÉRALES

SECTION 1 *[ANCIENNE]* Conditions de mise en place

Ancien art. L. 4611-1 (*L. n° 2015-994 du 17 août 2015, art. 16-I*) « *Les entreprises d'au moins cinquante salariés mettent en place un comité d'hygiène, de sécurité et des conditions de travail dans leurs établissements d'au moins cinquante salariés et, lorsqu'elles sont constituées uniquement d'établissements de moins de cinquante salariés, dans au moins l'un d'entre eux. Tous les salariés de ces entreprises sont rattachés à un comité d'hygiène, de sécurité et des conditions de travail.* »

La mise en place d'un comité n'est obligatoire que si l'effectif d'au moins cinquante salariés a été atteint pendant douze mois consécutifs ou non au cours des trois années précédentes.

COMMENTAIRE

V. sur le Code en ligne 🔗.

1. Personnalité juridique. Les CHSCT institués par les art. L. 236-1 s. [L. 4611-1 s. nouv.] ont pour mission de contribuer à la protection de la santé et de la sécurité des salariés de l'établissement ainsi qu'à l'amélioration de leurs conditions de travail et sont dotés, dans ce but, d'une possibilité d'expression collective pour la défense des intérêts dont ils ont la charge ; viole, en conséquence, les

SANTÉ ET SÉCURITÉ AU TRAVAIL **Ancien art. L. 4611-4** 1353

textes précités la cour d'appel qui retient qu'un CHSCT n'est pas doté de la personnalité civile. ● Soc. 17 avr. 1991, ⚖ n° 89-17.993 P : *D. 1991. IR 152 ; JCP E 1991. II. 229, note H. Blaise ; Dr. soc. 1991. 516 ; RJS 1991. 314, n° 592 ; Dr. ouvrier 1992. 139, note Grinsnir*.

2. Cadre de mise en place. Le CHSCT est institué dans le cadre de l'établissement et, le cas échéant, par secteur d'activités ; l'existence d'une UES n'a de conséquence ni sur le cadre de désignation du CHSCT, ni sur la composition du collège désignatif. ● Soc. 16 janv. 2008 : ⚖ *Dr. soc. 2008. 560, note Petit ⊘ ; JCP S 2008. 1255, obs. Cottin*. ♦ Sauf accord collectif, un même CHSCT ne peut regrouper les salariés dépendant de plusieurs établissements dotés chacun d'un comité d'établissement. ● Soc. 17 juin 2009 : ⚖ *R., p. 351 ; RJS 2009. 644, n° 728 ; JSL 2009, n° 259-3*.

3. Tout salarié employé par une entreprise dont l'effectif est au moins égal à cinquante salariés doit relever d'un CHSCT ; la société qui emploie environ mille salariés répartis sur une quarantaine de sites et qui dispose d'un comité d'entreprise unique doit mettre en place le CHSCT au niveau de l'entreprise. ● Soc. 19 févr. 2014 : ⚖ *D. actu. 18 mars 2014, obs. Fraisse ; D. 2014. Actu. 547 ⊘ ; RJS 2014. 336, n° 407 ; JSL 2014, n° 363-3, obs. Pacotte et Bloch* ● Soc. 17 déc. 2014, ⚖ n° 14-60.165 : *D. 2015. Actu. 83 ⊘ ; RJS 3/2015, n° 195 ; JCP 2015. 95, note Auzero*. ♦ N'entre pas dans les prévisions de l'art. L. 4611-7 un accord collectif qui, en procédant à une répartition des sièges par site, restreint cette capacité que les salariés tiennent de la loi, peu important que l'accord augmente par ailleurs le nombre des sièges offerts. ● Soc. 28 sept. 2016, ⚖ n° 15-60.201 : *RJS 12/2016, n° 788 ; JCP S 2016. 1396, obs. Cottin*.

4. Composition du collège désignatif. En l'absence d'accord, le collège, désignant les membres du personnel du CHSCT, est constitué de tous les membres titulaires du comité d'établissement et de tous les délégués du personnel élus dans le périmètre de comité. ● Soc. 8 déc. 2010 : ⚖ *D. actu. 18 janv. 2011, obs. Ines ; Dr. soc. 2011. 227, obs. Petit ⊘ ; JCP S 2011. 1111, obs. Cottin* ● Soc. 17 avr. 2013 : ⚖ *D. actu. 22 mai 2013, obs. Fraisse*.

5. Travailleurs temporaires. Les travailleurs temporaires, même s'ils sont mis à la disposition permanente d'entreprises utilisatrices, sont admis à siéger au sein du CHSCT de l'entreprise de travail temporaire. ● Soc. 22 sept. 2010 : ⚖ *D. 2010. AJ 2298 ⊘ ; RJS 2010. 795, n° 893 ; Dr. soc. 2010. 1262, obs. Petit ⊘ ; JSL 2010, n° 2856-4, obs. Lalanne ; SSL 2010, n° 1460, p. 9, avis Duplat ; JCP S 2010. 1472, obs. Cottin*. ♦ Comp. (solution antérieure à la loi du 20 août 2008) : ● Soc. 26 sept. 2002, ⚖ n° 01-60.715 P : *D. 2002. IR 2918 ⊘ ; RJS 2003. 77, n° 106 ; Dr. soc. 2002. 1163, obs. Roy-Loustaunau ⊘ ; ibid. 2003. 241, obs. Cristau ⊘ ; JSL 2002, n° 111-6*.

6. Constitution de partie civile. Les CHSCT ne sont en droit de se constituer partie civile qu'à la condition de justifier de la possibilité d'un préjudice direct et personnel découlant des infractions poursuivies. ● Crim. 11 oct. 2005 : ⚖ *RJS 2006. 42, n° 56 ; Dr. soc. 2006. 43, note Duquesne ⊘*.

Ancien art. L. 4611-2 *A défaut de comité d'hygiène, de sécurité et des conditions de travail dans les établissements (L. n° 2012-387 du 22 mars 2012, art. 43) « d'au moins cinquante salariés », les délégués du personnel ont les mêmes missions et moyens que les membres de ces comités. Ils sont soumis aux mêmes obligations.* — [Anc. art. L. 236-1, al. 2, phrase 2.]

En cas d'absence du CHSCT, seul un délégué du personnel titulaire peut exercer les missions dévolues au secrétaire de l'institution. ● Soc. 22 févr. 2017, ⚖ n° 15-23.571 P : *D. actu. 22 mars 2017, obs. Siro ; D. 2017. Actu. 514 ⊘ ; RJS 5/2017, n° 344*.

Ancien art. L. 4611-3 *Dans les établissements de moins de cinquante salariés, (L. n° 2015-994 du 17 août 2015, art. 16-II) « lorsque les salariés ne sont pas rattachés à un comité d'hygiène, de sécurité et des conditions de travail, » les délégués du personnel sont investis des missions dévolues aux membres du comité d'hygiène, de sécurité et des conditions de travail qu'ils exercent dans le cadre des moyens prévus aux articles L. 2315-1 et suivants. Ils sont soumis aux mêmes obligations.* — [Anc. art. L. 236-1, al. 4.]

Les dispositions de l'art. L. 236-1, al. 2, [L. 4611-1, al. 2 nouv.] ne sont applicables qu'à la mise en place du CHSCT et non à la détermination du crédit d'heures alloué aux membres de cette institution. ● Soc. 6 nov. 1991, ⚖ n° 88-42.895 P : *D. 1991. IR 282 ; Dr. soc. 1992. 85 ; RJS 1991. 711, n° 1325*.

Ancien art. L. 4611-4 *L'inspecteur du travail peut imposer la création d'un comité d'hygiène, de sécurité et des conditions de travail dans les établissements de moins de cinquante salariés lorsque cette mesure est nécessaire, notamment en raison de la nature des travaux, de l'agencement ou de l'équipement des locaux.*

Cette décision peut être contestée devant le (L. n° 2011-525 du 17 mai 2011, art. 170) « directeur régional des entreprises, de la concurrence, de la consommation, du travail et de l'emploi ». — [Anc. art. L. 236-1, al. 3, phrase 1 et phrase 2 début.]

Ancien art. L. 4611-5 *Dans la branche d'activité du bâtiment et des travaux publics, les dispositions de l'article L. 4611-4 ne s'appliquent pas.*

Dans les entreprises de cette branche employant au moins cinquante salariés dans lesquelles aucun établissement n'est tenu de mettre en place un comité, l'autorité administrative peut en imposer la création lorsque cette mesure est nécessaire en raison du danger particulier de l'activité ou de l'importance des risques constatés. Cette décision intervient sur proposition de l'inspecteur du travail saisi par le comité d'entreprise ou, en l'absence de celui-ci par les délégués du personnel.

La mise en place d'un comité d'hygiène, de sécurité et des conditions de travail ne dispense pas les entreprises de leur obligation d'adhérer à un organisme professionnel d'hygiène, de sécurité et des conditions de travail prévu par l'article L. 4643-2. — [Anc. art. L. 236-1, al. 6.]

Ancien art. L. 4611-6 *Les entreprises de moins de cinquante salariés peuvent se regrouper sur un plan professionnel ou interprofessionnel en vue de constituer un comité d'hygiène, de sécurité et des conditions de travail.* — [Anc. art. L. 236-1, al. 5.]

Ancien art. L. 4611-7 *Les dispositions du présent titre ne font pas obstacle aux dispositions plus favorables concernant le fonctionnement, la composition ou les pouvoirs des comités d'hygiène, de sécurité et des conditions de travail qui résultent d'accords collectifs ou d'usages.* — [Anc. art. L. 236-13.]

V. Circ. n° 93-15 du 25 mars 1993 relative aux CHSCT (BOMT n° 93/10, texte n° 416).

1. Amélioration conventionnelle. Si la participation aux organismes paritaires ou aux institutions créés par une convention ou un accord collectif est réservée aux syndicats signataires ou adhérents, les dispositions conventionnelles à caractère normatif, visant à améliorer les institutions représentatives du personnel, sont applicables de plein droit à tous les salariés et syndicats, sans distinction. ● Soc. 20 nov. 1991, n° 89-12.787 P : *GADT, 4ᵉ éd., n° 163 ; D. 1991. IR 286 ; Dr. soc. 1992. 53, rapp. Waquet ; Dr. ouvrier 1992. 72, note Pascré ; CSB 1992. 9, A. 3, note Philbert ; RJS 1992. 52, n° 57.* ♦ L'employeur lié par un accord collectif prévoyant la désignation d'un représentant syndical au CHSCT ne peut refuser à un syndicat le bénéfice de cette disposition sous le prétexte qu'il n'en est pas signataire. ● Même arrêt. ♦ Les organisations syndicales ne peuvent procéder à la désignation d'un représentant au CHSCT, conventionnellement prévue, que si elles sont représentatives dans l'entreprise ou l'établissement dans lesquels cette désignation doit prendre effet. ● Soc. 22 févr. 2017, n° 15-25.591 P : *D. actu. 23 mars 2017, obs. Cortot ; D. 2017. Pan. 2271, obs. Porta ; RJS 5/2017, n° 343 ; RDT 2017. 344, obs. Odoul-Asorey.*

2. L'accord instituant dans l'établissement plusieurs comités d'hygiène, de sécurité et des conditions de travail peut exiger que les membres de chacune de ces instances soient exclusivement du secteur d'activité correspondant, cette disposition étant plus favorable à l'ensemble des salariés. ● Soc. 7 mai 2002, n° 00-60.342 P : *RJS 2002. 642, n° 825.*

3. Lorsqu'un seul CHSCT à compétence nationale est institué au sein d'un établissement, les salariés de cet établissement sont éligibles à la délégation du personnel au CHSCT, quel que soit le site géographique sur lequel ils travaillent ; n'entre pas dans les prévisions de l'art. L. 4611-7 C. trav. un accord collectif qui, en procédant à une répartition des sièges par site, restreint cette capacité que les salariés tiennent de la loi, peu important que l'accord augmente par ailleurs le nombre des sièges offerts. ● Soc. 28 sept. 2016, n° 15-60.201 P : *RJS 12/2016, n° 788 ; JCP S 2016. 1396, obs. Cottin.*

4. Usages. Un juge des référés décide exactement que la loi du 23 déc. 1982 n'a pas rendu caducs les usages antérieurs invoqués par le salarié pour obtenir le paiement des heures dépassant les heures de délégation. ● Soc. 10 déc. 1987 : *D. 1988. IR 8.* ♦ ... Ni ceux concernant la composition du comité. ● Soc. 18 juin 1986 : *Bull. civ. V, n° 318.*

5. Arrêté. Un arrêté pris par l'autorité responsable d'un établissement public à caractère administratif ne saurait être regardé comme un accord collectif ou un usage au sens de l'art. L. 236-13 [L. 4611-7 nouv.]. ● CE 5 mai 1993 : *RJS 1993. 441, n° 754* (arrêté instaurant des délégués suppléants avant la loi du 23 déc. 1982).

SECTION 2 *[ANCIENNE]* **Dispositions d'application**

Ancien art. L. 4611-8 *Des décrets en Conseil d'État déterminent les mesures nécessaires à l'application du présent titre.*

Ils en adaptent les dispositions aux entreprises ou établissements où le personnel est dispersé, ainsi qu'aux entreprises ou établissements opérant sur un même site, dans un même immeuble ou un même local. — [Anc. art. L. 236-12.]

SANTÉ ET SÉCURITÉ AU TRAVAIL

CHAPITRE II [ANCIEN] ATTRIBUTIONS

SECTION 1 [ANCIENNE] Missions

Ancien art. L. 4612-1 *Le comité d'hygiène, de sécurité et des conditions de travail a pour mission :*
1° De contribuer à (L. n° 2016-41 du 26 janv. 2016, art. 37) « *la prévention et à* » *la protection de la santé physique et mentale et de la sécurité des travailleurs de l'établissement et de ceux mis à sa disposition par une entreprise extérieure ;*
2° De contribuer à l'amélioration des conditions de travail, notamment en vue de faciliter l'accès des femmes à tous les emplois et de répondre aux problèmes liés à la maternité ;
(L. n° 2016-1088 du 8 août 2016, art. 32) « *2° bis De contribuer à l'adaptation et à l'aménagement des postes de travail afin de faciliter l'accès des personnes handicapées à tous les emplois et de favoriser leur maintien dans l'emploi au cours de leur vie professionnelle ;* »
3° De veiller à l'observation des prescriptions légales prises en ces matières.

1. Périmètre d'implantation du CHSCT. Le CHSCT est compétent, pour exercer ses prérogatives, à l'égard de toute personne placée à quelque titre que ce soit sous l'autorité de l'employeur. • Soc. 7 déc. 2016, ⚖ n° 15-16.769 P : *RDT 2017. 429, obs. Mazaud* ⚖ *; RJS 2/2017, n° 125 ; JCP S 2017. 1044, obs. Cottin.*

2. Mandat pour agir en justice. Le mandat donné par le CHSCT à l'un de ses membres pour agir en justice dans une affaire déterminée habilite celui-ci à intenter les voies de recours contre la décision rendue sur cette action. • Soc. 19 mai 2015, ⚖ n° 13-24.887 : *D. actu. 12 juin 2015, obs. Fraisse ; D. 2015. Actu. 1162* ⚖ *; RJS 8-9/2015, n° 571.*

3. Compétence écartée. Il n'entre pas dans le mandat d'un membre du CHSCT d'organiser une réunion ayant pour objet de contester des projets ne concernant pas directement l'entreprise et relatifs à des modifications éventuelles du droit de travail ; est donc justifiée la mise à pied prononcée contre un membre du CHSCT, abstraction faite du motif erroné, mais surabondant, concernant le droit de circuler dans l'entreprise des membres du CHSCT. • Soc. 26 févr. 1992, ⚖ n° 88-45.284 P : *Dr. soc. 1992. 464, rapp. Waquet* ⚖ *; RJS 1992. 262, n° 456.*

4. Dispositif d'évaluation des salariés. L'entreprise qui met en place un nouveau système d'évaluation des salariés doit consulter le CHSCT, les modalités et les enjeux de l'entretien étant manifestement de nature à générer une pression psychologique entraînant des répercussions sur les conditions de travail. • Soc. 28 nov. 2007 : ⚖ *RDT 2008. 112, obs. Lerouge* ⚖ *; ibid. 180, obs. Adam* ⚖ *; RJS 2007. 109, n° 135 ; JSL 2007, n° 224-2.*

5. Action en justice et frais de procédure. En l'absence d'abus, lorsque l'action judiciaire engagée par le CHSCT n'est pas étrangère à sa mission, les frais de procédure et honoraires d'avocat exposés par le CHSCT doivent être pris en charge par l'employeur. • Soc. 2 déc. 2009 : ⚖ *D. 2010. AJ 23* ⚖ *; RJS 2010. 148, n° 190 ; D. actu. 7 janv. 2010, obs. Maillard* • Soc. 25 nov. 2015, ⚖ n° 14-11.865 P : *D. 2015. Actu. 2508* ⚖ *; RJS 2/2016, n° 136 ; JSL 2016, n° 402-4 ; SSL 2016, n° 1713, p. 9, obs. Crépin ; JCP S 2015. 1015, obs. Jeansen.*

Ancien art. L. 4612-2 *Le comité d'hygiène, de sécurité et des conditions de travail procède à l'analyse des risques professionnels auxquels peuvent être exposés les travailleurs de l'établissement ainsi qu'à l'analyse des conditions de travail. Il procède également à l'analyse des risques professionnels auxquels peuvent être exposées les femmes enceintes.* (L. n° 2010-1330 du 9 nov. 2010, art. 62) « *Il procède à l'analyse de l'exposition des salariés* » (Ord. n° 2017-1389 du 22 sept. 2017, art. 2-6°, en vigueur le 1er oct. 2017) « *aux facteurs de risques professionnels mentionnés à l'article L. 4161-1.* »

Fait une exacte application des textes la cour d'appel qui estime que le CHSCT doit avoir une vision globale des problèmes, ce qui implique l'étude de l'ensemble des risques dans un atelier. • Soc. 19 déc. 1990 : ⚖ *RJS 1991. 106, n° 191.*

Ancien art. L. 4612-3 *Le comité d'hygiène, de sécurité et des conditions de travail contribue à la promotion de la prévention des risques professionnels dans l'établissement et suscite toute initiative qu'il estime utile dans cette perspective. Il peut proposer notamment des actions de prévention du harcèlement moral* (L. n° 2016-1088 du 8 août 2016, art. 6) « *, du harcèlement sexuel et des agissements sexistes définis à l'article L. 1142-2-1* ». *Le refus de l'employeur est motivé.* — [Anc. art. L. 236-2, al. 4 et 6.]

Ancien art. L. 4612-4 *Le comité d'hygiène, de sécurité et des conditions de travail procède, à intervalles réguliers, à des inspections.*
La fréquence de ces inspections est au moins égale à celle des réunions ordinaires du comité. — [Anc. art. L. 236-2, al. 3, phrase 1.]

Ancien art. L. 4612-5 Le comité d'hygiène, de sécurité et des conditions de travail réalise des enquêtes en matière d'accidents du travail ou de maladies professionnelles ou à caractère professionnel. — [Anc. art. L. 236-2, al. 3, phrase 2.]

Ancien art. L. 4612-6 Le comité d'hygiène, de sécurité et des conditions de travail peut demander à entendre le chef d'un établissement voisin dont l'activité expose les travailleurs de son ressort à des nuisances particulières. Il est informé des suites réservées à ses observations. — [Anc. art. L. 236-2, al. 14.]

Ancien art. L. 4612-7 Lors des visites de l'(L. n° 2016-1088 du 8 août 2016, art. 113) « agent de contrôle de l'inspection du travail mentionné à l'article L. 8112-1 », les représentants du personnel au comité d'hygiène, de sécurité et des conditions de travail sont informés de sa présence par l'employeur et peuvent présenter leurs observations. — [Anc. art. L. 236-7, al. 8, phrase 1.]

SECTION 2 *[ANCIENNE]* Consultations obligatoires

Ancien art. L. 4612-8 (L. n° 2015-994 du 17 août 2015, art. 16-IV) *Dans l'exercice de leurs attributions consultatives, le comité d'hygiène, de sécurité et des conditions de travail et l'instance temporaire de coordination mentionnée à l'article L. 4616-1 disposent d'un délai d'examen suffisant leur permettant d'exercer utilement leurs attributions, en fonction de la nature et de l'importance des questions qui leur sont soumises.*

Sauf dispositions législatives spéciales, un accord collectif d'entreprise conclu dans les conditions prévues à l'article L. 2232-6 ou, en l'absence de délégué syndical, un accord entre l'employeur et le comité d'hygiène, de sécurité et des conditions de travail ou, le cas échéant, l'instance temporaire de coordination mentionnée à l'article L. 4616-1 ou, à défaut d'accord, un décret en Conseil d'État fixe les délais, qui ne peuvent être inférieurs à quinze jours, dans lesquels les avis sont rendus, ainsi que le délai dans lequel le comité d'hygiène, de sécurité et des conditions de travail transmet son avis au comité d'entreprise lorsque les deux comités sont consultés sur le même projet.

A l'expiration de ces délais, le comité d'hygiène, de sécurité et des conditions de travail et, le cas échéant, l'instance temporaire de coordination mentionnée à l'article L. 4616-1 sont réputés avoir été consultés et avoir rendu un avis négatif.

COMMENTAIRE

V. sur le Code en ligne 📖.

Ancien art. L. 4612-8-1 *Le comité d'hygiène, de sécurité et des conditions de travail est consulté avant toute décision d'aménagement important modifiant les conditions de santé et de sécurité ou les conditions de travail et, notamment, avant toute transformation importante des postes de travail découlant de la modification de l'outillage, d'un changement de produit ou de l'organisation du travail, avant toute modification des cadences et des normes de productivité liées ou non à la rémunération du travail.* — [Anc. art. L. 236-2, al. 7, phrase 1.]

L'art. L. 4612-8 devient l'art. L. 4612-8-1 (L. n° 2015-994 du 17 août 2015, art. 16-III).

BIBL. ▶ D'ORNANO, *Dr. soc.* 2010. 1226 ⌀ (consultation du CHSCT en cas d'aménagement important modifiant les conditions de travail). – LAFUMA, *Dr. soc.* 2011. 75 ⌀ 8 (charge du travail et représentants du personnel). – LOKIEC, *JSL* 2012, n° 317-1 (notion de projet important). – PATIN, *JCP S* 2010. 1285 (information et consultation relatives à la santé au travail en cas de transfert d'entreprise).

1. Obligations de l'employeur. Même lorsqu'il confie à un représentant le soin de présider le CHSCT, le chef d'établissement doit s'assurer que ce comité a été consulté avant de prendre une décision modifiant les conditions d'hygiène et de sécurité ou les conditions de travail ; il est sans intérêt de rechercher si les présidents successifs du CHSCT auraient dû être seuls poursuivis, dès lors qu'il est reproché au prévenu d'avoir fait commencer les travaux avant la consultation du comité. ● Crim. 28 nov. 1989 : *RJS* 1990. 83, n° 121. – Dans le même sens : ● Crim. 15 mars 1994 : ⚖ *D. 1995.* 30, note Reinhard ⌀.

2. Délégation de pouvoir. Même en présence d'une délégation de pouvoir, les juges doivent rechercher si dans l'exercice de ses fonctions de président du CHSCT, la personne poursuivie a personnellement porté atteinte à son fonctionnement régulier. ● Crim. 14 oct. 2003 : ⚖ *RJS 2004. 58, n° 64.*

3. Notion de projet important. Le seul nombre de salariés concernés ne suffit pas pour qualifier un projet d'important ; mais si le nombre de salariés concernés ne détermine pas, à lui seul, l'importance du projet, le projet doit être de nature à modifier les conditions de santé et de sécurité des salariés ou leurs conditions de travail. ● Soc. 10 févr. 2010 : ⚖ *RDT 2010. 380, obs. Véricel ⌀ ; JSL 2010, n° 275-6, obs. Tourreil ; SSL 2010, n° 1438, p. 8.* ♦ Constitue un projet impor-

tant modifiant les conditions de travail et nécessitant à ce titre la consultation préalable du comité un projet de regroupement de sites concernant un nombre significatif de salariés et impactant leur mobilité ainsi que leurs attributions, les CHSCT de chaque site concerné par le regroupement doivent impérativement être consultés. ● Soc. 30 juin 2010 : ⚖ *D. actu. 20 juill. 2010*, obs. Ines ; *D. 2010. Actu.* 1796 ⌀ ; *RDT 2011.* 323, obs. Véricel ⌀ ; *RJS 2010.* 699, n° 775 ; *Dr. soc. 2010.* 1006, obs. Pécaut-Rivolier ⌀ ; *JSL 2010*, n° 284-6, obs. Guillot-Bouhours et Asser ; *JCP S 2010.* 1458, obs. Cottin.
♦ Constitue un projet important modifiant les conditions de travail et nécessitant à ce titre la consultation préalable du CHSCT, la décision d'un employeur d'avoir recours à des tests de dépistage de stupéfiant, exposant éventuellement les salariés à des sanctions disciplinaires, sans intervention médicale (tests salivaires). ● Soc. 8 févr. 2012 : ⚖ *Dr. soc. 2012.* 431, obs. Pécaut-Rivolier ⌀ ; *RJS 2012.* 303, n° 354 ; *JSL 2012*, n° 319-5, obs. Ferté ; *JCP S 2012.* 1200, obs. Cottin.

4. Pluralité d'établissements concernés par le projet important. En l'absence d'une instance temporaire de coordination des différents CHSCT implantés dans les établissements concernés par la mise en œuvre d'un projet important modifiant les conditions de santé et de sécurité ou les conditions de travail, chacun des CHSCT territorialement compétents pour ces établissements est fondé à recourir à l'expertise ; l'employeur doit être débouté de sa demande d'annulation de la délibération ordonnant l'expertise votée par le CHSCT d'un établissement et portant sur un projet important résultant d'un accord d'entreprise. ● Soc. 19 déc. 2018, ⚖ n° 17-23.150 P : *D. 2019. Actu. 21* ⌀ ; *RJS 3/2019*, n° 168.

5. Contenu de l'information de l'employeur. Pour que le CHSCT puisse rendre un avis utile sur un projet de réorganisation, l'employeur doit, d'une part, leur présenter son projet de manière détaillée et, d'autre part, traiter de ses conséquences sur les conditions de travail des salariés. ● Soc. 25 sept. 2013 : ⚖ *D. 2013. Actu. 2277* ⌀ ; *RDT 2013.* 773, obs. Pontif ⌀ ; *RJS 12/2013*, n° 825 ; *JCP S 2013.* 1447, obs. Loiseau.

6. Obtention en référé d'éléments d'information. Le CHSCT, qui dans le cadre d'une procédure d'information consultation doit rendre son avis au comité d'établissement, a qualité pour agir devant le président du tribunal de grande instance statuant en la forme des référés aux fins de communication par l'employeur d'éléments d'information supplémentaires. ● Soc. 3 oct. 2018, ⚖ n° 17-20.301 P : *D. 2018. 2207*, obs. Lokiec ⌀ ; *JCP S 2018.* 1371, obs. Dauxerre.

7. Avis du CHSCT. L'avis du CHSCT ne peut résulter que d'une décision prise à l'issue d'une délibération collective et non de l'expression d'opinions individuelles. ● Soc. 10 janv. 2012 : ⚖ *D. actu. 21 févr. 2012*, obs. Fleuriot ; *D. 2012. Actu. 226* ⌀ ; *RDT 2012.* 233, obs. Signoretto ⌀ ; *Dr. soc. 2012.* 318, obs. Petit ⌀ ; *RJS 2012.* 215, n° 260 ; *Dr. ouvrier 2012.* 715, obs. Durand et Mazières ; *JCP S 2012.* 1101, obs. Cottin.

8. Droit à demander réparation du préjudice subi pour atteinte à ses prérogatives. Le CHSCT, qui a pour mission de contribuer à la protection de la santé et de la sécurité des salariés de l'entreprise ainsi qu'à l'amélioration de leurs conditions de travail, et qui est doté dans ce but de la personnalité morale, est en droit de poursuivre contre l'employeur la réparation d'un dommage que lui cause l'atteinte portée par ce dernier à ses prérogatives. ● Soc. 3 mars 2015, ⚖ n° 13-26.258 : *D. actu. 9 avr. 2015*, obs. Siro ; *D. 2015. Actu. 634* ; *ibid. 2015.* 1356, note Dondero ⌀ ; *RDT 2015.* 415, obs. Odoul-Asorey ⌀ ; *JSL 2015*, n° 386-5, obs. Gaba ; *RJS 5/2015*, n° 347.

Ancien art. L. 4612-8-2 *Le comité d'hygiène, de sécurité et des conditions de travail peut faire appel à titre consultatif et occasionnel au concours de toute personne de l'établissement qui lui paraîtrait qualifiée.*

L'art. L. 4612-8-1 devient l'art. L. 4612-8-2 (L. n° 2015-994 du 17 août 2015, art. 16-III).

Ancien art. L. 4612-9 *Le comité d'hygiène, de sécurité et des conditions de travail est consulté sur le projet d'introduction et lors de l'introduction de nouvelles technologies mentionnés à l'article (L. n° 2015-994 du 17 août 2015, art. 18-XIV, en vigueur le 1er janv. 2016)* « **L. 2323-29** » *sur les conséquences de ce projet ou de cette introduction sur la santé et la sécurité des travailleurs.*

Dans les entreprises dépourvues de comité d'hygiène, de sécurité et des conditions de travail, les délégués du personnel ou, à défaut, les salariés sont consultés. – [Anc. art. L. 236-2, al. 7, phrase 2 et L. 230-2, III, al. 4.]

Ancien art. L. 4612-10 *Le comité d'hygiène, de sécurité et des conditions de travail est consulté sur le plan d'adaptation établi lors de la mise en œuvre de mutations technologiques importantes et rapides prévues à l'article (L. n° 2015-994 du 17 août 2015, art. 18-XIV, en vigueur le 1er janv. 2016)* « **L. 2323-30** ». – [Anc. art. L. 236-2, al. 8.]

Ancien art. L. 4612-11 *Le comité d'hygiène, de sécurité et des conditions de travail est consulté sur les mesures prises en vue de faciliter la mise, la remise ou le maintien au travail des accidentés du travail, des invalides de guerre, des invalides civils et des travailleurs handicapés, notamment sur l'aménagement des postes de travail.* – [Anc. art. L. 236-2, al. 12.]

Ancien art. L. 4612-12 *Le comité d'hygiène, de sécurité et des conditions de travail est consulté sur les documents se rattachant à sa mission, notamment sur le règlement intérieur.* — [Anc. art. L. 236-2, al. 5.]

Ancien art. L. 4612-13 *Indépendamment des consultations obligatoires prévues par la présente section, le comité d'hygiène, de sécurité et des conditions de travail se prononce sur toute question de sa compétence dont il est saisi par l'employeur, le comité d'entreprise et les délégués du personnel.* — [Anc. art. L. 236-2, al. 13.]

Ancien art. L. 4612-14 *Lorsqu'il tient de la loi un droit d'accès aux registres mentionnés à l'article L. 8113-6, le comité d'hygiène, de sécurité et des conditions de travail est consulté préalablement à la mise en place d'un support de substitution dans les conditions prévues à ce même article.* — [Anc. art. L. 620-7, al. 3.] — V. Circ. n° 90-16 du 27 juill. 1990, § II-1 (BOMT n° 90/22, texte n° 518).

Ancien art. L. 4612-15 *Dans les établissements comportant une ou plusieurs installations soumises à autorisation au titre de l'article L. 512-1 du code de l'environnement ou soumise aux* (Ord. n° 2011-91 du 21 janv. 2011) *« dispositions des articles L. 211-2 et L. 211-3, des titres II à VII et du chapitre II du titre VIII du livre II du code minier »*, *les documents établis à l'intention des autorités publiques chargées de la protection de l'environnement sont portés à la connaissance du comité d'hygiène, de sécurité et des conditions de travail par l'employeur, dans des conditions déterminées par voie réglementaire.* — [Anc. art. L. 236-2, al. 9, phrase 1.]

SECTION 3 *[ANCIENNE]* **Rapport et programme annuels**

Ancien art. L. 4612-16 *Au moins une fois par an, l'employeur présente au comité d'hygiène, de sécurité et des conditions de travail :*

1° Un rapport annuel écrit faisant le bilan de la situation générale de la santé, de la sécurité et des conditions de travail dans son établissement et des actions menées au cours de l'année écoulée dans les domaines définis aux sections 1 et 2. (L. n° 2014-40 du 20 janv. 2014, art. 7-V) *« Les questions du travail de nuit et de* [la] *prévention* (Ord. n° 2017-1389 du 22 sept. 2017, art. 2-7°, en vigueur le 1er oct. 2017) *« des effets de l'exposition aux facteurs de risques professionnels mentionnés à l'article L. 4161-1 » sont traitées spécifiquement. »*

2° Un programme annuel de prévention des risques professionnels et d'amélioration des conditions de travail. Ce programme fixe la liste détaillée des mesures devant être prises au cours de l'année à venir (L. n° 2014-40 du 20 janv. 2014, art. 7-V) *« [,] qui comprennent les mesures de prévention »* (Ord. n° 2017-1389 du 22 sept. 2017, art. 2-7°, en vigueur le 1er oct. 2017) *« des effets de l'exposition aux facteurs de risques professionnels mentionnés à l'article L. 4161-1 », ainsi que, pour chaque mesure, ses conditions d'exécution et l'estimation de son coût.* — [Anc. art. L. 236-4, al. 1er à 3.]

Ancien art. L. 4612-17 *Le comité d'hygiène, de sécurité et des conditions de travail émet un avis sur le rapport et sur le programme annuels de prévention. Il peut proposer un ordre de priorité et l'adoption de mesures supplémentaires.*

Lorsque certaines des mesures prévues par l'employeur ou demandées par le comité n'ont pas été prises au cours de l'année concernée par le programme, l'employeur énonce les motifs de cette inexécution, en annexe au rapport annuel.

L'employeur transmet pour information le rapport et le programme annuels au comité d'entreprise accompagnés de l'avis du comité d'hygiène, de sécurité et des conditions de travail.

Le procès-verbal de la réunion du comité consacrée à l'examen du rapport et du programme est joint à toute demande présentée par l'employeur en vue d'obtenir des marchés publics, des participations publiques, des subventions, des primes de toute nature ou des avantages sociaux ou fiscaux. — [Anc. art. L. 236-4, al. 5, phrase 1, et al. 6 à 8.]

Ancien art. L. 4612-18 *Dans les entreprises du bâtiment et des travaux publics employant entre cinquante et deux cent quatre-vingt-dix-neuf salariés et n'ayant pas de comité d'hygiène, de sécurité et des conditions de travail, les dispositions de la présente section sont mises en œuvre par le comité d'entreprise.* — [Anc. art. L. 236-4, al. 9.]

CHAPITRE III *[ANCIEN]* **COMPOSITION ET DÉSIGNATION**

RÉP. TRAV. v° *Représentants du personnel (Élections)*, par PETIT.

Ancien art. L. 4613-1 *Le comité d'hygiène, de sécurité et des conditions de travail comprend l'employeur et une délégation du personnel dont les membres sont désignés* (L. n° 2015-994 du 17 août 2015, art. 16-V) *« pour une durée qui prend fin avec celle du mandat des membres élus*

SANTÉ ET SÉCURITÉ AU TRAVAIL **Ancien art. L. 4613-1** 1359

du comité d'entreprise les ayant désignés » par un collège constitué par les membres élus du comité d'entreprise et les délégués du personnel.

L'employeur transmet à l'(L. n° 2016-1088 du 8 août 2016, art. 113) *« agent de contrôle de l'inspection du travail mentionné à l'article L. 8112-1 » le procès-verbal de la réunion de ce collège. — [Anc. art. L. 236-5, al. 1ᵉʳ.]*

Les membres du CHSCT sont désignés pour la durée mentionnée à l'art. L. 4613-1 à compter du prochain renouvellement du comité en place (L. n° 2015-994 du 17 août 2015, art. 16-VII).

BIBL. ▶ Désignation des membres du CHSCT : DUGUET, *RPDS* 1989. 361. – SAVATIER, *Dr. soc.* 1988. 297 ; *ibid.* 1989. 645.

▶ Représentant syndical au CHSCT : VERKINDT, *Dr. soc.* 2009. 181.

COMMENTAIRE

V. sur le Code en ligne.

1. Modalités de désignation. Il n'appartient qu'aux membres du collège désignatif et non aux organisations syndicales d'arrêter, conformément aux dispositions de l'article L. 4613-1, les modalités de désignation, parmi lesquelles les modalités du scrutin, des membres de la délégation du personnel du CHSCT. ● Soc. 16 déc. 2009 : *JCP S* 2010. 1130, obs. Cottin. ◆ Le fait, pour l'employeur, d'inviter les organisations syndicales, par courriel, à remettre la liste de leurs candidats à des huissiers par lui choisis pour assurer la surveillance des opérations électorales, n'emporte pas substitution de l'employeur aux collèges désignatifs dans l'organisation des élections. ● Soc. 14 déc. 2010 : *D. actu.* 17 janv. 2011, obs. Astaix ; *D.* 2011. Actu. 84 ; *Dr. soc.* 2011. 231, obs. Pécaut-Rivolier. ◆ L'accord unanime par lequel les membres du collège électoral appelés à procéder à la désignation des membres du CHSCT adoptent expressément un mode de scrutin autre que le scrutin proportionnel n'est pas nécessairement passé par écrit. ● Soc. 22 sept. 2010 : *D. actu.* 13 oct. 2010, obs. Ines ; *RJS* 2010. 775, n° 869 ; *Dr. soc.* 2010. 1258, obs. Petit ; *JCP S* 2010. 1473, obs. Cottin. ◆ Aucune disposition légale ne s'oppose à ce que le collège spécial unique procède à la désignation des membres du comité d'hygiène, de sécurité et des conditions de travail par deux scrutins séparés. ● Soc. 29 févr. 2012 : *D. actu.* 6 avr. 2012, obs. Ines ; *D.* 2012. Actu. 687 ; *Dr. soc.* 2012. 542, obs. Pécaut-Rivolier ; *RJS* 2012. 401, n° 481 ; *JCP S* 2012. 1199, obs. Cottin.

2. Accord unanime. L'accord unanime par lequel les membres du collège électoral appelés à procéder à la désignation des membres du CHSCT adoptent expressément une règle particulière de départage des candidats à égalité peut intervenir à l'issue du premier tour et prendre la forme de l'organisation, acceptée par tous les membres du collège désignatif, d'un second tour de scrutin. ● Soc. 20 mars 2013 : *D. actu.* 16 avr. 2013, obs. Fraisse ; *JCP S* 2013. 1198, obs. Dauxerre.

3. Scrutin de liste. Le droit de rayer les noms de candidats est inhérent au scrutin de liste dans les élections des représentants du personnel de sorte que, sauf accord unanime des membres du collège désignatif, chaque électeur peut en faire usage lors de la désignation des membres du CHSCT. ● Soc. 30 nov. 2011 : *D. actu.* 18 janv. 2012, obs. Ines ; *Dr. soc.* 2012. 207, obs. Petit ; *RJS* 2012. 145, n° 177 ; *JCP S* 2012. 1031, obs. Cottin.

4. Panachage des listes. A défaut d'accord unanime entre les membres du collège constitué par les membres élus du comité d'entreprise et les délégués du personnel, la délégation du personnel au CHSCT est élue au scrutin de liste avec représentation proportionnelle à la plus forte moyenne et à un seul tour ; toute candidature individuelle constitue une liste et le panachage des listes n'est pas admis. ● Soc. 3 oct. 2018, n° 17-14.570 P : *D. actu.* 5 nov. 2018, obs. Mlapa ; *D.* 2018. Actu. 1972 ; *JCP S* 2018. 1370, obs. François.

5. Scrutins séparés. Lorsque le collège spécial unique procède à la désignation des membres du CHSCT par deux scrutins séparés dont l'un est destiné à l'élection du ou des salariés appartenant au personnel de maîtrise ou d'encadrement, il doit être procédé à un vote concomitant pour chacun des scrutins et le dépouillement ne peut intervenir qu'après la fin de tous les votes, la connaissance par les membres du collège désignatif des résultats du scrutin précédent étant de nature à influer sur le choix fait lors du second scrutin et donc à fausser la sincérité de l'élection. ● Soc. 18 janv. 2017, n° 15-27.730 P : *RJS* 3/2017, n° 205 ; *JCP S* 2017. 1052, obs. Cottin.

6. Bureau de vote. Si la constitution d'un bureau de vote ne s'impose pas pour les élections de la délégation du personnel au CHSCT, la présence, parmi les personnes en exerçant les attributions, de l'employeur ou de ses représentants constitue une irrégularité entraînant nécessairement la nullité du scrutin. ● Soc. 17 avr. 2013 : *D. actu.* 22 mai 2013, obs. Fraisse ; *D.* 2013. Actu. 1073.

7. Secret du vote. Si les dispositions de l'art. L. 59 C. élect. aux termes duquel le scrutin est secret doivent être respectées, les modalités du vote prévues par les art. L. 60 et L. 65 du même code ne sont pas applicables à la désignation des membres du CHSCT ; conformément à l'accord unanime des membres du collège désignatif, les bulletins de vote avaient été collectés après avoir été pliés par les électeurs et le secret du vote avait été ainsi assuré. • Même arrêt.

8. Qualité de représentant du personnel au CHSCT. Peut être désigné en qualité de représentant du personnel au CHSCT tout salarié travaillant dans le cadre duquel le comité est mis en place peu important qu'il exerce ses fonctions à l'extérieur de l'établissement ; un ingénieur commercial exerçant des fonctions commerciales itinérantes peut être candidat. • Soc. 4 mars 2009 : ⚖ *Dr. soc. 2009. 543, note Petit ⊘ ; RJS 2009. 378, n° 440 ; JCP S 2009. 1254, obs. Cottin.* ♦ Lorsqu'un seul CHSCT à compétence nationale est institué au sein d'un établissement, les salariés de cet établissement sont éligibles à la délégation du personnel au CHSCT, quel que soit le site géographique sur lequel ils travaillent ; un accord collectif ne peut déroger à cette règle, en procédant à une répartition des sièges par site, peu important que l'accord augmente par ailleurs le nombre des sièges offerts. • Soc. 28 sept. 2016, ⚖ n° 15-60.201 P : *RJS 12/2016, n° 788 ; JCP S 2016. 1396, obs. Cottin.*

9. Pluralité de CHSCT au sein d'un établissement distinct et éligibilité des salariés. Tout salarié d'un établissement distinct peut être désigné membre d'un CHSCT correspondant au sein de cet établissement à un secteur d'activité, peu important qu'il n'y travaille pas, dès lors qu'il relève du secteur géographique d'implantation de ce CHSCT. • Soc. 25 nov. 2015, n° 14-29.850 P : *RJS 2/2016, n° 132 ; JCP S 2016. 1039, obs. Pagnerre.*

10. Annulation des élections professionnelles et impact sur la désignation des membres du CHSCT. La désignation des membres du CHSCT effectuée par les nouveaux membres élus du comité d'entreprise et des délégués du personnel avant l'annulation de leur élection demeure valable. • Soc. 15 avr. 2015, ⚖ n° 14-19.139 : *JSL 2015, n° 389-4, obs. Patin ; RJS 7/2015, n° 496.*

Ancien art. L. 4613-2 *La composition de la délégation des représentants du personnel, en fonction de l'effectif de l'entreprise, les autres conditions de désignation des représentants du personnel ainsi que la liste des personnes qui assistent avec voix consultative aux séances du comité, compte tenu des fonctions qu'elles exercent dans l'établissement, sont déterminées par décret en Conseil d'État.*
Le ou les médecins du travail chargés de la surveillance médicale du personnel figurent obligatoirement sur la liste mentionnée au premier alinéa. (L. n° 2015-994 du 17 août 2015, art. 32) « *Ils peuvent donner délégation à un membre de l'équipe pluridisciplinaire du service de santé au travail ayant compétence en matière de santé au travail ou de conditions de travail.* » – [Anc. art. L. 236-5, al. 2 et 6.] – V. art. R. 4613-1.

---

1. Conditions de la désignation. Aucune condition de capacité électorale ne figure à l'art. L. 236-5 [L. 4613-2 nouv.] pour la désignation des membres de la délégation du personnel au CHSCT. • Soc. 9 juill. 1996, ⚖ n° 95-60.797 P : *RJS 1996. 597, n° 931.* ♦ Aucun texte ne prohibe le cumul des fonctions de délégué syndical et de membre du CHSCT. • Soc. 13 janv. 1999, ⚖ n° 97-60.483 P : *RJS 1999. 136, n° 222.*

2. Un salarié peut être désigné comme membre d'un CHSCT correspondant, au sein de l'établissement dans lequel il est affecté, à un secteur d'activité dans lequel il ne travaille pas. • Soc. 17 avr. 1991, ⚖ n° 90-60.387 P : *RJS 1991. 313, n° 591.* ♦ Une personne qui à la date du scrutin n'est plus salariée de l'entreprise ne peut plus être désignée comme membre du CHSCT. • Soc. 15 nov. 1995 : ⚖ *D. 1996. IR 16 ; RJS 1995. 799, n° 1250 ; JCP 1996. I. 3925, n° 19, obs. Teyssié.*

3. Organisation de la désignation. Il appartient à l'employeur de convoquer le collège désignatif ; la convocation des suppléants est une formalité substantielle dont l'absence entraîne la nullité de la désignation. • Soc. 17 mars 1998, ⚖ n° 96-60.363 P : *D. 1998. IR 114 ⊘ ; RJS 1998. 398, n° 617.* ♦ La présence d'un représentant de l'employeur, en l'absence de violation de son obligation de neutralité, n'entraîne pas à elle seule la nullité de la désignation. • Soc. 17 mars 1998, n° 96-60.362 P : *D. 1998. IR 110 ⊘ ; RJS 1998. 399,* n° 618.

4. Lieu et date de la désignation. Les membres du collège désignatif doivent se réunir en un même lieu et à la même date pour procéder par voie d'élections à la désignation des membres du CHSCT, sauf accord unanime. • Soc. 14 janv. 2004 : ⚖ *RJS 2004. 219, n° 319.* ♦ L'employeur peut réunir le collège désignatif avant le terme ultime des mandats en cours, les désignations ne prenant effet qu'à ce terme. • Soc. 8 oct. 2014 : ⚖ *D. actu. 12 nov. 2014, obs. Ines ; D. 2014. Actu. 2054 ⊘ ; Dr. soc. 2015. 191, note Petit ⊘ ; RJS 2014. 751, n° 878.* ♦ Comp. antérieurement : • Soc. 14 janv. 2004 : ⚖ *D. 2004. IR 254 ⊘ ; RJS 2004. 219, n° 319.*

5. Modalités de désignation. Aucune disposition légale n'autorise à ce qu'il soit dérogé au mode de désignation des membres de la délégation du personnel. • Soc. 10 janv. 1989 : *D. 1989. IR 40 ; Dr. soc. 1989. 645, note Savatier* • 24 juin 1998, ⚖ n° 97-60.631 P : *RJS 1998. 649, n° 1024* (impossibilité de déroger par accord collectif).

6. L'art. L. 236-5 [L. 4613-2 nouv.] ayant instauré un collège unique, doivent être annulées les élections qui se sont déroulées séparément dans un collège ouvriers et employés et dans un collège cadres et agents de maîtrise. • Soc. 14 mars 1989 : *Dr. soc. 1989. 645, note Savatier.* – Dans le même sens : • Soc. 10 déc. 1987 : *Dr. soc. 1988. 297, note Savatier.* ♦ Mais aucune disposition légale ne s'oppose à ce que le collège unique procède par deux scrutins séparés, l'un pour désigner le représentant du personnel de maîtrise et des cadres, l'autre celui des ouvriers. • Soc. 17 oct. 1989 : *Bull. civ. V, n° 598 ; D. 1989. IR 288* • 21 sept. 1993 : ⚖ *RJS 1993. 654, n° 1107*. ♦ ... A condition que cette modalité de désignation résulte d'un accord unanime des membres du collège électoral. • Soc. 26 janv. 1999 : ⚖ *RJS 1999. 235, n° 393*.

7. Lorsque l'entreprise est dotée d'une délégation unique du personnel, seuls les représentants titulaires composant cette délégation peuvent prendre part à la désignation des membres du CHSCT. • Soc. 7 mai 2002, ⚖ n° 01-60.505 P : *D. 2002. IR 1960* ⊘ *; RJS 2002. 642, n° 826*.

8. Il n'appartient qu'au collège mentionné à l'art. L. 236-5 [L. 4613-1 nouv.] et non à l'employeur d'arrêter les modalités de désignation de la délégation du personnel. • Soc. 21 nov. 1990 : ⚖ *D. 1990. IR 293 ; RJS 1991. 23, n° 35*.

9. Le collège chargé de désigner les membres du CHSCT, dont la composition s'apprécie à sa date de réunion, ne peut comprendre d'anciens élus dont le mandat ne saurait être prorogé par le règlement intérieur du comité. • Soc. 13 juin 1990 : ⚖ *RJS 1990. 401, n° 584*.

10. Lorsqu'il existe plusieurs CHSCT dans des établissements distincts et qu'il n'existe qu'un comité d'entreprise commun, le collège désignatif doit comprendre chacun des membres de ce comité d'entreprise ainsi que les délégués du personnel de l'établissement correspondant au CHSCT. • Soc. 31 janv. 2001, ⚖ n° 99-60.526 P : *RJS 2001. 521, n° 753*. ♦ Même si le CHSCT ne couvre qu'un secteur d'activité au sein de l'établissement, le collège désignatif comprend les membres élus du comité d'établissement et les délégués du personnel élus dans le périmètre d'implantation de ce comité d'établissement. • Soc. 30 mai 2001, ⚖ n° 99-60.474 P : *RJS 2001. 780, n° 1149*. ♦ Comp. : lorsque deux secteurs d'activité d'une entreprise sont dotés d'un comité d'établissement commun, de délégués du personnel élus séparément dans chaque secteur et de cinq CHSCT, les membres de la délégation du personnel de chaque comité sont désignés par un collège comprenant tous les représentants du personnel en fonction dans le secteur d'activité sur lequel chaque comité étend sa compétence. • Soc. 7 févr. 1989 : *Dr. soc. 1989. 645, note Savatier*. ♦ Lorsqu'au sein d'un établissement doté d'un comité d'établissement ont été institués deux CHSCT correspondant à deux secteurs d'activité, le collège chargé de la désignation des membres du CHSCT doit comprendre tous les élus du comité d'établissement. • Soc. 19 oct. 1994, ⚖ n° 93-60.339 P : *D. 1995. Somm. 377, obs. Frossard* ⊘.

11. Les délégués du personnel suppléants et les membres suppléants du comité d'entreprise ne participent pas à la désignation de la délégation du personnel, sauf s'ils remplacent un délégué titulaire. • Soc. 19 nov. 1986 : *Bull. civ. V, n° 548* • 1er déc. 1987 : *JCP E 1988. II. 15276, n° 14, obs. Teyssié*.

12. La désignation des membres du CHSCT, y compris les membres suppléants, ne peut résulter que d'un vote du collège désignatif. • Soc. 4 juill. 1990, ⚖ n° 89-60.158 P : *RJS 1990. 461, n° 680*. ♦ Le vote doit avoir lieu au scrutin secret sous enveloppe. • 24 juin 1998 : ⚖ *RJS 1998. 650, n° 1025*. ♦ Pour ce vote, il n'y a pas lieu de prendre en considération le nombre de voix obtenues aux élections du premier degré. • Soc. 10 avr. 1991, ⚖ n° 90-60.353 P : *D. 1991. IR 152 ; RJS 1991. 313, n° 590*.

13. Lorsqu'un accord s'est fait sur le scrutin majoritaire, il convient, en cas de partage des voix, d'appliquer les principes généraux du droit électoral et de déclarer élu le candidat le plus âgé. • Soc. 10 juill. 1990, ⚖ n° 89-61.121 P : *D. 1990. IR 210 ; RJS 1990. 462, n° 681*.

14. A défaut d'accord unanime entre les membres du collège, la délégation du personnel est élue au scrutin de liste avec représentation proportionnelle à la plus forte moyenne et à un seul tour. • Soc. 24 juin 1998 : ⚖ *RJS 1998. 651, n° 1026* • 16 mai 1990 : ⚖ *RJS 1990. 347, n° 497*. – Dans le même sens : • Soc. 21 janv. 1988 : *Dr. soc. 1988. 297, note Savatier* • 7 févr. 1989 : *Dr. soc. 1989. 645, note Savatier* • 28 févr. 1989 : *ibid.* • 3 oct. 1989 : *Bull. civ. V, n° 563 ; D. 1989. IR 280*. ♦ Toute candidature individuelle constitue une liste et, le panachage des listes n'étant pas admis, sont nuls les votes exprimés au moyen de plusieurs bulletins différents dans une même enveloppe. • Soc. 13 juill. 1993, ⚖ n° 92-60.344 P : *RJS 1993. 526, n° 877 ; CSB 1993. 269, S. 138*.

15. La répartition des sièges entre les catégories de personnel n'emporte aucune modification des règles de l'élection, ni du nombre de sièges revenant à chaque liste ; il convient donc de répartir les sièges entre les listes avant de les attribuer aux candidats selon la catégorie du personnel à laquelle ils appartiennent. • Soc. 8 janv. 1997, ⚖ n° 95-60.864 P : *RJS 1997. 104, n° 152* • 16 avr. 2008 : ⚖ *RJS 2008. 551, n° 685 ; JCP S 2008. 1379, obs. Cottin* • Soc. 14 déc. 2015, ⚖ n° 14-26.992 P : *D. actu. 21 janv. 2016, obs. Siro ; RJS 2/2016, n° 133 ; JCPS 2016. 1070, obs. Kerbourc'h*.

16. Durée du mandat. La perte du mandat de délégué du personnel n'entraîne pas la cessation des fonctions de membre élu du CHSCT. • Soc. 7 févr. 1990, ⚖ n° 89-60.590 P : *D. 1990. IR 56 ; RJS 1990. 160, n° 216*. ♦ La suspension du contrat de travail n'est pas un cas de cessation des fonctions. • Soc. 8 juill. 1998, ⚖ n° 97-60.333 P : *RJS 1998. 634, n° 999*.

Ancien art. L. 4613-3 *Les contestations relatives à la délégation des représentants du personnel au comité sont de la compétence du juge judiciaire.*

Lorsqu'une contestation rend indispensable le recours à une mesure d'instruction, les dépenses afférentes à cette mesure sont à la charge de l'État. — [Anc. art. L. 236-5, al. 4 et 5.]

1. Droits des salariés. Tout salarié de l'entreprise ayant vocation à être membre du CHSCT a qualité pour contester la régularité des opérations électorales, même s'il n'est ni électeur, ni candidat. • Soc. 10 oct. 1989 : *Bull. civ. V, n° 579* ; *D. 1989. IR 310.* – V. aussi • Soc. 4 juill. 1990, ⚘ n° 89-60.158 P : *RJS 1990. 461, n° 680.* ♦ L'employeur est recevable à contester la désignation d'une salariée en tant que membre du CHSCT de la société dans laquelle elle est démonstratrice, dès lors qu'il fonde sa contestation sur l'existence d'une fraude. • Soc. 2 mars 1999, ⚘ n° 97-60.736 P : *D. 1999. IR 106* ; *RJS 1999. 338, n° 552 (2ᵉ esp.).* ♦ Les contestations relatives à la désignation de la délégation du personnel sont de la compétence du tribunal d'instance qui statue en dernier ressort. • Soc. 8 janv. 1997, n° 95-60.864 P : *RJS 1997. 104, n° 152* (CHSCT de la Banque de France). ♦ Le jugement du tribunal d'instance annulant la désignation d'un représentant syndical conventionnel au CHSCT est rendu en premier ressort. • Soc. 16 févr. 2005 : ⚘ *D. 2005. IR 672* ; *RJS 2005. 369, n° 529.*

2. Droits de l'employeur. Un employeur ne peut, en cette matière d'ordre public que constituent les élections professionnelles, et même avec l'accord des organisations syndicales, se faire juge de leur validité et déclarer nulle une désignation des membres du CHSCT. • Soc. 12 mars 1991 : *CSB 1991. 139, S. 72* ; *RJS 1991. 252, n° 476.*

3. Annulation partielle. Lors d'un scrutin de liste, si une liste présentée comporte un nombre suffisant de candidats, l'annulation de la désignation d'un candidat en raison de son inéligibilité ne porte pas atteinte au nombre de sièges obtenus par la liste sur laquelle il figurait, le second candidat de la liste doit être déclaré élu. • Soc. 6 févr. 2002, ⚘ n° 00-60.490 P : *RJS 2002. 3545, n° 447.*

4. Compétence exclusive. Le juge d'instance est seul compétent pour se prononcer sur les contestations relatives à la désignation des représentants du personnel au CHSCT et, par suite, sur celles relatives au nombre de ces représentants et à leur répartition entre les organisations syndicales ; leur désignation, si elle n'est pas contestée dans le délai de quinze jours, ne peut être remise en cause par une décision ultérieure de la juridiction administrative statuant sur la légalité de l'instruction de la Poste du 7 octobre 2011. • Soc. 9 avr. 2014, ⚘ n° 13-20.196 P. ♦ Relève de la compétence des juridictions de l'ordre judiciaire le litige relatif à la décision par laquelle le directeur de la direction commerciale bancaire des services financiers de la Poste a créé le CHSCT de cette direction et fixé la liste des organisations syndicales, représentatives de l'ensemble du personnel, habilitées à désigner leurs représentants ainsi que la répartition des sièges au sein de ce comité. • CE 23 juill. 2014, ⚘ n° 374275.

Ancien art. L. 4613-4 *Dans les établissements (L. n° 2012-387 du 22 mars 2012, art. 43) « d'au moins cinq cents salariés », le comité d'entreprise détermine, en accord avec l'employeur, le nombre des [de] comités d'hygiène, de sécurité et des conditions de travail devant être constitués, eu égard à la nature, la fréquence et la gravité des risques, aux dimensions et à la répartition des locaux ou groupes de locaux, au nombre des travailleurs occupés dans ces locaux ou groupes de locaux ainsi qu'aux modes d'organisation du travail. Il prend, le cas échéant, les mesures nécessaires à la coordination de l'activité des différents comités d'hygiène, de sécurité et des conditions de travail.*

En cas de désaccord avec l'employeur, le nombre des [de] comités distincts ainsi que les mesures de coordination sont fixés par l'inspecteur du travail. Cette décision est susceptible d'un recours hiérarchique devant le (L. n° 2011-525 du 17 mai 2011, art. 170) « directeur régional des entreprises, de la concurrence, de la consommation, du travail et de l'emploi ». — [Anc. art. L. 236-6.]

1. Nécessité d'un accord. En l'absence d'accord du comité d'entreprise avec l'employeur déterminant le nombre de CHSCT et de décision de l'inspecteur du travail statuant dans les conditions ainsi définies, il ne peut être procédé à la désignation de la délégation du personnel au sein d'un CHSCT, peu important l'existence d'un accord collectif ayant fixé le nombre de CHSCT dans l'établissement. • Soc. 28 sept. 2011 : ⚘ *D. actu. 12 oct. 2011, obs. Siro* ; *Dr. soc. 2011. 1308, obs. Petit* ; *RJS 2011. 853, n° 970* ; *JCP S 2011. 1508, obs. Cottin.*

2. Critère géographique. Le critère géographique peut être pris en compte pour décider de l'implantation des CHSCT ; lorsqu'un tel critère est retenu, sauf accord en disposant autrement, seuls les salariés travaillant effectivement dans les périmètres ainsi déterminés sont éligibles au CHSCT géographiquement correspondant. • Soc. 12 avr. 2012 : ⚘ *D. actu. 14 mai 2012, obs. Siro* ; *D. 2012. Actu. 1067* ; *RJS 2012. 479, n° 564* ; *JCP S 2012. 1249, obs. Cottin* ; *SSL 2012, n° 1536, p. 10, obs. Champeaux.*

3. Modification du périmètre d'implantation. Dans les établissements de cinq cents salariés et plus, le nombre de CHSCT et leur coordination sont déterminés par le comité d'entreprise en accord avec l'employeur ou, à défaut, par l'inspecteur du travail ; il en résulte que la modification du périmètre d'implantation des CHSCT détermi-

SANTÉ ET SÉCURITÉ AU TRAVAIL **Ancien art. L. 4614-3** 1363

nés ne peut intervenir à défaut d'accord du comité d'entreprise avec l'employeur. • Soc. 22 févr. 2017, ⚖ n° 16-10.770 P : *D. actu. 15 mars 2017,* *obs. Roussel ; D. 2017. Actu. 513 ⌀ ; RJS 5/2017, n° 342 ; JCP S 2017.1165, obs. Verkindt.*

CHAPITRE IV *[ANCIEN]* FONCTIONNEMENT

SECTION 1 *[ANCIENNE]* Présidence et modalités de délibération

Ancien art. L. 4614-1 *Le comité d'hygiène, de sécurité et des conditions de travail est présidé par l'employeur.* — *[Anc. art. L. 236-5, al. 7, phrase 1.]*

Ancien art. L. 4614-2 *(L. n° 2015-994 du 17 août 2015, art. 16-VI) Le comité d'hygiène, de sécurité et des conditions de travail détermine, dans un règlement intérieur, les modalités de son fonctionnement et l'organisation de ses travaux.*

Les décisions du comité d'hygiène, de sécurité et des conditions de travail portant sur ses modalités de fonctionnement et l'organisation de ses travaux ainsi que ses résolutions sont prises à la majorité des membres présents.

Le président du comité ne participe pas au vote lorsqu'il consulte les membres élus du comité en tant que délégation du personnel.

1. Délibération collective. L'avis du CHSCT ne peut résulter que d'une décision prise à l'issue d'une délibération collective et non de l'expression d'opinions individuelles. • Soc. 10 janv. 2012 : ⚖ *D. actu. 21 févr. 2012, obs. Fleuriot ; D. 2012. Actu. 226 ⌀ ; RDT 2012. 233, obs. Signoretto ⌀ ; Dr. soc. 2012. 318, obs. Petit ⌀ ; RJS 2012. 215, n° 60 ; JCP S 2012. 1101, obs. Cottin.*

2. Délibération donnant mandat d'agir en justice. Un CHSCT peut mandater l'un de ses membres aux fins d'agir en justice du chef d'entrave, sous réserve d'une désignation formellement régulière, sans avoir à préciser dans sa délibération les faits d'entrave pour lesquels il décide d'engager des poursuites. • Crim. 28 oct. 2014 : ⚖ *JSL 2015, n° 379-2, obs. Farzam-Rochon et Genty.*

3. Vote de l'employeur et recours à un expert. La décision de recourir à un expert prise par le CHSCT dans le cadre d'une consultation sur un projet important modifiant les conditions de santé et de sécurité constitue une délibération sur laquelle les membres élus du CHSCT doivent seuls se prononcer en tant que délégation du personnel, à l'exclusion du chef d'entreprise, président du comité. • Soc. 26 juin 2013 : ⚖ *D. actu. 18 juill. 2013, obs. Peyronnet ; Dr. soc. 2013. 866, obs. Boulmier ⌀ ; JSL 2013, n° 350-6, obs. Tourreil ; JCP S 2013. 1375, obs. Cottin ; RJS 10/2013, n° 687 ; JSL 2022, n° 553-554-4, obs. Mureau.*

4. La décision par laquelle le CHSCT qui, dans le cadre d'une consultation sur un projet important modifiant les conditions de santé et de sécurité, a décidé du recours à une expertise, mandate un de ses membres pour agir et le représenter en justice pour garantir l'exécution de la décision de recourir à un expert constitue une délibération sur laquelle les membres élus du CHSCT doivent seuls se prononcer en tant que délégation du personnel, à l'exclusion du chef d'entreprise, président du comité. • Soc. 19 oct. 2022, ⚖ n° 21-18.705 B : *D. actu. 27 oct. 2022, obs. Maurel ; D. 2022. 1860 ⌀ ; Dr. soc. 2023. 189, obs. Chenu ⌀ ; RJS 12/2022, n° 619 ; JSL 2022, n° 553-554-4, obs. Mureau.*

SECTION 2 *[ANCIENNE]* Heures de délégation

Ancien art. L. 4614-3 *L'employeur laisse à chacun des représentants du personnel au comité d'hygiène, de sécurité et des conditions de travail le temps nécessaire à l'exercice de leurs fonctions.*

Ce temps est au moins égal à :

1° Deux heures par mois dans les établissements employant jusqu'à 99 salariés ;

2° Cinq heures par mois dans les établissements employant de 100 à 299 salariés ;

3° Dix heures par mois dans les établissements employant de 300 à 499 salariés ;

4° Quinze heures par mois dans les établissements employant de 500 à 1 499 salariés ;

5° Vingt heures par mois dans les établissements employant (L. n° 2012-387 du 22 mars 2012, art. 43) « au moins mille cinq cents salariés ».

Ce temps peut être réparti en cas de circonstances exceptionnelles (L. n° 2013-504 du 14 juin 2013, art. 8-XI) « ou de participation à une instance de coordination prévue à l'article L. 4616-1 ».

(L. n° 2016-1088 du 8 août 2016, art. 28) « Sauf accord collectif contraire, lorsque le représentant du personnel élu ou désigné est un salarié mentionné à l'article L. 3121-58, le crédit d'heures est regroupé en demi-journées qui viennent en déduction du nombre annuel de jours travaillés fixé dans la convention individuelle du salarié. Une demi-journée correspond à quatre heures de mandat. Lorsque le crédit d'heures ou la fraction du crédit d'heures restant est inférieur à

quatre heures, le représentant du personnel en bénéficie dans des conditions définies par un décret en Conseil d'État. »

1. Appréciation de l'effectif. La variation de l'effectif au-delà ou en deçà d'un des seuils fixé par l'art. L. 4614-3 nouv.] doit être prise en compte dès le mois suivant pour la fixation du nombre d'heures de délégation, les dispositions de l'art. L. 236-1, al. 2 [L. 4611-1 s. nouv.], n'étant applicables qu'à la mise en place du CHSCT et non à la détermination du crédit d'heures alloué aux membres de cette institution. ● Soc. 6 nov. 1991, ⚖ n° 88-42.895 P : *D. 1991. IR 282* ; *Dr. soc. 1992. 85* ; *RJS 1991. 711, n° 1325*.

2. Objet des heures de délégation. Il n'entre pas dans le mandat d'un membre du CHSCT d'organiser une réunion ayant pour objet de contester des projets ne concernant pas directement l'entreprise et relatifs à des modifications éventuelles du droit du travail ; est donc justifiée la mise à pied prononcée contre un membre du CHSCT, abstraction faite du motif erroné, mais surabondant, concernant le droit de circuler dans l'entreprise des membres du CHSCT. ● Soc. 26 févr. 1992, ⚖ n° 88-45.284 P : *Dr. soc. 1992. 464, rapp. Waquet* ✐ ; *RJS 1992. 262, n° 456*. ♦ Les contrôles effectués par les membres du CHSCT dans un établissement avec les sociétés qui sont chargées de faire des réparations ou d'assurer l'entretien sur l'ensemble des bâtiments ne constituent pas des réunions au sens des art. L. 236-2-1 et L. 236-7 [L. 4614-3 et L. 4614-7 nouv.] ; le temps qui y est consacré doit donc s'imputer sur le temps de délégation. ● Soc. 20 déc. 2006 : ⚖ *JCP S 2007. 1610, note Kerbourc'h*. ♦ V. aussi : ● Soc. 5 oct. 1994 : ⚖ *D. 1994. IR 254* ; *RJS 1994. 764, n° 1274* (exclusion du temps passé par le membre d'un CHSCT à son information personnelle).

3. Le temps passé aux enquêtes menées après un accident du travail grave doit être rémunéré, en l'absence de contestation sur le principe de la rémunération du temps passé à l'enquête, avant toute contestation sur la durée de celle-ci. ● Soc. 25 nov. 1997, ⚖ n° 95-42.139 P : *RJS 1998. 36, n° 45*.

4. Le temps passé à des inspections organisées à intervalles réguliers conformément à l'art. L. 236-2, al. 3, C. trav. [L. 4612-4 nouv.] n'entre pas dans les prévisions de l'art. L. 236-7, al. 5 [L. 4523-9 nouv.]. ● Crim. 17 févr. 1998, ⚖ n° 96-82.118 P : *D. 1998. IR 130* ✐ ; *RSC 1998. 780, note Cerf* ✐ ; *RJS 1998. 472, n° 743* ; *JCP E 1998, n° 21, p. 787*.

5. Dépassement du crédit d'heures. Il appartient au salarié d'apporter la preuve de circonstances exceptionnelles justifiant le dépassement du crédit d'heures légalement prévu. ● Soc. 25 nov. 1997, ⚖ n° 95-43.412 P : *RJS 1998. 35, n° 44*.

6. Heures de délégation et temps de trajet. En l'absence de prévision contraire par la loi, un usage ou un engagement unilatéral de l'employeur, le temps de trajet pris pendant l'horaire normal de travail en exécution des fonctions représentatives s'impute sur les heures de délégation. ● Soc. 10 déc. 2014, ⚖ n° 13-22.212.

Ancien art. L. 4614-4 Lorsque plusieurs comités d'hygiène, de sécurité et des conditions de travail sont créés dans un même établissement, dans les conditions prévues à l'article L. 4613-4, les heures de délégation attribuées aux représentants du personnel sont calculées en fonction de l'effectif de salariés relevant de chaque comité. — [Anc. art. L. 236-7, al. 3.]

Ancien art. L. 4614-5 Les représentants du personnel peuvent répartir entre eux les heures de délégation dont ils disposent. Ils en informent l'employeur. — [Anc. art. L. 236-7, al. 4.]

Ancien art. L. 4614-6 Le temps passé en heures de délégation est de plein droit considéré comme temps de travail et payé à l'échéance normale. Lorsque l'employeur conteste l'usage fait de ce temps, il lui appartient de saisir la juridiction compétente.

Est également payé comme temps de travail effectif et n'est pas déduit des heures de délégation, le temps passé :

1° Aux réunions ;

2° Aux enquêtes menées après un accident du travail grave ou des incidents répétés ayant révélé un risque grave ou une maladie professionnelle ou à caractère professionnel grave ;

3° A la recherche de mesures préventives dans toute situation d'urgence et de gravité, notamment lors de la mise en œuvre de la procédure de danger grave et imminent prévue à l'article L. 4132-2. — [Anc. art. L. 236-7, al. 5 et 6.]

1. Contestation. L'obligation de payer à l'échéance normale le temps alloué aux membres du CHSCT pour l'exercice de leurs fonctions ne les dispense pas d'indiquer l'utilisation faite du temps pour lequel ils ont été payés. ● Soc. 4 févr. 2004, ⚖ n° 01-46.478 P : *RJS 2004. 293, n° 421*.

2. Paiement des heures de délégation au moyen d'un repos compensateur. Quand il est fait application dans l'entreprise d'une convention collective de branche offrant la possibilité de mettre en œuvre un repos compensateur en contrepartie des heures supplémentaires, les heures de délégation accomplies par le salarié en dehors de ses horaires de travail pour les nécessités du mandat donnent lieu à un tel repos. ● Soc. 9 oct. 2012 : ⚖ *D. actu. 28 oct. 2012, obs. Ines* ; *RJS*

SANTÉ ET SÉCURITÉ AU TRAVAIL   **Ancien art. L. 4614-10**   1365

2012. 814, n° 958 ; JSL 2012, n° 333-334-6 ; JCP S 2012. 1501, obs. Rozec.

3. Paiement des heures de délégation en situation de dispense d'activité. En cas de dispense d'activité, il convient de se référer aux horaires que le salarié aurait dû suivre s'il avait travaillé ; au fait que ce dernier peut prétendre au paiement des heures de délégation prises en dehors du temps de travail résultant de son planning théorique (à propos d'un salarié ayant adhéré à un dispositif de congé de maintien de l'emploi des salariés seniors). ● Soc. 3 mars 2021, ⚖ n° 19-18.150 P : *D. actu. 15 mars 2021*, obs. Malfettes ; *D. 2021. Actu. 529* ⌀ ; *RJS 5/2021, n° 277* ; *JCP S 2021. 1093*, obs. Kerbourc'h.

SECTION 3 [ANCIENNE] Réunions

Ancien art. L. 4614-7 *Le comité d'hygiène, de sécurité et des conditions de travail se réunit au moins tous les trimestres à l'initiative de l'employeur, plus fréquemment en cas de besoin, notamment dans les branches d'activité présentant des risques particuliers.* — [Anc. art. L. 236-2-1, al. 1er.]

Ancien art. L. 4614-8 *L'ordre du jour de chaque réunion est établi par le président et le secrétaire.*
(L. n° 2015-990 du 6 août 2015, art. 270) « *Les consultations rendues obligatoires par une disposition législative ou réglementaire ou par un accord collectif de travail sont inscrites de plein droit à l'ordre du jour par le président ou le secrétaire.*

« *L'ordre du jour* » *est transmis aux membres du comité et à l'*(L. n° 2016-1088 du 8 août 2016, art. 113) « *agent de contrôle de l'inspection du travail mentionné à l'article L. 8112-1* » *dans des conditions déterminées par voie réglementaire.*

1. Délibérations. Le CHSCT ne peut valablement délibérer que sur un sujet en lien avec une question inscrite à l'ordre du jour. ● Soc. 22 janv. 2008 : ⚖ *JCP S 2008. 1239*, obs. Cottin.

2. Entrave. La disposition de l'art. L. 236-5 [L. 4614-8 nouv.] relative à l'établissement de l'ordre du jour est impérative ; son inobservation par l'employeur modifiant unilatéralement l'ordre du jour est constitutive du délit d'entrave. ● Crim. 4 janv. 1990 : ⚖ *RJS 1990. 158, n° 215.*

Ancien art. L. 4614-9 *Le comité d'hygiène, de sécurité et des conditions de travail reçoit de l'employeur les informations qui lui sont nécessaires pour l'exercice de ses missions, ainsi que les moyens nécessaires à la préparation et à l'organisation des réunions et aux déplacements imposés par les enquêtes ou inspections.*

Les membres du comité sont tenus à une obligation de discrétion à l'égard des informations présentant un caractère confidentiel et données comme telles par l'employeur.

Ils sont tenus au secret professionnel pour toutes les questions relatives aux procédés de fabrication. — [Anc. art. L. 236-3.]

1. Frais de déplacement. Le salarié peut prétendre au remboursement de ses frais de déplacement, même si l'employeur avait mis à sa disposition un véhicule de fonction qu'il n'a pas utilisé, dans l'hypothèse où compte tenu de l'heure de la réunion et du temps de trajet, le départ la veille s'imposait. ● Soc. 5 oct. 1999 : ⚖ *D. 1999. IR 262* ⌀ ; *Dr. soc. 1999. 1118*, obs. Cohen ⌀ ; *RJS 1999. 856, n° 1385.* ♦ Le membre du CHSCT qui ne justifie pas d'une mission individuelle à lui confiée par le comité, conformément à l'art. L. 236-2, ne peut prétendre au remboursement de ses frais de déplacement. ● Soc. 21 juill. 1993 : ⚖ *RJS 1993. 526, n° 878.*

2. Moyens supplémentaires. Le CHSCT ne peut décider de s'octroyer unilatéralement des moyens supplémentaires ; le recours à un prestataire extérieur qui engendre des frais supplémentaires nécessite un accord de l'employeur. ● Soc. 22 févr. 2017, ⚖ n° 15-22.392 P : *D. actu. 16 mars 2017*, obs. Cortot ; *D. 2017. Actu. 513* ⌀ ; *RJS 5/2017, n° 345* ; *JCP S 2017. 1102*, obs. Dauxerre.

Ancien art. L. 4614-10 *Le comité d'hygiène, de sécurité et des conditions de travail est réuni à la suite de tout accident ayant entraîné ou pouvant entraîner des conséquences graves ou à la demande motivée de deux de ses membres représentants du personnel.*
(L. n° 2013-316 du 16 avr. 2013, art. 10) « *Il est réuni en cas d'événement grave lié à l'activité de l'établissement ayant porté atteinte ou ayant pu porter atteinte à la santé publique ou à l'environnement.* »

Lorsque le chef d'entreprise est saisi d'une demande motivée présentée par deux membres au moins du comité, il doit réunir cet organisme sans pouvoir se faire juge du bien-fondé de la demande. ● Crim. 4 janv. 1990 : ⚖ *RJS 1990. 158, n° 215* ● Soc. 26 juin 2013 : ⚖ *D. actu. 17 juill. 2013*, obs. Peyronnet ; *RJS 10/2013, n° 688.*

Ancien art. L. 4614-11 L'(*L. n° 2016-1088 du 8 août 2016, art. 113*) « *agent de contrôle de l'inspection du travail mentionné à l'article L. 8112-1* » *est prévenu de toutes les réunions du comité d'hygiène, de sécurité et des conditions de travail et peut y assister*. – [Anc. art. L. 236-7, al. 7, phrase 1.]

Ancien art. L. 4614-11-1 (*L. n° 2015-994 du 17 août 2015, art. 17-II*) *Le recours à la visioconférence pour réunir le comité d'hygiène, de sécurité et des conditions de travail peut être autorisé par accord entre l'employeur et les membres désignés du comité. En l'absence d'accord, ce recours est limité à trois réunions par année civile. Un décret détermine les conditions dans lesquelles le comité peut, dans ce cadre, procéder à un vote à bulletin secret.* – V. art. D. 4616-6-1 et D. 2325-1-1 s.

SECTION 4 [ANCIENNE] Recours à un expert

BIBL. ▶ Caron et Verkindt, *Dr. soc.* 2012. 383 (notion de projet important justifiant la demande d'expertise du CHSCT). – Cochet, *Dr. soc.* 2013. 733 (expertise du CHSCT après la loi du 14 juin 2013). – Cottin, *JCP S 2011*. 1437 (panorama jurisprudentiel sur l'expertise du CHSCT) ; SSL 2013, n° 1571, p. 4. – Ferre, *RDT 2016.* 629 . – Poncet, *JSL 2011*, n°s 300-1 et 301-1 (conditions de désignation d'un expert par le CHSCT). – Thomas et Hamel, *JCP S 2013*. 1405 (honoraires des experts du comité d'entreprise et du CHSCT). – Verkindt, *Dr. soc.* 2013. 726 (conditions de travail et sécurisation de l'emploi).

Ancien art. L. 4614-12 *Le comité d'hygiène, de sécurité et des conditions de travail peut faire appel à un expert agréé :*
1° Lorsqu'un risque grave, révélé ou non par un accident du travail, une maladie professionnelle ou à caractère professionnel est constaté dans l'établissement ;
2° En cas de projet important modifiant les conditions de santé et de sécurité ou les conditions de travail, prévu à l'article (*L. n° 2015-994 du 17 août 2015, art. 16-VIII*) « *L. 4612-8-1* ».
Les conditions dans lesquelles l'expert est agréé par l'autorité administrative et rend son expertise sont déterminées par voie réglementaire. – [Anc. art. L. 236-9, al. 1er et 2, al. 3, phrase 1, et al. 4.] – V. art. R. 4614-6.

En application de l'art. L. 231-5 CRPA, et par exception à l'application du délai de deux mois prévu à l'art. L. 231-1 du même code, le délai à l'expiration duquel le silence gardé par l'administration vaut décision de rejet est fixé à quatre mois pour une demande d'agrément des experts auxquels le comité d'hygiène, de sécurité et des conditions de travail peut faire appel (Décr. n° 2014-1289 du 23 oct. 2014, art. 1er).

1. Expertise justifiée par un projet important. Le recours à un expert est justifié en présence d'un projet qui aboutit à la définition d'un nouveau métier de la logistique, dont les orientations sont définies, la durée programmée, la date de mise en œuvre prévue et qui concerne la majorité des postes du service touché. ● Soc. 1er mars 2000 : ⚖ *JSL 2000, n° 62-34.* ◆ ... Ou en présence d'un projet entraînant la disparition d'une société appelée à devenir un simple établissement, une nouvelle organisation des établissements et le transfert d'une partie du personnel au service d'une société relevant d'un autre groupe. ● Soc. 29 sept. 2009 : ⚖ *RDT 2010. 48, obs. Signoretto* ; *RJS 2009. 828, n° 946* ; *JCP S 2009. 1586, obs. Cottin.* ◆ ... Ou en présence d'une décision de changement d'horaires affectant directement les salariés postés, le travail posté étant en soi perturbateur. ● Soc. 24 oct. 2000, ⚖ n° 98-18.240 P : *RJS 2001. 36, n° 56* ; *JCP 2000. IV. 2852.* ◆ En revanche, le réaménagement de l'organigramme prévoyant la restructuration de l'encadrement mais aucune transformation des postes de travail n'est pas un projet important autorisant le CHSCT à recourir à un expert. ● Soc. 26 juin 2001, ⚖ n° 99-16.096 P : *D. 2001. IR 2244* ; *RJS 2001. 781, n° 1150* ; *JSL 2001, n° 84-4.* ◆ Le seul nombre de salariés concernés ne suffit pas pour qualifier un projet d'important ; mais si le nombre de salariés concernés ne détermine pas, à lui seul, l'importance du projet, le projet doit être de nature à modifier les conditions de santé et de sécurité des salariés ou leurs conditions de travail. ● Soc. 10 févr. 2010 : ⚖ *SSL 2010, n° 1438, p. 8.* ◆ Le déploiement de nouveaux logiciels ainsi que la fourniture aux salariés occupant des fonctions de consultants dans les entreprises clientes d'ordinateurs portables sans que ces modifications n'entraînent des répercussions importantes sur les conditions de travail des salariés en termes d'horaires, de tâches et de moyens mis à leur disposition ne constitue pas un projet important au sens de l'art. L. 4614-12. ● Soc. 8 févr. 2012 : ⚖ *RDT 2012. 300, obs. Signoretto* ; *RJS 2012. 212, n° 258.* ◆ Une baisse significative du chiffre d'affaires d'un établissement et la disparition de certaines productions attribuées à ce site, résultat prévisible de la fin de certains marchés et de difficultés conjoncturelles qui a suscité un conflit social conclu par un protocole d'accord par lequel l'entreprise s'est engagée notamment à ne pas remettre en cause la vocation industrielle du site et à maintenir sur le site un effectif de cent trente salariés, ne caractérisent pas un projet important modifiant les conditions de santé et de sécurité ou les conditions de travail. ● Soc. 14 oct. 2015, ⚖ n° 14-17.224 : *RJS 12/2015, n° 789* ; *ibid.*

p. 729, Avis Weissmann ; JCP S 2015. 1444, note Cottin.

2. Expertise justifiée par un risque grave. Ce n'est qu'au cas où un risque grave est constaté dans l'établissement qu'une expertise peut être ordonnée. • Soc. 3 avr. 2001, 🔒 n° 99-14.002 P : D. 2001. IR 1774 ⌀ ; RJS 2001. 522, n° 755. ♦ L'analyse de l'exposition des salariés à des facteurs de pénibilité ne confère pas au CHSCT un droit général à l'expertise ; il ne peut donc faire appel à un expert agréé qu'en cas de risque grave et actuel constaté dans l'établissement. • Soc. 25 nov. 2015, 🔒 n° 14-11.865 P : D. 2015. Actu. 2508 ⌀ ; RJS 2/2016, n° 136 ; JSL 2016, n° 402-4 ; SSL 2016, n° 1713, p. 9, obs. Crépin ; JCP S 2015. 1015, obs. Jeansen. ♦ Le CHSCT est fondé à recourir à une expertise dès lors qu'il a été alerté par le médecin du travail sur le risque grave encouru par les salariés en situation de grande souffrance au travail, corroboré par une forte augmentation des arrêts de travail pour maladie dans l'entreprise. • Soc. 17 févr. 2016, 🔒 n° 14-22.097 P : RJS 4/2016, n° 264 ; JCP S 2016. 1100, obs. Cottin.

3. Périmètre d'intervention du CHSCT de l'entreprise de travail temporaire. Lorsque le CHSCT de l'entreprise de travail temporaire constate que les salariés mis à disposition de l'entreprise utilisatrice sont soumis à un risque grave et actuel, au sens de l'art. L. 4614-12, sans que l'entreprise utilisatrice ne prenne de mesures, et sans que le CHSCT de l'entreprise utilisatrice ne fasse usage des droits qu'il tient dudit article, il peut, au titre de l'exigence constitutionnelle du droit à la santé des travailleurs, faire appel à un expert agréé afin d'étudier la réalité du risque et les moyens éventuels d'y remédier. • Soc. 26 févr. 2020, 🔒 n° 18-22.556 P : D. actu. 19 mars, obs. Jardonnet ; D. 2020. Actu. 440 ⌀ ; RDT 2020. 346, obs. Ciray ⌀ ; ibid. 548, obs. Miné ⌀ ; Dr. soc. 2020. 464, obs. Berriat ⌀ ; ibid. 569, obs. Véricel ⌀ ; RJS 5/2020, n° 241 ; Dr. ouvrier 2020. 403, note Lafuma ; SSL 2020, n° 1896, p. 12, entretien Huglo ; JSL 2020, n° 496-497-5, obs. Kantorowicz ; JCP S 2020. 2001, obs. Bossu.

4. Objet de l'expertise. Fait une exacte application de l'art. L. 236-9 [L. 4614-12 nouv.] la cour d'appel qui estime que le CHSCT doit avoir une vision globale des questions relevant de sa compétence, ce qui implique l'étude par l'expert de l'ensemble des risques existant dans un atelier. • Soc. 19 déc. 1990 : 🔒 RJS 1991. 106, n° 191.

5. Compatibilité entre une expertise « centrale » pour projet important et une expertise « locale » pour risque grave. Une expertise pour projet important diligentée par une instance de coordination au niveau national ne constitue pas un obstacle à une expertise pour risque grave menée au niveau local ; les juges sont tenus de rechercher si l'instance locale, qui faisait état de circonstances spécifiques à l'établissement, ne justifiait pas d'un risque grave distinct de l'expertise ordonnée au niveau central par l'instance nationale de coordination. • Soc. 5 févr. 2020, 🔒 n° 18-26.131 P : D. actu. 4 mars 2020, obs. de Montvalon ; D. 2020. 340 ⌀.

6. Choix de l'expert. Sauf abus manifeste, le juge n'a pas à contrôler le choix de l'expert auquel le CHSCT a décidé de faire appel. • Soc. 26 juin 2001, 🔒 n° 99-11.563 P : RJS 2001. 782, n° 1150 ; SSL 2001, n° 1036, p. 12.

7. Établissement public. La décision de recourir à un expert, prise par le CHSCT d'un établissement public en application de l'art. L. 4614-12 C. trav., n'est pas au nombre des marchés de service énumérés limitativement par l'art. 8 de l'Ord. n° 2005-649 du 6 juin 2005 relative aux marchés passés par certaines personnes publiques ou privées non soumises au code des marchés publics. • Soc. 14 déc. 2011 : 🔒 D. 2012. Actu. 156 ⌀ ; Dr. ouvrier 2012. 607, obs. Mazières ; JCP S 2012. 1102, obs. Cottin.

8. Consultation du CHSCT et délai d'expertise. L'absence de remise du rapport de l'expert, tenu pour exécuter la mesure d'expertise de respecter un délai qui court du jour de sa désignation, n'a pas pour effet de prolonger le délai de consultation du CHSCT. • Soc. 27 mai 2021, 🔒 n° 19-18.089 P : D. actu. 15 juin 2021, obs. Couëdel.

9. Délai de contestation de l'expertise par l'employeur. En l'absence de textes spécifiques, l'action de l'employeur en contestation de l'expertise décidée par le CHSCT est soumise au délai de prescription de droit commun de 5 ans, prévu à l'art. 2224 C. civ. • Soc. 17 févr. 2016, 🔒 n° 14-15.178 P : D. 2016. Actu. 488 ⌀ ; RJS 4/2016, n° 264 ; JSL 2016, n° 407-5, obs. Pacotte et Daguerre ; JCP S 2016. 1100, note J.-B. Cottin.

10. Secret médical. L'expert mandaté par le CHSCT d'un établissement hospitalier peut légitimement se voir opposer le secret médical par l'employeur et, par conséquent, se voir interdire l'accès aux blocs opératoires et aux réunions des équipes médicales. • Soc. 20 avr. 2017, 🔒 n° 15-27.927 P : D. 2017. Actu. 920 ⌀ ; ibid. Pan. 2274, obs. Lokiec ⌀ ; RJS 7/2017, n° 499 ; JSL 2017, n° 433-4, obs. Truong ; JCP S 2017. 1175, obs. Dauxerre.

Ancien art. L. 4614-12-1 (L. n° 2013-504 du 14 juin 2013, art. 18-XXXI) L'expert, désigné lors de sa première réunion par le comité d'hygiène, de sécurité et des conditions de travail ou par l'instance de coordination prévue à l'article L. 4616-1 dans le cadre d'une consultation sur un projet de restructuration et de compression des effectifs mentionné à l'article (L. n° 2015-994 du 17 août 2015, art. 18-XIV, en vigueur le 1ᵉʳ janv. 2016) « L. 2323-31 », présente son rapport au plus tard quinze jours avant l'expiration du délai mentionné à l'article L. 1233-30.

L'avis du comité et, le cas échéant, de l'instance de coordination est rendu avant la fin du délai prévu au même article L. 1233-30. A l'expiration de ce délai, ils sont réputés avoir été consultés.

Ces dispositions sont applicables aux procédures de licenciement collectif engagées à compter du 1er juill. 2013.

Une procédure de licenciement collectif est réputée engagée à compter de la date d'envoi de la convocation à la première réunion du comité d'entreprise mentionnée à l'art. L. 1233-30 C. trav. (L. n° 2013-504 du 14 juin 2013, art. 18-XXXIII).

Ancien art. L. 4614-13 *Lorsque l'expert a été désigné sur le fondement de l'article L. 4614-12-1, toute contestation relative à l'expertise avant transmission de la demande de validation ou d'homologation prévue à l'article L. 1233-57-4 est adressée à l'autorité administrative, qui se prononce dans un délai de cinq jours. Cette décision peut être contestée dans les conditions prévues à l'article L. 1235-7-1.*

(L. n° 2016-1088 du 8 août 2016, art. 31) « Dans les autres cas, l'employeur qui entend contester la nécessité de l'expertise, la désignation de l'expert, le coût prévisionnel de l'expertise tel qu'il ressort, le cas échéant, du devis, l'étendue ou le délai de l'expertise saisit le juge judiciaire dans un délai de quinze jours à compter de la délibération du comité d'hygiène, de sécurité et des conditions de travail ou de l'instance de coordination mentionnée à l'article L. 4616-1. Le juge statue, en la forme des référés, en premier et dernier ressort, dans les dix jours suivant sa saisine. Cette saisine suspend l'exécution de la décision du comité d'hygiène, de sécurité et des conditions de travail ou de l'instance de coordination mentionnée à l'article L. 4616-1, ainsi que les délais dans lesquels ils sont consultés en application de l'article L. 4612-8, jusqu'à la notification du jugement. Lorsque le comité d'hygiène, de sécurité et des conditions de travail ou l'instance de coordination mentionnée au même article L. 4616-1 ainsi que le comité d'entreprise sont consultés sur un même projet, cette saisine suspend également, jusqu'à la notification du jugement, les délais dans lesquels le comité d'entreprise est consulté en application de l'article L. 2323-3. — V. art. R. 4614-19.

« Les frais d'expertise sont à la charge de l'employeur. Toutefois, en cas d'annulation définitive par le juge de la décision du comité d'hygiène, de sécurité et des conditions de travail ou de l'instance de coordination, les sommes perçues par l'expert sont remboursées par ce dernier à l'employeur. Le comité d'entreprise peut, à tout moment, décider de les prendre en charge dans les conditions prévues à l'article L. 2325-41-1. »

L'employeur ne peut s'opposer à l'entrée de l'expert dans l'établissement. Il lui fournit les informations nécessaires à l'exercice de sa mission.

L'expert est tenu aux obligations de secret et de discrétion définies à l'article L. 4614-9.

BIBL. ▶ Charbonneau et Lerouge, *Dr. soc.* 2016. 928 (frais d'expertise). – Dauxerre, *JCP S* 2017. 1430 (les honoraires de l'expert après la loi du 8 août 2016).

I. JURISPRUDENCE RENDUE SOUS L'EMPIRE DES TEXTES ANTÉRIEURS À LA L. N° 2016-1088 DU 8 AOÛT 2016

1. Conformité à la Constitution. En raison de l'absence d'effet suspensif du recours de l'employeur et de l'absence de délai d'examen de ce recours, l'employeur est privé de toute protection de son droit de propriété en dépit de l'exercice d'une voie de recours. Sont déclarées inconstitutionnelles les dispositions obligeant l'employeur à prendre en charge les frais d'expertise du CHSCT lorsqu'il obtient l'annulation de la décision de recours à un expert. ● Cons. const. 27 nov. 2015, ⚖ n° 2015-500 QPC : *D.* 2015. 2449 ; *RJS* 2/2016, n° 137 ; *JCP* 2016. 208, obs. Mathieu. ♦ Jusqu'à ce que le législateur remédie à l'inconstitutionnalité constatée, et au plus tard jusqu'au 1er janv. 2017, les frais d'expertise demeurent à la charge de l'employeur, même lorsque ce dernier obtient l'annulation en justice de la délibération du CHSCT ayant décidé de recourir à l'expertise. ● Soc. 15 mars 2016, ⚖ n° 14-16.242 P : *D. actu.* 7 avr. 2016, obs. Fraisse ; *D.* 2016. 864, concl. Gadhoun ; *RDT* 2016. 499, note Guiomard ; *Dr. soc.* 2016. 478, note Mouly ; *RJS* 5/2016, n° 348 ; *JSL* 2016, n° 408-3, obs. Lhernould ; *SSL* 2016, n° 1717, obs. Laherre et Fontanille ; *JCP S* 2016. 1199, obs. Cottin ● Soc. 31 mai 2017, ⚖ n° 16-16.949 P : *D.* 2017. Actu. 1130 ; *RJS* 8-9/2017, n° 593 ; *SSL* 2017, n° 1772, p. 12 ; *JSL* n° 436-2, obs. Tissandier ; *JCP S* 2017. 1215, obs. Dauxerre.

2. Conventionnalité. Les dispositions de l'art. L. 4614-13 C. trav., telles qu'interprétées de façon constante par la Cour de cassation, constituent le droit positif applicable jusqu'à ce que le législateur remédie à l'inconstitutionnalité constatée dans sa décision n° 2015-500 QPC du 27 nov. 2015 et au plus tard jusqu'au 1er janv. 2017 ; l'atteinte ainsi portée au droit de propriété et au droit au recours effectif pour une durée limitée dans le temps est nécessaire et proportionnée au but poursuivi par les articles 2 et 8 de la Conv. EDH protégeant la santé et la vie des salariés en raison des risques liés à leur domaine d'activité professionnelle ou de leurs conditions matérielles de travail. ● Soc. 31 mai 2017, ⚖ n° 16-16.949 P :

D. 2017. Actu. 1130 ⌀ ; *Dr. soc. 2017. 784, note Mouly* ⌀ ; *RJS 8-9/2017, n° 593 ; JCP 2017. 700, obs. Dedessus-Le-Moustier.*

3. Frais. L'employeur supporte les frais d'expertise et les frais de la procédure de contestation éventuelle, en l'absence d'abus du CHSCT. • Soc. 12 janv. 1999, n° 97-12.794 P : *RJS 1999. 133, n° 215 ; Dr. soc. 1999. 301, obs. Cohen* ⌀. ♦ L'exercice par le CHSCT d'une voie de recours ne constitue pas un abus qui lui interdit de demander le remboursement de ses frais à l'employeur. • Soc. 8 déc. 2004, n° 03-15.535 P : *RJS 2005. 122, n° 163* • 6 avr. 2005, n° 02-19.414 P : *JCP S 2005. 1038, note Boubli ; RJS 2005. 454, n° 640.*

4. Contestation de l'employeur. La contestation par l'employeur, prévue par l'art. L. 236-9 [L. 4614-12 nouv.], de la nécessité pour le CHSCT de recourir à l'expertise ne peut concerner que le point de savoir si le projet litigieux est un projet important modifiant les conditions d'hygiène et de sécurité ou les conditions de travail ; si l'employeur entend contester la nécessité de l'expertise, la désignation de l'expert, le coût, l'étendue ou le délai de l'expertise, cette contestation est portée devant le Président du TGI statuant en urgence. • Soc. 14 févr. 2001 : *RJS 2001. 521, n° 754 ; JSL 2001, n° 76-3.* ♦ La nécessité de l'expertise relève de l'appréciation souveraine des juges du fond. • Soc. 25 juin 2003, n° 01-13.826 P : *RJS 2003. 810, n° 1177 ; JSL 2003, n° 130-5.* ♦ En cas de contestation, il incombe au juge de fixer le montant des frais et honoraires d'avocat, exposés par le CHSCT, qui seront mis à la charge de l'employeur, au regard des diligences accomplies. • Soc. 22 févr. 2017, n° 15-10.548 P : *D. 2017. Actu. 512* ⌀ ; *RJS 5/2017, n° 346 ; JSL 2017, n° 431-5, obs. Cottin ; JCP S 2017. 1119, obs. Verkindt.*

5. Contestation des honoraires. L'éventuelle acceptation par les parties intéressées, avant expertise, du tarif proposé, qui ne fait pas l'objet de l'agrément prévu par les art. R. 4614-6 s., ne peut faire échec au pouvoir que le juge tient de l'art. L. 4614-13 de procéder, après expertise, à une réduction du montant des honoraires de l'expert au vu du travail effectivement réalisé par ce dernier. • Soc. 15 janv. 2013 : *D. actu. 20 févr. 2013, obs. Siro ; D. 2013. Actu. 255* ⌀.

6. Honoraires et annulation de la mission de l'expert. Tenu de respecter un délai qui court de sa désignation, pour exécuter la mesure d'expertise, l'expert ne manque pas à ses obligations en accomplissant sa mission avant que la cour d'appel ne se soit prononcée sur le recours formé contre une décision rejetant une demande d'annulation du recours à un expert ; l'expert ne disposant d'aucune possibilité effective de recouvrement de ses honoraires contre le comité qui l'a désigné, ses honoraires doivent être supportés par l'expert. • Soc. 15 mai 2013 : *D. actu. 4 juin 2013, obs. Fraisse ; D. 2013. Actu. 1285* ⌀ ; *Dr. ouvrier 2013. 663, obs. Hamoudi ; JCP S 2013. 1324, obs. Cottin.*

II. JURISPRUDENCE RENDUE SOUS L'EMPIRE DE LA L. N° 2016-1088 DU 8 AOÛT 2016

7. Conformité de l'art. L. 4614-13 issu de la loi du 8 août 2016. Sont conformes à la Constitution les mots « dans un délai de quinze jours à compter de la délibération du comité d'hygiène, de sécurité et des conditions de travail ou de l'instance de coordination mentionnée à l'article L. 4616-1 » figurant à la première phrase du deuxième alinéa de l'art. L. 4614-13. En vertu de l'art. L. 4614-13-1 C. trav., l'employeur peut contester le coût final de l'expertise décidée par le CHSCT devant le juge judiciaire, dans un délai de 15 jours à compter de la date à laquelle il a été informé de ce coût ; dès lors à la supposer établie, l'impossibilité pour l'employeur de contester le coût prévisionnel de cette expertise ne constitue pas une méconnaissance du droit à un recours juridictionnel effectif. • Cons. const. 13 oct. 2017, n° 2017-662 QPC : *D. 2017. Actu. 2036* ⌀ ; *RJS 12/2017, n° 804.*

8. Application dans le temps de la loi du 8 août 2016. L'art. L. 4614-13, dans sa rédaction issue de la L. du 8 août 2016 (l'employeur qui obtient l'annulation définitive de la décision du CHSCT de recourir à une expertise se voit remboursé des sommes perçues par l'expert), s'applique aux frais de l'expertise mise en œuvre en vertu d'une délibération contestée judiciairement, postérieurement à l'entrée en vigueur de l'art. 31 de la L. du 8 août 2016. • Soc. 25 sept. 2019, n° 18-16.323 P : *D. 2019. Actu. 1890* ⌀ ; *JCP S 2019. 1301, obs. Dauxerre.*

9. Point de départ du délai de contestation du coût prévisionnel de l'expertise. Au visa des art. L. 4614-13 et L. 4614-13-1 interprétés à la lumière de l'art. 6, § 1, de la Conv. EDH, il résulte de ces textes que le délai de 15 jours pour contester le coût prévisionnel de l'expertise ne court qu'à compter du jour où l'employeur en a été informé. • Soc. 28 mars 2018, n° 16-28.561 P : *D. 2018. Actu. 730* ⌀ ; *Dr. soc. 2018. 574, obs. Mouly* ⌀ ; *RJS 6/2018, n° 429 ; SSL 2018, n° 1814-1815, p. 11, obs. Caro ; JCP S 2018. 1168, obs. Dauxerre.*

10. Point de départ du délai de contestation du périmètre de l'expertise. Lorsque l'employeur conteste la fixation du périmètre de l'expertise, le délai de contestation commence à courir à compter du jour de la délibération l'ayant fixé ; cette contestation induit nécessairement le droit de contester le coût prévisionnel de l'expertise. • Soc. 20 mars 2019, n° 17-23.027 : *D. actu. 29 avr. 2019, obs. Fraisse ; D. 2019. Actu. 646* ⌀ ; *RJS 5/2019, n° 305 ; SSL 2019, n° 1855, p. 10, obs. Champeaux ; JSL 2019, n° 475-3, obs. Tissandier ; JCP S 2019. 1111, obs. Dauxerre.*

11. UES et contestation du coût de l'expertise. Lorsqu'une action concerne l'exercice de sa mission par une institution représentative d'une UES, elle doit être, sous peine d'irrecevabilité, introduite par ou dirigée contre toutes les entités composant l'UES, ou par l'une d'entre elles ayant mandat pour représenter l'ensemble des sociétés de l'UES ; dès lors qu'une expertise menée par le CHSCT concerne l'ensemble du périmètre d'une UES, l'action en contestation du montant des honoraires doit être conjointement introduite par les différentes entités composant l'UES. • Soc. 26 févr. 2020, ⚖ n° 18-22.123 P : *D. actu. 18 mars 2020*, obs. Couëdel ; *D. 2020. 491* ⊘ ; *RJS 5/2020, n° 243*.

Ancien art. L. 4614-13-1 (L. n° 2016-1088 du 8 août 2016, art. 31) *L'employeur peut contester le coût final de l'expertise devant le juge judiciaire, dans un délai de quinze jours à compter de la date à laquelle l'employeur a été informé de ce coût.* — V. art. R. 4614-20.

SECTION 5 [ANCIENNE] Formation

Ancien art. L. 4614-14 *Les représentants du personnel au comité d'hygiène, de sécurité et des conditions de travail bénéficient de la formation nécessaire à l'exercice de leurs missions. Cette formation est renouvelée lorsqu'ils ont exercé leur mandat pendant quatre ans, consécutifs ou non.*

Dans les établissements où il n'existe pas de comité d'hygiène, de sécurité et des conditions de travail, et dans lesquels les délégués du personnel sont investis des missions de ce comité, les délégués du personnel bénéficient de la formation prévue au premier alinéa. — [Anc. art. L. 236-10, al. 1er et 2.]

BIBL. ▶ DUGUET, *RPDS 1988. 169* (formation dans les entreprises de moins de trois cents salariés).

1. Étendue de l'obligation de prise en charge. Les art. R. 236-15 à R. 236-22 imposent l'application de l'art. L. 236-10 [L. 4614-14 nouv.] et ne limitent pas la prise en charge financière par l'employeur de la formation des représentants du personnel au CHSCT. • Soc. 8 juin 1999, ⚖ n° 96-45.833 P : *RJS 1999. 569, n° 929.*

2. Maintien du salaire. Le temps consacré à la formation des représentants du personnel au CHSCT est pris sur le temps de travail et est rémunéré comme tel ; un salarié participant, sur sa demande, à de telles formations ne peut prétendre à une rémunération supérieure à celle qu'il aurait perçue s'il ne les avait pas suivies (salarié à temps partiel suivant une formation à temps plein). • Soc. 15 juin 2010 : ⚖ *D. actu. 7 juill. 2010*, obs. Dechristé ; *RJS 2010. 704, n° 782* ; *JCP S 2010. 1433*, obs. Martinon.

Ancien art. L. 4614-15 *Dans les établissements* (L. n° 2012-387 du 22 mars 2012, art. 43) « *d'au moins trois cents salariés* », *la formation est assurée dans les conditions prévues à l'article L. 2325-44.*

Pour les établissements de moins de trois cents salariés, ces conditions sont fixées par convention ou accord collectif de travail ou, à défaut, par des dispositions spécifiques déterminées par voie réglementaire. — [Anc. art. L. 236-10, al. 3 et 4.] — V. art. R. 4614-21.

Ancien art. L. 4614-16 *La charge financière de la formation des représentants du personnel au comité d'hygiène, de sécurité et des conditions de travail incombe à l'employeur dans des conditions et limites déterminées par voie réglementaire.* — [Anc. art. L. 236-10, al. 6.] — V. art. R. 4614-33 s.

CHAPITRE V [ANCIEN] COMITÉ D'HYGIÈNE, DE SÉCURITÉ ET DES CONDITIONS DE TRAVAIL DANS CERTAINS ÉTABLISSEMENTS DE SANTÉ, SOCIAUX ET MÉDICO-SOCIAUX

Le présent chapitre ne comprend pas de dispositions législatives.

CHAPITRE VI [ANCIEN] INSTANCE DE COORDINATION DES COMITÉS D'HYGIÈNE, DE SÉCURITÉ ET DES CONDITIONS DE TRAVAIL

(L. n° 2013-504 du 14 juin 2013, art. 8-X)

BIBL. ▶ COTTIN, *JCP S 2013. 1264.* — TARAUD, *SSL 2013, n° 1592, p. 31.*

COMMENTAIRE

V. sur le Code en ligne 📖. ❏

Ancien art. L. 4616-1 *Lorsque les consultations prévues aux articles* (L. n° 2015-994 du 17 août 2015, art. 16-VIII) « *L. 4612-8-1* », *L. 4612-9, L. 4612-10 et L. 4612-13 portent sur un pro-*

jet commun à plusieurs établissements, l'employeur peut mettre en place une instance temporaire de coordination de leurs comités d'hygiène, de sécurité et des conditions de travail, qui a pour mission d'organiser le recours à une expertise unique par un expert agréé dans (L. n° 2015-994 du 17 août 2015, art. 15-IV) « le cas mentionné au 2° de l'article L. 4614-12 et selon les modalités prévues » à l'article L. 4614-13. (L. n° 2015-994 du 17 août 2015, art. 15-IV) « L'instance est seule compétente pour désigner cet expert. Elle rend » un avis au titre des articles (L. n° 2015-994 du 17 août 2015, art. 16-VIII) « L. 4612-8-1 », L. 4612-9, L. 4612-10 et L. 4612-13.

(L. n° 2015-994 du 17 août 2015, art. 15-IV) « L'instance temporaire de coordination, lorsqu'elle existe, est seule consultée sur les mesures d'adaptation du projet communes à plusieurs établissements. Les comités d'hygiène, de sécurité et des conditions de travail concernés sont consultés sur les éventuelles mesures d'adaptation du projet spécifiques à leur établissement et qui relèvent de la compétence du chef de cet établissement. »

1. Compatibilité entre une expertise « centrale » pour projet important et une expertise « locale » pour risque grave. Une expertise pour projet important diligentée par une instance de coordination au niveau national ne constitue pas un obstacle à une expertise pour risque grave menée au niveau local ; les juges sont tenus de rechercher si l'instance locale, qui faisait état de circonstances spécifiques à l'établissement, ne justifiait pas d'un risque grave distinct de l'expertise ordonnée au niveau central par l'instance nationale de coordination. • Soc. 5 févr. 2020, n° 18-26.131 P : D. actu. 4 mars 2020, obs. de Montvalon ; D. 2020. 131.

2. Projet important commun à plusieurs établissements et instance temporaire de coordination des CHSCT. L'employeur qui doit consulter les CHSCT sur un projet de règlement intérieur modifiant les conditions de santé et de sécurité ou les conditions de travail, projet important commun à plusieurs établissements, peut mettre en place une instance temporaire de coordination des CHSCT qui a pour mission de rendre un avis après avoir eu recours, le cas échéant, à une expertise unique. Même en l'absence d'expertise décidée par l'instance temporaire de coordination, les CHSCT des établissements concernés par le projet commun ne sont pas compétents pour décider le recours à une expertise sur cette même consultation. • Soc. 26 févr. 2020, n° 18-23.590 P : D. 2020. 543 ; RJS 5/2020, n° 242 ; JCP S 2020. 2008, obs. Dauxerre.

Ancien art. L. 4616-2 *L'instance de coordination est composée :*

1° De l'employeur ou de son représentant ;

2° De trois représentants de chaque comité d'hygiène, de sécurité et des conditions de travail concerné par le projet en présence de moins de sept comités, ou de deux représentants de chaque comité en présence de sept à quinze comités, et d'un au-delà de quinze comités. Les représentants sont désignés par la délégation du personnel de chaque comité d'hygiène, de sécurité et des conditions de travail en son sein, pour la durée de leur mandat ;

3° Des personnes suivantes : médecin du travail, (L. n° 2016-1088 du 8 août 2016, art. 113) « *agent de contrôle de l'inspection du travail mentionné à l'article L. 8112-1* », *agent des services de prévention de l'organisme de sécurité sociale et, le cas échéant, agent de l'organisme professionnel de prévention du bâtiment et des travaux publics et responsable du service de sécurité et des conditions de travail ou, à défaut, agent chargé de la sécurité et des conditions de travail. Ces personnes sont celles territorialement compétentes pour l'établissement dans lequel se réunit l'instance de coordination s'il est concerné par le projet et, sinon, celles territorialement compétentes pour l'établissement concerné le plus proche du lieu de réunion.*

Seules les personnes mentionnées aux 1° et 2° ont voix délibérative.

Ancien art. L. 4616-3 *L'expert mentionné à l'article L. 4616-1 est désigné lors de la première réunion de l'instance de coordination.*

Il remet son rapport et l'instance de coordination se prononce (Abrogé par L. n° 2015-994 du 17 août 2015, art. 15-V) « *, le cas échéant,* » *dans les délais prévus par un décret en Conseil d'État. A l'expiration de ces délais, l'instance de coordination est réputée avoir été consultée.*

(L. n° 2015-994 du 17 août 2015, art. 15-V) « *Lorsqu'il y a lieu de consulter à la fois l'instance de coordination et un ou plusieurs comités d'hygiène, de sécurité et des conditions de travail,* » (L. n° 2016-1088 du 8 août 2016, art. 18) « *un accord peut définir l'ordre et les délais dans lesquels l'instance de coordination et le ou les comités d'hygiène, de sécurité et des conditions de travail rendent et transmettent leur avis.*

« *A défaut d'accord, l'avis de chaque comité d'hygiène, de sécurité et des conditions de travail est rendu et transmis à l'instance de coordination des comités d'hygiène, de sécurité et des conditions de travail et l'avis de cette dernière est rendu dans des délais fixés par décret en Conseil d'État.* »

Ancien art. L. 4616-4 *Les articles L. 4614-1, L. 4614-2, L. 4614-8 et L. 4614-9 s'appliquent à l'instance de coordination.*

Ancien art. L. 4616-5 *Un accord d'entreprise peut prévoir des modalités particulières de composition et de fonctionnement de l'instance de coordination, notamment si un nombre important de comités d'hygiène, de sécurité et des conditions de travail sont concernés.*

Ancien art. L. 4616-6 (L. n° 2015-994 du 17 août 2015, art. 17-II) *Le recours à la visioconférence pour réunir l'instance de coordination peut être autorisé par accord entre l'employeur et les représentants de chaque comité d'hygiène, de sécurité et des conditions de travail. En l'absence d'accord, ce recours est limité à trois réunions par année civile. Un décret détermine les conditions dans lesquelles l'instance de coordination peut, dans ce cadre, procéder à un vote à bulletin secret.*

TITRE II SERVICES DE PRÉVENTION ET DE SANTÉ AU TRAVAIL
(L. n° 2021-1018 du 2 août 2021, art. 1er-I).

RÉP. TRAV. v° *Services de santé au travail*, par VÉRICEL.

BIBL. GÉN. ▶ ALVAREZ, *Dr. ouvrier* 1980. 307. – BABIN, *Dr. soc.* 2005. 653 ⌀. – BENOÎT, *RDSS* 1977. 175. – CHAUMETTE, *ALD* 1986. 165. – DORÉ, *Dr. soc.* 2004. 931 ⌀ (évolution de la médecine du travail). – DORLHAC DE BORNE, *Dr. soc.* 1987. 565. – FANTONI-QUINTON, *RDT* 2016. 472 ⌀ (le maintien en emploi au cœur des missions des services de santé au travail). – FRIMAT et GUILLON, *RDT* 2011. *Controverse* 86 ⌀ (la médecine du travail est-elle menacée ?). – FROMONT, *ibid.* 1987. 584 (statut des médecins du travail). – HUSSON, *RPDS* 1980. 277. – JAVILLIER, *Dr. soc.*, n° spéc., avr. 1980, 40 (statut des médecins du travail). – LOIRET, ARNAUD et SAUX, *Gaz. Pal.* 5-6 oct. 1994 (bases juridiques ; principes généraux et fonctionnement). – LOIRET, ARNAUD, CHEVALIER, MÉTOIS-BOURRIQUEN et autres, *Gaz. Pal.* 1998. 1. *Doctr.* 159 (examens complémentaires médicaux). – LORIOT, *Dr. soc.* 1987. 592 (rôle du médecin du travail dans l'organisation du travail). – MARTINEZ, *SSL* 1989, suppl. n° 460. – NUTTE, *Dr. soc.* 1979. 449. – PELLETIER et MARINIER, *JCP S* 2012. 1314 (d'une médecine de l'aptitude à la médecine de prévention des risques professionnels). – PÉLISSIER, *ibid.* 1991. 678 (inaptitude et modification de l'emploi). – SAVATIER, *ibid.* 1986. 779 ; *ibid.* 1987. 604. – SOULA, *Dr. ouvrier* 2003. 98.

▶ *Adde* : P. LOIRET, Le secret médical et la médecine du travail (histoire et textes), *Documents pour le médecin du travail*, 1991, n° 48, p. 313 ; ... (jurisprudence), *ibid.*, 1992, n° 49, p. 23.

▶ **Loi du 20 juillet 2011** : BABIN, *JCP S* 2011. 1422 (la réforme de la médecine du travail : quels changements pour l'entreprise ?). – CARON et VERKINDT, *JCP S* 2011. 1421 (la réforme de la médecine du travail n'est plus tout à fait un serpent de mer). – CHATZILAOU, ALVES-CONDÉ, GOMES et ROUSSEL, *RDT* 2012. 200 ⌀. – MEYER, *Dr. ouvrier* 2013. 12 (nature juridique des interventions du médecin du travail). – VÉRICEL, *RDT* 2011. 682 ⌀.

▶ **Loi du 8 août 2016** : MEYER, *RDT* 2016. 821 ⌀. – VERKINDT, *JCP S* 2016. 1306.

▶ **Loi du 2 août 2021** : ASQUINAZI-BAILLEUX, *JCP S* 2022. 1084 (SPSTI : nouveaux enjeux ou continuité ?).

COMMENTAIRE
V. sur le Code en ligne 🕮. ❏

CHAPITRE I CHAMP D'APPLICATION

Art. L. 4621-1 Les dispositions du présent livre sont applicables aux employeurs de droit privé ainsi qu'aux travailleurs.

(L. n° 2009-526 du 12 mai 2009, art. 33) « Elles sont également applicables aux établissements mentionnés aux 1°, 2° et 3° de l'article L. 4111-1. » – V. art. L. 4745-1 (pén.). – V. en ce qui concerne les entreprises de transport par eau, Décr. n° 58-924 du 8 oct. 1958 (D. 1958. 338 ; BLD 1958. 678) ; ... les chemins de fer secondaires d'intérêt général, les réseaux de voies ferrées d'intérêt local et de tramways, Décr. n° 58-1221 du 11 déc. 1958 (D. 1959. 6 ; BLD 1958. 863) ; ... les entreprises de transports publics par route, Décr. n° 58-1222 du 11 déc. 1958 (D. 1959. 6 ; BLD 1958. 863) ; ... les entreprises privées de transport aérien, Décr. n° 59-664 du 20 mai 1959 (D. 1959. 502 ; BLD 1959. 918) ; ... la Compagnie nationale Air France, Décr. n° 64-346 du 18 avr. 1964 (JO 23 avr.) ; ... la SNCF, Décr. n° 60-965 du 9 sept. 1960 (JO 10 sept.).

Art. L. 4621-2 (L. n° 2019-486 du 22 mai 2019, art. 11-VI, en vigueur le 1er janv. 2020) Par dérogation aux articles L. 1111-2 et L. 1111-3, pour l'application de la sec-

SANTÉ ET SÉCURITÉ AU TRAVAIL **Art. L. 4622-2**

tion 1 du chapitre III du titre II du livre VI de la quatrième partie de la partie réglementaire, un décret en Conseil d'État fixe les conditions dans lesquelles l'effectif salarié et les règles de franchissement des seuils d'effectif sont déterminés.

Art. L. 4621-3 (L. n° 2021-1018 du 2 août 2021, art. 23, en vigueur le 31 mars 2022) Les travailleurs indépendants relevant du livre VI du code de la sécurité sociale peuvent s'affilier au service de prévention et de santé au travail interentreprises de leur choix.

Ils bénéficient d'une offre spécifique de services en matière de prévention des risques professionnels, de suivi individuel et de prévention de la désinsertion professionnelle.

Les modalités d'application du présent article sont déterminées par décret. – V. art. D. 4622-27-1.

Art. L. 4621-4 (L. n° 2021-1018 du 2 août 2021, art. 23, en vigueur le 31 mars 2022) Le chef de l'entreprise adhérente à un service de prévention et de santé au travail interentreprises peut bénéficier de l'offre de services proposée aux salariés.

CHAPITRE II MISSIONS ET ORGANISATION

SECTION 1 Principes

Art. L. 4622-1 Les employeurs relevant du présent titre organisent des services (L. n° 2021-1018 du 2 août 2021, art. 1er-I, en vigueur le 31 mars 2022) « de prévention et » de santé au travail. – V. art. L. 4745-1 (pén.) et D. 4622-1 s.

Art. L. 4622-2 (L. n° 2011-867 du 20 juill. 2011) Les services (L. n° 2021-1018 du 2 août 2021, art. 1er-I, en vigueur le 31 mars 2022) « de prévention et » de santé au travail ont pour mission (L. n° 2021-1018 du 2 août 2021, art. 7, en vigueur le 31 mars 2022) « principale » d'éviter toute altération de la santé des travailleurs du fait de leur travail. (L. n° 2021-1018 du 2 août 2021, art. 7, en vigueur le 31 mars 2022) « Ils contribuent à la réalisation d'objectifs de santé publique afin de préserver, au cours de la vie professionnelle, un état de santé du travailleur compatible avec son maintien en emploi. » A cette fin, ils :
1° Conduisent les actions de santé au travail, dans le but de préserver la santé physique et mentale des travailleurs tout au long de leur parcours professionnel ;

(L. n° 2021-1018 du 2 août 2021, art. 7, en vigueur le 31 mars 2022) « 1° bis Apportent leur aide à l'entreprise, de manière pluridisciplinaire, pour l'évaluation et la prévention des risques professionnels ; »

2° Conseillent les employeurs, les travailleurs et leurs représentants sur les dispositions et mesures nécessaires afin d'éviter ou de diminuer les risques professionnels, d'améliorer (L. n° 2021-1018 du 2 août 2021, art. 7, en vigueur le 31 mars 2022) « la qualité de vie et des conditions de travail, en tenant compte le cas échéant de l'impact du télétravail sur la santé et l'organisation du » travail, de prévenir la consommation d'alcool et de drogue sur le lieu de travail, (L. n° 2012-954 du 6 août 2012) « de prévenir le harcèlement sexuel ou moral, » de prévenir ou de réduire (Ord. n° 2017-1389 du 22 sept. 2017, art. 2-8°) « les effets de l'exposition » (Ord. n° 2017-1718 du 20 déc. 2017, art. 1er-I) « aux facteurs de risques professionnels mentionnés à l'article L. 4161-1 » et la désinsertion professionnelle et de contribuer au maintien dans l'emploi des travailleurs ;

(L. n° 2021-1018 du 2 août 2021, art. 7, en vigueur le 31 mars 2022) « 2° bis Accompagnent l'employeur, les travailleurs et leurs représentants dans l'analyse de l'impact sur les conditions de santé et de sécurité des travailleurs de changements organisationnels importants dans l'entreprise ; »

3° Assurent la surveillance de l'état de santé des travailleurs en fonction des risques concernant leur (L. n° 2015-994 du 17 août 2015, art. 26-II) « santé au travail et leur sécurité et celle des tiers » (Ord. n° 2017-1389 du 22 sept. 2017, art. 2-8°) « , des effets de l'exposition » (Ord. n° 2017-1718 du 20 déc. 2017, art. 1er-I) « aux facteurs de risques professionnels mentionnés à l'article L. 4161-1 » et de leur âge ;

4° Participent au suivi et contribuent à la traçabilité des expositions professionnelles et à la veille sanitaire ;

(L. n° 2021-1018 du 2 août 2021, art. 7, en vigueur le 31 mars 2022) « 5° Participent à des actions de promotion de la santé sur le lieu de travail, dont des campagnes de vaccination et de dépistage, des actions de sensibilisation aux bénéfices de la pratique sportive et des actions d'information et de sensibilisation aux situations de handicap au travail, dans le cadre de la stratégie nationale de santé prévue à l'article L. 1411-1-1 du code de la santé publique. » — *V. art. L. 4745-1 (pén.).*

BIBL. ▶ VERKINDT, *Dr. soc.* 2021. 885 ⌀ (le médecin du travail : recentrage ou décentrage, recentrement ou décentrement ?).

Art. L. 4622-2-1 (*L. n° 2021-1018 du 2 août 2021, art. 19, en vigueur le 1ᵉʳ janv. 2024*) Dans le cadre de sa mission de prévention de la désinsertion professionnelle, le service de prévention et de santé au travail informe le service du contrôle médical mentionné à l'article L. 315-1 du code de la sécurité sociale, les organismes locaux et régionaux d'assurance maladie et le service social mentionné au 4° de l'article L. 215-1 du même code, selon des modalités définies par décret, lorsqu'il accompagne des travailleurs qui ont fait l'objet de la transmission d'informations mentionnée à l'article L. 315-4 dudit code. Sous réserve de l'accord du travailleur, il leur transmet des informations relatives au poste et aux conditions de travail de l'intéressé.

Art. L. 4622-3 Le rôle du médecin du travail est exclusivement préventif. Il consiste à éviter toute altération de la santé des travailleurs du fait de leur travail, notamment en surveillant leurs conditions d'hygiène au travail, les risques de contagion et leur état de santé ainsi que (*L. n° 2016-1088 du 8 août 2016, art. 102*) « tout risque manifeste d'atteinte à la sécurité des tiers évoluant dans l'environnement immédiat de travail ». — *V. art. L. 4745-1 (pén.), R. 4623-1 et R. 4623-14 s.*

BIBL. ▶ MOUCHIKHINE, *JSL* 2015, n° 382-383-7 (la médecine du travail : prévention des risques ou accompagnement des salariés ?).

1. Responsabilité du médecin du travail. La prescription par un médecin du travail d'un médicament destiné au traitement de l'obésité contrevient à ses obligations et engage sa responsabilité civile et celle du service interentreprises de médecine du travail en cas d'effets nocifs du médicament prescrit. ● Civ. 1ʳᵉ, 24 janv. 2006 : ⚖ *Dr. soc.* 2006. 458, obs. Savatier ⌀.

2. Responsabilité déontologique du médecin du travail. L'employeur peut déposer une plainte disciplinaire à l'encontre du médecin du travail en cas de violation de ses obligations déontologiques ayant lésé directement les intérêts de l'entreprise ; le médecin qui a délivré un certificat médical établissant un lien entre la pathologie d'un salarié et ses conditions de travail, en se fondant sur des constats qu'il n'a pas personnellement opérés, certificat ensuite utilisé dans un dossier prud'homal en harcèlement moral peut se voir sanctionner par la chambre disciplinaire de l'ordre des médecins. ● CE 6 juin 2018, ⚖ n° 405453 : *RDT* 2019. 265, obs. Véricel ⌀ ; *RJS* 8-9/2018, n° 543 ; *JCP S* 2018. 1276, obs. Babin

---

Loi n° 2021-1018 du 2 août 2021,

Pour renforcer la prévention en santé au travail.

Art. 32 I. — A titre expérimental et pour une durée de cinq ans, l'État peut autoriser, par dérogation aux articles L. 321-1 du code de la sécurité sociale et L. 4622-3 du code du travail, dans trois régions volontaires dont au moins une des collectivités mentionnées au deuxième alinéa de l'article 72-3 de la Constitution, les médecins du travail à :

1° Prescrire et, le cas échéant, renouveler un arrêt de travail ;

2° Prescrire des soins, examens ou produits de santé strictement nécessaires à la prévention de l'altération de la santé du travailleur du fait de son travail ou à la promotion d'un état de santé compatible avec son maintien en emploi. Cette prescription est subordonnée à la détention d'un diplôme d'études spécialisées complémentaires ou à la validation d'une formation spécialisée transversale en addictologie, en allergologie, en médecine du sport, en nutrition ou dans le domaine de la douleur.

II. — Un décret en Conseil d'État précise les modalités de cette expérimentation et les conditions dans lesquelles le médecin du travail peut prescrire des soins, examens ou produits de santé dont la liste est fixée par arrêté des ministres chargés de la santé et de la sécurité sociale. Les ministres chargés de la santé, de la sécurité sociale et du travail arrêtent la liste des régions participant à l'expérimentation. Le contenu de chaque projet d'expérimentation régional est défini par rapport à un cahier des charges arrêté par les ministres chargés de

SANTÉ ET SÉCURITÉ AU TRAVAIL **Art. L. 4622-6** 1375

la santé, de la sécurité sociale et du travail, après avis du comité régional de prévention et de santé au travail concerné.

III. — Un rapport d'évaluation est réalisé au terme de l'expérimentation et fait l'objet d'une transmission au Parlement par le Gouvernement.

Art. L. 4622-4 (L. n° 2011-867 du 20 juill. 2011) Dans les services (L. n° 2021-1018 du 2 août 2021, art. 1er-I, en vigueur le 31 mars 2022) « de prévention et » de santé au travail autres que ceux mentionnés à l'article L. 4622-2, les missions définies à l'article L. 4622-2 sont exercées par les médecins du travail en toute indépendance. Ils mènent leurs actions en coordination avec les employeurs, les membres du (Ord. n° 2017-1386 du 22 sept. 2017, art. 4) « comité social et économique » et les personnes ou organismes mentionnés à l'article L. 4644-1.

(L. n° 2021-1018 du 2 août 2021, art. 12, en vigueur le 31 mars 2022) « Pour assurer l'ensemble de leurs missions, ces services peuvent, par convention, recourir aux compétences des services de prévention et de santé au travail mentionnés à l'article L. 4622-7. » — V. art. L. 4745-1 (pén.) et R. 4623-26 s.

Art. L. 4622-5 Selon l'importance des entreprises, les services (L. n° 2021-1018 du 2 août 2021, art. 1er-I, en vigueur le 31 mars 2022) « de prévention et » de santé au travail peuvent être propres à une seule entreprise ou communs à plusieurs. — V. art. L. 4745-1 (pén.).

BIBL. ▶ Services médicaux d'entreprise ou interentreprises : Amouroux, Dr. soc. 1987. 569. - Grand, ibid. 571.

1. Consultation du comité d'entreprise. Le comité d'entreprise doit être consulté avant toute décision de résiliation du contrat liant une entreprise à un service médical interentreprises. ● Crim. 4 janv. 1979 : Dr. soc. 1979. 456, note Javillier.

2. Juge compétent. Le litige entre une association gestionnaire d'un service médical et social interentreprises et une entreprise adhérente relève du juge judiciaire. ● T. confl. 24 févr. 1992 : 🔒 RJS 1992. 410, n° 747.

Art. L. 4622-5-1 (L. n° 2021-1018 du 2 août 2021, art. 23, en vigueur le 31 mars 2022) Sans préjudice du troisième alinéa de l'article L. 1251-22, lorsqu'une entreprise dispose de son propre service de prévention et de santé au travail, ce service peut assurer, dans des conditions fixées par convention, le suivi individuel de l'état de santé des travailleurs, salariés ou non-salariés, qui exercent leur activité sur le site de l'entreprise.

Lorsque des salariés d'entreprises extérieures exercent des activités, dont la nature et la durée sont précisées par décret, sur le site d'une entreprise disposant de son propre service de prévention et de santé au travail, la prévention des risques professionnels auxquels sont exposés ces salariés, prévue aux 1°, 1° bis, 2°, 4° et 5° de l'article L. 4622-2, est assurée de manière conjointe dans le cadre d'une convention conclue entre le service précité et les services de prévention et de santé au travail dont relèvent ces salariés.

V. art. D. 4625-34-1.

Art. L. 4622-6 Les dépenses afférentes aux services (L. n° 2021-1018 du 2 août 2021, art. 1er-I, en vigueur le 31 mars 2022) « de prévention et » de santé au travail sont à la charge des employeurs.

(L. n° 2021-1018 du 2 août 2021, art. 13, en vigueur le 31 mars 2022) « Au sein des services communs à plusieurs établissements ou à plusieurs entreprises constituant une unité économique et sociale, ces frais sont répartis proportionnellement au nombre des salariés comptant chacun pour une unité.

« Au sein des services de prévention et de santé au travail interentreprises, les services obligatoires prévus à l'article L. 4622-9-1 font l'objet d'une cotisation proportionnelle au nombre de travailleurs suivis comptant chacun pour une unité. Les services complémentaires proposés et l'offre spécifique de services prévue à l'article L. 4621-3 font l'objet d'une facturation sur la base d'une grille tarifaire. Le montant des cotisations et la grille tarifaire sont approuvés par l'assemblée générale.

« Un décret détermine les conditions dans lesquelles le montant des cotisations ne doit pas s'écarter au[-]delà d'un pourcentage, fixé par décret, du coût moyen national de l'ensemble socle de services mentionné à l'article L. 4622-9-1. » – *V. art. D. 4622-27-4 s.*

(L. n° 2016-925 du 7 juill. 2016, art. 43) « Par dérogation *(L. n° 2021-1018 du 2 août 2021, art. 13, en vigueur le 31 mars 2022)* « aux deuxième et troisième alinéas du présent article », dans le cas des dépenses effectuées pour les journalistes rémunérés à la pige relevant de l'article L. 7111-3, pour les salariés relevant des professions mentionnées à l'article L. 5424-22 et pour ceux définis à l'article L. 7123-2, ces frais sont répartis proportionnellement à la masse salariale. »

(L. n° 2021-1018 du 2 août 2021, art. 13, en vigueur le 31 mars 2022) « Par dérogation aux deuxième et troisième alinéas du présent article, les dépenses du service de santé au travail des employeurs mentionnés à l'article L. 717-1 du code rural et de la pêche maritime sont couvertes selon les modalités prévues aux articles L. 717-2, L. 717-2-1 et L. 717-3-1 du même code. » – *V. art. L. 4745-1 (pén.).*

1. Conformité à la Constitution. Les dispositions de l'art. L. 4622-6, selon lesquelles les dépenses afférentes aux services de santé au travail interentreprises sont réparties proportionnellement au nombre de salariés, ne méconnaissent ni le principe d'égalité devant les charges publiques, ni la liberté d'association, ni aucun autre droit ou liberté que la Constitution garantit, et sont donc conformes à la Constitution. ● Cons. const. 23 sept. 2021, ⚖ n° 2021-931 QPC : *D. 2021. 1723* ⌀ ; *RJS 11/2021, n° 610.*

2. Répartition des cotisations. La cotisation au service de santé au travail doit être fixée à une somme, par salarié équivalent temps plein de l'entreprise, correspondant au montant total des dépenses engagées par le service de santé interentreprises auquel adhère l'employeur rapporté au nombre total de salariés pris en charge par l'organisme ; seul peut être appliqué le cas échéant à ce calcul un coefficient déterminé correspondant au nombre de salariés nécessitant une surveillance médicale renforcée. ● Soc. 19 sept. 2018, ⚖ n° 17-16.219 P : *D. 2018. Actu. 1813* ⌀ ; *RDT 2019. 116, obs. Véricel* ⌀ ; *RJS 12/2018, n° 744 ; JCP S 2018. 1345, obs. Jover.*

Art. L. 4622-6-1 *(L. n° 2021-1018 du 2 août 2021, art. 11, en vigueur le 31 mars 2022)* Chaque service de prévention et de santé au travail, y compris les services de prévention et de santé au travail autres que ceux mentionnés à l'article L. 4622-7, fait l'objet d'un agrément par l'autorité administrative, pour une durée de cinq ans, visant à s'assurer de sa conformité aux dispositions du présent titre. Cet agrément tient compte, le cas échéant, des résultats de la procédure de certification mentionnée à l'article L. 4622-9-3. Un cahier des charges national de cet agrément est défini par décret. – *V. art. D. 4622-49-1 s.*

Si l'autorité administrative constate des manquements à ces dispositions, elle peut diminuer la durée de l'agrément ou y mettre fin, selon des modalités déterminées par décret.

SECTION 2 **Services de prévention et de santé au travail interentreprises** *(L. n° 2021-1018 du 2 août 2021, art. 1er-I, en vigueur le 31 mars 2022).*

Art. L. 4622-7 Lorsque le service *(L. n° 2021-1018 du 2 août 2021, art. 1er-I, en vigueur le 31 mars 2022)* « de prévention et » de santé au travail est assuré par un groupement ou organisme distinct de l'établissement employant les travailleurs bénéficiaires de ce service, les responsables de ce groupement ou de cet organisme sont soumis, dans les mêmes conditions que l'employeur et sous les mêmes sanctions, aux prescriptions du présent titre. – *[Anc. art. L. 241-9.]* – *V. art. L. 4745-1 (pén.)* et *D. 4622-14 s.*

Art. L. 4622-8 *(L. n° 2011-867 du 20 juill. 2011)* Les missions des services *(L. n° 2021-1018 du 2 août 2021, art. 1er-I, en vigueur le 31 mars 2022)* « de prévention et » de santé au travail sont assurées par une équipe pluridisciplinaire de santé au travail comprenant des médecins du travail, *(L. n° 2016-1088 du 8 août 2016, art. 102-II)* « des collaborateurs médecins, des internes en médecine du travail, » des intervenants en prévention des risques professionnels et des infirmiers. Ces équipes peuvent être complétées par *(L. n° 2021-1018 du 2 août 2021, art. 35, en vigueur le 31 mars 2022)* « des auxiliaires médicaux disposant de compétences en santé au travail, » des assistants de services *(L. n° 2021-1018 du 2 août 2021, art. 1ᵉʳ-I, en vigueur le 31 mars 2022)* « de prévention et » de santé au travail et des professionnels recrutés après avis des médecins du travail. Les médecins du travail *(L. n° 2021-1018 du 2 août 2021, art. 35, en vigueur le 31 mars 2022)* « assurent ou délèguent, sous leur responsabilité, l'animation et la coordination de » l'équipe pluridisciplinaire.

(L. n° 2021-1018 du 2 août 2021, art. 35, en vigueur le 31 mars 2022) « Un décret en Conseil d'État précise les conditions dans lesquelles le médecin du travail peut déléguer, sous sa responsabilité et dans le respect du projet de service pluriannuel, certaines missions prévues au présent titre aux membres de l'équipe pluridisciplinaire disposant de la qualification nécessaire. Pour les professions dont les conditions d'exercice relèvent du code de la santé publique, lesdites missions sont exercées dans la limite des compétences des professionnels de santé prévues par ce même code.

« Pour assurer l'ensemble de leurs missions, les services de prévention et de santé au travail interentreprises peuvent, par convention, recourir aux compétences des services de prévention et de santé au travail mentionnés à l'article L. 4622-4 du présent code. »

Art. L. 4622-8-1 *(L. n° 2021-1018 du 2 août 2021, art. 18, en vigueur le 31 mars 2022)* Le service de prévention et de santé au travail comprend une cellule pluridisciplinaire de prévention de la désinsertion professionnelle chargée :

1° De proposer des actions de sensibilisation ;

2° D'identifier les situations individuelles ;

3° De proposer, en lien avec l'employeur et le travailleur, les mesures individuelles prévues à l'article L. 4624-3 ;

4° De participer à l'accompagnement du travailleur éligible au bénéfice des actions de prévention de la désinsertion professionnelle prévues à l'article L. 323-3-1 du code de la sécurité sociale ;

(L. n° 2021-1018 du 2 août 2021, art. 19, en vigueur le 1ᵉʳ janv. 2024) « 5° De procéder à l'information prévue à l'article L. 4622-2-1 du présent code. »

La cellule est animée et coordonnée par un médecin du travail ou par un membre de l'équipe pluridisciplinaire désigné par lui et agissant sous sa responsabilité. Le contrat pluriannuel d'objectifs et de moyens mentionné à l'article L. 4622-10 du présent code fixe des exigences minimales relatives à sa composition.

La cellule remplit ses missions en collaboration avec les professionnels de santé chargés des soins, le service du contrôle médical mentionné à l'article L. 315-1 du code de la sécurité sociale, les organismes locaux et régionaux d'assurance maladie et le service social mentionné au 4° de l'article L. 215-1 du même code, dans le cadre des missions qui leur sont confiées en application du 3° de l'article L. 221-1 et de l'article L. 262-1 dudit code, les acteurs chargés du dispositif d'emploi accompagné défini à l'article L. 5213-2-1 du présent code, les acteurs de la compensation du handicap et les acteurs de la préorientation et de la réadaptation professionnelles mentionnées aux 3° et 4° de l'article L. 5211-2, à l'article L. 5214-3-1 du présent code et au *b* du 5° du I de l'article L. 312-1 du code de l'action sociale et des familles et les organismes intervenant en matière d'insertion professionnelle.

Elle peut être mutualisée, sur autorisation de l'autorité administrative, entre plusieurs services de prévention et de santé au travail agréés dans la même région.

Art. L. 4622-9 *(L. n° 2011-867 du 20 juill. 2011)* Les services *(L. n° 2021-1018 du 2 août 2021, art. 1ᵉʳ-I, en vigueur le 31 mars 2022)* « de prévention et » de santé au travail comprennent un service social du travail ou coordonnent leurs actions avec celles des services sociaux du travail prévus à l'article L. 4631-1.

Art. L. 4622-9-1 *(L. n° 2021-1018 du 2 août 2021, art. 11, en vigueur le 31 mars 2022)* Le service de prévention et de santé au travail interentreprises fournit à ses entreprises adhérentes et à leurs travailleurs un ensemble socle de services qui doit couvrir l'intégralité des missions prévues à l'article L. 4622-2 en matière de prévention des risques professionnels, de suivi individuel des travailleurs et de prévention de la désinsertion professionnelle, dont la liste et les modalités sont définies par le comité national de prévention et de santé au travail et approuvées par voie réglementaire. En l'absence de décision du comité, à l'issue d'un délai déterminé par décret, cette liste et ces modalités sont déterminées par décret en Conseil d'État.

Dans le respect des missions générales prévues au même article L. 4622-2, il peut également leur proposer une offre de services complémentaires qu'il détermine.

V. Délib. du comité national de prévention et de santé au travail du 1ᵉʳ avr. 2022 (Annexe du Décr. nº 2022-653 du 25 avr. 2022).

Art. L. 4622-9-2 (L. nº 2021-1018 du 2 août 2021, art. 11, en vigueur le 31 mars 2022) I. — En cas de dysfonctionnement grave du service de prévention et de santé au travail interentreprises portant atteinte à la réalisation de ses missions relevant de l'ensemble socle mentionné à l'article L. 4622-9-1, l'autorité administrative peut enjoindre son président de remédier à cette situation dans un délai qu'elle fixe. Ce délai doit être raisonnable et adapté à l'objectif recherché. Elle en informe le comité régional de prévention et de santé au travail.

Cette injonction peut inclure des mesures de réorganisation et, le cas échéant, des mesures individuelles conservatoires, en application du présent code ou des accords collectifs en vigueur.

II — S'il n'est pas remédié aux manquements dans le délai fixé, l'autorité administrative peut désigner un administrateur provisoire pour une durée qui ne peut être supérieure à six mois, renouvelable une fois. Celui-ci accomplit, au nom de l'autorité administrative et pour le compte de l'assemblée générale du service de prévention et de santé au travail, les actes d'administration urgents ou nécessaires pour mettre fin aux difficultés constatées. Il dispose à cette fin de tout ou partie des pouvoirs nécessaires à l'administration et à la direction du service, dans des conditions précisées par l'acte de désignation.

L'administrateur provisoire ne doit pas, au cours des cinq années précédentes, avoir perçu à quelque titre que ce soit, directement ou indirectement, une rétribution ou un paiement de la part du service concerné, ni s'être trouvé en situation de conseil de ce service ou de subordination par rapport à lui. Il doit, en outre, n'avoir aucun intérêt dans l'administration qui lui est confiée. Il justifie, pour ses missions, d'une assurance couvrant les conséquences financières de la responsabilité dans les conditions prévues à l'article L. 814-5 du code de commerce, dont le coût est pris en charge par le service de prévention et de santé au travail qu'il administre.

Art. L. 4622-9-3 (L. nº 2021-1018 du 2 août 2021, art. 11, en vigueur le 31 mars 2022) Chaque service de prévention et de santé au travail interentreprises fait l'objet d'une procédure de certification, réalisée par un organisme indépendant, visant à porter une appréciation à l'aide de référentiels sur :

1° La qualité et l'effectivité des services rendus dans le cadre de l'ensemble socle de services ;

2° L'organisation et la continuité du service ainsi que la qualité des procédures suivies ;

3° La gestion financière, la tarification et son évolution ;

4° La conformité du traitement des données personnelles au règlement (UE) 2016/679 du Parlement européen et du Conseil du 27 avril 2016 relatif à la protection des personnes physiques à l'égard du traitement des données à caractère personnel et à la libre circulation de ces données, et abrogeant la directive 95/46/CE ainsi qu'à la loi nº 78-17 du 6 janvier 1978 relative à l'informatique, aux fichiers et aux libertés ;

5° La conformité des systèmes d'information et des services ou outils numériques destinés à être utilisés par les professionnels de santé exerçant pour le compte du service de prévention et de santé au travail interentreprises aux référentiels d'interopérabilité et de sécurité mentionnés à l'article L. 4624-8-2 du présent code.

Les référentiels et les principes guidant l'élaboration du cahier des charges de certification sont fixés par voie réglementaire, sur proposition du comité national de prévention et de santé au travail mentionné à l'article L. 4641-2-1. En l'absence de proposition du comité à l'issue d'un délai déterminé par décret, ces référentiels et ces principes sont déterminés par décret en Conseil d'État. — *V. art. D. 4622-47-1 s.*

Le décret mentionné au dernier al. est publié au plus tard le 30 juin 2022. A compter de son entrée en vigueur, les services de prévention et de santé au travail interentreprises disposent d'un délai de deux ans pour obtenir leur certification. Pendant ce délai, les agréments arrivant à échéance peuvent

SANTÉ ET SÉCURITÉ AU TRAVAIL **Art. L. 4622-12** 1379

être renouvelés dans les conditions applicables à la date de promulgation de la L. n° 2021-1018 du 2 août 2021 (L. préc., art. 11-II). – V. Décr. n° 2022-1031 du 20 juill. 2022 (JO 22 juill.).

Art. L. 4622-10 (L. n° 2021-1018 du 2 août 2021, art. 11, en vigueur le 31 mars 2022) « Dans le respect des missions générales prévues à l'article L. 4622-2, de l'obligation de fournir l'ensemble socle de services prévu à l'article L. 4622-9-1, des orientations de la politique nationale en matière de protection et de promotion de la santé et de la sécurité au travail et d'amélioration des conditions de travail ainsi que de son volet régional, des priorités fixées par la branche professionnelle dans les cas de service de branche, et en fonction des réalités locales, les priorités spécifiques de chaque service de prévention et de santé au travail sont précisées dans un contrat » pluriannuel d'objectifs et de moyens conclu entre le service, d'une part, l'autorité administrative et les organismes de sécurité sociale compétents, d'autre part, après avis des organisations d'employeurs, des organisations syndicales de salariés représentatives au niveau national et des agences régionales de santé.

Les conventions prévues à l'article L. 422-6 du code de la sécurité sociale sont annexées à ce contrat.

La durée, les conditions de mise en œuvre et les modalités de révision des contrats d'objectifs et de moyens prévus au premier alinéa sont déterminées par décret. – V. art. D. 4622-44 s.

Art. L. 4622-11 (L. n° 2011-867 du 20 juill. 2011) Le service (L. n° 2021-1018 du 2 août 2021, art. 1er-I, en vigueur le 31 mars 2022) « de prévention et » de santé au travail est administré paritairement par un conseil composé :

1° De représentants des employeurs désignés par (L. n° 2021-1018 du 2 août 2021, art. 30, en vigueur le 31 mars 2022) « les organisations représentatives au niveau national et interprofessionnel parmi » les entreprises adhérentes. (L. n° 2021-1018 du 2 août 2021, art. 30, en vigueur le 31 mars 2022) « Pour les services de prévention et de santé au travail ayant vocation à couvrir un champ n'excédant pas celui d'une branche professionnelle, ces représentants sont désignés par les organisations professionnelles d'employeurs reconnues représentatives au niveau de cette branche. Pour les services de prévention et de santé au travail ayant vocation à couvrir un secteur multiprofessionnel, ces représentants sont désignés par les organisations d'employeurs reconnues représentatives au niveau de ce secteur ; »

2° De représentants des salariés des entreprises adhérentes, désignés par les organisations syndicales représentatives au niveau national et interprofessionnel.

Le président, qui dispose d'une voix prépondérante en cas de partage des voix, est élu parmi les représentants mentionnés au 1°. Il doit être en activité.

Le trésorier (L. n° 2021-1018 du 2 août 2021, art. 30, en vigueur le 31 mars 2022) « et le vice-président sont élus » parmi les représentants mentionnés au 2°.

(L. n° 2021-1018 du 2 août 2021, art. 30, en vigueur le 31 mars 2022) « Les représentants mentionnés aux 1° et 2° ne peuvent effectuer plus de deux mandats consécutifs. »

Les modalités d'application du présent article sont déterminées par décret.

Art. L. 4622-12 (L. n° 2011-867 du 20 juill. 2011) L'organisation et la gestion du service (L. n° 2021-1018 du 2 août 2021, art. 1er-I, en vigueur le 31 mars 2022) « de prévention et » de santé au travail sont placées sous la surveillance :

1° Soit d'un (Ord. n° 2017-1386 du 22 sept. 2017, art. 4) « comité social et économique interentreprises constitué par les comités sociaux et économiques intéressés » ;

2° Soit d'une commission de contrôle composée pour un tiers de représentants des employeurs et pour deux tiers de représentants des salariés. (L. n° 2021-1018 du 2 août 2021, art. 30, en vigueur le 31 mars 2022) « Les représentants des employeurs sont désignés par les organisations professionnelles d'employeurs représentatives, dans les conditions prévues au 1° de l'article L. 4622-11, au sein des entreprises adhérentes. Les représentants des salariés sont désignés par les organisations syndicales représentatives au niveau national et interprofessionnel parmi les salariés des entreprises adhérentes. Les représentants des employeurs et des salariés ne peuvent effectuer plus de deux mandats consécutifs. » Son président est élu parmi les représentants des salariés.

(L. n° 2021-1018 du 2 août 2021, art. 30, en vigueur le 31 mars 2022) « Ce comité ou cette commission peut saisir le comité régional de prévention et de santé au travail de toute question relative à l'organisation ou à la gestion du service de prévention et de santé au travail. »

Art. L. 4622-13 (L. n° 2011-867 du 20 juill. 2011) Dans le service (L. n° 2021-1018 du 2 août 2021, art. 1er-I, en vigueur le 31 mars 2022) « de prévention et » de santé au travail interentreprises, une commission médico-technique a pour mission de formuler des propositions relatives aux priorités du service et aux actions à caractère pluridisciplinaire conduites par ses membres.

Art. L. 4622-14 (L. n° 2011-867 du 20 juill. 2011) Le service (L. n° 2021-1018 du 2 août 2021, art. 1er-I, en vigueur le 31 mars 2022) « de prévention et » de santé au travail interentreprises élabore, au sein de la commission médico-technique, un projet de service pluriannuel qui définit les priorités d'action du service et qui s'inscrit dans le cadre du contrat d'objectifs et de moyens prévu à l'article L. 4622-10. Le projet est soumis à l'approbation du conseil d'administration.

Art. L. 4622-15 (L. n° 2011-867 du 20 juill. 2011) Toute convention intervenant directement ou par personne interposée entre le service (L. n° 2021-1018 du 2 août 2021, art. 1er-I, en vigueur le 31 mars 2022) « de prévention et » de santé au travail et son président, son directeur ou l'un de ses administrateurs doit être soumise à l'autorisation préalable du conseil d'administration.

Il en est de même des conventions auxquelles une des personnes visées au premier alinéa est indirectement intéressée.

Sont également soumises à autorisation préalable les conventions intervenant entre le service (L. n° 2021-1018 du 2 août 2021, art. 1er-I, en vigueur le 31 mars 2022) « de prévention et » de santé au travail et une entreprise si le président, le directeur ou l'un des administrateurs du service (L. n° 2021-1018 du 2 août 2021, art. 1er-I, en vigueur le 31 mars 2022) « de prévention et » de santé au travail est propriétaire, associé indéfiniment responsable, gérant, administrateur, membre du conseil de surveillance ou, de façon générale, dirigeant de cette entreprise.

Lorsque les trois premiers alinéas sont applicables au président du service (L. n° 2021-1018 du 2 août 2021, art. 1er-I, en vigueur le 31 mars 2022) « de prévention et » de santé au travail ou à l'un de ses administrateurs, il ne peut prendre part au vote sur l'autorisation sollicitée.

Lorsque les conventions portent sur des opérations courantes ou conclues à des conditions usuelles, elles font uniquement l'objet d'une communication au président et aux membres du conseil d'administration.

Art. L. 4622-16 (L. n° 2011-867 du 20 juill. 2011) Le directeur du service (L. n° 2021-1018 du 2 août 2021, art. 1er-I, en vigueur le 31 mars 2022) « de prévention et » de santé au travail interentreprises met en œuvre, en lien avec l'équipe pluridisciplinaire de santé au travail et sous l'autorité du président, les actions approuvées par le conseil d'administration dans le cadre du projet de service pluriannuel. (L. n° 2021-1018 du 2 août 2021, art. 14 et 35, en vigueur le 31 mars 2022) « Il rend compte de ces actions dans un rapport annuel d'activité qui comprend des données relatives à l'égalité professionnelle entre les femmes et les hommes. Il prend les décisions relatives à l'organisation et au fonctionnement du service nécessaires à la mise en œuvre des dispositions législatives et réglementaires ainsi que des objectifs et prescriptions du contrat pluriannuel d'objectifs et de moyens et du projet de service pluriannuel. »

Art. L. 4622-16-1 (L. n° 2021-1018 du 2 août 2021, art. 14, en vigueur le 31 mars 2022) Le service de prévention et de santé au travail interentreprises communique à ses adhérents ainsi qu'au comité régional de prévention et de santé au travail et rend publics :

1° Son offre de services relevant de l'ensemble socle mentionné à l'article L. 4622-9-1 ;

2° Son offre de services complémentaires ;

3° Le montant des cotisations, la grille tarifaire et leur évolution ;

4° L'ensemble des documents dont la liste est fixée par décret.

Les conditions de transmission et de publicité de ces documents sont précisées par décret.

SANTÉ ET SÉCURITÉ AU TRAVAIL **Art. L. 4623-1** 1381

SECTION 3 Dispositions d'application

Art. L. 4622-17 Des décrets déterminent les conditions d'organisation et de fonctionnement des services (*L. n° 2021-1018 du 2 août 2021, art. 1ᵉʳ-I, en vigueur le 31 mars 2022*) « de prévention et » de santé au travail ainsi que les adaptations à ces conditions dans les services de santé des établissements de santé, sociaux et médico-sociaux.
— V. art. L. 4745-1 (pén.) et R. 4621-1 s.

CHAPITRE III PERSONNELS CONCOURANT AUX SERVICES DE PRÉVENTION ET DE SANTÉ AU TRAVAIL (*L. n° 2021-1018 du 2 août 2021, art. 1ᵉʳ-I*).

SECTION 1 Médecin du travail (*L. n° 2021-1018 du 2 août 2021, art. 34*).

BIBL. ▶ ADAM, *Dr. soc.* 2015. 541 ⌀ (médecins du travail : le temps du silence ?). – AMAUGER-LATTES, *Dr. soc.* 2011. 352 ⌀ (pénurie de médecins du travail et visites médicales obligatoires).

▶ **Loi du 2 août 2021 :** BADEL, *Dr. soc.* 2021. 892 ⌀ (médecin du travail et médecin de ville).

SOUS-SECTION 1 Recrutement et conditions d'exercice

Art. L. 4623-1 (*L. n° 2021-1018 du 2 août 2021, art. 31, en vigueur le 1ᵉʳ janv. 2023*) « I. – » Un diplôme spécial est obligatoire pour l'exercice des fonctions de médecin du travail.
(*L. n° 2021-1018 du 2 août 2021, art. 31, en vigueur le 1ᵉʳ janv. 2023*) « II. – » (*L. n° 2011-867 du 20 juill. 2011, art. 12*) « Par dérogation (*L. n° 2021-1018 du 2 août 2021, art. 31, en vigueur le 1ᵉʳ janv. 2023*) « au I », un décret fixe les conditions dans lesquelles les services (*L. n° 2021-1018 du 2 août 2021, art. 1ᵉʳ-I, en vigueur le 31 mars 2022*) « de prévention et » de santé au travail peuvent recruter, après délivrance d'une licence de remplacement et autorisation par les conseils départementaux compétents de l'ordre des médecins, à titre temporaire, un interne de la spécialité qui exerce sous l'autorité d'un médecin du travail du service (*L. n° 2021-1018 du 2 août 2021, art. 1ᵉʳ-I, en vigueur le 31 mars 2022*) « de prévention et » de santé au travail expérimenté. »
(*L. n° 2021-1018 du 2 août 2021, art. 31, en vigueur le 1ᵉʳ janv. 2023*) « III. – » (*L. n° 2016-41 du 26 janv. 2016, art. 36*) « Par dérogation (*L. n° 2021-1018 du 2 août 2021, art. 31, en vigueur le 1ᵉʳ janv. 2023*) « au I », un décret fixe les conditions dans lesquelles un collaborateur médecin, médecin non spécialiste en médecine du travail et engagé dans une formation en vue de l'obtention de cette qualification auprès de l'ordre des médecins, exerce, sous l'autorité d'un médecin du travail d'un service (*L. n° 2021-1018 du 2 août 2021, art. 1ᵉʳ-I, en vigueur le 31 mars 2022*) « de prévention et » de santé au travail et dans le cadre d'un protocole écrit et validé par ce dernier, les fonctions dévolues aux médecins du travail. »
(*L. n° 2021-1018 du 2 août 2021, art. 31, en vigueur le 1ᵉʳ janv. 2023*) « IV. – Par dérogation au I, un médecin praticien correspondant, disposant d'une formation en médecine du travail, peut contribuer, en lien avec le médecin du travail, au suivi médical du travailleur prévu à l'article L. 4624-1, à l'exception du suivi médical renforcé prévu à l'article L. 4624-2, au profit d'un service de prévention et de santé au travail interentreprises. Le médecin praticien correspondant ne peut cumuler sa fonction avec celle de médecin traitant définie à l'article L. 162-5-3 du code de la sécurité sociale.

« Le médecin praticien correspondant conclut avec le service de prévention et de santé au travail interentreprises un protocole de collaboration signé par le directeur du service et les médecins du travail de l'équipe pluridisciplinaire. Ce protocole, établi selon un modèle défini par arrêté des ministres chargés du travail et de la santé, prévoit, le cas échéant, les garanties supplémentaires en termes de formation justifiées par les spécificités du suivi médical des travailleurs pris en charge par le service de prévention et de santé au travail interentreprises et définit les modalités de la contribution du médecin praticien correspondant à ce suivi médical.

« La conclusion d'un protocole de collaboration sur le fondement du deuxième alinéa du présent IV n'est autorisée que dans les zones caractérisées par un nombre insuffisant ou une disponibilité insuffisante de médecins du travail pour répondre aux besoins du suivi médical des travailleurs, arrêtées par le directeur général de l'agence régionale de santé territorialement compétente, après concertation avec les représentants des médecins du travail.

« Les modalités d'application du présent IV sont déterminées par décret en Conseil d'État. » — *V. art. R. 4623-41 s.*

Art. L. 4623-2 Un décret détermine les conditions dans lesquelles les fonctions de médecins du travail peuvent être déclarées incompatibles avec l'exercice de certaines autres activités médicales. — *[Anc. art. L. 241-7.]* — *V. art. L. 4745-1 (pén.) et R. 4623-2.*

La fonction de médecin du travail est interdite aux médecins spécialistes. • CE 3 nov. 1967 : *Dr. soc. 1968. 510, concl. Galmot.*

Art. L. 4623-3 Le médecin du travail est un médecin autant que possible employé à temps complet qui ne pratique pas la médecine de clientèle courante.

(L. n° 2021-1018 du 2 août 2021, art. 31, en vigueur à une date fixée par Décr. et au plus tard le 1ᵉʳ janv. 2023) « Le présent article n'est pas applicable au médecin praticien correspondant mentionné au IV de l'article L. 4623-1. » — *V. art. L. 4745-1 (pén.).*

Art. L. 4623-3-1 *(L. n° 2021-1018 du 2 août 2021, art. 33, en vigueur le 31 mars 2022)* Le médecin du travail consacre à ses missions en milieu de travail le tiers de son temps de travail.

L'employeur ou le directeur du service de prévention et de santé au travail interentreprises prend toutes les mesures pour permettre au médecin du travail de respecter cette obligation et de participer aux instances internes de l'entreprise et aux instances territoriales de coordination au cours des deux autres tiers de son temps de travail.

SOUS-SECTION 2 Protection

Art. L. 4623-4 Tout licenciement d'un médecin du travail envisagé par l'employeur est soumis pour avis, *(Ord. n° 2017-1386 du 22 sept. 2017, art. 4)* « soit au comité social et économique, soit au comité social et économique interentreprises » ou à la commission de contrôle du service interentreprises.

Dans les services interentreprises administrés paritairement, le projet de licenciement est soumis au conseil d'administration. — *[Anc. art. L. 241-6-2, al. 1ᵉʳ et 2.]* — *V. art. L. 4745-1 (pén.) et R. 4623-18.*

Art. L. 4623-5 Le licenciement d'un médecin du travail ne peut intervenir qu'après autorisation de l'inspecteur du travail dont dépend le service *(L. n° 2021-1018 du 2 août 2021, art. 1ᵉʳ-I, en vigueur le 31 mars 2022)* « de prévention et » de santé au travail, après avis du médecin inspecteur du travail.

Toutefois, en cas de faute grave, l'employeur peut prononcer la mise à pied immédiate de l'intéressé dans l'attente de la décision définitive. En cas de refus de licenciement, la mise à pied est annulée et ses effets supprimés de plein droit. — *[Anc. art. L. 241-6-2, al. 3 et 4.]* — *V. art. L. 4745-1 (pén.).*

En application de l'art. L. 231-4, 4°, CRPA, et par exception à l'application du délai de deux mois prévu à l'art. L. 231-1 du même code, le silence gardé par l'administration pendant deux mois vaut décision de rejet pour une demande d'autorisation de licenciement du médecin du travail (Décr. n° 2014-1291 du 23 oct. 2014, art. 1ᵉʳ).

1. Procédure. Les dispositions de l'article L. 4623-5 instituent, au profit du médecin du travail, en raison des fonctions qu'il exerce dans l'intérêt de l'ensemble des travailleurs, une protection exceptionnelle et exorbitante du droit commun qui interdit à l'employeur de rompre le contrat de travail sans obtenir l'autorisation préalable de l'inspecteur du travail ; le licenciement d'un médecin du travail ne peut intervenir qu'après autorisation de l'inspecteur du travail dont dépend le service de santé au travail, après avis du médecin inspecteur du travail et ce même en cas de faute lourde. • Soc. 6 juill. 2011 : *D. 2011. Actu. 2048 ; JCP S 2011. 1456, obs. Barège.*

2. Indemnités. Le médecin du travail licencié sans autorisation administrative et qui ne demande pas sa réintégration a droit à une indemnité pour violation du statut protecteur égale aux salaires qu'il aurait dû percevoir entre son éviction et la fin de la période de protection, dans la limite de trente mois, durée de la protection minimale légale accordée aux représentants du personnel. • Avis, 15 déc. 2014, n° 14-70.009 P : *D. 2015. Actu. 82 ; Dr. soc. 2015. 227, note Mouly.*

Art. L. 4623-5-1 (L. n° 2011-867 du 20 juill. 2011) La rupture du contrat de travail à durée déterminée d'un médecin du travail avant l'échéance du terme en raison d'une faute grave ou de son inaptitude médicale, ou à l'arrivée du terme lorsque l'employeur n'envisage pas de renouveler un contrat comportant une clause de renouvellement, ne peut intervenir qu'après autorisation de l'inspecteur du travail dont dépend le service (L. n° 2021-1018 du 2 août 2021, art. 1er-I, en vigueur le 31 mars 2022) « de prévention et » de santé au travail, après avis du médecin inspecteur du travail, dans les conditions prévues à l'article L. 4623-5.

En application de l'art. L. 231-4, 4°, CRPA, et par exception à l'application du délai de deux mois prévu à l'art. L. 231-1 du même code, le silence gardé par l'administration pendant deux mois vaut décision de rejet pour une demande d'autorisation de rupture du contrat de travail à durée déterminée d'un médecin du travail (Décr. n° 2014-1291 du 23 oct. 2014, art. 1er).

Art. L. 4623-5-2 (L. n° 2011-867 du 20 juill. 2011) L'arrivée du terme du contrat de travail à durée déterminée n'entraîne sa rupture qu'après constatation par l'inspecteur du travail que celle-ci n'est pas en lien avec l'exercice des missions de médecin du travail et ne constitue pas une mesure discriminatoire.

L'employeur saisit l'inspecteur du travail un mois avant l'arrivée du terme.

L'inspecteur du travail statue avant la date du terme du contrat.

En application de l'art. L. 231-4, 4°, CRPA, et par exception à l'application du délai de deux mois prévu à l'art. L. 231-1 du même code, le silence gardé par l'administration pendant deux mois vaut décision de rejet pour une demande d'autorisation de rupture du contrat de travail à durée déterminée, au terme du contrat, d'un médecin du travail (Décr. n° 2014-1291 du 23 oct. 2014, art. 1er).

Art. L. 4623-5-3 (L. n° 2011-867 du 20 juill. 2011) Le transfert d'un médecin du travail compris dans un transfert partiel de service (L. n° 2021-1018 du 2 août 2021, art. 1er-I, en vigueur le 31 mars 2022) « de prévention et » de santé au travail par application de l'article L. 1224-1 ne peut intervenir qu'après autorisation de l'inspecteur du travail dont dépend le service (L. n° 2021-1018 du 2 août 2021, art. 1er-I, en vigueur le 31 mars 2022) « de prévention et » de santé au travail, après avis du médecin inspecteur du travail. L'inspecteur du travail s'assure que le transfert n'est pas en lien avec l'exercice des missions du médecin du travail et ne constitue pas une mesure discriminatoire.

En application de l'art. L. 231-4, 4°, CRPA, et par exception à l'application du délai de deux mois prévu à l'art. L. 231-1 du même code, le silence gardé par l'administration pendant deux mois vaut décision de rejet pour une demande d'autorisation de transfert d'un médecin du travail compris dans un transfert partiel de service de santé au travail (Décr. n° 2014-1291 du 23 oct. 2014, art. 1er).

Art. L. 4623-6 Lorsque le ministre compétent annule, sur recours hiérarchique, la décision de l'inspecteur du travail autorisant le licenciement d'un médecin du travail, celui-ci a le droit, s'il le demande dans un délai de deux mois à compter de la notification de la décision, d'être réintégré dans un emploi ou dans un emploi équivalent conformément aux dispositions de l'article L. 2422-1.

Il en est de même lorsque le juge administratif a annulé une décision de l'inspecteur du travail ou du ministre compétent autorisant un tel licenciement. — *[Anc. art. L. 241-6-2, al. 5.] — V. art. L. 4745-1 (pén.).*

Art. L. 4623-7 Lorsque l'annulation d'une décision d'autorisation est devenue définitive, le médecin du travail a droit au paiement d'une indemnité correspondant à la totalité du préjudice subi au cours de la période écoulée entre son licenciement et sa réintégration s'il a demandé cette dernière dans le délai de deux mois à compter de la notification de la décision.

L'indemnité correspond à la totalité du préjudice subi au cours de la période écoulée entre son licenciement et l'expiration du délai de deux mois s'il n'a pas demandé sa réintégration.

Ce paiement s'accompagne du versement des cotisations correspondant à cette indemnité qui constitue un complément de salaire. — *[Anc. art. L. 241-6-2, al. 5.] — V. art. L. 4745-1 (pén.).*

Art. L. 4623-8 (L. n° 2011-867 du 20 juill. 2011) Dans les conditions d'indépendance professionnelle définies et garanties par la loi, le médecin du travail assure les missions qui lui sont dévolues par le présent code.

1. Faute de l'employeur. Commet une faute l'employeur qui fait établir et produit en justice une attestation du médecin du travail comportant des éléments tirés du dossier médical du salarié, hormis les informations que le médecin du travail est légalement tenu de communiquer à l'employeur. ● Soc. 30 juin 2015, ⚖ n° 13-28.201 P : *D. 2015. Actu. 1493* ∅ ; *RDT 2015. 763*, obs. Véricel ∅ ; *RJS 10/2015*, n° 648 ; *JSL 2016*, n° 401-4 ; *JCP S 2015. 1344*, note Verkindt.

2. Responsabilité de l'employeur du médecin. L'employeur est civilement responsable des actes du médecin du travail salarié qui agit dans les limites de sa mission ; si toutefois le médecin se rend coupable de harcèlement moral ou de violation du secret professionnel, ces fautes engagent sa responsabilité personnelle. ● Soc. 30 juin 2015, ⚖ n° 13-28.201 P.

3. Protection du médecin salarié. Si l'indépendance du médecin du travail exclut que les actes qu'il accomplit dans l'exercice de ses fonctions puissent constituer un harcèlement moral imputable à l'employeur, elle ne fait pas obstacle à l'application de la règle selon laquelle le commettant est civilement responsable du dommage causé par un de ses préposés en application de l'art. 1242, al. 5, C. civ. En conséquence, le médecin du travail, salarié de l'employeur, qui agit sans excéder les limites de la mission qui lui est impartie, n'engage pas sa responsabilité civile personnelle. Cette immunité du préposé ne pouvant toutefois pas s'étendre aux fautes susceptibles de revêtir une qualification pénale ou procéder de l'intention de nuire, le médecin du travail n'en bénéficie pas en ce qui concerne le grief de harcèlement moral et celui de violation du secret professionnel. ● Soc. 26 janv. 2022, ⚖ n° 20-10.610 B : *D. actu. 17 févr. 2022*, obs. Couëdel ; *D. 2022. 219* ∅ ; *Dr. soc. 2022. 372*, obs. Mouly ∅ ; *ibid. 444*, obs. Véricel ∅ ; *RJS 4/2022*, n° 188 ; *Gaz. Pal. 15 mars 2022, p. 17*, note Tardif ; *JCP S 2022. 1041*, obs. Dauxerre.

SECTION 2 Infirmier de santé au travail

(L. n° 2021-1018 du 2 août 2021, art. 34, en vigueur le 31 mars 2022)

Art. L. 4623-9 Dans les conditions de déontologie professionnelle définies et garanties par la loi, l'infirmier de santé au travail assure les missions qui lui sont dévolues par le présent code ou déléguées par le médecin du travail, dans la limite des compétences prévues pour les infirmiers par le code de la santé publique.

Art. L. 4623-10 L'infirmier de santé au travail recruté dans un service de prévention et de santé au travail est diplômé d'État ou dispose de l'autorisation d'exercer sans limitation, dans les conditions prévues par le code de la santé publique.

Il dispose d'une formation spécifique en santé au travail définie par décret en Conseil d'État. – *V. art. R. 4623-31-1.*

Si l'infirmier n'a pas suivi une formation en santé au travail, l'employeur l'y inscrit au cours des douze mois qui suivent son recrutement et, en cas de contrat d'une durée inférieure à douze mois, avant le terme de son contrat. Dans cette hypothèse, l'employeur prend en charge le coût de la formation.

L'employeur favorise la formation continue des infirmiers en santé au travail qu'il recrute.

Les tâches qui sont déléguées à l'infirmier de santé au travail prennent en compte ses qualifications complémentaires.

Les obligations de formation prévues à cet art. entrent en vigueur à une date fixée par décret, et au plus tard le 31 mars 2023. Par dérogation au même art., les infirmiers recrutés dans des services de prévention et de santé au travail qui, à cette date d'entrée en vigueur, justifient de leur inscription à une formation remplissant les conditions définies par le décret en Conseil d'État mentionné au 2ᵉ al. de l'art. L. 4623-10, sont réputés satisfaire aux obligations de formation prévues au même art. L. 4623-10 pour une durée de 3 ans à compter de la date d'entrée en vigueur de ces obligations (L. n° 2021-1018 du 2 août 2021, art. 34-IV). – L'inscription susmentionnée est assurée par l'employeur (Décr. n° 2022-1664 du 27 déc. 2022, art. 3-III).

Art. L. 4623-11 Les modalités d'application de la présente section sont précisées par décret en Conseil d'État. – *V. art. R. 4623-30 s.*

CHAPITRE IV ACTIONS ET MOYENS DES MEMBRES DES ÉQUIPES PLURIDISCIPLINAIRES DE SANTÉ AU TRAVAIL *(L. n° 2011-867 du 20 juill. 2011).*

Art. L. 4624-1 *(L. n° 2021-1018 du 2 août 2021, art. 21, en vigueur le 31 mars 2022)* « I. – » *(L. n° 2016-1088 du 8 août 2016, art. 102)* **Tout travailleur bénéficie, au**

Art. L. 4624-1

titre de la surveillance de l'état de santé des travailleurs prévue à l'article L. 4622-2, d'un suivi individuel de son état de santé assuré par le médecin du travail (*L. n° 2021-1018 du 2 août 2021, art. 31, en vigueur le 1er janv. 2023*) « , le médecin praticien correspondant et, sous l'autorité du médecin du travail », par le collaborateur médecin mentionné à l'article L. 4623-1, l'interne en médecine du travail et l'infirmier.

Ce suivi comprend une visite d'information et de prévention effectuée après l'embauche par l'un des professionnels de santé mentionnés au premier alinéa du présent article. Cette visite donne lieu à la délivrance d'une attestation. Un décret en Conseil d'État fixe le délai de cette visite. Le modèle de l'attestation est défini par arrêté. – V. *Arr. du 7 mai 2018 (JO 17 mai, NOR : AGRS1812532A)*.

Le professionnel de santé qui réalise la visite d'information et de prévention peut orienter le travailleur sans délai vers le médecin du travail, dans le respect du protocole élaboré par ce dernier.

Les modalités et la périodicité de ce suivi prennent en compte les conditions de travail, l'état de santé et l'âge du travailleur, ainsi que les risques professionnels auxquels il est exposé.

Tout travailleur qui déclare, lors de la visite d'information et de prévention, être considéré comme travailleur handicapé au sens de l'article L. 5213-1 du présent code et être reconnu par la commission des droits et de l'autonomie des personnes handicapées mentionnée à l'article L. 146-9 du code de l'action sociale et des familles, ainsi que tout travailleur qui déclare être titulaire d'une pension d'invalidité attribuée au titre du régime général de sécurité sociale ou de tout autre régime de protection sociale obligatoire, est orienté sans délai vers le médecin du travail et bénéficie d'un suivi individuel adapté de son état de santé.

Tout salarié peut, lorsqu'il anticipe un risque d'inaptitude, solliciter une visite médicale dans l'objectif d'engager une démarche de maintien dans l'emploi.

Tout travailleur de nuit bénéficie d'un suivi individuel régulier de son état de santé. La périodicité de ce suivi est fixée par le médecin du travail en fonction des particularités du poste occupé et des caractéristiques du travailleur, selon des modalités déterminées par décret en Conseil d'État.

(*L. n° 2021-1018 du 2 août 2021, art. 21, en vigueur le 31 mars 2022*) « II. – Les professionnels de santé mentionnés au premier alinéa du I peuvent recourir à des pratiques médicales ou de soins à distance utilisant les technologies de l'information et de la communication pour le suivi individuel du travailleur, compte tenu de son état de santé physique et mentale. Le consentement du travailleur est recueilli préalablement. La mise en œuvre de ces pratiques garantit le respect de la confidentialité des échanges entre le professionnel de santé et le travailleur. Les services de prévention et de santé au travail et les professionnels de santé mentionnés au même premier alinéa, utilisateurs des technologies de l'information et de la communication pour le suivi individuel du travailleur, s'assurent que l'usage de ces technologies est conforme aux référentiels d'interopérabilité et de sécurité mentionnés à l'article L. 1470-5 du code de la santé publique, le cas échéant adaptés aux spécificités de l'activité des services de prévention et de santé au travail.

« S'il considère que l'état de santé du travailleur ou les risques professionnels auxquels celui-ci est exposé le justifient, le professionnel de santé recourant aux technologies de l'information et de la communication pour le suivi individuel du travailleur peut proposer à ce dernier que son médecin traitant ou un professionnel de santé choisi par le travailleur participe à la consultation ou à l'entretien à distance. En cas de consentement du travailleur, le médecin traitant ou le professionnel de santé choisi par le travailleur peut participer, à distance ou auprès de celui-ci, à la consultation ou à l'entretien.

« Les modalités d'application du présent II sont déterminées par décret en Conseil d'État. »

(*Abrogé par L. n° 2021-1018 du 2 août 2021, art. 21, à compter du 31 mars 2022*) « *Le rapport annuel d'activité, établi par le médecin du travail, pour les entreprises dont il a la charge, comporte des données présentées par sexe. Un arrêté du ministre chargé du travail fixe les modèles de rapport annuel d'activité du médecin du travail et de synthèse annuelle de l'activité du service de santé au travail.* » – V. art. R. 4624-10 s.

Les visites médicales qui doivent être réalisées dans le cadre du suivi individuel de l'état de santé en application des art. L. 4624-1, L. 4624-2 et L. 4625-1-1 et de l'art. L. 717-2 C. rur. peuvent faire l'objet d'un report dans des conditions définies par décret en Conseil d'État, sauf lorsque le médecin du travail estime indispensable de maintenir la visite, compte tenu notamment de l'état de santé du travailleur ou des caractéristiques de son poste de travail.

Le report de la visite ne fait pas obstacle, le cas échéant, à l'embauche ou à la reprise du travail.

Ces dispositions s'appliquent aux visites médicales dont l'échéance, résultant des textes applicables avant l'entrée en vigueur de l'Ord. n° 2020-1502 du 2 déc. 2020 adaptant les conditions d'exercice des missions des services de santé au travail à l'urgence sanitaire, intervient entre le 15 déc. 2021 et une date fixée par décret, et au plus tard le 31 juill. 2022.

Les visites médicales faisant l'objet d'un report sont organisées par les services de santé au travail selon des modalités définies par décret en Conseil d'État et dans la limite d'un an.

Les visites dont l'échéance aurait dû intervenir, en application de l'art. 3 de l'Ord. n° 2020-1502 du 2 déc. 2020, entre le 15 déc. 2021 et une date fixée par décret, et au plus tard le 31 juill. 2022, peuvent être reportées dans la limite de six mois à compter de cette échéance (L. n° 2022-46 du 22 janv. 2022, art. 10). – V. Décr. n° 2022-418 du 24 mars 2022 (JO 25 mars).

COMMENTAIRE

V. sur le Code en ligne 🏛.

RÔLE DE L'INSPECTEUR DU TRAVAIL

1. Constitutionnalité. La procédure de contestation des avis du médecin du travail – issue de la loi du 8 août 2016 – devant le Conseil des prud'hommes en référé et permettant la désignation d'un expert médical ne porte pas atteinte aux droits de la défense et au principe du contradictoire ; les parties peuvent en effet, de manière générale au cours de l'expertise, mandater un médecin pour prendre connaissance des informations d'ordre médical examinées par l'expert (et en particulier les éléments médicaux ayant fondé l'avis du médecin du travail). • Soc. QPC, 11 juill. 2018, 🏛 n° 18-40.020 P : *D. 2018. Actu. 1557* ; *JSL 2018, n° 463-6, obs. Hilger.*

2. Cas de recours. En l'absence de recours, exercé devant l'inspecteur du travail, contre les avis du médecin du travail, ceux-ci s'imposent au juge ; le juge ne peut alors refuser de donner effet aux avis donnés par ce médecin. • Soc. 17 déc. 2014, 🏛 n° 13-12.277 : *D. actu. 21 janv. 2015, obs. Fleuriot* ; *RJS 3/2015, n° 183* ; *JCP S 2015. 1088, obs. Verkindt*. • Soc. 21 sept. 2017, 🏛 n° 16-16.549 P : *D. actu. 12 oct. 2017, obs. Fraisse* ; *D. 2017. Actu. 1980* ; *RJS 12/2017, n° 787* ; *JCP S 2017. 1381, obs. Babin*. ♦ Le refus par le salarié de la proposition de reclassement ne constitue pas un différend rendant nécessaire l'intervention de l'inspecteur du travail. • Soc. 13 nov. 1984 : *JS UIMM 1985. 173*. ♦ Solution identique en l'absence de contestation de la part de l'employeur de l'avis du médecin du travail. • Soc. 24 avr. 1980 : *Bull. civ. V, n° 350*. ♦ Sur le cas particulier des représentants du personnel, V. • CE 27 juill. 1984 : *JS UIMM 1984. 472* • 6 juill. 1984 : *Dr. soc. 1985. 52, concl. Boyon* • 11 juill. 1986 : *ibid. 1987. 620, concl. Guillaume*. ♦ Le recours administratif devant l'inspecteur du travail n'est ouvert qu'en cas de difficulté ou de désaccord sur l'avis du médecin du travail portant sur l'inaptitude physique du salarié à son poste de travail antérieur, son aptitude physique au poste de reclassement proposé, la nécessité d'une adaptation des conditions de travail ou d'une réadaptation du salarié. • Soc. 28 juin 2006 : 🏛 *D. 2006. IR 2056*. ♦ En cas de désaccord concernant les propositions du médecin du travail, l'inspecteur du travail doit se prononcer lui-même sur l'aptitude du salarié à tenir son poste de travail sans pouvoir se borner à annuler les propositions du médecin du travail et à lui enjoindre d'en formuler de nouvelles. • CE 27 sept. 2006 : 🏛 *D. 2006. IR 2628* ; *Dr. soc. 2006. 1117, note Savatier*. ♦ Le recours administratif devant l'inspecteur du travail couvre la visite médicale d'embauche. • CE 17 juin 2009 : 🏛 *Dr. soc. 2009. 941, concl. Struillou* ; *ibid. 1137, obs. Chaumette* ; *SSL 2009, n° 1407, p. 12.*

3. Recours. L'avis du médecin du travail ne peut faire l'objet, tant de la part de l'employeur que de la part du salarié, que d'un recours administratif devant l'inspecteur du travail. • Soc. 2 févr. 1994, 🏛 n° 88-42.711 P : *CSB 1994. 153, S. 79* ; *RJS 1994. 181, n° 245*. ♦ Il n'appartient pas aux juges du fond de substituer leur appréciation à celle du médecin du travail. • Soc. 10 nov. 2009 : 🏛 *R, p. 341* ; *D. 2009. AJ 2867, obs. Maillard* ; *Dr. ouvrier 2010. 265* ; *RJS 2010. 32, n° 30*. ♦ Le juge judiciaire, et plus particulièrement le juge des référés, ne peut ordonner une expertise afin de contester le bien-fondé de cet avis. • Soc. 12 mars 1987 : *Dr. soc. 1987. 604, note Savatier*. – V. aussi • CE 4 oct. 1991 : 🏛 *RJS 1991. 712, n° 1326* • Soc. 9 oct. 2001, 🏛 n° 98-46.144 P : *RJS 2001. 957* ; *Dr. soc. 2002. 217, obs. Savatier* ; *JSL 2001, n° 91-2.*

4. Information du recours. Lorsqu'un salarié déclaré inapte à son poste de travail conteste cet avis d'inaptitude devant l'inspecteur du travail, il n'a pas à avertir l'employeur ; son silence lors de l'entretien préalable à son licenciement ne caractérise pas sa mauvaise foi. • Soc. 3 févr. 2010 :

SANTÉ ET SÉCURITÉ AU TRAVAIL   **Art. L. 4624-1-1** 1387

🔗 *RDT 2010. 304, obs. Véricel* 🖉 *; JSL 2010, n° 274-2 ; SSL 2010, n° 1433, p. 11, avis Duplat.*

5. Objet de la contestation de la décision de l'inspecteur du travail. L'appréciation donnée par l'inspecteur du travail confirmative ou infirmative de l'avis du médecin du travail se substitue à ce dernier ; seule cette appréciation est susceptible de recours pour excès de pouvoir et les éventuelles irrégularités dans la procédure prévue à l'art. R. 4624-31 C. trav. ayant conduit à l'avis du médecin du travail sont sans incidence sur la légalité de la décision rendue par l'inspecteur du travail. ● CE 22 mai 2015, 🔗 n° 377001 : *D. actu. 16 sept. 2015, obs. Siro.*

6. Recours et salariés protégés. L'inspecteur du travail, lorsqu'il est saisi tout à la fois d'un recours formé par un salarié sur le fondement de l'art. L. 4624-1 et d'une demande d'autorisation de licencier ce salarié pour inaptitude physique, ne peut se prononcer sur la demande d'autorisation de licenciement sans avoir statué sur le recours, après avis du médecin-inspecteur du travail. ● CE 7 oct. 2009 : 🔗 *Dr. soc. 2010. 168, concl. Struillou* 🖉.

7. Incidences sur le contrat de travail. La procédure de contestation n'impose pas la suspension du contrat de travail et l'employeur ne peut empêcher le salarié qui en fait la demande de reprendre son poste. ● Soc. 14 janv. 1998 : 🔗 *RJS 1998. 280, n° 448.* ♦ En présence d'un avis d'inaptitude temporaire délivré par le médecin du travail, en l'absence de recours de l'employeur, le salarié peut refuser de se soumettre à une contre-visite. ● Soc. 10 févr. 1998, 🔗 n° 95-41.600 P.

8. Le recours auprès de l'inspecteur du travail ne subordonne pas le licenciement du salarié à une autorisation préalable et ne suspend pas le délai d'un mois imparti à l'employeur pour procéder au licenciement du salarié déclaré inapte à son emploi ; mais est dépourvu de cause réelle et sérieuse le licenciement notifié prématurément, sans prendre en considération la possibilité retenue par l'inspecteur du travail de reclasser sur un poste aménagé moyennant une aide financière qu'il appartient à l'employeur de solliciter. ● Soc. 28 janv. 2004, 🔗 n° 01-46.913 P : *RJS 2004. 282, n° 401.*

9. L'appréciation de l'inspecteur du travail, qui se substitue entièrement à celle du médecin du travail, doit être regardée comme portée dès la date à laquelle l'avis du médecin du travail a été émis, qu'elle la confirme ou qu'elle l'infirme, et nonobstant la circonstance que l'inspecteur du travail doive se prononcer en fonction des circonstances de fait et de droit à la date à laquelle il prend sa décision. ● CE 16 avr. 2010 : 🔗 *Dr. soc. 2010. 629, concl. Dumortier* 🖉.

10. La substitution à l'avis d'aptitude délivré par le médecin du travail d'une décision d'inaptitude de l'inspecteur du travail ne fait pas naître rétroactivement l'obligation pour l'employeur de reprendre le paiement du salaire ; cette obligation ne s'impose à celui-ci qu'à l'issue du délai d'un mois suivant la date à laquelle l'inspecteur du travail prend sa décision. ● Soc. 20 déc. 2017, 🔗 n° 15-28.367 P : *D. 2018. Actu. 15* 🖉 *; RJS 3/2018, n° 168 ; JCP S 2018. 1062, obs. Babin.*

11. Infirmation de l'avis d'inaptitude. Le principe du contradictoire doit être respecté dans le cadre de la procédure de contestation auprès de l'inspecteur du travail. Lorsque l'inspecteur du travail envisage d'infirmer l'avis d'inaptitude, il doit avertir l'employeur et recueillir au préalable ses observations sous peine de nullité de sa décision. ● CE 21 janv. 2015, 🔗 n° 365124 : *D. actu. 27 févr. 2015, obs. Fraisse ; RDT 2015. 100, concl. Dumortier* 🖉 *; RJS 4/2015, n° 248.*

12. Conséquences sur la décision. Lorsque l'inspecteur du travail décide de ne pas reconnaître l'inaptitude, ou lorsque, sur recours contentieux, sa décision la reconnaissant est annulée, le licenciement n'est pas nul mais devient privé de cause ; le salarié a droit non à sa réintégration dans l'entreprise mais à une indemnité qui ne peut être inférieure au salaire des six derniers mois prévue par l'art. L. 122-14-4 [L. 1235-4 nouv.]. ● Soc. 8 avr. 2004, 🔗 n° 01-45.693 P : *D. 2004. IR 1124* 🖉 *; Dr. soc. 2004. 788, obs. Savatier* 🖉 *; RJS 2004. 470, n° 681, et ibid. 2004. 435, note Bourgeot* ● 9 févr. 2005 : 🔗 *RJS 2005. 281, n° 395 ; Dr. soc. 2005. 696, obs. Savatier* 🖉 ● 26 nov. 2008 : 🔗 *D. 2009. AJ 25* 🖉 *; Dr. soc. 2009. 257, note Savatier* 🖉 *; RJS 2009. 146, n° 168 ; JSL 2008, n° 246-2 ; JCP S 2009. 1054, obs. Verkindt ; SSL 2009, n° 1383, p. 10.*

13. L'annulation par l'inspecteur du travail de l'avis d'inaptitude délivré par le médecin du travail et déclarant un salarié apte à un poste d'employé commercial pour tout rayon n'a pas pour effet de suspendre à nouveau le contrat de travail. ● Soc. 26 nov. 2008 : 🔗 *RJS 2009. 146, n° 168 ; JSL 2008, n° 246-2.* ♦ Comp. : lorsque l'inspecteur du travail décide d'annuler les avis sur l'aptitude du salarié délivrés par le médecin du travail dans le cadre de la visite médicale de reprise du travail, le contrat de travail est de nouveau suspendu de sorte que le salarié ne peut prétendre au paiement des salaires. ● Soc. 10 nov. 2004, 🔗 n° 02-44.926 P : *D. 2004. IR 3037* 🖉 *; Dr. soc. 2005. 223, obs. Savatier* 🖉 *; RJS 2005. 38, n° 33 ; JCP E 2005. 408, note Waquet ; JSL 2004, n° 157-6.*

Art. L. 4624-1-1 (*L. n° 2021-1018 du 2 août 2021, art. 25, en vigueur le 31 mars 2022*) En cas de pluralité d'employeurs, le suivi de l'état de santé des travailleurs occupant des emplois identiques est mutualisé suivant des modalités définies par décret. — V. art. D. 4624-59 s.

Art. L. 4624-2 (L. n° 2016-1088 du 8 août 2016, art. 102) I. — Tout travailleur affecté à un poste présentant des risques particuliers pour sa santé ou sa sécurité ou pour celles de ses collègues ou des tiers évoluant dans l'environnement immédiat de travail bénéficie d'un suivi individuel renforcé de son état de santé. Ce suivi comprend notamment un examen médical d'aptitude, qui se substitue à la visite d'information et de prévention prévue à l'article L. 4624-1.

II. — L'examen médical d'aptitude permet de s'assurer de la compatibilité de l'état de santé du travailleur avec le poste auquel il est affecté, afin de prévenir tout risque grave d'atteinte à sa santé ou à sa sécurité ou à celles de ses collègues ou des tiers évoluant dans l'environnement immédiat de travail. Il est réalisé avant l'embauche et renouvelé périodiquement. Il est effectué par le médecin du travail, sauf lorsque des dispositions spécifiques le confient à un autre médecin. — V. art. R. 4624-24 s.

V. ndlr ss. art. L. 4624-1.

Art. L. 4624-2-1 (L. n° 2018-217 du 29 mars 2018, art. 13) Les travailleurs bénéficiant du dispositif de suivi individuel renforcé prévu à l'article L. 4624-2, ou qui ont bénéficié d'un tel suivi au cours de leur carrière professionnelle sont examinés par le médecin du travail au cours d'une visite médicale (L. n° 2021-1018 du 2 août 2021, art. 5, en vigueur le 31 mars 2022) « dans les meilleurs délais après la cessation de leur exposition à des risques particuliers pour leur santé ou leur sécurité ou, le cas échéant, », avant leur départ à la retraite.

Cet examen médical vise à établir une traçabilité et un état des lieux, à date, des expositions à un ou plusieurs facteurs de risques professionnels mentionnés à l'article L. 4161-1 auxquelles a été soumis le travailleur. (L. n° 2021-1018 du 2 août 2021, art. 5, en vigueur le 31 mars 2022) « S'il constate une exposition du travailleur à certains risques dangereux, notamment chimiques, mentionnés au *a* du 2° du I du même article L. 4161-1, le médecin du travail met en place une surveillance post-exposition ou post-professionnelle, en lien avec le médecin traitant et le médecin conseil des organismes de sécurité sociale. Cette surveillance tient compte de la nature du risque, de l'état de santé et de l'âge de la personne concernée ».

Les modalités d'application du présent article sont précisées par décret en Conseil d'État. — V. art. R. 4624-28-1 s.

Art. L. 4624-2-2 (L. n° 2021-1018 du 2 août 2021, art. 22, en vigueur le 31 mars 2022) I. — Le travailleur est examiné par le médecin du travail au cours d'une visite médicale de mi-carrière organisée à une échéance déterminée par accord de branche ou, à défaut, durant l'année civile du quarante-cinquième anniversaire du travailleur.

Cet examen médical peut être anticipé et organisé conjointement avec une autre visite médicale lorsque le travailleur doit être examiné par le médecin du travail deux ans avant l'échéance prévue au premier alinéa du présent I. Il peut être réalisé dès le retour à l'emploi du travailleur dès lors qu'il satisfait aux conditions déterminées par l'accord de branche prévu au même premier alinéa ou, à défaut, qu'il est âgé d'au moins quarante-cinq ans.

L'examen médical vise à :

1° Établir un état des lieux de l'adéquation entre le poste de travail et l'état de santé du travailleur, à date, en tenant compte des expositions à des facteurs de risques professionnels auxquelles il a été soumis ;

2° Évaluer les risques de désinsertion professionnelle, en prenant en compte l'évolution des capacités du travailleur en fonction de son parcours professionnel, de son âge et de son état de santé ;

3° Sensibiliser le travailleur aux enjeux du vieillissement au travail et sur la prévention des risques professionnels.

Le médecin du travail peut proposer, par écrit et après échange avec le travailleur et l'employeur, les mesures prévues à l'article L. 4624-3.

II. — La visite médicale de mi-carrière peut être réalisée par un infirmier de santé au travail exerçant en pratique avancée. Celui-ci ne peut proposer les mesures mentionnées au dernier alinéa du I. A l'issue de la visite, l'infirmier peut, s'il l'estime nécessaire, orienter sans délai le travailleur vers le médecin du travail.

Art. L. 4624-2-3 (L. n° 2021-1018 du 2 août 2021, art. 27, en vigueur le 31 mars 2022) Après un congé de maternité ou une absence au travail justifiée par une incapacité résultant de maladie ou d'accident et répondant à des conditions fixées par décret, le travailleur bénéficie d'un examen de reprise par un médecin du travail dans un délai déterminé par décret. – *V. art. R. 1624-31.*

Art. L. 4624-2-4 *(L. n° 2021-1018 du 2 août 2021, art. 27, en vigueur le 31 mars 2022)* En cas d'absence au travail justifiée par une incapacité résultant de maladie ou d'accident d'une durée supérieure à une durée fixée par décret, le travailleur peut bénéficier d'un examen de préreprise par le médecin du travail, notamment pour étudier la mise en œuvre des mesures d'adaptation individuelles prévues à l'article L. 4624-3, organisé à l'initiative du travailleur, du médecin traitant, des services médicaux de l'assurance maladie ou du médecin du travail, dès lors que le retour du travailleur à son poste est anticipé. – *V. art. R. 4624-29.*

L'employeur informe le travailleur de la possibilité pour celui-ci de solliciter l'organisation de l'examen de préreprise.

Art. L. 4624-3 *(L. n° 2016-1088 du 8 août 2016, art. 102)* Le médecin du travail peut proposer, par écrit et après échange avec le salarié et l'employeur, des mesures individuelles d'aménagement, d'adaptation ou de transformation du poste de travail ou des mesures d'aménagement du temps de travail justifiées par des considérations relatives notamment à l'âge ou à l'état de santé physique et mental du travailleur.

Art. L. 4624-4 *(L. n° 2016-1088 du 8 août 2016, art. 102)* Après avoir procédé ou fait procéder par un membre de l'équipe pluridisciplinaire à une étude de poste et après avoir échangé avec le salarié et l'employeur, le médecin du travail qui constate qu'aucune mesure d'aménagement, d'adaptation ou de transformation du poste de travail occupé n'est possible et que l'état de santé du travailleur justifie un changement de poste déclare le travailleur inapte à son poste de travail. L'avis d'inaptitude rendu par le médecin du travail est éclairé par des conclusions écrites, assorties d'indications relatives au reclassement du travailleur.

BIBL. ▶ Fantoni-Quinton et Verkindt, *SSL 2017, n° 1752, p. 7* (nouvel encadrement de la décision d'inaptitude). – Jeansen, *JCP S 2017. 1318.*

1. Application dans le temps de la loi du 8 août 2016. L'obligation qui pèse sur l'employeur de rechercher un reclassement au salarié déclaré par le médecin du travail inapte à reprendre l'emploi qu'il occupait précédemment naît à la date de la déclaration d'inaptitude par le médecin du travail. Dès lors que l'inaptitude n'a pas été constatée en application de l'art. L. 4624-4 C. trav., dans sa rédaction issue de la L. n° 2016-1088 du 8 août 2016, entrée en vigueur postérieurement à l'avis d'inaptitude, les dispositions antérieures à l'entrée en vigueur de cette loi s'appliquent. ● Soc. 11 mai 2022, ⚖ n° 20-20.717 B : *D. actu. 24 mai 2022, obs. Couëdel ; D. 2022. 997 ; RJS 7/2021, n° 363.*

2. Avis d'aptitude médicale et modification du contrat de travail. La circonstance que les mesures d'aménagement du poste ou des horaires de travail préconisées par le médecin du travail entraînent une modification du contrat de travail du salarié n'implique pas, en elle-même, la formulation d'un avis d'inaptitude médicale. ● Soc. 24 mars 2021, ⚖ n° 19-16.558 P : *D. actu. 15 avr. 2021, obs. Malfettes ; D. 2021. Actu. 638 ; RDT 2021. 314, obs. Fabre ; Dr. soc. 2021. 671, obs. Verkindt ; RJS 5/2021, n° 270 ; SSL 2021, n° 1955, obs. Tournaux ; JSL 2021, n° 520-4, obs. Pacotte et Daguerre ; JCP S 2021. 1114, obs. Babin.*

3. Avis d'inaptitude médicale et suspension du contrat de travail. Le médecin du travail peut constater l'inaptitude d'un salarié à son poste à l'occasion d'un examen réalisé à la demande de celui-ci, peu important que l'examen médical ait lieu pendant la suspension du contrat de travail. ● Soc. 24 mai 2023, ⚖ n° 22-10.517 B : *D. actu. 7 juin, obs. Malfettes ; D. 2023. 1015 ; RJS 8-9/2023, n° 428 ; JCP S 2023. 1171, obs. Babin.*

Art. L. 4624-5 *(L. n° 2016-1088 du 8 août 2016, art. 102)* Pour l'application des articles L. 4624-3 et L. 4624-4, le médecin du travail reçoit le salarié, afin d'échanger sur l'avis et les indications ou les propositions qu'il pourrait adresser à l'employeur.

Le médecin du travail peut proposer à l'employeur l'appui de l'équipe pluridisciplinaire ou celui d'un organisme compétent en matière de maintien en emploi pour mettre en œuvre son avis et ses indications ou ses propositions.

Art. L. 4624-6 *(L. n° 2016-1088 du 8 août 2016, art. 102)* L'employeur est tenu de prendre en considération l'avis et les indications ou les propositions émis par le médecin du travail en application des articles L. 4624-2 à L. 4624-4. En cas de refus, l'employeur fait connaître par écrit au travailleur et au médecin du travail les motifs qui s'opposent à ce qu'il y soit donné suite.

BIBL. ▶ LÉGER, *RJS 4/2020* (contentieux de l'employeur contre les médecins du travail).

COMMENTAIRE

V. sur le Code en ligne 🔒.

Art. L. 4624-7 *(Ord. n° 2017-1387 du 22 sept. 2017, art. 8)* I. — Le salarié ou l'employeur peut saisir le conseil de prud'hommes *(Ord. n° 2019-738 du 17 juill. 2019, art. 15)* « selon la procédure accélérée au fond » d'une contestation portant sur les avis, propositions, conclusions écrites ou indications émis par le médecin du travail reposant sur des éléments de nature médicale en application des articles L. 4624-2, L. 4624-3 et L. 4624-4. Le médecin du travail, informé de la contestation *(L. n° 2018-217 du 29 mars 2018, art. 11)* « par l'employeur », n'est pas partie au litige. — *Les dispositions de l'Ord. n° 2019-738 du 17 juill. 2019 s'appliquent aux demandes introduites à compter du 1er janv. 2020 (Ord. préc., art. 30).*

II. — Le conseil de prud'hommes peut confier toute mesure d'instruction au *(Ord. n° 2017-1718 du 20 déc. 2017, art. 1er-I)* « médecin inspecteur du travail » territorialement compétent pour l'éclairer sur les questions de fait relevant de sa compétence. Celui-ci, peut, le cas échéant, s'adjoindre le concours de tiers. A la demande de l'employeur, les éléments médicaux ayant fondé les avis, propositions, conclusions écrites ou indications émis par le médecin du travail *(L. n° 2021-1018 du 2 août 2021, art. 15-II, en vigueur le 31 mars 2022)* « , à l'exception des données recueillies dans le dossier médical partagé en application du IV de l'article L. 1111-17 du code de la santé publique, » peuvent être notifiés au médecin que l'employeur mandate à cet effet. Le salarié est informé de cette notification.

III. — La décision du conseil de prud'hommes se substitue aux avis, propositions, conclusions écrites ou indications contestés.

(L. n° 2018-217 du 29 mars 2018, art. 11) « IV. — Le conseil de prud'hommes peut décider, par décision motivée, de ne pas mettre tout ou partie des honoraires et frais d'expertise à la charge de la partie perdante, dès lors que l'action en justice n'est pas dilatoire ou abusive. Ces honoraires et frais sont réglés d'après le tarif fixé par un arrêté conjoint des ministres chargés du travail et du budget. » — *V. Arr. du 27 mars 2018 (JO 30 mars, NOR : MTRT1806841A).*

V. — Les conditions et les modalités d'application du présent article sont définies par décret en Conseil d'État. — *V. art. R. 4624-45 s.*

Ces dispositions s'appliquent aux instances introduites à compter du 1er janv. 2018 (Ord. n° 2017-1387 du 22 sept. 2017, art. 40-X, et Décr. n° 2017-1698 du 15 déc. 2017, art. 4-II).

BIBL. ▶ BABIN, *JCP S 2017. 1139* (contestation des avis du médecin du travail devant le conseil de prud'hommes). – BOUMENDJEL, LEDUC et MASAMBA-DEBAT, *JCP S 2017. 1276* ; *ibid. 2017. 1320* (recours contre les avis du médecin du travail). – CHONNIER et BAILLY, *Dr. soc. 2020. 648* (contestation par l'employeur des avis du médecin du travail à l'épreuve du secret médical). – VERKINDT, *JCP S 2017. 1310.*

COMMENTAIRE

V. sur le Code en ligne 🔒.

I. JURISPRUDENCE RENDUE SOUS L'EMPIRE DES DISPOSITIONS ANTÉRIEURES À L'ORD. N° 2017-1387 DU 22 SEPT. 2017

1. Cas de recours. En l'absence de recours, exercé devant l'inspecteur du travail, contre les avis du médecin du travail, ceux-ci s'imposent au juge ; le juge ne peut alors refuser de donner effet aux avis donnés par ce médecin. ● Soc. 17 déc. 2014, 🔗 n° 13-12.277 : *D. actu. 21 janv. 2015, obs. Fleuriot ; RJS 3/2015, n° 183 ; JCP S 2015. 1088, obs. Verkindt.* ◆ Le refus par le salarié de la proposition de reclassement ne constitue pas un différend rendant nécessaire l'intervention de l'inspecteur du travail. ● Soc. 13 nov. 1984 : *JS UIMM 1985. 173.* ◆ Solution identique en l'absence de contestation de la part de l'employeur de l'avis du médecin du travail. ● Soc. 24 avr. 1980 : *Bull. civ. V, n° 350.* ◆ Sur le cas particulier des représentants du personnel, V. ● CE 27 juill. 1984 : *JS UIMM 1984. 472* ● 6 juill. 1984 : *Dr. soc. 1985. 52, concl. Boyon* ● 11 juill. 1986 : *ibid. 1987. 620, concl. Guillaume.* ◆ Le recours administratif devant l'inspecteur du travail n'est ouvert qu'en cas

SANTÉ ET SÉCURITÉ AU TRAVAIL

Art. L. 4624-7 1391

de difficulté ou de désaccord sur l'avis du médecin du travail portant sur l'inaptitude physique du salarié à son poste de travail antérieur, son aptitude physique au poste de reclassement proposé, la nécessité d'une adaptation des conditions de travail ou d'une réadaptation du salarié. ● Soc. 28 juin 2006 : 🛡 *D. 2006. IR 2056* ⌐. ◆ En cas de désaccord concernant les propositions du médecin du travail, l'inspecteur du travail doit se prononcer lui-même sur l'aptitude du salarié à tenir son poste de travail sans pouvoir se borner à annuler les propositions du médecin du travail et à lui enjoindre d'en formuler de nouvelles. ● CE 27 sept. 2006 : 🛡 *D. 2006. IR 2628* ⌐ ; *Dr. soc. 2006. 1117, note Savatier* ⌐. ◆ Le recours administratif devant l'inspecteur du travail couvre la visite médicale d'embauche. ● CE 17 juin 2009 : 🛡 *Dr. soc. 2009. 941, concl. Struillou* ⌐ ; *ibid. 1137, obs. Chaumette* ⌐ ; *SSL 2009, n° 1407, p. 12*.

2. Recours. L'avis du médecin du travail ne peut faire l'objet, tant de la part de l'employeur que de la part du salarié, que d'un recours administratif devant l'inspecteur du travail. ● Soc. 2 févr. 1994, 🛡 *n° 88-42.711 P : CSB 1994. 153, S. 79 ; RJS 1994. 181, n° 245*. ◆ Il n'appartient pas aux juges du fond de substituer leur appréciation à celle du médecin du travail. ● Soc. 10 nov. 2009 : 🛡 *R., p. 341 ; D. 2009. AJ 2867, obs. Maillard* ⌐ ; *Dr. ouvrier 2010. 265 ; RJS 2010. 32, n° 30*. ◆ Le juge judiciaire, et plus particulièrement le juge des référés, ne peut ordonner une expertise afin de contester le bien-fondé de cet avis. ● Soc. 12 mars 1987 : *Dr. soc. 1987. 604, note Savatier*. – V. aussi ● CE 4 oct. 1991 : 🛡 *RJS 1991. 712, n° 1326* ● Soc. 9 oct. 2001, 🛡 *n° 98-46.144 P : RJS 2001. 957 ; Dr. soc. 2002. 217, obs. Savatier* ⌐ ; *JSL 2001, n° 91-2*.

3. Information du recours. Lorsqu'un salarié déclaré inapte à son poste de travail conteste cet avis d'inaptitude devant l'inspecteur du travail, il n'a pas à en avertir l'employeur ; son silence lors de l'entretien préalable à son licenciement ne caractérise pas sa mauvaise foi. ● Soc. 3 févr. 2010 : 🛡 *RDT 2010. 304, obs. Véricel* ⌐ ; *JSL 2010, n° 274-2 ; SSL 2010, n° 1433, p. 11, avis Duplat*.

4. Objet de la contestation de la décision de l'inspecteur du travail. L'appréciation donnée par l'inspecteur du travail confirmative ou infirmative de l'avis du médecin du travail se substitue à ce dernier ; seule cette appréciation est susceptible de recours pour excès de pouvoir et les éventuelles irrégularités de la procédure prévue à l'art. R. 4624-31 C. trav. ayant conduit à l'avis du médecin du travail sont sans incidence sur la légalité de la décision rendue par l'inspecteur du travail. ● CE 22 mai 2015, 🛡 *n° 377001 : D. actu. 16 sept. 2015, obs. Siro*.

5. Recours et salariés protégés. L'inspecteur du travail, lorsqu'il est saisi tout à la fois d'un recours formé par un salarié sur le fondement de l'art. L. 4624-1 et d'une demande d'autorisation de licencier ce salarié pour inaptitude physique, ne peut se prononcer sur la demande d'autorisation de licenciement sans avoir statué sur le recours, après avis du médecin-inspecteur du travail. ● CE 7 oct. 2009 : 🛡 *Dr. soc. 2010. 168, concl. Struillou* ⌐.

6. Incidences sur le contrat de travail. La procédure de contestation n'impose pas la suspension du contrat de travail et l'employeur ne peut empêcher le salarié qui en fait la demande de reprendre son poste. ● Soc. 14 janv. 1998 : 🛡 *RJS 1998. 280, n° 448*. ◆ En présence d'un avis d'inaptitude temporaire délivré par le médecin du travail, en l'absence de recours de l'employeur, le salarié peut refuser de se soumettre à une contre-visite. ● Soc. 10 févr. 1998, 🛡 *n° 95-41.600 P*.

7. Le recours auprès de l'inspecteur du travail ne subordonne pas le licenciement du salarié à une autorisation préalable et ne suspend pas le délai d'un mois imparti à l'employeur pour procéder au licenciement du salarié déclaré inapte à son emploi ; mais est dépourvu de cause réelle et sérieuse le licenciement notifié prématurément, sans prendre en considération la possibilité retenue par l'inspecteur du travail de reclasser sur le poste aménagé moyennant une aide financière qu'il appartient à l'employeur de solliciter. ● Soc. 28 janv. 2004, 🛡 *n° 01-46.913 P : RJS 2004. 282, n° 401*.

8. L'appréciation de l'inspecteur du travail, qui se substitue entièrement à celle du médecin du travail, doit être regardée comme portée dès la date à laquelle l'avis du médecin du travail a été émis, qu'elle le confirme ou qu'elle l'infirme, et nonobstant la circonstance que l'inspecteur du travail doive se prononcer en fonction des circonstances de fait et de droit à la date à laquelle il prend sa décision. ● CE 16 avr. 2010 : 🛡 *Dr. soc. 2010. 629, concl. Dumortier* ⌐.

9. Infirmation de l'avis d'inaptitude. Le principe du contradictoire doit être respecté dans le cadre de la procédure de contestation auprès de l'inspecteur du travail. Lorsque l'inspecteur du travail envisage d'infirmer l'avis d'inaptitude, il doit avertir l'employeur et recueillir au préalable ses observations sous peine de nullité de sa décision. ● CE 21 janv. 2015, 🛡 *n° 365124 : D. actu. 27 févr. 2015, obs. Fraisse ; RDT 2015. 100, concl. Dumortier* ⌐ ; *RJS 4/2015, n° 248*.

10. Conséquences sur la décision. Lorsque l'inspecteur du travail décide de ne pas reconnaître l'inaptitude, ou lorsque, sur recours contentieux, sa décision la reconnaissant est annulée, le licenciement n'est pas nul mais devient privé de cause ; le salarié a droit non à sa réintégration dans l'entreprise mais à une indemnité qui ne peut être inférieure au salaire des six derniers mois prévue par l'art. L. 122-14-4 [L. 1235-4 nouv.]. ● Soc. 8 avr. 2004, 🛡 *n° 01-45.693 P : D. 2004. IR 1124* ⌐ ; *Dr. soc. 2004. 788, obs. Savatier* ⌐ ; *RJS 2004. 470, n° 681, et ibid. 2004. 435, note Bourgeot* ● 9 févr. 2005 : 🛡 *RJS 2005. 281,* n° 395 ; Dr. soc. 2005. 696, obs. Savatier ⌀ • 26 nov. 2008 : ⚖ D. 2009. AJ 25 ⌀ ; Dr. soc. 2009. 257, note Savatier ⌀ ; RJS 2009. 146, n° 168 ; JSL 2008, n° 246-2 ; JCP S 2009. 1054, obs. Verkindt ; SSL 2009, n° 1383, p. 10.

11. L'annulation par l'inspecteur du travail de l'avis d'inaptitude délivré par le médecin du travail et déclarant un salarié apte à un poste d'employé commercial pour tout rayon n'a pas pour effet de suspendre à nouveau le contrat de travail. • Soc. 26 nov. 2008 : ⚖ RJS 2009. 146, n° 168 ; JSL 2008, n° 246-2. ♦ Comp. : lorsque l'inspecteur du travail décide d'annuler les avis sur l'aptitude du salarié délivrés par le médecin du travail dans le cadre de la visite médicale de reprise du travail, le contrat de travail est de nouveau suspendu de sorte que le salarié ne peut prétendre au paiement des salaires. • Soc. 10 nov. 2004, ⚖ n° 02-44.926 P : D. 2004. IR 3037 ⌀ ; Dr. soc. 2005. 223, obs. Savatier ⌀ ; RJS 2005. 38, n° 33 ; JCP E 2005. 408, note Waquet ; JSL 2004, n° 157-6.

12. Frais de transport exposés à l'occasion de la mesure d'instruction prévue par l'art. L. 4624-7. Les frais de déplacement exposés par un salarié à l'occasion d'une mesure d'instruction ne peuvent être remboursés que sur le fondement de l'art. 700 C. pr. civ. ; le juge ne peut accorder une somme au titre de ce dernier texte en raison de frais exposés pour les besoins d'une procédure antérieure. • Soc. 4 mars 2020, ⚖ n° 18-24.405 P : D. 2020. 606 ⌀ ; RJS 6/2020, n° 298.

II. JURISPRUDENCE RENDUE SOUS L'EMPIRE DE L'ORD. N° 2017-1387 DU 22 SEPT. 2017

(V. QR min. trav. du 26 oct. 2020 : FRS 22/20 inf. 12, p. 23).

13. Portée de l'avis d'inaptitude non contesté dans le délai. Dès lors que l'avis d'inaptitude rendu par le médecin du travail mentionnait les voies et délais de recours et n'avait fait l'objet d'aucune contestation dans le délai de 15 jours, sa régularité ne pouvait plus être contestée, que la contestation concerne les éléments purement médicaux ou l'étude de poste ; en l'absence de recours, l'avis s'impose aux parties. • Soc. 7 déc. 2022, ⚖ n° 21-23.662 B : D. 2023. 419, note Valéry ⌀ ; RJS 2/2023, n° 88 ; JSL 2023, n° 556-3, obs. Giovenal.

14. Point de départ du délai de recours de 15 jours contre un avis d'inaptitude. Le délai de 15 jours pour la saisine du conseil de prud'hommes court à compter de la notification de l'avis d'inaptitude émis par le médecin du travail. • Soc. 2 juin 2021, ⚖ n° 19-24.061 P : D. 2021. 1089 ⌀ ; RDT 2021. 458, obs. Couëdel ⌀ ; RJS 8-9/2021, n° 453 ; JSL 2021, n° 524-2, obs. Lhernould ; ibid., n° 526-5, obs. Pacotte et Layat ; JCP S 2021. 1183, obs. Babin.

15. Point de départ du délai de contestation de l'avis d'inaptitude remis en main propre. Pour constituer la notification faisant courir le délai de recours de 15 jours à l'encontre d'un avis d'aptitude ou d'inaptitude, la remise en main propre de cet avis doit être faite contre émargement ou récépissé. • Soc. 2 mars 2022, ⚖ n° 20-21.715 B : RJS 5/2022, n° 256 ; JCP S 2022. 1148, obs. Babin ; JSL 2022, n° 542, obs. Nasom-Tissandier.

16. Domaine de contrôle susceptible d'être exercé par le conseil de prud'hommes. La contestation dont peut être saisi le conseil de prud'hommes en application de l'art. L. 4624-7 doit porter sur l'avis du médecin du travail ; le juge saisi de la contestation doit donc rechercher si le salarié est effectivement inapte à son poste de travail. Le non-respect des règles de procédure prévues par les dispositions réglementaires ne peut pas affecter, à lui seul, la validité de l'avis délivré. • Soc., avis, 17 mars 2021, ⚖ n° 21-70.002 P : RDT 2021. 397, obs. Véricel ⌀ ; RJS 5/2021, n° 272 ; JCP S 2021. 1115, obs. Laherre.

17. Contestation de l'avis et office du juge prud'homal. La contestation dont peut être saisi le conseil de prud'hommes doit porter sur l'avis du médecin du travail ; le conseil peut, dans ce cadre, examiner les éléments de toute nature sur lesquels le médecin du travail s'est fondé pour rendre son avis. • Soc. 17 mars 2021, ⚖ n° 21-70.002 P : RDT 2021. 397, obs. Véricel ⌀ ; RJS 5/2021, n° 272 ; JSL 2021, n° 519-4, obs. Hautefort ; JCP S 2021. 1115, obs. Laherre. ♦ Il substitue à cet avis sa propre décision, après avoir le cas échéant ordonné une mesure d'instruction. Même arrêt • Soc. 7 déc. 2022, ⚖ n° 21-17.927 B : D. 2022. 2227 ⌀ ; RDT 2023. 110, obs. Abry-Durand ⌀ ; RJS 2/2023, n° 87 ; JSL 2023, n° 556-4, obs. Hautefort.

18. Communication des éléments médicaux par le médecin inspecteur du travail au médecin mandaté par l'employeur. Dans le cadre d'un recours contre un avis d'inaptitude, le médecin inspecteur du travail chargé d'une mesure d'instruction par la juridiction saisie n'est tenu de communiquer au médecin mandaté par l'employeur que les éléments médicaux ayant fondé les avis, propositions, conclusions écrites ou orales émis par le médecin du travail, à l'exclusion de tout autre élément porté à sa connaissance dans le cadre de l'exécution de sa mission. • Soc. 13 déc. 2023, ⚖ n° 21-22.401 B.

Art. L. 4624-8 (L. n° 2010-1330 du 9 nov. 2010, art. 60-I) Un dossier médical en santé au travail (Abrogé par L. n° 2021-1018 du 2 août 2021, art. 16-I, à compter du 31 mars 2022) « intégré au dossier médical partagé », constitué par le médecin du travail (L. n° 2021-1018 du 2 août 2021, art. 16-I, en vigueur le 31 mars 2022) « ou, le cas échéant, un des professionnels de santé mentionnés au premier alinéa du I de l'article

L. 4624-1 », retrace dans le respect du secret médical les informations relatives à l'état de santé du travailleur, aux expositions auxquelles il a été soumis ainsi que les avis et propositions du médecin du travail, notamment celles formulées en application (*L. n° 2016-1088 du 8 août 2016, art. 102-II*) « des articles L. 4624-3 et L. 4624-4 ». En cas de risque pour la santé publique ou à sa demande, le médecin du travail le transmet au médecin inspecteur du travail. Le travailleur, ou en cas de décès de celui-ci toute personne autorisée par les articles L. 1110-4 et L. 1111-7 (*L. n° 2021-1018 du 2 août 2021, art. 16-I, en vigueur le 31 mars 2022*) « du code de la santé publique », peut demander la communication de ce dossier.

(*L. n° 2021-1018 du 2 août 2021, art. 16-I, en vigueur le 31 mars 2022*) « Pour chaque titulaire, l'identifiant du dossier médical en santé au travail est l'identifiant de santé mentionné à l'article L. 1111-8-1 du même code, lorsqu'il dispose d'un tel identifiant.

« Le dossier médical en santé au travail est accessible au médecin praticien correspondant et aux professionnels de santé chargés d'assurer, sous l'autorité du médecin du travail, le suivi de l'état de santé d'une personne en application du premier alinéa du I de l'article L. 4624-1 du présent code, sauf opposition de l'intéressé.

« Le médecin du travail ou, le cas échéant, l'un des professionnels de santé mentionnés au même premier alinéa saisit dans le dossier médical en santé au travail l'ensemble des données d'exposition du travailleur à un ou plusieurs facteurs de risques professionnels mentionnés à l'article L. 4161-1 ou toute autre donnée d'exposition à un risque professionnel qu'il estime de nature à affecter l'état de santé du travailleur. Pour la collecte de ces données, le médecin du travail ou le professionnel de santé tient compte des études de poste, des fiches de données de sécurité transmises par l'employeur, du document unique d'évaluation des risques professionnels mentionné à l'article L. 4121-3-1 et de la fiche d'entreprise. Les informations relatives à ces expositions sont confidentielles et ne peuvent pas être communiquées à un employeur auprès duquel le travailleur sollicite un emploi. »

(*L. n° 2021-1018 du 2 août 2021, art. 16-I et III, en vigueur à une date fixée par Décr. et au plus tard le 1er janv. 2024*) « Les éléments nécessaires au développement de la prévention ainsi qu'à la coordination, à la qualité et à la continuité des soins au sein du dossier médical en santé au travail sont versés, sous réserve du consentement du travailleur préalablement informé, dans le dossier médical partagé au sein d'un volet relatif à la santé au travail dans les conditions prévues au troisième alinéa de l'article L. 1111-15 du code de la santé publique. Ces éléments sont accessibles, uniquement à des fins de consultation, aux professionnels de santé participant à la prise en charge du travailleur mentionnés aux articles L. 1110-4 et L. 1110-12 du même code, sous réserve du consentement du travailleur préalablement informé. »

(*L. n° 2021-1018 du 2 août 2021, art. 16-I, en vigueur le 31 mars 2022*) « Lorsque le travailleur relève de plusieurs services de prévention et de santé au travail ou cesse de relever d'un de ces services, son dossier médical en santé au travail est accessible au service compétent pour assurer la continuité du suivi, sauf refus du travailleur. — *V. art. R. 4624-45-7.*

« Un décret en Conseil d'État, pris après avis de la Commission nationale de l'informatique et des libertés, fixe les modalités de mise en œuvre du présent article. » — *V. art. R. 4624-45-3 s.*

BIBL. ▶ AMAUGER-LATTES, *Dr. soc. 2021.* 897 ⌀ (prévention et traçabilité des expositions professionnelles).

Art. L. 4624-8-1 (*L. n° 2021-1018 du 2 août 2021, art. 15-II, en vigueur le 31 mars 2022*) Le travailleur peut s'opposer à l'accès du médecin du travail chargé du suivi de son état de santé à son dossier médical partagé mentionné à l'article L. 1111-14 du code de la santé publique. Ce refus ne constitue pas une faute et ne peut servir de fondement à l'avis d'inaptitude mentionné à l'article L. 4624-4 du présent code. Il n'est pas porté à la connaissance de l'employeur.

Art. L. 4624-8-2 (*L. n° 2021-1018 du 2 août 2021, art. 17-II, en vigueur à une date fixée par Décr. et au plus tard le 1er janv. 2024*) Afin de garantir l'échange, le partage, la sécurité et la confidentialité des données de santé à caractère personnel, les systèmes d'information ou les services ou outils numériques destinés à être utilisés par les professionnels de santé exerçant pour le compte des services de prévention et de santé au travail ainsi que par les personnes exerçant sous leur autorité doivent être conformes aux référentiels d'interopérabilité et de sécurité élaborés par le groupement d'intérêt public mentionné à l'article L. 1111-24 du code de la santé publique, le cas échéant adaptés aux spécificités de l'activité des services de prévention et de santé au travail, pour le traitement de ces données, leur conservation sur support informatique et leur transmission par voie électronique.

La conformité aux référentiels d'interopérabilité et de sécurité mentionnée au premier alinéa du présent article conditionne la certification prévue à l'article L. 4622-9-3 du présent code.

Art. L. 4624-9 (L. n° 2011-867 du 20 juill. 2011) I. — Lorsque le médecin du travail constate la présence d'un risque pour la santé des travailleurs, il propose par un écrit motivé et circonstancié des mesures visant à la préserver.

L'employeur prend en considération ces propositions et, en cas de refus, fait connaître par écrit les motifs qui s'opposent à ce qu'il y soit donné suite.

II. — Lorsque le médecin du travail est saisi par un employeur d'une question relevant des missions qui lui sont dévolues en application de l'article L. 4622-3, il fait connaître ses préconisations par écrit.

III. — Les propositions et les préconisations du médecin du travail et la réponse de l'employeur, prévues aux I et II du présent article, sont (L. n° 2015-994 du 17 août 2015, art. 26-V) « transmises au (Ord. n° 2017-1386 du 22 sept. 2017, art. 4) « comité social et économique », à l'(L. n° 2016-1088 du 8 août 2016, art. 113) « agent de contrôle de l'inspection du travail mentionné à l'article L. 8112-1 », au médecin inspecteur du travail ou aux agents des services de prévention des organismes de sécurité sociale et des organismes mentionnés à l'article L. 4643-1 ».

Art. L. 4624-10 (L. n° 2011-867 du 20 juill. 2011) Des décrets en Conseil d'État précisent les modalités d'action des personnels concourant aux services (L. n° 2021-1018 du 2 août 2021, art. 1ᵉʳ-I, en vigueur le 31 mars 2022) « de prévention et » de santé au travail ainsi que les conditions d'application du présent chapitre (L. n° 2016-1088 du 8 août 2016, art. 102-II) « , notamment les modalités du suivi individuel prévu à l'article L. 4624-1, les modalités d'identification des travailleurs mentionnés à l'article L. 4624-2 et les modalités du suivi individuel renforcé dont ils bénéficient ».

CHAPITRE V SURVEILLANCE MÉDICALE DE CATÉGORIES PARTICULIÈRES DE TRAVAILLEURS (L. n° 2011-867 du 20 juill. 2011).

Art. L. 4625-1 (L. n° 2011-867 du 20 juill. 2011) Un décret détermine les règles relatives à l'organisation, au choix et au financement du service (L. n° 2021-1018 du 2 août 2021, art. 1ᵉʳ-I, en vigueur le 31 mars 2022) « de prévention et » de santé au travail ainsi qu'aux modalités de surveillance de l'état de santé des travailleurs applicables aux catégories de travailleurs suivantes :

1° Salariés temporaires ;
2° Stagiaires de la formation professionnelle ;
3° Travailleurs des associations intermédiaires ;
4° Travailleurs exécutant habituellement leur contrat de travail dans une entreprise autre que celle de leur employeur ;
5° Travailleurs éloignés exécutant habituellement leur contrat de travail dans un département différent de celui où se trouve l'établissement qui les emploie ;
6° Travailleurs détachés temporairement par une entreprise non établie en France ;
7° Travailleurs saisonniers.

Ces travailleurs bénéficient d'une protection égale à celle des autres travailleurs.

Des règles et modalités de surveillance adaptées ne peuvent avoir pour effet de modifier la périodicité des examens médicaux définie par le présent code.

Des règles adaptées relatives à l'organisation du service (L. n° 2021-1018 du 2 août 2021, art. 1ᵉʳ-I, en vigueur le 31 mars 2022) « de prévention et » de santé au travail ne peuvent avoir pour effet de modifier les modalités de composition et de fonctionnement du conseil d'administration prévues à l'article L. 4622-11.

Pour tenir compte de spécificités locales en matière de recours à des travailleurs saisonniers, l'autorité administrative peut approuver des accords adaptant les modalités définies par décret sous réserve que ces adaptations garantissent un niveau au moins équivalent de protection de la santé aux travailleurs concernés. – *V. art. R. 4625-1 s.*

Art. L. 4625-1-1 (*L. n° 2016-1088 du 8 août 2016, art. 102*) Un décret en Conseil d'État prévoit les adaptations des règles définies aux articles L. 4624-1 et L. 4624-2 pour les salariés temporaires et les salariés en contrat à durée déterminée.

Ces adaptations leur garantissent un suivi individuel de leur état de santé d'une périodicité équivalente à celle du suivi des salariés en contrat à durée indéterminée.

Ce décret en Conseil d'État prévoit les modalités d'information de l'employeur sur le suivi individuel de l'état de santé de son salarié et les modalités particulières d'hébergement des dossiers médicaux en santé au travail et d'échanges d'informations entre médecins du travail. – *V. art. R. 4625-1 s.*

V. ndlr ss. art. L. 4624-1.

Art. L. 4625-2 (*L. n° 2011-867 du 20 juill. 2011, art. 10*) Un accord collectif de branche étendu peut prévoir des dérogations aux règles relatives à l'organisation et au choix du service (*L. n° 2021-1018 du 2 août 2021, art. 1ᵉʳ-I, en vigueur le 31 mars 2022*) « de prévention et » de santé au travail ainsi qu'aux modalités de surveillance de l'état de santé des travailleurs dès lors que ces dérogations n'ont pas pour effet de modifier la périodicité des examens médicaux définie par le présent code.

Ces dérogations concernent les catégories de travailleurs suivantes :

1° Artistes et techniciens intermittents du spectacle ;

2° Mannequins ;

3° Salariés du particulier employeur (*Ord. n° 2021-611 du 19 mai 2021, art. 6*) « et assistants maternels » ;

4° Voyageurs, représentants et placiers.

L'accord collectif de branche étendu après avis du Conseil national de l'ordre des médecins peut prévoir que le suivi médical des salariés du particulier employeur (*Ord. n° 2021-611 du 19 mai 2021, art. 6*) « , des assistants maternels employés par un ou plusieurs particuliers » et des mannequins, soit effectué par des médecins non spécialisés en médecine du travail qui signent un protocole avec un service (*L. n° 2021-1018 du 2 août 2021, art. 1ᵉʳ-I, en vigueur le 31 mars 2022*) « de prévention et » de santé au travail interentreprises. Ces protocoles prévoient les garanties en termes de formation des médecins non spécialistes, les modalités de leur exercice au sein du service (*L. n° 2021-1018 du 2 août 2021, art. 1ᵉʳ-I, en vigueur le 31 mars 2022*) « de prévention et » de santé au travail ainsi que l'incompatibilité entre la fonction de médecin de soin du travailleur ou de l'employeur et le suivi médical du travailleur prévu par le protocole. Ces dispositions ne font pas obstacle à l'application de l'article L. 1133-3.

En cas de difficulté ou de désaccord avec les avis délivrés par les médecins mentionnés au septième alinéa du présent article, l'employeur ou le travailleur peut solliciter un examen médical auprès d'un médecin du travail appartenant au service (*L. n° 2021-1018 du 2 août 2021, art. 1ᵉʳ-I, en vigueur le 31 mars 2022*) « de prévention et » de santé au travail interentreprises ayant signé le protocole.

Art. L. 4625-3 (*L. n° 2021-1018 du 2 août 2021, art. 26, en vigueur le 31 mars 2022*) Les particuliers employeurs adhèrent, moyennant une contribution dont le montant est fixé par accord collectif de branche étendu, à un service de prévention et de santé au travail.

L'association paritaire mentionnée au second alinéa de l'article L. 133-7 du code de la sécurité sociale est chargée, au nom et pour le compte des particuliers employeurs d'organiser, la mise en œuvre de la prévention des risques professionnels et de la surveillance médicale des salariés et de désigner le ou les services de prévention et de santé au travail chargés, dans le cadre de conventions conclues avec l'association paritaire, du suivi des salariés sur les territoires.

Elle délègue par voie de convention aux organismes de recouvrement mentionnés au même second alinéa la collecte de la contribution mentionnée au premier alinéa du présent article et le recueil des données, auprès des employeurs et de leurs salariés, nécessaires à la mise en œuvre du deuxième alinéa.

CHAPITRE VI SERVICES DE PRÉVENTION ET DE SANTÉ AU TRAVAIL DES ÉTABLISSEMENTS DE SANTÉ, SOCIAUX ET MÉDICO-SOCIAUX (L. n° 2021-1018 du 2 août 2021, art. 1er-I).

Le présent chapitre ne comprend pas de dispositions législatives.

TITRE III SERVICE SOCIAL DU TRAVAIL

CHAPITRE I MISE EN PLACE ET MISSIONS

Art. L. 4631-1 Un service social du travail est organisé dans tout établissement employant habituellement (L. n° 2012-387 du 22 mars 2012, art. 43) « au moins deux cent cinquante salariés ». – [Anc. art. R. 250-1.]

Art. L. 4631-2 Le service social du travail agit sur les lieux mêmes du travail pour suivre et faciliter la vie personnelle des travailleurs.

Il collabore étroitement avec le service (L. n° 2021-1018 du 2 août 2021, art. 1er-I, en vigueur le 31 mars 2022) « de prévention et » de santé au travail. Il se tient en liaison constante avec les organismes de prévoyance, d'assistance et de placement en vue de faciliter aux travailleurs l'exercice des droits que leur confère la législation sociale. – [Anc. art. R. 250-2, al. 1er et 2.] – V. art. D. 4631-1.

CHAPITRE II ORGANISATION ET FONCTIONNEMENT

Le présent chapitre ne comprend pas de dispositions législatives.

TITRE IV INSTITUTIONS ET PERSONNES CONCOURANT À L'ORGANISATION DE LA PRÉVENTION (L. n° 2011-867 du 20 juill. 2011).

CHAPITRE I CONSEIL D'ORIENTATION DES CONDITIONS DE TRAVAIL ET COMITÉS RÉGIONAUX D'ORIENTATION DES CONDITIONS DE TRAVAIL

(L. n° 2015-994 du 17 août 2015, art. 26-VIII)

SECTION 1 Conseil d'orientation des conditions de travail

Art. L. 4641-1 Le conseil d'orientation des conditions de travail est placé auprès du ministre chargé du travail. Il assure les missions suivantes en matière de santé et de sécurité au travail et d'amélioration des conditions de travail :
 1° Il participe à l'élaboration des orientations stratégiques des politiques publiques nationales ;
 2° Il contribue à la définition de la position française sur les questions stratégiques au niveau européen et international ;
 3° Il est consulté sur les projets de textes législatifs et réglementaires concernant cette matière ;
 4° Il participe à la coordination des acteurs intervenant dans ces domaines.

Art. L. 4641-2 Le conseil d'orientation des conditions de travail comprend des représentants de l'État, des représentants des organisations professionnelles d'employeurs représentatives au niveau national et des organisations syndicales de salariés représentatives au niveau national, des représentants des organismes nationaux de sécurité sociale, des représentants des organismes nationaux d'expertise et de prévention, ainsi que des personnalités qualifiées.

Art. L. 4641-2-1 (L. n° 2021-1018 du 2 août 2021, art. 36, en vigueur le 31 mars 2022) Au sein du conseil d'orientation des conditions de travail, le comité national de prévention et de santé au travail est composé de représentants de l'État, de la Caisse nationale de l'assurance maladie, de la Caisse centrale de la mutualité sociale agricole, des organisations professionnelles d'employeurs représentatives au niveau national et interprofessionnel et des organisations syndicales de salariés représentatives au niveau national et interprofessionnel.

Ce comité a notamment pour missions :

1° De participer à l'élaboration du plan santé au travail, pour lequel il propose des orientations au ministre chargé du travail ;

2° De participer à l'élaboration des politiques publiques en matière de santé au travail et à la coordination des acteurs intervenant dans ces domaines ;

3° De définir la liste et les modalités de mise en œuvre de l'ensemble socle de services en matière de prévention des risques professionnels, de suivi individuel des travailleurs et de prévention de la désinsertion professionnelle prévus à l'article L. 4622-9-1, et de contribuer à définir les indicateurs permettant d'évaluer la qualité de cet ensemble socle de services ;

4° De proposer les référentiels et les principes guidant l'élaboration du cahier des charges de certification des services de prévention et de santé au travail interentreprises dans les conditions prévues à l'article L. 4622-9-3 ;

5° De déterminer les modalités de mise en œuvre ainsi que les conditions de mise à la disposition de l'employeur du passeport de prévention prévu à l'article L. 4141-5, et d'assurer le suivi du déploiement de ce passeport.

Pour l'exercice des missions prévues aux 3° à 5° du présent article, les délibérations sont adoptées par les seuls représentants des organisations professionnelles d'employeurs et des organisations syndicales de salariés mentionnés au premier alinéa, dans des conditions définies par voie réglementaire.

Un décret en Conseil d'État détermine les missions, la composition, l'organisation et le fonctionnement du comité national de prévention et de santé au travail.

Art. L. 4641-3 Un décret en Conseil d'État détermine l'organisation, les missions, la composition et le fonctionnement des formations du conseil d'orientation des conditions de travail.

SECTION 2 Comités régionaux d'orientation des conditions de travail

Art. L. 4641-4 Un comité régional d'orientation des conditions de travail est placé auprès de chaque représentant de l'État dans la région.

Il participe à l'élaboration et au suivi des politiques publiques régionales en matière de santé, de sécurité au travail et de conditions de travail ainsi qu'à la coordination des acteurs intervenant dans cette matière au niveau régional.

(Abrogé par L. n° 2021-1018 du 2 août 2021, art. 37, à compter du 31 mars 2022) « *Un décret en Conseil d'État détermine son organisation, ses missions, sa composition et son fonctionnement.* » — V. art. R. 4641-1 s.

Art. L. 4641-5 (L. n° 2021-1018 du 2 août 2021, art. 37, en vigueur le 31 mars 2022) Au sein du comité régional d'orientation des conditions de travail, le comité régional de prévention et de santé au travail est composé de représentants de l'État, de la caisse régionale d'assurance retraite et de la santé au travail, du réseau régional des caisses de mutualité sociale agricole, des organisations professionnelles d'employeurs représentatives au niveau national et interprofessionnel et des organisations syndicales de salariés représentatives au niveau national et interprofessionnel.

Ce comité a notamment pour missions :

1° De formuler les orientations du plan régional santé au travail et de participer au suivi de sa mise en œuvre ;

2° De promouvoir l'action en réseau de l'ensemble des acteurs régionaux et locaux de la prévention des risques professionnels ;

3° De contribuer à la coordination des outils de prévention mis à la disposition des entreprises ;

4° De suivre l'évaluation de la qualité des services de prévention et de santé au travail.

Art. L. 4641-6 (L. n° 2021-1018 du 2 août 2021, art. 37, en vigueur le 31 mars 2022) Un décret en Conseil d'État détermine l'organisation, les missions, la composition et le fonctionnement du comité régional d'orientation des conditions de travail et du comité régional de prévention et de santé au travail.

CHAPITRE II AGENCE NATIONALE POUR L'AMÉLIORATION DES CONDITIONS DE TRAVAIL

SECTION 1 Missions

Art. L. 4642-1 L'Agence nationale pour l'amélioration des conditions de travail a pour mission :
 1° De contribuer au développement et à l'encouragement de recherches, d'expériences ou réalisations en matière d'amélioration des conditions de travail ;
 2° De rassembler et de diffuser les informations concernant, en France et à l'étranger, toute action tendant à améliorer les conditions de travail ;
 3° D'appuyer les démarches d'entreprise en matière d'évaluation, de prévention des risques professionnels *(L. n° 2021-1018 du 2 août 2021, art. 38-I, en vigueur le 31 mars 2022)* « et de promotion de la qualité de vie et des conditions de travail ».

SECTION 2 Composition

Art. L. 4642-2 L'Agence nationale pour l'amélioration des conditions de travail est administrée par un conseil d'administration qui comprend en nombre égal :
 1° Des représentants des organisations d'employeurs représentatives au niveau national ;
 2° Des représentants des organisations syndicales de salariés représentatives au niveau national ;
 3° Des représentants des ministres intéressés et de personnes qualifiées.
 En outre, participent au conseil d'administration, à titre consultatif, un représentant de chacune des commissions chargées des affaires sociales au Parlement, ainsi qu'un représentant de la section chargée des affaires sociales au *(L. n° 2010-704 du 28 juin 2010, art. 21)* « Conseil économique, social et environnemental ». – *[Anc. art. L. 200-7, al. 1ᵉʳ à 5.]*

SECTION 3 Dispositions d'application

Art. L. 4642-3 Un décret en Conseil d'État détermine les modalités d'application du présent chapitre. – *[Anc. art. L. 200-9.]* – V. art. R. 4642-1 s.

CHAPITRE III ORGANISMES ET COMMISSIONS DE SANTÉ ET DE SÉCURITÉ

SECTION 1 Organismes professionnels de santé, de sécurité et des conditions de travail

Art. L. 4643-1 Des organismes professionnels de santé, de sécurité et des conditions de travail sont constitués dans les branches d'activités présentant des risques particuliers.
 Ces organismes sont chargés notamment :
 1° De promouvoir la formation à la sécurité ;
 2° De déterminer les causes techniques des risques professionnels ;
 3° De susciter les initiatives professionnelles en matière de prévention ;
 4° De proposer aux pouvoirs publics toutes mesures dont l'expérience a fait apparaître l'utilité. – *[Anc. art. L. 231-2, al. 5, phrase 2 fin.]*

Art. L. 4643-2 Les organismes professionnels de santé, de sécurité et des conditions de travail associent les représentants des organisations professionnelles d'employeurs et de salariés représentatives.
 Leur activité est coordonnée par l'Agence nationale pour l'amélioration des conditions de travail. – *[Anc. art. L. 231-2, al. 5, phrase 2 début.]*

Art. L. 4643-3 Des décrets en Conseil d'État déterminent l'organisation, le fonctionnement ainsi que les modalités de participation des employeurs au financement des organismes prévus par la présente section. – *[Anc. art. L. 231-2, al. 1ᵉʳ et al. 5, phrase 1.]* – V. art. R. 4643-1 s.

SANTÉ ET SÉCURITÉ AU TRAVAIL **Art. L. 4711-1** 1399

SECTION 2 **Commissions de santé et de sécurité**

Art. L. 4643-4 Des commissions de santé et de sécurité, instituées par conventions et accords collectifs de travail et composées de représentants des employeurs et des salariés, sont chargées de promouvoir la formation à la sécurité et de contribuer à l'amélioration des conditions de santé et de sécurité.

Ces dispositions ne sont pas applicables aux exploitations et aux entreprises agricoles qui ne disposent pas de *(Ord. n° 2017-1386 du 22 sept. 2017, art. 4)* « comité social et économique ». Ces exploitations et entreprises relevant de l'article L. 717-7 du code rural et de la pêche maritime, relatif aux commissions paritaires d'hygiène, de sécurité et des conditions de travail en agriculture.

A défaut de constitution de commissions dans les conditions prévues au premier alinéa, leur mission est assurée par des organismes professionnels de santé, de sécurité et des conditions de travail constitués dans les branches d'activité présentant des risques particuliers prévus à l'article L. 4643-1. – *[Anc. art. L. 231-2-1, I, al. 1ᵉʳ et 2.]*

CHAPITRE IV **AIDE À L'EMPLOYEUR POUR LA GESTION DE LA SANTÉ ET DE LA SÉCURITÉ AU TRAVAIL**

(L. n° 2011-867 du 20 juill. 2011, art. 1ᵉʳ)

Art. L. 4644-1 I. – L'employeur désigne un ou plusieurs salariés compétents pour s'occuper des activités de protection et de prévention des risques professionnels de l'entreprise.

Le ou les salariés ainsi désignés par l'employeur bénéficient *(Abrogé par L. n° 2021-1018 du 2 août 2021, art. 39, à compter du 31 mars 2022)* « , à leur demande, » d'une formation en matière de santé au travail dans les conditions prévues aux articles *(L. n° 2021-1018 du 2 août 2021, art. 39, en vigueur le 31 mars 2022)* « L. 2315-16 à L. 2315-18 ».

A défaut, si les compétences dans l'entreprise ne permettent pas d'organiser ces activités, l'employeur peut faire appel, après avis du *(Ord. n° 2017-1386 du 22 sept. 2017, art. 4)* « comité social et économique », aux intervenants en prévention des risques professionnels appartenant au service *(L. n° 2021-1018 du 2 août 2021, art. 1ᵉʳ-I, en vigueur le 31 mars 2022)* « de prévention et » de santé au travail interentreprises auquel il adhère ou dûment enregistrés auprès de l'autorité administrative disposant de compétences dans le domaine de la prévention des risques professionnels et de l'amélioration des conditions de travail.

L'employeur peut aussi faire appel aux services de prévention des caisses de sécurité sociale avec l'appui de l'Institut national de recherche et de sécurité dans le cadre des programmes de prévention mentionnés à l'article L. 422-5 du code de la sécurité sociale, à l'organisme professionnel de prévention du bâtiment et des travaux publics et à l'Agence nationale pour l'amélioration des conditions de travail et son réseau.

Cet appel aux compétences est réalisé dans des conditions garantissant les règles d'indépendance des professions médicales et l'indépendance des personnes et organismes mentionnés au présent I. Ces conditions sont déterminées par décret en Conseil d'État.

II. – Les modalités d'application du présent article sont déterminées par décret. – *V. art. R. 4644-1 s.*

En application de l'art. L. 231-5 CRPA, et par exception à l'application du délai de deux mois prévu à l'art. L. 231-1 du même code, le délai à l'expiration duquel le silence gardé par l'administration vaut décision d'acceptation est fixé à trente jours pour une demande d'enregistrement des intervenants en prévention des risques professionnels (Décr. n° 2014-1290 du 23 oct. 2014, art. 1ᵉʳ).

BIBL. ▶ Kapp, *Dr. ouvrier 2012*. 253 (le mystérieux salarié qui apporte son aide à l'employeur pour la gestion de la santé et de la sécurité au travail).

LIVRE VII **CONTRÔLE**

TITRE I **DOCUMENTS ET AFFICHAGES OBLIGATOIRES**

CHAPITRE UNIQUE

Art. L. 4711-1 Les attestations, consignes, résultats et rapports relatifs aux vérifications et contrôles mis à la charge de l'employeur au titre de la santé et de la sécurité au travail comportent des mentions obligatoires déterminées par voie réglementaire. – *[Anc. art. L. 620-6, al. 1er début.]* – V. art. D. 4711-2 et R. 4741-3 (pén.).

Art. L. 4711-2 Les observations et mises en demeure notifiées par l'inspection du travail en matière de santé et de sécurité, de médecine du travail et de prévention des risques sont conservées par l'employeur. – *[Anc. art. L. 620-6, al. 2.]* – V. art. R. 4741-3 (pén.).

Art. L. 4711-3 Au cours de leurs visites, les *(L. n° 2016-1088 du 8 août 2016, art. 113)* « agents de contrôle de l'inspection du travail mentionnés à l'article L. 8112-1 » et les agents du service de prévention des organismes de sécurité sociale ont accès aux documents mentionnés aux articles L. 4711-1 et L. 4711-2. – *[Anc. art. L. 620-6, al. 3.]* – V. art. R. 4741-3 (pén.).

Art. L. 4711-4 Les documents mentionnés aux articles L. 4711-1 et L. 4711-2 sont communiqués, dans des conditions déterminées par voie réglementaire, aux membres des *(Ord. n° 2017-1386 du 22 sept. 2017, art. 4)* « comités sociaux et économiques », au médecin du travail et, le cas échéant, aux représentants des organismes professionnels d'hygiène, de sécurité et des conditions de travail prévues à l'article L. 4643-2. – *[Anc. art. L. 620-6, al. 4.]* – V. art. R. 4741-3 (pén.).

Art. L. 4711-5 Lorsqu'il est prévu que les informations énumérées aux articles L. 4711-1 et L. 4711-2 figurent dans des registres distincts, l'employeur est autorisé à réunir ces informations dans un registre unique dès lors que cette mesure est de nature à faciliter la conservation et la consultation de ces informations. – *[Anc. art. L. 620-6, al. 6.]* – V. art. R. 4741-3 (pén.).

TITRE II MISES EN DEMEURE ET DEMANDES DE VÉRIFICATION

CHAPITRE I MISES EN DEMEURE

SECTION 1 Mises en demeure du directeur départemental du travail, de l'emploi et de la formation professionnelle

Art. L. 4721-1 Le *(L. n° 2011-525 du 17 mai 2011, art. 170)* « directeur régional des entreprises, de la concurrence, de la consommation, du travail et de l'emploi », sur le rapport de l'*(L. n° 2016-1088 du 8 août 2016, art. 113)* « agent de contrôle de l'inspection du travail mentionné à l'article L. 8112-1 » constatant une situation dangereuse, peut mettre en demeure l'employeur de prendre toutes mesures utiles pour y remédier, si ce constat résulte :
1° D'un non-respect par l'employeur des principes généraux de prévention prévus par les articles L. 4121-1 à L. 4121-5 et L. 4522-1 ;
2° D'une infraction à l'obligation générale de santé et de sécurité résultant des dispositions de l'article L. 4221-1. – *[Anc. art. L. 230-5, phrase 1, et L. 231-5, al. 1er, phrase 1 début et fin.]* – V. R. 4721-1 s. et art. R. 4741-2 (pén.).

BIBL. ▶ GRÉVY, *Dr. soc.* 2011. 764 (les procédures d'urgences).

Contestation de l'employeur. S'il entend contester la décision du Direccte de le mettre en demeure de prendre toute mesure utile pour remédier à une situation dangereuse, l'employeur exerce un recours devant le ministre chargé du travail. En l'absence de disposition législative ou réglementaire spécifique, le silence gardé par le ministre chargé du travail pendant plus de 2 mois sur un tel recours ne peut valoir que décision implicite de rejet. ● Soc. 26 juin 2019, n° 17-22.080 P : *D.* 2019. *Actu.* 1394 ; *JCP S* 2019. 1252, obs. *Dauxerre.*

Art. L. 4721-2 Les mises en demeure du *(L. n° 2011-525 du 17 mai 2011, art. 170)* « directeur régional des entreprises, de la concurrence, de la consommation, du travail et de l'emploi », établies selon des modalités déterminées par voie réglementaire, fixent un délai d'exécution tenant compte des difficultés de réalisation.

Si, à l'expiration de ce délai, l'*(L. n° 2016-1088 du 8 août 2016, art. 113)* « agent de contrôle de l'inspection du travail mentionné à l'article L. 8112-1 » constate que la

SANTÉ ET SÉCURITÉ AU TRAVAIL **Art. L. 4721-8** 1401

situation dangereuse n'a pas cessé, il peut dresser procès-verbal à l'employeur. — *[Anc. art. L. 230-5, phrase 2 fin et phrase 3 début, et art. L. 231-5, al. 2, phrase 1.]* — V. art. R. 4721-3.

Art. L. 4721-3 Les dispositions du 2° de l'article L. 4721-1 ne sont pas applicables aux établissements mentionnés aux 2° et 3° de l'article L. 4111-1. — *[Anc. art. L. 263-7.]*

SECTION 2 **Mises en demeure de l'inspecteur du travail et du contrôleur du travail**

SOUS-SECTION 1 **Mise en demeure préalable au procès-verbal**

Art. L. 4721-4 Lorsque cette procédure est prévue, *(L. n° 2016-1088 du 8 août 2016, art. 113)* « les agents de contrôle de l'inspection du travail mentionnés à l'article L. 8112-1 », avant de dresser procès-verbal, mettent l'employeur en demeure de se conformer aux prescriptions des décrets mentionnés aux articles L. 4111-6 et L. 4321-4. — *[Anc. art. L. 231-4, al. 1er.]* — V. art. L. 4741-4 *(pén.)* et R. 4721-4.

Lorsque les faits qu'il constate présentent un danger grave et imminent pour l'intégrité physique des travailleurs, l'agent de contrôle, s'il ne dresse pas immédiatement un procès-verbal relevant une infraction à l'art. R. 4224-3 relatif à l'aménagement des lieux de travail, est tenu de mettre l'employeur en demeure de se conformer aux prescriptions des décrets mentionnés aux art. L. 4111-6 et L. 4321-4 ; l'inobservation de cette formalité dont l'objet est de permettre au contrevenant une mise en conformité avant toute poursuite fait nécessairement grief à celui-ci. • Crim. 19 oct. 2021, ⚓ n° 21-80.146 B : *RDT 2022. 453, obs. Véricel* ✎ ; *AJ pénal 2021. 538 et les obs.* ✎ ; *ibid. 548 et les obs.* ✎ ; *RJS 1/2022, n° 30 ; JSL 2021, n° 531-532-2, obs. Pamart.*

Art. L. 4721-5 Par dérogation aux dispositions de l'article L. 4721-4, *(L. n° 2016-1088 du 8 août 2016, art. 113)* « les agents de contrôle de l'inspection du travail mentionnés à l'article L. 8112-1 » sont autorisés à dresser immédiatement procès-verbal, sans mise en demeure préalable, lorsque les faits qu'ils constatent présentent un danger grave ou imminent pour l'intégrité physique des travailleurs.

Le procès-verbal précise les circonstances de fait et les dispositions légales applicables à l'espèce.

Ces dispositions ne font pas obstacle à la mise en œuvre de la procédure de référé prévue aux articles L. 4732-1 et L. 4732-2. — *[Anc. art. L. 231-4, al. 2 et 3.]*

Art. L. 4721-6 La mise en demeure indique les infractions constatées et fixe un délai à l'expiration duquel ces infractions doivent avoir disparu.

Ce délai est fixé en tenant compte des circonstances. Il est établi à partir du délai minimum prévu dans chaque cas par les décrets pris en application des articles L. 4111-6 et L. 4321-4. Il ne peut être inférieur à quatre jours. — *[Anc. art. L. 231-4, al. 4, phrase 1, 3 et 4.]*

Art. L. 4721-7 Les dispositions de l'article L. 4721-4 ne sont pas applicables aux établissements mentionnés aux 2° et 3° de l'article L. 4111-1. — *[Anc. art. L. 263-7.]*

SOUS-SECTION 2 **Mise en demeure préalable à l'arrêt temporaire d'activité**

Art. L. 4721-8 *(Ord. n° 2016-413 du 7 avr. 2016, art. 2-I)* « Lorsque l'agent de contrôle de l'inspection du travail mentionné à l'article L. 8112-1 constate que le travailleur est exposé à un agent chimique cancérogène, mutagène ou toxique pour la reproduction, et qu'il se trouve dans une situation dangereuse avérée résultant de l'une des infractions mentionnées au présent article, il met en demeure l'employeur de remédier à cette situation. Dans le cas où cette mise en demeure est infructueuse, il procède à un arrêt temporaire de l'activité en application de l'article L. 4731-2.

« Les infractions justifiant les mesures mentionnées au premier alinéa sont :

« 1° Le dépassement d'une valeur limite d'exposition professionnelle déterminée par un décret pris en application de l'article L. 4111-6 ;

« 2° Le défaut ou l'insuffisance de mesures et moyens de prévention tels que prévus par le chapitre II du titre I du livre IV de la quatrième partie en ce qui concerne les agents chimiques cancérogènes, mutagènes ou toxiques pour la reproduction. »

La mise en demeure est établie selon des modalités prévues par voie réglementaire. — V. art. R. 4721-6.

CHAPITRE II DEMANDES DE VÉRIFICATIONS, DE MESURES ET D'ANALYSES (Ord. n° 2016-413 du 7 avr. 2016, art. 2-II).

Art. L. 4722-1 (Ord. n° 2016-413 du 7 avr. 2016, art. 2-III) « L'agent de contrôle de l'inspection du travail mentionné à l'article L. 8112-1 » peut, dans les conditions déterminées par décret en Conseil d'État, demander à l'employeur de faire procéder à des contrôles techniques, consistant notamment :
1° A faire vérifier l'état de conformité de ses installations et équipements avec les dispositions qui lui sont applicables ;
2° A faire procéder à la mesure de l'exposition des travailleurs à des nuisances physiques, à des agents physiques, chimiques ou biologiques donnant lieu à des limites d'exposition ;
(Ord. n° 2016-413 du 7 avr. 2016, art. 2-III) « 3° A faire procéder à l'analyse de toutes matières, y compris substances, mélanges, matériaux, équipements, matériels ou articles susceptibles de comporter ou d'émettre des agents physiques, chimiques ou biologiques dangereux pour les travailleurs. » — V. art. R. 4722-1 s.

Art. L. 4722-2 Les vérifications (Ord. n° 2016-413 du 7 avr. 2016, art. 2-IV) « , mesures et analyses prévues à » l'article L. 4722-1 sont réalisées par des organismes ou des personnes désignés dans des conditions déterminées par décret en Conseil d'État.

CHAPITRE III RECOURS

Art. L. 4723-1 (L. n° 2011-525 du 17 mai 2011, art. 170) S'il entend contester la mise en demeure prévue à l'article L. 4721-1, l'employeur exerce un recours devant le ministre chargé du travail.
S'il entend contester la mise en demeure prévue (Ord. n° 2016-413 du 7 avr. 2016, art. 2-V) « aux articles L. 4721-4 ou L. 4721-8 » ainsi que la demande de vérification (Ord. n° 2016-413 du 7 avr. 2016, art. 2-V) « , de mesure et d'analyse » prévue à l'article L. 4722-1, l'employeur exerce un recours devant le directeur régional des entreprises, de la concurrence, de la consommation, du travail et de l'emploi.
Le refus opposé à ces recours est motivé. — V. art. R. 4723-1.

N'est pas saisi hors délai le directeur régional du travail qui reconnaît avoir reçu la réclamation en télécopie avant l'expiration du délai, même si elle ne lui est parvenue par lettre recommandée qu'après l'expiration du délai. • CE 6 mai 1996 : ✝ RJS 1996. 531, n° 825.

Art. L. 4723-2 Abrogé par Ord. n° 2016-413 du 7 avr. 2016, art. 2.

CHAPITRE IV ORGANISMES DE MESURES ET DE VÉRIFICATIONS

Le présent chapitre ne comprend pas de dispositions législatives.

TITRE III MESURES ET PROCÉDURES D'URGENCE

CHAPITRE I ARRÊTS TEMPORAIRES DE TRAVAUX OU D'ACTIVITÉ

Art. L. 4731-1 (Ord. n° 2016-413 du 7 avr. 2016, art. 2-VII) « L'agent de contrôle de l'inspection du travail mentionné à l'article L. 8112-1 » peut prendre toutes mesures utiles visant à soustraire immédiatement un (Ord. n° 2016-413 du 7 avr. 2016, art. 2-VII) « travailleur » qui ne s'est pas retiré d'une situation de danger grave et imminent pour sa vie ou sa santé, constituant une infraction aux obligations des décrets pris en application (Ord. n° 2016-413 du 7 avr. 2016, art. 2-VII) « des articles L. 4111-6, L. 4311-7 ou L. 4321-4 », notamment en prescrivant l'arrêt temporaire de la partie des travaux (Ord. n° 2016-413 du 7 avr. 2016, art. 2-VII) « ou de l'activité » en cause, lorsqu'il constate que la cause de danger résulte :
1° Soit d'un défaut de protection contre les chutes de hauteur ;
2° Soit de l'absence de dispositifs de nature à éviter les risques d'ensevelissement ;

SANTÉ ET SÉCURITÉ AU TRAVAIL

3° Soit de l'absence de dispositifs de protection de nature à éviter les risques liés aux (Ord. n° 2016-413 du 7 avr. 2016, art. 2-VII) « travaux de retrait ou d'encapsulage d'amiante et de matériaux, d'équipements et de matériels ou d'articles en contenant, y compris dans les cas de démolition, ainsi qu'aux interventions sur des matériaux, des équipements, des matériels ou des articles susceptibles de provoquer l'émission de fibres d'amiante » ;

« 4° Soit de l'utilisation d'équipements de travail dépourvus de protecteurs, de dispositifs de protection ou de composants de sécurité appropriés ou sur lesquels ces protecteurs, dispositifs de protection ou composants de sécurité sont inopérants ;

« 5° Soit du risque résultant de travaux ou d'une activité dans l'environnement des lignes électriques aériennes ou souterraines ;

« 6° Soit du risque de contact électrique direct avec des pièces nues sous tension en dehors des opérations prévues au chapitre IV du titre IV du livre V de la présente partie. » — V. art. L. 4741-3-1 (pén.) et R. 4731-1 s.

BIBL. ▶ Grévy, *Dr. soc.* 2011. 764 ⌀ (les procédures d'urgences). — Silhol, *RDT* 2008. 459 ⌀ (protection de l'intégrité physique du salarié : un exemple méconnu).

Art. L. 4731-2 Si, à l'issue du délai fixé dans une mise en demeure notifiée en application de l'article L. 4721-8 (Ord. n° 2016-413 du 7 avr. 2016, art. 2-VIII) « , la situation dangereuse persiste, l'agent de contrôle de l'inspection du travail mentionné à l'article L. 8112-1 » peut ordonner l'arrêt temporaire de l'activité concernée. — V. art. L. 4741-3-1 (pén.).

Art. L. 4731-3 Lorsque toutes les mesures ont été prises pour faire cesser la situation de danger grave et imminent ou la situation dangereuse ayant donné lieu à un arrêt temporaire de travaux ou d'activité, l'employeur informe l'(Ord. n° 2016-413 du 7 avr. 2016, art. 2-IX) « agent de contrôle de l'inspection du travail mentionné à l'article L. 8112-1 ».

Après vérification, l'(Ord. n° 2016-413 du 7 avr. 2016, art. 2-IX) « agent de contrôle » autorise la reprise des travaux ou de l'activité concernée.

Art. L. 4731-4 En cas de contestation par l'employeur de la réalité du danger ou de la façon de le faire cesser, notamment à l'occasion de la mise en œuvre de la procédure d'arrêt des travaux ou de l'activité, celui-ci saisit le juge (Ord. n° 2016-413 du 7 avr. 2016, art. 2-X) « administratif par la voie du référé ».

Art. L. 4731-5 La décision d'arrêt temporaire de travaux (Ord. n° 2016-413 du 7 avr. 2016, art. 2-XI) « ou d'activité » de l'(Ord. n° 2016-413 du 7 avr. 2016, art. 2-XI) « agent de contrôle de l'inspection du travail mentionné à l'article L. 8112-1 » prise en application du présent chapitre ne peut entraîner ni rupture, ni suspension du contrat de travail, ni aucun préjudice pécuniaire à l'encontre des salariés concernés.

Art. L. 4731-6 Un décret en Conseil d'État détermine les modalités d'application des articles L. 4731-1 à L. 4731-4. — [Anc. art. L. 231-12.] — V. art. R. 4731-1 s.

CHAPITRE II **RÉFÉRÉ JUDICIAIRE** (Ord. n° 2016-413 du 7 avr. 2016, art. 2-XII).

Art. L. 4732-1 Indépendamment de la mise en œuvre des dispositions de l'article L. 4721-5, l'inspecteur du travail saisit le (Ord. n° 2016-413 du 7 avr. 2016, art. 2-XII) « juge judiciaire statuant en référé » pour voir ordonner toutes mesures propres à faire cesser le risque, telles que la mise hors service, l'immobilisation, la saisie des matériels, machines, dispositifs, produits ou autres, lorsqu'il constate un risque sérieux d'atteinte à l'intégrité physique d'un travailleur résultant de l'inobservation des dispositions suivantes de la présente partie ainsi que des textes pris pour leur application :

1° Titres I, III et IV et chapitre III du titre V du livre I ;
2° Titre II du livre II ;
3° Livre III ;
4° Livre IV ;
5° Titre I, chapitres III et IV du titre III et titre IV du livre V.

Le juge peut également ordonner la fermeture temporaire d'un atelier ou chantier.

Il peut assortir sa décision d'une astreinte qui est liquidée au profit du Trésor. — [Anc. art. L. 263-1, al. 1er, 3 et 4.]

BIBL. ▶ Grévy, *Dr. soc.* 2011. 764 ⌀ (les procédures d'urgences).

Art. L. 4732-2 Pour les opérations de bâtiment ou de génie civil, lorsqu'un risque sérieux d'atteinte à l'intégrité physique d'un intervenant sur le chantier résulte, lors de la réalisation des travaux, ou peut résulter, lors de travaux ultérieurs, de l'inobservation des dispositions incombant au maître d'ouvrage prévues au titre I du livre II et de celles du titre III du livre V ainsi que des textes pris pour leur application, l'inspecteur du travail saisit le (*Ord. n° 2016-413 du 7 avr. 2016, art. 2-XII*) « juge judiciaire statuant en référé » pour voir ordonner toutes mesures propres à faire cesser ou à prévenir ce risque.

Ces mesures peuvent consister notamment en la mise en œuvre effective d'une coordination en matière de sécurité et de santé sur le chantier ou la détermination de délais de préparation et d'exécution des travaux compatibles avec la prévention des risques professionnels.

Le juge peut, en cas de non-respect des dispositions de l'article L. 4531-3, provoquer la réunion des maîtres d'ouvrage intéressés et la rédaction en commun d'un plan général de coordination.

Il peut ordonner la fermeture temporaire d'un atelier ou chantier.

Il peut assortir sa décision d'une astreinte liquidée au profit du Trésor.

La procédure de référé prévue au présent article s'applique sans préjudice de celle prévue à l'article L. 4732-1.

Art. L. 4732-3 Les décisions du (*Ord. n° 2016-413 du 7 avr. 2016, art. 2-XII*) « juge judiciaire statuant en référé » prévues au présent chapitre ne peuvent entraîner ni rupture, ni suspension du contrat de travail, ni aucun préjudice pécuniaire à l'encontre des salariés concernés.

Art. L. 4732-4 Les dispositions du présent chapitre ne sont pas applicables aux établissements mentionnés aux 2° et 3° de l'article L. 4111-1. — [*Anc. art. L. 263-7.*]

CHAPITRE III PROCÉDURES D'URGENCES ET MESURES CONCERNANT LES JEUNES ÂGÉS DE MOINS DE DIX-HUIT ANS

(*Ord. n° 2016-413 du 7 avr. 2016, art. 2-XIII*)

SECTION 1 Retrait d'affectation à certains travaux

Art. L. 4733-1 Les jeunes travailleurs âgés de moins de dix-huit ans relevant de la présente section sont ceux mentionnés aux articles L. 4153-8 et L. 4153-9.

Art. L. 4733-2 Tout jeune travailleur de moins de dix-huit ans affecté à un ou plusieurs travaux interdits prévus à l'article L. 4153-8 est retiré immédiatement de cette affectation lorsque l'agent de contrôle de l'inspection du travail mentionné à l'article L. 8112-1 le constate. — *V. art. L. 4743-3 (pén.) et R. 4733-1 s.*

Art. L. 4733-3 Lorsque l'agent de contrôle de l'inspection du travail mentionné à l'article L. 8112-1 constate que, par l'affectation à un ou plusieurs travaux réglementés prévus à l'article L. 4153-9, un jeune travailleur âgé de moins de dix-huit ans est placé dans une situation l'exposant à un danger grave et imminent pour sa vie ou sa santé, il procède à son retrait immédiat. — *V. art. L. 4743-3 (pén.).*

Art. L. 4733-4 Les décisions de retrait prises en application des articles L. 4733-2 et L. 4733-3 ne peuvent entraîner aucun préjudice pécuniaire à l'encontre du jeune concerné ni la suspension ou la rupture du contrat de travail ou de la convention de stage.

Art. L. 4733-5 Lorsque toutes les mesures ont été prises pour faire cesser la situation de danger grave et imminent ayant donné lieu à la décision de retrait prévue à l'article L. 4733-3, l'employeur ou le chef d'établissement informe l'agent de contrôle de l'inspection du travail. Après vérification, l'agent de contrôle de l'inspection du travail autorise la reprise des travaux réglementés concernés.

Art. L. 4733-6 Les décisions prévues aux articles L. 4733-2 à L. 4733-5 peuvent être contestées devant le juge administratif par la voie du référé.

SANTÉ ET SÉCURITÉ AU TRAVAIL — **Art. L. 4741-1**

SECTION 2 Suspension et rupture du contrat de travail ou de la convention de stage

Art. L. 4733-7 Les jeunes concernés par la présente section sont les travailleurs mentionnés à l'article L. 4111-5 âgés de moins de dix-huit ans.

Art. L. 4733-8 Lorsque l'agent de contrôle de l'inspection du travail constate un risque sérieux d'atteinte à la santé, à la sécurité ou à l'intégrité physique ou morale du jeune dans l'entreprise, il peut proposer au directeur régional des entreprises, de la concurrence, de la consommation, du travail et de l'emploi de suspendre le contrat de travail ou la convention de stage. Cette suspension s'accompagne du maintien par l'employeur de la rémunération ou de la gratification due au jeune. Elle ne peut pas entraîner la rupture du contrat de travail ou de la convention de stage.

Art. L. 4733-9 Dans le délai de quinze jours à compter du constat de l'agent de contrôle de l'inspection du travail, le directeur régional des entreprises, de la concurrence, de la consommation, du travail et de l'emploi se prononce sur la reprise de l'exécution du contrat de travail ou de la convention de stage.

Le refus d'autoriser la reprise de l'exécution du contrat de travail ou de la convention de stage entraîne sa rupture à la date de notification du refus aux parties. Dans ce cas, l'employeur verse au jeune les sommes dont il aurait été redevable si le contrat de travail ou la convention de stage s'était poursuivi jusqu'à son terme.

En cas de recrutement du jeune sous contrat à durée indéterminée, l'employeur lui verse les sommes dont il aurait été redevable si le contrat de travail s'était poursuivi jusqu'au terme de la formation professionnelle suivie.

Art. L. 4733-10 La décision de refus du directeur régional des entreprises, de la concurrence, de la consommation, du travail et de l'emploi peut s'accompagner de l'interdiction faite à l'employeur de recruter ou d'accueillir de nouveaux jeunes âgés de moins de dix-huit ans, travailleurs ou stagiaires, pour une durée qu'elle détermine.

Art. L. 4733-11 En cas de refus d'autoriser la reprise de l'exécution du contrat du travail ou de la convention de stage, l'établissement de formation où est inscrit le jeune est informé de cette décision afin de pouvoir prendre les dispositions nécessaires pour lui permettre de suivre provisoirement la formation dispensée par l'établissement et de trouver un nouvel employeur susceptible de contribuer à l'achèvement de sa formation.

Pour un jeune suivant une formation sous statut scolaire, l'établissement d'enseignement prend les dispositions nécessaires pour assurer la continuité de sa formation.

SECTION 3 Dispositions d'application

Art. L. 4733-12 Un décret en Conseil d'État détermine les modalités d'application du présent chapitre. – *V. art. R. 4733-1 s.*

TITRE IV DISPOSITIONS PÉNALES

CHAPITRE I INFRACTIONS AUX RÈGLES DE SANTÉ ET DE SÉCURITÉ

SECTION 1 Infractions commises par l'employeur ou son délégataire (*L. n° 2011-525 du 17 mai 2011, art. 170*).

Art. L. 4741-1 Est puni d'une amende de (*Ord. n° 2016-413 du 7 avr. 2016, art. 2-XIV*) « 10 000 euros », le fait pour l'employeur ou (*L. n° 2011-525 du 17 mai 2011, art. 170*) « son délégataire » de méconnaître par sa faute personnelle les dispositions suivantes et celles des décrets en Conseil d'État pris pour leur application :
 1° Titres I, III et IV ainsi que section 2 du chapitre IV du titre V du livre I ;
 2° Titre II du livre II ;
 3° Livre III ;
 4° Livre IV ;
 5° Titre I, (*Ord. n° 2016-413 du 7 avr. 2016, art. 2-XIV*) « chapitres II et IV à VI du titre II, chapitre IV du titre III et titre IV du livre V ;

6° Chapitre II du titre II du présent livre.

La récidive est punie d'un emprisonnement d'un an et d'une amende de *(Ord. n° 2016-413 du 7 avr. 2016, art. 2-XIV)* « 30 000 euros ».

L'amende est appliquée autant de fois qu'il y a de *(Ord. n° 2016-413 du 7 avr. 2016, art. 2-XIV)* « travailleurs » de l'entreprise concernés *(L. n° 2011-525 du 17 mai 2011, art. 170)* « indépendamment du nombre d'infractions » relevées dans le procès-verbal prévu à l'article L. 8113-7.

BIBL. ▶ Ferré, *RDT 2008. 583* (les cancers professionnels et la sanction pénale). – Rousseau, *RSC 2011. 804* (répartition des responsabilités dans l'entreprise).

▶ **Crise sanitaire :** Gamet, *JCP S 2021. 1056* (droit pénal et exposition fautive des salariés au coronavirus).

COMMENTAIRE

V. sur le Code en ligne 🔒.

I. RESPONSABILITÉ PÉNALE DU CHEF D'ENTREPRISE

1. Office du juge. Les prescriptions du code du travail en matière d'hygiène et de sécurité sont impératives, sauf dérogation légale ; la circonstance qu'elles rendraient plus difficile l'exécution du travail n'est pas de nature à exonérer le chef d'entreprise de sa responsabilité et les juges n'ont donc pas à apprécier l'utilité ou l'efficacité de ces prescriptions, ni à rechercher dans quelles conditions elles peuvent être mises en œuvre. ● Crim. 27 nov. 1990, n° 89-84.709 P : *RJS 1991. 108, n° 195*.

2. Illustrations. Sur la responsabilité d'un entrepreneur de forage, chef d'une société de fait constituée avec deux autres puisatiers, V. ● Crim. 16 mars 1971 : *Bull. crim. n° 88*. ♦ Pour un gérant de fait, V. ● Crim. 11 janv. 1972 : *Bull. crim. n° 14*. ♦ Sur la responsabilité d'un chef de chantier, dirigeant de fait, postérieurement à la démission du gérant de la société dont il est le salarié, V. : ● Crim. 10 mars 1998, n° 96-83.048 P : *RSC 1998. 764, obs. Bouloc ; RTD com. 1998. 959, obs. Bouloc*. ♦ Sur la faute caractérisée. V. ● Crim. 6 nov. 2007 : *RDT 2008. 464, obs. Dreuille ; RJS 2008. 235, n° 298 ; Dr. soc. 2008. 449, note Duquesne*.

3. L'entrepreneur qui s'immisce dans l'exécution des travaux confiés à un sous-traitant en donnant directement des ordres aux salariés de ce dernier commet une faute pour ne pas s'être assuré que toutes les conditions de sécurité étaient réunies. ● Crim. 24 janv. 1989 : *Bull. crim. n° 27*. ♦ Sur la responsabilité d'un entrepreneur invoquant de prétendus contrats de sous-traitance, V. ● Crim. 29 oct. 1985 : *Bull. crim. n° 335*.

4. Le dirigeant d'une entreprise en redressement judiciaire, dessaisi de l'administration de celle-ci en application de l'art. 31, al. 2, 3°, de loi du 25 janv. 1985, qui effectue, à l'insu de l'administrateur, des actes étrangers aux pouvoirs propres qui lui sont attribués par la loi, reste tenu au respect des obligations légales et conventionnelles incombant au chef d'entreprise, susceptibles d'engager sa responsabilité pénale. ● Crim. 12 juin 1996, n° 94-85.598 P. ♦ Mais doit être cassé l'arrêt qui déclare pénalement responsable, pour infraction à la réglementation relative à la sécurité du travail et blessures involontaires, le président du directoire d'une société, alors qu'à la date de l'accident, la société se trouvait en état de redressement judiciaire et l'administrateur était seul investi, en vertu de l'art. 31 de la loi du 25 janv. 1985, des obligations du chef d'entreprise. ● Crim. 3 mars 1998, n° 95-85.808 P : *RTD com. 1998. 959, obs. Bouloc ; RSC 1998. 764, obs. Bouloc*. ♦ Sur la responsabilité pénale de l'administrateur judiciaire, pour infraction à la réglementation du travail, lorsqu'un « responsable par intérim » intervient au sein de l'entreprise concernée, V. : ● Crim. 7 avr. 1999 : *Dr. pénal 1999. Comm. 131, note J.-H. Robert*.

5. Étendue de la responsabilité. Il appartient au chef d'entreprise de veiller personnellement à la stricte et constante exécution des dispositions édictées par le code du travail ou les règlements pris pour son application en vue d'assurer l'hygiène et la sécurité des travailleurs. ● Crim. 22 mai 1973 : *Bull. crim. n° 230*. – Jurisprudence constante : ● Crim. 16 juin 1971 : *Bull. crim. n° 192* ● 23 janv. 1975 : *ibid., n° 30* ● 29 janv. 1985 : *JCP E 1985. II. 14531, note Godard*. ♦ La faute du constructeur d'une machine, qu'il a à tort certifiée conforme, n'est pas de nature à exonérer le chef d'entreprise. ● Crim. 23 juin 1993 : *RJS 1993. 591, n° 993*. ♦ Une cour d'appel ne peut prononcer la relaxe d'un chef d'entreprise en constatant que la machine était conforme aux normes de sécurité, sans rechercher s'il avait accompli les diligences normales lui incombant au sens de l'art. L. 121-3 C. pén., notamment en veillant à l'application effective des consignes de sécurité et sans constater que l'accident avait pour cause exclusive la faute de la victime. ● Crim. 19 nov. 1996, n° 95-85.945 P : *D. 1997. IR 48 ; RJS 1997. 106, n° 154*. ♦ L'indisponibilité du dirigeant n'a pas pour effet de le soustraire à son obligation de veiller personnellement à la stricte et constante exécution des dispositions édictées en vue d'assurer l'hygiène et la sécurité des travailleurs en l'absence de toute délégation de pouvoirs. • Soc. 7 juin 2006 : 🏛 *Dr. soc. 2006.* 1058, obs. Duquesne ✐. ♦ Est cassé l'arrêt de la chambre de l'instruction qui, pour confirmer l'ordonnance de non-lieu rendue au bénéfice du dirigeant d'une entreprise effectuant des travaux de sous-traitance sur un chantier et du coordinateur de sécurité sur ce chantier, poursuivis pour homicide involontaire à la suite de la chute mortelle d'un salarié de l'entreprise sous-traitante, retient l'absence du dirigeant de celle-ci sur le site, ce motif étant inopérant, et le non-respect par la victime des consignes de sécurité données le matin même et des recommandations verbales aux mêmes fins, ainsi que l'absence d'utilisation des équipements de sécurité mis à sa disposition, sans mieux expliquer en quoi la faute de la victime aurait été la cause exclusive de l'accident, alors que la cour avait relevé par ailleurs des manquements à l'encontre des prévenus. • Crim. 7 mai 2019, 🏛 n° 18-80.418 P : *D. 2019. Actu. 996* ✐ ; *RJS 7/2019, n° 437.*

6. Homicide involontaire. Certaines transgressions de la réglementation relative à la sécurité de travailleurs qui sont la cause indirecte du décès d'un salarié, lorsqu'elles sont suffisamment graves pour être qualifiées de faute caractérisée au sens de l'art. 121-3 C. pén., sont constitutives d'un homicide involontaire. • Crim. 9 avr. 2019, 🏛 n° 17-86.267 P : *D. 2019. Actu. 762* ✐ ; *RJS 6/2019 info. 400 ; JSL 2019, n° 478-4, obs. Mesa ; Dr. pén. 2019. Comm. 103, obs. Conte ; JCP S 2019.* 1180, obs. Pradel, Pradel-Boureux et Pradel. ♦ Caractérise la faute personnelle du chef d'entreprise, poursuivi pour homicide involontaire, la cour d'appel qui, relevant que le prévenu n'avait pas délégué ses pouvoirs, en déduit qu'il avait conservé l'obligation qui lui était personnellement imposée de prendre toutes les mesures pour que les dispositifs de protection individuelle prévus par le décret du 8 janv. 1965 soient effectivement utilisés. • Crim. 24 janv. 1978 : *Bull. crim. n° 30* • 4 oct. 1978 : *ibid., n° 257* • 27 févr. 1979 : *ibid., n° 88* (défaut de contrôle du respect des prescriptions de sécurité) • 10 juin 1980 : *ibid., n° 184* (absence de consignes précises et défaut du matériel et des équipements de sécurité nécessaires) • 20 oct. 1992 : 🏛 *Dr. ouvrier 1993.* 37, obs. Alvarez Pujana. ♦ La qualification d'homicide involontaire peut se cumuler avec l'infraction relative à la sécurité des travailleurs de l'art. L. 4741-1 C. trav., sans qu'il y ait de violation du principe *non bis in idem.* • Crim. 9 avr. 2019, 🏛 n° 17-86.267 P : *préc.*

7. Est pénalement responsable l'importateur de machines dangereuses italiennes dépourvues du visa technique requis, alors que l'intéressé n'a pas mis les juges en mesure d'apprécier si les exigences de sécurité imposées par la loi italienne étaient équivalentes à celles de la loi française. • Crim. 23 juin 1992 : 🏛 *JCP E 1993. 397,* note Godard.

8. La faute personnelle du chef d'entreprise ne saurait exclure celle qu'aurait pu commettre de son côté un agent subalterne. • Crim. 17 oct. 1979 : *D. 1980. IR 296.* ♦ Mais justifient leur décision de condamnation pour blessures involontaires et infraction à l'art. R. 233-3 ancien C. trav. les juges du fond qui relèvent que le prévenu, titulaire d'une délégation de pouvoirs en matière d'hygiène et de sécurité, a laissé à la disposition des salariés une machine insuffisamment protégée, la circonstance que le salarié n'ait pas fait un usage de celle-ci conforme à sa destination n'étant pas de nature à exonérer le prévenu de sa responsabilité, dès lors que cette faute n'a pas été la cause exclusive du dommage. • Crim. 30 juin 1998, 🏛 n° 97-84.263 P : *D. 1998. IR 225* ✐ ; *JCP 1999. II. 10067,* note Chevallier ; *RJS 1999. 43, n° 53.*

9. L'employeur doit répondre des agissements des personnes qui exercent, le fait ou de droit, une autorité sur les salariés ; il peut être condamné à réparer le préjudice moral résultant du mauvais traitement infligé à un salarié et des insultes proférées à son égard par son épouse. • Soc. 10 mai 2001, 🏛 n° 99-40.059 P : *Dr. soc. 2001. 921, obs. Gauriau* ✐ ; *RJS 2001. 681, n° 989 ; JCP E 2001. 1679,* note Puigelier.

II. IRRESPONSABILITÉ PÉNALE DU CHEF D'ENTREPRISE

A. DIRECTION UNIQUE

10. Principe. L'employeur peut s'exonérer lorsqu'en raison de la participation de plusieurs entreprises le travail a été placé sous une direction unique autre que la sienne. • Crim. 18 janv. 1973 : *Bull. crim. n° 25 ; RSC 1973. 692, obs. Levasseur* • 5 janv. 1977 : *Dr. ouvrier 1977. 361* • 25 mai 1982 : *Bull. crim. n° 136.* ♦ V., au contraire, en cas de pluralité de fautes : • Crim. 27 janv. 1971 : *Bull. crim. n° 28* • 20 sept. 1980 : *Dr. soc. 1981. 719,* note Roger.

B. FAUTE DE LA VICTIME

11. Faute exclusive de la victime. N'est pas responsable de l'accident dont est victime un salarié l'employeur qui a pris toutes les dispositions pour faire respecter les mesures de sécurité, l'accident étant dû à la seule faute du salarié qui a enfreint les consignes de sécurité et échappé à la vigilance des surveillants. • Crim. 14 mars 1979 : *Bull. crim. n° 109.* – Dans le même sens : • Crim. 14 oct. 1986 : *Bull. crim. n° 288.*

C. DÉLÉGATION DE POUVOIR

BIBL. Albiol et Boucaya, *JCP S 2010. 1512* (admission de la délégation de pouvoir dans les SAS). – Aubry, *Rev. soc. 2005. 793* (la responsabilité des dirigeants dans la société par action simplifiée). – Leport et Guyot, *JCP S 2010. 1067* (polémiques autour du pouvoir de licencier dans la société par action simplifiée). – Robé, *SSL 2010, n° 1434, p. 10* (des délégations de pouvoirs dans les SAS. Remarques sur quelques arrêts récents). – Cœuret et Duquesne, *Dr. soc. 2012. 35* ⌀ (actualité de la délégation de pouvoir de licencier dans l'entreprise ou le groupe d'entreprises). – Cœuret, *RJS 2012. 3* (la délégation de pouvoirs et les responsabilités pénales dans l'entreprise). – Moreau, *D. 2006. 290* ⌀. – Desportes, *RJS 2002. 711* (faute pénale et responsabilité civile du préposé).

1° PRINCIPE

12. Principes. Le chef d'établissement ne peut s'exonérer que lorsqu'il démontre qu'il a délégué ses pouvoirs à un préposé désigné par lui et pourvu de la compétence et de l'autorité nécessaires pour veiller efficacement à l'observation des dispositions en vigueur. – Jurisprudence constante : • Crim. 18 janv. 1973 : *Bull. crim. n° 25* • 22 mai 1973 : *ibid., n° 230* • 23 janv. 1975 : *ibid., n° 30* • 21 oct. 1975 : *ibid., n° 222* • 18 oct. 1977 : *ibid., n° 305* • 17 juin 1997, ⚖ n° 95-83.010 P : *RJS 1997. 679, n° 1101* • 8 déc. 2009 : ⚖ *D. 2010. AJ 212* ⌀ ; *RSC 2010. 433*, note Cerf-Hollender ⌀ ; *Dr. ouvrier 2010. 381* ; *JSL 2010, n° 274-4*, obs. Tourreil. ♦ Rien n'interdit au chef d'un groupe de sociétés, qui est en outre le chef de l'entreprise exécutant les travaux, de déléguer ses pouvoirs au dirigeant d'une autre société du groupe sur lequel il exerce son autorité hiérarchique. • Crim. 26 mai 1994 : ⚖ *D. 1995. 110*, note Reinhard ⌀ ; *Dr. soc. 1995. 344*, note Cœuret ⌀ ; *RJS 1994. 765, n° 1275*. – Dans le même sens : • Crim. 11 oct. 1994 : *RJS ibid.* • Soc. 7 févr. 1995 : ⚖ *RJS 1995. 431, n° 657* (le dirigeant d'une filiale peut invoquer la délégation faite à un préposé d'une autre société du groupe). ♦ Le représentant légal de chacune des entreprises, membres d'une société en participation, intervenant sur un chantier peut consentir une délégation de pouvoirs en matière de sécurité à un préposé (directeur de chantier) de l'une d'entre elles disposant effectivement des pouvoirs, de la compétence et des moyens nécessaires à l'exécution de sa mission. • Crim. 14 déc. 1999, ⚖ n° 99-80.104 P : *RJS 2000. 240, n° 350* • 23 nov. 2010 : ⚖ *D. actu. 21 janv. 2011*, obs. Bombled ; *D. 2011. Actu. 170* ⌀ ; *Dr. soc. 2011. 361*, note Duquesne ⌀ (application au domaine du travail temporaire).

13. Le moyen de défense tiré de l'existence d'une délégation de pouvoir peut être invoqué en cause d'appel. • Crim. 1ᵉʳ déc. 1992, ⚖ n° 89-82.689 P : *RJS 1993. 229, n° 369* • 5 janv. 1993, ⚖ n° 92-81.918 P : *RJS 1993. 245, n° 406*. ♦ *Contra*, antérieurement : • Crim. 23 févr. 1988, ⚖ n° 87-84.160 P • 26 juin 1952 : *Bull. crim. n° 168* ; *Dr. soc. 1952. 602*, rapp. Patin.

14. Lorsque la délégation est établie, la responsabilité pénale du chef d'entreprise est transférée à son délégué ; il s'ensuit que la même infraction ne peut être retenue à la fois contre le chef d'entreprise et contre le préposé délégué par lui. • Crim. 12 janv. 1988, ⚖ n° 85-95.950 P • 14 mars 2006 : ⚖ *Dr. soc. 2006. 1057*, obs. Duquesne ⌀ ; *JSL 2006, n° 189-3.* ♦ Mais la délégation n'interdit pas de rechercher si le chef d'entreprise n'a pas commis, au regard de l'art. 319 C. pén., une imprudence ou une négligence en omettant de prendre les mesures que les circonstances commandaient comme relevant de ses propres obligations. • Crim. 18 oct. 1977 : *D. 1978. 472*, note Benoît. – V. aussi • Crim. 23 janv. 1975 : *D. 1976. 375*, note Savatier. ♦ Le titulaire d'une délégation n'engage pas sa responsabilité civile à l'égard des tiers pour le délit de tromperie et de publicité mensongère commis dans l'exercice normal de ses attributions ; l'employeur est, dans ce cas, seul responsable des conséquences civiles de l'infraction. • Soc. 23 janv. 2001, ⚖ n° 00-82.826 P : *RJS 2001. 680, n° 988*. ♦ La délégation de pouvoir n'exonère pas l'employeur de sa responsabilité pénale pour les mesures qui ressortent de son pouvoir propre de direction. • Crim. 15 mai 2007 : ⚖ *RJS 2007. 747, n° 969* ; *JSL 2007, n° 215-2*.

15. Même s'il confie à un représentant le soin de présider le comité central d'entreprise, le chef d'entreprise engage sa responsabilité à l'égard de cet organisme, s'agissant des mesures ressortissant à son pouvoir propre de direction (présentation d'un bilan social incomplet), sans pouvoir opposer l'argumentation prise d'une délégation de pouvoir. • Crim. 15 mai 2007, ⚖ n° 06-84.318. ♦ Même solution pour le président de la société qui confie à un représentant le soin de présider les institutions représentatives du personnel et qui engage sa responsabilité personnelle pour avoir affiché un protocole préélectoral n'ayant pas été signé par l'ensemble des syndicats. • Crim. 6 nov. 2007, ⚖ n° 06-86.027 P : *Dr. soc. 2008. 249*, obs. Duquesne ⌀ ; *RTD com. 2008. 641*, note Bouloc ⌀ ; *RJS 3/2008, n° 307*.

16. Multidélégations. La délégation à « deux préposés au moins » rend incertaine la réalité d'une délégation à un préposé ayant autorité sur les autres, le cumul de plusieurs délégations pour l'exécution du même travail étant de nature à restreindre l'autorité et à entraver les initiatives de chacun des prétendus délégataires. • Crim. 2 oct. 1979 : *Bull. crim. n° 267* • 6 juin 1990 : ⚖ *Dr. ouvrier 1990. 458*, note Pujana • Crim. 30 oct. 1996, ⚖ n° 94-83.650 P : *D. 1997. IR 20* ⌀ ; *RJS 1997. 197, n° 296*.

17. Subdélégation. Aucune règle de droit n'interdit à l'employeur qui délègue ses pouvoirs à un cadre d'autoriser ce dernier à investir de ces mêmes pouvoirs un préposé pleinement pourvu de l'autorité, de la compétence et des moyens nécessaires pour remplir sa mission. • Crim. 8 févr. 1983, ⚖ n° 82-92.364 P : *D. 1983. 639*, note Seillan ; *D. 1984. IR 172*, note Reinhard. ♦ L'autorisation du chef d'entreprise n'est pas nécessaire à la validité d'une subdélégation régulièrement consentie à un subdélégataire doté de la compétence, de l'autorité et des moyens requis. • Crim. 30 oct. 1996, n° 94-83.650 P : *D. 1997. IR 20* ; *RJS 1997. 197, n° 296.*

18. Délégation de pouvoir et groupement d'entreprises. En cas d'accident du travail, les infractions en matière d'hygiène et de sécurité des travailleurs commises par les délégataires de pouvoirs désignés par chacune des sociétés constituant un groupement d'entreprises à l'occasion de l'attribution d'un marché engagent la responsabilité pénale de la seule personne morale, membre du groupement, qui est l'employeur de la victime. • Crim. 13 oct. 2009 : *D. 2010. 557, note Planque* ; *RJS 2010. 78, n° 105* ; *JSL 2010, n° 269-6* ; *Dr. ouvrier 2010. 543, obs. Lafuma* ; *Dr. soc. 2010. 144, note Duquesne* ; *SSL 2010, n° 1428, p. 11, note Cœuret.*

19. Responsabilité des personnes morales. V. • TGI Paris, 3 nov. 1995 : *Dr. soc. 1996. 157, note Cœuret* ; *RSC 1996. 392, obs. Giudicelli-Delage* ; *JCP E 1997. I. 645, chron. Godard.* ♦ Sur l'absence de responsabilité pénale des personnes morales pour infractions à la réglementation du travail sur le fondement de l'art. L. 263-2 [L. 4732-2 nouv.] C. trav., V. : • Crim. 1er déc. 1998, n° 97-80.560 P : *D. 2000. 34, note Houtmann* ; *RSC 1999. 336, note Giudicelli-Delage* ; *RTD com. 1999. 774, obs. Bouloc* ; *JCP E 1999. 1930, note Leroy.* ♦ Sur la qualité de représentant d'une personne morale d'un délégataire de pouvoir pourvu, en matière d'hygiène et de sécurité, des pouvoirs, de la compétence et des moyens nécessaires à l'exécution de sa mission, V. : • Crim. 14 déc. 1999, n° 99-80.104 P : *JCP 2000. I. 235, obs. Véron* ; *ibid. IV. 1597* ; *Dr. pénal 2000. Comm. 56, obs. Véron.* • 30 mai 2000, n° 99-84.212 P.

20. Procédure. Encourt la censure l'arrêt d'une chambre d'accusation qui, à l'occasion d'une information ouverte pour blessures involontaires et infraction aux règles relatives à la sécurité des travailleurs, rejette la nullité d'une commission rogatoire délivrée par un juge d'instruction à la gendarmerie avec pour mission de procéder à des saisies ayant pour objet de caractériser le délit de marchandage. • Crim. 24 nov. 1998, n° 98-83.247 P : *RSC 1999. 342, obs. Giudicelli-Delage* ; *Dr. pénal 1999. Comm. 49 et 50, note Maron.*

2° FORMES

21. Absence d'exigence d'écrit. La délégation n'a pas à être écrite et peut résulter des circonstances de fait. • Crim. 27 févr. 1979 : *Bull. crim. n° 88.* ♦ Ne constitue pas la preuve d'une délégation la note de service qui n'est qu'un relevé des consignes courantes et qui ne comporte aucun transfert de responsabilité. • Crim. 17 oct. 1979 : *D. 1980. IR 296.* – V. aussi • Crim. 26 juin 1979 : *D. 1979. IR 527, obs. Puech.*

22. Rôle du conseil d'administration. Dans les rapports internes de la société, le directeur général ne dispose des pouvoirs de direction qu'en vertu d'une délégation du conseil d'administration décidée en accord avec le président ; en l'absence d'une telle délégation, le président est à bon droit déclaré coupable des infractions relevées (en l'espèce, travail clandestin et emploi irrégulier d'étrangers). • Crim. 23 juill. 1996, n° 94-85.287 P : *JCP E 1997. II. 909, note Robert.* ♦ La délibération du conseil d'administration conférant au directeur général des pouvoirs identiques à ceux du président, exercés concurremment aux siens, ne constitue pas une délégation de pouvoir de ce dernier, susceptible de l'exonérer de sa responsabilité. • Crim. 17 oct. 2000 : *RJS 2001. 559, n° 816.*

23. Délégation de pouvoir et coordinateur de travaux. La délégation de pouvoir en tant que cause d'exonération ne se présume pas, même à l'égard d'un coordinateur de travaux pourvu, par définition, de la compétence, de l'autorité et des moyens nécessaires. • Crim. 8 avr. 2008, n° 07-80.535 P : *RDT 2008. 670, obs. Héas* ; *RSC 2009. 388* ; *RDI 2008. 336, obs. G. Roujou de Boubée* ; *Dr. soc. 2008. 809, note Duquesne.*

3° RÉPRESSION

24. Peines. L'exception apportée par l'al. 2 de l'art. L. 263-2 [L. 4741-1 nouv.] à la règle générale du non-cumul des peines édictée par l'art. 5 C. pén. doit être appliquée restrictivement et ne saurait être étendue au-delà de ses termes. • Crim. 17 mai 1977 : *Bull. crim. n° 176.* ♦ Doit en conséquence être cassé l'arrêt qui prononce cinq amendes, alors que seuls trois salariés étaient concernés par les infractions retenues. • Même arrêt.

25. Les amendes prononcées pour le délit de l'art. L. 263-2 [L. 4741-1 nouv.] et les délits d'atteinte à l'intégrité physique (art. 221-6, 222-19 et 222-20, C. pén.) se cumulent. • Crim. 13 sept. 2005, n° 04-83.736 P. ♦ Lorsque à l'occasion d'une même procédure, la personne poursuivie est reconnue coupable de plusieurs infractions en concours, les unes visées par l'art. L. 4741-1, les autres prévues par les art. 221-6, 221-19 et 222-20 C. pén., les peines de même nature se cumulent, dès lors que leur total n'excède pas le maximum légal de la peine la plus élevée qui est encourue. • Crim. 2 mars 2010 : *Dr. soc. 2010. 1125, obs. Duquesne* ; *JCP S 2010. 1242, obs. Brissy* • 21 juin 2022, n° 21-85.691 B : *D. 2022. 1211* ; *AJ pénal 2022. 375* et les obs. ; *Dr. soc. 2022. 748, étude Salomon* ; *RSC 2022. 591, obs. Mayaud* ; *ibid. 865, obs. Cerf-Hollender* ; *RJS 8-9/2022, n° 449.*

4° RESPONSABILITÉ PERSONNELLE DU DÉLÉGATAIRE

26. Responsabilité personnelle du salarié. Le salarié qui agit sans excéder les limites de la mission qui lui est impartie par son employeur n'engage pas sa responsabilité à l'égard des tiers. • Cass., ass. plén., 25 févr. 2000 : ⚖ *GADT, 4ᵉ éd., n° 48* ; *RJS 2000. 439, n° 630.* ♦ Un salarié titulaire d'une délégation de pouvoir ne peut se voir reprocher une faute dans l'accomplissement de la mission d'organisation et de surveillance qui lui a été confiée lorsque le chef d'entreprise ou l'un de ses supérieurs hiérarchiques s'immisce dans le déroulement des tâches en rapport avec cette mission, supprimant ainsi l'autonomie d'initiative inhérente à toute délégation effective. • Soc. 21 nov. 2000, ⚖ n° 98-45.420 P : *D. 2001. IR 429* ⊘ ; *Dr. soc. 2001. 210, obs. Savatier* ⊘ ; *RJS 2001. 123, n° 175.* ♦ Mais le préposé, titulaire d'une délégation de pouvoir, auteur d'une faute qualifiée au sens de l'art. 121-3 C. pén., engage sa responsabilité civile à l'égard du tiers victime de l'infraction, celle-ci fût-elle commise dans l'exercice de ses fonctions. • Crim. 28 mars 2006 : ⚖ *JCP G 2006. II. 10188, note Mouly.*

27. Responsabilité pécuniaire du salarié. Lorsque le certificat d'immatriculation d'un véhicule verbalisé pour excès de vitesse est établi au nom d'une personne morale, seul le représentant légal de celle-ci peut être déclaré redevable pécuniairement de l'amende encourue ; la délégation de pouvoir du salarié ne permet pas de le déclarer pécuniairement responsable de l'amende encourue. • Crim. 13 oct. 2010 : ⚖ *D. actu. 25 nov. 2010, obs. Léna.*

Art. L. 4741-2 Lorsqu'une des infractions énumérées à l'article L. 4741-1, qui a provoqué la mort ou des blessures dans les conditions définies aux articles 221-6, 222-19 et 222-20 du code pénal ou, involontairement, des blessures, coups ou maladies n'entraînant pas une incapacité totale de travail personnelle supérieure à trois mois, a été commise par un (L. n° 2011-525 du 17 mai 2011, art. 170) « délégataire », la juridiction peut, compte tenu des circonstances de fait et des conditions de travail de l'intéressé, décider que le paiement des amendes prononcées sera mis, en totalité ou en partie, à la charge de l'employeur (L. n° 2011-525 du 17 mai 2011, art. 170) « si celui-ci a été cité à l'audience ». – *[Anc. art. L. 263-2-1.]*

Art. L. 4741-3 Le fait pour l'employeur de ne pas s'être conformé aux mesures prises par (Ord. n° 2016-413 du 7 avr. 2016, art. 2-XV) « le directeur régional des entreprises, de la concurrence, de la consommation, du travail et de l'emploi en application de l'article L. 4721-1 est puni » d'une amende de 3 750 €.

Art. L. 4741-3-1 (Ord. n° 2016-413 du 7 avr. 2016, art. 2-XVI) Le fait pour l'employeur de ne pas s'être conformé aux mesures prises par l'agent de contrôle en application des articles L. 4731-1 ou L. 4731-2 est puni d'un emprisonnement d'un an et d'une amende de 3 750 euros.

Art. L. 4741-4 En cas d'infraction aux dispositions de l'article L. 4221-1, de celles du livre III ainsi que des articles L. 4411-7, L. 4525-1 et L. 4721-4 et des décrets pris en application, le jugement fixe, en outre, le délai dans lequel sont exécutés les travaux de sécurité et de salubrité imposés par ces dispositions. Ce délai ne peut excéder dix mois. – *[Anc. art. L. 263-3.]*

Art. L. 4741-5 En cas de condamnation prononcée en application de l'article L. 4741-1, la juridiction peut ordonner, à titre de peine complémentaire, l'affichage du jugement aux portes des établissements de la personne condamnée, aux frais de celle-ci, dans les conditions prévues à l'article 131-35 du code pénal, et son insertion, intégrale ou par extraits, dans les journaux qu'elle désigne. Ces frais ne peuvent excéder le montant de l'amende encourue.

En cas de récidive, la juridiction peut prononcer contre l'auteur de l'infraction l'interdiction d'exercer, pendant une durée maximale de cinq ans, certaines fonctions qu'elle énumère soit dans l'entreprise, soit dans une ou plusieurs catégories d'entreprises qu'elle définit.

Le fait de méconnaître cette interdiction est puni d'un emprisonnement de deux ans et d'une amende de 9 000 €. – *[Anc. art. L. 263-6.]*

Art. L. 4741-6 Les dispositions des articles L. 4741-1 à L. 4741-5 et L. 4741-9 à L. 4742-1 ne sont pas applicables aux établissements mentionnés aux 2° et 3° de l'article L. 4111-1. – *[Anc. art. L. 263-7.]*

Art. L. 4741-7 L'employeur est civilement responsable des condamnations prononcées contre ses directeurs, gérants ou (L. n° 2011-525 du 17 mai 2011, art. 170) « délégataires ». – *[Anc. art. L. 260-1.]*

RÉP. TRAV. v° *Responsabilité des commettants*, par BÉNAC-SCHMIDT et LARROUMET.

L'art. L. 260-1 [L. 4741-7 nouv.] déclarant que le chef d'entreprise est civilement responsable des condamnations prononcées contre ses préposés ne s'applique qu'aux condamnations civiles.
● Crim. 3 mars 1981 : JCP 1982. II. 19769, note Reinhard.

Art. L. 4741-8 Le fait d'employer des mineurs à la mendicité habituelle, soit ouvertement, soit sous l'apparence d'une profession, est puni des peines prévues aux articles 225-12-6 et 227-29 du code pénal. − *[Anc. art. L. 261-3.]*

SECTION 2 Infractions commises par une personne autre que l'employeur ou son délégataire *(L. n° 2011-525 du 17 mai 2011, art. 170).*

Art. L. 4741-9 Est puni d'une amende de 3 750 €, le fait pour toute personne autre que celles mentionnées à l'article L. 4741-1, de méconnaître par sa faute personnelle les dispositions des articles *(Abrogé par L. n° 2021-1018 du 2 août 2021, art. 10, à compter du 31 mars 2022)* « L. 4311-1 à L. 4311-4, L. 4314-1, » L. 4321-2, L. 4321-3, *(Ord. n° 2009-229 du 26 févr. 2009, art. 2-IV)* « L. 4411-1, L. 4411-2, *(Abrogé par L. n° 2023-171 du 9 mars 2023, art. 25)* « L. 4411-4 à » L. 4411-6 » *(L. n° 2016-1088 du 8 août 2016, art. 113)* « , L. 4412-2 », *(Ord. n° 2016-128 du 10 févr. 2016, art. 42)* « L. 4451-1 à L. 4451-4 » et celles des décrets en Conseil d'État pris pour leur application.

La récidive est punie d'un emprisonnement d'un an et d'une amende de 9 000 €.

L'amende est appliquée autant de fois qu'il y a de salariés de l'entreprise concernés par la ou les infractions relevées dans le procès-verbal mentionné à l'article L. 8113-7.

Sur les infractions pénales d'atteinte involontaire à la vie ou à l'intégrité de la personne, V. C. pén., art. 221-6, 222-19, 222-20, R. 622-1, R. 625-2 et R. 625-3. − Sur l'infraction pénale de mise en danger de la personne, V. C. pén., art. 223-1. − Sur la responsabilité pénale des personnes morales à raison de ces infractions, V. C. pén., art. 221-7, 222-21, 223-2, R. 622-1. − **C. pén.**

Art. L. 4741-10 En cas de condamnation prononcée en application de l'article L. 4741-9, la juridiction peut ordonner, à titre de peine complémentaire, l'affichage du jugement aux portes des établissements de la personne condamnée, aux frais de celle-ci, dans les conditions prévues à l'article 131-35 du code pénal, et son insertion, intégrale ou par extraits, dans les journaux qu'elle désigne. Ces frais ne peuvent excéder le montant maximum de l'amende encourue.

En cas de récidive, la juridiction peut prononcer contre l'auteur de l'infraction l'interdiction d'exercer, pendant une durée maximale de cinq ans, certaines fonctions qu'elle énumère soit dans l'entreprise, soit dans une ou plusieurs catégories d'entreprises qu'il définit.

Le fait de méconnaître cette interdiction est puni d'un emprisonnement de deux ans et d'une amende de 9 000 €. − *[Anc. art. L. 263-6.]*

SECTION 3 Dispositions particulières aux personnes morales

Art. L. 4741-11 Lorsqu'un accident du travail survient dans une entreprise où ont été relevés des manquements graves ou répétés aux règles de santé et sécurité au travail, la juridiction saisie, qui relaxe la ou les personnes physiques poursuivies sur le fondement des articles 221-6, 221-19 et 221-20 *[229-19 et 222-20]* du code pénal, fait obligation à l'entreprise de prendre toutes mesures pour rétablir des conditions normales de santé et sécurité au travail.

A cet effet, la juridiction enjoint à l'entreprise de présenter, dans un délai qu'elle fixe, un plan de réalisation de ces mesures, accompagné de l'avis motivé du *(Ord. n° 2017-1386 du 22 sept. 2017, art. 4)* « comité social et économique ».

La juridiction adopte le plan présenté après avis du *(L. n° 2011-525 du 17 mai 2011, art. 170)* « directeur régional des entreprises, de la concurrence, de la consommation, du travail et de l'emploi ». A défaut de présentation ou d'adoption d'un tel plan, elle condamne l'entreprise à exécuter, pendant une période qui ne peut excéder cinq ans, un plan de nature à faire disparaître les manquements mentionnés au premier alinéa.

Dans ce dernier cas, les dépenses mises à la charge de l'entreprise ne peuvent annuellement dépasser le montant annuel moyen des cotisations d'accidents du travail prélevé au cours des cinq années antérieures à celle du jugement, dans le ou les établissements où ont été relevés les manquements.

Le contrôle de l'exécution des mesures prescrites est exercé par l'inspecteur du travail. S'il y a lieu, celui-ci saisit le juge des référés, qui peut ordonner la fermeture totale ou partielle de l'établissement pendant le temps nécessaire pour assurer cette exécution.

L'employeur qui, dans les délais prévus, n'a pas présenté le plan mentionné au deuxième alinéa ou n'a pas pris les mesures nécessaires à la réalisation du plan arrêté par la juridiction en vertu du troisième alinéa, est puni d'une amende de 18 000 € ainsi que des peines prévues à l'article L. 4741-14. — *[Anc. art. L. 263-3-1.]*

BIBL. ▶ SAINT-JOURS, *Dr. soc.* 1979. 49.

L'ordonnance du juge d'instruction faisant obligation à l'employeur, sur le fondement de l'art. L. 263-3-1 [L. 4741-11 nouv.], de prendre toutes les mesures pour rétablir les conditions normales d'hygiène et de sécurité du travail excède les pouvoirs de ce magistrat. ● Crim. 24 févr. 1981 : D. 1981. 469, note Malaval ; JCP 1981. II. 19689,

note Jeandidier. ♦ Une telle ordonnance, même si elle n'entre pas dans les prévisions des dispositions des art. 186 s. C. pr. pén., peut cependant, en vertu du principe général du double degré de juridiction, être frappée d'appel par les personnes qui y sont désignées, auxquelles elle fait directement grief. ● Même arrêt.

Art. L. 4741-12 Lorsqu'il a été fait application de l'article L. 4741-11, aucune infraction nouvelle ne peut être relevée pour la même cause durant le délai qui a été, le cas échéant, accordé.

En cas de récidive constatée par procès-verbal, après une condamnation prononcée en vertu de l'article précité, la juridiction peut ordonner la fermeture totale ou partielle, définitive ou temporaire, de l'établissement dans lequel n'ont pas été faits les travaux de sécurité ou de salubrité imposés par les dispositions légales.

Le jugement est susceptible d'appel. Dans ce cas, la juridiction statue d'urgence. — *[Anc. art. L. 263-4, al. 2 à 4.]*

Art. L. 4741-13 Les condamnations prononcées en application de l'article L. 4741-12 ne peuvent, sous réserve des dispositions du second alinéa, entraîner ni rupture, ni suspension du contrat de travail, ni aucun préjudice pécuniaire à l'encontre des salariés concernés.

Lorsque la fermeture totale et définitive entraîne le licenciement du personnel, elle donne lieu, en dehors de l'indemnité de préavis et de l'indemnité de licenciement, aux dommages et intérêts prévus aux articles L. 1235-2 à L. 1235-5 en cas de rupture du contrat de travail. — *[Anc. art. L. 263-5, al. 1er et 2.]*

Art. L. 4741-14 En cas de condamnation prononcée en application de l'article L. 4741-12, la juridiction peut ordonner, à titre de peine complémentaire, l'affichage du jugement aux portes des établissements de la personne condamnée, aux frais de celle-ci, dans les conditions prévues à l'article 131-35 du code pénal, et son insertion, intégrale ou par extraits, dans les journaux qu'elle désigne. Ces frais ne peuvent excéder le montant maximum de l'amende encourue.

En cas de récidive, la juridiction peut prononcer contre l'auteur de l'infraction l'interdiction d'exercer, pendant une durée maximale de cinq ans, certaines fonctions qu'elle énumère soit dans l'entreprise, soit dans une ou plusieurs catégories d'entreprises qu'elle définit.

Le fait de méconnaître cette interdiction est puni d'un emprisonnement de deux ans et d'une amende de 9 000 €. — *[Anc. art. L. 263-6.]*

CHAPITRE II **INFRACTIONS AUX RÈGLES DE REPRÉSENTATION DES SALARIÉS**

Art. L. 4742-1 Le fait de porter atteinte ou de tenter de porter atteinte soit à la constitution, soit à la libre désignation des membres *(Abrogé par L. n° 2015-990 du 6 août 2015, art. 262)* « *, soit au fonctionnement régulier* » du comité d'hygiène, de sécurité et des conditions de travail, notamment par la méconnaissance des dispositions du livre IV de la deuxième partie relatives à la protection des représentants du personnel à ce comité, est puni d'un emprisonnement d'un an et d'une amende de *(L. n° 2015-990 du 6 août 2015, art. 262)* « 7 500 €.

SANTÉ ET SÉCURITÉ AU TRAVAIL   **Art. L. 4743-3**

« Le fait de porter atteinte au fonctionnement régulier du comité est puni d'une amende de 7 500 €. »

RÉP. TRAV. v° *Entrave aux institutions représentatives des salariés et à l'exercice du droit syndical*, par AMAUGER-LATTES.

COMMENTAIRE

V. sur le Code en ligne 🔒.

1. Compétence d'ordre public. Justifie sa décision condamnant un employeur pour entrave au fonctionnement du CHSCT la cour d'appel qui écarte l'argumentation du prévenu soutenant que les questions relatives à la sécurité étaient généralement traitées par le comité d'entreprise ou qu'elles faisaient l'objet d'informations données aux délégués du personnel et relève que le CHSCT avait été réuni seulement à l'initiative de l'inspecteur du travail.
• Crim. 27 sept. 1989 : *D. 1989. IR 296*.

2. Mandat d'ester en justice délivré par le CHSCT à l'un de ses membres. La citation directe d'un employeur par le secrétaire du comité d'hygiène, de sécurité et des conditions de travail est recevable dès lors que des délibérations régulièrement adoptées ont donné mandat d'agir en justice du chef d'entrave au représentant du comité. • Crim. 28 oct. 2014 : 🔒 *D. actu. 26 nov. 2014*, obs. Ines.

3. Responsabilité de l'employeur. Même s'il confie à un représentant le soin de présider le CHSCT, le chef d'entreprise doit, avant de prendre une décision modifiant les conditions d'hygiène et de sécurité ou les conditions de travail, s'assurer de la consultation du CHSCT. • Crim. 15 mars 1994, 🔒 n° 93-82.109 P : *D. 1995. 30, note Reinhard* ✎ ; *RJS 1994. 429, n° 708*.

4. Élément intentionnel. La violation, en connaissance de cause, des dispositions de l'art. R. 236-5 C. trav. relatif au renouvellement du CHSCT, suffit à caractériser, en tous ses éléments tant matériels qu'intentionnels, le délit prévu par l'art. L. 263-2-2 du même code. • Crim. 3 mars 1998, 🔒 n° 96-85.098 P : *D. 1998. IR 121* ✎ ; *RSC 1998. 763, obs. Bouloc* ✎ ; *RTD com. 1998. 959, obs. Bouloc* ✎ ; *JCP E 1998, n° 20-21, p. 784*.

5. Interprétation stricte. Dès lors que les dispositions, d'interprétation stricte, de l'art. L. 263-2-2 C. trav. [L. 4742-1 nouv.], qui répriment le délit d'entrave à la constitution et au fonctionnement régulier des comités d'hygiène, de sécurité et des conditions de travail, ne contiennent aucune référence aux atteintes au fonctionnement des structures de coordination de ces comités, les faits allégués à l'encontre du président d'un comité local de coordination de CHSCT ne peuvent recevoir la qualification d'entraves au fonctionnement d'un CHSCT. • Crim. 12 avr. 2005, 🔒 n° 04-83.101 P : *RSC 2005, n° 4, p. 864* ✎.

6. Exemple d'entrave. Toute mutation de poste ou de fonctions imposée contre son gré à un membre du CHSCT est de nature à caractériser l'élément matériel d'une atteinte portée à ses prérogatives statutaires, à moins que l'employeur n'apporte la preuve de sa pleine justification.
• Crim. 4 janv. 1990, 🔒 n° 88-83.311 P.

CHAPITRE III INFRACTIONS AUX RÈGLES CONCERNANT LE TRAVAIL DES JEUNES ET DES FEMMES ENCEINTES, VENANT D'ACCOUCHER OU ALLAITANT

Art. L. 4743-1 En cas d'infraction aux dispositions relatives au travail des jeunes et des femmes enceintes, venant d'accoucher ou allaitant, l'affichage du jugement peut, suivant les circonstances et en cas de récidive seulement, être ordonné par la juridiction.

La juridiction peut également ordonner, dans le même cas, l'insertion du jugement, aux frais du contrevenant, dans un ou plusieurs journaux du département. – [*Anc. art. L. 260-2.*]

Art. L. 4743-2 (*L. n° 2009-526 du 12 mai 2009, art. 40*) Est puni d'un emprisonnement de cinq ans et d'une amende de 75 000 € le fait, pour le père, la mère, le tuteur ou l'employeur, et généralement toute personne ayant autorité sur un enfant ou en ayant la garde, de le placer sous la conduite de vagabonds, de personnes sans moyen de subsistance ou se livrant à la mendicité, en méconnaissance des dispositions de l'article L. 4153-7.

La condamnation entraîne de plein droit, pour les tuteurs, la destitution de la tutelle. Les pères et mères peuvent être privés de l'autorité parentale.

Art. L. 4743-3 (*Ord. n° 2016-413 du 7 avr. 2016, art. 2-XVII*) Est puni d'un emprisonnement d'un an et d'une amende de 3 750 euros le fait de ne pas se conformer aux mesures prises par l'agent de contrôle en application de l'article L. 4733-2 ou de l'article L. 4733-3.

CHAPITRE IV OPÉRATIONS DE BÂTIMENT ET DE GÉNIE CIVIL

Art. L. 4744-1 (Ord. n° 2020-71 du 29 janv. 2021, art. 7, en vigueur le 1er juill. 2021) Le fait pour un maître d'ouvrage de faire construire ou aménager un bâtiment ou une partie de bâtiment à usage professionnel en méconnaissance des obligations mises à sa charge par les dispositions des articles L. 112-2, L. 134-13 et L. 155-2 du code de la construction et de l'habitation, ainsi que par les dispositions réglementaires prises pour leur application est puni des peines prévues aux articles L. 480-4 et L. 480-5 du code de l'urbanisme.

Art. L. 4744-2 Le fait pour un maître d'ouvrage de ne pas adresser à l'autorité administrative la déclaration préalable prévue à l'article L. 4532-1 est puni d'une amende de 4 500 €. – [Anc. art. L. 263-10-I et III, 1°.]

Art. L. 4744-3 Le fait pour un maître d'ouvrage de faire ouvrir un chantier ne disposant pas de voies et réseaux divers satisfaisant aux dispositions (Ord. n° 2016-413 du 7 avr. 2016, art. 2-XVIII) « réglementaires du chapitre III du titre III du livre V de la présente partie » est puni d'une amende de 22 500 €.

L'interruption du travail peut être ordonnée dans les conditions prévues à l'article L. 480-2 du code de l'urbanisme.

Sur l'application de cette disposition, V. • Crim.
8 août 1994 : ⚖ RJS 1994. 766, n° 1276.

Art. L. 4744-4 Est puni d'une amende de (Ord. n° 2016-413 du 7 avr. 2016, art. 2-XVIII) « 10 000 euros » le fait pour un maître d'ouvrage :

1° De ne pas désigner de coordonnateur en matière de sécurité et de santé, en méconnaissance de l'article L. 4532-4, ou de ne pas assurer au coordonnateur l'autorité et les moyens indispensables à l'exercice de sa mission, en méconnaissance de l'article L. 4532-5 ;

2° De désigner un coordonnateur ne répondant pas à des conditions définies par décret pris en application de l'article L. 4532-18 ;

3° De ne pas faire établir le plan général de coordination prévu à l'article L. 4532-8 ;

4° De ne pas faire constituer le dossier des interventions ultérieures sur l'ouvrage prévu à l'article L. 4532-16.

La récidive est punie d'un emprisonnement d'un an et d'une amende de 15 000 €. La juridiction peut, en outre, prononcer les peines prévues à l'article L. 4741-5.

Art. L. 4744-5 Le fait pour l'entrepreneur de ne pas remettre au maître d'ouvrage ou au coordonnateur le plan particulier de sécurité et de protection de la santé des travailleurs prévu à l'article L. 4532-9 est puni d'une amende de 9 000 €.

La récidive est punie d'un emprisonnement d'un an et d'une amende de 15 000 €. La juridiction peut, en outre, prononcer les peines prévues à l'article L. 4741-5. – [Anc. art. L. 263-10, II, 2°, et III, 2°.]

Art. L. 4744-6 Le fait pour les travailleurs indépendants, ainsi que pour les employeurs lorsqu'ils exercent eux-mêmes une activité sur un chantier de bâtiment ou de génie civil, de ne pas mettre en œuvre les obligations qui leur incombent, (Ord. n° 2016-413 du 7 avr. 2016, art. 2-XVIII) « des dispositions législatives et réglementaires du chapitre V du titre III du livre V de la présente partie », est puni d'une amende de 4 500 €.

Art. L. 4744-7 Outre les officiers de police judiciaire et les (L. n° 2016-1088 du 8 août 2016, art. 113) « agents de contrôle de l'inspection du travail mentionnés à l'article L. 8112-1 », les infractions définies aux articles L. 4744-1 à L. 4744-5 sont constatées par les personnes prévues à l'article L. 480-1 du code de l'urbanisme. – [Anc. art. L. 263-12.]

CHAPITRE V INFRACTIONS AUX RÈGLES RELATIVES À LA MÉDECINE DU TRAVAIL

Art. L. 4745-1 Le fait de méconnaître les dispositions des articles L. 4621-1 à *(L. n° 2016-1088 du 8 août 2016, art. 102)* « L. 4624-9 » *(L. n° 2011-867 du 20 juill. 2011)* « et L. 4644-1 » et des règlements pris pour leur application est puni, en cas de récidive dans le délai de trois ans, d'un emprisonnement de quatre mois et d'une amende de 3 750 €.

La juridiction peut également ordonner, à titre de peine complémentaire, l'affichage du jugement aux portes de l'établissement de la personne condamnée, aux frais de celle-ci, dans les conditions prévues à l'article 131-35 du code pénal, et son insertion, intégrale ou par extraits, dans les journaux qu'elle désigne. Ces frais ne peuvent excéder le montant maximum de l'amende encourue.

CHAPITRE VI INFRACTIONS AUX RÈGLES RELATIVES À LA CONCEPTION, À LA FABRICATION ET À LA MISE SUR LE MARCHÉ DES ÉQUIPEMENTS DE TRAVAIL ET DES ÉQUIPEMENTS DE PROTECTION INDIVIDUELLE

(L. n° 2021-1018 du 2 août 2021, art. 10, en vigueur le 31 mars 2022)

Art. L. 4746-1 Pour un opérateur économique au sens de l'article 3 du règlement (UE) 2019/1020 du Parlement européen et du Conseil du 20 juin 2019 sur la surveillance du marché et la conformité des produits, et modifiant la directive 2004/42/CE et les règlements (CE) n° 765/2008 et (UE) n° 305/2011 :

1° Le fait d'exposer, de mettre en vente, de vendre, d'importer, de louer, de mettre à disposition ou de céder à quelque titre que ce soit un équipement de travail ou un équipement de protection individuelle n'ayant pas fait l'objet de la procédure d'évaluation de la conformité prévue par la réglementation relative à la conception, à la fabrication et à la mise sur le marché qui lui est applicable est puni d'une amende de 50 000 €. En cas de récidive légale, l'amende encourue est portée au double ;

2° Le fait d'exposer, de mettre en vente, de vendre, d'importer, de louer, de mettre à disposition ou de céder à quelque titre que ce soit un équipement de travail ou un équipement de protection individuelle ne satisfaisant pas aux règles techniques prévues à l'article L. 4311-3 du présent code ou aux exigences essentielles de santé et de sécurité prévues à l'annexe II au *[du]* règlement (UE) 2016/425 du Parlement européen et du Conseil du 9 mars 2016 relatif aux équipements de protection individuelle et abrogeant la directive 89/686/CEE du Conseil ou aux exigences de sécurité au travail prévues par le règlement (UE) n° 167/2013 du Parlement européen et du Conseil du 5 février 2013 relatif à la réception et à la surveillance du marché des véhicules agricoles et forestiers est puni d'une amende de 100 000 €. En cas de récidive légale, l'amende encourue est portée au double.

Lorsque les faits mentionnés au 2° sont de nature à compromettre la santé ou la sécurité des utilisateurs ou d'autres personnes, la peine d'amende encourue est de 200 000 €.

En cas de récidive légale, les faits mentionnés au quatrième alinéa sont punis d'une peine de deux ans d'emprisonnement et d'une amende portée au double.

Le présent article s'applique également lorsque les faits mentionnés aux 1° et 2° concernent un équipement d'occasion.

Le présent article ne s'applique pas à l'opérateur économique fabriquant pour sa propre utilisation ou mettant en service un des équipements mentionnés au présent article pour son propre usage.

En cas de condamnation prononcée en application du présent article, la juridiction peut ordonner les peines complémentaires prévues à l'article L. 4741-10.

TITRE V AMENDES ADMINISTRATIVES

(Ord. n° 2016-413 du 7 avr. 2016, art. 3)

> **COMMENTAIRE**
> V. sur le Code en ligne 🔒.

CHAPITRE I DISPOSITIONS COMMUNES

Art. L. 4751-1 Les amendes prévues au présent titre sont prononcées et recouvrées par l'autorité administrative compétente dans les conditions définies aux articles L. 8115-4, L. 8115-5 et L. 8115-7, sur rapport de l'agent de contrôle de l'inspection du travail mentionné à l'article L. 8112-1.

La décision de l'autorité administrative peut être contestée conformément à l'article L. 8115-6.

Art. L. 4751-2 L'autorité administrative informe le *(Ord. n° 2017-1386 du 22 sept. 2017, art. 4)* « comité social et économique », des amendes qu'elle prononce à l'encontre de l'employeur en application du présent titre.

CHAPITRE II MANQUEMENTS AUX DÉCISIONS PRISES PAR L'INSPECTION DU TRAVAIL EN MATIÈRE DE SANTÉ ET DE SÉCURITÉ AU TRAVAIL

Art. L. 4752-1 Le fait pour l'employeur de ne pas se conformer aux décisions prises par l'agent de contrôle de l'inspection du travail mentionné à l'article L. 8112-1 en application des articles L. 4731-1 ou L. 4731-2 est passible d'une amende au plus égale à 10 000 euros par travailleur concerné par l'infraction.

V. Circ. min. du 18 juill. 2016, NOR : JUSD1620181C, et Instr. DEGT n° 2016/03 du 12 juill. 2016.

Art. L. 4752-2 Le fait pour l'employeur de ne pas se conformer aux demandes de vérifications, de mesures ou d'analyses prises par l'agent de contrôle de l'inspection du travail mentionné à l'article L. 8112-1 en application de l'article L. 4722-1 et aux dispositions réglementaires prises pour l'application du même article est passible d'une amende maximale de 10 000 euros.

V. Circ. min. du 18 juill. 2016, NOR : JUSD1620181C, et Instr. DEGT n° 2016/03 du 12 juill. 2016.

CHAPITRE III MANQUEMENTS CONCERNANT LES JEUNES ÂGÉS DE MOINS DE DIX-HUIT ANS

Art. L. 4753-1 Le fait de ne pas se conformer aux décisions prises par l'agent de contrôle de l'inspection du travail mentionné à l'article L. 8112-1 en application de l'article L. 4733-2 ou de l'article L. 4733-3 est passible d'une amende au plus égale à 10 000 euros par jeune concerné.

Art. L. 4753-2 Le fait d'employer un travailleur âgé de moins de dix-huit ans à un ou plusieurs travaux interdits prévus à l'article L. 4153-8 et aux dispositions réglementaires prises pour son application ou à des travaux réglementés prévus à l'article L. 4153-9 en méconnaissance des conditions énoncées à ce même article et des dispositions réglementaires prises pour son application est passible d'une amende de 2 000 euros par travailleur concerné.

CHAPITRE IV MANQUEMENTS AUX RÈGLES CONCERNANT LES REPÉRAGES AVANT TRAVAUX

(L. n° 2016-1088 du 8 août 2016, art. 113)

Art. L. 4754-1 Le fait pour le donneur d'ordre, le maître d'ouvrage ou le propriétaire de ne pas se conformer aux obligations prévues à l'article L. 4412-2 et aux dispositions réglementaires prises pour son application est passible d'une amende maximale de 9 000 €.

CHAPITRE V MANQUEMENTS AUX RÈGLES CONCERNANT LA CONCEPTION, LA FABRICATION ET LA MISE SUR LE MARCHÉ DES ÉQUIPEMENTS DE TRAVAIL ET DES ÉQUIPEMENTS DE PROTECTION INDIVIDUELLE

(L. n° 2021-1018 du 2 août 2021, art. 10, en vigueur le 31 mars 2022)

Art. L. 4755-1 Par exception au premier alinéa de l'article L. 4751-1, les amendes prévues au présent chapitre sont prononcées et recouvrées par l'autorité de surveillance de marché compétente, dans les conditions définies aux articles L. 8115-4, L. 8115-5, à l'exception de son troisième alinéa, L. 8115-6 et L. 8115-7, sur le rapport d'un des agents mentionnés aux articles L. 4311-6 ou L. 4314-1.

Art. L. 4755-2 L'article L. 4751-2 ne s'applique pas au présent chapitre.

Art. L. 4755-3 I. – Est puni d'une amende maximale de 50 000 € le fait pour un opérateur économique au sens de l'article 3 du règlement (UE) 2019/1020 du Parlement européen et du Conseil du 20 juin 2019 sur la surveillance du marché et la conformité des produits et modifiant la directive 2004/42/CE et les règlements (CE) n° 765/2008 et (UE) n° 305/2011 de méconnaître une mesure prise en application de l'article L. 4314-2 du présent code ou du 3 de l'article 16 du règlement (UE) 2019/1020 du Parlement européen et du Conseil du 20 juin 2019 précité.

II. – Le plafond de l'amende prévue au I est porté au double en cas de nouveau manquement constaté dans un délai de deux ans à compter du jour de la notification de l'amende concernant un précédent manquement.

III. – Le présent article n'est pas applicable à l'opérateur économique fabriquant pour sa propre utilisation ou mettant en service un des équipements mentionnés au présent article pour son propre usage.

Art. L. 4755-4 Les modalités d'application du présent chapitre sont fixées par décret en Conseil d'État.

LIVRE VIII DISPOSITIONS RELATIVES À L'OUTRE-MER

TITRE I DISPOSITIONS GÉNÉRALES

CHAPITRE UNIQUE

Art. L. 4811-1 Les dispositions générales prévues par l'article L. 1511-1 sont également applicables aux dispositions du présent livre. – [Anc. art. L. 800-4, al. 1er à 3.]

TITRE II GUADELOUPE, GUYANE, MARTINIQUE, MAYOTTE, LA RÉUNION, SAINT-BARTHÉLEMY, SAINT-MARTIN ET SAINT-PIERRE-ET-MIQUELON (Ord. n° 2017-1491 du 25 oct. 2017, art. 5).

CHAPITRE I DISPOSITIONS GÉNÉRALES

Art. L. 4821-1 Les dispositions générales prévues par (Ord. n° 2008-205 du 27 févr. 2008) « les articles L. 1521-1 à L. 1521-4 » sont également applicables aux dispositions du présent titre.

CHAPITRE II SERVICES DE PRÉVENTION ET DE SANTÉ AU TRAVAIL (L. n° 2021-1018 du 2 août 2021, art. 1er-I).

Art. L. 4822-1 A Saint-Pierre-et-Miquelon, en l'absence de médecin du travail, l'autorité administrative peut autoriser un médecin (L. n° 2021-1018 du 2 août 2021, art. 31, *en vigueur à une date fixée par Décr. et au plus tard le 1er janv. 2023)* « disposant d'une formation en médecine du travail » à y exercer l'activité de médecin du travail sans être titulaire du diplôme spécial prévu à l'article L. 4623-1.

(L. n° 2021-1018 du 2 août 2021, art. 19, en vigueur le 1er janv. 2024) « Pour l'application à Saint-Pierre-et-Miquelon de l'article L. 4622-2-1, les mots : "les organismes locaux et régionaux d'assurance maladie" sont remplacés par les mots : "la caisse de prévoyance sociale de Saint-Pierre-et-Miquelon". »

(L. n° 2021-1018 du 2 août 2021, art. 31, en vigueur à une date fixée par Décr. et au plus tard le 1er janv. 2023) « S'il ne justifie pas d'une formation en médecine du travail, un médecin peut toutefois être autorisé à exercer l'activité de médecin du travail sans être titulaire du diplôme spécial prévu à l'article L. 4623-1 sous réserve de s'inscrire à une formation en médecine du travail dans les douze mois suivant l'obtention de cette autorisation. Le maintien de l'autorisation est subordonné à la production d'une attestation de validation de cette formation. »

En application de l'art. L. 231-5 CRPA, et par exception à l'application du délai de deux mois prévu à l'art. L. 231-1 du même code, le silence gardé par l'administration pendant deux mois vaut décision de rejet pour une demande d'autorisation d'exercice de la médecine du travail à Saint-Pierre-et-Miquelon (Décr. n° 2014-1289 du 23 oct. 2014, art. 1er).

Art. L. 4822-2 *(L. n° 2021-1018 du 2 août 2021, art. 31, en vigueur à une date fixée par Décr. et au plus tard le 1er janv. 2023)* A Saint-Pierre-et-Miquelon, un décret peut adapter la composition de l'équipe pluridisciplinaire prévue à l'article L. 4622-8.

CHAPITRE III SENSIBILISATION AUX RISQUES NATURELS MAJEURS

(L. n° 2022-217 du 21 févr. 2022, art. 241-I)

Art. L. 4823-1 En Guadeloupe, en Guyane, en Martinique, à Mayotte, à La Réunion, à Saint-Barthélemy, à Saint-Martin et à Saint-Pierre-et-Miquelon, les salariés mentionnés à l'article L. 4644-1 sont également chargés de l'information sur la prévention des risques naturels, mentionnés au I de l'article L. 562-1 du code de l'environnement, auxquels sont exposés les travailleurs sur leur lieu de travail.

Le ou les salariés ainsi désignés par l'employeur bénéficient d'une formation sur la prévention des risques naturels.

Outre les dispositifs prévus aux troisième et avant-dernier alinéas du I de l'article L. 4644-1 du présent code, l'employeur peut faire une demande de financement de cette formation aux opérateurs de compétences définis à l'article L. 6332-1, selon les modalités de prise en charge des actions de formation qui leur sont applicables.

Un décret en Conseil d'État définit les modalités d'application du présent article.

Art. L. 4823-2 En Guadeloupe, en Guyane, en Martinique, à Mayotte, à La Réunion, à Saint-Barthélemy, à Saint-Martin et à Saint-Pierre-et-Miquelon, l'employeur veille à ce que chaque travailleur reçoive régulièrement une information appropriée sur les risques naturels majeurs, mentionnés au I de l'article L. 562-1 du code de l'environnement, auxquels il est exposé sur son lieu de travail ainsi que sur les mesures prises pour leur prévention. Les modalités de cette information sont déterminées par décret en Conseil d'État.

TITRE III MESURES DE COORDINATION AVEC LES AUTRES COLLECTIVITÉS ULTRAMARINES *(Ord. n° 2017-1491 du 25 oct. 2017, art. 5).*

CHAPITRE UNIQUE

Art. L. 4831-1 L'Agence pour l'amélioration des conditions de travail ainsi que les organismes professionnels d'hygiène, de sécurité et des conditions de travail mentionnés à l'article L. 4643-2 dont elle coordonne l'activité peuvent exercer leurs missions *(Abrogé par Ord. n° 2017-1491 du 25 oct. 2017, art. 5, à compter du 1er janv. 2018)* « à Mayotte, » à Wallis-et-Futuna et dans les Terres australes et antarctiques françaises.

CINQUIÈME PARTIE L'EMPLOI

> **COMMENTAIRE**
> V. sur le Code en ligne.

LIVRE I LES DISPOSITIFS EN FAVEUR DE L'EMPLOI

TITRE I POLITIQUE DE L'EMPLOI

CHAPITRE I OBJET

Art. L. 5111-1 Les aides à l'emploi ont pour objet :

1° De faciliter la continuité de l'activité des salariés face aux transformations consécutives aux mutations économiques et de favoriser, à cette fin, leur adaptation à de nouveaux emplois en cas de changements professionnels dus à l'évolution technique ou à la modification des conditions de la production ;

2° De favoriser la mise en place d'actions de prévention permettant de préparer l'adaptation professionnelle des salariés à l'évolution de l'emploi et des qualifications dans les entreprises et les branches professionnelles ;

3° De favoriser la qualification et l'insertion de demandeurs d'emploi ;

4° De contribuer à l'égalité professionnelle entre les femmes et les hommes.

Art. L. 5111-2 L'action des pouvoirs publics s'exerce en liaison avec celle des partenaires sociaux organisée par des accords professionnels ou interprofessionnels.

Art. L. 5111-3 Un décret en Conseil d'État détermine les conditions d'application du présent titre. — V. art. R. 5111-1 s.

CHAPITRE II INSTANCES CONCOURANT À LA POLITIQUE DE L'EMPLOI

Art. L. 5112-1 *Abrogé par L. n° 2014-288 du 5 mars 2014, art. 24-II.*

Art. L. 5112-1-1 *(L. n° 2008-776 du 4 août 2008, art. 7-I)* L'administration chargée des dispositifs en faveur de l'emploi mentionnés dans le présent livre et définis par décret doit se prononcer de manière explicite sur toute demande formulée par un employeur sur une situation de fait au regard des dispositions contenues dans le présent livre, à l'exception de celles ayant un caractère purement fiscal ou social.

Art. L. 5112-2 Un décret en Conseil d'État précise les conditions d'application *(L. n° 2014-288 du 5 mars 2014, art. 24-II)* « du présent chapitre ».

TITRE II MAINTIEN ET SAUVEGARDE DE L'EMPLOI *(L. n° 2013-504 du 14 juin 2013, art. 17-I).*

CHAPITRE I AIDES À L'ADAPTATION DES SALARIÉS AUX ÉVOLUTIONS DE L'EMPLOI ET DES COMPÉTENCES ET À LA GESTION DES ÂGES *(L. n° 2013-185 du 1er mars 2013).*

SECTION 1 Aide au développement de l'emploi et des compétences

Art. L. 5121-1 L'État peut apporter une aide technique et financière à des organisations professionnelles de branche ou à des organisations interprofessionnelles par le moyen de conventions, dénommées "engagements de développement de l'emploi et des compétences", qui ont pour objet d'anticiper et d'accompagner l'évolution des emplois et des qualifications des actifs occupés.

Ces engagements sont annuels ou pluriannuels. — [Anc. art. L. 322-10, al. 1er et al. 2, phrase 1.]

Art. L. 5121-2 Un décret détermine les modalités d'application de la présente section. — [Anc. art. L. 322-10, al. 11.] — V. art. D. 5121-1 s.

SECTION 2 Aide à l'élaboration d'un plan de gestion prévisionnelle des emplois et des compétences

Art. L. 5121-3 Les entreprises qui souhaitent élaborer un plan de gestion prévisionnelle des emplois et des compétences, peuvent bénéficier d'un dispositif d'appui à la conception de ce plan. Ce dispositif ouvre droit à une prise en charge financière par l'État.
Un décret détermine l'effectif maximal des entreprises éligibles et les conditions de prise en charge par l'État. – V. art. D. 5121-7.

BIBL. ▶ DALMASSO, DIRRINGER, JOLY et SACHS, *RDT 2007. 513* (GPEC). – MARTINON, *Dr. soc. 2011. 613*.

SECTION 3 Aide aux actions de formation pour l'adaptation des salariés

Art. L. 5121-4 Afin de favoriser l'adaptation des salariés aux évolutions de l'emploi dans l'entreprise, notamment de ceux qui présentent des caractéristiques sociales les exposant plus particulièrement aux conséquences des mutations économiques, des accords d'entreprise ouvrant droit à une aide de l'État, conclus dans le cadre d'une convention de branche ou d'un accord professionnel sur l'emploi national, régional ou local, peuvent prévoir la réalisation d'actions de formation de longue durée.
Ces accords peuvent étendre le bénéfice de ces actions aux salariés dont l'entreprise envisage le reclassement externe, à condition que ce reclassement soit expressément accepté par le salarié et intervienne par contrat à durée indéterminée ou dans les conditions prévues pour l'emploi des salariés du secteur public ou des collectivités territoriales. – *[Anc. art. L. 322-7, al. 1er et 2.]*

Art. L. 5121-5 Les entreprises dépourvues de représentants syndicaux bénéficient de l'aide de l'État lorsqu'elles appliquent une convention de branche ou un accord professionnel sur l'emploi qui en prévoit la possibilité et en détermine les modalités d'application directe.
L'aide est attribuée après avis du *(Ord. n° 2017-1386 du 22 sept. 2017, art. 4)* « comité social et économique, s'il existe ».

SECTION 4 *[ABROGÉE]* Contrat de génération

(Abrogée par Ord. n° 2017-1387 du 22 sept. 2017, art. 9)

Art. L. 5121-6 à L. 5121-21 *Abrogés par Ord. n° 2017-1387 du 22 sept. 2017.*

SECTION 5 Dispositions d'application

Art. L. 5121-22 Sauf dispositions contraires, un décret en Conseil d'État détermine les conditions d'application du présent chapitre. – *[Anc. art. L. 322-6.]* – V. art. D. 5121-1.

CHAPITRE II AIDE AUX SALARIÉS PLACÉS EN ACTIVITÉ PARTIELLE *(L. n° 2013-504 du 14 juin 2013, art. 16-I).*

BIBL. ▶ BAUGARD, *Dr. soc. 2013. 798* (indemnisation de l'activité partielle après la loi du 14 juin 2013 et le décret du 26 juin 2013). – FRIEDERICH, *JCP S 2013. 1357*. – WILLMANN, *Dr. soc. 2013. 57* (chômage partiel et APLD).

> *COMMENTAIRE*
> V. sur le Code en ligne. 🔒 ❏

Art. L. 5122-1 *(L. n° 2009-1437 du 24 nov. 2009) (L. n° 2013-504 du 14 juin 2013, art. 16-III)* « I. – » Les salariés sont placés en position *(L. n° 2013-504 du 14 juin 2013, art. 16-III)* « d'activité partielle, après autorisation expresse ou implicite de l'autorité administrative, » s'ils subissent une perte de *(L. n° 2013-504 du 14 juin 2013, art. 16-III)* « rémunération » imputable :
– soit à la fermeture temporaire de leur établissement ou partie d'établissement ;
– soit à la réduction de l'horaire de travail pratiqué dans l'établissement ou partie d'établissement en deçà de la durée légale de travail.

(L. n° 2013-504 du 14 juin 2013, art. 16-III) « En cas de réduction collective de l'horaire de travail, les salariés peuvent être placés en position d'activité partielle individuellement et alternativement.

« II. — Les salariés reçoivent une indemnité horaire, versée par leur employeur, correspondant à une part de leur rémunération antérieure dont le pourcentage est fixé par décret en Conseil d'État. L'employeur perçoit une allocation financée conjointement par l'État et l'organisme gestionnaire du régime d'assurance chômage. Une convention conclue entre l'État et cet organisme détermine les modalités de financement de cette allocation. – V. art. D. 5122-13, R. 5122-18.

« Le contrat de travail des salariés placés en activité partielle est suspendu pendant les périodes où ils ne sont pas en activité.

« III. — L'autorité administrative peut définir des engagements spécifiquement souscrits par l'employeur en contrepartie de l'allocation qui lui est versée, en tenant compte des stipulations de l'accord collectif d'entreprise relatif à l'activité partielle, lorsqu'un tel accord existe. Un décret en Conseil d'État fixe les modalités selon lesquelles sont souscrits ces engagements. » – V. art. R. 5122-9.

(L. n° 2018-1317 du 28 déc. 2018, art. 272-I) « IV. — Sont prescrites, au profit de l'État et de l'organisme gestionnaire de l'assurance chômage, les créances constituées au titre de l'allocation mentionnée au II pour lesquelles l'employeur n'a pas déposé de demande de versement auprès de l'autorité administrative dans un délai (L. n° 2020-1721 du 29 déc. 2020, art. 210) « de six mois » à compter du terme de la période couverte par l'autorisation de recours à l'activité partielle. »

(L. n° 2020-1721 du 29 déc. 2020, art. 210) « Les employeurs ayant mis en place un dispositif d'aménagement du temps de travail sur une période de référence supérieure au délai mentionné au premier alinéa du présent IV peuvent régulariser les demandes d'indemnisation correspondant à la période couverte par l'autorisation de recours à l'activité partielle dans un délai de six mois à compter de l'expiration du délai mentionné au même premier alinéa. »

(L. n° 2022-1726 du 30 déc. 2022, art. 211-I, en vigueur le 1er janv. 2023) « V. — Les employeurs mentionnés à l'article L. 5424-1 peuvent placer en position d'activité partielle, dans les conditions prévues au présent chapitre, leurs salariés de droit privé pour lesquels ils ont adhéré au régime d'assurance chômage en application de l'article L. 5424-2, dès lors qu'ils exercent à titre principal une activité industrielle et commerciale dont le produit constitue la part majoritaire de leurs ressources.

« Ces employeurs bénéficient d'une allocation d'activité partielle selon les modalités prévues au présent chapitre.

« VI. — Les salariés mentionnés à l'article L. 243-1-2 du code de la sécurité sociale qui sont employés par une entreprise ne comportant pas d'établissement en France peuvent être placés en position d'activité partielle lorsque l'employeur est soumis, pour ces salariés, aux contributions et cotisations sociales d'origine légale ou conventionnelle et aux obligations d'assurance contre le risque de privation d'emploi au titre de la législation française.

« Ces employeurs bénéficient d'une allocation d'activité partielle selon les modalités prévues au présent chapitre. »

Les dispositions issues de la L. n° 2018-1317 du 28 déc. 2018 s'appliquent aux demandes de versement de l'allocation pour lesquelles la demande préalable d'autorisation de recours à l'activité partielle a été déposée à compter du 24 sept. 2018 (L. préc., art. 272-II).

Les dispositions issues de la L. n° 2022-1726 du 30 déc. 2022 s'appliquent aux demandes d'autorisation adressées à l'autorité administrative à compter du 1er janv. 2023 et au titre des heures chômées à compter de cette même date (L. préc., art. 211-II).

Loi n° 2022-1157 du 16 août 2022,

De finances rectificative pour 2022.

Art. 33 I. — Peuvent être placés en position d'activité partielle les salariés de droit privé incapables de continuer à travailler en raison de la reconnaissance, selon des critères précisés par décret, de leur qualité de personnes vulnérables présentant un risque avéré de développer une forme grave d'infection au virus de la covid-19.

II. — Les salariés placés en position d'activité partielle mentionnés au I du présent article perçoivent l'indemnité d'activité partielle mentionnée au II de l'article L. 5122-1 du code du travail, sans que les conditions prévues au I du même article L. 5122-1 soient requises. Cette indemnité d'activité partielle n'est pas cumulable avec l'indemnité journalière prévue aux articles L. 321-1 et L. 622-1 du code de la sécurité sociale ainsi qu'aux articles L. 732-4 et L. 742-3 du code rural et de la pêche maritime ou avec l'indemnité complémentaire prévue à l'article L. 1226-1 du code du travail.

L'employeur des salariés placés en position d'activité partielle mentionnés au I du présent article bénéficie de l'allocation d'activité partielle prévue au II de l'article L. 5122-1 du code du travail.

Les modalités de calcul de l'indemnité et de l'allocation sont déterminées par décret. – V. Décr. n° 2022-1195 du 30 août 2022 (JO 31 août).

III. — Les dispositions du présent article sont applicables au titre des heures chômées à compter du 1er septembre 2022, quelle que soit la date du début de l'arrêt de travail mentionné au I, jusqu'à une date fixée par décret et au plus tard jusqu'au 31 janvier 2023.

Art. L. 5122-2 (*L. n° 2013-504 du 14 juin 2013, art. 16-IV*) Les salariés placés en activité partielle peuvent bénéficier, pendant les périodes où ils ne sont pas en activité, de l'ensemble des actions et de la formation mentionnées aux articles L. 6313-1 et L. 6314-1 réalisées notamment dans le cadre du plan de formation.

Dans ce cas, le pourcentage mentionné au II de l'article L. 5122-1 est majoré dans des conditions prévues par décret en Conseil d'État. – *V. art. R. 5122-18.*

Art. L. 5122-3 (*L. n° 2021-1900 du 30 déc. 2021, art. 207-1°*) I. - Pour l'application du troisième alinéa du I de l'article L. 5122-1, est prise en compte, en lieu et place de la durée légale du travail :

1° La durée stipulée au contrat pour les conventions individuelles de forfait ou la durée collective du travail conventionnellement prévue, pour les salariés ayant conclu une convention individuelle de forfait en heures, au sens des articles L. 3121-56 et L. 3121-57, incluant des heures supplémentaires, et pour les salariés dont la durée de travail est supérieure à la durée légale en application d'une convention ou d'un accord collectif de travail ;

2° La durée considérée comme équivalente, pour les salariés dont le temps de travail est décompté selon le régime d'équivalence prévu à l'article L. 3121-13.

II. — Pour l'application du II de l'article L. 5122-1 aux salariés soumis à certains régimes spécifiques de détermination du temps de travail, les modalités de calcul de l'indemnité et de l'allocation sont déterminées selon les règles suivantes :

1° Pour les salariés mentionnés au 1° du I du présent article, il est tenu compte des heures supplémentaires prévues par la convention individuelle de forfait en heures ou par la convention ou l'accord collectif pour la détermination du nombre d'heures non travaillées indemnisées ;

2° Pour les salariés mentionnés au 2° du même I, il est tenu compte des heures d'équivalence rémunérées pour le calcul de l'indemnité et de l'allocation d'activité partielle ;

3° Pour les salariés dont la durée du travail est décomptée en jours, la détermination du nombre d'heures prises en compte pour l'indemnité d'activité partielle et l'allocation d'activité partielle est effectuée en convertissant en heures un nombre de jours ou de demi-journées. Les modalités de cette conversion sont déterminées par décret ; – *V. art. D. 5122-15.*

4° Pour les salariés qui ne sont pas soumis aux dispositions légales ou conventionnelles relatives à la durée du travail, les modalités de calcul de l'indemnité et de l'allocation sont déterminées par décret.

III. – Le placement en activité partielle des cadres dirigeants mentionnés à l'article L. 3111-2 ne peut intervenir que dans le cas prévu au deuxième alinéa du I de l'article L. 5122-1.

V. art. D. 5122-15.

Art. L. 5122-4 (*L. n° 2020-1576 du 14 déc. 2020, art. 8-III, en vigueur le 1er janv. 2021*) « L'indemnité légale d'activité partielle est un revenu de remplacement au sens de l'article L. 136-1-2 du code de la sécurité sociale et est assujettie à la contribution

EMPLOI Art. L. 5123-2

mentionnée à l'article L. 136-1 du même code dans les conditions définies au 1° du II de l'article L. 136-8 dudit code. Le régime fiscal applicable aux contributions mentionnées à l'article L. 5422-10 du présent code est applicable à l'indemnité versée au salarié. »

(L. n° 2013-504 du 14 juin 2013, art. 16-VI) « Cette indemnité est cessible et saisissable dans les mêmes conditions et limites que les salaires. »

Art. L. 5122-5 (L. n° 2021-1900 du 30 déc. 2021, art. 207-2°) Les salariés en contrat d'apprentissage ou de professionnalisation dont la rémunération est inférieure au salaire minimum interprofessionnel de croissance reçoivent une indemnité horaire d'activité partielle, versée par leur employeur, d'un montant égal au pourcentage du salaire minimum interprofessionnel de croissance qui leur est applicable au titre du présent code et, s'il y a lieu, des stipulations conventionnelles applicables à l'entreprise.

Le taux horaire de l'indemnité d'activité partielle versée aux salariés mentionnés au premier alinéa dont la rémunération est supérieure ou égale au salaire minimum interprofessionnel de croissance ne peut être inférieur au taux horaire du salaire minimum interprofessionnel de croissance.

L'employeur reçoit une allocation d'activité partielle d'un montant égal à l'indemnité d'activité partielle versée aux salariés en contrat d'apprentissage ou de professionnalisation dont la rémunération est inférieure au salaire minimum interprofessionnel de croissance.

Pour les salariés en contrat d'apprentissage ou de professionnalisation dont la rémunération est supérieure ou égale au salaire minimum interprofessionnel de croissance, l'employeur reçoit l'allocation prévue au II de l'article L. 5122-1.

Art. L. 5122-6 (L. n° 2021-1900 du 30 déc. 2021, art. 207-3°) Un décret en Conseil d'État détermine les conditions d'application du présent chapitre.

CHAPITRE III AIDES AUX ACTIONS DE RECLASSEMENT ET DE RECONVERSION PROFESSIONNELLE

Art. L. 5123-1 Dans les territoires ou à l'égard des professions atteints ou menacés d'un grave déséquilibre de l'emploi, l'autorité administrative engage des actions de reclassement, de placement et de reconversion professionnelle. Elle en assure ou coordonne l'exécution.

Les maisons de l'emploi prévues à l'article L. 5313-1 participent à la mise en œuvre des actions de reclassement prévues au présent chapitre. – [Anc. art. L. 322-4, al. 1er, et L. 322-4-1, al. 1er.]

Art. L. 5123-2 Dans les cas prévus à l'article L. 5123-1, peuvent être attribuées par voie de conventions conclues entre l'État et les organismes professionnels ou interprofessionnels, les organisations syndicales ou avec les entreprises :

1° Des allocations temporaires dégressives en faveur des travailleurs qui ne peuvent bénéficier d'un stage de formation et ne peuvent être temporairement occupés que dans des emplois entraînant un déclassement professionnel ; – V. Arr. du 26 mai 2004 (JO 12 juin), mod. par Arr. du 19 sept. 2005 (JO 15 oct.).

2° Abrogé par L. n° 2011-1977 du 28 déc. 2011, art. 152-I ;

3° Des allocations de conversion en faveur des salariés auxquels est accordé un congé en vue de bénéficier d'actions destinées à favoriser leur reclassement et dont le contrat de travail est, à cet effet, temporairement suspendu ;

4° Des allocations en faveur des salariés dont l'emploi à temps plein est transformé, avec leur accord, en emploi à temps partiel dans le cadre d'une convention d'aide au passage à temps partiel conclue en vue d'éviter des licenciements économiques. Le montant des ressources nettes garanties des salariés adhérents à ces conventions ne pourra dépasser 90 % de leur rémunération nette antérieure.

A moins d'établir une fraude de l'employeur ou un vice du consentement, les salariés licenciés pour motif économique qui ont personnellement adhéré à la convention passée entre leur employeur et l'État, laquelle, compte tenu de leur classement dans une catégorie de salariés non susceptibles de reclassement, leur assure le versement d'une allocation spéciale jusqu'au jour de la retraite, ne peuvent remettre en cause la régularité et la légitimité de la rupture de leur contrat de travail, alors même que cette adhésion se situe après la notification du licenciement pour motif économique. • Soc. 3 mars 2010 : ⚖ *JCP S 2010. 1312*, obs. Kerbourc'h ; *RDT 2010. 246*, obs. Serverin ✎.

Art. L. 5123-3 L'autorité administrative peut accorder des aides individuelles au reclassement en faveur de certaines catégories de travailleurs sans emploi reprenant un emploi à temps partiel. – *[Anc. art. L. 322-4, al. 8.]*

Art. L. 5123-4 Les allocations versées en application du présent chapitre sont cessibles et saisissables dans les mêmes conditions et limites que les salaires. – *[Anc. art. L. 322-4, al. 9.]*

Art. L. 5123-5 Les contributions des employeurs aux allocations prévues par le présent chapitre ne sont passibles ni de la taxe sur les salaires, ni des cotisations *(Ord. n° 2018-474 du 12 juin 2018, art. 6)* « et des contributions » de sécurité sociale.

Les dispositions de l'Ord. n° 2018-474 du 12 juin 2018 s'appliquent aux cotisations et contributions dues pour les périodes courant à compter du 1er sept. 2018 (Ord. préc., art. 16).

Art. L. 5123-6 Lorsqu'une indemnisation résultant d'accords professionnels ou interprofessionnels, nationaux ou régionaux, vise à permettre à certains salariés de bénéficier d'un avantage de préretraite, elle doit, pour ouvrir droit au bénéfice des exonérations et déductions prévues à l'article L. 5422-10, être mise en œuvre dans le respect de conditions déterminées par décret en Conseil d'État, liées à l'âge et aux caractéristiques, notamment *(Ord. n° 2017-1389 du 22 sept. 2017, art. 2-1°)* « les effets de l'exposition à certains facteurs de risques professionnels », de l'activité des bénéficiaires. – *[Anc. art. L. 352-3, al. 4, phrase 2.]* – V. art. R. 5123-23.

Art. L. 5123-7 *Abrogé par L. n° 2011-1977 du 28 déc. 2011, art. 152-I.*

Art. L. 5123-8 La pénalité administrative prévue à l'article L. 5426-5 est applicable en cas de déclarations délibérément inexactes ou incomplètes faites pour le bénéfice des allocations prévues par le présent chapitre et en cas d'absence de déclaration d'un changement dans la situation justifiant le bénéfice de ces allocations, ayant abouti à des versements indus.

Art. L. 5123-9 Un décret détermine les conditions dans lesquelles les maisons de l'emploi participent à la mise en œuvre des actions de reclassement prévues au présent chapitre.

Les autres dispositions du présent chapitre sont déterminées par décret en Conseil d'État. – *[Anc. art. 322-4-1, al. 1er milieu et art. L. 322-6.]* – V. art. R. 5123-1 s.

CHAPITRE IV **DISPOSITIONS PÉNALES**

Art. L. 5124-1 *(L. n° 2013-1203 du 23 déc. 2013, art. 86-VI-1°)* Sauf constitution éventuelle du délit d'escroquerie, défini et sanctionné à l'article 313-1, au 5° de l'article 313-2 et à l'article 313-3 du code pénal, le fait de bénéficier ou de tenter de bénéficier frauduleusement des allocations mentionnées *(L. n° 2018-1317 du 28 déc. 2018, art. 272-I)* « aux articles L. 5122-1 et L. 5123-2 » du présent code est puni des peines prévues à l'article 441-6 du code pénal. Le fait de faire obtenir frauduleusement ou de tenter de faire obtenir frauduleusement ces allocations est puni de la même peine.

Jurisprudence rendue sous l'empire du régime antérieur à la L. n° 2008-126 du 13 févr. 2008.

1. Fausse déclaration. Doit être condamné celui qui, ayant regagné son pays d'origine, commet une fraude en vue de percevoir le revenu de remplacement en renouvelant sa demande d'emploi et en déclarant y être domicilié. • Crim. 18 déc. 1990 : ⚖ *RJS 1991. 125, n° 230*. ♦ Se rend coupable du délit sanctionné par l'art. L. 365-1 le chômeur qui participe activement aux opérations commerciales d'un commerce appartenant à son beau-père. • Crim. 28 juin 1983 : *Dr. soc. 1984. 236*, note Savatier. ♦ V. aussi • Crim. 17 janv. 1983 : *eod. loc.* (fausse qualité de chômeur prise par un salarié devenu, après son licenciement, dirigeant d'une société de fait) • 15 nov. 1983 : *eod. loc.* • 7 avr. 1994 : ⚖ *RJS 1994. 688, n° 1166* (chômeur occupant les fonctions de gérant de société).

2. Fraude. A obtenu frauduleusement des allocations de chômage la personne qui exerce une activité, même bénévole, ne lui permettant pas d'accomplir des actes positifs de recherche d'emploi. • Crim. 27 févr. 1996, ⚖ n° 93-85.619 P : *Dr. soc. 1996. 593*, note Savatier ✎ ; *RJS 1996. 260, n° 431 ; CSB 1996. 165, A. 35*. ♦ En revanche, ne commet pas le délit d'obtention frauduleuse des prestations de l'ASSEDIC le bénéficiaire qui a fait paraître 3 annonces dans 2 journaux spécialisés, dès lors, d'une part, que la perception d'un revenu grâce à l'une de ces annonces, eu égard à son montant et son caractère ponctuel, ne permet pas de caractériser une activité professionnelle, et d'autre part que l'intéressé demeurait disponible pour un emploi, l'accomplissement de missions pour le compte de sociétés de travail temporaire suffisant à le démontrer, compte tenu des difficultés de reclassement professionnel du prévenu et de l'état du marché régional du travail, que celui-ci demeurait à la recherche d'un emploi, et alors même qu'il n'est pas établi qu'il se soit abstenu de tout acte en ce sens. ● Toulouse, 2 déc. 1999 : BICC 2000, n° 653. ♦ Le fait, pour un bénéficiaire des allocations d'aide aux travailleurs privés d'emploi, de ne pas déclarer à l'Assedic l'exercice d'une activité professionnelle caractérise la fraude en vue d'obtenir les allocations. ● Crim. 27 mars 2007 : 🔒 D. 2007. AJ 1275 ⌀ ; RJS 2007. 670, n° 883.

3. Allocations indues. Le délit de fraude ou de fausse déclaration pour obtenir des allocations de chômage n'est caractérisé que si ces prestations ne sont pas dues ; le caractère indu des allocations ne peut se déduire de la seule fausseté de la déclaration effectuée par le prévenu. ● Crim. 16 juin 2004, n° 03-53.255 P : RJS 2004. 832, n° 1183 ; JCP E 2005. 136, note J.-H. Robert.

CHAPITRE V [ABROGÉ] ACCORDS DE MAINTIEN DE L'EMPLOI

(Abrogé par Ord. n° 2017-1385 du 22 sept. 2017, art. 3) (L. n° 2013-504 du 14 juin 2013, art. 17-I)

BIBL. ▶ ANTONMATTÉI, Dr. soc. 2015. 811 ⌀ (loi du 6 août 2015. Accord de maintien de l'emploi). – BÉAL, SSL 2013, n° 1592, p. 38. – BORENFREUND, RDT 2013. 316 ⌀ (refus du salarié et accords collectifs de maintien de l'emploi). – BRAUN, SSL 2013, n° 1592, p. 43. – COUTURIER, Dr. soc. 2013. 805 ⌀. – LOISEAU, JCP S 2013. 1260. – MORAND, SSL 2013, n° 1570, p. 12. – PESKINE, RDT 2013. 168 ⌀.

COMMENTAIRE

V. sur le Code en ligne 🔒. ☐

Art. L. 5125-1 I. – *En cas de graves difficultés économiques conjoncturelles dans l'entreprise dont le diagnostic est analysé avec les organisations syndicales de salariés représentatives, un accord d'entreprise peut, en contrepartie de l'engagement de la part de l'employeur de maintenir les emplois pendant la durée de validité de l'accord, aménager, pour les salariés occupant ces emplois, la durée du travail, ses modalités d'organisation et de répartition ainsi que la rémunération au sens de l'article L. 3221-3, dans le respect du premier alinéa de l'article L. 2253-3 et des articles* (L. n° 2016-1088 du 8 août 2016, art. 8) « L. 3121-16 à L. 3121-39, L. 3122-6, L. 3122-7, L. 3122-17, L. 3122-18 et L. 3122-24 », *L. 3131-1 à L. 3132-2, L. 3133-4, L. 3141-1 à L. 3141-3 et L. 3231-2.*

Un expert-comptable peut être mandaté par le comité d'entreprise pour accompagner les organisations syndicales dans l'analyse du diagnostic et dans la négociation, dans les conditions prévues à l'article L. 2325-35.

II. – *L'application des stipulations de l'accord ne peut avoir pour effet ni de diminuer la rémunération, horaire ou mensuelle, des salariés lorsque le taux horaire de celle-ci, à la date de conclusion de cet accord, est égal ou inférieur au taux horaire du salaire minimum interprofessionnel de croissance majoré de 20 %, ni ramener la rémunération des autres salariés en dessous de ce seuil.*

L'accord prévoit les conditions dans lesquelles fournissent des efforts proportionnés à ceux demandés aux autres salariés :

1° Les dirigeants salariés exerçant dans le périmètre de l'accord ;

2° Les mandataires sociaux et les actionnaires, dans le respect des compétences des organes d'administration et de surveillance.

L'accord prévoit les modalités de l'organisation du suivi de l'évolution de la situation économique de l'entreprise et de la mise en œuvre de l'accord, notamment auprès des organisations syndicales de salariés représentatives signataires et des institutions représentatives du personnel.

III. – *La durée de l'accord ne peut excéder* (L. n° 2015-990 du 6 août 2015, art. 287-I) « cinq » *ans. Pendant sa durée, l'employeur ne peut procéder à aucune rupture du contrat de travail pour motif économique des salariés auxquels l'accord s'applique.* (L. n° 2015-990 du 6 août 2015, art. 287-I) « *Un bilan de son application est effectué par les signataires de l'accord deux ans après son entrée en vigueur.*

L'accord prévoit les conséquences d'une amélioration de la situation économique de l'entreprise sur la situation des salariés, à l'issue de sa période d'application ou dans l'hypothèse d'une suspension de l'accord pendant son application, pour ce motif, dans les conditions fixées à l'article L. 5125-5.

(L. n° 2015-990 du 6 août 2015, art. 287-I) « *Il peut prévoir les conditions et modalités selon lesquelles il peut, sans préjudice de l'article L. 5125-5, être suspendu, pour une durée au plus égale à la durée restant à courir à la date de la suspension, en cas d'amélioration ou d'aggravation de la situation économique de l'entreprise. Dans cette hypothèse, l'accord prévoit les incidences de cette suspension sur la situation des salariés et sur les engagements pris en matière de maintien de l'emploi.* »

(Abrogé par L. n° 2015-990 du 6 août 2015, art. 287-I) « *IV. — L'accord détermine le délai et les modalités de l'acceptation ou du refus par le salarié de l'application des stipulations de l'accord à son contrat de travail. A défaut, l'article L. 1222-6 s'applique.* »

Les dispositions issues de la L. n° 2015-990 du 6 août 2015 sont applicables aux accords de maintien de l'emploi conclus après le 6 août 2015 (L. préc., art. 287-III).

BIBL. ▶ Dumont, JCP S 2017. 1304. - Géa, RDT 2014. 760 ⌀ (et maintenant des accords de maintien de l'emploi « offensifs » ?). - Loiseau et Dufresne-Castets, RDT 2015. Controverse 499 ⌀ (les accords de maintien de l'emploi ont-ils un avenir ?).

Clause pénale. La disposition conventionnelle prévoyant, en cas de non-respect par l'employeur de son engagement de maintenir un niveau de production déterminé pris en contrepartie de l'abandon de jours de RTT par les salariés, l'obligation d'indemniser chaque salarié du montant total des efforts concédés entre la mise en application de l'accord et la rupture de l'engagement, est une clause pénale susceptible de réduction par le juge. • Soc. 8 mars 2017, ⌂ n° 15-26.975 P : D. actu. 31 mars 2017, obs. Cortot ; D. 2017. Actu. 651 ⌀ ; RDT 2017. 418, obs. Roussel ⌀ ; Dr. soc. 2017. 477, obs. Mouly ⌀ ; RJS 5/2017, n° 357 ; Dr. soc. 2017. 477, obs. Mouly ⌀ ; JCP S 2017. 1143, obs. Dumont.

Art. L. 5125-2 *(L. n° 2015-990 du 6 août 2015, art. 287-I)* « *L'accord mentionné à l'article L. 5125-1 détermine les modalités selon lesquelles chaque salarié est informé de son droit d'accepter ou de refuser l'application des stipulations de l'accord à son contrat de travail. A défaut, cette information est faite par l'employeur par lettre recommandée avec demande d'avis de réception précisant que le salarié dispose d'un délai d'un mois à compter de sa réception pour faire connaître son refus. Le salarié, en l'absence de réponse dans ce délai, est réputé avoir accepté l'application de l'accord à son contrat de travail.* »

Pour les salariés qui l'acceptent, les stipulations de l'accord mentionné à l'article L. 5125-1 sont applicables au contrat de travail. Les clauses du contrat de travail contraires à l'accord sont suspendues pendant la durée d'application de celui-ci.

Lorsqu'un ou plusieurs salariés refusent l'application de l'accord à leur contrat de travail, leur licenciement repose sur un motif économique, est prononcé selon les modalités d'un licenciement individuel pour motif économique (L. n° 2015-990 du 6 août 2015, art. 287-I) « *et il repose sur une cause réelle et sérieuse. L'employeur n'est pas tenu aux obligations d'adaptation et de reclassement prévues aux articles L. 1233-4 et L. 1233-4-1. Le salarié bénéficie soit du congé de reclassement prévu à l'article L. 1233-71, soit du contrat de sécurisation professionnelle prévu à l'article L. 1233-66* ».

L'accord contient une clause pénale au sens de (Ord. n° 2016-131 du 10 févr. 2016, art. 6, en vigueur le 1ᵉʳ oct. 2016) « *l'article 1231-5* » *du code civil. Celle-ci s'applique lorsque l'employeur n'a pas respecté ses engagements, notamment ceux de maintien de l'emploi mentionnés à l'article L. 5125-1 du présent code. Elle donne lieu au versement de dommages et intérêts aux salariés lésés, dont le montant et les modalités d'exécution sont fixés dans l'accord.*

L'accord prévoit les modalités d'information des salariés quant à son application et son suivi pendant toute sa durée.

Les dispositions issues de la L. n° 2015-990 du 6 août 2015 sont applicables aux accords de maintien de l'emploi conclus après le 6 août 2015 (L. préc., art. 287-III).

COMMENTAIRE

V. sur le Code en ligne 🔒.

Si le législateur n'a pas fixé de délai à l'employeur pour décider du licenciement du salarié qui l'a averti de son refus de modification de son contrat de travail, un licenciement fondé sur ce motif spécifique ne saurait, sans méconnaître le droit à l'emploi, intervenir au-delà d'un délai raisonnable à compter de ce refus. • Cons. const. 20 oct. 2017, ⚖ n° 2017-665 QPC : *JCP 2019. 352, obs. Verpeaux et Macaya (V. art. L. 2254-2-V, disposition issue de la L. n° 2018-217 du 29 mars 2018, inspirée de cette décision).*

Art. L. 5125-3 *Les organes d'administration et de surveillance de l'entreprise sont informés du contenu de l'accord mentionné à l'article L. 5125-1 lors de leur première réunion suivant sa conclusion.*

Art. L. 5125-4 *I. – Par dérogation à l'article L. 2232-12, la validité de l'accord mentionné à l'article L. 5125-1 est subordonnée à sa signature par une ou plusieurs organisations syndicales de salariés représentatives ayant recueilli au moins 50 % des suffrages exprimés en faveur d'organisations représentatives au premier tour des dernières élections des titulaires au comité d'entreprise ou de la délégation unique du personnel ou, à défaut, des délégués du personnel, quel que soit le nombre de votants.*

II. – Lorsque l'entreprise est dépourvue de délégué syndical, l'accord peut être conclu par un ou plusieurs représentants élus du personnel expressément mandatés à cet effet par une ou plusieurs organisations syndicales de salariés représentatives dans la branche dont relève l'entreprise ou, à défaut, par une ou plusieurs organisations syndicales de salariés représentatives au niveau national et interprofessionnel.

A défaut de représentants élus du personnel, l'accord peut être conclu avec un ou plusieurs salariés expressément mandatés à cet effet par une ou plusieurs organisations syndicales de salariés représentatives dans la branche dont relève l'entreprise ou, à défaut, par une ou plusieurs organisations syndicales de salariés représentatives au niveau national et interprofessionnel, dans le respect de l'article L. 2232-26.

L'accord signé par un représentant élu du personnel mandaté ou par un salarié mandaté est approuvé par les salariés à la majorité des suffrages exprimés, dans les conditions déterminées par cet accord et dans le respect des principes généraux du droit électoral.

III. – Le temps passé aux négociations de l'accord mentionné au premier alinéa du II du présent article n'est pas imputable sur les heures de délégation prévues aux articles L. 2315-1 et L. 2325-6.

Chaque représentant élu du personnel mandaté et chaque salarié mandaté dispose du temps nécessaire à l'exercice de ses fonctions, dans les conditions prévues à l'article L. 2232-25.

IV. – Le représentant élu du personnel mandaté ou le salarié mandaté bénéficie de la protection contre le licenciement prévue au chapitre I du titre I du livre IV de la deuxième partie du présent code pour les salariés mandatés dans les conditions fixées à l'article L. 2232-24.

Art. L. 5125-5 *L'accord peut être suspendu par décision du président du tribunal de grande instance, statuant en la forme des référés, à la demande de l'un de ses signataires, lorsque le juge estime que les engagements souscrits, notamment en matière de maintien de l'emploi, ne sont pas appliqués de manière loyale et sérieuse ou que la situation économique de l'entreprise a évolué de manière significative.*

Lorsque le juge décide cette suspension, il en fixe le délai. A l'issue de ce délai, à la demande de l'une des parties et au vu des éléments transmis relatifs à l'application loyale et sérieuse de l'accord ou à l'évolution de la situation économique de l'entreprise, il autorise, selon la même procédure, la poursuite de l'accord ou le résilie.

(L. n° 2015-990 du 6 août 2015, art. 287-II) « *Saisi par un des signataires de l'accord d'un recours portant sur l'application du premier alinéa de l'article L. 5125-2, le président du tribunal de grande instance statue également en la forme des référés.* »

Les dispositions issues de la L. n° 2015-990 du 6 août 2015 sont applicables aux accords de maintien de l'emploi conclus après le 6 août 2015 (L. préc., art. 287-III).

Art. L. 5125-6 *En cas de rupture du contrat de travail, consécutive notamment à la décision du juge de suspendre les effets de l'accord mentionné à l'article L. 5125-1, le calcul des indemnités légales, conventionnelles ou contractuelles de préavis et de licenciement ainsi que de l'allocation d'assurance mentionnée à l'article L. 5422-1, dans les conditions prévues par les accords mentionnés à l'article L. 5422-20, se fait sur la base de la rémunération du salarié au moment de la rupture ou, si elle est supérieure, sur la base de la rémunération antérieure à la conclusion de l'accord.*

Art. L. 5125-7 L'allocation mentionnée à l'article L. 5122-1 est cumulable avec les dispositions prévues au présent chapitre.

TITRE III AIDES À L'INSERTION, À L'ACCÈS ET AU RETOUR À L'EMPLOI

RÉP. TRAV. v° *Chômage (Aide au retour à l'emploi)*, par DOMERGUE.

CHAPITRE I ACCOMPAGNEMENT PERSONNALISÉ POUR L'ACCÈS À L'EMPLOI

BIBL. ▶ PETIT, *Dr. soc. 2008*. 413 (droit à l'accompagnement).

SECTION 1 Objet et conventions

Art. L. 5131-1 L'accompagnement personnalisé pour l'accès à l'emploi a pour objet de faciliter l'accès et le maintien dans l'emploi des personnes qui, rencontrant des difficultés particulières d'insertion professionnelle, ont besoin d'un accompagnement social *(L. n° 2018-771 du 5 sept. 2018, art. 29, en vigueur le 1ᵉʳ janv. 2019)* « et d'une formation ».

A cette fin, l'État peut conclure des conventions avec des organismes compétents.

SECTION 2 Plan local pluriannuel pour l'insertion et l'emploi

Art. L. 5131-2 Afin de faciliter l'accès à l'emploi des personnes en grande difficulté d'insertion sociale et professionnelle dans le cadre de parcours individualisés en associant accueil, accompagnement social, orientation, formation, insertion et suivi, les communes et leurs groupements peuvent établir des plans locaux pluriannuels pour l'insertion et l'emploi dans le ressort géographique le plus approprié à la satisfaction des besoins locaux.

Les autres collectivités territoriales, les entreprises et les organismes intervenant dans le secteur de l'insertion et de l'emploi peuvent s'associer à ces plans. — *[Anc. art. L. 322-4-16-6, phrases 1 et 2.]*

SECTION 3 Droit à l'accompagnement des jeunes vers l'emploi et l'autonomie
(L. n° 2016-1088 du 8 août 2016, art. 46).

Art. L. 5131-3 Tout jeune de seize à vingt-cinq ans révolus en difficulté et confronté à un risque d'exclusion professionnelle a droit à un accompagnement *(L. n° 2016-1088 du 8 août 2016, art. 46)* « vers l'emploi et l'autonomie, organisé par l'État ».

Art. L. 5131-4 *(L. n° 2016-1088 du 8 août 2016, art. 46)* L'accompagnement mentionné à l'article L. 5131-3 peut prendre la forme d'un parcours contractualisé d'accompagnement vers l'emploi et l'autonomie *(Abrogé par L. n° 2023-1196 du 18 déc. 2023, art. 2-II, à compter d'une date fixée par décret et, au plus tard, le 1ᵉʳ janv. 2025)* « *conclu avec l'État* », élaboré avec le jeune et adapté à ses besoins identifiés lors d'un diagnostic *[nouvelle rédaction issue de la L. n° 2023-1196 du 18 déc. 2023, art. 2- I, en vigueur à une date fixée par décret et, au plus tard, le 1ᵉʳ janv. 2025 :* « *du diagnostic mentionné à l'article L. 5411-5-2* »*]*. Ce parcours est mis en œuvre par les organismes mentionnés à l'article L. 5314-1. Toutefois, par dérogation, un autre organisme peut être désigné par le représentant de l'État dans le département, lorsque cela est justifié par les besoins de la politique d'insertion sociale et professionnelle des jeunes. Le contrat *(L. n° 2023-1196 du 18 déc. 2023, art. 2-I, en vigueur à une date fixée par décret et, au plus tard, le 1ᵉʳ janv. 2025)* « d'engagement mentionné à l'article L. 5411-6 » est signé préalablement à l'entrée dans le parcours contractualisé d'accompagnement vers l'emploi et l'autonomie.

Art. L. 5131-5 *(L. n° 2016-1088 du 8 août 2016, art. 46)* Afin de favoriser son insertion professionnelle, *(L. n° 2021-1900 du 30 déc. 2021, art. 208-I-2°, en vigueur le 1ᵉʳ mars 2022)* « tout jeune mentionné à l'article L. 5131-3 » qui s'engage dans un parcours contractualisé d'accompagnement vers l'emploi et l'autonomie *(L. n° 2021-1900 du 30 déc. 2021, art. 208-I-2°, en vigueur le 1ᵉʳ mars 2022)* « mentionné à l'article

L. 5131-4 ou qui bénéficie d'un suivi par *(L. n° 2023-1196 du 18 déc. 2023, art. 6-I, en vigueur le 1er janv. 2024)* « l'opérateur France Travail », à l'exclusion des jeunes mentionnés à l'article L. 5131-6, » peut *(L. n° 2021-1900 du 30 déc. 2021, art. 208-I-2°, en vigueur le 1er mars 2022)* « percevoir une allocation ponctuelle » versée par l'État et modulable en fonction de la situation de l'intéressé.

Cette allocation est incessible et insaisissable. *(L. n° 2021-1900 du 30 déc. 2021, art. 208-I-2°, en vigueur le 1er mars 2022)* « Elle n'est pas soumise à l'impôt sur le revenu ni aux contributions prévues à l'article L. 136-1 du code de la sécurité sociale et au chapitre II de l'ordonnance n° 96-50 du 24 janvier 1996 relative au remboursement de la dette sociale. Son montant est fixé par décret. » – V. art. D. 5131-9.

Elle peut être suspendue ou supprimée en cas de non-respect par son bénéficiaire des engagements du contrat *(L. n° 2023-1196 du 18 déc. 2023, art. 2-II, en vigueur à une date fixée par décret et, au plus tard, le 1er janv. 2025)* « mentionné à l'article L. 5411-6 ».

Art. L. 5131-6 *(L. n° 2021-1900 du 30 déc. 2021, art. 208-I-3°, en vigueur le 1er mars 2022)* L'accompagnement mentionné à l'article L. 5131-3 peut également prendre la forme d'un accompagnement intensif : le contrat d'engagement jeune, *[nouvelle rédaction issue de la L. n° 2023-1196 du 18 déc. 2023, art. 2- I, en vigueur à une date fixée par décret et, au plus tard, le 1er janv. 2025 : « [intensif] prévu par le contrat mentionné à l'article L. 5411-6, qui est alors dénommé "contrat d'engagement jeune". Ce contrat est »]* élaboré avec le jeune et adapté à ses besoins identifiés lors d'un diagnostic.

Le contrat d'engagement jeune est un droit ouvert aux jeunes de seize à vingt-cinq ans révolus, ou, par dérogation à l'article L. 5131-3, vingt-neuf ans révolus lorsque la qualité de travailleur handicapé leur est reconnue, qui rencontrent des difficultés d'accès à l'emploi durable, qui ne sont pas étudiants et qui ne suivent pas une formation. Son bénéfice est conditionné au respect d'exigences d'engagement, d'assiduité et de motivation, précisées par voie réglementaire.

Il est mis en œuvre par les organismes mentionnés à l'article L. 5314-1 et par *(L. n° 2023-1196 du 18 déc. 2023, art. 6-I, en vigueur le 1er janv. 2024)* « l'opérateur France Travail ». Il peut également être mis en œuvre par tout organisme public ou privé fournissant des services relatifs au placement, à l'insertion, à la formation, à l'accompagnement et au maintien dans l'emploi des personnes en recherche d'emploi.

Une allocation mensuelle dégressive en fonction des ressources est attribuée, à partir de la signature du contrat, aux jeunes qui vivent hors du foyer de leurs parents ou au sein de ce foyer sans recevoir de soutien financier ou en ne percevant qu'un soutien financier limité de la part de leurs parents. Cette allocation est incessible et insaisissable. Elle n'est pas soumise à l'impôt sur le revenu ni aux contributions prévues à l'article L. 136-1 du code de la sécurité sociale et au chapitre II de l'ordonnance n° 96-50 du 24 janvier 1996 relative au remboursement de la dette sociale.

(L. n° 2023-1196 du 18 déc. 2023, art. 2-II, en vigueur à une date fixée par décret et, au plus tard, le 1er janv. 2025) « L'allocation mensuelle peut être suspendue ou supprimée en cas d'inobservation par son bénéficiaire des engagements prévus par le contrat mentionné à l'article L. 5411-6 du présent code. »

Un décret fixe le montant de l'allocation et les conditions dans lesquelles les ressources du jeune sont prises en compte pour sa détermination. Ce montant tient compte de l'âge et de la situation du jeune et du niveau du soutien financier qu'il reçoit de ses parents. – V. art. D. 5131-19.

Les jeunes bénéficiant au 1er mars 2022 de l'allocation mentionnée à l'art. L. 5131-6 continuent de bénéficier de cette allocation dans les conditions en vigueur à la date à laquelle est contractualisé leur parcours d'engagement (L. n° 2021-1900 du 30 déc. 2021, art. 208-II).

Sur la mise en œuvre du contrat d'engagement jeune, V. Circ. DGEFP/MAJE/2022/45 du 21 févr. 2022.

BIBL. ▶ VERKINDT, *Dr. soc.* 2022. 171 (de la « Garantie jeunes » au « Contrat d'engagement jeune »).

Art. L. 5131-6-1 *(L. n° 2017-86 du 27 janv. 2017, art. 67)* Tout bénéficiaire de l'allocation mentionnée à l'article L. 5131-6 est éligible de droit, sous réserve de ne pas bénéficier de caution parentale ou d'un tiers, au dispositif de la caution publique mis en place pour les prêts délivrés par les établissements de crédit ou les sociétés de financement dans le cadre de l'aide au financement de la formation à la conduite et à

SECTION 4 Dispositions d'application

Art. L. 5131-7 (L. n° 2016-1088 du 8 août 2016, art. 46) Un décret en Conseil d'État détermine les modalités d'application du présent chapitre, *(L. n° 2021-1900 du 30 déc. 2021, art. 208-I-4°, en vigueur le 1er mars 2022)* « notamment » :

1° Les modalités du parcours contractualisé d'accompagnement vers l'emploi et l'autonomie *(L. n° 2021-1900 du 30 déc. 2021, art. 208-I-4°, en vigueur le 1er mars 2022)* « mentionné à l'article L. 5131-4 et du contrat d'engagement mentionné à l'article L. 5131-6 », ainsi que la nature des engagements de chaque partie au contrat ;

(L. n° 2021-1900 du 30 déc. 2021, art. 208-I-4°, en vigueur le 1er mars 2022) « 2° Les conditions dans lesquelles les organismes publics ou privés mentionnés au troisième alinéa de l'article L. 5131-6 mettent en œuvre le contrat d'engagement mentionné au même article ;

« 3° La durée et les modalités d'attribution, de modulation, de versement, de suspension et de suppression de l'allocation mentionnée à l'article L. 5131-6 et de l'allocation ponctuelle mentionnée à l'article L. 5131-5. » — *V. art. R. 5131-4 s.*

Art. L. 5131-8 *Abrogé par L. n° 2016-1088 du 8 août 2016, art. 46-I.*

CHAPITRE II INSERTION PAR L'ACTIVITÉ ÉCONOMIQUE

BIBL. ▶ MOLLA, *JCP S 2009. 1076* (structures d'insertion par l'activité économique : CDD d'insertion et autres dispositions).

SECTION 1 Objet

Art. L. 5132-1 L'insertion par l'activité économique a pour objet de permettre à des personnes sans emploi, rencontrant des difficultés sociales et professionnelles particulières, de bénéficier de contrats de travail en vue de faciliter leur insertion professionnelle. Elle met en œuvre des modalités spécifiques d'accueil et d'accompagnement.

(L. n° 2008-1249 du 1er déc. 2008, art. 20) « L'insertion par l'activité économique, notamment par la création d'activités économiques, contribue également au développement des territoires. »

SECTION 2 Conventions

Art. L. 5132-2 L'État peut conclure des conventions prévoyant, le cas échéant, des aides financières avec :

1° Les employeurs dont l'activité a spécifiquement pour objet l'insertion par l'activité économique ;

2° Les employeurs autorisés à mettre en œuvre, pour l'application des dispositions prévues à l'article L. 5132-15, un atelier ou un chantier d'insertion ;

3° Les organismes relevant des articles L. 121-2, L. 222-5 et L. 345-1 du code de l'action sociale et des familles pour mettre en œuvre des actions d'insertion sociale et professionnelle au profit des personnes bénéficiant de leurs prestations ;

4° Les régies de quartiers *[quartier]*.

(L. n° 2013-1278 du 29 déc. 2013, art. 142) « Lorsque le département participe au financement de ces aides financières, le président du conseil *(L. n° 2020-1577 du 14 déc. 2020, art. 1er-I, en vigueur le 15 juin 2021)* « départemental *[ancienne rédaction : général]* » conclut une convention avec la structure concernée, selon des modalités fixées par décret. » — *V. art. R. 5132-1 s.*

Les dispositions issues de la L. n° 2020-1577 du 14 déc. 2020 entrent en vigueur à une date fixée par décret et au plus tard le 15 juin 2021 (L. préc., art. 1er-III).

Art. L. 5132-3 *(L. n° 2020-1577 du 14 déc. 2020, art. 1er-I, en vigueur le 15 juin 2021)* Seules les embauches de personnes éligibles à un parcours d'insertion par l'activité économique ouvrent droit aux aides financières aux entreprises d'insertion, aux entreprises de travail temporaire d'insertion, aux associations intermédiaires ainsi qu'aux ateliers et chantiers d'insertion mentionnées au premier alinéa de l'article L. 5132-2.

L'éligibilité des personnes à un parcours d'insertion par l'activité économique est appréciée soit par un prescripteur dont la liste est fixée par arrêté du ministre chargé de l'emploi, soit par une structure d'insertion par l'activité économique mentionnée à l'article L. 5132-4. — *V. Arr. du 1er sept. 2021, NOR : MTRD2124285A (JO 2 sept.), mod. par Arr. du 12 avr. 2022, NOR : MTRD2210846A (JO 14 avr.).*

Un décret en Conseil d'État fixe les modalités d'application du présent article, notamment :

1° Les modalités de bénéfice des aides de l'État mentionnées au premier alinéa du présent article ;

2° Les modalités spécifiques d'accueil et d'accompagnement ;

3° Les modalités de collecte, de traitement et d'échange des informations et des données à caractère personnel, parmi lesquelles le numéro d'inscription au répertoire des personnes physiques, nécessaires à la détermination de l'éligibilité d'une personne à un parcours d'insertion par l'activité économique, ainsi qu'au suivi de ces parcours et des aides financières afférentes ;

4° Les modalités d'appréciation de l'éligibilité d'une personne à un parcours d'insertion par l'activité économique et de contrôle par l'administration ;

5° Les conditions dans lesquelles peut être limitée, suspendue ou retirée à une structure d'insertion par l'activité économique la capacité de prescrire un parcours d'insertion en cas de non-respect des règles prévues au présent article. — *V. art. R. 5132-1 s.*

(*L. n° 2023-1196 du 18 déc. 2023, art. 2-II, en vigueur à une date fixée par décret et, au plus tard, le 1er janv. 2025*) « Lorsque la personne bénéficie d'un parcours d'insertion prescrit dans les conditions prévues au présent chapitre, le contrat d'engagement prévu aux I et II de l'article L. 5411-6 tient compte des actions dont le demandeur d'emploi bénéficie dans ce cadre. »

BIBL. ▶ VERKINDT, *Dr. soc. 2021. 259* (territoire zéro chômeur de longue durée – Acte II).

Art. L. 5132-3-1 (*L. n° 2013-1278 du 29 déc. 2013, art. 142*) La convention annuelle d'objectifs et de moyens signée avec l'État, prévue à l'article L. 5134-19-4, comporte un volet relatif au cofinancement par le département des aides financières prévues à l'article L. 5132-2.

En cas d'accord des parties, ce volet fixe le nombre prévisionnel d'aides cofinancées par le département, la manière dont ces aides sont attribuées aux structures d'insertion par l'activité économique et les montants financiers associés. Il peut également prévoir des modalités complémentaires de coordination des financements attribués au secteur de l'insertion par l'activité économique.

A défaut d'accord des parties sur ces points, le conseil (*L. n° 2020-1577 du 14 déc. 2020, art. 1er-I, en vigueur le 15 juin 2021*) « départemental *[ancienne rédaction : général]* » participe au financement des aides financières mentionnées à l'article L. 5132-2, pour les employeurs relevant du 4° de l'article L. 5132-4 lorsque ces aides sont attribuées pour le recrutement de salariés qui étaient, avant leur embauche, bénéficiaires du revenu de solidarité active financé par le département.

La participation mentionnée au troisième alinéa du présent article est déterminée, dans des conditions fixées par décret, par référence au montant forfaitaire mentionné (*L. n° 2015-994 du 17 août 2015, art. 59-V*) « à » l'article L. 262-2 du code de l'action sociale et des familles applicable à une personne isolée. Dans ce cas, la convention prévoit le nombre prévisionnel d'aides attribuées aux ateliers et chantiers d'insertion au titre de l'embauche de ces personnes. — *V. art. D. 5132-41.*

Les dispositions issues de la L. n° 2020-1577 du 14 déc. 2020 entrent en vigueur à une date fixée par décret et au plus tard le 15 juin 2021 (L. préc., art. 1er-III).

SECTION 3 Mise en œuvre des actions d'insertion par l'activité économique

SOUS-SECTION 1 Structures d'insertion par l'activité économique

Art. L. 5132-4 Les structures d'insertion par l'activité économique pouvant conclure des conventions avec l'État sont :

1° Les entreprises d'insertion ;

2° Les entreprises de travail temporaire d'insertion ;

3° Les associations intermédiaires ;

4° Les ateliers et chantiers d'insertion.

SOUS-SECTION 2 **Entreprises d'insertion**

Art. L. 5132-5 (*L. n° 2008-1249 du 1ᵉʳ déc. 2008, art. 18*) Les entreprises d'insertion concluent avec des personnes sans emploi rencontrant des difficultés sociales et professionnelles particulières des contrats à durée déterminée en application de l'article L. 1242-3.

(*L. n° 2014-288 du 5 mars 2014, art. 20-I*) « Pendant l'exécution de ces contrats, une ou plusieurs conventions conclues en vertu de l'article L. 5135-4 peuvent prévoir une période de mise en situation en milieu professionnel auprès d'un autre employeur dans les conditions prévues au chapitre V du présent titre. »

La durée de ces contrats ne peut être inférieure à quatre mois (*L. n° 2015-994 du 17 août 2015, art. 46*) « , sauf pour les personnes ayant fait l'objet d'une condamnation et bénéficiant d'un aménagement de peine ».

Ces contrats peuvent être renouvelés dans la limite d'une durée totale de vingt-quatre mois.

A titre dérogatoire, ces contrats peuvent être renouvelés au-delà de la durée maximale prévue en vue de permettre d'achever une action de formation professionnelle en cours de réalisation à l'échéance du contrat. La durée de ce renouvellement ne peut excéder le terme de l'action concernée.

A titre exceptionnel, lorsque des salariés âgés de cinquante ans et plus ou des personnes reconnues travailleurs handicapés rencontrent des difficultés particulières qui font obstacle à leur insertion durable dans l'emploi, le contrat de travail peut être prolongé au-delà de la durée maximale prévue. Cette prolongation peut être accordée par (*L. n° 2020-1577 du 14 déc. 2020, art. 1ᵉʳ-I, en vigueur le 15 juin 2021*) « un prescripteur mentionné à l'article L. 5132-3 ou, en cas de recrutement direct, par une entreprise d'insertion, *[ancienne rédaction : l'institution mentionnée à l'article L. 5312-1]* » après examen de la situation du salarié au regard de l'emploi, de la capacité contributive de l'employeur et des actions d'accompagnement et de formation conduites dans le cadre de la durée initialement prévue du contrat.

La durée hebdomadaire de travail du salarié embauché dans ce cadre ne peut être inférieure à vingt heures (*L. n° 2020-1577 du 14 déc. 2020, art. 6-II*) « , sauf en cas de cumul avec un autre contrat de travail à temps partiel, afin d'atteindre une durée globale d'activité correspondant à un temps plein ou au moins égale à la durée mentionnée à l'article L. 3123-27 ». Elle peut varier sur tout ou partie de la période couverte par le contrat sans dépasser la durée légale hebdomadaire. Les périodes travaillées permettent de valider des trimestres de cotisations d'assurance vieillesse dans les conditions de l'article L. 351-2 du code de la sécurité sociale.

Ce contrat peut être suspendu, à la demande du salarié, afin de lui permettre :

1° En accord avec son employeur, d'effectuer une (*L. n° 2014-288 du 5 mars 2014, art. 20-I*) « période de mise en situation en milieu professionnel dans les conditions prévues au chapitre V du présent titre » ou une action concourant à son insertion professionnelle ;

2° D'accomplir une période d'essai afférente à une offre d'emploi visant une embauche en contrat de travail à durée indéterminée ou à durée déterminée au moins égale à six mois.

En cas d'embauche à l'issue de cette (*L. n° 2014-288 du 5 mars 2014, art. 20-I*) « période de mise en situation en milieu professionnel, d'une action concourant à son insertion professionnelle, » ou de cette période d'essai, le contrat est rompu sans préavis.

(*L. n° 2015-994 du 17 août 2015, art. 46*) « Par dérogation aux dispositions relatives à la rupture avant terme du contrat de travail à durée déterminée prévues à l'article L. 1243-2, le contrat peut être rompu avant son terme, à l'initiative du salarié, lorsque la rupture a pour objet de lui permettre de suivre une formation conduisant à une qualification prévue à l'article L. 6314-1. »

(L. n° 2020-1577 du 14 déc. 2020, art. 6-II) « Un décret définit les conditions dans lesquelles la dérogation à la durée hebdomadaire de travail minimale prévue au septième alinéa du présent article peut être accordée. » — V. art. D. 5132-10-5-3.

V. art. R. 5132-1 s.

Art. L. 5132-5-1 (L. n° 2020-1577 du 14 déc. 2020, art. 2) Les entreprises d'insertion peuvent conclure des contrats à durée indéterminée avec des personnes âgées d'au moins cinquante-sept ans rencontrant des difficultés sociales et professionnelles particulières, selon des modalités définies par décret. — V. art. D. 5132-10-5 s.

SOUS-SECTION 3 Entreprises de travail temporaire d'insertion

Art. L. 5132-6 Les entreprises de travail temporaire (L. n° 2020-1577 du 14 déc. 2020, art. 3) « d'insertion » dont l'activité exclusive consiste à faciliter l'insertion professionnelle des personnes (L. n° 2020-1577 du 14 déc. 2020, art. 3) « éligibles à un parcours d'insertion tel que défini à l'article L. 5132-3 et qui consacrent l'intégralité de leurs moyens humains et matériels à cette fin » concluent avec ces personnes des contrats de mission.

(L. n° 2013-504 du 14 juin 2013, art. 12-X) « Une durée de travail hebdomadaire inférieure à la durée (L. n° 2016-1088 du 8 août 2016, art. 8) « minimale mentionnée à l'article L. 3123-6 » peut être proposée à ces personnes lorsque le parcours d'insertion le justifie. »

L'activité des entreprises de travail temporaire d'insertion est soumise à l'ensemble des dispositions relatives au travail temporaire prévues au chapitre I du titre V du livre II de la première partie (L. n° 2020-1577 du 14 déc. 2020, art. 2) « , à l'exclusion de la section 4 bis ». Toutefois, par dérogation aux dispositions (Ord. n° 2017-1718 du 20 déc. 2017, art. 1er-I) « des articles L. 1251-12 et L. 1251-12-1 », la durée des contrats de mission peut être portée à vingt-quatre mois, renouvellement compris. — V. art. R. 5132-10-6 s.

(L. n° 2023-1196 du 18 déc. 2023, art. 10-I) « Par dérogation à l'article L. 1251-36, aucun délai de carence n'est applicable :

« 1° Entre deux contrats de mission conclus en application du présent article avec le même salarié durant son parcours d'insertion ;

« 2° En cas d'embauche du salarié, à l'issue de son contrat de mission, par l'entreprise utilisatrice, en contrat à durée déterminée d'une durée d'au moins deux mois. »

Art. L. 5132-6-1 (L. n° 2020-1577 du 14 déc. 2020, art. 2) Par dérogation aux dispositions de l'article L. 5132-6, les entreprises de travail temporaire d'insertion peuvent conclure des contrats à durée indéterminée, tels que mentionnés à l'article L. 1251-58-1, avec des personnes âgées d'au moins cinquante-sept ans rencontrant des difficultés sociales et professionnelles particulières, selon des modalités définies par décret. Dans ce cadre, la durée totale d'une mission ne peut excéder trente-six mois.

SOUS-SECTION 4 Associations intermédiaires

BIBL. ▶ MOLLA, JCP S 2008. 1329 (associations intermédiaires : contrat de mise à disposition et contrat de travail) ; JCP S 2008. 1489 (associations intermédiaires : responsabilités).

Art. L. 5132-7 Les associations intermédiaires sont des associations conventionnées par l'État ayant pour objet l'embauche des personnes sans emploi, rencontrant des difficultés sociales et professionnelles particulières, en vue de faciliter leur insertion professionnelle en les mettant à titre onéreux à disposition de personnes physiques ou de personnes morales.

(L. n° 2013-504 du 14 juin 2013, art. 12-X) « Une durée de travail hebdomadaire inférieure à la durée (L. n° 2016-1088 du 8 août 2016, art. 8) « minimale mentionnée à l'article L. 3123-6 » peut être proposée aux salariés lorsque le parcours d'insertion le justifie. »

L'association intermédiaire assure l'accueil des personnes ainsi que le suivi et l'accompagnement de ses salariés en vue de faciliter leur insertion sociale et de rechercher les conditions d'une insertion professionnelle durable.

Une association intermédiaire ne peut mettre une personne à disposition d'employeurs ayant procédé à un licenciement économique sur un emploi équivalent ou de même qualification dans les six mois précédant cette mise à disposition. — *[Anc. art. L. 322-4-16-3, 1, al. 2 et al. 4 et 6.]* — *V. art. R. 5132-11 s.*

1. Conformité à la Constitution. Sur la conformité à la Constitution de la loi n° 95-116 du 4 févr. 1995, art. 95, modifiant le régime des associations intermédiaires fixé par l'art. L. 128 C. trav., V. ● Cons. const., 25 janv. 1995, 🔑 Décis. n° 94-357 DC : *JO 31 janv. ; D. 1997. Somm. 136, obs. Oliva* 🖉 *; ibid. 139, obs. Mélin-Soucramanien* 🖉 *; RJS 1995. 212, n° 309.*

2. Qualification. Les contrats de travail conclus par les associations intermédiaires, en application de l'art. L. 5132-7 ne sont pas soumis aux dispositions des art. L. 122-1 et suivants régissant les contrats de travail à durée déterminée ; de tels contrats ne peuvent être considérés comme rompus en application de l'art. L. 122-3-8. ● Soc. 14 juin 2006 : 🔑 *D. 2006. IR 1988* 🖉 *; RJS 2006. 732, n° 997 ; JCP S 2006. 1690, note Lahalle.*

3. Requalification. Dès lors qu'une association est une association intermédiaire soumise aux dispositions de l'art. L. 5132-7, la violation des art. L. 124-1, L. 124-3 et L. 124-4 n'est pas susceptible d'entraîner la requalification des contrats de travail temporaires en contrats de travail à durée indéterminée. ● Soc. 23 févr. 2005 : 🔑 *D. 2005. IR 666* 🖉 *; Dr. soc. 2005. 817, obs. Roy-Loustaunau* 🖉 *; RJS 2005. 408, n° 583 ; JSL 2005, n° 166-6.* ♦ Une association intermédiaire ne peut pourvoir, au moyen de mises à disposition successives d'un salarié en voie d'insertion professionnelle, à un emploi lié à l'activité normale et permanente de l'entreprise utilisatrice ; le salarié mis à disposition peut, dans ce cas, faire valoir auprès de cette entreprise les droits tirés d'un contrat à durée déterminée. ● Soc. 2 mars 2011 : 🔑 *D. actu. 4 mars 2011, obs. Astaix ; RDT 2011.497, obs. Marié* 🖉 *; Dr. ouvrier 2011. 616, obs. Cao ; JCP S 2011. 1270, obs. Molla* ● Soc. 23 mai 2013 : 🔑 *D. actu. 7 juin 2013, obs. Fraisse ; D. 2013. Actu. 1353* 🖉*.*

4. Obligations des prestataires. L'absence de convention entre l'État et une association intermédiaire, qui a pour objet d'embaucher des personnes afin de faciliter leur insertion professionnelle en les mettant à titre onéreux à la disposition de personnes physiques ou de personnes morales, ne peut avoir pour effet de dispenser les bénéficiaires des travaux ou des prestations de leur paiement à l'association. ● Soc. 30 mars 2005, 🔑 n° 03-12.057 P : *D. 2005. IR 1177* 🖉 *; RJS 2005. 484, n° 682.*

5. Mission d'accompagnement en vue de favoriser une réinsertion professionnelle. L'augmentation du nombre d'heures travaillées et la délivrance d'un certificat de validation des compétences professionnelles ne sont pas de nature à établir que l'association intermédiaire a accompli sa mission d'assurer l'accompagnement du salarié en vue de favoriser une réinsertion professionnelle. ● Soc. 23 mai 2013 : 🔑 *D. actu. 7 juin 2013, obs. Fraisse ; D. 2013. Actu. 1354* 🖉 *; JCP S 2013. 1371, obs. Molla.*

6. Mise à disposition d'une personne morale de droit public. Lorsqu'un contrat à durée déterminée a été conclu dans le cadre des dispositions de l'art. L. 5132-7 C. trav. et que le salarié a été mis à disposition d'une personne morale de droit public gérant un service public administratif par l'association intermédiaire, le juge judiciaire est seul compétent pour se prononcer sur une demande de requalification en contrat à durée indéterminée fondée sur l'occupation par le salarié d'un emploi lié à l'activité normale et permanente de l'entreprise utilisatrice et, dès lors que la demande ne porte pas sur la poursuite d'une relation contractuelle entre le salarié et la personne morale de droit public gérant un service public administratif, pour tirer les conséquences de la requalification du contrat qu'il a prononcée. ● Soc. 15 mai 2019, 🔑 n° 18-15.870 P : *D. 2019. Actu. 1110* 🖉 *; RDT 2019. 504, note Guiomard* 🖉 *; RJS 7/2019, n° 468 ; JCP S 2019. 1206, obs. Brissy.*

Art. L. 5132-8 Une convention de coopération peut être conclue entre l'association intermédiaire et (*L. n° 2020-1577 du 14 déc. 2020, art. 1er-I, en vigueur le 15 juin 2021*) « **l'un des prescripteurs mentionnés à l'article L. 5132-3** *[ancienne rédaction : l'institution mentionnée à l'article L. 5312-1]* » définissant notamment les conditions de recrutement (*L. n° 2018-771 du 5 sept. 2018, art. 28-I, en vigueur le 1er janv. 2019*) « **, de mise à disposition et de formation des salariés de l'association intermédiaire.** »

Cette convention de coopération peut également porter sur l'organisation des fonctions d'accueil, de suivi et d'accompagnement des salariés.

Cette convention peut mettre en œuvre des actions expérimentales d'insertion ou de réinsertion.

Les dispositions issues de la L. n° 2020-1577 du 14 déc. 2020 entrent en vigueur à une date fixée par décret et au plus tard le 15 juin 2021 (L. préc., art. 1er-III).

Art. L. 5132-9 (*Abrogé par L. n° 2020-1577 du 14 déc. 2020, art. 1er-I, à compter du 15 juin 2021*) « *Seules* » Les associations intermédiaires (*Abrogé par L. n° 2020-1577 du 14 déc. 2020, art. 1er-I, à compter du 15 juin 2021*) « *qui ont conclu une convention de coopération avec l'institution mentionnée à l'article L. 5312-1* » peuvent effectuer des

EMPLOI **Art. L. 5132-11-1** 1435

mises à disposition auprès des employeurs mentionnés à l'article L. **2211-1** dans les conditions suivantes :

1° La mise à disposition *(L. n° 2020-1577 du 14 déc. 2020, art. 1er-I, en vigueur au plus tard le 15 juin 2021)* « n'est autorisée que pour l'exécution d'une tâche précise et temporaire *[ancienne rédaction : pour l'exécution d'une tâche précise et temporaire d'une durée supérieure à un seuil déterminé par décret en Conseil d'État n'est autorisée que pour les personnes ayant fait l'objet de l'agrément de l'institution mentionnée à l'article L. 5312-1]* ; »

2° *(L. n° 2008-1249 du 1er déc. 2008, art. 19)* « La durée totale des mises à disposition d'un même salarié ne peut excéder une durée déterminée par décret, pour une durée de vingt-quatre mois à compter de la première mise à disposition. » *(L. n° 2020-1577 du 14 déc. 2020, art. 4)* « Dans des conditions définies par décret, le représentant de l'État dans le département peut autoriser une association intermédiaire à déroger à ce plafond, pour une durée maximale de trois ans renouvelable, en tenant compte des activités exercées par les entreprises de travail temporaire d'insertion installées dans le département et à condition que la qualité des parcours d'insertion soit garantie. »

Ces dispositions ne sont pas applicables en cas de mise à disposition auprès de personnes physiques pour des activités ne ressortissant pas à leurs exercices professionnels et de personnes morales de droit privé à but non lucratif. – V. art. R. **5132-18**.

Les dispositions issues de la L. n° 2020-1577 du 14 déc. 2020 entrent en vigueur à une date fixée par décret et au plus tard le 15 juin 2021. Toutefois, pour les associations intermédiaires mentionnées au 1er al. de l'art. L. 5132-9 dont les mises à disposition de salariés ne relèvent pas du 1° de ce même art., dans sa rédaction antérieure à la loi préc., les dispositions entrent en vigueur à une date fixée par décret, et au plus tard le 15 déc. 2021. Jusqu'à cette date, elles demeurent régies par les dispositions de la sous-section 4 de la section 3 du chapitre II du titre III du livre I de la cinquième partie C. trav., dans leur rédaction antérieure à la L. du 14 déc. 2020, à l'exception des dispositions du 4° de l'art. 2 et de l'art. 4 de la loi préc., qui leur sont applicables le 16 déc. 2020 (L. préc., art. 1er-III).

Art. L. 5132-10 Une personne mise à disposition par une association intermédiaire ne peut en aucun cas être embauchée pour accomplir des travaux particulièrement dangereux qui figurent sur une liste établie par l'autorité administrative. – *[Anc. art. L. 322-4-16-3, 5, al. 2.]*

Art. L. 5132-11 Pour les mises à disposition entrant dans le champ de l'article L. **5132-9**, la rémunération du salarié, au sens de l'article L. **3221-3**, ne peut être inférieure à celle que percevrait un salarié de qualification équivalente occupant le même poste de travail dans l'entreprise, après période d'essai.

Le salarié d'une association intermédiaire peut être rémunéré soit sur la base du nombre d'heures effectivement travaillées chez l'utilisateur, soit sur la base d'un nombre d'heures forfaitaire déterminé dans le contrat pour les activités autres que celles mentionnées à l'article L. **5132-9**.

Le paiement des jours fériés est dû au salarié d'une association intermédiaire mis à disposition des employeurs mentionnés à l'article L. **2212-1** *[L. **2211-1**]* dès lors que les salariés de cette personne morale en bénéficient. – *[Anc. art. 322-4-16-3, 2, al. 5 et 6, phrases 2 et 3, et al. 3.]*

Art. L. 5132-11-1 *(L. n° 2008-1249 du 1er déc. 2008, art. 18)* Les associations intermédiaires peuvent conclure avec des personnes sans emploi rencontrant des difficultés sociales et professionnelles particulières des contrats à durée déterminée en application de l'article L. **1242-3**.

(L. n° 2014-288 du 5 mars 2014, art. 20-I) « Pendant l'exécution de ces contrats, une ou plusieurs conventions conclues en vertu de l'article L. **5135-4** peuvent prévoir une période de mise en situation en milieu professionnel auprès d'un autre employeur dans les conditions prévues au chapitre V du présent titre. »

La durée de ces contrats ne peut être inférieure à quatre mois *(L. n° 2015-994 du 17 août 2015, art. 46)* « , sauf pour les personnes ayant fait l'objet d'une condamnation et bénéficiant d'un aménagement de peine ».

Ces contrats peuvent être renouvelés dans la limite d'une durée totale de vingt-quatre mois.

A titre dérogatoire, ces contrats peuvent être renouvelés au-delà de la durée maximale prévue en vue de permettre d'achever une action de formation professionnelle en cours de réalisation à l'échéance du contrat. La durée de ce renouvellement ne peut excéder le terme de l'action concernée.

(L. n° 2020-1577 du 14 déc. 2020, art. 1ᵉʳ-I, en vigueur le 15 juin 2021) « A titre exceptionnel, le contrat de travail peut être prolongé par un prescripteur tel que mentionné à l'article L. 5132-3, au-delà de la durée maximale prévue, après examen de la situation du salarié au regard de l'emploi, de la capacité contributive de l'employeur et des actions d'accompagnement et de formation conduites dans le cadre de la durée initialement prévue du contrat :

« a) Lorsque des salariés âgés de cinquante ans et plus ou des personnes reconnues travailleurs handicapés rencontrent des difficultés particulières qui font obstacle à leur insertion durable dans l'emploi, quel que soit leur statut juridique ;

« b) Lorsque des salariés rencontrent des difficultés particulièrement importantes dont l'absence de prise en charge ferait obstacle à leur insertion professionnelle, par décisions successives d'un an au plus, dans la limite de soixante mois. »

La durée hebdomadaire de travail du salarié embauché dans ce cadre ne peut être inférieure à vingt heures (L. n° 2020-1577 du 14 déc. 2020, art. 6-II) « , sauf en cas de cumul avec un autre contrat de travail à temps partiel, afin d'atteindre une durée globale d'activité correspondant à un temps plein ou au moins égale à la durée mentionnée à l'article L. 3123-27 ». Elle peut varier sur tout ou partie de la période couverte par le contrat sans dépasser la durée légale hebdomadaire. Les périodes travaillées permettent de valider des trimestres de cotisations d'assurance vieillesse dans les conditions de l'article L. 351-2 du code de la sécurité sociale.

Ce contrat peut être suspendu, à la demande du salarié, afin de lui permettre :

1° En accord avec son employeur, d'effectuer une (L. n° 2014-288 du 5 mars 2014, art. 20-I) « période de mise en situation en milieu professionnel dans les conditions prévues au chapitre V du présent titre » ou une action concourant à son insertion professionnelle ;

2° D'accomplir une période d'essai afférente à une offre d'emploi visant une embauche en contrat de travail à durée indéterminée ou à durée déterminée au moins égale à six mois.

En cas d'embauche à l'issue de cette (L. n° 2014-288 du 5 mars 2014, art. 20-I) « période de mise en situation en milieu professionnel, d'une action concourant à son insertion professionnelle, » ou de cette période d'essai, le contrat est rompu sans préavis.

(L. n° 2015-994 du 17 août 2015, art. 46) « Par dérogation aux dispositions relatives à la rupture avant terme du contrat de travail à durée déterminée prévues à l'article L. 1243-2, le contrat peut être rompu avant son terme, à l'initiative du salarié, lorsque la rupture a pour objet de lui permettre de suivre une formation conduisant à une qualification prévue à l'article L. 6314-1. »

(L. n° 2020-1577 du 14 déc. 2020, art. 6-II) « Un décret définit les conditions dans lesquelles la dérogation à la durée hebdomadaire de travail minimale prévue au neuvième alinéa du présent article peut être accordée. » — V. art. D. 5132-26-12.

Les dispositions issues de l'art. 1ᵉʳ de la L. n° 2020-1577 du 14 déc. 2020 entrent en vigueur à une date fixée par décret et au plus tard le 15 juin 2021 (L. préc., art. 1ᵉʳ-III).

Une association intermédiaire, dont l'objet est l'embauche de personnes sans emploi rencontrant des difficultés sociales et professionnelles particulières, en vue de faciliter leur insertion professionnelle en les mettant à titre onéreux à la disposition de personnes physiques ou de personnes morales, est tenue, lorsqu'elle conclut un contrat à durée déterminée à cette fin, d'assurer le suivi et l'accompagnement du salarié mis à disposition ; cette obligation constitue une des conditions du dispositif d'insertion par l'activité professionnelle à défaut de laquelle la relation de travail doit être requalifiée en contrat de travail de droit commun à durée indéterminée. ● Soc. 5 juin 2019, 🔒 n° 17-30.984 P : *D. actu. 2019. 1290* ; *RJS 8-9/2019, n° 530* ; *JCP S 2019. 1275, obs. Vachet.*

Art. L. 5132-12 *Abrogé par L. n° 2011-867 du 20 juill. 2011, art. 16.*

Art. L. 5132-13 Les salariés des associations intermédiaires ont droit à la formation professionnelle continue :

1° Soit à l'initiative de l'employeur, dans le cadre du plan de formation de l'association ou des actions de formation en alternance ;

2° Soit à l'initiative du salarié, dans le cadre d'un (*Ord. n° 2019-861 du 21 août 2019, art. 1ᵉʳ*) « congé spécifique mentionné à l'article L. 6323-17-1 » ou d'un congé de bilan de compétences. — [*Anc. art. L. 322-4-16-3, 4.*]

Art. L. 5132-14 Lorsque l'activité de l'association intermédiaire est exercée dans les conditions de la présente sous-section, ne sont pas applicables :
1° Les sanctions relatives au travail temporaire, prévues aux articles (*L. n° 2016-1088 du 8 août 2016, art. 85*) « L. 1255-1 à L. 1255-12 » ;
2° Les sanctions relatives au marchandage, prévues aux articles L. 8234-1 et L. 8234-2 ;
3° Les sanctions relatives au prêt illicite de main-d'œuvre, prévues aux articles L. 8243-1 et L. 8243-2.
Les sanctions prévues en cas de non-respect des dispositions auxquelles renvoie l'article L. 8241-2, relatives aux opérations de prêt de main-d'œuvre à but non lucratif, sont applicables. — [*Anc. art. L. 322-4-16-3, 5, al. 1ᵉʳ.*]

Art. L. 5132-14-1 (*L. n° 2020-1577 du 14 déc. 2020, art. 2*) Les associations intermédiaires peuvent conclure des contrats à durée indéterminée avec des personnes âgées d'au moins cinquante-sept ans rencontrant des difficultés sociales et professionnelles particulières, selon des modalités définies par décret. — V. art. D. 5132-26-9 s.

SOUS-SECTION 5 **Ateliers et chantiers d'insertion**

Art. L. 5132-15 Les ateliers et chantiers d'insertion conventionnés par l'État sont organisés par les employeurs figurant sur une liste.
Ils ont pour mission :
1° D'assurer l'accueil, l'embauche et la mise au travail sur des actions collectives des personnes sans emploi rencontrant des difficultés sociales et professionnelles particulières ;
2° D'organiser le suivi, l'accompagnement, l'encadrement technique et la formation de leurs salariés en vue de faciliter leur insertion sociale et de rechercher les conditions d'une insertion professionnelle durable. — [*Anc. art. L. 322-4-16-8, al. 1ᵉʳ et 2.*]

Art. L. 5132-15-1 (*L. n° 2008-1249 du 1ᵉʳ déc. 2008, art. 18*) Les ateliers et chantiers d'insertion (*L. n° 2014-288 du 5 mars 2014, art. 20-I*) « , quel que soit leur statut juridique, » peuvent conclure avec des personnes sans emploi rencontrant des difficultés sociales et professionnelles particulières des contrats à durée déterminée en application de l'article L. 1242-3.
(*L. n° 2014-288 du 5 mars 2014, art. 20-I*) « Pendant l'exécution de ces contrats, une ou plusieurs conventions conclues en vertu de l'article L. 5135-4 peuvent prévoir une période de mise en situation en milieu professionnel auprès d'un autre employeur dans les conditions prévues au chapitre V du présent titre. »
La durée de ces contrats ne peut être inférieure à quatre mois (*L. n° 2015-994 du 17 août 2015, art. 46*) « , sauf pour les personnes ayant fait l'objet d'une condamnation et bénéficiant d'un aménagement de peine ».
Ces contrats peuvent être renouvelés dans la limite d'une durée totale de vingt-quatre mois.
A titre dérogatoire, ces contrats peuvent être renouvelés au-delà de la durée maximale prévue en vue de permettre d'achever une action de formation professionnelle en cours de réalisation à l'échéance du contrat. La durée de ce renouvellement ne peut excéder le terme de l'action concernée.
(*L. n° 2016-1088 du 8 août 2016, art. 53*) « A titre exceptionnel, ce contrat de travail peut être prolongé par (*L. n° 2020-1577 du 14 déc. 2020, art. 1ᵉʳ-I, en vigueur le 15 juin 2021*) « un prescripteur mentionné à l'article L. 5132-3 ou, en cas de recrutement direct, par un atelier et chantier d'insertion [*ancienne rédaction : Pôle emploi,*] » au-delà de la durée maximale prévue, après examen de la situation du salarié au regard de l'emploi, de la capacité contributive de l'employeur et des actions d'accompagnement et de formation conduites dans le cadre de la durée initialement prévue du contrat :
« *a)* Lorsque des salariés âgés de cinquante ans et plus ou des personnes reconnues travailleurs handicapés rencontrent des difficultés particulières qui font obstacle à leur insertion durable dans l'emploi, quel que soit leur statut juridique ;

« *b)* Lorsque des salariés rencontrent des difficultés particulièrement importantes dont l'absence de prise en charge ferait obstacle à leur insertion professionnelle, par décisions successives d'un an au plus, dans la limite de soixante mois. »

La durée hebdomadaire de travail du salarié embauché dans ce cadre ne peut être inférieure à vingt heures *(L. n° 2014-288 du 5 mars 2014, art. 20-I)* « , sauf lorsque le contrat le prévoit pour prendre en compte les difficultés particulièrement importantes de l'intéressé » *(L. n° 2020-1577 du 14 déc. 2020, art. 6)* « ou en cas de cumul avec un autre contrat de travail à temps partiel, afin d'atteindre une durée globale d'activité correspondant à un temps plein ou au moins égale à la durée mentionnée à l'article L. 3123-27 ». Elle peut varier sur tout ou partie de la période couverte par le contrat sans dépasser la durée légale hebdomadaire. Les périodes travaillées permettent de valider des trimestres de cotisations d'assurance vieillesse dans les conditions de l'article L. 351-2 du code de la sécurité sociale.

Ce contrat peut être suspendu, à la demande du salarié, afin de lui permettre :

1° En accord avec son employeur, d'effectuer une *(L. n° 2014-288 du 5 mars 2014, art. 20-I)* « période de mise en situation en milieu professionnel dans les conditions prévues au chapitre V du présent titre » ou une action concourant à son insertion professionnelle ;

2° D'accomplir une période d'essai afférente à une offre d'emploi visant une embauche en contrat de travail à durée indéterminée ou à durée déterminée au moins égale à six mois.

En cas d'embauche à l'issue de cette *(L. n° 2014-288 du 5 mars 2014, art. 20-I)* « période de mise en situation en milieu professionnel, d'une action concourant à son insertion professionnelle, » ou de cette période d'essai, le contrat est rompu sans préavis.

(L. n° 2014-288 du 5 mars 2014, art. 20-I) « Un décret définit les conditions dans lesquelles la dérogation à la durée hebdomadaire de travail minimale prévue au *(L. n° 2020-1577 du 14 déc. 2020, art. 1er-I, en vigueur le 15 juin 2021)* « neuvième alinéa du présent article » peut être accordée. » — *V. art. R. 5132-43-5 s.*

(L. n° 2015-994 du 17 août 2015, art. 46) « Par dérogation aux dispositions relatives à la rupture avant terme du contrat de travail à durée déterminée prévues à l'article L. 1243-2, le contrat peut être rompu avant son terme, à l'initiative du salarié, lorsque la rupture a pour objet de lui permettre de suivre une formation conduisant à une qualification prévue à l'article L. 6314-1. » — *V. art. D. 5132-43-3.*

Les dispositions issues de l'art. 1er de la L. n° 2020-1577 du 14 déc. 2020 sont entrées en vigueur à une date fixée par décret et au plus tard le 15 juin 2021 (L. préc., art. 1er-III).

Les embauches réalisées en contrat à durée déterminée en application de l'art. L. 5132-15-1 et ouvrant droit au versement de l'aide mentionnée à l'art. L. 5132-2 donnent lieu, sur la part de la rémunération inférieure ou égale au salaire minimum de croissance, pendant la durée d'attribution de cette aide, à une exonération :

1° Pour les employeurs publics mettant en place des ateliers et chantiers d'insertion conventionnés par l'État en application de l'art. L. 5132-15, des cotisations à la charge de l'employeur au titre des assurances sociales et des allocations familiales ;

2° De la taxe sur les salaires ;

3° De la taxe d'apprentissage ;

4° Des participations dues par les employeurs au titre de l'effort de construction (L. n° 2013-1203 du 23 déc. 2013, art. 20-IV, mod. par L. n° 2018-1203 du 22 déc. 2018, art. 8-VIII).

Art. L. 5132-15-1-1 *(L. n° 2020-1577 du 14 déc. 2020, art. 2)* Les ateliers et chantiers d'insertion peuvent conclure des contrats à durée indéterminée avec des personnes âgées d'au moins cinquante-sept ans rencontrant des difficultés sociales et professionnelles particulières, selon des modalités définies par décret. — *V. art. D. 5132-43-11 s.*

SOUS-SECTION 6 **Groupes économiques solidaires**

(L. n° 2008-1249 du 1er déc. 2008, art. 20)

Art. L. 5132-15-2 Afin de favoriser la coordination, la complémentarité et le développement économique du territoire et de garantir la continuité des parcours d'inser-

EMPLOI **Art. L. 5134-19**

tion, une personne morale de droit privé peut porter ou coordonner une ou plusieurs actions d'insertion telles que visées à la sous-section 1 de la présente section.

SECTION 4 Dispositions d'application

Art. L. 5132-16 (L. n° 2020-1577 du 14 déc. 2020, art. 1er-I, en vigueur le 15 juin 2021) Sous réserve des dispositions de l'article L. 5132-17, un décret en Conseil d'État détermine les conditions d'application du présent chapitre, notamment les conditions d'exécution, de suivi, de renouvellement et de contrôle des conventions conclues avec l'État ainsi que les modalités de leur suspension ou de leur dénonciation. — V. art. R. 5132-1-11 s.

Ces dispositions entrent en vigueur à une date fixée par décret et au plus tard le 15 juin 2021 (L. n° 2020-1577 du 14 déc. 2020, art. 1er-III).

Art. L. 5132-17 (L. n° 2011-867 du 20 juill. 2011) Un décret détermine la liste des employeurs habilités à mettre en œuvre les ateliers et chantiers d'insertion mentionnée à l'article L. 5132-15.

CHAPITRE III PRIME DE RETOUR À L'EMPLOI ET AIDE PERSONNALISÉE DE RETOUR À L'EMPLOI (L. n° 2008-1249 du 1er déc. 2008, art. 8).

SECTION 1 [ABROGÉE] Prime de retour à l'emploi (L. n° 2008-1249 du 1er déc. 2008, art. 8).

(Abrogée par L. n° 2010-1657 du 29 déc. 2010, art. 202-I)

Art. L. 5133-1 à L. 5133-7 Abrogés par L. n° 2010-1657 du 29 déc. 2010, art. 202-I.

SECTION 2 Aide personnalisée de retour à l'emploi

(L. n° 2008-1249 du 1er déc. 2008, art. 8)

Art. L. 5133-8 Une aide personnalisée de retour à l'emploi peut être attribuée par l'organisme au sein duquel le référent mentionné à l'article L. 262-27 du code de l'action sociale et des familles a été désigné. Elle a pour objet de prendre en charge tout ou partie des coûts exposés par l'intéressé lorsqu'il débute ou reprend une activité professionnelle.

L'aide personnalisée de retour à l'emploi est incessible et insaisissable.

Art. L. 5133-9 (L. n° 2016-1917 du 29 déc. 2016, art. 152-III) L'aide personnalisée de retour à l'emploi est financée par l'État. Les crédits affectés à l'aide sont répartis entre les organismes au sein desquels les référents mentionnés à l'article L. 262-27 du code de l'action sociale et des familles sont désignés.

Art. L. 5133-10 Un décret en Conseil d'État détermine les modalités d'application de la présente section. — V. art. R. 5132-9.

SECTION 3 [ABROGÉE] Aide à l'embauche des seniors

(Abrogée par L. n° 2013-185 du 1er mars 2013)

Art. L. 5133-11 Abrogé par L. n° 2013-185 du 1er mars 2013.

CHAPITRE IV CONTRATS DE TRAVAIL AIDÉS

BIBL. ▶ BAUGARD, RDT 2012. 492 (panorama des contrats aidés).

SECTION 1 [ABROGÉE] Contrat emploi-jeune

(Abrogée par L. n° 2015-990 du 6 août 2015, art. 276)

Art. L. 5134-1 à L. 5134-19 Abrogés par L. n° 2015-990 du 6 août 2015, art. 276.

SECTION 1-1 Contrat unique d'insertion

(L. n° 2008-1249 du 1er déc. 2008, art. 21)

BIBL. ▶ WILLMANN, JCP S 2009. 1077.

Art. L. 5134-19-1 (L. n° 2012-1189 du 26 oct. 2012, art. 7) Le contrat unique d'insertion est un contrat de travail conclu entre un employeur et un salarié dans les conditions prévues à la sous-section 3 des sections 2 et 5 du présent chapitre, au titre duquel est attribuée une aide à l'insertion professionnelle dans les conditions prévues à la sous-section 2 des mêmes sections 2 et 5. La décision d'attribution de cette aide est prise par :

1° Soit, pour le compte de l'État, l'institution mentionnée à l'article L. 5312-1, les organismes mentionnés à l'article L. 5314-1 ou, selon des modalités fixées par décret, un des organismes mentionnés au 1° bis de l'article L. 5311-4 ;

2° Soit le président du conseil départemental lorsque cette aide concerne un bénéficiaire du revenu de solidarité active financé par le département ;

3° Soit, pour le compte de l'État, (L. n° 2019-791 du 26 juill. 2019, art. 54) « l'autorité académique » pour les contrats mentionnés au I de l'article L. 5134-125.

Le montant de cette aide résulte d'un taux, fixé par l'autorité administrative, appliqué au salaire minimum de croissance.

Art. L. 5134-19-2 Le président du conseil départemental peut déléguer tout ou partie (L. n° 2012-1189 du 26 oct. 2012, art. 7) « de la décision d'attribution de l'aide à l'insertion professionnelle mentionnée à » l'article L. 5134-19-1 à l'institution mentionnée à l'article L. 5312-1 ou à tout autre organisme qu'il désigne à cet effet.

Art. L. 5134-19-3 Le contrat unique d'insertion prend la forme :

1° Pour les employeurs du secteur non marchand mentionnés à l'article L. 5134-21, du contrat d'accompagnement dans l'emploi défini par la section 2 ;

2° Pour les employeurs du secteur marchand mentionnés à l'article L. 5134-66, du contrat initiative-emploi défini par la section 5.

Les actions de formation destinées aux personnes bénéficiant d'un contrat d'accompagnement dans l'emploi mentionné à l'art. L. 5134-19-3 dans les collectivités territoriales ou les établissements publics en relevant peuvent être financées, pour tout ou partie, au moyen de la cotisation obligatoire versée par les collectivités territoriales et leurs établissements publics en application de l'art. 12-2 de la loi n° 84-53 du 26 janv. 1984 portant dispositions statutaires relatives à la fonction publique territoriale (L. n° 2008-1249 du 1ᵉʳ déc. 2008, art. 22-II).

Il appartient en principe à l'autorité judiciaire de se prononcer sur les litiges nés de la conclusion, de l'exécution et de la rupture du contrat unique d'insertion, même si l'employeur est une personne publique gérant un service public à caractère administratif ; il lui incombe, à ce titre, de se prononcer sur une demande de requalification de ces contrats et d'indemnisation des conséquences des manquements de l'employeur, y compris lorsqu'ils portent sur les conditions dans lesquelles les contrats ont été conclus et renouvelés. • T. confl. 12 nov. 2018, ⚖ n° 4136.

Art. L. 5134-19-4 (L. n° 2012-1189 du 26 oct. 2012, art. 7) « Le président du conseil départemental » signe, préalablement à (L. n° 2012-1189 du 26 oct. 2012, art. 7) « l'attribution des aides à l'insertion professionnelle prévues à » l'article L. 5134-19-1 (L. n° 2013-1278 du 29 déc. 2013, art. 142) « et à la signature des conventions prévues à l'article L. 5132-2 », une convention annuelle d'objectifs et de moyens avec l'État.

Cette convention fixe :

1° Le nombre prévisionnel (L. n° 2012-1189 du 26 oct. 2012, art. 7) « d'aides à l'insertion professionnelle attribuées » au titre de l'embauche, dans le cadre d'un contrat unique d'insertion, de bénéficiaires du revenu de solidarité active financé par le département ;

2° Les modalités de financement (L. n° 2012-1189 du 26 oct. 2012, art. 7) « aides à l'insertion professionnelle » et les taux d'aide applicables.

Lorsque le département participe au financement de l'aide, les taux mentionnés au dernier alinéa de l'article L. 5134-19-1 peuvent être majorés, en fonction des critères énoncés aux 1°, 2° et 4° des articles L. 5134-30 et L. 5134-72.

Lorsque l'aide est en totalité à la charge du département, le conseil départemental en fixe le taux sur la base des critères mentionnés aux articles L. 5134-30 et L. 5134-72, dans la limite du plafond prévu aux articles L. 5134-30-1 et L. 5134-72-1 ;

3° Les actions d'accompagnement et les autres actions ayant pour objet de favoriser l'insertion durable des salariés embauchés en contrat unique d'insertion (L. n° 2013-

EMPLOI   Art. L. 5134-21

1278 du 29 déc. 2013, art. 142) « et dans les structures d'insertion par l'activité économique ».

A l'occasion de chaque renouvellement de la convention annuelle d'objectifs et de moyens, l'État et le département procèdent au réexamen de leur participation financière au financement du contrat unique d'insertion (L. n° 2013-1278 du 29 déc. 2013, art. 142) « et des aides financières aux structures d'insertion par l'activité économique, » en tenant compte des résultats constatés en matière d'insertion durable des salariés embauchés dans ce cadre ainsi que des contraintes économiques qui pèsent sur certains territoires. – V. art. R. 5134-16.

Art. L. 5134-19-5 Le président du conseil départemental transmet à l'État, dans les conditions fixées par décret, toute information permettant le suivi du contrat unique d'insertion.

SECTION 2 Contrat d'accompagnement dans l'emploi

V. Circ. DGEFP n° 2005/12 du 21 mars 2005 relative à la mise en œuvre du Contrat d'Accompagnement dans l'Emploi – CAE (BOMT 2005/5, p. 21).

V. Instr. DGEFP n° 2005-23 du 27 juin 2005 relative à la mise en œuvre du contrat d'accompagnement dans l'emploi en faveur des jeunes en 2005 (BOMT 2005/8, p. 68).

BIBL. ▶ VERKINDT, Dr. soc. 2005. 440.

SOUS-SECTION 1 Objet

Art. L. 5134-20 (L. n° 2008-1249 du 1er déc. 2008, art. 22-I) Le contrat d'accompagnement dans l'emploi a pour objet de faciliter l'insertion professionnelle des personnes sans emploi rencontrant des difficultés sociales et professionnelles particulières d'accès à l'emploi. A cette fin, il comporte des actions d'accompagnement professionnel. (L. n° 2014-288 du 5 mars 2014, art. 20-I) « Pendant l'exécution de ces contrats, une ou plusieurs conventions conclues en vertu de l'article L. 5135-4 peuvent prévoir une période de mise en situation en milieu professionnel auprès d'un autre employeur dans les conditions prévues au chapitre V du présent titre. » Un décret détermine la durée et les conditions d'agrément et d'exécution de cette période d'immersion.

1. Le non-respect par l'employeur de son obligation de mettre en œuvre des actions de formation, d'orientation professionnelle et de validation des acquis est de nature à causer au salarié un préjudice dont ce dernier peut lui demander réparation. ● Soc. 30 sept. 2014 : ⚖ *D. 2014. Actu. 2002*.

2. Action en requalification. L'exécution de l'obligation pour l'employeur d'assurer, dans le cadre du contrat d'accompagnement dans l'emploi, des actions de formation, d'orientation professionnelle et de validation des acquis destinées à réinsérer durablement le salarié s'apprécie au terme du contrat ; le point de départ du délai de prescription de l'action par laquelle un salarié sollicite la requalification de contrats d'accompagnement dans l'emploi à durée déterminée successifs en un contrat à durée indéterminée, fondée sur le non-respect par l'employeur de ses obligations en matière d'orientation et d'accompagnement professionnel, de formation professionnelle et de validation des acquis de l'expérience court à compter du terme de chacun des contrats concernés. ● Soc. 15 déc. 2021, ⚖ n° 19-14.018 B : *D. 2022. 20 ; Dr. soc. 2022. 178, obs. Radé ; RJS 2/2022, n° 51 ; JCP S 2022. 1048, obs. Bousez.*

SOUS-SECTION 2 Décision d'attribution de l'aide à l'insertion professionnelle (L. n° 2012-1189 du 26 oct. 2012, art. 7).

Art. L. 5134-21 (L. n° 2012-1189 du 26 oct. 2012, art. 7) « Les aides à l'insertion professionnelle au titre d'un contrat d'accompagnement dans l'emploi peuvent être accordées aux employeurs suivants : »

1° Les collectivités territoriales ;

2° Les autres personnes morales de droit public ;

3° Les organismes de droit privé à but non lucratif ;

4° Les personnes morales de droit privé chargées de la gestion d'un service public ;

(L. n° 2014-856 du 31 juill. 2014, art. 34) « 5° Les sociétés coopératives d'intérêt collectif. » – [Anc. art. L. 322-4-7, I, al. 1er.]

Art. L. 5134-21-1 (L. n° 2012-1189 du 26 oct. 2012, art. 7) « La décision d'attribution d'une nouvelle aide à l'insertion professionnelle » (L. n° 2008-1249 du 1er déc. 2008, art. 22-I) mentionnée à l'article L. 5134-19-1 est subordonnée au bilan préalable des actions d'accompagnement et des actions visant à l'insertion durable des salariés, réalisées dans le cadre d'un contrat aidé antérieur.

Art. L. 5134-21-2 (L. n° 2012-1189 du 26 oct. 2012, art. 7) Il ne peut être attribué d'aide à l'insertion professionnelle dans les cas suivants :
1° Lorsque l'embauche vise à procéder au remplacement d'un salarié licencié pour un motif autre que la faute grave ou lourde. S'il apparaît que l'embauche a eu pour conséquence le licenciement d'un autre salarié, la décision d'attribution de l'aide est retirée par l'État ou par le président du conseil départemental. La décision de retrait de l'attribution de l'aide emporte obligation pour l'employeur de rembourser l'intégralité des sommes perçues au titre de l'aide ;
2° Lorsque l'employeur n'est pas à jour du versement de ses cotisations et contributions sociales.

Art. L. 5134-22 (L. n° 2008-1249 du 1er déc. 2008 ; L. n° 2012-1189 du 26 oct. 2012, art. 7) La demande d'aide à l'insertion professionnelle indique les modalités d'orientation et d'accompagnement professionnel de la personne sans emploi et prévoit des actions de formation professionnelle et de validation des acquis de l'expérience nécessaires à la réalisation de son projet professionnel.

Les actions de formation peuvent être menées pendant le temps de travail ou en dehors de celui-ci.

Art. L. 5134-23 (L. n° 2008-1249 du 1er déc. 2008, art. 22-I ; L. n° 2012-1189 du 26 oct. 2012, art. 7) La durée de l'aide à l'insertion professionnelle attribuée au titre du contrat d'accompagnement dans l'emploi ne peut excéder le terme du contrat de travail.

L'attribution de l'aide peut être prolongée dans la limite d'une durée totale de vingt-quatre mois.

Art. L. 5134-23-1 (L. n° 2008-1249 du 1er déc. 2008, art. 22-I) Il peut être dérogé, selon des modalités fixées par voie réglementaire, à la durée maximale (L. n° 2012-1189 du 26 oct. 2012, art. 7) « pour laquelle est attribuée une aide à l'insertion professionnelle », soit lorsque celle-ci concerne un salarié âgé de cinquante ans et plus (L. n° 2015-994 du 17 août 2015, art. 43) « rencontrant des difficultés particulières qui font obstacle à son insertion durable dans l'emploi » ou une personne reconnue travailleur handicapé, soit pour permettre d'achever une action de formation professionnelle en cours de réalisation et (L. n° 2012-1189 du 26 oct. 2012, art. 7) « prévue au titre de l'aide attribuée ». La durée de cette prolongation ne peut excéder le terme de l'action concernée.

Art. L. 5134-23-2 (L. n° 2008-1249 du 1er déc. 2008, art. 22-I ; L. n° 2012-1189 du 26 oct. 2012, art. 7-III-9°) La prolongation de l'attribution de l'aide à l'insertion professionnelle et, s'il a été à durée déterminée, du contrat de travail au titre duquel l'aide est attribuée est subordonnée à l'évaluation des actions réalisées au cours du contrat en vue de favoriser l'insertion durable du salarié.

SOUS-SECTION 3 **Contrat de travail**

Art. L. 5134-24 (L. n° 2008-1249 du 1er déc. 2008, art. 22-I) « Le contrat de travail, associé à (L. n° 2012-1189 du 26 oct. 2012, art. 7) « une aide à l'insertion professionnelle attribuée au titre d'un » contrat d'accompagnement dans l'emploi, est un contrat de travail de droit privé, soit à durée déterminée, conclu en application de l'article L. 1242-3, soit à durée indéterminée. Il porte sur des emplois visant à satisfaire des besoins collectifs non satisfaits. »

Il ne peut être conclu pour pourvoir des emplois dans les services de l'État.

Un contrat d'accompagnement dans l'emploi peut, par exception au régime de droit commun des contrats à durée déterminée, être contracté pour pourvoir un emploi lié à l'activité normale et permanente des collectivités, organismes, personnes morales et sociétés concernés. ● Soc. 7 juin 2023, n° 22-10.702 B : RJS 8-9/2023, n° 426 ; JCP S 2023. 1208, obs. Bousez.

EMPLOI   **Art. L. 5134-27** 1443

Art. L. 5134-25 La durée du contrat d'accompagnement dans l'emploi ne peut être inférieure à six mois, ou trois mois pour les personnes ayant fait l'objet d'une condamnation et bénéficiant d'un aménagement de peine.

Les dispositions relatives au nombre maximum des renouvellements, prévues (*Ord. n° 2017-1718 du 20 déc. 2017, art. 1er-I*) « aux articles L. 1243-13 et L. 1243-13-1 », ne sont pas applicables.

A compter du 1er janv. 2009, à titre exceptionnel, lorsque des salariés âgés de 50 ans et plus ou des personnes reconnues travailleurs handicapés embauchés dans des entreprises d'insertion, des ateliers et chantiers d'insertion ou des associations intermédiaires rencontrent des difficultés particulières qui font obstacle à leur insertion durable dans l'emploi, le contrat de travail conclu en application de l'art. L. 1242-3, le contrat d'avenir ou le contrat d'accompagnement dans l'emploi qu'ils ont conclu peut être prolongé au-delà de la durée maximale. Cette prolongation est accordée par l'institution mentionnée à l'art. L. 5312-1 ou par le président du conseil général lorsque, dans le cas des contrats d'avenir, celui-ci a conclu la convention individuelle mentionnée à l'art. L. 5314-38 associée à ce contrat, après examen de la situation du salarié au regard de l'emploi, de la capacité contributive de l'employeur et des actions d'accompagnement ou de formation conduites dans le cadre de la durée initialement prévue du contrat (L. n° 2008-1249 du 1er déc. 2008, art. 28-IV).

Art. L. 5134-25-1 (*L. n° 2008-1249 du 1er déc. 2008, art. 22-I*) Le contrat de travail, associé à (*L. n° 2012-1189 du 26 oct. 2012, art. 7*) « l'attribution d'une aide à l'insertion professionnelle au titre d'un » contrat d'accompagnement dans l'emploi, conclu pour une durée déterminée, peut être prolongé dans la limite d'une durée totale de vingt-quatre mois, ou de cinq ans pour les salariés âgés de cinquante ans et plus (*L. n° 2015-994 du 17 août 2015, art. 43*) « rencontrant des difficultés particulières qui font obstacle à leur insertion durable dans l'emploi », ainsi que pour les personnes reconnues travailleurs handicapés.

A titre dérogatoire, ce contrat de travail peut être prolongé au-delà de la durée maximale prévue, en vue de permettre d'achever une action de formation professionnelle en cours de réalisation à l'échéance du contrat et (*L. n° 2012-1189 du 26 oct. 2012, art. 7*) « prévue au titre de l'aide attribuée » (*L. n° 2015-994 du 17 août 2015, art. 43*) « , sans que cette prolongation puisse excéder le terme de l'action concernée ou, pour les salariés âgés de cinquante-huit ans ou plus, jusqu'à la date à laquelle ils sont autorisés à faire valoir leurs droits à la retraite ».

Art. L. 5134-26 La durée hebdomadaire du travail du titulaire d'un contrat d'accompagnement dans l'emploi ne peut être inférieure à vingt heures, sauf lorsque (*L. n° 2012-1189 du 26 oct. 2012, art. 7*) « la décision d'attribution de l'aide » le prévoit en vue de répondre aux difficultés particulièrement importantes de l'intéressé.

(*L. n° 2008-1249 du 1er déc. 2008, art. 22-I*) « Lorsque le contrat de travail, associé à (*L. n° 2012-1189 du 26 oct. 2012, art. 7*) « l'attribution d'une aide à l'insertion professionnelle accordée au titre d'un » contrat d'accompagnement dans l'emploi, a été conclu pour une durée déterminée avec une collectivité territoriale ou une autre personne de droit public, la durée hebdomadaire du travail peut varier sur tout ou partie de la période couverte par le contrat, sans être supérieure à la durée légale hebdomadaire. Cette variation est sans incidence sur le calcul de la rémunération due au salarié. »

Lorsque le contrat d'accompagnement dans l'emploi est conclu avec une personne morale de droit public, la durée du travail peut varier sur tout ou partie de la période couverte par le contrat, sans être supérieure à la durée légale hebdomadaire, à condition que le programme prévisionnel de la répartition de la durée du travail sur l'année ou la période couverte soit indiqué dans le contrat. Cette variation, qui est sans incidence sur le calcul de la rémunération due au salarié, le nombre d'heures hebdomadaires de travail accomplies étant réputé égal à la durée du travail contractuelle, peut aboutir sur certaines semaines à une inactivité totale. ● Soc. 15 déc. 2021, ⚖ n° 19-14.017 B : *RJS 2/2022, n° 50 ; JCP S 2022. 1057, obs. Bousez.*

Art. L. 5134-27 (*Abrogé par L. n° 2012-1189 du 26 oct. 2012, art. 7*) « *Sous réserve de clauses contractuelles ou conventionnelles plus favorables,* » Le titulaire d'un contrat d'accompagnement dans l'emploi perçoit un salaire au moins égal au produit du montant du salaire minimum de croissance par le nombre d'heures de travail accomplies.
— [*Anc. art. L. 322-4-7, I, al. 8.*]

Il résulte de l'art. L. 5134-27 que le salarié, engagé selon un contrat d'accompagnement dans l'emploi, doit bénéficier de l'ensemble des dispositions des conventions et accords collectifs applicables dans l'organisme employeur. • Soc. 6 avr. 2011 : ⚖ D. 2011. Actu. 1146, obs. Siro ⊘ ; JCP S 2011. 1271, obs. Brissy.

Art. L. 5134-28 Par dérogation aux dispositions relatives à la rupture avant terme du contrat de travail à durée déterminée prévues à l'article L. 1243-2, le contrat d'accompagnement dans l'emploi peut être rompu avant son terme, à l'initiative du salarié, lorsque la rupture a pour objet de lui permettre :

1° D'être embauché par un contrat de travail à durée indéterminée ;

2° D'être embauché par un contrat de travail à durée déterminée d'au moins six mois ;

3° De suivre une formation conduisant à une qualification prévue à l'article L. 6314-1. — *[Anc. art. L. 322-4-7, II, al. 7, phrase 1.]*

Art. L. 5134-28-1 (L. n° 2008-1249 du 1ᵉʳ déc. 2008, art. 22-I) Une attestation d'expérience professionnelle est établie par l'employeur et remise au salarié à sa demande ou au plus tard un mois avant la fin du contrat d'accompagnement dans l'emploi.

Art. L. 5134-29 (L. n° 2008-1249 du 1ᵉʳ déc. 2008, art. 22-I) Le contrat d'accompagnement dans l'emploi peut être suspendu, à la demande du salarié, afin de lui permettre :

1° En accord avec son employeur, d'effectuer une (L. n° 2014-288 du 5 mars 2014, art. 20-I) « période de mise en situation en milieu professionnel dans les conditions prévues au chapitre V du présent titre » ou une action concourant à son insertion professionnelle ;

2° D'accomplir une période d'essai afférente à une offre d'emploi visant une embauche en contrat de travail à durée indéterminée ou à durée déterminée au moins égale à six mois.

En cas d'embauche à l'issue de cette (L. n° 2014-288 du 5 mars 2014, art. 2-I) « période de mise en situation en milieu professionnel, d'une action concourant à son insertion professionnelle, » ou de cette période d'essai, le contrat est rompu sans préavis.

SOUS-SECTION 4 Aide financière et exonérations

Art. L. 5134-30 (L. n° 2012-1189 du 26 oct. 2012, art. 7) « L'aide à l'insertion professionnelle attribuée au titre d'un contrat d'accompagnement dans l'emploi » peut être modulée en fonction :

1° De la catégorie et du secteur d'activité de l'employeur ;

2° Des actions prévues en matière d'accompagnement professionnel et des actions visant à favoriser l'insertion durable du salarié ;

3° Des conditions économiques locales ;

4° Des difficultés d'accès à l'emploi antérieurement rencontrées par le salarié.

Art. L. 5134-30-1 (L. n° 2008-1249 du 1ᵉʳ déc. 2008, art. 22-I) Le montant de (L. n° 2012-1189 du 26 oct. 2012, art. 7) « l'aide à l'insertion professionnelle versée au titre d'un contrat d'accompagnement dans l'emploi » ne peut excéder 95 % du montant brut du salaire minimum de croissance par heure travaillée, dans la limite de la durée légale hebdomadaire du travail. Elle n'est soumise à aucune charge fiscale.

(Abrogé par L. n° 2013-1278 du 29 déc. 2013, art. 142-I) (L. n° 2009-1673 du 30 déc. 2009, art. 139) « Toutefois, pour les ateliers et chantiers d'insertion conventionnés par l'État au titre de l'article L. 5132-2, le montant de (L. n° 2012-1189 du 26 oct. 2012, art. 7) « l'aide à l'insertion professionnelle versée au titre d'un contrat d'accompagnement dans l'emploi » peut être porté jusqu'à 105 % du montant brut du salaire minimum de croissance par heure travaillée, dans la limite de la durée légale hebdomadaire du travail. »

Le second al., dans sa rédaction antérieure à la L. n° 2013-1278 du 29 déc. 2013, demeure applicable aux contrats de travail conclus avant le 1ᵉʳ juill. 2014 (L. préc., art. 142-II).

Art. L. 5134-30-2 (L. n° 2008-1249 du 1ᵉʳ déc. 2008, art. 22-I) Lorsque (L. n° 2012-1189 du 26 oct. 2012, art. 7) « l'aide à l'insertion professionnelle prévue à la sous-section 2 de la présente section a été attribuée pour le recrutement d'un » salarié qui

EMPLOI **Art. L. 5134-65** 1445

était, avant son embauche, bénéficiaire du revenu de solidarité active financé par le département, le département participe au financement de l'aide mentionnée à l'article L. 5134-19-1. Cette participation est déterminée, dans des conditions fixées par décret, par référence au montant forfaitaire mentionné (*L. n° 2015-994 du 17 août 2015, art. 59-V*) « à » l'article L. 262-2 du code de l'action sociale et des familles applicable à une personne isolée et en fonction de la majoration des taux prévue par la convention mentionnée à l'article L. 5134-19-4.

Art. L. 5134-31 Les embauches réalisées en contrat d'accompagnement dans l'emploi donnent droit à l'exonération :
1° (*L. n° 2018-1203 du 22 déc. 2018, art. 8-VI et X, en vigueur le 1ᵉʳ janv. 2019*) « Pour les personnes morales mentionnées aux 1° et 2° de l'article L. 5134-21 du présent code, » des cotisations à la charge de l'employeur au titre des assurances sociales et des allocations familiales, pendant la durée (*L. n° 2012-1189 du 26 oct. 2012, art. 7-III-18°*) « d'attribution de l'aide à l'insertion professionnelle », sans qu'il soit fait application des dispositions de l'article L. 131-7 du code de la sécurité sociale. Toutefois, les cotisations afférentes à la partie de la rémunération qui excède un montant fixé par décret ne donnent pas lieu à exonération ;
2° De la taxe sur les salaires ;
3° De la taxe d'apprentissage ;
4° Des participations dues par les employeurs au titre de l'effort de construction. — *V. art. D. 5134-9.*

Art. L. 5134-32 L'État peut contribuer au financement des actions de formation professionnelle et de validation des acquis de l'expérience prévues à l'article L. 5134-22. — *[Anc. art. L. 322-4-7, II, al. 4 début.]*

Art. L. 5134-33 Les aides et les exonérations prévues par la présente sous-section ne peuvent être cumulées avec une autre aide de l'État à l'emploi. — *[Anc. art. L. 322-4-7, II, al. 5.]*

SOUS-SECTION 5 Dispositions d'application

Art. L. 5134-34 Un décret en Conseil d'État détermine les conditions d'application de la présente section. — *[Anc. art. L. 322-6, L. 322-4-7, I, al. 3, phrase 2, L. 322-4-7, II, al. 4 fin, L. 322-4-7, II, al. 1, phrase 3.]* — *V. art. R. 5134-26.*

SECTION 3 *[ABROGÉE]* Contrat d'avenir

Art. L. 5134-35 à L. 5134-53 *Abrogés par L. n° 2008-1249 du 1ᵉʳ déc. 2008, art. 23-I.*

SECTION 4 *[ABROGÉE]* Contrat jeune en entreprise

Art. L. 5134-54 à L. 5134-64 *Abrogés par L. n° 2007-1822 du 24 déc. 2007, art. 127-II.*

Ces art. demeurent toutefois applicables aux contrats de travail ayant ouvert le droit au soutien de l'État mentionné à l'art. L. 322-4-6 C. trav. avant l'entrée en vigueur de la L. n° 2007-1822 du 24 déc. 2007 (L. préc., art. 127-III).

V. art. L. 5134-59, mod. par L. n° 2010-1657 du 29 déc. 2010, art. 201-II, et par L. n° 2018-1203 du 22 déc. 2018, art. 8-VI.

V. art. L. 5134-54, L. 5134-60 et L. 5134-63, mod. par L. n° 2016-1088 du 8 août 2016, art. 46.

SECTION 5 Contrat initiative-emploi

V. Circ. DGEFP n° 2005/11 du 21 mars 2005 relative à la mise en œuvre du Contrat Initiative Emploi (CIE) rénové (BOMT 2005/5, p. 9).

SOUS-SECTION 1 Objet

Art. L. 5134-65 (*L. n° 2008-1249 du 1ᵉʳ déc. 2008, art. 23-III*) Le contrat initiative-emploi a pour objet de faciliter l'insertion professionnelle des personnes sans emploi rencontrant des difficultés sociales et professionnelles d'accès à l'emploi. A cette fin, il comporte des actions d'accompagnement professionnel. Les actions de formation nécessaires à la réalisation du projet professionnel de la personne peuvent être mentionnées dans la (*L. n° 2012-1189 du 26 oct. 2012, art. 7*) « demande d'aide à l'insertion professionnelle » ; elles sont menées dans le cadre défini à l'article L. 6312-1. — *V. art. R. 5134-51 s.*

Jurisprudence rendue sous l'empire de l'ancien art. L. 5134-65.

1. Convention de CIE. Le refus de l'ANPE de conclure une convention de contrat initiative-emploi ne saurait être constitutif d'une faute de nature à engager la responsabilité de l'ANPE et à justifier sa condamnation à réparer le préjudice qui en est résulté ; le directeur d'une ANPE doit être regardé comme agissant pour le compte de l'État et non en qualité d'exécutif de cet établissement. • CE 29 nov. 2004 : ⚖ *RJS 2005. 224, n° 302.*

2. Durée du travail. Le paiement des heures complémentaires en repos compensateur doit être accepté par le salarié engagé par contrat emploi-solidarité. • Soc. 9 juill. 1996, ⚖ n° 93-41.145 P : *Dr. soc. 1996. 920, note Savatier* ⊘ *; RJS 1996. 616, n° 961* (rupture imputable à l'employeur en cas de refus du salarié).

3. Nature des embauches. Les contrats initiative-emploi, réservés à des travailleurs qui rencontrent des difficultés particulières d'accès à l'emploi, qui sont conclus pour une durée déterminée, peuvent par exception au régime de droit commun des contrats à durée déterminée, être contractés pour pourvoir durablement des emplois liés à l'activité normale et permanente de l'entreprise. • Soc. 26 janv. 2005 : ⚖ *Dr. soc. 2005. 467, obs. Roy-Loustaunau* ⊘ *; RJS 2005. 298, n° 426.*

SOUS-SECTION 2   Décision d'attribution de l'aide à l'insertion professionnelle (*L. n° 2012-1189 du 26 oct. 2012, art. 7*).

Art. L. 5134-66 (*L. n° 2012-1189 du 26 oct. 2012, art. 7*) « Les aides à l'insertion professionnelle au titre d'un contrat initiative-emploi peuvent être accordées aux employeurs suivants : »

1° Les employeurs mentionnés à l'article L. 5422-13 et aux 3° et 4° de l'article L. 5424-1 ;

2° Les groupements d'employeurs (*L. n° 2014-288 du 5 mars 2014, art. 20-IV*) « pour l'insertion et la qualification mentionnés à l'article L. 1253-1 » ;

3° Les employeurs de pêche maritime non couverts par l'article L. 5422-13, les 3° et 4° de l'article L. 5424-1 et l'article L. 1253-1.

Art. L. 5134-66-1 (*L. n° 2008-1249 du 1er déc. 2008, art. 23-II ; L. n° 2012-1189 du 26 oct. 2012, art. 7*) La décision d'attribution d'une nouvelle aide à l'insertion professionnelle est subordonnée au bilan préalable des actions d'accompagnement et des actions visant à l'insertion durable des salariés, réalisées dans le cadre d'un contrat aidé antérieur.

Art. L. 5134-67 Les particuliers employeurs (*L. n° 2012-1189 du 26 oct. 2012, art. 7-IV-5°*) « ne sont pas éligibles aux aides attribuées au titre d'un contrat initiative-emploi ».

Art. L. 5134-67-1 (*L. n° 2008-1249 du 1er déc. 2008, art. 23-II*) La durée de (*L. n° 2012-1189 du 26 oct. 2012, art. 7*) « l'aide à l'insertion professionnelle attribuée au titre » du contrat initiative-emploi ne peut excéder le terme du contrat de travail.

(*L. n° 2012-1189 du 26 oct. 2012, art. 7*) « L'attribution de l'aide » peut être prolongée dans la limite d'une durée totale de vingt-quatre mois.

Il peut être dérogé, selon des modalités fixées par voie réglementaire, à la durée maximale (*L. n° 2012-1189 du 26 oct. 2012, art. 7*) « pour laquelle est attribuée une aide à l'insertion professionnelle », soit lorsque celle-ci concerne un salarié âgé de cinquante ans et plus (*L. n° 2015-994 du 17 août 2015, art. 43*) « rencontrant des difficultés particulières qui font obstacle à son insertion durable dans l'emploi » ou une personne reconnue travailleur handicapé, soit pour permettre d'achever une action de formation professionnelle en cours de réalisation et (*L. n° 2012-1189 du 26 oct. 2012, art. 7*) « prévue au titre de l'aide attribuée ». La durée de cette prolongation ne peut excéder le terme de l'action concernée.

Art. L. 5134-67-2 (*L. n° 2008-1249 du 1er déc. 2008, art. 23-II*) La prolongation de (*L. n° 2012-1189 du 26 oct. 2012, art. 7*) « l'attribution de l'aide à l'insertion professionnelle » et, s'il est à durée déterminée, du contrat de travail *(L. n° 2012-1189 du 26 oct. 2012, art. 7)* « au titre duquel l'aide est attribuée » est subordonnée à l'évaluation des actions réalisées au cours du contrat en vue de favoriser l'insertion durable du salarié.

Art. L. 5134-68 *(L. n° 2008-1249 du 1er déc. 2008, art. 23-II)* Il ne peut être *(L. n° 2012-1189 du 26 oct. 2012, art. 7)* « attribué d'aide à l'insertion professionnelle » dans les cas suivants :
1° Lorsque l'établissement a procédé à un licenciement économique dans les six mois précédant la date d'embauche ;
2° Lorsque l'embauche vise à procéder au remplacement d'un salarié licencié pour un motif autre que la faute grave ou lourde. S'il apparaît que l'embauche a eu pour conséquence le licenciement d'un autre salarié, *(L. n° 2012-1189 du 26 oct. 2012, art. 7)* « la décision d'attribution de l'aide peut être retirée » par l'État ou par le président du conseil départemental. *(L. n° 2012-1189 du 26 oct. 2012, art. 7)* « La décision de retrait de l'attribution de l'aide » emporte obligation pour l'employeur de rembourser l'intégralité des sommes perçues ;
3° Lorsque l'employeur n'est pas à jour du versement de ses cotisations et contributions sociales.

SOUS-SECTION 3 Contrat de travail

Art. L. 5134-69 Le contrat initiative-emploi est un contrat de travail de droit privé à durée indéterminée ou à durée déterminée conclu en application de l'article L. **1242-3**.
Lorsqu'il est conclu pour une durée déterminée les règles de renouvellement prévues *(Ord. n° 2017-1718 du 20 déc. 2017, art. 1er-I)* « aux articles L. **1243-13** et L. **1243-13-1** » ne sont pas applicables.

Requalification. Le non-respect par l'employeur des obligations relatives à la formation et à l'orientation professionnelle entraîne la requalification du contrat emploi-solidarité en contrat à durée déterminée. ● Soc. 30 nov. 2004, n° 01-45.613 P : *Dr. soc. 2005. 212, obs. Roy-Loustaunau ; JSL 2004, n° 158-3.*

Art. L. 5134-69-1 *(L. n° 2008-1249 du 1er déc. 2008, art. 23-II)* Le contrat de travail associé à une *(L. n° 2012-1189 du 26 oct. 2012, art. 7)* « aide à l'insertion professionnelle attribuée au titre d'un » contrat initiative-emploi, conclu pour une durée déterminée, peut être prolongé dans la limite d'une durée totale de vingt-quatre mois, ou de cinq ans pour les salariés âgés de cinquante ans et plus *(L. n° 2015-994 du 17 août 2015, art. 43)* « rencontrant des difficultés particulières qui font obstacle à leur insertion durable dans l'emploi », ainsi que pour les personnes reconnues travailleurs handicapés.
(L. n° 2015-994 du 17 août 2015, art. 43) « A titre dérogatoire, pour les salariés âgés de cinquante-huit ans ou plus, ce contrat de travail peut être prolongé jusqu'à la date à laquelle ils sont autorisés à faire valoir leurs droits à la retraite. »

Art. L. 5134-69-2 *(L. n° 2008-1249 du 1er déc. 2008, art. 23-II)* La durée du contrat initiative-emploi ne peut être inférieure à six mois, ou trois mois pour les personnes ayant fait l'objet d'une condamnation et bénéficiant d'un aménagement de peine.

Art. L. 5134-70 Par dérogation aux dispositions relatives à la rupture avant le terme du contrat de travail à durée déterminée prévues à l'article L. **1243-2**, le contrat initiative emploi peut être rompu avant son terme, à l'initiative du salarié, lorsque la rupture a pour objet de lui permettre :
1° D'être embauché par un contrat à durée déterminée d'au moins six mois ;
2° D'être embauché par un contrat à durée indéterminée ;
3° De suivre une formation conduisant à une qualification telle que prévue à l'article L. **6314-1**. – *[Anc. art. L. 322-4-8, III, al. 2, phrase 1.]*

Art. L. 5134-70-1 *(L. n° 2008-1249 du 1er déc. 2008, art. 23-II)* La durée hebdomadaire du travail *(L. n° 2015-994 du 17 août 2015, art. 43)* « du titulaire d'un contrat initiative-emploi ne peut être inférieure à vingt heures, sauf lorsque la décision d'attribution de l'aide le prévoit pour répondre aux besoins d'un salarié âgé de soixante ans ou plus et éligible à un dispositif d'intéressement à la reprise d'activité des bénéficiaires des allocations du régime de solidarité ».

Art. L. 5134-70-2 (L. n° 2008-1249 du 1er déc. 2008, art. 23-II) Une attestation d'expérience professionnelle est établie par l'employeur et remise au salarié à sa demande ou au plus tard un mois avant la fin du contrat initiative-emploi.

Art. L. 5134-71 (L. n° 2008-1249 du 1er déc. 2008, art. 23-II) Le contrat initiative-emploi peut être suspendu, à la demande du salarié, afin de lui permettre :
1° En accord avec son employeur, d'effectuer une (L. n° 2014-288 du 5 mars 2014, art. 20-I) « période de mise en situation en milieu professionnel dans les conditions prévues au chapitre V du présent titre » ou une action concourant à son insertion professionnelle ;
2° D'accomplir une période d'essai afférente à une offre d'emploi visant une embauche en contrat de travail à durée indéterminée ou à durée déterminée au moins égale à six mois.
En cas d'embauche à l'issue de cette (L. n° 2014-288 du 5 mars 2014, art. 20-I) « période de mise en situation en milieu professionnel, d'une action concourant à son insertion professionnelle, » ou de cette période d'essai, le contrat est rompu sans préavis.

SOUS-SECTION 4 Aide financière

Art. L. 5134-72 (L. n° 2012-1189 du 26 oct. 2012, art. 7) « L'aide à l'insertion professionnelle attribuée au titre d'un contrat initiative-emploi » peut être modulée en fonction :
1° De la catégorie et du secteur d'activité de l'employeur ;
2° Des actions prévues en matière d'accompagnement professionnel et des actions visant à favoriser l'insertion durable du salarié ;
3° Des conditions économiques locales ;
4° Des difficultés d'accès à l'emploi antérieurement rencontrées par le salarié.

Art. L. 5134-72-1 (L. n° 2008-1249 du 1er déc. 2008, art. 23-II) Le montant de (L. n° 2012-1189 du 26 oct. 2012, art. 7) « l'aide à l'insertion professionnelle versée au titre d'un contrat initiative-emploi » ne peut excéder 47 % du montant brut du salaire minimum de croissance par heure travaillée, dans la limite de la durée légale hebdomadaire du travail.

Art. L. 5134-72-2 (L. n° 2008-1249 du 1er déc. 2008, art. 23-II) Lorsque (L. n° 2012-1189 du 26 oct. 2012, art. 7) « l'aide à l'insertion professionnelle a été attribuée pour le recrutement d'un » salarié qui était, avant son (L. n° 2012-1189 du 26 oct. 2012, art. 7) « recrutement », bénéficiaire du revenu de solidarité active financé par le département, le département participe au financement de l'aide mentionnée à l'article L. 5134-19-1. Cette participation est déterminée, dans des conditions fixées par décret, par référence au montant forfaitaire mentionné (L. n° 2015-994 du 17 août 2015, art. 59-V) « à » l'article L. 262-2 du code de l'action sociale et des familles applicable à une personne isolée et en fonction de la majoration des taux prévue par la convention mentionnée à l'article L. 5134-19-4.

SOUS-SECTION 5 Dispositions d'application

Art. L. 5134-73 Un décret en Conseil d'État détermine les conditions d'application de la présente section. — [Anc. art. L. 322-4-8, I, al. 3 et II, al. 1, phrase 2, et L. 322-6.] — V. art. R. 5134-88.

SECTION 6 [ABROGÉE] Contrat insertion-revenu minimum d'activité

(Abrogée par L. n° 2008-1249 du 1er déc. 2008, art. 23-III)

Les contrats d'avenir et les contrats insertion-revenu minimum d'activité conclus antérieurement au 1er janv. 2010 continuent à produire leurs effets dans les conditions applicables antérieurement à cette date, jusqu'au terme de la convention individuelle en application de laquelle ils ont été signés. Cette convention et ces contrats ne peuvent faire l'objet d'aucun renouvellement ni d'aucune prolon-

EMPLOI **Art. L. 5134-103** 1449

gation au-delà du 1er janv. 2010 (L. n° 2008-1249 du 1er déc. 2008, art. 31-I). — V. ces dispositions abrogées dans les éditions précédentes du **C. trav.**

SECTION 7 Contrat relatif aux activités d'adultes-relais

SOUS-SECTION 1 Objet

Art. L. 5134-100 Le contrat relatif aux activités d'adultes-relais a pour objet d'améliorer, dans les (L. n° 2014-173 du 21 févr. 2014, art. 26-I) « quartiers prioritaires de la politique de la ville » et les autres territoires prioritaires des contrats de ville, les relations entre les habitants de ces quartiers et les services publics, ainsi que les rapports sociaux dans les espaces publics ou collectifs.

Il donne lieu :
1° A la conclusion d'une convention entre l'État et l'employeur dans les conditions prévues à la sous-section 2 ;
2° A la conclusion d'un contrat de travail entre l'employeur et le bénéficiaire de la convention dans les conditions prévues à la sous-section 3 ;
3° A l'attribution d'une aide financière dans les conditions prévues à la sous-section 4. — [Anc. art. L. 12-10-1, al. 1er milieu et al. 2.]

SOUS-SECTION 2 Convention

Art. L. 5134-101 L'État peut conclure des conventions ouvrant droit au bénéfice de contrats relatifs à des activités d'adultes-relais avec :
1° Les collectivités territoriales et les établissements publics de coopération intercommunale, ainsi que leurs établissements publics ;
2° Les établissements publics locaux d'enseignement ;
3° Les établissements publics de santé ;
4° Les offices publics d'habitations à loyer modéré et les offices publics d'aménagement et de construction ;
5° Les organismes de droit privé à but non lucratif ;
6° Les personnes morales de droit privé chargées de la gestion d'un service public. — [Anc. art. L. 12-10-1, al. 1er début.]

SOUS-SECTION 3 Contrat de travail

Art. L. 5134-102 Le contrat de travail relatif à des activités d'adultes-relais peut être conclu avec des personnes âgées d'au moins (Décr. n° 2021-1181 du 14 sept. 2021) « vingt-six » ans, sans emploi ou bénéficiant, sous réserve qu'il soit mis fin à ce contrat, (L. n° 2015-990 du 6 août 2015, art. 298-II) « d'un contrat d'accompagnement dans l'emploi » et résidant (L. n° 2014-173 du 21 févr. 2014, art. 26-VI) « dans un quartier prioritaire de la politique de la ville » ou dans un autre territoire prioritaire des contrats de ville.

La condition d'âge pour l'accès au contrat de travail relatif à des activités d'adultes-relais peut être modifiée par décret (Décr. n° 2021-1181 du 14 sept. 2021, art. 2).

Art. L. 5134-103 Le contrat relatif à des activités d'adultes-relais est un contrat de travail de droit privé à durée indéterminée ou à durée déterminée conclu en application du 1° de l'article L. 1242-3 dans la limite d'une durée de trois ans renouvelable une fois.

Les collectivités territoriales et les autres personnes morales de droit public mentionnées à l'article L. 5134-101, à l'exception des établissements publics industriels et commerciaux, ne peuvent conclure que des contrats de travail à durée déterminée dans les conditions mentionnées à la présente section.

Le contrat à durée déterminée comporte une période d'essai d'un mois renouvelable une fois. — [Anc. art. L. 12-10-1, al. 4 et 5.]

1. Irrégularités du contrat. Lorsqu'une personne est engagée dans le cadre d'un contrat relatif à des activités d'adultes-relais mais que le contrat à durée déterminée ne mentionne pas qu'il s'agit d'un contrat « adulte-relais » et ne fait pas référence aux dispositions légales relatives à ce type de contrat, ce dernier doit être requalifié en contrat à durée indéterminée. ● Soc. 13 juin

2012 : 🔒 *D. actu. 9 juill. 2012*, obs. Fleuriot ; *RDT 2012.* 553, obs. Marié ⌀ ; *RJS 2012.* 632, n° 731 ; *JCP S 2012.* 1405, obs. Bousez.

2. Requalification en CDI. La sanction de l'irrégularité d'un contrat adultes-relais ne peut être que sa requalification en contrat de travail à durée indéterminée et non en un contrat à durée déterminée relevant de l'art. L. 1243-1 C. trav. ● Soc. 8 juill. 2015, 🔒 n° 13-25.209 P : *D. actu. 11 sept. 2015*, obs. Doutreleau ; *D.* 2015. Actu.

1605 ⌀ ; *RDT 2015.* 604, obs. Auzero ⌀ ; *RJS 10/2015*, n° 655.

3. Durée minimale. Aucun texte n'impose une durée minimale lorsque les parties concluent un contrat à durée déterminée relatif à des activités d'adultes-relais ; le contrat d'une durée de 12 mois renouvelé une fois prend fin par l'arrivée du terme et non par l'effet de l'exercice par l'employeur de la faculté de rupture anticipée. ● Soc. 18 janv. 2018, 🔒 n° 16-18.956 P.

Art. L. 5134-104 Sans préjudice des cas prévus aux articles L. 1243-1 et L. 1243-2, le contrat de travail relatif à des activités d'adultes-relais peut être rompu, à l'expiration de chacune des périodes annuelles de leur exécution, à l'initiative du salarié, sous réserve du respect d'un préavis de deux semaines, ou de l'employeur, s'il justifie d'une cause réelle et sérieuse.

Dans ce dernier cas, les dispositions relatives à l'entretien préalable au licenciement, prévues aux articles L. 1232-2 à L. 1232-4, L. 1233-11 à L. 1233-13 et L. 1233-38, et celles relatives au préavis, prévues à l'article L. 1234-1, sont applicables. — *[Anc. art. L. 12-10-1, al. 6 et al. 7, phrase 1.]*

Rupture du contrat adultes-relais. Lorsque les parties concluent un contrat de travail à durée déterminée relatif à des activités d'adultes-relais, le contrat qui a été renouvelé prend fin par l'arrivée du terme et non par l'effet de l'exercice par l'employeur de la faculté de rupture anticipée dans les conditions de l'art. L. 5134-104. ● Soc. 18 janv. 2018, 🔒 n° 16-18.956 P : *D. actu. 18 janv. 2018*, obs. Cortot ; *D.* 2018. Actu. 173 ⌀ ; *RJS 3/2018*, n° 165 ; *JCP S 2018.* 1085, obs. Bousez.

Art. L. 5134-105 L'employeur qui décide de rompre le contrat du salarié pour une cause réelle et sérieuse notifie cette rupture par lettre recommandée avec avis de réception. Cette lettre ne peut être expédiée au salarié moins de deux jours francs après la date fixée pour l'entretien préalable. La date de présentation de la lettre fixe le point de départ du préavis. — *[Anc. art. L. 12-10-1, al. 7, phrases 2 à 4.]*

Art. L. 5134-106 Le salarié dont le contrat est rompu par son employeur dans les conditions prévues à l'article L. 5134-104 bénéficie d'une indemnité calculée sur la base de la rémunération perçue.

Le montant retenu pour le calcul de cette indemnité ne peut cependant excéder le montant perçu par le salarié au titre des dix-huit derniers mois d'exécution de son contrat de travail. Son taux est identique à celui de l'indemnité de fin de contrat prévue à l'article L. 1243-8. — *[Anc. art. L. 12-10-1, al. 8.]*

Art. L. 5134-107 Par dérogation aux dispositions de l'article L. 1243-2, la méconnaissance par l'employeur des dispositions relatives à la rupture du contrat de travail à durée déterminée prévues par la présente sous-section ouvre droit pour le salarié à des dommages et intérêts correspondant au préjudice subi.

Il en est de même lorsque la rupture du contrat intervient suite au non-respect de la convention mentionnée à l'article L. 5134-101 ayant entraîné sa dénonciation. — *[Anc. art. L. 12-10-1, al. 9.]*

SOUS-SECTION 4 **Aide financière**

Art. L. 5134-108 Les employeurs mentionnés à l'article L. 5134-101 bénéficient d'une aide financière de l'État.

Cette aide n'est pas imposable pour les personnes non assujetties à l'impôt sur les sociétés.

Cette aide ne peut être cumulée avec une autre aide de l'État à l'emploi. — *[Anc. art. L. 12-10-1, al. 3.]*

SOUS-SECTION 5 **Dispositions d'application**

Art. L. 5134-109 Un décret détermine les conditions d'application de la présente section. — *[Anc. art. L. 12-10-1, al. 10.]* — V. art. D. 5134-145 s.

EMPLOI   **Art. L. 5134-112** 1451

SECTION 8 **Emploi d'avenir**

(L. n° 2012-1189 du 26 oct. 2012, art. 1ᵉʳ)

V. Instr. PE n° 2012-156 du 14 déc. 2012, BOPE n° 129-2012 du 14 déc. 2012.

V. DGEFP, Questions-réponses relatives aux emplois d'avenir, 29 mai 2013.

BIBL. ▶ Petit et Gamet, RDT 2013. Controverse 76 ⌀ (les emplois d'avenir ont-ils un avenir ?). – Willmann, Dr. soc. 2013. 24 ⌀.

SOUS-SECTION 1 **Dispositions générales**

Art. L. 5134-110 I. — L'emploi d'avenir a pour objet de faciliter l'insertion professionnelle et l'accès à la qualification des jeunes sans emploi âgés de seize à vingt-cinq ans au moment de la signature du contrat de travail soit sans qualification, soit peu qualifiés et rencontrant des difficultés particulières d'accès à l'emploi, par leur recrutement dans des activités présentant un caractère d'utilité sociale ou environnementale ou ayant un fort potentiel de création d'emplois. Les personnes bénéficiant de la reconnaissance de la qualité de travailleur handicapé et remplissant ces mêmes conditions peuvent accéder à un emploi d'avenir lorsqu'elles sont âgées de moins de trente ans.

II. — L'emploi d'avenir est destiné en priorité aux jeunes mentionnés au I qui résident soit dans les (L. n° 2014-173 du 21 févr. 2014, art. 26-VI) « quartiers prioritaires de la politique de la ville » ou les zones (L. n° 2023-1322 du 29 déc. 2023, art. 73-XI, en vigueur le 1ᵉʳ juill. 2024) « France ruralités revitalisation mentionnées aux II et III de l'article 44 *quindecies* A *[ancienne rédaction : de revitalisation rurale au sens de l'article 1465 A]* » du code général des impôts, soit (Ord. n° 2017-1491 du 25 oct. 2017, art. 6) « en Guadeloupe, en Guyane, en Martinique, à Mayotte, à La Réunion », à Saint-Barthélemy, à Saint-Martin ou à Saint-Pierre-et-Miquelon, soit dans les territoires dans lesquels les jeunes connaissent des difficultés particulières d'accès à l'emploi. – V. art. R. 5134-161 s.

Art. L. 5134-111 L'aide relative à l'emploi d'avenir peut être attribuée aux employeurs suivants :

1° Les organismes de droit privé à but non lucratif ;

2° Les collectivités territoriales et leurs groupements ;

3° Les autres personnes morales de droit public, à l'exception de l'État ;

4° Les groupements d'employeurs (L. n° 2014-288 du 5 mars 2014, art. 20-IV) « pour l'insertion et la qualification mentionnés à l'article L. 1253-1 » ;

5° Les structures d'insertion par l'activité économique mentionnées à l'article L. 5132-4 ;

6° Les personnes morales de droit privé chargées de la gestion d'un service public ;

(L. n° 2014-856 du 31 juill. 2014, art. 34) « 7° Les sociétés coopératives d'intérêt collectif. »

Par exception, lorsqu'ils ne relèvent pas d'une des catégories mentionnées aux 1° à (L. n° 2014-856 du 31 juill. 2014, art. 34) « 7° » du présent article, les employeurs relevant de l'article L. 5422-13 et des 3° et 4° de l'article L. 5424-1 sont éligibles à l'aide relative aux emplois d'avenir s'ils remplissent les conditions fixées par décret en Conseil d'État relatives à leur secteur d'activité et au parcours d'insertion et de qualification proposé au futur bénéficiaire. – V. art. R. 5134-164.

Les particuliers employeurs ne sont pas éligibles à l'aide attribuée au titre d'un emploi d'avenir.

Pour être éligible à une aide relative à l'emploi d'avenir, l'employeur doit pouvoir justifier de sa capacité, notamment financière, à maintenir l'emploi au moins le temps de son versement.

BIBL. ▶ Fadeuilhe, JCP S 2012. 1528 (les groupements d'employeurs qui organisent des parcours d'insertion et de qualification).

Art. L. 5134-112 L'emploi d'avenir est conclu sous la forme, selon le cas, d'un contrat d'accompagnement dans l'emploi régi par la section 2 du présent chapitre ou d'un contrat initiative-emploi régi par la section 5 du même chapitre. Les dispositions relatives à ces contrats s'appliquent à l'emploi d'avenir, sous réserve des dispositions spécifiques prévues par la présente section.

Un suivi personnalisé professionnel et, le cas échéant, social du bénéficiaire d'un emploi d'avenir est assuré pendant le temps de travail par l'institution mentionnée à l'article L. 5312-1 ou par l'un des organismes mentionnés à l'article L. 5314-1 ou au 1° *bis* de l'article L. 5311-4 ou par la personne mentionnée au 2° de l'article L. 5134-19-1. Un bilan relatif au projet professionnel du bénéficiaire et à la suite donnée à l'emploi d'avenir est notamment réalisé deux mois avant l'échéance de l'aide relative à l'emploi d'avenir.

SOUS-SECTION 2 **Aide à l'insertion professionnelle**

Art. L. 5134-113 L'aide relative à l'emploi d'avenir est accordée pour une durée minimale de douze mois et pour une durée maximale de trente-six mois, sans pouvoir excéder le terme du contrat de travail.

Lorsque l'aide a été initialement accordée pour une durée inférieure à trente-six mois, elle peut être prolongée jusqu'à cette durée maximale.

A titre dérogatoire, afin de permettre au bénéficiaire d'achever une action de formation professionnelle, une prolongation de l'aide au-delà de la durée maximale de trente-six mois peut être autorisée par les personnes mentionnées aux 1° et 2° de l'article L. 5134-19-1. La durée de la prolongation ne peut excéder le terme de l'action concernée.

Art. L. 5134-114 L'aide relative à l'emploi d'avenir est attribuée au vu des engagements de l'employeur sur le contenu du poste proposé et sa position dans l'organisation de la structure employant le bénéficiaire de l'emploi d'avenir, sur les conditions d'encadrement et de tutorat ainsi que sur la qualification ou les compétences dont l'acquisition est visée pendant la période en emploi d'avenir. Ces engagements portent obligatoirement sur les actions de formation, réalisées prioritairement pendant le temps de travail, ou en dehors de celui-ci, qui concourent à l'acquisition de cette qualification ou de ces compétences et les moyens à mobiliser pour y parvenir. Ils précisent les modalités d'organisation du temps de travail envisagées afin de permettre la réalisation des actions de formation. Ces actions de formation privilégient l'acquisition de compétences de base et de compétences transférables permettant au bénéficiaire de l'emploi d'avenir d'accéder à un niveau de qualification supérieur.

L'aide est également attribuée au vu des engagements de l'employeur sur les possibilités de pérennisation des activités et les dispositions de nature à assurer la professionnalisation des emplois.

En cas de non-respect de ses engagements par l'employeur, notamment en matière de formation, le remboursement de la totalité des aides publiques perçues est dû à l'État.

La décision d'attribution d'une nouvelle aide à l'insertion professionnelle mentionnée à l'article L. 5134-113 est subordonnée au contrôle du respect par l'employeur des engagements qu'il avait souscrits au titre d'une embauche antérieure en emploi d'avenir.

Obligation de formation. L'employeur a satisfait à son obligation de formation et d'accompagnement à l'égard du salarié employé en contrat d'insertion puisqu'il a été relevé que l'intéressé a bénéficié d'une formation en interne et d'une adaptation aux postes de travail occupés, lui ayant permis d'acquérir de nouvelles compétences, dont la réalité est confirmée par les informations données dans son curriculum vitae. • Soc. 28 juin 2018, n° 17-17.842 P : D. 2018. Actu. 1443 ; RJS 10/2018, n° 586 ; JCP S 2018. 1365, obs. Willmann.

SOUS-SECTION 3 **Contrat de travail**

Art. L. 5134-115 Le contrat de travail associé à un emploi d'avenir peut être à durée indéterminée ou à durée déterminée.

Lorsqu'il est à durée déterminée, il est conclu pour une durée de trente-six mois.

En cas de circonstances particulières liées soit à la situation ou au parcours du bénéficiaire, soit au projet associé à l'emploi, il peut être conclu initialement pour une durée inférieure, qui ne peut être inférieure à douze mois.

S'il a été initialement conclu pour une durée inférieure à trente-six mois, il peut être prolongé jusqu'à cette durée maximale.

Sans préjudice des dispositions de l'article L. 1243-1, il peut être rompu à l'expiration de chacune des périodes annuelles de son exécution à l'initiative du salarié, moyennant le respect d'un préavis de deux semaines, ou de l'employeur, s'il justifie d'une cause réelle et sérieuse, moyennant le respect d'un préavis d'un mois et de la procédure prévue à l'article L. 1232-2.

Dans le cas prévu au dernier alinéa de l'article L. 5134-113, les personnes mentionnées aux 1° et 2° de l'article L. 5134-19-1 peuvent autoriser une prolongation du contrat au-delà de la durée maximale de trente-six mois, sans que cette prolongation puisse excéder le terme de l'action de formation concernée.

Le bénéficiaire d'un emploi d'avenir en contrat à durée déterminée bénéficie d'une priorité d'embauche durant un délai d'un an à compter du terme de son contrat. L'employeur l'informe de tout emploi disponible et compatible avec sa qualification ou ses compétences. Le salarié ainsi recruté est dispensé de la période d'essai mentionnée à l'article L. 1221-19.

Rupture anticipée d'un CDD associé à un emploi d'avenir. Lorsque la rupture anticipée du CDD associé à un emploi d'avenir intervient à l'initiative de l'employeur en dehors des cas prévus par la loi, le salarié a droit à des dommages-intérêts d'un montant au moins égal aux rémunérations qu'il aurait perçues jusqu'au terme du contrat. • Soc. 13 oct. 2021, n° 19-24.540 B : *RJS 12/2021, n° 638 ; JCP S 2021. 1283, obs. Bousez.*

Art. L. 5134-116 Le bénéficiaire d'un emploi d'avenir occupe un emploi à temps plein.

Toutefois, lorsque le parcours ou la situation du bénéficiaire le justifient, notamment pour faciliter le suivi d'une action de formation, ou lorsque la nature de l'emploi ou le volume de l'activité ne permettent pas l'emploi d'un salarié à temps complet, la durée hebdomadaire de travail peut être fixée à temps partiel, avec l'accord du salarié, après autorisation des personnes mentionnées aux 1° et 2° de l'article L. 5134-19-1. Elle ne peut alors être inférieure à la moitié de la durée hebdomadaire de travail à temps plein. Dès lors que les conditions rendent possible une augmentation de la durée hebdomadaire de travail, le contrat ainsi que la demande associée peuvent être modifiés en ce sens avec l'accord des personnes mentionnées aux mêmes 1° et 2°.

SOUS-SECTION 4 **Reconnaissance des compétences acquises**

Art. L. 5134-117 Les compétences acquises dans le cadre de l'emploi d'avenir sont reconnues par une attestation de formation, une attestation d'expérience professionnelle ou une validation des acquis de l'expérience prévue à l'article L. 6411-1. Elles peuvent également faire l'objet d'une certification inscrite au répertoire national des certifications professionnelles.

La présentation à un examen pour acquérir un diplôme ou à un concours doit être favorisée pendant ou à l'issue de l'emploi d'avenir.

A l'issue de son emploi d'avenir, le bénéficiaire qui souhaite aboutir dans son parcours d'accès à la qualification peut prétendre aux contrats de travail mentionnés au livre II et au chapitre V du titre II du livre III de la sixième partie ainsi qu'aux actions de formation professionnelle mentionnées à l'article L. 6313-1, selon des modalités définies dans le cadre d'une concertation annuelle du comité de coordination régional de l'emploi et de la formation professionnelle.

SOUS-SECTION 5 **Dispositions d'application**

Art. L. 5134-118 Un décret en Conseil d'État fixe les conditions d'application de la présente section, notamment les niveaux de qualification et les critères d'appréciation des difficultés particulières d'accès à l'emploi mentionnées au I de l'article L. 5134-110, qui peuvent différer selon que les jeunes résident ou non dans des (*L. n° 2014-173 du 21 févr. 2014, art. 26-I*) « quartiers prioritaires de la politique de la ville » ou des zones (*L. n° 2023-1322 du 29 déc. 2023, art. 73-XI, en vigueur le 1ᵉʳ juill. 2024*) « France ruralités revitalisation *[ancienne rédaction : de revitalisation rurale]* » ou (*Ord. n° 2017-1491 du 25 oct. 2017, art. 6*) « en Guadeloupe, en Guyane, en Martinique, à Mayotte, à La Réunion », à Saint-Barthélemy, à Saint-Martin ou à Saint-Pierre-et-Miquelon.

A titre exceptionnel, *(Ord. n° 2017-1491 du 25 oct. 2017, art. 6)* « en Guadeloupe, en Guyane, en Martinique, à Mayotte, à La Réunion », à Saint-Barthélemy, à Saint-Martin et à Saint-Pierre-et-Miquelon, dans les *(L. n° 2014-173 du 21 févr. 2014, art. 26-I)* « quartiers prioritaires de la politique de la ville » et les zones *(L. n° 2023-1322 du 29 déc. 2023, art. 73-XI, en vigueur le 1er juill. 2024)* « France ruralités revitalisation *[ancienne rédaction : de revitalisation rurale]* », les jeunes ayant engagé des études supérieures et confrontés à des difficultés particulières d'insertion professionnelle peuvent être recrutés en emploi d'avenir, sur décision de l'autorité administrative compétente.

Art. L. 5134-119 Les autres textes encadrant la mise en œuvre des emplois d'avenir comportent :

1° Des mesures de nature à favoriser une répartition équilibrée des femmes et des hommes par secteur d'activité ;

2° Des dispositions particulières applicables aux emplois d'avenir créés dans le secteur de l'aide aux personnes handicapées ou aux personnes âgées dépendantes, de nature à favoriser l'amélioration de la qualité de vie de ces personnes ;

3° Les adaptations nécessaires pour tenir compte de la situation particulière des collectivités territoriales d'outre-mer entrant dans son champ d'application.

SECTION 9 Emploi d'avenir professeur

(L. n° 2012-1189 du 26 oct. 2012, art. 4)

SOUS-SECTION 1 Dispositions générales

Art. L. 5134-120 I. — Pour faciliter l'insertion professionnelle et la promotion sociale des jeunes dans les métiers du professorat, les établissements publics locaux d'enseignement et les établissements publics locaux d'enseignement et de formation professionnelle agricoles peuvent proposer des emplois d'avenir professeur.

II. — L'emploi d'avenir professeur est destiné à des étudiants titulaires de bourses de l'enseignement supérieur relevant du chapitre I du titre II du livre VIII de la troisième partie du code de l'éducation inscrits en deuxième année de licence ou, le cas échéant, en troisième année de licence ou en première année de master dans un établissement d'enseignement supérieur, âgés de vingt-cinq ans au plus et se destinant aux métiers du professorat. La limite d'âge est portée à trente ans lorsque l'étudiant présente un handicap reconnu par la commission des droits et de l'autonomie des personnes handicapées.

III. — Les étudiants mentionnés au II bénéficient d'une priorité d'accès aux emplois d'avenir professeur lorsqu'ils effectuent leurs études dans une académie ou dans une discipline connaissant des besoins particuliers de recrutement et qu'ils justifient :

1° Soit d'avoir résidé pendant une durée minimale dans *(L. n° 2014-173 du 21 févr. 2014, art. 26-VI)* « un quartier prioritaire de la politique de la ville », dans une zone *(L. n° 2023-1322 du 29 déc. 2023, art. 73-XI, en vigueur le 1er juill. 2024)* « France ruralités revitalisation mentionnée aux II et III de l'article 44 *quindecies* A *[ancienne rédaction : de revitalisation rurale au sens de l'article 1465 A]* » du code général des impôts, *(Ord. n° 2017-1491 du 25 oct. 2017, art. 6)* « en Guadeloupe, en Guyane, en Martinique, à Mayotte, à La Réunion », à Saint-Barthélemy, à Saint-Martin ou à Saint-Pierre-et-Miquelon ;

2° Soit d'avoir effectué pendant une durée minimale leurs études secondaires dans un établissement situé dans l'une de ces zones ou relevant de l'éducation prioritaire.

Les durées minimales mentionnées aux 1° et 2° du présent III sont fixées par décret.
— V. art. D. 5134-177 et D. 5134-178.

V. Arr. du 18 janv. 2013 (JO 26 janv.).

Art. L. 5134-121 Les bénéficiaires des emplois d'avenir professeur sont recrutés par les établissements publics locaux d'enseignement ou les établissements publics locaux d'enseignement et de formation professionnelle agricoles, après avis d'une commission chargée de vérifier leur aptitude. Lorsqu'ils sont recrutés par un établissement public local d'enseignement, ils peuvent exercer leurs fonctions dans les conditions fixées au *(L. n° 2019-791 du 26 juill. 2019, art. 35)* « III » de l'article L. 421-10 du code de l'éducation.

EMPLOI **Art. L. 5134-129** 1455

SOUS-SECTION 2 **Aide à la formation et à l'insertion professionnelle**

Art. L. 5134-122 Les établissements publics locaux d'enseignement et les établissements publics locaux d'enseignement et de formation professionnelle agricoles qui concluent des contrats pour le recrutement d'un étudiant au titre d'un emploi d'avenir professeur bénéficient d'une aide financière et des exonérations déterminées dans les conditions prévues à la sous-section 4 de la section 2 du présent chapitre.

Art. L. 5134-123 La demande d'aide à la formation et à l'insertion professionnelle décrit le contenu du poste proposé, sa position dans l'organisation de l'établissement d'affectation ainsi que les compétences dont l'acquisition est visée pendant la durée du contrat. Elle mentionne obligatoirement la formation dans laquelle est inscrit l'étudiant concerné et le ou les concours de recrutement d'enseignants du premier ou du second degré organisés par l'État auxquels il se destine. L'étudiant bénéficie d'un tutorat au sein de l'établissement dans lequel il exerce son activité. Les modalités d'organisation du tutorat sont fixées par décret.

Art. L. 5134-124 L'aide définie à l'article L. 5134-123 est accordée pour une durée de douze mois, renouvelable chaque année, dans la limite d'une durée totale de trente-six mois, sans pouvoir excéder le terme du contrat de travail.

SOUS-SECTION 3 **Contrat de travail**

Art. L. 5134-125 I. – Le contrat associé à un emploi d'avenir professeur est conclu, sous réserve des dispositions spécifiques prévues par la présente section, sous la forme d'un contrat d'accompagnement dans l'emploi régi par la section 2 du présent chapitre.

II. – Le contrat associé à un emploi d'avenir professeur est conclu pour une durée de douze mois, renouvelable s'il y a lieu, dans la limite d'une durée totale de trente-six mois, en vue d'exercer une activité d'appui éducatif compatible, pour l'étudiant bénéficiaire, avec la poursuite de ses études universitaires et la préparation aux concours.

Le bénéficiaire d'un emploi d'avenir professeur s'engage à poursuivre sa formation dans un établissement d'enseignement supérieur et à se présenter à un des concours de recrutement d'enseignants du premier ou du second degré organisés par l'État. En cas de réussite au concours, le contrat prend fin de plein droit, avant son échéance normale, à la date de nomination dans des fonctions d'enseignement.

Art. L. 5134-126 Le bénéficiaire d'un emploi d'avenir professeur effectue une durée hebdomadaire de travail adaptée à la poursuite de ses études et à la préparation des concours auxquels il se destine. Le contrat de travail mentionne la durée de travail moyenne hebdomadaire, qui ne peut excéder la moitié de la durée fixée à l'article *(L. n° 2016-1088 du 8 août 2016, art. 8)* « L. **3121-27** ».

Le contrat de travail peut prévoir que la durée hebdomadaire peut varier sur tout ou partie de la période couverte par le contrat.

Art. L. 5134-127 La rémunération versée au titre d'un emploi d'avenir professeur est cumulable avec les bourses de l'enseignement supérieur dont l'intéressé peut par ailleurs être titulaire.

A sa demande, le bénéficiaire d'un emploi d'avenir professeur se voit délivrer une attestation d'expérience professionnelle.

SOUS-SECTION 4 **Dispositions applicables aux établissements d'enseignement privés ayant passé un contrat avec l'état**

Art. L. 5134-128 Les sous-sections 1 à 3 de la présente section sont applicables aux établissements d'enseignement privés mentionnés aux articles L. 442-5 et L. 442-12 du code de l'éducation et à l'article L. 813-1 du code rural et de la pêche maritime, sous réserve des adaptations nécessaires fixées, le cas échéant, par décret en Conseil d'État.

SOUS-SECTION 5 **Dispositions d'application**

Art. L. 5134-129 Un décret en Conseil d'État détermine les conditions d'application de la présente section. – *V. art. R. 5134-169 s.*

CHAPITRE V PÉRIODES DE MISE EN SITUATION EN MILIEU PROFESSIONNEL

(L. n° 2014-288 du 5 mars 2014, art. 20-I)

Art. L. 5135-1 Les périodes de mise en situation en milieu professionnel ont pour objet de permettre à un travailleur, privé ou non d'emploi, ou à un demandeur d'emploi :
1° Soit de découvrir un métier ou un secteur d'activité ;
2° Soit de confirmer un projet professionnel ;
3° Soit d'initier une démarche de recrutement.

BIBL. ▶ Duclos et Kerbouc'h, *Dr. soc.* 2020. 860 ∅ (les conventions de mise en situation en milieu professionnel : un régime creusé de chausse-trappes).

Art. L. 5135-2 Les périodes de mise en situation en milieu professionnel sont ouvertes à toute personne faisant l'objet d'un accompagnement social ou professionnel personnalisé, sous réserve d'être prescrites par l'un des organismes suivants :
1° L'institution mentionnée à l'article L. 5312-1 ;
2° Les organismes mentionnés à l'article L. 5314-1 ;
3° Les organismes mentionnés au 1° *bis* de l'article L. 5311-4 ;
4° Les organismes mentionnés au 2° du même article L. 5311-4 ;
(L. n° 2020-1577 du 14 déc. 2020, art. 7) « 4° *bis* Le conseil départemental, par l'intermédiaire de son président ;
« 4° *ter* Les organismes mentionnés au dernier alinéa de l'article L. 6313-6 ; »
5° Les organismes employant ou accompagnant des bénéficiaires de périodes de mise en situation en milieu professionnel, lorsqu'ils sont liés à l'un des organismes mentionnés aux 1° à 3° *(L. n° 2020-1577 du 14 déc. 2020, art. 7)* « et 4° *bis* » du présent article par une convention leur ouvrant la possibilité de prescrire ces périodes dans des conditions définies par décret.

Art. L. 5135-3 Le bénéficiaire d'une période de mise en situation en milieu professionnel conserve le régime d'indemnisation et le statut dont il bénéficiait avant cette période. Il n'est pas rémunéré par la structure dans laquelle il effectue une période de mise en situation en milieu professionnel.

Il a accès dans la structure d'accueil aux moyens de transport et aux installations collectifs dont bénéficient les salariés.

Lorsqu'il est salarié, le bénéficiaire retrouve son poste de travail à l'issue de cette période.

Art. L. 5135-4 Les périodes de mise en situation en milieu professionnel font l'objet d'une convention entre le bénéficiaire, la structure dans laquelle il effectue la mise en situation en milieu professionnel, l'organisme prescripteur de la mesure mentionné à l'article L. 5135-2 et la structure d'accompagnement, lorsqu'elle est distincte de l'organisme prescripteur. Un décret détermine les modalités de conclusion de cette convention et son contenu. – V. art. D. 5135-1.

Art. L. 5135-5 Une période de mise en situation en milieu professionnel dans une même structure ne peut être supérieure à une durée définie par décret.

(L. n° 2018-1317 du 28 déc. 2018, art. 270-I) « Pendant cette durée, les modalités de tarification ou de financement de l'organisme employant ou accueillant le bénéficiaire de la période de mise en situation en milieu professionnel restent inchangées. »

Art. L. 5135-6 La personne effectuant une période de mise en situation en milieu professionnel suit les règles applicables aux salariés de la structure dans laquelle s'effectue la mise en situation pour ce qui a trait :
1° Aux durées quotidienne et hebdomadaire de présence ;
2° A la présence de nuit ;
3° Au repos quotidien, au repos hebdomadaire et aux jours fériés ;
4° A la santé et à la sécurité au travail.

Art. L. 5135-7 Aucune convention de mise en situation en milieu professionnel ne peut être conclue pour exécuter une tâche régulière correspondant à un poste de travail permanent, pour faire face à un accroissement temporaire de l'activité de la struc-

leurs établissements *(Décr. n° 2011-681 du 16 juin 2011)* « ainsi que le service de santé au travail dont l'employeur dépend s'il relève du régime général de sécurité sociale » ;

2° Nom, prénoms, *(Décr. n° 2011-681 du 16 juin 2011)* « sexe », date et lieu de naissance du salarié ainsi que son numéro national d'identification s'il est déjà immatriculé à la sécurité sociale ;

3° Date et heure d'embauche ;

4° *(Décr. n° 2011-681 du 16 juin 2011)* « Nature, durée du contrat ainsi que durée de la période d'essai éventuelle pour les contrats à durée indéterminée et les contrats à durée déterminée dont le terme ou la durée minimale excède six mois ;

« 5° Lorsqu'il s'agit de l'embauche d'un salarié agricole, les données nécessaires au calcul par les caisses de mutualité sociale agricole des cotisations dues pour l'emploi de salariés agricoles, à l'affiliation de ces mêmes salariés aux institutions mentionnées à l'article L. 727-2 du code rural et de la pêche maritime et à l'organisation de *(Décr. n° 2016-1908 du 27 déc. 2016, art. 3)* « la visite d'information et de prévention ou de l'examen médical d'aptitude à l'embauche prévus » *(Décr. n° 2017-1311 du 29 août 2017, art. 5)* « aux articles R. 717-13 et R. 717-16 » du même code. » – *Pour l'application à Mayotte, V. art. R. 1524-1.*

Art. R. 1221-2 *(Décr. n° 2011-681 du 16 juin 2011)* Au moyen de la déclaration préalable à l'embauche, l'employeur accomplit les déclarations et demandes suivantes :

1° L'immatriculation de l'employeur au régime général de la sécurité sociale, s'il s'agit d'un salarié non agricole, prévue à l'article R. 243-2 du code de la sécurité sociale *(Décr. n° 2019-1517 du 30 déc. 2019, art. 2, en vigueur le 1er janv. 2020)* « , ou l'immatriculation de l'employeur à l'établissement national des invalides de la marine, si la déclaration est relative à un marin salarié » ;

2° L'immatriculation du salarié à la caisse primaire d'assurance maladie prévue à l'article R. 312-4 du code de la sécurité sociale ou, s'il s'agit d'un salarié agricole, à la caisse de mutualité sociale agricole prévue à l'article R. 722-34 du code rural et de la pêche maritime *(Décr. n° 2019-1517 du 30 déc. 2019, art. 2, en vigueur le 1er janv. 2020)* « ou, s'il s'agit d'un marin salarié, à l'établissement national des invalides de la marine, en application des articles L. 5551-1 et L. 5551-2 du code des transports » ;

3° L'affiliation de l'employeur au régime d'assurance chômage prévue à l'article R. 5422-5 du présent code ;

4° La demande d'adhésion à un service de santé au travail, s'il s'agit d'un salarié non agricole, prévu à l'article L. 4622-7 du présent code ;

5° *(Décr. n° 2016-1908 du 27 déc. 2016, art. 3)* « La demande de visite d'information et de prévention prévue au deuxième alinéa de l'article L. 4624-1 du présent code ou la demande d'examen médical d'aptitude à l'embauche prévu à l'article L. 4624-2 du présent code », ou, s'il s'agit d'un salarié agricole, *(Décr. n° 2017-1311 du 29 août 2017, art. 5)* « aux articles R. 717-13 et R. 717-16 » du code rural et de la pêche maritime ;

6° La déclaration destinée à l'affiliation des salariés agricoles aux institutions prévues à l'article L. 727-2 du code rural et de la pêche maritime.

Pour l'application à Mayotte de cet art., V. art. R. 1524-2 et R. 1524-3.

SOUS-SECTION 2 **Organisme destinataire**

Art. R. 1221-3 *(Décr. n° 2011-681 du 16 juin 2011)* La déclaration préalable à l'embauche est adressée par l'employeur :

1° Soit à l'organisme de recouvrement des cotisations du régime général de sécurité sociale dans le ressort territorial duquel est situé l'établissement devant employer le salarié *(Décr. n° 2016-1908 du 27 déc. 2016, art. 3)* « et au service de santé au travail mentionné au 1° de l'article R. 1221-1 » ;

2° Soit, s'il s'agit d'un salarié relevant du régime de la protection sociale agricole, à la caisse de mutualité sociale agricole du lieu de travail de ce salarié ;

(Décr. n° 2019-1517 du 30 déc. 2019, art. 2, en vigueur le 1er janv. 2020) « 3° Soit, s'il s'agit d'un salarié relevant du régime spécial des marins, à l'union pour le recouvrement des cotisations de sécurité sociale et d'allocations familiales mentionnée à l'article L. 213-4 du code de la sécurité sociale. »

Art. R. 1221-4 (*Décr. n° 2011-681 du 16 juin 2011*) La déclaration préalable à l'embauche est adressée au plus tôt dans les huit jours précédant la date prévisible de l'embauche.

SOUS-SECTION 3 **Transmission**

Art. R. 1221-5 (*Décr. n° 2011-681 du 16 juin 2011*) La déclaration préalable à l'embauche est effectuée par voie électronique.

A défaut d'utiliser la voie électronique, la déclaration est effectuée au moyen d'un formulaire fixé par arrêté des ministres chargés du travail et de la sécurité sociale, ainsi que, lorsque la déclaration concerne un salarié relevant du régime de protection sociale agricole, du ministre chargé de l'agriculture.

L'employeur adresse ce formulaire, signé par lui, à l'organisme mentionné à l'article R. 1221-3 par télécopie ou par lettre recommandée avec demande d'avis de réception.

Lorsqu'il est transmis par télécopie, l'employeur conserve l'avis de réception émis par l'appareil et le document qu'il a transmis jusqu'à réception du document prévu à l'article R. 1221-7.

Lorsqu'il est transmis par lettre recommandée avec avis de réception, celle-ci est envoyée au plus tard le dernier jour ouvrable précédant l'embauche, le cachet de la poste faisant foi. L'employeur conserve un double de la lettre et le récépissé postal jusqu'à réception du document prévu à l'article R. 1221-7.

L'indisponibilité de l'un des moyens de transmission mentionnés ci-dessus n'exonère pas l'employeur de son obligation de déclaration par l'un des autres moyens.

Art. R. 1221-6 (*Décr. n° 2011-681 du 16 juin 2011*) Lorsque la déclaration est effectuée par voie électronique par un employeur relevant du régime général de sécurité sociale préalablement inscrit à un service d'authentification, la formalité est réputée accomplie au moyen de la fourniture du numéro d'identification de l'établissement employeur, du numéro national d'identification du salarié s'il est déjà immatriculé à la sécurité sociale et s'il a déjà fait l'objet d'une déclaration préalable à l'embauche dans un délai fixé par arrêté ainsi que des mentions prévues aux 3° et 4° de l'article R. 1221-1.

Le délai est fixé à 14 mois (Arr. du 19 juill. 2011, art. 1er, JO 27 juill.).

SOUS-SECTION 4 **Preuve de la déclaration préalable à l'embauche**

Art. R. 1221-7 (*Décr. n° 2011-681 du 16 juin 2011*) « L'organisme destinataire adresse à l'employeur un document accusant réception de la déclaration et mentionnant les informations enregistrées, dans les cinq jours ouvrables suivant celui de la réception du formulaire de déclaration. »

A défaut de contestation par l'employeur des informations figurant sur ce document, dans le délai de deux jours ouvrables suivant la réception de celui-ci, le document (*Décr. n° 2011-681 du 16 juin 2011*) « constitue une preuve » de la déclaration. – *[Anc. art. R. 320-4, al. 1er et 2.]*

Art. R. 1221-8 L'employeur conserve l'avis de réception jusqu'à (*Décr. n° 2011-681 du 16 juin 2011*) « l'accomplissement de la déclaration prévue par l'article R. 243-14 du code de la sécurité sociale pour les salariés non agricoles et par l'article R. 741-2 du code rural et de la pêche maritime pour les salariés agricoles. »

SOUS-SECTION 5 **Documents à remettre au salarié**

Art. R. 1221-9 Lors de l'embauche du salarié, l'employeur lui fournit (*Décr. n° 2011-681 du 16 juin 2011*) « une copie de la déclaration préalable à l'embauche ou de l'accusé de réception.

« Cette obligation de remise est considérée comme satisfaite dès lors que le salarié dispose d'un contrat de travail écrit, accompagné de la mention de l'organisme destinataire de la déclaration. »

Art. R. 1221-10 et R. 1221-11 *Abrogés par Décr. n° 2011-681 du 16 juin 2011.*

SOUS-SECTION 6 Contrôle et sanctions administratives

Art. R. 1221-12 Sur toute demande des agents de contrôle mentionnés à l'article L. 8271-7, l'employeur :
1° Présente l'avis de réception de la déclaration préalable à l'embauche *(Décr. n° 2011-681 du 16 juin 2011)* « s'il est encore tenu de le conserver en application de l'article R. 1221-8 » ;
2° Communique, tant qu'il n'a pas reçu l'avis de réception, les éléments leur permettant de vérifier qu'il a bien procédé à la déclaration préalable à l'embauche du salarié.
— *[Anc. art. R. 320-5, al. 1er et al. 5.]*

Art. R. 1221-13 La pénalité prévue à l'article L. 1221-11 en cas de non-respect de l'obligation de déclaration préalable à l'embauche est recouvrée selon les modalités et dans les conditions fixées :
1° Dans les secteurs autres que le secteur agricole, à l'article *(Décr. n° 2011-681 du 16 juin 2011)* « R. 243-19 » du code de la sécurité sociale ;
2° Dans le secteur agricole, à l'article L. 725-3 du code rural et de la pêche maritime. — *[Anc. art. L. 320, al. 4, phrase 2.]*

Pour l'application à Mayotte de cet art., V. art. R. 1524-4.

SOUS-SECTION 7 Obligations de l'organisme destinataire

(Décr. n° 2011-681 du 16 juin 2011)

Art. R. 1221-14 L'organisme mentionné à l'article R. 1221-3 communique les renseignements portés sur la déclaration préalable à l'embauche à chaque administration, service, organisme ou institution concerné par l'une ou l'autre des déclarations ou demandes prévues à l'article R. 1221-2, selon leurs compétences respectives.

Ces destinataires finaux sont seuls compétents pour apprécier la validité des déclarations et informations transmises les concernant.

Art. R. 1221-15 Les modalités de la transmission mentionnée à l'article R. 1221-14 sont fixées par voie de conventions passées :
1° Soit par l'Agence centrale des organismes de sécurité sociale avec :
a) Le ministre chargé du travail ;
b) (Décr. n° 2014-524 du 22 mai 2014, art. 16-IV) « Pôle emploi » *[France Travail depuis le 1er janv. 2024]* ;
c) La Caisse nationale de l'assurance maladie *(Abrogé par Décr. n° 2019-718 du 5 juill. 2019, art. 9-III)* « *des travailleurs salariés* » ;
d) La Caisse nationale d'assurance vieillesse *(Abrogé par Décr. n° 2019-718 du 5 juill. 2019, art. 9-III)* « *des travailleurs salariés* » ;
2° Soit par la caisse centrale de la Mutualité sociale agricole avec :
a) Le ministre chargé du travail ;
b) (Décr. n° 2014-524 du 22 mai 2014, art. 16-IV) « Pôle emploi » *[France Travail depuis le 1er janv. 2024]* ;
c) Les institutions de retraite complémentaire et de prévoyance mentionnées à l'article L. 727-2 du code rural et de la pêche maritime.

Ces conventions prévoient les modalités de rémunération du service rendu par l'organisme ou la caisse mentionné à l'article R. 1221-3.

Art. R. 1221-16 L'organisme mentionné à l'article R. 1221-3 conserve les données qui y sont portées pendant un délai de six mois suivant la date de leur réception pour les besoins des administrations, services, organismes ou institutions concernés.

Art. R. 1221-17 L'organisme mentionné à l'article R. 1221-3 transmet à *(Décr. n° 2014-524 du 22 mai 2014, art. 16-III)* « Pôle emploi » *[France Travail depuis le 1er janv. 2024]* les informations suivantes portées sur la déclaration préalable à l'embauche :
1° Les éléments d'identification de l'employeur ;
(Décr. n° 2012-927 du 30 juill. 2012) « 2° Le numéro national d'identification du salarié ; »
3° La date d'embauche du salarié, son sexe et sa date de naissance ;
4° La nature et la durée du contrat de travail ;

5° La durée de la période d'essai.

Art. R. 1221-18 (Décr. n° 2014-1371 du 17 nov. 2014, art. 4) A partir des données de la déclaration préalable à l'embauche que lui transmet l'organisme mentionné à l'article R. 1221-3, la Caisse nationale d'assurance vieillesse des travailleurs salariés vérifie que le numéro d'inscription au répertoire national d'identification des personnes physiques (NIR) ou le numéro (Décr. n° 2022-292 du 1er mars 2022, art. 2-III) « d'identification » d'attente (NIA) du salarié porté sur ladite déclaration correspond aux données d'état civil qui figurent sur cette même déclaration.

En cas d'absence de numéro d'inscription au répertoire national d'identification des personnes physiques et de numéro (Décr. n° 2022-292 du 1er mars 2022, art. 2-III) « d'identification » d'attente ou en cas de numéro d'inscription au répertoire national d'identification des personnes physiques ou de numéro (Décr. n° 2022-292 du 1er mars 2022, art. 2-III) « d'identification » d'attente erroné dans la déclaration préalable à l'embauche, la Caisse nationale d'assurance vieillesse des travailleurs salariés renvoie à l'organisme mentionné à l'article R. 1221-3 un bilan d'identification comprenant, lorsqu'elle a pu retrouver celui-ci, le numéro d'inscription au répertoire national d'identification des personnes physique [physiques] ou [le] numéro (Décr. n° 2022-292 du 1er mars 2022, art. 2-III) « d'identification » d'attente à utiliser. L'organisme mentionné à l'article précité avise l'employeur de la disponibilité de ce bilan d'identification afin que, notamment, il rectifie ou complète les données transmises dans la déclaration sociale nominative.

SOUS-SECTION 8 **Obligation de dématérialisation**

(Décr. n° 2014-628 du 17 juin 2014, art. 4)

Art. D. 1221-18 I. — Les employeurs dont le personnel relève du régime général de sécurité sociale, autres que les particuliers employant un salarié à leur service, qui ont accompli plus de 50 déclarations préalables à l'embauche au cours de l'année civile précédente sont tenus d'adresser ces déclarations par voie électronique.

II. — Les employeurs dont le personnel relève du régime de protection sociale agricole qui ont accompli plus de 50 déclarations préalables à l'embauche au cours de l'année civile précédente sont tenus d'adresser les déclarations préalables à l'embauche par voie électronique.

Art. D. 1221-19 La méconnaissance de l'obligation de déclaration préalable à l'embauche dématérialisée entraîne l'application d'une pénalité égale, par salarié, à 0,5 % du plafond mensuel de la sécurité sociale.

SECTION 2 **Registre unique du personnel** *(Décr. n° 2011-681 du 16 juin 2011).*

Art. D. 1221-23 Les indications complémentaires portées sur le registre unique du personnel pour chaque salarié, mentionnées au troisième alinéa de l'article L. 1221-13, sont les suivantes :

1° La nationalité ;
2° La date de naissance ;
3° Le sexe ;
4° L'emploi ;
5° La qualification ;
6° Les dates d'entrée et de sortie de l'établissement ;
7° Lorsqu'une autorisation d'embauche ou de licenciement est requise, la date de cette autorisation ou, à défaut, la date de la demande d'autorisation ;
8° Pour les travailleurs étrangers assujettis à la possession d'un titre autorisant l'exercice d'une activité salariée, le type et le numéro d'ordre du titre valant autorisation de travail ;
9° Pour les travailleurs titulaires d'un contrat de travail à durée déterminée, la mention "contrat à durée déterminée" ;
10° Pour les salariés temporaires, la mention "salarié temporaire" ainsi que le nom et l'adresse de l'entreprise de travail temporaire ;
11° Pour les travailleurs mis à disposition par un groupement d'employeurs, la mention "mis à disposition par un groupement d'employeurs" ainsi que la dénomination et l'adresse de ce dernier ;

CONTRAT DE TRAVAIL **Art. D. 1221-29** 1809

12° Pour les salariés à temps partiel, la mention "salarié à temps partiel" ;
13° Pour les jeunes travailleurs titulaires d'un contrat d'apprentissage ou de professionnalisation, la mention "apprenti" ou "contrat de professionnalisation". – [Anc. art. R. 620-3, al. 1er à 10 et 12 à 16.]

Art. D. 1221-23-1 (Décr. n° 2014-1420 du 27 nov. 2014, art. 1er-III) Pour chaque stagiaire mentionné au troisième alinéa de l'article L. 1221-13, les indications complémentaires, portées sur le registre unique du personnel ou pour les organismes ne disposant pas d'un registre unique du personnel dans tout autre document permettant de suivre les conventions de stage, sont les suivantes :
1° Les nom et prénoms du stagiaire ;
2° Les dates de début et de fin de la période de formation en milieu professionnel ou du stage ;
3° Les nom et prénoms du tuteur ainsi que le lieu de présence du stagiaire.

Art. D. 1221-24 (Décr. n° 2015-364 du 30 mars 2015, art. 9) Une copie des titres autorisant l'exercice d'une activité salariée des travailleurs étrangers est annexée au registre unique du personnel et rendue accessible aux (Décr. n° 2017-1819 du 29 déc. 2017, art. 3) « membres de la délégation du personnel du comité social et économique » et aux fonctionnaires et agents chargés de veiller à l'application du présent code et du code de la sécurité sociale. Elle est tenue à leur disposition soit dans l'établissement, soit sur chaque chantier ou lieu de travail distinct de l'établissement pour ceux des travailleurs étrangers qui y sont employés.

Art. D. 1221-24-1 (Décr. n° 2015-364 du 30 mars 2015, art. 9) (Décr. n° 2020-916 du 28 juill. 2020, art. 1er, en vigueur le 30 juill. 2020) « Les accusés de réception » des déclarations de détachement mentionnées aux articles R. 1263-3, R. 1263-4 et R. 1263-6 (Décr. n° 2020-916 du 28 juill. 2020, art. 1er, en vigueur le 30 juill. 2020) « sont annexés au registre unique du personnel et rendus accessibles » aux (Décr. n° 2017-1819 du 29 déc. 2017, art. 3) « membres de la délégation du personnel du comité social et économique » et aux fonctionnaires et agents chargés de veiller à l'application du présent code et du code de la sécurité sociale. (Décr. n° 2020-916 du 28 juill. 2020, art. 1er, en vigueur le 30 juill. 2020) « Ils sont tenus » à leur disposition soit dans l'établissement, soit sur chaque chantier ou lieu de travail distinct de l'établissement pour ceux des travailleurs détachés qui y sont employés.

Art. D. 1221-25 Les mentions relatives à des événements postérieurs à l'embauche (Décr. n° 2014-1420 du 27 nov. 2014, art. 1er-III) « du salarié, ou à l'arrivée du stagiaire » sont portées sur le registre unique du personnel au moment où ceux-ci surviennent. – [Anc. art. R. 620-3, al. 17.]

Art. R. 1221-26 Les mentions portées sur le registre unique du personnel sont conservées pendant cinq ans à compter de la date à laquelle le salarié (Décr. n° 2015-1359 du 26 oct. 2015, art. 2) « ou le stagiaire » a quitté l'établissement. – [Anc. art. R. 620-3, al. 18.]

Art. D. 1221-27 Lorsque l'employeur recourt à un support de substitution pour la tenue du registre unique du personnel, les exigences des articles D. 8113-2 et D. 8113-3 sont applicables.
Dans ce cas, l'employeur adresse à l'inspection du travail l'avis (Décr. n° 2017-1819 du 29 déc. 2017, art. 3) « du comité social et économique prévu à l'article L. 2315-5 ». – [Anc. art. D. 620-3, al. 1er et 2.]

SECTION 3 **Autres formalités** (Décr. n° 2011-681 du 16 juin 2011).

SOUS-SECTION 1 **Relevé mensuel des contrats de travail**

Art. D. 1221-28 Les dispositions de la présente sous-section sont applicables aux entreprises et établissements de cinquante salariés et plus. – [Arr. du 27 févr. 1987, art. 1er.]

Art. D. 1221-29 Dans les huit premiers jours de chaque mois, l'employeur adresse (Décr. n° 2010-1334 du 8 nov. 2010) « à la direction de l'animation de la recherche, des études et des statistiques (DARES) » le relevé des contrats de travail conclus ou rompus au cours du mois précédent.

Cette disposition ne s'applique pas au contrat de travail à durée déterminée conclu pour une durée maximum d'un mois non renouvelable. — [Anc. art. R. 320-1-1, al. 1er, et Arr. du 27 févr. 1987, art. 2.]

Art. D. 1221-30 Le relevé mensuel des contrats de travail contient les mentions suivantes :
1° Le nom et l'adresse de l'employeur ;
2° La nature de l'activité de l'entreprise ;
3° Les nom, prénoms, nationalité, date de naissance, sexe, emploi et qualification des salariés dont le contrat de travail a été conclu ou rompu ;
4° La date d'effet des contrats de travail ou de leur rupture avec, en cas de licenciement pour motif économique, l'indication de la nature de ce motif. — [Anc. art. R. 320-1-1, al. 2 à 6.]

Art. D. 1221-31 Sur demande expresse des services chargés du contrôle de l'emploi, l'employeur communique l'adresse des salariés dont le contrat de travail a été conclu ou rompu, mentionnés au 3° de l'article D. 1221-30. — [Anc. art. R. 320-1-1, al. 7.]

SOUS-SECTION 2 **Autres déclarations préalables**

Art. R. 1221-32 La déclaration préalable prévue à l'article L. 1221-17 est accomplie par l'employeur.

Dans le cas prévu au 2° de ce même article, la déclaration est accomplie par le nouvel employeur, par lettre recommandée adressée à l'inspection du travail.

Le récépissé de la lettre est présenté par l'employeur sur demande de l'inspection du travail à la première visite de celle-ci. — [Anc. art. R. 620-1, al. 1er et 2.]

Art. R. 1221-33 La déclaration préalable précise :
1° Celui des cas prévus à l'article L. 1221-17 auquel elle répond ;
2° Le nom et l'adresse du déclarant ;
3° L'emplacement de l'établissement ;
4° La nature exacte des industries ou des commerces exercés. — [Anc. art. R. 620-1, al. 3.]

SOUS-SECTION 3 **Informations délivrées au salarié**

(Décr. n° 2023-1004 du 30 oct. 2023, art. 1er, en vigueur le 1er nov. 2023)

§ 1 Informations dues à tous les salariés

Art. R. 1221-34 Les documents mentionnés à l'article L. 1221-5-1 comportent au moins les informations suivantes :
1° L'identité des parties à la relation de travail ;
2° Le lieu ou les lieux de travail et, si elle est distincte, l'adresse de l'employeur ;
3° L'intitulé du poste, les fonctions, la catégorie socioprofessionnelle ou la catégorie d'emploi ;
4° La date d'embauche ;
5° Dans le cas d'une relation de travail à durée déterminée, la date de fin ou la durée prévue de celle-ci ;
6° Dans le cas du salarié temporaire mentionné à l'article L. 1251-1, l'identité de l'entreprise utilisatrice, lorsqu'elle est connue et aussitôt qu'elle l'est ;
7° Le cas échéant, la durée et les conditions de la période d'essai ;
8° Le droit à la formation assuré par l'employeur conformément à l'article L. 6321-1 ;
9° La durée du congé payé auquel le salarié a droit, ou les modalités de calcul de cette durée ;
10° La procédure à observer par l'employeur et le salarié en cas de cessation de leur relation de travail ;
11° Les éléments constitutifs de la rémunération mentionnés à l'article L. 3221-3, indiqués séparément, y compris les majorations pour les heures supplémentaires, ainsi que la périodicité et les modalités de paiement de cette rémunération ;

12° La durée de travail quotidienne, hebdomadaire, mensuelle ou ses modalités d'aménagement sur une autre période de référence lorsqu'il est fait application des dispositions des articles L. 3121-41 à L. 3121-47, les conditions dans lesquelles le salarié peut être conduit à effectuer des heures supplémentaires ou complémentaires, ainsi que, le cas échéant, toute modalité concernant les changements d'équipe en cas d'organisation du travail en équipes successives alternantes ;

13° Les conventions et accords collectifs applicables au salarié dans l'entreprise ou l'établissement ;

14° Les régimes obligatoires auxquels est affilié le salarié, la mention des contrats de protection sociale complémentaire dont les salariés bénéficient collectivement en application d'un accord collectif ou d'une décision unilatérale de l'employeur ainsi que, le cas échéant, les conditions d'ancienneté qui y sont attachées.

Lorsqu'une ou plusieurs informations mentionnées à l'art. R. 1221-34, n'ont pas été communiquées à un salarié recruté antérieurement au 1er nov. 2023, date d'entrée en vigueur du Décr. n° 2023-1004 du 30 oct. 2023, l'intéressé peut en demander communication à tout moment auprès de son employeur, qui est tenu d'y répondre dans les délais mentionnés à l'art. R. 1221-35 (Décr. préc., art. 7, II).

Art. R. 1221-35 La communication des informations mentionnées aux 7° à 12° et 14° de l'article R. 1221-34 peut prendre la forme d'un renvoi aux dispositions législatives et réglementaires ou aux stipulations conventionnelles applicables.

Les informations mentionnées aux 1° à 5°, 7° et aux 11° et 12° du même article sont communiquées individuellement au salarié au plus tard le septième jour calendaire à compter de la date d'embauche. Les autres informations sont communiquées au plus tard un mois à compter de la même date.

§ 2 Informations dues aux salariés appelés à travailler à l'étranger

Art. R. 1221-36 I. — Lorsqu'un salarié exerçant habituellement son activité professionnelle en France est appelé à travailler à l'étranger pour une durée supérieure à quatre semaines consécutives, les documents mentionnés au premier alinéa de l'article L. 1221-5-1 comportent, outre les informations prévues à l'article R. 1221-34, les informations suivantes :

1° Le ou les pays dans lesquels le travail à l'étranger est effectué et la durée prévue ;
2° La devise servant au paiement de la rémunération ;
3° Le cas échéant, les avantages en espèces et en nature liés aux tâches concernées ;
4° Des renseignements indiquant si le rapatriement est organisé et, s'il l'est, les conditions de rapatriement du salarié.

II. — Lorsqu'il relève du champ d'application de la directive 96/71/CE du Parlement européen et du Conseil du 16 décembre 1996 concernant le détachement de travailleurs effectué dans le cadre d'une prestation de services, défini à l'article 1er de cette directive, le salarié mentionné au I du présent article appelé à travailler dans un autre État membre de l'Union européenne ou de l'Espace économique européen, est, en outre, informé :

1° De la rémunération à laquelle il a droit en vertu du droit applicable de l'État d'accueil ;

2° Le cas échéant, des allocations propres au détachement et des modalités de remboursement des dépenses de voyage, de logement et de nourriture ;

3° De l'adresse du site internet national mis en place par l'État d'accueil conformément aux dispositions de l'article 5, paragraphe 2 de la directive 2014/67/UE du Parlement européen et du Conseil du 15 mai 2014 relative à l'exécution de la directive 96/71/CE.

Lorsqu'une ou plusieurs informations mentionnées à l'art. R. 1221-36, n'ont pas été communiquées à un salarié présent à l'étranger au 1er nov. 2023, date d'entrée en vigueur du Décr. n° 2023-1004 du 30 oct. 2023, l'intéressé peut en demander communication à tout moment auprès de son employeur, qui est tenu d'y répondre dans un délai de sept jours (Décr. préc., art. 7, II).

Art. R. 1221-37 La communication des informations mentionnées au 2° du I et au 1° du II de l'article R. 1221-36 du présent code peut prendre la forme d'un renvoi aux dispositions législatives, réglementaires ou aux stipulations conventionnelles applicables.

Sans préjudice des dispositions du second alinéa de l'article R. 1221-35, les informations prévues à l'article R. 1221-34 et celles mentionnées à l'article R. 1221-36 sont communiquées au salarié appelé à travailler à l'étranger avant son départ.

§ 3 Dispositions communes

Art. R. 1221-38 Un arrêté du ministre chargé du travail fixe des modèles de documents visant à faciliter la mise en œuvre des dispositions de la présente sous-section.

Art. R. 1221-39 L'employeur adresse les informations mentionnées aux articles R. 1221-34 et R. 1221-36 sous format papier, par tout moyen conférant date certaine.
Il peut également les adresser sous format électronique, sous réserve que :
1° Le salarié dispose d'un moyen d'accéder à une information sous format électronique ;
2° Les informations puissent être enregistrées et imprimées ;
3° L'employeur conserve un justificatif de la transmission ou de la réception de ces informations.

Art. R. 1221-40 Lorsqu'une ou plusieurs des informations mentionnées aux articles R. 1221-34 et R. 1221-36 doivent être modifiées, l'employeur remet au salarié un document indiquant ces modifications dans les plus brefs délais, et au plus tard à la date de prise d'effet de cette modification, selon les modalités prévues à l'article R. 1221-39.
Les dispositions de l'alinéa précédent ne sont pas applicables lorsque la modification d'informations mentionnées à l'article R. 1221-34 résulte exclusivement d'un changement des dispositions législatives et réglementaires ou des stipulations conventionnelles en vigueur.

Art. R. 1221-41 Le salarié qui n'a pas reçu les informations mentionnées aux articles R. 1221-34 et R. 1221-36 dans les délais prévus, respectivement, au second alinéa de l'article R. 1221-35 et au second alinéa de l'article R. 1221-37, ne peut saisir la juridiction prud'homale qu'à la condition d'avoir mis son employeur en demeure de les lui communiquer ou de les compléter, et en l'absence de transmission des informations en cause par ce dernier dans un délai de sept jours calendaires à compter de la réception de la mise en demeure.

CHAPITRE II EXÉCUTION ET MODIFICATION DU CONTRAT DE TRAVAIL

Art. D. 1222-1 Le délai d'un an pendant lequel l'employeur ne peut opposer la clause d'exclusivité prévue à l'article L. 1222-5 court à compter :
1° Soit de l'inscription du salarié au registre du commerce et des sociétés ou au répertoire des métiers ;
2° Soit de sa déclaration de début d'activité professionnelle agricole ou indépendante.
— [Anc. art. L. 121-9, al. 1ᵉʳ fin.]

CHAPITRE III FORMATION ET EXÉCUTION DE CERTAINS TYPES DE CONTRATS

Le présent chapitre ne comprend pas de dispositions réglementaires.

CHAPITRE IV TRANSFERT DU CONTRAT DE TRAVAIL

Le présent chapitre ne comprend pas de dispositions réglementaires.

CHAPITRE V MATERNITÉ, PATERNITÉ, ADOPTION ET ÉDUCATION DES ENFANTS

SECTION 1 Protection de la grossesse et de la maternité

SOUS-SECTION 1 Embauche, mutation et licenciement

Art. R. 1225-1 Pour bénéficier de la protection de la grossesse et de la maternité, prévue aux articles L. 1225-1 et suivants, la salariée remet contre récépissé ou envoie

CONTRAT DE TRAVAIL **Art. R. 1225-7**

par lettre recommandée avec avis de réception à son employeur un certificat médical attestant son état de grossesse et la date présumée de son accouchement ou la date effective de celui-ci, ainsi que, s'il y a lieu, l'existence et la durée prévisible de son état pathologique nécessitant un allongement de la période de suspension de son contrat de travail. — [Anc. art. R. 122-9, al. 1er.] — V. art. R. 1227-5 (pén.).

Caractère non substantiel de la formalité. L'envoi d'un certificat de grossesse dans les formes de l'art. R. 122-9 [art. R. 1225-1 nouv.] n'est pas une formalité substantielle ; le délai de quinze jours prévu par l'art. L. 122-25-2 [art. R. 1225-5 nouv.] ne s'applique qu'en cas de licenciement par l'employeur ignorant la grossesse. ● Soc. 20 juin 1995 : ⚖ CSB 1995. 261, A. 49 ; RJS 1995. 582, n° 880.

Art. R. 1225-2 En cas de licenciement, le certificat médical justifiant que la salariée est enceinte, prévu à l'article L. 1225-5, est adressé par lettre recommandée avec avis de réception. — [Anc. art. L. 122-25-2, al. 2, phrase 1.]

Art. R. 1225-3 Pour l'application des dispositions du présent chapitre, les formalités sont réputées accomplies au jour de l'expédition de la lettre recommandée avec avis de réception. — [Anc. art. R. 122-11.] — V. art. R. 1227-5 (pén.).

SOUS-SECTION 2 **Changements temporaires d'affectation**

Art. R. 1225-4 Pour bénéficier de la garantie de rémunération prévue au troisième alinéa de l'article L. 1225-14 et lorsque les conditions de ce même article sont remplies, la salariée doit avoir occupé un poste de travail l'ayant exposée à l'un des risques suivants :
 1° Agents toxiques pour la reproduction de catégorie 1 ou 2 ;
 2° Produits antiparasitaires dont l'étiquetage indique qu'ils peuvent provoquer des altérations génétiques héréditaires ou des malformations congénitales et produits antiparasitaires classés cancérogènes et mutagènes ;
 3° Benzène ;
 4° Plomb métallique et ses composés ;
 5° Virus de la rubéole ou toxoplasme ;
 6° Travaux en milieu hyperbare dès lors que la pression relative maximale (Décr. n° 2011-45 du 11 janv. 2011) « est supérieure à 100 hectopascals ». — V. art. R. 1227-5 (pén.).

SOUS-SECTION 3 **Autorisations d'absence et congé de maternité** (Décr. n° 2009-289 du 13 mars 2009).

Art. D. 1225-4-1 La salariée avertit son employeur, en application du premier alinéa de l'article L. 1225-24, par lettre recommandée avec avis de réception ou remise contre récépissé. — [Anc. art. R. 122-9.]

SOUS-SECTION 4 **Dispositions particulières à l'allaitement**

Art. R. 1225-5 L'heure prévue à l'article L. 1225-30 dont dispose la salariée pour allaiter son enfant est répartie en deux périodes de trente minutes, l'une pendant le travail du matin, l'autre pendant l'après-midi.
 La période où le travail est arrêté pour l'allaitement est déterminée par accord entre la salariée et l'employeur.
 A défaut d'accord, cette période est placée au milieu de chaque demi-journée de travail. — [Anc. art. R. 224-1.]

Art. R. 1225-6 La période de trente minutes est réduite à vingt minutes lorsque l'employeur met à la disposition des salariées, à l'intérieur ou à proximité des locaux affectés au travail, un local dédié à l'allaitement. — [Anc. art. R. 224-5.]

Art. R. 1225-7 Les caractéristiques du local dédié à l'allaitement, prévu à l'article L. 1225-32, figurent aux articles R. 4152-13 et suivants.

SECTION 2 — Congé de paternité

Art. D. 1225-8 (*Décr. n° 2021-574 du 10 mai 2021, art. 1er, en vigueur le 1er juill. 2021*) « Le congé de paternité et d'accueil de l'enfant prévu à l'article L. 1225-35 est pris dans les six mois suivant la naissance de l'enfant.

« Le salarié informe son employeur de la date prévisionnelle de l'accouchement au moins un mois avant celle-ci.

« La période de congé de vingt et un ou vingt-huit jours mentionnée au troisième alinéa de l'article L. 1225-35 peut être fractionnée en deux périodes d'une durée minimale de cinq jours chacune.

« Le salarié informe son employeur des dates de prise et des durées de la ou des périodes de congés mentionnées à l'alinéa précédent au moins un mois avant le début de chacune des périodes.

« Sans préjudice des dispositions de l'alinéa précédent, en cas de naissance de l'enfant avant la date prévisionnelle d'accouchement et lorsque le salarié souhaite débuter la ou les périodes de congé au cours du mois suivant la naissance, il en informe sans délai son employeur. »

Le congé peut être reporté au-delà des (*Décr. n° 2021-574 du 10 mai 2021, art. 1er, en vigueur le 1er juill. 2021*) « six » mois dans l'un des cas suivants :

1° L'hospitalisation de l'enfant. Le congé est pris dans les (*Décr. n° 2021-574 du 10 mai 2021, art. 1er, en vigueur le 1er juill. 2021*) « six » mois qui suivent la fin de l'hospitalisation ;

2° Le décès de la mère. Le congé est pris dans les (*Décr. n° 2021-574 du 10 mai 2021, art. 1er, en vigueur le 1er juill. 2021*) « six » mois qui suivent la fin du congé dont bénéficie le père en application de l'article L. 1225-28.

Les dispositions issues du Décr. n° 2021-574 du 10 mai 2021 entrent en vigueur le 1er juill. 2021 et s'appliquent aux enfants nés ou adoptés à compter de cette date ainsi qu'aux enfants, nés avant cette date, dont la naissance était supposée intervenir à compter de cette date (Décr. préc., art. 4).

Art. D. 1225-8-1 (*Décr. n° 2019-630 du 24 juin 2019, art. 1er, en vigueur le 1er juill. 2019*) En sus du congé mentionné à l'article L. 1225-35, le père, le conjoint de la mère ou la personne liée à elle par un pacte civil de solidarité ou (*Décr. n° 2021-574 du 10 mai 2021, art. 1er, en vigueur le 1er juill. 2021*) « son concubin » a droit (*Décr. n° 2021-574 du 10 mai 2021, art. 1er, en vigueur le 1er juill. 2021*) « à la prolongation de la période de congé mentionnée au cinquième alinéa de cet article » en cas d'hospitalisation immédiate de l'enfant après la naissance (*Abrogé par Décr. n° 2021-574 du 10 mai 2021, art. 1er, à compter du 1er juill. 2021*) « mentionné au quatrième alinéa du même article », pendant toute la période d'hospitalisation dans une ou plusieurs unités de soins spécialisés mentionnées dans l'arrêté prévu au même alinéa, (*Décr. n° 2021-574 du 10 mai 2021, art. 1er, en vigueur le 1er juill. 2021*) « et dans la limite » de trente jours consécutifs. (*Abrogé par Décr. n° 2021-574 du 10 mai 2021, art. 1er, à compter du 1er juill. 2021*) « *Le congé est pris dans les quatre mois suivant la naissance de l'enfant.* »

Le salarié bénéficiant de ce congé en informe son employeur sans délai en transmettant un document justifiant de cette hospitalisation.

V. note ss. art. D. 1225-8.

SECTION 3 — Congés d'adoption

Art. R. 1225-9 Le congé d'adoption bénéficie au salarié qui s'est vu confier un enfant par le service départemental d'aide sociale à l'enfance, l'Agence française de l'adoption ou tout autre organisme français autorisé pour l'adoption. — [*Anc. art. L. 122-26, al. 5, phrase 1.*]

Art. R. 1225-10 L'attestation justifiant l'arrivée d'un enfant, mentionnée à l'article L. 1225-39, est délivrée par le président du Conseil départemental. — [*Anc. art. L. 122-25-2, al. 2, phrase 2.*]

Art. R. 1225-11 Le salarié avertit son employeur, en application de l'article L. 1225-39, (*Abrogé par Décr. n° 2021-428 du 12 avr. 2021, art. 4*) « *du premier alinéa de l'article L. 1225-42 et de l'article L. 1225-46,* » par lettre recommandée avec avis de réception ou remise contre récépissé. — *V. art. R. 1227-5 (pén.).*

Art. D. 1225-11-1 *(Décr. n° 2023-873 du 12 sept. 2023)* Le congé d'adoption prévu à l'article L. 1225-37 débute au plus tôt sept jours avant l'arrivée de l'enfant au foyer et se termine au plus tard dans les huit mois suivant cette date.

Les périodes de congé mentionnées à l'article L. 1225-37 peuvent être fractionnées en deux périodes d'une durée minimale de vingt-cinq jours chacune.

Lorsque la période de congé est répartie entre les deux parents en application de l'article L. 1225-40, elle peut être fractionnée pour chaque parent en deux périodes, d'une durée minimale de vingt-cinq jours chacune.

Ces dispositions sont applicables aux parents auxquels est confié un enfant en vue de son adoption à compter du 15 sept. 2023 (Décr. n° 2023-873 du 12 sept. 2023, art. 2).

SECTION 4 Congés d'éducation des enfants

SOUS-SECTION 1 Congé parental d'éducation et passage à temps partiel

Art. R. 1225-12 Pour l'application de l'article L. 1225-49 :
1° La gravité de la maladie ou de l'accident est constatée par un certificat médical qui atteste également que l'état de l'enfant rend nécessaire la présence d'une personne auprès de lui pendant une période déterminée ;
2° Le handicap grave de l'enfant est établi dès lors que ce handicap ouvre droit à l'allocation d'éducation spéciale prévue à l'article L. 541-1 du code de la sécurité sociale. — *[Anc. art. R. 122-11-1.]*

Pour l'application à Mayotte de cet art., V. art. R. 1524-5.

Art. R. 1225-13 Les informations et demandes motivées prévues aux articles L. 1225-50 à L. 1225-52 sont adressées à l'employeur par lettre recommandée avec avis de réception ou remise contre récépissé. — *[Anc. art. L. 122-28-1, al. 5 à 7, et L. 122-28-2, al. 4.]*

SOUS-SECTION 2 Congé de présence parentale

Art. R. 1225-14 Au moins quinze jours avant le début du congé de présence parentale, le salarié informe son employeur par lettre recommandée avec avis de réception ou remise contre récépissé de sa volonté de bénéficier de ce congé. Il joint un certificat médical.

(Décr. n° 2022-733 du 28 avr. 2022, art. 2) « Lorsque le congé de présence parentale est demandé dans les conditions prévues au dernier alinéa de l'article L. 1225-62, il joint également l'avis favorable rendu par le service du contrôle médical prévu à l'article L. 544-3 du code de la sécurité sociale. »

Art. R. 1225-15 Pour l'application de l'article L. 1225-62, la particulière gravité de la maladie, de l'accident ou du handicap ainsi que la nécessité d'une présence soutenue et de soins contraignants sont attestées par un certificat médical.

Ce certificat précise la durée prévisible de traitement de l'enfant. — *[Anc. art. R. 122-11-2.]*

Art. D. 1225-16 La période maximale pendant laquelle un salarié peut pour un même enfant et par maladie, accident ou handicap bénéficier des jours de congé de présence parentale est fixée à trois ans.

(Décr. n° 2020-1208 du 1ᵉʳ oct. 2020, art. 4) « En cas de fractionnement du congé, la durée minimale de chaque période de congé est d'une demi-journée. »

Les dispositions issues du Décr. n° 2020-1208 du 1ᵉʳ oct. 2020 s'appliquent aux demandes d'allocation visant à l'indemnisation des périodes de congés ou de cessation d'activités courant à compter du 30 sept. 2020 (Décr. préc., art. 5).

Art. D. 1225-17 *(Décr. n° 2020-470 du 23 avr. 2020, art. 3)* « La » durée initiale de la période au cours de laquelle le salarié bénéficie du droit à congé de présence parentale fait l'objet d'un nouvel examen *(Décr. n° 2020-470 du 23 avr. 2020, art. 3)* « dans les conditions prévues à l'article D. 544-2 du code de la sécurité sociale. Ce nouvel examen » donne lieu à un certificat médical, tel que prévu à l'article R. 1225-15 et qui est adressé à l'employeur.

En cas de prolongation au-delà de la durée du congé de présence parentale prévu antérieurement, les conditions de prévenance de l'employeur prévues à l'article L. 1225-63 s'appliquent.

SOUS-SECTION 3 Démission pour élever un enfant

Art. R. 1225-18 Le salarié informe son employeur de sa démission, en application de l'article L. 1225-66, par lettre recommandée avec avis de réception ou remise contre récépissé.

Il adresse à l'employeur sa demande de réembauche, en application de l'article L. 1225-67, par lettre recommandée avec avis de réception ou remise contre récépissé.
— [Anc. art. L. 122-28.]

Art. R. 1225-19 Les propositions d'embauche par priorité faites par l'employeur conformément à l'article L. 1225-67 sont adressées au salarié par lettre recommandée avec avis de réception.

Le refus par le salarié de ces propositions est adressé à l'employeur dans la même forme. — [Anc. art. R. 122-10.]

CHAPITRE VI MALADIE, ACCIDENT ET INAPTITUDE MÉDICALE

SECTION 1 Absences pour maladie ou accident

Art. D. 1226-1 L'indemnité complémentaire prévue à l'article L. 1226-1 est calculée selon les modalités suivantes :

1° Pendant les trente premiers jours, 90 % de la rémunération brute que le salarié aurait perçue s'il avait continué à travailler ;

2° Pendant les trente jours suivants, deux tiers de cette même rémunération. — [L. n° 78-49 du 19 janv. 1978, anc. art. 1er, al. 5 et 6.]

Art. D. 1226-2 Les durées d'indemnisation sont augmentées de dix jours par période entière de cinq ans d'ancienneté en plus de la durée (Décr. n° 2008-716 du 18 juill. 2008) « d'une année » requise à l'article L. 1226-1, sans que chacune d'elle [elles] puisse dépasser quatre-vingt-dix jours. — [L. n° 78-49 du 19 janv. 1978, art. 1er, al. 7.]

Art. D. 1226-3 Lors de chaque arrêt de travail, les durées d'indemnisation courent à compter du premier jour d'absence si celle-ci est consécutive à un accident du travail ou à une maladie professionnelle, à l'exclusion des accidents de trajet (Abrogé par Décr. n° 2008-716 du 18 juill. 2008) « , et à compter du onzième jour d'absence dans tous les autres cas ».

(Décr. n° 2008-716 du 18 juill. 2008) « Toutefois, dans tous les autres cas, le délai d'indemnisation court au-delà de sept jours d'absence. »

Art. D. 1226-4 Pour le calcul des indemnités dues au titre d'une période de paie, il est tenu compte des indemnités déjà perçues par l'intéressé durant les douze mois antérieurs, de telle sorte que si plusieurs absences pour maladie ou accident ont été indemnisées au cours de ces douze mois, la durée totale d'indemnisation ne dépasse pas celle applicable en application des articles D. 1226-1 et D. 1226-2. — [L. n° 78-49 du 19 janv. 1978, art. 1er, al. 9.]

Art. D. 1226-5 Sont déduites de l'indemnité complémentaire les allocations que le salarié perçoit de la sécurité sociale et des régimes complémentaires de prévoyance, mais en ne retenant dans ce dernier cas que la part des prestations résultant des versements de l'employeur. — [L. n° 78-49 du 19 janv. 1978, art. 1er, al. 10, phrase 1.]

Art. D. 1226-6 Lorsque les indemnités de la sécurité sociale sont réduites du fait, notamment, de l'hospitalisation ou d'une sanction par la caisse du non-respect de son règlement intérieur, elles sont réputées servies intégralement pour le calcul de l'indemnité complémentaire. — [L. n° 78-49 du 19 janv. 1978, art. 1er, al. 10, phrase 2.]

Art. D. 1226-7 La rémunération à prendre en considération pour le calcul de l'indemnité complémentaire est celle correspondant à l'horaire pratiqué pendant l'absence du salarié dans l'établissement ou partie d'établissement.

Toutefois, si l'horaire des salariés a été augmenté par suite de l'absence du salarié, cette augmentation n'est pas prise en considération pour la fixation de la rémunération. – [L. n° 78-49 du 19 janv. 1978, art. 1er, al. 11.]

Art. D. 1226-8 L'ancienneté prise en compte pour la détermination du droit à l'indemnité complémentaire s'apprécie au premier jour de l'absence. – [L. n° 78-49 du 19 janv. 1978, art. 1er, al. 12.]

Art. D. 1226-8-1 (Décr. n° 2022-373 du 16 mars 2022, art. 2, en vigueur le 31 mars 2022) La durée d'arrêt de travail à partir de laquelle l'organisation d'un rendez-vous de liaison est possible est de trente jours.

SECTION 2 **Accident du travail ou maladie professionnelle**

Art. R. 1226-9 La transformation d'un poste réalisée en application de l'article L. 1226-10 peut donner lieu à attribution de l'aide financière prévue à l'article L. 5213-10. – [Anc. art. L. 122-32-5, al. 3.]

CHAPITRE VII DISPOSITIONS PÉNALES

Art. R. 1227-1 Le fait de ne pas procéder à la déclaration préalable à l'embauche, prévue à l'article L. 1221-10, dans les conditions déterminées aux articles R. 1221-1 à R. 1221-6, est puni de l'amende prévue pour les contraventions de la cinquième classe. – [Anc. art. R. 362-1, al. 1er.]

Art. R. 1227-2 Est puni de l'amende prévue pour les contraventions de la quatrième classe le fait :

1° De contrevenir aux dispositions de l'article (Décr. n° 2011-681 du 16 juin 2011) « R. 1221-9 relatives à la remise d'une copie de la déclaration préalable à l'embauche ou de l'accusé de réception » au salarié ou, à défaut, de ne pas délivrer au salarié de contrat écrit accompagné de la mention de l'organisme destinataire de la déclaration préalable d'embauche ;

(Décr. n° 2011-681 du 16 juin 2011) « 2° De ne pas présenter à toute réquisition des agents de contrôle mentionnés à l'article L. 8271-7 l'avis de réception prévu par l'article R. 1221-7 s'il est encore tenu de le conserver en application de l'article R. 1221-8 ou, tant qu'il n'a pas reçu cet avis, de ne pas leur communiquer les éléments leur permettant de vérifier qu'il a procédé à la déclaration préalable à l'embauche du salarié, en méconnaissance des dispositions de l'article R. 1221-12. »

Art. R. 1227-3 Le fait de ne pas informer le service public de l'emploi d'une embauche ou de la rupture d'un contrat de travail, en méconnaissance des dispositions de l'article L. 1221-16 et de l'arrêté pris pour son application, est puni de l'amende prévue pour les contraventions de la quatrième classe. – [Anc. art. R. 362-1-1, al. 1er.]

Jurisprudence antérieure à la loi du 9 mars 2004. Font une exacte application des art. 111-4 et 121-2 C. pén., les juges du fond qui relèvent que ni les art. L. 321-1-1 [L. 1233-5 à L. 1233-7 nouv.] et R. 362-1-1 C. trav. ni aucune autre disposition légale ou réglementaire ne prévoient expressément que la responsabilité pénale des personnes morales puisse être engagée à raison de cette contravention aux prescriptions relatives à l'ordre des licenciements. • Crim. 18 avr. 2000, n° 99-85.183 P.

Art. R. 1227-4 Le fait de ne pas fournir les renseignements prévus aux articles (Décr. n° 2009-289 du 13 mars 2009) « D. 1221-30 et D. 1221-31 », relatifs au relevé mensuel des contrats de travail, est puni de l'amende prévue pour les contraventions de la quatrième classe. – [Anc. art. R. 362-1-1, al. 2.]

Art. R. 1227-5 Est puni des amendes prévues pour les contraventions de la cinquième classe le fait de méconnaître les dispositions :

1° Des articles L. 1225-1 à L. 1225-28 ainsi que celles des articles R. 1225-1, R. 1225-3, R. 1225-4, R. 1225-11, relatives à la protection de la grossesse et de la maternité ;

2° Des articles L. 1225-35 et L. 1225-36, relatives au congé de paternité ;

3° Des articles L. 1225-37 à L. 1225-45, relatives au congé d'adoption ;

4° Des articles L. 1225-47 à L. 1225-52 et L. 1225-55, relatives au congé parental et au passage à temps partiel pour l'éducation d'un enfant ;
5° Des articles L. 1225-66 et L. 1225-67, relatives à la démission pour élever un enfant.
La récidive de la contravention prévue au présent article est réprimée conformément aux articles 132-11 et 132-15 du code pénal. − [Anc. art. R. 152-3.]

Art. R. 1227-6 Le fait de méconnaître les dispositions des articles L. 1225-29 à L. 1225-33, relatives à l'interdiction d'emploi prénatal et postnatal ainsi qu'à l'allaitement, est puni de l'amende prévue pour les contraventions de la cinquième classe, prononcée autant de fois qu'il y a de salariés concernés par l'infraction.
La récidive de la contravention prévue au présent article est réprimée conformément aux articles 132-11 et 132-15 du code pénal.
En cas de pluralité de contraventions entraînant les peines de la récidive, l'amende est appliquée autant de fois qu'il a été relevé de nouvelles infractions. − [Anc. art. R. 260-1 et R. 262-7.]

1. Caractère spécial du régime. En prévoyant en cas de récidive seulement le cumul des peines contraventionnelles et en tout autre cas le prononcé d'un nombre d'amendes égal au nombre des personnes employées, l'art. R. 260-2 (art. R. 260-1) institue un système de répression spécial selon lequel, s'il n'y a pas récidive, le nombre d'amendes prononcé en cas de pluralité d'infractions ne peut excéder le nombre des personnes irrégulièrement employées. • Cass., ass. plén., 22 janv. 1982 : ✚ D. 1982. 157, concl. Cabannes ; JCP CI 1982. II. 13828, note De Lestang. – Dans le même sens : • Crim. 15 déc. 1987 : D. 1988. 277, 2e esp., note Guirimand • 24 avr. 1990 : ✚ RJS 1990. 399, n° 579.

2. Établissements distincts. La dérogation au principe du cumul des peines contraventionnelles n'est pas applicable lorsque les infractions ont été relevées dans des établissements distincts. • Crim. 19 nov. 1991 : ✚ D. 1992. IR 77 ; RJS 1992. 179, n° 293.

3. Infractions distinctes. Les infractions à la règle du repos hebdomadaire (interdiction d'occuper un salarié plus de 6 jours par semaine, prescrite à l'art. L. 221-2 [art. L. 3132-1 nouv.]) et à la règle du repos dominical (art. L. 221-5 [art. R. 3132-3 nouv.]) commises concomitamment doivent être réprimées distinctement, ces deux contraventions comportant des éléments constitutifs spécifiques. • Crim. 25 nov. 1997, ✚ n° 96-86.297 P.

Art. R. 1227-7 Est puni de l'amende prévue pour les contraventions de la quatrième classe le fait de méconnaître les dispositions :
1° Des articles L. 1221-13 (Décr. n° 2015-364 du 30 mars 2015, art. 9) «, L. 1221-15 et L. 1221-15-1, » D. 1221-23 à R. 1221-26, relatives au registre unique du personnel ;
2° Des articles L. 1221-17 et R. 1221-32 à R. 1221-33, relatives aux autres cas de déclaration préalable.
Cette amende est appliquée autant de fois qu'il y a de personnes employées dans des conditions susceptibles d'être sanctionnées au titre des dispositions de cet article.

TITRE III RUPTURE DU CONTRAT DE TRAVAIL À DURÉE INDÉTERMINÉE

CHAPITRE I DISPOSITIONS GÉNÉRALES

Art. R. 1231-1 Lorsque les délais prévus par les dispositions légales du présent titre expirent un samedi, un dimanche ou un jour férié ou chômé, ils sont prorogés jusqu'au premier jour ouvrable suivant. − [Anc. art. R. 122-3-1.]

CHAPITRE II LICENCIEMENT POUR MOTIF PERSONNEL

SECTION 1 Entretien préalable

Art. R. 1232-1 La lettre de convocation prévue à l'article L. 1232-2 indique l'objet de l'entretien entre le salarié et l'employeur.
Elle précise la date, l'heure et le lieu de cet entretien.

Elle rappelle que le salarié peut se faire assister pour cet entretien par une personne de son choix appartenant au personnel de l'entreprise ou, en l'absence d'institutions représentatives dans l'entreprise, par un conseiller du salarié. — *[Anc. art. R. 122-2-1.]*

Mention du lieu de l'entretien. Le défaut de mention du lieu de l'entretien dans la convocation, alors même que l'entreprise n'avait qu'un seul établissement où étaient concentrées toutes les activités, constitue une irrégularité de procédure que l'employeur doit réparer et qu'il appartient au juge d'évaluer. • Soc. 13 mai 2009 : ⚖ *D. 2009. AJ 1542, obs. Ines ⌀ ; Dr. soc. 2009. 818, note Favennec-Héry ⌀.*

Art. R. 1232-2 Le salarié qui souhaite se faire assister, lors de l'entretien préalable à son licenciement, par un conseiller du salarié communique à celui-ci la date, l'heure et le lieu de l'entretien.

Le salarié informe l'employeur de sa démarche. — *[Anc. art. D. 122-1, al. 1er et 3.]*

Art. R. 1232-3 Le conseiller du salarié confirme au salarié sa venue ou lui fait connaître immédiatement et par tous moyens qu'il ne peut se rendre à l'entretien.

SECTION 2 **Conseiller du salarié**

Art. D. 1232-4 La liste des conseillers du salarié est préparée par le *(Décr. n° 2020-1545 du 9 déc. 2020, art. 28-X)* « directeur régional de l'économie, de l'emploi, du travail et des solidarités », après consultation des organisations d'employeurs et de salariés représentatives au niveau national siégeant à la *(Décr. n° 2018-1262 du 26 déc. 2018, art. 1er-III)* « Commission nationale de la négociation collective, de l'emploi et de la formation professionnelle », dont les observations sont présentées dans le délai d'un mois.

Les conseillers du salarié sont choisis en fonction de leur expérience des relations professionnelles et de leurs connaissances du droit social.

Ils exercent leurs fonctions à titre gratuit.

Art. D. 1232-5 La liste des conseillers du salarié est arrêtée dans chaque département par le préfet et publiée au recueil des actes administratifs de la préfecture.

Elle est tenue à la disposition des salariés dans chaque section d'inspection du travail et dans chaque mairie. — *[Anc. art. D. 122-3, al. 3, phrase 1, D. 122-3, al. 3, phr. 2 et L. 122-14, al. 2, phr. 2.]*

1. Point de départ de la protection. Le point de départ de la protection contre le licenciement des conseillers du salarié est fixé au jour où la liste des conseillers est arrêtée par le préfet, indépendamment des formalités de publicité prévues par l'art. D. 1232-5 C. trav. • Soc. 22 sept. 2010 : ⚖ *D. actu. 12 oct. 2010, obs. Siro ; D. 2010. AJ 2297 ⌀ ; RJS 2010. 772, n° 863 ; Dr. soc. 2010. 1268, obs. Pécaut-Rivolier ⌀ ; JSL 2010, n° 287-6 obs. Tourreil ; SSL 2010, n° 1461, p. 9.* ♦ Comp. : Antérieurement : la publication de la liste au recueil des actes administratifs de la préfecture la rend opposable à tous. • Soc. 14 janv. 2003, ⚖ n° 00-45.883 P : *D. 2003. IR 311 ⌀ ; Dr. soc. 2003. 445, obs. Duquesne ⌀ ; RJS 2003. 243, n° 365.*

2. Information de l'employeur. Le salarié ne peut se prévaloir de cette protection que s'il a informé son employeur de l'existence de ses fonctions avant la notification de la rupture de son contrat de travail. • Cons. const. 14 mai 2012 : ⚖ *D. 2012. 2622, obs. Lokiec et Porta ⌀ ; RJS 2012. 520, obs. Struillou ; Dr. ouvrier 2012. 621, obs Gahdoun ; JCP S 2012. 1311, obs. Boulmier.*

Art. D. 1232-6 La liste des conseillers du salarié est révisée tous les trois ans.

Elle peut être complétée à tout moment si nécessaire. — *[Anc. art. D. 122-4.]*

Art. D. 1232-7 Les frais de déplacement et de séjour hors de leur résidence supportés par les médiateurs, les experts et les personnes qualifiées, pour l'accomplissement de leur mission, leur sont remboursés dans les conditions prévues par la réglementation en vigueur pour les fonctionnaires de l'État. — *[Anc. art. D. 122-5, al. 1er à 3.]*

Art. D. 1232-8 Le conseiller du salarié qui a réalisé au moins quatre interventions au cours de l'année civile peut bénéficier d'une indemnité forfaitaire annuelle dont le montant est fixé par arrêté conjoint des ministres chargés du budget et du travail. — *[Anc. art. D. 122-5-1.]*

Art. D. 1232-9 L'employeur est remboursé mensuellement par l'État des salaires maintenus en application des dispositions de l'article L. 1232-9 ainsi que de l'ensemble des avantages et des charges sociales correspondant qui lui incombent.

Lorsque l'horaire de travail est supérieur à la durée légale, la charge des majorations pour heures supplémentaires est répartie entre l'État et l'employeur. Cette répartition est réalisée proportionnellement au temps passé par le conseiller du salarié respectivement au sein de son entreprise et dans l'exercice de sa fonction d'assistance.

Ce remboursement est réalisé au vu d'une demande établie par l'employeur et contresignée par le conseiller du salarié mentionnant l'ensemble des absences de l'entreprise ayant donné lieu à maintien de la rémunération ainsi que les autres éléments nécessaires au calcul des sommes dues. Cette demande de remboursement est accompagnée d'une copie du bulletin de paie correspondant ainsi que des attestations des salariés bénéficiaires de l'assistance.

En cas d'employeurs multiples, il est produit autant de demandes de remboursement qu'il y a d'employeurs ayant maintenu des salaires. — *[Anc. art. D. 122-6.]*

Art. D. 1232-10 Par dérogation aux dispositions de l'article D. 1232-9, le conseiller du salarié rémunéré uniquement à la commission est indemnisé directement dans les conditions prévues par le présent article.

Pour chaque heure passée entre 8 heures et 18 heures dans l'exercice des fonctions de conseiller, le conseiller du salarié rémunéré uniquement à la commission perçoit une indemnité horaire égale à 1/1900 des revenus professionnels déclarés à l'administration fiscale l'année précédente.

A cet effet, l'intéressé produit copie de sa déclaration d'impôts ainsi qu'une attestation de revenus délivrée par le ou les employeurs. — *[Anc. art. D. 122-7.]*

Art. D. 1232-11 Le salarié qui exerce son activité professionnelle en dehors de tout établissement, à l'exception des salariés mentionnés à l'article D. 1232-10, a droit à ce que les heures passées à l'exercice des fonctions de conseiller du salarié entre 8 heures et 18 heures soient considérées, en tout ou partie, comme des heures de travail et payées comme telles par l'employeur.

Ce dernier est remboursé intégralement dans les conditions prévues à l'article D. 1232-9. — *[Anc. art. D. 122-8.]*

Art. D. 1232-12 Le conseiller du salarié peut être radié de la liste par le préfet, dans les conditions prévues à l'article L. 1232-13. — *[Anc. art. L. 122-14-18, phrase 3 fin.]*

SECTION 3 Notification du licenciement

(Décr. n° 2017-1702 du 15 déc. 2017)

Art. R. 1232-13 *(Décr. n° 2017-1702 du 15 déc. 2017)* Dans les quinze jours suivant la notification du licenciement, le salarié peut, par lettre recommandée avec avis de réception ou remise contre récépissé, demander à l'employeur des précisions sur les motifs énoncés dans la lettre de licenciement.

L'employeur dispose d'un délai de quinze jours après la réception de la demande du salarié pour apporter des précisions s'il le souhaite. Il communique ces précisions au salarié par lettre recommandée avec avis de réception ou remise contre récépissé.

Dans un délai de quinze jours suivant la notification du licenciement et selon les mêmes formes, l'employeur peut, à son initiative, préciser les motifs du licenciement.

Ces dispositions sont applicables aux licenciements prononcés après le 17 déc. 2017, date de publication du Décr. n° 2017-1702 du 15 déc. 2017 (Décr. préc., art. 2).

Validation par le Conseil d'État. Le Décr. n° 2017-1702 du 15 déc. 2017 n'est pas entaché d'incompétence négative pour ne pas avoir prévu que l'employeur doit informer le salarié de son droit de demander que les motifs de la lettre de licenciement soient précisés. La possibilité donnée à l'employeur de préciser les motifs du licenciement n'est pas jugée incompatible avec les exigences de motivation du licenciement issues de la Conv. n° 158 de l'OIT ; le fait que la demande du salarié de précision des motifs n'ait pas d'effet interruptif sur le délai de l'action en contestation du licenciement n'est pas davantage incompatible avec l'article 6, § 1, de la Conv. EDH, qui garantit le droit à un procès équitable ; l'instauration de ce délai ne portant pas atteinte au droit des salariés licenciés de contester le licenciement ou, le cas échéant, l'autorisation administrative de licenciement. • CE 6 mai 2019, n° 417299 : *RJS 7/2019, p. 517, concl. Dieu ; ibid., n° 422.*

CHAPITRE III LICENCIEMENT POUR MOTIF ÉCONOMIQUE

SECTION 1 Dispositions communes

Art. R. 1233-1 Le salarié qui souhaite connaître les critères retenus pour fixer l'ordre des licenciements adresse sa demande à l'employeur, en application des articles L. 1233-17 et L. 1233-43, par lettre recommandée avec avis de réception ou remise contre récépissé, avant l'expiration d'un délai de dix jours à compter de la date à laquelle il quitte effectivement son emploi.

L'employeur fait connaître les critères qu'il a retenus pour fixer l'ordre des licenciements, en application de l'article L. 1233-5, par lettre recommandée avec avis de réception ou remise contre récépissé, dans les dix jours suivant la présentation ou de la remise de la lettre du salarié.

Ces délais ne sont pas des délais francs. Ils expirent le dernier jour à vingt-quatre heures. — [Anc. art. R. 122-3.]

Art. D. 1233-2 (Décr. n° 2015-1637 du 10 déc. 2015) Les zones d'emploi mentionnées à l'avant-dernier alinéa de l'article L. 1233-5 sont celles référencées dans l'atlas des zones d'emploi établi par l'Institut national de la statistique et des études économiques et les services statistiques du ministre chargé de l'emploi.

Atlas des zones d'emplois accessibles sur : https://www.insee.fr/fr/information/4652957.

Art. D. 1233-2-1 (Décr. n° 2017-1725 du 21 déc. 2017) I. — Pour l'application de l'article L. 1233-4, l'employeur adresse des offres de reclassement de manière personnalisée ou communique la liste des offres disponibles aux salariés, et le cas échéant l'actualisation de celle-ci, par tout moyen permettant de conférer date certaine.

II. — Ces offres écrites précisent :
a) L'intitulé du poste et son descriptif ;
b) Le nom de l'employeur ;
c) La nature du contrat de travail ;
d) La localisation du poste ;
e) Le niveau de rémunération ;
f) La classification du poste.

III. — En cas de diffusion d'une liste des offres de reclassement interne, celle-ci comprend les postes disponibles situés sur le territoire national dans l'entreprise et les autres entreprises du groupe dont l'entreprise fait partie.

La liste précise les critères de départage entre salariés en cas de candidatures multiples sur un même poste, ainsi que le délai dont dispose le salarié pour présenter sa candidature écrite.

Ce délai ne peut être inférieur à quinze jours francs à compter de la publication de la liste, sauf lorsque l'entreprise fait l'objet d'un redressement ou d'une liquidation judiciaire.

Dans les entreprises en redressement ou liquidation judiciaire, ce délai ne peut être inférieur à quatre jours francs à compter de la publication de la liste.

L'absence de candidature écrite du salarié à l'issue du délai mentionné au deuxième alinéa vaut refus des offres.

Art. R. 1233-2-2 (Décr. n° 2017-1702 du 15 déc. 2017) Dans les quinze jours suivant la notification du licenciement, le salarié peut, par lettre recommandée avec avis de réception ou remise contre récépissé, demander à l'employeur des précisions sur les motifs énoncés dans la lettre de licenciement.

L'employeur dispose d'un délai de quinze jours après la réception de la demande du salarié pour apporter des précisions s'il le souhaite. Il communique ces précisions au salarié par lettre recommandée avec avis de réception ou remise contre récépissé.

Dans un délai de quinze jours suivant la notification du licenciement et selon les mêmes formes l'employeur peut, à son initiative, préciser les motifs du licenciement.

Ces dispositions issues du Décr. n° 2017-1702 du 15 déc. 2017 sont applicables aux licenciements prononcés postérieurement à sa publication du 17 déc. 2017 (Décr. préc., art. 2).

Est rejeté le recours en annulation intenté par FO à l'encontre du décret d'application de l'Ord. n° 2017-1387 du 22 sept. 2017, fixant les conditions et délais dans lesquels l'employeur peut, de lui-même ou sur demande du salarié, préciser les motifs de la rupture après la notification de la lettre de licenciement ; ce décret n'est pas entaché d'incompétence négative « pour ne pas avoir prévu que l'employeur doit informer le salarié de son droit de demander que les motifs de la lettre de licenciement soient précisés ». • CE 6 mai 2019, 🔒 n° 417299 : *RJS 7/2019, n° 422.*

SECTION 2 Licenciement de moins de dix salariés dans une même période de trente jours

Art. D. 1233-3 En cas de licenciement pour motif économique de moins de dix salariés dans une même période de trente jours, l'employeur informe par écrit le (*Décr. n° 2020-1545 du 9 déc. 2020, art. 28-X*) « directeur régional de l'économie, de l'emploi, du travail et des solidarités » des licenciements prononcés dans les huit jours de l'envoi des lettres de licenciement aux salariés concernés.

L'employeur précise :

1° Son nom et son adresse ;

2° La nature de l'activité et l'effectif de l'entreprise ou de l'établissement ;

3° Les nom, prénoms, nationalité, date de naissance, sexe, adresse, emploi et qualification du ou des salariés licenciés ;

4° La date de la notification des licenciements aux salariés concernés.

Les informations et demandes mentionnées sont transmises par voie dématérialisée. La transmission par voie dématérialisée est effectuée, à compter du 1er janv. 2020, sur le système d'information RUPCO, dont l'adresse internet est https://ruptures-collectives.emploi.gouv.fr (Arr. du 21 oct. 2019, NOR : MTRD1927861A, JO 25 oct.).

SECTION 3 Licenciement de dix salariés ou plus dans une même période de trente jours

SOUS-SECTION 1 Information-consultation

(Décr. n° 2013-554 du 27 juin 2013)

Le Décr. n° 2013-554 est applicable aux procédures de licenciement collectif engagées à compter du 1er juill. 2013.

Art. R. 1233-3-1 Lorsque l'expert du (*Décr. n° 2017-1819 du 29 déc. 2017, art. 3*) « comité social et économique » est saisi, l'absence de remise du rapport mentionné à l'article L. 1233-35 ne peut avoir pour effet de reporter le délai prévu à l'article L. 1233-30.

Art. R. 1233-3-2 (*Décr. n° 2017-1819 du 29 déc. 2017, art. 3*) Lorsque l'expertise prévue au 2° de l'article L. 2315-85 porte sur plusieurs champs, elle donne lieu à l'établissement d'un rapport d'expertise unique.

L'expert désigné par le comité social et économique peut s'adjoindre la compétence d'un ou plusieurs autres experts sur une partie des travaux que nécessite l'expertise.

L'expert désigné vérifie alors que ces derniers disposent des compétences nécessaires au bon déroulement de la mission d'expertise ou, le cas échéant, de l'habilitation prévue à l'article L. 2315-96.

Art. R. 1233-3-3 (*Décr. n° 2017-1819 du 29 déc. 2017, art. 3*) Les contestations relatives à l'expertise prévue à l'article L. 1233-34 doivent être dûment motivées et adressées au (*Décr. n° 2020-1545 du 9 déc. 2020, art. 28-X*) « directeur régional de l'économie, de l'emploi, du travail et des solidarités » territorialement compétent, par tout moyen permettant de conférer une date certaine :

1° Par l'employeur, s'agissant du choix de l'expert, de la nécessité, du coût prévisionnel, de l'étendue, de la durée de l'expertise ;

2° Par le comité social et économique lorsque les conditions fixées aux articles L. 2315-82 et L. 2315-83 ne sont pas réunies.

Le directeur régional se prononce dans un délai de cinq jours à compter de la date de réception de la demande. Une copie de la décision est adressée aux autres parties.

V. note ss. art. D. 1233-3.

RUPTURE DU CONTRAT DE TRAVAIL

SOUS-SECTION 2 Autorité administrative compétente

(Décr. n° 2013-554 du 27 juin 2013)

V. note au-dessus de l'art. R. 1233-3-1.

Art. R.* 1233-3-4 L'autorité administrative mentionnée aux articles L. **1233-39,** L. **1233-46,** L. **1233-48** à L. **1233-50,** L. **1233-53** et L. **1233-56** à L. **1233-57-8** est le *(Décr. n° 2020-1545 du 9 déc. 2020, art. 28-X)* « directeur régional de l'économie, de l'emploi, du travail et des solidarités » dont relève l'établissement en cause.

Art. R. 1233-3-5 Lorsque le projet de licenciement collectif porte sur des établissements relevant de la compétence de plusieurs *(Décr. n° 2020-1545 du 9 déc. 2020, art. 28-X)* « directeurs régionaux de l'économie, de l'emploi, du travail et des solidarités », l'employeur informe le directeur régional du siège de l'entreprise de son intention d'ouvrir une négociation en application de l'article L. 1233-24-1. L'employeur notifie à ce directeur son projet de licenciement en application de l'article L. **1233-46.** En application de l'article L. **1233-57-8,** *(Décr. n° 2020-88 du 5 févr. 2020, art. 1er)* « le *(Décr. n° 2020-1545 du 9 déc. 2020, art. 28-X)* « directeur régional de l'économie, de l'emploi, du travail et des solidarités » compétent est celui dans le ressort duquel se situe le siège de l'entreprise.

« En cas d'unité économique et sociale, le directeur compétent est celui dans le ressort duquel se situe le siège de l'entreprise principale.

« En cas d'accord de groupe, le directeur compétent est celui dans le ressort duquel se situe le siège de l'entreprise dominante.

« En cas d'entreprise internationale dont le siège est situé à l'étranger, le directeur compétent est celui dans le ressort duquel se situe la succursale dont le nombre d'emplois concernés est le plus élevé. »

Le *(Décr. n° 2020-1545 du 9 déc. 2020, art. 28-X)* « directeur régional de l'économie, de l'emploi, du travail et des solidarités » compétent informe l'employeur de sa compétence par tout moyen permettant de conférer une date certaine.

L'employeur en informe, sans délai et par tout moyen, le *(Décr. n° 2017-1819 du 29 déc. 2017, art. 3)* « comité social et économique » ainsi que les organisations syndicales représentatives.

Les informations et demandes mentionnées sont transmises par voie dématérialisée. La transmission par voie dématérialisée est effectuée, à compter du 1er janv. 2020, sur le système d'information RUPCO, dont l'adresse internet est https://ruptures-collectives.emploi.gouv.fr (Arr. du 21 oct. 2019, NOR : MTRD1927861A, JO 25 oct.).

SOUS-SECTION 3 Information de l'autorité administrative

La sous-section 1 devient la sous-section 3 (Décr. n° 2013-554 du 27 juin 2013, art. 2-1°).

V. note au-dessus de l'art. R. 1233-3-1.

Art. D. 1233-4 *(Décr. n° 2013-554 du 27 juin 2013)* La notification du projet de licenciement prévue à l'article L. **1233-46** est adressée par la voie dématérialisée au *(Décr. n° 2020-1545 du 9 déc. 2020, art. 28-X)* « directeur régional de l'économie, de l'emploi, du travail et des solidarités ».

Outre les renseignements prévus au troisième alinéa de l'article L. **1233-46,** la notification précise :

1° Le nom et l'adresse de l'employeur ;

2° La nature de l'activité et l'effectif de l'entreprise ou de l'établissement ;

3° Le nombre des licenciements envisagés ;

4° Le cas échéant, les modifications qu'il y a lieu d'apporter aux informations déjà transmises en application de l'article L. **1233-31** ;

5° En cas de recours à un expert-comptable par le *(Décr. n° 2017-1819 du 29 déc. 2017, art. 3)* « comité social et économique », mention de cette décision ;

6° Le cas échéant, la signature d'un accord collectif en application des articles L. **1233-21** et L. **1233-24-1.** Une copie de cet accord est alors jointe à la notification.

Les informations et demandes mentionnées sont transmises par voie dématérialisée. La transmission par voie dématérialisée est effectuée, à compter du 1er janv. 2020, sur le système d'information

RUPCO, dont l'adresse internet est https://ruptures-collectives.emploi.gouv.fr *(Arr. du 21 oct. 2019, NOR : MTRD1927861A, JO 25 oct.).*

Art. D. 1233-5 Les informations et documents destinés aux représentants du personnel prévus à l'article L. 1233-48 sont adressés *(Décr. n° 2013-554 du 27 juin 2013)* « par la voie dématérialisée » simultanément au *(Décr. n° 2020-1545 du 9 déc. 2020, art. 28-X)* « directeur régional de l'économie, de l'emploi, du travail et des solidarités ».

Les informations et documents destinés au *(Décr. n° 2017-1819 du 29 déc. 2017, art. 3)* « comité social et économique central », en application de l'article L. 1233-51, sont adressés *(Décr. n° 2013-554 du 27 juin 2013)* « par la voie dématérialisée » au *(Décr. n° 2020-1545 du 9 déc. 2020, art. 28-X)* « directeur régional de l'économie, de l'emploi, du travail et des solidarités » du siège.

V. note ss. art. D. 1233-4.

Art. R. 1233-6 *(Décr. n° 2013-554 du 27 juin 2013)* Dans les entreprises de moins de cinquante salariés, l'employeur communique au *(Décr. n° 2020-1545 du 9 déc. 2020, art. 28-X)* « directeur régional de l'économie, de l'emploi, du travail et des solidarités » les modifications qui ont pu être apportées aux mesures prévues à l'article L. 1233-32 ainsi qu'au calendrier de leur mise en œuvre.

V. note ss. art. D. 1233-4.

Art. R. 1233-7 *(Décr. n° 2013-554 du 27 juin 2013)* En cas de procédure de sauvegarde, l'employeur ou l'administrateur transmet une copie du jugement mentionné à l'article L. 626-11 du code de commerce au *(Décr. n° 2020-1545 du 9 déc. 2020, art. 28-X)* « directeur régional de l'économie, de l'emploi, du travail et des solidarités ».

En cas de redressement ou de liquidation judiciaire, l'employeur, l'administrateur ou le liquidateur transmet une copie du jugement de redressement ou de liquidation judiciaire au *(Décr. n° 2020-1545 du 9 déc. 2020, art. 28-X)* « directeur régional de l'économie, de l'emploi, du travail et des solidarités ».

V. note ss. art. D. 1233-4.

Art. D. 1233-8 *Abrogé par Décr. n° 2013-554 du 27 juin 2013.*

Art. R. 1233-9 Lorsqu'il n'existe *(Décr. n° 2017-1819 du 29 déc. 2017, art. 3)* « pas de comité social et économique dans l'entreprise », les informations mentionnées à l'article L. 1233-31, le plan de sauvegarde de l'emploi et les renseignements prévus au 1° de l'article R. 1233-6 sont adressés *(Décr. n° 2013-554 du 27 juin 2013)* « par la voie dématérialisée » au *(Décr. n° 2020-1545 du 9 déc. 2020, art. 28-X)* « directeur régional de l'économie, de l'emploi, du travail et des solidarités » en même temps que la notification du projet de licenciement prévue à l'article L. 1233-46.

V. note ss. art. D. 1233-4.

Art. D. 1233-10 En cas d'absence de *(Décr. n° 2017-1819 du 29 déc. 2017, art. 3)* « comité social et économique, par suite d'une carence constatée dans les conditions prévues à l'article L. 2314-9 », l'employeur joint à la notification du projet de licenciement le procès-verbal de carence établi conformément à ces articles *(Décr. n° 2013-554 du 27 juin 2013)* « et l'adresse par la voie dématérialisée ».

V. note ss. art. D. 1233-4.

SOUS-SECTION 4 Intervention de l'autorité administrative

La sous-section 2 devient la sous-section 4 (Décr. n° 2013-554 du 27 juin 2013, art. 2-1°).

V. note au-dessus de l'art. R. 1233-3-1.

Art. D. 1233-11 *(Décr. n° 2013-554 du 27 juin 2013)* Le *(Décr. n° 2020-1545 du 9 déc. 2020, art. 28-X)* « directeur régional de l'économie, de l'emploi, du travail et des solidarités » adresse les pièces suivantes à l'employeur :

1° L'avis écrit mentionné à l'article L. 1233-56, en cas de licenciement de dix salariés ou plus sur une même période de trente jours ;

2° Les propositions et les observations prévues aux articles L. 1233-57 et L. 1233-57-6 lorsqu'un plan de sauvegarde de l'emploi doit être élaboré.

Art. D. 1233-12 (Décr. n° 2013-554 du 27 juin 2013) La demande mentionnée à l'article L. 1233-57-5 est adressée par le (Décr. n° 2017-1819 du 29 déc. 2017, art. 3) « comité social et économique », ou, en cas de négociation d'un accord mentionné à l'article L. 1233-24-1 par les organisations syndicales représentatives de l'entreprise, au (Décr. n° 2020-1545 du 9 déc. 2020, art. 28-X) « directeur régional de l'économie, de l'emploi, du travail et des solidarités » compétent en application des articles R. 1233-3-4 et R. 1233-3-5, par tout moyen permettant de conférer une date certaine.

La demande est motivée. Elle précise les éléments demandés et leur pertinence.

Le (Décr. n° 2020-1545 du 9 déc. 2020, art. 28-X) « directeur régional de l'économie, de l'emploi, du travail et des solidarités » se prononce après instruction dans un délai de cinq jours à compter de la réception de la demande.

S'il décide de faire droit à la demande, le directeur régional adresse une injonction à l'employeur par tout moyen permettant de lui conférer une date certaine. Il adresse simultanément une copie de cette injonction à l'auteur de la demande, au (Décr. n° 2017-1819 du 29 déc. 2017, art. 3) « comité social et économique » et aux organisations syndicales représentatives en cas de négociation d'un accord mentionné à l'article L. 1233-24-1.

Art. D. 1233-13 Abrogé par Décr. n° 2013-554 du 27 juin 2013.

SOUS-SECTION 5 **Procédure de validation ou d'homologation du plan de sauvegarde de l'emploi**

(Décr. n° 2013-554 du 27 juin 2013)

V. note au-dessus de l'art. R. 1233-3-1.

Art. D. 1233-14 La demande de validation de l'accord mentionné à l'article L. 1233-24-1 ou d'homologation du document unilatéral mentionné à l'article L. 1233-24-4 est adressée au (Décr. n° 2020-1545 du 9 déc. 2020, art. 28-X) « directeur régional de l'économie, de l'emploi, du travail et des solidarités » par la voie dématérialisée.

En cas de procédure de sauvegarde, de redressement ou de liquidation judiciaire, la demande est envoyée par voie dématérialisée au plus tard le lendemain de la dernière réunion du (Décr. n° 2017-1819 du 29 déc. 2017, art. 3) « comité social et économique » mentionnée aux II et III de l'article L. 1233-58.

V. note ss. art. D. 1233-4.

Art. D. 1233-14-1 Le délai prévu à l'article L. 1233-57-4 court à compter de la réception par le (Décr. n° 2020-1545 du 9 déc. 2020, art. 28-X) « directeur régional de l'économie, de l'emploi, du travail et des solidarités » du dossier complet.

Le dossier est complet lorsqu'il comprend les informations permettant de vérifier le contenu du plan de sauvegarde de l'emploi, les modalités d'information et de consultation du (Décr. n° 2017-1819 du 29 déc. 2017, art. 3) « comité social et économique », la pondération et le périmètre d'application des critères d'ordre des licenciements, le calendrier des licenciements, le nombre de suppressions d'emploi et les catégories professionnelles concernées, et les modalités de mise en œuvre des mesures de formation, d'adaptation et de reclassement et, lorsqu'un accord est conclu en application de l'article L. 1233-24-1, les informations relatives à la représentativité des organisations syndicales signataires.

Lorsque le dossier est complet, le (Décr. n° 2020-1545 du 9 déc. 2020, art. 28-X) « directeur régional de l'économie, de l'emploi, du travail et des solidarités » en informe, sans délai et par tout moyen permettant de donner date certaine, l'employeur, le (Décr. n° 2017-1819 du 29 déc. 2017, art. 3) « comité social et économique » ainsi que les organisations syndicales représentatives en cas d'accord collectif mentionné à l'article L. 1233-24-1.

Lorsque la demande porte sur un accord partiel et sur un document unilatéral mentionnés à l'article L. 1233-57-3, les délais mentionnés à l'article L. 1233-57-4 sont de quinze jours pour l'accord et de vingt et un jours pour le document unilatéral.

Lorsqu'un accord collectif a été conclu en application de l'article L. 1233-24-1, il est déposé dans les conditions définies à l'article L. 2231-6.

V. note ss. art. D. 1233-4.

Art. D. 1233-14-2 La décision du *(Décr. n° 2020-1545 du 9 déc. 2020, art. 28-X)* « directeur régional de l'économie, de l'emploi, du travail et des solidarités » visée à l'article L. 1233-57-4 est adressée par tout moyen permettant de conférer une date certaine à l'employeur et au *(Décr. n° 2017-1819 du 29 déc. 2017, art. 3)* « comité social et économique » et, lorsqu'un accord collectif a été conclu en application de l'article L. 1233-24-1, aux organisations syndicales représentatives signataires.

L'envoi de la décision de l'administration s'effectue au plus tard le dernier jour du délai mentionné au premier alinéa de l'article L. 1233-57-4.

Art. D. 1233-14-3 En cas de décision de refus de validation ou d'homologation, le *(Décr. n° 2017-1819 du 29 déc. 2017, art. 3)* « comité social et économique » est consulté préalablement à la nouvelle demande sur l'accord collectif ou le document unilatéral après que les modifications nécessaires ont été apportées.

Le projet modifié et l'avis du *(Décr. n° 2017-1819 du 29 déc. 2017, art. 3)* « comité social et économique » sont transmis à l'administration par tout moyen permettant de conférer une date certaine.

Art. D. 1233-14-4 Le bilan de la mise en œuvre effective du plan de sauvegarde de l'emploi mentionné à l'article L. 1233-63, dont le contenu est fixé par arrêté du ministre chargé de l'emploi, est réalisé à la fin de la mise en œuvre des mesures de reclassement prévues aux articles L. 1233-65 ou L. 1233-71. Dans un délai d'un mois après cette date, il est adressé au *(Décr. n° 2020-1545 du 9 déc. 2020, art. 28-X)* « directeur régional de l'économie, de l'emploi, du travail et des solidarités » compétent par voie dématérialisée.

V. note ss. art. D. 1233-4.

V. Arr. du 3 avr. 2014 précisant le contenu du bilan de la mise en œuvre effective du plan de sauvegarde de l'emploi, NOR : ETSD1407910A (JO 2 mai).

SECTION 4 Obligation de rechercher un repreneur en cas de projet de fermeture d'un établissement

(Décr. n° 2015-1378 du 30 oct. 2015, art. 1ᵉʳ)

BIBL. ▶ PAGNERRE et CHATARD, JCP S 2016. 1457.

SOUS-SECTION 1 Définitions

Art. R. 1233-15 Est un établissement au sens de l'article L. 1233-57-9 une entité économique assujettie à l'obligation de constituer un *(Décr. n° 2017-1819 du 29 déc. 2017, art. 3)* « comité social et économique d'établissement ».

Constitue une fermeture au sens de l'article L. 1233-57-9 la cessation complète d'activité d'un établissement lorsqu'elle a pour conséquence la mise en œuvre d'un plan de sauvegarde de l'emploi emportant un projet de licenciement collectif au niveau de l'établissement ou de l'entreprise.

Constitue également une fermeture d'établissement la fusion de plusieurs établissements en dehors de la zone d'emploi où ils étaient implantés ou le transfert d'un établissement en dehors de sa zone d'emploi, lorsqu'ils ont pour conséquence la mise en œuvre d'un plan de sauvegarde de l'emploi emportant un projet de licenciement collectif.

SOUS-SECTION 2 Information de l'autorité administrative et des collectivités territoriales

Art. R. 1233-15-1 L'autorité administrative visée aux articles L. 1233-57-13 et L. 1233-57-21 est le préfet du département dans lequel l'établissement a son siège.

Le *(Décr. n° 2020-1545 du 9 déc. 2020, art. 28-X)* « directeur régional de l'économie, de l'emploi, du travail et des solidarités » dans le ressort duquel se trouve l'établissement en cause ainsi que, le cas échéant, celui désigné en application de l'article R. 1233-3-5, sont destinataire des informations et rapports mentionnés aux articles L. 1233-57-12, L. 1233-57-17 et L. 1233-57-20.

La notification du projet de fermeture prévue au premier alinéa de l'article L. 1233-57-12 est adressée, par tout moyen permettant de conférer une date certaine.

RUPTURE DU CONTRAT DE TRAVAIL

SOUS-SECTION 3 Clôture de la période de recherche

Art. R. 1233-15-2 Au regard des rapports mentionnés aux articles L. 1233-57-17 et L. 1233-57-20, le préfet du département dans lequel l'établissement a son siège, après avoir recueilli les observations de l'entreprise, s'il décide de demander le remboursement des aides publiques mentionné au deuxième alinéa de l'article L. 1233-57-21, notifie sa décision dans un délai d'un mois maximum à compter de sa décision de validation ou d'homologation mentionnées respectivement aux articles L. 1233-57-2 et L. 1233-57-3.

Il adresse une copie de sa décision aux personnes publiques chargées du recouvrement.

SECTION 5 Accompagnement social et territorial des procédures de licenciement

SOUS-SECTION 1 Congé de reclassement

§ 1 Proposition du congé de reclassement

Art. R. 1233-17 L'employeur informe et consulte le (*Décr. n° 2017-1819 du 29 déc. 2017, art. 3*) « comité social et économique » sur les conditions de mise en œuvre du congé de reclassement lors des réunions prévues aux articles L. 1233-8, en cas de licenciement de moins de dix salariés dans une même période de trente jours, et L. 1233-28, en cas de licenciement de dix salariés ou plus dans une même période de trente jours. — [*Anc. art. R. 321-10, al. 1er, phrase 1.*]

Art. R. 1233-18 Lorsque l'employeur établit un plan de sauvegarde de l'emploi, les conditions de mise en œuvre du congé de reclassement sont fixées dans ce plan.

Lorsqu'il n'est pas tenu d'établir ce plan, l'employeur adresse aux représentants du personnel un document précisant les conditions de mise en œuvre du congé de reclassement, avec les renseignements prévus aux articles L. 1233-10, en cas de licenciement de moins de dix salariés dans une même période de trente jours, L. 1233-31 et L. 1233-32, en cas de licenciement de dix salariés ou plus dans une même période de trente jours. — [*Anc. art. R. 321-10, al. 1er, phrases 2 et 3.*]

Art. R. 1233-19 Lors de l'entretien préalable prévu à l'article L. 1233-11, en cas de licenciement de moins de dix salariés dans une même période de trente jours, l'employeur informe le salarié des conditions de mise en œuvre du congé de reclassement.

Lorsque l'employeur n'est pas tenu de convoquer les salariés à cet entretien, en cas de licenciement de dix salariés ou plus dans une même période de trente jours, il les informe, à l'issue de la dernière réunion du (*Décr. n° 2017-1819 du 29 déc. 2017, art. 3*) « comité social et économique », des conditions de mise en œuvre du congé de reclassement. — [*Anc. art. R. 321-10, al. 2.*]

Art. R. 1233-20 Dans la lettre de notification du licenciement prévue aux articles L. 1233-15, en cas de licenciement de moins de dix salariés dans une même période de trente jours, et L. 1233-39, en cas de licenciement de dix salariés ou plus dans une même période de trente jours, l'employeur propose au salarié le bénéfice du congé de reclassement. — [*Anc. art. R. 321-10, al. 3, phrases 1 et 2.*]

Art. R. 1233-21 Le salarié dispose d'un délai de huit jours à compter de la date de notification de la lettre de licenciement pour informer l'employeur qu'il accepte le bénéfice du congé de reclassement.

L'absence de réponse dans ce délai est assimilée à un refus. — [*Anc. art. R. 321-10, al. 3, phrase 3.*]

§ 2 Mise en œuvre du congé de reclassement

Art. R. 1233-22 En cas d'acceptation par le salarié du bénéfice du congé de reclassement, celui-ci débute à l'expiration du délai de réponse prévu à l'article R. 1233-21. — [*Anc. art. R. 321-10, al. 4.*]

Art. R. 1233-23 Le congé de reclassement permet au salarié de bénéficier des prestations d'une cellule d'accompagnement des démarches de recherche d'emploi et d'actions de formation destinées à favoriser son reclassement professionnel.

Pendant ce congé, le salarié peut également faire valider les acquis de son expérience ou engager les démarches en vue d'obtenir cette validation. – [Anc. art. R. 321-11, al. 1er.]

Art. R. 1233-24 La cellule d'accompagnement des démarches de recherche d'emploi assure :

1° Une fonction d'accueil, d'information et d'appui au salarié dans ses démarches de recherche d'emploi ;
2° Un suivi individualisé et régulier du salarié ;
3° Les opérations de prospection et de placement de nature à assurer le reclassement du salarié. – [Anc. art. R. 321-11, al. 2.]

Art. R. 1233-25 Les prestations proposées par la cellule d'accompagnement sont accomplies soit par un prestataire choisi par l'employeur, soit par des salariés de l'entreprise désignés par l'employeur. – [Anc. art. R. 321-11, al. 3.]

Art. R. 1233-26 La cellule d'accompagnement doit disposer des moyens nécessaires pour lui permettre de remplir sa mission.

Un ou plusieurs salariés peuvent lui apporter leur concours, après accord de l'employeur. – [Anc. art. R. 321-11, al. 4.]

Art. R. 1233-27 Lorsque le salarié accepte le bénéfice du congé de reclassement, un entretien d'évaluation et d'orientation est accompli par la cellule d'accompagnement. Cet entretien a pour objet de déterminer le projet professionnel de reclassement du salarié ainsi que ses modalités de mise en œuvre.

A l'issue de cet entretien, la cellule d'accompagnement remet à l'employeur et au salarié un document précisant le contenu et la durée des actions nécessaires en vue de favoriser le reclassement.

Lorsque l'entretien d'évaluation et d'orientation n'a pas permis de définir un projet professionnel de reclassement, la cellule d'accompagnement informe le salarié qu'il peut bénéficier du bilan de compétences prévu par l'article L. 1233-71 et réalisé selon les modalités prévues par les articles R. 1233-35 et (Décr. n° 2018-1330 du 28 déc. 2018, art. 1er, en vigueur le 1er janv. 2019) « R. 6313-4 ». Ce bilan a pour objet d'aider le salarié à déterminer et approfondir son projet professionnel de reclassement et prévoit, en tant que de besoin, les actions de formation nécessaires à la réalisation de ce projet ainsi que celles permettant au salarié de faire valider les acquis de son expérience. Lorsque sont proposées de telles actions, l'organisme chargé de réaliser le bilan de compétences communique à la cellule d'accompagnement les informations relatives à leur nature, à leur durée et à leur mise en œuvre. Au vu de ces informations, la cellule établit le document prévu au deuxième alinéa. – [Anc. art. R. 321-12.]

Art. R. 1233-28 Au vu du document remis par la cellule d'accompagnement à l'employeur et au salarié, conformément au deuxième alinéa de l'article R. 1233-27, l'employeur précise dans un document :

1° Le terme du congé de reclassement ;
2° Les prestations de la cellule d'accompagnement dont il peut bénéficier ;
3° Selon les cas, la nature précise des actions de formation ou de validation des acquis de son expérience, ainsi que le nom des organismes prestataires de ces actions ;
4° L'obligation de donner suite aux convocations qui lui sont adressées par la cellule d'accompagnement ;
5° La rémunération versée pendant la période du congé de reclassement excédant la durée du préavis ;
6° Les engagements du salarié pendant le congé de reclassement et les conditions de rupture de ce congé définies aux articles R. 1233-34 et R. 1233-36. – [Anc. art. R. 321-13, al. 1er à 8.]

Art. R. 1233-29 Le document prévu à l'article R. 1233-28 est établi en double exemplaire dont l'un est remis au salarié.

Chaque exemplaire est revêtu de la signature du salarié et de l'employeur préalablement à la réalisation des actions prévues dans le cadre du congé de reclassement. — *[Anc. art. R. 321-13, al. 9.]*

Art. R. 1233-30 Le salarié dispose d'un délai de huit jours pour signer le document prévu à l'article R. 1233-28 à compter de la date de sa présentation.

Si, à l'issue de ce délai, le document n'a pas été signé, l'employeur notifie au salarié la fin du congé de reclassement par lettre recommandée avec avis de réception. Si le préavis est suspendu, la date de présentation de cette lettre fixe le terme de la suspension du préavis. — *[Anc. art. R. 321-13, al. 10.]*

Art. R. 1233-31 L'employeur fixe la durée du congé de reclassement entre quatre et *(Décr. n° 2013-554 du 27 juin 2013)* « douze » mois. La durée fixée peut être inférieure à quatre mois sous réserve de l'accord exprès du salarié. *(Décr. n° 2021-626 du 19 mai 2021, art. 1er)* « En cas de formation de reconversion professionnelle, elle peut être portée à vingt-quatre mois. »

Lorsque le salarié suit une action de formation ou de validation des acquis de l'expérience, la durée du congé de reclassement ne peut être inférieure à la durée de ces actions dans la limite de *(Décr. n° 2013-554 du 27 juin 2013, art. 4)* « douze » mois.

Art. R. 1233-32 Pendant la période du congé de reclassement excédant la durée du préavis, le salarié bénéficie d'une rémunération mensuelle à la charge de l'employeur.

Le montant de cette rémunération est au moins égal à 65 % de sa rémunération mensuelle brute moyenne soumise aux contributions mentionnées à l'article L. 5422-9 au titre des douze derniers mois précédant la notification du licenciement. *(Décr. n° 2021-626 du 19 mai 2021, art. 1er, en vigueur le 1er juill. 2021)* « Lorsqu'au cours de ces douze mois le salarié a exercé son emploi à temps partiel dans le cadre d'un congé parental d'éducation, d'un congé de proche aidant, d'un congé de présence parentale ou d'un congé de solidarité familiale, il est tenu compte, pour le calcul de la rémunération brute moyenne, du salaire qui aurait été le sien s'il avait exercé son activité à temps plein sur l'ensemble de la période.

« Le montant de cette rémunération » ne peut être inférieur à un salaire mensuel égal à 85 % du produit du salaire minimum de croissance prévu à l'article L. 3231-2 par le nombre d'heures correspondant à la durée collective de travail fixée dans l'entreprise.

Il ne peut non plus être inférieur à 85 % du montant de la garantie de rémunération versée par l'employeur en application des dispositions de l'article 32 de la loi n° 2000-37 du 19 janvier 2000 relative à la réduction négociée du temps de travail.

Chaque mois, l'employeur remet au salarié un bulletin précisant le montant et les modalités de calcul de cette rémunération.

Pour l'application à Mayotte de cet art., V. art. R. 1524-6.

Assiette de la rémunération. La somme versée au salarié en échange de son engagement de rester dans l'entreprise a une nature salariale et doit être incluse dans l'assiette de calcul de la rémunération versée au titre du congé de reclassement ; il n'en va pas de même des sommes résultant de la monétisation du compte épargne-temps. • Soc. 22 juin 2016, n° 14-18.675 P : *D. actu. 13 juill. 2016, obs. Cortot ; D. 2016. Actu. 1503 ; RJS 10/2016, n° 629.*

Art. R. 1233-33 Pendant la durée du congé de reclassement, le salarié suit les actions définies dans le document prévu à l'article R. 1233-28 et participe aux actions organisées par la cellule d'accompagnement. — *[Anc. art. R. 321-16, al. 1er.]*

Sur le congé de reclassement, V. Circ. DGEFP/DRT/DSS n° 2002/1 du 5 mai 2002, chapitre IV.

Art. R. 1233-34 Lorsque le salarié s'abstient, sans motif légitime, de suivre les actions mentionnées à l'article R. 1233-33 ou de se présenter aux entretiens auxquels il a été convoqué par la cellule d'accompagnement, l'employeur lui notifie, par lettre recommandée avec avis de réception ou remise contre récépissé, une mise en demeure de suivre les actions prévues ou de donner suite aux convocations qui lui ont été adressées.

L'employeur précise dans ce courrier que si le salarié ne donne pas suite à la mise en demeure dans un délai fixé par celle-ci, le congé de reclassement sera rompu.

Si, à l'issue de ce délai, le salarié n'a pas donné suite à la mise en demeure, l'employeur lui notifie la fin du congé de reclassement par lettre recommandée avec avis de réception.

Si le préavis est suspendu, la date de présentation de cette lettre fixe le terme de la suspension du préavis. — [Anc. art. R. 321-16, al. 2.]

Art. R. 1233-35 Le bilan de compétences mis en œuvre dans le cadre d'un congé de reclassement est réalisé après la conclusion d'une convention tripartite dans les conditions prévues aux articles (*Décr. n° 2018-1330 du 28 déc. 2018, art. 1er, en vigueur le 1er janv. 2019*) « R. 6313-4 à R. 6313-8 ».

Art. R. 1233-36 Si le salarié retrouve un emploi pendant son congé de reclassement, il en informe l'employeur par lettre recommandée avec avis de réception ou remise contre récépissé. Il précise la date à laquelle prend effet son embauche.

Cette lettre est adressée à l'employeur avant l'embauche.

La date de présentation de cette lettre fixe la fin du congé de reclassement et, si le préavis est suspendu, le terme de sa suspension. — [Anc. art. R. 321-16, al. 3.]

SOUS-SECTION 2 **Revitalisation des bassins d'emploi**

§ 1 Revitalisation par les entreprises soumises à l'obligation de proposer le congé de reclassement

Art. D. 1233-37 Le préfet conclut la convention prévue à l'article L. 1233-85 (*Décr. n° 2017-1724 du 20 déc. 2017, art. 3*) « ou à l'article L. 1237-19-10 » et assure le suivi et l'évaluation des actions prévues (*Décr. n° 2017-1724 du 20 déc. 2017, art. 3*) « aux articles L. 1233-84, L. 1233-87 et L. 1237-19-9 ».

Art. D. 1233-38 (*Décr. n° 2023-553 du 1er juill. 2023, art. 1er*) « I. — » Lorsqu'une entreprise mentionnée à l'article L. 1233-71 procède à un licenciement collectif (*Décr. n° 2017-1724 du 20 déc. 2017, art. 3*) « ou à une rupture conventionnelle collective mentionnée à l'article L. 1237-19 », le ou les préfets dans le ou les départements du ou des bassins d'emploi concernés lui indiquent, dans un délai (*Décr. n° 2023-553 du 1er juill. 2023, art. 1er*) « de deux mois » à compter de la notification (*Décr. n° 2013-554 du 27 juin 2013*) « de la décision administrative de validation ou d'homologation mentionnée à l'article L. 1233-57-4 » (*Décr. n° 2017-1724 du 20 déc. 2017, art. 3*) « ou de la décision administrative de validation de l'accord collectif mentionnée à l'article L. 1237-19-3, » après avoir recueilli ses observations, si elle est soumise à l'obligation de revitalisation des bassins d'emploi (*Décr. n° 2017-1724 du 20 déc. 2017, art. 3*) « instituée aux articles L. 1233-84 et L. 1237-19-9. »

A cet effet, (*Décr. n° 2017-1724 du 20 déc. 2017, art. 3*) « ils apprécient si le licenciement ou la rupture conventionnelle collective affectent, par leur ampleur », l'équilibre du ou des bassins d'emploi concernés en tenant notamment compte du nombre et des caractéristiques des emplois susceptibles d'être supprimés, du taux de chômage (*Décr. n° 2023-553 du 1er juill. 2023, art. 1er*) « , des autres restructurations et suppressions d'emploi intervenues au cours des deux dernières années » et des caractéristiques socio-économiques du ou des bassins d'emploi et des effets du licenciement (*Décr. n° 2017-1724 du 20 déc. 2017, art. 3*) « ou de la rupture conventionnelle collective » sur les autres entreprises de ce ou ces bassins d'emploi.

(*Décr. n° 2023-553 du 1er juill. 2023, art. 1er*) « II. — Le ou les préfets mentionnés au I » peuvent également demander à l'entreprise de réaliser, (*Décr. n° 2013-554 du 27 juin 2013*) « dès la notification du projet prévu à l'article L. 1233-46, une étude d'impact social et territorial qui doit leur être adressée au plus tard avant la fin du délai mentionné à l'article L. 1233-30 ».

(*Décr. n° 2017-1724 du 20 déc. 2017, art. 3*) « Dans le cadre de la rupture conventionnelle collective, le ou les préfets dans le ou les départements du ou des bassins d'emploi concernés peuvent demander à l'entreprise de réaliser l'étude d'impact social et territorial dès la notification de l'ouverture de la négociation prévue à l'article L. 1237-19, qui doit lui ou leur être adressée au plus tard le jour de la transmission de l'accord pour validation prévue à l'article L. 1237-19-3. »

(*Décr. n° 2023-553 du 1er juill. 2023, art. 1er*) « III. — Dans les cas prévus aux articles L. 1233-90-1 et L. 1237-19-14, lorsque les suppressions d'emplois concernent au moins trois départements, la décision relative à l'obligation de revitalisation des bassins d'emploi mentionnée au premier alinéa du I est facultative. »

Art. D. 1233-39 L'entreprise informe dans un délai d'un mois à compter de la notification de la décision prévue à l'article D. 1233-38, le ou les préfets dans le ou les départements concernés si elle entend satisfaire à cette obligation par la voie d'une convention signée avec l'État ou par celle d'un accord collectif.

Dans ce dernier cas, l'entreprise leur transmet également la copie de cet accord, son récépissé de dépôt et l'ensemble des informations, notamment financières, permettant d'évaluer la portée des engagements y figurant.

Lorsque le siège de l'entreprise n'est pas situé dans le ou les bassins d'emploi concernés, elle désigne, en outre, une personne chargée de la représenter devant le ou les préfets dans le ou les départements. – [Anc. art. R. 321-18.]

Art. D. 1233-40 La convention mentionnée (Décr. n° 2017-1724 du 20 déc. 2017, art. 3) « aux articles L. 1233-85 et L. 1237-19-10 » comporte notamment :
1° Les limites géographiques du ou des bassins d'emploi affectés par le licenciement collectif (Décr. n° 2017-1724 du 20 déc. 2017, art. 3) « ou par la rupture conventionnelle collective » et concernés par les mesures qu'elle prévoit ;
2° Les mesures permettant la création d'activités, le développement des emplois et l'atténuation des effets du licenciement envisagé (Décr. n° 2017-1724 du 20 déc. 2017, art. 3) « ou de la rupture conventionnelle collective » sur les autres entreprises dans le ou les bassins d'emploi concernés, ainsi que, pour chacune d'entre elles, les modalités et les échéances de mise en œuvre et le budget prévisionnel et, le cas échéant, le ou les noms et raisons sociales des organismes, établissements ou sociétés chargés pour le compte de l'entreprise de les mettre en œuvre et les financements qui leur sont affectés ;
3° La durée d'application de la convention qui ne peut dépasser trois ans, sauf circonstances particulières ;
4° Le montant de la contribution de l'entreprise par emploi supprimé et le nombre d'emplois supprimés au sens de l'article D. 1233-43 ;
5° Les modalités de suivi et d'évaluation des mesures mises en œuvre.

Art. D. 1233-41 I. – Les mesures engagées avant la signature de la convention peuvent être prises en compte dans le cadre de cette dernière lorsqu'elles contribuent à la création d'activités, au développement des emplois et permettent d'atténuer les effets du licenciement envisagé (Décr. n° 2017-1724 du 20 déc. 2017, art. 3) « ou de la rupture conventionnelle collective » sur les autres entreprises dans le ou les bassins d'emploi (Décr. n° 2017-1724 du 20 déc. 2017, art. 3) « concernés ».

Les mesures envisagées sous la forme de l'octroi d'un prêt aux mêmes fins sont valorisées à hauteur d'un coût prévisionnel tenant compte du coût de gestion du prêt, du coût du risque et du coût de l'accès au financement. Cette valorisation ne peut dépasser 30 % des sommes engagées.

Les mesures envisagées au même titre sous la forme de la cession d'un bien immobilier sont valorisées à hauteur de la différence entre la valeur de marché du bien, déterminée après avis du directeur départemental ou, le cas échéant, régional des finances publiques, et sa valeur de cession. (Décr. n° 2023-553 du 1er juill. 2023, art. 2) « Cette valorisation ne peut dépasser 30 % du montant de la contribution prévue aux articles L. 1233-86 et L. 1237-19-11. »

(Décr. n° 2016-1473 du 28 oct. 2016) « II. – Les mesures prévues dans le cadre d'une démarche volontaire de l'entreprise peuvent être prises en compte selon les modalités définies au I, lorsqu'elles sont engagées dans les deux ans précédant la notification de la décision prévue à l'article D. 1233-38 et qu'elles font l'objet d'un document-cadre conclu avec le représentant de l'État dans le département. Ce document-cadre détermine :

« 1° Les limites géographiques du ou des bassins d'emplois d'intervention ;

« 2° La nature des mesures et le montant auquel chacune est valorisée pour venir en déduction du montant de la contribution (Décr. n° 2017-1724 du 20 déc. 2017, art. 3) « prévue aux articles L. 1233-86 et L. 1237-19-11 » ;

« 3° La date de début de mise en œuvre de chacune des mesures ;

« 4° Les modalités de suivi et d'évaluation des mesures.

« L'entreprise transmet le bilan de la mise en œuvre des mesures au représentant de l'État dans le département, au plus tard dans un délai d'un mois à compter de la notification de la décision prévue à l'article D. 1233-38. »

Les dispositions issues du Décr. n° 2016-1473 du 28 oct. 2016 s'appliquent aux entreprises ayant fait l'objet d'une notification de l'obligation de revitalisation des bassins d'emploi mentionnée à l'art. D. 1233-38 C. trav. postérieurement à sa publication (Décr. préc., art. 2).

Art. D. 1233-42 Pour le suivi et l'évaluation de la mise en œuvre de revitalisation des bassins d'emploi, il est institué un comité présidé par le ou les préfets dans le ou les départements concernés, associant l'entreprise, les collectivités territoriales intéressées, les organismes consulaires et les partenaires sociaux membres *(Décr. n° 2023-553 du 1er juill. 2023, art. 3)* « du ou des observatoires d'analyse et d'appui au dialogue social et à la négociation du ou des départements concernés ».

Le comité se réunit au moins une fois par an, sur la base du bilan, provisoire ou définitif, transmis préalablement par l'entreprise au ou aux préfets et justifiant de la mise en œuvre de son obligation.

Le bilan définitif évalue notamment l'impact sur l'emploi des mesures mises en œuvre et comprend les éléments permettant de justifier le montant de la contribution de l'entreprise aux actions prévues.

Art. D. 1233-43 Pour le calcul de la contribution instituée à l'article L. 1233-84, le nombre d'emplois supprimés *(Décr. n° 2017-1724 du 20 déc. 2017, art. 3)* « est égal au nombre de salariés dont le licenciement est envisagé », duquel est déduit le nombre de salariés dont le reclassement, dans l'entreprise ou dans le groupe auquel elle appartient, est acquis sur le ou les bassins d'emploi affectés par le licenciement collectif, à l'issue de la procédure de consultation des représentants du personnel prévue aux articles L. 1233-8 et L. 1233-9, en cas de licenciement de moins de dix salariés dans une même période de trente jours, et L. 1233-28 à L. 1233-30, en cas de licenciement de dix salariés ou plus dans une même période de trente jours.

(Décr. n° 2017-1724 du 20 déc. 2017, art. 3) « Pour le calcul de la contribution prévue à l'article L. 1237-19-9, le nombre d'emplois supprimés est égal au nombre de ruptures de contrat de travail prévues dans le cadre de l'accord portant rupture conventionnelle collective, duquel est déduit le nombre d'emplois pourvus sur le même poste de travail en remplacement des salariés dont le contrat de travail a été rompu en application de l'article L. 1237-19 sur le ou les bassins d'emplois concernés. »

Lorsque le ou les préfets dans le ou les départements concernés estiment, après avoir recueilli l'avis du comité départemental d'examen des problèmes de financement des entreprises compétent ou du comité interministériel de restructuration industrielle, que l'entreprise est dans l'incapacité d'assurer la charge financière de la contribution *(Décr. n° 2017-1724 du 20 déc. 2017, art. 3)* « instituée aux articles L. 1233-84 et L. 1237-19-11 », ils peuvent en diminuer le montant.

Art. D. 1233-44 *(Décr. n° 2017-1724 du 20 déc. 2017, art. 3)* « En l'absence de convention signée dans les délais prévus aux articles L. 1233-85 et L. 1237-19-10 ou d'accord collectif de travail en tenant lieu, le préfet du département où est situé l'établissement qui procède au licenciement ou à la rupture conventionnelle collective établit un titre de perception pour la contribution prévue au deuxième alinéa des articles L. 1233-87 et L. 1237-19-11.

Le préfet transmet ce titre au *(Décr. n° 2014-552 du 27 mai 2014, art. 17)* « directeur départemental ou, le cas échéant, régional des finances publiques » qui en assure le recouvrement.

§ 2 Revitalisation par les entreprises non soumises à l'obligation de proposer le congé de reclassement

Art. D. 1233-45 Lorsqu'une entreprise mentionnée à l'article L. 1233-87 procède à un licenciement collectif, le ou les préfets dans le ou les départements du ou des bassins d'emploi concernés apprécient si ce licenciement affecte, par son ampleur, l'équilibre de ce ou ces bassins d'emploi en tenant notamment compte du nombre et des caractéristiques des emplois susceptibles d'être supprimés, du taux de chômage et des

caractéristiques socio-économiques du ou des bassins d'emploi et des effets du licenciement sur les autres entreprises de ce ou ces bassins d'emploi et le lui indiquent.
Dans ce cas, l'entreprise désigne, lorsque son siège n'est pas situé dans le ou les bassins d'emploi concernés, une personne chargée de la représenter devant le ou les préfets. — *[Anc. art. R. 321-23, al. 1er.]*

Art. D. 1233-46 Le ou les préfets, dans un délai de six mois à compter de la notification prévue à l'article L. 1233-46, et dans les conditions et selon les modalités prévues par les articles L. 1233-87 et L. 1233-88, définissent les actions mises en œuvre pour permettre le développement d'activités nouvelles et atténuer les effets de la restructuration envisagée sur les autres entreprises dans le ou les bassins d'emploi. — *[Anc. art. R. 321-23, al. 2.]*

Art. D. 1233-47 Une convention conclue entre le ou les préfets du ou des départements intéressés et l'entreprise détermine les modalités de la participation, le cas échéant, de celle-ci aux actions mise en œuvre.
Le volume de cette participation est pris en compte pour l'attribution des aides aux actions de reclassement et de reconversion professionnelle prévues à l'article L. 5123-1. — *[Anc. art. R. 321-23, al. 3.]*

Art. D. 1233-48 Au plus tard trois ans après la notification des licenciements prévue à l'article L. 1233-46, le ou les préfets réunissent le comité de suivi dans les conditions et selon les modalités prévues à l'article D. 1233-42. — *[Anc. art. R. 321-23, al. 4.]*

§ 3 Convention-cadre nationale de revitalisation

(Décr. n° 2023-553 du 1er juill. 2023, art. 4)

Art. D. 1233-48-1 La convention-cadre nationale de revitalisation prévue à l'article L. 1233-90-1 ou à l'article L. 1237-19-4 comporte notamment :
1° Le ou les territoires pour lesquels les actions prévues à l'article L. 1233-84 ou à l'article L. 1237-19-9 sont financées par la contribution prévue respectivement aux articles L. 1233-86 et L. 1237-19-11 ;
2° Les actions ou catégories d'actions contribuant à la création d'activités, au développement des emplois et à l'atténuation des effets du licenciement envisagé ou des effets de l'accord portant rupture conventionnelle collective éligibles à un financement par la contribution ;
3° Le montant total de la contribution prévue à l'article L. 1233-86 ou à l'article L. 1237-19-11, ainsi que le montant dû pour chaque territoire désigné comme bénéficiaire ;
4° La durée de la convention, qui ne peut dépasser quarante mois, sauf circonstances particulières ;
5° Les modalités de pilotage, de suivi et d'évaluation de la convention.

Art. D. 1233-48-2 Pour le calcul de la contribution prévue à l'article L. 1233-86 ou à l'article L. 1237-19-11, le nombre d'emplois supprimés est égal au nombre total de ruptures de contrat de travail prévues dans le cadre du ou des licenciements collectifs ou du ou des accords portant rupture conventionnelle collective dans l'ensemble des départements concernés.
Sont déduits du nombre de ruptures mentionné à l'alinéa précédent le nombre de salariés dont le reclassement, dans l'entreprise ou dans le groupe auquel elle appartient, est acquis à l'issue de la procédure de consultation des représentants du personnel prévue à l'article L. 1233-8 en cas de licenciement de moins de dix salariés dans une même période de trente jours, ou à l'article L. 1233-28 en cas de licenciement de dix salariés ou plus dans une même période de trente jours, ainsi que le nombre d'emplois pourvus sur le même poste de travail en remplacement des salariés dont le contrat de travail a été rompu en application de l'article L. 1237-19 dans le cas d'une rupture conventionnelle collective.

Art. D. 1233-48-3 En l'absence de convention-cadre nationale signée dans les délais prévus au troisième alinéa de l'article L. 1233-90-1 ou de l'article L. 1237-19-14, le ministre chargé de l'emploi *(Décr. n° 2023-924 du 6 oct. 2023)* « émet » un titre de perception pour la contribution prévue au deuxième alinéa de l'article L. 1233-86 ou de l'article L. 1237-19-11.

(Décr. n° 2023-924 du 6 oct. 2023) « Les sommes sont versées au Trésor public et recouvrées comme en matière de créances étrangères à l'impôt et au domaine. »

SOUS-SECTION 3 **Contrat de sécurisation professionnelle**

(Décr. n° 2015-1749 du 23 déc. 2015, art. 1er)

Art. D. 1233-49 En application de l'article L. 1233-69 du présent code, les *(L. n° 2018-771 du 5 sept. 2018, art. 45-II)* « opérateurs de compétences » financent 20 % du coût pédagogique total de chacune des actions de formation prévues à l'article L. 1233-65, à l'exception des frais de transport, de repas et d'hébergement.

Art. D. 1233-50 Lorsque l'accord-cadre mentionné à l'article L. 6332-21 du présent code prévoit le financement des mesures prévues à l'article L. 1233-65, les *(L. n° 2018-771 du 5 sept. 2018, art. 45-II)* « opérateurs de compétences » répondent aux appels à projet mentionnés à l'article R. 6332-106 pour bénéficier du financement du fond paritaire de sécurisation des parcours professionnels à hauteur de 80 % du montant du coût pédagogique de chaque formation ainsi que, le cas échéant, des frais de transport, de repas et d'hébergement.

Par dérogation à l'article D. 1233-49, à défaut de réponse à l'appel à projet mentionné au premier alinéa, l'*(L. n° 2018-771 du 5 sept. 2018, art. 45-II)* « opérateur de compétences » finance la totalité du coût pédagogique de chaque formation ainsi que, le cas échéant, les frais de transport, de repas et d'hébergement.

Art. D. 1233-51 Lorsqu'une entreprise a conclu un accord en application du premier alinéa de l'article L. 6331-10, l'employeur verse à l'*(L. n° 2018-771 du 5 sept. 2018, art. 45-II)* « opérateur de compétences », désigné par l'accord de branche dont l'entreprise relève, tout ou partie du montant pris en charge par l'organisme en application de l'article D. 1233-49, dans la limite du montant de la contribution définie à l'article L. 6331-10, afin de financer les mesures de formation prévues à l'article L. 1233-65.

Dans l'hypothèse où une entreprise ne peut procéder à ce versement, ce montant reste à la charge de l'*(L. n° 2018-771 du 5 sept. 2018, art. 45-II)* « opérateur de compétences » désigné par l'accord de branche dont l'entreprise relève.

Pour l'application de l'article R. 6331-13, ce versement est pris en compte dans le total des dépenses effectivement consacrées par l'employeur au financement du compte personnel de formation de ses salariés.

CHAPITRE IV CONSÉQUENCES DU LICENCIEMENT

SECTION 1 **Indemnité de licenciement**

Art. R. 1234-1 L'indemnité de licenciement prévue à l'article L. 1234-9 ne peut être inférieure à une somme calculée par année de service dans l'entreprise et tenant compte des mois de service accomplis au-delà des années pleines. *(Décr. n° 2017-1398 du 25 sept. 2017, art. 1er)* « En cas d'année incomplète, l'indemnité est calculée proportionnellement au nombre de mois complets. » — [*Anc. art. R. 122-2, al. 1er.*]

Le Décr. n° 2017-1398 du 25 sept. 2017 est applicable aux licenciements et mises à la retraite prononcés et aux ruptures conventionnelles conclues postérieurement à sa date de publication le 26 sept. 2017 (Décr. préc., art. 4).

1. Années non travaillées. Les années non travaillées ne peuvent être considérées comme des années de service. ● Soc. 23 mai 1979 : *Bull. civ. V, n° 449* ● 28 juin 1973 : *ibid., n° 422.*

2. Années entières. Si la convention collective énonce que l'indemnité conventionnelle de licenciement s'établit en considération des années d'ancienneté, il n'implique pas qu'il soit tenu compte des seules années entières accomplies. ● Soc. 22 févr. 2006, n° 03-47.649 P.

3. Calcul des années de service. Font une exacte application de l'art. R. 122-1 (R. 122-2 [art. R. 1234-1 nouv.]) les juges qui tiennent compte de la fraction de neuf mois au-delà des dix années d'ancienneté du salarié, l'article concerné n'impliquant pas que seules soient prises en considération les années entières de service. ● Soc. 8 janv. 1987 : *Bull. civ. V, n° 9.* – Dans le même sens : ● Soc. 3 févr. 1971 : *Bull. civ. V, n° 71 ; JCP 1971. II. 16750, note Audinet.*

Art. R. 1234-2 (*Décr. n° 2017-1398 du 25 sept. 2017, art. 2*) L'indemnité de licenciement ne peut être inférieure aux montants suivants :

1° Un quart de mois de salaire par année d'ancienneté pour les années jusqu'à dix ans ;

2° Un tiers de mois de salaire par année d'ancienneté pour les années à partir de dix ans.

V. note ss. art. R. 1234-1.

COMMENTAIRE

V. sur le Code en ligne.

Art. R. 1234-3 *Abrogé par Décr. n° 2008-715 du 18 juill. 2008.*

Art. R. 1234-4 Le salaire à prendre en considération pour le calcul de l'indemnité de licenciement est, selon la formule la plus avantageuse pour le salarié :
(*Décr. n° 2017-1398 du 25 sept. 2017, art. 3*) « 1° Soit la moyenne mensuelle des douze derniers mois précédant le licenciement, ou lorsque la durée de service du salarié est inférieure à douze mois, la moyenne mensuelle de la rémunération de l'ensemble des mois précédant le licenciement ; »

2° Soit le tiers des trois derniers mois. Dans ce cas, toute prime ou gratification de caractère annuel ou exceptionnel, versée au salarié pendant cette période, n'est prise en compte que dans la limite d'un montant calculé à due proportion. – [*Anc. art. R. 122-2, al. 4.*]

V. note ss. art. R. 1234-1.

1. Principe. La base de calcul doit tenir compte des salaires auxquels le salarié aurait eu droit au cours des trois derniers mois s'il n'avait pas été absent ou mis au chômage technique durant cette période. ● Soc. 5 mai 1988 : *D. 1988. Somm. 322, obs. A. Lyon-Caen* ● 9 juin 1988 : *Dr. soc. 1989. 124, note Savatier.* ♦ Elle doit intégrer : les indemnités de chômage partiel qui se sont substituées aux salaires pendant la période de référence. ● Soc. 16 févr. 1989 : *Bull. civ. V, n° 136 ; CSB 1989. 85, A. 20.* ♦ ... Ainsi que la prime de treizième mois, au prorata de la période de référence, lorsqu'il apparaît qu'elle est, selon la convention collective applicable, un élément de rémunération payé globalement en fin d'année et pour une part égale à chacun des mois de l'année. ● Soc. 26 mai 1988 : *Bull. civ. V, n° 325.*

2. Commissions et primes. En énonçant que l'indemnité de licenciement d'un salarié devait être calculée sur la moyenne des commissions et des primes perçues pendant les douze derniers mois, la cour d'appel a violé l'art. R. 122-1 (R. 122-2 [art. R. 1234-1 nouv.]). ● Soc. 7 févr. 1990 : *RJS 1990. 151, n° 194.*

3. Indemnités conventionnelles. Lorsque les dispositions d'une convention collective ne dérogent pas à l'art. L. 122-9, elles doivent s'interpréter de la même manière, et l'indemnité conventionnelle se calcule par référence à la rémunération brute. ● Soc. 20 févr. 1990, *n° 87-40.868 P : RJS 1990. 266, n° 293.*

4. Prélèvement à la source de l'impôt sur le revenu. Le montant des indemnités de rupture doit être déterminé sur la base de la rémunération perçue par le salarié dont peuvent seulement être déduites les sommes représentant le remboursement de frais exposés pour l'exécution du travail. Par conséquent, les sommes prélevées sur le salaire par l'employeur au titre de l'impôt sur le revenu marocain dû par le salarié ne peuvent pas être exclues de sa rémunération pour le calcul des indemnités de rupture. ● Soc. 8 déc. 2021, *n° 20-11.738 B.*

Art. R. 1234-5 L'indemnité de licenciement ne se cumule pas avec toute autre indemnité de même nature. – [*Anc. art. R. 122-2, al. 5.*]

SECTION 2 Documents remis par l'employeur

Art. R. 1234-5-1 (*Décr. n° 2019-1586 du 31 déc. 2019, art. 2, en vigueur le 1er janv. 2020*) Pour l'application de la présente section 2, l'effectif salarié et les règles de franchissement de seuils d'effectif sont déterminés selon les modalités prévues à l'article L. 130-1 du code de la sécurité sociale.

Pour l'application de ces dispositions, le II de l'art. L. 130-1 CSS ne s'applique pas lorsque l'effectif de l'entreprise est, au 1er janv. 2020, supérieur ou égal au seuil déterminé aux articles de cette section et que cette entreprise était soumise, au titre de l'année 2019, aux dispositions applicables dans le cas d'un effectif supérieur ou égal au seuil applicable avant le 1er janv. 2020 (Décr. n° 2019-1586 du 31 déc. 2019, art. 4-II).

SOUS-SECTION 1 — Certificat de travail

Art. D. 1234-6 Le certificat de travail contient exclusivement les mentions suivantes :
1° La date d'entrée du salarié et celle de sa sortie ;
2° La nature de l'emploi ou des emplois successivement occupés et les périodes pendant lesquelles ces emplois ont été tenus.

SOUS-SECTION 2 — Reçu pour solde de tout compte

Art. D. 1234-7 Le reçu pour solde de tout compte est établi en double exemplaire. Mention en est faite sur le reçu.
L'un des exemplaires est remis au salarié. — *[Anc. art. R. 122-5.]*

Art. D. 1234-8 Le reçu pour solde de tout compte est dénoncé par lettre recommandée. — *[Anc. art. R. 122-6.]*

SOUS-SECTION 3 — Attestation d'assurance chômage

Art. R. 1234-9 L'employeur délivre au salarié, au moment de l'expiration ou de la rupture du contrat de travail, les attestations et justifications qui lui permettent d'exercer ses droits aux prestations mentionnées à l'article L. 5421-2 et transmet (*Décr. n° 2011-138 du 1ᵉʳ févr. 2011*) « sans délai » ces mêmes attestations (*Décr. n° 2008-1010 du 29 sept. 2008 ; Décr. n° 2014-524 du 22 mai 2014, art. 16-IV*) « à Pôle emploi » *[France Travail depuis le 1ᵉʳ janv. 2024]*.

(*Décr. n° 2011-138 du 1ᵉʳ févr. 2011*) « Les employeurs (*Décr. n° 2019-1586 du 31 déc. 2019, art. 2, en vigueur le 1ᵉʳ janv. 2020*) « d'au moins onze salariés » effectuent cette transmission à Pôle emploi *[France Travail depuis le 1ᵉʳ janv. 2024]* par voie électronique, sauf impossibilité pour une cause qui leur est étrangère, selon des modalités précisées par un arrêté du ministre chargé de l'emploi.

« (*Abrogé par Décr. n° 2019-1586 du 31 déc. 2019, art. 2, à compter du 1ᵉʳ janv. 2020*) *« L'effectif des salariés est celui de l'établissement au 31 décembre de l'année précédant l'expiration ou la rupture du contrat de travail. Pour les établissements créés en cours d'année, l'effectif est apprécié à la date de leur création. »* »

V. art. R. 1238-7 (pén.) et R. 1454-14.

https://entreprise.pole-emploi.fr/accueil/description/attestation-employeur.

1. Champ d'application. L'obligation de délivrance des attestations et justifications permettant au salarié d'exercer ses droits aux prestations s'applique dans tous les cas d'expiration ou de rupture du contrat de travail ; la circonstance que le salarié ne pouvait prétendre aux allocations de chômage est indifférente. • Soc. 15 mars 2017, n° 15-21.232 P : *D. actu. 26 avr. 2017*, obs. Roussel ; *D. 2017. Actu. 709* ; *RJS 5/2017, n° 325* ; *JCP S 2017. 1152*, obs. Barège.

2. Attestation Pôle emploi et contrat de travail apparent. La société qui a délivré au salarié l'attestation Assedic aux termes de laquelle elle a déclaré une période d'activité salariée et le licenciement pour motif personnel a ainsi fait ressortir l'existence d'un contrat de travail apparent dont elle n'établit pas le caractère fictif. • Soc. 10 mai 2012 : *D. actu. 6 juin 2012*, obs. Siro ; *RJS 2012. 529, n° 607* ; *JCP S 2012. 1294*, obs. Puigelier.

3. Non-remise ou remise tardive des documents de fin de contrat. Le défaut de remise ou la remise tardive de bulletins de paie ou du certificat de travail ne cause pas nécessairement un préjudice dont l'existence doit être prouvée par le salarié. • Soc. 13 avr. 2016, n° 14-28.293 P : *D. actu. 17 mai 2016*, obs. Ines ; *D. 2016. Actu. 900* ; *RDT 2017. Controverse 374*, Bailly et Boulmier ; *RJS 6/2016, n° 423* ; *SSL 2016, n° 1721, p. 12*, obs. Florès et Saada ; *JSL 2016, n° 411-2*, obs. Dejean de la Bâtie ; *JCP S 2016. 1213*, obs. Turpin. ♦ Comp. ante : la non-remise au salarié des documents ASSEDIC lui permettant de s'inscrire au chômage entraîne nécessairement pour lui un préjudice qui doit être réparé. • Soc. 19 mai 1998, n° 97-41.814 P : *Dr. soc. 1998. 723*, obs. Marraud ; *RJS 1998. 558, n° 865*. ♦ De même que sa remise tardive. • Soc. 6 mai 2002 : *RJS 2002. 635, n° 813* • 9 avr. 2008 : *D. 2008. 2268*, note Lefranc-Harmonieux ; *ibid. Pan. 2311*, obs. Lardy-Pélissier ; *RJS 2009. 617, n° 771* ; *JCP S 2008. 1377*, obs. Puigelier ; *Dr. soc. 2008. 757*, obs. Couturier . – Dans le même sens : • Soc. 7 déc. 1999, n° 97-43.106 P : *D. 2000. IR 19* .

4. Prise d'acte. L'employeur doit faire figurer sur l'attestation qu'il doit remplir pour l'Assedic le motif exact de la rupture du contrat de travail, tel qu'il ressort de la prise d'acte du salarié. • Soc. 27 sept. 2006 : *D. 2006. IR 2480* ; *D. 2007. Pan. 690*, obs. Lokiec ; *RDT 2007. 26*, obs. Domergue ; *JCP E 2006. 1010*, note Taquet ; *RJS*

2006. 950, n° 1275; Dr. soc. 2006. 1195, obs. Savatier ⌀ ; JSL 2006, n° 199-1.

5. Liquidateur judiciaire. Le liquidateur judiciaire, exerçant pendant toute la durée de la liquidation judiciaire les droits et les actions du débiteur concernant son patrimoine par suite du déssaisissement de ce dernier de l'administration et de la disposition de ses biens, est seul tenu, à ce titre, de délivrer une attestation destinée à l'assurance chômage à un salarié de l'entreprise en liquidation judiciaire. ● Soc. 23 sept. 2009 : 🏛 *RJS 2009. 820, n° 936.*

Art. R. 1234-10 Un modèle d'attestation est établi par (*Décr. n° 2008-1010 du 29 sept. 2008*) « l'organisme gestionnaire du régime d'assurance chômage ». — [*Anc. art. R. 351-5, al. 2.*]

Art. R. 1234-11 Les entreprises de travail temporaire, pour leurs salariés titulaires d'un contrat de mission, et les associations intermédiaires, pour leurs salariés embauchés en contrat de travail à durée déterminée en vue d'être mis à disposition, peuvent ne remettre les attestations et justifications mentionnées à l'article R. 1234-9 que sur demande du salarié, à la condition que le contrat de travail mentionne le droit pour le salarié d'obtenir sans délai ces documents dès le jour d'expiration du contrat. — [*Anc. art. R. 351-5, al. 3.*]

Art. R. 1234-12 Pour les entreprises de travail temporaire, les relevés mensuels des contrats de mission, prévus à l'article L. 1251-46, tiennent lieu d'attestation pour leurs salariés qui en sont titulaires, sous réserve de la production, par leur employeur, des informations complémentaires figurant dans le modèle d'attestation prévu à l'article R. 1234-10. — [*Anc. art. R. 351-5, al. 4.*]

CHAPITRE V CONTESTATIONS ET SANCTIONS DES IRRÉGULARITÉS DU LICENCIEMENT

SECTION 1 Remboursement des allocations de chômage (*Décr. n° 2008-1010 du 29 sept. 2008*).

Art. R. 1235-1 (*Décr. n° 2019-252 du 27 mars 2019, art. 1ᵉʳ*) I. — Lorsqu'un conseil de prud'hommes a ordonné d'office le remboursement des allocations de chômage, le greffier du conseil de prud'hommes, à l'expiration du délai d'appel, adresse à Pôle emploi [*France Travail depuis le 1ᵉʳ janv. 2024*] une copie certifiée conforme du jugement en précisant si ce dernier a fait ou non l'objet d'un appel.

Cette copie est transmise à la direction régionale de cet établissement située dans le ressort de la juridiction qui a rendu le jugement.

II. — Lorsque le remboursement des allocations de chômage a été ordonné d'office par une cour d'appel, le greffier de cette juridiction adresse à Pôle emploi [*France Travail depuis le 1ᵉʳ janv. 2024*], selon les formes prévues au deuxième alinéa du I, une copie certifiée conforme de l'arrêt.

III. — Lorsque le licenciement est jugé comme résultant d'une cause réelle et sérieuse ne constituant pas une faute grave ou lourde, une copie du jugement est transmise à Pôle emploi [*France Travail depuis le 1ᵉʳ janv. 2024*] dans les conditions prévues au deuxième alinéa du I.

Art. R. 1235-2 (*Décr. n° 2019-252 du 27 mars 2019, art. 1ᵉʳ*) I. — Pour l'application de l'article L. 1235-4, lorsque le jugement ordonnant d'office le remboursement par l'employeur fautif de tout ou partie des allocations de chômage est exécutoire, Pôle emploi [*France Travail depuis le 1ᵉʳ janv. 2024*] peut mettre en demeure cet employeur de rembourser tout ou partie des allocations de chômage.

II. — Le directeur général de Pôle emploi [*France Travail depuis le 1ᵉʳ janv. 2024*] adresse à l'employeur, par tout moyen donnant date certaine à sa réception, une mise en demeure qui comporte :

1° La dénomination et l'adresse de Pôle emploi [*France Travail depuis le 1ᵉʳ janv. 2024*] ;

2° La dénomination et l'adresse de l'employeur et, le cas échéant, de l'organe qui le représente légalement, mentionnées dans le jugement ordonnant d'office le remboursement par l'employeur fautif de tout ou partie des allocations de chômage ;

3° Le motif, la nature et le montant des sommes dont le remboursement a été ordonné ;

4° Les périodes couvertes par les versements donnant lieu à recouvrement ;
5° La copie du jugement ordonnant d'office le remboursement par l'employeur fautif de tout ou partie des allocations de chômage.

Art. R. 1235-3 (Décr. n° 2019-252 du 27 mars 2019, art. 1er) I. – Si la mise en demeure reste sans effet au terme du délai d'un mois à compter de sa notification, le directeur général de Pôle emploi [France Travail depuis le 1er janv. 2024] peut délivrer la contrainte prévue à l'article L. 1235-4.

II. – La contrainte est notifiée au débiteur par tout moyen donnant date certaine à sa réception ou est signifiée au débiteur par acte d'huissier de justice. A peine de nullité, la notification comprend :
1° La référence de la contrainte ;
2° La référence du jugement ordonnant d'office le remboursement par l'employeur fautif de tout ou partie des allocations de chômage ;
3° La preuve de la réception de la notification de la mise en demeure mentionnée à l'article R. 1235-2 ;
4° Le motif, la nature et le montant des sommes réclamées et les périodes couvertes par les versements donnant lieu à recouvrement ;
5° Le délai dans lequel l'opposition doit être formée ;
6° L'adresse de la juridiction compétente pour statuer sur l'opposition et les formes requises pour sa saisine ;
7° Le fait qu'à défaut d'opposition dans le délai indiqué à l'article R. 1235-4, le débiteur ne peut plus contester la créance et peut être contraint de la payer par toutes voies de droit.

L'huissier avise dans les huit jours l'organisme créancier de la date de signification.

Art. R. 1235-4 (Décr. n° 2019-252 du 27 mars 2019, art. 1er) Le débiteur peut former opposition dans les quinze jours à compter de la notification de la contrainte auprès du greffe de la juridiction dans le ressort de laquelle est domicilié son siège social, s'il s'agit d'une personne morale, ou lui-même, s'il s'agit d'une personne physique :
1° Par déclaration ;
2° Par tout moyen donnant date certaine à la réception de cette opposition.

L'opposition est motivée. Une copie de la contrainte contestée y est jointe.
Cette opposition suspend la mise en œuvre de la contrainte.

Art. R. 1235-5 (Décr. n° 2019-252 du 27 mars 2019, art. 1er) Dans les huit jours suivants [suivant] la réception de l'opposition, le greffe de la juridiction informe par tout moyen donnant date certaine à la réception de cette information le directeur général de Pôle emploi [France Travail depuis le 1er janv. 2024].

Dès qu'il a connaissance de l'opposition, le directeur général adresse à la juridiction copie de la contrainte et de la mise en demeure, ainsi que la preuve de leur réception par le débiteur.

Art. R. 1235-6 (Décr. n° 2019-252 du 27 mars 2019, art. 1er) Le greffier convoque l'employeur et Pôle emploi [France Travail depuis le 1er janv. 2024] par tout moyen donnant date certaine à la réception de cette convocation quinze jours au moins avant la date de l'audience.

Art. R. 1235-7 (Décr. n° 2019-252 du 27 mars 2019, art. 1er) Les parties sont autorisées à formuler leurs prétentions et leurs moyens par écrit sans se présenter à l'audience. Le jugement rendu dans ces conditions est contradictoire.

Le juge peut ordonner que les parties se présentent devant lui. Dans ce cas, si aucune des parties ne se présente, la juridiction constate l'extinction de l'instance. Celle-ci rend non avenue la contrainte délivrée par Pôle emploi [France Travail depuis le 1er janv. 2024].

Art. R. 1235-8 (Décr. n° 2019-252 du 27 mars 2019, art. 1er) Le (Décr. n° 2019-966 du 18 sept. 2019, art. 8-I, en vigueur le 1er janv. 2020) « tribunal judiciaire » statue sur l'opposition quel que soit le montant des allocations dont le remboursement a été réclamé. Le jugement du tribunal se substitue à la contrainte délivrée par Pôle emploi [France Travail depuis le 1er janv. 2024].

Le tribunal statue à charge d'appel lorsque le montant de la demande excède le taux de sa compétence en dernier ressort.

Lorsqu'elle est susceptible d'appel, la décision de la juridiction, statuant sur l'opposition, est exécutoire de droit à titre provisoire.

Art. R. 1235-9 (Décr. n° 2019-252 du 27 mars 2019, art. 1er) Si, dans son opposition, l'employeur prétend que le remboursement des allocations de chômage a été ordonné dans un cas où cette mesure est exclue par la loi, le (Décr. n° 2019-966 du 18 sept. 2019, art. 8-I, en vigueur le 1er janv. 2020) « tribunal judiciaire » renvoie l'affaire à la juridiction qui a statué aux fins d'une rétractation éventuelle du jugement sur ce point.

La rétractation ne peut en aucun cas remettre en question la chose jugée entre l'employeur et le travailleur licencié, ni l'appréciation portée par la juridiction sur l'absence de cause réelle et sérieuse du licenciement ou de sa nullité.

Le greffier du (Décr. n° 2019-966 du 18 sept. 2019, art. 8-I, en vigueur le 1er janv. 2020) « tribunal judiciaire » transmet aussitôt le dossier de l'affaire à cette juridiction.

Le greffier de la juridiction qui a statué convoque Pôle emploi [France Travail depuis le 1er janv. 2024] et l'employeur, selon le cas, devant le bureau de jugement du conseil de prud'hommes ou devant la chambre sociale de la cour d'appel, quinze jours au moins à l'avance, par tout moyen permettant de donner date certaine à sa réception.

La juridiction qui a statué se prononce sur l'ensemble du litige résultant de l'opposition et est habilitée à liquider la somme due par l'employeur à Pôle emploi [France Travail depuis le 1er janv. 2024].

La décision prononcée sur la demande de rétractation est mentionnée sur la minute et sur les expéditions du jugement.

L'auteur d'une demande dilatoire ou abusive de rétractation peut être condamné à une amende civile de 15 euros à 1 500 euros.

Art. R. 1235-10 (Décr. n° 2019-252 du 27 mars 2019, art. 1er) En cas de pourvoi en cassation dirigé contre une décision qui a condamné un employeur pour licenciement sans cause réelle et sérieuse ou licenciement nul en application des dispositions des articles L. 1132-4, L. 1134-4, L. 1144-3, L. 1152-3, L. 1153-4, L. 1235-3 et L. 1235-11, la cassation du chef de la décision précitée emporte cassation du chef de la décision qui ordonne d'office le remboursement des indemnités de chômage.

SECTION 2 Actions en justice des organisations syndicales en cas de licenciement économique

Art. D. 1235-18 Lorsqu'une organisation syndicale a l'intention d'exercer une action en justice en faveur d'un salarié, en application de l'article L. 1235-8, elle l'en avertit par lettre recommandée avec avis de réception.

Si le salarié ne s'y est pas opposé, l'organisation syndicale avertit l'employeur dans les mêmes formes de son intention d'agir en justice. — [Anc. art. L. 321-15.]

Art. D. 1235-19 La lettre recommandée avec avis de réception adressée au salarié indique la nature et l'objet de l'action envisagée par l'organisation syndicale représentative.

Elle mentionne en outre :

1° Que l'action est conduite par l'organisation syndicale qui pourra exercer elle-même les voies de recours contre le jugement ;

2° Que le salarié peut, à tout moment, intervenir dans l'instance engagée par l'organisation syndicale ou mettre un terme à cette action ;

3° Que le salarié peut faire connaître à l'organisation syndicale son opposition à l'action envisagée dans un délai de quinze jours à compter de la date de réception. — [Anc. art. R. 321-9, al. 1er à 5.]

Art. D. 1235-20 Passé le délai prévu au 3° de l'article D. 1235-19, l'acceptation tacite du salarié est réputée acquise. — [Anc. art. R. 321-9, al. 6.]

SECTION 3 Indemnité forfaitaire en cas d'accord de conciliation

(Décr. n° 2013-721 du 2 août 2013)

Art. D. 1235-21 (Décr. n° 2016-1582 du 23 nov. 2016) Le barème mentionné au premier alinéa de l'article L. 1235-1 est défini comme suit :

— deux mois de salaire si le salarié justifie chez l'employeur d'une ancienneté inférieure à un an ;
— trois mois de salaire si le salarié justifie chez l'employeur d'une ancienneté au moins égale à un an, auxquels s'ajoute un mois de salaire par année supplémentaire jusqu'à huit ans d'ancienneté ;
— dix mois de salaire si le salarié justifie chez l'employeur d'une ancienneté comprise entre huit ans et moins de douze ans ;
— douze mois de salaire si le salarié justifie chez l'employeur d'une ancienneté comprise entre douze ans et moins de quinze ans ;
— quatorze mois de salaire si le salarié justifie chez l'employeur d'une ancienneté comprise entre quinze ans et moins de dix-neuf ans ;
— seize mois de salaire si le salarié justifie chez l'employeur d'une ancienneté comprise entre dix-neuf ans et moins de vingt-trois ans ;
— dix-huit mois de salaire si le salarié justifie chez l'employeur d'une ancienneté comprise entre vingt-trois ans et moins de vingt-six ans ;
— vingt mois de salaire si le salarié justifie chez l'employeur d'une ancienneté comprise entre vingt-six ans et moins de trente ans ;
— vingt-quatre mois de salaire si le salarié justifie chez l'employeur d'une ancienneté au moins égale à trente ans.

CHAPITRE VI RUPTURE DE CERTAINS TYPES DE CONTRATS

Le présent chapitre ne comprend pas de dispositions réglementaires.

CHAPITRE VII AUTRES CAS DE RUPTURE

SECTION 1 Retraite

Art. D. 1237-1 Le taux de l'indemnité de départ en retraite prévue à l'article L. 1237-9 est au moins égal à :
1° Un demi-mois de salaire après dix ans d'ancienneté ;
2° Un mois de salaire après quinze ans d'ancienneté ;
3° Un mois et demi de salaire après vingt ans d'ancienneté ;
4° Deux mois de salaire après trente ans d'ancienneté. — *[Décr. n° 2007-1404 du 28 sept. 2007, art. 6, al. 1ᵉʳ à 5.]*

Art. D. 1237-2 Le salaire à prendre en considération pour le calcul de l'indemnité de départ en retraite est, selon la formule la plus avantageuse pour l'intéressé, soit le douzième de la rémunération des douze derniers mois précédant le départ à la retraite, soit le tiers des trois derniers mois.

Dans ce cas, toute prime ou autre élément de salaire annuel ou exceptionnel qui aurait été versé au salarié pendant cette période est pris en compte à due proportion. — *[Décr. n° 2007-1404 du 28 sept. 2007, art. 6, al. 6 et 7.]*

Art. D. 1237-2-1 (*Décr. n° 2008-1515 du 30 déc. 2008*) Le délai mentionné au septième alinéa de l'article L. 1237-5 est fixé à trois mois avant l'anniversaire du salarié.

Le délai mentionné au huitième alinéa du même article est fixé à un mois à compter de la date à laquelle l'employeur a interrogé le salarié.

Art. D. 1237-2-2 (*Décr. n° 2021-469 du 19 avr. 2021*) L'employeur propose aux salariés, avant leur départ à la retraite, des actions de sensibilisation à la lutte contre l'arrêt cardiaque et aux gestes qui sauvent prévue à l'article L. 1237-9-1.

Le temps consacré à cette sensibilisation est considéré comme temps de travail.

L'action de sensibilisation se déroule pendant l'horaire normal de travail.

Elle permet aux salariés, avant leur départ à la retraite, d'acquérir les compétences nécessaires pour :
1° Assurer sa [leur] propre sécurité, celle de la victime ou de toute autre personne et transmettre au service de secours d'urgence les informations nécessaires à son intervention ;
2° Réagir face à une hémorragie externe et installer la victime dans une position d'attente adaptée ;

3° Réagir face à une victime en arrêt cardiaque et utiliser un défibrillateur automatisé externe.

Peuvent être autorisés à dispenser cette sensibilisation les organismes et les professionnels qui remplissent les conditions prévues par arrêté des ministres chargés du travail, de la santé et de la sécurité civile. – V. Arr. du 7 sept. 2022, NOR : MTRT2216041A (JO 22 janv.).

Art. D. 1237-2-3 (Décr. n° 2021-469 du 19 avr. 2021) L'arrêté mentionné au 3° de l'article D. 1237-2-2 peut prévoir une adaptation de cette sensibilisation en fonction des acquis des salariés liés notamment aux formations et sensibilisations dont ils attestent ou à leur profession.

SECTION 2 Rupture conventionnelle

(Décr. n° 2008-715 du 18 juill. 2008)

Art. R. 1237-3 L'autorité administrative compétente pour l'homologation de la convention de rupture prévue à l'article L. 1237-14 est le (Décr. n° 2020-1545 du 9 déc. 2020, art. 28-X) « directeur régional de l'économie, de l'emploi, du travail et des solidarités » du lieu où est établi l'employeur.

V. Arr. du 24 janv. 2013 portant création d'un téléservice et d'un traitement automatisé de données nominatives relatif à la gestion des demandes d'homologation des ruptures conventionnelles d'un contrat de travail à durée indéterminée (JO 14 mars).

Sur la demande en ligne de l'homologation de la rupture conventionnelle, V. https://www.telerc.travail.gouv.fr/accueil.

Art. D. 1237-3-1 (Décr. n° 2021-1639 du 13 déc. 2021, art. 1er, en vigueur le 1er avr. 2022) La demande d'homologation de la convention de rupture prévue à l'article L. 1237-14 est réalisée par téléservice.

Lorsqu'une partie indique à l'autorité administrative compétente ne pas être en mesure d'utiliser le téléservice, elle peut effectuer sa démarche par le dépôt d'un formulaire auprès de cette autorité.

Ces dispositions s'appliquent aux demandes d'homologation présentées à compter du 1er avr. 2022 (Décr. n° 2021-1639 du 13 déc. 2021, art. 2).

SECTION 3 Rupture d'un commun accord dans le cadre d'un accord collectif

(Décr. n° 2017-1723 du 20 déc. 2017)

SOUS-SECTION 1 Congés de mobilité

(Décr. n° 2017-1724 du 20 déc. 2017, art. 1er)

Art. D. 1237-4 L'autorité administrative mentionnée à l'article L. 1237-18-5 est le (Décr. n° 2020-1545 du 9 déc. 2020, art. 28-X) « directeur régional de l'économie, de l'emploi, du travail et des solidarités » du lieu où se situe le siège social de l'entreprise concernée par l'accord de gestion prévisionnelle des emplois et des compétences.

Art. D. 1237-5 Pour l'application de l'article L. 1237-18-5, l'employeur transmet à l'autorité administrative un document d'information sur les ruptures prononcées dans le cadre du congé de mobilité fixé par arrêté du ministre chargé de l'emploi tous les six mois à compter du dépôt de l'accord.

Ce document précise notamment :

1° Le nombre de ruptures de contrat de travail intervenues à la suite d'un congé de mobilité ;

2° Les mesures de reclassement mises en place dans le cadre de ce congé telles que les actions de formation, les périodes de travail en entreprise et les mesures d'accompagnement ;

3° La situation des salariés au regard de l'emploi à l'issue du congé de mobilité.

V. Arr. du 8 oct. 2018, NOR : MTRD1827497A (JO 13 oct.).

Les informations et demandes mentionnées sont transmises par voie dématérialisée. La transmission par voie dématérialisée est effectuée, à compter du 1er janv. 2020, sur le système d'information

RUPCO, dont l'adresse internet est https://ruptures-collectives.emploi.gouv.fr (Arr. du 21 oct. 2019, NOR : MTRD1927861A, JO 25 oct.).

SOUS-SECTION 2 Rupture d'un commun accord dans le cadre d'un accord collectif portant rupture conventionnelle collective

Art. R.* 1237-6 L'autorité administrative mentionnée aux articles L. 1237-19-3 à L. 1237-19-5, L. 1237-19-7 et L. 1237-19-8 est le *(Décr. n° 2020-1545 du 9 déc. 2020, art. 28-X)* « directeur régional de l'économie, de l'emploi, du travail et des solidarités » dont relève l'établissement en cause.

Art. R. 1237-6-1 Lorsque le projet d'accord collectif portant rupture conventionnelle collective inclut des établissements relevant de la compétence de plusieurs *(Décr. n° 2020-1545 du 9 déc. 2020, art. 28-X)* « directeurs régionaux de l'économie, de l'emploi, du travail et des solidarités », l'employeur informe le directeur régional du siège de l'entreprise de son intention d'ouvrir une négociation en application de l'article L. 1237-19.

(Décr. n° 2020-88 du 5 févr. 2020, art. 1er) « Le *(Décr. n° 2020-1545 du 9 déc. 2020, art. 28-X)* « directeur régional de l'économie, de l'emploi, du travail et des solidarités » compétent est celui dans le ressort duquel se situe :

« 1° Le siège de l'entreprise ;

« 2° Le siège de l'entreprise principale en cas d'unité économique et sociale ;

« 3° Le siège de l'entreprise dominante en cas d'accord de groupe ;

« 4° La succursale dont le nombre d'emplois concernés est le plus élevé en cas d'entreprise internationale dont le siège est situé à l'étranger.

« Le directeur régional concerné informe l'employeur de sa compétence par tout moyen permettant de conférer une date certaine. L'employeur en informe, sans délai et par tout moyen, le comité social et économique ainsi que les organisations syndicales représentatives. »

Art. D. 1237-7 *(Décr. n° 2017-1724 du 20 déc. 2017, art. 2)* L'employeur informe par la voie dématérialisée le *(Décr. n° 2020-1545 du 9 déc. 2020, art. 28-X)* « directeur régional de l'économie, de l'emploi, du travail et des solidarités » de son intention d'ouvrir une négociation en application de l'article L. 1237-19.

V. note ss. art. D. 1237-5.

Art. D. 1237-8 *(Décr. n° 2017-1724 du 20 déc. 2017, art. 2)* La transmission de l'accord au *(Décr. n° 2020-1545 du 9 déc. 2020, art. 28-X)* « directeur régional de l'économie, de l'emploi, du travail et des solidarités » prévue à l'article L. 1237-19-3 est faite par la voie dématérialisée.

V. note ss. art. D. 1237-5.

Art. D. 1237-9 *(Décr. n° 2017-1724 du 20 déc. 2017, art. 2)* Le délai prévu à l'article L. 1237-19-4 court à compter de la réception du dossier complet par le *(Décr. n° 2020-1545 du 9 déc. 2020, art. 28-X)* « directeur régional de l'économie, de l'emploi, du travail et des solidarités ».

Le dossier est complet lorsqu'il comprend l'accord prévu à l'article L. 1237-19, ainsi que les informations permettant de vérifier la régularité des conditions dans lesquelles il a été conclu et, le cas échéant, la mise en œuvre effective de l'information du comité social et économique prévue au 1° de l'article L. 1237-19-1.

En cas d'absence de comité social et économique par suite d'une carence constatée dans les conditions prévues à l'article L. 2314-9, l'employeur joint à la demande de validation le procès-verbal constatant cette carence.

Le *(Décr. n° 2020-1545 du 9 déc. 2020, art. 28-X)* « directeur régional de l'économie, de l'emploi, du travail et des solidarités » informe sans délai et par tout moyen permettant de conférer une date certaine l'employeur, les signataires de l'accord et, le cas échéant, le comité social et économique que le dossier est complet.

Dans le délai prévu à l'article L. 1237-19-4, l'autorité administrative peut demander, le cas échéant, tout élément justificatif complémentaire à l'employeur afin de lui permettre d'opérer le contrôle prévu à l'article L. 1237-19-3.

V. note ss. art. D. 1237-5.

Art. D. 1237-10 (*Décr. n° 2017-1724 du 20 déc. 2017, art. 2*) La décision de validation du (*Décr. n° 2020-1545 du 9 déc. 2020, art. 28-X*) « directeur régional de l'économie, de l'emploi, du travail et des solidarités » prévue à l'article L. 1237-19-4 est adressée dans le délai mentionné à ce même article par tout moyen permettant de conférer une date certaine à l'employeur, aux signataires de l'accord, ainsi qu'au comité social et économique le cas échéant.

V. note ss. art. D. 1237-5.

Art. D. 1237-11 (*Décr. n° 2017-1724 du 20 déc. 2017, art. 2*) La nouvelle demande mentionnée à l'article L. 1237-19-6 est transmise par la voie dématérialisée prévue à l'article D. 1237-8.

V. note ss. art. D. 1237-5.

Art. D. 1237-12 (*Décr. n° 2017-1724 du 20 déc. 2017, art. 2*) Le bilan de la mise en œuvre de l'accord portant rupture conventionnelle collective mentionné à l'article L. 1237-19-7, dont le contenu est fixé par arrêté du ministre chargé de l'emploi, est transmis au (*Décr. n° 2020-1545 du 9 déc. 2020, art. 28-X*) « directeur régional de l'économie, de l'emploi, du travail et des solidarités » compétent par voie dématérialisée au plus tard un mois après la fin de la mise en œuvre des mesures prévues au 7° de l'article L. 1237-19-1.

V. note ss. art. D. 1237-5.

V. Arr. du 8 oct. 2018, NOR : MTRD1827497A (JO 13 oct.).

SECTION 4 Démission

(*Décr. n° 2023-275 du 17 avr. 2023*)

Art. R. 1237-13 L'employeur qui constate que le salarié a abandonné son poste et entend faire valoir la présomption de démission prévue à l'article L. 1237-1-1 le met en demeure, par lettre recommandée ou par lettre remise en main propre contre décharge, de justifier son absence et de reprendre son poste.

Dans le cas où le salarié entend se prévaloir auprès de l'employeur d'un motif légitime de nature à faire obstacle à une présomption de démission, tel que, notamment, des raisons médicales, l'exercice du droit de retrait prévu à l'article L. 4131-1, l'exercice du droit de grève prévu à l'article L. 2511-1, le refus du salarié d'exécuter une instruction contraire à une réglementation ou la modification du contrat de travail à l'initiative de l'employeur, le salarié indique le motif qu'il invoque dans la réponse à la mise en demeure précitée.

Le délai mentionné au premier alinéa de l'article L. 1237-1-1 ne peut être inférieur à quinze jours. Ce délai commence à courir à compter de la date de présentation de la mise en demeure prévue au premier alinéa.

CHAPITRE VIII DISPOSITIONS PÉNALES

Art. R. 1238-1 Le fait de méconnaître les dispositions des articles L. 1233-5 à L. 1233-7, relatives aux critères d'ordre des licenciements, est puni de l'amende prévue pour les contraventions de la quatrième classe. – [*Anc. art. R. 362-1-1.*]

Art. R. 1238-2 Le fait de procéder à un licenciement collectif pour motif économique de moins de dix salariés dans une même période de trente jours sans informer l'autorité administrative du ou des licenciements prononcés, en méconnaissance des dispositions de l'article L. 1233-19 (*Décr. n° 2009-289 du 13 mars 2009*) « ou sans mentionner dans son information les renseignements prévus à l'article D. 1233-3 », est puni de l'amende prévue pour les contraventions de la quatrième classe. – [*Anc. art. R. 362-1-1.*]

Art. R. 1238-3 Le fait de ne pas délivrer au salarié un certificat de travail, en méconnaissance des dispositions de l'article L. 1234-19, est puni de l'amende prévue pour les contraventions de la quatrième classe. – [*Anc. art. R. 152-1.*]

Art. R. 1238-4 *Abrogé par Décr. n° 2009-289 du 13 mars 2009.*

Art. R. 1238-5 Le fait de méconnaître les dispositions des articles D. 1233-4 à D. 1233-10, relatives à l'information de l'autorité administrative lors d'un licenciement pour motif économique de dix salariés et plus dans une même période de trente jours, est puni de l'amende prévue pour les contraventions de la quatrième classe. — *[Anc. art. R. 362-1-1.]*

Art. R. 1238-6 Le fait de méconnaître les dispositions des articles R. 1233-15 et R. 1233-16, relatives au licenciement économique dans le cadre d'un redressement ou d'une liquidation judiciaire, est puni de l'amende prévue pour les contraventions de la quatrième classe. — *[Anc. art. R. 362-1-1.]*

Art. R. 1238-7 Le fait de méconnaître les dispositions des articles R. 1234-9 à R. 1234-12, relatives à l'attestation d'assurance chômage, est puni de l'amende prévue pour les contraventions de la cinquième classe. — *[Anc. art. R. 365-1, al. 1ᵉʳ.]*

TITRE IV **CONTRAT DE TRAVAIL À DURÉE DÉTERMINÉE**

CHAPITRE I **CHAMP D'APPLICATION**

Le présent chapitre ne comprend pas de dispositions réglementaires.

CHAPITRE II **CONCLUSION ET EXÉCUTION DU CONTRAT**

SECTION 1 **Conditions de recours**

SOUS-SECTION 1 **Cas de recours**

Art. D. 1242-1 En application du 3° de l'article L. 1242-2, les secteurs d'activité dans lesquels des contrats à durée déterminée peuvent être conclus pour les emplois pour lesquels il est d'usage constant de ne pas recourir au contrat à durée indéterminée en raison de la nature de l'activité exercée et du caractère par nature temporaire de ces emplois sont les suivants :
1° Les exploitations forestières ;
2° La réparation navale ;
3° Le déménagement ;
4° L'hôtellerie et la restauration, les centres de loisirs et de vacances ;
5° Le sport professionnel ;
6° Les spectacles, l'action culturelle, l'audiovisuel, la production cinématographique, l'édition phonographique ;
7° L'enseignement ;
8° L'information, les activités d'enquête et de sondage ;
9° L'entreposage et le stockage de la viande ;
10° Le bâtiment et les travaux publics pour les chantiers à l'étranger ;
11° Les activités de coopération, d'assistance technique, d'ingénierie et de recherche à l'étranger ;
12° Les activités d'insertion par l'activité économique exercées par les associations intermédiaires prévues à l'article L. 5132-7 ;
13° Le recrutement de travailleurs pour les mettre, à titre onéreux, à la disposition de personnes physiques, dans le cadre du 2° de l'article L. 7232-6 ;
14° La recherche scientifique réalisée dans le cadre d'une convention internationale, d'un arrangement administratif international pris en application d'une telle convention, ou par des chercheurs étrangers résidant temporairement en France ;
(Décr. n° 2009-1443 du 24 nov. 2009) « 15° Les activités foraines ».

Art. D. 1242-2 Tout employeur, à l'exception des professions agricoles, peut conclure un contrat de travail à durée déterminée, en application du 1° de l'article L. 1242-3, avec une personne âgée de plus de 57 ans inscrite depuis plus de trois mois comme demandeur d'emploi ou bénéficiaire d'une convention de reclassement personnalisé afin de faciliter son retour à l'emploi et de lui permettre d'acquérir des droits supplémentaires en vue de la liquidation de sa retraite à taux plein. — *[Anc. art. D. 322-24 et D. 322-25.]*

Art. D. 1242-3 En application du 2° de l'article L. 1242-3, un contrat de travail à durée déterminée peut être conclu lorsque l'employeur s'engage à assurer un complément de formation professionnelle aux :
1° Candidats effectuant un stage en vue d'accéder à un établissement d'enseignement ;
2° Élèves ou anciens élèves d'un établissement d'enseignement effectuant un stage d'application ;
3° Étrangers venant en France en vue d'acquérir un complément de formation professionnelle ;
4° Bénéficiaires d'une aide financière individuelle à la formation par la recherche ;
(Abrogé par Décr. n° 2022-373 du 16 mars 2022, art. 2, à compter du 31 mars 2022)
« 5° *Salariés liés par un contrat de rééducation professionnelle au sens des dispositions de l'article L. 5213-3 ou des textes relatifs à la rééducation professionnelle des victimes d'accidents du travail et des assurés sociaux.* »

SOUS-SECTION 2 **Interdictions**

Art. D. 1242-4 La liste des travaux particulièrement dangereux interdits au salarié titulaire d'un contrat de travail à durée déterminée, prévue aux articles L. 1242-6 et L. 4154-1, figure à l'article D. 4154-1. — *[Anc. art. L. 122-3, al. 3, phrase 1 milieu.]*

Art. D. 1242-5 Les dérogations mentionnées au quatrième alinéa de l'article L. 1242-6 sont accordées par le *(Décr. n° 2020-1545 du 9 déc. 2020, art. 28-X)* « directeur régional de l'économie, de l'emploi, du travail et des solidarités » dans les conditions prévues aux articles D. 4154-2 à D. 4154-6.

SECTION 2 **Durée du contrat**

Art. D. 1242-6 Pour les salariés mentionnés aux 1° à 3° de l'article D. 1242-3, la durée maximale du contrat de travail à durée déterminée ne peut être supérieure à vingt-quatre mois.
Dans le cas mentionné au 2°, le contrat peut être conclu pour la durée du stage lorsque cette durée est fixée par voie réglementaire.
Pour les étrangers soumis au régime de l'autorisation de travail prévue à l'article R. 5221-1, la durée maximale du contrat est celle pour laquelle l'autorisation provisoire est accordée. Si l'autorisation est renouvelée, la durée maximale est prolongée d'autant et le terme du contrat peut être reporté autant de fois que l'autorisation est renouvelée.
Pour les salariés mentionnés au 4° de l'article D. 1242-3, la durée du contrat ne peut être supérieure à celle de la période donnant lieu au bénéfice de l'aide financière. — *[Anc. art. D. 121-1-II.]*

Art. D. 1242-7 Le contrat de travail à durée déterminée conclu pour le retour à l'emploi des salariés âgés, prévu à l'article D. 1242-2, peut être conclu pour une durée maximale de dix-huit mois.
Il peut être renouvelé une fois pour une durée déterminée qui, ajoutée à la durée du contrat initial, ne peut excéder trente-six mois. — *[Anc. art. D. 322-26.]*

SECTION 3 **Information sur les postes à pourvoir**

(Décr. n° 2023-1004 du 30 oct. 2023, art. 2)

Art. D. 1242-8 I. — Le salarié formule la demande prévue à l'article L. 1242-17 par tout moyen donnant date certaine à sa réception.
L'employeur fournit par écrit la liste des postes en contrat à durée indéterminée à pourvoir qui correspondent à la qualification professionnelle du salarié, dans un délai d'un mois à compter de la réception de la demande.
L'employeur n'est toutefois pas tenu par les exigences prévues à l'alinéa précédent lorsque le salarié a déjà formulé deux demandes dans l'année civile en cours.
II. — Par dérogation aux dispositions du I, lorsque l'employeur est un particulier ou une entreprise de moins de 250 salariés, une réponse peut être apportée par oral à compter de la deuxième demande du salarié, si la réponse est inchangée par rapport à celle apportée à la première demande.

CHAPITRE III RUPTURE ANTICIPÉE, ÉCHÉANCE DU TERME ET RENOUVELLEMENT DU CONTRAT

SECTION 1 Rupture anticipée du contrat

Art. D. 1243-1 Lorsque le salarié rompt son contrat de travail à durée déterminée avant l'échéance du terme, en application de l'article L. 1243-2, l'indemnité de fin de contrat prévue par l'article L. 1243-8 est calculée sur la base de la rémunération déjà perçue et de celle qu'il aurait perçue jusqu'au terme du contrat. — *[Anc. art. D. 121-3.]*

SECTION 2 Échéance du terme

(Décr. n° 2023-1307 du 28 déc. 2023, art. 1er, en vigueur le 1er janv. 2024)

Art. R. 1243-2 I. — Lorsque l'employeur propose que la relation contractuelle de travail se poursuive après l'échéance du terme du contrat à durée déterminée sous la forme d'un contrat à durée indéterminée dans les conditions prévues à l'article L. 1243-11-1, il notifie cette proposition au salarié par lettre recommandée avec accusé de réception, par lettre remise en main propre contre décharge, ou par tout autre moyen donnant date certaine à sa réception, avant le terme du contrat à durée déterminée.

II. — L'employeur accorde au salarié un délai raisonnable pour se prononcer sur la proposition de contrat à durée indéterminée en lui indiquant qu'à l'issue de ce délai de réflexion, une absence de réponse de sa part vaut rejet de cette proposition. En cas de refus exprès ou tacite du salarié dans ce délai, l'employeur dispose d'un délai d'un mois pour informer l'opérateur France Travail de ce refus. L'information de l'opérateur France Travail est réalisée par voie dématérialisée, selon des modalités précisées par arrêté du ministre chargé de l'emploi.

1° Cette information est assortie d'un descriptif de l'emploi proposé et des éléments permettant de justifier dans quelle mesure :

a) L'emploi proposé est identique ou similaire à celui occupé ;
b) La rémunération proposée est au moins équivalente ;
c) La durée de travail proposée est équivalente ;
d) La classification de l'emploi proposé et le lieu de travail sont identiques.

2° Cette information est également accompagnée de la mention :

a) Du délai laissé au salarié pour se prononcer sur la proposition de contrat à durée indéterminée ;
b) De la date de refus exprès du salarié, ou en cas d'absence de réponse, de la date d'expiration du délai prévu au *a*, au terme duquel le refus du salarié est réputé acquis.

3° Si l'opérateur France Travail constate que les informations fournies sont incomplètes, il adresse une demande d'éléments complémentaires à l'employeur, qui dispose d'un délai de quinze jours à compter de cette demande pour y répondre.

A réception des informations complètes, l'opérateur France Travail informe le salarié de cette réception et des conséquences du refus de contrat à durée indéterminée sur l'ouverture de droit à l'allocation d'assurance mentionnée à l'article L. 5422-1 du code du travail.

V. https://www.demarches-simplifiees.fr/commencer/refus-de-cdi-informer-francetravail.

CHAPITRE IV SUCCESSION DE CONTRATS

Le présent chapitre ne comprend pas de dispositions réglementaires.

CHAPITRE V REQUALIFICATION DU CONTRAT

Art. R. 1245-1 Lorsqu'un conseil de prud'hommes est saisi d'une demande de requalification d'un contrat de travail à durée déterminée en contrat à durée indéterminée, en application de l'article L. 1245-2, sa décision est exécutoire de droit à titre provisoire. — *[Anc. art. L. 122-3-13, al. 2, phrase 2.]*

Lorsqu'une décision, exécutoire par provision, ordonne la requalification d'un CDD en CDI, la rupture du contrat de travail intervenue postérieurement à la notification de cette décision au motif de l'arrivée du terme stipulé dans le CDD est nulle. • Soc. 18 déc. 2013, ✠ n° 12-27.383.

TRAVAIL TEMPORAIRE

CHAPITRE VI RÈGLES PARTICULIÈRES DE CONTRÔLE

Le présent chapitre ne comprend pas de dispositions réglementaires.

CHAPITRE VII ACTIONS EN JUSTICE

Art. D. 1247-1 L'organisation syndicale qui exerce une action en justice en faveur d'un salarié, en application de l'article L. 1247-1, avertit ce dernier par lettre recommandée avec avis de réception.
La lettre indique la nature et l'objet de l'action envisagée par l'organisation syndicale représentative.
Elle mentionne en outre :
1° Que l'action est conduite par l'organisation syndicale qui peut exercer elle-même les voies de recours contre le jugement ;
2° Que le salarié peut, à tout moment, intervenir dans l'instance engagée par l'organisation syndicale ou mettre un terme à cette action ;
3° Que le salarié peut faire connaître à l'organisation syndicale son opposition à l'action envisagée dans un délai de quinze jours à compter de la date de réception. — *[Anc. art. L. 122-3-16, phrase 2 milieu, et R. 122-1, al. 1er à 5.]*

Art. D. 1247-2 Passé le délai de quinze jours prévu au 3° de l'article D. 1247-1, l'acceptation tacite du salarié est réputée acquise. — *[Anc. art. R. 122-1, al. 6.]*

CHAPITRE VIII DISPOSITIONS PÉNALES

Le présent chapitre ne comprend pas de dispositions réglementaires.

TITRE V CONTRAT DE TRAVAIL TEMPORAIRE, AUTRES CONTRATS DE MISE À DISPOSITION ET PORTAGE SALARIAL
(Décr. n° 2015-1886 du 30 déc. 2015, art. 1er).

CHAPITRE I CONTRAT DE TRAVAIL CONCLU AVEC UNE ENTREPRISE DE TRAVAIL TEMPORAIRE

SECTION 1 Conditions de recours

SOUS-SECTION 1 Cas de recours

Art. D. 1251-1 En application du 3° de l'article L. 1251-6, les secteurs d'activité dans lesquels des contrats de mission peuvent être conclus pour les emplois pour lesquels il est d'usage constant de ne pas recourir au contrat de travail à durée indéterminée, en raison de la nature de l'activité exercée et du caractère par nature temporaire de ces emplois, sont les suivants :
1° Les exploitations forestières ;
2° La réparation navale ;
3° Le déménagement ;
4° L'hôtellerie et la restauration ;
5° Les centres de loisirs et de vacances ;
6° Le sport professionnel ;
7° Les spectacles, l'action culturelle, l'audiovisuel, la production cinématographique, l'édition phonographique ;
8° L'enseignement ;
9° L'information, les activités d'enquête et de sondage ;
10° L'entreposage et le stockage de la viande ;
11° Le bâtiment et les travaux publics pour les chantiers à l'étranger ;
12° Les activités de coopération, d'assistance technique, d'ingénierie et de recherche à l'étranger ;
13° La recherche scientifique réalisée dans le cadre d'une convention internationale, d'un arrangement administratif international pris en application d'une telle convention, ou par des chercheurs étrangers résidant temporairement en France ;

(*Décr. n° 2008-1069 du 17 oct. 2008*) « **14°** Les activités d'assistance technique ou logistique au sein d'institutions internationales ou de l'Union européenne pour la tenue de sessions, d'une durée limitée, prévues par les règlements de ces institutions ou par des traités. »

SOUS-SECTION 2 **Interdictions**

Art. D. 1251-2 La dérogation prévue au 2° de l'article L. 1251-10 est accordée par le (*Décr. n° 2020-1545 du 9 déc. 2020, art. 28-X*) « directeur régional de l'économie, de l'emploi, du travail et des solidarités ».

SECTION 2 **Contrat de mission**

Art. D. 1251-3 La décision du conseil de prud'hommes saisi d'une demande de requalification d'un contrat de mission en contrat de travail à durée indéterminée, en application de l'article L. 1251-41, est exécutoire de droit à titre provisoire. — *[Anc. art. L. 124-7-1, phrase 2.]*

Art. D. 1251-3-1 (*Décr. n° 2023-1004 du 30 oct. 2023, art. 3*) I. — Le salarié temporaire formule la demande prévue à l'article L. 1251-25 auprès de l'entreprise utilisatrice par tout moyen donnant date certaine à sa réception.

L'entreprise utilisatrice fournit par écrit la liste des postes en contrat à durée indéterminée à pourvoir qui correspondent à la qualification professionnelle du salarié, dans un délai d'un mois à compter de la réception de la demande.

L'entreprise utilisatrice n'est toutefois pas tenue par les exigences prévues à l'alinéa précédent lorsque le salarié temporaire a déjà formulé deux demandes dans l'année civile en cours.

II. — Par dérogation aux dispositions du I, lorsque l'entreprise utilisatrice emploie moins de 250 salariés, une réponse peut être apportée par oral à compter de la deuxième demande du salarié temporaire, si la réponse est inchangée par rapport à celle apportée à la première demande.

Art. R. 1251-3-1 (*Décr. n° 2023-1307 du 28 déc. 2023, art. 1er, en vigueur le 1er janv. 2024*) I. — Lorsque, à l'issue d'un contrat de mission, l'entreprise utilisatrice propose au salarié de conclure un contrat à durée indéterminée dans les conditions prévues à l'article L. 1251-33-1, elle notifie cette proposition au salarié concerné par lettre recommandée avec accusé de réception, par lettre remise en main propre contre décharge, ou par tout autre moyen donnant date certaine à sa réception, avant le terme du contrat de mission.

II. — L'entreprise utilisatrice assure au salarié un délai raisonnable pour se prononcer sur la proposition de contrat à durée indéterminée en lui indiquant qu'à l'issue de ce délai de réflexion, une absence de réponse de sa part vaut rejet de cette proposition. En cas de refus exprès ou tacite du salarié dans ce délai, l'entreprise utilisatrice dispose d'un délai d'un mois pour informer l'opérateur France Travail de ce refus. L'information de l'opérateur France Travail est réalisée par voie dématérialisée, selon des modalités précisées par arrêté du ministre chargé de l'emploi.

1° Cette information est assortie d'un descriptif de l'emploi proposé et des éléments permettant de justifier dans quelle mesure :

a) L'emploi proposé est identique ou similaire à celui de la mission effectuée ;

b) Le lieu de travail est identique.

2° Cette information est également accompagnée de la mention :

a) Du délai laissé au salarié temporaire pour se prononcer sur la proposition de contrat à durée indéterminée ;

b) De la date de refus exprès du salarié temporaire, ou [,] en cas d'absence de réponse, de la date d'expiration du délai prévu au *a*, au terme duquel le refus du salarié est réputé acquis.

3° Si l'opérateur France Travail constate que les informations fournies sont incomplètes, il adresse une demande d'éléments complémentaires à l'entreprise utilisatrice qui dispose d'un délai de quinze jours à compter de cette demande pour y répondre.

A réception des informations complètes, l'opérateur France Travail informe le salarié de cette réception et des conséquences du refus de contrat à durée indéterminée sur l'ouverture de droit à l'allocation d'assurance mentionnée à l'article L. 5422-1 du code du travail.

SECTION 3 Contrat de mise à disposition et entreprise de travail temporaire

SOUS-SECTION UNIQUE Entreprise de travail temporaire

§ 1 Règles de contrôle

Art. R. 1251-4 La déclaration préalable d'entreprise de travail temporaire prévue à l'article L. 1251-45 comporte les mentions suivantes :
1° L'indication de l'opération envisagée : création d'une entreprise de travail temporaire, ouverture d'une succursale, d'une agence ou d'un bureau annexe, déplacement du siège ou cessation d'activité ;
2° Le nom, le siège et le caractère juridique de l'entreprise ainsi que, le cas échéant, la localisation de la succursale, de l'agence ou du bureau annexe ;
3° La date d'effet de l'opération envisagée ;
4° Les nom, prénoms, domicile et nationalité des dirigeants de l'entreprise ou de la succursale ou de l'agence ou du bureau annexe intéressés ;
5° La désignation de l'organisme auquel l'entrepreneur de travail temporaire verse les cotisations de sécurité sociale ainsi que son numéro d'employeur ;
6° Les domaines géographiques et professionnel dans lesquels l'entreprise entend mettre des travailleurs temporaires à la disposition d'entreprises utilisatrices ;
7° Le nombre de salariés permanents que l'entreprise emploie ou envisage d'employer pour assurer le fonctionnement de ses propres services. – *[Anc. art. R. 124-1, al. 1er à 8.]*

Art. R. 1251-5 La déclaration préalable est datée et signée par l'entrepreneur de travail temporaire.
Elle est adressée en deux exemplaires, sous pli recommandé, à l'inspection du travail dont relève le siège de l'entreprise. Elle est adressée dans les mêmes conditions à l'inspection du travail dont relève la succursale, l'agence ou le bureau annexe dont l'ouverture est prévue. – *[Anc. art. R. 124-1, al. 9.]*

Art. R. 1251-6 L'*(Décr. n° 2021-143 du 10 févr. 2021, art. 10)* « agent de contrôle de l'inspection du travail », après s'être assuré de la conformité de la déclaration préalable avec les obligations prévues aux articles R. 1251-4 et R. 1251-5, en retourne un exemplaire visé à l'expéditeur dans un délai de quinze jours à compter de la réception.
L'entrée en activité de l'entreprise, de la succursale, de l'agence ou du bureau annexe ne peut précéder la réception du document mentionné au premier alinéa ou l'expiration du délai prévu par cet alinéa. – *[Anc. art. R. 124-2.]*

Art. R. 1251-7 Pour l'application de l'article L. 1251-46, l'entrepreneur de travail temporaire adresse, avant le 20 de chaque mois, à *(Décr. n° 2014-524 du 22 mai 2014, art. 16-II)* « Pôle emploi », le relevé des contrats de mission conclus durant le ou les mois précédents et ayant pris fin ou en cours d'exécution durant le mois précédent.
Un relevé distinct est établi pour chaque établissement accueillant un ou des salariés mis à la disposition de l'entreprise.
(Décr. n° 2014-524 du 22 mai 2014, art. 16-II) « Pôle emploi » fournit aux *(Décr. n° 2020-1545 du 9 déc. 2020, art. 28-X)* « directions régionales de l'économie, de l'emploi, du travail et des solidarités », dans les meilleurs délais, le relevé des contrats de mission.

Art. R. 1251-8 Le relevé des contrats de mission est conforme à un modèle fixé par arrêté du ministre chargé du travail.
Le relevé comporte pour chaque entreprise utilisatrice :
1° La raison sociale de l'entreprise, l'adresse et l'activité principale de l'établissement pour lequel travaille le salarié, l'adresse du lieu d'exécution de la mission si celle-ci diffère de l'adresse de l'établissement ainsi que, à titre facultatif, le numéro Siret ou, à défaut, le numéro Siren ;
2° Pour chaque salarié mis à la disposition de l'entreprise, les nom, prénom, numéro d'inscription au répertoire national d'identification des personnes physiques, code pos-

tal de la commune de résidence, nationalité, qualification professionnelle prévue dans le contrat de mission et, pour chaque mission accomplie par le salarié au cours du mois considéré, la date de début et la date de fin de cette mission si celle-ci s'est achevée au cours de ce mois ou pour chaque mission en cours d'exécution au cours du mois considéré, la date du début de cette mission.

Ce relevé comporte également, pour chaque salarié et aux fins de contrôle du droit au revenu de remplacement, le montant de la rémunération brute mensuelle figurant sur le bulletin de paie ou versée pour chaque mission. — *[Anc. art. R. 124-4, al. 2 à 4.]*

Art. R. 1251-9 (*Décr. n° 2016-1417 du 20 oct. 2016, art. 1ᵉʳ*) L'entreprise de travail temporaire informe, par tout moyen, les salariés temporaires de chaque établissement :

1° De la communication d'informations nominatives contenues dans les relevés de contrats de mission à Pôle emploi et au (*Décr. n° 2020-1545 du 9 déc. 2020, art. 28-X*) « directeur régional de l'économie, de l'emploi, du travail et des solidarités » territorialement compétent ;

2° Des droits d'accès et de rectification prévus aux articles 39 et 40 de la loi du 6 janvier 1978 susvisée que peuvent exercer les intéressés auprès de Pôle emploi et du directeur régional mentionné au 1°.

Art. R. 1251-10 La fermeture de l'entreprise en application de l'article L. 1251-47 est ordonnée par le président du (*Décr. n° 2019-966 du 18 sept. 2019, art. 8-I, en vigueur le 1ᵉʳ janv. 2020*) « tribunal judiciaire ».

§ 2   Garantie financière et défaillance de l'entreprise de travail temporaire

SOUS-§ 1   *Dispositions générales*

Art. R. 1251-11 La garantie financière ne peut résulter, en application de l'article L. 1251-50, que d'un engagement de caution unique.

L'engagement ne peut être pris par un organisme de garantie collective que si celui-ci est agréé par les ministres chargés du travail et de l'économie. — *[Anc. art. R. 124-7.]*

Art. R. 1251-12 Le montant de la garantie financière est calculé, pour chaque entreprise de travail temporaire, en pourcentage du chiffre d'affaires hors taxes réalisé au cours du dernier exercice social, certifié par un expert-comptable dans les six mois de la clôture de l'exercice. Le chiffre d'affaires retenu pour le calcul de la garantie financière concerne exclusivement l'activité de travail temporaire.

Lorsque le dernier exercice social n'a pas une durée de douze mois, le chiffre d'affaires enregistré au cours de l'exercice est proportionnellement augmenté ou réduit pour être évalué sur douze mois.

Le montant de la garantie est réexaminé chaque année et peut être révisé à tout moment. Il ne doit pas être inférieur à 8 % du chiffre d'affaires, ni à un minimum fixé chaque année par décret, compte tenu de l'évolution moyenne des salaires. — *[Anc. art. R. 124-9.]* — *Montant minimum fixé pour 2024 à 143 871 € (Décr. n° 2023-1308 du 28 déc. 2023, JO 29 déc.).*

Art. R. 1251-13 En cas d'absorption ou de fusion d'entreprises de travail temporaire, le montant de la garantie de l'entreprise ainsi formée ne peut être inférieur au montant des garanties cumulées de ces entreprises. En cas d'apport partiel d'actif, la garantie de l'entreprise bénéficiaire de l'apport est augmentée en fonction de l'augmentation du chiffre d'affaires résultant de cet apport.

En cas de scission d'une entreprise de travail temporaire, le montant de sa garantie est ventilé entre les entreprises issues de la scission, proportionnellement à leur chiffre d'affaires. — *[Anc. art. R. 124-10.]*

Art. R. 1251-14 L'entreprise de travail temporaire est en possession, pour chacun de ses établissements, d'une attestation de garantie délivrée par le garant.

L'attestation indique notamment le nom et l'adresse du garant, le montant, la date de prise d'effet et la date d'expiration de la garantie accordée.

L'attestation est tenue à la disposition de l'inspection du travail et des agents de contrôle des organismes de sécurité sociale et institutions sociales mentionnés à l'article L. 1251-49.

L'entreprise de travail temporaire adresse, dans un délai de dix jours à compter de l'obtention ou du renouvellement de la garantie financière, une copie de cette attestation à la (*Décr. n° 2020-1545 du 9 déc. 2020, art. 28-X*) « direction régionale de l'économie, de l'emploi, du travail et des solidarités » ainsi qu'aux organismes de sécurité sociale et institutions sociales compétents pour chacun des établissements concernés.

Art. R. 1251-15 Tous les documents concernant l'entreprise de travail temporaire, notamment les contrats de mise à disposition et les contrats de mission, mentionnent le nom et l'adresse de son garant ainsi que la référence à l'article L. 1251-49.

Ces indications, ainsi que les dates de prise d'effet et d'échéance de la garantie, sont affichées de manière visible dans chaque établissement. — [*Anc. art. R. 124-12.*]

Art. R. 1251-16 Un arrêté conjoint des ministres chargés du travail, de la sécurité sociale et de l'agriculture fixe les modèles des attestations prévues aux articles L. 1251-51 et R. 1251-14. — [*Anc. art. R. 124-13.*]

SOUS-§ 2 *Dispositions particulières aux différents modes de garantie*

Art. R. 1251-17 La garantie financière ne peut être accordée par des sociétés de caution mutuelle que si celles-ci ont pour objet unique de garantir les créances définies à l'article L. 1251-49. — [*Anc. art. R. 124-14.*]

Art. R. 1251-18 L'engagement de caution prévu à l'article R. 1251-11 ne peut être pris par un organisme de garantie collective agréé, une entreprise d'assurances, une banque ou un établissement financier habilité à donner caution que si l'organisme, l'entreprise, la banque ou l'établissement financier peut légalement exercer son activité en France. — [*Anc. art. R. 124-15.*]

Art. R. 1251-19 L'engagement de caution fait l'objet d'un contrat écrit précisant les conditions et le montant de la garantie accordée ainsi que les modalités du contrôle comptable que le garant peut exercer sur l'entreprise de travail temporaire.

Ce contrat prévoit la renonciation du garant, en cas de défaillance de l'entreprise de travail temporaire, au bénéfice de discussion prévu aux articles (*Décr. n° 2021-1888 du 29 déc. 2021, art. 5-XIII*) « 2305 et 2305-1 [*ancienne rédaction : 2298 à 2301*] » du code civil.

Le contrat est tenu, au siège de l'entreprise de travail temporaire, à la disposition de l'(*Décr. n° 2021-143 du 10 févr. 2021, art. 10*) « agent de contrôle de l'inspection du travail » et des agents de contrôle des organismes de sécurité sociale et des institutions sociales. — [*Anc. art. R. 124-16.*]

SOUS-§ 3 *Mise en œuvre de la garantie*

Art. R. 1251-20 L'entrepreneur de travail temporaire est considéré comme défaillant au sens de l'article L. 1251-52 lorsqu'à l'expiration d'un délai de quinze jours suivant la réception d'une mise en demeure, il n'a pas payé tout ou partie des dettes énumérées à l'article L. 1251-49.

La mise en demeure peut émaner soit d'un salarié, soit d'un organisme de sécurité sociale ou d'une institution sociale, dès lors que leurs créances sont certaines, liquides et exigibles. Elle est adressée par lettre recommandée avec avis de réception. Le garant est informé par le créancier, soit par lettre recommandée avec avis de réception, soit par lettre remise contre récépissé, de l'envoi de la mise en demeure.

L'entrepreneur de travail temporaire est également considéré comme défaillant lorsqu'il fait l'objet d'une procédure de sauvegarde, de redressement ou de liquidation judiciaire. Dans ce cas, le gérant est informé du jugement, dans les mêmes formes, par le mandataire judiciaire ou par le liquidateur. — [*Anc. art. R. 124-17.*]

Art. R. 1251-21 Dès la constatation de la défaillance de l'entrepreneur de travail temporaire, le titulaire de l'une des créances définies à l'article L. 1251-49 peut adresser au garant une demande de paiement par lettre recommandée avec avis de réception ou remise contre récépissé.

Lorsqu'une entreprise de travail temporaire fait l'objet d'une procédure de sauvegarde, de redressement ou de liquidation judiciaire, le mandataire judiciaire ou le liquidateur adresse au garant, dans un délai de dix jours à compter du prononcé du jugement et dans les formes prévues au premier alinéa, un relevé, visé par le juge commissaire, des salaires et cotisations impayés, précisant les droits de chacun des créanciers et éventuellement les sommes versées par ses soins. – *[Anc. art. R. 124-18.]*

Art. R. 1251-22 Le garant paie les sommes dues dans les dix jours suivant la réception de la demande de paiement.

Lorsque le reliquat des paiements demandés excède le montant de la garantie financière, les créances de même nature sont réglées à due proportion de chacune des créances. – *[Anc. art. R. 124-19.]*

Art. R. 1251-23 Si le garant conteste l'existence, l'exigibilité ou le montant de la créance, le salarié ou l'organisme social peut l'assigner directement devant les juridictions compétentes. – *[Anc. art. R. 124-20.]*

Art. R. 1251-24 Le garant qui a payé les sommes définies à l'article L. 1251-49 est subrogé, à due concurrence, dans tous les droits des salariés, des organismes de sécurité sociale et des institutions sociales contre l'entrepreneur de travail temporaire. – *[Anc. art. R. 124-21.]*

SOUS-§ 4 *Substitution de l'entreprise utilisatrice en cas de défaillance de l'entreprise de travail temporaire*

Art. R. 1251-25 La substitution de l'entreprise utilisatrice à l'entreprise de travail temporaire, prévue à l'article L. 1251-52, s'applique malgré toute convention contraire et en dépit des obligations d'assurance contre le risque de non-paiement qui résultent des dispositions des articles L. 3253-6 à L. 3253-21. – *[Anc. art. R. 124-22, al. 1er.]*

Art. R. 1251-26 Dans le cas prévu à l'article L. 1251-52, le salarié ou l'organisme de sécurité sociale ou l'institution sociale, ou, en cas de procédures de sauvegarde, de redressement ou de liquidation judiciaire, le mandataire judiciaire ou le liquidateur informe l'entreprise utilisatrice de l'insuffisance de la caution en lui adressant une demande de paiement des sommes restant dues par lettre recommandée avec avis de réception ou remise contre récépissé.

L'entreprise utilisatrice paie les sommes dues dans un délai de dix jours à compter de la réception de la demande. – *[Anc. art. R. 124-22, al. 2 et 3.]*

Art. R. 1251-27 Les salariés, les organismes de sécurité sociale et les institutions sociales ont une action directe contre l'entreprise utilisatrice substituée, même lorsque celle-ci s'est acquittée en tout ou en partie des sommes qu'elle devait à l'entrepreneur de travail temporaire pour la mise à disposition des salariés. – *[Anc. art. R. 124-23.]*

Art. R. 1251-28 L'entreprise utilisatrice qui a payé les sommes définies à l'article L. 1251-49 qui restaient dues est subrogée, à due concurrence, dans tous les droits des salariés, des organismes de sécurité sociale ou des institutions sociales contre l'entrepreneur de travail temporaire. – *[Anc. art. R. 124-24.]*

Art. R. 1251-29 Lorsqu'un organisme de sécurité sociale poursuit à l'encontre de l'entreprise utilisatrice, substituée à un entrepreneur de travail temporaire en raison de l'insuffisance de la caution, le remboursement de prestations sociales pour défaut de versement des cotisations dues, la somme réclamée ne peut être supérieure au montant des cotisations dues pour les salariés mis à la disposition de l'entreprise utilisatrice par l'entrepreneur de travail temporaire. – *[Anc. art. R. 124-25.]*

Art. R. 1251-30 Lorsque l'engagement de caution dont bénéficie une entreprise de travail temporaire prend fin, pour quelque cause que ce soit, l'activité de cette entreprise ne peut être poursuivie que si elle a obtenu, dans les conditions prévues par le présent paragraphe, un autre engagement de caution, afin que le paiement des dettes définies à l'article L. 1251-49 soit garanti sans interruption. – *[Anc. art. R. 124-26.]*

Art. R. 1251-31 En cas de cessation de la garantie, le garant en informe dans un délai de trois jours à compter de la date à laquelle il en est informé, par lettre recommandée avec avis de réception, les *(Décr. n° 2020-1545 du 9 déc. 2020, art. 28-X)* « directions régionales de l'économie, de l'emploi, du travail et des solidarités » ainsi que les organismes chargés du recouvrement des cotisations de sécurité sociale, dans la circonscription desquels sont situés le siège de l'entreprise de travail temporaire et chacun de ses établissements.

SECTION 4 Actions en justice

Art. D. 1251-32 L'organisation syndicale qui exerce une action en justice en faveur d'un salarié, en application du deuxième alinéa de l'article L. 1251-59, avertit ce dernier par lettre recommandée avec avis de réception.

La lettre indique la nature et l'objet de l'action envisagée par l'organisation syndicale représentative.

Elle mentionne en outre :

1° Que l'action est conduite par l'organisation syndicale qui peut exercer elle-même les voies de recours contre le jugement ;

2° Que le salarié peut, à tout moment, intervenir dans l'instance engagée par l'organisation syndicale ou mettre un terme à cette action ;

3° Que le salarié peut faire connaître à l'organisation syndicale son opposition à l'action envisagée dans un délai de quinze jours à compter de la date de réception. – *[Anc. art. L. 124-20, al. 1ᵉʳ, phrase 2 milieu.]*

Art. D. 1251-33 Passé le délai de quinze jours prévu au 3° de l'article D. 1251-33, l'acceptation tacite du salarié est réputée acquise. – *[Anc. art. R. 124-28, al. 6.]*

CHAPITRE II CONTRAT CONCLU AVEC UNE ENTREPRISE DE TRAVAIL À TEMPS PARTAGÉ

Le présent chapitre ne comprend pas de dispositions réglementaires.

CHAPITRE III CONTRATS CONCLUS AVEC UN GROUPEMENT D'EMPLOYEURS

SECTION 1 Groupement d'employeurs entrant dans le champ d'application d'une même convention collective

Art. D. 1253-1 Pour l'application de l'article L. 1253-6, le groupement d'employeurs adresse à l'inspection du travail dont relève son siège social, dans le mois suivant sa constitution, les informations et documents suivants :

1° Le nom, le siège social et la forme juridique du groupement ;

2° Les noms, prénoms et domicile des dirigeants du groupement ;

3° Les statuts ;

4° Une copie de l'extrait de déclaration d'association publiée au *Journal officiel* de la République française ou, dans les départements du Haut-Rhin, du Bas-Rhin et de la Moselle, une copie de l'inscription au registre des associations ou le numéro d'immatriculation de la coopérative artisanale au registre du commerce et des sociétés ;

5° Une liste des membres du groupement comportant pour chacun d'eux :

a) Lorsqu'il s'agit d'une personne morale, son siège et l'adresse de ses établissements, ainsi que la nature de sa ou de ses activités ;

b) Lorsqu'il s'agit d'une personne physique, son adresse et, le cas échéant, le siège de l'entreprise au titre de laquelle elle adhère au groupement ainsi que la nature de la ou des activités et l'adresse des établissements ;

c) Le nombre de salariés qu'il occupe ;

6° La convention collective dans le champ d'application de laquelle entre le groupement. – *[Anc. art. R. 127-1, al. 1ᵉʳ à 5, phrase 1, et al. 6 à 10.]*

Art. D. 1253-2 La note d'information, datée et signée par la personne habilitée à cet effet par le groupement d'employeurs, est adressée par lettre recommandée avec avis de réception. – *[Anc. art. R. 127-1, al. 11.]*

Art. D. 1253-3 Le groupement d'employeurs informe l'*(Décr. n° 2021-143 du 10 févr. 2021, art. 10)* « agent de contrôle de l'inspection du travail » de toute modification apportée aux informations mentionnées aux 1° à 3°, aux *a* et *b* du 5° et au 6° de l'article D. 1253-1, dans un délai d'un mois suivant la modification. — *[Anc. art. R. 127-1, al. 12.]*

SECTION 2 Groupement d'employeurs n'entrant pas dans le champ d'application d'une même convention collective

SOUS-SECTION 1 Déclaration

Art. D. 1253-4 La déclaration d'activité prévue à l'article L. 1253-17 est adressée au *(Décr. n° 2020-1545 du 9 déc. 2020, art. 28-X)* « directeur régional de l'économie, de l'emploi, du travail et des solidarités » du département dans lequel le groupement d'employeurs a son siège social.

Lorsque le contrôle du respect de la législation du travail par les différents membres du groupement relève de plusieurs autorités administratives, la déclaration est adressée au *(Décr. n° 2020-1545 du 9 déc. 2020, art. 28-X)* « directeur régional de l'économie, de l'emploi, du travail et des solidarités ».

Cette déclaration, datée et signée par la personne habilitée à cet effet par le groupement, est adressée par lettre recommandée avec avis de réception.

Art. D. 1253-5 La déclaration d'activité du groupement d'employeurs comporte :
1° Les informations mentionnées aux articles D. 1253-1 ;
2° L'intitulé de la convention collective dans le champ d'application de laquelle entre chacun de ses membres ;
3° La convention collective qu'il souhaite appliquer ;
4° Le nombre et la qualification des salariés qu'il envisage d'employer. — *[Anc. art. R. 127-3.]*

Art. D. 1253-6 Le groupement d'employeurs informe le *(Décr. n° 2020-1545 du 9 déc. 2020, art. 28-X)* « directeur régional de l'économie, de l'emploi, du travail et des solidarités » de toute modification apportée aux informations mentionnées aux articles D. 1253-1, dans un délai d'un mois à compter de la modification.

Le groupement adresse une nouvelle déclaration lorsqu'il envisage de changer de convention collective.

SOUS-SECTION 2 Opposition

Art. D. 1253-7 Lorsque la convention collective choisie par le groupement d'employeurs n'apparaît pas adaptée aux classifications professionnelles, aux niveaux d'emploi des salariés ou à l'activité des différents membres du groupement, ou lorsque les dispositions légales relatives aux groupements d'employeurs ne sont pas respectées au moment de la déclaration, l'autorité administrative dispose d'un délai d'un mois à compter de la réception de la déclaration pour notifier au groupement qu'elle s'oppose à l'exercice de son activité.

La notification est adressée par lettre recommandée avec avis de réception.

A défaut d'opposition notifiée dans le délai prévu au premier alinéa, le groupement peut exercer son activité. — *[Anc. art. R. 127-4.]*

Art. D. 1253-8 A tout moment, l'autorité administrative peut, par décision motivée, notifier son opposition à l'exercice de l'activité du groupement d'employeurs :
1° Lorsque cet exercice ne respecte pas les dispositions légales relatives aux groupements d'employeurs ;
2° Lorsque les stipulations de la convention collective choisie ne sont pas respectées ou lorsque celle-ci a été dénoncée ;
3° Lorsqu'il n'est plus satisfait aux conditions prévues au premier alinéa de l'article D. 1253-7. — *[Anc. art. R. 127-6, al. 1er à 4.]*

Art. D. 1253-9 Lorsque le contrôle de l'application de la législation du travail par les différents membres du groupement d'employeurs relève de plusieurs autorités administratives, le *(Décr. n° 2020-1545 du 9 déc. 2020, art. 28-X)* « directeur régional de l'économie, de l'emploi, du travail et des solidarités » ne peut s'opposer à l'exercice de l'activité du groupement qu'après avoir recueilli l'accord des autres autorités administratives compétentes.

GROUPEMENT D'EMPLOYEURS — Art. R. 1253-17

Art. D. 1253-10 Le groupement d'employeurs est informé au préalable des motifs de l'opposition envisagée à la poursuite de son activité et invité à présenter ses observations dans un délai d'un mois suivant la réception de cet avis. — *[Anc. art. R. 127-6, al. 5.]*

Art. D. 1253-11 La décision d'opposition fixe le délai dans lequel il cesse son activité. Ce délai ne peut être supérieur à trois mois.
La décision lui est notifiée par lettre recommandée avec avis de réception. — *[Anc. art. R. 127-6, al. 6 et 7.]*

SOUS-SECTION 3 Recours administratif

Art. R. 1253-12 La décision d'opposition peut faire l'objet d'un recours auprès du *(Décr. n° 2020-1545 du 9 déc. 2020, art. 28-X)* « directeur régional de l'économie, de l'emploi, du travail et des solidarités ».
Lorsque le contrôle du respect de la réglementation du travail par les membres du groupement relève de plusieurs autorités administratives, le recours est exercé auprès du *(Décr. n° 2020-1545 du 9 déc. 2020, art. 28-X)* « directeur régional de l'économie, de l'emploi, du travail et des solidarités », qui prend sa décision après accord de ces autorités.

Art. R. 1253-13 Le recours prévu à l'article R. 1253-12 est formé dans le délai d'un mois à compter de la notification de la décision contestée.
La décision est notifiée au demandeur par lettre recommandée avec avis de réception dans un délai d'un mois à compter de la réception du recours.
A défaut de notification dans ce délai, le recours est réputé rejeté. — *[Anc. art. R. 127-7, al. 3 et 4.]*

SECTION 3 Groupement d'employeurs pour le remplacement de chefs d'exploitation agricole ou d'entreprises artisanales, industrielles ou commerciales ou de personnes physiques exerçant une profession libérale

SOUS-SECTION 1 Objet et adhésion

Art. R. 1253-14 Un groupement d'employeurs peut être constitué pour mettre des remplaçants à la disposition :
1° De chefs d'exploitations ou d'entreprises mentionnées aux 1° à 4° de l'article L. 722-1 du code rural et de la pêche maritime ;
2° Des chefs d'entreprises artisanales, industrielles ou commerciales ;
3° Des personnes physiques exerçant une profession libérale et des membres non salariés de leur famille travaillant sur l'exploitation ou dans l'entreprise et de leurs salariés. — *[Anc. art. L. 127-9, al. 1er début et 2, et R. 127-9-1, al. 1er, phrase 1 début, et 2, phrase 1.]*

Art. R. 1253-15 Le groupement d'employeurs mentionné à l'article R. 1253-14 a pour activité principale le remplacement des personnes mentionnées à cet article en cas :
1° Soit d'empêchement temporaire résultant de maladie, d'accident, de maternité ou de décès ;
2° Soit d'absences temporaires liées aux congés de toute nature, au suivi d'une action de formation professionnelle ou à l'exercice d'un mandat professionnel, syndical ou électif. — *[Anc. art. R. 127-9-1, al. 2, phrase 1.]*

Art. R. 1253-16 L'activité principale du groupement d'employeurs représente au moins 80 % des heures de travail accomplies dans l'année civile par les salariés du groupement. — *[Anc. art. R. 127-9-1, al. 2, phrase 2.]*

Art. R. 1253-17 Les personnes mentionnées à l'article R. 1253-14 dont l'exploitation, l'entreprise ou le local professionnel est situé dans le ressort géographique du groupement d'employeurs, tel que précisé dans les statuts, ont seules vocation à y adhérer. — *[Anc. art. R. 127-9-1, al. 1er, phrase 1 fin.]*

Art. R. 1253-18 Seules les personnes mentionnées à l'article R. 1253-14 ayant adhéré au groupement peuvent bénéficier de la mise à disposition d'un salarié par ce dernier. — *[Anc. art. R. 127-9-1, al. 1er, phrase 2.]*

SOUS-SECTION 2 Agrément

§ 1 Demande d'agrément

Art. R. 1253-19 Le groupement d'employeurs adresse une demande d'agrément au *(Décr. n° 2020-1545 du 9 déc. 2020, art. 28-X)* « directeur régional de l'économie, de l'emploi, du travail et des solidarités » du département dans lequel le groupement d'employeurs a son siège social.

Lorsque le contrôle du respect de la législation du travail par les différents membres du groupement relève de plusieurs autorités administratives, la déclaration est adressée au *(Décr. n° 2020-1545 du 9 déc. 2020, art. 28-X)* « directeur régional de l'économie, de l'emploi, du travail et des solidarités ».

Art. R. 1253-20 Sont joints à la demande d'agrément, les renseignements et les documents énumérés aux 1° à 5° de l'article D. 1253-1 ainsi que la convention collective que le groupement d'employeurs envisage d'appliquer.

La demande d'agrément est datée et signée par la personne habilitée à cet effet par le groupement.

Elle est adressée dans le mois suivant sa constitution, par lettre recommandée avec avis de réception. — *[Anc. art. R. 127-9-2, al. 1er fin et 2.]*

§ 2 Délivrance de l'agrément

Art. R. 1253-21 Pour être agréé, le groupement d'employeurs doit répondre aux conditions suivantes :

1° La convention collective qu'il entend appliquer doit être la mieux adaptée à l'activité de ses différents membres et aux emplois exercés par ses salariés ;

2° Ses statuts doivent définir la zone géographique d'exécution des contrats de travail des salariés qu'il envisage d'employer et prévoir que ces contrats contiendront des clauses prenant en compte les sujétions liées aux changements de lieux d'emploi et à la durée des missions de ces salariés. — *[Anc. art. R. 127-9-3.]*

Art. R. 1253-22 L'autorité administrative dispose d'un délai d'un mois suivant la réception de la demande d'agrément pour notifier sa décision au groupement d'employeurs. En cas de refus, la décision est motivée.

Cette notification est adressée par lettre recommandée avec avis de réception.

A défaut de notification dans le délai d'un mois suivant la réception de la demande, l'agrément est réputé refusé. — *[Anc. art. R. 127-9-4, al. 1er à 3.]*

Art. R. 1253-23 Les organisations d'employeurs et de salariés représentatives dans le champ de la convention collective choisie sont informées par l'autorité administrative des agréments délivrés. — *[Anc. art. R. 127-9-4, al. 4.]*

Art. R. 1253-24 Le groupement d'employeurs fait connaître ultérieurement à l'autorité administrative toute modification des informations mentionnées aux 1° à 3° de l'article D. 1253-1 dans un délai d'un mois suivant la modification. — *[Anc. art. R. 127-9-5, al. 1er.]*

Art. R. 1253-25 Le groupement d'employeurs tient en permanence à la disposition de l'autorité administrative tous les documents permettant à celle-ci de vérifier, pour chaque adhérent du groupement, les indications mentionnées au 5° de l'article D. 1253-1 et de connaître le motif, le lieu et la durée des interventions de chacun des salariés du groupement.

Ces justificatifs sont conservés pendant une durée minimale de cinq ans suivant l'année civile au cours de laquelle ils ont été établis, sous réserve des dispositions légales plus contraignantes. — *[Anc. art. R. 127-9-5, al. 2.]*

Art. R. 1253-26 L'autorité administrative peut demander au groupement d'employeurs de choisir une autre convention collective lorsque celle qui est appliquée n'apparaît plus adaptée à l'activité des différents membres du groupement ou aux emplois exercés par les salariés, ou lorsque cette convention a cessé de produire effet. — *[Anc. art. R. 127-9-6.]*

§ 3 Retrait d'agrément

Art. R. 1253-27 L'autorité administrative peut mettre fin à l'agrément du groupement, par décision motivée :
1° Lorsque ne sont pas respectées les dispositions légales relatives aux groupements d'employeurs ;
2° Lorsque les stipulations de la convention collective choisie ne sont pas respectées ;
3° Lorsque le groupement ne donne pas suite à la demande de l'autorité administrative de choisir une nouvelle convention collective en application de l'article R. 1253-26. — *[Anc. art. R. 127-9-7, al. 1er à 4.]*

Art. R. 1253-28 Le groupement d'employeurs est informé au préalable des motifs du projet de retrait de l'agrément et invité à présenter ses observations dans un délai d'un mois suivant la réception de l'avis. — *[Anc. art. R. 127-9-7, al. 5.]*

Art. R. 1253-29 La décision de retrait d'agrément est notifiée au groupement d'employeurs par lettre recommandée avec avis de réception.
Le groupement cesse son activité dans un délai fixé par la décision de retrait. Ce délai ne peut dépasser trois mois. — *[Anc. art. R. 127-9-7, al. 6.]*

§ 4 Recours hiérarchique

Art. R. 1253-30 Les décisions de délivrance d'agrément, de changement de convention collective et de retrait d'agrément du groupement d'employeurs peuvent faire l'objet d'un recours auprès de l'autorité mentionnée à l'article R. 1253-12 dans un délai d'un mois à compter de la notification de la décision contestée. — *[Anc. art. R. 127-9-8, al. 1er et 2.]*

Art. R. 1253-31 L'autorité administrative saisie d'un recours dispose d'un délai de quinze jours pour prendre sa décision à compter de sa saisine. — *[Anc. art. R. 127-9-8, al. 3.]*

Art. R. 1253-32 Lorsque le contrôle du respect de la réglementation du travail par les membres du groupement relève de plusieurs autorités administratives, la décision est prise par le *(Décr. n° 2020-1545 du 9 déc. 2020, art. 28-X)* « directeur régional de l'économie, de l'emploi, du travail et des solidarités » après accord de ces autorités.

Art. R. 1253-33 La décision est notifiée au requérant par lettre recommandée avec avis de réception dans un délai d'un mois à compter de la réception du recours.
A défaut de notification dans ce délai, le recours est réputé rejeté. — *[Anc. art. R. 127-9-8, al. 5.]*

SOUS-SECTION 3 **Contrats de travail**

Art. R. 1253-34 Dans les contrats de travail conclus par le groupement d'employeurs mentionnés à l'article R. 1253-14, la zone géographique d'exécution du contrat de travail vaut mention de la liste des utilisateurs potentiels.
Les contrats de travail prévoient des déplacements limités. — *[Anc. art. L. 127-9, al. 1er fin.]*

SECTION 4 **Groupements d'employeurs constitués au sein d'une société coopérative existante ou d'une société interprofessionnelle de soins ambulatoires**
(Décr. n° 2021-747 du 9 juin 2021).

SOUS-SECTION 1 **Constitution**

Art. R. 1253-35 La société coopérative *(Décr. n° 2021-747 du 9 juin 2021)* « ou la société interprofessionnelle de soins ambulatoires mentionnée à l'article L. 4041-1 du code de la santé publique » qui entend développer l'activité de groupement d'employeurs prévue à l'article L. 1253-1 mentionne dans ses statuts, préalablement à son exercice effectif, cette activité ainsi que la responsabilité solidaire des associés pour les dettes qui en résulte à l'égard des salariés et des organismes créanciers de cotisations obligatoires.

(Décr. n° 2021-747 du 9 juin 2021) « Toutefois, lorsque le groupement d'employeurs n'est constitué qu'au bénéfice d'une partie seulement des associés de la société interprofessionnelle de soins ambulatoires, les statuts de cette société prévoient que seuls ces associés sont tenus solidairement au paiement des dettes du groupement à l'égard des salariés et des organismes créanciers. »

Art. R. 1253-36 Les moyens de toute nature affectés au groupement d'employeurs (*Abrogé par Décr. n° 2021-747 du 9 juin 2021*) « *constitué au sein d'une coopérative* » sont identifiés à l'intérieur de la société (*Abrogé par Décr. n° 2021-747 du 9 juin 2021*) « *coopérative* » et la comptabilité afférente à ses opérations est séparée.

(*Décr. n° 2021-747 du 9 juin 2021*) « Lorsque le groupement d'employeurs n'est constitué qu'au bénéfice d'une partie seulement des associés d'une société interprofessionnelle de soins ambulatoires, les charges communes à ces associés constituent pour chacun d'entre eux, en fonction de leur quote-part, une charge individuelle. »

Art. R. 1253-37 La société (*Abrogé par Décr. n° 2021-747 du 9 juin 2021*) « *coopérative* » déclare l'exercice d'une activité de groupement d'employeurs selon les modalités prévues aux articles D. 1253-1 et D. 1253-3.

Elle précise l'organisation qu'elle entend mettre en œuvre pour respecter les obligations de la présente section.

SOUS-SECTION 2 **Conditions d'emploi et de travail**

Art. R. 1253-38 La société (*Abrogé par Décr. n° 2021-747 du 9 juin 2021*) « *coopérative* » peut recruter des salariés soit pour les affecter exclusivement à l'activité de groupement d'employeurs, soit pour les affecter à la fois à cette activité et à ses autres activités.

Art. R. 1253-39 Les dispositions des articles L. 1253-9 et L. 1253-10 s'appliquent au contrat de travail des salariés de la société (*Abrogé par Décr. n° 2021-747 du 9 juin 2021*) « *coopérative* » dès lors qu'ils sont affectés, même partiellement, à l'activité de groupement d'employeurs.

Art. R. 1253-40 La société (*Abrogé par Décr. n° 2021-747 du 9 juin 2021*) « *coopérative* » peut :

1° Mettre à la disposition de l'un des membres du groupement d'employeurs un des salariés qu'elle emploie qui n'est pas affecté à cette activité ;

2° Utiliser pour ses besoins propres un salarié affecté à l'activité de groupement d'employeurs.

Art. R. 1253-41 Dans les cas prévus à l'article R. 1253-40, l'employeur remet au salarié, par lettre recommandée ou par lettre remise contre récépissé, une proposition écrite d'avenant à son contrat de travail mentionnant la durée du changement d'affectation.

Cette lettre précise que le salarié dispose d'un délai de quinze jours à compter de sa réception pour faire connaître sa décision.

L'absence de réponse du salarié dans ce délai vaut refus de cette proposition.

L'employeur ne peut tirer aucune conséquence de ce refus sur la situation du salarié.
— [*Anc. art. R. 127-15, al. 4 et 5, phrase 1.*]

Art. R. 1253-42 Dans le cas d'une mise à disposition du salarié, prévue au 1° de l'article R. 1253-40, l'avenant comporte également les clauses prévues à l'article L. 1253-9. — [*Anc. art. R. 127-15, al. 5, phrase 2.*]

SECTION 5 **Groupement d'employeurs composé d'adhérents de droit privé et de collectivités territoriales**

Art. R. 1253-43 Lorsque les adhérents de droit privé du groupement d'employeurs comprenant des collectivités territoriales entrent dans le champ de la même convention collective, celle-ci s'applique au groupement constitué en application de l'article L. **1253-19**.

Dans le cas contraire, tous les adhérents choisissent la convention collective qu'ils souhaitent voir appliquée par le groupement, sous réserve des dispositions de l'article D. **1253-7**. — *[Anc. art. R. 127-10.]*

Art. R. 1253-44 La compétence de l'autorité administrative pour l'information prévue à l'article D. 1253-1 et la déclaration prévue aux articles D. 1253-4 et D. 1253-6 est appréciée en fonction des activités des seuls adhérents de droit privé. — *[Anc. art. R. 127-11.]*

SECTION 6 **Groupements d'employeurs pour l'insertion et la qualification**

(Décr. n° 2015-998 du 17 août 2015)

Art. D. 1253-45 Pour bénéficier de la reconnaissance de la qualité de groupement d'employeurs pour l'insertion et la qualification mentionnée à l'article L. 1253-1, le groupement d'employeurs doit répondre aux conditions fixées dans un cahier des charges établi par la Fédération française des groupements d'employeurs pour l'insertion et la qualification et approuvé par le ministre chargé de l'emploi. — *V. Arr. du 17 août 2015 (JO 18 août), mod. par Arr. du 21 sept. 2020, MTRD2004245A (JO 1ᵉʳ oct.), et par Arr. du 10 mars 2022, MTRD2205599A (JO 24 mars).*

Art. D. 1253-46 Les demandes de reconnaissance de la qualité de groupement d'employeurs pour l'insertion et la qualification sont adressées à la Fédération française des groupements d'employeurs pour l'insertion et la qualification selon un calendrier qu'elle diffuse.

Art. D. 1253-47 La reconnaissance de la qualité de groupement d'employeurs pour l'insertion et la qualification est attribuée pour une durée d'un an par la Fédération française des groupements d'employeurs pour l'insertion et la qualification, sur avis conforme d'une commission mixte nationale. Toutefois, la durée de la reconnaissance initiale est, le cas échéant, prolongée afin que la demande de renouvellement puisse être examinée après au moins une année d'activité en tant que groupement d'employeurs pour l'insertion et la qualification.

Art. D. 1253-48 La commission mixte nationale mentionnée à l'article D. 1253-47 se réunit sur convocation de la Fédération française des groupements d'employeurs pour l'insertion et la qualification, qui en assure le secrétariat. Elle comprend :

1° Trois représentants de l'État nommés par le ministre chargé de l'emploi ;

2° Trois représentants de la Fédération française des groupements d'employeurs pour l'insertion et la qualification nommés par le président de cette fédération.

Elle est présidée par une personnalité qualifiée désignée par la Fédération française des groupements d'employeurs pour l'insertion et la qualification, après avis favorable du ministre chargé de l'emploi.

Le président et les membres de la commission mixte nationale sont nommés pour une durée de quatre ans renouvelable.

Art. D. 1253-49 La Fédération française des groupements d'employeurs pour l'insertion et la qualification dispose d'un délai de quinze jours à compter de l'avis de la commission pour notifier sa décision au groupement d'employeurs par lettre recommandée avec demande d'avis de réception. La décision est motivée.

La décision de refus de reconnaissance de la qualité de groupement d'employeurs pour l'insertion et la qualification peut faire l'objet d'une demande de réexamen, dans un délai d'un mois à compter de sa notification, auprès de la Fédération française des groupements d'employeurs pour l'insertion et la qualification.

La Fédération dispose d'un délai de quinze jours à compter de la réception de la demande de réexamen pour prendre une décision motivée sur avis conforme de la commission mentionnée à l'article D. 1253-47 et la notifier au demandeur par lettre recommandée avec demande d'avis de réception.

SECTION 7 Accès des groupements d'employeurs aux aides publiques en matière d'emploi et de formation professionnelle au titre des entreprises adhérentes

(Décr. n° 2016-1763 du 16 déc. 2016)

Art. D. 1253-50 Les aides mentionnées à l'article L. 1253-24 pouvant être accordées au groupement d'employeurs au titre des entreprises adhérentes du groupement d'employeurs sont les aides financières directes et les réductions et exonérations de cotisations et contributions sociales à la charge de l'employeur qui satisfont l'ensemble des conditions suivantes :

1° Elles ont pour objectif direct de créer des emplois ou d'améliorer l'adéquation entre l'offre et la demande de travail par des actions de formation professionnelle ;

2° Elles sont liées à un seuil d'effectif ou à l'embauche d'un premier salarié au sein d'une ou plusieurs entreprises adhérentes et auraient bénéficié à ce titre à l'entreprise adhérant au groupement si elle avait embauché directement les personnes mises à sa disposition ;

3° Elles ne peuvent bénéficier au groupement d'employeurs en tant qu'employeur direct.

Un arrêté des ministres chargés de l'emploi et du budget précise la liste de ces aides.

Art. D. 1253-51 Le groupement d'employeurs justifie auprès de l'organisme qui délivre l'aide que l'entreprise adhérente du groupement au titre de laquelle l'aide est accordée satisfait aux conditions définies à l'article D. 1253-50.

Le montant de l'aide est celui dont aurait bénéficié l'entreprise adhérente si elle avait embauché directement le salarié mis à sa disposition.

Art. D. 1253-52 Le groupement d'employeurs informe les entreprises adhérentes de la nature, du nombre et du montant des aides perçues en application des dispositions de l'article L. 1253-24.

CHAPITRE IV PORTAGE SALARIAL

(Décr. n° 2015-1886 du 30 déc. 2015, art. 2)

Ce chapitre est applicable à Mayotte à compter du 1ᵉʳ janv. 2022 *(Décr. n° 2018-953 du 31 oct. 2018, art. 58-III).*

Art. D. 1254-1 Le montant de la garantie financière prévue à l'article L. 1254-26 dont doit justifier l'entreprise de portage salarial au titre d'une année donnée est au minimum égal à 10 % de la masse salariale de l'année précédente, sans pouvoir être inférieur à 2 fois la valeur du plafond annuel de la sécurité sociale de l'année considérée fixé en application de l'article D. 242-17 du code de la sécurité sociale.

Validation du montant de la garantie financière. Le décret relatif au portage salarial n'a pas fait peser sur les entreprises de portage salarial des exigences manifestement disproportionnées par rapport à celles pesant sur les entreprises de travail temporaire, au regard de la différence de situation existant entre ces deux catégories d'entreprises et de l'objectif poursuivi, qui est d'organiser la couverture des risques inhérents à chacune de ces activités. ● CE 31 mars 2017, ⚖ n° 400747.

Art. R. 1254-2 A l'exception des articles R. 1251-12, R. 1251-18 et R. 1251-25 à R. 1251-29, les modalités de constitution et de mise en œuvre de la garantie financière prévues au paragraphe 2 de la sous-section unique de la section 3 du chapitre I du titre V du livre II de la première partie du code du travail (partie réglementaire) sont applicables aux entreprises de portage salarial avec les adaptations suivantes :

1° Les mots : "entrepreneur de travail temporaire" et "entreprise de travail temporaire" sont remplacés par les mots : "entreprise de portage salarial" ;

2° Les mots : "les contrats de mise à disposition et les contrats de mission" sont remplacés par les mots : "les contrats de travail de portage salarial et contrats commerciaux de prestation de portage salarial" ;

3° A l'article R. 1251-13, les mots : "du chiffre d'affaires" et "leur chiffre d'affaires" sont remplacés par les mots : "de la masse salariale" et "leur masse salariale" ;

4° Les références aux articles L. 1251-49, L. 1251-50, L. 1251-51, L. 1251-52 sont remplacés respectivement par les références au I de l'article L. 1254-26, au II de l'article L. 1254-26, au III de l'article L. 1254-26 et au I de l'article L. 1254-26.

Art. R. 1254-3 La déclaration préalable d'entreprise de portage salarial prévue à l'article L. 1254-27 comporte les mentions suivantes :
1° L'indication de l'opération envisagée : création d'une entreprise de portage salarial, ouverture d'une succursale, d'une agence ou d'un bureau annexe, déplacement du siège ou cessation d'activité ;
2° Le nom, le siège et le caractère juridique de l'entreprise ainsi que, le cas échéant, la localisation de la succursale, de l'agence ou du bureau annexe ;
3° La date d'effet de l'opération envisagée ;
4° Les nom, prénoms, domicile et nationalité des dirigeants de l'entreprise ou de la succursale ou de l'agence ou du bureau annexe intéressés ;
5° La désignation de l'organisme auquel l'entreprise de portage salarial verse les cotisations de sécurité sociale ainsi que son numéro d'employeur ;
6° Les domaines géographiques et professionnels dans lesquels l'entreprise entend porter ses salariés ;
7° Le nombre de salariés permanents que l'entreprise emploie ou envisage d'employer pour assurer le fonctionnement de ses propres services.

Art. R. 1254-4 La déclaration préalable est datée et signée par le représentant légal de l'entreprise de portage salarial.
Elle est adressée en deux exemplaires, sous pli recommandé avec accusé de réception, à l'inspection du travail dont relève le siège de l'entreprise. Elle est adressée dans les mêmes conditions à l'inspection du travail dont relève la succursale, l'agence ou le bureau annexe dont l'ouverture est prévue.
L'entreprise de portage salarial informe l'inspection du travail des modifications de sa situation.

Art. R. 1254-5 L'(*Décr. n° 2021-143 du 10 févr. 2021, art. 10*) « agent de contrôle de l'inspection du travail », après s'être assuré de la conformité de la déclaration préalable avec les obligations prévues aux articles R. 1254-2 et R. 1254-3, en retourne un exemplaire visé à l'expéditeur dans un délai de quinze jours à compter de la réception.
L'entrée en activité de l'entreprise, de la succursale, de l'agence ou du bureau annexe ne peut précéder la réception du document mentionné au premier alinéa ou l'expiration du délai prévu par cet alinéa.

CHAPITRE V DISPOSITIONS PÉNALES (*Décr. n° 2015-1886 du 30 déc. 2015, art. 1er*).

Le chapitre IV devient le chapitre V et ses art. R. 1254-1 à R. 1254-9 deviennent les art. R. 1255-1 à R. 1255-9 (Décr. n° 2015-1886 du 30 déc. 2015, art. 1er).

SECTION 1 Travail temporaire

Art. R. 1255-1 Le fait de conclure un contrat de mission ne comportant pas les mentions prévues aux 2°, 4° et 5° de l'article L. 1251-16 est puni de l'amende prévue pour les contraventions de la troisième classe. — [*Anc. art. R. 152-6, al. 1er et 2.*]

Art. R. 1255-2 Le fait, pour la personne responsable de la gestion des installations ou des moyens de transports collectifs dans l'entreprise utilisatrice, d'empêcher un salarié temporaire d'avoir accès, dans les mêmes conditions que les salariés de cette entreprise, à ces équipements collectifs, en méconnaissance des dispositions de l'article L. 1251-24, est puni de l'amende prévue pour les contraventions de la cinquième classe.
La récidive de la contravention prévue au présent article est réprimée conformément aux articles 132-11 et 132-15 du code pénal. — [*Anc. art. R. 152-5.*]

Art. R. 1255-3 Le fait de ne pas fournir à (*Décr. n° 2014-524 du 22 mai 2014, art. 16-II*) « Pôle emploi », dans le délai prévu à l'article R. 1251-7, le relevé des contrats de mission, en méconnaissance des dispositions de l'article L. 1251-46, est puni de l'amende prévue pour les contraventions de la troisième classe. – *[Anc. art. R. 152-6, al. 1ᵉʳ et 3.]*

Art. R. 1255-4 Le fait d'adresser à *(Décr. n° 2014-524 du 22 mai 2014, art. 16-II)* « Pôle emploi » un relevé des contrats de mission non conforme aux prescriptions de l'article R. 1251-8 est puni de l'amende prévue pour les contraventions de la deuxième classe. – *[Anc. art. R. 152-6-1, al. 1ᵉʳ et 2.]*

Art. R. 1255-5 Le fait de méconnaître les dispositions relatives à la possession, au contenu, à l'envoi et à la mise à disposition de l'attestation de garantie financière prévues par l'article R. 1251-14 est puni de l'amende prévue pour les contraventions de la deuxième classe. – *[Anc. art. R. 152-6-1, al. 1ᵉʳ et 3.]*

Art. R. 1255-6 Le fait de ne pas faire figurer sur les documents concernant l'entreprise de travail temporaire, notamment sur les contrats de mise à disposition et les contrats de mission, le nom et l'adresse du garant ainsi que la référence à l'article L. 1251-49, en méconnaissance des dispositions du premier alinéa de l'article R. 1251-15 est puni de l'amende prévue pour les contraventions de la deuxième classe.

Le fait de méconnaître les dispositions relatives à l'affichage des informations sur la garantie financière prévu au second alinéa de l'article R. 1251-15, est puni de la même peine. – *[Anc. art. R. 152-6-1, al. 1ᵉʳ et 3.]*

Art. R. 1255-7 Le fait de ne pas informer de la cessation de la garantie les *(Décr. n° 2020-1545 du 9 déc. 2020, art. 28-X)* « directions régionales de l'économie, de l'emploi, du travail et des solidarités » ainsi que les organismes chargés du recouvrement des cotisations de sécurité sociale, en méconnaissance des dispositions de l'article R. 1251-31, est puni de l'amende prévue pour les contraventions de la deuxième classe.

SECTION 2 Groupements d'employeurs

Art. R. 1255-8 Le fait, pour la personne responsable de la gestion des installations ou des moyens de transports collectifs dans l'entreprise utilisatrice, d'empêcher un salarié temporaire d'avoir accès, dans les mêmes conditions que les salariés de cette entreprise, à ces équipements collectifs, en méconnaissance des dispositions de l'article L. 1253-14, est puni de l'amende prévue pour les contraventions de la cinquième classe.

La récidive de la contravention prévue au présent article est réprimée conformément aux articles 132-11 et 132-15 du code pénal. – *[Anc. art. R. 152-9.]*

Art. R. 1255-9 Le fait, pour la personne mentionnée à l'article D. 1253-2 et au dernier alinéa de l'article D. 1253-4, de transmettre des informations inexactes ou de ne pas faire connaître leur modification dans le délai fixé à ces articles, est puni de l'amende prévue pour les contraventions de la deuxième classe. – *[Anc. art. R. 152-10.]*

TITRE VI SALARIÉS DÉTACHÉS TEMPORAIREMENT PAR UNE ENTREPRISE NON ÉTABLIE EN FRANCE

CHAPITRE I DISPOSITIONS GÉNÉRALES

Art. R. 1261-1 Les employeurs mentionnés aux articles L. 1262-1 et L. 1262-2 sont soumis, pour leurs salariés détachés, y compris les mannequins et les personnels artistiques et techniques des entreprises de spectacle, aux dispositions légales et aux stipulations conventionnelles dans les matières énumérées à l'article L. 1262-4, sous réserve des conditions ou modalités particulières d'application définies au chapitre II. – *[Anc. art. R. 342-1, al. 1ᵉʳ.]*

Art. R. 1261-2 Les conventions et accords de travail collectifs français étendus dont bénéficient les salariés employés par les entreprises établies en France exerçant une activité principale identique au travail accompli par les travailleurs détachés sur le territoire français s'appliquent à ces salariés. – *[Anc. art. R. 342-1, al. 2.]*

SALARIÉS DÉTACHÉS **Art. R. 1262-8** 1863

CHAPITRE II CONDITIONS DE DÉTACHEMENT ET RÉGLEMENTATION APPLICABLE

SECTION 1 Maladie et accident

Art. R. 1262-1 Lorsque la durée du détachement en France est supérieure à un mois, les dispositions relatives aux absences pour maladie ou accident, prévues à l'article L. 1226-1, sont applicables aux salariés détachés. — [Anc. art. R. 342-3, al. 1ᵉʳ, phrase 1.]

Art. R. 1262-2 (Décr. n° 2017-825 du 5 mai 2017, art. 2) La déclaration mentionnée à l'article L. 1262-4-4 est envoyée dans un délai de deux jours ouvrables suivant la survenance de l'accident du travail, par tout moyen permettant de conférer date certaine à cet envoi.

La déclaration comporte les éléments suivants :

1° Le nom ou la raison sociale ainsi que les adresses postale et électronique, les coordonnées téléphoniques de l'entreprise ou de l'établissement qui emploie habituellement le salarié ainsi que les références de son immatriculation à un registre professionnel ou toutes autres références équivalentes ;

2° Les noms, prénoms, date et lieu de naissance, adresse de résidence habituelle, nationalité et qualification professionnelle de la victime ;

3° Les date, heure, lieu et circonstances détaillées de l'accident, la nature et le siège des lésions ainsi que, le cas échéant, la durée de l'arrêt de travail ;

4° L'identité et les coordonnées des témoins le cas échéant.

Lorsque la déclaration de l'accident du travail est effectuée par le donneur d'ordre ou le maître d'ouvrage, celle-ci comporte également son nom ou sa raison sociale, ses adresses postale et électronique, ses coordonnées téléphoniques ainsi que, le cas échéant, le numéro d'identification SIRET de l'établissement.

En outre, l'entreprise utilisatrice d'un salarié détaché dans les conditions prévues par l'article L. 1262-2 non affilié à un régime français de sécurité sociale informe l'entreprise exerçant une activité de travail temporaire de tout accident mettant en cause ce salarié détaché.

Lorsque le salarié détaché dans les conditions prévues par l'article L. 1262-2 est affilié à un régime français de sécurité sociale, la déclaration est effectuée selon les modalités prévues par l'article R. 412-2 du code de la sécurité sociale ou par le deuxième alinéa de l'article D. 751-93 du code rural et de la pêche maritime.

SECTION 2 Droit d'expression

Art. R. 1262-3 Les dispositions relatives au droit d'expression, prévues par les articles L. 2281-1 à L. 2281-4, sont applicables aux salariés détachés dans les conditions prévues au 2° de l'article L. 1262-1. — [Anc. art. R. 342-5.]

SECTION 3 Durée du travail, repos et congés

Art. R. 1262-4 Lorsque la durée du détachement en France est supérieure à un mois, les dispositions relatives au chômage des jours fériés, prévues à l'article L. 3133-3, sont applicables aux salariés détachés. — [Anc. art. R. 342-3, al. 1ᵉʳ, phrase 1.]

Art. R. 1262-5 Abrogé par Décr. n° 2020-916 du 28 juill. 2020, art. 1ᵉʳ.

Art. R. 1262-6 Les dispositions spécifiques relatives à la durée du travail et au repos qui figurent aux chapitres III et IV du titre I du livre VII du code rural et de la pêche maritime sont applicables aux salariés détachés dans les entreprises qui exercent une activité mentionnée à l'article L. 713-1 de ce code. — [Anc. art. R. 342-2, al. 2.]

SECTION 4 Salaire

Art. R. 1262-7 Lorsque la durée du détachement en France est supérieure à un mois, les dispositions relatives à la mensualisation, prévues aux articles L. 3242-1 et L. 3242-2, sont applicables aux salariés détachés. — [Anc. art. R. 342-3, al. 1ᵉʳ, phrase 1.]

Art. R. 1262-8 (Décr. n° 2020-916 du 28 juill. 2020, art. 1ᵉʳ, en vigueur le 30 juill. 2020) Les allocations propres au détachement sont regardées comme faisant partie de la rémunération. Toutefois, les sommes versées à titre de remboursement des dépenses effectivement encourues du fait du détachement mentionnées au 11° de l'article L. 1262-4 en sont exclues et sont prises en charge par l'employeur lorsque les conditions suivantes sont cumulativement remplies :

1° Leur prise en charge est prévue par des dispositions légales ou des stipulations conventionnelles ;

2° Lorsque le salarié détaché doit se déplacer vers ou depuis son lieu de travail habituel sur le territoire national ou lorsqu'il est temporairement envoyé par son employeur de ce lieu de travail habituel vers un autre lieu de travail.

Lorsque l'employeur ne justifie pas du versement de tout ou partie de l'allocation propre au détachement au titre de la rémunération ou des dépenses effectivement encourues du fait du détachement en application du contrat de travail ou de la loi qui régit celui-ci, l'intégralité de l'allocation est alors regardée comme payée à titre de remboursement des dépenses et est exclue de la rémunération.

Ces dispositions ne s'appliquent pas aux salariés roulants des entreprises de transport routier mentionnés à l'art. L. 1321-1 C. transp. qui restent régis par les dispositions du C. trav. dans leur rédaction antérieure au Décr. n° 2020-916 du 28 juill. 2020 (Décr. préc., art. 6).

Ancien art. R. 1262-8 *Les allocations propres au détachement sont regardées comme faisant partie du salaire minimal.*

Toutefois, les sommes versées à titre de remboursement des dépenses effectivement encourues à cause du détachement ainsi que les dépenses engagées par l'employeur du fait du détachement telles que les dépenses de voyage, de logement ou de nourriture en sont exclues et ne peuvent être mises à la charge du salarié détaché. — [Anc. art. R. 342-3, al. 2.]

Les sommes versées chaque mois au titre du détachement étranger ne constituent pas un remboursement de frais par ailleurs pris en charge par l'employeur ; ces sommes doivent être prises en compte pour les comparer au minimum conventionnel applicable. ● Soc. 13 nov. 2014 : ⚖ *D. 2014. Actu. 2413 ∅ ; Dr. soc. 2015. 91, note Lhernould ∅ ; RJS 1/2015, n° 71.*

Art. R. 1262-8-1 *Abrogé par Décr. n° 2016-27 du 19 janv. 2016, art. 3.*

SECTION 5 Santé au travail

Art. R. 1262-9 Sont applicables, sous réserve des dispositions des articles R. 1262-10 à R. 1262-15, les dispositions relatives :

1° A la prise en charge des dépenses afférentes aux services de santé au travail, prévue par l'article L. 4622-6 ;

(Décr. n° 2016-1908 du 27 déc. 2016, art. 4) « 2° Aux missions du médecin du travail prévues par l'article R. 4623-1 et à celles des autres membres de l'équipe pluridisciplinaire de santé au travail mentionnée à l'article L. 4622-8 ;

« 3° Aux actions des membres de l'équipe pluridisciplinaire de santé au travail sur le milieu de travail prévues aux articles R. 4624-1 à R. 4624-9 ;

« 4° Au suivi individuel de l'état de santé prévu aux articles R. 4624-10 à R. 4624-45 ;

« 5° Aux mesures proposées par le médecin du travail, prévues à l'article L. 4624-3, à l'avis d'inaptitude rendu par le médecin du travail, prévu par l'article L. 4624-4 et à la contestation prévue par l'article L. 4624-7 ;

« 6° Au dossier médical en santé au travail prévu à l'article L. 4624-8. »

Dans les services de santé au travail, les établissements de santé, sociaux et médicosociaux, les dispositions prévues par les articles R. 4623-1 à R. 4626-19, R. 4626-21, R. 4626-25 à D. 4626-32 sont applicables.

Dans les professions agricoles, les dispositions des articles R. 717-3 à R. 717-12, R. 717-15 à R. 717-30 du code rural et de la pêche maritime sont applicables.

Art. R. 1262-10 Le salarié détaché bénéficie des prestations d'un service de santé au travail, sauf si l'employeur, établi dans un État membre de l'Union européenne, partie à l'accord sur l'Espace économique européen ou dans la Confédération helvétique, prouve que ce salarié est soumis à une surveillance équivalente dans son pays d'origine. — [Anc. art. R. 342-4, al. 2.]

Art. R. 1262-11 Dans les cas prévus aux 1° et 2° de l'article L. 1262-1 et à l'article L. 1262-2, l'entreprise utilisatrice ou le donneur d'ordre prend en charge l'organisa-

Art. R. 1262-12 Dans le cas prévu au 3° de l'article L. 1262-1 et lorsque l'entreprise étrangère intervient pour le compte d'un particulier, celle-ci adhère au service de santé au travail interentreprises territorialement et professionnellement compétent. — *[Anc. art. R. 342-4, al. 4.]*

Art. R. 1262-13 (*Décr. n° 2016-1908 du 27 déc. 2016, art. 4*) A défaut d'un suivi de l'état de santé équivalent dans leur État d'origine :
1° Pour les travailleurs bénéficiant de l'examen médical d'aptitude à l'embauche prévu à l'article R. 4624-24 du présent code, celui-ci est réalisé avant l'affectation sur le poste ;
2° Pour les travailleurs bénéficiant d'une visite d'information et de prévention prévue à l'article R. 4624-10 du présent code, celle-ci est réalisée dans un délai qui n'excède pas trois mois après l'arrivée dans l'entreprise.

Art. R. 1262-14 (*Décr. n° 2016-1908 du 27 déc. 2016, art. 4*) « L'entreprise étrangère bénéficie de l'action du médecin du travail et des autres membres de l'équipe pluridisciplinaire de santé au travail sur le milieu de travail ainsi que des dispositions relatives à la fiche d'entreprise prévue aux articles R. 4624-46 à R. 4624-50. »
Dans le cas prévu au 3° de l'article L. 1262-1 et lorsque l'entreprise intervient pour le compte d'un particulier, cette action n'a lieu que sur demande de l'entreprise étrangère.

Art. R. 1262-15 Dans les cas prévus aux 1° et 2° de l'article L. 1262-1 et à l'article L. 1262-2, les documents et informations transmis à l'employeur le sont également à l'entreprise utilisatrice ou au donneur d'ordre. — *[Anc. art. R. 342-4, al. 7.]*

SECTION 6 Travail temporaire

Art. R. 1262-16 (*Décr. n° 2020-916 du 28 juill. 2020, art. 1er, en vigueur le 30 juill. 2020*) Les salariés détachés mis à disposition d'une entreprise utilisatrice établie en France bénéficient des stipulations des conventions et accords applicables au lieu de travail et aux salariés employés par cette entreprise utilisatrice dans les matières mentionnées à l'article L. 1251-21, et en matière de rémunération conformément à l'article L. 1251-18.

Art. R. 1262-17 Pour l'application de l'obligation de garantie financière prévue aux articles L. 1251-49 et L. 1251-50 (*Décr. n° 2009-289 du 13 mars 2009*) « , alinéas 2 et 3 » à L. 1251-53 aux entreprises de travail temporaire qui détachent un salarié en France, la garantie assure le paiement aux salariés détachés, pendant toute la période de leur travail sur le territoire français, des salaires et de leurs accessoires, ainsi que des indemnités résultant du chapitre I du titre V. — *[Anc. art. R. 342-9, al. 2.]*

Art. R. 1262-18 Les garanties souscrites dans leur pays d'origine par les entreprises établies dans un État membre de l'Union européenne, partie à l'accord sur l'Espace économique européen ou dans la Confédération helvétique peuvent être regardées comme équivalentes à la garantie financière prévue à l'article R. 1262-17 si elles assurent la même protection aux salariés concernés. — *[Anc. art. R. 342-9, al. 3.]*

SECTION 7 Détachement de plus de douze mois

(*Décr. n° 2020-916 du 28 juill. 2020, art. 1er, en vigueur le 30 juill. 2020*)

Art. R. 1262-18-1 Pour l'application du dernier alinéa du II de l'article L. 1262-4, l'employeur complète, pour chaque salarié détaché concerné, la déclaration de détachement prévue au I de l'article L. 1262-2-1, en utilisant le télé-service "SIPSI", avec les éléments suivants :
1° La durée de la prorogation de l'application des règles relevant des matières énumérées au I de l'article L. 1262-4 pour une durée d'au plus six mois supplémentaires ;
2° Le motif de la prorogation.

Ces dispositions ne s'appliquent pas aux salariés roulants des entreprises de transport routier mentionnés à l'art. L. 1321-1 C. transp. qui restent régis par les dispositions du C. trav. dans leur rédaction antérieure au Décr. n° 2020-916 du 28 juill. 2020 (Décr. préc., art. 6).

Art. R. 1262-19

SECTION 8 **Dispositions diverses**

(Décr. n° 2015-364 du 30 mars 2015, art. 12-II)

Art. R. 1262-19 Les dispositions des articles R. 4231-1 à R. 4231-4, R. 8281-1 à R. 8281-4 et R. 8282-1 sont applicables aux salariés détachés en France.

CHAPITRE III **CONTRÔLE**

SECTION 1 **Dispositions communes**

Art. R. 1263-1 *(Décr. n° 2015-364 du 30 mars 2015, art. 1er)* I. — L'employeur établi hors de France conserve sur le lieu de travail du salarié détaché sur le territoire national ou, en cas d'impossibilité matérielle, dans tout autre lieu accessible à son représentant désigné en application de l'article L. **1262-2-1** et présente *(Décr. n° 2015-1327 du 21 oct. 2015, art. 2)* « sans délai », à la demande de l'inspection du travail du lieu où est accomplie la prestation, les documents mentionnés au présent article.

II. — Les documents requis aux fins de vérifier les informations relatives aux salariés détachés sont les suivants :
(Décr. n° 2023-185 du 17 mars 2023, en vigueur le 30 mars 2023) « 1° Lorsqu'il fait l'objet d'un écrit, le contrat de travail ou tout document équivalent attestant notamment du lieu de recrutement du salarié ; »

2° Le cas échéant, l'autorisation de travail permettant au ressortissant d'un État tiers d'exercer une activité salariée ;

3° Le cas échéant, le document attestant d'un examen médical dans le pays d'origine équivalent à celui prévu à l'article R. **1262-13** ;

4° Lorsque la durée du détachement est supérieure ou égale à un mois, les bulletins de paie de chaque salarié détaché ou tout document équivalent attestant de la rémunération et comportant les mentions suivantes :
(Décr. n° 2020-916 du 28 juill. 2020, art. 2, en vigueur le 30 juill. 2020) « a) Rémunération brute ; »

b) Période et horaires de travail auxquels se rapporte le salaire en distinguant les heures payées au taux normal et celles comportant une majoration ;

c) Congés et jours fériés, et éléments de rémunération s'y rapportant ;

d) Conditions d'assujettissement aux caisses de congés et intempéries, le cas échéant ;

e) S'il y a lieu, l'intitulé de la convention collective de branche applicable au salarié ;

5° Lorsque la durée du détachement est inférieure à un mois, tout document apportant la preuve du respect de la rémunération minimale ;

6° Tout document attestant du paiement effectif *(Décr. n° 2020-916 du 28 juill. 2020, art. 2, en vigueur le 30 juill. 2020)* « de la rémunération » ;

7° Un relevé d'heures indiquant le début, la fin et la durée du temps de travail journalier de chaque salarié.

(Décr. n° 2023-185 du 17 mars 2023, en vigueur le 30 mars 2023) « III. — Dans le cas où l'entreprise est établie en dehors de l'Union européenne, l'employeur tient à la disposition de l'inspection du travail le document attestant de la régularité de sa situation sociale au regard d'une convention internationale de sécurité sociale ou, à défaut, l'attestation de fourniture de déclaration sociale émanant de l'organisme français de protection sociale chargé du recouvrement des cotisations sociales lui incombant et datant de moins de six mois. »

Les dispositions issues du Décr. n° 2020-916 du 22 juill. 2020 ne s'appliquent pas aux salariés roulants des entreprises de transport routier mentionnés à l'art. L. 1321-1 C. transp. qui restent régis par les dispositions du C. trav. dans leur rédaction antérieure à ce Décr. (Décr. préc., art. 6).

Les dispositions du Décr. n° 2023-185 du 17 mars 2023 entrent en vigueur le 30 mars 2023 (Arr. du 28 mars 2023, NOR : MTRT2308349A, JO 30 mars).

Art. R. 1263-1-1 *(Décr. n° 2019-555 du 4 juin 2019, art. 1er)* I. — Par dérogation aux dispositions du I de l'article R. **1263-1**, l'employeur établi hors de France et qui détache un ou plusieurs salariés dans les conditions et pour les activités prévues à l'article L. **1262-6** dispose d'un délai, qui ne peut être supérieur à quinze jours, pour présenter les documents énumérés à l'article R. **1263-1**.

SALARIÉS DÉTACHÉS **Art. R. 1263-3**

II. — L'employeur établi hors de France et qui détache un ou plusieurs salariés dans les conditions prévues au 3° de l'article L. 1262-1 conserve sur le lieu de travail du salarié détaché sur le territoire national et présente sans délai les documents énumérés à l'article R. 1263-1, à l'exception de ceux *(Décr. n° 2023-185 du 17 mars 2023, en vigueur le 30 mars 2023)* « mentionnés au 3° du II » et au III, pour lesquels il dispose d'un délai, qui ne peut être supérieur à quinze jours.

V. note ss. art. R. 1263-1.

Art. R. 1263-2 Les documents mentionnés à l'article R. 1263-1 sont traduits en langue française.

Pour les entreprises qui ne sont pas établies dans un État membre de l'Union européenne dont la monnaie est l'euro, les sommes sont converties en euros. — *[Anc. art. R. 342-7, al. 7.]*

Art. R. 1263-2-1 *(Décr. n° 2015-364 du 30 mars 2015, art. 1er)* Le représentant de l'entreprise sur le territoire national mentionné au II de l'article L. **1262-2-1** accomplit au nom de l'employeur les obligations qui lui incombent en application de l'article R. **1263-1**.

(Décr. n° 2019-555 du 4 juin 2019, art. 1er, en vigueur le 1er juill. 2019) « La désignation de ce représentant est effectuée dans la déclaration de détachement prévue au I de l'article L. 1262-2-1. Elle couvre l'intégralité de la période pendant laquelle les salariés sont détachés en France. »

SECTION 2 Déclaration de détachement

Art. R. 1263-3 L'employeur qui détache un ou plusieurs salariés, dans les conditions prévues au 1° de l'article L. 1262-1, adresse une déclaration comportant les éléments suivants :

(Décr. n° 2015-364 du 30 mars 2015, art. 2) « 1° Le nom ou la raison sociale ainsi que les adresses postale et électronique, les coordonnées téléphoniques de l'entreprise ou de l'établissement qui emploie habituellement le ou les salariés, la forme juridique de l'entreprise, *(Décr. n° 2017-825 du 5 mai 2017, art. 8-I)* « son numéro individuel d'identification fiscale au titre de l'assujettissement à la taxe sur la valeur ajoutée ou, à défaut de détenir un tel numéro, » les références de son immatriculation à un registre professionnel ou toutes autres références équivalentes, les nom, prénoms, date et lieu de naissance du ou des dirigeants ;

« 2° L'adresse du ou des lieux successifs où doit s'accomplir la prestation, la date du début de la prestation et sa date de fin prévisible, l'activité principale exercée dans le cadre de la prestation, *(Abrogé par Décr. n° 2023-185 du 17 mars 2023, à compter du 30 mars 2023)* « *la nature du matériel ou des procédés de travail dangereux utilisés,* » *(Décr. n° 2019-555 du 4 juin 2019, art. 1er, en vigueur le 1er juill. 2019)* « le nom et l'adresse du donneur d'ordre ainsi que, le cas échéant, son numéro individuel d'identification fiscale au titre de l'assujettissement à la taxe sur la valeur ajoutée » ;

« 3° Les nom, prénoms, *(Décr. n° 2019-555 du 4 juin 2019, art. 1er, en vigueur le 1er juill. 2019)* « sexe, » date et lieu de naissance, adresse de résidence habituelle et nationalité de chacun des salariés détachés, *(Abrogé par Décr. n° 2023-185 du 17 mars 2023, à compter du 30 mars 2023)* « *la date de signature de son contrat de travail,* » sa qualification professionnelle, l'emploi qu'il occupe durant le détachement ainsi que *(Décr. n° 2019-555 du 4 juin 2019, art. 1er, en vigueur le 1er juill. 2019)* « le taux horaire de rémunération appliqué pendant la durée du détachement en France », converti le cas échéant en euros, la date du début du détachement et sa date de fin prévisible ; »

(Abrogé par Décr. n° 2023-185 du 17 mars 2023, à compter du 30 mars 2023) « *4° Les heures auxquelles commence et finit le travail ainsi que les heures et la durée des repos des salariés détachés conformément aux dispositions des articles L. 3171-1, premier et deuxième alinéas, et L. 3171-2 ;* »

(Décr. n° 2015-364 du 30 mars 2015, art. 2) « 4° Le cas échéant, l'adresse du ou des lieux d'hébergement collectif successifs des salariés ;

(Abrogé par Décr. n° 2023-185 du 17 mars 2023, à compter du 30 mars 2023) « *6° Les modalités de prise en charge par l'employeur des frais de voyage, de nourriture et, le cas échéant, d'hébergement ;* »

(Décr. n° 2017-825 du 5 mai 2017, art. 8-I) « 5° L'État auquel est attachée la législation de sécurité sociale dont relève chacun des salariés détachés au titre de l'activité qu'il réalise en France et, s'il s'agit d'un État autre que la France, la mention de la demande d'un formulaire concernant la législation de sécurité sociale applicable à l'institution compétente ; »

(Décr. n° 2019-555 du 4 juin 2019, art. 1ᵉʳ, en vigueur le 1ᵉʳ juill. 2019) « 6° La désignation de son représentant pendant la durée de la prestation en France, les coordonnées électroniques et téléphoniques de ce représentant, le lieu de conservation des documents mentionnés à l'article R. 1263-1 sur le territoire national ou les modalités permettant d'y avoir accès et de les consulter depuis le territoire national, *(Décr. n° 2020-916 du 28 juill. 2020, art. 2, en vigueur le 30 juill. 2020)* « , ainsi que le numéro de SIRET lorsque le représentant désigné n'est ni le dirigeant présent pendant la prestation, ni l'un des salariés détachés, ni le client de la prestation ». »

La déclaration de détachement doit être établie conformément à l'un des modèles accessibles sur le site SIPSI (https://www.sipsi.travail.gouv.fr/). Elle est transmise de manière dématérialisée par ce même téléservice.

V. Arr. du 20 nov. 2017 relatif aux modèles de déclaration et d'attestation de détachement (JO 17 déc.), mod. par Arr. du 30 nov. 2022, NOR : MTRT2222805A (JO 7 déc.).

Les dispositions issues du Décr. n° 2023-185 du 17 mars 2023 entrent en vigueur le 30 mars 2023 (Arr. du 28 mars 2023, NOR : MTRT2308349A, JO 30 mars).

Art. R. 1263-4 Les employeurs qui détachent un ou plusieurs salariés, dans les conditions prévues au 2° de l'article L. 1262-1, adressent une déclaration comportant les éléments suivants :

(Décr. n° 2015-364 du 30 mars 2015, art. 2-2°) « 1° Le nom ou la raison sociale ainsi que les adresses postale et électronique, les coordonnées téléphoniques de l'entreprise ou de l'établissement qui emploie habituellement le ou les salariés, la forme juridique de l'entreprise, *(Décr. n° 2017-825 du 5 mai 2017, art. 8-II)* « son numéro individuel d'identification fiscale au titre de l'assujettissement à la taxe sur la valeur ajoutée ou, à défaut de détenir un tel numéro, » les références de son immatriculation à un registre professionnel ou toutes autres références équivalentes, les nom, prénoms, date et lieu de naissance du ou des dirigeants ;

« 2° L'adresse du ou des lieux successifs où doit s'accomplir la prestation, la date du début de la prestation et sa date de fin prévisible, la nature des services accomplis pendant le détachement *(Abrogé par Décr. n° 2023-185 du 17 mars 2023, à compter du 30 mars 2023)* « et la nature du matériel ou des procédés de travail dangereux utilisés » ainsi que *(Décr. n° 2019-555 du 4 juin 2019, art. 1ᵉʳ, en vigueur le 1ᵉʳ juill. 2019)* « , le cas échéant, le numéro individuel d'identification fiscale au titre de l'assujettissement à la taxe sur la valeur ajoutée » de l'entreprise ou de l'établissement d'accueil ;

« 3° Les nom, prénom, *(Décr. n° 2019-555 du 4 juin 2019, art. 1ᵉʳ, en vigueur le 1ᵉʳ juill. 2019)* « sexe, » date et lieu de naissance, adresse de résidence habituelle et nationalité du salarié détaché, *(Abrogé par Décr. n° 2023-185 du 17 mars 2023, à compter du 30 mars 2023)* « la date de signature de son contrat de travail, » sa qualification professionnelle, l'emploi qu'il occupe durant le détachement ainsi que *(Décr. n° 2019-555 du 4 juin 2019, art. 1ᵉʳ, en vigueur le 1ᵉʳ juill. 2019)* « le taux horaire de rémunération appliqué pendant la durée du détachement en France », converti le cas échéant en euros, la date du début du détachement et sa date de fin prévisible ;

(Abrogé par Décr. n° 2023-185 du 17 mars 2023, à compter du 30 mars 2023) « 4° Les heures auxquelles commence et finit le travail ainsi que les heures et la durée des repos des salariés détachés conformément aux dispositions des premier et deuxième alinéas de l'article L. 3171-1 et de l'article L. 3171-2 ; »

« 4° Le cas échéant, l'adresse du ou des lieux d'hébergement collectif successifs des salariés ;

(Abrogé par Décr. n° 2023-185 du 17 mars 2023, à compter du 30 mars 2023) « 6° Les modalités de prise en charge par l'employeur des frais de voyage, de nourriture et, le cas échéant, d'hébergement ; »

(Décr. n° 2017-825 du 5 mai 2017, art. 8-II) « 5° L'État auquel est attachée la législation de sécurité sociale dont relève chacun des salariés détachés au titre de l'activité qu'il réalise en France et, s'il s'agit d'un État autre que la France, la mention de la

demande d'un formulaire concernant la législation de sécurité sociale applicable à l'institution compétente ; »

(*Décr. n° 2019-555 du 4 juin 2019, art. 1er, en vigueur le 1er juill. 2019*) « 6° La désignation de leur représentant pendant la durée de la prestation en France, les coordonnées électroniques et téléphoniques de ce représentant, le lieu de conservation des documents mentionnés à l'article R. 1263-1 sur le territoire national ou les modalités permettant d'y avoir accès et de les consulter depuis le territoire national, (*Décr. n° 2020-916 du 28 juill. 2020, art. 2, en vigueur le 30 juill. 2020*) « , ainsi que le numéro de SIRET lorsque le représentant désigné n'est ni le dirigeant présent pendant la prestation, ni l'un des salariés détachés, ni le client de la prestation ». »

Les dispositions issues du Décr. n° 2023-185 du 17 mars 2023 entrent en vigueur le 30 mars 2023 (Arr. du 28 mars 2023, NOR : MTRT2308349A, JO 30 mars).

Art. R. 1263-4-1 (*Décr. n° 2015-364 du 30 mars 2015, art. 2-3°*) La déclaration de détachement prévue aux articles R. 1263-3 et R. 1263-4 est adressée (*Décr. n° 2016-1044 du 29 juill. 2016, art. 7*) « , en utilisant le télé-service "SIPSI", » à l'unité départementale mentionnée à l'article R. 8122-2 dans le ressort de laquelle s'effectue la prestation. Lorsque la prestation est exécutée dans d'autres lieux, la déclaration de détachement est adressée (*Décr. n° 2016-1044 du 29 juill. 2016, art. 7*) « , en utilisant le télé-service "SIPSI", » à l'unité départementale dans le ressort de laquelle se situe le premier lieu d'exécution de la prestation.

Pour l'application à Mayotte de cet art., V. art. R. 1524-7.

Art. R. 1263-5 (*Décr. n° 2015-364 du 30 mars 2015, art. 2*) « La déclaration de détachement prévue aux articles R. 1263-3 et R. 1263-4, dont le modèle est fixé par arrêté du ministre chargé du travail, est accomplie en langue française avant le début du détachement, » (*Décr. n° 2016-1044 du 29 juill. 2016, art. 7*) « en utilisant le téléservice "SIPSI" du ministère chargé du travail (sipsi.travail.gouv.fr) ».

Elle se substitue à l'ensemble des obligations de déclaration prévues par le présent code, hormis celles prévues au présent chapitre.

(*Décr. n° 2020-916 du 28 juill. 2020, art. 2, en vigueur le 30 juill. 2020*) « En utilisant le téléservice "SIPSI", l'employeur annule la déclaration de détachement mentionnée au premier alinéa en cas d'annulation du détachement et il la modifie en cas de changement des dates de détachement initialement prévues. »

SECTION 3 Déclaration spécifique aux entreprises de travail temporaire

Art. R. 1263-6 Les entreprises de travail temporaire qui détachent un salarié sur le territoire français, dans les conditions prévues à l'article L. 1262-2, adressent une déclaration comportant les mentions suivantes :

(*Décr. n° 2017-825 du 5 mai 2017, art. 8-III*) « 1° Le nom ou la raison sociale et les adresses postale et électronique, les coordonnées téléphoniques de l'entreprise de travail temporaire, la forme juridique de l'entreprise, son numéro individuel d'identification fiscale au titre de l'assujettissement à la taxe sur la valeur ajoutée ou, à défaut de détenir un tel numéro, les références de son immatriculation à un registre professionnel ou toutes autres références équivalentes, l'identité du ou des dirigeants ; »

2° L'identité de l'organisme auprès duquel a été obtenue une garantie financière ou une garantie équivalente dans le pays d'origine ;

(*Décr. n° 2019-555 du 4 juin 2019, art. 1er, en vigueur le 1er juill. 2019*) « 3° La désignation de leur représentant par l'employeur pendant la durée de la prestation en France, les coordonnées électroniques et téléphoniques de ce représentant, le lieu de conservation des documents mentionnés à l'article R. 1263-1 sur le territoire national ou les modalités permettant d'y avoir accès et de les consulter depuis le territoire national, (*Décr. n° 2020-916 du 28 juill. 2020, art. 2, en vigueur le 30 juill. 2020*) « , ainsi que le numéro de SIRET lorsque le représentant désigné n'est ni le dirigeant présent pendant la prestation, ni l'un des salariés détachés, ni le client de la prestation » ; »

(*Décr. n° 2015-364 du 30 mars 2015, art. 3*) « 4° Les nom, prénoms, (*Décr. n° 2019-555 du 4 juin 2019, art. 1er, en vigueur le 1er juill. 2019*) « sexe, » date et lieu de naissance, adresse de résidence habituelle et nationalité de chacun des salariés mis à disposition, les dates prévisibles du début et de la fin de sa mission, sa qualification professionnelle, l'emploi qu'il occupe durant le détachement, *(Décr. n° 2019-555 du 4 juin 2019, art. 1er, en vigueur le 1er juill. 2019)* « le taux horaire de rémunération appliqué pendant la durée du détachement en France », converti le cas échéant en euros, l'adresse du ou des lieux successifs où s'effectue sa mission *(Abrogé par Décr. n° 2023-185 du 17 mars 2023, à compter du 30 mars 2023)* « *, la nature du matériel ou des procédés de travail dangereux utilisés* » ;

(Décr. n° 2017-825 du 5 mai 2017, art. 8-III) « 5° Le nom ou la raison sociale et les adresses postale et électronique, les coordonnées téléphoniques ainsi que *(Décr. n° 2019-555 du 4 juin 2019, art. 1er, en vigueur le 1er juill. 2019)* « , le cas échéant, le » numéro individuel d'identification fiscale au titre de l'assujettissement à la taxe sur la valeur ajoutée » *(Décr. n° 2019-555 du 4 juin 2019, art. 1er, en vigueur le 1er juill. 2019)* « de l'entreprise utilisatrice » ;

(Abrogé par Décr. n° 2023-185 du 17 mars 2023, à compter du 30 mars 2023) « *6° Les heures auxquelles commence et finit le travail ainsi que les heures et la durée des repos des salariés détachés conformément aux dispositions des articles L. 3171-1, premier et deuxième alinéas, et L. 3171-2* ; »

« 6° Le cas échéant, l'adresse du ou des lieux d'hébergement collectif successifs des salariés ;

(Abrogé par Décr. n° 2023-185 du 17 mars 2023, à compter du 30 mars 2023) « *8° Les modalités de prise en charge par l'employeur des frais de voyage, de nourriture et, le cas échéant, d'hébergement* ; »

(Décr. n° 2017-825 du 5 mai 2017, art. 8-III) « 7° L'État auquel est attachée la législation de sécurité sociale dont relève chacun des salariés mis à disposition au titre de l'activité qu'il réalise en France et, s'il s'agit d'un État autre que la France, la mention de la demande d'un formulaire concernant la législation de sécurité sociale applicable à l'institution compétente. »

V. notes ss. art. R. 1263-3.

Art. R. 1263-6-1 *(Décr. n° 2015-364 du 30 mars 2015, art. 3)* La déclaration de détachement prévue à l'article R. 1263-6, dont le modèle est fixé par arrêté du ministre chargé du travail, est adressée *(Décr. n° 2016-1044 du 29 juill. 2016, art. 7)* « , en utilisant le télé-service "SIPSI", » à l'unité départementale mentionnée à l'article R. 8122-2 dans le ressort de laquelle s'effectue la prestation. Lorsque la prestation est exécutée dans d'autres lieux, la déclaration de détachement est adressée *(Décr. n° 2016-1044 du 29 juill. 2016, art. 7)* « , en utilisant le télé-service "SIPSI", » à l'unité départementale dans le ressort de laquelle se situe le premier lieu d'exécution de la prestation.

Pour l'application à Mayotte de cet art., V. art. R. 1524-8.

Art. R. 1263-7 *(Décr. n° 2015-364 du 30 mars 2015, art. 3)* « La déclaration prévue à l'article R. 1263-6, dont le modèle est fixé par arrêté du ministre chargé du travail, est accomplie en langue française avant la mise à disposition du salarié, » *(Décr. n° 2016-1044 du 29 juill. 2016, art. 7)* « en utilisant le télé-service "SIPSI" du ministère chargé du travail (sipsi.travail.gouv.fr) ».

Elle se substitue aux obligations résultant des articles L. 1251-45 et L. 1251-46 ainsi qu'à l'ensemble des obligations de déclaration prévues par le code du travail hormis celles prévues au présent chapitre.

(Décr. n° 2020-916 du 28 juill. 2020, art. 2, en vigueur le 30 juill. 2020) « En utilisant le téléservice "SIPSI", l'employeur annule la déclaration de détachement mentionnée au premier alinéa en cas d'annulation du détachement et il la modifie en cas de changement des dates de détachement initialement prévues. »

Art. R. 1263-8 Outre les documents mentionnés aux articles R. 1263-1 et R. 1263-2, les entreprises de travail temporaire présentent à la demande de l'inspection du travail, un document attestant de l'obtention d'une garantie financière ou la preuve du respect des dispositions de garantie équivalente dans le pays d'origine ainsi que les documents comportant les mentions figurant aux articles L. 1251-16 et L. 1251-43. — [*Anc. art. R. 342-11, al. 1er.*] — *V. art. R. 1264-3 (pén.).*

SALARIÉS DÉTACHÉS **Art. R. 1263-11-2** 1871

Art. R. 1263-8-1 (*Abrogé par Décr. n° 2022-1346 du 21 oct. 2022, art. 2, à compter du 1ᵉʳ janv. 2023*) (*Décr. n° 2017-825 du 5 mai 2017, art. 4*) *La déclaration mentionnée au IV de l'article L. 1262-2-1 précise le nom, la raison sociale, l'adresse postale et électronique, les coordonnées téléphoniques du siège social, ainsi que l'identité du représentant légal de l'entreprise de travail temporaire.*
Elle précise également le nom, prénom, et qualification professionnelle des travailleurs intérimaires.
La déclaration datée et signée par l'entreprise utilisatrice des salariés intérimaires est transmise par tout moyen permettant de conférer date certaine à cet envoi, avant le début du détachement, à l'unité départementale mentionnée à l'article R. 8122-2 dans le ressort de laquelle s'effectue la prestation. Elle précise également le nom, la raison sociale ainsi que l'adresse postale et électronique et les coordonnées téléphoniques de l'entreprise utilisatrice. Lorsque la prestation est exécutée en partie dans d'autres lieux, cette déclaration est adressée à l'unité départementale dans le ressort de laquelle se situe le premier lieu d'exécution de la prestation.

Art. R. 1263-9 Les documents (*Décr. n° 2015-364 du 30 mars 2015, art. 4*) « mentionnés à l'article R. 1263-8 » sont traduits en langue française.
Pour les entreprises qui ne sont pas établies dans un État membre de l'Union européenne dont la monnaie est l'euro, les sommes sont converties en euros.

SECTION 4 **Surveillance et contrôle du travail détaché**

Art. R. 1263-10 La surveillance et le contrôle des conditions de travail et d'emploi définies au présent titre et la coopération avec les administrations des autres États membres sont assurés par (*Décr. n° 2015-364 du 30 mars 2015, art. 5*) « le bureau de liaison de la direction générale du travail mentionnée à l'article R. 8121-14. »
Ce bureau de liaison répond aux demandes d'information des administrations étrangères et leur communique les informations lorsqu'il a connaissance de faits relatifs à d'éventuels manquements de l'entreprise aux obligations résultant du présent titre.

Art. R. 1263-11 Les agents de contrôle mentionnés au livre premier de la partie VIII peuvent communiquer à leurs homologues étrangers, directement ou par l'intermédiaire du bureau de liaison, tout renseignement et document nécessaires à la surveillance et au contrôle des conditions de travail et d'emploi des salariés détachés. — [*Anc. art. R. 342-14, al. 2.*]

Art. R. 1263-11-1 (*Décr. n° 2015-1579 du 3 déc. 2015, art. 1ᵉʳ*) L'agent de contrôle de l'inspection du travail mentionné aux articles L. 8112-1 ou L. 8112-5 qui constate l'un des manquements mentionnés à l'article L. 1263-3 enjoint par écrit à l'employeur établi hors de France qui détache des salariés sur le territoire national de faire cesser ce manquement dans un délai de trois jours, à compter de la réception de l'injonction. Ce délai peut être réduit en cas de circonstances exceptionnelles, sans qu'il puisse être inférieur à un jour.
L'injonction est adressée (*Décr. n° 2019-555 du 4 juin 2019, art. 1ᵉʳ*) « à l'employeur ou, le cas échéant, » au représentant de l'employeur mentionné au II de l'article L. 1262-2-1.
(*Abrogé par Décr. n° 2020-916 du 28 juill. 2020, art. 2, à compter du 30 juill. 2020*) (*Décr. n° 2019-555 du 4 juin 2019, art. 1ᵉʳ*) « II. — Lorsque l'employeur établi hors de France adresse la déclaration mentionnée au I de l'article L. 1262-2-1 ou manifeste l'intention de détacher un ou plusieurs salariés sur le territoire national, l'agent de contrôle de l'inspection du travail compétent qui constate le manquement mentionné à l'article L. 1263-4-2 lui enjoint par écrit de faire cesser immédiatement le manquement en procédant au paiement des sommes dues, à compter de la réception de l'injonction. »

Art. R. 1263-11-2 (*Décr. n° 2017-825 du 5 mai 2017, art. 5-I*) « A défaut de régularisation de l'un des manquements mentionnés (*Décr. n° 2020-916 du 28 juill. 2020, art. 1ᵉʳ*) « à l'article L. 1263-3 » dans le délai fixé en application des dispositions de l'article R. 1263-11-1, ou en cas de défaut de réception de la déclaration de détachement mentionnée à l'article L. 1263-4-1, » (*Décr. n° 2015-1579 du 3 déc. 2015, art. 1ᵉʳ*) l'agent de contrôle de l'inspection du travail transmet au (*Décr. n° 2020-1545 du 9 déc.*

2020, art. 28-X) « directeur régional de l'économie, de l'emploi, du travail et des solidarités » un rapport relatif au manquement constaté.

Art. R. 1263-11-3 (Décr. n° 2015-1579 du 3 déc. 2015, art. 1ᵉʳ) Avant de prononcer une suspension temporaire de la prestation de services (Décr. n° 2017-825 du 5 mai 2017, art. 5-II) « en application de l'article L. 1263-4 ou de l'article L. 1263-4-1 » (Abrogé par Décr. n° 2020-916 du 28 juill. 2020, art. 1ᵉʳ, à compter du 30 juill. 2020) (Décr. n° 2019-555 du 4 juin 2019, art. 1ᵉʳ) « , ou une interdiction temporaire de la prestation de services en application de l'article L. 1263-4-2 », le (Décr. n° 2020-1545 du 9 déc. 2020, art. 28-X) « directeur régional de l'économie, de l'emploi, du travail et des solidarités » invite (Décr. n° 2019-555 du 4 juin 2019, art. 1ᵉʳ) « l'employeur ou son représentant » à présenter ses observations dans un délai de trois jours à compter de la réception de cette invitation. Ce délai peut être réduit dans les cas de circonstances exceptionnelles, sans qu'il puisse être inférieur à un jour.

A l'expiration du délai fixé et au vu des observations éventuelles de l'intéressé, il peut, eu égard à la répétition ou à la gravité des faits constatés, lui notifier une décision motivée de suspension temporaire (Abrogé par Décr. n° 2020-916 du 28 juill. 2020, art. 1ᵉʳ, à compter du 30 juill. 2020) (Décr. n° 2019-555 du 4 juin 2019, art. 1ᵉʳ) « ou d'interdiction temporaire ». Cette décision indique la durée de la suspension temporaire de la prestation de services, qui ne peut excéder un mois (Abrogé par Décr. n° 2020-916 du 28 juill. 2020, art. 1ᵉʳ, à compter du 30 juill. 2020) (Décr. n° 2019-555 du 4 juin 2019, art. 1ᵉʳ) « , ou de l'interdiction temporaire de la prestation de services, qui ne peut excéder deux mois », ainsi que les voies et délais de recours.

Art. R. 1263-11-3-1 (Décr. n° 2020-916 du 28 juill. 2020, art. 2, en vigueur le 30 juill. 2020) I. – Lorsque l'agent de contrôle de l'inspection du travail, ou l'agent de contrôle assimilé mentionné au dernier alinéa de l'article L. 8112-1, constate le manquement mentionné à l'article L. 1263-4-2, il transmet un rapport motivé au (Décr. n° 2020-1545 du 9 déc. 2020, art. 28-X) « directeur régional de l'économie, de l'emploi, du travail et des solidarités ».

II. – Ce dernier enjoint par écrit à l'employeur de faire cesser immédiatement le manquement en procédant au paiement des sommes dues, dès réception de l'injonction, et l'invite directement, ou par son représentant, à présenter ses observations dans un délai de trois jours à compter de la réception de cette invitation. Ce délai peut être réduit dans les cas de circonstances exceptionnelles, sans qu'il puisse être inférieur à un jour.

III. – A l'expiration du délai fixé au II et au vu des observations éventuelles de l'intéressé, le (Décr. n° 2020-1545 du 9 déc. 2020, art. 28-X) « directeur régional de l'économie, de l'emploi, du travail et des solidarités » peut lui notifier une décision motivée d'interdiction temporaire de la prestation de services. Cette décision indique la durée de l'interdiction temporaire de la prestation qui ne peut excéder deux mois, ainsi que les voies et délais de recours. Elle informe du renouvellement de cette décision, par décision expresse, à défaut de transmission par l'employeur de l'attestation du paiement de l'amende avant la fin du délai de l'interdiction.

Art. R. 1263-11-4 (Décr. n° 2015-1579 du 3 déc. 2015, art. 1ᵉʳ) Le (Décr. n° 2020-1545 du 9 déc. 2020, art. 28-X) « directeur régional de l'économie, de l'emploi, du travail et des solidarités » informe sans délai le préfet du département dans lequel est situé l'établissement, ou, à Paris le préfet de police, de sa décision de suspension temporaire (Décr. n° 2019-555 du 4 juin 2019, art. 1ᵉʳ) « ou d'interdiction temporaire » de la réalisation de la prestation de services.

Il en informe sans délai le maître d'ouvrage ou le donneur d'ordre cocontractant du prestataire.

Art. R. 1263-11-5 (Décr. n° 2015-1579 du 3 déc. 2015, art. 1ᵉʳ) Lorsque la prestation de services porte sur des travaux réalisés sur un chantier de bâtiment ou de travaux publics, la décision du (Décr. n° 2020-1545 du 9 déc. 2020, art. 28-X) « directeur régional de l'économie, de l'emploi, du travail et des solidarités » est notifiée simultanément au maître d'ouvrage ainsi qu'au responsable du chantier. Le maître d'ouvrage prend les mesures permettant de prévenir tout risque pour la santé ou la sécurité des travailleurs présents sur le site concerné ainsi que des usagers ou des tiers, qui résulterait de la suspension temporaire *(Décr. n° 2019-555 du 4 juin 2019, art. 1ᵉʳ)* « ou de l'interdiction temporaire » de la prestation de services.

La décision *(Décr. n° 2020-1545 du 9 déc. 2020, art. 28-X)* « directeur régional de l'économie, de l'emploi, du travail et des solidarités » est portée à la connaissance du public par voie d'affichage sur les lieux du chantier.

Art. R. 1263-11-6 *(Décr. n° 2015-1579 du 3 déc. 2015, art. 1ᵉʳ)* Le *(Décr. n° 2020-1545 du 9 déc. 2020, art. 28-X)* « directeur régional de l'économie, de l'emploi, du travail et des solidarités » met fin à la mesure de suspension temporaire *(Décr. n° 2019-555 du 4 juin 2019, art. 1ᵉʳ)* « ou d'interdiction temporaire » de la réalisation d'une prestation de services au vu des justificatifs de régularisation fournis par le représentant de l'employeur *(Décr. n° 2019-555 du 4 juin 2019, art. 1ᵉʳ)* « ou, à défaut, dans les cas prévus au 3° de l'article L. 1262-1 et pour les activités mentionnées à l'article L. 1262-6, par l'employeur » *(Décr. n° 2017-825 du 5 mai 2017, art. 5-III)* « , ou par le maître d'ouvrage ou le donneur d'ordre cocontractant du prestataire ».

Il informe sans délai de sa décision *(Décr. n° 2019-555 du 4 juin 2019, art. 1ᵉʳ)* « l'employeur ou son représentant », le maître d'ouvrage ou le donneur d'ordre cocontractant du prestataire ainsi que le préfet compétent.

Art. R. 1263-11-7 *(Décr. n° 2015-1579 du 3 déc. 2015, art. 1ᵉʳ)* Les injonctions, les informations, les invitations et les notifications mentionnées aux articles R. 1263-11-1 à R. 1263-11-6 sont effectuées par tout moyen permettant de leur conférer date certaine.

SECTION 5 Obligation de vigilance des maîtres d'ouvrage et des donneurs d'ordre

(Décr. n° 2015-364 du 30 mars 2015, art. 6)

Art. R. 1263-12 Le maître d'ouvrage ou le donneur d'ordre qui contracte avec un employeur établi hors de France demande à son cocontractant, avant le début de chaque détachement d'un ou de plusieurs salariés, les documents suivants :
(Décr. n° 2016-1044 du 29 juill. 2016, art. 7) « a) *(Décr. n° 2019-555 du 4 juin 2019, art. 1ᵉʳ, en vigueur le 1ᵉʳ juill. 2019)* « L'accusé de réception de » la déclaration de détachement effectuée sur le télé-service "SIPSI" du ministère chargé du travail, conformément aux articles R. 1263-5 et R. 1263-7 ; »

(Décr. n° 2019-555 du 4 juin 2019, art. 1ᵉʳ, en vigueur le 1ᵉʳ juill. 2019) « b) Une attestation sur l'honneur certifiant que le cocontractant s'est, le cas échéant, acquitté du paiement des sommes dues au titre des amendes prévues aux articles L. 1263-6, L. 1264-1, L. 1264-2 et L. 8115-1. Cette attestation comporte les nom, prénom, raison sociale du cocontractant et la signature de son représentant légal. »

Le maître d'ouvrage ou le donneur d'ordre est réputé avoir procédé aux vérifications mentionnées à l'article L. 1262-4-1 dès lors qu'il s'est fait remettre ces documents.

Art. R. 1263-12-1 *(Décr. n° 2017-825 du 5 mai 2017, art. 1ᵉʳ)* Pour l'application du II de l'article L. 1262-4-1, le maître d'ouvrage demande au sous-traitant établi hors de France, avant le début de chaque détachement d'un ou de plusieurs salariés sur le territoire national, *(Décr. n° 2020-916 du 28 juill. 2020, art. 2, en vigueur le 30 juill. 2020)* « l'accusé de réception de la déclaration de détachement transmis » à l'unité départementale mentionnée à l'article R. 1263-4-1, conformément aux dispositions de l'article R. 1263-6-1.

Le maître d'ouvrage demande à l'entreprise exerçant une activité de travail temporaire établie hors de France avec laquelle son cocontractant ou un sous-traitant a contracté, et avant le début de chaque détachement d'un ou de plusieurs salariés sur le territoire national, *(Décr. n° 2020-916 du 28 juill. 2020, art. 2, en vigueur le 30 juill. 2020)* « l'accusé de réception de la déclaration de détachement transmis » à l'unité départementale mentionnée à l'article R. 1263-4-1, conformément aux dispositions de l'article R. 1263-6-1.

Le maître d'ouvrage est réputé avoir procédé à la vérification mentionnée au II de l'article L. 1262-4-1 dès lors qu'il s'est fait remettre ces documents.

Art. R. 1263-13 *(Décr. n° 2016-27 du 19 janv. 2016, art. 1ᵉʳ)* La déclaration que doit faire le maître d'ouvrage ou le donneur d'ordre, en application du deuxième alinéa de l'article L. 1262-4-1, lorsque son cocontractant ne lui a pas remis *(Décr. n° 2020-916 du 28 juill. 2020, art. 2, en vigueur le 30 juill. 2020)* « l'accusé de réception » de la déclaration de détachement lui incombant en vertu du premier alinéa de l'article L. 1262-2-1, est adressée à l'unité territoriale compétente mentionnée aux articles R. 1263-4-1 et R. 1263-6-1 *(Décr. n° 2016-1748 du 15 déc. 2016, art. 1ᵉʳ)* « en utilisant le téléservice "SIPSI" du ministère chargé du travail ».

La déclaration est rédigée en langue française et justifie par tout moyen lui conférant date certaine qu'elle a été faite dans le délai prévu à l'article L. 1262-4-1.

Art. R. 1263-14 *(Décr. n° 2016-27 du 19 janv. 2016, art. 1ᵉʳ)* La déclaration du maître d'ouvrage ou du donneur d'ordre mentionnée à l'article R. 1263-13, dont le modèle est fixé par arrêté du ministre chargé du travail, comporte les informations suivantes :

1° Le nom ou la raison sociale, les adresses postale et électronique, les coordonnées téléphoniques, l'activité principale du maître d'ouvrage ou du donneur d'ordre déclarant ainsi que *(Décr. n° 2017-825 du 5 mai 2017, art. 8-IV)* « son numéro individuel d'identification fiscale au titre de l'assujettissement à la taxe sur la valeur ajoutée ou, à défaut de détenir un tel numéro, » les références de son immatriculation à un registre professionnel ou toutes autres références équivalentes ;

2° Le nom ou la raison sociale ainsi que les adresses postale et électronique, les coordonnées téléphoniques de l'entreprise ou de l'établissement qui emploie habituellement le ou les salariés, la forme juridique de l'entreprise, *(Décr. n° 2017-825 du 5 mai 2017, art. 8-IV)* « son numéro individuel d'identification fiscale au titre de l'assujettissement à la taxe sur la valeur ajoutée ou, à défaut de détenir un tel numéro, » les références de son immatriculation à un registre professionnel ou toutes autres références équivalentes et les États sur le territoire desquels sont situés les organismes auxquels il verse les cotisations de sécurité sociale afférentes au détachement des salariés concernés ;

3° L'adresse des lieux successifs où doit s'accomplir la prestation, la date du début de la prestation et sa date de fin prévisible, l'activité principale exercée dans le cadre de la prestation ;

4° Les nom, prénoms, date et lieu de naissance, adresse de résidence habituelle et nationalité de chacun des salariés détachés.

(Abrogé par Décr. n° 2020-916 du 28 juill. 2020, art. 2, à compter du 30 juill. 2020) « *5° Les nom et prénoms, les coordonnées téléphoniques et les adresses électronique et postale en France du représentant de l'entreprise détachant des salariés.* »

SECTION 6 Obligations et responsabilité financière des maîtres d'ouvrage et des donneurs d'ordre

(Décr. n° 2016-27 du 19 janv. 2016, art. 2)

Art. R. 1263-15 Par dérogation aux articles R. 3245-1 à R. 3245-4, les obligations et la responsabilité financière des maîtres d'ouvrage et donneurs d'ordre au regard des salariés détachés sont régies par les dispositions de la présente section.

Art. R. 1263-16 A compter du jour de la réception de l'injonction mentionnée à l'article L. 1262-4-3, l'employeur détachant des salariés et, le cas échéant, le donneur d'ordre cocontractant de ce dernier informent dans un délai de sept jours le maître d'ouvrage ou le donneur d'ordre des mesures prises pour faire cesser la situation.

Le maître d'ouvrage ou le donneur d'ordre transmet aussitôt cette information à l'agent de contrôle auteur du signalement ou informe celui-ci, dès l'expiration du délai imparti, de l'absence de réponse.

Art. R. 1263-17 En cas d'absence de régularisation effective de la situation par l'employeur, le maître d'ouvrage ou le donneur d'ordre, s'il ne dénonce pas le contrat de prestation de service, est tenu solidairement avec celui-ci au paiement des rémunérations et indemnités dues à chaque salarié détaché ainsi que, lorsque ce salarié relève d'un régime français de sécurité sociale, des cotisations et contributions sociales afférentes dues aux organismes chargés de leur recouvrement.

Art. R. 1263-18 L'agent de contrôle auteur du signalement informe par écrit les salariés concernés qu'à défaut de paiement de leurs rémunérations par l'employeur, le maître d'ouvrage ou le donneur d'ordre, ils peuvent saisir le conseil de prud'hommes afin de recouvrer les sommes dues.

Art. R. 1263-19 Les injonctions et les informations mentionnées aux articles R. 1263-16 à R. 1263-18 sont effectuées par tout moyen permettant de leur conférer date certaine.

Art. D. 1263-21 (Décr. n° 2017-825 du 5 mai 2017, art. 3) L'affiche mentionnée à l'article L. 1262-4-5 présente les informations sur la réglementation française de droit du travail applicable aux salariés détachés en France en matière de durée du travail, de salaire minimum, d'hébergement, de prévention des chutes de hauteur, d'équipements individuels obligatoires et d'existence d'un droit de retrait. L'affiche précise les modalités selon lesquelles le salarié peut faire valoir ses droits.

Ces informations, traduites dans l'une des langues officielles parlées dans chacun des États d'appartenance des salariés détachés sur le chantier, sont affichées dans le local vestiaire prévu par l'article R. 4534-139 et sont tenues dans un bon état de lisibilité.

SECTION 7 *[ABROGÉE]* Contribution des employeurs

(Abrogée par Décr. n° 2018-82 du 9 févr. 2018) (Décr. n° 2017-751 du 3 mai 2017)

Art. R. 1263-20 *Abrogé par Décr. n° 2018-82 du 9 févr. 2018.*

CHAPITRE IV DISPOSITIONS PÉNALES

Art. R. 1264-1 *Abrogé par Décr. n° 2015-364 du 30 mars 2015, art. 7.*

Art. R. 1264-2 *Abrogé par Décr. n° 2017-825 du 5 mai 2017, art. 2.*

Art. R. 1264-3 (Décr. n° 2016-27 du 19 janv. 2016, art. 3) Le fait pour un employeur de ne pas présenter à l'inspection du travail les documents mentionnés à l'article R. 1263-8 dans les conditions déterminées à cet article est puni de l'amende prévue pour les contraventions de troisième classe.

CHAPITRE V ACTIONS EN JUSTICE

(Décr. n° 2015-364 du 30 mars 2015, art. 8)

Art. D. 1265-1 Le salarié est informé de l'action en justice envisagée par l'organisation syndicale représentative en application de l'article L. 1265-1 par tout moyen permettant de conférer date certaine. *(Décr. n° 2015-1327 du 21 oct. 2015, art. 2)* « Cette information » précise la nature et l'objet de l'action envisagée par l'organisation syndicale et indique que :

1° Le salarié peut faire connaître à l'organisation syndicale son opposition à l'action envisagée dans un délai de quinze jours à compter de la date de réception de la lettre ;

2° L'organisation syndicale peut exercer elle-même les voies de recours ;

3° Le salarié peut, à tout moment, intervenir dans l'instance engagée par l'organisation syndicale.

TITRE VII CHÈQUES ET TITRES SIMPLIFIÉS DE TRAVAIL

CHAPITRE I CHÈQUE EMPLOI-SERVICE UNIVERSEL

Ce chapitre est applicable à Mayotte à compter du 1ᵉʳ janv. 2020 (Décr. n° 2018-953 du 31 oct. 2018, art. 58-II).

SECTION 1 Objet et modalités de mise en œuvre

Art. D. 1271-1 Le *(Décr. n° 2019-198 du 15 mars 2019, art. 2-I)* « titre spécial de paiement mentionné au B de l'article L. 1271-1 » mentionne le *(Décr. n° 2019-198 du 15 mars 2019, art. 2-I)* « nom du bénéficiaire du titre qui rémunère un service au moyen de ce titre ».

Art. D. 1271-2 Les personnes publiques ainsi que les personnes privées chargées d'une mission de service public qui financent des *(Décr. n° 2019-198 du 15 mars 2019,* *art. 2-I)* « titres spéciaux de paiement mentionnés au B de l'article L. 1271-1 » pour les usagers du service peuvent, avec l'accord du bénéficiaire ou, si celui-ci ne peut être recueilli, avec l'accord de son représentant légal, décider que le *(Décr. n° 2019-198 du 15 mars 2019, art. 2-I)* « titre spécial de paiement » est payable à une association ou entreprise de service dénommée, dès lors que l'incapacité du bénéficiaire à faire le choix d'un intervenant à son domicile est établie.

(Abrogé par Décr. n° 2019-198 du 15 mars 2019, art. 2-I) « *Dans ce cas, le chèque a la nature d'un titre spécial de paiement.* »

Art. D. 1271-3 En cas de nécessité urgente d'attribuer des prestations sociales ou de mettre en œuvre un service à la personne, l'organisme qui finance en tout ou partie le *(Décr. n° 2019-198 du 15 mars 2019, art. 2-I)* « titre spécial de paiement mentionné au B de l'article L. 1271-1 » peut, à titre exceptionnel, utiliser un *(Décr. n° 2019-198 du 15 mars 2019, art. 2-I)* « titre » non nominatif jusqu'à son attribution à son bénéficiaire.

Art. D. 1271-4 Un autre moyen de paiement peut être émis par les établissements de crédit, institutions ou services mentionnés à l'article L. 1271-9 en remplacement *(Abrogé par Décr. n° 2019-198 du 15 mars 2019, art. 2-I)* « *du chèque emploi-service universel ou* » du titre spécial de paiement.

Les organismes spécialisés habilités à émettre des titres spéciaux de paiement peuvent émettre un autre instrument de paiement prépayé et dématérialisé en remplacement du titre spécial de paiement.

Art. D. 1271-5 Les tiers mentionnés à l'article L. 1273-6 ou les organismes qui les représentent peuvent conclure avec l'Agence centrale des organismes de sécurité sociale et le ministre chargé de la sécurité sociale une convention qui précise le rôle de ces tiers et fixe les obligations réciproques des parties.

L'art. D. 1273-8 devient l'art. D. 1271-5 (Décr. n° 2019-198 du 15 mars 2019, art. 2-II).

Art. D. 1271-5-1 *(Décr. n° 2015-326 du 23 mars 2015, art. 1ᵉʳ)* Pour les salariés déclarés *(Décr. n° 2019-198 du 15 mars 2019, art. 2-I)* « par un particulier mentionné au 3° de l'article L. 133-5-6 du code de la sécurité sociale auprès de l'organisme mentionné à l'article L. 133-5-10 du même code et » dont le nombre d'heures de travail inscrites au contrat de travail n'excède pas, pour un contrat donné, trente-deux heures par mois, la rémunération portée sur le chèque emploi-service universel inclut une indemnité compensatrice de congés payés dont le montant est égal à un dixième de la rémunération brute.

Le seuil de trente-deux heures est apprécié au premier jour du premier mois de la période annuelle de congés telle que définie par la convention collective applicable ou à la date d'effet du contrat de travail si elle est postérieure.

Le régime indemnitaire de congés prévu au présent article est applicable aux rémunérations versées pendant l'ensemble de la période mentionnée à l'alinéa précédent.

SECTION 2 Titre spécial de paiement

SOUS-SECTION 1 Émission

Art. D. 1271-6 Le chèque emploi-service universel qui a la nature d'un titre spécial de paiement est dénommé "chèque emploi-service universel préfinancé". – *[Anc. art. D. 129-7, al. 1ᵉʳ début.]*

Art. D. 1271-7 Le *(Décr. n° 2019-198 du 15 mars 2019, art. 2-I)* « titre spécial de paiement mentionné au B de l'article L. 1271-1 » est émis sur support papier ou sous forme dématérialisée, conformément aux dispositions de l'article D. 1271-4.

SOUS-SECTION 2 Habilitation

Art. R. 1271-8 Pour émettre des *(Décr. n° 2019-613 du 19 juin 2019, art. 2)* « titres spéciaux de paiement mentionnés au B de l'article L. 1271-1 du présent code », les organismes et établissements spécialisés ou les établissements mentionnés à l'article L. 1271-9 sont habilités par *(Décr. n° 2014-753 du 2 juill. 2014, art. 3)* « le ministre chargé des services à la personne ». – *[Anc. art. D. 129-7, al. 1ᵉʳ fin et 2 début.]*

Art. R. 1271-9 L'habilitation des organismes et établissements porte sur :
1° L'émission des chèques emploi-service universels ;
2° Le remboursement (*Décr. n° 2019-613 du 19 juin 2019, art. 2*) « de ces titres spéciaux de paiement », dans les conditions prévues aux (*Décr. n° 2019-613 du 19 juin 2019, art. 2*) « articles L. 1271-15, R. 1271-13 à R. 1271-18, » (*Décr. n° 2011-1133 du 20 sept. 2011, art. 1ᵉʳ-1°*) « D. 1271-28 et D. 1271-29 » du présent code ainsi qu'à l'article D. 133-26 [R. 133-26] du code de la sécurité sociale :
a) Aux salariés occupant des emplois entrant dans le champ des services mentionnés à l'article L. 7231-1 du présent code ;
b) Aux organismes et personnes mentionnés (*Décr. n° 2019-613 du 19 juin 2019, art. 2*) « au B de l'article L. 1271-1 » du présent code ;
c) Aux assistants maternels agréés en application de l'article L. 421-1 du code de l'action sociale et des familles. – [*Anc. art. D. 129-7, al. 3.*]

Art. R. 1271-10 L'habilitation nationale est délivrée, après avis de la Banque de France et de l'Agence centrale des organismes de sécurité sociale.
La décision d'habilitation ou de refus d'habilitation fait l'objet d'une notification écrite.
La liste des organismes et établissements habilités à émettre le (*Décr. n° 2019-613 du 19 juin 2019, art. 2*) « titre spécial de paiement mentionné au B de l'article L. 1271-1 » est publiée (*Abrogé par Décr. n° 2014-753 du 2 juill. 2014, art. 3*) « au Bulletin officiel du ministère chargé de l'emploi et » (*Décr. n° 2011-415 du 15 avr. 2011*) « au Bulletin officiel du ministère chargé des services » ainsi que sur le site internet (*Décr. n° 2014-753 du 2 juill. 2014, art. 3*) « du ministre chargé des services à la personne ». – [*Anc. art. D. 129-7, al. 4 à 6.*]

V. https://www.servicesalapersonne.gouv.fr/.

Art. R. 1271-11 L'émetteur du (*Décr. n° 2019-613 du 19 juin 2019, art. 2*) « titre spécial de paiement mentionné au B de l'article L. 1271-1 » fait figurer de façon visible son numéro d'habilitation dans tout contrat ou accord conclu avec les personnes qui en assurent le préfinancement. – [*Anc. art. D. 129-7, al. 7.*]

Art. R. 1271-12 L'émetteur du (*Décr. n° 2019-613 du 19 juin 2019, art. 2*) « titre spécial de paiement mentionné au B de l'article L. 1271-1 » habilité notifie (*Décr. n° 2014-753 du 2 juill. 2014, art. 3*) « au ministre chargé des services à la personne », par lettre recommandée avec avis de réception, toute modification substantielle qu'il souhaite apporter aux modalités et processus décrits dans son dossier de demande d'habilitation.
(*Décr. n° 2014-753 du 2 juill. 2014, art. 3*) « Le ministre chargé des services à la personne » notifie à l'émetteur, par lettre recommandée avec avis de réception, sa décision d'acceptation ou de refus des modifications qui lui ont été communiquées. Sa décision est prise après avis de la Banque de France et de l'Agence centrale des organismes de sécurité sociale. La décision d'acceptation est publiée (*Abrogé par Décr. n° 2014-753 du 2 juill. 2014, art. 3*) « au Bulletin officiel du ministère chargé de l'emploi et » (*Décr. n° 2011-415 du 15 avr. 2011*) « au Bulletin officiel du ministère chargé des services » ainsi que sur le site internet (*Décr. n° 2014-753 du 2 juill. 2014, art. 3*) « du ministre chargé des services à la personne ».
En cas d'urgence motivée, l'émetteur habilité peut mettre en œuvre les modifications qu'il estime nécessaires, sans attendre la décision d'acceptation ou de refus (*Décr. n° 2014-753 du 2 juill. 2014, art. 3*) « du ministre chargé des services à la personne ». – [*Anc. art. D. 129-7-1.*]

Art. R. 1271-13 Pour être habilité, l'émetteur se fait ouvrir un compte spécifique bancaire ou postal, conformément à l'article L. 1271-11, sur lequel sont versés, à l'exclusion de tous autres, les fonds perçus en contrepartie de la cession des titres. Le montant de ce compte, égal à la contre-valeur des titres spéciaux de paiement en circulation, garantit le remboursement aux intervenants des titres spéciaux de paiement valablement émis et utilisés. L'encours de cette contrepartie est de 300 000 € au moins. Le compte fait l'objet d'une dotation initiale à hauteur de ce montant au moins.

Un émetteur habilité est autorisé à ouvrir plusieurs de ces comptes dans un ou plusieurs établissements bancaires ou centres de chèques postaux, sous réserve que leur solde cumulé soit à tout moment supérieur au montant minimum. Il peut opérer des virements d'un compte spécifique à l'autre. Sous la responsabilité de l'émetteur, les sommes portées au crédit des comptes spécifiques *(Décr. n° 2019-613 du 19 juin 2019, art. 2)* « du titre spécial de paiement mentionné au B de l'article L. 1271-1 » peuvent faire l'objet de placements temporaires sous réserve que leur montant demeure à tout moment immédiatement réalisable à leur valeur nominale initiale.

En cas de falsification, d'altération, de destruction ou de vol lors de l'expédition de *(Décr. n° 2019-613 du 19 juin 2019, art. 2)* « titres spéciaux de paiement mentionnés au B de l'article L. 1271-1 », ce compte spécifique de réserve peut être utilisé sous condition de restauration de son montant, au plus tard sept jours francs après mobilisation de tout ou partie de celui-ci. – *[Anc. art. D. 129-8, al. 1er à 4.]*

Art. R. 1271-14 Pour être habilité, l'émetteur tient une comptabilité appropriée permettant :

1° La vérification permanente de la liquidité de la contre-valeur des *(Décr. n° 2019-613 du 19 juin 2019, art. 2)* « titres spéciaux de paiement mentionnés au B de l'article L. 1271-1 » en circulation ;

2° Le contrôle permanent et la justification comptable de tous les flux financiers, à partir de l'émission jusqu'au remboursement. – *[Anc. art. D. 129-8, al. 5 à 7.]*

Art. R. 1271-15 L'émetteur de *(Décr. n° 2019-613 du 19 juin 2019, art. 2)* « titres spéciaux de paiement mentionnés au B de l'article L. 1271-1 du présent code » s'engage à :

1° Constituer un réseau d'associations et d'entreprises affiliées recevant *(Décr. n° 2019-613 du 19 juin 2019, art. 2)* « ces titres spéciaux de paiement » en paiement de leurs prestations, couvrant l'ensemble du territoire national ;

2° Assurer la sécurité à toutes les étapes du processus prenant en compte les objectifs de sécurité définis par la Banque de France dans le cadre de sa mission de surveillance ;

3° Garantir la contre-valeur des titres valablement émis et utilisés à la personne assurant le service rémunéré par le *(Décr. n° 2019-613 du 19 juin 2019, art. 2)* « titre spécial de paiement » ;

4° Vérifier que les assistants maternels sont agréés en application de l'article L. 421-3 du code de l'action sociale et des familles, que les associations ou les entreprises de services sont agréées en application de l'article L. 7232-1 *(Décr. n° 2011-1133 du 20 sept. 2011, art. 1er-2°)* « ou déclarées en application de l'article L. 7232-1-1 », que les organismes et personnes relevant des catégories mentionnées aux deux premiers alinéas de l'article L. 2324-1 du code de la santé publique ou de l'article L. 227-6 du code de l'action sociale et des familles, ont été créés et exercent régulièrement ;

5° Recueillir auprès des bénéficiaires particuliers employeurs l'attestation de la déclaration de leurs salariés ;

6° Conserver les informations relatives aux *(Décr. n° 2019-613 du 19 juin 2019, art. 2)* « titres spéciaux de paiement », y compris des fichiers de commande nominative, pendant une période de dix ans au-delà de l'année en cours. Passé ce délai, il peut être procédé à la destruction de celles-ci ;

7° Restituer les informations synthétiques, le cas échéant, à la demande des financeurs en vue notamment d'une information et du contrôle de l'administration fiscale et sociale ;

8° Mettre en place toutes dispositions propres à assurer la sécurité physique et financière des titres prépayés ;

9° Mettre en place un dispositif de contrôle interne visant à s'assurer de la maîtrise des risques. – *[Anc. art. D. 129-8, al. 8 à 17.]*

Art. R. 1271-16 Pour être habilité, l'émetteur justifie de sa capacité à remplir les obligations prévues à l'article D. 1271-15. – *[Anc. art. D. 129-8, al. 18.]*

Art. R. 1271-17 Le manquement à l'une des obligations prévues aux articles D. 1271-13 à D. 1271-15 peut donner lieu à une suspension ou un retrait d'habilita-

Art. R. 1271-18 Les organismes et établissements habilités à émettre le *(Décr. n° 2019-613 du 19 juin 2019, art. 2)* « titre spécial de paiement mentionné au B de l'article L. 1271-1 », sur support papier ou sous forme dématérialisée, perçoivent une rémunération de la part des personnes physiques ou morales qui en assurent le préfinancement. — *[Anc. art. D. 129-8, al. 19.]*

Art. R. 1271-19 L'émetteur habilité notifie sans délai *(Décr. n° 2014-753 du 2 juill. 2014, art. 3)* « au ministre chargé des services à la personne », par lettre recommandée avec avis de réception :
1° Tout rachat, reprise ou prise de contrôle par une ou plusieurs personnes tierces, la cession ou cessation de l'entreprise ou de l'activité au titre de laquelle l'organisme ou l'établissement est habilité ainsi que l'ouverture d'une procédure de sauvegarde, de redressement ou de liquidation judiciaire prévue au livre VI du code de commerce relatif aux difficultés des entreprises ;
2° Toute défaillance dans la mise en œuvre des engagements prévus à l'article D. 1271-15 dont la validation a permis la délivrance de l'habilitation ;
3° Les dispositions qu'il a prises pour garantir la continuité du remboursement des *(Décr. n° 2019-613 du 19 juin 2019, art. 2)* « titres spéciaux de paiement mentionnés au B de l'article L. 1271-1 du présent code » émis par lui, en cas de suspension ou de retrait de l'habilitation, ou en cas d'arrêt de l'activité d'émission du *(Décr. n° 2019-613 du 19 juin 2019, art. 2)* « titre spécial de paiement » pour laquelle il est habilité. — *[Anc. art. D. 129-8-1, al. 1er à 4.]*

Art. R. 1271-20 Afin d'apprécier les conditions de maintien de l'habilitation, *(Décr. n° 2014-753 du 2 juill. 2014, art. 3)* « le ministre chargé des services à la personne » peut, à tout moment, demander à l'émetteur habilité l'actualisation des pièces de son dossier de demande d'habilitation. — *[Anc. art. D. 129-8-1, al. 5.]*

Art. R. 1271-21 Dans les cas prévus à l'article D. 1271-19, *(Décr. n° 2014-753 du 2 juill. 2014, art. 3)* « le ministre chargé des services à la personne » saisit pour avis la Banque de France et l'Agence centrale des organismes de sécurité sociale.

Avant de suspendre ou retirer l'habilitation, *(Décr. n° 2014-753 du 2 juill. 2014, art. 3)* « le ministre chargé des services à la personne » notifie son intention à l'émetteur habilité, par lettre recommandée avec avis de réception, et l'invite à faire connaître ses observations. Celui-ci dispose à cet effet d'un délai de quinze jours à compter de la date de réception de cette notification.

Les décisions de suspension ou de retrait de l'habilitation d'un émetteur sont publiées *(Décr. n° 2014-753 du 2 juill. 2014, art. 3)* « au *Bulletin officiel* du ministère chargé des services » ainsi que sur le site internet *(Décr. n° 2014-753 du 2 juill. 2014, art. 3)* « du ministre chargé des services à la personne ». — *[Anc. art. D. 129-8-1, al. 6 à 8.]*

Art. R. 1271-22 Le suivi et le contrôle de l'activité d'émission du *(Décr. n° 2019-613 du 19 juin 2019, art. 2)* « titre spécial de paiement mentionné au B de l'article L. 1271-1 », au titre de laquelle les émetteurs sont habilités par *(Décr. n° 2014-753 du 2 juill. 2014, art. 3)* « le ministre chargé des services à la personne », sont accomplis par *(Décr. n° 2019-613 du 19 juin 2019, art. 2)* « celui-ci » avec l'appui de la Banque de France et de l'Agence centrale des organismes de sécurité *(Décr. n° 2019-613 du 19 juin 2019, art. 2)* « sociale ». — *[Anc. art. D. 129-8-2, al. 1er.]*

Art. R. 1271-23 Avant le 30 avril de chaque année, l'émetteur habilité du *(Décr. n° 2019-613 du 19 juin 2019, art. 2)* « titre spécial de paiement mentionné au B de l'article L. 1271-1 » transmet *(Décr. n° 2014-753 du 2 juill. 2014, art. 3)* « au ministre chargé des services à la personne » ainsi qu'à la Banque de France, par lettre recommandée avec avis de réception :
1° Un rapport d'activité portant sur l'année civile d'émission écoulée. Ce rapport expose par ailleurs les perspectives d'activité de l'émetteur pour l'année en cours ;
2° Un rapport relatif à la sécurité des différents processus de traitement du *(Décr. n° 2019-613 du 19 juin 2019, art. 2)* « titre spécial de paiement mentionné au B de l'article L. 1271-1 » émis par lui, portant sur l'année civile d'émission écoulée. Ce

rapport prend la forme d'une réponse à un questionnaire, fourni par la Banque de France aux émetteurs habilités au plus tard soixante jours avant la date limite de réponse. — [Anc. art. D. 129-8-2, al. 2 à 4.]

Art. R. 1271-24 Avant le 30 juin de chaque année, l'émetteur habilité, autre qu'un établissement de crédit, transmet (Décr. n° 2014-753 du 2 juill. 2014, art. 3) « au ministre chargé des services à la personne », par lettre recommandée avec avis de réception, un rapport sur la gestion au cours de l'année civile d'émission écoulée des comptes bancaires spécifiques de garantie prévus par l'article L. 1271-11. — [Anc. art. D. 129-8-2, al. 5.]

Art. R. 1271-25 S'il est constaté que l'émetteur habilité ne respecte pas les dispositions prévues au 1° de l'article D. 1271-13, l'habilitation peut être suspendue ou retirée sur décision (Décr. n° 2014-753 du 2 juill. 2014, art. 3) « du ministre chargé des services à la personne », après avis de la Banque de France.

Avant de suspendre ou retirer l'habilitation, (Décr. n° 2014-753 du 2 juill. 2014, art. 3) « le ministre chargé des services à la personne » notifie son intention à l'émetteur habilité, par lettre recommandée avec avis de réception, et l'invite à faire connaître ses observations. Celui-ci dispose à cet effet d'un délai de quinze jours à compter de la date de réception de cette notification.

La décision de suspension ou de retrait de l'habilitation d'un émetteur est publiée (Décr. n° 2014-753 du 2 juill. 2014, art. 3) « au *Bulletin officiel* du ministère chargé des services » ainsi que sur le site internet (Décr. n° 2014-753 du 2 juill. 2014, art. 3) « du ministre chargé des services à la personne ». — [Anc. art. D. 129-8-2, al. 6 à 8.]

Art. R. 1271-26 En cas de retrait de son habilitation à émettre le (Décr. n° 2019-613 du 19 juin 2019, art. 2) « titre spécial de paiement mentionné au B de l'article L. 1271-1 », l'organisme ou l'établissement concerné cesse sans délai d'émettre le (Abrogé par Décr. n° 2019-613 du 19 juin 2019, art. 2) « *chèque emploi-service universel ayant la nature d'un* » titre spécial de paiement et de faire état de son habilitation, dans tous contacts, toute documentation financière ou commerciale et sur tous les supports de communication.

Il informe sans délai (Décr. n° 2014-753 du 2 juill. 2014, art. 3) « le ministre chargé des services à la personne » des mesures prises. — [Anc. art. D. 129-8-2, al. 9.]

Art. R. 1271-27 (Décr. n° 2014-753 du 2 juill. 2014, art. 3) « Le ministre chargé des services à la personne » et la Banque de France peuvent échanger toutes informations relatives au (Décr. n° 2019-613 du 19 juin 2019, art. 2) « titre spécial de paiement mentionné au B de l'article L. 1271-1 », nécessaires à l'accomplissement de leurs missions respectives. — [Anc. art. D. 129-8-3.]

SECTION 3 Autres dispositions financières

Art. D. 1271-28 Les émetteurs peuvent recourir à une structure commune pour procéder au traitement des (Décr. n° 2019-198 du 15 mars 2019, art. 2-I) « titres spéciaux de paiement mentionnés au B de l'article L. 1271-1 » en vue de leur remboursement. Par délégation des émetteurs, celle-ci est soumise aux mêmes obligations relatives au remboursement des intervenants affiliés.

Art. D. 1271-29 L'émetteur adresse (Décr. n° 2011-1133 du 20 sept. 2011, art. 1er-3°) « à la personne morale ou à l'entrepreneur individuel qui finance » en tout ou partie des (Décr. n° 2019-198 du 15 mars 2019, art. 2-I) « titres spéciaux de paiement mentionnés au B de l'article L. 1271-1 » une information à transmettre au bénéficiaire du (Décr. n° 2019-198 du 15 mars 2019, art. 2-I) « titre » relative à la déclaration de cotisations sociales (Abrogé par Décr. n° 2019-198 du 15 mars 2019, art. 2-I) « (*volet social*) » et à l'obligation préalable de se déclarer comme employeur avant toute embauche d'un salarié à domicile, le modèle d'attestation fiscale que l'entreprise doit adresser chaque année aux bénéficiaires de celle-ci et le modèle du bordereau leur permettant la tenue d'une comptabilité chèque à chèque.

Il adresse (Décr. n° 2011-1133 du 20 sept. 2011, art. 1er-3°) « à la personne morale ou à l'entrepreneur individuel » le modèle d'attestation de dépenses (Décr. n° 2011-1133 du 20 sept. 2011, art. 1er-3°) « qu'il doit » fournir chaque fin d'année à leurs clients.

(Décr. n° 2013-47 du 14 janv. 2013) « La rémunération mentionnée à l'article L. **1271-15-1** est perçue par les émetteurs mentionnés au même article à condition que :

« 1° Le montant et les modalités de calcul de cette rémunération soient mentionnés dans le contrat ou les conditions générales et particulières conclus lors de l'affiliation entre ce dernier et l'émetteur ou la structure commune mentionnée à l'article D. **1271-28** ;

« 2° Toute modification du montant et des modalités de calcul de cette rémunération ait été portée à la connaissance du cocontractant au moins trente jours avant son entrée en vigueur par tout moyen accepté contractuellement par celui-ci.

« Le montant et les modalités de calcul de la rémunération peuvent varier notamment en fonction du montant des *(Décr. n° 2019-198 du 15 mars 2019, art. 2-I)* « titres » portés au remboursement, de leur mode de transmission ou du délai de remboursement pratiqué ou des services annexes fournis par l'émetteur et acceptés contractuellement par la personne morale ou l'entrepreneur individuel assurant les prestations payées par *(Décr. n° 2019-198 du 15 mars 2019, art. 2-I)* « titres spéciaux de paiement » et demandant leur remboursement. »

(Décr. n° 2011-1133 du 20 sept. 2011, art. 1ᵉʳ-3°) « Une partie de la rémunération peut être versée à la structure commune mentionnée à l'article D. **1271-28**. »

Art. D. 1271-30 L'organisme qui finance en tout ou partie des *(Décr. n° 2019-198 du 15 mars 2019, art. 2-I)* « titres spéciaux de paiement mentionnés au B de l'article L. **1271-1** » délivre chaque année au bénéficiaire des services rémunérés par *(Décr. n° 2019-198 du 15 mars 2019, art. 2-I)* « ces titres » une attestation fiscale comprenant une information relative aux régimes fiscaux applicables.

Art. D. 1271-31 A la commande ou au plus tard à la livraison, l'organisme qui finance en tout ou partie un *(Décr. n° 2019-198 du 15 mars 2019, art. 2-I)* « titre spécial de paiement mentionné au B de l'article L. **1271-1** » règle à l'émetteur la contrevaleur des titres *(Abrogé par Décr. n° 2019-198 du 15 mars 2019, art. 2-I)* « *spéciaux de paiement* » commandés, afin que celui-ci constitue dans le compte spécifique mentionné à l'article D. **1271-28** les provisions nécessaires pour en garantir le remboursement. L'émetteur est réputé disposer d'un mandat de gestion de ces fonds, dont il n'est pas propriétaire. Cependant, les intérêts de trésorerie produits par le compte spécial lui restent dus.

Le service de l'émetteur est réputé rendu à la remise des *(Décr. n° 2019-198 du 15 mars 2019, art. 2-I)* « titres spéciaux de paiement » au financeur mentionné au premier alinéa ou à toute personne indiquée par ce dernier.

Dès lors que la remise des *(Décr. n° 2019-198 du 15 mars 2019, art. 2-I)* « titres spéciaux de paiement » au financeur ou à toute autre personne indiquée par ce dernier est constatée, ni celui-ci, ni les bénéficiaires des services rémunérés par les *(Décr. n° 2019-198 du 15 mars 2019, art. 2-I)* « titres spéciaux de paiement » ne peuvent faire jouer la responsabilité de l'émetteur en cas de vol ou de perte des chèques.

Art. R. 1271-32 Le réseau des intervenants est constitué des personnes mentionnées aux articles L. **1271-1**, L. **7232-1** *(Décr. n° 2011-1133 du 20 sept. 2011, art. 1ᵉʳ-4°)* « , L. **7232-1-1** » et *(Décr. n° 2011-1133 du 20 sept. 2011, art. 1ᵉʳ-4°)* « L. **7232-1-2** ».

Pour être affiliés au réseau, les intervenants *(Décr. n° 2011-1133 du 20 sept. 2011, art. 1ᵉʳ-4°)* « autorisés, agréés ou déclarés » adressent à l'émetteur ou à l'organisme chargé du remboursement, au plus tard lors de la première demande de remboursement, une attestation d'agrément ou d'autorisation *(Décr. n° 2011-1133 du 20 sept. 2011, art. 1ᵉʳ-4°)* « ou le récépissé de déclaration ».

Les retraits ou suspensions d'agrément *(Décr. n° 2011-1133 du 20 sept. 2011, art. 1ᵉʳ-4°)* « , d'enregistrement, de déclaration » ou d'autorisation sont notifiés par *(Décr. n° 2014-753 du 2 juill. 2014, art. 3)* « le ministre chargé des services à la personne » à tous les émetteurs de chèques emploi-service universels habilités. La responsabilité des émetteurs en cas de remboursement de *(Décr. n° 2019-613 du 19 juin 2019, art. 2)* « titre spécial de paiement mentionné au B de l'article L. **1271-1** du code de [du] travail » à de tels intervenants ne saurait être mise en cause tant que cette notification n'a pas été faite.

Une convention peut être conclue, le cas échéant, entre (*Décr. n° 2014-753 du 2 juill. 2014, art. 3*) « le ministre chargé des services à la personne » et les émetteurs en vue de dresser une liste unifiée des intervenants accessibles à tous.

(*Décr. n° 2011-1133 du 20 sept. 2011, art. 1er-4°*) « Les personnes morales et les entrepreneurs individuels » mentionnées [*mentionnés*] aux articles L. 7232-1 (*Décr. n° 2011-1133 du 20 sept. 2011, art. 1er-4°*) « , L. 7232-1-1 et L. 7232-1-2 » délivrent, à la fin de chaque année, une attestation de dépenses aux utilisateurs (*Décr. n° 2019-613 du 19 juin 2019, art. 2*) « du titre spécial de paiement mentionné au B de l'article L. 1271-1 du code de [*du*] travail ».

Art. D. 1271-33 (*Décr. n° 2011-1133 du 20 sept. 2011, art. 2*) Les prestations de services mentionnées au (*Décr. n° 2019-198 du 15 mars 2019, art. 2-I*) « 3° du B » de l'article L. 1271-1 proposées aux bénéficiaires de (*Décr. n° 2019-198 du 15 mars 2019, art. 2-I*) « titres spéciaux de paiement » par les organismes et établissements spécialisés mentionnés à l'article L. 1271-10 ont pour objet de faciliter la gestion et le fonctionnement des (*Décr. n° 2019-198 du 15 mars 2019, art. 2-I*) « titres spéciaux de paiement » préfinancés. Ces prestations permettent notamment d'accéder à des services en ligne pour la gestion des (*Décr. n° 2019-198 du 15 mars 2019, art. 2-I*) « titres » dématérialisés et de faciliter la mise en relation des particuliers avec leurs salariés ou leurs prestataires. Plus généralement, elles permettent d'améliorer les services rendus par les organismes et établissements mentionnés à l'article L. 1271-10.

Le montant de ces prestations est plafonné à 500 euros par an et par bénéficiaire. Il est revalorisé chaque année en fonction de la variation de l'indice des prix à la consommation.

CHAPITRE II CHÈQUE-EMPLOI ASSOCIATIF ET TITRE EMPLOI-SERVICE ENTREPRISE (*Décr. n° 2019-198 du 15 mars 2019, art. 2-II*).

Ce chapitre est applicable à Mayotte à compter du 1er janv. 2020 (Décr. n° 2018-953 du 31 oct. 2018, art. 58-II).

Art. D. 1272-1 (*Décr. n° 2009-342 du 27 mars 2009 ; Décr. n° 2019-198 du 15 mars 2019, art. 2-II*) La déclaration d'identification du salarié mentionnée à l'article D. 133-13-1 du code de la sécurité sociale d'identification du salarié comporte les mentions suivantes :

1° Mentions relatives au salarié prévues aux 2° et 3° de l'article R. 1221-1, relatif à la déclaration préalable à l'embauche ;

2° Mentions relatives à l'emploi :

a) La nature du contrat de travail : contrat à durée indéterminée ou à durée déterminée, avec, dans ce cas, indication du motif de recours et de la date de fin de contrat ;

b) La durée du travail ;

c) La durée de la période d'essai ;

d) La catégorie d'emploi [*emplois*], la nature de l'emploi et, le cas échéant, le niveau d'emploi (niveau hiérarchique et coefficient) ;

e) L'intitulé de la convention collective applicable, le cas échéant ;

f) Le montant de la rémunération et de ses différentes composantes, y compris, s'il en existe, les primes et accessoires de salaire ;

g) Les particularités du contrat de travail s'il y a lieu ;

h) Le taux de la cotisation due au titre des accidents du travail et des maladies professionnelles si plusieurs taux sont applicables dans l'établissement ;

i) La pratique éventuelle d'un abattement sur l'assiette ou le taux des cotisations ;

j) Le taux de cotisation pour la prévoyance, s'il est spécifique au salarié ;

k) L'assujettissement au versement de transport s'il y a lieu ;

l) L'indication, le cas échéant, d'une première embauche dans l'établissement ;

3° Signature de l'employeur et du salarié.

Une copie du volet d'identification du salarié est transmise par l'employeur au salarié dans les délais prévus par le présent code.

L'art. D. 1273-3 devient l'art. D. 1272-1 (Décr. n° 2019-198 du 15 mars 2019, art. 2-II).

Art. D. 1272-2 Le recours *(Décr. n° 2019-198 du 15 mars 2019, art. 2-II)* « à un dispositif simplifié par les employeurs mentionnés au 1° et 2° de l'article L. **133-5-6** du code de la sécurité sociale » vaut, à l'égard des salariés *(Décr. n° 2019-198 du 15 mars 2019, art. 2-II)* « déclarés au moyen de ce dispositif », respect des obligations qui incombent à l'employeur en matière de :

1° Formalités prévues par les articles D. 4622-1 à D. 4622-4, relatifs aux services de santé au travail, et R. 4624-10 à R. 4624-14, relatifs à l'examen d'embauche ;

2° Déclarations auprès de l'ensemble des administrations ou organismes intéressés au titre des articles *(Décr. n° 2019-198 du 15 mars 2019, art. 2-II)* « R. 1234-9 à R. 1234-12, relatifs à l'attestation d'emploi, et » R. 5422-5 à R. 5422-8, relatifs aux obligations d'assurance contre le risque de privation d'emploi et de déclaration des rémunérations ;

3° Déclaration auprès des administrations ou organismes intéressés au titre de l'article *(Décr. n° 2016-1553 du 18 nov. 2016, art. 7-IV)* « L. 3141-32 », relatif aux caisses de congés payés ;

4° Déclarations auprès des administrations ou organismes intéressés mentionnés aux articles R. 243-10, R. 243-13, R. 243-14 et R. 312-4 du code de la sécurité sociale et *(Décr. n° 2019-198 du 15 mars 2019, art. 2-II)* « aux articles 87 A et 87-0 A » du code général des impôts ;

5° Déclarations prescrites par les institutions mentionnées au livre IX du code de la sécurité sociale.

L'art. D. 1273-7 devient l'art. D. 1272-2 (Décr. n° 2019-198 du 15 mars 2019, art. 2-II).

Art. D. 1272-3 Le chèque-emploi associatif *(Décr. n° 2019-198 du 15 mars 2019, art. 2-II)* « et le titre emploi-service entreprise ne peuvent être utilisés » par une association *(Décr. n° 2019-198 du 15 mars 2019, art. 2-II)* « ou une entreprise » pour l'emploi d'un salarié qui relève du guichet unique du spectacle vivant prévu par les dispositions de l'article L. **7122-22**.

Art. D. 1272-4 Si, lors de l'embauche, un contrat de travail a été signé dans les formes prévues aux articles L. 1221-1 à L. 1221-5 ainsi qu'aux articles L. 1242-12 *(Décr. n° 2019-198 du 15 mars 2019, art. 2-II)* « à » L. 1242-13, s'il s'agit d'un contrat de travail à durée déterminée, ou *(Décr. n° 2016-1553 du 18 nov. 2016, art. 7-IV)* « à l'article L. 3123-6 », s'il s'agit d'un contrat de travail à temps partiel, les clauses contenues dans ce contrat s'appliquent en lieu et place des mentions *(Décr. n° 2019-198 du 15 mars 2019, art. 2-II)* « de la déclaration d'identification du salarié mentionnée à l'article D. 133-13-1 du code de la sécurité sociale ».

L'art. D. 1273-5 devient l'art. D. 1272-4 (Décr. n° 2019-198 du 15 mars 2019, art. 2-II).

Art. D. 1272-5 Le volet d'identification du salarié prévu au 2° de l'article D. **1272-1** comporte les mentions suivantes :

1° Mentions relatives au salarié :

a) L'ensemble des mentions prévues à l'article R. 1221-1, relatif à la déclaration préalable à l'embauche ;

b) Le régime d'affiliation du salarié au régime général ou au régime agricole ;

2° Mentions relatives à l'emploi :

a) La date de fin d'emploi s'il s'agit d'un emploi à durée déterminée ;

b) La durée de la période d'essai ;

c) Le salaire prévu à l'embauche ;

d) La durée du travail ;

e) La nature et la catégorie d'emploi ;

f) La convention collective applicable ;

g) Le taux de cotisations accidents du travail et, le cas échéant, le taux prévoyance ;

3° Les signatures de l'employeur et du salarié. — [*Anc. art. R. 128-3-II, al. 1er à 13.*]

Art. D. 1272-6 à D. 1272-10 *Abrogés par Décr. n° 2019-198 du 15 mars 2019, art. 2-IV.*

CHAPITRE III [ABROGÉ] TITRE EMPLOI-SERVICE ENTREPRISE

(Abrogé par Décr. n° 2019-198 du 15 mars 2019, art. 2-IV) (Décr. n° 2009-342 du 27 mars 2009)

Art. D. 1273-1 à D. 1273-8 *Abrogés par Décr. n° 2019-198 du 15 mars 2019, art. 2-II et IV.*

CHAPITRE IV EMPLOYEURS NON ÉTABLIS EN FRANCE

(Décr. n° 2011-1220 du 29 sept. 2011)

Art. D. 1273-9 Les dispositions des articles *(Décr. n° 2019-198 du 15 mars 2019, art. 2-III)* « D. 1272-1 à D. 1272-5 » sont applicables aux entreprises mentionnées au II de l'article L. 243-1-2 du code de la sécurité sociale, qui ont opté pour l'utilisation d'un titre-emploi. Les dispositions de l'article D. 1271-5 sont applicables aux autres employeurs mentionnés au II de l'article L. 243-1-2 précité, qui ont opté pour l'utilisation d'un titre-emploi.

CHAPITRE IV [ABROGÉ] CHÈQUE-EMPLOI POUR LES TRÈS PETITES ENTREPRISES

(Abrogé par Décr. n° 2009-342 du 27 mars 2009)

Art. D. 1274-1 à D. 1274-7 *Abrogés par Décr. n° 2009-342 du 27 mars 2009.*

LIVRE III LE RÈGLEMENT INTÉRIEUR ET LE DROIT DISCIPLINAIRE

TITRE I CHAMP D'APPLICATION

Le présent titre ne comprend pas de dispositions réglementaires.

TITRE II RÈGLEMENT INTÉRIEUR

CHAPITRE I CONTENU ET CONDITIONS DE VALIDITÉ

Art. R. 1321-1 *(Décr. n° 2016-1417 du 20 oct. 2016, art. 2)* Le règlement intérieur est porté, par tout moyen, à la connaissance des personnes ayant accès aux lieux de travail ou aux locaux où se fait l'embauche.

Art. R. 1321-2 Le règlement intérieur est déposé, en application du deuxième alinéa de l'article L. 1321-4, au greffe du conseil de prud'hommes du ressort de l'entreprise ou de l'établissement. — *[Anc. art. R. 122-13.]*

Art. R. 1321-3 Le délai prévu au deuxième alinéa de l'article L. 1321-4 court à compter de la dernière en date des formalités de publicité et de dépôt définies aux articles R. 1321-1 et R. 1321-2. — *[Anc. art. R. 122-14.]*

Art. R. 1321-4 Le texte du règlement intérieur est transmis à l'inspecteur du travail en deux exemplaires. — *[Anc. art. R. 122-15.]*

Art. R. 1321-5 *(Décr. n° 2019-1586 du 31 déc. 2019, art. 2, en vigueur le 1ᵉʳ janv. 2020)* L'obligation prévue au premier alinéa de l'article L. 1311-2 s'applique au terme d'un délai de douze mois à compter de la date à laquelle le seuil de cinquante salariés a été atteint pendant douze mois consécutifs suivant la création de l'entreprise.

Cet art., dans sa rédaction résultant du Décr. n° 2019-1586 du 31 déc. 2019, s'applique aux entreprises créées à compter du 1ᵉʳ janv. 2020 (Décr. préc., art. 4-III).

Ancien art. R. 1321-5 *Le règlement intérieur est établi dans les trois mois suivant l'ouverture de l'entreprise.* — *[Anc. art. R. 122-16.]*

Art. R. 1321-6 *(Décr. n° 2018-1227 du 24 déc. 2018, art. 6)* La demande prévue à l'article L. 1322-1-1 mentionne la ou les dispositions sur lesquelles est demandée l'appréciation de l'inspecteur du travail. Elle est accompagnée du texte du règlement intérieur ainsi que, le cas échéant, des références des articles de la convention collective nationale ou de l'accord collectif et des dispositions du ou des accords d'entreprise en rapport avec les dispositions faisant l'objet de la demande.

Elle est présentée à l'inspecteur du travail dans le ressort duquel est établie l'entreprise ou l'établissement concerné, par tout moyen conférant date certaine à sa réception. Lorsqu'un règlement intérieur unique est établi ou modifié pour l'ensemble des établissements de l'entreprise, la demande est adressée à l'inspecteur du travail territorialement compétent pour son siège.

L'inspecteur du travail statue dans un délai de deux mois à compter de la réception de la demande.

Il peut conclure à la conformité ou à la non-conformité de tout ou partie des dispositions mentionnées dans la demande. Lorsque la décision conclut à la non-conformité d'une ou de plusieurs dispositions, elle précise pour chacune d'elles si la disposition doit être retirée ou modifiée.

CHAPITRE II CONTRÔLE ADMINISTRATIF ET JURIDICTIONNEL

Art. R. 1322-1 (*Décr. n° 2018-1227 du 24 déc. 2018, art. 6*) « Les recours hiérarchiques prévus aux articles L. 1322-1-1 et L. 1322-3 sont formés » devant le (*Décr. n° 2020-1545 du 9 déc. 2020, art. 28-X*) « directeur régional de l'économie, de l'emploi, du travail et des solidarités », dans les deux mois suivant la notification de la décision de l'inspecteur du travail.

CHAPITRE III DISPOSITIONS PÉNALES

Art. R. 1323-1 Le fait de méconnaître les dispositions des articles L. 1311-2 à L. 1322-4 et R. 1321-1 à R. 1321-5 relatives au règlement intérieur, est puni de l'amende prévue pour les contraventions de la quatrième classe. (*Décr. n° 2018-1227 du 24 déc. 2018, art. 6*) « Est punie de la même peine la méconnaissance des dispositions du quatrième alinéa de l'article R. 1321-6 ».

TITRE III DROIT DISCIPLINAIRE

CHAPITRE I SANCTION DISCIPLINAIRE

Le présent chapitre ne comprend pas de dispositions réglementaires.

CHAPITRE II PROCÉDURE DISCIPLINAIRE

SECTION 1 Garanties de procédure

Art. R. 1332-1 La lettre de convocation prévue à l'article L. 1332-2 indique l'objet de l'entretien entre le salarié et l'employeur.

Elle précise la date, l'heure et le lieu de cet entretien.

Elle rappelle que le salarié peut se faire assister par une personne de son choix appartenant au personnel de l'entreprise.

Elle est soit remise contre récépissé, soit adressée par lettre recommandée, dans le délai de deux mois fixé à l'article L. 1332-4. – *[Anc. art. R. 122-17.]*

Art. R. 1332-2 La sanction prévue à l'article L. 1332-2 fait l'objet d'une décision écrite et motivée.

La décision est notifiée au salarié soit par lettre remise contre récépissé, soit par lettre recommandée, dans le délai d'un mois prévu par l'article L. 1332-2. – *[Anc. art. R. 122-18.]*

Art. R. 1332-3 Le délai d'un mois prévu à l'article L. 1332-2 expire à vingt-quatre heures le jour du mois suivant qui porte le même quantième que le jour fixé pour l'entretien.

A défaut d'un quantième identique, le délai expire le dernier jour du mois suivant à vingt-quatre heures.

Lorsque le dernier jour de ce délai est un samedi, un dimanche ou un jour férié ou chômé, le délai est prorogé jusqu'au premier jour ouvrable suivant. – *[Anc. art. R. 122-19, al. 1ᵉʳ.]*

SECTION 2 Prescription des faits fautifs

Art. R. 1332-4 Les dispositions de l'article R. 1332-3 sont applicables au délai de deux mois prévu à l'article L. 1332-4. — *[Anc. art. R. 122-19, al. 2.]*

CHAPITRE III CONTRÔLE JURIDICTIONNEL

Le présent chapitre ne comprend pas de dispositions réglementaires.

CHAPITRE IV DISPOSITIONS PÉNALES

Le présent chapitre ne comprend pas de dispositions réglementaires.

LIVRE IV LA RÉSOLUTION DES LITIGES – LE CONSEIL DE PRUD'HOMMES

TITRE I ATTRIBUTIONS DU CONSEIL DE PRUD'HOMMES

Ce titre est applicable à Mayotte à compter du 1ᵉʳ janv. 2022 (Décr. nº 2018-953 du 31 oct. 2018, art. 58-III).

CHAPITRE I COMPÉTENCE EN RAISON DE LA MATIÈRE

Le présent chapitre ne comprend pas de dispositions réglementaires.

CHAPITRE II COMPÉTENCE TERRITORIALE

Art. R. 1412-1 L'employeur et le salarié portent les différends et litiges devant le conseil de prud'hommes territorialement compétent.
Ce conseil est :
1° Soit celui dans le ressort duquel est situé l'établissement où est accompli le travail ;
2° Soit, lorsque le travail est accompli à domicile ou en dehors de toute entreprise ou établissement, celui dans le ressort duquel est situé le domicile du salarié.
Le salarié peut également saisir les conseils de prud'hommes du lieu où l'engagement a été contracté ou celui du lieu où l'employeur est établi. — *[Anc. art. R. 517-1, al. 1ᵉʳ à 3.]*

> *COMMENTAIRE*
> V. sur le Code en ligne 🔒.

A. DROIT INTERNE

1. Établissement. Sur la notion d'établissement au sens de l'art. R. 517-1 [art. R. 1412-1 nouv.], V. notamment ● Soc. 11 mai 1964, nº 63-40.279 P : *Dr. soc. 1964. 636* ● 13 nov. 1963 : *Bull. civ. IV, nº 774* ● 29 janv. 1981 : *ibid. V, nº 89* ● 26 oct. 1988 : *ibid., nº 552 ; D. 1988. IR 265.*

2. Les juges doivent se prononcer selon les modalités réelles d'exécution du travail. ● Soc. 15 mars 1978 : *Bull. civ. V, nº 192* ● 29 janv. 1981 : *ibid., nº 89* ● 2 mars 1989 : *ibid., nº 177.*

3. Est territorialement compétent le conseil de prud'hommes du lieu du bureau où travaillait effectivement un salarié détaché par son employeur auprès d'une autre société. ● Soc. 6 mars 1980 : *Bull. civ. V, nº 233.*

4. Un salarié, s'il peut être affecté successivement dans plusieurs établissements, ne travaille pas pour autant hors de tout établissement ; n'est donc pas compétent le conseil de prud'hommes du lieu où l'engagement a été contracté. ● Soc. 22 avr. 1971 : *D. 1971. 397.* ♦ En cas de mutation, le juge doit rechercher si l'affectation du salarié a un caractère provisoire ou définitif. ● Soc. 25 nov. 1976 : *Bull. civ. V, nº 628 ; D. 1977. IR 27.*

5. Ne travaille pas dans un établissement déterminé le salarié affecté à la surveillance de différents chantiers situés dans plusieurs départements. ● Soc. 2 mars 1972 : *Bull. civ. V, nº 178 ; RTD civ. 1972. 816, obs. Hébraud ; JCP 1972. II. 17190, note J.A.*

6. Lorsqu'une des parties exerce des fonctions de conseiller prud'homal dans un conseil de prud'hommes relevant du ressort d'une cour d'appel, celle-ci est tenue de faire droit à la demande de renvoi devant une juridiction d'appel limitrophe. ● Soc. 26 nov. 2013 : 🔒 *D. actu. 6 janv. 2014, obs. Kebir ; D. 2013. Actu. 2858 ; RTD civ. 2014. 433, obs. Thery.* ♦ Sur la qualité de magistrat reconnu au conseiller prud'homme et autorisant le recours à l'art. 47 C. pr. civ. lui permettant de saisir une juridiction située dans un ressort limitrophe, V. ● Soc. 27 mai 1998, 🔒 nº 96-41.311

P. • 4 déc. 1990, ⚖ n° 87-45.045 P. – V. aussi • Soc. 21 juin 1989 : *Dr. soc. 1990. 562*, obs. *Desdevises* ⌀. ♦ L'art. 47 C. pr. civ. n'est pas applicable lorsque le conseiller prud'homme, magistrat au sens de ce texte, n'est pas le représentant légal de la société partie au litige. • Soc. 19 juill. 1994, ⚖ n° 90-46.074 P. (pour un directeur financier) • 20 mars 1997, ⚖ n° 95-42.755 P : *RJS 1997. 629, n° 1007 ; CSB 1997. 190, S. 115* (pour un directeur des ressources humaines).

7. Domicile. Le domicile au sens de l'art. R. 517-1 [art. R. 1412-1 nouv.] est celui du salarié lors de la saisine du conseil de prud'hommes. • Soc. 10 avr. 1991, ⚖ n° 87-45.701 P : *D. 1991. IR 142 ; RJS 1991. 392, n° 739*. ♦ V. aussi : • Soc. 7 mai 1987 : *Bull. civ. V, n° 287 ; D. 1988. Somm. 314*, obs. *A. Lyon-Caen*. ♦ Le lieu où est établi un employeur peut être son domicile personnel. • Soc. 27 févr. 1991 : ⚖ *RJS 1991. 264, n° 504*.

8. Lieu d'engagement. Lorsque le contrat d'un représentant est devenu parfait par l'acceptation des conditions posées par l'employeur, le conseil de prud'hommes compétent est celui du lieu de l'expédition de la lettre d'acceptation. • Soc. 5 juin 1962 : *Bull. civ. IV, n° 537* • 3 mars 1965 : ⚖ *ibid., n° 184* • 2 juill. 1969 : *ibid. V, n° 457*. ♦ Lorsque l'engagement a été contracté par téléphone et que c'est à son domicile que le salarié a accepté l'offre d'emploi, le conseil de prud'hommes du lieu où l'engagement a été contracté est compétent. • Soc. 11 juill. 2002, ⚖ n° 00-44.197 P : *RJS 2002. 949, n° 1275*. ♦ Sur le caractère indifférent du lieu de la signature lorsque celle-ci confirme un accord de volontés antérieur, V. • Soc. 20 mars 1974 : *Bull. civ. V, n° 198*.

9. Dans le cas de deux contrats successifs, le second se bornant à modifier les fonctions et à augmenter la rémunération du salarié, une cour d'appel peut décider que le lieu de l'engagement était celui où avait été conclu le premier contrat. • Soc. 8 oct. 1969, n° 68-40.266 P : *Gaz. Pal. 1970. 1. 123*, note *Vitry* • 21 janv. 1970 : *Bull. civ. V, n° 42*.

10. Lorsque le lieu de formation du contrat n'a pas pu être déterminé, le conseil de prud'hommes est celui du siège social de l'employeur. • Soc. 2 mars 1972 : *préc. note 5*.

11. Mise à disposition d'une filiale. Lorsqu'un salarié est recruté par une société mère pour exercer des fonctions de direction technique dans une filiale étrangère, de sorte qu'il est indivisément le salarié des deux sociétés, il saisit à bon droit le conseil de prud'hommes du siège de la société mère. • Soc. 23 sept. 1992 : ⚖ *Dr. soc. 1992. 918*. ♦ Un salarié qui a toujours accompli sa prestation de travail dans le cadre d'un groupe de sociétés étroitement liées peut valablement saisir le conseil de prud'hommes du lieu de conclusion du contrat initial. • Soc. 12 mars 1997, ⚖ n° 94-41.245 P : *RJS 1997. 297, n° 451 ; CSB 1997. 189, S. 114*.

12. Lieu où l'employeur est établi. À l'égard d'un agent EDF, est territorialement compétent le conseil de prud'hommes dans le ressort duquel se trouve un centre de distribution mixte des services nationaux EDF-GDF dont le responsable a un pouvoir de représentation de l'autorité centrale, peu important que l'agent ait été en poste dans des subdivisions dépendant d'un autre centre. • Soc. 9 déc. 1992, ⚖ n° 88-42.595 P.

13. Contrat de travail temporaire. S'agissant d'une demande tendant à la requalification de contrats de travail temporaires en contrats de travail à durée indéterminée, le conseil de prud'hommes où était établie la société utilisatrice était territorialement compétent. • Soc. 14 déc. 2004, n° 03-40.401 P : *RJS 2005. 137, n° 192*.

14. Pluralité de défendeurs. Sous réserve des dispositions du code du travail la procédure devant les juridictions prud'homales est régie par les dispositions du livre premier du code de procédure civile ; lorsqu'il y a plusieurs défendeurs, le demandeur saisit, a son choix, la juridiction du lieu où demeure l'un d'eux. • Soc. 16 févr. 2011 : ⚖ *D. 2011. Actu. 685* ⌀ ; *JCP S 2011. 1191*, obs. *Brissy*.

B. DROIT INTERNATIONAL

BIBL. Déprez, *RJS 1989. 539 ; ibid. 1991. 618* (compétence juridictionnelle). – Jeammaud, *Dr. soc. 1989. 729* (clause attributive de compétence). – Taquet, *SSL 1993, suppl. n° 651*.

15. Principes. La détermination de la loi applicable n'est pas liée à celle de la juridiction compétente et la référence à la loi d'exécution du contrat ne saurait à elle seule constituer une renonciation non équivoque à l'application de l'art. 14 C. civ. • Soc. 20 juin 1979 : *Bull. civ. V, n° 551 ; JDI 1979. 852*, note *A. Lyon-Caen* • Soc. 2 juin 1983 et • 20 oct. 1983 : *GADT, 4ᵉ éd., n° 2 ; JDI 1984. 337*, note *P. Rodière* ; *Rev. crit. DIP 1985. 99*, note *Gaudemet-Tallon* • 27 févr. 1991 : *D. 1991. IR 87 ; RJS 1991. 618*, note *Déprez*.

16. Lieu d'exécution. En relevant que le demandeur, de nationalité algérienne et salarié de la compagnie Air Algérie, était employé dans des conditions de droit privé dans un établissement parisien, la cour d'appel a pu décider que le conseil de prud'hommes de Paris était compétent pour connaître de sa demande. • Soc. 26 janv. 1989 : *Dr. soc. 1989. 729*, note *Jeammaud*. – V. aussi • Soc. 16 mars 1989 : *Bull. civ. V, n° 227*. ♦ Lorsque l'obligation du salarié d'effectuer les activités convenues s'exerce dans plus d'un État contractant, le lieu où il accomplit habituellement son travail est l'endroit où, ou à partir duquel, compte tenu des circonstances du cas d'espèce, il s'acquitte en fait de l'essentiel de ses obligations à l'égard de son employeur. • Soc. 4 déc. 2012 : ⚖ *D. actu. 14 janv. 2013*, obs. *Perrin* ; *JCP S 2013. 115*, obs. *Pétel-Teyssié*.

17. Droit d'option du salarié. Sur la possibilité offerte par l'art. 14 C. civ. au salarié français de saisir le conseil de prud'hommes de son choix lorsque son contrat de travail s'est effectué hors de tout établissement français, V. ● Soc. 2 mars 1966, n° 64-40.547 P : *D. 1966. Somm. 79 ; JDI 1966. 663, note Sialleli.* ◆ Par l'effet de la décision d'incompétence de la juridiction étrangère qu'il avait saisie, le salarié français retrouve la faculté d'exercer la même action devant la juridiction française sur le fondement de l'art. 14 C. civ. ● Soc. 9 juill. 1996 : 🔒 *RJS 1996. 684, n° 1075 ; CSB 1996. 328, S. 138 ; Justices 1997, n° 6, p. 233, obs. Dockès.* ◆ En cas de litige entre un salarié résidant en France et une entreprise étrangère de l'Union européenne, une juridiction française peut être compétente, même en l'absence d'établissement de l'employeur en France, dès lors qu'il s'agit de la juridiction dans le ressort de laquelle le salarié organise son activité pour le compte de l'employeur et où se situe le centre effectif de son activité professionnelle. ● Soc. 20 sept. 2006 : 🔒 *D. 2006. IR 2344 ; JSL 2006, n° 198-4.* ◆ La faculté donnée à un Français de saisir les juridictions françaises et notamment prud'homales, pour un litige relatif à un contrat de travail conclu à l'étranger, en application de l'art. 14 C. civ., ne constitue pas une règle impérative ; elle n'exclut pas nécessairement la compétence d'un tribunal étranger déjà saisi et dont le choix n'est pas frauduleux. ● Soc. 5 déc. 2018, 🔒 n° 17-19.820 P : *Dr. soc. 2019. 117, obs. Nord ; JCP S 2018. 1016, obs. Brissy.*

18. Clause attributive de compétence. Une clause attributive de compétence incluse dans un contrat international ne peut faire échec aux dispositions impératives de l'art. R. 1412-1 applicables dans l'ordre international. ● Soc. 29 sept. 2010 : 🔒 *D. 2010. AJ 2370 ; RJS 2010. 863, n° 972 ; Dr. soc. 2011. 209, obs. Chaumette ; Dr. ouvrier 2010. 665, note Lacoste-Mary ; JCP S 2011. 1036, obs. Tricot.* ◆ En présence d'un contrat de travail dont elle a relevé le caractère international, une cour d'appel peut décider que la clause attributive de compétence, incluse dans un contrat conclu entre un salarié français et une société étrangère pour être exécuté à l'étranger et désignant expressément les juridictions étrangères, était valide, qu'elle excluait l'application de l'art. R. 517-1 C. trav. [art. R. 1412-1 nouv.] et qu'elle emportait renonciation du salarié au bénéfice des dispositions de l'art. 14 C. civ. ● Soc. 30 janv. 1991, 🔒 n° 87-42.086 P : *GADT, 4ᵉ éd., n° 25 ; D. 1991. IR 50 ; RJS 1991. 618, note Déprez.* ● Comp. : ● Soc. 8 juill. 1985, 🔒 *Allard, n° 84-40.284 P : Rev. crit. DIP 1986. 113, note Gaudemet-Tallon ; RJS 1989. 539, annexe 2, note Déprez.* ◆ Rappr. : ● Cass., ch. mixte, 28 juin 1974 : *Dr. soc. 1975. 458, note Lucas ; JCP 1974. II. 17881. note G. Lyon-Caen ; JDI 1975. 82, note Holleaux ; Rev. crit. DIP 1975. 110, note P. L.* ● Civ. 1ʳᵉ, 16 juin 1987 : *D. 1988. Somm. 314, obs. A. Lyon-Caen ; Rev. crit. DIP 1988. 78, note Gaudemet-Tallon* ● 8 mars 1988 : *Bull. civ. I, n° 66 ; D. 1988. Somm. 314, obs. A. Lyon-Caen.* ◆ L'action intentée par un salarié devant le conseil de prud'hommes postérieurement à l'entrée en vigueur, en France, de la Convention de Saint-Sébastien ne permet pas l'application d'une clause attributive de juridiction antérieure au différend. ● Soc. 14 nov. 2000, 🔒 n° 98-41.959 P : *D. 2000. IR 298 ; RJS 2001. 239, n° 331 ; Dr. soc. 2001. 204, obs. Gaudemet-Tallon.* ◆ V. aussi ● Soc. 1ᵉʳ mars 1989 : 🔒 *Dr. soc. 1989. 729, note Jeammaud,* décision affirmant que l'art. 48 C. pr. civ. doit s'interpréter en ce sens que doivent être exclues de la prohibition qu'il édicte les clauses qui ne modifient la compétence interne qu'en conséquence d'une modification de la compétence internationale. ◆ En présence d'un accord précisant que le contrat de travail d'un salarié restait régi par la loi américaine y compris après son transfert sur le sol français, la clause attributive de compétence prévue par cet accord, qui n'est pas contraire à la conception française de l'ordre public international, est opposable au salarié. ● Soc. 21 janv. 2004, 🔒 n° 01-44.215 P : *D. 2004. 2187, obs. Escande-Varniol ; RJS 2004. 274, n° 387.*

19. Clause compromissoire. La clause compromissoire insérée dans un contrat de travail international n'est pas opposable au salarié qui a saisi régulièrement la juridiction française compétente en vertu des règles applicables, peu important la loi régissant le contrat de travail. ● Soc. 16 févr. 1999, 🔒 n° 96-40.643 P : *GADT, 4ᵉ éd., n° 26 ; D. 1999. IR 74 ; Dr. soc. 1999. 632, obs. Moreau ; RJS 1999. 436, n° 720* ● 9 oct. 2001, 🔒 n° 99-43.288 P : *D. 2001. IR 3170 ; RJS 2001. 977, n° 1452 ; Dr. soc. 2002. 122, obs. Moreau* ● 28 juin 2005 : 🔒 *D. 2005. IR 2035 ; RJS 2005. 717, n° 1016.* ◆ Pour une nullité fondée sur l'application de la loi française. ● Soc. 12 févr. 1985, 🔒 n° 82-43.268 P : *D. 1985. IR 456, obs. A. Lyon-Caen ; Rev. arb. 1986. 47, note Moreau-Bourlès ; Rev. crit. DIP 1986. 469, note Niboyet-Hoegy.*

20. Convention de Bruxelles. Le droit du travail fait partie du domaine matériel de la convention de Bruxelles du 27 sept. 1968 et les litiges nés d'un contrat de travail conclu après le 1ᵉʳ févr. 1973 ressortissent à la convention et notamment à son art. 17 relatif à la prorogation de compétence. ● CJCE 13 nov. 1979 : *D. 1980. 543, note J. Mestre ; JDI 1980. 429, note A. Huet.*

21. L'art. 5, 1°, de la convention de Bruxelles doit être interprété en ce sens que, en matière de contrats de travail, l'obligation à prendre en considération est celle qui caractérise de tels contrats, en particulier celle d'effectuer les activités convenues. ● CJCE 15 févr. 1989, *Sté Six : Dr. soc. 1989. 729, note Jeammaud ; JDI 1989. 461, note A. Huet ; Rev. crit. DIP 1989. 555, note P. Rodière.* – V. déjà : ● CJCE 26 mai 1982, *Ivenel : Rev. crit. DIP 1983. 116, note Gaudemet-Tallon ; JDI 1982. 948, obs. Bischoff et A. Huet* ● 15 janv. 1987, *Schenavai : Rev. crit. DIP 1987. 793, note Droz ; JDI 1987. 465, obs. Bischoff et A. Huet.* ◆ Sur la détermination du lieu où le travailleur accomplit habituellement son travail, V. • CJCE 9 janv. 1997 : *TPS 1997, n° 63, obs. Antonmattéi.*

22. La clause attributive de juridiction répondant aux conditions de l'art. 17 de la convention de Bruxelles doit recevoir application quelles que soient la nature du contrat – contrat d'agent commercial ou contrat de travail de VRP – et ses modalités d'exécution. • Soc. 7 janv. 1992, 🔒 n° 89-40.470 P : *D. 1992. IR 67.*

23. Sur le respect des conditions de forme posées par l'art. 17, al. 1er, de la convention de Bruxelles en matière de clause attributive de compétence, V. • CJCE 14 déc. 1976 : *D. 1977. IR 349, obs. Audit ; JDI 1977. 734, obs. Bischoff et A. Huet* • 19 juin 1984 : *Rev. crit. DIP 1985. 385, note Gaudemet-Tallon ; JDI 1985. 159, note Bischoff* • Soc. 14 janv. 1988 : *JDI 1989. 91, obs. A. Huet.*

24. Conventions bilatérales. Sur l'interprétation de la convention franco-suisse, V. • Soc. 14 janv. 1987 : *Bull. civ. V, n° 19* • 16 févr. 1987 : *ibid., n° 77 ; D. 1988. Somm. 95, obs. Fieschi-Vivet.*

C. DROIT DE L'UNION EUROPÉENNE

25. Primauté. L'art. 19 du Règl. (CE) n° 44/2001 instaure des règles de compétences spéciales qui interdisent à l'État membre saisi par un salarié d'une demande dirigée contre un autre employeur domicilié dans un autre État membre de se référer à ses propres règles de compétence pour déterminer quelle est la juridiction compétente. • Soc. 20 sept. 2006 : 🔒 *D. 2006. IR 2344* ⌀ *; RJS 2006. 974, n° 1306 ; JSL 2006, n° 198-4.*

Art. R. 1412-2 En cas de création d'un conseil de prud'hommes, la cour d'appel, saisie sur requête du procureur général, constate que la nouvelle juridiction est en mesure de fonctionner.

Elle fixe la date de l'installation du conseil à compter de laquelle le ou les conseils de prud'hommes dont le ressort est réduit cessent d'être compétents pour connaître des affaires entrant dans leur compétence. – *[Anc. art. R. 511-3, al. 2.]*

Art. R. 1412-3 Lorsqu'à la suite d'une nouvelle délimitation de circonscriptions judiciaires, le ressort d'un conseil de prud'hommes est modifié, le conseil de prud'hommes initialement saisi demeure compétent pour statuer sur les procédures introduites antérieurement à la modification. – *[Anc. art. R. 511-3, al. 1er.]*

Art. R. 1412-4 Toute clause du contrat qui déroge directement ou indirectement aux dispositions de l'article R. 1412-1, relatives aux règles de compétence territoriale des conseils de prud'hommes, est réputée non écrite. – *[Anc. art. R. 517-1, al. 4.]*

Art. R. 1412-5 Lorsqu'un salarié est temporairement détaché sur le territoire national par une entreprise établie dans un autre État membre de *(Décr. n° 2016-660 du 20 mai 2016, art. 43)* « l'Union » européenne, les contestations relatives aux droits reconnus dans les matières énumérées à l'article L. 1262-4 peuvent être portées devant le conseil de prud'hommes dans le ressort duquel la prestation est ou a été exécutée.

Lorsque la prestation est ou a été exécutée dans le ressort de plusieurs conseils de prud'hommes, ces contestations sont portées devant l'une quelconque de ces juridictions. – *[Anc. art. R. 517-1-1.]*

TITRE II INSTITUTION, ORGANISATION ET FONCTIONNEMENT

Ce titre est applicable à Mayotte à compter du 1er janv. 2022, à l'exception des art. R. 1423-1 et R. 1423-5 qui sont applicables à compter du 1er janv. 2021 (Décr. n° 2018-953 du 31 oct. 2018, art. 58-III ; Décr. n° 2020-1549 du 9 déc. 2020, art. 2).

CHAPITRE I DISPOSITIONS GÉNÉRALES

Le présent chapitre ne comprend pas de dispositions réglementaires.

CHAPITRE II INSTITUTION

Art. R. 1422-1 Lorsqu'est *[Lorsque est]* envisagé la création ou la suppression d'un conseil de prud'hommes, la modification du ressort ou le transfert du siège d'un conseil, le ministre chargé du travail publie préalablement au *Journal officiel* de la République française un avis indiquant :

1° Le siège du conseil à créer ou à supprimer ou, en cas de transfert, le nouveau siège du conseil ;

2° L'étendue de la compétence territoriale du conseil à créer et du ou des conseils dont le ressort est affecté par la création, la suppression ou la modification envisagée ;
3° L'effectif des conseillers des différentes sections du conseil à créer ou dont l'organisation est modifiée.

L'avis invite les organismes et autorités mentionnés à l'article R. 1422-2 à faire connaître au ministre chargé du travail, dans le délai de trois mois, leurs observations et avis. — *[Anc. art. R. 511-1.]*

Art. R. 1422-2 Les décrets d'institution du conseil de prud'hommes prévus à l'article L. 1422-3 fixent le siège et le ressort du conseil ainsi que la date de *(Décr. n° 2016-1359 du 11 oct. 2016, art. 5-I, en vigueur le 1er janv. 2018)* « la désignation » des conseillers.

Ils sont pris après consultation ou avis :
1° Du conseil départemental et du conseil municipal ;
2° Du ou des conseils de prud'hommes intéressés ;
3° Du premier président de la cour d'appel ;
4° Des organisations d'employeurs et de salariés représentatives au niveau national ;
5° Des chambres consulaires. — *[Anc. art. L. 511-3, al. 4, phrase 1, et R. 511-2.]*

Art. R. 1422-3 Chacun des organismes ou autorités mentionnés à l'article R. 1422-2 est réputé avoir donné un avis favorable s'il ne s'est pas prononcé dans les trois mois suivant sa saisine. — *[Anc. art. L. 511-3, al. 4, phrase 2.]*

Art. R. 1422-4 Les siège et ressort des conseils de prud'hommes sont fixés conformément à l'annexe figurant à la fin du présent livre. — *[Anc. art. R. 512-1.]* — *V. ss. art. R. 1471-2.*

CHAPITRE III ORGANISATION ET FONCTIONNEMENT

SECTION 1 Sections

SOUS-SECTION 1 Composition

Art. R. 1423-1 I. — Le conseil de prud'hommes est divisé en cinq sections autonomes :
1° La section de l'encadrement ;
2° La section de l'industrie ;
3° La section du commerce et des services commerciaux ;
4° La section de l'agriculture ;
5° La section des activités diverses.

Chaque section comprend au moins trois conseillers prud'hommes employeurs et trois conseillers prud'hommes salariés. — *[Anc. art. L. 512-2, al. 1er milieu, al. 2, phrase 1, et al. 8.]*

Art. R. 1423-2 Lorsque le ressort d'un *(Décr. n° 2019-966 du 18 sept. 2019, art. 8, en vigueur le 1er janv. 2020)* « tribunal judiciaire » comprend plusieurs conseils de prud'hommes, une section de l'agriculture unique est constituée pour l'ensemble du ressort de ce tribunal.

Cette section est rattachée au conseil de prud'hommes dont le siège est celui de ce tribunal. *(Décr. n° 2020-1214 du 2 oct. 2020, art. 2)* « Toutefois, la section de l'agriculture unique constituée pour l'ensemble du ressort du tribunal judiciaire de Privas est rattachée au conseil de prud'hommes d'Aubenas. »

Al. abrogé par Décr. n° 2020-1214 du 2 oct. 2020.

Art. R. 1423-3 Lorsqu'un département comprend plusieurs conseils de prud'hommes comportant une section de l'agriculture, il est possible de réduire le nombre de sections de l'agriculture dans le département. Cette réduction tient compte du nombre et de la variété des affaires traitées. Cette section est rattachée à l'un de ces conseils par décret en Conseil d'État. — *[Anc. art. L. 512-2, al. 2, phrases 4 et 5.]*

SOUS-SECTION 2 Répartition entre les sections

(Décr. n° 2016-1359 du 11 oct. 2016, art. 2, en vigueur le 1ᵉʳ janv. 2018, à l'exception des dispositions créant l'art. R. 1423-4)

Art. R. 1423-4 *(Décr. n° 2016-1359 du 11 oct. 2016)* Le garde des sceaux, ministre de la justice, et le ministre chargé du travail fixent par arrêté, pour chaque désignation générale des conseillers prud'hommes, le tableau de répartition mentionné à l'article L. 1423-1-1.

Sous réserve des dispositions relatives à la section de l'encadrement, ce tableau rattache aux sections de l'industrie, du commerce et des services commerciaux, de l'agriculture ou des activités diverses chaque convention collective ou accord collectif de branche en fonction du champ d'application de ceux-ci. En l'absence de convention ou d'accord collectif applicable, la section de rattachement est celle des activités diverses.

Ce tableau demeure applicable nonobstant toute dénonciation ou mise en cause d'une convention ou d'un accord qui y figure.

V. Arr. du 20 déc. 2021 fixant le tableau de répartition entre les sections du conseil de prud'hommes pour le mandat prud'homal 2023-2025, NOR : MTRT2137787A (JO 28 déc.).

Art. R. 1423-5 Chaque section est composée des conseillers prud'hommes affectés selon la répartition opérée par l'arrêté mentionné à l'article R. 1441-1.

Art. R. 1423-6 Les affaires sont réparties entre les sections du conseil de prud'hommes en application :
1° Pour la section de l'encadrement, de l'article L. 1423-1-2 ;
2° Pour les autres sections, du tableau de répartition prévu à l'article R. 1423-4.

Pour l'application du 2° du présent article, les modifications du tableau opérées en application de l'article R. 1423-4 ne sont prises en compte qu'à compter de la nomination des conseillers prud'hommes qui suit la publication de l'arrêté.

Art. R. 1423-7 En cas de difficulté de répartition d'une affaire ou de contestation sur la connaissance d'une affaire par une section, *(Abrogé par Décr. n° 2016-660 du 20 mai 2016, art. 2)* « *et quel que soit le stade de la procédure auquel survient cette difficulté ou contestation,* » le dossier est transmis au président du conseil de prud'hommes, qui, après avis du vice-président, renvoie l'affaire à la section qu'il désigne par ordonnance.

Cette ordonnance constitue une mesure d'administration judiciaire non susceptible de recours.

(Décr. n° 2016-660 du 20 mai 2016, art. 2) « Les contestations sont formées devant le bureau de conciliation et d'orientation ou, dans les cas où l'affaire est directement portée devant le bureau de jugement, avant toute défense au fond. »

Les dispositions issues de l'art. 2 du Décr. n° 2016-660 du 20 mai 2016 s'appliquent aux instances introduites à compter du 25 mai 2016 (Décr. préc., art. 44).

SECTION 2 Chambres

Art. R. 1423-8 Plusieurs chambres peuvent être constituées au sein d'une section d'un conseil de prud'hommes. Chaque chambre comprend au moins quatre conseillers employeurs et quatre conseillers salariés. — *[Anc. art. L. 512-3, al. 1ᵉʳ.]*

Art. R. 1423-9 Lorsqu'une section comprend plusieurs chambres, l'une d'elles est compétente pour connaître des différends et litiges relatifs aux licenciements pour motif économique. — *[Anc. art. L. 512-3, al. 2.]*

Art. R. 1423-10 La constitution des chambres est décidée par le premier président de la cour d'appel, sur proposition de l'assemblée générale du conseil de prud'hommes. — *[Anc. art. L. 512-3, al. 3.]*

SECTION 3 Président et vice-président

Art. R. 1423-11 L'élection des présidents et vice-présidents a lieu au scrutin secret, par assemblée et à la majorité absolue des membres présents.

Elle a lieu soit lorsque les trois-quarts au moins des membres de chaque assemblée sont installés, soit en cas d'application dans une section des dispositions de l'article

R. 1423-1, lorsque les deux tiers au moins des membres de chaque assemblée sont installés. — [Anc. art. L. 512-7, al. 1er fin et 4.]

Art. R. 1423-12 Après deux tours de scrutin sans qu'aucun des candidats n'ait obtenu la majorité absolue des membres présents, le président ou le vice-président est, au troisième tour, élu à la majorité relative.

Lorsqu'il existe un partage égal des voix au troisième tour, le conseiller le plus ancien en fonction est élu. Lorsque les deux candidats ont un temps de service égal, le plus âgé est élu. Il en est de même dans le cas de création d'un conseil de prud'hommes. — [Anc. art. L. 512-7, al. 3.]

Art. R. 1423-13 La réunion des conseillers prud'hommes en assemblée générale, en assemblée de section et, le cas échéant, en assemblée de chambre, a lieu chaque année pendant le mois de janvier dans l'ordre suivant :

1° L'assemblée générale du conseil de prud'hommes élit, conformément aux articles L. 1423-3 à L. 1423-6, le président et le vice-président du conseil de prud'hommes. L'élection du président et du vice-président précède l'audience solennelle tenue au conseil de prud'hommes en application de l'article R. 111-2 du code de l'organisation judiciaire ;

2° L'assemblée de chaque section élit le président et le vice-président de section ;

3° Lorsque plusieurs chambres ont été constituées au sein d'une même section en application de l'article R. 1423-8, l'assemblée de chambre élit le président et le vice-président de la chambre.

Le procès-verbal de ces assemblées est adressé dans les quarante-huit heures au premier président de la cour d'appel et au procureur général près la cour d'appel. — [Anc. art. R. 512-3.]

1. Déroulement des élections. Si l'élection des présidents et vice-présidents de section est obligatoirement postérieure à celle du président et du vice-président du conseil de prud'hommes, aucun texte légal ou réglementaire ne prescrit que cette élection doive intervenir seulement après l'installation publique du conseil, l'art. R. 512-3 [art. R. 1423-13 nouv.] se bornant à préciser que l'élection du président et du vice-président de la juridiction doit précéder l'audience solennelle. ● Soc. 25 juin 1980 : Bull. civ. V, n° 559.

2. Suppléants. Le règlement intérieur d'un conseil de prud'hommes ne peut prévoir l'élection d'un président et d'un vice-président suppléants. ● Soc. 10 avr. 1991, ✠ n° 88-42.235 P : D. 1991. IR 142.

3. Nullité des élections. L'exigence de l'installation, c'est-à-dire de la prestation de serment d'un nombre de conseillers au moins égal aux 3/4 des membres attribués, est une condition de fond pour que l'élection ait lieu valablement et non une règle de quorum ; dès lors que l'élection des président et vice-président du conseil de prud'hommes n'est entachée de nullité, il ne peut être procédé en l'assemblée de section à l'élection des présidents et vice-présidents de section. ● Civ. 2e, 6 janv. 2000, ✠ n° 98-60.292 P.

4. L'art. R. 512-3 [art. R. 1423-13 nouv.] ne prévoit pas de faire figurer à l'ordre du jour des assemblées annuelles des sections l'élection des président et vice-président suppléants. ● Civ. 2e, 4 mars 1998, ✠ n° 96-60.245 P.

Art. R. 1423-14 En cas de création de chambre, l'assemblée de chambre procède à l'élection du président et du vice-président de chambre, sans attendre le mois de janvier. — [Anc. art. R. 512-4.]

Art. R. 1423-15 Le conseil de prud'hommes se réunit en assemblée générale dans les conditions prévues à l'article R. 1423-23 pour élire un nouveau président ou un nouveau vice-président lorsque la vacance d'une de ces fonctions survient pour l'une des causes suivantes :

1° Refus du président ou du vice-président de se faire installer ;
2° Démission ;
3° Déclaration de démission en application des articles L. 1442-12 et D. 1442-18 ;
4° Décès ;
5° Déchéance à titre disciplinaire prononcée par décret en application de l'article L. 1442-14 ;
6° Déchéance de plein droit en application de l'article L. 1442-15 (Abrogé par Décr. n° 2016-1359 du 11 oct. 2016, art. 5, à compter du 1er janv. 2018) « , après une condamnation pénale devenue définitive pour des faits prévus aux articles L. 6 et L. 7 du code électoral ».

Art. R. 1423-16 En cas de vacance des fonctions de président ou de vice-président de section ou de chambre pour l'une des causes énumérées à l'article R. 1423-15, les conseillers prud'hommes de la section ou de la chambre se réunissent en assemblée de section ou de chambre pour élire un nouveau président ou un nouveau vice-président. – *[Anc. art. R. 512-6-II.]*

Art. R. 1423-17 Lorsque l'un des cas énoncés aux articles R. 1423-15 et R. 1423-16 se reproduit au cours de la même année, il n'est pourvu à la seconde vacance que lors du renouvellement annuel prévu à l'article R. 1423-13. – *[Anc. art. R. 512-6-III.]*

Art. R. 1423-18 Les procès-verbaux des assemblées mentionnées aux articles R. 1423-15 et R. 1423-16 sont établis et transmis dans les conditions fixées à l'article R. 1423-24. – *[Anc. art. R. 512-6-IV.]*

Art. R. 1423-19 Dans un délai de quinze jours à compter de l'élection des présidents et des vice-présidents prévue aux articles R. 1423-13 et R. 1423-14, tout membre de la formation qui en conteste la régularité peut exercer un recours auprès de la cour d'appel dans le ressort de laquelle l'élection a eu lieu.

Ce recours est ouvert au procureur général qui peut l'exercer dans un délai de quinze jours à compter de la réception du procès-verbal. – *[Anc. art. R. 512-5, al. 1er.]*

Les recours concernant les élections internes du conseil de prud'hommes sont ouverts à tout membre de la formation intéressée, sans aucune distinction entre les collèges électoraux. • Civ. 2e, 11 déc. 1985 : *Bull. civ. II, n° 194* • Soc. 10 avr. 1991 : 🔒 *ibid. V, n° 181 ; D. 1991. IR 142 ; RJS 1991. 329, n° 619.*

Art. R. 1423-20 A peine d'irrecevabilité, les requérants notifient les recours mentionnés à l'article R. 1423-19 aux candidats dont l'élection est contestée. Cette notification est faite par lettre recommandée avec avis de réception.

Les candidats peuvent présenter leurs observations en défense dans les cinq jours de la notification. – *[Anc. art. R. 512-5, al. 2, phrases 1 et 2.]*

Art. R. 1423-21 Les recours mentionnés à l'article R. 1423-19 sont jugés sans frais ni forme dans le délai d'un mois à compter du jour où ils sont enregistrés.

L'arrêt est notifié par le greffier aux intéressés. Le procureur de la République est informé de l'arrêt. Il en informe le préfet. L'opposition n'est pas admise contre l'arrêt rendu par défaut.

L'arrêt est susceptible d'un pourvoi en cassation dans les dix jours de sa notification. Le pourvoi est dispensé du ministère d'avocat. – *[Anc. art. R. 512-5, al. 2, phrases 3 à 5, et al. 3.]*

Art. R. 1423-22 Les dispositions des articles R. 1423-19 à R. 1423-21 sont applicables à la désignation par l'assemblée générale du conseil de prud'hommes des conseillers prud'hommes appelés à tenir les audiences de référé. – *[Anc. art. R. 512-5, al. 4.]*

SECTION 4 Organisation et fonctionnement

SOUS-SECTION 1 Réunions de l'assemblée générale

Art. R. 1423-23 Le conseil de prud'hommes se réunit en assemblée générale à la demande :
1° Soit du premier président de la cour d'appel ;
2° Soit de la majorité des membres en exercice ;
3° Soit du président ou du vice-président. – *[Anc. art. R. 512-8, phrase 1.]*

Art. R. 1423-24 Le procès-verbal de l'assemblée générale est établi, sous la responsabilité du président, par le (*Abrogé par Décr. n° 2016-1359 du 11 oct. 2016, art. 5*) « greffier en chef, » directeur de greffe. Le président le transmet au premier président de la cour d'appel et au procureur général près la cour d'appel dans un délai de quinze jours. – *[Anc. art. R. 512-8, phrase 2.]*

SOUS-SECTION 2 Règlement intérieur

Art. R. 1423-25 L'assemblée générale du conseil de prud'hommes nouvellement créé propose, dans un délai de trois mois à compter de l'installation du conseil, un règlement intérieur qui fixe notamment les jours et heures des audiences.

Les calendriers et horaires de ces audiences sont déterminés par analogie avec celles des juridictions de droit commun ayant leur siège dans le ressort de la cour d'appel dont relève ce conseil. Toutefois, le règlement intérieur peut, pour tenir compte des contingences locales, déroger à cette règle. — [Anc. art. R. 512-9, al. 1er.]

Le règlement intérieur d'un conseil de prud'hommes ne peut prévoir l'élection d'un président et d'un vice-président suppléants. • Soc. 10 avr. 1991, ⚖ n° 88-42.235 P : D. 1991. IR 142.

Art. R. 1423-26 Le règlement intérieur n'est exécutoire qu'après avoir été approuvé par le premier président de la cour d'appel et le procureur général près la cour d'appel. Au cas où ceux-ci ne se sont pas prononcés dans un délai de trois mois à compter de la réception du règlement intérieur, les dispositions de ce règlement deviennent exécutoires. — [Anc. art. R. 512-9, al. 2.]

Art. R. 1423-27 Si l'assemblée générale n'a pas établi le règlement intérieur dans le délai de trois mois prévu à l'article R. 1423-25, le règlement intérieur est préparé par une formation restreinte constituée par le président du conseil.

Cette formation est composée :
1° Du président ;
2° Du vice-président ;
3° Des présidents et vice-présidents de chaque section et, s'il y a lieu, de chaque chambre.

Le règlement établi par cette formation est exécutoire après avoir été approuvé dans les conditions prévues à l'article R. 1423-26.

Si, à l'expiration d'un délai d'un mois à compter du jour de sa constitution, la formation n'a pas établi le règlement intérieur, le président du conseil arrête, en accord avec le vice-président, les dispositions de ce règlement.

Ce dernier détermine le calendrier et les horaires des audiences. Ses dispositions ne sont exécutoires qu'après avoir été approuvées dans les conditions prévues à l'article R. 1423-26. — [Anc. art. R. 512-9, al. 3 et 4.]

Art. R. 1423-28 Le règlement intérieur est affiché dans les locaux du conseil de prud'hommes.

Il peut être modifié par l'assemblée générale réunie en application de l'article R. 1423-23 et, le cas échéant, par la formation restreinte ou les personnes mentionnées à l'article R. 1423-27. Dans ce cas, le délai prévu au premier alinéa de l'article R. 1423-25 et celui prévu au septième alinéa de l'article R. 1423-27 sont respectivement réduits à un mois et à quinze jours. — [Anc. art. R. 512-9, al. 5 et 6.]

Art. R. 1423-29 Lorsque les dispositions du règlement intérieur relatives au calendrier et aux horaires n'ont pas été régulièrement approuvées par le premier président de la cour d'appel et le procureur général près la cour d'appel, ces dispositions sont déterminées par analogie avec les calendrier et horaires des juridictions de droit commun ayant leur siège dans le ressort de la cour d'appel dont relève le conseil. — [Anc. art. R. 512-9, al. 7.]

SOUS-SECTION 3 Administration de la juridiction et inspection

Art. R. 1423-30 Le premier président de la cour d'appel et le procureur général procèdent à l'inspection des conseils de prud'hommes de leur ressort.

Ils s'assurent, chacun en ce qui le concerne, de la bonne administration des services judiciaires et de l'expédition normale des affaires. Ils peuvent respectivement déléguer ces pouvoirs pour des actes déterminés à des magistrats du siège ou du parquet placés sous leur autorité.

Ils rendent compte chaque année au garde des sceaux, ministre de la justice, des constatations qu'ils ont faites. — [Anc. art. R. 512-13.]

Art. R. 1423-31 Le président du conseil de prud'hommes assure l'administration et la discipline intérieure de la juridiction. – [Anc. art. R. 512-7.]

SECTION 5 Difficultés de constitution et de fonctionnement

Art. R. 1423-32 Le décret portant dissolution des conseils de prud'hommes, prévue à l'article L. 1423-11, est pris sur proposition du garde des sceaux, ministre de la justice. – [Anc. art. L. 512-13, al. 1er fin.]

Art. R. 1423-33 Lorsqu'une des sections d'un conseil de prud'hommes ne peut se constituer ou ne peut fonctionner, le premier président de la cour d'appel, saisi sur requête du procureur général, désigne la section correspondante d'un autre conseil de prud'hommes ou, à défaut, (Décr. n° 2016-660 du 20 mai 2016, art. 3) « un ou plusieurs juges mentionnés à l'article L. 1454-2 », pour connaître des affaires inscrites au rôle de la section ou dont cette dernière aurait dû être ultérieurement saisie.
(Décr. n° 2016-660 du 20 mai 2016, art. 3) « Il fixe la date à compter de laquelle les affaires sont provisoirement soumises à cette section ou à ces juges. »
Lorsque la section du conseil de prud'hommes est de nouveau en mesure de fonctionner, le premier président de la cour d'appel, saisi dans les mêmes conditions, constate cet état de fait et fixe la date à compter de laquelle les affaires sont à nouveau portées devant cette section. (Décr. n° 2016-660 du 20 mai 2016, art. 3) « La section du conseil de prud'hommes ou les juges mentionnés au premier alinéa désignés par le premier président demeurent cependant saisis des affaires qui leur ont été soumises en application du premier alinéa. »

SECTION 6 Bureau de conciliation et d'orientation, bureau de jugement et formation de référé (Décr. n° 2016-660 du 20 mai 2016, art. 4).

Art. R. 1423-34 Chaque section de conseil de prud'hommes ou, lorsqu'elle est divisée en chambres, chaque chambre comprend au moins :
1° Un bureau de conciliation (Décr. n° 2016-660 du 20 mai 2016, art. 43) « et d'orientation » ;
2° Un bureau de jugement. – [Anc. art. L. 515-1.]

Art. R. 1423-35 (Décr. n° 2016-660 du 20 mai 2016, art. 4) Le bureau de jugement comprend selon les cas :
1° Dans sa composition de droit commun visée à l'article L. 1423-12, deux conseillers prud'hommes employeurs et deux conseillers prud'hommes salariés ;
2° Dans sa composition restreinte visée à l'article L. 1423-13, un conseiller prud'homme employeur et un conseiller prud'homme salarié ;
3° Dans sa composition visée au 2° de l'article L. 1454-1-1, deux conseillers prud'hommes employeurs, deux conseillers prud'hommes salariés et le juge mentionné à l'article L. 1454-2 ;
(Décr. n° 2017-1698 du 15 déc. 2017) « 4° Aux fins de départage :
« a) La formation du bureau de jugement mentionnée au 1° ou au 2° qui s'est mise en partage de voix, présidée par le juge départiteur ;
« b) La formation du bureau de conciliation et d'orientation qui s'est mise en partage de voix, complétée par un conseiller prud'homme employeur et un conseiller prud'homme salarié et présidée par le juge départiteur. »

Les dispositions du 4° s'appliquent aux instances en cours dans lesquelles la décision de partage de voix intervient à compter du 1er janv. 2018 (Décr. n° 2017-1698 du 15 déc. 2017, art. 4-I).

SECTION 7 Greffe

SOUS-SECTION 1 Organisation et fonctionnement (Décr. n° 2017-897 du 9 mai 2017, art. 2).

Art. R. 1423-36 (Décr. n° 2019-913 du 30 août 2019, art. 2, en vigueur le 1er janv. 2020) « Sous réserve des dispositions du deuxième alinéa de l'article L. 123-1 du code de l'organisation judiciaire, chaque conseil de prud'hommes comporte un greffe dont le service est assuré par des fonctionnaires de l'État.

« Dans les conseils de prud'hommes mentionnés au deuxième alinéa de l'article L. 123-1 du code de l'organisation judiciaire, la direction du service de greffe du conseil de prud'hommes est assurée par le directeur de greffe du tribunal judiciaire.

« Dans le cas prévu à l'alinéa précédent, outre celles prévues par les dispositions du code de l'organisation judiciaire, le directeur de greffe du tribunal judiciaire exerce, sauf disposition contraire, les attributions confiées au directeur de greffe du conseil de prud'hommes prévues par les dispositions du présent code. »

Le premier président de la cour d'appel fixe, après avis du président du conseil de prud'hommes, les jours et heures d'ouverture au public du greffe.

Ancien art. R. 1423-36 *Chaque conseil de prud'hommes comporte un greffe dont le service est assuré par des fonctionnaires de l'État.*

Le premier président de la cour d'appel fixe, après avis du président du conseil de prud'hommes, les jours et heures d'ouverture au public du greffe.

Art. R. 1423-37 Sous le contrôle du président du conseil de prud'hommes, le directeur de greffe dirige les services administratifs de la juridiction et assume la responsabilité de leur fonctionnement. Le directeur de greffe est un *(Décr. n° 2016-1359 du 11 oct. 2016, art. 5)* « directeur des services de greffe judiciaires ».

Lorsqu'il est chargé de la direction de greffes de plusieurs conseils de prud'hommes, le directeur de greffe exerce ses fonctions sous le contrôle respectif de chacun des présidents de ces conseils.

(Décr. n° 2019-913 du 30 août 2019, art. 2, en vigueur le 1ᵉʳ janv. 2020) « Dans les conseils de prud'hommes mentionnés au deuxième alinéa de l'article L. 123-1 du code de l'organisation judiciaire, le contrôle mentionné au premier alinéa du présent article est exercé par le président du tribunal judiciaire. Dans l'exercice de ses attributions, le directeur de greffe consulte le président du conseil de prud'hommes. »

Art. R. 1423-38 Le directeur de greffe gère le personnel du greffe. Il le répartit et l'affecte dans les services du conseil.

(Décr. n° 2019-913 du 30 août 2019, art. 2, en vigueur le 1ᵉʳ janv. 2020) « Dans les conseils de prud'hommes mentionnés au deuxième alinéa de l'article L. 123-1 du code de l'organisation judiciaire, la répartition et l'affectation du personnel sont réalisées conformément aux dispositions de l'article R. 123-16 de ce même code. »

Art. R. 1423-39 Le directeur de greffe prépare annuellement le projet de budget de la juridiction. Il le soumet au président et au vice-président.

Il gère les crédits alloués à la juridiction et assure notamment l'acquisition, la conservation et le renouvellement du matériel, du mobilier, des revues et ouvrages de la bibliothèque. Il surveille l'entretien des locaux. – *[Anc. art. R. 512-22.]*

Art. R. 1423-40 Le directeur de greffe organise l'accueil du public. – *[Anc. art. R. 512-23.]*

Art. R. 1423-41 Le directeur de greffe tient à jour les dossiers, les répertoires et les registres. Il dresse les actes, notes et procès-verbaux prévus par les codes. Il assiste les conseillers prud'hommes à l'audience. Il met en forme les décisions.

Il est le dépositaire des dossiers des affaires, des minutes et des archives et en assure la conservation. Il délivre les expéditions et les copies.

L'établissement et la délivrance des reproductions de toute pièce conservée dans les services du conseil de prud'hommes ne peuvent être assurés que par lui.

(Décr. n° 2008-560 du 16 juin 2008) « Lorsque la rédaction d'une décision prud'homale est effectuée à l'extérieur du conseil de prud'hommes, le conseiller peut sortir le dossier des locaux de la juridiction, après information du *(Abrogé par Décr. n° 2016-1359 du 11 oct. 2016)* « greffier en chef », directeur de greffe. »

Art. R. 1423-42 Le directeur de greffe établit l'état de l'activité de la juridiction selon la périodicité et le modèle fixés par le garde des sceaux, ministre de la justice. Cet état et les éventuelles observations du président et du vice-président sont adressés, sous le couvert des chefs de la cour d'appel, au ministre de la justice. – *[Anc. art. R. 512-26.]*

Art. R. 1423-43 Selon les besoins du service, le directeur de greffe peut désigner sous sa responsabilité un ou plusieurs agents du greffe pour exercer une partie des fonctions qui lui sont attribuées aux articles R. 1423-37 à R. 1423-42. — *[Anc. art. R. 512-27.]*

Art. R. 1423-44 *(Décr. n° 2016-1359 du 11 oct. 2016, art. 5)* Lorsque l'emploi de directeur de greffe est vacant ou lorsque le directeur de greffe est empêché ou absent, la suppléance ou l'intérim est assuré par son adjoint.

Lorsqu'il existe plusieurs adjoints, le directeur de greffe, ou s'il ne peut le faire le président de la juridiction, désigne l'un des adjoints pour assurer la suppléance ou l'intérim.

A défaut d'adjoint, un chef de service ou un autre agent du greffe est désigné dans les mêmes conditions.

(Décr. n° 2019-913 du 30 août 2019, art. 2, en vigueur le 1er janv. 2020) « Dans les conseils de prud'hommes mentionnés au deuxième alinéa de l'article L. 123-1 du code de l'organisation judiciaire, la suppléance est assurée conformément aux dispositions de l'article R. 123-8 de ce même code. »

Art. R. 1423-45 *(Décr. n° 2016-1359 du 11 oct. 2016, art. 5)* Dans les tâches prévues aux articles R. 1423-37 à R. 1423-42, le directeur de greffe peut être assisté par un ou plusieurs adjoints.

Ces derniers peuvent diriger plusieurs services du greffe ou contrôler l'activité de tout ou partie du personnel.

Art. R. 1423-46 Les chefs de service de greffe sont placés à la tête d'un ou de plusieurs services. Ils assistent le directeur de greffe, en l'absence *(Décr. n° 2016-1359 du 11 oct. 2016, art. 5)* « d'adjoint du directeur de greffe ».

Art. R. 1423-47 Un greffier peut être placé à la tête d'un service lorsque l'importance de celui-ci ne justifie pas que ces fonctions soient confiées à un fonctionnaire appartenant au corps des *(Décr. n° 2016-1359 du 11 oct. 2016, art. 5)* « directeurs des services de greffe judiciaires ».

Un greffier peut être chargé des fonctions de *(Abrogé par Décr. n° 2016-1359 du 11 oct. 2016, art. 5)* « greffier en chef, » directeur de greffe. — *[Anc. art. R. 512-31.]*

Art. R. 1423-48 Les *(Décr. n° 2016-1359 du 11 oct. 2016, art. 5)* « adjoints du directeur de greffe », les chefs de service de greffe et les fonctionnaires du corps des greffiers exercent, dans l'affectation qui leur est donnée par le directeur de greffe, les attributions confiées à celui-ci par l'article R. 1423-41. — *[Anc. art. R. 512-32.]*

Art. R. 1423-49 *(Décr. n° 2016-1359 du 11 oct. 2016, art. 5)* Des personnels appartenant à la catégorie C de la fonction publique, et, le cas échéant, des auxiliaires et des vacataires concourent au fonctionnement des différents services du greffe.

Ces personnels peuvent, à titre exceptionnel et temporaire, et après avoir prêté le serment prévu à l'article 24 du décret n° 2015-1275 du 13 octobre 2015 portant statut particulier des greffiers des services judiciaires, être chargés des fonctions mentionnées à l'article R. 1423-41.

Au-delà d'un délai de quatre mois, ils sont, sur leur demande, déchargés de ces fonctions.

Art. R. 1423-50 Selon les besoins du service, les agents des greffes peuvent être délégués dans les services *(Abrogé par Décr. n° 2017-501 du 6 avr. 2017, art. 2)* « administratifs » d'un autre conseil de prud'hommes du ressort de la même cour d'appel.

(Décr. n° 2017-501 du 6 avr. 2017, art. 2) « Cette délégation est prononcée par décision des chefs de cour après consultation du président du conseil, du vice-président et du directeur de greffe. Elle ne peut excéder une durée de quatre mois.

« Lorsque l'agent est délégué dans les services d'un autre conseil ayant son siège dans le ressort du même *(Décr. n° 2019-966 du 18 sept. 2019, art. 8-I, en vigueur le 1er janv. 2020)* « tribunal judiciaire », les chefs de cour peuvent renouveler la délégation pour des durées qui ne peuvent excéder quatre mois, sans que la durée totale de la délégation n'excède douze mois.

« Lorsque l'agent est délégué dans les services d'un conseil ayant son siège dans le ressort d'un autre *(Décr. n° 2019-966 du 18 sept. 2019, art. 8-I, en vigueur le 1er janv. 2020)* « tribunal judiciaire », les chefs de cour peuvent renouveler la délégation pour une durée qui ne peut excéder deux mois. La délégation peut être de nouveau renouvelée, pour des durées qui ne peuvent excéder deux mois, par décision du garde des sceaux, ministre de la justice, sans que la durée totale de la délégation n'excède douze mois.

« Un bilan annuel écrit des délégations prononcées au sein du ressort de la cour d'appel est présenté au comité technique de service déconcentré placé auprès du premier président de cette cour. »

Les agents délégués dans une autre juridiction perçoivent des indemnités dans les conditions prévues pour les fonctionnaires de l'État.

SOUS-SECTION 2 **Service d'accueil unique du justiciable**

(Décr. n° 2017-897 du 9 mai 2017, art. 2)

Art. R. 1423-50-1 Aux fins prévues par les articles L. 123-3 et R. 123-28 du code de l'organisation judiciaire, il est institué un service d'accueil unique du justiciable auprès des conseils de prud'hommes dont la liste est fixée par arrêté du garde des sceaux, ministre de la justice.

Les agents de greffe affectés dans ce service sont désignés par le directeur de greffe conformément aux dispositions de l'article R. 1423-38 du présent code.

SECTION 8 **Dépenses du conseil de prud'hommes**

SOUS-SECTION 1 **Dépenses de personnel et de fonctionnement**

Art. R. 1423-51 Les dépenses de personnel et de fonctionnement des conseils de prud'hommes comprennent notamment :

1° Les frais d'entretien des locaux, de chauffage, d'éclairage, de sanitaires et de gardiennage ;

(Abrogé par Décr. n° 2016-1359 du 11 oct. 2016, art. 5, à compter du 1er janv. 2018) « 2° *Les frais d'élections et certains frais de campagne électorale, dans des conditions fixées par décret ;* »

2° L'indemnisation des activités prud'homales *(Décr. n° 2008-560 du 16 juin 2008)* « énumérées à l'article R. 1423-55 » dans les limites et conditions fixées par décret. La demande de remboursement aux employeurs des salaires maintenus aux conseillers prud'hommes du collège salarié, ainsi que des avantages et des charges sociales correspondants, est adressée au greffe du conseil de prud'hommes au plus tard dans l'année civile qui suit l'année de l'absence du salarié de l'entreprise. A défaut, la demande de remboursement est prescrite ;

3° L'achat des médailles ;

4° Les frais de matériel, de documentation, de fournitures de bureau, d'installation, d'entretien et d'abonnement téléphonique ;

5° Les frais de déplacement des conseillers prud'hommes pour l'exercice des activités prud'homales *(Décr. n° 2008-560 du 16 juin 2008)* « énumérées à l'article R. 1423-55 », dans les limites de distance fixées par décret ;

6° Les frais de déplacement du juge *(Abrogé par Décr. n° 2016-660 du 20 mai 2016, art. 5)* « du tribunal d'instance » agissant en application de l'article L. 1454-2 lorsque le siège du conseil de prud'hommes est situé à plus de cinq kilomètres du siège du tribunal. — *[Anc. art. L. 51-10-2, al. 2 à 9.]*

Les 3° à 7° deviennent respectivement les 2° à 6° (Décr. n° 2016-1359 du 11 oct. 2016, art. 5-XIII-2°, en vigueur le 1er janv. 2018).

Art. R. 1423-52 Les directeurs de greffe tiennent la comptabilité administrative des dépenses de fonctionnement énoncées à l'article R. 1423-51.

Un fonctionnaire de greffe autre que le directeur de greffe est habilité à recevoir les sommes déposées par les parties à l'instance à titre de provision. Ces sommes sont versées dans un compte de dépôt au Trésor. Toutefois, les fonctions de régisseurs susmentionnées peuvent être confiées au directeur de greffe par arrêté du garde des sceaux, ministre de la justice.

Dans les conditions prévues pour les régies d'avances et de recettes des organismes publics, une régie de recettes et une régie d'avances peuvent être créées dans chaque juridiction auprès de l'ordonnateur secondaire des dépenses relevant de la mission

CONSEIL DE PRUD'HOMMES — Art. R. 1423-55

portant sur la justice en vue de l'encaissement ou du paiement des recettes ou des dépenses. — [Anc. art. R. 512-35.]

SOUS-SECTION 2 **Huissiers de justice**

Art. R. 1423-53 Pour leur ministère accompli en matière prud'homale, il est alloué aux huissiers de justice des honoraires égaux à la moitié de ceux prévus par leur tarif pour des actes de même nature en matière civile et commerciale. — [Anc. art. R. 519-1.]

SOUS-SECTION 3 **Témoins**

Art. R. 1423-54 Il est alloué aux témoins entendus en matière prud'homale une indemnité de comparution et, éventuellement, une indemnité de voyage et de séjour égales à celles attribuées aux témoins appelés à déposer en matière civile. L'allocation de cette indemnité se fait sur demande. — [Anc. art. R. 519-2.]

SOUS-SECTION 4 **Conseillers prud'hommes**

(Décr. n° 2008-560 du 16 juin 2008)

BIBL. ▶ GRUMBACH et SERVERIN, RDT 2008. 545 (le temps de l'action prud'homale révisé par le décret du 16 juin 2008).

Art. R. 1423-55 Les activités prud'homales mentionnées à l'article L. 1442-5 sont :
1° Les activités suivantes, liées à la fonction prud'homale :
a) La prestation de serment ;
b) L'installation du conseil de prud'hommes ;
c) La participation aux assemblées générales du conseil, aux assemblées de section ou de chambre et à la formation restreinte prévue à l'article R. 1423-27 ;
d) La participation aux réunions préparatoires *(Décr. n° 2014-331 du 13 mars 2014)* « aux assemblées prévues au *c* » ;
e) La participation aux commissions prévues par des dispositions législatives ou réglementaires ou instituées par le règlement intérieur ;
(Décr. n° 2009-1010 du 25 août 2009) « *f)* La participation à l'audience de rentrée solennelle ; »
(Décr. n° 2018-625 du 17 juill. 2018, art. 1er) « *g)* Le rappel par le premier président des obligations prévu à l'article L. 1442-13-1 ;
« *h)* Les entretiens, auditions préalables et la comparution devant la Commission nationale de discipline des conseillers prud'hommes mentionnée à l'article L. 1442-13-2 ;
« *i)* L'assistance ou la représentation d'un conseiller lors des entretiens, auditions et comparution prévus à l'alinéa précédent ;
« *j)* Le suivi de la formation initiale obligatoire prévue aux articles L. 1442-1 et L. 1442-2. » — *Les formations initiales mentionnées au j, engagées depuis le 1er févr. 2018, entrent dans le champ des activités indemnisables (Décr. n° 2018-625 du 17 juill. 2018, art. 3).*

2° Les activités juridictionnelles suivantes :
a) L'étude préparatoire d'un dossier, préalable à l'audience de la formation de référé *(Décr. n° 2009-1010 du 25 août 2009 ; Décr. n° 2016-660 du 20 mai 2016, art. 5)* « , du bureau de conciliation et d'orientation » ou du bureau de jugement, par le président de la formation ou du bureau ou par un conseiller désigné par lui ;
b) Les mesures d'instruction prévues à la section 1 du chapitre IV du titre V du présent livre, diligentées par le conseiller rapporteur, ainsi que la rédaction de son rapport ;
(Décr. n° 2016-660 du 20 mai 2016, art. 5) « *c)* La participation à l'audience de la formation de référé, du bureau de conciliation et d'orientation ou du bureau de jugement, ainsi qu'à l'audience de départage et à l'audience prévue au 2° de l'article L. 1454-1-1 ; »
(Décr. n° 2014-331 du 13 mars 2014) « *d)* L'étude d'un dossier postérieur à l'audience à laquelle l'affaire est examinée et préalable au délibéré par deux membres, l'un employeur, l'autre salarié, de la formation de référé ou du bureau de jugement, qui sont désignés, dans ce cas, par le président du bureau ; »
e) La participation au délibéré ;

f) La rédaction des décisions et des procès-verbaux, effectuée au siège du conseil de prud'hommes ou à l'extérieur de celui-ci ;
(Décr. n° 2009-1010 du 25 août 2009) « *g)* La relecture et la signature par le président de la formation de référé ou du bureau de jugement des décisions dont la rédaction a été confiée à un autre membre de l'une de ces formations ; »
3° Les activités administratives du président et du vice-président du conseil prévues aux articles R. 1423-7 et R. 1423-31 ;
4° Les activités administratives des présidents et vice-présidents de section ;
(Décr. n° 2009-1010 du 25 août 2009) « 5° Les activités administratives des présidents et vice-présidents de chambre. »
Les modalités d'indemnisation des activités mentionnées au présent article sont fixées par le décret *(Décr. n° 2018-625 du 17 juill. 2018, art. 1er)* « prévu au 2° » de l'article R. 1423-51.

Art. D. 1423-56 Le conseiller prud'homme salarié qui exerce l'une des activités énumérées à l'article R. 1423-55 perçoit une allocation pour ses vacations dont le taux horaire est fixé à *(Décr. n° 2023-1206 du 18 déc. 2023, en vigueur le 1er janv. 2024)* « 12,00 € » dans les cas suivants :
1° Lorsqu'il exerce cette activité en dehors des heures de travail ;
2° Lorsqu'il a cessé son activité professionnelle ;
3° Lorsqu'il est demandeur d'emploi.

Art. D. 1423-57 Le conseiller prud'homme employeur qui exerce l'une des activités énumérées à l'article R. 1423-55 avant 8 heures et après 18 heures ou qui a cessé son activité professionnelle perçoit une allocation pour ses vacations dont le taux horaire est égal au taux fixé par l'article D. 1423-56.
Lorsqu'il exerce l'une de ces activités entre 8 heures et 18 heures, il perçoit des vacations dont le taux horaire est égal à deux fois ce taux.

Art. D. 1423-58 Les allocations prévues aux articles D. 1423-56 et D. 1423-57 sont versées mensuellement après établissement par le *(Abrogé par Décr. n° 2016-1359 du 11 oct. 2016, art. 5)* « *greffier en chef,* » directeur de greffe, responsable du recueil des informations, de la vérification et de la certification des demandes de versement des vacations, d'un état horaire visé par le président du conseil de prud'hommes ou, à défaut, par le vice-président. Toute demi-heure commencée est due. Elle donne lieu à l'attribution d'une demi-vacation horaire.

Art. D. 1423-59 L'employeur est remboursé mensuellement par l'État des salaires maintenus au salarié, membre d'un conseil de prud'hommes, qui s'absente pour l'exercice de ses activités prud'homales, ainsi que de l'ensemble des avantages et des charges sociales correspondantes lui incombant.
Lorsque l'horaire de travail est supérieur à la durée légale, la charge des majorations pour heures supplémentaires est répartie entre l'État et les employeurs. Cette répartition est réalisée proportionnellement au temps respectivement passé par le conseiller prud'homme auprès de l'entreprise et auprès du conseil.
Ce remboursement est réalisé au vu d'une copie du bulletin de paie et d'un état établi par l'employeur, contresigné par le salarié. Cet état, accompagné de la copie du bulletin de paie, est adressé au *(Abrogé par Décr. n° 2016-1359 du 11 oct. 2016, art. 5)* « *greffier en chef,* » directeur de greffe, responsable du recueil des informations, de la vérification et de la certification des demandes de remboursement. Il est visé par le président du conseil de prud'hommes ou, à défaut, par le vice-président.
En cas d'employeurs multiples, il sera produit autant d'états qu'il y a d'employeurs ayant maintenu des salaires.

Art. D. 1423-60 Par dérogation aux dispositions de l'article D. 1423-59, le conseiller prud'homme rémunéré uniquement à la commission est indemnisé directement dans les conditions prévues par le présent article.
Pour chaque heure passée entre 8 heures et 18 heures dans l'exercice de fonctions prud'homales, le conseiller prud'homme rémunéré uniquement à la commission perçoit une indemnité horaire égale à 1/1 607 des revenus professionnels déclarés à l'administration fiscale l'année précédente.
A cet effet, l'intéressé produit copie de son avis d'imposition.

Art. D. 1423-61 Le salarié, membre d'un conseil de prud'hommes, qui accomplit un travail continu de jour nécessitant un remplacement à la demi-journée au sein de l'entreprise bénéficie du maintien de son salaire pour la demi-journée, quelle que soit la durée de son absence pendant cette période pour l'exercice de ses activités prud'homales. Le maintien du salaire est effectué sur la base de la journée entière dès lors que le remplacement du salarié ne peut être assuré que sur une telle durée.

Art. D. 1423-62 Sur sa demande, le salarié, membre d'un conseil de prud'hommes, fonctionnant en service continu ou discontinu posté accompli en totalité ou en partie entre 22 heures et 5 heures, est indemnisé des heures consacrées à son activité prud'homale dans les conditions suivantes :

1° Sous réserve de renoncer au versement des allocations prévues à l'article D. 1423-56, le conseiller obtient que tout ou partie du temps consacré à ses activités prud'homales ouvre droit à un temps de repos correspondant dans son emploi ;

2° Ce temps de repos, qui est pris au plus tard dans le courant du mois suivant, s'impute sur la durée hebdomadaire de travail accomplie dans le poste. Il donne lieu au maintien par l'employeur de l'intégralité de la rémunération et des avantages correspondants.

L'employeur est remboursé intégralement dans les conditions prévues à l'article D. 1423-59.

Art. D. 1423-63 Sur sa demande, le salarié, membre d'un conseil de prud'hommes, qui exerce son activité professionnelle en dehors de tout établissement, à l'exception des salariés mentionnés à l'article D. 1423-60, a droit à ce que les heures passées à l'exercice des activités prud'homales, entre 8 heures et 18 heures, soient considérées, en tout ou partie, comme des heures de travail et payées comme telles par l'employeur.

Ce dernier est remboursé intégralement dans les conditions prévues à l'article D. 1423-59.

Art. D. 1423-63-1 (*Décr. n° 2009-1011 du 25 août 2009*) Le salarié ayant conclu une convention de forfait en jours sur l'année, membre d'un conseil de prud'hommes, bénéficie du maintien de l'intégralité de sa rémunération et des avantages correspondants, au titre de l'exercice de ses activités prud'homales. L'employeur est remboursé dans les conditions prévues à l'article D. 1423-59 du montant de la rémunération qu'il aura dû maintenir à ce titre.

Art. D. 1423-64 Les conseillers prud'hommes sont remboursés des frais de déplacement qu'ils engagent pour l'exercice des activités énumérées à l'article R. 1423-55 dans les conditions prévues par le décret n° 2006-781 du 3 juillet 2006 fixant les conditions et les modalités de règlement des frais occasionnés par les déplacements temporaires des personnels civils de l'État. Le siège du conseil de prud'hommes est assimilé à la résidence administrative.

A titre dérogatoire, les frais de transport des conseillers prud'hommes, (*Décr. n° 2018-625 du 17 juill. 2018, art. 2*) « mentionnés au 5° » de l'article R. 1423-51, (*Décr. n° 2018-625 du 17 juill. 2018, art. 2*) « à l'exception des g, h, i et j de l'article R. 1423-55, » entre le siège du conseil de prud'hommes et leur domicile ou leur lieu de travail habituel, sont remboursés dès lors qu'ils couvrent une distance supérieure à cinq kilomètres et n'excèdent pas la distance séparant le siège du conseil de prud'hommes de la commune la plus éloignée du ressort du ou des conseils de prud'hommes limitrophes.

Art. D. 1423-65 (*Décr. n° 2009-1011 du 25 août 2009, art. 2*) Le nombre d'heures indemnisables qu'un conseiller prud'homme peut déclarer avoir consacré aux études de dossiers mentionnées au 2° de l'article R. 1423-55 ne peut dépasser les durées fixées au tableau ci-après :

ACTIVITÉ	NOMBRE D'HEURES indemnisables
Étude préparatoire des dossiers préalable à l'audience.	Bureau de conciliation *(Décr. n° 2016-660 du 20 mai 2016, art. 43)* « et d'orientation » : 30 minutes par audience. Bureau de jugement : 1 heure par audience. Formation de référé : 30 minutes par audience.
Étude d'un dossier postérieure à l'audience et préalable au délibéré.	Bureau de jugement : *(Décr. n° 2014-332 du 13 mars 2014)* « 45 minutes » par dossier. Formation de référé : *(Décr. n° 2014-332 du 13 mars 2014)* « 15 minutes » par dossier.

(Décr. n° 2014-332 du 13 mars 2014) « Toutefois, les durées maximales fixées pour l'étude préparatoire des dossiers préalable à l'audience de la formation de référé, du bureau de conciliation *(Décr. n° 2016-660 du 20 mai 2016, art. 43)* « et d'orientation » et du bureau de jugement mentionnées au a du 2° de l'article R. 1423-55 peuvent être dépassées en raison du nombre de dossiers inscrits au rôle, sur autorisation expresse du président du conseil de prud'hommes qui détermine le nombre d'heures indemnisables. »

Les durées maximales fixées pour l'étude d'un dossier postérieure à l'audience mentionnée au d du 2° de l'article R. 1423-55 peuvent être dépassées en raison de la complexité du dossier et des recherches nécessaires, sur autorisation expresse *(Décr. n° 2014-332 du 13 mars 2014)* « du président » de la formation de référé ou du bureau de jugement, qui détermine le nombre d'heures indemnisables.

Sur l'indemnisation des conseillers prud'hommes, V. Circ. JUSB1418984C du 31 juill. 2014.

Art. D. 1423-66 *(Décr. n° 2011-809 du 5 juill. 2011, art. 1er)* Le nombre d'heures indemnisables qu'un conseiller prud'homme peut déclarer avoir consacré à la rédaction des décisions et des procès-verbaux mentionnés au f du 2° de l'article R. 1423-55 ne peut dépasser les durées fixées au tableau ci-après :

OBJET DE LA RÉDACTION	NOMBRE D'HEURES INDEMNISABLES
Procès-verbal de conciliation	30 minutes
Jugement	5 heures
Ordonnance	1 heure

(Décr. n° 2014-332 du 13 mars 2014) « Lorsque le conseiller consacre à la rédaction d'un jugement, d'un procès-verbal de conciliation ou d'une ordonnance un temps supérieur à ces durées, il saisit sans délai le président du conseil de prud'hommes. »

Le président du conseil décide de la durée de rédaction dans les huit jours de sa saisine, au vu du dossier et de la copie de la minute après avis du vice-président du conseil. Le temps fixé ne peut être inférieur aux durées fixées au tableau ci-dessus.

La décision du président du conseil de prud'hommes est une mesure d'administration judiciaire.

Art. D. 1423-66-1 *(Décr. n° 2009-1011 du 25 août 2009)* Le temps que le président d'audience de la formation de référé ou du bureau de jugement peut avoir consacré à la relecture et à la signature des décisions mentionnées au g du 2° de l'article R. 1423-55 est fixé à quinze minutes par dossier.

V. note ss. art. D. 1423-65.

Art. D. 1423-67 Le nombre d'heures indemnisables qu'un conseiller prud'hommes peut déclarer avoir consacré à la rédaction de décisions qui présentent entre elles un lien caractérisé, notamment du fait de l'identité d'une partie, de l'objet ou de la cause, et qui n'auraient pas fait l'objet d'une jonction, ne peut dépasser les durées fixées au tableau ci-après :

NOMBRE DE DÉCISIONS à rédiger	NOMBRE MAXIMUM d'heures indemnisables
2 à 25	3 heures
(Décr. n° 2014-332 du 13 mars 2014) « 26 à 50 »	5 heures
(Décr. n° 2014-332 du 13 mars 2014) « 51 à 100 »	7 heures
Au-delà de 100	Durée de 9 heures augmentée de 3 heures par tranche de 100 décisions

Les durées fixées au tableau ci-dessus s'ajoutent au nombre d'heures indemnisables de la décision initiale, qui reste soumis aux dispositions de l'article D. 1423-66.

Art. D. 1423-68 La participation des conseillers prud'hommes aux réunions préparatoires aux assemblées générales du conseil, aux assemblées de section ou de chambre mentionnées au *d* du 1° de l'article R. 1423-55 est indemnisée dans la limite de trois réunions par an et d'une durée totale ne pouvant excéder six heures.

Art. D. 1423-69 Un relevé des temps d'activités indemnisables mentionnées à l'article R. 1423-55 est tenu au greffe pour chaque conseiller prud'homme.

L'identification ainsi que les heures de début et de fin de chaque activité sont déclarées par le conseiller prud'homme. Pour les activités mentionnées au *c*, au *d* et au *e* du 2° de l'article R. 1423-55, ces heures sont précisées à l'issue de l'audience et du délibéré par l'ensemble des membres de la formation.

Art. D. 1423-70 Toute difficulté rencontrée par le (*Décr. n° 2016-1359 du 11 oct. 2016, art. 5*) « directeur de greffe » ou par le président du conseil de prud'hommes dans la certification ou le contrôle de l'état mentionné aux articles D. 1423-58 et D. 1423-59, après qu'ils se sont informés, est portée à la connaissance du premier président et du procureur général de la cour d'appel ou de la personne à laquelle ils ont conjointement délégué leur signature en leur qualité d'ordonnateurs secondaires. Ces derniers, ou leur délégataire, déterminent le montant des sommes dues au conseiller prud'homme concerné.

SOUS-SECTION 5 **Présidents et vice-présidents**

(Décr. n° 2008-560 du 16 juin 2008)

Art. D. 1423-71 (*Décr. n° 2009-1011 du 25 août 2009*) Les présidents et vice-présidents de conseils de prud'hommes, ainsi que les présidents et vice-présidents de section des conseils de prud'hommes sont indemnisés pour le temps qu'ils consacrent à leurs activités administratives dans les mêmes conditions que celles prévues pour l'indemnisation des activités juridictionnelles.

Les présidents et vice-présidents de chambre du conseil de prud'hommes de Paris sont également indemnisés pour le temps qu'ils consacrent à leurs activités administratives dans les mêmes conditions que celles prévues pour l'indemnisation des activités juridictionnelles.

Art. D. 1423-72 (*Décr. n° 2009-1011 du 25 août 2009*) Le nombre d'heures indemnisées chaque mois pour le temps que consacrent à leurs activités administratives les présidents et vice-présidents de conseils de prud'hommes ne peut dépasser les durées fixées au tableau ci-après :

DÉSIGNATION des conseils de prud'hommes	NOMBRE MAXIMUM d'heures indemnisables
Conseils comportant 40 conseillers ou moins	17 heures par mois
Conseils comportant plus de 40 conseillers et moins de 60 conseillers	26 heures par mois
Conseils comportant 60 conseillers et plus	39 heures par mois
Conseils de Bobigny, Lyon, Marseille et Nanterre	60 heures par mois
Conseil de Paris	*(Décr. n° 2014-332 du 13 mars 2014)* « 100 » heures par mois

Art. D. 1423-73 *(Décr. n° 2009-1011 du 25 août 2009)* Le nombre d'heures indemnisées pour le temps que consacrent à leurs activités administratives les présidents et vice-présidents des sections des activités diverses, du commerce et des services commerciaux, de l'encadrement et de l'industrie ne peut dépasser les durées fixées au tableau ci-après :

DÉSIGNATION des conseils de prud'hommes	NOMBRE MAXIMUM d'heures indemnisables
Conseil de Paris	52 heures par mois
Conseils de Bobigny, Lyon, Marseille, Nanterre	60 heures par an
Conseils d'Aix-en-Provence, Bordeaux, Boulogne-Billancourt, Créteil, Grenoble, Lille, Meaux, Montpellier, Nice, Rouen, Toulouse	20 heures par an

Les présidents et vice-présidents de la section agriculture des conseils de prud'hommes mentionnés au tableau ci-dessus peuvent être indemnisés pour le temps consacré à leurs activités administratives dans la limite de cinq heures par an.

Art. D. 1423-74 *(Décr. n° 2009-1011 du 25 août 2009)* Les présidents et vice-présidents de section des conseils de prud'hommes autres que ceux mentionnés à l'article D. 1423-73 sont indemnisés pour le temps consacré à leurs activités administratives dans la limite de cinq heures par an.

Art. D. 1423-75 *(Décr. n° 2009-1011 du 25 août 2009)* Les présidents et vice-présidents de chambre du conseil de prud'hommes de Paris sont indemnisés pour le temps consacré à leurs activités administratives dans la limite de trois heures par an.

TITRE III CONSEIL SUPÉRIEUR DE LA PRUD'HOMIE

CHAPITRE UNIQUE

SECTION 1 Missions

Art. R. 1431-1 Le Conseil supérieur de la prud'homie formule des avis et suggestions. Il réalise des études sur l'organisation et le fonctionnement des conseils de prud'hommes. – *[Anc. art. R. 511-4, al. 1er.]*

Art. R. 1431-2 Le Conseil supérieur de la prud'homie propose au garde des sceaux, ministre de la justice, et au ministre chargé du travail toutes mesures qu'il juge utiles.
Il peut être saisi pour avis, par ces ministres, de toutes questions entrant dans sa compétence. – *[Anc. art. R. 511-4, al. 2 et 4.]*

Art. R. 1431-3 Le Conseil supérieur de la prud'homie est consulté sur les projets de loi et de règlement relatifs :

1° A l'institution, la compétence, l'organisation et le fonctionnement des conseils de prud'hommes ;

2° *(Décr. n° 2016-1359 du 11 oct. 2016, art. 5, en vigueur le 1ᵉʳ janv. 2018)* « A la désignation », au statut et à la formation des conseillers prud'hommes ;

3° A la procédure suivie devant les conseils de prud'hommes ;

4° Aux décrets pris en application de l'article L. 1422-3. — *[Anc. art. R. 511-4, al. 3.]*

Art. R. 1431-3-1 *(Décr. n° 2016-1948 du 28 déc. 2016, art. 1ᵉʳ)* Le Conseil supérieur de la prud'homie élabore un recueil de déontologie des conseillers prud'hommes qui est rendu public.

BIBL. ▶ GUIOMARD, RDT 2018. 776 ⌀ (conseillers prud'hommes : quelle déontologie ?).

SECTION 2 **Composition**

Art. R. 1431-4 Le Conseil supérieur de la prud'homie comprend, outre le président :

1° Cinq membres représentant l'État, à raison de :

a) Deux représentants du ministre de la justice ;

b) Deux représentants du ministre chargé du travail ;

c) Un représentant du ministre de l'agriculture ;

2° *(Décr. n° 2016-1223 du 14 sept. 2016, art. 1ᵉʳ)* « Onze membres » représentant les salariés, désignés sur proposition des organisations syndicales représentatives au plan national ;

3° *(Décr. n° 2016-1223 du 14 sept. 2016, art. 1ᵉʳ)* « Onze membres » représentant les employeurs, désignés sur proposition des organisations représentatives au plan national. — *[Anc. art. R. 511-4-1, al. 1ᵉʳ à 6 et 12.]*

Art. R. 1431-5 Les représentants des salariés au Conseil supérieur de la prud'homie sont :

1° *(Décr. n° 2017-1267 du 9 août 2017)* « Quatre membres sur proposition de la Confédération française démocratique du travail (CFDT) ;

2° « Trois membres sur proposition de la Confédération générale du travail (CGT) » ;

3° *(Décr. n° 2016-1223 du 14 sept. 2016, art. 1ᵉʳ)* « Deux membres sur proposition de la Confédération générale du travail-Force ouvrière (CGT-FO) ;

4° Un membre sur proposition de la Confédération française des travailleurs chrétiens (CFTC) ;

5° Un membre sur proposition de la Confédération française de l'encadrement-Confédération générale des cadres (CFE-CGC).

Art. R. 1431-6 Les représentants des employeurs au Conseil supérieur de la prud'homie sont :

1° Cinq membres sur proposition du Mouvement des entreprises de France (MEDEF), parmi lesquels un représentant au moins au titre des entreprises moyennes et petites ;

2° Un membre représentant les entreprises publiques, désigné après consultation du Mouvement des entreprises de France ;

3° *(Décr. n° 2017-1267 du 9 août 2017)* « Deux membres sur proposition de la Confédération des petites et moyennes entreprises (CPME) » ;

4° Un membre représentant les professions agricoles, sur proposition conjointe de la Fédération nationale des syndicats d'exploitants agricoles (FNSEA) et de la Confédération nationale de la mutualité, de la coopération et du crédit agricoles (CNMCCA) ;

5° *(Décr. n° 2017-1267 du 9 août 2017)* « Un membre, sur proposition de l'Union des entreprises de proximité (U2P) » ;

(Décr. n° 2016-1223 du 14 sept. 2016, art. 1ᵉʳ) « 6° Un membre, représentant les employeurs de l'économie sociale, sur proposition de l'Union des employeurs de l'économie sociale et solidaire (UDES). »

(Abrogé par Décr. n° 2017-1267 du 9 août 2017) « *7° Un membre, représentant les professionnels libéraux employeurs, sur proposition de l'Union nationale des professions libérales (UNAPL).* »

Art. R. 1431-7 Des membres employeurs et salariés suppléants à celui des titulaires sont désignés en nombre égal dans les mêmes conditions que ces derniers. Ils ne siègent qu'en l'absence des titulaires.
En cas d'empêchement du président, celui-ci est suppléé par l'un des représentants du garde des sceaux, ministre de la justice. – *[Anc. art. R. 511-4-1, al. 18 et 19.]*

Art. R. 1431-8 Le président ainsi que les représentants titulaires et suppléants des employeurs et des salariés sont nommés par arrêté conjoint du garde des sceaux, ministre de la justice, et du ministre chargé du travail *(Décr. n° 2017-1267 du 9 août 2017)* « , pour une durée de quatre ans renouvelable ».
(Abrogé par Décr. n° 2017-1267 du 9 août 2017) « *Les représentants titulaires et suppléants des employeurs et des salariés sont nommés pour une durée de trois ans.*
« *Le mandat des membres du Conseil supérieur de la prud'homie est renouvelable.* » En cas de décès, démission ou perte de leur mandat, les membres sont remplacés. Le successeur reste en fonction jusqu'à expiration de la durée normale des fonctions du membre remplacé.

SECTION 3 Organisation et fonctionnement

Art. R. 1431-9 Les fonctions de membre du Conseil supérieur de la prud'homie ne sont pas rémunérées.
Les dépenses de déplacement et de séjour que les membres du conseil ainsi que les personnes mentionnées à l'article R. 1431-16 sont appelées à réaliser peuvent donner lieu à un remboursement. Ce remboursement est réalisé dans les conditions fixées par arrêté conjoint du garde des sceaux, ministre de la justice, du ministre chargé du travail et du ministre chargé du budget. – *[Anc. art. R. 511-4-2, al. 4.]*

Art. R. 1431-10 Le Conseil supérieur de la prud'homie constitue en son sein une commission permanente.
Cette commission prépare les travaux du conseil et peut être consultée en cas d'urgence.
Elle est présidée par le président du conseil et, en cas d'empêchement de celui-ci, par le représentant du garde des sceaux, ministre de la justice. – *[Anc. art. R. 511-4-3, al. 1er à 3.]*

Art. R. 1431-11 La commission permanente comprend :
1° Trois représentants de l'État choisis parmi les membres du Conseil supérieur de la prud'homie ;
2° *(Décr. n° 2017-1267 du 9 août 2017, art. 7)* « Six membres » du Conseil supérieur, titulaires ou suppléants, représentant les salariés ;
3° *(Décr. n° 2017-1267 du 9 août 2017, art. 7)* « Six membres » du Conseil supérieur, titulaires ou suppléants, représentant les employeurs.
Les membres de la commission permanente représentant les employeurs et les salariés sont nommés sur proposition des organisations professionnelles et syndicales par arrêté conjoint du garde des sceaux, ministre de la justice, et du ministre chargé du travail.

V. note ss. art. R. 1431-5.

Art. R. 1431-12 Le secrétariat du Conseil supérieur de la prud'homie est assuré par les services du ministre chargé du travail. – *[Anc. art. R. 511-4-4.]*

Art. R. 1431-13 Le Conseil supérieur de la prud'homie se réunit au moins une fois par an sur convocation du président. – *[Anc. art. R. 511-4-5.]*

Art. R. 1431-14 L'ordre du jour du Conseil supérieur de la prud'homie et celui de la commission permanente sont fixés par le président.

Sauf en cas d'urgence, l'ordre du jour est adressé aux intéressés quinze jours au moins avant la date de la réunion. – *[Anc. art. R. 511-4-6.]*

Art. R. 1431-15 Le Conseil supérieur de la prud'homie peut constituer en son sein des groupes de travail chargés de procéder à des études sur des questions particulières relevant de sa compétence. – *[Anc. art. R. 511-4-7.]*

Art. R. 1431-16 Le Conseil supérieur de la prud'homie ou sa commission permanente peuvent faire appel à des représentants des ministres ou à des experts. – *[Anc. art. R. 511-4-8.]*

TITRE IV CONSEILLERS PRUD'HOMMES

Ce titre est applicable à Mayotte à compter du 1ᵉʳ janv. 2022, à l'exception des sections 1 à 3 du chapitre I qui sont applicables à compter du 1ᵉʳ janv. 2021 (Décr. nº 2018-953 du 31 oct. 2018, art. 58-III ; Décr. nº 2020-1549 du 9 déc. 2020, art. 3).

CHAPITRE I DÉSIGNATION DES CONSEILLERS PRUD'HOMMES

(Décr. nº 2016-1359 du 11 oct. 2016, art. 3, en vigueur le 1ᵉʳ févr. 2017, à l'exception des dispositions de la section 4 de ce chapitre)

SECTION 1 Dispositions générales

Art. R. 1441-1 Les conseillers prud'hommes sont nommés, en application de l'article L. 1441-1, par arrêté conjoint du garde des sceaux, ministre de la justice, et du ministre chargé du travail, publié au *Journal officiel* de la République française.

Cet arrêté ne peut faire l'objet d'un recours administratif.

SECTION 2 Détermination des sièges

SOUS-SECTION 1 Dispositions communes

Art. R. 1441-2 En application de l'article L. 1441-4, les sièges sont attribués aux organisations syndicales et professionnelles par arrêté conjoint du garde des sceaux, ministre de la justice, et du ministre chargé du travail publié au *Journal officiel* de la République française.

Cet arrêté ne peut faire l'objet d'un recours administratif.

Pour le mandat prud'homal 2023-2025, V. Arr. du 14 mars 2022, NOR : MTRT2206617A (JO 20 mars), mod. par Arr. du 27 avr. 2023, NOR : MTRT2311887A (JO 17 mai).

SOUS-SECTION 2 Collège des salariés

Art. R. 1441-3 Pour le collège des salariés, la détermination du nombre des sièges de chaque section de chacun des conseils de prud'hommes du département mentionnée à l'article L. 1441-4 prend en compte les suffrages retenus pour la mesure de l'audience au niveau national et interprofessionnel présentée en Haut Conseil du dialogue social en application de l'article R. 2122-3, par département et par section pour chaque organisation syndicale.

Art. R. 1441-4 Pour les sections de l'industrie, du commerce et des services commerciaux, de l'agriculture et des activités diverses, sont pris en compte les suffrages exprimés en fonction du tableau de répartition défini à l'article R. 1423-4, à l'exception des suffrages exprimés pris en compte pour la section de l'encadrement et des suffrages exprimés aux élections des membres représentant les salariés de la production agricole aux chambres d'agriculture prévus à l'article L. 2122-6.

Pour la section de l'agriculture, outre les suffrages exprimés en fonction du tableau de répartition défini à l'article R. 1423-4, sont pris en compte les suffrages exprimés aux élections des membres représentant les salariés de la production agricole aux chambres d'agriculture prévus à l'article L. 2122-6.

Pour la section des activités diverses, sont pris en compte, outre les suffrages mentionnés au premier alinéa du présent article, les suffrages exprimés obtenus en application de l'article R. 1441-3, dont la convention collective ou l'accord collectif ne sont pas mentionnés dans le tableau de répartition prévu à l'article R. 1423-4.

Pour la section de l'encadrement, sont pris en compte les suffrages exprimés aux élections professionnelles mentionnées à l'article L. 2122-9 dans les collèges dans lesquels seuls des personnels relevant de la section de l'encadrement définie à l'article L. 1423-1-2 sont amenés à s'exprimer, ainsi que les suffrages exprimés dans le collège "cadres" mentionné à l'article L. 2122-10-4.

Art. R. 1441-5 Les sièges sont attribués proportionnellement aux suffrages obtenus en application des articles R. 1441-3 et R. 1441-4 suivant la règle de la plus forte moyenne entre organisations syndicales au sein de chaque section de chaque conseil de prud'hommes.

Art. R. 1441-6 En cas d'égalité entre deux ou plusieurs organisations en application de l'article R. 1441-5, le siège est attribué à l'organisation syndicale qui a obtenu le plus de suffrages exprimés pour cette section.

En cas d'égalité en application de l'alinéa précédent, le siège est attribué à l'organisation syndicale qui a obtenu le plus de suffrages exprimés au niveau départemental pour l'ensemble des sections.

En cas d'égalité en application de l'alinéa précédent, le siège est attribué à l'organisation syndicale qui a obtenu le plus de suffrages exprimés au niveau régional pour la section concernée.

En cas d'égalité en application de l'alinéa précédent, le siège est attribué à l'organisation syndicale qui a obtenu le plus de suffrages exprimés au niveau national pour la section concernée.

Art. R. 1441-7 En l'absence de suffrage permettant de déterminer la répartition des sièges entre les organisations syndicales pour une section donnée, sont pris en compte les suffrages exprimés au niveau départemental pour l'ensemble des sections.

En l'absence de suffrage en application de l'alinéa précédent, sont pris en compte les suffrages exprimés au niveau régional pour la section concernée.

En cas d'absence de suffrage en application de l'alinéa précédent, sont pris en compte les suffrages exprimés au niveau national pour la section concernée.

SOUS-SECTION 3 **Collège des employeurs**

Art. R. 1441-8 Pour le collège des employeurs, la détermination du nombre des sièges de chaque section de chacun des conseils de prud'hommes, définie à l'article L. 1441-4, prend en compte le nombre d'entreprises adhérentes retenues pour le calcul des résultats présentés en Haut Conseil du dialogue social en application de l'article R. 2152-18 dès lors que celles-ci emploient au moins un salarié, et le nombre de salariés employés par ces mêmes entreprises, chacun à hauteur de 50 %, additionnés au niveau national et par section pour chaque organisation professionnelle d'employeurs.

Lorsqu'une organisation professionnelle d'employeurs candidate à la représentativité au niveau d'une branche professionnelle adhère à une ou plusieurs organisations professionnelles d'employeurs candidates au niveau national et interprofessionnel ou multiprofessionnel, les entreprises qui lui sont adhérentes et les salariés qu'elles emploient ne sont pris en compte qu'au seul bénéfice de ces dernières.

Art. R. 1441-9 I. – Pour les sections de l'industrie, du commerce et des services commerciaux, de l'agriculture et des activités diverses, sont prises en compte par section, en fonction du tableau de répartition défini à l'article R. 1423-4 :

1° Les entreprises directement adhérentes à une organisation professionnelle d'employeurs candidate au niveau d'une branche professionnelle ou à une structure territoriale de cette organisation ;

2° Les entreprises adhérentes à une organisation professionnelle d'employeurs non candidate ou à une structure territoriale de cette organisation, lorsqu'elle adhère à une organisation professionnelle d'employeurs candidate au niveau d'une branche professionnelle.

II. — Pour la section de l'agriculture, sont également prises en compte les entreprises adhérentes des secteurs d'activité mentionnés au quatrième alinéa de l'article L. 2152-1.

III. — Pour les sections de l'industrie, du commerce et des services commerciaux, de l'agriculture et des activités diverses, sont également prises en compte :

1° Les entreprises directement adhérentes à une organisation professionnelle d'employeurs candidate au niveau national et interprofessionnel ou à une structure territoriale de cette organisation ;

2° Les entreprises adhérentes à une organisation professionnelle d'employeurs non candidate ou à une structure territoriale de cette organisation, lorsqu'elle adhère à une organisation professionnelle d'employeurs candidate au niveau national et interprofessionnel.

Ces entreprises adhérentes et les salariés qu'elles emploient sont pris en compte en fonction de la répartition entre les sections résultant du nombre d'entreprises adhérentes et du nombre de salariés employés par ces mêmes entreprises, pour cette organisation professionnelle candidate au niveau national et interprofessionnel en application des I et II du présent article.

IV. — Pour la section de l'encadrement, sont prises en compte l'ensemble des entreprises adhérentes obtenues en application des I, II et III du présent article.

Art. R. 1441-10 Pour l'application du deuxième alinéa de l'article L. 1441-4, les sièges sont attribués proportionnellement aux nombres d'entreprises adhérentes et de salariés obtenus en application des articles R. 1441-8 et R. 1441-9 suivant la règle de la plus forte moyenne entre organisations professionnelles au sein de chaque section de chaque conseil de prud'hommes.

Art. R. 1441-11 En cas d'égalité entre deux ou plusieurs organisations en application de l'article R. 1441-10, le siège est attribué à l'organisation professionnelle dont le nombre d'entreprises adhérentes et de salariés, chacun à hauteur de 50 %, calculé en application de l'article R. 1441-8, est le plus élevé.

En cas d'égalité en application de l'alinéa précédent, le siège est attribué à l'organisation professionnelle dont le nombre d'entreprises adhérentes et de salariés, chacun à hauteur de 50 %, calculé en application de l'article R. 1441-8, est le plus élevé pour l'ensemble des sections.

Art. R. 1441-12 En l'absence d'entreprises adhérentes pour déterminer la répartition des sièges entre les organisations professionnelles pour une section donnée, sont pris en compte les entreprises adhérentes et les salariés qu'elles emploient pour l'ensemble des sections.

SECTION 3 Candidatures

SOUS-SECTION 1 Dispositions générales

Art. R. 1441-13 (Décr. n° 2018-813 du 26 sept. 2018) I. — Le garde des sceaux, ministre de la justice, et le ministre chargé du travail fixent le calendrier du renouvellement général des conseillers prud'hommes par un arrêté publié au *Journal officiel* de la République française.

Cet arrêté détermine les dates d'ouverture et de clôture du dépôt des candidatures.

II. — Le garde des sceaux, ministre de la justice, fixe le calendrier de la désignation complémentaire des conseillers prud'hommes par un arrêté publié au *Journal officiel* de la République française.

Cet arrêté détermine les dates d'ouverture et de clôture du dépôt des candidatures.

SOUS-SECTION 2 Conditions de candidature

Art. R. 1441-14 La condition de deux ans d'exercice d'une activité professionnelle mentionnée au 4° de l'article L. 1441-7 s'apprécie dans les dix ans précédant la candidature.

Art. R. 1441-15 Toutes les candidatures déposées pour une même personne en méconnaissance des 1° et 2° de l'article L. 1441-9 sont irrecevables.

Art. R. 1441-16 La délégation particulière d'autorité mentionnée au 3° de l'article L. 1441-12 et au 2° de l'article L. 1441-13, permettant aux cadres d'être inscrits dans le collège des employeurs, peut prendre la forme d'un document spécifique ou figurer dans le contrat de travail. A défaut d'une telle délégation, les cadres ne peuvent être candidats que dans la section de l'encadrement du collège des salariés.

Art. R. 1441-17 En application de l'article L. 1422-2, les salariés et employeurs exerçant leur activité professionnelle sur l'emprise d'un aérodrome rattaché au ressort d'un conseil de prud'hommes sont candidats dans ce conseil.

SOUS-SECTION 3 **Listes de candidats et candidatures individuelles**

Art. R. 1441-18 Le mandataire prévu à l'article L. 1441-18 dépose la ou les listes de l'organisation pour chaque conseil de prud'hommes du département au titre duquel il est mandaté.

Art. R. 1441-19 La notification prévue à l'article L. 1441-22 à un employeur de la qualité de candidat de son salarié est faite par tout moyen lui conférant date certaine.

Les informations contenues dans cette notification sont simultanément communiquées par le mandataire à l'inspection du travail.

Art. R. 1441-20 Chaque liste de candidats précise le nom de l'organisation, ainsi que le conseil de prud'hommes, le collège et la section au titre desquels les candidats de la liste sont présentés.

Art. R. 1441-21 Le mandataire d'une liste contrôle et atteste que cette liste remplit les conditions fixées par les articles L. 1441-18 à L. 1441-20.

A la liste de candidats mentionnée à l'article R. 1441-20, sont jointes les déclarations individuelles de candidature de chacun des candidats de la liste. Ces déclarations font état des informations permettant de justifier qu'il satisfait aux conditions mentionnées aux articles L. 1441-6 à L. 1441-17.

Art. R. 1441-22 Chaque candidat donne mandat pour être présenté par l'organisation qui le présente. Il déclare sur l'honneur n'être l'objet d'aucune interdiction, déchéance ou incapacité relative à ses droits civiques et ne pas exercer de fonction incompatible avec l'exercice de la fonction de conseiller prud'homme. Il fournit les documents justifiant qu'il satisfait aux conditions mentionnées aux articles L. 1441-6 à L. 1441-17, à l'exception du bulletin n° 2 du casier judiciaire.

Art. D. 1441-22-1 (*Décr. n° 2018-859 du 8 oct. 2018*) La direction des services judiciaires met en œuvre un traitement automatisé de données à caractère personnel dénommé "SI-Candidatures" ayant pour finalité d'assurer le dépôt et la gestion des candidatures à la fonction prud'homale.

Art. D. 1441-22-2 (*Décr. n° 2017-266 du 28 févr. 2017*) Les catégories de données à caractère personnel relatives au représentant de l'organisation syndicale ou professionnelle, ayant obtenu des sièges en application de l'article R. 1441-2, pouvant être enregistrées dans le traitement automatisé sont les suivantes :

1° Ses noms, prénoms et civilité ;
2° Son adresse électronique professionnelle ou personnelle ;
3° Son ou ses numéros de téléphone fixe ou mobile, professionnel ou personnel ;
4° La dénomination sociale de l'organisation qu'il représente ;
5° Sa qualité de représentant dûment mandaté par son organisation pour la désignation des conseillers prud'hommes.

Art. D. 1441-22-3 (*Décr. n° 2017-266 du 28 févr. 2017*) Les catégories de données à caractère personnel relatives au mandataire départemental de l'organisation syndicale ou professionnelle pouvant être enregistrées dans le traitement automatisé sont les suivantes :

1° Ses noms, prénoms et civilité ;
2° Ses adresses postale et électronique personnelles ou professionnelles ;
3° Son numéro de téléphone mobile personnel ou professionnel ;
4° La dénomination sociale de l'organisation qu'il représente ;

5° Sa qualité de mandataire dûment mandaté par son organisation pour la désignation des conseillers prud'hommes.

Art. D. 1441-22-4 (*Décr. n° 2017-266 du 28 févr. 2017*) I. — Les données à caractère personnel enregistrées relatives au candidat présenté par l'organisation syndicale ou professionnelle sont les suivantes :

1° Ses noms de naissance et d'usage, prénoms, sexe ;
2° Ses date, commune et pays de naissance ;
3° Sa nationalité ;
4° Sa qualité d'actuel ou d'ancien conseiller prud'homme ;
5° Ses adresses postale et électronique, personnelles ou professionnelles ;
6° Son ou ses numéros de téléphone fixe ou mobile, professionnel ou personnel ;
7° L'activité exercée ou la dernière activité exercée à la date d'ouverture du dépôt des candidatures ;
8° La ou les activités exercées pendant deux ans dans les dix ans précédant la candidature, ou l'exercice des fonctions de conseiller prud'homme dans les dix ans précédant la candidature, ou, lorsque le candidat est présenté en tant que conjoint collaborateur en application du 2° de l'article L. 1441-12, son appartenance pendant deux ans au statut de conjoint collaborateur ;
9° Le conseil de prud'hommes, le collège et la section au titre desquels il est présenté ;
10° Les qualités du candidat qui justifient du conseil de prud'hommes, du collège et de la section au titre desquels il est présenté ;
11° L'attestation de n'être l'objet d'aucune interdiction, déchéance ou incapacité relative à ses droits civiques et de ne pas exercer d'activité incompatible avec les fonctions de conseiller prud'homme ;
12° Sa qualité de candidat et le mandat qu'il confère à ce titre au mandataire pour la désignation des conseillers prud'hommes ;
13° La dénomination sociale de l'organisation qui le présente.

II. — Lorsque le candidat se présente en tant que conjoint collaborateur, sont en outre enregistrées les données à caractère personnel suivantes relatives à son mandant :

1° Les noms de naissance et d'usage, prénoms, sexe du mandant ;
2° Les date, commune et pays de naissance du mandant ;
3° La nationalité du mandant.

III. — Sont également enregistrés :

1° Son titre d'identité dématérialisé ; si ce titre ne comporte pas la mention de la nationalité, un autre titre dématérialisé justifiant de sa nationalité ;
2° Le ou les justificatifs dématérialisés de l'exercice, dans les dix ans précédant la candidature, d'un mandat prud'homal, d'une ou d'activités professionnelles pendant une durée de deux ans ou de l'appartenance au statut de conjoint collaborateur pour une durée équivalente ;
3° Le ou les justificatifs dématérialisés de sa candidature dans le conseil de prud'hommes, le collège et la section au titre desquels il est présenté ;
4° En cas de dépôt du dossier de candidature par le mandataire, le mandat dématérialisé que le candidat confère à celui-ci pour la désignation des conseillers prud'hommes, ainsi que l'attestation que le candidat n'est l'objet d'aucune interdiction, déchéance ou incapacité relative à ses droits civiques et qu'il n'exerce pas d'activité incompatible avec les fonctions de conseiller prud'homme ;
5° Le fichier de réponse à la demande de consultation du casier judiciaire national, avec la mention de l'information "0" pour le candidat dont le bulletin n° 2 porte la mention "néant" et de l'information "1" pour le candidat dont le bulletin n° 2 porte la mention d'une condamnation, ou l'indication "Aucune identité applicable" ou "Identité non vérifiable par le service" en application des articles R. 77 et R. 80-1 du code de procédure pénale ;
6° Les statuts du dossier du candidat et les commentaires portés dans le cadre des contrôles de recevabilité de la candidature.

IV. — Lorsque le candidat se présente en tant que conjoint collaborateur, sont en outre enregistrés les documents suivants :

1° Le titre d'identité dématérialisé du mandant ; si ce titre ne comporte pas la mention de la nationalité, un autre titre dématérialisé justifiant de sa nationalité ;

2° Le fichier de réponse concernant le mandant à la demande de consultation du casier judiciaire national, avec la mention de l'information ″0″ pour le candidat dont le bulletin n° 2 porte la mention ″néant″ et de l'information ″1″ pour le candidat dont le bulletin n° 2 porte la mention d'une condamnation, ou l'indication ″Aucune identité applicable″ ou ″Identité non vérifiable par le service″ en application des articles R. 77 et R. 80-1 du code de procédure pénale ;

3° Le mandat que le mandant confère à son conjoint collaborateur ;

4° L'attestation que le mandant n'est l'objet d'aucune interdiction, déchéance ou incapacité relative à ses droits civiques, qu'il n'exerce pas d'activité incompatible avec les fonctions de conseiller prud'homme et qu'il n'est pas lui-même candidat.

SOUS-SECTION 4 **Recevabilité des listes de candidats et des candidatures individuelles**

Art. R. 1441-23 *(Décr. n° 2018-813 du 26 sept. 2018)* « Le garde des sceaux, ministre de la justice » contrôle la recevabilité des listes de candidats au regard des dispositions des articles L. 1441-18 à L. 1441-21.

Art. R. 1441-24 Le garde des sceaux, ministre de la justice *(Décr. n° 2018-813 du 26 sept. 2018)* « contrôle » le respect des conditions mentionnées aux articles L. 1441-6 à L. 1441-17 relatives aux candidatures individuelles.

Ce contrôle s'applique également à la personne mentionnée à l'article L. 1441-12 qui donne mandat à son conjoint collaborateur.

Art. D. 1441-24-1 *(Décr. n° 2017-266 du 28 févr. 2017)* Les données à caractère personnel enregistrées relatives à l'utilisateur du traitement automatisé sont les suivantes :
1° Ses noms, prénoms et civilité ;

2° L'habilitation qui lui est conférée pour la désignation des conseillers prud'hommes, précisant ses droits d'accès et de consultations, de créations, de modifications et de suppression des données du traitement.

Art. D. 1441-24-2 *(Décr. n° 2017-266 du 28 févr. 2017)* Les destinataires des données à caractère personnel mentionnées aux articles D. 1441-22-2, D. 1441-22-3 et D. 1441-22-4 sont les suivants :

I. – Pour la désignation des conseillers prud'hommes :

(Décr. n° 2018-859 du 8 oct. 2018) « 1° Les agents de la direction des services judiciaires du ministère de la justice ;

« 2° Les agents de la direction générale du travail du ministère du travail ; »

3° Les agents du casier judiciaire national dans le cadre de la consultation du casier judiciaire.

II. – Pour la formation initiale prud'homale définie à l'article L. 1442-1 : les agents de la direction des services judiciaires du ministère de la justice et de l'École nationale de la magistrature.

Art. D. 1441-24-3 *(Décr. n° 2017-266 du 28 févr. 2017)* I. – Les données à caractère personnel mentionnées aux articles D. 1441-22-2, D. 1441-22-3 et D. 1441-22-4 sont conservées comme suit :

1° Jusqu'à la fin du mandat :

a) Pour le représentant de l'organisation syndicale ou professionnelle en ce qui le concerne : lorsque le mandat confié à celui-ci par l'organisation prend fin avant cette date, ses données sont supprimées à la date de fin du mandat confié par l'organisation ;

b) Pour le mandataire en ce qui le concerne ; lorsque le mandat confié au mandataire par l'organisation prend fin avant cette date, ses données sont supprimées à la date de fin du mandat confié par l'organisation ;

c) Pour le candidat nommé conseiller prud'homme en ce qui le concerne pour les données mentionnées aux 1°, 2°, 9° et 13° du I de l'article D. 1441-22-4 ;

2° Jusqu'à épuisement des voies de recours :

a) Pour le candidat qui ne serait pas nommé conseiller prud'homme en ce qui le concerne ;

b) Pour le candidat nommé conseiller prud'homme en ce qui le concerne pour les données non mentionnés au 1° du présent article ;
c) Pour le mandant du conjoint collaborateur en ce qui le concerne.

II. – Les données à caractère personnel mentionnées à l'article D. 1441-24-1 relatives à l'utilisateur du traitement automatisé sont conservées jusqu'à la fin de l'habilitation qui leur a été conférée pour la désignation des conseillers prud'hommes.

III. – Les données relatives à la traçabilité des accès et des consultations, des créations et des modifications des données du traitement sont conservées dans le traitement selon les mêmes conditions qu'au I du présent article.

IV. – Les droits d'accès et de rectification prévus par les articles 39 et 40 de la loi n° 78-17 du 6 janvier 1978 relative à l'informatique, aux fichiers et aux libertés s'exercent auprès de la *(Décr. n° 2018-859 du 8 oct. 2018)* « direction des services judiciaires ».

V. – Le droit d'opposition prévu à l'article 38 de la loi mentionnée au IV ne s'applique pas à ce traitement.

SECTION 4 Désignations complémentaires

(Décr. n° 2016-1359 du 11 oct. 2016, art. 3, en vigueur le 1ᵉʳ janv. 2018)

Art. R. 1441-25 *(Décr. n° 2018-813 du 26 sept. 2018)* Le garde des sceaux, ministre de la justice, organise en tant que de besoin et au moins une fois par an, des opérations pour les désignations complémentaires prévues à l'article L. 1441-25.

Art. R. 1441-26 Les conseillers prud'hommes sont nommés en application de l'article L. 1441-26, par arrêté conjoint du garde des sceaux, ministre de la justice, et du ministre chargé du travail publié au *Journal officiel* de la République française. Les dispositions de la section 3 du présent chapitre s'appliquent aux désignations complémentaires.

L'arrêté portant désignation complémentaire de conseillers prud'hommes ne peut faire l'objet d'un recours administratif.

CHAPITRE II STATUT DES CONSEILLERS PRUD'HOMMES

SECTION 1 Formation

SOUS-SECTION 1 Formation continue *(Décr. n° 2017-684 du 28 avr. 2017, art. 1ᵉʳ).*

Art. D. 1442-1 La formation *(Décr. n° 2017-684 du 28 avr. 2017, art. 1ᵉʳ)* « continue » des conseillers prud'hommes peut être assurée :
1° Par des établissements publics ou instituts de formation des personnels de l'État ;
2° Par des établissements publics d'enseignement supérieur ;
3° Par des organismes privés à but non lucratif qui :
a) Sont rattachés aux organisations professionnelles et syndicales ayant obtenu, au niveau national, cent cinquante sièges *(Décr. n° 2016-1359 du 11 oct. 2016, art. 5, en vigueur le 1ᵉʳ janv. 2018)* « à la dernière désignation prud'homale » répartis dans au moins *(Décr. n° 2022-1492 du 30 nov. 2022)* « quarante départements » ;
b) Se consacrent exclusivement à cette formation.

V. note ss. art. R. 1441-2.

Art. R. 1442-2 Pour les établissements et organismes mentionnés aux 2° et 3° de l'article D. 1442-1, le bénéfice des dispositions des articles D. 1442-3 et D. 1442-4 ainsi que l'accès pour les conseillers prud'hommes salariés aux droits prévus au second alinéa de l'article L. 1442-6 sont subordonnés à l'agrément du ministre chargé du travail.

L'agrément, obtenu par voie d'arrêté, est donné pour une période de *(Décr. n° 2016-1359 du 11 oct. 2016, art. 5, en vigueur le 1ᵉʳ janv. 2018)* « quatre » ans. Il peut être retiré à la fin de chaque année civile en fonction des résultats des contrôles réalisés. Ces dispositions ne font pas obstacle à la dénonciation éventuelle des conventions prévues à l'article D. 1442-3.

L'établissement ou l'organisme présente un dossier de demande d'agrément établi conformément à un modèle fixé par arrêté du garde des sceaux, ministre de la justice, et du ministre chargé du travail. — *[Anc. art. D. 514-2.]*

Par dérogation au 2ᵉ al. de l'art. R. 1442-2, les agréments en cours au 9 déc. 2021 sont prorogés jusqu'au 31 déc. 2022.

Les agréments délivrés à compter du 1ᵉʳ janv. 2021 pour la période courant à compter de cette date sont établis pour une période de 3 ans (Décr. n° 2021-1592 du 7 déc. 2021, art. 1ᵉʳ).

V. Arr. du 30 janv. 2023 fixant la liste des organismes et établissements publics d'enseignement supérieur agréés au titre de l'art. R. 1442-2 pour assurer la formation continue des conseillers prud'hommes (JO 9 févr., NOR : MTRT2302668A).

Art. D. 1442-3 Des conventions sont conclues, dans la limite des crédits prévus à cet effet, entre les établissements et organismes mentionnés à l'article D. 1442-1 et le ministre chargé du travail. La durée de la convention est de *(Décr. n° 2016-1359 du 11 oct. 2016, art. 5)* « quatre » ans.

Chaque convention fixe à titre prévisionnel, notamment :

1° Le programme organisé sur la durée de la convention. Ce programme est défini conformément aux dispositions d'un arrêté du ministre de la justice et du ministre chargé du travail ;

2° Le nombre de journées de formation par stagiaire sur la durée de la convention ;

3° Le nombre de journées de formation par stagiaire par an ;

4° La durée de chaque stage ;

5° Les moyens pédagogiques et techniques mis en œuvre ;

6° L'estimation de l'aide financière globale de l'État et sa répartition sur la durée de la convention ;

7° L'organisation de la délégation de l'aide financière de l'État à des structures locales. — *[Anc. art. D. 514-3, al. 1ᵉʳ à 8.]*

Par dérogation au 1ᵉʳ al. de l'art. D. 1442-3, les conventions peuvent être prorogées jusqu'au 31 déc. 2022.

Les conventions conclues à compter du 1ᵉʳ janv. 2023 pour la période courant à compter de cette date sont d'une durée de 3 ans (Décr. n° 2021-1592 du 7 déc. 2021, art. 2).

Art. D. 1442-4 L'aide financière de l'État comprend pour les organismes mentionnés aux 2° et 3° de l'article D. 1442-1 :

1° Un fonds destiné à financer les frais de structure de l'organisme. Ces frais comprennent :

a) Les frais de formation suivants dans le cadre des sessions :
— matériel et documentation ;
— locaux ;
— fournitures diverses ;

b) Les frais de formation suivants hors sessions :
— frais de formation des formateurs ;
— frais liés à l'utilisation des nouvelles technologies ;

c) Les dépenses administratives suivantes :
— frais de personnel ;
— frais de fonctionnement ;

2° Une participation calculée sur la base d'un montant forfaitaire par jour de formation et par stagiaire. Cette participation couvre les dépenses d'enseignement ainsi que les frais de déplacement et de séjour des stagiaires. Ce forfait est fixé annuellement dans la convention. — *[Anc. art. D. 514-3, al. 9 à 21.]*

Art. D. 1442-5 Les conventions mentionnées à l'article D. 1442-3 précisent les modalités du contrôle, notamment administratif et financier, des stages de formation donnant lieu au versement de l'aide financière de l'État ainsi que les modalités d'évaluation du dispositif. — *[Anc. art. D. 514-3, al. 22.]*

Art. D. 1442-6 L'État soutient financièrement les actions innovantes relatives à la formation des conseillers prud'hommes engagées par les organismes agréés. — *[Anc. art. D. 514-3-1.]*

Art. D. 1442-7 *(Décr. n° 2017-684 du 28 avr. 2017, art. 1ᵉʳ-3°)* La durée totale d'absence d'un conseiller prud'homme salarié pour sa participation à un ou plusieurs stages de formation dans les établissements et organismes mentionnés à l'article D. 1442-1 ne peut dépasser deux semaines au cours d'une même année civile.

Les autorisations d'absence mentionnées au 2° de l'article L. 1442-2 sont accordées aux salariés à leur demande dès leur nomination.

Le conseiller prud'homme informe son employeur de son absence pour la formation prévue au 2° de l'article L. 1442-2 par tout moyen conférant date certaine :

1° Au moins trente jours à l'avance, en cas de durée d'absence égale ou supérieure à trois journées de travail consécutives ;

2° Au moins quinze jours à l'avance dans les autres cas.

Cette information précise la date, la durée et les horaires du stage ainsi que le nom de l'établissement ou de l'organisme responsable.

Les dispositions issues du Décr. n° 2017-684 du 28 avr. 2017 entrent en vigueur à compter du premier renouvellement des conseillers prud'hommes qui suit la publication du décret (Décr. préc., art. 2). — V. ndlr ss. art. R. 1441-2.

Art. D. 1442-8 L'organisme chargé du stage délivre au salarié une attestation constatant sa présence au stage.

Cette attestation est remise à l'employeur au moment de la reprise du travail. — *[Anc. art. D. 514-5.]*

Art. D. 1442-9 Les conseillers prud'hommes salariés bénéficiant des congés prévus à l'article D. 1442-7 ne sont pas pris en compte :

1° Pour la fixation du nombre des bénéficiaires du congé de formation, tel qu'il résulte des articles L. 6322-7 à L. 6322-9 ;

2° Pour la fixation du congé de formation économique, sociale et syndicale, tel qu'il résulte de l'article *(Décr. n° 2016-1555 du 18 nov. 2016, art. 4)* « L. **2145-5** ». — *[Anc. art. D. 514-6.]*

Art. D. 1442-10 Les conseillers prud'hommes salariés rétribués uniquement à la commission, lorsqu'ils bénéficient des congés prévus à l'article D. 1442-7, sont rémunérés par chacun de leurs employeurs sur la base d'une indemnité horaire de stage égale au 1/1 900 des rémunérations versées l'année précédente et déclarées à l'administration fiscale en application de l'article 87 du code général des impôts.

L'imputation de cette rémunération au titre de la participation des employeurs au développement de la formation professionnelle continue est réalisée conformément aux dispositions du premier alinéa de l'article R. 6331-22.

Pour les autres conseillers prud'hommes salariés, les dispositions de l'article R. 6331-22 s'appliquent dans leur ensemble. — *[Anc. art. D. 514-7.]*

SOUS-SECTION 2 **Formation initiale**

(Décr. n° 2017-684 du 28 avr. 2017, art. 1ᵉʳ-4°)

Les dispositions de cette sous-section entrent en vigueur à compter du premier renouvellement des conseillers prud'hommes qui suit la publication du Décr. du 28 avr. 2017 (Décr. préc., art. 2).

Art. D. 1442-10-1 Sont soumis à l'obligation de formation initiale prévue à l'article L. 1442-1 les conseillers prud'hommes nouvellement désignés n'ayant jamais exercé de mandat prud'homal *(Décr. n° 2021-562 du 6 mai 2021)* « ou n'ayant pas accompli cette obligation à laquelle ils étaient assujettis au cours d'un précédent mandat ».

(Abrogé par Décr. n° 2021-562 du 6 mai 2021) « *Le conseiller prud'homme doit avoir commencé à suivre la formation initiale pour suivre la formation continue.* »

Le conseiller prud'homme qui n'a pas suivi la formation initiale dans un délai de quinze mois à compter du premier jour du deuxième mois suivant sa nomination est réputé démissionnaire.

L'inexécution de l'obligation de formation prévue à l'article L. 1442-1 et la date de cessation des fonctions sont constatées par le Premier président de la cour d'appel.

Le Premier président de la cour d'appel informe sans délai le procureur général près la cour d'appel, le conseiller prud'homme réputé démissionnaire, le président du conseil de prud'hommes concerné et le directeur de greffe du même conseil de prud'hommes.

Dans les huit jours à compter de la réception de l'information, le directeur de greffe adresse à l'employeur du conseiller prud'homme salarié un courrier l'informant de la date de cessation des fonctions de ce conseiller.

Ces dispositions entrent en vigueur à compter du premier renouvellement des conseillers prud'hommes qui suit la publication du Décr. n° 2017-684 du 28 avr. 2017, à l'exception de l'al. 2 qui entre en vigueur à compter de la première désignation complémentaire des conseillers prud'hommes, résultant de l'application de l'art. L. 1441-25, qui suit la publication du dudit Décr. (Décr. préc., art. 2). − V. note ss. art. R. 1441-2.

V. Arr. du 28 avr. 2017 fixant le contenu du programme de la formation initiale obligatoire des conseillers prud'hommes, NOR : JUSB1708661A (JO 30 avr.).

Décret n° 2020-482 du 27 avril 2020,

Relatif à la prorogation exceptionnelle des délais de formation obligatoire des conseillers prud'hommes et des juges des tribunaux de commerce.

Art. 4 Par dérogation à l'article D. 1442-10-1 du code de travail, les conseillers prud'hommes nommés par arrêté du 14 décembre 2018 et n'ayant pas exécuté leur obligation de formation initiale à la date du 30 avril 2020 disposent, à compter de cette date, d'un délai supplémentaire exceptionnel d'un an pour satisfaire à cette obligation. A défaut, conformément à l'article L. 1442-1 du code du travail, ils sont réputés démissionnaires.

Art. 5 Par dérogation à l'article D. 1442-10-1 du code du travail, les conseillers prud'hommes nommés par arrêté du 30 octobre 2019 et n'ayant pas exécuté leur obligation de formation initiale à la date du 28 février 2021 disposent, à compter de cette date, d'un délai supplémentaire exceptionnel d'un an pour satisfaire à cette obligation. A défaut, conformément à l'article L. 1442-1 du code du travail, ils sont réputés démissionnaires.

Art. 6 Par dérogation à l'article D. 1442-10-1 du code du travail, les conseillers prud'hommes qui ont déposé leur candidature entre le 22 janvier 2020 à 12 heures et le 24 février 2020 à 12 heures suivent leur formation initiale dans un délai de quinze mois à compter du premier jour du huitième mois suivant leur nomination. A défaut, ils sont réputés démissionnaires.

Art. 7 Le deuxième alinéa de l'article D. 1442-10-1 du code du travail n'est pas applicable aux conseillers prud'hommes mentionnés aux articles 5 et 6.

Art. D. 1442-10-2 Cette formation initiale est organisée par l'École nationale de la magistrature.

Le contenu de la formation initiale est fixé par arrêté conjoint du garde des sceaux, ministre de la justice, et du ministre chargé du travail publié au *Journal officiel* de la République française. − *V. Arr. du 28 avr. 2017 (JO 30 avr.).*

Art. D. 1442-10-3 Les autorisations d'absence mentionnées au 1° de l'article L. 1442-2 sont accordées aux salariés à leur demande dès leur nomination et jusqu'au terme de la période de quinze mois mentionnée au deuxième alinéa de l'article D. 1442-10-1.

Le conseiller prud'homme informe son employeur de son absence pour la formation prévue au 1° de l'article L. 1442-2 par tout moyen conférant date certaine :

1° Au moins trente jours à l'avance, en cas de durée d'absence égale ou supérieure à trois journées de travail consécutives ;

2° Au moins quinze jours à l'avance dans les autres cas.

Cette information précise la date, la durée et les horaires du stage ainsi que le nom de l'organisme responsable.

Art. D. 1442-10-4 A l'issue de la formation, l'École nationale de la magistrature remet au conseiller prud'homme une attestation individuelle de formation, sous réserve d'assiduité.

Cette attestation est remise par le conseiller prud'homme au président du conseil de prud'hommes et, le cas échéant, à l'employeur.

Art. D. 1442-10-5 Les conseillers prud'hommes salariés rétribués uniquement à la commission, lorsqu'ils suivent la formation initiale, sont rémunérés par chacun de leurs employeurs sur la base d'une indemnité horaire de stage égale au 1/1 607 des rémunérations versées l'année précédente et déclarées à l'administration fiscale en application de l'article 87 du code général des impôts.

Art. D. 1442-10-6 Les frais de déplacement et de séjour hors de leur résidence supportés par les conseillers prud'hommes pour le suivi de la formation initiale leur sont remboursés selon la règlementation en vigueur applicable aux agents de l'État.

SECTION 2 Exercice du mandat

SOUS-SECTION 1 Installation

Art. D. 1442-11 (Décr. n° 2016-1359 du 11 oct. 2016, art. 4, en vigueur le 1er févr. 2017) Lorsqu'ils n'ont jamais exercé de fonctions judiciaires dans un conseil de prud'hommes, sont invités à prêter serment :
1° Le conseiller prud'homme nommé à l'issue du renouvellement général ;
2° Le conseiller nommé en cours de mandat pour occuper un siège devenu vacant ;
(Décr. n° 2020-1656 du 22 déc. 2020, art. 2, en vigueur le 1er janv. 2021) « 3° Le conseiller nommé lors de la création d'un conseil de prud'hommes. »

Le 2° entre en vigueur le 1er janv. 2018 (Décr. n° 2016-1359 du 11 oct. 2016, art. 8-I-3°).

Art. D. 1442-12 (Décr. n° 2016-1359 du 11 oct. 2016, art. 4, en vigueur le 1er févr. 2017) La convocation pour la prestation de serment à l'audience du tribunal est faite par le procureur de la République près le (Décr. n° 2019-966 du 18 sept. 2019, art. 8-I, en vigueur le 1er janv. 2020) « tribunal judiciaire » dans le ressort duquel se trouve le siège du conseil de prud'hommes dans un délai d'un mois au plus tard à compter de la publication de l'arrêté de nomination mentionné aux articles L. 1441-1 et L. 1441-26.

Art. D. 1442-13 Les conseillers prêtent individuellement le serment suivant :
"Je jure de remplir mes devoirs avec zèle et intégrité et de garder le secret des délibérations".
Un procès-verbal de la réception du serment est établi. – *[Anc. art. R. 513-116, al. 1er fin et 2.]*

Art. D. 1442-14 (Décr. n° 2016-1359 du 11 oct. 2016, art. 4, en vigueur le 1er févr. 2017) Le jour de l'installation publique du conseil de prud'hommes, à l'occasion de l'audience solennelle mentionnée au 1° de l'article R. 1423-13, une lecture du procès-verbal de réception du serment est faite. L'installation vaut entrée en fonctions des conseillers mentionnés au 1° de l'article D. 1442-11.
L'installation des conseillers mentionnés au 2° de l'article D. 1442-11 a lieu lors de l'audience du bureau de jugement de la section concernée qui suit la publication de l'arrêté de nomination visé à l'article L. 1441-26 ou la réception du serment.
Dans les huit jours de l'installation d'un salarié comme conseiller prud'homme, le directeur de greffe adresse à son employeur un courrier l'informant de la date d'entrée en fonctions de ce conseiller.

Art. D. 1442-15 *Abrogé par Décr. n° 2016-1359 du 11 oct. 2016, art. 4.*

SOUS-SECTION 2 Fin du mandat

Art. D. 1442-16 Le conseiller prud'homme désigné comme conseiller rapporteur et dont le mandat n'a pas été renouvelé dépose son rapport au plus tard dans le délai de deux mois à compter de la date d'installation du nouveau conseiller prud'homme. – *[Anc. art. L. 512-5, al. 3.]*

Art. D. 1442-17 Le conseiller qui renonce à son mandat adresse sa démission au président du conseil de prud'hommes et en informe le procureur (Décr. n° 2016-1359 du 11 oct. 2016, art. 4, en vigueur le 1er févr. 2017) « général près la cour d'appel » par lettre recommandée avec avis de réception.
La démission devient définitive à compter d'un mois après l'expédition de cette lettre. – *[Anc. art. R. 512-15.]*

Art. D. 1442-18 (Décr. n° 2016-1359 du 11 oct. 2016, art. 4, en vigueur le 1er févr. 2017) Le conseiller prud'homme qui, en cours de mandat, devient employeur alors qu'il siégeait en tant que salarié, ou devient salarié alors qu'il siégeait en tant qu'employeur, doit le déclarer au procureur général près la cour d'appel et au président du conseil de prud'hommes. Cette déclaration entraîne sa démission de plein droit.

À défaut d'une telle déclaration, le procureur général près la cour d'appel saisit la chambre sociale de la cour d'appel laquelle, après avoir invité le membre du conseil en cause à justifier de sa qualité actuelle, prononce, s'il y a lieu, sa démission d'office.

1. Pouvoirs du ministère public. Il appartient au ministère public, agissant en démission d'office, d'établir que le conseiller prud'homme a, en cours de mandat, perdu la qualité en laquelle il a été élu et en a acquis une autre. ● Soc. 13 juill. 1993 : ⚖ *Dr. soc. 1993. 861* ; *CSB 1993. 243, S. 120*.

2. Procédure applicable. Le conseiller, salarié d'une entreprise privée lorsqu'il a été élu, et qui a depuis quitté cet emploi pour être employé par un syndicat intercommunal et est ainsi devenu fonctionnaire, doit démissionner de ses fonctions, l'art. R. 512-16 [art. R. 1442-18 nouv.] étant seul applicable en l'espèce. ● Soc. 13 déc. 1993, ⚖ n° 93-60.331 P. ◆ Le conseiller prud'homme n'est pas déchu de son mandat du seul fait qu'il a perdu la qualité requise pour être élu dans un collège tant que l'une des procédures prévues par l'art. R. 512-16 n'a pas été mise en œuvre. ● Soc. 26 oct. 2005, ⚖ n° 03-46.766 P.

3. Déchéance. Le conseiller prud'homme n'est pas déchu de son mandat du seul fait qu'il a perdu la qualité requise pour être élu dans un collège tant que l'une des deux procédures prévues par l'art. D. 1442-18 n'a pas été mise en œuvre. ● Soc. 3 mars 2009 : ⚖ *RJS 2009. 398, n° 463*.

Art. D. 1442-19 (Décr. n° 2016-1359 du 11 oct. 2016, art. 4, en vigueur le 1er févr. 2017) Lorsqu'un siège de conseiller prud'homme devient vacant pour quelque cause que ce soit, le président ou le vice-président de ce conseil constate la vacance et en informe, dans un délai de huit jours, le procureur général près la cour d'appel.

Le procureur général en informe sans délai le garde des sceaux, ministre de la justice.

SECTION 3 Discipline et protection

SOUS-SECTION 1 La démission pour refus de service

(Décr. n° 2016-1948 du 28 déc. 2016, art. 2)

Art. D. 1442-20 Le président du Conseil de prud'hommes, après avis du vice-président, constate le refus de service d'un conseiller prud'homme de sa juridiction prévu à l'article L. 1442-12 par un procès-verbal contenant l'avis motivé de la section ou de la chambre. Le conseiller prud'homme est préalablement entendu ou dûment appelé.

Si la section ou la chambre n'émet pas son avis dans le délai d'un mois à dater de sa convocation, le président mentionne cette abstention dans le procès-verbal qu'il transmet au procureur général près la cour d'appel, lequel en saisit cette dernière.

La cour d'appel statue sur la démission du conseiller prud'homme refusant de remplir le service auquel il est appelé en chambre du conseil au vu du procès-verbal susmentionné. L'intéressé est appelé devant la cour d'appel.

SOUS-SECTION 2 La commission nationale de discipline

(Décr. n° 2016-1948 du 28 déc. 2016, art. 3)

Art. R. 1442-21 La Commission nationale de discipline prévue à l'article L. 1442-13-2 siège à la Cour de cassation. Elle est dénommée Commission nationale de discipline des conseillers prud'hommes.

Art. R. 1442-22 (Décr. n° 2017-1603 du 23 nov. 2017, art. 1er) Les membres titulaires et suppléants de la commission sont désignés pour quatre ans.

Cette désignation a lieu dans les trois mois suivant le renouvellement du Conseil supérieur de la prud'homie prévu par l'article R. 1431-8.

Le cas échéant, et dans la limite maximum d'un an, leur mandat est prolongé jusqu'à l'installation de la commission qui suit le renouvellement du Conseil supérieur de la prud'homie.

Art. R. 1442-22-1 L'année où il est procédé au renouvellement des membres de la commission, les premiers présidents des cours d'appel font connaître, *(Décr. n° 2017-1603 du 23 nov. 2017)* « deux mois au plus tard après le renouvellement du Conseil supérieur de la prud'homie prévu à l'article R. 1431-8 », au premier président de la Cour de cassation le nom du magistrat et de la magistrate du siège de leur cour qu'ils proposent de désigner en application du 2° de l'article L. 1442-13-2.

Art. R. 1442-22-2 Les membres de la commission mentionnés aux 3° et 4° de l'article L. 1442-13-2 sont désignés en leur sein par les membres titulaires et suppléants du Conseil supérieur de la prud'homie représentant respectivement les salariés et les employeurs.

Par dérogation à l'article R. 1431-7, les titulaires et les suppléants participent à la désignation et peuvent être désignés comme membres de cette commission.

Art. R. 1442-22-3 La liste des membres de la Commission nationale de discipline des conseillers prud'hommes est transmise au garde des sceaux, ministre de la justice et publiée au *Journal officiel* de la République française à la diligence du premier président de la Cour de cassation.

Les membres de la commission sont installés dans leurs fonctions par le premier président de la Cour de cassation *(Décr. n° 2017-1603 du 23 nov. 2017)* « dans les quinze jours suivant la publication de la liste des membres au *Journal officiel* ».

Art. R. 1442-22-4 Le membre de la commission qui désire renoncer à son mandat adresse sa démission au garde des sceaux, ministre de la justice. La démission n'est définitive qu'après acceptation par le ministre.

Art. R. 1442-22-5 Lorsqu'une vacance se produit avant la date d'expiration des mandats, le membre de la commission est remplacé et installé dans les trois mois selon les modalités prévues pour la désignation initiale. Le membre ainsi désigné achève le mandat de celui qu'il remplace.

Art. R. 1442-22-6 Le secrétariat de la commission est assuré par le secrétaire général de la première présidence de la Cour de cassation. En cas d'empêchement du secrétaire général, le secrétariat est assuré par un magistrat du siège délégué à cette fin par le Premier président.

Art. R. 1442-22-7 La date et l'ordre du jour des séances de la commission sont fixés par ordonnance du président de la commission. Une copie de l'ordonnance est adressée au garde des sceaux, ministre de la justice, et est jointe à la convocation adressée par le secrétaire de la commission.

Le procès-verbal des séances est signé du président et du secrétaire de la commission.

SOUS-SECTION 3 **La procédure disciplinaire**

(Décr. n° 2016-1948 du 28 déc. 2016, art. 3)

Art. R. 1442-22-8 Lorsqu'il saisit la commission ou son président en application des articles L. 1442-13-3 ou L. 1442-16, le garde des sceaux, ministre de la justice ou le premier président de la cour d'appel dans le ressort de laquelle siège le conseiller prud'homme mis en cause transmet au président de la commission toutes les pièces afférentes à la poursuite.

Art. R. 1442-22-9 Dès la saisine de la commission, le conseiller prud'homme mis en cause est informé de cette saisine par tout moyen conférant date certaine par le secrétaire de la commission, qui lui précise qu'il peut prendre connaissance, au secrétariat de la commission, des pièces afférentes à la poursuite, ou qu'elles peuvent lui être communiquées par voie électronique.

Le président de la commission désigne parmi les membres de la commission un rapporteur, qui procède à toutes investigations utiles. Le rapporteur entend l'intéressé et, s'il y a lieu, les témoins. Il peut les faire entendre par un magistrat du siège auquel il donne délégation.

Art. R. 1442-22-10 Le conseiller prud'homme mis en cause peut se faire assister par l'un de ses pairs, par un avocat au Conseil d'État et à la Cour de cassation ou par un avocat inscrit à un barreau.

Le dossier de la procédure est mis à la disposition de l'intéressé et de son conseil quarante-huit heures au moins avant chaque séance de la commission ou chaque audition par le rapporteur ou son délégué. Le conseiller prud'homme mis en cause peut à tout moment de la procédure verser aux débats les pièces qu'il estime utiles et déposer des mémoires en défense.

Art. R. 1442-22-11 Le conseiller prud'homme mis en cause est cité à comparaître devant la commission par son secrétaire par tout moyen conférant date certaine à cette citation.

Art. R. 1442-22-12 Le conseiller prud'homme mis en cause est tenu de comparaître en personne.

Art. R. 1442-22-13 Après lecture du rapport et après audition du représentant du garde des sceaux, ministre de la justice, le conseiller prud'homme mis en cause est invité à fournir ses explications et moyens de défense sur les faits qui lui sont reprochés.

Art. R. 1442-22-14 L'audience de la Commission nationale de discipline est publique. Toutefois, si la protection de l'ordre public ou de la vie privée l'exige ou qu'il existe des circonstances spéciales de nature à porter atteinte aux intérêts de la justice, l'accès à la salle d'audience peut être interdit pendant la totalité ou une partie de l'audience, au besoin d'office, par le président.

La commission délibère à huis clos. La décision, qui est motivée, est rendue publiquement.

Art. R. 1442-22-15 Lorsqu'il est saisi en application de l'article L. 1442-16, le président de la commission statue par ordonnance rendue dans les dix jours de sa saisine. La décision du président est immédiatement exécutoire.

Art. R. 1442-22-16 Les décisions de la commission et les ordonnances de son président sont notifiées par tout moyen conférant date certaine à cette notification au conseiller prud'homme mis en cause. Elles sont portées à la connaissance du garde des sceaux, ministre de la justice, du premier président de la cour d'appel et du président du conseil des prud'hommes.

Le délai de pourvoi est de dix jours à compter de la date de réception de la notification. Le pourvoi est formé et instruit conformément aux dispositions des articles 974 à 982 du code de procédure civile.

Art. R. 1442-22-17 Les délais mentionnés à la présente section sont comptés dans les conditions fixées aux articles 641 à 647-1 du code de procédure civile.

SOUS-SECTION 4 **La prise à partie** (*Décr. n° 2016-1948 du 28 déc. 2016, art. 4*).

Art. D. 1442-23 Les articles L. 141-2 et L. 141-3 du code de l'organisation judiciaire et les articles L. 366-1 à L. 366-9 du code de procédure civile *[366-1 à 366-9]* sont applicables aux conseils de prud'hommes et à leurs membres pris individuellement.

(*Abrogé par Décr. n° 2016-1948 du 28 déc. 2016, art. 4*) « *Le droit de réprimande du garde des sceaux, ministre de la justice, sur les juges non professionnels, prévu à l'article 17 de la loi du 30 août 1883, et les incompatibilités, prévues à l'article L. 111-10 et R. 111-3 du code de l'organisation judiciaire, sont applicables à la juridiction des prud'hommes en tout ce qu'ils n'ont pas de contraire aux dispositions du présent livre.* »

Art. D. 1442-24 La prise à partie est portée devant la cour d'appel. — *[Anc. art. R. 514-5.]*

SECTION 4 Médailles et honorariat

Art. D. 1442-25 Les membres du conseil de prud'hommes portent, soit à l'audience, soit dans les cérémonies publiques, suspendue à un ruban, en sautoir, une médaille signe de leurs fonctions. Cette médaille est en bronze doré pour le président du conseil de prud'hommes et, à l'audience, pour le président du bureau de jugement. Elle est en bronze argenté pour les autres conseillers. D'un module de 65 mm, elle porte à l'avers la mention République française et une tête symbolisant la République, placée de profil, tournée à droite.

La médaille est suspendue à un ruban d'une largeur de 75 mm au moyen d'une attache d'une largeur de 75 mm portant un rameau d'olivier. Ce ruban est divisé dans le sens vertical en deux parties égales, rouge et bleue. — [Anc. art. R. 512-12.]

Art. D. 1442-26 L'honorariat peut être conféré par arrêté du garde des sceaux, ministre de la justice, aux anciens présidents et aux anciens membres des conseils de prud'hommes ayant exercé leurs fonctions pendant douze ans.

Cet arrêté est pris sur proposition du président du (Décr. n° 2019-966 du 18 sept. 2019, art. 8-I, en vigueur le 1er janv. 2020) « tribunal judiciaire » dans le ressort duquel est situé le siège du conseil, après avis de l'assemblée générale du conseil de prud'hommes.

L'honorariat peut être retiré suivant la même procédure. — [Anc. art. R. 512-10.]

Art. D. 1442-27 Les membres honoraires d'un conseil de prud'hommes peuvent assister, aux côtés des membres de la juridiction, aux audiences d'installation et à l'audience solennelle prévue à l'article R. 111-2 du code de l'organisation judiciaire.

Ils peuvent porter à ces audiences et dans les cérémonies publiques l'insigne prévu à l'article D. 1442-25. — [Anc. art. R. 512-11, al. 1er et 2.]

Art. D. 1442-28 Les anciens conseillers prud'hommes admis à l'honorariat ne peuvent en faire mention ni dans la publicité ou la correspondance commerciale, ni dans les actes de procédure ou les actes extra-judiciaires.

En toute autre circonstance ils ne peuvent faire état de cette distinction sans préciser le conseil de prud'hommes au titre duquel elle leur a été conférée. — [Anc. art. R. 512-11, al. 3.]

CHAPITRE III [ABROGÉ] DISPOSITIONS PÉNALES

(Abrogé par Décr. n° 2016-1359 du 11 oct. 2016, art. 5, à compter du 1er janv. 2018)

Art. R. 1443-1 à R. 1443-3 Abrogés par Décr. n° 2016-1359 du 11 oct. 2016, art. 5.

TITRE V PROCÉDURE DEVANT LE CONSEIL DE PRUD'HOMMES

Ce titre est applicable à Mayotte à compter du 1er janv. 2022 (Décr. n° 2018-953 du 31 oct. 2018, art. 58-III).

BIBL. GÉN. ▶ AUDINET, SSL 1983, n° 174, D. 37. - BERNARD, Dr. ouvrier 2010. 187 (office du juge et exigences de la mise en état et du contradictoire). - DESDEVISES, Dr. soc. 1986. 140. - D'ORNANO, JCP S 2008. 1476 (usage des moyens de preuve en droit du travail). - GRUMBACH et SERVERIN, Dr. ouvrier 2009. 469 (l'audience initiale devant le conseil de prud'hommes). - JULIEN, SSL 1986, n° 322, suppl. D. 75. - LEBON-BLANCHARD, Dr. ouvrier 2010. 195 (office du juge et exigences de la mise en état et du contradictoire). - MOUSSY, Dr. soc. 1998. 145 ⌀. - NORMAND, ibid. 1986, n° 322, suppl. D. 62 (expertise). - PATOUT, ibid. 1985, n° 274, D. 113. - RAPINAT, Gaz. Pal. 1979. 1. Doctr. 6. - SARAMITO, Dr. ouvrier 1985. 181 (suspensions des poursuites individuelles). - TABARET, ibid. 1992. 88 (régularité de la convocation à comparaître).

CHAPITRE I DISPOSITIONS GÉNÉRALES

Art. R. 1451-1 Sous réserve des dispositions du présent code, la procédure devant les juridictions prud'homales est régie par les dispositions du livre premier du code de procédure civile. — [Anc. art. R. 516-0.]

1. Référé. Le président du conseil de prud'hommes n'ayant pas qualité pour statuer sur requête, une cour d'appel décide à bon droit que le président du tribunal de grande instance est compétent pour ordonner, conformément à l'art. 812, al. 2, C. pr. civ., la production de pièces destinées à une instance prud'homale. • Soc. 12 avr. 1995, n° 93-10.982 P : *Dr. soc. 1995. 586*, note Jeantin ; *RJS 1995. 368*, n° 552 (le pouvoir d'ordonner la production d'un élément de preuve détenu par une partie, en l'occurrence une correspondance, n'est pas contraire à l'art. 8 de la Conv. EDH).

2. Appel. Nonobstant le principe de l'oralité de la procédure en matière prud'homale, l'appel incident peut être régulièrement formé par dépôt ou envoi au greffe de conclusions valant déclaration d'appel. • Soc. 15 déc. 2006, n° 05-41.468 P.

3. Désistement. Le désistement d'instance et d'appel est régi par les dispositions du C. pr. civ. communes à toutes les juridictions, auxquelles il n'est pas dérogé par les dispositions du code du travail particulières aux juridictions statuant en matière prud'homale. • Soc. 27 nov. 2001, n° 99-45.940 P. • 29 avr. 2003, n° 01-41.631 P : *Procédures 2007. comm. 162*, note Perrot.

4. Décision mettant fin à l'instance. Si la décision qui tranche tout le principal ou qui, statuant sur une exception de procédure, une fin de non-recevoir ou tout autre incident, met fin à l'instance, n'est pas notifiée dans le délai de deux ans de son prononcé, la partie qui a comparu n'est plus recevable à exercer un recours à titre principal après l'expiration dudit délai. • Soc. 17 nov. 1998, n° 96-43.838 P.

5. Principe du contradictoire. Il résulte de l'art. R. 516-0 [art. R. 1451-1 nouv.] que les dispositions de l'art. 135 C. pr. civ., selon lesquelles le juge peut écarter des débats les pièces qui n'ont pas été communiquées en temps utile, sont applicables devant les juridictions statuant en matière prud'homale. • Soc. 7 juin 1995 : *RJS 1995. 528*, n° 810. ♦ Mais le caractère oral de la procédure permet de suppléer à la remise tardive des conclusions. • Soc. 12 avr. 1995 : *RJS 1995. 367*, n° 551 • 13 mars 1996, n° 94-42.864 P.

6. Le droit à un procès équitable permet d'écarter l'application du principe d'oralité de la procédure et de déclarer recevable un appel incident formé par des conclusions écrites. • Soc. 14 mars 2007 : *RDT 2007. 335*, obs. Boulmier ; *D. 2007. AJ 1007*, obs. P. Guiomard ; *RJS 2007. 480*, n° 650.

Art. R. 1451-2 Les exceptions de procédure sont, à peine d'irrecevabilité, soulevées avant toute défense au fond ou fin de non-recevoir. Elles peuvent, sous cette réserve, être soulevées devant le bureau de jugement. — [*Anc. art. R. 516-38.*]

1. L'art. R. 516-38 [art. R. 1451-2 nouv.] ne concerne que les exceptions de procédure et non les fins de non-recevoir régies par l'art. 122 C. pr. civ. • Soc. 5 juill. 1989 : *Bull. civ. V, n° 507*.

2. Les exceptions d'incompétence doivent être soulevées *in limine litis*. • Soc. 13 juin 1973 : *Bull. civ. V, n° 380* • 12 mai 1982 : *ibid., n° 294*.

3. Doit être cassée la décision d'une cour d'appel qui admet la régularité de sa saisine par la voie de l'appel au motif que le premier juge, pour statuer sur sa compétence, avait eu à trancher la question de fond de l'existence d'un contrat de travail entre les parties, alors qu'il n'avait statué que sur sa compétence sans se prononcer sur les différents chefs de demande. • Soc. 6 oct. 1971 : *Bull. civ. V, n° 537* • 29 mai 1979 : *ibid., n° 460* (le jugement sur la compétence ne peut être attaqué que par voie de contredit).

4. Il résulte de l'art. R. 516-38 [art. R. 1451-2 nouv.] que les exceptions doivent être accueillies même lorsque des défenses au fond ont été proposées au cours du préliminaire de conciliation, pourvu qu'elles ne soient pas postérieures à de telles défenses dans le cadre du débat ouvert devant le bureau de jugement. • Soc. 26 juill. 1984 : *Bull. civ. V, n° 333*.

Art. R. 1451-3 Lorsqu'un (*Décr. n° 2019-966 du 18 sept. 2019, art. 8-I, en vigueur le 1er janv. 2020*) « tribunal judiciaire » est appelé à statuer en matière prud'homale, les demandes sont formées, instruites et jugées conformément aux dispositions du présent titre.

En cas de recours, il est procédé comme en matière prud'homale. — [*Anc. art. R. 516-43.*]

CHAPITRE II SAISINE DU CONSEIL DE PRUD'HOMMES

(*Décr. n° 2016-660 du 20 mai 2016, art. 8*)

Art. R. 1452-1 (*Décr. n° 2019-1333 du 11 déc. 2019, art. 36, en vigueur le 1er janv. 2020*) « La demande en justice est formée par requête. »

(*Décr. n° 2016-660 du 20 mai 2016, art. 8*) « La saisine du conseil de prud'hommes, même incompétent, interrompt la prescription. »

Portée de l'effet interruptif de prescription de l'action prud'homale. En principe, si l'interruption de la prescription ne peut pas s'étendre d'une action à l'autre, il en est autrement lorsque les deux actions, au cours d'une même instance, concernent l'exécution du même contrat de travail ; l'effet interruptif attaché à une demande relative à l'exécution du contrat de travail ou à sa rupture ne s'étend cependant pas à la demande reconventionnelle tendant à voir prononcer la nullité du même contrat. • Soc. 15 sept. 2021, n° 19-24.011 B : *D.* 2021. 1677 ⌀ ; *RDT* 2021. 663, obs. Mraouahi ⌀ ; *RJS* 12/2021, n° 676 ; *JCP S* 2021. 1304, obs. Bugada.

Art. R. 1452-2 La requête est faite, remise ou adressée au greffe du conseil de prud'hommes.

(Décr. n° 2017-1008 du 10 mai 2017, art. 2) « Elle » comporte les mentions prescrites *(Décr. n° 2017-1008 du 10 mai 2017, art. 2)* « à peine de nullité » à l'article *(Décr. n° 2019-1333 du 11 déc. 2019, art. 36, en vigueur le 1ᵉʳ janv. 2020)* « 57 » du code de procédure civile. En outre, elle contient un exposé sommaire des motifs de la demande et mentionne chacun des chefs de celle-ci. Elle est accompagnée des pièces que le demandeur souhaite invoquer à l'appui de ses prétentions. Ces pièces sont énumérées sur un bordereau qui lui est annexé.

La requête et le bordereau sont établis en autant d'exemplaires qu'il existe de défendeurs, outre l'exemplaire destiné à la juridiction.

BIBL. ▶ Guiomard, *RDT* 2017. 558 ⌀ (sécurisation et simplification des procédures, vraiment ? Nouvelles règles de saisine des juridictions).

Art. R. 1452-3 Le greffe avise par tous moyens le demandeur des lieu, jour et heure de la séance du bureau de conciliation et d'orientation ou de l'audience lorsque le préalable de conciliation ne s'applique pas.

Cet avis par tous moyens invite le demandeur à adresser ses pièces au défendeur avant la séance ou l'audience précitée et indique qu'en cas de non-comparution sans motif légitime il pourra être statué en l'état des pièces et moyens contradictoirement communiqués par l'autre partie.

Art. R. 1452-4 *(Décr. n° 2017-1008 du 10 mai 2017, art. 2)* « A réception des exemplaires de la requête et du bordereau mentionnés au deuxième alinéa de l'article R. 1452-2, le » greffe convoque le défendeur par lettre recommandée avec demande d'avis de réception. La convocation indique :

1° Les nom, profession et domicile du demandeur ;

2° Selon le cas, les lieu, jour et heure de la séance du bureau de conciliation et d'orientation ou de l'audience à laquelle l'affaire sera appelée ;

3° Le fait que des décisions exécutoires à titre provisoire pourront, même en son absence, être prises contre lui et qu'en cas de non-comparution sans motif légitime il pourra être statué en l'état des pièces et moyens contradictoirement communiqués par l'autre partie.

La convocation invite le défendeur à déposer ou adresser au greffe les pièces qu'il entend produire et à les communiquer au demandeur.

Cette convocation reproduit les dispositions des articles R. 1453-1 et R. 1453-2 et, lorsque l'affaire relève du bureau de conciliation et d'orientation, celles des articles R. 1454-10 et R. 1454-12 à R. 1454-18.

Est joint à la convocation un exemplaire de la requête et du bordereau énumérant les pièces adressées par le demandeur.

(Décr. n° 2017-1008 du 10 mai 2017, art. 2) « Lorsque le défendeur est attrait par plusieurs demandeurs, le greffe peut, avec son accord, lui notifier les requêtes et bordereaux par remise contre émargement ou récépissé, le cas échéant en plusieurs fois. »

Art. R. 1452-5 Sous réserve des dispositions du second alinéa de l'article R. 1452-1, la convocation du défendeur devant le bureau de conciliation et d'orientation et, lorsqu'il est directement saisi, devant le bureau de jugement vaut citation en justice.

Art. R. 1452-6 *(Décr. n° 2017-1008 du 10 mai 2017, art. 2)* La reprise de l'instance, après une suspension, a lieu sur l'avis qui en est donné aux parties par le greffier, par tout moyen.

CHAPITRE III ASSISTANCE ET REPRÉSENTATION DES PARTIES

BIBL. GÉN. ▶ Pansier, *CSB 1999. 276, D. 10* (représentation et assistance). – Desdevises, *Dr. soc. 1985. 504* (comparution personnelle et représentation). – Puigelier, *JCP E 1992. I. 117* (salarié non assisté ou non représenté).

COMMENTAIRE
V. sur le Code en ligne 🔗.

Art. R. 1453-1 (*Décr. n° 2016-660 du 20 mai 2016, art. 9*) Les parties se défendent elles-mêmes.
Elles ont la faculté de se faire assister ou représenter.

1. Principe. En raison du caractère essentiel de la mission de conciliation du conseil de prud'hommes, les parties doivent comparaître personnellement. ● Soc. 6 juill. 1978 : *Bull. civ. V, n° 577 ; D. 1979. IR 28, obs. Langlois.*

2. Utilisation des heures de délégation. Viole l'art. R. 516-4 [art. R. 1453-1 nouv.] le conseil de prud'hommes qui déclare qu'un délégué du personnel, partie à une instance prud'homale, « assisté et représenté aux audiences » consacrées à la contestation de l'utilisation de ses heures de délégation, aurait dû se dispenser de comparaître. ● Cass., ass. plén., 31 oct. 1996, ⚖ n° 91-44.770 P : *BICC 15 déc. 1996, concl. Monnet, note Marc ; D. 1996. IR 257 ; JCP 1996. II. 22748, note Corrignan-Carsin ; JCP 1997. I. 4006, n° 2, obs. Pétel-Teyssié ; Dr. soc. 1997. 270, note Verdier ; RJS 1996. 823, n° 1276 ; LPA 6 déc. 1996, note Picca.*

3. Exception. La procédure étant orale, le dépôt par une partie devant la juridiction prud'homale de conclusions écrites, même notifiées en temps utile à la partie adverse, ne peut suppléer son défaut de comparution. ● Soc. 8 nov. 1994 : ⚖ *D. 1994. IR 266.* ◆ Les conclusions adressées par l'appelant à l'intimé ne peuvent suppléer à son absence à l'audience à laquelle il a été régulièrement convoqué. ● Soc. 14 mars 2007 : ⚖ *D. 2007. AJ 1018 ; RJS 2007. 413, n° 555.*

4. L'irrégularité tenant à ce qu'une demande avait été présentée au nom d'un mineur non assisté ne peut être invoquée pour la première fois devant la Cour de cassation. ● Soc. 7 oct. 1964 : *Bull. civ. V, n° 653.*

5. Sur le motif légitime, V. notes 4 s. ss. art. R. 1454-13.

Art. R. 1453-2 Les personnes habilitées à assister ou à représenter les parties sont :
1° Les salariés ou les employeurs appartenant à la même branche d'activité ;
2° Les (*Décr. n° 2016-660 du 20 mai 2016, art. 10*) « défenseurs syndicaux » ;
3° Le conjoint, le partenaire lié par un pacte civil de solidarité ou le concubin ;
4° Les avocats.
L'employeur peut également se faire assister ou représenter par un membre de l'entreprise ou de l'établissement (*Décr. n° 2017-1698 du 15 déc. 2017, art. 1er*) « fondé de pouvoir ou habilité à cet effet ».
(*Décr. n° 2016-660 du 20 mai 2016, art. 10*) « Le représentant, s'il n'est pas avocat, doit justifier d'un pouvoir spécial. Devant le bureau de conciliation et d'orientation, cet écrit doit l'autoriser à concilier au nom et pour le compte du mandant, et à prendre part aux mesures d'orientation. »

1. Appartenance au même syndicat. L'art. R. 516-5 n'exige pas que les parties assistées ou représentées soient elles-mêmes membres de la même organisation syndicale ou membres d'un syndicat. ● Soc. 26 sept. 1990, ⚖ n° 88-40.060 P : *D. 1990. IR 229 ; RJS 1990. 540, n° 805 ; JCP E 1991. I. 25, n° 3, obs. Chevillard.* ◆ Mais le délégué ayant qualité pour représenter une partie doit être membre de l'organisation syndicale et non salarié de celle-ci. ● Soc. 9 déc. 1970 : *Bull. civ. V, n° 702 ; Dr. soc. 1971. 279, obs. Savatier* ● 15 déc. 1983 : *Bull. civ. V, n° 627 ; Dr. soc. 1985. 504, obs. Desdevises* ● Soc. 8 nov. 1990 : ⚖ *RJS 1991. 44, n° 75* (le délégué n'est pas tenu d'appartenir à la même branche d'activité que le représenté). ◆ Aucune limite territoriale n'est fixée par l'art. R. 516-5 pour l'activité des délégués. ● Soc. 16 nov. 1995 : ⚖ *D. 1995. IR 277 ; JCP 1996. I. 3923, n° 2, obs. Pierchon.*

2. Caractère limitatif de la liste. L'énumération de l'art. R. 516-5 [art. R. 1453-2 nouv.] est limitative ; un père, même muni d'un pouvoir, ne peut représenter son fils. ● Soc. 11 mai 1993 : ⚖ *CSB 1993. 161, B. 82.* ◆ Le salarié membre d'une association n'ayant pas la nature d'un syndicat n'est pas habilité à représenter ou assister un salarié devant les prud'hommes. ● Soc. 8 oct. 1996, ⚖ n° 95-40.521 P : *TPS 1997, n° 29, obs. Boubli.*

3. Incompatibilité. Il n'existe aucune incompatibilité de principe entre les fonctions de conseiller du salarié (art. L. 122-14-14 s. C. trav.) et celles d'assistant du salarié dans l'instance prud'homale. ● Douai, 13 nov. 1992 : *RJS 1993. 118, n° 172.*

4. L'exigence d'un tribunal indépendant et impartial posé par l'art. 6, § 1, Conv. EDH implique qu'un conseiller prud'homme n'exerce pas de mission d'assistance ou de mandat de représentation devant le Conseil de prud'hommes dont il est membre ; une salariée ne peut pas, comme l'autorise l'art. R. 516-5, se faire assister par son conjoint, dès lors que celui-ci est membre de la juridiction saisie. • Soc. 3 juill. 2001, n° 99-42.735 P : *Dr. soc. 2001.* 898, obs. Prétot ⌀ ; *RJS 2001.* 801, n° 1181 ; *Dr. ouvrier 2002.* 1, obs. Moussy. ♦ La personne qui a assisté une partie à un procès prud'homal ne peut être membre de la juridiction appelée à se prononcer sur le différend opposant les mêmes parties (visa de l'art. 6, § 1, Conv. EDH). • Soc. 8 janv. 1997, n° 94-42.241 P : *JCP 1997.* I. 4037, n° 2, obs. Pétel-Teyssié ; *RJS 1997.* 129, n° 192 ; *CSB 1997.* 87, S. 46.

5. Mandat. Si un salarié ou un membre de l'entreprise peut valablement représenter l'employeur, il doit justifier qu'il a reçu mandat de ce dernier. • Soc. 5 mars 1992, n° 88-45.188 P : *RJS 1992.* 275, n° 484 • 14 oct. 1997, n° 94-43.796 P. ♦ N'a pas la qualité de membre de l'entreprise la personne qui, sous couvert de contrats de travail épisodiques, n'intervient que pour représenter l'entreprise en justice. • Soc. 12 avr. 1995, n° 94-40.127 P : *RJS 1995.* 449, n° 687 ; *JCP 1996.* I. 3899, n° 2, obs. Pierchon ; *Justices, 1996, n° 3, p. 430, obs. Dockès.* ♦ L'irrégularité de fond tirée du défaut de pouvoir du représentant d'une partie en justice peut être couverte jusqu'au moment où le juge statue ; le défenseur syndical ayant engagé, devant le conseil de prud'hommes, les demandes des salariés et celles de son syndicat à titre d'intervenant volontaire peut produire le mandat de représentation qui lui fait défaut jusque devant la cour d'appel. • Soc. 26 janv. 2016, n° 14-11.992 P : *D. 2016. Actu. 319* ⌀ ; *RJS 4/2016, n° 287 ; JCP S 2016. 1133, obs. Bugada ; Gaz. Pal. 17 mai 2016, p. 63, note Orif.*

Art. D. 1453-2-1 (*Décr. n° 2016-975 du 18 juill. 2016, art. 1ᵉʳ*) La liste des défenseurs syndicaux mentionnée à l'article L. 1453-4 est établie par le (*Décr. n° 2020-1545 du 9 déc. 2020, art. 28-X*) « directeur régional de l'économie, de l'emploi, du travail et des solidarités », sur proposition des organisations d'employeurs et de salariés mentionnées au même article. Ces dernières désignent des défenseurs syndicaux au niveau régional en fonction de leur expérience des relations professionnelles et de leurs connaissances du droit social.

Les défenseurs syndicaux exercent leurs fonctions à titre gratuit.

Ils sont inscrits sur la liste de la région de leur domicile ou du lieu d'exercice de leur activité professionnelle.

Art. D. 1453-2-2 (*Décr. n° 2016-975 du 18 juill. 2016, art. 1ᵉʳ*) Les conditions générales d'exercice des fonctions de défenseur syndical sont précisées par l'organisation qui propose l'inscription et portées à la connaissance de l'autorité administrative.

Art. D. 1453-2-3 (*Décr. n° 2016-975 du 18 juill. 2016, art. 1ᵉʳ*) La liste des défenseurs syndicaux mentionnée à l'article L. 1453-4 est arrêtée dans chaque région par le préfet de région et publiée au recueil des actes administratifs de la préfecture de région.

La liste comporte notamment les nom, prénom, profession du défenseur, le nom de l'organisation syndicale ou professionnelle qui le propose et, au choix de cette organisation, les coordonnées de l'organisation ou celles des intéressés.

Elle est tenue à la disposition du public à la (*Décr. n° 2020-1545 du 9 déc. 2020, art. 28-X*) « direction régionale de l'économie, de l'emploi, du travail et des solidarités », dans chaque conseil de prud'hommes et dans les cours d'appel de la région.

Art. D. 1453-2-4 (*Décr. n° 2016-975 du 18 juill. 2016, art. 1ᵉʳ*) L'inscription sur cette liste permet l'exercice de la fonction de défenseur syndical (*Annulé par CE n° 403535 du 17 nov. 2017*) « dans le ressort des cours d'appel de la région.

« Toutefois, lorsqu'il a assisté ou représenté la partie appelante ou intimée en première instance, le défenseur syndical peut continuer à assister ou représenter celle-ci devant une cour d'appel qui a son siège dans une autre région. »

V. • CE 17 nov. 2017, n° 403535 : *RDT 2018.* 145, obs. Guiomard ⌀.

Art. D. 1453-2-5 (*Décr. n° 2016-975 du 18 juill. 2016, art. 1ᵉʳ*) La liste des défenseurs syndicaux est révisée tous les quatre ans. Elle peut être modifiée à tout moment si nécessaire, par ajout ou retrait.

Le retrait d'une personne de la liste des défenseurs syndicaux est opéré à la demande des organisations ayant proposé son inscription ou à l'initiative de l'autorité administrative.

Sauf à justifier d'un motif légitime, l'absence d'exercice de la mission pendant une durée d'un an entraîne le retrait d'office de la liste des défenseurs syndicaux.

Art. D. 1453-2-6 (Décr. n° 2016-975 du 18 juill. 2016, art. 1ᵉʳ) Le défenseur syndical peut être radié de la liste par le préfet de région, dans les conditions prévues à l'article L. 1453-8. Il est radié d'office par le préfet de région en cas de défaut d'exercice de sa fonction à titre gratuit.

Art. D. 1453-2-7 (Décr. n° 2016-975 du 18 juill. 2016, art. 1ᵉʳ) Le (Décr. n° 2020-1545 du 9 déc. 2020, art. 28-X) « directeur régional de l'économie, de l'emploi, du travail et des solidarités » informe l'employeur du salarié inscrit, de l'acquisition et du retrait de la qualité de défenseur syndical.

Art. D. 1453-2-8 (Décr. n° 2016-975 du 18 juill. 2016, art. 1ᵉʳ) Le défenseur syndical informe son employeur de son absence pour la formation prévue à l'article L. 1453-7 par tout moyen conférant date certaine :
1° Au moins trente jours à l'avance, en cas de durée d'absence égale ou supérieure à trois journées de travail consécutives ;
2° Au moins quinze jours à l'avance dans les autres cas.
La lettre précise la date, la durée et les horaires du stage ainsi que le nom de l'établissement ou de l'organisme responsable.

Art. D. 1453-2-9 (Décr. n° 2016-975 du 18 juill. 2016, art. 1ᵉʳ) L'organisme chargé du stage délivre au salarié une attestation constatant sa présence au stage. Cette attestation est remise à l'employeur au moment de la reprise du travail.

Art. D. 1453-2-10 (Décr. n° 2017-1020 du 10 mai 2017) L'employeur est remboursé mensuellement par l'État des salaires maintenus en application de l'article L. 1453-6 ainsi que de l'ensemble des avantages et des charges sociales correspondant qui lui incombent.
Lorsque l'horaire de travail est supérieur à la durée légale, la charge des majorations pour heures supplémentaires est répartie entre l'État et l'employeur. Cette répartition est réalisée proportionnellement au temps passé par le défenseur syndical respectivement au sein de son entreprise et dans l'exercice de sa fonction d'assistance.

Sur les modalités de remboursement et d'indemnisation liées à l'activité de défenseur syndical, V. Arr. du 25 oct. 2017, JO 29 oct., NOR : MTRT1727567A.

Art. D. 1453-2-11 (Décr. n° 2017-1020 du 10 mai 2017) Le remboursement prévu à l'article D. 1453-2-10 est réalisé au vu d'une demande établie par l'employeur auprès de l'agence mentionnée à l'article D. 1453-2-15. Cette demande mentionne le nombre d'heures passées par le défenseur syndical pendant les heures de travail pour exercer sa mission, ainsi que les autres éléments nécessaires au calcul des sommes dues en application des dispositions de l'article L. 1453-6. Cette demande est accompagnée des justificatifs dont la liste est fixée par arrêté conjoint des ministres chargés du budget et du travail.
En cas d'employeurs multiples, il est produit autant de demandes de remboursement qu'il y a d'employeurs ayant maintenu des salaires. Le nombre total d'heures ainsi cumulé ne peut excéder la limite de dix heures par mois prévue à l'article L. 1453-5.

V. note ss. art. D. 1453-2-10.

Art. D. 1453-2-12 (Décr. n° 2017-1020 du 10 mai 2017) Par dérogation aux dispositions de l'article D. 1453-2-10, le défenseur syndical rémunéré uniquement à la commission perçoit, dans la limite de dix heures par mois mentionnée à l'article L. 1453-5, une indemnité horaire égale à 1/1 900 des revenus professionnels déclarés à l'administration fiscale.
A cet effet, l'intéressé produit copie de sa déclaration d'impôts ainsi qu'une attestation de revenus délivrée par le ou les employeurs. La demande de remboursement est accompagnée des pièces justificatives dont la liste est fixée par arrêté conjoint des ministres chargés du budget et du travail.

V. note ss. art. D. 1453-2-10.

Art. D. 1453-2-13 (*Décr. n° 2017-1020 du 10 mai 2017*) Les heures passées par le salarié qui exerce son activité professionnelle en dehors de tout établissement, à l'exception des salariés mentionnés à l'article D. 1453-2-11, à exercer des fonctions de défenseur syndical sont considérées, dans la limite de dix heures par mois mentionnée à l'article L. 1453-5, comme des heures de travail et sont payées comme telles par l'employeur.

Ce dernier est remboursé intégralement dans les conditions prévues à l'article D. 1453-2-10.

V. note ss. art. D. 1453-2-10.

Art. D. 1453-2-14 (*Décr. n° 2017-1020 du 10 mai 2017*) Le défenseur syndical bénéficie d'une indemnité de déplacement à l'audience dont le montant est fixé par arrêté conjoint des ministres chargés du budget et du travail. A cette fin, le greffe lui délivre une attestation de présence à l'audience. Le défenseur syndical formule sa demande auprès de l'agence mentionnée à l'article D. 1453-2-15 et y joint cette attestation.

V. note ss. art. D. 1453-2-10.

Art. D. 1453-2-15 (*Décr. n° 2017-1020 du 10 mai 2017*) Les demandes de remboursement ou d'indemnisation sont gérées par l'Agence de services et de paiement, avec laquelle le ministère en charge du travail conclut une convention.

Leur bénéfice est conditionné par la réception à l'Agence de services et de paiement du formulaire et des pièces permettant son instruction et sa mise en paiement dont la liste est fixée par arrêté conjoint des ministres chargés du budget et du travail.

L'ordonnateur et le comptable assignataire de la dépense sont respectivement le président-directeur général et l'agent comptable de l'Agence de services et de paiement.

V. note ss. art. D. 1453-2-10.

Les formulaires de demandes de remboursement sont disponibles à l'adresse suivante : https://www.service-public.fr/particuliers/vosdroits/F33835.

Art. R. 1453-3 La procédure prud'homale est orale. — [*Anc. art. R. 516-6.*]

BIBL. ▶ CHONNIER, D. 2006. 2883. – HENRY, SSL 1988, n° 140, suppl. D. 79. – SERVERIN et GRUMBACH, RDT 2007. 468 (oral et écrit dans la procédure prud'homale).

1. Notion d'oralité. Le principe de l'oralité de la procédure est respecté dès lors que l'intéressé a comparu à l'audience. • Soc. 17 juill. 1997 : *RJS 1997. 700, n° 1125.* ♦ L'avocat qui, à l'audience, représente une partie n'est pas tenu de développer ses conclusions déposées à la barre. • Même arrêt. ♦ A. Robert, *SSL 1997, n° 860, p. 5.* ♦ La procédure prud'homale étant orale, le compte rendu par le juge fait foi, jusqu'à inscription de faux. • Soc. 1er déc. 2010 : *RDT 2011. 58, obs. Grumbach* • Soc. 22 sept. 2010, n° 08-70.091 P.

2. Incidences. En matière prud'homale, la procédure est orale et le juge doit se prononcer sur les demandes formulées contradictoirement devant lui à l'audience. • Soc. 10 juill. 1990, n° 87-40.677 P : *D. 1990. IR 208* • 14 mars 2007 : *JCP S 2007. 1301, note Boubli.* ♦ Les conclusions adressées par l'appelant à l'intimé ne peuvent suppléer à son absence à l'audience à laquelle il a été régulièrement convoqué. • Soc. 14 mars 2007 : *JCP S 2007. 1301, note Boubli.* ♦ Les documents retenus par le juge sont présumés avoir été débattus contradictoirement devant lui. • Soc. 16 déc. 1987 : *Dr. ouvrier 1989. 494* • 29 sept. 1988 : *JCP 1988. IV. 356* • 15 mai 1991, n° 89-43.845 P.

3. Il résulte de l'art. R. 516-0 [art. R. 1451-1 nouv.] que les dispositions de l'art. 135 C. pr. civ., selon lesquelles le juge peut écarter des débats les pièces qui n'ont pas été communiquées en temps utile, sont applicables devant les juridictions statuant en matière prud'homale. • Soc. 7 juin 1995 : *RJS 1995. 528, n° 810.* ♦ Mais le caractère oral de la procédure permet de suppléer à la remise tardive des conclusions. • Soc. 12 avr. 1995 : *Dr. soc. 1995. 604* ; *RJS 1995. 367, n° 551* ; *Justices, 1996, n° 3, p. 427, obs. Dockès.* ♦ Les conclusions adressées par l'appelant à l'intimée ne pouvaient suppléer son absence à l'audience à laquelle elle avait été régulièrement convoquée. • Soc. 14 mars 2007, n° 05-45.414.

Art. R. 1453-4 (*Décr. n° 2016-660 du 20 mai 2016, art. 11*) Les parties peuvent se référer aux prétentions et aux moyens qu'elles auraient formulés par écrit. Les observations des parties et leurs prétentions lorsqu'elles ne sont pas tenues de les formuler par écrit sont notées au dossier ou consignées au procès-verbal.

Art. R. 1453-5 (Décr. n° 2016-660 du 20 mai 2016, art. 12) Lorsque toutes les parties comparantes formulent leurs prétentions par écrit et sont assistées ou représentées par un avocat, elles sont tenues, dans leurs conclusions, de formuler expressément les prétentions ainsi que les moyens en fait et en droit sur lesquels chacune de ces prétentions est fondée avec indication pour chaque prétention des pièces invoquées. Un bordereau énumérant les pièces justifiant ces prétentions est annexé aux conclusions. Les prétentions sont récapitulées sous forme de dispositif. Le bureau de jugement ou la formation de référé ne statue que sur les prétentions énoncées au dispositif. Les parties doivent reprendre dans leurs dernières conclusions les prétentions et moyens présentés ou invoqués dans leurs conclusions antérieures. A défaut, elles sont réputées les avoir abandonnés et il n'est statué que sur les dernières conclusions communiquées.

Ces dispositions s'appliquent aux instances introduites devant les conseils de prud'hommes à compter du 1ᵉʳ août 2016 (Décr. n° 2016-660 du 20 mai 2016, art. 45).

CHAPITRE IV **CONCILIATION ET JUGEMENT**

SECTION 1 **Mise en état de l'affaire**

Art. R. 1454-1 (Décr. n° 2016-660 du 20 mai 2016, art. 13) En cas d'échec de la conciliation, le bureau de conciliation et d'orientation assure la mise en état de l'affaire jusqu'à la date qu'il fixe pour l'audience de jugement. Des séances peuvent être spécialement tenues à cette fin.

Après avis des parties, il fixe les délais et les conditions de communication des prétentions, moyens et pièces.

Il peut dispenser une partie qui en fait la demande de se présenter à une séance ultérieure du bureau de conciliation et d'orientation. Dans ce cas, la communication entre les parties est faite par lettre recommandée avec demande d'avis de réception ou par notification entre avocats et il en est justifié auprès du bureau de conciliation et d'orientation dans les délais impartis.

Il peut entendre les parties en personne, les inviter à fournir les explications nécessaires à la solution du litige ainsi que les mettre en demeure de produire dans le délai qu'il détermine tous documents ou justifications propres à éclairer le conseil de prud'hommes.

1. Homologation des rapports. Un conseil de prud'hommes peut, après avoir entendu les parties et en avoir délibéré, homologuer le rapport de ses conseillers rapporteurs. • Soc. 3 mars 1971 : *Bull. civ. V, n° 179.* ♦ *Contra,* lorsque les conseillers rapporteurs ont déposé deux rapports distincts et opposés : • Soc. 24 janv. 1974 : *Bull. civ. V, n° 66.*

2. Principe du contradictoire. Le rapport des conseillers prud'hommes n'a pas à être notifié aux parties, dès lors qu'il figurait au dossier de la procédure et que, s'agissant d'une procédure à caractère oral, les moyens retenus sont présumés avoir été débattus contradictoirement. • Soc. 6 juill. 1983 : *Bull. civ. V, n° 412.*

Art. R. 1454-2 (Décr. n° 2016-660 du 20 mai 2016, art. 13) A défaut pour les parties de respecter les modalités de communication fixées, le bureau de conciliation et d'orientation peut radier l'affaire ou la renvoyer à la première date utile devant le bureau de jugement.

En cas de non-production des documents et justifications demandés, il peut renvoyer l'affaire à la première date utile devant le bureau de jugement. Ce bureau tire toute conséquence de l'abstention de la partie ou de son refus.

Lorsque deux conseillers rapporteurs sont désignés, aucune disposition légale ou réglementaire ne leur impose de déposer un rapport unique.

• Soc. 11 déc. 1990 : ⚖ *RJS 1991. 126, n° 234 ; Dr. ouvrier 1992. 113.*

Art. R. 1454-3 (Décr. n° 2016-660 du 20 mai 2016, art. 13) Le bureau de conciliation et d'orientation peut, par une décision non susceptible de recours, désigner un ou deux conseillers rapporteurs pour procéder à la mise en état de l'affaire.

La décision fixe un délai pour l'exécution de leur mission.

1. Obligations du conseiller rapporteur. La mission d'information confiée au conseiller rapporteur n'étant pas une enquête au sens du code de procédure civile, il peut recueillir des renseignements utiles à la manifestation de la vérité sans observer les prescriptions prévues en pareil cas.

● Soc. 31 mars 1978 : *Bull. civ. V, n° 267 ; RTD civ. 1978. 727, obs. Perrot.*

2. Droits du conseiller rapporteur. Le conseiller rapporteur n'a pas le pouvoir de se faire remettre des documents contre le gré du défendeur. ● Soc. 17 oct. 1990, 🔗 n° 87-45.853 P : *D. 1990. IR 266 ; CSB 1990. 273, A. 60.* ♦ Le président du tribunal de grande instance est toutefois compétent pour ordonner conformément à l'art. 812, al. 2, C. pr. civ. la production de pièces destinées à une instance prud'homale ; cette procédure n'est pas contraire à l'art. 8.2 de la Conv. EDH, car elle vise à permettre au salarié de faire valoir ses droits dans le litige l'opposant à son employeur. ● Soc. 12 avr. 1995 : 🔗 *Dr. soc. 1995. 586, note Jeantin* ⌀.

Art. R. 1454-4 *(Décr. n° 2016-660 du 20 mai 2016, art. 13)* Le conseiller rapporteur est un conseiller prud'homme. Il peut faire partie de la formation de jugement.

Lorsque deux conseillers rapporteurs sont désignés dans la même affaire, l'un est employeur, l'autre est salarié. Ils procèdent ensemble à leur mission.

Le conseiller rapporteur dispose des pouvoirs de mise en état conférés au bureau de conciliation et d'orientation. Il peut, pour la manifestation de la vérité, auditionner toute personne et faire procéder à toutes mesures d'instruction. Il peut ordonner toutes mesures nécessaires à la conservation des preuves ou des objets litigieux.

Art. R. 1454-5 Si les parties se concilient, même partiellement, le conseiller rapporteur constate dans un procès-verbal l'accord intervenu. – *[Anc. art. R. 516-24.]*

Sur la portée d'un procès-verbal de conciliation, *Serverin* ⌀.
V. ● Soc. 12 janv. 2010 : 🔗 *RDT 2010. 183, obs.*

Art. R. 1454-6 Les décisions prises par le conseiller rapporteur sont provisoires et n'ont pas autorité de chose jugée au principal.

Elles sont exécutoires. Elles ne peuvent faire l'objet d'un recours qu'avec le jugement sur le fond, sous réserve des règles particulières à l'expertise. – *[Anc. art. R. 516-25.]*

SECTION 2 Conciliation et orientation *(Décr. n° 2016-660 du 20 mai 2016, art. 14).*

BIBL. GÉN. ▶ Cottereau, *SSL 1985, n° 274, suppl. D. 94.* – Dell'Asino, *Gaz. Pal. 1987. 2. Doctr. 523 ; ibid. 826.* – Descamps, *SSL 1986, n° 322, D. 331.* – Estoup, *D. 1986. Chron. 161.* – Rochois, *RPDS 1983. 331.* – Serverin, Grumbach et Bouaziz, *RDT 2008. 615* ⌀ (mandat de concilier devant le bureau de conciliation du conseil de prud'hommes : les effets pratiques du Décr. du 18 juill. 2008). – Supiot, *Dr. soc. 1985. 225.*

COMMENTAIRE
V. sur le Code en ligne 🔗. ☐

Art. R. 1454-7 *(Décr. n° 2016-660 du 20 mai 2016, art. 14)* « Le règlement intérieur établit un roulement au sein du bureau de conciliation et d'orientation entre tous les conseillers prud'hommes salariés et employeurs. Il peut prévoir l'affectation de certains conseillers prud'hommes par priorité à ce bureau. »

La présidence appartient alternativement au salarié et à l'employeur, suivant un roulement établi par ce règlement. Celui des deux qui préside le bureau le premier est désigné par le sort.

(Abrogé par Décr. n° 2016-660 du 20 mai 2016, art. 14) « *Exceptionnellement, et dans les cas prévus à l'article L. 1441-38, les deux membres du bureau peuvent être pris parmi les conseillers prud'hommes salariés ou parmi les conseillers prud'hommes employeurs si la section ne se trouve composée que d'un seul collège.* »

Art. R. 1454-8 Les séances du bureau de conciliation *(Décr. n° 2016-660 du 20 mai 2016, art. 43)* « et d'orientation » ont lieu au moins une fois par semaine *(Décr. n° 2008-560 du 16 juin 2008)* « , sauf si aucune affaire n'est inscrite au rôle. » Elles ne sont pas publiques. – *[Anc. art. R. 515-1, al. 5.]*

Art. R. 1454-9 *(Décr. n° 2009-289 du 13 mars 2009)* « En l'absence » du président, ou du vice-président appelé à présider la séance du bureau de conciliation *(Décr. n° 2016-660 du 20 mai 2016, art. 43)* « et d'orientation », la présidence peut être exercée par un conseiller faisant partie de l'assemblée à laquelle appartient le président ou le vice-président défaillant et désigné comme suppléant dans les formes prévues aux articles L. 1423-3 à L. 1423-8 et R. 1423-13.

(*Décr. n° 2009-289 du 13 mars 2009*) « A défaut » de cette désignation, la présidence revient au conseiller le plus ancien en fonctions dans la même assemblée. S'il y a égalité dans la durée des fonctions, la présidence revient au conseiller le plus âgé. — [*Anc. art. R. 515-2.*]

L'art. R. 515-2 [devenu art. R. 1454-9] ne limite pas le nombre de suppléants pouvant être élus aux fins de remplacer le président ou le vice-président de section défaillant. • Soc. 2 juin 2004, n° 01-46.437 P : *RJS 2004. 651, n° 952.*

Art. R. 1454-10 Le bureau de conciliation (*Décr. n° 2016-660 du 20 mai 2016, art. 43*) « et d'orientation » entend les explications des parties et s'efforce de les concilier. Un procès-verbal est établi.

En cas de conciliation totale ou partielle, le procès-verbal mentionne la teneur de l'accord intervenu. Il précise, s'il y a lieu, que l'accord a fait l'objet en tout ou partie d'une exécution immédiate devant le bureau de conciliation (*Décr. n° 2016-660 du 20 mai 2016, art. 43*) « et d'orientation ».

A défaut de conciliation totale, les prétentions qui restent contestées et les déclarations faites par les parties sur ces prétentions sont notées au dossier ou au procès-verbal par le greffier sous le contrôle du président.

1. Sur les devoirs et les pouvoirs des conseillers prud'hommes lors de l'audience initiale, V. *RDT 2009. 462, obs. Grumbach et Serverin*, ss. • Paris, 18 juin 2009, n°s 09/01625 et 09/01902 B (2 arrêts).

2. Formalités substantielles. Le préliminaire de conciliation constitue une formalité substantielle. • Soc. 6 juill. 1978 : *D. 1979. IR 28, obs. Langlois.* ♦ Mais l'irrégularité de fond qui affecte la saisine des premiers juges est susceptible d'être couverte en cause d'appel lorsqu'elle n'est pas imputable aux parties. • Soc. 26 avr. 2007 : *RDT 2007. 402, note Serverin ; RJS 2007. 673, n° 673.* ♦ Sur l'obligation imposée par l'art. 126 de la loi du 25 janv. 1985 de saisir directement le bureau de jugement lorsque la demande concerne des créances ne figurant pas sur le relevé établi par le représentant des créanciers, V. • Soc. 4 déc. 1991 : *RJS 1992. 40, n° 37.*

3. Sanctions. Sur les sanctions du non-respect de l'obligation de conciliation, V. • Soc. 4 avr. 1973 : *Bull. civ. V, n° 219* • 29 mai 1974 : *ibid., n° 331* • 19 févr. 1975 : *ibid., n° 80* • 20 oct. 1976 : *ibid., n° 508.*

4. Invocation. L'absence de conciliation doit être invoquée avant toute défense au fond et elle est irrecevable pour la première fois devant la Cour de cassation. • Soc. 20 oct. 1976 : *Bull. civ. V, n° 508.* – V. aussi • Soc. 28 mai 1974 : *Bull. civ. V, n° 331* • 21 oct. 1981 : *ibid., n° 809.* ♦ Elle ne peut être soulevée d'office par le juge du fond. • Soc. 20 nov. 1968 : *Bull. civ. V, n° 515.* ♦ N'encourt pas la nullité, pour absence de conciliation préalable, un jugement du conseil de prud'hommes dès lors qu'il ressort des mentions du jugement que l'omission du préliminaire de conciliation a été réparée avant toute forclusion et qu'après l'échec de la tentative de conciliation les parties ont été invitées à s'expliquer sur le fond en sorte que la régularisation n'a laissé subsister aucun grief. • Soc. 18 nov. 1998, n° 96-41.005 P.

5. Limites. Lorsqu'une instance a donné lieu à une tentative de conciliation infructueuse et qu'elle s'est poursuivie après une première comparution devant le bureau de jugement, il n'y a pas lieu de réitérer le préliminaire de conciliation. • Soc. 21 juin 1979 : *Bull. civ. V, n° 571.*

6. L'existence d'un préliminaire de conciliation ne peut être remise en cause, dès lors que le jugement renvoie pour l'exposé des faits et de la procédure à un précédent jugement rendu avant dire droit devenu définitif. • Soc. 26 oct. 1979 : *Bull. civ. V, n° 800.*

7. Dès lors que le bureau de conciliation ne peut remettre en cause une décision du bureau de jugement, la procédure de conciliation n'est pas applicable en cas de tierce opposition. • Soc. 7 nov. 1989 : *Bull. civ. V, n° 645 ; Dr. soc. 1990. 564, obs. Desdevises.*

8. Recours. La décision du bureau de conciliation n'est susceptible d'aucun recours. • Soc. 15 déc. 1971 : *Bull. civ. V, n° 737.* ♦ Sur les difficultés d'exécution du procès-verbal de conciliation, V. • Soc. 7 mai 1997 : *RJS 1997. 701, n° 1127 (1re esp.)* • 13 mai 1997 : *eod. loc. (2e esp.).*

9. La preuve de la tentative de conciliation peut résulter : des constatations opérées par les juges du fond. • Soc. 23 janv. 1964 : *Bull. civ. IV, n° 68.* ♦ ... D'un certificat établi par un greffier. • Soc. 28 mars 1966 : *Bull. civ. IV, n° 334.* ♦ ... De l'aveu de l'une des parties. • Soc. 4 juill. 1966 : *Bull. civ. IV, n° 670.* ♦ ... D'un procès-verbal de non-conciliation. • Soc. 18 janv. 1967 : *Bull. civ. IV, n° 58.*

10. Information des parties. Le procès-verbal ne peut être valable que si le bureau de conciliation a rempli son office en ayant, notamment, vérifié que les parties étaient informées de leurs droits respectifs ; à défaut, le procès-verbal de conciliation est nul. • Soc. 28 mars 2000, n° 97-42.419 P : *GADT, 4e éd., n° 30 ; D. 2000. 537, note Savatier ; RJS 2000. 389, n° 565 ; Dr. soc.*

2000. 661, obs. Keller. ♦ Le bureau de conciliation qui n'a pas vérifié si les parties étaient informées de leurs droits respectifs a commis un excès de pouvoir rendant l'appel redevable ; l'accord constaté par le procès-verbal de conciliation est nul. • Soc. 24 mai 2006 : *D. 2007. 183, obs. Berthier* ; *RDT 2006. 192, obs. Serverin*.

Art. R. 1454-11 En cas de conciliation, un extrait du procès-verbal, qui mentionne s'il y a lieu l'exécution immédiate totale ou partielle de l'accord intervenu, peut être délivré.

Il vaut titre exécutoire. — [*Anc. art. R. 516-41.*]

Art. R. 1454-12 (*Décr. n° 2016-660 du 20 mai 2016, art. 14*) Lorsque au jour fixé pour la tentative de conciliation le demandeur ne comparaît pas sans avoir justifié en temps utile d'un motif légitime, il est fait application de l'article L. 1454-1-3, sauf la faculté du bureau de conciliation et d'orientation de renvoyer l'affaire à une audience ultérieure du bureau de jugement. Le bureau de conciliation et d'orientation peut aussi déclarer la requête et la citation caduques si le défendeur ne sollicite pas un jugement sur le fond.

La déclaration de caducité peut être rapportée dans les conditions de l'article 468 du code de procédure civile. Dans ce cas, le demandeur est avisé par tous moyens de la date de la séance du bureau de conciliation et d'orientation, à laquelle le défendeur est convoqué par lettre recommandée avec demande d'accusé de réception.

L'obligation de détenir un mandat spécial autorisant le mandataire à concilier en l'absence du mandant ne s'applique pas à l'avocat. • Soc. 10 juin 2015, n° 14-11.814 P : *D. actu. 15 juill. 2015, obs. Fraisse* ; *D. 2015. Actu. 1323* ; *RJS 10/2015, n° 660* ; *JCP G 2015. 1379, obs. Bugada.*

Art. R. 1454-13 (*Décr. n° 2016-660 du 20 mai 2016, art. 14*) Lorsque au jour fixé pour la tentative de conciliation, le défendeur ne comparaît pas sans avoir justifié en temps utile d'un motif légitime, il est fait application de l'article L. 1454-1-3. (*Annulé par CE n° 401681 du 30 janv. 2019*) « *Le bureau de conciliation et d'orientation ne peut renvoyer l'affaire à une audience ultérieure du bureau de jugement que pour s'assurer de la communication des pièces et moyens au défendeur.* »

1. Sur la légalité du Décr. n° 2016-660 du 20 mai 2016, V. • CE 30 janv. 2019, n° 401681 : *D. actu. 19 févr. 2019, obs. Malfettes* ; *JCP S 2019. 1161, note Bugada.*

2. Existence d'un pouvoir. La délivrance d'un pouvoir par une société à un avocat n'implique pas par elle-même l'existence d'un motif légitime d'absence dispensant la société de son obligation de comparaître en personne. • Soc. 6 juill. 1978 : *Bull. civ. V, n° 577*. ♦ Mais le seul fait d'énoncer que la société était représentée par un avocat signifie que le conseil de prud'hommes a admis que le représentant légal de la société avait un motif légitime de ne pas comparaître. • Soc. 11 déc. 1991 : *CSB 1992. 27, S. 17.*

3. Mandat spécial devant le bureau de conciliation. L'art. R. 1454-13, al. 2, en ce qu'il impose au mandataire représentant le défendeur de produire un mandat spécial l'autorisant à concilier en l'absence de mandant, ne s'applique pas à l'avocat, qui tient des art. 416 et 417 C. pr. civ. une dispense générale d'avoir à justifier, à l'égard du juge et de la partie adverse, qu'il a reçu un mandat de représentation comprenant notamment le pouvoir spécial d'accepter ou de donner des offres. • Cass., avis, 8 sept. 2014 : *RDT 2014. 706, obs. Vigneau.*

4. Force majeure. • Soc. 11 oct. 1972 : *Bull. civ. V, n° 539*, envisageant des faits imprévisibles et constituant un obstacle insurmontable à la comparution personnelle.

5. Conflit d'intérêts. Constitue, pour le salarié, un motif légitime de ne pas comparaître devant un conseil de prud'hommes le fait que l'employeur est membre de cette juridiction. • Soc. 14 mai 1987 : *Bull. civ. V, n° 335.*

6. Office du juge. Le juge n'a pas à rechercher d'office si une partie a un motif légitime de non-comparution. • Soc. 8 oct. 1981 : *Bull. civ. V, n° 773.*

7. Lettre d'excuse. Lorsque la lettre recommandée d'excuse de non-présentation à l'audience de conciliation a été reçue seulement le lendemain de celle-ci, la tentative de conciliation n'a pas à être renouvelée. • Soc. 22 févr. 1979 : *Bull. civ. V, n° 175.*

8. Sanctions. Dès lors qu'une société n'avait aucun motif légitime de ne pas comparaître, une cour d'appel a pu estimer qu'aucun débat contradictoire n'a pu s'instaurer à l'audience malgré la présence de l'avocat de la société et elle a pu, sans violer les droits de la défense, autoriser l'autre partie à déposer son dossier en cours de délibéré. • Soc. 17 avr. 1986 : *Bull. civ. V, n° 154.*

9. Caducité. La décision qui constate la caducité de la citation peut être rapportée, en cas d'erreur, par le juge qui l'a rendue ; en conséquence, le pourvoi en cassation n'est ouvert qu'à l'encontre de la décision du bureau de conciliation du conseil de prud'hommes qui refuse de rétracter une décision constatant la caducité de sa saisine et non contre la décision constatant la caducité.

● Soc. 18 mai 2005, ⚘ n° 02-46.947 P : *RJS 2005. 638, n° 890.*

Art. R. 1454-14 Le bureau de conciliation (*Décr. n° 2016-660 du 20 mai 2016, art. 14*) « et d'orientation » peut, en dépit de toute exception de procédure et même si le défendeur ne (*Décr. n° 2016-660 du 20 mai 2016, art. 14*) « comparaît » pas, ordonner :

1° La délivrance, le cas échéant, sous peine d'astreinte, de certificats de travail, de bulletins de paie et de toute pièce que l'employeur est tenu légalement de délivrer ;

2° Lorsque l'existence de l'obligation n'est pas sérieusement contestable :

a) Le versement de provisions sur les salaires et accessoires du salaire ainsi que les commissions ;

b) Le versement de provisions sur les indemnités de congés payés, de préavis et de licenciement ;

c) Le versement de l'indemnité compensatrice et de l'indemnité spéciale de licenciement en cas d'inaptitude médicale consécutives à un accident du travail ou à une maladie professionnelle mentionnées à l'article L. 1226-14 ;

d) Le versement de l'indemnité de fin de contrat prévue à l'article L. 1243-8 et de l'indemnité de fin de mission mentionnée à l'article L. 1251-32 ;

3° Toutes mesures d'instruction, même d'office ;

4° Toutes mesures nécessaires à la conservation des preuves ou des objets litigieux.

(*Décr. n° 2016-660 du 20 mai 2016, art. 14*) « Au vu des pièces fournies par le salarié, il peut prendre une décision provisoire palliant l'absence de délivrance par l'employeur de l'attestation prévue à l'article R. 1234-9. Cette décision récapitule les éléments du modèle d'attestation prévu à l'article R. 1234-10, permettant au salarié d'exercer ses droits aux prestations mentionnées à l'article L. 5421-2.

« Cette décision ne libère pas l'employeur de ses obligations résultant des dispositions des articles R. 1234-9 à R. 1234-12 relatives à l'attestation d'assurance chômage.

« Elle est notifiée au Pôle emploi [*France Travail depuis le 1er janv. 2024*] du lieu de domicile du salarié. Tierce opposition peut être formée par Pôle emploi [*France Travail depuis le 1er janv. 2024*] dans le délai de deux mois. »

BIBL. ▶ PATIN, *JCP S 2012. 1518* (mesures d'instruction ordonnées par le bureau de conciliation du conseil de prud'hommes).

1. Représentation et mandat de concilier devant le bureau de conciliation prud'homale. V. ● Basse-Terre, réf., 11 août 2010 : *RDT 2010. 731, obs. Serverin et Grumbach.*

2. Champ d'application. L'art. R. 516-18 [art. R. 1454-14 nouv.] n'est applicable qu'à des sommes dues par l'employeur au salarié ; excède ses pouvoirs le conseil de prud'hommes qui l'étend à des sommes dues à l'employeur. ● Soc. 6 mai 1997, ⚘ n° 94-43.085 P : *RJS 1997. 469, n° 727 ; TPS 1997, n° 275, obs. Boubli.*

3. Délivrance de pièces. Le bureau de conciliation peut ordonner la remise de la lettre de licenciement, dès lors qu'il s'agit d'une pièce que l'employeur est tenu de délivrer. ● Soc. 5 juin 1991 : ⚘ *RJS 1991. 435, n° 831.*

4. Contestation sérieuse. Le litige sur l'existence d'un contrat de travail au profit d'un mandataire social constitue une contestation sérieuse entachant d'excès de pouvoir la décision du bureau de conciliation contre laquelle un recours est immédiatement recevable. ● Soc. 15 mars 1983 : *Bull. civ. V, n° 161.* – V. aussi ● Soc. 10 nov. 1981 : *Bull. civ. V, n° 885 ; RTD civ. 1982. 657, obs. Perrot.*

◆ L'existence d'une contestation sérieuse ne peut être invoquée à l'encontre d'une décision ordonnant la délivrance d'un certificat de travail. ● Soc. 10 oct. 1985 : *Bull. civ. V, n° 456.*

5. Provision. L'art. R. 516-18 ne permet d'allouer des provisions que sur les sommes qu'il énumère et non sur les dommages-intérêts pour licenciement abusif. ● Soc. 29 janv. 1981 : *Bull. civ. V, n° 91 ; D. 1981. IR 435, obs. Langlois.*

6. Statue en application de l'art. R. 516-18, sans excéder ses pouvoirs, le bureau de conciliation qui accorde au salarié à titre provisionnel des indemnités assimilées à des salaires comme correspondant à des heures payées comme heures de travail. ● Soc. 16 déc. 1982 : *Bull. civ. V, n° 710 ; D. 1984. IR 253, obs. Langlois.* ◆ V. conf., pour une somme accordée à titre de contrepartie pécuniaire d'une clause de non-concurrence : ● Chambéry, 5 déc. 1995 : *D. 1997. Somm. 100, obs. Serra.*

7. Mesure d'instruction. N'excède pas ses pouvoirs le bureau de conciliation qui ordonne sur le fondement de l'art. R. 516-18, al. 4 [R. 1454-14], la remise de documents réclamés par le salarié (fiches de pointages journaliers). ● Soc. 7 juin 1995 : ⚘ *Dr. soc. 1995. 838, obs. Desdevises ; CSB 1995. 229, A. 44 ; RJS 1995. 527, n° 809 ; JCP 1996. I.*

3899, n° 3, obs. Pierchon ; *Justices*, 1996, n° 3, p. 428, obs. Dockès ● 14 déc. 2022, 🔒 n° 20-22.425 B : *D. actu.* 19 janv. 2023, obs. Hoffshir ; *RDT* 2023. 52, note Mraouahi ⌀ ; *RJS* 2/2023, n° 101 ; *JCP S* 2023. 1021, obs. Vidal. ♦ Mais le bureau de conciliation n'a pas à se substituer aux parties dans la mise en état de leur dossier de fond et l'appréciation des pièces devant concourir au succès de leurs prétentions respectives, et en particulier, il ne saurait être tenu de désigner, avant toute conclusion au fond, les éléments utiles à la preuve par l'employeur de la faute grave reprochée au salarié. ● Cons. prud'h. Paris, 1er sept. 2011 : *RDT* 2011. 585, obs. Grumbach et Serverin ⌀.

8. Délocalisation. Excède ses pouvoirs le bureau de conciliation qui statue sur une demande de renvoi formée par application de l'art. 47 C. pr. civ., en dehors des prévisions de l'art. R. 516-18. ● Soc. 16 déc. 1998, 🔒 n° 97-44.596 P.

Art. R. 1454-15 Le montant total des provisions allouées en application du 2° de l'article R. 1454-14 est chiffré par le bureau de conciliation (*Décr. n° 2016-660 du 20 mai 2016, art. 43*) « et d'orientation ». Il ne peut excéder six mois de salaire calculés sur la moyenne des trois derniers mois de salaire.

Le bureau de conciliation (*Décr. n° 2016-660 du 20 mai 2016, art. 43*) « et d'orientation » peut liquider, à titre provisoire, les astreintes qu'il a ordonnées.

Lorsqu'il est fait application de l'article mentionné au premier alinéa, les séances du bureau de conciliation (*Décr. n° 2016-660 du 20 mai 2016, art. 43*) « et d'orientation » sont publiques.

Art. R. 1454-16 Les décisions prises en application des articles R. 1454-14 et R. 1454-15 sont provisoires. Elles n'ont pas autorité de chose jugée au principal. Elles sont exécutoires par provision le cas échéant au vu de la minute.

Elles ne sont pas susceptibles d'opposition. Elles ne peuvent être frappées d'appel ou de pourvoi en cassation qu'en même temps que le jugement sur le fond, sous réserve des règles particulières à l'expertise. — [*Anc. art. R. 516-19.*]

1. Délivrance d'un certificat de travail. L'appel contre une décision ordonnant la délivrance d'un certificat de travail n'est recevable qu'en même temps que contre le jugement sur le fond. ● Soc. 10 oct. 1985 : *Bull. civ. V, n° 456.*

2. Indemnités pour licenciement abusif. L'art. R. 516-18 ne permettant d'allouer des provisions que sur les sommes qu'il énumère et non sur les dommages-intérêts pour licenciement abusif, la décision du bureau de conciliation accordant une telle provision est susceptible d'un appel immédiat. ● Soc. 29 janv. 1981 : *Bull. civ. V, n° 91* ; *D.* 1981. IR 435, obs. Langlois. ♦ Dans le même sens : ● Soc. 3 oct. 1985 : *Bull. civ. V, n° 439* (provision sur salaires excédant le plafond fixé par l'art. R. 516-18).

3. Défaut de convocation de l'employeur. La décision du bureau de conciliation est susceptible d'appel immédiat lorsque le bureau excède ses pouvoirs en prononçant une condamnation sans avoir régulièrement convoqué l'employeur. ● Soc. 3 oct. 1985 : *Bull. civ. V, n° 440* ● 12 déc. 1991 : 🔒 *ibid., n° 583* ; *CSB* 1992. 91. ♦ ... Ou en cas de contestation sérieuse sur l'obligation de l'employeur. ● Soc. 5 oct. 1978 : *Bull. civ. V, n° 649* ● 15 mars 1983 : *ibid., n° 161.* ♦ L'existence d'une contestation sérieuse ne peut être invoquée à l'encontre d'une décision ordonnant la délivrance d'un certificat de travail. ● Soc. 10 oct. 1985 : *Bull. civ. V, n° 456.*

4. Défaut de motivation. L'absence de motivation de l'ordonnance prévue par l'art. R. 516-18 ne caractérise pas à elle seule un excès de pouvoir justifiant, par dérogation à l'art. R. 516-19, un appel immédiat. ● Soc. 21 nov. 1990 : 🔒 *D.* 1990. IR 292. — Dans le même sens : ● Soc. 7 juin 1995 : 🔒 *Dr. soc.* 1995. 838, obs. Desdevises ⌀ ; *CSB* 1995. 229, A. 44 ; *RJS* 1995. 527, n° 809 ; *JCP* 1996. I. 3899, n° 3, obs. Pierchon ; *Justices*, 1996, n° 3, p. 428, obs. Dockès.

Art. R. 1454-17 (*Décr. n° 2016-660 du 20 mai 2016, art. 14*) Dans les cas visés aux articles (*Décr. n° 2017-1008 du 10 mai 2017, art. 3*) « R. 1454-12 et R. 1454-13 », l'affaire est renvoyée à une audience ultérieure du bureau de jugement dans sa composition restreinte.

Le greffier avise par tous moyens la partie qui ne l'aura pas été verbalement de la date d'audience.

L'accord des parties pour un renvoi à une audience immédiate peut résulter de leur émargement au dossier et de leur comparution devant le bureau de jugement. ● Soc. 9 mai 1990, 🔒 n° 86-45.138 P.

Art. R. 1454-18 (*Décr. n° 2016-660 du 20 mai 2016, art. 14*) En l'absence de conciliation ou en cas de conciliation partielle, l'affaire est orientée vers le bureau de jugement approprié au règlement de l'affaire, désigné dans les conditions prévues à l'article L. 1454-1-1, à une date que le président indique aux parties présentes.

Le greffier avise par tous moyens les parties qui ne l'auraient pas été verbalement de la date d'audience.

Lorsque l'affaire est en état d'être immédiatement jugée et si l'organisation des audiences le permet, l'audience du bureau de jugement peut avoir lieu sur-le-champ.

SECTION 3 **Jugement**

BIBL. GÉN. ▶ Alvarez-Pujana, *RPDS* 1989. 115 (motivation des jugements). – Nayral de Puybusque, *SSL* 1984, n° 225, *D.* 39 (rédaction et motivation des jugements).

Art. R. 1454-19 (*Décr. n° 2016-660 du 20 mai 2016, art. 15*) Dans les cas où l'affaire est directement portée devant lui ou lorsqu'il s'avère que l'affaire transmise par le bureau de conciliation et d'orientation n'est pas prête à être jugée, le bureau de jugement peut prendre toutes mesures nécessaires à sa mise en état mentionnées à l'article R. 1454-1.

A défaut pour les parties de respecter les modalités de communication fixées, le bureau de jugement peut rappeler l'affaire à l'audience, en vue de la juger ou de la radier.

Sont écartés des débats les prétentions, moyens et pièces communiqués sans motif légitime après la date fixée pour les échanges et dont la tardiveté porte atteinte aux droits de la défense.

Dès lors qu'elle est informée de l'ouverture d'une procédure collective, c'est à la juridiction elle-même, y compris la cour d'appel, d'en appeler les organes de la procédure ainsi que l'AGS à l'instance. ● Soc. 9 mars 2011 : ⚖ *D.* 2011. Actu. 885 ⌀ ; *RDT* 2011. 376, obs. Dedessus-Le-Moustier ⌀ ; *JCP S* 2011. 1251, obs. Fin-Langer.

Art. R. 1454-19-1 (*Décr. n° 2016-660 du 20 mai 2016, art. 16*) Le bureau de jugement peut désigner au sein de la formation un ou deux conseillers rapporteurs qui disposent des pouvoirs mentionnés à l'article R. 1454-4.

Il peut ordonner toutes mesures nécessaires à la conservation des preuves ou des objets litigieux.

Art. R. 1454-19-2 (*Décr. n° 2020-1452 du 27 nov. 2020, art. 4, en vigueur le 1er janv. 2021*) Le bureau de jugement peut, conformément au second alinéa de l'article 446-1 du code de procédure civile, dispenser une partie qui en fait la demande de se présenter à une audience ultérieure. Dans ce cas, le bureau de jugement organise les échanges entre les parties. La communication entre elles est faite par lettre recommandée avec demande d'avis de réception ou par notification entre avocats et il en est justifié auprès du bureau de jugement dans les délais qu'il impartit. A l'issue de la dernière audience, le greffe informe les parties de la date à laquelle le jugement sera rendu.

Ces dispositions entrent en vigueur à compter du 1er janv. 2021 et s'appliquent aux instances en cours à cette date (Décr. n° 2020-1452 du 27 nov. 2020, art. 4).

Ancien art. R. 1454-19-2 (*Applicable jusqu'au 31 déc. 2020*) (*Décr. n° 2016-660 du 20 mai 2016, art. 16*) *Le bureau de jugement qui organise les échanges entre les parties comparantes peut, conformément au second alinéa de l'article 446-1 du code de procédure civile, dispenser une partie qui en fait la demande de se présenter à une audience ultérieure. Dans ce cas, la communication entre les parties est faite par lettre recommandée avec demande d'avis de réception ou par notification entre avocats et il en est justifié dans les délais que le bureau de jugement impartit.*

Art. R. 1454-19-3 (*Décr. n° 2017-1008 du 10 mai 2017, art. 3*) Après l'ordonnance de clôture, aucune conclusion ne peut être déposée ni aucune pièce produite aux débats, à peine d'irrecevabilité prononcée d'office.

Sont cependant recevables les demandes en intervention volontaire, les conclusions relatives aux rémunérations échues postérieurement à l'ordonnance de clôture, si leur décompte ne peut faire l'objet d'aucune contestation sérieuse, ainsi que les demandes de révocation de l'ordonnance de clôture.

Sont également recevables les conclusions qui tendent à la reprise de l'instance en l'état où celle-ci se trouvait au moment de son interruption.

Art. R. 1454-19-4 (Décr. n° 2017-1008 du 10 mai 2017, art. 3) L'ordonnance de clôture ne peut être révoquée par le bureau de jugement, d'office ou à la demande des parties et après l'ouverture des débats, que s'il se révèle une cause grave depuis qu'elle a été rendue ; le choix par la partie d'une personne pour l'assister ou la représenter postérieurement à la clôture ne constitue pas, en soi, une cause de révocation.

Si une demande en intervention volontaire est formée après la clôture de l'instruction, l'ordonnance de clôture n'est révoquée que si le bureau de jugement ne peut immédiatement statuer sur le tout.

Art. R. 1454-20 (Décr. n° 2016-660 du 20 mai 2016, art. 17) Lorsque le défendeur ne comparaît pas le jour de l'audience du bureau de jugement, il est statué sur le fond. Toutefois, si le défendeur a justifié en temps utile d'un motif légitime, il est avisé par tous moyens de la prochaine audience du bureau de jugement.

Les dispositions issues du Décr. n° 2016-660 du 20 mai 2016 s'appliquent aux instances introduites à compter du 25 mai 2016 (Décr. préc., art. 44).

1. C. pr. civ. Sur l'inapplicabilité du délai de comparution prévu par l'art. 837 C. pr. civ., V. • Soc. 5 juin 1984 : *Bull. civ. V, n° 232*.

2. Présidence. Aucun texte n'impose que le magistrat qui a présidé le bureau de conciliation préside également la formation de jugement. • Soc. 14 juin 1989 : *Bull. civ. V, n° 446*.

3. Non-comparution. Lorsqu'un salarié n'a été averti de l'audience que par lettre simple, il n'est pas établi qu'il a effectivement reçu la convocation par un représentant qualifié, un tel procédé ne pouvant être assimilé à une citation délivrée à personne. • Soc. 8 janv. 1981 : *Bull. civ. V, n° 21*.

4. Le juge ne peut se borner à constater la défaillance du défendeur pour accueillir la prétention du demandeur. • Soc. 27 avr. 1983 : *Bull. civ. V, n° 208*.

5. La partie qui n'a pas comparu devant le bureau de conciliation n'ayant pu être convoquée verbalement avec émargement au dossier, doit être cassé le jugement qui ne constate pas qu'elle a été appelée à comparaître devant le bureau de jugement dans des formes permettant à ce dernier de statuer par une décision réputée contradictoire. • Soc. 14 mai 1981 : *Bull. civ. V, n° 428*.

6. En cas d'absence du demandeur à l'instance, le juge peut déclarer la citation caduque et l'appel du salarié ne peut alors porter que sur la décision qui refuse de rétracter un jugement constatant la caducité d'une citation. • Soc. 23 mai 2007 : *D. 2007. 1664, obs. Fabre ; RJS 2007. 769, n° 987 ; JCP S 2007. 1548, note Willmann*.

Art. R. 1454-21 (Décr. n° 2016-660 du 20 mai 2016, art. 18) Dans le cas où, sans motif légitime, le demandeur ne comparaît pas devant le bureau de jugement, il est fait application de l'article 468 du code de procédure civile. Si, après avoir été prononcée, la déclaration de caducité est rapportée, le demandeur est avisé par tous moyens de la date d'audience devant le bureau de jugement, à laquelle le défendeur est convoqué par lettre recommandée avec demande d'accusé de réception.

Les dispositions issues du Décr. n° 2016-660 du 20 mai 2016 s'appliquent aux instances introduites à compter du 25 mai 2016 (Décr. préc., art. 44).

1. Renvoi. La caducité ne peut être déclarée lorsque le demandeur a initialement comparu devant le bureau de conciliation, puis le bureau de jugement, sa non-comparution à l'audience ultérieure à laquelle les débats sur le fond ont été renvoyés ne pouvant constituer une cause de caducité de la citation. • Soc. 13 janv. 1999, n° 96-45.301 P : *RJS 1999. 245, n° 412*.

2. Appel. La faculté offerte par l'art. 516-26-1 au demandeur de renouveler sa demande une fois lorsque le bureau de jugement a déclaré sa citation caduque ne peut le priver du droit résultant de l'art. 544, al. 2, C. pr. civ. d'interjeter appel de ce jugement. • Soc. 15 mai 1991, n° 90-42.806 P : *D. 1991. IR 165 ; CSB 1991. 178, S. 102*. ♦ Le demandeur doit solliciter, comme il en a la faculté, la rétractation du jugement emportant caducité, car il ne peut être relevé appel que de la décision qui refuse de rétracter un jugement constatant la caducité d'une citation. • Soc. 23 mai 2007, n° 06-40.146.

3. Référé. Les dispositions de l'art. R. 1454-21 ne sont pas applicables devant la formation de référé du conseil de prud'hommes ; lorsque le bureau de jugement déclare une citation caduque en application de l'art. 468 C. pr. civ., la demande peut être renouvelée une fois. • Soc. 27 nov. 2013 : *D. actu. 18 déc. 2013, obs. Fleuriot*.

Art. R. 1454-22 Lorsque les parties se concilient, même partiellement, le bureau de jugement constate dans un procès-verbal la teneur de l'accord intervenu.

S'il y a lieu, le procès-verbal précise que l'accord a fait l'objet en tout ou partie d'une exécution immédiate devant le bureau de jugement. – [Anc. art. R. 516-27.]

Art. R. 1454-23 Les décisions du bureau de jugement sont prises à la majorité absolue des voix.

Si cette majorité ne peut se former, il est procédé comme en cas de partage des voix. Les débats sont repris. – [Anc. art. R. 516-28.]

1. En mentionnant que le conseil des prud'hommes avait statué « à l'unanimité des voix », le jugement révèle l'opinion de chacun des membres du conseil, ce qui constitue une violation du secret des délibérations, prescription d'ordre public dont l'inobservation entraîne la nullité de la décision. ● Soc. 7 juin 1979 : Bull. civ. V, n° 493.

2. En limitant sa saisine, sous la présidence du juge départiteur, à la seule question du montant des dommages-intérêts sur laquelle la majorité n'avait pu se former à l'audience paritaire et sur laquelle il pouvait être statué indépendamment de la question du caractère du licenciement, le jugement a fait une exacte application de l'art. R. 516-28. ● Soc. 10 juill. 1986 : Bull. civ. V, n° 379 ; Gaz. Pal. 1988. 1. 14, note Pautrat ; Dr. soc. 1986. 802, note Desdevises ● 22 déc. 1988 : Bull. civ. V, n° 702 ; D. 1989. IR 28 ; Dr. soc. 1989. 394, obs Desdevises.

Art. R. 1454-24 (Décr. n° 2009-289 du 13 mars 2009) En l'absence du président ou du vice-président appelé à présider la séance du bureau de jugement, la présidence peut être exercée par un conseiller faisant partie de l'assemblée à laquelle appartient le président ou le vice-président défaillant et désigné comme suppléant dans les formes prévues aux articles L. 1423-3 à L. 1423-8 et R. 1423-13.

A défaut de cette désignation, la présidence revient au conseiller le plus ancien en fonctions dans la même assemblée. S'il y a égalité dans la durée des fonctions, la présidence revient au conseiller le plus âgé.

Art. R. 1454-25 (Décr. n° 2016-660 du 20 mai 2016, art. 19) A l'issue des débats et si la décision n'est pas immédiatement rendue, le président indique aux parties la date à laquelle le jugement sera prononcé, le cas échéant par sa mise à disposition au greffe de la juridiction.

S'il décide de renvoyer le prononcé du jugement à une date ultérieure, le président en avise les parties par tous moyens. Cet avis comporte les motifs de la prorogation ainsi que la nouvelle date à laquelle la décision sera rendue.

Délai pour former un contredit. La date du prononcé du jugement, qui n'a pas été rendu immédiatement, doit avoir été portée à la connaissance des parties selon les formes applicables en la matière, à défaut le délai pour former contredit ne peut commencer à courir. ● Soc. 27 févr. 2013 : 🔒 D. 2013. Actu. 645 ⚠.

Art. R. 1454-26 Les décisions du conseil de prud'hommes sont notifiées aux parties par le greffe de ce conseil au lieu de leur domicile. La notification est faite par lettre recommandée avec avis de réception sans préjudice du droit des parties de les faire signifier par acte d'huissier de justice.

Les parties sont informées des mesures d'administration judiciaire (Décr. n° 2016-660 du 20 mai 2016, art. 20) « par tous moyens ».

(Décr. n° 2017-1008 du 10 mai 2017, art. 3) « Lorsque le bureau de conciliation et d'orientation a pris une décision provisoire palliant l'absence de délivrance par l'employeur de l'attestation prévue à l'article R. 1234-9, la décision rendue au fond par le bureau de jugement est notifiée à l'agence de Pôle emploi [France Travail depuis le 1er janv. 2024] dans le ressort de laquelle est domicilié le salarié. Pôle emploi [France Travail depuis le 1er janv. 2024] peut former tierce opposition dans le délai de deux mois. »

BIBL. ▶ Valdelièvre, D. 2017. 2158 ⚠ (notification des décisions en matière prud'homale).

1. Signification par acte d'huissier de justice. Sur la possibilité de recourir à la signification par acte d'huissier de justice, V. ● Soc. 21 juin 1979 : Bull. civ. V, n° 570. ♦ Après une signification par acte d'huissier, une notification faite par le greffe d'une cour d'appel postérieurement à l'expiration du délai pour former un pourvoi n'a pu faire courir un nouveau délai. ● Soc. 17 avr. 1991, 🔒 n° 88-45.294 P.

2. Notification et point de départ du délai. Si l'art. R. 1454-26 C. trav. dans sa rédaction résultant du Décr. n° 2016-660 du 20 mai 2016, prévoit que les décisions du conseil de prud'hommes sont notifiées aux parties par le greffe de ce conseil au lieu de leur domicile, ce texte n'en dispose pas de même pour les arrêts des cours d'appel statuant en matière prud'homale ; il en résulte que l'art. 675 C. pr. civ., posant le principe d'une notification par voie de signification, a vocation à s'appliquer aux arrêts d'appel rendus en matière prud'homale après l'intervention du Décr. du 20 mai 2016. La notification par le greffe par lettre recommandée avec accusé de réception, sans que l'arrêt ait par ailleurs été signifié, a pour conséquence que le délai de pourvoi ne court pas. ● Soc. 20 mars 2019, n° 18-12.582 P : *D. actu. 10 avr. 2019*, obs. Ciray ; *D.* 2019. Actu. 594 ; *JCP S 2019. 1145*, obs. Brissy.

Art. R. 1454-27 Les conseils de prud'hommes ne connaissent pas de l'exécution forcée de leurs jugements. — *[Anc. art. R. 516-36.]*

Art. R. 1454-28 (Décr. n° 2019-1333 du 11 déc. 2019, art. 36, en vigueur le 1ᵉʳ janv. 2020) « A moins que la loi ou le règlement n'en dispose autrement, les décisions du conseil de prud'hommes ne sont pas exécutoires de droit à titre provisoire. » (Décr. n° 2019-1419 du 20 déc. 2019, art. 22-I) « Le conseil de prud'hommes peut ordonner l'exécution provisoire de ses décisions. »

Sont de droit exécutoires à titre provisoire (Décr. n° 2019-1333 du 11 déc. 2019, art. 36, en vigueur le 1ᵉʳ janv. 2020) « , notamment » :

1° Le jugement qui n'est susceptible d'appel que par suite d'une demande reconventionnelle ;

2° Le jugement qui ordonne la remise d'un certificat de travail, de bulletins de paie ou de toute pièce que l'employeur est tenu de délivrer ;

3° Le jugement qui ordonne le paiement de sommes au titre des rémunérations et indemnités mentionnées au 2° de l'article R. 1454-14, dans la limite maximum de neuf mois de salaire calculés sur la moyenne des trois derniers mois de salaire. Cette moyenne est mentionnée dans le jugement.

BIBL. ▶ Patin, *JCP S 2013. 1473* (aménagement de l'exécution provisoire d'un jugement provisoire). – Vidal, *JCP S 2022. 1167* (exécution provisoire des décisions du conseil de prud'hommes).

1. Modalités d'exécution. En l'absence de précision quant aux modalités d'exécution de la décision, l'employeur condamné à remettre des documents au salarié est tenu de les lui faire parvenir. ● Soc. 17 janv. 1995, n° 91-43.908 P : *D. 1995. IR 45*.

2. Mentions. L'absence de mention dans le jugement de la moyenne des trois derniers mois de salaire n'a pas pour effet de priver la décision de son caractère exécutoire de droit par provision. ● Soc. 2 avr. 1996, n° 94-43.503 P : *RJS 1996. 371, n° 589* ● 17 juill. 1996, n° 94-19.589 P : *JCP 1996. II. 22718*, note Croze ; *JCP 1997. I. 4006, n° 3*, obs. Pierchon. ♦ L'omission de cette mention dans le jugement peut être réparée par une décision rectificative. ● Soc. 24 janv. 1996, n° 92-43.473 P : *RJS 1996. 193, n° 324* ● 7 janv. 1998, n° 97-40.266 P : *RJS 1998. 126, n° 198*. ♦ Dockès, *Justices 1997, n° 6, p. 232*. ♦ A défaut, elle ne peut être constitutive que d'une difficulté d'exécution. ● Soc. 28 juin 2001, n° 99-43.831 P.

SECTION 4 Départage

COMMENTAIRE

V. sur le Code en ligne.

Art. R. 1454-29 (Décr. n° 2017-1698 du 15 déc. 2017) « En cas de partage des voix devant le bureau de jugement ou le bureau de conciliation et d'orientation, l'affaire est renvoyée à une audience ultérieure du bureau de jugement ». Cette audience, présidée par le juge départiteur, est tenue dans le mois du renvoi.

En cas de partage des voix au sein de la formation de référé, l'affaire est renvoyée à une audience présidée par le juge départiteur. Cette audience est tenue sans délai et au plus tard dans les quinze jours du renvoi.

Les dispositions issues du Décr. n° 2017-1698 du 15 déc. 2017 s'appliquent aux instances en cours dans lesquelles la décision de partage de voix intervient à compter du 1ᵉʳ janv. 2018 (Décr. préc., art. 4).

BIBL. ▶ Guiomard, *RDT 2018. 73* (décrets d'application des « ordonnances travail » relatives à la juridiction et à la procédure prud'homale).

1. Sanctions du non-respect du délai d'un mois. La disposition prévoyant que l'audience tenue par le juge départiteur doit intervenir dans le mois du renvoi n'est pas sanctionnée par la nullité. ● Soc. 6 oct. 1977 : *Bull. civ. V, n° 519*. ◆ La responsabilité de l'État ne peut être engagée lorsque la formation de départage n'a pas statué dans un délai excessif, compte tenu de la complexité du dossier en cause et de la formulation de demandes nouvelles avant l'audience de départage. ● Civ. 1re, 3 nov. 2004, n° 03-14.760 P : *TPS 2004, n° 26, note Boubli*.

2. Expertise. Sur la possibilité pour la formation de départage d'ordonner une expertise, V. ● Soc. 15 mai 1974, n° 73-40.012 P.

3. Mentions du jugement. Si l'art. R. 516-40 prévoyait que le président ou le vice-président de section ou de chambre pourvoit au remplacement des conseillers absents, il n'exige pas que mention expresse soit faite au jugement d'une demande de remplacement adressée à ce magistrat. ● Soc. 12 avr. 1995, n° 91-40.593 P : *RJS 1995. 366, n° 548*.

4. Lorsque le juge départiteur a statué seul après avoir recueilli l'avis des conseillers prud'hommes, le jugement doit le faire apparaître dans ses mentions. ● Soc. 20 mars 1996, n° 92-44.096 P : *D. 1996. Somm. 358, obs. Julien*.

Art. R. 1454-30 Lorsqu'un conseiller prud'homme ne peut siéger à l'audience de départage, il pourvoit lui-même à son remplacement par un conseiller prud'homme de la même assemblée et appartenant, selon le cas, à sa section, à sa chambre ou à la formation de référé.

Lorsqu'il ne pourvoit pas lui-même à son remplacement, le président ou le vice-président relevant de sa section ou de sa chambre et de son assemblée pourvoit à ce remplacement dans les mêmes conditions.

Le conseiller prud'homme, le président ou le vice-président informe immédiatement le greffe de ce remplacement.

Devant le bureau de jugement, les remplacements ne peuvent avoir lieu que dans la limite d'un conseiller prud'homme de chaque assemblée. – [*Anc. art. R. 516-40, al. 3 à 6.*]

Art. R. 1454-31 Quel que soit le nombre des conseillers prud'hommes présents et même en l'absence de tout conseiller prud'homme, lorsque lors de l'audience de départage la formation n'est pas réunie au complet, le juge départiteur statue seul à l'issue des débats. Il recueille préalablement l'avis des conseillers présents.

(*Décr. n° 2016-660 du 20 mai 2016, art. 21*) « A l'issue des débats et si la décision n'est pas immédiatement rendue, le juge départiteur indique aux parties la date à laquelle le jugement sera prononcé, le cas échéant par sa mise à disposition au greffe de la juridiction.

« S'il décide de renvoyer le prononcé du jugement à une date ultérieure, le président en avise les parties par tous moyens. Cet avis comporte les motifs de la prorogation ainsi que la nouvelle date à laquelle la décision sera rendue. »

Les erreurs et omissions matérielles qui affectent un jugement, même passé en force de chose jugée, peuvent toujours être réparées par la juridiction qui l'a rendu ; dès lors que le jugement dont la rectification était sollicitée avait été rendu par le juge départiteur statuant seul, le juge départiteur statuant seul pouvait connaître de la requête. ● Soc. 26 juin 2019, n° 18-10.918 P : *D. 2019. Actu. 1398*.

Art. R. 1454-32 Lorsqu'un renouvellement général des conseils de prud'hommes rend impossible le renvoi d'une affaire ayant fait l'objet d'un partage de voix antérieur à ce renouvellement, cette affaire est reprise, suivant le cas, devant (*Abrogé par Décr. n° 2017-1698 du 15 déc. 2017*) « *le bureau de conciliation (Décr. n° 2016-660 du 20 mai 2016, art. 43*) « *et d'orientation* », » le bureau de jugement ou la formation de référé.

Ces bureaux et formation reprennent l'affaire dans leur composition nouvelle sous la présidence du juge départiteur.

(*Décr. n° 2017-1698 du 15 déc. 2017*) « Lorsque le partage des voix a eu lieu à l'issue d'une audience du bureau de conciliation et d'orientation, l'affaire est reprise devant le bureau de jugement. »

V. note ss. art. D. 1454-29.

CHAPITRE V **RÉFÉRÉ**

BIBL. GÉN. ▶ Cotrereau, *SSL* 1987, n° 373, suppl. D. 65. – Dell'Asino, *Gaz. Pal.* 1987. 2. Doctr. 627. – Deschamp, *SSL* 1986, n° 322, suppl. D. 63. – Desdevises, *Dr. soc.* 1988. 335. – Durand, *Dr. ouvrier* 2012. 533. – G. Lyon-Caen, *Dr. ouvrier* 1986. 203. – Mraouahi, *JCP S* 2016. 1290. – Normand, *Dr. soc.* mai 1980, n° spéc., p. 45. – P. Robert, *Dr. ouvrier* 1980. 151. – Rochois, *RPDS* 1985. 309. – Solus et Perrot, *D.* 1975. Chron. 191. – Sportouch, *Dr. soc.* 1987. 503. – Supiot, *ibid.* 1986. 535.

SECTION 1 Composition et organisation de la formation de référé

Art. R. 1455-1 Chaque conseil de prud'hommes comprend une formation de référé commune à l'ensemble des sections de ce conseil. Cette formation est composée d'un conseiller prud'homme salarié et d'un conseiller prud'homme employeur. – *[Anc. art. R. 515-4, al. 1er.]*

Art. R. 1455-2 L'Assemblée générale du conseil de prud'hommes désigne chaque année, selon les dispositions des articles L. 1423-3, L. 1423-5, R. 1423-11 et R. 1423-12, les conseillers prud'hommes employeurs et les conseillers prud'hommes salariés appelés à tenir les audiences de référé.
Le nombre des conseillers ainsi désignés doit être suffisant pour assurer, selon un roulement établi par le règlement intérieur du conseil de prud'hommes, le service des audiences de référé.
En cas de création d'un conseil de prud'hommes, les désignations mentionnées au premier alinéa interviennent dans un délai de trois mois à compter de l'installation du conseil. Jusqu'à ces désignations, la formation de référé du conseil de prud'hommes est composée du président et du vice-président ainsi que du conseiller que ceux-ci désignent au sein de leur collège respectif. – *[Anc. art. R. 515-4, al. 2 et 4.]*

Art. R. 1455-3 La présidence des audiences de référé est assurée alternativement par un conseiller prud'homme employeur et par un conseiller prud'homme salarié dans les conditions fixées par le règlement intérieur. – *[Anc. art. R. 515-4, al. 3.]*

Art. R. 1455-4 Le règlement intérieur du conseil de prud'hommes fixe les jour et heure habituels des audiences de référé. Une audience est prévue au moins une fois par semaine.
Lorsque les circonstances l'exigent, le président du conseil de prud'hommes, après avis du vice-président, peut fixer une ou plusieurs audiences supplémentaires ou déplacer les jour et heure de la ou des audiences de la semaine. – *[Anc. art. R. 516-32, al. 2.]*

SECTION 2 Compétence de la formation de référé

Art. R. 1455-5 Dans tous les cas d'urgence, la formation de référé peut, dans la limite de la compétence des conseils de prud'hommes, ordonner toutes les mesures qui ne se heurtent à aucune contestation sérieuse ou que justifie l'existence d'un différend. – *[Anc. art. R. 516-30.]*

1. Urgence. • Soc. 14 juin 1972, 🔒 *Revêt-Sol*, n° 71-12.508 P : *GADT*, 4ᵉ éd., n° 154 ; *D.* 1973. 114, note Catala ; *Dr. soc.* 1972. 465, note Savatier ; *JCP* 1972. II. 17275, note G. Lyon-Caen • 13 déc. 1972 : *Bull. civ. V*, n° 683 • 14 mai 1981 : *ibid.*, n° 429.

2. Contestation sérieuse. Constitue une contestation sérieuse : la détermination de la portée d'une clause contractuelle. • Soc. 23 févr. 1977 : *Bull. civ. V*, n° 139. ♦ ... L'interprétation d'une convention collective. • Soc. 9 mars 1977 : *Bull. civ. V*, n° 178. ♦ ... L'existence d'une convention prorogeant les mandats des délégués du personnel. • Soc. 6 juin 1974 : *Bull. civ. V*, n° 347. ♦ ... La soumission d'une entreprise à une convention collective. • Soc. 31 mars 1982 : *Bull. civ. V*, n° 247. ♦ Comp. : • Soc. 6 oct. 1976 : *Bull. civ. V*, n° 473 • 8 nov. 1978 : *ibid.*, n° 747.

3. Questions exclues. Sont exclus de la compétence du juge des référés les litiges portant notamment sur : la détermination de la faute lourde commise par des grévistes. • Soc. 29 oct. 1980 : *Bull. civ. V*, n° 794. ♦ ... L'inaptitude du salarié. • Soc. 12 oct. 1977 : *Bull. civ. V*, n° 530. ♦ ... La fixation de la date de naissance d'une créance salariale susceptible d'être garantie par l'AGS. • Soc. 3 mai 1978 : *Bull. civ. V*, n° 321. ♦ ... La fraude dans la désignation du délégué syndical. • Soc. 22 oct. 1975 : *Bull. civ. V*, n° 476. ♦ ... La qualité de candidat aux fonctions de représentant du personnel. ● Soc. 29 juin 1977 : *Bull. civ. V, n° 436.*

4. Le juge ne peut, en l'absence de disposition le prévoyant et à défaut de violation d'une liberté fondamentale, annuler un licenciement ; dès lors il n'entre pas dans les pouvoirs du juge des référés d'ordonner l'arrêt d'une procédure de licenciement et la poursuite du contrat de travail lorsque la nullité du licenciement n'est pas encourue. ● Soc. 31 mars 2004, ⚖ n° 01-46.960 P : *D. 2004. IR 1213* ; *Dr. soc. 2004. 666, obs. Radé*.

5. *Effets limités de la décision de référé.* La décision de référé qui ordonne provisoirement la réintégration d'un salarié est dépourvue de l'autorité de chose jugée ; aussi, si le licenciement est ultérieurement validé au fond, l'employeur est fondé à mettre fin aux fonctions du salarié sans nouvelle procédure de licenciement, peu importe la désignation du salarié comme délégué du personnel depuis. ● Soc. 1er avr. 2008 : ⚖ *RJS 2008. 526, n° 653* ; *JSL 2008, n° 234-5.*

Art. R. 1455-6 La formation de référé peut toujours, même en présence d'une contestation sérieuse, prescrire les mesures conservatoires ou de remise en état qui s'imposent pour prévenir un dommage imminent ou pour faire cesser un trouble manifestement illicite. – *[Anc. art. R. 516-31, al. 1er.]*

1. *Généralité de la compétence.* Le principe de compétence posé par l'art. R. 516-31, al. 1er [art. R. 1455-6 nouv.], étant général, la formation de référé demeure compétente pour statuer sur une demande de provision, alors même que le juge du principal a été saisi et que les parties ont été convoquées devant le bureau de conciliation. ● Soc. 11 oct. 1990, ⚖ n° 88-60.712 P : *D. 1990. IR 261* ; *JCP E 1991. I. 25, n° 1, obs. Coursier* ● 14 mai 1992, ⚖ n° 88-42.965 P. ♦ En revanche, le juge des référés qui statue sur l'imputabilité de la rupture du contrat de travail excède ses pouvoirs. ● Soc. 11 mai 2005 : ⚖ *JCP S 2005. 1021, note Boubli.*

2. *Trouble manifestement illicite.* La constatation de l'urgence n'est pas une condition de la prise en compte du trouble manifestement illicite. ● Soc. 15 mars 1984, ⚖ n° 82-12.570 P. ♦ Il appartient au juge des référés de se prononcer sur la bonne ou mauvaise foi du salarié lorsqu'il a dénoncé les faits de harcèlement et ce pour déterminer si son licenciement constituait un trouble manifestement illicite. ● Soc. 25 nov. 2015, ⚖ n° 14-17.551 P : *D. 2015. Actu. 2508*.

3. *Obligation non sérieusement contestable.* L'octroi d'une provision ou l'exécution d'une obligation dans le cas où l'obligation n'est pas contestable n'est pas subordonné à la constatation de l'urgence. ● Soc. 17 oct. 1990, ⚖ n° 82-12.570 P. ♦ L'obligation n'est pas sérieusement contestable et autorise l'octroi d'une provision lorsque la lettre de licenciement se borne à énoncer comme motif de licenciement la suppression du poste du salarié ; ce qui ne constitue pas un motif économique légitime. ● Soc. 17 févr. 1998, ⚖ n° 97-41.409 P. – V. aussi ● Soc. 5 mai 1988 : *D. 1988. Somm. 329, obs. A. Lyon-Caen.* ♦ L'obligation de l'employeur n'est pas sérieusement contestable, nonobstant le protocole d'accord de fin de grève, lorsque la grève a été notamment motivée par le non-paiement des heures supplémentaires et donc à l'évidence un manquement grave et délibéré aux obligations de l'employeur. ● Soc. 3 mai 2007 : ⚖ *JCP S 2007. 1546, note Asquinazi-Bailleux* ; *JCP E 2007. 2215, note Boulmier.*

4. A pu décider que la créance d'un salarié demandant le paiement des salaires correspondant à la durée de la mise à pied n'était pas sérieusement contestable le conseil de prud'hommes qui relève que l'employeur ne rapportait pas la preuve des actes qu'il invoquait à l'encontre du salarié. ● Soc. 30 mars 1994 : ⚖ *CSB 1994. 145, A. 30.* ♦ L'art. L. 144-1 interdisant la compensation par l'employeur entre le salaire dû par lui et l'indemnité de préavis due par le salarié, viole cette disposition l'ordonnance de référé qui, pour rejeter la demande en paiement d'une somme retenue sur l'indemnité de préavis, retient qu'il existait une contestation sérieuse. ● Soc. 28 avr. 1994, ⚖ n° 90-46.044 P.

5. Ne constitue pas une contestation sérieuse celle qui consiste à soutenir que l'avis motivé d'un comité d'entreprise peut être remplacé par l'avis des organisations syndicales auxquelles ses membres sont susceptibles d'appartenir. ● Soc. 5 déc. 2006 : ⚖ *Dr. soc. 2007. 184, obs. Gauriau*.

6. *Office du juge.* Il n'entre pas dans les pouvoirs du juge des référés de prononcer, sauf dispositions expresses l'y autorisant, la nullité d'un contrat. ● Soc. 14 mars 2006, ⚖ n° 04-48.322 P. ♦ Le juge des référés peut constater la nullité de la rupture du contrat de travail et accorder une provision en présence de faits de harcèlement sexuel non sérieusement contestables. ● Paris, 18 janv. 1996 : *RJS 1996. 226, n° 378.* ♦ ... Ou lorsque le juge constate que la mise à pied à titre conservatoire d'une salariée déléguée syndicale était intervenue sans respect de la procédure prévue à l'art. L. 412-18 [L. 2411-3 nouv.]. ● Soc. 25 janv. 2006, ⚖ n° 04-41.240 P. ♦ ... Ou en présence du licenciement d'une salariée en état de grossesse qui constitue un trouble manifestement illicite et que le juge des référés peut faire cesser en ordonnant la continuation du contrat de travail sous forme notamment du versement des salaires qui auraient été perçus pendant la période couverte par la nullité. ● Soc. 19 nov. 1997, ⚖ n° 94-42.540 P : *RJS 1998. 23, n° 24.*

7. Le chef du dispositif de l'arrêt, qui, sans annuler la clause de non-concurrence, la déclare inopposable au salarié, constitue une mesure destinée à faire cesser ce trouble manifestement illicite. • Soc. 25 mai 2005 : *D. 2005. IR 1586, obs. Chevrier ; RJS 2005. 609, n° 841 ; JSL 2005, n° 171-3 ; Dr. soc. 2005. 1061, obs. Mouly ; RDC 2005. 1108, obs. Radé.

8. Le juge des référés est compétent pour statuer sur la demande du salarié tendant au paiement de la fraction non garantie de sa créance salariale ; cette demande ne concernant ni un refus de l'AGS de régler une avance, ni une contestation relative au relevé des créances et dès lors qu'il n'existe aucune contestation sérieuse quant au montant de cette créance. • Soc. 7 oct. 1998, *n° 97-44.552 P : RJS 1998. 825, n° 1366 ; D. 1998. IR 235.

9. Obligation de faire. La seule méconnaissance des formalités préalables au licenciement n'entraînant pas une obligation de réintégrer et celle-ci ne pouvant qu'être proposée en cas d'absence de cause réelle et sérieuse, le juge des référés ne peut ordonner la réintégration, en étendant ainsi les sanctions légales au-delà des limites prévues pour leur application. • Soc. 9 févr. 1977 : Bull. civ. V, n° 95 • 29 juin 1978 : ibid., n° 540. – V. aussi • Soc. 30 mai 1990 : *D. 1990. IR 156.

10. Intérêts. Le juge des référés peut, sans excéder ses pouvoirs, assortir d'intérêts moratoires les condamnations qu'il prononce. • Soc. 21 févr. 1990, *n° 88-40.471 P.

11. Astreinte. Saisie d'une demande en liquidation provisoire d'une astreinte prononcée par le juge des référés et non d'une demande à une condamnation définitive, une cour d'appel, qui qualifie cette astreinte de comminatoire et la liquide provisoirement, peut par provision condamner une partie au paiement de celle-ci. • Soc. 6 nov. 1974 : Bull. civ. V, n° 524 ; Dr. soc. 1975. 120, note Savatier ; JCP 1975. II. 18188, note Berra.

Art. R. 1455-7 Dans le cas où l'existence de l'obligation n'est pas sérieusement contestable, la formation de référé peut accorder une provision au créancier ou ordonner l'exécution de l'obligation même s'il s'agit d'une obligation de faire. — [Anc. art. R. 516-31, al. 2.]

Compétence du juge des référés. La formation des référés qui a relevé que le CHSCT d'un établissement avait constaté un danger grave et imminent d'exposition des travailleurs à l'amiante et qu'un recours de l'employeur sur la validité de la procédure initiée par ce comité n'avait pas abouti, n'a pas excédé ses pouvoirs tirés de l'art. R. 1455-7 C. trav. en allouant aux salariés une provision sur le salaire qui leur avait été retenu par l'employeur. • Soc. 31 mars 2016, *n° 14-25.237 P : D. actu. 9 mai 2016, obs. Fraisse ; D. 2015. Actu. 790 ; RJS 6/2016, n° 425 ; JCP S 2016. 121, obs. Bugada.

Art. R. 1455-8 S'il lui apparaît que la demande formée devant elle excède ses pouvoirs, et lorsque cette demande présente une particulière urgence, la formation de référé peut, dans les conditions suivantes, renvoyer l'affaire devant le bureau de jugement :

1° L'accord de toutes les parties est nécessaire ;

2° La formation de référé doit avoir procédé à une tentative de conciliation en audience non publique et selon les règles fixées par l'article R. 1454-10.

La notification aux parties de l'ordonnance de référé mentionnant la date de l'audience du bureau de jugement vaut citation en justice. — [Anc. art. R. 516-33, al. 2.]

La formation des référés ne peut, lorsque l'existence d'une contestation sérieuse et l'urgence ont été constatées, renvoyer les parties devant le bureau de jugement, alors qu'il ne résulte ni des mentions de la décision, ni d'aucune autre pièce de la procédure que les parties ont donné leur accord. • Soc. 21 févr. 1990, *n° 87-40.008 P : CSB 1989. 65, A. 16.

SECTION 3 Procédure de référé

Art. R. 1455-9 La demande en référé est formée par le demandeur soit par acte d'huissier de justice, soit dans les conditions prévues à l'article R. 1452-1.

Lorsque la demande est formée par acte d'huissier de justice, (Décr. n° 2019-1333 du 11 déc. 2019, art. 36, en vigueur le 1ᵉʳ janv. 2020) « les dispositions du 1° de l'article 56 du code de procédure civile ne sont pas applicables. Une copie » de l'assignation est remise au greffe, au plus tard la veille de l'audience.

Lorsque la demande est formée dans les conditions prévues à l'article R. 1452-1, les dispositions des articles R. 1452-2 à R. 1452-4 sont applicables.

Délais. Sauf pour le juge à vérifier que le défendeur a bénéficié d'un délai raisonnable pour assurer sa défense, les dispositions relatives au référé prud'homal ne fixent pas de délai entre la convocation et l'audience de jugement. ● Soc. 14 nov. 1990, ⚖ n° 89-44.131 P : *D. 1990. IR 284.*

Art. R. 1455-10 Les *(Décr. n° 2020-1452 du 27 nov. 2020, art. 4, en vigueur le 1ᵉʳ janv. 2021)* « articles 484, 486, 488 à 492 et 514 *[ancienne rédaction : articles 484, 486 et 488 à 492]* » du code de procédure civile sont applicables au référé prud'homal.

BIBL. ▶ SERVERIN, *RDT 2010. 121* ⌀ (du bon usage de l'injonction de faire dans le référé prud'homal).

Art. R. 1455-11 Le délai d'appel est de quinze jours.
L'appel est formé, instruit et jugé conformément aux articles R. 1461-1 et R. 1461-2. — *[Anc. art. R. 516-34 et R. 516-35.]*

Les décisions de référé sont soumises aux dispositions de l'art. R. 517-3. ● Soc. 26 nov. 1987 : *Bull. civ. V, n° 693.*

CHAPITRE V *BIS* PROCÉDURE ACCÉLÉRÉE AU FOND

(Décr. n° 2019-1419 du 20 déc. 2019, art. 10, en vigueur le 1ᵉʳ janv. 2020)

BIBL. ▶ DUPREY, *JCP S 2020. 3059.*

Art. R. 1455-12 A moins qu'il en soit disposé autrement, lorsqu'il est prévu que le conseil de prud'hommes statue selon la procédure accélérée au fond, la demande est portée à une audience tenue aux jour et heures à cet effet, dans les conditions prévues à l'article R. 1455-9.
Elle est formée, instruite et jugée dans les conditions suivantes :
1° Il est fait application des 3° et 7° de l'article 481-1 du code de procédure civile ;
2° Le jugement est exécutoire à titre provisoire, à moins que le conseil de prud'hommes en décide autrement, sous réserve des dispositions du deuxième alinéa de l'article R. 1454-28.
Lorsque le conseil de prud'hommes statuant selon la procédure accélérée au fond est saisi à tort, l'affaire peut être renvoyée devant le bureau de jugement dans les conditions prévues à l'article R. 1455-8.
La formation du conseil de prud'hommes amenée à statuer selon la procédure accélérée au fond est, sauf disposition contraire, composée et organisée dans les conditions définies aux articles R. 1455-1 à R. 1455-4.

CHAPITRE VI LITIGES EN MATIÈRE DE LICENCIEMENTS POUR MOTIF ÉCONOMIQUE

BIBL. GÉN. ▶ DESDEVISES, *Dr. soc. 1988. 335* (décrets du 14 mars 1986 et du 29 juin 1987).

Art. R. 1456-1 *(Décr. n° 2016-660 du 20 mai 2016, art. 23)* En cas de recours portant sur un licenciement pour motif économique, et dans un délai de huit jours à compter de la date à laquelle il reçoit la convocation devant le bureau de conciliation et d'orientation, l'employeur dépose ou adresse au greffe par lettre recommandée avec demande d'avis de réception les éléments mentionnés à l'article L. 1235-9 pour qu'ils soient versés au dossier.
Dans le même délai, il adresse ces éléments au demandeur par lettre recommandée avec demande d'avis de réception.
La convocation destinée à l'employeur rappelle cette obligation.

Ces dispositions s'appliquent aux instances introduites devant les conseils de prud'hommes à compter du 1ᵉʳ août 2016 (Décr. n° 2016-660 du 20 mai 2016, art. 45).

1. Champ d'application. Le dépôt au greffe par l'employeur des documents prévus à l'art. L. 122-14-3 n'est pas applicable en cas de recours du salarié portant sur un licenciement individuel pour motif économique. ● Soc. 10 oct. 2000, ⚖ n° 99-40.040 P : *D. 2000. IR 272* ⌀ ; *RJS 2000. 823, n° 1274.* ◆ *Contra*, antérieurement : ● Soc. 13 janv. 1999 : ⚖ *RJS 1999. 438, n° 722.*

2. Existence d'un préjudice. En cas de méconnaissance par l'employeur des prescriptions de l'art. R. 516-45, il appartient au salarié qui souhaite obtenir réparation de justifier de l'existence d'un préjudice. ● Soc. 26 janv. 1994, ⚖ n° 91-43.551 P : *RJS 1994. 174, n° 235.*

Art. R. 1456-2 La séance de conciliation *(Décr. n° 2016-660 du 20 mai 2016, art. 24)* « et d'orientation » a lieu dans le mois de la saisine du conseil de prud'hommes.

Art. R. 1456-3 *(Abrogé par Décr. n° 2016-660 du 20 mai 2016, art. 25)* « *Le bureau de conciliation détermine les mesures et délais nécessaires à l'instruction de l'affaire ou à l'information du conseil, après avis des parties.*

« *Il fixe le délai de communication des pièces ou des notes que celles-ci comptent produire à l'appui de leurs prétentions.* »

(Décr. n° 2016-660 du 20 mai 2016, art. 25) « Les mesures de mise en état » sont exécutées dans un délai n'excédant pas trois mois. Ce délai ne peut être prorogé par le bureau de jugement que sur la demande motivée du technicien ou du conseiller rapporteur commis.

Art. R. 1456-4 *(Décr. n° 2016-660 du 20 mai 2016, art. 26)* Le bureau de conciliation et d'orientation fixe la date d'audience du bureau de jugement qui statue dans un délai ne pouvant excéder six mois à compter de la date à laquelle l'affaire lui a été renvoyée, ou trois mois lorsqu'est saisie la formation restreinte.

Art. R. 1456-5 Lorsque, lors de la séance *(Décr. n° 2016-660 du 20 mai 2016, art. 27)* « prévue à l'article R. 1456-2 », une section du conseil de prud'hommes est saisie par plusieurs demandeurs de procédures contestant le motif économique d'un licenciement collectif, le bureau de conciliation *(Décr. n° 2016-660 du 20 mai 2016, art. 27)* « et d'orientation » en ordonne la jonction.

CHAPITRE VII RÉCUSATION

Art. R. 1457-1 La procédure de récusation des conseillers prud'hommes est régie par les articles 341 à 355 du code de procédure civile. — *[Anc. art. R. 518-1.]*

1. Pouvoir spécial. Est irrecevable la requête en récusation déposée par un avocat non muni d'un pouvoir spécial. • Limoges, 6 mai 1997 : *BICC 1er oct. 1997, n° 1127.*

2. Intervention devant les juges du fond. La récusation ne peut intervenir pour la première fois devant la Cour de cassation. • Soc. 19 juin 1980 : *Bull. civ. V, n° 549.*

3. Procédure. Si le juge s'oppose à la récusation ou ne répond pas, la demande de récusation est jugée sans délai par la cour d'appel ; que le secrétaire communique cette demande avec la réponse du juge ou mention de son silence au premier président de la cour d'appel. • Soc. 24 sept. 1997, n° 97-42.811 P.

Art. R. 1457-2 Lorsque la demande de récusation est portée devant la cour d'appel, elle est jugée par la chambre sociale. — *[Anc. art. R. 518-2.]*

BIBL. ▶ Cioffi, *Dr. soc.* 2002. 168 (influence de l'art. 6 de la Convention européenne des droits de l'homme en matière de récusation prud'homale).

TITRE VI VOIES DE RECOURS

Ce titre est applicable à Mayotte à compter du 1er janv. 2022 (Décr. n° 2018-953 du 31 oct. 2018, art. 58-III).

CHAPITRE I APPEL

Art. R. 1461-1 Le délai d'appel est d'un mois.

(Décr. n° 2016-660 du 20 mai 2016, art. 28) « A défaut d'être représentées par la personne mentionnée au 2° de l'article R. 1453-2, les parties sont tenues de constituer avocat.

« Les actes de cette procédure d'appel qui sont mis à la charge de l'avocat sont valablement accomplis par la personne mentionnée au 2° de l'article R. 1453-2. De même, ceux destinés à l'avocat sont valablement accomplis auprès de la personne précitée. »

Les dispositions issues du Décr. n° 2016-660 du 20 mai 2016 sont applicables aux instances et appels introduits à compter du 1er août 2016 (Décr. préc., art. 46).

V. Circ. Min. Justice du 5 juill. 2016, n° C3/42-2016/1.5.4.4/GM/RMB sur l'exonération de paiement de timbre fiscal en cas d'appel en matière prud'homale.

BIBL. ▶ Lhermitte, *SSL* 2018, n° 1809, p. 8 (notification des actes de procédure : sous quelles modalités entre un défenseur syndical et un avocat ?).

1. Point de départ du délai d'un mois. La date de l'appel formé par lettre recommandée est celle du bureau d'émission. • Soc. 5 nov. 1984 : *Bull. civ. V, n° 406 ; JCP 1986. II. 20560, note Joly.* ♦ Pour la prise en compte d'une lettre simple, V. • Soc. 22 nov. 1979 : *Bull. civ. V, n° 891.*

2. Sanctions. Les dispositions de l'art. R. 517-7 ne sont pas prescrites à peine de nullité de l'acte d'appel, la lettre recommandée n'étant destinée qu'à régler toute contestation sur la date d'appel. • Soc. 17 juill. 1991, ⚖ n° 88-43.972 P. (lettre d'appel enregistrée au secrétariat du conseil de prud'hommes) • 17 mai 2005, ⚖ n° 03-42.646 P.

3. Appel incident. Sur l'absence, s'agissant d'une procédure orale, de formalités particulières en matière d'appel incident. • Soc. 5 nov. 1981 : *Bull. civ. V, n° 866.* ♦ Nonobstant le principe de l'oralité de la procédure en matière prud'homale, l'appel incident peut être régulièrement formé par dépôt ou envoi au greffe de conclusions valant déclaration d'appel. • Soc. 15 déc. 2006, ⚖ n° 05-41.468 P.

4. Télécopie. Une déclaration d'appel par télécopie ne répond pas aux exigences légales et équivaut à une absence d'acte. • Soc. 18 nov. 1998, ⚖ n° 96-43.944 P ; *D. 1999. IR 7* ⌀ *; RJS 1999. 68, n° 100.*

5. Signature. S'agissant des procédures sans représentation obligatoire, la cour d'appel étant saisie par une déclaration d'appel que la partie ou tout mandataire fait ou adresse par pli recommandé ; l'acte, qui ne comporte pas la signature de son auteur, ne vaut pas déclaration d'appel. • Soc. 30 avr. 2003, ⚖ n° 00-46.467 P.

6. Déclaration verbale. La déclaration verbale d'appel ne peut résulter d'une simple conversation téléphonique. • Soc. 8 juill. 1992, ⚖ n° 89-40.559 P : *D. 1992. IR 228 ; JCP E 1992. I. 197, obs. Pierchon ; RJS 1992. 564, n° 1022.*

7. Mandat spécial. Lorsque la représentation n'est pas obligatoire, le mandataire doit, s'il n'est avoué ou avocat, justifier d'un pouvoir spécial pour interjeter appel. • Soc. 2 avr. 1992, ⚖ n° 87-44.229 P : *D. 1992. IR 142 ; RJS 1992. 428, n° 781* • Soc. 2 avr. 1992, ⚖ n° 88-42.347 P. ♦ Est irrecevable l'appel formé par un directeur d'agence dont la délégation de pouvoir ne comporte pas le pouvoir d'agir en justice mais seulement celui de prendre toutes mesures conservatoires des intérêts de la société. • Soc. 14 oct. 1997 : ⚖ *JCP 1997. IV. 2341.*

8. Le mandat comportant le pouvoir d'interjeter, « si nécessaire », appel d'une décision future ne constitue pas le pouvoir spécial exigé par la loi. • Soc. 29 juin 1994 : ⚖ *RJS 1994. 614, n° 1036.* ♦ N'est pas le pouvoir spécial exigé par la loi (art. 931 C. pr. civ.) un pouvoir spécial antérieur au jugement entrepris. • Soc. 10 déc. 1996, ⚖ n° 93-41.737 P : *RJS 1997. 58, n° 84.*

9. Personne morale. La mention dans la déclaration d'appel du nom de la personne physique, organe représentant la personne morale appelante, n'est exigée par aucun texte. • Civ. 2e, 5 juin 1996 : ⚖ *JCP 1996. I. 595, n° 2, obs. Pierchon.*

10. Copie de la décision. Les dispositions de l'art. R. 517-7 [R. 1461-1 nouv.] selon lesquelles la déclaration d'appel est accompagnée d'une copie de la décision ne sont pas prescrites à peine d'irrecevabilité de l'appel prononcée d'office. • Soc. 19 juin 2007 : ⚖ *D. 2007. AJ 2964* ⌀ *; RJS 2007. 862, n° 1109 ; JCP S 2007. 1658, note Boubli.*

11. Non-signification des conclusions au défenseur syndical. La caducité de la déclaration d'appel résultant de ce que les conclusions n'ont pas été signifiées au défenseur syndical dans le délai imparti par la loi ne constitue pas une sanction disproportionnée au but poursuivi, qui est d'assurer la célérité et l'efficacité de la procédure d'appel, et n'est pas contraire aux exigences de l'art. 6, § 1, Conv. EDH. Dès lors, les délais prescrits aux parties pour effectuer les actes de procédure ne les privent pas de leur droit d'accès au juge. • Soc. 8 déc. 2021, ⚖ n° 19-22.810 B : *RDT 2022. 116, obs. Mraouahi* ⌀ *; JCP S 2022. 1008, obs. Pagnerre.*

Art. R. 1461-2 L'appel est porté devant la chambre sociale de la cour d'appel.

Il est formé, instruit et jugé suivant la procédure (*Décr. n° 2016-660 du 20 mai 2016, art. 29*) « avec représentation obligatoire ».

Les dispositions issues de l'art. 29 du Décr. n° 2016-660 du 20 mai 2016 sont applicables aux instances et appels introduits à compter du 1er août 2016 (Décr. préc., art. 46).

1. Application de la représentation obligatoire dans le temps. Seuls les instances et appels en matière prud'homale engagés à compter du 1er août 2016 sont formés, instruits et jugés suivant la procédure avec représentation obligatoire ; un appel formé avant le 1er août 2016 contre un jugement rendu en matière prud'homale est assujetti aux règles de la procédure sans représentation obligatoire, lesquelles demeurent applicables, en cas de cassation de l'arrêt, devant la cour d'appel de renvoi. • Soc. 6 avr. 2022, ⚖ n° 21-10.923 B.

2. Postulation. L'application des dispositions du C. pr. civ. relatives à la représentation obligatoire devant la cour d'appel statuant en matière prud'homale n'implique pas la mise en œuvre des règles de postulation devant les cours d'appel, les parties peuvent être représentées par tout avocat, si elles ne font pas le choix d'un défenseur syndical. • Cass., avis, 5 mai 2017, n° 170007 : *RDT 2017. 436, obs. Guiomard* ⌀ *; SSL 2017, n° 1769, p. 14.*

3. Défenseur syndical et soumission aux charges procédurales. Le défenseur syndical que choisit l'appelant pour le représenter, s'il n'est pas un professionnel du droit, n'en est pas moins à même d'accomplir les formalités requises par la procédure d'appel avec représentation obligatoire sans que la charge procédurale en résultant présente un caractère excessif de nature à porter atteinte au droit d'accès au juge garanti par l'art. 6, § 1, Conv. EDH. • Civ. 2e, 8 déc. 2022, n° 21-16.186 B : *D. actu. 4 janv. 2023, obs. Bléry ; D. 2022. 2296 ; RJS 3/2023, n° 157 ; JCP S 2023. 1043, obs. Amarani Mekki.*

CHAPITRE II POURVOI EN CASSATION

RÉP. TRAV. v° *Conseil de prud'hommes*, par FLORES.

Art. R. 1462-1 Le conseil de prud'hommes statue en dernier ressort :
1° Lorsque la valeur totale des prétentions d'aucune des parties ne dépasse le taux de compétence fixé par décret ; — *V. art. D. 1462-3.*
2° Lorsque la demande tend à la remise, même sous astreinte, de certificats de travail, de bulletins de paie ou de toute pièce que l'employeur est tenu de délivrer, à moins que le jugement ne soit en premier ressort en raison du montant des autres demandes. — [*Anc. art. R. 517-3 et R. 517-4, al. 1er.*]

1. Chefs de demande. Présentent un caractère salarial et constituent un seul chef de demande des prétentions tendant au paiement de salaires, primes, heures supplémentaires et indemnités de congés payés, à l'exception des indemnités compensatrices de congés payés et de préavis. • Soc. 17 juill. 1996, n° 93-41.741 P : *Dr. soc. 1996. 1103 ; RJS 1996. 621, n° 969 (3e esp.) ; CSB 1996. 281, A. 58 (1re esp.).* ♦ Dans le même sens : • Soc. 12 mars 1997, n° 94-42.771 P : *RJS 1997. 296, n° 449.* ♦ Même solution s'agissant d'actions tendant au paiement d'heures supplémentaires et d'indemnités de congés payés. • Soc. 14 nov. 2000, n° 98-42.136 P. ♦ … Ou d'une demande en paiement d'une indemnité différentielle conventionnelle ainsi que d'un rappel de salaire au titre d'une argumentation générale décidée par un engagement unilatéral de l'employeur. • Soc. 13 juin 2007 : *JCP S 2007. 1832, note Lahalle.*

2. Présentent un caractère indemnitaire et constituent un seul chef de demande des prétentions tendant au paiement de l'indemnité légale ou conventionnelle de licenciement, de l'indemnité compensatrice de congés payés et de l'indemnité compensatrice de préavis. • Soc. 17 juill. 1996, n° 93-41.530 P : *Dr. soc. 1996. 1103 ; RJS 1996. 621, n° 969 (4e esp.) ; CSB 1996. 281, A. 58 (2e esp.).* — Dans le même sens : • Soc. 20 nov. 1996, n° 94-41.511 P : *RJS 1997. 56, n° 81 ; CSB 1997. 55, S. 28 ●* 29 janv. 1997, n° 95-44.265 P : *RJS 1997. 212, n° 317 ; CSB 1997. 118, S. 74.*

3. Constituent des chefs de demande distincts la demande en paiement d'heures supplémentaires et la demande en paiement de dommages et intérêts pour résistance abusive. • Soc. 5 mars 1997, n° 95-45.049 P : *TPS 1997, n° 228, obs. Boubli.*

4. Si l'un des chefs de la demande n'est susceptible d'être jugé qu'à charge d'appel, le conseil de prud'hommes se prononce sur tous en premier ressort. • Soc. 19 déc. 1983 : *Bull. civ. V, n° 632* (l'appel est recevable même si le chef excédant le taux de compétence en dernier ressort n'est pas évoqué devant la cour d'appel). ♦ V. aussi • Soc. 19 juin 1997 : *CSB 1997. 253, S. 153* (caractère indéterminé de l'un des chefs de la demande).

5. Lorsqu'elle constitue la conséquence nécessaire d'une demande en paiement chiffrée, la demande tendant à la rectification de bulletins de paie est sans incidence sur l'ouverture des voies de recours. • Soc. 23 mars 2011 : *D. 2011. Actu. 1022 ; JCP S 2011. 1263, obs. Brissy.*

6. Désistement. Si le désistement peut être implicite, il ne se présume pas. • Soc. 5 févr. 1992, n° 88-43.742 P : *D. 1992. IR 99 ; CSB 1992. 91.*

Art. R. 1462-2 Le jugement n'est pas susceptible d'appel si la seule demande reconventionnelle en dommages-intérêts, fondée exclusivement sur la demande initiale, dépasse le taux de la compétence en dernier ressort. — [*Anc. art. R. 517-4, al. 2.*]

Une demande reconventionnelle fondée exclusivement sur la demande initiale et faite à titre de dommages-intérêts n'est pas de nature à rendre le jugement susceptible d'appel. • Soc. 19 févr. 1986 : *Bull. civ. V, n° 14.* — Dans le même sens : • Soc. 6 déc. 1979 : *Bull. civ. V, n° 962* • 7 juill. 1983 : *ibid., n° 435.* ♦ Pour apprécier la nature de la demande reconventionnelle, le juge ne doit envisager que son objet et non le mobile qui l'a provoquée. • Soc. 9 déc. 1987 : *Bull. civ. V, n° 712 ; D. 1988. IR 6.*

Art. D. 1462-3 Le taux de compétence en dernier ressort du conseil de prud'hommes est de (*Décr. n° 2020-1066 du 17 août 2020, en vigueur le 1er sept. 2020*) « 5 000 € ».

Le taux de compétence en dernier ressort issu du Décr. n° 2020-1066 du 17 août 2020 est applicable aux instances introduites devant les conseils de prud'hommes à compter du 1er sept. 2020 (Décr. préc., art. 2).

CHAPITRE III OPPOSITION ET TIERCE OPPOSITION (Décr. n° 2017-1008 du 10 mai 2017, art. 4).

Art. R. 1463-1 L'opposition est portée directement devant le bureau de jugement. Les dispositions des articles R. 1452-1 à R. 1452-4 sont applicables.

L'opposition est caduque si la partie qui l'a faite ne se présente pas. Elle ne peut être réitérée.

(Décr. n° 2017-1008 du 10 mai 2017, art. 4) « Ces dispositions sont applicables à la tierce opposition. »

Lorsque la convocation à l'audience a été faite par simple lettre, ce qui n'établit pas que la partie concernée a effectivement reçu la convocation par un représentant qualifié et ne peut être assimilé à une citation délivrée à personne, le jugement a été rendu par défaut et peut être frappé d'opposition. ● Soc. 8 janv. 1981 : *Bull. civ. V, n° 21*.

TITRE VII RÉSOLUTION AMIABLE DES DIFFÉRENDS

(Décr. n° 2016-660 du 20 mai 2016, art. 31)

Ce titre est applicable à Mayotte à compter du 1er janv. 2022 (Décr. n° 2018-953 du 31 oct. 2018, art. 58-III).

BIBL. ▶ BANDLER, JCP S 2016. 1285 (rapport et apport en médiation et justice prud'homale).

Art. R. 1471-1 Les dispositions du livre V du code de procédure civile sont applicables aux différends qui s'élèvent à l'occasion d'un contrat de travail.

Le bureau de conciliation et d'orientation homologue l'accord issu d'un mode de résolution amiable des différends, dans les conditions prévues par les dispositions précitées. (Décr. n° 2017-1008 du 10 mai 2017, art. 5) « Ces dispositions sont applicables à la transaction conclue sans qu'il ait été recouru à une médiation, une conciliation ou une procédure participative. Le bureau de conciliation est alors saisi par la partie la plus diligente ou l'ensemble des parties à la transaction. »

Art. R. 1471-2 Le bureau de conciliation et d'orientation ou le bureau de jugement peut, quel que soit le stade de la procédure :

1° Après avoir recueilli l'accord des parties, désigner un médiateur afin de les entendre et de confronter leurs points de vue pour permettre de trouver une solution au litige qui les oppose ;

2° Enjoindre aux parties de rencontrer un médiateur qui les informe sur l'objet et le déroulement de la mesure.

L'accord est homologué, selon le cas, par le bureau de conciliation et d'orientation ou le bureau de jugement.°

ANNEXE AU LIVRE IV DE LA PREMIÈRE PARTIE

Tableau C

SIÈGES ET RESSORTS DES CONSEILS DE PRUD'HOMMES

(Décr. n° 2019-913 du 30 août 2019, mod. par Décr. n° 2019-966 du 18 sept. 2019, en vigueur le 1er janv. 2020 ; mod. par Décr. n° 2020-1214 du 2 oct. 2020 ; mod. par Décr. n° 2021-886 du 2 juill. 2021, en vigueur le 1er sept. 2021 ; mod. par Décr. n° 2023-38 du 27 janv. 2023, en vigueur le 9 avr. 2023)

DÉPARTEMENT	TRIBUNAL JUDICIAIRE	SIÈGE ET RESSORT DES CONSEILS DE PRUD'HOMMES	
		Siège du conseil de prud'hommes	Ressort du conseil de prud'hommes
Cour d'appel d'Agen			
Gers	Auch	Auch	Ressort du tribunal judiciaire d'Auch.
Lot	Cahors	Cahors	Ressort du tribunal judiciaire de Cahors.

DÉPARTEMENT	TRIBUNAL JUDICIAIRE	SIÈGE ET RESSORT DES CONSEILS DE PRUD'HOMMES	
		Siège du conseil de prud'hommes	Ressort du conseil de prud'hommes
Lot-et-Garonne	Agen	Agen	Ressort du tribunal judiciaire d'Agen, à l'exception du ressort de la chambre de proximité de Marmande.
		Marmande	Ressort de la chambre de proximité de Marmande.
Cour d'appel d'Aix-en-Provence			
Alpes-de-Haute-Provence	Digne-les-Bains		Ressort du tribunal judiciaire de Digne-les-Bains.
Alpes-Maritimes	Grasse	Cannes	Ressort de la chambre de proximité de Cannes.
		Grasse	Ressort du tribunal judiciaire de Grasse, à l'exception du ressort de la chambre de proximité de Cannes.
	Nice	Nice	Ressort du tribunal judiciaire de Nice.
Bouches-du-Rhône	Aix-en-Provence	Aix-en-Provence	Ressort du tribunal judiciaire d'Aix-en-Provence, à l'exception du ressort de la chambre de proximité de Martigues.
		Martigues	Ressort de la chambre de proximité de Martigues.
	Marseille	Marseille	Ressort du tribunal judiciaire de Marseille.
	Tarascon	Arles	Ressort du tribunal judiciaire de Tarascon.
Var	Draguignan	Draguignan	Ressort du tribunal judiciaire de Draguignan, à l'exception du ressort de la chambre de proximité de Fréjus.
		Fréjus	Ressort de la chambre de proximité de Fréjus.
	Toulon	Toulon	Ressort du tribunal judiciaire de Toulon.
Cour d'appel d'Amiens			
Aisne	Laon	Laon	Ressort du tribunal judiciaire de Laon.
	Saint-Quentin	Saint-Quentin	Ressort du tribunal judiciaire de Saint-Quentin.
	Soissons	Soissons	Ressort du tribunal judiciaire de Soissons.

DÉPARTEMENT	TRIBUNAL JUDICIAIRE	SIÈGE ET RESSORT DES CONSEILS DE PRUD'HOMMES	
		Siège du conseil de prud'hommes	Ressort du conseil de prud'hommes
Oise	Beauvais	Beauvais	Ressort du tribunal judiciaire de Beauvais.
	Compiègne	Compiègne	Ressort du tribunal judiciaire de Compiègne.
	Senlis	Creil	Ressort du tribunal judiciaire de Senlis.
Somme	Amiens	Abbeville	Ressort de la chambre de proximité d'Abbeville.
		Amiens	Ressort du tribunal judiciaire d'Amiens, à l'exception des ressorts des chambres de proximité d'Abbeville et Péronne.
		Péronne	Ressort de la chambre de proximité de Péronne.
Cour d'appel d'Angers			
Maine-et-Loire	Angers	Angers	Ressort du tribunal judiciaire d'Angers.
	Saumur	Saumur	Ressort du tribunal judiciaire de Saumur.
Mayenne	Laval	Laval	Ressort du tribunal judiciaire de Laval.
Sarthe	Le Mans	Le Mans	Ressort du tribunal judiciaire du Mans.
Cour d'appel de Bastia			
Corse-du-Sud	Ajaccio	Ajaccio	Ressort du tribunal judiciaire d'Ajaccio.
Haute-Corse	Bastia	Bastia	Ressort du tribunal judiciaire de Bastia.
Cour d'appel de Besançon			
Territoire de Belfort	Belfort	Belfort	Ressort du tribunal judiciaire de Belfort.
Doubs	Besançon	Besançon	Ressort du tribunal judiciaire de Besançon.
	Montbéliard	Montbéliard	Ressort du tribunal judiciaire de Montbéliard.
Jura	Lons-le-Saunier	Dole	Ressort de la chambre de proximité de Dole.
		Lons-le-Saunier	Ressort du tribunal judiciaire de Lons-le-Saunier, à l'exception du ressort de la chambre de proximité de Dole.

DÉPARTEMENT	TRIBUNAL JUDICIAIRE	SIÈGE ET RESSORT DES CONSEILS DE PRUD'HOMMES	
		Siège du conseil de prud'hommes	Ressort du conseil de prud'hommes
Haute-Saône	Vesoul	Lure	Ressort de la chambre de proximité de Lure.
		Vesoul	Ressort du tribunal judiciaire de Vesoul, à l'exception de la chambre de proximité de Lure.
Cour d'appel de Bordeaux			
Charente	Angoulême	Angoulême	Ressort du tribunal judiciaire d'Angoulême.
Dordogne	Bergerac	Bergerac	Ressort du tribunal judiciaire de Bergerac.
	Périgueux	Périgueux	Ressort du tribunal judiciaire de Périgueux.
Gironde	Bordeaux	Bordeaux	Ressort du tribunal judiciaire de Bordeaux.
	Libourne	Libourne	Ressort du tribunal judiciaire de Libourne.
Cour d'appel de Bourges			
Cher	Bourges	Bourges	Ressort du tribunal judiciaire de Bourges.
Indre	Châteauroux	Châteauroux	Ressort du tribunal judiciaire de Châteauroux.
Nièvre	Nevers	Nevers	Ressort du tribunal judiciaire de Nevers.
Cour d'appel de Caen			
Calvados	Caen	Caen	Ressort du tribunal judiciaire de Caen.
	Lisieux	Lisieux	Ressort du tribunal judiciaire de Lisieux.
Manche	Cherbourg-en-Cotentin	Cherbourg-en-Cotentin	Ressort du tribunal judiciaire de Cherbourg-en-Cotentin.
	Coutances	Coutances	Ressort du tribunal judiciaire de Coutances, à l'exception du ressort de la chambre de proximité d'Avranches.
		Avranches	Ressort de la chambre de proximité d'Avranches.
Orne	Alençon	Alençon	Ressort du tribunal judiciaire d'Alençon.
	Argentan	Argentan	Ressort du tribunal judiciaire d'Argentan.

DÉPARTEMENT	TRIBUNAL JUDICIAIRE	SIÈGE ET RESSORT DES CONSEILS DE PRUD'HOMMES	
		Siège du conseil de prud'hommes	Ressort du conseil de prud'hommes
Cour d'appel de Chambéry			
Savoie	Albertville	Albertville	Ressort du tribunal judiciaire d'Albertville.
	Chambéry	Aix-les-Bains	Cantons d'Aix-les-Bains-Centre, Aix-les-Bains-Nord-Grésy, Aix-les-Bains-Sud, Albens, Le Châtelard, Ruffieux et Yenne.
		Chambéry	Ressort du tribunal judiciaire de Chambéry, à l'exception des cantons d'Aix-les-Bains-Centre, Aix-les-Bains-Nord-Grésy, Aix-les-Bains-Sud, Albens, Le Châtelard, Ruffieux et Yenne.
Haute-Savoie	Annecy	Annecy	Ressort du tribunal judiciaire d'Annecy.
	Bonneville	Bonneville	Ressort du tribunal judiciaire de Bonneville.
	Thonon-les-Bains	Annemasse	Ressort du tribunal judiciaire de Thonon-les-Bains.
Cour d'appel de Colmar			
Bas-Rhin	Saverne	Saverne	Ressort du tribunal judiciaire de Saverne.
	Strasbourg	Haguenau	Ressort de la chambre de proximité de Haguenau, à l'exception des cantons de Brumath, Hochfelden (à l'exception de la partie de la commune de Val-de-Moder correspondant à l'ancienne commune de Ringeldorf) et Truchtersheim.
		Schiltigheim	Ressort de la chambre de proximité de Schiltigheim et cantons de Brumath, Hochfelden (à l'exception de la partie de la commune de Val-de-Moder correspondant à l'ancienne commune de Ringeldorf) et Truchtersheim.
		Strasbourg	Ressort du tribunal judiciaire de Strasbourg, à l'exception des ressorts des chambres de proximité de Haguenau et Schiltigheim.
Haut-Rhin	Colmar	Colmar	Ressort du tribunal judiciaire de Colmar.
	Mulhouse	Mulhouse	Ressort du tribunal judiciaire de Mulhouse.
Cour d'appel de Dijon			
Côte-d'Or	Dijon	Dijon	Ressort du tribunal judiciaire de Dijon.
Haute-Marne	Chaumont	Chaumont	Ressort du tribunal judiciaire de Chaumont.

DÉPARTEMENT	TRIBUNAL JUDICIAIRE	SIÈGE ET RESSORT DES CONSEILS DE PRUD'HOMMES	
		Siège du conseil de prud'hommes	Ressort du conseil de prud'hommes
Saône-et-Loire	Chalon-sur-Saône	Chalon-sur-Saône	Ressort du tribunal judiciaire de Chalon-sur-Saône.
	Mâcon	Mâcon	Ressort du tribunal judiciaire de Mâcon.
Cour d'appel de Douai			
Nord	Avesnes-sur-Helpe	Avesnes-sur-Helpe	Ressort du tribunal judiciaire d'Avesnes-sur-Helpe.
	Cambrai	Cambrai	Ressort du tribunal judiciaire de Cambrai.
	Douai	Douai	Ressort du tribunal judiciaire de Douai.
	Dunkerque	Dunkerque	Ressort du tribunal judiciaire de Dunkerque, à l'exception du ressort de la chambre de proximité de Hazebrouck.
		Hazebrouck	Ressort de la chambre de proximité de Hazebrouck.
	Lille	Lys-Lez-Lannoy	Cantons de Lannoy, Villeneuve-d'Ascq-Nord et Villeneuve-d'Ascq-Sud.
		Lille	Ressort du tribunal judiciaire de Lille, à l'exception des ressorts des chambres de proximité de Roubaix et Tourcoing, cantons de Lannoy, Villeneuve-d'Ascq-Nord et Villeneuve-d'Ascq-Sud et des communes de Comines et Wervicq-Sud.
		Roubaix	Ressort de la chambre de proximité de Roubaix.
		Tourcoing	Ressort de la chambre de proximité de Tourcoing et des communes de Comines et Wervicq-Sud.
	Valenciennes	Valenciennes	Ressort du tribunal judiciaire de Valenciennes.
Pas-de-Calais	Arras	Arras	Ressort du tribunal judiciaire d'Arras.
	Béthune	Béthune	Ressort du tribunal judiciaire de Béthune, à l'exception de la chambre de proximité de Lens.
		Lens	Ressort de la chambre de proximité de Lens.
	Boulogne-sur-Mer	Boulogne-sur-Mer	Ressort du tribunal judiciaire de Boulogne-sur-Mer, à l'exception du ressort de la chambre de proximité de Calais.
		Calais	Ressort de la chambre de proximité de Calais.
	Saint-Omer	Saint-Omer	Ressort du tribunal judiciaire de Saint-Omer.

DÉPARTEMENT	TRIBUNAL JUDICIAIRE	SIÈGE ET RESSORT DES CONSEILS DE PRUD'HOMMES	
		Siège du conseil de prud'hommes	Ressort du conseil de prud'hommes
Cour d'appel de Grenoble			
Hautes-Alpes	Gap	Gap	Ressort du tribunal judiciaire de Gap.
Drôme	Valence	Montélimar	Ressort de la chambre de proximité de Montélimar.
		Valence	Ressort du tribunal judiciaire de Valence, à l'exception du ressort de la chambre de proximité de Montélimar.
Isère	Bourgoin-Jallieu	Bourgoin-Jallieu	Ressort du tribunal judiciaire de Bourgoin-Jallieu.
	Grenoble	Grenoble	Ressort du tribunal judiciaire de Grenoble.
	Vienne	Vienne	Ressort du tribunal judiciaire de Vienne.
Cour d'appel de Limoges			
Corrèze	Brive-la-Gaillarde	Brive-la-Gaillarde	Ressort du tribunal judiciaire de Brive-la-Gaillarde.
	Tulle	Tulle	Ressort du tribunal judiciaire de Tulle.
Creuse	Guéret	Guéret	Ressort du tribunal judiciaire de Guéret.
Haute-Vienne	Limoges	Limoges	Ressort du tribunal judiciaire de Limoges.
Cour d'appel de Lyon			
Ain	Bourg-en-Bresse	Belley	Ressort de la chambre de proximité de Belley.
		Bourg-en-Bresse	Ressort du tribunal judiciaire de Bourg-en-Bresse, à l'exception des ressorts des chambres de proximité de Belley et Nantua.
		Oyonnax	Ressort de la chambre de proximité de Nantua.
Loire	Roanne	Roanne	Ressort du tribunal judiciaire de Roanne.
	Saint-Étienne	Montbrison	Ressort de la chambre de proximité de Montbrison.
		Saint-Étienne	Ressort du tribunal judiciaire de Saint-Étienne, à l'exception du ressort de la chambre de proximité de Montbrison.
Rhône	Lyon	Lyon	Ressort du tribunal judiciaire de Lyon.
	Villefranche-sur-Saône	Villefranche-sur-Saône	Ressort du tribunal judiciaire de Villefranche-sur-Saône.

Art. R. 1471-2

DÉPARTEMENT	TRIBUNAL JUDICIAIRE	SIÈGE ET RESSORT DES CONSEILS DE PRUD'HOMMES	
		Siège du conseil de prud'hommes	Ressort du conseil de prud'hommes
Cour d'appel de Metz			
Moselle	Metz	Metz	Ressort du tribunal judiciaire de Metz.
	Sarreguemines	Forbach	Ressort du tribunal judiciaire de Sarreguemines.
	Thionville	Thionville	Ressort du tribunal judiciaire de Thionville.
Cour d'appel de Montpellier			
Aude	Carcassonne	Carcassonne	Ressort du tribunal judiciaire de Carcassonne.
	Narbonne	Narbonne	Ressort du tribunal judiciaire de Narbonne.
Aveyron	Rodez	Millau	Ressort de la chambre de proximité de Millau.
		Rodez	Ressort du tribunal judiciaire de Rodez, à l'exception du ressort de la chambre de proximité de Millau.
Hérault	Béziers	Béziers	Ressort du tribunal judiciaire de Béziers.
	Montpellier	Montpellier	Ressort du tribunal judiciaire de Montpellier, à l'exception du ressort de la chambre de proximité de Sète.
		Sète	Ressort de la chambre de proximité de Sète.
Pyrénées-Orientales	Perpignan	Perpignan	Ressort du tribunal judiciaire de Perpignan.
Cour d'appel de Nancy			
Meurthe-et-Moselle	Val-de-Briey	Longwy	Ressort du tribunal judiciaire de Val-de-Briey.
	Nancy	Nancy	Ressort du tribunal judiciaire de Nancy.
Meuse	Bar-le-Duc	Bar-le-Duc	Ressort du tribunal judiciaire de Bar-le-Duc.
	Verdun	Verdun	Ressort du tribunal judiciaire de Verdun.
Vosges	Épinal	Épinal	Ressort du tribunal judiciaire d'Épinal, à l'exception du ressort de la chambre de proximité de Saint-Dié-des-Vosges.
		Saint-Dié-des-Vosges	Ressort de la chambre de proximité de Saint-Dié-des-Vosges.
Cour d'appel de Nîmes			
Ardèche	Privas	Annonay	Ressort de la chambre de proximité d'Annonay.
		Aubenas	Ressort du tribunal judiciaire de Privas, à l'exception du ressort de la chambre de proximité d'Annonay.

DÉPARTEMENT	TRIBUNAL JUDICIAIRE	SIÈGE ET RESSORT DES CONSEILS DE PRUD'HOMMES	
		Siège du conseil de prud'hommes	Ressort du conseil de prud'hommes
Gard	Alès	Alès	Ressort du tribunal judiciaire d'Alès.
	Nîmes	Nîmes	Ressort du tribunal judiciaire de Nîmes.
Lozère	Mende	Mende	Ressort du tribunal judiciaire de Mende.
Vaucluse	Avignon	Avignon	Ressort du tribunal judiciaire d'Avignon.
	Carpentras	Orange	Ressort du tribunal judiciaire de Carpentras.
Cour d'appel d'Orléans			
Indre-et-Loire	Tours	Tours	Ressort du tribunal judiciaire de Tours.
Loir-et-Cher	Blois	Blois	Ressort du tribunal judiciaire de Blois.
Loiret	Montargis	Montargis	Ressort du tribunal judiciaire de Montargis.
	Orléans	Orléans	Ressort du tribunal judiciaire d'Orléans.
Cour d'appel de Paris			
Essonne	Évry-Courcouronnes	Évry-Courcouronnes	Ressort du tribunal judiciaire d'Évry-Courcouronnes, à l'exception des ressorts des chambres de proximité de Longjumeau et Palaiseau.
		Longjumeau	Ressort des chambres de proximité de Longjumeau et Palaiseau.
Seine-et-Marne	Fontainebleau	Fontainebleau	Ressort du tribunal judiciaire de Fontainebleau.
	Meaux	Meaux	Ressort du tribunal judiciaire de Meaux.
	Melun	Melun	Ressort du tribunal judiciaire de Melun.
Seine-Saint-Denis	Bobigny	Bobigny	Ressort du tribunal judiciaire de Bobigny.
Val-de-Marne	Créteil	Créteil	Ressort des chambres de proximité de Charenton-le-Pont, Ivry-sur-Seine, Nogent-sur-Marne, Saint-Maur-des-Fossés et Villejuif, à l'exception des cantons de Choisy-le-Roi et Orly, et de l'emprise de l'aérodrome de Paris-Orly.
		Villeneuve-Saint-Georges	Ressort de la chambre de proximité de Sucy-en-Brie, cantons de Choisy-le-Roi et Orly, l'emprise de l'aérodrome de Paris-Orly.
Yonne	Auxerre	Auxerre	Ressort du tribunal judiciaire d'Auxerre.
	Sens	Sens	Ressort du tribunal judiciaire de Sens.

DÉPARTEMENT	TRIBUNAL JUDICIAIRE	SIÈGE ET RESSORT DES CONSEILS DE PRUD'HOMMES	
		Siège du conseil de prud'hommes	Ressort du conseil de prud'hommes
Paris	Paris	Paris	Ressort du tribunal judiciaire de Paris.
Cour d'appel de Pau				
Landes	Dax	Dax	Ressort du tribunal judiciaire de Dax.
	Mont-de-Marsan	Mont-de-Marsan	Ressort du tribunal judiciaire de Mont-de-Marsan.
Pyrénées-Atlantiques	Bayonne	Bayonne	Ressort du tribunal judiciaire de Bayonne.
	Pau	Pau	Ressort du tribunal judiciaire de Pau.
Hautes-Pyrénées	Tarbes	Tarbes	Ressort du tribunal judiciaire de Tarbes.
Cour d'appel de Poitiers				
Charente-Maritime	La Rochelle	La Rochelle	Ressort du tribunal judiciaire de La Rochelle, à l'exception du ressort de la chambre de proximité de Rochefort.
		Rochefort	Ressort de la chambre de proximité de Rochefort.
	Saintes	Saintes	Ressort du tribunal judiciaire de Saintes.
Deux-Sèvres	Niort	Thouars	Ressort de la chambre de proximité de Bressuire.
		Niort	Ressort du tribunal judiciaire de Niort, à l'exception du ressort de la chambre de proximité de Bressuire.
Vendée	La Roche-sur-Yon	La Roche-sur-Yon	Ressort du tribunal judiciaire de La Roche-sur-Yon.
	Les Sables-d'Olonne	Les Sables-d'Olonne	Ressort du tribunal judiciaire des Sables-d'Olonne.
Vienne	Poitiers	Poitiers	Ressort du tribunal judiciaire de Poitiers.
Cour d'appel de Reims				
Ardennes	Charleville-Mézières	Charleville-Mézières	Ressort du tribunal judiciaire de Charleville-Mézières.
Aube	Troyes	Troyes	Ressort du tribunal judiciaire de Troyes.

DÉPARTEMENT	TRIBUNAL JUDICIAIRE	SIÈGE ET RESSORT DES CONSEILS DE PRUD'HOMMES	
		Siège du conseil de prud'hommes	Ressort du conseil de prud'hommes
Marne	Châlons-en-Champagne	Châlons-en-Champagne	Ressort du tribunal judiciaire de Châlons-en-Champagne, à l'exception des cantons d'Anglure, Avize, Dormans, Épernay 1er canton, Épernay 2e canton, Esternay, Fère-Champenoise, Montmort-Lucy et Sézanne et à l'exception de la partie de la commune de Blancs-Coteaux correspondant aux anciennes communes de Vertus et de Voipreux.
		Épernay	Cantons d'Anglure, Avize, Dormans, Épernay 1er canton, Épernay 2e canton, Esternay, Fère-Champenoise, Montmort-Lucy et Sézanne et commune de Blancs-Coteaux.
	Reims	Reims	Ressort du tribunal judiciaire de Reims.
Cour d'appel de Rennes			
Côtes-d'Armor	Saint-Brieuc	Guingamp	Ressort de la chambre de proximité de Guingamp.
		Saint-Brieuc	Ressort du tribunal judiciaire de Saint-Brieux, à l'exception du ressort de la chambre de proximité de Guingamp.
Finistère	Brest	Brest	Ressort du tribunal judiciaire de Brest, à l'exception du ressort de la chambre de proximité de Morlaix.
		Morlaix	Ressort de la chambre de proximité de Morlaix.
	Quimper	Quimper	Ressort du tribunal judiciaire de Quimper.
Ille-et-Vilaine	Rennes	Rennes	Ressort du tribunal judiciaire de Rennes.
	Saint-Malo	Dinan (Côtes-d'Armor)	Ressort de la chambre de proximité de Dinan.
		Saint-Malo	Ressort du tribunal judiciaire de Saint-Malo, à l'exception du ressort de la chambre de proximité de Dinan.
Loire-Atlantique	Nantes	Nantes	Ressort du tribunal judiciaire de Nantes.
	Saint-Nazaire	Saint-Nazaire	Ressort du tribunal judiciaire de Saint-Nazaire.
Morbihan	Lorient	Lorient	Ressort du tribunal judiciaire de Lorient.
	Vannes	Vannes	Ressort du tribunal judiciaire de Vannes.

CONSEIL DE PRUD'HOMMES — Art. R. 1471-2 1957

DÉPARTEMENT	TRIBUNAL JUDICIAIRE	SIÈGE ET RESSORT DES CONSEILS DE PRUD'HOMMES	
		Siège du conseil de prud'hommes	Ressort du conseil de prud'hommes
Cour d'appel de Riom			
Allier	Cusset	Vichy	Ressort du tribunal judiciaire de Cusset.
	Montluçon	Montluçon	Ressort du tribunal judiciaire de Montluçon.
	Moulins	Moulins	Ressort du tribunal judiciaire de Moulins.
Cantal	Aurillac	Aurillac	Ressort du tribunal judiciaire d'Aurillac.
Haute-Loire	Le Puy-en-Velay	Le Puy-en-Velay	Ressort du tribunal judiciaire du Puy-en-Velay.
Puy-de-Dôme	Clermont-Ferrand	Clermont-Ferrand	Ressort du tribunal judiciaire de Clermont-Ferrand, à l'exception du ressort de la chambre de proxmité de Riom.
		Riom	Ressort de la chambre de proximité de Riom.
Cour d'appel de Rouen			
Eure	Évreux	Bernay	Ressort de la chambre de proximité de Bernay.
		Évreux	Ressort du tribunal judiciaire d'Évreux, à l'exception des ressorts des chambres de proximité de Bernay et de Louviers.
		Louviers	Ressort de la chambre de proximité de Louviers.
Seine-Maritime	Dieppe	Dieppe	Ressort du tribunal judiciaire de Dieppe.
	Le Havre	Le Havre	Ressort du tribunal judiciaire du Havre.
	Rouen	Rouen	Ressort du tribunal judiciaire de Rouen.
Cour d'appel de Toulouse			
Ariège	Foix	Foix	Ressort du tribunal judiciaire de Foix.
Haute-Garonne	Saint-Gaudens	Saint-Gaudens	Ressort du tribunal judiciaire de Saint-Gaudens.
	Toulouse	Toulouse	Ressort du tribunal judiciaire de Toulouse.
Tarn	Albi	Albi	Ressort du tribunal judiciaire d'Albi,
	Castres	Castres	Ressort du tribunal judiciaire de Castres.
Tarn-et-Garonne	Montauban	Montauban	Ressort du tribunal judiciaire de Montauban.

DÉPARTEMENT	TRIBUNAL JUDICIAIRE	SIÈGE ET RESSORT DES CONSEILS DE PRUD'HOMMES	
		Siège du conseil de prud'hommes	Ressort du conseil de prud'hommes
Cour d'appel de Versailles			
Eure-et-Loir	Chartres	Chartres	Ressort du tribunal judiciaire de Chartres, à l'exception du ressort de la chambre de proximité de Dreux et des cantons de Bonneval, Brou, Châteaudun, Cloyes-sur-le-Loir et Orgères-en-Beauce.
		Châteaudun	Cantons de Bonneval, Brou, Châteaudun, Cloyes-sur-le-Loir et Orgères-en-Beauce.
		Dreux	Ressort de la chambre de proximité de Dreux.
Hauts-de-Seine	Nanterre	Boulogne-Billancourt	Ressort des chambres de proximité d'Antony, Boulogne-Billancourt et Vanves.
		Nanterre	Ressort des chambres de proximité d'Asnières-sur-Seine, Colombes, Courbevoie et Puteaux.
Val-d'Oise	Pontoise	Argenteuil	Ressort de la chambre de proximité de Sannois.
		Montmorency	Ressort des chambres de proximité de Gonesse et Montmorency.
		Pontoise	Ressort du tribunal judiciaire de Pontoise, à l'exception des ressorts des chambres de proximité de Sannois, Gonesse et Montmorency.
Yvelines	Versailles	Mantes-la-Jolie	Ressort de la chambre de proximité de Mantes-la-Jolie.
		Poissy	Ressort de la chambre de proximité de Poissy.
		Rambouillet	Ressort de la chambre de proximité de Rambouillet.
		Saint-Germain-en-Laye	Ressort de la chambre de proximité de Saint-Germain-en-Laye.
		Versailles	Ressort du tribunal judiciaire de Versailles, à l'exception des ressorts des chambres de proximité de Mantes-la-Jolie, Poissy, Rambouillet et Saint-Germain-en-Laye.
Cour d'appel de Basse-Terre			
Guadeloupe	Basse-Terre	Basse-Terre	Ressort du tribunal judiciaire de Basse-Terre.
	Pointe-à-Pitre	Point-à-Pitre	Ressort du tribunal judiciaire de Pointe-à-Pitre.
Cour d'appel de Cayenne			
Guyane	Cayenne	Cayenne	Ressort du tribunal judiciaire de Cayenne.
Cour d'appel de Fort-de-France			
Martinique	Fort-de-France	Fort-de-France	Ressort du tribunal judiciaire de Fort-de-France.

DÉPARTEMENT	TRIBUNAL JUDICIAIRE	SIÈGE ET RESSORT DES CONSEILS DE PRUD'HOMMES	
		Siège du conseil de prud'hommes	Ressort du conseil de prud'hommes
Cour d'appel de Saint-Denis de la Réunion			
Mayotte	Mamoudzou	Mamoudzou	Ressort du tribunal judiciaire de Mamoudzou
Réunion	Saint-Denis	Saint-Denis	Ressort du tribunal judiciaire de Saint-Denis.
	Saint-Pierre	Saint-Pierre	Ressort du tribunal judiciaire de Saint-Pierre.
Tribunal supérieur de Saint-Pierre			
Saint-Pierre-et-Miquelon	Saint-Pierre	Saint-Pierre	Ressort du tribunal supérieur d'appel de Saint-Pierre.

Conformément à l'art. 36 du Décr. n° 2019-913 du 30 août 2019, les dispositions entrent en vigueur le 1ᵉʳ janv. 2020.

LIVRE V DISPOSITIONS RELATIVES À L'OUTRE-MER

TITRE I DISPOSITIONS GÉNÉRALES

Le présent titre ne comprend pas de dispositions réglementaires.

TITRE II GUADELOUPE, GUYANE, MARTINIQUE, MAYOTTE, LA RÉUNION, SAINT-BARTHÉLEMY, SAINT-MARTIN ET SAINT-PIERRE-ET-MIQUELON *(Décr. n° 2018-953 du 31 oct. 2018, art. 2).*

CHAPITRE I DISPOSITIONS GÉNÉRALES

Art. R. 1521-1 *(Décr. n° 2018-953 du 31 oct. 2018, art. 2)* Pour l'application du présent code à Mayotte et en l'absence de mention particulière spécifique à cette collectivité :

1° Les attributions dévolues au préfet dans la région ou dans le département sont exercées par le préfet de Mayotte ;

2° Les attributions dévolues au conseil régional ou à son président sont exercées par le conseil départemental de Mayotte ou par son président ;

3° Les attributions dévolues à la *(Décr. n° 2020-1545 du 9 déc. 2020, art. 28-X)* « direction régionale de l'économie, de l'emploi, du travail et des solidarités » ou respectivement à son directeur sont exercées par la *(Décr. n° 2020-1545 du 9 déc. 2020, art. 28-X)* « direction régionale de l'économie, de l'emploi, du travail et des solidarités » de Mayotte ou son directeur ;

4° Les attributions dévolues à une direction régionale ou à son directeur sont exercées par la direction compétente à Mayotte ou son directeur ;

5° Les références au département ou à la région sont remplacées, selon le cas, par des références à Mayotte ou au Département de Mayotte ;

6° Les références à la chambre départementale d'agriculture sont remplacées par des références à la chambre de l'agriculture, de la pêche et de l'aquaculture de Mayotte ;

7° Les références à la caisse régionale d'assurance maladie ou à la caisse d'assurance retraite et de la santé au travail et aux unions de recouvrement des cotisations de sécurité sociale et d'allocations familiales sont remplacées par des références à la caisse de sécurité sociale de Mayotte ;

8° Les références au recouvrement dans les conditions prévues au chapitre 7 du titre 3 du livre 1 du code de la sécurité sociale, ou à sa section 1, sont remplacées par des références au recouvrement par la caisse de sécurité sociale en matière de cotisations de sécurité sociale à la charge des employeurs assises sur les gains et rémunérations de leurs salariés ;

9° Les références au plafond de la sécurité sociale, ou au plafond de la sécurité sociale prévu à l'article L. 241-3 du code de la sécurité sociale, sont remplacées par des références au plafond de la sécurité sociale applicable à Mayotte ;

10° Les références au régime général de sécurité sociale sont remplacées par des références au régime de sécurité sociale prévu par l'ordonnance n° 96-1122 du 20 décembre 1996 relative à l'amélioration de la santé publique, à l'assurance maladie, maternité, invalidité et décès, au financement de la sécurité sociale à Mayotte et à la caisse de sécurité sociale de Mayotte, l'ordonnance n° 2002-149 du 7 février 2002 relative à l'extension et à la généralisation des prestations familiales et à la protection sociale dans la collectivité départementale de Mayotte, l'ordonnance n° 2002-411 du 27 mars 2002 relative à la protection sanitaire et sociale à Mayotte et l'ordonnance n° 2006-1588 du 13 décembre 2006 relative au régime de prévention de réparation et de tarification des accidents du travail et des maladies professionnelles à Mayotte et les dispositions réglementaires prises pour leur application ;
11° Les références au code de la sécurité sociale sont remplacées par des références à la législation applicable à Mayotte en matière de sécurité sociale ;
12° Les documents dont le présent code prévoit la transmission par lettre recommandée peuvent toujours être remis en main propre contre décharge ou par tout autre moyen donnant date certaine à sa réception ;
13° Les dispositions du présent code qui prévoient la transmission ou la réception de documents, l'organisation de réunions et de scrutins, ou l'accomplissement de tout autre formalité par voie électronique par le public ou les salariés, sont remplacées par des dispositions permettant la transmission ou la réception de ces documents, l'organisation de ces réunions et de ces scrutins, ou l'accomplissement de ces formalités par toute voie utile.
(Abrogé par Décr. n° 2019-1553 du 30 déc. 2019, art. 3, à compter du 1er janv. 2020)
« 14° Les attributions dévolues au recteur d'académie sont exercées par le vice-recteur de l'académie de Mayotte ; »
(Abrogé par Décr. n° 2018-953 du 31 oct. 2018, art. 57-IV, à compter du 1er janv. 2022)
« 15° Les références au conseil des prud'hommes sont remplacées par des références au tribunal du travail et des prud'hommes ;
« 16° Les références au bureau de jugement sont remplacées par des références à la formation de jugement compétente du tribunal du travail et des prud'hommes ;
« 17° Les références aux conseillers prud'hommes sont remplacées par des références aux assesseurs du tribunal du travail et des prud'hommes ;
« 18° Les références aux candidats à la fonction de conseiller prud'homme, ou à leur candidature, sont supprimées. »

Le 13° de l'art. est abrogé à compter du 1er janv. 2025 (Décr. n° 2018-953 du 31 oct. 2018, art. 57-V).

CHAPITRE II *[ABROGÉ]* **CHÈQUE EMPLOI-SERVICE UNIVERSEL ET TITRE DE TRAVAIL SIMPLIFIÉ**

(Abrogé par Décr. n° 2019-613 du 19 juin 2019, art. 2)

Art. R. 1522-1 à R. 1522-17 *Abrogés par Décr. n° 2019-613 du 19 juin 2019, art. 2.*

CHAPITRE III **LE CONSEIL DE PRUD'HOMMES**

Art. R. 1523-1 (Décr. n° 2016-1359 du 11 oct. 2016, art. 6, en vigueur 1er févr. 2017) Pour l'application des articles R. 1441-3, R. 1441-6 à R. 1441-7, et R. 1441-18 aux conseils de prud'hommes de Guadeloupe, les références au département, au niveau départemental et au niveau régional sont remplacées par la référence à la Guadeloupe, à Saint-Barthélemy et à Saint-Martin.

Art. R. 1523-2 A Saint-Pierre-et-Miquelon, le conseil territorial peut proposer de réduire à deux conseillers employeurs et deux conseillers salariés le nombre de conseillers de chaque section du conseil de prud'hommes. – [Anc. art. L. 512-2, al. 9.]

Art. R. 1523-3 A Saint-Pierre-et-Miquelon, le "tribunal supérieur d'appel" se substitue à la "cour d'appel". Le "tribunal de première instance" se substitue au "(Décr. n° 2019-966 du 18 sept. 2019, art. 8, en vigueur le 1er janv. 2020) « tribunal judiciaire »".

Art. R. 1523-4 A Saint-Pierre-et-Miquelon, les personnes habilitées à représenter les parties en matière prud'homale sont, outre celles mentionnées à l'article R. 1453-2, les agréés. – [Anc. art. R. 851-2.]

Art. R. 1523-5 Les dispositions des deuxième et troisième alinéas de l'article R. 1461-1 et de l'article R. 1461-2, de l'article R. 1457-2 ne sont pas applicables à Saint-Pierre-et-Miquelon.

Dans cette collectivité, l'appel est formé, instruit et jugé suivant les règles de la procédure ordinaire applicable devant le tribunal supérieur d'appel. — *[Anc. art. R. 851-3.]*

Art. R. 1523-6 *(Décr. n° 2015-1761 du 24 déc. 2015)* Les conseillers prud'hommes résidant à Saint-Martin ou à Saint-Barthélemy, lorsqu'ils sont appelés à siéger au conseil des prud'hommes de Basse-Terre*[,]* sont remboursés, à l'occasion de leurs déplacements entre le siège du conseil de prud'hommes et leur domicile ou leur lieu de travail habituel, de leurs frais de repas et d'hébergement selon les modalités prévues au 1° et au 2° de l'article 3 du décret n° 2006-781 du 3 juillet 2006 modifié fixant les conditions et les modalités de règlement des frais occasionnés par les déplacements temporaires des personnels civils de l'État.

Ces dispositions sont applicables aux frais engagés à compter du 1er janv. 2015 (Décr. préc., art. 2).

CHAPITRE IV DISPOSITIONS RELATIVES À MAYOTTE

(Décr. n° 2018-953 du 31 oct. 2018, art. 2)

Art. R. 1524-1 Le 5° de l'article R. 1221-1 n'est pas applicable à Mayotte.

Art. R. 1524-2 Pour l'application à Mayotte de l'article R. 1221-2 :
1° Les mots : "à l'article R. 243-2 du code de la sécurité sociale" sont remplacés par les mots : "à l'article 1er du décret n° 98-1162 du 16 décembre 1998 fixant les règles applicables pour le recouvrement des ressources des régimes de sécurité sociale en vigueur dans la collectivité territoriale de Mayotte et pour le placement des disponibilités de la caisse de prévoyance sociale de Mayotte" ;
2° Au 2°, les mots : "ou s'il s'agit d'une *[un]* salarié agricole, à la caisse de mutualité sociale agricole prévue à l'article R. 722-34 du code rural et de la pêche maritime" ne sont pas applicables ;
3° Au 5°, les mots : "ou, s'il s'agit d'un salarié agricole, aux articles R. 717-13 et R. 717-16 du code rural et de la pêche maritime" ne sont pas applicables.

Art. R. 1524-3 Le 6° de l'article R. 1221-2 n'est pas applicable à Mayotte.

Art. R. 1524-4 Pour l'application à Mayotte de l'article R. 1221-13 :
1° Le premier alinéa est complété par les dispositions suivantes : "à l'article R. 243-19 du code de la sécurité sociale" ;
2° Les 1° et 2° sont abrogés.

Art. R. 1524-5 Pour l'application à Mayotte de l'article R. 1225-12, les mots : "à l'article L. 541-1 du code de la sécurité sociale" sont remplacés par les mots : "à l'article 10-1 de l'ordonnance n° 2002-149 du 7 février 2002 relative à l'extension et la généralisation des prestations familiales et à la protection sociale dans la collectivité départementale de Mayotte".

Art. R. 1524-6 Pour l'application à Mayotte de l'article R. 1233-32, les mots : "de l'article 32 de la loi n° 2000-37 du 19 janvier 2000 relative à la réduction négociée du temps de travail" sont remplacés par les mots : "de l'article 35, II de l'ordonnance n° 2017-1491 du 25 octobre 2017 portant extension et adaptation de la partie législative du code du travail, et de diverses dispositions relatives au travail, à l'emploi et à la formation professionnelle à Mayotte".

Art. R. 1524-7 Pour l'application à Mayotte de l'article R. 1263-4-1, les mots : "l'unité départementale mentionnée à l'article R. 8122-2 dans le ressort de laquelle s'effectue la prestation" sont remplacés par les mots : "la direction des entreprises, de la concurrence, de la consommation, du travail et de l'emploi de Mayotte".

Art. R. 1524-8 Pour l'application à Mayotte de l'article R. 1263-6-1, les mots : "l'unité départementale mentionnée à l'article R. 8122-2 dans le ressort de laquelle s'effectue la prestation" sont remplacés par les mots : "la direction des entreprises, de la concurrence, de la consommation, du travail et de l'emploi de Mayotte".

Art. R. 1524-9 (*Décr. n° 2020-1549 du 9 déc. 2020, en vigueur le 1er janv. 2021*) Pour l'application à Mayotte, l'article R. 1423-1 est ainsi rédigé :

Art. R. 1423-1 Le conseil de prud'hommes est divisé en deux sections autonomes :
1° La section de l'encadrement ;
2° La section interprofessionnelle.

Art. R. 1524-10 (*Décr. n° 2020-1549 du 9 déc. 2020, en vigueur le 1er janv. 2021*) L'article R. 1423-4 n'est pas applicable à Mayotte.

Art. R. 1524-11 (*Décr. n° 2020-1549 du 9 déc. 2020, en vigueur le 1er janv. 2021*) Pour l'application à Mayotte, l'article R. 1423-5 est ainsi rédigé :

Art. R. 1423-5 1° Chaque section est composée des conseillers prud'hommes affectés selon la répartition opérée par l'arrêté mentionné à l'article R. 1441-1 ;
2° Pour l'application du 1°, les conseillers qui ne relèvent pas de la section de l'encadrement en vertu des articles L. 1441-14 et L. 1441-15 sont affectés à la section interprofessionnelle.

Art. R. 1524-12 (*Décr. n° 2020-1549 du 9 déc. 2020, en vigueur le 1er janv. 2022*) Pour l'application à Mayotte, l'article R. 1423-6 est ainsi rédigé :

Art. R. 1423-6 Les affaires qui ne sont pas attribuées à la section de l'encadrement en application de l'article L. 1423-1-2 sont attribuées à la section interprofessionnelle.

Art. R. 1524-13 (*Décr. n° 2020-1549 du 9 déc. 2020, en vigueur le 1er janv. 2021*) Pour l'application à Mayotte, les trois premiers alinéas de l'article R. 1441-4 sont remplacés par un alinéa ainsi rédigé :
"Pour la section interprofessionnelle, sont pris en compte tous les suffrages exprimés à l'exception des suffrages exprimés pris en compte pour la section de l'encadrement."

Art. R. 1524-14 (*Décr. n° 2020-1549 du 9 déc. 2020, en vigueur le 1er janv. 2021*) Pour l'application à Mayotte, l'article R. 1441-9 est ainsi rédigé :

Art. R. 1441-9 Pour les sections interprofessionnelles et de l'encadrement, sont prises en compte :
1° Les entreprises directement adhérentes à une organisation professionnelle d'employeurs candidate, selon le cas, au niveau d'une branche professionnelle ou au niveau national et interprofessionnel, ou à une structure territoriale de cette organisation ;
2° Les entreprises adhérentes à une organisation professionnelle d'employeurs non candidate ou à une structure territoriale de cette organisation, lorsqu'elle adhère à une organisation professionnelle d'employeurs candidate, selon le cas, au niveau d'une branche professionnelle ou au niveau national et interprofessionnel ;
3° Les entreprises adhérentes des secteurs d'activité mentionnés au quatrième alinéa de l'article L. 2152-1.

TITRE III MESURES DE COORDINATION AVEC LES AUTRES COLLECTIVITÉS ULTRA-MARINES (*Décr. n° 2018-953 du 31 oct. 2018, art. 2*).

Le présent titre ne comprend pas de dispositions réglementaires.

DEUXIÈME PARTIE LES RELATIONS COLLECTIVES DE TRAVAIL

LIVRE I LES SYNDICATS PROFESSIONNELS

TITRE I CHAMP D'APPLICATION

Le présent titre ne comprend pas de dispositions réglementaires.

TITRE II **REPRÉSENTATIVITÉ SYNDICALE**

CHAPITRE I **CRITÈRES DE REPRÉSENTATIVITÉ**

Art. R. 2121-1 Les enquêtes relatives à la détermination de la représentativité sont diligentées par le ministre chargé du travail.
Pour les professions agricoles, ces attributions sont exercées en accord avec celui-ci par le ministre chargé de l'agriculture. — [Anc. art. L. 131-3.]

Art. R. 2121-2 Le silence gardé pendant plus de six mois par le ministre chargé du travail saisi d'une demande d'enquête vaut décision de rejet. — [Anc. art. R. 133.]

CHAPITRE II **SYNDICATS REPRÉSENTATIFS**

SECTION 1 **Haut Conseil du dialogue social**

(Décr. n° 2008-1163 du 13 nov. 2008)

Art. R.* 2122-1 Le Haut Conseil du dialogue social mentionné à l'article L. 2122-11 du code du travail comprend :
1° Cinq représentants des organisations syndicales de salariés nationales et interprofessionnelles et, en nombre égal, des représentants des organisations représentatives d'employeurs au niveau national désignés par ces organisations. Des représentants suppléants en nombre égal à celui des titulaires sont désignés dans les mêmes conditions. Ils ne siègent qu'en l'absence des titulaires ;
2° Trois représentants du ministre chargé du travail ;
3° Trois personnes qualifiées proposées par le ministre chargé du travail.

V. Décr. n° 2005-326 du 7 avr. 2005 (JO 8 avr.), mod. par Décr. n° 2018-963 du 8 nov. 2018 (JO 10 nov.), mod. par Décr. n° 2019-1087 du 25 oct. 2019 (JO 27 oct.).

Art. R.* 2122-2 Les membres du Haut Conseil du dialogue social sont nommés par le Premier ministre pour une durée de cinq ans.
Le Premier ministre désigne une des personnes qualifiées mentionnées au 3° de l'article R.* 2122-1 pour présider les séances du Haut Conseil.

Art. R.* 2122-3 A l'issue du cycle électoral de quatre ans prévu aux articles L. 2122-5 et L. 2122-9, le ministre chargé du travail présente au Haut Conseil du dialogue social les résultats enregistrés et le consulte sur la liste des organisations syndicales représentatives par branche et au niveau national et interprofessionnel.
Cette consultation intervient au plus tard dans les huit mois suivant la fin de ce cycle.

Art. R.* 2122-4 Le Haut Conseil du dialogue social se réunit sur convocation du ministre chargé du travail, de sa propre initiative ou sur demande de la moitié, au moins, des représentants des organisations syndicales de salariés et d'employeurs mentionnées au 1° de l'article R.* 2122-1.
Il auditionne toute organisation syndicale nationale interprofessionnelle de salariés qui en fait la demande.
Le secrétariat du Haut Conseil du dialogue social est assuré par les services du ministre chargé du travail.

Art. R.* 2122-5 Les avis du Haut Conseil du dialogue social, requis en application de la loi, sont retracés dans le compte rendu des séances.

SECTION 2 **Recueil des résultats des organisations syndicales aux élections professionnelles**

(Décr. n° 2008-1133 du 4 nov. 2008)

Art. D. 2122-6 Le système de centralisation des résultats des élections professionnelles mentionnées aux articles L. 2122-5 à L. 2122-10 afin de mesurer l'audience des organisations syndicales doit :
a) Garantir la confidentialité et l'intégrité des données recueillies et traitées ;

b) Permettre de s'assurer, par des contrôles réguliers, de la fiabilité et de l'exhaustivité des données recueillies et consolidées ;
c) Permettre une consultation par toute personne des données recueillies.

Les résultats complets de chaque cycle électoral sont portés à la connaissance du Haut Conseil du dialogue social afin qu'il puisse rendre au ministre chargé du travail l'avis prévu à l'article L. 2122-11. Les résultats du premier cycle électoral sont transmis au plus tard le 31 mars 2013.

V. Arr. du 4 nov. 2019, NOR : MTRT1931757A (JO 16 nov.).

V. http://www.elections-professionnelles.travail.gouv.fr/.

Art. D. 2122-7 *(Abrogé par Décr. n° 2019-1345 du 11 déc. 2019) (Décr. n° 2017-1819 du 29 déc. 2017, art. 3)* **Un exemplaire du procès-verbal des élections au comité social et économique ou un exemplaire du procès-verbal de carence est transmis par l'employeur au prestataire agissant pour le compte du ministre chargé du travail dans les quinze jours suivant la tenue de ces élections, suivant un formulaire homologué.**

Les transmissions peuvent être effectuées sur support électronique selon une procédure sécurisée.

SECTION 3 Mesure de l'audience des organisations syndicales concernant les entreprises de moins de onze salariés

(Décr. n° 2011-771 du 28 juin 2011)

SOUS-SECTION 1 Électorat

Art. R. 2122-8 Le vote est ouvert aux salariés mentionnés à l'article L. 2122-10-2, inscrits sur la liste électorale prévue à l'article L. 2122-10-4, à l'exception de ceux relevant des branches mentionnées à l'article L. 2122-6.

Art. R. 2122-9 L'électeur est inscrit sur la liste électorale de la région dans laquelle est situé l'entreprise ou l'établissement au sein duquel il exerce son activité principale. L'activité principale du salarié est celle pour laquelle il a accompli le plus grand nombre d'heures au cours du mois de décembre de l'année précédant l'année de l'élection.

Par dérogation à l'art. R. 2122-9, pour le scrutin visant à mesurer l'audience syndicale auprès des salariés des entreprises de moins de onze salariés organisé au cours du 1ᵉʳ semestre 2021, l'activité principale du salarié est celle pour laquelle il a accompli le plus grand nombre d'heures au cours du mois de décembre 2019 (Décr. n° 2020-825 du 29 juin 2020, art. 2).

Art. R. 2122-10 Sont inscrits dans le collège cadre les salariés affiliés à une institution de retraite complémentaire relevant de l'Association générale des institutions de retraite des cadres. Pour les salariés affiliés à une institution de retraite complémentaire ne relevant ni de cette association, ni de l'Association pour le régime de retraite complémentaire des salariés, l'inscription dans le collège cadre s'effectue en fonction de la catégorie socioprofessionnelle telle qu'elle figure dans les déclarations sociales mentionnées à l'article L. 2122-10-3.

Art. R. 2122-11 L'électeur est inscrit au titre de la branche dont il relève conformément aux données portées sur la déclaration sociale mentionnée à l'article L. 2122-10-3 de l'entreprise ou de l'établissement mentionné à l'article R. 2122-9.

SOUS-SECTION 2 Établissement de la liste électorale

§ 1 Traitement des données

Art. R. 2122-12 Un système de traitement automatisé de données à caractère personnel en vue de l'établissement de la liste électorale pour la mesure de l'audience mentionnée à l'article L. 2122-10-1, dénommé "fichiers des listes électorales pour la mesure de l'audience des organisations syndicales concernant les entreprises de moins de onze salariés", est créé par les services du ministre chargé du travail pour collecter les catégories de données suivantes :
1° Les informations relatives au salarié :

a) Nom et prénoms ;
b) Date de naissance, département et commune de naissance ou, pour les personnes nées à l'étranger, pays de naissance ;
c) Adresse du domicile ;
d) Numéro d'inscription au répertoire national d'identification des personnes physiques ;
e) Affiliation à une institution de retraite complémentaire relevant de l'Association générale des institutions de retraite des cadres ;
f) Période d'emploi, indication de temps complet ou de temps partiel, nombre d'heures travaillées ou nombre de cachets pour les artistes ;
g) Emploi occupé, catégorie socio-professionnelle ;
h) Identifiant ou intitulé de la convention collective relative à l'emploi occupé ;
(Décr. n° 2020-825 du 29 juin 2020, art. 1ᵉʳ) « *i)* Nature du contrat ; »
2° Les informations relatives à l'employeur si celui-ci est une entreprise ou un établissement :
a) Raison sociale ;
b) Adresse ;
c) Numéro d'identification SIRET ou numéro d'inscription à la Mutualité sociale agricole pour les entreprises ou établissements ne relevant pas des branches mentionnées à l'article L. 2122-6 ;
d) Code APE ;
e) Effectif des salariés au 31 décembre de l'année précédant l'élection ;
(Décr. n° 2020-825 du 29 juin 2020, art. 1ᵉʳ) « *f)* Catégorie juridique de l'établissement ; »
3° Les informations relatives à l'employeur si l'employeur est un particulier :
a) Nom et prénoms ;
b) Date de naissance, département et commune de naissance ou, pour les personnes nées à l'étranger, pays de naissance ;
c) Adresse du domicile ;
d) Numéro d'inscription au répertoire national d'identification des personnes physiques ;
e) Numéro d'inscription à l'Union pour le recouvrement des cotisations de sécurité sociale et des allocations familiales.

Art. R. 2122-13 Les informations dont la liste est fixée à l'article R. 2122-12 sont issues des déclarations mentionnées à l'article L. 2122-10-3.

Art. R. 2122-14 Les destinataires des données à caractère personnel collectées sont :
1° Pour l'ensemble des informations mentionnées à l'article R. 2122-12 y compris le numéro d'inscription au répertoire national d'identification des personnes physiques aux fins de détection d'inscriptions multiples : les agents *(Décr. n° 2020-825 du 29 juin 2020, art. 1ᵉʳ)* « des prestataires » en charge de l'élaboration de la liste électorale agissant pour le compte du ministre chargé du travail ;
2° Pour toutes les informations mentionnées à l'article R. 2122-12 à l'exclusion du numéro d'inscription au répertoire national d'identification des personnes physiques : les agents des services des *(Décr. n° 2020-1545 du 9 déc. 2020, art. 28-X)* « directions régionales de l'économie, de l'emploi, du travail et des solidarités » *(Décr. n° 2020-825 du 29 juin 2020, art. 1ᵉʳ)* « et des services centraux du ministère chargé du travail » et les agents du prestataire agissant pour le compte du ministre chargé du travail pour la mise en place du vote par correspondance et du vote électronique à distance ;
(Décr. n° 2016-548 du 4 mai 2016, art. 1ᵉʳ-II) « 3° Pour les informations portant sur les noms, prénoms, collèges, adresses du domicile des électeurs ainsi que l'identifiant ou l'intitulé de la convention collective relative à l'emploi occupé : le mandataire de chacune des organisations syndicales candidates. »

Art. R. 2122-15 Le droit d'accès et de rectification des données mentionnées à l'article R. 2122-12, prévu aux articles *(Décr. n° 2020-825 du 29 juin 2020, art. 1ᵉʳ)* « 15 et 16 du règlement (UE) 2016/679 du 27 avril 2016 relatif à la protection des personnes physiques à l'égard des traitements des données à caractère personnel et à la libre circulation de ces données, et abrogeant la directive 95/46/CE », s'exerce auprès des services du ministre chargé du travail *(Décr. n° 2020-825 du 29 juin 2020, art. 1ᵉʳ)* « dans les conditions prévues à l'article 12 du même règlement ».

Le droit d'opposition mentionné à l'article *(Décr. n° 2020-825 du 29 juin 2020, art. 1ᵉʳ)* « 21 du même règlement » ne s'applique pas aux traitements mentionnés à l'article R. 2122-12.

Art. R. 2122-15-1 *(Décr. n° 2016-548 du 4 mai 2016, art. 1ᵉʳ-II)* Lorsqu'il est fait application de l'article R. 2122-48-4, tout électeur dispose *(Abrogé par Décr. n° 2020-825 du 29 juin 2020, art. 1ᵉʳ)* « *, par application de l'article 38 de la loi n° 78-17 du 6 janvier 1978,* » du droit de s'opposer à la communication de son adresse aux organisations syndicales. *(Décr. n° 2020-825 du 29 juin 2020, art. 1ᵉʳ)* « L'électeur est informé de l'existence de ce droit par le document mentionné au dernier alinéa de l'article R. 2122-19 et sur le site internet dédié aux élections mentionné au même article. S'il souhaite l'exercer, il adresse une demande en ce sens au directeur général du travail par courrier ou par voie dématérialisée dans un délai de quinze jours à compter de la date mentionnée au 1° de l'article R. 2122-19. S'il exerce ce droit par voie dématérialisée, il adresse sa demande via le téléservice mis en place à cet effet sur le site internet mentionné à l'article R. 2122-19. »

Art. R. 2122-16 Les fichiers constitués à partir des données mentionnées à l'article R. 2122-12 sont conservés par les services du ministre chargé du travail pendant une durée d'un an après la clôture du scrutin en vue duquel ces fichiers ont été réalisés. Passé ce délai, les fichiers sont versés aux archives nationales.

Ces services peuvent toutefois conserver une copie d'extraits des fichiers rendus anonymes en vue de réaliser des expérimentations pour les scrutins suivants.

Art. R. 2122-16-1 *(Décr. n° 2016-548 du 4 mai 2016, art. 1ᵉʳ-II)* Les organisations syndicales destinataires des fichiers constitués à partir des données mentionnées au 3° de l'article R. 2122-14 détruisent ces fichiers à l'issue d'un délai d'un mois après la clôture du scrutin. Elles informent le ministre chargé du travail des conditions dans lesquelles elles ont procédé à cette destruction.

Art. R. 2122-17 *(Décr. n° 2020-825 du 29 juin 2020, art. 1ᵉʳ)* « Les prestataires mentionnés au 1° de l'article R. 2122-14 procèdent » au traitement de l'ensemble des données en vue de l'élaboration de la liste électorale, conformément aux articles R. 2122-12 à R. 2122-16.

Il transmet le fichier permettant de constituer la liste électorale à chaque *(Décr. n° 2020-1545 du 9 déc. 2020, art. 28-X)* « direction régionale de l'économie, de l'emploi, du travail et des solidarités ».

§ 2 Inscription sur la liste

Art. R. 2122-18 La liste électorale est établie pour chaque région par le ministre chargé du travail.

Art. R. 2122-19 Un extrait de la liste électorale peut être consulté dans les *(Décr. n° 2020-1545 du 9 déc. 2020, art. 28-X)* « directions régionales de l'économie, de l'emploi, du travail et des solidarités » et leurs unités départementales ainsi que sur un site internet dédié créé par les services du ministre chargé du travail. Y sont mentionnées les informations relatives aux nom, prénoms, région, *(Décr. n° 2016-548 du 4 mai 2016, art. 1ᵉʳ-II)* « département, » collège, branche et numéro d'ordre sur la liste électorale.

Un arrêté du ministre chargé du travail détermine :
1° La date à partir de laquelle la liste électorale peut être consultée ;
2° Les modalités de cette consultation, et notamment les informations qui la permettent ;
3° La date à partir de laquelle les recours relatifs à l'inscription sont possibles.
(Décr. n° 2020-825 du 29 juin 2020, art. 1ᵉʳ) « Les services du ministre chargé du travail envoient au plus tard trois jours avant cette publication à chaque électeur un document qui l'informe de son inscription sur la liste électorale, précise les informations le concernant mentionnées au premier alinéa et lui indique les dates du scrutin et les modalités pour y participer. »

Art. R. 2122-20 (*Abrogé par Décr. n° 2020-825 du 29 juin 2020, art. 1ᵉʳ*) « *Tout électeur peut obtenir, à ses frais, communication sur support électronique de la liste électorale sur laquelle il est inscrit. Il s'engage à ne pas en faire un usage qui ne soit strictement lié à l'élection.* »

(*Abrogé par Décr. n° 2016-548 du 4 mai 2016, art. 1ᵉʳ-II*) « *Tout mandataire d'une organisation syndicale candidate peut obtenir communication, dans les mêmes conditions, de l'ensemble de la liste électorale de la ou des régions dans lesquelles cette organisation syndicale est candidate.* »

(*Abrogé par Décr. n° 2020-825 du 29 juin 2020, art. 1ᵉʳ*) « *Est punie de l'amende prévue pour les contraventions de la quatrième classe l'utilisation de la liste électorale à des fins autres que des fins électorales. L'amende est appliquée autant de fois qu'il y a d'irrégularités relevées.* »

A l'expiration d'un délai de huit jours suivant l'affichage des résultats du scrutin, la liste électorale ne peut plus être consultée.

SOUS-SECTION 3 **Contestations relatives à l'inscription sur les listes électorales**

§ 1 Recours gracieux

Art. R. 2122-21 (*Décr. n° 2020-825 du 29 juin 2020, art. 1ᵉʳ*) « Préalablement à la contestation prévue à l'article L. 2122-10-5, l'électeur ou un représentant qu'il aura désigné saisit le directeur général du travail d'un recours relatif à l'inscription sur la liste électorale. A peine d'irrecevabilité, ce recours est formé dans un délai de vingt et un jours à compter de la date mentionnée au 1° de l'article R. 2122-19 soit par voie postale, soit par voie dématérialisée. Si ce recours est exercé par voie dématérialisée, il est adressé via le téléservice mis en place à cet effet sur le site internet mentionné à l'article R. 2122-19. Un accusé de réception est adressé au requérant. »

(*Abrogé par Décr. n° 2020-825 du 29 juin 2020, art. 1ᵉʳ*) « *Le recours peut également porter sur la situation d'un ou plusieurs électeurs autres que le requérant.* »

Art. R. 2122-22 (*Décr. n° 2020-825 du 29 juin 2020, art. 1ᵉʳ*) Un arrêté du ministre chargé du travail précise les informations et les pièces justificatives que comporte le recours mentionné à l'article R. 2122-21 pour être recevable. Ces informations et pièces justificatives ont pour objet d'attester l'identité du requérant et de permettre d'établir le bien-fondé de sa demande.

Art. R. 2122-23 La décision du directeur (*Décr. n° 2020-825 du 29 juin 2020, art. 1ᵉʳ*) « général du travail » est notifiée dans un délai de dix jours à compter de la date de réception du recours au requérant et, le cas échéant, (*Décr. n° 2020-825 du 29 juin 2020, art. 1ᵉʳ*) « à la personne concernée ».

(*Abrogé par Décr. n° 2020-825 du 29 juin 2020, art. 1ᵉʳ*) « *Lorsque la décision du directeur régional des entreprises, de la concurrence, de la consommation, du travail et de l'emploi a des conséquences sur la liste électorale d'une autre région, ce dernier en informe le directeur intéressé.* »

Le silence gardé par le directeur (*Décr. n° 2020-825 du 29 juin 2020, art. 1ᵉʳ*) « général du travail » à l'expiration du délai de dix jours mentionné au premier alinéa vaut décision de rejet.

Art. R. 2122-24 Les électeurs mineurs peuvent, sans autorisation de leur représentant légal, être demandeurs ou défendeurs à une contestation au titre d'un recours gracieux ou concernés par un tel recours.

Art. R. 2122-25 Les délais fixés par les articles R. 2122-21 et R. 2122-23 sont calculés et prorogés conformément aux dispositions des articles 640 à 642 du code de procédure civile.

§ 2 Recours contentieux

Art. R. 2122-26 La contestation de la décision du (*Décr. n° 2020-825 du 29 juin 2020, art. 1ᵉʳ*) « directeur général du travail » mentionnée à l'article R. 2122-23 peut être formée par l'électeur ou par un représentant qu'il aura désigné. Elle est portée devant le *(Décr. n° 2019-966 du 18 sept. 2019, art. 8-I, en vigueur le 1ᵉʳ janv. 2020)* « tribunal judiciaire » dans le ressort duquel son auteur a son domicile ou sa résidence.

À peine d'irrecevabilité, elle est formée dans un délai de dix jours à compter de la notification de la décision du *(Décr. n° 2020-825 du 29 juin 2020, art. 1ᵉʳ)* « directeur général du travail » ou de la date à laquelle est née une décision implicite de rejet.

Art. R. 2122-27 *(Décr. n° 2020-825 du 29 juin 2020, art. 1ᵉʳ)* « La contestation est formée par requête remise ou adressée au greffe du tribunal judiciaire par lettre recommandée avec demande d'avis de réception. Elle contient les mentions prescrites par les articles 54 et 57 du code de procédure civile. »

(Décr. n° 2011-771 du 28 juin 2011) A peine de nullité, la *(Décr. n° 2019-1333 du 11 déc. 2019, art. 36, en vigueur le 1ᵉʳ janv. 2020)* « requête » est accompagnée soit d'une copie de la décision du *(Décr. n° 2020-825 du 29 juin 2020, art. 1ᵉʳ)* « directeur général du travail », soit, en cas de décision implicite de rejet, du recours prévu à l'article R. 2122-21 et de l'*(Décr. n° 2016-548 du 4 mai 2016, art. 1ᵉʳ-III)* « accusé » de réception ou du récépissé. Lorsque la contestation concerne *(Décr. n° 2020-825 du 29 juin 2020, art. 1ᵉʳ)* « la situation d'une autre personne » que le requérant, *(Décr. n° 2020-825 du 29 juin 2020, art. 1ᵉʳ)* « la requête mentionne, à peine de nullité, les nom et prénoms de la personne concernée ainsi que la dénomination et l'adresse de son employeur ».

Le *(Décr. n° 2020-825 du 29 juin 2020, art. 1ᵉʳ)* « directeur général du travail », informé par tout moyen par le greffe de cette contestation, transmet sans délai au tribunal l'adresse *(Décr. n° 2020-825 du 29 juin 2020, art. 1ᵉʳ)* « de la personne concernée lorsque celle-ci n'est pas l'auteur » du recours. Selon les mêmes modalités, en cas de décision implicite de rejet, il transmet à la demande du tribunal toute information utile permettant d'apprécier le bien-fondé de la contestation.

Art. R. 2122-28 Le *(Décr. n° 2019-966 du 18 sept. 2019, art. 8-I, en vigueur le 1ᵉʳ janv. 2020)* « tribunal judiciaire » statue dans les dix jours suivant la date du recours sans forme et sans frais et sur simple avertissement donné cinq jours à l'avance aux parties intéressées.

Art. R. 2122-29 La décision du *(Décr. n° 2019-966 du 18 sept. 2019, art. 8-I, en vigueur le 1ᵉʳ janv. 2020)* « tribunal judiciaire » est notifiée sans délai et au plus tard dans les trois jours par le greffe au requérant et aux parties intéressées par lettre recommandée avec demande d'avis de réception.

Simultanément, le greffe la transmet au prestataire mentionné à l'article R. 2122-14.

Art. R. 2122-30 Les électeurs mineurs peuvent, sans autorisation de leur représentant légal, être demandeur ou défendeur à une contestation au titre d'un recours contentieux.

Art. R. 2122-31 *(Décr. n° 2020-927 du 29 juill. 2020, art. 3)* « Le pourvoi est formé, instruit et jugé dans les conditions prévues par le code de procédure civile en matière d'élections professionnelles. »

(Décr. n° 2011-771 du 28 juin 2011) Les parties sont dispensées du ministère d'avocat au Conseil d'État et à la Cour de cassation.

Art. R. 2122-32 Les délais fixés par les articles R. 2122-26, R. 2122-28 *(Décr. n° 2016-548 du 4 mai 2016, art. 1ᵉʳ-III)* « , R. 2122-29 » et R. 2122-31 sont calculés et prorogés conformément aux dispositions des articles 640 à 642 du code de procédure civile.

SOUS-SECTION 4 **Candidatures des organisations syndicales de salariés**

Art. R. 2122-33 *(Décr. n° 2020-713 du 11 juin 2020, art. 1ᵉʳ)* « Les candidatures des organisations syndicales sont déposées par voie électronique sur un site internet dédié relevant du ministre chargé du travail. »

(Décr. n° 2016-548 du 4 mai 2016, art. 1ᵉʳ-III) Les candidatures des organisations syndicales ayant statutairement vocation à être présentes dans le champ géographique d'une ou de plusieurs régions ou collectivités comprises dans le ressort territorial d'une seule *(Décr. n° 2020-1545 du 9 déc. 2020, art. 28-X)* « direction régionale de

SYNDICATS PROFESSIONNELS

l'économie, de l'emploi, du travail et des solidarités » sont *(Décr. n° 2020-713 du 11 juin 2020, art. 1ᵉʳ)* « instruites par » cette direction.

Les candidatures des organisations syndicales ayant statutairement vocation à être présentes sur un champ géographique excédant le ressort territorial d'une seule *(Décr. n° 2020-1545 du 9 déc. 2020, art. 28-X)* « direction régionale de l'économie, de l'emploi, du travail et des solidarités » sont *(Décr. n° 2020-713 du 11 juin 2020, art. 1ᵉʳ)* « instruites par » la direction générale du travail.

Art. R. 2122-34 Un arrêté du ministre chargé du travail fixe la période de dépôt des candidatures *(Décr. n° 2016-548 du 4 mai 2016, art. 1ᵉʳ-IV)* « et des documents de propagande électorale des organisations syndicales » ainsi que le modèle des documents requis pour *(Décr. n° 2016-548 du 4 mai 2016, art. 1ᵉʳ-IV)* « le dépôt des candidatures. »

Sur les modalités de candidature à la mesure en 2024 de l'audience des organisations syndicales auprès des salariés des entreprises de moins de 11 salariés, V. Arr. du 7 déc. 2023, NOR : MTRT2329816A (JO 9 déc.).

Art. R. 2122-35 Les syndicats affiliés à une même organisation syndicale au niveau interprofessionnel se déclarent candidats sous le seul nom de cette organisation.

Les organisations syndicales autres que celles auxquelles leurs statuts donnent vocation à être présentes au niveau interprofessionnel indiquent la ou les branches dans lesquelles elles se portent candidates compte tenu des salariés qu'elles ont statutairement vocation à représenter.

Art. R. 2122-36 Les pièces suivantes sont jointes à la déclaration de candidature d'une organisation syndicale :
1° Une déclaration sur l'honneur du mandataire de cette organisation attestant que sa candidature satisfait aux exigences prévues à l'article L. 2122-10-6 ;
2° Une copie de ses statuts ;
3° Une copie du récépissé de dépôt de ses statuts ;
(Décr. n° 2016-548 du 4 mai 2016, art. 1ᵉʳ-IV) « 4° Les éléments et documents permettant de justifier de l'indépendance et de la transparence financière de l'organisation syndicale ; »
(Décr. n° 2020-927 du 29 juill. 2020, art. 3) « 5° Une copie de la décision ayant donné pouvoir au mandataire pour effectuer les démarches nécessaires à la déclaration de candidature ou des dispositions statutaires fondant ce mandat ; »
« 6° Une copie d'un document permettant d'attester l'identité du mandataire. »

Art. R. 2122-37 *(Décr. n° 2016-548 du 4 mai 2016, art. 1ᵉʳ-IV)* « L'autorité administrative *(Décr. n° 2020-713 du 11 juin 2020, art. 1ᵉʳ)* « chargée de l'instruction de » la déclaration de candidature délivre *(Décr. n° 2020-713 du 11 juin 2020, art. 1ᵉʳ)* « par voie électronique » un récépissé au mandataire de l'organisation syndicale dès lors que cette déclaration satisfait aux conditions et aux délais prévus aux articles R. 2122-34 et R. 2122-36.

« Si la candidature ne remplit pas les conditions prévues à l'article L. 2122-10-6, elle notifie son refus *(Décr. n° 2020-713 du 11 juin 2020, art. 1ᵉʳ)* « de validation » au mandataire de l'organisation syndicale. »

(Décr. n° 2020-713 du 11 juin 2020, art. 1ᵉʳ) « La validation de la candidature est notifiée » au mandataire d'une organisation syndicale dont la candidature est recevable.

(Abrogé par Décr. n° 2020-713 du 11 juin 2020, art. 1ᵉʳ) « *Lorsque la déclaration de candidature est effectuée auprès des services centraux du ministère chargé du travail, ceux-ci transmettent à l'ensemble des directeurs régionaux des entreprises, de la concurrence, de la consommation, du travail et de l'emploi une copie de ce reçu d'enregistrement.*

« *Lorsque la déclaration de candidature est effectuée auprès de la direction régionale des entreprises, de la concurrence, de la consommation, du travail et de l'emploi, celle-ci transmet aux services centraux du ministère chargé du travail une copie de ce reçu d'enregistrement.* »

(Abrogé par Décr. n° 2016-548 du 4 mai 2016, art. 1ᵉʳ-IV) « *L'autorité administrative qui reçoit la déclaration de candidature notifie au mandataire d'une organisation syndicale dont la candidature est irrecevable son refus d'enregistrement.* »

Art. R. 2122-38 Dans chaque région, le *(Décr. n° 2020-1545 du 9 déc. 2020, art. 28-X)* « directeur régional de l'économie, de l'emploi, du travail et des solidarités » publie la liste des candidatures recevables au recueil des actes administratifs quinze jours après l'expiration de la période de dépôt mentionnée à l'article R. 2122-34. Les candidatures sont également publiées sur le site internet *(Décr. n° 2016-548 du 4 mai 2016, art. 1ᵉʳ-IV)* « du ministère » chargé du travail.

Art. R. 2122-39 La contestation des décisions relatives à *(Décr. n° 2020-713 du 11 juin 2020, art. 1ᵉʳ)* « la validation » d'une ou [de] plusieurs candidatures est formée *(Décr. n° 2020-927 du 29 juill. 2020, art. 3)* « par requête », à peine d'irrecevabilité, dans un délai de *(Décr. n° 2016-548 du 4 mai 2016, art. 1ᵉʳ-IV)* « quinze » jours à compter de la publication mentionnée à l'article R. 2122-38, devant le *(Décr. n° 2019-966 du 18 sept. 2019, art. 8)* « tribunal judiciaire » dans le ressort duquel l'autorité administrative mentionnée à l'article R. 2122-37 a son siège. Elle peut être formée par tout électeur ou tout mandataire d'une organisation candidate *(Décr. n° 2020-713 du 11 juin 2020, art. 1ᵉʳ)* « dans les conditions prévues aux articles 54 et 57 du code de procédure civile ». Le *(Décr. n° 2017-1643 du 30 nov. 2017)* « *(Décr. n° 2019-966 du 18 sept. 2019, art. 8)* « tribunal judiciaire » de Paris » est compétent pour statuer sur les recours formés contre les décisions *(Décr. n° 2016-548 du 4 mai 2016, art. 1ᵉʳ-IV)* « du directeur général du travail ».

(Abrogé par Décr. n° 2020-713 du 11 juin 2020, art. 1ᵉʳ) « *Elle est formée par (Décr. n° 2019-1333 du 11 déc. 2019, art. 36) « requête » remise ou reçue au greffe du (Décr. n° 2019-966 du 18 sept. 2019, art. 8) « tribunal judiciaire » par lettre recommandée avec demande d'avis de réception ou par télécopie.*

« *A peine de nullité, celle-ci indique les nom, prénoms et adresse du requérant, la qualité en laquelle il agit et l'objet de la contestation ainsi que, le cas échéant, les noms, prénoms et adresses des mandataires de l'organisation syndicale concernée par la candidature litigieuse.* »

Le tribunal d'instance de Paris XV primitivement saisi demeure compétent pour statuer sur les procédures introduites antérieurement au 14 mai 2018 jusqu'au 7 juin 2018, date au lendemain de laquelle il est supprimé et les procédures transférées en l'état au tribunal d'instance de Paris, dans les conditions prévues à l'art. R. 221-2 (Décr. n° 2017-1643 du 30 nov. 2017, art. 5).

Art. R. 2122-40 Le *(Décr. n° 2019-966 du 18 sept. 2019, art. 8-I)* « tribunal judiciaire » statue sans frais ni forme de procédure dans les dix jours à compter de la date de saisine.

La décision est notifiée aux parties au plus tard dans les trois jours par le greffe qui en adresse une copie dans le même délai au *(Décr. n° 2020-1545 du 9 déc. 2020, art. 28-X)* « directeur régional de l'économie, de l'emploi, du travail et des solidarités » concerné ou, le cas échéant, au ministre chargé du travail.

Art. R. 2122-41 La décision du *(Décr. n° 2019-966 du 18 sept. 2019, art. 8-I)* « tribunal judiciaire » peut faire l'objet d'un pourvoi en cassation dans un délai de dix jours suivant sa notification. *(Décr. n° 2020-713 du 11 juin 2020, art. 1ᵉʳ)* « Lorsqu'elle casse une décision du tribunal judiciaire rendue en application de l'article R. 2122-39, la Cour de cassation peut statuer au fond dans les conditions mentionnées à l'article L. 411-3 du code de l'organisation judiciaire. » Le pourvoi est jugé dans les conditions prévues aux articles 999 à *(Décr. n° 2020-713 du 11 juin 2020, art. 1ᵉʳ)* « 1009 » du code de procédure civile. Les parties sont dispensées du ministère d'avocat au Conseil d'État et à la Cour de cassation.

Art. R. 2122-42 Les délais fixés par les articles R. 2122-39 à R. 2122-41 sont calculés et prorogés conformément aux dispositions des articles 640, 641 et 642 du code de procédure civile.

SYNDICATS PROFESSIONNELS **Art. R. 2122-47**

SOUS-SECTION 5 **Scrutin**

§ 1 Commission des opérations de vote

SOUS-§ 1 *Commission nationale des opérations de vote (Décr. n° 2016-548 du 4 mai 2016, art. 1ᵉʳ-V).*

Art. R. 2122-43 Une commission nationale des opérations de vote est créée auprès du ministre chargé du travail.

Art. R. 2122-44 *(Décr. n° 2016-548 du 4 mai 2016, art. 1ᵉʳ-V)* La Commission nationale des opérations de vote est chargée :
1° De donner un avis sur la conformité des documents de propagande électorale des organisations syndicales *(Décr. n° 2020-713 du 11 juin 2020, art. 1ᵉʳ)* « dont la candidature est publiée en application des dispositions de l'article R. 2122-38 sur le site internet du ministère du travail » aux *(Décr. n° 2020-927 du 29 juill. 2020, art. 3)* « conditions de présentation prévues au dernier alinéa de l'article R. 2122-52, » lorsque ces documents de propagande sont communs à plus d'une région ;
(Décr. n° 2020-713 du 11 juin 2020, art. 1ᵉʳ) « 2° De s'assurer de la mise à disposition auprès des électeurs, sur le site internet mentionné à l'article R. 2122-19, des documents de propagande électorale de l'ensemble des candidatures mentionnées à l'article R. 2122-38 ;
« 3° De s'assurer de l'impression des bulletins et du matériel de vote et de leur envoi à chaque électeur ; »
4° De s'assurer de la réception des votes ;
5° D'assister au dépouillement et au recensement des votes dans les conditions fixées par les articles R. 2122-78 à R. 2122-92 ;
6° De proclamer les résultats au niveau national.

Les 3°, 4° et 5° deviennent, respectivement, les 4°, 5° et 6° (Décr. n° 2020-713 du 11 juin 2020, art. 1ᵉʳ).

Art. R. 2122-45 La Commission nationale des opérations de vote comprend :
1° Deux fonctionnaires désignés par le ministre chargé du travail, dont l'un assure la fonction de *(Décr. n° 2016-548 du 4 mai 2016, art. 1ᵉʳ-V)* « président et l'autre celle de » secrétaire ;
2° Les mandataires de chaque organisation syndicale candidate au niveau national et interprofessionnel *(Décr. n° 2016-548 du 4 mai 2016, art. 1ᵉʳ-V)* « et des autres organisations syndicales candidates mentionnées au *(Décr. n° 2020-713 du 11 juin 2020, art. 1ᵉʳ)* « troisième » alinéa de l'article R. 2122-33. »
(Abrogé par Décr. n° 2016-548 du 4 mai 2016, art. 1ᵉʳ-V) « *Les mandataires des autres organisations syndicales candidates mentionnées au deuxième alinéa de l'article R. 2122-33 peuvent participer avec voix consultative aux travaux de la commission.* »

SOUS-§ 2 *Commission régionale des opérations de vote (Décr. n° 2016-548 du 4 mai 2016, art. 1ᵉʳ-V).*

Art. R. 2122-46 Une commission régionale des opérations de vote siège auprès du *(Décr. n° 2020-1545 du 9 déc. 2020, art. 28-X)* « directeur régional de l'économie, de l'emploi, du travail et des solidarités ».

Art. R. 2122-47 La commission régionale des opérations de vote est chargée :
(Décr. n° 2016-548 du 4 mai 2016, art. 1ᵉʳ-V) « 1° De donner un avis sur la conformité aux *(Décr. n° 2020-927 du 29 juill. 2020, art. 3)* « conditions de présentation prévues au dernier alinéa de l'article R. 2122-52 et à l'article R. 2122-52-1 » des documents de propagande électorale des organisations syndicales mentionnées au *(Décr. n° 2020-713 du 11 juin 2020, art. 1ᵉʳ)* « deuxième » alinéa de l'article R. 2122-33 qui présentent leur candidature dans la ou les régions ou collectivités comprise *[comprises]* dans le ressort territorial de la *(Décr. n° 2020-1545 du 9 déc. 2020, art. 28-X)* « direction régionale de l'économie, de l'emploi, du travail et des solidarités » à laquelle elle est rattachée et des organisations syndicales mentionnées au *(Décr. n° 2020-713 du 11 juin 2020, art. 1ᵉʳ)* « troisième » alinéa de l'article R. 2122-33 dont la propagande est différenciée pour cette ou ces régions ou collectivités ; »

2° De proclamer les résultats *(Décr. n° 2020-927 du 29 juill. 2020, art. 3)* « au niveau régional ».

Art. R. 2122-48 La commission régionale des opérations de vote comprend :
1° Deux fonctionnaires désignés par le *(Décr. n° 2020-1545 du 9 déc. 2020, art. 28-X)* « directeur régional de l'économie, de l'emploi, du travail et des solidarités » *(Décr. n° 2016-548 du 4 mai 2016, art. 1er-V)* « dont l'un assure la fonction de président et l'autre celle de secrétaire ;

« 2° Les mandataires des organisations syndicales candidates au niveau national et interprofessionnel, des organisations mentionnées au *(Décr. n° 2020-713 du 11 juin 2020, art. 1er)* « troisième » alinéa de l'article R. 2122-33 qui ont différencié leur document de propagande dans la ou les régions ou collectivités comprise *[comprises]* dans le ressort territorial de la *(Décr. n° 2020-1545 du 9 déc. 2020, art. 28-X)* « direction régionale de l'économie, de l'emploi, du travail et des solidarités » à laquelle elle est rattachée, et des autres organisations syndicales candidates uniquement dans cette ou ces régions ou collectivités ».

Les mandataires des autres organisations syndicales candidates dans la région *[ou les régions]* peuvent participer avec voix consultative aux travaux de la commission.

SOUS-§ 3 *Dispositions communes à la commission nationale des opérations de vote et aux commissions régionales des opérations de vote*

(Décr. n° 2016-548 du 4 mai 2016, art. 1er-V)

Art. R. 2122-48-1 L'autorité administrative consulte la commission des opérations de vote compétente sur la conformité des *(Décr. n° 2020-713 du 11 juin 2020, art. 1er)* « documents » de propagande aux *(Décr. n° 2020-927 du 29 juill. 2020, art. 3)* « conditions de présentation prévues au dernier alinéa de l'article R. 2122-52 et à l'article R. 2122-52-1 ». Elle notifie aux organisations syndicales candidates dont elle a examiné les documents de propagande sa décision d' *[de]* *(Décr. n° 2020-713 du 11 juin 2020, art. 1er)* « valider » ou de refuser les *(Décr. n° 2020-713 du 11 juin 2020, art. 1er)* « documents » dans un délai fixé par arrêté du ministre chargé du travail. Pour les documents de propagande mentionnés au 1° de l'article R. 2122-44, la décision est prise par le directeur général du travail. Pour les autres documents de propagande, elle est prise par le *(Décr. n° 2020-1545 du 9 déc. 2020, art. 28-X)* « directeur régional de l'économie, de l'emploi, du travail et des solidarités » auprès duquel siège la commission régionale des opérations de vote concernée.

Art. R. 2122-48-2 La contestation des décisions relatives à la conformité des documents de propagande électorale est formée *(Décr. n° 2020-927 du 29 juill. 2020, art. 3)* « par requête » devant le *(Décr. n° 2019-966 du 18 sept. 2019, art. 8-I)* « tribunal judiciaire », sous peine d'irrecevabilité, dans un délai de dix jours à compter de la notification mentionnée à l'article R. 2122-48-1. *(Décr. n° 2020-713 du 11 juin 2020, art. 1er)* « Elle est formée dans les conditions prévues par les articles 54 et 57 du code de procédure civile. » Le *(Décr. n° 2019-966 du 18 sept. 2019, art. 8-I)* « tribunal judiciaire » *(Abrogé par Décr. n° 2017-1643 du 30 nov. 2017)* « *du quinzième arrondissement* » de Paris est compétent pour statuer sur les contestations formées contre les décisions portant sur les documents de propagande des organisations syndicales mentionnées au *(Décr. n° 2020-713 du 11 juin 2020, art. 1er)* « troisième » alinéa de l'article R. 2122-33. Lorsque la contestation concerne un document de propagande d'une organisation syndicale mentionnée au *(Décr. n° 2020-713 du 11 juin 2020, art. 1er)* « deuxième » alinéa de l'article R. 2122-33, le *(Décr. n° 2019-966 du 18 sept. 2019, art. 8-I)* « tribunal judiciaire » compétent est le tribunal dans le ressort duquel le *(Décr. n° 2020-1545 du 9 déc. 2020, art. 28-X)* « directeur régional de l'économie, de l'emploi, du travail et des solidarités » qui a rendu la décision a son siège.

Sur l'entrée en vigueur du Décr. n° 2017-1643 du 30 nov. 2017, V. note ss. art. R. 2122-39.

Art. R. 2122-48-3 Les modalités de saisine du *(Décr. n° 2019-966 du 18 sept. 2019, art. 8-I)* « tribunal judiciaire » et les règles de procédure prévues aux articles R. 2122-39 à R. 2122-42 s'appliquent à la contestation des décisions relatives aux documents de propagande électorale des organisations syndicales.

Art. R. 2122-48-4 Il est mis à la disposition des mandataires des organisations syndicales membres de la commission des opérations de vote, sur support électronique, un extrait de la liste des électeurs de la ou des régions, ainsi que de la ou des branches dans lesquelles ces organisations sont candidates. Cet extrait mentionne les *(Décr. n° 2020-713 du 11 juin 2020, art. 1er)* « nom, prénoms », collège, adresse du domicile de chaque électeur ainsi que l'identifiant ou l'intitulé de la convention collective relative à l'emploi occupé.

Les organisations syndicales et leur mandataire s'engagent à ne pas faire un usage de ce fichier qui ne soit strictement lié à l'élection.

L'utilisation par les organisations syndicales de ce fichier à des fins autres que des fins électorales est punie de l'amende prévue pour les contraventions de la quatrième classe. L'amende est appliquée autant de fois qu'il y a de personnes concernées.

Le non-respect de l'obligation de destruction mentionnée à l'article R. 2122-16-1 est puni de l'amende prévue pour les contraventions de la quatrième classe.

Art. R. 2122-48-5 La commission se réunit sur convocation de son président, qui fixe l'ordre du jour.

Cette convocation peut être envoyée par tout moyen, y compris par télécopie ou par courrier électronique. Il en est de même des pièces ou documents nécessaires à la préparation de la réunion ou établis à l'issue de celle-ci.

Sauf urgence, les membres de la commission reçoivent, cinq jours au moins avant la date de la réunion, une convocation comportant l'ordre du jour et, le cas échéant, les documents nécessaires à l'examen des affaires qui y sont inscrites.

§ 2   Documents électoraux

Art. R. 2122-49 Un document d'identification de l'électeur est délivré pour chaque scrutin à tout électeur inscrit sur la liste électorale. Les frais de fabrication et d'expédition des documents électoraux sont à la charge de l'État.

Art. R. 2122-50 Le document d'identification est établi et envoyé par le prestataire mentionné *(Décr. n° 2020-825 du 29 juin 2020, art. 1er)* « au 2° de » l'article R. 2122-14. Il mentionne :

1° Les nom, prénoms et domicile de l'électeur ;
2° Le collège et la branche dont il relève ;
3° La région *(Décr. n° 2016-548 du 4 mai 2016, art. 1er-V)* « et le département » d'inscription ;
4° Le numéro d'ordre qui lui est attribué sur la liste d'émargement ;
5° Les périodes de vote ;
6° Les informations nécessaire *[nécessaires]* au vote par correspondance ;
7° Les éléments permettant à l'électeur de voter électroniquement à distance selon des modalités assurant notamment le respect des exigences de sécurité et de confidentialité du vote.

Art. R. 2122-51 Le document d'identification de l'électeur est envoyé au domicile de chaque électeur par voie postale.

Art. R. 2122-52 *(Décr. n° 2020-713 du 11 juin 2020, art. 1er)* Les organisations syndicales candidates dont la candidature est publiée sur le site internet du ministère du travail mentionné à l'article R. 2122-38 déposent leurs documents de propagande électorale sur le site internet mentionné à l'article R. 2122-33 *(Abrogé par Décr. n° 2020-927 du 29 juill. 2020, art. 3)* « *, au plus tard à la date fixée par arrêté du ministre chargé du travail* » afin de permettre à l'autorité administrative compétente de s'assurer de la conformité de ces documents aux prescriptions de l'article *(Décr. n° 2020-927 du 29 juill. 2020, art. 3)* « R. **2122-52-1.**

« Outre leurs documents de propagande interprofessionnelle, les organisations syndicales dont la vocation statutaire revêt un caractère interprofessionnel peuvent déposer des documents de propagande électorale différenciés pour des branches et des regroupements de branches professionnelles fixés par arrêté du ministre chargé du travail.

« Les organisations syndicales candidates mentionnées au troisième alinéa de l'article R. 2122-33 peuvent déposer des documents de propagande différenciés par région ou collectivité.

« Un arrêté du ministre chargé du travail fixe les modalités selon lesquelles les divers documents de propagande électorale sont présentés ainsi que la date avant laquelle ils sont déposés. »

Art. R. 2122-52-1 (Décr. n° 2016-548 du 4 mai 2016, art. 1er-V) Pour l'application du premier alinéa de l'article L. 23-112-2, les organisations syndicales de salariés mentionnées au 1° de l'article L. 23-112-1 peuvent faire figurer sur (Décr. n° 2020-713 du 11 juin 2020, art. 1er) « leurs documents » de propagande électorale les nom, prénom et profession (Décr. n° 2020-713 du 11 juin 2020, art. 1er) « de chacun » des salariés qu'elles envisagent de désigner dans les commissions paritaires régionales interprofessionnelles, ainsi que les photographies de ces derniers. Les modalités de présentation de ces salariés sur les (Abrogé par Décr. n° 2020-713 du 11 juin 2020, art. 1er) « maquettes des » documents de propagande (Décr. n° 2020-927 du 29 juill. 2020, art. 3) « ainsi que la liste des pièces justificatives à produire afin de permettre à l'autorité administrative de s'assurer qu'ils satisfont aux conditions posées par les dispositions de l'article L. 23-112-1 sont fixées par arrêté du ministre chargé du travail ».

Art. R. 2122-52-2 (Décr. n° 2016-548 du 4 mai 2016, art. 1er-V) Postérieurement à la notification de la décision de l'autorité administrative mentionnée à l'article R. 2122-48-1, les organisations syndicales notifient aux employeurs concernés par tout moyen permettant de (Décr. n° 2020-713 du 11 juin 2020, art. 1er) « donner » date certaine (Décr. n° 2020-713 du 11 juin 2020, art. 1er) « à la réception de cette notification » l'identité des salariés qui figurent sur leurs documents de propagande électorale. Elles précisent les (Décr. n° 2020-713 du 11 juin 2020, art. 1er) « nom, prénoms », date et lieu de naissance du salarié et les nom, prénom de l'employeur ou dénomination de l'entreprise.

Ces informations sont simultanément communiquées à l'inspection du travail.

Art. R. 2122-52-3 (Décr. n° 2020-713 du 11 juin 2020, art. 1er) Le ministre chargé du travail publie sur le site internet mentionné à l'article R. 2122-19 à une date qu'il fixe par arrêté les documents de propagande électorale ayant fait l'objet d'une décision de validation dans les conditions prévues à l'article R. 2122-48-1.

Art. R. 2122-52-4 (Décr. n° 2016-548 du 4 mai 2016, art. 1er-V) Sous le contrôle de la Commission nationale des opérations de vote, le prestataire mentionné (Décr. n° 2020-713 du 11 juin 2020, art. 1er) « au 2° de l'article » R. 2122-14 procède à l'impression des bulletins de vote (Décr. n° 2020-713 du 11 juin 2020, art. 1er) « pour » l'ensemble des candidatures mentionnées à l'article (Décr. n° 2020-713 du 11 juin 2020, art. 1er) « R. 2122-38 ». Il expédie à chacun des électeurs concernés, quatre jours au plus tard avant la date d'ouverture du scrutin (Abrogé par Décr. n° 2020-713 du 11 juin 2020, art. 1er) « sous un même pli fermé, un document de propagande de chaque candidature et » les instruments nécessaires au vote.

L'art. R. 2122-52-3 devient l'art. R. 2122-52-4 (Décr. n° 2020-713 du 11 juin 2020, art. 1er).

SOUS-SECTION 6 **Modalités de vote**

§ 1 Dispositions communes

Art. R. 2122-53 Le prestataire agissant pour le compte du ministre chargé du travail mentionné au 2° de l'article R. 2122-14 met en place un centre de traitement situé sur le territoire français pour le vote par correspondance et le vote électronique à distance prévus à l'article L. 2122-10-7.

Art. R. 2122-54 Les systèmes de vote électronique à distance et de vote par correspondance sont soumis, préalablement à leur mise en place, à une expertise indépendante. L'expert est désigné par les services du ministre chargé du travail. Le rapport de l'expert est tenu à la disposition de la Commission nationale de l'informatique et des libertés et communiqué aux membres du bureau du vote, aux membres du comité technique, aux délégués mentionnés à l'article R. 2122-59 et aux membres de la Commission nationale des opérations de vote.

Art. R. 2122-55 L'électeur ayant exercé son droit de vote par voie électronique à distance n'est plus admis à voter par correspondance.

§ 2 Bureau de vote

Art. R. 2122-56 Il est créé un bureau de vote chargé du contrôle de l'ensemble des opérations électorales et du dépouillement du scrutin. Il s'assure notamment :

1° De la mise en œuvre des dispositifs de sécurité prévus pour garantir le secret du vote et son intégrité ;

2° De la confidentialité des fichiers des électeurs comportant les éléments permettant leur identification, du chiffrement des urnes électroniques et de la séparation des urnes électroniques et des fichiers des électeurs ;

3° De la conservation des différents supports d'information et des conditions de sécurité et de confidentialité des données pendant et après le scrutin.

Le bureau de vote vérifie la qualité des personnes autorisées à accéder à chacun des traitements automatisés. Les membres du bureau de vote peuvent accéder à tout moment aux locaux hébergeant les traitements automatisés ainsi que les espaces de stockage des plis de vote par correspondance.

En cas de force majeure, de dysfonctionnement informatique, de défaillance technique ou d'altération des données, le bureau de vote est compétent pour prendre, après consultation du comité technique mentionné à l'article R. 2122-58, toute mesure d'information et de sauvegarde, y compris l'arrêt temporaire ou définitif du processus électoral. Toute intervention sur le système de vote fait l'objet d'une consignation au procès-verbal des opérations de vote et d'une information des délégués mentionnés à l'article R. 2122-59. A la clôture du vote, le procès-verbal des opérations de vote est rédigé par le secrétaire du bureau de vote. Il est établi en deux exemplaires, signés de tous les membres du bureau de vote.

Art. R. 2122-57 Le bureau de vote est présidé par un magistrat en activité ou honoraire de l'ordre judiciaire, désigné par le président de la chambre sociale de la Cour de cassation.

Il comprend en outre :

1° Deux assesseurs ayant la qualité de magistrat de l'ordre administratif, en activité à Paris ou honoraires, désignés par le président de la cour administrative d'appel de Paris ;

2° Deux assesseurs désignés par le premier président de la cour d'appel de Paris parmi les magistrats de l'ordre judiciaire ou les auxiliaires de justice, en activité à Paris ou honoraires ;

3° Un secrétaire désigné par le ministre chargé du travail.

En cas d'absence, le président du bureau de vote est remplacé par le plus âgé des assesseurs présents.

En cas d'absence, le secrétaire du bureau de vote est remplacé par le plus jeune des assesseurs présents.

Lorsque le bureau est appelé à statuer sur une contestation, le président du bureau a voix prépondérante en cas de partage égal des voix.

Le secrétaire assiste aux réunions du bureau mais ne participe pas avec voix délibérative à ses décisions.

Art. R. 2122-58 Le bureau de vote est assisté par un comité technique comprenant l'expert indépendant prévu à l'article R. 2122-54 et deux membres nommés par arrêté du ministre chargé du travail.

Art. R. 2122-59 Chaque organisation syndicale candidate au niveau national et interprofessionnel peut désigner cinq délégués habilités à contrôler l'ensemble des opérations du vote et à faire mentionner au procès-verbal toute observation.

L'accès au bureau de vote est assuré à ces délégués, dans la limite de deux délégués à la fois par organisation.

Art. R. 2122-60 Le bureau de vote constate la présence du scellement des systèmes de vote, leur bon fonctionnement, la remise à zéro du compteur des suffrages et le fait que les urnes électroniques soient vides.

§ 3 Vote électronique à distance

Art. R. 2122-61 Tout électeur pour lequel sont connues toutes les informations mentionnées à l'article R. 2122-12 peut voter par voie électronique à distance.

Art. R. 2122-62 Il est créé, selon des modalités fixées par arrêté du ministre chargé du travail, deux traitements automatisés distincts, dédiés et isolés, respectivement dénommés "fichier des électeurs" et "urne électronique".
Aucun lien n'est établi entre ces deux traitements.

Art. R. 2122-63 Le fichier des électeurs contient les données relatives à la liste électorale établie en application de l'article L. 2122-10-4.
Ce fichier permet d'adresser aux électeurs remplissant les conditions pour voter par voie électronique à distance les éléments permettant leur identification lors des opérations de vote. Il permet également de recenser les électeurs ayant pris part au scrutin par voie électronique à distance et d'éditer la liste d'émargement.

Art. R. 2122-64 L'urne électronique contient les données relatives aux votes exprimés par voie électronique à distance.

Art. R. 2122-65 Pour voter par voie électronique à distance, l'électeur, après s'être identifié et avoir attesté sur l'honneur qu'il ne faisait pas l'objet d'aucune interdiction, déchéance ou incapacité relative à ses droits civiques, exprime puis valide son vote. Le vote est anonyme. Il fait l'objet d'un chiffrement par le système dès son émission sur le terminal utilisé par l'électeur, avant sa transmission au fichier "urne électronique" et demeure chiffré jusqu'au dépouillement. La liaison entre le terminal de vote et le serveur hébergeant le fichier "urne électronique" fait également l'objet d'un chiffrement. *(Décr. n° 2016-548 du 4 mai 2016, art. 1er-VI)* « La transmission du vote et l'émargement de l'électeur ont une date certaine de réception. Il est immédiatement mis à la disposition de l'électeur un accusé de réception électronique mentionnant son identifiant ainsi que la date et l'heure du vote. »

Art. R. 2122-66 Au cours de la période de vote par voie électronique à distance, la liste d'émargement est mise à jour à chaque vote.
Le système de vote garantit qu'aucun résultat partiel n'est accessible pendant le déroulement du scrutin.
Tout dysfonctionnement ou toute intervention du prestataire sur le serveur est automatiquement consigné dans un journal. Le bureau de vote en est immédiatement informé.

Art. R. 2122-67 A la clôture du vote par voie électronique à distance, le président et les assesseurs du bureau du vote, après avoir déclaré le scrutin clos, procèdent au scellement de l'urne électronique et de la liste d'émargement.

Art. R. 2122-68 Une fois le scellement opéré, le président et les assesseurs du bureau de vote vérifient l'intégrité du système de vote par voie électronique à distance.
Ils vérifient en particulier que le nombre de votes exprimés dans l'urne électronique correspond au nombre de votants figurant sur la liste d'émargement et que les votes enregistrés ont été exprimés pendant la période de vote.
Ces constatations sont incluses dans le journal qui recense les opérations de vote électronique à distance. Ce journal est automatiquement édité et communiqué au comité technique mentionné à l'article R. 2122-58 et aux délégués mentionnés à l'article R. 2122-59. Il est annexé au procès-verbal des opérations de vote mentionné à l'article R. 2122-56.

Art. R. 2122-69 Après le scellement de l'urne électronique, le président du bureau de vote et deux des assesseurs tirés au sort se voient chacun remettre une clé de dépouillement distincte, selon des modalités qui en garantissent la confidentialité.
Deux autres clés sont conservées par deux tiers indépendants choisis par les services du ministre chargé du travail.

Art. R. 2122-70 Jusqu'à l'expiration du délai de recours contentieux ou, lorsqu'une action contentieuse a été engagée, jusqu'à la décision juridictionnelle devenue définitive, les fichiers supports comprenant la copie des programmes sources et des programmes exécutables, les matériels de vote, les fichiers d'émargement, de résultats et de sauvegarde sont conservés sous scellés, sous le contrôle du ministre chargé du travail et de la commission des opérations de vote. Si nécessaire, la procédure de décompte des votes peut être exécutée à nouveau.

A l'expiration du délai de recours ou, lorsqu'une action contentieuse a été engagée, après l'intervention d'une décision juridictionnelle devenue définitive, il est procédé à la destruction des fichiers supports, sous le contrôle du ministre chargé du travail et de la commission des opérations de vote.

Art. R. 2122-71 Le document d'identification de l'électeur ainsi que le système de vote électronique à distance mentionnent les modalités de confidentialité du vote.

§ 4 Vote par correspondance

Art. R. 2122-72 Tout électeur ayant reçu le document d'identification mentionné à l'article R. 2122-49 peut voter par correspondance selon les modalités prévues à l'article *(Décr. n° 2016-548 du 4 mai 2016, art. 1ᵉʳ-VI)* « R. 2122-74 ».

Art. R. 2122-73 *(Décr. n° 2016-548 du 4 mai 2016, art. 1ᵉʳ-VI)* Pour le vote par correspondance, il est fait usage :
1° D'une enveloppe de retour adressée au centre de traitement ;
2° D'un bulletin de vote permettant à la fois l'émargement de l'électeur et l'expression de son vote. Les informations du bulletin relatives à l'identification de l'électeur font l'objet d'un encodage avec identifiant aléatoire de sorte qu'il soit impossible d'établir un lien entre le sens du vote et l'identité de l'électeur.

Art. R. 2122-74 *(Décr. n° 2016-548 du 4 mai 2016, art. 1ᵉʳ-VI)* L'électeur souhaitant voter par correspondance adresse au centre de traitement mentionné à l'article R. 2122-53 son bulletin de vote après l'avoir glissé dans l'enveloppe de retour. Par cet envoi, il atteste sur l'honneur qu'il ne fait l'objet d'aucune interdiction, déchéance ou incapacité relative à ses droits civiques.

Un arrêté du ministre chargé du travail fixe la date limite de réception des votes par correspondance.

Art. R. 2122-75 Les plis de vote par correspondance sont, dès leur arrivée, remis par le prestataire en charge de l'acheminement postal agissant pour le compte du ministre chargé du travail au centre de traitement mentionné à l'article R. 2122-53.

Art. R. 2122-76 Le centre de traitement ne peut accepter comme vote émis par correspondance aucun pli autre que les plis officiels portant la mention "Vote par correspondance" remis par le prestataire en charge de l'acheminement postal, agissant pour le compte du ministre chargé du travail. Les plis d'une autre nature sont conservés sans être ouverts par le centre de traitement en vue de leur annexion au procès-verbal de dépouillement du scrutin.

Art. R. 2122-77 Jusqu'à l'expiration du délai de recours contentieux, ou lorsqu'une action contentieuse a été engagée, jusqu'à la décision juridictionnelle devenue définitive, les fichiers supports comprenant la copie des programmes sources et des programmes exécutables, les matériels de vote, les fichiers d'émargement, de résultats et de sauvegarde sont conservés sous scellés, sous le contrôle du ministre chargé du travail. Si nécessaire la procédure de décompte des votes peut être exécutée à nouveau.

A l'expiration du délai de recours ou, lorsqu'une action contentieuse a été engagée, après l'intervention d'une décision juridictionnelle devenue définitive, il est procédé à la destruction des fichiers supports sous le contrôle du ministre chargé du travail et de la commission des opérations de vote.

SOUS-SECTION 7 **Dépouillement**

§ 1 Dépouillement du vote électronique à distance

Art. R. 2122-78 Le dernier jour du dépouillement du vote par correspondance, le président et les assesseurs du bureau de vote procèdent, en public, au dépouillement des votes électroniques à distance. A cette fin, ils activent deux des trois clés de dépouillement mentionnées à l'article R. 2122-69. Le décompte des suffrages fait l'objet d'une édition sécurisée afin d'être porté au procès-verbal. Les résultats sont présentés par région, par branche et par collège.

Art. R. 2122-79 Dans le cas où l'électeur a utilisé les deux modes de vote, seul le vote électronique est retenu.

§ 2 Dépouillement du vote par correspondance

Art. R. 2122-80 Les opérations de dépouillement du vote par correspondance font l'objet de traitements automatisés.

Art. R. 2122-81 Il est créé, selon des modalités fixées par arrêté du ministre chargé du travail, deux traitements automatisés distincts, dédiés et isolés, respectivement dénommés "fichier des électeurs" et "urne électronique".
Aucun lien n'est établi entre ces deux traitements.

Art. R. 2122-82 Le fichier des électeurs contient les données relatives à la liste électorale établie en application de l'article L. 2122-10-4. Ce fichier permet de recenser les électeurs ayant pris part au scrutin.

Art. R. 2122-83 L'urne électronique contient les données relatives aux votes exprimés par correspondance. Les données de ce fichier font l'objet d'un chiffrement.

Art. R. 2122-84 Après la fin du vote, le bureau de vote procède au dépouillement des votes par correspondance en séance publique, en présence de la Commission nationale des opérations de vote. Le bureau de vote et la Commission nationale des opérations de vote peuvent faire inscrire leurs observations au procès-verbal.

Art. R. 2122-85 Avant le début du dépouillement du vote par correspondance, le bureau de vote constate la présence du scellement du système de dépouillement des votes, son bon fonctionnement, la remise à zéro du compteur des suffrages et le fait que l'urne électronique est vide.
Aucun résultat partiel n'est accessible pendant le déroulement du dépouillement.

Art. R. 2122-86 Le processus d'enregistrement du vote fait l'objet des deux traitements suivants :
1° D'une part, la mise à jour de la liste d'émargement. Lorsque, au moment de ce traitement, il est constaté que l'électeur ayant envoyé un vote par correspondance a déjà voté électroniquement à distance, son vote par correspondance est immédiatement détruit. Cette opération est mentionnée au procès-verbal ;
2° D'autre part, le vote fait l'objet d'un contrôle de recevabilité telle que définie à l'article R. 2122-88 puis le vote est comptabilisé.

Art. R. 2122-87 Ne font pas l'objet d'un dépouillement et sont annexés au procès-verbal des opérations de vote :
(Abrogé par Décr. n° 2016-548 du 4 mai 2016, art. 1er-VII) « 1° *Les plis parvenus au centre de traitement mentionné à l'article R. 2122-53 plus de cinq jours après le dernier jour de la période de vote ;* »
1° Les plis remis par une personne ne travaillant pas pour le prestataire en charge de l'acheminement postal ;
2° Les plis des électeurs ayant déjà voté par vote électronique ;
3° Les plis arrivés non cachetés ou décachetés.

Art. R. 2122-88 N'entrent pas en compte dans le résultat des votes par correspondance :
1° Les enveloppes sans bulletin ;
2° Les bulletins blancs ;
3° Les bulletins multiples trouvés dans la même enveloppe et en faveur de candidatures différentes ;
4° Les bulletins désignant une candidature qui n'a pas été régulièrement publiée ou dont l'irrecevabilité a été constatée par le juge ;

(*Décr. n° 2016-548 du 4 mai 2016, art. 1ᵉʳ-VII*) « 5° Les bulletins d'un modèle différent de ceux qui ont été adressés aux électeurs ou qui comportent une mention manuscrite rendant incertaine l'expression du vote ; »

6° Les bulletins (*Abrogé par Décr. n° 2016-548 du 4 mai 2016, art. 1ᵉʳ-VII*) « *ou enveloppes* » portant des signes intérieurs ou extérieurs de reconnaissance ;

7° Les bulletins (*Abrogé par Décr. n° 2016-548 du 4 mai 2016, art. 1ᵉʳ-VII*) « *ou enveloppes* » portant des mentions injurieuses ;

8° Les (*Décr. n° 2016-548 du 4 mai 2016, art. 1ᵉʳ-VII*) « documents de propagande utilisés » comme bulletin.

Art. R. 2122-89 Les matériels de vote qui n'ont pas été pris en compte conformément à l'article R. 2122-88 sont annexés au procès-verbal.

Chacun de ces matériels annexés porte mention des causes de l'annexion.

Art. R. 2122-90 (*Décr. n° 2016-548 du 4 mai 2016, art. 1ᵉʳ-VII*) « Les enveloppes de vote par correspondance sont jointes à la liste d'émargement. »

Ces documents sont conservés pendant quatre mois après l'expiration des délais fixés pour la formation des recours contre l'élection.

§ 3 Centralisation et proclamation des résultats

Art. R. 2122-91 Après la clôture du dépouillement du vote par correspondance, les résultats du vote électronique à distance sont ajoutés aux résultats des votes exprimés par correspondance.

Art. R. 2122-92 Immédiatement après la fin du dépouillement, le procès-verbal de dépouillement est rédigé par le secrétaire de la Commission nationale des opérations de vote.

Il est établi en deux exemplaires, signés de tous les membres de la Commission nationale des opérations de vote.

Dès l'établissement du procès-verbal de dépouillement, les résultats sont transmis par le président de la Commission nationale des opérations de vote aux commissions régionales des opérations de vote pour proclamation et affichage dans les (*Décr. n° 2020-1545 du 9 déc. 2020, art. 28-X*) « directions régionales de l'économie, de l'emploi, du travail et des solidarités ».

Les résultats sont également (*Décr. n° 2016-548 du 4 mai 2016, art. 1ᵉʳ-VII*) « proclamés par le président de la Commission nationale des opérations de vote » *[et]* publiés sur le site internet mentionné à l'article R. 2122-19.

Un exemplaire est aussitôt transmis au ministre chargé du travail et au Haut Conseil du dialogue social.

SOUS-SECTION 8 **Contestations relatives au déroulement des opérations électorales**

Art. R. 2122-93 Les contestations prévues à l'article L. 2122-10-11 sont formées postérieurement au scrutin, dans un délai de quinze jours à compter de l'affichage des résultats mentionné à l'article R. 2122-92 par tout électeur ou tout mandataire d'une organisation candidate relevant de la région pour laquelle la contestation est formée, à peine d'irrecevabilité.

Le recours est porté devant le (*Décr. n° 2019-966 du 18 sept. 2019, art. 8-I, en vigueur le 1ᵉʳ janv. 2020*) « tribunal judiciaire » dans le ressort duquel siège la commission régionale des opérations de vote ayant proclamé les résultats faisant l'objet du recours.

Art. R. 2122-94 Les électeurs mineurs peuvent présenter un recours relatif au déroulement des opérations électorales sans autorisation de leur représentant légal.

Art. R. 2122-95 (*Décr. n° 2020-927 du 29 juill. 2020, art. 3*) La contestation est formée par requête dans les conditions prévues aux articles 54 et 57 du code de procédure civile.

Art. R. 2122-96 Le tribunal statue dans un délai d'un mois à compter de sa saisine, après avoir averti toutes les parties intéressées quinze jours à l'avance par remise contre récépissé ou par lettre recommandée avec demande d'avis de réception. A défaut de retour au greffe de l'avis de réception signé, la notification est réputée faite à domicile au jour de sa première présentation.

Le (*Décr. n° 2019-966 du 18 sept. 2019, art. 8-I, en vigueur le 1er janv. 2020*) « tribunal judiciaire » statue sans frais ni forme de procédure. La décision est notifiée aux parties au plus tard dans les trois jours par le greffe, qui en adresse une copie dans le même délai au ministre chargé du travail qui en transmet lui-même une copie au Haut Conseil du dialogue social.

La décision du (*Décr. n° 2019-966 du 18 sept. 2019, art. 8-I, en vigueur le 1er janv. 2020*) « tribunal judiciaire » n'est pas susceptible d'opposition.

Art. R. 2122-97 (*Décr. n° 2020-927 du 29 juill. 2020, art. 3*) La décision du tribunal judiciaire peut faire l'objet d'un pourvoi en cassation formé, instruit et jugé dans les conditions prévues par le code de procédure civile en matière d'élections professionnelles.

Les parties sont dispensées du ministère d'avocat au Conseil d'État et à la Cour de cassation.

Art. R. 2122-98 Les délais fixés par les articles R. 2122-93, R. 2122-96 et R. 2122-97 sont calculés et prorogés conformément aux dispositions des articles 640, 641 et 642 du code de procédure civile.

SECTION 4 **Voies de recours**

(*Décr. n° 2012-1130 du 5 oct. 2012*)

Art. R. 2122-99 Les recours dirigés contre les arrêtés pris en application de l'article L. 2122-11 sont portés devant la juridiction désignée par l'article R. 311-2 du code de justice administrative.

TITRE III STATUT JURIDIQUE

CHAPITRE I OBJET ET CONSTITUTION

Art. R. 2131-1 Les statuts du syndicat sont déposés à la mairie de la localité où le syndicat est établi.

Le maire communique ces statuts au procureur de la République. — [*Anc. art. R. 411-1.*]

CHAPITRE II CAPACITÉ CIVILE

Le présent chapitre ne comprend pas de dispositions réglementaires.

CHAPITRE III UNIONS DE SYNDICATS

Le présent chapitre ne comprend pas de dispositions réglementaires.

CHAPITRE IV MARQUES SYNDICALES

Le présent chapitre ne comprend pas de dispositions réglementaires.

CHAPITRE V RESSOURCES ET MOYENS

(*Décr. n° 2009-1665 du 28 déc. 2009*)

SECTION 1 **Certification et publicité des comptes des organisations syndicales de salariés et professionnelles d'employeurs** (*Décr. n° 2015-87 du 28 janv. 2015, art. 1er*).

Art. D. 2135-1 Les comptes annuels des syndicats professionnels de salariés ou d'employeurs et de leurs unions, et des associations de salariés ou d'employeurs mentionnés à l'article L. 2135-1 sont établis dans les conditions prévues au présent chapitre.

Art. D. 2135-2 Les comptes annuels des syndicats professionnels de salariés ou d'employeurs et de leurs unions, et des associations de salariés ou d'employeurs mentionnés à l'article L. 2135-1 dont les ressources au sens de l'article D. 2135-9 sont supérieures à 230 000 euros à la clôture d'un exercice comprennent un bilan, un compte de résultat et une annexe selon des modalités définies par règlement de l'Autorité des normes comptables.

Les prescriptions comptables applicables à ces organisations sont fixées par règlement de l'Autorité des normes comptables.

V. Arr. du 31 déc. 2009 portant homologation du Règl. n° 2009-10 du Comité de la réglementation comptable (JO 5 janv. 2010).

Art. D. 2135-3 Les comptes annuels des syndicats professionnels de salariés ou d'employeurs et de leurs unions, et des associations de salariés ou d'employeurs mentionnés à l'article L. 2135-1 dont les ressources au sens de l'article D. 2135-9 sont inférieures ou égales à 230 000 euros à la clôture de l'exercice peuvent être établis sous la forme d'un bilan, d'un compte de résultat et d'une annexe simplifiés, selon des modalités fixées par règlement de l'Autorité des normes comptables. Ils peuvent n'enregistrer leurs créances et leurs dettes qu'à la clôture de l'exercice.

Les dispositions du présent article ne sont plus applicables lorsque la condition de ressources mentionnée à l'alinéa précédent n'est pas remplie pendant deux exercices consécutifs.

1. Transparence financière. Le défaut de production de l'annexe simplifiée prévue par l'art. D. 2135-3 ne dispense pas le juge d'examiner le critère de transparence financière au vu des documents produits par le syndicat (bilan, compte de résultat, livres comptables, ensemble des relevés bancaires...). • Soc. 29 févr. 2012 : 🔒 D. actu. 14 mars 2012, obs. Siro ; D. 2012. Actu. 687 ∅ ; D. 2012. 392 ∅, n° 471 ; Dr. ouvrier 2012. 315, Rapp. Béraud ; JSL 2012, n° 320-5, obs. Ferté ; JCP S 2012. 1168, obs. Gauriau.

2. Ressources inférieures à 230 000 € sur un seul exercice. Le syndicat dont les ressources ne dépassent pas 230 000 euros sur deux exercices consécutifs conserve la faculté d'établir une comptabilité simplifiée et de n'enregistrer ses créances et dettes qu'à la clôture de l'exercice. • Soc. 23 juin 2021, 🔒 n° 20-10.544 B : D. actu. 24 juill. 2021, obs. Clément ; Dr. soc. 2021. 1046, obs. Petit ∅ ; RJS 10/2021, n° 552.

Art. D. 2135-4 Les comptes annuels des syndicats professionnels de salariés ou d'employeurs et de leurs unions, et des associations de salariés ou d'employeurs mentionnés à l'article L. 2135-1 dont les ressources au sens de l'article D. 2135-9 sont inférieures à 2 000 euros à la clôture d'un exercice peuvent être établis sous la forme d'un livre mentionnant chronologiquement le montant et l'origine des ressources qu'ils perçoivent et des dépenses qu'ils effectuent, ainsi que les références aux pièces justificatives. Pour les ressources, il distingue les règlements en espèces des autres règlements. Une fois par année civile, un total des ressources et des dépenses est établi.

Art. D. 2135-5 Les comptes des syndicats professionnels et de leurs unions, et des associations de salariés ou d'employeurs mentionnés à l'article L. 2135-2 comprennent un bilan, un compte de résultat et une annexe établis selon des modalités définies par règlement de l'Autorité des normes comptables.

Les prescriptions comptables relatives aux comptes consolidés sont fixées par règlement de l'Autorité des normes comptables.

Art. D. 2135-6 Les comptes combinés des syndicats professionnels et de leurs unions, et des associations de salariés ou d'employeurs mentionnés à l'article L. 2135-3 comprennent un bilan, un compte de résultat et une annexe établis selon des modalités définies par règlement de l'Autorité des normes comptables.

Les prescriptions comptables relatives aux comptes combinés sont fixées par règlement de l'Autorité des normes comptables.

Art. D. 2135-7 Les syndicats professionnels de salariés ou d'employeurs et leurs unions, et les associations de salariés ou d'employeurs mentionnés à l'article L. 2135-1 dont les ressources au sens de l'article D. 2135-9 sont égales ou supérieures à 230 000 euros à la clôture d'un exercice assurent la publicité de leurs comptes et du rapport du commissaire aux comptes sur le site internet de la Direction (Décr. n° 2010-31 du 11 janv. 2011) « de l'information légale et administrative ». A cette fin, ils transmettent par voie électronique à la Direction (Décr. n° 2010-31 du 11 janv. 2011) « de l'information légale et administrative », dans un délai de trois mois à compter de l'approbation des comptes par l'organe délibérant statutaire, le bilan, le compte de résultat, l'annexe ainsi que le rapport du commissaire aux comptes. Un arrêté du Premier ministre fixe les modalités de cette transmission.

Ces documents sont publiés sous forme électronique par la Direction *(Décr. n° 2010-31 du 11 janv. 2011)* « de l'information légale et administrative », dans des conditions de nature à garantir leur authenticité et leur accessibilité gratuite.

Cette prestation donne lieu à rémunération pour service rendu dans les conditions prévues par le décret n° 2005-1073 du 31 août 2005 relatif à la rémunération des services rendus par la Direction *(Décr. n° 2010-31 du 11 janv. 2011)* « de l'information légale et administrative ».

Art. D. 2135-8 Les syndicats professionnels de salariés ou d'employeurs et leurs unions, et les associations de salariés ou d'employeurs mentionnés à l'article L. 2135-1 dont les ressources au sens de l'article D. 2135-9 sont inférieures à 230 000 euros à la clôture d'un exercice assurent la publicité de leurs comptes *(Décr. n° 2015-1525 du 24 nov. 2015)* « et, s'agissant des syndicats professionnels d'employeurs, de leurs unions et des associations d'employeurs qui souhaitent établir leur représentativité sur le fondement du titre V du livre I de la deuxième partie du présent code, du rapport du commissaire aux comptes » dans un délai de trois mois à compter de leur approbation par l'organe délibérant statutaire soit dans les conditions prévues à l'article D. 2135-7, soit par publication sur leur site internet ou, à défaut de site, en *(Décr. n° 2020-1545 du 9 déc. 2020, art. 28-X)* « direction régionale de l'économie, de l'emploi, du travail et des solidarités ». A cette fin, ils transmettent, le cas échéant par voie électronique, leurs comptes *(Décr. n° 2015-1525 du 24 nov. 2015)* « accompagnés, s'agissant des syndicats professionnels d'employeurs, de leurs unions et des associations d'employeurs qui souhaitent établir leur représentativité sur le fondement du titre V du livre I de la deuxième partie du présent code, du rapport du commissaire aux comptes » ou le livre mentionné à l'article D. 2135-4 à la *(Décr. n° 2020-1545 du 9 déc. 2020, art. 28-X)* « direction régionale de l'économie, de l'emploi, du travail et des solidarités » *(Décr. n° 2015-1525 du 24 nov. 2015)* « dans le ressort de laquelle est situé leur siège social ».

Ces comptes annuels sont librement consultables.

Toutefois, les comptes annuels des syndicats professionnels de salariés ou d'employeurs et de leurs unions, et des associations de salariés ou d'employeurs mentionnés à l'article L. 2135-1 dont les ressources, au sens de l'article D. 2135-9, sont inférieures à 23 000 euros à la clôture d'un exercice, ne le sont qu'à la condition que cette consultation ne soit pas susceptible de porter atteinte à la vie privée de leurs membres.

Le *(Décr. n° 2020-1545 du 9 déc. 2020, art. 28-X)* « directeur régional de l'économie, de l'emploi, du travail et des solidarités » rend anonymes les mentions permettant l'identification des membres avant communication des documents mentionnés au premier alinéa.

Les dispositions issues du Décr. n° 2015-1525 du 24 nov. 2015 s'appliquent pour les exercices ouverts à compter du 1ᵉʳ janv. 2015 (Décr. préc., art. 2).

Art. D. 2135-9 *(Décr. n° 2015-1525 du 24 nov. 2015)* « Le seuil prévu à l'article L. 2135-6 est fixé à 230 000 euros à la clôture d'un exercice. »

Est pris en compte pour le calcul des ressources mentionnées au premier alinéa le montant des subventions, des produits de toute nature liés à l'activité courante, des produits financiers ainsi que des cotisations. Sont toutefois déduites de ce dernier montant les cotisations reversées, en vertu de conventions ou des statuts, à des syndicats professionnels de salariés ou d'employeurs et à leurs unions ou à des associations de salariés ou d'employeurs mentionnés à l'article L. 2135-1.

Les dispositions issues du Décr. n° 2015-1525 du 24 nov. 2015 s'appliquent pour les exercices ouverts à compter du 1ᵉʳ janv. 2015 (Décr. préc., art. 2).

SECTION 2 Financement des organisations syndicales de salariés et des organisations professionnelles d'employeurs

(Décr. n° 2015-87 du 28 janv. 2015, art. 1er)

SOUS-SECTION 1 Organisation et fonctionnement du fonds paritaire

Le fonds paritaire de financement des organisations syndicales de salariés et des organisations professionnelles d'employeurs défini à l'art. L. 2135-9 commence à exercer sa mission à compter de la publication au Journal officiel de l'extrait du formulaire de déclaration de création de l'association mentionnée à l'art. L. 2135-15 (Décr. n° 2015-87 du 28 janv. 2015, art. 3). — V. https://www.service-public.fr/associations.

§ 1 Composition du conseil d'administration de l'association paritaire

Art. R. 2135-10 Le conseil d'administration est composé de représentants des organisations syndicales de salariés et de représentants des organisations professionnelles d'employeurs représentatives au niveau national et interprofessionnel.

Art. R. 2135-11 Chaque organisation membre du conseil d'administration de l'association désigne deux représentants titulaires et deux représentants suppléants.

Ces représentants sont renouvelés au plus tard au 1er janvier de l'année suivant celle de la publication des arrêtés prévus aux articles L. 2122-11 et L. 2152-6.

Art. R. 2135-12 Le président de l'association est désigné par le conseil d'administration, pour un mandat de deux ans, alternativement parmi les représentants des organisations syndicales de salariés et parmi les représentants des organisations professionnelles d'employeurs qui en sont membres.

Par dérogation aux dispositions de l'art. R. 2135-12, la durée du mandat du premier président de l'association est de dix-huit mois (Décr. n° 2015-87 du 28 janv. 2015, art. 4-I).

Art. R. 2135-13 Un vice-président de l'association est désigné dans les conditions et pour la durée de mandat mentionnées à l'article R. 2135-12. Au cours d'un même mandat, le président et le vice-président relèvent, l'un, des organisations syndicales de salariés et, l'autre, des organisations professionnelles d'employeurs.

Par dérogation aux dispositions de l'art. R. 2135-13, la durée du mandat du premier vice-président de l'association est de dix-huit mois (Décr. n° 2015-87 du 28 janv. 2015, art. 4-I).

§ 2 Compétences du conseil d'administration de l'association paritaire

Art. R. 2135-14 Le conseil d'administration délibère dans les conditions prévues par l'article R. 2135-15 en vue notamment :

1° D'adopter le règlement intérieur de l'association paritaire de gestion ou toutes ses modifications ultérieures ;

2° De désigner le président et le vice-président de l'association en application des articles R. 2135-12 et R. 2135-13 ;

3° D'adopter son budget annuel de fonctionnement et d'approuver son compte financier annuel ;

4° De répartir chaque année les crédits du fonds paritaire conformément aux dispositions de la présente section ;

5° D'adopter chaque année le rapport sur l'utilisation par le fonds de ses crédits mentionné au dernier alinéa de l'article L. 2135-16 ;

6° De définir la liste des documents que doivent fournir les organisations bénéficiaires des crédits du fonds pour justifier l'engagement de leurs dépenses ;

7° De mettre en œuvre, le cas échéant, le dispositif défini aux articles R. 2135-23 à R. 2135-25 ;

8° De se prononcer sur les projets de conventions conclues par l'association paritaire pour l'application des dispositions de l'article L. 2135-10 ;

9° De fixer les modalités de report des crédits non engagés au cours d'un exercice sur l'exercice suivant, dans les conditions prévues par l'article R. 2135-26.

Le conseil d'administration peut déléguer ses compétences au titre d'actes d'administration autres que ceux mentionnés aux 1° à 9° du présent article, dans des conditions définies par les statuts de l'association.

Art. R. 2135-15 Chaque organisation syndicale de salariés dispose de deux voix. Chaque organisation professionnelle d'employeurs dispose d'un nombre de voix proportionnel à son audience au niveau national et interprofessionnel déterminée *(Décr. n° 2018-920 du 26 oct. 2018, art. 1ᵉʳ-I)* « dans les conditions prévues au premier alinéa du I de l'article L. 2135-15 » *(Décr. n° 2021-1638 du 13 déc. 2021)* « et suivant la règle de la représentation proportionnelle à la plus forte moyenne ». Le total des voix des organisations professionnelles d'employeurs est égal au nombre total de voix des organisations syndicales de salariés.

Les délibérations du conseil d'administration sont réputées adoptées en l'absence d'opposition d'au moins une organisation membre. En cas d'opposition, les délibérations sont adoptées à la majorité des voix des membres présents ou représentés.

Par dérogation aux dispositions du précédent alinéa, les délibérations portant sur l'objet défini au 7° de l'article R. 2135-14 sont adoptées à la majorité des deux tiers des voix des membres présents ou représentés.

Art. R. 2135-16 Les projets de délibérations relatives à la répartition des crédits mentionnée à l'article L. 2135-13 sont transmis, au moins quinze jours avant la date à laquelle ils sont débattus par le conseil d'administration, aux organisations syndicales de salariés dont la vocation statutaire revêt un caractère national et interprofessionnel et qui ont recueilli entre 3 % et 8 % des suffrages exprimés lors des élections prévues au 3° de l'article L. 2122-9 et aux organisations professionnelles d'employeurs représentatives au niveau national et multiprofessionnel. Cette transmission, comportant la mention de la date d'examen par le conseil d'administration, est effectuée par tout moyen propre à lui conférer date certaine.

Les organisations mentionnées au premier alinéa transmettent leurs observations par écrit au plus tard trois jours avant la date d'examen indiquée.

Sont annexées aux délibérations du conseil d'administration prévues au premier alinéa des éléments de réponse aux observations écrites transmises par les organisations que cet alinéa mentionne.

§ 3 Biens et moyens

Art. R. 2135-17 L'association de gestion du fonds paritaire ne peut posséder d'autres biens que ceux nécessaires à son fonctionnement.

Art. R. 2135-18 Les ressources perçues par l'association de gestion du fonds paritaire sont soit conservées en numéraire, soit déposées à vue, soit placées à court terme. Les intérêts produits par les sommes déposées ou placées à court terme ont le même caractère que les sommes dont ils sont issus. Ils sont soumis aux mêmes conditions d'utilisation et de contrôle.

§ 4 Rôle du commissaire du Gouvernement

Art. R. 2135-19 Pour l'application des dispositions du troisième alinéa du II de l'article L. 2135-15, le commissaire du Gouvernement saisit le président de l'association, par tout moyen propre à conférer date certaine à cette saisine, dans un délai de sept jours à compter de la date de réception de la délibération ou de la décision prise par une autre instance ou autorité interne. Il en informe les membres du conseil d'administration.

Dans un délai de sept jours à compter de la date de réception de cette saisine, le président de l'association transmet par tout moyen propre à conférer date certaine à cette transmission une réponse motivée par écrit.

Art. R. 2135-20 Pour l'application des dispositions du quatrième alinéa du II de l'article L. 2135-15, le commissaire du Gouvernement dispose, pour s'y opposer, d'un délai de vingt et un jours à compter de la date de réception de la délibération du conseil d'administration ou de la décision prise par une autre instance ou autorité interne qui lui est transmise par tout moyen propre à conférer date certaine à sa réception.

La mise en œuvre de la procédure de transmission prévue au premier alinéa a pour effet de suspendre l'exécution de la délibération ou décision concernée, jusqu'à l'expiration du délai de vingt et un jours défini à l'alinéa précédent, ou jusqu'à la date, si elle est antérieure, à laquelle le commissaire du Gouvernement fait connaître qu'il n'entend pas exercer son droit d'opposition.

L'exercice par le commissaire du Gouvernement de son droit d'opposition dans le délai mentionné au premier alinéa fait obstacle à la mise en œuvre de la délibération ou de la décision qui en fait l'objet.

§ 5 Rapport annuel du fonds paritaire

Art. R. 2135-21 Le rapport annuel du fonds prévu au quatrième alinéa de l'article L. 2135-16 est publié sur le site internet de l'association.

Art. R. 2135-22 Le rapport annuel mentionné au quatrième alinéa de l'article L. 2135-16 indique l'utilisation des crédits par chacune des organisations bénéficiaires mentionnées à l'article L. 2135-12, pour chaque mission mentionnée à l'article L. 2135-11 et pour chacune des ressources définies à l'article L. 2135-10.

§ 6 Droit de sanction du conseil d'administration – Suspension ou réduction du financement

Art. R. 2135-23 Dans les cas prévus au troisième alinéa de l'article L. 2135-16, le conseil d'administration peut, par une délibération adoptée selon les modalités définies au troisième alinéa de l'article R. 2135-15, mettre en demeure, par tout moyen propre à donner date certaine à la réception de cet acte, l'organisation visée de présenter ses observations sur les manquements constatés et de se conformer à ses obligations dans un délai qu'il fixe et qui ne peut être inférieur à quinze jours. Cette délibération est adoptée au regard de la liste des documents établie en application des dispositions du 6° de l'article R. 2135-14.

Lorsque l'organisation intéressée ne s'est pas conformée à ses obligations à l'issue de ce délai, le conseil d'administration peut, par une délibération prise selon les mêmes modalités et notifiée à l'organisation en cause, suspendre l'attribution du financement ou en réduire le montant.

Art. R. 2135-24 La suspension totale ou partielle de l'attribution du financement d'une organisation ou la réduction de son montant prend fin sans délai lorsque le conseil d'administration constate que l'organisation s'est conformée à ses obligations, et le montant total des sommes qui lui sont dues lui est alors versé.

Art. R. 2135-25 Dans le cas contraire, le montant de la réduction du financement, qui prend en compte la portée des manquements et, le cas échéant, l'existence de justifications pour certaines des dépenses engagées ne peut excéder le montant des sommes en cause au titre de l'année pour laquelle le rapport d'utilisation des crédits ou la justification des dépenses engagées faisait défaut.

§ 7 Utilisation des crédits par les organisations

Art. R. 2135-26 Les crédits qui n'ont pas été engagés par une organisation bénéficiaire au cours de l'exercice sont restitués au fonds et viennent en abondement du montant global des crédits de même nature susceptibles d'être attribués au titre de l'année suivante.

Par dérogation à l'alinéa précédent, les crédits versés à une organisation bénéficiaire qui n'ont pas été engagés au cours d'un exercice peuvent être reportés à son bénéfice sur l'exercice suivant, dans la limite de 20 % du montant de ces crédits, dans des conditions fixées par délibération du conseil d'administration, prévue au 9° de l'article R. 2135-14.

SOUS-SECTION 2 **Répartition des crédits du fonds paritaire**

Art. R. 2135-27 Le conseil d'administration de l'association gestionnaire du fonds détermine le montant destiné au financement des activités mentionnées au 1° de l'article L. 2135-11, qui ne peut être inférieur à 73 millions d'euros.

En l'absence de délibération du conseil d'administration, le montant destiné aux dotations prévues aux 1° et 2° du I de l'article R. 2135-28 est fixé à 73 millions d'euros.

Art. R. 2135-28 I. — Pour l'application du 1° *(Décr. n° 2018-920 du 26 oct. 2018, art. 1ᵉʳ-I)* « du I » de l'article L. 2135-13, le fonds répartit ses crédits à parité entre les organisations syndicales de salariés et les organisations professionnelles d'employeurs selon les modalités qui suivent :

1° Une dotation est répartie entre les organisations syndicales de salariés, d'une part, et les organisations professionnelles d'employeurs, d'autre part, représentatives au niveau national et interprofessionnel.

Les crédits attribués aux organisations syndicales de salariés sont répartis de manière uniforme entre chacune d'entre elles.

Les crédits attribués aux organisations professionnelles d'employeurs sont répartis proportionnellement à leur audience au niveau national et interprofessionnel déterminée *(Décr. n° 2018-920 du 26 oct. 2018, art. 1ᵉʳ-I)* « dans les conditions prévues au 1° du I de l'article L. 2135-13 ».

Les organisations professionnelles d'employeurs et les organisations syndicales de salariés représentatives au niveau national et interprofessionnel perçoivent les sommes dues à leurs organisations territoriales. Elles contribuent au financement de ces dernières au titre de la mission mentionnée au 1° de l'article L. 2135-11 ;

2° Une dotation est répartie entre les organisations professionnelles d'employeurs et les organisations syndicales de salariés, représentatives dans les branches, au niveau national et multiprofessionnel ainsi qu'au niveau national et interprofessionnel *(Abrogé par Décr. n° 2018-920 du 26 oct. 2018, art. 1ᵉʳ-I)* « , et qui participent à la gestion paritaire en siégeant au sein des instances prévues au 1° ou au 3° de l'article R. 6332-16 ».

Les crédits attribués aux organisations syndicales de salariés sont répartis de manière uniforme entre chacune d'entre elles, en tenant compte du rapport entre le montant de la contribution mentionnée au 1° du I de l'article L. 2135-10 acquittée par les entreprises relevant de la ou des branches dans lesquelles elles sont représentatives et le montant total de cette contribution, dans les conditions prévues à l'article L. 2135-14.

Les crédits attribués aux organisations professionnelles d'employeurs sont répartis en fonction de leur audience déterminée *(Décr. n° 2018-920 du 26 oct. 2018, art. 1ᵉʳ-I)* « dans les conditions prévues au 1° du I de l'article L. 2135-13 » dans la ou les branches dans lesquelles elles sont représentatives, en tenant compte du rapport entre le montant de la contribution mentionnée au 1° du I de l'article L. 2135-10 acquittée par les entreprises de cette ou ces branches et le montant total de cette contribution.

La part de la contribution mentionnée au 1° du I de l'article L. 2135-10, acquittée par les entreprises n'appartenant pas à une branche *(Décr. n° 2018-920 du 26 oct. 2018, art. 1ᵉʳ-I)* « est attribuée aux organisations syndicales de salariés et aux organisations professionnelles d'employeurs représentatives au niveau national et interprofessionnel et la part de la contribution mentionnée au 1° du I de l'article L. 2135-10 acquittée par les entreprises relevant d'une convention collective catégorielle ou territoriale dans laquelle aucune organisation n'est reconnue représentative, est attribuée aux organisations représentatives du secteur d'activité dont ladite convention relève ».

Les crédits attribués aux organisations professionnelles d'employeurs en application de l'alinéa précédent sont réparties entre les organisations *(Décr. n° 2018-920 du 26 oct. 2018, art. 1ᵉʳ-I)* « représentatives au niveau national et interprofessionnel ou au niveau de la branche à proportion des sommes concernées en fonction de leur audience déterminée dans les conditions prévues au 1° du I de l'article L. 2135-13 ». Les crédits attribués aux organisations syndicales de salariés sont répartis de manière uniforme entre chacune d'entre elles. *(Décr. n° 2016-305 du 16 mars 2016, art. 1ᵉʳ)* « Dans le secteur de la production cinématographique, de l'audiovisuel et du spectacle :

« *a)* Par dérogation aux premier et troisième alinéas du 2°, la dotation due aux organisations professionnelles d'employeurs est attribuée aux organisations professionnelles d'employeurs représentatives de l'ensemble des professions de ce secteur. Ces crédits sont répartis en fonction de leur audience déterminée dans ce secteur, en tenant compte du rapport entre le montant de la contribution mentionnée au 1° de l'article L. 2135-10 versé par l'ensemble des entreprises et des établissements relevant de ce secteur, y compris ceux qui ne relèvent pas du champ d'une convention collective, et le montant total de cette contribution ;

« *b)* Par dérogation au deuxième alinéa du 2°, les crédits attribués aux organisations syndicales de salariés sont répartis de manière uniforme entre chacune d'entre elles, en tenant compte du rapport entre le montant de la contribution mentionnée au 1° de l'article L. 2135-10 versé par l'ensemble des entreprises et des établissements relevant de ce secteur, y compris ceux qui ne relèvent pas du champ d'une convention collective, et le montant total de cette contribution. »

3° Le cas échéant, les autres dotations provenant de la participation volontaire d'organismes à vocation nationale définie au 2° du I de l'article L. 2135-10 sont réparties à parité entre les organisations syndicales de salariés et les organisations professionnelles d'employeurs participant à leur gestion.

Les crédits attribués aux organisations syndicales de salariés sont répartis de manière uniforme entre chacune d'entre elles et, sauf stipulation contraire de la convention conclue par l'organisme à vocation nationale avec le fonds, les crédits attribués aux organisations professionnelles d'employeurs sont répartis proportionnellement à leur audience au niveau national et interprofessionnel déterminée *(Décr. n° 2018-920 du 26 oct. 2018, art. 1er-I)* « dans les conditions prévues au 1° de l'article L. 2135-13 ».

II. — Le conseil d'administration de l'association gestionnaire du fonds détermine la répartition des crédits entre les dotations prévues au 1° et au 2° du I, sans que la dotation prévue au 2° puisse être inférieure à 36 millions d'euros.

En l'absence de délibération du conseil d'administration sur la répartition des crédits entre les dotations prévues au 1° et au 2° du I, la dotation prévue au 2° est fixée à un montant de 36 millions d'euros.

Art. R. 2135-29 Les organismes mentionnés au II de l'article L. 2135-10 communiquent chaque année au fonds paritaire le montant des rémunérations versées aux salariés mentionnés au même article et comprises dans l'assiette des cotisations de sécurité sociale définie à l'article L. 242-1 du code de la sécurité sociale et à l'article L. 741-10 du code rural et de la pêche maritime de chaque branche professionnelle au titre de l'année considérée.

Art. D. 2135-30 En application du 2° de l'article L. 2135-13, le fonds attribue les crédits versés par l'État selon les modalités suivantes :

1° 80 % de ses crédits, à parts égales, entre chacune des organisations syndicales de salariés représentatives au niveau national et interprofessionnel et des organisations professionnelles d'employeurs représentatives au niveau national et interprofessionnel ;

2° 20 % de ses crédits, à parts égales, entre chacune des organisations syndicales de salariés dont la vocation statutaire revêt un caractère national et interprofessionnel et qui ont recueilli entre 3 % et 8 % des suffrages exprimés lors des élections prévues au 3° de l'article L. 2122-9 et aux organisations professionnelles d'employeurs représentatives au niveau national et multiprofessionnel mentionnées à l'article L. 2152-2.

Art. D. 2135-31 En application des dispositions du 3° de l'article L. 2135-13, le fonds attribue les crédits entre chacune des organisations mentionnées au 3° de l'article L. 2135-12 en fonction de leur audience selon les modalités suivantes :

1° Une part est attribuée proportionnellement à l'audience obtenue par chacune d'entre elles lors des élections prévues au 3° de l'article L. 2122-9 ;

2° Une part des crédits, qui ne peut être inférieure à 7,9 millions d'euros ni supérieure au quart de la part prévue au 1°, est répartie à parts égales entre chacune des organisations.

Art. D. 2135-34 *(Décr. n° 2014-1718 du 30 déc. 2014)* Le taux de la contribution prévue au II *[I, 1°]* de l'article L. 2135-10 est fixé à 0,016 %.

CHAPITRE VI DISPOSITIONS PÉNALES

Le présent chapitre ne comprend pas de dispositions réglementaires.

TITRE IV EXERCICE DU DROIT SYNDICAL

CHAPITRE I PRINCIPES

Le présent chapitre ne comprend pas de dispositions réglementaires.

CHAPITRE II SECTION SYNDICALE

Art. R. 2142-1 (*Décr. n° 2019-1548 du 30 déc. 2019, art. 1ᵉʳ*) Lorsque le crédit d'heures ou la fraction du crédit d'heures restant est inférieur à quatre heures, le représentant de la section syndicale qui en bénéficie au titre des heures additionnées sur l'année prévues à l'article L. 2142-1-3 dispose d'une demi-journée qui vient en déduction du nombre annuel de jours travaillés fixé dans la convention individuelle du salarié.

CHAPITRE III DÉLÉGUÉ SYNDICAL

SECTION 1 Conditions de désignation

SOUS-SECTION 1 Entreprises de cinquante salariés et plus

Art. R. 2143-1 Le nombre des délégués syndicaux dont dispose chaque section syndicale au titre du premier alinéa de l'article L. 2143-3 est fixé soit par entreprise, soit par établissement distinct. — *[Anc. art. R. 412-1.]*

1. Cadre de la désignation. Le syndicat qui a désigné un délégué syndical au niveau de l'entreprise ne peut procéder à la désignation d'un délégué d'établissement qu'après avoir transformé le mandat du délégué syndical et fait de ce dernier un délégué syndical de l'entreprise. • Soc. 16 avr. 2008 : ⚖ *JCP S 2008. 1455, obs. Dumont.*

2. Conséquences de la désignation d'un délégué d'entreprise. Lorsqu'un syndicat a désigné un délégué d'entreprise, il ne peut désigner en plus un délégué d'établissement. • Soc. 10 juill. 1997 : ⚖ *RJS 1997. 857, n° 1396 ; TPS 1997, n° 242* • 17 sept. 2003, ⚖ n° 01-60.874 P. ♦ ... Sauf s'il a transformé le mandat des délégués syndicaux d'entreprise et fait de ces derniers des délégués syndicaux d'établissement. • Soc. 12 juin 2002, ⚖ n° 01-60.624 P : *D. 2002. IR 2174* / ; *RJS 2003. 45, n° 55.*

Art. R. 2143-2 Dans les entreprises, le nombre des délégués syndicaux est fixé comme suit :
1° De 50 à 999 salariés : 1 délégué ;
2° De 1 000 à 1 999 salariés : 2 délégués ;
3° De 2 000 à 3 999 salariés : 3 délégués ;
4° De 4 000 à 9 999 salariés : 4 délégués ;
5° Au-delà de 9 999 salariés : 5 délégués. — *[Anc. art. R. 412-2.]*

Art. R. 2143-3 Dans les entreprises comportant des établissements distincts de cinquante salariés ou plus, le nombre des délégués syndicaux est fixé par établissement conformément à l'article R. 2143-2.
Pour apprécier le seuil de cinquante salariés, l'effectif est calculé conformément au deuxième alinéa de l'article L. 2143-3. — *[Anc. art. R. 412-3.]*

Art. R. 2143-3-1 (*Décr. n° 2019-1548 du 30 déc. 2019, art. 1ᵉʳ*) Lorsque le crédit d'heures ou la fraction du crédit d'heures restant est inférieur à quatre heures, le délégué syndical et le délégué syndical central qui en bénéficient au titre des heures additionnées sur l'année prévues aux articles L. 2143-13 et L. 2143-15 disposent d'une demi-journée qui vient en déduction du nombre annuel de jours travaillés fixé dans la convention individuelle du salarié.

SOUS-SECTION 2 Formalités

Art. D. 2143-4 Les nom et prénoms du ou des délégués syndicaux, du délégué syndical central et du représentant syndical au (*Décr. n° 2017-1819 du 29 déc. 2017, art. 3*) « comité social et économique » sont portés à la connaissance de l'employeur soit par lettre recommandée avec avis de réception, soit par lettre remise contre récépissé. — *[Anc. art. D. 412-1.]*

SOUS-SECTION 3 Contestations

Art. R. 2143-5 Le (*Décr. n° 2019-966 du 18 sept. 2019, art. 8-I, en vigueur le 1ᵉʳ janv. 2020*) « tribunal judiciaire » statue en dernier ressort sur les contestations relatives aux conditions de désignation des délégués syndicaux légaux ou conventionnels.

Il est saisi par voie de *(Décr. n° 2019-1333 du 11 déc. 2019, art. 36, en vigueur le 1er janv. 2020)* « requête ».

Il statue dans les dix jours sans frais, ni forme de procédure et sur avertissement donné trois jours à l'avance à toutes les parties intéressées.

La décision du tribunal est notifiée par le greffe dans un délai de trois jours par lettre recommandée avec avis de réception.

La décision est susceptible d'un pourvoi en cassation dans un délai de dix jours. Le pourvoi est formé, instruit et jugé dans les conditions fixées par les articles 999 à 1008 du code de procédure civile.

Les termes de l'art. R. 2143-5 C. trav., selon lesquels la décision du tribunal d'instance qui statue en dernier ressort sur les contestations relatives aux conditions de désignation des délégués syndicaux légaux ou conventionnels est susceptible d'un pourvoi en cassation dans un délai de 10 jours, écartent tant l'appel que l'opposition.
● Soc. 11 déc. 2019, ⚖ n° 19-60.094 P : *RJS 2/2020, n° 98 ; Dr. ouvrier 2021. 108, obs. Renard ; JCP S 2020. 1025, obs. Gauriau.*

SECTION 2 **Mandat**

Art. R. 2143-6 En l'absence d'accord, la décision de suppression du mandat de délégué syndical prévue au deuxième alinéa de l'article L. 2143-11 est prise par le *(Décr. n° 2020-1545 du 9 déc. 2020, art. 28-X)* « directeur régional de l'économie, de l'emploi, du travail et des solidarités ».

Le silence gardé pendant plus de quatre mois par le ministre saisi d'un recours hiérarchique contre cette décision vaut décision de rejet.

CHAPITRE IV DISPOSITIONS COMPLÉMENTAIRES RELATIVES AUX ENTREPRISES DU SECTEUR PUBLIC

Le présent chapitre ne comprend pas de dispositions réglementaires.

CHAPITRE V FORMATION ÉCONOMIQUE, SOCIALE, ENVIRONNEMENTALE ET SYNDICALE DES SALARIÉS APPELÉS À EXERCER DES FONCTIONS SYNDICALES *(Décr. n° 2022-678 du 26 avr. 2022, art. 1er).*

SECTION 1 **Formation économique, sociale, environnementale et syndicale** *(Décr. n° 2022-678 du 26 avr. 2022, art. 1er).*

Art. R. 2145-1 Pour bénéficier de l'aide financière de l'État, les organismes dispensant la *(Décr. n° 2022-678 du 26 avr. 2022, art. 1er)* « formation économique, sociale, environnementale et syndicale », agréés dans les conditions prévues à l'article *(Décr. n° 2016-1552 du 18 nov. 2016, art. 7)* « R. 2145-3 », établissent des programmes préalables de stages ou de sessions précisant, notamment, les matières enseignées et la durée de formation.

Des conventions conclues entre, d'une part, les centres spécialisés mentionnés au 1° de l'article L. 2145-2 et les organismes mentionnés au quatrième alinéa de ce même article et, d'autre part, les ministères intéressés ou les universités ou instituts d'université, prévoient les conditions dans lesquelles cette aide est utilisée, notamment pour la rémunération du corps enseignant et l'octroi de bourses d'études.

Art. R. 2145-2 Pour l'application de l'article L. 2145-3, des crédits sont inscrits dans le cadre de la loi de finances au titre de la mission portant sur l'emploi et le travail.

Des crédits destinés à contribuer au fonctionnement des instituts internes aux universités sont également inscrits au titre de la mission portant sur la recherche et l'enseignement supérieur.

SECTION 2 **Congés de formation économique, sociale, environnementale et syndicale** *(Décr. n° 2022-678 du 26 avr. 2022, art. 1er).*

Art. R. 2145-3 La liste des centres et instituts dont les stages et sessions ouvrent droit aux congés de *(Décr. n° 2022-678 du 26 avr. 2022, art. 1er)* « formation économique, sociale, environnementale et syndicale » est établie par arrêté du ministre chargé du travail pris après avis *(Décr. n° 2015-1887 du 30 déc. 2015, art. 1ᵉʳ)* « des organisations syndicales de salariés mentionnées au 3° de l'article L. 2135-12 ». — *V. Arr. du 6 juill. 2016, JO 26 juill.*

L'art. R. 3142-2 devient l'art. R. 2145-3 (Décr. n° 2016-1552 du 18 nov. 2016, art. 1ᵉʳ-II).

Art. R. 2145-4 Le salarié adresse à l'employeur, au moins trente jours avant le début du congé de *(Décr. n° 2022-678 du 26 avr. 2022, art. 1ᵉʳ)* « formation économique, sociale, environnementale et syndicale », une demande l'informant de sa volonté de bénéficier de ce congé.

Il précise la date et la durée de l'absence sollicitée ainsi que le nom de l'organisme responsable du stage ou de la session.

L'art. R. 3142-3 devient l'art. R. 2145-4 (Décr. n° 2016-1552 du 18 nov. 2016, art. 1ᵉʳ-II).

Art. R. 2145-5 Le refus du congé de *(Décr. n° 2022-678 du 26 avr. 2022, art. 1ᵉʳ)* « formation économique, sociale, environnementale et syndicale » par l'employeur est notifié à l'intéressé dans un délai de huit jours à compter de la réception de sa demande.

En cas de différend, le bureau de jugement du conseil de prud'hommes saisi en application de l'article *(Décr. n° 2016-1552 du 18 nov. 2016, art. 1ᵉʳ-II)* « L. 2145-11 » statue en dernier ressort, *(Décr. n° 2019-1419 du 20 déc. 2019, art. 10, en vigueur le 1ᵉʳ janv. 2020)* « selon la procédure accélérée au fond ».

Les dispositions issues du Décr. n° 2019-1419 du 20 déc. 2019 s'appliquent aux demandes introduites à compter du 1ᵉʳ janv. 2020 (Décr. préc., art. 24-II).

Art. R. 2145-6 L'organisme chargé des stages ou sessions délivre au salarié une attestation constatant la fréquentation effective de celui-ci.

Cette attestation est remise à l'employeur au moment de la reprise du travail.

L'art. R. 3142-5 devient l'art. R. 2145-6 (Décr. n° 2016-1552 du 18 nov. 2016, art. 1ᵉʳ-II).

Art. R. 2145-7 et R. 2145-8 *Abrogés par Décr. n° 2018-920 du 26 oct. 2018, art. 1ᵉʳ-II.*

CHAPITRE VI **DISPOSITIONS PÉNALES**

Art. R. 2146-1 Le fait pour un directeur ou un administrateur d'un syndicat ou d'une union de syndicats de s'opposer à la libre constitution d'un syndicat ou d'une association professionnelle de personnes exerçant la même profession, des métiers similaires ou des métiers connexes, concourant à l'établissement de produits déterminés ou à la même profession libérale, en méconnaissance des dispositions du premier alinéa de l'article L. 2131-2, est puni de l'amende prévue pour les contraventions de la cinquième classe. — *[Anc. art. R. 461-1.]*

Art. R. 2146-2 Le fait pour un directeur ou un administrateur d'un syndicat ou d'une union de syndicats de ne pas déposer les statuts dans les conditions prévues *(Décr. n° 2009-289 du 13 mars 2009)* « à l'article L. 2131-3 » est puni de l'amende prévue pour les contraventions de la cinquième classe.

Art. R. 2146-3 Le fait pour un directeur ou un administrateur d'un syndicat ou d'une union de syndicats de s'opposer à l'accès d'un adhérent d'un syndicat professionnel, qui remplit les conditions fixées par l'article L. 2131-5, aux fonctions d'administration ou de direction de ce syndicat, en méconnaissance des dispositions de l'article L. 2131-4, est puni de l'amende prévue pour les contraventions de la cinquième classe. — *[Anc. art. R. 461-1.]*

Art. R. 2146-4 Le fait pour une personne qui est privée de ses droits civiques ou qui est l'objet d'une interdiction, déchéance ou incapacité relative à ses droits civiques, d'exercer les fonctions de directeur ou d'administrateur d'un syndicat ou d'une union de syndicats, en méconnaissance des dispositions du premier alinéa de l'article L. 2131-5, est puni de l'amende prévue pour les contraventions de la cinquième classe. — *[Anc. art. R. 461-1.]*

Art. R. 2146-5 Le fait pour un directeur ou un administrateur d'un syndicat ou d'une union de syndicats de s'opposer à la libre adhésion d'un salarié pour un motif lié à son sexe, son âge, sa nationalité, sa religion ou ses convictions, son handicap, son orientation sexuelle, son appartenance, vraie ou supposée à une ethnie ou une race, en méconnaissance des dispositions de l'article L. 2141-1, est puni de l'amende prévue pour les contraventions de la cinquième classe.

Est puni de la même peine le fait de s'opposer à l'adhésion ou à la poursuite de l'adhésion d'une personne ayant cessé d'exercer son activité professionnelle, en méconnaissance des dispositions de l'article L. 2141-2. − *[Anc. art. R. 461-1.]*

Art. R. 2146-6 Le fait de méconnaître les dispositions des articles *(Décr. n° 2016-1552 du 18 nov. 2016, art. 6-I)* « L. 2145-11 et R. 2145-5 », relatives au refus d'accorder les *(Décr. n° 2016-1552 du 18 nov. 2016, art. 6-I)* « congés de formation économique, sociale et syndicale », est puni de l'amende prévue pour les contraventions de la troisième classe.

L'art. R. 3143-2 devient l'art. R. 2146-6 (Décr. n° 2016-1552 du 18 nov. 2016, art. 6-I).

TITRE V REPRÉSENTATIVITÉ PATRONALE

(Décr. n° 2015-654 du 10 juin 2015, art. 1ᵉʳ)

CHAPITRE I CRITÈRES DE REPRÉSENTATIVITÉ

Art. R. 2151-1 *(Décr. n° 2016-1419 du 20 oct. 2016, art. 1ᵉʳ)* Pour l'application du *[des]* 4° au 6° de l'article L. 2151-1, une organisation professionnelle d'employeurs issue du regroupement d'organisations professionnelles d'employeurs préexistantes peut se prévaloir de l'ensemble des éléments démontrant l'audience et l'influence de ces dernières, ainsi que de l'ancienneté acquise antérieurement au regroupement par la plus ancienne de ces dernières dans le champ professionnel et géographique correspondant au niveau pour lequel la représentativité est demandée.

CHAPITRE II ORGANISATIONS PROFESSIONNELLES D'EMPLOYEURS REPRÉSENTATIVES

SECTION 1 **Dispositions communes à la mesure de l'audience des organisations professionnelles d'employeurs au niveau de la branche professionnelle et au niveau national et interprofessionnel**

Art. R. 2152-1 Pour l'application des articles L. 2152-1 et L. 2152-4, sont considérées comme adhérentes les entreprises, qu'elles emploient ou non du personnel salarié, dès lors qu'elles versent une cotisation, conformément aux règles fixées par une délibération de l'organe compétent de l'organisation professionnelle d'employeurs à laquelle elles adhèrent ou d'une structure territoriale statutaire de cette organisation, et selon des modalités assurant leur information quant à l'organisation destinataire de la cotisation.

(Décr. n° 2016-1419 du 20 oct. 2016, art. 1ᵉʳ) « Le cas échéant, l'adhésion d'une entreprise peut être effectuée par l'intermédiaire de ses établissements, dès lors que le chef d'établissement dispose d'une délégation de pouvoir du chef d'entreprise permettant notamment l'adhésion à une organisation professionnelle d'employeurs et qu'il verse une cotisation dans les conditions prévues à l'alinéa précédent. Dans ce cas, seuls sont pris en compte les effectifs de l'établissement considéré.

« Lorsqu'en application de l'alinéa précédent plusieurs établissements d'une entreprise adhèrent à une même organisation professionnelle d'employeurs ou à une même structure territoriale statutaire d'une organisation professionnelle d'employeurs, n'est prise en compte qu'une seule adhésion à cette organisation ou à cette structure au titre de cette entreprise. »

Ces dispositions s'appliquent sous réserve du dernier alinéa de l'article L. 2152-1.

Pour les professions libérales définies à l'article 29 de la loi n° 2012-387 du 22 mars 2012 relative à la formation professionnelle, à l'emploi et à la démocratie sociale, dans le cas d'une association entre des professionnels, chaque associé *(Décr. n° 2016-*

1419 du 20 oct. 2016, art. 1ᵉʳ) « qui participe à l'exercice de l'activité libérale et » qui adhère à une organisation professionnelle d'employeurs dans les conditions de la présente section est pris en compte comme une entreprise adhérente.

(Décr. n° 2016-1419 du 20 oct. 2016, art. 1ᵉʳ) « Pour les entreprises et exploitations mentionnées au cinquième alinéa de l'article L. 2152-1, constituées sous la forme d'un groupement d'employeurs ou d'une société, chaque membre du groupement ou associé qui participe à l'activité de l'entreprise ou de l'exploitation et qui adhère à une organisation professionnelle d'employeurs dans les conditions de la présente section est pris en compte comme une entreprise adhérente. »

Art. R. 2152-2 Sont également prises en compte comme entreprises adhérentes celles qui, selon les modalités fixées par une délibération de l'organe compétent de l'organisation ou de la structure territoriale statutaire de cette organisation, s'acquittent d'une cotisation dont le montant est réduit, pour tenir compte d'une adhésion en cours d'année ou de tout autre motif prévu par la délibération précitée, sous réserve que cette réduction n'excède pas de moitié la cotisation due en application des règles mentionnées à l'article R. 2152-1.

Art. R. 2152-3 Le nombre d'entreprises adhérentes est apprécié au 31 décembre de l'année précédant l'année de la déclaration de candidature prévue à l'article L. 2152-5.

Art. R. 2152-4 Lorsque l'adhésion de plusieurs entreprises est effectuée pour l'une d'entre elles pour le compte des autres avec l'accord écrit de celles-ci, chaque entreprise est prise en compte pour la mesure de l'audience comme adhérente dès lors que sa cotisation est versée conformément aux règles définies aux articles R. 2152-1 et R. 2152-2.

Art. R. 2152-5 Pour être pris en compte, l'adhérent doit avoir payé au 31 mars de l'année de la déclaration de candidature prévue à l'article L. 2152-5 l'intégralité des cotisations dues au titre de l'année précédente.

Art. R. 2152-6 *(Décr. n° 2020-184 du 28 févr. 2020, art. 1ᵉʳ)* « Le commissaire aux comptes compétent en application, selon le cas, du 3° de l'article L. 2152-1 ou du 3° de l'article L. 2152-4 atteste conformément aux dispositions de la présente section et des sections 2 et 3 du présent chapitre :

« 1° Le nombre par département d'entreprises adhérentes de l'organisation professionnelle d'employeurs candidate à l'établissement de sa représentativité ;

« 2° Le nombre de salariés employés par ces mêmes entreprises ;

« 3° Le nombre par département de ces mêmes entreprises employant au moins un salarié ;

« 4° Le nombre par département de ces mêmes entreprises employant au total moins de onze salariés.

« Il dispose à cet effet d'un accès accordé par le ministre chargé du travail à des données agrégées non nominatives issues des déclarations sociales des entreprises mentionnées à l'article L. 2122-10-3. »

Les règles prises en compte en matière de cotisations et définies conformément aux dispositions des articles *(Décr. n° 2016-1419 du 20 oct. 2016, art. 1ᵉʳ)* « R. 2152-1 et R. 2152-2 » sont jointes à ces attestations.

L'attestation du commissaire aux comptes est accompagnée d'une fiche de synthèse dont le modèle est arrêté par le ministre chargé du travail.

Art. R. 2152-6-1 *(Décr. n° 2016-1419 du 20 oct. 2016, art. 1ᵉʳ)* Pour l'application des dispositions du premier alinéa de l'article R. 2152-6, sont pris en compte les salariés des entreprises adhérentes titulaires d'un contrat de travail au cours du mois de décembre de l'année précédant l'année de prise en compte des entreprises adhérentes et figurant sur les déclarations sociales des entreprises, mentionnées à l'article L. 2122-10-3.

Dans les entreprises mentionnées au cinquième alinéa de l'article R. 2152-1 et constituées sous la forme des sociétés civiles de moyens définies aux articles 1832 et suivants du code civil, les associés peuvent se prévaloir des salariés employés par ces sociétés au bénéfice, le cas échéant, de l'organisation professionnelle d'employeurs à laquelle ils adhèrent. Chaque associé peut se prévaloir du nombre de salariés employés par la société civile de moyens, divisé par le nombre d'associés dans cette société.

Dans les entreprises mentionnées au cinquième alinéa de l'article R. 2152-1 au sein desquelles des associés se regroupent pour l'exercice-même de la profession libérale concernée, la répartition des salariés est effectuée en application de stipulations conventionnelles liant les associés. A défaut, chaque associé exerçant l'activité professionnelle concernée peut se prévaloir du nombre de salariés de l'entreprise, divisé par le nombre de ces associés qui exercent au sein de l'entreprise.

Dans les entreprises et exploitations mentionnées au sixième alinéa de l'article R. 2152-1 constituées sous la forme d'un groupement d'employeurs ou d'une société, les membres du groupement ou les associés qui participent à l'activité de l'entreprise ou de l'exploitation peuvent se prévaloir des salariés employés par le groupement ou la société au bénéfice, le cas échéant, de l'organisation professionnelle d'employeurs à laquelle ils adhèrent. Chaque associé peut se prévaloir du nombre de salariés employés par le groupement d'employeurs ou la société, divisé par le nombre d'associés qui participent à l'activité de l'entreprise ou de l'exploitation.

Art. R. 2152-7 Le respect du critère de l'audience défini au 6° de l'article L. 2151-1 est apprécié par le ministre chargé du travail qui s'assure que le montant de la cotisation versée *(Décr. n° 2016-1419 du 20 oct. 2016, art. 1ᵉʳ)* « est de nature à établir la réalité de leur adhésion ».

SECTION 2 **Représentativité patronale au niveau de la branche professionnelle**

Art. R. 2152-8 I. — Pour la mesure de l'audience d'une organisation professionnelle d'employeurs prévue au 3° de l'article L. 2152-1, sont prises en compte les entreprises relevant de la branche professionnelle concernée et adhérentes à cette organisation professionnelle à ce niveau ou à une structure territoriale statutaire de cette organisation.

II. — Sont également considérées comme adhérentes à une organisation professionnelle d'employeurs candidate à la représentativité dans une branche professionnelle les entreprises relevant de cette branche professionnelle et adhérant à une ou plusieurs organisations professionnelles d'employeurs ou à l'une de leurs structures territoriales statutaires dès lors que cette organisation :

1° A rendu publique son adhésion à l'organisation candidate par tout moyen avant le 31 décembre de l'année précédant l'année de la déclaration de candidature prévue à l'article L. 2152-5 ;

2° Atteste ne pas être candidate à la représentativité dans la branche concernée ;

3° *(Décr. n° 2016-1419 du 20 oct. 2016, art. 1ᵉʳ)* « Verse une cotisation conformément aux règles fixées par l'organe compétent de l'organisation à laquelle elle adhère », et selon des modalités assurant l'information des entreprises adhérentes quant à l'organisation destinataire de la cotisation. Cette condition est également regardée comme satisfaite lorsque l'organisation concernée produit des comptes combinés avec l'organisation à laquelle elle adhère.

A l'exception des branches couvrant exclusivement les activités agricoles mentionnées aux 1° à 4° de l'article L. 722-1 du code rural et de la pêche maritime ainsi que celles des coopératives d'utilisation de matériel agricole, ne sont pas prises en compte au titre du 3° les adhésions des organisations professionnelles d'employeurs ou de leurs structures territoriales statutaires aux structures territoriales statutaires de l'organisation candidate à l'établissement de sa représentativité.

III. — Sont également prises en compte comme adhérentes les organisations qui, selon les modalités fixées par une délibération de l'organe compétent de l'organisation candidate, s'acquittent d'une cotisation dont le montant est réduit, pour tenir compte d'une adhésion en cours d'année ou de tout autre motif prévu par la délibération précitée, sous réserve que cette réduction n'excède pas de moitié la cotisation due en application des règles mentionnées à l'alinéa précédent.

IV. — Les adhésions des entreprises aux structures territoriales statutaires définies au I et aux organisations *(Décr. n° 2016-1419 du 20 oct. 2016, art. 1ᵉʳ)* « professionnelles d'employeurs ou à l'une de leurs structures territoriales statutaires » définies au II sont prises en compte dès lors que des attestations telles que définies *(Décr. n° 2016-1419 du 20 oct. 2016, art. 1ᵉʳ)* « à l'article R. 2152-6 » ont été établies *(Décr. n° 2016-1419 du 20 oct. 2016, art. 1ᵉʳ)* « au titre de chacune de ces organisations professionnelles d'employeurs et au titre de chacune ou de l'ensemble de ces structures territoriales statutaires, accompagnées de la fiche de synthèse mentionnée à l'article R. 2152-6 » :

1° Soit par le commissaire aux comptes de l'organisation candidate ;

2° Soit dans le cadre d'une mission de vérification de ces éléments par un commissaire aux comptes désigné par les structures ou organisations mentionnées au premier alinéa (Décr. n° 2016-1419 du 20 oct. 2016, art. 1ᵉʳ) « du présent IV ».

Les règles prises en compte en matière de cotisations et définies conformément aux dispositions des articles R. 2152-1 et R. 2152-2 sont jointes à ces attestations.

(Décr. n° 2016-1419 du 20 oct. 2016, art. 1ᵉʳ) « V. — Lorsqu'une structure territoriale statutaire ou une organisation professionnelle d'employeurs ne dispose pas d'entreprises qui lui sont directement adhérentes, le respect des dispositions du I et du [des] 1° au 3° du II du présent article est attesté par un commissaire aux comptes. »

SECTION 3 — Représentativité patronale au niveau national et interprofessionnel

Art. R. 2152-9 I. — Pour la mesure de l'audience des organisations professionnelles d'employeurs prévus au 3° de l'article L. 2152-4, sont prises en compte les entreprises qui adhèrent directement à l'organisation professionnelle d'employeurs candidate à l'établissement de sa représentativité ou à l'une de ses structures territoriales statutaires.

II. — Sont également considérées comme adhérentes à une organisation professionnelle d'employeurs candidate à la représentativité les entreprises adhérant à une ou plusieurs organisations professionnelles d'employeurs ou à l'une de leurs structures territoriales statutaires dès lors que cette organisation :

1° A rendu publique son adhésion par tout moyen avant le 31 décembre précédant l'année de déclaration de candidature prévue à l'article L. 2152-5 ;

2° Verse une cotisation conformément aux règles fixées par l'organe compétent de l'organisation à laquelle elle adhère, selon des modalités assurant l'information des entreprises adhérentes quant à l'organisation destinataire de la cotisation. Cette condition est également regardée comme satisfaite lorsque l'organisation concernée produit des comptes combinés avec l'organisation à laquelle elle adhère.

Ne sont pas prises en compte au titre du 2° les adhésions des organisations professionnelles d'employeurs ou de leurs structures territoriales statutaires aux structures territoriales statutaires de l'organisation candidate à l'établissement de sa représentativité.

III. — Sont également prises en compte comme adhérentes les organisations qui, selon les modalités fixées par une délibération de l'organe compétent de l'organisation candidate, s'acquittent d'une cotisation dont le montant est réduit, pour tenir compte d'une adhésion en cours d'année ou de tout autre motif prévu par la délibération précitée, sous réserve que cette réduction n'excède pas de moitié la cotisation due en application des règles mentionnées à l'alinéa précédent.

IV. — Les adhésions (Décr. n° 2016-1419 du 20 oct. 2016, art. 1ᵉʳ) « aux structures territoriales statutaires définies au I et aux organisations professionnelles d'employeurs ou à l'une de leurs structures territoriales statutaires définies au II » sont prises en compte dès lors que des attestations telles que définies (Décr. n° 2016-1419 du 20 oct. 2016, art. 1ᵉʳ) « à l'article R. 2152-6 » ont été établies (Décr. n° 2016-1419 du 20 oct. 2016, art. 1ᵉʳ) « au titre de chacune de ces organisations professionnelles d'employeurs et au titre de chacune ou de l'ensemble de ces structures territoriales statutaires, accompagnées de la fiche de synthèse mentionnée à l'article R. 2152-6 » :

1° Soit par le commissaire aux comptes de l'organisation candidate ;

2° Soit dans le cadre d'une mission de vérification de ces éléments par un commissaire aux comptes désigné par (Décr. n° 2016-1419 du 20 oct. 2016, art. 1ᵉʳ) « les structures ou organisations mentionnées au premier alinéa du présent IV ».

Les règles prises en compte en matière de cotisations et définies conformément aux dispositions des articles R. 2152-1 et R. 2152-2 sont jointes à ces attestations.

(Décr. n° 2016-1419 du 20 oct. 2016, art. 1ᵉʳ) « V. — Lorsqu'une structure territoriale statutaire ou une organisation professionnelle d'employeurs ne dispose pas d'entreprises qui lui sont directement adhérentes, le respect des dispositions du I et du 1° et du 2° du II du présent article est attesté par un commissaire aux comptes. »

Art. D. 2152-9-1 (Décr. n° 2016-1474 du 28 oct. 2016) Le seuil prévu au dernier alinéa de l'article L. 2152-4 est fixé à 10 %.

SECTION 4 Représentativité patronale au niveau national et multiprofessionnel

Art. R. 2152-10 Pour l'appréciation des critères définis aux 2° et 3° de l'article L. 2152-2, sont prises en compte les organisations professionnelles d'employeurs dès lors qu'elles versent une cotisation à une organisation professionnelle d'employeurs candidate à l'établissement de sa représentativité, conformément aux règles fixées par l'organe compétent de l'organisation candidate, et selon des modalités assurant l'information des organisations adhérentes quant à l'organisation destinataire de la cotisation.

Sont également prises en compte comme adhérentes les organisations qui, selon les modalités fixées par une délibération de l'organe compétent de l'organisation candidate, s'acquittent d'une cotisation dont le montant est réduit, pour tenir compte d'une adhésion en cours d'année ou de tout autre motif prévu par la délibération précitée, sous réserve que cette réduction n'excède pas de moitié la cotisation due en application des règles mentionnées à l'alinéa précédent.

Art. R. 2152-11 (Décr. n° 2016-1419 du 20 oct. 2016, art. 1er) Le respect des critères définis aux 2° et 3° de l'article L. 2152-2 est apprécié par le ministre chargé du travail qui s'assure que le montant de la cotisation versée est de nature à établir la réalité de l'adhésion.

SECTION 5 Candidatures des organisations professionnelles d'employeurs

Art. R. 2152-12 Les candidatures des organisations professionnelles d'employeurs sont déposées auprès des services centraux du ministère chargé du travail dans les conditions fixées par arrêté du ministre chargé du travail.

Cet arrêté fixe notamment la période de dépôt des candidatures.

Art. R. 2152-13 L'organisation professionnelle d'employeurs qui souhaite voir établie sa représentativité en application de l'article L. 2152-1 dans plusieurs branches professionnelles dépose une déclaration de candidature au titre de chacune des branches dans laquelle elle est candidate.

Par dérogation à l'alinéa précédent, dans les branches couvrant exclusivement les activités agricoles mentionnées aux 1° à 4° de l'article L. 722-1 du code rural et de la pêche maritime ainsi que celles des coopératives d'utilisation de matériel agricole, les candidatures sont présentées pour chaque secteur d'activité.

Art. R. 2152-14 Sont joints à la déclaration de candidature d'une organisation professionnelle d'employeurs souhaitant voir établie sa représentativité au niveau de la branche professionnelle en application de l'article L. 2152-1 :

(Décr. n° 2016-1419 du 20 oct. 2016, art. 1er) « 1° Les attestations du ou des commissaires aux comptes définies à l'article R. 2152-6 et au IV de l'article R. 2152-8. Ces attestations sont accompagnées de la fiche de synthèse mentionnée à l'article R. 2152-6 ; »

2° Une copie des statuts de l'organisation ainsi que du récépissé de dépôt de ceux-ci ;

3° Les éléments et documents permettant de justifier que l'organisation satisfait aux critères mentionnés aux 2°, 3° et 5° de l'article L. 2151-1 ;

4° Les règles en matière de cotisations fixées par délibération de l'organe compétent des structures territoriales statutaires et organisations en application de l'article R. 2152-8 ;

(Décr. n° 2016-1419 du 20 oct. 2016, art. 1er) « 5° Les déclarations, signées par le ou les commissaires aux comptes et établies :

« *a*) Par l'organisation professionnelle d'employeurs candidate, du nombre par département d'entreprises adhérentes (Décr. n° 2020-184 du 28 févr. 2020, art. 1er) « , du nombre de salariés employés par ces entreprises, du nombre par département de ces entreprises employant au moins un salarié et du nombre par département de ces entreprises employant au total moins de onze salariés » ;

« *b*) Par l'organisation professionnelle d'employeurs candidate, du nombre par département d'entreprises directement adhérentes (Décr. n° 2020-184 du 28 févr. 2020, art. 1er) « , du nombre de salariés employés par ces entreprises, du nombre par département de ces entreprises employant au moins un salarié et du nombre par département de ces entreprises employant au total moins de onze salariés » ;

« c) Par les structures territoriales statutaires définies au I de l'article R. 2152-8 et les organisations et leurs structures territoriales définies au II de l'article R. 2152-8, du nombre par département d'entreprises directement adhérentes (Décr. n° 2020-184 du 28 févr. 2020, art. 1er) « , du nombre de salariés employés par ces entreprises, du nombre par département de ces entreprises employant au moins un salarié et du nombre par département de ces entreprises employant au total moins de onze salariés ».

« Ces déclarations sont établies conformément à un modèle arrêté par le ministre chargé du travail.

« 6° » La liste des organisations et structures territoriales statutaires dont elle demande la prise en compte pour la mesure de son audience.

Art. R. 2152-15 Sont joints à la déclaration de candidature d'une organisation professionnelle d'employeurs souhaitant voir établie sa représentativité au niveau national et multi-professionnel en application de l'article L. 2152-2 :

1° Une copie de ses statuts ainsi que du récépissé de dépôt de ceux-ci ;

2° Les éléments et documents permettant de justifier qu'elle satisfait aux critères mentionnés aux 2°, 3° et 5° de l'article L. 2151-1 ainsi qu'au 4° de l'article L. 2152-2 ;

3° La liste de ses organisations adhérentes ;

4° Les règles en matière de cotisations fixées par son organe compétent et, le cas échéant, par l'organe compétent de ses structures territoriales statutaires.

Art. R. 2152-16 Sont joints à la déclaration de candidature d'une organisation professionnelle d'employeurs souhaitant voir établie sa représentativité au niveau national et interprofessionnel en application de l'article L. 2152-4 :

(Décr. n° 2016-1419 du 20 oct. 2016, art. 1er) « 1° Les attestations du ou des commissaires aux comptes définies à l'article R. 2152-6 et au IV de l'article R. 2152-9 dès lors que la ou les organisations mentionnées au II de l'article R. 2152-9 ne sont pas candidates à la représentativité. Ces attestations sont accompagnées de la fiche de synthèse mentionnée à l'article R. 2152-6 ; »

2° Une copie de ses statuts ainsi que du récépissé de dépôt de ceux-ci ;

3° Les éléments et documents permettant de justifier qu'elle satisfait aux critères mentionnés aux 2°, 3° et 5° de l'article L. 2151-1 ;

4° Les règles en matière de cotisations fixées par délibération de l'organe compétent des structures territoriales statutaires et organisations en application de l'article R. 2152-9 ;

(Décr. n° 2016-1419 du 20 oct. 2016, art. 1er) « 5° Les déclarations, signées par le ou les commissaires aux comptes et établies :

« a) Par l'organisation professionnelle d'employeurs candidate du nombre par département d'entreprises adhérentes (Décr. n° 2020-184 du 28 févr. 2020, art. 1er) « , du nombre de salariés employés par ces entreprises, du nombre par département de ces entreprises employant au moins un salarié et du nombre par département de ces entreprises employant au total moins de onze salariés » ;

« b) Par l'organisation professionnelle d'employeurs candidate du nombre par département d'entreprises directement adhérentes (Décr. n° 2020-184 du 28 févr. 2020, art. 1er) « , du nombre de salariés employés par ces entreprises, du nombre par département de ces entreprises employant au moins un salarié et du nombre par département de ces entreprises employant au total moins de onze salariés » ;

« c) Par les structures territoriales statutaires définies au I de l'article R. 2152-9 et les organisations et leurs structures territoriales définies au II de l'article R. 2152-9 dès lors qu'elles ne sont pas candidates à la représentativité, du nombre par département d'entreprises directement adhérentes (Décr. n° 2020-184 du 28 févr. 2020, art. 1er) « , du nombre de salariés employés par ces entreprises, du nombre par département de ces entreprises employant au moins un salarié et du nombre par département de ces entreprises employant au total moins de onze salariés » ;

« Ces déclarations sont établies conformément à un modèle arrêté par le ministre chargé du travail ;

« 6° » La liste des organisations et structures territoriales statutaires dont elle demande la prise en compte pour la mesure de son audience.

Art. R. 2152-17 L'organisation professionnelle d'employeurs indique dans la déclaration de candidature, le cas échéant, la ou les organisations professionnelles d'employeurs auxquelles elle adhère elle-même.

Lorsqu'une organisation professionnelle d'employeurs adhère à plusieurs organisations professionnelles d'employeurs ayant statutairement vocation à être présentes au niveau national et interprofessionnel, elle indique la répartition retenue en application du dernier alinéa de l'article L. 2152-4.

SECTION 6 Consultation du Haut Conseil du dialogue social

Art. R. 2152-18 Le ministre chargé du travail présente au Haut Conseil du dialogue social les résultats enregistrés et le consulte sur la liste des organisations professionnelles d'employeurs représentatives par branche et au niveau national et interprofessionnel ou multi-professionnel.

SECTION 7 Voies de recours

(Décr. n° 2017-383 du 22 mars 2017)

Art. R. 2152-19 Les recours dirigés contre les arrêtés pris en application de l'article L. 2152-6 sont portés devant la juridiction désignée par l'article R. 311-2 du code de justice administrative.

LIVRE II LA NÉGOCIATION COLLECTIVE – LES CONVENTIONS ET ACCORDS COLLECTIFS DE TRAVAIL

TITRE I DISPOSITIONS PRÉLIMINAIRES

(Décr. n° 2017-714 du 2 mai 2017)

CHAPITRE I CHAMP D'APPLICATION

Le présent chapitre ne comprend pas de dispositions réglementaires.

CHAPITRE II FORMATION DES ACTEURS DE LA NÉGOCIATION COLLECTIVE

(Décr. n° 2017-714 du 2 mai 2017)

Art. R. 2212-1 Les formations communes mentionnées à l'article L. 2212-1, qui ont pour objet d'améliorer les pratiques du dialogue social dans les entreprises, sont suivies par des salariés et des employeurs ou leurs représentants respectifs conjointement sur un même site. Des magistrats judiciaires, des magistrats administratifs et des agents de la fonction publique peuvent, le cas échéant, y participer.

Art. R. 2212-2 I. – L'Institut national du travail, de l'emploi et de la formation professionnelle définit un cahier des charges général auquel doivent répondre les formations communes mentionnées à l'article L. 2212-1. Ce cahier des charges détermine :

1° Les thématiques traitées par les formations communes, qui portent notamment sur les questions économiques et sociales, la dynamique de la négociation et son environnement juridique ;

2° Les principes que doivent respecter les formations communes, notamment le respect de la neutralité dans l'analyse et la présentation du rôle des parties à la négociation ;

3° Les critères destinés à garantir la qualité des formations communes, notamment la mise en œuvre d'une pédagogie centrée sur les relations entre acteurs.

Des cahiers des charges particuliers applicables à certaines formations communes peuvent être définis par les conventions et accords collectifs d'entreprise et de branche mentionnés à l'article L. 2212-2, au besoin avec le concours de l'Institut national du travail, de l'emploi et de la formation professionnelle.

II. – L'Institut national du travail de l'emploi et de la formation professionnelle conçoit et dispense des formations communes, directement ou par l'intermédiaire d'un réseau de partenaires qu'il anime.

III. — Le rapport annuel d'activité de l'Institut mentionné à l'article 8 du décret n° 2005-1555 du 13 décembre 2005 modifié relatif à l'Institut national du travail, de l'emploi et de la formation professionnelle dresse le bilan des formations communes dispensées et propose des évolutions.

V. Cahier des charges général relatif aux formations communes aux salariés, aux employeurs, à leurs représentants, aux magistrats judiciaires ou administratifs et aux agents de la fonction publique pris conformément à l'art. R. 2212-2 C. trav., BOMT n° 7 du 30 juill. 2018.

Art. R. 2212-3 Le suivi d'une formation commune mentionnée à l'article L. 2212-1 s'effectue dans le cadre :

1° Pour les salariés, soit du congé de formation économique, sociale et syndicale prévu à l'article L. 2145-5, soit du plan de formation mentionné à l'article L. 6312-1 pour les actions de formation mentionnées aux 2° et 8° de l'article L. 6313-1 ;

2° Pour les employeurs :

a) Des formations prises en charge par les fonds d'assurance formation de non-salariés prévus à l'article L. 6332-9 lorsqu'il sont travailleurs indépendants, membres des professions libérales et des professions non salariées ;

b) Des formations prises en charge par les *(L. n° 2018-771 du 5 sept. 2018, art. 45-II)* « opérateurs de compétences » mentionnés à l'article L. 6331-53 lorsqu'ils sont travailleurs indépendants ou employeurs de moins de onze salariés de la pêche maritime ou lorsqu'ils sont travailleurs indépendants ou employeurs de cultures marines de moins de onze salariés affiliés au régime social des marins ;

c) Des formations prises en charge par l'*(L. n° 2018-771 du 5 sept. 2018, art. 45-II)* « opérateur de compétences » mentionné à l'article L. 6331-68 lorsqu'ils sont artistes auteurs ;

3° Pour les agents de la fonction publique :

a) Des plans annuels de formation des administrations prévus à l'article 6 du décret n° 2007-1470 du 15 octobre 2007 modifié relatif à la formation professionnelle tout au long de la vie des fonctionnaires de l'État lorsqu'ils sont fonctionnaires de l'État et des actions de formation mentionnées aux articles 2 et 3 du décret n° 2007-1942 du 26 décembre 2007 relatif à la formation professionnelle des agents non titulaires de l'État et de ses établissements publics et des ouvriers affiliés au régime des pensions résultant du décret n° 2004-1056 du 5 octobre 2004 modifié lorsqu'ils sont agents non titulaires de l'État ;

b) Des plans de formation des régions, départements, communes et établissements publics mentionnés à l'article 2 de la loi n° 84-53 du 26 janvier 1984 modifiée portant dispositions statutaires relatives à la fonction publique territoriale, prévus à l'article 7 de la loi n° 84-594 du 12 juillet 1984 modifiée relative à la formation des agents de la fonction publique territoriale et complétant la loi n° 84-53 du 26 janvier 1984 modifiée portant dispositions statutaires relatives à la fonction publique territoriale, lorsqu'ils sont agents de la fonction publique territoriale ;

c) Des plans de formation des établissements prévus à l'article 6 du décret n° 2008-824 du 21 août 2008 relatif à la formation professionnelle tout au long de la vie des agents de la fonction publique hospitalière lorsqu'ils sont agents de la fonction publique hospitalière ;

4° Pour les magistrats judiciaires, de la formation continue prévue par les articles 14 de l'ordonnance n° 58-1270 du 22 décembre 1958 modifiée portant loi organique relative au statut de la magistrature et 50 du décret n° 72-355 du 4 mai 1972 modifié relatif à l'École nationale de la magistrature ;

5° Pour les magistrats administratifs, de la formation continue prévue par les articles L. 233-10 et R. 233-17 du code de justice administrative ;

6° Pour les membres du Conseil d'État, de la formation professionnelle prévue par l'article L. 131-11 du code de justice administrative.

Les dispositions du 5° de cet art. entrent en vigueur selon les modalités prévues à l'art. 5 de l'Ord. n° 2016-1366 du 13 oct. 2016 portant dispositions statutaires concernant les magistrats des tribunaux administratifs et cours administratives d'appel et à l'art. 10 du Décr. n° 2017-451 du 30 mars 2017 portant dispositions statutaires concernant les magistrats des tribunaux administratifs et des cours administratives d'appel (Décr. 2017-714 du 2 mai 2017, art. 2).

TITRE II OBJET ET CONTENU DES CONVENTIONS ET ACCORDS COLLECTIFS DE TRAVAIL

Le présent titre ne comprend pas de dispositions réglementaires.

TITRE III CONDITIONS DE NÉGOCIATION ET DE CONCLUSION DES CONVENTIONS ET ACCORDS COLLECTIFS DE TRAVAIL

CHAPITRE I CONDITIONS DE VALIDITÉ

SECTION UNIQUE Notification, publicité et dépôt (Décr. n° 2017-752 du 3 mai 2017).

Art. R. 2231-1 Pour les professions agricoles, les attributions conférées au ministre chargé du travail par les dispositions du présent livre sont exercées en accord avec celui-ci par le ministre chargé de l'agriculture. – [Anc. art. L. 131-3.]

Art. R. 2231-1-1 (Décr. n° 2017-752 du 3 mai 2017) I. – L'acte prévu au deuxième alinéa de l'article L. 2231-5-1 par lequel les parties peuvent convenir qu'une partie de la convention ou de l'accord ne doit pas faire l'objet de la publication prévue au premier alinéa de ce même article est signé par la majorité des organisations syndicales signataires de la convention ou de l'accord et :
1° Pour les accords de groupe, d'entreprise et d'établissement, par le représentant légal du groupe, de l'entreprise ou de l'établissement ou pour un accord interentreprises par les représentants légaux de celles-ci ;
2° Pour les accords de branche, par une ou plusieurs organisations professionnelles d'employeurs signataires.
Cet acte indique les raisons pour lesquelles la convention ou l'accord ne doit pas faire l'objet d'une publication intégrale. Cette motivation est sans incidence sur la légalité de la convention ou de l'accord.
Les conventions ou accords étendus sont publiés dans une version intégrale. Les autres conventions ou accords sont publiés avec l'indication, le cas échéant, que cette publication est partielle.
II. – A défaut d'un tel acte, les conventions et accords sont publiés dans une version intégrale, sauf demande de l'employeur ou d'une organisation signataire de suppression des noms et prénoms des négociateurs et des signataires. Cette demande est transmise au moment du dépôt de l'accord par la partie la plus diligente.
Les autres signataires peuvent, dans un délai d'un mois suivant le dépôt de l'accord, formuler la même demande.
Cette demande comporte l'indication par le représentant légal du groupe, de l'entreprise ou de l'établissement ou par les représentants légaux dans le cas d'un accord interentreprises ou par l'organisation syndicale signataire du nom, prénom et qualité de son représentant dûment mandaté à cet effet, l'intitulé de la convention ou de l'accord et la date et le lieu de sa signature.

BIBL. ▶ TERRENOIRE, JCP S 2017. 1189.

Art. D. 2231-2 (Décr. n° 2018-362 du 15 mai 2018, art. 1ᵉʳ) « I. – » Les conventions et accords (Décr. n° 2018-362 du 15 mai 2018, art. 1ᵉʳ) « de branche et les accords professionnels ou interprofessionnels », ainsi que leurs avenants et annexes, sont déposés par la partie la plus diligente auprès des services du ministre chargé du travail.
Le dépôt est opéré en deux exemplaires, dont une version sur support papier signée des parties et une version sur support électronique.
(Décr. n° 2018-362 du 15 mai 2018, art. 1ᵉʳ) « II. – Les accords de groupe, d'entreprise, d'établissement et interentreprises ainsi que les pièces accompagnant le dépôt prévues aux articles D. 2231-6 et D. 2231-7 sont déposés par le représentant légal du groupe, de l'entreprise ou de l'établissement ou, pour un accord interentreprises, par les représentants légaux de celles-ci.
« III. – Le déposant » remet également un exemplaire de chaque convention ou accord au greffe du conseil de prud'hommes du lieu de conclusion.

Les dispositions du 3ᵉ al. de cet art. sont applicables au 1ᵉʳ janv. 2022 à Mayotte (Décr. n° 2018-1137 du 28 déc. 2018, art. 18).

Art. D. 2231-3 Les conventions de branche et les accords professionnels ou interprofessionnels sont déposés auprès des services centraux du ministre chargé du travail.

Lorsque les textes concernent des professions agricoles, ils sont déposés *(Décr. n° 2008-1510 du 30 déc. 2008)* « auprès de la » *(Décr. n° 2020-1545 du 9 déc. 2020, art. 28-X)* « direction régionale de l'économie, de l'emploi, du travail et des solidarités ».

Art. D. 2231-4 *(Décr. n° 2018-362 du 15 mai 2018, art. 1ᵉʳ)* Les accords de groupe, d'entreprise, d'établissement et interentreprises ainsi que les pièces accompagnant le dépôt prévues aux articles D. 2231-6 et D. 2231-7 sont déposés sur la plateforme de téléprocédure du ministère du travail.

Depuis le 28 mars 2018, les accords collectifs d'entreprise conclus depuis le 1ᵉʳ sept. 2017 doivent être déposés sur la plateforme mise en place par le ministère du Travail. Cette plateforme est accessible via le site suivant : www.teleaccords.travail-emploi.gouv.fr. La plateforme de dépôt est intitulée TéléAccords.

Art. D. 2231-5 Le service départemental dépositaire des conventions et accords collectifs de travail est celui dans le ressort duquel ils ont été conclus. — *[Anc. art. R. 132-1, al. 2.]*

Art. D. 2231-6 Lorsqu'une convention ou un accord collectif d'entreprise s'applique à des établissements ayant des implantations distinctes, le texte déposé est assorti de la liste *(Abrogé par Décr. n° 2018-362 du 15 mai 2018, art. 1ᵉʳ)* « *, en trois exemplaires,* » de ces établissements et de leurs adresses respectives.

Art. D. 2231-7 *(Décr. n° 2018-362 du 15 mai 2018, art. 1ᵉʳ)* Le dépôt des conventions et accords est accompagné des pièces suivantes :
1° Dans tous les cas,
a) De la version signée des parties ;
b) D'une copie du courrier, du courrier électronique ou du récépissé ou d'un avis de réception daté de notification du texte à l'ensemble des organisations représentatives à l'issue de la procédure de signature ;
2° Pour les accords de branche, de groupe, d'entreprise, d'établissement et interentreprises,
a) D'une version publiable mentionnée à l'article L. 2231-5-1, qui tient compte, le cas échéant, des modifications actées conformément au I de l'article R. 2231-1-1 ;
b) De l'acte mentionné au I de l'article R. 2231-1-1, s'il y a lieu ;
3° Dans le cas des accords de groupe, d'entreprise, d'établissement et interentreprises : du procès-verbal mentionné au 2° de l'article D. 2232-2, s'il y a lieu ;
4° Dans le cas des accords d'entreprise,
c) De la liste mentionnée à l'article D. 2231-6, s'il y a lieu.
Un récépissé est délivré au déposant.
Le format de ces documents est précisé par arrêté.

Art. D. 2231-8 Les déclarations d'adhésion ou de dénonciation, intervenues en application des articles L. 2261-3 et L. 2261-9, sont déposées, selon les modalités *(Décr. n° 2018-362 du 15 mai 2018, art. 1ᵉʳ)* « prévues à l'article D. 2231-4 et au 1° de l'article D. 2231-7 », par la partie qui en est signataire au service dépositaire de la convention ou de l'accord qu'elles concernent.
Un récépissé est délivré au déposant.

Art. R. 2231-9 Toute personne intéressée peut prendre connaissance gratuitement des textes déposés auprès de la *(Décr. n° 2020-1545 du 9 déc. 2020, art. 28-X)* « direction régionale de l'économie, de l'emploi, du travail et des solidarités ».
Elle peut en obtenir copie, à ses frais, suivant les modalités fixées à l'article *(Décr. n° 2016-308 du 17 mars 2016, art. 2)* « L. 311-9 du code des relations entre le public et l'administration ».

Toutefois, lorsqu'une instance juridictionnelle est engagée, copie de tout ou partie de la convention ou de l'accord en cause est délivrée gratuitement à chacune des parties à l'instance qui le demande.

CHAPITRE II RÈGLES APPLICABLES À CHAQUE NIVEAU DE NÉGOCIATION

SECTION 1 Conventions de branche et accords professionnels

Art. R. 2232-1 Le juge judiciaire mentionné à l'article L. 2232-6 est le juge du *(Décr. n° 2019-966 du 18 sept. 2019, art. 8-I, en vigueur le 1ᵉʳ janv. 2020)* « tribunal judiciaire ». — *[Anc. art. L. 132-2-2-II, al. 5, phrase 3.]*

Art. D. 2232-1-1 *(Décr. n° 2016-1556 du 18 nov. 2016)* L'accord ou la convention mettant en place la commission paritaire permanente de négociation et d'interprétation définie au I de l'article L. 2232-9 comporte l'adresse numérique ou postale de cette commission, afin de permettre la transmission prévue au septième alinéa du II du même article.

A défaut de stipulations relatives à l'adresse de la commission, l'organisation la plus diligente parmi les organisations professionnelles d'employeurs et les organisations syndicales de salariés représentatives dans la branche transmet cette adresse au ministère chargé du travail.

Le ministère chargé du travail publie sur son site internet la liste des adresses mentionnées dans les accords et conventions en application du premier alinéa ou communiquées en application du deuxième alinéa. La commission paritaire lui notifie tout éventuel changement d'adresse en vue d'une actualisation de cette liste.

Art. D. 2232-1-2 *(Décr. n° 2016-1556 du 18 nov. 2016)* Pour l'application du septième alinéa du II de l'article L. 2232-9, la partie la plus diligente transmet à la commission paritaire permanente de négociation et d'interprétation les conventions et accords d'entreprise comportant des stipulations conclues dans le cadre du titre II, des chapitres I et III du titre III et des titres IV et V du livre I de la troisième partie du présent code. Elle informe les autres signataires de ces conventions et accords de cette transmission.

Ces conventions et accords sont transmis à l'adresse de la commission paritaire mentionnée au troisième alinéa de l'article D. 2232-1-1 après suppression par la partie la plus diligente des noms et prénoms des négociateurs et des signataires.

La commission paritaire accuse réception des conventions et accords transmis.

Art. R. 2232-1-3 *(Décr. n° 2017-1818 du 28 déc. 2017)* Le seuil prévu à l'article L. 2232-8 est fixé à cinquante salariés. Il est déterminé pour chaque année civile au cours de laquelle le salarié a participé à une négociation de branche en fonction de l'effectif de l'année précédente. L'effectif de l'année précédente est égal à la moyenne mensuelle de l'effectif de l'entreprise calculé, pour chaque mois civil, selon les modalités prévues aux articles L. 1111-2 et L. 1251-54.

Ces dispositions sont entrées en vigueur à compter du 1ᵉʳ janv. 2018 pour les réunions de négociation qui se tiennent à compter de cette date (Décr. n° 2017-1818 du 28 déc. 2017, art. 2).

Art. R. 2232-1-4 *(Décr. n° 2017-1818 du 28 déc. 2017, rect. JO 13 janv. 2018)* Le montant pris en charge par le fonds en application du deuxième alinéa de l'article L. 2232-8, pour l'exercice de sa mission mentionnée au 1° de l'article L. 2135-11, est imputé sur le montant des crédits dus à l'organisation syndicale de salariés au titre de l'année au cours de laquelle la demande complète mentionnée à l'article R. 2232-1-5 a été reçue par l'association de gestion du fonds paritaire national.

V. note ss. art. R. 2232-1-3.

Art. R. 2232-1-5 *(Décr. n° 2017-1818 du 28 déc. 2017)* La prise en charge par le fonds prévue à l'article L. 2232-8 est effectuée sur la base d'un montant forfaitaire par journée ou demi-journée de participation du salarié.

Aux fins de la prise en charge par le fonds, l'employeur adresse une demande à l'association mentionnée à l'article L. 2135-15 comportant les éléments justificatifs de l'identité du salarié, de l'objet et de la date des réunions de négociation et l'attestation de participation nominative établie par l'organisation syndicale de salariés concernée.

La rémunération correspondante du salarié est versée par l'employeur dans le mois suivant la réception de l'attestation transmise par l'organisation syndicale de salariés concernée.

La demande de prise en charge est adressée par l'employeur dans les six mois suivant la réception de l'attestation de l'organisation syndicale de salariés.

Le fonds rembourse l'employeur du montant total des sommes à sa charge pour l'ensemble de ses salariés ayant participé aux négociations dans les branches, dans un délai ne pouvant excéder quatre-vingt-dix jours à compter de la réception de la demande complète.

Le modèle de demande de prise en charge par l'employeur est établi par arrêté du ministre chargé du travail.

V. note ss. art. R. 2232-1-3.

Art. D. 2232-1-6 (Décr. n° 2021-1398 du 27 oct. 2021, art. 2, en vigueur le 1er nov. 2021) L'accord type mentionné à l'article L. 2232-10-1 ne peut comporter que des options dont le contenu est prédéfini, sans adaptation possible par l'employeur.

V. note ss. art. D. 3345-6.

SECTION 2 Conventions et accords d'entreprise ou d'établissement

SOUS-SECTION 1 Dispositions communes relatives à l'approbation par les salariés des accords négociés par des salariés mandatés ou en application de l'article L. 2232-12 (Décr. n° 2017-1767 du 26 déc. 2017, art. 1er).

Art. D. 2232-2 (Décr. n° 2016-1797 du 20 déc. 2016) Les conditions dans lesquelles l'employeur recueille l'approbation des salariés en application des articles L. 2232-12, (Décr. n° 2017-1551 du 10 nov. 2017) « L. 2232-23-1, L. 2232-24 et L. 2232-26 » sont les suivantes :

1° La consultation a lieu pendant le temps de travail, au scrutin secret sous enveloppe ou par voie électronique dans les conditions prévues aux articles R. 2324-5 à R. 2324-17. Son organisation matérielle incombe à l'employeur. *(Annulé par CE n° 406760 du 7 déc. 2017)* « *Lorsque la consultation est organisée en application de l'article L. 2232-12, le protocole conclu avec les organisations syndicales détermine la liste des salariés couverts par l'accord au sens du cinquième alinéa de cet article et qui, à ce titre, doivent être consultés ;* »

2° Le résultat du vote fait l'objet d'un procès-verbal dont la publicité est assurée dans l'entreprise par tout moyen. Ce procès-verbal est annexé à l'accord approuvé lors du dépôt de ce dernier. En cas d'accord conclu avec un représentant élu du personnel mandaté ou un salarié mandaté, le procès-verbal est également adressé à l'organisation mandante.

BIBL. ▶ Petit, Dr. soc. 2017. 156 (mise en œuvre du référendum d'entreprise). – Terrenoire, JCP S 2017. 1047 (négociation selon un mode dérogatoire : un premier décret d'application).

Jurisprudence rendue antérieurement au Décr. du 20 déc. 2016.

Lorsqu'il est nécessaire de procéder à un référendum pour faire valider un accord d'entreprise, il n'est pas possible de procéder par vote électronique. ● Soc. 27 janv. 2010 : D. 2010. AJ 447 ; JSL 2010, n° 272-2.

Art. D. 2232-3 Les modalités d'organisation de la consultation prévoient :

1° Les modalités d'information des salariés sur le texte de la convention ou de l'accord ;

2° Le lieu, la date et l'heure du scrutin ;

3° Les modalités d'organisation et de déroulement du vote ;

NÉGOCIATION COLLECTIVE — Art. D. 2232-7 — 2003

4° Le texte de la question soumise au vote des salariés. — *Anc. art. D. 132-1, al. 5 à 9, et D. 132-2, al. 3.*

Le Décr. n° 2016-1797 du 20 déc. 2016, notamment en ce qu'il introduisait un art. D. 2232-3 mod., a été annulé par la Décis. CE n° 406760 du 7 déc. 2017.

La rédaction de l'art. D. 2232-3 résulte donc du Décr. n° 2008-244 du 7 mars 2008.

Art. D. 2232-4 Les salariés sont informés, quinze jours au moins avant la date prévue du scrutin, de l'heure et de la date de celui-ci, du contenu de l'accord et du texte de la question soumise à leur vote. — *[Anc. art. D. 132-2, al. 5, phrase 2, et D. 132-1, al. 11, phrase 2.]*

Art. R. 2232-5 Les contestations relatives à l'électorat et à la régularité de la consultation sont de la compétence du *(Décr. n° 2019-966 du 18 sept. 2019, art. 8-I, en vigueur le 1ᵉʳ janv. 2020)* « tribunal judiciaire » qui statue en dernier ressort. Elles sont introduites dans les délais prévus à l'article R. 2324-24. La décision est susceptible d'un pourvoi en cassation. — *[Anc. art. D. 132-3, al. 4.]*

1. Point de départ du délai de contestation. La contestation de la régularité d'une consultation doit être formée dans le délai de quinze jours suivant la proclamation des résultats du scrutin, peu important que le contenu des accords soit par ailleurs contesté ou que certaines de ses clauses aient déjà été mises en œuvre, la contestation était recevable. • Soc. 5 janv. 2022, ⚖ n° 20-60.270 B : *D. actu. 27 janv. 2022, obs. Cuvillier.*

2. Dispense d'avocat. Les contestations relatives aux consultations des salariés appelés à se prononcer sur la validation d'un accord d'entreprise, qui se déroulent dans le respect des principes généraux du droit électoral, sont formées par voie de requête, les parties étant dispensées de constituer avocat. • Soc. 18 oct. 2023, ⚖ n° 21-60.159 B.

SOUS-SECTION 2 **Dispositions relatives à l'approbation par les salariés des accords négociés en application de l'article L. 2232-12** *(Décr. n° 2017-1767 du 26 déc. 2017, art. 1ᵉʳ).*

Art. D. 2232-6 *(Décr. n° 2016-1797 du 20 déc. 2016)* I. — La ou les organisations syndicales sollicitant l'organisation de la consultation notifient par écrit leur demande à l'employeur et aux autres organisations syndicales représentatives dans un délai d'un mois à compter de la date de signature de l'accord.

(Annulé par CE n° 406760 du 7 déc. 2017) « II. — *Les modalités d'organisation de la consultation sont fixées par un protocole conclu entre l'employeur et une ou plusieurs organisations signataires recueillant plus de 30 % des suffrages exprimés en faveur d'organisations représentatives au premier tour des dernières élections des titulaires au comité d'entreprise ou de la délégation unique du personnel ou, à défaut, des délégués du personnel, quel que soit le nombre de votants.*

« III. — *Le protocole est porté à la connaissance des salariés par tout moyen au plus tard quinze jours avant la consultation.* »

Art. D. 2232-7 En cas de désaccord sur les modalités d'organisation de la consultation retenues par l'employeur, le *(Décr. n° 2019-966 du 18 sept. 2019, art. 8-I ; Décr. n° 2019-1419 du 20 déc. 2019, art. 10, en vigueur le 1ᵉʳ janv. 2020)* « président du tribunal judiciaire », s'il est saisi par les organisations syndicales représentatives dans l'entreprise ou l'établissement, statue *(Décr. n° 2019-1419 du 20 déc. 2019, art. 10, en vigueur le 1ᵉʳ janv. 2020)* « selon la procédure accélérée au fond » et en dernier ressort.

Si le *(Décr. n° 2019-966 du 18 sept. 2019, art. 8-I ; Décr. n° 2019-1419 du 20 déc. 2019, art. 10, en vigueur le 1ᵉʳ janv. 2020)* « président du tribunal judiciaire » n'est pas saisi dans un délai de huit jours à compter de la notification des modalités d'organisation de la consultation, celles arrêtées par l'employeur s'appliquent.

Ancien art. D. 2232-7 *(Annulé par CE n° 406760 du 7 déc. 2017) (Décr. n° 2016-1797 du 20 déc. 2016) En cas de désaccord sur les modalités d'organisation de la consultation fixées par le protocole, le tribunal d'instance peut être saisi dans un délai de huit jours à compter de l'information prévue au III de l'article D. 2232-6 par les organisations syndicales représentatives dans l'entreprise ou l'établissement et statue en la forme des référés et en dernier ressort.*

SOUS-SECTION 3 Dérogations dans les entreprises dépourvues de délégué syndical – Dispositions relatives à l'approbation par les salariés des accords négociés par des salariés mandatés (Décr. n° 2017-1767 du 26 déc. 2017, art. 1ᵉʳ).

Art. D. 2232-8 (Décr. n° 2016-1797 du 20 déc. 2016) La consultation prévue aux articles (Décr. n° 2017-1551 du 10 nov. 2017) « **L. 2232-23-1, L. 2232-24 et L. 2232-26** » est organisée dans un délai de deux mois à compter de la conclusion de l'accord. L'employeur consulte au préalable le ou les représentants élus du personnel mandatés ou le ou les salariés mandatés sur ses modalités. Il informe les salariés de ces modalités par tout moyen au plus tard quinze jours avant la consultation.

Art. D. 2232-9 (Décr. n° 2016-1797 du 20 déc. 2016) En cas de désaccord sur les modalités d'organisation de la consultation retenues par l'employeur, le (Décr. n° 2019-966 du 18 sept. 2019, art. 8-I ; Décr. n° 2019-1419 du 20 déc. 2019, art. 10, en vigueur le 1ᵉʳ janv. 2020) « président du tribunal judiciaire » peut être saisi dans un délai de huit jours à compter de l'information prévue à l'article D. 2232-8 (Annulé par CE n° 406760 du 7 déc. 2017) « *par le ou les représentants élus du personnel mandatés ou le ou les salariés mandatés* » et statue (Décr. n° 2019-1419 du 20 déc. 2019, art. 10, en vigueur le 1ᵉʳ janv. 2020) « selon la procédure accélérée au fond » et en dernier ressort.

SOUS-SECTION 4 Dispositions relatives à l'approbation des accords par les salariés pour les entreprises dont l'effectif habituel est inférieur à onze salariés et dans les entreprises de onze à vingt salariés dépourvues de représentant élu au comité social et économique

(Décr. n° 2017-1767 du 26 déc. 2017, art. 1ᵉʳ)

Art. R. 2232-10 Les conditions dans lesquelles l'employeur recueille l'approbation des salariés en application des articles L. 2232-21 à L. 2232-23 sont les suivantes :
1° La consultation a lieu par tout moyen pendant le temps de travail. Son organisation matérielle incombe à l'employeur ;
2° Le caractère personnel et secret de la consultation est garanti ;
3° Le résultat de la consultation est porté à la connaissance de l'employeur à l'issue de la consultation, qui se déroule en son absence ;
4° Le résultat de la consultation fait l'objet d'un procès-verbal dont la publicité est assurée dans l'entreprise par tout moyen. Ce procès-verbal est annexé à l'accord approuvé lors du dépôt de ce dernier.

Sur la validité du Décr. n° 2017-1767 du 26 déc. 2017, V. CE 1ᵉʳ avr. 2019, n° 417562.

Art. R. 2232-11 L'employeur définit les modalités d'organisation de la consultation, qui incluent :
1° Les modalités de transmission aux salariés du texte de l'accord ;
2° Le lieu, la date et l'heure de la consultation ;
3° L'organisation et le déroulement de la consultation ;
4° Le texte de la question relative à l'approbation de l'accord soumise à la consultation des salariés.

Art. R. 2232-12 Quinze jours au moins avant la date de la consultation, l'employeur communique aux salariés le projet d'accord et les modalités d'organisation définies en application de l'article R. 2232-11.

Art. R. 2232-13 Les contestations relatives à la liste des salariés devant être consultés et à la régularité de la consultation sont de la compétence du (Décr. n° 2019-966 du 18 sept. 2019, art. 8-I, en vigueur le 1ᵉʳ janv. 2020) « tribunal judiciaire » qui statue en dernier ressort. Elles sont introduites dans les délais prévus à l'article R. 2324-24. La décision est susceptible d'un pourvoi en cassation.

CHAPITRE III CONVENTIONS ET ACCORDS DE TRAVAIL CONCLUS DANS LE SECTEUR PUBLIC

Le présent chapitre ne comprend pas de dispositions réglementaires.

CHAPITRE IV COMMISSIONS PARITAIRES LOCALES

Le présent chapitre ne comprend pas de dispositions réglementaires.

CHAPITRE IV BIS OBSERVATOIRE D'ANALYSE ET D'APPUI AU DIALOGUE SOCIAL ET À LA NÉGOCIATION

(Décr. n° 2017-1612 du 28 nov. 2017)

Art. R. 2234-1 L'observatoire d'analyse et d'appui au dialogue social et à la négociation est composé au plus de treize membres :
— jusqu'à six membres représentants des salariés ;
— jusqu'à six membres représentants des employeurs.

Le responsable de l'unité départementale ou son suppléant, désigné par le *(Décr. n° 2020-1545 du 9 déc. 2020, art. 28-X)* « directeur régional de l'économie, de l'emploi, du travail et des solidarités », siège en tant que représentant de l'autorité administrative compétente au sein de l'observatoire. Le secrétariat de l'observatoire est assuré par la *(Décr. n° 2020-1545 du 9 déc. 2020, art. 28-X)* « direction régionale de l'économie, de l'emploi, du travail et des solidarités ».

Les membres de l'observatoire arrêtent le règlement intérieur qui prévoit notamment la durée des mandats des membres, leur caractère éventuellement renouvelable, les conditions de désignation et de mandat du président ainsi que celles de mise en œuvre de l'alternance prévue au 2° de l'article L. 2234-5.

L'ordre du jour des réunions de l'observatoire est arrêté conjointement par le président et le responsable de l'unité départementale.

Art. R. 2234-2 Le *(Décr. n° 2020-1545 du 9 déc. 2020, art. 28-X)* « directeur régional de l'économie, de l'emploi, du travail et des solidarités », sur proposition du responsable de l'unité départementale, publie tous les quatre ans la liste des organisations syndicales de salariés représentatives au niveau départemental et interprofessionnel.

Art. R. 2234-3 Les organisations professionnelles d'employeurs et les organisations syndicales de salariés représentatives notifient au responsable de l'unité départementale, dans les deux mois qui suivent la saisine par ce dernier, les noms de leurs représentants respectifs, employeurs ou salariés ayant leur activité dans la région, qu'elles désignent comme membres de l'observatoire prévu à l'article L. 2234-4.

Art. R. 2234-4 Le responsable de l'unité départementale publie au recueil départemental des actes administratifs et sur le site internet de la *(Décr. n° 2020-1545 du 9 déc. 2020, art. 28-X)* « direction régionale de l'économie, de l'emploi, du travail et des solidarités » la liste actualisée des personnes désignées par les organisations mentionnées à l'article R. 2234-1 comme membres de l'observatoire prévu à l'article L. 2234-4.

CHAPITRE V DISPOSITIONS PÉNALES

Le présent chapitre ne comprend pas de dispositions réglementaires.

TITRE IV DOMAINES ET PÉRIODICITÉ DE LA NÉGOCIATION OBLIGATOIRE

CHAPITRE I NÉGOCIATION DE BRANCHE ET PROFESSIONNELLE

SECTION 1 Ordre public

(Décr. n° 2017-1703 du 15 déc. 2017)

Cette section ne comprend pas de dispositions réglementaires.

SECTION 2 Champ de la négociation collective

(Décr. n° 2017-1703 du 15 déc. 2017)

Cette section ne comprend pas de dispositions réglementaires.

SECTION 3 **Dispositions supplétives** *(Décr. n° 2017-1703 du 15 déc. 2017).*

SOUS-SECTION 1 **Négociation annuelle**

Art. D. 2241-1 Pour la négociation sur les salaires prévue à l'article *(Décr. n° 2017-1703 du 15 déc. 2017)* « L. 2241-8 », un rapport est remis par les organisations d'employeurs aux organisations syndicales de salariés au moins quinze jours avant la date d'ouverture de la négociation.

Au cours de l'examen de ce rapport, les organisations d'employeurs fournissent aux organisations syndicales de salariés, les informations nécessaires pour permettre de négocier en toute connaissance de cause.

SOUS-SECTION 2 **Négociation triennale**

§ 1 Égalité professionnelle entre les femmes et les hommes

Art. D. 2241-2 La négociation triennale sur l'égalité professionnelle se déroule à partir d'un rapport présentant la situation comparée des femmes et des hommes dans les domaines mentionnés aux 1° et 2° de l'article *(Décr. n° 2017-1703 du 15 déc. 2017)* « L. 2241-11 ». Elle s'appuie également sur des indicateurs pertinents, reposant sur des éléments chiffrés, pour chaque secteur d'activité.

Un diagnostic des écarts éventuels de rémunération est établi sur la base de ce rapport.

§ 2 Travailleurs handicapés

Art. D. 2241-3 La négociation triennale sur l'insertion professionnelle et le maintien dans l'emploi des travailleurs handicapés se déroule à partir d'un rapport établi par l'employeur présentant, pour chaque secteur d'activité, la situation par rapport à l'obligation d'emploi des travailleurs handicapés prévue aux articles L. 5212-1 et suivants.

§ 3 Formation professionnelle et apprentissage

Art. R. 2241-4 La négociation triennale en matière de formation professionnelle et d'apprentissage porte notamment sur :

1° La nature des actions de formation et leur ordre de priorité ;

2° La reconnaissance des qualifications acquises du fait d'actions de formation ou de la validation des acquis de l'expérience ;

3° Les moyens reconnus aux délégués syndicaux et aux membres des *(Décr. n° 2017-1819 du 29 déc. 2017, art. 3)* « comités sociaux et économiques » pour l'accomplissement de leur mission dans le domaine de la formation ;

4° Les conditions d'accueil et d'insertion des jeunes et des adultes dans les entreprises, notamment dans le cadre des contrats ou des périodes de professionnalisation ;

5° Les objectifs en matière d'apprentissage, les priorités à retenir en termes de secteurs, de niveaux et d'effectifs formés ainsi que les conditions de mise en œuvre des contrats d'apprentissage ;

6° Les actions de formation à mettre en œuvre en faveur des salariés ayant les niveaux de qualification les moins élevés et, en particulier, ceux qui ne maîtrisent pas les compétences de base, notamment pour faciliter leur évolution professionnelle ;

7° La définition et les conditions de mise en œuvre des actions de formation en vue d'assurer l'égalité d'accès des femmes et des hommes à la formation professionnelle, notamment par la détermination d'un objectif de progression du taux d'accès des femmes aux différents dispositifs de formation et des modalités d'atteinte de cet objectif ;

8° Les conditions d'application, dans les entreprises qui consacrent à la formation de leurs salariés un montant au moins égal à l'obligation minimale légale ou celle fixée par convention ou accord collectif de branche relative à la participation des employeurs au financement de la formation professionnelle continue, d'éventuelles clauses financières convenues entre l'employeur et le salarié avant l'engagement de certaines actions de formation et applicables en cas de démission, les versements réalisés au titre de ces clauses étant affectés par l'entreprise au financement d'actions dans le cadre du plan de formation ;

9° La recherche de réponses adaptées aux problèmes spécifiques de formation dans les petites et moyennes entreprises et, en particulier, dans celles ayant moins de dix salariés ;

10° Les conséquences éventuelles des aménagements apportés au contenu et à l'organisation du travail ainsi qu'au temps de travail sur les besoins de formation ;

11° Les conséquences de la construction européenne sur les besoins et les actions de formation ;

12° Les conséquences sur les besoins et les actions de formation du développement des activités économiques et commerciales des entreprises françaises à l'étranger ;

13° Les modalités d'application par les entreprises des dispositions de l'éventuel accord de branche résultant de cette négociation ;

14° Les conditions de mise en place d'un observatoire prospectif des métiers et des qualifications et d'examen par la Commission paritaire nationale de l'emploi de l'évolution quantitative et qualitative des emplois et des qualifications professionnelles ;

15° La définition des objectifs et priorités de formation que prennent en compte les entreprises dans le cadre du plan de formation et du *(Décr. n° 2017-1703 du 15 déc. 2017)* « compte personnel de formation » ;

16° La définition et les conditions de mise en œuvre des actions de formation, de leur suivi et de leur évaluation, en vue d'assurer l'égalité professionnelle, le maintien dans l'emploi et le développement des compétences des travailleurs handicapés, notamment par la détermination d'un objectif de progression du taux d'accès des travailleurs handicapés aux différents dispositifs de formation et des modalités d'atteinte de cet objectif ;

17° La définition et les conditions de mise en œuvre à titre facultatif d'actions de formation économique en vue de mieux comprendre la gestion et les objectifs de l'entreprise dans le cadre de la concurrence internationale ;

18° Les actions de formation mises en œuvre pour assurer l'adaptation des salariés à l'évolution de leurs emplois, le développement de leurs compétences ainsi que la gestion prévisionnelle des emplois des entreprises de la branche compte tenu de l'évolution prévisible de ses métiers ;

19° Les conditions dans lesquelles les salariés *(Décr. n° 2017-1703 du 15 déc. 2017)* « bénéficient de l'entretien professionnel consacré à leurs perspectives d'évolution professionnelle prévu par l'article L. 6315-1, » ainsi que les suites données à celui-ci.

CHAPITRE II **NÉGOCIATION OBLIGATOIRE EN ENTREPRISE**

SECTION 1 **Ordre public** *(Décr. n° 2017-1703 du 15 déc. 2017).*

SOUS-SECTION 1 **Dispositions communes**

(Décr. n° 2011-822 du 7 juill. 2011, art. 1ᵉʳ)

Art. R. 2242-1 Lorsqu'aucun *[Lorsque aucun]* accord n'a été conclu au terme de la négociation obligatoire en entreprise, le procès-verbal de désaccord établi est déposé dans les conditions prévues à l'article D. 2231-2.

SOUS-SECTION 2 **Égalité professionnelle entre les femmes et les hommes**

(Décr. n° 2011-822 du 7 juill. 2011, art. 1ᵉʳ)

Pour les entreprises couvertes à la date du 10 nov. 2010 par un accord prévu à l'art. L. 2242-5 C. trav. ou, à défaut, par un plan d'action répondant aux prévisions de l'art. L. 2242-5-1, le Décr. n° 2011-822 du 7 juill. 2011 entre en vigueur à l'échéance de l'accord ou, à défaut d'accord, du plan d'action (Décr. préc., art. 6).

BIBL. ▶ MINÉ, *RDT* 2013. 109 ⌀ (mise en œuvre des obligations des entreprises pour l'égalité professionnelle entre les femmes et les hommes).

Art. R. 2242-2 *(Décr. n° 2017-1703 du 15 déc. 2017)* « L'accord relatif à l'égalité professionnelle entre les femmes et les hommes conclu à l'issue de la négociation mentionnée au 2° de l'article L. 2242-1 ou, à défaut, le plan d'action prévu à l'article L. 2242-3 fixe les objectifs de progression et les actions permettant de les atteindre portant sur au moins trois des domaines d'action mentionnés au 2° de l'article

L. 2312-36 pour les entreprises de moins de 300 salariés et sur au moins quatre de ces domaines pour les entreprises de 300 salariés et plus. Ces domaines d'actions sont les suivants : embauche, formation, promotion professionnelle, qualification, classification, conditions de travail, sécurité et santé au travail, rémunération effective et articulation entre l'activité professionnelle et la vie personnelle et familiale.

« Les objectifs et les actions sont accompagnés d'indicateurs chiffrés. »

(Décr. n° 2012-1408 du 18 déc. 2012) « La rémunération effective est obligatoirement comprise dans les domaines d'action retenus par l'accord collectif ou, à défaut, le plan d'action mentionnés au premier alinéa. » *(Décr. n° 2019-382 du 29 avr. 2019, art. 1ᵉʳ)* « Dans les entreprises d'au moins cinquante salariés, les objectifs de progression, les actions et les indicateurs chiffrés fixés dans ce domaine tiennent compte des indicateurs mentionnés à l'article L. 1142-8, ainsi, le cas échéant, que des mesures de correction définies dans les conditions prévues à l'article L. 1142-9. »

Art. R. 2242-2-1 *(Décr. n° 2012-1408 du 18 déc. 2012)* Le plan d'action mentionné *(Décr. n° 2017-1703 du 15 déc. 2017)* « à l'article L. 2242-3 » est déposé par l'employeur dans les conditions prévues *(Décr. n° 2019-382 du 29 avr. 2019, art. 1ᵉʳ)* « à l'article » D. 2231-4.

Art. R. 2242-2-2 *(Abrogé par Décr. n° 2019-382 du 29 avr. 2019, art. 1ᵉʳ) (Décr. n° 2011-822 du 7 juill. 2011, art. 3) La synthèse du plan d'action mentionné (Décr. n° 2017-1703 du 15 déc. 2017)* « à l'article L. 2242-3 » *comprend au minimum des indicateurs (Décr. n° 2012-1408 du 18 déc. 2012) « par catégorie professionnelle » portant sur la situation respective des femmes et des hommes par rapport :*

1° Au salaire médian ou au salaire moyen ;

2° A la durée moyenne entre deux promotions ;

3° A l'exercice de fonctions d'encadrement ou décisionnelles.

La synthèse comprend également les objectifs de progression et les actions, accompagnés d'indicateurs chiffrés, mentionnés à l'article R. 2242-2.

Art. R. 2242-3 *(Décr. n° 2019-382 du 29 avr. 2019, art. 1ᵉʳ)* L'agent de contrôle de l'inspection du travail, mentionné à l'article L. 8112-1, met en demeure l'employeur de remédier à la situation dans un délai d'exécution fixé en fonction de la nature du manquement et de la situation relevée dans l'entreprise et qui ne peut être inférieur à un mois, lorsqu'il constate :

1° Soit que l'entreprise n'est pas couverte par l'accord relatif à l'égalité professionnelle entre les femmes et les hommes conclu à l'issue de la négociation mentionnée au 2° de l'article L. 2242-1 ou, à défaut, par le plan d'action prévu à l'article L. 2242-3 ;

2° Soit qu'elle n'a pas publié les informations prévues à l'article L. 1142-8 pendant une ou plusieurs années consécutives ;

3° Soit qu'elle n'a pas défini de mesures de correction dans les conditions prévues à l'article L. 1142-9.

Cette mise en demeure est transmise à l'employeur par tout moyen permettant de donner date certaine à sa réception.

Ces dispositions ne s'appliquent qu'aux pénalités notifiées à l'employeur par le directeur régional de l'économie, de l'emploi, du travail et des solidarités à la suite d'une mise en demeure prévue à l'art. R. 2242-3 et intervenue postérieurement au 30 avr. 2019, date d'entrée en vigueur du Décr. n° 2019-382 du 29 avr. 2019 (Décr. préc., art. 3, et Décr. n° 2020-1545 du 9 déc. 2020, art. 28-X, en vigueur le 1ᵉʳ avr. 2021).

Art. R. 2242-4 *(Décr. n° 2019-382 du 29 avr. 2019, art. 1ᵉʳ)* « Dans le délai prévu à l'article R. 2242-3, l'employeur lui communique, par tout moyen permettant de donner date certaine à leur réception, les éléments apportant la preuve qu'il respecte bien la ou les obligations mentionnées dans la mise en demeure.

« Ces éléments sont :

« 1° Soit l'accord conclu à l'issue de la négociation mentionnée au 2° de l'article L. 2242-1 ou, à défaut, le plan d'action prévu à l'article L. 2242-3, mis en place ou modifié ;

« 2° Soit la preuve de la publication des indicateurs mentionnés à l'article L. 1142-8 les années considérées ;

« 3° Soit l'accord ou, à défaut, la décision de l'employeur mentionnés à l'article L. 1142-9. »

(Décr. n° 2011-822 du 7 juill. 2011) « S'il n'est pas en mesure de communiquer (Décr. n° 2019-382 du 29 avr. 2019, art. 1er) « ces éléments », il justifie des motifs de la défaillance de l'entreprise au regard (Décr. n° 2019-382 du 29 avr. 2019, art. 1er) « de ces obligations ».

A sa demande, il peut être entendu. »

Art. R. 2242-5 A l'issue du délai prévu à l'article R. 2242-3, le (Décr. n° 2020-1545 du 9 déc. 2020, art. 28-X) « directeur régional de l'économie, de l'emploi, du travail et des solidarités » décide s'il y a lieu d'appliquer la pénalité mentionnée au premier alinéa de l'article (Décr. n° 2017-1703 du 15 déc. 2017) « L. 2242-8 » et en fixe le taux.

Art. R. 2242-6 Il est tenu compte, pour fixer le taux de la pénalité, des motifs de défaillance dont l'employeur a justifié, des mesures prises par l'entreprise en matière d'égalité professionnelle entre les femmes et les hommes et de la bonne foi de l'employeur.

Au titre des motifs de défaillance, sont pris en compte pour diminuer le taux tous motifs indépendants de la volonté de l'employeur susceptibles de justifier le non-respect (Décr. n° 2019-382 du 29 avr. 2019, art. 1er) « des obligations mentionnées aux deux premiers alinéas » [de] l'article (Décr. n° 2017-1703 du 15 déc. 2017) « L. 2242-8 », et notamment :

1° La survenance de difficultés économiques de l'entreprise ;
2° Les restructurations ou fusions en cours ;
3° L'existence d'une procédure collective en cours ;
4° Le franchissement du seuil d'effectifs prévu (Décr. n° 2019-382 du 29 avr. 2019, art. 1er) « aux articles L. 1142-8, L. 1142-9 et » (Décr. n° 2017-1703 du 15 déc. 2017) « L. 2242-8 » au cours des douze mois précédant celui de l'envoi de la mise en demeure mentionnée à l'article R. 2242-3.

Art. R. 2242-7 (Décr. n° 2019-382 du 29 avr. 2019, art. 1er) Les revenus d'activité qui constituent la base du calcul de la pénalité mentionnée à l'article L. 2242-8 sont ceux du mois entier qui suit le terme de la mise en demeure mentionnée à l'article R. 2242-3. La pénalité est due pour chaque mois entier à compter du terme de la mise en demeure mentionnée à l'article R. 2242-3 et jusqu'à la réception par l'inspection du travail, selon le cas, de l'accord relatif à l'égalité professionnelle conclu à l'issue de la négociation mentionnée au 2° de l'article L. 2242-1, du plan d'action prévu à l'article L. 2242-3, de l'accord ou de la décision de l'employeur mentionné à l'article L. 1142-9 ou de la preuve de la publication des indicateurs mentionnés à l'article L. 1142-8.

Ces dispositions ne s'appliquent qu'aux pénalités notifiées à l'employeur par le directeur régional de l'économie, de l'emploi, du travail et des solidarités à la suite d'une mise en demeure prévue à l'art. R. 2242-3 et intervenue postérieurement au 30 avr. 2019, date d'entrée en vigueur du Décr. n° 2019-382 du 29 avr. 2019 (Décr. préc., art. 3 ; Décr. n° 2020-1545 du 9 déc. 2020, art. 28-X, en vigueur le 1er avr. 2021).

Art. R. 2242-8 Le (Décr. n° 2020-1545 du 9 déc. 2020, art. 28-X) « directeur régional de l'économie, de l'emploi, du travail et des solidarités » adresse à l'employeur qui n'a pas rempli les obligations en matière d'égalité professionnelle et salariale entre les femmes et les hommes définies (Décr. n° 2019-382 du 29 avr. 2019, art. 1er) « aux deux premiers alinéas de l'article L. 2242-8 » (Décr. n° 2017-1703 du 15 déc. 2017) « , par tout moyen permettant de conférer date certaine à leur réception », une notification motivée du taux de la pénalité qui lui est appliqué, (Décr. n° 2017-1703 du 15 déc. 2017) « dans le délai de deux mois » à compter de la date d'expiration de la mise en demeure prévue à l'article R. 2242-3, et lui demande de communiquer en retour le montant des gains et rémunérations servant de base au calcul de la pénalité conformément à l'article R. 2242-7 (Décr. n° 2017-1703 du 15 déc. 2017) « dans le délai de deux mois ». A défaut, la pénalité est calculée sur la base de deux fois la valeur du plafond mensuel de la sécurité sociale par mois compris dans la période mentionnée à l'article R. 2242-7.

(Décr. n° 2019-382 du 29 avr. 2019, art. 1ᵉʳ) « Le *(Décr. n° 2020-1545 du 9 déc. 2020, art. 28-X)* « directeur régional de l'économie, de l'emploi, du travail et des solidarités » émet un titre de perception pris en charge par le directeur départemental ou régional des finances publiques qui en assure le recouvrement comme en matière de créance étrangère à l'impôt et au domaine. »

Art. R. 2242-9 *(Décr. n° 2016-868 du 29 juin 2016, art. 6)* La demande de l'employeur mentionnée au premier alinéa de l'article *(Décr. n° 2017-1703 du 15 déc. 2017)* « L. 2242-9 » est adressée par tout moyen permettant d'apporter la preuve de sa réception par le *(Décr. n° 2020-1545 du 9 déc. 2020, art. 28-X)* « directeur régional de l'économie, de l'emploi, du travail et des solidarités ».

La demande doit comporter :

1° La raison sociale de l'établissement, ses adresses postale et électronique le cas échéant ;
2° Son numéro de SIRET ;
3° Les références aux dispositions législatives ou réglementaires au regard desquelles la demande est à apprécier ;
4° L'accord ou le plan d'action mentionnés à l'article L. 2242-8. Le plan d'action est accompagné, le cas échéant, du procès-verbal de désaccord mentionné à *(Décr. n° 2017-1703 du 15 déc. 2017)* « ce même article ».

Art. R. 2242-10 *(Décr. n° 2016-868 du 29 juin 2016, art. 6)* La demande est réputée complète si, dans un délai de quinze jours à compter de sa réception, le *(Décr. n° 2020-1545 du 9 déc. 2020, art. 28-X)* « directeur régional de l'économie, de l'emploi, du travail et des solidarités » n'a pas fait connaître à l'employeur la liste des pièces ou des informations manquantes.

A réception de ces pièces ou informations, le *(Décr. n° 2020-1545 du 9 déc. 2020, art. 28-X)* « directeur régional de l'économie, de l'emploi, du travail et des solidarités » notifie au demandeur que la demande est complète. En l'absence de réception des pièces et informations manquantes dans un délai d'un mois, la demande est réputée caduque.

Le *(Décr. n° 2020-1545 du 9 déc. 2020, art. 28-X)* « directeur régional de l'économie, de l'emploi, du travail et des solidarités » dispose d'un délai de deux mois à compter de la date de réception de la demande complète pour notifier à l'employeur sa réponse établissant la conformité mentionnée *(Décr. n° 2017-1703 du 15 déc. 2017)* « aux quatrième et cinquième alinéas de l'article L. 2242-9 ».

Art. R. 2242-11 *(Décr. n° 2016-868 du 29 juin 2016, art. 6)* Les notifications mentionnées à l'article R. 2242-10 sont effectuées par tout moyen permettant de *(Décr. n° 2017-1703 du 15 déc. 2017)* « conférer date certaine à leur réception ».

SOUS-SECTION 3 **Rémunération**

(Décr. n° 2017-1703 du 15 déc. 2017)

Art. D. 2242-12 Pour l'application de l'article L. 2242-7, lorsqu'un agent de contrôle de l'inspection du travail mentionné à l'article L. 8112-1 constate un manquement à l'obligation définie au 1° de l'article L. 2242-1, il transmet au *(Décr. n° 2020-1545 du 9 déc. 2020, art. 28-X)* « directeur régional de l'économie, de l'emploi, du travail et des solidarités » un rapport sur ce manquement.

Ces dispositions sont applicables aux manquements à l'obligation de négociation sur les salaires effectifs définie au 1° de l'art. L. 2242-1 C. trav., constatés au titre de l'année 2016 et des années suivantes.

A titre transitoire, pour calculer le plafond des pénalités prononcées sur la base des constats réalisés au titre des années 2016 à 2021, sont pris en compte le cas échéant les contrôles réalisés entre 2010 et 2016 par les organismes de recouvrement des cotisations de sécurité sociale au titre des dispositions de l'art. 26 de la L. n° 2008-1528 du 3 déc. 2008. A cette fin, le directeur régional de l'économie, de l'emploi, du travail et des solidarités recueille auprès de l'organisme de recouvrement compétent les éléments nécessaires (Décr. n° 2017-1703 du 15 déc. 2017, art. 4 ; Décr. n° 2020-1545 du 9 déc. 2020, art. 28-X, en vigueur le 1ᵉʳ avr. 2021).

Art. D. 2242-13 Lorsque le *(Décr. n° 2020-1545 du 9 déc. 2020, art. 28-X)* « directeur régional de l'économie, de l'emploi, du travail et des solidarités » envisage de prononcer la pénalité mentionnée à l'article L. 2242-7, il en informe l'employeur, par tout moyen permettant de conférer date certaine de sa réception par le destinataire, dans un délai de quatre mois à compter de la date du constat du manquement mentionné à l'article D. 2242-12. Il informe l'employeur du taux maximal de pénalité encouru pour chaque année où un manquement est constaté, dans la limite des trois années consécutives prévues à la deuxième phrase *[du]* premier alinéa de l'article L. 2242-7. Il l'invite à lui présenter, dans un délai de deux mois, ses observations et à justifier, le cas échéant, des motifs de sa défaillance. L'employeur peut à sa demande être entendu.

Le *(Décr. n° 2020-1545 du 9 déc. 2020, art. 28-X)* « directeur régional de l'économie, de l'emploi, du travail et des solidarités » demande communication à l'organisme de recouvrement dont dépend l'employeur du montant des exonérations de cotisations sociales mentionnées à l'article L. 241-13 du code de la sécurité sociale au titre des rémunérations versées chaque année où le manquement est constaté. L'organisme de recouvrement lui communique ces éléments dans un délai de deux mois.

Art. D. 2242-14 Pour déterminer le montant de la pénalité, le *(Décr. n° 2020-1545 du 9 déc. 2020, art. 28-X)* « directeur régional de l'économie, de l'emploi, du travail et des solidarités » tient compte des efforts réalisés par l'employeur pour engager des négociations sur les salaires effectifs dans les conditions prévues aux articles L. 2242-1 et L. 2242-4 à L. 2242-6, de sa bonne foi, ainsi que des motifs de défaillance que l'employeur a justifiés.

Au titre des motifs de défaillance, sont notamment pris en compte :

1° La survenance de difficultés économiques de l'entreprise ;
2° Les restructurations ou fusions en cours ;
3° L'existence d'une procédure collective en cours.

Art. D. 2242-15 Le *(Décr. n° 2020-1545 du 9 déc. 2020, art. 28-X)* « directeur régional de l'économie, de l'emploi, du travail et des solidarités » adresse à l'employeur, par tout moyen permettant de conférer date certaine de sa réception par le destinataire, une notification du montant de la pénalité qui lui sont *[est]* appliqués *[appliquée]*, dans un délai de deux mois à compter de l'expiration du délai laissé à l'employeur pour présenter ses observations et justifier des motifs de sa défaillance, prévu à l'article D. 2242-13.

Une copie de cette notification est adressée à l'organisme chargé du recouvrement des cotisations de sécurité sociale dont dépend l'employeur.

Art. D. 2242-16 La pénalité est déclarée et versée par l'employeur à l'organisme chargé du recouvrement des cotisations de sécurité sociale du régime dont il dépend à la première date d'échéance des cotisations et contributions sociales dont il est redevable auprès de cet organisme intervenant à l'issue d'un délai de deux mois suivant la notification.

SECTION 2 Champ de la négociation collective

(Décr. n° 2017-1703 du 15 déc. 2017)

Cette section ne comprend pas de dispositions réglementaires.

SECTION 3 Dispositions supplétives

(Décr. n° 2017-1703 du 15 déc. 2017)

Cette section ne comprend pas de dispositions réglementaires.

CHAPITRE III DISPOSITIONS PÉNALES

Le présent chapitre ne comprend pas de dispositions réglementaires.

TITRE V ARTICULATION DES CONVENTIONS ET ACCORDS

TITRE VI APPLICATION DES CONVENTIONS ET ACCORDS COLLECTIFS

CHAPITRE I CONDITIONS D'APPLICABILITÉ DES CONVENTIONS ET ACCORDS

SECTION 1 Règles générales d'extension et d'élargissement

Art. R. 2261-1 Pour l'application des 4°, 9° et 10° de l'article L. 2261-22, la convention comprend notamment des clauses relatives aux modalités d'application du principe "à travail égal, salaire égal" et les procédures de règlement des difficultés pouvant naître à ce sujet. — [Anc. art. L. 133-5, al. 10.]

Art. R. 2261-1-1 et R. 2261-1-2 Abrogés par Décr. n° 2016-1419 du 20 oct. 2016, art. 1ᵉʳ.

Art. D. 2261-2 La convention de branche susceptible d'extension peut contenir, sans que cette énumération soit limitative, des stipulations concernant :
1° Les conditions particulières de travail :
a) Heures supplémentaires ;
b) Travail par roulement ;
c) Travail de nuit ;
d) Travail du dimanche ;
e) Travail des jours fériés ;
2° Les conditions générales de rémunération du travail au rendement pour les catégories intéressées, sauf s'il s'agit de travaux dangereux, pénibles ou insalubres ;
3° Les primes d'ancienneté et d'assiduité ;
4° Les indemnités pour frais professionnels ou assimilés, notamment les indemnités de déplacement ;
5° Les garanties collectives complémentaires mentionnées à l'article L. 911-2 du code de la sécurité sociale ;
6° Les procédures conventionnelles d'arbitrage des conflits collectifs de travail survenant entre les employeurs et les salariés liés par la convention ;
7° Les conditions d'exercice des responsabilités mutualistes. — [Anc. art. L. 133-7.]

Art. D. 2261-3 Lorsqu'un arrêté d'extension ou d'élargissement est envisagé, il est précédé de la publication au Journal officiel de la République française d'un avis. Cet avis invite les organisations et personnes intéressées à faire connaître leurs observations. Il indique le lieu où la convention ou l'accord a été déposé et le service auprès duquel les observations sont présentées.

Les organisations et les personnes intéressées disposent d'un délai de quinze jours à compter de la publication de l'avis pour présenter leurs observations.

(Décr. n° 2016-1435 du 25 oct. 2016, art. 4) « Lorsqu'une demande est formulée en application du quatrième alinéa du I de l'article L. 243-6-3 du code de la sécurité sociale, elle suspend la procédure d'extension engagée à la demande d'une des organisations d'employeurs ou de salariés représentatives mentionnées à l'article L. 2261-19 à compter de la réception de l'information mentionnée au quatrième alinéa du II de l'article R. 243-43-2 du code de la sécurité sociale.

« Si l'organisation ayant présenté la demande est différente de celle ayant présenté la demande d'extension, le ministre compétent informe cette dernière de la suspension de la procédure d'extension. Il lui communique la réponse de l'Agence centrale des organismes de sécurité sociale ou de la caisse centrale de la Mutualité sociale agricole.

« L'organisation ayant présenté la demande d'extension dispose d'un délai de quinze jours suivant la notification de la réponse de l'agence ou de la caisse centrale ou la date de réception de la communication faite par le ministre compétent pour faire connaître si elle maintient sa demande d'extension.

« A défaut de réponse dans ce délai, la demande est réputée maintenue. »

Art. D. 2261-4 L'arrêté d'extension ou d'élargissement est publié au *Journal officiel* de la République française.

Le texte des stipulations étendues fait l'objet d'une publication au *Bulletin officiel* des services du ministre chargé du travail. — *[Anc. art. L. 133-14, al. 2, et R. 133-1, al. 2.]*

Art. D. 2261-4-1 *(Décr. n° 2017-1689 du 14 déc. 2017)* Le groupe d'experts chargé d'apprécier les effets économiques et sociaux susceptibles de résulter de l'extension d'une convention, d'un accord ou de leurs avenants prévu à l'article L. 2261-27-1 est composé de cinq personnalités choisies à raison de leur compétence et de leur expérience dans le domaine économique et social et nommées par arrêté du ministre chargé du travail.

Le ministre du travail désigne le président du groupe d'experts parmi ses membres.

Art. D. 2261-4-2 *(Décr. n° 2017-1689 du 14 déc. 2017)* Le mandat des membres est d'une durée de quatre ans et n'est pas révocable. Ceux des membres dont le mandat est interrompu, pour quelque cause que ce soit, sont remplacés dans les mêmes conditions de désignation que leurs prédécesseurs, dans le délai de deux mois pour la durée du mandat restant à courir.

Art. D. 2261-4-3 *(Décr. n° 2017-1689 du 14 déc. 2017)* Les organisations mentionnées à l'article L. 2261-27-1 disposent d'un délai d'un mois à compter de la publication de l'avis prévu à l'article L. 2261-19 pour demander au ministre la saisine du groupe d'experts.

Cette demande est déposée auprès des services centraux du ministère du travail. Le ministre chargé du travail saisit le président du groupe d'experts de la demande prévue à l'alinéa précédent.

Art. D. 2261-4-4 *(Décr. n° 2017-1689 du 14 déc. 2017)* Le groupe d'experts remet au ministre chargé du travail, dans un délai de deux mois à compter de sa saisine, un rapport sur les effets économiques et sociaux susceptibles de résulter de l'extension de la convention ou de l'accord concerné ou d'un ou *[de]* plusieurs de leurs avenants.

Cet avis est communiqué à la *(Décr. n° 2018-1262 du 26 déc. 2018, art. 1er-III, en vigueur le 1er janv. 2019)* « Commission nationale de la négociation collective, de l'emploi et de la formation professionnelle » préalablement à son rapport sur l'extension de la convention, de l'accord ou de l'avenant concerné donné en application du 3° de l'article L. 2271-1.

En l'absence de rapport à l'issue du délai prévu au premier alinéa, le groupe d'expert*[s]* est réputé ne pas avoir d'observations quant à l'extension de l'accord.

Art. D. 2261-4-5 *(Décr. n° 2017-1689 du 14 déc. 2017)* Dans l'exercice des activités du groupe d'experts, ses membres ne peuvent solliciter ni accepter d'instruction d'aucune autorité.

Ils sont tenus au secret sur les débats auxquels ils ont participé et sur les informations auxquelles ils ont eu accès dans le cadre de leurs travaux.

En cas de manquement aux obligations prévues au présent article, le mandat d'un membre peut être suspendu par le président du groupe d'experts.

Art. D. 2261-4-6 *(Décr. n° 2017-1689 du 14 déc. 2017)* Les membres du groupe d'experts ne peuvent prendre part à l'élaboration du rapport lorsqu'ils ont un intérêt personnel à l'affaire qui en est l'objet.

Art. R. 2261-4-7 *(Décr. n° 2023-98 du 14 févr. 2023, art. 1er)* Le silence gardé pendant plus de six mois par le ministre chargé du travail saisi d'une demande d'élargissement ou d'extension, en application des articles L. 2261-17 ou L. 2261-24, vaut décision de rejet.

V. art. R. 2261-6.

SECTION 2 Extension des avenants salariaux

Art. R. 2261-5 Les avenants salariaux mentionnés au premier alinéa de l'article L. 2261-26 dont l'extension est envisagée sont transmis aux membres de la sous-commission des conventions et accords de la *(Décr. n° 2018-1262 du 26 déc. 2018,* *art. 1ᵉʳ-III, en vigueur le 1ᵉʳ janv. 2019)* « Commission nationale de la négociation collective, de l'emploi et de la formation professionnelle ».

Ces membres disposent d'un délai de quinze jours à compter de la date d'envoi pour demander l'examen par cette sous-commission.

Sont examinés :

1° Les avenants pour lesquels au moins une demande d'examen a été faite ;

2° Les avenants pour lesquels des oppositions sont notifiées, sans demande d'examen, lorsque ces oppositions émanent soit de deux membres employeurs, soit de deux membres salariés.

Les avenants qui n'ont pas à être soumis à l'examen de la sous-commission sont réputés avoir recueilli l'avis motivé favorable de la *(Décr. n° 2018-1262 du 26 déc. 2018, art. 1ᵉʳ-III, en vigueur le 1ᵉʳ janv. 2019)* « Commission nationale de la négociation collective, de l'emploi et de la formation professionnelle ». — *[Anc. art. R. 133-2.]*

Art. R. 2261-6 *(Décr. n° 2023-98 du 14 févr. 2023, art. 1ᵉʳ)* Par dérogation à l'article R. 2261-4-7, lorsque la condition posée par le deuxième alinéa de l'article L. 2261-26 est réalisée, le ministre chargé du travail dispose, à compter de la réception de la demande d'extension, d'un délai de deux mois pour étendre les avenants salariaux mentionnés au premier alinéa dudit article.

A l'issue de ce délai, le silence gardé par le ministre chargé du travail vaut décision de rejet.

Ces dispositions s'appliquent aux conventions ou accords conclus postérieurement au 16 févr. 2023 (Décr. préc., art. 4).

Art. D. 2261-6 et D. 2261-7 *Abrogés par Décr. n° 2013-379 du 2 mai 2013.*

Art. R. 2261-8 *Abrogé par Décr. n° 2023-98 du 14 févr. 2023, art. 1ᵉʳ.*

SECTION 3 Commissions mixtes paritaires

Art. D. 2261-9 Le ministre chargé du travail peut, en application de l'article L. 2261-20, provoquer la réunion d'une commission mixte paritaire. — *[Anc. art. L. 133-1, al. 2.]*

Art. R. 2261-10 En cas de litige portant sur l'importance des délégations composant la commission mixte, le ministre chargé du travail peut fixer, dans les convocations, le nombre maximum de représentants par organisation. — *[Anc. art. L. 133-4.]*

Art. D. 2261-11 Lorsqu'une organisation n'envoie pas de représentant habilité à la commission mixte paritaire convoquée en application de l'article L. 2261-20, une nouvelle convocation lui est adressée dans le délai d'un mois par lettre recommandée avec avis de réception ou par notification délivrée contre récépissé. — *[Anc. art. R. 133-4.]*

Art. D. 2261-12 Si, à la suite de la lettre recommandée ou de la notification mentionnée à l'article D. 2261-11, l'organisation s'abstient, sans motif légitime, de déférer à la nouvelle convocation qui lui a été adressée, le ministre chargé du travail ou son représentant, président de la commission mixte, établit un rapport qu'il transmet au procureur de la République. — *[Anc. art. R. 153-3, al. 1ᵉʳ.]*

SECTION 4 Abrogation

Art. D. 2261-13 Dans les formes prévues par les articles L. 2261-24 à L. 2261-31, le ministre chargé du travail peut, à la demande d'une des organisations représentatives intéressées ou de sa propre initiative :

1° Abroger l'arrêté d'extension en vue de mettre fin à l'extension de la convention ou d'un accord ou de certaines de leurs dispositions lorsqu'il apparaît que les textes en cause ne répondent plus à la situation de la branche ou des branches dans le champ d'application considéré ;

2° Abroger l'arrêté d'élargissement d'une convention ou d'un accord, pour tout ou partie du champ professionnel ou territorial mentionné par cet arrêté. — *[Anc. art. L. 133-16.]*

SECTION 5 Restructuration des branches

(Décr. nº 2016-1399 du 19 oct. 2016)

Art. D. 2261-14 Le délai mentionné au huitième alinéa du I et au deuxième alinéa du II de l'article L. 2261-32 est de quinze jours.

Art. D. 2261-15 La proposition mentionnée au dixième alinéa du I et au troisième alinéa du II de l'article L. 2261-32 est transmise au ministre chargé du travail dans un délai de quinze jours à compter de la date de la première consultation de la sous-commission de la restructuration des branches professionnelles mentionnée à l'article R. 2272-10.

À l'issue de ce délai, le ministre chargé du travail transmet l'ensemble des propositions reçues aux représentants des organisations siégeant à la sous-commission.

La sous-commission est à nouveau consultée dans un délai qui ne peut être inférieur à un mois à compter de la date de la première consultation.

Art. R. 2261-15 *(Décr. nº 2023-98 du 14 févr. 2023, art. 1er)* I. — Le critère prévu par le 2° du I de l'article L. 2261-32 s'apprécie au regard :

1° De la faiblesse du nombre d'accords conclus au cours des deux dernières années, notamment ceux assurant un salaire minimum national professionnel, au sens du 4° du II de l'article L. 2261-22, au moins égal au salaire minimum interprofessionnel de croissance ;

2° De la faiblesse du nombre de thèmes relevant de la négociation obligatoire mentionnés aux articles L. 2241-1 à 2 et L. 2241-7 à 17 couverts au cours des trois dernières années.

II. — Le critère prévu par le 5° du I de l'article L. 2261-32 s'applique lorsque la commission paritaire permanente de négociation et d'interprétation ne s'est pas réunie au cours de l'année précédente.

CHAPITRE II EFFETS DE L'APPLICATION DES CONVENTIONS ET ACCORDS

SECTION UNIQUE Information et communication

Art. R. 2262-1 A défaut d'autres modalités prévues par une convention ou un accord conclu en application de l'article L. 2262-5, l'employeur :

(Décr. nº 2023-1004 du 30 oct. 2023, art. 4, en vigueur le 1er nov. 2023) « 1° Informe le salarié des conventions et accords collectifs applicables dans l'entreprise ou l'établissement dans les conditions prévues par les articles R. 1221-34 et R. 1221-35 ; »

2° Tient un exemplaire à jour de ces textes à la disposition des salariés sur le lieu de travail ;

3° Met sur l'intranet, dans les entreprises dotées de ce dernier, un exemplaire à jour des textes.

Art. R. 2262-2 L'employeur lié par une convention ou un accord collectif de travail fournit un exemplaire de ce texte *(Décr. nº 2017-1819 du 29 déc. 2017, art. 3)* « au comité social et économique et aux comités sociaux et économiques d'établissement ainsi qu'aux » délégués syndicaux ou aux salariés mandatés.

Art. R. 2262-3 Un avis *(Décr. nº 2016-1417 du 20 oct. 2016, art. 3)* « est communiqué par tout moyen aux salariés ».

Cet avis comporte l'intitulé des conventions et des accords applicables dans l'établissement. La mention générique "Accords nationaux interprofessionnels" peut être substituée à l'intitulé des accords de cette catégorie.

L'avis précise où les textes sont tenus à la disposition des salariés sur le lieu de travail ainsi que les modalités leur permettant de les consulter pendant leur temps de présence. — *[Anc. art. R. 135-1, al. 1er fin et 2.]*

Art. R. 2262-4 Pour les concierges ou gardiens d'immeubles, les employés de maison, les travailleurs isolés ou à domicile, la délivrance par l'employeur à chacun de ces salariés d'un document reprenant les informations qui figurent sur l'avis mentionné à l'article R. 2262-3 se substitue à l'obligation d'affichage prévue par ce même article. — *[Anc. art. R. 135-1, al. 3.]*

Art. R. 2262-5 Les modifications ou compléments à apporter sur l'avis ou le document qui en tient lieu le sont dans un délai d'un mois à compter de leur date d'effet. — *[Anc. art. R. 135-1, al. 4.]*

CHAPITRE III DISPOSITIONS PÉNALES

Art. R. 2263-1 *(Décr. n° 2017-932 du 10 mai 2017, art. 5)* Le fait de ne pas mettre en œuvre l'obligation prévue à l'article R. 2262-3 ou de ne pas transmettre au salarié le document prévu à l'article R. 2262-4 est puni de l'amende prévue pour les contraventions de la quatrième classe.

Art. R. 2263-2 Le fait de ne pas porter, dans un délai d'un mois à compter de leur date d'effet, les modifications d'une convention ou d'un accord collectif de travail sur l'avis ou le document prévus aux articles R. 2262-3 et R. 2262-4, est puni de l'amende prévue pour les contraventions de la quatrième classe. — *[Anc. art. R. 153-1.]*

Art. R. 2263-3 Le fait pour l'employeur, lié par une convention ou un accord collectif de travail étendu, de payer des salaires inférieurs à ceux fixés dans cette convention ou cet accord, est puni de l'amende prévue pour les contraventions de la quatrième classe.

L'amende est prononcée autant de fois qu'il y a de salariés concernés. — *[Anc. art. R. 153-2, al. 1er et 2.]*

1. Interprétation stricte. L'art. R. 153-2 [art. R. 2263-3 nouv.] ne sanctionne que les manquements aux dispositions relatives au paiement du salaire ou d'accessoires et non le défaut d'affiliation à une caisse de prévoyance. ● Crim. 26 juin 1990 : 🗝 *CSB* 1990. 222, S. 133 ; *RJS* 1990. 478, n° 711. ♦ ... Ni le défaut de maintien de leurs salaires à des employés malades, en violation des dispositions du code de commerce local d'Alsace-Lorraine. ● Crim. 29 sept. 1992, 🗝 n° 91-86.248 P : *RJS* 1993. 107, n° 152.

2. Application. Si l'art. 11.07 de la Convention collective nationale des entreprises de propreté prévoit que la prime d'expérience se substitue à l'ancienne indemnité d'ancienneté fixée par la précédente Convention collective du personnel de nettoyage de locaux, elle ne limite pas pour autant, comme précédemment, son versement aux ouvriers, catégorie professionnelle qui n'existe plus dans la classification des emplois, de telle sorte que le refus d'en faire bénéficier les ouvriers expose l'employeur à une condamnation. ● Crim. 3 janv. 2006, 🗝 n° 05-82.331 P.

Art. R. 2263-4 Le fait pour l'employeur de méconnaître les stipulations conventionnelles relatives aux accessoires du salaire prévus par une convention ou un accord collectif de travail étendu, est puni de l'amende prévue pour les contraventions de la quatrième classe.

L'amende est prononcée autant de fois qu'il y a de salariés concernés. — *[Anc. art. R. 153-2, al. 2 et 3, phrase 1.]*

Art. R. 2263-5 Le fait, pour le responsable d'une organisation, de ne pas déférer, sans motif légitime, à la nouvelle convocation qui lui a été adressée en application de l'article D. 2261-12, est puni de l'amende prévue pour les contraventions de la cinquième classe. — *[Anc. art. R. 153-3, al. 2.]*

TITRE VII COMMISSION NATIONALE DE LA NÉGOCIATION COLLECTIVE, DE L'EMPLOI ET DE LA FORMATION PROFESSIONNELLE *(Décr. n° 2018-1262 du 26 déc. 2018, art. 1er-I, en vigueur le 1er janv. 2019)*.

CHAPITRE I MISSIONS

Art. R. 2271-1 Lors de l'examen annuel prévu au 8° de l'article L. 2271-1, la *(Décr. n° 2018-1262 du 26 déc. 2018, art. 1er-I, en vigueur le 1er janv. 2019)* « Commission nationale de la négociation collective, de l'emploi et de la formation professionnelle » établit le bilan de l'application des mesures tendant à supprimer les écarts de rémunération entre les femmes et les hommes prévues (*Décr. n° 2017-1703 du 15 déc. 2017*) « au 2° de l'article L. 2241-1 et à l'article L. 2241-17 ».

CHAPITRE II ORGANISATION ET FONCTIONNEMENT

SECTION 1 Commission nationale de la négociation collective, de l'emploi et de la formation professionnelle (*Décr. n° 2018-1262 du 26 déc. 2018, art. 1ᵉʳ-I, en vigueur le 1ᵉʳ janv. 2019*).

Art. R. 2272-1 (*Décr. n° 2018-1262 du 26 déc. 2018, en vigueur le 1ᵉʳ janv. 2019*) I. — La Commission nationale de la négociation collective, de l'emploi et de la formation professionnelle comprend :
  1° Le ministre chargé du travail ou son représentant, président ;
  2° Le ministre chargé de l'agriculture ou son représentant ;
  3° Le ministre chargé de l'économie ou son représentant ;
  4° Le président de la section sociale du Conseil d'État ;
  5° Six représentants des organisations d'employeurs et dix représentants titulaires des organisations syndicales de salariés, représentatives au niveau national interprofessionnel.
  II. — Lorsque la commission mentionnée au I est consultée sur les projets de loi, d'ordonnance et de décret relatifs à l'emploi, l'orientation et la formation professionnelles, elle comprend également :
  1° Le ministre chargé de l'emploi ou son représentant ;
  2° Le ministre chargé de la formation professionnelle, ou son représentant ;
  3° Le ministre chargé de l'éducation nationale, ou son représentant ;
  4° Le ministre chargé de l'enseignement supérieur, ou son représentant ;
  5° Huit représentants des régions et des collectivités ultramarines exerçant les compétences dévolues aux conseils régionaux en matière de formation professionnelle ;
  6° Deux représentants des départements.
  (*Décr. n° 2021-768 du 16 juin 2021, art. 1ᵉʳ*) « III. — Lorsque la commission mentionnée au I est consultée sur l'extension et l'élargissement des conventions et accords mentionnés à l'article L. 911-1 du code de la sécurité sociale, ainsi que sur l'abrogation des arrêtés d'extension ou d'élargissement, elle comprend également le ministre chargé de la sécurité sociale ou son représentant, qui assure la présidence de la commission.
  « IV. — Lorsque la commission mentionnée au I est consultée sur les projets de loi, d'ordonnance et de décret relatifs aux dispositifs d'intéressement, de participation et d'épargne salariale, elle comprend également :
  « 1° Le ministre chargé de la sécurité sociale ou son représentant ;
  « 2° Sept personnalités choisies en raison de leur compétence et de leur expérience. »

Art. R. 2272-2 Les représentants titulaires des salariés sont nommés par le ministre chargé du travail comme suit :
  1° (*Décr. n° 2018-1262 du 26 déc. 2018, en vigueur le 1ᵉʳ janv. 2019*) « Deux » représentants, sur proposition de la Confédération générale du travail (CGT) ;
  2° (*Décr. n° 2018-1262 du 26 déc. 2018, en vigueur le 1ᵉʳ janv. 2019*) « Deux » représentants, sur proposition de la Confédération française démocratique du travail (CFDT) ;
  3° (*Décr. n° 2018-1262 du 26 déc. 2018, en vigueur le 1ᵉʳ janv. 2019*) « Deux » représentants, sur proposition de la Confédération générale du travail – Force ouvrière (CGT-FO) ;
  4° Deux représentants, sur proposition de la Confédération française des travailleurs chrétiens (CFTC) ;
  5° Deux représentants, sur proposition de la Confédération française de l'encadrement – Confédération générale des cadres (CFE-CGC). — [*Anc. art. R. 136-2.*]

Art. R. 2272-3 (*Décr. n° 2018-1262 du 26 déc. 2018, en vigueur le 1ᵉʳ janv. 2019*) Les représentants titulaires des employeurs sont nommés par le ministre chargé du travail comme suit :
  1° Deux sur proposition du Mouvement des entreprises de France (MEDEF) ;

2° Deux sur proposition de la Confédération des petites et moyennes entreprises (CPME) ;
3° Deux sur proposition de l'Union des entreprises de proximité (U2P).

Art. R. 2272-4 (Décr. n° 2018-1262 du 26 déc. 2018, en vigueur le 1er janv. 2019) Les représentants titulaires des collectivités territoriales mentionnés aux 5° et 6° du II de l'article R. 2272-1 sont nommés par les ministres chargés de l'emploi et de la formation professionnelle comme suit :
1° Sur proposition de l'association Régions de France, pour les représentants des collectivités du 5° du II de l'article R. 2272-1 ;
2° Sur proposition de l'association des départements de France, pour les représentants des collectivités mentionnés au 6° du II de l'article R. 2272-1.

Art. R. 2272-4-1 (Décr. n° 2021-768 du 16 juin 2021, art. 1er) Les personnalités choisies en raison de leur compétence et de leur expérience, mentionnées au 2° du IV de l'article R. 2272-1, sont nommées par le ministre chargé du travail pour une durée de trois ans.
Des frais de déplacement et de séjour peuvent leur être alloués dans les conditions fixées par arrêté conjoint des ministres chargés du travail et du budget.

Art. R. 2272-5 (Décr. n° 2018-1262 du 26 déc. 2018, en vigueur le 1er janv. 2019) Un membre suppléant est nommé, dans les mêmes conditions que les titulaires, pour chaque organisation mentionnée aux articles R. 2272-2 et R. 2272-3, ainsi que pour les collectivités mentionnées au 6° du II de l'article R. 2272-1.
Pour les collectivités mentionnées au 5° du II de l'article R. 2272-1, quatre suppléants sont nommés dans les mêmes conditions que les titulaires.

Art. R. 2272-6 La Commission nationale peut créer, en son sein, des groupes de travail pour l'étude de questions particulières et faire appel à des experts. – *[Anc. art. L. 136-4.]*

Art. R. 2272-7 Les membres de la Commission nationale ne doivent avoir fait l'objet d'aucune interdiction, déchéance ou incapacité relative à leurs droits civiques. – *[Anc. art. R. 136-6.]*

Art. R. 2272-8 La Commission nationale est convoquée par (Décr. n° 2018-1262 du 26 déc. 2018, art. 1er-I, en vigueur le 1er janv. 2019) « les ministres chargés du travail, de l'emploi ou de la formation professionnelle de leur propre initiative » ou à la demande de la majorité de ses membres titulaires.
Elle se réunit au moins une fois par an.
(Décr. n° 2021-768 du 16 juin 2021, art. 1er) « Les avis émis par la Commission nationale le sont valablement si plus de la moitié ou, lorsque la commission est réunie dans sa formation définie au II de l'article R. 2272-1, si plus du tiers des membres ayant voix délibérative sont présents, y compris les membres prenant part aux débats, soit au moyen d'une conférence téléphonique ou audiovisuelle[,] soit par voie de consultation électronique, ou ont donné mandat.
« Lorsque le quorum n'est pas atteint, la Commission nationale délibère valablement sans condition de quorum après une nouvelle convocation portant sur le même ordre du jour et spécifiant qu'aucun quorum ne sera exigé. »

Art. R. 2272-9 (Décr. n° 2018-1262 du 26 déc. 2018, en vigueur le 1er janv. 2019) I. – La Commission nationale peut s'adjoindre à titre consultatif des représentants des départements ministériels intéressés.
II. – Assistent à la Commission nationale, sans voix délibérative, des représentants d'employeurs nommés par arrêté du ministre chargé du travail comme suit :
1° Un représentant des professions agricoles, sur proposition de la Fédération nationale des syndicats d'exploitants agricoles (FNSEA) ;
2° Un représentant des employeurs de l'économie sociale et solidaire, sur proposition de l'Union des employeurs de l'économie sociale et solidaire (UDES) ;
3° Un représentant de la Fédération des entreprises du spectacle vivant, de la musique, de l'audiovisuel et du cinéma (FESAC).
III. – Assistent à la Commission nationale, lorsqu'elle est consultée sur les projets de loi, d'ordonnance et de décret relatifs à l'emploi, l'orientation et la formation profes-

sionnelles, sans voix délibérative, des représentants des organisations syndicales représentant les salariés intéressées par ces domaines, nommés par le ministre chargé de l'emploi et de la formation professionnelle comme suit :

1° Un représentant, sur proposition de l'Union nationale des syndicats autonomes (UNSA) ;

2° Un représentant, sur proposition de la Fédération syndicale unitaire (FSU).

(Décr. n° 2021-768 du 16 juin 2021, art. 1ᵉʳ) « IV. – Un représentant suppléant est nommé, dans les mêmes conditions que les représentants titulaires, pour chaque organisation mentionnée aux II et III. »

SECTION 2 **Sous-commissions**

Art. R. 2272-10 Les missions dévolues à la Commission nationale peuvent être exercées par *(Décr. n° 2021-768 du 16 juin 2021, art. 1ᵉʳ)* « six » sous-commissions :

1° La sous-commission des conventions et accords, *(Décr. n° 2015-262 du 5 mars 2015, art. 1ᵉʳ)* « en ce qui concerne les 2° à 4° de l'article L. 2271-1 » *(Décr. n° 2021-768 du 16 juin 2021, art. 1ᵉʳ)* « , et sous réserve des compétences exercées par les sous-commissions mentionnées aux 4° à 6° du présent article ». Lorsque les questions traitées concernent uniquement les professions agricoles, la sous-commission est réunie en formation spécifique ;

2° La sous-commission des salaires en ce qui concerne, d'une part, les 6° et 8° de l'article L. 2271-1 pour la partie salariale, d'autre part, l'avis prévu à l'article R.* 3231-1 ;

(Abrogé par Décr. n° 2021-768 du 16 juin 2021, art. 1ᵉʳ) « La *(Décr. n° 2018-1262 du 26 déc. 2018, art. 1ᵉʳ-I, en vigueur le 1ᵉʳ janv. 2019)* « Commission nationale de la négociation collective, de l'emploi et de la formation professionnelle » est assistée d'un secrétariat général ; »

(Décr. n° 2015-262 du 5 mars 2015, art. 1ᵉʳ) « 3° La sous-commission de la restructuration des branches professionnelles en ce qui concerne le 1° de l'article L. 2271-1.

« La sous-commission de la restructuration des branches professionnelles analyse la situation des branches en vue de susciter une réduction du nombre des branches par voie conventionnelle et, en tant que de besoin, sur le fondement des dispositions de l'article L. 2261-32.

« Elle peut donner au nom de la *(Décr. n° 2018-1262 du 26 déc. 2018, art. 1ᵉʳ-I, en vigueur le 1ᵉʳ janv. 2019)* « Commission nationale de la négociation collective, de l'emploi et de la formation professionnelle » les avis prévus *(Décr. n° 2023-98 du 14 févr. 2023, art. 2)* « aux I, II et IV de l'article L. 2261-32 dudit code » ;

(Décr. n° 2018-1262 du 26 déc. 2018, art. 1ᵉʳ-I, en vigueur le 1ᵉʳ janv. 2019) « 4° La sous-commission de l'emploi, de l'orientation et de la formation professionnelle, en ce qui concerne le 2° de l'article L. 2271-1 dans le domaine de la politique de l'emploi, de l'orientation et de la formation professionnelles initiale et continue, et le 10° de ce même article ; »

(Décr. n° 2021-768 du 16 juin 2021, art. 1ᵉʳ) « 5° La sous-commission de la protection sociale complémentaire, en ce qui concerne les 3° et 4° de l'article L. 2271-1, au titre des conventions et accords mentionnés à l'article L. 911-1 du code de la sécurité sociale, à l'exception de ceux applicables aux seuls salariés agricoles ;

« 6° La sous-commission de la participation, de l'intéressement et de l'épargne salariale, en ce qui concerne le 2° de l'article L. 2271-1, au titre des projets de texte relatifs à ces domaines. »

Art. R. 2272-11 Les sous-commissions peuvent créer, en leur sein, des groupes de travail pour l'étude de questions particulières et faire appel à des experts. – *[Anc. art. L. 136-4.]*

Art. R. 2272-12 Sous réserve des dispositions de l'article R. 2272-14, siègent dans *(Décr. n° 2015-262 du 5 mars 2015, art. 1ᵉʳ ; Décr. n° 2018-1262 du 26 déc. 2018, art. 1ᵉʳ-I, en vigueur le 1ᵉʳ janv. 2019 ; Décr. n° 2021-768 du 16 juin 2021, art. 1ᵉʳ)* « chacune des sous-commissions mentionnées aux 1°, 2°, 3° et 6° de l'article R. 2272-10 : »

1° Le ministre chargé du travail ou son représentant, président ;

2° Le ministre chargé de l'agriculture ou son représentant ;

3° Le ministre chargé de l'économie ou son représentant ;

4° Cinq représentants des salariés, à raison d'un pour chacune des organisations syndicales représentées à la Commission nationale ;

(Décr. n° 2018-1262 du 26 déc. 2018, art. 1er-I, en vigueur le 1er janv. 2019) « 5° Trois représentants des employeurs, à raison d'un au titre du Mouvement des entreprises de France (MEDEF), d'un au titre de la Confédération des petites et moyennes entreprises (CPME) et d'un au titre de l'Union des entreprises de proximité (U2P). »

Art. R. 2272-13 Sous réserve des dispositions *(Décr. n° 2018-1262 du 26 déc. 2018, en vigueur le 1er janv. 2019)* « des articles R. 2272-14 et R. 2272-15 », les représentants des salariés et des employeurs de chaque sous-commission sont nommés par le ministre chargé du travail *(Abrogé par Décr. n° 2021-768 du 16 juin 2021, art. 1er)* « *parmi les membres titulaires ou suppléants de la Commission nationale,* » sur proposition des organisations de salariés et d'employeurs mentionnées aux articles R. 2272-2 et R. 2272-3.

(Abrogé par Décr. n° 2018-1262 du 26 déc. 2018, à compter du 1er janv. 2019) « *Chacun de ces représentants dispose au sein de la sous-commission dont il fait partie du nombre de voix appartenant à l'organisation ou à la catégorie qu'il représente au sein de la Commission nationale.* »

(Décr. n° 2021-768 du 16 juin 2021, art. 1er) « Deux représentants suppléants pour chaque organisation » sont *(Décr. n° 2018-1262 du 26 déc. 2018, en vigueur le 1er janv. 2019)* « nommés par le ministre chargé du travail sur proposition des organisations de salariés et d'employeurs mentionnées aux articles R. 2272-2 et R. 2272-3. »

La sous-commission des salaires constitue un comité chargé de faire un examen de la situation de la négociation salariale de branche et de préparer un rapport examiné par la sous-commission en vue de la réalisation du bilan annuel mentionné au 7° de l'article L. 2271-1.

Art. R. 2272-14 La sous-commission des conventions et accords, réunie en formation spécifique en application du 1° de l'article R. 2272-10, est composée comme suit :

(Décr. n° 2021-768 du 16 juin 2021, art. 1er) « 1° Le ministre chargé de l'agriculture ou son représentant, président ;

« 2° Le ministre chargé de la sécurité sociale ou son représentant, lorsque la sous-commission est consultée sur l'extension et l'élargissement des conventions et accords mentionnés à l'article L. 911-1 du code de la sécurité sociale ;

« 3° » Cinq membres titulaires représentant les salariés des professions agricoles, nommés par le ministre chargé de l'agriculture *(Abrogé par Décr. n° 2018-1262 du 26 déc. 2018, à compter du 1er janv. 2019)* « *parmi les représentants titulaires ou suppléants des salariés à la Commission nationale* », à raison d'un par organisation syndicale *(Décr. n° 2018-1262 du 26 déc. 2018, en vigueur le 1er janv. 2019)* « représentée à la commission nationale, sur proposition de ces organisations » ;

(Décr. n° 2021-768 du 16 juin 2021, art. 1er) « 4° Cinq membres titulaires représentant les employeurs, nommés par le ministre chargé de l'agriculture, *(Décr. n° 2018-1262 du 26 déc. 2018, en vigueur le 1er janv. 2019)* « sur proposition des organisations concernées, à raison d'un au titre de la Fédération nationale des syndicats d'exploitants agricoles (FNSEA), d'un au titre de la Fédération nationale du bois (FNB), d'un au titre de la Confédération nationale de la mutualité, de la coopération et du crédit agricole (CNMCCA), d'un au titre de la Fédération nationale des entrepreneurs des territoires (FNEDT) et d'un au titre de l'Union nationale des entreprises du paysage (UNEP). » »

(Abrogé par Décr. n° 2018-1262 du 26 déc. 2018, à compter du 1er janv. 2019) « *a) Les deux représentants des employeurs des professions agricoles à la Commission nationale ;*

« *b) Trois autres membres proposés par les représentants des employeurs à la Commission nationale et choisis parmi les représentants titulaires ou suppléants des employeurs.* »

Des membres suppléants, en nombre *(Décr. n° 2018-1262 du 26 déc. 2018, en vigueur le 1er janv. 2019)* « égal » des membres titulaires, sont nommés par le ministre chargé de l'agriculture sur proposition des organisations représentant les salariés ou de celles représentant les employeurs. *(Abrogé par Décr. n° 2018-1262 du 26 déc. 2018, à compter du 1er janv. 2019)* « *Ils ne sont pas nécessairement des représentants des salariés ou des employeurs des professions agricoles.*

« *Chaque membre titulaire ou suppléant de la sous-commission siégeant en formation spécifique ne dispose que d'une voix.* »

(Abrogé par Décr. n° 2021-768 du 16 juin 2021, art. 1ᵉʳ) « *La présidence est assurée par le ministre chargé de l'agriculture ou son représentant.* »

Les 1° et 2° deviennent les 3° et 4° *(Décr. n° 2021-768 du 16 juin 2021, art. 1ᵉʳ).*

Art. R. 2272-15 *(Décr. n° 2018-1262 du 26 déc. 2018, en vigueur le 1ᵉʳ janv. 2019)* La sous-commission de l'emploi, de l'orientation et de la formation professionnelles mentionnée au 4° de l'article R. 2272-10 est composée comme suit :

1° Le ministre chargé de l'emploi ou son représentant, président ;
2° Le ministre chargé de la formation professionnelle ou son représentant ;
3° Le ministre chargé de l'éducation nationale ou son représentant ;
4° Le ministre chargé de l'enseignement supérieur ou son représentant ;
5° Cinq membres titulaires représentant les salariés, nommés par le ministre chargé de l'emploi et de la formation professionnelle *(Abrogé par Décr. n° 2021-768 du 16 juin 2021, art. 1ᵉʳ)* « *parmi les représentants titulaires ou suppléants des salariés à la Commission nationale,* » à raison d'un par organisation syndicale représentative au niveau national interprofessionnel, sur proposition de ces organisations ;
6° Trois membres titulaires représentant les employeurs, nommés par le ministre chargé de la formation professionnelle *(Abrogé par Décr. n° 2021-768 du 16 juin 2021, art. 1ᵉʳ)* « *parmi les représentants titulaires ou suppléants des employeurs à la Commission nationale,* » à raison d'un par organisation d'employeurs représentative au niveau national interprofessionnel, sur proposition de ces organisations ;
7° Quatre membres titulaires représentants *[représentant]* les régions et des collectivités ultramarines exerçant les compétences dévolues aux conseils régionaux en matière de formation professionnelle, sur proposition de l'association Régions de France ;
8° Un membre titulaire représentant les départements, sur proposition de l'association des départements de France.

Des membres suppléants sont nommés par les ministres chargés de l'emploi et de la formation professionnelle sur proposition des organisations de salariés et d'employeurs mentionnées aux articles R. 2272-2 et R. 2272-3, ainsi que des associations représentant les régions, collectivités ultramarines et départements mentionnées à l'article R. 2272-4, à raison *(Décr. n° 2021-768 du 16 juin 2021, art. 1ᵉʳ)* « de deux membres suppléants » par organisation ou association.

Art. R. 2272-15-1 *(Décr. n° 2021-768 du 16 juin 2021, art. 1ᵉʳ)* La sous-commission de la protection sociale complémentaire mentionnée au 5° de l'article R. 2272-10 est composée comme suit :

1° Le ministre chargé de la sécurité sociale ou son représentant, président ;
2° Le ministre chargé du travail ou son représentant ;
3° Quinze membres titulaires représentant les salariés, nommés par le ministre chargé de la sécurité sociale, à raison de trois pour chacune des organisations mentionnées à l'article R. 2272-2, sur proposition de ces organisations ;
4° Neuf membres titulaires représentant les employeurs, nommés par le ministre chargé de la sécurité sociale, à raison de trois pour chacune des organisations mentionnées à l'article R. 2272-3, sur proposition de ces organisations.

Des membres suppléants sont nommés par le ministre chargé de la sécurité sociale sur proposition des organisations de salariés et d'employeurs, à raison de trois membres suppléants par organisation.

Art. R. 2272-15-2 *(Décr. n° 2021-768 du 16 juin 2021, art. 1ᵉʳ)* La sous-commission de la participation, de l'intéressement et de l'épargne salariale mentionnée au 6° de l'article R. 2272-10 comprend, outre les membres mentionnés à l'article R. 2272-12, ceux mentionnés au IV de l'article R. 2272-1.

Art. R. 2272-16 *(Décr. n° 2021-768 du 16 juin 2021, art. 1ᵉʳ)* I. — Assistent, sans voix délibérative, aux réunions des sous-commissions mentionnées à l'article R. 2272-10, à l'exception de la sous-commission des conventions et accords lorsqu'elle se réunit dans sa formation spécifique en application du 1° de l'article R. 2272-10, des représentants d'employeurs à raison, pour chaque sous-commission, d'un représentant pour chacune des organisations mentionnées au II de l'article R. 2272-9. Ils ne peuvent pas exercer les prérogatives conférées aux organisations représentées à la Commission nationale par les articles L. 2261-27 et L. 2261-32.

Ces représentants sont nommés par le ministre chargé du travail, à l'exception des représentants assistant aux réunions de la sous-commission mentionnée au 5° de l'article R. 2272-10 qui sont nommés par le ministre chargé de la sécurité sociale.

II. – Assistent, sans voix délibérative, aux réunions de la sous-commission mentionnée au 4° de l'article R. 2272-10 des représentants des organisations syndicales représentant les salariés intéressées *[intéressés]* par ces domaines, nommés par le ministre chargé de l'emploi et de la formation professionnelle à raison d'un représentant pour chacune des organisations mentionnées au III de l'article R. 2272-9.

III. – Pour chaque représentant titulaire mentionné au présent article, deux représentants suppléants sont nommés selon les mêmes modalités.

Art. R. 2272-17 (Décr. n° 2021-768 du 16 juin 2021, art. 1er) Les avis émis par les sous-commissions définies à l'article R. 2272-10 le sont valablement si plus de la moitié ou, pour les sous-commissions mentionnées aux 4° et 6° de cet article, si plus du tiers des membres ayant voix délibérative sont présents, y compris les membres prenant part aux débats, soit au moyen d'une conférence téléphonique ou audiovisuelle[,] soit par voie de consultation électronique, ou ont donné mandat.

Lorsque le quorum n'est pas atteint, les sous-commissions délibèrent valablement sans condition de quorum après une nouvelle convocation portant sur le même ordre du jour et spécifiant qu'aucun quorum ne sera exigé.

TITRE VIII DROIT D'EXPRESSION DIRECTE ET COLLECTIVE DES SALARIÉS

CHAPITRE I DISPOSITIONS COMMUNES

Le présent chapitre ne comprend pas de dispositions réglementaires.

CHAPITRE II ENTREPRISES ET ÉTABLISSEMENTS DU SECTEUR PUBLIC

Art. R. 2282-1 L'activité des conseils d'atelier ou de bureau fait l'objet d'un rapport annuel établi par l'employeur et présenté au (Décr. n° 2017-1819 du 29 déc. 2017, art. 3) « comité social et économique ». – *[Anc. art. L. 462-4.]*

CHAPITRE III DISPOSITIONS PÉNALES

Le présent chapitre ne comprend pas de dispositions réglementaires.

LIVRE III LES INSTITUTIONS REPRÉSENTATIVES DU PERSONNEL

TITRE I COMITÉ SOCIAL ET ÉCONOMIQUE

(Décr. n° 2017-1819 du 29 déc. 2017, art. 1er-I)

CHAPITRE I CHAMP D'APPLICATION

Le présent chapitre ne comprend pas de dispositions réglementaires.

CHAPITRE II ATTRIBUTIONS

SECTION 1 Dispositions générales

La présente section ne comprend pas de dispositions réglementaires.

SECTION 2 Attributions du comité social et économique dans les entreprises d'au moins onze salariés et de moins de cinquante salariés

Art. R. 2312-1 Les membres de la délégation du personnel au comité social et économique sont informés de la réception par l'employeur des documents de vérification et de contrôle mentionnés à l'article L. 4711-1. Ils peuvent demander communication de ces documents.

Art. R. 2312-2 Les enquêtes du comité social et économique ou, le cas échéant, de la commission santé, sécurité et conditions de travail en cas d'accidents du travail ou de maladies professionnelles ou à caractère professionnel sont réalisées par une délégation comprenant au moins :
 1° L'employeur ou un représentant désigné par lui ;
 2° Un représentant du personnel siégeant à ce comité.
 (Décr. n° 2019-1548 du 30 déc. 2019, art. 1er) « Un arrêté conjoint des ministres chargés du travail, de l'agriculture et des transports détermine la nature des renseignements que le comité social et économique fournit à l'administration. »

Art. R. 2312-3 Les membres du comité social et économique ou, le cas échéant, de la commission santé, sécurité et conditions de travail peuvent se faire présenter l'ensemble des livres, registres et documents non nominatifs rendus obligatoires par la quatrième partie du présent code.

SECTION 3 Attributions du comité social et économique dans les entreprises d'au moins cinquante salariés

SOUS-SECTION 1 Attributions générales

§ UNIQUE Attributions en matière de santé, de sécurité et de conditions de travail

Art. R. 2312-4 La fréquence des inspections en matière de santé, de sécurité et des conditions de travail est au moins égale à celle des réunions prévues au premier alinéa de l'article L. 2315-27.

SOUS-SECTION 2 Modalités d'exercice des attributions générales

§ 1 Délais de consultation

Art. R. 2312-5 Pour l'ensemble des consultations mentionnées au présent code pour lesquelles la loi n'a pas fixé de délai spécifique, le délai de consultation du comité social et économique court à compter de la communication par l'employeur des informations prévues par le code du travail pour la consultation ou de l'information par l'employeur de leur mise à disposition dans la *(Décr. n° 2022-678 du 26 avr. 2022, art. 2)* « base de données économiques, sociales et environnementales » dans les conditions prévues aux articles R. 2312-7 et suivants.

Art. R. 2312-6 I. – Pour les consultations mentionnées à l'article R. 2312-5, à défaut d'accord, le comité social et économique est réputé avoir été consulté et avoir rendu un avis négatif à l'expiration d'un délai d'un mois à compter de la date prévue à cet article.
 En cas d'intervention d'un expert, le délai mentionné au premier alinéa est porté à deux mois.
 Ce délai est porté à trois mois en cas d'intervention d'une ou plusieurs expertises dans le cadre de consultation se déroulant à la fois au niveau du comité social et économique central et d'un ou plusieurs comités sociaux économiques d'établissement.
 II. – Lorsqu'il y a lieu de consulter à la fois le comité social et économique central et un ou plusieurs comités d'établissement en application du second alinéa de l'article L. 2316-22, les délais prévus au I s'appliquent au comité social et économique central. Dans ce cas, l'avis de chaque comité d'établissement est rendu et transmis au comité social et économique central au plus tard sept jours avant la date à laquelle ce dernier est réputé avoir été consulté et avoir rendu un avis négatif en application du I. A défaut, l'avis du comité d'établissement est réputé négatif.

Primauté des délais conventionnels. Les dispositions de l'art. R. 2312-6 n'ont vocation à s'appliquer qu'en l'absence d'accord collectif de droit commun ou d'un accord entre le CSE et l'employeur fixant d'autres délais que ceux prévus à cet art. ● Soc. 29 juin 2022, 🔒 n° 21-11.077 B : *D. 2022. 1313 ⌨ ; RJS 10/2022, n° 524.*

§ 2 Base de données économiques, sociales et environnementales (Décr. n° 2022-678 du 26 avr. 2022, art. 2).

Art. R. 2312-7 La base de données prévue à l'article L. 2312-18 permet la mise à disposition des informations nécessaires aux trois consultations récurrentes prévues à l'article L. 2312-17. L'ensemble des informations de la base de données contribue à donner une vision claire et globale de la formation et de la répartition de la valeur créée par l'activité de l'entreprise.

(Décr. n° 2019-382 du 29 avr. 2019, art. 2) « Elle comporte également les indicateurs relatifs aux écarts de rémunération entre les femmes et les hommes et aux actions mises en œuvre pour les supprimer mentionnés à l'article L. 1142-8 » (Décr. n° 2023-370 du 15 mai 2023, art. 2) « ainsi que, pour les entreprises mentionnées au premier alinéa de l'article L. 1142-11, les écarts de répartition entre les femmes et les hommes parmi les cadres dirigeants définis à l'article L. 3111-2 et les membres des instances dirigeantes définies à l'article L. 23-12-1 du code de commerce. »

SOUS-§ 1 *Organisation et contenu supplétifs de la base de données économiques, sociales et environnementales* (Décr. n° 2022-678 du 26 avr. 2022, art. 2).

Art. R. 2312-8 En l'absence d'accord prévu à l'article L. 2312-21, dans les entreprises de moins de trois cents salariés, la base de données prévue à l'article L. 2312-18 comporte les informations suivantes :

(Tableau mod. par Décr. n° 2022-678 du 26 avr. 2022, art. 2)

1° Investissements :	
A – Investissement social :	a) Évolution des effectifs par type de contrat, par âge, par ancienneté ; – évolution des effectifs retracée mois par mois ; – nombre de salariés titulaires d'un contrat de travail à durée indéterminée ; – nombre de salariés titulaires d'un contrat de travail à durée déterminée ; – nombre de salariés temporaires ; – nombre de salariés appartenant à une entreprise extérieure ; – nombre des journées de travail réalisées au cours des douze derniers mois par les salariés temporaires ; – nombre de contrats d'insertion et de formation en alternance ouverts aux jeunes de moins de vingt-six ans ; – motifs ayant conduit l'entreprise à recourir aux contrats de travail à durée déterminée, aux contrats de travail temporaire, aux contrats de travail à temps partiel, ainsi qu'à des salariés appartenant à une entreprise extérieure ;
	b) Évolution des emplois par catégorie professionnelle ; – répartition des effectifs par sexe et par qualification ; – indication des actions de prévention et de formation que l'employeur envisage de mettre en œuvre, notamment au bénéfice des salariés âgés, peu qualifiés ou présentant des difficultés sociales particulières ;
	c) Évolution de l'emploi des personnes handicapées et mesures prises pour le développer ; – Actions entreprises ou projetées en matière d'embauche, d'adaptation, de réadaptation ou de formation professionnelle ; – Déclaration annuelle prévue à l'article L. 5212-5 à l'exclusion des informations mentionnées à l'article D. 5212-4 ;
	d) Évolution du nombre de stagiaires de plus de 16 ans ;

	e) Formation professionnelle : investissements en formation, publics concernés ; – les orientations de la formation professionnelle dans l'entreprise telles qu'elles résultent de la consultation prévue à l'article L. 2312-24 ; – le résultat éventuel des négociations prévues à l'article L. 2241-6 ; – les conclusions éventuelles des services de contrôle faisant suite aux vérifications effectuées en application des articles L. 6361-1, L. 6323-13 et L. 6362-4 ; – le bilan des actions comprises dans le plan de formation de l'entreprise pour l'année antérieure et pour l'année en cours comportant la liste des actions de formation, des bilans de compétences et des validations des acquis de l'expérience réalisés, rapportés aux effectifs concernés répartis par catégorie socioprofessionnelle et par sexe ; – les informations, pour l'année antérieure et l'année en cours, relatives aux congés individuels de formation, aux congés de bilan de compétences, aux congés de validation des acquis de l'expérience et aux congés pour enseignement accordés ; notamment leur objet, leur durée et leur coût, aux conditions dans lesquelles ces congés ont été accordés ou reportés ainsi qu'aux résultats obtenus ; – le nombre des salariés bénéficiaires de l'abondement mentionné à l'avant-dernier alinéa du II de l'article L. 6315-1 ainsi que les sommes versées à ce titre ;
	– le nombre des salariés bénéficiaires de l'entretien professionnel mentionné au I de l'article L. 6315-1. Le bilan, pour l'année antérieure et l'année en cours, des conditions de mise en œuvre des contrats d'alternance : – les emplois occupés pendant et à l'issue de leur action ou de leur période de professionnalisation ; – les effectifs intéressés par âge, sexe et niveau initial de formation ; – les résultats obtenus en fin d'action ou de période de professionnalisation ainsi que les conditions d'appréciation et de validation. Le bilan de la mise en œuvre du compte personnel de formation ;
	f) Conditions de travail : durée du travail dont travail à temps partiel et aménagement du temps de travail ; Données sur le travail à temps partiel : – nombre, sexe et qualification des salariés travaillant à temps partiel ; – horaires de travail à temps partiel pratiqués dans l'entreprise ; Le programme annuel de prévention des risques professionnels et d'amélioration des conditions de travail prévu au 2° de l'article L. 2312-27 établi à partir des analyses mentionnées à l'article L. 2312-9 et fixant la liste détaillée des mesures devant être prises au cours de l'année à venir dans les mêmes domaines afin de satisfaire, notamment : i – Aux principes généraux de prévention prévus aux articles L. 4121-1 à L. 4121-5 et L. 4221-1 ; ii – A l'information et à la formation des travailleurs prévues aux articles L. 4141-1 à L. 4143-1 ; iii – A l'information et à la formation des salariés titulaires d'un contrat de travail à durée déterminée et des salariés temporaires prévues aux articles L. 4154-2 et L. 4154-4 ; iv – A la coordination de la prévention prévue aux articles L. 4522-1 et L. 4522-2 ;
B – Investissement matériel et immatériel :	a) Évolution des actifs nets d'amortissement et de dépréciations éventuelles (immobilisations) ;
	b) Le cas échéant, dépenses de recherche et développement ;
	c) Mesures envisagées en ce qui concerne l'amélioration, le renouvellement ou la transformation des méthodes de production et d'exploitation ; et incidences de ces mesures sur les conditions de travail et l'emploi ;

2° Égalité professionnelle entre les femmes et les hommes au sein de l'entreprise :	
A – Analyse des données chiffrées :	Analyse des données chiffrées par catégorie professionnelle de la situation respective des femmes et des hommes en matière d'embauche, de formation, de promotion professionnelle, de qualification, de classification, de conditions de travail, de santé et de sécurité au travail, de rémunération effective et d'articulation entre l'activité professionnelle et l'exercice de la responsabilité [;] familiale analyse des écarts de salaires et de déroulement de carrière en fonction de leur âge, de leur qualification et de leur ancienneté ; description de l'évolution des taux de promotion respectifs des femmes et des hommes par métiers dans l'entreprise ;
B – Stratégie d'action :	A partir de l'analyse des données chiffrées mentionnées au A du 2°, la stratégie comprend les éléments suivants : – mesures prises au cours de l'année écoulée en vue d'assurer l'égalité professionnelle. Bilan des actions de l'année écoulée et, le cas échéant, de l'année précédente. Évaluation du niveau de réalisation des objectifs sur la base des indicateurs retenus. Explications sur les actions prévues non réalisées ; – objectifs de progression pour l'année à venir et indicateurs associés. Définition qualitative et quantitative des mesures permettant de les atteindre conformément à l'article R. 2242-2. Évaluation de leur coût. Échéancier des mesures prévues ;
3° Fonds propres, endettement et impôts :	
	a) Capitaux propres de l'entreprise ;
	b) Emprunts et dettes financières dont échéances et charges financières ;
	c) Impôts et taxes ;
4° Rémunération des salariés et dirigeants, dans l'ensemble de leurs éléments :	
A – Évolution des rémunérations salariales :	a) Frais de personnel y compris cotisations sociales, évolutions salariales par catégorie et par sexe, salaire de base minimum, salaire moyen ou médian, par sexe et par catégorie professionnelle ;
	b) Pour les entreprises soumises aux dispositions de l'article L. 225-115 du code de commerce, montant global des rémunérations visées au 4° de cet article ;
	c) Épargne salariale : intéressement, participation ;
5° Activités sociales et culturelles : montant de la contribution aux activités sociales et culturelles Du comité social et économique, mécénat ;	
6° Rémunération des financeurs, en dehors des éléments mentionnés au 4° :	
A – Rémunération des actionnaires (revenus distribués) ;	
B – Rémunération de l'actionnariat salarié (montant des actions détenues dans le cadre de l'épargne salariale, part dans le capital, dividendes reçus) ;	
7° Flux financiers à destination de l'entreprise :	
A – Aides publiques :	Aides ou avantages financiers consentis à l'entreprise par l'Union européenne, l'État, une collectivité territoriale, un de leurs établissements publics ou un organisme privé chargé d'une mission de service public, et leur utilisation. Pour chacune de ces aides, il est indiqué la nature de l'aide, son objet, son montant, les conditions de versement et d'emploi fixées, le cas échéant, par la personne publique qui l'attribue et son emploi ;
B – Réductions d'impôts ;	

INSTITUTIONS REPRÉSENTATIVES

C – Exonérations et réductions de cotisations sociales ;	
D – Crédits d'impôts ;	
E – Mécénat ;	
F – Résultats financiers :	a) Chiffre d'affaires, bénéfices ou pertes constatés ; b) Résultats d'activité en valeur et en volume ; c) Affectation des bénéfices réalisés ;
8° Partenariats :	
A – Partenariats conclus pour produire des services ou des produits pour une autre entreprise ;	
B – Partenariats conclus pour bénéficier des services ou des produits d'une autre entreprise ;	
9° Pour les entreprises appartenant à un groupe, transferts commerciaux et financiers entre les entités du groupe :	
A – Transferts de capitaux tels qu'ils figurent dans les comptes individuels des sociétés du groupe lorsqu'ils présentent une importance significative, notamment transferts de capitaux importants entre la société mère et les filiales ;	
B – Cessions, fusions, et acquisitions réalisées.	
10° Environnement (1)	
A – Politique générale en matière environnementale :	Organisation de l'entreprise pour prendre en compte les questions environnementales et, le cas échéant, les démarches d'évaluation ou de certification en matière d'environnement ;
B – Économie circulaire :	a) Prévention et gestion de la production de déchets : évaluation de la quantité de déchets dangereux définis à l'article R. 541-8 du code de l'environnement et faisant l'objet d'une émission du bordereau mentionné à l'article R. 541-45 du même code ;
	b) Utilisation durable des ressources : consommation d'eau et consommation d'énergie ;
C – Changement climatique :	a) Identification des postes d'émissions directes de gaz à effet de serre produites par les sources fixes et mobiles nécessaires aux activités de l'entreprise (communément appelées « émissions du scope 1 ») et, lorsque l'entreprise dispose de cette information, évaluation du volume de ces émissions de gaz à effet de serre ;
	b) Bilan des émissions de gaz à effet de serre prévu par l'article L. 229-25 du code de l'environnement ou bilan simplifié prévu par l'article 244 de la loi n° 2020-1721 du 29 décembre 2020 de finances pour 2021 pour les entreprises tenues d'établir ces différents bilans.

Notes :
(1) Lorsque les données et informations environnementales transmises dans le cadre de cette rubrique ne sont pas éditées au niveau de l'entreprise (i.e. par exemple, au niveau du groupe ou des établissements distincts, le cas échéant), elles doivent être accompagnées d'informations supplémentaires pertinentes pour être mises en perspective à ce niveau.

Art. R. 2312-9 En l'absence d'accord prévu à l'article L. 2312-21, dans les entreprises d'au moins trois cents salariés, la (*Décr. n° 2022-678 du 26 avr. 2022, art. 2*) « base de données économiques, sociales et environnementales » prévue à l'article L. 2312-18 comporte les informations prévues dans le tableau ci-dessous.

Elle comporte également les informations relatives à la formation professionnelle et aux conditions de travail prévues au 1° A *e* et *f* de l'article R. 2312-8.

(Tableau mod. par Décr. n° 2022-678 du 26 avr. 2022, art. 2)

1° Investissements :		
A – Investissement social :		a) Évolution des effectifs par type de contrat, par âge, par ancienneté ; i – Effectif : Effectif total au 31/12 (1) (I) ; Effectif permanent (2) (I) ; Nombre de salariés titulaires d'un contrat de travail à durée déterminée au 31/12 (I) ; Effectif mensuel moyen de l'année considérée (3) (I) ; Répartition par sexe de l'effectif total au 31/12 (I) ; Répartition par âge de l'effectif total au 31/12 (4) (I) ; Répartition de l'effectif total au 31/12 selon l'ancienneté (5) (I) ; Répartition de l'effectif total au 31/12 selon la nationalité (I) : français/étrangers ; Répartition de l'effectif total au 31/12 selon une structure de qualification détaillée (II) ; ii – Travailleurs extérieurs : Nombre de salariés (6) appartenant à une entreprise extérieure (23) ; Nombre de stagiaires (écoles, universités...) (7) ; Nombre moyen mensuel de salariés temporaires (8) ; Durée moyenne des contrats de travail temporaire ; Nombre de salariés de l'entreprise détachés ; Nombre de salariés détachés accueillis ;
		b) Évolution des emplois, notamment, par catégorie professionnelle ; i – Embauches : Nombre d'embauches par contrats de travail à durée indéterminée ; Nombre d'embauches par contrats de travail à durée déterminée (dont Nombre de contrats de travailleurs saisonniers) (I) ; Nombre d'embauches de salariés de moins de vingt-cinq ans ; ii – Départs : Total des départs (I) ; Nombre de démissions (I) ; Nombre de licenciements pour motif économique, dont départs en retraite et préretraite (I) ; Nombre de licenciements pour d'autres causes (I) ; Nombre de fins de contrats de travail à durée déterminée (I) ; Nombre de départs au cours de la période d'essai (9) (I) ; Nombre de mutations d'un établissement à un autre (I) ; Nombre de départs volontaires en retraite et préretraite (10) (I) ; Nombre de décès (I) ; iii – Promotions : Nombre de salariés promus dans l'année dans une catégorie supérieure (11) ; iv – Chômage : Nombre de salariés mis en chômage partiel pendant l'année considérée (I) ; Nombre total d'heures de chômage partiel pendant l'année considérée (12) (I) : – indemnisées ; – non indemnisées ; Nombre de salariés mis en chômage intempéries pendant l'année considérée (I) ; Nombre total d'heures de chômage intempéries pendant l'année considérée (I) : – indemnisées ; – non indemnisées ;
		c) Évolution de l'emploi des personnes handicapées et mesures prises pour le développer ; Nombre de travailleurs handicapés employés sur l'année considérée (13) ; Nombre de travailleurs handicapés à la suite d'accidents du travail intervenus dans l'entreprise, employés sur l'année considérée ;
		d) Évolution du nombre de stagiaires ;

e) Formation professionnelle : investissements en formation, publics concernés ;
i – Formation professionnelle continue (44) :
Pourcentage de la masse salariale afférent à la formation continue ;
Montant consacré à la formation continue : formation interne ; formation effectuée en application de conventions ; versement aux organismes de recouvrement ; versement auprès d'organismes agréés ; autres ; total ;
Nombre de stagiaires (II) ;
Nombre d'heures de stage (II) :
– rémunérées ;
– non rémunérées.
Décomposition par type de stages à titre d'exemple : adaptation, formation professionnelle, entretien ou perfectionnement des connaissances ;
ii – Congés formation :
Nombre de salariés ayant bénéficié d'un congé formation rémunéré ;
Nombre de salariés ayant bénéficié d'un congé formation non rémunéré ;
Nombre de salariés auxquels a été refusé un congé formation ;
iii – Apprentissage : Nombre de contrats d'apprentissage conclus dans l'année ;

f) Conditions de travail :
Durée du travail dont travail à temps partiel et aménagement du temps de travail, les données sur l'exposition aux risques et aux facteurs de pénibilité, (accidents du travail, maladies professionnelles, absentéisme, dépenses en matière de sécurité)
i – Accidents du travail et de trajet :
Taux de fréquence des accidents du travail (I)
Nombre d'accidents avec arrêts de travail divisé par nombre d'heures travaillées ;
Nombre d'accidents de travail avec arrêt $\times\ 10^6$ divisé par nombre d'heures travaillées ;
Taux de gravité des accidents du travail (I) ;
Nombre des journées perdues divisé par nombre d'heures travaillées ;
Nombre des journées perdues $\times\ 10^3$ divisé par nombre d'heures travaillées ;
Nombre d'incapacités permanentes (partielles et totales) notifiées à l'entreprise au cours de l'année considérée (distinguer Français et étrangers) ;
Nombre d'accidents mortels : de travail, de trajet ;
Nombre d'accidents de trajet ayant entraîné un arrêt de travail ;
Nombre d'accidents dont sont victimes les salariés temporaires ou de prestations de services dans l'entreprise ;
Taux et montant de la cotisation sécurité sociale d'accidents de travail ;
ii – Répartition des accidents par éléments matériels (28) :
Nombre d'accidents liés à l'existence de risques graves – codes 32 à 40 ;
Nombre d'accidents liés à des chutes avec dénivellation – code 02 ;
Nombre d'accidents occasionnés par des machines (à l'exception de ceux liés aux risques ci-dessus) – codes 09 à 30 ;
Nombre d'accidents de circulation-manutention – stockage – codes 01, 03, 04 et 06, 07, 08 ;
Nombre d'accidents occasionnés par des objets, masses, particules en mouvement accidentel – code 05 ;
Autres cas ;
iii – Maladies professionnelles :
Nombre et dénomination des maladies professionnelles déclarées à la sécurité sociale au cours de l'année ;
Nombre de salariés atteints par des affections pathologiques à caractère professionnel et caractérisation de celles-ci ;
Nombre de déclarations par l'employeur de procédés de travail susceptibles de provoquer des maladies professionnelles (29) ;
iv – Dépenses en matière de sécurité :
Effectif formé à la sécurité dans l'année ;
Montant des dépenses de formation à la sécurité réalisées dans l'entreprise ;
Taux de réalisation du programme de sécurité présenté l'année précédente ;
Existence et nombre de plans spécifiques de sécurité ;
v – Durée et aménagement du temps de travail :
Horaire hebdomadaire moyen affiché des ouvriers et employés ou catégories assimilées (30) (I) ;

Nombre de salariés ayant bénéficié d'un repos compensateur (I) :
- au titre du présent code (31) ;
- au titre d'un régime conventionne *[conventionné]* (I) ;
Nombre de salariés bénéficiant d'un système d'horaires individualisés (32) (I) ;
Nombre de salariés employés à temps partiel (I) :
- entre 20 et 30 heures (33) ;
- autres formes de temps partiel ;
Nombre de salariés ayant bénéficié tout au long de l'année considérée de deux jours de repos hebdomadaire consécutifs (I) ;
Nombre moyen de jours de congés annuels (non compris le repos compensateur) (34) (I) ;
Nombre de jours fériés payés (35) (I) ;
vi – Absentéisme (14) :
Nombre de journées d'absence (15) (I) ;
Nombre de journées théoriques travaillées ;
Nombre de journées d'absence pour maladie (I) ;
Répartition des absences pour maladie selon leur durée (16) (I) ;
Nombre de journées d'absence pour accidents du travail et de trajet ou maladies professionnelles (I) ;
Nombre de journées d'absence pour maternité (I) ;
Nombre de journées d'absence pour congés autorisés (événements familiaux, congés spéciaux pour les femmes.) (I) ;
Nombre de journées d'absence imputables à d'autres causes (I) ;
vii – Organisation et contenu du travail :
Nombre de personnes occupant des emplois à horaires alternant ou de nuit ;
Nombre de personnes occupant des emplois à horaires alternant ou de nuit de plus de cinquante ans ;
Salarié affecté à des tâches répétitives au sens de l'article D. 4163-2 (36) (distinguer femmes-hommes) ;
viii – Conditions physiques de travail :
Nombre de personnes exposées de façon habituelle et régulière à plus de 80 à 85 db à leur poste de travail (37) ;
Nombre de salariés exposés au froid et à la chaleur au sens des articles R. 4223-13 à R. 4223-15 ;
Nombre de salariés exposés aux températures extrêmes au sens de l'article D. 4163-2 (38) ;
Nombre de salariés travaillant aux intempéries de façon habituelle et régulière, [au sens] de l'article L. 5424-8 (39) ;
Nombre de prélèvements, d'analyses de produits toxiques et mesures (40) ;
ix – Transformation de l'organisation du travail :
Expériences de transformation de l'organisation du travail en vue d'en améliorer le contenu (41) ;
x – Dépenses d'amélioration de conditions de travail :
Montant des dépenses consacrées à l'amélioration des conditions de travail dans l'entreprise (42) ;
Taux de réalisation du programme d'amélioration des conditions de travail dans l'entreprise l'année précédente ;
xi – Médecine du travail (43) :
Nombre de visites d'information et de prévention et nombre d'examens médicaux (distinguer les travailleurs en suivi de droit commun et ceux en suivi individuel renforcé) ;
Nombre d'examens complémentaires (distinguer les travailleurs soumis à surveillance et les autres) ;
Part du temps consacré par le médecin du travail à l'analyse et à l'intervention en milieu de travail ;
xii – Travailleurs inaptes :
Nombre de salariés déclarés définitivement inaptes à leur emploi par le médecin du travail ;
Nombre de salariés reclassés dans l'entreprise à la suite d'une inaptitude ;

Art. R. 2312-9

B – Investissement matériel et immatériel :	a) Évolution des actifs nets d'amortissement et de dépréciations éventuelles (immobilisations) ;
	b) Le cas échéant, dépenses de recherche et développement ;
	c) L'évolution de la productivité et le taux d'utilisation des capacités de production, lorsque ces éléments sont mesurables dans l'entreprise ;
2° Égalité professionnelle entre les femmes et les hommes au sein de l'entreprise :	
I. Indicateurs sur la situation comparée des femmes et des hommes dans l'entreprise :	
A – Conditions générales d'emploi :	a) Effectifs : Données chiffrées par sexe : – Répartition par catégorie professionnelle selon les différents contrats de travail (CDI ou CDD) ;
	b) Durée et organisation du travail : Données chiffrées par sexe : – Répartition des effectifs selon la durée du travail : temps complet, temps partiel (compris entre 20 et 30 heures et autres formes de temps partiel) ; – Répartition des effectifs selon l'organisation du travail : travail posté, travail de nuit, horaires variables, travail atypique dont travail durant le week-end ;
	c) Données sur les congés : Données chiffrées par sexe : – Répartition par catégorie professionnelle ; – Selon le nombre et le type de congés dont la durée est supérieure à six mois : compte épargne-temps, congé parental, congé sabbatique ;
	d) Données sur les embauches et les départs : Données chiffrées par sexe : – répartition des embauches par catégorie professionnelle et type de contrat de travail ; – répartition des départs par catégorie professionnelle et motifs : retraite, démission, fin de contrat de travail à durée déterminée, licenciement ;
	e) Positionnement dans l'entreprise : Données chiffrées par sexe : – répartition des effectifs par catégorie professionnelle ; – répartition des effectifs par niveau ou coefficient hiérarchique ;
B – Rémunérations et déroulement de carrière :	a) Promotion : Données chiffrées par sexe : – nombre et taux de promotions par catégorie professionnelle ; – durée moyenne entre deux promotions ;
	b) Ancienneté : Données chiffrées par sexe : – ancienneté moyenne par catégorie professionnelle ; – ancienneté moyenne dans la catégorie professionnelle ; – ancienneté moyenne par niveau ou coefficient hiérarchique ; – ancienneté moyenne dans le niveau ou le coefficient hiérarchique ;
	c) Âge : Données chiffrées par sexe : – âge moyen par catégorie professionnelle ; – âge moyen par niveau ou coefficient hiérarchique ;
	d) Rémunérations : Données chiffrées par sexe : – rémunération moyenne ou médiane mensuelle par catégorie professionnelle ; – rémunération moyenne ou médiane mensuelle par niveau ou coefficient hiérarchique. Cet indicateur n'a pas à être renseigné lorsque sa mention est de nature à porter atteinte à la confidentialité des données correspondantes, compte tenu notamment du nombre réduit d'individus dans un niveau ou coefficient hiérarchique ; – rémunération moyenne ou médiane mensuelle par tranche d'âge ; – nombre de femmes dans les dix plus hautes rémunérations ;
C – Formation :	Données chiffrées par sexe : Répartition par catégorie professionnelle selon : – le nombre moyen d'heures d'actions de formation par salarié et par an ; – la répartition par type d'action : adaptation au poste, maintien dans l'emploi, développement des compétences ;

D – Conditions de travail, santé et sécurité au travail :	Données générales par sexe : – répartition par poste de travail selon : – l'exposition à des risques professionnels ; – la pénibilité, dont le caractère répétitif des tâches ; Données chiffrées par sexe : – accidents de travail, accidents de trajet et maladies professionnelles : – nombre d'accidents de travail ayant entraîné un arrêt de travail ; – nombre d'accidents de trajet ayant entraîné un arrêt de travail ; – répartition des accidents par éléments matériels (28) – nombre et dénomination des maladies professionnelles déclarées à la Sécurité sociale au cours de l'année ; – nombre de journée d'absence pour accidents de travail, accidents de trajet ou maladies professionnelles ; – maladies : – nombre d'arrêts de travail ; – nombre de journées d'absence ; – maladies ayant donné lieu à un examen de reprise du travail en application du 3° de l'article R. 4624-31 : – nombre d'arrêts de travail ; – nombre de journées d'absence ;
II. Indicateurs relatifs à l'articulation entre l'activité professionnelle et l'exercice de la responsabilité familiale :	
A – Congés :	a) Existence d'un complément de salaire versé par l'employeur pour le congé de paternité, le congé de maternité, le congé d'adoption ; b) Données chiffrées par catégorie professionnelle : nombre de jours de congés de paternité pris par le salarié par rapport au nombre de jours de congés théoriques ;
B – Organisation du temps de travail dans l'entreprise.	a) Existence de formules d'organisation du travail facilitant l'articulation de la vie familiale et de la vie professionnelle ; b) Données chiffrées par sexe et par catégorie professionnelle : – nombre de salariés ayant accédé au temps partiel choisi ; – nombre de salariés à temps partiel choisi ayant repris un travail à temps plein ; c) Services de proximité : – participation de l'entreprise et du comité social et économique aux modes d'accueil de la petite enfance ; – évolution des dépenses éligibles au crédit d'impôt famille.
Concernant la notion de catégorie professionnelle, il peut s'agir de fournir des données distinguant : a) Les ouvriers, les employés, techniciens, agents de maîtrise et les cadres ; b) Ou les catégories d'emplois définies par la classification ; c) Ou toute catégorie pertinente au sein de l'entreprise. Toutefois, l'indicateur relatif à la rémunération moyenne ou médiane mensuelle comprend au moins deux niveaux de comparaison dont celui mentionné au a ci-dessus.	
III. Stratégie d'action :	A partir de l'analyse des indicateurs mentionnés aux I et II, la stratégie d'action comprend les éléments suivants : – mesures prises au cours de l'année écoulée en vue d'assurer l'égalité professionnelle. Bilan des actions de l'année écoulée et, le cas échéant, de l'année précédente. Évaluation du niveau de réalisation des objectifs sur la base des indicateurs retenus. Explications sur les actions prévues non réalisées ; – objectifs de progression pour l'année à venir et indicateurs associés. Définition qualitative et quantitative des mesures permettant de les atteindre conformément à l'article R. 2242-2. Évaluation de leur coût. Échéancier des mesures prévues ;
3° Fonds propres, endettement et impôts :	
	a) Capitaux propres de l'entreprise ; b) Emprunts et dettes financières dont échéances et charges financières ; c) Impôts et taxes ;
4° Rémunération des salariés et dirigeants, dans l'ensemble de leurs éléments :	

A – Évolution des rémunérations salariales :	a) Frais de personnel (24) y compris cotisations sociales, évolutions salariales par catégorie et par sexe, salaire de base minimum, salaire moyen ou médian, par sexe et par catégorie professionnelle ; i – Montant des rémunérations (17) : Choix de deux indicateurs dans l'un des groupes suivants : – rapport entre la masse salariale annuelle (18) (II) et l'effectif mensuel moyen ; – rémunération moyenne du mois de décembre (effectif permanent) hors primes à périodicité non mensuelle – base 35 heures (II) ; OU – rémunération mensuelle moyenne (19) (II) ; – part des primes à périodicité non mensuelle dans la déclaration de salaire (II) ; – grille des rémunérations (20) ; ii – Hiérarchie des rémunérations : Choix d'un des deux indicateurs suivants : – rapport entre la moyenne des rémunérations des 10 % des salariés touchant les rémunérations les plus élevées et celle correspondant au 10 % des salariés touchant les rémunérations les moins élevées ; OU – rapport entre la moyenne des rémunérations des cadres ou assimilés (y compris cadres supérieurs et dirigeants) et la moyenne des rémunérations des ouvriers non qualifiés ou assimilés (21) ; – montant global des dix rémunérations les plus élevées. iii – Mode de calcul des rémunérations : Pourcentage des salariés dont le salaire dépend, en tout ou partie, du rendement (22). Pourcentage des ouvriers et employés payés au mois sur la base de l'horaire affiché. iv – Charge salariale globale
	b) Pour les entreprises soumises aux dispositions de l'article L. 225-115 du code de commerce, montant global des rémunérations visées au 4° de cet article ;
B – Épargne salariale : intéressement, participation :	Montant global de la réserve de participation (25) ; Montant moyen de la participation et/ ou de l'intéressement par salarié bénéficiaire (26) (I) ; Part du capital détenu par les salariés (27) grâce à un système de participation (participation aux résultats, intéressement, actionnariat…) ;
C – Rémunérations accessoires : primes par sexe et par catégorie professionnelle, avantages en nature, régimes de prévoyance et de retraite complémentaire ;	Avantages sociaux dans l'entreprise : pour chaque avantage préciser le niveau de garantie pour les catégories retenues pour les effectifs (I) ;

D – Rémunération[s] des dirigeants mandataires sociaux telles que présentées dans le rapport de gestion en application des trois premiers alinéas de l'article L. 225-102-1 du code de commerce, pour les entreprises soumises à l'obligation de présenter le rapport visé à l'article L. 225-102 du même code ;

5° Représentation du personnel et Activités sociales et culturelles : montant de la contribution aux activités sociales et culturelles du comité social et économique, mécénat :

A – Représentation du personnel :	a) Représentants du personnel et délégués syndicaux : Composition des comités sociaux et économiques et/ou d'établissement avec indication, s'il y a lieu, de l'appartenance syndicale ; Participation aux élections (par collège) par catégories de représentants du personnel ; Volume global des crédits d'heures utilisés pendant l'année considérée ; Nombre de réunions avec les représentants du personnel et les délégués syndicaux pendant l'année considérée ; Dates et signatures et objet des accords conclus dans l'entreprise pendant l'année considérée ; Nombre de personnes bénéficiaires d'un congé d'éducation ouvrière (45) ; b) Information et communication : Nombre d'heures consacrées aux différentes formes de réunion du personnel (46) ; Éléments caractéristiques du système d'accueil ; Éléments caractéristiques du système d'information ascendante ou descendante et niveau d'application ; Éléments caractéristiques du système d'entretiens individuels (47) ; c) Différends concernant l'application du droit du travail (48) ;
B – Activités sociales et culturelles :	a) Activités sociales : Contributions au financement, le cas échéant, du comité social et économique et des comités sociaux économiques d'établissement ; Autres dépenses directement supportées par l'entreprise : logement, transport, restauration, loisirs, vacances, divers, total (49) ; b) Autres charges sociales : Coût pour l'entreprise des prestations complémentaires (maladie, décès) (50) ; Coût pour l'entreprise des prestations complémentaires (vieillesse) (51) ; Équipements réalisés par l'entreprise et touchant aux conditions de vie des salariés à l'occasion de l'exécution du travail ;
6° Rémunération des financeurs, en dehors des éléments mentionnés au 4° :	
A – Rémunération des actionnaires (revenus distribués) ;	
B – Rémunération de l'actionnariat salarié (montant des actions détenues dans le cadre de l'épargne salariale, part dans le capital, dividendes reçus) ;	
7° Flux financiers à destination de l'entreprise :	
A – Aides publiques :	Les aides ou avantages financiers consentis à l'entreprise par l'Union européenne, l'État, une collectivité territoriale, un de leurs établissements publics ou un organisme privé chargé d'une mission de service public, et leur utilisation ; Pour chacune de ces aides, l'employeur indique la nature de l'aide, son objet, son montant, les conditions de versement et d'emploi fixées, le cas échéant, par la personne publique qui l'attribue et son utilisation ;
B – Réductions d'impôts ;	
C – Exonérations et réductions de cotisations sociales ;	
D – Crédits d'impôts ;	
E – Mécénat ;	
F – Résultats financiers	a) Le chiffre d'affaires ; b) Les bénéfices ou pertes constatés ; c) Les résultats globaux de la production en valeur et en volume ; d) L'affectation des bénéfices réalisés ;
8° Partenariats :	
A – Partenariats conclus pour produire des services ou des produits pour une autre entreprise ;	
B – Partenariats conclus pour bénéficier des services ou des produits d'une autre entreprise ;	
9° Pour les entreprises appartenant à un groupe, transferts commerciaux et financiers entre les entités du groupe :	
A – Transferts de capitaux tels qu'ils figurent dans les comptes individuels des sociétés du groupe lorsqu'ils présentent une importance significative ;	
B – Cessions, fusions, et acquisitions réalisées.	

10° Environnement (52) :	
I – Pour les entreprises soumises à la déclaration prévue à l'article R. 225-105 du code de commerce :	
A – Politique générale en matière environnementale :	Informations environnementales présentées en application du 2° du A du II de l'article R. 225-105 du code de commerce ;
B – Économie circulaire :	Prévention et gestion de la production de déchets : évaluation de la quantité de déchets dangereux définis à l'article R. 541-8 du code de l'environnement et faisant l'objet d'une émission du bordereau mentionné à l'article R. 541-45 du même code ;
C – Changement climatique :	Bilan des émissions de gaz à effet de serre prévu par l'article L. 229-25 du code de l'environnement ou bilan simplifié prévu par l'article 244 de la loi n° 2020-1721 du 29 décembre 2020 de finances pour 2021 pour les entreprises tenues d'établir ces différents bilans ;
II – Pour les entreprises non soumises à la déclaration prévue à l'article R. 225-105 du code de commerce :	
A – Politique générale en matière environnementale :	Organisation de l'entreprise pour prendre en compte les questions environnementales et, le cas échéant, les démarches d'évaluation ou de certification en matière d'environnement ;
B – Économie circulaire :	i – Prévention et gestion de la production de déchets : évaluation de la quantité de déchets dangereux définis à l'article R. 541-8 du code de l'environnement et faisant l'objet d'une émission du bordereau mentionné à l'article R. 541-45 du même code ; ii – Utilisation durable des ressources : consommation d'eau et consommation d'énergie ;
C – Changement climatique :	i – Identification des postes d'émissions directes de gaz à effet de serre produites par les sources fixes et mobiles nécessaires aux activités de l'entreprise (communément appelées « émissions du scope 1 ») et, lorsque l'entreprise dispose de cette information, évaluation du volume de ces émissions de gaz à effet de serre ; ii – Bilan des émissions de gaz à effet de serre prévu par l'article L. 229-25 du code de l'environnement ou le bilan simplifié prévu par l'article 244 de la loi n° 2020-1721 du 29 décembre 2020 de finances pour 2021 pour les entreprises tenues d'établir ces bilans.

Notes :
I. – Une structure de qualification détaillée, en trois ou quatre postes minimum, est requise. Il est souhaitable de faire référence à la classification de la convention collective, de l'accord d'entreprise et aux pratiques habituellement retenues dans l'entreprise.
A titre d'exemple[,] la répartition suivante peut être retenue : cadres ; employés, techniciens et agents de maîtrise (ETAM) ; et ouvriers.
II. – Une structure de qualification détaillée en cinq ou six postes minimum est requise. Il est souhaitable de faire référence à la classification de la convention collective, de l'accord d'entreprise et aux pratiques habituellement retenues dans l'entreprise.
A titre d'exemple, la répartition suivante des postes peut être retenue : cadres ; techniciens ; agents de maîtrise ; employés qualifiés ; employés non qualifiés ; ouvriers qualifiés ; ouvriers non qualifiés. Doivent en outre être distinguées les catégories femmes et hommes.
(1) Effectif total : tout salarié inscrit à l'effectif au 31/12 quelle que soit la nature de son contrat de travail.
(2) Effectif permanent : les salariés à temps plein, inscrits à l'effectif pendant toute l'année considérée et titulaires d'un contrat de travail à durée indéterminée.
(3) Somme des effectifs totaux mensuels divisée par 12 (on entend par effectif total tout salarié inscrit à l'effectif au dernier jour du mois considéré).
(4) La répartition retenue est celle habituellement utilisée dans l'entreprise à condition de distinguer au moins quatre catégories, dont les jeunes de moins de vingt-cinq ans.
(5) La répartition selon l'ancienneté est celle habituellement retenue dans l'entreprise.

(6) Il s'agit des catégories de travailleurs extérieurs dont l'entreprise connaît le nombre, soit parce qu'il figure dans le contrat signé avec l'entreprise extérieure, soit parce que ces travailleurs sont inscrits aux effectifs. Exemple : démonstrateurs dans le commerce...
(7) Stages supérieurs à une semaine.
(8) Est considérée comme salarié temporaire toute personne mise à la disposition de l'entreprise, par une entreprise de travail temporaire.
(9) A ne remplir que si ces départs sont comptabilisés dans le total des départs.
(10) Distinguer les différents systèmes légaux et conventionnels de toute nature.
(11) Utiliser les catégories de la nomenclature détaillée II.
(12) Y compris les heures indemnisées au titre du chômage total en cas d'arrêt de plus de quatre semaines consécutives.
(13) Tel qu'il résulte de la déclaration obligatoire prévue à l'article L. 5212-5.
(14) Possibilités de comptabiliser tous les indicateurs de la rubrique absentéisme, au choix, en journées, 1/2 journées ou heures.
(15) Ne sont pas comptés parmi les absences : les diverses sortes de congés, les conflits et le service national.
(16) Les tranches choisies sont laissées au choix des entreprises.
(17) On entend par rémunération la somme des salaires effectivement perçus pendant l'année par le salarié (au sens de la déclaration sociale nominative).
(18) Masse salariale annuelle totale, au sens de la déclaration annuelle de salaire.
(19) Rémunération mensuelle moyenne :
1/2 Σ (masse salariale du mois i) (effectif du mois i).
(20) Faire une grille des rémunérations en distinguant au moins six tranches.
(21) Pour être prises en compte, les catégories concernées doivent comporter au minimum dix salariés.
(22) Distinguer les primes individuelles et les primes collectives.
(23) Prestataires de services.
(24) Frais de personnel : ensemble des rémunérations et des cotisations sociales mises légalement ou conventionnellement à la charge de l'entreprise.
(25) Le montant global de la réserve de participation est le montant de la réserve dégagée-ou de la provision constituée – au titre de la participation sur les résultats de l'exercice considéré.
(26) La participation est envisagée ici au sens du titre II du livre III de la partie III.
(27) Non compris les dirigeants.
(28) Faire référence aux codes de classification des éléments matériels des accidents (arrêté du 10 octobre 1974).
(29) En application de l'article L. 461-4 du code de la sécurité sociale.
(30) Il est possible de remplacer cet indicateur par la somme des heures travaillées durant l'année.
(31) Au sens des dispositions du présent code et du code rural et de la pêche maritime instituant un repos compensateur en matière d'heures supplémentaires.
(32) Au sens de l'article L. 3121-48.
(33) Au sens de l'article L. 3123-1.
(34) Cet indicateur peut être calculé sur la dernière période de référence.
(35) Préciser, le cas échéant, les conditions restrictives.
(36) Seuils associés aux facteurs de risques professionnels pour le travail répétitif : « Travail répétitif caractérisé par la réalisation de travaux impliquant l'exécution de mouvements répétés, sollicitant tout ou partie du membre supérieur, à une fréquence élevée et sous cadence contrainte :
–Temps de cycle inférieur ou égal à 30 secondes : 15 actions techniques ou plus pour minimum 900 heures par an
–Temps de cycle supérieur à 30 secondes, temps de cycle variable ou absence de temps de cycle : 30 actions techniques ou plus par minute pour minimum 900 heures par an. ».
(37) Les valeurs limites d'exposition et les valeurs d'exposition déclenchant une action de prévention qui sont fixées dans le tableau prévu à l'article R. 4431-2.
(38) Température inférieure ou égale à 5 degrés Celsius ou au moins égale à 30 degrés Celsius pour minimum 900 heures par an.
(39) « Sont considérées comme intempéries, les conditions atmosphériques et les inondations lorsqu'elles rendent dangereux ou impossible l'accomplissement du travail eu égard soit à la santé ou à la sécurité des salariés, soit à la nature ou à la technique du travail à accomplir ».
(40) Renseignements tirés du rapport du directeur du service de prévention et de santé au travail interentreprises
(41) Pour l'explication de ces expériences d'amélioration du contenu du travail, donner le nombre de salariés concernés.
(42) Non compris l'évaluation des dépenses en matière de santé et de sécurité.

(43) Renseignements tirés du rapport du directeur du service de prévention et de santé au travail interentreprises.
(44) Conformément aux données relatives aux contributions de formation professionnelle de la déclaration sociale nominative.
(45) Au sens des articles L. 2145-5 et suivants.
(46) On entend par réunion du personnel, les réunions régulières de concertation, concernant les relations et conditions de travail organisées par l'entreprise.
(47) Préciser leur périodicité.
(48) Avec indication de la nature du différend et, le cas échéant, de la solution qui y a mis fin.
(49) Dépenses consolidées de l'entreprise. La répartition est indiquée ici à titre d'exemple.
(50) (51) Versements directs ou par l'intermédiaire d'assurances.
(52) Lorsque les données et informations environnementales transmises dans le cadre de cette rubrique ne sont pas éditées au niveau de l'entreprise (*i.e.* par exemple, au niveau du groupe ou des établissements distincts, le cas échéant), elles doivent être accompagnées d'informations supplémentaires pertinentes pour être mises en perspective à ce niveau.

Art. R. 2312-10 En l'absence d'accord prévu à l'article L. 2312-21, les informations figurant dans la base de données portent sur l'année en cours, sur les deux années précédentes et, telles qu'elles peuvent être envisagées, sur les trois années suivantes.

Ces informations sont présentées sous forme de données chiffrées ou, à défaut, pour les années suivantes, sous forme de grandes tendances. L'employeur indique, pour ces années, les informations qui, eu égard à leur nature ou aux circonstances, ne peuvent pas faire l'objet de données chiffrées ou de grandes tendances, pour les raisons qu'il précise.

SOUS-§ 2 *Mise en place et fonctionnement supplétifs de la base de données économiques, sociales et environnementales* (Décr. n° 2022-678 du 26 avr. 2022, art. 2).

Art. R. 2312-11 En l'absence d'accord prévu à l'article L. 2312-21, la base de données prévue à l'article L. 2312-18 est constituée au niveau de l'entreprise. Dans les entreprises dotées d'un comité social et économique central, la base de données comporte les informations que l'employeur met à disposition de ce comité et des comités d'établissement.

Les éléments d'information sont régulièrement mis à jour, au moins dans le respect des périodicités prévues par le présent code.

Art. R. 2312-12 En l'absence d'accord prévu à l'article L. 2312-21, la base de données est tenue à la disposition des personnes mentionnées au dernier alinéa de l'article L. 2312-36 sur un support informatique pour les entreprises d'au moins trois cents salariés, et sur un support informatique ou papier pour les entreprises de moins de trois cents salariés.

L'employeur informe ces personnes de l'actualisation de la base de données selon des modalités qu'il détermine et fixe les modalités d'accès, de consultation et d'utilisation de la base.

Ces modalités permettent aux personnes mentionnées au dernier alinéa de l'article L. 2312-36 d'exercer utilement leurs compétences respectives.

Art. R. 2312-13 Les informations figurant dans la base de données qui revêtent un caractère confidentiel doivent être présentées comme telles par l'employeur [,] qui indique la durée du caractère confidentiel de ces informations que les personnes mentionnées au dernier alinéa de l'article L. 2312-36 sont tenues de respecter.

Art. R. 2312-14 En l'absence d'accord prévu à l'article L. 2312-21, la mise à disposition actualisée dans la base de données des éléments d'information contenus dans les rapports et des informations transmis de manière récurrente au comité social et économique vaut communication à celui-ci des rapports et informations lorsque les conditions cumulatives suivantes sont remplies :

1° La condition fixée au second alinéa de l'article R. 2312-11 est remplie ;

2° L'employeur met à disposition des membres du comité social et économique les éléments d'analyse ou d'explication lorsqu'ils sont prévus par le présent code.

SOUS-§ 3 *Base de données économiques, sociales et environnementales au niveau du groupe (Décr. n° 2022-678 du 26 avr. 2022, art. 2).*

Art. R. 2312-15 Sans préjudice de l'obligation de mise en place d'une base de données au niveau de l'entreprise, une convention ou un accord de groupe peut prévoir la constitution d'une base de données au niveau du groupe.

La convention ou l'accord détermine notamment les personnes ayant accès à cette base ainsi que les modalités d'accès, de consultation et d'utilisation de cette base.

SOUS-SECTION 3 **Consultations et informations récurrentes**

§ 1   Consultation sur les orientations stratégiques

Le présent paragraphe ne comprend pas de dispositions réglementaires.

§ 2   Consultation sur la situation économique et financière de l'entreprise

Art. R. 2312-16 En l'absence d'accord prévu à l'article L. 2312-19, dans les entreprises de moins de trois cents salariés, l'employeur met à la disposition du comité social et économique en vue de la consultation sur la situation économique et financière de l'entreprise les informations prévues aux rubriques 1° B, 7° A et 7° F, *(Décr. n° 2022-678 du 26 avr. 2022, art. 2)* « 8°, 9° et 10° du tableau de l'article R. 2312-8 ».

Art. R. 2312-17 En l'absence d'accord prévu à l'article L. 2312-19, dans les entreprises d'au moins trois cents salariés, l'employeur met à la disposition du comité social et économique en vue de la consultation sur la situation économique et financière de l'entreprise les informations prévues aux rubriques 1° B, 1° C, 7° A, 7° F, *(Décr. n° 2022-678 du 26 avr. 2022, art. 2)* « 8°, 9° et 10° du tableau de l'article R. 2312-9 ».

§ 3   Consultation sur la politique sociale, les conditions de travail et l'emploi

Art. R. 2312-18 En l'absence d'accord prévu à l'article L. 2312-19, l'employeur communique aux membres du comité social et économique en vue de la consultation sur la politique sociale, les conditions de travail et l'emploi, les informations prévues *(Décr. n° 2022-678 du 26 avr. 2022, art. 2)* « aux rubriques 1° A *e*, 1° A *f* et 10° du tableau de l'article R. 2312-8 ».

SOUS-§ 1 *Informations dans les entreprises de moins de trois cents salariés*

Art. R. 2312-19 En l'absence d'accord prévu à l'article L. 2312-19, dans les entreprises de moins de trois cents salariés, l'employeur met à la disposition du comité social et économique en vue de la consultation sur la politique sociale, les conditions de travail et l'emploi les informations prévues *(Décr. n° 2022-678 du 26 avr. 2022, art. 2)* « aux rubriques 1° A, 2°, 4° et 10° du tableau de l'article R. 2312-8 ».

SOUS-§ 2 *Informations dans les entreprises d'au moins trois cents salariés*

Art. R. 2312-20 En l'absence d'accord prévu à l'article L. 2312-19, dans les entreprises d'au moins trois cents salariés, l'employeur met à disposition du comité social et économique en vue de la consultation sur la politique sociale, les conditions de travail et l'emploi, les informations prévues *(Décr. n° 2022-678 du 26 avr. 2022, art. 2)* « aux rubriques 1° A, 2°, 4°, 5° et 10° du tableau de l'article R. 2312-9 ».

SOUS-SECTION 4 **Consultation et informations ponctuelles**

§ 1   Dispositions communes

Art. R. 2312-21 Dans les entreprises d'au moins trois cents salariés, les informations trimestrielles du comité social et économique prévues au 3° de l'article L. 2312-69 retracent mois par mois, l'évolution des effectifs et de la qualification des salariés par sexe en faisant apparaître :

1° Le nombre de salariés titulaires d'un contrat de travail à durée indéterminée ;

2° Le nombre de salariés titulaires d'un contrat de travail à durée déterminée ;
3° Le nombre de salariés à temps partiel ;
4° Le nombre de salariés temporaires ;
5° Le nombre de salariés appartenant à une entreprise extérieure ;
6° Le nombre des contrats de professionnalisation.

L'employeur présente au comité les motifs l'ayant conduit à recourir aux catégories de salariés mentionnées aux 2° à 5°.

Il communique au comité le nombre des journées de travail accomplies, au cours de chacun des trois derniers mois, par les salariés titulaires d'un contrat de travail à durée déterminée et les salariés temporaires.

Art. R. 2312-22 Le comité social et économique est informé et consulté préalablement à la mise en place d'une garantie collective mentionnée à l'article L. 911-2 du code de la sécurité sociale ou à la modification de celle-ci.

Art. R. 2312-23 Le comité social et économique est informé et consulté après notification à l'entreprise de l'attribution directe, par une personne publique, de subventions, prêts ou avances remboursables dont le montant excède un seuil fixé par arrêté pris par les ministres chargés du travail, de l'économie, du budget et des collectivités territoriales. Cette disposition s'applique dans les mêmes conditions aux subventions, prêts et avances remboursables attribués dans le cadre de programmes ou fonds communautaires. — *Ce seuil est fixé à 200 000 € pour les subventions et à 1 50 000 € pour les prêts et avances remboursables, V. Arr. du 27 avr. 2009, NOR : MTST0908563A (JO 29 avr.) [ce texte n'a pas été modifié dans le cadre de la création du CSE].*

L'information et la consultation portent sur la nature de l'aide, son objet, son montant et les conditions de versement et d'emploi fixées, le cas échéant, par la personne publique attributrice.

Ces dispositions ne sont applicables ni aux financements mentionnés au premier alinéa qui sont attribués par les collectivités publiques aux établissements publics qui leur sont rattachés, ni aux subventions pour charges de service public attribuées par une collectivité publique.

§ 2 Consultations obligatoires dans les établissements comportant une ou plusieurs installations soumises à autorisation ou une installation nucléaire de base

Art. R. 2312-24 Les dispositions du présent paragraphe s'appliquent aux établissements comportant une ou plusieurs installations soumises à autorisation en application de l'article L. 512-1 du code de l'environnement ou mentionnées au livre II et à l'article L. 415-1 du code minier (nouveau).

Art. R. 2312-25 Les documents joints à la demande d'autorisation, prévue à l'article L. 512-1 du code de l'environnement, sont portés à la connaissance du comité social et économique préalablement à leur envoi au préfet.

Le dossier établi par l'employeur à l'appui de sa demande est transmis au comité dans un délai de quinze jours à compter du lancement de l'enquête publique prévue à l'article L. 181-9 du même code.

Il émet un avis motivé sur ce dossier dans un délai de quinze jours à compter de la réception par l'employeur du rapport de l'enquête publique.

Le président du comité transmet cet avis au préfet dans les trois jours suivant la remise de l'avis du comité.

Art. R. 2312-26 Le comité social et économique émet un avis :
1° Sur le plan d'opération interne prévu au cinquième alinéa de l'article R. 181-54 du code de l'environnement ;
2° Sur la teneur des informations transmises au préfet en application de l'article R. 181-13 ainsi que du I de l'article R. 181-47 du même code.

Le président du comité transmet ces avis au préfet dans un délai de trente jours à compter de la consultation.

Art. R. 2312-27 Dans les établissements comportant une installation nucléaire de base, le comité social et économique émet un avis sur tout projet d'élaboration ou de modification du plan d'urgence interne, après un délai de trente jours au moins et soixante jours au plus suivant la communication du dossier, sauf cas exceptionnel justifié par l'urgence.

Art. R. 2312-28 Le comité social et économique est informé par l'employeur des prescriptions imposées par les autorités publiques chargées de la protection de l'environnement.

SOUS-SECTION 5 **Droits d'alerte économique**

Art. R. 2312-29 Lorsque le comité social et économique a saisi l'organe chargé de l'administration ou de la surveillance en application de l'article L. 2312-65 cet organe délibère dans le mois de la saisine.

L'extrait du procès-verbal des délibérations où figure la réponse motivée à la demande d'explication faite en application de l'article L. 2312-66 est adressé au comité social et économique dans le mois qui suit la réunion de cet organe.

Art. R. 2312-30 Dans les sociétés autres que celles qui ont un conseil d'administration ou de surveillance ou dans les groupements d'intérêt économique, les administrateurs communiquent aux associés et aux membres du groupement le rapport du comité social et économique, ou le cas échéant de la commission économique, dans les huit jours de la délibération du comité social et économique demandant cette communication.

SOUS-SECTION 6 **Participation aux conseils d'administration ou de surveillance des sociétés**

Art. R. 2312-31 Le comité social et économique représenté par un de ses membres peut, dans les conditions prévues au premier alinéa de l'article L. 2312-77, demander au président du tribunal de commerce statuant en référé la désignation d'un mandataire de justice chargé de convoquer l'assemblée des actionnaires.

L'ordonnance fixe l'ordre du jour.

Art. R. 2312-32 Les demandes d'inscription à l'ordre du jour des projets de résolution mentionnés au deuxième alinéa de l'article L. 2312-77 sont réalisées comme suit :
1° Lorsque toutes les actions de la société revêtent la forme nominative :
a) Les demandes sont adressées par le comité social et économique représenté par un de ses membres, au siège social de la société ;
b) Elles sont formulées dans les mêmes formes que celles autorisées pour les actionnaires ;
c) Elles sont adressées dans un délai de vingt-cinq jours avant la date de l'assemblée réunie sur première convocation ;
2° Lorsque toutes les actions de la société ne revêtent pas la forme nominative :
a) Les demandes sont adressées au siège social selon les modalités décrites au *a* du 1° ;
b) Elles sont adressées dans le délai de dix jours à compter de la publication de l'avis prévu à l'article R. 225-73 du code de commerce.

Les demandes sont accompagnées du texte des projets de résolution qui peuvent être assortis d'un bref exposé des motifs.

Art. R. 2312-33 Dans le délai de cinq jours à compter de la réception des projets de résolution, le président du conseil d'administration, le président ou le directeur général du directoire, ou le gérant de la société par actions accusent réception au représentant du comité social et économique des projets de résolution par lettre recommandée ou par voie électronique dans les conditions définies à l'article R. 225-63 du code de commerce.

Art. R. 2312-34 Par dérogation aux dispositions des articles R. 2312-32 et R. 2312-33, dans les sociétés par actions simplifiées, les statuts fixent les règles relatives aux modalités d'examen des demandes d'inscription des projets de résolution adressées par les comités sociaux et économiques.

INSTITUTIONS REPRÉSENTATIVES **Art. R. 2312-36** 2041

SOUS-SECTION 7   Attributions en matière d'activités sociales et culturelles

§ 1   Nature des activités

Art. R. 2312-35 Les activités sociales et culturelles établies dans l'entreprise au bénéfice des salariés ou anciens salariés de l'entreprise et de leur famille comprennent :

1° Des institutions sociales de prévoyance et d'entraide, telles que les institutions de retraites et les sociétés de secours mutuels ;

2° Les activités sociales et culturelles tendant à l'amélioration des conditions de bien-être, telles que les cantines, les coopératives de consommation, les logements, les jardins familiaux, les crèches, les colonies de vacances ;

3° Les activités sociales et culturelles ayant pour objet l'utilisation des loisirs et l'organisation sportive ;

4° Les institutions d'ordre professionnel ou éducatif attachées à l'entreprise ou dépendant d'elle, telles que les centres d'apprentissage et de formation professionnelle, les bibliothèques, les cercles d'études, les cours de culture générale ;

5° Les services sociaux chargés :

a) De veiller au bien-être du salarié dans l'entreprise, de faciliter son adaptation à son travail et de collaborer avec le service de santé au travail de l'entreprise ;

b) De coordonner et de promouvoir les réalisations sociales décidées par le comité social et économique et par l'employeur ;

6° Le service de santé au travail institué dans l'entreprise.

Jurisprudence rendue sous l'empire des dispositions antérieures au Décr. du 29 déc. 2017.

1. Régimes de prévoyance. Dès lors que le comité d'entreprise peut décider de l'affectation des fonds consacrés aux activités sociales et culturelles, il est en droit de ne prendre en charge que les cotisations de la mutuelle à laquelle il a adhéré, du moment que les salariés restent libres d'adhérer à la mutuelle de leur choix. ● Soc. 9 mai 1989 : *Bull. civ. V, n° 340.* ◆ Sur le caractère d'œuvre sociale d'un régime de prévoyance, V. ● Soc. 17 oct. 1990 : *D. 1990. IR 257 ; JCP E 1991. II. 152, note Saint-Jours ; Dr. ouvrier 1991. 83, note Cohen.*

2. Loisirs. A été considérée comme une activité de loisir à caractère social l'organisation d'un « pot de fin d'année » ou d'un repas offert aux retraités de l'entreprise. ● Soc. 13 oct. 1988 : *BS Lefebvre 1988. 449.*

3. Gérant directement les centres de loisirs dépourvus de personnalité juridique, le comité d'entreprise peut engager sa responsabilité contractuelle à l'égard des parents des enfants qui lui sont confiés. ● Civ. 1re, 13 mai 1968 : *Bull. civ. I, n° 139 ; JCP 1968. II. 15524 bis.* ◆ Dans le même sens : ● Civ. 1re, 25 oct. 1989 : *JCP 1990. II. 21458, note Hauser* (responsabilité d'un comité d'entreprise qui omet d'attirer l'attention des salariés participant à un match amical de football sur les limites des garanties stipulées dans le contrat d'assurance qu'il a souscrit) ● Grenoble, 15 juin 1993 : *Dr. soc. 1994. 789, note Savatier* (responsabilité en raison d'une violation de l'obligation de sécurité). ◆ Mais un comité n'est pas responsable de la défaillance d'une agence de voyages en l'absence de preuve d'une faute de sa part. ● Civ. 1re, 16 mars 1994 : *Dr. soc. 1994. 789, note Savatier ; RJS 1994. 521, n° 873.*

4. Activités exclues. La défense de l'emploi dans l'entreprise relève des attributions du comité d'entreprise dans l'ordre économique, et non des activités sociales et culturelles. ● Soc. 12 févr. 2003, n° 00-19.341 P.

5. Voyage accordé par l'employeur. Les activités sociales et culturelles, qui ont notamment pour objet l'amélioration des conditions de bien-être des salariés, anciens salariés et de leur famille, ainsi que l'utilisation par eux des loisirs, ne peuvent comprendre un avantage tel qu'un voyage accordé par l'employeur à ses salariés en rémunération d'un travail particulier ou de l'obtention de résultats déterminés, peu important que cet avantage résulte d'une initiative à laquelle l'employeur n'est pas tenu. ● Soc. 2 déc. 2008 : *D. 2009. AJ 25 ; RJS 2009. 154, n° 184 ; JCP S 2009. 1071, obs. Kerbourc'h.*

§ 2   Modalités de gestion

SOUS-§ 1   *Gestion par le comité social et économique*

Art. R. 2312-36 Le comité social et économique assure la gestion des activités sociales et culturelles qui n'ont pas de personnalité civile, à l'exception des centres d'apprentissage et de formation professionnelle.

Quel que soit leur mode de financement, cette gestion est assurée :

1° Soit par le comité social et économique ;

2° Soit par une commission spéciale du comité ;
3° Soit par des personnes désignées par le comité ;
4° Soit par des organismes créés par le comité et ayant reçu une délégation.

Ces personnes ou organismes agissent dans la limite des attributions qui leur ont été déléguées et sont responsables devant le comité.

Jurisprudence rendue sous l'empire des dispositions antérieures au Décr. du 29 déc. 2017.

1. Liberté de gestion. Le comité d'entreprise peut déléguer ses pouvoirs de gestion à une association qu'il a pu créer à cet effet. • Soc. 28 oct. 1975 : *Bull. civ. V, n° 489 ; D. 1975. IR 238.* ♦ Un comité d'entreprise peut adhérer à une association émanant d'un syndicat et destinée à lui faciliter la gestion des œuvres sociales. • Soc. 15 mai 1984 : *Bull. civ. V, n° 196* • 21 juill. 1986 : *ibid., n° 386 ; D. 1987. Somm. 199, obs. A. Lyon-Caen.*

2. Le comité d'entreprise a le pouvoir de créer de nouvelles activités sociales et culturelles. • Cass., ch. réun. 20 mai 1965 : *Dr. soc. 1965. 558, obs. Savatier ; JCP 1965. II. 14358, note F.R.* ♦ ... Ou de modifier celles établies par l'employeur. • Soc. 24 févr. 1983, n° 81-14.118 P : *D. 1984. IR 162, obs. Frossard ; Dr. soc. 1983. 635, note Savatier.*

3. Le chef d'entreprise peut participer à un vote sur une proposition concernant les activités sociales et culturelles. • Soc. 4 nov. 1988 : *Bull. crim. n° 374 ; Dr. soc. 1989. 206, note Savatier.*

4. L'employeur n'est pas tenu de communiquer au comité d'entreprise les jeux d'étiquettes-adresses des salariés. • Soc. 26 sept. 1989 : *Bull. civ. V, n° 540 ; Dr. soc. 1990. 205, note Savatier* ; *CSB 1989. 222, S. 109.* ♦ Tenu de transférer au comité d'établissement les activités sociales et culturelles qu'il assurait antérieurement, il n'a pas l'obligation de lui fournir les renseignements contenus dans le fichier de l'entreprise. • Soc. 2 juin 1993, n° 91-13.901 P : *JCP 1993. II. 22096, rapp. Waquet ; RJS 1993. 443, n° 759, concl. Picca ; CSB 1993. 170, A. 44, note Philbert ; Dr. soc. 1993. 680.* ♦ *Contra*, sur renvoi : • Lyon, 5 déc. 1994 : *CSB 1995. 28.*

5. Le secrétaire du comité d'entreprise qui engage une dépense sociale sans vote du comité commet le délit d'entrave. • Crim. 4 nov. 1988 : *Dr. soc. 1989. 206, note Savatier.*

6. Comme tous les membres du comité, l'employeur a accès aux documents comptables ; le refus du comité de lui communiquer les pièces comptables afférentes à la gestion des œuvres sociales constitue un trouble manifestement illicite autorisant le juge des référés à en ordonner la mise à disposition. • Soc. 19 déc. 1990 : *D. 1991. IR 13.*

7. Personnel. Le comité d'entreprise est tenu de respecter à l'égard de son personnel les règles du licenciement. • Soc. 12 mars 1970 : *Bull. civ. V, n° 190.* ♦ ... Et de s'acquitter du paiement des charges sociales. • Soc. 21 juin 1979 : *ibid., n° 574.*

8. Le salarié détaché auprès du comité d'entreprise conserve la qualité d'électeur aux élections de délégués du personnel. • Soc. 19 mai 1988 : *Bull. civ. V, n° 302 ; D. 1988. IR 155.*

9. L'employeur ne peut déduire de la subvention de fonctionnement les salaires et charges du personnel mis à la disposition du comité pour la gestion des activités sociales et culturelles. • Soc. 4 oct. 1989 : *D. 1990. Somm. 158, obs. A. Lyon-Caen* ; *Dr. soc. 1990. 205, note Savatier* • 4 avr. 1990, n° 88-13.219 P : *D. 1990. IR 106* • Crim. 11 févr. 1992 : *D. 1992. IR 174 ; RJS 1992. 620, n° 1120.* ♦ Tout accord autorisant l'employeur à déduire de la subvention de fonctionnement les salaires et charges du personnel mis à disposition pour la gestion des activités sociales et culturelles est illicite comme contrevenant aux dispositions d'ordre public de l'art. L. 434-8. • Soc. 26 sept. 1989 : *D. 1990. Somm. 158, obs. A. Lyon-Caen* ; *CSB 1989. 221, S. 108 ; Dr. soc. 1990. 205, note Savatier* • 4 avr. 1990 : *préc.*

10. Moyens matériels. L'employeur n'est pas tenu de mettre gratuitement à la disposition du comité les locaux nécessaires au fonctionnement des activités sociales et culturelles. • Soc. 23 juin 1983 : *Bull. civ. V, n° 357 ; D. 1983. IR 352.*

11. Le fait que la cantine soit gérée par le comité d'entreprise n'interdit pas à l'employeur d'exercer son contrôle dans ce local placé sous son aire d'autorité. • Soc. 9 juin 1983 : *Bull. civ. V, n° 316 ; D. 1984. IR 353, obs. Langlois.*

Art. R. 2312-37 Le comité social et économique participe, dans les conditions prévues par l'article R. 2312-39, à la gestion des activités sociales et culturelles qui possèdent la personnalité civile.

Toutefois, il contrôle la gestion des sociétés de secours mutuels et des organismes de sécurité sociale établis dans l'entreprise, des activités sociales et culturelles ayant pour objet d'assurer aux salariés de l'entreprise des logements et des jardins familiaux, les centres d'apprentissage et de formation professionnelle dans la mesure et aux conditions définies à l'article R. 2312-42.

Art. R. 2312-38 Le service de santé au travail et le service social sont gérés dans les conditions fixées aux titres II et III du livre VI de la quatrième partie.

Art. R. 2312-39 Les conseils d'administration ou, à défaut, les organismes de direction des institutions sociales autres que celles mentionnées au second alinéa de l'article R. 2312-37 sont composés au moins par moitié de membres représentant le comité social et économique. Il en va de même des commissions de contrôle ou de surveillance de ces institutions. Ces membres peuvent être choisis en dehors du comité et désignés, de préférence, parmi les adhérents ou les bénéficiaires des institutions.

Les représentants du comité social et économique au conseil d'administration des sociétés coopératives et de consommation sont choisis parmi les adhérents à la société.

Les représentants du comité social et économique dans les conseils ou organismes mentionnés au premier alinéa siègent avec les mêmes droits et dans les mêmes conditions que les autres membres.

Art. R. 2312-40 Le bureau nommé par les conseils d'administration des activités sociales et culturelles qui possèdent la personnalité civile comprend au moins un membre désigné par le comité social et économique.

Art. R. 2312-41 Le comité social et économique est représenté auprès :

1° Des conseils d'administration des organismes de sécurité sociale, des mutuelles établies dans l'entreprise ainsi qu'auprès des commissions de contrôle de ces institutions ;

2° Des conseils d'administration des activités de logements et de jardins familiaux.

Cette représentation est assurée par deux délégués désignés par le comité, choisis de préférence parmi les participants de ces institutions.

Les délégués assistent aux réunions de ces conseils et commissions. L'un d'eux assiste aux réunions du bureau.

Le comité social et économique est consulté préalablement à toute délibération relative, soit à la modification des statuts de l'institution, soit à la création d'activités nouvelles, soit à la transformation ou à la suppression d'activités existantes.

Les délégués informent le comité de toutes décisions prises par les conseils ou bureaux ainsi que de la marche générale de l'institution.

Jurisprudence rendue sous l'empire des dispositions antérieures au Décr. du 29 déc. 2017.

En l'absence de tout pouvoir de gestion ou de participation à la gestion d'une mutuelle d'entreprise, le comité d'entreprise n'a pas qualité pour poursuivre judiciairement l'annulation des délibérations de l'assemblée générale et des décisions adoptées par cette assemblée. • Soc. 15 oct. 2002, n° 00-20.910 P : *RJS 2003. 1042, n° 1417.*

Art. R. 2312-42 Pour les organismes de sécurité sociale établis dans l'entreprise, les activités de logements et de jardins familiaux, lorsque des décisions sont soumises au contrôle ou à l'approbation de l'administration, l'avis du comité social et économique y est annexé.

Dans les cas énoncés à l'article R. 2312-41, le comité peut s'opposer à leur exécution, sauf recours auprès du ministre chargé du travail.

Dans les mutuelles d'entreprise, lorsque des décisions sont soumises à l'approbation de l'administration, l'avis du comité y est annexé. En outre, le comité social et économique peut faire connaître son avis à l'assemblée générale sur le fonctionnement de l'institution.

SOUS-§ 2 *Gestion par le comité des activités sociales et culturelles interentreprises*

Art. R. 2312-43 Lorsque plusieurs entreprises possèdent ou envisagent de créer certaines institutions sociales communes, les comités sociaux et économiques intéressés constituent un comité des activités sociales et culturelles interentreprises investi des mêmes attributions que les comités dans la mesure nécessaire à l'organisation et au fonctionnement de ces institutions communes.

Ces comités signent avec le comité des activités sociales et culturelles interentreprises une convention conforme aux dispositions réglementaires prises pour l'application du quatrième alinéa de l'article L. 2316-23.

Art. R. 2312-44 Le comité des activités sociales et culturelles interentreprises comprend :

1° Un représentant des employeurs désigné par eux. Assisté d'un ou de deux suppléants, il préside le comité ;

2° Des représentants des salariés de chaque comité social et économique choisis autant que possible de façon à assurer la représentation des diverses catégories de salariés, à raison de deux délégués par comité et sans que leur nombre puisse dépasser douze, sauf accord collectif contraire avec les organisations syndicales ou, à défaut d'accord, sauf dérogation accordée expressément par l'inspecteur du travail.

Art. R. 2312-45 Lorsque le nombre des entreprises ne permet pas d'assurer aux salariés de chacune d'elles une représentation distincte, un seul délégué peut représenter les salariés de l'une ou de plusieurs d'entre elles. L'attribution des sièges est faite par les comités sociaux et économiques et les organisations syndicales intéressées.

Art. R. 2312-46 Dans les cas prévus aux articles R. 2312-44 et R. 2312-45, si l'accord est impossible, l'inspecteur du travail décide de la répartition des sièges entre les représentants des salariés des entreprises intéressées.

Le silence gardé pendant plus de quatre mois par le ministre saisi d'un recours hiérarchique sur une décision prise par l'inspecteur du travail vaut décision de rejet.

Compétence judiciaire. Les décisions de l'inspecteur du travail prises en application de l'art. R. 2312-46, comme les décisions du ministre du travail en cas de recours hiérarchique formé devant lui, relatives à l'organisation de la représentation des salariés au sein du comité des activités sociales et culturelles interentreprises, qui est assimilé par la loi au CSE, relèvent du juge judiciaire. ● T. confl. 10 oct. 2022, 🔒 n° 4249 : *AJDA* 2022. 1931 📄 ; *RJS* 12/2022, n° 618.

Art. R. 2312-47 Les membres du comité des activités sociales et culturelles interentreprises sont désignés pour une durée équivalente à celle qu'ils tiennent de leur mandat à leur comité social et économique.

Le comité interentreprises exerce ses fonctions dans les locaux et avec le matériel et le personnel de l'un ou de plusieurs des comités sociaux et économiques qui y sont représentés.

Les dispositions des articles L. 2314-10, L. 2314-33, L. 2314-36, L. 2314-37, L. 2315-23, L. 2315-7 à L. 2315-14 et L. 2315-28 à L. 2315-35 sont applicables au comité des activités sociales et culturelles interentreprises.

Art. R. 2312-48 En fonction de l'objet qui lui a été assigné, le comité des activités sociales et culturelles interentreprises exerce les attributions définies aux articles R. 2312-36 et R. 2312-38.

Il est doté de la personnalité civile et fonctionne dans les mêmes conditions qu'un comité social et économique. Il détermine, dans un règlement intérieur, les modalités de son fonctionnement et, dans le respect de la convention signée en application de l'article R. 2312-43, celles de ses rapports avec les comités sociaux et économiques et les salariés des entreprises intéressées.

§ 3 Ressources et dépenses

SOUS-§ 1 *Ressources et dépenses du comité social et économique*

Art. R. 2312-49 Les ressources du comité social et économique en matière d'activités sociales et culturelles sont constituées par :

1° Les sommes versées par l'employeur pour le fonctionnement des institutions sociales de l'entreprise qui ne sont pas légalement à sa charge, à l'exclusion des sommes affectées aux retraités ;

2° Les sommes précédemment versées par l'employeur aux caisses d'allocations familiales et organismes analogues, pour les institutions financées par ces caisses et qui fonctionnent au sein de l'entreprise ;

3° Le remboursement obligatoire par l'employeur des primes d'assurances dues par le comité pour couvrir sa responsabilité civile ;

4° Les cotisations facultatives des salariés de l'entreprise dont le comité fixe éventuellement les conditions de perception et les effets ;

5° Les subventions accordées par les collectivités publiques ou les organisations syndicales ;

6° Les dons et legs ;

7° Les recettes procurées par les manifestations organisées par le comité ;

8° Les revenus des biens meubles et immeubles du comité ;

9° Tout ou partie du montant de l'excédent annuel du budget de fonctionnement versé par l'employeur, après délibération du comité, en application du cinquième alinéa de l'article L. 2315-61.

Jurisprudence rendue sous l'empire des dispositions antérieures au Décr. du 29 déc. 2017.

1. Dénonciation d'un accord ou d'un usage. En cas de dénonciation d'un accord ou d'un usage fixant la contribution de l'entreprise, les trois années de référence visées à l'art. R. 432-11 [art. R. 2323-34 nouv.] pour le calcul de la contribution minimale s'entendent de celles précédant la dénonciation. ● Soc. 1er avr. 1997, 🏛 n° 95-10.478 P : *GADT, 4e éd., n° 149 ; Dr. soc. 1997. 542, note Cohen ⌀ ; RJS 1997. 364, n° 559 ; CSB 1997. 169, A. 32 ; TPS 1997, n° 152, obs. Teyssié,* cassant ● Versailles, 13 oct. 1994 : *RJS 1995. 174, n° 248.* ♦ V. notes ss. art. L. 2323-86. ♦ La dénonciation de l'employeur ne peut avoir pour effet de réduire la contribution en dessous du minimum fixé par l'art. R. 432-11 ; pour l'appréciation de ce minimum, le chiffre le plus avantageux atteint au cours des trois dernières années précédant la dénonciation n'est maintenu qu'autant que la masse salariale reste constante et, si elle diminue, la contribution doit subir la même variation. ● Soc. 22 janv. 2002, 🏛 n° 99-20.704 P : *Dr. soc. 2002. 366, obs. Cohen ⌀ ; RJS 2002. 349, n° 453.*

2. Cession de l'entreprise. En cas de modification dans la situation juridique de l'employeur au sens de l'art. L. 122-12 [L. 1224-1 nouv.], le mandat des membres élus du comité d'entreprise et des représentants syndicaux audit comité subsiste lorsque l'entreprise conserve son autonomie ; il en résulte que l'institution se maintient dans la nouvelle entreprise, même si elle change de dénomination, et que la contribution de l'employeur aux activités sociales et culturelles ne peut être inférieure au total le plus élevé des sommes affectées au cours des trois dernières années précédant la suppression de l'usage ou de l'accord collectif instituant cette contribution, sauf si la masse salariale diminue. ● Soc. 30 nov. 2004, 🏛 n° 02-13.837 P : *Dr. soc. 2005. 352, obs. Cohen ⌀ ; JSL 2005, n° 159-5 ; SSL 2004, n° 1195, p. 13.*

3. Remboursement des primes d'assurance. Le comité d'entreprise a le libre choix de son assureur ; en l'absence d'abus démontré, il est fondé à demander à l'employeur le remboursement des primes dues pour couvrir sa responsabilité. ● Soc. 20 févr. 2002, 🏛 n° 99-21.194 P : *RJS 2002. 444, n° 587.*

Art. R. 2312-50 Sont exclues du calcul de la contribution mentionnée au 1° de l'article R. 2312-51, les dépenses temporaires lorsque les besoins correspondants ont disparu.

Art. R. 2312-51 En cas de reliquat budgétaire, l'excédent annuel du budget destiné aux activités sociales et culturelles peut être transféré au budget de fonctionnement ou à des associations conformément à l'article L. 2312-84, dans la limite de 10 % de cet excédent.

Cette somme et ses modalités d'utilisation sont inscrites, d'une part, dans les comptes annuels du comité social et économique ou, le cas échéant, dans les documents mentionnés à l'article L. 2315-65 et, d'autre part, dans le rapport mentionné à l'article L. 2315-69.

Lorsque la partie de l'excédent est transférée à une ou plusieurs associations humanitaires reconnues d'utilité publique afin de favoriser les actions locales ou régionales de lutte contre l'exclusion ou des actions de réinsertion sociale, la délibération du comité social et économique précise les destinataires des sommes et, le cas échéant, la répartition des sommes transférées.

Art. R. 2312-52 En cas de cessation définitive de l'activité de l'entreprise, le comité social et économique décide de l'affectation des biens dont il dispose. La liquidation est opérée par ses soins, sous la surveillance du *(Décr. n° 2020-1545 du 9 déc. 2020, art. 28-X, en vigueur le 1er avr. 2021)* « directeur régional de l'économie, de l'emploi, du travail et des solidarités ».

La dévolution du solde des biens est réalisée au crédit :

1° Soit d'un autre comité social ou économique ou d'un comité des activités sociales et culturelles interentreprises, notamment dans le cas où la majorité des salariés est destinée à être intégrée dans le cadre de ces entreprises ;

2° Soit d'institutions sociales d'intérêt général dont la désignation est, autant que possible, conforme aux vœux exprimés par les salariés intéressés.

Les biens ne peuvent être répartis entre les salariés ou les membres du comité.

Jurisprudence rendue sous l'empire des dispositions antérieures au Décr. du 29 déc. 2017.

L'art. R. 432-16 [art. R. 2323-39] ne s'applique pas à la fermeture d'un seul établissement, les biens de ce dernier devant être affectés au comité d'entreprise ou d'établissement des sociétés du groupe où les salariés de l'établissement fermé ont été transférés. • Soc. 23 janv. 1996, ⚖ n° 93-16.799 P : *D. 1996. IR 53 ; JCP 1996. II. 22650, note Savatier ; Dr. soc. 1996. 434 ⌀ ; RJS 1996. 174, n° 294*. ♦ Dans le même sens : • Soc. 10 juin 1998, ⚖ n° 96-20.112 P : *TPS 1998. n° 361.*

SOUS-§ 2 *Ressources et dépenses du comité des activités sociales et culturelles interentreprises*

Art. R. 2312-53 Les dépenses nécessaires au fonctionnement du comité des activités sociales et culturelles interentreprises sont à la charge des entreprises proportionnellement au nombre de salariés qu'elles emploient.

Art. R. 2312-54 Les ressources du comité des activités sociales et culturelles interentreprises sont constituées, dans les conditions prévues à l'article L. 2312-78, par les sommes versées par les comités sociaux et économiques pour le fonctionnement des activités sociales et culturelles leur incombant.

Art. R. 2312-55 Le sous-paragraphe 5 du paragraphe 3 de la sous-section 6 et la sous-section 9 de la section 3 du chapitre V du titre II du livre III de la deuxième partie sont applicables au comité des activités sociales et culturelles interentreprises, dans les conditions prévues aux articles R. 2312-53 à R. 2312-54.

Art. R. 2312-56 Pour l'appréciation des seuils mentionnés à l'article L. 2315-37 et à la sous-section 9 de la section 3 du chapitre V du titre I du livre III de la deuxième partie du présent code, l'ensemble des ressources perçues au titre d'une année considérée par le comité des activités sociales et culturelles interentreprises sont prises en compte, y compris les ressources prévues aux articles R. 2312-53 et R. 2312-54.

Art. R. 2312-57 Sont pris en charge par le comité des activités sociales et culturelles interentreprises sur les sommes qui lui sont versées au titre de son fonctionnement :

1° Le coût de la certification des comptes annuels prévue à l'article L. 2315-73 ;

2° Le coût de la mission de présentation des comptes par l'expert-comptable prévue à l'article L. 2315-76.

Art. R. 2312-58 Le contenu du rapport présentant des informations qualitatives sur les activités sociales et culturelles du comité des activités sociales et culturelles interentreprises et sur sa gestion financière est conforme aux dispositions réglementaires prises pour l'application du troisième alinéa de l'article L. 2315-69, à l'exception de toute obligation relative à l'utilisation de la subvention de fonctionnement que l'employeur verse au comité social et économique en application de l'article L. 2315-61.

SOUS-§ 3 *Dispositions communes*

Art. R. 2312-59 Les institutions sociales dotées de la personnalité civile peuvent être subventionnées par les comités sociaux et économiques ou les comités des activités sociales et culturelles interentreprises.

Sous réserve des articles R. 2312-47 et R. 2312-48, ces institutions sont organisées et fonctionnent selon les modalités propres à chacune d'elles, d'après leur nature et leur régime juridique.

SOUS-SECTION 8 **Compétence en matière de formation professionnelle et d'apprentissage en l'absence de comité social et économique**

Art. R. 2312-60 Dans les entreprises ou organismes dans lesquels les attributions du comité social et économique sont dévolues à des instances de représentation du personnel prévues par d'autres dispositions que celles du présent code, celles-ci sont substituées au comité social et économique pour l'application des dispositions :

1° Des articles L. 6322-6 et R. 6322-3 à R. 6322-11, relatives au congé individuel de formation ;

2° De l'article L. 6331-12, relatives à la participation des employeurs de dix salariés et plus au développement de la formation professionnelle continue ;

Art. R. 2312-61 Dans les entreprises de cinquante salariés et plus qui ne sont pas tenues d'avoir un comité social et économique ou un organisme de la nature de ceux mentionnés à l'article R. 2312-60, il est créé une commission spéciale consultée dans les conditions prévues à l'article L. 6331-12.

3° Des articles R. 6322-66 à R. 6322-78, relatives au congé d'enseignement et de recherche ainsi qu'au congé de formation pour les salariés âgés de vingt-cinq ans et moins ;

4° Des articles D. 6321-1 et D. 6321-3, relatives au déroulement des actions de formation.

Art. R. 2312-61 Dans les entreprises de cinquante salariés et plus qui ne sont pas tenues d'avoir un comité social et économique ou un organisme de la nature de ceux mentionnés à l'article R. 2312-60, il est créé une commission spéciale consultée dans les conditions prévues à l'article L. 6331-12.

La commission spéciale comprend autant de membres qu'il y a d'organisations syndicales qui ont constitué légalement ou qui ont droit de constituer une section syndicale dans l'entreprise.

Chacune de ces organisations désigne un membre choisi parmi les salariés de cette entreprise. Ce membre remplit les conditions requises pour l'éligibilité en qualité de membre d'un comité social et économique.

CHAPITRE III MISE EN PLACE ET SUPPRESSION DU COMITÉ SOCIAL ET ÉCONOMIQUE

Art. R. 2313-1 Lorsqu'il prend une décision sur la détermination du nombre et du périmètre des établissements distincts en application de l'article L. 2313-4, l'employeur la porte à la connaissance de chaque organisation syndicale représentative dans l'entreprise et de chaque organisation syndicale ayant constitué une section syndicale dans l'entreprise, par tout moyen permettant de conférer date certaine à cette information.

Lorsque les négociations se sont déroulées conformément à l'article L. 2313-3, l'employeur réunit le comité afin de l'informer de sa décision.

Les organisations syndicales représentatives dans l'entreprise et les organisations syndicales ayant constitué une section syndicale dans l'entreprise ou lorsque les négociations se sont déroulées conformément à l'article L. 2313-3, le comité social et économique, peuvent dans le délai de quinze jours à compter de la date à laquelle ils en ont été informés, contester la décision de l'employeur devant le (*Décr. n° 2020-1545 du 9 déc. 2020, art. 28-X, en vigueur le 1er avr. 2021*) « directeur régional de l'économie, de l'emploi, du travail et des solidarités ».

V. *Ord. n° 2020-389 du 1er avr. 2020, art. 1er, ss. art. L. 2314-4.*

1. Information des organisations syndicales de l'entreprise. La notification de la décision prise par l'employeur en matière de fixation du nombre et du périmètre des établissements distincts consiste en une information, spécifique et préalable à l'organisation des élections professionnelles au sein des établissements distincts ainsi définis. ● Soc. 17 avr. 2019, n° 18-22.948 P : *D. actu. 14 mai 2019, obs. Ciray ; D. 2019. 1562, obs. Le Masne de Chermont ⌀ ; Dr. soc. 2019. 574, note Gadrat ⌀ ; RJS 6/2019, n° 363 ; SSL 2019, n° 1861, p. 11, obs. Crédoz-Rosier ; JCP 2019. 576, obs. Duquesne et Heintz ; JCP S 2019. 1172, obs. Kerbourc'h.*

2. Validité de la saisine de l'autorité administrative. La saisine de la Direccte par des sections syndicales, dépourvues de personnalité juridique, est irrégulière. ● Soc. 3 mars 2021, n° 19-21.086 P : *D. actu. 18 mars 2021, obs. Clément ; RJS 5/2021, n° 275 ; JCP S 2021. 1094, obs. Kerbouc'h.*

3. Contestation de la décision de l'autorité administrative. La décision de la Direccte peut être contestée devant le tribunal judiciaire, saisi par voie de requête, dans un délai de 15 jours suivant sa notification, à l'exclusion de tout autre recours administratif ou contentieux. ● Soc., QPC, 24 juin 2020, n° 20-40.001 P : *RJS 8-9/2020, n° 422.* ◆ Lorsque la Direccte a été saisie par des sections syndicales dépourvues de la personnalité morale pour fixer le nombre et le périmètre des établissements distincts d'une entreprise, le juge judiciaire qui annule la décision de l'autorité administrative ne peut pas s'y substituer pour statuer à nouveau sur ce nombre et ce périmètre. ● Soc. 3 mars 2021, n° 19-21.086 P : *préc. note 2.*

4. Impossibilité pour les salariés de contester la décision unilatérale de perte de la qualité d'établissement distinct. Le constat de la perte de la qualité d'établissement distinct obéit à la procédure applicable pour déterminer le nombre et le périmètre de ces établissements. Par conséquent, les salariés ne sont pas habilités à exercer un recours contre la décision unilatérale de l'employeur. ● Soc. 20 oct. 2021, n° 20-60.258 B : *D. actu. 9 nov. 2021, obs. Malfettes ; Dr. soc. 2022. 185, obs. Petit ⌀ ; RDT 2022. 50, obs. Wolmark ⌀ ; RJS 1/2022, n° 19 ; JCP 2021. 1170, note Dedessus-Le-Moustier ; JCP S 2021. 1299, obs. Daniel.*

Art. R. 2313-2 Le *(Décr. n° 2020-1545 du 9 déc. 2020, art. 28-X, en vigueur le 1ᵉʳ avr. 2021)* « directeur régional de l'économie, de l'emploi, du travail et des solidarités » prend sa décision dans un délai deux mois à compter de la réception de la contestation. Cette décision est notifiée par lettre recommandée avec demande d'avis de réception portant mention des voies et délais de recours. Elle peut faire l'objet d'un recours devant le *(Décr. n° 2019-966 du 18 sept. 2019, art. 8-I, en vigueur le 1ᵉʳ janv. 2020)* « tribunal judiciaire » dans un délai de quinze jours suivant sa notification.

En cas de décision implicite de rejet du *(Décr. n° 2020-1545 du 9 déc. 2020, art. 28-X, en vigueur le 1ᵉʳ avr. 2021)* « directeur régional de l'économie, de l'emploi, du travail et des solidarités », les organisations syndicales représentatives dans l'entreprise *(Décr. n° 2018-920 du 26 oct. 2018, art. 2)* « et les organisations syndicales ayant constitué une section syndicale dans l'entreprise » ou, lorsque les négociations se sont déroulées conformément à l'article L. 2313-3, le comité social et économique peuvent saisir, dans un délai de quinze jours, le *(Décr. n° 2019-966 du 18 sept. 2019, art. 8-I, en vigueur le 1ᵉʳ janv. 2020)* « tribunal judiciaire » afin qu'il soit statué sur la contestation.

Art. R. 2313-3 Le *(Décr. n° 2019-966 du 18 sept. 2019, art. 8-I, en vigueur le 1ᵉʳ janv. 2020)* « tribunal judiciaire » est saisi des contestations par voie de *(Décr. n° 2019-1333 du 11 déc. 2019, art. 36, en vigueur le 1ᵉʳ janv. 2020)* « requête ».

Sur demande du greffe, le *(Décr. n° 2020-1545 du 9 déc. 2020, art. 28-X, en vigueur le 1ᵉʳ avr. 2021)* « directeur régional de l'économie, de l'emploi, du travail et des solidarités » justifie de l'accomplissement de la notification de sa décision auprès de la juridiction saisie ou à défaut, de la réception de la contestation.

Si le juge le demande, il communique un rapport précisant les éléments de droit ou de fait ayant fondé sa décision.

Le *(Décr. n° 2019-966 du 18 sept. 2019, art. 8-I, en vigueur le 1ᵉʳ janv. 2020)* « tribunal judiciaire » statue dans les dix jours de sa saisine sans frais ni forme de procédure et sur avertissement qu'il donne trois jours à l'avance à toutes les parties intéressées.

La décision du tribunal est notifiée par le greffe dans les trois jours par lettre recommandée avec avis de réception.

La décision est susceptible d'un pourvoi en cassation dans un délai de dix jours. Le pourvoi est formé, instruit et jugé dans les conditions fixées par les articles 999 à 1008 du code de procédure civile.

Art. R. 2313-4 Lorsque l'un des employeurs mandaté par les autres prend une décision sur la détermination du nombre et du périmètre des établissements distincts en application de l'article L. 2313-8, il la porte à la connaissance de chaque organisation syndicale représentative dans l'unité économique et sociale et de chaque organisation syndicale ayant constitué une section syndicale dans l'unité économique et sociale, par tout moyen permettant de conférer date certaine à cette information.

Lorsque les négociations se sont déroulées conformément au quatrième alinéa de l'article L. 2313-8, l'employeur mandaté par les autres réunit le comité afin de l'informer de sa décision.

Les organisations syndicales représentatives dans l'unité économique et sociale et les organisations syndicales ayant constitué une section syndicale dans l'unité économique et sociale ou, lorsque les négociations se sont déroulées conformément au quatrième alinéa de l'article L. 2313-8 le comité social et économique peuvent, dans le délai de quinze jours à compter de la date à laquelle ils en ont été informés, contester la décision de l'employeur devant le *(Décr. n° 2020-1545 du 9 déc. 2020, art. 28-X, en vigueur le 1ᵉʳ avr. 2021)* « directeur régional de l'économie, de l'emploi, du travail et des solidarités ».

Art. R. 2313-5 Le *(Décr. n° 2020-1545 du 9 déc. 2020, art. 28-X, en vigueur le 1ᵉʳ avr. 2021)* « directeur régional de l'économie, de l'emploi, du travail et des solidarités » prend sa décision dans un délai deux mois à compter de la réception de la contestation. Cette décision est notifiée par lettre recommandée avec demande d'avis de réception portant mention des voies et délais de recours. Elle peut faire l'objet d'un recours devant le *(Décr. n° 2019-966 du 18 sept. 2019, art. 8-I, en vigueur le 1ᵉʳ janv. 2020)* « tribunal judiciaire » dans un délai de quinze jours suivant sa notification.

En cas de décision implicite de rejet du *(Décr. n° 2020-1545 du 9 déc. 2020, art. 28-X, en vigueur le 1ᵉʳ avr. 2021)* « directeur régional de l'économie, de l'emploi, du travail et

INSTITUTIONS REPRÉSENTATIVES **Art. R. 2314-1** 2049

des solidarités », les organisations syndicales représentatives dans l'unité économique et sociale *(Décr. n° 2018-920 du 26 oct. 2018, art. 2)* « et les organisations syndicales ayant constitué une section syndicale dans l'entreprise » ou, lorsque les négociations se sont déroulées conformément au quatrième alinéa de l'article L. 2313-8, le comité social et économique peuvent saisir, dans un délai de quinze jours, le *(Décr. n° 2019-966 du 18 sept. 2019, art. 8-I, en vigueur le 1er janv. 2020)* « tribunal judiciaire » afin qu'il soit statué sur la contestation.

Art. R. 2313-6 Le *(Décr. n° 2019-966 du 18 sept. 2019, art. 8-I, en vigueur le 1er janv. 2020)* « tribunal judiciaire » est saisi des contestations par voie de *(Décr. n° 2019-1333 du 11 déc. 2019, art. 36, en vigueur le 1er janv. 2020)* « requête ».

Sur demande du greffe, le *(Décr. n° 2020-1545 du 9 déc. 2020, art. 28-X, en vigueur le 1er avr. 2021)* « directeur régional de l'économie, de l'emploi, du travail et des solidarités » justifie de l'accomplissement de la notification de sa décision auprès de la juridiction saisie ou à défaut, de la réception de la contestation.

En cas de décision prise en application du premier alinéa de l'article L. 2313-5, si le juge le demande, il communique tous éléments de nature à éclairer la juridiction.

Le *(Décr. n° 2019-966 du 18 sept. 2019, art. 8-I, en vigueur le 1er janv. 2020)* « tribunal judiciaire » statue dans les dix jours de sa saisine sans frais ni forme de procédure et sur avertissement qu'il donne trois jours à l'avance à toutes les parties intéressées.

La décision du tribunal est notifiée par le greffe dans les trois jours par lettre recommandée avec avis de réception.

La décision est susceptible d'un pourvoi en cassation dans un délai de dix jours. Le pourvoi est formé, instruit et jugé dans les conditions fixées par les articles 999 à 1008 du code de procédure civile.

CHAPITRE IV COMPOSITION, ÉLECTIONS ET MANDAT

SECTION 1 Composition

Art. R. 2314-1 A défaut de stipulations dans l'accord prévu au troisième alinéa de l'article L. 2314-1, le nombre de membres de la délégation du personnel du comité social et économique prévu à l'article L. 2314-1 est défini dans le tableau ci-après.

A défaut de stipulations dans l'accord prévu à l'article L. 2314-7, le temps mensuel nécessaire à l'exercice de leurs fonctions par les représentants mentionnés au 1° de l'article L. 2315-7 est fixé dans les limites d'une durée définie dans le tableau ci-après. Ce nombre d'heures peut être augmenté en cas de circonstances exceptionnelles.

Lorsque les membres du comité social et économique sont également représentants de proximité, le temps nécessaire à l'exercice de leurs fonctions défini par l'accord prévu à l'article L. 2313-7 peut rester inchangé par rapport au temps dont ils disposent en vertu de l'accord prévu à l'article L. 2314-7 ou, à défaut du tableau ci-dessous.

Les effectifs s'apprécient dans le cadre de l'entreprise ou dans le cadre de chaque établissement distinct.

Effectif (nombre de salariés)	Nombre de titulaires	Nombre mensuel d'heures de délégation	Total heures de délégation
11 à 24	1	10	10
25 à 49	2	10	20
50 à 74	4	18	72
75 à 99	5	19	95
100 à 124	6	21	126
125 à 149	7	21	147

Art. R. 2314-1

Effectif (nombre de salariés)	Nombre de titulaires	Nombre mensuel d'heures de délégation	Total heures de délégation
150 à 174	8	21	168
175 à 199	9	21	189
200 à 249	10	22	220
250 à 299	11	22	242
300 à 399	11	22	242
400 à 499	12	22	264
500 à 599	13	24	312
600 à 699	14	24	336
700 à 799	14	24	336
800 à 899	15	24	360
900 à 999	16	24	384
1000 à 1249	17	24	408
1250 à 1499	18	24	432
1500 à 1749	20	26	520
1750 à 1999	21	26	546
2000 à 2249	22	26	572
2250 à 2499	23	26	598
2500 à 2749	24	26	624
2750 à 2999	24	26	624
3000 à 3249	25	26	650
3250 à 3499	25	26	650
3500 à 3749	26	27	702
3750 à 3999	26	27	702
4000 à 4249	26	28	728
4250 à 4499	27	28	756
4500 à 4749	27	28	756
4750 à 4999	28	28	784
5000 à 5249	29	29	841
5250 à 5499	29	29	841
5500 à 5749	29	29	841
5750 à 5999	30	29	870
6000 à 6249	31	29	899

INSTITUTIONS REPRÉSENTATIVES **Art. R. 2314-2** 2051

Effectif (nombre de salariés)	Nombre de titulaires	Nombre mensuel d'heures de délégation	Total heures de délégation
6250 à 6499	31	29	899
6500 à 6749	31	29	899
6750 à 6999	31	30	930
7000 à 7249	32	30	960
7250 à 7499	32	30	960
7500 à 7749	32	31	992
7750 à 7999	32	32	1024
8000 à 8249	32	32	1024
8250 à 8499	33	32	1056
8500 à 8749	33	32	1056
8750 à 8999	33	32	1056
9000 à 9249	34	32	1088
9250 à 9499	34	32	1088
9500 à 9749	34	32	1088
9750 à 9999	34	34	1156
10000	35	34	1190

Jurisprudence rendue sous l'empire des dispositions antérieures au Décr. du 29 déc. 2017.

Office du juge et fixation d'effectif. Lorsque l'employeur satisfait loyalement à son obligation de fournir aux organisations syndicales les informations nécessaires au contrôle de l'effectif des salariés mais qu'une incertitude subsiste, il est de l'office du juge de fixer cet effectif en fonction des éléments produits ou d'ordonner la production de nouvelles pièces ou une mesure d'instruction.
● Soc. 31 mai 2017, ⚖ n° 16-16.492 P : *D. actu. 5 juill. 2017, obs. Roussel ; D. 2017. Pan. 2273, obs. Porta* ⊘ *; RJS 8-9/2017, n° 599 ; JCP S 2017. 1243, obs. Gauriau.*

SECTION 2 Élection

SOUS-SECTION 1 Organisation des élections

Art. R. 2314-2 Les modalités d'organisation et de déroulement des opérations électorales sur lesquelles aucun accord n'a pu intervenir sont fixées, en application de l'article L. 2314-28, par le *(Décr. n° 2019-966 du 18 sept. 2019, art. 8-I ; Décr. n° 2019-1419 du 20 déc. 2019, art. 10, en vigueur le 1er janv. 2020)* « président du tribunal judiciaire ».

Il statue en dernier ressort *(Décr. n° 2019-1419 du 20 déc. 2019, art. 10, en vigueur le 1er janv. 2020)* « selon la procédure accélérée au fond ».

Jurisprudence rendue sous l'empire des dispositions antérieures au Décr. du 29 déc. 2017.

Le tribunal d'instance, juge de l'élection, a le pouvoir de prendre toutes les mesures nécessaires au bon déroulement des opérations électorales. ● Soc. 26 sept. 2012 : ⚖ *D. actu. 17 oct. 2012, obs. Ines.*

SOUS-SECTION 2 Collèges électoraux

Art. R. 2314-3 La répartition du personnel dans les collèges électoraux et la répartition des sièges entre les différentes catégories de personnel, dans le cas prévu au troisième alinéa de l'article L. 2314-13, est réalisée par le *(Décr. n° 2020-1545 du 9 déc. 2020, art. 28-X, en vigueur le 1ᵉʳ avr. 2021)* « directeur régional de l'économie, de l'emploi, du travail et des solidarités » du siège de l'entreprise ou de l'établissement concerné.

Le *(Décr. n° 2020-1545 du 9 déc. 2020, art. 28-X, en vigueur le 1ᵉʳ avr. 2021)* « directeur régional de l'économie, de l'emploi, du travail et des solidarités » prend sa décision dans un délai deux mois à compter de la réception de la contestation. Cette décision est notifiée par lettre recommandée avec demande d'avis de réception portant mention des voies et délais de recours. Elle peut faire l'objet d'un recours devant le *(Décr. n° 2019-966 du 18 sept. 2019, art. 8-I, en vigueur le 1ᵉʳ janv. 2020)* « tribunal judiciaire » dans un délai de quinze jours suivant sa notification.

A défaut de décision du *(Décr. n° 2020-1545 du 9 déc. 2020, art. 28-X, en vigueur le 1ᵉʳ avr. 2021)* « directeur régional de l'économie, de l'emploi, du travail et des solidarités » à l'expiration du délai de deux mois dont il dispose pour se prononcer, l'employeur ou les organisations syndicales intéressées peuvent saisir, dans le délai de quinze jours, le *(Décr. n° 2019-966 du 18 sept. 2019, art. 8-I, en vigueur le 1ᵉʳ janv. 2020)* « tribunal judiciaire » afin qu'il soit statué sur la répartition.

SOUS-SECTION 3 Électorat et éligibilité

Art. R. 2314-4 La décision de l'inspecteur du travail mentionnée à l'article L. 2314-25 peut faire l'objet d'un recours devant le *(Décr. n° 2019-966 du 18 sept. 2019, art. 8-I, en vigueur le 1ᵉʳ janv. 2020)* « tribunal judiciaire » dans un délai de quinze jours suivant sa notification.

SOUS-SECTION 4 Mode de scrutin et résultat des élections

§ 1 Modalités du vote électronique

Art. R. 2314-5 L'élection des membres de la délégation du personnel du comité social et économique peut être réalisée par vote électronique sur le lieu de travail ou à distance.

Sans préjudice des dispositions relatives au protocole d'accord préélectoral prévues aux articles L. 2314-5 et suivants, la possibilité de recourir à un vote électronique est ouverte par un accord d'entreprise ou par un accord de groupe. A défaut d'accord, l'employeur peut décider de ce recours qui vaut aussi, le cas échéant, pour les élections partielles se déroulant en cours de mandat.

Un cahier des charges respectant les dispositions des articles R. 2314-6 et suivants est établi dans le cadre de l'accord mentionné au deuxième alinéa ou, à défaut, par l'employeur.

Le cahier des charges est tenu à la disposition des salariés sur le lieu de travail. Il est mis sur l'intranet de l'entreprise lorsqu'il en existe un.

La mise en place du vote électronique n'interdit pas le vote à bulletin secret sous enveloppe si l'accord ou l'employeur n'exclut pas cette modalité.

Pour l'application à Mayotte de cet art., V. art. 59-I du Décr. n° 2018-953 du 31 oct. 2018.

Jurisprudence rendue sous l'empire des dispositions antérieures au Décr. du 29 déc. 2017.

1. Accord d'entreprise et accord de groupe. La possibilité de recourir à un vote électronique doit être ouverte par un accord d'entreprise ou par un accord de groupe ; aussi, le recours au vote électronique pour les élections des délégués du personnel et des représentants du comité d'entreprise n'est possible que si un accord d'entreprise ou un accord de groupe a été conclu à cet effet et préalablement à la signature du protocole préélectoral. • Soc. 10 mars 2010 : 🔒 *JSL 2010, n° 276-5.*

2. Accord d'entreprise et renvoi à l'accord d'établissement. Dans une entreprise divisée en établissements, un accord d'entreprise peut fixer le cadre général du recours au vote électronique pour les élections professionnelles et renvoyer les modalités de sa mise en œuvre à un accord d'établissement. • Soc. 3 nov. 2016, 🔒 n° 15-21.574 : *D.*

actu. 8 déc. 2016, obs. Siro ; *D.* 2016. *Actu.* 2287 ⌂ ; *RJS* 1/2017, n° 44 ; *JCP S* 2016. 1423, obs. Petit.

3. Cahier des charges. Le cahier des charges que doit contenir l'accord n'est soumis à aucune condition de forme. • Soc. 3 nov. 2016 : ⌂ *préc.* note 2.

4. Égalité dans l'exercice du droit de vote. Doit être annulé le scrutin qui ne met pas en place dans ses établissements des terminaux dédiés au vote électronique avec un protocole garantissant la sécurité et la confidentialité des votes. • Soc. 1er juin 2022, ⌂ n° 20-22.860 B : *D. actu.* 22 juin 2022, obs. Couëdel ; *D.* 2022. 1095 ⌂ ; *Dr. soc.* 2022. 855, obs. Petit ⌂ ; *RJS* 8-9/2022, n° 461 ; *JSL* 2022, n° 5456, obs. Dinh et de Tonquédec ; *JCP* 2022. 750, obs. Dedessus-Le-Moustier ; *JCP S* 2022. 1187, obs. Bobardi.

Art. R. 2314-6 La conception et la mise en place du système de vote électronique peuvent être confiées à un prestataire choisi par l'employeur sur la base d'un cahier des charges respectant les dispositions du présent paragraphe.

Le système retenu assure la confidentialité des données transmises, notamment de celles des fichiers constitués pour établir les listes électorales des collèges électoraux, ainsi que la sécurité de l'adressage des moyens d'authentification, de l'émargement, de l'enregistrement et du dépouillement des votes.

Jurisprudence rendue sous l'empire des dispositions antérieures au Décr. du 29 déc. 2017.

L'envoi des codes personnels d'authentification sur la messagerie professionnelle des salariés, sans autre précaution destinée notamment à éviter qu'une personne non autorisée puisse se substituer frauduleusement à l'électeur, n'est pas de nature à garantir la confidentialité. • Soc. 27 févr. 2013 : ⌂ *D. actu.* 25 mars 2013, obs. Siro ; *D.* 2013. *Actu.* 645 ⌂ ; *JCP S* 2013. 1165, obs. Petit.

Art. R. 2314-7 Lors de l'élection par vote électronique, les fichiers comportant les éléments d'authentification des électeurs, les clés de chiffrement et de déchiffrement et le contenu de l'urne sont uniquement accessibles aux personnes chargées de la gestion et de la maintenance du système.

Les données relatives aux électeurs inscrits sur les listes électorales ainsi que celles relatives à leur vote sont traitées par des systèmes informatiques distincts, dédiés et isolés, respectivement dénommés "fichier des électeurs" et "contenu de l'urne électronique".

Art. R. 2314-8 Le système de vote électronique doit pouvoir être scellé à l'ouverture et à la clôture du scrutin.

Art. R. 2314-9 Préalablement à sa mise en place ou à toute modification substantielle de sa conception, le système de vote électronique est soumis à une expertise indépendante destinée à vérifier le respect des articles R. 2314-5 à R. 2314-8. Le rapport de l'expert est tenu à la disposition de la Commission nationale de l'informatique et des libertés.

Les prescriptions de ces mêmes articles s'imposent également aux personnes chargées de la gestion et de la maintenance du système informatique.

Jurisprudence rendue sous l'empire des dispositions antérieures au Décr. du 29 déc. 2017.

Expertise indépendante. La circonstance que des opérations de traitement des données soient confiées à des sous-traitants ne décharge pas le responsable de traitement de la responsabilité qui lui incombe de préserver la sécurité des données, sans que soit méconnu le principe constitutionnel de responsabilité personnelle, dès lors que ces sous-traitants ont agi, ainsi que le prévoient les dispositions de l'art. 35 de la L. du 6 janv. 1978, sur instruction du responsable traitement. • CE 11 mars 2015, n° 268748 : *RDT* 2015. 244, concl. Bretonneau ⌂ ; *SSL* 2015, n° 1673, p. 12, obs. Crédoz-Rosier ; *RJS* 5/2015, n° 353.

Art. R. 2314-10 L'employeur met en place une cellule d'assistance technique chargée de veiller au bon fonctionnement et à la surveillance du système de vote électronique, comprenant, le cas échéant, les représentants du prestataire.

Art. R. 2314-11 L'employeur informe les organisations syndicales de salariés représentatives dans l'entreprise ou dans le ou les établissements concernés, de l'accomplissement des formalités déclaratives préalables auprès de la Commission nationale de l'informatique et des libertés.

Art. R. 2314-12 Chaque salarié dispose d'une notice d'information détaillée sur le déroulement des opérations électorales.

Les membres de la délégation du personnel et les membres du bureau de vote bénéficient d'une formation sur le système de vote électronique retenu.

Art. R. 2314-13 Le protocole d'accord préélectoral mentionne la conclusion de l'accord d'entreprise ou de l'accord de groupe autorisant le recours au vote électronique et, s'il est déjà arrêté, le nom du prestataire choisi pour le mettre en place.

Il comporte en annexe la description détaillée du fonctionnement du système retenu et du déroulement des opérations électorales.

Art. R. 2314-14 Le vote électronique se déroule, pour chaque tour de scrutin, pendant une période délimitée.

Art. R. 2314-15 En présence des représentants des listes de candidats, la cellule d'assistance technique :

1° Procède, avant que le vote ne soit ouvert, à un test du système de vote électronique et vérifie que l'urne électronique est vide, scellée et chiffrée par des clés délivrées à cet effet ;

2° Procède, avant que le vote ne soit ouvert, à un test spécifique du système de dépouillement à l'issue duquel le système est scellé ;

3° Contrôle, à l'issue des opérations de vote et avant les opérations de dépouillement, le scellement de ce système.

Procédure de contrôle précédant l'ouverture du vote électronique. Le test du système de vote électronique et la vérification que l'urne électronique est vide, scellée et chiffrée ne doivent pas intervenir immédiatement avant l'ouverture du scrutin et publiquement en présence des représentants des listes de candidats. • Soc. 19 janv. 2022, ⚓ n° 20-17.076 B : *D. actu.* 18 févr. 2022, obs. Cuvillier ; *RJS* 4/2022, n° 202 ; *JCP S* 2022. 1059, obs. Kerbourc'h.

Art. R. 2314-16 La liste d'émargement n'est accessible qu'aux membres du bureau de vote et à des fins de contrôle de déroulement du scrutin.

Aucun résultat partiel n'est accessible pendant le déroulement du scrutin. Toutefois, le nombre de votants peut, si l'employeur ou l'accord prévu à l'article R. 2314-5 le prévoit, être révélé au cours du scrutin.

Lorsque le vote sous enveloppe n'a pas été exclu, l'ouverture du vote n'a lieu qu'après la clôture du vote électronique. Le président du bureau de vote dispose, avant cette ouverture, de la liste d'émargement des électeurs ayant voté par voie électronique.

1. Accès à la liste d'émargement. Après la clôture du scrutin, il appartient aux parties intéressées de demander au juge, en cas de contestation des élections, que les listes d'émargement soient tenues à sa disposition ; le tribunal, qui n'était saisi d'aucune demande de vérification des listes d'émargement et qui a relevé que le refus opposé par l'employeur à la demande d'accès à la liste d'émargement formée à son encontre par un syndicat et le salarié était justifié au regard des conditions réglementaires d'accès à cette liste en matière de vote électronique. • Soc. 23 mars 2022, ⚓ n° 20-20.047 B.

2. Irrégularité. L'irrégularité résultant de la transmission directe par l'employeur, après la clôture du scrutin, de la liste d'émargement à la demande d'une partie intéressée, n'est pas susceptible d'entraîner en elle-même l'annulation des élections. • Soc. 20 sept. 2023, ⚓ n° 22-21.249 B : *JCP S* 2023. 1259, obs. Dauxerre.

Art. R. 2314-17 L'employeur ou le prestataire qu'il a retenu conserve sous scellés, jusqu'à l'expiration du délai de recours et, lorsqu'une action contentieuse a été engagée, jusqu'à la décision juridictionnelle devenue définitive, les fichiers supports comprenant la copie des programmes sources et des programmes exécutables, les matériels de vote, les fichiers d'émargement, de résultats et de sauvegarde. La procédure de décompte des votes doit, si nécessaire, pouvoir être exécutée de nouveau.

A l'expiration du délai de recours ou, lorsqu'une action contentieuse a été engagée, après l'intervention d'une décision juridictionnelle devenue définitive, l'employeur ou, le cas échéant, le prestataire procède à la destruction des fichiers supports.

INSTITUTIONS REPRÉSENTATIVES

Art. R. 2314-18 Un arrêté du ministre chargé du travail, pris après avis de la Commission nationale de l'informatique et des libertés, précise les dispositions pratiques de mise en œuvre du vote électronique.

§ 2 Attribution des sièges

Art. R. 2314-19 Pour l'application de l'article L. 2314-29, chaque liste se voit attribuer autant de sièges que le nombre de voix recueilli par elle contient de fois le quotient électoral.

Le quotient électoral est égal au nombre total des suffrages valablement exprimés par les électeurs du collège, divisé par le nombre de sièges à pourvoir.

Jurisprudence rendue sous l'empire des dispositions antérieures au Décr. du 29 déc. 2017.

1. Liste incomplète. Lorsqu'une organisation syndicale a présenté une liste incomplète, elle ne peut prétendre à plus de sièges qu'elle n'a de candidats et il y a lieu d'attribuer les sièges aux autres listes. • Soc. 7 mars 1973 : *Bull. civ. V, n° 141.*

2. Nombre entier. Le nombre de sièges attribué au quotient électoral lors de la première répartition est nécessairement un nombre entier, et il sert ensuite de base, conformément à l'art. R. 2314-23, au calcul des sièges restants attribués sur la base de la plus forte moyenne. • Soc. 26 mai 2010 : *RJS 2010. 618, n° 690 ; Dr. soc. 2010. 1000, obs. Petit ; JCP S 2010. 1347, obs. Kerbourc'h.*

Art. R. 2314-20 Lorsqu'il n'a été pourvu à aucun siège ou qu'il reste des sièges à pourvoir, les sièges restant sont attribués sur la base de la plus forte moyenne.

A cet effet, le nombre de voix obtenu par chaque liste est divisé par le nombre augmenté d'une unité des sièges déjà attribués à la liste. Les différentes listes sont classées dans l'ordre décroissant des moyennes obtenues. Le premier siège non pourvu est attribué à la liste ayant la plus forte moyenne.

Il est procédé successivement à la même opération pour chacun des sièges non pourvus jusqu'au dernier.

Jurisprudence rendue sous l'empire des dispositions antérieures au Décr. du 29 déc. 2017.

1. Cas particulier. S'il reste un siège à pourvoir et qu'une seule liste dispose encore d'un candidat, ce siège doit être attribué au candidat de cette liste, sans qu'il y ait lieu d'organiser un scrutin supplémentaire. • Soc. 12 janv. 2000, n° 99-60.044 P : *RJS 2000. 200, n° 302.*

2. Caractère d'ordre public de la règle de la plus forte moyenne. Sur le caractère impératif de la règle de l'attribution des sièges restants à la plus forte moyenne, V. • Soc. 19 juill. 1983 : *Bull. civ. V, n° 442* • 17 mai 1984 : *ibid., n° 207.* ♦ Sur l'application de cette règle. • Soc. 7 mai 2003, n° 02-60.052 P.

3. Siège réservé. Il n'y a lieu de modifier les règles normales d'attribution des sièges, en vue de pourvoir un siège réservé, qu'autant que le jeu de ces règles aboutirait, soit à ce qu'aucun candidat appartenant à la catégorie bénéficiaire ne soit élu, soit à ce que plusieurs soient élus ; toutefois, un siège réservé ne peut être attribué à un candidat n'ayant obtenu aucune voix. • Soc. 12 nov. 1997, n° 96-60.337 P.

Art. R. 2314-21 Lorsque deux listes ont la même moyenne et qu'il ne reste qu'un siège à pourvoir, ce siège est attribué à la liste qui a le plus grand nombre de voix.

Lorsque deux listes ont recueilli le même nombre de voix, le siège est attribué au plus âgé des deux candidats susceptibles d'être élus.

Jurisprudence rendue sous l'empire des dispositions antérieures au Décr. du 29 déc. 2017.

La désignation des membres du bureau du comité d'entreprise, en cas de partage des voix et dans le silence du règlement intérieur, se fait, conformément aux règles habituelles du droit électoral et sans que soit porté atteinte au principe de non-discrimination en raison de l'âge, au profit du candidat le plus âgé. • Soc. 30 nov. 2011 : *Dr. soc. 2012. 250, note Janin ; RJS 2012. 135, n° 159 ; JCP S 2012. 1141, obs. Kerbourc'h.*

§ 3 Résultat

Art. R. 2314-22 (*Décr. n° 2019-1345 du 11 déc. 2019*) Un exemplaire du procès-verbal des élections au comité social et économique ou un exemplaire du procès-verbal de carence est transmis par l'employeur au prestataire agissant pour le compte du ministre chargé du travail dans les quinze jours suivant la tenue de ces élections au moyen d'un formulaire homologué.

En cas de transmission par la voie électronique, le téléservice mis en place par le prestataire agissant pour le compte du ministre chargé du travail respecte le référentiel général de sécurité prévu à l'article 9 de l'ordonnance n° 2005-1516 du 8 décembre 2005 relative aux échanges électroniques entre les usagers et les autorités administratives et entre les autorités administratives.

(Décr. n° 2019-1548 du 30 déc. 2019, art. 1er) « La liste nominative des membres de chaque comité social et économique est affichée dans les locaux affectés au travail. Elle indique l'emplacement de travail habituel des membres du comité ainsi que, le cas échéant, leur participation à une ou plusieurs commissions du comité. »

1. Publicité du scrutin. Est conforme au principe de publicité du scrutin, garanti par l'art. R. 67 C. élect., la publication du résultat par affichage dans la salle de vote ou par tout moyen permettant l'accessibilité de ce résultat, dès sa proclamation, à l'ensemble du personnel au sein de l'entreprise. • Soc. 15 juin 2022, ⚖ n° 20-21.992 B : *Dr. soc.* 2022. 852, obs. Petit ✐ ; *RJS* 8-9/2022, n° 462.

Jurisprudence rendue sous l'empire des dispositions antérieures au Décr. du 29 déc. 2017.

2. L'absence de mention, par le président du bureau, des heures d'ouverture et de clôture du scrutin au procès-verbal établi immédiatement après la fin du dépouillement, contrairement aux prescriptions de l'art. 57 C. élec., est de nature à affecter la sincérité des opérations électorales et, s'agissant d'un principe général du droit électoral, constitue une irrégularité justifiant à elle seule l'annulation des élections. • Soc. 16 oct. 2013 : ⚖ *RJS* 1/2014, n° 63.

SOUS-SECTION 5 **Représentation équilibrée des femmes et des hommes**

La présente sous-section ne comprend pas de dispositions réglementaires.

SOUS-SECTION 6 **Contestations**

Art. R. 2314-23 Le *(Décr. n° 2019-966 du 18 sept. 2019, art. 8-I, en vigueur le 1er janv. 2020)* « tribunal judiciaire » statue en dernier ressort sur :

1° La demande de mise en place d'un dispositif de contrôle du scrutin prévue à l'article L. 2314-17 ;

2° Les contestations prévues à l'article L. 2314-32 ;

3° Les contestations relatives à une décision de l'autorité administrative prise sur le fondement des articles L. 2314-13 et L. 2314-25.

Art. R. 2314-24 Le *(Décr. n° 2019-966 du 18 sept. 2019, art. 8-I, en vigueur le 1er janv. 2020)* « tribunal judiciaire » est saisi des contestations par voie de *(Décr. n° 2019-1333 du 11 déc. 2019, art. 36, en vigueur le 1er janv. 2020)* « requête ».

Lorsque la contestation porte sur l'électorat, *(Décr. n° 2019-1333 du 11 déc. 2019, art. 36, en vigueur le 1er janv. 2020)* « la requête n'est recevable que si elle est remise ou adressée » dans les trois jours suivant la publication de la liste électorale.

Lorsque la contestation porte sur une décision de l'autorité administrative, sur demande du greffe, cette dernière justifie de l'accomplissement de la notification de sa décision auprès de la juridiction saisie ou, à défaut, de sa réception de la contestation. Si le juge le demande, elle communique tous les éléments précisant les éléments de droit ou de fait ayant fondé sa décision.

Lorsque la contestation porte sur la régularité de l'élection ou sur la désignation de représentants syndicaux, *(Décr. n° 2019-1333 du 11 déc. 2019, art. 36, en vigueur le 1er janv. 2020)* « la requête n'est recevable que si elle est remise ou adressée » dans les quinze jours suivant cette élection ou cette désignation.

Jurisprudence rendue sous l'empire des dispositions postérieures au Décr. du 29 déc. 2017.

1. Saisine du tribunal avant les élections. Celui qui saisit le tribunal d'instance, avant les élections, d'une demande d'annulation du protocole préélectoral, est recevable à demander l'annulation des élections à venir en conséquence de l'annulation du protocole préélectoral sollicitée. • Soc. 12 mai 2021, ⚖ n° 19-23.428 P : *D.* 2021. 1490, obs. Ala et Lanoue ✐ ; *Dr. soc.* 2021. 764, obs. Petit ✐ ; *RJS* 8-9/2021, n° 470 ; *JCP S* 2021. 1186, obs. Pagnerre.

2. Point de départ du délai de contestation. La contestation portant sur les résultats des élections, lorsqu'elle est la conséquence d'une contestation du périmètre dans lequel les élections ont eu lieu, lequel n'est pas un élément spécifique au premier tour, est recevable si elle est faite dans les 15 jours suivant la proclamation des résultats des élections ; si un second tour est organisé, le délai de contestation de ses résultats court à l'issue de ce scrutin. • Soc. 19 janv. 2022, ⚖ n° 20-17.286 B :

INSTITUTIONS REPRÉSENTATIVES   Art. R. 2314-24 2057

D. actu. 16 févr. 2022, obs. Cuvillier ; D. 2022. 414, chron. Ala et Lanoue ⌀ ; RJS 3/2022, n° 150 ; JSL 2022, n° 538-3, obs. Nasom-Tissandier ; JCP S 2022. 1060, obs. Kerbourc'h.

3. Contestation des désignations de représentants de proximité. La contestation des désignations de représentants de proximité, qui sont membres du comité social et économique ou désignés par lui pour une durée qui prend fin avec celle du mandat des membres élus, doit être formée devant le tribunal judiciaire statuant sur requête, les parties étant dispensées de constituer avocat ; les contestations relatives aux conditions de désignation des représentants de proximité sont de la compétence du tribunal judiciaire du lieu où la désignation est destinée à prendre effet, peu important les modalités de cette désignation définies par l'accord d'entreprise qui met en place ces représentants. • Soc. 1ᵉʳ févr. 2023, ⚖ n° 21-13.206 B : *RJS 4/2023, n° 210 ; JCP S 2023. 1075, obs. Kerbourc'h ; JSL 2023, n° 560-1, obs. Guilhot et Mureau.*

Jurisprudence rendue sous l'empire des dispositions antérieures au Décr. du 29 déc. 2017.

I. CHAMP D'APPLICATION DE LA RÈGLE

4. Saisine du tribunal avant les élections. Le tribunal d'instance peut être saisi dès avant les élections de contestations relatives à la régularité d'opérations antérieures aux élections. • Soc. 22 avr. 1982 : *Bull. civ. V, n° 255* • 27 janv. 1983 : *ibid., n° 44* • 4 juill. 1989 : *Dr. ouvrier 1990. 363.* ♦ V., pour une annulation des élections en raison de violences et de pressions antérieures au scrutin : • Soc. 9 juin 1983 : *D. 1983. IR 353.*

5. Pourvoi en cassation. La décision du tribunal d'instance statuant avant les élections sur la régularité d'une liste de candidatures à des élections professionnelles n'est pas susceptible d'un pourvoi en cassation dès lors que cette constatation peut être portée devant le juge des élections dont la décision peut être frappée de pourvoi. • Soc. 7 mai 2002, ⚖ n° 01-60.040 P : *D. 2002. IR 1882 ⌀ ; RJS 2002. 939, n° 1261.* ♦ Mais l'application immédiate de cette règle nouvelle de procédure ne saurait, sans méconnaître les exigences de l'art. 6, § 1, Conv. EDH, priver le demandeur au pourvoi contre un jugement ayant statué sur la validité des élections du droit de critiquer les dispositions du jugement préélectoral non frappé de pourvoi en raison de la jurisprudence antérieure au revirement. • Soc. 26 mai 2010 : ⚖ *D. 2010. AJ 1422 ⌀ ; RJS 2010. 616, n° 689 ; Dr. soc. 2010. 1150, note Radé ⌀ ; JCP S 2010. 1346, obs. Kerbourc'h.*

6. Présentation des moyens au soutien de la demande. Seule la recevabilité de la demande d'annulation de l'élection est soumise au délai de forclusion de quinze jours et non pas les moyens avancés à l'appui de cette prétention. • Soc. 12 juill. 2006 : ⚖ *JCP G 2006. II. 10186, obs. Duquesne.*

7. Organisation d'un second tour. La demande tendant à ce qu'il soit enjoint à l'employeur d'organiser un second tour peut être formée plus de quinze jours à compter de la proclamation des résultats du premier tour. • Soc. 8 nov. 2006, ⚖ n° 06-60.036 P.

8. Objet électoral des litiges. Ont été considérés comme portant sur la régularité des élections les litiges relatifs notamment : à la détermination des effectifs d'un établissement. • Soc. 27 févr. 1985 : *Bull. civ. V, n° 119* • 28 févr. 1989 : *ibid., n° 147.* ♦ ... A la participation aux élections des salariés employés par une autre entreprise. • Soc. 6 mai 1982 : *Bull. civ. V, n° 287.* ♦ ... A l'omission d'une catégorie de salariés dans l'établissement de la liste électorale. • Soc. 24 mars 1993 : ⚖ *Dr. soc. 1993. 460.* ♦ ... A la participation aux élections d'une catégorie entière de salariés (salariés dispensés d'activité). • Soc. 2 déc. 1992 : ⚖ *RJS 1993. 46, n° 58.* ♦ Porte en revanche sur l'électorat le litige sur l'appartenance des salariés à l'un ou l'autre des collèges électoraux. • Soc. 8 avr. 1992 : ⚖ *RJS 1992. 359, n° 644.*

9. Contestation du PV des élections. Le tribunal d'instance, saisi dans le délai de quinze jours de la proclamation des résultats, a compétence, en cas de contestation du procès-verbal des élections, pour en vérifier la régularité et, le cas échéant, y apporter les corrections nécessaires. • Soc. 28 nov. 2012 : ⚖ *D. actu. 20 déc. 2012, obs. Ines.*

10. La contestation de l'éligibilité fondée sur le caractère injustifié de l'inscription sur une liste électorale est recevable si elle est faite dans les 15 jours suivant cette dernière ; en revanche, la contestation de la non-inscription sur la liste électorale porte sur l'électorat et n'est recevable que si elle est faite dans les 3 jours suivant la publication de la liste électorale. • Soc. 20 janv. 1998, ⚖ n° 96-60.446 P : *D. 1998. IR 41 ⌀ ; RJS 1998. 206, n° 333.*

II. DÉCLARATION

11. Formes. Une contestation formée par lettre n'est recevable que si elle est parvenue au secrétariat-greffe dans les délais légaux. • Soc. 9 juill. 1996 : ⚖ *RJS 1996. 674, n° 1061.* • La contestation de l'élection de délégués du personnel formée par télécopie est irrecevable si elle n'a pas fait l'objet d'une déclaration régularisée au greffe dans le délai de forclusion. • Soc. 16 janv. 2008 : ⚖ *JCP S 2008. 1238, obs. Kerbourc'h.* ♦ La saisine par lettre recommandée adressée au greffe de la juridiction de renvoi est conforme aux prescriptions édictées par les art. R. 2314-28 et R. 2324-24 pour la contestation des élections professionnelles. • Soc. 11 mai 2016, ⚖ n° 15-60.189 P : *D. 2016. Actu. 1085 ⌀ ; RJS 7/2016, n° 511 ; JCP S 2016. 1272, obs. Brissy.*

12. Auteurs. Le chef d'un établissement distinct, lorsqu'il est responsable de l'organisation des élections professionnelles dans l'établissement, a qualité pour saisir le tribunal d'instance de tout litige relatif à l'organisation et à la régularité des élections. ● Soc. 4 avr. 2007, ⚐ n° 06-60.112 P : *JCP S 2007. 1575, note Gauriau*.

13. Seuls peuvent contester en justice les salariés justifiant d'une disposition statutaire les désignant comme représentant du syndicat en justice ou d'un pouvoir spécial l'habilitant à contester la régularité des élections avant l'expiration du délai de quinze jours. ● Soc. 20 déc. 2006, ⚐ n° 06-60.017 P.

14. *Point de départ du délai de contestation.* Le délai de quinze jours pour contester la régularité des élections court à compter de la proclamation nominative des élus qui confère à ceux-ci la qualité de représentants du personnel. ● Soc. 16 juill. 1987 : *Bull. civ. V, n° 511* ; *D. 1987. IR 185* ● 16 déc. 1996 : *RJS 1997. 48, n° 67*. ◆ Le procès-verbal de carence peut être contesté dans le délai de quinze jours à compter de celui où la partie intéressée en a eu connaissance. ● Soc. 17 mars 2004, ⚐ n° 02-60.699 P : *RJS 2004. 490, n° 72*.

15. *Délai de contestation.* Lorsqu'il est formé par déclaration écrite, le recours prévu par l'art. R. 2314-28 C. trav. a pour date celle de l'envoi de la déclaration ; le recours posté le dernier jour du délai de contestation est donc recevable. ● Soc. 6 janv. 2011 : ⚐ *D. actu. 4 févr. 2011, obs. Siro ; D. 2011. Actu. 246* ⌀ ; *RJS 3/2011, n° 255* ; *Dr. soc. 2011. 471, obs. Petit* ⌀ ; *JCP S 2011. 1276, obs. Kerbourc'h*.

16. *Sanction du non-respect du délai de quinze jours.* Les délais en matière électorale sont des délais dont l'expiration entraîne la forclusion. ● Soc. 19 nov. 1987 : *Bull. civ. V, n° 667* ● Crim. 22 oct. 1991 : *RJS 1992. 120, n° 175*. ◆ Le délai imparti au juge pour statuer en matière électorale n'est pas prescrit à peine de nullité du jugement. ● Soc. 29 mai 1991, ⚐ n° 90-60.411 P : *D. 1991. IR 168* ; *RJS 1991. 455, n° 872*. ◆ Si, en application de l'art. 6 de la Convention européenne de sauvegarde des droits de l'homme et des libertés fondamentales, toute personne a droit à ce que sa cause soit entendue dans un délai raisonnable, la durée excessive de la procédure (en l'espèce, quinze mois) ne peut fonder l'annulation de la décision attaquée ; elle permet seulement de saisir la juridiction nationale d'une demande en réparation, ou, s'il y a lieu, de saisir la commission européenne des droits de l'homme. ● Même arrêt.

17. *Portée du délai de 15 jours.* Aucune demande d'annulation des élections n'ayant été formée dans le délai de 15 jours prévu par les art. R. 2314-28 et R. 2324-24, les élections intervenues postérieurement à la clôture des débats devant le tribunal d'instance sont purgées de tout vice ; le jugement ordonnant la négociation d'un nouveau protocole préélectoral se trouve ainsi privé de fondement juridique et doit être annulé. ● Soc. 4 juill. 2018, ⚐ n° 17-21.100 P : *D. 2018. 2205, obs. Lokiec* ⌀ ; *RJS 10/2018, n° 621* ; *JCP S 2018. 1287, obs. Bossu*.

18. *Contestation des résultats du premier tour.* En application de l'art. L. 2122-1, sont représentatives dans l'entreprise ou l'établissement les organisations syndicales qui satisfont aux critères de l'art. L. 2121-1 et qui ont recueilli au moins 10 % des suffrages exprimés au premier tour des dernières élections des titulaires au comité d'entreprise ; il faut en déduire que la contestation des résultats du premier tour des élections n'est recevable que si elle est faite dans les 15 jours suivant ce premier tour. ● Soc. 26 mai 2010, ⚐ n° 09-60.453 P : *D. actu. 17 juin 2010, obs. Perrin* ; *D. 2010. AJ 1489* ⌀ ; *ibid. Pan. 2029, obs. Arséguel* ⌀ ; *Dr. soc. 2010. 1001, obs. Petit* ⌀ ; *JCP S 2010, n° 1348, note Kerbourc'h*. ◆ La contestation des résultats du premier tour des élections, lorsqu'elle porte sur la détermination des suffrages recueillis par les organisations syndicales, n'est recevable que si elle est faite dans les quinze jours suivant le premier tour ; le délai court à compter de la proclamation des résultats ou de la publication du procès-verbal de carence. ● Soc. 31 janv. 2012 : ⚐ *D. actu. 19 mars 2012, obs. Ines* ; *Dr. soc. 2012. 430, obs. Petit* ⌀ ; *JCP S 2012. 1360, obs. Brissy*.

19. *Office du juge.* Il appartient au tribunal d'instance de convoquer les parties à l'audience, en renvoyant au besoin l'affaire à une audience ultérieure pour permettre une régularisation de la procédure. ● Soc. 7 juill. 1999 : ⚐ *RJS 1999. 689, n° 1099* (possibilité de se faire communiquer le nom des parties intéressées par l'employeur). ◆ Lorsque l'avertissement prévu par l'art. R. 423-3 n'a pas été donné à toutes les parties intéressées, la nullité ne peut être demandée que par celles à l'égard desquelles les prescriptions légales n'ont pas été observées. ● Soc. 5 mai 1983 : *Bull. civ. V, n° 240* ● 11 mars 1992 : ⚐ *D. 1992. IR 105*. ◆ Un tribunal d'instance ne peut annuler l'élection des délégués du personnel alors qu'il a failli à son obligation de convoquer les représentants légaux de la société. ● Soc. 13 oct. 2004 : ⚐ *RJS 2005. 56, n° 62*. ◆ Sur la nécessité d'avertir les représentants légaux de la société concernée, V. ● Soc. 7 févr. 1989 : *D. 1989. IR 63*. ◆ La lettre de convocation parvenue au salarié la veille de l'audience ne constitue pas l'avertissement exigé par la loi. ● Soc. 5 avr. 1994 : ⚐ *RJS 1994. 361, n° 578*. ◆ Les salariés élus dont l'élection est contestée doivent être convoqués à leur domicile personnel. ● Soc. 3 mars 1999 : ⚐ *D. 1999. IR 94* ⌀ ; *RJS 1999. 338, n° 553*.

20. *Qualité de l'employeur à l'instance.* L'employeur a la qualité de partie intéressée. ● Soc. 28 févr. 1989 : *Bull. civ. V, n° 150*. ◆ ... Ainsi que les organisations syndicales concernées. ● Soc. 2 févr. 1984 : *Bull. civ. V, n° 46* ● 26 juin 1985 : *ibid., n° 364*. ◆ ... Mais non les candidats élus au

INSTITUTIONS REPRÉSENTATIVES Art. R. 2315-3 2059

second tour, alors que seule l'annulation du premier tour a été demandée. • Soc. 6 nov. 1985 : *Bull. civ. V, n° 506.*

pourvoi en cassation étant la seule voie de recours, la tierce opposition est exclue. • Soc. 15 mai 1984 : *D. 1984. IR 415.*

21. Exclusion de la tierce opposition. Le

Art. R. 2314-25 Le *(Décr. n° 2019-966 du 18 sept. 2019, art. 8-I, en vigueur le 1er janv. 2020)* « tribunal judiciaire » statue dans les dix jours de sa saisine sans frais ni forme de procédure et sur avertissement qu'il donne trois jours à l'avance à toutes les parties intéressées.

La décision du tribunal est notifiée par le greffe dans les trois jours par lettre recommandée avec avis de réception.

La décision est susceptible d'un pourvoi en cassation dans un délai de dix jours. Le pourvoi est formé, instruit et jugé dans les conditions fixées par les articles 999 à 1008 du code de procédure civile.

Jurisprudence rendue sous l'empire des dispositions antérieures au Décr. du 29 déc. 2017.

En disposant que la décision du tribunal d'instance rendue en matière électorale est susceptible de pourvoi en cassation, les art. R. 2314-29 et R. 2324-25 C. trav. écartent tant l'appel que l'opposition. • Soc. 14 janv. 2014 : 🕮 *D. actu. 17 févr. 2014, obs. Ines ; D. 2014. Actu. 215* ✐ *; RJS 2014. 202, n° 250.*

SECTION 3 Durée et fin du mandat

Art. R. 2314-26 *(Décr. n° 2018-920 du 26 oct. 2018, art. 3)* A défaut de stipulations contraires, les stipulations du protocole d'accord préélectoral relatives à l'exception à la limitation du nombre de mandats successifs mentionnée au 2° de l'article L. 2314-33 sont à durée indéterminée.

Ces dispositions sont applicables aux protocoles d'accord préélectoraux conclus à partir du 1er janv. 2019 (Décr. n° 2018-920 du 26 oct. 2018, art. 5-I).

CHAPITRE V FONCTIONNEMENT

SECTION 1 Dispositions communes

SOUS-SECTION 1 Visioconférence

Art. D. 2315-1 Lorsque le comité social et économique est réuni en visioconférence, le dispositif technique mis en œuvre garantit l'identification des membres du comité et leur participation effective, en assurant la retransmission continue et simultanée du son et de l'image des délibérations.

Les dispositions prévues au premier alinéa ne font pas obstacle à la tenue de suspensions de séance.

Lorsqu'il est procédé à un vote à bulletin secret en application des dispositions de l'article L. 2315-4, le dispositif de vote garantit que l'identité de l'électeur ne peut à aucun moment être mise en relation avec l'expression de son vote. Lorsque ce vote est organisé par voie électronique, le système retenu doit assurer la confidentialité des données transmises ainsi que la sécurité des moyens d'authentification, de l'émargement, de l'enregistrement et du dépouillement des votes.

Art. D. 2315-2 La procédure mentionnée à l'article D. 2315-1 se déroule conformément aux étapes suivantes :

1° L'engagement des délibérations est subordonné à la vérification que l'ensemble des membres a accès à des moyens techniques satisfaisant aux conditions prévues à l'article D. 2315-1 ;

2° Le vote a lieu de manière simultanée. A cette fin, les participants disposent d'une durée identique pour voter à compter de l'ouverture des opérations de vote indiquée par le président du comité.

SOUS-SECTION 2 Heures de délégation

Art. R. 2315-3 A défaut de stipulations dans l'accord prévu à l'article L. 2314-7, le temps mensuel nécessaire à l'exercice de leurs fonctions par les représentants mentionnés au 1° de l'article L. 2315-7 est défini à l'article R. 2314-1.

Sauf accord collectif contraire, lorsque les représentants mentionnés au premier alinéa sont des salariés mentionnés à l'article L. 3121-58, le crédit d'heures est regroupé en demi-journées qui viennent en déduction du nombre annuel de jours travaillés fixé dans la convention individuelle du salarié. Une demi-journée correspond à quatre heures de mandat.

Lorsque le crédit d'heures ou la fraction du crédit d'heures restant est inférieur à quatre heures, les représentants mentionnés à l'alinéa précédent qui en bénéficient au titre des heures additionnées sur l'année prévues à l'article R. 2314-1 dispose d'une demi-journée qui vient en déduction du nombre annuel de jours travaillés fixé dans la convention individuelle du salarié.

Art. R. 2315-4 Le temps nécessaire à l'exercice de leurs fonctions par les représentants syndicaux mentionnés aux 2° et 3° de l'article L. 2315-7 est fixé dans des limites d'une durée, qui, sauf circonstances exceptionnelles, ne peut excéder vingt heures par mois.

Sauf accord collectif contraire, lorsque les représentants mentionnés au premier alinéa sont des salariés mentionnés à l'article L. 3121-58, le crédit d'heures est regroupé en demi-journées qui viennent en déduction du nombre annuel de jours travaillés fixé dans la convention individuelle du salarié. Une demi-journée correspond à quatre heures de mandat.

Lorsque le crédit d'heures ou la fraction du crédit d'heures restant est inférieur à quatre heures, les représentants mentionnés à l'alinéa précédent qui en bénéficient au titre des heures additionnées sur l'année prévues à l'article R. 2314-1 disposent d'une demi-journée qui vient en déduction du nombre annuel de jours travaillés fixé dans la convention individuelle du salarié.

Art. R. 2315-5 Le temps prévu à l'article L. 2315-7 peut être utilisé cumulativement dans la limite de douze mois. Cette règle ne peut conduire un membre à disposer, dans le mois, de plus d'une fois et demi le crédit d'heures de délégation dont il bénéficie.

Pour l'utilisation des heures ainsi cumulées, le représentant informe l'employeur au plus tard huit jours avant la date prévue de leur utilisation.

Art. R. 2315-6 La répartition des heures entre les membres de la délégation du personnel du comité social et économique, prévue à l'article L. 2315-9, ne peut conduire l'un d'eux à disposer, dans le mois, de plus d'une fois et demie le crédit d'heures de délégation dont bénéficie un membre titulaire en application de l'article R. 2314-1.

Les membres titulaires de la délégation du personnel du comité social et économique concernés informent l'employeur du nombre d'heures réparties au titre de chaque mois au plus tard huit jours avant la date prévue pour leur utilisation. L'information de l'employeur se fait par un document écrit précisant leur identité ainsi que le nombre d'heures mutualisées pour chacun d'eux.

Art. R. 2315-7 A défaut d'accord d'entreprise, le temps passé par les membres de la délégation du personnel du comité social et économique aux réunions mentionnées au 2° de l'article L. 2315-11 n'est pas déduit des heures de délégation prévues à l'article R. 2314-1 dès lors que la durée annuelle globale de ces réunions n'excède pas :
— 30 heures pour les entreprises de 300 salariés à 1000 salariés ;
— 60 heures pour les entreprises d'au moins 1000 salariés.

L'effectif est apprécié une fois par an, sur les douze mois précédents, à compter du premier mois suivant celui au cours duquel a été élu le comité.

Par dérogation aux dispositions du présent article, le temps passé aux réunions de la commission santé, sécurité et conditions de travail est rémunéré comme du temps de travail. Ce temps n'est pas déduit des heures de délégation prévues pour les membres titulaires de la délégation du personnel du comité social et économique.

SOUS-SECTION 3 **Déplacement et circulation**

La présente sous-section ne comprend pas de dispositions réglementaires.

SOUS-SECTION 4 **Affichage**

La présente sous-section ne comprend pas de dispositions réglementaires.

SOUS-SECTION 5 Formation

§ 1 Listes des organismes de formation

Art. R. 2315-8 La liste des organismes de formation mentionnée à l'article L. 2315-17 est arrêtée par le préfet de région après avis du comité régional de l'emploi, de la formation de l'orientation professionnelles.

§ 2 Formation en santé, sécurité et conditions de travail

SOUS-§ 1 *Contenu et organisation de la formation*

Art. R. 2315-9 La formation des membres de la délégation du personnel du comité social et économique mentionnée à l'article L. 2315-18 a pour objet :
1° De développer leur aptitude à déceler et à mesurer les risques professionnels et leur capacité d'analyse des conditions de travail ;
2° De les initier aux méthodes et procédés à mettre en œuvre pour prévenir les risques professionnels et améliorer les conditions de travail.

Art. R. 2315-10 La formation est dispensée dès la première désignation des membres de la délégation du personnel du comité social et économique.
Elle est dispensée selon un programme théorique et pratique préétabli qui tient compte :
1° Des caractéristiques de la branche professionnelle de l'entreprise ;
2° Des caractères spécifiques de l'entreprise ;
3° Du rôle du représentant au comité social et économique.

Art. R. 2315-11 Le renouvellement de la formation des membres de la délégation du personnel du comité social et économique fait l'objet de stages distincts de celui organisé en application de l'article R. 2315-9.
Ce renouvellement a pour objet de permettre au membre de la délégation du personnel d'actualiser ses connaissances et de se perfectionner. A cet effet, le programme établi par l'organisme de formation a un caractère plus spécialisé. Il est adapté aux demandes particulières du stagiaire et tient compte notamment des changements technologiques et d'organisation affectant l'entreprise, l'établissement ou la branche d'activité.

SOUS-§ 2 *Obligations des organismes de formation*

Art. R. 2315-12 La formation en santé, sécurité et conditions de travail des membres de la délégation du personnel du comité social et économique est dispensée soit par des organismes figurant sur une liste arrêtée par le ministre chargé du travail selon la procédure prévue à l'article R. 2145-3, soit par des organismes agréés par le préfet de région selon la procédure prévue à l'article R. 2315-8.

Art. R. 2315-13 Les organismes qui demandent à figurer sur la liste arrêtée par le préfet de région établissent leur aptitude à assurer, conformément aux dispositions du sous-paragraphe 1er, la formation des membres de la délégation du personnel du comité social et économique.
Ils justifient notamment des capacités de leurs formateurs et de l'expérience acquise par ces derniers en matière de prévention des risques professionnels et de conditions de travail.
Le préfet de région se prononce après avis du comité régional de l'emploi, de la formation de l'orientation professionnelles.
Le silence gardé pendant plus de quatre mois sur une demande d'agrément vaut décision de rejet.

Art. R. 2315-14 Lorsqu'un organisme cesse de répondre aux qualifications ayant justifié son inscription sur la liste préfectorale, il en est radié par décision motivée du préfet de région.
Cette décision est prise après avis du comité régional de l'emploi, de la formation de l'orientation professionnelles.

Art. R. 2315-15 L'organisme de formation délivre, à la fin du stage, une attestation d'assiduité que l'intéressé remet à son employeur lorsqu'il reprend son travail.

Art. R. 2315-16 Les organismes de formation remettent chaque année avant le 30 mars, au ministre chargé du travail ou aux préfets de région selon les cas, un compte rendu de leurs activités au cours de l'année écoulée. Ce compte rendu indique le nombre des stages organisés ainsi que leurs programmes.

SOUS-§ 3 *Congé de formation*

Art. R. 2315-17 Le membre de la délégation du personnel du comité social et économique qui souhaite bénéficier de son droit à un congé de formation en fait la demande à l'employeur. Cette demande précise la date à laquelle il souhaite prendre son congé, la durée de celui-ci, le prix du stage et le nom de l'organisme chargé de l'assurer.

La demande de congé est présentée au moins trente jours avant le début du stage. A sa date de présentation, elle est imputée par priorité sur les contingents mentionnés à l'article L. 2145-8.

Art. R. 2315-18 Le congé de formation est pris en une seule fois à moins que le bénéficiaire et l'employeur ne décident d'un commun accord qu'il le sera en deux fois.

Art. R. 2315-19 Lorsque pour refuser la demande de congé, l'employeur estime que l'absence du salarié pourrait avoir des conséquences préjudiciables à la production et à la bonne marche de l'entreprise, le refus est notifié à l'intéressé dans un délai de huit jours à compter de la réception de la demande.

Dans ce cas, le congé formation peut être reporté dans la limite de six mois.

SOUS-§ 4 *Dépenses de formation*

Art. R. 2315-20 Les frais de déplacement au titre de la formation des membres de la délégation du personnel du comité social et économique sont pris en charge par l'employeur à hauteur du tarif de seconde classe des chemins de fer applicable au trajet le plus direct depuis le siège de l'établissement jusqu'au lieu de dispense de la formation.

Les frais de séjour sont pris en charge à hauteur du montant de l'indemnité de mission fixée en application de la réglementation applicable aux déplacements temporaires des fonctionnaires.

Pour l'application à Mayotte de cet art., V. art. R. 2624-1.

Art. R. 2315-21 Les dépenses afférentes à la rémunération des organismes de formation sont prises en charge par l'employeur, à concurrence d'un montant qui ne peut dépasser, par jour et par stagiaire, l'équivalent de trente-six fois le montant horaire du salaire minimum de croissance.

Art. R. 2315-22 Les dépenses de rémunération des organismes de formation et les frais de déplacement et de séjour exposés par les stagiaires ne s'imputent pas sur la participation au développement de la formation professionnelle continue prévue à l'article L. 6331-1.

Dans les entreprises de moins de trois cents salariés, les dépenses engagées au titre de la rémunération du temps de formation des stagiaires sont déductibles dans la limite de 0,08 % du montant des salaires payés pendant l'année en cours, du montant de la participation des employeurs au financement de la formation professionnelle continue.

SECTION 2 Dispositions particulières des entreprises de moins de cinquante salariés

La présente section ne comprend pas de dispositions réglementaires.

SECTION 3 Dispositions particulières des entreprises d'au moins cinquante salariés

SOUS-SECTION 1 Règlement intérieur

La présente sous-section ne comprend pas de dispositions réglementaires.

SOUS-SECTION 2 Local

La présente sous-section ne comprend pas de dispositions réglementaires.

SOUS-SECTION 3 Réunions

Art. R. 2315-23 Les documents mentionnés à l'article L. 4711-1 sont présentés au comité social et économique au cours de la réunion qui suit leur réception par l'employeur.

Chaque membre du comité peut à tout moment demander la transmission de ces documents.

Le président informe le comité des observations de l'inspecteur du travail, du médecin inspecteur du travail et des agents des services de prévention des organismes de sécurité sociale au cours de la réunion qui suit leur intervention.

SOUS-SECTION 4 Votes et délibérations

Art. R. 2315-24 L'autorité administrative mentionnée à l'article L. 2315-33 est le *(Décr. n° 2020-1545 du 9 déc. 2020, art. 28-X, en vigueur le 1er avr. 2021)* « directeur régional de l'économie, de l'emploi, du travail et des solidarités ».

SOUS-SECTION 5 Procès-verbal

Art. R. 2315-25 A défaut d'accord prévu au premier alinéa de l'article L. 2315-34, les délibérations du comité social et économique sont consignées dans des procès-verbaux établis par le secrétaire dans un délai de quinze jours et communiqués à l'employeur et aux membres du comité.

Art. D. 2315-26 A défaut d'accord prévu par l'article L. 2315-34, le procès-verbal est établi et transmis à l'employeur par le secrétaire du comité social et économique dans les quinze jours suivant la réunion à laquelle il se rapporte ou, si une nouvelle réunion est prévue dans ce délai de quinze jours, avant cette réunion.

Dans le cadre de la consultation prévue à l'article L. 1233-30, le procès-verbal est établi et transmis à l'employeur par le secrétaire du comité dans un délai de trois jours suivant la réunion à laquelle il se rapporte ou, si une nouvelle réunion est prévue dans ce délai de trois jours, avant cette réunion. Lorsque l'entreprise est en redressement ou en liquidation judiciaire, ce délai est d'un jour.

A défaut d'accord, le procès-verbal établi par le secrétaire du comité contient au moins le résumé des délibérations du comité et la décision motivée de l'employeur sur les propositions faites lors de la précédente réunion.

Art. D. 2315-27 L'employeur ou la délégation du personnel du comité social et économique peuvent décider du recours à l'enregistrement ou à la sténographie des séances du comité social et économique prévu à l'article L. 2315-34.

Lorsque cette décision émane du comité social et économique, l'employeur ne peut s'y opposer sauf lorsque les délibérations portent sur des informations revêtant un caractère confidentiel au sens de l'article L. 2315-3 et qu'il présente comme telles.

Lorsqu'il est fait appel à une personne extérieure pour sténographier les séances du comité, celle-ci est tenue à la même obligation de discrétion que les membres du comité social et économique.

Sauf si un accord entre l'employeur et les membres élus du comité social et économique en dispose autrement, les frais liés à l'enregistrement et à la sténographie sont pris en charge par l'employeur lorsque la décision de recourir à ces moyens émane de ce dernier.

SOUS-SECTION 6 Commissions

Art. R. 2315-28 En l'absence d'accord prévu à l'article L. 2315-45, les membres des commissions peuvent être choisis parmi des salariés de l'entreprise n'appartenant pas au comité social et économique.

Sans préjudice des dispositions des articles L. 2315-39 et L. 2315-47, les commissions du comité sont présidées par un de ses membres.

Art. D. 2315-29 (Décr. n° 2018-921 du 26 oct. 2018, art. 2) Une commission des marchés est créée au sein du comité social et économique qui dépasse, pour au moins deux des trois critères, les seuils suivants :

1° Le nombre de cinquante salariés à la clôture d'un exercice ;

2° Le montant prévu au 2° de l'article R. 612-1 du code de commerce de ressources annuelles définies à l'article D. 2315-34 ;

3° Le montant du total du bilan prévu au 3° de l'article R. 612-1 du code de commerce.

Le seuil mentionné à l'article L. 2315-44-2 est fixé à 30 000 euros.

Art. R. 2315-30 En l'absence d'accord prévu à l'article L. 2315-45, le comité social et économique et, dans les entreprises d'au moins trois cents salariés, la commission de la formation prévue à l'article L. 2315-49 sont consultés sur les problèmes généraux relatifs à la mise en œuvre :

1° Des dispositifs de formation professionnelle continue, prévus aux chapitres I à III du titre II du livre III de la sixième partie ;

2° De la validation des acquis de l'expérience, prévue au titre II du livre IV de la sixième partie.

Art. R. 2315-31 En l'absence d'accord prévu à l'article L. 2315-45, le comité social et économique et, dans les entreprises d'au moins trois cents salariés, la commission de la formation sont informés des possibilités de congé qui ont été accordées aux salariés, des conditions dans lesquelles ces congés ont été accordés ainsi que des résultats obtenus.

SOUS-SECTION 7   **Subvention de fonctionnement**

Art. R. 2315-31-1 (Décr. n° 2018-920 du 26 oct. 2018, art. 4) L'excédent annuel du budget de fonctionnement peut être transféré au budget destiné aux activités sociales et culturelles conformément à l'article L. 2315-61, dans la limite de 10 % de cet excédent.

Cette somme et ses modalités d'utilisation sont inscrites, d'une part, dans les comptes annuels du comité social et économique ou, le cas échéant, dans les documents mentionnés à l'article L. 2315-65 et, d'autre part, dans le rapport mentionné à l'article L. 2315-69.

Art. R. 2315-32 A défaut d'accord entre le comité central et les comités d'établissement prévu à l'article L. 2315-62 et à défaut de stipulations dans la convention collective de branche, le (Décr. n° 2019-966 du 18 sept. 2019, art. 8-I, en vigueur le 1ᵉʳ janv. 2020) « tribunal judiciaire » fixe le montant de la subvention de fonctionnement que doit rétrocéder chaque comité d'établissement au comité central en vue de constituer le budget de fonctionnement de ce dernier.

SOUS-SECTION 8   **Formation économique**

La présente sous-section ne comprend pas de dispositions réglementaires.

SOUS-SECTION 9   **Établissement et contrôle des comptes du comité social et économique**

Art. D. 2315-33 Les seuils mentionnés au II de l'article L. 2315-64 permettant au comité social et économique d'adopter une présentation simplifiée de ses comptes et de n'enregistrer ses créances et ses dettes qu'à la clôture de l'exercice sont fixés :

1° A cinquante pour le nombre de salariés à la clôture d'un exercice ;

2° Au montant prévu au 2° de l'article R. 612-1 du code de commerce des ressources annuelles définies à l'article D. 2315-34 ;

3° Au montant du total du bilan prévu au 3° de l'article R. 612-1 du code de commerce.

Art. D. 2315-34 Pour l'appréciation du seuil mentionné au 2° de l'article D. 2315-33, les ressources annuelles sont égales au total :

1° Du montant de la subvention de fonctionnement prévue à l'article L. 2315-61 ;

2° Du montant des ressources mentionnées à l'article R. 2312-50, à l'exception des produits de cession d'immeubles pour les revenus mentionnés au 8° dudit article ;
3° Après déduction, le cas échéant, du montant versé au comité social et économique central ou au comité des activités sociales et culturelles interentreprises en vertu de la convention prévue respectivement aux articles D. 2326-7 et R. 2312-44.

Art. D. 2315-35 Le seuil de ressources annuelles permettant au comité social et économique de s'acquitter de ses obligations comptables selon les modalités définies à l'article L. 2315-65 est celui fixé à l'article D. 612-5 du code de commerce.

Art. D. 2315-36 Pour l'appréciation du seuil mentionné à l'article D. 2315-35, les ressources annuelles sont égales au total :
1° Du montant de la subvention de fonctionnement prévue à l'article L. 2315-61 ;
2° Du montant des ressources mentionnées à l'article R. 2312-50, à l'exception des produits de cession d'immeubles pour les revenus mentionnés au 8° dudit article ;
3° Après déduction des ressources mentionnées aux 4° et 7° de l'article R. 2312-50 et, le cas échéant, du montant versé au comité social et économique central ou au comité interentreprises en vertu de la convention prévue respectivement aux articles D. 2326-7 et R. 2312-44.

Art. R. 2315-37 Les comptes annuels ou les documents mentionnés *(Décr. n° 2018-920 du 26 oct. 2018, art. 4)* « à l'article L. 2315-65 » sont approuvés dans un délai de six mois à compter de la clôture de l'exercice.
Ce délai peut être prolongé à la demande du comité social et économique par ordonnance du président du *(Décr. n° 2019-966 du 18 sept. 2019, art. 8-I, en vigueur le 1ᵉʳ janv. 2020)* « tribunal judiciaire » statuant sur requête.

Art. D. 2315-38 I. – Pour les comités sociaux et économiques relevant de l'article L. 2315-64, le rapport mentionné à l'article L. 2315-69 permettant d'éclairer l'analyse des comptes comporte les informations relatives à :
1° L'organisation du comité : nombre de sièges légal ou conventionnel, nombre d'élus, et, le cas échéant, effectif de salariés du comité, nombre et nature des commissions du comité, organigramme des services du comité ;
2° L'utilisation de la subvention de fonctionnement :
a) Les activités d'expertise et les missions économiques : honoraires des experts rémunérés par le comité, rémunération des salariés du comité, frais de déplacement, frais de documentation ;
b) Les dépenses relatives à la formation économique des élus : frais de formation, de transport et d'hébergement ;
c) Les dépenses de communication avec les salariés de l'entreprise ;
d) Les autres frais de fonctionnement ;
e) Le montant éventuellement versé au comité social et économique central.
3° L'utilisation des ressources liées aux activités sociales et culturelles :
a) Le descriptif et lieu de réalisation de ces activités en distinguant, le cas échéant, celles gérées directement par le comité, celles à la gestion desquelles il participe, et celles dont il a délégué la gestion ; dans ces deux derniers cas, sont précisés le montant délégué par le comité et le prestataire auquel il a été fait appel ;
b) Les éléments d'analyse portant sur les écarts entre le budget prévisionnel et le budget réalisé ;
c) Les données afférentes aux diverses prestations proposées au titre des activités et à leurs bénéficiaires ;
4° La description et l'évaluation du patrimoine ;
5° Les engagements en cours et les transactions significatives.
II. – Pour les comités sociaux et économiques relevant du L. 2315-65, le rapport comporte les informations prévues aux 1°, 2° et *c* du 3° du I. Le rapport contient également :
1° L'état de synthèse simplifié de ses ressources et dépenses reprenant les informations figurant dans un modèle établi par l'Autorité des normes comptables ;
2° L'état de synthèse simplifié relatif à son patrimoine et à ses engagements défini par un règlement de l'Autorité des normes comptables.
3° Les informations relatives aux transactions significatives qu'il a effectuées.

Art. R. 2315-39 Les membres du comité social et économique sortant rendent compte au nouveau comité de leur gestion, y compris des attributions économiques et des activités sociales et culturelles du comité. Ils remettent aux nouveaux membres tous documents concernant l'administration et l'activité du comité.

Art. D. 2315-40 Pour la consolidation, la certification et l'intervention d'un expert-comptable prévues respectivement aux articles L. 2315-67, L. 2315-73 et L. 2315-76, les seuils sont ainsi fixés :

	SEUILS		
	Effectif de salariés	Ressources annuelles définies à l'article D. 2315-33	Total du bilan
Consolidation des comptes	50	Montant prévu au 2° de l'article R. 612-1 du code de commerce	Montant prévu au 3° de l'article R. 612-1 du code de commerce
Certification des comptes			
Intervention de l'expert-comptable			

L'effectif de salariés du comité social et économique s'apprécie à la clôture d'un exercice.

Art. R. 2315-41 L'information prévue au premier alinéa de l'article L. 2315-74 porte sur tout fait de nature à compromettre la continuité de l'exploitation du comité social et économique que le commissaire aux comptes relève lors de l'examen des documents qui lui sont communiqués ou sur tout fait dont il a connaissance à l'occasion de l'exercice de sa mission. Cette information est adressée sans délai au secrétaire et au président du comité social et économique par tout moyen propre à donner date certaine à sa réception.

Art. R. 2315-42 Le secrétaire du comité social et économique répond par tout moyen propre à donner date certaine à la réception de sa réponse dans les trente jours qui suivent la réception de l'information mentionnée à l'article R. 2315-41. Il donne une analyse de la situation et précise, le cas échéant, les mesures envisagées.

Art. R. 2315-43 L'invitation par le commissaire aux comptes à réunir le comité social et économique dans les cas prévus au deuxième alinéa de l'article L. 2315-74 est adressée à l'employeur par tout moyen propre à donner date certaine à la réception de cette invitation, dans les huit jours qui suivent la réception de la réponse du secrétaire du comité ou la constatation de l'absence de réponse dans le délai prévu à l'article R. 2315-42. Cette invitation est accompagnée du rapport spécial du commissaire aux comptes. Le commissaire aux comptes adresse sans délai une copie de ces documents aux membres du comité social et économique et au président du tribunal.

L'employeur réunit le comité social et économique dans les quinze jours qui suivent la réception de l'invitation du commissaire aux comptes en vue de le faire délibérer sur les faits relevés. Le commissaire aux comptes est convoqué à cette réunion dans les mêmes conditions que les membres du comité.

Un extrait du procès-verbal de la réunion est adressé au président du tribunal et au commissaire aux comptes, par tout moyen propre à donner date certaine à sa réception, dans les huit jours qui suivent la réunion du comité.

Art. R. 2315-44 Dans les cas prévus au troisième alinéa de l'article L. 2315-74, le commissaire aux comptes informe sans délai de ses démarches le président du tribunal par tout moyen propre à donner date certaine à la réception de cette information. Celle-ci comporte la copie de tous les documents utiles à l'information du président du tribunal ainsi que, lorsque le commissaire aux comptes a eu connaissance de l'exis-

INSTITUTIONS REPRÉSENTATIVES

tence et de la teneur d'une réunion du comité social et économique, l'exposé des raisons qui l'ont conduit à constater l'insuffisance des décisions prises par le comité.

SOUS-SECTION 10 Expertise

§ 1 Droits et obligations de l'expert

Art. R. 2315-45 L'expert demande à l'employeur, au plus tard dans les trois jours de sa désignation, toutes les informations complémentaires qu'il juge nécessaires à la réalisation de sa mission. L'employeur répond à cette demande dans les cinq jours.

Art. R. 2315-46 L'expert notifie à l'employeur le coût prévisionnel, l'étendue et la durée d'expertise dans un délai de dix jours à compter de sa désignation.

§ 2 Délais de l'expertise

Art. R. 2315-47 L'expert remet son rapport au plus tard quinze jours avant l'expiration des délais de consultation du comité social et économique mentionnés aux second et troisième alinéas de l'article R. 2312-6.

Lorsque le comité social et économique recourt à un expert-comptable dans le cas prévu au 1° de l'article L. 2315-92, l'expert remet son rapport dans un délai de huit jours à compter de la notification de la décision de l'Autorité de la concurrence ou de la Commission européenne saisie du dossier.

A défaut d'accord d'entreprise ou d'accord entre l'employeur et le comité social et économique, adopté à la majorité des membres titulaires élus de la délégation du personnel, lorsque le comité recourt à une expertise en dehors des cas prévus au premier et au second alinéas du présent article, l'expert remet son rapport dans un délai de deux mois à compter de sa désignation. Ce délai peut être renouvelé une fois pour une durée maximale de deux mois, par accord entre l'employeur et le comité social et économique, adopté à la majorité des membres titulaires élus de la délégation du personnel.

Art. R. 2315-48 Lorsque l'expertise prévue au 2° de l'article L. 2315-85, porte sur plusieurs champs, elle donne lieu à l'établissement d'un rapport d'expertise unique.

L'expert désigné par le comité social et économique peut s'adjoindre la compétence d'un ou plusieurs autres experts sur une partie des travaux que nécessite l'expertise.

L'expert désigné vérifie alors que ces derniers disposent des compétences nécessaires au bon déroulement de la mission d'expertise ou, le cas échéant, de l'habilitation prévue à l'article (Décr. n° 2018-920 du 26 oct. 2018, art. 4) « L. 2315-94 ».

§ 3 Contestations

Art. R. 2315-49 Pour chacun des cas de recours prévus à l'article L. 2315-86, l'employeur saisit le juge dans un délai de dix jours.

Art. R. 2315-50 Les contestations de l'employeur prévues à l'article L. 2315-86 relèvent de la compétence du président du (Décr. n° 2019-966 du 18 sept. 2019, art. 8-I, en vigueur le 1er janv. 2020) « tribunal judiciaire ». Le délai du pourvoi en cassation formé à l'encontre du jugement est de dix jours à compter de sa notification.

BIBL. ▶ Duchet, JCP S 2022. 1071 (contentieux des expertises CSE).

§ 4 Habilitation des experts (Décr. n° 2018-920 du 26 oct. 2018, art. 4).

Art. R. 2315-51 L'habilitation de l'expert auquel le comité social et économique peut faire appel, en application de l'article L. 2315-94, est une certification justifiant de ses compétences. Cette certification est délivrée par un organisme certificateur accrédité par le comité français d'accréditation ou par tout autre organisme d'accréditation mentionné à l'article R. 4724-1.

V. Arr. du 7 août 2020, NOR : MTRT1937526A (JO 20 août), mod. par Arr. du 26 mars 2021, NOR : MTRT2109777A (JO 8 avr.).

Jusqu'au 31 déc. 2021, le comité d'hygiène, de sécurité ou des conditions de travail ou le comité social et économique peut faire appel à un expert agréé. Les experts dont l'agrément expire avant le 30 juin 2021 voient leur agrément prorogé jusqu'à cette date.

Jusqu'au 1er mars 2020, les experts non agréés peuvent adresser au ministre chargé du travail une demande d'agrément selon les modalités et les conditions prévues aux art. R. 4614-6 à R. 4614-17 C. trav. dans leur rédaction antérieure au 1er janv. 2018. Les agréments délivrés sont valables jusqu'au 30 juin 2021.

Les agréments prorogés ou délivrés au titre des deux al. précédents sont prorogés jusqu'au 31 déc. 2021, sous condition qu'une demande tendant à l'obtention de la certification mentionnée à l'art. R. 2315-51 C. trav. soit déposée au plus tard le 31 mai 2021 par tout moyen donnant date certaine à l'envoi de cette demande. Les agréments peuvent être suspendus ou retirés dans les conditions prévues à l'art. R. 4614-9 C. trav. dans sa rédaction antérieure au 1er janv. 2018.

Les expertises engagées par des experts bénéficiant d'un agrément peuvent être menées jusqu'à leur terme nonobstant l'expiration de l'agrément. Toutefois, le ministre chargé du travail peut le cas échéant, dans les conditions prévues à l'art. R. 4614-9 C. trav. dans sa rédaction antérieure au 1er janv. 2018, s'opposer à ce que l'expert poursuive les expertises en cours, notamment dans le cas où il s'est vu refuser la certification (Décr. n° 2017-1819 du 29 déc. 2017, art. 6, mod. par Décr. n° 2019-1548 du 30 déc. 2019, art. 2).

Art. R. 2315-52 Un arrêté du ministre chargé du travail détermine :
1° Les modalités et conditions d'accréditation des organismes mentionnés à l'article R. 2315-51 ;
2° Les modalités et conditions de certification des experts mentionnées à l'article *(Décr. n° 2018-920 du 26 oct. 2018, art. 4, en vigueur le 1er janv. 2020)* « **L. 2315-94** », en tenant compte, notamment, de ses compétences techniques et du domaine d'expertise dans lequel il intervient.

V. notes ss. art. R. 2315-51.

CHAPITRE VI COMITÉ SOCIAL ET ÉCONOMIQUE CENTRAL ET COMITÉ SOCIAL ET ÉCONOMIQUE D'ÉTABLISSEMENT

SECTION 1 Composition et fonctionnement du comité social et économique central

Art. R. 2316-1 Sauf accord conclu entre l'employeur et l'ensemble des organisations syndicales représentatives, le nombre des membres du comité social et économique central ne peut dépasser vingt-cinq titulaires et vingt-cinq suppléants.
(Décr. n° 2019-1548 du 30 déc. 2019, art. 1er) « Sauf stipulation de l'accord mentionné au premier alinéa organisant cette représentation et dans les limites fixées à cet alinéa, chaque établissement peut être représenté au comité social et économique central soit par un seul délégué, titulaire ou suppléant, soit par un ou deux délégués titulaires et un ou deux délégués suppléants. »

Art. R. 2316-2 Le *(Décr. n° 2020-1545 du 9 déc. 2020, art. 28-X, en vigueur le 1er avr. 2021)* « directeur régional de l'économie, de l'emploi, du travail et des solidarités » du siège de l'entreprise est compétent pour la répartition des sièges entre les différents établissements et les différentes catégories prévue au premier alinéa de l'article L. 2316-8. Le *(Décr. n° 2020-1545 du 9 déc. 2020, art. 28-X, en vigueur le 1er avr. 2021)* « directeur régional de l'économie, de l'emploi, du travail et des solidarités » prend sa décision dans un délai deux mois à compter de sa saisine. Cette décision est notifiée par lettre recommandée avec demande d'avis de réception portant mention des voies et délais de recours. Elle peut faire l'objet d'un recours devant le *(Décr. n° 2019-966 du 18 sept. 2019, art. 8-I, en vigueur le 1er janv. 2020)* « tribunal judiciaire » dans un délai de quinze jours suivant sa notification.

En cas de décision implicite de rejet du *(Décr. n° 2020-1545 du 9 déc. 2020, art. 28-X, en vigueur le 1er avr. 2021)* « directeur régional de l'économie, de l'emploi, du travail et des solidarités », l'employeur ou les organisations syndicales intéressées peuvent saisir, dans le délai de quinze jours, le *(Décr. n° 2019-966 du 18 sept. 2019, art. 8-I, en vigueur le 1er janv. 2020)* « tribunal judiciaire » afin qu'il soit statué sur la répartition.

Art. R. 2316-3 Le secrétaire, le secrétaire adjoint et le trésorier du comité social et économique central sont désignés parmi ses membres titulaires.

Art. D. 2316-4 Pour l'appréciation des seuils mentionnés à l'article L. 2315-57 et à la sous-section 9 de la section 3 du chapitre V du titre I du livre III de la deuxième partie du présent code, les ressources au titre d'une année considérée du comité social et économique central sont égales à la somme des ressources versées par les comités sociaux et économiques d'établissement et des ressources que ce comité reçoit en propre.

Art. D. 2316-5 Les documents mentionnés aux articles L. 2315-70 et L. 2315-71 sont communiqués au comité social et économique central huit jours au moins avant la séance.

Art. D. 2316-6 Sont pris en charge par le comité social et économique central sur les sommes versées par les comités d'établissement au titre de son fonctionnement :
1° Le coût de la certification des comptes annuels ;
2° Le coût de la mission de présentation des comptes par l'expert.

Art. D. 2316-7 La convention entre le comité social et économique d'établissement et le comité central mentionnée au quatrième alinéa de l'article L. 2316-23 comporte notamment :
1° La description de l'activité ou des activités dont la gestion est transférée au comité social et économique central ;
2° Le financement du transfert pour chaque année d'exécution de la convention ;
3° Le cas échéant, la liste des biens, moyens matériels et humains mis à la disposition du comité social et économique central pour chaque année d'exécution de la convention ;
4° Les modalités de financement de ce transfert pour chaque année d'exécution de la convention ;
5° Les modalités d'accès à l'activité ou aux activités transférées par les salariés des établissements concernés ;
6° La durée de la convention et sa date d'entrée en vigueur ;
7° Les modalités de révision et de dénonciation de la convention.

Art. D. 2316-8 Les réunions par visioconférence du comité social et économique central sur le fondement de l'article L. 2316-16 sont tenues dans les conditions prévues aux articles R. 2315-1 et suivants.

SECTION 2 Recours et contestations

Art. R. 2316-9 La contestation relative à une décision de l'autorité administrative prise sur le fondement de l'article L. 2316-8 est de la compétence du *(Décr. n° 2019-966 du 18 sept. 2019, art. 8-I, en vigueur le 1er janv. 2020)* « tribunal judiciaire », qui statue en dernier ressort.
Les dispositions des articles R. 2314-24 et R. 2314-25 sont applicables à ces contestations.

Art. R. 2316-10 Les contestations relatives à l'électorat, à la régularité des opérations électorales et à la désignation des représentants syndicaux prévues à l'article L. 2316-9 sont de la compétence du *(Décr. n° 2019-966 du 18 sept. 2019, art. 8-I, en vigueur le 1er janv. 2020)* « juge du tribunal judiciaire » qui statue en dernier ressort.
Les dispositions des articles R. 2314-24 et R. 2314-25 sont applicables à ces contestations.

TITRE II CONSEIL D'ENTREPRISE

(Décr. n° 2017-1819 du 29 déc. 2017, art. 1er-I)

CHAPITRE UNIQUE

Art. R. 2321-1 A défaut d'accord prévu à l'article L. 2321-2, chaque élu du Conseil d'entreprise participant à une négociation dispose d'un nombre d'heures de délégation qui s'ajoute aux heures de délégation dont il bénéficie en application du 1° de l'article L. 2315-7.

Cette durée ne peut être inférieure à :
— 12 heures par mois dans les entreprises jusqu'à 149 salariés ;
— 18 heures par mois dans les entreprises de 150 à 499 salariés ;
— 24 heures par mois dans les entreprises d'au moins 500 salariés.

TITRE III COMITÉ DE GROUPE

CHAPITRE I MISE EN PLACE

Art. R. 2331-1 La demande d'inclusion dans un groupe, mentionnée au premier alinéa de l'article L. 2331-2, est transmise par le chef de l'entreprise intéressée au chef de l'entreprise dominante. Cette demande est adressée par lettre recommandée avec avis de réception.

La notification de la décision du chef de l'entreprise dominante est adressée dans la même forme. — *[Anc. art. R. 439-1, al. 1er.]*

Art. R. 2331-2 Le *(Décr. n° 2017-1819 du 29 déc. 2017, art. 3)* « comité social et économique » ou les organisations syndicales représentatives de l'entreprise dominante ou d'une entreprise du groupe peuvent saisir le *(Décr. n° 2019-966 du 18 sept. 2019, art. 8-I, en vigueur le 1er janv. 2020)* « tribunal judiciaire » du siège de l'entreprise dominante pour les litiges relatifs :
1° A la constitution et à la composition du comité de groupe ;
2° A l'inclusion dans le comité de groupe. — *[Anc. art. L. 439-1-IV.]*

Art. R. 2331-3 Les organisations syndicales représentatives peuvent saisir le *(Décr. n° 2019-966 du 18 sept. 2019, art. 8-I, en vigueur le 1er janv. 2020)* « tribunal judiciaire » du siège de l'entreprise dominante pour les litiges relatifs à la désignation des représentants du personnel au comité de groupe.

Le tribunal statue dans les conditions prévues à l'article R. 2324-24 et R. 2324-25. — *[Anc. art. R. 439-2.]*

Art. R. 2331-4 La saisine du *(Décr. n° 2019-966 du 18 sept. 2019, art. 8-I)* « tribunal judiciaire » en application du II de l'article L. 2331-1 est, à peine d'irrecevabilité, accomplie dans les trois mois suivant la notification prévue à l'article R. 2331-1.

A défaut de notification, la saisine est accomplie à l'expiration du délai de trois mois prévu au premier alinéa de l'article L. 2331-2.

Lorsque le tribunal recourt à une mesure d'instruction exécutée par un technicien, la provision à valoir sur la rémunération de ce technicien est avancée par la société dominante. — *[Anc. art. R. 439-1, al. 2 et 3.]*

CHAPITRE II COMPOSITION, ÉLECTION ET MANDAT

Art. R. 2332-1 Le *(Décr. n° 2020-1545 du 9 déc. 2020, art. 28-X, en vigueur le 1er avr. 2021)* « directeur régional de l'économie, de l'emploi, du travail et des solidarités » dans le ressort duquel se trouve le siège de la société dominante répartit dans les conditions prévues au troisième alinéa de l'article L. 2333-4 les sièges au comité de groupe.

Il peut désigner conformément à l'article L. 2333-6 le remplaçant d'un représentant du personnel qui cesse ses fonctions au sein du comité.

Le silence gardé pendant plus de quatre mois par le ministre, saisi d'un recours hiérarchique contre ces décisions, vaut décision de rejet.

Art. D. 2332-2 La représentation du personnel au comité de groupe, prévue à l'article L. 2333-1, comprend trente membres au plus.

Lorsque moins de quinze entreprises du groupe sont dotées d'un *(Décr. n° 2017-1819 du 29 déc. 2017, art. 3)* « comité social et économique » *(Décr. n° 2018-921 du 26 oct. 2018, art. 3)* « exerçant les attributions prévues au deuxième alinéa de l'article L. 2312-1 », le nombre de membres du comité de groupe ne peut être supérieur au double du nombre de ces entreprises.

CHAPITRE III FONCTIONNEMENT

Art. R. 2333-1 Le secrétaire du comité de groupe est désigné à la majorité des voix parmi ses membres. — *[Anc. art. L. 439-4, al. 2 fin.]*

Art. D. 2333-2 *(Décr. n° 2016-453 du 12 avr. 2016)* Les réunions par visioconférence du comité de groupe sur le fondement de l'article L. 2334-2 sont tenues dans les conditions prévues aux articles D. 2325-1-1 et suivants.

CHAPITRE IV DISPOSITIONS PÉNALES

Le présent chapitre ne comprend pas de dispositions réglementaires.

TITRE IV COMITÉ D'ENTREPRISE EUROPÉEN OU PROCÉDURE D'INFORMATION ET DE CONSULTATION DANS LES ENTREPRISES DE DIMENSION COMMUNAUTAIRE

CHAPITRE I CHAMP D'APPLICATION ET MISE EN PLACE

Art. D. 2341-1 *(Décr. n° 2016-453 du 12 avr. 2016)* Les réunions par visioconférence du comité d'entreprise européen sur le fondement de l'article L. 2341-12 sont tenues dans les conditions prévues aux articles D. 2325-1-1 et suivants.

CHAPITRE II COMITÉ OU PROCÉDURE D'INFORMATION ET DE CONSULTATION INSTITUÉ PAR ACCORD

Le présent chapitre ne comprend pas de dispositions réglementaires.

CHAPITRE III COMITÉ INSTITUÉ EN L'ABSENCE D'ACCORD

Art. R. 2343-1 Le secrétaire du comité d'entreprise européen est désigné à la majorité des voix parmi ses membres.
Les membres du bureau sont élus parmi les membres du comité. — *[Anc. art. L. 439-14, al. 2.]*

CHAPITRE IV DISPOSITIONS COMMUNES AU GROUPE SPÉCIAL DE NÉGOCIATION ET AU COMITÉ INSTITUÉ EN L'ABSENCE D'ACCORD

SECTION 1 Répartition des sièges

Art. R. 2344-1 *(Décr. n° 2011-1414 du 31 oct. 2011)* Le nombre de sièges au groupe spécial de négociation et au comité d'entreprise européen institué en l'absence d'accord pour chacun des États mentionnés à l'article L. 2341-1 est fixé selon les règles suivantes :
1° Jusqu'à 10 % de l'effectif total : 1 siège ;
2° De plus de 10 % à 20 % de l'effectif total : 2 sièges ;
3° De plus de 20 % à 30 % de l'effectif total : 3 sièges ;
4° De plus de 30 % à 40 % de l'effectif total : 4 sièges ;
5° De plus de 40 % à 50 % de l'effectif total : 5 sièges ;
6° De plus de 50 % à 60 % de l'effectif total : 6 sièges ;
7° De plus de 60 % à 70 % de l'effectif total : 7 sièges ;
8° De plus de 70 % à 80 % de l'effectif total : 8 sièges ;
9° De plus de 80 % à 90 % de l'effectif total : 9 sièges ;
10° Plus de 90 % de l'effectif total : 10 sièges.

Art. R. 2344-2 *Abrogé par Décr. n° 2011-1414 du 31 oct. 2011.*

SECTION 2 Désignation, élection et statut des membres

Art. R. 2344-3 Les contestations relatives à la désignation des membres du groupe spécial de négociation et des représentants au comité d'entreprise européen des salariés des établissements ou des entreprises implantés en France sont de la compétence du (Décr. n° 2019-966 du 18 sept. 2019, art. 8-I, en vigueur le 1er janv. 2020) « **tribunal judiciaire** » du siège de l'entreprise ou de la filiale française dominante du groupe d'entreprises de dimension communautaire. – *[Anc. art. L. 439-19-1.]*

CHAPITRE V SUPPRESSION DU COMITÉ

Art. R. 2345-1 Le (Décr. n° 2020-1545 du 9 déc. 2020, art. 28-X, en vigueur le 1er avr. 2021) « **directeur régional de l'économie, de l'emploi, du travail et des solidarités** » peut autoriser la suppression du comité d'entreprise européen dans les conditions énoncées à l'article L. 2345-1.

CHAPITRE VI DISPOSITIONS PÉNALES

Le présent chapitre ne comprend pas de dispositions réglementaires.

TITRE V IMPLICATION DES SALARIÉS DANS LA SOCIÉTÉ EUROPÉENNE ET COMITÉ DE LA SOCIÉTÉ EUROPÉENNE

CHAPITRE I DISPOSITIONS GÉNÉRALES

Art. D. 2351-1 Lorsque les dirigeants des sociétés participant à la constitution de cette société européenne décident que son siège est établi sur le territoire français, le projet de constitution de cette société précise que le groupe spécial de négociation est constitué au lieu de ce siège. – *[Anc. art. R. 439-4.]*

CHAPITRE II IMPLICATION DES SALARIÉS DANS LA SOCIÉTÉ EUROPÉENNE PAR ACCORD DU GROUPE SPÉCIAL DE NÉGOCIATION

SECTION UNIQUE Groupe spécial de négociation

SOUS-SECTION 1 Mise en place et objet

Art. D. 2352-1 Dans le délai d'un mois à compter de la publication du projet de constitution d'une société européenne, les dirigeants des sociétés participantes portent à la connaissance de leurs organisations syndicales, de celle de leurs filiales et établissements qui disposent de représentants ou d'élus au sens du premier alinéa de l'article L. 2352-5 :
    1° L'identité des sociétés, filiales et établissements ;
    2° Le lieu de leur implantation ;
    3° Leur statut juridique ;
    4° La nature de leurs activités. – *[Anc. art. R. 439-5, al. 1er.]*

Art. D. 2352-2 Les dirigeants des sociétés participantes indiquent à leurs organisations syndicales, à leurs filiales et à leurs établissements disposant de représentants ou d'élus :
    1° Le nombre de leurs salariés, à la date de la publication du projet de constitution, en France collège par collège et dans les autres États membres ;
    2° Les formes de participation existant au sens de l'article L. 2351-6 ;
    3° Le nombre de sièges au groupe spécial de négociation revenant à chaque État membre, calculé conformément aux dispositions de l'article L. 2352-3. – *[Anc. art. R. 439-5, al. 2, phrase 1.]*

Art. D. 2352-3 En cas de constitution de la société européenne par voie de fusion et dans les hypothèses mentionnées à l'article L. 2352-4, les dirigeants fixent le nombre des sièges supplémentaires et indiquent ceux alloués aux sociétés ayant leur siège en France. – *[Anc. art. R. 439-5, al. 2, phrase 2.]*

Art. D. 2352-4 A défaut de représentants ou d'élus dans l'entreprise, les renseignements mentionnés aux articles D. 2352-1 et D. 2352-2 sont communiqués directement, par tout moyen, aux salariés des sociétés, filiales et établissements intéressés. – *[Anc. art. R. 439-5, al. 3.]*

SOUS-SECTION 2 **Désignation, élection et statut des membres**

Art. R. 2352-5 En application du premier alinéa de l'article L. 2352-3, le nombre de sièges par État membre au sein du groupe spécial de négociation est égal à :
1° Jusqu'à 10 % de l'effectif total : 1 siège ;
2° De plus de 10 % à 20 % de l'effectif total : 2 sièges ;
3° De plus de 20 % à 30 % de l'effectif total : 3 sièges ;
4° De plus de 30 % à 40 % de l'effectif total : 4 sièges ;
5° De plus de 40 % à 50 % de l'effectif total : 5 sièges ;
6° De plus de 50 % à 60 % de l'effectif total : 6 sièges ;
7° De plus de 60 % à 70 % de l'effectif total : 7 sièges ;
8° De plus de 70 % à 80 % de l'effectif total : 8 sièges ;
9° De plus de 80 % à 90 % de l'effectif total : 9 sièges ;
10° De plus de 90 % de l'effectif total : 10 sièges. – *[Anc. art. L. 439-27.]*

Art. D. 2352-6 Lorsqu'il existe des représentants ou des élus dans toutes les sociétés, filiales et établissements, les organisations syndicales désignent les membres du groupe spécial de négociation conformément aux modalités fixées aux articles D. 2352-8 et D. 2352-9. – *[Anc. art. R. 439-6, al. 1er.]*

Art. D. 2352-7 L'organisation syndicale notifie à l'employeur la désignation des membres du groupe spécial de négociation par lettre recommandée avec avis de réception. – *[Anc. art. L. 439-29, al. 5 fin.]*

Art. D. 2352-8 Pour procéder à la répartition des sièges du groupe spécial de négociation entre les collèges conformément aux dispositions du troisième alinéa de l'article L. 2352-5, l'effectif à prendre en compte est la somme des effectifs des salariés appartenant aux collèges des sociétés, filiales et établissements.
Il est déterminé un quotient égal à l'effectif calculé au premier alinéa divisé par le nombre de sièges revenant à la France au sein du groupe spécial de négociation.
Il est attribué à chaque collège autant de sièges que le total de ses effectifs dans chaque société, filiale ou établissement contient de fois le quotient.
Le ou les sièges non attribués par application des dispositions du troisième alinéa sont attribués au plus fort reste. En cas d'égalité de restes, le siège revient au collège qui représente le plus grand nombre de salariés. – *[Anc. art. R. 439-6-II.]*

Art. D. 2352-9 Pour procéder à la répartition des sièges alloués à chaque collège entre les organisations syndicales, il est calculé un quotient égal au nombre total d'élus de ce collège dans les *(Décr. n° 2017-1819 du 29 déc. 2017, art. 3)* « comités sociaux et économiques ou comités sociaux et économiques d'établissement » des sociétés, filiales et établissements, divisé par le nombre de sièges attribués à ce collège.
Il est attribué à chaque organisation syndicale, par collège, autant de sièges que son nombre d'élus dans ce collège contient de fois le quotient.
Le ou les sièges non attribués par application des dispositions du deuxième alinéa sont attribués au plus fort reste. En cas d'égalité de restes, le siège revient à l'organisation syndicale qui a obtenu le plus grand nombre de suffrages cumulés lors du premier tour des élections ayant conduit à la désignation de ses élus. – *[Anc. art. R. 439-6-III.]*

Art. D. 2352-10 Lorsque seules certaines sociétés, filiales et établissements ont un représentant ou un élu, les membres du groupe spécial de négociation sont :
1° Soit désignés selon les modalités définies aux articles D. 2352-6 et suivants ;
2° Soit élus conformément aux dispositions de l'article D. 2352-11.
Les nombres respectifs des membres désignés et des membres élus pour pourvoir les sièges revenant à la France au sein du groupe spécial de négociation sont déterminés en fonction de la part des effectifs cumulés des sociétés, filiales et établissements ayant ou non un représentant ou un élu dans l'ensemble des effectifs des sociétés, filiales et établissements implantés en France. Cette détermination se fait selon le système de la représentation proportionnelle au plus fort reste. – *[Anc. art. R. 439-7.]*

Art. D. 2352-11 Lorsqu'aucune des sociétés, filiales et établissements n'a de représentant ou d'élu, les membres du groupe spécial de négociation sont élus directement par les salariés.

L'élection a lieu collège par collège. Elle est commune à l'ensemble des sociétés, filiales et établissements.

La répartition des sièges entre les différentes catégories et la répartition des salariés dans les collèges électoraux sont accomplies sur la base de leurs effectifs cumulés dans les sociétés, filiales et établissements.

Les listes de candidats comportent autant de noms que de sièges revenant à la France au sein du groupe spécial de négociation.

Le vote peut se dérouler séparément dans les locaux de chaque société, filiale ou établissement. Le dépouillement ne peut commencer avant la clôture du dernier scrutin.

Les sièges sont attribués à chaque liste conformément aux dispositions des articles R. 2324-18 et suivants. — *[Anc. art. R. 439-8.]*

Art. D. 2352-12 Lorsqu'un siège supplémentaire est attribué à une société participante en application de l'article L. 2352-4, ce siège est attribué :

1° S'il existe un *(Décr. n° 2017-1819 du 29 déc. 2017, art. 3)* « comité social et économique », à l'organisation syndicale qui compte le plus de représentants au sein de ce comité. En cas d'égalité, le siège est attribué à celle ayant recueilli le plus grand nombre de suffrages au premier tour de scrutin de l'élection des membres de ce comité ;

2° En l'absence de *(Décr. n° 2017-1819 du 29 déc. 2017, art. 3)* « comité social et économique », à un représentant élu directement à cet effet par les salariés de la société.

L'élection a lieu au scrutin uninominal à un tour.

Art. D. 2352-13 Les désignations des membres du groupe spécial de négociation sont notifiées aux dirigeants de la société, filiale ou établissement au sein duquel travaillent les représentants des salariés ou, le cas échéant, à l'organe de direction mandaté à cet effet.

Les dirigeants des sociétés, filiales et établissements transmettent aux dirigeants des sociétés participantes le nom des personnes ainsi désignées et celui des personnes élues en application des dispositions des articles D. 2352-10 à D. 2352-12.

Ils font connaître ces informations à leurs salariés, par affichage ou par tout autre moyen, ainsi qu'à l'*(Décr. n° 2021-143 du 10 févr. 2021, art. 10)* « agent de contrôle de l'inspection du travail ». — *[Anc. art. R. 439-10.]*

SOUS-SECTION 3 **Fonctionnement**

Art. D. 2352-14 Les dirigeants des sociétés participantes convoquent les membres du groupe spécial de négociation à une première réunion. La convocation fixe la date de la réunion. Elle est faite par lettre recommandée avec avis de réception.

Le délai de six mois mentionné au deuxième alinéa de l'article L. 2352-9 court à compter de la date de cette première réunion. — *[Anc. art. R. 439-11.]*

Art. D. 2352-15 Les membres du groupe spécial de négociation sont tenus informés :

1° Du mode de constitution de la société européenne et des effets de celui-ci pour les sociétés participantes ainsi que pour leurs filiales et établissements ;

2° Des modalités d'information, de consultation et de participation instituées au sein de ces sociétés, filiales et établissements, que le lieu de leur implantation soit situé en France ou dans un autre État membre de la Communauté européenne ou de l'Espace économique européen ;

3° Des modalités de transfert des droits et obligations des sociétés participantes en matière de conditions d'emploi résultant de la législation et des relations collectives et individuelles de travail. — *[Anc. art. R. 439-12.]*

Art. D. 2352-16 Pour le calcul des majorités de salariés mentionnées aux premier et deuxième alinéas de l'article L. 2352-13, chaque membre occupant un siège au sein du groupe spécial de négociation alloué à un État membre représente un nombre de salariés égal au nombre total des salariés employés dans les sociétés participantes, les filiales et les établissements situés dans cet État membre, divisé par le nombre de sièges attribués à cet État membre, arrondi à l'entier inférieur.

INSTITUTIONS REPRÉSENTATIVES **Art. R. 2353-3** 2075

Lorsqu'il est fait application des dispositions de l'article L. 2352-4, le titulaire de chaque siège supplémentaire représente un nombre de salariés égal à l'effectif de la société à laquelle a été attribué ce siège. Le nombre total des salariés calculé, pour l'État membre dans lequel est située cette société, conformément au premier alinéa, est alors réduit à concurrence de cet effectif. — *[Anc. art. R. 439-13.]*

Art. R. 2352-17 Les éléments fournis, en application du quatrième alinéa de l'article L. 229-3 du code de commerce, par la société, la filiale ou l'établissement concernés par la fusion pour attester que les modalités relatives à l'implication des salariés ont été fixées conformément aux dispositions des articles L. 2351-1, à L. 2352-13, L. 2352-16 à L. 2353-25, L. 2353-27 à L. 2353-32 et L. 2354-1, sont transmis à l'*(Décr. n° 2021-143 du 10 févr. 2021, art. 10)* « agent de contrôle de l'inspection du travail ». — *[Anc. art. R. 439-20.]*

SOUS-SECTION 4 Contestations

Art. R. 2352-18 Le *(Décr. n° 2019-966 du 18 sept. 2019, art. 8-I, en vigueur le 1ᵉʳ janv. 2020)* « tribunal judiciaire » compétent pour statuer sur la contestation de la désignation et de l'élection des membres du groupe spécial de négociation est celui dans le ressort duquel est situé le siège, selon le cas, de la société européenne, de la société, de la filiale ou de l'établissement concernés.

La contestation est formée, instruite et jugée selon les modalités prévues aux articles R. 2324-24 et R. 2324-25.

Toutefois, la contestation est formée :

1° Dans un délai de quinze jours à compter de la notification de la désignation à l'employeur ;

2° Par les salariés, dans un délai de quinze jours, à compter de la date à laquelle la désignation à l'employeur ou l'élection est portée à leur connaissance. — *[Anc. art. L. 439-45, al. 1ᵉʳ fin et 2, R. 439-14 et R. 439-15.]*

Art. R. 2352-19 Les litiges auxquels donne lieu l'application des dispositions de la présente section, autres que ceux mentionnés à l'article R. 2352-18, sont portés devant le président du *(Décr. n° 2019-966 du 18 sept. 2019, art. 8-I, en vigueur le 1ᵉʳ janv. 2020)* « tribunal judiciaire » du domicile du défendeur. Il statue *(Décr. n° 2019-1419 du 20 déc. 2019, art. 10, en vigueur le 1ᵉʳ janv. 2020)* « selon la procédure accélérée au fond ».

CHAPITRE III COMITÉ DE LA SOCIÉTÉ EUROPÉENNE ET PARTICIPATION DES SALARIÉS EN L'ABSENCE D'ACCORD

SECTION UNIQUE Comité de la société européenne

SOUS-SECTION 1 Mise en place

Art. D. 2353-1 Dans les hypothèses prévues à l'article L. 2353-2, est joint à la demande d'immatriculation de la société européenne :

1° L'accord portant sur la mise en place du comité de la société européenne et d'un système de participation des salariés prévu à l'article L. 2353-2 ;

2° A défaut de l'accord mentionné au 1°, l'engagement écrit des dirigeants des sociétés participantes de faire application des dispositions des articles L. 2351-2, L. 2351-7, L. 2352-14, L. 2352-15, L. 2353-1, L. 2353-3 à L. 2353-32, L. 2354-1. — *[Anc. art. R. 439-17.]*

Art. D. 2353-2 Les membres du comité de la société européenne sont :

1° Soit désignés selon les modalités définies aux articles D. 2352-6 et suivants ;

2° Soit élus conformément aux dispositions de l'article D. 2352-11 lorsque les conditions prévues à l'article L. 2352-6 sont réunies. — *[Anc. art. R. 439-18.]*

Art. R. 2353-3 Les contestations relatives à la désignation des représentants des salariés et à l'élection des membres du comité de la société européenne dont le siège se situe en France, ainsi que des salariés des sociétés participantes, des établissements ou filiales implantés en France, sont de la compétence du *(Décr. n° 2019-966 du 18 sept. 2019, art. 8-I, en vigueur le 1ᵉʳ janv. 2020)* « tribunal judiciaire » du siège de la société européenne, de la société participante ou de la filiale ou de l'établissement intéressé.

Ces contestations sont formées, instruites et jugées selon les modalités prévues aux articles R. 2324-24 et R. 2324-25.

Le recours est formé dans un délai de quinze jours à compter de la notification de la désignation à l'employeur. — *[Anc. art. R. 439-19.]*

SOUS-SECTION 2 Fonctionnement

Art. R. 2353-4 Le secrétaire du comité de la société européenne est désigné parmi ses membres.

Le bureau est élu parmi ses membres. — *[Anc. art. L. 439-35, al. 4.]*

Art. R. 2353-5 Les éléments fournis, en application du quatrième alinéa de l'article L. 229-3 du code de commerce, par la société, la filiale ou l'établissement concernés par la fusion pour attester que les modalités relatives à l'implication des salariés ont été fixées conformément aux dispositions des articles L. 2351-1, à L. 2352-13, L. 2352-16 à L. 2353-25, L. 2353-27 à L. 2353-32 et L. 2354-1, sont transmis à l'*(Décr. n° 2021-143 du 10 févr. 2021, art. 10)* « agent de contrôle de l'inspection du travail ». — *[Anc. art. R. 439-20.]*

Art. D. 2353-6 *(Décr. n° 2016-453 du 12 avr. 2016)* Les réunions par visioconférence du comité de la société européenne sur le fondement de l'article L. 2353-27-1 sont tenues dans les conditions prévues aux articles D. 2325-1-1 et suivants.

CHAPITRE IV DISPOSITIONS APPLICABLES POSTÉRIEUREMENT À L'IMMATRICULATION DE LA SOCIÉTÉ EUROPÉENNE

Art. R. 2354-1 Le président du *(Décr. n° 2019-966 du 18 sept. 2019, art. 8-I, en vigueur le 1ᵉʳ janv. 2020)* « tribunal judiciaire » du lieu du siège de la société européenne statue *(Décr. n° 2019-1419 du 20 déc. 2019, art. 10, en vigueur le 1ᵉʳ janv. 2020)* « selon la procédure accélérée au fond » sur toutes les contestations relatives à l'application de l'article L. 2354-4.

Il ordonne la constitution d'un groupe spécial de négociation si la composition du comité de la société européenne ou les modalités d'implication des salariés ne correspondent plus à l'effectif ou à la structure de la société. — *[Anc. art. L. 439-50, al. 3, et R. 439-21.]*

CHAPITRE V DISPOSITIONS PÉNALES

Le présent chapitre ne comprend pas de dispositions réglementaires.

TITRE VI IMPLICATION DES SALARIÉS DANS LA SOCIÉTÉ COOPÉRATIVE EUROPÉENNE ET COMITÉ DE LA SOCIÉTÉ COOPÉRATIVE EUROPÉENNE

(Décr. n° 2008-439 du 7 mai 2008 ; Décr. n° 2008-440 du 7 mai 2008)

CHAPITRE I DISPOSITIONS GÉNÉRALES

Art. D. 2361-1 *(Décr. n° 2008-440 du 7 mai 2008)* Lorsque les dirigeants des personnes morales ou les personnes physiques participant à la constitution d'une société coopérative européenne décident que son siège est établi sur le territoire français, le projet de constitution de cette société précise que le groupe spécial de négociation est constitué au lieu de ce siège.

CHAPITRE II IMPLICATION DES SALARIÉS DANS LA SOCIÉTÉ COOPÉRATIVE EUROPÉENNE PAR ACCORD DU GROUPE SPÉCIAL DE NÉGOCIATION

SECTION UNIQUE Groupe spécial de négociation

SOUS-SECTION 1 Mise en place et objet

Art. D. 2362-1 (*Décr. n° 2008-440 du 7 mai 2008*) Dans le délai d'un mois à compter de la publication du projet de constitution d'une société coopérative européenne, les dirigeants des personnes morales ou les personnes physiques participant à la création d'une société coopérative européenne portent à la connaissance de leurs organisations syndicales, de celle de leurs filiales et établissements qui disposent de représentants ou d'élus au sens du premier alinéa de l'article L. 2362-3 en ce qu'il renvoie à l'article L. 2352-5 :
 1° L'identité des personnes morales ou des personnes physiques, filiales et établissements ;
 2° Le lieu de leur implantation ;
 3° Leur statut juridique ;
 4° La nature de leurs activités.

Art. D. 2362-2 (*Décr. n° 2008-440 du 7 mai 2008*) Les dirigeants des personnes morales ou les personnes physiques indiquent à leurs organisations syndicales, à leurs filiales et à leurs établissements disposant de représentants ou d'élus :
 1° Le nombre de leurs salariés à la date de la publication du projet de constitution, en France collège par collège et dans les autres États membres ;
 2° Lorsque la société coopérative européenne n'est pas composée exclusivement de personnes physiques, les formes de participation existant au sens de l'article L. 2361-4 en ce qu'il renvoie à l'article L. 2351-6 ;
 3° Le nombre de sièges au groupe spécial de négociation revenant à chaque État membre, calculé conformément aux dispositions de l'article L. 2362-3 en ce qu'il renvoie à l'article L. 2352-3.

Art. D. 2362-3 (*Décr. n° 2008-440 du 7 mai 2008*) En cas de constitution de la société coopérative européenne par voie de fusion et dans les hypothèses mentionnées à l'article L. 2362-3 en ce qu'il renvoie à l'article L. 2352-4, les dirigeants des personnes morales fixent le nombre des sièges supplémentaires et indiquent ceux alloués aux sociétés ayant leur siège en France.

Art. D. 2362-4 (*Décr. n° 2008-440 du 7 mai 2008*) Lorsque les salariés des personnes morales ou personnes physiques, filiales et établissements intéressés sont dépourvus de toute forme de représentation, les renseignements mentionnés aux articles D. 2362-1 et D. 2362-2 leur sont directement communiqués par tout moyen.

SOUS-SECTION 2 Désignation, élection et statut des membres

Art. R. 2362-5 (*Décr. n° 2008-439 du 7 mai 2008*) En application du premier alinéa de l'article L. 2362-3 en ce qu'il renvoie à l'article L. 2352-3, le nombre de sièges par État membre au sein du groupe spécial de négociation est égal à :
 1° Jusqu'à 10 % de l'effectif total : 1 siège ;
 2° De plus de 10 % à 20 % de l'effectif total : 2 sièges ;
 3° De plus de 20 % à 30 % de l'effectif total : 3 sièges ;
 4° De plus de 30 % à 40 % de l'effectif total : 4 sièges ;
 5° De plus de 40 % à 50 % de l'effectif total : 5 sièges ;
 6° De plus de 50 % à 60 % de l'effectif total : 6 sièges ;
 7° De plus de 60 % à 70 % de l'effectif total : 7 sièges ;
 8° De plus de 70 % à 80 % de l'effectif total : 8 sièges ;
 9° De plus de 80 % à 90 % de l'effectif total : 9 sièges ;
 10° De plus de 90 % de l'effectif total : 10 sièges.

Art. D. 2362-6 (*Décr. n° 2008-440 du 7 mai 2008*) Lorsqu'il existe des représentants ou des élus pour toutes les personnes morales ou personnes physiques, filiales et établissements, les organisations syndicales désignent les membres du groupe spécial de négociation conformément aux modalités fixées aux articles D. 2362-8 et D. 2362-9.

Art. D. 2362-7 (*Décr. n° 2008-440 du 7 mai 2008*) L'organisation syndicale notifie à l'employeur la désignation des membres du groupe spécial de négociation par lettre recommandée avec avis de réception.

Art. D. 2362-8 (*Décr. n° 2008-440 du 7 mai 2008*) Pour procéder à la répartition des sièges du groupe spécial de négociation entre les collèges conformément à l'article L. 2362-3 en ce qu'il renvoie aux dispositions du troisième alinéa de l'article L. 2352-5, l'effectif à prendre en compte est la somme des effectifs des salariés appartenant aux collèges des personnes morales et des salariés assimilés des personnes physiques, filiales et établissements.

Il est déterminé un quotient égal à l'effectif calculé au premier alinéa divisé par le nombre de sièges revenant à la France au sein du groupe spécial de négociation.

Il est attribué à chaque collège autant de sièges que le total de ses effectifs de chaque personne morale ou personne physique, filiale ou établissement contient de fois le quotient.

Le ou les sièges non attribués par application des dispositions du troisième alinéa sont attribués au plus fort reste. En cas d'égalité de restes, le siège revient au collège qui représente le plus grand nombre de salariés.

Art. D. 2362-9 (*Décr. n° 2008-440 du 7 mai 2008*) Pour procéder à la répartition des sièges alloués à chaque collège entre les organisations syndicales, il est calculé un quotient égal au nombre total d'élus de ce collège dans les (*Décr. n° 2017-1819 du 29 déc. 2017, art. 3*) « comités sociaux et économiques ou comités sociaux et économiques d'établissement » des sociétés, filiales et établissements, divisé par le nombre de sièges attribués à ce collège.

Il est attribué à chaque organisation syndicale, par collège, autant de sièges que son nombre d'élus dans ce collège contient de fois le quotient.

Le ou les sièges non attribués par application des dispositions du deuxième alinéa sont attribués au plus fort reste. En cas d'égalité de restes, le siège revient à l'organisation syndicale qui a obtenu le plus grand nombre de suffrages cumulés lors du premier tour des élections ayant conduit à la désignation de ses élus.

Art. D. 2362-10 (*Décr. n° 2008-440 du 7 mai 2008*) Lorsque seules certaines personnes morales ou personnes physiques, filiales et établissements ont un représentant ou un élu, les membres du groupe spécial de négociation sont :

1° Soit désignés selon les modalités définies aux articles D. 2362-6 et suivants ;
2° Soit élus conformément aux dispositions de l'article D. 2362-11.

Les nombres respectifs des membres désignés et des membres élus pour pourvoir les sièges revenant à la France au sein du groupe spécial de négociation sont déterminés en fonction de la part des effectifs cumulés des personnes morales et personnes physiques, filiales et établissements ayant ou non un représentant ou un élu dans l'ensemble des effectifs des personnes morales ou personnes physiques, filiales et établissements implantés en France. Cette détermination se fait selon le système de la représentation proportionnelle au plus fort reste.

Art. D. 2362-11 (*Décr. n° 2008-440 du 7 mai 2008*) Lorsque aucune des personnes morales ou personnes physiques, filiales et établissements n'a de représentant ou d'élu, les membres du groupe spécial de négociation sont élus directement par les salariés.

L'élection a lieu collège par collège. Elle est commune à l'ensemble des personnes morales ou personnes physiques, filiales et établissements.

La répartition des sièges entre les différentes catégories et la répartition des salariés dans les collèges électoraux sont accomplies sur la base de leurs effectifs cumulés des personnes morales ou personnes physiques, filiales et établissements.

Les listes de candidats comportent autant de noms que de sièges revenant à la France au sein du groupe spécial de négociation.

Le vote peut se dérouler séparément dans les locaux de chaque personne morale ou personne physique, filiale ou établissement. Le dépouillement ne peut commencer avant la clôture du dernier scrutin.

Les sièges sont attribués à chaque liste conformément aux dispositions des articles R. 2324-18 et suivants.

Art. D. 2362-12 (*Décr. n° 2008-440 du 7 mai 2008*) Lorsqu'un siège supplémentaire est attribué à une personne morale ou personne physique en application de l'article L. 2362-3 en ce qu'il renvoie à l'article L. 2352-4, ce siège est attribué :

1° S'il existe un (*Décr. n° 2017-1819 du 29 déc. 2017, art. 3*) « comité social et économique », à l'organisation syndicale qui compte le plus de représentants au sein de ce comité. En cas d'égalité, le siège est attribué à celle ayant recueilli le plus grand nombre de suffrages au premier tour de scrutin de l'élection des membres de ce comité ;

2° En l'absence de (*Décr. n° 2017-1819 du 29 déc. 2017, art. 3*) « comité social et économique », à un représentant élu directement à cet effet par les salariés de la personne morale ou personne physique.

L'élection a lieu au scrutin uninominal à un tour.

Art. D. 2362-13 (*Décr. n° 2008-440 du 7 mai 2008*) Les désignations des membres du groupe spécial de négociation sont notifiées à la personne morale ou la personne physique, filiale ou établissement au sein duquel travaillent les représentants des salariés ou, le cas échéant, à l'organe de direction mandaté à cet effet.

Les dirigeants des personnes morales ou des personnes physiques, filiales et établissements transmettent aux dirigeants des personnes morales ou personnes physiques participantes le nom des personnes ainsi désignées et celui des personnes élues en application des dispositions des articles D. 2362-10 à D. 2362-12.

Ils font connaître ces informations à leurs salariés, par affichage ou par tout autre moyen, ainsi qu'à l'(*Décr. n° 2021-143 du 10 févr. 2021, art. 10*) « agent de contrôle de l'inspection du travail ».

SOUS-SECTION 3 Fonctionnement

Art. D. 2362-14 (*Décr. n° 2008-440 du 7 mai 2008*) Les dirigeants des personnes morales ou les personnes physiques participant à la création de la société coopérative européenne convoquent les membres du groupe spécial de négociation à une première réunion. La convocation fixe la date de la réunion. Elle est faite par lettre recommandée avec avis de réception.

Le délai de six mois mentionné au deuxième alinéa de l'article L. 2362-4 court à compter de la date de cette première réunion.

Art. D. 2362-15 (*Décr. n° 2008-440 du 7 mai 2008*) Les membres du groupe spécial de négociation sont tenus informés :

1° Du mode de constitution de la société coopérative européenne et des effets de celui-ci pour les personnes morales et personnes physiques participantes ainsi que pour leurs filiales et établissements ;

2° Des modalités d'information, de consultation et de participation instituées au sein de ces personnes morales ou personnes physiques, filiales et établissements, que le lieu de leur implantation soit situé en France ou dans un autre État membre de la Communauté européenne ou de l'Espace économique européen ;

3° Des modalités de transfert des droits et obligations des personnes morales ou des personnes physiques participantes en matière de conditions d'emploi résultant de la législation et des relations collectives et individuelles de travail.

Art. D. 2362-16 (*Décr. n° 2008-440 du 7 mai 2008*) Pour le calcul des majorités de salariés mentionnées aux premier et deuxième alinéas de l'article L. 2362-7, chaque membre occupant un siège au sein du groupe spécial de négociation alloué à un État membre représente un nombre de salariés égal au nombre total des salariés employés dans les personnes morales participantes, les filiales et les établissements situés dans cet État membre, divisé par le nombre de sièges attribués à cet État membre, arrondi à l'entier inférieur.

Lorsqu'il est fait application de l'article L. 2362-3 en ce qu'il renvoie aux dispositions de l'article L. 2352-4, le titulaire de chaque siège supplémentaire représente un nombre de salariés égal à l'effectif de la société à laquelle a été attribué ce siège. Le nombre total des salariés calculé, pour l'État membre dans lequel est située cette société, conformément au premier alinéa, est alors réduit à concurrence de cet effectif.

Art. R. 2362-17 (Décr. n° 2008-439 du 7 mai 2008) Les éléments fournis, en application du quatrième alinéa de l'article L. 229-3 du code de commerce, par la société, la filiale ou l'établissement concernés par la fusion pour attester que les modalités relatives à l'implication des salariés ont été fixées conformément aux dispositions des articles L. 2361-1 à L. 2362-8, L. 2362-10 à L. 2363-6, L. 2363-8 à L. 2363-11 et L. 2364-1, sont transmis à l'(Décr. n° 2021-143 du 10 févr. 2021, art. 10) « agent de contrôle de l'inspection du travail ».

SOUS-SECTION 4 **Contestations**

Art. R. 2362-18 (Décr. n° 2008-439 du 7 mai 2008) Le (Décr. n° 2019-966 du 18 sept. 2019, art. 8-I, en vigueur le 1er janv. 2020) « tribunal judiciaire » compétent pour statuer sur la contestation de la désignation et de l'élection des membres du groupe spécial de négociation est celui dans le ressort duquel est situé soit le siège, selon le cas, de la société coopérative européenne, de la personne morale, de la filiale ou de l'établissement concerné, soit le domicile de la personne physique participant à la constitution de la société coopérative européenne.

La contestation est formée, instruite et jugée selon les modalités prévues aux articles R. 2324-24 et R. 2324-25.

Toutefois, la contestation est formée :

1° Dans un délai de quinze jours à compter de la notification de la désignation à l'employeur ;

2° Par les salariés, dans un délai de quinze jours, à compter de la date à laquelle la désignation à l'employeur ou l'élection est portée à leur connaissance.

Art. R. 2362-19 (Décr. n° 2008-439 du 7 mai 2008) Les litiges auxquels donne lieu l'application des dispositions de la présente section, autres que ceux mentionnés à l'article R. 2362-18, sont portés devant le président du (Décr. n° 2019-966 du 18 sept. 2019, art. 8-I, en vigueur le 1er janv. 2020) « tribunal judiciaire » du domicile du défendeur. Il statue (Décr. n° 2019-1419 du 20 déc. 2019, art. 10, en vigueur le 1er janv. 2020) « selon la procédure accélérée au fond ».

CHAPITRE III **COMITÉ DE LA SOCIÉTÉ COOPÉRATIVE EUROPÉENNE ET PARTICIPATION DES SALARIÉS EN L'ABSENCE D'ACCORD**

SECTION UNIQUE **Comité de la société coopérative européenne**

SOUS-SECTION 1 **Mise en place**

Art. D. 2363-1 (Décr. n° 2008-440 du 7 mai 2008) Dans les hypothèses prévues à l'article L. 2363-2, est joint à la demande d'immatriculation de la société coopérative européenne :

1° L'accord portant sur la mise en place du comité de la société coopérative européenne et, lorsque la société coopérative européenne n'est pas composée exclusivement de personnes physiques, d'un système de participation des salariés prévu à l'article L. 2363-2 ;

2° A défaut de l'accord mentionné au 1°, l'engagement écrit des dirigeants des personnes morales ou des personnes physiques participantes de faire application des dispositions des articles L. 2361-2, L. 2361-5, L. 2362-9, L. 2363-1, L. 2363-3 à L. 2363-11, L. 2364-1.

Art. D. 2363-2 (Décr. n° 2008-440 du 7 mai 2008) Les membres du comité de la société coopérative européenne sont :

1° Soit désignés selon les modalités définies aux articles D. 2362-6 et suivants ;

2° Soit élus conformément aux dispositions de l'article D. 2362-11 lorsque les conditions prévues à l'article L. 2362-3 en ce qu'il renvoie à l'article L. 2352-6 sont réunies.

Art. R. 2363-3 (Décr. n° 2008-439 du 7 mai 2008) Les contestations relatives à la désignation des représentants des salariés et à l'élection des membres du comité de la société coopérative européenne dont le siège se situe en France, ainsi qu'à la désignation des représentants des salariés des personnes participantes, des établissements ou

INSTITUTIONS REPRÉSENTATIVES **Art. D. 2371-1** 2081

filiales implantés en France, sont de la compétence du *(Décr. n° 2019-966 du 18 sept. 2019, art. 8-I, en vigueur le 1ᵉʳ janv. 2020)* « tribunal judiciaire » soit du siège, selon le cas, de la société coopérative européenne, de la personne morale, de la filiale ou de l'établissement concerné, soit du domicile de la personne physique participant à la constitution de la société coopérative européenne.

Ces contestations sont formées, instruites et jugées selon les modalités prévues aux articles R. 2324-24 et R. 2324-25.

Le recours est formé dans un délai de quinze jours à compter de la notification de la désignation à l'employeur.

SOUS-SECTION 2 **Fonctionnement**

Art. R. 2363-4 *(Décr. n° 2008-439 du 7 mai 2008)* Le secrétaire du comité de la société coopérative européenne est désigné parmi ses membres.

Le bureau est élu parmi ses membres.

Art. R. 2363-5 *(Décr. n° 2008-439 du 7 mai 2008)* Les éléments fournis, en application du quatrième alinéa de l'article L. 229-3 du code de commerce, par les dirigeants de la société, la filiale ou l'établissement concernés par la fusion pour attester que les modalités relatives à l'implication des salariés ont été fixées conformément aux dispositions des articles L. 2361-1 à L. 2362-8, L. 2362-10 à L. 2363-6, L. 2363-8 à L. 2363-11 et L. 2364-1, sont transmis à l'*(Décr. n° 2021-143 du 10 févr. 2021, art. 10)* « agent de contrôle de l'inspection du travail ».

CHAPITRE IV DISPOSITIONS APPLICABLES POSTÉRIEUREMENT À L'IMMATRICULATION DE LA SOCIÉTÉ COOPÉRATIVE EUROPÉENNE

Art. R. 2364-1 *(Décr. n° 2008-439 du 7 mai 2008)* Le président du *(Décr. n° 2019-966 du 18 sept. 2019, art. 8-I, en vigueur le 1ᵉʳ janv. 2020)* « tribunal judiciaire » du lieu du siège de la société coopérative européenne statue *(Décr. n° 2019-1419 du 20 déc. 2019, art. 10, en vigueur le 1ᵉʳ janv. 2020)* « selon la procédure accélérée au fond » sur toutes les contestations relatives à l'application de l'article L. 2364-3 en ce qu'il renvoie à l'article L. 2354-4.

Il ordonne la constitution d'un groupe spécial de négociation si la composition du comité de la société coopérative européenne ou les modalités d'implication des salariés ne correspondent plus à l'effectif ou à la structure de la société.

CHAPITRE V DISPOSITIONS PÉNALES

Le présent chapitre ne comprend pas de dispositions réglementaires.

TITRE VII PARTICIPATION DES SALARIÉS DANS LES SOCIÉTÉS ISSUES D'OPÉRATIONS TRANSFRONTALIÈRES *(Décr. n° 2023-430 du 2 juin 2023, art. 8).*

(Décr. n° 2008-1116 du 31 oct. 2008)

CHAPITRE I DISPOSITIONS GÉNÉRALES

(Décr. n° 2008-1117 du 31 oct. 2008)

Art. D. 2371-1 Lorsque les dirigeants des sociétés participant à la constitution d'une société issue de *(Décr. n° 2023-430 du 2 juin 2023, art. 8)* « l'opération » transfrontalière décident que son siège est établi sur le territoire français, le projet de constitution de cette société précise que le groupe spécial de négociation prévu à l'article L. 2372-1 est constitué au lieu de ce siège.

CHAPITRE II PARTICIPATION DES SALARIÉS DANS LA SOCIÉTÉ ISSUE D'UNE OPÉRATION TRANSFRONTALIÈRE PAR ACCORD DU GROUPE SPÉCIAL DE NÉGOCIATION (Décr. n° 2023-430 du 2 juin 2023, art. 8).

(Décr. n° 2008-1116 du 31 oct. 2008)

SECTION UNIQUE Groupe spécial de négociation

(Décr. n° 2008-1116 du 31 oct. 2008)

SOUS-SECTION 1 Mise en place et objet

(Décr. n° 2008-1117 du 31 oct. 2008)

Art. D. 2372-1 Dans le délai d'un mois à compter de la publication du projet de constitution d'une société issue de *(Décr. n° 2023-430 du 2 juin 2023, art. 8)* « l'opération » transfrontalière, les dirigeants des sociétés participantes portent à la connaissance de leurs organisations syndicales et à celle de leurs filiales et établissements qui disposent de représentants ou d'élus au sens de l'article L. 2352-5 :
1° L'identité des sociétés, filiales et établissements ;
2° Le lieu de leur implantation ;
3° Leur statut juridique ;
4° La nature de leurs activités.

Art. D. 2372-2 Les dirigeants des sociétés participantes indiquent à leurs organisations syndicales, à leurs filiales et à leurs établissements disposant de représentants ou d'élus :
1° Le nombre de leurs salariés à la date de la publication du projet *(Décr. n° 2023-430 du 2 juin 2023, art. 8)* « d'opération », en France collège par collège et dans les autres États membres ;
2° Les formes de participation existant au sens de l'article L. 2371-3 en ce qu'il renvoie à l'article L. 2351-6 ;
3° Le nombre de sièges au groupe spécial de négociation revenant à chaque État membre, calculé conformément aux dispositions de l'article L. 2372-3 en ce qu'il renvoie à l'article L. 2352-3.

Art. D. 2372-3 Dans les hypothèses mentionnées à l'article L. 2352-4, les dirigeants fixent le nombre des sièges supplémentaires et indiquent ceux alloués aux sociétés ayant leur siège en France.

Art. D. 2372-4 Lorsque les sociétés, filiales et établissements intéressés sont dépourvus de toute forme de représentation, les renseignements mentionnés aux articles D. 2372-1 et D. 2372-2 sont directement communiqués, par tout moyen, à leurs salariés.

SOUS-SECTION 2 Désignation, élection et statut des membres

(Décr. n° 2008-1116 du 31 oct. 2008 ; Décr. n° 2008-1117 du 31 oct. 2008)

Art. R. 2372-5 En application de l'article L. 2372-3 en ce qu'il renvoie à l'article L. 2352-3, le nombre de sièges par État membre au sein du groupe spécial de négociation est égal à :
1° Jusqu'à 10 % de l'effectif total : 1 siège ;
2° De plus de 10 % à 20 % de l'effectif total : 2 sièges ;
3° De plus de 20 % à 30 % de l'effectif total : 3 sièges ;
4° De plus de 30 % à 40 % de l'effectif total : 4 sièges ;
5° De plus de 40 % à 50 % de l'effectif total : 5 sièges ;
6° De plus de 50 % à 60 % de l'effectif total : 6 sièges ;
7° De plus de 60 % à 70 % de l'effectif total : 7 sièges ;
8° De plus de 70 % à 80 % de l'effectif total : 8 sièges ;
9° De plus de 80 % à 90 % de l'effectif total : 9 sièges ;
10° De plus de 90 % de l'effectif total : 10 sièges.

Art. D. 2372-6 *(Décr. n° 2008-1117 du 31 oct. 2008)* Lorsqu'il existe des représentants ou des élus dans toutes les sociétés, filiales et établissements, les organisations

INSTITUTIONS REPRÉSENTATIVES — Art. D. 2372-12 2083

syndicales désignent les membres du groupe spécial de négociation conformément aux modalités fixées aux articles D. 2372-8 et D. 2372-9.

Art. D. 2372-7 (Décr. n° 2008-1117 du 31 oct. 2008) L'organisation syndicale notifie à l'employeur la désignation des membres du groupe spécial de négociation par lettre recommandée avec avis de réception.

Art. D. 2372-8 (Décr. n° 2008-1117 du 31 oct. 2008) Pour procéder à la répartition des sièges du groupe spécial de négociation entre les collèges conformément à l'article L. 2372-3 en ce qu'il renvoie aux dispositions du troisième alinéa de l'article L. 2352-5, l'effectif à prendre en compte est la somme des effectifs des salariés appartenant aux collèges des sociétés, filiales et établissements.

Il est déterminé un quotient égal à l'effectif calculé au premier alinéa divisé par le nombre de sièges revenant à la France au sein du groupe spécial de négociation.

Il est attribué à chaque collège autant de sièges que le total de ses effectifs dans chaque société, filiale ou établissement contient de fois le quotient.

Le ou les sièges non attribués par application des dispositions du troisième alinéa sont attribués au plus fort reste. En cas d'égalité de restes, le siège revient au collège qui représente le plus grand nombre de salariés.

Art. D. 2372-9 (Décr. n° 2008-1117 du 31 oct. 2008) Pour procéder à la répartition des sièges alloués à chaque collège entre les organisations syndicales, il est calculé un quotient égal au nombre total d'élus de ce collège dans les (Décr. n° 2017-1819 du 29 déc. 2017, art. 3) « comités sociaux et économiques ou comités sociaux et économiques d'établissement » des sociétés, filiales et établissements, divisé par le nombre de sièges attribués à ce collège.

Il est attribué à chaque organisation syndicale, par collège, autant de sièges que son nombre d'élus dans ce collège contient de fois le quotient.

Le ou les sièges non attribués par application des dispositions du deuxième alinéa sont attribués au plus fort reste. En cas d'égalité de restes, le siège revient à l'organisation syndicale qui a obtenu le plus grand nombre de suffrages cumulés lors du premier tour des élections ayant conduit à la désignation de ses élus.

Art. D. 2372-10 (Décr. n° 2008-1117 du 31 oct. 2008) Lorsque seuls certains sociétés, filiales et établissements ont un représentant ou un élu, les membres du groupe spécial de négociation sont :

1° Soit désignés selon les modalités définies aux articles D. 2372-6 à D. 2372-9 ;

2° Soit élus conformément aux dispositions de l'article D. 2372-11.

Les nombres respectifs des membres désignés et des membres élus pour pourvoir les sièges revenant à la France au sein du groupe spécial de négociation sont déterminés en fonction de la part des effectifs cumulés des sociétés, filiales et établissements ayant ou non un représentant ou un élu dans l'ensemble des effectifs des sociétés, filiales et établissements implantés en France. Cette détermination se fait selon le système de la représentation proportionnelle au plus fort reste.

Art. D. 2372-11 (Décr. n° 2008-1117 du 31 oct. 2008) Lorsque aucune des sociétés et filiales et aucun des établissements n'a de représentant ou d'élu, les membres du groupe spécial de négociation sont élus directement par les salariés.

L'élection a lieu collège par collège. Elle est commune à l'ensemble des sociétés, filiales et établissements.

La répartition des sièges entre les différentes catégories et la répartition des salariés dans les collèges électoraux sont accomplies sur la base de leurs effectifs cumulés dans les sociétés, filiales et établissements.

Les listes de candidats comportent autant de noms que de sièges revenant à la France au sein du groupe spécial de négociation.

Le vote peut se dérouler séparément dans les locaux de chaque société, filiale ou établissement. Le dépouillement ne peut commencer avant la clôture du dernier scrutin.

Les sièges sont attribués à chaque liste conformément aux dispositions des articles R. 2324-18 et suivants.

Art. D. 2372-12 (Décr. n° 2008-1117 du 31 oct. 2008) Lorsqu'un siège supplémentaire est attribué à une société participante en application de l'article L. 2372-3 en ce qu'il renvoie à l'article L. 2352-4, ce siège est attribué :

1° S'il existe un *(Décr. n° 2017-1819 du 29 déc. 2017, art. 3)* « comité social et économique », à l'organisation syndicale qui compte le plus de représentants au sein de ce comité. En cas d'égalité, le siège est attribué à celle ayant recueilli le plus grand nombre de suffrages au premier tour de scrutin de l'élection des membres de ce comité ;

2° En l'absence de *(Décr. n° 2017-1819 du 29 déc. 2017, art. 3)* « comité social et économique », à un représentant élu directement à cet effet par les salariés de la société.

L'élection a lieu au scrutin uninominal à un tour.

Art. D. 2372-13 *(Décr. n° 2008-1117 du 31 oct. 2008)* Les désignations des membres du groupe spécial de négociation sont notifiées aux dirigeants de la société, filiale ou établissement au sein duquel travaillent les représentants des salariés ou, le cas échéant, à l'organe de direction mandaté à cet effet.

Les dirigeants des sociétés, filiales et établissements transmettent aux dirigeants des sociétés participantes le nom des personnes ainsi désignées et celui des personnes élues en application des dispositions des articles D. 2372-10 à D. 2372-12.

Ils font connaître ces informations à leurs salariés, par affichage ou par tout autre moyen, ainsi qu'à l'*(Décr. n° 2021-143 du 10 févr. 2021, art. 10)* « agent de contrôle de l'inspection du travail ».

SOUS-SECTION 3 **Fonctionnement**

(Décr. n° 2008-1116 du 31 oct. 2008 ; Décr. n° 2008-1117 du 31 oct. 2008)

Art. D. 2372-14 *(Décr. n° 2008-1117 du 31 oct. 2008)* Les dirigeants des sociétés participantes convoquent les membres du groupe spécial de négociation à une première réunion. La convocation fixe la date de la réunion. Elle est faite par lettre recommandée avec avis de réception.

Le délai de six mois mentionné au deuxième alinéa de l'article L. 2352-9 court à compter de la date de cette première réunion.

Art. D. 2372-15 *(Décr. n° 2008-1117 du 31 oct. 2008)* Les membres du groupe spécial de négociation sont tenus informés :

1° Du mode de constitution de la société issue de *(Décr. n° 2023-430 du 2 juin 2023, art. 8)* « l'opération » transfrontalière et des effets de celui-ci pour les sociétés participantes ainsi que pour leurs filiales et établissements ;

2° Des modalités de participation instituées au sein de ces sociétés participantes, filiales et établissements, que le lieu de leur implantation soit situé en France ou dans un autre État membre de *(Décr. n° 2023-430 du 2 juin 2023, art. 8)* « l'Union européenne » ou de l'Espace économique européen ;

3° Des modalités de transfert des droits et obligations des sociétés participantes en matière de conditions d'emploi résultant de la législation et des relations collectives et individuelles de travail.

Art. D. 2372-16 *(Décr. n° 2008-1117 du 31 oct. 2008)* Pour le calcul des majorités de salariés mentionnées aux premier et deuxième alinéas de l'article L. 2372-4, chaque membre occupant un siège au sein du groupe spécial de négociation alloué à un État membre représente un nombre de salariés égal au nombre total des salariés employés dans les sociétés participantes, les filiales et les établissements situés dans cet État membre, divisé par le nombre de sièges attribués à cet État membre, arrondi à l'entier inférieur.

Lorsqu'il est fait application de l'article L. 2372-3 en ce qu'il renvoie aux dispositions de l'article L. 2352-4, le titulaire de chaque siège supplémentaire représente un nombre de salariés égal à l'effectif de la société à laquelle a été attribué ce siège. Le nombre total des salariés calculé, pour l'État membre dans lequel est située cette société, conformément au premier alinéa, est alors réduit à concurrence de cet effectif.

Art. R. 2372-17 *(Décr. n° 2008-1116 du 31 oct. 2008)* Les éléments fournis, en application du quatrième alinéa de l'article L. 229-3 du code de commerce, par la société, la filiale ou l'établissement concernés par *(Décr. n° 2023-430 du 2 juin 2023, art. 8)* « l'opération » pour attester que les modalités relatives à la participation des salariés ont été fixées conformément aux dispositions des articles L. 2371-1 à L. 2371-3,

INSTITUTIONS REPRÉSENTATIVES **Art. D. 2373-2** 2085

L. 2372-1 à L. 2372-4, du second alinéa de l'article L. 2372-5 et des articles L. 2372-6 à L. 2374-2 sont transmis à l'*(Décr. n° 2021-143 du 10 févr. 2021, art. 10)* « agent de contrôle de l'inspection du travail ».

SOUS-SECTION 4 Contestations

(Décr. n° 2008-1116 du 31 oct. 2008 ; Décr. n° 2008-1117 du 31 oct. 2008)

Art. R. 2372-18 Le *(Décr. n° 2019-966 du 18 sept. 2019, art. 8-I, en vigueur le 1ᵉʳ janv. 2020)* « tribunal judiciaire » compétent pour statuer sur la contestation de la désignation et de l'élection des membres du groupe spécial de négociation est celui dans le ressort duquel est situé le siège, selon le cas, de la société issue de *(Décr. n° 2023-430 du 2 juin 2023, art. 8)* « l'opération » transfrontalière, de la société, de la filiale ou de l'établissement concerné.

La contestation est formée, instruite et jugée selon les modalités prévues aux articles R. 2324-24 et R. 2324-25.

Toutefois, la contestation est formée :

1° Dans un délai de quinze jours à compter de la notification de la désignation à l'employeur ;

2° Par les salariés, dans un délai de quinze jours, à compter de la date à laquelle la désignation à l'employeur ou l'élection est portée à leur connaissance.

Art. R. 2372-19 Les litiges auxquels donne lieu l'application des dispositions de la présente section, autres que ceux mentionnés à l'article R. 2372-18, sont portés devant le président du *(Décr. n° 2019-966 du 18 sept. 2019, art. 8-I, en vigueur le 1ᵉʳ janv. 2020)* « tribunal judiciaire » du domicile du défendeur. Il statue *(Décr. n° 2019-1419 du 20 déc. 2019, art. 10, en vigueur le 1ᵉʳ janv. 2020)* « selon la procédure accélérée au fond ».

CHAPITRE III COMITÉ DE LA SOCIÉTÉ ISSUE DE L'OPÉRATION TRANSFRONTALIÈRE ET PARTICIPATION DES SALARIÉS EN L'ABSENCE D'ACCORD *(Décr. n° 2023-430 du 2 juin 2023, art. 8).*

(Décr. n° 2008-1116 du 31 oct. 2008)

SECTION UNIQUE Comité de la société issue de l'opération transfrontalière
(Décr. n° 2023-430 du 2 juin 2023, art. 8).

(Décr. n° 2008-1116 du 31 oct. 2008 ; Décr. n° 2008-1117 du 31 oct. 2008)

SOUS-SECTION 1 Mise en place

(Décr. n° 2008-1116 du 31 oct. 2008 ; Décr. n° 2008-1117 du 31 oct. 2008)

Art. D. 2373-1 *(Décr. n° 2008-1117 du 31 oct. 2008)* Dans les hypothèses prévues à l'article L. 2373-2, est joint à la demande d'immatriculation de la société issue de *(Décr. n° 2023-430 du 2 juin 2023, art. 8)* « l'opération » transfrontalière :

1° L'accord portant sur la mise en place du comité de la société issue de *(Décr. n° 2023-430 du 2 juin 2023, art. 8)* « l'opération » transfrontalière et, lorsque la société issue de *(Décr. n° 2023-430 du 2 juin 2023, art. 8)* « l'opération » transfrontalière n'est pas composée exclusivement de personnes physiques, d'un système de participation des salariés prévu à l'article L. 2373-2 ;

2° A défaut de l'accord mentionné au 1°, l'engagement écrit des dirigeants des sociétés participantes de faire application des dispositions des articles L. 2371-4, L. 2372-5, deuxième alinéa, en ce qu'il renvoie à l'article L. 2352-9, L. 2373-1, L. 2373-3, L. 2374-1.

Art. D. 2373-2 *(Décr. n° 2008-1117 du 31 oct. 2008)* Les membres du comité de la société issue de *(Décr. n° 2023-430 du 2 juin 2023, art. 8)* « l'opération » transfrontalière sont :

1° Soit désignés selon les modalités définies aux articles D. 2372-6 à D. 2372-9 ;

2° Soit élus conformément aux dispositions de l'article D. 2372-11 lorsque les conditions prévues à l'article L. 2372-3 en ce qu'il renvoie à l'article L. 2352-6 sont réunies.

Art. R. 2373-3 (Décr. n° 2008-1116 du 31 oct. 2008) Les contestations relatives à la désignation des représentants des salariés et à l'élection des membres du comité de la société issue de (Décr. n° 2023-430 du 2 juin 2023, art. 8) « l'opération » transfrontalière dont le siège se situe en France, ainsi qu'à la désignation des représentants des salariés des sociétés participantes, des établissements ou filiales implantés en France, sont de la compétence du (Décr. n° 2019-966 du 18 sept. 2019, art. 8-I, en vigueur le 1er janv. 2020) « tribunal judiciaire » du siège de la société issue de (Décr. n° 2023-430 du 2 juin 2023, art. 8) « l'opération » transfrontalière, de la société participante, de la filiale ou de l'établissement concerné.

Ces contestations sont formées, instruites et jugées selon les modalités prévues aux articles R. 2324-24 et R. 2324-25.

Le recours est formé dans un délai de quinze jours à compter de la notification de la désignation à l'employeur.

SOUS-SECTION 2 **Fonctionnement**

(Décr. n° 2008-1116 du 31 oct. 2008)

Art. R. 2373-4 Le secrétaire du comité de la société issue de (Décr. n° 2023-430 du 2 juin 2023, art. 8) « l'opération » transfrontalière est désigné parmi ses membres.

Le bureau est élu parmi ses membres.

Art. R. 2373-5 Les éléments fournis, en application du quatrième alinéa de l'article L. 229-3 du code de commerce, par les dirigeants de la société, la filiale ou l'établissement concernés par (Décr. n° 2023-430 du 2 juin 2023, art. 8) « l'opération » pour attester que les modalités relatives à la participation des salariés ont été fixées conformément aux dispositions des articles L. 2371-1 à L. 2371-3, L. 2372-1 à L. 2372-4, du second alinéa de l'article L. 2372-5 et des articles L. 2372-6 à L. 2374-2 sont transmis à l'(Décr. n° 2021-143 du 10 févr. 2021, art. 10) « agent de contrôle de l'inspection du travail ».

CHAPITRE IV DISPOSITIONS APPLICABLES POSTÉRIEUREMENT À L'IMMATRICULATION DE LA SOCIÉTÉ ISSUE DE LA FUSION TRANSFRONTALIÈRE

(Décr. n° 2008-1116 du 31 oct. 2008)

Le présent chapitre ne comprend pas de dispositions réglementaires.

CHAPITRE V DISPOSITIONS PÉNALES

(Décr. n° 2008-1116 du 31 oct. 2008)

Le présent chapitre ne comprend pas de dispositions réglementaires.

TITRE VIII COMITÉ D'HYGIÈNE, DE SÉCURITÉ ET DES CONDITIONS DE TRAVAIL

Le présent titre ne comprend pas de dispositions réglementaires.

TITRE IX [ABROGÉ] REGROUPEMENT PAR ACCORD DES INSTITUTIONS REPRÉSENTATIVES DU PERSONNEL

(Abrogé par Décr. n° 2017-1819 du 29 déc. 2017, art. 1ᵉʳ-II) (Décr. n° 2016-346 du 23 mars 2016)

TITRE X [ABROGÉ] RÉUNIONS COMMUNES DES INSTITUTIONS REPRÉSENTATIVES DU PERSONNEL

(Abrogé par Décr. n° 2017-1819 du 29 déc. 2017, art. 1ᵉʳ-II) (Décr. n° 2016-453 du 12 avr. 2016)

TITRE XI COMMISSIONS PARITAIRES RÉGIONALES INTERPROFESSIONNELLES POUR LES SALARIÉS ET LES EMPLOYEURS DES ENTREPRISES DE MOINS DE ONZE SALARIÉS

(Décr. n° 2017-663 du 27 avr. 2017)

CHAPITRE I CHAMP D'APPLICATION

Art. R. 23-111-1 Pour l'application du II de l'article L. 23-111-1, ne sont pas prises en compte les branches pour lesquelles un accord a été conclu au plus tard le 31 mars de l'année de la mise en place ou du renouvellement de la commission paritaire régionale interprofessionnelle.

CHAPITRE II COMPOSITION DES COMMISSIONS

SECTION 1 Détermination des sièges

SOUS-SECTION 1 Dispositions communes

Art. R. 23-112-1 Le ministre chargé du travail arrête au plus tard un mois avant la mise en place ou le renouvellement des commissions paritaires régionales interprofessionnelles le nombre de sièges attribués par commission aux organisations syndicales de salariés et aux organisations professionnelles d'employeurs dont la vocation statutaire revêt un caractère interprofessionnel.

Cet arrêté ne peut faire l'objet d'un recours administratif.

V. Arr. du 30 juill. 2021, NOR: MTRT2123840A (JO 1ᵉʳ août), et Arr. du 10 déc. 2021, NOR: MTRT2137153A (JO 14 déc.).

SOUS-SECTION 2 Attribution des sièges aux organisations syndicales de salariés

Art. R. 23-112-2 La détermination des sièges de chaque commission paritaire régionale interprofessionnelle prévue au 1° de l'article L. 23-112-1 prend en compte les suffrages retenus, dans le champ de compétence professionnel et territorial de la commission, pour la mesure de l'audience syndicale dans le cadre du scrutin prévu à l'article L. 2122-10-1 et dans celui des élections des membres représentant les salariés de la production agricole aux chambres d'agriculture prévues à l'article L. 2122-6.

Art. R. 23-112-3 Les sièges sont attribués aux organisations syndicales de salariés mentionnées au 1° de l'article L. 23-112-1 proportionnellement aux résultats obtenus en application de l'article R. 23-112-2 suivant la règle de la plus forte moyenne.

Art. R. 23-112-4 En cas d'égalité entre deux ou plusieurs organisations après application de l'article R. 23-112-3, le siège est attribué à l'organisation syndicale de salariés qui a recueilli le plus de suffrages dans le champ de compétence professionnel et territorial de la commission.

En cas d'égalité après application de l'alinéa précédent, le siège est attribué à l'organisation syndicale de salariés qui a recueilli le plus de suffrages au niveau national dans le champ de compétence professionnel de la commission.

Art. R. 23-112-5 Lorsque le nombre de suffrages retenus dans le champ de compétence professionnel et territorial d'une commission est inférieur au double du nombre de sièges à pourvoir pour cette commission, sont pris en compte pour l'attribution des sièges les suffrages retenus au niveau national dans ce champ de compétence professionnel.

SOUS-SECTION 3 **Attribution des sièges aux organisations professionnelles d'employeurs**

Art. R. 23-112-6 La détermination des sièges de chaque commission paritaire régionale interprofessionnelle prévue au 2° de l'article L. 23-112-1 prend en compte, au titre de l'appréciation de l'audience patronale, *(Décr. n° 2020-184 du 28 févr. 2020, art. 1er, en vigueur le 1er juill. 2021)* « le nombre d'entreprises adhérentes implantées dans la région employant au total moins de onze salariés » et appartenant aux branches couvertes par la commission, tel qu'il résulte du calcul des résultats présentés en Haut Conseil du dialogue social en application de l'article R. 2152-18.

Art. R. 23-112-7 Les sièges sont attribués aux organisations professionnelles d'employeurs mentionnées au 2° de l'article L. 23-112-1 proportionnellement aux résultats obtenus en application de l'article R. 23-112-6 suivant la règle de la plus forte moyenne.

Art. R. 23-112-8 En cas d'égalité entre deux ou plusieurs organisations après application de l'article R. 23-112-7, le siège est attribué à l'organisation professionnelle d'employeurs qui a recueilli le plus grand nombre d'entreprises adhérentes dans le champ de compétence professionnel et territorial de la commission.

En cas d'égalité après application de l'alinéa précédent, le siège est attribué à l'organisation professionnelle d'employeurs qui a recueilli le plus grand nombre d'entreprises adhérentes au niveau national dans le champ de compétence professionnel de la commission.

Art. R. 23-112-9 Lorsque le nombre d'entreprises adhérentes retenu dans le champ de compétence professionnel et territorial d'une commission est inférieur au double du nombre de sièges à pourvoir pour cette commission, sont prises en compte pour l'attribution des sièges les entreprises adhérentes retenues au niveau national dans ce champ de compétence professionnel.

SECTION 2 **Désignation des membres**

SOUS-SECTION 1 **Dispositions générales**

Art. R. 23-112-10 Le ministre chargé du travail fixe par arrêté le calendrier de la désignation des membres des commissions paritaires régionales interprofessionnelles et de leur mise en place. L'arrêté fixe également le modèle des documents requis pour la désignation du mandataire prévu par l'article R. 23-112-12 et des membres des commissions paritaires régionales interprofessionnelles. – *V. Arr. du 30 juill. 2021, NOR : MTRT2123840A (JO 1er août), mod. par Arr. 24 nov. 2021, NOR : MTRT2134009A (JO 26 nov.), et Arr. du 8 déc. 2021, NOR : MTRT2136709A (JO 9 déc.).*

SOUS-SECTION 2 **Modalités de désignation**

Art. R. 23-112-11 Les conditions prévues aux articles L. 23-112-1 et L. 23-112-4 s'apprécient à la date de la désignation en tant que membre de la commission paritaire régionale interprofessionnelle.

Art. R. 23-112-12 Pour chaque commission paritaire régionale interprofessionnelle, l'organisation mentionnée à l'article R. 23-112-1 désigne un mandataire à effet de déclarer auprès de la *(Décr. n° 2020-1545 du 9 déc. 2020, art. 28-X, en vigueur le 1er avr. 2021)* « direction régionale de l'économie, de l'emploi, du travail et des solidarités » compétente territorialement le nom de la ou des personnes qu'elle désigne comme membres de la commission.

Cette déclaration est accompagnée d'une déclaration sur l'honneur de chaque personne désignée comme membre de la commission attestant qu'elle satisfait aux conditions prévues aux articles L. 23-112-1 et L. 23-112-4.

Art. R. 23-112-13 Lorsqu'elle procède à la déclaration mentionnée au premier alinéa de l'article R. 23-112-12, l'organisation syndicale de salariés notifie à l'employeur ou aux employeurs du ou des salariés qu'elle désigne comme membres de la commission leur identité ainsi que la région concernée. Cette notification est faite par tout moyen lui conférant date certaine. Ces informations sont simultanément communiquées à l'inspection du travail.

Art. R. 23-112-14 Le *(Décr. n° 2020-1545 du 9 déc. 2020, art. 28-X, en vigueur le 1er avr. 2021)* « directeur régional de l'économie, de l'emploi, du travail et des solidarités » publie au recueil des actes administratifs et mentionne sur son site internet la liste des personnes désignées par les organisations mentionnées à l'article R. 23-112-1 et représentant les salariés et les employeurs au sein de la ou des commissions paritaires régionales interprofessionnelles de son ressort territorial.

Art. R. 23-112-15 Les contestations relatives à la désignation des membres des commissions paritaires régionales interprofessionnelles sont de la compétence du *(Décr. n° 2019-966 du 18 sept. 2019, art. 8-I, en vigueur le 1er janv. 2020)* « tribunal judiciaire », qui statue en dernier ressort.

Le tribunal est saisi des contestations par voie de *(Décr. n° 2019-1333 du 11 déc. 2019, art. 36, en vigueur le 1er janv. 2020)* « requête. La requête » n'est recevable que si elle est faite dans un délai de quinze jours à compter de la publication prévue à l'article R. 23-112-14 devant le *(Décr. n° 2019-966 du 18 sept. 2019, art. 8-I, en vigueur le 1er janv. 2020)* « tribunal judiciaire » dans le ressort duquel la *(Décr. n° 2020-1545 du 9 déc. 2020, art. 28-X, en vigueur le 1er avr. 2021)* « direction régionale de l'économie, de l'emploi, du travail et des solidarités » a son siège.

Art. R. 23-112-16 Le *(Décr. n° 2019-966 du 18 sept. 2019, art. 8-I, en vigueur le 1er janv. 2020)* « tribunal judiciaire » statue dans les dix jours de sa saisine sans frais ni forme de procédure et sur avertissement qu'il donne trois jours à l'avance à toutes les parties intéressées. La décision du tribunal est notifiée aux parties par le greffe dans les trois jours par lettre recommandée avec avis de réception. Le greffe en adresse une copie dans le même délai au *(Décr. n° 2020-1545 du 9 déc. 2020, art. 28-X, en vigueur le 1er avr. 2021)* « directeur régional de l'économie, de l'emploi, du travail et des solidarités ».

Art. R. 23-112-17 La décision du *(Décr. n° 2019-966 du 18 sept. 2019, art. 8-I, en vigueur le 1er janv. 2020)* « tribunal judiciaire » peut faire l'objet d'un pourvoi en cassation dans un délai de dix jours suivant sa notification. Le pourvoi est formé, instruit et jugé dans les conditions prévues aux articles 999 à 1008 du code de procédure civile.

Art. R. 23-112-18 Les délais fixés par les articles R. 23-112-15 à R. 23-112-17 sont calculés et prorogés conformément aux dispositions des articles 640, 641 et 642 du code de procédure civile.

Art. R. 23-112-19 En cas d'impossibilité de désigner un représentant dans les délais fixés par l'arrêté mentionné à l'article R. 23-112-10 ou de cessation des fonctions d'un membre de la commission, il peut être procédé à la désignation d'un autre membre pour cette commission dans les conditions définies à la présente sous-section. Toutefois, il n'est pas procédé à cette désignation moins de six mois avant la fin du mandat.

Les membres désignés en application de l'alinéa précédent le sont pour la durée du mandat restant à courir.

CHAPITRE III **FONCTIONNEMENT DES COMMISSIONS**

Art. R. 23-113-1 Pour l'application du deuxième alinéa de l'article L. 23-114-1, le salarié qui bénéficie d'heures de délégation de la part d'un ou de salariés de la commission informe son employeur du nombre d'heures dont il dispose à ce titre et de l'identité du ou des salariés qui le font bénéficier de cette ou de ces heures. Le salarié qui fait bénéficier de ses heures de délégation un ou plusieurs salariés de la commission informe son employeur de ce nombre d'heures et de l'identité du ou des salariés qui en bénéficient. Dans les deux cas, l'information prévue à ce titre est faite par tout moyen lui conférant date certaine.

Art. R. 23-113-2 La demande de remboursement du maintien de salaire du représentant salarié est transmise par son employeur dans les trois mois à l'organisation syndicale qui l'a désigné.

Cette demande, à laquelle est jointe l'information prévue au troisième alinéa de l'article L. 23-114-1, précise :

1° L'identité du salarié et le nombre d'heures pour lesquelles le remboursement est demandé ;

2° Le montant du salaire maintenu et des cotisations et contributions sociales y afférentes ;

3° Le cas échéant, la ou les dates de réunion de la commission paritaire régionale interprofessionnelle pour la période considérée.

Est joint à cette demande tout document permettant de vérifier le montant du salaire maintenu.

L'organisation syndicale acquitte à l'employeur le montant dû dans un délai de trois mois à compter de la réception de la demande complète par cette organisation.

Art. R. 23-113-3 I. – Par dérogation aux dispositions des articles R. 3252-2 à R. 3252-5, lorsque l'organisation syndicale n'a pas remboursé l'employeur de tout ou partie des sommes dues dans le délai prévu au dernier alinéa de l'article R. 23-113-2, l'employeur peut procéder à une retenue sur le salaire du salarié, dans les limites prévues au I de l'article R. 2145-7.

II. – L'employeur informe le salarié de la retenue au moins trente jours avant d'y procéder ou de procéder à la première retenue.

III. – L'employeur ne peut procéder à la retenue lorsque sa demande a été transmise hors le délai mentionné au premier alinéa de l'article R. 23-113-2.

Art. R. 23-113-4 La demande d'indemnisation du représentant employeur est transmise dans les trois mois à l'organisation professionnelle qui l'a désigné. Cette demande, à laquelle est joint un justificatif de présence, précise l'identité du représentant employeur et le nombre d'heures pour lesquelles il demande l'indemnisation.

Le montant de l'indemnisation est calculé sur la base du taux horaire de l'allocation perçue par le conseiller prud'homme employeur.

L'organisation professionnelle acquitte à l'employeur le montant dû dans un délai de trois mois à compter de la réception de la demande complète par cette organisation.

LIVRE IV LES SALARIÉS PROTÉGÉS

TITRE I CAS, DURÉES ET PÉRIODES DE PROTECTION

CHAPITRE I PROTECTION EN CAS DE LICENCIEMENT

Art. R. 2411-1 Les dispositions de l'article L. 2411-13 ne sont pas applicables au fonctionnaire titulaire membre du comité d'hygiène, de sécurité et des conditions de travail d'un établissement de santé, social et médico-social mentionné à l'article 2 de la loi n° 86-33 du 9 janvier 1986 portant dispositions statutaires relatives à la fonction publique hospitalière.

Pour l'application de ces dispositions aux agents non titulaires, la commission paritaire consultative compétente pour les fonctionnaires titulaires exerçant les mêmes fonctions que l'agent intéressé est consultée. – [Anc. art. R. 236-31.]

CHAPITRE II PROTECTION EN CAS DE RUPTURE D'UN CONTRAT DE TRAVAIL À DURÉE DÉTERMINÉE

Le présent chapitre ne comprend pas de dispositions réglementaires.

SALARIÉS PROTÉGÉS **Art. R. 2421-4** 2091

CHAPITRE III PROTECTION EN CAS D'INTERRUPTION OU DE NON-RENOUVELLEMENT D'UNE MISSION DE TRAVAIL TEMPORAIRE

Le présent chapitre ne comprend pas de dispositions réglementaires.

CHAPITRE IV PROTECTION EN CAS DE TRANSFERT PARTIEL D'ENTREPRISE OU D'ÉTABLISSEMENT

Le présent chapitre ne comprend pas de dispositions réglementaires.

TITRE II PROCÉDURES D'AUTORISATION APPLICABLES À LA RUPTURE OU AU TRANSFERT DU CONTRAT

CHAPITRE I DEMANDE D'AUTORISATION ET INSTRUCTION DE LA DEMANDE

SECTION 1 Procédure applicable en cas de licenciement

SOUS-SECTION 1 Délégué syndical, salarié mandaté, membre de la délégation du personnel au comité social et économique interentreprises et conseiller du salarié
(Décr. n° 2017-1819 du 29 déc. 2017, art. 2).

Art. R. 2421-1 La demande d'autorisation de licenciement d'un délégué syndical, d'un salarié mandaté *(Décr. n° 2017-1819 du 29 déc. 2017, art. 2)* « , d'un membre de la délégation du personnel au comité social et économique interentreprises » ou d'un conseiller du salarié est adressée à l'inspecteur du travail dont dépend l'établissement dans *(Décr. n° 2017-1819 du 29 déc. 2017, art. 2)* « les conditions définies à l'article L. 2421-3. »

Lorsque le délégué syndical bénéficie également de la protection prévue aux sections 3 et 4 du chapitre I du titre I de la partie législative, la demande est accompagnée du procès-verbal de la réunion du comité *(Décr. n° 2017-1819 du 29 déc. 2017, art. 3)* « social et économique ».

Dans ce cas, sauf dans l'hypothèse d'une mise à pied, la demande est transmise dans les quinze jours suivant la date à laquelle a été émis l'avis du *(Décr. n° 2017-1819 du 29 déc. 2017, art. 3)* « comité social et économique ».

Dans tous les cas, la demande énonce les motifs du licenciement envisagé. Elle est transmise par *(Décr. n° 2017-1819 du 29 déc. 2017, art. 2)* « voie électronique selon les modalités prévues aux articles R. 112-9 [R. 112-9-1] à R. 112-9-2 du code des relations entre le public et l'administration ou par lettre recommandée avec avis de réception en deux exemplaires. »

L'autorisation administrative de licencier un salarié protégé en raison de son inaptitude physique emporte vérification par l'inspecteur du travail du respect de l'obligation de reclassement.
• Soc. 10 nov. 2009 : 🔑 *RJS 2010. 161, n° 206.*

Art. R. 2421-2 Lorsqu'un licenciement pour motif économique de dix salariés ou plus dans une même période de trente jours concerne un ou plusieurs salariés mentionnés à l'article L. 2421-1, l'employeur joint à la demande d'autorisation de licenciement la copie de la notification du projet de licenciement adressée à l'autorité administrative en application de l'article L. 1233-46. — *[Anc. art. R. 436-5.]*

Art. R. 2421-3 L'entretien préalable au licenciement a lieu avant la présentation de la demande d'autorisation de licenciement à l'inspecteur du travail. — *[Anc. art. R. 412-6, al. 1ᵉʳ.]*

Art. R. 2421-4 L'inspecteur du travail procède à une enquête contradictoire au cours de laquelle le salarié peut, sur sa demande, se faire assister d'un représentant de son syndicat.

(*Décr. n° 2017-1819 du 29 déc. 2017, art. 2*) « Par dérogation à l'alinéa précédent, lorsque le salarié est inclus dans un licenciement pour motif économique et que la demande concerne au moins vingt-cinq salariés bénéficiant de la protection prévue à l'article L. 2411-1, l'inspecteur du travail met à même le salarié de lui présenter ses observations écrites, et sur sa demande, des observations orales. A cette occasion, le salarié peut, sur sa demande, se faire assister d'un représentant de son syndicat. En outre, l'inspecteur du travail peut procéder à une enquête contradictoire telle que définie à l'alinéa 1er du présent article.

« L'inspecteur du travail prend sa décision dans un délai de deux mois. Ce délai court à compter de la réception de la demande d'autorisation de licenciement. Le silence gardé pendant plus de deux mois vaut décision de rejet. »

1. Enquête contradictoire. En application de l'art. R. 436-4, 1er al. [art. R. 2421-4 nouv.], l'inspecteur du travail est tenu de procéder à l'audition personnelle et individuelle du salarié ; s'il s'est borné à avoir avec lui de simples entretiens téléphoniques, il ne peut être regardé comme l'ayant régulièrement entendu. • CE 21 août 1996 : *RJS 1996. 770, n° 1191.* ♦ Lorsque plusieurs salariés protégés font l'objet d'une demande d'autorisation de licenciement simultanée pour des faits similaires ou commis en commun, l'inspecteur du travail peut les entendre simultanément en dehors de la présence de l'employeur, à la condition qu'aucun n'ait demandé à être entendu seul. • CAA Bordeaux, 18 nov. 2004 : *RJS 2005. 217, n° 294.* ♦ Le caractère contradictoire de l'enquête impose à l'autorité administrative d'informer le salarié concerné, de façon suffisamment circonstanciée, pour lui permettre d'assurer utilement sa défense, notamment en lui communiquant l'identité des personnes qui auraient été victimes des agissements qui lui sont reprochés. • CE 20 avr. 2005 : *RJS 2005. 627, n° 869.*

2. Le caractère contradictoire de l'enquête menée conformément aux dispositions de l'art. R. 436-4 [art. R. 2421-4 nouv.] C. trav. impose à l'inspecteur du travail, saisi d'une demande d'autorisation de licenciement d'un salarié protégé, de mettre à même l'employeur et le salarié de prendre connaissance de l'ensemble des éléments déterminants qu'il a pu recueillir, y compris des témoignages, et qui sont de nature à établir ou non la matérialité des faits allégués à l'appui de la demande d'autorisation ; toutefois, lorsque la communication de ces éléments serait de nature à porter gravement préjudice aux personnes qui les ont communiqués, l'inspecteur du travail doit se limiter à informer le salarié protégé et l'employeur, de façon suffisamment circonstanciée, de leur teneur. • CE, sect., 24 nov. 2006, n° 284208. • CE 9 juill. 2007, n° 288295. ♦ A été menée de manière contradictoire l'enquête au cours de laquelle l'inspecteur du travail a organisé une confrontation entre le salarié et l'employeur. • CE 9 juill. 2007 : *préc.* ♦ Il appartient à l'inspecteur du travail d'assurer la possibilité au salarié soit de consulter librement les pièces produites par l'employeur à l'appui de sa demande et d'en prendre copie, soit de lui en adresser une copie, le cas échéant sous forme dématérialisée ; si le déroulement de l'enquête contradictoire n'a pas permis un tel accès au salarié, la décision de l'inspecteur du travail d'autorisation de licenciement est entachée d'irrégularité. • CE 19 juill. 2017, n° 389635 : *RJS 11/2017, n° 754.*

3. Délai. La décision de l'inspecteur du travail de prolonger le délai prévu pour statuer a le caractère d'une mesure préparatoire qui n'est pas susceptible d'être déférée au juge de l'excès de pouvoir. • CE 6 janv. 1989 : *Dr. soc. 1989. 376, note Chelle et Prétot.*

Art. R. 2421-5 La décision de l'inspecteur du travail est motivée.
Elle est notifiée par lettre recommandée avec avis de réception :
1° A l'employeur ;
2° Au salarié ;
3° A l'organisation syndicale intéressée lorsqu'il s'agit d'un délégué syndical. — [*Anc. art. R. 436-4, al. 3.*]

Art. R. 2421-6 En cas de faute grave, l'employeur peut prononcer la mise à pied immédiate de l'intéressé jusqu'à la décision de l'inspecteur du travail.
(*Décr. n° 2017-1819 du 29 déc. 2017, art. 2*) « Lorsque le délégué syndical bénéficie de la protection prévue à l'article L. 2421-3, la consultation du comité social et économique a lieu dans un délai de dix jours à compter de la date de la mise à pied. La demande d'autorisation de licenciement est présentée au plus tard dans les quarante-huit heures suivant la délibération du comité social et économique. Si l'avis du comité social et économique n'est pas requis, cette demande est présentée dans un délai de huit jours à compter de la date de la mise à pied. »
La mesure de mise à pied est privée d'effet lorsque le licenciement est refusé par l'inspecteur du travail ou, en cas de recours hiérarchique, par le ministre.

SALARIÉS PROTÉGÉS

1. Le délai de dix jours prévu par l'art. R. 436-8 [art. R. 2421-6 nouv.] n'est pas prescrit à peine de nullité. ● CE 12 sept. 1994 : 🏛 *RJS 1994. 846, n° 1403.* ♦ V. déjà : ● CE 2 juin 1993 : 🏛 *RJS 1993. 532, n° 892* (un léger dépassement du délai de dix jours n'est pas de nature à vicier la procédure).

2. Le délai entre la mise à pied conservatoire et la saisine de l'inspecteur du travail n'est pas prescrit à peine de nullité. ● Soc. 23 mai 1989 : *Bull. civ. V, n° 376*.

3. Sur le cumul des procédures en cas de mise à pied d'un salarié à la fois délégué syndical et représentant du personnel, V. ● CE 6 mai 1996 : 🏛 *RJS 1996. 522, n° 812*.

Art. R. 2421-7 L'inspecteur du travail et, en cas de recours hiérarchique, le ministre examinent notamment si la mesure de licenciement envisagée est en rapport avec le mandat détenu, sollicité ou antérieurement exercé par l'intéressé. — *[Anc. art. R. 436-7.]*

SOUS-SECTION 2 **Membre de la délégation du personnel au comité social et économique et représentant de proximité** *(Décr. n° 2017-1819 du 29 déc. 2017, art. 2)*.

Art. R. 2421-8 L'entretien préalable au licenciement a lieu avant la consultation du *(Décr. n° 2017-1819 du 29 déc. 2017, art. 3)* « comité social et économique » faite en application de l'article L. 2421-3.

(Décr. n° 2017-1819 du 29 déc. 2017, art. 2) « Si l'avis du comité social et économique n'est pas requis dans les conditions définies à l'article L. 2431-3 *[L. 2421-3]*, cet entretien a lieu avant la présentation de la demande d'autorisation de licenciement à l'inspecteur du travail. »

A défaut de comité *(Décr. n° 2017-1819 du 29 déc. 2017, art. 2)* « social et économique », cet entretien a lieu avant la présentation de la demande d'autorisation de licenciement à l'inspecteur du travail.

La consultation du comité d'entreprise en vue du licenciement d'un de ses membres est toujours précédée de l'entretien préalable prévu par l'art. L. 122-14 [art. L. 1232-2 nouv.], l'entretien préalable doit donc avoir lieu même si le licenciement de l'intéressé intervient dans le cadre d'un licenciement économique collectif sur 30 jours. ● Soc. 10 mai 1999 : 🏛 *RJS 1999. 508, n° 831* ; *D. 1999. IR 148* ⌀ ; *JSL 1999, n° 38-4*.

Art. R. 2421-9 L'avis du comité *(Décr. n° 2017-1819 du 29 déc. 2017, art. 2)* « social et économique » est exprimé au scrutin secret après audition de l'intéressé.

Lorsque le salarié est inclus dans un licenciement collectif pour motif économique de dix salariés ou plus dans une même période de trente jours, la délibération du comité *(Décr. n° 2017-1819 du 29 déc. 2017, art. 2)* « social et économique » ne peut avoir lieu :

1° Soit avant la seconde réunion du comité prévue à l'article *(Décr. n° 2016-510 du 25 avr. 2016, art. 7)* « L. 1233-30 » ;

2° Soit avant la réunion du comité prévue à l'article L. 1233-58.

1. Convocation du salarié. Lorsque le comité d'entreprise se réunit pour donner son avis sur le projet de licenciement de l'un de ses membres ou d'un représentant syndical, aucune disposition n'impose un délai pour la convocation du salarié concerné à son audition ; l'employeur n'a pas, non plus, à communiquer à l'intéressé l'ordre du jour de cette réunion au cas où son mandat est suspendu par l'effet d'une mise à pied. ● Crim. 5 mars 2002, 🏛 n° 01-81.049 P : *RJS 2002. 546, n° 695*.

2. Forme de l'avis. Bien qu'il soit établi que l'avis défavorable du comité d'entreprise n'ait pas été donné par écrit, la méconnaissance de cette règle substantielle qui n'a pas, en l'espèce, influencé le sens de la décision n'entraîne pas l'irrégularité de la procédure. ● CE 22 mars 1991 : 🏛 *D. 1992. Somm. 160, obs. Chelle et Prétot* ⌀ ; *RJS 1991. 323, n° 609*.

3. Vote nominatif. Le comité est tenu de se prononcer par un vote distinct sur le projet de licenciement de chacun des salariés concernés, et cette formalité est substantielle. ● CE 2 févr. 1996 : 🏛 *RJS 1996. 179, n° 300*. ♦ V. cependant : ● CE 30 avr. 1997 : 🏛 *RJS 1997. 542, n° 837* (irrégularité sans incidence en l'espèce, le comité ayant émis un avis globalement défavorable et chaque salarié concerné ayant pu s'exprimer).

4. Double réunion. Dans le cas prévu au deuxième alinéa, la procédure de consultation est irrégulière si le comité d'entreprise ne s'est réuni qu'une fois et s'il a donné son avis lors de cette unique réunion. ● CE 8 janv. 1997 : 🏛 *RJS 1997. 116, n° 171*.

Art. R. 2421-10 La demande d'autorisation de licenciement d'un (*Décr. n° 2017-1819 du 29 déc. 2017, art. 2*) « membre de la délégation du personnel au comité social et économique ou d'un représentant de proximité » est adressée à l'inspecteur du travail (*Décr. n° 2017-1819 du 29 déc. 2017, art. 2*) « dans les conditions définies à l'article L. 2421-3 ».

Elle est accompagnée du procès-verbal de la réunion du comité (*Décr. n° 2017-1819 du 29 déc. 2017, art. 2*) « social et économique ».

Excepté dans le cas de mise à pied, la demande est transmise dans les quinze jours suivant la date à laquelle a été émis l'avis du comité (*Décr. n° 2017-1819 du 29 déc. 2017, art. 2*) « social et économique ».

La demande énonce les motifs du licenciement envisagé. Elle est transmise par lettre recommandée avec avis de réception.

1. Caractère substantiel des règles de procédure. La demande d'autorisation de licenciement d'un salarié protégé, que l'employeur adresse à l'inspecteur du travail doit énoncer les motifs du licenciement envisagé ; ne peut être regardé comme tenant lieu d'un tel énoncé, le renvoi à des pièces justificatives jointes, y compris au procès-verbal de la réunion au cours de laquelle le comité d'entreprise avait été consulté sur le projet de licenciement. • CE 20 mars 2009 : *RDT 2009*. 457, obs. Grévy ⌀ ; *RJS 2009*. 578, n° 647. ♦ Pour opérer les contrôles auxquels il est tenu de procéder lorsqu'il statue sur une demande d'autorisation de licenciement, l'inspecteur du travail doit prendre en compte toutes les fonctions représentatives du salarié ; l'employeur est tenu de porter à sa connaissance l'ensemble des mandats détenus par l'intéressé. • CE 20 mars 2009 : *RDT 2009*. 457, obs. Grévy ⌀.

2. Motivation de la demande d'autorisation. Lorsque l'employeur sollicite de l'inspecteur du travail l'autorisation de licencier un salarié protégé, il lui appartient de faire état avec précision, dans sa demande, ou le cas échéant dans un document joint à cet effet auquel renvoie sa demande, de la cause justifiant selon lui ce licenciement ; si le licenciement a pour cause la réorganisation de l'entreprise, il appartient à l'employeur de préciser si cette réorganisation est justifiée par des difficultés économiques, par la nécessité de sauvegarder la compétitivité de l'entreprise ou encore par des mutations technologiques. • CE 26 sept. 2018, n° 401509 : *RJS 12/2018, n° 752 ; SSL 2018, n° 1835, p. 6, concl. Dieu*.

3. Délai de quinze jours. Le délai de quinze jours n'est pas prescrit à peine de nullité. • CE 9 juill. 1997 : *RJS 1997*. 620, n° 992.

4. Caractère intentionnel de l'entrave. Doit être cassé l'arrêt qui retient le délit d'entrave à l'encontre d'un employeur qui n'a pas respecté le délai de quinze jours, sans constater que les actes ou les omissions incriminés ont été commis volontairement (remise tardive du brouillon du procès-verbal par le secrétaire du comité). • Crim. 22 mars 1994 : *Dr. soc. 1994*. 965, note Savatier ⌀ ; *RJS 1994*. 529, n° 881.

Art. R. 2421-11 (*Décr. n° 2017-1819 du 29 déc. 2017, art. 2*) L'inspecteur du travail procède à une enquête contradictoire au cours de laquelle le salarié peut, sur sa demande, se faire assister d'un représentant de son syndicat.

Par dérogation à l'alinéa précédent, lorsque le salarié est inclus dans un licenciement pour motif économique et que la demande concerne au moins vingt-cinq salariés bénéficiant de la protection prévue à l'article L. 2411-1, l'inspecteur du travail met à même le salarié de lui présenter ses observations écrites, et sur sa demande, des observations orales. A cette occasion, le salarié peut, sur sa demande, se faire assister d'un représentant de son syndicat. En outre, l'inspecteur du travail peut procéder à une enquête contradictoire telle que définie à l'alinéa 1er du présent article.

L'inspecteur du travail prend sa décision dans un délai de deux mois. Ce délai court à compter de la réception de la demande d'autorisation de licenciement. Le silence gardé pendant plus de deux mois vaut décision de rejet.

Le salarié dont le licenciement est envisagé a le droit d'être entendu personnellement et individuellement par l'inspecteur du travail, sauf s'il s'abstient, sans motif légitime, de donner suite à la convocation ; ce droit ne saurait être exercé collectivement, même si le salarié protégé demande à être entendu en même temps qu'un autre salarié protégé faisant également l'objet d'une procédure d'autorisation administrative de licenciement. • CE 8 nov. 2019, n° 412566 : *RJS 1/2020, n° 35 ; SSL 2019, n° 1886, p. 6, concl. Dieu ; JCP S 2019. 1363, obs. Kerbourc'h*.

Art. R. 2421-12 La décision de l'inspecteur du travail est motivée.

Elle est notifiée par lettre recommandée avec avis de réception :

1° A l'employeur ;

2° Au salarié ;

3° A l'organisation syndicale intéressée lorsqu'il s'agit d'un représentant syndical. — *[Anc. art. R. 436-4, al. 3.]*

Art. R. 2421-13 Lorsqu'un licenciement pour motif économique de dix salariés ou plus dans une même période de trente jours concerne un ou plusieurs salariés mentionnés à l'article L. 2421-3, l'employeur joint à la demande d'autorisation de licenciement la copie de la notification du projet de licenciement adressée à l'autorité administrative en application de l'article L. 1233-46. — *[Anc. art. R. 436-5.]*

Art. R. 2421-14 En cas de faute grave, l'employeur peut prononcer la mise à pied immédiate de l'intéressé jusqu'à la décision de l'inspecteur du travail.

La consultation du comité *(Décr. n° 2017-1819 du 29 déc. 2017, art. 2)* « social et économique » a lieu dans un délai de dix jours à compter de la date de la mise à pied.

La demande d'autorisation de licenciement est présentée dans les quarante-huit heures suivant la délibération du comité *(Décr. n° 2017-1819 du 29 déc. 2017, art. 2)* « social et économique. Si l'avis du comité social et économique n'est pas requis dans les conditions définies à l'article L. 2431-3 *[L. 2421-3]*, » cette demande est présentée dans un délai de huit jours à compter de la date de la mise à pied.

La mesure de mise à pied est privée d'effet lorsque le licenciement est refusé par l'inspecteur du travail ou, en cas de recours hiérarchique, par le ministre.

Report de la date de l'entretien préalable. La circonstance que l'employeur a décidé, en raison d'un arrêt de maladie du salarié survenu au cours de la période de mise à pied, de repousser la date de l'entretien préalable au licenciement et, par suite, celle à laquelle il adresse sa demande d'autorisation de licenciement à l'administration n'est de nature à justifier un délai de présentation de sa demande excédant le délai requis en application de l'art. R. 2421-14 que si la maladie a rendu impossible la tenue de l'entretien préalable dans ces délais, ou que le report a été demandé par le salarié lui-même. • CE 29 juin 2016, 🏛 n° 381766 : *RJS 11/2016, n° 711 ; JSL 2016, n° 417-3, obs. Pacotte et Halimi.*

Art. R. 2421-15 La demande réalisée en application du *(Décr. n° 2017-1819 du 29 déc. 2017, art. 2)* « troisième » alinéa de l'article L. 2421-3 énonce les motifs du licenciement envisagé. Elle est transmise par lettre recommandée avec avis de réception. Elle donne lieu à l'application des dispositions des articles R. 2421-11 à R. 2421-14.

Art. R. 2421-16 L'inspecteur du travail et, en cas de recours hiérarchique, le ministre examinent notamment si la mesure de licenciement envisagée est en rapport avec le mandat détenu, sollicité ou antérieurement exercé par l'intéressé. — *[Anc. art. R. 436-7.]*

SECTION 2 Procédure applicable en cas de transfert partiel d'entreprise ou d'établissement

Art. R. 2421-17 *(Décr. n° 2017-1819 du 29 déc. 2017, art. 2)* La demande d'autorisation de transfert prévue à l'article L. 2421-9 est adressée à l'inspecteur du travail quinze jours avant la date arrêtée pour le transfert. Elle est transmise par voie électronique selon les modalités prévues aux articles R. 112-9 à R. 112-9-2 du code des relations entre le public et l'administration ou par lettre recommandée avec avis de réception en deux exemplaires.

L'inspecteur du travail met à même le salarié de lui présenter ses observations écrites, et sur sa demande, des observations orales. A cette occasion, le salarié peut, sur sa demande, se faire assister d'un représentant de son syndicat. Sans préjudice des dispositions précédentes, l'inspecteur du travail peut en outre procéder à une enquête contradictoire telle que définie au premier alinéa de l'article R. 2421-11.

Les dispositions du troisième alinéa de l'article R. 2421-11 et celles de l'article R. 2421-12 s'appliquent.

SECTION 3 Procédure applicable en cas de rupture conventionnelle du contrat de travail

(Décr. n° 2017-1819 du 29 déc. 2017, art. 2)

SOUS-SECTION 1 Délégué syndical, salarié mandaté, membre de la délégation du personnel au comité social et économique interentreprises et conseiller du salarié

Art. R. 2421-18 La demande d'autorisation de rupture conventionnelle individuelle ou collective du contrat de travail d'un délégué syndical, d'un salarié mandaté, d'un membre du comité social et économique interentreprises ou d'un conseiller du salarié est adressée à l'inspecteur du travail dans les conditions définies à l'article L. 2421-3.

Elle est transmise par voie électronique selon les modalités prévues aux articles R. 112-9 à R. 112-9-2 du code des relations entre le public et l'administration ou par lettre recommandée avec avis de réception en deux exemplaires.

Art. R. 2421-19 L'inspecteur du travail met à même le salarié de lui présenter ses observations écrites, et sur sa demande, des observations orales. A cette occasion, le salarié peut, sur sa demande, se faire assister d'un représentant de son syndicat. Sans préjudice des dispositions précédentes, l'inspecteur du travail peut en outre procéder à une enquête contradictoire telle que définie à l'alinéa 1er de l'article R. 2421-4.

Les dispositions du troisième alinéa de l'article R. 2421-4 et celles de l'article R. 2421-5 s'appliquent.

SOUS-SECTION 2 Membre de la délégation du personnel au comité social et économique et représentant de proximité

Art. R. 2421-20 L'avis émis par le comité social et économique au titre de la consultation faite en application de l'article L. 2421-3 est exprimé au scrutin secret après audition de l'intéressé.

Art. R. 2421-21 La demande d'autorisation de rupture conventionnelle individuelle ou collective du contrat de travail d'un membre de la délégation du personnel au comité social et économique ou d'un représentant de proximité est adressée à l'inspecteur dans les conditions définies à l'article L. 2421-3.

La demande est accompagnée du procès-verbal de la réunion du comité social et économique.

Elle est transmise par voie électronique selon les modalités prévues aux articles R. 112-9 à R. 112-9-2 du code des relations entre le public et l'administration ou par lettre recommandée avec avis de réception en deux exemplaires.

Art. R. 2421-22 L'inspecteur du travail met à même le salarié de lui présenter ses observations écrites, et sur sa demande, des observations orales. A cette occasion, le salarié peut, sur sa demande, se faire assister d'un représentant de son syndicat.

Sans préjudice des dispositions précédentes, l'inspecteur du travail peut en outre procéder à une enquête contradictoire telle que définie à l'alinéa 1er de l'article R. 2421-11.

Les dispositions des articles R. 2421-11 alinéa 3 et R. 2421-12 s'appliquent.

CHAPITRE II CONTESTATION DE LA DÉCISION ADMINISTRATIVE

Art. R. 2422-1 Le ministre *(Décr. n° 2008-1503 du 30 déc. 2008)* « chargé du travail » peut annuler ou réformer la décision de l'inspecteur du travail sur le recours de l'employeur, du salarié ou du syndicat que ce salarié représente ou auquel il a donné mandat à cet effet.

Ce recours est introduit dans un délai de deux mois à compter de la notification de la décision de l'inspecteur.

Le silence gardé pendant plus de quatre mois sur ce recours vaut décision de rejet. — *[Anc. art. R. 436-6.]*

1. Qualité pour agir. Une organisation syndicale a qualité pour former un recours hiérarchique. • CE 28 mars 1997 : *RJS 1997.* 459, n° 708.

SALARIÉS PROTÉGÉS   **Art. R. 2422-1** 2097

2. Délai de deux mois. En cas de non-respect du délai de deux mois, le ministre est tenu de rejeter le recours introduit tardivement. ● CE 27 févr. 1985 : *Dr. soc. 1985. 281, concl. Boyon* ● 29 déc. 1995 : 🏛 *RJS 1996. 186, n° 309 (1ʳᵉ esp.).* ♦ Le délai de deux mois prévu par l'art. R. 2422-1 C. trav. pour former un recours hiérarchique contre une décision de l'inspecteur du travail statuant sur une demande d'autorisation de licencier un salarié protégé est un délai franc qui, s'il expire un samedi, un dimanche ou un jour férié ou chômé, est prorogé jusqu'au premier jour ouvrable suivant. ● CE 19 sept. 2014 : *RJS 2014. 749, n° 875.* ♦ Le délai de deux mois mentionné à l'art. R. 2422-1 C. trav. pour exercer un recours hiérarchique contre une décision de l'inspecteur du travail se décompte comme le délai de recours contentieux administratif. ● CE 19 sept. 2014, 🏛 n° 362660 : *Dr. soc. 2015. 25, concl. Dumortier ⌀ ; RJS 12/2014, n° 874.* ♦ Le respect du délai s'apprécie à la date à laquelle le pli contenant le recours est présenté par les services postaux au ministre chargé du travail. ● CE 30 janv. 2019, 🏛 n° 410603 : *RDT 2019. 168, concl. Dieu ⌀ ; RJS 4/2019, n° 233 ; JSL 2019, n° 472-3, obs. Patin ; JCP S 2019. 1062, obs. Dauxerre.*

3. Opposabilité des délais de recours. Les délais de recours contre une décision administrative prise en matière d'autorisation de licenciement d'un salarié protégé ne sont opposables qu'à la condition d'avoir été mentionnés, soit dans sa notification si la décision est expresse, soit dans l'accusé de réception de la demande l'ayant fait naître si elle est implicite. Il en va ainsi alors même que la décision du ministre du travail, prise à la suite de l'exercice d'un recours hiérarchique qui n'est pas un préalable obligatoire au recours contentieux, ne se substitue pas à la décision de l'inspecteur du travail qui a fait l'objet de ce recours. Dès lors que l'accusé de réception du recours hiérarchique du salarié protégé répond aux conditions exposées, l'intéressé dispose, pour contester la décision de l'inspectrice du travail, d'un délai de deux mois à compter de la décision implicite de la ministre du travail. ● CE 18 nov. 2019, n° 415470 : *D. actu. 23 déc. 2019, obs. Malfettes.*

4. Pouvoirs du ministre. La décision par laquelle l'inspecteur du travail autorise ou refuse d'autoriser le licenciement d'un salarié protégé est soumise au contrôle hiérarchique du ministre dans les conditions de droit commun ; lorsqu'il prononce l'annulation de la décision de l'inspecteur du travail pour un motif de légalité en tenant compte des circonstances de fait et de droit existant à la date à laquelle cette décision a été prise, le ministre se trouve saisi de la demande présentée par l'employeur, qu'il doit examiner en tenant compte des circonstances de fait et de droit existant à la date à laquelle il statue ; toutefois, dans le cas où le salarié concerné par la demande d'autorisation de licenciement cesse de bénéficier de la protection prévue par le code du travail, postérieurement à la décision de l'inspecteur du travail, le ministre n'a plus compétence, après avoir annulé cette décision, pour refuser ou accorder l'autorisation sollicitée. ● CE 30 juin 1997 : 🏛 *RJS 1997. 622, n° 996 ; JCP E 1997. Pan. 849.* ♦ Dans l'hypothèse où le salarié forme un recours hiérarchique contre la décision de l'inspecteur du travail ayant, après avoir retiré une précédente décision accordant l'autorisation de licenciement sollicitée, délivré de nouveau cette autorisation, le ministre chargé du travail doit, dès lors que le salarié n'a intérêt à contester, dans le cadre de son recours hiérarchique, la décision de l'inspecteur du travail qu'en tant qu'elle autorise son licenciement, statuer sur la légalité de la décision d'autorisation de l'inspecteur du travail et soit la confirmer, soit, en cas d'illégalité de celle-ci, l'annuler et se prononcer à son tour sur la demande d'autorisation de licenciement, compte tenu des circonstances de droit et de fait à la date à laquelle il se prononce. ● CE 16 avr. 2021, 🏛 n° 438869 B : *D. actu. 3 mai 2021, obs. Malfettes ; RJS 7/2021, n° 398.*

5. Retrait de l'autorisation. Sous réserve de dispositions législatives et réglementaires contraires, et hors le cas où il est satisfait à une demande du bénéficiaire, l'administration ne peut retirer une décision individuelle explicite créatrice de droit, si elle est entachée d'illégalité, que dans le délai de quatre mois suivant la prise de cette décision ; sont au nombre des dispositions réglementaires contraires celles prévues par l'art. R. 436-6 [art. R. 2422-1 nouv.], dans sa rédaction issue du décret du 20 juin 2001, en vertu desquelles le ministre, saisi d'un recours hiérarchique dans le délai de deux mois suivant la notification de la décision de l'inspecteur du travail, dispose d'un délai de quatre mois pour statuer, son silence à l'expiration de ce délai valant rejet du recours. ● CE 28 sept. 2005, 🏛 n° 266023. ♦ Mais ne sont pas au nombre des dispositions législatives et réglementaires dérogeant aux règles qui gouvernent le retrait des actes administratifs celles prévues par l'art. R. 436-6 [art. R. 2422-1 nouv.], dans leur rédaction antérieure au décret du 20 juin 2001. ● CE 28 sept. 2005, 🏛 n° 271065.

TITRE III DISPOSITIONS PÉNALES

Le présent titre ne comprend pas de dispositions réglementaires.

LIVRE V LES CONFLITS COLLECTIFS

TITRE I EXERCICE DU DROIT DE GRÈVE

Le présent titre ne comprend pas de dispositions réglementaires.

TITRE II PROCÉDURE DE RÈGLEMENT DES CONFLITS COLLECTIFS

CHAPITRE I DISPOSITIONS GÉNÉRALES

Art. R. 2521-1 Dans les professions agricoles, les attributions conférées en matière de conflits collectifs par le présent titre au ministre chargé du travail sont exercées, en accord avec celui-ci, par le ministre chargé de l'agriculture. — *[Anc. art. L. 522-4.]*

CHAPITRE II CONCILIATION

SECTION 1 Procédure de conciliation

Art. R. 2522-1 Tout conflit collectif de travail est immédiatement notifié par la partie la plus diligente au préfet qui, en liaison avec l'*(Décr. n° 2021-143 du 10 févr. 2021, art. 10)* « agent de contrôle de l'inspection du travail » compétent, intervient en vue de rechercher une solution amiable. — *[Anc. art. R. 523-1, al. 1er.]*

Art. R. 2522-2 Les procédures de conciliation, autres que les procédures prévues contractuellement, sont engagées par l'une des personnes suivantes :
1° L'une des parties ;
2° Le ministre chargé du travail ;
3° Le préfet. — *[Anc. art. R. 523-1, al. 2.]*

SECTION 2 Commissions de conciliation

SOUS-SECTION 1 Compétence des commissions de conciliation

§ 1 Commission nationale de conciliation

Art. R. 2522-3 La Commission nationale de conciliation siège au ministère chargé du travail. Elle est compétente pour connaître des conflits collectifs de travail s'étendant à l'ensemble du territoire national ou concernant plusieurs régions. — *[Anc. art. R. 523-2, al. 1er, phrases 1 et 2.]*

Art. R. 2522-4 La Commission nationale peut être saisie de tout conflit à incidence régionale, départementale ou locale, compte tenu de son importance, des circonstances particulières dans lesquelles il s'est produit et du nombre des salariés intéressés.
Elle est saisie :
1° Directement par le ministre chargé du travail, soit de sa propre initiative, soit sur la proposition du préfet ;
2° A la demande des parties ou de l'une d'elles. — *[Anc. art. R. 523-2, al. 1er, phrase 3.]*

§ 2 Commission régionale, section départementale ou interdépartementale

Art. R. 2522-5 La commission régionale de conciliation est instituée au siège de chaque *(Décr. n° 2020-1545 du 9 déc. 2020, art. 28-X, en vigueur le 1er avr. 2021)* « direction régionale de l'économie, de l'emploi, du travail et des solidarités ». Elle est compétente pour connaître des conflits survenant à l'intérieur de la circonscription de cette direction.
Lorsque les conditions locales le justifient, le ministre chargé du travail peut, par arrêté, créer des sections à compétence départementale ou interdépartementale au sein de chaque commission régionale. Il peut prévoir la constitution de plusieurs sections pour un même département.

Art. R. 2522-6 Lorsque des sections à compétence départementale ou interdépartementale existent, la section régionale de la commission régionale reste compétente pour connaître des conflits collectifs survenant dans sa circonscription.

Les sections départementales ou interdépartementales sont compétentes pour les conflits survenant à l'intérieur de leur ressort.

Par dérogation aux dispositions des premier et deuxième alinéas, le conflit peut être porté devant la section régionale par décision du préfet de région, soit sur la proposition du (*Décr. n° 2020-1545 du 9 déc. 2020, art. 28-X, en vigueur le 1er avr. 2021*) « directeur régional de l'économie, de l'emploi, du travail et des solidarités », soit à la demande des parties ou de l'une d'elles.

Art. R. 2522-7 Lorsque plusieurs régions ou plusieurs départements limitrophes sont concernés par un conflit, les parties peuvent se mettre d'accord pour porter le conflit devant l'une ou l'autre des commissions ou sections compétentes. Le ministre chargé du travail conserve la possibilité de saisir la Commission nationale en application de l'article R. 2522-4. – [*Anc. art. R. 523-3, al. 4.*]

SOUS-SECTION 2 **Composition des commissions**

Art. R. 2522-8 La Commission nationale de conciliation comprend :
1° Le ministre chargé du travail ou son représentant, président ;
2° Un représentant du ministre chargé de l'économie ;
3° Cinq représentants des employeurs ;
4° Cinq représentants des salariés. – [*Anc. art. R. 523-4.*]

Art. R. 2522-9 La commission régionale de conciliation comprend une section régionale et, éventuellement, des sections à compétence départementale ou interdépartementale.

Les sections régionale et interdépartementale comprennent :
1° Le préfet de région ou de département ou son représentant, président ;
2° Cinq représentants des employeurs ;
3° Cinq représentants des salariés. – [*Anc. art. R. 523-5.*]

Art. R. 2522-10 La section à compétence départementale comprend :
1° Le préfet ou son représentant, président ;
2° Cinq représentants des employeurs ;
3° Cinq représentants des salariés. – [*Anc. art. R. 523-6.*]

Art. R. 2522-11 Lorsque le conflit concerne une branche d'activité pour laquelle les services des ministres chargés de l'industrie, de l'équipement et des transports exercent en application d'une disposition législative les fonctions normalement dévolues à l'inspection du travail, les commissions ou sections prévues aux articles R. 2522-8 à R. 2522-10 comprennent également un représentant de l'administration concernée.

(*Décr. n° 2019-1379 du 18 déc. 2019, art. 2, en vigueur le 1er janv. 2020*) « Lorsque le conflit concerne une branche d'activité relevant des professions agricoles, la commission régionale prévue à l'article R. 2522-9 est la seule compétente et les représentants des employeurs et des salariés qui y siègent appartiennent à des professions agricoles. La commission régionale comprend également un représentant de la direction régionale de l'alimentation, de l'agriculture et de la forêt. »

Art. R. 2522-12 Les membres des commissions de conciliation sont nommés pour trois ans. – [*Anc. art. R. 523-8, al. 1er.*]

Art. R. 2522-13 Les membres de la commission nationale sont nommés par arrêté du ministre chargé du travail.

Les membres des sections régionales et ceux des sections à compétence interdépartementale sont nommés par arrêté du préfet de région.

Les membres des sections à compétence départementale sont nommés par arrêté du préfet. – [*Anc. art. R. 523-8, al. 2.*]

Art. R. 2522-14 Les représentants des employeurs et des salariés au sein des commissions et sections sont nommés sur proposition des organisations syndicales d'employeurs et de salariés représentatives sur le plan national.

Ces organisations soumettent à l'autorité investie du pouvoir de nomination des listes comportant des noms en nombre double de celui des postes à pourvoir.

Avant de procéder aux nominations, le préfet prend l'avis du directeur régional ou départemental du travail, de l'emploi et de la formation professionnelle. – *[Anc. art. R. 523-8, al. 3.]*

Art. R. 2522-15 Des membres suppléants, en nombre double de celui des membres titulaires, sont désignés dans les mêmes conditions que ces derniers. Ils ne siègent qu'en l'absence des titulaires.

Les représentants titulaires et suppléants des employeurs et des salariés au sein des sections régionales, interdépartementales et départementales sont choisis parmi les employeurs et les salariés qui exercent effectivement leur activité professionnelle dans le ressort de ces sections. – *[Anc. art. R. 523-8, al. 4 et 5.]*

Art. R. 2522-16 Les membres des commissions ne doivent avoir fait l'objet d'aucune interdiction, déchéance ou incapacité relative à leurs droits civiques. – *[Anc. art. R. 523-9.]*

SOUS-SECTION 3 **Fonctionnement des commissions**

Art. R. 2522-17 En cas de recours par les parties à la procédure de conciliation, la partie la plus diligente adresse au président de la commission une requête exposant les points sur lesquels porte le désaccord.

Lorsque le ministre chargé du travail ou le préfet saisit la commission nationale ou régionale de conciliation, la convocation adressée aux membres de la commission mentionne les points sur lesquels porte le désaccord.

Ces requêtes et communications sont inscrites à leur date d'arrivée sur les registres spéciaux ouverts respectivement au ministère chargé du travail et dans chaque direction régionale et départementale du travail, de l'emploi et de la formation professionnelle. – *[Anc. art. R. 523-10.]*

Art. R. 2522-18 Devant les commissions de conciliation, les parties peuvent être assistées d'un membre de l'organisation professionnelle d'employeurs ou de salariés à laquelle elles appartiennent.

Lorsque les parties se font représenter, le représentant appartient à la même organisation que la partie qu'il représente ou exerce effectivement, à titre permanent, une activité dans l'entreprise où a lieu le conflit. Il est dûment mandaté et qualité pour conclure un accord de conciliation au nom de son mandant. – *[Anc. art. R. 523-11, al. 1er et 3.]*

Art. R. 2522-19 La convocation des parties au conflit est faite, sur la demande du président de la commission, soit par lettre recommandée avec avis de réception, soit par notification délivrée contre récépissé signé par l'intéressé.

Lorsque l'une des parties ne comparaît pas ou ne se fait pas représenter devant la commission dans les conditions énoncées aux premier et deuxième alinéas de l'article L. 2522-3, le président, après avoir constaté son absence, fixe une nouvelle date de réunion au cours de la séance. La nouvelle réunion ne peut avoir lieu plus de huit jours après la date de la réunion initialement fixée. Le président notifie cette date de réunion à la partie présente ou représentée. Il convoque la partie défaillante dans les formes prévues au premier alinéa. – *[Anc. art. R. 523-12.]*

Art. R. 2522-20 Lorsqu'une partie régulièrement convoquée ne comparaît pas, sans motif légitime, à la nouvelle réunion, le président établit un procès-verbal de carence. Ce procès-verbal indique les points de désaccord précisés par la partie présente ou représentée.

La non-comparution de la partie qui a introduit la requête de conciliation vaut renonciation à la demande. – *[Anc. art. R. 523-13.]*

Art. R. 2522-21 Lorsqu'un accord est intervenu devant une commission de conciliation, le président établit et notifie aux parties le procès-verbal. Ce dernier est communiqué dans le délai de vingt-quatre heures au ministre chargé du travail et au préfet de la région ou du département. Son dépôt est réalisé conformément aux dispositions de l'article D. 2231-2 (*Décr. n° 2019-1379 du 18 déc. 2019, art. 2, en vigueur le 1er janv. 2020*) « ou de l'article D. 2231-3 pour les professions agricoles ».

Lorsque les parties ne parviennent pas à un accord, un procès-verbal de non-conciliation est établi et leur est aussitôt notifié par lettre recommandée avec avis de réception. Ce procès-verbal précise les points sur lesquels elles sont parvenues à un accord et ceux sur lesquels le désaccord persiste. Il est communiqué au ministre chargé du travail et au préfet de la région ou du département dans les quarante-huit heures.

Le procès-verbal est, dans tous les cas, signé par le président, les membres de la commission ainsi que par les parties présentes ou leurs représentants.

Art. R. 2522-22 Le secrétariat des commissions est assuré par les services du ministre chargé du travail. — [*Anc. art. R. 523-15.*]

Art. R. 2522-23 Un arrêté conjoint des ministres chargés du travail, de l'agriculture et des finances fixe les conditions dans lesquelles sont allouées les indemnités de déplacement des membres des commissions et, pour les membres autres que les fonctionnaires en activité, les vacations. — [*Anc. art. R. 523-16.*]

CHAPITRE III MÉDIATION

SECTION 1 Désignation du médiateur

Art. R. 2523-1 Les listes de médiateurs appelés à être désignés pour un conflit régional, départemental ou local sont préparées par le (*Décr. n° 2020-1545 du 9 déc. 2020, art. 28-X, en vigueur le 1er avr. 2021*) « directeur régional de l'économie, de l'emploi, du travail et des solidarités », après consultation des organisations d'employeurs et de salariés représentatives au niveau national. Ces organisations disposent d'un délai d'un mois pour présenter leurs observations.

Les listes de médiateurs comportent dix noms au moins de personnalités choisies dans les conditions prévues au premier alinéa.

Chaque liste régionale est arrêtée par le préfet de région. Elle est publiée aux recueils des actes administratifs des départements intéressés.

Art. R. 2523-2 La liste des médiateurs appelés à être désignés par le ministre chargé du travail pour un conflit à incidence nationale ou dont l'incidence s'étend à plus d'une région comprend au moins trente noms de personnalités. (*Décr. n° 2019-1379 du 18 déc. 2019, art. 2, en vigueur le 1er janv. 2020*) « Elle est commune pour les professions agricoles et non agricoles et est arrêtée conjointement par les ministres chargés du travail et de l'agriculture. »

Les organisations d'employeurs et de salariés représentatives au niveau national disposent d'un délai d'un mois pour présenter leurs observations sur cette liste.

Elle est publiée au *Journal officiel* de la République française après la consultation.

Art. R. 2523-3 Les listes des médiateurs sont révisées tous les trois ans. Elles peuvent être complétées à tout moment. — [*Anc. art. R. 524-12.*]

Art. R. 2523-4 La procédure de médiation est engagée :

1° Soit après l'échec d'une procédure de conciliation, par le ministre chargé du travail ou par le président de la commission régionale de conciliation, à la demande de l'une des parties ou de sa propre initiative ;

2° Soit directement, conformément aux dispositions du troisième alinéa de l'article L. 2522-1, par le ministre chargé du travail ou, s'il s'agit d'un conflit à incidence régionale, départementale ou locale, par le préfet.

Les parties peuvent présenter conjointement des requêtes à fin de médiation précisant qu'elles entendent recourir directement à la médiation et indiquant le nom du médiateur choisi d'un commun accord. La décision de saisir directement le médiateur est prise par le ministre s'il s'agit d'un conflit à incidence nationale ou dont l'incidence s'étend à plus d'une région. Dans les autres cas, elle est prise par le préfet de région. — [*Anc. art. R. 524-1.*]

Art. R. 2523-5 Lorsque l'importance du conflit, son incidence géographique, le nombre de salariés concernés ou les circonstances particulières dans lesquelles il s'est produit le nécessitent, le médiateur peut être désigné par le ministre chargé du travail. – *[Anc. art. R. 524-7.]*

Art. R. 2523-6 Les médiateurs peuvent faire appel à des experts et des personnes qualifiées qui n'ont fait l'objet d'aucune interdiction, d'échéance ou capacité relative à leurs droits civiques. – *[Anc. art. R. 524-13.]*

SECTION 2 **Procédure de médiation**

Art. R. 2523-7 Lorsqu'il s'agit d'un conflit à incidence nationale ou d'un conflit dont l'incidence s'étend à plus d'une région, la partie qui recourt à la médiation adresse une demande écrite et motivée au ministre chargé du travail. Dans les autres cas, la partie adresse la demande au président de la commission régionale de conciliation compétente. La demande précise les points sur lesquels porte ou persiste le conflit.

Dès réception de la demande, le service administratif concerné l'inscrit sur un registre spécial et constitue le dossier.

Dans le cas prévu au quatrième alinéa de l'article R. 2523-4, la demande conjointe des parties est adressée au ministre chargé du travail ou au préfet de région, qui désigne, s'il y a lieu, le médiateur choisi et lui transmet le dossier constitué sur le conflit.

(Décr. n° 2019-1379 du 18 déc. 2019, art. 2, en vigueur le 1ᵉʳ janv. 2020) « Lorsque le conflit à incidence nationale ou dont l'incidence s'étend à plus d'une région concerne les professions agricoles, le ministre chargé de l'agriculture est associé à la procédure de médiation. »

Art. R. 2523-8 Dans le cas d'un conflit à incidence nationale ou dont l'incidence s'étend à plus d'une région lorsque les parties ne peuvent se mettre d'accord sur le choix d'un médiateur dans un délai de trois jours suivant le dépôt de la requête ou lorsque la procédure de médiation est engagée par le ministre chargé du travail, celui-ci, après avoir pris connaissance des propositions faites par les parties, désigne le médiateur parmi les personnes figurant sur la liste prévue à l'article *[R. 2523-2]*. – *[Anc. art. R. 524-3.]*

Art. R. 2523-9 Dans le cas d'un conflit à incidence régionale, départementale ou locale, lorsque les parties n'ont pu se mettre d'accord sur le choix d'un médiateur dans le délai de trois jours suivant le dépôt de la requête, ou lorsque la procédure est engagée soit par le président de la commission régionale de conciliation, soit dans le cas du 2° de l'article R. 2523-4 par le préfet, celui-ci, sur proposition du *(Décr. n° 2020-1545 du 9 déc. 2020, art. 28-X, en vigueur le 1ᵉʳ avr. 2021)* « directeur régional de l'économie, de l'emploi, du travail et des solidarités », désigne le médiateur parmi les personnes figurant sur les listes mentionnées à l'article R. 2523-1.

Art. R. 2523-10 Lorsque la procédure de médiation est engagée par le ministre chargé du travail ou par le président de la commission régionale de conciliation à la demande de l'une des parties ou de sa propre initiative, le dossier constitué sur le conflit est communiqué au médiateur concomitamment à la notification de sa désignation.

Le médiateur est saisi du conflit par une communication écrite qui en précise l'objet. – *[Anc. art. R. 524-5 et R. 524-6.]*

Art. R. 2523-11 Le médiateur a les plus larges pouvoirs pour s'informer de la situation économique des entreprises et de la situation des salariés concernés par le conflit.

Il peut procéder à toutes enquêtes auprès des entreprises et des syndicats et requérir des parties la transmission de tout document ou renseignement d'ordre économique, comptable, financier, statistique ou administratif susceptible de lui être utile pour accomplir sa mission. Il peut faire appel à des experts ainsi qu'à toute personne qualifiée susceptible de l'éclairer.

Les parties remettent au médiateur un mémoire contenant leurs observations. Chaque mémoire est communiqué par la partie qui l'a rédigé à la partie adverse. – *[Anc. art. L. 524-2.]*

CONFLITS COLLECTIFS — **Art. R. 2524-1**

Art. R. 2523-12 Le médiateur peut procéder à toutes auditions qu'il juge utiles. Il convoque les parties par lettre recommandée avec avis de réception ou par notification délivrée contre récépissé. Elles peuvent, en cas d'empêchement grave, se faire représenter par une personne ayant qualité pour conclure un accord.

Les personnes morales parties au conflit sont tenues de se faire représenter devant le médiateur dans les conditions prévues aux articles L. 2522-3 et R. 2522-18.

Lorsque sans motif légitime, une partie régulièrement convoquée ne comparaît pas ou ne se fait pas représenter, le médiateur établit, conformément aux dispositions de l'article L. 2523-8, un rapport qu'il envoie au ministre chargé du travail ou au préfet, aux fins de transmission au parquet. — *[Anc. art. R. 524-8.]*

Art. R. 2523-13 Le médiateur peut, en accord avec les parties, suspendre l'élaboration de sa recommandation et la subordonner à la reprise des discussions entre elles sous une forme et dans un délai qu'il précise. — *[Anc. art. R. 524-9, al. 2.]*

Art. R. 2523-14 Le rejet de la proposition de règlement du conflit du médiateur prévue à l'article L. 2523-6 est adressé par lettre recommandée avec avis de réception.

Le médiateur informe aussitôt de ce rejet les autres parties au conflit par lettre recommandée. — *[Anc. art. L. 524-4, al. 3.]*

Art. R. 2523-15 Lorsqu'il s'agit d'un conflit à incidence nationale ou d'un conflit dont l'incidence s'étend à plus d'une région ou lorsqu'il s'agit du cas prévu à l'article R. 2523-5, les documents mentionnés au deuxième alinéa de l'article L. 2523-7 sont publiés au *Journal officiel* de la République française par le ministre chargé du travail.

Lorsqu'il s'agit d'un conflit à incidence régionale, départementale ou locale, ces documents sont publiés par le préfet au recueil des actes administratifs du ou des départements intéressés. — *[Anc. art. R. 524-10.]*

Art. R. 2523-16 Le rapport du médiateur prévu à l'article L. 2523-7 peut être rendu public sur décision du ministre chargé du travail. — *[Anc. art. L. 524-5, al. 3.]*

SECTION 3 **Indemnités et dépenses de déplacements**

Art. R. 2523-17 Pour chaque médiation, une indemnité forfaitaire est allouée aux médiateurs figurant sur les listes mentionnées à l'article R. 2523-3 ayant agi en cette qualité et en application des articles L. 2523-1 à L. 2523-9.

Le taux de cette indemnité varie en fonction de l'importance du conflit.

L'indemnité allouée comprend le remboursement des frais de secrétariat, de correspondance ou de déplacement nécessités par l'accomplissement de leur mission. — *[Anc. art. D. 524-1.]*

Art. R. 2523-18 Lorsque les médiateurs font appel à des experts, ces derniers sont rémunérés à la vacation.

Les personnes qualifiées qui prêtent leur concours aux médiateurs perçoivent une indemnité forfaitaire. — *[Anc. art. D. 524-2.]*

Art. R. 2523-19 Le taux et les conditions d'attribution des indemnités forfaitaires prévues aux articles R. 2523-17 et R. 2523-18 et des vacations sont fixés par arrêté conjoint des ministres chargés du travail, de l'agriculture et des finances. — *[Anc. art. D. 524-3.]*

Art. R. 2523-20 Les frais de déplacement et de séjour hors de leur résidence supportés par les médiateurs, les experts et les personnes qualifiées pour l'accomplissement de leur mission, leur sont remboursés dans les conditions prévues par la réglementation en vigueur pour les fonctionnaires de l'État. — *[Anc. art. D. 524-4.]*

CHAPITRE IV **ARBITRAGE**

SECTION 1 **Arbitre**

Art. R. 2524-1 L'arbitre notifie la sentence aux parties dans un délai de vingt-quatre heures après qu'elle a été prise. Cette notification est faite par lettre recommandée avec avis de réception.

Après cette notification, l'arbitre envoie un exemplaire de la sentence et des pièces au vu desquelles elle a été rendue au ministre chargé du travail. Cet envoi, aux frais des parties, est adressé sous pli recommandé avec avis de réception. – *[Anc. art. R. 525-1.]*

SECTION 2 Cour supérieure d'arbitrage

SOUS-SECTION 1 Composition et fonctionnement

Art. R. 2524-2 Les membres de la Cour supérieure d'arbitrage sont nommés par décret pour une durée de trois ans. – *[Anc. art. L. 525-6, al. 1er début.]*

Art. R. 2524-3 La Cour supérieure d'arbitrage est composée, outre son président, vice-président du Conseil d'État ou président de section au Conseil d'État en activité ou honoraire :
 1° De quatre conseillers d'État en activité ou honoraires ;
 2° De quatre hauts magistrats de l'ordre judiciaire en activité ou honoraires. – *[Anc. art. L. 525-6, al. 1er fin, et 2 à 4.]*

Art. R. 2524-4 Des conseillers d'État et des magistrats, en activité ou honoraires, sont désignés à titre de suppléants en nombre égal à celui des membres titulaires pour la même durée.

Ils sont nommés pour une durée de trois ans par décret pris sur le rapport conjoint du ministres [ministre] chargé du travail et du garde des sceaux, ministre de la justice. – *[Anc. art. R. 525-2.]*

Art. R. 2524-5 En cas d'absence ou d'empêchement du président de la Cour supérieure d'arbitrage, la présidence de l'audience est assurée par le plus ancien des conseillers d'État, membre titulaire de la cour. La cour est dans ce cas complétée par un conseiller d'État, membre suppléant. – *[Anc. art. R. 525-3.]*

Art. R. 2524-6 Lorsque l'un des membres de la Cour supérieure d'arbitrage vient à perdre la qualité en raison de laquelle il a été nommé, il est procédé par décret à la désignation de son successeur. Le successeur reste en fonctions jusqu'à expiration de la durée normale des fonctions du membre remplacé.

En cas de vacance par suite de décès ou de démission, la procédure de désignation est identique. – *[Anc. art. R. 525-4.]*

Art. R. 2524-7 Les membres de la Cour supérieure d'arbitrage ne peuvent délibérer qu'en nombre impair. Si la cour se réunit en nombre pair, le membre le moins âgé s'abstient de délibérer.

La cour ne statue que si cinq membres au moins sont présents. La présence de sept membres est exigée lorsque la cour rend une sentence dans les conditions prévues au troisième alinéa de l'article L. 2524-9. – *[Anc. art. R. 525-5.]*

Art. R. 2524-8 Des maîtres des requêtes ou des auditeurs au Conseil d'État, des conseillers référendaires ou des auditeurs à la Cour des comptes concluent dans chaque affaire.

Ils sont nommés commissaires du Gouvernement auprès de la cour respectivement par arrêté du Premier ministre et du garde des sceaux, ministre de la justice. – *[Anc. art. R. 525-7.]*

Art. R. 2524-9 Des maîtres des requêtes ou des auditeurs au Conseil d'État, des conseillers référendaires ou des auditeurs à la Cour des comptes sont adjoints à la Cour supérieure d'arbitrage en qualité de rapporteurs.

Ils sont nommés dans les mêmes formes que les commissaires du Gouvernement.

Ils ont voix consultative dans les affaires dont le rapport leur est confié. – *[Anc. art. R. 525-8.]*

Art. R. 2524-10 Le secrétaire et le secrétaire adjoint de la Cour supérieure d'arbitrage sont désignés par le vice-président du Conseil d'État parmi les fonctionnaires des services du Conseil d'État.
En cas de surplus d'activité, le service du secrétariat est assuré :
1° Soit par des fonctionnaires recrutés spécialement ;
2° Soit par des fonctionnaires mis à la disposition de la cour par le ministre chargé du travail. — *[Anc. art. R. 525-9.]*

Art. R. 2524-11 La Cour supérieure d'arbitrage a son siège au Conseil d'État. — *[Anc. art. R. 525-10.]*

SOUS-SECTION 2 **Procédure d'arbitrage**

Art. R. 2524-12 Les recours devant la Cour supérieure d'arbitrage sont formés par requêtes écrites et signées par les parties ou un mandataire. Ce dernier justifie d'un mandat spécial et écrit s'il n'est ni avocat au Conseil d'État et à la Cour de cassation, ni avocat régulièrement inscrit à un barreau *(Abrogé par Décr. n° 2012-634 du 3 mai 2012, art. 21-3°-e)* « , ni avoué ».
La requête est adressée au président de la cour par lettre recommandée avec avis de réception.
Les recours sont formés dans un délai de huit jours francs à compter de la notification de la sentence. Ils ne sont pas suspensifs.
A peine d'irrecevabilité, le recours comprend l'exposé des moyens d'excès de pouvoir ou de violation de la loi sur lequel il se fonde et est accompagné de la sentence attaquée. — *[Anc. art. R. 525-11, al. 1er à 4.]*

Art. R. 2524-13 La requête est accompagnée :
1° De copies, en double exemplaire, de la requête et de la sentence attaquée ;
2° D'une note précisant les parties intéressées et donnant leur adresse complète ;
3° Des copies de la requête en nombre égal à celui des parties intéressées ;
4° Des pièces dont le requérant entend se servir. — *[Anc. art. R. 525-11, al. 5 à 9.]*

Art. R. 2524-14 Les requêtes sont enregistrées au secrétariat de la Cour supérieure d'arbitrage dans l'ordre de leur arrivée. — *[Anc. art. R. 525-12.]*

Art. R. 2524-15 Chaque affaire est instruite par un membre de la Cour supérieure d'arbitrage ou par un des rapporteurs adjoints à la cour désigné par le président.
Dès la réception de la requête, le rapporteur en donne communication au ministre chargé du travail. Il lui demande de produire le dossier envoyé par l'arbitre et de présenter, le cas échéant, les observations qu'il juge utiles.
Il avise chaque partie intéressée par l'envoi d'une des copies jointes à la requête de l'instance introduite devant la cour. Il leur impartit un délai pour présenter leur mémoire.
Les parties sont invitées à prendre connaissance du dossier au secrétariat de la cour. — *[Anc. art. R. 525-13.]*

Art. R. 2524-16 Les rôles de chaque séance sont préparés par le commissaire du Gouvernement et arrêtés par le président de la Cour supérieure d'arbitrage.
Ils sont communiqués au ministre chargé du travail et, s'il y a lieu, au ministre de l'agriculture.
Les parties sont avisées de la date de l'audience. — *[Anc. art. R. 525-14.]*

Art. R. 2524-17 Le rapporteur lit son rapport à l'audience.
Avant que le commissaire du Gouvernement prononce ses conclusions, le président peut autoriser soit les parties, soit les avocats au Conseil d'État et à la Cour de cassation, les avocats régulièrement inscrits au barreau ou les mandataires des parties à présenter brièvement des observations orales. — *[Anc. art. R. 525-15.]*

Art. R. 2524-18 Les décisions de la Cour supérieure d'arbitrage sont rendues au nom du peuple français.
Elles contiennent l'analyse sommaire des moyens et les conclusions des recours. Elles visent les pièces soumises à la cour et les lois dont il est fait application.

Elles sont signées par le président, le rapporteur et le secrétaire ou le secrétaire adjoint. Elles sont lues en séance publique.

Elles sont notifiées par le président aux parties dans un délai de vingt-quatre heures. Ces notifications sont faites par lettre recommandée avec avis de réception. — *[Anc. art. R. 525-16.]*

Art. R. 2524-19 Les expéditions des décisions délivrées par le secrétaire ou le secrétaire adjoint de la Cour supérieure d'arbitrage portent la formule exécutoire suivante :

"La République mande et ordonne au ministre *(ajouter le département ministériel désigné par la décision)* en ce qui le concerne et à tout huissier à ce requis, en ce qui concerne les voies de droit commun contre les parties privées, de pourvoir à l'exécution de la présente décision." — *[Anc. art. R. 525-17.]*

Art. R. 2524-20 Les expéditions des décisions de la Cour supérieure d'arbitrage et tous les actes de procédure auxquels donne lieu l'application de la présente section portent la mention qu'ils sont faits en exécution du chapitre IV du titre II du livre V de la partie II du code du travail.

Le secrétariat de la cour communique les arrêts et les sentences rendus au ministre chargé du travail ou au ministre chargé de l'agriculture.

Les arrêts et les sentences de la cour sont publiés au *Journal officiel* de la République française. — *[Anc. art. R. 525-18.]*

Art. R. 2524-21 Les audiences de la Cour supérieure d'arbitrage sont publiques.

Les dispositions des articles 438 et 439 du code de procédure civile sur la police des audiences sont applicables à la cour. — *[Anc. art. R. 525-6.]*

Art. R. 2524-22 L'arrêt de la Cour supérieure d'arbitrage est rendu au plus tard huit jours francs après que le recours a été formé.

Il prend effet le jour de sa notification. — *[Anc. art. L. 525-7.]*

CHAPITRE V DISPOSITIONS PÉNALES

Art. R. 2525-1 Le fait pour une partie régulièrement convoquée de ne pas comparaître, sans motif légitime, devant la commission de conciliation, ou de ne pas se faire représenter dans les conditions fixées aux premier et deuxième alinéas de l'article L. 2522-3, est puni de l'amende prévue pour les contraventions de la cinquième classe. — *[Anc. art. R. 532-1, al. 2.]*

Art. R. 2525-2 Le fait, pour un employeur compris dans le champ d'application professionnel ou territorial d'une sentence arbitrale ou d'un accord intervenu au cours d'une procédure de conciliation ou de médiation dont les dispositions ont fait l'objet d'un arrêté d'extension, de payer des salaires inférieurs à ceux fixés par cette sentence ou cet accord est puni de l'amende prévue à l'article R. 2263-3. — *[Anc. art. R. 532-2.]*

LIVRE VI DISPOSITIONS RELATIVES À L'OUTRE-MER

TITRE I DISPOSITIONS GÉNÉRALES

Le présent titre ne comprend pas de dispositions réglementaires.

TITRE II GUADELOUPE, GUYANE, MARTINIQUE, MAYOTTE, LA RÉUNION, SAINT-BARTHÉLEMY, SAINT-MARTIN ET SAINT-PIERRE-ET-MIQUELON *(Décr. n° 2018-953 du 31 oct. 2018, art. 3).*

CHAPITRE I DISPOSITIONS GÉNÉRALES

SECTION 1 Champ d'application

(Décr. n° 2018-1337 du 28 déc. 2018, art. 1er)

Art. D. 2621-1 S'appliquent *(Décr. n° 2018-953 du 31 oct. 2018, art. 3)* « en Guadeloupe, en Guyane, en Martinique, à Mayotte, à La Réunion », à Saint-Barthélemy, à Saint-Martin et à Saint-Pierre-et-Miquelon les dispositions relatives :

1° Aux critères de représentativité syndicale, prévues au chapitre I du titre II du livre I ;

2° Aux conditions de validité de négociation et de conclusion des conventions et accords collectifs de travail, prévues au chapitre I du titre III du livre II ;

3° Aux règles applicables à chaque niveau de négociation, prévues au chapitre II du titre III du livre II ;

4° A la négociation de branche et professionnelle, prévues à la section 1 du chapitre I du titre IV du livre II ;

5° A la négociation triennale de branche et professionnelle sur l'égalité professionnelle entre les femmes et les hommes, prévue[s] à la sous-section 2 de la section 2 du chapitre I du titre IV du livre II ;

6° A la négociation triennale de branche et professionnelle des travailleurs handicapés, prévues à la sous-section 3 de la section 2 du chapitre I du titre IV du livre II ;

7° A la négociation triennale de branche et professionnelle dans le domaine de la formation professionnelle et à l'apprentissage, prévues à la sous-section 4 de la section 2 du chapitre I du titre IV du livre II ;

8° Aux conditions d'applicabilité des conventions et accords, prévues au chapitre I du titre VI du livre II ;

9° A l'effet de l'application des conventions et accords, prévues au chapitre II du titre VI du livre II ;

10° A la (Décr. n° 2018-1262 du 26 déc. 2018, art. 1er-III, en vigueur le 1er janv. 2019) « Commission nationale de la négociation collective, de l'emploi et de la formation professionnelle », prévues au titre VII du livre II. – [Anc. art. D. 811, al. 1er.]

Art. D. 2621-2 (Décr. n° 2018-953 du 31 oct. 2018, art. 3) « En Guadeloupe, en Guyane, en Martinique, à Mayotte, à La Réunion », à Saint-Barthélemy, à Saint-Martin et à Saint-Pierre-et-Miquelon, le préfet constate la représentativité des organisations d'employeurs et de salariés sur le fondement de l'enquête mentionnée à l'article L. 2121-1.

SECTION 2 Commission consultative du travail

(Décr. n° 2018-1337 du 28 déc. 2018, art. 1er)

Art. D. 2621-3 La commission consultative du travail mentionnée à l'article L. 2621-2 peut être appelée par le représentant de l'État à donner un avis sur toutes les questions concernant le travail, l'emploi et la formation professionnelle.

Art. D. 2621-4 La commission consultative du travail est convoquée par le représentant de l'État à Mayotte de sa propre initiative ou à la demande de la majorité de ses membres titulaires.

Art. D. 2621-5 Le directeur des entreprises, de la concurrence, de la consommation, du travail et de l'emploi ou son représentant assiste de droit avec voix consultative aux séances de la commission, dont il assure le secrétariat.

Art. D. 2621-6 La commission consultative du travail se réunit au moins une fois par an.

CHAPITRE II NÉGOCIATION COLLECTIVE – CONVENTIONS ET ACCORDS COLLECTIFS DE TRAVAIL

Art. D. 2622-1 En vue de la définition des éléments essentiels servant à la détermination des classifications professionnelles et des niveaux de qualification, les conventions collectives conclues (Décr. n° 2018-953 du 31 oct. 2018, art. 3) « en Guadeloupe, en Guyane, en Martinique, à Mayotte, à La Réunion », à Saint-Barthélemy et à Saint-Martin ainsi que leurs avenants prennent en compte, pour pouvoir être étendus, l'attestation de formation professionnelle mentionnée à l'article L. 2622-1.

Art. D. 2622-2 L'attestation de formation professionnelle délivrée dans les unités du service militaire adapté correspond à tout document signé par le chef de corps sanctionnant la réussite aux épreuves d'évaluation de la formation professionnelle suivie, pendant huit cents heures au moins, au sein du corps de troupe. – *[Anc. art. D. 813-2.]*

Art. D. 2622-3 *(Décr. n° 2017-900 du 9 mai 2017)* Pour l'application de l'article L. 23-112-1 à Saint-Barthélemy, à Saint-Martin et à Saint-Pierre-et-Miquelon, il est attribué le nombre de sièges suivant :

1° Pour la commission paritaire régionale interprofessionnelle de Saint-Barthélemy : cinq sièges pour les organisations syndicales de salariés et cinq sièges pour les organisations professionnelles d'employeurs ;

2° Pour la commission paritaire régionale interprofessionnelle de Saint-Martin : sept sièges pour les organisations syndicales de salariés et sept sièges pour les organisations professionnelles d'employeurs ;

3° Pour la commission paritaire territoriale interprofessionnelle de Saint-Pierre-et-Miquelon : quatre sièges aux organisations syndicales de salariés et quatre sièges aux organisations professionnelles d'employeurs.

Art. D. 2622-4 *(Décr. n° 2017-1612 du 28 nov. 2017)* Pour l'application de l'article L. 2234-7, les attributions dévolues au *(Décr. n° 2020-1545 du 9 déc. 2020, art. 28-X, en vigueur le 1er avr. 2021)* « directeur régional de l'économie, de l'emploi, du travail et des solidarités » et au responsable d'unité départementale sont exercées en Guadeloupe, en Martinique, *(Décr. n° 2018-953 du 31 oct. 2018, art. 3)* « à Mayotte, » à La Réunion, à Saint-Barthélemy et à Saint-Martin par le *(Décr. n° 2020-1545 du 9 déc. 2020, art. 28-X, en vigueur le 1er avr. 2021)* « directeur régional de l'économie, de l'emploi, du travail et des solidarités » et à Saint-Pierre-et-Miquelon, par le directeur de la cohésion sociale, du travail, de l'emploi et de la population.

CHAPITRE III LES CONFLITS COLLECTIFS

SECTION UNIQUE Commission de conciliation

SOUS-SECTION 1 Compétence

Art. R. 2623-1 La commission de conciliation prévue à l'article L. 2623-1 peut connaître de tout conflit collectif du travail survenant dans le département ou la collectivité où elle siège, à l'exception des conflits collectifs de travail concernant les personnels navigants. – *[Anc. art. R. 852-1, al. 1er, phrase 1.]*

Art. R. 2623-2 La commission de conciliation comprend deux sections. L'une de ces sections connaît les conflits collectifs de travail dans les professions agricoles et l'autre les autres conflits collectifs de travail. – *[Anc. art. R. 852-1, al. 1er, phrase 2.]*

Art. R. 2623-3 La commission de conciliation peut être saisie :

1° Par la plus diligente des parties qui adresse au président de la commission de conciliation une requête écrite exposant les points sur lesquels porte le litige ;

2° Par le préfet. – *[Anc. art. R. 852-4, al. 1er à 4.]*

Art. R. 2623-4 Les saisines de la commission de conciliation restent à la disposition des parties intéressées soit à la direction *(Décr. n° 2018-953 du 31 oct. 2018, art. 3)* « des entreprises, de la concurrence, de la consommation, du travail et de l'emploi », soit au service *(Décr. n° 2018-953 du 31 oct. 2018, art. 3)* « des entreprises, de la concurrence, de la consommation, du travail et de l'emploi » de Saint-Pierre-et-Miquelon.

La direction ou le service assure le secrétariat de la commission de conciliation.

OUTRE-MER | **Art. R. 2623-14** 2109

SOUS-SECTION 2 **Composition**

Art. R. 2623-5 Les deux sections de la commission de conciliation comprennent :
1° Le préfet ou son représentant, président ;
2° Un fonctionnaire de catégorie A ;
3° Quatre à huit représentants des employeurs ;
4° Quatre à huit représentants des salariés. — *[Anc. art. R. 852-1, al. 2 à 6.]*

Art. R. 2623-6 Lorsque le conflit intéresse à la fois des professions agricoles et non agricoles, le président de la commission de conciliation peut réunir les membres des deux sections. — *[Anc. art. R. 852-3, al. 1er.]*

Art. R. 2623-7 La section agricole de la commission de conciliation peut être complétée par un représentant du ministre chargé de l'agriculture, nommé par le préfet.
Lorsque le conflit concerne une branche d'activité pour laquelle les services *(Décr. n° 2008-1503 du 30 déc. 2008)* « du ministre chargé de l'industrie » exercent les fonctions de contrôle normalement dévolues à l'inspection du travail, la section de la commission des secteurs non agricoles peut être complétée par un représentant de l'administration concernée, nommé par le préfet. — *[Anc. art. R. 852-3, al. 2 et 3.]*

Art. R. 2623-8 Un arrêté préfectoral détermine le nombre total de représentants des employeurs et des salariés.
Cet arrêté nomme pour trois ans les membres de la commission de conciliation. — *[Anc. art. R. 852-2, al. 1er.]*

Art. R. 2623-9 Les représentants des employeurs et des salariés sont nommés, après avis du directeur du travail, de l'emploi et de la formation professionnelle, sur proposition des organisations représentatives d'employeurs et de salariés au niveau national et des organisations représentatives au plan local. — *[Anc. art. R. 852-2, al. 2.]*

Art. R. 2623-10 En vue de la nomination des représentants des salariés et des employeurs, les organisations représentatives soumettent au préfet des listes comportant des noms en nombre double de celui des postes à pourvoir pour chacune des sections de la commission.
Ces noms sont choisis parmi les employeurs ou les salariés qui exercent effectivement leur activité professionnelle dans le ressort de la commission. — *[Anc. art. R. 852-2, al. 3.]*

Art. R. 2623-11 Les membres suppléants de la commission de conciliation sont désignés dans les mêmes conditions que les membres titulaires.
Ils siègent en l'absence de ces derniers. — *[Anc. art. R. 852-2, al. 4.]*

SOUS-SECTION 3 **Fonctionnement**

Art. R. 2623-12 Lorsque le président de la commission de conciliation est saisi d'une demande de conciliation ou décide, de sa propre initiative, de mettre en œuvre la procédure de conciliation, il adresse aux membres des sections concernées une convocation précisant les points sur lesquels porte le différend, la date et le lieu de la réunion.
Il convoque les parties au conflit par lettre recommandée avec avis de réception ou remise contre récépissé. — *[Anc. art. R. 852-5, al. 1er et 2.]*

Art. R. 2623-13 Devant la commission de conciliation, les parties peuvent être assistées d'un membre de l'organisation d'employeurs ou de salariés à laquelle elles appartiennent. — *[Anc. art. R. 852-6, al. 1er.]*

Art. R. 2623-14 Lorsque les parties se font représenter, le représentant appartient à la même organisation que la partie qu'il représente ou est salarié dans l'entreprise où a lieu le conflit.
Il est dûment mandaté et a qualité pour conclure un accord de conciliation au nom de son mandant. — *[Anc. art. R. 852-6, al. 2, phrase 2.]*

Art. R. 2623-15 Lorsque l'une des parties ne comparaît pas ou ne se fait pas représenter devant la commission de conciliation, le président, après avoir constaté son absence, fixe, dans les conditions fixées à l'article L. 2522-3, une nouvelle date de réunion au cours de la séance. Il notifie cette date de réunion à la partie présente ou représentée.

Il convoque la partie défaillante par lettre recommandée avec avis de réception ou remise en main propre contre décharge. – *[Anc. art. R. 852-5, al. 3.]*

Art. R. 2623-16 Lorsqu'une partie régulièrement convoquée ne comparaît pas, sans motif légitime, à la nouvelle réunion, le président établit un procès-verbal de carence. Ce procès-verbal indique les points de désaccord précisés par la partie présente ou représentée.

La non-comparution de la partie qui a introduit la requête de conciliation vaut renonciation à la demande. – *[Anc. art. R. 852-5, al. 4.]*

Art. R. 2623-17 Lorsqu'un accord est intervenu devant une commission de conciliation, le président établit et notifie aux parties un procès-verbal. Son dépôt est réalisé auprès de la direction *(Décr. n° 2018-953 du 31 oct. 2018, art. 3)* « des entreprises, de la concurrence, de la consommation, du travail et de l'emploi » ou, à Saint-Pierre-et-Miquelon, au service *(Décr. n° 2018-953 du 31 oct. 2018, art. 3)* « des entreprises, de la concurrence, de la consommation, du travail et de l'emploi ».

Lorsque les parties ne parviennent pas à un accord, un procès-verbal de non-conciliation est établi et leur est aussitôt notifié par lettre recommandée avec avis de réception. Ce procès-verbal précise les points sur lesquels elles sont parvenues à un accord et ceux sur lesquels le désaccord persiste.

Les procès-verbaux sont communiqués dans les quarante-huit heures au préfet.

Art. R. 2623-18 Un arrêté conjoint des ministres chargés du travail, de l'agriculture et des finances détermine les conditions dans lesquelles sont allouées les indemnités de déplacement des membres des commissions et, pour les membres autres que les fonctionnaires en activité, les vacations. – *[Anc. art. R. 852-8.]*

Art. R. 2623-19 La Commission nationale de conciliation siégeant auprès du ministre chargé du travail ou celle siégeant auprès du ministre chargé de l'agriculture peut être saisie d'un conflit collectif du travail se déroulant *(Décr. n° 2018-953 du 31 oct. 2018, art. 3)* « en Guadeloupe, en Guyane, en Martinique, à Mayotte, à La Réunion », à Saint-Barthélemy et à Saint-Martin ainsi qu'à Saint-Pierre-et-Miquelon.

La procédure de conciliation se déroule selon les règles prévues à la section 2 du chapitre II du titre II du livre V.

CHAPITRE IV RÉPRESENTATION DU PERSONNEL – DISPOSITIONS RELATIVES À MAYOTTE

(Décr. n° 2018-953 du 31 oct. 2018, art. 3)

Art. R. 2624-1 Pour l'application à Mayotte de l'article R. 2315-20, les mots : "à hauteur du tarif de seconde classe des chemins de fer" sont remplacés par les mots : "à hauteur du barème figurant à l'article 6 B de l'annexe 4 du code général des impôts pour un déplacement en véhicule automobile".

TITRE III MESURES DE COORDINATION AVEC LES AUTRES COLLECTIVITÉS ULTRA-MARINES *(Décr. n° 2018-953 du 31 oct. 2018, art. 3).*

Le présent titre ne comprend pas de dispositions réglementaires.

TROISIÈME PARTIE DURÉE DU TRAVAIL, SALAIRE, INTÉRESSEMENT, PARTICIPATION ET ÉPARGNE SALARIALE

LIVRE I DURÉE DU TRAVAIL, REPOS ET CONGÉS

TITRE I CHAMP D'APPLICATION

Art. R. 3111-1 (Décr. n° 2016-1551 du 18 nov. 2016, art. 1ᵉʳ) A l'exception du chapitre II du titre III ainsi que des titres VI et VII, le présent livre définit les règles d'ordre public, le champ de la négociation collective et les règles supplétives applicables en l'absence d'accord.

TITRE II DURÉE DU TRAVAIL, RÉPARTITION ET AMÉNAGEMENT DES HORAIRES

CHAPITRE I DURÉE ET AMÉNAGEMENT DU TRAVAIL (Décr. n° 2016-1551 du 18 nov. 2016, art. 2-I).

SECTION 1 Travail effectif, astreintes et équivalences

SOUS-SECTION 1 Travail effectif (Décr. n° 2016-1551 du 18 nov. 2016, art. 2-II).

§ 1 Ordre public

(Décr. n° 2016-1551 du 18 nov. 2016, art. 2-II)

Art. R. 3121-1 En cas de travaux insalubres et salissants, le temps passé à la douche en application de l'article (Décr. n° 2016-1551 du 18 nov. 2016, art. 2-II) « R. 4228-8 » est rémunéré au tarif normal des heures de travail sans être pris en compte dans le calcul de la durée du travail effectif.

SOUS-SECTION 2 Astreintes

(Décr. n° 2016-1551 du 18 nov. 2016, art. 2-II)

§ 1 Ordre public

(Décr. n° 2016-1551 du 18 nov. 2016, art. 2-II)

Art. R. 3121-2 En fin de mois, l'employeur remet à chaque salarié intéressé un document récapitulant le nombre d'heures d'astreinte accomplies par celui-ci au cours du mois écoulé ainsi que la compensation correspondante. — [Anc. art. L. 212-4 bis, al. 3, phrase 2.]

§ 2 Dispositions supplétives

(Décr. n° 2016-1551 du 18 nov. 2016, art. 2-II)

Art. R. 3121-3 A défaut d'accord prévu à l'article L. 3121-11, l'employeur communique, par tout moyen conférant date certaine, aux salariés concernés la programmation individuelle des périodes d'astreinte dans le respect des délais de prévenance prévus à l'article L. 3121-12.

SECTION 2 Durées maximales de travail

SOUS-SECTION 1 Durée quotidienne maximale

§ 1 Ordre public

(Décr. n° 2016-1553 du 18 nov. 2016, art. 1ᵉʳ)

Art. D. 3121-4 Le dépassement de la durée quotidienne maximale du travail effectif, prévue à l'article (Décr. n° 2016-1553 du 18 nov. 2016, art. 1ᵉʳ) « L. 3121-18 », peut être autorisé dans les cas où un surcroît temporaire d'activité est imposé, notamment pour l'un des motifs suivants :

1° Travaux devant être exécutés dans un délai déterminé en raison de leur nature, des charges imposées à l'entreprise ou des engagements contractés par celle-ci ;

2° Travaux saisonniers ;

3° Travaux impliquant une activité accrue pendant certains jours de la semaine, du mois ou de l'année.

Art. D. 3121-5 La demande de *(Décr. n° 2016-1553 du 18 nov. 2016, art. 1ᵉʳ)* « dépassement de » la durée quotidienne maximale de travail, accompagnée des justifications utiles et de l'avis du *(Décr. n° 2017-1819 du 29 déc. 2017, art. 3)* « comité social et économique, s'il existe », est adressée par l'employeur à l'inspecteur du travail.

L'inspecteur du travail fait connaître sa décision dans un délai de quinze jours à compter de la date de réception de la demande à l'employeur et aux représentants du personnel.

Art. D. 3121-6 En cas d'urgence, l'employeur peut *(Décr. n° 2016-1553 du 18 nov. 2016, art. 1ᵉʳ)* « dépasser » sous sa propre responsabilité, dans les hypothèses envisagées à l'article *(Décr. n° 2016-1553 du 18 nov. 2016, art. 1ᵉʳ)* « D. 3121-4 », la durée quotidienne maximale du travail.

S'il n'a pas encore adressé de demande de *(Décr. n° 2016-1553 du 18 nov. 2016, art. 1ᵉʳ)* « dépassement », il présente immédiatement à l'inspecteur du travail une demande de régularisation accompagnée des justifications et avis mentionnés à l'article *(Décr. n° 2016-1553 du 18 nov. 2016, art. 1ᵉʳ)* « D. 3121-5 » et de toutes explications nécessaires sur les causes ayant nécessité une prolongation de la durée quotidienne du travail sans autorisation préalable.

S'il se trouve dans l'attente d'une réponse à une demande de *(Décr. n° 2016-1553 du 18 nov. 2016, art. 1ᵉʳ)* « dépassement », il informe immédiatement l'inspecteur du travail de l'obligation où il s'est trouvé d'anticiper la décision attendue et en donne les raisons.

L'inspecteur du travail fait connaître sa décision dans un délai de quinze jours à compter de la date de réception de la demande à l'employeur et aux représentants du personnel.

Art. D. 3121-7 Les recours hiérarchiques contre les décisions prévues aux articles *(Décr. n° 2016-1553 du 18 nov. 2016, art. 1ᵉʳ)* « D. 3121-5 et D. 3121-6 » sont formés devant le *(Décr. n° 2020-1545 du 9 déc. 2020, art. 28-X, en vigueur le 1ᵉʳ avr. 2021)* « directeur régional de l'économie, de l'emploi, du travail et des solidarités » dans le délai d'un mois suivant la date à laquelle les intéressés en ont reçu notification.

SOUS-SECTION 2 **Durées hebdomadaires maximales**

§ 1 Dispositions communes

SOUS-§ 1 *Ordre public*

(Décr. n° 2016-1551 du 18 nov. 2016, art. 2-IV)

Art. R. 3121-8 *(Décr. n° 2016-1551 du 18 nov. 2016, art. 2-IV)* « L'autorisation de dépassement de la durée maximale hebdomadaire prévues [prévue] aux articles L. 3121-21 et L. 3121-25 ne peut être accordée » que pour une durée expressément fixée par l'autorité compétente.

A l'expiration de cette durée, une *(Décr. n° 2016-1551 du 18 nov. 2016, art. 2-IV)* « nouvelle autorisation » ne peut résulter que d'une décision expresse faisant suite à une nouvelle demande des intéressés, instruite dans les mêmes conditions que la demande initiale.

(Décr. n° 2016-1551 du 18 nov. 2016, art. 2-IV) « L'autorisation » est révocable à tout moment par l'autorité qui l'a accordée si les raisons qui en ont motivé l'octroi viennent à disparaître, notamment en cas de licenciements collectifs affectant les secteurs, régions ou entreprises ayant fait l'objet d'*(Décr. n° 2016-1551 du 18 nov. 2016, art. 2-IV)* « une autorisation ».

DURÉE DU TRAVAIL **Art. R. 3121-12** 2113

Art. R. 3121-9 (Décr. n° 2016-1551 du 18 nov. 2016, art. 2-IV) « Les dépassements » à la durée maximale hebdomadaire du travail peuvent être (Décr. n° 2016-1551 du 18 nov. 2016, art. 2-IV) « assortis » de mesures compensatoires ayant pour objet, dans les entreprises bénéficiaires :

1° Soit de ramener la durée hebdomadaire moyenne de travail à moins de quarante-six heures pendant une période déterminée postérieure à la date d'expiration de la dérogation ;

2° Soit de prévoir, en faveur des salariés, des périodes de repos complémentaire ;

3° Soit d'abaisser, pendant une période limitée, la durée maximale du travail.

La nature et les conditions de cette compensation sont fixées par (Décr. n° 2016-1551 du 18 nov. 2016, art. 2-IV) « la décision d'autorisation ».

§ 2 Dépassement de la durée maximale hebdomadaire absolue et de la durée hebdomadaire maximale moyenne (Décr. n° 2016-1551 du 18 nov. 2016, art. 2-IV).

SOUS-§ 1 *Ordre public*

(Décr. n° 2016-1551 du 18 nov. 2016, art. 2-IV)

Art. R. 3121-10 (Décr. n° 2016-1551 du 18 nov. 2016, art. 2-IV) « L'autorisation de dépassement de la durée maximale hebdomadaire absolue du travail prévue par l'article L. 3121-21 » est accordée par le (Décr. n° 2020-1545 du 9 déc. 2020, art. 28-X, en vigueur le 1er avr. 2021) « directeur régional de l'économie, de l'emploi, du travail et des solidarités ». Elle ne peut l'être qu'en cas de circonstance exceptionnelle entraînant temporairement un surcroît extraordinaire de travail.

La demande (Décr. n° 2016-1551 du 18 nov. 2016, art. 2-IV) « d'autorisation » est adressée par l'employeur à l'inspecteur du travail.

Elle est assortie de justifications sur les circonstances exceptionnelles qui la motivent et précise la durée pour laquelle (Décr. n° 2016-1551 du 18 nov. 2016, art. 2-IV) « l'autorisation » est sollicitée.

Elle est accompagnée de l'avis du (Décr. n° 2017-1819 du 29 déc. 2017, art. 3) « comité social et économique, s'il existe ».

Le (Décr. n° 2020-1545 du 9 déc. 2020, art. 28-X, en vigueur le 1er avr. 2021) « directeur régional de l'économie, de l'emploi, du travail et des solidarités » prend sa décision au vu d'un rapport établi par l'inspecteur du travail et indiquant notamment si la situation de l'entreprise requérante justifie le bénéfice de (Décr. n° 2016-1551 du 18 nov. 2016, art. 2-IV) « l'autorisation ».

La décision précise l'ampleur de (Décr. n° 2016-1551 du 18 nov. 2016, art. 2-IV) « l'autorisation » ainsi que la durée pour laquelle elle est accordée.

SOUS-§ 2 *Dispositions supplétives*

(Décr. n° 2016-1551 du 18 nov. 2016, art. 2-IV)

Art. R. 3121-11 A défaut d'accord prévu à l'article L. 3121-23, le dépassement de la durée hebdomadaire moyenne de quarante-quatre heures est accordé dans les conditions définies à l'article R. 3121-10.

§ 3 Dépassement de la durée hebdomadaire maximale moyenne dans certains secteurs, certaines régions ou dans certaines entreprises (Décr. n° 2016-1551 du 18 nov. 2016, art. 2-IV).

SOUS-§ 1 *Dispositions supplétives*

(Décr. n° 2016-1551 du 18 nov. 2016, art. 2-IV)

Art. R. 3121-12 (Décr. n° 2016-1551 du 18 nov. 2016, art. 2-IV) « L'autorisation de dépassement à la durée hebdomadaire maximale moyenne prévue à l'article L. 3121-25 » revêt l'une des modalités suivantes :

1° Le dépassement de la durée moyenne hebdomadaire de quarante-six heures sur une période de douze semaines consécutives ;

2° La répartition de cette même moyenne sur une période de plus de douze semaines ;

3° La combinaison des deux modalités précédentes.

La décision (Décr. n° 2016-1551 du 18 nov. 2016, art. 2-IV) « d'autorisation » précise la modalité, l'ampleur et les autres conditions du dépassement autorisé.

Art. R. 3121-13 La demande de (Décr. n° 2016-1551 du 18 nov. 2016, art. 2-IV) « dépassement » concernant l'ensemble d'un secteur d'activité sur le plan national est adressée par l'organisation d'employeurs intéressée au ministre chargé du travail.

Celui-ci prend sa décision après consultation des organisations d'employeurs et de salariés représentatives dans le secteur considéré, en tenant compte des conditions économiques et [de] la situation de l'emploi dans ce secteur.

Art. R. 3121-14 La demande de (Décr. n° 2016-1551 du 18 nov. 2016, art. 2-IV) « dépassement » concernant un secteur d'activité sur le plan local, départemental ou interdépartemental est adressée par l'organisation d'employeurs intéressée au (Décr. n° 2020-1545 du 9 déc. 2020, art. 28-X, en vigueur le 1er avr. 2021) « directeur régional de l'économie, de l'emploi, du travail et des solidarités ».

(Décr. n° 2020-88 du 5 févr. 2020, art. 1er) « Celui-ci prend sa décision après consultation des organisations d'employeurs et de salariés représentatives intéressées, en tenant compte des conditions économiques et de la situation de l'emploi propres à la région et au secteur considérés. »

Art. R. 3121-15 (Décr. n° 2016-1551 du 18 nov. 2016, art. 2-IV) « Lorsqu'une autorisation est attribuée en application des articles R. 3121-13 ou R. 3121-14, l'entreprise ne peut en user » qu'après décision de l'inspecteur du travail qui statue sur le principe et les modalités de l'application de celle-ci, après avis du (Décr. n° 2017-1819 du 29 déc. 2017, art. 3) « comité social et économique, s'il existe ».

En application de l'art. L. 231-5 CRPA, et par exception à l'application du délai de deux mois prévu à l'art. L. 231-1 du même code, le délai à l'expiration duquel le silence gardé par l'administration vaut décision d'acceptation est fixé à trente jours pour une demande de dérogation à la durée hebdomadaire maximale moyenne de travail (Décr. n° 2014-1290 du 23 oct. 2014, art. 1er).

Art. R. 3121-16 L'employeur qui ne relève pas d'un secteur couvert par l'une des décisions prévues aux articles (Décr. n° 2016-1551 du 18 nov. 2016, art. 2-IV) « R. 3121-13 et R. 3121-14 » peut, pour faire face à des situations exceptionnelles propres à son entreprise, demander une (Décr. n° 2016-1551 du 18 nov. 2016, art. 2-IV) « autorisation » particulière.

Cette demande est motivée et adressée, accompagnée de l'avis du (Décr. n° 2017-1819 du 29 déc. 2017, art. 3) « comité social et économique, s'il existe », à l'inspecteur du travail qui la transmet au (Décr. n° 2020-1545 du 9 déc. 2020, art. 28-X, en vigueur le 1er avr. 2021) « directeur régional de l'économie, de l'emploi, du travail et des solidarités ».

Celui-ci prend sa décision au vu d'un rapport établi par l'inspecteur et indiquant, notamment, si la situation de l'entreprise requérante est de nature à justifier l'octroi de (Décr. n° 2016-1551 du 18 nov. 2016, art. 2-IV) « l'autorisation ».

En application de l'art. L. 231-5 CRPA, et par exception à l'application du délai de deux mois prévu à l'art. L. 231-1 du même code, le délai à l'expiration duquel le silence gardé par l'administration vaut décision d'acceptation est fixé à trente jours pour une demande de dérogation à la durée hebdomadaire maximale moyenne de travail dans certains secteurs, dans certaines régions ou dans certaines entreprises (Décr. n° 2014-1290 du 23 oct. 2014, art. 1er).

SECTION 3 Durée légale et heures supplémentaires

SOUS-SECTION 1 **Contrepartie obligatoire en repos** (Décr. n° 2016-1553 du 18 nov. 2016, art. 1er).

§ 1 Ordre public

(Décr. n° 2016-1553 du 18 nov. 2016, art. 1er)

Art. D. 3121-17 (Décr. n° 2008-1132 du 4 nov. 2008) L'absence de demande de prise de la contrepartie obligatoire en repos par le salarié ne peut entraîner la perte de son droit au repos. Dans ce cas, l'employeur lui demande de prendre effectivement ses repos dans un délai maximum d'un an.

DURÉE DU TRAVAIL **Art. D. 3121-23** 2115

§ 2 Dispositions supplétives

(Décr. n° 2016-1553 du 18 nov. 2016, art. 1er)

Art. D. 3121-18 Le droit à *(Décr. n° 2008-1132 du 4 nov. 2008)* « contrepartie obligatoire en repos » est réputé ouvert dès que la durée de ce repos, calculée selon les modalités prévues *(Décr. n° 2016-1553 du 18 nov. 2016, art. 1er)* « à l'article L. 3121-38 », atteint sept heures. La journée ou demi-journée au cours de laquelle le repos est pris est déduite du droit à repos à raison du nombre d'heures de travail que le salarié aurait accompli pendant cette journée ou cette demi-journée.

(Décr. n° 2008-1132 du 4 nov. 2008) « La contrepartie obligatoire en repos est prise » dans un délai maximum de deux mois suivant l'ouverture du droit sous réserve des dispositions des articles *(Décr. n° 2016-1553 du 18 nov. 2016, art. 1er)* « D. 3121-21 et D. 3121-22 ».

Art. D. 3121-19 *(Décr. n° 2008-1132 du 4 nov. 2008)* La contrepartie obligatoire en repos peut être prise par journée entière ou par demi-journée à la convenance du salarié.

Elle est assimilée à une période de travail effectif pour le calcul des droits du salarié. Elle donne lieu à une indemnisation qui n'entraîne aucune diminution de rémunération par rapport à celle que le salarié aurait perçue s'il avait accompli son travail.

Art. D. 3121-20 Le salarié adresse sa demande de *(Décr. n° 2008-1132 du 4 nov. 2008)* « contrepartie obligatoire en repos » à l'employeur au moins une semaine à l'avance.

La demande précise la date et la durée du repos.

Dans les sept jours suivant la réception de la demande, l'employeur informe l'intéressé soit de son accord, soit, après consultation *(Décr. n° 2017-1819 du 29 déc. 2017, art. 3)* « du comité social et économique », des raisons relevant d'impératifs liés au fonctionnement de l'entreprise qui motivent le report de la demande.

En cas de report, l'employeur propose au salarié une autre date à l'intérieur du délai de deux mois prévu à l'article *(Décr. n° 2016-1553 du 18 nov. 2016, art. 1er)* « D. 3121-22 ».

Art. D. 3121-21 Lorsque des impératifs liés au fonctionnement de l'entreprise font obstacle à ce que plusieurs demandes de *(Décr. n° 2008-1132 du 4 nov. 2008)* « contrepartie obligatoire en repos » soient simultanément satisfaites, les demandeurs sont départagés, selon l'ordre de priorité suivant :
1° Les demandes déjà différées ;
2° La situation de famille ;
3° L'ancienneté dans l'entreprise.

Art. D. 3121-22 La durée pendant laquelle *(Décr. n° 2008-1132 du 4 nov. 2008)* « la contrepartie obligatoire en repos peut être différée » par l'employeur ne peut excéder deux mois.

Art. D. 3121-23 *(Décr. n° 2008-1132 du 4 nov. 2008)* Le salarié dont le contrat de travail prend fin avant qu'il ait pu bénéficier de la contrepartie obligatoire en repos à laquelle il a droit ou avant qu'il ait acquis des droits suffisants pour pouvoir prendre ce repos reçoit une indemnité en espèces dont le montant correspond à ses droits acquis.

Cette indemnité est également due aux ayants droit du salarié dont le décès survient avant qu'il ait pu bénéficier de la contrepartie obligatoire en repos à laquelle il avait droit ou avant qu'il ait acquis des droits suffisants pour pouvoir prendre ce repos. Elle est alors versée à ceux des ayants droit qui auraient qualité pour obtenir le paiement des salaires arriérés.

Cette indemnité a le caractère de salaire.

Les heures de délégation accomplies durant un repos compensateur obligatoire donnent lieu au report du repos ou au paiement de l'indemnité correspondante si le contrat de travail a pris fin avant que le salarié ait pu exercer son droit à repos ou acquérir suffisamment de droits pour en bénéficier. • Soc. 23 mai 2017, 🔒 n° 15-23.250 P : *D. actu. 14 juin 2017, obs. Ines ; D. 2017. Actu. 1128 ⌀ ; RJS 8-9/2017, n° 591 ; JSL 2017, n° 435-6, obs. Daguerre ; JCP S 2017. 1244, obs. Kerbourc'h.*

SOUS-SECTION 2 Contingent d'heures supplémentaires *(Décr. n° 2016-1553 du 18 nov. 2016, art. 1ᵉʳ).*

§ 1 Dispositions supplétives

(Décr. n° 2016-1553 du 18 nov. 2016, art. 1ᵉʳ)

Art. D. 3121-24 *(Décr. n° 2008-1132 du 4 nov. 2008)* A défaut d'accord prévu au I de l'article L. 3121-33, le contingent annuel d'heures supplémentaires est fixé à deux cent vingt heures par salarié.

Le premier alinéa ne s'applique pas aux salariés mentionnés à l'article L. 3121-56 qui ont conclu une convention de forfait en heures sur l'année.

SECTION 4 Aménagement du temps de travail sur une période supérieure à la semaine, horaires individualisés et récupération des heures perdues *(Décr. n° 2016-1551 du 18 nov. 2016, art. 2-V).*

SOUS-SECTION 1 Aménagement du temps de travail sur une période supérieure à la semaine *(Décr. n° 2016-1551 du 18 nov. 2016, art. 2-V).*

§ 1 Ordre public

(Décr. n° 2016-1551 du 18 nov. 2016, art. 2-V)

Art. D. 3121-25 *(Décr. n° 2008-1132 du 4 nov. 2008)* En application du *(Décr. n° 2016-1553 du 18 nov. 2016, art. 1ᵉʳ)* « quatrième alinéa de l'article L. 3121-41 et du septième alinéa de l'article L. 3121-44 », sont des heures supplémentaires les heures effectuées :

1° Au-delà de trente-neuf heures par semaine.

2° Au-delà de la durée moyenne de trente-cinq heures hebdomadaires calculée sur la période de référence *(Décr. n° 2016-1553 du 18 nov. 2016, art. 1ᵉʳ)* « fixée en application de l'article L. 3121-45 », déduction faite, le cas échéant, des heures supplémentaires comptabilisées au titre du dépassement de la durée hebdomadaire.

En cas d'arrivée ou départ en cours de période de *(Décr. n° 2016-1553 du 18 nov. 2016, art. 1ᵉʳ)* « référence », les heures accomplies au-delà de trente-cinq heures hebdomadaires sont des heures supplémentaires. Les semaines où la durée de travail est inférieure à trente-cinq heures, le salaire est maintenu sur la base de trente-cinq heures hebdomadaires.

En cas d'absence rémunérée, le temps non travaillé n'est pas récupérable et est valorisé sur la base du temps qui aurait été travaillé si le salarié avait été présent, heures supplémentaires comprises.

Art. R. 3121-26 Dans les établissements ou parties d'établissements industriels pratiquant le mode de travail par équipes successives selon un cycle continu, l'affectation d'un salarié à deux équipes successives est interdite, sauf à titre exceptionnel et pour des raisons impérieuses de fonctionnement.

Lorsque l'affectation à une deuxième équipe a prolongé la durée du travail de plus de deux heures, les motifs en sont communiqués dans les quarante-huit heures par l'employeur à l'inspecteur du travail.

§ 2 Dispositions supplétives

(Décr. n° 2016-1553 du 18 nov. 2016, art. 1ᵉʳ)

Art. D. 3121-27 *(Décr. n° 2008-1132 du 4 nov. 2008) (Décr. n° 2016-1553 du 18 nov. 2016, art. 1ᵉʳ)* « A défaut d'accord prévu à l'article L. 3121-44 », la durée du travail de l'entreprise ou de l'établissement peut être organisée sous forme de périodes de travail, chacune d'une durée *(Décr. n° 2016-1553 du 18 nov. 2016, art. 1ᵉʳ)* « au plus égale aux durées fixées à l'article L. 3121-45 ».

L'employeur établit le programme indicatif de la variation de la durée du travail. Ce programme est soumis pour avis, avant sa première mise en œuvre, au *(Décr. n° 2017-1819 du 29 déc. 2017, art. 3)* « comité social et économique, s'il existe ».

DURÉE DU TRAVAIL   **Art. R. 3121-33** 2117

Les modifications du programme de la variation font également l'objet d'une consultation du *(Décr. n° 2017-1819 du 29 déc. 2017, art. 3)* « comité social et économique, s'il existe ».

L'employeur communique au moins une fois par an au *(Décr. n° 2017-1819 du 29 déc. 2017, art. 3)* « comité social et économique » un bilan de la mise en œuvre du programme indicatif de la variation de la durée du travail.

Les salariés sont prévenus des changements de leurs horaires de travail dans un délai de sept jours ouvrés au moins avant la date à laquelle ce changement intervient.

Art. D. 3121-28 *(Décr. n° 2008-1132 du 4 nov. 2008)* Lorsqu'il est fait application des dispositions de l'article *(Décr. n° 2016-1553 du 18 nov. 2016, art. 1er)* « **D. 3121-27** », la rémunération mensuelle des salariés des entreprises organisant des périodes de travail sur *(Décr. n° 2016-1553 du 18 nov. 2016, art. 1er)* « une durée fixée en application de l'article L. 3121-45 » est indépendante de l'horaire réel. Elle est calculée sur la base de trente-cinq heures hebdomadaires.

SOUS-SECTION 2 **Horaires individualisés**

§ 1 Ordre public

(Décr. n° 2016-1551 du 18 nov. 2016, art. 2-V)

Art. R. 3121-29 La décision d'autoriser le recours aux horaires individualisés, prise par l'inspecteur du travail en application de l'article *(Décr. n° 2016-1551 du 18 nov. 2016, art. 2-V)* « **L. 3121-48** », est notifiée dans les deux mois suivant le dépôt de la demande par l'employeur.

§ 2 Dispositions supplétives

(Décr. n° 2016-1551 du 18 nov. 2016, art. 2-V)

Art. R. 3121-30 En cas d'horaires individualisés, *(Décr. n° 2016-1551 du 18 nov. 2016, art. 2-V)* « à défaut d'accord prévu au 1° de l'article L. 3121-51 », le report d'heures d'une semaine à une autre ne peut excéder trois heures et le cumul des reports ne peut avoir pour effet de porter le total des heures reportées à plus de dix.

SOUS-SECTION 3 **Récupération des heures perdues**

§ 1 Ordre public

(Décr. n° 2016-1551 du 18 nov. 2016, art. 2-V)

Art. R. 3121-31 L'employeur ne peut licencier pour insuffisance d'activité, dans le délai d'un mois succédant à une période de récupération, les salariés habituellement employés dans l'établissement ou partie d'établissement où ont été accomplies des heures de récupération ou des heures supplémentaires.

Cette disposition ne s'applique pas aux salariés embauchés temporairement pour faire face à un surcroît extraordinaire de travail.

Art. R. 3121-32 La faculté de récupération est, en cas de chômage extraordinaire et prolongé survenant dans une profession, suspendue pour cette profession :
1° Par arrêté du ministre chargé du travail soit pour l'ensemble du territoire, soit pour une ou plusieurs régions ;
2° Par décision du *(Décr. n° 2020-1545 du 9 déc. 2020, art. 28-X, en vigueur le 1er avr. 2021)* « directeur régional de l'économie, de l'emploi, du travail et des solidarités » pour des établissements spécialement déterminés.

Art. R. 3121-33 *(Décr. n° 2016-1551 du 18 nov. 2016, art. 2-V)* L'inspecteur du travail est préalablement informé par l'employeur des interruptions collectives de travail et des modalités de la récupération. Si le travail est interrompu par un évènement imprévu, l'information est donnée immédiatement.

§ 2 Dispositions supplétives

(Décr. n° 2016-1551 du 18 nov. 2016, art. 2-V)

Art. R. 3121-34 *(Décr. n° 2016-1551 du 18 nov. 2016, art. 2-V)* « A défaut d'accord prévu au 2° de l'article L. 3121-51, les » heures perdues dans les cas prévus à l'article *(Décr. n° 2016-1551 du 18 nov. 2016, art. 2-V)* « L. 3121-50 » ne sont récupérables que dans les douze mois précédant ou suivant leur perte.

Art. R. 3121-35 *(Décr. n° 2016-1551 du 18 nov. 2016, art. 2-V)* « A défaut d'accord mentionné au 2° de l'article L. 3121-51, les » heures de récupération ne peuvent être réparties uniformément sur toute l'année.

Elles ne peuvent augmenter la durée du travail de l'établissement ou de la partie d'établissement de plus d'une heure par jour, ni de plus de huit heures par semaine.

SECTION 5 Conventions de forfait

(Décr. n° 2023-753 du 10 août 2023, art. 4, en vigueur le 1er sept. 2023)

SOUS-SECTION 1 Ordre public

Art. D. 3121-36 La demande du salarié ayant conclu une convention de forfait en jours de travailler à temps réduit, en application de l'article L. 3121-60-1, est adressée à l'employeur par lettre recommandée avec avis de réception.

La demande précise la durée de travail souhaitée ainsi que la date d'effet envisagée pour la mise en œuvre des nouvelles conditions du forfait en jours.

Elle est adressée deux mois au moins avant cette date.

L'employeur répond à la demande du salarié par lettre recommandée avec avis de réception dans un délai de deux mois à compter de la réception de celle-ci.

CHAPITRE II TRAVAIL DE NUIT *(Décr. n° 2016-1551 du 18 nov. 2016, art. 3-I, en vigueur le 1er janv. 2017).*

SECTION 1 Dépassement de la durée de travail maximale quotidienne

(Décr. n° 2016-1551 du 18 nov. 2016, art. 3-IV, en vigueur le 1er janv. 2017)

SOUS-SECTION 1 Ordre public

(Décr. n° 2016-1551 du 18 nov. 2016, art. 3-IV, en vigueur le 1er janv. 2017)

Art. R. 3122-1 *(Décr. n° 2016-1551 du 18 nov. 2016, art. 3-IV, en vigueur le 1er janv. 2017)* « La durée maximale quotidienne de huit heures peut être dépassée » sur autorisation de l'inspecteur du travail, en cas :

1° De faits résultants des circonstances étrangères à l'employeur, anormales et imprévisibles ;

2° D'événements exceptionnels dont les conséquences n'auraient pu être évitées.

L'art. R. 3122-10 devient l'art. R. 3122-1 (Décr. n° 2016-1551 du 18 nov. 2016, art. 3-IV, en vigueur le 1er janv. 2017).

Art. R. 3122-2 La demande *(Décr. n° 2016-1551 du 18 nov. 2016, art. 3-IV, en vigueur le 1er janv. 2017)* « d'autorisation de dépassement » à la durée maximale quotidienne de travail, accompagnée des justifications utiles, de l'avis du *(Décr. n° 2017-1819 du 29 déc. 2017, art. 3)* « comité social et économique, s'il existe », et du procès-verbal de consultation des délégués syndicaux, s'il en existe, est adressée par l'employeur à l'inspecteur du travail.

En l'absence de délégué syndical *(Décr. n° 2017-1819 du 29 déc. 2017, art. 3)* « et de comité social et économique » la demande est accompagnée d'un document attestant une information préalable des salariés.

L'art. R. 3122-11 devient l'art. R. 3122-2 (Décr. n° 2016-1551 du 18 nov. 2016, art. 3-IV, en vigueur le 1er janv. 2017).

Art. R. 3122-3 *(Décr. n° 2016-1551 du 18 nov. 2016, art. 3-IV, en vigueur le 1er janv. 2017)* « Il peut être fait application des dépassements prévus à l'article L. 3122-6 à la condition que des périodes de repos d'une durée au moins équivalente au nombre d'heures accomplies au-delà de la durée maximale quotidienne sont [soient] attribuées aux salariés intéressés. » Ce repos est pris dans les plus brefs délais à l'issue de la période travaillée.

L'art. R. 3122-12 devient l'art. R. 3122-3 (Décr. n° 2016-1551 du 18 nov. 2016, art. 3-IV, en vigueur le 1ᵉʳ janv. 2017).

Art. R. 3122-4 Le recours hiérarchique formé contre la décision de l'inspecteur du travail est porté devant le *(Décr. n° 2020-1545 du 9 déc. 2020, art. 28-X, en vigueur le 1ᵉʳ avr. 2021)* « directeur régional de l'économie, de l'emploi, du travail et des solidarités » dans le délai d'un mois suivant la date à laquelle les intéressés en ont reçu notification.

Art. R. 3122-5 L'employeur peut *(Décr. n° 2016-1551 du 18 nov. 2016, art. 3-IV-8°, en vigueur le 1ᵉʳ janv. 2017)* « prendre la décision de dépasser, sous sa propre responsabilité, la durée maximale quotidienne de huit heures lorsque les circonstances mentionnées à l'article R. 3122-1 » impliquent :
  1° L'exécution de travaux urgents en vue d'organiser des mesures de sauvetage ;
  2° La prévention d'accidents imminents ;
  3° La réparation d'accidents survenus au matériel, aux installations ou aux bâtiments.
S'il n'a pas encore adressé de demande de *(Décr. n° 2016-1551 du 18 nov. 2016, art. 3-IV-8°, en vigueur le 1ᵉʳ janv. 2017)* « dépassement », l'employeur présente immédiatement à l'inspecteur du travail une demande de régularisation accompagnée des justifications, de l'avis du *(Décr. n° 2017-1819 du 29 déc. 2017, art. 3)* « comité social et économique, s'il existe », du procès-verbal de consultation des délégués syndicaux, s'il en existe, et de toutes explications nécessaires sur les causes ayant nécessité une prolongation de la durée quotidienne du travail sans autorisation préalable.
S'il se trouve dans l'attente d'une réponse à une demande de *(Décr. n° 2016-1551 du 18 nov. 2016, art. 3-IV-8°, en vigueur le 1ᵉʳ janv. 2017)* « dépassement », il informe immédiatement l'inspecteur du travail de l'obligation où il s'est trouvé d'anticiper la décision attendue et en donne les raisons.

L'art. R. 3122-14 devient l'art. R. 3122-5 (Décr. n° 2016-1551 du 18 nov. 2016, art. 3-IV, en vigueur le 1ᵉʳ janv. 2017).

Art. R. 3122-6 L'inspecteur du travail saisi d'une demande de *(Décr. n° 2016-1551 du 18 nov. 2016, art. 3-IV, en vigueur le 1ᵉʳ janv. 2017)* « dépassement », en application du présent paragraphe, fait connaître sa décision, dans un délai de quinze jours à compter de la date de réception de la demande, à l'employeur et, s'il y a lieu, aux représentants du personnel.

L'art. R. 3122-15 devient l'art. R. 3122-6 (Décr. n° 2016-1551 du 18 nov. 2016, art. 3-IV, en vigueur le 1ᵉʳ janv. 2017).

SOUS-SECTION 2 Champ de la négociation collective

(Décr. n° 2016-1551 du 18 nov. 2016, art. 3-IV, en vigueur le 1ᵉʳ janv. 2017)

Art. R. 3122-7 *(Décr. n° 2016-1551 du 18 nov. 2016, art. 3-IV, en vigueur le 1ᵉʳ janv. 2017)* « Dans les conditions prévues à l'article L. 3122-17, le dépassement de la durée maximale quotidienne de huit heures fixée à l'article L. 3122-6 peut intervenir pour les salariés exerçant : »
  1° Des activités caractérisées par l'éloignement entre le domicile et le lieu de travail du salarié ou par l'éloignement entre différents lieux de travail du salarié ;
  2° Des activités de garde, de surveillance et de permanence caractérisées par la nécessité d'assurer la protection des biens et des personnes ;
  3° Des activités caractérisées par la nécessité d'assurer la continuité du service ou de la production.

L'art. R. 3122-9 devient l'art. R. 3122-7 (Décr. n° 2016-1551 du 18 nov. 2016, art. 3-IV, en vigueur le 1ᵉʳ janv. 2017).

Art. R. 3122-8 *(Décr. n° 2016-1551 du 18 nov. 2016, art. 3-IV, en vigueur le 1ᵉʳ janv. 2017)* Lorsque, dans des cas exceptionnels, le bénéfice du repos prévu à l'article

R. 3122-3 n'est pas possible pour des raisons objectives, une contrepartie équivalente permettant d'assurer une protection appropriée au salarié intéressé est prévue par accord collectif de travail.

SECTION 2 **Affectation à des postes de nuit en l'absence d'accord** (*Décr. n° 2016-1551 du 18 nov. 2016, art. 3-V, en vigueur le 1ᵉʳ janv. 2017*).

SOUS-SECTION 1 **Dispositions suplétives**

(*Décr. n° 2016-1551 du 18 nov. 2016, art. 3-V, en vigueur le 1ᵉʳ janv. 2017*)

Art. R. 3122-9 La demande d'autorisation d'affectation de travailleurs à des postes de nuit présentée à l'inspecteur du travail par l'employeur sur le fondement de l'article (*Décr. n° 2016-1551 du 18 nov. 2016, art. 3-V, en vigueur le 1ᵉʳ janv. 2017*) « L. 3122-21 » justifie, de façon circonstanciée :
1° Les contraintes propres à la nature de l'activité ou au fonctionnement de l'entreprise qui rendent nécessaire le travail de nuit eu égard aux exigences de continuité de l'activité économique ou des services d'utilité sociale ;
2° Le caractère loyal et sérieux de l'engagement préalable de négociations dans le délai maximum de douze mois précédant la demande ;
3° L'existence de contreparties et de temps de pause ;
4° La prise en compte des impératifs de protection de la santé et de la sécurité des salariés.

L'avis des délégués syndicaux et du (*Décr. n° 2017-1819 du 29 déc. 2017, art. 3*) « comité social et économique » est joint à la demande. En l'absence de délégué syndical (*Décr. n° 2017-1819 du 29 déc. 2017, art. 3*) « et de comité social et économique » la demande est accompagnée d'un document attestant une information préalable des salariés.

L'inspecteur du travail fait connaître sa décision dans un délai de trente jours à compter de la date de réception de la demande à l'employeur et aux représentants du personnel.

L'art. R. 3122-16 devient l'art. R. 3122-9 (Décr. n° 2016-1551 du 18 nov. 2016, art. 3-V, en vigueur le 1ᵉʳ janv. 2017).

Art. R. 3122-10 Le recours hiérarchique dirigé contre la décision de l'inspecteur du travail est porté devant le (*Décr. n° 2020-1545 du 9 déc. 2020, art. 28-X, en vigueur le 1ᵉʳ avr. 2021*) « directeur régional de l'économie, de l'emploi, du travail et des solidarités », et est formé dans un délai d'un mois suivant la date à laquelle les intéressés ont reçu notification de la décision contestée.

SECTION 3 **Suivi de l'état de santé des travailleurs de nuit** (*Décr. n° 2016-1908 du 27 déc. 2016, art. 5, en vigueur le 1ᵉʳ janv. 2017*).

SOUS-SECTION 1 **Ordre public**

(*Décr. n° 2016-1551 du 18 nov. 2016, art. 3-VI, en vigueur le 1ᵉʳ janv. 2017*)

Art. R. 3122-11 (*Décr. n° 2016-1908 du 27 déc. 2016, art. 5, en vigueur le 1ᵉʳ janv. 2017*) « Le suivi de l'état de santé des travailleurs de nuit a notamment » pour objet de permettre au médecin du travail d'apprécier les conséquences éventuelles du travail de nuit pour leur santé et leur sécurité, notamment du fait des modifications des rythmes chronobiologiques, et d'en appréhender les répercussions potentielles sur leur vie sociale.

L'art. R. 3122-18 devient l'art. R. 3122-11 (Décr. n° 2016-1551 du 18 nov. 2016, art. 3-VI, en vigueur le 1ᵉʳ janv. 2017).

Art. R. 3122-12 (*Décr. n° 2016-1908 du 27 déc. 2016, art. 5, en vigueur le 1ᵉʳ janv. 2017*) « Le médecin du travail est informé par l'employeur de toute absence, pour cause de maladie, des travailleurs de nuit. »

L'art. R. 3122-19 devient l'art. R. 3122-12 (Décr. n° 2016-1551 du 18 nov. 2016, art. 3-VI, en vigueur le 1ᵉʳ janv. 2017).

DURÉE DU TRAVAIL — Art. D. 3123-1-1

Art. R. 3122-13 Le médecin du travail analyse les conséquences du travail nocturne, notamment de l'alternance des postes et de la périodicité de cette dernière, lorsque des équipes fonctionnant en alternance comportent un poste de nuit.

A cet effet, il procède, pendant les périodes au cours desquelles sont employés les travailleurs de nuit, à l'étude des conditions de travail et du poste de travail. Il analyse ensuite pour chaque travailleur le contenu du poste et ses contraintes.

A partir des éléments ainsi recueillis, il conseille l'employeur sur les meilleures modalités d'organisation du travail de nuit en fonction du type d'activité des travailleurs.

L'art. R. 3122-20 devient l'art. R. 3122-13 (Décr. n° 2016-1551 du 18 nov. 2016, art. 3-VI, en vigueur le 1er janv. 2017).

Art. R. 3122-14 Le médecin du travail informe les travailleurs de nuit, en particulier les femmes enceintes et les travailleurs vieillissants, des incidences potentielles du travail de nuit sur la santé. Cette information tient compte de la spécificité des horaires, fixes ou alternés. Il les conseille sur les précautions éventuelles à prendre.

L'art. R. 3122-21 devient l'art. R. 3122-14 (Décr. n° 2016-1551 du 18 nov. 2016, art. 3-VI, en vigueur le 1er janv. 2017).

Art. R. 3122-15 Pour les entreprises employant des travailleurs de nuit, le rapport annuel d'activité du médecin du travail, prévu à l'article D. 4624-42, traite du travail de nuit tel qu'il a été pratiqué dans l'entreprise au cours de l'année considérée.

L'art. R. 3122-22 devient l'art. R. 3122-15 (Décr. n° 2016-1551 du 18 nov. 2016, art. 3-VI, en vigueur le 1er janv. 2017).

CHAPITRE III TRAVAIL À TEMPS PARTIEL ET TRAVAIL INTERMITTENT

SECTION 1 Travail à temps partiel

SOUS-SECTION 1 Ordre public *(Décr. n° 2016-1551 du 18 nov. 2016, art. 4, en vigueur le 1er janv. 2017).*

§ 1 Information des représentants du personnel

(Décr. n° 2016-1551 du 18 nov. 2016, art. 4, en vigueur le 1er janv. 2017)

Art. R. 3123-1 Le bilan du travail à temps partiel prévu à l'article *(Décr. n° 2016-1551 du 18 nov. 2016, art. 4, en vigueur le 1er janv. 2017)* « **L. 3123-15** » porte notamment sur :

1° Le nombre, le sexe et la qualification des salariés concernés, ainsi que les horaires de travail à temps partiel pratiqués ;

2° Le nombre d'heures complémentaires accomplies par les salariés à temps partiel.

Lors de la réunion où est discuté ce bilan du travail à temps partiel réalisé, l'employeur explique les raisons qui l'ont amené à refuser à des salariés à temps complet de passer à temps partiel et à des salariés à temps partiel de travailler à temps complet.

L'art. R. 3123-2 devient l'art. R. 3123-1 (Décr. n° 2016-1551 du 18 nov. 2016, art. 4, en vigueur le 1er janv. 2017).

§ 2 Demande de passage à temps partiel dans le cadre de la retraite progressive

(Décr. n° 2023-753 du 19 août 2023, art. 4, en vigueur le 1er sept. 2023)

Art. D. 3123-1-1 La demande du salarié de travailler à temps partiel, en application de l'article L. 3123-4-1, est adressée à l'employeur par lettre recommandée avec avis de réception.

La demande précise la durée de travail souhaitée ainsi que la date d'effet envisagée pour la mise en œuvre du travail à temps partiel.

Elle est adressée deux mois au moins avant cette date.

L'employeur répond à la demande du salarié par lettre recommandée avec avis de réception dans un délai de deux mois à compter de la réception de celle-ci.

SOUS-SECTION 2 Dispositions supplétives *(Décr. n° 2016-1553 du 18 nov. 2016, art. 2, en vigueur le 1er janv. 2017).*

§ 1 Mise en place d'horaires à temps partiel

(Décr. n° 2016-1553 du 18 nov. 2016, art. 2, en vigueur le 1er janv. 2017)

Art. D. 3123-2 L'avis du *(Décr. n° 2017-1819 du 29 déc. 2017, art. 3)* « comité social et économique » prévu *(Décr. n° 2016-1553 du 18 nov. 2016, art. 2, en vigueur le 1er janv. 2017)* « au premier alinéa de l'article L. 3123-26 » pour la mise en œuvre d'horaires à temps partiel *(Décr. n° 2016-1418 du 20 oct. 2016, art. 6)* « est communiqué, à sa demande, à l'agent de contrôle de l'inspection du travail ».

L'art. D. 3123-1 devient l'art. D. 3123-2 (Décr. n° 2016-1553 du 18 nov. 2016, art. 2, en vigueur le 1er janv. 2017).

Art. D. 3123-3 *(Décr. n° 2016-1553 du 18 nov. 2016, art. 2, en vigueur le 1er janv. 2017)* « A défaut d'accord prévu au troisième alinéa de l'article L. 3123-26 », la demande du salarié de bénéficier d'un horaire à temps partiel est adressée à l'employeur par lettre recommandée avec avis de réception.
La demande précise la durée du travail souhaitée ainsi que la date envisagée pour la mise en œuvre du nouvel horaire.
Elle est adressée six mois au moins avant cette date.
L'employeur répond à la demande du salarié par lettre recommandée avec avis de réception dans un délai de trois mois à compter de la réception de celle-ci.

SECTION 2 Travail intermittent

SOUS-SECTION 1 Champ de la négociation collective *(Décr. n° 2016-1553 du 18 nov. 2016, art. 2, en vigueur le 1er janv. 2017).*

Art. D. 3123-4 *(Décr. n° 2009-498 du 30 avr. 2009)* En application *(Décr. n° 2016-1553 du 18 nov. 2016, art. 2, en vigueur le 1er janv. 2017)* « du quatrième alinéa de l'article L. 3123-38 », est inscrit sur la liste des secteurs dans lesquels la nature de l'activité ne permet pas de fixer avec précision, dans le contrat de travail intermittent, les périodes de travail et la répartition des heures de travail au sein de ces périodes le secteur du spectacle vivant et enregistré.

CHAPITRE IV DISPOSITIONS PÉNALES

Art. R. 3124-1 *(Décr. n° 2008-1131 du 3 nov. 2008)* « Le fait de méconnaître les stipulations d'une convention ou d'un accord d'entreprise ou d'établissement, ou, à défaut, celles d'une convention[,] ou d'un accord de branche, conformes aux dispositions des articles *(Décr. n° 2016-1551 du 18 nov. 2016, art. 6-V, en vigueur le 1er janv. 2017)* « L. 3121-27 à L. 3121-33, et L. 3121-35 à L. 3121-40 » est puni de l'amende prévue pour les contraventions de la quatrième classe. »
Les infractions donnent lieu à autant d'amendes qu'il y a de salariés indûment employés.

Art. R. 3124-2 *(Décr. n° 2008-1131 du 3 nov. 2008)* « Le fait d'appliquer les stipulations d'une convention ou d'un accord d'entreprise ou d'établissement ou d'une convention ou d'un accord de branche contraires aux dispositions des articles *(Décr. n° 2016-1551 du 18 nov. 2016, art. 6-V, en vigueur le 1er janv. 2017)* « L. 3121-27 à L. 3121-33, et L. 3121-35 à L. 3121-40 », est puni d'une amende prévue pour les contraventions de la quatrième classe. »
Les infractions donnent lieu à autant d'amendes qu'il y a de salariés indûment employés.

Art. R. 3124-3 Le fait de méconnaître les dispositions relatives à la durée légale hebdomadaire et à la durée quotidienne maximale du travail prévues par les articles *(Décr. n° 2016-1551 du 18 nov. 2016, art. 6-V, en vigueur le 1er janv. 2017)* « L. 3121-27 et L. 3121-18 »[,] ainsi que celles des décrets prévus par les articles *(Décr. n° 2016-1551*

DURÉE DU TRAVAIL **Art. R. 3124-7** 2123

du 18 nov. 2016, art. 6-V, en vigueur le 1*er* janv. 2017) « **L. 3121-67** et **L. 3121-68** », est puni de l'amende prévue pour les contraventions de la quatrième classe.
Les contraventions donnent lieu à autant d'amendes qu'il y a de salariés indûment employés. — *[Anc. art. R. 261-3, al. 1er et 3.]*

1. Principe du cumul des peines contraventionnelles. L'art. R. 261-3 [art. R. 3124-3 nouv.] n'ayant pas expressément dérogé au principe du cumul des peines contraventionnelles, une cour d'appel a pu décider que, l'employeur ayant pendant quarante et une journées successives employé un conducteur de car dans des conditions irrégulières, le fait que deux chauffeurs seulement soient en cause n'a pas eu pour conséquence de ramener à deux le nombre des infractions. ● Crim. 11 mai 1982 : *Bull. crim.* n° 121.

2. Incidence du comportement du chef d'entreprise. Pour condamner l'employeur à 11 amendes, les juges, après avoir caractérisé autant de dépassements de la durée journalière de travail effectif commis par trois conducteurs de l'entreprise qu'il dirige, relèvent justement qu'en sa qualité de chef d'entreprise ce dernier ne rapporte pas la preuve d'avoir informé ses salariés du contenu de la réglementation, de leur avoir donné les instructions nécessaires aux fins de la respecter et de s'être assuré de sa constante application. ● Crim. 8 févr. 2000, 🔒 n° 98-82.373 P.

Art. R. 3124-4 Le fait de ne pas accorder les compensations prévues *(Décr. n° 2016-1551 du 18 nov. 2016, art. 6-V, en vigueur le 1er janv. 2017)* « aux articles **L. 3121-9, L. 3121-11** et **L. 3121-12** » en cas d'astreinte, est puni de l'amende prévue pour les contraventions de la quatrième classe.
Le fait de ne pas remettre à chaque salarié concerné ou de ne pas avoir conservé à la disposition de l'inspection du travail le document récapitulant le nombre d'heures d'astreinte accompli par salarié et par mois et la compensation correspondante est puni de la même peine.
Les contraventions donnent lieu à autant d'amendes qu'il y a de salariés indûment employés. — *[Anc. art. R. 261-3, al. 2 et 3.]*

Art. R. 3124-5 Est puni de l'amende prévue pour les contraventions de la cinquième classe, le fait d'employer un salarié à temps partiel ou un salarié en contrat de travail intermittent en omettant d'établir un contrat de travail écrit mentionnant les éléments suivants :
1° Pour un salarié à temps partiel *(Décr. n° 2008-1131 du 3 nov. 2008)* « autre que celui mentionné au 2° », la durée du travail de référence, la répartition de la durée du travail entre les jours de la semaine ou les semaines du mois et les limites dans lesquelles peuvent être accomplies des heures complémentaires ;
2° Pour un salarié employé en application d'une convention ou d'un accord collectif de travail mentionné à l'article *(Décr. n° 2016-1551 du 18 nov. 2016, art. 6-V, en vigueur le 1er janv. 2017)* « **L. 3121-44** », la durée du travail de référence ;
3° Pour un salarié employé en application d'une convention ou d'un accord collectif de travail mentionné à l'article *(Décr. n° 2016-1551 du 18 nov. 2016, art. 6-V, en vigueur le 1er janv. 2017)* « **L. 3123-38** », la durée annuelle minimale de travail ainsi que les périodes de travail et la répartition des heures de travail à l'intérieur de ces périodes lorsque ces mentions sont obligatoires.
Les contraventions donnent lieu à autant d'amendes qu'il y a de salariés indûment employés. — *[Anc. art. R. 261-3-1, al. 1er, 2 à 5 et 11.]*

Art. R. 3124-6 Le fait de méconnaître les dispositions relatives au contingent annuel d'heures supplémentaires prévues par les articles *(Décr. n° 2016-1551 du 18 nov. 2016, art. 6-V, en vigueur le 1er janv. 2017)* « **L. 3121-30** et **L. 3121-33** » est puni de l'amende prévue pour les contraventions de la quatrième classe.
Les infractions donnent lieu à autant d'amendes qu'il y a de salariés indûment employés. — *[Anc. art. R. 261-4.]*

Art. R. 3124-7 Le fait de méconnaître les dispositions relatives aux contreparties aux heures supplémentaires prévues par les articles *(Décr. n° 2016-1551 du 18 nov. 2016, art. 6-V, en vigueur le 1er janv. 2017)* « **L. 3121-28, L. 3121-30, L. 3121-33** et **L. 3121-36** à **L. 3121-40** » est puni de l'amende prévue pour les contraventions de la quatrième classe.
Les infractions donnent lieu à autant d'amendes qu'il y a de salariés indûment employés. — *[Anc. art. R. 261-4.]*

Art. R. 3124-8 Est puni de l'amende prévue pour les contraventions de la cinquième classe, le fait d'avoir fait accomplir :

1° Par un salarié à temps partiel, des heures complémentaires sans respecter les limites fixées par *(Décr. n° 2016-1551 du 18 nov. 2016, art. 6-V, en vigueur le 1er janv. 2017)* « les articles L. 3123-9 et L. 3123-28 » ou par les conventions ou accords collectifs de travail prévus par l'article *(Décr. n° 2016-1551 du 18 nov. 2016, art. 6-V, en vigueur le 1er janv. 2017)* « L. 3123-20 » ;

Al. abrogé par Décr. n° 2008-1131 du 3 nov. 2008.

2° Par un salarié employé en application d'un contrat de travail intermittent, des heures au-delà de la durée annuelle minimale prévue par ce contrat, sans respecter, en l'absence de l'accord de ce salarié, la limite fixée à l'article *(Décr. n° 2016-1551 du 18 nov. 2016, art. 6-V, en vigueur le 1er janv. 2017)* « L. 3123-35 ».

Les contraventions donnent lieu à autant d'amendes qu'il y a de salariés indûment employés. — *[Anc. art. R. 261-3-1, al. 1er, 6 à 9 et 11.]*

Art. R. 3124-9 Le fait d'employer un salarié à temps partiel sans respecter les limites en nombre ou en durée des interruptions d'activité quotidienne[,] prévues par *(Décr. n° 2016-1551 du 18 nov. 2016, art. 6-V, en vigueur le 1er janv. 2017)* « l'article L. 3123-30 » ou par une convention ou un accord collectif de branche *(Décr. n° 2008-1131 du 3 nov. 2008)* « étendu ou agréé » *(Abrogé par Décr. n° 2016-1551 du 18 nov. 2016, art. 6-V, à compter du 1er janv. 2017)* « *prévu par cet article* » ou par une convention ou accord d'entreprise ou d'établissement *(Décr. n° 2016-1551 du 18 nov. 2016, art. 6-V, en vigueur le 1er janv. 2017)* « mentionnés à l'article L. 3123-23 », est puni de l'amende prévue pour les contraventions de la cinquième classe.

Les contraventions donnent lieu à autant d'amendes qu'il y a de salariés indûment employés. — *[Anc. art. R. 261-3-1, al. 1er, 10 et 11.]*

Art. R. 3124-10 Le fait de ne pas accorder une majoration de salaire de 25 % pour chaque heure complémentaire accomplie au-delà du dixième de la durée stipulée au contrat en méconnaissance des dispositions *(Décr. n° 2016-1551 du 18 nov. 2016, art. 6-V, en vigueur le 1er janv. 2017)* « des articles L. 3123-21 et L. 3123-29 » ou du II de l'article 14 de la loi n° 2000-37 du 19 janvier 2000 relative à la réduction négociée du temps de travail, est puni de l'amende prévue pour les contraventions de la quatrième classe.

Les contraventions donnent lieu à autant d'amendes qu'il y a de salariés indûment employés. — *[Anc. art. R. 261-3-1, al. 12.]*

Art. R. 3124-11 Le fait de méconnaître les dispositions relatives aux durées hebdomadaires maximales de travail prévues par les articles *(Décr. n° 2016-1551 du 18 nov. 2016, art. 6-V, en vigueur le 1er janv. 2017)* « L. 3121-20 à L. 3121-26 », est puni de l'amende prévue pour les contraventions de la quatrième classe.

Les infractions donnent lieu à autant d'amendes qu'il y a de salariés indûment employés. — *[Anc. art. R. 261-4.]*

Art. R. 3124-12 *Abrogé par Décr. n° 2008-1131 du 3 nov. 2008.*

Art. R. 3124-13 Le fait de méconnaître les dispositions de l'article *(Décr. n° 2016-1551 du 18 nov. 2016, art. 6-V, en vigueur le 1er janv. 2017)* « R. 3121-10 », relatives à la durée maximale hebdomadaire absolue, est puni de l'amende prévue pour les contraventions de la cinquième classe, prononcée autant de fois qu'il y a de salariés concernés par l'infraction.

La récidive est réprimée conformément aux articles 132-11 et 132-15 du code pénal. — *[Anc. art. R. 260-1 et R. 261-5.]*

Art. R. 3124-14 *Abrogé par Décr. n° 2008-1131 du 3 nov. 2008.*

Art. R. 3124-15 Le fait de méconnaître les dispositions relatives au travail de nuit prévues par les articles *(Décr. n° 2016-1551 du 18 nov. 2016, art. 6-V, en vigueur le 1er janv. 2017)* « L. 3122-1 à L. 3122-24 », L. 3163-1 et L. 3163-2 ainsi que celles des décrets pris pour leur application, est puni de l'amende prévue pour les contraventions de la cinquième classe, prononcée autant de fois qu'il y a de salariés concernés par l'infraction.

La récidive est réprimée conformément aux articles 132-11 et 132-15 du code pénal. — *[Anc. art. R. 260-1 et R. 261-7.]*

En l'absence de récidive légale constatée par les juges d'appel, le nombre d'amendes prononcées en cas de pluralité d'infractions ne peut pas excéder le nombre de personnes irrégulièrement employées ; est censuré l'arrêt d'appel pour avoir prononcé 115 amendes à l'encontre de chacun des prévenus, après avoir relevé que seuls 7 salariés étaient concernés, sans avoir constaté un état de récidive. • Crim. 19 juin 2018, n° 17-80.299 : *RJS 8-9/2018, n° 542.*

Art. R. 3124-16 Le fait de méconnaître les dispositions de l'article L. 3163-3, applicable au travail des jeunes travailleurs de seize à dix-huit ans pour la réalisation de travaux passagers en cas d'extrême urgence, est puni de l'amende prévue pour les contraventions de la quatrième classe, prononcée autant de fois qu'il y a de salariés concernés par l'infraction. — *[Anc. art. R. 260-1 et R. 261-8.]*

TITRE III REPOS ET JOURS FÉRIÉS

CHAPITRE I REPOS QUOTIDIEN

SECTION 1 Ordre public

(Décr. n° 2016-1553 du 18 nov. 2016, art. 3)

Art. D. 3131-1 L'employeur peut, sous sa seule responsabilité et en informant l'inspecteur du travail, déroger à la période minimale de onze heures de repos quotidien par salarié en cas de travaux urgents dont l'exécution immédiate est nécessaire pour :
1° Organiser des mesures de sauvetage ;
2° Prévenir des accidents imminents ;
3° Réparer des accidents survenus au matériel, aux installations ou aux bâtiments.

Art. D. 3131-2 Le bénéfice des dérogations prévues aux articles *(Décr. n° 2016-1553 du 18 nov. 2016, art. 3)* « D. 3131-1 et D. 3131-4 à D. 3131-7 » est subordonné à l'attribution de périodes au moins équivalentes de repos aux salariés intéressés.

Lorsque l'attribution de ce repos n'est pas possible, une contrepartie équivalente est prévue par accord collectif de travail.

Art. D. 3131-3 Pour assurer le respect du repos quotidien minimum de onze heures consécutives des salariés qui ne sont pas occupés selon un horaire collectif, l'employeur peut fixer pour l'établissement, l'atelier, le service ou l'équipe au sens de l'article D. 3171-7 une période quotidienne correspondant au moins à la durée de ce repos. Les heures auxquelles commence et finit cette période sont affichées dans l'entreprise.

Si des salariés sont occupés durant la ou les périodes fixées par l'employeur ou lorsque celui-ci n'a pas fixé de période de repos quotidien, le respect de ce dernier doit être démontré par tous moyens.

SECTION 2 Champ de la négociation collective

(Décr. n° 2016-1553 du 18 nov. 2016, art. 3)

Art. D. 3131-4 Il peut être dérogé, dans des conditions et selon des modalités fixées *(Décr. n° 2016-1553 du 18 nov. 2016, art. 3)* « par accord prévu à l'article L. **3131-2** », à la période minimale de onze heures de repos quotidien par salarié pour ceux exerçant les activités suivantes :
1° Activités caractérisées par l'éloignement entre le domicile et le lieu de travail du salarié ou par l'éloignement entre différents lieux de travail du salarié ;
2° Activités de garde, de surveillance et de permanence caractérisées par la nécessité d'assurer la protection des biens et des personnes ;
3° Activités caractérisées par la nécessité d'assurer la continuité du service ou de la production, notamment pour les établissements ou parties d'établissements pratiquant le mode de travail par équipes successives, chaque fois que le salarié change d'équipe ou de poste et ne peut bénéficier, entre la fin d'une équipe et le début de la suivante, d'une période de repos quotidien de onze heures consécutives ;
4° Activités de manutention ou d'exploitation qui concourent à l'exécution des prestations de transport ;

5° Activités qui s'exercent par période de travail fractionnées dans la journée.

Art. D. 3131-5 En cas de surcroît d'activité, *(Décr. n° 2016-1553 du 18 nov. 2016, art. 3)* « l'accord prévu à l'article L. 3131-2 » peut prévoir une réduction de la durée du repos quotidien.

Art. D. 3131-6 *(Décr. n° 2016-1553 du 18 nov. 2016, art. 3)* Un accord collectif de travail ne peut avoir pour effet de réduire la durée du repos quotidien en deçà de neuf heures.

SECTION 3 **Dispositions supplétives**

(Décr. n° 2016-1553 du 18 nov. 2016, art. 3)

Art. D. 3131-7 En cas de surcroît d'activité, en l'absence d'accord collectif de travail, une réduction de la durée du repos quotidien peut être mise en œuvre dans les conditions définies aux articles *(Décr. n° 2016-1553 du 18 nov. 2016, art. 3)* « D. 3121-5 à D. 3121-7 ».

CHAPITRE II **REPOS HEBDOMADAIRE**

SECTION 1 **Dérogations**

SOUS-SECTION 1 **Suspension et report du repos hebdomadaire**

§ 1 Industries traitant des matières périssables ou ayant à répondre à un surcroît extraordinaire de travail

Art. R. 3132-1 Les établissements des industries énumérés dans le tableau suivant, qui attribuent le repos hebdomadaire à tous les salariés le même jour, bénéficient de la suspension du repos hebdomadaire prévue à l'article L. 3132-5 : — *[Anc. art. R. 221-9.]*

Ameublement, tapisserie, passementerie pour meubles.
Appareils orthopédiques.
Balnéaires (établissements).
Bijouterie et joaillerie.
Biscuits employant le beurre frais (fabriques de).
Blanchisseries de linge.
Boîtes de conserves (fabrication *[de]* et imprimerie sur métaux pour).
Bonneterie fine.
Boulangeries.
Brochages des imprimés.
Broderie et passementerie pour confections.
Cartons (fabriques de) pour jouets, bonbons, cartes de visites, rubans.
Charcuterie.
Colle et gélatine (fabrication de).
Coloriage au patron ou à la main.
Confections de toute nature.
Conserves de fruits et confiserie, conserves de légumes et de poissons.
Couronnes funéraires (fabriques de).
Délainage des peaux de mouton (industrie du).
Dorure pour ameublement.
Dorure pour encadrements.
Filature, retordage de fils crêpés, bouclés et à bouton, de fils moulinés et multicolores.
Fleurs (extraction des parfums des).
Fleurs et plumes.

> Gainerie.
> Hôtels, restaurants, traiteurs et rôtisseurs.
> Impression de la laine peignée, blanchissage, teinture et impression des fils de laine, de coton et de soie destinés au tissage des étoffes de nouveauté.
> Imprimeries typographiques, lithographiques, en taille-douce.
> Jouets, bimbeloterie, petite tabletterie et articles de Paris (fabriques de).
> Laiteries, beurreries et fromageries industrielles.
> Orfèvrerie (polissage, dorure, gravure, ciselage, guillochage et planage en).
> Papier (transformation du), fabrication des enveloppes, du cartonnage, des cahiers d'école, des registres, des papiers de fantaisie.
> Papiers de tenture.
> Parfumeries.
> Pâtisseries.
> Porcelaine (ateliers de décor sur).
> Reliure.
> Réparations urgentes de navires et de machines motrices.
> Soie (dévidage de la) pour étoffes de nouveauté.
> Teinture, apprêt, blanchiment, impression, gaufrage et moirage des étoffes.
> Tissage des étoffes de nouveauté destinées à l'habillement.
> Tulles, dentelles et laizes de soie.
> Voiles de navires armés pour la grande pêche (confection et réparation des).

§ 2 Travaux dans les ports, débarcadères et stations

Art. R. 3132-2 Les opérations de chargement et de déchargement dans les activités suivantes bénéficient de la dérogation prévue à l'article L. 3132-6 :
 1° Travaux extérieurs de construction et de réparation des bateaux de rivière ;
 2° Travaux du bâtiment ;
 3° Briqueteries en plein air ;
 4° Conserveries de fruits, de légumes et de poissons ;
 5° Corderies de plein air. — *[Anc. art. R. 221-7.]*

§ 3 Activités saisonnières

Art. R. 3132-3 Pour les travaux accomplis en plein air dans les activités suivantes, le repos hebdomadaire peut être différé en application de l'article L. 3132-7 :
 1° Travaux extérieurs de construction et de réparation des bateaux de rivière ;
 2° Travaux du bâtiment ;
 3° Briqueteries ;
 4° Corderies. — *[Anc. art. R. 221-8, al. 1er à 6.]*

Art. R. 3132-4 Pour les établissements exerçant les activités suivantes et n'ouvrant en tout ou partie que pendant une période de l'année, le repos hebdomadaire peut être différé en application de l'article L. 3132-7 :
 1° Conserveries de fruits, de légumes et de poissons ;
 2° Hôtels, restaurants, traiteurs et rôtisseurs ;
 3° Établissements de bains des stations balnéaires thermales ou climatiques. — *[Anc. art. R. 221-8, al. 7 à 10.]*

SOUS-SECTION 2 **Dérogations au repos dominical**

§ 1 Dérogation permanente de droit

Art. R. 3132-5 Les industries dans lesquelles sont utilisées les matières susceptibles d'altération très rapide et celles dans lesquelles toute interruption de travail entraînerait la perte ou la dépréciation du produit en cours de fabrication ainsi que les catégories d'établissements et établissements mentionnés dans le tableau suivant, sont

admis, en application de l'article L. 3132-12, à donner le repos hebdomadaire par roulement pour les salariés employés aux travaux ou activités spécifiés dans ce tableau.
— [Anc. art. L. 221-9, al. 2 à 15, L. 221-10, al. 2 et 3, R. 221-3, R. 221-4 et R. 221-4-1.]

CATÉGORIES D'ÉTABLISSEMENTS	TRAVAUX OU ACTIVITÉS
Industries extractives	
Agglomérés de charbon (fabrication d').	
Alun (établissements traitant les minerais d').	Conduite des fours et des appareils de lessivage.
Bauxite (traitement de la).	Conduite des fours et des appareils de dissolution, de carbonatation et de purification.
Salines et raffineries de sel.	Conduite des chaudières et des appareils d'évaporisation.
Industries agricoles et alimentaires	
Abattoirs.	
Alcools.	Distillation et rectification des produits de la fermentation alcoolique.
Amidonneries.	Opérations de séchage et de décantation.
Beurreries industrielles.	Traitement du lait.
Boyauderies, triperies, cordes à boyau (fabrication de).	
Brasseries (fabrication de bière).	
Caséine (fabrication de).	
Cidre (fabrication du).	
Conserves alimentaires (fabrication de).	
Corps gras (extraction des).	
Cossetes de chicorée (sécheries de).	Conduite des fours.
Fécule (fabrication de).	
Fromageries industrielles.	
Glaces (fabrication de).	
Lait (établissements industriels pour le traitement du).	
Levure (fabrication de).	
Malteries.	Opération de maltage.
Margarine (fabrication de).	
Minoterie et meunerie.	

CATÉGORIES D'ÉTABLISSEMENTS	TRAVAUX OU ACTIVITÉS
Poissons (ateliers de salage, saurage et séchage des).	
Pruneaux (fabrication de).	Étuvage des prunes.
Sucreries.	Fabrication et raffinage.
Vinaigre (fabrication de).	
Industries du cuir, du textile et de l'habillement	
Chamoiseries.	Traitement des peaux fraîches.
Corroieries.	Travaux de séchage.
Cuirs vernis (fabrication de).	Conduite des étuves.
Délainage des peaux de mouton.	Travaux d'étuvage.
Indigo (teinturerie à l').	
Maroquineries et mégisseries.	Mise à l'eau des peaux, levage des pelains et des confits, conduite des étuves.
Moulinage de fils de toute nature.	Surveillance de la marche des machines de moulinage.
Peaux fraîches et en poil (dépôts de).	Salage des peaux.
Pelleteries (ateliers de).	Mouillage des peaux.
Tanneries.	Salage des cuirs frais, dessalage des cuirs, levage des pelains et des premières cuves de brasserie.
Toiles cirées (fabrication de).	Service des séchoirs et étuves.
Industries du papier, du carton, de l'édition et de l'imprimerie	
Entreprises de journaux et d'information.	
Papier, carton et pâtes à papier (fabrication de).	
Feutres pour papeterie (fabrication de).	Conduite des foulons.
Industries chimiques	
Acide arsénieux (fabrication d').	Conduite des fours.
Acide azotique monohydraté (fabrication d').	
Acide carbonique liquide (fabrication d').	
Acide chlorhydrique (fabrication d').	

CATÉGORIES D'ÉTABLISSEMENTS	TRAVAUX OU ACTIVITÉS
Acides résiduels de la fabrication des produits nitrés (établissements traitant les).	
Acide sulfurique (fabrication d').	
Ammoniaque liquide (fabrication d').	
Camphre (fabrication de).	Raffinage.
Celluloïd (fabrication de).	
Chlore et produits dérivés (fabrication de).	
Chlorhydrate d'ammoniaque (fabrication de).	Sublimation.
Colles et gélatines (fabrication de).	Traitement des matières premières ; conduite des autoclaves et des séchoirs.
Cyanamide calcique (fabrication de la).	Préparation de l'azote pur, broyage du carbure, azotation du carbure broyé.
Cyanures alcalins (fabrication de).	
Dynamite (fabrication de). Eau oxygénée (fabrication d').	
Électrolyse de l'eau (établissements pratiquant l').	
Engrais animaux (fabrication d').	Transport et traitement des matières.
Éther (fabrication d').	
Extraits tannants et tinctoriaux (fabrication d').	
Glycérine (distillation de la).	
Goudron (usines de distillation du).	
Huiles de schiste (usines de distillation des).	
Iode (fabrication d').	
Matières colorantes artificielles dérivées du goudron de houille (fabrication de).	
Noir d'aniline (fabrication de).	Conduite de l'oxydation dans la teinture.
Noir minéral (fabrication de).	Noir minéral.
Oxyde de zinc (fabrication d').	
Parfumeries.	Extraction du parfum des fleurs.

CATÉGORIES D'ÉTABLISSEMENTS	TRAVAUX OU ACTIVITÉS
Pétrole (raffineries de).	Service des appareils de distillation et des appareils à parafiner.
Phosphore (fabrication de).	
Plaques, papiers et pellicules sensibles pour la photographie (fabrication de).	
Produits chimiques organiques par voie de synthèse (fabrication de).	
Savonneries.	
Sels ammoniacaux (fabrication de).	Conduite des appareils.
Silicates de soude et de potasse (fabrication de).	
Soude (fabrication de).	
Sulfates métalliques (fabrication de).	Conduite des appareils.
Sulfate de soude (fabrication de).	
Sulfate de carbone (fabrication de).	
Sulfure de sodium (fabrication de).	
Superphosphates.	
Viscose (fabrication de).	
Industrie des matières plastiques	
Matières plastiques (transformation des).	Conduite des extrudeuses en continu.
Établissements industriels utilisant des fours	
Bleu outremer (fabrication de).	Conduite des fours.
Carbure de calcium (fabrication de).	Travaux avec four électrique.
Céramique.	Séchage des produits et conduite des fours.
Chaux, ciments, plâtres (fabrication de).	Conduite des fours.
Coke (fabrication de).	Conduite des fours.
Distillation du bois (usines de).	Conduite des fours et appareils.
Dolomie (établissements traitant la).	Conduite des fours.
Fours électriques (établissements employant les).	Travaux accomplis à l'aide des fours électriques.
Galvanisation et étamage du fer (établissements pratiquant la).	Conduite des fours.
Kaolin (établissements de préparation du).	Conduite des fours.

CATÉGORIES D'ÉTABLISSEMENTS	TRAVAUX OU ACTIVITÉS
Litharge (fabrication de).	Conduite des fours.
Minium (fabrication de).	Conduite des fours.
Noir animal (fabriques de).	Conduite des fours de cuisson.
Oxyde d'antimoine (fabrication d').	Conduite des fours.
Plumes métalliques (fabrication de).	Conduite des fours.
Silice en poudre (fabrication de la).	Conduite des fours de calcination.
Soufre (fabrication de).	Conduite des fours et sublimation du soufre.
Verreries et cristalleries.	Conduite des fours.
Industries métallurgiques et du travail des métaux	
Accumulateurs électriques (fabrication d').	Formation des plaques et surveillance des fours de fusion du plomb.
Bioxyde de baryum (fabrication de).	
Câbles électriques (fabrication de).	Travaux d'isolation et conduite des étuves.
Fer et fonte émaillés (usines de).	Service des fours de fabrication.
Suifs (fonderies de).	Réception et traitement par l'acide ou le bain-marie.
Laminoirs et tréfileries de tous métaux.	
Protection des métaux en continu.	
Métaux (usines de production des).	
Autres travaux et industries	
Air comprimé (chantiers de travaux à l').	Production et soufflage de l'air comprimé.
Bougies (fabrication de).	Préparation des acides gras.
Glace (fabrication de).	Fabrication et doucissage des glaces.
Paille pour chapeaux (fabrication de).	Blanchiment de la paille.
Sécheries de bois d'ébénisterie.	Conduite des feux et de la ventilation.
Production et distribution d'énergie, d'eau et de fluides caloporteurs	
Entreprises d'éclairage, de distribution d'eau et de production d'énergie.	
Entreprises de chauffage.	
Électricité (fabrication de charbon pour l').	Cuisson des charbons.
Froid (usines de production du).	Conduite des appareils.

CATÉGORIES D'ÉTABLISSEMENTS	TRAVAUX OU ACTIVITÉS
Hydrauliques (établissements utilisant les forces).	Opérations commandées par les forces hydrauliques.
Moulins à vent.	
Commerces de gros et de détail	
Ameublement (établissements de commerce de détail).	
(Décr. n° 2014-302 du 7 mars 2014) « Bricolage (établissements de commerce de détail). »	
Débits de tabac.	
Distribution de carburants et lubrifiants pour automobiles (postes de).	
Marée (établissements faisant le commerce de la).	
Fleurs naturelles (établissements de commerce en gros des).	
Transports et livraisons	
Entreprises de transport par terre autres que de transport ferroviaire.	
Entreprises de transport ferroviaire (Décr. n° 2016-755 du 8 juin 2016, art. 33) « et de gestion, d'exploitation ou de maintenance sous exploitation des lignes et installations fixes d'infrastructures ferroviaires ».	Conduite des trains et accompagnement dans les trains. Activités liées aux horaires de transports et à l'assurance de la continuité et de la régularité du trafic, y compris les activités de maintenance des installations et des matériels. Activités de garde, de surveillance et de permanence caractérisées par la nécessité d'assurer la protection des personnes et des biens.
Entreprises de transport et de travail aériens.	
Entreprises d'expédition, de transit et d'emballage.	
Aéroports (commerces et services situés dans l'enceinte des).	
Ouvrages routiers à péages (entreprises d'exploitation d').	Service de péage.
Établissements industriels et commerciaux.	Service de transport pour livraisons.

CATÉGORIES D'ÉTABLISSEMENTS	TRAVAUX OU ACTIVITÉS
Télécommunications	
Entreprises d'émission et de réception de télécommunication.	
Activités financières	
Caisses d'épargne.	
Change de monnaie.	Activités de change.
Santé et soins	
Établissements de santé et établissements sociaux et médico-sociaux. Pharmacies. Établissements de bains, piscines, hammams, thalassothérapie, balnéothérapie, spa.	
Soins médicaux infirmiers et vétérinaires (établissements et services de).	Service de garde. Toutes activités liées à l'urgence et à la continuité des soins.
Garde d'animaux (établissements et services de).	Toute activité liée à la surveillance, aux soins, à l'entretien et à la nourriture d'animaux.
Pompes funèbres (entreprises de).	
Assainissement, environnement, voirie et gestion des déchets	
Entreprises d'arrosage, de balayage, de nettoyage et d'enlèvement des ordures ménagères.	
Cabinets de toilette publics.	
Désinfection (entreprises de).	
Équarrissage (entreprises d').	
Surveillance de la qualité de l'air (associations agréées de).	Toutes activités directement liées à l'objet de ces associations.
Établissements industriels et commerciaux.	Travaux de désinfection.
Activités récréatives, culturelles et sportives	
Entreprises de spectacles.	
Musées et expositions.	
Casinos et établissements de jeux.	
Centres culturels, sportifs et récréatifs. Parcs d'attractions.	Toutes activités et commerces situés dans leur enceinte et directement liés à leur objet.
Perception des droits d'auteurs et d'interprètes.	Service de contrôle.

CATÉGORIES D'ÉTABLISSEMENTS	TRAVAUX OU ACTIVITÉS
Photographie (ateliers de).	Prise des clichés.
Tourisme	
Assurance (organismes et auxiliaires d').	Service de permanence pour assistance aux voyageurs et touristes.
Syndicats d'initiative et offices de tourisme.	
Tourisme et loisirs (entreprises ou agences de services les concernant).	Réservation et vente d'excursions, de places de spectacles, accompagnement de clientèle.
Consommation immédiate et restauration	
Fabrication de produits alimentaires destinés à la consommation immédiate.	
Hôtels, cafés et restaurants.	
Maintenance, dépannage et réparation	
Garages.	Réparations urgentes de véhicules.
Machines agricoles (ateliers de réparation de).	Réparations urgentes de machines agricoles.
Véhicules (ateliers de réparation de).	Réparations urgentes.
Ascenseurs, monte-charge, matériels aéraulique, thermique et frigorifique (entreprises d'installation d').	Service de dépannage d'urgence.
Maintenance (entreprises et services de).	Travaux de révision, d'entretien, de réparation, de montage et de démontage, y compris les travaux informatiques nécessitant, pour des raisons techniques, la mise hors exploitation des installations, ou qui doivent être réalisés de façon urgente. Travaux de dépannage d'appareils et d'installations domestiques à usage quotidien.
Ingénierie informatique (entreprises et services d').	Infogérance pour les entreprises clientes bénéficiant d'une dérogation permanente permettant de donner aux salariés le repos hebdomadaire par roulement ainsi que pour les entreprises qui ne peuvent subir, pour des raisons techniques impérieuses ou de sécurité, des interruptions de services informatiques. Infogérance de réseaux internationaux.
Services de surveillance, d'animation et d'assistance de services de communication électronique (entreprises de).	Travaux de surveillance, d'assistance téléphonique ou télématique.

CATÉGORIES D'ÉTABLISSEMENTS	TRAVAUX OU ACTIVITÉS
Secours et sécurité	
Banques et établissements de crédit.	Service de garde.
Traitement des moyens de paiement (établissements de).	Service d'autorisation de paiement et d'opposition assurant la sécurité des moyens de paiement.
Surveillance, gardiennage (entreprise de).	Service de surveillance, de gardiennage et de lutte contre l'incendie.
Entreprises concessionnaires ou gestionnaires de ports de plaisance.	Surveillance permanente et continue des installations portuaires ainsi que de celle des bateaux amarrés, entrant ou sortant du port. Accueil vingt-quatre heures sur vingt-quatre des plaisanciers. Intervention des équipes de secours (sécurité terre-mer).
Établissements industriels et commerciaux.	Service préventif contre l'incendie.
Services aux personnes	
Services aux personnes physiques à leur domicile (associations ou entreprises agréées par l'État ou une collectivité territoriale procédant à l'embauche de travailleurs pour les mettre à disposition des personnes).	Toutes activités directement liées à l'objet de ces associations ou de ces entreprises.
Avocats salariés.	Application des dispositions relatives *(Décr. n° 2020-1717 du 28 déc. 2020, art. 184, en vigueur le 1ᵉʳ janv. 2021)* « à l'aide juridictionnelle, aux commissions ou désignations d'office et à l'aide à l'intervention de l'avocat dans les procédures non juridictionnelles ».
Location	
Location de DVD et de cassettes vidéo (établissement de).	Activités situées dans ces établissements et directement liées à leur objet.
Promoteurs et agences immobilières.	Locations saisonnières de meublés liés au tourisme.
Entreprises de location de chaises, de moyens de locomotion.	
Marchés, foires et expositions	
Foires et salons régulièrement déclarés, congrès, colloques et séminaires (entreprises d'organisation, d'installation de stands, entreprises participantes).	Organisation des manifestations, expositions, montage et démontage des stands, tenue des stands. Accueil du public.

CATÉGORIES D'ÉTABLISSEMENTS	TRAVAUX OU ACTIVITÉS
Marchés installés sur le domaine public et relevant de l'autorité municipale (entreprises d'installation de ces marchés, concessionnaires de droits de place, entreprises et commerces participants).	Installation et démontage des marchés. Tenue des stands. Perception des droits de place.
Espaces de présentation et d'exposition permanente dont l'activité est exclusive de toute vente au public, réservés aux producteurs, revendeurs ou prestataires de services.	
Enseignement	
Enseignement (établissement d').	Service d'internat.
Fleurs, graines et jardineries	
Jardineries et graineteries.	Toutes activités situées dans ces établissements et directement liées à leur objet.
Magasins de fleurs naturelles.	
Immobilier	
Promoteurs et agences immobilières.	Bureaux de vente sur les lieux de construction ou d'exposition.
(Décr. n° 2022-76 du 28 janv. 2022) « **Activités religieuses**	
« Établissements à caractère religieux.	Activités directement liées à l'exercice du culte. »

Le Décr. n° 2014-302 du 7 mars 2014 abroge le Décr. n° 2013-1306 du 30 déc. 2013 qui avait inscrit de manière temporaire les commerces de détail et de bricolage sur la liste des établissements pouvant déroger de droit à la règle du repos dominical.

Sur les entreprises de transport ferroviaire, V. Décr. n° 2010-404 du 27 avr. 2010 (JO 28 avr.).

1. Le bénéfice de la dérogation de droit au repos dominical, prévue par l'art. L. 3132-12, n'est accordé qu'aux entreprises exerçant, à titre principal, l'une des activités énumérées à l'art. R. 3132-25. ● Soc. 16 juin 2010 : 🏛 *D. actu. 2 juill. 2010, obs. Dechristé ; RDT 2010. 591, obs. Véricel ⊘ ; RJS 2010. 575, rapp. Gosselin ; ibid. 2010. 607, n° 678 ; JCP S 2010. 1342, obs. d'Allende.*

2. Le bénéfice de la dérogation prévue par les art. L. 3132-12 et R. 3132-5 est réservé aux seules entreprises de transport ferroviaire ; une entreprise sous-traitante d'une entreprise ferroviaire qui assure la gestion d'un salon d'accueil dans une gare ne peut bénéficier de cette dérogation. ● Soc. 11 mai 2017, 🏛 n° 16-10.109 P : *D. 2017. Actu. 1131 ⊘ ; RDT 2017. 801, obs. Véricel ⊘ ; RJS 7/2017, n° 490 ; JCP S 2017. 1221, obs. d'Allende et Buso.*

3. Magasins de bricolage. Est validée la dérogation au repos dominical accordée de plein droit aux magasins de bricolage, celle-ci ayant pour objet de répondre aux besoins d'un grand nombre de personnes pratiquant, plus particulièrement le dimanche, le bricolage comme une activité de loisir, dont la nature implique de pouvoir procéder le jour même aux achats des fournitures nécessaires ou manquantes. ● CE 24 févr. 2015, 🏛 n° 374726 B : *RJS 5/2015, n° 344.*

4. Commerces de détail d'ameublement. L'instauration au profit des commerces de détail d'ameublement d'une dérogation permanente au repos dominical est bien justifiée par des considérations économiques et sociales pertinentes répondant à un besoin du public ; l'aménagement de la maison auquel participe l'ameublement relève d'une activité pratiquée plus particulièrement en dehors de la semaine de travail ; les

dispositions de l'art. 7, § 4, de la Conv. n° 106 de l'OIT concernant le repos hebdomadaire dans les commerces et les bureaux ne créent d'obligation de consultation des partenaires sociaux, dès lors que les dérogations au travail dominical critiquées résultent de la loi, qu'à la charge de l'État, de sorte que le moyen tiré de ce que la procédure ayant conduit à l'adoption de la loi n'est pas conforme à ces dispositions ne peut être accueilli.
● Soc. 14 nov. 2018, ⚖ n° 17-18.259 P : *D. actu. 28 nov. 2018, obs. Fraisse ; D. 2018. Actu. 2191 ⌀ ; RDT 2019. 196, obs. Véricel ⌀ ; Dr. soc. 2019. 69, obs. Mouly ⌀ ; RJS 1/2019, n° 26 ; JCP 2018. 1280, obs. Dedessus-Le-Moustier ; JCP S 2018. 1407, obs. d'Allende.*

Art. R. 3132-6 Dans les établissements mentionnés à l'article R. 3132-5 où sont exercées en même temps d'autres industries ou activités, la faculté de donner le repos hebdomadaire par roulement s'applique exclusivement aux fabrications, travaux et activités déterminés dans le tableau figurant à cet article. — *[Anc. art. R. 221-5.]*

Art. R. 3132-7 Outre les catégories d'établissements énumérés à l'article R. 3132-5, sont admis à donner le repos hebdomadaire par roulement les établissements qui, fonctionnant de jour et de nuit à l'aide d'équipes en alternance sans suspendu, pendant douze heures consécutives au moins chaque dimanche, les travaux autres que les travaux urgents et les travaux de nettoyage et de maintenance mentionnés aux articles L. 3132-4 et L. 3132-8. — *[Anc. art. R. 221-6.]*

Art. R. 3132-8 Les établissements auxquels s'appliquent les dispositions de l'article L. 3132-13 sont ceux dont l'activité exclusive ou principale est la vente de denrées alimentaires au détail. — *[Anc. art. R. 221-6-1.]*

§ 2 Dérogations conventionnelles

SOUS-§ 1 *Travail en continu*

Art. R. 3132-9 A défaut de convention ou d'accord collectif de travail étendu ou d'accord d'entreprise prévoyant la possibilité de déroger à l'obligation du repos le dimanche dans les conditions prévues à l'article L. 3132-14, l'organisation du travail de façon continue pour raisons économiques peut être autorisée par l'inspecteur du travail si elle tend à une meilleure utilisation des équipements de production et au maintien ou à l'accroissement du nombre des emplois existants. — *[Anc. art. R. 221-14, al. 2.]*

SOUS-§ 2 *Équipe de suppléance*

Art. R. 3132-10 En l'absence de convention ou d'accord collectif de travail étendu ou de convention ou d'accord d'entreprise ou d'établissement le prévoyant, le recours aux équipes de suppléance peut être autorisé par l'inspecteur du travail, s'il tend à une meilleure utilisation des équipements de production et au maintien ou à l'accroissement du nombre des emplois existants. — *[Anc. art. R. 221-14, al. 1er.]*

Art. R. 3132-11 La durée quotidienne du travail des salariés affectés aux équipes de suppléance peut atteindre douze heures lorsque la durée de la période de recours à ces équipes n'excède pas quarante-huit heures consécutives.
Lorsque cette durée est supérieure à quarante-huit heures, la journée de travail ne peut excéder dix heures. — *[Anc. art. R. 221-17, al. 1er.]*

Art. R. 3132-12 En cas de recours aux équipes de suppléance en application d'un accord d'entreprise ou d'établissement, l'autorisation de dépasser la durée maximale quotidienne de travail de dix heures est demandée à l'inspecteur du travail. — *[Anc. art. R. 221-17, al. 2, phrase 1.]*

En application du II de l'art. 21 de la L. n° 2000-321 du 12 avr. 2000 relative aux droits des citoyens dans leurs relations avec les administrations, et par exception à l'application du délai de deux mois prévu au 1er al. du I de cet art., le délai à l'expiration duquel le silence gardé par l'administration vaut décision d'acceptation est fixé à trente jours pour une demande d'autorisation de dépasser la durée maximale quotidienne de dix heures pour les équipes de suppléance (Décr. n° 2014-1290 du 23 oct. 2014, art. 1er).

SOUS-§ 3 *Procédure administrative*

Art. R. 3132-13 La demande tendant à obtenir l'une des dérogations prévues aux articles L. 3132-14 et L. 3132-16 est accompagnée des justifications nécessaires et de l'avis des délégués syndicaux et du *(Décr. n° 2017-1819 du 29 déc. 2017, art. 3)* « comité social et économique, s'il existe ». Elle est adressée par l'employeur à l'inspecteur du travail.

L'inspecteur du travail fait connaître sa décision à l'employeur ainsi qu'aux représentants du personnel dans le délai de trente jours à compter de la date de la réception de la demande. – *[Anc. art. R. 221-15.]*

Art. R. 3132-14 Le recours hiérarchique dirigé contre la décision de l'inspecteur du travail est porté devant le *(Décr. n° 2020-1545 du 9 déc. 2020, art. 28-X, en vigueur le 1ᵉʳ avr. 2021)* « directeur régional de l'économie, de l'emploi, du travail et des solidarités ».

Il est formé dans un délai d'un mois suivant la date à laquelle l'intéressé a reçu notification de la décision contestée.

Art. R. 3132-15 La procédure prévue aux articles R. 3132-13 et R. 3132-14 est applicable à la demande d'autorisation de dépasser la durée maximale quotidienne de travail de dix heures en cas de recours aux équipes de suppléance en application d'un accord d'entreprise ou d'établissement.

Elle s'applique également à la demande d'autorisation présentée à l'inspecteur du travail en l'absence d'accord d'entreprise ou d'établissement prévoyant l'utilisation de la dérogation stipulée par convention ou accord collectif étendu. – *[Anc. art. R. 221-17, al. 2, phrases 2 et 3.]*

§ 3 Dérogations temporaires au repos dominical

SOUS-§ 1 *Dérogations accordées par le préfet*

BIBL. ▸ VÉRICEL, *RDT* 2009. 659 (réglementation du travail du dimanche : modalités d'application).

Art. R. 3132-16 *(Décr. n° 2009-1134 du 21 sept. 2009)* Les autorisations d'extension mentionnées à l'article L. 3132-23 sont prises selon les modalités prévues au premier alinéa de l'article *(Décr. n° 2015-1173 du 23 sept. 2015, art. 1ᵉʳ)* « L. 3132-21 ».

Les avis mentionnés au premier alinéa de l'article *(Décr. n° 2015-1173 du 23 sept. 2015, art. 1ᵉʳ)* « L. 3132-21 » sont donnés dans le délai d'un mois. Le préfet statue ensuite dans un délai de huit jours par un arrêté motivé qu'il notifie immédiatement aux demandeurs.

Art. R. 3132-17 *(Décr. n° 2009-1134 du 21 sept. 2009)* Les autorisations d'extension prévues à l'article L. 3132-23 sont applicables aux établissements situés dans la même localité, exerçant la même activité et s'adressant à la même clientèle.

Les autorisations d'extension prévues à l'article L. 3132-23 sont accordées au vu d'un accord collectif applicable à l'établissement concerné par l'extension ou, à défaut, d'une décision unilatérale de l'employeur approuvée par référendum.

Art. R. 3132-18 Abrogé par *Décr. n° 2009-1134 du 21 sept. 2009*.

Art. R. 3132-19 *(Décr. n° 2015-1173 du 23 sept. 2015, art. 3)* Le préfet de région délimite par arrêté les zones mentionnées aux articles L. 3132-25 et L. 3132-25-1. Lorsqu'une zone est située sur le territoire de plus d'une région, les préfets de région concernés la délimitent par arrêté conjoint.

Art. R. 3132-20 *(Décr. n° 2009-1134 du 21 sept. 2009)* « Pour figurer sur la liste des *(Décr. n° 2015-1173 du 23 sept. 2015, art. 4)* « zones touristiques mentionnées à l'article L. 3132-25, les » zones doivent accueillir pendant certaines périodes de l'année une population supplémentaire importante en raison de leurs caractéristiques naturelles, artistiques, culturelles ou historiques ou de l'existence d'installations de loisirs ou thermales à forte fréquentation. »

Les critères notamment pris en compte *(Décr. n° 2009-1134 du 21 sept. 2009)* « pour le classement en » *(Décr. n° 2015-1173 du 23 sept. 2015, art. 4)* « zones touristiques » sont :

1° Le rapport entre la population permanente et la population saisonnière ;
2° Le nombre d'hôtels ;
(Décr. n° 2015-1173 du 23 sept. 2015, art. 4) « 3° Le nombre de villages de vacances ;
« 4° Le nombre de chambres d'hôtes ;
« 5° Le nombre de terrains de camping ;
« 6° Le nombre de logements meublés destinés aux touristes ;
« 7° Le nombre de résidences secondaires ou de tourisme ;
« 8° Le nombre de lits répartis au sein des structures d'hébergement mentionnées aux six alinéas précédents ;
« 9° La capacité d'accueil des véhicules par la mise à disposition d'un nombre suffisant de places de stationnement. »

Art. R. 3132-20-1 *(Décr. n° 2015-1173 du 23 sept. 2015, art. 5)* I. – Pour être qualifié de zone commerciale au sens de l'article L. 3132-25-1, la zone faisant l'objet d'une demande de délimitation ou de modification remplit les critères suivants :
1° Constituer un ensemble commercial au sens de l'article L. 752-3 du code de commerce d'une surface de vente totale supérieure à 20 000 m² ;
2° Avoir un nombre annuel de clients supérieur à 2 millions *(Annulé par CE n°^{os} 294732 et 394735 du 28 juill. 2017)* « *ou être située dans une unité urbaine comptant une population supérieure à 100 000 habitants* » ;
3° Être dotée des infrastructures adaptées et accessible par les moyens de transport individuels et collectifs.
II. – Lorsque la zone est située à moins de 30 kilomètres d'une offre concurrente située sur le territoire d'un État limitrophe, les valeurs applicables au titre des critères de surface de vente et du nombre annuel de clients énoncés respectivement au 1° et au 2° du I sont de 2 000 m² et de 200 000 clients.

SOUS-§ 2 *Dérogations accordées par le maire*

Art. R. 3132-21 L'arrêté du maire ou, à Paris, du Préfet de Paris relatif à la dérogation au repos dominical pour les commerces de détail prévu à l'article L. 3132-26, est pris après avis des organisations d'employeurs et de salariés intéressées. – *[Anc. art. L. 221-19, al. 1er, phrase 1 fin.]*

SOUS-§ 3 *Dérogations ministérielles*

(Décr. n° 2015-1173 du 23 sept. 2015, art. 6)

Art. R. 3132-21-1 I. – Les zones touristiques internationales prévues à l'article L. 3132-24 sont délimitées par un arrêté des ministres chargés du travail, du tourisme et du commerce.
II. – Pour l'application des dispositions de l'article L. 3132-24, sont pris en compte les critères suivants :
1° Avoir un rayonnement international en raison d'une offre de renommée internationale en matière commerciale ou culturelle ou patrimoniale ou de loisirs ;
2° Être desservie par des infrastructures de transports d'importance nationale ou internationale ;
3° Connaître une affluence exceptionnelle de touristes résidant hors de France ;
4° Bénéficier d'un flux important d'achats effectués par des touristes résidant hors de France, évalué par le montant des achats ou leur part dans le chiffre d'affaires total de la zone.

Les communes d'intérêt touristique ou thermales et les zones touristiques d'affluence exceptionnelle ou d'animation culturelle permanente créées avant la publication de la L. n° 2015-990 du 6 août 2015, en application de l'art. L. 3132-25 C. trav., dans sa rédaction antérieure à la L. du 6 août 2015, constituent de plein droit des zones touristiques, au sens du même art. L. 3132-25, dans sa rédaction résultant de la L. du 6 août 2015 (L. préc., art. 257).

V. Arr. du 25 sept. 2015 délimitant une zone touristique internationale à Paris dénommée « Champs-Élysées Montaigne » (JO 26 sept. ; NOR : EINI1522722A), mod. par Arr. du 23 août 2018 (JO 24 août ; NOR : ECOI1822557A).

V. aussi Arr. du 25 sept. 2015 fixant comme zones touristiques internationales à Paris : « Haussmann », « Le Marais », « Les Halles », « Maillot-Ternes », « Montmartre », « Olympiades »,

« Rennes-Saint-Sulpice », « Saint-Émilion Bibliothèque », « Saint-Honoré-Vendôme », « Saint-Germain », « Beaugrenelle » (JO 26 sept.). 11 arrêtés.

V. Arr. du 5 févr. 2016 délimitant les zones touristiques internationales à Cannes, Deauville, Nice, Saint-Laurent-du-Var, Cagnes-sur-Mer et Serris (Val d'Europe) (JO 7 févr.). 6 arrêtés.

V. Arr. du 25 sept. 2019 délimitant une zone touristique internationale dénommée « Paris La Défense » (JO 29 sept. ; NOR : ECOI1916480A).

SECTION 2 Décisions de fermeture

Art. R. 3132-22 Lorsqu'un arrêté préfectoral de fermeture au public, pris en application de l'article L. 3132-29, concerne des établissements concourant d'une façon directe à l'approvisionnement de la population en denrées alimentaires, il peut être abrogé ou modifié par le ministre chargé du travail après consultation des organisations professionnelles intéressées.
Cette décision ne peut intervenir qu'après l'expiration d'un délai de six mois à compter de la mise en application de l'arrêté préfectoral. – [Anc. art. L. 221-17, al. 2.]

Art. R. 3132-23 Seules les manifestations dont la durée n'excède pas trois semaines et qui sont organisées par des établissements publics, reconnus d'utilité publique ou ayant obtenu, pendant cinq années consécutives, le parrainage du ministre chargé du commerce peuvent figurer sur la liste mentionnée à l'article L. 3132-30. – [Anc. art. L. 221-18, al. 2.]

SECTION 3 Procédure de référé de l'inspecteur du travail

Art. D. 3132-24 Le juge mentionné à l'article L. 3132-31 est le président du (Décr. n° 2019-966 du 18 sept. 2019, art. 8-I, en vigueur le 1er janv. 2020) « tribunal judiciaire ». – [Anc. art. L. 221-16-1.]

CHAPITRE III JOURS FÉRIÉS

Art. D. 3133-1 L'indemnité de perte de salaire pour la journée du 1er mai prévue par l'article L. 3133-5 est calculée sur la base de l'horaire de travail et de la répartition de la durée hebdomadaire du travail habituellement pratiquée dans l'établissement. – [Anc. art. R. 222-1.]

CHAPITRE IV DISPOSITIONS PARTICULIÈRES AUX DÉPARTEMENTS DE LA MOSELLE, DU BAS-RHIN ET DU HAUT-RHIN

Art. R. 3134-1 L'employeur tient un registre des salariés employés les dimanches et jours fériés à des travaux mentionnés aux 1° à 5° de l'article L. 3134-5.
Ce registre comporte pour chaque dimanche et jour férié le nombre de salariés employés, leur durée de travail et la nature des travaux accomplis.
Il est tenu à la disposition de l'autorité de police locale et de l'inspection du travail. – [L. du 26 juill. 1900, anc. art. 105 c, al. 7.]

Art. R. 3134-2 La décision du préfet prévue à l'article L. 3134-8 est tenue à la disposition de l'inspection du travail sur le lieu de travail. (Décr. n° 2016-1417 du 20 oct. 2016, art. 4) « Elle est communiquée, par tout moyen, aux salariés. »

Art. R. 3134-3 L'autorité administrative mentionnée aux articles L. 3134-5, L. 3134-7, L. 3134-8 et L. 3134-12 est le préfet.

Art. R. 3134-4 La décision prévue à l'article L. 3134-14 est prise par le préfet après consultation des organisations d'employeurs et de salariés des professions du commerce et de la distribution. – [Anc. art. L. 222-4-1.]

Art. D. 3134-5 Le juge mentionné à l'article L. 3134-15 est le président du (Décr. n° 2019-966 du 18 sept. 2019, art. 8-I, en vigueur le 1er janv. 2020) « tribunal judiciaire ». – [Anc. art. L. 221-16-1.]

CHAPITRE V DISPOSITIONS PÉNALES

Art. R. 3135-1 Le fait de ne pas attribuer à un salarié le repos quotidien[,] mentionné aux articles L. 3131-1 *(Décr. n° 2016-1551 du 18 nov. 2016, art. 6-V)* « à L. 3131-3 », est puni de l'amende prévue pour les contraventions de la quatrième classe.

Les contraventions donnent lieu à autant d'amendes qu'il y a de salariés indûment employés. — *[Anc. art. R. 262.]*

Art. R. 3135-2 Le fait de méconnaître les dispositions des articles L. 3132-1 à L. 3132-14 et L. 3132-16 à L. 3132-31, relatives au repos hebdomadaire, ainsi que celles des décrets pris pour leur application, est puni de l'amende prévue pour les contraventions de la cinquième classe.

Les contraventions donnent lieu à autant d'amendes qu'il y a de salariés illégalement employés.

La récidive est réprimée conformément aux articles 132-11 et 132-15 du code pénal. — *[Anc. art. R. 262-1.]*

1. Champ d'application. L'art. R. 610-5 C. pén. n'est pas applicable lorsque la méconnaissance des interdictions ou obligations prévues par un décret ou un arrêté de police est sanctionnée par un texte spécial. Tel est le cas de la violation d'un arrêté préfectoral pris en application de l'art. L. 221-17 [art. L. 3132-29 nouv.] C. trav. qui constitue exclusivement la contravention de 5ᵉ classe prévue par l'art. R. 262-1 du même code. • Crim. 1ᵉʳ juill. 1997, n° 96-83.433 P : *RSC 1998. 342, obs. Cerf* ⌀ ; *Dr. pénal 1998. comm. 9, obs. Robert* • 27 mai 1999 : ⚖ *JCP E 2000, p. 1132, obs. Fortis.*

2. Cumul des infractions. Le fait que le travail soit réparti sur sept jours n'excluant pas nécessairement que le repos hebdomadaire ait été donné au salarié irrégulièrement employé plus de six jours, les juges ont pu considérer que les infractions à l'interdiction légale d'occuper un salarié plus de six jours par semaine et à la règle fixant à 24 heures la durée minimale du repos hebdomadaire comportaient des éléments constitutifs spécifiques et devaient être réprimées distinctement. • Crim. 17 juill. 1986 : *Bull. crim. n° 237.*

3. Lorsque l'employeur enfreint à la fois les art. L. 221-5 [art. L. 3132-1 nouv.] et L. 221-17 [art. L. 3132-3 nouv.], les amendes prononcées au titre de chacun de ces deux textes ne peuvent, en vertu de l'art. R. 262-1, être cumulées. • Crim. 10 janv. 1995 : ⚖ *RJS 1995. 261, n° 388* • Crim.

16 mars 2010, ⚖ n° 08-88.418 P : *RSC 2011. 865, obs. Cerf-Hollander* ⌀ ; *Dr. soc. 2010. 989, obs. Duquesne* ⌀.

4. Les infractions à la règle du repos hebdomadaire (interdiction d'occuper un salarié plus de 6 jours par semaine, prescrite à l'art. L. 221-2) et à la règle du repos dominical (art. L. 221-5) commises concomitamment doivent être réprimées distinctement, ces deux contraventions comportant des éléments constitutifs spécifiques. • Crim. 25 nov. 1997, ⚖ n° 96-86.297 P.

5. Interruption de la prescription de l'action publique. L'acte par lequel le ministère public requiert un huissier de justice de délivrer une citation à comparaître est un acte interruptif de prescription (infraction contraventionnelle au repos dominical). • Crim. 13 févr. 1990 : ⚖ *RJS 1990. 229, n° 301.*

6. La loi du 10 août 2009, qui réaffirme le principe du repos dominical et vise à adapter, sous certaines conditions, les dérogations à ce principe dans les communes et zones touristiques et thermales ainsi que dans certaines agglomérations pour les salariés volontaires, n'a pas eu pour effet de priver de support légal les infractions au repos dominical constatées avant son entrée en vigueur. • Crim. 16 mars 2010 : ⚖ *D. 2010. Actu. 1026* ⌀ ; *Dr. soc. 2010. 1115, obs. Duquesne* ⌀ ; *JCP S 2010. 1227, obs. d'Allende* ⌀.

Art. R. 3135-3 Le fait de méconnaître les dispositions des articles L. 3133-4 à L. 3133-6 et D. 3133-1, relatives à la journée du 1ᵉʳ mai, est puni de l'amende prévue pour les contraventions de la quatrième classe.

L'amende est appliquée autant de fois qu'il y a de salariés indûment employés ou rémunérés. — *[Anc. art. R. 262-1.]*

Art. R. 3135-4 Le fait de méconnaître les dispositions particulières aux départements de la Moselle, du Bas-Rhin et du Haut-Rhin des articles L. 3134-3 à L. 3134-9 ou des décrets pris pour leur application, est puni de l'amende prévue pour les contraventions de la cinquième classe.

La récidive est réprimée conformément aux articles 132-11 et 132-15 du code pénal. — *[Anc. art. R. 262-1.]*

Art. R. 3135-5 Le fait de méconnaître les dispositions des articles L. 3164-2 à L. 3164-4, relatives au repos hebdomadaire et dominical des jeunes travailleurs, ainsi que celles des décrets pris pour leur application, est puni de l'amende prévue pour les contraventions de la cinquième classe.

Les contraventions donnent lieu à autant d'amendes qu'il y a de salariés illégalement employés.

La récidive est réprimée conformément aux articles 132-11 et 132-15 du code pénal. — [Anc. art. R. 262-5.]

Art. R. 3135-6 Le fait de méconnaître les dispositions des articles L. 3172-1 et L. 3172-2, relatives au contrôle du repos hebdomadaire, ainsi que celles des décrets pris pour leur application, est puni de l'amende prévue pour les contraventions de la cinquième classe.

Les contraventions donnent lieu à autant d'amendes qu'il y a de salariés illégalement employés.

La récidive est réprimée conformément aux articles 132-11 et 132-15 du code pénal. — [L. du 26 juill. 1900, anc. art. 146 a.]

TITRE IV CONGÉS PAYÉS ET AUTRES CONGÉS

CHAPITRE I CONGÉS PAYÉS

SECTION 1 Droit au congé

SOUS-SECTION 1 [UNIQUE] Ordre public

(Décr. n° 2016-1553 du 18 nov. 2016, art. 4)

Art. D. 3141-1 L'employeur qui emploie pendant la période fixée pour son congé légal un salarié à un travail rémunéré, même en dehors de l'entreprise, est considéré comme ne donnant pas le congé légal, sans préjudice des dommages et intérêts auxquels il peut être condamné en application de l'article D. 3141-2. — [Anc. art. D. 223-1.]

Art. D. 3141-2 Le salarié qui accomplit pendant sa période de congés payés des travaux rémunérés, privant de ce fait des demandeurs d'emploi d'un travail qui aurait pu leur être confié, peut être l'objet d'une action devant le (Décr. n° 2019-966 du 18 sept. 2019, art. 8-I, en vigueur le 1ᵉʳ janv. 2020) « juge du tribunal judiciaire » en dommages et intérêts envers le régime d'assurance chômage.

Les dommages et intérêts ne peuvent être inférieurs au montant de l'indemnité due au salarié pour son congé payé.

L'action en dommages et intérêts est exercée à la diligence soit du maire de la commune intéressée, soit du préfet.

L'employeur qui a occupé sciemment un salarié bénéficiaire d'un congé payé peut être également l'objet, dans les mêmes conditions, de l'action en dommages et intérêts prévue par le présent article. — [Anc. art. D. 223-2.]

SECTION 2 Durée du congé

SOUS-SECTION 1 Ordre public

(Décr. n° 2016-1553 du 18 nov. 2016, art. 4)

Art. D. 3141-3 Ne peuvent être déduits du congé annuel :
1° Les absences autorisées ;
2° Les congés de maternité, paternité et d'adoption prévus par les articles L. 1225-17, L. 1225-35 et L. 1225-37 ;
3° Les jours d'absence pour maladie ou accident ;
4° Les jours de chômage ;
5° Les périodes de préavis ;
6° Les périodes obligatoires d'instruction militaire.

SOUS-SECTION 2 Dispositions supplétives

(Décr. n° 2016-1551 du 18 nov. 2016, art. 5)

Art. R. 3141-4 *(Décr. n° 2016-1551 du 18 nov. 2016, art. 5)* « A défaut d'accord prévu à l'article L. 3141-10, le » point de départ de la période prise en compte pour le calcul du droit au congé est fixé au 1er juin de chaque année.

Toutefois, dans les professions où en application de l'article *(Décr. n° 2016-1551 du 18 nov. 2016, art. 5)* « L. 3141-32 » l'employeur est tenu de s'affilier à une caisse de congé, le point de départ de l'année de référence est fixé au 1er avril.

SECTION 3 Prise des congés

SOUS-SECTION 1 *[UNIQUE]* Ordre public

(Décr. n° 2016-1553 du 18 nov. 2016, art. 4)

Art. D. 3141-5 La période de prise des congés payés est portée par l'employeur à la connaissance des salariés au moins deux mois avant l'ouverture de cette période. — *[Anc. art. D. 223-4, al. 1er.]*

Art. D. 3141-6 *(Décr. n° 2016-1418 du 20 oct. 2016, art. 2)* L'ordre des départs en congé est communiqué, par tout moyen, à chaque salarié un mois avant son départ.

SECTION 4 Indemnités de congés

SOUS-SECTION 1 *[UNIQUE]* Ordre public

(Décr. n° 2016-1553 du 18 nov. 2016, art. 4)

Art. D. 3141-7 Le paiement des indemnités dues pour les congés payés est soumis aux règles déterminées par le livre II pour le paiement des salaires. — *[Anc. art. D. 223-6.]*

Art. D. 3141-8 L'indemnité de fin de mission, prévue à l'article L. 1251-32, est prise en compte pour la détermination de la rémunération totale prévue à l'article *(Décr. n° 2016-1553 du 18 nov. 2016, art. 4)* « L. 3141-24 ».

SECTION 5 Caisses de congés payés

SOUS-SECTION 1 Dispositions générales

Art. D. 3141-9 L'employeur qui adhère à une caisse de congés payés, par application de l'article *(Décr. n° 2016-1553 du 18 nov. 2016, art. 4)* « L. 3141-32 », délivre au salarié, en cas de rupture du contrat de travail, un certificat justificatif de ses droits à congé compte tenu de la durée de ses services. — *[Anc. art. R. 223-2.]*

Art. D. 3141-10 En vue de la détermination du droit au congé et, le cas échéant, du calcul de l'indemnité à verser aux ayants droit, les caisses de congés payés font état, dans le décompte des services, de l'ancienneté des services accomplis chez les employeurs dont l'affiliation à une caisse de congé est obligatoire. — *[Anc. art. R. 223-3.]*

Art. D. 3141-11 L'agrément des contrôleurs des caisses de congés payés est délivré pour une durée n'excédant pas cinq ans par arrêté du préfet du département où se trouve le siège de la caisse dont ils relèvent.

Il est renouvelable. — *[Anc. art. R. 223-4, al. 1er et 2.]*

SOUS-SECTION 2 Dispositions particulières aux professions du bâtiment et des travaux publics

§ 1 Règles d'affiliation

Art. D. 3141-12 *(Décr. n° 2009-493 du 29 avr. 2009)* Dans les entreprises exerçant une ou plusieurs activités entrant dans le champ d'application des conventions collectives nationales étendues du bâtiment et des travaux publics, le service des congés est assuré, sur la base de celles-ci, par des caisses constituées à cet effet.

Toutefois, lorsque l'entreprise applique, au titre de son activité principale, une convention collective nationale autre que celles mentionnées à l'alinéa précédent et sous réserve d'un accord conclu, conformément à l'article D. 3141-15, entre la caisse de surcompensation mentionnée à l'article D. 3141-22 et l'organisation ou les organisations d'employeurs représentatives de la branche professionnelle concernée, le service des congés peut être assuré par une autre caisse pour l'entreprise.

Pour l'application du présent article, l'activité principale s'entend comme celle dans laquelle l'entreprise emploie le plus grand nombre de salariés.

Art. D. 3141-13 Le régime prévu par la présente sous-section s'applique aux carrières annexées aux entreprises mentionnées *(Décr. n° 2009-493 du 29 avr. 2009)* « au premier alinéa de l'article » D. 3141-12 ainsi qu'aux ateliers, chantiers et autres établissements travaillant exclusivement pour le fonctionnement et l'entretien de ces entreprises, qu'ils soient ou non annexés à celles-ci. — *[Anc. art. D. 732-1, al. 7.]*

Art. D. 3141-14 Le régime prévu par la présente section s'applique également aux entreprises non établies en France mentionnées aux articles L. 1262-1 et L. 1262-2. — *[Anc. art. D. 732-1, al. 8.]*

Art. D. 3141-15 Des règles particulières d'affiliation peuvent être définies par accord conclu entre la caisse nationale de surcompensation mentionnée à l'article D. 3141-22 et les organisations d'employeurs représentatives d'une branche professionnelle autre que celle du bâtiment et des travaux publics lorsque les entreprises affiliées à ces organisations d'employeurs exercent, à titre secondaire ou accessoire, une ou plusieurs activités impliquant leur affiliation aux caisses mentionnées à l'article D. 3141-12. — *[Anc. art. D. 732-1, al. 4.]*

Art. D. 3141-16 Les accords mentionnés à l'article D. 3141-15, approuvés par le ministre chargé du travail, indiquent :

1° Les motifs justifiant la mise en œuvre de règles particulières d'affiliation ;

2° Le ou les critères selon lesquels l'affiliation est réalisée, notamment le pourcentage du chiffre d'affaires réalisé s'agissant des activités mentionnées aux articles D. 3141-12 et D. 3141-13 en deçà duquel l'affiliation n'est pas demandée, ainsi que les activités spécifiques à chaque profession exclues du champ d'affiliation ;

3° Les règles applicables aux entreprises qui n'assurent pas la pose des produits qu'elles fabriquent ou qui la sous-traitent. — *[Anc. art. D. 732-1, al. 5 et 6.]*

Art. D. 3141-17 Un arrêté du ministre chargé du travail fixe les pièces justificatives, les garanties à fournir par les caisses de congés payés soit en vue de leur agrément, soit au cours de leur fonctionnement, ainsi que les dispositions que contiennent leurs statuts et règlements. — *[Anc. art. D. 732-2, phrase 1.]*

Art. D. 3141-18 Le ministre chargé du travail autorise les caisses à exercer leur activité dans une circonscription territoriale déterminée après avoir vérifié que le nombre des salariés qui doivent être déclarés à la caisse justifie l'institution de celle-ci. — *[Anc. art. D. 732-2, phrase 2.]*

En application de l'art. L. 231-5 CRPA, et par exception à l'application du délai de deux mois prévu à l'art. L. 231-1 du même code, le silence gardé par l'administration pendant deux mois vaut décision de rejet pour une demande d'autorisation d'exercice des caisses de congés payés pour les professions du bâtiment et des travaux publics (Décr. n° 2014-1289 du 23 oct. 2014, art. 1er).

Art. R. 3141-19 Les statuts et règlements des caisses et toute modification éventuelle de ces textes ne sont applicables qu'après avoir reçu l'approbation du ministre chargé du travail. — *[Anc. art. D. 732-2, phrase 3.]*

Art. D. 3141-20 *(Décr. n° 2009-493 du 29 avr. 2009)* Dans les entreprises mentionnées à l'article D. 3141-12, dont l'activité principale relève du bâtiment, le service des congés des salariés déclarés est assuré par la caisse agréée pour la circonscription territoriale dans laquelle l'entreprise a son siège social.

Dans les entreprises dont l'activité principale relève des travaux publics, ce service est assuré par une caisse à compétence nationale.

Dans les entreprises qui relèvent du statut coopératif, ce service est également assuré par une caisse à compétence nationale.

Art. D. 3141-21 Par dérogation au premier alinéa de l'article D. 3141-20, la caisse de congés compétente pour les entreprises non établies en France mentionnées à l'article D. 3141-14 est celle du lieu d'exécution de la prestation ou du chantier.

En cas de prestations multiples simultanées, l'entreprise peut centraliser ses déclarations à la caisse du lieu de la prestation la plus importante compte tenu de l'effectif qui y est affecté. – *[Anc. art. D. 732-3, al. 3.]*

Art. D. 3141-22 Les caisses de congés payés s'affilient à une caisse de surcompensation créée pour l'ensemble des entreprises mentionnées à l'article D. 3141-12.

Celle-ci a notamment pour objet de répartir entre les caisses intéressées les charges résultant du paiement par une seule caisse des indemnités dues aux salariés successivement déclarés à différentes caisses. – *[Anc. art. D. 732-3, al. 2.]*

Art. D. 3141-23 Les salariés appartenant aux établissements mentionnés aux articles D. 3141-12 à D. 3141-15 sont déclarés par l'employeur à la caisse compétente, sauf s'ils sont titulaires d'un contrat de travail à durée déterminée, conclu pour une durée minimum d'un an et ayant acquis date certaine par enregistrement.

Toutefois, en cas de rupture d'un tel contrat avant le terme d'une année, l'employeur verse rétroactivement à la caisse les cotisations correspondant aux salaires perçus par le salarié depuis le début de la période de référence en cours. – *[Anc. art. D. 732-4, al. 1er.]*

Art. D. 3141-24 L'employeur peut faire assurer par la caisse de congés payés, avec l'accord de celle-ci et moyennant le versement des cotisations correspondantes, le service des congés aux salariés dont la déclaration n'est pas obligatoire. – *[Anc. art. D. 732-4, al. 2.]*

Art. D. 3141-25 Les effets de l'affiliation de l'employeur ne peuvent remonter au-delà de la date d'ouverture de la période de référence écoulée. – *[Anc. art. D. 732-4, al. 3.]*

Art. D. 3141-26 Les entreprises mentionnées à l'article D. 3141-14, établies dans un autre État membre de l'Union européenne ou dans l'un des autres États partie à l'accord sur l'Espace économique européen, peuvent s'exonérer des obligations figurant à la présente sous-section si elles justifient que leurs salariés bénéficient de leurs droits à congés payés pour la période de détachement dans des conditions au moins équivalentes à celles prévues par la législation française. – *[Anc. art. D. 732-9, al. 1er.]*

Art. D. 3141-27 Lorsque les entreprises mentionnées à l'article D. 3141-26 sont affiliées à une institution équivalente aux caisses de congés payés, dans le pays où elles sont établies, elles justifient qu'elles sont à jour de leurs obligations à l'égard de ces institutions à la date du commencement de la prestation et qu'elles ont continué à cotiser à l'institution compétente durant le détachement temporaire pour bénéficier de l'exonération. – *[Anc. art. D. 732-9, al. 2.]*

Art. D. 3141-28 (*Décr. n° 2016-1418 du 20 oct. 2016, art. 3*) L'employeur communique, par tout moyen, aux salariés, la raison sociale et l'adresse de la caisse de congés payés à laquelle il est affilié.

§ 2 Organisation et fonctionnement

Art. D. 3141-29 La cotisation de l'employeur est déterminée par un pourcentage du montant des salaires payés aux salariés déclarés.

Ce pourcentage est fixé par le conseil d'administration de la caisse de congés payés.

Le règlement intérieur de celle-ci précise les dates et les modes de versement des cotisations, les justifications qui accompagnent ce versement et les vérifications auxquelles se soumettent les adhérents. – *[Anc. art. D. 732-5.]*

Information du taux de cotisation. Les textes légaux, réglementaires et statutaires ne subordonnent pas l'opposabilité et la mise en œuvre des décisions du conseil d'administration des caisses de congés payés, organismes de droit privé, à des modalités particulières de publicité ; aussi, les personnes affiliées à la caisse de congés payés sont valablement informées des taux de cotisation appliqués par les mentions figurant sur les imprimés de déclaration qui leur sont adressés. ● Soc. 7 avr. 2010 : ⚖ *RJS 2010. 455, n° 524.* ♦ ... Ou par la publication de ces taux dans un journal d'annonces légales spécialisé. ● Soc. 7 avr. 2010 : ⚖ *préc.*

Art. D. 3141-30 La durée des congés des salariés déclarés à la caisse est déterminée en application des dispositions générales du présent chapitre. Il en est de même pour les salariés déclarés par les entreprises non établies en France mentionnées aux articles L. 1262-1 et L. 1262-2.

Toutefois, cent cinquante heures de travail effectif sont considérées comme équivalentes à un mois pour la détermination de la durée du congé de ces salariés.

En outre, il est ajouté à l'ensemble des heures de travail accomplies au cours de l'année de référence, cent soixante heures représentant forfaitairement le congé de l'année précédente, lorsque celui-ci a été payé à l'intéressé par l'intermédiaire d'une caisse agréée. – [*Anc. art. D. 732-6, al. 1er à 3.*]

Art. D. 3141-31 La caisse assure le service des congés payés des salariés déclarés par l'employeur.

Toutefois, en cas de défaillance de l'employeur dans le paiement des cotisations, elle verse l'indemnité de congés payés à due proportion des périodes pour lesquelles les cotisations ont été payées, par rapport à l'ensemble de la période d'emploi accomplie pendant l'année de référence. L'employeur défaillant n'est pas dégagé de l'obligation de payer à la caisse les cotisations, majorations de retard et pénalités qui restent dues.

Après régularisation de la situation de l'employeur, la caisse verse au salarié le complément d'indemnité de congés payés dû, calculé suivant les mêmes principes. – [*Anc. art. D. 732-6, al. 4 à 6.*]

Art. D. 3141-32 Le salaire horaire pris en considération pour le calcul de l'indemnité de congé est le quotient du montant de la dernière paye versée au salarié dans l'entreprise assujettie qui l'employait en dernier lieu par le nombre d'heures de travail effectuées pendant la période ainsi rémunérée.

En cas de changement des taux de salaires, il est tenu compte de ceux applicables pendant le congé. Toutefois, cette disposition n'est applicable qu'aux salariés qui, au moment de leur congé, sont employés dans une entreprise assujettie. – [*Anc. art. D. 732-7, al. 1er et 2.*]

Art. D. 3141-33 L'indemnité du congé mentionné à l'article L. 3141-3 est le produit du vingt-cinquième du salaire horaire défini à l'article D. 3141-32 par le double du nombre d'heures de travail accomplies au cours de l'année de référence.

Pour chaque jour de congé supplémentaire attribué à quelque titre que ce soit, le salarié reçoit le quotient de l'indemnité mentionnée au premier alinéa par le nombre des jours de congé auquel cette indemnité correspond. – [*Anc. art. D. 732-7, al. 3 et 4.*]

Art. D. 3141-34 L'employeur remet au salarié, avant son départ en congé ou à la date de rupture de son contrat, un certificat en double exemplaire qui permet à ce dernier de justifier de ses droits à congé envers la caisse d'affiliation du dernier employeur.

Ce certificat indique le nombre d'heures de travail effectuées par le salarié dans l'entreprise pendant l'année de référence, le montant du dernier salaire horaire calculé conformément aux dispositions de l'article D. 3141-32 ainsi que la raison sociale et l'adresse de la caisse d'affiliation. – [*Anc. art. D. 732-8.*]

Art. D. 3141-35 Une commission instituée auprès de chaque caisse de congés payés statue sur toutes les contestations qui peuvent s'élever au sujet des droits aux congés des salariés déclarés à la caisse.

Elle est composée, en nombre égal, de membres employeurs et salariés désignés par le (*Décr. n° 2020-1545 du 9 déc. 2020, art. 28-X, en vigueur le 1er avr. 2021*) « directeur régional de l'économie, de l'emploi, du travail et des solidarités » et choisis parmi les organisations d'employeurs et de salariés représentatives au niveau régional pour les professions assujetties.

Art. D. 3141-36 Les caisses de congés payés sont soumises pour l'application des lois et règlements relatifs aux congés payés, au contrôle de l'inspection du travail dans les professions intéressées. — [Anc. art. D. 732-10, al. 3.]

Art. D. 3141-37 L'employeur justifie à tout moment à l'inspection du travail, aux officiers de police judiciaire et aux contrôleurs agréés de la caisse d'affiliation dont il relève, qu'il est à jour de ses obligations envers celle-ci. — [Anc. art. D. 732-11, al. 2.]

CHAPITRE II AUTRES CONGÉS

SECTION 1 Congés d'articulation entre la vie professionnelle et la vie personnelle et familiale (Décr. n° 2016-1552 du 18 nov. 2016, art. 3-I.)

SOUS-SECTION 1 Congés pour événements familiaux (Décr. n° 2016-1552 du 18 nov. 2016, art. 3-II).

§ 1 Ordre public

(Décr. n° 2016-1552 du 18 nov. 2016, art. 3-II)

Art. R. 3142-1 En cas de contestation, le conseil de prud'hommes, saisi en application de l'article L. 3142-3, statue en dernier ressort.

Art. D. 3142-1-1 *(Décr. n° 2020-1233 du 8 oct. 2020, art. 1er)* Le congé de deuil prévu à l'article L. 3142-1-1 peut être fractionné en deux périodes. Chaque période est d'une durée au moins égale à une journée.

Ces dispositions s'appliquent aux congés de deuil au titre des décès intervenus à compter du 1er juill. 2020 et pris à compter du 10 oct. 2020 (Décr. n° 2020-1233 du 8 oct. 2020, art. 4).

Art. D. 3142-1-2 *(Décr. n° 2023-215 du 27 mars 2023, art. 1er)* Les pathologies chroniques mentionnées au 5° de l'article L. 3142-1 et au 6° de l'article L. 3142-4 sont :
1° Les maladies chroniques prises en charge au titre des articles D. 160-4 et R. 160-12 du code de la sécurité sociale ;
2° Les maladies rares répertoriées dans la nomenclature Orphanet mentionnée à l'article 13 de la directive 2011/24/UE du Parlement européen et du Conseil du 9 mars 2011 relative à l'application des droits des patients en matière de soins de santé transfrontaliers ;
3° Les allergies sévères donnant lieu à la prescription d'un traitement par voie injectable.

Art. D. 3142-1-3 *(Décr. n° 2023-873 du 12 sept. 2023)* La période de congé prévue au 3° bis de l'article L. 3142-1 commence à courir, au choix du salarié, soit pendant la période de sept jours précédant l'arrivée de l'enfant au foyer, soit le jour de l'arrivée de l'enfant au foyer ou le premier jour ouvrable qui suit cette arrivée.

Ces dispositions sont applicables aux parents auxquels est confié un enfant en vue de son adoption à compter du 15 sept. 2023 (Décr. n° 2023-873 du 12 sept. 2023, art. 2).

SOUS-SECTION 2 Congé de solidarité familiale

(Décr. n° 2016-1552 du 18 nov. 2016, art. 3-III)

§ 1 Ordre public

(Décr. n° 2016-1552 du 18 nov. 2016, art. 3-III)

Art. D. 3142-2 *(Décr. n° 2011-50 du 11 janv. 2011, art. 4)* En cas de fractionnement du congé, la durée minimale de chaque période de congé est de une journée.

Art. D. 3142-3 *(Décr. n° 2016-1555 du 18 nov. 2016, art. 1er-I)* Sans préjudice des dispositions du troisième alinéa de l'article L. 3142-7, le salarié informe l'employeur au moment de la demande du congé par tout moyen conférant date certaine de la date prévisible de son retour. En cas de modification de celle-ci, le salarié en informe l'employeur au moins trois jours avant son retour.

CONGÉS PAYÉS ET AUTRES CONGÉS — Art. D. 3142-8

Art. R. 3142-4 En cas de contestation, le conseil de prud'hommes, saisi en application de l'article L. 3142-13, statue en dernier ressort.

§ 2 Dispositions supplétives

(Décr. n° 2016-1555 du 18 nov. 2016, art. 1ᵉʳ-I)

Art. D. 3142-5 *(Décr. n° 2016-1555 du 18 nov. 2016, art. 1ᵉʳ-I)* « A défaut de convention ou d'accord mentionné à l'article L. **3142-14**, le salarié informe l'employeur par tout moyen conférant date certaine, au moins quinze jours avant le début du congé de solidarité familiale, » de sa volonté de *(Décr. n° 2011-50 du 11 janv. 2011, art. 3)* « suspendre son contrat de travail à ce titre, de la date de son départ en congé et, le cas échéant, de sa demande de fractionnement ou de transformation en temps partiel de celui-ci ».

Il adresse également un certificat médical, établi par le médecin traitant de la personne que le salarié souhaite assister, attestant que cette personne souffre d'une pathologie mettant en jeu le pronostic vital *(Décr. n° 2011-50 du 11 janv. 2011, art. 3)* « ou est en phase avancée ou terminale d'une affection grave et incurable ».

Art. D. 3142-6 *(Décr. n° 2016-1555 du 18 nov. 2016, art. 1ᵉʳ-I)* « A défaut de convention ou d'accord mentionné à l'article L. **3142-14**, » lorsque le salarié décide de renouveler son congé de solidarité familiale ou son activité à temps partiel *(Décr. n° 2016-1555 du 18 nov. 2016, art. 1ᵉʳ-I)* « il en informe l'employeur par tout moyen conférant date certaine », au moins quinze jours avant le terme initialement prévu.

SOUS-SECTION 3 Congé de proche aidant

(Décr. n° 2016-1552 du 18 nov. 2016, art. 3-IV)

§ 1 Ordre public

(Décr. n° 2016-1552 du 18 nov. 2016, art. 3-IV)

Art. D. 3142-7 *(Décr. n° 2016-1554 du 18 nov. 2016, art. 1ᵉʳ-A)* Pour bénéficier immédiatement du congé dans les cas énoncés à l'article L. **3142-19**, la dégradation soudaine de l'état de santé de la personne aidée ou la situation de crise nécessitant une action urgente du proche aidant est constatée par écrit par un médecin qui établit un certificat médical et la cessation brutale de l'hébergement en établissement est attestée par le responsable de cet établissement.

Art. D. 3142-8 La demande de congé de proche aidant est accompagnée des pièces suivantes :

1° Une déclaration sur l'honneur du lien familial du demandeur avec la personne aidée, *(Décr. n° 2016-1554 du 18 nov. 2016, art. 1ᵉʳ-A et D)* « ou de l'aide apportée à une personne âgée ou handicapée avec laquelle il réside ou entretient des liens étroits et stables » ;

2° Une déclaration sur l'honneur du demandeur précisant qu'il n'a pas eu précédemment recours, au long de sa carrière, à un congé de proche aidant ou bien la durée pendant laquelle il a bénéficié de ce congé ;

3° Lorsque la personne aidée est un enfant handicapé à la charge du demandeur, au sens de l'article L. **512-1** du code de la sécurité sociale, ou un adulte handicapé, une copie de la décision prise en application de la législation de sécurité sociale ou d'aide sociale subordonnée à la justification d'un taux d'incapacité permanente au moins égal à 80 % ;

4° Lorsque la personne aidée souffre d'une perte d'autonomie, une copie de la décision d'attribution de l'allocation personnalisée d'autonomie *(Abrogé par Décr. n° 2022-1037 du 22 juill. 2022, art. 2, à compter du 1ᵉʳ juill. 2022)* « *au titre d'un classement dans les groupes* *(Décr. n° 2016-1554 du 18 nov. 2016, art. 1ᵉʳ-A et D)* « *I, II et III* » *de la grille nationale* » mentionnée à l'article L. **232-2** du code de l'action sociale et des familles ;

(Décr. n° 2022-1037 du 22 juill. 2022, art. 2, en vigueur le 1ᵉʳ juill. 2022) « 5° Lorsque la personne aidée en bénéficie, une copie de la décision d'attribution de l'une des prestations suivantes :

« *a)* La majoration pour aide constante d'une tierce personne mentionnée à l'article L. 355-1 du code de la sécurité sociale ;

« *b)* La prestation complémentaire pour recours à tierce personne mentionnée au troisième alinéa de l'article L. 434-2 du même code ;

« *c)* La majoration spéciale pour assistance d'une tierce personne mentionnée à l'article L. 30 *bis* du code des pensions civiles et militaires de retraites et à l'article 34 du décret n° 2003-1306 du 26 décembre 2003 relatif au régime de retraite des fonctionnaires affiliés à la Caisse nationale de retraites des agents des collectivités locales ;

« *d)* La majoration attribuée aux bénéficiaires du 3° de l'article D. 712-15 du code de la sécurité sociale et du 3° du V de l'article 6 du décret n° 60-58 du 11 janvier 1960 relatif au régime de sécurité sociale des agents permanents des départements, des communes et de leurs établissements publics n'ayant pas le caractère industriel ou commercial ;

« *e)* La majoration mentionnée à l'article L. 133-1 du code des pensions militaires d'invalidité et des victimes de guerre ».

Les dispositions issues du Décr. n° 2022-1037 du 22 juill. 2022 s'appliquent aux droits ouverts et aux prestations dues à compter du 1er juill. 2022 (Décr. préc., art. 3).

Art. D. 3142-9 *(Décr. n° 2016-1554 du 18 nov. 2016, art. 1er-A)* En cas de fractionnement du congé, la durée minimale de chaque période de congé est d'une *(Décr. n° 2020-1208 du 1er oct. 2020, art. 4)* « demi-journée ».

Les dispositions issues du Décr. n° 2020-1208 du 1er oct. 2020 s'appliquent aux demandes d'allocation visant à l'indemnisation des périodes de congés ou de cessation d'activités courant à compter du 30 sept. 2020 (Décr. préc., art. 5).

Art. R. 3142-10 En cas de contestation, le conseil de prud'hommes saisi en application de l'article L. 3142-25 statue en dernier ressort.

§ 2 Dispositions supplétives

(Décr. n° 2016-1554 du 18 nov. 2016, art. 1er-C)

Art. D. 3142-11 *(Décr. n° 2016-1554 du 18 nov. 2016, art. 1er-C et D)* A défaut de convention ou d'accord mentionné à l'article L. 3142-26, le salarié informe l'employeur par tout moyen conférant date certaine, au moins un mois avant le début du congé de proche aidant, de sa volonté de suspendre son contrat de travail à ce titre, et, le cas échéant, de sa demande de fractionnement ou de transformation à temps partiel de celui-ci et de la date de son départ en congé.

Il joint à sa demande les documents mentionnés à l'article D. 3142-8.

Art. D. 3142-12 A défaut de convention ou d'accord mentionné à l'article L. 3142-26, en cas de renouvellement du congé de proche aidant ou de l'activité à temps partiel de façon successive, le salarié avertit l'employeur de cette prolongation au moins quinze jours avant le terme initialement prévu, par tout moyen conférant date certaine.

En cas de renouvellement non successif, les conditions de prévenance définies à l'article D. 3142-11 s'appliquent.

Art. D. 3142-13 *(Décr. n° 2016-1554 du 18 nov. 2016, art. 1er-C)* « A défaut de convention ou d'accord mentionné à l'article L. 3142-26 », pour mettre fin de façon anticipée au congé ou y renoncer dans les cas prévus à l'article *(Décr. n° 2016-1554 du 18 nov. 2016, art. 1er-C)* « L. 3142-19 », le salarié adresse une demande motivée à l'employeur par *(Décr. n° 2016-1554 du 18 nov. 2016, art. 1er-C et D)* « tout moyen conférant date certaine », au moins un mois avant la date à laquelle il entend bénéficier de ces dispositions.

En cas de décès de la personne aidée, ce délai est ramené à deux semaines.

CONGÉS PAYÉS ET AUTRES CONGÉS

SOUS-SECTION 4 Congé sabbatique

(Décr. n° 2016-1552 du 18 nov. 2016, art. 3-V)

§ 1 Ordre public

(Décr. n° 2016-1552 du 18 nov. 2016, art. 3-V)

Art. D. 3142-14 Les délais mentionnés à l'article L. 3142-29, en vue de différer le départ en congé sabbatique d'un salarié, courent à compter de la présentation de la demande prévue à l'article D. 3142-19.

Art. D. 3142-15 *(Décr. n° 2016-1555 du 18 nov. 2016, art. 1ᵉʳ-II)* Le refus de l'employeur d'accorder un congé sabbatique est notifié au salarié par tout moyen conférant date certaine.

Art. D. 3142-16 *(Décr. n° 2016-1555 du 18 nov. 2016, art. 1ᵉʳ-II)* Le salarié peut contester le refus de l'employeur dans les quinze jours à compter de la notification.

Art. R. 3142-17 *(Décr. n° 2016-1552 du 18 nov. 2016, art. 3-V)* En cas de contestation, le conseil de prud'hommes saisi en application de l'article L. 3142-29 statue en dernier ressort.

Art. D. 3142-18 *(Décr. n° 2016-1555 du 18 nov. 2016, art. 1ᵉʳ-II)* L'employeur informe le salarié de son accord sur la date de départ choisie du congé sabbatique ou de son report par tout moyen conférant date certaine.

§ 2 Dispositions supplétives

(Décr. n° 2016-1555 du 18 nov. 2016, art. 1ᵉʳ-II)

Art. D. 3142-19 *(Décr. n° 2016-1555 du 18 nov. 2016, art. 1ᵉʳ-II)* A défaut de convention ou d'accord mentionné à l'article L. 3142-32, le salarié informe l'employeur de la date de départ en congé sabbatique qu'il a choisie et de la durée de ce congé, par tout moyen conférant date certaine, au moins trois mois à l'avance.

Art. D. 3142-20 *(Décr. n° 2016-1555 du 18 nov. 2016, art. 1ᵉʳ-II)* A défaut de convention ou d'accord mentionné à l'article L. 3142-32, le départ en congé peut être différé par l'employeur dans les conditions mentionnées au premier alinéa de l'article L. 3142-29, de telle sorte que le pourcentage des salariés simultanément absents de l'entreprise au titre du congé sabbatique ne dépasse pas 1,5 % de l'effectif de cette entreprise, jusqu'à la date à laquelle cette condition de taux est remplie ou que le nombre de jours d'absence au titre du congé sabbatique ne dépasse pas 1,5 % du nombre de jours de travail effectués dans les douze mois précédant le départ en congé. Pour permettre le départ en congé d'un salarié, cette période de douze mois est prolongée dans la limite de quarante-huit mois.

Art. D. 3142-21 *(Décr. n° 2016-1555 du 18 nov. 2016, art. 1ᵉʳ-II)* A défaut de convention ou d'accord mentionné à l'article L. 3142-32, le départ en congé peut être différé par l'employeur dans les conditions mentionnées au deuxième alinéa de l'article L. 3142-29 conformément aux dispositions de l'article D. 3142-75.

SECTION 2 Congés pour engagement associatif, politique ou militant

(Décr. n° 2016-1552 du 18 nov. 2016, art. 4-I)

SOUS-SECTION 1 Congé mutualiste de formation *(Décr. n° 2016-1552 du 18 nov. 2016, art. 4-I).*

§ 1 Ordre public

(Décr. n° 2016-1552 du 18 nov. 2016, art. 4-II)

Art. R. 3142-22 La liste des organismes dont les stages ouvrent droit au congé mutualiste est établie par arrêté du ministre chargé de la mutualité après avis du Conseil supérieur de la mutualité.

Art. R. 3142-23 Le bénéfice du congé peut être refusé par l'employeur s'il établit que ce refus est justifié par des nécessités particulières à son entreprise ou à l'exploitation de celle-ci.

Ce refus ne peut intervenir qu'après consultation du *(Décr. n° 2017-1819 du 29 déc. 2017, art. 3)* « comité social et économique ».

Si le salarié renouvelle sa demande après l'expiration d'un délai de quatre mois, un nouveau report ne peut lui être opposé sauf en cas de dépassement du nombre déterminé par l'article R. 3142-29.

Art. R. 3142-23-1 Pour les entreprises publiques non prévues à l'article L. 2233-1, des arrêtés pris par les ministres intéressés précisent les organismes appelés à donner leur avis dans les conditions prévues par l'article R. 3142-23.

Art. R. 3142-24 Le refus ou le report du congé mutualiste de formation par l'employeur est motivé et notifié par tout moyen conférant date certaine à l'intéressé dans les huit jours à compter de la réception de sa demande.

Art. R. 3142-25 Le salarié dont la demande de congé mutualiste de formation n'a pas été satisfaite en raison des conditions mentionnées aux articles R. 3142-23 et R. 3142-29 bénéficie d'une priorité pour l'octroi ultérieur de ce congé.

Art. R. 3142-26 L'organisme chargé des stages ou sessions dispensés dans le cadre du congé mutualiste de formation délivre au salarié une attestation constatant la fréquentation effective de celui-ci.

Cette attestation est remise à l'employeur au moment de la reprise du travail.

Art. R. 3142-27 En cas de contestation, le conseil de prud'hommes, saisi en application de l'article L. 3142-39, statue en dernier ressort.

§ 2 Dispositions supplétives

(Décr. n° 2016-1552 du 18 nov. 2016, art. 4-II)

Art. R. 3142-28 A défaut de convention ou d'accord mentionné à l'article L. 3142-40, l'administrateur d'une mutuelle, d'une union ou d'une fédération informe l'employeur par tout moyen conférant date certaine, au moins trente jours avant le début du congé mutualiste de formation, de sa volonté de bénéficier de ce congé.

Il précise la date et la durée de l'absence envisagée et désigne l'organisme responsable du stage ou de la session.

Art. R. 3142-29 A défaut de convention ou d'accord mentionné à l'article L. 3142-40, et en application du 3° de l'article L. 3142-41, le bénéfice du congé peut être refusé par l'employeur s'il établit que le nombre de salariés, par établissement, ayant bénéficié du congé durant l'année en cours atteint la proportion suivante :
1° Moins de 50 salariés : un bénéficiaire ;
2° 50 à 99 salariés : deux bénéficiaires ;
3° 100 à 199 salariés : trois bénéficiaires ;
4° 200 à 499 salariés : quatre bénéficiaires ;
5° 500 à 999 salariés : cinq bénéficiaires ;
6° 1 000 à 1 999 salariés : six bénéficiaires ;
7° A partir de 2 000 salariés : un bénéficiaire de plus par tranche supplémentaire de 1 000 salariés.

SOUS-SECTION 2 **Congé de participation aux instances d'emploi et de formation professionnelle ou à un jury d'examen** *(Décr. n° 2016-1552 du 18 nov. 2016, art. 4-III).*

§ 1 Ordre public

(Décr. n° 2016-1552 du 18 nov. 2016, art. 4-III)

Art. R. 3142-30 Le refus de l'employeur est notifié par tout moyen conférant date certaine au salarié.

Art. R. 3142-31 En cas de contestation, le conseil de prud'hommes, saisi en application de l'article L. 3142-45, statue en dernier ressort.

§ 2 Dispositions supplétives

(Décr. n° 2016-1555 du 18 nov. 2016, art. 2-I)

Art. D. 3142-32 *(Décr. n° 2016-1555 du 18 nov. 2016, art. 2-I ; Décr. n° 2010-289 du 17 mars 2010)* A défaut de convention ou d'accord mentionné à l'article L. 3142-46, le salarié informe l'employeur par tout moyen conférant date certaine, dans un délai qui ne peut pas être inférieur à quinze jours calendaires avant le début de la session d'examen ou de validation ou de sa participation à l'instance d'emploi et de formation professionnelle, de sa volonté de bénéficier de ce congé. Il joint à sa demande une copie de la convocation à participer à un jury d'examen ou de validation des acquis de l'expérience ou à une instance d'emploi et de formation professionnelle.

SOUS-SECTION 3 **Congé pour catastrophe naturelle** *(Décr. n° 2016-1552 du 18 nov. 2016, art. 4-IV).*

§ 1 Ordre public

(Décr. n° 2016-1552 du 18 nov. 2016, art. 4-IV)

Art. R. 3142-33 Le refus de l'employeur est notifié par tout moyen conférant date certaine au salarié.

Art. R. 3142-34 En cas de contestation, le conseil de prud'hommes, saisi en application de l'article L. 3142-51, statue en dernier ressort.

§ 2 Dispositions supplétives

(Décr. n° 2016-1555 du 18 nov. 2016, art. 2-II)

Art. D. 3142-35 A défaut de convention ou d'accord mentionné à l'article L. 3142-52, le salarié informe l'employeur par tout moyen conférant date certaine, au moins 48 heures avant le début du congé, de sa volonté de bénéficier de ce congé.

SOUS-SECTION 4 **Congés de formation de cadres et d'animateurs pour la jeunesse**

(Décr. n° 2016-1552 du 18 nov. 2016, art. 4-V)

§ 1 Ordre public

Art. R. 3142-36 Le bénéfice du congé de formation de cadres et d'animateurs pour la jeunesse peut être refusé par l'employeur s'il établit que ce refus est justifié par des nécessités particulières à son entreprise ou à l'exploitation de celle-ci.
Ce refus ne peut intervenir qu'après consultation du *(Décr. n° 2017-1819 du 29 déc. 2017, art. 3)* « comité social et économique ».
Si le salarié renouvelle sa demande après l'expiration d'un délai de quatre mois, un nouveau report ne peut lui être opposé sauf en cas de dépassement du nombre déterminé par l'article *(Décr. n° 2016-1552 du 18 nov. 2016, art. 4-V)* « R. 3142-44 ».

Art. D. 3142-37 Le refus du congé de formation de cadres et d'animateurs pour la jeunesse par l'employeur est motivé et notifié à l'intéressé *(Décr. n° 2016-1555 du 18 nov. 2016, art. 2-II)* « par tout moyen conférant date certaine » dans les huit jours à compter de la réception de sa demande.

Art. D. 3142-38 Le salarié dont la demande de congé de formation de cadres et d'animateurs pour la jeunesse n'a pas été satisfaite en raison des conditions mentionnées aux articles *(Décr. n° 2016-1555 du 18 nov. 2016, art. 2-II)* « R. 3142-44 et R. 3142-36 », bénéficie d'une priorité pour l'octroi ultérieur de ce congé.

Art. R. 3142-39 Pour les entreprises publiques non prévues à l'article L. 2233-1, des arrêtés pris par les ministres intéressés précisent les organismes appelés à donner leur avis dans les conditions prévues par l'article *(Décr. n° 2016-1552 du 18 nov. 2016, art. 4-V)* « R. 3142-36 ».

Art. R. 3142-40 A titre exceptionnel et uniquement pour participer à un seul stage de formation supérieure d'animateurs, un salarié âgé de plus de vingt-cinq ans peut bénéficier du congé de formation de cadres et d'animateurs pour la jeunesse.

Il présente à l'appui de sa demande une attestation délivrée par l'inspecteur départemental de la jeunesse et des sports justifiant qu'il a participé depuis trois ans au moins à l'encadrement d'activités d'animation organisées par des organisations, fédérations et associations mentionnées à l'article L. 3142-54 et qu'il est désigné pour prendre part à un stage de formation supérieure d'animateurs.

Les limitations en fonction de l'effectif prévues à l'article R. 3142-44 ne sont pas applicables aux salariés âgés de plus de vingt-cinq ans. Sous cette réserve, les dispositions des articles R. 3142-36 et D. 3142-37 leur sont applicables.

Art. D. 3142-41 L'organisme chargé des stages ou sessions dispensées dans le cadre du congé de formation de cadres et d'animateurs pour la jeunesse délivre au salarié une attestation constatant la fréquentation effective de celui-ci.

Cette attestation est remise à l'employeur au moment de la reprise du travail.

Art. R. 3142-42 (*Décr. n° 2016-1552 du 18 nov. 2016, art. 4-V*) En cas de contestation, le conseil de prud'hommes, saisi en application de l'article L. 3142-57, statue en dernier ressort.

§ 2 Dispositions supplétives

(*Décr. n° 2016-1552 du 18 nov. 2016, art. 4-V*)

Art. D. 3142-43 A défaut de convention ou d'accord mentionné à l'article L. 3142-58, le salarié informe l'employeur par tout moyen conférant date certaine, au moins trente jours avant le début de congé de formation de cadres et d'animateurs pour la jeunesse, de sa volonté de bénéficier de ce congé.

Il précise la date et la durée de l'absence envisagée et désigne l'organisme responsable du stage ou de la session.

Art. R. 3142-44 (*Décr. n° 2016-1552 du 18 nov. 2016, art. 4-V*) A défaut de convention ou d'accord mentionné à l'article L. 3142-58, le bénéfice du congé de formation de cadres et d'animateurs pour la jeunesse peut être refusé par l'employeur s'il établit que le nombre de salariés, par établissement, ayant bénéficié du congé durant l'année en cours, atteint la proportion suivante :

1° Moins de 50 salariés : un bénéficiaire ;
2° 50 à 99 salariés : deux bénéficiaires ;
3° 100 à 199 salariés : trois bénéficiaires ;
4° 200 à 499 salariés : quatre bénéficiaires ;
5° 500 à 999 salariés : cinq bénéficiaires ;
6° 1 000 à 1 999 salariés : six bénéficiaires ;
7° A partir de 2 000 salariés : un bénéficiaire de plus par tranche supplémentaire de 1 000 salariés.

SOUS-SECTION 5 **Congé de représentation** (*Décr. n° 2016-1552 du 18 nov. 2016, art. 4-VI*).

§ 1 Ordre public

(*Décr. n° 2016-1552 du 18 nov. 2016, art. 4-VI*)

Art. R. 3142-45 Le refus du congé de représentation par l'employeur est motivé et fondé sur les dispositions de l'article L. 3142-63 ou sur les limitations en fonction de l'effectif prévues à l'article D. 3142-53.

Il est notifié au salarié par tout moyen conférant date certaine dans les quatre jours à compter de la réception de sa demande.

Art. R. 3142-46 En cas de contestation, le conseil de prud'hommes, saisi en application de l'article L. 3142-63, statue en dernier ressort.

Art. R. 3142-47 Le salarié dont la demande n'a pas été satisfaite bénéficie d'une priorité pour l'octroi ultérieur d'un congé de représentation.

CONGÉS PAYÉS ET AUTRES CONGÉS   **Art. R. 3142-55** 2155

Art. R. 3142-48 A l'issue de la réunion de l'instance au titre de laquelle est accordé le congé de représentation, le service responsable de la convocation des membres de cette instance délivre aux salariés une attestation constatant leur présence effective.
Cette attestation est remise à l'employeur au moment de la reprise du travail.

Art. R. 3142-49 Si le salaire n'est pas maintenu ou n'est maintenu que partiellement pendant la durée du congé de représentation, l'employeur délivre au salarié une attestation indiquant le nombre d'heures non rémunérées en raison du congé.

Art. R. 3142-50 Pour chacune des heures non rémunérées en raison du congé, le salarié reçoit de l'État une indemnité dont le montant est égal à celui de la vacation mentionnée à l'article R. 1423-55.

Art. R. 3142-51 La liste des instances mentionnées à l'article (Décr. n° 2016-1552 du 18 nov. 2016, art. 4-VI) « L. 3142-60 » est établie et tenue à jour par arrêté conjoint du ministre dont elles relèvent et du ministre chargé du budget.

V. Arr. du 18 déc. 2020 fixant la liste des instances mentionnées à l'art. L. 3142-60 C. trav. relatif au congé de représentation en faveur des associations relevant du ministère de l'Éducation nationale, de la Jeunesse et des Sports, NOR : MENV2033316A (JO 24 déc.).

§ 2 Dispositions supplétives

(Décr. n° 2016-1552 du 18 nov. 2016, art. 4-VI)

Art. R. 3142-52 (Décr. n° 2016-1552 du 18 nov. 2016, art. 4-VI) A défaut de convention ou d'accord mentionné à l'article L. 3142-65, le salarié informe l'employeur par tout moyen conférant date certaine, au moins quinze jours avant le début du congé de représentation, de sa volonté de bénéficier de ce congé.
Il précise la date et la durée de l'absence envisagée et désigne l'instance au sein de laquelle il est appelé à siéger.

Art. D. 3142-53 (Décr. n° 2016-1552 du 18 nov. 2016, art. 4-VI) « A défaut de convention ou d'accord mentionné à l'article L. 3142-65, » le bénéfice du congé de représentation peut être refusé par l'employeur s'il établit que le nombre de salariés, par établissement, ayant bénéficié de ce congé, durant l'année en cours, atteint la proportion suivante :
1° Moins de 50 salariés : un bénéficiaire ;
2° 50 à 99 salariés : deux bénéficiaires ;
3° 100 à 199 salariés : trois bénéficiaires ;
4° 200 à 499 salariés : huit bénéficiaires ;
5° 500 à 999 salariés : dix bénéficiaires ;
6° 1 000 à 1 999 salariés : douze bénéficiaires ;
7° A partir de 2 000 salariés : deux bénéficiaires de plus par tranche supplémentaire de 1 000 salariés.

SOUS-SECTION 6 **Congé de solidarité internationale** (Décr. n° 2016-1552 du 18 nov. 2016, art. 4-VII).

§ 1 Ordre public

(Décr. n° 2016-1552 du 18 nov. 2016, art. 4-VII)

Art. D. 3142-54 Le refus du congé de solidarité internationale par l'employeur est notifié au salarié (Décr. n° 2016-1555 du 18 nov. 2016, art. 2-IV) « par tout moyen conférant date certaine dans les quinze jours, ou dans un délai de vingt-quatre heures en cas d'urgence, à compter de la réception de sa demande.
« A défaut de réponse de l'employeur dans le délai de quinze jours, son accord est réputé acquis. »

Art. R. 3142-55 (Décr. n° 2016-1552 du 18 nov. 2016, art. 4-VII) En cas de contestation, le conseil de prud'hommes, saisi en application de l'article L. 3142-69, statue en dernier ressort.

§ 2 Dispositions supplétives

(Décr. n° 2016-1555 du 18 nov. 2016, art. 2-IV)

Art. D. 3142-56 A défaut de convention ou d'accord mentionné à l'article L. 3142-73, le salarié informe l'employeur par tout moyen permettant de conférer date certaine, au moins trente jours ou 48 heures en cas d'urgence avant le début du congé de solidarité internationale, l'informant de sa volonté de bénéficier de ce congé.

Il précise la durée de l'absence envisagée et le nom de l'association pour le compte de laquelle la mission sera accomplie.

Art. D. 3142-57 *(Décr. n° 2016-1555 du 18 nov. 2016, art. 2-IV)* « A défaut de convention ou d'accord mentionné à l'article L. 3142-73, » le bénéfice du congé de solidarité internationale peut être refusé par l'employeur s'il établit que le nombre de salariés, par établissement, bénéficiant déjà du congé à la date de départ envisagée par le salarié demandeur atteint la proportion suivante :
1° Moins de 50 salariés : un bénéficiaire ;
2° 50 à 99 salariés : deux bénéficiaires ;
3° 100 à 199 salariés : trois bénéficiaires ;
4° 200 à 499 salariés : quatre bénéficiaires ;
5° 500 à 999 salariés : cinq bénéficiaires ;
6° 1 000 à 1 999 salariés : six bénéficiaires ;
7° A partir de 2 000 salariés : un bénéficiaire de plus par tranche supplémentaire de 1 000 salariés.

SOUS-SECTION 7 **Congé pour acquisition de la nationalité** *(Décr. n° 2016-1552 du 18 nov. 2016, art. 4-VIII).*

§ 1 [UNIQUE] Ordre public

(Décr. n° 2016-1552 du 18 nov. 2016, art. 4-VIII)

Art. R. 3142-58 En cas de contestation, le conseil de prud'hommes, saisi en application de l'article L. 3142-76, statue en dernier ressort.

SOUS-SECTION 8 **Congés des salariés élus ou candidats à un mandat parlementaire ou local**

(Décr. n° 2016-1555 du 18 nov. 2016, art. 2-V)

Art. D. 3142-59 Dans le cas mentionné à l'article *(Décr. n° 2016-1555 du 18 nov. 2016, art. 2-V)* « L. 3142-83 », la suspension du contrat de travail prend effet quinze jours après la notification qui en est faite à l'employeur, à la diligence du salarié, par lettre recommandée avec avis de réception.

Art. D. 3142-60 Le salarié membre de l'Assemblée nationale ou du Sénat manifeste son intention de reprendre son emploi en adressant à l'employeur une lettre recommandée avec avis de réception au plus tard dans les deux mois qui suivent l'expiration de son mandat.

Art. D. 3142-61 Le salarié membre de l'Assemblée nationale ou du Sénat qui sollicite sa réembauche à l'expiration du ou des mandats renouvelés adresse à l'employeur une lettre recommandée avec avis de réception au plus tard dans les deux mois qui suivent l'expiration de son mandat.

SOUS-SECTION 9 **Réserve opérationnelle et service national**

§ 1 Réserve opérationnelle

(Décr. n° 2016-1555 du 18 nov. 2016, art. 2-VI)

Art. D. 3142-62 Le refus de l'employeur d'accorder l'autorisation de participer à une activité dans la réserve opérationnelle est motivé et notifié au salarié ainsi qu'à l'autorité militaire dans les quinze jours à compter de la réception de la demande.

CONGÉS PAYÉS ET AUTRES CONGÉS

§ 2 Service national

(Décr. n° 2016-1555 du 18 nov. 2016, art. 2-VI)

Art. D. 3142-63 Le salarié notifie à l'employeur son intention de reprendre son emploi après sa libération du service national par lettre recommandée avec avis de réception.

Art. D. 3142-64 Les dispositions de l'article *(Décr. n° 2016-1555 du 18 nov. 2016, art. 2-VI)* « L. 3142-95 » sont applicables aux personnes qui, ayant cessé d'être aptes au service national après leur incorporation, ont été classées "réformés temporaires" ou "réformés définitifs" et renvoyées dans leur foyer.

SECTION 3 Congé et période de travail à temps partiel pour la création ou la reprise d'entreprise *(Décr. n° 2016-1552 du 18 nov. 2016, art. 5-I).*

SOUS-SECTION 1 Ordre public

(Décr. n° 2016-1552 du 18 nov. 2016, art. 5-II)

Art. D. 3142-65 L'accord de l'employeur est réputé acquis à défaut de réponse dans un délai de trente jours à compter de la présentation de la demande initiale ou de renouvellement du congé ou de la période de travail à temps partiel pour la création ou la reprise d'entreprise.

Art. D. 3142-66 En application de l'article L. 3142-107, l'employeur peut différer le départ en congé ou le début de la période de travail à temps partiel pour la création ou la reprise d'entreprise, dans la limite de six mois qui court à compter de la réception de la demande prévue à l'article D. 3142-73.

Il informe le salarié par tout moyen conférant date certaine.

Art. D. 3142-67 Le salarié informe l'employeur de son intention soit d'être réemployé, soit de rompre son contrat de travail par *(Décr. n° 2016-1555 du 18 nov. 2016, art. 3-I)* « tout moyen conférant date certaine », au moins trois mois avant la fin de son congé pour la création ou la reprise d'entreprise.

Art. D. 3142-68 *(Décr. n° 2016-1555 du 18 nov. 2016, art. 3-I)* Les conditions dans lesquelles l'employeur peut différer la signature des avenants aux contrats de travail, conformément à l'article L. 3142-115, sont celles prévues à l'article D. 3142-72.

Art. D. 3142-69 Le refus de l'employeur d'accorder un congé pour la création d'entreprise *(Décr. n° 2016-1555 du 18 nov. 2016, art. 3-I)* « est notifié au salarié par tout moyen conférant date certaine ».

Art. D. 3142-70 Le salarié peut contester le refus d'accorder le congé pour la création d'entreprise de l'employeur dans les quinze jours à compter de la réception de la notification du refus.

Art. R. 3142-71 *(Décr. n° 2016-1552 du 18 nov. 2016, art. 5-III)* En cas de contestation, le conseil de prud'hommes, saisi en application de l'article L. 3142-113, statue en dernier ressort.

Art. D. 3142-72 L'employeur informe le salarié de son accord sur la date de départ choisie du congé pour la création d'entreprise ou de son report par tout moyen conférant date certaine.

A défaut de réponse de sa part, dans un délai de trente jours à compter de la réception de la demande, son accord est réputé acquis.

SOUS-SECTION 2 Dispositions supplétives

(Décr. n° 2016-1555 du 18 nov. 2016, art. 3-I)

Art. D. 3142-73 *(Décr. n° 2016-1555 du 18 nov. 2016, art. 3-I)* A défaut de convention ou d'accord mentionné à l'article L. 3142-117, le salarié informe l'employeur par tout moyen conférant date certaine, au moins deux mois avant le début du congé ou de la période de travail à temps partiel pour la création ou la reprise d'entreprise, de sa volonté de bénéficier de ce congé ou de cette période.

Le salarié précise l'activité de l'entreprise qu'il prévoit de créer ou de reprendre ou de l'entreprise répondant aux critères de jeune entreprise innovante dans laquelle il prévoit d'exercer des responsabilités de direction.

Il précise la durée du congé ou la réduction souhaitée de son temps de travail.

Art. D. 3142-74 (Décr. n° 2016-1555 du 18 nov. 2016, art. 3-I) A défaut de convention ou d'accord mentionné à l'article L. 3142-117, la demande de prolongation d'un congé ou d'une période de travail à temps partiel pour la création ou la reprise d'entreprise précédemment accordés fait l'objet d'une information de l'employeur dans les conditions mentionnées à l'article D. 3142-73, deux mois avant son terme.

Art. D. 3142-75 (Décr. n° 2016-1555 du 18 nov. 2016, art. 3-I) A défaut de convention ou d'accord mentionné à l'article L[.] 3142-117, le départ en congé peut être différé par l'employeur dans les conditions mentionnées à l'article L. 3142-114, de telle sorte que le pourcentage des salariés simultanément absents de l'entreprise au titre du congé pour la création d'entreprise, pour l'exercice de responsabilités de direction au sein d'une entreprise répondant aux critères de jeune entreprise innovante et au titre du congé sabbatique ne dépasse pas 2 % de l'effectif de cette entreprise, jusqu'à la date à laquelle cette condition de taux est remplie ou que le nombre de jours d'absence prévu au titre de ces congés ne dépasse pas 2 % du nombre total des jours de travail effectués dans les douze mois précédant le départ en congé. Pour permettre le départ en congé d'un salarié, cette période de douze mois est prolongée dans la limite de quarante-huit mois.

Art. D. 3142-76 (Décr. n° 2016-1555 du 18 nov. 2016, art. 3-I) A défaut de convention ou d'accord mentionné à l'article L. 3142-117, dans les conditions mentionnées à l'article L. 3142-115, dans les entreprises d'au moins trois cents salariés, le début de la période de travail à temps partiel peut être différé par l'employeur si le pourcentage de salariés de l'entreprise passant simultanément à temps partiel au titre du présent congé ne dépasse pas 2 % de l'effectif de cette entreprise, jusqu'à la date à laquelle cette condition de taux est remplie.

SECTION 4 — Congé d'enseignement ou de recherche

(Décr. n° 2021-1332 du 12 oct. 2021)

SOUS-SECTION UNIQUE — Dispositions supplétives

Art. D. 3142-77 A défaut de l'accord mentionné à l'article L. 3142-129, le salarié informe l'employeur par tout moyen conférant date certaine, au moins trois mois avant le début du congé ou de la période de travail à temps partiel consacré à l'enseignement ou à la recherche, de sa volonté de bénéficier de ce congé ou d'une réduction de son temps de travail.

Le salarié précise la durée du congé ou l'amplitude de la réduction souhaitée de son temps de travail.

Art. D. 3142-78 A défaut de l'accord mentionné à l'article L. 3142-129, la demande de prolongation du congé ou de la période de travail à temps partiel consacré à l'enseignement ou à la recherche précédemment accordé est adressée à l'employeur, dans les conditions mentionnées à l'article D. 3142-77, trois mois avant son terme lorsque la durée du congé ou de la période de travail à temps partiel est de six mois ou plus et au moins deux mois avant ce terme lorsque cette durée est de moins de six mois.

Art. D. 3142-79 A défaut de l'accord mentionné à l'article L. 3142-129, le salarié informe l'employeur par tout moyen conférant date certaine de son intention de poursuivre ou de rompre son contrat de travail à l'issue de son congé ou de sa période de travail à temps partiel, trois mois avant son terme lorsque la durée du congé ou de la période de travail à temps partiel est de six mois ou plus et au moins deux mois avant ce terme lorsque cette durée est de moins de six mois.

Art. D. 3142-80 A défaut de l'accord mentionné à l'article L. 3142-129, dans les entreprises de trois cents salariés et plus, le pourcentage de salariés mentionné à l'article L. 3142-127 est fixé à 2 % de l'effectif total de l'entreprise.

Art. D. 3142-81 A défaut de l'accord mentionné à l'article L. 3142-129, dans les entreprises de moins de trois cents salariés, le niveau prévu à l'article L. 3142-128 est fixé à 2 % du nombre total des heures de travail effectuées dans l'année.

CHAPITRE III DISPOSITIONS PÉNALES

Art. R. 3143-1 Le fait de méconnaître les dispositions des articles L. 3141-1 à *(Décr. n° 2016-1551 du 18 nov. 2016, art. 6-V)* « L. 3141-33 » et L. 3164-9, relatives aux congés payés, ainsi que celles des décrets pris pour leur application, est puni de l'amende prévue pour les contraventions de la cinquième classe, prononcée autant de fois qu'il y a de salariés concernés par l'infraction.

La récidive est réprimée conformément aux articles 132-11 et 132-15 du code pénal. — *[Anc. art. R. 260-1 et R. 262-6.]*

> **Conflit avec le délit d'entrave.** Le chef d'entreprise qui manque à l'obligation de consultation prévue par l'art. L. 223-7 [L. 3141-13 nouv.] C. trav. peut être condamné pour délit d'entrave et ne saurait prétendre que seule serait applicable l'art. R. 262-6 [R. 3143-1 nouv.] C. trav. ● Crim. 14 nov. 2006, 🔒 n° 05-87.554 P. ♦ Comp. ante : ● Crim. 6 févr. 1990 : 🔒 D. 1991. 216, note Cerf-Hollender ⌀ ; Dr. ouvrier 1991. 138, note Pujana (il résulte des dispositions de l'art. L. 223-7 [L. 3141-13 nouv.] que le défaut de consultation par l'employeur des délégués du personnel et du comité d'entreprise est constitutive de la contravention spécifique à la législation des congés payés que sanctionnent les art. R. 260-1 et R. 262-6 [R. 3143-1 nouv.] C. trav. et non du délit d'entrave prévu et réprimé par les art. L. 482-1 et L. 483-1 [L. 2316-1 et L. 2328-1 nouv.] du même code).

Art. R. 3143-2 Le fait de méconnaître les dispositions des articles *(Décr. n° 2016-1552 du 18 nov. 2016, art. 6-II)* « L. 3142-54 à L. 3142-59 », relatives aux congés de formation de cadres et d'animateurs pour la jeunesse ainsi que celles des décrets pris pour leur application, est puni de l'amende prévue pour les contraventions de la troisième classe. — *[Anc. art. R. 262-8.]*

Art. R. 3143-2-1 *(Décr. n° 2016-1552 du 18 nov. 2016, art. 6-III)* Le fait de méconnaître les dispositions des articles L. 3142-36 à L. 3142-41, relatives au congé mutualiste de formation, ainsi que celles des décrets pris pour leur application, est puni de l'amende prévue pour les contraventions de la troisième classe.

Art. R. 3143-3 Le fait de méconnaître les dispositions des articles *(Décr. n° 2016-1552 du 18 nov. 2016, art. 6-IV)* « L. 3142-95, L. 3142-96 et D. 3142-62 », relatives au service national, est puni de l'amende prévue pour les contraventions de la cinquième classe.

La récidive est réprimée conformément aux articles 132-11 et 132-15 du code pénal.

TITRE V COMPTE ÉPARGNE-TEMPS

CHAPITRE I OBJET ET MISE EN PLACE

Le présent chapitre ne comprend pas de dispositions réglementaires.

CHAPITRE II CONSTITUTION DES DROITS

Le présent chapitre ne comprend pas de dispositions réglementaires.

CHAPITRE III UTILISATION

Le présent chapitre ne comprend pas de dispositions réglementaires.

CHAPITRE IV GESTION ET LIQUIDATION

SECTION 1 Dispositions supplétives (Décr. n° 2016-1553 du 18 nov. 2016, art. 5).

Art. D. 3154-1 (Décr. n° 2009-1184 du 5 oct. 2009) « Dans l'attente de l'établissement d'un dispositif d'assurance ou de garantie financière dans les conditions prévues aux articles D. 3154-2 à D. 3154-4, » lorsque les droits inscrits au compte épargne-temps atteignent le plus haut montant des droits garantis fixés en application de l'article L. 3253-17, les droits supérieurs à ce plafond sont liquidés.

Le salarié perçoit une indemnité correspondant à la conversion monétaire de ces droits. – [Anc. art. D. 227-1.]

Art. D. 3154-2 Les droits épargnés dans le compte épargne-temps peuvent excéder le plafond déterminé à l'article D. 3154-1 lorsqu'une convention ou un accord collectif de travail prévoit un dispositif d'assurance ou de garantie financière couvrant les sommes supplémentaires épargnées. (Décr. n° 2009-1184 du 5 oct. 2009) « En l'absence d'une telle convention ou d'un tel accord collectif, le dispositif de garantie financière est mis en place par l'employeur.

« Les dispositifs mentionnés à l'alinéa précédent doivent permettre » le paiement des droits acquis par le salarié et des cotisations obligatoires dues à des organismes de sécurité sociale ou à des institutions sociales pour le montant au-delà du plafond susmentionné.

Art. D. 3154-3 La garantie financière ne peut résulter que d'un engagement de caution pris par :
1° Une société de caution mutuelle ;
2° Un organisme de garantie collective ;
3° Une compagnie d'assurance ;
4° Une banque ;
5° Un établissement financier habilité à donner caution. – [Anc. art. D. 227-2, al. 3.]

Art. D. 3154-4 L'engagement de caution fait l'objet d'un contrat écrit précisant les conditions et le montant de la garantie accordée. Ce contrat, tenu à la disposition de l'inspection du travail, stipule la renonciation du garant, en cas de défaillance de l'employeur, au bénéfice de discussion prévu aux articles (Décr. n° 2021-1888 du 29 déc. 2021, art. 5-XIII) « 2305 et 2305-1 [ancienne rédaction : 2298 à 2301] » du code civil.

Art. D. 3154-5 (Décr. n° 2009-1184 du 5 oct. 2009) Lorsqu'un salarié demande, en accord avec son employeur, la consignation de l'ensemble des droits acquis sur son compte épargne-temps, convertis en unités monétaires, les sommes sont transférées par ce dernier à la Caisse des dépôts et consignations. Le transfert est accompagné de la demande écrite du salarié et d'une déclaration de consignation renseignée par l'employeur. Le récépissé de la déclaration de consignation, qui fait foi du dépôt des fonds, est remis par la Caisse des dépôts et consignations à l'employeur, qui en informe son salarié.

Les sommes consignées sont rémunérées dans les conditions fixées par l'article L. 518-23 du code monétaire et financier et soumises à la prescription prévue à l'article L. 518-24 du même code.

Art. D. 3154-6 (Décr. n° 2009-1184 du 5 oct. 2009) Le déblocage des droits consignés peut intervenir :
1° A la demande du salarié bénéficiaire, par le transfert de tout ou partie des sommes consignées sur le compte épargne-temps, le plan d'épargne d'entreprise, le plan d'épargne interentreprises (Décr. n° 2019-807 du 30 juill. 2019, art. 7-II, en vigueur le 1er oct. 2019) « , le plan d'épargne pour la retraite collectif ou le plan d'épargne retraite d'entreprise collectif » mis en place par son nouvel employeur, dans les conditions prévues par l'accord collectif mettant en place le compte épargne-temps ou par les règlements des plans d'épargne salariale ;
2° A la demande du salarié bénéficiaire ou de ses ayants droit, par le paiement, à tout moment, de tout ou partie des sommes consignées.

TITRE VI DISPOSITIONS PARTICULIÈRES AUX JEUNES TRAVAILLEURS

CHAPITRE I DÉFINITIONS

Le présent chapitre ne comprend pas de dispositions réglementaires.

CHAPITRE II DURÉE DU TRAVAIL

Art. R. 3162-1 (Décr. n° 2018-1139 du 13 déc. 2018) Lorsque l'organisation collective du travail le justifie, en application de l'article L. 3162-1, les jeunes travailleurs peuvent être employés à un travail effectif excédant huit heures par jour et trente-cinq heures par semaine, dans la limite de dix heures par jour et de quarante heures par semaine pour :
 1° Les activités réalisées sur les chantiers de bâtiment ;
 2° Les activités réalisées sur les chantiers de travaux publics ;
 3° Les activités de création, d'aménagement et d'entretien sur les chantiers d'espaces paysagers.

Ces dispositions sont applicables aux contrats conclus à partir du 1ᵉʳ janv. 2019 (Décr. n° 2018-1139 du 13 déc. 2018, art. 3).

CHAPITRE III TRAVAIL DE NUIT

Art. R. 3163-1 Les secteurs dans lesquels les caractéristiques particulières de l'activité justifient en application des articles L. 3163-2 et L. 6222-26 qu'il puisse être accordé une dérogation à l'interdiction du travail de nuit des jeunes travailleurs sont :
 1° L'hôtellerie ;
 2° La restauration ;
 3° La boulangerie ;
 4° La pâtisserie ;
 5° Les spectacles ;
 6° Les courses hippiques, pour l'ensemble des activités liées à la monte et à la mène en course. — *[Anc. art. R. 213-9, al. 1ᵉʳ à 7.]*

Art. R. 3163-2 Dans les secteurs de l'hôtellerie et de la restauration, le travail de nuit des jeunes travailleurs ne peut être autorisé que de vingt-deux heures à vingt-trois heures trente. — *[Anc. art. R. 213-9, al. 10.]*

Art. R. 3163-3 Dans les secteurs de la boulangerie et de la pâtisserie, le travail de nuit des jeunes travailleurs peut être autorisé avant six heures et, au plus tôt, à partir de quatre heures pour permettre aux jeunes travailleurs de participer à un cycle complet de fabrication du pain ou de la pâtisserie.
 Seuls les établissements où toutes les phases de la fabrication de pain ou de pâtisseries ne sont pas assurées entre six heures et vingt-deux heures peuvent bénéficier de cette dérogation. — *[Anc. art. R. 213-9, al. 8.]*

Art. R. 3163-4 Dans les secteurs des spectacles et des courses hippiques, le travail de nuit ne peut être autorisé que (Décr. n° 2008-889 du 2 sept. 2008) « jusqu'à » vingt-quatre heures.
 Dans le secteur des courses hippiques, cette dérogation ne peut être utilisée que deux fois par semaine et trente nuits par an au maximum. — *[Anc. art. R. 213-9, al. 9.]*

Art. R. 3163-5 La dérogation à l'interdiction du travail de nuit des jeunes travailleurs est accordée par l'inspecteur du travail pour une durée maximale d'une année, renouvelable. Il apprécie les caractéristiques particulières de l'activité justifiant cette dérogation.
 A défaut de réponse dans le délai d'un mois suivant le dépôt de la demande, l'autorisation est réputée accordée. — *[Anc. art. R. 213-10, al. 1ᵉʳ.]*

Art. R. 3163-6 Les décrets en Conseil d'État nécessaires à l'application des dispositions du présent chapitre sont pris après avis du (Décr. n° 2016-1834 du 22 déc. 2016, art. 2) « Conseil d'orientation des conditions de travail ». — *[Anc. art. L. 200-4.]*

CHAPITRE IV REPOS ET CONGÉS

SECTION 1 Repos hebdomadaire et dominical

Art. R. 3164-1 Les secteurs dans lesquels les caractéristiques particulières de l'activité, justifient, en application de l'article L. 3164-5, l'emploi des apprentis de moins de dix-huit ans les dimanches sont :
 1° L'hôtellerie ;
 2° La restauration ;
 3° Les traiteurs et organisateurs de réception ;
 4° Les cafés, tabacs et débits de boisson ;
 5° La boulangerie ;
 6° La pâtisserie ;
 7° La boucherie ;
 8° La charcuterie ;
 9° La fromagerie-crèmerie ;
 10° La poissonnerie ;
 11° Les magasins de vente de fleurs naturelles, jardineries et graineteries ;
 12° Les établissements des autres secteurs assurant à titre principal la fabrication de produits alimentaires destinés à la consommation immédiate ou dont l'activité exclusive est la vente de denrées alimentaires au détail. – *[Anc. art. R. 226-1.]*

SECTION 2 Jours fériés

Art. R. 3164-2 Les secteurs dans lesquels les caractéristiques particulières de l'activité justifient, en application de l'article L. 3164-8, l'emploi des jeunes travailleurs les jours de fête reconnus par la loi sont :
 1° L'hôtellerie ;
 2° La restauration ;
 3° Les traiteurs et organisateurs de réception ;
 4° Les cafés, tabacs et débits de boisson ;
 5° La boulangerie ;
 6° La pâtisserie ;
 7° La boucherie ;
 8° La charcuterie ;
 9° La fromagerie-crèmerie ;
 10° La poissonnerie ;
 11° Les magasins de vente de fleurs naturelles, jardineries et graineteries ;
 12° Les établissements des autres secteurs assurant à titre principal la fabrication de produits alimentaires destinés à la consommation immédiate ou dont l'activité exclusive est la vente de denrées alimentaires au détail ;
(*Décr. n° 2008-889 du 2 sept. 2008*) « 13° Les spectacles ». – *[Anc. art. R. 226-2.]*

SECTION 3 Dispositions communes

Art. R. 3164-3 Les décrets en Conseil d'État nécessaires à l'application des dispositions du présent chapitre sont pris après avis du (*Décr. n° 2016-1834 du 22 déc. 2016, art. 2*) « Conseil d'orientation des conditions de travail ». – *[Anc. art. L. 200-4.]*

CHAPITRE V DISPOSITIONS PÉNALES

Art. R. 3165-1 Le fait de méconnaître les dispositions des articles L. 3162-1 et L. 3162-2, relatives à la durée du travail des jeunes travailleurs, est puni de l'amende prévue pour les contraventions de la quatrième classe, prononcée autant de fois qu'il y a de salariés concernés par l'infraction.

Art. R. 3165-2 Le fait d'employer un jeune travailleur pendant une période de travail effectif ininterrompue de plus de quatre heures et demie, en méconnaissance des dispositions de l'article L. 3162-3, est puni de l'amende prévue pour les contraventions de la cinquième classe, prononcée autant de fois qu'il y a de salariés concernés par l'infraction.

Le fait d'employer un jeune travailleur pour un temps de travail quotidien supérieur à quatre heures et demie sans le faire bénéficier d'un temps de pause d'au moins trente minutes consécutives est puni de la même amende.

La récidive est réprimée conformément aux articles 132-11 et 132-15 du code pénal. — *[Anc. art. R. 260-1 et R. 261-5.]*

Art. R. 3165-3 Le fait de méconnaître les dispositions de l'article L. 3164-5, relatives au travail des apprentis le dimanche dans des secteurs pour lesquels des caractéristiques particulières de l'activité le justifient, est puni de l'amende prévue pour les contraventions de la quatrième classe. — *[Anc. art. R. 262-2.]*

Art. R. 3165-4 Le fait de faire travailler un jeune travailleur un jour de fête reconnu par la loi, en méconnaissance des dispositions de l'article L. 3164-6, et des décrets pris pour son application est puni de l'amende prévue pour les contraventions de la cinquième classe.

La récidive est réprimée conformément aux articles 132-11 et 132-15 du code pénal. — *[Anc. art. R. 262-3.]*

Art. R. 3165-5 Le fait d'employer un jeune travailleur tous les jours de la semaine et de ne pas lui accorder le repos minimal, en méconnaissance des dispositions de l'article L. 3164-7, et des décrets pris pour leur application, est puni de l'amende prévue pour les contraventions de la cinquième classe.

La récidive est réprimée conformément aux articles 132-11 et 132-15 du code pénal. — *[Anc. art. R. 262-3.]*

Art. R. 3165-6 Le fait de méconnaître les dispositions de l'article L. 3164-8, relatives aux dérogations du travail les jours fériés pour les jeunes travailleurs, est puni de l'amende prévue pour les contraventions de la quatrième classe. — *[Anc. art. R. 262-4.]*

Art. R. 3165-7 Le fait de méconnaître les dispositions de l'article L. 3164-1, relatives à la durée minimale du repos quotidien des jeunes travailleurs, est puni de l'amende prévue pour les contraventions de la cinquième classe.

La récidive est réprimée conformément aux articles 132-11 et 132-15 du code pénal.

TITRE VII CONTRÔLE DE LA DURÉE DU TRAVAIL ET DES REPOS

CHAPITRE I CONTRÔLE DE LA DURÉE DU TRAVAIL

SECTION 1 Définition des horaires et affichages

SOUS-SECTION 1 Salariés travaillant selon le même horaire collectif

Art. D. 3171-1 Lorsque tous les salariés d'un atelier, d'un service ou d'une équipe travaillent selon le même horaire collectif, un horaire établi selon l'heure légale indique les heures auxquelles commence et finit chaque période de travail.

Aucun salarié ne peut être employé en dehors de cet horaire, sous réserve des dispositions des articles *(Décr. n° 2016-1553 du 18 nov. 2016, art. 6)* « L. 3121-30, L. 3121-33, L. 3121-38 et L. 3121-39 » relatives au contingent annuel d'heures supplémentaires, et des heures de dérogation permanente prévues par un décret pris en application de l'article *(Décr. n° 2016-1553 du 18 nov. 2016, art. 6)* « L. 3121-67 ».

Art. D. 3171-2 L'horaire collectif est daté et signé par l'employeur ou, sous la responsabilité de celui-ci, par la personne à laquelle il a délégué ses pouvoirs à cet effet.

Il est affiché en caractères lisibles et apposé de façon apparente dans chacun des lieux de travail auxquels il s'applique. Lorsque les salariés sont employés à l'extérieur, cet horaire est affiché dans l'établissement auquel ils sont attachés. — *[Anc. art. D. 212-18, al. 2.]*

Art. D. 3171-3 Toute modification de l'horaire collectif donne lieu, avant son application, à une rectification affichée dans les mêmes conditions. — *[Anc. art. D. 212-18, al. 3.]*

Art. D. 3171-4 Un double de cet horaire collectif et des rectifications qui y sont apportées est préalablement adressé à l'(*Décr. n° 2021-143 du 10 févr. 2021, art. 10*) « agent de contrôle de l'inspection du travail ». – [*Anc. art. D. 212-18, al. 4.*]

Art. D. 3171-5 (*Décr. n° 2008-1132 du 4 nov. 2008*) A défaut de précision conventionnelle contraire, dans les entreprises, établissements, ateliers, services ou équipes où s'applique un dispositif d'aménagement du temps de travail dans les conditions fixées à l'article (*Décr. n° 2016-1553 du 18 nov. 2016, art. 6*) « L. 3121-44 », ou à l'article (*Décr. n° 2016-1553 du 18 nov. 2016, art. 6*) « D. 3121-27 », l'affichage indique le nombre de semaines que comporte la période de référence fixée par l'accord ou le décret et, pour chaque semaine incluse dans cette période de référence, l'horaire de travail et la répartition de la durée du travail.

L'affichage des changements de durée ou d'horaire de travail est réalisé en respectant le délai de sept jours prévu par l'article (*Décr. n° 2016-1553 du 18 nov. 2016, art. 6*) « L. 3121-47 » ou le délai prévu par la convention ou l'accord collectif de travail (*Décr. n° 2016-1553 du 18 nov. 2016, art. 6*) « mentionné à l'article L. 3121-44 ».

Art. D. 3171-6 *Abrogé par Décr. n° 2008-1132 du 4 nov. 2008.*

Art. D. 3171-7 En cas d'organisation du travail par relais, par roulement ou par équipes successives, la composition nominative de chaque équipe, y compris les salariés mis à disposition par une entreprise de travail temporaire, est indiquée :
1° Soit par un tableau affiché dans les mêmes conditions que l'horaire ;
2° Soit par un registre tenu constamment à jour et mis à disposition de l'(*Décr. n° 2021-143 du 10 févr. 2021, art. 10*) « agent de contrôle de l'inspection du travail » et des (*Décr. n° 2017-1819 du 29 déc. 2017, art. 3*) « membres de la délégation du personnel du comité social et économique ». – [*Anc. art. D. 212-20.*]

SOUS-SECTION 2 **Salariés ne travaillant pas selon le même horaire collectif**

Art. D. 3171-8 Lorsque les salariés d'un atelier, d'un service ou d'une équipe, au sens de l'article D. 3171-7, ne travaillent pas selon le même horaire collectif de travail affiché, la durée du travail de chaque salarié concerné est décomptée selon les modalités suivantes :
1° Quotidiennement, par enregistrement, selon tous moyens, des heures de début et de fin de chaque période de travail ou par le relevé du nombre d'heures de travail accomplies ;
2° Chaque semaine, par récapitulation selon tous moyens du nombre d'heures de travail accomplies par chaque salarié. – [*Anc. art. D. 212-21, al. 1er à 3.*]

La seule indication de l'amplitude journalière du travail, sans mention des périodes effectives de coupures et de pauses, ne satisfait pas aux prescriptions de l'art. D. 212-21 C. trav. • Crim. 25 janv. 2000, n° 98-85.266 P : *JCP E 2000, p. 1130, obs. Fortis.*

Art. D. 3171-9 Les dispositions de l'article D. 3171-8 ne sont pas applicables :
1° Aux salariés concernés par les conventions ou accords collectifs de travail prévoyant des conventions de forfait en heures lorsque ces conventions ou accords fixent les modalités de contrôle de la durée du travail ;
2° Aux salariés concernés par les conventions ou accords collectifs de branche étendus prévoyant une quantification préalablement déterminée du temps de travail reposant sur des critères objectifs et fixant les modalités de contrôle de la durée du travail. – [*Anc. art. D. 212-21, al. 4 à 6.*] – *Le Décr. n° 2007-12 du 4 janv. 2007 est annulé en tant qu'il introduit un b à l'art. D. 212-21 (art. D. 3171-9, 2°), par CE 11 mars 2009, n° 303396 : RDT 2009. 523, obs. Véricel ; Dr. soc. 2009. 721, note Renard.*

Art. R. 3171-9-1 (*Décr. n° 2010-778 du 8 juill. 2010, annulé par CE 28 mars 2012, n° 343072*) *Les dispositions de l'article D. 3171-8 ne sont pas applicables aux salariés exerçant une activité de distribution ou de portage de documents. Le temps de travail de ces salariés fait l'objet d'une quantification préalable selon des modalités établies par convention ou accord collectif de branche étendu, en fonction du secteur géographique sur lequel s'effectue le travail, de la part relative dans ce secteur de l'habitat collectif et de l'habitat individuel, du* nombre de documents à distribuer et du poids total à emporter. La convention ou l'accord collectif de branche étendu peut fixer des critères complémentaires.

L'employeur remet au salarié, avant chacune de ses missions, le document qui évalue a priori sa durée de travail à partir des critères susmentionnés. Ce document est tenu à la disposition de l'inspecteur ou du contrôleur du travail pendant une durée d'un an. – V. art. R. 3173-4 (pén.). – Le Décr. n° 2010-778 du 8 juill. 2010 instituant une dérogation au contrôle quotidien et hebdomadaire de la durée du travail de salariés ne travaillant pas selon le même horaire collectif de travail et insérant l'art. R. 3171-9-1 est annulé pour excès de pouvoir par CE 28 mars 2012, n° 343072, JO 7 avr. : R. 2012. 441, rapp. Landais.

Art. D. 3171-10 La durée du travail des *(Décr. n° 2008-1132 du 4 nov. 2008 ; Décr. n° 2016-1553 du 18 nov. 2016, art. 6)* « salariés mentionnés à l'article L. 3121-58 » est décomptée chaque année par récapitulation du nombre de journées ou demi-journées travaillées par chaque salarié.

SOUS-SECTION 3 **Informations annexées au bulletin de paie**

Art. D. 3171-11 *(Décr. n° 2008-1132 du 4 nov. 2008)* A défaut de précision conventionnelle contraire, les salariés sont informés du nombre d'heures de repos compensateur de remplacement et de contrepartie obligatoire en repos portés à leur crédit par un document annexé au bulletin de paie. Dès que ce nombre atteint sept heures, ce document comporte une mention notifiant l'ouverture du droit à repos et l'obligation de le prendre dans un délai maximum de deux mois après son ouverture.

Art. D. 3171-12 Lorsque des salariés d'un atelier, d'un service ou d'une équipe ne travaillent pas selon le même horaire collectif de travail affiché, un document mensuel, dont le double est annexé au bulletin de paie, est établi pour chaque salarié.

Ce document comporte les mentions prévues à l'article D. 3171-11 ainsi que :

1° Le cumul des heures supplémentaires accomplies depuis le début de l'année ;

2° Le nombre d'heures de repos compensateur de remplacement acquis en application *(Décr. n° 2016-1553 du 18 nov. 2016, art. 6)* « des articles L. 3121-28, L. 3121-33 et L. 3121-37 » ;

3° Le nombre d'heures de repos compensateur effectivement prises au cours du mois ;

4° Le nombre de jours de repos effectivement pris au cours du mois, dès lors qu'un dispositif de réduction du temps de travail par attribution de journées ou de demi-journées de repos dans les conditions fixées par *(Décr. n° 2008-1132 du 4 nov. 2008 ; Décr. n° 2016-1553 du 18 nov. 2016, art. 6)* « les articles L. 3121-44 et D. 3121-27 » s'applique dans l'entreprise ou l'établissement.

Art. D. 3171-13 Dans les entreprises et établissements qui appliquent un dispositif d'aménagement du temps de travail en application des dispositions *(Décr. n° 2008-1132 du 4 nov. 2008 ; Décr. n° 2016-1553 du 18 nov. 2016, art. 6)* « de l'article L. 3121-44 », le total des heures de travail accomplies depuis le début de la période de référence est mentionné à la fin de celle-ci ou lors du départ du salarié si celui-ci a lieu en cours de période, sur un document annexé au dernier bulletin de paie de cette période.

SOUS-SECTION 4 **Accès aux documents et informations**

Art. D. 3171-14 Le droit d'accès aux informations nominatives prévu à l'article 39 de la loi n° 78-17 du 6 janvier 1978 relative à l'informatique, aux fichiers et aux libertés est applicable aux documents comptabilisant la durée de travail des salariés. – *[Anc. art. D. 212-24, al. 2.]*

Art. D. 3171-15 Les documents mentionnés aux articles D. 3171-7 à D. 3171-13 peuvent être sous format électronique lorsque des garanties de contrôle équivalentes sont maintenues.

En cas de traitement automatisé des données nominatives, l'employeur *(Décr. n° 2016-1418 du 20 oct. 2016, art. 7)* « communique, à sa demande, à l'agent de contrôle de l'inspection du travail » le récépissé attestant qu'il a accompli la déclaration préalable prévue par la loi n° 78-17 du 6 janvier 1978 précitée.

SECTION 2 — Documents fournis à l'inspecteur du travail

Art. D. 3171-16 L'employeur tient à la disposition de l'inspection du travail :
1° Pendant une durée d'un an, y compris dans le cas d'horaires individualisés, *(Décr. n° 2016-1553 du 18 nov. 2016, art. 6)* « ou pendant une durée équivalente à la période de référence en cas d'aménagement du temps de travail sur une période supérieure à l'année, » les documents existant dans l'entreprise ou l'établissement permettant de comptabiliser les heures de travail accomplies par chaque salarié ;
2° Pendant une durée d'un an, le document récapitulant le nombre d'heures d'astreinte accompli chaque mois par le salarié ainsi que la compensation correspondante ;
3° Pendant une durée de trois ans, les documents existant dans l'entreprise ou l'établissement permettant de comptabiliser le nombre de jours de travail accomplis par les salariés intéressés par des conventions de forfait.

Art. D. 3171-17 *(Abrogé par Décr. n° 2016-1418 du 20 oct. 2016, art. 8)* Un duplicata de l'affiche mentionnée à l'article L. 3171-1 est envoyé à l'inspection du travail.

CHAPITRE II — CONTRÔLE DU REPOS HEBDOMADAIRE

Art. R. 3172-1 Dans les entreprises et établissements dont tous les salariés sans exception ne bénéficient pas du repos hebdomadaire toute la journée du dimanche, l'employeur *(Décr. n° 2016-1417 du 20 oct. 2016, art. 5)* « communique, par tout moyen, aux salariés » les jours et heures de repos collectif attribués à *(Décr. n° 2016-1417 du 20 oct. 2016, art. 5)* « tout ou partie d'entre eux » :
1° Soit un autre jour que le dimanche ;
2° Soit du dimanche midi au lundi midi ;
3° Soit le dimanche après-midi sous réserve du repos compensateur ;
4° Soit suivant tout autre mode exceptionnel permis par la loi.
(Décr. n° 2016-1417 du 20 oct. 2016, art. 5) « L'employeur communique, au préalable, à l'agent de contrôle de l'inspection du travail, cette information et les modalités de la communication aux salariés qu'il envisage de mettre en œuvre. »

Art. R. 3172-2 Dans les entreprises et établissements qui n'accordent pas le repos hebdomadaire selon l'une des modalités prévues à l'article R. 3172-1, un registre spécial mentionne les noms des salariés soumis à un régime particulier de repos et indique ce régime.
Pour chaque salarié, le registre précise le jour et les fractions de journées choisies pour le repos. — *[Anc. art. R. 221-10, al. 1ᵉʳ et 3.]*

Art. R. 3172-3 L'inscription des salariés récemment embauchés sur le registre spécial des salariés soumis à un régime particulier de repos hebdomadaire est obligatoire après un délai de six jours.
Jusqu'à l'expiration de ce délai, et à défaut d'inscription sur le registre, l'inspection du travail ne peut réclamer qu'un cahier régulièrement tenu portant l'indication du nom et la date d'embauche des salariés. — *[Anc. art. R. 221-10, al. 4.]*

Art. R. 3172-4 Le registre spécial est tenu constamment à jour.
La mention des journées de repos dont bénéficie un salarié peut toujours être modifiée à condition de le porter au registre avant de recevoir exécution. Toutefois, cette modification ne peut priver le remplaçant du repos auquel il a droit. — *[Anc. art. R. 221-11, al. 3.]*

Art. R. 3172-5 Le registre spécial est tenu à la disposition de l'inspection du travail qui le vise au cours de sa visite.
Il est communiqué aux salariés qui en font la demande. — *[Anc. art. R. 221-11, al. 4.]*

Art. R. 3172-6 L'employeur qui veut suspendre le repos hebdomadaire en application de l'article L. 3132-4, en cas de travaux urgents, informe immédiatement l' *(Décr. n° 2021-143 du 10 févr. 2021, art. 10)* « agent de contrôle de l'inspection du travail » et, sauf cas de force majeure, avant le commencement du travail.
Il l'informe des circonstances qui justifient la suspension du repos hebdomadaire. Il indique la date et la durée de cette suspension et spécifie le nombre de salariés auxquels elle s'applique.

Lorsque des travaux urgents sont exécutés par une entreprise distincte, l'avis du chef, du directeur ou du gérant de cette entreprise mentionne la date du jour de repos compensateur assuré aux salariés. – *[Anc. art. R. 221-12, al. 1er, 2 et 3.]*

Art. R. 3172-7 L'employeur qui veut suspendre le repos hebdomadaire en application de l'article L. 3132-5, relatif aux industries traitant des matières périssables ou ayant à répondre à un surcroît extraordinaire de travail, informe immédiatement l'inspecteur du travail et, sauf cas de force majeure, avant le commencement du travail.

Il l'informe des circonstances qui justifient la suspension du repos hebdomadaire. Il indique la date et la durée de cette suspension et spécifie le nombre de salariés auxquels elle s'applique.

L'information indique également les deux jours de repos mensuels réservés aux salariés. – *[Anc. art. R. 221-12, al. 1er, 2 et 4.]*

Art. R. 3172-8 L'employeur qui veut suspendre le repos hebdomadaire en application de l'article L. 3132-7, relatif aux activités saisonnières, informe immédiatement l'*(Décr. n° 2021-143 du 10 févr. 2021, art. 10)* « agent de contrôle de l'inspection du travail » et, sauf cas de force majeure, avant le commencement du travail.

Il l'informe des circonstances qui justifient la suspension du repos hebdomadaire. Il indique la date et la durée de cette suspension et spécifie le nombre de salariés auxquels elle s'applique. – *[Anc. art. R. 221-12, al. 1er et 2.]*

Art. R. 3172-9 En cas de suspension du repos hebdomadaire en application des articles R. 3172-6 à R. 3172-8, *(Décr. n° 2016-1417 du 20 oct. 2016, art. 6)* « l'employeur communique par tout moyen, aux salariés, la copie de l'information transmise à l'agent de contrôle de l'inspection du travail ».

CHAPITRE III DISPOSITIONS PÉNALES

Art. R. 3173-1 Le fait de ne pas transmettre à l'inspection du travail un duplicata de l'affiche mentionnée à l'article L. 3171-1, est puni de l'amende prévue pour les contraventions de la quatrième classe.

Cette amende est appliquée autant de fois qu'il y a de personnes employées dans des conditions susceptibles d'être sanctionnées au titre des dispositions de cet article. – *[Anc. art. R. 631-1.]*

Art. R. 3173-2 Le fait de méconnaître les dispositions des deux premiers alinéas de l'article L. 3171-1 et celles de l'article L. 3171-2 relatives au contrôle de la durée du travail, est puni de l'amende prévue pour les contraventions de la quatrième classe.

Cette amende est appliquée autant de fois qu'il y a de personnes employées dans des conditions susceptibles d'être sanctionnées au titre des dispositions de cet article. – *[Anc. art. R. 632-1 et R. 632-2.]*

Art. R. 3173-3 Le fait de ne pas présenter à l'inspection du travail les documents permettant de comptabiliser les heures de travail accomplies par chaque salarié, en méconnaissance des dispositions de l'article L. 3171-3, est puni de l'amende prévue pour les contraventions de la troisième classe. – *[Anc. art. R. 632-1.]*

Art. R. 3173-4 *(Décr. n° 2010-778 du 8 juill. 2010, annulé par CE 28 mars 2012, n° 343072) Le fait de ne pas établir et de ne pas remettre au salarié le document mentionné au dernier alinéa de l'article R. 3171-9-1 est puni de l'amende prévue pour les contraventions de la quatrième classe.*

Cette amende est appliquée autant de fois qu'il y a de personnes employées dans des conditions susceptibles d'être sanctionnées au titre des dispositions de cet article.

Le fait de ne pas présenter ce document à l'inspection du travail est puni de l'amende prévue pour les contraventions de la troisième classe.

Le Décr. n° 2010-778 du 8 juill. 2010 instituant une dérogation au contrôle quotidien et hebdomadaire de la durée du travail de salariés ne travaillant pas selon le même horaire collectif de travail et insérant l'art. R. 3173-4 est annulé pour excès de pouvoir par CE 28 mars 2012, n° 343072, JO 7 avr. : R. 2012. 441, rapp. Landais.

LIVRE II SALAIRE ET AVANTAGES DIVERS

TITRE I CHAMP D'APPLICATION

CHAPITRE UNIQUE

Art. D. 3211-1 Les dispositions du chapitre premier du titre III relatif au salaire minimum de croissance et celles des articles R. 3232-8 à R. 3232-10 ne sont pas applicables aux jeunes travailleurs titulaires d'un contrat d'apprentissage. — *[Anc. art. R. 141-2.]*

TITRE II ÉGALITÉ DE RÉMUNÉRATION ENTRE LES FEMMES ET LES HOMMES

CHAPITRE I PRINCIPES

Art. R. 3221-1 L'*(Décr. n° 2021-143 du 10 févr. 2021, art. 10)* « agent de contrôle de l'inspection du travail » peut exiger communication des différents éléments qui concourent à la détermination des rémunérations dans l'entreprise, notamment des normes, catégories, critères et bases de calcul mentionnés à l'article L. 3221-6.

Il peut procéder à une enquête contradictoire au cours de laquelle l'employeur et les salariés intéressés peuvent se faire assister d'une personne de leur choix.

En cas de mise en œuvre d'une procédure de règlement des difficultés dans les conditions prévues à l'article R. 2261-1, il prend connaissance des avis et observations formulés au cours de celle-ci. — *[Anc. art. R. 140-1.]*

Art. R. 3221-2 *(Décr. n° 2016-1417 du 20 oct. 2016, art. 7)* « Les dispositions des articles L. 3221-1 à L. 3221-7 du code du travail sont portées, par tout moyen, à la connaissance des personnes ayant accès aux lieux de travail, ainsi qu'aux candidats à l'embauche. »

Il en est de même pour les dispositions réglementaires pris *[prises]* pour l'application de ces articles.

CHAPITRE II DISPOSITIONS PÉNALES

Art. R. 3222-1 Le fait de méconnaître les dispositions relatives à l'égalité de rémunération entre les femmes et les hommes prévues aux articles L. 3221-2 à L. 3221-6, est puni de l'amende prévue pour les contraventions de la cinquième classe.

L'amende est appliquée autant de fois qu'il y a de travailleurs rémunérés dans des conditions illégales.

La récidive est réprimée conformément aux articles 132-11 et 132-15 du code pénal. — *[Anc. art. R. 154-0-I.]*

Art. R. 3222-2 Le fait de ne pas communiquer les éléments concourant à la détermination des rémunérations dans l'entreprise, en méconnaissance des dispositions de l'article R. 3221-1, est puni de l'amende prévue pour les contraventions de la troisième classe. — *[Anc. art. R. 154-0-II.]*

Art. R. 3222-3 *(Décr. n° 2016-1417 du 20 oct. 2016, art. 8)* Le fait de ne pas communiquer, dans les conditions prévues par l'article R. 3221-2, les articles relatifs à l'égalité de rémunération entre les femmes et les hommes, est puni de l'amende prévue pour les contraventions de la troisième classe.

TITRE III DÉTERMINATION DU SALAIRE

CHAPITRE I SALAIRE MINIMUM INTERPROFESSIONNEL DE CROISSANCE

SECTION 1 Dispositions générales

Art. R.* 3231-1 *(Décr. n° 2008-243 du 7 mars 2008)* Les décrets prévus aux articles L. 3231-4, L. 3231-7, L. 3231-8, L. 3231-10 et L. 3231-12 sont pris en conseil des ministres.

SALAIRE ET AVANTAGES DIVERS **Art. D. 3231-6**

Les décrets prévus aux articles L. 3231-4, L. 3231-8 et L. 3231-10 sont pris après avis de la *(Décr. n° 2018-1262 du 26 déc. 2018, art. 1er-III, en vigueur le 1er janv. 2019)* « Commission nationale de la négociation collective, de l'emploi et de la formation professionnelle ».

A compter du 1er janv. 2024, pour les catégories de travailleurs mentionnées à l'art. L. 2211-1, le montant du salaire minimum de croissance est relevé dans les conditions ci-après :

1° En métropole, en Guadeloupe, en Guyane, en Martinique, à La Réunion, à Saint-Barthélemy, à Saint-Martin et à Saint-Pierre-et-Miquelon, son montant est porté à 11,65 € l'heure ;

2° A Mayotte, son montant est fixé à 8,80 € l'heure (Décr. n° 2023-1216 du 20 déc. 2023, art. 1er).

Art. R.* 3231-2 *(Décr. n° 2008-243 du 7 mars 2008)* L'indice des prix à la consommation retenu pour l'application des articles L. 3231-4 et L. 3231-12 est l'indice mensuel des prix à la consommation hors tabac *(Décr. n° 2013-123 du 7 févr. 2013)* « des ménages du premier quintile de la distribution des niveaux de vie ».

Pour l'application de l'art. L. 3231-4 C. trav., l'indice de référence est l'indice des prix à la consommation hors tabac des ménages du 1er quintile de la distribution des niveaux de vie du mois de nov. 2023 publié au JORF (Décr. n° 2023-1216 du 20 déc. 2023, art. 3).

Art. R.* 3231-2-1 *(Décr. n° 2013-123 du 7 févr. 2013)* Pour l'application de l'article L. 3231-8, est pris en compte le rapport de l'indice de référence mesurant l'évolution du salaire horaire de base des ouvriers et employés à l'indice des prix mentionné à l'article R.* 3231-2.

Art. D. 3231-3 Le salaire minimum de croissance applicable aux jeunes travailleurs de moins de dix-huit ans comporte un abattement fixé à :
1° 20 % avant dix-sept ans ;
2° 10 % entre dix-sept et dix-huit ans.
Cet abattement est supprimé pour les jeunes travailleurs justifiant de six mois de pratique professionnelle dans la branche d'activité dont ils relèvent. – *[Anc. art. R. 141-1.]*

Un employeur ne peut se prévaloir de ce qu'il a transgressé les textes édictés pour la protection des mineurs salariés pour écarter l'application de l'art. R. 141-1 [D. 3231-3 nouv.]. • Soc. 17 janv. 1996 : 🔒 *RJS 1996. 171, n° 288.*

SECTION 2 Modalités de fixation

SOUS-SECTION 1 Garantie du pouvoir d'achat des salariés

Art. R.* 3231-4 *(Décr. n° 2008-243 du 7 mars 2008)* Lorsque le salaire minimum de croissance est relevé en application des dispositions de l'article L. 3231-5, un arrêté conjoint des ministres chargés du travail, de l'agriculture et de l'économie et des finances fait connaître le nouveau montant de ce salaire.

V. ndlr ss. art. R.* 3231-1.

Art. D. 3231-5 Les salariés définis à l'article L. 3231-1 âgés de dix-huit ans révolus, reçoivent de leurs employeurs, lorsque leur salaire horaire contractuel est devenu inférieur au salaire minimum de croissance en vigueur, un complément calculé de façon à porter leur rémunération au montant de ce salaire minimum de croissance. – *[Anc. art. D. 141-2.]*

Art. D. 3231-6 Le salaire horaire à prendre en considération pour l'application de l'article D. 3231-5 est celui qui correspond à une heure de travail effectif compte tenu des avantages en nature et des majorations diverses ayant le caractère de fait d'un complément de salaire.

Sont exclues les sommes versées à titre de remboursement de frais, les majorations pour heures supplémentaires prévues par la loi et la prime de transport. – *[Anc. art. D. 141-3.]*

SOUS-SECTION 2 Participation des salariés au développement économique de la nation

Art. R.* 3231-7 (*Décr. n° 2008-243 du 7 mars 2008*) Le taux du salaire minimum de croissance déterminé en application de l'article L. 3231-6 est fixé à l'issue de la procédure suivante :

1° La (*Décr. n° 2018-1262 du 26 déc. 2018, art. 1er-III, en vigueur le 1er janv. 2019*) « Commission nationale de la négociation collective, de l'emploi et de la formation professionnelle » reçoit en temps utile, du Gouvernement, une analyse des comptes économiques de la nation et un rapport sur les conditions économiques générales ;

2° La commission délibère sur ces éléments et, compte tenu des modifications déjà intervenues en cours d'année, transmet au Gouvernement un avis motivé accompagné d'un rapport relatant, s'il y a lieu, la position de la majorité et celle des minorités.

SOUS-SECTION 3 Avantages en nature

Art. D. 3231-8 Les dispositions de la présente sous-section ne sont pas applicables aux salariés des professions agricoles, au personnel navigant de la marine marchande, aux concierges et employés d'immeuble à usage d'habitation ainsi qu'aux employés de maison lorsque leur rémunération est, de manière habituelle, constituée, pour partie, par la fourniture de la nourriture et du logement. — [*Anc. art. D. 141-5*.*]

Art. D. 3231-9 Lorsque la rémunération d'un salarié est, de manière habituelle, constituée, pour partie, par la fourniture de la nourriture et du logement ou d'autres avantages en nature, le salaire minimum en espèces garanti est déterminé en déduisant du salaire minimum de croissance les sommes fixées pour évaluer l'avantage en nature. — [*Anc. art. D. 141-6, phrase 1, et anc. art. D. 141-9, al. 3.*]

Art. D. 3231-10 Lorsque l'employeur fournit la nourriture, toute ou partie, cette prestation en nature est évaluée par convention ou accord collectif de travail.
A défaut, la nourriture est évaluée par journée à deux fois le minimum garanti ou, pour un seul repas, à une fois ce minimum. — [*Anc. art. D. 141-6, phrases 1 et 2.*]

Art. D. 3231-11 Pour les salariés auxquels l'employeur fournit le logement, cette prestation en nature est évaluée par convention ou accord collectif de travail.
A défaut, le logement est évalué à 0,02 € par jour. — [*Anc. art. D. 141-9, al. 1er.*]

Art. D. 3231-12 Les avantages en nature, autres que la nourriture ou le logement, sont évalués d'après leur valeur réelle, au prix de revient pour l'employeur. — [*Anc. art. D. 141-9, al. 2.*]

Art. D. 3231-13 Pour le personnel des hôtels, cafés, restaurants et des établissements ou organismes dans lesquels des denrées alimentaires ou des boissons sont consommées sur place et pour le personnel de cuisine des autres établissements, qui en raison des conditions particulières de leur travail ou des usages, sont nourris gratuitement par l'employeur ou reçoivent une indemnité compensatrice, la nourriture calculée conformément aux dispositions de l'article D. 3231-10, n'entre en compte que pour la moitié de sa valeur. — [*Anc. art. D. 141-8.*]

Art. D. 3231-14 Dans tous les cas où le salarié, logé et nourri, perçoit une rémunération en espèces supérieure au minimum résultant des dispositions de la présente sous-section, l'application de ces dispositions n'entraîne aucune modification de cette rémunération. — [*Anc. art. D. 141-10.*]

Art. D. 3231-15 Pour les salariés des professions agricoles auxquels l'employeur fournit la nourriture et le logement ou l'un de ces avantages en nature, à défaut de convention ou d'accord collectif de travail, la prestation journalière de nourriture est évaluée à deux fois et demie le taux horaire du minimum garanti prévu à l'article L. 3231-12. La prestation mensuelle de logement est évaluée à huit fois ce même taux.
L'évaluation des autres avantages en nature est fixée par convention ou accord collectif. — [*Anc. art. D. 141-11.*]

Art. R. 3231-16 Une convention ou un accord collectif de travail ou le contrat de travail ne peut comporter de clauses prévoyant l'attribution, au titre d'avantage en nature, de boissons alcoolisées aux travailleurs.

SALAIRE ET AVANTAGES DIVERS **Art. R. 3232-7** 2171

Ces dispositions ne s'appliquent pas aux boissons servies à l'occasion des repas constituant un avantage en nature. – *[Anc. art. L. 232-3.]*

SECTION 3 Minimum garanti

Art. R.* 3231-17 *(Décr. n° 2008-243 du 7 mars 2008)* Lorsque le salaire minimum de croissance est relevé en application des dispositions de l'article L. 3231-5, un arrêté conjoint des ministres chargés du travail, de l'agriculture et de l'économie et des finances fait connaître le minimum garanti défini à l'article L. 3231-12.

CHAPITRE II RÉMUNÉRATION MENSUELLE MINIMALE

SECTION 1 Allocation complémentaire

Art. R. 3232-1 Pour l'application de l'article L. 3232-5, sont considérés comme des éléments constitutifs du salaire les avantages en nature et les majorations diverses ayant le caractère de fait d'un complément de salaire.

Sont exclues les sommes versées à titre de remboursement de frais et la prise en charge des frais de transport. – *[Anc. art. R. 141-4.]*

Art. R. 3232-2 Lors du paiement de l'allocation complémentaire, il est remis au salarié un document indiquant :
 1° Le taux du salaire minimum de croissance ;
 2° Le nombre d'heures correspondant à la durée légale du travail ;
 3° Les déductions obligatoires ayant permis de déterminer le montant de la rémunération mensuelle minimale ;
 4° Les montants du salaire et des diverses allocations constituant les éléments de la rémunération mensuelle minimale versée au salarié. – *[Anc. art. R. 141-5.]*

SECTION 2 Remboursement par l'État

Art. R. 3232-3 L'aide de l'État[,] prévue à l'article L. 3232-8, est fixée à 50 % du montant de l'allocation complémentaire. – *[Anc. art. R. 141-6, al. 1er.]*

Art. R. 3232-4 L'aide de l'État est versée sur production d'états nominatifs, par l'employeur, faisant apparaître les modalités de calcul de l'allocation complémentaire et visés par l'*(Décr. n° 2021-143 du 10 févr. 2021, art. 10)* « agent de contrôle de l'inspection du travail ».

Le versement intervient dans un délai de trois mois suivant l'envoi à l'*(Décr. n° 2021-143 du 10 févr. 2021, art. 10)* « agent de contrôle de l'inspection du travail » des états précités. – *[Anc. art. R. 141-6, al. 2.]*

Art. R. 3232-5 En cas de réduction de l'horaire de travail susceptible d'entraîner l'application de l'article L. 3232-8, l'employeur informe l'*(Décr. n° 2021-143 du 10 févr. 2021, art. 10)* « agent de contrôle de l'inspection du travail » et lui fournit toutes indications sur les causes de cette réduction, les effectifs et les qualifications des salariés intéressés. – *[Anc. art. R. 141-7.]*

Art. R. 3232-6 En cas de procédure de sauvegarde, de redressement, de liquidation judiciaire ou de difficultés financières de l'employeur, le préfet peut, sur proposition du *(Décr. n° 2020-1545 du 9 déc. 2020, art. 28-X, en vigueur le 1er avr. 2021)* « directeur régional de l'économie, de l'emploi, du travail et des solidarités », faire ordonner le paiement direct aux salariés de la part de l'allocation complémentaire à la charge de l'État.

Art. R. 3232-7 L'*(Décr. n° 2021-143 du 10 févr. 2021, art. 10)* « agent de contrôle de l'inspection du travail » vérifie si la rémunération versée aux salariés au cours de l'année civile écoulée a bien été répartie sur douze mois.

Dans l'hypothèse où, ces rémunérations n'ayant pas été correctement établies compte tenu de l'emploi des intéressés, cette vérification fait apparaître un report abusif en fin d'année de certains éléments de la rémunération ou des inégalités non justifiées entre les rémunérations mensuelles, les redressements nécessaires sont effectués dans le calcul de la participation de l'État au versement des allocations complémentaires et dans la détermination des charges sociales incombant à l'employeur et aux salariés. — *[Anc. art. R. 141-9.]*

SECTION 3 Dispositions particulières à certaines catégories de salariés

Art. R. 3232-8 En cas de réduction d'activité, le travailleur à domicile employé au cours d'un même mois par plusieurs employeurs adresse à l'*(Décr. n° 2021-143 du 10 févr. 2021, art. 10)* « agent de contrôle de l'inspection du travail » toutes justifications lui permettant de totaliser les heures de travail accomplies ainsi que les rémunérations perçues au cours du mois et de déterminer l'allocation complémentaire éventuellement due.

Cette aide est versée directement au salarié par l'État. L'employeur rembourse au Trésor, à la demande du préfet, dans un délai de trois mois la part de l'allocation complémentaire se trouvant à sa charge. Cette part est proportionnelle à l'importance de la réduction d'activité imposée au salarié. Le préfet adresse à l'employeur les indications lui permettant de vérifier le montant de sa participation. — *[Anc. art. R. 141-11.]*

Art. R. 3232-9 La procédure prévue à l'article R. 3232-8 s'applique aux salariés titulaires d'un contrat de travail intermittent lorsqu'ils sont employés au cours d'un même mois par plusieurs employeurs successifs. — *[Anc. art. R. 141-12.]*

Art. R. 3232-10 Les réductions de l'horaire de l'établissement employant des salariés saisonniers, qui se produisent pour la troisième année consécutive à la même époque, sont considérées comme se situant en dehors de la période normale d'activité. — *[Anc. art. R. 141-13.]*

CHAPITRE III DISPOSITIONS PÉNALES

Art. R. 3233-1 Est puni de l'amende prévue pour les contraventions de la cinquième classe, le fait de payer :
1° Des salaires inférieurs au salaire minimum de croissance prévu par les articles L. 3231-1 à L. 3231-12 ;
2° Des rémunérations inférieures à la rémunération mensuelle minimale prévue par l'article L. 3232-1.

L'amende est appliquée autant de fois qu'il y a de salariés rémunérés dans des conditions illégales.

La récidive est réprimée conformément aux articles 132-11 et 132-15 du code pénal.

En cas de pluralité de contraventions entraînant des peines de récidive, l'amende est appliquée autant de fois qu'il a été relevé de nouvelles contraventions. — *[Anc. art. R. 154-1.]*

TITRE IV PAIEMENT DU SALAIRE

CHAPITRE I DISPOSITIONS GÉNÉRALES

Art. R. 3241-1 Le salaire est versé un jour ouvrable sauf en cas de paiement réalisé par virement. — *[Anc. art. R. 143-1, al. 1er.]*

CHAPITRE II MENSUALISATION

Le présent chapitre ne comprend pas de dispositions réglementaires.

CHAPITRE III BULLETIN DE PAIE

Art. R. 3243-1 Le bulletin de paie prévu à l'article L. 3243-2 comporte :
1° Le nom et l'adresse de l'employeur ainsi que, le cas échéant, la désignation de l'établissement dont dépend le salarié ;

(*Décr. n° 2016-190 du 25 févr. 2016*) « 2° Le numéro de la nomenclature d'activité mentionnée au 1° de l'article R. 123-223 du code de commerce caractérisant l'activité de l'établissement d'emploi ainsi que, pour les employeurs inscrits au répertoire national des entreprises et des établissements, le numéro d'inscription de l'employeur au répertoire national mentionné à l'article R. 123-220 du même code ; »

3° S'il y a lieu, l'intitulé de la convention collective de branche applicable au salarié ou, à défaut, la référence au code du travail pour les dispositions relatives à la durée des congés payés du salarié et à la durée des délais de préavis en cas de cessation de la relation de travail ;

4° Le nom et l'emploi du salarié ainsi que sa position dans la classification conventionnelle qui lui est applicable. La position du salarié est notamment définie par le niveau ou le coefficient hiérarchique qui lui est attribué ;

5° La période et le nombre d'heures de travail auxquels se rapporte le salaire en distinguant, s'il y a lieu, les heures payées au taux normal et celles qui comportent une majoration pour heures supplémentaires ou pour toute autre cause et en mentionnant le ou les taux appliqués aux heures correspondantes ;

a) La nature et le volume du forfait auquel se rapporte le salaire des salariés dont la rémunération est déterminée sur la base d'un forfait hebdomadaire ou mensuel en heures, d'un forfait annuel en heures ou en jours ;

b) L'indication de la nature de la base de calcul du salaire lorsque, par exception, cette base de calcul n'est pas la durée du travail ;

6° La nature et le montant des accessoires de salaire soumis aux cotisations salariales et patronales (*Abrogé par Décr. n° 2016-190 du 25 févr. 2016*) « *mentionnées aux articles R. 3243-2 et R. 3243-3* » ;

7° Le montant de la rémunération brute du salarié ;

(*Décr. n° 2016-190 du 25 févr. 2016*) « 8° *a*) (*Décr. n° 2017-858 du 9 mai 2017, art. 10-I*) « Le montant et l'assiette » des cotisations et contributions d'origine légale et conventionnelle à la charge de l'employeur et du salarié avant déduction des exonérations et exemptions mentionnées (*Décr. n° 2017-858 du 9 mai 2017, art. 10-I ; Décr. n° 2017-1676 du 7 déc. 2017, art. 6*) « au 13° ainsi que, pour les cotisations et contributions d'origine légale et conventionnelle à la charge du salarié, leurs taux » ;

« *b*) La nature et le montant des versements et retenues autres que celles mentionnées au *a* effectués sur la période, notamment au titre de la prise en charge des frais de transport public ou de frais de transports personnels ; »

(*Décr. n° 2017-858 du 9 mai 2017, art. 10-I*) « 9° L'assiette, le taux et le montant de la retenue à la source prévue au 1° du 2 de l'article 204 A du code général des impôts ainsi que la somme qui aurait été versée au salarié en l'absence de retenue à la source ; »

(*Décr. n° 2023-1378 du 28 déc. 2023, art. 3, en vigueur le 1er janv. 2024*) « 9° bis Le montant des revenus professionnels versés par l'employeur, tel qu'il est défini au II de l'article R. 844-1 du code de la sécurité sociale ; »

10° Le montant de la somme effectivement reçue par le salarié ;

11° La date de paiement de cette somme ;

12° Les dates de congé et le montant de l'indemnité correspondante, lorsqu'une période de congé annuel est comprise dans la période de paie considérée ;

(*Décr. n° 2016-190 du 25 févr. 2016*) « 13° Le montant total des exonérations et exemptions de cotisations et contributions sociales qui figurent dans l'annexe mentionnée au 5° du III de l'article L.O. 111-4 du code de la sécurité sociale, appliquées à la rémunération mentionnée au 7° ;

« 14° Le montant total versé par l'employeur, c'est-à-dire la somme de la rémunération mentionnée au 7° et des cotisations et contributions à la charge de l'employeur mentionnées au *a* du 8°, déduction faite des exonérations et exemptions des mêmes cotisations et contributions mentionnées au (*Décr. n° 2017-858 du 9 mai 2017, art. 10-I*) « 13° » ;

« 15° La mention de la rubrique dédiée au bulletin de paie sur le portail www.service-public.fr » ;

(*Décr. n° 2020-325 du 25 mars 2020, art. 1er*) « 16° En cas d'activité partielle :

« *a*) Le nombre d'heures indemnisées ;

« *b)* Le taux appliqué pour le calcul de l'indemnité mentionnée à l'article R. 5122-18 ;

« *c)* Les sommes versées au salarié au titre de la période considérée. »

Les dispositions issues du Décr. n° 2016-190 du 25 févr. 2016 sont applicables à compter du 1ᵉʳ janv. 2017 pour les employeurs d'au moins 300 salariés au sens de l'art. L. 1111-2 C. trav., et à compter du 1ᵉʳ janv. 2018 pour les employeurs de moins de 300 salariés au sens de l'art. L. 1111-2 C. trav. Mais les employeurs peuvent, à compter du 1ᵉʳ mars 2016, remettre à leurs salariés un bulletin de paie conforme à ces dispositions ; l'art. R. 3243-3 n'est pas applicable à ces employeurs (Décr. préc., art. 2 et 3). — V. ancien art. R. 3243-1.

Pendant une période de 12 mois à compter du 26 mars 2020, les employeurs peuvent continuer d'appliquer les dispositions de l'art. R. 5122-17 C. trav., dans leur rédaction antérieure au Décr. n° 2020-325 du 25 mars 2020, en lieu et place des dispositions du 16° de l'art. R. 3243-1 (Décr. préc., art. 2-II).

1. Convention collective. La mention de la convention collective sur le bulletin de paie vaut présomption de l'applicabilité de la convention collective à l'égard du salarié, l'employeur étant admis à apporter la preuve contraire. • Soc. 15 nov. 2007 : ⚖ *GADT, 4ᵉ éd., n° 168 ; D. 2008. 325, note Reynès ⊘ ; RDT 2008. 44, obs. Tissandier ⊘.* ♦ Comp. : La mention de la convention collective sur le bulletin de paie fait irréfragablement présumer la volonté de l'employeur d'en faire application dans l'entreprise. • Soc. 18 nov. 1998, ⚖ n° 96-42.991 P : *JCP G 1999. II. 10088, note Lhernould ⊘.* • 18 juill. 2000, ⚖ n° 97-44.897 P : *Dr. soc. 2000. 921, obs. Frouin ⊘ ; ibid. 1024, obs. Lhernould ⊘ ; D. 2001. 1201, note Reynès ⊘.*

2. Mais l'application volontaire par un employeur d'une convention collective résultant de la mention dans un contrat de travail n'implique pas à elle seule l'engagement d'appliquer à l'avenir les dispositions de ses avenants, même lorsque cette mention est reproduite sur les bulletins de salaire ultérieurs. • Soc. 21 oct. 1998, ⚖ n° 97-44.337 P : *Dr. soc. 1999. 103, obs. Bélier ⊘.* • 2 avr. 2003, ⚖ n° 00-43.601 P : *Dr. soc. 2003. 901, obs. Radé ⊘.*

3. Mention de l'ancienneté. La date d'ancienneté figurant dans le bulletin de paie vaut présomption de reprise d'ancienneté sauf à l'employeur à rapporter la preuve contraire. • Soc. 21 sept. 2011 : ⚖ *D. actu. 11 oct. 2011, obs. Siro ; D. 2011. Actu. 2343 ⊘ ; RJS 2011. 766, n° 858 ; JCP S 2011. 1544, obs. Mouly.*

4. Mention des droits à repos nés de l'accomplissement d'heures supplémentaires. La mention, sur le bulletin de paie, des droits à repos nés de la bonification bénéficiant au salarié au titre des heures supplémentaires effectuées, n'a qu'une valeur informative, la charge de la preuve de leur octroi effectif incombant, en cas de contestation, à l'employeur. • Soc. 7 mai 2008 : ⚖ *RDT 2008. 463, note Vérицел ; RJS 2009. 631, n° 789 ; JCP S 2009. 1042, obs. Bossu.*

5. Majoration pour diplôme. La majoration pour diplôme, qui n'a pas la nature d'un accessoire du salaire et ne constitue qu'un élément de détermination du salaire minimum conventionnel, n'a, ni en application de l'article R. 3243-1 du code du travail, ni en application de la convention collective nationale applicable faute d'une stipulation expresse en ce sens, à figurer de manière distincte sur le bulletin de paie. • Soc. 22 juin 2011 : ⚖ *JCP S 2011. 1439, obs. Guyot.*

6. Rappels de primes. Le rappel de primes dues sur plusieurs mois peut figurer sur un seul bulletin de paie établi lors de leur paiement. • Soc. 30 nov. 2010 : ⚖ *JCP S 2011. 1093, obs. Tricoit.*

Art. R. 3243-2 (*Décr. n° 2016-190 du 25 févr. 2016*) Les informations mentionnées aux (*Décr. n° 2023-1378 du 28 déc. 2023, art. 3, en vigueur le 1ᵉʳ janv. 2024*) « 7°, 8°,9°, 9° bis, 10° » (*Décr. n° 2017-858 du 9 mai 2017, art. 10-II*) « , 13° et 14° » de l'article R. 3243-1 sont libellées et ordonnées ainsi que, pour les éléments à la charge de l'employeur, regroupées conformément à un modèle défini par arrêté des ministres chargés de la sécurité sociale et du travail. — *V. Arr. du 25 févr. 2016 (JO 26 févr.), mod. par Arr. du 9 mai 2018, NOR : CPAS1812606A (JO 12 mai), par Arr. du 23 déc. 2021, NOR : SSAS2123528A (JO 30 déc.), par Arr. rect. du 23 déc. 2021, NOR : SSAS2123528Z (JO 22 janv.) et par Arr. du 31 janv. 2023, NOR : SPRS2219968A (JO 7 févr.).*

La contribution mentionnée à l'article L. 136-3 du code de la sécurité sociale et la contribution prévue à l'article 14 de l'ordonnance n° 96-50 du 24 janvier 1996 relative au remboursement de la dette sociale sont agrégées. Les contributions autres que les contributions sociales mentionnées au *a* du 8° sont également agrégées dans une seule rubrique, qui donne le montant total de cette contribution.

Art. R. 3243-3 (*Abrogé par Décr. n° 2016-190 du 25 févr. 2016*) *Le bulletin de paie ou un récapitulatif annuel remis au salarié mentionne la nature, le montant et le taux des cotisations et contributions patronales assises sur la rémunération brute.*

Lorsque ces cotisations et contributions sont mentionnées sur le bulletin de paie, elles peuvent être regroupées dans les mêmes conditions et selon les mêmes modalités de communication au salarié que celles prévues pour les cotisations et contributions salariales mentionnées à l'article R. 3243-2.

Les employeurs de main-d'œuvre agricoles auxquels le montant de cotisations est notifié trimestriellement peuvent mentionner ces cotisations après le paiement des cotisations patronales, en précisant la période sur laquelle elles portent. — [Anc. art. R. 143-2, al. 17.]

Cette abrogation est applicable à compter du 1er janv. 2017 pour les employeurs d'au moins 300 salariés au sens de l'art. L. 1111-2 C. trav., et à compter du 1er janv. 2018 pour les employeurs de moins de 300 salariés au sens de l'art. L. 1111-2 C. trav. (Décr. n° 2016-190 du 25 févr. 2016, art. 2).

Art. R. 3243-4 Il est interdit de faire mention sur le bulletin de paie de l'exercice du droit de grève ou de l'activité de représentation des salariés.

La nature et le montant de la rémunération de l'activité de représentation figurent sur une fiche annexée au bulletin de paie qui a le même régime juridique que celui-ci et que l'employeur établit et fournit au salarié. — [Anc. art. R. 143-2, al. 18.]

Art. R. 3243-5 Le bulletin de paie comporte en caractères apparents une mention incitant le salarié à le conserver sans limitation de durée. — [Anc. art. R. 143-2, al. 19.]

Art. R. 3243-6 Par dérogation aux dispositions prévues à l'article R. 3243-1, le bulletin de paie des salariés liés par contrats conclus par une personne physique pour un service rendu à son domicile peut ne pas comporter les mentions suivantes :

1° La position du salarié dans la classification conventionnelle qui lui est applicable ;

2° Le montant de la rémunération brute du salarié ;

3° La nature et le montant des cotisations patronales de sécurité sociale assises sur cette rémunération brute. — [Anc. art. R. 143-3.]

Art. D. 3243-7 (Décr. n° 2016-1762 du 16 déc. 2016, art. 1er) Lorsqu'il décide de procéder à la remise du bulletin de paie sous forme électronique, l'employeur informe le salarié par tout moyen conférant date certaine, un mois avant la première émission du bulletin de paie sous forme électronique ou au moment de l'embauche, de son droit de s'opposer à l'émission du bulletin de paie sous forme électronique.

Le salarié peut faire part de son opposition à tout moment, préalablement ou postérieurement à la première émission d'un bulletin de paie sous forme électronique. Le salarié notifie son opposition à l'employeur par tout moyen lui conférant une date certaine.

La demande du salarié prend effet dans les meilleurs délais et au plus tard trois mois suivant la notification.

Art. D. 3243-8 (Décr. n° 2016-1762 du 16 déc. 2016, art. 1er) L'employeur arrête les conditions dans lesquelles il garantit la disponibilité pour le salarié du bulletin de paie émis sous forme électronique :

— soit pendant une durée de cinquante ans ;

— soit jusqu'à ce que le salarié ait atteint l'âge mentionné au dernier alinéa de l'article L. 1237-5, augmenté de six ans.

En cas de fermeture du service de mise à disposition du bulletin de paie en raison de la cessation d'activité du prestataire assurant la conservation des bulletins de paie émis sous forme électronique pour le compte de l'employeur, ou de la cessation d'activité de l'employeur lorsque celui-ci assure lui-même cette conservation, les utilisateurs sont informés au moins trois mois avant la date de fermeture du service pour leur permettre de récupérer les bulletins de paie stockés.

Les utilisateurs sont mis en mesure de récupérer à tout moment l'intégralité de leurs bulletins de paie émis sous forme électronique, sans manipulation complexe ou répétitive, et dans un format électronique structuré et couramment utilisé.

Art. R. 3243-9 (Décr. n° 2016-1762 du 16 déc. 2016, art. 1er) Le service en ligne associé au compte personnel d'activité, mentionné au 2° du II de l'article L. 5151-6, permet au titulaire du compte de consulter tous ses bulletins de paie émis sous forme électronique.

L'employeur ou le prestataire agissant pour son compte doit garantir l'accessibilité des bulletins de paie émis sous forme électronique par ce service en ligne.

CHAPITRE IV POURBOIRES

Art. R. 3244-1 L'employeur justifie de l'encaissement et de la remise aux salariés des pourboires. — [Anc. art. R. 147-1.]

Art. R. 3244-2 Les conventions collectives ou, à défaut, des décrets en Conseil d'État pris après consultation des organisations d'employeurs et de salariés intéressées, déterminent par profession ou par catégorie professionnelle, nationalement ou régionalement :
1° Les modes de justification à la charge de l'employeur ;
2° Les catégories de personnel qui prennent part à la répartition des pourboires ;
3° Les modalités de cette répartition. — [Anc. art. R. 147-2.]

CHAPITRE V ACTION EN PAIEMENT ET PRESCRIPTION

Le présent chapitre ne comprend pas de dispositions réglementaires.

CHAPITRE V BIS OBLIGATIONS ET RESPONSABILITÉ FINANCIÈRE DES MAÎTRES D'OUVRAGE ET DES DONNEURS D'ORDRE

(Décr. n° 2015-364 du 30 mars 2015, art. 11)

Art. R. 3245-1 A compter du jour de la réception de l'injonction mentionnée à l'article L. 3245-2, l'employeur informe dans un délai de sept jours le maître d'ouvrage ou le donneur d'ordre des mesures prises pour faire cesser la situation.

Le maître d'ouvrage ou le donneur d'ordre transmet aussitôt cette information à l'agent de contrôle auteur du signalement ou informe celui-ci, dès l'expiration du délai imparti, de l'absence de réponse.

Art. R. 3245-2 Le maître d'ouvrage ou le donneur d'ordre qui n'a pas enjoint l'employeur de faire cesser la situation ou qui n'a pas informé, au terme du délai prévu à l'article R. 3245-1, l'agent de contrôle auteur du signalement de l'absence de réponse de l'employeur est tenu solidairement avec celui-ci au paiement des rémunérations et indemnités dues à chaque salarié et des cotisations et contributions sociales y afférentes.

Art. R. 3245-3 L'agent de contrôle auteur du signalement informe par écrit les salariés concernés qu'à défaut de paiement de leurs rémunérations ils peuvent saisir le conseil de prud'hommes afin de recouvrer les sommes dues.

Art. R. 3245-4 Les injonctions et les informations mentionnées aux articles R. 3245-1 et R. 3245-2 sont effectuées par tout moyen permettant de leur conférer date certaine.

CHAPITRE VI DISPOSITIONS PÉNALES

Art. R. 3246-1 Le fait de méconnaître les modalités de paiement du salaire prévues aux articles L. 3241-1, (Décr. n° 2009-289 du 13 mars 2009) « L. 3242-1, alinéa 3, » L. 3242-3 et L. 3242-4, est puni de l'amende prévue pour les contraventions de la troisième classe. — [Anc. art. R. 154-3.]

Art. R. 3246-2 Le fait de méconnaître les dispositions relatives au bulletin de paie des articles (Décr. n° 2009-289 du 13 mars 2009) « L. 3243-1, L. 3243-2 et L. 3243-4 » et des articles R. 3243-1 à (Décr. n° 2016-1762 du 16 déc. 2016, art. 2) « D. 3243-8 » est puni de l'amende prévue pour les contraventions de la troisième classe.

Art. R. 3246-3 Le fait de méconnaître les dispositions relatives aux pourboires des articles L. 3244-1 et L. 3244-2 et celle des décrets en Conseil d'État prévus à l'article R. 3244-2, est puni de l'amende prévue pour les contraventions de la troisième classe. — [Anc. art. R. 154-3.]

Art. R. 3246-4 Le fait de méconnaître les dispositions légales relatives aux accessoires du salaire est puni de la peine d'amende prévue pour les contraventions de la quatrième classe.

//SALAIRE ET AVANTAGES DIVERS// **Art. R. 3252-3** 2177

L'amende est prononcée autant de fois qu'il y a de salariés intéressés. — *[Anc. art. R. 153-2, al. 2 et al. 3, phrase 2.]*

TITRE V PROTECTION DU SALAIRE

CHAPITRE I RETENUES

Le présent chapitre ne comprend pas de dispositions réglementaires.

CHAPITRE II SAISIES ET CESSIONS

SECTION 1 Dispositions communes

Art. R. 3252-1 Le créancier muni d'un titre exécutoire constatant une créance liquide et exigible peut faire procéder à la saisie des sommes dues à titre de rémunération par un employeur à son débiteur. — *[Anc. art. R. 145-1.]*

Art. R. 3252-2 *(Décr. n° 2019-1509 du 30 déc. 2019, art. 1ᵉʳ, en vigueur le 1ᵉʳ janv. 2020)* La proportion dans laquelle les sommes dues à titre de rémunération sont saisissables ou cessibles, en application de l'article L. 3252-2, est fixée comme suit :

1° Le vingtième, sur la tranche inférieure ou égale à *(Décr. n° 2023-1228 du 20 déc. 2023, art. 1ᵉʳ, en vigueur le 1ᵉʳ janv. 2024)* « 4 370 € » ;

2° Le dixième, sur la tranche supérieure à *(Décr. n° 2023-1228 du 20 déc. 2023, art. 1ᵉʳ, en vigueur le 1ᵉʳ janv. 2024)* « 4 370 € » et inférieure ou égale à *(Décr. n° 2023-1228 du 20 déc. 2023, art. 1ᵉʳ, en vigueur le 1ᵉʳ janv. 2024)* « 8 520 € » ;

3° Le cinquième, sur la tranche supérieure à *(Décr. n° 2023-1228 du 20 déc. 2023, art. 1ᵉʳ, en vigueur le 1ᵉʳ janv. 2024)* « 8 520 € » et inférieure ou égale à *(Décr. n° 2023-1228 du 20 déc. 2023, art. 1ᵉʳ, en vigueur le 1ᵉʳ janv. 2024)* « 12 690 € » ;

4° Le quart, sur la tranche supérieure à *(Décr. n° 2023-1228 du 20 déc. 2023, art. 1ᵉʳ, en vigueur le 1ᵉʳ janv. 2024)* « 12 690 € » et inférieure ou égale à *(Décr. n° 2023-1228 du 20 déc. 2023, art. 1ᵉʳ, en vigueur le 1ᵉʳ janv. 2024)* « 16 820 € » ;

5° Le tiers, sur la tranche supérieure à *(Décr. n° 2023-1228 du 20 déc. 2023, art. 1ᵉʳ, en vigueur le 1ᵉʳ janv. 2024)* « 16 820 € » et inférieure ou égale à *(Décr. n° 2023-1228 du 20 déc. 2023, art. 1ᵉʳ, en vigueur le 1ᵉʳ janv. 2024)* « 20 970 € » ;

6° Les deux tiers, sur la tranche supérieure à *(Décr. n° 2023-1228 du 20 déc. 2023, art. 1ᵉʳ, en vigueur le 1ᵉʳ janv. 2024)* « 20 970 € » et inférieure ou égale à *(Décr. n° 2023-1228 du 20 déc. 2023, art. 1ᵉʳ, en vigueur le 1ᵉʳ janv. 2024)* « 25 200 € » ;

7° La totalité, sur la tranche supérieure à *(Décr. n° 2023-1228 du 20 déc. 2023, art. 1ᵉʳ, en vigueur le 1ᵉʳ janv. 2024)* « 25 200 € ».

Les proportions dans lesquelles les rémunérations sont saisissables étant fixées par la loi, le juge, lorsqu'il ordonne la saisie des rémunérations, n'est pas tenu, en l'absence d'une contestation, de déterminer ces proportions. ● Civ. 2ᵉ, 16 déc. 2004, n° 03-11.803 P : *D. 2005. IR 246*.

Art. R. 3252-3 Les seuils déterminés à l'article R. 3252-2 sont augmentés d'un montant de *(Décr. n° 2023-1228 du 20 déc. 2023, art. 2, en vigueur le 1ᵉʳ janv. 2024)* « 1 690 € » par personne à la charge du débiteur saisi ou du cédant, sur justification présentée par l'intéressé.

Pour l'application du premier alinéa, sont considérés comme personnes à charge :

1° Le conjoint, le partenaire lié par un pacte civil de solidarité ou le concubin du débiteur, dont les ressources personnelles sont inférieures au montant *(Décr. n° 2009-716 du 18 juin 2009)* « forfaitaire du revenu de solidarité active mentionné *(Décr. n° 2015-1709 du 21 déc. 2015, art. 3-IX)* « à » l'article L. 262-2 du code de l'action sociale et des familles, fixé pour un foyer composé d'une seule personne » tel qu'il est fixé chaque année par décret ;

2° L'enfant ouvrant droit aux prestations familiales en application des articles L. 512-3 et L. 512-4 du code de la sécurité sociale et se trouvant à la charge effective et permanente du débiteur au sens de l'article L. 513-1 du même code. Est également considéré comme étant à charge l'enfant à qui ou pour l'entretien duquel le débiteur verse une pension alimentaire ;

3° L'ascendant dont les ressources personnelles sont inférieures au montant (*Décr. n° 2009-716 du 18 juin 2009*) « forfaitaire du revenu de solidarité active mentionné (*Décr. n° 2015-1709 du 21 déc. 2015, art. 3-IX*) « à » l'article L. 262-2 du code de l'action sociale et des familles, fixé pour un foyer composé d'une seule personne » et qui habite avec le débiteur ou auquel le débiteur verse une pension alimentaire.

Art. R. 3252-4 Les seuils et correctifs prévus (*Décr. n° 2017-892 du 6 mai 2017, art. 47*) « aux articles R. 3252-2 et R. 3252-3 » sont révisés annuellement par décret en fonction de l'évolution de l'indice des prix à la consommation, hors tabac, des ménages urbains dont le chef est ouvrier ou employé tel qu'il est fixé au mois d'août de l'année précédente dans la série France-entière. Ils sont arrondis à la dizaine d'euros supérieure. – [*Anc. art. R. 145-2, al. 14.*]

Art. R. 3252-5 La somme laissée dans tous les cas à la disposition du salarié dont la rémunération fait l'objet d'une saisie ou d'une cession, en application du second alinéa de l'article L. 3252-5, est égale au montant (*Décr. n° 2009-716 du 18 juin 2009*) « forfaitaire mentionné (*Décr. n° 2015-1709 du 21 déc. 2015, art. 3-IX*) « à » l'article L. 262-2 du code de l'action sociale et des familles fixé pour un foyer composé d'une seule personne ».

Art. R. 3252-6 Sauf disposition contraire, les notifications et convocations faites en application du présent chapitre sont adressées par lettre recommandée avec avis de réception.
(*Décr. n° 2013-109 du 30 janv. 2013*) « Ces notifications sont régulièrement faites à l'adresse préalablement indiquée par le ou les créanciers. En cas de retour au greffe de l'avis de réception non signé, la date de notification à l'égard du destinataire est celle de la présentation et la notification est réputée faite à domicile ou à résidence. » – [*Anc. art. R. 145-4.*]

Art. R. 3252-7 Le (*Décr. n° 2019-913 du 30 août 2019, art. 25, en vigueur le 1er janv. 2020*) « juge de l'exécution » compétent pour connaître de la saisie des sommes dues à titre de rémunération est celui du domicile du débiteur.
Si celui-ci réside à l'étranger ou n'a pas de domicile connu, la procédure est portée devant le (*Décr. n° 2019-913 du 30 août 2019, art. 25, en vigueur le 1er janv. 2020*) « juge de l'exécution » du lieu où demeure le tiers saisi.
(*Décr. n° 2012-783 du 30 mai 2012, art. 4*) « Ces règles de compétence sont d'ordre public. »

Art. R. 3252-8 Les contestations auxquelles donne lieu la saisie sont formées, instruites et jugées selon les règles de la (*Décr. n° 2019-1333 du 11 déc. 2019, art. 36, en vigueur le 1er janv. 2020*) « procédure orale ordinaire devant le tribunal judiciaire ».

Le juge du tribunal d'instance, exerçant les pouvoirs du juge de l'exécution, peut être saisi par le créancier des difficultés d'exécution de la procédure de saisie des rémunérations et d'une demande de dommages-intérêts au titre de la résistance abusive alléguée à l'encontre du tiers saisi ; la saisine préalable du greffe du tribunal n'est pas nécessaire. ● Civ. 2e, 6 juin 2019, n° 18-16.892 P : D. 2019. Actu. 1235 ; RJS 8-9/2019, n° 496.

Art. R. 3252-9 Il est tenu au greffe de chaque (*Décr. n° 2019-966 du 18 sept. 2019, art. 8-I, en vigueur le 1er janv. 2020*) « tribunal judiciaire » des fiches individuelles sur lesquelles sont mentionnés tous les actes d'une nature quelconque, décisions et formalités auxquels donne lieu l'exécution des dispositions du présent chapitre.
Les fiches peuvent être tenues sur support électronique. Le système de traitement des informations en garantit l'intégrité et la confidentialité et permet d'en assurer la conservation. – [*Anc. art. R. 145-7.*]

Art. R. 3252-10 Le régisseur installé auprès du greffe du (*Décr. n° 2019-913 du 30 août 2019, art. 25, en vigueur le 1er janv. 2020*) « tribunal judiciaire ou, le cas échéant, de l'une de ses chambres de proximité » verse les sommes dont il est comptable au préposé de la Caisse des dépôts et consignations le plus rapproché du siège du tribunal auprès duquel le greffe est installé, qui lui ouvre un compte spécial.

SALAIRE ET AVANTAGES DIVERS

Il opère ses retraits pour les besoins des répartitions, sur leur simple quittance, en justifiant de l'autorisation du (*Décr. n° 2016-1359 du 11 oct. 2016, art. 5*) « directeur de greffe ».

SECTION 2 Saisie des sommes dues à titre de rémunération

SOUS-SECTION 1 Conciliation

Art. R. 3252-11 (*Abrogé par Décr. n° 2019-913 du 30 août 2019, art. 25, à compter du 1er janv. 2020*) *Le juge d'instance, lorsqu'il connaît d'une saisie des sommes dues à titre de rémunération, exerce les pouvoirs du juge de l'exécution, conformément à l'article L. 221-8 du code de l'organisation judiciaire.* — [*Anc. art. L. 145-5, al. 1er.*]

Art. R. 3252-12 La procédure de saisie des sommes dues à titre de rémunération est précédée, à peine de nullité, d'une tentative de conciliation, en chambre du conseil. — [*Anc. art. L. 145-5, al. 2 et anc. art. R. 145-9.*]

Aucun texte n'exige que le jugement autorisant la saisie des rémunérations constate que la tentative de conciliation préalable a eu lieu. ● Civ. 2e, 16 déc. 2004, n° 03-11.803 P : *D.* 2005. IR 246.

Art. R. 3252-13 La demande est formée par requête remise ou adressée au greffe par le créancier.
Outre les mentions prescrites par l'article (*Décr. n° 2019-1333 du 11 déc. 2019, art. 36, en vigueur le 1er janv. 2020*) « 57 » du code de procédure civile, la requête contient, à peine de nullité :
1° Les nom et adresse de l'employeur du débiteur ;
2° Le décompte distinct des sommes réclamées en principal, frais et intérêts échus ainsi que l'indication du taux des intérêts ;
3° Les indications relatives aux modalités de versement des sommes saisies.
Une copie du titre exécutoire est jointe à la requête. — [*Anc. art. R. 145-10.*]

Art. R. 3252-14 Le greffier avise le demandeur des lieu, jour et heure de la tentative de conciliation par tout moyen. — [*Anc. art. R. 145-11.*]

Art. R. 3252-15 Le greffier convoque le débiteur à l'audience.
La convocation :
1° Mentionne les nom, prénom et adresse du créancier ou, s'il s'agit d'une personne morale, sa dénomination et son siège social ;
2° Indique les lieu, jour et heure de la tentative de conciliation ;
3° Contient l'objet de la demande et l'état des sommes réclamées, avec le décompte distinct du principal, des frais et des intérêts échus ;
4° Indique au débiteur qu'il doit élever lors de cette audience toutes les contestations qu'il peut faire valoir et qu'une contestation tardive ne suspendrait pas le cours des opérations de saisie ;
5° Reproduit les dispositions de l'article L. 3252-11 relatives à la représentation des parties. — [*Anc. art. R. 145-12.*]

Art. R. 3252-16 Le créancier et le débiteur sont (*Décr. n° 2013-109 du 30 janv. 2013*) « convoqués » quinze jours au moins avant la date de l'audience. — [*Anc. art. R. 145-13.*]

Art. R. 3252-17 Le jour de l'audience, le juge tente de concilier les parties. — [*Anc. art. R. 145-14, al. 1er.*]

Art. R. 3252-18 Si le débiteur manque aux engagements pris à l'audience, le créancier peut demander au greffe de procéder à la saisie sans nouvelle conciliation. Le créancier joint un décompte des sommes perçues en exécution de la conciliation. — [*Anc. art. R. 145-14, al. 2.*]

Art. R. 3252-19 Si le créancier ne comparaît pas, il est fait application des dispositions de l'article 468 du code de procédure civile.
Si le débiteur ne comparaît pas, il est procédé à la saisie, à moins que le juge n'estime nécessaire une nouvelle convocation.

Si les parties ne se sont pas conciliées, il est procédé à la saisie après que le juge a vérifié le montant de la créance en principal, intérêts et frais et, s'il y a lieu, tranché les contestations soulevées par le débiteur. — *[Anc. art. R. 145-15.]*

1. Vérifications. L'art. R. 3252-19 C. trav. n'impose au juge de vérifier d'office le montant de la créance en principal, intérêts et frais qu'en cas d'échec de la conciliation préalable à la saisie et non lorsqu'il statue sur une contestation postérieure à l'audience de conciliation. ● Civ. 2e, 21 févr. 2019, n° 18-11.119 P : *D. 2019. Pan. 1312*, obs. Leborgne ; *RJS 5/2019*, n° 297 ; *Gaz. Pal. 18 juin 2019*, chron. 29, obs. Brenner ; *JCP 2019. 264*, obs. Bugada.

2. Mainlevée. Le juge du tribunal d'instance, exerçant les pouvoirs du juge de l'exécution, peut être saisi, même après l'acte de saisie des rémunérations, d'une demande de mainlevée ou de suspension de l'exécution de celle-ci. ● Civ. 2e, 31 janv. 2019, n° 17-31.234 P : *RJS 4/2019. 220* ; *JCP 2019. 193*, obs. Orif.

SOUS-SECTION 2 Opérations de saisie

Art. R. 3252-20 Le *(Décr. n° 2016-1359 du 11 oct. 2016, art. 5)* « directeur de greffe » veille au bon déroulement des opérations de saisie. — *[Anc. art. R. 145-16.]*

Art. R. 3252-21 Au vu du procès-verbal de non-conciliation, le greffier procède à la saisie dans les huit jours.

Si l'audience de conciliation a donné lieu à un jugement, le greffier procède à la saisie dans les huit jours suivant la notification du jugement s'il est exécutoire et, à défaut, suivant l'expiration des délais de recours contre ce jugement. — *[Anc. art. R. 145-17.]*

Le procès-verbal de non-conciliation, préalable à la saisie des rémunérations, n'est pas un jugement, ne tranche aucune contestation et n'a pas autorité de la chose jugée. ● Civ. 2e, 26 janv. 2017, n° 15-29.095 P : *D. 2017. Actu. 304* ; *JCP S 2017. 1073*, obs. Bugada.

Art. R. 3252-22 L'acte de saisie établi par le greffe contient :
1° Les nom, prénoms et domicile du débiteur et du créancier ou, s'il s'agit d'une personne morale, sa dénomination et son siège social ;
2° Le décompte distinct des sommes pour lesquelles la saisie est pratiquée, en principal, frais et intérêts échus ainsi que l'indication du taux des intérêts ;
3° Le mode de calcul de la fraction saisissable et les modalités de son règlement ;
4° L'injonction d'effectuer au greffe, dans un délai de quinze jours, la déclaration prévue par l'article L. 3252-9 ;
5° La reproduction des articles L. 3252-9 et L. 3252-10. — *[Anc. art. R. 145-18.]*

Art. R. 3252-23 L'acte de saisie est notifié à l'employeur.
Il en est donné copie au débiteur saisi par lettre simple avec l'indication qu'en cas de changement d'employeur, la saisie sera poursuivie entre les mains du nouvel employeur. — *[Anc. art. R. 145-19.]*

Art. R. 3252-24 L'employeur fournit au greffe, dans les quinze jours au plus tard à compter de la notification de l'acte de saisie, les renseignements mentionnés dans l'article L. 3252-9.
Cette déclaration peut être consultée au greffe par le créancier, le débiteur ou leur mandataire. A leur demande, le greffier en délivre une copie. — *[Anc. art. R. 145-20.]*

Art. R. 3252-25 L'amende civile prévue par l'article L. 3252-9 ne peut excéder *(Décr. n° 2017-892 du 6 mai 2017, art. 67)* « 10 000 » €. — *[Anc. art. R. 145-21.]*

Art. R. 3252-26 L'employeur informe le greffe, dans les huit jours, de tout événement qui suspend la saisie ou y met fin. — *[Anc. art. R. 145-22.]*

SOUS-SECTION 3 Effets de la saisie

Art. R. 3252-27 L'employeur adresse tous les mois au greffe une somme égale à la fraction saisissable du salaire.
Lorsqu'il n'existe qu'un seul créancier saisissant, le versement est réalisé au moyen d'un chèque libellé conformément aux indications données par celui-ci. Le greffier l'adresse dès sa réception, et après mention au dossier, au créancier ou à son mandataire. L'employeur peut également procéder par virement, établi, conformément aux

indications données par le créancier. Dans ce cas, il lui incombe de justifier auprès du greffe de la date et du montant du virement.

S'il existe plusieurs créanciers saisissants, le versement est fait par chèque ou par virement établi à l'ordre du régisseur installé auprès du greffe du (Décr. n° 2019-913 du 30 août 2019, art. 2, en vigueur le 1er janv. 2020) « tribunal judiciaire ou, le cas échéant, de l'une de ses chambres de proximité ». – [Anc. art. R. 145-23.]

Art. R. 3252-28 Si l'employeur omet d'effectuer les versements en exécution d'une saisie, le juge rend à son encontre une ordonnance le déclarant personnellement débiteur conformément à l'article L. 3252-10. L'ordonnance est notifiée à l'employeur. Le greffier informe le créancier et le débiteur.

A défaut d'opposition dans les quinze jours de la notification, l'ordonnance devient exécutoire. L'exécution en est poursuivie à la requête de la partie la plus diligente. – [Anc. art. R. 145-24.]

Art. R. 3252-29 La mainlevée de la saisie résulte soit d'un accord des créanciers, soit de la constatation par le juge de l'extinction de la dette.

Elle est notifiée à l'employeur dans les huit jours. – [Anc. art. R. 145-25.]

SOUS-SECTION 4 **Pluralité de saisies**

Art. R. 3252-30 Le créancier muni d'un titre exécutoire peut, sans tentative de conciliation préalable, intervenir à une procédure de saisie des sommes dues à titre de rémunération en cours, afin de participer à la répartition des sommes saisies.

Cette intervention est formée par requête remise contre récépissé ou adressée au greffe.

La requête contient les mentions prescrites par l'article R. 3252-13.

(Abrogé par Décr. n° 2013-1280 du 29 déc. 2013, art. 11) « A moins qu'elle ne soit présentée par un créancier dans la procédure, la requête est accompagnée de la justification de l'acquittement de la contribution pour l'aide juridique prévue par l'article 1635 bis Q du code général des impôts. »

L'abrogation issue du Décr. n° 2013-1280 du 29 déc. 2013 est entrée en vigueur le 1er janv. 2014 pour les instances introduites à compter de cette date (Décr. préc., art. 25).

Art. R. 3252-31 (Décr. n° 2013-109 du 30 janv. 2013) « Après que le juge a vérifié le montant, en principal, intérêts et frais, de la créance nouvelle faisant l'objet d'une intervention à une saisie en cours, le greffier avise le débiteur et les créanciers qui sont parties à la procédure de cette intervention. »

Lors de la première intervention, le greffier informe l'employeur que les versements sont désormais effectués à l'ordre du régisseur installé auprès du greffe du (Décr. n° 2019-913 du 30 août 2019, art. 2, en vigueur le 1er janv. 2020) « tribunal judiciaire ou, le cas échéant, de l'une de ses chambres de proximité ».

Art. R. 3252-32 L'intervention d'un nouveau créancier peut être contestée à tout moment de la procédure de saisie.

Le débiteur peut encore, la saisie terminée, agir en répétition à ses frais contre l'intervenant qui aurait été indûment payé. – [Anc. art. R. 145-28.]

Art. R. 3252-33 Un créancier partie à la procédure peut, par voie d'intervention, réclamer les intérêts échus et les frais et dépens liquidés ou vérifiés depuis la saisie. – [Anc. art. R. 145-29.]

SOUS-SECTION 5 **Répartition**

Art. R. 3252-34 La répartition des sommes versées, en cas de saisie de sommes dues à titre de rémunération, au régisseur installé auprès du greffe du (Décr. n° 2019-913 du 30 août 2019, art. 2, en vigueur le 1er janv. 2020) « tribunal judiciaire ou, le cas échéant, de l'une de ses chambres de proximité » est opérée au moins tous les six mois, à moins que dans l'intervalle les sommes atteignent un montant suffisant pour désintéresser les créanciers. – [Anc. art. R. 145-30.]

Art. D. 3252-34-1 (Décr. n° 2012-1401 du 13 déc. 2012) Le montant maximal des créances résiduelles payées prioritairement en application du second alinéa de l'article L. 3252-8 est fixé à 500 €.

Art. R. 3252-35 Le greffier notifie à chaque créancier l'état de répartition.

Si une intervention a été contestée, les sommes revenant au créancier intervenant sont consignées. Elles lui sont remises si la contestation est rejetée. Dans le cas contraire, ces sommes sont distribuées aux créanciers ou restituées au débiteur selon le cas. — [Anc. art. R. 145-31.]

Art. R. 3252-36 L'état de répartition peut être contesté dans le délai de quinze jours de sa notification.

A défaut de contestation formée dans ce délai, le greffier envoie à chaque créancier un chèque du montant des sommes qui lui reviennent. En cas de contestation de l'état de répartition, il est procédé au versement des sommes dues aux créanciers après que le juge a statué sur la contestation. — [Anc. art. R. 145-32.]

SOUS-SECTION 6 Incidents

Art. R. 3252-37 La notification à l'employeur (Décr. n° 2018-970 du 8 nov. 2018, art. 6, en vigueur le 1er janv. 2019) « d'une saisie administrative à tiers détenteur relative à une créance garantie par le privilège du Trésor public » conforme (Décr. n° 2018-970 du 8 nov. 2018, art. 6, en vigueur le 1er janv. 2019) « à l'article L. 262 » du livre des procédures fiscales suspend le cours de la saisie jusqu'à l'extinction de l'obligation du redevable, sous réserve des procédures de paiement direct engagées pour le recouvrement des pensions alimentaires.

L'employeur informe le comptable public de la saisie en cours. Le comptable indique au greffe du tribunal la date de (Décr. n° 2018-970 du 8 nov. 2018, art. 6, en vigueur le 1er janv. 2019) « la saisie administrative à tiers détenteur relative à une créance garantie par le privilège du Trésor public » et celle de sa notification au redevable. (Décr. n° 2013-109 du 30 janv. 2013) « Le greffier avise les créanciers de la suspension de la saisie. »

Après extinction de la dette du redevable, le comptable en informe le greffe qui avise les créanciers de la reprise des opérations de saisie. — [Anc. art. R. 145-33.]

Art. R. 3252-38 (Décr. n° 2010-433 du 29 avr. 2010) En cas de notification à l'employeur d'une (Décr. n° 2018-970 du 8 nov. 2018, art. 6, en vigueur le 1er janv. 2019) « saisie administrative » à tiers détenteur (Décr. n° 2018-970 du 8 nov. 2018, art. 6, en vigueur le 1er janv. 2019) « relative à une créance non garantie par le privilège du Trésor public », conformément à l'article (Décr. n° 2018-970 du 8 nov. 2018, art. 6, en vigueur le 1er janv. 2019) « L. 262 » du livre des procédures fiscales, l'employeur informe le comptable public de la saisie en cours.

Le comptable adresse au greffe du tribunal une copie de (Décr. n° 2018-970 du 8 nov. 2018, art. 6, en vigueur le 1er janv. 2019) « la saisie administrative à tiers détenteur relative à une créance non garantie par le privilège du Trésor public » et lui indique la date de sa notification au redevable. Le greffier en avise les créanciers qui sont déjà parties à la procédure.

La répartition est effectuée par le greffe conformément aux articles R. 3252-34 à R. 3252-36. A cet effet, (Décr. n° 2018-970 du 8 nov. 2018, art. 6, en vigueur le 1er janv. 2019) « la saisie administrative à tiers détenteur relative à une créance non garantie par le privilège du Trésor public est assimilée » à une intervention.

Le cas échéant, le greffe avise l'employeur que les versements sont désormais effectués à l'ordre du régisseur installé auprès du greffe du (Décr. n° 2019-913 du 30 août 2019, art. 2, en vigueur le 1er janv. 2020) « tribunal judiciaire ou, le cas échéant, de l'une de ses chambres de proximité ». Le comptable public informe le greffe de toute extinction, de toute suspension et de toute reprise des effets de (Décr. n° 2018-970 du 8 nov. 2018, art. 6, en vigueur le 1er janv. 2019) « la saisie administrative à tiers détenteur relative à une créance non garantie par le privilège du Trésor public ».

Art. R. 3252-39 En cas de notification d'une demande de paiement direct d'une créance alimentaire, l'employeur verse au débiteur la fraction de la rémunération prévue à l'article L. 3252-5. Il verse au créancier d'aliments les sommes qui lui sont dues. Si ces sommes n'excèdent pas la fraction insaisissable de la rémunération, l'employeur en remet le reliquat au débiteur.

SALAIRE ET AVANTAGES DIVERS — **Art. R. 3252-49** 2183

L'employeur continue de verser au greffe la fraction saisissable de la rémunération, après imputation, le cas échéant, des sommes versées au créancier d'aliments. — *[Anc. art. R. 145-34.]*

Art. R. 3252-40 Lorsque le débiteur perçoit plusieurs rémunérations, le *(Décr. n° 2013-109 du 30 janv. 2013)* « greffier » détermine les employeurs chargés d'opérer les retenues.

Si l'un d'eux est en mesure de verser la totalité de la fraction saisissable, la saisie peut être pratiquée entre ses mains. — *[Anc. art. R. 145-35.]*

Art. R. 3252-41 Si le créancier transfère son domicile, il en avise le greffe, à moins qu'il n'ait comparu par mandataire. — *[Anc. art. R. 145-36.]*

Art. R. 3252-42 Lorsque, sans changer d'employeur, le débiteur transfère son domicile hors du ressort du tribunal saisi de la procédure, celle-ci est poursuivie devant ce même tribunal. Les dossiers des saisies susceptibles d'être ensuite pratiquées contre le débiteur lui sont transmis. Le greffier avise les créanciers. — *[Anc. art. R. 145-37.]*

Art. R. 3252-43 Lorsque le lien de droit entre le débiteur et l'employeur prend fin, les fonds détenus par le régisseur sont répartis. — *[Anc. art. R. 145-38.]*

Art. R. 3252-44 En cas de changement d'employeur, la saisie peut être poursuivie par le nouvel employeur, sans conciliation préalable, si la demande est faite dans l'année qui suit l'avis donné par l'ancien employeur. A défaut, la saisie prend fin et les fonds sont répartis.

Si, en outre, le débiteur a transféré le lieu où il demeure dans le ressort d'un autre *(Décr. n° 2019-966 du 18 sept. 2019, art. 8-I, en vigueur le 1er janv. 2020)* « tribunal judiciaire », le créancier est également dispensé de conciliation préalable à la condition que la demande de saisie soit faite au *(Décr. n° 2019-913 du 30 août 2019, art. 25, en vigueur le 1er janv. 2020)* « greffe du juge de l'exécution de ce tribunal » dans le délai prévu au premier alinéa. — *[Anc. art. R. 145-39.]*

SECTION 3 Cession des sommes dues à titre de rémunération

Art. R. 3252-45 La cession des sommes dues à titre de rémunération s'opère par une déclaration du cédant en personne au greffe du tribunal du lieu où il demeure.

Une copie de la déclaration est remise ou notifiée au cessionnaire. — *[Anc. art. R. 145-40.]*

Art. R. 3252-46 A la demande du cessionnaire le greffier notifie la cession à l'employeur.

Cette notification rend la cession opposable aux tiers. Elle est dénoncée au débiteur.

La cession qui n'est pas notifiée dans le délai d'un an est périmée. — *[Anc. art. R. 145-41.]*

Art. R. 3252-47 A compter de la notification de la cession, l'employeur verse directement au cessionnaire le montant des sommes cédées dans la limite de la fraction saisissable. — *[Anc. art. R. 145-42.]*

Art. R. 3252-48 En cas de saisie d'une somme due à titre de rémunération faisant l'objet d'une cession préalable, le greffier notifie l'acte de saisie au cessionnaire, l'informe qu'en application de l'article L. 3252-12 il vient en concours avec le saisissant pour la répartition des sommes saisies et l'invite à produire un relevé du montant de ce qui lui reste dû.

Le greffier informe l'employeur que les versements sont désormais effectués à l'ordre du régisseur. — *[Anc. art. R. 145-43.]*

Art. R. 3252-49 Si la saisie prend fin avant la cession, le cessionnaire retrouve les droits qu'il tenait de l'acte de cession.

Le greffier en avise l'employeur et l'informe que les sommes cédées sont à nouveau versées directement au cessionnaire. Il en avise également ce dernier. — *[Anc. art. R. 145-44.]*

CHAPITRE III PRIVILÈGES ET ASSURANCE

Art. D. 3253-1 Le plafond mensuel prévu à l'article L. 3253-2 est fixé à deux fois le plafond retenu, par mois, pour le calcul des cotisations de sécurité sociale. – *[Anc. art. D. 143-1.]*

Art. D. 3253-2 Le montant maximal de garantie prévu au 4° de l'article L. 3253-8 est égal à :
1° Trois fois le plafond retenu par mois pour le calcul des cotisations de sécurité sociale pour un mois et demi de salaire ;
2° Deux fois ce plafond, pour un mois de salaire. – *[Anc. art. D. 143-3.]*

Art. D. 3253-3 Les arrérages de préretraite dus en application d'un accord professionnel ou interprofessionnel, d'une convention collective ou d'un accord d'entreprise bénéficient de la garantie prévue à l'article L. 3253-11 lorsque la conclusion de cet accord ou de cette convention est antérieure de six mois à la date du jugement d'ouverture de la procédure de sauvegarde ou de redressement judiciaire. – *[Anc. art. D. 143-4.]*

Art. R. 3253-4 L'autorité administrative mentionnée à l'article L. 3253-14 est le ministre chargé du travail. – *[Anc. art. L. 143-11-4.]*

Art. D. 3253-5 Le montant maximum de la garantie prévue à l'article L. 3253-17 est fixé à six fois le plafond mensuel retenu pour le calcul des contributions au régime d'assurance chômage.
Ce montant est fixé à cinq fois ce plafond lorsque le contrat de travail dont résulte la créance a été conclu moins de deux ans et six mois avant la date du jugement d'ouverture de la procédure collective, et à quatre fois ce plafond si le contrat dont résulte la créance a été conclu moins de six mois avant la date du jugement d'ouverture.
Il s'apprécie à la date à laquelle est due la créance du salarié et au plus tard à la date du jugement arrêtant le plan ou prononçant la liquidation judiciaire. – *[Anc. art. D. 143-2.]*

COMMENTAIRE
V. sur le Code en ligne.

I. MONTANT DE LA GARANTIE

1. Application dans le temps du décret du 24 juill. 2003. C'est la date à laquelle la créance garantie naît qui doit déterminer le régime applicable. ● Soc. 19 avr. 2005, n° 04-41.362 P : *Dr. soc. 2005. 935, obs. Radé* ; *RJS 2005. 539, n° 744* ; *Dr. ouvrier 2005. 489.* ♦ Lorsque les créances salariales, en raison des dates différentes auxquelles elles sont nées, relèvent les unes du plafond 13, fixé par l'art. D. 143-2 ancien C. trav., les autres du plafond 6, fixé par l'art. D. 3253-5 C. trav., ces plafonds leur sont respectivement applicables, dans la limite globale du plafond 13. ● Soc. 31 mars 2015 : *D. actu. 21 mai 2015, obs. Siro* ; *D. 2015. Actu. 798* ; *RJS 6/2015, n° 415* ; *RPC 2015. 63, note Fin-Langer.*

Jurisprudence rendue sous l'empire de l'ancien art. D. 143-2.

2. Source des créances. Le montant maximum de la garantie fixé à 13 fois le plafond mentionné à l'art. D. 143-2 s'applique aux créances qui trouvent leur fondement dans une loi, un règlement ou une convention collective sans qu'il soit nécessaire que leur montant soit lui-même fixé par l'une de ces sources de droit. ● Soc. 15 déc. 1998, n° 98-40.937 P : *Dr. soc. 1999. 152, concl. Lyon-Caen* ; *RJS 1999. 39, n° 44* ; *JCP E 1999. 250, note Taquet* ; *Dr. ouvrier 1999. 47, rapport Frouin, note Vincent.* ♦ Sont garanties dans la limite du plafond 13 : la créance d'indemnité de licenciement sans cause réelle et sérieuse qui trouve son fondement dans les dispositions de l'art. L. 122-14-4 [L. 1235-3 nouv.], même supérieure au montant minimal légal. ● Soc. 12 janv. 1999, n° 95-42.101 P : *D. Affaires 1999. 234, note Dechristé* ; *RJS 1999. 130, n° 208* ; *JCP 1999. IV. 1412* ; *CSB 1999. 125, A. 21.* ♦ ... La créance indemnitaire du salarié pour licenciement sans cause réelle et sérieuse, peu important que son montant résulte d'un accord de médiation. ● Soc. 25 janv. 2006, n° 03-45.444 P : *D. 2006. IR 395* ; *RDT 2006. 120, obs. Serverin* ; *JSL 2006, n° 184-5.* ♦ ... Les créances constituées, d'une part, d'une indemnité de licenciement prévue par la convention collective et, d'autre part, de différentes indemnités pour préavis, congés payés et licenciement sans cause réelle et sérieuse. ● Soc. 9 févr. 1999 : *RJS 1999. 316, n° 507.* ♦ ... Les créances de rappels de salaires dus au salarié et la créance d'indemnité de

SALAIRE ET AVANTAGES DIVERS   Art. R. 3255-1 2185

licenciement prévue par la convention collective. • Soc. 5 oct. 1999 : *D. 1999. IR 242 ; RJS 1999. 837, n° 1359.* ♦ ... La créance d'indemnité de congés payés sur préavis prévue par la convention collective. • Soc. 5 oct. 1999 : *D. 1999. IR 250 ; RJS 1999. 844, n° 1377 ; Dr. soc. 1999. 1115, obs. Radé*. ♦ Dès lors que la somme réclamée est le solde d'une rémunération dont le montant a été librement débattu entre les parties et non le salaire minimum fixé par la loi, un règlement ou une convention collective, il en découle que le montant maximum de la garantie est limité à quatre fois le plafond mentionné à l'art. D. 143-2. • Soc. 13 mai 1980 : *Bull. civ. V, n° 421 ; D. 1981. IR 125* • 24 janv. 1990, n° 89-41.572 P : *D. 1990. IR 41* • 17 déc. 1991, n° 88-40.638 P : *D. 1992. IR 47 ; Dr. soc. 1992. 194 ; CSB 1992. 47, A. 11 ; RJS 1992. 111, n° 155.* – Dans le même sens : • Soc. 20 janv. 1993, n° 90-40.579 P : *D. 1993. Somm. 344, obs. J. Mouly*.

3. En décidant que le GARP serait, à concurrence du montant maximum de 13 fois le plafond prévu par l'art. L. 143-11-8 [L. 3253-17 nouv.], tenu de garantir la créance fixée à la suite de la rupture du contrat de travail par l'employeur et en énonçant que l'indemnité pour licenciement sans cause réelle et sérieuse est prévue par l'art. L. 122-14-4 [L. 1235-3 nouv.] et que les autres indemnités allouées trouvaient leur source dans la convention collective, une cour d'appel viole l'art. L. 143-11-3 [L. 3253-8 nouv.], dès lors que l'art. L. 122-14-4 [L. 1235-3 nouv.] dispose que l'indemnité qu'il vise n'est pas inférieure aux six derniers mois de salaire et que la convention collective prévoit que les autres chefs de créance seront calculés en fonction de la rémunération du salarié, la cour d'appel n'ayant pas constaté qu'il s'agissait d'une rémunération dont le montant est impérativement fixé par la loi ou la convention collective. • Soc. 8 janv. 1997, n° 95-42.239 P : *RJS 1997. 191, n° 286.*

4. L'indemnisation due aux représentants du personnel, auxquels sont assimilés les conseillers prud'hommes, dont le licenciement a été prononcé en méconnaissance de leur statut protecteur, laquelle indemnisation résulte pour l'employeur des obligations qu'il doit remplir en exécution du contrat de travail, est prévue par le code du travail et doit donc être garantie par l'AGS dans la limite du plafond 13. • Soc. 3 avr. 2001 : *RJS 2001. 514, n° 746 ; Dr. soc. 2001. 674, obs. Radé*.

5. Lorsque les créances salariales relèvent, les unes du plafond 13, les autres du plafond 4, le plafond 13 est applicable à toutes les créances additionnées du salarié. • Soc. 30 nov. 1999 : *RJS 2000. 42, n° 47.* ♦ Comp. : • 9 févr. 1994, n° 91-44.332 P : *D. 1994. 301, note Chauvet ; JCP 1994. II. 22329, note Corrignan-Carsin ; JCP E 1994. II. 590, note Taquet ; CSB 1994. 115, A. 25 ; RJS 1994. 271, n° 419.* ♦ Comp. : • Grenoble, 29 sept. 1997 : *JCP E 1997. Pan. 1365, obs. Taquet* (calcul en deux temps du montant de la créance garantie).

6. Le GARP ne peut être tenu de régler les sommes excédant le plafond de sa garantie, et cela même si les sommes ont été réglées avant qu'ait été déterminé le montant maximum de cette garantie ; il est fondé à déduire des sommes avancées pour le compte du salarié les sommes excédant ce plafond. • Versailles, 4 janv. 1993 : *D. 1993. Somm. 367, obs. A. Honorat*.

II. DATE D'APPRÉCIATION DE LA GARANTIE

7. Illustration. Il résulte des dispositions non modifiées de l'art. D. 143-2, al. 2, que le montant maximum de la garantie de l'AGS s'apprécie à la date à laquelle est due la créance du salarié et au plus tard à la date du jugement arrêtant le plan ou prononçant la liquidation judiciaire ; dès lors que les salariés ont été licenciés avant l'ouverture de la procédure collective, leur créance a pris naissance à la date de leur licenciement et doit être garantie par l'AGS dans la limite du montant fixé par les dispositions des alinéas 1 et 3 de l'art. D. 143-2, dans leur rédaction applicable à cette date. • Soc. 7 juin 2006, n° 04-46.675 P.

Art. R. 3253-6 Le délai de contestation prévu au second alinéa de l'article L. 3253-20 est de dix jours à compter de la réception par l'organisme gestionnaire du régime d'assurance chômage *(Décr. n° 2008-1010 du 29 sept. 2008)* « mentionné à l'article L. 3253-14 » de la demande de fonds par le mandataire judiciaire. – *[Anc. art. R. 143-4.]*

CHAPITRE IV ÉCONOMATS

Le présent chapitre ne comprend pas de dispositions réglementaires.

CHAPITRE V DISPOSITIONS PÉNALES

Art. R. 3255-1 Le fait d'imposer au salarié des versements d'argent ou d'opérer des retenues d'argent sous la dénomination de frais ou sous toute autre dénomination pour quelque objet que ce soit, à l'occasion de son embauche, à l'occasion de l'exercice normal de son travail ou de la rupture de son contrat de travail dans les secteurs mentionnés à l'article L. 3251-4, est puni de l'amende prévue pour les contraventions de la quatrième classe.

Ces peines sont indépendantes des restitutions et des dommages-intérêts auxquels peuvent donner lieu les faits incriminés. – [Anc. art. R. 154-4, al. 1er et 2.]

TITRE VI AVANTAGES DIVERS

CHAPITRE I FRAIS DE TRANSPORT

(Décr. n° 2008-1501 du 30 déc. 2008)

SECTION 1 Prise en charge des frais de transports publics

V. Circ. DGT-DSS n° 01 du 28 janv. 2009.

Art. R. 3261-1 La prise en charge par l'employeur des titres d'abonnement, prévue à l'article L. 3261-2, est égale à 50 % du coût de ces titres pour le salarié.

Art. R. 3261-2 L'employeur prend en charge les titres souscrits par les salariés, parmi les catégories suivantes :

1° Les abonnements multimodaux à nombre de voyages illimité ainsi que les abonnements annuels, mensuels, hebdomadaires ou à renouvellement tacite à nombre de voyages illimité émis par la Société nationale des chemins de fer (SNCF) ainsi que par les entreprises de transport public, les régies et les autres personnes mentionnées au II de l'article 7 de la loi n° 82-1153 du 30 décembre 1982 d'orientation des transports intérieurs ;

2° Les cartes et abonnements mensuels, hebdomadaires ou à renouvellement tacite à nombre de voyages limité délivrés par la Régie autonome des transports parisiens (RATP), la Société nationale des chemins de fer (SNCF), les entreprises de l'Organisation professionnelle des transports d'Île-de-France ainsi que par les entreprises de transport public, les régies et les autres personnes mentionnées au II de l'article 7 de la loi n° 82-1153 du 30 décembre 1982 d'orientation des transports intérieurs ;

3° Les abonnements à un service public de location de vélos.

Art. R. 3261-3 La prise en charge par l'employeur est effectuée sur la base des tarifs deuxième classe. Le bénéficiaire peut demander la prise en charge du ou des titres de transport lui permettant d'accomplir le trajet de la résidence habituelle à son lieu de travail dans le temps le plus court. Lorsque le titre utilisé correspond à un trajet supérieur au trajet nécessaire pour accomplir dans le temps le plus court le trajet de la résidence habituelle au lieu de travail, la prise en charge est effectuée sur la base de l'abonnement qui permet strictement de faire ce dernier trajet.

Art. R. 3261-4 L'employeur procède au remboursement des titres achetés par les salariés dans les meilleurs délais et, au plus tard, à la fin du mois suivant celui pour lequel ils ont été validés. Les titres dont la période de validité est annuelle font l'objet d'une prise en charge répartie mensuellement pendant la période d'utilisation.

Art. R. 3261-5 La prise en charge des frais de transport par l'employeur est subordonnée à la remise ou, à défaut, à la présentation des titres par le salarié.

Pour être admis à la prise en charge, les titres doivent permettre d'identifier le titulaire et être conformes aux règles de validité définies par l'établissement public, la régie, l'entreprise ou la personne mentionnés à l'article R. 3261-2, ou, le cas échéant, par la personne chargée de la gestion du service public de location de vélos.

Lorsque le titre d'abonnement à un service public de location de vélos ne comporte pas les noms et prénoms du bénéficiaire, une attestation sur l'honneur du salarié suffit pour ouvrir droit à la prise en charge des frais d'abonnement.

Pour les salariés intérimaires, une attestation sur l'honneur adressée à l'entreprise de travail temporaire mentionnée à l'article L. 1251-45, qui est leur employeur, suffit pour ouvrir droit à la prise en charge des frais d'abonnement à un service de transport public de voyageurs ou à un service public de location de vélos.

Art. R. 3261-6 Un accord collectif de travail peut prévoir d'autres modalités de preuve et de remboursement des frais de transport, sans que les délais de remboursement des titres puissent excéder ceux mentionnés à l'article R. 3261-4.

Art. R. 3261-7 En cas de changement des modalités de preuve ou de remboursement des frais de transport, l'employeur avertit les salariés au moins un mois avant la date fixée pour le changement.

Art. R. 3261-8 L'employeur peut refuser la prise en charge lorsque le salarié perçoit déjà des indemnités représentatives de frais pour ses déplacements entre sa résidence habituelle et son ou ses lieux de travail d'un montant supérieur ou égal à la prise en charge prévue à l'article R. 3261-1.

Art. R. 3261-9 Le salarié à temps partiel, employé pour un nombre d'heures égal ou supérieur à la moitié de la durée légale hebdomadaire ou conventionnelle, si cette dernière lui est inférieure, bénéficie d'une prise en charge équivalente à celle d'un salarié à temps complet.

Le salarié à temps partiel, employé pour un nombre d'heures inférieur à la moitié de la durée du travail à temps complet défini conformément au premier alinéa, bénéficie d'une prise en charge calculée à due proportion du nombre d'heures travaillées par rapport à la moitié de la durée du travail à temps complet.

Art. R. 3261-10 Le salarié qui exerce son activité sur plusieurs lieux de travail au sein d'une même entreprise qui n'assure pas le transport entre ces différents lieux et entre ces lieux et la résidence habituelle du salarié peut prétendre à la prise en charge du ou des titres de transport lui permettant de réaliser l'ensemble des déplacements qui lui sont imposés entre sa résidence habituelle et ses différents lieux de travail, ainsi qu'entre ces lieux de travail.

SECTION 2 Prise en charge des frais de transports personnels

SOUS-SECTION 1 Frais de carburant et frais exposés pour l'alimentation de véhicules électriques, hybrides rechargeables ou hydrogène *(Décr. n° 2020-541 du 9 mai 2020, art. 1ᵉʳ-I).*

Art. R. 3261-11 Lorsque l'employeur prend en charge tout ou partie des *(Décr. n° 2020-541 du 9 mai 2020, art. 1ᵉʳ-I)* « frais de carburant d'un véhicule et des frais d'alimentation d'un véhicule électrique, hybride rechargeable ou hydrogène » engagés par ses salariés, il en fait bénéficier, selon les mêmes modalités et en fonction de la distance entre le domicile et le lieu de travail, l'ensemble des salariés remplissant les conditions prévues à l'article L. 3261-3.

L'employeur doit disposer des éléments justifiant cette prise en charge. Il les recueille auprès de chaque salarié bénéficiaire qui les lui communique.

Art. R. 3261-12 Sont exclus du bénéfice de la prise en charge des *(Décr. n° 2020-541 du 9 mai 2020, art. 1ᵉʳ-I)* « frais mentionnés à l'article R. 3261-11 » :
1° Les salariés bénéficiant d'un véhicule mis à disposition permanente par l'employeur avec prise en charge par l'employeur des dépenses de carburant ou d'alimentation électrique d'un véhicule ;
2° Les salariés logés dans des conditions telles qu'ils ne supportent aucun frais de transport pour se rendre à leur travail ;
3° Les salariés dont le transport est assuré gratuitement par l'employeur.

Art. R. 3261-13 En cas de changement des modalités de remboursement des *(Décr. n° 2020-541 du 9 mai 2020, art. 1ᵉʳ-I)* « frais mentionnés à l'article R. 3261-11 », l'employeur avertit les salariés au moins un mois avant la date fixée pour le changement.

SOUS-SECTION 2 Forfait mobilités durables

(Décr. n° 2020-541 du 9 mai 2020, art. 1ᵉʳ)

BIBL. ▶ Icard et Jeansen, *JCP S* 2021. 1104.

Art. R. 3261-13-1 Les autres services de mobilité partagée mentionnés à l'article L. 3261-3-1 comprennent :
1° La location ou la mise à disposition en libre-service de véhicules mentionnés aux 4.8, 4.9, 6.10, 6.11 et 6.14 de l'article R. 311-1 du code de la route, avec ou sans

station d'attache et accessibles sur la voie publique, à condition qu'ils soient équipés d'un moteur non thermique ou d'une assistance non thermique lorsqu'ils sont motorisés ;

2° Les services d'autopartage mentionnés à l'article L. 1231-14 du code des transports, à condition que les véhicules mis à disposition soient des véhicules à faibles émissions *(Décr. n° 2021-1491 du 17 nov. 2021, art. 12)* « au sens du III de l'article L. 224-7 » du code de l'environnement.

Art. R. 3261-13-2 Lorsque l'employeur assure la prise en charge de tout ou partie des frais mentionnés à l'article L. 3261-3-1, il en fait bénéficier, selon les mêmes modalités, l'ensemble des salariés de l'entreprise remplissant les conditions prévues à l'article L. 3261-3-1.

La prise en charge prend la forme d'une allocation forfaitaire dénommée "forfait mobilités durables". Cette allocation est versée sous réserve de son utilisation effective conformément à son objet. Elle est réputée utilisée conformément à son objet si l'employeur recueille auprès du salarié, pour chaque année civile, un justificatif de paiement ou une attestation sur l'honneur relatifs à l'utilisation effective d'un ou plusieurs des moyens de déplacement mentionnés à l'article L. 3261-3-1.

SOUS-SECTION 3 **Titre-mobilité**

(Décr. n° 2021-1663 du 16 déc. 2021, art. 1er, en vigueur le 1er janv. 2022)

Art. R. 3261-13-3 Sont affichées directement sur les équipements terminaux, au sens du 10° de l'article L. 32 du code des postes et des communications électroniques, utilisés par le salarié et l'entreprise agréée sur le fondement de l'article L. 3261-7 pour un paiement à l'aide d'un titre-mobilité, les mentions suivantes :

1° Le nom et l'adresse de l'émetteur du titre ;
2° Le nom du salarié.

L'émetteur assure à chaque salarié, directement sur l'équipement terminal appartenant à celui-ci, par voie téléphonique ou, à sa demande, par message textuel, l'accès permanent et gratuit au solde de son compte personnel de titre-mobilité. Le dispositif indique, le cas échéant, le montant qui n'est plus susceptible d'être utilisé que dans un délai de moins d'un mois.

Art. R. 3261-13-4 La durée de validité des titres-mobilité, qui est fixée par l'émetteur, s'étend au moins jusqu'au dernier jour de l'année civile au cours de laquelle ils ont été émis.

Art. R. 3261-13-5 *(Décr. n° 2021-1663 du 16 déc. 2021, art. 1er)* I. — L'agrément prévu à l'article L. 3261-7 est délivré par le ministre en charge des transports aux entreprises justifiant fournir ou commercialiser des biens ou services mentionnés aux articles L. 3261-3 et L. 3261-3-1.

Il est notamment délivré aux entreprises qui justifient fournir un ou plusieurs des services suivants :

1° Vente de cycles et cycles à pédalage assisté ;
2° Vente de détail d'équipements pour cycles et cycles à pédalage assisté ;
3° Entretien et réparation de cycles et cycles à pédalage assisté ;
4° Vente de titres permettant l'accès à un stationnement sécurisé pour cycles ;
5° Assurance pour cycles et cycles à pédalage assisté ;
6° Location, quelle qu'en soit la durée, et mise à disposition en libre-service de cycles, cycles à pédalage assisté, engins de déplacement personnels, cyclomoteurs et motocyclettes ;
7° Vente d'engins de déplacement personnels motorisés ;
8° Services de covoiturage ;
9° Location de véhicules électriques, hybrides rechargeables ou hydrogène en libre-service et accessibles sur la voie publique ;
10° Vente de titres de transport en commun ;
11° Vente de détail de carburants ;
12° Vente d'alimentation ou recharge pour véhicules électriques, hybrides rechargeables ou hydrogène.

II. — La demande d'agrément est adressée par le représentant légal de l'entreprise.

SALAIRE ET AVANTAGES DIVERS **Art. R. 3261-15** 2189

La composition du dossier qui doit être joint à cette demande et les modalités de sa transmission sont fixées par arrêté du ministre chargé des transports.

Le silence gardé par l'administration pendant quinze jours à compter de la réception d'un dossier complet vaut acceptation de la demande.

La liste des entreprises bénéficiant de l'agrément est mise à la disposition du public par le ministre chargé des transports.

III. — L'agrément est retiré en cas de manquement aux obligations mentionnées au deuxième alinéa de l'article R. 3261-13-6 ou lorsqu'une entreprise cesse de fournir les services au titre desquels elle a été agréée.

IV. — L'utilisation des titres d'un émetteur est subordonnée à la conclusion, entre celui-ci et les entreprises agréées souhaitant accepter ces titres, d'un contrat d'affiliation prévoyant, notamment, l'acquittement de tout ou partie des commissions identifiées à l'article L. 3261-5.

Les agréments délivrés en application de l'art. R. 3261-13-5 antérieurement au 1ᵉʳ janv. 2022 entrent en vigueur à cette dernière date (Décr. n° 2021-1663 du 16 déc. 2021, art. 2).

Art. R. 3261-13-6 L'émetteur met en œuvre, sur la base des informations qui lui sont transmises à l'occasion d'une demande de paiement, une fonctionnalité de blocage automatique empêchant l'utilisation de titres-mobilité en dehors des cas prévus par les dispositions légales et règlementaires.

Chaque entreprise agréée met en place une procédure garantissant que les titres-mobilité sont utilisés pour l'achat de biens et services éligibles aux prises en charge mentionnées aux articles L. 3261-3 et L. 3261-3-1.

Tout manquement aux obligations définies aux deux premiers alinéas est puni par une amende prévue pour les contraventions de quatrième classe.

Art. R. 3261-13-7 Les titres-mobilité sont présentés pour les remboursement par les entreprises agréées à l'émetteur. Ce dernier s'assure que le présentateur est une entreprise agréée puis donne ordre à l'établissement bancaire qui tient son compte de titre-mobilité d'en effectuer le paiement par imputation au débit de ce compte. Le paiement est opéré par virement bancaire ou par chèque. Il est effectué dans un délai qui ne peut excéder cinq jours à compter de la réception du titre aux fins de règlement.

Art. R. 3261-13-8 Sous la responsabilité de l'émetteur, les sommes portées au crédit des comptes de titre-mobilité prévus à l'article L. 3261-6 et L. 3261-7 peuvent faire l'objet de placements temporaires sous réserve que leur montant demeure à tout moment immédiatement réalisable pour leur valeur nominale initiale.

Art. R. 3261-13-9 L'émetteur de titres-mobilité fait appel à un expert-comptable chargé de constater au moins une fois par an les opérations accomplies par cet émetteur. Les constatations de cet expert-comptable sont consignées dans un rapport que l'émetteur tient à la disposition de tout agent de contrôle et qu'il adresse annuellement au ministre chargé des transports.

SOUS-SECTION 4 **Dispositions communes** *(Décr. n° 2020-541 du 9 mai 2020, art. 1ᵉʳ-I).*

La sous-section 3 devient la sous-section 4 (Décr. n° 2021-1663 du 16 déc. 2021, art. 1ᵉʳ, en vigueur le 1ᵉʳ janv. 2022).

Art. R. 3261-14 Le salarié à temps partiel, employé pour un nombre d'heures égal ou supérieur à la moitié de la durée légale hebdomadaire ou conventionnelle, si cette dernière lui est inférieure, bénéficie *(Décr. n° 2020-541 du 9 mai 2020, art. 1ᵉʳ-I)* « des prises en charges prévues aux articles L. 3261-3 et L. 3261-3-1 dans les mêmes conditions qu'un salarié à temps complet ».

Le salarié à temps partiel, employé pour un nombre d'heures inférieur à la moitié de la durée du travail à temps complet défini conformément au premier alinéa, bénéficie d'une prise en charge calculée à due proportion du nombre d'heures travaillées par rapport à la moitié de la durée du travail à temps complet.

Art. R. 3261-15 Le salarié qui exerce son activité sur plusieurs lieux de travail au sein d'une même entreprise qui n'assure pas le transport entre ces différents lieux et entre ces lieux et la résidence habituelle du salarié peut prétendre (*Décr. n° 2020-541 du 9 mai 2020, art. 1er-I*) « aux prises en charge mentionnées aux articles L. 3261-3 et L. 3261-3-1 pour les déplacements » qui lui sont imposés entre sa résidence habituelle et ses différents lieux de travail, ainsi qu'entre ces lieux de travail.

SECTION 3 Dispositions pénales

Art. R. 3261-16 Le fait pour l'employeur de méconnaître les dispositions des articles L. 3261-1 à L. 3261-4 est puni de l'amende prévue pour les contraventions de la quatrième classe.

CHAPITRE II TITRES-RESTAURANT

SECTION 1 Conditions d'émission et de validité

Art. R. 3262-1 (*Décr. n° 2014-294 du 6 mars 2014*) Les titres-restaurant peuvent être émis sur un support papier ou sous forme dématérialisée.

Art. R. 3262-1-1 (*Décr. n° 2014-294 du 6 mars 2014*) Les titres-restaurant émis sur un support papier comportent, en caractères très apparents, les mentions suivantes :
 1° Le nom et l'adresse de l'émetteur ;
 2° Le nom et l'adresse de l'établissement bancaire à qui les titres sont présentés au remboursement par les restaurateurs ou les détaillants en fruits et légumes ;
 3° Le montant de la valeur libératoire du titre ;
 4° L'année civile d'émission ;
 5° Le numéro dans une série continue de nombres caractérisant l'émission ;
 6° Le nom et l'adresse du restaurateur ou du détaillant en fruits et légumes chez qui le repas a été consommé ou acheté.

Art. R. 3262-1-2 (*Décr. n° 2014-294 du 6 mars 2014*) Lorsque les titres-restaurant sont émis sous forme dématérialisée, les dispositions suivantes sont applicables :
 1° Les mentions prévues aux 1° et 2° de l'article R. 3262-1-1 figurent de façon très apparente sur le support physique du paiement dématérialisé. Si le paiement est effectué à partir d'un équipement terminal, au sens du 10° de l'article L. 32 du code des postes et des communications électroniques, utilisé par le salarié et comportant une fonctionnalité de paiement électronique, ces mentions sont accessibles directement sur cet équipement ;
 2° L'émetteur assure à chaque salarié l'accès permanent et gratuit, par message textuel, par voie téléphonique ou directement sur l'équipement terminal mentionné au 1°, aux informations suivantes :
 a) Le solde de son compte personnel de titres-restaurant, en distinguant le montant des titres-restaurant émis durant l'année civile écoulée qui ne sont pas périmés et, pendant la période de quinze jours mentionnée au deuxième alinéa de l'article R. 3262-5, le montant des titres-restaurant périmés ;
 b) La date de péremption des titres ainsi que la date limite à laquelle peuvent être échangés les titres périmés ;
 c) Le montant de la valeur libératoire du titre, toute modification de cette valeur libératoire faisant en outre l'objet d'une information préalable du salarié sur un support durable ;
 3° Le numéro de série caractérisant l'émission mentionné au 5° de l'article R. 3262-1-1 est conservé par l'émetteur dans une base de données qui associe ce numéro avec un identifiant permettant de garantir que le paiement est effectué au profit d'une personne ou d'un organisme mentionné au deuxième alinéa de l'article L. 3262-3. Cette base de données associe également ce numéro de série avec l'année civile d'émission prévue au 4° de l'article R. 3262-1-1 ;
 4° L'émetteur met en œuvre une fonctionnalité assurant qu'aucun titre émis durant l'année en cours ne peut être utilisé par le salarié tant qu'il n'a pas utilisé tous les titres émis durant l'année civile écoulée en méconnaissance des dispositions du deuxième alinéa de l'article R. 3262-5 ;
 5° L'émetteur met en œuvre une fonctionnalité de blocage automatique du paiement empêchant l'utilisation des titres-restaurant lorsque l'une des obligations suivantes n'est pas satisfaite :

SALAIRE ET AVANTAGES DIVERS **Art. R. 3262-7** 2191

a) Celles qui sont prévues aux 3° et 4° du présent article ;
b) Celles qui sont prévues aux articles R. 3262-8 et R. 3262-10 du présent code ;
6° Le solde du compte personnel de titres-restaurant du salarié ne peut être converti sur support papier, sauf pour ceux des salariés qui, dans le cadre des activités de l'entreprise qui les emploie, accomplissent principalement leurs missions en dehors des locaux de cette entreprise. Dans ce cas, la base de données de l'émetteur mentionnée au 3° ci-dessus recense les opérations de conversion par employeur et par salarié.

Art. R. 3262-2 Les mentions prévues *(Décr. n° 2014-294 du 6 mars 2014)* « aux 1° à 5° de l'article R. 3262-1-1 » de l'article R. 3262-1 sont apposées au recto du titre *(Décr. n° 2014-294 du 6 mars 2014)* « émis sur un support papier » par l'émetteur.
Les mentions prévues au *(Décr. n° 2014-294 du 6 mars 2014)* « 6° de l'article R. 3262-1-1 » sont apposées par le restaurateur *(Décr. n° 2010-220 du 3 mars 2010)* « ou le détaillant en fruits et légumes » au moment de l'acceptation du titre *(Décr. n° 2014-294 du 6 mars 2014)* « émis sur un support papier ».

Art. R. 3262-3 Les titres-restaurant émis conformément aux dispositions du présent chapitre sont dispensés du droit de timbre. – *[Anc. art. 25, al. 1er, Ord. n° 67-830 du 27 sept. 1967.]*

SECTION 2 **Utilisation**

Art. R. 3262-4 *(Décr. n° 2010-1460 du 30 nov. 2010)* Les titres-restaurant ne peuvent être utilisés que dans les restaurants et auprès des organismes ou entreprises assimilés ainsi qu'auprès des détaillants en fruits et légumes, afin d'acquitter en tout ou en partie le prix d'un repas.
Ce repas peut être composé de préparations alimentaires directement consommables, le cas échéant à réchauffer ou à décongeler, notamment de produits laitiers.
Il peut également être composé de fruits et légumes, qu'ils soient ou non directement consommables.

Art. R. 3262-5 Les titres-restaurant ne peuvent être *(Décr. n° 2014-294 du 6 mars 2014)* « utilisés » en paiement d'un repas à un restaurateur *(Décr. n° 2010-220 du 3 mars 2010)* « ou à un détaillant en fruits et légumes » que pendant l'année civile *(Abrogé par Décr. n° 2014-294 du 6 mars 2014)* « *et la période d'utilisation* » dont ils font mention *(Décr. n° 2014-294 du 6 mars 2014)* « et durant une période de deux mois à compter du 1er janvier de l'année suivante.
« Aucun titre émis durant l'année en cours ne peut être utilisé par le salarié tant qu'il n'a pas utilisé tous les titres émis durant l'année civile écoulée. »
Les titres non utilisés au cours de cette période et rendus par les salariés bénéficiaires à leur employeur au plus tard au cours de la quinzaine suivante sont échangés gratuitement contre un nombre égal de titres valables pour la période ultérieure.

Art. R. 3262-6 Les titres-restaurant émis ou acquis par une entreprise ne peuvent être utilisés que par les salariés de cette entreprise. – *[Anc. art. 3, al. 1er, Décr. n° 67-1165 du 22 déc. 1967.]*

Art. R. 3262-7 Un même salarié ne peut recevoir qu'un titre-restaurant par repas compris dans son horaire de travail journalier. Ce titre ne peut être utilisé que par le salarié auquel l'employeur l'a remis. – *[Anc. art. 3, al. 2, Décr. n° 67-1165 du 22 déc. 1967.]*

1. Condition d'attribution. L'attribution de tickets-restaurant est subordonnée à la seule condition que le repas du salarié soit compris dans son horaire de travail journalier, peu importe que celui-ci soit pris durant les plages horaires fixes ou durant les plages horaires mobiles. ● Soc. 20 févr. 2013, n° 10-30.028 P : *D. actu. 27 mars 2013, obs. Fleuriot ; D. 2013. Actu. 574 ; JCP S 2013. 1184, obs. Lahalle.* ♦ Le salarié dont la durée hebdomadaire de travail est répartie sur 4 jours et demi peut prétendre à un titre-restaurant pour le jour comportant une demi-journée stipulée non travaillée dès lors qu'un repas est compris dans son horaire de travail journalier, peu important qu'il prenne ou non effectivement sa pause déjeuner. ● Soc. 13 avr. 2023, n° 21-11.322 B : *RJS 6/2023, n° 318 ; JSL 2023, n° 565-2, obs. Lhernould.*

2. Congé de formation. Le conseiller prud'homal peut prétendre au bénéfice des tickets-restaurant dès lors qu'il est justifié que son temps de formation englobe un temps de repas et que la preuve de la non-conformité des heures litigieuses 20 févr. 2013 : ⚠ préc. avec l'objet de la formation est rapportée. • Soc.

Art. R. 3262-8 (Décr. n° 2014-294 du 6 mars 2014) Les titres-restaurant ne sont pas utilisables les dimanches et jours fériés, sauf décision contraire de l'employeur au bénéfice exclusif des salariés travaillant pendant ces mêmes jours. Lorsque les titres sont émis sur support papier, cette décision fait l'objet d'une mention très apparente sur les titres. Lorsque les titres sont émis sous forme dématérialisée, l'employeur informe par tout moyen les salariés concernés de la décision mentionnée ci-dessus, avant l'émission du titre.

Art. R. 3262-9 Les titres-restaurant ne peuvent être utilisés que dans le département du lieu de travail des salariés bénéficiaires et les départements limitrophes, à moins qu'ils ne portent de manière très apparente une mention contraire apposée par l'employeur, sous sa responsabilité, au bénéfice exclusif de ceux des salariés qui sont, du fait de leurs fonctions, appelés à des déplacements à longue distance. – [Anc. art. 5, Décr. n° 67-1165 du 22 déc. 1967.]

Art. R. 3262-10 (Décr. n° 2014-294 du 6 mars 2014) L'utilisation des titres-restaurant est limitée à un montant maximum [maximal] de (Décr. n° 2022-1266 du 29 sept. 2022, en vigueur le 1er oct. 2022) « vingt-cinq » euros par jour.

Lorsque les titres-restaurant sont émis sous forme dématérialisée, le salarié est débité de la somme exacte à payer, dans la limite du montant maximum [maximal] journalier mentionnée au premier alinéa.

Art. R. 3262-11 Le salarié qui quitte l'entreprise remet à l'employeur, au moment de son départ, les titres-restaurant en sa possession. Il est remboursé du montant de sa contribution à l'achat de ces titres. – [Anc. art. 3, al. 3, Décr. n° 67-1165 du 22 déc. 1967.]

SECTION 3 Conditions de remboursement

Art. R. 3262-12 Lorsque l'employeur a acquis ses titres-restaurant auprès d'un émetteur spécialisé, il peut obtenir de celui-ci au cours du mois qui suit la période d'utilisation l'échange de ses titres inutilisés en ne versant que la commission normalement perçue par l'émetteur lors de la vente de ces titres.

Dans ce cas, le montant des commissions correspondant aux titres dont la non-utilisation incombe aux salariés est remboursable par ces derniers à l'employeur. – [Anc. art. 20, al. 4 et 5, Ord. n° 67-830 du 27 sept. 1967.]

Art. R. 3262-13 En application des dispositions de l'article L. 3262-5, la contre-valeur des titres-restaurant perdus ou périmés est versée à l'émetteur par l'établissement bancaire qui tient son compte de titres-restaurant.

L'émetteur est autorisé à opérer sur cette somme un prélèvement, dont le taux maximum est fixé par arrêté du ministre chargé de l'économie et des finances, et qui est destiné à couvrir forfaitairement les frais de répartition entraînés par l'application de l'article R. 3262-14 et les frais d'expert[-]comptable prévus à l'article R. 3262-33. – [Anc. art. 12, al. 1er et 2, Décr. n° 67-1165 du 22 déc. 1967.]

Art. R. 3262-14 Lorsque l'émetteur est l'employeur mentionné au 1° de l'article L. 3262-1, il verse le solde disponible après le prélèvement prévu à l'article R. 3262-13 au (Décr. n° 2017-1819 du 29 déc. 2017, art. 3) « comité social et économique » s'il en existe un ou, à défaut, l'affecte dans un délai de six mois au budget des activités sociales et culturelles de son entreprise.

Lorsqu'il s'agit d'un émetteur spécialisé mentionné au 2° du même article, il répartit ce solde entre les (Décr. n° 2017-1819 du 29 déc. 2017, art. 3) « comités sociaux et économiques » des entreprises qui lui ont acheté des titres ou, à défaut, entre ces entreprises elles-mêmes, à due proportion des achats de titres opérés au cours de la période d'émission des titres perdus ou périmés. En l'absence de (Décr. n° 2017-1819 du 29 déc. 2017, art. 3) « comité social et économique », chaque entreprise utilise le solde lui revenant conformément aux dispositions du premier alinéa. – [Anc. art. 12, al. 3 et 4, Décr. n° 67-1165 du 22 déc. 1967.]

Art. R. 3262-15 En l'absence de motif légitime justifiant un retard de présentation et lorsque les titres-restaurant sont présentés postérieurement à l'évaluation mentionnée

SALAIRE ET AVANTAGES DIVERS — Art. R. 3262-23

au second alinéa, leur montant ne peut être remboursé au restaurateur *(Décr. n° 2010-220 du 3 mars 2010)* « ou au détaillant en fruits et légumes » par imputation sur le compte ouvert en application de l'article L. 3262-2.

Les modalités et la périodicité de l'évaluation du montant des titres-restaurant périmés sont fixées par arrêté du ministre chargé de l'économie et des finances. — *[Anc. art. 22, al. 2 et al. 3 début, Ord. n° 67-830 du 27 sept. 1967.]*

SECTION 4 Fonctionnement et contrôle des comptes de titres-restaurant

SOUS-SECTION 1 Fonctionnement

Art. R. 3262-16 L'établissement bancaire qui ouvre l'un des comptes des titres-restaurant prévus à l'article L. 3262-2 remet au titulaire de ce compte une attestation d'ouverture de compte en triple exemplaire.

Le titulaire du compte remet l'un de ces exemplaires au *(Décr. n° 2014-551 du 27 mai 2014, art. 29)* « directeur départemental ou, le cas échéant, régional des finances publiques » dont il relève et le second à la Commission nationale des titres-restaurant mentionnée à la section 5. Il est délivré récépissé de ces remises. — *[Anc. art. 7, al. 1er et 2, Décr. n° 67-1165 du 22 déc. 1967.]*

Art. R. 3262-17 L'établissement bancaire adresse mensuellement à la Commission nationale des titres-restaurant le relevé de tous les mouvements de fonds affectant les comptes de titres-restaurant, à l'exception des seuls paiements aux restaurateurs et assimilés *(Décr. n° 2010-220 du 3 mars 2010)* « et aux détaillants en fruits et légumes ». — *[Anc. art. 7, al. 3, Décr. n° 67-1165 du 22 déc. 1967.]*

Art. R. 3262-18 Lorsque l'établissement bancaire qui tient le compte fait établir les formules de titres-restaurant qui seront utilisées par l'émetteur titulaire de ce compte, ces formules ne sont remises à l'émetteur qu'après versement à ce compte d'une provision égale à la valeur libératoire des titres. — *[Anc. art. 8, al. 2, Décr. n° 67-1165 du 22 déc. 1967.]*

Art. R. 3262-19 Les titres-restaurant sont directement payables aux restaurateurs *(Décr. n° 2010-220 du 3 mars 2010)* « et aux détaillants en fruits et légumes » par l'établissement bancaire qui tient le compte de l'émetteur.

Avant de procéder au paiement, l'organisme payeur s'assure, selon les modalités prévues aux articles R. 3262-26 à R. 3262-31, que le présentateur exerce la profession de restaurateur, *(Décr. n° 2010-220 du 3 mars 2010)* « d'hôtelier restaurateur, ou une activité assimilée ou une activité de détaillant en fruits et légumes prévues au deuxième alinéa de l'article L. 3262-3 ». — *[Anc. art. 8, al. 3, Décr. n° 67-1165 du 22 déc. 1967.]*

Art. R. 3262-20 *Abrogé par Décr. n° 2019-1586 du 31 déc. 2019, art. 2, à compter du 1er janv. 2020.*

Art. R. 3262-21 Lorsque les titres sont émis par une entreprise spécialisée, elle ne peut accepter en paiement que des versements correspondant à la valeur libératoire de ces titres.

Ces versements sont opérés :

1° Soit par virement direct à un compte de titres-restaurant ;

2° Soit au moyen de chèques bancaires à barrement spécial désignant l'établissement bancaire où le compte est ouvert et portant la mention "compte de titres-restaurant". — *[Anc. art. 9, al. 3, Décr. n° 67-1165 du 22 déc. 1967.]*

Art. R. 3262-22 La délivrance de titres par un émetteur spécialisé est subordonnée :

1° Soit à la constitution d'une provision équivalente à la valeur libératoire des titres cédés ;

2° Soit au règlement simultané des titres-restaurant conformément à l'article R. 3262-21.

Dans le cas d'un chèque demeuré impayé, la provision correspondante est immédiatement rétablie. — *[Anc. art. 9, al. 4, Décr. n° 67-1165 du 22 déc. 1967.]*

Art. R. 3262-23 Un émetteur spécialisé est habilité à se faire ouvrir plusieurs comptes de titres-restaurant dans plusieurs établissements bancaires. Il peut opérer des virements d'un compte à l'autre. — *[Anc. art. 9-1, al. 1er, Décr. n° 67-1165 du 22 déc. 1967.]*

Art. R. 3262-24 Sous la responsabilité de l'émetteur spécialisé, les sommes portées au crédit des comptes de titres-restaurant peuvent faire l'objet de placements temporaires sous réserve que leur montant demeure à tout moment immédiatement réalisable pour sa valeur nominale initiale. — [Anc. art. 9-1, al. 2, Décr. n° 67-1165 du 22 déc. 1967.]

Art. R. 3262-25 Les titres sont présentés au remboursement par les restaurateurs (Décr. n° 2010-220 du 3 mars 2010) « ou les détaillants en fruits et légumes » à l'émetteur. Ce dernier donne ordre à l'établissement bancaire qui tient son compte d'en effectuer le paiement par imputation au débit de ce compte.

Ce paiement est opéré au moyen soit de virements bancaires, soit de chèques émis ou virés par cet établissement.

Le paiement est effectué dans un délai qui ne peut excéder vingt et un jours à compter de la réception du titre aux fins de règlement. — [Anc. art. 10, Décr. n° 67-1165 du 22 déc. 1967.]

SOUS-SECTION 2 **Condition d'exercice de la profession de restaurateur ou assimilé ou des détaillants en fruits et légumes** (Décr. n° 2010-220 du 3 mars 2010).

Art. R. 3262-26 L'exercice de la profession de restaurateur (Décr. n° 2010-220 du 3 mars 2010) « ou de détaillant en fruits et légumes » exigé par les dispositions de l'article L. 3262-3 est vérifié par la Commission nationale des titres-restaurant mentionnée à la section 5 d'après les renseignements de notoriété dont elle dispose et au besoin par référence au numéro d'activité d'entreprise adopté par l'Institut national de la statistique et des études économiques (INSEE) et par les unions pour le recouvrement des cotisations de sécurité sociale (URSSAF).

(Décr. n° 2010-220 du 3 mars 2010) « Les pièces que la commission peut demander au professionnel concerné pour l'application de l'alinéa ci-dessus sont précisées par arrêté du ministre chargé de l'économie et des finances. »

Art. R. 3262-27 Les personnes, les entreprises ou les organismes qui proposent à la vente au détail, à titre habituel et au moins six mois par an, des préparations alimentaires (Décr. n° 2010-1460 du 30 nov. 2010) « mentionnées au deuxième alinéa de l'article R. 3262-4 » sans être en possession du numéro de code d'activité accordé aux restaurateurs et hôteliers restaurateurs peuvent être assimilés à ces derniers, à la condition d'avoir transmis par lettre recommandée avec avis de réception à la Commission un dossier complet (Abrogé par Décr. n° 2010-220 du 3 mars 2010) « *dont la composition est fixée par un arrêté conjoint des ministres chargés de l'économie et du commerce* ».

(Décr. n° 2010-220 du 3 mars 2010) « La commission des titres-restaurant vérifie également que les préparations offertes sont conformes aux dispositions mentionnées à l'article R. 3262-4.

« La composition du dossier mentionné au premier alinéa et les pièces nécessaires à la vérification par la commission prévue au deuxième alinéa de la conformité des préparations offertes sont précisées par un arrêté du ministre chargé de l'économie et des finances. »

Art. R. 3262-28 Les personnes, entreprises ou organismes qui assurent uniquement les prestations de portage ou de livraison de repas à domicile ne peuvent bénéficier de l'assimilation à l'activité de restaurateur. — [Anc. art. 11, al. 3, Décr. n° 67-1165 du 22 déc. 1967.]

Art. R. 3262-29 Lorsque le dossier qu'a fait parvenir le demandeur de l'assimilation à la profession de restaurateur est complet et qu'il en résulte que l'intéressé remplit les conditions fixées à l'article R. 3262-27 pour bénéficier de cette assimilation, la Commission lui adresse une attestation par lettre recommandée avec avis de réception.

Dès réception de cette attestation, l'assimilation est réputée accordée. — [Anc. art. 11, al. 4, Décr. n° 67-1165 du 22 déc. 1967.]

Art. R. 3262-30 Lorsque le dossier n'est pas complet, la Commission adresse au demandeur de l'assimilation une lettre recommandée avec avis de réception mentionnant les pièces justificatives manquantes à produire dans le délai d'un mois suivant la réception de cette lettre recommandée. A défaut d'envoi des pièces complémentaires demandées dans le délai imparti, l'assimilation est réputée refusée.

A la réception des pièces complémentaires demandées, si l'intéressé remplit les conditions fixées à l'article R. 3262-27, la commission lui adresse une attestation par lettre recommandée avec avis de réception.

Dès réception de cette attestation, l'assimilation est réputée accordée. — *[Anc. art. 11, al. 5, Décr. n° 67-1165 du 22 déc. 1967.]*

Art. R. 3262-31 Lorsque, dans le délai d'un mois suivant la date de réception du dossier figurant sur l'avis de réception, la Commission n'a pas adressé au demandeur de l'assimilation une attestation de dossier complet ou ne lui a pas demandé la production de pièces justificatives manquantes, l'assimilation est réputée accordée. — *[Anc. art. 11, al. 6, Décr. n° 67-1165 du 22 déc. 1967.]*

Art. R. 3262-32 Pour l'application du 2° de l'article R. 3262-36, les personnes, entreprises ou organismes assimilés aux restaurateurs adressent à nouveau au secrétariat de la Commission, sous trente jours au terme d'un délai de douze mois suivant la date à laquelle l'assimilation est réputée leur avoir été accordée, les pièces du dossier mentionné à l'article R. 3262-27, mises à jour à la date d'expiration du délai de douze mois, afin de justifier de leur activité de vente de préparations alimentaires *(Décr. n° 2010-1460 du 30 nov. 2010)* « mentionnées au deuxième alinéa de l'article R. 3262-4 » dans les conditions définies à ce même article.

A défaut d'avoir satisfait à l'obligation prévue au premier alinéa, les personnes, entreprises ou organismes assimilés ne bénéficient plus de l'assimilation aux restaurateurs. — *[Anc. art. 15, al. 9 et 10, Décr. n° 67-1165 du 22 déc. 1967.]*

SOUS-SECTION 3 Contrôle de la gestion

Art. R. 3262-33 L'émetteur de titres-restaurant fait appel à un expert[-]comptable chargé de constater au moins une fois par an les opérations accomplies par cet émetteur.

Les constatations de cet expert[-]comptable sont consignées dans un rapport que l'émetteur tient à la disposition de tout agent de contrôle. — *[Anc. art. 13, al. 1er, Décr. n° 67-1165 du 22 déc. 1967.]*

Art. R. 3262-34 Par dérogation à l'article R. 3262-33, si l'émission des titres est assurée par l'employeur et qu'il existe un *(Décr. n° 2017-1819 du 29 déc. 2017, art. 3)* « comité social et économique », ce dernier opère le contrôle de la gestion des fonds. — *[Anc. art. 13, al. 2, Décr. n° 67-1165 du 22 déc. 1967.]*

Art. R. 3262-35 Un arrêté du ministre chargé de l'économie et des finances détermine les modalités d'application des articles R. 3262-33 et R. 3262-34. — *[Anc. art. 13, al. 3, Décr. n° 67-1165 du 22 déc. 1967.]*

SECTION 5 Commission nationale des titres-restaurant

SOUS-SECTION 1 Missions

Art. R. 3262-36 La Commission nationale des titres-restaurant est chargée :

1° D'accorder l'assimilation à la profession de restaurateur aux personnes, entreprises ou organismes qui satisfont *(Décr. n° 2010-1460 du 30 nov. 2010)* « aux conditions prévues à l'article R. 3262-4 et aux articles R. 3262-26 à R. 3262-32 » ;

2° De constater les cas où *(Décr. n° 2010-220 du 3 mars 2010)* « les restaurateurs, les personnes, entreprises, organismes assimilés ou les détaillants en fruits et légumes » ont cessé leur activité ou ne satisfont plus aux conditions ouvrant droit au remboursement des titres-restaurant ;

3° De vérifier l'exercice de la profession de restaurateur *(Décr. n° 2010-220 du 3 mars 2010)* « ou de celle de détaillant en fruits et légumes » conformément aux dispositions de l'article R. 3262-26 ;

4° De réunir les informations relatives aux conditions d'application du présent chapitre et de les transmettre aux administrations compétentes ;

5° De fournir aux émetteurs et aux utilisateurs de titres-restaurant les renseignements pratiques dont ils peuvent avoir besoin ;

6° De faciliter l'accord des parties intéressées sur les améliorations qui peuvent être apportées à l'émission et à l'utilisation des titres-restaurant ;

7° D'étudier et de transmettre à l'administration les propositions de modification de la réglementation des titres-restaurant ;

8° D'exercer un contrôle sur le fonctionnement des comptes de titres-restaurant ouverts par les entreprises émettrices afin d'assurer que sont respectées les obligations qui leur sont imposées ainsi que celles *(Décr. n° 2010-220 du 3 mars 2010)* « des restaurateurs, organismes ou entreprises assimilés et des détaillants en fruits et légumes ». — *[Anc. art. 15, al. 1er et al. 2 à 8 et al. 11, Décr. n° 67-1165 du 22 déc. 1967.]*

Art. R. 3262-37 Pour permettre à la commission d'exercer la mission de contrôle prévue au 8° de l'article R. 3262-36, chaque société ou entreprise émettrice de titres-restaurant communique, au secrétariat de la commission, le rapport annuel établi par l'expert-comptable désigné à l'article R. 3262-33. Elle lui communique également, chaque mois :

1° Un état récapitulatif des entrées et sorties de titres-restaurant au cours du mois écoulé ;

2° Un état récapitulatif des mouvements ayant affecté, au cours du même mois, les fonds détenus au titre des comptes de titres-restaurant. — *[Anc. art. 15-2, al. 1er à 3, Décr. n° 67-1165 du 22 déc. 1967.]*

Art. R. 3262-38 A la demande de la commission, la société ou l'entreprise émettrice de titres-restaurant transmet au secrétariat :

1° L'état récapitulatif des restaurateurs et organismes ou entreprises *(Décr. n° 2010-220 du 3 mars 2010)* « , des détaillants en fruits et légumes » qui, dans une circonscription donnée au cours d'une période donnée, ont présenté des titres de remboursement ;

2° Tout document comptable ou commercial de nature à justifier la régularité des opérations. — *[Anc. art. 15-2, al. 4 à 6, Décr. n° 67-1165 du 22 déc. 1967.]*

Art. R. 3262-39 La commission peut faire opérer, à tout moment par un expert-comptable, des contrôles auprès des entreprises émettrices et des émetteurs spécialisés. — *[Anc. art. 15-2, al. 7, Décr. n° 67-1165 du 22 déc. 1967.]*

SOUS-SECTION 2 **Organisation et fonctionnement**

Art. R. 3262-40 La Commission nationale des titres-restaurant comprend notamment des représentants des organisations représentatives d'employeurs et de salariés, des syndicats de restaurateurs et *(Décr. n° 2010-1460 du 30 nov. 2010)* « de détaillants de fruits et légumes, et » des entreprises ayant pour activité principale l'émission de titres-restaurant. — *[Anc. art. 15, al. 1er, Décr. n° 67-1165 du 22 déc. 1967.]*

Art. R. 3262-41 La composition et le fonctionnement de la commission sont déterminés par un arrêté conjoint des ministres chargés du travail et de l'économie et des finances. — *[Anc. art. 15-1, al. 1er, Décr. n° 67-1165 du 22 déc. 1967.]*

Art. R. 3262-42 Les membres de la commission ne sont pas rémunérés. — *[Anc. art. 15-1, al. 2, Décr. n° 67-1165 du 22 déc. 1967.]*

Art. R. 3262-43 Le secrétariat de la commission est assuré par les services du ministre chargé de l'économie et des finances.

Le secrétaire général est désigné en accord avec le ministre chargé du travail. — *[Anc. art. 15-1, al. 3, Décr. n° 67-1165 du 22 déc. 1967.]*

Art. R. 3262-44 La commission est assistée d'un ou de plusieurs experts-comptables et désignés, sur sa proposition, par arrêté conjoint des ministres chargés du travail et de l'économie et des finances. — *[Anc. art. 15-1, al. 4, Décr. n° 67-1165 du 22 déc. 1967.]*

Art. R. 3262-45 La commission peut créer dans un département ou un groupe de départements des comités consultatifs dont la composition est analogue à la sienne. — *[Anc. art. 15-1, al. 5, Décr. n° 67-1165 du 22 déc. 1967.]*

INTÉRESSEMENT   **Art. D. 3313-1** 2197

SECTION 6 **Dispositions pénales**

Art. R. 3262-46 Le fait de méconnaître les dispositions du premier et du troisième alinéa de l'article L. 3262-2, de l'article L. 3262-3 et du second alinéa de l'article L. 3262-5, est puni de l'amende prévue pour les contraventions de la quatrième classe.

Il en est de même des infractions aux dispositions des articles R. 3262-1, R. 3262-2, R. 3262-4 à R. 3262-11, R. 3262-16, R. 3262-17, R. 3262-20 à R. 3262-25, R. 3262-33 à R. 3262-35 et R. 3262-37 à R. 3262-39 ainsi que des entraves mises à l'exercice de la mission de contrôle impartie à la commission prévue à l'article R. 3262-36. — *[Anc. art. 14, Décr. n° 67-1165 du 22 déc. 1967.]*

LIVRE III INTÉRESSEMENT, PARTICIPATION ET ÉPARGNE SALARIALE

TITRE I INTÉRESSEMENT

CHAPITRE I CHAMP D'APPLICATION

Art. R. 3311-1 Dans les entreprises publiques dont le personnel est soumis pour les conditions de travail à un statut législatif ou réglementaire, les accords d'intéressement peuvent fixer un montant maximum des sommes à distribuer dans la limite du cinquième du total des salaires bruts versés aux salariés intéressés. — *[Anc. art. 1er, al. 1er, Décr. n° 87-947 du 26 nov. 1987.]*

Art. R. 3311-2 Dans les entreprises publiques, les accords d'intéressement ne peuvent entrer en application qu'après avoir été homologués par arrêté du ministre chargé de l'économie et du ministre de tutelle après avis de la commission interministérielle de coordination des salaires. — *[Anc. art. 1er, al. 2, Décr. n° 87-947 du 26 nov. 1987.]*

Art. R. 3311-3 *(Décr. n° 2009-350 du 30 mars 2009)* Les dispositions du présent titre sont également applicables aux personnes mentionnées aux articles L. 3312-2 et L. 3312-3.

Art. D. 3311-4 *(Décr. n° 2009-351 du 30 mars 2009)* Les salariés d'un groupement d'employeurs qui n'a pas mis en place un dispositif d'intéressement peuvent bénéficier du dispositif d'intéressement mis en place dans chacune des entreprises du groupement auprès de laquelle ils sont mis à disposition si l'accord le prévoit.

CHAPITRE II MISE EN PLACE DE L'INTÉRESSEMENT

Art. R. 3312-1 *(Abrogé par Décr. n° 2020-683 du 4 juin 2020, art. 1er)* Le projet d'accord d'intéressement est soumis au *(Décr. n° 2017-1819 du 29 déc. 2017, art. 3)* « comité social et économique » pour avis au moins quinze jours avant sa signature.

Art. D. 3312-1 *(Abrogé par Décr. n° 2021-1398 du 27 oct. 2021, art. 3, à compter du 1er nov. 2021) (Décr. 2020-795 du 26 juin 2020, art. 1er)* Lorsqu'un accord de branche d'intéressement ouvre des choix aux parties signataires au niveau de l'entreprise, l'accord déposé peut ne contenir que les clauses résultant de ces choix.

Dans les entreprises de moins de cinquante salariés, lorsqu'un accord de branche d'intéressement propose un accord type au niveau de l'entreprise, l'employeur peut appliquer cet accord type conformément aux dispositions de l'accord de branche en vigueur, au moyen d'un document unilatéral, dans les conditions prévues à l'article L. 2232-10-1.

Art. R. 3312-2 Les dispositions du présent titre sont applicables à l'intéressement de projet mentionné à l'article L. 3312-6. — *[Anc. art. R. 444-1-7-I, al. 1er.]*

CHAPITRE III CONTENU ET RÉGIME DES ACCORDS

SECTION 1 **Régime des accords**

SOUS-SECTION 1 **Dépôt et contrôle administratif**

Art. D. 3313-1 *(Décr. n° 2020-795 du 26 juin 2020, art. 1er)* L'accord *(Décr. n° 2021-1122 du 27 août 2021, art. 3)* « ou la décision unilatérale » d'intéressement ou le document unilatéral prévu à l'article (*Décr. n° 2021-1122 du 27 août 2021, art. 1er et 3, en vigueur le 1er sept. 2021*) « **L. 3312-8** » est déposé sur la plateforme de téléprocédure mentionnée à l'article D. 2231-4 dans les conditions prévues à cet article et au II de l'article D. 2231-2, dans un délai de quinze jours à compter de la date limite prévue à l'article L. 3314-4.

Art. D. 3313-2 (*Abrogé par Décr. n° 2020-795 du 26 juin 2020, art. 1er*) *Lorsqu'un accord de branche d'intéressement ouvre des choix aux parties signataires au niveau de l'entreprise, l'accord déposé peut ne contenir que les clauses résultant de ces choix.*

L'adhésion à un accord de branche d'intéressement n'ouvrant pas de possibilité de choix, ou ouvrant un choix qui n'a pas été exercé, donne lieu à une simple notification à la (*Décr. n° 2009-1377 du 10 nov. 2009*) « *direction régionale des entreprises, de la concurrence, de la consommation, du travail et de l'emploi* ». — [*Anc. art. R. 444-1-1, al. 12 et 13.*]

Art. D. 3313-3 Lorsque l'accord qui assure l'intéressement des salariés à l'entreprise résulte d'une formule de calcul prenant en compte les résultats de l'une ou plusieurs des entreprises qui lui sont liées, au sens de l'article L. 233-16 du code de commerce, la liste de ces entreprises dont le siège social est situé en France est annexée au texte de l'accord déposé.

Il est fait mention, pour chaque entreprise liée, de l'adresse de son siège social, de ses effectifs ainsi que des dates de conclusion, d'effet et de dépôt de l'accord d'intéressement en vigueur dans l'entreprise. — [*Anc. art. R. 444-1-1, al. 14.*]

Art. R. 3313-4 (*Décr. n° 2023-98 du 14 févr. 2023, art. 3*) Lorsque l'accord a été entièrement et exclusivement rédigé au moyen d'un site internet géré par l'organisme mentionné à l'article L. 225-1 du code de la sécurité sociale suivant une procédure de nature à garantir les conditions prévues au dernier alinéa de l'article L. 3313-3 du présent code, un code d'identification de l'accord est délivré à la fin de cette procédure et au moment de son téléchargement permettant l'authentification de l'accord.

Sous réserve qu'aucune modification n'ait été apportée à ses clauses après son téléchargement dans les conditions prévues à l'alinéa précédent, l'accord déposé sur la plateforme de téléprocédure du ministère du travail mentionnée à l'article D. 2231-4 avec le code d'identification prévu à l'alinéa précédent est réputé conforme aux dispositions légales en vigueur et ouvre droit aux exonérations prévues au dernier alinéa de l'article L. 3313-3.

SOUS-SECTION 2 **Modification et dénonciation**

Art. D. 3313-5 L'accord d'intéressement ne peut être modifié ou dénoncé que par l'ensemble des signataires et dans la même forme que sa conclusion, sauf en cas de dénonciation prévu au deuxième alinéa de l'article L. 3345-2.

(*Décr. n° 2020-795 du 26 juin 2020, art. 1er*) « Toutefois, lorsque la modification ou la dénonciation dans la même forme que sa conclusion est rendue impossible par la disparition d'un ou plusieurs signataires d'origine, l'accord peut être dénoncé ou peut faire l'objet d'un avenant selon l'une des modalités prévues au I de l'article L. 3312-5. »

(*Décr. n° 2022-1651 du 26 déc. 2022, art. 1er*) « La modification d'une décision unilatérale de l'employeur dans la même forme que sa conclusion n'est possible que dans les conditions et selon les modalités prévues au II de l'article L. 3312-5. »

Art. D. 3313-6 L'avenant modifiant l'accord d'intéressement en vigueur est déposé selon les mêmes formalités et délais que l'accord.

(*Décr. n° 2021-1398 du 27 oct. 2021, art. 3, en vigueur le 1er nov. 2021*) « L'avenant ou le document unilatéral modifiant l'adhésion en vigueur à un accord de branche d'intéressement est déposé selon les mêmes formalités et délais que l'adhésion. »

V. note ss. art. D. 3345-6.

Art. D. 3313-7 (*Décr. n° 2020-795 du 26 juin 2020, art. 1er*) Pour être applicable à l'exercice en cours, la dénonciation de l'accord (*Décr. n° 2021-1122 du 27 août 2021, art. 3*) « ou [de] la décision unilatérale » d'intéressement ou du document unilatéral prévu à l'article (*Décr. n° 2021-1122 du 27 août 2021, art. 3*) « **L. 3312-8** » est déposée dans le délai prévu à l'article D. 3313-1.

INTÉRESSEMENT   **Art. R. 3313-12** 2199

SOUS-SECTION 3 **Reconduction** *(Décr. n° 2015-1606 du 7 déc. 2015, art. 1ᵉʳ).*

(Décr. n° 2009-351 du 30 mars 2009)

Art. D. 3313-7-1 *(Décr. n° 2015-1606 du 7 déc. 2015, art. 1ᵉʳ)* Si l'accord est conclu selon la modalité prévue au 4° *(Décr. n° 2022-1651 du 26 déc. 2022, art. 1ᵉʳ)* « du I » de l'article L. 3312-5, la demande de renégociation est formalisée par la production d'un des documents mentionnés au 3° de l'article D. 3345-1.

SECTION 2 Information des salariés

Art. D. 3313-8 Une note d'information, qui mentionne notamment les dispositions prévues à l'article D. 3313-11, est remise au salarié bénéficiaire d'un accord d'intéressement. — *[Anc. art. R. 441-3, al. 1ᵉʳ.]*

Art. D. 3313-9 La somme attribuée à un salarié en application de l'accord d'intéressement fait l'objet d'une fiche distincte du bulletin de paie.
Cette fiche mentionne :
1° Le montant global de l'intéressement ;
2° Le montant moyen perçu par les bénéficiaires ;
3° Le montant des droits attribués à l'intéressé ;
4° La retenue opérée au titre de la contribution sociale généralisée et de la contribution au remboursement de la dette sociale ;
(Décr. n° 2015-1606 du 7 déc. 2015, art. 1ᵉʳ) « 5° Lorsque l'intéressement est investi sur un plan d'épargne salariale, le délai à partir duquel les droits nés de cet investissement sont négociables ou exigibles et les cas dans lesquels ces droits peuvent être exceptionnellement liquidés ou transférés avant l'expiration de ce délai ;
« 6° Les modalités d'affectation par défaut au plan d'épargne d'entreprise des sommes attribuées au titre de l'intéressement, conformément aux dispositions de l'article L. 3315-2. »
Elle comporte également, en annexe, une note rappelant les règles essentielles de calcul et de répartition prévues par l'accord d'intéressement.
(Décr. n° 2020-795 du 26 juin 2020, art. 1ᵉʳ) « Sauf opposition du salarié » *(Décr. n° 2009-351 du 30 mars 2009)* « concerné, la remise de cette fiche distincte peut être effectuée par voie électronique, dans des conditions de nature à garantir l'intégrité des données. »

Art. D. 3313-10 Lorsqu'un salarié susceptible de bénéficier de l'intéressement quitte l'entreprise avant que celle-ci ait été en mesure de calculer les droits dont il est titulaire, l'employeur lui demande l'adresse à laquelle il pourra être informé de ses droits et lui demande de le prévenir de ses changements d'adresse éventuels.
Lorsque l'accord d'intéressement a été mis en place après que des salariés susceptibles d'en bénéficier ont quitté l'entreprise, ou lorsque le calcul et la répartition de l'intéressement interviennent après un tel départ, la fiche et la note prévue à l'article D. 3313-9 sont également adressées à ces bénéficiaires pour les informer de leurs droits. — *[Anc. art. R. 441-3, al. 3 et 4.]*

Art. D. 3313-11 Lorsque le bénéficiaire ne peut être atteint à la dernière adresse indiquée par lui, les sommes auxquelles il peut prétendre sont tenues à sa disposition par l'entreprise pendant une durée d'un an à compter de la date limite de versement de l'intéressement prévue à l'article L. 3314-9.
Passé ce délai, ces sommes sont remises à la Caisse des dépôts et consignations où l'intéressé peut les réclamer *(Décr. n° 2009-351 du 30 mars 2009)* « jusqu'au terme *(Décr. n° 2015-1606 du 7 déc. 2015, art. 1ᵉʳ)* « des délais prévus au III de l'article L. 312-20 du code monétaire et financier ». »

SECTION 3 Disponibilité des droits des bénéficiaires

(Décr. n° 2015-1606 du 7 déc. 2015, art. 1ᵉʳ)

Art. R. 3313-12 I. — L'accord d'intéressement prévoit les modalités d'information de chaque bénéficiaire.
Cette information porte notamment sur :

1° Les sommes qui sont attribuées au titre de l'intéressement ;
2° Le montant dont il peut demander le versement ;
3° Le délai dans lequel il peut formuler sa demande ;
4° L'affectation de ces sommes au plan d'épargne d'entreprise ou au plan d'épargne interentreprises, dès lors que l'un ou l'autre plan a été mis en place au sein de l'entreprise, en cas d'absence de demande de sa part, conformément aux dispositions de l'article L. 3315-2.

II. — La demande du bénéficiaire est formulée dans un délai de quinze jours à compter de la date à laquelle il a été informé du montant qui lui est attribué. L'accord précise la date à laquelle le bénéficiaire est présumé avoir été informé.

En l'absence de stipulation conventionnelle, le bénéficiaire formule sa demande dans un délai de quinze jours à compter de la réception, par tout moyen permettant d'apporter la preuve de celle-ci, du document l'informant du montant qui lui est attribué et dont il peut demander le versement.

Si le bénéficiaire ne demande pas le versement de ces sommes, et lorsque l'entreprise a mis en place un plan d'épargne d'entreprise ou, le cas échéant, un plan d'épargne interentreprises, elles ne sont négociables ou exigibles qu'à l'expiration du délai d'indisponibilité prévu dans le règlement du plan.

Art. D. 3313-13 Lorsqu'un bénéficiaire demande le versement de l'intéressement conformément aux dispositions de l'article R. 3313-12, ou lorsque l'intéressement est affecté à un plan d'épargne salariale, l'entreprise effectue ce versement avant le premier jour du sixième mois suivant la clôture de l'exercice de calcul au titre duquel l'intéressement est dû. Lorsque cet exercice de calcul est inférieur à douze mois, le versement intervient avant le premier jour du troisième mois.

Passé ces délais, l'entreprise complète le versement prévu au premier alinéa par un intérêt de retard égal à 1,33 fois le taux moyen de rendement des obligations des sociétés privées mentionné à l'article 14 de la loi n° 47-1775 du 10 septembre 1947 portant statut de la coopération.

Les intérêts sont versés en même temps que le principal.

CHAPITRE IV CALCUL, RÉPARTITION ET DISTRIBUTION DE L'INTÉRESSEMENT

Art. D. 3314-1 Les salaires à prendre en considération pour le calcul du plafond prévu au premier alinéa de l'article L. 3314-8 sont le total des salaires bruts versés à l'ensemble des salariés de l'entreprise ou d'un ou plusieurs établissements, suivant le champ d'application de l'accord d'entreprise. — *[Anc. art. R. 441-4.]*

Art. D. 3314-2 Les primes versées aux salariés en application de l'accord d'intéressement et déductibles du résultat imposable en application de l'article L. 3315-1 peuvent provenir de la répartition, entre l'ensemble des salariés de l'entreprise ou d'un ou plusieurs établissements, selon le champ d'application de l'accord :
1° Soit d'une somme globale résultant du mode d'intéressement retenu pour cette entreprise ou ce ou ces établissements ;
2° Soit de sommes dont les critères et modalités de calcul et de répartition peuvent être, le cas échéant, adaptés aux différents établissements ou unités de travail dans les conditions prévues par l'accord. — *[Anc. art. R. 441-2, al. 1er à 3.]*

Art. R. 3314-3 Lorsque la répartition de l'intéressement est proportionnelle aux salaires, les salaires à prendre en compte au titre des périodes de congés, de maternité *(Décr. n° 2023-98 du 14 févr. 2023, art. 3)* « , de paternité et d'accueil de l'enfant » d'adoption *(Décr. n° 2023-98 du 14 févr. 2023, art. 3)* « et de deuil » ainsi que des périodes de suspension consécutives à un accident du travail ou à une maladie professionnelle *(Décr. n° 2023-98 du 14 févr. 2023, art. 3)* « et les périodes de mise en quarantaine » sont ceux qu'aurait perçus le bénéficiaire s'il avait été présent.

> **Prime d'intéressement et congé de reclassement.** Le salarié en congé de reclassement bénéficie par principe de l'intéressement, mais les modalités de répartition, fixées par l'accord d'intéressement, peuvent aboutir à une prime nulle ; le congé n'est pas assimilé par la loi à du temps de travail effectif. ● Soc. 1er juin 2022, n° 20-16.404 B : D. 2022. 1095 ; RJS 8-9/2022, n° 467.

PARTICIPATION AUX RÉSULTATS **Art. D. 3323-2** 2201

Art. R. 3314-4 Les dispositions du présent titre sont, à l'exception de celles des articles D. 3313-5 à D. 3313-7, applicables au supplément d'intéressement prévu à l'article L. 3314-10 et à l'accord spécifique de répartition auquel il peut donner lieu. – *[Anc. art. R. 444-1-7-I, al. 2.]*

CHAPITRE V RÉGIME SOCIAL ET FISCAL DE L'INTÉRESSEMENT

Le présent chapitre ne comprend pas de dispositions réglementaires.

TITRE II PARTICIPATION AUX RÉSULTATS DE L'ENTREPRISE

CHAPITRE I CHAMP D'APPLICATION

Art. R. 3321-1 (Décr. n° 2009-350 du 30 mars 2009) Les dispositions du présent titre, à l'exception des articles R. 3322-1, R. 3322-2, D. 3323-4, R. 3323-6, R. 3323-10 et D. 3324-1, sont également applicables aux personnes mentionnées au deuxième alinéa de l'article L. 3323-6 et au troisième alinéa de l'article L. 3324-2.

Art. D. 3321-2 (Décr. n° 2009-351 du 30 mars 2009) Les salariés d'un groupement d'employeurs qui n'a pas mis en place un dispositif de participation peuvent bénéficier des dispositifs de participation mis en place dans chacune des entreprises du groupement auprès de laquelle ils sont mis à disposition si l'accord le prévoit.

CHAPITRE II MISE EN PLACE DE LA PARTICIPATION

Art. R. 3322-1 (Abrogé par Décr. n° 2019-1586 du 31 déc. 2019, art. 2, à compter du 1er janv. 2020) *La condition d'emploi habituel prévue à l'article L. 3322-2 est remplie dès lors que l'effectif de cinquante salariés prévu à cet article a été atteint,* (Décr. n° 2015-1606 du 7 déc. 2015, art. 2) « *au cours des trois derniers exercices, pendant une durée de douze mois au moins,* » *consécutifs ou non.*
Dans les entreprises dont l'activité est saisonnière, cette condition est remplie si cet effectif a été atteint pendant au moins la moitié de la durée d'activité saisonnière (Décr. n° 2015-1606 du 7 déc. 2015, art. 2) « *au cours des trois derniers exercices* ».

Art. D. 3322-1 (Abrogé par Décr. n° 2021-1398 du 27 oct. 2021, art. 3, à compter du 1er nov. 2021) (Décr. n° 2020-795 du 26 juin 2020, art. 2) *Lorsqu'un accord de branche de participation ouvre des choix aux parties signataires au niveau de l'entreprise, l'accord déposé peut ne contenir que les clauses résultant de ces choix.*
Dans les entreprises de moins de cinquante salariés, lorsqu'un accord de branche de participation propose un accord type au niveau de l'entreprise, l'employeur peut appliquer cet accord type conformément aux dispositions de l'accord de branche en vigueur, au moyen d'un document unilatéral, dans les conditions prévues à l'article L. 2232-10-1.

Art. R. 3322-2 Les entreprises constituant une unité économique et sociale mettent en place la participation, soit par un accord unique couvrant l'unité économique et sociale, soit par des accords distincts couvrant l'ensemble des salariés de ces entreprises. – *[Anc. art. L. 442-1, al. 4 fin.]*

CHAPITRE III CONTENU ET RÉGIME DES ACCORDS

SECTION 1 Régime des accords

SOUS-SECTION 1 Dépôt

Art. D. 3323-1 (Décr. n° 2020-795 du 26 juin 2020, art. 2) L'accord (Décr. n° 2021-1122 du 27 août 2021, art. 3) « ou la décision unilatérale » de participation ou le document unilatéral prévu à l'article (Décr. n° 2021-1122 du 27 août 2021, art. 3) « L. 3322-9 » est déposé sur la plateforme de téléprocédure mentionnée à l'article D. 2231-4 dans les conditions prévues à cet article et au II de l'article D. 2231-2.

Art. D. 3323-2 (Abrogé par Décr. n° 2020-795 du 26 juin 2020, art. 2) *Dans l'hypothèse où un accord de branche de participation ouvre des choix aux parties signataires au* niveau de l'entreprise, l'accord déposé à la direction régionale des entreprises, de la concurrence, de la consommation, du travail et de l'emploi peut ne contenir que les clauses résultant de ces choix.

L'adhésion à un accord mentionné au premier alinéa n'ouvrant pas de possibilité de choix, ou ouvrant un choix qui n'a pas été exercé, donne lieu à une simple notification à la (Décr. n° 2009-1377 du 10 nov. 2009) « direction régionale des entreprises, de la concurrence, de la consommation, du travail et de l'emploi ». – [Anc. art. R. 444-1-1, al. 12 et 13.]

Art. D. 3323-3 Si le régime de participation est mis en place à l'initiative de l'entreprise, la décision précisant les modalités de cet assujettissement unilatéral est déposée avec le procès-verbal de la consultation du (Décr. n° 2017-1819 du 29 déc. 2017, art. 3) « comité social et économique » prévue au deuxième alinéa de l'article L. 3323-6. – [Anc. art. R. 444-1-1, al. 10.]

Art. D. 3323-4 Lorsqu'un accord de participation de groupe est conclu, les documents déposés (Décr. n° 2021-1122 du 27 août 2021, art. 3) « sur la plateforme de téléprocédure mentionnée à l'article D. 2231-4 dans les conditions prévues à cet article et au II de l'article D. 2231-2 » comportent :
1° Quel que soit le mode de conclusion de l'accord, les mandats habilitant le mandataire des différentes sociétés intéressées à signer l'accord de groupe ;
2° Si l'accord a été conclu avec un ou plusieurs salariés appartenant à l'une des entreprises du groupe mandatés à cet effet par une ou plusieurs organisations syndicales, les mandats les habilitant à signer l'accord de groupe ;
3° Si l'accord a été conclu avec les représentants mandatés par chacun des (Décr. n° 2017-1819 du 29 déc. 2017, art. 3) « comités sociaux et économiques » intéressés, les procès-verbaux de séance établissant que la délégation du personnel statuant à la majorité a explicitement donné mandat à ces représentants pour signer l'accord de groupe ;
4° Si l'accord résulte, après consultation de l'ensemble des salariés inscrits à l'effectif de chacune des sociétés intéressées, de la ratification par les deux tiers de ces salariés du projet proposé par le mandataire de ces sociétés :
a) Soit l'émargement, sur la liste nominative de l'ensemble des salariés de chacune des sociétés intéressées, des salariés signataires ;
b) Soit un procès-verbal rendant compte de la consultation, au niveau de chacune des entreprises ou au niveau du groupe.

Art. R. 3323-5 Lorsque la ratification d'un accord de groupe est demandée conjointement par le mandataire des sociétés intéressées et une ou plusieurs organisations syndicales, ou la majorité des (Décr. n° 2017-1819 du 29 déc. 2017, art. 3) « comités sociaux et économiques » des sociétés intéressées, ou le comité de groupe, il en est fait mention dans les documents déposés. – [Anc. art. R. 444-1-2, al. 8.]

Art. R. 3323-6 Lorsque le projet d'accord de groupe ratifié par les salariés ne fait pas mention d'une demande conjointe, il est déposé avec l'accord :
1° Une attestation des différents chefs d'entreprise intéressés selon laquelle ils n'ont été saisis d'aucune désignation de délégué syndical ;
2° Et, pour les entreprises assujetties à la législation sur les (Décr. n° 2017-1819 du 29 déc. 2017, art. 3) « comités sociaux et économiques », un procès-verbal de carence datant de moins de quatre ans. – [Anc. art. R. 444-1-2, al. 9.]

Art. D. 3323-7 (Abrogé par Décr. n° 2020-795 du 26 juin 2020, art. 2) Le (Décr. n° 2009-1377 du 10 nov. 2009) « directeur régional des entreprises, de la concurrence, de la consommation, du travail et de l'emploi » accuse, sans délai, réception de l'accord de branche de participation et des autres documents mentionnés à la présente sous-section. – [Anc. art. R. 444-1-1, al. 15 et anc. art. R. 444-1-2, al. 10.]

SOUS-SECTION 2 **Dénonciation de l'accord**

Art. D. 3323-8 La partie qui dénonce un accord de participation ou l'employeur, dans le cas où le régime de participation a été mis en place conformément (Décr. n° 2021-1122 du 27 août 2021, art. 3) « au deuxième alinéa de l'article L. 3322-9 ou » (Décr. n° 2015-1606 du 7 déc. 2015, art. 2) « au troisième alinéa » de l'article

L. 3323-6, (Décr. n° 2021-1122 du 27 août 2021, art. 3) « dépose aussitôt cette décision sur la plateforme de téléprocédure mentionnée à l'article D. 2231-4 dans les conditions prévues à cet article et au II de l'article D. 2231-2 ».

La dénonciation d'un accord conclu au sein d'un (Décr. n° 2017-1819 du 29 déc. 2017, art. 3) « comité social et économique » est constatée au procès-verbal de la séance au cours de laquelle cette dénonciation a eu lieu.

SOUS-SECTION 3 **Sociétés coopératives de production, coopératives agricoles** (L. n° 2014-856 du 31 juill. 2014, art. 30).

Art. R. 3323-9 Dans les (L. n° 2014-856 du 31 juill. 2014, art. 30) « sociétés coopératives de production », la réserve spéciale de participation des salariés est calculée sur les bases suivantes :

1° Le bénéfice est réputé égal, pour chaque exercice, aux excédents nets de gestion définis à l'article 32 de la loi n° 78-763 du 19 juillet 1978 portant statut des (L. n° 2014-856 du 31 juill. 2014, art. 30) « sociétés coopératives de production », déduction faite de la fraction égale à 25 % de ceux-ci, prévue au 3° de l'article 33 de cette loi. Ce bénéfice est diminué d'une somme calculée par application à celui-ci du taux de droit commun de l'impôt sur les sociétés ;

2° Les capitaux propres de l'entreprise sont réputés égaux au montant du capital social effectivement libéré à la clôture de l'exercice considéré. — [Anc. art. R. 442-27.]

Art. R. 3323-10 La part des excédents nets de gestion répartie entre les salariés en application du 3° de l'article 33 de la loi du 19 juillet 1978 précitée peut, aux termes d'un accord de participation, être affectée en tout ou partie à la constitution de la réserve spéciale de participation.

Dans ce cas, la réserve spéciale de participation et la provision pour investissement sont constituées avant la clôture des comptes de l'exercice. — [Anc. art. R. 442-28.]

Art. R. 3323-11 Un accord de participation conclu au sein d'une (L. n° 2014-856 du 31 juill. 2014, art. 30) « société coopérative de production » peut prévoir que l'emploi de la réserve spéciale de participation en parts sociales, quelle que soit la forme juridique de la société, est réservé aux associés employés dans l'entreprise. — [Anc. art. R. 442-29.]

SECTION 2 **Information des salariés**

Art. D. 3323-12 Les salariés sont informés de l'existence et du contenu de l'accord de participation par tout moyen prévu à cet accord et, à défaut, par voie d'affichage. — [Anc. art. R. 442-18.]

Art. D. 3323-13 L'employeur présente, dans les six mois qui suivent la clôture de chaque exercice, un rapport au (Décr. n° 2017-1819 du 29 déc. 2017, art. 3) « comité social et économique » ou à la commission spécialisée éventuellement créée par ce comité.

Ce rapport comporte notamment :

1° Les éléments servant de base au calcul du montant de la réserve spéciale de participation des salariés pour l'exercice écoulé ;

2° Des indications précises sur la gestion et l'utilisation des sommes affectées à cette réserve. — [Anc. art. R. 442-19, al. 1er à 4.]

Art. D. 3323-14 Lorsque le (Décr. n° 2017-1819 du 29 déc. 2017, art. 3) « comité social et économique » est appelé à siéger pour examiner le rapport relatif à l'accord de participation, les questions ainsi examinées font l'objet de réunions distinctes ou d'une mention spéciale à son ordre du jour.

Le comité peut se faire assister par l'expert-comptable prévu à l'article L. 2325-35 [anc.]. — [Anc. art. R. 442-19, al. 5.]

Financement de l'expertise sur l'accord de participation par l'employeur. L'expertise, décidée par le CSE appelé à siéger pour examiner le rapport relatif à l'accord de participation, participe de la consultation récurrente sur la situation économique et financière de l'entreprise ; en conséquence, l'expert-comptable est rémunéré par l'employeur. ● Soc. 5 avr. 2023, n° 21-

23.427 B : *D. actu. 18 avr. 2023, obs. Malfettes ; 1145, obs. Kovac et Gaudemet-Toulemonde. D. 2023. 690 ; RJS 6/2023, n° 323 ; JCP S 2023.*

Art. D. 3323-15 Lorsqu'il n'existe pas de *(Décr. n° 2017-1819 du 29 déc. 2017, art. 3)* « comité social et économique, le rapport relatif à l'accord de participation est » adressé à chaque salarié présent dans l'entreprise à l'expiration du délai de six mois suivant la clôture de l'exercice. – *[Anc. art. R. 442-19, al. 6.]*

Art. D. 3323-16 La somme attribuée à un salarié en application de l'accord de participation fait l'objet d'une fiche distincte du bulletin de paie.

Cette fiche mentionne :

1° Le montant total de la réserve spéciale de participation pour l'exercice écoulé ;
2° Le montant des droits attribués à l'intéressé ;
3° La retenue opérée au titre de la contribution sociale généralisée et de la contribution au remboursement de la dette sociale ;
4° S'il y a lieu, l'organisme auquel est confiée la gestion de ces droits ;
5° La date à partir de laquelle ces droits sont négociables ou exigibles ;
6° Les cas dans lesquels ces droits peuvent être exceptionnellement liquidés ou transférés avant l'expiration de ce délai ;
(Décr. n° 2011-1450 du 7 nov. 2011) « 7° Les modalités d'affectation par défaut au plan d'épargne pour la retraite collectif *(Décr. n° 2019-807 du 30 juill. 2019, art. 7-II, en vigueur le 1er oct. 2019)* « ou au plan d'épargne retraite d'entreprise collectif » des sommes attribuées au titre de la participation, conformément aux dispositions de l'article L. 3324-12. »

Elle comporte également, en annexe, une note rappelant les règles de calcul et de répartition prévues par l'accord de participation. – *V. Circ. Questions-réponses du 19 avr. 2012 sur l'alimentation du plan d'épargne pour la retraite collectif par des jours de repos non pris et par la moitié de la réserve spéciale de participation, NOR : ETST1221259C.*

(Décr. n° 2020-795 du 26 juin 2020, art. 2) « Sauf opposition du salarié » *(Décr. n° 2009-351 du 30 mars 2009)* « concerné, la remise de cette fiche distincte peut être effectuée par voie électronique, dans des conditions de nature à garantir l'intégrité des données. »

Art. D. 3323-17 Chaque salarié est informé des sommes et valeurs qu'il détient au titre de la participation dans les six mois qui suivent la clôture de chaque exercice. – *[Anc. art. R. 442-20, al. 8.]*

Art. D. 3323-18 Lorsque l'accord de participation a été mis en place après que des salariés susceptibles d'en bénéficier ont quitté l'entreprise, ou lorsque le calcul et la répartition de la réserve spéciale de participation interviennent après un tel départ, la fiche et la note prévues à l'article D. 3323-16 sont également adressées à ces bénéficiaires pour les informer de leurs droits. – *[Anc. art. R. 442-20, al. 10.]*

CHAPITRE IV Calcul et gestion de la participation

SECTION 1 Calcul de la réserve spéciale de participation

Art. D. 3324-1 Les salaires à retenir pour le calcul du montant de la réserve spéciale de participation des salariés mentionnée à l'article L. 3324-1 sont les *(Décr. n° 2018-821 du 27 sept. 2018, art. 3)* « revenus d'activité tels qu'ils sont pris en compte pour la détermination de l'assiette des cotisations définie à » l'article L. 242-1 du code de la sécurité sociale.

(Décr. n° 2009-351 du 30 mars 2009) « Lorsque l'accord de participation prévoit que les salariés d'un groupement d'employeurs mis à la disposition de l'entreprise bénéficient de ses dispositions, le montant de leurs salaires correspondant à leur activité dans l'entreprise utilisatrice est ajouté au montant des salaires des salariés de l'entreprise. Ce montant est communiqué à l'entreprise par le groupement d'employeurs. »

1. Assiette. Les rémunérations servant de base de calcul à la réserve spéciale de participation sont celles que désigne l'art. L. 242-1 CSS, qu'elles soient assujetties ou non à des cotisations sociales.

• Soc. 29 oct. 2013 : *D. 2013. Actu. 2585* : *RJS 1/2014, n° 64.*

2. Rémunérations de travailleurs sous la subordination effective de l'employeur. Les rémunérations des travailleurs qui ne sont pas sous la subordination effective de l'employeur n'ont pas à être prises en compte pour le calcul de la réserve de participation ; ne peuvent être incluses dans le calcul de la réserve de participation de la société des rémunérations de l'ensemble des salariés de deux GIE dont la société était membre et absorbés par elle en 2001, alors qu'il résultait de ses constatations que l'ensemble des personnels de ces deux GIE n'étaient devenus salariés de la société que postérieurement aux périodes concernées par la demande. ● Soc. 10 févr. 2021, ⚖ n°s 19-50.016 P, 19-50.017 P, 19-50.018 P et 19-50.019 P : *RJS 4/2021, n° 2302*.

Art. D. 3324-2 La valeur ajoutée de l'entreprise mentionnée au 4° de l'article L. 3324-1 est déterminée en faisant le total des postes du compte de résultats énumérés ci-après, pour autant qu'ils concourent à la formation d'un bénéfice réalisé en France métropolitaine et dans les départements d'outre-mer :

1° Les charges de personnel ;

2° Les impôts, taxes et versements assimilés, à l'exclusion des taxes sur le chiffre d'affaires ;

3° Les charges financières ;

4° Les dotations de l'exercice aux amortissements ;

5° Les dotations de l'exercice aux provisions, à l'exclusion des dotations figurant dans les charges exceptionnelles ;

6° Le résultat courant avant impôts. — *[Anc. art. R. 442-2, al. 3 à 9.]*

Art. D. 3324-3 Par dérogation aux dispositions de l'article D. 3324-2, la valeur ajoutée des entreprises de banque et d'assurances est déterminée comme suit :

1° Pour les établissements de crédit *(Décr. n° 2014-1316 du 3 nov. 2014, art. 14)* « et les sociétés de financement », par le revenu bancaire hors taxe augmenté des produits nets du portefeuille titres et des revenus des immeubles. Le revenu bancaire est égal à la différence entre, d'une part, les perceptions opérées sur les clients et, d'autre part, les frais financiers de toute nature ;

2° Pour les entreprises d'assurances régies par le code des assurances et les entreprises de réassurance, par la différence existant entre, d'une part, la somme des primes nettes d'impôts et des produits de placements et, d'autre part, le total des dotations aux provisions techniques et des prestations payées au cours de l'exercice aux assurés et bénéficiaires de contrats d'assurances. — *[Anc. art. R. 442-3, al. 1er à 3.]*

Art. D. 3324-4 Les capitaux propres mentionnés au 2° de l'article L. 3324-1 comprennent le capital, les primes liées au capital social, les réserves, le report à nouveau, les provisions qui ont supporté l'impôt ainsi que les provisions réglementées constituées en franchise d'impôts par application d'une disposition particulière du code général des impôts. Leur montant est retenu d'après les valeurs figurant au bilan de clôture de l'exercice au titre duquel la réserve spéciale de participation est calculée. Toutefois, en cas de variation du capital au cours de l'exercice, le montant du capital et des primes liées au capital social est pris en compte à due proportion du temps.

La réserve spéciale de participation des salariés ne figure pas parmi les capitaux propres.

Pour les sociétés de personnes et les entreprises individuelles, la somme définie ci-dessus est augmentée des avances en compte courant faites par les associés ou l'exploitant. La quotité des avances à retenir au titre de chaque exercice est égale à la moyenne algébrique des soldes des comptes courants en cause tels que ces soldes existent à la fin de chaque trimestre civil inclus dans l'exercice considéré.

Le montant des capitaux propres auxquels s'applique le taux de 5 % prévu au 2° de l'article susmentionné est obtenu en retranchant des capitaux propres définis aux alinéas précédents ceux qui sont investis à l'étranger calculés à due proportion du temps en cas d'investissement en cours d'année.

Le montant de ces capitaux est égal au total des postes nets de l'actif correspondant aux établissements situés à l'étranger après application à ce total du rapport des capitaux propres aux capitaux permanents.

Le montant des capitaux permanents est obtenu en ajoutant au montant des capitaux propres, les dettes à plus d'un an autres que celles incluses dans les capitaux propres. — *[Anc. art. R. 442-2, al. 10 à 15.]*

Art. D. 3324-5 Par dérogation aux dispositions de l'article D. 3324-4, les capitaux propres comprennent, en ce qui concerne les offices publics et ministériels dont le titulaire n'a pas la qualité de commerçant :

1° D'une part, la valeur patrimoniale du droit de présentation appartenant au titulaire de l'office ;

2° D'autre part, la valeur nette des autres biens affectés à l'usage professionnel et appartenant au titulaire de l'office au premier jour de la période au titre de laquelle la participation est calculée. – [Anc. art. R. 442-3, al. 4 à 6.]

Art. D. 3324-6 La valeur patrimoniale du droit de présentation est estimée dans les conditions prévues pour les cessions d'offices publics et ministériels mentionnés à l'article D. 3324-5.

Cette estimation est établie au 1er janvier de la première année d'application du régime de participation des salariés à l'office intéressé ou, en cas de changement de titulaire, à la date de cession de cet office.

La valeur nette des autres biens affectés à l'usage professionnel et appartenant au titulaire de l'office est égale à leur prix de revient diminué du montant des amortissements qui s'y rapportent. – [Anc. art. R. 442-3, al. 7 à 9.]

Art. R. 3324-7 Dans les entreprises relevant de l'impôt sur le revenu, l'impôt à retenir pour le calcul du bénéfice net s'obtient en appliquant au bénéfice imposable de l'exercice rectifié dans les conditions prévues à l'article L. 3324-3, le taux moyen d'imposition à l'impôt sur le revenu de l'exploitant.

Ce taux moyen est égal à cent fois le chiffre obtenu en divisant l'impôt sur le revenu dû pour l'exercice considéré par le montant des revenus soumis à cet impôt. Toutefois le taux moyen retenu est, dans tous les cas, limité au taux de droit commun de l'impôt sur les sociétés. – [Anc. art. R. 442-4.]

Art. D. 3324-8 Dans les entreprises soumises au régime fiscal des sociétés de personnes, le bénéfice net est obtenu par la somme des éléments suivants :

1° La fraction du bénéfice imposable de l'exercice qui revient à ceux des associés passibles de l'impôt sur les sociétés diminué de l'impôt que ces entreprises auraient acquitté si elles étaient personnellement soumises à l'impôt sur les sociétés, calculé au taux de droit commun de cet impôt ;

2° La fraction du bénéfice imposable de l'exercice rectifiée dans les conditions prévues à l'article L. 3324-3 qui revient aux associés personnes physiques, diminuée des impôts supportés par chacun de ces associés à ce titre, calculés conformément aux dispositions de l'article R. 3324-7. Toutefois, le montant total des impôts imputables est dans tous les cas limité à la somme qui résulterait de l'application à cette fraction du bénéfice imposable rectifiée du taux de droit commun de l'impôt sur les sociétés ;

3° La fraction du bénéfice net de l'exercice calculé, conformément aux 1° et 2° à partir de la fraction du bénéfice imposable de l'exercice revenant aux associés qui seraient eux-mêmes des entreprises soumises au régime fiscal des sociétés de personnes. – [Anc. art. R. 442-5, al. 1er à 4.]

Art. D. 3324-9 Le bénéfice net des associés des entreprises soumises au régime fiscal des sociétés de personnes est calculé sans tenir compte de la quote-part du résultat de ces entreprises qui leur revient, ni de l'impôt qui correspond à ce résultat. – [Anc. art. R. 442-5, al. 5.]

SECTION 2 Répartition de la réserve spéciale de participation

Art. D. 3324-10 Le salaire servant de base à la répartition proportionnelle de la réserve spéciale de participation est égal au total des (Décr. n° 2018-821 du 27 sept. 2018, art. 3) « revenus d'activité tels qu'ils sont pris en compte pour la détermination de l'assiette des cotisations définie à » l'article L. 242-1 du code de la sécurité sociale, perçues par chaque bénéficiaire au cours de l'exercice considéré sans que ce total puisse excéder une somme, qui est identique pour tous les salariés et figure dans l'accord. Cette somme est au plus égale à (Décr. n° 2020-795 du 26 juin 2020, art. 2) « trois » fois le plafond annuel retenu pour la détermination du montant maximum des cotisations de sécurité sociale et d'allocations familiales.

(*Décr. n° 2009-351 du 30 mars 2009*) « Pour les salariés des groupements d'employeurs bénéficiaires de la participation dans leur entreprise utilisatrice, le salaire servant de base à la répartition proportionnelle est le salaire mentionné au dernier alinéa de l'article D. 3324-1. Pour les bénéficiaires mentionnés au deuxième alinéa de l'article L. 3323-6 et au troisième alinéa de l'article L. 3324-2 s'appliquent les dispositions du premier alinéa de l'article L. 3324-5. »

Ordre public. L'ensemble des dispositions légales et réglementaires relatives à la participation obligatoire des salariés aux résultats de l'entreprise qui vise à la constitution d'épargne salariale et à son orientation vers un secteur déterminé de l'économie nationale étant d'ordre public absolu, il ne peut y être dérogé qu'avec l'autorisation expresse de la loi ; l'art. R. 442-6 [D. 3324-10 nouv.], qui fixe le plafond du montant des droits susceptibles d'être attribués à un même salarié pour un même exercice, ne prévoit pas une telle dérogation. • Soc. 23 mai 2007 : *D. 2007. AJ 1665* ; *RJS 2007. 756, n° 980*. ♦ Dans le même sens, • TGI Paris, 29 avr. 2003 : *RJS 2003. 711, n° 1044*. ♦ Ce plafond s'applique aux exercices clos à compter du 5 août 2001. • Même arrêt.

Art. D. 3324-11 Pour les périodes d'absence liées au congé de maternité (*Décr. n° 2021-1122 du 27 août 2021, art. 3*) « , » au congé d'adoption (*Décr. n° 2021-1122 du 27 août 2021, art. 3*) « ou au congé de deuil » et pour les périodes de suspension du contrat de travail consécutives à un accident du travail ou à une maladie professionnelle (*Décr. n° 2021-1122 du 27 août 2021, art. 3*) « ou à une mise en quarantaine », les salaires à prendre en compte sont ceux qu'aurait perçus le bénéficiaire s'il n'avait pas été absent.

Art. D. 3324-12 Le montant des droits susceptibles d'être attribués à un même salarié ne peut, pour un même exercice, excéder une somme égale aux trois quarts du montant du plafond prévu à l'article D. 3324-10. – [*Anc. art. R. 442-6, al. 2.*]

Art. D. 3324-13 Lorsque le salarié n'a pas accompli une année entière dans la même entreprise, les plafonds prévus aux articles D. 3324-10 et D. 3324-12 sont calculés à due proportion de la durée de présence. – [*Anc. art. R. 442-6, al. 3.*]

Art. D. 3324-14 Les sommes qui demeurent dans la réserve spéciale de participation des salariés, en application du deuxième alinéa de l'article L. 3324-7, ne peuvent ouvrir droit au bénéfice des déductions et exonérations prévues aux articles L. 3325-1 et L. 3325-2 qu'au titre des exercices au cours desquels elles sont réparties. – [*Anc. art. R. 442-6, al. 4.*]

Art. D. 3324-15 Les plafonds prévus aux articles D. 3324-10 et D. 3324-12 s'appliquent à la totalité de la participation attribuée à chaque salarié. – [*Anc. art. R. 442-6, al. 5.*]

Art. R. 3324-16 Les dispositions du présent titre sont, à l'exception de celles des articles R. 3322-1, D. 3323-8 à R. 3323-11, D. 3324-1 à D. 3324-10 et D. 3325-1 à R. 3326-1, applicables au supplément de réserve spéciale de participation prévu à l'article L. 3324-9 et à l'accord spécifique de répartition auquel il peut donner lieu. – [*Anc. art. R. 444-1-7-II.*]

SECTION 3 Évaluation des titres

Art. D. 3324-17 Dans le cas prévu au 1° de l'article L. 3323-2, l'accord de participation détermine la forme des titres attribués, les modalités de conservation de ces titres et les mesures prises pour assurer le respect de l'interdiction de les négocier pendant cinq ans, sauf dans les cas prévus à l'article R. 3324-22. – [*Anc. art. R. 442-7.*]

Art. D. 3324-18 En cas d'attribution d'actions de l'entreprise, les titres sont évalués sur la base de la moyenne de leur cours de bourse pendant les vingt jours de cotation précédant la date de leur attribution. Cette moyenne est obtenue par référence au premier cours coté de chaque séance. – [*Anc. art. R. 442-8, al. 1er et 2.*]

Art. D. 3324-19 Lorsque les titres ne sont pas admis aux négociations sur un marché réglementé, le prix auquel les titres sont attribués est déterminé conformément aux méthodes définies à l'article L. 3332-20, sans préjudice des dispositions légales qui fixent les conditions de détermination de la valeur de certaines catégories de titres. – [*Anc. art. R. 442-8, al. 3.*]

Art. D. 3324-20 Les titres sont évalués par l'entreprise, sous le contrôle du commissaire aux comptes, au moins une fois par exercice et chaque fois qu'un événement ou une série d'événements intervenus au cours d'un exercice sont susceptibles de conduire à une évolution substantielle de la valeur des actions de l'entreprise.

Il est, en outre, procédé à une évaluation par des experts au moins tous les cinq ans. *(Décr. n° 2009-351 du 30 mars 2009)* « Cette évaluation est facultative dans les entreprises mentionnées au troisième alinéa de l'article L. 3332-20 dont les titres sont évalués en application du deuxième alinéa de ce même article. »

Art. D. 3324-21 Les salariés attributaires d'actions de l'entreprise peuvent négocier les droits de souscription ou d'attribution afférents à ces titres même au cours de la période où ceux-ci ne sont pas négociables en application de l'article L. 3324-10. – *[Anc. art. R. 442-9.]*

SECTION 4 **Disponibilité des droits des bénéficiaires** *(Décr. n° 2009-350 du 30 mars 2009).*

Art. R. 3324-21-1 *(Décr. n° 2009-350 du 30 mars 2009)* L'accord de participation prévoit les modalités d'information de chaque bénéficiaire.

(Décr. n° 2011-1449 du 7 nov. 2011) « Cette information porte notamment sur :
« *a)* Les sommes qui sont attribuées au titre de la participation ;
« *b)* Le montant dont il peut demander en tout ou partie le versement ;
« *c)* Le délai dans lequel il peut formuler sa demande ;
« *d)* L'affectation d'une quote-part de ces sommes au plan d'épargne pour la retraite collectif *(Décr. n° 2019-807 du 30 juill. 2019, art. 7-II)* « ou au plan d'épargne retraite d'entreprise collectif », en cas d'absence de réponse de sa part, conformément aux dispositions de l'article L. 3424-12 ; »

La demande du bénéficiaire est formulée dans un délai de quinze jours à compter de la date à laquelle il a été informé du montant qui lui est attribué. L'accord précise la date à laquelle le bénéficiaire est présumé avoir été informé.

En l'absence de stipulation conventionnelle, le bénéficiaire formule sa demande dans un délai de quinze jours à compter de la réception de la lettre recommandée avec avis de réception ou remise contre récépissé l'informant du montant qui lui est attribué et du montant dont il peut demander en tout ou partie le versement.

Si le bénéficiaire ne demande pas le versement de ces sommes dans le délai de quinze jours mentionné ci-dessus, elles ne sont négociables ou exigibles qu'à l'expiration d'un délai de cinq ans à compter du *(Décr. n° 2015-1606 du 7 déc. 2015, art. 2)* « premier jour du sixième mois » suivant l'exercice au titre duquel les droits sont nés, conformément aux dispositions de l'article L. 3324-10, ou d'un délai de huit ans, dans les mêmes conditions, conformément aux dispositions de l'article L. 3323-5.

(Décr. n° 2011-1449 du 7 nov. 2011) « Toutefois, lorsque ces sommes sont inscrites sur un plan d'épargne pour la retraite collectif, leur délivrance ne peut intervenir qu'à l'échéance ou dans les conditions prévues à l'article *(Décr. n° 2015-1606 du 7 déc. 2015, art. 2)* « L. 3334-14 ».

V. Circ. Questions-réponses du 19 avr. 2012 sur l'alimentation du plan d'épargne pour la retraite collectif par des jours de repos non pris et par la moitié de la réserve spéciale de participation, NOR : ETST1221259C.

Art. D. 3324-21-2 *(Décr. n° 2009-351 du 30 mars 2009)* Lorsqu'un bénéficiaire demande le versement de la participation conformément aux dispositions de l'article R. 3324-21-1, les entreprises effectuent ce versement avant le *(Décr. n° 2015-1606 du 7 déc. 2015, art. 2)* « premier jour du sixième mois » suivant la clôture de l'exercice au titre duquel la participation est attribuée.

Passé ce délai, les entreprises complètent le versement prévu au premier alinéa par un intérêt de retard égal à 1,33 fois le *(Décr. n° 2015-1606 du 7 déc. 2015, art. 2)* « taux mentionné à l'article 14 de la loi n° 47-1775 du 10 septembre 1947 portant statut de la coopération ».

Les intérêts sont versés en même temps que le principal.

Art. R. 3324-22 *(Décr. n° 2009-350 du 30 mars 2009)* « Dans le cas où le bénéficiaire n'a pas opté pour la disponibilité immédiate, les cas dans lesquels, en application de l'article L. 3324-10, les droits constitués au profit des bénéficiaires peuvent être exceptionnellement liquidés avant l'expiration des délais fixés au premier alinéa de cet article et au deuxième alinéa de l'article L. 3323-5 sont les suivants :

1° Le mariage ou la conclusion d'un pacte civil de solidarité par l'intéressé ;

2° La naissance ou l'arrivée au foyer d'un enfant en vue de son adoption, dès lors que le foyer compte déjà au moins deux enfants à sa charge ;

3° Le divorce, la séparation ou la dissolution d'un pacte civil de solidarité lorsqu'ils sont assortis *(Décr. n° 2016-1907 du 28 déc. 2016, art. 13)* « d'une convention ou » d' *(Décr. n° 2020-683 du 4 juin 2020, art. 1er)* « une décision judiciaire » prévoyant la résidence habituelle unique ou partagée d'au moins un enfant au domicile de l'intéressé ;

(Décr. n° 2020-683 du 4 juin 2020, art. 1er) « 3° bis Les violences commises contre l'intéressé par son conjoint, son concubin ou son partenaire lié par un pacte civil de solidarité, ou son ancien conjoint, concubin ou partenaire :

« *a*) Soit lorsqu'une ordonnance de protection est délivrée au profit de l'intéressé par le juge aux affaires familiales en application de l'article 515-9 du code civil ;

« *b*) Soit lorsque les faits relèvent de l'article 132-80 du code pénal et donnent lieu à une alternative aux poursuites, à une composition pénale, à l'ouverture d'une information par le procureur de la République, à la saisine du tribunal correctionnel par le procureur de la République ou le juge d'instruction, à une mise en examen ou à une condamnation pénale, même non définitive ; »

4° L'invalidité de l'intéressé, de ses enfants, de son conjoint ou de son partenaire lié par un pacte civil de solidarité. Cette invalidité s'apprécie au sens des 2° et 3° de l'article L. 341-4 du code de la sécurité sociale ou est reconnue par décision de la commission des droits et de l'autonomie des personnes handicapées *(Décr. n° 2020-683 du 4 juin 2020, art. 1er)* « ou du président du conseil départemental », à condition que le taux d'incapacité atteigne au moins 80 % et que l'intéressé n'exerce aucune activité professionnelle ;

5° Le décès de l'intéressé, de son conjoint ou de son partenaire lié par un pacte civil de solidarité ;

6° La rupture du contrat de travail, *(Décr. n° 2009-350 du 30 mars 2009)* « la cessation de son activité par l'entrepreneur individuel, la fin du mandat social, la perte du statut de conjoint collaborateur ou de conjoint associé ; »

7° L'affectation des sommes épargnées à la création ou reprise, par l'intéressé, ses enfants, son conjoint ou son partenaire lié par un pacte civil de solidarité, d'une entreprise industrielle, commerciale, artisanale ou agricole, soit à titre individuel, soit sous la forme d'une société, à condition d'en exercer effectivement le contrôle au sens de l'article R. 5141-2, à l'installation en vue de l'exercice d'une autre profession non salariée ou à l'acquisition de parts sociales d'une société coopérative de production ;

8° L'affectation des sommes épargnées à l'acquisition ou agrandissement de la résidence principale emportant création de surface habitable nouvelle telle que définie à l'article *(Décr. n° 2021-872 du 30 juin 2021, art. 7)* « R. 156-1 » du code de la construction et de l'habitation, sous réserve de l'existence d'un permis de construire ou d'une déclaration préalable de travaux, ou à la remise en état de la résidence principale endommagée à la suite d'une catastrophe naturelle reconnue par arrêté ministériel ;

9° La situation de surendettement de l'intéressé définie à l'article *(Décr. n° 2020-683 du 4 juin 2020, art. 1er)* « L. 711-1 » du code de la consommation, sur demande adressée à l'organisme gestionnaire des fonds ou à l'employeur, soit par le président de la commission de surendettement des particuliers, soit par le juge lorsque le déblocage des droits paraît nécessaire à l'apurement du passif de l'intéressé.

Les dispositions du 3° bis issues du Décr. n° 2020-683 du 4 juin 2020 sont applicables aux demandes présentées à compter du 7 juin 2020 (Décr. préc., art. 2).

Pour l'application à Mayotte de cet art., V. art. R. 3424-1.

Art. R. 3324-23 La demande du salarié de liquidation anticipée est présentée dans un délai de six mois à compter de la survenance du fait générateur, sauf dans les cas de rupture du contrat de travail, décès, invalidité *(Décr. n° 2020-683 du 4 juin 2020,* *art. 1ᵉʳ*) «, violences conjugales » et surendettement. Dans ces derniers cas, elle peut intervenir à tout moment.

La levée anticipée de l'indisponibilité intervient sous forme d'un versement unique qui porte, au choix du salarié, sur tout ou partie des droits susceptibles d'être débloqués.

Art. R. 3324-24 Le jugement arrêtant le plan de cession totale de l'entreprise, ou ouvrant ou prononçant la liquidation judiciaire de l'entreprise rend immédiatement exigibles les droits à participation non échus en application de l'article L. 643-1 du code de commerce et de l'article L. 3253-10 du présent code. — *[Anc. art. R. 442-17, al. 12.]*

SECTION 5 **Gestion de la réserve spéciale**

Art. D. 3324-25 (*Décr. n° 2009-351 du 30 mars 2009*) « Lorsque les parties ont choisi d'utiliser la réserve spéciale de participation dans les conditions prévues (*Décr. n° 2020-795 du 26 juin 2020, art. 2*) « à l'article L. 3323-2 », les entreprises réalisent les versements correspondants avant le (*Décr. n° 2015-1606 du 7 déc. 2015, art. 2*) « premier jour du sixième mois » suivant la clôture de l'exercice au titre duquel la participation est attribuée. »

Passé ce délai, les entreprises complètent les versements prévus au premier alinéa par un intérêt de retard égal à 1,33 fois le (*Décr. n° 2015-1606 du 7 déc. 2015, art. 2*) « taux mentionné à l'article 14 de la loi n° 47-1775 du 10 septembre 1947 portant statut de la coopération ».

Les intérêts sont versés en même temps que le principal et employés dans les mêmes conditions.

Art. D. 3324-26 Lorsque la réserve spéciale de participation est consacrée à l'acquisition de titres émis par des sociétés d'investissement à capital variable, le portefeuille de ces sociétés est composé, au moins pour la moitié, de valeurs d'entreprises dont le siège est situé dans un État membre de la Communauté européenne ou d'un autre État partie à l'accord sur l'Espace économique européen.

Ces sociétés inscrivent au nom de chacun des bénéficiaires le nombre d'actions ou de coupures d'actions correspondant aux sommes qui reviennent à celui-ci. — *[Anc. art. R. 442-11.]*

Art. D. 3324-27 Lorsque l'accord de participation prévoit que les sommes revenant aux salariés seront utilisées selon une ou plusieurs des modalités mentionnées à l'article L. 3323-2 et laisse aux salariés la possibilité de choisir individuellement le mode de gestion des sommes qui leur sont attribuées, il prévoit les modalités d'exercice de ce choix et précise le sort des droits des salariés n'ayant pas expressément opté pour l'un des modes de placement proposés. — *[Anc. art. R. 442-12, al. 1ᵉʳ.]*

Art. D. 3324-28 Lorsque l'accord de participation offre plusieurs instruments de placement, il précise les modalités selon lesquelles le salarié peut modifier l'affectation de son épargne.

Toutefois, l'accord peut prévoir des restrictions à la possibilité de modification du choix de placement initial dans les cas qu'il définit. Il précise alors la ou les modifications pouvant intervenir à l'occasion du départ du salarié de l'entreprise.

Sans préjudice des dispositions du cinquième alinéa de l'article (*Décr. n° 2013-687 du 25 juill. 2013, art. 30*) « L. 214-164 » et du septième alinéa de l'article (*Décr. n° 2013-687 du 25 juill. 2013, art. 30*) « L. 214-165 » du code monétaire et financier, les signataires de l'accord peuvent modifier l'affectation de l'épargne des salariés investis dans des (*Décr. n° 2013-687 du 25 juill. 2013, art. 30*) « organismes de placement collectif en valeurs mobilières ou des placements collectifs relevant des paragraphes 1, 2 et 6 de la sous-section 2, du paragraphe 2 ou du sous-paragraphe 1 du paragraphe 1 de la sous-section 3, ou de la sous-section 4 de la section 2 du chapitre IV du titre I du livre II du code monétaire et financier lorsque les caractéristiques des nouveaux organismes ou des placements collectifs sont identiques à celles des organismes ou des placements collectifs » antérieurement prévus.

Art. D. 3324-29 Lorsque les droits à participation sont affectés, au cours ou à l'issue de la période de blocage, à un plan d'épargne d'entreprise, le délai d'indisponibilité

Art. D. 3324-30 L'accord de participation prévoyant le choix individuel entre le versement immédiat ou le réinvestissement des intérêts précise le régime applicable à défaut d'option exercée par le salarié. – *[Anc. art. R. 442-12, al. 4.]*

Art. D. 3324-31 En l'absence de stipulation des accords, les revenus des droits de créance des salariés sont versés annuellement aux bénéficiaires. – *[Anc. art. R. 442-12, al. 5.]*

Art. D. 3324-32 Lorsque les intérêts correspondants aux sommes *(Décr. n° 2020-795 du 26 juin 2020, art. 2)* « versées à des comptes courants bloqués » sont réinvestis, ils sont capitalisés annuellement. – *[Anc. art. R. 442-12, al. 6.]*

Art. D. 3324-33 Les sommes attribuées au titre de la participation et affectées à un fonds d'investissement de l'entreprise sont rémunérées pour tous les salariés à un taux identique. Ce taux ne peut être inférieur au *(Décr. n° 2015-1606 du 7 déc. 2015, art. 2)* « taux mentionné à l'article 14 de la loi n° 47-1775 du 10 septembre 1947 portant statut de la coopération ». – *[Anc. art. R. 442-12, al. 7.]*

Art. D. 3324-34 Les fonds communs de placement constitués en application d'un accord de participation sont régis par les règles applicables aux fonds communs de placement d'entreprise mentionnés aux articles *(Décr. n° 2013-687 du 25 juill. 2013, art. 30)* « L. 214-164 et L. 214-165 » du code monétaire et financier.

En outre, le règlement du fonds peut prévoir la possibilité pour celui-ci de recevoir, à la demande de tout salarié disposant, en application du 2° de l'article L. 3323-2, d'un droit de créance sur une entreprise au titre de la participation des salariés, les sommes qui lui ont été attribuées à ce titre. Dans ce cas, les sommes sont versées directement par l'entreprise dans les deux mois qui suivent la décision du salarié. – *[Anc. art. R. 442-13.]*

Art. D. 3324-35 Lorsqu'aucun accord de participation n'a été conclu, les sommes inscrites en compte courant portent intérêt à compter du *(Décr. n° 2015-1606 du 7 déc. 2015, art. 2)* « premier jour du sixième mois » suivant la clôture de l'exercice au titre duquel la participation est attribuée. – *[Anc. art. R. 442-14.]*

Art. D. 3324-36 Lorsqu'un salarié titulaire de droits sur la réserve spéciale de participation quitte l'entreprise sans faire valoir ses droits à déblocage ou avant que l'entreprise ait été en mesure de liquider à la date de son départ la totalité des droits dont il est titulaire, l'employeur :

1° Lui remet l'état récapitulatif prévu à l'article L. 3341-7 ;

2° Lui demande l'adresse à laquelle doivent lui être envoyés les avis de mise en paiement des dividendes et d'échéance des intérêts, des titres remboursables et des avoirs devenus disponibles, et, le cas échéant, le compte sur lequel les sommes correspondantes doivent lui être versées ;

3° L'informe qu'il l'avisera des éventuels changements d'adresse de l'entreprise ou de l'organisme gestionnaire. – *[Anc. art. R. 442-15.]*

Art. D. 3324-37 Lorsque le bénéficiaire ne peut être atteint à la dernière adresse indiquée par lui, les sommes auxquelles il peut prétendre sont tenues à sa disposition par l'entreprise pendant une durée d'un an à compter de la date d'expiration du délai prévu soit à l'article L. 3323-5, soit à l'article L. 3324-10 selon le cas.

Passé ce délai, ces sommes sont remises à la Caisse des dépôts et consignations où l'intéressé peut les réclamer *(Décr. n° 2009-351 du 30 mars 2009)* « jusqu'au terme » *(Décr. n° 2015-1606 du 7 déc. 2015, art. 2)* « des délais prévus au III de l'article L. 312-20 du code monétaire et financier ».

Le salarié qui quitte l'entreprise sans demander le déblocage des droits peut les réclamer jusqu'à l'expiration du délai de la prescription prévue à l'art. 2262 C. civ. La banque doit justifier, même au-delà du délai de conservation des archives commerciales, de l'exécution de son obligation de restitution. ● Com. 29 oct. 2003, n° 00-21.947 P.

Art. D. 3324-38 La conservation des parts de fonds communs de placement et des actions de sociétés d'investissement à capital variable (SICAV) acquises en application du 1° de l'article L. 3323-2 continue d'être assurée par l'organisme qui en est chargé et auprès duquel l'intéressé peut les réclamer *(Décr. n° 2009-351 du 30 mars 2009)* « jusqu'au terme » *(Décr. n° 2015-1606 du 7 déc. 2015, art. 2)* « des délais prévus au III de l'article L. 312-20 du code monétaire et financier ».

Art. D. 3324-39 En cas de décès du salarié, ses ayants droit demandent la liquidation de ses droits.
Le régime fiscal prévu au 4 du III de l'article 150-0 A du code général des impôts cesse de leur être attaché à compter du septième mois suivant le décès. — *[Anc. art. R. 442-16, al. 4.]*

Art. D. 3324-40 Lorsque la déclaration des résultats d'un exercice est rectifiée par l'administration ou par le juge de l'impôt, le montant de la participation des salariés au bénéfice de cet exercice fait l'objet d'un nouveau calcul, compte tenu des rectifications apportées.
Le montant de la réserve spéciale de participation est modifié en conséquence au cours de l'exercice pendant lequel les rectifications opérées par l'administration ou par le juge de l'impôt sont devenues définitives ou ont été formellement acceptées par l'entreprise. Ce montant est majoré d'un intérêt dont le taux est égal au *(Décr. n° 2015-1606 du 7 déc. 2015, art. 2)* « taux mentionné à l'article 14 de la loi n° 47-1775 du 10 septembre 1947 portant statut de la coopération » et qui court à partir du *(Décr. n° 2015-1606 du 7 déc. 2015, art. 2)* « premier jour du sixième mois » de l'exercice qui suit celui au titre duquel les rectifications ont été opérées.

1. L'art. R. 442-23 [D. 3324-40 nouv.] qui prévoit la modification de la réserve spéciale de participation ne fait aucune distinction entre une modification à la hausse ou à la baisse. • Soc. 1er juill. 1998, ⚖ n° 96-16.471 P : *RJS 1998. 654, n° 1032.* ♦ Contra : • Versailles, 29 févr. 1996 : *RJS 1996. 679, n° 1068.*

2. Le complément de réserve spéciale de participation consécutif à un redressement fiscal est ajouté à la réserve spéciale de l'année au cours de laquelle cette décision est devenue définitive, et non à celle de l'année pour laquelle la rectification a été opérée. • Soc. 10 mars 1998 : ⚖ *D. 1998. IR 108* ⚖ ; *RJS 1998. 316, n° 504.*

3. Les dispositions de l'art. R. 442-23 ne s'appliquent que dans l'hypothèse où le montant de la réserve de participation est modifié à la suite de rectifications opérées par l'administration ou le juge ; l'accord qui a pour objet de réparer les effets d'une erreur de calcul ayant minoré la réserve de participation d'exercices antérieurs ne peut limiter le bénéfice de cette régularisation aux salariés présents dans l'entreprise lors de sa conclusion. • Soc. 5 juin 2001, ⚖ n° 99-14.037 P : *RJS 2001. 716, n° 1048.*

4. Supplément de participation avant redressement. L'action en responsabilité des salariés qui, ayant quitté l'entreprise avant qu'un redressement fiscal soit devenu définitif, n'ont pas pu bénéficier du supplément de réserve spéciale de participation en ayant résulté est irrecevable. • Soc. 18 févr. 2016 ⚖ n° 14-12.614 P : *D. 2016. Actu. 487* ⚖ ; *RJS 4/2016, n° 280 ; JCP S 2016. 1119, obs. Kovac.*

SECTION 6 Paiement et déblocage anticipé

Art. D. 3324-41 Pour obtenir le transfert des sommes qu'il détient au titre de la participation, le salarié indique à l'entreprise qu'il quitte les avoirs qu'il souhaite transférer en utilisant les mentions faites dans l'état récapitulatif ou dans le dernier relevé dont il dispose et lui demande de liquider ces avoirs. — *[Anc. art. R. 444-1-4, al. 1er.]*

Art. D. 3324-42 Lorsque le transfert est réalisé vers un plan d'épargne d'entreprise dont il bénéficie au sein de la nouvelle entreprise qui l'emploie, le salarié précise dans sa demande l'affectation de son épargne au sein du plan ou des plans qu'il a choisis.
Lorsque le transfert est réalisé vers un plan dont il bénéficie au titre d'un nouvel emploi, le salarié communique à l'entreprise qu'il a quittée le nom et l'adresse de son nouvel employeur et de l'établissement mentionné à l'article R. 3333-5. Il informe ces derniers de ce transfert et de l'affectation de son épargne. — *[Anc. art. R. 444-1-4, al. 2 et 3.]*

Art. D. 3324-43 L'entreprise que le salarié quitte procède elle-même à la liquidation des sommes bloquées en application du 2° de l'article L. 3323-2 ou de l'article

L. 3323-5 et demande sans délai à l'établissement chargé du registre des comptes la liquidation des actions ou parts détenues au sein des plans d'épargne.

La liquidation réalisée, l'entreprise transfère les sommes correspondantes vers le plan concerné, en indiquant les périodes d'indisponibilité déjà courues ainsi que les éléments nécessaires à l'application de la législation sociale. – *[Anc. art. R. 444-1-4, al. 4 et 5.]*

Art. D. 3324-44 L'arrêté ministériel prévu à l'article L. 3324-11 est pris conjointement par les ministres chargés de l'économie et du travail. – *[Anc. art. L. 442-5, al. 10.]*

CHAPITRE V RÉGIME SOCIAL ET FISCAL DE LA PARTICIPATION

Art. D. 3325-1 Sur demande de l'entreprise, l'attestation du montant du bénéfice net et des capitaux propres est établie soit par le commissaire aux comptes, soit par l'*(Décr. n° 2014-552 du 27 mai 2014, art. 17)* « inspecteur des finances publiques ».

Dans ce dernier cas, la demande est accompagnée d'un état annexe rempli par l'entreprise, conformément à un modèle arrêté par le ministre chargé de l'économie. – *[Anc. art. R. 442-22, al. 1er.]*

Art. D. 3325-2 L'attestation est délivrée par l'*(Décr. n° 2014-552 du 27 mai 2014, art. 17)* « inspecteur des finances publiques » dans les trois mois qui suivent celui de la demande de l'entreprise ou, si la déclaration fiscale des résultats correspondants à l'exercice considéré est souscrite après la présentation de cette demande, dans les trois mois qui suivent celui du dépôt de cette déclaration. – *[Anc. art. R. 442-22, al. 2.]*

Art. D. 3325-3 Lorsqu'aucune demande d'attestation n'a été présentée six mois après la clôture d'un exercice, l'*(Décr. n° 2021-143 du 10 févr. 2021, art. 10)* « agent de contrôle de l'inspection du travail » peut se substituer à l'entreprise pour obtenir cette attestation. – *[Anc. art. R. 442-22, al. 3.]*

Art. D. 3325-4 La modification d'assiette du bénéfice net intervenue après la délivrance d'une attestation donne lieu à l'établissement d'une attestation rectificative établie dans les mêmes conditions que l'attestation initiale. – *[Anc. art. R. 442-22, al. 4.]*

Art. D. 3325-5 La constitution en franchise d'impôt de la provision pour investissement prévue à l'article L. 3325-3 et au II de l'article 237 *bis* A du code général des impôts est subordonnée au respect des dispositions prévues à l'article 171 *bis* de l'annexe II au code général des impôts. – *[Anc. art. R. 442-24.]*

Art. D. 3325-6 L'avoir fiscal et le crédit d'impôt attachés aux revenus des valeurs mobilières attribuées aux salariés ou acquises pour leur compte au titre de la participation donnent lieu à délivrance d'un certificat distinct, conformément aux dispositions de l'article 77 de l'annexe II au code général des impôts et sous les deux modalités suivantes :

1° Lorsque ces revenus sont totalement exonérés, conformément aux dispositions de l'article L. 3325-2, le certificat est établi pour la totalité de l'avoir fiscal ou du crédit d'impôt au nom de l'organisme chargé de la conservation des titres et la restitution de l'avoir fiscal ou du crédit d'impôt mentionné sur ce certificat est demandée par cet organisme ;

2° Lorsque l'exonération ne porte que sur la moitié de ces revenus le certificat établi au nom de l'organisme chargé de la conservation des titres ne mentionne que la moitié de l'avoir fiscal ou du crédit d'impôt qui s'attache à ces revenus. La restitution demandée par l'organisme porte alors sur un montant réduit de moitié. – *[Anc. art. R. 442-25, al. 1er à 3.]*

Art. D. 3325-7 La demande de restitution, accompagnée du certificat, est adressée au service des impôts du siège de l'organisme qui l'a établie.

La restitution est opérée au profit de cet organisme, à charge pour lui d'employer les sommes correspondantes de la même façon que les revenus auxquels elles se rattachent. – *[Anc. art. R. 442-25, al. 4 et 5.]*

CHAPITRE VI CONTESTATIONS ET SANCTIONS

Art. R. 3326-1 Les litiges relatifs à l'application du présent titre, autres que ceux mentionnés aux premier et deuxième alinéas de l'article L. 3326-1, relèvent du (*Décr. n° 2019-966 du 18 sept. 2019, art. 8-I, en vigueur le 1ᵉʳ janv. 2020*) « tribunal judiciaire » dans les conditions fixées à l'article *[aux articles]* L. 211-3 et R. 211-3 du code de l'organisation judiciaire. — *[Anc. art. R. 442-26.]*

Les litiges individuels opposant un ou plusieurs salariés à leur employeur en matière de participation ou d'intéressement relèvent de la compétence des conseils de prud'hommes. • Soc. 28 févr. 2018, ⚖ n° 16-13.682 P : *D. actu. 19 mars 2018, obs. Fraisse ; D. 2018. Actu. 515* ∅ *; RJS 5/2018, n° 354 ; JCP S 2018. 1131, obs. Brissy.*

TITRE III PLANS D'ÉPARGNE SALARIALE

CHAPITRE I CHAMP D'APPLICATION

Art. R. 3331-1 (*Décr. n° 2009-350 du 30 mars 2009*) Les dispositions du présent titre, à l'exception de l'article D. 3334-3-1, sont également applicables aux personnes mentionnées au dernier alinéa de l'article L. 3332-2.

Art. D. 3331-2 (*Décr. n° 2009-351 du 30 mars 2009*) Les salariés d'un groupement d'employeurs qui n'a pas mis en place un plan d'épargne salariale peuvent bénéficier du plan d'épargne salariale mis en place dans chacune des entreprises du groupement auprès de laquelle ils sont mis à disposition si le règlement le prévoit.

Art. D. 3331-3 (*Décr. n° 2009-351 du 30 mars 2009*) L'ancienneté des personnes mentionnées (*Décr. n° 2022-1651 du 26 déc. 2022, art. 2*) « à l'avant-dernier » alinéa de l'article L. 3332-2 éventuellement requise par le règlement se décompte à compter de la date d'effet du contrat individuel.

CHAPITRE II PLAN D'ÉPARGNE D'ENTREPRISE

SECTION 1 Conditions de mise en place

SOUS-SECTION 1 Choix de placement

Art. R. 3332-1 Le règlement du plan d'épargne d'entreprise comporte, en annexe, les critères de choix et la liste des instruments de placement ainsi que les notices des sociétés d'investissement à capital variable (SICAV) et des fonds communs de placement offerts aux adhérents. — *[Anc. art. R. 443-2, al. 1ᵉʳ.]*

Art. R. 3332-2 Lorsque le plan offre plusieurs instruments de placement, son règlement précise les modalités selon lesquelles l'adhérent peut modifier l'affectation de son épargne entre ces instruments.

Toutefois, le règlement du plan peut prévoir des restrictions à la faculté de modifier le choix de placement initial dans des cas qu'il définit. L'investissement des sommes qui ont bénéficié du supplément d'abondement dans les conditions prévues au deuxième alinéa de l'article L. 3332-11 ne peut être modifié. — *[Anc. art. R. 443-2, al. 2, phrases 1 à 3.]*

Art. R. 3332-3 Le règlement du plan précise les modifications du choix de placement initial pouvant intervenir à l'occasion du départ du salarié de l'entreprise.

Sans préjudice des dispositions du cinquième alinéa de l'article (*Décr. n° 2013-687 du 25 juill. 2013, art. 30*) « L. 214-164 » et du septième alinéa de l'article (*Décr. n° 2013-687 du 25 juill. 2013, art. 30*) « L. 214-165 » du code monétaire et financier, les signataires de l'accord peuvent modifier l'affectation de l'épargne des salariés investie dans des (*Décr. n° 2013-687 du 25 juill. 2013, art. 30*) « organismes de placement collectif en valeurs mobilières ou des placements collectifs relevant des paragraphes 1, 2 et 6 de la sous-section 2, du paragraphe 2 ou du sous-paragraphe 1 du paragraphe de la sous-section 3, ou de la sous-section 4 de la section 2 du chapitre IV du titre I du livre II du code monétaire et financier lorsque les caractéristiques des nouveaux organismes ou des placements collectifs sont identiques à celles des organismes ou des placements collectifs » antérieurement prévus.

Lorsque la modification de l'affectation des sommes intervient durant la période d'indisponibilité, la durée totale de celle-ci n'est pas remise en cause. — *[Anc. art. R. 443-2, al. 2, phrases 4 et 5, et al. 3.]*

Modification du règlement du plan. La modification du plan réalisée conformément aux règles applicables selon qu'il s'agit d'une décision unilatérale ou d'un accord collectif s'impose à tous les porteurs de parts, sans qu'il soit besoin de recueillir leur consentement, quelle que soit la date des versements effectués sur leur compte au plan épargne entreprise. • Soc. 4 nov. 2020, 🏛 n° 18-20.210 P : *RJS 1/2021, n° 28 ; JCP S 2020. 3111, obs. Kovac.* ♦ La seule méconnaissance par l'employeur du délai de mise en œuvre de la modification du règlement du plan, prévu dans le règlement, se résout en dommages-intérêts. • Même arrêt.

SOUS-SECTION 2 Dépôt

Art. R. 3332-4 Le règlement du plan d'épargne d'entreprise mentionné aux articles L. 3332-7 et L. 3332-9 est déposé *(Décr. n° 2015-1606 du 7 déc. 2015, art. 3)* « , avec les annexes relatives aux critères de choix et à la liste des instruments de placements, » *(Décr. n° 2020-683 du 4 juin 2020, art. 1er)* « sur la plateforme de téléprocédure mentionnée à l'article D. 2231-4 ».

(Décr. n° 2023-98 du 14 févr. 2023, art. 3) « Le document unilatéral mentionné aux articles L. 3332-6-1 et L. 3333-7-1 est déposé sur la même plateforme. »

Art. R. 3332-5 Si le plan d'épargne d'entreprise est mis en place à l'initiative de l'entreprise, le procès-verbal de consultation du *(Décr. n° 2017-1819 du 29 déc. 2017, art. 3)* « comité social et économique » est déposé avec le règlement du plan. — *[Anc. art. R. 444-1-1, al. 9.]*

Art. R. 3332-6 *(Abrogé par Décr. n° 2020-683 du 4 juin 2020, art. 1er)* Le *(Décr. n° 2009-1377 du 10 nov. 2009)* « *directeur régional des entreprises, de la concurrence, de la consommation, du travail et de l'emploi* » *accuse, sans délai, réception de l'accord et des documents mentionnés à la présente sous-section.*

Art. R. 3332-7 Le plan d'épargne d'entreprise, établi par accord avec le personnel, est conclu selon l'une des modalités prévues à l'article L. 3322-6. — *[Anc. art. R. 443-1.]*

SECTION 2 Versements

Art. R. 3332-8 Le plafond prévu à l'article L. 3332-11 est fixé à 8 % du montant annuel du plafond prévu à l'article L. 241-3 du code de la sécurité sociale. — *[Anc. art. L. 443-7, al. 1er, phrase 1.]*

Art. D. 3332-8-1 *(Décr. n° 2019-862 du 20 août 2019, art. 1er-I)* Le versement unilatéral de l'employeur pour l'acquisition d'actions ou de certificats d'investissement émis par l'entreprise bénéficie à l'ensemble des adhérents qui satisfont aux conditions d'ancienneté éventuellement prévues par le règlement du plan. Le montant total de ce versement ne peut excéder 2 % du montant annuel du plafond prévu au premier alinéa de l'article L. 241-3 du code de la sécurité sociale. Ce versement est pris en compte pour apprécier le respect du plafond d'abondement prévu par le règlement et du plafond mentionné à l'article R. 3332-8 du présent code.

Art. D. 3332-8-2 *(Décr. n° 2019-862 du 20 août 2019, art. 1er-I)* Le contrat de partage mentionné à l'article L. 23-11-2 du code de commerce peut retenir conjointement les différentes modalités de répartition de l'abondement unilatéral prévues à l'article L. 23-11-3 du même code, dans le respect du plafond déterminé au 2° de l'article L. 3332-11.

Art. R. 3332-9 Un plan d'épargne d'entreprise peut recueillir, à l'initiative des participants, les versements des sommes issues de l'intéressement, de la participation, des versements volontaires et des contributions des entreprises prévues à l'article L. 3332-11.

Le règlement du plan d'épargne d'entreprise peut prévoir, pour chaque versement volontaire des participants, un montant minimum par support de placement. Celui-ci ne peut toutefois pas excéder une somme fixée par arrêté conjoint des ministres chargés de l'économie et du travail. – *[Anc. art. R. 443-3.]* – *Montant fixé à 160 € par Arr. du 10 oct. 2001 (JO 18 oct.).*

Art. D. 3332-9-1 *(Décr. n° 2009-351 du 30 mars 2009)* Les versements annuels d'un bénéficiaire mentionné au dernier alinéa de l'article L. 3332-2 aux plans d'épargne salariale auxquels il participe ne peuvent excéder un quart de son revenu professionnel imposé à l'impôt sur le revenu au titre de l'année précédente.

Art. R. 3332-10 Les sommes versées par les adhérents à un plan d'épargne d'entreprise, les sommes complémentaires versées par l'entreprise, les sommes attribuées au titre de l'intéressement et affectées volontairement par des salariés à ce plan d'épargne ainsi que les sommes attribuées aux salariés au titre de la participation aux résultats et affectées à la réalisation de ce plan sont, dans un délai de quinze jours à compter respectivement de leur versement par l'adhérent ou de la date à laquelle elles sont dues, employées à l'acquisition d'actions de sociétés d'investissement à capital variable ou de parts de fonds communs de placement d'entreprise ou de titres émis par l'entreprise ou, le cas échéant, par des sociétés créées dans les conditions prévues à l'article 11 de la loi n° 84-578 du 9 juillet 1984 sur le développement de l'initiative économique. – *[Anc. art. R. 443-4, al. 1er.]*

Art. R. 3332-11 L'affectation à la réalisation du plan des sommes complémentaires que l'entreprise s'est engagée à verser intervient concomitamment aux versements de l'adhérent ou, au plus tard, à la fin de chaque exercice et avant le départ de l'adhérent de l'entreprise. – *[Anc. art. R. 443-4, al. 2.]*

Art. R. 3332-12 Les sommes attribuées au titre de l'intéressement que les salariés souhaitent affecter à la réalisation d'un plan d'épargne d'entreprise sont versées dans ce plan dans un délai maximum de quinze jours à compter de la date à laquelle elles ont été perçues. – *[Anc. art. R. 443-8, al. 1er.]*

Art. R. 3332-13 Lorsque l'ancien salarié de l'entreprise n'a pas accès à un plan d'épargne pour la retraite collectif, il peut continuer à effectuer des versements dans le plan d'épargne pour la retraite collectif de son ancienne entreprise. Sauf dans ce cas, l'ancien salarié qui l'a quittée pour un motif autre que le départ en retraite ou en préretraite ne peut effectuer de nouveaux versements au plan d'épargne d'entreprise.

Toutefois, lorsque le versement de l'intéressement *(Décr. n° 2009-350 du 30 mars 2009)* « , ou de la participation, » au titre de la dernière période d'activité du salarié intervient après son départ de l'entreprise, il peut affecter cet intéressement *(Décr. n° 2009-350 du 30 mars 2009)* « ou cette participation » au plan d'épargne de l'entreprise qu'il vient de quitter. Le règlement du plan peut prévoir que ce versement fait l'objet d'un versement complémentaire de l'entreprise suivant les conditions prévues pour l'ensemble des salariés. – *[Anc. art. R. 443-8, al. 2.]*

Art. R. 3332-13-1 *(Décr. n° 2015-1606 du 7 déc. 2015, art. 3)* A défaut de stipulation conventionnelle, les sommes sont affectées à une société d'investissement à capital variable régie par les articles L. 214-7 à L. 214-7-4 et L. 214-24-29 à L. 214-24-33 du code monétaire et financier ou à un fonds d'épargne salariale régi par les articles L. 214-163 à L. 214-166 du même code présentant le profil d'investissement le moins risqué dans le plan d'épargne d'entreprise ou, à défaut, dans le plan d'épargne du groupe. En l'absence de l'un et de l'autre de ces plans, les sommes sont affectées dans le plan d'épargne interentreprises, lorsqu'il a été mis en place.

SECTION 3 Composition et gestion du plan

Art. R. 3332-14 L'entreprise tient le registre des comptes administratifs ouverts au nom de chaque adhérent.

Ce registre comporte, par adhérent, les sommes affectées au plan d'épargne ainsi que la ventilation des investissements réalisés et les délais d'indisponibilité restant à courir. – *[Anc. art. R. 443-5, al. 1er, phrase 1.]*

Art. R. 3332-15 La tenue du registre des comptes administratifs peut être déléguée. Dans ce cas, le contrat de délégation précise les modalités d'information du délégataire.

PLANS D'ÉPARGNE SALARIALE **Art. R. 3332-20** 2217

Les coordonnées de la personne chargée de la tenue du registre sont mentionnées dans le règlement du plan d'épargne d'entreprise. – [Anc. art. R. 443-5, al. 1er, phrases 2 et 3.]

Art. R. 3332-16 La personne chargée de la tenue du registre des comptes administratifs établit un relevé des actions ou des parts appartenant à chaque adhérent. Une copie de ce relevé est adressée, au moins une fois par an, aux intéressés avec l'indication de l'état de leur compte. – [Anc. art. R. 443-5, al. 3.]

Art. D. 3332-16-1 (Décr. n° 2019-862 du 20 août 2019, art. 1er-II, en vigueur le 1er janv. 2020) Le relevé annuel de situation adressé aux bénéficiaires par le teneur de registre des comptes administratifs, prévu à l'article L. 3332-7-1, comporte :
1° L'identification de l'entreprise et du bénéficiaire ;
2° Le montant global des droits et avoirs inscrits au compte du bénéficiaire, estimé au 31 décembre de l'année précédente ;
3° Le montant de ses droits et avoirs par support de gestion, avec les dates de disponibilités, ainsi que les modalités de gestion, prévues par défaut dans le règlement du plan ou choisies par le bénéficiaire ;
4° Un récapitulatif des sommes investies lors de l'année écoulée dans le plan, présentées par type de versements conformément aux dispositions prévues à l'article L. 3332-11, ainsi que des sommes désinvesties du plan sur la même période, en distinguant celles résultant d'un cas de déblocage anticipé ;
5° Un récapitulatif des frais à la charge du salarié lors de l'année écoulée, conformément aux dispositions du plan.
Le relevé annuel de situation de compte peut également comporter la mention des frais de tenue de compte-conservation pris en charge par l'entreprise. Cette mention est obligatoire lorsque cette prise en charge cesse en cas de départ de l'entreprise et que les frais de tenue de compte-conservation sont alors perçus par prélèvement sur les avoirs du bénéficiaire, conformément aux dispositions de l'article L. 3341-7.
Le relevé annuel de situation de compte est fourni au bénéficiaire dans un délai de trois mois suivant le 31 décembre de l'année précédente. Sauf si le bénéficiaire manifeste son opposition, la remise de ce relevé annuel peut être effectuée par voie électronique, dans des conditions de nature à garantir l'intégrité des données.

Art. R. 3332-17 Les frais de tenue de compte-conservation des anciens salariés de l'entreprise lorsqu'ils ne sont pas pris en charge par l'entreprise peuvent être perçus par prélèvement sur les avoirs dans les conditions fixées par l'accord de participation ou par l'accord collectif instituant le plan d'épargne d'entreprise ou, à défaut, par le règlement du fonds. – [Anc. art. R. 443-5, al. 4.]

Art. R. 3332-18 Les dispositions de l'article D. 3324-34 sont applicables aux fonds communs de placement constitués pour l'emploi des sommes affectées à la réalisation d'un plan d'épargne d'entreprise. – [Anc. art. R. 443-6.]

Art. R. 3332-19 Pour l'application du cinquième alinéa de l'article L. 3332-17, la valeur d'expertise de l'entreprise est déterminée selon les modalités prévues aux articles R. 3332-22 et R. 3332-23.
L'employeur informe individuellement les salariés de cette valeur d'expertise, de son évolution par rapport à la dernière valeur communiquée, de la date de la prochaine publication de la valeur liquidative du fonds commun de placement de l'entreprise, des coordonnées de l'établissement auquel ils peuvent adresser leur demande de souscription, de rachat ou d'arbitrage de leurs avoirs, ainsi que du délai dans lequel ils peuvent adresser cette demande. Cet établissement et le conseil de surveillance du fonds sont également informés par l'employeur. – [Anc. art. R. 443-17.]

Art. R. 3332-20 Lorsque la situation juridique d'une entreprise ayant mis en place un plan d'épargne d'entreprise est modifiée, notamment par fusion, cession, absorption ou scission, les signataires de l'accord ou, lorsque le plan n'a pas été mis en place en application d'un accord, l'employeur, peuvent décider de transférer les avoirs des salariés dans le plan d'épargne de la nouvelle entreprise, si celui-ci comporte des (Décr. n° 2013-687 du 25 juill. 2013, art. 30) « organismes de placement collectif en valeurs mobilières ou des placements collectifs relevant des paragraphes 1, 2 et 6 de la sous-section 2, du paragraphe 2 ou du sous-paragraphe 1 du paragraphe 1 de la sous-section 3, ou de la sous-section 4 de la section 2 du chapitre IV du titre I du livre II du code monétaire et financier dont les caractéristiques sont identiques à celles des organismes ou des placements collectifs » prévus dans le plan d'origine.

En cas d'impossibilité juridique de réunir les signataires initiaux, le transfert peut être mis en place par un accord avec le personnel ou avec les *(Décr. n° 2017-1819 du 29 déc. 2017, art. 3)* « comités sociaux et économiques » concernés. – *[Anc. art. R. 443-18, al. 1ᵉʳ.]*

Art. R. 3332-21 Dans le cas prévu à l'article R. 3332-20, lorsque le plan d'épargne salariale n'a pas été institué en application d'un accord avec le personnel, le *(Décr. n° 2017-1819 du 29 déc. 2017, art. 3)* « comité social et économique quand il existe, est consulté » sur le projet de transfert au moins quinze jours avant sa réalisation effective. – *[Anc. art. R. 443-18, al. 2.]*

Art. R. 3332-21-1 *(Décr. n° 2015-719 du 23 juin 2015, art. 1ᵉʳ)* La condition prévue au 2° du I de l'article L. 3332-17-1 est remplie lorsque l'une ou l'autre des deux conditions suivantes est remplie :

1° Les charges d'exploitation liées aux activités participant à la recherche d'une utilité sociale, au sens de l'article 2 de la loi n° 2014-856 du 31 juillet 2014 relative à l'économie sociale et solidaire, représentent au moins 66 % de l'ensemble des charges d'exploitation du compte de résultat de l'entreprise au cours des trois derniers exercices clos ;

2° Le rapport entre, d'une part, la somme des dividendes et de la rémunération des concours financiers non bancaires mentionnées aux articles L. 213-5, L. 213-32 à L. 213-35, L. 313-13, L. 512-1 à L. 512-8 du code monétaire et financier et aux alinéas 2 et 3 de l'article L. 312-2 du même code, et, d'autre part, la somme des capitaux propres et des concours financiers non bancaires susmentionnés est inférieur, au cours des trois derniers exercices clos, au taux moyen de rendement des obligations des sociétés privées mentionnée à l'article 14 de la loi n° 47-1775 du 10 septembre 1947 portant statut de la coopération, majoré d'un taux de 5 %. L'entreprise doit également prendre l'engagement de continuer à respecter pendant la durée de l'agrément le rapport ainsi défini.

Le taux de majoration de 5 % mentionné à l'alinéa précédent peut être modifié par arrêté du ministre chargé de l'économie sociale et solidaire pour tenir compte de l'évolution des conditions de financement des entreprises dans la limite de plus ou moins un quart de ce taux.

Pour les entreprises créées depuis moins de trois ans à la date de la demande d'agrément, les conditions mentionnées au 1° et au 2° sont vérifiées sur l'ensemble de leurs exercices clos.

Art. R. 3332-21-2 *(Décr. n° 2015-719 du 23 juin 2015, art. 2)* Pour l'application du 3° du I de l'article L. 3332-17-1 aux sociétés, les dirigeants de sociétés s'entendent au sens des personnes mentionnées au premier alinéa du 1° de l'article 885 O *bis* du code général des impôts.

Art. R. 3332-21-3 *(Décr. n° 2015-719 du 23 juin 2015, art. 3)* I. – L'agrément ″entreprise solidaire d'utilité sociale″ prévu à l'article L. 3332-17-1 est délivré par le préfet du département où l'entreprise a son siège social.

Lorsque l'entreprise a son siège social dans un autre État membre de l'Union européenne, elle présente sa demande d'agrément au préfet du département de son principal établissement en France.

II. – La demande d'agrément est adressée par le représentant légal de l'entreprise au préfet par tout moyen donnant date certaine à sa réception.

La composition du dossier qui doit être joint à cette demande est fixée par arrêté du ministre chargé de l'économie sociale et solidaire et du ministre chargé du travail. – *V. Arr. du 5 août 2015 (JO 12 août)*.

Le silence gardé par le préfet pendant deux mois à compter de la réception d'un dossier complet vaut décision d'acceptation.

PLANS D'ÉPARGNE SALARIALE

III. — L'agrément est délivré pour une durée de cinq ans. Par exception, pour les entreprises créées depuis moins de trois ans à la date de la demande d'agrément, l'agrément est délivré pour une durée de deux ans.

Pour le renouvellement de l'agrément, l'entreprise apporte, selon des modalités fixées par l'arrêté mentionné au quatrième alinéa[,] les éléments justifiant du respect des conditions prévues à l'article R. 3332-21-1 pendant toute la période de son agrément précédent.

IV. — L'agrément est délivré de plein droit aux personnes morales mentionnées au II de l'article L. 3332-17-1 qui justifient qu'elles relèvent de ces dispositions selon des modalités fixées par l'arrêté mentionné au quatrième alinéa.

V. — Les décisions d'agrément font l'objet d'une publication au recueil des actes administratifs de la préfecture de département.

Une liste nationale des entreprises bénéficiant de l'agrément est mise à la disposition du public à l'initiative du ministre chargé de l'économie sociale et solidaire.

Art. R. 3332-21-4 (*Décr. n° 2009-304 du 18 mars 2009*) Les titres émis par des entreprises solidaires s'entendent des titres de capital, des titres obligataires, des billets à ordre, des bons de caisse, des avances en comptes courants, des titres participatifs et des prêts participatifs émis ou consentis par ces mêmes entreprises.

Art. R. 3332-21-5 (*Décr. n° 2009-304 du 18 mars 2009*) Les entreprises solidaires (*Décr. n° 2015-719 du 23 juin 2015, art. 4*) « d'utilité sociale » indiquent dans l'annexe de leurs comptes annuels les informations qui attestent du respect des conditions (*Décr. n° 2015-719 du 23 juin 2015, art. 4*) « qui s'appliquent à elles en application du I et du II de l'article L. 3332-17-1 et des articles R. 3332-21-1 et R. 3332-21-2 ».

SECTION 4 Évaluation des titres

Art. R. 3332-22 Lorsque les instruments de placement d'un plan d'épargne d'entreprise comportent la possibilité d'investir en titres de l'entreprise qui ne sont pas admis aux négociations sur un marché réglementé, leur évaluation est déterminée conformément aux méthodes définies à l'article L. 3332-20, sans préjudice des dispositions légales spécifiques qui fixent les conditions de détermination de la valeur de ces titres. — [*Anc. art. R. 443-8-1, al. 1ᵉʳ.*]

Art. R. 3332-23 Les titres sont évalués par l'entreprise, sous le contrôle du commissaire aux comptes, au moins une fois par exercice et chaque fois qu'un événement ou une série d'événements intervenus au cours d'un exercice sont susceptibles de conduire à une évolution substantielle de la valeur des actions de l'entreprise.

Il est, en outre, procédé à une évaluation par des experts au moins tous les cinq ans. (*Décr. n° 2009-350 du 30 mars 2009*) « Cette évaluation est facultative dans les entreprises mentionnées au troisième alinéa de l'article L. 3332-20 dont les titres sont évalués en application du deuxième alinéa du même article. »

SECTION 5 Augmentation de capital

Art. R. 3332-24 Lorsqu'une société procède à des augmentations de capital ou à des cessions de titres réservées aux adhérents à un plan d'épargne d'entreprise, par l'intermédiaire d'un fonds commun de placement, le bulletin de souscription est signé par le gestionnaire du fonds.

La société émettrice notifie au gestionnaire du fonds le nombre d'actions souscrites ou le nombre de titres cédés. Le gestionnaire informe chaque adhérent du nombre de parts souscrit et lui adresse un relevé nominatif mentionnant la date de cessibilité de ces parts. — [*Anc. art. R. 443-7.*]

Art. R. 3332-25 Lorsqu'une société propose aux adhérents d'un plan d'épargne d'entreprise d'acquérir des actions ou des certificats d'investissement qu'elle a émis, soit par achat, soit par souscription, et qu'un plan d'épargne commun à plusieurs entreprises du même groupe au sens des articles L. 3344-1 et L. 3344-2 a été mis en place afin de permettre aux adhérents à ce plan d'acquérir les actions ou les certificats d'investissement de cette société, les dispositions des articles L. 3332-11 et L. 3332-27 s'appliquent dans chacune des entreprises du groupe participant au plan d'épargne d'entreprise commun. — [*Anc. art. R. 443-9.*]

Art. R. 3332-26 Lorsque les obligations mentionnées à l'article L. 3332-23 sont admises aux négociations sur un marché réglementé, ces titres sont évalués à leur valeur de marché. — *[Anc. art. R. 443-16, al. 1ᵉʳ.]*

Art. R. 3332-27 Lorsque les obligations mentionnées à l'article L. 3332-23 ne sont pas admis aux négociations sur un marché réglementé, ces titres sont évalués à leur valeur nominale augmentée du coupon couru.

Dans ce cas, ou bien la société émettrice, ou une entreprise du même groupe au sens des articles L. 3344-1 et L. 3344-2, s'engage à racheter ces titres à première demande du souscripteur à leur valeur nominale augmentée du coupon couru, ou bien il est instauré un mécanisme équivalent, garantissant leur rachat à ces mêmes conditions. En outre, lorsque ces titres de créance figurent à l'actif d'un fonds commun de placement ou d'une société d'investissement à capital variable régis par les articles (*Décr. n° 2013-687 du 25 juill. 2013, art. 30*) « L. 214-164, L. 214-165 ou L. 214-166 » du code monétaire et financier, la méthode de valorisation est définie par un expert indépendant, lors de la souscription par le fonds de ces titres et chaque fois qu'un évènement ou une série d'évènements ultérieurs sont susceptibles de conduire à une évolution substantielle du risque de défaillance de l'entreprise. — *[Anc. art. R. 443-16, al. 2.]*

SECTION 6 Indisponibilité des sommes, déblocage anticipé et liquidation

Art. R. 3332-28 Les cas dans lesquels les actions ou parts acquises pour le compte des adhérents leur sont délivrées avant l'expiration du délai d'indisponibilité minimum de cinq ans sont les cas énumérés à l'article R. 3324-22.

Al. abrogé par Décr. n° 2009-350 du 30 mars 2009.

Art. R. 3332-29 Les faits en raison desquels, en application du deuxième alinéa de l'article L. 3332-16, les droits constitués au profit des participants peuvent être exceptionnellement débloqués avant l'expiration du terme de l'opération de rachat mentionné au 2° de cet article sont les suivants :

1° L'invalidité du salarié, appréciée au sens des 2° et 3° de l'article L. 341-4 du code de la sécurité sociale ;
2° La mise à la retraite du salarié ;
3° Le décès du salarié.

En cas de décès du salarié, il appartient à ses ayants droit de demander la liquidation de ses droits. Dans ce cas, les dispositions du 4 du III de l'article 150-0 A du code général des impôts cessent d'être applicables à l'expiration des délais fixés par l'article 641 du même code. — *[Anc. art. R. 443-15.]*

Pour l'application à Mayotte de cet art., V. art. R. 3424-2.

Art. R. 3332-30 Les dispositions des articles D. 3324-37 à D. 3324-39 s'appliquent aux investissements réalisés au sein de plans d'épargne d'entreprise, selon les modalités précisées par le règlement de ces plans. — *[Anc. art. R. 443-13.]*

SECTION 7 Régime social et fiscal

Art. R. 3332-31 L'avoir fiscal et le crédit d'impôt attachés aux revenus du portefeuille collectif ou des titres détenus individuellement acquis dans le cadre d'un plan d'épargne d'entreprise donnent lieu à la délivrance d'un certificat distinct, conformément aux dispositions de l'article 77 de l'annexe II au code général des impôts.

Lorsque ces revenus sont totalement exonérés, conformément aux dispositions des deux premières phrases du II de l'article 163 *bis* B du code général des impôts, le certificat est établi pour la totalité de l'avoir fiscal ou du crédit d'impôt au nom de l'organisme chargé de la conservation des titres. La restitution de l'avoir fiscal ou du crédit d'impôt mentionné sur ce certificat est demandée par cet organisme. — *[Anc. art. R. 443-10, al. 1ᵉʳ et 2.]*

Art. R. 3332-32 La demande de restitution de l'avoir fiscal ou du crédit d'impôt, accompagnée du certificat, est adressée au service des impôts du siège de l'organisme qui l'a établie.

La restitution est opérée au profit de cet organisme, à charge pour ce dernier d'employer les sommes correspondantes de la même façon que les revenus auxquels elles se rattachent. — *[Anc. art. R. 443-10, al. 3 et 4.]*

PLANS D'ÉPARGNE SALARIALE   **Art. R. 3334-1-1** 2221

CHAPITRE III PLAN D'ÉPARGNE INTERENTREPRISES

Art. R. 3333-1 Les dispositions relatives aux versements, à la composition et à la gestion du plan d'épargne entreprise prévues aux articles (*Décr. n° 2009-350 du 30 mars 2009*) « R. 3332-8 » à R. 3332-14, puis des articles R. 3332-16 au [à] R. 3332-18 ainsi que celles relatives à l'indisponibilité des sommes et au régime social et fiscal prévues aux articles R. 3332-28 à R. 3332-32, s'appliquent au plan d'épargne interentreprises.

Art. R. 3333-2 Le plan d'épargne interentreprises peut recueillir les sommes issues soit de la participation prévue par accord ou mise en place conformément au deuxième alinéa de l'article L. 3323-6, soit de l'accord qui institue le plan. – *[Anc. art. R. 443-1-1, al. 1er.]*

Art. R. 3333-3 En cas de participation volontaire dans les conditions de l'article L. 3323-6, l'accord instituant le plan d'épargne interentreprises précise la formule de calcul de la réserve spéciale de participation.
Si l'accord n'a pas retenu la formule prévue aux articles L. 3324-1 et L. 3324-3, il comporte, conformément à l'article L. 3324-2, la clause d'équivalence des avantages et l'un des quatre plafonds prévus du quatrième au sixième alinéas de cet article. – *[Anc. art. R. 443-1-1, al. 2.]*

Art. R. 3333-4 Le règlement du plan d'épargne interentreprises précise les modalités de la contribution des entreprises qui ne peut être inférieure à la prise en charge des frais de tenue de compte.
En cas de liquidation de l'entreprise, les frais de tenue de compte dus postérieurement à la liquidation sont mis à la charge des participants. – *[Anc. art. R. 443-1-1, al. 3 et 4.]*

Art. R. 3333-5 L'accord instituant le plan d'épargne interentreprises désigne les sociétés ou établissements qui sont chargés de la tenue du registre mentionné à l'article R. 3332-14. – *[Anc. art. R. 443-1-1, al. 2.]*

Art. R. 3333-6 (*Décr. n° 2015-1606 du 7 déc. 2015, art. 3*) L'avenant à un règlement d'un plan d'épargne interentreprises institué entre plusieurs employeurs pris individuellement, conclu conformément aux dispositions des deuxième et troisième alinéas de l'article L. 3333-7, est déposé à la direction (*Décr. n° 2023-98 du 14 févr. 2023, art. 3*) « départementale de l'emploi, du travail et des solidarités » auprès de laquelle a été déposé le règlement du plan conformément aux dispositions de l'article R. 3332-4.

CHAPITRE IV PLAN D'ÉPARGNE POUR LA RETRAITE COLLECTIF

Art. R. 3334-1 Les dispositions relatives aux versements, à la composition, à la gestion du plan d'épargne entreprise et à l'évaluation des titres prévues aux articles R. 3332-9 à R. 3332-23 ainsi que celles relatives à l'indisponibilité des sommes et au régime social et fiscal prévues aux articles R. 3332-30 à R. 3332-32 s'appliquent au plan d'épargne pour la retraite collectif.

Art. R. 3334-1-1 (*Décr. n° 2011-1449 du 7 nov. 2011*) I. — Dans la limite fixée à l'article L. 3334-8, les jours de congés investis dans le plan d'épargne pour la retraite collectif, à la demande du salarié, le sont pour la valeur de l'indemnité de congés calculée selon les dispositions des articles (*Décr. n° 2016-1551 du 18 nov. 2016, art. 6-V*) « L. 3141-24 à L. 3141-27 ».

II. — Le règlement du plan d'épargne pour la retraite collectif prévoit les modalités d'affectation par défaut des sommes correspondant à la quote-part de réserve spéciale de participation attribuée au bénéficiaire, affectée au plan d'épargne pour la retraite collectif lorsqu'il a été mis en place dans l'entreprise, (*Décr. n° 2015-1606 du 7 déc. 2015, art. 3*) « conformément aux dispositions du second alinéa de l'article L. 3334-11 ».

(*Décr. n° 2015-1606 du 7 déc. 2015, art. 3*) « Lorsque plusieurs plans d'épargne pour la retraite collectifs ont été mis en place dans l'entreprise, les sommes sont affectées au plan d'épargne pour la retraite collectif de l'entreprise ou, à défaut, dans le plan d'épargne pour la retraite collectif du groupe. En l'absence de l'un et de l'autre de ces plans, les sommes sont affectées dans le plan d'épargne pour la retraite collectif interentreprises. »

Art. R. 3334-1-2 (Décr. n° 2011-1449 du 7 nov. 2011) Pour l'application du second alinéa de l'article L. 3334-11, le règlement du plan d'épargne pour la retraite collectif définit les conditions dans lesquelles est proposée à chaque participant une option d'allocation de l'épargne ayant pour objectif de réduire progressivement les risques financiers pesant sur la valeur des actifs détenus dans les organismes de placement collectif en valeurs mobilières (Décr. n° 2013-687 du 25 juill. 2013, art. 30) « ou les placements collectifs relevant des paragraphes 1, 2 et 6 de la sous-section 2, du paragraphe 2 ou du sous-paragraphe 1 du paragraphe 1 de la sous-section 3, ou de la sous-section 4 de la section 2 du chapitre IV du titre I du livre II du code monétaire et financier » du plan.

Lorsque le participant a choisi cette option, (Décr. n° 2015-1606 du 7 déc. 2015, art. 3) « ou lorsqu'il s'agit d'une affectation par défaut, conformément aux dispositions du second alinéa de l'article L. 3334-11, » celle-ci est organisée de la manière suivante :

1° L'allocation de l'épargne conduit à une augmentation progressive de la part des sommes investies dans un ou des organismes de placement collectif en valeurs mobilières (Décr. n° 2013-687 du 25 juill. 2013, art. 30) « ou les placements collectifs relevant des paragraphes 1, 2 et 6 de la sous-section 2, du paragraphe 2 ou du sous-paragraphe 1 du paragraphe 1 de la sous-section 3, ou de la sous-section 4 de la section 2 du chapitre IV du titre I du livre II du code monétaire et financier » présentant un profil d'investissement à faible risque, tel que défini lors de l'agrément prévu par (Décr. n° 2013-687 du 25 juill. 2013, art. 30) « les articles L. 214-3 et L. 214-24-24 » du code monétaire et financier ;

2° Deux ans au plus tard avant l'échéance de sortie du plan d'épargne pour la retraite collectif, le portefeuille de parts que le participant détient doit être composé, à hauteur d'au moins 50 % des sommes investies, de parts dans des fonds communs de placement présentant un profil d'investissement à faible risque.

Le règlement du plan détermine les modalités selon lesquelles les sommes et parts investies par le participant sont progressivement transférées sur les supports d'investissement répondant aux exigences du présent article, en tenant compte de l'horizon de placement retenu ou, à défaut, de l'échéance de sortie du plan.

Art. R. 3334-1-3 (Décr. n° 2011-1449 du 7 nov. 2011) L'information relative à l'option prévue à l'article R. 3334-1-2 est assurée par l'établissement habilité pour les activités de conservation ou d'administration d'instruments financiers auquel a été confiée la tenue de compte des participants. L'information est adressée, avec le relevé de compte individuel annuel mentionné à l'article L. 3341-7, à chaque participant à compter de son quarante-cinquième anniversaire.

Art. R. 3334-2 Le plafond prévu à l'article L. 3332-11 est fixé à 16 % du montant annuel du plafond prévu à l'article L. 241-3 du code de la sécurité sociale. — [Anc. art. L. 443-7, al. 1er, phrase 1.]

Art. R. 3334-3 (Décr. n° 2011-1449 du 7 nov. 2011) « Le règlement du plan » d'épargne pour la retraite collectif prévoit les conditions de délivrance des sommes ou valeurs inscrites aux comptes des participants sous forme de rente viagère acquise à titre onéreux.

Toutefois, lorsque (Décr. n° 2015-1606 du 7 déc. 2015, art. 3) « le règlement » prévoit des modalités de délivrance en capital ou de conversion en rente des sommes ou valeurs inscrites aux comptes des participants, chaque participant exprime son choix lors du déblocage des sommes ou valeurs selon les modalités et dans les conditions définies par (Décr. n° 2015-1606 du 7 déc. 2015, art. 3) « ce règlement ».

Art. D. 3334-3-1 (Décr. n° 2009-351 du 30 mars 2009) Lorsque le règlement du plan d'épargne pour la retraite collectif prévoit l'adhésion par défaut des salariés, l'entreprise en informe chaque salarié suivant les modalités prévues par le règlement du plan. Le salarié dispose d'un délai de quinze jours à compter de cette communication pour renoncer de manière expresse à cette adhésion.

Le salarié peut être informé par voie électronique, dans des conditions de nature à garantir l'intégrité des données.

Art. D. 3334-3-2 (*Décr. n° 2015-1606 du 7 déc. 2015, art. 3*) Le versement initial et le versement périodique d'une entreprise dans le plan d'épargne pour la retraite collectif prévus à l'article L. 3334-6 bénéficient à l'ensemble des adhérents qui satisfont aux conditions d'ancienneté éventuellement prévues par le règlement du plan. Le montant total de ces deux versements ne peut excéder 2 % du montant annuel du plafond prévu au premier alinéa de l'article L. 241-3 du code de la sécurité sociale.

Ces versements sont pris en compte pour apprécier le respect du plafond d'abondement prévu par le règlement et du plafond mentionné à l'article R. 3334-2 du présent code.

Art. D. 3334-3-3 (*Décr. n° 2019-862 du 20 août 2019, art. 1ᵉʳ-III*) Les frais afférents à la gestion des sommes investies sur le plan d'épargne pour la retraite collectif, après le départ de l'entreprise d'un bénéficiaire, mentionnées à l'article L. 3334-7, ne peuvent excéder un montant annuel de 20 euros. Toutefois, lorsque les sommes et valeurs inscrites aux comptes des bénéficiaires représentent un montant inférieur à 400 euros, les frais afférents à la gestion ne peuvent excéder 5 % du total de ces sommes et valeurs.

Art. R. 3334-4 Les cas dans lesquels, en application de l'article L. 3334-14, les droits constitués dans le cadre du plan d'épargne pour la retraite collectif au profit des salariés peuvent être, sur leur demande, exceptionnellement liquidés avant le départ à la retraite sont les suivants :

1° L'invalidité de l'intéressé, de ses enfants, de son conjoint ou de son partenaire lié par un pacte civil de solidarité. Cette invalidité s'apprécie au sens des 2° et 3° de l'article L. 341-4 du code de sécurité sociale, ou est reconnue par décision de la commission des droits et de l'autonomie des personnes handicapées prévue à l'article L. 241-5 du code de l'action sociale et des familles à condition que le taux d'incapacité atteigne au moins 80 % et que l'intéressé n'exerce aucune activité professionnelle. Le déblocage pour chacun de ces motifs ne peut intervenir qu'une seule fois ;

2° Le décès de l'intéressé, de son conjoint ou de son partenaire lié par un pacte civil de solidarité. En cas de décès de l'intéressé, il appartient à ses ayants droit de demander la liquidation de ses droits et les dispositions du 4 du III de l'article 150-0 A du code général des impôts cessent d'être applicables à l'expiration des délais fixés par l'article 641 du même code ;

3° L'affectation des sommes épargnées à l'acquisition de la résidence principale ou à la remise en état de la résidence principale endommagée à la suite d'une catastrophe naturelle reconnue par arrêté interministériel ;

4° La situation de surendettement du participant définie à l'article (*Décr. n° 2020-683 du 4 juin 2020, art. 1ᵉʳ*) « L. 711-1 » du code de la consommation, sur demande adressée à l'organisme gestionnaire des fonds ou à l'employeur, soit par le président de la commission de surendettement des particuliers, soit par le juge lorsque le déblocage des droits paraît nécessaire à l'apurement du passif de l'intéressé ;

5° L'expiration des droits à l'assurance chômage de l'intéressé.

Pour l'application à Mayotte de cet art., V. art. R. 3424-3.

Art. R. 3334-5 (*Décr. n° 2020-683 du 4 juin 2020, art. 1ᵉʳ*) « La demande du salarié de liquidation anticipée peut intervenir à tout moment, sauf dans le cas prévu au 3° de l'article R. 3334-4. Dans ce cas, elle intervient dans un délai de six mois à compter de la survenance du fait générateur. »

La levée anticipée de l'indisponibilité intervient sous forme d'un versement unique qui porte, au choix de l'intéressé, sur tout ou partie des droits susceptibles d'être débloqués.

Les dispositions du 1ᵉʳ al., issues du Décr. n° 2020-683 du 4 juin 2020, sont applicables aux faits générateurs postérieurs au 7 juin 2020 (Décr. préc., art. 2).

CHAPITRE V **TRANSFERTS**

Art. D. 3335-1 Pour obtenir le transfert des sommes qu'il détient au sein d'un plan d'épargne, le salarié indique à l'entreprise qu'il quitte les avoirs qu'il souhaite transférer en utilisant les mentions faites dans l'état récapitulatif ou dans le dernier relevé dont il dispose et lui demande de liquider ces avoirs. – *[Anc. art. R. 444-1-4, al. 1ᵉʳ.]*

Art. D. 3335-2 Lorsque le transfert est réalisé vers un plan dont il bénéficie au sein de la nouvelle entreprise qui l'emploie, le salarié précise dans sa demande l'affectation de son épargne au sein du plan ou des plans qu'il a choisis.

Lorsque le transfert est réalisé vers un plan dont le salarié bénéficie au titre d'un nouvel emploi, le salarié communique à l'entreprise qu'il a quittée le nom et l'adresse de son nouvel employeur et de l'établissement mentionné à l'article R. 3332-15. Il informe ces derniers de ce transfert et de l'affectation de son épargne. – *[Anc. art. R. 444-1-4, al. 2 et 3.]*

Art. D. 3335-3 L'entreprise procède elle-même à la liquidation des sommes bloquées en application du 2° de l'article L. 3323-2 ou de l'article L. 3323-5 et demande sans délai à l'établissement chargé du registre des comptes la liquidation des actions ou parts détenues au sein des plans d'épargne.

La liquidation réalisée, l'entreprise transfère les sommes correspondantes vers le plan concerné, en indiquant les périodes d'indisponibilité déjà courues ainsi que les éléments nécessaires à l'application de la législation sociale. – *[Anc. art. R. 444-1-4, al. 4 et 5.]*

TITRE IV DISPOSITIONS COMMUNES

CHAPITRE I REPRÉSENTATION ET INFORMATION DES SALARIÉS

SECTION 1 Participation aux assemblées générales des actionnaires de la société

Art. D. 3341-1 Le salarié désigné comme mandataire des actionnaires salariés de l'entreprise, dans les conditions de l'article L. 225-106 du code de commerce, confirme par écrit à l'employeur, au plus tard quarante[-]huit heures après sa désignation, son intention de participer à l'assemblée générale des actionnaires en indiquant la durée prévisible de son absence. – *[Anc. art. R. 444-1-5, al. 1ᵉʳ.]*

Art. D. 3341-2 L'employeur n'est pas tenu de rémunérer le temps passé hors de l'entreprise pendant les heures de travail pour l'exercice du mandat de représentation, ni de défrayer le salarié mandaté de ses frais de déplacement. – *[Anc. art. R. 444-1-5, al. 2.]*

SECTION 2 Formation économique, financière et juridique des représentants des salariés

Art. D. 3341-3 Bénéficient d'une formation à l'exercice de leurs fonctions dans les six mois suivant la prise de poste :

1° Les administrateurs désignés en application de l'article L. 225-23 du code de commerce ;

2° Les membres des conseils de surveillance désignés en application de l'article L. 225-71 du même code ;

3° Les membres des conseils de surveillance des fonds communs de placement d'entreprise. – *[Anc. art. R. 444-1-6.]*

Art. D. 3341-4 La liste prévue à l'article L. 3341-2 est arrêtée par le préfet de région, après avis du *(Décr. n° 2014-1055 du 16 sept. 2014, art. 5-I)* « comité régional de l'emploi, de la formation de l'orientation professionnelles ». – *[Anc. art. L. 444-1, al. 1ᵉʳ partiel.]*

SECTION 3 Information des salariés

Art. R. 3341-5 Le livret d'épargne salariale prévu à l'article L. 3341-6 est établi sur tout support durable et est remis à chaque salarié lors de la conclusion de son contrat de travail. Il comporte :

(Décr. n° 2015-1606 du 7 déc. 2015, art. 4) « 1° Un rappel des dispositifs suivants d'épargne salariale, lorsqu'ils sont mis en place dans l'entreprise : »

DISPOSITIONS COMMUNES **Art. D. 3342-1** 2225

a) L'intéressement ;
b) La participation ;
c) Le plan d'épargne d'entreprises ;
d) Le plan d'épargne interentreprises ;
e) Le plan d'épargne pour la retraite collectif *(Décr. n° 2019-807 du 30 juill. 2019, art. 7-II, en vigueur le 1ᵉʳ oct. 2019)* « ou le plan d'épargne retraite d'entreprise collectif » ;

2° Le cas échéant, une attestation indiquant la nature et le montant des droits liés à la réserve spéciale de participation ainsi que la date à laquelle seront répartis les droits éventuels du salarié au titre de l'exercice en cours ;

(Décr. n° 2011-1449 du 7 nov. 2011) « 3° L'indication des modalités d'affectation par défaut au plan d'épargne pour la retraite collectif *(Décr. n° 2019-807 du 30 juill. 2019, art. 7-II, en vigueur le 1ᵉʳ oct. 2019)* « ou au plan d'épargne retraite d'entreprise collectif » des sommes attribuées au titre de la participation, *(Décr. n° 2015-1606 du 7 déc. 2015, art. 4)* « conformément aux dispositions du second alinéa de l'article L. 3334-11 » *(Décr. n° 2019-807 du 30 juill. 2019, art. 7-II, en vigueur le 1ᵉʳ oct. 2019)* « du présent code et de l'article L. 224-3 du code monétaire et financier » ;

« 4° » L'état récapitulatif mentionné à l'article L. 3341-7 lorsque le salarié quitte l'entreprise.

(Décr. n° 2009-350 du 30 mars 2009) « Les dispositions du présent article s'appliquent aux bénéficiaires d'un accord d'intéressement, de participation ou d'un plan d'épargne salariale mentionnés à l'article L. 3312-3, au deuxième alinéa de l'article L. 3323-6, au troisième alinéa de l'article L. 3324-2 et au dernier alinéa de l'article L. 3332-2. »

Art. R. 3341-6 L'état récapitulatif comporte les informations et mentions suivantes :
1° L'identification du bénéficiaire ;

2° La description de ses avoirs acquis ou transférés dans l'entreprise par accord de participation et plans d'épargne dans lesquels il a effectué des versements, avec mention le cas échéant des dates auxquelles ces avoirs sont disponibles ;

3° L'identité et l'adresse des teneurs de registre mentionnés à l'article R. 3332-15 auprès desquels le bénéficiaire a un compte ;

(Décr. n° 2015-1606 du 7 déc. 2015, art. 4) « 4° La prise en charge éventuelle par l'entreprise, lorsque le bénéficiaire se trouve dans la situation prévue au 6° de l'article R. 3324-22 et qu'il n'a pas demandé la liquidation de ses avoirs, des frais de tenue de compte-conservation. Dans le cas où ceux-ci incombent au bénéficiaire, l'état récapitulatif précise les modalités de prise en charge, notamment s'il est fait application des dispositions de l'article R. 3332-17. »

CHAPITRE II CONDITIONS D'ANCIENNETÉ

Art. D. 3342-1 *(Décr. n° 2009-351 du 30 mars 2009)* Le salarié d'un groupement d'employeurs qui bénéficie d'un accord d'intéressement, de participation ou d'un plan d'épargne salariale, mis en place dans une entreprise du groupement auprès de laquelle il est mis à disposition, prévoyant une condition d'ancienneté qui ne peut excéder trois mois, conformément aux dispositions de l'article L. 3342-1, est réputé compter trois mois d'ancienneté s'il a été mis à disposition de l'entreprise pendant une durée totale d'au moins soixante jours au cours du dernier exercice.

CHAPITRE III VERSEMENTS SUR LE COMPTE ÉPARGNE-TEMPS

Le présent chapitre ne comprend pas de dispositions réglementaires.

CHAPITRE IV MISE EN PLACE DANS UN GROUPE D'ENTREPRISES ET DANS LES ENTREPRISES DÉPOURVUES D'ÉPARGNE SALARIALE

Le présent chapitre ne comprend pas de dispositions réglementaires.

CHAPITRE V DÉPÔT ET CONTRÔLE DE L'AUTORITÉ ADMINISTRATIVE

SECTION 1 **Dépôt** *(Décr. n° 2021-1122 du 27 août 2021, art. 1er, en vigueur le 1er sept. 2021).*

Art. D. 3345-1 Lorsqu'un accord d'intéressement ou de participation, ou un plan d'épargne d'entreprise, interentreprises *(Décr. n° 2019-807 du 30 juill. 2019, art. 7-II, en vigueur le 1er oct. 2019)* « [,] un plan d'épargne pour la retraite collectif ou un plan d'épargne retraite d'entreprise collectif » est conclu autrement que *(Décr. n° 2020-795 du 26 juin 2020, art. 3)* « dans le cadre du 1° du I de l'article L. 3312-5, » les documents qui sont déposés *(Décr. n° 2020-795 du 26 juin 2020, art. 3)* « sur la plateforme de téléprocédure mentionnée à l'article D. 2231-4 dans les conditions prévues à cet article et au II de l'article D. 2231-2 » comportent :
1° Si l'accord a été conclu entre l'employeur et les représentants d'organisations syndicales, la mention que ces représentants ont la qualité de délégués syndicaux ou, à défaut, le texte du mandat les habilitant à signer l'accord ;
2° Si l'accord a été conclu au sein d'un *(Décr. n° 2017-1819 du 29 déc. 2017, art. 3)* « comité social et économique » entre l'employeur et la délégation du personnel statuant à la majorité, le procès-verbal de la séance ;
3° Si l'accord résulte, après consultation de l'ensemble des salariés inscrit à l'effectif de l'entreprise, de la ratification par les deux tiers des salariés du projet proposé par l'employeur :
a) Soit l'émargement, sur la liste nominative de l'ensemble des salariés, des salariés signataires ;
b) Soit un procès-verbal rendant compte de la consultation.
(Décr. n° 2021-1122 du 27 août 2021, art. 1er, en vigueur le 1er sept. 2021) « Lorsque la décision unilatérale de l'employeur résulte d'un échec des négociations avec le ou les délégués syndicaux ou le comité social et économique, les documents qui sont déposés sur la plateforme de téléprocédure mentionnée à l'article D. 2231-4 dans les conditions prévues à cet article et au II de l'article D. 2231-2 comportent le procès-verbal de désaccord dans lequel sont consignées en leur dernier état les propositions respectives des parties » *(Décr. n° 2022-1651 du 26 déc. 2022, art. 3)* « et le procès-verbal de consultation du comité social et économique. »

Art. D. 3345-2 Lorsque la ratification d'un accord est demandée conjointement par l'employeur et une ou plusieurs organisations syndicales de salariés ou le *(Décr. n° 2017-1819 du 29 déc. 2017, art. 3)* « comité social et économique », il en est fait mention dans les documents déposés. – *[Anc. art. R. 444-1-1, al. 7.]*

Art. D. 3345-3 Lorsque le projet ratifié par les salariés ne fait pas mention d'une demande conjointe *(Décr. n° 2022-1651 du 26 déc. 2022, art. 3)* « ou lorsqu'une décision unilatérale est prise selon la modalité prévue au 1° du II de l'article L. 3312-5, sont déposés avec l'accord *(Décr. n° 2022-1651 du 26 déc. 2022, art. 3)* « ou la décision unilatérale » une attestation de l'employeur selon laquelle il n'a été saisi d'aucune désignation de délégué syndical et, pour les entreprises assujetties à la législation sur les *(Décr. n° 2017-1819 du 29 déc. 2017, art. 3)* « comités sociaux et économiques », un procès-verbal de carence datant de moins de *(Décr. n° 2020-795 du 26 juin 2020, art. 3)* « quatre ans ».

Art. D. 3345-4 Le dépôt d'un des accords ou règlements mentionnés à l'article D. 3345-1, de leurs avenants et de leurs annexes, est opéré *(Décr. n° 2009-351 du 30 mars 2009)* « dans les conditions prévues » *(Décr. n° 2020-795 du 26 juin 2020, art. 3)* « au II de l'article D. 2231-2 et à l'article D. 2231-4 ». – *[Anc. art. R. 444-1-1, al. 11.]*

SECTION 2 **Contrôle de l'autorité administrative** *(Décr. n° 2021-1122 du 27 août 2021, art. 1er, en vigueur le 1er sept. 2021).*

Art. D. 3345-5 *(Décr. n° 2021-1122 du 27 août 2021, art. 1er, en vigueur le 1er sept. 2021)* Sont dépositaires des accords et des règlements mentionnés à l'article D. 2231-5 les directeurs départementaux de l'emploi, du travail et des solidarités, les directeurs

DISPOSITIONS COMMUNES   **Art. D. 3345-6**

départementaux de l'emploi, du travail, des solidarités et de la protection des populations et, en Île-de-France, les directeurs d'unités départementales de la direction régionale et interdépartementale de l'économie de l'emploi du travail et des solidarités.

(*Décr. n° 2022-1651 du 26 déc. 2022, art. 3, en vigueur le 1er janv. 2023*) « L'autorité administrative mentionnée au premier alinéa délivre un récépissé attestant du dépôt de l'accord ou du règlement et des autres documents mentionnés au présent chapitre.

« L'accord ou le règlement est transmis sans délai à l'organisme compétent mentionné aux articles L. 213-1 ou L. 752-4 du code de la sécurité sociale ou à l'article L. 723-3 du code rural et de la pêche maritime. Cet organisme dispose d'un délai de trois mois à compter du dépôt pour demander le retrait ou la modification des clauses contraires aux dispositions légales et réglementaires, à l'exception des règles relatives aux modalités de dénonciation et de révision des accords. Le délai de trois mois ne court qu'à réception des documents mentionnés au présent chapitre nécessaires pour effectuer ce contrôle et sous réserve pour l'organisme d'en avoir préalablement informé le déposant dans ce même délai. »

Lorsque l'employeur emploie des salariés qui relèvent pour partie des organismes mentionnés aux articles L. 213-1 ou L. 752-4 [*du*] code de la sécurité sociale et des organismes mentionnés à l'article L. 723-2 du code rural et de la pêche maritime, l'organisme compétent visé à l'alinéa précédent est celui du régime auquel la majorité de ses salariés est affiliée. Les effectifs relevant des différents régimes sont calculés selon les modalités prévues par l'article L. 130-1 du code de la sécurité sociale.

Les dispositions issues du Décr. n° 2022-1651 du 26 déc. 2022 sont applicables aux accords et règlements déposés à compter du 1er janv. 2023 (Décr. préc., art. 4).

Art. D. 3345-6 (*Décr. n° 2021-1398 du 27 oct. 2021, art. 1er, en vigueur le 1er nov. 2021*) La procédure d'agrément s'applique aux accords de branche d'intéressement, de participation, ou instaurant un plan d'épargne entreprise, un plan d'épargne interentreprises, un plan d'épargne retraite d'entreprise collectif ou un plan d'épargne retraite d'entreprise collectif interentreprises.

Seuls les accords ouvrant droit aux adhésions des entreprises et les avenants à des accords qui ouvrent droit aux adhésions des entreprises pourront faire l'objet de la procédure d'agrément.

L'agrément est délivré par le ministre chargé du travail.

La procédure d'agrément est conduite dans un délai de (*Décr. n° 2022-1651 du 26 déc. 2022, art. 3, en vigueur le 1er janv. 2023*) « quatre » mois à compter du dépôt de l'accord ou de son avenant, opéré dans les conditions prévues aux articles D. 2231-2, D. 2231-3 et D. 2231-7. Le ministre compétent peut proroger ce délai de (*Décr. n° 2022-1651 du 26 déc. 2022, art. 3, en vigueur le 1er janv. 2023*) « deux » mois supplémentaires. Il informe le déposant de l'accord de cette prorogation.

En cas de demande d'extension conformément à l'article L. 2261-24 concomitante au dépôt de l'accord ou de son avenant, les procédures d'extension et d'agrément pourront être engagées simultanément.

En fonction des besoins de l'instruction, des informations complémentaires peuvent être demandées au déposant.

L'agrément ne peut être délivré que pour un accord ou pour un avenant conforme aux dispositions légales notamment au respect du caractère aléatoire de l'intéressement prévu à l'article L. 3314-2 et du caractère collectif de l'épargne salariale tel que prévu à l'article L. 3342-1.

Ces dispositions sont applicables aux accords de branche et à leurs avenants déposés à compter du 1er nov. 2021.

Les accords de branche d'intéressement, de participation ou instaurant un plan d'épargne entreprise, un plan d'épargne interentreprises, un plan d'épargne retraite collectif, un plan d'épargne retraite d'entreprise collectif ou un plan d'épargne retraite d'entreprise collectif interentreprises déposés avant le 1er nov. 2021 sont considérés comme agréés dès lors qu'ils ont été étendus conformément à l'art. L. 2261-25 et s'ils ouvrent droit aux adhésions des entreprises.

L'accord considéré comme agréé au sens de l'art. L. 3345-4 correspond au texte résultant de l'arrêté d'extension tenant compte des réserves et des exclusions émises par l'administration conformément à l'art. L. 2261-25.

Si un accord de branche n'a pas fait l'objet d'une demande d'extension et s'il ouvre droit aux adhésions des entreprises, il peut faire l'objet d'une demande d'agrément (Décr. n° 2021-1398 du 27 oct. 2021, art. 4).

Les dispositions issues du Décr. n° 2022-1651 du 26 déc. 2022 sont applicables aux accords et règlements déposés à compter du 1er janv. 2023 (Décr. préc., art. 4).

Art. D. 3345-7 (*Décr. n° 2021-1398 du 27 oct. 2021, art. 1er, en vigueur le 1er nov. 2021*) Lorsqu'un accord de branche d'intéressement, de participation ou instaurant un plan d'épargne entreprise, un plan d'épargne interentreprises, un plan d'épargne retraite d'entreprise collectif ou un plan d'épargne retraite d'entreprise collectif interentreprises agréé ouvre des choix aux parties signataires au niveau de l'entreprise, celles-ci indiquent, dans l'accord qu'elles déposent, la ou les options proposées par l'accord de branche qu'elles choisissent de retenir ou, si l'accord de branche le prévoit, elles précisent le contenu des choix laissés à l'entreprise.

Dans les entreprises de moins de cinquante salariés, le document unilatéral d'adhésion indique les choix retenus parmi les options de l'accord type de branche mentionnées à l'article D. 2232-1-6.

V. ndlr ss. art. D. 3345-6.

CHAPITRE VI CONSEIL D'ORIENTATION DE LA PARTICIPATION, DE L'INTÉRESSEMENT, DE L'ÉPARGNE SALARIALE ET DE L'ACTIONNARIAT SALARIÉ

(*Décr. n° 2009-351 du 30 mars 2009*)

Art. D. 3346-1 à D. 3346-7 *Abrogés par Décr. n° 2021-768 du 16 juin 2021, art. 2.*

LIVRE IV DISPOSITIONS RELATIVES À L'OUTRE-MER

TITRE I DISPOSITIONS GÉNÉRALES

Art. D. 3411-2 (*Décr. n° 2021-1122 du 27 août 2021, art. 2*) Pour l'application du chapitre V du titre IV du livre III de la présente partie, les références aux directeurs départementaux de l'économie, de l'emploi, du travail et des solidarités sont remplacées :
a) Par la référence aux directeurs de l'économie, de l'emploi, du travail et des solidarités en Guadeloupe, en Martinique, à La Réunion, à Mayotte, à Saint-Barthélemy et à Saint-Martin ;
b) Par la référence au directeur général des populations en Guyane ;
c) Par la référence au directeur de la cohésion sociale, du travail, de l'emploi et de la population à Saint-Pierre-et-Miquelon ;
d) Par la référence au chef du service de l'inspection du travail et des affaires sociales à Wallis-et-Futuna.

TITRE II GUADELOUPE, GUYANE, MARTINIQUE, MAYOTTE, LA RÉUNION, SAINT-BARTHÉLEMY, SAINT-MARTIN ET SAINT-PIERRE-ET-MIQUELON (*Décr. n° 2018-953 du 31 oct. 2018, art. 4*).

CHAPITRE I DISPOSITIONS GÉNÉRALES

Art. R. 3411-1 (*Décr. n° 2014-551 du 27 mai 2014, art. 29*) Pour l'application du présent livre à Saint-Pierre-et-Miquelon, les références au "directeur départemental ou, le cas échéant, régional des finances publiques" sont remplacées par la référence au "directeur chargé de la direction des finances publiques de Saint-Pierre-et-Miquelon".

CHAPITRE II DURÉE DU TRAVAIL, REPOS ET CONGÉS

Le présent chapitre ne comprend pas de dispositions réglementaires.

CHAPITRE III SALAIRE ET AVANTAGES DIVERS

SECTION 1 Rémunération mensuelle minimale

SOUS-SECTION 1 Modalités de fixation

Art. R. 3423-1 Pour déterminer la rémunération mensuelle minimale garantie d'un salarié, il est retenu le nombre d'heures correspondant à la durée contractuelle du travail pour le mois considéré dans l'entreprise qui l'emploie. Les heures correspondant aux fêtes légales sont comprises dans cette durée. – *[Anc. art. R. 814-2, al. 1er.]*

Art. R. 3423-2 Lorsqu'un accord ou une convention de mensualisation, ou un contrat de travail à temps partiel, prévoit le règlement des salaires sur une base mensuelle uniforme, comprise entre vingt heures et la durée légale du travail, la rémunération mensuelle minimale est égale au produit du montant du salaire minimum de croissance par le nombre d'heures fixé par cet accord ou cette convention de mensualisation, ou par ce contrat de travail. – *[Anc. art. R. 814-2, al. 2.]*

Pour l'application à Mayotte de cet art., V. art. R. 3423-10-1.

Art. R. 3423-3 Lorsqu'une convention, un accord collectif de travail ou un contrat de travail à temps partiel annualisé prévoit que la rémunération mensuelle des salariés est indépendante de l'horaire réel, la rémunération mensuelle minimale applicable aux salariés concernés est égale au produit du salaire minimum de croissance par le nombre d'heures moyen mensuel fixé par cette convention ou cet accord, ou ce contrat de travail. – *[Anc. art. R. 814-3.]*

SOUS-SECTION 2 Allocation complémentaire

Art. R. 3423-4 A l'occasion du paiement de l'allocation complémentaire prévue à l'article L. 3423-9, il est remis au salarié un document mentionnant :
1° Le taux du salaire minimum de croissance ;
2° Le nombre d'heures correspondant à la durée contractuelle du travail ;
3° Les déductions obligatoires ayant permis de déterminer le montant de la rémunération mensuelle minimale ;
4° Les montants du salaire et des diverses allocations constituant les éléments de la rémunération mensuelle versée au salarié. – *[Anc. art. R. 814-5.]*

Art. R. 3423-5 Pendant toute la période d'inactivité, le salarié bénéficiant des dispositions du présent chapitre reste, dans le cadre du contrat de travail, à la disposition de l'entreprise qui l'emploie au moment de l'arrêt de travail. – *[Anc. art. R. 814-6.]*

SOUS-SECTION 3 Remboursement par l'État

Art. R. 3423-6 Le salarié qui perçoit une rémunération de substitution pendant la période au titre de laquelle il bénéficie de la rémunération mensuelle minimale, en méconnaissance de l'obligation prévue à l'article R. 3423-5, rembourse l'aide mensuelle versée par l'État au titre de cette rémunération mensuelle minimale.

Un ordre de reversement est émis par le préfet et recouvré par le *(Décr. n° 2014-551 du 27 mai 2014, art. 29)* « directeur départemental ou, le cas échéant, régional des finances publiques ». – *[Anc. art. R. 814-8.]*

Art. R. 3423-7 Des traitements automatisés d'informations nominatives relatives aux salariés bénéficiaires de la rémunération mensuelle minimale peuvent être créés.

Ces informations sont destinées à permettre aux agents de contrôle mentionnés à l'article L. 8271-7 d'assurer l'application de la procédure de restitution des sommes indûment perçues, prévue à l'article R. 3423-6. – *[Anc. art. R. 814-9.]*

SOUS-SECTION 4 Dispositions particulières à certaines catégories de travailleurs

Art. R. 3423-8 La rémunération mensuelle minimale est réduite à due proportion lorsque le travailleur perçoit, en application des dispositions légales, une rémunération horaire inférieure au salaire minimum de croissance. – *[Anc. art. R. 814-10.]*

Art. R. 3423-9 En cas de réduction d'activité, le salarié à temps partiel et le travailleur à domicile employés au cours d'un même mois par plusieurs employeurs adressent à l'*(Décr. n° 2021-143 du 10 févr. 2021, art. 10)* « agent de contrôle de l'inspection du travail » toutes justifications lui permettant de totaliser les heures de travail accomplies ainsi que les rémunérations perçues au cours du mois et de déterminer l'allocation complémentaire éventuellement due.

L'allocation complémentaire est payée directement au salarié par le préfet.

L'employeur rembourse au Trésor public, à la demande du préfet, dans un délai de trois mois, la part des allocations complémentaires à sa charge. Cette part est proportionnelle à l'importance de la réduction d'activité imposée au salarié. Le préfet adresse à l'employeur les indications lui permettant de vérifier le montant de sa participation. — *[Anc. art. R. 814-11.]*

SECTION 2 Paiement du salaire

Art. D. 3423-10 Les modalités d'application de l'article R. 3244-2 relatif à la répartition des pourboires sont déterminées par arrêté préfectoral. — *[Anc. art. D. 814-4.]*

Art. R. 3423-10-1 *(Décr. n° 2018-953 du 31 oct. 2018, art. 4)* Pour l'application à Mayotte de l'article R. 3243-2, la première phrase du deuxième alinéa est supprimée.

SECTION 3 Dispositions pénales

(Décr. n° 2009-289 du 13 mars 2009)

Art. R. 3423-11 Est puni de l'amende prévue pour les contraventions de la cinquième classe le fait de payer :

1° Des salaires inférieurs au salaire minimum de croissance prévu par les articles L. 3423-1 à L. 3423-4 ;

2° Des rémunérations inférieures à la rémunération mensuelle minimale prévue par les articles L. 3423-5 et L. 3423-6.

L'amende est appliquée autant de fois qu'il y a de salariés rémunérés dans des conditions illégales.

La récidive est réprimée conformément aux articles 132-11 et 132-15 du code pénal. En cas de pluralité de contraventions entraînant des peines de récidive, l'amende est appliquée autant de fois qu'il a été relevé de nouvelles contraventions.

SECTION 4 Avantages divers

(Décr. n° 2020-541 du 9 mai 2020, art. 1er-II)

Art. R. 3423-12 Pour son application à Saint-Barthélemy et à Saint-Martin, l'article R. 3261-13-1 est ainsi rédigé :

Art. R. 3261-13-1 Les autres services de mobilité partagée mentionnés à l'article L. 3261-3-1 comprennent :

1° La location ou la mise à disposition en libre-service de cyclomoteurs, motocyclettes, cycles à pédalage assisté et engins de déplacement personnel, avec ou sans station d'attache et accessibles sur la voie publique, à condition qu'ils soient équipés d'un moteur non thermique ou d'une assistance non thermique lorsqu'ils sont motorisés ;

2° Les services d'autopartage tels que définis par la réglementation en vigueur localement, à condition que les véhicules mis à disposition soient des véhicules à faibles émissions *(Décr. n° 2021-1491 du 17 nov. 2021, art. 12)* « au sens du III de l'article L. 224-7 » du code de l'environnement ou, à Saint-Barthélemy, de la règlementation applicable localement.

CHAPITRE IV DISPOSITIONS RELATIVES À MAYOTTE

(Décr. n° 2018-953 du 31 oct. 2018, art. 4)

Art. R. 3424-1 Pour l'application à Mayotte de l'article R. 3324-22, les mots : "des 2° et 3° de l'article L. 341-4 du code de la sécurité sociale" sont remplacés par les mots : "de l'article 20-8-2 de l'ordonnance n° 96-1122 du 20 décembre 1996 relative

SANTÉ ET SÉCURITÉ AU TRAVAIL — **Art. R. 4121-1-1**

à l'amélioration de la santé publique, à l'assurance maladie, maternité, invalidité et décès, au financement de la sécurité sociale à Mayotte et à la caisse de sécurité sociale de Mayotte".

Art. R. 3424-2 Pour l'application à Mayotte de l'article R. 3332-29, les mots : "au sens des 2° et 3° de l'article L. 341-4 du code de la sécurité sociale" sont remplacés par les mots : "au sens de la législation sociale applicable à Mayotte".

Art. R. 3424-3 Pour l'application à Mayotte de l'article R. 3334-4, les deuxième et troisième phrases du 1° sont supprimées.

TITRE III MESURES DE COORDINATION AVEC LES AUTRES COLLECTIVITÉS ULTRA-MARINES (Décr. n° 2018-953 du 31 oct. 2018, art. 4).

Le présent titre ne comprend pas de dispositions réglementaires.

QUATRIÈME PARTIE SANTÉ ET SÉCURITÉ AU TRAVAIL

Les dispositions de la quatrième partie sont applicables aux mines, carrières et à leurs dépendances, sous réserve des compléments et adaptations définis par le Décr. n° 2018-1022 du 22 nov. 2018 - V. App. VII. B, v° Mines – en ce qui concerne l'utilisation et les règles de circulation d'équipements de travail mobiles, équipés de leur propre moteur ou remorqués, et ne relevant pas du transport guidé (Décr. préc., art. 1er).

LIVRE I DISPOSITIONS GÉNÉRALES

TITRE I CHAMP ET DISPOSITIONS D'APPLICATION

Le présent titre ne comprend pas de dispositions réglementaires.

TITRE II PRINCIPES GÉNÉRAUX DE PRÉVENTION

CHAPITRE I OBLIGATIONS DE L'EMPLOYEUR

SECTION 1 Document unique d'évaluation des risques (Décr. n° 2011-354 du 30 mars 2011).

Art. R. 4121-1 L'employeur transcrit et met à jour dans un document unique les résultats de l'évaluation des risques pour la santé et la sécurité des travailleurs à laquelle il procède en application de l'article L. 4121-3.
Cette évaluation comporte un inventaire des risques identifiés dans chaque unité de travail de l'entreprise ou de l'établissement (Décr. n° 2008-1382 du 19 déc. 2008) « , y compris ceux liés aux ambiances thermiques. » — *[Anc. art. R. 230-1, al. 1er.]*

BIBL. ▶ **Crise sanitaire covid-19 :** Véricel, *RDT* 2020. 409 (déconfinement, reprise des activités économiques et santé au travail).

1. L'employeur est tenu d'évaluer dans son entreprise les risques pour la santé et la sécurité des travailleurs et de transcrire les résultats dans un document ; le fait qu'il n'ait eu aucune indication ou précision, ni preuves sur les substances ou préparations chimiques utilisées dans l'entreprise n'est pas de nature à l'exonérer de cette obligation. ● Soc. 8 juill. 2014 : 🔒 *D.* 2014. *Actu.* 1552 ; *RJS* 2014. 602, n° 703 ; *JSL* 2014, n° 375-2, obs. Taquet.

2. Crise sanitaire et DUER. La simple existence d'un document unique superposé à des notes et des consignes ou recommandations sur la prévention du covid-19 est insuffisante. ● TJ Lille, 3 avr. 2020, *Adar Flandre Métropole*, n° 20/00380.

Art. R. 4121-1-1 (Décr. n° 2014-1158 du 9 oct. 2014, art. 1er) L'employeur consigne, en annexe du document unique :
1° Les données collectives utiles à l'évaluation des expositions individuelles aux facteurs de risques mentionnés à l'article L. 4161-1 de nature à faciliter (Décr. n° 2015-

1885 du 30 déc. 2015, art. 2) « la déclaration mentionnée à cet article, le cas échéant à partir de l'identification de postes, métiers ou situations de travail figurant dans un accord collectif étendu ou un référentiel professionnel de branche homologué mentionnés à l'article L. 4161-2 » ;

2° La proportion de salariés exposés aux facteurs de risques professionnels mentionnés à l'article L. 4161-1, au-delà des seuils prévus au même article. Cette proportion est actualisée en tant que de besoin lors de la mise à jour du document unique.

Art. R. 4121-2 La mise à jour du document unique d'évaluation des risques *(Décr. n° 2022-395 du 18 mars 2022, art. 1ᵉʳ, en vigueur le 31 mars 2022)* « professionnels » est réalisée :

1° Au moins chaque année *(Décr. n° 2022-395 du 18 mars 2022, art. 1ᵉʳ, en vigueur le 31 mars 2022)* « dans les entreprises d'au moins onze salariés » ;

2° Lors de toute décision d'aménagement important modifiant les conditions de santé et de sécurité ou les conditions de travail *(Abrogé par Décr. n° 2022-395 du 18 mars 2022, art. 1ᵉʳ, à compter du 31 mars 2022)* « , au sens de l'article L. 4612-8 » ;

3° Lorsqu'une information supplémentaire intéressant l'évaluation d'un risque *(Décr. n° 2022-395 du 18 mars 2022, art. 1ᵉʳ, en vigueur le 31 mars 2022)* « est portée à la connaissance de l'employeur ».

(Décr. n° 2022-395 du 18 mars 2022, art. 1ᵉʳ, en vigueur le 31 mars 2022) « La mise à jour du programme annuel de prévention des risques professionnels et d'amélioration des conditions de travail ou de la liste des actions de prévention et de protection mentionnés au III de l'article L. 4121-3-1 est effectuée à chaque mise à jour du document unique d'évaluation des risques professionnels, si nécessaire. »

Art. R. 4121-3 *(Décr. n° 2022-395 du 18 mars 2022, art. 1ᵉʳ, en vigueur le 31 mars 2022)* Dans les établissements dotés d'un comité social et économique, le document unique d'évaluation des risques professionnels est utilisé pour l'établissement du rapport annuel prévu au 1° de l'article L. 2312-27.

Art. R. 4121-4 *(Décr. n° 2017-1819 du 29 déc. 2017, art. 3)* Le document unique d'évaluation des risques *(Décr. n° 2022-395 du 18 mars 2022, art. 1ᵉʳ, en vigueur le 31 mars 2022)* « professionnels et ses versions antérieures sont tenus, pendant une durée de 40 ans à compter de leur élaboration, » à la disposition :

(Décr. n° 2022-395 du 18 mars 2022, art. 1ᵉʳ, en vigueur le 31 mars 2022) « 1° Des travailleurs et des anciens travailleurs pour les versions en vigueur durant leur période d'activité dans l'entreprise. La communication des versions du document unique antérieures à celle en vigueur à la date de la demande peut être limitée aux seuls éléments afférents à l'activité du demandeur. Les travailleurs et anciens travailleurs peuvent communiquer les éléments mis à leur disposition aux professionnels de santé en charge de leur suivi médical ; »

2° Des membres de la délégation du personnel du comité social et économique ;

3° Du *(Décr. n° 2022-395 du 18 mars 2022, art. 1ᵉʳ, en vigueur le 31 mars 2022)* « service de prévention et de santé au travail mentionné à l'article L. 4622-1 » ;

4° Des agents *(Décr. n° 2022-395 du 18 mars 2022, art. 1ᵉʳ, en vigueur le 31 mars 2022)* « du système d'inspection » du travail ;

5° Des agents des services de prévention des organismes de sécurité sociale ;

6° Des agents des organismes professionnels de santé, de sécurité et des conditions de travail mentionnés à l'article L. 4643-1 ;

7° Des inspecteurs de la radioprotection mentionnés à l'article *(Décr. n° 2018-437 du 4 juin 2018, art. 2, en vigueur le 1ᵉʳ juill. 2018)* « **L. 1333-29** » du code de la santé publique et des agents mentionnés à l'article *(Décr. n° 2018-437 du 4 juin 2018, art. 2, en vigueur le 1ᵉʳ juill. 2018)* « **L. 1333-30** » du même code, en ce qui concerne les résultats des évaluations liées à l'exposition des travailleurs aux rayonnements ionisants, pour les installations et activités dont ils ont respectivement la charge.

(Décr. n° 2022-395 du 18 mars 2022, art. 1ᵉʳ, en vigueur le 31 mars 2022) « Jusqu'à l'entrée en vigueur de l'obligation de dépôt du document unique d'évaluation des risques professionnels sur un portail numérique selon les modalités prévues au B du V de l'article L. 4121-3-1 du code du travail, l'employeur conserve les versions successives du document unique au sein de l'entreprise sous la forme d'un document papier ou dématérialisé. »

Un avis indiquant les modalités d'accès des travailleurs au document unique est affiché à une place convenable et aisément accessible dans les lieux de travail. Dans les entreprises ou établissements dotés d'un règlement intérieur, cet avis est affiché au même emplacement que celui réservé au règlement intérieur.

Les obligations de conservation et de mise à disposition des versions successives du DUERP résultant des modifications apportées par le Décr. n° 2022-395 du 18 mars 2022 s'appliquent uniquement aux versions du document unique en vigueur au 31 mars 2022 ou postérieures à cette date (Décr. préc., art. 2-II).

SECTION 2 Pénibilité

(Décr. n° 2011-354 du 30 mars 2011)

Art. D. 4121-5 à D. 4121-9 *Abrogés par Décr. n° 2014-1159 du 9 oct. 2014, art. 2.*

SECTION 3 Obligation d'information en matière d'accident du travail

(Décr. n° 2023-452 du 9 juin 2023)

Art. R. 4121-5 Lorsqu'un travailleur est victime d'un accident du travail ayant entraîné son décès, l'employeur informe l'agent de contrôle de l'inspection du travail compétent pour le lieu de survenance de l'accident immédiatement et au plus tard dans les douze heures qui suivent le décès du travailleur, sauf s'il établit qu'il n'a pu avoir connaissance du décès que postérieurement à l'expiration de ce délai. Dans ce cas, le délai de douze heures imparti à l'employeur pour informer l'agent de contrôle de l'inspection du travail court à compter du moment où l'employeur a connaissance du décès du travailleur.

Cette information est communiquée par tout moyen permettant de conférer date certaine à cet envoi.

Elle comporte les éléments suivants :
1° Le nom ou la raison sociale ainsi que les adresses postale et électronique, les coordonnées téléphoniques de l'entreprise ou de l'établissement qui emploie le travailleur au moment de l'accident ;
2° Le cas échéant, le nom ou la raison sociale ainsi que les adresses postale et électronique, les coordonnées téléphoniques de l'entreprise ou de l'établissement dans lequel l'accident s'est produit si celui-ci est différent de l'entreprise ou établissement employeur ;
3° Les noms, prénoms, date de naissance de la victime ;
4° Les date, heure, lieu et circonstances de l'accident ;
5° L'identité et les coordonnées des témoins, le cas échéant. – *V. C. trav., art. R. 4741-2 (pén.).*

CHAPITRE II OBLIGATIONS DES TRAVAILLEURS

Le présent chapitre ne comprend pas de dispositions réglementaires.

TITRE III DROITS D'ALERTE ET DE RETRAIT

CHAPITRE I PRINCIPES

Le présent chapitre ne comprend pas de dispositions réglementaires.

CHAPITRE II CONDITIONS D'EXERCICE DES DROITS D'ALERTE ET DE RETRAIT

Art. D. 4132-1 L'avis du représentant du personnel au *(Décr. n° 2017-1819 du 29 déc. 2017, art. 3)* « comité social et économique », prévu à l'article L. 4131-2, est consigné sur un registre spécial dont les pages sont numérotées et authentifiées par le tampon du comité.

Cet avis est daté et signé. Il indique :
1° Les postes de travail concernés par la cause du danger constaté ;
2° La nature et la cause de ce danger ;

3° Le nom des travailleurs exposés. — [Anc. art. R. 236-9, phrases 1 et 3.]

Art. D. 4132-2 Le registre spécial est tenu, sous la responsabilité de l'employeur, à la disposition des représentants du personnel au (Décr. n° 2017-1819 du 29 déc. 2017, art. 3) « comité social et économique ». — [Anc. art. R. 236-9, phrase 2.]

CHAPITRE III DROIT D'ALERTE EN MATIÈRE DE SANTÉ PUBLIQUE ET D'ENVIRONNEMENT

(Décr. n° 2014-324 du 11 mars 2014)

Art. D. 4133-1 L'alerte du travailleur, prévue à l'article L. 4133-1, est consignée sur un registre spécial dont les pages sont numérotées.

Cette alerte est datée et signée.

Elle indique :

1° Les produits ou procédés de fabrication utilisés ou mis en œuvre par l'établissement dont le travailleur estime de bonne foi qu'ils présentent un risque grave pour la santé publique ou l'environnement ;

2° Le cas échéant, les conséquences potentielles pour la santé publique ou l'environnement ;

3° Toute autre information utile à l'appréciation de l'alerte consignée.

Si la société n'est dotée que d'un seul CSE et que le registre spécial est tenu au siège de l'entreprise à la disposition des représentants du personnel, la société n'a pas l'obligation de mettre en place un registre d'alerte en matière de risque grave pour la santé publique ou l'environnement dans chacun des magasins de la société. • Soc. 28 sept. 2022, n° 21-16.993 B : D. actu. 13 oct. 2022, obs. Couëdel ; RDT 2022. 718, obs. Véricel ; RJS 12/2022, n° 614 ; JSL 2022, n° 551-4, obs. Hautefort ; JCP S 2022. 1272, obs. Kerbourc'h.

Art. D. 4133-2 L'alerte du représentant du personnel au (Décr. n° 2017-1819 du 29 déc. 2017, art. 3) « comité social et économique », prévue à l'article L. 4133-2, est consignée sur le registre prévu à l'article D. 4133-1.

Cette alerte est datée et signée.

Elle indique :

1° Les produits ou procédés de fabrication utilisés ou mis en œuvre par l'établissement dont le représentant du personnel constate qu'ils font peser un risque grave sur la santé publique ou l'environnement ;

2° Le cas échéant, les conséquences potentielles pour la santé publique ou l'environnement ;

3° Toute autre information utile à l'appréciation de l'alerte consignée.

Art. D. 4133-3 Le registre spécial est tenu, sous la responsabilité de l'employeur, à la disposition des représentants du personnel au (Décr. n° 2017-1819 du 29 déc. 2017, art. 3) « comité social et économique ».

TITRE IV INFORMATION ET FORMATION DES TRAVAILLEURS

CHAPITRE I OBLIGATION GÉNÉRALE D'INFORMATION ET DE FORMATION

SECTION 1 Objet et organisation de l'information et de la formation à la sécurité (Décr. n° 2008-1347 du 17 déc. 2008).

BIBL. ▶ GACIA, JCP S 2009. 1110 (la gestion préventive des risques en matière de sécurité et santé au travail).

Art. R. 4141-1 La formation à la sécurité concourt à la prévention des risques professionnels.

Elle constitue l'un des éléments du programme annuel de prévention des risques professionnels prévu au 2° de l'article L. 4612-16. — [Anc. art. R. 231-32, al. 1er.]

Art. R. 4141-2 (Décr. n° 2008-1347 du 17 déc. 2008) L'employeur informe les travailleurs sur les risques pour leur santé et leur sécurité d'une manière compréhensible pour chacun. Cette information ainsi que la formation à la sécurité sont dispensées lors de l'embauche et chaque fois que nécessaire.

Sur le Décr. n° 2008-1347 du 17 déc. 2008, V. RDT 2009. 242, obs. Véricel ⌀.

Art. R. 4141-3 La formation à la sécurité a pour objet d'instruire le travailleur des précautions à prendre pour assurer sa propre sécurité et, le cas échéant, celle des autres personnes travaillant dans l'établissement.

Elle porte sur :
1° Les conditions de circulation dans l'entreprise ;
2° Les conditions d'exécution du travail ;
3° La conduite à tenir en cas d'accident ou de sinistre. — *[Anc. art. R. 231-34, al. 1er et 2.]*

Art. R. 4141-3-1 (Décr. n° 2008-1347 du 17 déc. 2008) L'employeur informe les travailleurs sur les risques pour leur santé et leur sécurité. Cette information porte sur :
1° Les modalités d'accès au document unique d'évaluation des risques, prévu à l'article R. 4121-1 ;
2° Les mesures de prévention des risques identifiés dans le document unique d'évaluation des risques ;
3° Le rôle du service de santé au travail et, le cas échéant, des représentants du personnel en matière de prévention des risques professionnels ;
4° Le cas échéant, les dispositions contenues dans le règlement intérieur, prévues aux alinéas 1° et 2° de l'article L. 1321-1 ;
5° (Décr. n° 2010-78 du 21 janv. 2010) « Les consignes de sécurité incendie et instructions mentionnées à l'article R. 4227-37 ainsi que l'identité des personnes chargées de la mise en œuvre des mesures prévues à l'article R. 4227-38. »

Sur le Décr. n° 2008-1347 du 17 déc. 2008, V. RDT 2009. 242, obs. Véricel ⌀.

Art. R. 4141-4 Lors de la formation à la sécurité, l'utilité des mesures de prévention prescrites par l'employeur est expliquée au travailleur, en fonction des risques à prévenir. — *[Anc. art. R. 231-34, al. 3.]*

Art. R. 4141-5 La formation dispensée tient compte de la formation, de la qualification, de l'expérience professionnelles et de la langue, parlée ou lue, du travailleur appelé à en bénéficier.
(Décr. n° 2008-1347 du 17 déc. 2008) « Le temps consacré à la formation et à l'information, mentionnées à l'article R. 4141-2, est considéré comme temps de travail. La formation et l'information en question se déroulent pendant l'horaire normal de travail. »

Sur le Décr. n° 2008-1347 du 17 déc. 2008, V. RDT 2009. 242, obs. Véricel ⌀.

Art. R. 4141-6 (Décr. n° 2008-1347 du 17 déc. 2008) Le médecin du travail est associé par l'employeur à l'élaboration des actions de formation à la sécurité et à la détermination du contenu de l'information qui doit être dispensée en vertu de l'article R. 4141-3-1.

Sur le Décr. n° 2008-1347 du 17 déc. 2008, V. RDT 2009. 242, obs. Véricel ⌀.

Art. R. 4141-7 Les formations à la sécurité sont conduites avec le concours, le cas échéant, de l'organisme professionnel de santé, de sécurité et des conditions de travail prévu à l'article L. 4643-1, et celui des services de prévention des organismes de sécurité sociale. — *[Anc. art. R. 231-43.]*

Art. R. 4141-8 En cas d'accident du travail grave ou de maladie professionnelle ou à caractère professionnel grave, l'employeur procède, après avoir pris toute mesure pour satisfaire aux dispositions de l'article L. 4221-1, à l'analyse des conditions de circulation ou de travail.

Il organise, s'il y a lieu, au bénéfice des travailleurs intéressés, les formations à la sécurité prévues par le présent chapitre.

Il en est de même en cas d'accident du travail ou de maladie professionnelle ou à caractère professionnel présentant un caractère répété :
1° Soit à un même poste de travail ou à des postes de travail similaires ;

2° Soit dans une même fonction ou des fonctions similaires. — *[Anc. art. R. 231-42.]*

Art. R. 4141-9 Lorsqu'un travailleur reprend son activité après un arrêt de travail d'une durée d'au moins vingt et un jours, il bénéficie, à la demande du médecin du travail, des formations à la sécurité prévues par le présent chapitre.

Lorsque des formations spécifiques sont organisées, elles sont définies par le médecin du travail. — *[Anc. art. R. 231-39 et anc. art. R. 231-44, al. 2, phrase 2.]*

Art. R. 4141-10 Les dispositions du présent chapitre s'appliquent sans préjudice des formations particulières prévues pour certains risques ou certaines activités ou opérations par les livres III à V.

SECTION 2 Conditions de circulation

Art. R. 4141-11 La formation à la sécurité relative aux conditions de circulation des personnes est dispensée sur les lieux de travail.

Elle a pour objet d'enseigner au travailleur, à partir des risques auxquels il est exposé :

1° Les règles de circulation des véhicules et engins de toute nature sur les lieux de travail et dans l'établissement ;
2° Les chemins d'accès aux lieux dans lesquels il est appelé à travailler ainsi qu'aux locaux sociaux ;
3° Les issues et dégagements de secours à utiliser en cas de sinistre ;
4° Les consignes d'évacuation, en cas notamment d'explosion, de dégagements accidentels de gaz ou liquides inflammables ou toxiques, si la nature des activités exercées le justifie. — *[Anc. art. R. 231-35.]*

Art. R. 4141-12 En cas de modification des conditions habituelles de circulation sur les lieux de travail ou dans l'établissement ou de modification des conditions d'exploitation présentant notamment des risques d'intoxication, d'incendie ou d'explosion, l'employeur procède, après avoir pris toutes mesures pour satisfaire aux dispositions de l'article L. 4221-1 relatives à l'utilisation des lieux de travail, à l'analyse des nouvelles conditions de circulation et d'exploitation.

L'employeur organise, s'il y a lieu, au bénéfice des travailleurs intéressés, une formation à la sécurité répondant aux dispositions de l'article R. 4141-11. — *[Anc. art. R. 231-40.]*

SECTION 3 Conditions d'exécution du travail

Art. R. 4141-13 La formation à la sécurité relative aux conditions d'exécution du travail a pour objet d'enseigner au travailleur, à partir des risques auxquels il est exposé :

1° Les comportements et les gestes les plus sûrs en ayant recours, si possible, à des démonstrations ;
2° Les modes opératoires retenus s'ils ont une incidence sur sa sécurité ou celle des autres travailleurs ;
3° Le fonctionnement des dispositifs de protection et de secours et les motifs de leur emploi. — *[Anc. art. R. 231-36, al. 1er.]*

Art. R. 4141-14 La formation à la sécurité relative aux conditions d'exécution du travail s'intègre à la formation ou aux instructions professionnelles que reçoit le travailleur.

Elle est dispensée sur les lieux du travail ou, à défaut, dans les conditions équivalentes. — *[Anc. art. R. 231-36, al. 2.]*

Art. R. 4141-15 En cas de création ou de modification d'un poste de travail ou de technique exposant à des risques nouveaux et comprenant l'une des tâches ci-dessous énumérées, le travailleur bénéficie, s'il y a lieu, après analyse par l'employeur des nouvelles conditions de travail, d'une formation à la sécurité sur les conditions d'exécution du travail :

1° Utilisation de machines, portatives ou non ;
2° Manipulation ou utilisation de produits chimiques ;

3° Opérations de manutention ;
4° Travaux d'entretien des matériels et installations de l'établissement ;
5° Conduite de véhicules, d'appareils de levage ou d'engins de toute nature ;
6° Travaux mettant en contact avec des animaux dangereux ;
7° Opérations portant sur le montage, le démontage ou la transformation des échafaudages ;
8° Utilisation des techniques d'accès et de positionnement au moyen de cordes. — *[Anc. art. R. 231-38, al. 1er et 2 V1, et anc. art. R. 231-41, phrase 1.]*

Art. R. 4141-16 En cas de changement de poste de travail ou de technique, le travailleur exposé à des risques nouveaux ou affecté à l'une des tâches définies à l'article R. 4141-15 bénéficie de la formation à la sécurité prévue par ce même article.

Cette formation est complétée, s'il y a modification du lieu de travail, par une formation relative aux conditions de circulation des personnes. — *[Anc. art. R. 231-38, al. 3 V 1.]*

SECTION 4 Conduite à tenir en cas d'accident ou de sinistre

Art. R. 4141-17 La formation à la sécurité sur les dispositions à prendre en cas d'accident ou de sinistre a pour objet de préparer le travailleur à la conduite à tenir lorsqu'une personne est victime d'un accident ou d'une intoxication sur les lieux du travail. — *[Anc. art. R. 231-37, al. 1er.]*

Art. R. 4141-18 Le travailleur affecté à l'une des tâches énumérées à l'article R. 4141-15 bénéficie d'une formation à la conduite à tenir en cas d'accident ou de sinistre. — *[Anc. art. R. 231-38, al. 1er et 2 V3.]*

Art. R. 4141-19 Lors d'un changement de poste de travail ou de technique, le travailleur exposé à des risques nouveaux ou affecté à l'une des tâches définies à l'article R. 4141-15 bénéficie d'une formation à la sécurité relative à la conduite à tenir en cas d'accident ou de sinistre. — *[Anc. art. R. 231-38, al. 3 V2.]*

Art. R. 4141-20 La formation à la sécurité sur les dispositions à prendre en cas d'accident ou de sinistre est dispensée dans le mois qui suit l'affectation du travailleur à son emploi. — *[Anc. art. R. 231-37, al. 2.]*

CHAPITRE II FORMATIONS ET MESURES D'ADAPTATION PARTICULIÈRES

Le présent chapitre ne comprend pas de dispositions réglementaires.

CHAPITRE III CONSULTATION DES REPRÉSENTANTS DU PERSONNEL

Art. R. 4143-1 Le *(Décr. n° 2017-1819 du 29 déc. 2017, art. 3)* « comité social et économique » participe à la préparation des formations à la sécurité. — *[Anc. art. R. 231-32, al. 2 et 3, et anc. art. R. 231-41, phrase 2.]*

Art. R. 4143-2 Lors de la consultation annuelle sur la formation professionnelle prévue à l'article L. 2323-33, l'employeur informe le *(Décr. n° 2017-1819 du 29 déc. 2017, art. 3)* « comité social et économique » des formations à la sécurité menées au cours de l'année écoulée en faisant ressortir le montant des sommes imputées sur la participation au développement de la formation professionnelle continue, conformément au second alinéa de l'article L. 4141-4.

Dans les entreprises de plus de trois cents salariés, un rapport détaillé est remis au comité, ainsi qu'un programme des actions de formation à la sécurité proposées pour l'année à venir au bénéfice des nouveaux embauchés, des travailleurs changeant de poste ou de technique et des salariés temporaires. — *[Anc. art. R. 231-45.]*

TITRE V DISPOSITIONS PARTICULIÈRES À CERTAINES CATÉGORIES DE TRAVAILLEURS

CHAPITRE I CHAMP D'APPLICATION

Le présent chapitre ne comprend pas de dispositions réglementaires.

CHAPITRE II FEMMES ENCEINTES, VENANT D'ACCOUCHER OU ALLAITANT

SECTION 1 Dispositions générales

Art. R. 4152-1 *Abrogé par Décr. n° 2014-798 du 11 juill. 2014, art. 4.*

Art. R. 4152-2 Indépendamment des dispositions relatives à l'allaitement prévues par les articles L. 1225-31 et R. 4152-13 et suivants, les femmes enceintes ou allaitant doivent pouvoir se reposer en position allongée, dans des conditions appropriées. – *[Anc. art. R. 232-10-3.]*

SECTION 2 Travaux exposant à des agents biologiques

Art. D. 4152-3 Lorsque les résultats de l'évaluation des risques à des agents biologiques pathogènes révèlent l'existence d'un risque d'exposition au virus de la rubéole ou au toxoplasme, il est interdit d'exposer une femme enceinte, sauf si la preuve existe que cette dernière est suffisamment protégée contre ces agents par son état d'immunité.

L'employeur prend, après avis du médecin du travail, les mesures nécessaires au respect de cette interdiction. – *[Anc. art. R. 231-62-2, al. 12.]*

SECTION 3 Travaux exposant aux rayonnements *(Décr. n° 2016-1074 du 3 août 2016, art. 5).*

Art. D. 4152-4 *(Décr. n° 2018-438 du 4 juin 2018, art. 1er, en vigueur le 1er juill. 2018)* La femme enceinte exposée à des rayonnements ionisants ayant déclaré son état de grossesse est informée des mesures d'affectation temporaire prévues à l'article L. 1225-7 et des dispositions protectrices prévues par la présente section.

Art. D. 4152-5 *(Décr. n° 2018-438 du 4 juin 2018, art. 1er, en vigueur le 1er juill. 2018)* Lorsque la femme enceinte est maintenu [maintenue] sur un poste l'exposant aux rayonnements ionisants, l'employeur s'assure du respect des valeurs limites d'exposition fixées au 2° de l'article R. 4451-6 pour les organes ou les tissus.

Art. D. 4152-6 *(Décr. n° 2018-438 du 4 juin 2018, art. 1er, en vigueur le 1er juill. 2018)* Il est interdit d'affecter ou de maintenir une femme enceinte à un poste de travail requérant un classement en catégorie A au sens de l'article R. 4451-57.

Art. D. 4152-7 Il est interdit d'affecter ou de maintenir une femme allaitant à un poste de travail comportant un risque d'exposition interne à des rayonnements ionisants. – *[Anc. art. R. 231-77, II.]*

Art. R. 4152-7-1 *(Décr. n° 2016-1074 du 3 août 2016, art. 5, en vigueur le 1er janv. 2017)* Lorsque, dans son emploi, la femme enceinte est exposée à des champs électromagnétiques, son exposition est maintenue à un niveau aussi faible qu'il est raisonnablement possible d'atteindre en tenant compte des recommandations de bonnes pratiques existantes, et en tout état de cause à un niveau inférieur aux valeurs limites d'exposition du public aux champs électromagnétiques.

SECTION 4 Utilisation d'équipements de travail

Art. D. 4152-8 Il est interdit d'employer une femme enceinte ou allaitant aux travaux à l'aide d'engins du type marteau-piqueur mus à l'air comprimé. – *[Anc. art. R. 234-10, al. 1er et 2.]*

SANTÉ ET SÉCURITÉ AU TRAVAIL — **Art. R. 4152-13**

SECTION 5 Travaux exposant aux agents chimiques dangereux

Art. D. 4152-9 Il est interdit d'employer une femme enceinte ou allaitant aux travaux suivants et de les admettre de manière habituelle dans les locaux affectés à ces travaux :
1° Préparation et conditionnement des esters thiophosphoriques ;
2° Emploi du mercure et de ses composés aux travaux de secrétage dans l'industrie de la couperie de poils. — *[Anc. art. R. 234-9.]*

Art. D. 4152-10 Il est interdit d'affecter ou de maintenir les femmes enceintes et les femmes allaitant à des postes de travail les exposant aux agents chimiques suivants :
(Décr. n° 2015-613 du 3 juin 2015, art. 1er) « 1° Agents chimiques qui satisfont aux critères de classification pour la toxicité pour la reproduction de catégorie 1A, 1B, ou catégorie supplémentaire des effets sur ou via l'allaitement définis à l'annexe I du règlement (CE) n° 1272/2008 du Parlement européen et du Conseil du 16 décembre 2008 » ;
2° Benzène ;
3° Dérivés suivants des hydrocarbures aromatiques :
a) Dérivés nitrés et chloronitrés des hydrocarbures benzoniques *[benzéniques]* ;
b) Dinitrophénol ;
c) Aniline et homologues, benzidine et homologues, naphtylamines et homologues.
Toutefois, l'interdiction relative aux dérivés des hydrocarbures aromatiques ne s'applique pas lorsque les opérations sont réalisées en appareils clos en marche normale.

Ancien art. D. 4152-10 *Il est interdit d'affecter ou de maintenir les femmes enceintes et les femmes allaitant à des postes de travail les exposant aux agents chimiques suivants :*
1° Agents classés toxiques pour la reproduction de catégorie [catégories] 1 ou 2 ;
2° Benzène ;
3° Dérivés suivants des hydrocarbures aromatiques :
a) Dérivés nitrés et chloronitrés des hydrocarbures benzoniques [benzéniques] ;
b) Dinitrophénol ;
c) Aniline et homologues, benzidine et homologues, naphtylamines et homologues.
Toutefois, l'interdiction relative aux dérivés des hydrocarbures aromatiques ne s'applique pas lorsque les opérations sont réalisées en appareils clos en marche normale. — [Anc. art. R. 231-56-12, anc. art. R. 231-58-2, al. 2, et anc. art. R. 234-10, al. 1er et al. 3 à 6.]

Les dispositions de l'art. D. 4152-10 restent applicables également aux agents chimiques classés toxiques pour la reproduction des catégories 1 et 2 mentionnés à l'art. R. 4411-6 dans sa rédaction antérieure à la date d'entrée en vigueur du Décr. n° 2015-613 du 3 juin 2015 (Décr. préc., art. 2-I).

Art. D. 4152-11 L'employeur informe les femmes sur les effets potentiellement néfastes de l'exposition à certaines substances chimiques sur la fertilité, l'embryon, le fœtus où l'enfant dans les conditions prévues à l'article R. 4412-89.

SECTION 6 Manutention des charges

Art. D. 4152-12 L'usage du diable pour le transport de charges est interdit à la femme enceinte. — *[Anc. art. R. 234-6, al. 24 et al. 28.]*

SECTION 7 Local dédié à l'allaitement

Art. R. 4152-13 Le local dédié à l'allaitement prévu à l'article L. 1225-32 est :
1° Séparé de tout local de travail ;
2° Aéré et muni de fenêtres ou autres ouvrants à châssis mobiles donnant directement sur l'extérieur ;
3° Pourvu d'un mode de renouvellement d'air continu ;
4° Convenablement éclairé ;
5° Pourvu d'eau en quantité suffisante ou à proximité d'un lavabo ;
6° Pourvu de sièges convenables pour l'allaitement ;
7° Tenu en état constant de propreté. Le nettoyage est quotidien et réalisé hors de la présence des enfants ;
8° Maintenu à une température convenable dans les conditions hygiéniques. — *[Anc. art. R. 224-2, al. 1er à 6, anc. art. R. 224-8 et anc. art. R. 224-11.]*

Art. R. 4152-14 Dans les établissements soumis à des dispositions particulières en matière de santé et sécurité au travail, le local dédié à l'allaitement est séparé de tout local affecté à des travaux pour lesquels ont été édictées ces dispositions particulières.

Cette séparation est telle que le local est protégé contre les risques qui ont motivé ces dispositions. – *[Anc. art. R. 224-2, al. 7.]*

Art. R. 4152-15 Les enfants ne peuvent séjourner dans le local dédié à l'allaitement que pendant le temps nécessaire à l'allaitement.

Aucun enfant atteint ou paraissant atteint d'une maladie contagieuse ne doit être admis dans ce local.

Des mesures sont prises contre tout risque de contamination.

L'enfant qui, après admission, paraît atteint d'une maladie contagieuse ne doit pas être maintenu dans le local. – *[Anc. art. R. 224-3 et anc. art. R. 224-19.]*

Art. R. 4152-16 Le local dédié à l'allaitement a une surface suffisante pour pouvoir abriter un nombre d'enfants de moins d'un an, compte tenu du nombre de femmes employées dans l'établissement. – *[Anc. art. R. 224-4.]*

Art. R. 4152-17 Le local dédié à l'allaitement a une hauteur de trois mètres au moins sous plafond. Il a au moins, par enfant, une superficie de trois mètres carrés.

Un même local ne peut pas contenir plus de douze berceaux. Toutefois, lorsque le nombre des enfants vient à dépasser ce maximum, le (*Décr. n° 2020-1545 du 9 déc. 2020, art. 28-X, en vigueur le 1er avr. 2021*) « directeur régional de l'économie, de l'emploi, du travail et des solidarités » peut en autoriser provisoirement le dépassement.

Lorsqu'il y a plusieurs salles, celles-ci sont desservies par un vestibule.

Art. R. 4152-18 Le local dédié à l'allaitement ne comporte pas de communication directe avec des cabinets d'aisance, égouts, puisards.

Il est maintenu à l'abri de toute émanation nuisible. – *[Anc. art. R. 224-9.]*

Art. R. 4152-19 Les revêtements des sols et des parois du local dédié à l'allaitement permettent un entretien efficace et sont refaits chaque fois que la propreté l'exige. – *[Anc. art. R. 224-10.]*

Art. R. 4152-20 L'employeur fournit pour chaque enfant un berceau et un matériel de literie.

Il fournit également du linge en quantité suffisante pour que les enfants puissent être changés aussi souvent que nécessaire.

Le matériel et les effets sont tenus constamment en bon état d'entretien et de propreté.

Pendant la nuit, tous les objets dont se compose la literie sont disposés de manière à être aérés. – *[Anc. art. R. 224-12, anc. art. R. 224-13, V1, et anc. art. R. 224-21, al. 2.]*

Art. R. 4152-21 Le local dédié à l'allaitement est tenu exclusivement par du personnel qualifié en nombre suffisant.

Ce personnel se tient dans un état de propreté rigoureuse. – *[Anc. art. R. 224-14.]*

Art. R. 4152-22 Il est tenu :

1° Un registre sur lequel sont inscrits les nom, prénoms et la date de naissance de chaque enfant, les nom, adresse et profession de la mère, la date de l'admission, la constatation des vaccinations, l'état de l'enfant au moment de l'admission et, s'il y a lieu, au moment des réadmissions ;

2° Un registre sur lequel sont mentionnés nominativement les enfants présents chaque jour. – *[Anc. art. R. 224-16.]*

Art. R. 4152-23 Le local dédié à l'allaitement est surveillé par un médecin désigné par l'employeur.

(*Décr. n° 2016-1417 du 20 oct. 2016, art. 11*) « Ce dernier tient à la disposition de l'agent de contrôle de l'inspection du travail, le nom et l'adresse de ce médecin. »

Le médecin visite le local au moins une fois par semaine. Il consigne ses observations sur le registre prévu au 2° de l'article R. 4152-22.

Un règlement intérieur signé par le médecin est affiché à l'entrée du local.

SANTÉ ET SÉCURITÉ AU TRAVAIL

Art. R. 4152-24 Le local dédié à l'allaitement est équipé de moyens de réchauffer les aliments. Ces derniers sont conformes aux prescriptions réglementaires prévues pour les établissements et services d'accueil des enfants de moins de six ans. — *[Anc. art. R. 224-18.]*

Art. R. 4152-25 Des mesures sont prises pour qu'aucune personne pouvant constituer une cause de contamination n'ait accès au local dédié à l'allaitement. — *[Anc. art. R. 224-20.]*

Art. R. 4152-26 Personne ne doit passer la nuit dans le local dédié à l'allaitement où les enfants passent la journée. — *[Anc. art. R. 224-21, al. 1ᵉʳ.]*

Art. R. 4152-27 L'eau du local dédié à l'allaitement est à température réglable. Des moyens de nettoyage et de séchage appropriés sont mis à disposition.
Le matériel et les effets sont tenus constamment en bon état d'entretien et de propreté. — *[Anc. art. R. 224-13 et anc. art. R. 224-22.]*

Art. R. 4152-28 La rémunération du médecin et du personnel du local dédié à l'allaitement ainsi que la fourniture et l'entretien du matériel et des effets énumérés aux articles R. 4152-20 et R. 4152-27 sont à la charge de l'employeur.
Aucune contribution ne peut être réclamée aux mères dont les enfants fréquentent le local. — *[Anc. art. R. 224-23.]*

SECTION 8 Interventions et travaux en milieu hyperbare

(Décr. n° 2011-45 du 11 janv. 2011)

Art. D. 4152-29 Il est interdit d'affecter ou de maintenir les femmes enceintes à des postes de travail exposant à une pression relative supérieure à 100 hectopascals.

CHAPITRE III JEUNES TRAVAILLEURS

SECTION 1 Âge d'admission

SOUS-SECTION 1 Emploi pendant les vacances scolaires

Art. D. 4153-1 Les dispositions de la présente sous-section s'appliquent aux mineurs âgés de quatorze à moins de seize ans susceptibles de travailler pendant les vacances scolaires en application de l'article L. 4153-3.

Art. D. 4153-2 L'emploi du mineur est autorisé uniquement pendant les périodes de vacances scolaires comportant au moins quatorze jours ouvrables ou non *(Décr. n° 2013-915 du 11 oct. 2013)* « et à la condition que les intéressés jouissent d'un repos continu d'une durée qui ne peut être inférieure à la moitié de la durée totale desdites vacances ». — *[Anc. art. D. 211-1.]*

Art. D. 4153-3 La durée du travail du mineur ne peut excéder trente-cinq heures par semaine ni sept heures par jour.
Sa rémunération ne peut être inférieure au salaire minimum de croissance, compte tenu d'un abattement au plus égal à 20 %. — *[Anc. art. D. 211-2.]*

Art. D. 4153-4 *(Décr. n° 2013-915 du 11 oct. 2013)* Le mineur ne peut être affecté qu'à des travaux légers qui ne sont pas susceptibles de porter préjudice à sa sécurité, à sa santé ou à son développement.

Art. D. 4153-5 L'employeur qui envisage d'employer un mineur adresse une demande écrite à l'inspecteur du travail au moins quinze jours avant la date prévue d'embauche.
La demande comporte :
1° Les nom, prénoms, âge et domicile de l'intéressé ;
2° La durée du contrat de travail ;
3° La nature et les conditions de travail envisagées ;
4° L'horaire de travail ;
5° Le montant de la rémunération ;
6° L'accord écrit et signé du représentant légal de l'intéressé. — *[Anc. art. D. 211-4.]*

Art. R. 4153-6 Lorsque l'inspecteur du travail n'a pas adressé de refus motivé à l'embauche d'un mineur, dans un délai de huit jours francs à compter de l'envoi de la demande de l'employeur, l'autorisation est réputée accordée. Le cachet de la poste fait foi.

Lorsque dans ce même délai, l'inspecteur du travail a conditionné son autorisation à une ou plusieurs modifications ou adjonctions dans le libellé de la demande, cette décision vaut autorisation d'embauche, sous réserve que l'employeur respecte, dans l'exécution du contrat, les obligations résultant des modifications ou adjonctions demandées. — [Anc. art. D. 211-5 et anc. art. L. 211-1, al. 5, phrase 2.]

Art. D. 4153-7 L'autorisation de l'inspecteur du travail peut être retirée à tout moment s'il est constaté que le mineur est employé soit dans des conditions non conformes à l'autorisation, soit en méconnaissance des dispositions du présent code. — [Anc. art. D. 211-6.]

SOUS-SECTION 2 **Agrément des débits de boissons**

Art. R. 4153-8 L'agrément du débit de boissons prévu à l'article L. 4153-6 est délivré à l'exploitant par le préfet, pour une durée de cinq ans renouvelable, après vérification que les conditions d'accueil du jeune travailleur sont de nature à assurer sa santé, sa sécurité et son intégrité physique ou morale.

Le préfet recueille l'avis du directeur départemental des affaires sanitaires et sociales. — [Anc. art. R. 211-1, al. 2 et al. 3, phrase 1.]

Art. R. 4153-9 Le silence gardé pendant plus de deux mois sur une demande d'agrément vaut décision de rejet. — [Anc. art. R. 211-1, al. 3, phrase 2.]

Art. R. 4153-10 A l'issue de la période de cinq ans, l'exploitant agréé forme une nouvelle demande d'agrément, instruite dans les mêmes conditions que la première demande. — [Anc. art. R. 211-1, al. 4.]

Art. R. 4153-11 En cas de changement d'exploitant du débit de boissons, la demande d'agrément est renouvelée. — [Anc. art. R. 211-1, al. 5.]

Art. R. 4153-12 Le préfet peut retirer ou suspendre l'agrément lorsque les conditions requises pour l'accueil du mineur ne sont plus de nature à assurer sa santé, sa sécurité et son intégrité physique ou morale. — [Anc. art. R. 211-1, al. 6.]

SOUS-SECTION 3 **Contrôle**

Art. D. 4153-13 Pour l'application des dispositions du présent chapitre, l'employeur justifie, à la demande de l'inspection du travail, de la date de naissance de chaque travailleur âgé de moins de dix-huit ans qu'il emploie. — [Anc. art. R. 234-1.]

SOUS-SECTION 4 **Décision de renvoi par l'inspecteur du travail**

Art. D. 4153-14 La décision de l'inspecteur du travail de renvoyer de l'établissement un jeune travailleur de quinze ans et plus, en application de l'article L. 4153-4, est prise sur avis conforme du médecin inspecteur du travail ou d'un médecin désigné par le médecin inspecteur du travail et, si les parents le demandent, après examen contradictoire. — [Anc. art. L. 211-2, al. 2.]

SECTION 2 **Travaux interdits et réglementés pour les jeunes âgés de quinze ans au moins et de moins de dix-huit ans**

(Décr. n° 2013-915 du 11 oct. 2013)

V. Circ. intermin. n° 11 du 23 oct. 2013 relative à la mise en œuvre des dérogations aux travaux réglementés des jeunes âgés de quinze ans au moins et de moins de dix-huit ans.

Art. D. 4153-15 Les dispositions de la présente section définissent les travaux interdits aux jeunes âgés d'au moins quinze ans et de moins de dix-huit ans en application de l'article L. 4153-8 ainsi que (Décr. n° 2018-438 du 4 juin 2018, art. 2, en vigueur le 1ᵉʳ juill. 2018) « , sous réserve des dispositions prévues à l'article D. 4153-21, » les travaux interdits susceptibles de dérogation en application de l'article L. 4153-9.

SANTÉ ET SÉCURITÉ AU TRAVAIL   **Art. D. 4153-21** 2243

SOUS-SECTION 1   **Travaux portant atteinte à l'intégrité physique ou morale**

Art. D. 4153-16 Il est interdit d'affecter les jeunes à des travaux les exposant à des actes ou représentations à caractère pornographique ou violent.

SOUS-SECTION 2   **Travaux exposant à des agents chimiques dangereux**

Art. D. 4153-17 I. – Il est interdit d'affecter les jeunes à des travaux impliquant la préparation, l'emploi, la manipulation ou l'exposition à des agents chimiques dangereux définis aux articles R. 4412-3 et R. 4412-60, à l'exception des agents chimiques dangereux qui relèvent uniquement d'une ou de plusieurs des catégories de danger [dangers] définies (Abrogé par Décr. n° 2015-613 du 3 juin 2015, art. 1er) « aux 2° et 15° de l'article R. 4411-6 ou » aux sections 2.4, 2.13, 2.14 et (Décr. n° 2015-613 du 3 juin 2015, art. 1er) « aux parties 4 et 5 » de l'annexe I du règlement (CE) n° 1272/2008.
II. – Il peut être dérogé à l'interdiction mentionnée au I dans les conditions et formes prévues à la section 3 du présent chapitre.

Ancien art. D. 4153-17 I. – *Il est interdit d'affecter les jeunes à des travaux impliquant la préparation, l'emploi, la manipulation ou l'exposition à des agents chimiques dangereux définis aux articles R. 4412-3 et R. 4412-60, à l'exception des agents chimiques dangereux qui relèvent uniquement d'une ou de plusieurs des catégories de danger [dangers] définies aux 2° et 15° de l'article R. 4411-6 ou aux sections 2.4, 2.13, 2.14 et à la partie 4 de l'annexe I du règlement (CE) n° 1272/2008.*
II. – Il peut être dérogé à l'interdiction mentionnée au I dans les conditions et formes prévues à la section 3 du présent chapitre.

L'interdiction prévue au I de l'art. D. 4153-17 et les dérogations prévues au II du même article restent applicables également aux agents chimiques définis à l'art. R. 4411-6 dans sa rédaction antérieure à la date d'entrée en vigueur du Décr. n° 2015-613 du 3 juin 2015, à l'exception des 2° et 15° (Décr. préc., art. 2-II).

Art. D. 4153-18 I. – Il est interdit d'affecter les jeunes à des opérations susceptibles de générer une exposition à un niveau d'empoussièrement de fibres d'amiante de niveau [niveaux] 1, 2 et 3 définis à l'article R. 4412-98.
II. – Il peut être dérogé à l'interdiction mentionnée au I pour des opérations susceptibles de générer une exposition à des niveaux d'empoussièrement de fibres d'amiante de niveau 1 ou 2 définis à l'article R. 4412-98 dans les conditions et formes prévues à la section 3 du présent chapitre.

Le Décr. n° 2013-915 du 11 oct. 2015 est annulé en tant qu'il prévoit, au II de l'art. D. 4153-18, qu'il peut être dérogé à l'interdiction fixée au I du même art. pour des opérations susceptibles de générer une exposition au niveau 2 d'empoussièrement de fibres d'amiante (CE 18 déc. 2015, n° 373968).

SOUS-SECTION 3   **Travaux exposant à des agents biologiques**

Art. D. 4153-19 Il est interdit d'affecter les jeunes à des travaux les exposant aux agents biologiques de groupe 3 ou 4 au sens de l'article R. 4421-3.

SOUS-SECTION 4   **Travaux exposant aux vibrations mécaniques**

Art. D. 4153-20 Il est interdit d'affecter les jeunes à des travaux les exposant à un niveau de vibration supérieur aux valeurs d'exposition journalière définies à l'article R. 4443-2.

SOUS-SECTION 5   **Travaux exposant à des rayonnements**

Art. D. 4153-21 (Décr. n° 2018-438 du 4 juin 2018, art. 2, en vigueur le 1er juill. 2018) I. – Il est interdit d'affecter les jeunes à des travaux les exposant aux rayonnements ionisants requérant un classement en catégorie A ou B au sens de l'article R. 4451-57.
II. – Pour les jeunes âgés d'au moins 16 ans, il peut être dérogé, à l'interdiction mentionnée au I dans les conditions et formes prévues à la section 3 du présent chapitre et sous réserve du respect des dispositions prévues au chapitre premier du titre V du livre IV de la quatrième partie du code du travail.

Les jeunes concernés sont classés en catégorie B au sens de l'article R. 4451-57 et, en situation d'urgence radiologique, ne peuvent être affectés à l'un des groupes définis à l'article R. 4451-99.

Art. D. 4153-22 I. – Il est interdit d'affecter les jeunes à des travaux susceptibles de les exposer à des rayonnements optiques artificiels et pour lesquels les résultats de l'évaluation des risques mettent en évidence la moindre possibilité de dépassement des valeurs limites d'exposition définies aux articles R. 4452-5 et R. 4452-6.

II. – Il peut être dérogé à l'interdiction mentionnée au I dans les conditions et formes prévues à la section 3 du présent chapitre.

Art. R. 4153-22-1 (Décr. n° 2016-1074 du 3 août 2016, art. 6, en vigueur le 1ᵉʳ janv. 2017) Il est interdit d'affecter les jeunes travailleurs de moins de dix-huit ans à des travaux les exposant à des champs électromagnétiques pour lesquels les résultats de l'évaluation des risques mettent en évidence la possibilité de dépasser les valeurs limites d'exposition définies à l'article R. 4453-3.

SOUS-SECTION 6 **Travaux en milieu hyperbare**

Art. D. 4153-23 (Décr. n° 2014-799 du 11 juill. 2014, art. 2) I. – Il est interdit d'affecter les jeunes à des travaux hyperbares et aux interventions en milieu hyperbare, autres que celles relevant de la classe 0, au sens de l'article R. 4461-1.

II. – Il peut être dérogé à l'interdiction mentionnée au I pour les interventions en milieu hyperbare dans les conditions et formes prévues à la section 3 du présent chapitre.

SOUS-SECTION 7 **Travaux exposant à un risque d'origine électrique**

Art. D. 4153-24 Il est interdit aux jeunes d'accéder[,] sans surveillance, à tout local ou emplacement d'un établissement ou chantier présentant un risque de contact avec des pièces nues sous tension, sauf s'il s'agit d'installations à très basse tension de sécurité (TBTS).

Il est interdit de faire exécuter par des jeunes des opérations sous tension.

SOUS-SECTION 8 **Travaux comportant des risques d'effondrement et d'ensevelissement**

Art. D. 4153-25 Il est interdit d'affecter les jeunes à des travaux de démolition, de tranchées, comportant des risques d'effondrement et d'ensevelissement, notamment des travaux de blindage, de fouilles ou de galeries ainsi qu'à des travaux d'étaiement.

SOUS-SECTION 9 **Conduite d'équipements de travail mobiles automoteurs et d'équipements de travail servant au levage**

Art. D. 4153-26 Il est interdit d'affecter les jeunes à la conduite des quadricycles à moteur et des tracteurs agricoles ou forestiers non munis de dispositif de protection en cas de renversement, ou dont ledit dispositif est en position rabattue, et non munis de système de retenue du conducteur au poste de conduite en cas de renversement.

Art. D. 4153-27 I. – Il est interdit d'affecter les jeunes à la conduite d'équipements de travail mobiles automoteurs et d'équipements de travail servant au levage.

II. – Il peut être dérogé à l'interdiction mentionnée au I dans les conditions et formes prévues à la section 3 du présent chapitre.

SOUS-SECTION 10 **Travaux nécessitant l'utilisation d'équipements de travail**

Art. D. 4153-28 I. – Il est interdit d'affecter les jeunes à des travaux impliquant l'utilisation ou l'entretien :

1° Des machines mentionnées à l'article R. 4313-78, quelle que soit la date de mise en service ;

2° Des machines comportant des éléments mobiles concourant à l'exécution du travail qui ne peuvent pas être rendus inaccessibles durant leur fonctionnement.

II. – Il peut être dérogé à l'interdiction mentionnée au I dans les conditions et formes prévues à la section 3 du présent chapitre.

SANTÉ ET SÉCURITÉ AU TRAVAIL

Art. D. 4153-29 I. — Il est interdit d'affecter les jeunes à des travaux de maintenance lorsque ceux-ci ne peuvent être effectués à l'arrêt, sans possibilité de remise en marche inopinée des transmissions, mécanismes et équipements de travail en cause.

II. — Il peut être dérogé à l'interdiction mentionnée au I dans les conditions et formes prévues à la section 3 du présent chapitre.

SOUS-SECTION 11 Travaux temporaires en hauteur

Art. D. 4153-30 (Décr. n° 2015-444 du 17 avr. 2015, art. 1er) « I. — » Il est interdit (Abrogé par Décr. n° 2015-444 du 17 avr. 2015, art. 1er) « , en milieu professionnel, » d'affecter les jeunes à des travaux temporaires en hauteur lorsque la prévention du risque de chute de hauteur n'est pas assurée par des mesures de protection collective.

(Décr. n° 2015-444 du 17 avr. 2015, art. 1er) « II. — Il peut être dérogé, pour l'utilisation d'échelles, d'escabeaux et de marchepieds, à l'interdiction mentionnée au I, dans les conditions prévues par le deuxième alinéa de l'article R. 4323-63.

« III. — Il peut être dérogé, pour les travaux nécessitant l'utilisation d'équipements de protection individuelle, à l'interdiction mentionnée au I, dans les conditions et selon les modalités prévues à la section 3 du présent chapitre et à l'article R. 4323-61. Cette dérogation est précédée, tant au sein des établissements mentionnés à l'article R. 4153-38 qu'en milieu professionnel, de la mise en œuvre des informations et formations prévues par les articles R. 4323-104 à R. 4323-106. »

Art. D. 4153-31 I. — Il est interdit (Abrogé par Décr. n° 2015-444 du 17 avr. 2015, art. 1er) « en milieu professionnel » d'affecter les jeunes au montage et démontage d'échafaudages.

II. — Il peut être dérogé à l'interdiction mentionnée au I dans les conditions et formes prévues à la section 3 du présent chapitre.

Art. D. 4153-32 Il est interdit d'affecter les jeunes à des travaux en hauteur portant sur les arbres et autres essences ligneuses et semi-ligneuses.

SOUS-SECTION 12 Travaux avec des appareils sous pression

Art. D. 4153-33 I. — Il est interdit aux jeunes de procéder à des travaux impliquant les opérations de manipulation, de surveillance, de contrôle et d'intervention sur des appareils à pression soumis à suivi en service en application de l'article L. 557-28 du code de l'environnement.

II. — Il peut être dérogé à l'interdiction mentionnée au I dans les conditions et formes prévues à la section 3 du présent chapitre.

SOUS-SECTION 13 Travaux en milieu confiné

Art. D. 4153-34 I. — Il est interdit d'affecter des jeunes :
1° A la visite, l'entretien et le nettoyage de l'intérieur des cuves, citernes, bassins et réservoirs ;
2° A des travaux impliquant les [des] opérations dans un milieu confiné[,] notamment dans les puits, conduites de gaz, canaux de fumée, égouts, fosses et galeries.

II. — Il peut être dérogé à l'interdiction mentionnée au I dans les conditions et formes prévues à la section 3 du présent chapitre.

SOUS-SECTION 14 Travaux au contact du verre ou du métal en fusion

Art. D. 4153-35 I. — Il est interdit d'affecter les jeunes à des travaux de coulée de verre ou de métaux en fusion et de les admettre de manière habituelle dans les locaux affectés à ces travaux.

II. — Il peut être dérogé à l'interdiction mentionnée au I dans les conditions et formes prévues à la section 3 du présent chapitre.

SOUS-SECTION 15 Travaux exposant à des températures extrêmes

Art. D. 4153-36 Il est interdit d'affecter les jeunes aux travaux les exposant à une température extrême susceptible de nuire à la santé.

SOUS-SECTION 16 Travaux en contact d'animaux

Art. D. 4153-37 Il est interdit d'affecter les jeunes à :
1° Des travaux d'abattage, d'euthanasie et d'équarrissage des animaux ;
2° Des travaux en contact d'animaux féroces ou venimeux.

SECTION 3 Dérogations pour les jeunes de quinze ans au moins et de moins de dix-huit ans

(Décr. n° 2013-914 du 11 oct. 2013)

Lorsqu'une autorisation individuelle a été accordée par l'inspecteur du travail à l'employeur ou au chef d'établissement dans les conditions prévues à la sous-section 1 de la section 3 du chapitre III du titre V du livre I de la quatrième partie du C. trav. dans sa rédaction antérieure au Décr. n° 2013-914 du 11 oct. 2013, celui-ci est dispensé de solliciter l'autorisation prévue par les dispositions des art. R. 4153-38 à R. 4153-52 jusqu'à la date de l'échéance de la première autorisation (Décr. préc., art. 2).

SOUS-SECTION 1 Autorisation de dérogation pour les jeunes en formation professionnelle

V. Circ. intermin. n° 11 du 23 oct. 2013, NOR : ETST1330265C.

Lorsqu'une autorisation de déroger a été accordée par l'inspecteur du travail à l'employeur ou au chef d'établissement dans les conditions prévues à la sous-section 1 de la section 3 du chap. III du titre V du livre I de la quatrième partie du C. trav. dans sa rédaction antérieure au Décr. n° 2015-443 du 17 avr. 2015, ces dispositions demeurent applicables et cette autorisation demeure valable pour la durée fixée par la décision (Décr. préc., art. 5).

Art. R. 4153-38 Pour l'application de la présente section, le chef d'établissement est le chef de l'établissement d'enseignement, le directeur du centre de formation d'apprentis ou de l'organisme de formation professionnelle, le directeur de l'établissement ou du service social ou médico-social mentionné au V de l'article L. 312-1 du code de l'action sociale et des familles.

Art. R. 4153-39 Les dispositions de la présente section s'appliquent aux jeunes âgés d'au moins quinze ans et de moins de dix-huit ans suivants :
1° Les apprentis et les titulaires d'un contrat de professionnalisation ;
2° Les stagiaires de la formation professionnelle ;
3° Les élèves et étudiants préparant un diplôme professionnel ou technologique ;
4° Les jeunes accueillis dans les établissements suivants :
a) Les établissements ou services d'enseignement qui assurent, à titre principal, une éducation adaptée et un accompagnement social ou médico-social aux mineurs ou jeunes adultes handicapés ou présentant des difficultés d'adaptation prévus au 2° *(Décr. n° 2015-443 du 17 avr. 2015, art. 2)* « du I » de l'article L. 312-1 du code de l'action sociale et des familles ;
b) Les établissements et services d'aide par le travail mentionnés au *(Décr. n° 2015-443 du 17 avr. 2015, art. 2)* « 5° du I » de l'article L. 312-1 du code de l'action sociale et des familles ;
c) Les centres de préorientation mentionnés à l'article R. 5213-2 du code du travail ;
d) Les centres d'éducation et de rééducation professionnelle mentionnés à l'article R. 5213-9 du code du travail ;
e) Les établissements ou services à caractère expérimental mentionnés au 12° du I de l'article L. 312-1 du code de l'action sociale et des familles ;
f) Les établissements ou services gérés, conventionnés ou habilités par les services de la protection judiciaire de la jeunesse.

Art. R. 4153-40 *(Décr. n° 2015-443 du 17 avr. 2015, art. 1ᵉʳ)* L'employeur ou le responsable de l'établissement mentionné à l'article L. 4111-1 et le chef d'établissement mentionné aux articles R. 4153-38 et R. 4153-39 peuvent, pour une durée de trois ans à compter de l'envoi de la déclaration prévue à l'article R. 4153-41, affecter des jeunes aux travaux interdits susceptibles de dérogation mentionnés à la section 2 du présent chapitre, sous réserve de satisfaire aux conditions suivantes :

1° Avoir procédé à l'évaluation prévue aux articles L. 4121-3 et suivants, comprenant une évaluation des risques existants pour les jeunes et liés à leur travail ; cette évaluation est préalable à l'affectation des jeunes à leurs postes de travail ;

2° Avoir, à la suite de cette évaluation, mis en œuvre les actions de prévention prévues au deuxième alinéa de l'article L. 4121-3 ;

3° Avant toute affectation du jeune à ces travaux :

a) Pour l'employeur, en application des articles L. 4141-1 et suivants, avoir informé le jeune sur les risques pour sa santé et sa sécurité et les mesures prises pour y remédier et lui avoir dispensé la formation à la sécurité en s'assurant qu'elle est adaptée à son âge, son niveau de formation et son expérience professionnelle ;

b) Pour le chef d'établissement, lui avoir dispensé la formation à la sécurité prévue dans le cadre de la formation professionnelle assurée, adaptée à son âge, son niveau de formation et son expérience professionnelle et en avoir organisé l'évaluation.

Dans les établissements mentionnés au 4° de l'article R. 4153-39, par dérogation aux dispositions qui précèdent, le chef d'établissement doit avoir mis en œuvre l'information et la formation mentionnées au *a* ou, lorsque la formation assurée conduit à un diplôme technologique ou professionnel, avoir mis en œuvre la formation à la sécurité et son évaluation mentionnées au *b* ;

4° Assurer l'encadrement du jeune en formation par une personne compétente durant l'exécution de ces travaux ;

5° Avoir obtenu, pour chaque jeune, la délivrance d'un avis médical d'aptitude.

Cet avis médical est délivré chaque année soit par le médecin du travail pour les salariés, soit par le médecin chargé du suivi médical des élèves et des étudiants, des stagiaires de la formation professionnelle ou des jeunes accueillis dans les établissements mentionnés au 4° de l'article R. 4153-39.

(Décr. n° 2016-1908 du 27 déc. 2016, art. 7, en vigueur le 1ᵉʳ janv. 2017) « Tout jeune affecté aux travaux mentionnés au premier alinéa bénéficie du suivi individuel renforcé de son état de santé prévu aux articles R. 4624-22 à R. 4624-28 en application du II de l'article R. 4624-23. »

Art. R. 4153-41 *(Décr. n° 2015-443 du 17 avr. 2015, art. 1ᵉʳ)* Préalablement à l'affectation des jeunes aux travaux interdits susceptibles de dérogation mentionnés à la section 2 du présent chapitre, une déclaration de dérogation est adressée par tout moyen conférant date certaine à l'*(Décr. n° 2021-143 du 10 févr. 2021, art. 10)* « agent de contrôle de l'inspection du travail » par l'employeur ou le responsable d'un établissement mentionné à l'article L. 4111-1 ou le chef d'établissement mentionné aux articles R. 4153-38 et R. 4153-39, chacun en ce qui le concerne.

Elle précise :

1° Le secteur d'activité de l'entreprise ou de l'établissement ;

2° Les formations professionnelles assurées ;

3° Les différents lieux de formation connus ;

4° Les travaux interdits susceptibles de dérogation mentionnés à la section 2 du présent chapitre nécessaires à la formation professionnelle et sur lesquels porte la déclaration de dérogation, ainsi que, le cas échéant, les machines mentionnées à l'article D. 4153-28 dont l'utilisation par les jeunes est requise pour effectuer ces travaux et, en cas d'exécution de travaux de maintenance, les travaux en cause et les équipements de travail mentionnés à l'article D. 4153-29 ;

5° La qualité ou la fonction de la ou des personnes compétentes chargées d'encadrer les jeunes pendant l'exécution des travaux précités.

Art. R. 4153-42 *(Décr. n° 2015-443 du 17 avr. 2015, art. 1ᵉʳ)* En cas de modification des informations mentionnées aux 1°, 2° ou 4° de l'article R. 4153-41, ces informations sont actualisées et communiquées à l'*(Décr. n° 2021-143 du 10 févr. 2021, art. 10)* « agent de contrôle de l'inspection du travail » par tout moyen conférant date certaine dans un délai de huit jours à compter des changements intervenus.

Art. R. 4153-43 *(Décr. n° 2015-443 du 17 avr. 2015, art. 1ᵉʳ)* En cas de modification des informations mentionnées aux 3° ou 5° de l'article R. 4153-41, ces informations sont tenues à la disposition de l'*(Décr. n° 2021-143 du 10 févr. 2021, art. 10)* « agent de contrôle de l'inspection du travail ».

Art. R. 4153-44 (*Décr. n° 2015-443 du 17 avr. 2015, art. 1ᵉʳ*) La déclaration prévue à l'article R. 4153-41 est renouvelée tous les trois ans.

Art. R. 4153-45 (*Décr. n° 2015-443 du 17 avr. 2015, art. 1ᵉʳ*) L'employeur ou le chef d'établissement qui déclare déroger tient à disposition de l'(*Décr. n° 2021-143 du 10 févr. 2021, art. 10*) « agent de contrôle de l'inspection du travail », à compter de l'affectation de chaque jeune aux travaux en cause, les informations relatives :
1° Aux prénoms, nom et date de naissance du jeune ;
2° A la formation professionnelle suivie, à sa durée et aux lieux de formation connus ;
3° A l'avis médical d'aptitude à procéder à ces travaux ;
4° A l'information et la formation à la sécurité prévues aux articles L. 4141-1 à L. 4141-3, dispensées au jeune ;
5° Aux prénoms, nom, et qualité ou fonction de la personne ou des personnes compétentes chargées d'encadrer le jeune pendant l'exécution des travaux en cause.

SOUS-SECTION 2   **Dérogations permanentes pour les jeunes travailleurs**

Art. R. 4153-49 Les jeunes travailleurs titulaires d'un diplôme ou d'un titre professionnel correspondant à l'activité qu'ils exercent peuvent être affectés aux travaux susceptibles de dérogation en application de l'article L. 4153-9 si leur aptitude médicale à ces travaux a été constatée.

Art. R. 4153-50 Les jeunes travailleurs habilités conformément aux dispositions de l'article R. 4544-9 peuvent exécuter des opérations sur les installations électriques ou des opérations d'ordre électrique ou non dans le voisinage de ces installations, dans les limites fixées par l'habilitation.

Art. R. 4153-51 Les jeunes travailleurs peuvent être affectés à la conduite d'équipements de travail mobiles automoteurs et d'équipements de travail servant au levage lorsqu'ils ont reçu la formation prévue à l'article R. 4323-55 et s'ils sont titulaires de l'autorisation de conduite prévue à l'article R. 4323-56, s'agissant des équipements dont la conduite est subordonnée à l'obtention d'une telle autorisation.

Art. R. 4153-52 Les jeunes travailleurs sont autorisés à être affectés à des travaux comportant des manutentions manuelles au sens de l'article R. 4541-2 excédant 20 % de leur poids si leur aptitude médicale à ces travaux a été constatée.

SECTION 3 *[ANCIENNE]*   **Travaux réglementés**

SOUS-SECTION 1 *[ANCIENNE]*   **Dérogations accordées pour les élèves et apprentis**

Lorsqu'une autorisation individuelle a été accordée par l'inspecteur du travail à l'employeur ou chef d'établissement dans les conditions prévues à la sous-section 1 de la section 3 du chapitre III du titre V du livre I de la quatrième partie du C. trav. dans sa rédaction antérieure au Décr. n° 2013-914 du 11 oct. 2013, celui-ci est dispensé de solliciter l'autorisation prévue par les dispositions des art. R. 4153-38 à R. 4153-52 jusqu'à la date de l'échéance de la première autorisation (Décr. préc., art. 2).

Ancien art. D. 4153-41 *Les jeunes travailleurs âgés de moins de dix-huit ans titulaires d'un contrat d'apprentissage, ainsi que les élèves préparant un diplôme de l'enseignement technologique ou professionnel, peuvent être autorisés à utiliser au cours de leur formation professionnelle les équipements de travail dont l'usage est interdit à la section 2.* — [*Anc. art. R. 234-22, al. 1ᵉʳ, phrase 1.*]

Ancien art. D. 4153-42 *Il peut être également dérogé dans les formes et conditions prévues par la présente section aux interdictions prévues :*
1° Aux articles D. 4153-26 et D. 4153-27 à l'exception du 5°, pour les travaux exposants à des agents chimiques dangereux ;
2° A l'article D. 4153-32, pour les travaux en milieu hyperbare ;
3° A l'article D. 4153-33, pour les travaux exposant aux rayonnements ionisants ;
4° A l'article D. 4153-35, pour les travaux au contact d'animaux ;
5° A l'article R. 4153-38, pour les travaux en contact du métal en fusion. — [*Anc. art. R. 234-22, al. 4.*]

SANTÉ ET SÉCURITÉ AU TRAVAIL **Art. D. 4154-1**

Ancien art. D. 4153-43 *Les autorisations sont accordées par l'inspecteur du travail, après avis favorable du médecin du travail ou du médecin chargé de la surveillance des élèves.*
Une autorisation du professeur ou du moniteur d'atelier est requise pour chaque emploi. – [Anc. art. R. 234-22, al. 1er, phrase 2.]

Ancien art. R. 4153-44 *La demande d'autorisation complète est adressée à l'inspecteur du travail par lettre recommandée avec avis de réception. Elle comporte l'avis favorable du médecin et du professeur ou du moniteur d'atelier responsable.*
Le silence gardé par l'inspecteur du travail pendant un délai de deux mois vaut autorisation. – [Anc. art. R. 234-22, al. 1er, phrase 3.]

Ancien art. D. 4153-45 *Les autorisations accordées par l'inspecteur du travail sont renouvelables chaque année pour les élèves. Elles demeurent valables pour toute la durée du contrat pour les apprentis, en l'absence de modification des équipements de travail, des conditions de sécurité et de l'environnement de travail et sous réserve de l'envoi, chaque année, à l'inspecteur du travail d'un nouvel avis favorable du médecin du travail.*
Elles sont révocables à tout moment si les conditions justifiant leur délivrance cessent d'être remplies. – [Anc. art. R. 234-22, al. 3.]

Ancien art. D. 4153-46 *En cas d'autorisation d'utilisation des équipements de travail, des mesures sont prises pour assurer l'efficacité du contrôle exercé par le professeur ou le moniteur d'atelier.* – [Anc. art. R. 234-22, D, al. 2.]

Ancien art. D. 4153-47 *Les jeunes travailleurs munis du certificat d'aptitude professionnelle correspondant à l'activité qu'ils exercent peuvent participer aux travaux et être autorisés à utiliser les équipements de travail mentionnés à la section 2, sous réserve de l'avis favorable du médecin du travail.* – [Anc. art. R. 234-23.]

SOUS-SECTION 2 *[ANCIENNE]* **Autres dérogations**

Ancien art. D. 4153-48 *Sur les chantiers de bâtiment et de travaux publics, l'emploi des jeunes travailleurs âgés de moins de dix-huit ans à des travaux en élévation peut être autorisé si leur aptitude médicale à ces travaux a été constatée.*
Une consigne écrite détermine les conditions d'emploi et de surveillance des intéressés. – [Anc. art. R. 234-18, al. 1er et 2.]

Ancien art. D. 4153-49 *Les jeunes travailleurs âgés de moins de seize ans peuvent être employés au cueillage ou au soufflage du verre dans un but de formation professionnelle et sous réserve de ne pas participer aux équipes de production.*
Les jeunes travailleurs âgés de plus de seize ans peuvent être employés au cueillage et au soufflage de verre plat et comme conducteur de machine de fabrication mécanique sur autorisation de l'inspecteur du travail accordée après enquête. Les autorisations sont révocables à tout moment si les conditions justifiant leur délivrance cessent d'être remplies. – [Anc. art. R. 234-14, al. 3 et 7.]

CHAPITRE IV SALARIÉS TITULAIRES D'UN CONTRAT DE TRAVAIL À DURÉE DÉTERMINÉE ET SALARIÉS TEMPORAIRES

SECTION 1 Travaux interdits

Art. D. 4154-1 Il est interdit d'employer des salariés titulaires d'un contrat de travail à durée déterminée et des salariés temporaires pour l'exécution des travaux les exposant aux agents chimiques dangereux *(Décr. n° 2018-438 du 4 juin 2018, art. 3, en vigueur le 1er juill. 2018)* « ou aux rayonnements ionisants » suivants :
1° Amiante : opérations d'entretien ou de maintenance sur des flocages ou calorifugeages ; travaux de confinement, de retrait ou et de démolition ;
2° Amines aromatiques suivantes : benzidine, ses homologues, ses sels et ses dérivés chlorés, 3,3'diméthoxybenzidine (ou dianisidine), 4-aminobiphényle (ou amino-4 diphényle) ;
3° Arsenite de sodium ;
4° Arséniure d'hydrogène (ou hydrogène arsénié) ;
5° Auramine et magenta (fabrication) ;
6° Béryllium et ses sels ;
7° Bêta-naphtylamine, N, N-*bis* (2-chloroéthyl)-2-naphtylamine (ou chlornaphazine), o-toluidine (ou orthotoluidine) ;

8° Brome liquide ou gazeux, à l'exclusion des composés ;
9° Cadmium : travaux de métallurgie et de fusion ;
10° Composés minéraux solubles du cadmium ;
11° Chlore gazeux, à l'exclusion des composés ;
12° Chlorométhane (ou chlorure de méthyle) ;
13° Chlorure de vinyle lors de la polymérisation ;
14° Dichlorure de mercure (ou bichlorure de mercure), oxycyanure de mercure et dérivés alkylés du mercure ;
15° Dioxyde de manganèse (ou bioxyde de manganèse) ;
16° Fluor gazeux et acide fluorhydrique ;
17° Iode solide ou vapeur, à l'exclusion des composés ;
18° Oxychlorure de carbone ;
19° Paraquat ;
20° Phosphore, pentafluorure de phosphore, phosphure d'hydrogène (ou hydrogène phosphoré) ;
21° Poussières de lin *(Abrogé par Décr. n° 2009-1289 du 23 oct. 2009) (Décr. n° 2009-289 du 13 mars 2009)* « *et de déshydratation de la luzerne* » : travaux exposant à l'inhalation ;
22° Poussières de métaux durs ;
23° Rayonnements ionisants : *(Décr. n° 2018-438 du 4 juin 2018, art. 3, en vigueur le 1er juill. 2018)* « travaux accomplis dans une zone où la dose efficace susceptible d'être reçue, intégrée sur une heure, est égale ou supérieure à 2 millisieverts ou en situation d'urgence radiologique, lorsque ces travaux requièrent une affectation au premier groupe défini au 1° du II de l'article R. 4451-99 » ;
24° Sulfure de carbone ;
25° Tétrachloroéthane ;
26° Tétrachlorométhane (ou tétrachlorure de carbone) ;
27° Travaux de désinsectisation des bois (pulvérisation du produit, trempage du bois, empilage ou sciage des bois imprégnés, traitement des charpentes en place) *(Décr. n° 2009-1289 du 23 oct. 2009)* « et des grains lors de leur stockage ».

SECTION 2 **Dérogations**

Art. D. 4154-2 Les interdictions prévues à l'article D. 4154-1 ne s'appliquent pas lorsque les travaux sont accomplis à l'intérieur d'appareils hermétiquement clos en marche normale. — [*Anc. art. 2, Arr. du 8 oct. 1990.*]

Art. D. 4154-3 L'employeur peut être autorisé, en application du second alinéa de l'article L. 4154-1, à employer des salariés titulaires d'un contrat de travail à durée déterminée ou des salariés temporaires pour accomplir les travaux mentionnés à l'article D. 4154-1.
La demande d'autorisation est adressée au *(Décr. n° 2020-1545 du 9 déc. 2020, art. 28-X, en vigueur le 1er avr. 2021)* « directeur régional de l'économie, de l'emploi, du travail et des solidarités » par lettre recommandée avec avis de réception. Elle est accompagnée de l'avis du *(Décr. n° 2017-1819 du 29 déc. 2017, art. 3)* « comité social et économique » ainsi que de l'avis du médecin du travail.

Art. D. 4154-4 Le *(Décr. n° 2020-1545 du 9 déc. 2020, art. 28-X, en vigueur le 1er avr. 2021)* « directeur régional de l'économie, de l'emploi, du travail et des solidarités », saisi d'une demande d'autorisation, prend sa décision dans un délai d'un mois à compter de la présentation de la lettre recommandée, après enquête de l'*(Décr. n° 2021-143 du 10 févr. 2021, art. 10)* « agent de contrôle de l'inspection du travail » et avis du médecin inspecteur du travail permettant de vérifier que des mesures particulières de prévention, notamment une formation appropriée à la sécurité, assurent une protection efficace des travailleurs contre les risques dus aux travaux.

Art. R. 4154-5 L'autorisation du *(Décr. n° 2020-1545 du 9 déc. 2020, art. 28-X, en vigueur le 1er avr. 2021)* « directeur régional de l'économie, de l'emploi, du travail et des solidarités » est réputée acquise si aucune réponse n'a été notifiée à l'employeur dans le délai d'un mois.
Le recours de l'employeur contre toute décision de rejet est adressé, par lettre recommandée avec avis de réception, au *(Décr. n° 2020-1545 du 9 déc. 2020, art. 28-X, en*

vigueur le 1ᵉʳ avr. 2021) « directeur régional de l'économie, de l'emploi, du travail et des solidarités », qui statue dans un délai d'un mois à compter de la réception de la demande.

Le silence gardé par le directeur régional dans un délai d'un mois vaut acceptation de la demande.

Art. D. 4154-6 L'autorisation du (Décr. n° 2020-1545 du 9 déc. 2020, art. 28-X, en vigueur le 1ᵉʳ avr. 2021) « directeur régional de l'économie, de l'emploi, du travail et des solidarités » peut être retirée lorsque les conditions ayant justifié sa délivrance ne sont plus réunies.

TITRE VI DISPOSITIONS RELATIVES À LA PRÉVENTION DES EFFETS DE L'EXPOSITION À CERTAINS FACTEURS DE RISQUES PROFESSIONNELS ET AU COMPTE PROFESSIONNEL DE PRÉVENTION

(Décr. n° 2017-1768 du 27 déc. 2017, art. 1ᵉʳ)

Ce titre est applicable à Mayotte à compter du 1ᵉʳ janv. 2022 (Décr. n° 2018-953 du 31 oct. 2018, art. 58-III).

BIBL. ▶ PRADEL et PRADEL-BOUREUX, JCP S 2018. 1022 (réforme du dispositif de prévention de la pénibilité).

CHAPITRE I FACTEURS DE RISQUES PROFESSIONNELS

(Décr. n° 2017-1769 du 27 déc. 2017, art. 1ᵉʳ)

Art. D. 4161-1 I. – Les facteurs de risques professionnels mentionnés à l'article L. 4161-1 sont ainsi définis :

1° Au titre des contraintes physiques marquées :

a) Manutentions manuelles de charges mentionnées à l'article R. 4541-2 ;
b) Postures pénibles définies comme positions forcées des articulations ;
c) Vibrations mécaniques mentionnées à l'article R. 4441-1 ;

2° Au titre de l'environnement physique agressif :

a) Agents chimiques dangereux mentionnés aux articles R. 4412-3 et R. 4412-60, y compris les poussières et fumées ;
b) Activités exercées en milieu hyperbare mentionnées à l'article R. 4461-1 ;
c) Températures extrêmes ;
d) Bruit mentionné à l'article R. 4431-1 ;

3° Au titre de certains rythmes de travail :

a) Travail de nuit dans les conditions fixées aux articles L. 3122-2 à L. 3122-5 ;
b) Travail en équipes successives alternantes ;
c) Travail répétitif caractérisé par la réalisation de travaux impliquant l'exécution de mouvements répétés, sollicitant tout ou partie du membre supérieur, à une fréquence élevée et sous cadence contrainte.

Pour les expositions aux facteurs de risques professionnels au titre des années 2015, 2016 et des trois premiers trimestres de 2017, les art. D. 4161-1 à D. 4161-3, D. 4162-18 à D. 4162-22, D. 4162-25, D. 4162-38, D. 4162-54 et D. 4162-55 C. trav. demeurent applicables dans leur rédaction antérieure aux dispositions issues du Décr. n° 2017-1769 du 27 déc. 2017 (Décr. préc., art. 5-III).

CHAPITRE II ACCORDS EN FAVEUR DE LA PRÉVENTION DES EFFETS DE L'EXPOSITION À CERTAINS FACTEURS DE RISQUES PROFESSIONNELS

Les dispositions de ce chapitre sont entrées en vigueur le 1ᵉʳ janv. 2019.

SECTION 1 Dispositions générales

(Décr. n° 2017-1769 du 27 déc. 2017, art. 1ᵉʳ, en vigueur le 1ᵉʳ janv. 2019)

Art. D. 4162-1 I. – La proportion minimale de salariés mentionnée au 1° du I de l'article L. 4162-1 est fixée à 25 % de l'effectif.

II. — Pour l'application du 2° du I de l'article L. 4162-1 du code du travail, l'entreprise ou le groupe est assujetti à l'obligation prévue à ce même article si son indice de sinistralité est supérieur à 0,25.

Cet indice de sinistralité est égal au rapport, pour les trois dernières années connues, entre le nombre d'accidents du travail et de maladies professionnelles imputés à l'employeur, à l'exclusion des accidents prévus à l'article L. 411-2 du code de la sécurité sociale, et l'effectif de l'entreprise tel que défini à l'article R. 130-1 du même code.

BIBL. ▶ V. Pradel, C.-F. Pradel et P.-M. Pradel-Boureux, *JCP S 2018. 1353* (mesurer la sinistralité à partir du compte employeur).

Art. D. 4162-2 L'accord d'entreprise ou de groupe mentionné à l'article L. 4162-1 ou, à défaut, le plan d'action mentionné à l'article L. 4162-2, repose sur un diagnostic préalable des expositions aux facteurs de risques professionnels mentionnés à l'article L. 4161-1 et prévoit les mesures de prévention qui en découlent et qui s'appliquent à tous les salariés exposés à un ou plusieurs de ces facteurs, ainsi que les modalités de suivi de leur mise en œuvre effective.

Chaque thème retenu dans l'accord ou le plan d'action est assorti d'objectifs chiffrés dont la réalisation est mesurée au moyen d'indicateurs. Ces indicateurs sont communiqués, au moins annuellement, aux membres du comité social et économique.

Art. D. 4162-3 L'accord d'entreprise ou de groupe mentionné à l'article L. 4162-1 ou, à défaut, le plan d'action mentionné à l'article L. 4162-2, ou l'accord de branche étendu mentionné au II de l'article L. 4162-1 traite :

1° D'au moins deux des thèmes suivants :
a) La réduction des polyexpositions aux facteurs mentionnés à l'article D. 4161-1 ;
b) L'adaptation et l'aménagement du poste de travail ;
c) La réduction des expositions aux facteurs de risques professionnels mentionnés à l'article D. 4161-1 ;
2° En outre, d'au moins deux des thèmes suivants :
a) L'amélioration des conditions de travail, notamment au plan organisationnel ;
b) Le développement des compétences et des qualifications ;
c) L'aménagement des fins de carrière ;
d) Le maintien en activité des salariés exposés aux facteurs mentionnés à l'article D. 4161-1.

Pour les thèmes mentionnés au 2°, l'accord ou le plan d'action précise les mesures de nature à permettre aux titulaires d'un compte professionnel de prévention d'affecter les points qui y sont inscrits aux utilisations prévues aux 1° et 2° du I de l'article L. 4163-7.

SECTION 2 Procédure

Art. R. 4162-4 I. — La caisse mentionnée aux articles L. 215-1 ou L. 752-4 du code de la sécurité sociale ou à l'article L. 723-2 du code rural et de la pêche maritime informe l'employeur des obligations lui incombant en application des articles L. 4162-1 et L. 4162-2 du présent code.

II. — L'accord d'entreprise ou de groupe mentionné à l'article L. 4162-1 ou, le cas échéant, le procès-verbal de désaccord et le plan d'action mentionné à l'article L. 4162-2 sont déposés auprès de la (*Décr. n° 2020-1545 du 9 déc. 2020, art. 28-X, en vigueur le 1ᵉʳ avr. 2021*) « direction régionale de l'économie, de l'emploi, du travail et des solidarités », qui en informe la caisse mentionnée au I.

Les dispositions de ce chapitre sont entrées en vigueur le 1ᵉʳ janv. 2019.

Art. R. 4162-5 I. — La caisse mentionnée à l'article R. 4162-4 informe le (*Décr. n° 2020-1545 du 9 déc. 2020, art. 28-X, en vigueur le 1ᵉʳ avr. 2021*) « directeur régional de l'économie, de l'emploi, du travail et des solidarités » lorsqu'une entreprise relevant de l'obligation mentionnée au I de l'article L. 4162-1 n'est pas couverte par un accord d'entreprise ou de groupe ou à défaut par un plan d'action répondant aux conditions définies par l'article L. 4162-3.

II. — Lorsque l'agent de contrôle de l'inspection du travail constate un manquement à l'obligation mentionnée aux articles L. 4162-1 et L. 4162-2 ou en est informé selon

SANTÉ ET SÉCURITÉ AU TRAVAIL **Art. D. 4163-2**

les modalités prévues au I, il met en demeure l'employeur, par lettre recommandée avec demande d'avis de réception, de remédier à cette situation dans un délai de six mois.

L'employeur communique à l'inspection du travail, par lettre recommandée avec demande d'avis de réception, l'accord conclu, le plan d'action élaboré ou les modifications apportées à ces documents dans le délai imparti. A défaut, il justifie des motifs de la défaillance de l'entreprise au regard de cette obligation ainsi que des efforts accomplis en matière de prévention des effets de l'exposition aux facteurs de risques professionnels mentionnés à l'article L. 4161-1.

A sa demande, il peut être entendu.

SECTION 3 Pénalité

Art. R. 4162-6 A l'issue du délai imparti par la mise en demeure, le *(Décr. n° 2020-1545 du 9 déc. 2020, art. 28-X, en vigueur le 1er avr. 2021)* « directeur régional de l'économie, de l'emploi, du travail et des solidarités » décide s'il y a lieu d'appliquer la pénalité mentionnée à l'article L. 4162-4. Il en fixe le taux au regard de la situation de l'entreprise, des informations transmises par la caisse mentionnée à l'article R. 4162-4 et, si l'entreprise compte moins de trois cents salariés, de l'avancement de la négociation collective sur les effets de l'exposition aux facteurs de risques professionnels mentionnés à l'article L. 4161-1 dans la branche ainsi que des critères suivants :

1° Les diligences accomplies pour conclure un accord ou élaborer un plan d'action relatif à la prévention des effets de l'exposition aux facteurs de risques professionnels mentionnés à l'article L. 4161-1 ;

2° Les mesures prises dans l'entreprise pour prévenir les effets de l'exposition aux facteurs de risques professionnels mentionnés à l'article L. 4161-1.

Art. R. 4162-7 Le *(Décr. n° 2020-1545 du 9 déc. 2020, art. 28-X, en vigueur le 1er avr. 2021)* « directeur régional de l'économie, de l'emploi, du travail et des solidarités » adresse à l'employeur, par tout moyen conférant date certaine, une notification motivée du taux de la pénalité, dans un délai d'un mois à compter de la date d'expiration de la mise en demeure prévue à l'article R. 4162-5.

Une copie de cette notification est adressée à l'organisme chargé du recouvrement des cotisations de sécurité sociale du régime général ou du régime agricole dont dépend l'employeur.

Art. R. 4162-8 La pénalité est due pour chaque mois entier au cours duquel l'entreprise ne respecte pas les obligations mentionnées à l'article L. 4162-3 à compter du terme de la mise en demeure et jusqu'à la réception par l'inspection du travail de l'accord ou du plan d'action prévus au I de l'article L. 4162-1 et à l'article L. 4162-2.

La pénalité, calculée par application du taux notifié par le *(Décr. n° 2020-1545 du 9 déc. 2020, art. 28-X, en vigueur le 1er avr. 2021)* « directeur régional de l'économie, de l'emploi, du travail et des solidarités » aux rémunérations ou gains mentionnés au deuxième alinéa de l'article L. 4162-4, est déclarée et versée par l'employeur auprès de l'organisme chargé du recouvrement des cotisations de sécurité sociale du régime général ou du régime agricole dont il dépend, à la date d'échéance de ses cotisations et contributions sociales.

CHAPITRE III COMPTE PROFESSIONNEL DE PRÉVENTION

Art. R. 4163-1 Pour l'application du présent chapitre :

1° L'organisme gestionnaire au niveau national est la Caisse nationale de l'assurance maladie ou tout autre organisme délégataire dans les conditions prévues au deuxième alinéa de l'article L. 4163-14 ;

2° L'organisme gestionnaire au niveau local est la caisse mentionnée aux articles L. 215-1 ou L. 752-4 du code de la sécurité sociale.

SECTION 1 Dispositions générales

(Décr. n° 2017-1768 du 27 déc. 2017, art. 1er)

Art. D. 4163-2 *(Décr. n° 2017-1769 du 27 déc. 2017, art. 1er)* Les seuils associés aux facteurs de risques professionnels mentionnés au I de l'article L. 4163-1 sont ainsi fixés :

1° Au titre de l'environnement physique agressif :

FACTEUR DE RISQUES PROFESSIONNELS	SEUIL		
	Action ou situation	Intensité minimale	Durée minimale
a) Activités exercées en milieu hyperbare définies à l'article R. 4461-1	Interventions ou travaux	1 200 hectopascals	60 interventions ou travaux par an
b) Températures extrêmes	Température inférieure ou égale à 5 degrés Celsius ou au moins égale à 30 degrés Celsius		900 heures par an
c) Bruit mentionné à l'article R. 4431-1	Niveau d'exposition au bruit rapporté à une période de référence de huit heures d'au moins 81 décibels (A)		600 heures par an
	Exposition à un niveau de pression acoustique de crête au moins égal à 135 décibels (C)		(Décr. n° 2023-760 du 10 août 2023, art. 3, en vigueur le 1er sept. 2023) « 100 » fois par an

2° Au titre de certains rythmes de travail :

FACTEUR DE RISQUES PROFESSIONNELS	SEUIL		
	Action ou situation	Intensité minimale	Durée minimale
a) Travail de nuit dans les conditions fixées aux articles L. 3122-2 à L. 3122-5	Une heure de travail entre 24 heures et 5 heures		(Décr. n° 2023-760 du 10 août 2023, art. 3, en vigueur le 1er sept. 2023) « 100 » nuits par an
b) Travail en équipes successives alternantes	Travail en équipes successives alternantes impliquant au minimum une heure de travail entre 24 heures et 5 heures		(Décr. n° 2023-760 du 10 août 2023, art. 3, en vigueur le 1er sept. 2023) « 30 » nuits par an
c) Travail répétitif caractérisé par la réalisation de travaux impliquant l'exécution de mouvements répétés, sollicitant tout ou partie du membre supérieur, à une fréquence élevée et sous cadence contrainte	Temps de cycle inférieur ou égal à 30 secondes : 15 actions techniques ou plus		900 heures par an
	Temps de cycle supérieur à 30 secondes, temps de cycle variable ou absence de temps de cycle : 30 actions techniques ou plus par minute		

Art. D. 4163-3 (Décr. n° 2017-1769 du 27 déc. 2017, art. 1er) L'employeur déclare l'exposition des travailleurs à un ou plusieurs facteurs de risques professionnels mentionnés à l'article L. 4163-1, en cohérence avec l'évaluation des risques prévue à l'article L. 4121-3, au regard des conditions habituelles de travail caractérisant le poste occupé, appréciées en moyenne sur l'année, notamment à partir des données collectives mentionnées au 1° de l'article R. 4121-1-1.

Pour établir cette déclaration, l'employeur peut utiliser, le cas échéant, les postes, métiers ou situations de travail définis dans l'accord collectif de branche étendu mentionné au II de l'article L. 4162-1 ou, à défaut de cet accord collectif, définis par le référentiel professionnel de branche homologué mentionné au II de l'article L. 4163-2 et déterminant l'exposition des travailleurs aux facteurs de risques professionnels mentionnés à l'article L. 4163-1, en tenant compte des mesures de protection collectives et individuelles appliquées.

Dans le cadre du suivi individuel de l'état de santé du travailleur, le professionnel de santé mentionné au premier alinéa de l'article L. 4624-1 peut demander à l'employeur la communication des informations qu'il déclare en application de l'article L. 4163-1. Le cas échéant, ces informations complètent le dossier médical en santé au travail du travailleur.

Art. D. 4163-4 (Décr. n° 2017-1769 du 27 déc. 2017, art. 1er-II) Pour les travailleurs mentionnés au 2° du V de l'article L. 4163-1, qui ne sont pas susceptibles d'acquérir des droits au titre du compte professionnel de prévention dans les conditions fixées aux articles L. 4163-4 et suivants et qui sont exposés à des facteurs de risques dans les conditions prévues au I de l'article L. 4163-1, à l'exception des travailleurs soumis à un suivi des effets de l'exposition à certains facteurs de risques professionnels approuvé par arrêté, l'employeur établit une fiche individuelle de suivi indiquant les facteurs de risques professionnels mentionnés à cet article auxquels ils sont exposés au-delà des seuils prévus à l'article D. 4163-2. L'exposition de ces travailleurs est évaluée en cohérence avec l'évaluation des risques prévue à l'article L. 4121-3.

L'employeur remet cette fiche au travailleur au terme de chaque année civile. Il la transmet au travailleur dont le contrat s'achève au cours de l'année civile au plus tard le dernier jour du mois suivant la date de fin de contrat.

L'employeur conserve par tout moyen les fiches de suivi des expositions de ses salariés pendant cinq ans après l'année à laquelle elles se rapportent.

Dans le cadre du suivi individuel de l'état de santé du travailleur, le professionnel de santé mentionné au premier alinéa de l'article L. 4624-1 peut demander à l'employeur la communication de la fiche individuelle de suivi. Le cas échéant, la fiche individuelle de suivi complète le dossier médical en santé au travail du travailleur.

Art. D. 4163-5 (Décr. n° 2017-1769 du 27 déc. 2017, art. 1er-II) L'exposition des travailleurs au regard des seuils mentionnés à l'article D. 4163-2 est appréciée après application des mesures de protection collective et individuelle.

Lorsque la durée minimale d'exposition est décomptée en nombre d'heures an, le dépassement du seuil est apprécié en cumulant les durées pendant lesquelles se déroulent chacune des actions ou pendant lesquelles chacune des situations sont constatées.

Lorsque, pour l'application de l'article D. 4163-2, l'employeur apprécie l'exposition d'un travailleur de nuit, il ne prend pas en compte les nuits effectuées dans les conditions du travail en équipes successives alternantes.

Art. D. 4163-6 (Décr. n° 2017-1769 du 27 déc. 2017, art. 1er-II) Le référentiel professionnel de branche mentionné au II de l'article L. 4163-2 est homologué par arrêté conjoint des ministres chargés du travail et des affaires sociales après avis du Conseil d'orientation des conditions de travail.

Il ne peut être établi que par une organisation professionnelle représentative dans la branche concernée, dans la limite de son champ d'activité.

Il ne peut être établi qu'un seul référentiel pour chaque branche ou pour chaque champ d'activité d'une branche et, s'agissant des postes, métiers ou situations de travail qu'il identifie, il ne peut être fait usage dans cette même branche ou dans ce même champ d'activité d'un autre référentiel.

Le référentiel présente l'impact des mesures de protection collective et individuelle sur l'exposition des travailleurs aux facteurs de risques professionnels mentionnés à l'article L. 4163-1. En vue de l'instruction de la demande d'homologation, il est accompagné de toutes données permettant d'évaluer les effectifs de travailleurs de la branche concernée exposés aux facteurs de risques professionnels mentionnés à l'article L. 4163-1 au-delà des seuils fixés à l'article D. 4163-2.

Le référentiel professionnel de branche est réévalué selon une périodicité qu'il détermine et qui ne peut excéder cinq ans.

Art. R. 4163-7 (*Décr. n° 2017-1768 du 27 déc. 2017, art. 1er*) Le contrat de mise à disposition mentionné à l'article L. 1251-43 indique, au titre des caractéristiques particulières du poste à pourvoir et pour l'application de l'article L. 4163-1, à quels facteurs de risques professionnels le salarié temporaire est exposé, au vu des conditions habituelles de travail appréciées en moyenne sur l'année par l'entreprise utilisatrice, caractérisant le poste occupé.

En tant que de besoin et à l'initiative de l'entreprise utilisatrice, un avenant au contrat de mise à disposition rectifie les informations mentionnées au premier alinéa.

SECTION 2 **Ouverture et abondement du compte professionnel de prévention**

Art. R. 4163-8 I. — Au terme de chaque année civile et au plus tard au titre de la paie du mois de décembre, l'employeur déclare, dans le cadre de la déclaration prévue à l'article L. 133-5-3 du code de la sécurité sociale auprès de l'organisme gestionnaire au niveau local ou de la caisse mentionnée à l'article L. 723-2 du code rural et de la pêche maritime, pour les travailleurs titulaires d'un contrat de travail qui demeure en cours à la fin de l'année civile, le ou les facteurs de risques professionnels définis à l'article L. 4163-1 du présent code auxquels ils ont été exposés au-delà des seuils fixés à l'article D. 4163-2 au cours de l'année civile considérée.

II. — Pour les travailleurs titulaires d'un contrat de travail d'une durée supérieure ou égale à un mois qui s'achève au cours de l'année civile, l'employeur déclare dans la déclaration mentionnée au I de cet article et au plus tard lors de la paie effectuée au titre de la fin de ce contrat de travail le ou les facteurs de risques professionnels définis à l'article D. 4163-2 auxquels ils ont été exposés.

III. — La déclaration prévue au I et au II du présent article est effectuée dans les mêmes conditions auprès de l'organisme mentionné à l'article L. 133-5-10 du code de la sécurité sociale par les employeurs utilisant les dispositifs mentionnés à l'article L. 133-5-6 du même code.

IV. — L'employeur peut rectifier sa déclaration des facteurs de risques professionnels :

1° Jusqu'au 5 ou au 15 avril de l'année qui suit celle au titre de laquelle elle a été effectuée, selon l'échéance de transmission de la déclaration mentionnée à l'article R. 133-14 du code de la sécurité sociale qui lui est applicable ;

2° Par dérogation au 1°, dans les cas où la rectification est faite en faveur du salarié, pendant la période de trois ans mentionnée au premier alinéa de l'article L. 244-3 du code de la sécurité sociale.

Art. R. 4163-9 I. — Pour les salariés titulaires d'un contrat de travail dont la durée est supérieure ou égale à l'année civile, la déclaration prévue au I de l'article R. 4163-8 donne lieu à l'inscription par l'organisme gestionnaire au niveau national sur son compte professionnel de prévention (*Décr. n° 2023-759 du 10 août 2023, art. 2, en vigueur le 1er sept. 2023*) « d'un nombre de points égal à quatre multiplié par le nombre de facteurs de risques auxquels le salarié est exposé. »

II. — Pour les salariés titulaires d'un contrat de travail dont la durée, supérieure ou égale à un mois, débute ou s'achève en cours d'année civile, l'organisme gestionnaire au niveau national agrège l'ensemble des déclarations prévues aux I et II de l'article R. 4163-8 transmises par le ou les employeurs et établit, pour chaque facteur de risque professionnel déclaré, sa durée totale d'exposition en mois au titre de l'année civile.

(*Décr. n° 2023-759 du 10 août 2023, art. 2, en vigueur le 1er sept. 2023*) « Chaque période d'exposition de trois mois à un ou plusieurs facteurs de risques professionnels donne lieu à l'attribution d'un nombre de points égal au nombre de facteurs de risques professionnels auxquels le salarié est exposé. »

Art. R. 4163-10 Par dérogation aux dispositions de l'article R. 4163-9, pour les assurés nés avant le 1er juillet 1956, les points inscrits sont multipliés par deux.

SECTION 3 Utilisations du compte professionnel de prévention

SOUS-SECTION 1 Conditions d'utilisation du compte

Art. R. 4163-11 Les points inscrits sur le compte professionnel de prévention sont utilisés de la façon suivante :
(*Décr. n° 2023-759 du 10 août 2023, art. 2, en vigueur le 1er sept. 2023*) « 1° Un point ouvre droit à un montant de 500 euros de prise en charge de tout ou partie des frais d'actions de formation professionnelle effectuées dans le cadre du 1° ou du 4° du I de l'article L. 4163-7 ; »

2° Dix points ouvrent droit à un complément de rémunération dont le montant correspond à la compensation pendant (*Décr. n° 2023-759 du 10 août 2023, art. 2, en vigueur le 1er sept. 2023*) « quatre » mois d'une réduction du temps de travail égale à un mi-temps ;

3° Dix points ouvrent droit à un trimestre de majoration de durée d'assurance vieillesse dans les conditions prévues par l'article L. 351-6-1 du code de la sécurité sociale.

Art. R. 4163-12 Les points sont consommés selon le barème prévu par l'article R. 4163-11 par tranche de 10 points pour les utilisations prévues aux 2° et 3° de cet article et point par point pour l'utilisation prévue au 1° du même article.

Art. R. 4163-13 Les vingt premiers points inscrits sont réservés à l'utilisation prévue au 1° du I de l'article L. 4163-7 (*Décr. n° 2023-759 du 10 août 2023, art. 2, en vigueur le 1er sept. 2023*) « , sauf s'ils sont utilisés pour le projet de reconversion professionnelle prévu au 4° du I du même article ».

Toutefois, pour les assurés nés avant le 1er janvier 1960, aucun point n'est réservé à l'utilisation mentionnée au 1° du I de l'article L. 4163-7.

Pour les assurés nés entre le 1er janvier 1960 et le 31 décembre 1962 inclus, les dix premiers points inscrits sont réservés à l'utilisation mentionnée au 1° du I de l'article L. 4163-7.

Art. D. 4163-13-1 (*Décr. n° 2023-759 du 10 août 2023, art. 2, en vigueur le 1er sept. 2023*) Le nombre total de points inscrits sur le compte professionnel de prévention pouvant être consommés [*consommé*] avant le soixantième anniversaire du salarié pour l'utilisation mentionnée au 2° du I de l'article L. 4163-7 ne peut excéder 80 points.

Art. R. 4163-14 Le titulaire du compte peut accéder en ligne à un relevé de points lui permettant de connaître le nombre de points disponibles pour les utilisations souhaitées et d'en éditer un justificatif.

Art. R. 4163-15 La demande d'utilisation des points inscrits sur le compte professionnel de prévention au titre du 1° (*Décr. n° 2023-759 du 10 août 2023, art. 2, en vigueur le 1er sept. 2023*) « au 4° » du I de l'article L. 4163-7 est effectuée en ligne par le titulaire du compte sur le site dédié à cet effet, dans les formes et avec les justifications déterminées par arrêté du ministre chargé des affaires sociales.

(*Décr. n° 2023-759 du 10 août 2023, art. 2, en vigueur le 1er sept. 2024*) « Lorsque la demande porte sur les utilisations mentionnées au 2° ou au 3° du I de l'article L. 4163-7, » elle peut aussi être adressée par le titulaire du compte à l'organisme gestionnaire au niveau local dans le ressort duquel se trouve sa résidence ou, en cas de résidence à l'étranger, son dernier lieu de travail en France. La demande adressée à un organisme gestionnaire autre que celui de la résidence de l'assuré est transmise à cette dernière.

(*Décr. n° 2023-759 du 10 août 2023, art. 2, en vigueur le 1er sept. 2024*) « Lorsque la demande porte sur l'utilisation mentionnée au 1° du I de l'article L. 4163-7, elle peut être effectuée par le titulaire du compte professionnel de prévention par l'intermédiaire du service dématérialisé mentionné au I de l'article L. 6323-8. »

La demande d'utilisation des points ne peut intervenir qu'à compter de l'inscription des points sur le compte professionnel de prévention.

Il est donné au demandeur récépissé de cette demande.

V. Arr. du 30 déc. 2015, JO 31 déc. (NOR : AFSS1531436A), mod. par Arr. du 29 déc. 2017, JO 31 déc. (NOR : SSAS1736546A).

Art. R. 4163-16 Le silence gardé pendant plus de quatre mois par l'organisme gestionnaire sur une demande d'utilisation des points vaut rejet de cette demande.

Art. R. 4163-17 Une fois la demande d'utilisation des points effectuée, les points correspondant à l'utilisation voulue par le titulaire sont réservés et ne peuvent être affectés à une autre utilisation jusqu'à la décision de l'organisme mentionné au deuxième alinéa de l'article R. 4163-15.

L'acceptation de la demande par cet organisme gestionnaire permet l'utilisation de ces points et le règlement des sommes afférentes à chaque utilisation permet de solder le compte de ces points.

SOUS-SECTION 2 **Utilisation du compte pour la formation professionnelle**

Art. R. 4163-18 (Abrogé par Décr. n° 2023-759 du 10 août 2023, art. 2, à compter du 1er sept. 2024) (Décr. n° 2018-1256 du 27 déc. 2018, art. 1er, en vigueur le 1er janv. 2019) *Lorsque le titulaire d'un compte professionnel de prévention veut abonder son compte personnel de formation au titre du 1° du I de l'article L. 4163-7, il joint à sa demande de formation un document précisant le montant qu'il souhaite consacrer à sa formation au titre des points inscrits sur le compte professionnel de prévention ainsi que le poste qu'il occupe.*

Art. R. 4163-19 (Décr. n° 2023-759 du 10 août 2023, art. 2, en vigueur le 1er sept. 2023) Lorsqu'il demande le financement d'une ou plusieurs actions dans le cadre du 1° ou du 4° du I de l'article L. 4163-7, le titulaire d'un compte professionnel de prévention fait l'objet d'un accompagnement préalable par l'un des opérateurs financés par l'organisme mentionné à l'article L. 6123-5 au titre du conseil en évolution professionnelle mentionné à l'article L. 6111-6. Le conseil en évolution professionnelle l'oriente et l'informe pour lui permettre de formaliser un projet respectant la condition fixée au 1° ou au 4° de l'article L. 4163-7.

Art. R. 4163-20 (Décr. n° 2023-759 du 10 août 2023, art. 2, en vigueur le 1er sept. 2023) Lorsque l'opérateur du conseil en évolution professionnelle a réalisé l'accompagnement préalable prévu par l'article R. 4163-19, il informe l'organisme gestionnaire désigné à l'article R. 4163-15. Il peut le faire au moyen d'un téléservice mis à sa disposition.

Art. R. 4163-21 Les points inscrits au compte professionnel de prévention mobilisés pour la formation professionnelle et convertis en (Décr. n° 2018-1256 du 27 déc. 2018, art. 1er, en vigueur le 1er janv. 2019) « un montant exprimé en euros » constituent un abondement du compte personnel de formation mentionné à l'article L. 6323-1.

Art. R. 4163-22 (Décr. n° 2018-1256 du 27 déc. 2018, art. 1er, en vigueur le 1er janv. 2020) Pour chaque action de formation financée dans le cadre du compte personnel de formation abondé par le compte professionnel de prévention, (Décr. n° 2023-759 du 10 août 2023, art. 2, en vigueur le 1er sept. 2023) « dans le cadre du 1° du I de l'article L. 4163-7 », la Caisse des dépôts et consignations fournit à l'organisme mentionné au deuxième alinéa de l'article R. 4163-15 l'attestation prévue par l'article R. 432-9-6 du code de la sécurité sociale.

Les modalités de versement des sommes correspondantes sont fixées par la convention prévue par l'article R. 432-9-6 du code de la sécurité sociale.

Art. R. 4163-23 (Abrogé par Décr. n° 2018-1256 du 27 déc. 2018, art. 1er, à compter du 1er janv. 2019) (Décr. n° 2017-1768 du 27 déc. 2017, art. 1er) *Sur la base de l'attestation mentionnée à l'article R. 4163-22, l'organisme gestionnaire au niveau local dans le ressort duquel se trouve la résidence du titulaire du compte ou, en cas de résidence à l'étranger, son dernier lieu de travail en France verse au financeur d'une action de formation financée par le compte personnel de formation et abondée par le compte professionnel de prévention le montant correspondant* (Décr. n° 2018-1256 du 27 déc. 2018, art. 5) *« au coût réel de la formation suivie » par le titulaire du compte professionnel de prévention dans le cadre de l'abondement.*

Art. R. 4163-24 Abrogé par Décr. n° 2018-1256 du 27 déc. 2018, art. 1er, à compter du 1er janv. 2019.

SANTÉ ET SÉCURITÉ AU TRAVAIL   **Art. D. 4163-30-1** 2259

SOUS-SECTION 3 **Utilisation du compte pour le passage à temps partiel**

(Décr. n° 2017-1769 du 27 déc. 2017, art. 1er)

Art. D. 4163-25 Le salarié demande à son employeur de bénéficier de la réduction de son temps de travail dans les conditions prévues aux quatre derniers alinéas de l'article L. 3123-17, au troisième alinéa de l'article L. 3123-26 et à l'article L. 4163-10 et selon les modalités prévues à l'article D. 3123-3. Il joint à l'appui de sa demande le justificatif mentionné à l'article R. 4163-14.

Le salarié doit préciser sa demande de réduction du temps de travail sans que le temps travaillé ne puisse être inférieur à 20 % ni supérieur à 80 % de la durée du travail applicable dans l'établissement.

Art. D. 4163-26 Le coefficient de réduction de la durée du travail est apprécié par le rapport de la durée sollicitée à la durée antérieure de travail. Il est arrondi à deux décimales, au centième le plus proche.

Le nombre de jours pris en charge au titre du complément de rémunération mentionné au 2° du I de l'article L. 4163-7 est égal au produit suivant :

Nombre de points utilisés/10 X (Décr. n° 2023-760 du 10 août 2023, art. 3, en vigueur le 1er sept. 2023) « 60 »/ coefficient de réduction de la durée du travail.

Le nombre de jours est arrondi au jour entier le plus proche.

Art. D. 4163-27 Une fois l'accord de son employeur obtenu, le salarié formule sa demande d'utilisation des points au titre du 2° du I de l'article L. 4163-7 dans les conditions fixées à l'article R. 4163-15.

Art. D. 4163-28 L'employeur transmet par tout moyen à l'organisme gestionnaire au niveau local mentionné au deuxième alinéa de l'article R. 4163-15 une copie de l'avenant au contrat de travail ainsi que les éléments nécessaires au remboursement du complément de rémunération et des cotisations et contributions sociales légales et conventionnelles afférentes à ce complément.

La liste des éléments ainsi que leurs modalités de transmission sont déterminées par arrêté des ministres chargés des affaires sociales et du travail.

Une fois ces éléments transmis à l'organisme, celui-ci procède au remboursement à l'employeur du complément de rémunération et des cotisations et contributions sociales légales et conventionnelles afférentes à ce complément, versés par l'employeur au titre des jours mentionnés au deuxième alinéa de l'article D. 4163-26.

Art. D. 4163-29 Le montant du complément de rémunération est déterminé en appliquant le coefficient de réduction de la durée du travail mentionné à l'article D. 4163-26, (Décr. n° 2018-821 du 27 sept. 2018, art. 29) « aux revenus d'activité tels qu'ils sont pris en compte pour la détermination de l'assiette des cotisations définie » à l'article L. 242-1 du code de la sécurité sociale qui seraient perçus par le salarié s'il ne bénéficiait pas de cette réduction du temps de travail.

SOUS-SECTION 4 **Utilisation du compte pour la retraite**

Art. R. 4163-30 Le titulaire d'un compte professionnel de prévention peut formuler sa demande d'utilisation des points au titre du 3° du I de l'article L. 4163-7 dans les conditions fixées à l'article R. 4163-15 dès lors qu'il atteint l'âge de 55 ans.

SOUS-SECTION 5 **Utilisation pour le projet de reconversion professionnelle**

(Décr. n° 2023-760 du 10 août 2023, art. 3, en vigueur le 1er sept. 2023)

Art. D. 4163-30-1 Sont applicables aux demandes de projet de reconversion professionnelle les dispositions des articles suivants :

1° Articles R. 6323-10, R. 6323-10-1, R. 6323-10-2 et R. 6323-10-4 relatifs aux modalités de demande de congé, à l'exception du motif d'ancienneté mentionné au IV de l'article R. 6323-10 ;

2° Article R. 6323-11 relatif à la compétence de la commission paritaire interprofessionnelle régionale ;

3° Article R. 6323-12 relatif au positionnement préalable, uniquement si le projet de reconversion professionnelle prévoit la réalisation d'une action de formation mentionnée au 1° de l'article L. 6313-1, dans les conditions prévues à l'article D. 4163-30-3 ;

4° Article R. 6323-13 relatif aux pièces à transmettre ;

5° Articles R. 6323-11-1 et R. 6323-14-1 relatifs aux demandes de salariés en contrat à durée déterminée ;

6° Article R. 6323-11-2 relatif aux demandes de salariés intermittents du spectacle, à l'exception des conditions d'ancienneté qui y sont évoquées et qui ne s'appliquent pas au projet de reconversion professionnelle mentionné à l'article L. 4163-7 ;

7° Article R. 6323-14-3 relatif aux types de dépenses prises en charges ;

8° Articles R. 6323-15 et R. 6323-16 relatifs aux refus de prise en charge ;

9° Articles D. 6323-18-1 à D. 6323-18-4 relatifs aux modalités de rémunérations.

Art. D. 4163-30-2 I. — Si le salarié souhaite réaliser un bilan de compétences mentionné au 2° de l'article L. 6313-1 dans le cadre de son projet, il transmet à la commission paritaire interprofessionnelle régionale une demande de financement spécifique préalable à toute autre demande. Si une demande de financement d'une action de formation suit la réalisation d'un bilan de compétences, le positionnement préalable relatif à cette action de formation ne peut intervenir qu'après la réalisation de ce bilan de compétences et doit en tenir compte.

II. — Si le projet de reconversion professionnelle inclut une ou des actions permettant de faire valider les acquis de l'expérience mentionnées au 3° de l'article L. 6313-1, ces actions sont réalisées avant toute action de formation mentionnée au 1° du même article. Le financement de ces actions de formation est conditionné à la validation de l'action préalable de valorisation des acquis de l'expérience.

Art. D. 4163-30-3 I. — Les demandes de prise en charge d'un projet de reconversion professionnelle sont satisfaites dans l'ordre de leur réception.

La commission paritaire interprofessionnelle régionale procède à l'examen du dossier du salarié.

Elle s'assure que la demande de prise en charge respecte les conditions d'accès prévues à l'article D. 4163-30-1 et que le prestataire de la formation est certifié dans les conditions prévues à l'article L. 6316-1.

II. — La commission paritaire interprofessionnelle régionale mobilise prioritairement les droits inscrits sur le compte professionnel de prévention du salarié ayant fait l'objet d'une décision de prise en charge de son projet de transition professionnelle. Si ces droits ne permettent qu'une prise en charge partielle des dépenses relatives au projet de reconversion professionnelle, le solde peut être pris en charge :

1° En tout ou partie par les fonds versés pour le financement de projets de transition professionnelle mentionnés au 3° de l'article R. 6123-25, dans les conditions de mise en œuvre prévues dans le cadre du projet de transition professionnelle mentionné à l'article L. 6323-17-1, à l'exception du référentiel de priorités mentionné à l'article R. 6323-14-2, ainsi que dans des conditions fixées par France compétences ;

2° Par un ou des financeurs mentionnés au II de l'article L. 6323-4.

Art. D. 4163-30-4 Les données relatives à la prise en charge des frais mentionnés au I de l'article R. 6323-14-3 font l'objet d'une consolidation et sont remontées à l'organisme mentionné au deuxième alinéa de l'article R. 4163-15.

Les modalités de consolidation et de transmission de ces données sont définies par arrêté des ministres chargés de la sécurité sociale et de la formation professionnelle.

Art. D. 4163-30-5 Pour le financement des projets de reconversion professionnelle mentionnés au 4° du I de l'article L. 4163-7, l'organisme mentionné au 1° de l'article R. 4163-1 verse à France compétences une dotation dont le montant est défini au regard des dépenses prévisionnelles. Cette dotation peut être réévaluée en fonction de la mobilisation des droits des titulaires d'un compte professionnel de prévention.

Le montant de la dotation et les modalités de versement des sommes correspondantes aux commissions paritaires interprofessionnelles régionales mentionnées à l'article L. 6323-17-6 sont fixées par une convention conclue entre l'organisme mentionné au 1° de l'article R. 4163-1 et France compétences.

SANTÉ ET SÉCURITÉ AU TRAVAIL

SECTION 4 Gestion du compte, contrôle et réclamations

(Décr. n° 2017-1768 du 27 déc. 2017, art. 1ᵉʳ, en vigueur le 1ᵉʳ janv. 2018)

Cette section issue des Décr. nᵒˢ 2017-1768 et 2017-1769 du 27 déc. 2017 est entrée en vigueur le 1ᵉʳ janv. 2018.

Jusqu'au 31 déc. 2017, les sections 3 et 4 du chapitre II du titre VI du livre I de la quatrième partie du code du travail continuent à s'appliquer dans leur rédaction antérieure (Décr. préc., art. 3-I et 5-I).

SOUS-SECTION 1 Gestion du compte

(Décr. n° 2017-1769 du 27 déc. 2017, art. 1ᵉʳ, en vigueur le 1ᵉʳ janv. 2018)

Art. D. 4163-31 Chaque année, l'organisme gestionnaire au niveau national enregistre sur le compte professionnel de prévention du salarié les points correspondant aux données déclarées par l'employeur au titre de l'année précédente sur la déclaration prévue à l'article L. 133-5-3 du code de la sécurité sociale.

L'organisme gestionnaire au niveau local dans la circonscription de laquelle se trouve l'établissement fait connaître au salarié par voie électronique, au plus tard le 30 juin, que l'information afférente à son compte est disponible sur un site dédié. A défaut, elle porte cette information à sa connaissance par lettre simple.

SOUS-SECTION 2 Contrôle de l'exposition aux facteurs de risques professionnels

(Décr. n° 2017-1768 du 27 déc. 2017, art. 1ᵉʳ)

Art. D. 4163-32 *(Décr. n° 2017-1769 du 27 déc. 2017, art. 1ᵉʳ-V, en vigueur le 1ᵉʳ janv. 2018)* I. – Pour le contrôle de l'effectivité ou de l'ampleur de l'exposition aux facteurs de risques professionnels et de l'exhaustivité des données déclarées mentionné à l'article L. 4163-16, les employeurs sont tenus d'adresser ou de présenter aux agents mentionnés au deuxième alinéa du même article tout document que ceux-ci leur demandent aux fins de l'exercice de leur mission et de permettre auxdits agents l'accès aux locaux de l'exploitation ou de l'entreprise.

Ces agents procèdent, dans le respect des secrets de fabrication et des procédés d'exploitation dont ils pourraient prendre connaissance dans l'exercice de leurs fonctions, à toutes vérifications sur pièces et sur place portant sur l'exactitude des déclarations fournies en vue de déterminer les droits des salariés au titre du compte professionnel de prévention.

En cas de contrôle sur place, l'organisme gestionnaire au niveau local ou la caisse mentionnée à l'article L. 723-2 du code rural et de la pêche maritime adresse à l'employeur un avis de passage qui mentionne la date et l'heure du contrôle, l'objet du contrôle ainsi que la possibilité pour l'employeur de se faire assister des conseils de son choix pendant le contrôle. Cet avis, transmis par tout moyen permettant d'en attester la date de réception, doit parvenir au moins quinze jours avant la date de la première visite.

En cas de contrôle sur pièces, un avis de contrôle mentionnant l'objet du contrôle, la date de début du contrôle, la liste des documents et informations nécessaires à l'exercice du contrôle et la date limite de leur transmission à l'organisme gestionnaire au niveau local ou à la caisse mentionnée à l'alinéa précédent est transmis à l'employeur par tout moyen permettant d'en attester la date de réception.

II. – A l'issue du contrôle, l'organisme gestionnaire au niveau local ou la caisse mentionnée au I du présent article informe l'employeur et chacun des salariés concernés de l'absence d'observations ou, dans le cas contraire, il notifie à l'employeur par tout moyen permettant d'en attester la date de réception les modifications qu'il souhaite apporter aux éléments ayant conduit à la détermination du nombre de points, et lui impartit un délai d'un mois pour présenter ses observations. A l'expiration de ce délai, l'organisme gestionnaire au niveau local ou la caisse mentionnée au I du présent article notifie sa décision avec mention des voies et délais de recours par tout moyen permettant d'en attester la date de réception à l'employeur et à chacun des salariés concernés.

La notification de cette décision adressée à l'employeur mentionne les périodes concernées et les modifications apportées aux déclarations de l'employeur. La notification de la décision adressée au salarié mentionne le nombre de points inscrits sur son compte professionnel de prévention au titre des périodes concernées.

Lorsque le contrôle a été effectué par la caisse mentionnée au I du présent article, celle-ci informe l'organisme gestionnaire au niveau local des résultats du contrôle.

L'organisme gestionnaire au niveau local corrige, le cas échéant, le nombre de points inscrits sur le compte professionnel de prévention du salarié concerné si les points n'ont pas déjà été utilisés.

III. — L'organisme gestionnaire au niveau local ou la caisse mentionnée au I du présent article ne peut engager un contrôle de l'effectivité ou de l'ampleur de l'exposition aux facteurs de risques professionnels d'un salarié pour les périodes d'activité ayant fait ou faisant l'objet d'une réclamation de ce salarié dans les conditions prévues à l'article L. 4163-18 et ayant donné lieu à une décision du directeur de l'organisme gestionnaire au niveau local.

Art. R. 4163-33 (Décr. n° 2017-1768 du 27 déc. 2017, art. 1er, en vigueur le 1er janv. 2018) La pénalité mentionnée à l'article L. 4163-16, appliquée par l'organisme gestionnaire au niveau local en cas d'inexactitude ou de défaut de déclaration des facteurs de risques professionnels, est fixée à hauteur du même montant que celui mentionné (Décr. n° 2019-1050 du 11 oct. 2019, art. 4, en vigueur le 1er janv. 2020) « au deuxième alinéa du I de l'article R. 243-13 » du code de la sécurité sociale. La pénalité est notifiée en même temps que la décision mentionnée au II de l'article D. 4163-32 du présent code.

Cette pénalité est exclusive du prononcé de toute autre sanction à raison des mêmes faits par l'organisme de recouvrement.

SOUS-SECTION 3 Réclamations

Art. R. 4163-34 I. — En cas de désaccord sur le nombre de points qui lui a été communiqué par l'organisme gestionnaire au niveau local à partir des données déclarées par l'employeur ou lorsqu'il n'a reçu aucune information à la date mentionnée au même alinéa et que cette situation résulte d'un différend avec son employeur sur l'exposition elle-même, le salarié doit, préalablement à la saisine de l'organisme, porter sa réclamation devant l'employeur.

Cette réclamation, à laquelle est jointe, le cas échéant, une copie de l'information visée au deuxième alinéa de l'article D. 4163-31, est adressée à l'employeur par tout moyen permettant d'en attester la date de réception.

II. — Dès réception de la réclamation, l'employeur indique au salarié qu'à défaut de réponse de sa part dans le délai de deux mois à compter de sa réception, celle-ci est réputée rejetée. Il lui indique également que sa réclamation est susceptible d'être portée devant l'organisme gestionnaire au niveau local dans un délai de deux mois à compter de l'expiration du délai précédent.

La décision expresse de l'employeur est notifiée au salarié par tout moyen permettant d'en attester la date de réception. Cette notification comporte les informations prévues à la dernière phrase du précédent alinéa.

III. — Le salarié a deux mois après la décision expresse ou implicite de rejet de l'employeur pour porter sa réclamation devant l'organisme gestionnaire au niveau local par tout moyen permettant d'en attester la date de réception.

IV. — La période contrôlée au titre du premier alinéa du II de l'article D. 4163-32 ne peut pas faire l'objet d'une réclamation par le salarié en application du présent article.

Art. R. 4163-35 Lorsque l'employeur fait droit à la réclamation du salarié, il en informe l'organisme gestionnaire au niveau local par tout moyen permettant d'en attester la date de réception. Il corrige les données dans la déclaration mentionnée au premier alinéa de l'article D. 4163-31.

Art. R. 4163-36 Lorsque le salarié saisit l'organisme gestionnaire au niveau local à la suite du rejet de sa réclamation par l'employeur, il produit devant cet organisme une copie de la décision de rejet de l'employeur ou en cas de rejet implicite une copie du justificatif attestant de la réception de sa réclamation.

L'accusé de réception envoyé par l'organisme gestionnaire au salarié indique qu'à défaut de réponse dans le délai de six mois à compter de la réception, sa réclamation est réputée rejetée et est susceptible d'être contestée devant le *(Décr. n° 2018-928 du 29 oct. 2018, art. 13, en vigueur le 1er janv. 2019)* « tribunal judiciaire spécialement désigné » dans un délai de deux mois.

Le délai de six mois est porté à neuf mois lorsque l'organisme gestionnaire estime nécessaire de procéder à un contrôle sur place de l'effectivité ou de l'ampleur de l'exposition. Il en informe alors l'assuré par tout moyen permettant d'en attester la date de réception.

Le salarié peut saisir le *(Décr. n° 2018-928 du 29 oct. 2018, art. 13, en vigueur le 1er janv. 2019)* « tribunal judiciaire spécialement désigné » dans le délai de deux mois suivant la notification de la décision de rejet explicite de l'organisme gestionnaire ou la date de la décision implicite de rejet.

Art. R. 4163-37 La commission prévue à l'article L. 4163-18 est constituée au sein de chaque organisme gestionnaire au niveau local.

Elle comprend :

1° Deux membres choisis par les représentants, titulaires ou suppléants, des salariés au conseil d'administration de la caisse, en leur sein ou au sein des comités techniques mentionnés à l'article L. 215-4 du code de la sécurité sociale ;

2° Deux membres choisis par les représentants, titulaires ou suppléants, des employeurs au conseil d'administration de la caisse, en leur sein ou au sein des comités techniques mentionnés à l'article L. 215-4 du code de la sécurité sociale.

Dans les mêmes conditions sont désignés un nombre équivalent de suppléants.

Chaque membre de la commission est désigné pour toute la durée du mandat du conseil d'administration, sous réserve de ne pas perdre durant ce mandat son statut de membre du conseil d'administration ou d'un comité technique régional.

Le président désigné en son sein par la commission pour une durée d'un an est alternativement un représentant des salariés ou un représentant des employeurs.

Le secrétariat de la commission est assuré par la caisse.

Les membres de la commission sont tenus à un devoir de confidentialité qui couvre les débats, votes et documents internes de travail. Les dispositions des articles L. 231-9 et L. 231-12 du code de la sécurité sociale sont applicables aux membres de la commission.

Art. R. 4163-38 La commission peut valablement statuer si un des membres mentionnés au 1° de l'article R. 4163-37 et un des membres mentionnés au 2° du même article sont présents. Les avis sont adoptés à la majorité des voix. En cas de partage égal des voix, le président a voix prépondérante.

Art. R. 4163-39 La commission émet un avis motivé au vu d'un dossier comprenant :

1° La réclamation du salarié et la décision de rejet de l'employeur ou en cas de rejet implicite l'accusé de réception de sa contestation ;

2° Les informations détenues par l'organisme gestionnaire ou qui lui sont parvenues en provenance de chacune des parties ;

3° Les éléments communiqués par les services de l'administration du travail et les caisses mentionnées à l'article L. 723-2 du code rural et de la pêche maritime ;

4° Le cas échéant, les résultats du contrôle de l'effectivité de l'exposition du salarié ou de son ampleur.

Art. R. 4163-40 L'organisme peut, s'il l'estime nécessaire, demander au salarié et à l'employeur de lui fournir tout document utile à l'instruction du dossier.

Il peut également recueillir toutes informations utiles auprès du salarié ou de l'employeur ou procéder ou faire procéder à un contrôle sur place de l'effectivité de l'exposition du salarié ou de son ampleur.

Art. R. 4163-41 Le directeur de l'organisme gestionnaire au niveau local notifie, après l'avis motivé de la commission mentionnée à l'article R. 4163-37, sa décision avec mention des voies et délais de recours par tout moyen permettant d'en attester la date de réception au salarié et à l'employeur. Il peut assortir sa décision du prononcé de la pénalité mentionnée à l'article R. 4163-33.

La notification adressée à l'employeur mentionne notamment les périodes concernées.

La notification adressée au salarié mentionne notamment le nombre de points inscrits sur son compte professionnel de prévention, au titre des périodes concernées.

L'organisme gestionnaire procède s'il y a lieu à l'ouverture du compte professionnel de prévention ou modifie celui-ci en conséquence.

Art. R. 4163-42 L'organisme gestionnaire au niveau national élabore des lignes directrices afin d'assurer l'harmonisation des décisions rendues par les organismes gestionnaires au niveau local.

Art. R. 4163-43 Le directeur de l'organisme gestionnaire au niveau national peut confier à un ou plusieurs organismes gestionnaires au niveau local les compétences en matière de contrôle et de réclamation prévus aux articles L. 4163-16 et L. 4163-18.

Les modalités de mise en œuvre sont fixées par une convention établie entre le directeur de l'organisme gestionnaire au niveau national et les directeurs des organismes gestionnaires au niveau local.

Art. R. 4163-44 Les agents mentionnés au deuxième alinéa de l'article L. 4163-16 sont, pour l'exercice des missions de contrôle prévues au même article et des missions liées au règlement des différends entre un employeur et un salarié prévu à l'article L. 4163-18, assermentés et agréés dans les conditions définies par arrêté du ministre chargé de la sécurité sociale, du travail et de l'agriculture. Ils ont qualité pour dresser en cas d'infraction des procès-verbaux faisant foi jusqu'à preuve du contraire.

V. Arr. du 30 déc. 2015, JO 31 déc. (NOR : AFSS1531435A), mod. par Arr. du 29 déc. 2017, JO 31 déc. (NOR : SSAS1736544A).

Art. R. 4163-45 Le recours formé devant le (Décr. n° 2018-928 du 29 oct. 2018, art. 13, en vigueur le 1er janv. 2019) « tribunal judiciaire spécialement désigné » contre une décision relevant du deuxième alinéa de l'article L. 4163-18 n'est pas soumis à la procédure gracieuse prévue aux articles R. 142-1 à R. 142-6 du code de la sécurité sociale.

La procédure mentionnée au premier alinéa de l'article L. 4163-18 du présent code est d'ordre public. A défaut du respect de cette procédure, le recours est frappé d'une fin de non-recevoir.

Art. D. 4163-46 (Décr. n° 2017-1769 du 27 déc. 2017, art. 1er, en vigueur le 1er janv. 2018) En cas de recours juridictionnel contre une décision de l'organisme gestionnaire au niveau local, l'employeur ou le salarié est appelé à la cause lorsque le recours est formé respectivement par le salarié ou l'employeur. Dans les deux cas, le salarié peut être assisté ou représenté par les personnes énumérées à l'article L. 144-3 du code de la sécurité sociale.

SECTION 5 **Financement**

(Décr. n° 2017-1769 du 27 déc. 2017, art. 1er-VI, en vigueur le 1er janv. 2018)

Art. D. 4163-47 Le remboursement à l'organisme gestionnaire au niveau local du compte professionnel de prévention au titre des prises en charge mentionnées au 1° et au 2° de l'article L. 4163-7 correspond aux dépenses exposées à ce titre par cet organisme en application des articles R. 4163-11, (Décr. n° 2023-760 du 10 août 2023, art. 3, en vigueur le 1er sept. 2023) « R. 4163-21 » et D. 4163-29.

Les dépenses correspondant aux prises en charge mentionnées au 1° de l'article L. 4163-7 sont rattachées à l'exercice comptable au cours duquel la dernière heure de formation a été effectuée. Celles correspondant aux prises en charge mentionnées au 2° du même article sont rattachées à l'exercice comptable au titre duquel le complément de rémunération et des cotisations et contributions sociales légales afférentes et conventionnelles a été remboursé aux employeurs.

Art. D. 4163-48 Le remboursement au régime général de sécurité sociale des sommes représentatives de la prise en charge des majorations de durée d'assurance mentionnées au 3° du I de l'article L. 4163-7 est égal, au titre d'une année civile, au produit :

1° D'un montant forfaitaire correspondant au montant de cotisations versé, en application du I de l'article L. 351-14-1 du code de la sécurité sociale, par un assuré âgé de 57 ans dont la moyenne annuelle des salaires et revenus d'activité, telle que définie au 3° du I de l'article D. 351-8 du même code, est égale à 80 % du montant annuel du

plafond de la sécurité sociale en vigueur au 1ᵉʳ janvier de l'année civile considérée afin de valider un trimestre pris en compte selon les modalités définies au 1° de l'article D. 351-7 du même code ;
2° Et du nombre total de trimestres de majoration de durée d'assurance acquis dans les conditions prévues à l'article R. 4163-11 par les titulaires d'un compte professionnel de prévention, tels que communiqués par le gestionnaire du compte.

Ces dépenses sont rattachées à l'exercice comptable correspondant à l'année civile au cours de laquelle est intervenue la décision d'affecter les points des titulaires d'un compte professionnel de prévention à une majoration de durée d'assurance vieillesse.

V. Arr. du 29 sept. 2017, JO 12 janv. 2018 (NOR : MTRT1727489A).

LIVRE II DISPOSITIONS APPLICABLES AUX LIEUX DE TRAVAIL

TITRE I OBLIGATIONS DU MAÎTRE D'OUVRAGE POUR LA CONCEPTION DES LIEUX DE TRAVAIL

CHAPITRE I PRINCIPES GÉNÉRAUX

SECTION 1 Champ d'application et définitions

Art. R. 4211-1 Les dispositions du présent titre déterminent, en application de l'article L. 4211-1, les règles auxquelles se conforme le maître d'ouvrage entreprenant la construction ou l'aménagement de bâtiments destinés à recevoir des travailleurs, que ces opérations nécessitent ou non l'obtention d'un permis de construire. – *[Anc. art. R. 235-1.]*

Art. R. 4211-2 Pour l'application du présent titre, on entend par lieux de travail les lieux destinés à recevoir des postes de travail, situés ou non dans les bâtiments de l'établissement, ainsi que tout autre endroit compris dans l'aire de l'établissement auquel le travailleur a accès dans le cadre de son travail.

Les champs, bois et autres terrains faisant partie d'un établissement agricole ou forestier mais situés en dehors de la zone bâtie d'un tel établissement ne sont pas considérés comme des lieux de travail. – *[Anc. art. R. 235-3.]*

SECTION 2 Dossier de maintenance

Art. R. 4211-3 Le maître d'ouvrage élabore et transmet aux utilisateurs, au moment de la prise de possession des locaux et au plus tard dans le mois qui suit, un dossier de maintenance des lieux de travail.

Ce dossier comporte notamment, outre les notices et dossiers techniques prévus aux articles R. 4212-7, R. 4213-4 et R. 4215-2, les dispositions prises :
1° Pour le nettoyage des surfaces vitrées en élévation et en toiture en application de l'article R. 4214-2 ;
2° Pour l'accès en couverture, notamment :
a) Les moyens d'arrimage pour les interventions de courte durée ;
b) Les possibilités de mise en place rapide de garde-corps ou de filets de protection pour les interventions plus importantes ;
c) Les chemins de circulation permanents pour les interventions fréquentes ;
3° Pour faciliter l'entretien des façades, notamment les moyens d'arrimage et de stabilité d'échafaudage ou de nacelle ;
4° Pour faciliter les travaux d'entretien intérieur, notamment pour :
a) Le ravalement des halls de grande hauteur ;
b) Les accès aux machineries d'ascenseurs ;
c) Les accès aux canalisations en galerie technique, ou en vide sanitaire ;
(*Décr. n° 2011-1461 du 7 nov. 2011*) « 5° Pour la localisation des espaces d'attente sécurisés au sens des articles R. 4216-2-1, R. 4216-2-2 et R. 4216-2-3, il précise les caractéristiques de ces espaces. »

Sur le champ d'application des dispositions issues du Décr. n° 2011-1461 du 7 nov. 2011, V. note ss. art. R. 4216-2-1.

Art. R. 4211-4 Le dossier de maintenance des lieux de travail indique, lorsqu'ils ont été aménagés à cet effet, les locaux techniques de nettoyage et les locaux sanitaires pouvant être mis à disposition des travailleurs chargés des travaux d'entretien. – *[Anc. art. R. 235-5, al. 13.]*

Art. R. 4211-5 Le dossier de maintenance des lieux de travail est tenu à la disposition de l'inspection du travail et des agents des services de prévention des organismes de sécurité sociale. – *[Anc. art. R. 235-5, al. 14.]*

CHAPITRE II AÉRATION ET ASSAINISSEMENT

Art. R. 4212-1 Le maître d'ouvrage conçoit et réalise les bâtiments et leurs aménagements de façon à ce que les locaux fermés dans lesquels les travailleurs sont appelés à séjourner soient conformes aux règles d'aération et d'assainissement prévues aux articles R. 4222-1 à R. 4222-17. – *[Anc. art. R. 235-2-4.]*

Ces dispositions, en tant qu'elles renvoient à l'art. R. 4222-10, dans sa rédaction résultant du Décr. n° 2021-1763 du 23 déc. 2021, ne sont pas applicables :

1° Aux opérations de construction ou d'aménagement de bâtiments pour lesquelles la demande de permis de construire est antérieure au 1ᵉʳ janv. 2022 ;

2° Aux opérations n'exigeant pas un permis de construire dont le début des travaux est antérieur à cette même date (Décr. préc., art. 4-I).

Art. R. 4212-2 Les installations de ventilation sont conçues de manière à :
1° Assurer le renouvellement de l'air en tous points des locaux ;
2° Ne pas provoquer, dans les zones de travail, de gêne résultant notamment de la vitesse, de la température et de l'humidité de l'air, des bruits et des vibrations ;
3° Ne pas entraîner d'augmentation significative des niveaux sonores résultant des activités envisagées dans les locaux. – *[Anc. art. R. 235-2-5, al. 1ᵉʳ.]*

Art. R. 4212-3 Toutes dispositions sont prises lors de l'installation des équipements de ventilation, de captage ou de recyclage pour permettre leur entretien régulier et les contrôles ultérieurs d'efficacité. – *[Anc. art. R. 235-2-5, al. 2.]*

Art. R. 4212-4 Les parois internes des circuits d'arrivée d'air ne comportent pas de matériaux qui peuvent se désagréger ou se décomposer en émettant des poussières ou des substances dangereuses pour la santé des travailleurs. – *[Anc. art. R. 235-2-5, al. 3.]*

Art. R. 4212-5 Dans les locaux à pollution non spécifique définis à l'article R. 4222-3, le maître d'ouvrage :
1° Prévoit un système de filtration de l'air neuf lorsqu'il existe un risque de pollution de cet air par des particules solides et que son introduction est mécanique ;
2° Prend les mesures nécessaires pour que l'air pollué en provenance des locaux à pollution spécifique définis à l'article précité ne pénètre pas. – *[Anc. art. R. 235-2-6.]*

Art. R. 4212-6 Le maître d'ouvrage prévoit dans les locaux sanitaires l'introduction d'un débit minimal d'air déterminé par le tableau suivant : – *V. ce tableau au JO du 12 mars 2008.*

Art. R. 4212-7 Le maître d'ouvrage précise, dans une notice d'instructions qu'il transmet à l'employeur, les dispositions prises pour la ventilation et l'assainissement des locaux et les informations nécessaires à l'entretien des installations, au contrôle de leur efficacité et à l'établissement de la consigne d'utilisation prévue à l'article R. 4222-21. – *[Anc. art. R. 235-2-8.]*

CHAPITRE III ÉCLAIRAGE, INSONORISATION ET AMBIANCE THERMIQUE

SECTION 1 Éclairage

Art. R. 4213-1 Le maître d'ouvrage conçoit et réalise les bâtiments et leurs aménagements de façon à ce qu'ils satisfassent aux règles d'éclairage prévues aux articles R. 4223-2 à R. 4223-11. – *[Anc. art. R. 235-2-2.]*

SANTÉ ET SÉCURITÉ AU TRAVAIL

Art. R. 4213-2 Les bâtiments sont conçus et disposés de telle sorte que la lumière naturelle puisse être utilisée pour l'éclairage des locaux destinés à être affectés au travail, sauf dans les cas où la nature technique des activités s'y oppose. – *[Anc. art. R. 235-2.]*

Art. R. 4213-3 Les locaux destinés à être affectés au travail comportent à hauteur des yeux des baies transparentes donnant sur l'extérieur, sauf en cas d'incompatibilité avec la nature des activités envisagées. – *[Anc. art. R. 235-2-1.]*

Art. R. 4213-4 Le maître d'ouvrage consigne dans une notice d'instructions qu'il transmet à l'employeur les niveaux minimum d'éclairement, pendant les périodes de travail, des locaux, dégagements et emplacements, ainsi que les informations nécessaires à la détermination par l'employeur des règles d'entretien du matériel. – *[Anc. art. R. 235-2-3.]*

SECTION 2 Insonorisation

Art. R. 4213-5 Les locaux dans lesquels doivent être installés des équipements de travail susceptibles d'exposer les travailleurs à un niveau d'exposition sonore quotidienne supérieure à 85 dB(A) sont conçus, construits ou aménagés, compte tenu de l'état des techniques, de façon à :
  1° Réduire la réverbération du bruit sur les parois de ces locaux lorsque cette réverbération occasionne une augmentation notable du niveau d'exposition des travailleurs ;
  2° Limiter la propagation du bruit vers les autres locaux occupés par des travailleurs.
– *[Anc. art. R. 235-2-11, al. 1er.]*

Art. R. 4213-6 Un arrêté conjoint des ministres chargés du travail, de l'agriculture et de la construction détermine les prescriptions techniques nécessaires à l'application de la présente section. – *[Anc. art. R. 235-2-11, al. 2.]*

SECTION 3 Ambiance thermique

Art. R. 4213-7 Les équipements et caractéristiques des locaux de travail sont conçus de manière à permettre l'adaptation de la température à l'organisme humain pendant le temps de travail, compte tenu des méthodes de travail et des contraintes physiques supportées par les travailleurs. – *[Anc. art. R. 235-2-9, début.]*

Art. R. 4213-8 Les équipements et caractéristiques des locaux annexes aux locaux de travail, notamment des locaux sanitaires, de restauration et médicaux, sont conçus de manière à permettre l'adaptation de la température à la destination spécifique de ces locaux. – *[Anc. art. R. 235-2-10, début.]*

Art. R. 4213-9 Les dispositions de la présente section ne font pas obstacle à celles des articles *(Décr. n° 2021-872 du 30 juin 2021, art. 7)* « L. 171-1 et L. 173-1 » du code de la construction et de l'habitation relatives aux caractéristiques thermiques des bâtiments autres que d'habitation. – *[Anc. art. R. 235-2-9, fin, et anc. art. R. 235-2-10, fin.]*

CHAPITRE IV SÉCURITÉ DES LIEUX DE TRAVAIL

SECTION 1 Caractéristiques des bâtiments

Art. R. 4214-1 Les bâtiments destinés à abriter des lieux de travail sont conçus et réalisés de manière à pouvoir résister, dans leur ensemble et dans chacun de leurs éléments, à l'effet combiné de leur poids, des charges climatiques extrêmes et des surcharges maximales correspondant à leur type d'utilisation.
  Ils respectent les règles antisismiques prévues, le cas échéant, par les dispositions en vigueur. – *[Anc. art. R. 235-3-1.]*

Art. R. 4214-2 Les bâtiments et leurs équipements sont conçus et réalisés de telle sorte que les surfaces vitrées en élévation ou en toiture puissent être nettoyées sans danger pour les travailleurs accomplissant ce travail et pour ceux présents dans le bâtiment et autour de celui-ci. Chaque fois que possible, des solutions de protection collective sont choisies. – *[Anc. art. R. 235-3-2.]*

Art. R. 4214-3 Les planchers des locaux sont exempts de bosses, de trous ou de plans inclinés dangereux.

Ils sont fixes, stables et non glissants. — *[Anc. art. R. 235-3-3.]*

Art. R. 4214-4 Les surfaces des planchers, des murs et des plafonds sont conçues de manière à pouvoir être nettoyées ou ravalées en vue d'obtenir des conditions d'hygiène appropriées. — *[Anc. art. R. 235-3-4.]*

Art. R. 4214-5 Les ouvrants en élévation ou en toiture sont conçus de manière à ne pas constituer, en position d'ouverture, un danger pour les travailleurs. — *[Anc. art. R. 235-3-6.]*

Art. R. 4214-6 Les parois transparentes ou translucides sont signalées par un marquage à hauteur de vue.

Elles sont constituées de matériaux de sécurité ou sont disposées de telle sorte que les travailleurs ne puissent pas être blessés si ces parois volent en éclats. — *[Anc. art. R. 235-3-7.]*

Art. R. 4214-7 Les portes et portails obéissent aux caractéristiques définies aux articles R. 4224-9 et suivants.

Leurs dimensions et leurs caractéristiques sont déterminées en fonction de la nature et de l'usage des pièces ou enceintes qu'ils desservent, en tenant compte des dispositions du chapitre VI relatives à la prévention des incendies et à l'évacuation. — *[Anc. art. R. 235-3-8.]*

Art. R. 4214-8 Les portes et portails automatiques comportent un système de sécurité interrompant immédiatement tout mouvement d'ouverture ou de fermeture lorsque ce mouvement peut causer un dommage à une personne.

Ils sont conçus de manière à pouvoir être ouverts manuellement, sauf s'ils s'ouvrent automatiquement en cas de panne d'énergie.

Un arrêté conjoint des ministres chargés du travail, de l'agriculture et de la construction précise, en tant que de besoin, les règles de sécurité auxquelles ces portes et portails obéissent. — *[Anc. art. R. 235-3-9.]*

SECTION 2 Voies de circulation et accès

Art. R. 4214-9 L'implantation et les dimensions des voies de circulation, y compris les escaliers et les échelles fixes sont déterminées en tenant compte des dispositions du chapitre VI relatives à la prévention des incendies et l'évacuation.

Les voies de circulation sont conçues de telle sorte que :

1° Les piétons ou les véhicules puissent les utiliser facilement, en toute sécurité, conformément à leur affectation ;

2° Les travailleurs employés à proximité des voies de circulation n'encourent aucun danger. — *[Anc. art. R. 235-3-10.]*

Art. R. 4214-10 Les portes et les dégagements destinés aux piétons sont situés, par rapport aux voies de circulation destinées aux véhicules, à une distance telle qu'elle garantisse aux piétons une circulation sans danger. — *[Anc. art. R. 235-3-11, al. 1er.]*

Art. R. 4214-11 Dès que l'importance de la circulation des véhicules ou le danger lié à l'utilisation et à l'équipement des locaux le justifie, le marquage au sol des voies de circulation est mis en évidence.

Ce marquage obéit à la réglementation en vigueur relative à la signalisation dans les lieux de travail. — *[Anc. art. R. 235-3-11, al. 2 début et al. 3.]*

Art. R. 4214-12 A proximité des portails destinés essentiellement à la circulation des véhicules, des portes pour les piétons sont aménagées, signalées de manière bien visible et dégagées en permanence. — *[Anc. art. R. 235-3-11, al. 2 fin.]*

Art. R. 4214-13 Les articles R. 4214-9 à R. 4214-12 s'appliquent également aux voies de circulation principales sur le terrain de l'entreprise, ainsi qu'aux voies de circulation utilisées pour la surveillance et l'entretien régulier des installations de l'entreprise. — *[Anc. art. R. 235-3-19, al. 2.]*

SANTÉ ET SÉCURITÉ AU TRAVAIL

Art. R. 4214-14 Lorsque la nature des activités envisagées est susceptible d'entraîner sur les lieux de travail des zones de danger qui n'ont pu être évitées, ces zones sont signalées de manière visible et matérialisées par des dispositifs destinés à éviter que les travailleurs non autorisés y pénètrent. — [Anc. art. R. 235-3-12.]

Art. R. 4214-15 (Décr. n° 2008-1325 du 15 déc. 2008) Lors de l'installation dans un bâtiment destiné à accueillir des travailleurs d'escaliers mécaniques et de trottoirs roulants, d'ascenseurs, de monte-charges, d'installations de parcage de véhicules et d'élévateurs de personnes dont la vitesse n'excède pas 0,15 mètre par seconde, le maître d'ouvrage s'assure que ces équipements sont conçus et mis en place conformément aux règles en vigueur lors de cette installation.

Art. R. 4214-16 (Décr. n° 2008-1325 du 15 déc. 2008) Lors de leur installation, le maître d'ouvrage s'assure que les escaliers mécaniques et les trottoirs roulants, les ascenseurs, les monte-charges, les installations de parcage de véhicules et les élévateurs de personnes dont la vitesse n'excède pas 0,15 mètre par seconde sont installés de manière à permettre les interventions et travaux énumérés à l'article R. 4543-1 dans des conditions sûres, ergonomiques et préservant la santé des intervenants.

Art. R. 4214-17 Les postes de travail, voies de circulation et autres emplacements ou installations à l'air libre destinés à être occupés ou utilisés par des travailleurs lors de leurs activités sont conçus de telle sorte que la circulation des piétons et des véhicules puisse se faire de manière sûre. — [Anc. art. R. 235-3-19, al. 1er.]

SECTION 3 Quais et rampes de chargement

Art. R. 4214-18 Les dispositions des articles R. 4214-9 à R. 4214-12 s'appliquent également aux quais de chargement extérieurs de l'entreprise. — [Anc. art. R. 235-3-19, al. 2.]

Art. R. 4214-19 Les dimensions des charges susceptibles d'être transportées sont prises en compte pour la conception et la disposition des quais et rampes de chargement. — [Anc. art. R. 235-3-14.]

Art. R. 4214-20 Les quais de chargement comportent au moins une issue.
Lorsque leur longueur est supérieure à 20 mètres, ils ont une issue à chaque extrémité. — [Anc. art. R. 235-3-15, al. 1er.]

Art. R. 4214-21 Les rampes et quais de chargement sont disposés et aménagés de manière à éviter aux travailleurs les risques de chute. — [Anc. art. R. 235-3-15, al. 2.]

SECTION 4 Aménagement des lieux et postes de travail

Art. R. 4214-22 Les dimensions des locaux de travail, notamment leur hauteur et leur surface, sont telles qu'elles permettent aux travailleurs d'exécuter leur tâche sans risque pour leur santé, leur sécurité ou leur bien-être.
L'espace libre au poste de travail, compte tenu du mobilier, est prévu pour que les travailleurs disposent d'une liberté de mouvement suffisante.
Lorsque, pour des raisons propres au poste de travail, ces dispositions ne peuvent être respectées, il est prévu un espace libre suffisant à proximité de ce poste. — [Anc. art. R. 235-3-16.]

Art. R. 4214-23 Lorsque l'effectif prévu est au moins égal à deux cents dans les établissements industriels ou à cinq cents dans les autres établissements, un local destiné aux premiers secours, facilement accessible avec des brancards et pouvant contenir les installations et le matériel de premiers secours, est aménagé.
Les locaux médicaux dont les caractéristiques sont déterminées par l'arrêté mentionné à l'article R. 4624-30 peuvent être utilisés comme locaux de premiers secours sous réserve de remplir les conditions prévues au premier alinéa.
Le local de premiers secours comporte une signalisation. — [Anc. art. R. 235-3-17.]

Art. R. 4214-24 Si des postes de travail extérieurs sont prévus, ceux-ci sont conçus et aménagés suivant les prescriptions de l'article R. 4225-1. — [Anc. art. R. 235-3-20.]

Art. R. 4214-25 La signalisation de santé et de sécurité installée sur les lieux de travail est conforme aux dispositions de l'arrêté mentionné à l'article R. 4224-24. – *[Anc. art. R. 235-3-21.]*

SECTION 5 **Accessibilité des lieux de travail aux travailleurs handicapés**

(Décr. n° 2009-1272 du 21 oct. 2009)

Art. R. 4214-26 Les lieux de travail, y compris les locaux annexes, aménagés dans un bâtiment neuf ou dans la partie neuve d'un bâtiment existant sont accessibles aux personnes handicapées, quel que soit leur type de handicap.

Les lieux de travail sont considérés comme accessibles aux personnes handicapées lorsque celles-ci peuvent accéder à ces lieux, y circuler, les évacuer, se repérer, communiquer, avec la plus grande autonomie possible.

Les lieux de travail sont conçus de manière à permettre l'adaptation des postes de travail aux personnes handicapées ou à rendre ultérieurement possible l'adaptation des postes de travail.

Ces dispositions sont applicables :

1° aux opérations de construction d'un bâtiment neuf ou d'une partie neuve d'un bâtiment existant pour lesquelles une demande de permis de construire ou, le cas échéant, une déclaration préalable est déposée plus de six mois après la date de publication du présent décret, soit à compter du 24 avr. 2010 ;

2° aux opérations de construction d'un bâtiment neuf ou d'une partie neuve d'un bâtiment existant ne nécessitant ni permis de construire ni déclaration préalable, dont le début des travaux est postérieur de plus de six mois à la date indiquée ci-dessus, soit à compter du 24 oct. 2010 (Décr. n° 2009-1272 du 21 oct. 2009, art. 4-I).

Art. R. 4214-27 *(Décr. n° 2008-244 du 7 mars 2008)* Les accès, portes, dégagements et ascenseurs desservant les postes de travail et les locaux annexes tels que locaux sanitaires, locaux de restauration, parcs de stationnement, sont conçus de manière à permettre l'accès et l'évacuation des personnes handicapées, notamment celles circulant en fauteuil roulant.

L'aménagement des postes de travail est réalisé ou rendu ultérieurement possible.

Art. R. 4214-28 Un arrêté des ministres chargés du travail, de l'agriculture et de la construction détermine les modalités d'application propres à assurer l'accessibilité des lieux de travail en ce qui concerne, notamment, les circulations horizontales et verticales, les portes et les sas intérieurs, les revêtements des sols et des parois, les dispositifs d'éclairage et d'information, le stationnement automobile.

(Décr. n° 2011-1461 du 7 nov. 2011) « Cet arrêté précise les caractéristiques des espaces d'attente sécurisés et de leurs équivalents, et notamment les règles qui président à leur implantation, à la détermination de leur capacité d'accueil, à leur équipement ainsi que les spécifications techniques auxquelles ils doivent satisfaire en vue d'assurer la protection prévue au deuxième alinéa de l'article R. 4216-2-1. »

Sur le champ d'application des dispositions issues du Décr. n° 2011-1461 du 7 nov. 2011, V. note ss. art. R. 4216-2-1.

CHAPITRE V **INSTALLATIONS ÉLECTRIQUES DES BÂTIMENTS ET DE LEURS AMÉNAGEMENTS**

(Décr. n° 2010-1017 du 30 août 2010)

Les dispositions du chapitre V du titre I du livre II de la quatrième partie du code du travail, dans leur rédaction antérieure au Décr. n° 2010-1017 du 30 août 2010, restent applicables :

1° Aux opérations de construction ou d'aménagement de bâtiments pour lesquelles la demande de permis de construire est antérieure à la publication du présent décret ;

2° Aux opérations ne nécessitant pas de permis de construire, lorsque le début des travaux est antérieur à cette même date (Décr. préc., art. 2).

V. Circ. DGT 2012/12 du 9 oct. 2012 relative à la prévention des risques électriques.

SANTÉ ET SÉCURITÉ AU TRAVAIL

SECTION 1 Obligations générales du maître d'ouvrage

Art. R. 4215-1 Le maître d'ouvrage s'assure que les installations électriques sont conçues et réalisées de façon à prévenir les risques de choc électrique, par contact direct ou indirect, ou de brûlure et les risques d'incendie ou d'explosion d'origine électrique.

Art. R. 4215-2 Le maître d'ouvrage établit et transmet à l'employeur un dossier technique comportant la description et les caractéristiques des installations électriques réalisées.

Le contenu du dossier technique est précisé par un arrêté conjoint des ministres du travail, de l'agriculture et de la construction.

Ce dossier technique fait partie du dossier de maintenance des lieux de travail prévu à l'article R. 4211-3.

SECTION 2 Prescriptions relatives à la conception et à la réalisation des installations électriques

Art. R. 4215-3 Les installations sont conçues et réalisées de telle façon que :

1° Aucune partie active dangereuse ne soit accessible aux travailleurs, sauf dans les locaux et emplacements à risques particuliers de choc électrique, qui font l'objet de prescriptions particulières fixées aux articles R. 4226-9, R. 4226-10 et R. 4226-11 ;

2° En cas de défaut d'isolement, aucune masse ne présente, avec une autre masse ou un élément conducteur, une différence de potentiel dangereuse pour les travailleurs.

Art. R. 4215-4 Toutes dispositions sont prises pour éviter que les parties actives ou les masses d'une installation soient portées à des tensions qui seraient dangereuses pour les personnes, du fait de leur voisinage avec une installation dont le domaine de tension est supérieur, ou du fait de défaut à la terre dans une telle installation.

Art. R. 4215-5 Toutes dispositions sont prises pour éliminer les risques liés à l'élévation normale de température des matériels électriques, notamment les risques de brûlure pour les travailleurs ou les risques de dégradation des objets voisins, en particulier ceux sur lesquels ces matériels prennent appui.

Art. R. 4215-6 Les caractéristiques des matériels sont choisies de telle façon qu'ils puissent supporter sans dommage pour les personnes et, le cas échéant, sans altérer leurs fonctions de sécurité, les effets mécaniques et thermiques produits par toute surintensité, et ce pendant le temps nécessaire au fonctionnement des dispositifs destinés à interrompre cette surintensité.

Les appareillages assurant les fonctions de connexion, de sectionnement, de commande et de protection sont choisis et installés de façon à pouvoir assurer ces fonctions.

Les conducteurs des canalisations fixes sont protégés contre les surintensités.

Les matériels contenant des diélectriques liquides inflammables et les transformateurs de type sec sont mis en œuvre et protégés de façon à prévenir les risques d'incendie.

Art. R. 4215-7 Des dispositifs de sectionnement assurent la séparation de l'installation électrique, des circuits ou des appareils d'utilisation, de leurs sources d'alimentation et permettent d'effectuer en sécurité toute opération sur l'installation, les circuits ou les appareils d'utilisation.

Art. R. 4215-8 Des dispositifs permettent, en cas d'urgence, de couper l'alimentation électrique de circuits ou de groupes de circuits en cas d'apparition d'un danger inattendu de choc électrique, d'incendie ou d'explosion.

Art. R. 4215-9 Les canalisations électriques sont mises en place selon les prescriptions particulières à chaque mode de pose.

Art. R. 4215-10 L'identification des circuits et des appareillages est assurée de façon pérenne.

La localisation et le repérage des canalisations permettent les vérifications, essais, réparations ou transformations de l'installation.

Le repérage des conducteurs permet de connaître leur fonction dans les circuits.

Art. R. 4215-11 Les matériels électriques sont choisis et installés en tenant compte de la tension et de manière à supporter en toute sécurité les conditions d'environnement particulières au lieu dans lequel ils sont installés et auxquelles ils peuvent être soumis.

Art. R. 4215-12 Dans les locaux ou sur les emplacements exposés à des risques d'incendie ou d'explosion, les installations électriques sont conçues et réalisées en tenant compte de ces risques.

Art. R. 4215-13 Les locaux ou emplacements réservés à la production, la conversion ou la distribution de l'électricité, appelés locaux ou emplacements de service électrique, sont conçus et réalisés de façon à assurer tout à la fois :

1° L'accessibilité aux matériels et l'aisance de déplacement et de mouvement ;
2° La protection contre les chocs électriques ;
3° La prévention des risques de brûlure et d'incendie ;
4° La prévention des risques d'apparition d'atmosphère toxique ou asphyxiante causée par l'émission de gaz ou de vapeurs en cas d'incident d'exploitation des matériels électriques ;
5° L'éclairage de sécurité.

Art. R. 4215-14 Les références des normes d'installation homologuées, applicables aux installations électriques, sont publiées au *Journal officiel* de la République française par arrêté des ministres chargés du travail, de l'agriculture et de la construction.

Un arrêté de ces mêmes ministres peut déclarer une disposition contenue dans ces normes non applicable si elle ne répond pas ou contrevient aux prescriptions du présent chapitre.

Art. R. 4215-15 Les installations électriques, réalisées conformément aux dispositions correspondantes des normes d'installation mentionnées à l'article R. 4215-14 et de leurs guides d'application, sont réputées satisfaire aux prescriptions du présent chapitre.

Art. R. 4215-16 Les matériels électriques ayant pour fonction le sectionnement, la protection contre les surintensités, la protection contre les chocs électriques sont conformes soit aux normes françaises homologuées qui leur sont applicables, soit aux spécifications techniques de la législation dans un autre État membre de l'Union européenne ou d'un État partie à l'accord instituant l'Espace économique européen, assurant un niveau de sécurité équivalent.

Art. R. 4215-17 Les installations d'éclairage de sécurité sont conçues et réalisées conformément aux dispositions de l'arrêté prévu à l'article R. 4227-14.

CHAPITRE VI RISQUES D'INCENDIES ET D'EXPLOSIONS ET ÉVACUATION

SECTION 1 Dispositions générales

Art. R. 4216-1 Les dispositions du présent chapitre ne s'appliquent pas aux immeubles de grande hauteur, au sens du code de la construction et de l'habitation, pour lesquels des dispositions particulières sont applicables.

Elles ne font pas obstacle aux dispositions plus contraignantes prévues pour les établissements recevant du public, au sens de l'article *(Décr. n° 2021-872 du 30 juin 2021, art. 7)* « R. 143-2 » du code de la construction et de l'habitation ou pour les bâtiments d'habitation. — *[Anc. art. R. 235-4, al. 1ᵉʳ.]*

Art. R. 4216-2 Les bâtiments et les locaux sont conçus et réalisés de manière à permettre en cas de sinistre :

(Décr. n° 2011-1461 du 7 nov. 2011) « 1° L'évacuation rapide de la totalité des occupants ou leur évacuation différée, lorsque celle-ci est rendue nécessaire, dans des **conditions de sécurité maximale** *[rédaction applicable aux anciens bâtiments : 1° L'évacuation rapide de la totalité des occupants dans des conditions de sécurité maximale]* » ;

2° L'accès de l'extérieur et l'intervention des services de secours et de lutte contre l'incendie ;

3° La limitation de la propagation de l'incendie à l'intérieur et à l'extérieur des bâtiments. — [Anc. art. R. 235-4, al. 2 à 5.]

Art. R. 4216-2-1 (Décr. n° 2011-1461 du 7 nov. 2011) Les lieux de travail situés dans les bâtiments neufs ou dans les parties neuves de ces bâtiments sont dotés, à chaque niveau, d'espaces d'attente sécurisés ou d'espaces équivalents, dont le nombre et la capacité d'accueil varient en fonction de la disposition des lieux de travail et de l'effectif des personnes handicapées susceptibles d'être présentes.

Les espaces d'attente sécurisés sont des zones ou des locaux conçus et aménagés en vue de préserver, avant leur évacuation, les personnes handicapées ayant besoin d'une aide extérieure pour cette évacuation des conséquences d'un incendie. Ils doivent offrir une protection contre les fumées, les flammes, le rayonnement thermique et la ruine du bâtiment pendant une durée minimale d'une heure. Le maître d'ouvrage s'assure de la compatibilité entre la stabilité au feu de la structure et la présence d'espaces d'attente sécurisés pour que la ruine du bâtiment n'intervienne pas avant l'évacuation des personnes.

Les espaces d'attente sécurisés peuvent être situés dans tous les espaces accessibles aux personnes handicapées, à l'exception des sous-sols et des locaux à risques particuliers au sens des articles R. 4227-22 et R. 4227-24.

Les dispositions issues du Décr. n° 2011-1461 du 7 nov. 2011 sont applicables :

1° Aux opérations de construction d'un bâtiment neuf ou de construction d'une partie neuve d'un bâtiment existant pour lesquelles une demande de permis de construire ou une déclaration préalable est déposée après le 9 mai 2012 ;

2° Aux opérations de construction d'un bâtiment neuf ou de construction d'une partie neuve d'un bâtiment existant ne nécessitant ni permis de construire ni déclaration préalable, dont le début des travaux est postérieur au 9 nov. 2012 (Décr. préc., art. 9).

Art. R. 4216-2-2 (Décr. n° 2011-1461 du 7 nov. 2011) Est équivalent à un espace d'attente sécurisé, dès lors qu'il offre une accessibilité et une protection identiques à celles mentionnées au deuxième alinéa de l'article R. 4216-2-1 :

1° Le palier d'un escalier mentionné à l'article R. 4216-26, s'il est équipé de portes coupe-feu de degré une heure ;

2° Le local d'attente d'un ascenseur mentionné à l'article R. 4216-26, s'il est équipé de portes coupe-feu de degré une heure ;

3° Un espace à l'air libre.

Sur le champ d'application de cet art., V. note ss. art. R. 4216-2-1.

Art. R. 4216-2-3 (Décr. n° 2011-1461 du 7 nov. 2011) Un niveau d'un lieu de travail est exempté de l'obligation d'être doté d'espaces d'attente sécurisés ou d'espaces équivalents quand il remplit l'une des conditions suivantes :

1° Il est situé en rez-de-chaussée et comporte un nombre suffisant de dégagements, prévus à l'article R. 4216-8, accessibles aux personnes handicapées ;

2° Il comporte au moins deux compartiments, mentionnés à l'article R. 4216-27, dont la capacité d'accueil est suffisante eu égard au nombre de personnes handicapées susceptibles d'être présentes. Le passage d'un compartiment à l'autre se fait en sécurité en cas d'incendie et possible quel que soit le handicap.

Sur le champ d'application de cet art., V. note ss. art. R. 4216-2-1.

Art. R. 4216-3 Les bâtiments et locaux sont isolés de ceux occupés par des tiers conformément aux dispositions applicables à ces derniers. — [Anc. art. R. 235-4, al. 6.]

Art. R. 4216-4 Pour l'application du présent chapitre, l'effectif théorique des personnes susceptibles d'être présentes comprend l'effectif des salariés, majoré, le cas échéant, de l'effectif du public susceptible d'être admis et calculé suivant les règles précisées par la réglementation relative à la protection du public contre les risques d'incendie et de panique dans les établissements recevant du public. — [Anc. art. R. 235-4, al. 7.]

SECTION 2 Dégagements

Art. R. 4216-5 Chaque dégagement a une largeur minimale de passage proportionnée au nombre total de personnes appelées à l'emprunter. Cette largeur est calculée en fonction d'une largeur type appelée unité de passage de 0,60 mètre.

Toutefois, quand un dégagement ne comporte qu'une ou deux unités de passage, la largeur est respectivement portée de 0,60 mètre à 0,90 mètre et de 1,20 mètre à 1,40 mètre. — *[Anc. art. R. 235-4, al. 7.]*

Art. R. 4216-6 Les dégagements des bâtiments et locaux obéissent aux dispositions des articles R. 4227-4 à R. 4227-14 à l'exception des articles R. 4227-5 et R. 4227-12.

Toutefois, pour l'application des dispositions de l'article R. 4227-10, la largeur des escaliers à prendre en compte est au moins égale à deux unités de passage, au sens de l'article R. 4216-5. — *[Anc. art. R. 235-4-1.]*

Art. R. 4216-7 Aucune saillie ou dépôt ne doit réduire la largeur réglementaire des dégagements.

Toutefois, les aménagements fixes sont admis jusqu'à une hauteur maximale de 1,10 mètre, à condition qu'ils ne fassent pas saillie de plus de 0,10 mètre. — *[Anc. art. R. 235-4-2, al. 3.]*

Art. R. 4216-8 Les locaux auxquels les travailleurs ont normalement accès sont desservis par des dégagements dont le nombre et la largeur exigibles sont précisés dans le tableau suivant :

EFFECTIF	NOMBRE de dégagements	NOMBRE TOTAL d'unités de passage
Moins de 20 personnes	1	1
De 20 à 50 personnes	1 + 1 dégagement accessoire (*a*) ou 1 (*b*)	1 2
De 51 à 100 personnes	2 ou 1 + 1 dégagement accessoire (*a*)	2 2
De 101 à 200 personnes	2	3
De 201 à 300 personnes	2	4
De 301 à 400 personnes	2	5
De 401 à 500 personnes	2	6

Au-dessus des 500 premières personnes :
— le nombre des dégagements est augmenté d'une unité par 500 ou fraction de 500 personnes ;
— la largeur cumulée des dégagements est calculée à raison d'une unité de passage pour 100 personnes ou fraction de 100 personnes.

Dans le cas de rénovation ou d'aménagement d'un établissement dans un immeuble existant, la largeur de 0,90 m peut être ramenée à 0,80 m.

(*a*) Un dégagement accessoire peut être constitué par une sortie, un escalier, une coursive, une passerelle, un passage souterrain ou un chemin de circulation, rapide et sûr, d'une largeur minimale de 0,60 m, ou encore, par un balcon filant, une terrasse, une échelle fixe.
(*b*) Cette solution est acceptée si le parcours pour gagner l'extérieur n'est pas supérieur à 25 mètres et si les locaux desservis ne sont pas en sous-sol.

Art. R. 4216-9 Pour les locaux situés en sous-sol et dont l'effectif est supérieur à cent personnes, les dégagements sont déterminés en prenant pour base l'effectif ainsi calculé :
1° L'effectif des personnes est arrondi à la centaine supérieure ;
2° L'effectif est majoré de 10 % par mètre ou fraction de mètre au-delà de deux mètres de profondeur. – *[Anc. art. R. 235-4-4.]*

Art. R. 4216-10 Seuls les locaux dont la nature technique des activités le justifie peuvent être situés à plus de six mètres en dessous du niveau moyen des seuils d'évacuation. – *[Anc. art. R. 235-4-5.]*

Art. R. 4216-11 La distance maximale à parcourir pour gagner un escalier en étage ou en sous-sol n'est jamais supérieure à quarante mètres.

Le débouché au niveau du rez-de-chaussée d'un escalier s'effectue à moins de vingt mètres d'une sortie sur l'extérieur.

Les itinéraires de dégagements ne comportent pas de cul-de-sac supérieur à dix mètres. – *[Anc. art. R. 235-4-6.]*

Art. R. 4216-12 Les marches obéissent aux caractéristiques suivantes :
1° Elles ne sont pas glissantes ;
2° S'il n'y a pas de contremarche, les marches successives se recouvrent de 5 centimètres ;
3° Il est interdit de placer une ou deux marches isolées dans les circulations principales ;
4° Les dimensions des marches des escaliers sont conformes aux règles de l'art ;
5° Les volées ne comptent pas plus de 25 marches ;
6° Les paliers ont une largeur égale à celle des escaliers et, en cas de volées non contrariées, leur longueur est supérieure à 1 mètre ;
7° Les escaliers tournants sont à balancement continu sans autre palier que ceux desservant les étages ;
8° Les dimensions des marches sur la ligne de foulée à 0,60 mètre du noyau ou du vide central sont conformes aux règles de l'art ;
9° Le giron extérieur des marches est inférieur à 0,42 mètre. – *[Anc. art. R. 235-4-7.]*

SECTION 3 Désenfumage

Art. R. 4216-13 Les locaux de plus de 300 mètres carrés situés en rez-de-chaussée et en étage, les locaux de plus de 100 mètres carrés aveugles et ceux situés en sous-sol ainsi que tous les escaliers comportent un dispositif de désenfumage naturel ou mécanique. – *[Anc. art. R. 235-4-8, al. 1er.]*

Art. R. 4216-14 Les dispositifs de désenfumage naturel sont constitués en partie haute et en partie basse d'une ou plusieurs ouvertures communiquant avec l'extérieur, en vue de l'évacuation des fumées et l'amenée d'air.

La surface totale des sections d'évacuation des fumées est supérieure au centième de la superficie du local desservi avec un minimum de un mètre carré. Il en est de même pour celle des amenées d'air.

Chaque dispositif d'ouverture du dispositif de désenfumage est aisément manœuvrable à partir du plancher. – *[Anc. art. R. 235-4-8, al. 2 à 4.]*

Art. R. 4216-15 En cas de désenfumage mécanique, le débit d'extraction est calculé sur la base d'un mètre cube par seconde par 100 mètres carrés. – *[Anc. art. R. 235-4-8, al. 5.]*

Art. R. 4216-16 Les modalités d'application des dispositions de la présente section sont définies par arrêté conjoint des ministres chargés du travail, de l'agriculture et de la construction. – *[Anc. art. R. 235-4-8, al. 6.]*

SECTION 4 Chauffage des locaux

Art. R. 4216-17 Les bâtiments et locaux sont conçus et réalisés de manière à respecter les dispositions des articles R. 4227-16 et R. 4227-18 à R. 4227-20 sur le chauffage des locaux ainsi que celles des réglementations particulières relatives :

1° Aux installations fixes destinées au chauffage et à l'alimentation en eau chaude ;
2° Aux installations de gaz combustibles et d'hydrocarbures liquéfiés ;
3° Au stockage et à l'utilisation des produits pétroliers. – *[Anc. art. R. 235-4-9, al. 1er.]*

Art. R. 4216-18 Indépendamment de l'application, s'il y a lieu, des règles propres aux bâtiments d'habitation, de bureaux ou recevant du public, les installations fixes destinées au chauffage et à l'alimentation en eau chaude ne doivent pas présenter de risque pour la santé et la sécurité des travailleurs.

Ces installations sont conçues de manière à ne pas aggraver les risques d'incendie ou d'explosion inhérents aux activités du bâtiment, à ne pas provoquer d'émission de substances dangereuses, insalubres ou gênantes et à ne pas être la cause de brûlures ou d'inconfort pour les travailleurs.

Les modalités d'application de ces dispositions sont précisées par arrêté conjoint des ministres chargés du travail, de l'agriculture et de la construction. – *[Anc. art. R. 235-4-9, al. 2.]*

Art. R. 4216-19 Lorsque le chauffage est réalisé au moyen de générateur d'air chaud à combustion, la pression du circuit d'air doit toujours être supérieure à la pression des gaz brûlés.

Un dispositif de sécurité assure automatiquement l'extinction ou la mise en veilleuse de l'appareil ou de l'échangeur de chauffage de l'air et l'arrêt des ventilateurs lorsque la température de l'air dépasse 120°C. Toutefois, ce dispositif n'est pas exigible pour les appareils indépendants émettant de la chaleur dans les seuls locaux où ils sont installés, ou lorsque le réchauffage de l'air est assuré par un échangeur ne pouvant atteindre cette température.

Toute matière combustible est interdite à l'intérieur des conduits de distribution ou de reprise, à l'exception des accessoires des organes terminaux situés dans une pièce.

Cette prescription s'applique également aux installations de ventilation mécanique contrôlée et à toutes les gaines mettant en communication plusieurs niveaux. – *[Anc. art. R. 235-4-10.]*

Art. R. 4216-20 L'usage de la brasure tendre, dont la température de fusion du métal d'apport est inférieure à 450°C, est interdit pour les canalisations amenant les liquides ou gaz combustibles. – *[Anc. art. R. 235-4-11.]*

SECTION 5 Stockage ou manipulation de matières inflammables

Art. R. 4216-21 Les bâtiments et locaux sont conçus et réalisés de manière à respecter :
1° Les dispositions relatives à la prévention des explosions prévues aux articles R. 4227-42 et suivants ;
2° Les dispositions *(Décr. n° 2010-1018 du 30 août 2010)* « de l'article R. 4215-12 » ;
3° Les dispositions spécifiques de l'arrêté prévu par l'article R. 4227-27 pour les installations industrielles utilisant le gaz combustible et les hydrocarbures liquéfiés. – *[Anc. art. R. 235-4-12.]*

Art. R. 4216-22 Les locaux ou les emplacements dans lesquels doivent être entreposées ou manipulées des substances ou préparations classées explosives, comburantes ou extrêmement inflammables, ainsi que des matières dans un état physique susceptible d'engendrer des risques d'explosion ou d'inflammation instantanée disposent d'une ventilation permanente appropriée. – *[Anc. art. R. 235-4-12.]*

Art. R. 4216-23 Les locaux mentionnés à l'article R. 4216-22 ainsi que ceux dans lesquels sont entreposées ou manipulées des substances ou préparations classées facilement inflammables ou des matières dans un état physique tel qu'elles sont susceptibles de prendre feu instantanément au contact d'une flamme ou d'une étincelle et de propager rapidement l'incendie, sont conçus et réalisés de telle sorte que :
1° Aucun poste habituel de travail ne puisse se trouver à plus de dix mètres d'une issue donnant sur l'extérieur ou sur un local donnant lui-même sur l'extérieur ;
2° Les portes de ces locaux s'ouvrent vers l'extérieur ;
3° Si les fenêtres de ces locaux sont munies de grilles ou grillages, ceux-ci s'ouvrent très facilement de l'intérieur. – *[Anc. art. R. 235-4-12.]*

SANTÉ ET SÉCURITÉ AU TRAVAIL   **Art. R. 4216-32** 2277

SECTION 6 Bâtiments dont le plancher bas du dernier niveau est situé à plus de huit mètres du sol

Art. R. 4216-24 Afin de prendre en compte l'augmentation des risques en cas de sinistre, les bâtiments dont le plancher bas du dernier niveau est situé à plus de huit mètres du sol extérieur ont une structure d'une stabilité au feu de degré une heure et des planchers coupe-feu de même degré.

Ils sont isolés de tout bâtiment ou local occupé par des tiers, au minimum par des parois coupe-feu de degré une heure ou par des sas comportant des portes pare-flammes de degré demi-heure munies de ferme-porte et s'ouvrant vers l'intérieur du sas. — [Anc. art. R. 235-4-13 et anc. art. R. 235-4-14, al. 1er et 3.]

Art. R. 4216-25 Les bâtiments mentionnés à l'article R. 4216-24 sont accessibles au moins sur une façade aux services d'incendie et de secours. — [Anc. art. R. 235-4-14, al. 2.]

Art. R. 4216-26 Les escaliers et ascenseurs des bâtiments mentionnés à l'article R. 4216-24 sont :

1° Soit encloisonnés dans des cages coupe-feu de degré une heure comportant des portes pare-flammes de degré demi-heure et, pour les escaliers, un dispositif de désenfumage en partie supérieure ;

2° Soit à l'air libre. — [Anc. art. R. 235-4-14, al. 4 à 6.]

Art. R. 4216-27 La distribution intérieure des bâtiments mentionnés à l'article R. 4216-24 permet, notamment par des recoupements ou des compartimentages, de limiter la propagation du feu et des fumées.

L'aménagement intérieur des locaux, notamment les revêtements des murs, des sols et des plafonds, les tentures et les rideaux répond à des caractéristiques de réaction au feu permettant d'éviter un développement rapide d'un incendie susceptible de compromettre l'évacuation. — [Anc. art. R. 235-4-14, al. 7 et 8.]

Art. R. 4216-28 Les dispositions de la présente section s'appliquent compte tenu de la classification des matériaux et des éléments de construction en fonction de leur comportement au feu, telle qu'elle est définie aux articles R. 121-1 et suivants du code de la construction et de l'habitation et par les arrêtés du ministre de l'intérieur pris en application de l'article R. 121-5 de ce même code. — [Anc. art. R. 235-4-15, al. 1er.]

Art. R. 4216-29 Un arrêté conjoint des ministres chargés du travail, de l'agriculture et de la construction définit les modalités d'application des dispositions de la présente section, notamment :

1° Les caractéristiques des sorties et celles de l'isolement latéral du bâtiment avec un autre bâtiment ;

2° La classification des matériaux et des éléments de construction de certaines parties du bâtiment ;

3° Les règles de désenfumage. — [Anc. art. R. 235-4-15, al. 2.]

SECTION 7 Moyens de prévention et de lutte contre l'incendie

Art. R. 4216-30 Les bâtiments et locaux sont conçus ou aménagés de manière à respecter les dispositions relatives aux moyens de prévention et de lutte contre l'incendie prévues aux articles R. 4227-28 à R. 4227-41. — [Anc. art. R. 235-4-16.]

SECTION 8 Prévention des explosions

Art. R. 4216-31 Les bâtiments et locaux sont conçus et réalisés de manière à respecter les dispositions relatives à la prévention des explosions prévues par les articles R. 4227-42 à R. 4227-54. — [Anc. art. R. 235-4-17.]

SECTION 9 Dispenses de l'autorité administrative

Art. R. 4216-32 Le (Décr. n° 2020-1545 du 9 déc. 2020, art. 28-X, en vigueur le 1er avr. 2021) « directeur régional de l'économie, de l'emploi, du travail et des solidarités » peut dispenser d'une partie de l'application des dispositions du présent chapitre, notamment dans le cas de réaménagement de locaux ou de bâtiments existants, sur proposition de mesures compensatoires assurant un niveau de sécurité jugé équivalent.

Art. R. 4216-33 La dispense est accordée, après enquête de l'(*Décr. n° 2021-143 du 10 févr. 2021, art. 10*) « agent de contrôle de l'inspection du travail ».

Elle est accordée après avis :
1° Du (*Décr. n° 2017-1819 du 29 déc. 2017, art. 3*) « comité social et économique » ;
2° De la commission centrale de sécurité ou de la commission consultative départementale de sécurité et d'accessibilité pour les établissements recevant du public. — *[Anc. art. R. 235-4-18, al. 2.]*

Art. R. 4216-34 Le silence gardé pendant plus de quatre mois par le ministre compétent saisi d'un recours hiérarchique contre une décision prise en application de l'article R. 4216-33 vaut décision de rejet. — *[Anc. art. R. 235-4-18, al. 3.]*

CHAPITRE VII INSTALLATIONS SANITAIRES, RESTAURATION

Art. R. 4217-1 Les bâtiments et locaux sont conçus et réalisés conformément aux exigences des articles :
1° R. 4228-1 à R. 4228-15, relatifs aux installations sanitaires ;
2° R. 4228-22 à R. 4228-25, relatifs aux locaux de restauration et de repos. — *[Anc. art. R. 235-2-12, al. 1er.]*

Art. R. 4217-2 Lorsque, en application de l'article R. 4228-10, il doit être réalisé dix cabinets d'aisance, l'un d'entre eux, ainsi qu'un lavabo placé à proximité, sont aménagés de manière à en permettre l'accès et l'usage autonome par des personnes handicapées circulant en fauteuil roulant.

Lorsque le nombre des cabinets d'aisance est inférieur à dix, l'un d'entre eux et un lavabo sont conçus de telle sorte que, en présence de personnes handicapées physiques, des travaux simples suffisent à réaliser les aménagements prévus au premier alinéa. — *[Anc. art. R. 235-2-13.]*

TITRE II OBLIGATIONS DE L'EMPLOYEUR POUR L'UTILISATION DES LIEUX DE TRAVAIL

CHAPITRE I DISPOSITIONS GÉNÉRALES

Art. R. 4221-1 Pour l'application du présent titre, on entend par lieux de travail les lieux destinés à recevoir des postes de travail situés ou non dans les bâtiments de l'établissement, ainsi que tout autre endroit compris dans l'aire de l'établissement auquel le travailleur a accès dans le cadre de son travail.

Les champs, bois et autres terrains faisant partie d'un établissement agricole ou forestier, mais situés en dehors de la zone bâtie d'un tel établissement, ne sont pas considérés comme des lieux de travail. — *[Anc. art. R. 232-1.]*

CHAPITRE II AÉRATION, ASSAINISSEMENT

SECTION 1 Principes et définitions

Art. R. 4222-1 Dans les locaux fermés où les travailleurs sont appelés à séjourner, l'air est renouvelé de façon à :
1° Maintenir un état de pureté de l'atmosphère propre à préserver la santé des travailleurs ;
2° Éviter les élévations exagérées de température, les odeurs désagréables et les condensations. — *[Anc. art. R. 232-5, al. 1er à 3.]*

Art. R. 4222-2 Les règles applicables à l'aération, à la ventilation et à l'assainissement des locaux sont fixées suivant la nature et les caractéristiques de ces locaux. — *[Anc. art. R. 232-5, al. 4.]*

Art. R. 4222-3 Pour l'application du présent chapitre, on entend par :
1° Air neuf, l'air pris à l'air libre hors des sources de pollution ;

2° Air recyclé, l'air pris et réintroduit dans un local ou un groupe de locaux. L'air pris hors des points de captage de polluants et réintroduit dans le même local après conditionnement thermique n'est pas considéré comme de l'air recyclé ;

3° Locaux à pollution non spécifique, les locaux dans lesquels la pollution est liée à la seule présence humaine, à l'exception des locaux sanitaires ;

4° Locaux à pollution spécifique, les locaux dans lesquels des substances dangereuses ou gênantes sont émises sous forme de gaz, vapeurs, aérosols solides ou liquides autres que celles qui sont liées à la seule présence humaine ainsi que locaux pouvant contenir des sources de micro-organismes potentiellement pathogènes et locaux sanitaires ;

5° Ventilation mécanique, la ventilation assurée par une installation mécanique ;

6° Ventilation naturelle permanente, la ventilation assurée naturellement par le vent ou par l'écart de température entre l'extérieur et l'intérieur ;

7° Poussière totale, toute particule solide dont le diamètre aérodynamique est au plus égal à 100 micromètres ou dont la vitesse limite de chute, dans les conditions normales de température, est au plus égale à 0,25 mètre par seconde ;

8° Poussière alvéolaire, toute poussière susceptible d'atteindre les alvéoles pulmonaires ;

9° Diamètre aérodynamique d'une poussière, le diamètre d'une sphère de densité égale à l'unité ayant la même vitesse de chute dans les mêmes conditions de température et d'humidité relative. – *[Anc. art. R. 232-5-1.]*

SECTION 2 **Locaux à pollution non spécifique**

Art. R. 4222-4 Dans les locaux à pollution non spécifique, l'aération est assurée soit par ventilation mécanique, soit par ventilation naturelle permanente.

Dans ce dernier cas, les locaux comportent des ouvrants donnant directement sur l'extérieur et leurs dispositifs de commande sont accessibles aux occupants. – *[Anc. art. R. 232-5-2, al. 1ᵉʳ.]*

Art. R. 4222-5 L'aération par ventilation naturelle, assurée exclusivement par ouverture de fenêtres ou autres ouvrants donnant directement sur l'extérieur, est autorisée lorsque le volume par occupant est égal ou supérieur à :

1° 15 mètres cubes pour les bureaux et les locaux où est accompli un travail physique léger ;

2° 24 mètres cubes pour les autres locaux. – *[Anc. art. R. 232-5-2, al. 2 à 4.]*

Art. R. 4222-6 Lorsque l'aération est assurée par ventilation mécanique, le débit minimal d'air neuf à introduire par occupant est fixé dans le tableau suivant :

DÉSIGNATION DES LOCAUX	DÉBIT MINIMAL d'air neuf par occupant (en mètres cubes par heure)
Bureaux, locaux sans travail physique	25
Locaux de restauration, locaux de vente, locaux de réunion	30
Ateliers et locaux avec travail physique léger	45
Autres ateliers et locaux	60

Art. R. 4222-7 Les locaux réservés à la circulation et les locaux qui ne sont occupés que de manière épisodique peuvent être ventilés par l'intermédiaire des locaux adjacents à pollution non spécifique sur lesquels ils ouvrent. – *[Anc. art. R. 232-5-2, al. 5.]*

Art. R. 4222-8 L'air envoyé après recyclage dans les locaux à pollution non spécifique est filtré.

L'air recyclé n'est pas pris en compte pour le calcul du débit minimal d'air neuf prévu à l'article R. 4222-6.

En cas de panne du système d'épuration ou de filtration, le recyclage est arrêté. – *[Anc. art. R. 232-5-4, al. 1er à 3.]*

Art. R. 4222-9 Il est interdit d'envoyer après recyclage dans un local à pollution non spécifique l'air pollué d'un local à pollution spécifique. – *[Anc. art. R. 232-5-4, al. 4.]*

SECTION 3 Locaux à pollution spécifique

Art. R. 4222-10 Dans les locaux à pollution spécifique, les concentrations moyennes en poussières totales et alvéolaires de l'atmosphère inhalée par un travailleur, évaluées sur une période de huit heures, ne doivent pas dépasser respectivement *(Décr. n° 2021-1763 du 23 déc. 2021, art. 1er, en vigueur le 1er juill. 2023)* « 4 et 0,9 » milligrammes par mètre cube d'air.

Une commission, dont la composition est fixée par arrêté du ministre chargé du travail, est chargée de procéder :

1° Au recensement des moyens techniques à mettre en place par les employeurs pour assurer le respect des valeurs fixées à l'art. R. 4222-10, dans sa rédaction résultant du Décr. n° 2021-1763 du 23 déc. 2021 ;

2° A la réévaluation des valeurs mentionnées à l'art. R. 4222-10 et à l'art. R. 4412-154, dans leur rédaction résultant de l'art. 1er du Décr. préc. et au 1er al. de l'art. 2 du Décr. n° 2013-797 du 30 août 1997 dans sa rédaction résultant de l'art. 2 du Décr. n° 2021-1763 du 23 déc. 2021.

Elle rend son étude dans un délai maximal d'un an à compter de son installation (Décr. n° 2021-1763 du 23 déc. 2021, art. 3, en vigueur au plus tard le 31 janv. 2022).

Art. R. 4222-11 Pour chaque local à pollution spécifique, la ventilation est réalisée et son débit déterminé en fonction de la nature et de la quantité des polluants ainsi que, le cas échéant, de la quantité de chaleur à évacuer, sans que le débit minimal d'air neuf puisse être inférieur aux valeurs fixées à l'article R. 4222-6.

Lorsque l'air provient de locaux à pollution non spécifique, il est tenu compte du nombre total d'occupants des locaux desservis pour déterminer le débit minimal d'entrée d'air neuf. – *[Anc. art. R. 232-5-6.]*

Art. R. 4222-12 Les émissions sous forme de gaz, vapeurs, aérosols de particules solides ou liquides, de substances insalubres, gênantes ou dangereuses pour la santé des travailleurs sont supprimées, y compris, par la mise en œuvre de procédés d'humidification en cas de risque de suspension de particules, lorsque les techniques de production le permettent.

A défaut, elles sont captées au fur et à mesure de leur production, au plus près de leur source d'émission et aussi efficacement que possible, notamment en tenant compte de la nature, des caractéristiques et du débit des polluants ainsi que des mouvements de l'air.

S'il n'est techniquement pas possible de capter à leur source la totalité des polluants, les polluants résiduels sont évacués par la ventilation générale du local. – *[Anc. art. R. 232-5-7, al. 1er à 3.]*

Art. R. 4222-13 Les installations de captage et de ventilation sont réalisées de telle sorte que les concentrations dans l'atmosphère ne soient dangereuses en aucun point pour la santé et la sécurité des travailleurs et qu'elles restent inférieures aux valeurs limites d'exposition fixées *(Décr. n° 2021-1763 du 23 déc. 2021, art. 1er, en vigueur le 1er janv. 2022)* « à l'article » R. 4412-149.

(Décr. n° 2021-1763 du 23 déc. 2021, art. 1er, en vigueur le 1er janv. 2022) « Lorsque les limites des concentrations mentionnées à l'article R. 4222-10 ne peuvent être respectées en tout point d'un local à pollution spécifique, l'employeur met en œuvre les mesures organisationnelles nécessaires pour que l'exposition des travailleurs ne dépasse pas en moyenne ces limites sur une période de huit heures. »

Les dispositifs d'entrée d'air compensant les volumes extraits sont conçus et disposés de façon à ne pas réduire l'efficacité des systèmes de captage.

Un dispositif d'avertissement automatique signale toute défaillance des installations de captage qui n'est pas directement décelable par les occupants des locaux.

Art. R. 4222-14 L'air provenant d'un local à pollution spécifique ne peut être recyclé que s'il est efficacement épuré. Il ne peut être envoyé après recyclage dans d'autres locaux que si la pollution de tous les locaux concernés est de même nature. En cas de

SANTÉ ET SÉCURITÉ AU TRAVAIL **Art. R. 4222-24** 2281

recyclage, les concentrations de poussières et substances dans l'atmosphère du local doivent demeurer inférieures aux valeurs limites d'exposition professionnelle définies aux articles R. 4222-10, R. 4412-149 et R. 4412-150. — *[Anc. art. R. 232-5-8, al. 1ᵉʳ.]*

Art. R. 4222-15 Des prescriptions particulières, prises en application du 3° de l'article L. 4111-6, interdisent ou limitent, le cas échéant, l'utilisation du recyclage pour certaines catégories de substances ou catégories de locaux. — *[Anc. art. R. 232-5-8, al. 2.]*

Art. R. 4222-16 Les installations de recyclage comportent un système de surveillance permettant de déceler les défauts des dispositifs d'épuration. En cas de défaut, les mesures nécessaires sont prises par l'employeur pour maintenir le respect des valeurs limites d'exposition professionnelle définies aux articles R. 4222-10 et R. 4412-149, le cas échéant, en arrêtant le recyclage. — *[Anc. art. R. 232-5-8, al. 5.]*

Art. R. 4222-17 En cas de recyclage de l'air, les conditions du recyclage sont portées à la connaissance du médecin du travail, des membres du *(Décr. n° 2017-1819 du 29 déc. 2017, art. 3)* « comité social et économique ».

Ces personnes sont également consultées sur toute nouvelle installation ou toute modification des conditions de recyclage. — *[Anc. art. R. 232-5-8, al. 3 et 4.]*

SECTION 4 Pollution par les eaux usées

Art. R. 4222-18 L'atmosphère des locaux de travail et de leurs dépendances est tenu *[tenue]* constamment à l'abri de toute émanation provenant d'égouts, fosses, puisards, fosses d'aisances ou de toute autre source d'infection. — *[Anc. art. R. 232-5-14, al. 1ᵉʳ.]*

Art. R. 4222-19 Dans les établissements qui déversent les eaux résiduaires ou de lavage dans un égout public ou privé, toute communication entre l'égout et l'établissement est munie d'un intercepteur hydraulique.

Cet intercepteur hydraulique est fréquemment nettoyé, et sa garde d'eau assurée en permanence. — *[Anc. art. R. 232-5-14, al. 2.]*

SECTION 5 Contrôle et maintenance des installations

Art. R. 4222-20 L'employeur maintient l'ensemble des installations mentionnées au présent chapitre en bon état de fonctionnement et en assure régulièrement le contrôle. — *[Anc. art. R. 232-5-9, al. 1ᵉʳ.]*

Art. R. 4222-21 L'employeur indique dans une consigne d'utilisation les dispositions prises pour la ventilation et fixe les mesures à prendre en cas de panne des installations.

Cette consigne est établie en tenant compte, s'il y a lieu, des indications de la notice d'instructions fournie par le maître d'ouvrage conformément à l'article R. 4212-7.

Elle est soumise à l'avis du médecin du travail, du *(Décr. n° 2017-1819 du 29 déc. 2017, art. 3)* « comité social et économique ». — *[Anc. art. R. 232-5-9, al. 2 et 3.]*

Art. R. 4222-22 Des arrêtés conjoints des ministres chargés du travail et de l'agriculture fixent :
1° Les méthodes de mesure de concentration, de débit, d'efficacité de captage, de filtration et d'épuration ;
2° La nature et la fréquence du contrôle des installations mentionnées au présent chapitre. — *[Anc. art. R. 232-5-11, al. 1ᵉʳ, 3 et 4.]*

SECTION 6 Travaux en espace confiné

Art. R. 4222-23 Dans les puits, conduites de gaz, carneaux, conduits de fumée, cuves, réservoirs, citernes, fosses, galeries et dans les lieux où il n'est pas possible d'assurer de manière permanente le respect des dispositions du présent chapitre, les travaux ne sont entrepris qu'après vérification de l'absence de risque pour la santé et la sécurité des travailleurs et, le cas échéant, après assainissement de l'atmosphère et vidange du contenu. — *[Anc. art. R. 232-5-12, al. 1ᵉʳ.]*

Art. R. 4222-24 Pendant l'exécution des travaux, la ventilation est réalisée suivant les prescriptions de l'article R. 4222-6 ou R. 4222-11, selon qu'il s'agit d'un local à pollution non spécifique ou d'un local à pollution spécifique, de manière à maintenir la salubrité de l'atmosphère et à en assurer un balayage permanent, sans préjudice, pour les travaux souterrains, des dispositions des articles R. 4534-43 à R. 4534-49. — *[Anc. art. R. 232-5-12, al. 2.]*

SECTION 7 Protection individuelle

Art. R. 4222-25 Si l'exécution des mesures de protection collective prévues par le présent chapitre est impossible, des équipements de protection individuelle sont mis à la disposition des travailleurs.

Ces équipements sont choisis et adaptés en fonction de la nature des travaux à accomplir et présentent des caractéristiques d'efficacité compatibles avec la nature du risque auquel les travailleurs sont exposés. Ils ne doivent pas les gêner dans leur travail ni, autant que possible, réduire leur champ visuel. — *[Anc. art. R. 232-5-13, al. 1er et 2.]*

Art. R. 4222-26 L'employeur prend les mesures nécessaires pour que les équipements de protection individuelle soient effectivement utilisés, maintenus en bon état de fonctionnement et désinfectés avant d'être attribués à un nouveau titulaire. — *[Anc. art. R. 232-5-13, al. 3.]*

CHAPITRE III ÉCLAIRAGE, AMBIANCE THERMIQUE

SECTION 1 Éclairage

Art. R. 4223-1 Les dispositions de la présente section fixent les règles relatives à l'éclairage et à l'éclairement :
1° Des locaux de travail et de leurs dépendances, notamment les passages et escaliers ;
2° Des espaces extérieurs où sont accomplis des travaux permanents ;
3° Des zones et voies de circulation extérieures empruntées de façon habituelle pendant les heures de travail. — *[Anc. art. R. 232-7.]*

Art. R. 4223-2 L'éclairage est assuré de manière à :
1° Éviter la fatigue visuelle et les affections de la vue qui en résultent ;
2° Permettre de déceler les risques perceptibles par la vue. — *[Anc. art. R. 232-7-1, al. 1er.]*

Art. R. 4223-3 Les locaux de travail disposent autant que possible d'une lumière naturelle suffisante. — *[Anc. art. R. 232-7-1, al. 2.]*

Art. R. 4223-4 Pendant la présence des travailleurs dans les lieux mentionnés à l'article R. 4223-1, les niveaux d'éclairement mesurés au plan de travail ou, à défaut, au sol, sont au moins égaux aux valeurs indiquées dans le tableau suivant :

LOCAUX AFFECTÉS AU TRAVAIL et leurs dépendances	VALEURS MINIMALES d'éclairement
Voies de circulation intérieures	40 lux
Escaliers et entrepôts	60 lux
Locaux de travail, vestiaires, sanitaires	120 lux
Locaux aveugles affectés à un travail permanent	200 lux

ESPACES EXTÉRIEURS	VALEURS MINIMALES d'éclairement
Zones et voies de circulation extérieures	10 lux
Espaces extérieurs où sont effectués des travaux à caractère permanent	40 lux

Art. R. 4223-5 Dans les zones de travail, le niveau d'éclairement est adapté à la nature et à la précision des travaux à exécuter. – *[Anc. art. R. 232-7-2, al. 14.]*

Art. R. 4223-6 En éclairage artificiel, le rapport des niveaux d'éclairement, dans un même local, entre celui de la zone de travail et l'éclairage général est compris entre 1 et 5.

Il en est de même pour le rapport des niveaux d'éclairement entre les locaux contigus en communication. – *[Anc. art. R. 232-7-3.]*

Art. R. 4223-7 Les postes de travail situés à l'intérieur des locaux de travail sont protégés du rayonnement solaire gênant soit par la conception des ouvertures, soit par des protections fixes ou mobiles appropriées. – *[Anc. art. R. 232-7-4.]*

Art. R. 4223-8 Les dispositions appropriées sont prises pour protéger les travailleurs contre l'éblouissement et la fatigue visuelle provoqués par des surfaces à forte luminance ou par des rapports de luminance trop importants entre surfaces voisines.

Les sources d'éclairage assurent une qualité de rendu des couleurs en rapport avec l'activité prévue et ne doivent pas compromettre la sécurité des travailleurs.

Les phénomènes de fluctuation de la lumière ne doivent pas être perceptibles ni provoquer d'effet stroboscopique. – *[Anc. art. R. 232-7-5.]*

Art. R. 4223-9 Toutes dispositions sont prises afin que les travailleurs ne puissent se trouver incommodés par les effets thermiques dus au rayonnement des sources d'éclairage mises en œuvre.

Les sources d'éclairage sont aménagées ou installées de façon à éviter tout risque de brûlure. – *[Anc. art. R. 232-7-6.]*

Art. R. 4223-10 Les organes de commande d'éclairage sont facilement accessibles.

Dans les locaux aveugles, ils sont munis de voyants lumineux. – *[Anc. art. R. 232-7-7.]*

Art. R. 4223-11 Le matériel d'éclairage est installé de manière à pouvoir être entretenu aisément.

L'employeur fixe les règles d'entretien périodique du matériel en vue d'assurer le respect des dispositions de la présente section.

Les règles d'entretien sont consignées dans un document qui est communiqué aux membres du *(Décr. n° 2017-1819 du 29 déc. 2017, art. 3)* « comité social et économique ». – *[Anc. art. R. 232-7-8.]*

Art. R. 4223-12 Les dispositions des articles R. 4223-6, R. 4223-7, R. 4223-8, premier alinéa, et R. 4223-10 ne sont pas applicables aux opérations de bâtiment et de génie civil définies à l'article R. 4534-1. – *[Anc. art. R. 232-7-10.]*

SECTION 2 Ambiance thermique

Art. R. 4223-13 Les locaux fermés affectés au travail sont chauffés pendant la saison froide.

Le chauffage fonctionne de manière à maintenir une température convenable et à ne donner lieu à aucune émanation délétère. – *[Anc. art. R. 232-6.]*

Art. R. 4223-14 La température des locaux annexes, tels que locaux de restauration, locaux de repos, locaux pour les travailleurs en service de permanence, locaux sanitaires et locaux de premiers secours, obéit à la destination spécifique de ces locaux. – *[Anc. art. R. 232-6-1.]*

Art. R. 4223-15 L'employeur prend, après avis du médecin du travail et du *(Décr. n° 2017-1819 du 29 déc. 2017, art. 3)* « comité social et économique », toutes dispositions nécessaires pour assurer la protection des travailleurs contre le froid et les intempéries. – *[Anc. art. R. 232-9.]*

CHAPITRE IV SÉCURITÉ DES LIEUX DE TRAVAIL

SECTION 1 Caractéristiques des lieux de travail

Art. R. 4224-1 Les lieux de travail soumis aux dispositions du titre I lors de leur construction ou de leur aménagement sont utilisés en conformité avec ces dispositions.

En cas de changement de destination, ils sont aménagés pour être rendus conformes aux dispositions régissant cette nouvelle destination à la date des travaux d'aménagement. – *[Anc. art. R. 232-1-11, al. 1ᵉʳ.]*

Art. R. 4224-2 Les bâtiments abritant des lieux de travail ont des structures et une solidité appropriées à leur utilisation. – *[Anc. art. R. 232-1-1.]*

Art. R. 4224-3 Les lieux de travail intérieurs et extérieurs sont aménagés de telle façon que la circulation des piétons et des véhicules puisse se faire de manière sûre. – *[Anc. art. R. 232-1-9.]*

Art. R. 4224-4 L'employeur prend toutes dispositions pour que seuls les travailleurs autorisés à cet effet puissent accéder aux zones de danger. Les mesures appropriées sont prises pour protéger ces travailleurs. – *[Anc. art. R. 232-1-4.]*

Art. R. 4224-5 (*Décr. n° 2009-289 du 13 mars 2009*) « Les puits, trappes et ouvertures de descente sont clôturés. »

Les passerelles, planchers en encorbellement, plates-formes en surélévation, ainsi que leurs moyens d'accès, sont construits, installés ou protégés de telle sorte que les travailleurs appelés à les utiliser ne soient pas exposés à des chutes. – *[Anc. art. R. 233-45, al. 1ᵉʳ.]*

Art. R. 4224-6 Les ponts volants ou les passerelles pour le chargement ou le déchargement des navires ou bateaux sont installés de manière à former un tout rigide et sont munis de garde-corps des deux côtés. – *[Anc. art. R. 233-45, al. 2.]*

Art. R. 4224-7 Les cuves, bassins et réservoirs sont construits, installés et protégés dans les conditions assurant la sécurité des travailleurs.

Leur installation ou, à défaut, leurs dispositifs de protection sont tels qu'ils empêchent les travailleurs d'y tomber. – *[Anc. art. R. 233-46, al. 1ᵉʳ et 2.]*

Art. R. 4224-8 L'accès et l'intervention sur les toits en matériaux fragiles n'offrant pas une résistance suffisante sont effectués conformément aux articles R. 4534-88, R. 4534-89 et R. 4534-93 applicables aux opérations de bâtiment et de génie civil. – *[Anc. art. R. 232-1-5.]*

SECTION 2 **Portes et portails**

Art. R. 4224-9 Les portes et portails en va-et-vient sont transparents ou possèdent des panneaux transparents. – *[Anc. art. R. 232-1-2, al. 1ᵉʳ, phrase 1.]*

Art. R. 4224-10 Les parties transparentes sont constituées de matériaux de sécurité ou protégées contre l'enfoncement de sorte que les travailleurs ne puissent être blessés en cas de bris de ces surfaces. – *[Anc. art. R. 232-1-2, al. 1ᵉʳ, phrase 3.]*

Art. R. 4224-11 Les portes et portails coulissants sont munis d'un système de sécurité les empêchant de sortir de leur rail et de tomber.

Les portes et portails s'ouvrant vers le haut sont munis d'un système de sécurité les empêchant de retomber. – *[Anc. art. R. 232-1-2, al. 2 et 3.]*

Art. R. 4224-12 Les portes et portails sont entretenus et contrôlés régulièrement.

Lorsque leur chute peut présenter un danger pour les travailleurs, notamment en raison de leurs dimensions, de leur poids ou de leur mode de fixation, la périodicité des contrôles et les interventions sont consignées dans le dossier prévu à l'article R. 4224-17. – *[Anc. art. R. 232-1-2, al. 4.]*

Art. R. 4224-13 Les portes et portails automatiques fonctionnent sans risque d'accident pour les travailleurs.

Les caractéristiques auxquelles obéissent les installations nouvelles et existantes de portes et portails automatiques ainsi que leurs conditions de maintenance et de vérification sont définies par arrêté conjoint des ministres chargés du travail et de l'agriculture. – *[Anc. art. R. 232-1-2, al. 5.]*

SANTÉ ET SÉCURITÉ AU TRAVAIL **Art. R. 4224-20** 2285

SECTION 3 Matériel de premier secours et secouriste

Art. R. 4224-14 Les lieux de travail sont équipés d'un matériel de premiers secours adapté à la nature des risques et facilement accessible. – *[Anc. art. R. 232-1-6, al. 1er.]*

Art. R. 4224-15 Un membre du personnel reçoit la formation de secouriste nécessaire pour donner les premiers secours en cas d'urgence dans :
1° Chaque atelier où sont accomplis des travaux dangereux ;
2° Chaque chantier employant vingt travailleurs au moins pendant plus de quinze jours où sont réalisés des travaux dangereux.
Les travailleurs ainsi formés ne peuvent remplacer les infirmiers. – *[Anc. art. R. 241-39.]*

Art. R. 4224-16 En l'absence d'infirmiers, ou lorsque leur nombre ne permet pas d'assurer une présence permanente, l'employeur prend, après avis du médecin du travail, les mesures nécessaires pour assurer les premiers secours aux accidentés et aux malades. Ces mesures qui sont prises en liaison notamment avec les services de secours d'urgence extérieurs à l'entreprise sont adaptées à la nature des risques.
Ces mesures sont consignées dans un document tenu à la disposition de l'*(Décr. n° 2021-143 du 10 févr. 2021, art. 10)* « agent de contrôle de l'inspection du travail ». – *[Anc. art. R. 241-40.]*

SECTION 4 Maintenance, entretien et vérifications

Art. R. 4224-17 Les installations et dispositifs techniques et de sécurité des lieux de travail sont entretenus et vérifiés suivant une périodicité appropriée.
Toute défectuosité susceptible d'affecter la santé et la sécurité des travailleurs est éliminée le plus rapidement possible.
La périodicité des contrôles et les interventions sont consignées dans un dossier qui est, le cas échéant, annexé au dossier de maintenance des lieux de travail prévu à l'article R. 4211-3. Ce dossier regroupe notamment la consigne et les documents prévus en matière d'aération, d'assainissement et d'éclairage aux articles R. 4222-21 et R. 4223-11. – *[Anc. art. R. 232-1-12.]*

Art. R. 4224-17-1 *(Décr. n° 2008-1325 du 15 déc. 2008)* Lorsqu'un ou plusieurs ascenseurs sont en service dans les locaux d'un établissement, l'employeur s'assure que le propriétaire prend les mesures nécessaires pour se conformer :
1° Aux dispositions des articles *(Décr. n° 2021-872 du 30 juin 2021, art. 7)* « R. 134-6 à R. 134-13 » du code de la construction et de l'habitation relatives à l'entretien et au contrôle technique ;
2° Aux dispositions des articles *(Décr. n° 2021-872 du 30 juin 2021, art. 7)* « R. 134-2 à R. 134-5 » du code de la construction et de l'habitation relatives à la mise en sécurité des ascenseurs.
Le propriétaire met à la disposition de l'employeur les informations nécessaires.

Art. R. 4224-17-2 *(Décr. n° 2008-1325 du 15 déc. 2008)* L'employeur informe le propriétaire de tout défaut de fonctionnement d'un ascenseur susceptible d'affecter la sécurité des personnes et prend les mesures nécessaires pour interdire l'utilisation de l'équipement tant qu'il n'a pas été remédié à ce défaut.

Art. R. 4224-18 Les locaux de travail et leurs annexes sont régulièrement entretenus et nettoyés. Ils sont exempts de tout encombrement.
Le médecin du travail et le *(Décr. n° 2017-1819 du 29 déc. 2017, art. 3)* « comité social et économique », émettent un avis sur les mesures à prendre pour satisfaire à ces obligations. – *[Anc. art. R. 232-1-14.]*

Art. R. 4224-19 Lorsque l'entreprise quitte les locaux, l'employeur restitue le dossier de maintenance des lieux de travail au propriétaire ou le transmet à l'occupant suivant. – *[Anc. art. R. 232-1-11, al. 2.]*

SECTION 5 Signalisation et matérialisation relatives à la santé et à la sécurité

Art. R. 4224-20 Lorsqu'il n'est pas possible, compte tenu de la nature du travail, d'éviter des zones de danger comportant notamment des risques de chute de personnes ou des risques de chute d'objets, et même s'il s'agit d'activités ponctuelles d'entretien ou de réparation, ces zones sont signalées de manière visible.

Elles sont également matérialisées par des dispositifs destinés à éviter que les travailleurs non autorisés pénètrent dans ces zones. – *[Anc. art. R. 232-1-3.]*

Art. R. 4224-21 Lorsque le contenu transporté par les tuyauteries présente un danger, ces tuyauteries font l'objet d'une signalisation permettant de déterminer la nature du contenu transporté. – *[Anc. art. R. 232-1-7.]*

Art. R. 4224-22 Un marquage est apposé à hauteur de vue sur les portes transparentes. – *[Anc. art. R. 232-1-2, al. 1er, phrase 2.]*

Art. R. 4224-23 Le matériel de premiers secours fait l'objet d'une signalisation par panneaux. – *[Anc. art. R. 232-1-6, al. 2.]*

Art. R. 4224-24 La signalisation relative à la santé et à la sécurité au travail est conforme à des caractéristiques déterminées par arrêté conjoint des ministres chargés du travail et de l'agriculture. – *V. Arr. du 4 nov. 1993 (JO 17 déc.), mod. par Arr. du 8 juill. 2003 (JO 26 juill.), Arr. du 2 août 2013 (JO 18 janv. 2014).*

Ces dispositions n'affectent pas l'utilisation de la signalisation relative aux trafics routier, ferroviaire, fluvial, maritime et aérien, pour ce qui concerne ces trafics à l'intérieur de l'établissement. – *[Anc. art. R. 232-1-13.]*

CHAPITRE V AMÉNAGEMENT DES POSTES DE TRAVAIL

SECTION 1 Postes de travail extérieurs

Art. R. 4225-1 Les postes de travail extérieurs sont aménagés de telle sorte que les travailleurs :

1° Puissent rapidement quitter leur poste de travail en cas de danger ou puissent rapidement être secourus ;
2° Soient protégés contre la chute d'objets ;
3° Dans la mesure du possible :
a) Soient protégés contre les conditions atmosphériques ;
b) Ne soient pas exposés à des niveaux sonores nocifs ou à des émissions de gaz, vapeurs, aérosols de particules solides ou liquides de substances insalubres, gênantes ou dangereuses ;
c) Ne puissent glisser ou chuter. – *[Anc. art. R. 232-1-10.]*

SECTION 2 Confort au poste de travail

SOUS-SECTION 1 Mise à disposition de boissons

Art. R. 4225-2 L'employeur met à la disposition des travailleurs de l'eau potable et fraîche pour la boisson. – *[Anc. art. R. 232-3.]*

Art. R. 4225-3 Lorsque des conditions particulières de travail conduisent les travailleurs à se désaltérer fréquemment, l'employeur met gratuitement à leur disposition au moins une boisson non alcoolisée.

La liste des postes de travail concernés est établie par l'employeur, après avis du médecin du travail et du *(Décr. n° 2017-1819 du 29 déc. 2017, art. 3)* « comité social et économique ».

Les boissons et les aromatisants mis à disposition sont choisis en tenant compte des souhaits exprimés par les travailleurs et après avis du médecin du travail. – *[Anc. art. R. 232-3-1, al. 1er à 3.]*

Art. R. 4225-4 L'employeur détermine l'emplacement des postes de distribution des boissons, à proximité des postes de travail et dans un endroit remplissant toutes les conditions d'hygiène.

L'employeur veille à l'entretien et au bon fonctionnement des appareils de distribution, à la bonne conservation des boissons et à éviter toute contamination. – *[Anc. art. R. 232-3-1, al. 4 et 5.]*

SANTÉ ET SÉCURITÉ AU TRAVAIL **Art. R. 4226-2**

SOUS-SECTION 2 Mise à disposition de sièges

Art. R. 4225-5 Un siège approprié est mis à la disposition de chaque travailleur à son poste de travail ou à proximité de celui-ci. — *[Anc. art. R. 232-4.]*

SECTION 3 Travailleurs handicapés

Art. R. 4225-6 Le poste de travail ainsi que les locaux sanitaires et de restauration que les travailleurs handicapés sont susceptibles d'utiliser dans l'établissement sont aménagés de telle sorte que ces travailleurs puissent y accéder aisément.

Leurs postes de travail ainsi que les signaux de sécurité qui les concernent sont aménagés si leur handicap l'exige. — *[Anc. art. R. 232-1-8.]*

Art. R. 4225-7 Des installations sanitaires appropriées sont mises à la disposition des (Décr. n° 2009-1272 du 21 oct. 2009) « travailleurs handicapés ». — *[Anc. art. R. 232-2-6.]*

Art. R. 4225-8 *(Décr. n° 2009-1272 du 21 oct. 2009)* Le système d'alarme sonore prévu à l'article R. 4227-34 est complété par un ou des systèmes d'alarme adaptés au handicap des personnes concernées employées dans l'entreprise en vue de permettre leur information en tous lieux et en toutes circonstances.

CHAPITRE VI INSTALLATIONS ÉLECTRIQUES

(Décr. n° 2010-1016 du 30 août 2010, art. 1er)

Ce chapitre est entré en vigueur le 1er juill. 2011.

Les installations électriques permanentes existantes à la date d'entrée en vigueur du Décr. n° 2010-1016 du 30 août 2010 et conformes aux dispositions du Décr. n° 88-1056 du 14 nov. 1988 pris pour l'exécution des dispositions du livre II du C. trav. (titre III : Hygiène, sécurité et conditions de travail) en ce qui concerne la protection des travailleurs dans les établissements qui mettent en œuvre des courants électriques sont réputées satisfaire aux prescriptions des art. R. 4226-5 à R. 4226-13 C. trav. (Décr. préc., art. 2, JO 1er sept.).

V. Circ. DGT 2012/12 du 9 oct. 2012 relative à la prévention des risques électriques.

SECTION 1 Champ d'application et définitions

Art. R. 4226-1 Les dispositions du présent chapitre fixent les règles relatives à l'utilisation des installations électriques permanentes et temporaires. Elle fixent également les règles relatives à la réalisation, par l'employeur, d'installations électriques temporaires ou d'installations électriques permanentes nouvelles ou relatives aux adjonctions et modifications apportées par celui-ci aux installations électriques existantes.

Art. R. 4226-2 Les installations électriques comprennent l'ensemble des matériels électriques mis en œuvre pour la production, la conversion, la distribution ou l'utilisation de l'énergie électrique.

Les installations électriques sont classées, comme suit, en fonction de la plus grande des tensions nominales, existant soit entre deux quelconques de leurs conducteurs, soit entre l'un d'entre eux et la Terre :

1° Domaine très basse tension (par abréviation TBT) : installations dans lesquelles la tension ne dépasse pas 50 volts en courant alternatif ou 120 volts en courant continu lisse ;

2° Domaine basse tension (par abréviation BT) : installations dans lesquelles la tension excède 50 volts sans dépasser 1 000 volts en courant alternatif ou excède 120 volts sans dépasser 1 500 volts en courant continu lisse ;

3° Domaine haute tension A (par abréviation HTA) : installations dans lesquelles la tension excède 1 000 volts sans dépasser 50 000 volts en courant alternatif, ou excède 1 500 volts sans dépasser 75 000 volts en courant continu lisse ;

4° Domaine haute tension B (par abréviation HTB) : installations dans lesquelles la tension excède 50 000 volts en courant alternatif ou excède 75 000 volts en courant continu lisse.

Pour les courants autres que les courants continus lisses, les valeurs de tension figurant aux alinéas qui précèdent correspondent à des valeurs efficaces.

Art. R. 4226-3 Les installations électriques temporaires soumises aux dispositions du présent chapitre comprennent :
1° Les installations telles que celles des structures, baraques, stands situés dans des champs de foire, des marchés, des parcs de loisirs, des cirques et des lieux d'expositions ou de spectacle ;
2° Les installations des chantiers du bâtiment et des travaux publics ;
3° Les installations utilisées pendant les phases de construction ou de réparation, à terre, de navires, de bateaux ou d'aéronefs ;
4° Les installations des chantiers forestiers et des activités agricoles.

Art. R. 4226-4 Les dispositions du présent chapitre ne s'appliquent pas aux distributions d'énergie électrique régies par la loi du 15 juin 1906 sur les distributions d'énergie.
Dans le cas des installations de traction électrique, cette exclusion s'étend aux chantiers d'extension, de transformation et d'entretien de ces installations, aux équipements électriques du matériel roulant ferroviaire ainsi qu'aux installations techniques et de sécurité ferroviaires.

SECTION 2 **Dispositions générales**

Art. R. 4226-5 L'employeur maintient l'ensemble des installations électriques permanentes en conformité avec les dispositions relatives à la conception des installations électriques applicables à la date de leur mise en service.
Toutefois, une spécification technique nouvelle résultant de l'évolution technique peut être rendue applicable aux installations existantes, par arrêté des ministres chargés du travail et de l'agriculture, si elle permet de prévenir des atteintes graves à la santé et à la sécurité des travailleurs.

Art. R. 4226-6 Les réalisations d'installations électriques permanentes nouvelles ainsi que les adjonctions ou modifications de structure d'installations électriques permanentes existantes et les réalisations des installations électriques temporaires sont exécutées conformément aux dispositions des articles R. 4215-3 à R. 4215-13, R. 4215-16 et R. 4215-17 relatives à la conception des installations électriques.
Les dispositions des articles R. 4215-14 à R. 4215-16 sont applicables aux installations électriques réalisées par ou pour l'employeur.
Le cas échéant, l'employeur complète et met à jour le dossier technique prévu à l'article R. 4215-2.

Sur les compléments et adaptations nécessaires de ces dispositions pour leur application aux travailleurs et employeurs des entreprises et établissements relevant des mines, des carrières et de leurs dépendances, V. Décr. n° 2020-1529 du 7 déc. 2020 (JO 9 déc.).

Art. R. 4226-7 Les installations électriques et les matériels électriques qui les composent font l'objet de mesures de surveillance et donnent lieu en temps utile aux opérations de maintenance.

SECTION 3 **Dispositions particulières à certains locaux ou emplacements**

Art. R. 4226-8 Pour l'application des articles R. 4226-5 et R. 4226-6 dans les locaux ou emplacements où des atmosphères explosives peuvent se présenter, l'employeur met en œuvre les dispositions de la section 6 du chapitre VII du présent titre relatives à la prévention des explosions.
Dans ces locaux ou emplacements, la maintenance, les mesurages et les essais ne peuvent être entrepris qu'après autorisation écrite du chef d'établissement et selon ses instructions. Si les matériels utilisés pour réaliser ces opérations ne sont pas prévus spécialement pour ce type d'emplacements, ces emplacements sont préalablement rendus non dangereux.

Art. R. 4226-9 Les locaux ou emplacements réservés à la production, la conversion ou la distribution d'électricité sont considérés comme présentant des risques particuliers de choc électrique, quelle que soit la tension, lorsque la protection contre les contacts directs est assurée par obstacle ou par éloignement ou, en basse tension, lorsque la protection contre les contacts directs n'est pas obligatoire.

SANTÉ ET SÉCURITÉ AU TRAVAIL

Ces locaux ou emplacements sont signalés de manière visible et sont matérialisés par des dispositifs destinés à en empêcher l'accès aux personnes non autorisées. Les portes d'accès à ces locaux ou emplacements doivent être fermées et équipées d'un système de fermeture pouvant s'ouvrir librement de l'intérieur.

Les règles d'accès à ces locaux ou emplacements sont précisées à l'article R. 4544-6.

Art. R. 4226-10 Les locaux ou emplacements où la présence de parties actives accessibles dangereuses résulte d'une nécessité technique inhérente aux principes mêmes de fonctionnement des matériels ou installations sont également considérés comme présentant des risques particuliers de choc électrique.

Des arrêtés du ministre chargé du travail ou du ministre chargé de l'agriculture fixent les prescriptions particulières à l'agencement et à l'utilisation de ces locaux ou emplacements ainsi que les mesures applicables à leur utilisation.

SECTION 4 Autres dispositions particulières

Art. R. 4226-11 Les installations de soudage électrique présentant, en fonctionnement normal, des risques particuliers de choc électrique sont réalisées et utilisées conformément aux prescriptions de sécurité fixées par arrêté du ministre chargé du travail et du ministre chargé de l'agriculture.

V. Arr. du 19 déc. 2011 (JO 28 déc.).

Art. R. 4226-12 Les conditions d'utilisation et de raccordement des appareils électriques amovibles sont fixées par arrêté des ministres chargés du travail et de l'agriculture. – *V. Arr. du 20 déc. 2011 (JO 27 janv. 2012).*

Art. R. 4226-13 Les conditions d'utilisation et de maintenance de l'éclairage de sécurité sont fixées par arrêté des ministres chargés du travail et de l'agriculture.

SECTION 5 Vérification des installations électriques

SOUS-SECTION 1 Vérification des installations électriques permanentes

Art. R. 4226-14 L'employeur fait procéder à la vérification initiale des installations électriques lors de leur mise en service et après qu'elles ont subi une modification de structure, en vue de s'assurer qu'elles sont conformes aux prescriptions de sécurité prévues au présent chapitre.

Art. R. 4226-15 La vérification initiale est réalisée par un organisme accrédité à cet effet. – *V. Arr. du 21 déc. 2011 (JO 29 déc.).*

Art. R. 4226-16 L'employeur procède ou fait procéder, périodiquement, à la vérification des installations électriques afin de s'assurer qu'elles sont maintenues en conformité avec les règles de santé et de sécurité qui leur sont applicables.

Art. R. 4226-17 Les vérifications périodiques sont réalisées soit par un organisme accrédité, soit par une personne qualifiée appartenant à l'entreprise et dont la compétence est appréciée par l'employeur au regard de critères énoncés dans un arrêté du ministre chargé du travail et du ministre chargé de l'agriculture. – *V. Arr. du 22 déc. 2011 (JO 27 janv. 2012).*

Art. R. 4226-18 Les modalités et, le cas échéant, la périodicité des vérifications prévues aux articles R. 4226-14, R. 4226-16, R. 4226-21 ainsi que le contenu des rapports de vérification correspondants sont fixés par arrêté des ministres chargés du travail et de l'agriculture. – *V. Arr. du 26 déc. 2011 (JO 29 déc.).*

Art. R. 4226-19 Les résultats des vérifications prévues aux articles R. 4226-14 et R. 4226-16 ainsi que les justifications des travaux et modifications effectués pour porter remède aux défectuosités constatées sont consignés sur un registre.

Lorsque les vérifications sont effectuées par un organisme accrédité, les rapports établis à la suite de ces vérifications sont annexés à ce registre.

Art. R. 4226-20 Le registre prévu à l'article R. 4223-19 [*R. 4226-19*] et les rapports de vérification peuvent être tenus et conservés dans les conditions prévues à l'article L. 8113-6.

SOUS-SECTION 2 Vérification des installations électriques temporaires

Art. R. 4226-21 Les dispositions des articles R. 4222-18 à R. 4222-20 sont applicables aux installations électriques temporaires.

Pour ces installations, l'employeur applique un processus de vérification spécifique afin de s'assurer qu'elles sont réalisées en conformité avec les règles de santé et de sécurité qui leur sont applicables et qu'elles demeurent conformes à ces règles nonobstant les modifications dont elles font l'objet.

Un arrêté des ministres chargés du travail et de l'agriculture détermine, selon la catégorie et le classement des installations, les cas où il est fait appel, pour effectuer cette vérification, à un organisme accrédité ou à une personne qualifiée au sens de l'article R. 4226-17.

CHAPITRE VII RISQUES D'INCENDIES ET D'EXPLOSIONS ET ÉVACUATION

SECTION 1 Champ d'application

Art. R. 4227-1 Les dispositions du présent chapitre ne font pas obstacle aux dispositions plus contraignantes prévues pour les établissements recevant du public, au sens de l'article *(Décr. n° 2021-872 du 30 juin 2021, art. 7)* « R. 143-2 » du code de la construction et de l'habitation ou pour les bâtiments d'habitation.

Elles ne s'appliquent pas aux immeubles de grande hauteur, au sens de l'article *(Décr. n° 2021-872 du 30 juin 2021, art. 7)* « R. 146-3 » du code de la construction et de l'habitation, pour lesquels des dispositions spécifiques sont applicables. – *[Anc. art. R. 232-12, al. 1er et 2.]*

Art. R. 4227-2 L'application des dispositions relatives à la prévention des incendies et à l'évacuation, prévues pour les nouvelles constructions ou les nouveaux aménagements au chapitre VI du titre premier, dispense de l'application des mesures équivalentes du présent chapitre. – *[Anc. art. R. 232-12, al. 3.]*

Art. R. 4227-3 L'effectif théorique des personnes susceptibles d'être présentes à prendre en compte pour l'application du présent chapitre comprend l'effectif des travailleurs, majoré, le cas échéant, de l'effectif du public susceptible d'être admis et calculé suivant les règles relatives à la protection du public contre les risques d'incendie et de panique pour les établissements recevant du public. – *[Anc. art. R. 232-12-1.]*

SECTION 2 Dégagements

Art. R. 4227-4 Les établissements comportent des dégagements tels que portes, couloirs, circulations, escaliers, rampes, répartis de manière à permettre une évacuation rapide de tous les occupants dans des conditions de sécurité maximale.

Ces dégagements sont toujours libres. Aucun objet, marchandise ou matériel ne doit faire obstacle à la circulation des personnes ou réduire la largeur des dégagements au-dessous des minima fixés à l'article R. 4227-5.

Ces dégagements sont disposés de manière à éviter les culs-de-sac. – *[Anc. art. R. 232-12-2.]*

Art. R. 4227-5 Les locaux auxquels les travailleurs ont normalement accès sont desservis par des dégagements dont le nombre et la largeur exigibles s'établissent comme suit :

EFFECTIF	NOMBRE de dégagements	LARGEUR totale cumulée
Moins de 20 personnes	1	0,80 m
De 20 à 100 personnes	1	1,50 m

EFFECTIF	NOMBRE de dégagements	LARGEUR totale cumulée
De 101 à 300 personnes	2	2 m
De 301 à 500 personnes	2	2,5 m

Au-delà des cinq cents premières personnes :
— le nombre minimum des dégagements doit être augmenté d'une unité par cinq cents personnes ou fraction de cinq cents personnes ;
— la largeur totale des dégagements doit être augmentée de 0,50 mètre par cent personnes ou fraction de cent personnes.
La largeur de tout dégagement faisant partie des dégagements réglementaires ne doit jamais être inférieure à 0,80 mètre.

Art. R. 4227-6 Les portes obéissent aux caractéristiques suivantes :
1° Les portes susceptibles d'être utilisées pour l'évacuation de plus de cinquante personnes s'ouvrent dans le sens de la sortie ;
2° Les portes faisant partie des dégagements réglementaires s'ouvrent par une manœuvre simple ;
3° Toute porte verrouillée est manœuvrable de l'intérieur dans les mêmes conditions qu'au 2° et sans clé. — [*Anc. art. R. 232-12-4, al. 1er et 2.*]

Art. R. 4227-7 Les portes coulissantes, à tambour ou s'ouvrant vers le haut ne peuvent constituer des portes de secours. Elles ne sont pas considérées comme des dégagements réglementaires.
Toutefois les portes coulissantes motorisées qui, en cas de défaillance du dispositif de commande ou du dispositif d'alimentation, libèrent la largeur totale de la baie par effacement latéral ou par débattement sur l'extérieur par simple poussée peuvent constituer des dégagements réglementaires. — [*Anc. art. R. 232-12-4, al. 3.*]

Art. R. 4227-8 L'existence d'ascenseurs, monte-charge, chemins ou tapis roulants ne peut justifier une diminution du nombre et de la largeur des dégagements. — [*Anc. art. R. 232-12-4, al. 4.*]

Art. R. 4227-9 Les escaliers se prolongent jusqu'au niveau d'évacuation sur l'extérieur.
Les parois et les marches ne comportent pas de matériaux de revêtement classés, selon leur réaction au feu, dans une catégorie de rang inférieur à celle précisée par arrêté conjoint des ministres chargés du travail et de l'agriculture. — [*Anc. art. R. 232-12-5, al. 1er.*]

Art. R. 4227-10 Les escaliers sont munis de rampe ou de main-courante.
Ceux d'une largeur au moins égale à 1,5 mètre en sont munis de chaque côté. — [*Anc. art. R. 232-12-5, al. 2.*]

Art. R. 4227-11 Les escaliers desservant les étages sont dissociés, au niveau de l'évacuation sur l'extérieur, de ceux desservant les sous-sols. — [*Anc. art. R. 232-12-5, al. 3.*]

Art. R. 4227-12 Les largeurs minimales fixées à l'article R. 4227-5 sont augmentées de la moitié pour les escaliers desservant les sous-sols. — [*Anc. art. R. 232-12-6.*]

Art. R. 4227-13 Une signalisation indique le chemin vers la sortie la plus proche (Décr. n° 2011-1461 du 7 nov. 2011) « ainsi que le chemin vers l'espace d'attente sécurisé ou l'espace équivalent le plus proche. Une autre signalisation identifie ces espaces. »
Les dégagements qui ne servent pas habituellement de passage pendant la période de travail sont signalés par la mention sortie de secours. — [*Anc. art. R. 232-12-7, al. 1er et 2.*]

Sur le champ d'application des dispositions issues du Décr. n° 2011-1461 du 7 nov. 2011, V. note ss. art. R. 4216-2-1.

Art. R. 4227-14 Les établissements disposent d'un éclairage de sécurité permettant d'assurer l'évacuation des personnes en cas d'interruption accidentelle de l'éclairage normal.

(*Décr. n° 2010-1018 du 30 août 2010, art. 1er*) « La conception, la mise en œuvre et les conditions d'exploitation et de maintenance de cet éclairage ainsi que les locaux qui peuvent en être dispensés en raison de leur faible superficie ou de leur faible fréquentation sont définis par un arrêté des ministres chargés du travail et de l'agriculture. »
— V. Arr. du 14 déc. 2011 (JO 30 déc.).

Les dispositions issues du Décr. n° 2010-1018 du 30 août 2010 sont entrées en vigueur le 1er juill. 2011.

Les installations existantes à cette date et conformes aux dispositions du Décr. n° 88-1056 du 14 nov. 1988 relatif à la protection des travailleurs dans les établissements qui mettent en œuvre des courants électriques sont réputées satisfaire aux prescriptions des art. R. 4227-14 et R. 4324-21 C. trav. (Décr. n° 2010-1018 du 30 août 2010, art. 7).

SECTION 3 Chauffage des locaux

Art. R. 4227-15 Les dispositions de la présente section s'appliquent sans préjudice de l'application des réglementations relatives :
1° Aux installations fixes destinées au chauffage et à l'alimentation en eau chaude ;
2° Aux installations de gaz combustibles et d'hydrocarbures liquéfiés ;
3° Au stockage et à l'utilisation des produits pétroliers. — *[Anc. art. R. 232-12-8.]*

Art. R. 4227-16 Il est interdit d'employer pour le chauffage des combustibles liquides dont le point éclair est inférieur à 55° C. — *[Anc. art. R. 232-12-9.]*

Art. R. 4227-17 Il est interdit de remplir les réservoirs des appareils de chauffage au cours du fonctionnement de l'appareil ou dans une pièce comportant des flammes, des éléments incandescents ou des surfaces portées à plus de 100° C. — *[Anc. art. R. 232-12-11.]*

Art. R. 4227-18 Les appareils de production-émission de chaleur, ainsi que leurs tuyaux et cheminées, sont installés de façon à ne pouvoir communiquer le feu aux matériaux de construction, aux matières et objets susceptibles d'être placés à proximité et aux vêtements des travailleurs. — *[Anc. art. R. 232-12-10.]*

Art. R. 4227-19 Les canalisations amenant les liquides ou gaz combustibles aux appareils fixes de production-émission de chaleur sont entièrement métalliques et assemblées par soudure.
L'emploi des conduites en plomb est interdit. — *[Anc. art. R. 232-12-12, al. 1er.]*

Art. R. 4227-20 Les circuits alimentant les installations comportent un dispositif d'arrêt d'urgence de l'alimentation en énergie de l'ensemble des appareils.
Le dispositif d'arrêt est manœuvrable à partir d'un endroit accessible en permanence et signalé. — *[Anc. art. R. 232-12-12, al. 2.]*

SECTION 4 Emploi et stockage de matières explosives et inflammables

Art. R. 4227-21 *Abrogé par Décr. n° 2010-1018 du 30 août 2010, art. 1er.*

Art. R. 4227-22 Les locaux ou les emplacements dans lesquels sont entreposées ou manipulées des substances ou préparations classées explosives, comburantes ou extrêmement inflammables, ainsi que des matières dans un état physique susceptible d'engendrer des risques d'explosion ou d'inflammation instantanée, ne contiennent aucune source d'ignition telle que foyer, flamme, appareil pouvant donner lieu à production extérieure d'étincelles ni aucune surface susceptible de provoquer par sa température une auto-inflammation des substances, préparations ou matières précitées.
Ces locaux disposent d'une ventilation permanente appropriée. — *[Anc. art. R. 232-12-14, al. 1er et 3.]*

Art. R. 4227-23 Outre l'interdiction de fumer dans les lieux collectifs, prévue à l'article L. 3511-7 du code de la santé publique, il est interdit de fumer dans les emplacements situés à l'air libre mentionnés à l'article R. 4227-22.

SANTÉ ET SÉCURITÉ AU TRAVAIL **Art. R. 4227-34**

Cette interdiction fait l'objet d'une signalisation conforme à la réglementation en vigueur. — [Anc. art. R. 232-12-14, al. 2.]

Art. R. 4227-24 Les locaux mentionnés à l'article R. 4227-22 ainsi que ceux dans lesquels sont entreposées ou manipulées des substances ou préparations classées facilement inflammables ou des matières dans un état physique tel qu'elles sont susceptibles de prendre feu instantanément au contact d'une flamme ou d'une étincelle et de propager rapidement l'incendie, sont utilisés de telle sorte que :
1° Aucun poste habituel de travail ne se trouve à plus de 10 mètres d'une issue donnant sur l'extérieur ou sur un local donnant lui-même sur l'extérieur ;
2° Les portes de ces locaux s'ouvrent vers l'extérieur ;
3° Si les fenêtres de ces locaux sont munies de grilles ou grillages, ceux-ci s'ouvrent très facilement de l'intérieur. — [Anc. art. R. 232-12-15, al. 1er et 2.]

Art. R. 4227-25 Il est interdit de déposer et de laisser séjourner les substances, préparations ou matières mentionnées aux articles R. 4227-22 et R. 4227-24 dans les escaliers, passages et couloirs, sous les escaliers ainsi qu'à proximité des issues des locaux et bâtiments. — [Anc. art. R. 232-12-15, al. 3.]

Art. R. 4227-26 Les chiffons, cotons et papiers imprégnés de liquides inflammables ou de matières grasses sont, après usage, enfermés dans des récipients métalliques clos et étanches. — [Anc. art. R. 232-12-15, al. 4.]

Art. R. 4227-27 Un arrêté des ministres chargés du travail et de l'agriculture détermine les dispositions spécifiques relatives aux installations industrielles utilisant le gaz combustible et les hydrocarbures liquéfiés. — [Anc. art. R. 232-12-16.]

SECTION 5 Moyens de prévention et de lutte contre l'incendie

SOUS-SECTION 1 Moyens d'extinction

Art. R. 4227-28 L'employeur prend les mesures nécessaires pour que tout commencement d'incendie puisse être rapidement et efficacement combattu dans l'intérêt du sauvetage des travailleurs. — [Anc. art. R. 232-12-17, al. 1er.]

Art. R. 4227-29 Le premier secours contre l'incendie est assuré par des extincteurs en nombre suffisant et maintenus en bon état de fonctionnement.
Il existe au moins un extincteur portatif à eau pulvérisée d'une capacité minimale de 6 litres pour 200 mètres carrés de plancher.
Il existe au moins un appareil par niveau.
Lorsque les locaux présentent des risques d'incendie particuliers, notamment des risques électriques, ils sont dotés d'extincteurs dont le nombre et le type sont appropriés aux risques. — [Anc. art. R. 232-12-17, al. 2 à 4.]

Art. R. 4227-30 Si nécessaire, l'établissement est équipé de robinets d'incendie armés, de colonnes sèches, de colonnes humides, d'installations fixes d'extinction automatique d'incendie ou d'installations de détection automatique d'incendie. — [Anc. art. R. 232-12-17, al. 5.]

Art. R. 4227-31 Les dispositifs d'extinction non automatiques sont d'accès et de manipulation faciles. — [Anc. art. R. 232-12-17, al. 6.]

Art. R. 4227-32 Quand la nécessité l'impose, une quantité de sable ou de terre meuble proportionnée à l'importance de l'établissement, à la disposition des locaux et à la nature des travaux exécutés est conservée à proximité des emplacements de travail, avec un moyen de projection, pour servir à éteindre un commencement d'incendie. — [Anc. art. R. 232-12-17, al. 7.]

Art. R. 4227-33 Les installations d'extinction font l'objet d'une signalisation durable aux endroits appropriés. — [Anc. art. R. 232-12-14, al. 2.]

SOUS-SECTION 2 Systèmes d'alarme

Art. R. 4227-34 Les établissements dans lesquels peuvent se trouver occupées ou réunies habituellement plus de cinquante personnes, ainsi que ceux, quelle que soit leur importance, où sont manipulées et mises en œuvre des matières inflammables mentionnées à l'article R. 4227-22 sont équipés d'un système d'alarme sonore. – *[Anc. art. R. 232-12-18, al. 1ᵉʳ.]*

Art. R. 4227-35 L'alarme sonore générale est donnée par bâtiment si l'établissement comporte plusieurs bâtiments isolés entre eux. – *[Anc. art. R. 232-12-18, al. 2.]*

Art. R. 4227-36 Le signal sonore d'alarme générale est tel qu'il ne permet pas la confusion avec d'autres signalisations utilisées dans l'établissement. Il est audible de tout point du bâtiment pendant le temps nécessaire à l'évacuation, avec une autonomie minimale de cinq minutes. – *[Anc. art. R. 232-12-18, al. 3.]*

SOUS-SECTION 3 **Consigne de sécurité incendie**

Art. R. 4227-37 Dans les établissements mentionnés à l'article R. 4227-34, une consigne de sécurité incendie est établie et affichée de manière très apparente :
1° Dans chaque local pour les locaux dont l'effectif est supérieur à cinq personnes et pour les locaux mentionnés à l'article R. 4227-24 ;
2° Dans chaque local ou dans chaque dégagement desservant un groupe de locaux dans les autres cas.
(Décr. n° 2011-1461 du 7 nov. 2011) « Dans les autres établissements, des instructions sont établies, permettant d'assurer l'évacuation des personnes présentes dans les locaux dans les conditions prévues au 1° de l'article R. 4216-2. »

Art. R. 4227-38 La consigne de sécurité incendie indique :
1° Le matériel d'extinction et de secours qui se trouve dans le local ou à ses abords ;
2° Les personnes chargées de mettre ce matériel en action ;
3° Pour chaque local, les personnes chargées de diriger l'évacuation des travailleurs et éventuellement du public ;
(Décr. n° 2011-1461 du 7 nov. 2011) « 4° Les mesures spécifiques liées à la présence de personnes handicapées, et notamment le nombre et la localisation des espaces d'attentes *[attente]* sécurisés ou des espaces équivalents » ; – *Sur le champ d'application des dispositions issues du Décr. n° 2011-1461 du 7 nov. 2011, V. note ss. art. R. 4216-2-1.*
5° Les moyens d'alerte ;
6° Les personnes chargées d'aviser les sapeurs-pompiers dès le début d'un incendie ;
7° L'adresse et le numéro d'appel téléphonique du service de secours de premier appel, en caractères apparents ;
8° Le devoir, pour toute personne apercevant un début d'incendie, de donner l'alarme et de mettre en œuvre les moyens de premier secours, sans attendre l'arrivée des travailleurs spécialement désignés. – *[Anc. art. R. 232-12-20, al. 4 à 7.]*

Art. R. 4227-39 La consigne de sécurité incendie prévoit des essais et visites périodiques du matériel et des exercices au cours desquels les travailleurs apprennent à reconnaître les caractéristiques du signal sonore d'alarme générale, *(Décr. n° 2011-1461 du 7 nov. 2011)* « à localiser et à utiliser les espaces d'attente sécurisés ou espaces équivalents », à se servir des moyens de premier secours et à exécuter les diverses manœuvres nécessaires.

Ces exercices et essais périodiques ont lieu au moins tous les six mois. Leur date et les observations auxquelles ils peuvent avoir donné lieu sont consignées sur un registre tenu à la disposition de l'inspection du travail. – *[Anc. art. R. 232-12-21.]*

Sur le champ d'application des dispositions issues du Décr. n° 2011-1461 du 7 nov. 2011, V. note ss. art. R. 4216-2-1.

Art. R. 4227-40 La consigne de sécurité incendie est communiquée à l'inspection du travail. – *[Anc. art. R. 232-12-22.]*

Art. R. 4227-41 Des arrêtés conjoints des ministres chargés du travail et de l'agriculture peuvent préciser certaines dispositions relatives aux moyens de prévention et de lutte contre l'incendie et rendre obligatoires certaines normes concernant ce matériel. – *[Anc. art. R. 232-12-19.]*

SANTÉ ET SÉCURITÉ AU TRAVAIL **Art. R. 4227-49**

SECTION 6 Prévention des explosions

Art. R. 4227-42 Les dispositions de la présente section ne s'appliquent pas aux lieux ou activités suivants :
1° Zones servant directement au traitement médical de patients et pendant celui-ci ;
2° Utilisation des appareils à gaz ;
3° Fabrication, maniement, utilisation, stockage et transport d'explosifs et de substances chimiques instables. — *[Anc. art. R. 232-12-23.]*

Art. R. 4227-43 Est une atmosphère explosive, au sens de la présente section, un mélange avec l'air, dans les conditions atmosphériques, de substances inflammables sous forme de gaz, vapeurs, brouillards ou poussières, dans lequel, après inflammation, la combustion se propage à l'ensemble du mélange non brûlé. — *[Anc. art. R. 232-12-24.]*

Art. R. 4227-44 Afin d'assurer la prévention des explosions et la protection contre celles-ci, l'employeur prend les mesures techniques et organisationnelles appropriées au type d'exploitation sur la base des principes de prévention et dans l'ordre de priorité suivant :
1° Empêcher la formation d'atmosphères explosives ;
2° Si la nature de l'activité ne permet pas d'empêcher la formation d'atmosphères explosives, éviter leur inflammation ;
3° Atténuer les effets nuisibles d'une explosion pour la santé et la sécurité des travailleurs. — *[Anc. art. R. 232-12-25, al. 1er à 4.]*

Sur les compléments et adaptations nécessaires de ces dispositions pour leur application aux travailleurs et employeurs des entreprises et établissements relevant des mines, des carrières et de leurs dépendances, V. Décr. n° 2020-1529 du 7 déc. 2020 (JO 9 déc.).

Art. R. 4227-45 Les mesures prises par l'employeur sont, au besoin, combinées et complétées avec des mesures destinées à prévenir la propagation des explosions.
Elles font l'objet d'un réexamen périodique et chaque fois que se produisent des changements importants dans les conditions d'exécution du travail. — *[Anc. art. R. 232-12-25, al. 5.]*

Sur les compléments et adaptations nécessaires de ces dispositions pour leur application aux travailleurs et employeurs des entreprises et établissements relevant des mines, des carrières et de leurs dépendances, V. Décr. n° 2020-1529 du 7 déc. 2020 (JO 9 déc.).

Art. R. 4227-46 L'employeur évalue les risques créés ou susceptibles d'être créés par des atmosphères explosives en tenant compte au moins :
1° De la probabilité que des atmosphères explosives puissent se présenter et persister ;
2° De la probabilité que des sources d'inflammation, y compris des décharges électrostatiques, puissent se présenter et devenir actives et effectives ;
3° Des installations, des substances et préparations utilisées, des procédés et de leurs interactions éventuelles ;
4° De l'étendue des conséquences prévisibles d'une explosion. — *[Anc. art. R. 232-12-26, I al. 1er à 5.]*

Art. R. 4227-47 L'évaluation des risques d'explosion est globale et, le cas échéant, combinée avec les résultats de l'évaluation des autres risques, identifiés dans chaque unité de travail de l'entreprise ou de l'établissement. — *[Anc. art. R. 232-12-26, I al. 6.]*

Art. R. 4227-48 Pour l'évaluation des risques d'explosion, il est tenu compte des emplacements qui sont ou peuvent être reliés par des ouvertures aux emplacements où des atmosphères explosives peuvent se présenter. — *[Anc. art. R. 232-12-26, II.]*

Art. R. 4227-49 Lorsque des atmosphères explosives peuvent se former en quantités susceptibles de présenter un risque pour la santé et la sécurité des travailleurs ou d'autres personnes, l'employeur prend les mesures nécessaires pour que :
1° Le milieu de travail permette un travail en toute sécurité ;
2° Une surveillance adéquate soit assurée et des moyens techniques appropriés utilisés ;
3° Une formation des travailleurs en matière de protection contre les explosions soit délivrée ;

4° Les travailleurs soient équipés, en tant que de besoin, de vêtements de travail adaptés contre les risques d'inflammation. – *[Anc. art. R. 232-12-27.]*

Art. R. 4227-50 L'employeur subdivise en zones les emplacements dans lesquels des atmosphères explosives peuvent se présenter et veille à ce que les prescriptions minimales visant à assurer la protection des travailleurs soient appliquées dans ces emplacements.

Des arrêtés conjoints des ministres chargés du travail et de l'agriculture déterminent les règles de classification des emplacements et les prescriptions minimales mentionnées au premier alinéa. – *[Anc. art. R. 232-12-28, I et II.]*

Art. R. 4227-51 Les accès des emplacements dans lesquels des atmosphères explosives peuvent se présenter en quantités susceptibles de présenter un risque pour la santé et la sécurité des travailleurs sont signalés conformément aux dispositions de l'arrêté relatif à la signalisation de santé et de sécurité au travail prévu par l'article R. 4224-24. – *[Anc. art. R. 232-12-28, III.]*

Art. R. 4227-52 L'employeur établit et met à jour un document relatif à la protection contre les explosions, intégré au document unique d'évaluation des risques.

Ce document comporte les informations relatives au respect des obligations définies aux articles R. 4227-44 à R. 4227-48, notamment :

1° La détermination et l'évaluation des risques d'explosion ;

2° La nature des mesures prises pour assurer le respect des objectifs définis à la présente section ;

3° La classification en zones des emplacements dans lesquels des atmosphères explosives peuvent se présenter ;

4° Les emplacements auxquels s'appliquent les prescriptions minimales prévues par l'article R. 4227-50 ;

5° Les modalités et les règles selon lesquelles les lieux et les équipements de travail, y compris les dispositifs d'alarme, sont conçus, utilisés et entretenus pour assurer la sécurité ;

6° Le cas échéant, la liste des travaux devant être accomplis selon les instructions écrites de l'employeur ou dont l'exécution est subordonnée à la délivrance d'une autorisation par l'employeur ou par une personne habilitée par celui-ci à cet effet ;

7° La nature des dispositions prises pour que l'utilisation des équipements de travail soit sûre, conformément aux dispositions prévues au livre III. – *[Anc. art. R. 232-12-29, al. 1er à 9.]*

Art. R. 4227-53 Lorsque des travailleurs de plusieurs entreprises sont présents sur un même lieu de travail, le chef de l'entreprise utilisatrice précise dans le document relatif à la protection contre les explosions le but, les mesures et les modalités de mise en œuvre de la coordination générale des mesures de prévention qui lui incombe en application des dispositions des articles R. 4511-5 à R. 4511-8. – *[Anc. art. R. 232-12-29, al. 10.]*

Art. R. 4227-54 Le document relatif à la protection contre les explosions est élaboré avant le commencement du travail et est révisé lorsque des modifications, des extensions ou des transformations notables sont apportées notamment aux lieux, aux équipements de travail ou à l'organisation du travail. – *[Anc. art. R. 232-12-29, al. 11.]*

SECTION 7 **Dispenses partielles accordées par l'autorité administrative**

Art. R. 4227-55 Le (*Décr. n° 2020-1545 du 9 déc. 2020, art. 28-X, en vigueur le 1er avr. 2021*) « directeur régional de l'économie, de l'emploi, du travail et des solidarités » peut accorder une dispense temporaire ou permanente d'une partie des prescriptions prévues par le présent chapitre à un établissement, sur proposition de mesures compensatoires assurant un niveau de sécurité jugé équivalent, lorsqu'il est reconnu qu'il est pratiquement impossible d'appliquer l'une de ces prescriptions.

En application de l'art. L. 231-4, 4°, CRPA, et par exception à l'application du délai de deux mois prévu à l'art. L. 231-1 du même code, le silence gardé par l'administration pendant deux mois vaut décision de rejet pour une demande de dispense d'une partie de l'application des règles relatives aux

SANTÉ ET SÉCURITÉ AU TRAVAIL **Art. R. 4228-6**

risques d'incendies et d'explosions et à l'évacuation accordée à l'employeur pour l'utilisation des lieux de travail (Décr. n° 2014-1291 du 23 oct. 2014, art. 1er).

Art. R. 4227-56 La dispense est accordée après enquête de l'inspection du travail. Elle est accordée après avis :
1° Du (Décr. n° 2017-1819 du 29 déc. 2017, art. 3) « comité social et économique » ;
2° De la commission consultative départementale de sécurité et d'accessibilité pour les établissements recevant du public. — [Anc. art. R. 232-14-1, al. 2.]

Art. R. 4227-57 Le silence gardé pendant plus de quatre mois par le ministre compétent saisi d'un recours hiérarchique contre une décision du (Décr. n° 2020-1545 du 9 déc. 2020, art. 28-X, en vigueur le 1er avr. 2021) « directeur régional de l'économie, de l'emploi, du travail et des solidarités » vaut décision de rejet.

V. note ss. art. R. 4227-55.

CHAPITRE VIII INSTALLATIONS SANITAIRES, RESTAURATION ET HÉBERGEMENT

SECTION 1 Installations sanitaires

SOUS-SECTION 1 Dispositions générales

Art. R. 4228-1 L'employeur met à la disposition des travailleurs les moyens d'assurer leur propreté individuelle, notamment des vestiaires, des lavabos, des cabinets d'aisance et, le cas échéant, des douches. — [Anc. art. R. 232-2.]

La mise à disposition des salariés d'installations sanitaires doit être assurée de façon permanente ; si ces installations ne sont pas situées dans les locaux appartenant à l'entreprise ou loués par elle, leur utilisation doit être garantie par un engagement non précaire. ● CAA Bordeaux, 2 déc. 2004 : RJS 2005. 208, n° 282.

SOUS-SECTION 2 Vestiaires collectifs

Art. R. 4228-2 Les vestiaires collectifs et les lavabos sont installés dans un local spécial de surface convenable, isolé des locaux de travail et de stockage et placé à proximité du passage des travailleurs.
Lorsque les vestiaires et les lavabos sont installés dans des locaux séparés, la communication entre ceux-ci doit pouvoir s'effectuer sans traverser les locaux de travail ou de stockage et sans passer par l'extérieur.
(Décr. n° 2016-1331 du 6 oct. 2016, art. 1er, en vigueur le 1er janv. 2017) « Pour les travailleurs qui ne sont pas obligés de porter des vêtements de travail spécifiques ou des équipements de protection individuelle, l'employeur peut mettre à leur disposition, en lieu et place de vestiaires collectifs, un meuble de rangement sécurisé, dédié à leurs effets personnels, placé à proximité de leur poste de travail. »

Art. R. 4228-3 Le sol et les parois des locaux affectés aux vestiaires collectifs et lavabos sont tels qu'ils permettent un nettoyage efficace.
Ces locaux sont tenus en état constant de propreté. — [Anc. art. R. 232-2-1, al. 3 et 5.]

Art. R. 4228-4 Les locaux affectés aux vestiaires collectifs et lavabos sont aérés conformément aux règles d'aération et d'assainissement du chapitre II et convenablement chauffés. — [Anc. art. R. 232-2-1, al. 4.]

Art. R. 4228-5 Dans les établissements employant un personnel mixte, des installations séparées sont prévues pour les travailleurs masculins et féminins. — [Anc. art. R. 232-2-1, al. 6.]

Art. R. 4228-6 Les vestiaires collectifs sont pourvus d'un nombre suffisant de sièges et d'armoires individuelles ininflammables.
Ces armoires permettent de suspendre deux vêtements de ville.
Lorsque les vêtements de travail sont susceptibles d'être souillés de matières dangereuses, salissantes ou malodorantes, les armoires comprennent un compartiment réservé à ces vêtements.

Les armoires individuelles sont munies d'une serrure ou d'un cadenas. — *[Anc. art. R. 232-2-2.]*

SOUS-SECTION 3 Lavabos et douches

Art. R. 4228-7 Les lavabos sont à eau potable.

L'eau est à température réglable et est distribuée à raison d'un lavabo pour dix travailleurs au plus.

Des moyens de nettoyage et de séchage ou d'essuyage appropriés sont mis à la disposition des travailleurs. Ils sont entretenus ou changés chaque fois que cela est nécessaire. — *[Anc. art. R. 232-2-3.]*

Jusqu'au 30 juin 2024, par dérogation au 2e al. de l'art. R. 4228-7, l'employeur peut, après avis du comité social et économique, s'il existe, mettre à disposition des travailleurs, sur leur lieu de travail, de l'eau dont la température n'est pas réglable, sous réserve que l'évaluation des risques réalisée en application de l'art. L. 4121-3, mise à jour préalablement, n'ait révélé aucun risque pour la sécurité et la santé des travailleurs du fait de l'absence d'eau chaude sanitaire et en tenant compte des besoins liés à l'activité éventuelle de travailleurs d'entreprises extérieures (Décr. n° 2023-310 du 24 avr. 2023, JO 27 avr.).

Art. R. 4228-8 Dans les établissements où sont réalisés certains travaux insalubres et salissants, des douches sont mises à la disposition des travailleurs.

La liste de ces travaux ainsi que les conditions de mises à disposition des douches sont fixées par arrêté des ministres chargés du travail ou de l'agriculture et, en tant que de besoin, par le ministre chargé de la santé. — *[Anc. art. R. 232-2-4, al. 1er.]* — V. *Arr. du 23 juill. 1947.*

L'employeur doit payer le temps quotidien de douche au tarif normal des heures de travail dès lors qu'il n'est pas contesté que les salariés effectuent des travaux nécessitant la prise d'une douche quotidienne. • Soc. 11 févr. 2004, ⚘ n° 01-46.405 P : *RJS 2004.* 372, n° 543.

Art. R. 4228-9 Le sol et les parois du local affecté aux douches sont tels qu'ils permettent un nettoyage efficace.

Le local est tenu en état constant de propreté.

La température de l'eau des douches est réglable. — *[Anc. art. R. 232-2-4, al. 2 et 3.]*

SOUS-SECTION 4 Cabinets d'aisance

Art. R. 4228-10 Il existe au moins un cabinet d'aisance et un urinoir pour vingt hommes et deux cabinets pour vingt femmes. L'effectif pris en compte est le nombre maximal de travailleurs présents simultanément dans l'établissement. Un cabinet au moins comporte un poste d'eau.

Dans les établissements employant un personnel mixte, les cabinets d'aisance sont séparés pour le personnel féminin et masculin. Les cabinets d'aisance réservés aux femmes comportent un récipient pour garnitures périodiques. — *[Anc. art. R. 232-2-5, al. 5, 6 et 9.]*

Art. R. 4228-11 Les cabinets d'aisance ne peuvent communiquer directement avec les locaux fermés dans lesquels les travailleurs sont appelés à séjourner.

Ils sont aménagés de manière à ne dégager aucune odeur.

Ils sont équipés de chasse d'eau et pourvus de papier hygiénique. — *[Anc. art. R. 232-2-5, al. 1er et al. 2, phrase 1.]*

Art. R. 4228-12 Les cabinets d'aisance sont aérés conformément aux règles d'aération et d'assainissement du chapitre II et convenablement chauffés. — *[Anc. art. R. 232-2-5, al. 2, phrase 2.]*

Art. R. 4228-13 Le sol et les parois des cabinets d'aisance sont en matériaux imperméables permettant un nettoyage efficace.

L'employeur fait procéder au nettoyage et à la désinfection des cabinets d'aisance et des urinoirs au moins une fois par jour. — *[Anc. art. R. 232-2-5, al. 3 et 7.]*

Art. R. 4228-14 Les portes des cabinets d'aisance sont pleines et munies d'un dispositif de fermeture intérieure décondamnable de l'extérieur. — *[Anc. art. R. 232-2-5, al. 4.]*

SANTÉ ET SÉCURITÉ AU TRAVAIL **Art. R. 4228-22** 2299

Art. R. 4228-15 Les effluents des cabinets d'aisance sont évacués conformément aux règlements sanitaires. — *[Anc. art. R. 232-2-5, al. 8.]*

SOUS-SECTION 5 **Dispenses accordées par l'inspecteur du travail**

Art. R. 4228-16 Lorsque l'aménagement des vestiaires collectifs, lavabos et douches ne peut, pour des raisons tenant à la disposition des locaux de travail, être réalisé dans les conditions prévues par la présente section ou, pour les travailleurs handicapés, conformément à l'article R. 4225-7, l'employeur peut demander à l'inspecteur du travail de le dispenser de certaines de ces obligations. — *[Anc. art. R. 232-2-7 début.]*

Art. R. 4228-17 La dispense accordée par l'inspecteur du travail est subordonnée à la prise des mesures nécessaires pour assurer aux travailleurs des conditions d'hygiène correspondant dans toute la mesure du possible aux obligations mentionnées à l'article R. 4228-16. — *[Anc. art. R. 232-2-7, fin.]*

Art. R. 4228-18 L'inspecteur du travail prend sa décision après avis du médecin du travail et du (*Décr. n° 2017-1819 du 29 déc. 2017, art. 3*) « comité social et économique ».

SECTION 2 **Restauration et repos**

Art. R. 4228-19 Il est interdit de laisser les travailleurs prendre leur repas dans les locaux affectés au travail. — *[Anc. art. R. 232-10.]*

Art. R. 4228-20 Aucune boisson alcoolisée autre que le vin, la bière, le cidre et le poiré n'est autorisée sur le lieu de travail.
(*Décr. n° 2014-754 du 1er juill. 2014, art. 1er*) « Lorsque la consommation de boissons alcoolisées, dans les conditions fixées au premier alinéa, est susceptible de porter atteinte à la sécurité et à la santé physique et mentale des travailleurs, l'employeur, en application de l'article L. 4121-1 du code du travail, prévoit dans le règlement intérieur ou, à défaut, par note de service les mesures permettant de protéger la santé et la sécurité des travailleurs et de prévenir tout risque d'accident. Ces mesures, qui peuvent notamment prendre la forme d'une limitation voire d'une interdiction de cette consommation, doivent être proportionnées au but recherché. »

BIBL. ▶ MARIE, *Dr. soc.* 2020. 872 ⌀.

Si l'employeur peut, lorsque des impératifs de sécurité le justifient, insérer dans le règlement intérieur des dispositions qui limitent la consommation de boissons alcoolisées de manière plus stricte que l'interdiction posée par l'art. R. 4228-20 C. trav., de telles dispositions doivent, conformément à l'art. L. 1321-3, rester proportionnées au but de sécurité recherché. ● CE 12 nov. 2012 : ⚖ *D. actu. 9 janv. 2013, obs. Siro ; D. 2012. Actu. 2809* ⌀. ♦ Est valable la clause « tolérance zéro alcool » d'un règlement intérieur si celui-ci identifie les postes concernés, l'employeur pouvant établir le caractère proportionné de l'interdiction en se fondant sur le document unique d'évaluation des risques. ● CE 8 juill. 2019, ⚖ *n° 420434 : RJS 10/2019, n° 612 ; JCP S 2019. 1278, obs. Rozec*.

Art. R. 4228-21 Il est interdit de laisser entrer ou séjourner dans les lieux de travail des personnes en état d'ivresse. — *[Anc. art. L. 232-2, al. 2.]*

Art. R. 4228-22 (*Décr. n° 2019-1586 du 31 déc. 2019, art. 2, en vigueur le 1er janv. 2020*) Dans les établissements d'au moins cinquante salariés, l'employeur, après avis du comité social et économique, met à leur disposition un local de restauration.

L'effectif salarié et le franchissement du seuil de cinquante salariés sont déterminés selon les modalités prévues à l'article L. 130-1 du code de la sécurité sociale. Lorsque l'entreprise comporte plusieurs établissements, les effectifs sont décomptés par établissement.

Le local de restauration mentionné au premier alinéa est pourvu de sièges et de tables en nombre suffisant et comporte un robinet d'eau potable, fraîche et chaude, pour dix usagers. Il est doté d'un moyen de conservation ou de réfrigération des aliments et des boissons et d'une installation permettant de réchauffer les plats.

Pour l'application du I de l'art. R. 4228-22 dans sa rédaction résultant du Décr. n° 2019-1586 du 31 déc. 2019, le II de l'art. L. 130-1 CSS ne s'applique pas lorsque l'effectif de l'entreprise ou de l'établissement est, au 1er janv. 2025, supérieur ou égal au seuil de 50 salariés et que cette entreprise *ou cet établissement était soumis, au 1er janv. 2020, à l'obligation de mettre à disposition de ses salariés un local de restauration.*

Les dispositions de l'art. R. 4228-22 dans leur rédaction antérieure au 1er janv. 2020 s'appliquent jusqu'au 31 déc. 2024 pour les entreprises ou établissements dans lesquels au moins 25 salariés souhaitent habituellement prendre leur repas sur leur lieu de travail lorsque ces entreprises ou établissements étaient soumis, en vertu de ces dispositions, avant le 1er janv. 2020, à l'obligation de mettre à disposition de leurs salariés un local de restauration (Décr. préc., art. 4-IV).

Ancien art. R. 4228-22 *Dans les établissements dans lesquels le nombre de travailleurs souhaitant prendre habituellement leur repas sur les lieux de travail est au moins égal à vingt-cinq, l'employeur, après avis du (Décr. n° 2017-1819 du 29 déc. 2017, art. 3) « comité social et économique », met à leur disposition un local de restauration.*

Ce local est pourvu de sièges et de tables en nombre suffisant et comporte un robinet d'eau potable, fraîche et chaude, pour dix usagers.

Il est doté d'un moyen de conservation ou de réfrigération des aliments et des boissons et d'une installation permettant de réchauffer les plats. — [Anc. art. R. 232-10-1, al. 1er à 3.]

Art. R. 4228-23 (Décr. n° 2019-1586 du 31 déc. 2019, art. 2, en vigueur le 1er janv. 2020) « Dans les établissements de moins de cinquante salariés, l'employeur met à leur disposition un emplacement leur permettant de se restaurer dans de bonnes conditions de santé et de sécurité.

« L'effectif salarié et le franchissement du seuil de cinquante salariés sont déterminés selon les modalités prévues à l'article L. 130-1 du code de la sécurité sociale. Lorsque l'entreprise comporte plusieurs établissements, les effectifs sont décomptés par établissement. »

(Décr. n° 2016-1331 du 6 oct. 2016, art. 2, en vigueur le 1er janv. 2017) « Par dérogation à l'article R. 4228-19, (Décr. n° 2019-1586 du 31 déc. 2019, art. 2, en vigueur le 1er janv. 2020) « l'emplacement mentionné au premier alinéa » peut, après déclaration adressée à l'agent de contrôle de l'inspection du travail et au médecin du travail par tout moyen conférant date certaine, être aménagé dans les locaux affectés au travail, dès lors que l'activité de ces locaux ne comporte pas l'emploi ou le stockage de substances ou de mélanges dangereux.

« Un arrêté conjoint des ministres chargés du travail et de l'agriculture définit le contenu de la déclaration susmentionnée. »

V. Arr. du 4 mai 2017 relatif à la déclaration auprès des services de l'inspection du travail pour les établissements dans lesquels le nombre de travailleurs souhaitant prendre habituellement leur repas sur les lieux de travail est inférieur à 25 (JO 7 mai, en vigueur le 1er juill. 2017).

Art. R. 4228-24 Après chaque repas, l'employeur veille au nettoyage du local de restauration ou de l'emplacement permettant de se restaurer et des équipements qui y sont installés. — [Anc. art. R. 232-10-1, al. 6.]

Art. R. 4228-25 A défaut de local de repos, lorsque la nature des activités l'exige et après avis du (Décr. n° 2017-1819 du 29 déc. 2017, art. 3) « comité social et économique », le local de restauration ou l'emplacement permettant de se restaurer doit pouvoir être utilisé, en dehors des heures de repas, comme local ou emplacement de repos.

Les sièges mis à la disposition des travailleurs pour cet usage comportent des dossiers.

SECTION 3 Hébergement

Art. R. 4228-26 Il est interdit d'héberger les travailleurs dans les locaux affectés à un usage industriel ou commercial. — [Anc. art. R. 232-11-3.]

Art. R. 4228-27 La surface et le volume habitables, au sens de l'article (Décr. n° 2021-872 du 30 juin 2021, art. 7) « R. 156-1 » du code de la construction et de l'habitation, des locaux affectés à l'hébergement des travailleurs ne peuvent être inférieurs à 6 mètres carrés et 15 mètres cubes par personne. Les parties de locaux d'une hauteur inférieure à 1,90 mètre ne sont pas comptées comme surface habitable.

Ces locaux sont aérés de façon permanente.

Ils sont équipés de fenêtres ou autres ouvrants de surface transparente donnant directement sur l'extérieur et munis d'un dispositif d'occultation.

Le travailleur doit pouvoir clore le logement et y accéder librement. — *[Anc. art. R. 232-11.]*

Art. R. 4228-28 Les équipements et caractéristiques des locaux affectés à l'hébergement doivent permettre de maintenir la température intérieure à 18° C au moins et d'éviter les condensations et les températures excessives.

Les installations électriques doivent être conformes aux dispositions réglementaires prises en application de la présente partie. — *[Anc. art. R. 232-11-1.]*

Art. R. 4228-29 Chaque couple dispose d'une chambre.

Chaque personne ou chaque couple dispose pour son usage exclusif d'une literie et du mobilier nécessaires, qui sont maintenus propres et en bon état. — *[Anc. art. R. 232-11-2, al. 1er et 3.]*

La gravité du manquement, le prix moyen de l'hôtellerie dans la région et la durée de l'infraction justifient le montant de la sanction pour infraction à l'obligation de fournir un couchage décent aux salariés danois détachés dans le cadre d'une prestation de service internationale. • TA Rennes, 23 avr. 2018, n° 1703996.

Art. R. 4228-30 Les pièces à usage de dortoir ne sont occupées que par des personnes du même sexe.

Le nombre de personnes par pièce est limité à six.

Les lits sont distants les uns des autres de 80 centimètres au moins.

Il est interdit d'installer des lits superposés. — *[Anc. art. R. 232-11-2, al. 2.]*

Art. R. 4228-31 Les revêtements des sols et des parois des locaux affectés à l'hébergement permettent un entretien efficace et sont refaits chaque fois que la propreté l'exige. — *[Anc. art. R. 232-11-4.]*

Art. R. 4228-32 Les locaux affectés à l'hébergement sont maintenus dans un état constant de propreté et d'hygiène. — *[Anc. art. R. 232-11-5.]*

Art. R. 4228-33 Des lavabos à eau potable et à température réglable ainsi que des serviettes et du savon sont mis à la disposition des travailleurs hébergés, à raison d'un lavabo pour trois personnes. — *[Anc. art. R. 232-11-6, al. 1er.]*

Art. R. 4228-34 Des cabinets d'aisance et des urinoirs sont installés à proximité des pièces destinées à l'hébergement dans les conditions déterminées par les articles R. 4228-11 et suivants. — *[Anc. art. R. 232-11-6, al. 2.]*

Art. R. 4228-35 Des douches à température réglable sont installées à proximité des pièces destinées à l'hébergement, dans des cabines individuelles, à raison d'une cabine pour six personnes. — *[Anc. art. R. 232-11-6, al. 3.]*

Art. R. 4228-36 Les dispositions des articles R. 4228-26 à R. 4228-35 ne sont pas applicables dans les établissements agricoles, dont les dispositions relatives à l'hébergement des travailleurs sont prévues au livre VII du code rural et de la pêche maritime. — *[Anc. art. R. 232-13-8.]*

Art. R. 4228-37 Les dispositions relatives à l'hébergement des travailleurs sont également applicables aux installations établies en dehors des limites des établissements ou chantiers.

Le contrôle de l'inspection du travail porte notamment sur l'installation et l'aménagement intérieur des locaux. — *[Anc. art. L. 231-2, al. 7 et 8.]*

TITRE III OBLIGATION DE VIGILANCE ET RESPONSABILITÉ DES MAÎTRES D'OUVRAGE ET DES DONNEURS D'ORDRE EN MATIÈRE D'HÉBERGEMENT

(Décr. n° 2015-364 du 30 mars 2015, art. 12)

CHAPITRE UNIQUE

Art. R. 4231-1 Pour la mise en œuvre de l'injonction prévue à l'article L. 4231-1, l'agent de contrôle apprécie notamment la vétusté manifeste des locaux ou des installations d'hébergement collectif, leur salubrité, leur taille, leur nombre ou leur équipement.

Art. R. 4231-2 Dès réception de l'injonction, l'employeur informe dans un délai de vingt-quatre heures le maître d'ouvrage ou le donneur d'ordre des mesures prises pour faire cesser la situation.

Le maître d'ouvrage ou le donneur d'ordre transmet aussitôt cette réponse à l'agent de contrôle auteur du signalement ou informe celui-ci dès l'expiration du délai mentionné à l'alinéa précédent de l'absence de réponse.

Art. R. 4231-3 En cas d'absence de régularisation effective de la situation par l'employeur, le maître d'ouvrage ou le donneur d'ordre est tenu de prendre sans délai à sa charge l'hébergement collectif des salariés dans des locaux aménagés conformément aux dispositions des articles R. 4228-26 à R. 4228-37.

Art. R. 4231-4 Les injonctions et les informations mentionnées aux articles *(Décr. n° 2015-1327 du 21 oct. 2015, art. 2)* « R. 4231-1 et R. 4231-2 » sont effectuées par tout moyen permettant de leur conférer date certaine.

LIVRE III ÉQUIPEMENTS DE TRAVAIL ET MOYENS DE PROTECTION

TITRE I CONCEPTION ET MISE SUR LE MARCHÉ DES ÉQUIPEMENTS DE TRAVAIL ET DES MOYENS DE PROTECTION

CHAPITRE I RÈGLES GÉNÉRALES

SECTION 1 Définitions et champs d'application

SOUS-SECTION 1 Dispositions communes

Art. R. 4311-1 Est considéré comme "mis pour la première fois sur le marché", "neuf" ou "à l'état neuf", tout équipement de travail ou moyen de protection n'ayant pas été effectivement utilisé dans un État membre de la Communauté européenne et faisant l'objet d'une exposition, d'une mise en vente, d'une vente, d'une importation, d'une location, d'une mise à disposition ou cession à quelque titre que ce soit. – *[Anc. art. R. 233-49-3.]*

Art. R. 4311-2 Est considéré comme "d'occasion", tout équipement de travail ou moyen de protection ayant déjà été effectivement utilisé dans un État membre de la Communauté européenne et faisant l'objet d'une exposition, d'une mise en vente, d'une vente, d'une importation, d'une location, d'une mise à disposition ou d'une cession à quelque titre que ce soit. – *[Anc. art. R. 233-49-4.]*

Art. R. 4311-3 Est considéré comme "maintenu en service", tout équipement de travail ou moyen de protection ayant déjà été effectivement utilisé dans un État membre de la Communauté européenne lorsque les opérations mentionnées à l'article R. 4311-2 sont réalisées au sein d'une même entreprise.

Il en est de même en cas de modification affectant la situation juridique de l'entreprise, notamment par succession, vente, fusion, transformation du fonds, mise en société. – *[Anc. art. R. 233-49-5.]*

SOUS-SECTION 2 Équipements de travail obéissant à des règles pour la mise sur le marché

(Décr. n° 2008-1156 du 7 nov. 2008)

§ 1 Machines

Art. R. 4311-4 Sont soumis aux obligations de conception et de construction, pour la mise sur le marché des "machines", les équipements de travail désignés ci-après par le mot : "machines" et figurant dans la liste ci-dessous :

1° Machines ;
2° Équipements interchangeables ;
3° Composants de sécurité ; – V. Arr. du 27 oct. 2009 (JO 5 nov.).
4° Accessoires de levage ;
5° Chaînes, câbles, sangles ;
6° Dispositifs amovibles de transmission mécanique.

V. Arr. du 22 oct. 2009 (JO 10 déc.) fixant le contenu de la déclaration CE de conformité relative aux machines.

Art. R. 4311-4-1 Répond à la définition de machine :

1° Un ensemble équipé ou destiné à être équipé d'un système d'entraînement autre que la force humaine ou animale appliquée directement, composé de pièces ou d'organes liés entre eux dont au moins un est mobile et qui sont réunis de façon solidaire en vue d'une application définie ;

2° Un ensemble mentionné au 1° auquel manquent seulement des organes de liaison au site d'utilisation ou de connexion aux sources d'énergie et de mouvement ;

3° Un ensemble mentionné aux 1° et 2°, prêt à être installé et qui ne peut fonctionner en l'état qu'après montage sur un moyen de transport ou installation dans un bâtiment ou une construction ;

4° Un ensemble de machines mentionnées aux 1°, 2° et 3° ou un ensemble de quasi-machines définies à l'article R. 4311-6, qui, afin de concourir à un même résultat, sont disposées et commandées de manière à être solidaires dans leur fonctionnement ;

5° Un ensemble de pièces ou d'organes liés entre eux, dont un au moins est mobile, qui sont réunis en vue de soulever des charges et dont la seule force motrice est une force humaine directement appliquée.

Art. R. 4311-4-2 Est un équipement interchangeable un dispositif qui, après la mise en service d'une machine ou d'un tracteur, est assemblé à celle-ci ou à celui-ci par l'opérateur lui-même pour modifier sa fonction ou apporter une fonction nouvelle, dans la mesure où cet équipement n'est pas un outil.

Art. R. 4311-4-3 Est un composant de sécurité un composant :

1° Qui sert à assurer une fonction de sécurité ;

2° Qui est mis isolément sur le marché ;

3° Dont la défaillance ou le mauvais fonctionnement met en danger la sécurité des personnes ;

4° Qui n'est pas indispensable au fonctionnement de la machine ou qui, du point de vue de ce seul fonctionnement, pourrait être remplacé par un composant ordinaire.

Un arrêté ministériel pris par le ministre chargé du travail ou le ministre chargé de l'agriculture liste des composants qui remplissent les critères énumérés au premier alinéa.

Art. R. 4311-4-4 Est un accessoire de levage un composant ou équipement non lié à la machine de levage, permettant la préhension de la charge, placé soit entre la machine et la charge, soit sur la charge elle-même ou destiné à faire partie intégrante de la charge et est mis isolément sur le marché.

Sont considérés comme accessoires de levage les élingues et leurs composants.

Art. R. 4311-4-5 Est une chaîne, un câble ou une sangle au sens du 5° de l'article R. 4311-4 une chaîne, un câble ou une sangle conçu et fabriqué pour le levage et faisant partie d'une machine de levage ou d'un accessoire de levage.

Art. R. 4311-4-6 Est un dispositif amovible de transmission mécanique un composant amovible destiné à la transmission de puissance entre une machine automotrice ou un tracteur et une autre machine en les reliant au premier palier fixe. Lorsque ce dispositif est mis sur le marché avec le protecteur, l'ensemble est considéré comme constituant un seul produit.

Art. R. 4311-5 Les obligations de conception et de construction pour la mise sur le marché des machines ne s'appliquent pas aux produits suivants :

1° Produits qui, bien que répondant à la définition de machines, sont soumis, de manière exclusive et spécifique, aux dispositions issues de la transposition, hors du code du travail, de directives européennes définissant leurs règles de conception et de construction ;

2° Composants de sécurité destinés à être utilisés comme pièces de rechange pour remplacer des composants identiques et fournis par le fabricant de la machine d'origine ;

3° Matériels spécifiques pour fêtes foraines ou parcs d'attraction *[attractions]* ;

4° Machines spécialement conçues ou mises en service en vue d'un usage nucléaire et dont la défaillance peut engendrer une émission de radioactivité ;

5° Armes, y compris les armes à feu ;

6° Moyens de transport suivants :

(Décr. n° 2016-1010 du 21 juill. 2016, art. 1er) « *a)* Tracteurs agricoles ou forestiers, à l'exclusion des machines montées sur ces véhicules ; »

b) Véhicules à moteur et leurs remorques visés par les dispositions de transposition de la directive 70/156/CEE du Conseil du 6 février 1970 concernant le rapprochement des législations des États membres relatives à la réception des véhicules à moteur et de leurs remorques, à l'exclusion des machines montées sur ces véhicules ;

c) Véhicules visés par les dispositions de transposition de la directive 2002/24/CE du Parlement européen et du Conseil du 18 mars 2002 relative à la réception des véhicules à moteur à deux ou trois roues, à l'exclusion des machines montées sur ces véhicules ;

d) Véhicules à moteur destinés exclusivement à la compétition ;

e) Moyens de transport par air, par eau et par réseaux ferroviaires, à l'exclusion des machines montées sur ces moyens de transport ;

7° Bateaux pour la navigation maritime et les unités mobiles off-shore ainsi que les machines installées à bord de ces bateaux ou unités ;

8° Machines spécialement conçues et construites à des fins militaires ou de maintien de l'ordre ;

9° Machines spécialement conçues et construites à des fins de recherche pour une utilisation temporaire en laboratoire ;

10° Ascenseurs équipant les puits de mine ;

11° Machines prévues pour déplacer des artistes pendant des représentations artistiques ;

12° Produits électriques et électroniques ci-après, dans la mesure où ils sont visés par les dispositions de transposition de la directive 73/23/CEE du Conseil du 19 février 1973 modifiée concernant le rapprochement des législations des États membres relatives au matériel électrique destiné à être employé dans certaines limites de tension :

a) Appareils électroménagers à usage domestique ;

b) Équipements audio et vidéo ;

c) Équipements informatiques ;

d) Machines de bureau courantes ;

e) Mécanismes de connexion et de contrôle basse tension ;

f) Moteurs électriques ;

13° Équipements électriques à haute tension suivants :

a) Appareillages de connexion et de commande ;

b) Transformateurs.

§ 2 Quasi-machines

Art. R. 4311-6 Est soumis aux règles des articles R. 4313-7 à R. 4313-11 prévues pour la mise sur le marché d'une quasi-machine tout produit répondant à la définition suivante :

Ensemble qui constitue presque une machine, mais qui ne peut assurer à lui seul une application définie.

SANTÉ ET SÉCURITÉ AU TRAVAIL **Art. R. 4311-11**

Une quasi-machine est uniquement destinée à être incorporée ou assemblée à d'autres machines ou à d'autres quasi-machines ou équipements en vue de constituer une machine mentionnée au 1° de l'article R. 4311-4-1.

Un système d'entraînement est une quasi-machine.

§ 3 Autres équipements de travail auxquels s'appliquent des dispositions pour la mise sur le marché

Art. R. 4311-7 Les équipements de travail auxquels s'appliquent des obligations de conception et de construction autres que celles prévues pour la mise sur le marché des machines sont les suivants :

1° Tracteurs agricoles ou forestiers, ainsi que leurs entités techniques, systèmes et composants, à l'exclusion de ceux qui sont spécialement conçus pour les forces armées, la protection civile, les services de lutte contre l'incendie ou les services responsables du maintien de l'ordre ;

2° Électrificateurs de clôture ;

(Décr. n° 2018-437 du 4 juin 2018, art. 2, en vigueur le 1er juill. 2018) « 3° Appareil dit de radiologie industrielle, émettant des rayonnements ionisants et utilisé à d'autres fins que médicale. »

SOUS-SECTION 3 **Équipements de protection individuelle** (Décr. n° 2008-1156 du 7 nov. 2008).

Art. R. 4311-8 Les équipements de protection individuelle, auxquels s'appliquent les obligations de conception et de fabrication prévues à l'article L. 4311-1, sont des dispositifs ou moyens destinés à être portés ou tenus par une personne en vue de la protéger contre un ou plusieurs risques susceptibles de menacer sa santé ou sa sécurité. — [Anc. art. R. 4311-12.]

Art. R. 4311-9 Sont considérés comme des équipements de protection individuelle, au sens de l'(Décr. n° 2008-1156 du 7 nov. 2008) « article R. 4311-8 » :

1° Un ensemble constitué par plusieurs dispositifs ou moyens, associés de façon solidaire en vue de protéger une personne contre un ou plusieurs risques susceptibles d'être encourus simultanément ;

2° Un dispositif ou moyen protecteur solidaire, de façon dissociable ou non dissociable, d'un équipement individuel non protecteur, tel que vêtement de travail, porté ou tenu par une personne en vue de déployer une activité ;

3° Tout composant interchangeable d'un équipement de protection individuelle, indispensable à son bon fonctionnement et utilisé exclusivement pour cet équipement de protection individuelle. — [Anc. art. R. 4311-13.]

Art. R. 4311-10 Les systèmes de liaison permettant de raccorder un équipement de protection individuelle à un dispositif extérieur complémentaire, même lorsque ces systèmes de liaison ne sont pas destinés à être portés ou tenus en permanence par l'utilisateur pendant la durée d'exposition aux risques, sont considérés comme faisant partie intégrante de l'équipement de protection individuelle. — [Anc. art. R. 4311-14.]

Art. R. 4311-11 Ne sont pas considérés comme des équipements de protection individuelle, au sens de l'(Décr. n° 2008-1156 du 7 nov. 2008) « article R. 4311-8 » :

1° Les équipements de protection individuelle conçus et fabriqués spécifiquement pour les forces armées ou du maintien de l'ordre ;

2° Les équipements de protection individuelle destinés à la protection ou à la sauvegarde des personnes embarquées à bord des navires ou aéronefs, et qui ne sont pas portés en permanence ;

3° Les équipements d'autodéfense contre les agressions, tels que générateurs aérosols et armes individuelles de dissuasion ;

4° Les équipements de protection individuelle conçus et fabriqués pour un usage privé contre :

a) Les conditions atmosphériques, tels que couvre-chef, vêtements de saison, chaussures et bottes, parapluies ;

b) L'humidité, l'eau, tels que gants de vaisselle ;

c) La chaleur, tels que gants ;

5° Les casques et visières destinés aux usagers de véhicules à moteur à deux ou trois roues ;

6° Les équipements de protection individuelle qui font l'objet d'une réglementation particulière prise en application *(Décr. n° 2008-1156 du 7 nov. 2008)* « de l'article L. 221-3 » du code de la consommation, de la loi du 24 mai 1941 relative à la normalisation *(Abrogé par Décr. n° 2008-1156 du 7 nov. 2008)* « *, de la loi n° 83-660 du 21 juillet 1983 relative à la sécurité des consommateurs* » et du titre III du livre V du code de la santé publique ;

7° Les composants d'équipements de protection individuelle destinés à y être incorporés et qui ne sont ni essentiels ni indispensables au bon fonctionnement des équipements de protection individuelle ;

8° Les appareils portatifs pour la détection et la signalisation de risques et facteurs de nuisance. — *[Anc. art. R. 4311-15.]*

SECTION 2 Dispositions d'application

Art. R. 4311-12 *(Décr. n° 2008-1156 du 7 nov. 2008)* Les machines ainsi que les équipements de protection individuelle respectivement soumis aux règles techniques pertinentes des annexes I et II du présent titre, lorsqu'ils sont conçus et construits conformément aux normes reprises dans la collection des normes nationales et dont les références ont été publiées au *Journal officiel de l'Union européenne*, sont réputés satisfaire aux règles des annexes, traitées par ces normes.

Art. R. 4311-13 *(Décr. n° 2008-1156 du 7 nov. 2008)* Dans les cas autres que ceux mentionnés à l'article R. 4311-12, un décret peut rendre des normes obligatoires.

CHAPITRE II RÈGLES TECHNIQUES DE CONCEPTION

SECTION 1 Équipements de travail *(Décr. n° 2008-1156 du 7 nov. 2008)*.

SOUS-SECTION 1 Équipements de travail neufs ou considérés comme neufs

(Décr. n° 2008-1156 du 7 nov. 2008)

Art. R. 4312-1 Les machines neuves ou considérées comme neuves au sens de l'article R. 4311-1 sont soumises aux règles techniques prévues par l'annexe I figurant à la fin du présent titre.

Ndlr : V. sous cet art. dans la version en ligne du code 🔒.

Art. R. 4312-1-1 *(Décr. n° 2016-1010 du 21 juill. 2016, art. 1ᵉʳ)* Les tracteurs agricoles ou forestiers et leurs entités techniques, systèmes ou composants sont soumis au règlement (UE) n° 167/2013 du Parlement européen et du Conseil du 5 février 2013 relatif à la réception et à la surveillance du marché des véhicules agricoles et forestiers, dans les conditions définies à l'article 2.3 de ce règlement, ainsi qu'au décret n° 2005-1236 du 30 septembre 2005 relatif aux règles, prescriptions et procédures applicables aux tracteurs agricoles ou forestiers et à leurs dispositifs.

Art. R. 4312-1-2 Les électrificateurs de clôture sont soumis au décret n° 96-216 du 14 mars 1996 relatif aux règles techniques et à la procédure de certification applicables aux électrificateurs de clôture.

Art. R. 4312-1-3 *(Décr. n° 2018-437 du 4 juin 2018, art. 2, en vigueur le 1ᵉʳ juill. 2018)* Les appareils de radiologie industrielle visés au 3° de l'article R. 4311-7 sont soumis aux règles techniques de conception et de construction et à la procédure de certification prévues par décret en Conseil d'État.

SOUS-SECTION 2 Équipements d'occasion

Art. R. 4312-2 Les machines d'occasion, soumises lors de leur mise en service à l'état neuf aux règles techniques de conception et de construction prévues à l'annexe I de l'article R. 4312-1, demeurent soumises aux règles de cette annexe.

Celles de ces machines qui n'étaient pas soumises à ces règles lors de leur mise en service à l'état neuf sont soumises aux règles techniques d'utilisation définies par le chapitre IV du titre II. — [Anc. art. R. 4312-19.]

Art. R. 4312-2-1 (Décr. n° 2016-1010 du 21 juill. 2016, art. 1er) Les tracteurs agricoles ou forestiers et leurs entités techniques, systèmes ou composants d'occasion sont soumis au décret n° 2005-1236 du 30 septembre 2005 relatif aux règles, prescriptions et procédures applicables aux tracteurs agricoles ou forestiers et à leurs dispositifs.

Art. R. 4312-3 Les accessoires de levage, les câbles, chaînes et sangles de levage d'occasion, quelle que soit leur date de mise en service à l'état neuf, sont soumis aux règles techniques de conception et de construction prévues à l'annexe I de l'article R. 4312-1. — [Anc. art. R. 4312-20.]

Art. R. 4312-4 Les composants de sécurité d'occasion, quelle que soit leur date de mise en service à l'état neuf, sont soumis aux règles techniques de conception et de construction prévues à l'annexe I de l'article R. 4312-1.

Toutefois, les structures de protection conformes au décret n° 90-490 du 15 juin 1990 et les autres composants de sécurité conformes à un modèle ayant fait l'objet d'un visa d'examen technique ou d'une attestation d'examen de type délivré conformément aux décrets pris pour l'application de l'article L. 233-5 du code du travail, dans sa rédaction issue de la loi n° 76-1106 du 6 décembre 1976, en vigueur jusqu'au 31 décembre 1992, sont considérés comme conformes à l'obligation définie au premier alinéa. — [Anc. art. R. 4312-21.]

Art. R. 4312-5 A condition de satisfaire aux obligations définies à l'article L. 4311-1, les matériels d'occasion peuvent, quand ils sont conformes à la réglementation des matériels d'occasion en vigueur dans l'État membre de la Communauté européenne dont ils proviennent, faire l'objet des seules opérations mentionnées à ce même article.

Dans ce cas, le certificat de conformité prévu par l'article (Décr. n° 2008-1156 du 7 nov. 2008) « R. 4313-15 » indique de manière précise les références de la réglementation appliquée.

S'il y lieu, ces matériels sont mis par l'employeur en conformité avec les règles techniques d'utilisation prévues par le chapitre IV du titre II. — [Anc. art. R. 4312-22.]

SECTION 2 Équipements de protection individuelle

SOUS-SECTION 1 Équipements neufs ou considérés comme neufs

Art. R. 4312-6 Les équipements de protection individuelle, neufs ou considérés comme neufs, sont soumis aux règles techniques de conception et de fabrication prévues par l'annexe II figurant à la fin du présent titre. — [Anc. art. R. 4312-23.]

SOUS-SECTION 2 Équipements d'occasion

Art. R. 4312-7 Les équipements de protection individuelle d'occasion, quelle que soit leur date de mise en service à l'état neuf, sont soumis aux règles techniques de conception et de fabrication prévues par l'annexe II figurant à la fin du présent titre.

Ils sont accompagnés de la notice d'instructions les concernant. — [Anc. art. R. 4312-24.]

Art. R. 4312-8 Les équipements de protection individuelle d'occasion suivants ne peuvent être exposés, mis en vente, vendus, importés, loués, mis à disposition ou cédés à quelque titre que ce soit en vue de leur mise en service ou utilisation :
1° Équipements à usage unique ;
2° Équipements dont la date de péremption ou la durée d'utilisation est dépassée ;
3° Équipements ayant subi un dommage quelconque, même réparés ;

4° Casques de protection de la tête contre les chocs mécaniques ;
5° Équipements de protection contre les agents infectieux ;
6° Équipements mentionnés par l'article *(Décr. n° 2008-1156 du 7 nov. 2008)* « R. 4313-82 », à l'exception des appareils de protection respiratoire destinés à la plongée. – *[Anc. art. R. 4312-25.]*

Art. R. 4312-9 Les équipements de protection individuelle d'occasion suivants peuvent être mis à disposition ou loués pour la pratique d'activités non professionnelles sportives ou de loisirs, *(Décr. n° 2008-1156 du 7 nov. 2008)* « sous réserve du respect des dispositions de l'article R. 4313-16 » :
1° Casques de cavaliers ;
2° Équipements de protection contre les chutes de hauteur.
Al. abrogé par Décr. n° 2008-1156 du 7 nov. 2008. – *[Anc. art. R. 4312-26.]*

CHAPITRE III PROCÉDURES DE CERTIFICATION DE CONFORMITÉ

SECTION 1 Formalités préalables à la mise sur le marché

(Décr. n° 2008-1156 du 7 nov. 2008)

SOUS-SECTION 1 Machines, quasi-machines et équipements de protection individuelle neufs ou considérés comme neufs

§ 1 Machines et équipements de protection individuelle

Art. R. 4313-1 Le fabricant, l'importateur ou tout autre responsable de la mise sur le marché d'un exemplaire neuf ou considéré comme neuf d'une machine ainsi que d'un équipement de protection individuelle, respectivement soumis aux règles techniques des annexes I ou II, établit et signe une déclaration CE de conformité par laquelle il atteste que cette machine ou cet équipement de protection individuelle est conforme aux règles techniques pertinentes de l'annexe qui le concerne et a satisfait aux procédures d'évaluation de la conformité applicables.

V. Arr. du 22 oct. 2009 fixant le modèle de la déclaration de conformité CE relative aux équipements de protection individuelle (JO 9 déc.).

Art. R. 4313-2 La déclaration CE de conformité est remise au preneur lors de la vente, de la location, de la cession ou de la mise à disposition à quelque titre que ce soit d'une machine.

Art. R. 4313-3 Un marquage de conformité, constitué par le sigle CE, est apposé de manière visible, lisible et indélébile sur chaque exemplaire de machine ainsi que sur chaque exemplaire d'équipement de protection individuelle.

Art. R. 4313-4 Lorsque, compte tenu des caractéristiques de l'équipement de protection individuelle, l'apposition du marquage CE sur les exemplaires n'est pas possible, celui-ci figure sur l'emballage.

Art. R. 4313-5 Le marquage CE est apposé par le fabricant, l'importateur ou tout autre responsable de la mise sur le marché qui atteste qu'une machine ou un équipement de protection individuelle est conforme aux règles techniques pertinentes de l'annexe figurant à la fin de ce titre qui le concerne et a satisfait aux procédures d'évaluation de la conformité applicables.

Art. R. 4313-6 L'exposition, la mise en vente, la vente, la location, l'importation, la cession ou la mise à disposition à quelque titre que ce soit d'une machine ou d'un équipement de protection individuelle neuf ou considéré comme neuf soumis à une procédure d'évaluation de la conformité est subordonnée à la constitution par le fabricant, l'importateur ou par tout autre responsable de la mise sur le marché d'un dossier technique relatif aux moyens mis en œuvre pour en assurer la conformité aux règles techniques applicables.
Ce dossier est disponible ou peut l'être dans de brefs délais.

V. Arr. du 22 oct. 2009 (JO 10 déc.) fixant le contenu du dossier technique de fabrication pour les équipements de protection individuelle.

SANTÉ ET SÉCURITÉ AU TRAVAIL   **Art. R. 4313-14** 2309

§ 2 Quasi-machines

Art. R. 4313-7 Le fabricant, l'importateur ou tout autre responsable de la mise sur le marché d'une quasi-machine veille, avant sa mise sur le marché, à ce que soient établies :
1° La documentation technique pertinente ;
2° La notice d'assemblage ;
3° La déclaration d'incorporation.

Art. R. 4313-8 La documentation technique pertinente précise les règles techniques de l'annexe I figurant à la fin du présent titre qui sont appliquées pour la quasi-machine. Elle couvre la conception, la fabrication et le fonctionnement de la quasi-machine dans la mesure nécessaire à l'évaluation de la conformité avec ces règles techniques.
Cette documentation technique est disponible ou peut l'être dans de brefs délais.

Art. R. 4313-9 La notice d'assemblage d'une quasi-machine contient la description des conditions à remplir pour une incorporation adéquate dans la machine finale ne compromettant pas la santé et la sécurité.
Elle est rédigée dans la langue officielle de la Communauté européenne acceptée par le fabricant de la machine dans laquelle la quasi-machine est destinée à être incorporée.

Art. R. 4313-10 Le fabricant, l'importateur ou tout autre responsable de la mise sur le marché d'une quasi-machine établit et signe une déclaration d'incorporation par laquelle il déclare les règles techniques de l'annexe I figurant à la fin du présent titre qui sont appliquées à la quasi-machine, précise que la documentation prévue à l'article R. 4313-8 est constituée et, le cas échéant, indique les autres dispositions réglementaires transposant des directives européennes auxquelles la quasi-machine est conforme.

Art. R. 4313-11 La notice d'assemblage ainsi que la déclaration d'incorporation accompagnent la quasi-machine jusqu'à son incorporation dans la machine finale et font partie du dossier technique de cette machine.

§ 3 Dispositions d'application

Art. R. 4313-12 Des arrêtés conjoints des ministres chargés du travail, de l'agriculture, des douanes, de l'industrie et de la consommation fixent :
1° Le contenu de la déclaration de conformité pour les machines ;
2° Le modèle de la déclaration de conformité pour les équipements de protection individuelle ;
3° Le contenu de la déclaration d'incorporation pour les quasi-machines ;
4° L'emplacement, le modèle du marquage CE et les autres indications qui l'accompagnent ;
5° Les éléments constitutifs du dossier technique d'une machine ou d'un équipement de protection individuelle ;
6° Les éléments constitutifs de la documentation pertinente pour les quasi-machines.

Art. R. 4313-13 La délivrance de la déclaration CE de conformité ou de la déclaration d'incorporation ainsi que l'apposition du marquage CE réalisés dans un État membre de la Communauté européenne produisent les mêmes effets que les formalités correspondantes réalisées dans les conditions prévues par la présente sous-section.

SOUS-SECTION 2 Équipements de travail et équipements de protection individuelle d'occasion

Art. R. 4313-14 Lors de la vente, de la location, de la cession ou de la mise à disposition à quelque titre que ce soit, en vue de son utilisation, d'un équipement de travail d'occasion ainsi que lors de la vente ou de la cession à quelque titre que ce soit, en vue de son utilisation, d'un équipement de protection individuelle d'occasion mentionné à la section 1 du chapitre I du présent titre, le responsable de l'opération remet au preneur un certificat de conformité par lequel il atteste que le produit concerné est conforme aux règles techniques qui lui sont applicables.

Sur le modèle du certificat de conformité d'un équipement de travail et d'un équipement de protection individuelle d'occasion, V. Arr. du 22 oct. 2009 (JO 10 déc.).

Art. R. 4313-15 Le contenu du certificat de conformité est prévu par arrêté conjoint des ministres chargés du travail, de l'agriculture, des douanes, de l'industrie et de la consommation.

Art. R. 4313-16 Le responsable de la location ou de la mise à disposition réitérée d'un équipement de protection individuelle d'occasion s'assure du maintien en état de conformité de cet équipement en suivant, notamment, les instructions prévues au a du I du paragraphe 1.4 de l'annexe II qui figurent à la fin du présent titre et en procédant, le cas échéant, aux vérifications générales périodiques prévues à l'article R. 4323-99.

Un arrêté des ministres chargés du travail ou de l'agriculture précise les éléments dont le responsable des opérations prévues au présent article dispose afin d'établir le maintien en conformité de l'équipement de protection individuelle. Il communique ces éléments sur demande du preneur de l'équipement de protection individuelle ou des autorités de contrôle. – *V. Arr. du 22 oct. 2009 (JO 4 nov.).*

SOUS-SECTION 3 Interdictions

Art. R. 4313-17 Il est interdit d'exposer, de mettre en vente, de vendre, d'importer, de louer, de mettre à disposition ou de céder à quelque titre que ce soit un équipement de travail ou un équipement de protection individuelle pour lesquels les formalités préalables à la mise sur le marché n'ont pas été accomplies.

(Abrogé par Décr. n° 2022-624 du 22 avr. 2022, art. 3) « *Lorsque ni le fabricant ni l'importateur n'ont satisfait aux obligations qui leur incombent conformément au présent chapitre, celles-ci, à l'exception des obligations prévues pour les machines par la sous-section 2 de la section 2 du chapitre III et pour les équipements de protection individuelle par la sous-section 3 de la section 2 du chapitre III, sont accomplies par tout responsable d'une opération mentionnée au premier alinéa.* »

Art. R. 4313-18 Il est interdit d'apposer sur une machine ou sur un équipement de protection individuelle, sur son emballage ou sur tout document le concernant tout marquage, signe ou inscription de nature à induire en erreur sur la signification, le graphisme, ou les deux à la fois, du marquage CE.

Un autre marquage peut être apposé sur les machines ainsi que sur les équipements de protection individuelle s'il ne porte pas préjudice à la visibilité, à la lisibilité ainsi qu'à la signification du marquage CE.

SECTION 2 Les procédures d'évaluation de la conformité

(Décr. n° 2008-1156 du 7 nov. 2008)

SOUS-SECTION 1 Dispositions communes

Art. R. 4313-19 L'issue de la procédure d'évaluation de la conformité d'une machine ou d'un équipement de protection individuelle, prévue à la présente section, peut être subordonnée :

1° Au résultat de vérifications même inopinées, réalisées par des organismes notifiés dans les locaux de fabrication ou de stockage de machines ou d'équipements de protection individuelle qui, s'ils se révélaient non conformes, seraient susceptibles d'exposer les personnes intéressées à un risque grave ;

2° Au résultat d'examen ou d'essais, même destructifs, lorsque l'état de la technique le requiert.

SANTÉ ET SÉCURITÉ AU TRAVAIL — **Art. R. 4313-29**

SOUS-SECTION 2 Procédures d'évaluation de la conformité applicables aux machines ainsi qu'aux équipements de protection individuelle

§ 1 Évaluation de la conformité avec contrôle interne de la fabrication dite aussi procédure "d'autocertification CE"

Art. R. 4313-20 La procédure de contrôle interne de la fabrication est la procédure par laquelle le fabricant s'assure qu'une machine ou un équipement de protection individuelle satisfait aux règles techniques pertinentes de l'annexe applicable et établit, sous sa responsabilité, une déclaration de conformité en ce sens.

Art. R. 4313-21 Le fabricant prend les mesures nécessaires pour garantir, dans le processus de fabrication, que la machine ou l'équipement de protection individuelle est conforme à la machine ou à l'équipement de protection individuelle faisant l'objet du dossier technique ainsi qu'aux règles techniques pertinentes.

Art. R. 4313-22 Le fabricant, l'importateur ou tout autre responsable de la mise sur le marché établit pour chaque type de machine ou d'équipement de protection individuelle le dossier technique prévu à l'article R. 4313-6.

§ 2 Examen CE de type

Art. R. 4313-23 La procédure dite "examen CE de type" est la procédure par laquelle un organisme notifié constate et atteste qu'un modèle de machine ou d'équipement de protection individuelle est conforme aux règles techniques le concernant.

En application de l'art. L. 231-4, 4°, CRPA, et par exception à l'application du délai de deux mois prévu à l'art. L. 231-1 du même code, le silence gardé par l'administration pendant trois mois vaut décision de rejet pour une demande de délivrance d'une attestation dite « examen CE de type » (Décr. n° 2015-1452 du 10 nov. 2015, art. 1er et Annexe I). Le Décr. préc. s'applique aux demandes présentées à compter du 12 nov. 2015 (Décr. préc., art. 4).

Art. R. 4313-24 La demande d'examen CE de type ne peut être introduite par le fabricant ou l'importateur qu'auprès d'un seul organisme notifié dans la Communauté européenne pour un modèle de machine ou d'équipement de protection individuelle.

Art. R. 4313-25 La demande d'examen CE de type comporte :
1° Les nom et adresse du fabricant ou de l'importateur ;
2° Le lieu de fabrication de la machine ou de l'équipement de protection individuelle ;
3° Le dossier technique prévu par l'article R. 4313-6.

Art. R. 4313-26 Lorsqu'il s'agit d'une machine, la demande d'examen CE de type est accompagnée d'un exemplaire du modèle ou de l'indication du lieu où le modèle peut être examiné.

Lorsqu'il s'agit d'un équipement de protection individuelle, la demande est accompagnée du nombre d'exemplaires du modèle nécessaire à l'examen.

Art. R. 4313-27 Lorsque l'organisme notifié a son siège en France, la correspondance relative à la demande d'examen CE de type et le dossier technique sont rédigés en français ou dans une langue officielle de la Communauté européenne acceptée par l'organisme notifié.

Art. R. 4313-28 L'organisme notifié, saisi de la demande d'examen CE de type, procède à l'examen du dossier technique et à l'examen du modèle de machine ou d'équipement de protection individuelle.

Art. R. 4313-29 Lorsqu'il s'agit d'une machine, l'organisme notifié procède aux examens et essais lui permettant de s'assurer que :
1° Le dossier technique comporte tous les éléments nécessaires ;
2° La machine a été fabriquée conformément aux indications contenues dans le dossier technique ;
3° La machine peut être utilisée en sécurité dans les conditions prévues d'utilisation ;
4° S'il s'agit d'un composant de sécurité mentionné au 3° de l'article R. 4311-4, que ce composant est apte à remplir les fonctions de sécurité prévues ;

5° Si le dossier technique fait référence à des normes mentionnées à l'article L. 4311-7, ces normes ont été correctement utilisées ;
6° La machine est conforme aux règles techniques qui lui sont applicables.

Art. R. 4313-30 Lorsqu'il s'agit d'un équipement de protection individuelle, l'organisme notifié procède aux examens et essais lui permettant de s'assurer que :
1° Le dossier technique comporte tous les éléments nécessaires. Si ce dossier fait référence à des normes mentionnées à l'article L. 4311-7, l'organisme s'assure qu'il comporte toutes les indications exigées par ces normes. Si ce dossier ne fait pas référence à de telles normes ou ne s'y réfère qu'en application d'une partie des règles techniques applicables ou s'il n'existe pas de telles normes, l'organisme s'assure que, pour l'équipement soumis à examen, les spécifications techniques utilisées pour l'application des règles techniques ne se référant pas à ces normes sont conformes à ces règles techniques ;
2° Le modèle d'équipement de protection individuelle a été fabriqué conformément aux indications contenues dans le dossier technique et peut être utilisé en sécurité conformément à sa destination. L'organisme s'assure que l'équipement de protection individuelle est conforme aux règles techniques qui lui sont applicables. A cet effet, il réalise les examens et essais appropriés pour s'assurer, selon le cas, de la conformité du modèle d'équipement de protection individuelle :
a) Soit aux normes auxquelles fait référence le dossier technique ;
b) Soit aux spécifications techniques utilisées si ces spécifications techniques ont été au préalable reconnues conformes aux règles techniques applicables à l'équipement de protection individuelle.

Art. R. 4313-31 Lorsque l'organisme notifié décide que le modèle de machine ou d'équipement de protection individuelle examiné est conforme aux règles techniques le concernant, il établit une attestation d'examen CE de type.
L'attestation reproduit les conclusions de l'examen, indique les conditions dont elle est éventuellement assortie et comprend les descriptions et dessins nécessaires pour identifier le modèle faisant l'objet de l'attestation.

Art. R. 4313-32 Lorsque l'organisme notifié décide que le modèle de machine ou d'équipement de protection individuelle n'est pas conforme aux règles techniques le concernant, il fait connaître au demandeur son refus de lui délivrer une attestation d'examen CE de type et en informe les autres organismes notifiés de la Communauté européenne.

Art. R. 4313-33 L'organisme notifié informe le demandeur, par lettre recommandée avec accusé de réception, de la date à laquelle le dossier technique est complet. Il lui fait connaître sa décision sur la demande d'examen CE de type, par lettre recommandée avec avis de réception, dans un délai de trois mois, à compter de cette date.

Art. R. 4313-34 Lorsque l'organisme n'a pas fait connaître sa décision dans le délai prévu à l'article précédent, le demandeur peut, au plus tard dans les deux mois qui suivent l'expiration de ce délai, saisir le ministre chargé du travail d'une réclamation. Celui-ci peut, autoriser le demandeur à s'adresser à un autre organisme notifié.

Art. R. 4313-35 Les décisions portant délivrance ou refus d'une attestation d'examen CE de type peuvent, lorsqu'elles sont prises par un organisme notifié situé sur le territoire français, faire l'objet d'une réclamation devant le ministre chargé du travail, au plus tard dans un délai de deux mois à compter de la notification de la décision au demandeur.

Art. R. 4313-36 Si la décision d'un organisme notifié n'apparaît pas justifiée, le ministre chargé du travail, saisi d'une réclamation, peut réformer cette décision après avis du (*Décr. n° 2016-1834 du 22 déc. 2016, art. 2*) « Conseil d'orientation des conditions de travail », après que le réclamant, le demandeur de l'attestation d'examen CE de type s'il est différent du réclamant et l'organisme notifié en cause, ont été invités à présenter leurs observations. Il prend sa décision dans un délai de deux mois.
Le silence gardé pendant plus de deux mois sur une réclamation vaut décision de rejet.

SANTÉ ET SÉCURITÉ AU TRAVAIL

Art. R. 4313-37 Préalablement à l'exposition, la mise en vente, la vente, l'importation, la location, la mise à disposition ou la cession à quelque titre que ce soit d'un exemplaire neuf de machine ou d'équipement de protection individuelle ayant fait l'objet d'une attestation d'examen CE de type, le responsable de l'opération s'assure de la conformité de l'exemplaire en cause avec le modèle pour lequel a été délivrée l'attestation.

La déclaration CE de conformité prévue par l'article R. 4313-1 ne peut être établie et délivrée et le marquage CE de conformité prévu par l'article R. 4313-3 ne peut être apposé que si l'exemplaire concerné est conforme au modèle pour lequel l'attestation d'examen CE de type a été délivrée.

Art. R. 4313-38 Toute modification d'une machine ou d'un équipement de protection individuelle, ayant fait l'objet d'une attestation d'examen CE de type, réalisée par le fabricant ou l'importateur, est portée à la connaissance de l'organisme ayant délivré l'attestation.

L'organisme prend connaissance de ces modifications et s'assure que celles-ci n'exigent pas un nouvel examen de conformité. Dans ce cas, il fait savoir au fabricant ou à l'importateur que l'attestation d'examen CE de type reste valable pour le modèle ainsi modifié.

Dans le cas contraire, l'organisme fait savoir au fabricant ou à l'importateur que l'attestation d'examen CE de type cesse d'être valable. Si le fabricant ou l'importateur entend maintenir ces modifications, il dépose une nouvelle demande d'examen CE de type dans les conditions et selon les modalités prévues par la présente sous-section.

Art. R. 4313-39 L'attestation d'examen CE de type peut être retirée à tout moment par l'organisme notifié qui l'a délivrée s'il apparaît à l'expérience que les règles techniques applicables ne sont pas prises en compte.

La décision est prise après que le titulaire de l'attestation a été appelé à présenter ses observations. Cette décision est motivée par des non-conformités suffisamment importantes pour justifier la remise en cause de la décision initiale.

L'organisme notifié informe de sa décision le ministre chargé du travail et les autres organismes notifiés de la Communauté européenne.

La décision de retrait peut faire l'objet d'une réclamation dans les conditions prévues à l'article R. 4313-35.

Art. R. 4313-40 S'agissant des machines, le fabricant ou l'importateur demande à l'organisme notifié qui a délivré une attestation d'examen CE de type de réexaminer la validité de cette attestation, tous les cinq ans.

Art. R. 4313-41 Si l'organisme notifié, après avoir procédé aux examens nécessaires, estime que l'attestation reste valable compte tenu de l'état de la technique, il la renouvelle pour une durée de cinq ans.

Art. R. 4313-42 Les décisions de renouvellement ou de refus de renouvellement d'une attestation d'examen CE de type peuvent faire l'objet d'une réclamation dans les conditions fixées à l'article R. 4313-35.

SOUS-SECTION 3 **Le système d'assurance qualité complète**

Art. R. 4313-43 La procédure d'assurance qualité complète est celle par laquelle un organisme notifié évalue, approuve le système de qualité d'un fabricant de machines et en contrôle l'application.

A cette fin, l'organisme notifié s'assure que toutes les mesures ont été prises concernant la conception, la fabrication, l'inspection finale et le stockage.

En application de l'art. L. 231-4, 4°, CRPA, et par exception à l'application du délai de deux mois prévu à l'art. L. 231-1 du même code, le silence gardé par l'administration pendant deux mois vaut décision de rejet pour une demande d'approbation du système d'assurance qualité complète pour les machines (Décr. n° 2015-1452 du 10 nov. 2015, art. 1er et Annexe I). Le Décr. préc. s'applique aux demandes présentées à compter du 12 nov. 2015 (Décr. préc., art. 4).

Art. R. 4313-44 Pour obtenir l'approbation de son système de qualité, le fabricant introduit, auprès d'un organisme, une demande d'évaluation qui comprend :

1° Le nom et l'adresse du fabricant ;
2° Les lieux de conception, de fabrication, d'inspection, d'essai et de stockage ;
3° Le dossier technique prévu à l'article R. 4313-6 pour un modèle de chaque machine citée à l'article (*Décr. n° 2011-1480 du 9 nov. 2011*) « R. 4313-78 » ;
4° La documentation sur le système de qualité ;
5° Une déclaration écrite spécifiant qu'une même demande n'a pas été introduite auprès d'un autre organisme notifié.

Art. R. 4313-45 Le système d'assurance qualité est mis en œuvre pour assurer la conformité des machines aux règles techniques les concernant. A cette fin tous les éléments, exigences et dispositions adoptés par le fabricant figurent dans une documentation tenue de manière systématique et rationnelle sous forme de mesures, procédures et instructions écrites. Cette documentation comprend, en particulier, une description adéquate :
1° Des objectifs de qualité, de l'organigramme et des responsabilités et des pouvoirs des cadres en matière de conception et de qualité des machines ;
2° Des solutions techniques adoptées pour se conformer aux règles techniques applicables ;
3° Des techniques mises en œuvre en termes d'inspection et de vérification ainsi que des actions mises en œuvre lors de la conception puis de la fabrication ;
4° Des inspections et essais effectués avant, pendant et après la fabrication avec indication de leur fréquence ;
5° Des dossiers de qualité : rapport d'inspection, résultats d'essais et d'étalonnage, rapport sur la qualification du personnel concerné ;
6° Des moyens prévus pour contrôler la réalisation de la conception et de la qualité voulues des machines ainsi que le fonctionnement effectif du système qualité.

Art. R. 4313-46 Lorsqu'il évalue le système de qualité, l'organisme notifié considère que les éléments du système qualité qui sont conformes à la norme harmonisée pertinente satisfont aux prescriptions correspondantes de l'article R. 4313-45.

Art. R. 4313-47 Pour l'évaluation du système de qualité d'un fabricant de machine, l'organisme notifié s'appuie sur une équipe d'auditeurs qui compte, au moins, un membre expérimenté dans l'évaluation de la technologie des machines. Cette équipe procède à l'examen du dossier technique prévu à l'article R. 4313-6. La procédure d'évaluation comporte une visite d'inspection dans les installations du fabricant.

Art. R. 4313-48 Après avoir procédé à l'évaluation du système, l'organisme notifie sa décision d'approbation du système qualité ou de refus.
La décision de l'organisme notifié peut faire l'objet d'une réclamation dans les conditions prévues par l'article R. 4313-35.

Art. R. 4313-49 Le fabricant informe l'organisme notifié de tout projet de modification de ce système approuvé. L'organisme notifié examine les modifications proposées et décide s'il continue de répondre aux dispositions de l'article R. 4313-45. La décision est notifiée et peut faire l'objet d'une réclamation dans les conditions prévues à l'article R. 4313-35.

Art. R. 4313-50 Le fabricant s'engage à remplir toutes les conditions nécessaires pour que le système de qualité approuvé demeure effectif.

Art. R. 4313-51 L'organisme notifié contrôle, par surveillance, que le fabricant remplit correctement les obligations qui découlent du système d'assurance qualité approuvé.

Art. R. 4313-52 Le fabricant autorise l'organisme notifié à accéder aux lieux de conception, de fabrication, d'inspection, d'essais et de stockage et fournit toutes les informations nécessaires, notamment :
1° La documentation sur le système de qualité ;
2° Les dossiers de qualité prévus, d'une part, dans la partie du système de qualité consacrée à la conception et, d'autre part, dans la partie consacrée à sa fabrication.

Art. R. 4313-53 L'organisme notifié procède à des audits périodiques pour s'assurer que le fabricant maintient et applique le système de qualité approuvé. Il fournit un rapport d'audit au fabricant.

La fréquence des audits est telle qu'une réévaluation complète est menée tous les trois ans.

Art. R. 4313-54 L'organisme notifié effectue, à l'improviste chez le fabricant, des visites dont la nécessité et la fréquence sont déterminées sur la base du système de contrôle géré par l'organisme. Au nombre des critères de choix de l'organisme figurent :
1° Les résultats des visites de surveillance antérieure ;
2° Le suivi qu'impose la mise en œuvre de mesures correctives ;
3° Les conditions spéciales liées à l'approbation du système ;
4° Les modifications significatives dans l'organisation du processus, des mesures ou des techniques de production.
Le cas échéant, l'organisme fait effectuer des essais. Les visites et les essais font l'objet d'un rapport remis au fabricant.

Art. R. 4313-55 Le fabricant tient à disposition des autorités nationales, pendant dix ans à compter de la dernière date de fabrication, les éléments à transmettre avec toute demande d'évaluation du système qualité énumérés à l'article R. 4313-44 ainsi que les décisions et rapports prévus aux articles R. 4313-48, R. 4313-49, R. 4313-53 et R. 4313-54.

Art. R. 4313-56 Lorsque l'organisme estime que les conditions nécessaires à l'approbation du système de qualité ne sont plus remplies, il retire cette approbation. Ce retrait interdit la mise sur le marché de la machine.

SOUS-SECTION 4 **Procédures d'évaluation de la conformité applicables aux équipements de protection individuelle**

§ 1 Le système de garantie de qualité CE

Art. R. 4313-57 Le "système de garantie de qualité CE" est la procédure par laquelle un organisme notifié atteste que le fabricant a pris toutes mesures nécessaires pour que le procédé de fabrication, y compris l'inspection finale et les essais des équipements de protection individuelle, assure l'homogénéité de sa production et la conformité de chaque exemplaire d'équipement de protection individuelle soumis à cette procédure avec le modèle ayant fait l'objet de l'attestation d'examen CE de type et avec les règles techniques qui lui sont applicables.

En application de l'art. L. 231-5 CRPA, et par exception à l'application du délai de deux mois prévu à l'art. L. 231-1 du même code, le silence gardé par l'administration pendant deux mois vaut décision de rejet pour une demande de conformité au type sur la base de la vérification du produit pour les équipements de protection individuelle (Décr. n° 2015-1452 du 10 nov. 2015, art. 1ᵉʳ et Annexe I). Le Décr. préc. s'applique aux demandes présentées à compter du 12 nov. 2015 (Décr. préc., art. 4).

Art. R. 4313-58 Pour chaque modèle d'équipement de protection individuelle fabriqué, un organisme notifié choisi par le fabricant prélève un échantillonnage adéquat de l'équipement de protection individuelle à des intervalles aléatoires, au moins une fois par an. Sous sa responsabilité, il l'examine et réalise sur cet échantillonnage les essais appropriés définis par les normes mentionnées au 6° de l'article L. 4311-7 ou nécessaires pour s'assurer de la conformité des échantillons d'équipement de protection individuelle avec les règles techniques qui leur sont applicables. L'organisme notifié, s'il n'est pas celui qui a délivré l'attestation d'examen CE de type, prend contact avec ce dernier en cas de difficulté pour apprécier la conformité des équipements de protection individuelle prélevés dans l'échantillonnage. L'organisme notifié adresse au fabricant un rapport d'expertise dans un délai de deux mois suivant celle-ci.

Art. R. 4313-59 Lorsque le rapport prévu par l'article R. 4313-58 conclut à une absence d'homogénéité de la production ou à l'absence de conformité des échantillons d'équipement de protection individuelle examinés avec le modèle décrit dans l'attestation d'examen CE de type et les règles techniques applicables, l'organisme notifié prend les mesures qui s'imposent en fonction des défauts constatés et en informe le ministre chargé du travail. Le délai dans lequel le rapport d'expertise est adressé au fabricant est réduit au temps strictement nécessaire pour la rédaction et la transmission de ce rapport.

Art. R. 4313-60 Les mesures mentionnées à l'article R. 4313-59 peuvent être constituées par une augmentation de la périodicité des prélèvements d'échantillonnage, une demande de modification des procédés de fabrication y compris d'inspection finale, une demande de rappel ou de mise au rebut des lots défectueux. La charge financière résultant de la mise en œuvre de ces mesures est supportée par le fabricant. Si ces mesures n'apparaissent pas suffisantes ou ne sont pas respectées, la procédure de sauvegarde prévue au chapitre IV peut être mise en œuvre.

Art. R. 4313-61 Les possibilités de réclamation prévues par l'article R. 4313-35 sont applicables aux décisions de l'organisme notifié prévues au présent paragraphe.

§ 2 Le système d'assurance qualité CE de la production avec surveillance

Art. R. 4313-62 Le système d'assurance qualité CE de la production avec surveillance est la procédure par laquelle un fabricant :
1° Fait approuver un système d'assurance qualité par un organisme notifié de son choix ;
2° Confie à cet organisme le soin de contrôler, par surveillance, qu'il remplit correctement les obligations résultant du système d'assurance qualité approuvé.

En application de l'art. L. 231-5 CRPA, et par exception à l'application du délai de deux mois prévu à l'art. L. 231-1 du même code, le silence gardé par l'administration pendant deux mois vaut décision de rejet pour une demande de conformité au type sur la base de la vérification de la qualité du procédé de fabrication pour les équipements de protection individuelle (Décr. n° 2015-1452 du 10 nov. 2015, art. 1ᵉʳ et Annexe I). Le Décr. préc. s'applique aux demandes présentées à compter du 12 nov. 2015 (Décr. préc., art. 4).

Art. R. 4313-63 Pour être approuvé, le système d'assurance qualité CE de la production, proposé par le fabricant, garantit que chaque exemplaire d'équipement de protection individuelle, soumis à cette procédure, est conforme au modèle ayant fait l'objet de l'attestation d'examen CE de type et aux règles techniques qui lui sont applicables.

Art. R. 4313-64 Pour bénéficier d'un système approuvé d'assurance qualité, le fabricant dépose une demande d'évaluation de son système auprès d'un organisme notifié de son choix. Cette demande comporte :
1° Toutes les informations relatives aux équipements de protection individuelle envisagés, y compris le dossier technique prévu à l'article R. 4313-6 relatif au modèle ayant fait l'objet d'une attestation d'examen CE de type ;
2° La documentation sur le système d'assurance qualité ;
3° L'engagement de remplir les obligations découlant du système d'assurance qualité et de maintenir l'efficacité de ce système.

Art. R. 4313-65 La documentation sur le système d'assurance qualité comprend notamment une description :
1° Des objectifs de qualité, de l'organigramme et de la répartition des compétences chez le fabricant dans les domaines relatifs à la qualité des équipements de protection individuelle ;
2° Des examens, inspections et essais à réaliser par le fabricant ;
3° Des moyens destinés à vérifier le fonctionnement efficace du système d'assurance qualité.

Art. R. 4313-66 L'organisme notifié, choisi par le fabricant pour évaluer le système d'assurance qualité, réalise les vérifications nécessaires pour déterminer si ce système est de nature à assurer la conformité de la production avec les règles techniques applicables.
Cette conformité est présumée lorsque le système d'assurance qualité du fabricant met en œuvre les normes harmonisées pertinentes.

Art. R. 4313-67 L'organisme notifié, pour évaluer le système d'assurance qualité, procède à cette fin à toutes les évaluations objectives nécessaires des éléments de ce système. Il s'assure notamment que le système garantit la conformité de chaque exemplaire d'équipement de protection individuelle avec le modèle ayant fait l'objet d'une attestation d'examen CE de type.

L'organisme notifie sa décision au fabricant.

Art. R. 4313-68 Le fabricant informe l'organisme qui a approuvé son système d'assurance qualité de tout projet de modification de ce système.

L'organisme examine les modifications proposées et décide si le système d'assurance qualité continue de répondre aux dispositions des articles R. 4313-64 à R. 4313-67. L'organisme notifie au fabricant sa décision quant au système d'assurance qualité modifié.

Art. R. 4313-69 L'organisme notifié contrôle, par surveillance, que le fabricant remplit correctement les obligations qui découlent du système d'assurance qualité approuvé.

Art. R. 4313-70 Le fabricant autorise l'organisme notifié à accéder aux lieux d'inspection, d'essais et de stockage des équipements de protection individuelle et fournit toute information nécessaire, notamment :

1° La documentation sur le système d'assurance qualité, y compris les manuels de qualité ;

2° La documentation technique.

Art. R. 4313-71 L'organisme notifié procède périodiquement à des enquêtes et contrôles pour s'assurer que le fabricant maintient et applique le système d'assurance qualité approuvé. Il fournit un rapport d'expertise au fabricant. L'organisme peut procéder à des visites inopinées chez le fabricant. Il fournit un rapport de visite au fabricant et, le cas échéant, un rapport d'expertise. Les rapports de l'organisme notifié sont adressés au fabricant dans les conditions fixées par les articles R. 4313-58 et R. 4313-59.

Art. R. 4313-72 Lorsque l'organisme notifié a conclu à une application défectueuse du système d'assurance qualité approuvé, il peut, selon la gravité des défauts constatés :
– soit demander les modifications nécessaires du système.
– soit décider le retrait de l'approbation.

Art. R. 4313-73 En cas de retrait de l'approbation du système d'assurance qualité, la fabrication ne peut se poursuivre qu'après que le fabricant a mis en œuvre un système de garantie de qualité CE conforme aux dispositions du paragraphe 1 de la présente sous-section. La procédure de sauvegarde prévue au chapitre IV peut également être mise en œuvre.

Art. R. 4313-74 Les possibilités de réclamation prévues par l'article R. 4313-35 sont applicables aux décisions de l'organisme notifié prévues par le présent paragraphe.

SECTION 3 Les procédures d'évaluation de la conformité applicables à chaque catégorie de machines, d'équipements de travail ou d'équipements de protection individuelle

(Décr. n° 2008-1156 du 7 nov. 2008)

§ 1 Machines et autres équipements de travail

Art. R. 4313-75 A l'exception de celles figurant à l'article R. 4313-78, les machines sont soumises à la procédure d'évaluation de la conformité avec contrôle interne de la fabrication.

(Décr. n° 2016-1010 du 21 juill. 2016, art. 1er) « Les tracteurs agricoles ou forestiers et leurs entités techniques, systèmes ou composants sont soumis aux procédures de réception UE par type ou d'homologation nationale définies respectivement par le règlement (UE) n° 167/2013 du Parlement européen et du Conseil du 5 février 2013 relatif à la réception et à la surveillance du marché des véhicules agricoles et forestiers, dans les conditions définies à l'article 2.3 de ce règlement, et par le décret n° 2005-1236 du 30 septembre 2005 relatif aux règles, prescriptions et procédures applicables aux tracteurs agricoles ou forestiers et à leurs dispositifs. »

Les électrificateurs de clôture sont soumis à la procédure d'examen de type définie par le décret n° 96-216 du 14 mars 1996 relatif aux règles techniques et à la procédure de certification applicables aux électrificateurs de clôture.

Art. R. 4313-76 Lorsque la machine est mentionnée à l'article R. 4313-78 et est fabriquée conformément aux normes harmonisées mentionnées à l'article L. 4311-7, et pour autant que ces normes couvrent l'ensemble des règles techniques pertinentes, le fabricant applique l'une des procédures suivantes :
1° La procédure d'évaluation de la conformité avec contrôle interne de la fabrication ;
2° La procédure d'examen CE de type ainsi que le contrôle interne de la fabrication ;
3° La procédure d'assurance qualité complète.

Art. R. 4313-77 Lorsque la machine est mentionnée à l'article R. 4313-78 et n'est pas fabriquée conformément aux normes harmonisées mentionnées à l'article L. 4311-7 ou si les normes harmonisées ne couvrent pas l'ensemble des règles techniques pertinentes, le fabricant applique l'une des procédures suivantes :
1° La procédure d'examen CE de type ainsi que le contrôle interne de la fabrication ;
2° La procédure d'assurance qualité complète.

Art. R. 4313-78 Les machines neuves ou considérées comme neuves soumises, soit aux procédures définies à l'article R. 4313-76, soit à celles prévues à l'article R. 4313-77, sont les suivantes :
1° Scies circulaires (monolames et multilames) pour le travail du bois et des matériaux ayant des caractéristiques physiques similaires ou pour le travail de la viande et des matériaux ayant des caractéristiques physiques similaires, des types suivants :
a) Machines à scier, à une ou plusieurs lames en position fixe en cours de coupe, ayant une table ou un support de pièce fixe avec avance manuelle de la pièce ou avec entraîneur amovible ;
b) Machines à scier, à une ou plusieurs lames en position fixe en cours de coupe, à table-chevalet ou chariot à mouvement alternatif, à déplacement manuel ;
c) Machines à scier, à une ou plusieurs lames en position fixe en cours de coupe, possédant par construction un dispositif d'avance intégré des pièces à scier, à chargement ou à déchargement manuel ;
d) Machines à scier, à une ou plusieurs lames mobiles en cours de coupe, à dispositif d'avance intégré, à chargement ou à déchargement manuel ;
2° Machines à dégauchir à avance manuelle pour le travail du bois ;
3° Machines à raboter sur une face possédant par construction un dispositif d'avance intégré, à chargement ou à déchargement manuel pour le travail du bois ;
4° Scies à ruban à chargement ou à déchargement manuel pour le travail du bois et des matériaux ayant des caractéristiques physiques similaires ou pour le travail de la viande et des matériaux ayant des caractéristiques physiques similaires, des types suivants :
a) Machines à scier à lame en position fixe en cours de coupe, à table ou à support de pièce fixe ou à mouvement alternatif ;
b) Machines à scier à lame montée sur un chariot à mouvement alternatif ;
5° Machines combinées des types mentionnées aux 1°, 2°, 3°, 4°, 7° du présent article pour le travail du bois et des matériaux ayant des caractéristiques physiques similaires ;
6° Machines à tenonner à plusieurs broches à avance manuelle pour le travail du bois ;
7° Toupies à axe vertical à avance manuelle pour le travail du bois et des matériaux ayant des caractéristiques physiques similaires ;
8° Scies à chaîne, portatives, pour le travail du bois ;
9° Presses, y compris les plieuses, pour le travail à froid des métaux, à chargement ou à déchargement manuel dont les éléments mobiles peuvent avoir une course supérieure à 6 mm et une vitesse supérieure à 30 mm/s ;
10° Machines de moulage des plastiques par injection ou compression à chargement ou à déchargement manuel ;
11° Machines de moulage de caoutchouc par injection ou compression à chargement ou à déchargement manuel ;
12° Machines pour les travaux souterrains des types suivants :

a) Locomotives et bennes de freinage ;
b) Soutènements marchants hydrauliques ;
13° Bennes de ramassage d'ordures ménagères à chargement manuel, comportant un mécanisme de compression ;
14° Dispositifs amovibles de transmission mécanique, y compris leurs protecteurs ;
15° Protecteurs des dispositifs amovibles de transmission mécanique ;
16° Ponts élévateurs pour véhicules ;
17° Appareils de levage de personnes ou de personnes et d'objets, présentant un danger de chute verticale supérieure à 3 mètres ;
18° Machines portatives de fixation à charge explosive et autres machines à chocs ;
19° Dispositifs de protection destinés à détecter la présence de personnes ;
20° Protecteurs mobiles motorisés avec dispositif de verrouillage destinés à être utilisés dans les machines mentionnées au [aux] 9°, 10° et 11° ;
21° Blocs logiques assurant des fonctions de sécurité ;
22° Structures de protection contre le retournement (ROPS) ;
23° Structures de protection contre les chutes d'objets (FOPS).

Art. R. 4313-79 Un ensemble de machines constitué par l'assemblage d'une machine ou d'un tracteur avec un équipement interchangeable n'est pas tenu de satisfaire à la procédure de certification de conformité applicable à cet ensemble si les deux parties constitutives sont compatibles entre elles et si chacune de ces parties a satisfait à la procédure d'évaluation de la conformité qui lui est applicable.

§ 2   Équipements de protection individuelle

Art. R. 4313-80 Sont soumis à la procédure de contrôle interne de la fabrication dite procédure d'autocertification CE définie par l'article R. 4313-20 les équipements de protection individuelle neufs ou considérés comme neufs qui ont pour but de protéger l'utilisateur contre :
1° Les agressions mécaniques dont les effets sont superficiels ;
2° Les produits d'entretien peu dangereux dont les effets sont facilement réversibles ;
3° Les risques encourus lors de la manipulation des pièces chaudes n'exposant pas à une température supérieure à 50° C, ni à des chocs dangereux ;
4° Les conditions atmosphériques qui ne sont ni exceptionnelles ni extrêmes ;
5° Les petits chocs et vibrations n'affectant pas des parties vitales du corps et qui ne peuvent pas provoquer de lésions irréversibles.

Art. R. 4313-81 Les équipements de protection individuelle neufs ou considérés comme neufs, autres que ceux mentionnés à l'article R. 4313-80, sont soumis à la procédure d'examen CE de type définie par les articles R. 4313-23 à R. 4313-42.

Art. R. 4313-82 Outre la procédure d'examen CE de type, les équipements de protection individuelle suivants, neufs ou considérés comme neufs, sont soumis, au choix du fabricant, soit à la procédure de système de garantie de qualité CE définie par les articles R. 4313-57 à R. 4313-61, soit à la procédure de système d'assurance qualité CE de la production avec surveillance définie par les articles R. 4313-62 à R. 4313-74 :
1° Appareils de protection respiratoire filtrants qui protègent contre les aérosols solides ou liquides ou les gaz dangereux ou radiotoxiques ;
2° Appareils de protection respiratoire qui isolent totalement de l'atmosphère d'intervention et appareils de plongée ;
3° Équipements de protection individuelle offrant une protection limitée dans le temps contre les agressions chimiques ou contre les rayonnements ionisants ;
4° Équipements d'intervention dans les ambiances chaudes dont les effets sont comparables à ceux d'une température d'air égale ou supérieure à 100° C, avec ou sans rayonnement infrarouge, flammes ou grosses projections de matières en fusion ;
5° Équipements d'intervention dans des ambiances froides dont les effets sont comparables à ceux d'une température d'air inférieure ou égale à − 50° C ;
6° Équipements de protection individuelle destinés à protéger contre les chutes de hauteur ;
7° Équipements de protection individuelle destinés à protéger des risques électriques pour les travaux sous tension dangereuse ou équipements utilisés comme isolants contre une haute tension.

SECTION 4 Organismes notifiés

(Décr. n° 2008-1156 du 7 nov. 2008)

Art. R. 4313-83 Les organismes notifiés sont les organismes chargés de mettre en œuvre les procédures d'évaluation de la conformité ou de réaliser des opérations de contrôle de conformité définies par le présent chapitre. Ils sont habilités par arrêté du ministre chargé du travail et notifiés à la Commission européenne ainsi qu'aux autres États membres. — *V. Arr. du 13 juin 2013 (JO 26 juin).*

En application de l'art. L. 231-5 CRPA, et par exception à l'application du délai de deux mois prévu à l'art. L. 231-1 du même code, le délai à l'expiration duquel le silence gardé par l'administration vaut décision de rejet est fixé à quatre mois pour une demande d'habilitation des organismes chargés de mettre en œuvre les procédures d'évaluation de la conformité ou de réaliser des opérations de contrôle de conformité des équipements de travail et des moyens de protection (Décr. n° 2014-1289 du 23 oct. 2014, art. 1ᵉʳ).

Art. R. 4313-84 Pour les équipements de travail ou les moyens de protection destinés à un usage spécifiquement agricole ou forestier, les attributions du ministre chargé du travail sont exercées par le ministre chargé de l'agriculture.

Art. R. 4313-85 L'habilitation est accordée à un organisme en fonction de son indépendance, de ses compétences, de son intégrité ainsi que de la disposition des moyens pour remplir sa mission et faire face aux responsabilités qui en découlent.

Un arrêté ministériel précise les conditions nécessaires pour qu'un organisme remplisse ces critères et, notamment, le rôle imparti à l'accréditation.

Art. R. 4313-86 Afin de permettre au ministre chargé du travail d'apprécier les garanties présentées par les organismes habilités, ceux-ci s'engagent à permettre aux personnes désignées par le ministre d'accéder à leurs locaux et de procéder à toutes les investigations permettant de vérifier qu'ils continuent de satisfaire aux conditions mentionnées à la présente section.

Art. R. 4313-87 Le silence gardé par le ministre chargé du travail pendant plus de quatre mois sur une demande d'habilitation vaut décision de rejet.

Art. R. 4313-88 En cas de manquement aux obligations définies à la présente section, l'habilitation est retirée par arrêté du ministre chargé du travail après avis du *(Décr. n° 2016-1834 du 22 déc. 2016, art. 2)* « Conseil d'orientation des conditions de travail » et après que le responsable de l'organisme a été invité à présenter ses observations.

Cet arrêté précise les conditions dans lesquelles les dossiers détenus par l'organisme sont mis à la disposition du ministre chargé du travail.

Art. R. 4313-89 Les décisions des organismes habilités peuvent faire l'objet d'une réclamation dans les conditions prévues à l'article R. 4313-35.

SECTION 5 *[ABROGÉE]* Communication à l'autorité administrative et mesures de contrôle

(Abrogée par Décr. n° 2022-624 du 22 avr. 2022, art. 3)

Art. R. 4313-90 à R. 4313-95 *Abrogés par Décr. n° 2022-624 du 22 avr. 2022, art. 3.*

CHAPITRE IV SURVEILLANCE DU MARCHÉ

(Décr. n° 2022-624 du 22 avr. 2022, art. 3)

SECTION 1 Autorités de surveillance du marché et agents habilités

SOUS-SECTION 1 Autorités de surveillance du marché

Art. R. 4314-1 La surveillance du marché des équipements de travail et des équipements de protection individuelle soumis à des règles de conception, de fabrication et de mise sur le marché en application du titre I du livre III de la quatrième partie du présent code ou d'un règlement européen est assurée par les ministres chargés du tra-

SANTÉ ET SÉCURITÉ AU TRAVAIL **Art. R. 4314-5**

vail, de l'agriculture, de la consommation et des douanes dans les limites de leurs attributions respectives.

Les autorités de surveillance du marché exercent les missions prévues à l'article 11 du règlement (UE) 2019/1020.

Elles établissent un programme d'enquête et de contrôle. Ce programme prend en compte les éléments définis dans la stratégie nationale en matière de surveillance du marché prévue à l'article 13 du règlement (UE) 2019/1020.

Art. R. 4314-2 Les dispositions du présent chapitre sont applicables lorsque le ministre chargé du travail et le ministre chargé de l'agriculture exercent leur mission de surveillance du marché.

Le ministre chargé de la consommation exerce sa mission de surveillance du marché dans le cadre des dispositions du code de la consommation.

Le ministre chargé des douanes exerce sa mission de surveillance du marché dans le cadre des dispositions du code des douanes de l'Union, du règlement d'exécution (UE) n° 2015/2447 de la Commission du 24 novembre 2015 et du code des douanes.

SOUS-SECTION 2 **Habilitation des agents chargés de la surveillance du marché**

Art. R. 4314-3 Les agents habilités à exercer les missions de surveillance du marché sur le fondement de l'article L. 4314-1 sont désignés par arrêté du ministre chargé du travail ou du ministre chargé de l'agriculture.

Ils ont une compétence nationale pour la recherche et la constatation des manquements à la réglementation relative aux équipements de travail et aux équipements de protection individuelle accessibles sur le marché national.

Une carte professionnelle portant mention de l'habilitation et son objet leur est délivrée par le ministre chargé du travail ou le ministre chargé de l'agriculture.

SOUS-SECTION 3 **Dispositions communes**

Art. R. 4314-4 Les autorités de surveillance du marché et les agents habilités exercent leurs pouvoirs et exécutent leurs fonctions de manière indépendante, impartiale et objective.

SECTION 2 **Pouvoirs de contrôle et d'enquête des autorités de surveillance du marché et des agents habilités**

SOUS-SECTION 1 **Dispositions générales**

Art. R. 4314-5 I. – Aux fins de vérifier la conformité des équipements aux règles de conception, de fabrication et de mise sur le marché qui leur sont applicables et d'obtenir les preuves d'une éventuelle non-conformité, les autorités de surveillance du marché et les agents habilités peuvent :

1° Exiger des opérateurs économiques la communication des documents et informations mentionnés à l'article R. 4314-8 ;

2° Procéder à des inspections sur place, le cas échéant inopinées, et à des contrôles physiques des équipements, y compris en les soumettant à des vérifications sous forme de tests, analyses ou essais. Ces vérifications font l'objet d'un rapport ;

3° Accéder, dans les conditions prévues au deuxième alinéa de l'article L. 4314-1, à tous les locaux, terrains et moyens de transport que l'opérateur économique concerné utilise à des fins liées à son activité commerciale, industrielle, artisanale ou libérale ;

4° Engager de sa *[leur]* propre initiative des enquêtes ;

5° Entrer en contact sous une identité d'emprunt avec un opérateur économique pour obtenir des informations commerciales ;

6° Acquérir, soit directement, y compris sous une identité d'emprunt, soit par l'intermédiaire d'un organisme public ou privé, des échantillons d'équipement et les soumettre à des vérifications sous forme de tests, analyses ou essais. Ces vérifications font l'objet d'un rapport.

Les échantillons sont acquis, déballés, analysés et conservés de manière à permettre à tout moment leur identification. Lorsqu'un contrôle destructif est nécessaire pour opérer une vérification de conformité, au moins un autre échantillon du même modèle d'équipement est acquis et non soumis à un contrôle destructif.

Toute acquisition s'accompagne d'un procès-verbal d'acquisition dont le contenu est défini par un arrêté des ministres chargés du travail et de l'agriculture. Ce procès-verbal est annexé au rapport mentionné au premier alinéa. – *V. Arr. du 24 mars 2023, NOR : MTRT2308644A (JO 18 avr.).*

II. – Les autorités de surveillance du marché et les agents habilités disposent de l'ensemble des pouvoirs de contrôle et d'enquête mentionnés au I pour les équipements vendus sur une interface en ligne lorsque ceux-ci sont accessibles sur le marché national.

Art. R. 4314-6 Le recours à une identité d'emprunt est permis lorsque l'autorité de surveillance du marché ou l'agent habilité dispose d'éléments lui permettant de considérer que son identification serait de nature à nuire au déroulement ou à l'efficacité du contrôle.

Lors des inspections sur place, les agents habilités sont munis de leur carte professionnelle afin de justifier de leur qualité. Lorsque l'établissement de la preuve du manquement en dépend et qu'elle ne peut être établie autrement, les agents habilités peuvent ne décliner leur qualité qu'au moment où ils informent la personne contrôlée de la constatation d'un manquement.

Art. R. 4314-7 Après chaque contrôle, les agents habilités établissent un rapport relatif au respect par les opérateurs économiques de la réglementation relative à la conception, à la fabrication et à la mise sur le marché des équipements.

SOUS-SECTION 2 **Accès aux documents et informations**

Art. R. 4314-8 Les autorités de surveillance du marché et les agents habilités peuvent demander communication à l'opérateur économique concerné :
1° Du document relatif à la conformité d'un exemplaire d'un équipement établi par le fabricant ;
2° Du dossier ou de la documentation technique d'un modèle d'équipement, comprenant les documents, spécifications techniques, données ou informations pertinents concernant la conformité du modèle d'équipement et ses caractéristiques techniques, y compris un accès aux logiciels intégrés dans la mesure où cet accès est nécessaire pour évaluer la conformité de l'équipement, quels que soient la forme et le format, et quel que soit le support de stockage ou le lieu où ces documents, spécifications techniques, données ou informations sont stockés. Les personnes ayant accès au dossier ou à la documentation technique peuvent en prendre ou en obtenir des copies et sont tenues au secret professionnel pour toutes les informations relatives aux procédés de fabrication et d'exploitation ;
3° De la documentation commerciale présentant ou promouvant un équipement à destination de ses acheteurs ;
4° Des informations sur la chaîne d'approvisionnement, sur les détails du réseau de distribution, sur les quantités d'équipement sur le marché et sur d'autres modèles d'équipements dotés des mêmes caractéristiques techniques que l'équipement en question ;
5° Des informations permettant de vérifier que les mesures correctives ont bien été prises, en particulier, lorsque ces données sont connues, la liste et les coordonnées des utilisateurs de l'équipement non conforme mis en conformité accompagnées des éléments d'identification du ou des exemplaires de cet équipement dont chaque utilisateur dispose ;
6° Des informations pertinentes aux fins de l'identification du propriétaire d'un site internet, dès lors que cette information a trait à l'objet de l'enquête ;
7° Des documents établis par l'organisme notifié dans le cadre de la procédure d'évaluation de la conformité d'un modèle d'équipement.

Art. R. 4314-9 Les demandes de communication de documents et d'informations prévues à l'article R. 4314-8 sont motivées.

Le délai fixé à l'opérateur économique pour répondre à une demande de communication du dossier ou de la documentation technique tient compte du temps nécessaire pour rendre ce dossier ou cette documentation disponible.

Le dossier ou la documentation technique peut être demandé pendant dix ans après la date de la dernière fabrication.

SECTION 3 Mesures de surveillance du marché

SOUS-SECTION 1 Notification aux opérateurs économiques d'une non-conformité

Art. R. 4314-10 I. – L'autorité de surveillance du marché expose à l'opérateur économique concerné les éléments dont elle dispose tendant à établir une non-conformité d'un équipement de travail ou d'un équipement de protection individuelle et lui communique, le cas échéant, les rapports de vérification mentionnés à l'article R. 4314-5.

Elle lui impartit un délai pour présenter ses observations et exposer les mesures correctives qu'il envisage, le cas échéant, de prendre.

L'opérateur économique précise notamment la nature des mesures envisagées, les modalités de leur mise en œuvre, le calendrier de leur déploiement, les modalités d'information des utilisateurs finals concernés et le cas échéant des autres opérateurs économiques concernés, et les modalités de prise en charge du coût de ces mesures.

L'autorité de surveillance du marché peut également convoquer tout représentant de l'opérateur économique concerné.

II. – L'autorité de surveillance du marché peut demander au fabricant ou à son mandataire de faire vérifier à ses frais, par un organisme accrédité, que les modifications qu'il a engagées ou propose d'engager pour corriger une non-conformité sont suffisantes.

Le délai imparti par l'autorité de surveillance du marché au fabricant ou à son mandataire pour lui communiquer les résultats de cette vérification ne peut être inférieur à un mois.

Si le fabricant ou son mandataire a déjà fait appel à un organisme accrédité pour évaluer la conformité de l'équipement concerné en vue de sa mise sur le marché, il ne peut faire appel au même organisme.

L'organisme de vérification dispose d'un accès aux éléments du dossier technique de l'équipement de travail ou de la documentation technique de l'équipement de protection individuelle nécessaires à l'examen de conformité dont il est chargé.

Les rapports de vérification établis par l'organisme accrédité sont rédigés ou traduits en français.

Les ministres chargés du travail et de l'agriculture déterminent par arrêté les conditions auxquelles doivent répondre les organismes accrédités chargés d'effectuer les vérifications ainsi que les modalités de réalisation de ces vérifications. – *V. Arr. du 24 mars 2023, NOR : MTRT2308639A (JO 14 avr.).*

SOUS-SECTION 2 Injonctions aux opérateurs économiques

Art. R. 4314-11 En l'absence de mesures appropriées prises par l'opérateur économique concerné après la notification prévue à l'article R. 4314-10, l'autorité de surveillance du marché peut lui enjoindre de prendre, dans un délai qu'elle fixe, les mesures suivantes :

1° Mettre l'équipement concerné en conformité, notamment en corrigeant une non-conformité formelle, de façon à ce que les nouveaux équipements mis sur le marché soient conformes ou en s'assurant que l'équipement ne présente plus de risque ;

2° Empêcher l'exposition, la mise en vente, la vente, la location, l'importation, la cession ou la mise à disposition à quelque titre que ce soit, la mise en service ou l'utilisation de l'équipement non conforme concerné, y compris par le retrait des interfaces en ligne qui le mentionnent ;

3° Retirer les équipements présents dans la chaîne d'approvisionnement ou rappeler immédiatement les équipements non conformes, et mettre en garde le public contre le risque encouru, y compris par des avertissements sur les interfaces en ligne qui le mentionnent. Le rappel peut prendre la forme d'une mise en conformité des équipements détenus par l'utilisateur final ;

4° Détruire les exemplaires non conformes de l'équipement ou les rendre inutilisables par d'autres moyens ;

5° Apposer sur l'équipement concerné des avertissements adéquats, rédigés de façon claire et facilement compréhensible concernant les risques qu'il peut présenter ;

6° Fixer des conditions préalables à la mise à disposition de l'équipement concerné sur le marché ;
7° Mettre en garde immédiatement les utilisateurs finals exposés au risque, de façon appropriée, y compris en publiant des avertissements spécifiques.

SOUS-SECTION 3 **Mesures de sauvegarde**

Art. R. 4314-12 Lorsqu'un opérateur économique n'a pas mis en œuvre les mesures correctives prescrites sur le fondement de l'article R. 4314-11, l'autorité de surveillance du marché peut, sur le fondement de l'article L. 4314-2, par arrêté, interdire, restreindre ou soumettre à des conditions spéciales l'exposition, la mise en vente, la vente, la location, l'importation, la cession, la mise à disposition à quelque titre que ce soit, la mise en service ou l'utilisation de l'équipement concerné, ou ordonner qu'il soit rappelé ou retiré.

Elle peut également exiger d'un prestataire de services de la société de l'information qu'il restreigne l'accès à une interface en ligne mentionnant l'équipement concerné, y compris en demandant à des tiers d'appliquer de telles mesures.

L'autorité de surveillance du marché informe la Commission européenne et les autres États membres des mesures de sauvegardes prises sur le fondement du présent article, selon les modalités prévues au paragraphe 4 de l'article 34 du règlement (UE) 2019/1020 du 20 juin 2019.

Art. R. 4314-13 Les mesures de sauvegarde prévues à l'article R. 4314-12 sont également mises en œuvre lorsque le ministre concerné est avisé par la Commission européenne :
1° Qu'une mesure d'interdiction ou de restriction prise par un autre État membre est considérée comme justifiée ;
2° Ou que des équipements identifiés comme dangereux doivent être retirés du marché ou voir leur mise sur le marché soumis[e] à des conditions spéciales.

Dans ces cas, un avis au *Journal officiel* de la République française précise les équipements concernés et les motifs justifiant la mesure d'interdiction ou de restriction.

Art. R. 4314-14 Les articles R. 4314-12 et R. 4314-13 ne s'appliquent pas aux tracteurs agricoles ou forestiers, à leurs entités techniques, à leurs systèmes ou composants pour lesquels la procédure de sauvegarde prévue par le règlement (UE) n° 167/2013 est mise en œuvre selon les dispositions du décret n° 2005-1236 du 30 septembre 2005 relatif aux règles, prescriptions et procédures applicables aux tracteurs agricoles ou forestiers et à leurs dispositifs.

SOUS-SECTION 4 **Recouvrement des coûts**

Art. R. 4314-15 En cas de non-conformité d'un équipement établie par les contrôles effectués par l'autorité de surveillance du marché, les coûts qui peuvent être mis à la charge de l'opérateur économique en cause sur le fondement du troisième alinéa de l'article L. 4314-1 comprennent les frais d'acquisition, de conditionnement, de transport, de contrôle documentaire, de test, d'analyse, de contrôle physique, d'essai, d'expertise et le coût de stockage que l'autorité a exposés pour établir cette non-conformité.

Lorsqu'une autorité de surveillance du marché envisage de demander à l'opérateur économique concerné le recouvrement des frais mentionnés au précédent alinéa, elle lui communique le montant du recouvrement envisagé et l'invite à présenter ses observations dans un délai d'un mois.

A l'expiration de ce délai et au regard des observations éventuelles de l'intéressé, elle notifie sa décision et émet le titre de perception correspondant.

SOUS-SECTION 5 **Droits procéduraux des opérateurs économiques**

Art. R. 4314-16 Toute mesure, décision ou injonction prise par les autorités de surveillance du marché en application de la présente section est motivée.

Art. R. 4314-17 Avant l'édiction d'une mesure, d'une décision ou d'une injonction prévue par la présente section, l'opérateur économique concerné a la possibilité de faire part de ses observations dans un délai approprié qui ne peut être inférieur à dix jours ouvrables.

En cas d'urgence au regard des exigences en matière de santé et de sécurité ou d'autres motifs d'intérêt public protégés par la réglementation relative aux équipements de travail et aux équipements de protection individuelle, l'autorité de surveillance du marché est fondée à prendre une mesure, une décision ou une injonction sans consulter l'opérateur économique concerné. Toutefois, dans ce cas, celui-ci se voit accorder la possibilité d'être entendu dans les meilleurs délais et la mesure, la décision ou l'injonction prise est réexaminée rapidement par l'autorité de surveillance du marché.

TITRE II UTILISATION DES ÉQUIPEMENTS DE TRAVAIL ET DES MOYENS DE PROTECTION

CHAPITRE I RÈGLES GÉNÉRALES

SECTION 1 Principes

Art. R. 4321-1 L'employeur met à la disposition des travailleurs les équipements de travail nécessaires, appropriés au travail à réaliser ou convenablement adaptés à cet effet, en vue de préserver leur santé et leur sécurité. — *[Anc. art. R. 233-1, al. 1er.]*

Art. R. 4321-2 L'employeur choisit les équipements de travail en fonction des conditions et des caractéristiques particulières du travail. Il tient compte des caractéristiques de l'établissement susceptibles d'être à l'origine de risques lors de l'utilisation de ces équipements. — *[Anc. art. R. 233-1, al. 2.]*

Art. R. 4321-3 Lorsque les mesures prises en application des articles R. 4321-1 et R. 4321-2 ne peuvent pas être suffisantes pour préserver la santé et la sécurité des travailleurs, l'employeur prend toutes autres mesures nécessaires à cet effet, en agissant notamment sur l'installation des équipements de travail, l'organisation du travail ou les procédés de travail. — *[Anc. art. R. 233-1, al. 3.]*

Art. R. 4321-4 L'employeur met à la disposition des travailleurs, en tant que de besoin, les équipements de protection individuelle appropriés et, lorsque le caractère particulièrement insalubre ou salissant des travaux l'exige, les vêtements de travail appropriés. Il veille à leur utilisation effective. — *[Anc. art. R. 233-1, al. 4, phrase 1.]*

Art. R. 4321-5 Les équipements de protection individuelle et les vêtements de travail mis à la disposition des travailleurs en application des dispositions de la présente partie ne constituent pas des avantages en nature au sens de l'article *(Décr. n° 2016-1551 du 18 nov. 2016, art. 6-V, en vigueur le 1er janv. 2017)* « L. **3141-25** ». — *[Anc. art. R. 233-1, al. 4, phrase 2.]*

SECTION 2 Conventions conclues avec les organisations professionnelles

Art. R. 4321-6 Les conventions ou accords prévus à l'article L. 4321-5 sont conclus entre les ministres chargés du travail ou de l'agriculture et les organisations professionnelles nationales d'employeurs représentatives. — *[Anc. art. L. 233-5-1, IV.]*

CHAPITRE II MAINTIEN EN ÉTAT DE CONFORMITÉ

Art. R. 4322-1 Les équipements de travail et moyens de protection, quel que soit leur utilisateur, sont maintenus en état de conformité avec les règles techniques de conception et de construction applicables lors de leur mise en service dans l'établissement, y compris au regard de la notice d'instructions.

Ces dispositions ne font pas obstacle à l'application des règles d'utilisation prévues au chapitre IV. — *[Anc. art. R. 233-1-1, al. 1er, anc. art. R. 233-90 début et anc. art. R. 233-157 début.]*

Art. R. 4322-2 Les moyens de protection détériorés pour quelque motif que ce soit, y compris du seul fait de la survenance du risque contre lequel ils sont prévus et dont la réparation n'est pas susceptible de garantir le niveau de protection antérieur à la détérioration, sont immédiatement remplacés et mis au rebut. – *[Anc. art. R. 233-1-1, al. 2.]*

Art. R. 4322-3 La notice d'instructions des équipements de travail et moyens de protection est tenue à la disposition de l'inspection du travail, du service de prévention des organismes de sécurité sociale et de l'organisme agréé saisi conformément à l'article R. 4722-26. – *[Anc. art. R. 233-90, fin et art. R. 233-157, fin.]*

CHAPITRE III MESURES D'ORGANISATION ET CONDITIONS D'UTILISATION DES ÉQUIPEMENTS DE TRAVAIL ET DES ÉQUIPEMENTS DE PROTECTION INDIVIDUELLE

SECTION 1 Information et formation des travailleurs

Art. R. 4323-1 L'employeur informe de manière appropriée les travailleurs chargés de l'utilisation ou de la maintenance des équipements de travail :
1° De leurs conditions d'utilisation ou de maintenance ;
2° Des instructions ou consignes les concernant *(Décr. n° 2008-1156 du 7 nov. 2008)* « [,] notamment celles contenues dans la notice d'instructions du fabricant » ;
3° De la conduite à tenir face aux situations anormales prévisibles ;
4° Des conclusions tirées de l'expérience acquise permettant de supprimer certains risques. – *[Anc. art. R. 233-2, al. 1er à 5.]*

Art. R. 4323-2 L'employeur informe de manière appropriée tous les travailleurs de l'établissement des risques les concernant dus :
1° Aux équipements de travail situés dans leur environnement immédiat de travail, même s'ils ne les utilisent pas personnellement ;
2° Aux modifications affectant ces équipements. – *[Anc. art. R. 233-2, al. 6.]*

Art. R. 4323-3 La formation à la sécurité dont bénéficient les travailleurs chargés de l'utilisation ou de la maintenance des équipements de travail est renouvelée et complétée aussi souvent que nécessaire pour prendre en compte les évolutions de ces équipements. – *[Anc. art. R. 233-3.]*

Art. R. 4323-4 Indépendamment de la formation prévue à l'article R. 4323-3, les travailleurs affectés à la maintenance et à la modification des équipements de travail reçoivent une formation spécifique relative aux prescriptions à respecter, aux conditions d'exécution des travaux et aux matériels et outillages à utiliser.
Cette formation est renouvelée et complétée aussi souvent que nécessaire pour prendre en compte les évolutions des équipements de travail et des techniques correspondantes. – *[Anc. art. R. 233-10.]*

Art. R. 4323-5 L'employeur tient à la disposition des membres du *(Décr. n° 2017-1819 du 29 déc. 2017, art. 3)* « comité social et économique », une documentation sur la réglementation applicable aux équipements de travail utilisés.

SECTION 2 Installation des équipements de travail

Art. R. 4323-6 Les équipements de travail et leurs éléments sont installés et doivent pouvoir être utilisés de manière à assurer leur stabilité. – *[Anc. art. R. 233-5.]*

Art. R. 4323-7 Les équipements de travail sont installés, disposés et utilisés de manière à réduire les risques pour les utilisateurs de ces équipements et pour les autres travailleurs.
Ils sont installés, ainsi que leurs éléments, de façon à permettre aux travailleurs d'accomplir les opérations de production et de maintenance dans les meilleures conditions de sécurité possibles. – *[Anc. art. R. 233-6, al. 1er, phrase 1, et al. 2, phrase 1.]*

Art. R. 4323-8 Un espace libre suffisant est prévu entre les éléments mobiles des équipements de travail et les éléments fixes ou mobiles de leur environnement. – *[Anc. art. R. 233-6, al. 1er, phrase 2.]*

Art. R. 4323-9 L'environnement de travail est organisé de telle sorte que toute énergie ou substance utilisée ou produite puisse être amenée et évacuée en toute sécurité. – *[Anc. art. R. 233-6, al. 1er, phrase 3.]*

SANTÉ ET SÉCURITÉ AU TRAVAIL — **Art. R. 4323-18** 2327

Art. R. 4323-10 Les équipements de travail et leurs éléments sont implantés de telle sorte qu'ils ne s'opposent pas à l'emploi des outils, accessoires, équipements et engins nécessaires pour exécuter en toute sécurité les opérations de mise en œuvre et de réglage relevant de l'opérateur, ou les opérations de maintenance. − *[Anc. art. R. 233-6, al. 2, phrase 2.]*

Art. R. 4323-11 Les équipements de travail sont installés et, en fonction des besoins, équipés de telle sorte que les travailleurs puissent accéder et se maintenir en sécurité et sans fatigue excessive à tous les emplacements nécessaires pour l'utilisation, le réglage et la maintenance de ces équipements et de leurs éléments. − *[Anc. art. R. 233-6, al. 3.]*

Art. R. 4323-12 Les passages et les allées de circulation des travailleurs entre les équipements de travail ont une largeur d'au moins 80 centimètres.
Le profil et l'état du sol de ces passages et les allées permettent le déplacement en sécurité. − *[Anc. art. R. 233-6, al. 4.]*

Art. R. 4323-13 Aucun poste de travail permanent ne peut être situé dans le champ d'une zone de projection d'éléments dangereux. − *[Anc. art. R. 233-7.]*

SECTION 3 **Utilisation et maintenance des équipements de travail**

Art. R. 4323-14 Le montage et le démontage des équipements de travail sont réalisés de façon sûre, en respectant les instructions du fabricant.
La remise en service d'un équipement de travail après une opération de maintenance ayant nécessité le démontage des dispositifs de protection est précédée d'un essai permettant de vérifier que ces dispositifs sont en place et fonctionnent correctement. − *[Anc. art. R. 233-4.]*

Art. R. 4323-15 Lorsque des transmissions, mécanismes et équipements de travail comportant des organes en mouvement susceptibles de présenter un risque sont en fonctionnement, les travailleurs ne peuvent être admis à procéder à la vérification, à la visite, au nettoyage, au débourrage, au graissage, au réglage, à la réparation et à toute autre opération de maintenance.
Préalablement à l'exécution à l'arrêt de tels travaux, toutes mesures sont prises pour empêcher la remise en marche inopinée des transmissions, mécanismes et équipements de travail en cause.
Lorsqu'il est techniquement impossible d'accomplir à l'arrêt certains de ces travaux, des dispositions particulières sont prises pour empêcher l'accès aux zones dangereuses ou pour mettre en œuvre des conditions de fonctionnement, une organisation du travail ou des modes opératoires permettant de préserver la sécurité des travailleurs. L'employeur rédige une instruction à cet effet. Dans ce cas, les travaux ne peuvent être accomplis que par des travailleurs affectés à la maintenance et au démontage des équipements de travail. − *[Anc. art. R. 233-8.]*

Art. R. 4323-16 Lorsque, pour des raisons d'ordre technique, les éléments mobiles d'un équipement de travail ne peuvent être rendus inaccessibles, il est interdit de permettre aux travailleurs, lorsqu'ils portent des vêtements non ajustés ou flottants, d'utiliser cet équipement, de procéder à des interventions sur celui-ci ou de circuler à sa proximité. − *[Anc. art. R. 233-8-1.]*

Art. R. 4323-17 Lorsque les mesures prises en application des articles R. 4321-1 et R. 4321-2 ne peuvent pas être suffisantes pour préserver la santé et assurer la sécurité des travailleurs, l'employeur prend les mesures nécessaires pour que :
1° Seuls les travailleurs désignés à cet effet utilisent l'équipement de travail ;
2° La maintenance et la modification de cet équipement de travail ne soient réalisées que par les seuls travailleurs affectés à ce type de tâche. − *[Anc. art. R. 233-9.]*

Art. R. 4323-18 Les machines à amenage manuel des pièces à travailler ou à déplacement manuel des outillages sont équipées des outils et accessoires appropriés évitant que les phénomènes de rejet ou d'entraînement pouvant survenir créent un risque pour les travailleurs.
Les machines à travailler le bois destinées au dégauchissage, au rabotage, au toupillage pour lesquelles la pièce à usiner est amenée manuellement au contact des outils

en rotation sont équipées de dispositifs anti-rejet tels que des outils à section circulaire à limitation de pas d'usinage ou des outils anti-rejet appropriés. – *[Anc. art. R. 233-13.]*

Art. R. 4323-19 Des arrêtés des ministres chargés du travail ou de l'agriculture déterminent les équipements de travail et les catégories d'équipements de travail pour lesquels un carnet de maintenance est établi et tenu à jour par l'employeur en vue de s'assurer que sont accomplies les opérations de maintenance nécessaires au fonctionnement de l'équipement de travail dans des conditions permettant de préserver la santé et la sécurité des travailleurs.

Ces arrêtés précisent la nature des informations portées sur le carnet de maintenance. – *[Anc. art. R. 233-12, al. 1er et 2.]*

Art. R. 4323-20 Le carnet de maintenance est tenu à la disposition de l'inspection du travail, des agents des services de prévention des organismes de sécurité sociale ainsi que de l'Organisme professionnel de prévention du bâtiment et des travaux publics, s'il y a lieu, et du *(Décr. n° 2017-1819 du 29 déc. 2017, art. 3)* « comité social et économique ». – *[Anc. art. R. 233-12, al. 3.]*

Art. R. 4323-21 Le carnet de maintenance peut être tenu et conservé sur tout support dans les conditions prévues par l'article L. 8113-6. – *[Anc. art. R. 233-12, al. 4.]*

SECTION 4 Vérifications des équipements de travail

SOUS-SECTION 1 Vérification initiale

Art. R. 4323-22 Des arrêtés du ministre chargé du travail ou du ministre chargé de l'agriculture déterminent les équipements de travail et les catégories d'équipements de travail pour lesquels l'employeur procède ou fait procéder à une vérification initiale, lors de leur mise en service dans l'établissement, en vue de s'assurer qu'ils sont installés conformément aux spécifications prévues, le cas échéant, par la notice d'instructions du fabricant et peuvent être utilisés en sécurité.

Cette vérification est réalisée dans les mêmes conditions que les vérifications périodiques prévues à la sous-section 2. – *[Anc. art. R. 233-11-1.]*

SOUS-SECTION 2 Vérifications périodiques

Art. R. 4323-23 Des arrêtés du ministre chargé du travail ou du ministre chargé de l'agriculture déterminent les équipements de travail ou les catégories d'équipement de travail pour lesquels l'employeur procède ou fait procéder à des vérifications générales périodiques afin que soit décelée en temps utile toute détérioration susceptible de créer des dangers.

Ces arrêtés précisent la périodicité des vérifications, leur nature et leur contenu. – *[Anc. art. R. 233-11, al. 1er et 2.]*

Art. R. 4323-24 Les vérifications générales périodiques sont réalisées par des personnes qualifiées, appartenant ou non à l'établissement, dont la liste est tenue à la disposition de l'inspection du travail.

Ces personnes sont compétentes dans le domaine de la prévention des risques présentés par les équipements de travail soumis à vérification et connaissent les dispositions réglementaires afférentes. – *[Anc. art. R. 233-11, al. 4.]*

Art. R. 4323-25 Le résultat des vérifications générales périodiques est consigné sur le ou les registres de sécurité mentionnés à l'article L. 4711-5. – *[Anc. art. R. 233-11, al. 5, phrase 1.]*

Art. R. 4323-26 Lorsque les vérifications périodiques sont réalisées par des personnes n'appartenant pas à l'établissement, les rapports établis à la suite de ces vérifications sont annexés au registre de sécurité.

A défaut, les indications précises relatives à la date des vérifications, à la date de remise des rapports correspondants et à leur archivage dans l'établissement sont portées sur le registre de sécurité. – *[Anc. art. R. 233-11, al. 6.]*

Art. R. 4323-27 Le registre de sécurité et les rapports peuvent être tenus et conservés sur tout support dans les conditions prévues par l'article L. 8113-6. – *[Anc. art. R. 233-11, al. 7.]*

SANTÉ ET SÉCURITÉ AU TRAVAIL **Art. R. 4323-38**

SOUS-SECTION 3 Vérification lors de la remise en service

Art. R. 4323-28 Des arrêtés des ministres chargés du travail ou de l'agriculture déterminent les équipements de travail et les catégories d'équipements de travail pour lesquels l'employeur procède ou fait procéder à une vérification, dans les conditions prévues à la sous-section 2, lors de leur remise en service après toute opération de démontage et remontage ou modification susceptible de mettre en cause leur sécurité, en vue de s'assurer de l'absence de toute défectuosité susceptible de créer des situations dangereuses. — *[Anc. art. R. 233-11-2.]*

SECTION 5 Dispositions particulières applicables aux équipements de travail servant au levage de charges

Art. R. 4323-29 Les équipements de travail démontables ou mobiles servant au levage de charges sont utilisés de manière à garantir la stabilité de l'équipement de travail durant son emploi dans toutes les conditions prévisibles, compte tenu de la nature des appuis. — *[Anc. art. R. 233-13-1.]*

Art. R. 4323-30 Toutes mesures sont prises et toutes consignes sont données pour que, à aucun moment, les organes des équipements de travail servant au levage de charges, quels qu'ils soient, ainsi que les charges suspendues ne puissent entrer en contact direct ou provoquer un amorçage avec les parties actives d'installations électriques non isolées, ou détériorer les installations électriques environnantes. — *[Anc. art. R. 233-13-2.]*

Art. R. 4323-31 Le levage des personnes n'est permis qu'avec un équipement de travail et les accessoires prévus à cette fin. — *[Anc. art. R. 233-13-3, al. 1er.]*

Art. R. 4323-32 Par dérogation à l'article R. 4323-31, un équipement de travail non prévu pour le levage de personnes peut être utilisé :
1° Soit pour accéder à un poste de travail ou pour exécuter un travail lorsque l'utilisation d'un équipement spécialement conçu pour le levage des personnes est techniquement impossible ou expose celles-ci à un risque plus important lié à l'environnement de travail. Un arrêté conjoint des ministres chargés du travail et de l'agriculture précise les spécifications relatives aux équipements, leurs conditions d'utilisation, ainsi que celles de charges, de visibilité, de déplacement, d'aménagement, de fixation de l'habitacle et d'accès à celui-ci ;
2° Soit, en cas d'urgence, lorsque l'évacuation des personnes le nécessite. — *[Anc. art. R. 233-13-3, al. 2 à 4.]*

Art. R. 4323-33 Il est interdit de soulever, hors essais ou épreuves, une charge supérieure à celle marquée sur l'appareil et, le cas échéant, sur la plaque de charge. — *[Anc. art. R. 233-13-4, al. 1er.]*

Art. R. 4323-34 Des mesures sont prises pour empêcher la chute ou l'accrochage des matériaux, agrès ou toutes autres pièces soulevées. — *[Anc. art. R. 233-13-4, al. 2.]*

Art. R. 4323-35 Lorsqu'un équipement de travail servant au levage de charges est à l'arrêt, aucune charge ne peut être suspendue au crochet. — *[Anc. art. R. 233-13-4, al. 3.]*

Art. R. 4323-36 Il est interdit de transporter des charges au-dessus des personnes, sauf si cela est requis pour le bon déroulement des travaux. Dans ce cas, un mode opératoire est défini et appliqué. — *[Anc. art. R. 233-13-5, al. 1er et 2.]*

Art. R. 4323-37 Lorsque la charge d'un appareil de levage croise une voie de circulation, des mesures spéciales sont prises pour prévenir tout danger résultant de la chute éventuelle de la charge transportée. — *[Anc. art. R. 233-13-5, al. 3.]*

Art. R. 4323-38 Lorsque deux ou plusieurs équipements servant au levage de charges non guidées sont installés ou montés sur un lieu de travail de telle sorte que leurs champs d'action se recouvrent, des mesures sont prises pour éviter les collisions entre les charges ou avec des éléments des équipements de travail eux-mêmes. — *[Anc. art. R. 233-13-6.]*

Art. R. 4323-39 Pendant l'emploi d'un équipement de travail mobile servant au levage de charges non guidées, des mesures sont prises pour éviter son basculement, son renversement, son déplacement et son glissement inopinés. – *[Anc. art. R. 233-13-7, al. 1er.]*

Art. R. 4323-40 Lorsque les appareils de levage circulent sur des voies ou chemins de roulement, les extrémités de ces voies ou chemins de roulement sont munies de dispositifs atténuant les chocs en fin de course. – *[Anc. art. R. 233-13-7, al. 2.]*

Art. R. 4323-41 Le poste de manœuvre d'un appareil de levage est disposé de telle façon que le conducteur puisse suivre des yeux les manœuvres réalisées par les éléments mobiles de l'appareil.

Lorsque le conducteur d'un équipement de travail servant au levage de charges non guidées ne peut observer le trajet entier de la charge ni directement ni par des dispositifs auxiliaires fournissant les informations utiles, un chef de manœuvre, en communication avec le conducteur, aidé, le cas échéant, par un ou plusieurs travailleurs placés de manière à pouvoir suivre des yeux les éléments mobiles pendant leur déplacement, dirige le conducteur. Des mesures d'organisation sont prises pour éviter des collisions susceptibles de mettre en danger des personnes. – *[Anc. art. R. 233-13-8.]*

Art. R. 4323-42 Lorsque le travailleur accroche ou décroche une charge à la main, les travaux sont organisés de telle sorte que ces opérations puissent être réalisées en toute sécurité.

Pendant ces opérations aucune manœuvre de l'appareil de levage ne peut être réalisée tant que ce travailleur n'a pas donné son accord. – *[Anc. art. R. 233-13-9.]*

Art. R. 4323-43 Lorsqu'une charge doit être levée simultanément par deux ou plusieurs équipements de travail servant au levage de charges non guidées, un mode opératoire est défini et appliqué pour assurer la bonne coordination des opérateurs et des opérations. – *[Anc. art. R. 233-13-10.]*

Art. R. 4323-44 En prévision d'une panne partielle ou complète de l'alimentation en énergie, et si les équipements de travail servant au levage de charges non guidées ne peuvent pas retenir ces charges, des mesures sont prises pour éviter d'exposer des travailleurs aux risques qui peuvent en résulter.

Il est interdit de laisser les charges suspendues sans surveillance, sauf si l'accès à la zone de danger est empêché et si la charge a été accrochée et est maintenue en toute sécurité. – *[Anc. art. R. 233-13-11.]*

Art. R. 4323-45 Il est interdit de balancer les charges pour les déposer en un point qui ne peut être atteint normalement par l'appareil de levage.

Il est également interdit de soulever ou de tirer les charges en oblique, sauf à l'aide d'appareils conçus à cette fin. – *[Anc. art. R. 233-13-12.]*

Art. R. 4323-46 Lorsqu'il dépasse une hauteur fixée par arrêté conjoint des ministres chargés du travail et de l'agriculture, l'emploi à l'air libre d'un équipement de travail servant au levage de charges non guidées cesse dès que la dégradation des conditions météorologiques est susceptible de compromettre la sécurité de leur *[son]* fonctionnement et d'exposer toute personne à un risque.

Dans ce cas, l'employeur se dote des moyens et des informations lui permettant d'avoir connaissance de l'évolution des conditions météorologiques.

Des mesures de protection sont prises, notamment pour empêcher le renversement de l'équipement de travail. – *[Anc. art. R. 233-13-13.]*

Art. R. 4323-47 Les accessoires de levage sont choisis et utilisés en fonction des charges à manutentionner, des points de préhension, du dispositif d'accrochage et des conditions atmosphériques et compte tenu du mode et de la configuration d'élingage.

Tout assemblage d'accessoires de levage permanent est clairement marqué pour permettre à l'utilisateur d'en connaître les caractéristiques. – *[Anc. art. R. 233-13-14, al. 1er.]*

Art. R. 4323-48 Les contenants des charges en vrac destinés à être accrochés à un équipement de travail servant au levage sont aptes à résister aux efforts subis pendant le chargement, le transport, la manutention et le stockage de la charge et à s'opposer à l'écoulement intempestif de tout ou partie de celle-ci au cours des mêmes opérations. — *[Anc. art. R. 233-13-14, al. 2.]*

Art. R. 4323-49 Les accessoires de levage sont entreposés de telle sorte qu'ils ne puissent être endommagés ou détériorés.

Dès lors qu'ils présentent des défectuosités susceptibles d'entraîner une rupture, ils sont retirés du service. — *[Anc. art. R. 233-13-15.]*

SECTION 6 Dispositions particulières applicables aux équipements de travail mobiles

Art. R. 4323-50 Les voies de circulation empruntées par les équipements de travail mobiles ont un gabarit suffisant et présentent un profil permettant leur déplacement sans risque à la vitesse prévue par la notice d'instructions. Elles sont maintenues libres de tout obstacle. — *[Anc. art. R. 233-13-16, al. 1er.]*

Art. R. 4323-51 Lorsqu'un équipement de travail mobile évolue dans une zone de travail, l'employeur établit des règles de circulation adéquates et veille à leur bonne application. — *[Anc. art. R. 233-13-16, al. 2.]*

Art. R. 4323-52 Des mesures d'organisation sont prises pour éviter que des travailleurs à pied ne se trouvent dans la zone d'évolution des équipements de travail mobiles.

Lorsque la présence de travailleurs à pied est néanmoins requise pour la bonne exécution des travaux, des mesures sont prises pour éviter qu'ils ne soient blessés par ces équipements. — *[Anc. art. R. 233-13-17, al. 1er.]*

Art. R. 4323-53 Les équipements de travail mobiles munis d'un moteur à combustion ne sont introduits et employés dans les zones de travail que si est garanti dans ces zones, en quantité suffisante, un air ne présentant pas de risques pour la santé et la sécurité des travailleurs. — *[Anc. art. R. 233-13-17, al. 2.]*

Art. R. 4323-54 La présence des travailleurs sur des équipements de travail mobiles mus mécaniquement n'est autorisée que sur des emplacements sûrs et aménagés à cet effet.

Si des travaux doivent être accomplis pendant le déplacement, la vitesse est adaptée. — *[Anc. art. R. 233-13-18.]*

SECTION 7 Autorisation de conduite pour l'utilisation de certains équipements de travail mobiles ou servant au levage de charges

Art. R. 4323-55 La conduite des équipements de travail mobiles automoteurs et des équipements de travail servant au levage est réservée aux travailleurs qui ont reçu une formation adéquate.

Cette formation est complétée et réactualisée chaque fois que nécessaire. — *[Anc. art. R. 233-13-19, al. 1er.]*

Art. R. 4323-56 La conduite de certains équipements présentent des risques particuliers, en raison de leurs caractéristiques ou de leur objet, est subordonnée à l'obtention d'une autorisation de conduite délivrée par l'employeur.

L'autorisation de conduite est tenue à la disposition de l'inspection du travail et des agents du service de prévention des organismes de sécurité sociale.

(*Décr. n° 2016-1908 du 27 déc. 2016, art. 9, en vigueur le 1er janv. 2017*) « Les travailleurs titulaires de cette autorisation de conduite bénéficient du suivi individuel renforcé prévu aux articles R. 4624-22 à R. 4624-28 en application du II de l'article R. 4624-23. »

Art. R. 4323-57 Des arrêtés des ministres chargés du travail ou de l'agriculture déterminent :

1° Les conditions de la formation exigée à l'article R. 4323-55 ;

2° Les catégories d'équipements de travail dont la conduite nécessite d'être titulaire d'une autorisation de conduite ;

3° Les conditions dans lesquelles l'employeur s'assure que le travailleur dispose de la compétence et de l'aptitude nécessaires pour assumer, en toute sécurité, la fonction de conducteur d'un équipement de travail ;

4° La date à compter de laquelle, selon les catégories d'équipements, entre en vigueur l'obligation d'être titulaire d'une autorisation de conduite. — *[Anc. art. R. 233-13-19, al. 4 à 8.]*

SECTION 8 Dispositions particulières applicables à l'exécution de travaux temporaires en hauteur et à certains équipements de travail utilisés à cette fin

SOUS-SECTION 1 Travaux réalisés à partir d'un plan de travail

Art. R. 4323-58 Les travaux temporaires en hauteur sont réalisés à partir d'un plan de travail conçu, installé ou équipé de manière à préserver la santé et la sécurité des travailleurs.

Le poste de travail est tel qu'il permet l'exécution des travaux dans des conditions ergonomiques. — *[Anc. art. R. 233-13-20, al. 1er.]*

Art. R. 4323-59 La prévention des chutes de hauteur à partir d'un plan de travail est assurée :

1° Soit par des garde-corps intégrés ou fixés de manière sûre, rigides et d'une résistance appropriée, placés à une hauteur comprise entre un mètre et 1,10 m et comportant au moins :

a) Une plinthe de butée de 10 à 15 cm, en fonction de la hauteur retenue pour les garde-corps ;

b) Une main courante ;

c) Une lisse intermédiaire à mi-hauteur ;

2° Soit par tout autre moyen assurant une sécurité équivalente. — *[Anc. art. R. 233-13-20, al. 2.]*

Art. R. 4323-60 Lorsque les dispositions de l'article R. 4323-59 ne peuvent être mises en œuvre, des dispositifs de recueil souples sont installés et positionnés de manière à permettre d'éviter une chute de plus de trois mètres. — *[Anc. art. R. 233-13-20, al. 3.]*

Art. R. 4323-61 Lorsque des dispositifs de protection collective ne peuvent être mis en œuvre à partir d'un plan de travail, la protection individuelle des travailleurs est assurée au moyen d'un système d'arrêt de chute approprié ne permettant pas une chute libre de plus d'un mètre ou limitant dans les mêmes conditions les effets d'une chute de plus grande hauteur.

Lorsqu'il est fait usage d'un tel équipement de protection individuelle, un travailleur ne doit jamais rester seul, afin de pouvoir être secouru dans un délai compatible avec la préservation de sa santé.

L'employeur précise dans une notice les points d'ancrage, les dispositifs d'amarrage et les modalités d'utilisation de l'équipement de protection individuelle. — *[Anc. art. R. 233-13-20, al. 4.]*

SOUS-SECTION 2 Travaux réalisés au moyen d'équipements de travail

Art. R. 4323-62 Lorsque les travaux temporaires en hauteur ne peuvent être exécutés à partir du plan de travail tel que mentionné à l'article R. 4323-58, les équipements de travail appropriés sont choisis pour assurer et maintenir des conditions de travail sûres.

La priorité est donnée aux équipements de travail assurant une protection collective.

Les dimensions de l'équipement de travail sont adaptées à la nature des travaux à exécuter et aux contraintes prévisibles et permettent la circulation sans danger.

Des mesures propres à minimiser les risques inhérents à l'utilisation du type d'équipement retenu sont mises en œuvre. En cas de besoin, des dispositifs de protection pour éviter ou arrêter la chute et prévenir la survenance de dommages corporels pour les travailleurs sont installés et mis en œuvre dans les conditions prévues aux articles R. 4323-60 et R. 4323-61. — *[Anc. art. R. 233-13-21.]*

Art. R. 4323-63 Il est interdit d'utiliser les échelles, escabeaux et marchepieds comme poste de travail.

Toutefois, ces équipements peuvent être utilisés en cas d'impossibilité technique de recourir à un équipement assurant la protection collective des travailleurs ou lorsque l'évaluation du risque a établi que ce risque est faible et qu'il s'agit de travaux de courte durée ne présentant pas un caractère répétitif. — *[Anc. art. R. 233-13-22.]*

Art. R. 4323-64 Il est interdit d'utiliser les techniques d'accès et de positionnement au moyen de cordes pour constituer un poste de travail.

Toutefois, en cas d'impossibilité technique de recourir à un équipement assurant la protection collective des travailleurs ou lorsque l'évaluation du risque établit que l'installation ou la mise en œuvre d'un tel équipement est susceptible d'exposer des travailleurs à un risque supérieur à celui résultant de l'utilisation des techniques d'accès ou de positionnement au moyen de cordes, celles-ci peuvent être utilisées pour des travaux temporaires en hauteur. Après évaluation du risque, compte tenu de la durée de certains travaux et de la nécessité de les exécuter dans des conditions adaptées du point de vue ergonomique, un siège muni des accessoires appropriés est prévu. — *[Anc. art. R. 233-13-23.]*

SOUS-SECTION 3 Conditions générales de travail, d'accès et de circulation en hauteur

Art. R. 4323-65 Les dispositifs de protection collective sont conçus et installés de manière à éviter leur interruption aux points d'accès aux postes de travail, notamment du fait de l'utilisation d'une échelle ou d'un escalier.

Lorsque cette interruption est nécessaire, des mesures sont prises pour assurer une sécurité équivalente. — *[Anc. art. R. 233-13-25, al. 1er.]*

Art. R. 4323-66 Toutes mesures sont prises pour éviter que l'exécution d'un travail particulier conduise à l'enlèvement temporaire de dispositifs de protection collective pour éviter les chutes.

Si cet enlèvement est nécessaire, le travail ne peut être entrepris et réalisé sans l'adoption préalable de mesures de sécurité compensatoires efficaces.

Après l'interruption ou la fin de ce travail particulier, des dispositifs de protection collective sont mis en place pour éviter les chutes, assurant un niveau de sécurité équivalent. — *[Anc. art. R. 233-13-25, al. 2.]*

Art. R. 4323-67 Les postes de travail pour la réalisation de travaux en hauteur sont accessibles en toute sécurité. Le moyen d'accès le plus approprié à ces postes est choisi en tenant compte de la fréquence de circulation, de la hauteur à atteindre et de la durée d'utilisation. Ce moyen garantit l'accès dans des conditions adaptées du point de vue ergonomique et permet de porter rapidement secours à toute personne en difficulté et d'assurer l'évacuation en cas de danger imminent.

La circulation en hauteur doit pouvoir s'effectuer en sécurité. Le passage, dans un sens ou dans l'autre, entre un moyen d'accès et des plates-formes, planchers ou passerelles ne doit pas créer de risques de chute. — *[Anc. art. R. 233-13-24.]*

Art. R. 4323-68 Il est interdit de réaliser des travaux temporaires en hauteur lorsque les conditions météorologiques ou liées à l'environnement du poste de travail sont susceptibles de compromettre la santé et la sécurité des travailleurs. — *[Anc. art. R. 233-13-26.]*

SOUS-SECTION 4 Caractéristiques et conditions particulières d'utilisation des différentes catégories d'équipements de travail

§ 1 Échafaudages

Art. R. 4323-69 Les échafaudages ne peuvent être montés, démontés ou sensiblement modifiés que sous la direction d'une personne compétente et par des travailleurs qui ont reçu une formation adéquate et spécifique aux opérations envisagées.

Le contenu de cette formation est précisé aux articles R. 4141-13 et R. 4141-17. Il comporte, notamment :

1° La compréhension du plan de montage, de démontage ou de transformation de l'échafaudage ;
2° La sécurité lors du montage, du démontage ou de la transformation de l'échafaudage ;
3° Les mesures de prévention des risques de chute de personnes ou d'objets ;
4° Les mesures de sécurité en cas de changement des conditions météorologiques qui pourrait être préjudiciable aux personnes en affectant la sécurité de l'échafaudage ;
5° Les conditions en matière d'efforts de structure admissibles ;
6° Tout autre risque que les opérations de montage, de démontage et de transformation précitées peuvent comporter.

Cette formation est renouvelée dans les conditions prévues à l'article R. 4323-3. — [Anc. art. R. 233-13-31.]

Art. R. 4323-70 La personne qui dirige le montage, le démontage ou la modification d'un échafaudage et les travailleurs qui y participent disposent de la notice du fabricant ou du plan de montage et de démontage, notamment de toutes les instructions qu'ils peuvent comporter.

Lorsque le montage de l'échafaudage correspond à celui prévu par la notice du fabricant, il est réalisé conformément à la note de calcul à laquelle renvoie cette notice.

Lorsque cette note de calcul n'est pas disponible ou que les configurations structurelles envisagées ne sont pas prévues par celle-ci, un calcul de résistance et de stabilité est réalisé par une personne compétente.

Lorsque la configuration envisagée de l'échafaudage ne correspond pas à un montage prévu par la notice, un plan de montage, d'utilisation et de démontage est établi par une personne compétente.

Ces documents sont conservés sur le lieu de travail. — [Anc. art. R. 233-13-32, al. 1er à 5.]

Art. R. 4323-71 Une protection appropriée contre le risque de chute de hauteur et le risque de chute d'objet est assurée avant l'accès à tout niveau d'un échafaudage lors de son montage, de son démontage ou de sa transformation. — [Anc. art. R. 233-13-32, al. 6.]

Art. R. 4323-72 Les matériaux constitutifs des éléments d'un échafaudage sont d'une solidité et d'une résistance appropriées à leur emploi.

Les assemblages sont réalisés de manière sûre, à l'aide d'éléments compatibles d'une même origine et dans les conditions pour lesquelles ils ont été testés.

Ces éléments font l'objet d'une vérification de leur bon état de conservation avant toute opération de montage d'un échafaudage. — [Anc. art. R. 233-13-33.]

Art. R. 4323-73 La stabilité de l'échafaudage doit être assurée.

Tout échafaudage est construit et installé de manière à empêcher, en cours d'utilisation, le déplacement d'une quelconque de ses parties constituantes par rapport à l'ensemble. — [Anc. art. R. 233-13-34, al. 1er.]

Art. R. 4323-74 Les échafaudages fixes sont construits et installés de manière à supporter les efforts auxquels ils sont soumis et à résister aux contraintes résultant des conditions atmosphériques, notamment des effets du vent. Ils sont ancrés ou amarrés à tout point présentant une résistance suffisante ou protégés contre le risque de glissement et de renversement par tout autre moyen d'efficacité équivalente.

La surface portante a une résistance suffisante pour s'opposer à tout affaissement d'appui. — [Anc. art. R. 233-13-34, al. 2 et 3.]

Art. R. 4323-75 Le déplacement ou le basculement inopiné des échafaudages roulants lors du montage, du démontage et de l'utilisation est empêché par des dispositifs appropriés.

Aucun travailleur ne doit demeurer sur un échafaudage roulant lors de son déplacement. — [Anc. art. R. 233-13-34, al. 4.]

Art. R. 4323-76 La charge admissible d'un échafaudage est indiquée de manière visible sur l'échafaudage ainsi que sur chacun de ses planchers. — [Anc. art. R. 233-13-34, al. 5.]

Art. R. 4323-77 Les échafaudages sont munis sur les côtés extérieurs de dispositifs de protection collective tels que prévus à l'article R. 4323-59. − *[Anc. art. R. 233-13-35, al. 1er.]*

Art. R. 4323-78 Les dimensions, la forme et la disposition des planchers d'un échafaudage sont appropriées à la nature du travail à exécuter et adaptées aux charges à supporter. Elles permettent de travailler et de circuler de manière sûre. Les planchers des échafaudages sont montés de telle sorte que leurs composants ne puissent pas se déplacer lors de leur utilisation. Aucun vide de plus de 20 centimètres ne doit exister entre le bord des planchers et l'ouvrage ou l'équipement contre lequel l'échafaudage est établi.

Lorsque la configuration de l'ouvrage ou de l'équipement ne permet pas de respecter cette limite de distance, le risque de chute est prévenu par l'utilisation de dispositifs de protection collective ou individuelle dans les conditions et selon les modalités définies aux articles R. 4323-58 à R. 4323-61. Il en va de même lorsque l'échafaudage est établi contre un ouvrage ou un équipement ne dépassant pas d'une hauteur suffisante le niveau du plancher de cet échafaudage. − *[Anc. art. R. 233-13-35, al. 2 et 3.]*

Art. R. 4323-79 Des moyens d'accès sûrs et en nombre suffisant sont aménagés entre les différents planchers de l'échafaudage. − *[Anc. art. R. 233-13-35, al. 4.]*

Art. R. 4323-80 Lorsque certaines parties d'un échafaudage ne sont pas prêtes à l'emploi notamment pendant le montage, le démontage ou les transformations, ces parties constituent des zones d'accès limité qui sont équipées de dispositifs évitant que les personnes non autorisées puissent y pénétrer.

Les mesures appropriées sont prises pour protéger les travailleurs autorisés à pénétrer dans ces zones. − *[Anc. art. R. 233-13-36.]*

§ 2 Échelles, escabeaux et marchepieds

Art. R. 4323-81 L'employeur s'assure que les échelles, escabeaux et marchepieds sont constitués de matériaux appropriés compte tenu des contraintes du milieu d'utilisation. Ces matériaux et leur assemblage sont d'une solidité et d'une résistance adaptées à l'emploi de l'équipement et permettent son utilisation dans des conditions adaptées du point de vue ergonomique. − *[Anc. art. R. 233-13-27.]*

Art. R. 4323-82 Les échelles, escabeaux et marchepieds sont placés de manière à ce que leur stabilité soit assurée en cours d'accès et d'utilisation et que leurs échelons ou marches soient horizontaux. − *[Anc. art. R. 233-13-28, al. 1er.]*

Art. R. 4323-83 L'employeur s'assure que les échelles fixes sont conçues, équipées ou installées de manière à prévenir les chutes de hauteur.

Après évaluation du risque au regard de la hauteur d'ascension pour lesquelles ces échelles sont conçues, des paliers de repos convenablement aménagés sont prévus afin d'assurer la progression dans des conditions adaptées du point de vue ergonomique. − *[Anc. art. R. 233-13-28, al. 2.]*

Art. R. 4323-84 Les échelles portables sont appuyées et reposent sur des supports stables, résistants et de dimensions adéquates notamment afin de demeurer immobiles.

Afin qu'elles ne puissent ni glisser ni basculer pendant leur utilisation, les échelles portables sont soit fixées dans la partie supérieure ou inférieure de leurs montants, soit maintenues en place au moyen de tout dispositif antidérapant ou par toute autre solution d'efficacité équivalente. − *[Anc. art. R. 233-13-28, al. 3.]*

Art. R. 4323-85 Les échelles suspendues sont attachées d'une manière sûre et, à l'exception de celles en corde, de façon à ne pas se déplacer et à éviter les mouvements de balancement. − *[Anc. art. R. 233-13-28, al. 4.]*

Art. R. 4323-86 Les échelles composées de plusieurs éléments assemblés et les échelles à coulisse sont utilisées de telle sorte que l'immobilisation des différents éléments les uns par rapport aux autres soit assurée.

La longueur de recouvrement des plans d'une échelle à coulisse doit toujours être suffisante pour assurer la rigidité de l'ensemble. − *[Anc. art. R. 233-13-28, al. 5.]*

Art. R. 4323-87 Les échelles d'accès sont d'une longueur telle qu'elles dépassent d'au moins un mètre le niveau d'accès, à moins que d'autres mesures aient été prises pour garantir une prise sûre. — *[Anc. art. R. 233-13-29.]*

Art. R. 4323-88 Les échelles sont utilisées de façon à permettre aux travailleurs de disposer à tout moment d'une prise et d'un appui sûrs.

Le port de charges reste exceptionnel et limité à des charges légères et peu encombrantes. Il ne doit pas empêcher le maintien d'une prise sûre. — *[Anc. art. R. 233-13-30.]*

§ 3 Cordes

Art. R. 4323-89 L'utilisation des techniques d'accès et de positionnement au moyen de cordes est conditionnée au respect des conditions suivantes :

1° Le système comporte au moins une corde de travail, constituant un moyen d'accès, de descente et de soutien, et une corde de sécurité, équipée d'un système d'arrêt des chutes. Ces deux dispositifs sont ancrés séparément et les deux points d'ancrage font l'objet d'une note de calcul élaborée par l'employeur ou une personne compétente ;

2° Les travailleurs sont munis d'un harnais antichute approprié, l'utilisent et sont reliés par ce harnais à la corde de sécurité et à la corde de travail ;

3° La corde de travail est équipée d'un mécanisme sûr de descente et de remontée et comporte un système autobloquant qui empêche la chute de l'utilisateur au cas où celui-ci perdrait le contrôle de ses mouvements. La corde de sécurité est équipée d'un dispositif antichute mobile qui accompagne les déplacements du travailleur ;

4° Les outils et autres accessoires à utiliser par un travailleur sont attachés par un moyen approprié, de manière à éviter leur chute ;

5° Le travail est programmé et supervisé de telle sorte qu'un secours puisse être immédiatement porté au travailleur en cas d'urgence ;

6° Les travailleurs reçoivent une formation adéquate et spécifique aux opérations envisagées et aux procédures de sauvetage. Le contenu de cette formation est précisé aux articles R. 4141-13 et R. 4141-17. Elle est renouvelée dans les conditions prévues à l'article R. 4323-3. — *[Anc. art. R. 233-13-37, al. 1er à 7.]*

Art. R. 4323-90 Dans des circonstances spécifiques où, compte tenu de l'évaluation du risque, l'utilisation d'une deuxième corde rendrait le travail plus dangereux, le recours à une seule corde peut être autorisé, à condition que le travailleur concerné ne reste jamais seul. Ces circonstances spécifiques ainsi que les mesures appropriées pour assurer la sécurité sont déterminées par arrêté du ministre chargé du travail ou du ministre chargé de l'agriculture. — *[Anc. art. R. 233-13-37, al. 8.]*

SECTION 9 **Dispositions particulières pour l'utilisation des équipements de protection individuelle**

SOUS-SECTION 1 **Caractéristiques des équipements et conditions d'utilisation**

Art. R. 4323-91 Les équipements de protection individuelle sont appropriés aux risques à prévenir et aux conditions dans lesquelles le travail est accompli. Ils ne sont pas eux-mêmes à l'origine de risques supplémentaires.

Ils doivent pouvoir être portés, le cas échéant, après ajustement, dans des conditions compatibles avec le travail à accomplir et avec les principes de l'ergonomie. — *[Anc. art. R. 233-1-3, al. 1er.]*

Art. R. 4323-92 Des arrêtés conjoints des ministres chargés du travail et de l'agriculture déterminent, en tant que de besoin, la valeur de l'exposition quotidienne admissible que l'équipement de protection individuelle peut laisser subsister. — *[Anc. art. R. 233-1-3, al. 2.]*

Art. R. 4323-93 En cas de risques multiples exigeant le port simultané de plusieurs équipements de protection individuelle, ces équipements doivent être compatibles entre eux et maintenir leur efficacité par rapport aux risques correspondants. — *[Anc. art. R. 233-1-3, al. 3.]*

SANTÉ ET SÉCURITÉ AU TRAVAIL

Art. R. 4323-94 Les équipements de protection individuelle contre les effets aigus ou chroniques des sources de rayonnements non ionisants sur l'œil sont tels que la densité d'éclairement énergétique du rayonnement susceptible d'atteindre les yeux de l'utilisateur ne présente pas de dangers. — *[Anc. art. R. 233-1-3, al. 6.]*

Art. R. 4323-95 Les équipements de protection individuelle et les vêtements de travail mentionnés à l'article R. 4321-4 sont fournis gratuitement par l'employeur qui assure leur bon fonctionnement et leur maintien dans un état hygiénique satisfaisant par les entretiens, réparations et remplacements nécessaires.

Ces dispositions ne font pas obstacle aux conditions de fournitures des équipements de protection individuelle prévues par l'article L. 1251-23, pour les salariés temporaires. — *[Anc. art. R. 233-42, al. 1ᵉʳ.]*

Art. R. 4323-96 Les équipements de protection individuelle sont réservés à un usage personnel dans le cadre des activités professionnelles de leur attributaire.

Toutefois, si la nature de l'équipement ainsi que les circonstances exigent l'utilisation successive de cet équipement de protection individuelle par plusieurs personnes, les mesures appropriées sont prises pour qu'une telle utilisation ne pose aucun problème de santé ou d'hygiène aux différents utilisateurs. — *[Anc. art. R. 233-42, al. 2.]*

Art. R. 4323-97 L'employeur détermine, après consultation du *(Décr. n° 2017-1819 du 29 déc. 2017, art. 3)* « comité social et économique », les conditions dans lesquelles les équipements de protection individuelle sont mis à disposition et utilisés, notamment celles concernant la durée de leur port. Il prend en compte la gravité du risque, la fréquence de l'exposition au risque, les caractéristiques du poste de travail de chaque travailleur, et les performances des équipements de protection individuelle en cause. — *[Anc. art. R. 233-42-1, al. 1ᵉʳ.]*

Art. R. 4323-98 Les équipements de protection individuelle sont utilisés conformément à leur destination. — *[Anc. art. R. 233-42-1, al. 2.]*

SOUS-SECTION 2 **Vérifications périodiques**

Art. R. 4323-99 Des arrêtés des ministres chargés du travail ou de l'agriculture déterminent les équipements de protection individuelle et catégories d'équipement de protection individuelle pour lesquels l'employeur procède ou fait procéder à des vérifications générales périodiques afin que soit décelé en temps utile toute défectuosité susceptible d'être à l'origine de situations dangereuses ou tout défaut d'accessibilité contraire aux conditions de mise à disposition ou d'utilisation déterminées enapplication de l'article R. 4323-97.

Ces arrêtés précisent la périodicité des vérifications et, en tant que de besoin, leur nature et leur contenu. — *[Anc. art. R. 233-42-2, al. 1ᵉʳ et 2.]*

Art. R. 4323-100 Les vérifications périodiques sont réalisées par des personnes qualifiées, appartenant ou non à l'établissement, dont la liste est tenue à la disposition de l'inspection du travail.

Ces personnes ont la compétence nécessaire pour exercer leur mission en ce qui concerne les équipements de protection individuelle soumis à vérification et connaître les dispositions réglementaires correspondantes. — *[Anc. art. R. 233-42-2, al. 4.]*

Art. R. 4323-101 Le résultat des vérifications périodiques est consigné sur le ou les registres de sécurité mentionnés à l'article L. 4711-5. — *[Anc. art. R. 233-42-2, al. 5, phrase 1.]*

Art. R. 4323-102 Lorsque les vérifications périodiques sont réalisées par des personnes n'appartenant pas à l'établissement, les rapports établis à la suite de ces vérifications sont annexés au registre de sécurité.

A défaut, les indications précises relatives à la date des vérifications, à la date de remise des rapports correspondants et à leur archivage dans l'établissement sont portées sur le registre de sécurité. — *[Anc. art. R. 233-42-2, al. 6.]*

Art. R. 4323-103 Le registre de sécurité et les rapports peuvent être tenus et conservés sur tout support dans les conditions prévues par l'article L. 8113-6. — *[Anc. art. R. 233-42-2, al. 7.]*

SOUS-SECTION 3 Information et formation des travailleurs

Art. R. 4323-104 L'employeur informe de manière appropriée les travailleurs devant utiliser des équipements de protection individuelle :
1° Des risques contre lesquels l'équipement de protection individuelle les protège ;
2° Des conditions d'utilisation de cet équipement, notamment les usages auxquels il est réservé ;
3° Des instructions ou consignes concernant les équipements de protection individuelle ;
4° Des conditions de mise à disposition des équipements de protection individuelle.
– [Anc. art. R. 233-43, al. 1er à 4.]

Art. R. 4323-105 L'employeur élabore une consigne d'utilisation reprenant de manière compréhensible les informations mentionnées aux 1° et 2° de l'article R. 4323-104.
Il tient cette consigne à la disposition des membres du (Décr. n° 2017-1819 du 29 déc. 2017, art. 3) « comité social et économique », ainsi qu'une documentation relative à la réglementation applicable à la mise à disposition et à l'utilisation des équipements de protection individuelle concernant les travailleurs de l'établissement. – [Anc. art. R. 233-43, al. 5.]

Art. R. 4323-106 L'employeur fait bénéficier les travailleurs devant utiliser un équipement de protection individuelle d'une formation adéquate comportant, en tant que de besoin, un entraînement au port de cet équipement.
Cette formation est renouvelée aussi souvent que nécessaire pour que l'équipement soit utilisé conformément à la consigne d'utilisation. – [Anc. art. R. 233-44.]

SECTION 10 Dispositions particulières applicables aux ascenseurs et équipements de travail desservant des niveaux définis à l'aide d'un habitacle

(Décr. n° 2008-1325 du 15 déc. 2008)

Art. R. 4323-107 Les dispositions de la présente section sont applicables aux ascenseurs et aux équipements de travail desservant des niveaux définis à l'aide d'un habitacle, soit le long d'une course verticale parfaitement définie dans l'espace, soit le long d'une course guidée sensiblement verticale.

Art. R. 4323-108 L'accès aux locaux, installations ou emplacements où il n'est nécessaire de pénétrer que pour les opérations de vérification et de maintenance des ascenseurs et équipements de travail mentionnés à l'article R. 4323-107 n'est autorisé qu'aux personnes chargées de leur réalisation et à celles qui ont reçu une formation appropriée sur les risques relatifs à ces équipements.

Art. R. 4323-109 Lorsque l'appareil est exclusivement destiné à transporter des objets, il est interdit aux personnes de l'utiliser. Cette interdiction est rappelée de manière apparente lorsque l'équipement est doté d'un habitacle accessible.

SECTION 11 Dispositions particulières applicables aux appareils de radiologie industrielle

(Décr. n° 2018-437 du 4 juin 2018, art. 2, en vigueur le 1er juill. 2018)

Art. R. 4323-110 Pour les appareils de radiologie industrielle, un arrêté conjoint des ministres chargés du travail et de l'agriculture définit les règles minimales d'installation et d'utilisation compte tenu des modes d'exposition et des caractéristiques de ces appareils.

CHAPITRE IV UTILISATION DES ÉQUIPEMENTS DE TRAVAIL NON SOUMIS À DES RÈGLES DE CONCEPTION LORS DE LEUR PREMIÈRE MISE SUR LE MARCHÉ

SECTION 1 Prescriptions techniques communes

SOUS-SECTION 1 Protecteurs et dispositifs de protection

Art. R. 4324-1 Les éléments mobiles de transmission d'énergie ou de mouvements des équipements de travail présentant des risques de contact mécanique pouvant entraîner des accidents sont équipés de protecteurs ou de dispositifs appropriés empêchant l'accès aux zones dangereuses ou arrêtant, dans la mesure où cela est techniquement possible, les mouvements d'éléments dangereux avant que les travailleurs puissent les atteindre. − [Anc. art. R. 233-15.]

Art. R. 4324-2 Les équipements de travail mus par une source d'énergie autre que la force humaine comportant des éléments mobiles concourant à l'exécution du travail et pouvant entraîner des accidents par contact mécanique sont disposés, protégés, commandés ou équipés de telle sorte que les opérateurs ne puissent atteindre la zone dangereuse.

Toutefois, lorsque certains de ces éléments mobiles ne peuvent être rendus inaccessibles en tout ou partie pendant leur fonctionnement compte tenu des opérations à accomplir et nécessitent l'intervention de l'opérateur, ces éléments mobiles sont, dans la mesure de ce qui est techniquement possible, munis de protecteurs ou dispositifs de protection. Ceux-ci limitent l'accessibilité et interdisent notamment l'accès aux parties des éléments non utilisées pour le travail.

Lorsque l'état de la technique ne permet pas de satisfaire aux dispositions des premier et deuxième alinéas, les équipements de travail sont disposés, protégés, commandés ou équipés de façon à réduire les risques au minimum.

Les dispositions du présent article sont également applicables aux équipements de travail servant au levage de charges mus à la main. − [Anc. art. R. 233-16.]

Art. R. 4324-3 Les protecteurs et les dispositifs de protection prévus aux articles R. 4324-1 et R. 4324-2 obéissent aux caractéristiques suivantes :

1° Ils sont de construction robuste, adaptée aux conditions d'utilisation ;

2° Ils n'occasionnent pas de risques supplémentaires, la défaillance d'un de leurs composants ne compromettant pas leur fonction de protection ;

3° Ils ne peuvent pas être facilement ôtés ou rendus inopérants ;

4° Ils sont situés à une distance suffisante de la zone dangereuse, compatible avec le temps nécessaire pour obtenir l'arrêt des éléments mobiles ;

5° Ils permettent de repérer parfaitement la zone dangereuse ;

6° Ils ne limitent pas plus que nécessaire l'observation du cycle de travail ;

7° Ils permettent les interventions indispensables pour la mise en place ou le remplacement des éléments ainsi que pour les travaux d'entretien, ceci en limitant l'accès au seul secteur où le travail doit être réalisé et, si possible, sans démontage du protecteur ou du dispositif de protection. − [Anc. art. R. 233-17.]

Art. R. 4324-4 Les éléments d'un équipement de travail pour lesquels il existe un risque de rupture ou d'éclatement sont équipés de protecteurs appropriés. − [Anc. art. R. 233-21.]

Art. R. 4324-5 Les équipements de travail sont installés et équipés pour éviter les dangers dus à des chutes ou des projections d'objets tels que pièces usinées, éléments d'outillage, copeaux, déchets. − [Anc. art. R. 233-22.]

Art. R. 4324-6 Les éléments d'un équipement de travail destinés à la transmission de l'énergie calorifique, notamment les canalisations de vapeur ou de fluide thermique, sont disposés, protégés ou isolés de façon à prévenir tout risque de brûlure. − [Anc. art. R. 233-24.]

Art. R. 4324-7 Les prescriptions techniques prévues par le présent chapitre, notamment les caractéristiques des protecteurs prévus par les articles R. 4324-1 à R. 4324-3, sont précisées en tant que de besoin par des arrêtés du ministre chargé du travail ou du ministre chargé de l'agriculture selon les catégories de matériels concernées. − [Anc. art. R. 233-31.]

SOUS-SECTION 2 **Organes de service de mise en marche et d'arrêt**

Art. R. 4324-8 La mise en marche des équipements de travail ne peut être obtenue que par l'action d'un opérateur sur l'organe de service prévu à cet effet, sauf si cette mise en marche, obtenue autrement, ne présente aucun risque pour les opérateurs intéressés.

Cette disposition ne s'applique pas à la mise en marche d'un équipement de travail résultant de la séquence normale d'un cycle automatique. – *[Anc. art. R. 233-18.]*

Art. R. 4324-9 Les organes de service d'un équipement de travail sont clairement visibles et identifiables.

Ils font, en tant que de besoin, l'objet d'un marquage approprié. – *[Anc. art. R. 233-19, al. 1ᵉʳ.]*

Art. R. 4324-10 Les organes de service sont disposés en dehors des zones dangereuses, sauf en cas d'impossibilité ou de nécessité de service, par exemple pour un dispositif d'arrêt d'urgence ou une console de réglage ou d'apprentissage.

Ils sont situés de telle sorte que leur manœuvre ne puisse engendrer de risques supplémentaires. – *[Anc. art. R. 233-19, al. 2.]*

Art. R. 4324-11 Les organes de service sont choisis pour éviter toute manœuvre non intentionnelle pouvant avoir des effets dangereux.

Ils sont disposés de façon à permettre une manœuvre sûre, rapide et sans équivoque. – *[Anc. art. R. 233-19, al. 3 et 4.]*

Art. R. 4324-12 Les organes de mise en marche sont disposés de telle sorte que l'opérateur est capable, depuis leur emplacement, de s'assurer de l'absence de personnes dans les zones dangereuses.

Lorsque cela est impossible, toute mise en marche est précédée automatiquement d'un signal d'avertissement sonore ou visuel. Le travailleur exposé doit avoir le temps et les moyens de se soustraire rapidement à des risques engendrés par le démarrage ou éventuellement par l'arrêt de l'équipement de travail. – *[Anc. art. R. 233-19, al. 5.]*

Art. R. 4324-13 Tout équipement de travail est muni des organes de service nécessaires permettant son arrêt général dans des conditions sûres. – *[Anc. art. R. 233-26.]*

Art. R. 4324-14 Chaque poste de travail ou partie d'équipement de travail est muni d'un organe de service permettant d'arrêter, en fonction des risques existants, soit tout l'équipement de travail, soit une partie seulement, de manière que l'opérateur soit en situation de sécurité.

Cet organe d'arrêt est tel que :
1° L'arrêt de l'équipement de travail a priorité sur les ordres de mise en marche ;
2° L'arrêt de l'équipement de travail ou de ses éléments dangereux étant obtenu, l'alimentation en énergie des actionneurs concernés est interrompue. – *[Anc. art. R. 233-27.]*

Art. R. 4324-15 Chaque machine est munie d'un ou de plusieurs dispositifs d'arrêt d'urgence clairement identifiables, accessibles et en nombre suffisant, permettant d'éviter des situations dangereuses risquant ou en train de se produire.

Sont exclues de cette obligation :
1° Les machines pour lesquelles un dispositif d'arrêt d'urgence ne serait pas en mesure de réduire le risque, soit parce qu'il ne réduirait pas le temps d'obtention de l'arrêt normal, soit parce qu'il ne permettrait pas de prendre les mesures particulières nécessitées par le risque ;
2° Les machines portatives et les machines guidées à la main. – *[Anc. art. R. 233-28.]*

SOUS-SECTION 3 **Dispositifs d'alerte et de signalisation**

Art. R. 4324-16 Un équipement de travail comporte les avertissements, signalisations et dispositifs d'alerte indispensables pour assurer la sécurité des travailleurs.

Ces avertissements, signalisations et dispositifs d'alerte sont choisis et disposés de façon à être perçus et compris facilement, sans ambiguïté. – *[Anc. art. R. 233-20, al. 1ᵉʳ.]*

Art. R. 4324-17 Lorsque les opérateurs ont la possibilité de choisir et de régler les caractéristiques techniques de fonctionnement d'un équipement de travail, celui-ci comporte toutes les indications nécessaires pour que ces opérations soient accomplies d'une façon sûre.

La vitesse limite au-delà de laquelle un équipement de travail peut présenter des risques est précisée clairement. – *[Anc. art. R. 233-20, al. 2.]*

SANTÉ ET SÉCURITÉ AU TRAVAIL   **Art. R. 4324-27**

SOUS-SECTION 4 Isolation et dissipation des énergies

Art. R. 4324-18 Les équipements de travail sont munis de dispositifs clairement identifiables et facilement accessibles permettant de les isoler de chacune de leurs sources d'alimentation en énergie. — *[Anc. art. R. 233-29, al. 1er.]*

Art. R. 4324-19 La séparation des équipements de travail de leurs sources d'alimentation en énergie est obtenue par la mise en œuvre de moyens adaptés permettant que les opérateurs intervenant dans les zones dangereuses puissent s'assurer de cette séparation. — *[Anc. art. R. 233-29, al. 2.]*

Art. R. 4324-20 La dissipation des énergies accumulées dans les équipements de travail doit pouvoir s'effectuer aisément, sans que puisse être compromise la sécurité des travailleurs.

Lorsque la dissipation des énergies ne peut être obtenue, la présence de ces énergies est rendue non dangereuse par la mise en œuvre de moyens adaptés mis à la disposition des opérateurs. — *[Anc. art. R. 233-29, al. 3 et 4.]*

SOUS-SECTION 5 Risques électrique et d'incendie

Art. R. 4324-21 *(Décr. n° 2010-1018 du 30 août 2010)* Les installations électriques des équipements de travail sont réalisées de façon à prévenir les risques d'origine électrique, conformément aux prescriptions fixées par arrêté des ministres chargés du travail et de l'agriculture.

Les installations existantes au 1er juill. 2011 et conformes aux dispositions du Décr. n° 88-1056 du 14 nov. 1988 relatif à la protection des travailleurs dans les établissements qui mettent en œuvre des courants électriques sont réputées satisfaire aux prescriptions des art. R. 4227-14 et R. 4324-21 C. trav. (Décr. n° 2010-1018 du 30 août 2010, art. 7).

Art. R. 4324-22 Les équipements de travail mettant en œuvre des produits ou des matériaux dégageant des gaz, vapeurs, poussières ou autres déchets inflammables sont munis de dispositifs protecteurs permettant notamment d'éviter qu'une élévation de température d'un élément ou des étincelles d'origine électrique ou mécanique puissent entraîner un incendie ou une explosion. — *[Anc. art. R. 233-30.]*

SOUS-SECTION 6 Éclairage

Art. R. 4324-23 Les zones de travail, de réglage ou de maintenance d'un équipement de travail sont convenablement éclairées en fonction des travaux à accomplir. — *[Anc. art. R. 233-23.]*

SECTION 2 Prescriptions complémentaires pour le levage de charges et le levage et le déplacement des travailleurs

SOUS-SECTION 1 Levage des charges

Art. R. 4324-24 Les équipements de travail servant au levage des charges sont équipés et installés de manière à assurer leur solidité et leur stabilité pendant l'emploi, compte tenu notamment des charges à lever et des contraintes induites aux points de suspension ou de fixation aux structures. — *[Anc. art. R. 233-32.]*

Art. R. 4324-25 Les appareils servant au levage de charges portent une indication visible de la ou des charges maximales d'utilisation et, le cas échéant, une plaque de charge donnant la charge nominale pour chaque configuration de l'appareil. — *[Anc. art. R. 233-32-1, al. 1er.]*

Art. R. 4324-26 Les accessoires de levage sont marqués de façon à permettre d'en identifier les caractéristiques essentielles à une utilisation sûre. — *[Anc. art. R. 233-32-1, al. 2.]*

Art. R. 4324-27 Si un équipement de travail servant au levage n'est pas destiné au levage de personnes et s'il existe une possibilité de confusion, une signalisation appropriée est apposée de manière visible. — *[Anc. art. R. 233-32-1, al. 3.]*

Art. R. 4324-28 Les équipements de travail servant au levage de charges sont équipés et installés de manière à réduire les risques liés aux mouvements des charges de façon que celles-ci :
 1° Ne heurtent pas les travailleurs ;
 2° Ne dérivent pas dangereusement ;
 3° Ne se décrochent pas inopinément. — *[Anc. art. R. 233-32-2.]*

SOUS-SECTION 2   **Levage et déplacement des travailleurs**

Art. R. 4324-29 Les équipements de travail servant au levage et au déplacement de travailleurs sont choisis ou équipés pour :
 1° Éviter les risques de chute de l'habitacle, lorsqu'il existe, au moyen de dispositifs appropriés ;
 2° Éviter les risques de chute de l'utilisateur hors de l'habitacle, lorsqu'il existe ;
 3° Éviter les risques d'écrasement, de coincement ou de heurt de l'utilisateur ;
 4° Garantir la sécurité des travailleurs bloqués, en cas d'accident, dans l'habitacle et permettre leur dégagement. — *[Anc. art. R. 233-33.]*

SECTION 3   **Prescriptions complémentaires pour les équipements de travail mobiles**

Art. R. 4324-30 Les équipements de travail mobiles avec travailleurs portés sont choisis, compte tenu des travaux à accomplir et des conditions effectives d'utilisation, de manière à prévenir les risques de retournement ou de renversement de l'équipement et de chute d'objets. — *[Anc. art. R. 233-34, al. 1er.]*

Art. R. 4324-31 Lorsque le risque de retournement ou de renversement d'un équipement de travail mobile ne peut pas être complètement évité, cet équipement est muni soit d'une structure l'empêchant de se renverser de plus d'un quart de tour, soit d'une structure ou de tout autre dispositif d'effet équivalent garantissant un espace suffisant autour des travailleurs portés si le mouvement peut continuer au-delà de cette limite.
 De telles structures de protection ne sont pas requises lorsque l'équipement est stabilisé pendant l'emploi ou lorsque le retournement ou le renversement en est rendu impossible du fait de la conception de l'équipement. — *[Anc. art. R. 233-34, al. 2.]*

Art. R. 4324-32 Lorsque le risque de chute d'objets ne peut pas être complètement évité, l'équipement de travail mobile est équipé d'une structure de protection contre ce risque. — *[Anc. art. R. 233-34, al. 3.]*

Art. R. 4324-33 Les structures de protection contre le retournement, le renversement ou la chute d'objets peuvent être intégrées dans une cabine. — *[Anc. art. R. 233-34, al. 4.]*

Art. R. 4324-34 Si l'équipement de travail mobile n'est pas muni des points d'ancrage permettant de recevoir une structure de protection, des mesures sont prises pour prévenir le risque de retournement ou de renversement de l'équipement ou de chute d'objets, tels que la limitation de son utilisation, de sa vitesse et l'aménagement des zones de circulation et de travail. — *[Anc. art. R. 233-34, al. 5.]*

Art. R. 4324-35 S'il existe un risque qu'un travailleur porté, lors d'un retournement ou d'un renversement, soit écrasé entre des parties de l'équipement de travail mobile et le sol, l'équipement est muni d'un système de retenue des travailleurs portés sur leur siège, sauf si l'état de la technique et les conditions effectives d'utilisation l'interdisent. — *[Anc. art. R. 233-34, al. 6.]*

Art. R. 4324-36 Les équipements de travail mobiles avec travailleurs portés sont aménagés de façon à réduire au minimum les risques pour ces travailleurs pendant le déplacement, notamment les risques de contact avec les roues, chenilles, ou autres éléments mobiles concourant au déplacement. — *[Anc. art. R. 233-35.]*

Art. R. 4324-37 Lorsque le blocage intempestif des éléments de transmission d'énergie entre un équipement de travail mobile et ses accessoires ou remorques peut engendrer des risques spécifiques, cet équipement de travail est aménagé ou équipé de façon qu'il puisse être remédié à ce blocage. Lorsque celui-ci ne peut pas être empêché, toutes mesures sont prises pour éviter les conséquences dommageables pour les travailleurs. – *[Anc. art. R. 233-35-1.]*

Art. R. 4324-38 Si les éléments de transmission d'énergie entre équipements de travail mobiles risquent de s'encrasser et de se détériorer en traînant par terre, des fixations sont prévues. – *[Anc. art. R. 233-35-2.]*

Art. R. 4324-39 Les équipements de travail mobiles automoteurs sont munis de dispositifs empêchant une mise en marche par des personnes non habilitées. – *[Anc. art. R. 233-36.]*

Art. R. 4324-40 Les équipements de travail mobiles automoteurs sont munis d'un dispositif de freinage et d'arrêt.

Dans la mesure où la sécurité l'exige, notamment pour les équipements dont le système de freinage est fortement sollicité, un dispositif de secours actionné par des commandes aisément accessibles ou par des systèmes automatiques permet le freinage et l'arrêt en cas de défaillance du dispositif principal. – *[Anc. art. R. 233-37.]*

Art. R. 4324-41 Les équipements de travail mobiles comportant des éléments qui, pendant le travail, dépassent le gabarit, sont, pendant leur transport ou leur déplacement munis des dispositifs nécessaires pour maintenir ces éléments dans une position de sécurité.

Ces dispositifs permettent au conducteur de vérifier sans difficultés *[difficulté]*, préalablement au déplacement ou au transport, que les éléments concernés sont effectivement maintenus dans une position de sécurité. – *[Anc. art. R. 233-37-1.]*

Art. R. 4324-42 Lorsque le champ de vision direct du conducteur est insuffisant, les équipements de travail mobiles automoteurs sont munis de dispositifs auxiliaires, améliorant la visibilité.

Lorsque ces équipements sont utilisés de nuit ou dans des lieux obscurs, ils sont munis d'un dispositif d'éclairage adapté au travail à réaliser. – *[Anc. art. R. 233-38.]*

Art. R. 4324-43 Les équipements de travail mobiles automoteurs commandés à distance sont munis d'un dispositif permettant l'arrêt automatique lorsqu'ils sortent du champ de contrôle.

S'ils peuvent heurter des travailleurs, ces équipements ou ceux fonctionnant sans conducteur sont équipés de dispositifs de protection ou de protecteurs contre ces risques, sauf si d'autres dispositifs appropriés sont en place pour contrôler le risque de heurt. – *[Anc. art. R. 233-39.]*

Art. R. 4324-44 En cas de mouvement simultané de plusieurs équipements de travail mobiles automoteurs roulant sur rails, ces équipements sont munis de moyens réduisant les conséquences d'une collision éventuelle. – *[Anc. art. R. 233-40.]*

Art. R. 4324-45 Les équipements de travail mobiles automoteurs qui, par eux-mêmes ou du fait de leurs remorques ou de leur chargement, présentent des risques d'incendie sont munis de dispositifs de lutte contre l'incendie, sauf si le lieu d'utilisation en est équipé à des endroits suffisamment rapprochés. – *[Anc. art. R. 233-41.]*

SECTION 4 Prescriptions complémentaires pour les équipements de travail desservant des niveaux définis à l'aide d'un habitacle

(Décr. nº 2008-1325 du 15 déc. 2008)

Art. R. 4324-46 Les dispositions de la présente section s'appliquent aux équipements de travail suivants, desservant des niveaux définis à l'aide d'un habitacle, soit le long d'une course verticale parfaitement définie dans l'espace, soit le long d'une course guidée sensiblement verticale, lorsqu'ils ne sont pas soumis aux règles techniques de l'annexe I prévue par l'article R. 4312-1 :

1° Les monte-charges inaccessibles aux personnes compte tenu des dimensions de l'habitacle ;

2° Les monte-charges accessibles pour les opérations de chargement ou de déchargement mais munis d'un organe de commande situé à l'extérieur de l'habitacle, ne pouvant être actionné de l'intérieur ;

3° Les élévateurs de personnes n'excédant pas une vitesse de 0,15 mètre par seconde ;

4° Les ascenseurs de chantier.

Art. R. 4324-47 Lorsqu'un équipement est prévu pour l'accès ou le déplacement de personnes, il est installé ou équipé de manière à éviter :

1° Tout risque de chute de celles-ci à l'arrêt de l'habitacle au palier ;

2° Lors de l'accès à l'équipement, pour le chargement ou le déchargement, tout mouvement ou déplacement dangereux de l'habitacle.

Art. R. 4324-48 Les équipements sont installés ou équipés de manière à empêcher tout risque de contact des personnes présentes dans l'environnement de l'installation avec l'habitacle en mouvement ou tout autre élément mobile. Dès qu'un protecteur est ouvert, des dispositifs empêchent tout mouvement dangereux de l'habitacle.

Les équipements sont installés ou équipés de manière à supprimer tout risque de chute d'une charge de l'habitacle.

Art. R. 4324-49 Les interventions de vérification et de maintenance s'effectuent depuis un emplacement sûr permettant un accès aisé et sécurisé aux organes concernés, à partir de l'ouverture d'un protecteur.

Un dispositif d'arrêt permet l'accès en toute sécurité dans le volume parcouru par l'habitacle.

Afin de prévenir le risque d'écrasement entre l'habitacle et tout élément fixe, le personnel intervenant au-dessous ou au-dessus de l'habitacle dispose d'un espace libre ou d'un refuge lui permettant d'accéder et de se maintenir aux emplacements nécessaires en toute sécurité.

Art. R. 4324-50 Les équipements sont installés ou équipés de manière à empêcher tout risque de chute de personne dans la gaine, lorsque l'habitacle n'est pas au palier. A cette fin, ils sont équipés de protecteurs munis d'un dispositif empêchant tout mouvement dangereux de l'habitacle jusqu'à leur fermeture et leur verrouillage effectifs.

Ces protecteurs sont maintenus fermés et verrouillés pendant le déplacement de l'habitacle jusqu'à son arrêt. Ils sont munis d'un dispositif de déverrouillage de secours rendu accessible depuis l'extérieur de la gaine.

L'accès à la gaine, à partir des paliers autres que celui au niveau duquel se trouve l'habitacle, est rendu impossible en service normal.

Art. R. 4324-51 Les voies et accès aux équipements, les habitacles accessibles aux personnes ainsi que les espaces en gaine où ont lieu des opérations de vérification et de maintenance sont dotés d'un éclairage approprié.

Art. R. 4324-52 Les équipements sont installés ou équipés de manière à éviter les risques, pour les personnes, d'entrer en contact avec les objets transportés ou tout élément fixe ou mobile situé à l'extérieur de l'habitacle.

Ils sont notamment équipés de dispositifs faisant obstacle à tout déplacement dangereux de l'habitacle, à une augmentation de sa vitesse mettant en danger la sécurité des personnes ou à sa chute libre. Ces dispositifs ne doivent pas avoir pour effet une décélération dangereuse pour ces personnes, y compris pour celles qui effectuent les opérations mentionnées à l'article R. 4543-1.

Art. R. 4324-53 Lorsque l'habitacle est accessible aux personnes, l'équipement est doté d'un dispositif de secours permettant leur dégagement rapide, y compris en cas de défaillance de la source d'énergie.

SANTÉ ET SÉCURITÉ AU TRAVAIL

LIVRE IV PRÉVENTION DE CERTAINS RISQUES D'EXPOSITION

TITRE I RISQUES CHIMIQUES

CHAPITRE I MISE SUR LE MARCHÉ DES SUBSTANCES ET MÉLANGES
(Décr. n° 2012-530 du 19 avr. 2012, art. 2).

SECTION 1 Dispositions générales

Art. R. 4411-1 (Décr. n° 2009-289 du 13 mars 2009) Pour l'application du présent titre, lorsque les substances ou (Décr. n° 2012-530 du 19 avr. 2012, art. 2) « mélanges mentionnés » à l'article L. 4411-1 sont utilisées [utilisés] principalement dans des établissements et exploitations agricoles, les attributions du ministre chargé du travail sont exercées par le ministre chargé de l'agriculture.

Art. R. 4411-1-1 (Décr. n° 2012-530 du 19 avr. 2012, art. 2) Les règles de classification, d'étiquetage et d'emballage des substances et mélanges dangereux sont définies par le règlement (CE) n° 1272/2008 du Parlement et du Conseil du 16 décembre 2008 relatif à la classification, à l'étiquetage et à l'emballage des substances et des mélanges (Abrogé par Décr. n° 2015-612 du 3 juin 2015, art. 1er) « et par le présent chapitre pour l'application des directives communautaires et s'appliquent selon les modalités définies à l'article 61 du règlement (CE) n° 1272/2008 du Parlement et du Conseil du 16 décembre 2008 ».

Art. R. 4411-2 à R. 4411-5 Abrogés par Décr. n° 2015-612 du 3 juin 2015, art. 1er.

SECTION 2 Définitions et principes de classement

Art. R. 4411-6 (Décr. n° 2015-612 du 3 juin 2015, art. 1er) Sont considérés comme dangereux les substances et mélanges qui répondent aux critères de classification relatifs aux dangers physiques, aux dangers pour la santé ou aux dangers pour l'environnement définis à l'annexe I du règlement (CE) n° 1272/2008 du Parlement européen et du Conseil du 16 décembre 2008.

<small>Ancien art. R. 4411-6 (Décr. n° 2012-530 du 19 avr. 2012, art. 2) Sont considérés comme dangereux les substances et mélanges correspondant aux catégories suivantes :

1° *Explosibles :* substances et mélanges solides, liquides, pâteux ou gélatineux qui, même sans intervention d'oxygène atmosphérique, peuvent présenter une réaction exothermique avec développement rapide de gaz et qui, dans des conditions d'essais déterminées, détonent, déflagrent rapidement ou, sous l'effet de la chaleur, explosent en cas de confinement partiel ;

2° *Comburants :* substances et mélanges qui, au contact d'autres substances, notamment inflammables, présentent une réaction fortement exothermique ;

3° *Extrêmement inflammables :* substances et mélanges liquides dont le point d'éclair est extrêmement bas et le point d'ébullition bas ainsi que substances et mélanges gazeux qui, à température et pression ambiantes, sont inflammables à l'air ;

4° *Facilement inflammables :* substances et mélanges :
a) Qui peuvent s'échauffer au point de s'enflammer à l'air à température ambiante sans apport d'énergie ;
b) A l'état solide, qui peuvent s'enflammer facilement par une brève action d'une source d'inflammation et continuer à brûler ou à se consumer après l'éloignement de cette source ;
c) A l'état liquide, dont le point d'éclair est très bas ;
d) Ou qui, au contact de l'eau ou de l'air humide, produisent des gaz extrêmement inflammables en quantités dangereuses ;

5° *Inflammables :* substances et mélanges liquides, dont le point d'éclair est bas ;

6° *Très toxiques :* substances et mélanges qui, par inhalation, ingestion ou pénétration cutanée en très petites quantités, entraînent la mort ou nuisent à la santé de manière aiguë ou chronique ;

7° *Toxiques :* substances et mélanges qui, par inhalation, ingestion ou pénétration cutanée en petites quantités, entraînent la mort ou nuisent à la santé de manière aiguë ou chronique ;

8° *Nocifs :* substances et mélanges qui, par inhalation, ingestion ou pénétration cutanée, peuvent entraîner la mort ou nuire à la santé de manière aiguë ou chronique ;</small>

9° *Corrosifs : substances et mélanges qui, en contact avec des tissus vivants, peuvent exercer une action destructrice sur ces derniers ;*

10° *Irritants : substances et mélanges non corrosifs qui, par contact immédiat, prolongé ou répété avec la peau ou les muqueuses, peuvent provoquer une réaction inflammatoire ;*

11° *Sensibilisants : substances et mélanges qui, par inhalation ou pénétration cutanée, peuvent donner lieu à une réaction d'hypersensibilisation telle qu'une exposition ultérieure à la substance ou au mélange produise des effets néfastes caractéristiques ;*

12° *Cancérogènes : substances et mélanges qui, par inhalation, ingestion ou pénétration cutanée, peuvent provoquer un cancer ou en augmenter la fréquence :*

a) Cancérogènes de catégorie 1 : substances et mélanges que l'on sait être cancérogènes pour l'homme ;

b) Cancérogènes de catégorie 2 : substances et mélanges pour lesquels il existe une forte présomption que l'exposition de l'homme à de tels substances et mélanges puisse provoquer un cancer ou en augmenter la fréquence ;

c) Cancérogènes de catégorie 3 : substances et mélanges préoccupants pour l'homme en raison d'effets cancérogènes possibles, mais pour lesquels les informations disponibles sont insuffisantes pour classer ces substances et mélanges dans la catégorie 2 ;

13° *Mutagènes : substances et mélanges qui, par inhalation, ingestion ou pénétration cutanée, peuvent produire des défauts génétiques héréditaires ou en augmenter la fréquence :*

a) Mutagènes de catégorie 1 : substances et mélanges que l'on sait être mutagènes pour l'homme ;

b) Mutagènes de catégorie 2 : substances et mélanges pour lesquels il existe une forte présomption que l'exposition de l'homme à de tels substances et mélanges puisse produire des défauts génétiques héréditaires ou en augmenter la fréquence ;

c) Mutagènes de catégorie 3 : substances et mélanges préoccupants pour l'homme en raison d'effets mutagènes possibles, mais pour lesquels les informations disponibles sont insuffisantes pour classer ces substances et mélanges dans la catégorie 2 ;

14° *Toxiques pour la reproduction : substances et mélanges qui, par inhalation, ingestion ou pénétration cutanée, peuvent produire ou augmenter la fréquence d'effets nocifs non héréditaires dans la progéniture ou porter atteinte aux fonctions ou capacités reproductives :*

a) Toxiques pour la reproduction de catégorie 1 : substances et mélanges que l'on sait être toxiques pour la reproduction de l'homme ;

b) Toxiques pour la reproduction de catégorie 2 : substances et mélanges pour lesquels il existe une forte présomption que l'exposition de l'homme à de tels substances et mélanges puisse produire ou augmenter la fréquence d'effets nocifs non héréditaires dans la progéniture ou porter atteinte aux fonctions ou capacités reproductives ;

c) Toxiques pour la reproduction de catégorie 3 : substances et mélanges préoccupants en raison d'effets toxiques possibles pour la reproduction, mais pour lesquels les informations disponibles sont insuffisantes pour classer ces substances et mélanges dans la catégorie 2 ;

15° *Dangereux pour l'environnement : substances et mélanges qui, s'ils entraient dans l'environnement, présenteraient ou pourraient présenter un risque immédiat ou différé pour une ou plusieurs de ses composantes.*

Les dispositions de la section 1 du chapitre II du titre I du livre IV de la quatrième partie du C. trav. restent applicables également aux substances et mélanges définis par l'art. R. 4411-6 dans sa rédaction antérieure à la date d'entrée en vigueur du Décr. n° 2015-612 du 3 juin 2008 (Décr. préc., art. 2-I).

Les dispositions de la section 2 du chapitre II du titre I du livre IV de la quatrième partie du C. trav. restent applicables également aux agents cancérogènes, mutagènes ou toxiques pour la reproduction de catégories 1 ou 2 définis par l'art. R. 4411-6 dans sa rédaction antérieure à la date d'entrée en vigueur du Décr. n° 2015-612 du 3 juin 2008 (Décr. préc., art. 2-II).

SECTION 3 — Information des autorités pour la prévention des risques

(Décr. n° 2014-128 du 14 févr. 2014, art. 11)

Art. R. 4411-42 L'organisme mentionné à l'article L. 4411-4 est désigné par arrêté des ministres chargés de la santé, du travail, de l'environnement et de l'agriculture. Cet arrêté fixe les modalités techniques de la mission de cet organisme.

Art. R. 4411-43 Sous réserve des dispositions des articles R. 4411-44 et R. 4411-45, la nature et les modalités de déclaration des informations qui doivent être fournies à l'organisme mentionné à l'article R. 4411-42 en application des dispositions de l'article L. 4411-4 sur les substances ou mélanges dangereux destinés à être utilisés

SANTÉ ET SÉCURITÉ AU TRAVAIL

dans des établissements employant des travailleurs ainsi que les modalités d'accès à celles-ci sont fixées par les chapitres I et II du titre IV du livre III de la première partie du code de la santé publique.

Art. R. 4411-44 L'organisme mentionné à l'article L. 4411-4 est habilité à fournir à toute personne qui en fait la demande et intéressée par la protection des travailleurs, notamment au médecin du travail et aux membres des comités d'hygiène et[,] de sécurité [et] des conditions de travail, les renseignements qu'il détient relatifs :
 1° Aux dangers que présente une substance ou un mélange qui la contient ;
 2° Aux précautions à prendre dans son emploi, son stockage, son transport ou son élimination ;
 3° A la nature et à la teneur de toute substance dangereuse contenue dans un mélange, à l'exclusion des informations relevant du secret (Décr. n° 2018-1126 du 11 déc. 2018, art. 3-VIII) « des affaires ».

Art. R. 4411-45 L'organisme mentionné à l'article L. 4411-4 est habilité à fournir aux (Décr. n° 2021-143 du 10 févr. 2021, art. 10) « agents de contrôle de l'inspection du travail mentionnés à l'article L. 8112-1 », aux médecins inspecteurs du travail, à un médecin du travail désigné par la Caisse centrale de mutualité agricole, aux ingénieurs de prévention ou techniciens régionaux des (Décr. n° 2020-1545 du 9 déc. 2020, art. 28-X, en vigueur le 1er avr. 2021) « directions régionales de l'économie, de l'emploi, du travail et des solidarités », aux ingénieurs-conseils des caisses d'assurance retraite et de la santé au travail et aux conseillers en prévention mentionnés aux articles L. 724-8 et L. 724-9 du code rural et de la pêche maritime tout renseignement qu'il détient sur la composition des mélanges.
 Les demandes de renseignement au titre du présent article sont faites par écrit à l'organisme compétent qui les enregistre.

Art. R. 4411-46 L'organisme mentionné à l'article L. 4411-4 et les autorités administratives prennent toutes dispositions utiles pour que les informations dont ils disposent et qui leur ont été signalées comme relevant du secret (Décr. n° 2018-1126 du 11 déc. 2018, art. 3-VIII) « des affaires » ne soient accessibles qu'aux personnes qu'ils ont explicitement habilitées pour en assurer la garde et qui sont astreintes au secret professionnel.

SECTION 4 Protection des utilisateurs et acheteurs

SOUS-SECTION 1 Étiquetage et emballage

Art. R. 4411-69 à R. 4411-72 Abrogés par Décr. n° 2015-612 du 3 juin 2015, art. 1er.

SOUS-SECTION 2 Fiche de données de sécurité

Art. R. 4411-73 (Décr. n° 2009-289 du 13 mars 2009) « Le fournisseur » d'une substance ou [d'un] (Décr. n° 2012-530 du 19 avr. 2012, art. 2) « mélange dangereux » fournit au destinataire de cette substance ou [de ce] (Décr. n° 2012-530 du 19 avr. 2012, art. 2) « mélange » une fiche de données de sécurité conforme aux exigences prévues au titre IV et à l'annexe II du règlement (CE) n° 1907/2006 du Parlement et du Conseil du 18 décembre 2006 concernant l'enregistrement, l'évaluation et l'autorisation des substances chimiques, ainsi que les restrictions applicables à ces substances (REACH), instituant une agence européenne des produits chimiques, modifiant la directive 1999/45/CE et abrogeant le règlement (CEE) n° 793/93 du Conseil et le règlement (CE) n° 1488/94 de la Commission ainsi que la directive 76/769/CEE du Conseil et les directives 91/155/CEE, 93/67/CEE, 93/105/CE et 2000/21/CE de la Commission.

SOUS-SECTION 3 Utilisation de dénominations de remplacement

Art. R. 4411-74 à R. 4411-82 Abrogés par Décr. n° 2015-612 du 3 juin 2015, art. 1er.

SOUS-SECTION 4 Dispositions d'urgence

Art. R. 4411-83 En cas d'urgence motivée par un grave danger pour les travailleurs, le ministre chargé du travail peut, par arrêté, limiter, réglementer ou interdire la commercialisation ou l'utilisation, à quelque titre que ce soit, ainsi que l'emploi d'une substance ou *(Décr. n° 2012-530 du 19 avr. 2012, art. 2)* « d'un mélange dangereux », sans recueillir l'avis du *(Décr. n° 2016-1834 du 22 déc. 2016, art. 2)* « Conseil d'orientation des conditions de travail ».

La durée de validité de l'arrêté ne peut excéder six mois non renouvelables. Elle peut toutefois être portée à douze mois après avis du *(Décr. n° 2016-1834 du 22 déc. 2016, art. 2)* « Conseil d'orientation des conditions de travail ». – *[Anc. art. R. 231-52-13, al. 2 et anc. art. R. 231-57.]*

Art. R. 4411-85 Lorsque est intervenu un règlement ou un arrêté pris par application des articles L. 4411-1 et R. 4411-83, les fabricants, importateurs ou vendeurs prennent toutes dispositions pour informer les utilisateurs. – *[Anc. art. R. 231-53-1.]*

SECTION 5 Exemptions pour les intérêts de la défense

(Décr. n° 2012-530 du 19 avr. 2012, art. 2)

Art. R. 4411-86 Les exemptions au règlement (CE) n° 1272/2008 prévues au III de l'article L. 521-1 du code de l'environnement sont délivrées par décision conjointe du ministre de la défense et du ministre chargé du travail, sauf dans les cas d'urgence opérationnelle pour lesquels la décision est prise par le ministre de la défense qui en informe alors le ministre chargé du travail.

La décision est notifiée au demandeur.

La décision précise l'identité de la substance, du mélange ou de l'article concerné, la durée de l'exemption et, le cas échéant, les conditions de son renouvellement. En l'absence de décision explicite à l'issue d'un délai de six mois à compter de la réception de la demande, celle-ci est réputée rejetée. Un arrêté conjoint du ministre de la défense et du ministre chargé du travail précise les conditions de présentation et d'instruction des demandes.

CHAPITRE II MESURES DE PRÉVENTION DES RISQUES CHIMIQUES

SECTION 1 Dispositions applicables aux agents chimiques dangereux

SOUS-SECTION 1 Champ d'application et définitions

Art. R. 4412-1 Les dispositions de la présente section sont applicables aux activités dans lesquelles les travailleurs sont exposés ou susceptibles d'être exposés au cours de leur travail à des agents chimiques dangereux. – *[Anc. art. R. 231-54.]*

Art. R. 4412-2 Pour l'application du présent chapitre, on entend par :

1° Activité impliquant des agents chimiques, tout travail dans lequel des agents chimiques sont utilisés ou destinés à être utilisés dans tout processus, y compris la production, la manutention, le stockage, le transport, l'élimination et le traitement, ou au cours duquel de tels agents sont produits ;

2° Agent chimique, tout élément ou composé chimique, soit en l'état, soit au sein *(Décr. n° 2012-530 du 19 avr. 2012, art. 2)* « d'un mélange », tel qu'il se présente à l'état naturel ou tel qu'il est produit, utilisé ou libéré, notamment sous forme de déchet, du fait d'une activité professionnelle, qu'il soit ou non produit intentionnellement et qu'il soit ou non mis sur le marché. – *[Anc. art. R. 231-54-1, al. 1er à 3.]*

Art. R. 4412-3 Pour l'application du présent chapitre, un agent chimique dangereux est :

(Décr. n° 2012-530 du 19 avr. 2012, art. 2 ; Décr. n° 2015-612 du 3 juin 2015, art. 1er)
« 1° Tout agent chimique mentionné à l'article R. 4411-6 ; »

2° Tout agent chimique qui, bien que ne satisfaisant pas aux critères de classement, en l'état ou au sein *(Décr. n° 2012-530 du 19 avr. 2012, art. 2)* « d'un mélange », peut présenter un risque pour la santé et la sécurité des travailleurs en raison de ses propriétés physico-chimiques, chimiques ou toxicologiques et des modalités de sa présence sur le lieu de travail ou de son utilisation, y compris tout agent chimique pour lequel des décrets prévoient une valeur limite d'exposition professionnelle. – *[Anc. art. R. 231-54-1, al. 4 à 6.]*

SANTÉ ET SÉCURITÉ AU TRAVAIL **Art. R. 4412-9** 2349

Art. R. 4412-4 Pour l'application du présent chapitre, on entend par :
1° Danger, la propriété intrinsèque d'un agent chimique susceptible d'avoir un effet nuisible ;
2° Risque, la probabilité que le potentiel de nuisance soit atteint dans les conditions d'utilisation et/ou d'exposition ;
3° Surveillance de la santé, l'évaluation de l'état de santé d'un travailleur en fonction de son exposition à des agents chimiques spécifiques sur le lieu de travail ;
4° Valeur limite biologique, la limite de concentration dans le milieu biologique approprié de l'agent concerné, de ses métabolites ou d'un indicateur d'effet ;
5° Valeur limite d'exposition professionnelle, sauf indication contraire, la limite de la moyenne pondérée en fonction du temps de la concentration d'un agent chimique dangereux dans l'air de la zone de respiration d'un travailleur au cours d'une période de référence déterminée. — *[Anc. art. R. 231-54-1, al. 7 à 11, et anc. art. R. 231-56, al. 3.]*

SOUS-SECTION 2 Évaluation des risques

Art. R. 4412-5 L'employeur évalue les risques encourus pour la santé et la sécurité des travailleurs pour toute activité susceptible de présenter un risque d'exposition à des agents chimiques dangereux.
Cette évaluation est renouvelée périodiquement, notamment à l'occasion de toute modification importante des conditions pouvant affecter la santé ou la sécurité des travailleurs. — *[Anc. art. R. 231-54-2, al. 1er.]*

Art. R. 4412-6 Pour l'évaluation des risques, l'employeur prend en compte, notamment :
1° Les propriétés dangereuses des agents chimiques présents sur les lieux de travail ;
2° Les informations relatives à la santé et à la sécurité communiquées par le fournisseur de produits chimiques en application des articles *(Décr. n° 2015-612 du 3 juin 2015, art. 1er)* « R. 4411-1-1 », R. 4411-73 et R. 4411-84 ;
3° Les renseignements complémentaires qui lui sont nécessaires obtenus auprès du fournisseur ou d'autres sources aisément accessibles ;
4° La nature, le degré et la durée de l'exposition ;
5° Les conditions dans lesquelles se déroulent les activités impliquant des agents chimiques, y compris le nombre et le volume de chacun d'eux ;
(Décr. n° 2022-395 du 18 mars 2022, art. 1er, en vigueur le 31 mars 2022) « 6° En cas d'exposition simultanée ou successive à plusieurs agents chimiques, les effets combinés de l'ensemble de ces agents ; »
7° Les valeurs limites d'exposition professionnelle et les valeurs limites biologiques fixées par décret ;
8° L'effet des mesures de prévention prises ou à prendre sur le risque chimique ;
9° Les conclusions fournies par le médecin du travail concernant *(Décr. n° 2016-1908 du 27 déc. 2016, art. 10)* « le suivi de l'état de santé » des travailleurs ;
10° Les travaux conduits et propositions émises par les intervenants en prévention des risques professionnels mentionnées à l'article R. 4623-26.

Art. R. 4412-7 L'évaluation des risques inclut toutes les activités au sein de l'entreprise ou de l'établissement, y compris l'entretien et la maintenance.
(Abrogé par Décr. n° 2022-395 du 18 mars 2022, art. 1er, à compter du 31 mars 2022) « *Dans le cas d'activités comportant une exposition à plusieurs agents chimiques dangereux, l'évaluation prend en compte les risques combinés de l'ensemble de ces agents.* »

Art. R. 4412-8 Toute activité nouvelle impliquant des agents chimiques dangereux ne peut être entreprise qu'après réalisation de l'évaluation des risques et mise en œuvre des mesures de prévention appropriées. — *[Anc. art. R. 231-54-2, II, al. 2.]*

Art. R. 4412-9 Les résultats de l'évaluation des risques chimiques sont communiqués, sous une forme appropriée, au *(Décr. n° 2017-1819 du 29 déc. 2017, art. 3)* « comité social et économique » et, en l'absence de représentation du personnel, à tout travailleur intervenant dans l'entreprise ainsi qu'au médecin du travail.
Cette communication intervient, en particulier, à la suite de la mise à jour des résultats de l'évaluation ou de toute modification importante des méthodes et des conditions de travail susceptible d'affecter la santé et la sécurité des travailleurs.

Art. R. 4412-10 Les résultats de l'évaluation des risques sont consignés dans le document unique d'évaluation des risques prévu à l'article R. 4121-1. — *[Anc. art. R. 231-54-2, II, al. 3.]*

SOUS-SECTION 3 **Mesures et moyens de prévention**

Art. R. 4412-11 L'employeur définit et applique les mesures de prévention visant à supprimer ou à réduire au minimum le risque d'exposition à des agents chimiques dangereux :

1° En concevant et en organisant des méthodes de travail adaptées ;

2° En prévoyant un matériel adéquat ainsi que des procédures d'entretien régulières qui protègent la santé et la sécurité des travailleurs ;

3° En réduisant au minimum le nombre de travailleurs exposés ou susceptibles de l'être, tout en tenant compte des risques encourus par un travailleur isolé ;

4° En réduisant au minimum la durée et l'intensité de l'exposition ;

5° En imposant des mesures d'hygiène appropriées ;

6° En réduisant au minimum nécessaire la quantité d'agents chimiques présents sur le lieu de travail pour le type de travail concerné ;

7° En concevant des procédures de travail adéquates, notamment des dispositions assurant la sécurité lors de la manutention, du stockage et du transport sur le lieu de travail des agents chimiques dangereux et des déchets contenant de tels agents. — *[Anc. art. R. 231-54-3.]*

Art. R. 4412-12 Lorsque les résultats de l'évaluation des risques révèlent un risque pour la santé et la sécurité des travailleurs, l'employeur met en œuvre les dispositions suivantes :

1° Mesures et moyens de prévention prévus aux articles R. 4412-15 à R. 4412-22 ;

2° Vérifications des installations et appareils de protection collective prévues à la sous-section 4 ;

3° Contrôle de l'exposition prévu à la sous-section 5 ;

4° Mesures en cas d'accident prévues à la sous-section 6 ;

5° Établissement de la notice de poste prévue à l'article R. 4412-39 ;

6° Suivi *(Décr. n° 2016-1908 du 27 déc. 2016, art. 10)* « de l'état de santé prévu » à la sous-section 8. — *[Anc. art. R. 231-54-5, al. 1er.]*

Art. R. 4412-13 Lorsque les résultats de l'évaluation des risques montrent que les quantités dans lesquelles un agent chimique dangereux est présent sur le lieu de travail ne présentent qu'un risque faible pour la santé et la sécurité des travailleurs et que les mesures de prévention prises en application des articles L. 4121-1 à L. 4121-5 et R. 4412-11 sont suffisantes pour réduire ce risque, les dispositions de l'article R. 4412-12 ne sont pas applicables. — *[Anc. art. R. 231-54-5, al. 2.]*

Art. R. 4412-14 Quels que soient les résultats de l'évaluation des risques, les dispositions de l'article R. 4412-12 s'appliquent à la production, la fabrication ou l'utilisation au travail des agents chimiques dangereux faisant l'objet d'une mesure d'interdiction en application de l'article L. 4411-1. — *[Anc. art. R. 231-54-5, al. 3.]*

Art. R. 4412-15 Le risque que présente un agent chimique dangereux pour la santé et la sécurité des travailleurs doit être supprimé.

Lorsque la suppression de ce risque est impossible, ce dernier est réduit au minimum par la substitution d'un agent chimique dangereux par un autre agent chimique ou par un procédé non dangereux ou moins dangereux. — *[Anc. art. R. 231-54-6, al. 1er à 3.]*

Art. R. 4412-16 Lorsque la substitution d'un agent chimique dangereux n'est pas possible au regard de la nature de l'activité et de l'évaluation des risques, le risque est réduit au minimum par la mise en œuvre, par ordre de priorité, des mesures suivantes :

1° Conception des procédés de travail et contrôles techniques appropriés ;

2° Utilisation des équipements et des matériels adéquats de manière à éviter ou à réduire le plus possible la libération d'agents chimiques dangereux sur le lieu de travail ;

3° Application, à la source du risque, des mesures efficaces de protection collective, telles qu'une bonne ventilation et des mesures appropriées d'organisation du travail ;

SANTÉ ET SÉCURITÉ AU TRAVAIL **Art. R. 4412-24** 2351

4° Utilisation, si l'exposition ne peut être réduite par d'autres moyens, de moyens de protection individuelle, y compris d'équipements de protection individuelle. – *[Anc. art. R. 231-54-6, al. 4 à 7.]*

Art. R. 4412-17 L'employeur prend les mesures techniques et définit les mesures d'organisation du travail appropriées pour assurer la protection des travailleurs contre les dangers découlant des propriétés chimiques et physico-chimiques des agents chimiques.

Ces mesures portent, notamment, sur le stockage, la manutention et l'isolement des agents chimiques incompatibles.

A cet effet, l'employeur prend les mesures appropriées pour empêcher :

1° La présence sur le lieu de travail de concentrations dangereuses de substances inflammables ou de quantités dangereuses de substances chimiques instables ;

2° Les risques de débordement ou d'éclaboussures, ainsi que de déversement par rupture des parois des cuves, bassins, réservoirs et récipients de toute nature contenant des produits susceptibles de provoquer des brûlures d'origine thermique ou chimique. – *[Anc. art. R. 231-54-7, al. 1er, et anc. art. R. 233-46, al. 3.]*

Art. R. 4412-18 Lorsque les mesures techniques et d'organisation prévues à l'article R. 4412-17 ne sont pas réalisables au regard de la nature de l'activité, l'employeur prend, par ordre de priorité, les dispositions nécessaires pour :

1° Éviter la présence sur le lieu de travail de sources d'ignition susceptibles de provoquer des incendies ou des explosions, ou l'existence de conditions défavorables pouvant aboutir à ce que des substances ou des mélanges de substances chimiques instables aient des effets physiques dangereux ;

2° Atténuer les effets nuisibles pour la santé et la sécurité des travailleurs en cas d'incendie ou d'explosion résultant de l'inflammation de substances inflammables, ou les effets dangereux dus aux substances ou aux mélanges de substances chimiques instables. – *[Anc. art. R. 231-54-7, al. 2 à 4.]*

Art. R. 4412-19 L'employeur assure l'entretien des équipements de protection individuelle et des vêtements de travail.

Lorsque l'entretien est réalisé à l'extérieur de l'établissement, le chef de l'entreprise chargé du transport et de l'entretien est informé de l'éventualité et de la nature de la contamination ainsi que de ses dangers conformément aux règles de coordination de la prévention prévue à l'article R. 4511-5.

Le transport des vêtements contaminés est réalisé dans des récipients sûrs et identifiables. – *[Anc. art. R. 231-54-9.]*

Art. R. 4412-20 L'employeur, pour toutes les activités comportant un risque d'exposition à des agents chimiques dangereux, prévoit des mesures d'hygiène appropriées afin que les travailleurs ne mangent pas, ne boivent pas et ne fument pas dans les zones de travail concernées. – *[Anc. art. R. 231-54-10.]*

Art. R. 4412-21 L'accès aux locaux de travail où sont utilisés des agents chimiques dangereux est limité aux personnes dont la mission l'exige.

Ces locaux font l'objet d'une signalisation appropriée rappelant notamment l'interdiction d'y pénétrer sans motif de service et l'existence d'un risque d'émissions dangereuses pour la santé, y compris accidentelles. – *[Anc. art. R. 231-54-12.]*

Art. R. 4412-22 Lors de travaux susceptibles d'exposer à des gaz délétères dans des espaces confinés tels que les puits, conduites de gaz, canaux de fumée, fosses d'aisances, cuves ou appareils quelconques, les travailleurs sont attachés ou protégés par un autre dispositif de sécurité. – *[Anc. art. L. 233-2.]*

SOUS-SECTION 4 **Vérifications des installations et appareils de protection collective**

Art. R. 4412-23 L'employeur assure régulièrement la vérification et le maintien en parfait état de fonctionnement des installations et appareils de protection collective. – *[Anc. art. R. 231-54-8, al. 1er, phrase 1.]*

Art. R. 4412-24 L'employeur établit, après avis du (*Décr. n° 2017-1819 du 29 déc. 2017, art. 3*) « comité social et économique », une notice fixant les conditions de l'entretien des installations et des appareils de protection collective et les procédures à mettre en œuvre pour assurer leur surveillance, notamment pour détecter d'éventuelles défaillances et les éliminer.

Art. R. 4412-25 Des visites périodiques destinées à s'assurer de l'état des cuves, bassins et réservoirs contenant des produits corrosifs ont lieu à intervalles n'excédant pas un an.

Ces visites sont réalisées par une personne qualifiée sous la responsabilité de l'employeur. – *[Anc. art. R. 233-46, al. 4 et 5.]*

Art. R. 4412-26 Les résultats des vérifications prévues par la présente sous-section sont consignés dans les conditions prévues à l'article D. 4711-2. – *[Anc. art. R. 231-54-8, al. 1er, phrase 2, et anc. art. R. 233-46, al. 6.]*

SOUS-SECTION 5 Contrôle de l'exposition

§ 1 Contrôle des valeurs limites d'exposition professionnelle

(Décr. n° 2009-1570 du 15 déc. 2009)

Art. R. 4412-27 Pour l'application du 3° de l'article R. 4412-12, l'employeur procède de façon régulière au mesurage de l'exposition des travailleurs aux agents chimiques dangereux présents dans l'atmosphère des lieux de travail.

Lorsque des valeurs limites d'exposition professionnelle ont été établies pour un agent chimique dangereux en application des articles R. 4412-149 ou R. 4412-150, l'employeur fait procéder à des contrôles techniques par un organisme accrédité dans les conditions prévues aux articles R. 4724-8 à R. 4724-13.

Ces contrôles techniques sont effectués au moins une fois par an et lors de tout changement susceptible d'avoir des conséquences néfastes sur l'exposition des travailleurs. Ils donnent lieu à un rapport, communiqué conformément aux dispositions de l'article R. 4412-30.

Ces dispositions ne s'appliquent aux valeurs limites d'exposition professionnelle indicatives prévues à l'art. R. 4412-150 qu'à compter du 1er janv. 2012 (Décr. n° 2009-1570 du 15 déc. 2009, art. 13).

Art. R. 4412-28 En cas de dépassement d'une valeur limite d'exposition professionnelle fixée à l'article R. 4412-149 ou de dépassement d'une concentration fixée à l'article R. 4222-10, l'employeur prend immédiatement les mesures de prévention et de protection propres à assurer la protection des travailleurs.

Art. R. 4412-29 En cas de dépassement d'une valeur limite d'exposition professionnelle indicative prévue à l'article R. 4412-150, l'employeur procède à l'évaluation des risques afin de déterminer des mesures de prévention et de protection adaptées.

Art. R. 4412-30 Les résultats des mesurages et les rapports de contrôle technique sont communiqués par l'employeur au médecin du travail et au *(Décr. n° 2017-1819 du 29 déc. 2017, art. 3)* « comité social et économique ».

Ils sont tenus à la disposition de l'*(Décr. n° 2021-143 du 10 févr. 2021, art. 10)* « agent de contrôle de l'inspection du travail », du médecin inspecteur du travail ainsi que des agents des services de prévention des organismes de sécurité sociale.

Art. R. 4412-31 Les mesurages et les contrôles techniques opérés en application du présent paragraphe doivent respecter les modalités et les méthodes fixées en application de l'article R. 4412-151.

V. Arr. du 15 déc. 2009 relatif aux contrôles techniques des valeurs limites d'exposition professionnelle sur les lieux de travail et aux conditions d'accréditation des organismes chargés des contrôles (JO 17 déc.).

§ 2 Contrôle des valeurs limites biologiques

Art. R. 4412-32 Lorsqu'il est informé par le médecin du travail du dépassement d'une valeur limite biologique d'un agent chimique dangereux *(Décr. n° 2012-530 du 19 avr. 2012, art. 2)* « pour la santé », dans les conditions prévues *(Décr. n° 2009-1570 du 15 déc. 2009)* « à l'article R. 4412-51-1 », l'employeur :

SANTÉ ET SÉCURITÉ AU TRAVAIL **Art. R. 4412-38** 2353

1° Procède à l'évaluation des risques conformément à la sous-section 2 ;
2° Met en œuvre les mesures et moyens de prévention prévus aux articles R. 4412-11, R. 4412-15 et R. 4412-16. — [Anc. art. R. 231-54-16, I, al. 7 et 8.]

SOUS-SECTION 6   **Mesures en cas d'accident ou d'incident**

Art. R. 4412-33 Des systèmes d'alarme et autres systèmes de communication sont installés afin de permettre, en cas d'accident, d'incident ou d'urgence dû à la présence d'agents chimiques dangereux sur le lieu de travail :
1° Une réaction appropriée ;
2° La mise en œuvre immédiate, en tant que de besoin, des mesures qui s'imposent ;
3° Le déclenchement des opérations de secours, d'évacuation et de sauvetage.
Les mesures à mettre en œuvre, notamment les règles d'évacuation des travailleurs, sont définies préalablement par écrit. — [Anc. art. R. 231-54-13, I, al. 1er et 2.]

Art. R. 4412-34 En présence d'agents chimiques dangereux sur les lieux de travail, des installations de premier secours appropriées sont mises à disposition. Des exercices de sécurité pertinents sont organisés à intervalles réguliers. — [Anc. art. R. 231-54-13, I, al. 3 et 4.]

Art. R. 4412-35 Lorsqu'un accident, un incident ou une urgence survient, l'employeur prend immédiatement des mesures pour en atténuer les effets et en informer les travailleurs.
L'employeur met en œuvre les mesures appropriées pour remédier le plus rapidement possible à la situation et afin de rétablir une situation normale. — [Anc. art. R. 231-54-13, II, al. 1er et 2.]

Art. R. 4412-36 Seuls les travailleurs indispensables à l'exécution des réparations ou d'autres travaux nécessaires au rétablissement de la situation sont autorisés à travailler dans la zone affectée. Ils doivent disposer d'équipements de protection individuelle appropriés qu'ils sont tenus d'utiliser pendant la durée de leur intervention. En tout état de cause, l'exposition des travailleurs ne peut pas être permanente et doit être limitée pour chacun au strict nécessaire.
Les personnes non protégées ne sont pas autorisées à rester dans la zone affectée. — [Anc. art. R. 231-54-13, II, al. 3 et 4.]

Art. R. 4412-37 L'employeur veille à ce que les informations sur les mesures d'urgence se rapportant à des agents chimiques dangereux soient disponibles, notamment pour les services d'intervention, internes ou externes, compétents en cas d'accident ou d'incident.
Ces informations comprennent :
1° Une mention préalable des dangers de l'activité, des mesures d'identification du danger, des précautions et des procédures pertinentes afin que les services d'urgence puissent préparer leurs propres procédures d'intervention et mesures de précaution ;
2° Toute information disponible sur les dangers susceptibles de se présenter lors d'un accident ou d'une urgence ;
3° Les mesures définies en application des articles R. 4412-33 et R. 4412-34. — [Anc. art. R. 231-54-13, III.]

SOUS-SECTION 7   **Information et formation des travailleurs**

Art. R. 4412-38 L'employeur veille à ce que les travailleurs ainsi que le (*Décr. n° 2017-1819 du 29 déc. 2017, art. 3*) « comité social et économique » :
1° Reçoivent des informations sous des formes appropriées et périodiquement actualisées sur les agents chimiques dangereux se trouvant sur le lieu de travail, telles que notamment leurs noms, les risques pour la santé et la sécurité qu'ils comportent et, le cas échéant, les valeurs limites d'exposition professionnelle et les valeurs limites biologiques qui leur sont applicables ;
2° Aient accès aux fiches de données de sécurité fournies par le fournisseur des agents chimiques ;
3° Reçoivent une formation et des informations sur les précautions à prendre pour assurer leur protection et celle des autres travailleurs présents sur le lieu de travail.

Sont notamment portées à leur connaissance les consignes relatives aux mesures d'hygiène à respecter et à l'utilisation des équipements de protection individuelle. — *[Anc. art. R. 231-54-4, I.]*

Art. R. 4412-39 L'employeur établit une notice, dénommée notice de poste, pour chaque poste de travail ou situation de travail exposant les travailleurs à des agents chimiques dangereux. Cette notice, actualisée en tant que de besoin, est destinée à informer les travailleurs des risques auxquels leur travail peut les exposer et des dispositions prises pour les éviter.

La notice rappelle les règles d'hygiène applicables ainsi que, le cas échéant, les consignes relatives à l'emploi des équipements de protection collective ou individuelle. — *[Anc. art. R. 231-54-14.]*

Art. R. 4412-39-1 (*Décr. n° 2015-612 du 3 juin 2015, art. 1ᵉʳ*) L'étiquette ou inscription figurant sur tout récipient, sac ou enveloppe contenant des substances ou mélanges dangereux indique le nom de la ou les *[des]* substances qu'il contient et les dangers que présente leur emploi.

SOUS-SECTION 8 **Suivi de l'état de santé des travailleurs** (*Décr. n° 2016-1908 du 27 déc. 2016, art. 10, en vigueur le 1ᵉʳ janv. 2017*).

§ 1 *[ABROGÉ]* Liste et fiche d'exposition

(*Abrogé par Décr. n° 2012-134 du 30 janv. 2012, art. 1ᵉʳ-1°*)

Art. R. 4412-40 à R. 4412-43 *Abrogés par Décr. n° 2012-134 du 30 janv. 2012, art. 1ᵉʳ-1°*

§ 2 Suivi de l'état de santé (*Décr. n° 2016-1908 du 27 déc. 2016, art. 10, en vigueur le 1ᵉʳ janv. 2017*).

SOUS-§ 1 *Suivi individuel et examens complémentaires* (*Décr. n° 2016-1908 du 27 déc. 2016, art. 10, en vigueur le 1ᵉʳ janv. 2017*).

Art. R. 4412-44 (*Décr. n° 2016-1908 du 27 déc. 2016, art. 10, en vigueur le 1ᵉʳ janv. 2017*) En fonction de l'évaluation des risques, un travailleur affecté à des travaux l'exposant à des agents chimiques dangereux pour la santé peut faire l'objet d'un examen médical complémentaire prescrit par le médecin du travail afin de vérifier qu'il ne présente pas de contre-indication médicale à ces travaux.

Jurisprudence rendue antérieurement au Décr. n° 2016-1908 du 27 déc. 2016.

Les dispositions de l'art. R. 231-56-11 [devenu R. 4412-44] n'impliquent pas que le médecin du travail garantisse au salarié l'absence de tout risque ou de toute dangerosité de l'exposition aux agents litigieux et n'ont pas pour effet de transférer au médecin du travail la responsabilité qui incombe à l'employeur en matière de protection des salariés.
• CE 9 oct. 2002 : ⚖ *RJS 2003. 41, n° 49.*

Art. R. 4412-45 L'examen médical pratiqué comprend un examen clinique général et, selon la nature de l'exposition, un ou plusieurs examens spécialisés complémentaires auxquels le médecin du travail procède ou fait procéder. Ces examens sont (*Décr. n° 2014-798 du 11 juill. 2014, art. 4*) « pris en charge dans les conditions prévues à l'article (*Décr. n° 2016-1908 du 27 déc. 2016, art. 10, en vigueur le 1ᵉʳ janv. 2017*) « R. 4624-36 » ou, s'il s'agit d'un salarié agricole, à l'article R. 717-20 du code rural et de la pêche maritime ».

Art. R. 4412-46 Chaque travailleur est informé par le médecin du travail des résultats et de l'interprétation des examens médicaux généraux et complémentaires dont il a bénéficié. — *[Anc. art. R. 231-54-16, I, al. 5, et anc. art. R. 231-56-11, I, al. 5.]*

Art. R. 4412-47 et R. 4412-48 *Abrogés par Décr. n° 2016-1908 du 27 déc. 2016, art. 10.*

Art. R. 4412-49 Les instructions techniques, précisant les modalités des examens médicaux que respectent les médecins du travail, sont déterminées, en tant que de besoin, par arrêté conjoint des ministres chargés du travail et de l'agriculture. − *[Anc. art. R. 231-54-16, I, al. 10, et anc. art. R. 231-56-11, I, al. 7, et anc. art. 4, al. 2, Décr. n° 97-331 du 10 avr. 1997.]*

Art. R. 4412-50 En dehors des *(Décr. n° 2016-1908 du 27 déc. 2016, art. 10, en vigueur le 1er janv. 2017)* « visites d'information et de prévention et des examens complémentaires dont le travailleur bénéficie », l'employeur fait examiner par le médecin du travail tout travailleur exposé à des agents chimiques mentionnés à l'article R. 4412-44 qui se déclare incommodé par des travaux qu'il exécute. Cet examen peut être réalisé à la demande du travailleur.

Le médecin du travail est informé par l'employeur des absences, pour cause de maladie d'une durée supérieure à dix jours, des travailleurs exposés à ces agents chimiques.

Art. R. 4412-51 *(Décr. n° 2009-1570 du 15 déc. 2009)* Le médecin du travail prescrit les examens médicaux nécessaires à la surveillance biologique des expositions aux agents chimiques. Le travailleur est informé par le médecin des résultats de ces examens et de leur interprétation.

Le médecin du travail informe l'employeur de l'interprétation anonyme et globale des résultats de cette surveillance biologique des expositions aux agents chimiques, en garantissant le respect du secret médical.

Art. R. 4412-51-1 *(Décr. n° 2009-1570 du 15 déc. 2009)* Les analyses destinées à vérifier le respect des valeurs limites biologiques fixées par décret sont réalisées par les organismes mentionnés à l'article R. 4724-15.

En cas de dépassement, le médecin du travail, s'il considère que ce dépassement résulte de l'exposition professionnelle, en informe l'employeur, sous une forme non nominative *(Décr. n° 2016-1908 du 27 déc. 2016, art. 10)* « [,] et le travailleur ».

Art. R. 4412-51-2 *(Décr. n° 2009-1570 du 15 déc. 2009)* Un arrêté conjoint des ministres chargés du travail et de l'agriculture précise les modalités ainsi que les méthodes à mettre en œuvre pour le contrôle du respect des valeurs limites biologiques.

V. Arr. du 15 déc. 2009 relatif aux contrôles du respect des valeurs limites biologiques fixées par l'art. R. 4412-152 pour les travailleurs exposés au plomb et à ses composés (JO 17 déc.).

Art. R. 4412-52 Si un travailleur est atteint d'une maladie professionnelle, d'une maladie ou d'une anomalie susceptible de résulter d'une exposition à des agents chimiques dangereux, à l'exception des agents cancérogènes et mutagènes définis à l'article R. 4412-60, le médecin du travail détermine la pertinence et la nature des examens éventuellement nécessaires pour les travailleurs ayant subi une exposition comparable.

Si un travailleur est atteint soit d'une maladie professionnelle, soit d'une anomalie susceptible de résulter d'une exposition à des agents cancérogènes ou mutagènes, tous les travailleurs ayant subi une exposition comparable sur le même lieu de travail font l'objet d'un examen médical, assorti éventuellement d'examens complémentaires. − *[Anc. art. R. 231-54-16, II, al. 1er, et anc. art. R. 231-56-11, II, al. 1er et 2.]*

Art. R. 4412-53 Dans les cas de maladie ou d'anomalie prévus à l'article R. 4412-52, une nouvelle évaluation des risques est réalisée en vue d'assurer une meilleure protection de la santé et de la sécurité des travailleurs. − *[Anc. art. R. 231-54-16, II, al. 2, et anc. art. R. 231-56-11, II, al. 3.]*

SOUS-§ 2 *Dossier médical*

Art. R. 4412-54 Le médecin du travail constitue et tient, pour chaque travailleur exposé aux agents chimiques dangereux *(Décr. n° 2012-134 du 30 janv. 2012, art. 1er-2°)* « pour la santé », un dossier individuel contenant :

(Décr. n° 2015-1885 du 30 déc. 2015, art. 2-X) « 1° Le cas échéant, les informations communiquées par l'employeur au médecin du travail en application du troisième alinéa de l'article D. 4161-1 ; »

2° Les dates et les résultats des examens médicaux complémentaires pratiqués. − *[Anc. art. R. 231-54-16, III, et anc. art. R. 231-56-11, III.]*

Art. R. 4412-55 Le dossier médical est conservé pendant au moins cinquante ans après la fin de la période d'exposition, dans les conditions prévues à l'article *(Décr.*

n° 2016-1908 du 27 déc. 2016, art. 10, en vigueur le 1ᵉʳ janv. 2017) « L. 4624-8 » du présent code ou à l'article R. 717-27 du code rural et de la pêche maritime.

Art. R. 4412-56 Le dossier médical est communiqué, sur sa demande, au médecin inspecteur du travail et peut être adressé, avec l'accord du travailleur, à un médecin de son choix. — [Anc. art. R. 231-54-16, IV, al. 2, et anc. art. R. 231-56-11, IV, al. 2.]

Art. R. 4412-57 Si l'établissement (Décr. n° 2016-1908 du 27 déc. 2016, art. 10, en vigueur le 1ᵉʳ janv. 2017) « ou le service de santé au travail auquel il est rattaché » vient à disparaître ou si le travailleur change d'établissement, l'ensemble du dossier médical est transmis au médecin inspecteur du travail, à charge pour celui-ci de l'adresser, à la demande du travailleur, au médecin du travail désormais compétent.

SOUS-§ 3 *[ABROGÉ]* Attestation d'exposition

(Abrogé par Décr. n° 2012-134 du 30 janv. 2012, art. 1ᵉʳ-3°)

Art. R. 4412-58 Abrogé par Décr. n° 2012-134 du 30 janv. 2012, art. 1ᵉʳ-3°.

SECTION 2 **Dispositions particulières aux agents chimiques dangereux cancérogènes, mutagènes et toxiques pour la reproduction**

SOUS-SECTION 1 **Champ d'application et définitions**

Art. R. 4412-59 Les dispositions de la présente section sont applicables aux activités dans lesquelles les travailleurs sont exposés ou susceptibles d'être exposés au cours de leur travail à des agents chimiques cancérogènes mutagènes ou toxiques pour la reproduction. Elles ne font pas obstacle aux mesures particulières prises par décret pour certains agents ou procédés cancérogènes, mutagènes ou toxiques pour la reproduction.

Les activités mentionnées au premier alinéa ne sont pas soumises aux dispositions de la section 1 à l'exception des dispositions suivantes :

1° Définitions de la sous-section 1 ;

2° Mesures et dispositions à prendre contre les dangers découlant des propriétés chimiques et physico-chimiques des agents chimiques prévues aux articles R. 4412-17 et R. 4412-18 ;

3° Mesures à prendre en cas d'intervention dans un espace confiné prévues à l'article R. 4412-22 ;

4° Vérifications périodiques des installations et appareils de protection collective prévues à la sous-section 4 ;

5° Mesures à prendre en cas d'accident ou incident prévues à la sous-section 6 ;

6° Notice de poste prévue à l'article R. 4412-39 ;

(Décr. n° 2016-1908 du 27 déc. 2016, art. 10, en vigueur le 1ᵉʳ janv. 2017) « 7° Suivi de l'état de santé des travailleurs prévu à la sous-section 8 de la première section du présent chapitre. »

Art. R. 4412-60 (Décr. n° 2012-530 du 19 avr. 2012, art. 2) On entend par agent cancérogène, mutagène ou toxique pour la reproduction les substances ou mélanges suivants :

(Décr. n° 2015-612 du 3 juin 2015, art. 1ᵉʳ) « 1° Toute substance ou mélange qui répond aux critères de classification dans la catégorie 1A ou 1B des substances ou mélanges cancérogènes, mutagènes ou toxiques pour la reproduction définis à l'annexe I du règlement (CE) n° 1272/2008 ;

« 2° » Toute substance, tout mélange ou tout procédé défini comme tel par arrêté conjoint des ministres chargés du travail et de l'agriculture. — V. Arr. du 26 oct. 2020, NOR : MTRT2024926A (JO 1ᵉʳ nov.), mod. par Arr. du 3 mai 2021, NOR : MTRT210226A (JO 7 mai).

SOUS-SECTION 2 **Évaluation des risques**

Art. R. 4412-61 Pour toute activité susceptible de présenter un risque d'exposition à des agents cancérogènes, mutagènes ou toxiques pour la reproduction, l'employeur évalue la nature, le degré et la durée de l'exposition des travailleurs afin de pouvoir apprécier les risques pour leur santé ou leur sécurité et de définir les mesures de prévention à prendre.

Un arrêté conjoint des ministres chargés du travail et de l'agriculture peut préciser les conditions de cette évaluation. — *[Anc. art. R. 231-56-1, I, al. 1er.]*

Art. R. 4412-62 L'évaluation des risques d'exposition aux agents cancérogènes, mutagènes ou toxiques pour la reproduction est renouvelée régulièrement, notamment pour prendre en compte l'évolution des connaissances sur les produits utilisés et lors de tout changement des conditions pouvant affecter l'exposition des travailleurs. — *[Anc. art. R. 231-56-1, I, al. 2.]*

Art. R. 4412-63 Toute activité nouvelle impliquant des agents cancérogènes, mutagènes ou toxiques pour la reproduction ne peut être entreprise qu'après réalisation de l'évaluation des risques et mise en œuvre des mesures de prévention appropriées. — *[Anc. art. R. 231-56-1, I, al. 3.]*

Art. R. 4412-64 L'employeur tient à la disposition des membres du *(Décr. n° 2017-1819 du 29 déc. 2017, art. 3)* « comité social et économique », ainsi que du médecin du travail, de l'inspection du travail et des agents des services de prévention des organismes de sécurité sociale, les éléments ayant servi à l'évaluation des risques.

Les résultats de cette évaluation sont consignés dans le document unique d'évaluation des risques. — *[Anc. art. R. 231-56-1, I, al. 4.]*

Art. R. 4412-65 Pour l'évaluation du risque, toutes les expositions susceptibles de mettre en danger la santé ou la sécurité des travailleurs sont prises en compte, y compris l'absorption percutanée ou transcutanée. — *[Anc. art. R. 231-56-1, II.]*

SOUS-SECTION 3   **Mesures et moyens de prévention**

Art. R. 4412-66 Lorsque l'utilisation d'un agent cancérogène, mutagène ou toxique pour la reproduction est susceptible de conduire à une exposition, l'employeur réduit l'utilisation de cet agent sur le lieu de travail, notamment en le remplaçant, dans la mesure où cela est techniquement possible, par une substance, une préparation ou un procédé qui, dans ses conditions d'emploi, n'est pas ou est moins dangereux pour la santé ou la sécurité des travailleurs.

L'employeur consigne le résultat de ses investigations dans le document unique d'évaluation des risques. — *[Anc. art. R. 231-56-2.]*

Art. R. 4412-67 Lorsque les résultats de l'évaluation des risques prévue à la sous-section 2 révèlent un risque pour la santé ou la sécurité des travailleurs, l'exposition des travailleurs est évitée. — *[Anc. art. R. 231-56-3, I.]*

Art. R. 4412-68 Lorsque le remplacement d'un agent cancérogène, mutagène ou toxique pour la reproduction par une substance, une préparation ou un procédé sans danger ou moins dangereux pour la sécurité ou la santé n'est pas réalisable, l'employeur prend les dispositions nécessaires pour que la production et l'utilisation de l'agent cancérogène, mutagène ou toxique pour la reproduction aient lieu dans un système clos. — *[Anc. art. R. 231-56-3, II al. 1er.]*

Art. R. 4412-69 Lorsque l'application d'un système clos n'est pas réalisable, l'employeur fait en sorte que le niveau d'exposition des travailleurs soit réduit à un niveau aussi bas qu'il est techniquement possible. — *[Anc. art. R. 231-56-3, II al. 2.]*

Art. R. 4412-70 Dans tous les cas d'utilisation d'un agent cancérogène, mutagène ou toxique pour la reproduction l'employeur applique les mesures suivantes :

1° Limitation des quantités de cet agent sur le lieu de travail ;

2° Limitation du nombre de travailleurs exposés ou susceptibles de l'être ;

3° Mise au point de processus de travail et de mesures techniques permettant d'éviter ou de minimiser le dégagement d'agents ;

4° Évacuation des agents conformément aux dispositions des articles R. 4222-12 et R. 4222-13 ;

5° Utilisation de méthodes appropriées de mesure des agents, en particulier pour la détection précoce des expositions anormales résultant d'un événement imprévisible ou d'un accident ;

6° Application de procédures et de méthodes de travail appropriées ;

7° Mise en œuvre de mesures de protection collectives ou, lorsque l'exposition ne peut être évitée par d'autres moyens, de mesures de protection individuelles ;

8° Mise en œuvre de mesures d'hygiène, notamment de nettoyage régulier des sols, murs et autres surfaces ;

9° Information des travailleurs ;

10° Délimitation des zones à risque et utilisation de signaux adéquats d'avertissement et de sécurité, y compris les signaux "défense de fumer", dans les zones où les travailleurs sont exposés ou susceptibles de l'être ;

11° Mise en place de dispositifs pour les cas d'urgence susceptibles d'entraîner des expositions anormalement élevées, en particulier lors d'éventuelles ruptures du confinement des systèmes clos ;

12° Utilisation de moyens permettant le stockage, la manipulation et le transport sans risque des produits, notamment par l'emploi de récipients hermétiques étiquetés de manière claire, nette et visible ;

13° Collecte, stockage et évacuation sûrs des déchets. — *[Anc. art. R. 231-56-3, III.]*

Art. R. 4412-71 Lorsqu'un agent cancérogène, mutagène ou toxique pour la reproduction présente d'autres dangers, l'employeur met également en œuvre les mesures appropriées pour supprimer ou réduire les autres risques résultant de l'utilisation de cet agent. — *[Anc. art. R. 231-56-3, IV.]*

Art. R. 4412-72 Pour toutes les activités pour lesquelles il existe un risque de contamination par des agents cancérogènes, mutagènes ou toxiques pour la reproduction, l'employeur prend les mesures appropriées suivantes :

1° Veiller à ce que les travailleurs ne mangent pas, ne boivent pas et ne fument pas dans les zones de travail concernées ;

2° Fournir des vêtements de protection ou tous autres vêtements appropriés, les placer dans un endroit déterminé, les vérifier et les nettoyer, si possible avant et, en tout cas, après chaque utilisation et les réparer ou remplacer s'ils sont défectueux, conformément aux dispositions de l'article R. 4323-95 ;

3° Veiller à ce que les travailleurs ne sortent pas de l'établissement avec les équipements de protection individuelle ou les vêtements de travail. — *[Anc. art. R. 231-56-8, al. 1ᵉʳ à 4.]*

Art. R. 4412-73 Lorsque l'entretien des équipements de protection individuelle et des vêtements est assuré à l'extérieur de l'entreprise, le chef de l'entreprise chargé du transport et de l'entretien est informé de l'éventualité et de la nature de la contamination, conformément aux règles de coordination de la prévention prévue à l'article R. 4511-5. — *[Anc. art. R. 231-56-8, al. 5.]*

Art. R. 4412-74 Au vu des résultats de l'évaluation des risques, l'employeur prend les mesures appropriées pour que les zones où se déroulent les activités révélant un risque pour la santé ou la sécurité ne puissent être accessibles à d'autres travailleurs que ceux qui, en raison de leur travail ou de leur fonction, sont amenés à y pénétrer. — *[Anc. art. R. 231-56-7.]*

Art. R. 4412-75 Pour certaines activités telles que l'entretien ou la maintenance des équipements et installations, pour lesquelles la possibilité d'une augmentation sensible de l'exposition est prévisible et à l'égard desquelles toutes les possibilités de prendre d'autres mesures techniques de prévention sont déjà épuisées, l'employeur détermine, après avis du médecin du travail, du *(Décr. n° 2017-1819 du 29 déc. 2017, art. 3)* « comité social et économique », les mesures nécessaires pour réduire le plus possible la durée d'exposition des travailleurs et pour assurer leur protection durant ces activités.

L'employeur met à disposition des travailleurs un vêtement de protection et un équipement individuel de protection respiratoire. Il veille à ce qu'ils soient effectivement portés aussi longtemps que l'exposition persiste. Celle-ci ne peut pas être permanente et est limitée pour chaque travailleur au strict nécessaire.

Les mesures appropriées sont prises pour que les zones où se déroulent les activités mentionnées au premier alinéa soient clairement délimitées et signalées et pour que leur accès soit interdit à toute personne non autorisée. — *[Anc. art. R. 231-56-6.]*

SANTÉ ET SÉCURITÉ AU TRAVAIL

SOUS-SECTION 4 Contrôle de l'exposition

§ 1 Contrôle des valeurs limites d'exposition professionnelle

(Décr. n° 2009-1570 du 15 déc. 2009)

Art. R. 4412-76 L'employeur procède de façon régulière au mesurage de l'exposition des travailleurs aux agents cancérogènes, mutagènes ou toxiques pour la reproduction présents dans l'atmosphère des lieux de travail.

Lorsque des valeurs limites d'exposition professionnelle ont été établies, en application des articles R. 4412-149 ou R. 4412-150, pour un agent cancérogène, mutagène ou toxique pour la reproduction, l'employeur fait procéder à des contrôles techniques par un organisme accrédité dans les conditions prévues aux articles R. 4724-8 à R. 4724-13.

Ces contrôles techniques sont effectués au moins une fois par an et lors de tout changement susceptible d'avoir des conséquences néfastes sur l'exposition des travailleurs. Ils donnent lieu à un rapport, communiqué conformément aux dispositions de l'article R. 4412-79.

Art. R. 4412-77 En cas de dépassement d'une valeur limite d'exposition professionnelle contraignante prévue à l'article R. 4412-149, l'employeur arrête le travail aux postes de travail concernés, jusqu'à la mise en œuvre des mesures propres à assurer la protection des travailleurs.

Art. R. 4412-78 En cas de dépassement d'une valeur limite d'exposition professionnelle indicative prévue à l'article R. 4412-150, l'employeur procède à l'évaluation des risques afin de déterminer des mesures de prévention et de protection adaptées.

Art. R. 4412-79 Les résultats des mesurages et les rapports de contrôle technique sont communiqués par l'employeur au médecin du travail et au *(Décr. n° 2017-1819 du 29 déc. 2017, art. 3)* « comité social et économique ».

Ils sont tenus à la disposition de l'*(Décr. n° 2021-143 du 10 févr. 2021, art. 10)* « agent de contrôle de l'inspection du travail », du médecin inspecteur du travail ainsi que des agents des services de prévention des organismes de sécurité sociale.

Art. R. 4412-80 Les mesurages et les contrôles techniques opérés en application du présent paragraphe doivent respecter les modalités et les méthodes fixées en application de l'article R. 4412-151.

V. Arr. du 15 déc. 2009 relatif aux contrôles techniques des valeurs limites d'exposition professionnelle sur les lieux de travail et aux conditions d'accréditation des organismes chargés des contrôles (JO 17 déc.).

Art. R. 4412-81 *Abrogé par Décr. n° 2009-1570 du 15 déc. 2009.*

§ 2 Contrôle des valeurs limites biologiques

Art. R. 4412-82 Lorsqu'il est informé par le médecin du travail du dépassement d'une valeur limite biologique, dans les conditions prévues *(Décr. n° 2009-1570 du 15 déc. 2009)* « à l'article R. 4412-51-1 », l'employeur :

1° Procède à l'évaluation des risques conformément à la sous-section 2 ;

2° Met en œuvre les mesures et moyens de prévention prévus aux articles R. 4412-67 à R. 4412-73 ;

3° Procède aux contrôles des valeurs limites d'exposition professionnelle prévus à la sous-section 4 ;

(Décr. n° 2009-1570 du 15 déc. 2009) « 4° Arrête le travail aux postes concernés jusqu'à la mise en œuvre des mesures propres à assurer la protection des travailleurs. »

SOUS-SECTION 5 Mesures en cas d'accidents ou d'incidents

Art. R. 4412-83 En cas d'incident ou d'accident susceptible d'entraîner une exposition anormale à des agents chimiques cancérigènes, mutagènes ou toxiques pour la reproduction, seuls les travailleurs indispensables pour l'exécution des réparations et d'autres travaux nécessaires sont autorisés à travailler dans la zone affectée jusqu'au rétablissement de la situation normale et tant que les causes de l'exposition anormale ne sont pas éliminées. — *[Anc. art. R. 231-56-5, al. 1ᵉʳ et 2.]*

Art. R. 4412-84 L'employeur met à la disposition des travailleurs autorisés à travailler dans la zone affectée par l'incident ou l'accident un vêtement de protection et un équipement individuel de protection respiratoire. Il veille à ce qu'ils soient effectivement portés. — *[Anc. art. R. 231-56-5, al. 3, phrase 1.]*

Art. R. 4412-85 Afin de maintenir ou restaurer les conditions de salubrité dans la zone affectée, l'élimination des agents est réalisée de telle sorte qu'elle ne crée pas de nouveaux risques pour les travailleurs de l'établissement ou l'environnement de ce même établissement. — *[Anc. art. R. 231-56-5, al. 5.]*

SOUS-SECTION 6 **Information et formation des travailleurs**

Art. R. 4412-86 Si les résultats de l'évaluation des risques révèlent un risque pour la santé ou la sécurité des travailleurs, l'employeur tient à la disposition des travailleurs exposés et du *(Décr. n° 2017-1819 du 29 déc. 2017, art. 3)* « comité social et économique » des informations appropriées sur :
1° Les activités ou les procédés industriels mis en œuvre, y compris les raisons pour lesquelles des agents cancérogènes, mutagènes ou toxiques pour la reproduction sont utilisés ;
2° Les quantités fabriquées ou utilisées de substances ou préparations qui contiennent des agents cancérogènes mutagènes ou toxiques pour la reproduction ;
3° Le nombre de travailleurs exposés ;
4° Les mesures de prévention prises ;
5° Le type d'équipement de protection à utiliser ;
6° La nature et le degré de l'exposition, notamment sa durée ;
7° Les cas de substitution par un autre produit. — *[Anc. art. R. 231-56-4.]*

Art. R. 4412-87 L'employeur organise, en liaison avec le *(Décr. n° 2017-1819 du 29 déc. 2017, art. 3)* « comité social et économique » et le médecin du travail, l'information et la formation à la sécurité des travailleurs susceptibles d'être exposés à l'action d'agents cancérogènes, mutagènes ou toxiques pour la reproduction.
Cette information et cette formation concernent, notamment :
1° Les risques potentiels pour la santé, y compris les risques additionnels dus à la consommation du tabac ;
2° Les précautions à prendre pour prévenir l'exposition ;
3° Les prescriptions en matière d'hygiène ;
4° Le port et l'emploi des équipements et des vêtements de protection ;
5° Les mesures à prendre par les travailleurs, notamment par le personnel d'intervention, pour la prévention d'incidents et en cas d'incident.

Art. R. 4412-88 L'information et la formation à la sécurité sont adaptées à l'évolution des risques et à l'apparition de risques nouveaux. Elles sont répétées régulièrement. Elles favorisent une application des règles de prévention adaptée à l'évolution des connaissances et des techniques. — *[Anc. art. R. 231-56-9, I, al. 2.]*

Art. R. 4412-89 L'information des travailleurs porte sur les effets potentiellement néfastes de l'exposition aux substances chimiques sur la fertilité, sur l'embryon en particulier lors du début de la grossesse, sur le fœtus et pour l'enfant en cas d'allaitement.
Elle sensibilise les femmes quant à la nécessité de déclarer le plus précocement possible leur état de grossesse et les informe sur les possibilités de changement temporaire d'affectation et les travaux interdits prévus respectivement aux articles L. 1225-7 et D. 4152-10. — *[Anc. art. R. 231-56-9, I, al. 3.]*

Art. R. 4412-90 L'employeur informe les travailleurs de la présence d'agents cancérogènes, mutagènes ou toxiques pour la reproduction dans les installations.
Il veille à ce que les récipients annexes qui contiennent de tels agents soient étiquetés de manière claire et lisible. Le danger est signalé par tout moyen approprié. — *[Anc. art. R. 231-56-9, II.]*

Art. R. 4412-91 Les travailleurs et les membres du *(Décr. n° 2017-1819 du 29 déc. 2017, art. 3)* « comité social et économique » doivent pouvoir vérifier que les dispositions de la présente section sont appliquées, notamment en ce qui concerne :
 1° Les conséquences sur la santé et la sécurité des choix et de l'utilisation des vêtements et équipements de protection ;
 2° Les mesures prises pour les activités susceptibles d'augmenter sensiblement l'exposition mentionnée au premier alinéa de l'article R. 4412-75.

Art. R. 4412-92 Les travailleurs et les membres du *(Décr. n° 2017-1819 du 29 déc. 2017, art. 3)* « comité social et économique », ainsi que le médecin du travail, sont informés le plus rapidement possible des expositions anormales, y compris celles mentionnées à l'article R. 4412-75, de leurs causes et des mesures prises ou à prendre pour y remédier.

Art. R. 4412-93 Les informations prévues à l'article R. 4412-86 sont tenues à la disposition du médecin du travail, de l'inspection du travail, du médecin inspecteur du travail et des agents des services de prévention des organismes de sécurité sociale. – [Anc. art. R. 231-56-4.]

SECTION 3   Risques d'exposition à l'amiante

(Décr. n° 2012-639 du 4 mai 2012, en vigueur le 1ᵉʳ juill. 2012)

Les dispositions du Décr. n° 2012-639 du 4 mai 2012 s'appliquent aux opérations pour lesquelles le dossier de consultation relatif au marché est publié à compter du 1ᵉʳ juill. 2012 (Décr. préc., art. 5).

Jusqu'au 30 juin 2013, sont réputés satisfaire aux exigences du Décr. n° 2012-639 du 4 mai 2012 :

1° Pour le prélèvement, les organismes accrédités en application de l'art. R. 4724-14 C. trav. dans sa rédaction antérieure ;

2° Pour l'analyse, les organismes accrédités en application de l'art. R. 1334-25 CSP ;

3° Les entreprises certifiées au 1ᵉʳ juill. 2012 en application de l'art. R. 4412-116 C. trav. dans sa rédaction antérieure ;

4° Les entreprises non titulaires d'une certification au 1ᵉʳ juill. 2012 répondant aux exigences de la norme NFX 46-010 « Amiante friable. – Qualification des entreprises réalisant des travaux de traitement de l'amiante friable. – Référentiel technique d'octobre 2004 » (Décr. préc., art. 6).

SOUS-SECTION 1   Champ d'application et définitions

Art. R. 4412-94 Les dispositions de la présente section s'appliquent :
 1° Aux travaux de retrait ou d'encapsulage d'amiante et de matériaux, d'équipements et de matériels ou d'articles en contenant, y compris dans les cas de démolition ;
 2° Aux interventions sur des matériaux, des équipements, des matériels ou des articles susceptibles de provoquer l'émission de fibres d'amiante.

Art. R. 4412-95 Indépendamment des dispositions de la présente section, les travaux et interventions mentionnés à l'article R. 4412-94 sont soumis aux dispositions applicables aux agents chimiques dangereux, y compris les dispositions particulières relatives à la prévention des risques d'exposition aux agents cancérogènes, mutagènes et toxiques pour la reproduction de la section 2, à l'exception du contrôle de l'exposition prévu par les articles R. 4412-27 à R. 4412-32 et R. 4412-76 à R. 4412-82.

Art. R. 4412-96 Pour l'application de la présente section, on entend par :
 1° Chantier test : le premier chantier au cours duquel est déterminé le niveau d'empoussièrement d'un processus donné ;
 2° Confinement : l'isolement de la zone de travail vis-à-vis de l'environnement extérieur évitant la dispersion des fibres ;
 3° Décontamination (travailleurs, matériel, déchets) : la procédure concourant à la protection collective contre la dispersion de fibres d'amiante hors de la zone de travaux et qui, pour la décontamination des travailleurs, est composée, notamment, du douchage des équipements de protection individuelle utilisés, de leur retrait et du douchage d'hygiène ;

4° Donneur d'ordre : le chef d'entreprise utilisatrice, mentionné à l'article R. 4511-1 et par le décret n° 77-1321 du 29 novembre 1977 relatif aux travaux réalisés dans un établissement par une entreprise extérieure, ou le maître d'ouvrage mentionné à l'article L. 4531-1 ou l'armateur, mentionné par *(Décr. n° 2017-1442 du 3 oct. 2017, art. 12, en vigueur le 1er juill. 2018)* « le décret n° 2017-1442 du 3 octobre 2017 relatif à la prévention des risques liés à l'amiante à bord des navires, dans les conditions d'entrée en vigueur prévues à ce décret » ;

5° Encapsulage : tous les procédés mis en œuvre, tels que encoffrement, doublage, fixation par revêtement, imprégnation, en vue de traiter et de conserver, de manière étanche, l'amiante en place et les matériaux en contenant afin d'éviter la dispersion de fibres d'amiante dans l'atmosphère ;

6° Niveau d'empoussièrement : le niveau de concentration en fibres d'amiante généré par un processus de travail dans la zone de respiration du travailleur, à l'extérieur de l'appareil de protection respiratoire, en fonction duquel sont organisés et mis en œuvre les règles techniques, les moyens de protection collective et les équipements de protection individuelle ;

7° Opération : l'un des travaux ou interventions mentionnés à l'article R. 4412-94 ;

8° Phases opérationnelles : les parties de l'opération, simultanées ou successives, susceptibles d'engendrer différents niveaux d'empoussièrement ;

9° Processus : les techniques et modes opératoires utilisés, compte tenu des caractéristiques des matériaux concernés et des moyens de protection collective mis en œuvre ;

10° Vacation : la période durant laquelle le travailleur porte de manière ininterrompue un appareil de protection respiratoire ;

11° Zone de récupération : l'espace à l'extérieur de la zone polluée dans lequel le port d'un équipement de protection individuelle n'est pas nécessaire pour assurer la protection de la santé du travailleur.

SOUS-SECTION 2 Dispositions communes à toutes les opérations comportant des risques d'exposition à l'amiante *(Décr. n° 2013-594 du 5 juill. 2013).*

§ 1 Évaluation initiale des risques

Art. R. 4412-97 *(Décr. n° 2017-899 du 9 mai 2017, en vigueur le 1er oct. 2018)* I. — Le donneur d'ordre, le maître d'ouvrage ou le propriétaire d'immeubles par nature ou par destination, d'équipements, de matériels ou d'articles qui décide d'une opération comportant des risques d'exposition des travailleurs à l'amiante fait réaliser la recherche d'amiante mentionnée à l'article L. 4412-2 dans les conditions prévues par le présent paragraphe.

Ces risques, appréciés par la personne mentionnée à l'alinéa précédent, peuvent notamment résulter du fait que l'opération porte sur des immeubles, équipements, matériels ou articles construits ou fabriqués avant l'entrée en vigueur des dispositions du décret n° 96-1133 du 24 décembre 1996 relatif à l'interdiction de l'amiante, pris en application du code du travail et du code de la consommation ou auxquels l'interdiction prévue par ce décret n'est pas applicable.

II. — La recherche d'amiante est assurée par un repérage préalable à l'opération, adapté à sa nature, à son périmètre et au niveau de risque qu'elle présente.

Les conditions dans lesquelles la mission de repérage est conduite, notamment s'agissant de ses modalités techniques et des méthodes d'analyse des matériaux susceptibles de contenir de l'amiante, sont précisées par arrêtés du ministre chargé du travail et, chacun en ce qui le concerne, des ministres chargés de la santé, de la construction, des transports et de la mer, pour les domaines d'activité suivants :

1° Immeubles bâtis ;

2° Autres immeubles tels que terrains, ouvrages de génie civil et infrastructures de transport ;

3° Matériels roulants ferroviaires et autres matériels roulants de transports ;

4° Navires, bateaux *(Décr. n° 2019-251 du 27 mars 2019, art. 1er)* « , engins flottants et autres constructions flottantes » ;

5° Aéronefs ; — V. Arr. du 24 déc. 2020, NOR : MTRT2036258A (JO 22 janv.).

6° Installations, structures ou équipements concourant à la réalisation ou la mise en œuvre d'une activité. – V. Arr. du 1er oct. 2019, NOR : MTRT1831138A (JO 20 oct.), mod. par Arr. du 26 déc. 2019, NOR : MTRT1933989A (JO 1er janv. 2020).

III. – Les arrêtés mentionnés au II précisent à quelles conditions les documents de traçabilité et de cartographie disponibles ou les recherches d'amiantes effectuées en application des lois et règlements ou à l'initiative des intéressés sont regardés comme satisfaisant à l'obligation de repérage.

IV. – Dès lors qu'un repérage a été réalisé dans les conditions prévues au présent article, les opérations réalisées ultérieurement dans le même périmètre ne donnent pas lieu à un nouveau repérage sauf lorsque des circonstances de fait apparues postérieurement à celui-ci en font apparaître la nécessité ou lorsque la réglementation entrée en vigueur après sa réalisation le prescrit.

Ces dispositions entrent en vigueur pour chacun des domaines mentionnés à l'art. R. 4412-97 aux dates fixées par les arrêtés mentionnés à cet article et au plus tard aux dates suivantes :

1° Immeubles bâtis : 1er mars 2019 ;

2° Autres immeubles tels que terrains, ouvrages de génie civil et infrastructures de transport : 1er oct. 2020 ;

3° Matériels roulants ferroviaires et autres matériels roulants de transports : 1er janv. 2020 ;

4° Navires, bateaux, engins flottants et autres constructions flottantes : 1er janv. 2020 ;

5° Aéronefs : 1er juill. 2020 ;

6° Installations, structures ou équipements concourant à la réalisation ou la mise en œuvre d'une activité : 1er juill. 2020.

Les opérations pour lesquelles la transmission de la demande de devis ou la publication du dossier de consultation relatif au marché est antérieure à la date fixée par ces arrêtés restent régies par les dispositions de l'art. R. 4412-97, dans leur rédaction antérieure au Décr. n° 2017-899 du 9 mai 2017 (Décr. préc., art. 2, mod. par Décr. n° 2019-251 du 27 mars 2019, art. 3).

V. Arr. du 22 juill. 2021, NOR : MTRT2110905A (JO 11 sept.).

Art. R. 4412-97-1 (Décr. n° 2017-899 du 9 mai 2017, en vigueur le 1er oct. 2018) L'opérateur de repérage dispose des qualifications et moyens nécessaires à l'exercice de cette mission, pour chaque domaine d'activité, par les arrêtés mentionnés au II de l'article R. 4412-97. Il exerce sa mission en toute indépendance et ne peut avoir de lien d'intérêts de nature à nuire à son impartialité, notamment avec une personne physique ou morale intervenant dans le cadre de la même opération de travaux.

(Décr. n° 2019-251 du 27 mars 2019, art. 2) « L'organisme réalisant l'analyse des matériaux susceptibles de contenir de l'amiante dispose de l'accréditation et du personnel compétent nécessaires à l'exercice de cette mission. Ces éléments sont précisés pour chaque domaine d'activité par les arrêtés mentionnés au II de l'article R. 4412-97. »

Sur l'entrée en vigueur de ces dispositions, V. note ss. art. R. 4412-97.

Art. R. 4412-97-2 (Décr. n° 2017-899 du 9 mai 2017, en vigueur le 1er oct. 2018) Les personnes mentionnées au premier alinéa du I de l'article R. 4412-97 communiquent aux opérateurs chargés du repérage toute information en leur possession utile à sa réalisation. Elles respectent leur indépendance et leur impartialité dans l'exercice de leur mission de repérage, y compris lorsqu'il s'agit de leurs salariés.

Sur l'entrée en vigueur de ces dispositions, V. note ss. art. R. 4412-97.

Art. R. 4412-97-3 (Décr. n° 2017-899 du 9 mai 2017, en vigueur le 1er oct. 2018) I. – Lorsque, pour l'un des motifs suivants, la personne mentionnée au premier alinéa du I de l'article R. 4412-97 constate que le repérage ne peut être mis en œuvre, la sécurité des travailleurs est assurée dans les conditions prévues au II du présent article :

1° En cas d'urgence liée à un sinistre présentant un risque grave pour la sécurité ou la salubrité publiques ou la protection de l'environnement ;

2° En cas d'urgence liée à un sinistre présentant des risques graves pour les personnes et les biens auxquels il ne peut être paré dans des délais compatibles avec ceux requis pour la réalisation du repérage ;

3° Lorsque l'opérateur de repérage estime qu'il est de nature à l'exposer à un risque excessif pour sa sécurité ou sa santé du fait des conditions techniques ou des circonstances dans lesquelles il devrait être réalisé ;

4° Lorsque l'opération vise à réparer ou à assurer la maintenance corrective et qu'elle relève à la fois des interventions mentionnées au 2° de l'article R. 4412-94 et du premier niveau d'empoussièrement mentionné à l'article R. 4412-98.

II. – Dans les cas mentionnés au I, la protection individuelle et collective des travailleurs est assurée par des mesures prévues pour chaque domaine d'activité par les arrêtés mentionnés au II de l'article R. 4412-97 comme si la présence de l'amiante était avérée. Ces mesures sont définies par l'entreprise appelée à la réaliser l'opération, en fonction, d'une part, du niveau de risque qu'elle a préalablement évalué et notamment du niveau d'empoussièrement estimé mentionné à l'article R. 4412-98 et, d'autre part, des circonstances propres à l'opération projetée et en particulier du degré d'urgence que sa réalisation présente.

Sur l'entrée en vigueur de ces dispositions, V. note ss. art. R. 4412-97.

Art. R. 4412-97-4 (*Décr. n° 2017-899 du 9 mai 2017, en vigueur le 1er oct. 2018*) Lorsque le repérage ne peut être dissocié de l'engagement de l'opération elle-même pour des raisons techniques communiquées par l'opérateur de repérage à la personne mentionnée au premier alinéa du I de l'article R. 4412-97, celle-ci peut procéder au repérage au fur et à mesure de l'avancement de l'opération dans des conditions précisées, pour chaque domaine d'activité, par les arrêtés mentionnés au II du même article. Lorsqu'il apparaît au cours de l'opération que celle-ci relève en tout ou partie de l'un des cas mentionnés au I de l'article R. 4412-97-3, il peut être recouru aux mesures prévues au II de cet article.

Sur l'entrée en vigueur de ces dispositions, V. note ss. art. R. 4412-97.

Art. R. 4412-97-5 (*Décr. n° 2017-899 du 9 mai 2017, en vigueur le 1er oct. 2018*) Le rapport retraçant le repérage conclut soit à l'absence soit à la présence de matériaux ou de produits contenant de l'amiante et précise, dans ce second cas, leur nature, leur localisation ainsi que leur quantité estimée. Le contenu de ce rapport est défini pour chaque domaine d'activité par les arrêtés mentionnés au II de l'article R. 4412-97. Les dossiers techniques mentionnés aux articles R. 1334-29-4 à R. 1334-29-6 du code de la santé publique et à l'article (*Décr. n° 2021-872 du 30 juin 2021, art. 7*) « R. 126-10 » du code de la construction et de l'habitation lui sont annexés le cas échéant.

Sur l'entrée en vigueur de ces dispositions, V. note ss. art. R. 4412-97.

Art. R. 4412-97-6 (*Décr. n° 2017-899 du 9 mai 2017, en vigueur le 1er oct. 2018*) Le rapport de repérage complète les documents de traçabilité et de cartographie relatifs aux meubles et immeubles relevant de son périmètre. La personne mentionnée au premier alinéa du I de l'article R. 4412-97 pour le compte de laquelle le rapport a été établi ou, le cas échéant, le propriétaire du meuble ou de l'immeuble lorsque ce rapport lui a été remis, le tiennent à la disposition de tout nouveau donneur d'ordre ou maître d'ouvrage à l'occasion des opérations ultérieures portant sur ce périmètre.

Sur l'entrée en vigueur de ces dispositions, V. note ss. art. R. 4412-97.

Art. R. 4412-98 Pour l'évaluation des risques, l'employeur estime le niveau d'empoussièrement correspondant à chacun des processus de travail et les classe selon les trois niveaux suivants :

(*Décr. n° 2015-789 du 29 juin 2015, en vigueur le 2 juill. 2015*) « *a)* Premier niveau : empoussièrement dont la valeur est inférieure à 100 fibres par litre ;

« *b)* Deuxième niveau : empoussièrement dont la valeur est supérieure ou égale à 100 fibres par litre et inférieure à 6 000 fibres par litre ;

« *c)* Troisième niveau : empoussièrement dont la valeur est supérieure ou égale à 6 000 fibres par litre et inférieure à 25 000 fibres par litre. »

V. Instr. n° DGT/CT2/2015/238 du 16 oct. 2015 concernant l'application du Décr. du 29 juin 2015 relatif aux risques d'exposition à l'amiante.

Art. R. 4412-99 L'employeur transcrit les résultats de son évaluation des risques pour chaque processus dans le document unique d'évaluation des risques. Il le met à

SANTÉ ET SÉCURITÉ AU TRAVAIL

jour à chaque modification de processus entraînant un changement de niveau d'empoussièrement ou lors de l'introduction de nouveaux processus.

§ 2 Valeur limite d'exposition professionnelle

Art. R. 4412-100 La concentration moyenne en fibres d'amiante, sur huit heures de travail, ne dépasse pas dix fibres par litre. Elle est contrôlée dans l'air inhalé par le travailleur.

Les dispositions de l'art. R. 4412-100 s'appliquent aux opérations pour lesquelles le dossier de consultation relatif au marché est publié à compter de cette date.

Jusqu'au 1ᵉʳ juill. 2015, la valeur limite d'exposition professionnelle prévue à l'art. R. 4412-100 est fixée à une concentration en fibres d'amiante dans l'air inhalé de cent fibres par litre évaluée sur une moyenne de huit heures de travail (Décr. n° 2012-639 du 4 mai 2012, art. 5).

Art. R. 4412-101 L'employeur s'assure du respect de la valeur limite d'exposition professionnelle pour l'ensemble des travailleurs exposés, compte tenu de l'évaluation des risques.

Art. R. 4412-102 Les conditions et les résultats des contrôles sont communiqués par l'employeur au médecin du travail et au *(Décr. n° 2017-1819 du 29 déc. 2017, art. 3)* « comité social et économique ».
Ils sont tenus à la disposition de l' *(Décr. n° 2021-143 du 10 févr. 2021, art. 10)* « agent de contrôle de l'inspection du travail », du médecin inspecteur du travail ainsi que des agents des services de prévention des organismes de sécurité sociale compétents.

§ 3 Conditions de mesurage des empoussièrements et de contrôle de la valeur limite d'exposition professionnelle

Art. R. 4412-103 Pour procéder à la stratégie d'échantillonnage, aux prélèvements et aux analyses, l'employeur fait appel à un même organisme accrédité. Il lui communique, à cette fin, toutes données utiles et, en accord avec le donneur d'ordre, lui donne accès aux lieux concernés par les opérations.
L'organisme choisi est indépendant des entreprises qu'il contrôle.

Jusqu'au 31 déc. 2013, sont réputés satisfaire aux exigences du Décr. n° 2012-639 du 4 mai 2012 :

1° Pour le prélèvement, les organismes accrédités en application de l'art. R. 4724-14 C. trav. dans sa rédaction antérieure ;

2° Pour l'analyse, les organismes accrédités en application de l'art. R. 1334-25 CSP ;

3° Les entreprises certifiées au 1ᵉʳ juill. 2012 en application de l'art. R. 4412-116 C. trav. dans sa rédaction antérieure au Décr. préc. ;

4° Les entreprises non titulaires d'une certification au 1ᵉʳ juill. 2012 répondant aux exigences de la norme NFX 46-010 « Amiante friable. — Qualification des entreprises réalisant des travaux de traitement de l'amiante friable. — Référentiel technique d'octobre 2004 » (Décr. préc., art. 6, mod. par Décr. n° 2013-594 du 5 juill. 2013, art. 7).

Art. R. 4412-104 Les prélèvements individuels sont réalisés en situation significative d'exposition des travailleurs à l'inhalation des poussières d'amiante, en intégrant les différentes phases opérationnelles.

Art. R. 4412-105 L'employeur consulte le médecin du travail, le *(Décr. n° 2017-1819 du 29 déc. 2017, art. 3)* « comité social et économique » sur le projet de stratégie d'échantillonnage établi par l'organisme de contrôle. Les avis qu'ils émettent sont transmis par l'employeur à l'organisme de contrôle.

Art. R. 4412-106 L'empoussièrement est mesuré selon la méthode de microscopie électronique à transmission analytique (META).

§ 4 Principes et moyens de prévention

Art. R. 4412-107 L'employeur informe le donneur d'ordre de toute présence d'amiante mise en évidence lors de l'opération.

Art. R. 4412-108 Afin de réduire au niveau le plus bas techniquement possible la durée et le niveau d'exposition des travailleurs et pour garantir l'absence de pollution des bâtiments, équipements, structures, installations dans lesquels ou dans l'environnement desquels les opérations sont réalisées, l'employeur met en œuvre :
 1° Des techniques et des modes opératoires de réduction de l'empoussièrement tels que le travail robotisé en système clos, la réduction de la volatilité des fibres d'amiante par l'imprégnation à cœur des matériaux contenant de l'amiante avec des agents mouillants, le démontage des éléments par découpe ou déconstruction ;
 2° Les mesures nécessaires de confinement et de limitation de la diffusion des fibres d'amiante à l'extérieur de la zone des opérations, notamment en mettant à disposition des travailleurs les moyens de décontamination appropriés et en définissant la procédure de décontamination à mettre en œuvre.

Art. R. 4412-109 Au cours de la phase de préparation de l'opération, l'employeur met en place des moyens de protection collective adaptés à la nature des opérations à réaliser permettant d'éviter la dispersion de fibres d'amiante en dehors de la zone de travail et d'abaisser la concentration en fibres d'amiante au niveau le plus bas techniquement possible.
 Ces moyens comprennent :
 1° L'abattage des poussières ;
 2° L'aspiration des poussières à la source ;
 3° La sédimentation continue des fibres en suspension dans l'air ;
 4° Les moyens de décontamination appropriés.

Art. R. 4412-110 Selon les niveaux d'empoussièrement définis par les articles R. 4412-96 et R. 4412-98, l'employeur met à disposition des travailleurs des équipements de protection individuelle adaptés aux opérations à réaliser *(Décr. n° 2015-789 du 29 juin 2015, en vigueur le 2 juill. 2015)* « et assurant le respect de la valeur limite d'exposition professionnelle ».

Art. R. 4412-111 L'employeur assure le maintien en état et le renouvellement des moyens de protection collective et des équipements de protection individuelle de façon à garantir pendant toute la durée de l'opération le niveau d'empoussièrement le plus bas possible et, en tout état de cause, conforme à celui qu'il a indiqué dans le document prévu par l'article R. 4412-99.
 Un arrêté du ministre chargé du travail détermine les conditions de choix, d'entretien et de vérification périodique :
 1° Des moyens de protection collective ;
 2° Des équipements de protection individuelle.

V. Arr. du 8 avr. 2013 (JO 17 avr.).

Art. R. 4412-112 L'employeur prend toutes mesures appropriées pour que la zone dédiée à l'opération soit signalée et inaccessible à des personnes autres que celles qui, en raison de leur travail ou de leur fonction, sont amenées à y pénétrer.
 Cette signalétique mentionne notamment le niveau d'empoussièrement estimé des opérations réalisées et les équipements de protection individuelle obligatoires.

Art. R. 4412-113 Un arrêté du ministre chargé du travail précise selon les niveaux d'empoussièrement estimés et les processus mis en œuvre, en fonction de l'évolution des techniques d'organisation et de protection :
 1° Les règles techniques que respectent les entreprises qui réalisent des opérations ;
 2° Les moyens de protection collective ;
 3° Les équipements de protection individuelle ;
 4° Les mesures de protection de l'environnement du chantier ;
 5° Les dispositions applicables en fin de travaux.

V. Arr. du 8 avr. 2013 (JO 17 avr.).

Art. R. 4412-114 Lorsque l'employeur constate que le niveau d'empoussièrement dépasse le niveau estimé dans le document unique d'évaluation des risques et que, par suite, le respect de la valeur limite d'exposition professionnelle n'est plus garanti, il suspend les opérations jusqu'à la mise en œuvre de mesures propres à remédier à

SANTÉ ET SÉCURITÉ AU TRAVAIL **Art. R. 4412-122** 2367

cette situation. Afin de vérifier l'efficacité de ces mesures, il procède sans délai à un nouveau contrôle du niveau d'empoussièrement.

Art. R. 4412-115 Lorsque, durant l'exécution des opérations, le niveau d'empoussièrement constaté est supérieur au troisième niveau, l'employeur suspend les opérations et alerte le donneur d'ordre, l'*(Décr. n° 2021-143 du 10 févr. 2021, art. 10)* « agent de contrôle de l'inspection du travail » et l'agent des services de prévention des organismes de sécurité sociale. Il met en œuvre des moyens visant à réduire le niveau d'empoussièrement.

§ 5   Information et formation des travailleurs

Art. R. 4412-116 La notice de poste prévue à l'article R. 4412-39 est transmise pour avis au médecin du travail. Cet avis est communiqué au *(Décr. n° 2017-1819 du 29 déc. 2017, art. 3)* « comité social et économique ».

Art. R. 4412-117 La formation à la sécurité prévue à l'article R. 4412-87 est aisément compréhensible par le travailleur.

L'organisme de formation ou l'employeur valide les acquis de la formation sous la forme d'une attestation de compétence individuelle délivrée au travailleur.

Le contenu et les modalités de la formation, sa durée selon les catégories de travailleurs et les conditions de sa validation et de son renouvellement sont précisés par un arrêté du ministre chargé du travail.

§ 6   Organisation du travail

Art. R. 4412-118 L'employeur détermine en tenant compte des conditions de travail, notamment en termes de contraintes thermiques ou hygrométriques, de postures et d'efforts :
1° La durée de chaque vacation ;
2° Le nombre de vacations quotidiennes ;
3° Le temps nécessaire aux opérations d'habillage, de déshabillage et de décontamination des travailleurs au sein des installations prévues à cet effet ;
4° Le temps de pause après chaque vacation, qui s'ajoute au temps de pause prévu *(Décr. n° 2016-1551 du 18 nov. 2016, art. 6-V, en vigueur le 1ᵉʳ janv. 2017)* « aux articles L. 3121-16 et L. 3121-17 ».

Il consulte le médecin du travail, le *(Décr. n° 2017-1819 du 29 déc. 2017, art. 3)* « comité social et économique » sur ces dispositions.

Art. R. 4412-119 La durée maximale d'une vacation n'excède pas deux heures trente.
La durée maximale quotidienne des vacations n'excède pas six heures.

§ 7   Suivi de l'exposition

Art. R. 4412-120 L'employeur établit, pour chaque travailleur exposé, une fiche d'exposition à l'amiante indiquant :
1° La nature du travail réalisé, les caractéristiques des matériaux et appareils en cause, les périodes de travail au cours desquelles il a été exposé et les autres risques ou nuisances d'origine chimique, physique ou biologique du poste de travail ;
2° Les dates et les résultats des contrôles de l'exposition au poste de travail ainsi que la durée et l'importance des expositions accidentelles ;
3° Les procédés de travail utilisés ;
4° Les moyens de protection collective et les équipements de protection individuelle utilisés.

§ 8   Traitement des déchets

Art. R. 4412-121 Les déchets de toute nature susceptibles de libérer des fibres d'amiante sont conditionnés et traités de manière à ne pas provoquer d'émission de poussières pendant leur manutention, leur transport, leur entreposage et leur stockage.

Art. R. 4412-122 Les déchets sont :

1° Ramassés au fur et à mesure de leur production ;
2° Conditionnés dans des emballages appropriés et fermés, avec apposition de l'étiquetage prévu par le décret n° 88-466 du 28 avril 1988 relatif aux produits contenant de l'amiante et par le code de l'environnement notamment en ses articles R. 551-1 à R. 551-13 relatifs aux dispositions générales relatives à tous les ouvrages d'infrastructures en matière de stationnement, chargement ou déchargement de matières dangereuses ;
3° Évacués après décontamination hors du chantier aussitôt que possible dès que le volume le justifie.

Art. R. 4412-123 Les déchets sont transportés et éliminés conformément à la réglementation en vigueur.

§ 9 Protection de l'environnement du chantier

Art. R. 4412-124 Le dépassement du seuil fixé par l'article R. 1334-29-3 du code de la santé publique dans les bâtiments, les équipements, les installations ou les structures dans lesquels ou dans l'environnement desquels l'opération est réalisée entraîne sans délai l'arrêt des opérations et la mise en place des mesures correctrices et préventives permettant le respect de ce seuil.

L'employeur informe sans délai le donneur d'ordre ainsi que le préfet compétent à raison du lieu du chantier, du dépassement, de ses causes et des mesures prises pour y remédier.

SOUS-SECTION 3 **Dispositions spécifiques aux travaux d'encapsulage et de retrait d'amiante ou d'articles en contenant** (Décr. n° 2013-594 du 5 juill. 2013).

§ 1 Champ d'application

Art. R. 4412-125 Les dispositions de la présente sous-section s'appliquent aux travaux mentionnés au 1° de l'article R. 4412-94.

§ 2 Évaluation des risques et mesurage des empoussièrements

Art. R. 4412-126 L'employeur détermine le niveau d'empoussièrement généré par chaque processus de travail conformément aux dispositions du paragraphe 3 de la sous-section 2.

A cette fin, il met en œuvre un programme de mesure des niveaux d'empoussièrement générés par ses [ces] processus qui comprend deux phases :
1° Une phase d'évaluation du niveau d'empoussièrement faite sur le chantier test ;
2° Une phase de validation de cette évaluation par un contrôle périodique réalisé sur au moins trois chantiers par processus sur douze mois.

Si l'employeur est dans l'incapacité de valider son évaluation en raison d'un nombre insuffisant de chantiers par processus, l'absence de validation est dûment justifiée dans le plan de démolition, de retrait ou d'encapsulage.

Art. R. 4412-127 Préalablement aux travaux, l'employeur procède au contrôle de l'état initial de l'empoussièrement de l'air en fibres d'amiante conformément aux dispositions de l'article R. 1334-25 du code de la santé publique.

Art. R. 4412-128 Afin de s'assurer de l'absence de dispersion de fibres d'amiante dans l'environnement du chantier et des locaux adjacents, l'employeur vérifie le respect de la valeur fixée à l'article R. 1334-29-3 du code de la santé publique par des mesures d'empoussièrement réalisées :
1° Dans la zone d'approche de la zone de travail ;
2° Dans la zone de récupération ;
3° En des points du bâtiment dans lequel se déroulent les travaux ;
4° A proximité des extracteurs dans la zone de leur rejet ;
5° En limite de périmètre du site des travaux pour les travaux effectués à l'extérieur.

SANTÉ ET SÉCURITÉ AU TRAVAIL

§ 3 Certification des entreprises

Art. R. 4412-129 Pour réaliser les travaux prévus par la présente sous-section, le donneur d'ordre fait appel à une entreprise justifiant de sa capacité à réaliser ces travaux par l'obtention de la certification délivrée par des organismes certificateurs.

Les dispositions de l'art. R. 4412-129 s'appliquent :

1° Au 1er juill. 2014 pour les entreprises effectuant le retrait de l'enveloppe extérieure des immeubles bâtis sous réserve qu'elles aient déposé leur demande de certification auprès d'un organisme certificateur avant le 31 déc. 2013 ;

2° Au 1er juill. 2014 pour les entreprises de génie civil (Décr. n° 2012-639 du 4 mai 2012, art. 6, mod. par Décr. n° 2013-639 du 4 mai 2013, art. 7).

Art. R. 4412-130 La détermination des activités de l'entreprise qui font l'objet de la certification par les organismes certificateurs est effectuée sur la base du document unique d'évaluation des risques prévu à l'article R. 4121-1.
Les organismes certificateurs ont accès à ce document.

Art. R. 4412-131 Un arrêté du ministre chargé du travail détermine :
1° Les conditions et procédures d'accréditation des organismes certificateurs mentionnés à l'article R. 4412-129 sur la base du référentiel technique de l'organisme chargé de l'accréditation ;
2° Les procédures et critères de certification des entreprises, en tenant compte, notamment, des moyens humains disponibles, des procédures d'organisation, des équipements et des techniques utilisés, ainsi que les conditions de délivrance de la certification sur la base du référentiel technique défini par les organismes chargés de la certification.

V. Arr. du 25 juill. 2022, NOR : MTRT2220764A (JO 14 août).

Art. R. 4412-132 Une entreprise d'un État membre de l'Union européenne non établie en France peut effectuer les travaux prévus par la présente sous-section si elle dispose d'un certificat délivré par cet État sur le fondement d'un référentiel offrant des garanties similaires à celles résultant du présent paragraphe et attestant de sa compétence pour mettre en œuvre toute méthode normalisée ou assimilée, applicable sur le territoire national, dans le domaine au titre duquel elle intervient.

§ 4 Plan de démolition, de retrait ou d'encapsulage

Art. R. 4412-133 En fonction de l'évaluation des risques, l'employeur établit un plan de démolition, de retrait ou d'encapsulage (*Décr. n° 2022-1748 du 30 déc. 2022, art. 1er, en vigueur le 1er févr. 2023*) « au moyen d'un téléservice, accessible sur internet par un compte utilisateur et mis en œuvre par le ministre chargé du travail, intitulé : "plateforme DEMAT@MIANTE".

« Ce plan est établi pour le compte de l'employeur sur la plateforme DEMAT@MIANTE par un référent ou toute personne titulaire d'un compte utilisateur, en fonction du périmètre du marché de travaux auxquels [auquel] il correspond. Les données correspondant au référent ou au titulaire du compte utilisateur figurent au plan. Le plan précise également les données suivantes : »
1° La localisation de la zone à traiter ;
2° Les quantités d'amiante manipulées ;
3° Le lieu et la description de l'environnement de chantier où les travaux sont réalisés ;
4° La date de commencement et la durée probable des travaux ;
5° Le nombre de travailleurs impliqués ;
6° Le descriptif du ou des processus mis en œuvre ;
7° Le programme de mesures d'empoussièrement du ou des processus mis en œuvre ;
8° Les modalités des contrôles d'empoussièrement définis aux articles R. 4412-126 à R. 4412-128 ;
9° Les caractéristiques des équipements utilisés pour la protection et la décontamination des travailleurs ainsi que celles des moyens de protection des autres personnes qui se trouvent sur le lieu ou à proximité des travaux ;

10° Les caractéristiques des équipements utilisés pour l'évacuation des déchets ;
11° Les procédures de décontamination des travailleurs et des équipements ;
12° Les procédures de gestion des déblais, des remblais et des déchets ;
13° Les durées et temps de travail déterminés en application des articles R. 4412-118 et R. 4412-119 ;
14° Les dossiers techniques prévus *(Décr. n° 2017-899 du 9 mai 2017, en vigueur le 1ᵉʳ oct. 2018)* « aux articles R. 1334-29-4 à R. 1334-29-6 du code de la santé publique et à l'article R. 111-45 du code de la construction et de l'habitation ou, le cas échéant, le rapport de repérage de l'amiante prévu à l'article R. 4412-97-5 du présent code » ;
15° Les notices de poste prévues à l'article R. 4412-39 ;
16° Un bilan aéraulique prévisionnel, établi par l'employeur, pour les travaux réalisés sous confinement aux fins de prévoir et de dimensionner le matériel nécessaire à la maîtrise des flux d'air ;
17° La liste récapitulative des travailleurs susceptibles d'être affectés au chantier *(Décr. n° 2022-1748 du 30 déc. 2022, art. 1ᵉʳ, en vigueur le 1ᵉʳ févr. 2023)* « ainsi que la ou les personnes susceptibles d'être contactées sur le site de l'opération ». Elle mentionne les dates de validité des attestations de compétence des travailleurs, les dates de visites médicales et précise le nom des travailleurs sauveteurs secouristes du travail affectés, le cas échéant, au chantier ainsi que les dates de validité de leur formation ;
18° Dans le cas d'une démolition, les modalités de retrait préalable de l'amiante et des articles en contenant ou les justifications de l'absence de retrait conformément à l'article R. 4412-135 ;
(Décr. n° 2022-1748 du 30 déc. 2022, art. 1ᵉʳ, en vigueur le 1ᵉʳ févr. 2023) « 19° Les mesures à fin de secours de personnes en cas de blessé léger ou nécessitant les secours extérieurs ;
« 20° Les mesures de repli des installations et de restitution du site de l'opération, en précisant le cas échéant les modalités de décontamination des outillages, matériels et matériaux.
« Le ou les organismes certificateurs de l'entreprise concernée sont destinataires, au moyen de la plateforme DEMAT@MIANTE, des informations mentionnées aux 19° et 20° ».
La modification du marché de travaux ou des processus entraîne une modification du plan de démolition, de retrait ou d'encapsulage par le biais d'un avenant *(Décr. n° 2022-1748 du 30 déc. 2022, art. 1ᵉʳ, en vigueur le 1ᵉʳ févr. 2023)* « également établi et transmis au moyen de la plateforme DEMAT@MIANTE. Toutes les autres évolutions du contenu de ce plan donnent lieu à une information établie et transmise au moyen de cette plateforme, dans les conditions de l'article R. 4412-138 ».

Les dispositions issues du Décr. n° 2022-1748 du 30 déc. 2022 s'appliquent aux opérations de démolition, de retrait ou d'encapsulage d'amiante ou de matériaux, équipements, matériels ou articles en contenant pour lesquelles le plan de démolition, de retrait ou d'encapsulage d'amiante est transmis à compter du 1ᵉʳ févr. 2023 (Décr. préc., art. 2).

V. Arr. du 22 déc. 2022, NOR : MTRT2237090A (JO 6 janv.).

Art. R. 4412-133-1 *(Décr. n° 2022-1748 du 30 déc. 2022, art. 1ᵉʳ, en vigueur le 1ᵉʳ févr. 2023)* Les données du plan de démolition, de retrait ou d'encapsulage, y compris ses avenants et le contenu des informations, mentionnées à l'article R. 4412-133, sont conservées dix ans sur la plateforme DEMAT@MIANTE. Au terme de ce délai, les données mentionnées au [aux] 1° à 20° du même article sont archivées pendant un délai supplémentaire de quarante ans par le ministre chargé du travail.
Les données mentionnées à l'alinéa précédent, à l'exclusion de toute donnée à caractère personnel, peuvent être exploitées à des fins statistiques par le ministre chargé du travail.

V. ndlr ss. art. R. 4412-133.

Art. R. 4412-134 Le plan de démolition, de retrait ou d'encapsulage est tenu à disposition *(Décr. n° 2022-1748 du 30 déc. 2022, art. 1ᵉʳ, en vigueur le 1ᵉʳ févr. 2023)* « sur le site de l'opération, sur tout support adapté, » et peut être consulté par :
1° Les membres du *(Décr. n° 2017-1819 du 29 déc. 2017, art. 3)* « comité social et économique » ;

2° Le médecin du travail ou les membres de l'équipe pluridisciplinaire des services de santé au travail ;
3° L'(*Décr. n° 2021-143 du 10 févr. 2021, art. 10*) « agent de contrôle de l'inspection du travail » ;
4° Les agents des services de prévention des organismes de sécurité sociale ;
5° Les agents de l'organisme professionnel de prévention du bâtiment et des travaux publics ;
6° Les auditeurs des organismes certificateurs.

V. ndlr ss. art. R. 4412-133.

Art. R. 4412-135 Dans le cas d'une démolition, le plan de démolition prévoit le retrait préalable de l'amiante et des articles en contenant sauf lorsque celui-ci causerait un plus grand risque pour les travailleurs que si l'amiante ou les matériaux en contenant étaient laissés sur place.

Art. R. 4412-136 Les plans de démolition, de retrait ou d'encapsulage (*Décr. n° 2022-1748 du 30 déc. 2022, art. 1er, en vigueur le 1er févr. 2023*) « dans leur dernière version, sur tout support, » sont communiqués une fois par trimestre au médecin du travail, au (*Décr. n° 2017-1819 du 29 déc. 2017, art. 3*) « comité social et économique ».

V. ndlr ss. art. R. 4412-133.

Art. R. 4412-137 (*Décr. n° 2022-1748 du 30 déc. 2022, art. 1er, en vigueur le 1er févr. 2023*) I. — Trente jours au moins avant la date de démarrage des travaux sur une opération donnée, mentionnée au 4° de l'art. R. 4412-133, l'employeur transmet le plan de démolition, de retrait ou d'encapsulage, au moyen de la plateforme DEMAT@MIANTE mentionnée à ce même article, aux services suivants :
– à l'agent de contrôle des services d'inspection du travail dont le ressort territorial est celui du lieu des travaux programmés ;
– aux organismes de sécurité sociale et, le cas échéant, à l'organisme professionnel de prévention du bâtiment et des travaux publics, qui le transmettent à l'agent ou au service compétent.
En cas de travaux justifiés par une situation d'urgence liée à un sinistre, l'employeur peut transmettre le plan de démolition, de retrait ou d'encapsulage via la plateforme DEMAT@MIANTE dans un délai de huit jours au moins avant la date de démarrage des travaux, mentionnée au 4° de l'article R. 4412-133.
La transmission effectuée par l'employeur au titre du premier ou quatrième alinéa donne lieu à un horodatage du plan de démolition, de retrait ou d'encapsulage, qui fait courir les délais de trente jours ou de huit jours mentionnés respectivement au premier et au cinquième alinéa.
II. — Le plan de démolition, de retrait ou d'encapsulage est transmis à ou aux organismes certificateurs concernés par la plateforme DEMAT@MIANTE.

V. ndlr ss. art. R. 4412-133.

Art. R. 4412-138 (*Décr. n° 2022-1748 du 30 déc. 2022, art. 1er, en vigueur le 1er févr. 2023*) I. — L'employeur informe immédiatement les services de contrôle et de prévention ainsi que son ou ses organismes certificateurs de toute évolution dans le contenu d'un plan de démolition, de retrait ou d'encapsulage transmis par la plateforme DEMAT@MIANTE mentionnée à l'article R. 4412-133, ainsi que de la date de démarrage des travaux.
Si ces évolutions résultent d'une modification du marché de travaux ou si elles comportent un changement des processus mis en œuvre, elles font l'objet de la saisie et de la transmission d'un avenant au moyen de la plateforme DEMAT@MIANTE. En outre, si elles sont susceptibles d'entraîner une augmentation significative du niveau d'empoussièrement généré lors des travaux, évaluée dans les conditions prévues aux articles R. 4412-61 et R. 4412-98, l'avenant précise les mesures d'organisation et de prévention retenues en conséquence pour assurer une protection efficace des travailleurs et de l'environnement.
II. — Toute transmission par l'employeur d'un avenant ou d'une information sur la plateforme DEMAT@MIANTE est regardée comme une nouvelle version du plan de démolition, de retrait ou d'encapsulage et donne lieu à un horodatage.

Sa transmission aux services de contrôle et de prévention et aux organismes de sécurité sociale ou à l'organisme professionnel de prévention du bâtiment et des travaux publics est réalisée selon les modalités définies à l'article R. 4412-137.

III. — L'employeur informe immédiatement via la plateforme DEMAT@MIANTE le ou les organismes certificateurs des modifications portant sur tout ou partie du contenu d'un plan de démolition, de retrait ou d'encapsulage réservé à leur seule connaissance au moyen de la même plateforme.

V. ndlr ss. art. R. 4412-133.

Art. R. 4412-138-1 (Décr. n° 2022-1748 du 30 déc. 2022, art. 1er, en vigueur le 1er févr. 2023) Sont déclarées aux organismes certificateurs au moyen de la plateforme DEMAT@MIANTE mentionnée à l'article R. 4412-133 :
— chaque mois, au plus tard à une date fixée par voie contractuelle entre l'employeur et son ou ses organismes certificateurs, la liste, pour le mois civil à venir, des opérations de retrait ou d'encapsulage d'amiante ou de matériaux, d'équipements, de matériels ou d'articles en contenant, en cours et planifiées sur le territoire national ainsi que, pour chacune d'elles, le phasage des activités par zone de travaux, entendu comme la succession de la phase de travaux préparatoires, de la phase de traitement de l'amiante et de la phase de repli ;
— immédiatement, toute modification apportée à ce phasage des activités.

V. ndlr ss. art. R. 4412-133.

Art. R. 4412-138-2 (Décr. n° 2022-1748 du 30 déc. 2022, art. 1er, en vigueur le 1er févr. 2023) Les personnes dont les données sont recueillies sur la plateforme DEMAT@AMIANTE reçoivent l'information prévue par les articles 13 et 14 du règlement (UE) n° 2016/679 du Parlement européen et du Conseil du 27 avril 2016 relatif à la protection des personnes physiques à l'égard du traitement des données à caractère personnel et à la libre circulation de ces données, et abrogeant la directive 95/46/CE. Cette information figure sur le site internet du téléservice, ainsi que sur tout support d'information la concernant.

Les personnes peuvent exercer leurs droits d'accès, de rectification des données et à la limitation du traitement auprès de l'employeur ou, le cas échéant, du ministre chargé du travail. Le droit d'opposition n'est pas applicable aux traitements mentionnés à l'article R. 4412-133.

V. ndlr ss. art. R. 4412-133.

Art. R. 4412-138-3 (Décr. n° 2022-1748 du 30 déc. 2022, art. 1er, en vigueur le 1er févr. 2023) Un arrêté du ministre chargé du travail précise notamment :
1° Les conditions de mise en œuvre de la plateforme DEMAT@MIANTE mentionnée à l'article R. 4412-133 et ses modalités d'utilisation par les employeurs réalisant des travaux de retrait ou d'encapsulage d'amiante ou de matériaux, d'équipements, de matériels ou d'articles en contenant ;
2° Les éléments d'information afférents aux entreprises et établissements certifiés pour la réalisation de travaux de retrait ou d'encapsulage d'amiante ou de matériaux, d'équipements, de matériels ou d'articles en contenant devant être transmis à la plateforme DEMAT@MIANTE par les organismes certificateurs.

V. ndlr ss. art. R. 4412-133.

§ 5 Dispositions applicables en fin de travaux

Art. R. 4412-139 En fin de travaux, l'employeur établit un rapport de fin de travaux contenant tous les éléments relatifs au déroulement des travaux [,] notamment les mesures de niveau d'empoussièrement, les certificats d'acceptation préalable des déchets et les plans de localisation de l'amiante mis à jour.

Le rapport de fin de travaux est remis au donneur d'ordre qui l'intègre, le cas échéant, au dossier des interventions ultérieures sur l'ouvrage. Il peut être consulté dans les conditions prévues à l'article R. 4412-134.

Art. R. 4412-140 Avant toute restitution de la zone et préalablement à l'enlèvement de tout dispositif de confinement, total ou partiel, l'employeur procède :

SANTÉ ET SÉCURITÉ AU TRAVAIL

1° A un examen incluant l'ensemble des zones susceptibles d'avoir été polluées ;
2° Au nettoyage approfondi de la zone par aspiration avec un équipement doté d'un dispositif de filtration à haute efficacité ;
3° A une mesure du niveau d'empoussièrement (Décr. n° 2013-594 du 5 juill. 2013) « , réalisée conformément à l'article R. 1334-25 du code de la santé publique » ;
4° A la fixation des fibres éventuellement résiduelles sur les parties traitées.

§ 6 Formation

Art. R. 4412-141 La formation des travailleurs prévue aux articles R. 4412-87 et R. 4412-117 est assurée par un organisme certifié à cet effet.
L'attestation de compétence prévue à l'article (Décr. n° 2013-594 du 5 juill. 2013) « R. 4412-117 » est délivrée par l'organisme de formation certifié.

Art. R. 4412-142 Un arrêté du ministre chargé du travail détermine :
1° Les conditions, procédures et critères d'accréditation des organismes certificateurs sur la base du référentiel technique défini par l'organisme chargé de l'accréditation ;
2° Les conditions, procédures et critères de certification des organismes de formation mentionnés à l'article R. 4412-141, en tenant compte notamment de leur qualification, des méthodes de formation, des moyens et des techniques pédagogiques mis en œuvre ainsi que les conditions de délivrance de l'attestation de compétence sur la base du référentiel technique défini par les organismes chargés de la certification.

Art. R. 4412-143 Un organisme de formation d'un État membre de l'Union européenne non établi en France peut effectuer des prestations de service mentionnées dans le présent paragraphe s'il dispose dans cet État, sur le fondement d'un référentiel offrant les mêmes garanties que celles prévues au présent paragraphe, de la compétence pour dispenser une formation des travailleurs.

SOUS-SECTION 4 **Dispositions particulières aux interventions sur des matériaux, des équipements, des matériels ou des articles susceptibles de provoquer l'émission de fibres d'amiante**

§ 1 Champ d'application

Art. R. 4412-144 Les dispositions de la présente sous-section s'appliquent aux travaux mentionnés au 2° de l'article R. 4412-94.

§ 2 Définition d'un mode opératoire

Art. R. 4412-145 En fonction des résultats de l'évaluation initiale des risques prévue à la sous-section 2, pour chaque processus mis en œuvre, l'employeur établit un mode opératoire précisant notamment :
1° La nature de l'intervention ;
2° Les matériaux concernés ;
3° La fréquence et les modalités de contrôle du niveau d'empoussièrement du processus mis en œuvre et du respect de la valeur limite d'exposition professionnelle ;
4° Le descriptif des méthodes de travail et moyens techniques mis en œuvre ;
5° Les notices de poste prévues à l'article R. 4412-39 ;
6° Les caractéristiques des équipements utilisés pour la protection et la décontamination des travailleurs ainsi que celles des moyens de protection des autres personnes qui se trouvent sur le lieu ou à proximité de l'intervention ;
7° Les procédures de décontamination des travailleurs et des équipements ;
8° Les procédures de gestion des déchets ;
9° Les durées et temps de travail déterminés en application des articles R. 4412-118 et R. 4412-119.
Le mode opératoire est annexé au document unique d'évaluation des risques.

Art. R. 4412-146 Le mode opératoire est soumis, lors de son établissement ou de sa modification [,] à l'avis du médecin du travail, du (Décr. n° 2017-1819 du 29 déc. 2017, art. 3) « comité social et économique ».

Art. R. 4412-147 Le mode opératoire est transmis à l'*(Décr. n° 2021-143 du 10 févr. 2021, art. 10)* « agent de contrôle de l'inspection du travail » et aux agents des services de prévention des organismes de sécurité sociale, dans le ressort territorial desquels est situé l'établissement et, le cas échéant, à l'organisme professionnel de prévention du bâtiment et des travaux publics.

Une nouvelle transmission est faite lors de sa mise à jour.

Avant la première mise en œuvre du mode opératoire, celui-ci est transmis à l'*(Décr. n° 2021-143 du 10 févr. 2021, art. 10)* « agent de contrôle de l'inspection du travail » et aux agents des services de prévention des organismes de sécurité sociale dans le ressort territorial desquels est situé le lieu de l'intervention et, le cas échéant, à l'organisme professionnel de prévention du bâtiment et des travaux publics.

Art. R. 4412-148 Lorsque la durée prévisible de l'intervention est supérieure à cinq jours, l'employeur transmet, en outre, à l'*(Décr. n° 2021-143 du 10 févr. 2021, art. 10)* « agent de contrôle de l'inspection du travail » et au service de prévention de l'organisme de sécurité sociale du lieu de l'intervention ainsi que, le cas échéant, à l'office professionnel de prévention du bâtiment et des travaux publics :

1° Le lieu, la date de commencement et la durée probable de l'intervention ;

2° La localisation de la zone à traiter, la description de l'environnement de travail du lieu de l'intervention ;

3° Les dossiers techniques prévus *(Décr. n° 2017-899 du 9 mai 2017, en vigueur le 1er oct. 2018)* « aux articles R. 1334-29-4 à R. 1334-29-6 du code de la santé publique et à l'article R. 111-45 du code de la construction et de l'habitation ou, le cas échéant, le rapport de repérage de l'amiante prévu à l'article R. 4412-97-5 du présent code » ;

4° La liste des travailleurs impliqués. Cette liste mentionne les dates de délivrance des attestations de compétence des travailleurs, les dates de visite médicale et précise, le cas échéant, le nom des travailleurs sauveteurs secouristes du travail affectés au chantier ainsi que les dates de validité de leur formation.

SECTION 4 Règles particulières à certains agents chimiques dangereux

SOUS-SECTION 1 Fixation des valeurs limites d'exposition professionnelle

Art. R. 4412-149 *(Décr. n° 2019-1487 du 27 déc. 2019, en vigueur le 1er juill. 2020)* Les concentrations des agents chimiques présents dans l'atmosphère des lieux de travail figurant dans le tableau suivant ne doivent pas dépasser, dans la zone de respiration des travailleurs, les valeurs limites d'exposition professionnelle définies ci-après :
— *Tableau issu du Décr. n° 2021-1849 du 28 déc. 2021 (JO 29 déc.).*

Dénomination	Numéro CE (1)	Numéro CAS (2)	Valeur limite d'exposition professionnelle 8h (3)			Valeur limite d'exposition professionnelle court terme (4)			Observations	Mesures transitoires
			mg/m³ (5)	ppm (6)	fibres par cm³	mg/m³	ppm	fibres par cm³		
Acétate d'éthyle	205-500-4	141-78-6	734	200	-	1468	400	-	-	-
Acétate d'isobutyle	203-745-1	110-19-0	241	50	-	723	150	-	-	Entre en vigueur le 1er mars 2022
Acétate d'isopentyle	204-662-3	123-92-2	270	50	-	540	100	-	-	-
Acétate de 2-butoxyéthyle	203-933-3	112-07-2	66,5	10	-	333	50	-	Peau (7)	-

Dénomination	Numéro CE (1)	Numéro CAS (2)	Valeur limite d'exposition professionnelle 8h (3)			Valeur limite d'exposition professionnelle court terme (4)			Observations	Mesures transitoires
			mg/m³ (5)	ppm (6)	fibres par cm³	mg/m³	ppm	fibres par cm³		
Acétate de 2-éthoxyéthyle	203-839-2	111-15-9	11	2	-	-	-	-	Peau (7)	-
Acétate de n-butyle	204-658-1	123-86-4	241	50	-	723	150	-	-	Entre en vigueur le 1er mars 2022
Acétate de 2-méthoxyéthyle	203-772-9	110-49-6	5	1	-	-	-	-	Peau (7)	-
Acétate de 2-méthoxy-1-méthyléthyle	203-603-9	108-65-6	275	50	-	550	100	-	Peau (7)	-
Acétate de 1-méthylbutyle	210-946-8	626-38-0	270	50	-	540	100	-	-	-
Acétate de sec-butyle	203-300-1	105-46-4	241	50	-	723	150	-	-	Entre en vigueur le 1er mars 2022
Acétate de pentyle	211-047-3	628-63-7	270	50	-	540	100	-	-	-
Acétate de vinyle	203-545-4	108-05-4	17,6	5	-	35,2	10	-	-	-
Acétone	200-662-2	67-64-1	1210	500	-	2420	1000	-	-	-
Acétonitrile	200-835-2	75-05-8	70	40	-	-	-	-	Peau (7)	-
Acide chlorhydrique	231-595-7	7647-01-0	-	-	-	7,6	5	-	-	-
Acide cyanhydrique exprimé en cyanure	200-821-6	74-90-8	1	0,9	-	5	4,5	-	Peau (7)	-
Acrylamide	201-173-7	79-06-1	0,1	-	-	-	-	-	Peau (7)	-
Acrylate d'éthyle	205-438-8	140-88-5	21	5	-	42	10	-	-	-
Acrylate de méthyle	202-500-6	96-33-3	18	5	-	36	10	-	-	-
Alcool isoamylique	204-633-5	123-51-3	18	5	-	37	10	-	-	Entre en vigueur le 1er mars 2022
2-aminoéthanol	205-483-3	141-43-5	2,5	1	-	7,6	3	-	Peau (7)	-

Dénomination	Numéro CE (1)	Numéro CAS (2)	Valeur limite d'exposition professionnelle 8h (3)			Valeur limite d'exposition professionnelle court terme (4)			Observations	Mesures transitoires
			mg/m³ (5)	ppm (6)	fibres par cm³	mg/m³	ppm	fibres par cm³		
Ammoniac anhydre	231-635-3	7664-41-7	7	10	-	14	20	-	-	-
Azide de sodium	247-852-1	26628-22-8	0,1		-	0,3		-	Peau (7)	-
Benzène	200-753-7	71-43-2	3,25	1	-	-	-	-	Peau (7)	-
Béryllium et ses composés inorganiques (fraction inhalable)	-	-	0,0002	-	-	-	-	-	Sensibilisation cutanée (9) et respiratoire (10)	Entre en vigueur au 1ᵉʳ mars 2022 avec la valeur limite transitoire de 0,0006 mg/m³ applicable jusqu'au 11 juillet 2026
Bisphénol A (poussières inhalables)	201-245-8	80-05-7	2	-	-	-	-	-	-	-
Bois (poussières de)			1		-	-	-	-	-	-
Brome	231-778-1	7726-95-6	0,7	0,1	-	-	-	-	-	-
Bromoéthylène	209-800-6	593-60-2	4,4	1						
Bromure de méthyle (8)	200-813-2	74-83-9	20	5	-	-	-	-	-	-
1,3-butadiène	203-450-8	106-99-0	2,2	1	-	-	-	-	-	-
Butanone	201-159-0	78-93-3	600	200	-	900	300	-	Peau (7)	-
2-butoxyéthanol	203-905-0	111-76-2	49	10	-	246	50	-	Peau (7)	-
Cadmium et ses composés inorganiques (fraction inhalable)	-	-	0,001	-	-	-	-	-		Valeur limite : 0,004 mg/m³ (11) jusqu'au 11 juillet 2027

Dénomination	Numéro CE (1)	Numéro CAS (2)	Valeur limite d'exposition professionnelle 8h (3)			Valeur limite d'exposition professionnelle court terme (4)			Obser-vations	Mesures transitoires
			mg/m³ (5)	ppm (6)	fibres par cm³	mg/m³	ppm	fibres par cm³		
Chlore	231-959-5	7782-50-5	-	-	-	1,5	0,5	-	-	-
Chlorobenzène	203-628-5	108-90-7	23	5	-	70	15	-	-	-
Chloroforme	200-663-8	67-66-3	10	2	-	-	-	-	Peau (7)	-
Chlorure de vinyle monomère	200-831-0	75-01-4	2,59	1	-	-	-	-	-	-
Chrome hexavalent et ses composés	-	-	0,001		-	0,005		-	Peau (7)	-
Cumène (2-phényl-propane) (12)	202-704-5	98-82-8	50	10	-	250	50	-	Peau (7)	Entre en vigueur le 1ᵉʳ mars 2022
Cyclohexane	203-806-2	110-82-7	700	200	-	-	-	-	-	-
Cyclohexanone	203-631-1	108-94-1	40,8	10	-	81,6	20	-	-	-
1,2-dichlorobenzène	202-425-9	95-50-1	122	20	-	306	50	-	Peau (7)	-
1,4-dichlorobenzène	203-400-5	106-46-7	4,5	0,75	-	60	10	-	Peau (7)	-
1,1-dichloroéthylène	200-864-0	75-35-4	8	2	-	20	5	-	-	-
Dichlorométhane	200-838-9	75-09-2	178	50	-	356	100	-	Peau (7)	-
N, N-diméthylacétamide	204-826-4	127-19-5	7,2	2	-	36	10	-	Peau (7)	-
N, N-diméthylformamide	200-679-5	68-12-2	15	5	-	30	10	-	Peau (7)	-
Diméthylamine	204-697-4	124-40-3	1,9	1	-	3,8	2	-	-	-
Diéthylamine	203-716-3	109-89-7	15	5	-	30	10	-	-	-
1,2-dichloroéthane (dichlorure d'éthylène)	203-458-1	107-06-2	8,2	2	-	-	-	-	Peau (7)	-
Disulfure de carbone	200-843-6	75-15-0	15	5	-	-	-	-	Peau (7)	-

Dénomination	Numéro CE (1)	Numéro CAS (2)	Valeur limite d'exposition professionnelle 8h (3)			Valeur limite d'exposition professionnelle court terme (4)			Observations	Mesures transitoires
			mg/m³ (5)	ppm (6)	fibres par cm³	mg/m³	ppm	fibres par cm³		
1,4-dioxane	204-661-8	123-91-1	73	20	-	-	-	-	-	-
Dioxyde d'azote	233-272-6	10102-44-0	0,96	0,5	-	1,91	1	-	-	-
Épichlorhydrine	203-439-8	106-89-8	1,9	-	-	-	-	-	Peau (7)	
1,2-époxypropane (oxyde de propylène)	200-879-2	75-56-9	2,4	1	-	-	-	-	-	-
2-éthoxyéthanol	203-804-1	110-80-5	8	2	-	-	-	-	Peau (7)	-
Éthylamine	200-834-7	75-04-7	9,4	5	-	28,2	15	-	-	-
Éthylbenzène	202-849-4	100-41-4	88,4	20	-	442	100	-	Peau (7)	-
Fibres céramiques réfractaires classées cancérogènes	-	-	-	-	0,1	-	-	-	-	-
Fluorure d'hydrogène	231-634-8	7664-39-3	1,5	1,8	-	2,5	3	-	-	-
Formaldéhyde	200-001-8	50-00-0	0,37	0,3	-	0,74	0,6	-	Sensibilisation cutanée (9)	Valeur limite de 0,62 mg/m³ ou 0,5 ppm (3) pour les secteurs des soins de la santé, des pompes funèbres et de l'embaumement jusqu'au 11 juillet 2024
n-heptane	205-563-8	142-82-5	1668	400	-	2085	500	-	-	-
Heptane-2-one	203-767-1	110-43-0	238	50	-	475	100	-	Peau (7)	-

Dénomination	Numéro CE (1)	Numéro CAS (2)	Valeur limite d'exposition professionnelle 8h (3)			Valeur limite d'exposition professionnelle court terme (4)			Observations	Mesures transitoires
			mg/m³ (5)	ppm (6)	fibres par cm³	mg/m³	ppm	fibres par cm³		
Heptane-3-one	203-388-1	106-35-4	95	20	-	-	-	-	-	-
n-hexane	203-777-6	110-54-3	72	20	-	-	-	-	-	-
Huiles minérales qui ont été auparavant utilisées dans des moteurs de combustion interne pour lubrifier et refroidir les pièces mobiles du moteur de combustion interne pour lubrifier et refroidir les pièces mobiles du moteur	-	-	-	-	-	-	-	-	Peau (7)	
Hydrazine	206-114-9	302-01-2	0,013	0,01	-	-	-	-	Peau (7)	-
Isocyanate de méthyle	210-866-3	624-83-9		-	-	0,02	-	-	-	-
Mélanges d'hydrocarbures aromatiques polycycliques, en particulier ceux contenant du benzo[a]pyrène	-	-	-	-	-	-	-	-	Peau (7)	-
Méthacrylate de méthyle	201-297-1	80-62-6	205	50	-	410	100	-	-	-
Méthanol	200-659-6	67-56-1	260	200	-	-	-	-	Peau (7)	-
2-méthoxy-éthanol	203-713-7	109-86-4	3,2	1	-			-	Peau (7)	-
(2-méthoxy-méthyl éthoxy)-propanol	252-104-2	34590-94-8	308	50	-	-	-	-	Peau (7)	-
1-méthoxy-propane-2-ol	203-539-1	107-98-2	188	50	-	375	100	-	Peau (7)	

Dénomination	Numéro CE (1)	Numéro CAS (2)	Valeur limite d'exposition professionnelle 8h (3)			Valeur limite d'exposition professionnelle court terme (4)			Observations	Mesures transitoires
			mg/m³ (5)	ppm (6)	fibres par cm³	mg/m³	ppm	fibres par cm³		
4-méthyl-pentan-2-one	203-550-1	108-10-1	83	20	-	208	50	-	-	-
Mercure et composés inorganiques bivalents du mercure, y compris l'oxyde de mercure et le chlorure mercurique	-	-	0,02	-	-	-	-	-	-	-
Monoxyde d'azote	233-271-0	10102-43-9	2,5	2	-	-	-	-	-	-
Monoxyde de carbone	211-128-3	630-08-0	23	20	-	117	100	-	-	-
Morpholine	203-815-1	110-91-8	36	10	-	72	20	-	-	-
2-nitropropane	201-209-1	79-46-9	18	5	-	-	-	-	-	-
Oxyde de diéthyle	200-467-2	60-29-7	308	100	-	616	200	-	-	-
Oxyde d'éthylène	200-849-9	75-21-8	1,8	1	-	-	-	-	Peau (7)	-
Oxyde tert-butyle et de méthyle	216-653-1	1634-04-4	183,5	50	-	367	100	-	-	-
Pentachlorure de phosphore	233-060-3	10026-13-8	1	-	-	-	-	-	-	-
Pentane	203-692-4	109-66-0	3000	1000	-	-	-	-	-	-
Phénol	203-632-7	108-95-2	7,8	2	-	15,6	4	-	Peau (7)	-
Phosgène	200-870-3	75-44-5	0,08	0,02	-	0,4	0,1	-	-	-
Phosphine	232-260-8	7803-51-2	0,14	0,1	-	-	-	-	-	-
Plomb métallique et ses composés			0,1	-	-	-	-	-	Limite pondérale définie en plomb métal (Pb)	

Dénomination	Numéro CE (1)	Numéro CAS (2)	Valeur limite d'exposition professionnelle 8h (3)			Valeur limite d'exposition professionnelle court terme (4)			Observations	Mesures transitoires
			mg/m³ (5)	ppm (6)	fibres par cm³	mg/m³	ppm	fibres par cm³		
o-toluidine	202-429-0	95-53-4	0,5	0,1	-	-	-	-	Peau (7)	-
Silice (poussières alvéolaires de quartz)	-	-	0,1	-	-	-	-	-	-	-
Silice (poussières alvéolaires de cristobalite)	-	-	0,05	-	-	-	-	-	-	-
Silice (poussières alvéolaires de tridymite)	-	-	0,05	-	-	-	-	-	-	-
Styrène	202-851-5	100-42-5	100	23,3	-	200	46,6	-	Peau (7) Bruit (8)	-
Sulfotep	222-995-2	3689-24-5	0,1	-	-	-	-	-	Peau (7)	-
Sulfure d'hydrogène	231-977-3	7783-06-4	7	5	-	14	10	-	-	-
Tétrachloro-éthylène	204-825-9	127-18-4	138	20	-	275	40	-	Peau (7)	-
Tétrachloro-méthane	200-262-8	56-23-5	6,4	1	-	32	5	-	Peau (7)	-
Tétrahydrofurane	203-726-8	109-99-9	150	50	-	300	100	-	Peau (7)	-
Toluène	203-625-9	108-88-3	76,8	20	-	384	100	-	Peau (7)	-
Trichloréthylène	201-167-4	79-01-6	54,7	10	-	164,1	30	-	Peau (7)	
1,2,4-trichlorobenzène	204-428-0	120-82-1	15,1	2	-	37,8	5	-	Peau (7)	-
1,1,1-trichloroéthane	200-756-3	71-55-6	555	100	-	1110	200	-	-	-
Triéthylamine	204-469-4	121-44-8	4,2	1	-	12,6	3	-	Peau (7)	-
Triméthylamine	200-875-0	75-50-3	4,9	2	-	12,5	5	-	-	Entre en vigueur le 1er mars 2022
1,2,3-triméthylbenzène	208-394-8	526-73-8	100	20	-	250	50	-	-	-
1,2,4-triméthylbenzène	202-436-9	95-63-6	100	20	-	250	50	-	-	-

Dénomination	Numéro CE (1)	Numéro CAS (2)	Valeur limite d'exposition professionnelle 8h (3)			Valeur limite d'exposition professionnelle court terme (4)			Observations	Mesures transitoires
			mg/m³ (5)	ppm (6)	fibres par cm³	mg/m³	ppm	fibres par cm³		
1,3,5-triméthylbenzène (mésitylène)	203-604-4	108-67-8	100	20	-	250	50	-	-	-
m-xylène	203-576-3	108-38-3	221	50	-	442	100	-	Peau (7)	-
o-xylène	202-422-2	95-47-6	221	50	-	442	100	-	Peau (7)	-
p-xylène	203-396-5	106-42-3	221	50	-	442	100	-	Peau (7)	-
Xylène : mélange d'isomères	215-535-7	1330-20-7	221	50	-	442	100	-	Peau (7)	-

(1) Inventaire européen des substances chimiques existantes (EINECS).

(2) Numéro du *Chemical Abstract Service* (*American Chemical Society*).

(3) Mesurée ou calculée par rapport à une période de référence de 8 heures, moyenne pondérée dans le temps.

(4) Valeur limite au-dessus de laquelle il ne doit pas y avoir d'exposition et qui se rapporte à une période de quinze minutes sauf indication contraire.

(5) mg/m³ : milligrammes par mètre cube d'air à 20°C et 101,3 kPa (760 mm de mercure).

(6) ppm : partie par million en volume dans l'air (ml/m³).

(7) La mention "peau" accompagnant la limite d'exposition professionnelle indique la possibilité d'une pénétration cutanée importante.

(8) La mention "bruit" accompagnant la limite d'exposition professionnelle indique la possibilité d'une atteinte auditive en cas de co-exposition au bruit.

(9) La substance peut provoquer une sensibilisation de la peau.

(10) La substance peut provoquer une sensibilisation des voies respiratoires.

(11) Fraction inhalable. Fraction alvéolaire si une surveillance biologique organisée par le médecin du travail permet de s'assurer du respect d'une valeur biologique maximale de 2 µg Cd/g de créatinine dans les urines.

(12) Si un suivi biologique est mis en place, le suivi de l'exposition s'effectue à partir des valeurs de suivi biologique disponibles et appropriées pour cet agent chimique.

Art. R. 4412-150 Des valeurs limites d'exposition professionnelle indicatives, constituant des objectifs de prévention, peuvent être fixées par arrêté conjoint des ministres chargés du travail et de l'agriculture. – [*Anc. art. R. 232-5-5-III.*]

V. Arr. du 30 juin 2004, NOR : SOCT0411354A (JO 11 juill.), mod. par Arr. du 14 mai 2019, NOR : MTRT1912627A (JO 23 mai), mod. par Arr. du 3 mai 2021, NOR : MTRT2102213A (JO 7 mai), mod. par Arr. du 9 déc. 2021, NOR : MTRT2131974A (JO 11 déc.).

Art. R. 4412-151 Les modalités de prélèvement, les méthodes et moyens à mettre en œuvre pour mesurer les concentrations dans l'air des agents chimiques dangereux ainsi que les caractéristiques et conditions d'utilisation des équipements de protection individuelle contre ces agents sont fixés par arrêté conjoint des ministres chargés du travail et de l'agriculture. – [*Anc. art. R. 231-58-1, et anc. art. 2, al. 4, du Décr. n° 97-331 du 10 avr. 1997.*]

SANTÉ ET SÉCURITÉ AU TRAVAIL **Art. R. 4412-160** 2383

SOUS-SECTION 2 Fixation des valeurs limites biologiques

Art. R. 4412-152 Pour les travailleurs exposés au plomb et à ses composés, les valeurs limites biologiques à ne pas dépasser sont fixées à :
 1° 400 microgrammes de plomb par litre de sang pour les hommes ;
 2° 300 microgrammes de plomb par litre de sang pour les femmes. — *[Anc. art. R. 231-54-17, al. 1er, et anc. art. R. 231-58-6-II.]*

V. Arr. du 15 déc. 2009 relatif aux contrôles du respect des valeurs limites biologiques fixées à l'art. R. 4412-152 pour les travailleurs exposés au plomb et à ses composés et aux conditions d'accréditation des laboratoires chargés des analyses (JO 17 déc.).

Art. R. 4412-153 Abrogé par Décr. n° 2009-1570 du 15 déc. 2009.

SOUS-SECTION 3 Silice cristalline

Art. R. 4412-154 Lorsque l'évaluation des risques met en évidence la présence simultanée de poussières alvéolaires contenant de la silice cristalline et d'autres poussières alvéolaires non silicogènes, la valeur limite d'exposition professionnelle correspondant au mélange est fixée par la formule suivante :
 (Décr. n° 2021-1763 du 23 déc. 2021, art. 1er, en vigueur le 1er janv. 2022) « $Cns/5 + Cq/0,1 + Cc/0,05 + Ct/0,05 \leq 1$ ».

Art. R. 4412-155 Dans la formule énoncée à l'article R. 4412-154, on entend par :
 1° Cns, la concentration en poussières alvéolaires non silicogènes en mg/m^3, qui correspond à la différence entre la concentration totale des poussières alvéolaires et la somme des concentrations correspondant aux silices cristallines ;
 (Abrogé par Décr. n° 2021-1763 du 23 déc. 2021, art. 1er, à compter du 1er janv. 2022) « 2° Vns, la valeur limite moyenne de concentration en poussières alvéolaires non silicogènes, en mg/m^3, admise sur huit heures, telle que définie par l'article R. 4222-10 ; »
 3° Cq, la concentration en quartz en mg/m^3 ;
 4° Cc, la concentration en cristobalite en mg/m^3 ;
 5° Ct, la concentration en tridymite en mg/m^3.
 (Abrogé par Décr. n° 2021-1763 du 23 déc. 2021, art. 1er, à compter du 1er janv. 2022) « *Les chiffres de 0,1 et 0,05 représentent les valeurs limites correspondantes, telles que fixées à l'article R. 4412-149.* »

SOUS-SECTION 4 Plomb et ses composés

Art. R. 4412-156 Les travailleurs exposés au plomb ou à ses composés disposent de deux locaux aménagés en vestiaires collectifs situés près de la sortie de l'établissement, le premier étant exclusivement réservé au rangement des vêtements de ville et le second au rangement des vêtements de travail.
 Des douches assurent la communication entre les deux vestiaires. — *[Anc. art. R. 231-58-5, al. 1er.]*

Art. R. 4412-157 L'employeur veille à ce que les travailleurs exposés n'accèdent au second vestiaire qu'après avoir déposé dans le premier leurs vêtements de ville et ne pénètrent dans ce dernier, postérieurement à toute intervention les exposant au plomb et à ses composés, qu'après leur passage dans les installations de douches. — *[Anc. art. R. 231-58-5, al. 2.]*

Art. R. 4412-158 L'employeur veille à ce que les travailleurs ne mangent pas et ne fument pas en vêtement de travail.
 Les travailleurs mangent en vêtement de ville ou en combinaison jetable, fournie par l'employeur. — *[Anc. art. R. 231-58-5, al. 3.]*

Art. R. 4412-159 Lorsque le lavage des vêtements de travail est réalisé par une entreprise extérieure, ces vêtements sont transportés dans des récipients clos, comportant un affichage clairement lisible indiquant la présence de plomb, sans préjudice des dispositions prévues à l'article R. 4412-73. — *[Anc. art. R. 231-58-5, al. 4.]*

Art. R. 4412-160 *(Décr. n° 2016-1908 du 27 déc. 2016, art. 10, en vigueur le 1er janv. 2017)* « Un suivi individuel renforcé des travailleurs est assuré dans les conditions prévues aux articles R. 4624-22 à R. 4624-28 » :

1° Soit si l'exposition à une concentration de plomb dans l'air est supérieure à 0,05 mg/m³, calculée comme une moyenne pondérée en fonction du temps sur une base de huit heures ;
2° Soit si une plombémie supérieure à 200 µg/l de sang pour les hommes ou 100 µg/l de sang pour les femmes est mesurée chez un travailleur.

Art. R. 4412-161 à R. 4412-164 *Abrogés par Décr. n° 2012-530 du 19 avr. 2012, art. 2-28°.*

TITRE II PRÉVENTION DES RISQUES BIOLOGIQUES

CHAPITRE I DISPOSITIONS GÉNÉRALES

Art. R. 4421-1 Les dispositions du présent titre sont applicables dans les établissements dans lesquels la nature de l'activité peut conduire à exposer les travailleurs à des agents biologiques.
Toutefois, les dispositions des articles R. 4424-2, R. 4424-3, R. 4424-7 à R. 4424-10, R. 4425-6 et R. 4425-7 ne sont pas applicables lorsque l'activité, bien qu'elle puisse conduire à exposer des travailleurs, n'implique pas normalement l'utilisation délibérée d'un agent biologique et que l'évaluation des risques prévue au chapitre III ne met pas en évidence de risque spécifique. – *[Anc. art. R. 231-60.]*

V. Décr. n° 2021-951 du 16 juill. 2021 fixant le cadre applicable des dispositions du code du travail en matière de prévention des risques biologiques dans le cadre de la pandémie de SARS-CoV-2, App. IX.

Pandémie de covid-19 et activité d'aide à domicile. Toute personne morale ou entreprise individuelle qui exerce une activité de service à la personne, en sa qualité d'employeur de droit privé, est soumise aux dispositions relatives à la prévention des risques biologiques. Ces dispositions sont applicables au sein d'une association d'aide à domicile, et l'action engagée par l'inspection du travail en vue de voir ordonner à l'association employeur de mettre en œuvre des mesures ayant pour objet la limitation au niveau le plus bas possible du nombre de ses travailleurs exposés, ou susceptibles de l'être, au risque biologique lié à la covid-19 est recevable dès lors, d'une part, que l'activité d'aide à domicile peut conduire à exposer les salariés qui exécutent les prestations au domicile des clients, dont on ignore s'ils sont contaminés, à des agents biologiques et actuellement à la covid-19, d'autre part, que le document unique d'évaluation des risques professionnels établi par l'employeur identifie un risque biologique spécifique lié à l'intervention à domicile pendant une pandémie ou une épidémie en le classifiant de risque mortel et permet d'écarter l'exception prévue par le C. trav., enfin, que l'Arr. du 27 déc. 2017 a notamment pour objet d'actualiser la liste des agents pathogènes prévue par le même code et ne concerne pas que les laboratoires. • Soc. 7 déc. 2022, ⚖ n° 21-12.696 B : *D. actu. 3 janv. 2023, obs. Maurel ; D. 2022. 2226 ⬚ ; RJS 2/2023, n° 84.*

Art. R. 4421-2 Au sens du présent titre, on entend par :
1° Agents biologiques, les micro-organismes, y compris les micro-organismes génétiquement modifiés, les cultures cellulaires et les endoparasites humains susceptibles de provoquer une infection, une allergie ou une intoxication ;
2° Micro-organisme, une entité microbiologique, cellulaire ou non, capable de se reproduire ou de transférer du matériel génétique ;
3° Culture cellulaire, le résultat de la croissance *in vitro* de cellules isolées d'organismes multicellulaires. – *[Anc. art. R. 231-61.]*

Art. R. 4421-3 Les agents biologiques sont classés en quatre groupes en fonction de l'importance du risque d'infection qu'ils présentent :
1° Le groupe 1 comprend les agents biologiques non susceptibles de provoquer une maladie chez l'homme ;
2° Le groupe 2 comprend les agents biologiques pouvant provoquer une maladie chez l'homme et constituer un danger pour les travailleurs. Leur propagation dans la collectivité est peu probable et il existe généralement une prophylaxie ou un traitement efficaces ;
3° Le groupe 3 comprend les agents biologiques pouvant provoquer une maladie grave chez l'homme et constituer un danger sérieux pour les travailleurs. Leur propa-

SANTÉ ET SÉCURITÉ AU TRAVAIL **Art. R. 4423-4** 2385

gation dans la collectivité est possible, mais il existe généralement une prophylaxie ou un traitement efficaces ;
4° Le groupe 4 comprend les agents biologiques qui provoquent des maladies graves chez l'homme et constituent un danger sérieux pour les travailleurs. Le risque de leur propagation dans la collectivité est élevé. Il n'existe généralement ni prophylaxie ni traitement efficace. − [Anc. art. R. 231-61-1, al. 1er à 5.]

V. Arr. du 16 nov. 2021 fixant la liste des agents biologiques pathogènes, NOR : MTRT2133668A (JO 9 déc.)

Art. R. 4421-4 Sont considérés comme agents biologiques pathogènes, au sens du présent titre, les agents biologiques des groupes 2, 3 et 4.
La liste de ces agents est fixée par arrêté conjoint des ministres chargés du travail, de l'agriculture et de la santé. − [Anc. art. R. 231-61-1, al. 6 et 7.]

V. Arr. du 27 déc. 2017 relatif à la liste des agents biologiques pathogènes et aux mesures techniques de prévention à mettre en œuvre dans les laboratoires où les travailleurs sont susceptibles d'être exposés à des agents biologiques pathogènes, NOR : MTRT1633568A (JO 15 févr. 2018).

CHAPITRE II PRINCIPES DE PRÉVENTION

Art. R. 4422-1 L'employeur prend des mesures de prévention visant à supprimer ou à réduire au minimum les risques résultant de l'exposition aux agents biologiques, conformément aux principes de prévention énoncés à l'article L. 4121-2.

Les dispositions d'un accord collectif autorisant l'employeur, dans le domaine du transport sanitaire, à ne pas assurer directement l'entretien de la tenue de travail des ambulanciers en leur allouant une indemnité, sont contraires aux dispositions des art. L. 4121-1, L. 4121-2 et R. 4422-1 C. trav. qui font obligation à l'employeur de prendre les mesures de prévention nécessaires pour supprimer ou réduire les risques professionnels résultant de l'exposition aux agents biologiques, et à ce titre, d'assurer lui-même l'entretien et le nettoyage des tenues professionnelles. • Soc. 23 sept. 2020, ⚖ n° 18-23.474 P : D. actu. 26 oct. 2020, obs. de Montvalon ; RJS 12/2020, n° 599 ; JCP S 2020. 3047, obs. Larroque-Daran et Rohau.

CHAPITRE III ÉVALUATION DES RISQUES

Art. R. 4423-1 Pour toute activité susceptible de présenter un risque d'exposition à des agents biologiques, l'employeur détermine la nature, la durée et les conditions de l'exposition des travailleurs.
Pour les activités impliquant une exposition à des agents biologiques appartenant à plusieurs groupes, les risques sont évalués en tenant compte du danger présenté par tous les agents biologiques présents ou susceptibles de l'être du fait de cette activité. − [Anc. art. R. 231-62, al. 1er et 2.]

Art. R. 4423-2 L'évaluation des risques est réalisée sur le fondement du classement prévu à l'article R. 4421-3 et des maladies professionnelles dues à l'exposition aux agents biologiques.
Cette évaluation tient compte de toutes les informations disponibles, notamment de celles relatives aux infections susceptibles d'être contractées par les travailleurs du fait de leur activité professionnelle et de celles concernant les effets allergisants et toxiques pouvant résulter de l'exposition aux agents biologiques. − [Anc. art. R. 231-62, al. 3 et 4.]

Art. R. 4423-3 Lors de l'évaluation des risques, l'employeur porte une attention particulière sur les dangers des agents biologiques susceptibles d'être présents dans l'organisme des patients ou de personnes décédées et chez les animaux vivants ou morts, dans les échantillons, les prélèvements et les déchets qui en proviennent. − [Anc. art. R. 231-62, al. 5.]

Art. R. 4423-4 L'employeur tient à la disposition de l'inspection du travail et des agents du service de prévention des organismes de sécurité sociale les éléments ayant servi à l'évaluation des risques. − [Anc. art. R. 231-62, al. 6.]

CHAPITRE IV MESURES ET MOYENS DE PRÉVENTION

SECTION 1 Dispositions communes à toutes les activités

Art. R. 4424-1 Lorsque la nature de l'activité le permet, l'employeur évite l'utilisation d'un agent biologique dangereux pour la santé des travailleurs, en le remplaçant par un agent biologique qui, compte tenu des conditions d'emploi et de l'état des connaissances, n'est pas ou est moins dangereux. – *[Anc. art. R. 231-62-1.]*

Art. R. 4424-2 Lorsque les résultats de l'évaluation des risques révèlent l'existence d'un risque pour la santé ou la sécurité des travailleurs, toute exposition à un agent biologique dangereux est évitée. – *[Anc. art. R. 231-62-2, al. 1er.]*

Art. R. 4424-3 Lorsque l'exposition des travailleurs à un agent biologique dangereux ne peut être évitée, elle est réduite en prenant les mesures suivantes :
1° Limitation au niveau le plus bas possible du nombre de travailleurs exposés ou susceptibles de l'être ;
2° Définition des processus de travail et des mesures de contrôle technique ou de confinement visant à éviter ou à minimiser le risque de dissémination d'agents biologiques sur le lieu de travail ;
3° Signalisation dont les caractéristiques et les modalités sont fixées par un arrêté conjoint des ministres chargés du travail, de l'agriculture et de la santé ;
4° Mise en œuvre de mesures de protection collective ou, lorsque l'exposition ne peut être évitée par d'autres moyens, de mesures de protection individuelle ;
5° Mise en œuvre de mesures d'hygiène appropriées permettant de réduire ou, si possible, d'éviter le risque de dissémination d'un agent biologique hors du lieu de travail ;
6° Établissement de plans à mettre en œuvre en cas d'accidents impliquant des agents biologiques pathogènes ;
7° Détection, si elle est techniquement possible, de la présence, en dehors de l'enceinte de confinement, d'agents biologiques pathogènes utilisés au travail ou, à défaut, de toute rupture de confinement ;
8° Mise en œuvre de procédures et moyens permettant en toute sécurité, le cas échéant, après un traitement approprié, d'effectuer le tri, la collecte, le stockage, le transport et l'élimination des déchets par les travailleurs. Ces moyens comprennent, notamment, l'utilisation de récipients sûrs et identifiables ;
9° Mise en œuvre de mesures permettant, au cours du travail, de manipuler et de transporter sans risque des agents biologiques pathogènes. – *[Anc. art. R. 231-62-2, al. 2 à 11.]*

Pandémie de covid-19. La fourniture de masques FFP2 et FFP3 n'était pas obligatoire ou même recommandée dans le secteur de l'aide à domicile au profit de bénéficiaires non positifs à la covid-19 ou ne présentant pas de symptômes ; la mise à disposition par l'employeur d'un masque FFP2 aux salariés intervenant au domicile d'une personne positive ou symptomatique était de nature à réduire l'exposition à la covid-19. ● Soc. 7 déc. 2022, n° 21-19.454 B : *D. actu. 3 janv. 2023, obs. Maurel ; D. 2022. 2226.*

Art. R. 4424-4 Pour les activités qui impliquent des agents biologiques pathogènes, l'employeur établit une consigne de sécurité interdisant l'introduction, par les travailleurs et pour leur propre usage, dans les lieux de travail où existe un risque de contamination :
1° De nourriture et de boissons ;
2° D'articles pour fumeurs ;
3° De cosmétiques et de mouchoirs autres que les mouchoirs en papier, qui devront être éliminés comme des déchets contaminés. – *[Anc. art. R. 231-62-3, al. 1er.]*

Art. R. 4424-5 Pour les activités qui impliquent des agents biologiques pathogènes, l'employeur :
1° Fournit aux travailleurs des moyens de protection individuelle, notamment des vêtements de protection appropriés ;
2° Veille à ce que les moyens de protection individuelle soient enlevés lorsque le travailleur quitte le lieu de travail ;

SANTÉ ET SÉCURITÉ AU TRAVAIL **Art. R. 4424-11** 2387

3° Fait en sorte, lorsqu'ils sont réutilisables, que les moyens de protection individuelle soient rangés dans un endroit spécifique, nettoyés, désinfectés et vérifiés avant et après chaque utilisation et, s'il y a lieu, réparés ou remplacés ;
4° Met à la disposition des travailleurs des installations sanitaires appropriées, un dispositif de lavage oculaire et des antiseptiques pour la peau ainsi que, s'il y a lieu, des collyres prescrits par le médecin du travail ;
5° Pour les activités impliquant le prélèvement, la manipulation et le traitement d'échantillons d'origine humaine ou animale, met au point des procédures et met à disposition des travailleurs des matériels adaptés visant à minimiser les risques de contamination. — *[Anc. art. R. 231-62-3, al. 2 à 7.]*

Art. R. 4424-6 Les moyens de protection individuelle contre les agents biologiques pathogènes, non réutilisables, sont considérés comme des déchets contaminés. — *[Anc. art. R. 231-62-3, al. 8.]*

SECTION 2 Dispositions particulières à certaines activités

Art. R. 4424-7 Dans les lieux où des travailleurs sont susceptibles d'être en contact avec des agents biologiques pathogènes pouvant être présents dans l'organisme de patients ou de personnes décédées ou chez des animaux vivants ou morts, des mesures appropriées sont prises pour préserver la santé et la sécurité des travailleurs, notamment par une information sur les procédés de décontamination et de désinfection et la mise en œuvre des procédés permettant de manipuler et d'éliminer sans risque les déchets contaminés.

Un arrêté conjoint des ministres chargés du travail, de l'agriculture et de la santé fixe, en tant que de besoin, des procédures d'élimination des déchets contaminés. — *[Anc. art. R. 231-64, al. 1er et 2.]*

Art. R. 4424-8 Dans les services accueillant des patients ou dans les locaux où se trouvent des animaux susceptibles d'être contaminés par des agents biologiques des groupes 3 ou 4, un arrêté des ministres chargés du travail, de l'agriculture et de la santé définit les mesures d'isolement ou de confinement. — *[Anc. art. R. 231-64, al. 3.]*

Art. R. 4424-9 Dans les laboratoires, notamment ceux réalisant des analyses de biologie médicale et dans les locaux destinés aux animaux de laboratoire contaminés ou susceptibles de l'être par des agents biologiques pathogènes, des mesures de confinement appropriées au résultat de l'évaluation des risques sont prises.

Il en est de même pour les procédés industriels utilisant des agents biologiques pathogènes.

Lorsqu'au terme de l'évaluation des risques un doute subsiste quant au classement d'un agent biologique dont l'utilisation industrielle pourrait comporter un risque grave pour la santé des travailleurs, le niveau et les mesures de confinement adoptés sont ceux correspondant au moins à un agent du groupe 3.

Un arrêté conjoint des ministres chargés du travail, de l'agriculture et de la santé précise les dispositions relatives aux mesures et aux niveaux de confinement selon la nature de l'agent biologique et de l'activité considérée. — *[Anc. art. R. 231-64-1, al. 1er à 4.]*

Art. R. 4424-10 Les laboratoires dont l'objectif n'est pas de travailler avec des agents biologiques pathogènes adoptent, en cas d'incertitude quant à la présence de ces agents, au moins le niveau de confinement requis pour les agents du groupe 2 et, si nécessaire, celui correspondant à ceux des groupes 3 ou 4. — *[Anc. art. R. 231-64-1, al. 5.]*

Art. R. 4424-11 (*Décr. n° 2013-607 du 9 juill. 2013*) Dans les établissements et services participant à la prévention et aux soins et dans les établissements pratiquant des soins de conservation, des mesures de prévention des blessures et des risques de contamination par des agents biologiques pathogènes sont déterminées par un arrêté conjoint des ministres en charge du travail et de la santé pour adapter la protection des travailleurs susceptibles d'être en contact avec des objets perforants aux particularités des activités réalisées ainsi qu'aux modalités d'usage des objets perforants.

Cet arrêté précise les catégories d'établissements et services concernés. Pour ces catégories d'établissements et de services, il précise également les règles applicables, en vertu du chapitre V du présent titre, à l'information et à la formation des travailleurs et relatives aux risques liés à l'usage d'objets perforants ainsi que les dispositions du chapitre VI du présent titre applicables à la prise en charge du travailleur blessé en cas d'accident de travail survenu avec un objet perforant et aux modalités de suivi de tels accidents.

On entend par objet perforant tout objet ou instrument à usage médical ou nécessaire à la pratique des soins de conservation, susceptible de couper, de perforer, de piquer, de blesser et pouvant transmettre un agent infectieux lorsqu'il est souillé par du sang ou tout autre produit biologique. Il constitue un équipement de travail au sens de l'article L. 4311-2.

V. Arr. du 10 juill. 2013 relatif à la prévention des risques biologiques auxquels sont soumis certains travailleurs susceptibles d'être en contact avec des objets perforants, NOR : ETST1314972A (JO 31 août).

CHAPITRE V **INFORMATION ET FORMATION DES TRAVAILLEURS**

SECTION 1 **Information**

Art. R. 4425-1 L'employeur fournit sur le lieu de travail des instructions écrites et, le cas échéant, des affiches portant sur la procédure à suivre :

1° En cas d'accident ou d'incident grave mettant en cause un agent biologique pathogène ;

2° Lors de la manipulation de tout agent biologique du groupe 4, notamment lors de son élimination. – *[Anc. art. R. 231-63-1, al. 1er à 3.]*

Art. R. 4425-2 L'employeur informe les travailleurs, le *(Décr. n° 2017-1819 du 29 déc. 2017, art. 3)* « comité social et économique » et le médecin du travail :

1° Sans délai, de tout accident ou incident ayant pu entraîner la dissémination d'un agent biologique susceptible de provoquer chez l'homme une infection ou une maladie grave ;

2° Le plus rapidement possible, de la cause de cet accident ou incident et des mesures prises ou à prendre pour remédier à la situation.

Art. R. 4425-3 Des dispositions spécifiques, intégrées s'il y a lieu au règlement intérieur, rappellent aux travailleurs leur obligation de signaler immédiatement tout accident ou incident mettant en cause un agent biologique pathogène. – *[Anc. art. R. 231-63-1, al. 7.]*

Art. R. 4425-4 Lorsque les résultats de l'évaluation des risques révèlent l'existence d'un risque pour la santé ou la sécurité des travailleurs, l'employeur tient à la disposition des travailleurs intéressés et du *(Décr. n° 2017-1819 du 29 déc. 2017, art. 3)* « comité social et économique » les informations suivantes :

1° Les activités au cours desquelles les travailleurs sont exposés à des agents biologiques pathogènes, les procédures, les méthodes de travail et les mesures et moyens de protection et de prévention correspondants ;

2° Le nombre de travailleurs exposés ;

3° Le nom et l'adresse du médecin du travail ;

4° Le nom de la personne qui, le cas échéant, est chargée par l'employeur, et sous sa responsabilité, d'assurer en cette matière la sécurité sur le lieu de travail ;

5° Un plan d'urgence pour la protection des travailleurs contre l'exposition aux agents biologiques des groupes 3 ou 4 en cas de défaillance du confinement physique.

Art. R. 4425-5 Les éléments d'information mentionnés à l'article R. 4425-4 sont également tenus à la disposition des agents de l'inspection du travail, des agents du service de prévention des organismes de sécurité sociale et du médecin du travail. – *[Anc. art. R. 231-63-3.]*

SECTION 2 **Formation**

Art. R. 4425-6 L'employeur organise au bénéfice des travailleurs une formation à la sécurité portant sur :

1° Les risques pour la santé et les prescriptions en matière d'hygiène ;

2° Les précautions à prendre pour éviter l'exposition ;
3° Le port et l'utilisation des équipements et des vêtements de protection individuelle ;
4° Les modalités de tri, de collecte, de stockage, de transport et d'élimination des déchets ;
5° Les mesures à prendre pour prévenir ou pallier les incidents ;
6° La procédure à suivre en cas d'accident. — [Anc. art. R. 231-63, al. 1er à 7.]

Art. R. 4425-7 La formation à la sécurité est dispensée avant que les travailleurs n'exercent une activité impliquant un contact avec des agents biologiques.

Elle est répétée régulièrement et est adaptée à l'évolution des risques ainsi que lors de la modification significative des procédés de travail. — [Anc. art. R. 231-63, al. 8.]

CHAPITRE VI SUIVI INDIVIDUEL DE L'ÉTAT DE SANTÉ DES TRAVAILLEURS (Décr. n° 2016-1908 du 27 déc. 2016, art. 11, en vigueur le 1er janv. 2017).

SECTION 1 Liste des travailleurs exposés

Art. R. 4426-1 L'employeur établit, après avis du médecin du travail, une liste des travailleurs exposés à des agents biologiques des groupes 3 ou 4.

Il indique le type de travail réalisé, et, lorsque c'est possible, l'agent biologique auquel les travailleurs sont exposés ainsi que les données relatives aux expositions, aux accidents et aux incidents.

La liste est communiquée au médecin du travail. — [Anc. art. R. 231-63-2, al. 1er.]

Art. R. 4426-2 La liste des travailleurs exposés est conservée au moins dix ans après la fin de l'exposition.

Toutefois, lorsque les agents biologiques sont susceptibles de provoquer des maladies présentant une longue période d'incubation, elle est conservée aussi longtemps que des manifestations pathologiques sont possibles. — [Anc. art. R. 231-63-2, al. 2 et 3.]

Art. R. 4426-3 Chaque travailleur a accès aux informations contenues dans la liste des travailleurs exposés qui le concernent personnellement. — [Anc. art. R. 231-63-2, al. 4.]

Art. R. 4426-4 Lorsque l'établissement cesse ses activités, la liste des travailleurs exposés est adressée au médecin inspecteur du travail. — [Anc. art. R. 231-63-2, al. 5.]

SECTION 2 Mise en œuvre du suivi individuel (Décr. n° 2016-1908 du 27 déc. 2016, art. 11, en vigueur le 1er janv. 2017).

Art. R. 4426-5 Abrogé par Décr. n° 2012-135 du 30 janv. 2012, art. 2-1° et 3.

Art. R. 4426-6 L'évaluation des risques permet d'identifier les travailleurs pour lesquels des mesures spéciales de protection peuvent être nécessaires.

Sans préjudice des vaccinations prévues aux articles L. 3111-4 et L. 3112-1 du code de la santé publique, l'employeur recommande, s'il y a lieu et sur proposition du médecin du travail, aux travailleurs non immunisés contre les agents biologiques pathogènes auxquels ils sont ou peuvent être exposés de réaliser, à sa charge, les vaccinations appropriées. — [Anc. art. R. 231-65-1.]

Art. R. 4426-7 (Décr. n° 2016-1908 du 27 déc. 2016, art. 11, en vigueur le 1er janv. 2017) Tout travailleur exposé aux agents biologiques des groupes 3 ou 4 bénéficie d'un suivi individuel renforcé dans les conditions prévues aux articles R. 4624-22 à R. 4624-28 du présent code.

Tout travailleur exposé aux agents biologiques des groupes 1 ou 2 bénéficie d'un suivi individuel prévu aux articles R. 4624-10 à R. 4624-21 du présent code. Pour les travailleurs exposés aux agents biologiques du groupe 2, la visite d'information et de prévention initiale est réalisée avant l'affectation au poste.

SECTION 3 — Dossier médical *(Décr. n° 2022-1434 du 15 nov. 2022, art. 4).*

Art. R. 4426-8 *(Décr. n° 2022-1434 du 15 nov. 2022, art. 4)* Le dossier médical prévu à l'article L. 4624-8 est rempli, pour chaque travailleur susceptible d'être exposé à des agents biologiques pathogènes, conformément à l'article R. 4624-45-4.

Art. R. 4426-9 *(Décr. n° 2022-1434 du 15 nov. 2022, art. 4)* « Le dossier médical est établi à la suite des examens et visites prévus à l'article R. 4426-7.

« Lorsque » les agents biologiques sont susceptibles de provoquer des maladies présentant une longue période d'incubation, le dossier médical *(Abrogé par Décr. n° 2022-1434 du 15 nov. 2022, art. 4)* « *spécial* » est conservé pendant une période *(Abrogé par Décr. n° 2022-1434 du 15 nov. 2022, art. 4)* « *plus longue,* » pouvant atteindre quarante ans après la cessation de l'exposition connue.

Art. R. 4426-10 Lorsque l'entreprise disparaît ou lorsque le travailleur change d'entreprise, le dossier médical *(Abrogé par Décr. n° 2022-1434 du 15 nov. 2022, art. 4)* « *spécial* » est transmis soit au médecin du travail de la nouvelle entreprise, soit au médecin inspecteur du travail, à charge pour celui-ci de l'adresser, le cas échéant, à la demande du travailleur au médecin du travail désormais compétent.

Le dossier médical est communiqué, à la demande du travailleur, au médecin désigné par lui. — *[Anc. art. R. 231-65-2-II, al. 3.]*

Art. R. 4426-11 Des informations et des conseils sont donnés aux travailleurs sur *(Décr. n° 2016-1908 du 27 déc. 2016, art. 11, en vigueur le 1ᵉʳ janv. 2017)* « le suivi individuel de leur état de santé » dont ils devraient pouvoir bénéficier après la fin de l'exposition.

SECTION 4 — Suivi des pathologies

Art. R. 4426-12 Le médecin du travail est informé par l'employeur des décès et des absences pour cause de maladie des travailleurs exposés à des agents biologiques pathogènes, lorsque ces absences excèdent des durées fixées par arrêté conjoint des ministres chargés du travail, de la santé et de l'agriculture en fonction de la nature des activités exercées et des conditions d'exposition aux agents biologiques. — *[Anc. art. R. 231-65-3, al. 1ᵉʳ.]*

Art. R. 4426-13 Lorsqu'il s'avère qu'un travailleur est atteint d'une infection ou d'une maladie inscrite dans un tableau de maladie professionnelle et pouvant résulter d'une exposition à des agents biologiques, tous les travailleurs susceptibles d'avoir été exposés sur le même lieu de travail font l'objet d'un examen médical, assorti éventuellement d'examens complémentaires.

Si l'infection ou la maladie n'est pas inscrite dans un tableau de maladies professionnelles, le médecin du travail peut proposer aux autres travailleurs ayant subi une exposition analogue de bénéficier d'une surveillance médicale.

Une nouvelle évaluation du risque d'exposition est en outre réalisée conformément aux dispositions du chapitre III. — *[Anc. art. R. 231-65-3, al. 2 à 4.]*

CHAPITRE VII — DÉCLARATION ADMINISTRATIVE

Art. R. 4427-1 La première utilisation d'agents biologiques pathogènes est déclarée à l'*(Décr. n° 2021-143 du 10 févr. 2021, art. 10)* « agent de contrôle de l'inspection du travail » au moins trente jours avant le début des travaux. — *[Anc. art. R. 231-63-4, al. 1ᵉʳ.]*

Art. R. 4427-2 La déclaration d'une première utilisation d'agents biologiques pathogènes comprend :

1° La dénomination et le siège social de l'entreprise et l'adresse de l'établissement ;
2° Le nom et l'adresse du médecin du travail ;
3° Le nom et la qualité du responsable sécurité, s'il existe, sur le lieu de travail ;
4° Le résultat de l'évaluation des risques d'exposition à des agents biologiques ;
5° L'espèce ou, à défaut, le genre auquel appartient chaque agent biologique concerné ;

6° Les mesures de protection et de prévention envisagées. – *[Anc. art. R. 231-63-4, al. 2 à 8.]*

Art. R. 4427-3 Une déclaration de première utilisation est également adressée à l'(*Décr. n° 2021-143 du 10 févr. 2021, art. 10*) « agent de contrôle de l'inspection du travail », au moins trente jours avant leur première utilisation, pour les agents biologiques non encore classés au sens de l'article R. 4421-4, dès lors qu'existe une présomption de leur caractère pathogène. – *[Anc. art. R. 231-63-4, al. 9.]*

Art. R. 4427-4 La déclaration de première utilisation n'est pas obligatoire pour les laboratoires réalisant des analyses de biologie médicale. Ceux-ci sont uniquement tenus de déclarer leur intention de fournir un service de diagnostic pour les agents biologiques du groupe 4. – *[Anc. art. R. 231-63-4, al. 10.]*

Art. R. 4427-5 La déclaration de première utilisation est renouvelée chaque fois qu'un changement important des procédés ou des procédures la rend caduque. – *[Anc. art. R. 231-63-4, al. 11.]*

TITRE III PRÉVENTION DES RISQUES D'EXPOSITION AU BRUIT

CHAPITRE I DISPOSITIONS GÉNÉRALES

SECTION 1 Définitions

Art. R. 4431-1 Pour l'application du présent titre, les paramètres physiques utilisés comme indicateurs du risque sont définis comme suit :
1° Le niveau de pression acoustique de crête est le niveau de la valeur maximale de la pression acoustique instantanée mesurée avec la pondération fréquentielle C ;
2° Le niveau d'exposition quotidienne au bruit est la moyenne pondérée dans le temps des niveaux d'exposition au bruit pour une journée de travail nominale de huit heures ;
3° Le niveau d'exposition hebdomadaire au bruit est la moyenne pondérée dans le temps des niveaux d'exposition quotidienne au bruit pour une semaine nominale de cinq journées de travail de huit heures.

Un arrêté conjoint des ministres chargés du travail et de l'agriculture précise le mode de calcul de ces paramètres physiques. – *[Anc. art. R. 231-126.]*

V. Arr. du 11 déc. 2015, JO 31 déc., p. 25376.

SECTION 2 Valeurs limites d'exposition professionnelle

Art. R. 4431-2 Les valeurs limites d'exposition et les valeurs d'exposition déclenchant une action de prévention sont fixées dans le tableau suivant :

VALEURS D'EXPOSITION	NIVEAU D'EXPOSITION
1° Valeurs limites d'exposition	Niveau d'exposition quotidienne au bruit de 87 dB (A) ou niveau de pression acoustique de crête de 140 dB (C)
2° Valeurs d'exposition supérieures déclenchant l'action de prévention prévue à l'article R. 4434-3, au 2° de l'article R. 4434-7, et à l'article R. 4435-1	Niveau d'exposition quotidienne au bruit de 85 dB (A) ou niveau de pression acoustique de crête de 137 dB (C)
3° Valeurs d'exposition inférieures déclenchant l'action de prévention prévue au 1° de l'article R. 4434-7 et aux articles R. 4435-2 et R. 4436-1	Niveau d'exposition quotidienne au bruit de 80 dB (A) ou niveau de pression acoustique de crête de 135 dB (C)

Art. R. 4431-3 Pour l'application des valeurs limites d'exposition définies au 1° de l'article R. 4431-2, la détermination de l'exposition effective du travailleur au bruit tient compte de l'atténuation assurée par les protecteurs auditifs individuels portés par le travailleur.

Les valeurs d'exposition définies aux 2° et 3° de ce même article ne prennent pas en compte l'effet de l'utilisation de ces protecteurs. – *[Anc. art. R. 231-127-II.]*

Art. R. 4431-4 Dans des circonstances dûment justifiées auprès de l'*(Décr. n° 2021-143 du 10 févr. 2021, art. 10)* « agent de contrôle de l'inspection du travail » et pour des activités caractérisées par une variation notable d'une journée de travail à l'autre de l'exposition quotidienne au bruit, le niveau d'exposition hebdomadaire au bruit peut être utilisé au lieu du niveau d'exposition quotidienne pour évaluer les niveaux de bruit auxquels les travailleurs sont exposés, aux fins de l'application des valeurs limites d'exposition et des valeurs déclenchant l'action de prévention.

Cette substitution ne peut être faite qu'à condition que le niveau d'exposition hebdomadaire au bruit indiqué par un contrôle approprié ne dépasse pas la valeur limite d'exposition de 87 dB(A) et que des mesures appropriées soient prises afin de réduire au minimum les risques associés à ces activités. – *[Anc. art. R. 231-127-III.]*

CHAPITRE II **PRINCIPES DE PRÉVENTION**

Art. R. 4432-1 L'employeur prend des mesures de prévention visant à supprimer ou à réduire au minimum les risques résultant de l'exposition au bruit, en tenant compte du progrès technique et de la disponibilité de mesures de maîtrise du risque à la source. – *[Anc. art. R. 231-130-I, al. 1ᵉʳ.]*

Art. R. 4432-2 La réduction des risques d'exposition au bruit se fonde sur les principes généraux de prévention mentionnés à l'article L. 4121-1. – *[Anc. art. R. 231-130-I, al. 2.]*

Art. R. 4432-3 L'exposition d'un travailleur, compte tenu de l'atténuation assurée par les protecteurs auditifs individuels portés par ce dernier, ne peut en aucun cas dépasser les valeurs limites d'exposition définies au 1° de l'article R. 4431-2. – *[Anc. art. R. 231-132-I.]*

CHAPITRE III **ÉVALUATION DES RISQUES**

Art. R. 4433-1 L'employeur évalue et, si nécessaire, mesure les niveaux de bruit auxquels les travailleurs sont exposés.

Cette évaluation et ce mesurage ont pour but :

1° De déterminer les paramètres physiques définis à l'article R. 4431-1 ;

2° De constater si, dans une situation donnée, les valeurs d'exposition fixées à l'article R. 4431-2 sont dépassées. – *[Anc. art. R. 231-128-I, al. 1ᵉʳ et 2.]*

Art. R. 4433-2 L'évaluation des niveaux de bruit et, si nécessaire, leur mesurage sont planifiés et réalisés par des personnes compétentes, avec le concours, le cas échéant, du service de santé au travail.

Ils sont réalisés à des intervalles appropriés, notamment lorsqu'une modification des installations ou des modes de travail est susceptible d'entraîner une élévation des niveaux de bruit.

En cas de mesurage, celui-ci est renouvelé au moins tous les cinq ans. – *[Anc. art. R. 231-128-I, al. 3.]*

Art. R. 4433-3 Les résultats de l'évaluation des niveaux de bruit et du mesurage sont conservés sous une forme susceptible d'en permettre la consultation pendant une durée de dix ans. – *[Anc. art. R. 231-128-I, al. 4.]*

Art. R. 4433-4 Les résultats des mesurages sont communiqués au médecin du travail en vue de leur conservation avec le dossier médical des travailleurs exposés.

Ils sont tenus à la disposition des membres du *(Décr. n° 2017-1819 du 29 déc. 2017, art. 3)* « comité social et économique ».

Ils sont également tenus, sur leur demande, à la disposition de l'inspection du travail ou des agents des services de prévention des organismes de sécurité sociale et des organismes professionnels de santé, de sécurité et des conditions de travail mentionnés à l'article L. 4643-1.

Art. R. 4433-5 Lorsqu'il procède à l'évaluation des risques, l'employeur prend en considération les éléments suivants :

1° Le niveau, le type et la durée d'exposition, y compris toute exposition au bruit impulsif ;
2° Les valeurs limites d'exposition et les valeurs d'exposition déclenchant l'action de prévention fixées au chapitre I ;
3° Toute incidence sur la santé et la sécurité des travailleurs particulièrement sensibles à ce risque, notamment les femmes enceintes ;
4° Compte tenu de l'état des connaissances scientifiques et dans la mesure où cela est techniquement réalisable, toute incidence sur la santé et la sécurité des travailleurs résultant d'interactions entre le bruit et des substances toxiques pour l'ouïe d'origine professionnelle et entre le bruit et les vibrations ;
5° Toute incidence indirecte sur la santé et la sécurité des travailleurs résultant d'interactions entre le bruit et les signaux d'alarme ou d'autres sons qu'il importe d'observer afin de réduire le risque d'accidents ;
6° Les renseignements sur les émissions sonores, fournis par les fabricants d'équipements de travail, en application des règles techniques de conception mentionnées à l'article R. 4312-1 ;
7° L'existence d'équipements de travail permettant de réduire les émissions sonores et susceptibles d'être utilisés en remplacement des équipements existants ;
8° La prolongation de l'exposition au bruit au-delà des heures de travail, dans des lieux placés sous la responsabilité de l'employeur ;
9° Les conclusions du médecin du travail concernant la surveillance de la santé des travailleurs ;
10° La mise à disposition de protecteurs auditifs individuels ayant des caractéristiques adéquates d'atténuation. – *[Anc. art. R. 231-128-II.]*

Art. R. 4433-6 Lorsque les résultats de l'évaluation des risques mettent en évidence des risques pour la santé ou la sécurité des travailleurs, l'employeur détermine les mesures à prendre conformément aux articles R. 4432-3 et R. 4434-6, ainsi qu'aux dispositions des chapitres IV et V.

L'employeur consulte à cet effet le *(Décr. n° 2017-1819 du 29 déc. 2017, art. 3)* « comité social et économique ».

Art. R. 4433-7 Un arrêté conjoint des ministres chargés du travail et de l'agriculture précise les conditions du mesurage des niveaux de bruit. – *[Anc. art. R. 231-128-I, al. 8.]*

V. *Arr. du 11 déc. 2015 relatif au mode de calcul des paramètres physiques indicateurs du risque d'exposition au bruit et aux conditions de mesurage des niveaux de bruit en milieu de travail, NOR : ETST1514140A (JO 31 déc.).*

CHAPITRE IV MESURES ET MOYENS DE PRÉVENTION

SECTION 1 Prévention collective

Art. R. 4434-1 La réduction des risques d'exposition au bruit se fonde sur, notamment :

1° La mise en œuvre d'autres procédés de travail ne nécessitant pas d'exposition au bruit ou nécessitant une exposition moindre ;
2° Le choix d'équipements de travail appropriés émettant, compte tenu du travail à accomplir, le moins de bruit possible ;
3° Dans le cas d'équipements de travail utilisés à l'extérieur des bâtiments, la possibilité de mettre à la disposition des travailleurs des matériels conformes aux dispositions prises en application du décret n° 95-79 du 23 janvier 1995 concernant la lutte contre le bruit et relatif aux objets bruyants et aux dispositifs d'insonorisation ;
4° La modification de la conception et de l'agencement des lieux et postes de travail ;
5° L'information et la formation adéquates des travailleurs afin qu'ils utilisent correctement les équipements de travail en vue de réduire au minimum leur exposition au bruit ;

6° Des moyens techniques pour réduire le bruit aérien en agissant sur son émission, sa propagation, sa réflexion, tels que réduction à la source, écrans, capotages, correction acoustique du local ;

7° Des moyens techniques pour réduire le bruit de structure, par exemple par l'amortissement ou par l'isolation ;

8° Des programmes appropriés de maintenance des équipements de travail et du lieu de travail ;

9° La réduction de l'exposition au bruit par une meilleure organisation du travail, en limitant la durée et l'intensité de l'exposition et en organisant convenablement les horaires de travail, en prévoyant notamment des périodes de repos. – *[Anc. art. R. 231-130-I, al. 3 à 11.]*

Art. R. 4434-2 Lorsque les valeurs d'exposition supérieures, définies au 2° de l'article R. 4431-2, sont dépassées, l'employeur établit et met en œuvre un programme de mesures techniques ou d'organisation du travail visant à réduire l'exposition au bruit, en prenant en considération, notamment, les mesures mentionnées à l'article R. 4434-1. – *[Anc. art. R. 231-130, II.]*

Art. R. 4434-3 Les lieux de travail où les travailleurs sont susceptibles d'être exposés à un bruit dépassant les valeurs d'exposition supérieures, définies au 2° de l'article R. 4431-2, font l'objet d'une signalisation appropriée.

Ces lieux sont délimités et font l'objet d'une limitation d'accès lorsque cela est techniquement faisable et que le risque d'exposition le justifie. – *[Anc. art. R. 231-130, III.]*

Art. R. 4434-4 Lorsque la nature de l'activité conduit à faire bénéficier les travailleurs de l'usage de locaux de repos placés sous la responsabilité de l'employeur, le bruit dans ces locaux est réduit à un niveau compatible avec leur fonction et leurs conditions d'utilisation. – *[Anc. art. R. 231-130, IV.]*

Art. R. 4434-5 En liaison avec le médecin du travail, l'employeur adapte les mesures de prévention prévues au présent chapitre aux besoins des travailleurs particulièrement sensibles aux risques résultant de l'exposition au bruit. – *[Anc. art. R. 231-130, V.]*

Art. R. 4434-6 Lorsqu'en dépit des mesures de prévention mises en œuvre en application du présent chapitre, des expositions dépassant les valeurs limites d'exposition sont constatées, l'employeur :

1° Prend immédiatement des mesures pour réduire l'exposition à un niveau inférieur à ces valeurs limites ;

2° Détermine les causes de l'exposition excessive et adapte les mesures de protection et de prévention en vue d'éviter tout renouvellement. – *[Anc. art. R. 231-132, II.]*

SECTION 2 Protection individuelle

Art. R. 4434-7 En cas d'impossibilité d'éviter les risques dus à l'exposition au bruit par d'autres moyens, des protecteurs auditifs individuels, appropriés et correctement adaptés, sont mis à la disposition des travailleurs dans les conditions suivantes :

1° Lorsque l'exposition au bruit dépasse les valeurs d'exposition inférieures définies au 3° de l'article R. 4431-2, l'employeur met des protecteurs auditifs individuels à la disposition des travailleurs ;

2° Lorsque l'exposition au bruit égale ou dépasse les valeurs d'exposition supérieures définies au 2° l'article R. 4431-2, l'employeur veille à ce que les protecteurs auditifs individuels soient effectivement utilisés. – *[Anc. art. R. 231-131, I, al. 1er à 3.]*

Art. R. 4434-8 Les protecteurs auditifs individuels sont choisis de façon à éliminer le risque pour l'ouïe ou à le réduire le plus possible.

Ils sont choisis après avis des travailleurs intéressés, du médecin du travail et, éventuellement, des agents des services de prévention des organismes de sécurité sociale et des organismes de santé, de sécurité et des conditions de travail mentionnés à l'article L. 4643-1. – *[Anc. art. R. 231-131, I, al. 4, et II.]*

Art. R. 4434-9 L'employeur vérifie l'efficacité des mesures prises en application du présent chapitre. – *[Anc. art. R. 231-131, III.]*

SANTÉ ET SÉCURITÉ AU TRAVAIL **Art. R. 4436-1**

Art. R. 4434-10 L'employeur conserve les références des types et modèles de protecteurs auditifs individuels affectés aux travailleurs en vue d'en assurer un remplacement adéquat lorsqu'ils sont usagés. — *[Anc. art. R. 231-131, IV.]*

CHAPITRE V SUIVI INDIVIDUEL DE L'ÉTAT DE SANTÉ *(Décr. n° 2016-1908 du 27 déc. 2016, art. 12, en vigueur le 1er janv. 2017).*

Art. R. 4435-1 *Abrogé par Décr. n° 2012-135 du 30 janv. 2012, art. 2-1° et 3.*

Art. R. 4435-2 Un travailleur dont l'exposition au bruit dépasse les valeurs d'exposition inférieures définies au 3° de l'article R. 4431-2 bénéficie, à sa demande ou à celle du médecin du travail *(Décr. n° 2016-1908 du 27 déc. 2016, art. 12, en vigueur le 1er janv. 2017)* « dans les conditions prévues aux articles R. 4624-35 à R. 4624-38 », d'un examen audiométrique préventif. Cet examen a pour objectif le diagnostic précoce de toute perte auditive due au bruit et la préservation de la fonction auditive, lorsque l'évaluation et les mesurages prévus à l'article R. 4433-1 révèlent un risque pour la santé du travailleur.

Art. R. 4435-3 Lorsque la surveillance de la fonction auditive fait apparaître qu'un travailleur souffre d'une altération identifiable de l'ouïe, le médecin du travail apprécie le lien entre cette altération et une exposition au bruit sur le lieu de travail.
Le travailleur est informé par le médecin du travail du résultat et de l'interprétation des examens médicaux dont il a bénéficié. — *[Anc. art. R. 231-134-IV, al. 1er.]*

Art. R. 4435-4 Lorsqu'une altération de l'ouïe est susceptible de résulter d'une exposition au bruit sur le lieu de travail, l'employeur :
1° Revoit en conséquence l'évaluation des risques, réalisée conformément au chapitre III ;
2° Complète ou modifie les mesures prévues pour supprimer ou réduire les risques conformément aux chapitres IV et V ;
3° Tient compte de l'avis du médecin du travail pour la mise en œuvre de toute mesure jugée nécessaire pour supprimer ou réduire les risques conformément aux chapitres IV et V, y compris l'éventuelle affectation du travailleur à un autre poste ne comportant plus de risque d'exposition.
Dans ce cas, le médecin du travail détermine la pertinence et la nature des examens éventuellement nécessaires pour les autres travailleurs ayant subi une exposition semblable. — *[Anc. art. R. 231-134-IV, al. 2 à 6.]*

Art. R. 4435-5 *Abrogé par Décr. n° 2016-1908 du 27 déc. 2016, art. 12.*

CHAPITRE VI INFORMATION ET FORMATION DES TRAVAILLEURS

Art. R. 4436-1 Lorsque l'évaluation des risques fait apparaître que des travailleurs sont exposés sur leur lieu de travail à un niveau sonore égal ou supérieur aux valeurs d'exposition inférieures, définies au 3° de l'article R. 4431-2, l'employeur veille à ce que ces travailleurs reçoivent des informations et une formation en rapport avec les résultats de l'évaluation des risques et avec le concours du service de santé au travail.
Ces informations et cette formation portent, notamment, sur :
1° La nature de ce type de risque ;
2° Les mesures prises en application des chapitres IV et V, et, en cas de dépassement des valeurs limites d'exposition, de l'article R. 4434-6 en vue de supprimer ou de réduire au minimum les risques résultant de l'exposition au bruit, y compris les circonstances dans lesquelles les mesures s'appliquent ;
3° Les valeurs limites d'exposition et les valeurs d'exposition déclenchant l'action de prévention fixées au chapitre I ;
4° Les résultats des évaluations et des mesurages du bruit réalisés en application du chapitre III, accompagnés d'une explication relative à leur signification et aux risques potentiels ;
5° L'utilisation correcte des protecteurs auditifs individuels ;
6° L'utilité et la façon de dépister et de signaler des symptômes d'altération de l'ouïe ;

7° Les conditions dans lesquelles les travailleurs ont droit à (*Décr. n° 2016-1908 du 27 déc. 2016, art. 12, en vigueur le 1ᵉʳ janv. 2017*) « un suivi individuel de leur état de santé » ;

8° Les pratiques professionnelles sûres, afin de réduire au minimum l'exposition au bruit. – [*Anc. art. R. 231-133.*]

CHAPITRE VII DISPOSITIONS DÉROGATOIRES

Art. R. 4437-1 Dans des cas exceptionnels où, en raison de la nature du travail et en l'absence d'alternative technique, l'utilisation permanente des protecteurs auditifs individuels est susceptible d'entraîner un risque plus grand pour la santé ou la sécurité que leur non-utilisation, l'inspecteur du travail peut accorder des dérogations aux dispositions de l'article R. 4432-3 et des 1° et 2° de l'article R. 4434-7. – [*Anc. art. R. 231-135, al. 1ᵉʳ.*]

En application de l'art. L. 231-5 CRPA, et par exception à l'application du délai de deux mois prévu à l'art. L. 231-1 du même code, le silence gardé par l'administration pendant deux mois vaut décision de rejet pour une demande de dérogation aux règles d'utilisation des protecteurs auditifs individuels (Décr. n° 2014-1291 du 23 oct. 2014, art. 1ᵉʳ).

Art. R. 4437-2 L'employeur précise, dans la demande de dérogation adressée à l'inspecteur du travail, les circonstances qui justifient cette dérogation et la transmet avec l'avis du (*Décr. n° 2017-1819 du 29 déc. 2017, art. 3*) « comité social et économique » ainsi que celui du médecin du travail.

Art. R. 4437-3 La dérogation de l'inspecteur du travail est assortie de conditions garantissant, compte tenu des circonstances particulières, que les risques qui en résultent sont réduits au minimum.

Les travailleurs intéressés font l'objet d'un contrôle audiométrique périodique. – [*Anc. art. R. 231-135, al. 3.*]

Art. R. 4437-4 La dérogation accordée par l'inspecteur du travail est d'une durée d'un an, renouvelable.

Elle est retirée dès que les circonstances qui l'ont justifiée disparaissent. – [*Anc. art. R. 231-135, al. 4.*]

TITRE IV PRÉVENTION DES RISQUES D'EXPOSITION AUX VIBRATIONS MÉCANIQUES

CHAPITRE I DISPOSITIONS GÉNÉRALES

Art. R. 4441-1 Au sens du présent titre, on entend par :

1° Vibration transmise aux mains et aux bras, une vibration mécanique qui, lorsqu'elle est transmise aux mains et aux bras chez l'homme, entraîne des risques pour la santé et la sécurité des travailleurs, notamment des troubles vasculaires, des lésions ostéo-articulaires ou des troubles neurologiques ou musculaires ;

2° Vibration transmise à l'ensemble du corps, une vibration mécanique qui, lorsqu'elle est transmise à l'ensemble du corps, entraîne des risques pour la santé et la sécurité des travailleurs, notamment des lombalgies et des microtraumatismes de la colonne vertébrale. – [*Anc. art. R. 231-118-I.*]

Art. R. 4441-2 Les paramètres physiques caractérisant l'exposition aux vibrations mécaniques sont définis comme la valeur d'exposition journalière aux vibrations rapportée à une période de référence de huit heures.

Un arrêté conjoint des ministres chargés du travail et de l'agriculture précise le mode de détermination de ces paramètres physiques. – [*Anc. art. R. 231-118-II.*]

CHAPITRE II PRINCIPES DE PRÉVENTION

Art. R. 4442-1 L'employeur prend des mesures de prévention visant à supprimer ou à réduire au minimum les risques résultant de l'exposition aux vibrations mécaniques, en tenant compte du progrès technique et de l'existence de mesures de maîtrise du risque à la source. – [*Anc. art. R. 231-122-I, al. 1ᵉʳ.*]

SANTÉ ET SÉCURITÉ AU TRAVAIL

Art. R. 4442-2 La réduction des risques d'exposition aux vibrations mécaniques se fonde sur les principes généraux de prévention prévus à l'article L. 4121-2. — *[Anc. art. R. 231-122-I, al. 2.]*

CHAPITRE III VALEURS LIMITES D'EXPOSITION

Art. R. 4443-1 L'exposition journalière d'un travailleur aux vibrations mécaniques, rapportée à une période de référence de huit heures, ne peut dépasser les valeurs limites d'exposition suivantes :
1° 5 m/s² pour les vibrations transmises aux mains et aux bras ;
2° 1,15 m/s² pour les vibrations transmises à l'ensemble du corps. — *[Anc. art. R. 231-119-I et anc. art. R. 231-122-III, al. 1ᵉʳ.]*

Art. R. 4443-2 La valeur d'exposition journalière rapportée à une période de référence de huit heures déclenchant l'action de prévention prévue à l'article R. 4445-1 et à l'article R. 4446-1 est fixée à :
1° 2,5 m/s² pour les vibrations transmises aux mains et aux bras ;
2° 0,5 m/s² pour les vibrations transmises à l'ensemble du corps. — *[Anc. art. R. 231-119-II.]*

CHAPITRE IV ÉVALUATION DES RISQUES

Art. R. 4444-1 L'employeur évalue et, si nécessaire, mesure les niveaux de vibrations mécaniques auxquels les travailleurs sont exposés.
Cette évaluation et ce mesurage ont pour but de déterminer les paramètres physiques définis à l'article R. 4441-2 et d'apprécier si, dans une situation donnée, les valeurs d'exposition fixées au chapitre III sont dépassées. — *[Anc. art. R. 231-120-I, al. 1ᵉʳ et 2.]*

Art. R. 4444-2 L'évaluation des niveaux de vibrations mécaniques et, si nécessaire, le mesurage sont planifiés et réalisés par des personnes compétentes à des intervalles appropriés avec le concours, le cas échéant, du service de santé au travail. — *[Anc. art. R. 231-120-I, al. 3.]*

Art. R. 4444-3 Les résultats de l'évaluation des niveaux de vibrations mécaniques ou du mesurage sont conservés sous une forme susceptible d'en permettre la consultation pendant une durée de dix ans. — *[Anc. art. R. 231-120-I, al. 4.]*

Art. R. 4444-4 Les résultats de l'évaluation des niveaux de vibrations mécaniques ou du mesurage sont tenus à la disposition des membres du *(Décr. nº 2017-1819 du 29 déc. 2017, art. 3)* « comité social et économique » ainsi que du médecin du travail.
Ils sont également tenus, sur leur demande, à la disposition de l'inspection du travail, des agents des services de prévention des organismes de sécurité sociale et des agents des organismes de santé, de sécurité et des conditions de travail mentionnés à l'article L. 4643-1.

Art. R. 4444-5 Lorsqu'il procède à l'évaluation des risques, l'employeur prend en considération :
1° Le niveau, le type et la durée d'exposition, y compris l'exposition à des vibrations intermittentes ou à des chocs répétés ;
2° Les valeurs limites d'exposition ou les valeurs d'exposition déclenchant l'action de prévention fixées à l'article R. 4443-2 ;
3° Toute incidence sur la santé et la sécurité des travailleurs particulièrement sensibles à ce risque, notamment les femmes enceintes et les jeunes travailleurs de moins de 18 ans ;
4° Toute incidence indirecte sur la sécurité des travailleurs résultant d'interactions entre les vibrations mécaniques et le lieu de travail ou d'autres équipements, notamment lorsque les vibrations mécaniques gênent la manipulation correcte des commandes ou la bonne lecture des appareils indicateurs, ou nuisent à la stabilité des structures ;
5° Les renseignements sur les émissions vibratoires, fournis par les fabricants des équipements de travail, en application des règles techniques de conception auxquels ils sont soumis ;

6° L'existence d'équipements de travail permettant de réduire les niveaux d'exposition aux vibrations mécaniques et susceptibles d'être utilisés en remplacement ;
7° La prolongation de l'exposition à des vibrations transmises à l'ensemble du corps au-delà des heures de travail, par exemple lorsque la nature de l'activité amène un travailleur à utiliser des locaux de repos exposés aux vibrations, sous la responsabilité de l'employeur ;
8° Des conditions de travail particulières, comme les basses températures ;
9° Les conclusions tirées par le médecin du travail de la surveillance de la santé des travailleurs. — [Anc. art. R. 231-120-II.]

Art. R. 4444-6 Lorsque les résultats de l'évaluation des risques mettent en évidence des risques pour la santé ou la sécurité des travailleurs dus aux vibrations mécaniques, l'employeur met en œuvre les mesures prévues aux chapitres II, III et VII ainsi que, sous réserve des prérogatives du médecin du travail, au chapitre VI. — [Anc. art. R. 231-120-III.]

Art. R. 4444-7 Un arrêté des ministres chargés du travail et de l'agriculture précise les conditions de l'évaluation des niveaux de vibrations mécaniques et du mesurage. — [Anc. art. R. 231-120-I, al. 7.]

CHAPITRE V MESURES ET MOYENS DE PRÉVENTION

Art. R. 4445-1 Lorsque les valeurs d'exposition journalière déclenchant l'action de prévention fixées à l'article R. 4443-2 sont dépassées, l'employeur établit et met en œuvre un programme de mesures techniques ou organisationnelles visant à réduire au minimum l'exposition aux vibrations mécaniques et les risques qui en résultent, en prenant en considération notamment, les mesures mentionnées à l'article R. 4445-2. — [Anc. art. R. 231-122-II, al. 1er.]

Art. R. 4445-2 La réduction des risques d'exposition aux vibrations mécaniques se fonde sur, notamment :
1° La mise en œuvre d'autres procédés de travail permettant de réduire les valeurs d'exposition journalière aux vibrations mécaniques ;
2° Le choix d'équipements de travail appropriés, bien conçus sur le plan ergonomique et produisant, compte tenu du travail à accomplir, le moins de vibrations possible ;
3° La fourniture d'équipements auxiliaires réduisant les risques de lésions dues à des vibrations, tels que des sièges atténuant efficacement les vibrations transmises à l'ensemble du corps ou des poignées atténuant efficacement les vibrations transmises aux mains et aux bras ;
4° Des programmes appropriés de maintenance des équipements de travail et du lieu de travail ;
5° La modification de la conception et de l'agencement des lieux et postes de travail ;
6° L'information et la formation adéquates des travailleurs afin qu'ils utilisent correctement et de manière sûre les équipements de travail, de façon à réduire au minimum leur exposition à des vibrations mécaniques ;
7° La limitation de la durée et de l'intensité de l'exposition ;
8° L'organisation différente des horaires de travail, prévoyant notamment des périodes de repos ;
9° La fourniture aux travailleurs exposés de vêtements les maintenant à l'abri du froid et de l'humidité. — [Anc. art. R. 231-122-II, al. 2 à 11.]

Art. R. 4445-3 Les équipements de protection individuelle contre les effets nuisibles des vibrations mécaniques sont tels qu'ils réduisent les vibrations en dessous des niveaux portant atteinte à la santé et à la sécurité. — [Anc. art. R. 233-1-3, al. 4 et 5.]

Art. R. 4445-4 Lorsque la nature de l'activité conduit à faire bénéficier les travailleurs de locaux de repos placés sous la responsabilité de l'employeur et exposés aux vibrations, sauf cas de force majeure, l'exposition de l'ensemble du corps aux vibrations dans ces locaux demeure à un niveau compatible avec leur fonction et conditions d'utilisation. — [Anc. art. R. 231-122-IV.]

SANTÉ ET SÉCURITÉ AU TRAVAIL

Art. R. 4445-5 En liaison avec le médecin du travail, l'employeur adapte les mesures de prévention prévues au présent chapitre aux besoins des travailleurs particulièrement sensibles aux risques résultant de l'exposition aux vibrations. – *[Anc. art. R. 231-122-V.]*

Art. R. 4445-6 Lorsqu'en dépit des mesures mises en œuvre en application du présent chapitre, les valeurs limites d'exposition ont été dépassées, l'employeur :
1° Prend immédiatement des mesures pour ramener l'exposition au-dessous de celles-ci ;
2° Détermine les causes du dépassement des valeurs limites d'exposition et adapte les mesures de protection et de prévention en vue d'éviter un nouveau dépassement. – *[Anc. art. R. 231-122-III, al. 2 et 3.]*

CHAPITRE VI SUIVI INDIVIDUEL DE L'ÉTAT DE SANTÉ *(Décr. n° 2016-1908 du 27 déc. 2016, art. 13, en vigueur le 1er janv. 2017).*

Art. R. 4446-1 *Abrogé par Décr. n° 2012-135 du 30 janv. 2012, art. 2-1° et 3.*

Art. R. 4446-2 Lorsqu'un travailleur est atteint d'une maladie ou d'une affection identifiable, considérée par le médecin du travail comme résultant d'une exposition à des vibrations mécaniques sur le lieu de travail, ce travailleur est informé par le médecin des résultats et de l'interprétation des examens médicaux dont il a bénéficié. – *[Anc. art. R. 231-124-II, al. 1er.]*

Art. R. 4446-3 L'employeur est informé *(Décr. n° 2016-1908 du 27 déc. 2016, art. 13, en vigueur le 1er janv. 2017)* « par le médecin du travail » de toute conclusion significative provenant *(Décr. n° 2016-1908 du 27 déc. 2016, art. 1er, en vigueur le 1er janv. 2017)* « notamment du suivi de l'état de santé du salarié exercé par le professionnel de santé mentionné au premier alinéa de l'article L. 4624-1 », dans le respect du secret médical.
L'employeur en tire toutes les conséquences utiles, et notamment :
1° Revoit l'évaluation des risques conformément au chapitre IV ;
2° Revoit les mesures prévues pour supprimer ou réduire les risques conformément au chapitre V ;
3° Tient compte de l'avis du médecin du travail pour la mise en œuvre de toute mesure jugée nécessaire pour supprimer ou réduire les risques conformément au chapitre V, y compris l'éventuelle affectation du travailleur à un autre poste ne comportant plus de risque d'exposition.

Art. R. 4446-4 Le médecin du travail détermine la pertinence et la nature des examens éventuellement nécessaires pour les travailleurs ayant subi une exposition semblable à celle d'un travailleur atteint d'une maladie ou affection susceptible de résulter d'une exposition à des vibrations. – *[Anc. art. R. 231-124-II, al. 4.]*

CHAPITRE VII INFORMATION ET FORMATION DES TRAVAILLEURS

Art. R. 4447-1 Lorsque l'évaluation des risques fait apparaître que des travailleurs sont exposés à des risques dus aux vibrations mécaniques, l'employeur veille à ce que ces travailleurs reçoivent des informations et une formation en rapport avec le résultat de l'évaluation des risques et avec le concours du service de santé au travail.
Ces informations et cette formation portent, notamment, sur :
1° Les mesures prises en application du chapitre V en vue de supprimer ou de réduire au minimum les risques résultant des vibrations mécaniques ;
2° Les résultats des évaluations et des mesurages de l'exposition aux vibrations mécaniques réalisés en application *[du]* chapitre V ;
3° Les valeurs limites d'exposition et les valeurs d'exposition déclenchant l'action de prévention ;
4° Les lésions que pourraient entraîner l'utilisation d'équipements de travail produisant des vibrations, ainsi que l'utilité et la façon de dépister et de signaler les symptômes de ces lésions ;
5° Les conditions dans lesquelles les travailleurs ont droit *(Décr. n° 2016-1908 du 27 déc. 2016, art. 13, en vigueur le 1er janv. 2017)* « au suivi individuel de leur état de santé » ;

6° Les pratiques professionnelles sûres permettant de réduire au minimum les risques dus à l'exposition à des vibrations mécaniques.

TITRE V PRÉVENTION DES RISQUES D'EXPOSITION AUX RAYONNEMENTS (Décr. n° 2010-750 du 2 juill. 2010).

CHAPITRE I

(Décr. n° 2018-437 du 4 juin 2018, art. 1ᵉʳ)

V. Instr. n° DGT/ASN/2018/229 du 2 oct. 2018 relative à la prévention des risques d'exposition aux rayonnements ionisants.

SECTION 1 Champ d'application

Art. R. 4451-1 Les dispositions du présent chapitre s'appliquent dès lors que les travailleurs, y compris les travailleurs indépendants, sont susceptibles d'être exposés à un risque dû aux rayonnements ionisants d'origine naturelle ou artificielle.

Elles s'appliquent notamment :
1° A la fabrication, à la production, au traitement, à la manipulation, au stockage, à l'utilisation, à l'entreposage, à la détention, au transport de substances radioactives mentionnées à l'article L. 542-1-1 du code de l'environnement et des produits ou dispositifs en contenant ;
2° A la fabrication et à l'exploitation d'équipements électriques émettant des rayonnements ionisants et contenant des composants fonctionnant sous une différence de potentiel supérieure à 5 kilovolts ;
3° Aux activités humaines impliquant la présence de sources naturelles de rayonnements ionisants qui entraînent une augmentation notable de l'exposition des travailleurs, et en particulier :
a) A l'exploitation d'aéronefs en ce qui concerne l'exposition des équipages définis à l'article L. 6522-1 du code des transports ainsi que d'engins spatiaux, en ce qui concerne leur équipage ;
b) Aux activités ou catégories d'activités professionnelles traitant des matières contenant naturellement des substances radioactives non utilisées pour leur propriété fissile dont la liste est fixée à l'article *(Décr. n° 2021-1091 du 18 août 2021, art. 1ᵉʳ)* « D. 515-111 » du code de l'environnement ;
c) Aux activités exercées dans les mines telles que définies à l'article L. 111-1 du code minier ;
(Décr. n° 2021-1091 du 18 août 2021, art. 1ᵉʳ) « 4° Aux situations d'exposition au radon provenant du sol :
« *a)* Dans les lieux de travail situés en sous-sol et rez-de-chaussée de bâtiments en tenant compte des zones mentionnées à l'article L. 1333-22 du code de la santé publique ;
« *b)* Dans certains lieux de travail spécifiques notamment ceux où sont réalisés des travaux souterrains, y compris des mines et des carrières ; »
5° Aux situations d'urgence radiologique définies à l'article L. 1333-3 du code de la santé publique ;
6° Aux situations d'exposition durable résultant des suites d'une situation d'urgence ou d'une activité humaine antérieure.

Art. R. 4451-2 Les dispositions du présent chapitre ne s'appliquent pas :
1° Aux expositions résultant de l'exposition à un niveau naturel de rayonnements dû :
a) A des radionucléides contenus dans l'organisme humain ;
b) Au rayonnement cosmique régnant au niveau du sol ;
c) Aux radionucléides présents dans la croûte terrestre non perturbée ;
2° Aux expositions subies par les travailleurs du fait des examens médicaux auxquels ils sont soumis ;
3° A l'exposition des travailleurs autres que les équipages aériens ou spatiaux, au rayonnement cosmique au cours d'un vol aérien ou spatial.

SANTÉ ET SÉCURITÉ AU TRAVAIL **Art. R. 4451-7** 2401

Art. R. 4451-3 Pour l'application du présent chapitre, on entend par :
1° Conseiller en radioprotection : la personne désignée par l'employeur pour le conseiller en matière de radioprotection des travailleurs mentionnée à l'article L. 4451-2 ;
2° Extrémités : les mains, les avant-bras, les pieds et les chevilles ;
3° Installation nucléaire de base : l'installation nucléaire de base définie à l'article L. 593-2 du code de l'environnement. Pour l'application du présent chapitre, les installations nucléaires de base secrètes définies au 1° de l'article L. 1333-15 du code de la défense sont regardées comme une installation nucléaire de base ;
4° Niveau de référence : le niveau de la dose efficace, de la dose équivalente ou de la concentration d'activité au-dessus duquel, dans une situation d'exposition au radon ou dans une situation d'urgence radiologique, il est jugé inapproprié de permettre la survenance d'expositions de travailleurs aux rayonnements ionisants, même s'il ne s'agit pas d'une limite ne pouvant pas être dépassée ;
5° Contrainte de dose : une restriction définie par l'employeur à titre prospectif, en termes de dose individuelle, utilisée pour définir les options envisagées à des fins d'optimisation de la protection des travailleurs ;
(Décr. n° 2023-489 du 21 juin 2023, art. 1er) « 6° Dosimètre opérationnel : dispositif électronique de mesure en temps réel de l'équivalent de dose et de son débit, muni d'alarmes paramétrables ;
« 7° Appareil de radiologie industrielle : équipement de travail émettant des rayonnements ionisants utilisés à d'autres fins que médicale[s]. »

Art. R. 4451-4 (Décr. n° 2021-1091 du 18 août 2021, art. 1er) Un arrêté conjoint des ministres chargés du travail, des mines, de l'environnement et de l'agriculture fixe la liste des lieux de travail spécifiques mentionnés au b du 4° de l'article R. 4451-1, ainsi que les modalités particulières d'application des articles R. 4451-14, R. 4451-15, R. 4451-18, R. 4451-22, R. 4451-24, R. 4451-44 et R. 4451-53 dans ces lieux. – V. Arr. du 30 juin 2021, NOR : MTRT2118000A (JO 11 août).

SECTION 2 Principes de prévention

Art. R. 4451-5 Conformément aux principes généraux de prévention énoncés à l'article L. 4121-2 du présent code et aux principes généraux de radioprotection des personnes (Décr. n° 2021-1091 du 18 août 2021, art. 1er) « énoncés » aux articles L. 1333-2 et L. 1333-3 du code de la santé publique, l'employeur prend des mesures de prévention visant à supprimer ou à réduire au minimum les risques résultant de l'exposition aux rayonnements ionisants, en tenant compte du progrès technique et de la disponibilité de mesures de maîtrise du risque à la source.

SECTION 3 Valeurs limites et niveau de référence

SOUS-SECTION 1 Valeurs limites d'exposition

Art. R. 4451-6 L'exposition d'un travailleur aux rayonnements ionisants ne dépasse pas :
1° Pour l'organisme entier, la valeur limite d'exposition de 20 millisieverts sur douze mois consécutifs, évaluée à partir de la dose efficace ;
2° Pour les organes ou les tissus, les valeurs limites d'exposition, évaluées à partir des doses équivalentes correspondantes, suivantes :
a) 500 millisieverts sur douze mois consécutifs, pour les extrémités et la peau. Pour la peau, cette limite s'applique à la dose moyenne sur toute surface de 1 cm^2, quelle que soit la surface exposée ;
b) 20 millisieverts sur douze mois consécutifs, pour le cristallin.

La valeur limite de dose fixée pour le cristallin au 2° de l'art. R. 4451-6 entre en vigueur le 1er juill. 2023. Du 1er juill. 2018 au 30 juin 2023, la valeur limite cumulée pour le cristallin est fixée à 100 millisieverts, pour autant que la dose reçue au cours d'une année ne dépasse pas 50 millisieverts (Décr. n° 2018-437 du 4 juin 2018, art. 7).

Art. R. 4451-7 En cas de grossesse, l'exposition de l'enfant à naître, pendant le temps qui s'écoule entre la déclaration de la grossesse et le moment de l'accouchement, est maintenue aussi faible que raisonnablement possible et, en tout état de cause, la dose équivalente reçue par l'enfant demeure inférieure à 1 millisievert.

Art. R. 4451-8 L'exposition des jeunes âgés de (*Décr. n° 2021-1091 du 18 août 2021, art. 1er*) « seize » ans au moins et de moins de dix-huit ans aux rayonnements ionisants ne dépasse pas :
1° Pour l'organisme entier, 6 millisieverts sur 12 mois consécutifs, évaluée à partir de la dose efficace :
2° Pour les organes ou les tissus, évalués à partir des doses équivalentes correspondantes, suivantes :
a) 150 millisieverts sur 12 mois consécutifs, pour les extrémités et la peau. Pour la peau, cette limite s'applique à la dose moyenne sur toute surface de 1 cm^2, quelle que soit la surface exposée ;
b) 15 millisieverts sur 12 mois consécutifs, pour le cristallin.

Art. R. 4451-9 En situation d'urgence radiologique, la dose efficace totalisée sur la vie entière d'un travailleur intervenant ne dépasse en aucun cas 1 sievert.

SOUS-SECTION 2 **Niveau de référence**

Art. R. 4451-10 Le niveau de référence de la concentration d'activité du radon dans l'air est de 300 becquerels par mètre cube en moyenne annuelle.

Art. R. 4451-11 I. — En situation d'urgence radiologique, le niveau de référence est fixé à 100 millisieverts pour la dose efficace susceptible d'être reçue par un travailleur intervenant dans une telle situation.
II. — Dans des situations exceptionnelles, pour sauver des vies, empêcher de graves effets sanitaires radio-induits ou empêcher l'apparition de situations catastrophiques, le niveau de référence en situation d'urgence radiologique est fixé à 500 millisieverts, pour une dose efficace résultant d'une exposition externe.

SOUS-SECTION 3 **Méthode de calcul des doses**

Art. R. 4451-12 Les calculs de la dose efficace et des doses équivalentes sont réalisés selon les méthodes définies par l'arrêté pris en application de l'article R. 1333-24 du code de la santé publique.

SECTION 4 **Évaluation des risques**

Art. R. 4451-13 L'employeur évalue les risques résultant de l'exposition des travailleurs aux rayonnements ionisants en sollicitant le concours du salarié mentionné au I de l'article L. 4644-1 ou, s'il l'a déjà désigné, du conseiller en radioprotection.
Cette évaluation a notamment pour objectif :
1° D'identifier parmi les valeurs limites d'exposition fixées aux articles R. 4451-6, R. 4451-7 et R. 4451-8, celles pertinentes au regard de la situation de travail ;
2° De constater si, dans une situation donnée, le niveau de référence pour le radon fixé à l'article R. 4451-10 est susceptible d'être dépassé ;
3° De déterminer, lorsque le risque ne peut être négligé du point de vue de la radioprotection, les mesures et moyens de prévention définis à la section 5 du présent chapitre devant être mises en œuvre ;
4° De déterminer les conditions d'emploi des travailleurs définies à la section 7 du présent chapitre.

Art. R. 4451-14 Lorsqu'il procède à l'évaluation des risques, l'employeur prend notamment en considération :
1° L'inventaire des sources de rayonnements ionisants prévu à l'article R. 1333-158 du code de la santé publique ;
2° La nature des sources de rayonnements ionisants, le type de rayonnement ainsi que le niveau, la durée de l'exposition et, le cas échéant, les modes de dispersion éventuelle et d'incorporation des radionucléides ;
3° Les informations sur les niveaux d'émission communiquées par le fournisseur ou le fabriquant [*fabricant*] de sources de rayonnements ionisants ;

4° Les informations sur la nature et les niveaux d'émission de rayonnement cosmique régnant aux altitudes de vol des aéronefs et des engins spatiaux ;

5° Les valeurs limites d'exposition fixées aux articles R. 4451-6, R. 4451-7 et R. 4451-8 ;

6° Le niveau de référence pour le radon fixé à l'article R. 4451-10 ainsi que le potentiel radon des zones mentionnées à l'article R. 1333-29 du code de la santé publique et le résultat d'éventuelles mesures de la concentration d'activité de radon dans l'air déjà réalisées ;

7° Les exemptions des procédures d'autorisation, d'enregistrement ou de déclaration prévues à l'article R. 1333-106 du code de la santé publique ;

8° L'existence d'équipements de protection collective, (*Décr. n° 2021-1091 du 18 août 2021, art. 1er*) « notamment de moyens de protection biologique, d'installations de ventilation ou de captage, » permettant de réduire le niveau d'exposition aux rayonnements ionisants ou susceptibles d'être utilisés en remplacement des équipements existants ;

(*Abrogé par Décr. n° 2021-1091 du 18 août 2021, art. 1er*) « *9° L'existence de moyens de protection biologique, d'installations de ventilation ou de captage permettant de réduire le niveau d'exposition aux rayonnements ionisants ;* »

9° Les incidents raisonnablement prévisibles inhérents au procédé de travail ou du travail effectué ;

10° Les informations fournies par les professionnels de santé mentionnés au premier alinéa de l'article L. 4624-1 concernant le suivi de l'état de santé des travailleurs pour ce type d'exposition ;

11° Toute incidence sur la santé et la sécurité des femmes enceintes et des enfants à naître ou des femmes qui allaitent et des travailleurs de moins de 18 ans ;

12° L'interaction avec les autres risques d'origine physique, chimique, biologique ou organisationnelle du poste de travail ;

13° La possibilité que l'activité de l'entreprise soit concernée par les dispositions de la section 12 du présent chapitre ;

14° Les informations communiquées par le représentant de l'État sur le risque encouru par la population et sur les actions mises en œuvre pour assurer la gestion des territoires contaminés dans le cas d'une situation d'exposition durable mentionnée au 6° de l'article R. 4451-1.

Art. R. 4451-15 I. – L'employeur procède à des mesurages sur le lieu de travail lorsque les résultats de l'évaluation des risques mettent en évidence que l'exposition est susceptible d'atteindre ou de dépasser l'un des niveaux suivants :

1° Pour l'organisme entier : 1 millisievert par an ;

2° Pour le cristallin : 15 millisieverts par an ;

3° Pour les extrémités et la peau : 50 millisieverts par an ;

4° Pour la concentration d'activité du radon dans l'air pour les activités professionnelles mentionnées au 4° de l'article R. 4451-1 : 300 becquerels par mètre cube en moyenne annuelle.

II. – Ces mesurages visent à évaluer :

1° Le niveau d'exposition externe ;

2° Le cas échéant, le niveau de la concentration de l'activité radioactive dans l'air ou la contamination surfacique.

Art. R. 4451-16 Les résultats de l'évaluation des risques sont consignés dans le document unique d'évaluation des risques prévu à l'article R. 4121-1.

Les résultats de l'évaluation et des mesurages prévus à l'article R. 4451-15 sont conservés sous une forme susceptible d'en permettre la consultation pour une période d'au moins dix ans.

Art. R. 4451-17 I. – L'employeur communique les résultats de l'évaluation des risques et des mesurages aux professionnels de santé mentionnés au premier alinéa de l'article L. 4624-1 et au comité social et économique, en particulier lorsqu'ils sont mis à jour au titre de l'article R. 4121-2.

II. – Lorsque, en dépit des mesures de prévention mises en œuvre en application de la section 5 du présent chapitre, la concentration d'activité du radon dans l'air demeure supérieure au niveau de référence fixé à l'article R. 4451-10, l'employeur communique les résultats de ces mesurages à l'Institut de radioprotection et de sûreté nucléaire selon les modalités définies par cet Institut.

SECTION 5 Mesures et moyens de prévention

SOUS-SECTION 1 Mesures de protection collective

Art. R. 4451-18 I. – L'employeur met en œuvre les mesures de réduction des risques liés à l'exposition aux rayonnements ionisants lorsque les résultats de l'évaluation des risques mettent en évidence que l'exposition des travailleurs est susceptible d'atteindre ou de dépasser l'un des niveaux mentionnés au I de l'article R. 4451-15.

II. – Les mesures mentionnées au I se fondent notamment sur :

1° La mise en œuvre d'autres procédés de travail n'exposant pas ou entraînant une exposition moindre ;

2° Le choix d'équipements de travail appropriés et, compte tenu du travail à effectuer, émettant des niveaux de rayonnements ionisants moins intenses ;

3° La mise en œuvre de moyens techniques visant à réduire l'émission de rayonnements ionisants des équipements de travail ;

4° La modification de la conception et de l'agencement des lieux et postes de travail visant à réduire l'exposition aux rayonnements ionisants ;

5° L'amélioration de l'étanchéité du bâtiment vis-à-vis des points d'entrée du radon ou le renouvellement d'air des locaux ;

6° Le choix d'une organisation du travail visant à réduire la durée et l'intensité des expositions, notamment au moyen du contrôle des accès aux zones délimitées au titre des articles R. 4451-25 et R. 4451-29 ;

7° La maintenance des équipements de travail, y compris les dispositifs de protection et d'alarme, réalisée à une fréquence préconisée par le constructeur ou justifiée au regard de l'activité ;

8° Les résultats des vérifications de l'efficacité des moyens de prévention prévues à la section 6 du présent chapitre.

Art. R. 4451-19 Lorsque les mesures mises en œuvre en application de l'article R. 4451-18 ne permettent pas d'éviter un risque de contamination par des substances radioactives ou de mise en suspension d'aérosols ou de relâchement gazeux significatif, l'employeur met en œuvre notamment les mesures visant à :

1° En limiter les quantités sur le lieu de travail ;

2° Améliorer la propreté radiologique en mettant en œuvre des moyens techniques et organisationnels pour contenir la contamination, notamment par confinement et aspiration à la source et en adaptant la circulation des travailleurs, les flux des équipements de travail et les moyens de protection tels que définis à l'article L. 4311-2 ;

3° Déployer les mesures d'hygiène appropriées, notamment pour que les travailleurs ne mangent pas et ne boivent pas dans les lieux de travail concernés ;

4° Assurer la disponibilité d'appareils de contrôle radiologique, notamment à la sortie des lieux de travail concernés ;

5° Définir en liaison avec les professionnels de santé mentionnés au premier alinéa de l'article L. 4624-1 les procédures et moyens adaptés pour la décontamination des travailleurs ;

6° Organiser la collecte, le stockage et l'évacuation des déchets et effluents radioactifs de manière sûre pour les travailleurs.

Art. R. 4451-20 La définition des mesures de prévention collective des risques prend en compte les autres facteurs de risques professionnels identifiés sur le lieu de travail, notamment lorsque leurs effets conjugués sont de nature à aggraver les effets de l'exposition aux rayonnements ionisants.

SOUS-SECTION 2 Aménagement du lieu de travail

Art. R. 4451-21 Les dispositions de la présente sous-section ne s'appliquent pas :

1° Aux aéronefs et aux engins spatiaux ;

2° Aux opérations d'acheminement de substances radioactives réalisées à l'extérieur d'un établissement, de ses dépendances ou chantiers ;

3° En situation d'urgence radiologique et aux situations d'exposition durable résultant de cette situation.

§ 1 Délimitation et signalisation

Art. R. 4451-22 L'employeur identifie toute zone où les travailleurs sont susceptibles d'être exposés à des niveaux de rayonnements ionisants dépassant :
1° Pour l'organisme entier, évalués à partir de la dose efficace : 0,08 millisievert par mois ;
2° Pour les extrémités ou la peau, évalués à partir de la dose équivalente : 4 millisieverts par mois ;
3° Pour la concentration d'activité du radon dans l'air, évaluée en dose efficace : 6 millisieverts par an.
L'évaluation des niveaux d'exposition retenus pour identifier ces zones est réalisée en prenant en compte les aspects mentionnés *(Décr. n° 2021-1091 du 18 août 2021, art. 1ᵉʳ)* « aux 2°, 3°, 8° et 9° » de l'article R. 4451-14 en considérant le lieu de travail occupé de manière permanente.

Art. R. 4451-23 I. — Ces zones sont désignées :
1° Au titre de la dose efficace :
a) "Zone surveillée bleue", lorsqu'elle est inférieure à 1,25 millisieverts intégrée sur un mois ;
b) "Zone contrôlée verte", lorsqu'elle est inférieure à 4 millisieverts intégrée sur un mois ;
c) "Zone contrôlée jaune", lorsqu'elle est inférieure à 2 millisieverts intégrée sur une heure ;
d) "Zone contrôlée orange", lorsqu'elle est inférieure à 100 millisieverts intégrée sur une heure ;
e) "Zone contrôlée rouge", lorsqu'elle est *(Décr. n° 2023-489 du 21 juin 2023, art. 1ᵉʳ)* « égale ou » supérieure à 100 millisieverts intégrée sur une heure ;
(Décr. n° 2021-1091 du 18 août 2021, art. 1ᵉʳ) « 2° Les modalités de délimitation des zones contrôlées orange ou rouge pour les équipements de travail émettant des rayonnements ionisants à champs pulsé *[pulsés]* sont précisées par voie d'arrêté du ministre chargé du travail ; »
3° Au titre de la dose équivalente pour les extrémités et la peau, "zone d'extrémités" ;
4° Au titre de la concentration d'activité dans l'air du radon, "zone radon".
II. — La délimitation des zones définies au I est consignée dans le document unique d'évaluation des risques prévu à l'article R. 4121-1.
(Décr. n° 2023-489 du 21 juin 2023, art. 1ᵉʳ) « III. — Dans des conditions techniques définies par arrêté, les zones mentionnées au I peuvent être intermittentes lorsque l'émission de rayonnements ionisants n'est pas continue ou lorsque la concentration d'activité du radon dans l'air peut être réduite, pendant la durée de l'intervention, sous le niveau de référence fixé à l'article R. 4451-10. »

Art. R. 4451-24 I. — L'employeur délimite, par des moyens adaptés, les zones surveillée *[surveillées]*, contrôlées ou qu'il a identifiées et en limite l'accès.
L'employeur délimite une zone d'extrémités lorsque les zones surveillée *[surveillées]* et contrôlées ne permettent pas de maîtriser l'exposition des extrémités et de garantir le respect des valeurs limites d'exposition professionnelle prévues aux articles R. 4451-6 et R. 4451-8.
II. — L'employeur met en place :
1° Une signalisation spécifique et appropriée à la désignation de la zone ;
2° Une signalisation adaptée lorsque la délimitation des zones surveillée et contrôlées ne permet pas de garantir le respect de la valeur limite de dose pour le cristallin fixée aux articles R. 4451-6 et R. 4451-8.

Art. R. 4451-25 L'employeur s'assure que la délimitation des zones est toujours adaptée, notamment au regard des résultats des vérifications de l'efficacité des moyens de prévention prévues à la section 6 du présent chapitre.
Il apporte, le cas échéant, les adaptations nécessaires à la délimitation de ces zones, à leur signalisation et à leur accès.

§ 2 Signalisation des sources de rayonnements ionisants

Art. R. 4451-26 I. – Chaque source de rayonnements ionisants fait l'objet d'une signalisation spécifique et appropriée.

II. – Lorsque les conditions techniques ne permettent pas la signalisation individuelle de la source de rayonnements ionisants, un affichage comportant sa localisation et la nature du risque est prévu à chaque accès à la zone considérée.

III. – Dans les zones contrôlées orange ou rouge d'une installation nucléaire de base, lorsque les conditions techniques ne permettent pas de signaler individuellement la source de rayonnements ionisants ni de mettre en place l'affichage prévu au II, une notice d'information sur les conditions d'intervention, est délivrée à chaque travailleur devant pénétrer dans ces zones. Cette notice rappelle notamment les règles de sécurité applicables et les consignes relatives aux mesures de protection collective et individuelle.

§ 3 Dispositions spécifiques aux appareils mobiles ou portables émetteurs de rayonnements ionisants

Art. R. 4451-27 Les dispositions du présent paragraphe s'appliquent dans le cas d'un appareil mobile ou portable émetteur de rayonnements ionisants lorsque la dose efficace évaluée à 1 mètre de la source de rayonnements ionisants est supérieure à 0,0025 millisievert intégrée sur une heure.

Ces dispositions ne s'appliquent pas si l'appareil est utilisé à poste fixe ou couramment dans un même local ou en mouvement.

Art. R. 4451-28 I. – Pour les appareils mentionnés à l'article R. 4451-27, l'employeur identifie et délimite une zone d'opération telle qu'à sa périphérie, la dose efficace demeure inférieure à 0,025 millisievert, intégrée sur une heure.

II. – Lorsque l'appareil est mis en œuvre à l'intérieur d'une zone surveillée ou contrôlée, déjà délimitée au titre d'une autre source de rayonnements ionisants, l'employeur adapte la délimitation de la zone d'opération.

Art. R. 4451-29 I. – L'employeur limite préalablement l'accès à la zone d'opération aux seuls travailleurs autorisés.

II. – La démarche ayant permis d'identifier chaque zone d'opération et de définir les moyens techniques et organisationnels retenus par l'employeur est consignée sous une forme susceptible d'en permettre la consultation pour une période d'au moins dix ans.

§ 4 Conditions et modalités d'accès

Art. R. 4451-30 L'accès aux zones délimitées en application des articles R. 4451-24 et R. 4451-28 est restreint aux travailleurs classés au sens de l'article R. 4451-57.

Art. R. 4451-31 L'accès d'un travailleur classé en zone contrôlée orange ou rouge fait l'objet d'une autorisation individuelle délivrée par l'employeur.

Pour la zone contrôlée rouge, cet accès est exceptionnel et fait l'objet d'un enregistrement nominatif à chaque entrée.

Art. R. 4451-32 Les travailleurs ne faisant pas l'objet d'un classement peuvent accéder à une zone surveillée bleue ou contrôlée verte ainsi qu'à une zone radon sous réserve d'y être autorisé par l'employeur sur la base de l'évaluation individuelle du risque dû aux rayonnements ionisants prévue à l'article R. 4451-52.

Ces travailleurs peuvent également, pour un motif justifié préalablement, accéder à une zone contrôlée jaune. L'employeur met alors en œuvre des dispositions particulières de prévention, notamment une information renforcée.

§ 5 Gestion de la contrainte de dose

Art. R. 4451-33 (*Décr. n° 2023-489 du 21 juin 2023, art. 1ᵉʳ*) L'employeur définit des contraintes de dose individuelle pertinentes au regard des expositions prévisibles pour les travailleurs en :

1° Dose efficace sur douze mois pour une activité régulière en zone contrôlée, en zone d'extrémités ou en zone radon mentionnées à l'article R. 4451-23 ;

SANTÉ ET SÉCURITÉ AU TRAVAIL — Art. R. 4451-35

2° Dose efficace sur la durée de l'intervention pour des travaux en zones contrôlées jaune, orange ou rouge mentionnées à l'article R. 4451-23 ou en zone d'opération lorsque des appareils de radiologie industrielle nécessitant un certificat d'aptitude mentionné à l'article R. 4451-61 sont utilisés.

A des fins d'optimisation de la radioprotection, les contraintes de dose sont mises à jour périodiquement, dans le cadre de l'évaluation des risques, et après chaque modification des méthodes et des conditions de travail susceptible d'affecter la santé et la sécurité des travailleurs. Les contraintes de dose mentionnées au 2° sont définies avant chaque intervention.

Art. R. 4451-33-1 (Décr. n° 2023-489 du 21 juin 2023, art. 1er) I. — A des fins de surveillance radiologique préventive et d'alerte en cas d'exposition anormale, l'employeur équipe d'un dosimètre opérationnel :

1° Tout travailleur entrant dans une zone contrôlée définie au 1° du I de l'article R. 4451-23 ;

2° Les travailleurs classés au sens de l'article R. 4451-57, autorisés à effectuer des manipulations dans une zone d'extrémités définie au 3° du I de l'article R. 4451-23 ;

3° Les travailleurs classés au sens de l'article R. 4451-57, autorisés à intervenir dans une zone d'opération définie à l'article R. 4451-28.

Lorsqu'il n'est pas possible d'utiliser un dosimètre opérationnel pour des raisons techniques liées à la pratique professionnelle, l'employeur justifie le recours à un autre moyen de prévention en temps réel et d'alerte ou l'absence d'un moyen technique adapté.

II. — Les résultats de mesures du dosimètre opérationnel mentionné au I sont notifiés au travailleur concerné et enregistrés par l'employeur dans un outil permettant leur analyse dans le cadre de l'évaluation du risque ou de l'optimisation de la radioprotection.

Le conseiller en radioprotection ou, le cas échéant, le salarié mentionné au I de l'article L. 4644-1 analysent [analyse] les résultats de mesure du dosimètre opérationnel à des fins d'optimisation de la radioprotection.

III. — Dans les établissements comprenant une installation nucléaire de base, l'employeur transmet périodiquement les niveaux d'exposition, mesurés par le dosimètre opérationnel, des travailleurs classés en application de l'article R. 4451-57 au système d'information et de surveillance de l'exposition aux rayonnements ionisants dont la gestion est confiée à l'Institut de radioprotection et de sûreté nucléaire.

Lorsqu'un accord préalable le prévoit, le chef d'établissement de l'entreprise utilisatrice peut prendre à sa charge la transmission des résultats des dosimètres opérationnels des travailleurs des entreprises mentionnées aux articles R. 4451-35 et R. 4451-36 intervenant dans son établissement.

§ 6 Dispositions communes

Art. R. 4451-34 (Décr. n° 2023-489 du 21 juin 2023, art. 1er) Les modalités et conditions de mise en œuvre des dispositions prévues à la présente sous-section sont fixées par arrêté conjoint des ministres chargés du travail et de l'agriculture, notamment en ce qui concerne :

1° La mise en œuvre des zones délimitées, dont les systèmes de sécurité et surveillance associés, ainsi que des zones délimitées intermittentes ;

2° L'aménagement des lieux et locaux de travail exposant aux rayonnements ionisants ;

3° L'utilisation et les caractéristiques techniques du dosimètre opérationnel ;

4° Les autres moyens adaptés pour la surveillance radiologique des travailleurs.

SOUS-SECTION 3 **Coordination de la prévention**

§ 1 Mesures préalables à l'exécution d'une opération

Art. R. 4451-35 I. — Lors d'une opération exécutée par une entreprise extérieure pour le compte d'une entreprise utilisatrice, le chef de cette dernière assure la coordination générale des mesures de prévention qu'il prend et de celles prises par le chef de l'entreprise extérieure, conformément aux dispositions des articles (*Décr. n° 2021-1091 du 18 août 2021, art. 1ᵉʳ*) « R. 4511-5 » et suivants.

Le chef de l'entreprise utilisatrice et le chef de l'entreprise extérieure sollicitent le concours, pour l'application des mesures de prévention prises au titre du présent chapitre, du conseiller en radioprotection qu'ils ont respectivement désigné ou, le cas échéant, du salarié mentionné au I de l'article L. 4644-1.

Des accords peuvent être conclus entre le chef de l'entreprise utilisatrice et le chef de l'entreprise extérieure concernant la mise à disposition des équipements de protection individuelle, des appareils de mesure et des dosimètres opérationnels ainsi que leurs modalités d'entretien et de vérification. Ils sont alors annexés au plan de prévention prévu à l'article (*Décr. n° 2021-1091 du 18 août 2021, art. 1ᵉʳ*) « R. 4512-6 ».

II. — Lorsque le chef de l'entreprise utilisatrice fait intervenir un travailleur indépendant, ce dernier est considéré comme une entreprise extérieure.

III. — Ces mesures de coordination s'appliquent à l'entreprise d'accueil et au transporteur, lors d'opérations de chargement et de déchargement prévues aux articles (*Décr. n° 2021-1091 du 18 août 2021, art. 1ᵉʳ*) « R. 4515-1 » et suivants.

Art. R. 4451-36 Lors d'opérations de bâtiment et de génie civil prévues aux articles R. 4532-1 et suivants, le maître d'ouvrage ou, le cas échéant le maître d'œuvre, communique au coordonnateur en matière de sécurité et de protection de la santé mentionné à l'article L. 4532-4 les éléments relatifs au risque dû aux rayonnements ionisants, nécessaires à l'exercice de ses missions.

Art. R. 4451-37 Lorsqu'un fréteur met à disposition d'un affréteur un aéronef et son équipage, sauf disposition contraire prévue dans le cadre des accords commerciaux établis au titre de l'article R. 330-9 du code de l'aviation civile, la surveillance dosimétrique relève de la responsabilité du fréteur et l'affréteur lui communique toutes les informations nécessaires à cet effet.

§ 2 Certification des entreprises intervenant en zone contrôlée

Art. R. 4451-38 I. — Les entreprises dont les travailleurs interviennent dans les zones contrôlées jaune, orange ou rouge, ainsi que dans les zones d'opération délimitées dans un établissement comprenant une installation nucléaire de base, sont titulaires d'un certificat de qualification justifiant de leur capacité à accomplir des travaux sous rayonnements ionisants.

Ce certificat délivré par un organisme certificateur accrédité par le Comité français d'accréditation ou par tout autre organisme mentionné à l'article R. 4724-1, précise le secteur d'activité dans lequel elles sont habilitées à exercer.

II. — Les entreprises de travail temporaire qui mettent à disposition des travailleurs pour la réalisation des interventions visées au I sont soumises à la même obligation de certification.

Art. R. 4451-39 Un arrêté conjoint des ministres chargés du travail et de l'agriculture fixe :

1° La liste des activités ou des catégories d'activité pour lesquelles la certification prévue à l'article R. 4451-38 est requise en tenant compte de la nature et de l'importance du risque ;

2° Les modalités et conditions de certification des entreprises mentionnées à l'article R. 4451-38, en tenant compte de leurs compétences techniques et du secteur d'activité dans lequel elles peuvent intervenir ;

3° Les modalités et conditions d'accréditation des organismes chargés de la certification des entreprises.

§ 2 *[NOUVEAU]* Certification des entreprises intervenant en zones contrôlées jaune, orange et rouge

(*Décr. n° 2023-489 du 21 juin 2023, art. 1ᵉʳ, en vigueur le 1ᵉʳ janv. 2025*)

Nouvel art. R. 4451-38 *Les entreprises extérieures dont les travailleurs réalisent, dans des zones contrôlées jaune, orange ou rouge mentionnées au 1° du I de l'article R. 4451-23, des activités susceptibles d'augmenter le risque d'exposition aux rayonnements ionisants, sont titulaires d'un*

certificat de qualification établissant leur capacité à accomplir certaines activités ou opérations sous rayonnements ionisants.

Ce certificat, délivré par un organisme certificateur accrédité par le Comité français d'accréditation ou par tout autre organisme mentionné à l'article R. 4724-1, précise le secteur d'activité dans lequel elles sont habilitées à exercer.

Les entreprises qui sont titulaires du certificat prévu au 1er al. de l'art. R. 4451-38 dans sa rédaction antérieure au Décr. n° 2023-489 du 21 juin 2023 peuvent poursuivre les interventions que ce certificat permet après le 1er janv. 2025 et jusqu'à la fin de sa validité, si l'organisme certificateur a procédé avant cette date, lors de l'audit de surveillance ou de renouvellement prévu dans le cadre de leur certification, aux vérifications permettant de s'assurer que ces entreprises respectent les exigences résultant des dispositions des art. R. 4451-38 et R. 4451-39 dans leur rédaction issue du Décr. du 21 juin 2023 (Décr. préc., art. 2-II).

Nouvel art. R. 4451-39 *Un arrêté conjoint des ministres chargés du travail et de l'agriculture détermine :*

1° Les activités ou catégories d'activité pour lesquelles la certification prévue à l'article R. 4451-38 est requise en raison de la nature et de l'importance du risque ;

2° Les modalités et conditions de certification des entreprises exerçant les activités mentionnées au 1°

3° Les modalités et conditions de présence du conseiller en radioprotection ou, le cas échéant, du salarié mentionné au I de l'article L. 4644-1, lors des travaux dans les zones contrôlées mentionnées à l'article R. 4451-38 ;

4° Les modalités de suivi des salariés intérimaires et de relations de ces derniers avec leur entreprise de travail temporaire ;

5° Les modalités et conditions d'accréditation des organismes chargés de la certification.

SECTION 6 Vérification de l'efficacité des moyens de prévention

SOUS-SECTION 1 Vérification des équipements de travail et des sources de rayonnements ionisants

§ 1 Vérification initiale

Art. R. 4451-40 I. – Lors de leur mise en service dans l'établissement et à l'issue de toute modification importante susceptible d'affecter la santé et la sécurité des travailleurs, l'employeur procède à une vérification initiale des équipements de travail émettant des rayonnements ionisants, en vue de s'assurer qu'ils sont installés conformément aux spécifications prévues, le cas échéant, par la notice d'instructions du fabricant et qu'ils peuvent être utilisés en sécurité.

II. – L'employeur vérifie dans les mêmes conditions l'intégrité des sources radioactives scellées lorsqu'elles ne sont pas intégrées à un équipement de travail.

III. – Cette vérification initiale est réalisée par un organisme accrédité.

Les contrôles techniques réalisés avant le 1er juill. 2018, selon les modalités fixées par la décision de l'Autorité de sûreté nucléaire prévue à l'art. R. 4451-34 dans sa rédaction en vigueur avant la publication du Décr. n° 2018-437 du 4 juin 2018, par un organisme agréé mentionné à l'art. R. 1333-172 CSP sont regardés comme constituant des vérifications au sens des art. R. 4451-40 et R. 4451-44 C. trav.

Jusqu'au 1er janv. 2022, la réalisation des vérifications prévues aux art. R. 4451-40 et R. 4451-44 C. trav. peut être confiée à un organisme agréé mentionné à l'art. R. 1333-172 CSP. Ces vérifications sont réalisées selon les modalités et périodicités fixées par la décision de l'Autorité de sûreté nucléaire prévue à l'art. R. 4451-34 C. trav. dans sa rédaction en vigueur avant la publication du Décr. n° 2018-437 du 4 juin 2018 (Décr. n° 2021-1091 du 18 août 2021, art. 3).

Sur les vérifications de l'efficacité des moyens de prévention et les conditions d'accréditation de l'organisme mentionné au III de cet art., V. Arr. du 23 oct. 2020, NOR : MTRT2001758A (JO 27 oct.), mod. par Arr. du 12 nov. 2021, NOR : MTRT2130063A (JO 12 déc.).

Art. R. 4451-41 Pour des équipements de travail présentant un risque particulier, l'employeur renouvelle à intervalle régulier la vérification initiale.

§ 2 Vérification périodique

Art. R. 4451-42 I. – L'employeur procède à des vérifications générales périodiques des équipements de travail mentionnés aux articles R. 4451-40 et R. 4451-41 afin que soit décelée en temps utile toute détérioration susceptible de créer des dangers.

II. — L'employeur vérifie dans les mêmes conditions l'intégrité des sources radioactives scellées lorsqu'elles ne sont pas intégrées à un équipement de travail.
III. — Les vérifications générales périodiques sont réalisées par le conseiller en radioprotection.

V. Arr. du 23 oct. 2020, NOR : MTRT2001758A (JO 27 oct.), art. 7.

§ 3   Vérification lors d'une remise en service

Art. R. 4451-43 L'employeur procède dans les conditions prévues à l'article R. 4451-42 à une vérification des équipements de travail lors de leur remise en service après toute opération de maintenance en vue de s'assurer de l'absence de toute défectuosité susceptible de créer des situations dangereuses.

SOUS-SECTION 2 **Vérification des lieux de travail et des véhicules utilisés lors d'opérations d'acheminement de substances radioactives**

§ 1   Vérification initiale

Art. R. 4451-44 I. — A la mise en service de l'installation et à l'issue de toute modification importante des méthodes et des conditions de travail susceptible d'affecter la santé et la sécurité des travailleurs, l'employeur procède, au moyen de mesurages, dans les zones délimitées *(Décr. n° 2021-1091 du 18 août 2021, art. 1ᵉʳ)* « et dans les lieux de travail attenants à ces zones » au titre de l'article R. 4451-24, à la vérification initiale :
1° Du niveau d'exposition externe ;
2° Le cas échéant, de la concentration de l'activité radioactive dans l'air ou de la contamination surfacique ;
3° De la concentration d'activité du radon dans l'air, lorsque la zone est délimitée au titre du radon.
Il procède, le cas échéant, à la vérification de l'efficacité des dispositifs de protection et d'alarme mis en place pour prévenir des situations d'exposition aux rayonnements ionisants.
II. — Ces vérifications initiales sont réalisées par un organisme accrédité *(Décr. n° 2021-1091 du 18 août 2021, art. 1ᵉʳ)* « dans les conditions prévues à l'article R. 4451-51 ».

V. note ss. art. R. 4451-40.

§ 2   Vérification périodique

Art. R. 4451-45 I. — Afin que soit décelée en temps utile toute situation susceptible d'altérer l'efficacité des mesures de prévention mises en œuvre, l'employeur procède :
1° Périodiquement, ou le cas échéant en continu, *(Décr. n° 2023-489 du 21 juin 2023, art. 1ᵉʳ)* « aux vérifications nécessaires au regard des résultats de celles prévues au I de l'article R. 4451-44 dans les zones délimitées mentionnées à l'article R. 4451-24 » ;
2° Dans les *(Décr. n° 2021-1091 du 18 août 2021, art. 1ᵉʳ)* « moyens de transport » utilisés lors d'opération d'acheminement de substances radioactives *(Décr. n° 2023-489 du 21 juin 2023, art. 1ᵉʳ)* « au sein ou à l'extérieur de l'établissement ou à défaut de l'entreprise, aux vérifications périodiques réalisées à vide de chargement, afin de s'assurer, d'une part, de l'absence de contamination du moyen de transport et, d'autre part, que le niveau d'exposition externe est similaire à celui du bruit de fond ambiant ».
II. — Ces vérifications périodiques sont réalisées par le conseiller en radioprotection.

V. Arr. du 23 oct. 2020, NOR : MTRT2001758A (JO 27 oct.), art. 12, mod. par Arr. du 12 nov. 2021, NOR : MTRT2130063A (JO 12 déc.).

Art. R. 4451-46 I. — L'employeur s'assure périodiquement que le niveau d'exposition externe sur les lieux de travail attenants aux zones délimitées au titre de l'article R. 4451-24 demeure inférieur aux niveaux fixés à l'article R. 4451-22.
II. — L'employeur vérifie également, le cas échéant, la propreté radiologique :
1° Des lieux mentionnés au I ;

SANTÉ ET SÉCURITÉ AU TRAVAIL — Art. R. 4451-51

2° Des équipements de travail appelés à être sortis des zones délimitées au I, lorsque ceux-ci sont susceptibles d'être contaminés.

III. — Ces vérifications périodiques sont réalisées par le conseiller en radioprotection.

V. Arr. du 23 oct. 2020, NOR : MTRT2001758A (JO 27 oct.), art. 13.

§ 3 Vérification en cas de cessation définitive d'activité

Art. R. 4451-47 I. — En cas de cessation définitive d'emploi de sources radioactives sous forme non scellée, ou des *(Décr. n° 2021-1091 du 18 août 2021, art. 1er)* « moyens de transport » utilisés lors d'opération d'acheminement de substance radioactive, l'employeur vérifie l'état de propreté radiologique et le niveau d'exposition externe dans les lieux de travail ou *(Décr. n° 2021-1091 du 18 août 2021, art. 1er)* « moyens de transport ».

II. — Ces vérifications sont réalisées par le conseiller en radioprotection.

SOUS-SECTION 3 **Vérification de l'instrumentation de radioprotection**

Art. R. 4451-48 I. — L'employeur s'assure du bon fonctionnement des instruments ou dispositifs de mesurage, des dispositifs de détection de la contamination et des dosimètres opérationnels.

(Décr. n° 2023-489 du 21 juin 2023, art. 1er) « II. — L'employeur procède périodiquement à la vérification de ces instruments, dispositifs et dosimètres pour s'assurer du maintien de leur performance de mesure en fonction de leur utilisation.

« Cette vérification est réalisée ou supervisée par le conseiller en radioprotection. Elle peut être suivie, si nécessaire, en fonction de l'écart constaté, d'un ajustage ou d'un étalonnage réalisé selon les modalités décrites par le fabricant. »

SOUS-SECTION 4 **Dispositions d'application**

Art. R. 4451-49 I. — Le résultat des vérifications initiales prévues aux articles R. 4451-40 et R. 4451-44 est consigné sur le ou les registres de sécurité mentionnés à l'article L. 4711-5.

II. — Les résultats des autres vérifications prévues à la présente section sont consignés sous une forme susceptible d'en permettre la consultation pour une période d'au moins dix ans.

Art. R. 4451-50 L'employeur tient les résultats des vérifications prévues à la présente section à la disposition des professionnels de santé mentionnés au premier alinéa de l'article L. 4624-1 et du comité social et économique.

Il communique au moins annuellement un bilan de ces vérifications au comité social et économique.

Art. R. 4451-51 Un arrêté conjoint des ministres chargés du travail et de l'agriculture fixe :

1° Les équipements de travail ou catégories d'équipements de travail et le type de sources radioactives scellées pour lesquels l'employeur fait procéder aux vérifications prévues *(Décr. n° 2021-1091 du 18 août 2021, art. 1er)* « aux articles R. 4451-40 à R. 4451-43 » ainsi que la périodicité de ces vérifications ;

2° Les modalités et conditions de réalisation des vérifications prévues à la présente section compte tenu de la nature de l'activité exercée et des caractéristiques des sources de rayonnements ionisants ;

3° Le contenu du rapport des vérifications prévues aux articles R. 4451-40 et R. 4451-44 ;

4° Les modalités de réalisation des mesurages effectués en application de l'article R. 4451-15 ;

5° Les conditions d'accréditation par le Comité français d'accréditation ou par tout autre organisme mentionné à l'article R. 4724-1 de l'organisme mentionné aux articles R. 4451-40 et R. 4451-44 ;

6° Les exigences organisationnelles et de moyen nécessaires à l'exercice indépendant et objectif des missions de vérification initiales prévues aux articles R. 4451-40 et R. 4451-44 de toutes ou partie de celles prévues à l'article R. 4451-123.

V. Arr. du 23 oct. 2020, NOR : MTRT2001758A (JO 27 oct.), mod. par Arr. du 12 nov. 2021, NOR : MTRT2130063A (JO 12 déc.).

SECTION 7 Conditions d'emploi des travailleurs

SOUS-SECTION 1 Évaluation individuelle de l'exposition aux rayonnements ionisants

Art. R. 4451-52 Préalablement à l'affectation au poste de travail, l'employeur évalue l'exposition individuelle des travailleurs :
1° Accédant aux zones délimitées au titre de l'article R. 4451-24 et R. 4451-28 ;
2° Membre d'équipage à bord d'aéronefs et d'engins spatiaux en vol ;
3° Intervenant lors d'opérations de transport de substances radioactives ;
4° Intervenant en situation d'exposition durable résultant d'une situation d'urgence radiologique.

Art. R. 4451-53 Cette évaluation individuelle préalable, consignée par l'employeur sous une forme susceptible d'en permettre la consultation dans une période d'au moins dix ans, comporte les informations suivantes :
1° La nature du travail ;
2° Les caractéristiques des rayonnements ionisants auxquels le travailleur est susceptible d'être exposé ;
3° La fréquence des expositions ;
4° La dose équivalente ou efficace que le travailleur est susceptible de recevoir sur les douze mois consécutifs à venir, en tenant compte des expositions potentielles et des incidents raisonnablement prévisibles inhérents au poste de travail ;
5° La dose efficace exclusivement liée au radon que le travailleur est susceptible de recevoir sur les douze mois consécutifs à venir dans le cadre de l'exercice des activités professionnelles visées au 4° de l'article R. 4451-1.

L'employeur actualise cette évaluation individuelle en tant que de besoin.

Chaque travailleur a accès à l'évaluation le concernant.

Art. R. 4451-54 L'employeur communique l'évaluation individuelle préalable au médecin du travail lorsqu'il propose un classement du travailleur au titre de l'article R. 4451-57 ou qu'il établit que le travailleur est susceptible de recevoir dans le cadre de l'exercice des activités professionnelles visées au 4° de l'article R. 4451-1 une dose efficace supérieure à 6 millisievert exclusivement liée à l'exposition au radon.

Art. R. 4451-55 Lorsque l'entreprise utilisatrice a recours à un travailleur temporaire, elle communique à l'entreprise de travail temporaire, avant la mise à disposition de ce travailleur, l'évaluation individuelle préalable de la mission confiée.

SOUS-SECTION 2 Protection individuelle

Art. R. 4451-56 I. — Lorsque l'exposition du travailleur ne peut être évitée par la mise en œuvre de moyen de protection collective, l'employeur met à disposition des équipements de protection individuelle, appropriés et adaptés afin de ramener cette exposition à un niveau aussi bas que raisonnablement possible.

Il veille à leur port effectif.

II. — Les équipements mentionnés au I sont choisis après :
1° Avis du médecin du travail qui recommande, le cas échéant, la durée maximale pendant laquelle ils peuvent être portés de manière ininterrompue ;
2° Consultation du comité social et économique.

Dans les établissements non dotés d'un comité social et économique, les équipements de protection individuelle sont choisis en concertation avec les travailleurs concernés.

V. note ss. art. R. 4451-17.

SOUS-SECTION 3 Classement des travailleurs

Art. R. 4451-57 I. — Au regard de la dose évaluée en application du 4° de l'article R. 4451-53, l'employeur classe :
1° *(Décr. n° 2023-489 du 21 juin 2023, art. 1ᵉʳ)* « En catégorie A, tout travailleur susceptible de recevoir, au cours de douze mois consécutif[s] :

SANTÉ ET SÉCURITÉ AU TRAVAIL **Art. R. 4451-58** 2413

« *a)* Une dose efficace supérieure à 6 millisieverts, hors exposition au radon lié aux situations mentionnées au 4° de l'article R. 4451-1 ;
« *b)* Une dose équivalente supérieure à 15 millisieverts pour le cristallin ;
« *c)* Une dose équivalente supérieure à 150 millisieverts pour la peau et les extrémités ; »
2° En catégorie B, tout autre travailleur susceptible de recevoir :
a) Une dose efficace supérieure à 1 millisievert ;
b) Une dose équivalente supérieure (*Abrogé par Décr. n° 2023-489 du 21 juin 2023, art. 1er*) « *à 15 millisieverts pour le cristallin ou* » à 50 millisieverts pour la peau et les extrémités.
II. — Il recueille l'avis du médecin du travail sur le classement.
L'employeur actualise en tant que de besoin ce classement au regard, notamment, de l'avis d'aptitude médicale mentionné à l'article R. 4624-25, des conditions de travail et des résultats de la surveillance de l'exposition des travailleurs.
(*Décr. n° 2023-489 du 21 juin 2023, art. 1er*) « III. — Les entreprises de travail temporaire mettant à disposition des travailleurs dans des entreprises pour réaliser les activités mentionnées au 1° de l'article R. 4451-39, dans les zones contrôlées mentionnées au premier alinéa de l'article R. 4451-38, classent ces travailleurs intérimaires au moins en catégorie B. »

SECTION 8 Information et formation des travailleurs

SOUS-SECTION 1 Dispositions générales

Art. R. 4451-58 I. — L'employeur veille à ce que reçoive une information appropriée chaque travailleur :
1° Accédant à des zones délimitées au titre des articles R. 4451-24 et R. 4451-28 ;
2° Intervenant lors d'opérations de transport de substances radioactives ;
3° Membre d'équipage à bord d'aéronefs et d'engins spatiaux ;
4° Intervenant en situation d'exposition durable résultant d'une situation d'urgence radiologique.
(*Décr. n° 2021-1091 du 18 août 2021, art. 1er*) « II. — Les travailleurs disposant d'une surveillance dosimétrique individuelle au sens du I de l'article R. 4451-64 reçoivent une formation en rapport avec les résultats de l'évaluation des risques réalisée conformément à la section 4 du présent chapitre. »
III. — Cette information et cette formation portent, notamment, sur :
1° Les caractéristiques des rayonnements ionisants ;
2° Les effets sur la santé pouvant résulter d'une exposition aux rayonnements ionisants, le cas échéant, sur l'incidence du tabagisme lors d'une exposition au radon ;
3° Les effets potentiellement néfastes de l'exposition aux rayonnements ionisants sur l'embryon, en particulier lors du début de la grossesse, et sur l'enfant à naître ainsi que sur la nécessité de déclarer le plus précocement possible un état de grossesse ;
4° Le nom et les coordonnées du conseiller en radioprotection ;
5° Les mesures prises en application du présent chapitre en vue de supprimer ou de réduire les risques liés aux rayonnements ionisants ;
6° Les conditions d'accès aux zones délimitées au titre du présent chapitre ;
7° Les règles particulières établies pour les femmes enceintes ou qui allaitent, les travailleurs de moins de 18 ans, les travailleurs titulaires d'un contrat de travail à durée déterminée et les travailleurs temporaires ;
8° Les modalités de surveillance de l'exposition individuelle et d'accès aux résultats dosimétriques ;
9° La conduite à tenir en cas d'accident ou d'incident ;
10° Les règles particulières relatives à une situation d'urgence radiologique ;
11° Le cas échéant, les aspects relatifs à la sûreté et aux conséquences possibles de la perte du contrôle adéquat des sources scellées de haute activité telles que définies à l'annexe 13.7 visée à l'article R. 1333-1 du code de la santé publique.
(*Décr. n° 2021-1091 du 18 août 2021, art. 1er*) « IV. — Lorsque le travailleur est exposé au radon uniquement, l'information ou la formation porte notamment sur :
« 1° L'origine naturelle du radon et sa transformation en particules solides radioactives ;

« 2° Les effets potentiels sur la santé et les interactions avec le tabagisme ;
« 3° Les moyens de prévention de l'exposition au radon ;
« 4° Les liens entre concentration d'activité du radon dans l'air et la dose efficace pour un travailleur. »

Art. R. 4451-59 La formation des (*Décr. n° 2021-1091 du 18 août 2021, art. 1er*) « travailleurs mentionnés au II de l'article R. 4451-58 » est prise en charge par l'employeur et renouvelée au moins tous les trois ans.

SOUS-SECTION 2 **Dispositions spécifiques aux situations potentielles d'exposition à une source radioactive orpheline**

Art. R. 4451-60 Dans les établissements tels que les installations destinées à la récupération ou au recyclage de métaux, les centres d'incinération, les centres d'enfouissement technique et les lieux caractérisés par d'importants flux de transports et de mouvements de marchandises, où des sources radioactives orphelines mentionnées au 3° de l'article R. 1333-101 du code de la santé publique peuvent être découvertes, l'employeur veille à ce que chaque travailleur reçoive une information adaptée.

Cette information porte notamment sur la détection visuelle des différents types de sources et de leurs contenants, les caractéristiques des rayonnements ionisants et leurs effets sur la santé ainsi que sur les mesures à prendre sur le site en cas de détection ou de soupçon concernant la présence d'une telle source.

SOUS-SECTION 3 **Dispositions spécifiques relatives à la manipulation d'appareils de radiologie industrielle**

Art. R. 4451-61 Les appareils de radiologie industrielle mentionnés au 3° de l'article R. 4311-7 et dont la liste est fixée par arrêté ne peuvent être manipulés que par un travailleur titulaire d'un certificat d'aptitude délivré par l'Institut de radioprotection et de sûreté nucléaire à l'issue d'une formation appropriée.

Art. R. 4451-62 Lorsque l'appareil de radiologie industrielle est utilisé en dehors d'une installation fixe dédiée à son usage, sa mise en œuvre est assurée par une équipe d'au moins deux salariés de l'entreprise détentrice de l'appareil.

Art. R. 4451-63 Un arrêté conjoint des ministres chargés du travail et de l'agriculture détermine :
1° Les appareils de radiologie industrielle mentionnés à l'article R. 4451-61, compte tenu de la nature de l'activité exercée, des caractéristiques et, le cas échéant, des modalités de mise en œuvre de l'appareil ;
2° Le contenu et la durée de la formation des travailleurs appelés à manipuler ces appareils, en tenant compte de la nature de l'activité exercée et des caractéristiques de l'appareil utilisé ;
3° La qualification des personnes chargées de la formation ;
4° Les modalités de contrôle des connaissances et les conditions de délivrance du certificat d'aptitude ;
5° La durée de validité de ce certificat et les conditions de son renouvellement.

SOUS-SECTION 3 [NOUVELLE] **Dispositions spécifiques relatives à la manipulation d'appareils de radiologie industrielle**

(*Décr. n° 2023-489 du 21 juin 2023, art. 1er, en vigueur le 1er janv. 2025*)

Nouvel art. R. 4451-61 *Les travailleurs qui utilisent des appareils de radiologie industrielle dont la manipulation présente des risques importants d'exposition aux rayonnements ionisants sont titulaires du certificat d'aptitude à manipuler des appareils de radiologie industrielle.*

Ce certificat est délivré, au nom de l'État, par l'Institut national de radioprotection et de sûreté nucléaire. Un jury évalue, au regard d'un référentiel, les connaissances et compétences acquises par les candidats dans le cadre de leur expérience professionnelle ou des enseignements et formations qu'ils ont suivis.

Nouvel art. R. 4451-62 *Dans une zone d'opération, les appareils de radiologie industrielle mentionnés à l'article R. 4451-61 ne peuvent être utilisés que par une équipe d'au moins deux salariés de l'entreprise détentrice de l'appareil dont au moins un est titulaire du certificat d'aptitude.*

SANTÉ ET SÉCURITÉ AU TRAVAIL **Art. R. 4451-65**

Lorsque l'appareil de radiologie industrielle contient une ou plusieurs sources scellées de haute activité définies à l'annexe 13-7 du code de la santé publique, deux salariés au moins de l'entreprise détentrice qui le manipulent disposent du certificat d'aptitude.

Nouvel art. R. 4451-63 *Un arrêté conjoint des ministres chargés du travail et de l'agriculture détermine :*

1° Les appareils ou catégories d'appareils de radiologie industrielle dont la manipulation présente des risques importants d'exposition aux rayonnements ionisants et nécessite la détention du certificat d'aptitude mentionné à l'article R. 4451-61 ;

2° Les conditions d'obtention, la durée de validité et les modalités de renouvellement de ce certificat d'aptitude ;

3° Les modalités de délivrance du certificat d'aptitude par l'Institut de radioprotection et de sûreté nucléaire, ainsi que de composition et de désignation du jury mentionné au second alinéa de l'article R. 4451-61 ;

4° Le référentiel d'évaluation des compétences et connaissances requises pour l'obtention de ce certificat d'aptitude mentionné au second alinéa de l'article R. 4451-61 ;

5° Les conditions pour qu'un organisme de formation professionnelle puisse proposer une formation préparatoire à ce certificat d'aptitude ;

6° Les modalités de mise en œuvre et d'utilisation des appareils mobiles de radiologie industrielle dans les situations prévues à l'article R. 4451-62.

Les certificats d'aptitude à manipuler des appareils de radiologie industrielle délivrés avant le 1er janv. 2025 conformément à l'art. R. 4451-63 dans sa rédaction antérieure au Décr. n° 2023-489 du 21 juin 2023 restent valables jusqu'à leur date d'expiration (Décr. préc., art. 3-II).

SECTION 9 Surveillance de l'exposition individuelle des travailleurs

SOUS-SECTION 1 Surveillance dosimétrique individuelle

Art. R. 4451-64 I. — L'employeur met en œuvre une surveillance dosimétrique individuelle appropriée, lorsque le travailleur est classé au sens de l'article R. 4451-57 ou que la dose efficace évaluée en application du 5° de l'article R. 4451-53 est susceptible de dépasser 6 millisieverts.

II. — Pour tous les autres travailleurs accédant à des zones délimitées au titre de l'article R. 4451-24, l'employeur s'assure par des moyens appropriés que leur exposition demeure inférieure aux niveaux de dose retenus pour le classement des travailleurs prévu au 2° de l'article R. 4451-57.

Art. R. 4451-65 I. — La surveillance dosimétrique individuelle liée à l'exposition externe ou l'exposition au radon est réalisée au moyen de dosimètres à lecture différée adaptés.

Lorsque l'exposition externe est due au rayonnement cosmique, cette surveillance peut être réalisée au moyen d'une modélisation numérique.

La fourniture des dosimètres, leur exploitation ainsi que les modélisations numériques sont assurées par un organisme de dosimétrie accrédité.

II. — La surveillance dosimétrique individuelle liée à l'exposition interne est réalisée au moyen de mesures d'anthroporadiométrie ou d'analyses de radio-toxicologie prescrites par le médecin du travail et confiées à un service *(Décr. n° 2023-489 du 21 juin 2023, art. 1er)* « de prévention et » de santé au travail ou à un laboratoire de biologie médicale accrédités.

Sur la base du résultat de ces examens, le médecin du travail calcule la dose engagée par le travailleur avec l'appui technique, le cas échéant, du conseiller en radioprotection.

Jusqu'au 1er juill. 2020, la surveillance de l'exposition externe et interne prévue aux I et II peut continuer à être réalisée par l'Institut de radioprotection et de sûreté nucléaire, un service de santé au travail titulaire d'un certificat d'accréditation ou un organisme ou un laboratoire d'analyses de biologie médicale titulaires d'un certificat d'accréditation et agréés par l'Autorité de sûreté nucléaire, dans les conditions prévues par les art. R. 4451-64, R. 4451-65 et R. 4451-66 C. trav. dans leur rédaction antérieure au Décr. n° 2018-437 du 4 juin 2018.

Les agréments délivrés par l'Autorité de sûreté nucléaire en application de ces derniers articles sont prolongés jusqu'au 30 juin 2020 (Décr. préc., art. 9).

SOUS-SECTION 2 Gestion des résultats de la surveillance dosimétrique individuelle

§ 1 Transmission des résultats de la surveillance dosimétrique individuelle au système d'information et de surveillance de l'exposition aux rayonnements ionisants

Art. R. 4451-66 L'organisme de dosimétrie, le service (*Décr. n° 2023-489 du 21 juin 2023, art. 1ᵉʳ, en vigueur le 1ᵉʳ janv. 2025*) « de prévention et » de santé au travail, le laboratoire de biologie médicale et le médecin du travail mentionnés à l'article R. 4451-65 transmettent les résultats issus de la surveillance dosimétrique individuelle au système d'information et de surveillance de l'exposition aux rayonnements ionisants dont la gestion est confiée à l'Institut de radioprotection et de sûreté nucléaire.

§ 2 Modalités d'accès aux données de la surveillance dosimétrique individuelle

Art. R. 4451-67 Le travailleur a accès à tous les résultats issus de la surveillance dosimétrique individuelle dont il fait l'objet ainsi qu'à la dose efficace le concernant. Il en demande communication au médecin du travail ou à l'Institut de radioprotection et de sûreté nucléaire.

Il peut également solliciter le conseiller en radioprotection pour ce qui concerne les résultats auxquels ce dernier a accès.

Art. R. 4451-68 (*Décr. n° 2023-489 du 21 juin 2023, art. 1ᵉʳ*) I. — Le médecin du travail a accès, sous leur forme nominative, aux résultats de la surveillance dosimétrique individuelle ainsi qu'à la dose efficace de chaque travailleur dont il assure le suivi individuel renforcé prévu à l'article R. 4451-82.

II. — Dans le cadre du suivi individuel renforcé prévu à l'article R. 4451-82, le médecin du travail peut autoriser l'accès aux données mentionnées au I :

1° Sur sa délégation et sous sa responsabilité, aux professionnels de santé mentionnés au 1ᵉʳ alinéa du I de l'article L. 4624-1 qui sont placés sous son autorité dans la limite et pour le besoin des missions qu'ils exercent ;

2° A des médecins du travail d'un autre service de prévention et de santé au travail pouvant assurer une partie du suivi individuel renforcé, notamment lié à la dosimétrie interne.

III. — Le médecin désigné par le travailleur et, en cas de décès ou d'incapacité, par ses ayants droit, a accès aux informations prévues au I du présent article.

Art. R. 4451-69 I. — Le conseiller en radioprotection a accès, sous une forme nominative et sur une période n'excédant pas celle durant laquelle le travailleur est contractuellement lié à l'employeur, à la dose efficace reçue ainsi qu'aux résultats de la surveillance dosimétrique individuelle mentionnée au I de l'article R. 4451-65.

II. — Lorsqu'il constate que l'une des doses estimées dans le cadre de l'évaluation individuelle préalable prévue à l'article R. 4451-53 ou l'une des contraintes de dose fixées en application de l'article R. 4451-33 est susceptible d'être atteinte ou dépassée, le conseiller en radioprotection en informe l'employeur.

III. — L'employeur ou, selon le cas, le responsable de l'organisme compétent en radioprotection mentionné au 2° de l'article R. 4451-112, assure la confidentialité des données nominatives mentionnées au I et au II vis-à-vis des tiers.

Art. R. 4451-70 I. — Le médecin du travail, sous sa responsabilité, peut communiquer, en application de l'article L. 4451-2, au conseiller en radioprotection des informations couvertes par le secret médical relatives à la dose interne, lorsque celle-ci est liée à l'exposition professionnelle et strictement utile à la prévention.

II. — L'employeur ou, selon le cas, le responsable de l'organisme compétent en radioprotection mentionné au 2° de l'article R. 4451-112, met à disposition du conseiller en radioprotection les moyens nécessaires pour que ce dernier puisse respecter les exigences liées au secret professionnel mentionné à l'article L. 4451-3.

Art. R. 4451-71 (*Décr. n° 2023-489 du 21 juin 2023, art. 1ᵉʳ*) Ont accès, sous leur forme nominative, aux doses efficaces reçues par les travailleurs ainsi qu'aux résultats de la dosimétrie externe mentionnée au I de l'article R. 4451-65 :

1° Les agents de contrôle de l'inspection du travail et les agents de contrôle assimilés mentionnés à l'article L. 8112-1 ;

SANTÉ ET SÉCURITÉ AU TRAVAIL — **Art. R. 4451-77**

2° Les inspecteurs de la radioprotection mentionnées [mentionnés] à l'article L. 1333-29 du code de la santé publique ;
3° Lorsqu'ils interviennent en appui aux agents mentionnés au 1° :
a) Les ingénieurs de prévention mentionnés à l'article L. 8123-4 du présent code ;
b) Les agents en charge du contrôle de la prévention en agriculture mentionnés à l'article L. 724-8 du code rural et de la pêche maritime.

Art. R. 4451-72 Au moins une fois par an, l'employeur présente au comité social et économique, un bilan statistique de la surveillance de l'exposition des travailleurs et de son évolution, sous une forme excluant toute identification nominative des travailleurs.

§ 3 Dispositions d'application

Art. R. 4451-73 Un arrêté conjoint des ministres chargés du travail et de l'agriculture fixe pour l'application de la présente sous-section :
1° Les modalités et conditions de mise en œuvre de la surveillance de l'exposition des travailleurs aux rayonnements ionisants prévue à l'article R. 4451-65 ;
2° Les modalités et conditions de mise en œuvre de la surveillance de l'exposition des travailleurs aux rayonnements ionisants, en situation d'exposition durable mentionnée au 6° de l'article R. 4451-1 ;
3° Les modalités et conditions de communication, au système d'information et de surveillance de l'exposition aux rayonnements ionisants, des données administratives nécessaires à la gestion des résultats de la surveillance de l'exposition des travailleurs ;
4° Les modalités et conditions d'accès au système d'information et de surveillance de l'exposition aux rayonnements ionisants ;
5° Les délais, les fréquences et les moyens matériels mis en œuvre, relatifs à l'accès aux informations recueillies au titre de la présente sous-section et à la transmission de ces dernières ;
6° Les conditions et modalités d'accréditation par le Comité français d'accréditation ou par tout autre organisme mentionné à l'article R. 4724-1 de l'organisme, du service et du laboratoire mentionnés à l'article R. 4451-65.

V. Arr. du 26 juin 2019, NOR : MTRT1901273A (JO 3 juill.), mod. par Arr. du 23 juin 2023, NOR : MTRT2315019A (JO 24 juin).

SOUS-SECTION 3 **Événement significatif et dépassement des valeurs limites**

§ 1 Événement significatif

Art. R. 4451-74 Pour l'application de la présente sous-section, constitue un événement significatif, tout événement susceptible d'entraîner le dépassement d'une des valeurs limites fixées aux articles R. 4451-6, R. 4451-7 et R. 4451-8.

Art. R. 4451-75 I. – Le médecin du travail qui estime que l'exposition d'un travailleur peut constituer un événement significatif en informe l'employeur et le conseiller en radioprotection sous une forme nominative excluant toute notion quantitative de dose.
(Abrogé par Décr. n° 2023-489 du 21 juin 2023, art. 1er) « II. – *Le médecin du travail qui constate une contamination du travailleur en informe l'employeur et le conseiller en radioprotection.* »
II. – Lorsque le travailleur intervient dans un établissement ne relevant pas de son entreprise, le médecin du travail en charge du suivi de l'état de santé du travailleur en informe le médecin du travail de l'établissement dans lequel le travailleur a été exposé.

Le III devient le II (Décr. n° 2023-489 du 21 juin 2023, art. 1er).

Art. R. 4451-76 Le conseiller en radioprotection qui estime que l'exposition d'un travailleur peut constituer un événement significatif en informe ce dernier, l'employeur et le médecin du travail.

Art. R. 4451-77 I. – L'employeur enregistre la date de l'événement significatif, procède à son analyse et met en œuvre les mesures de prévention adaptées nécessaires.

II. – L'employeur informe sans délai le comité social et économique en précisant les causes présumées et les mesures envisagées afin de prévenir tout renouvellement de tels événements.

III. — L'employeur déclare chaque événement à, selon le cas, l'Autorité de sûreté nucléaire ou au délégué à la sûreté nucléaire et à la radioprotection pour les installations et activités intéressant la défense selon les modalités qu'ils ont respectivement fixées.

Art. R. 4451-78 L'Autorité mentionnée à l'article R. 4451-77 centralise et vérifie les informations relatives aux événements significatifs déclarés.

(Décr. n° 2021-1091 du 18 août 2021, art. 1er) « Elle les communique à l'agent de contrôle de l'inspection du travail mentionné à l'article L. 8112-1. »

Elle transmet un bilan de ces déclarations au moins une fois par an au ministre chargé du travail ainsi qu'à l'Institut de radioprotection et de sûreté nucléaire.

§ 2 Dépassement de valeurs limites

Art. R. 4451-79 I. — Lorsque l'un des résultats de la surveillance dosimétrique individuelle dépasse l'une des valeurs limites fixées à l'article R. 4451-6, l'organisme de dosimétrie mentionné au I de l'article R. 4451-65 informe sans délai le médecin du travail, le conseiller en radioprotection, l'employeur et l'Institut de radioprotection et de sûreté nucléaire de la dose reçue par le travailleur de manière nominative.

Lorsque le dépassement constaté est celui d'un résultat de la surveillance de l'exposition interne, le médecin du travail informe sans délai l'employeur, le conseiller en radioprotection et l'Institut de radioprotection et de sûreté nucléaire de la nature de l'exposition.

II. — Dans les deux cas, le médecin du travail en informe également sans délai le travailleur concerné.

III. — Lorsque le travailleur intervient dans un établissement ne relevant pas de son entreprise, le médecin du travail en charge du suivi de l'état de santé du travailleur en informe le médecin du travail de l'établissement dans lequel le travailleur a été exposé.

Art. R. 4451-80 I. — Lorsque l'exposition d'un travailleur dépasse l'une des valeurs limites fixées aux articles R. 4451-6, R. 4451-7 et R. 4451-8, l'employeur prend immédiatement des mesures pour :

1° Faire cesser cette exposition ;

2° Déterminer dans les plus brefs délais les causes du dépassement des valeurs limites ;

3° Procéder à l'évaluation des doses efficaces et équivalentes reçues par le travailleur et leur répartition dans l'organisme ;

4° Adapter en conséquence les mesures de prévention en vue d'éviter tout nouveau dépassement ;

5° Procéder aux vérifications initiales prévues aux articles R. 4451-40 et R. 4451-44 afin de s'assurer de l'efficacité des mesures de prévention qu'il a mises en œuvre, ou lorsque la situation concerne un (Décr. n° 2021-1091 du 18 août 2021, art. 1er) « moyen de transport » utilisé lors d'opération d'acheminement de matière radioactive, aux vérifications prévues au 1° et, le cas échéant, du 2° du I de l'article R. 4451-44.

II. — L'employeur informe le comité social et économique ainsi que l'agent de contrôle de l'inspection du travail mentionné à l'article L. 8112-1 et, selon le cas, l'Autorité de sûreté nucléaire ou le délégué à la sûreté nucléaire et à la radioprotection pour les installations et activités intéressant la défense, en précisant les causes présumées, les circonstances et les mesures envisagées pour éviter le renouvellement de ce dépassement.

V. note ss. art. R. 4451-17.

Art. R. 4451-81 Le travailleur concerné par le dépassement d'une des valeurs limites fixées aux articles R. 4451-6, R. 4451-7 et R. 4451-8 bénéficie, pendant les douze mois suivants le constat de ce dépassement, du suivi de l'état de santé applicable aux travailleurs classés en catégorie A.

SANTÉ ET SÉCURITÉ AU TRAVAIL — **Art. R. 4451-85**

SECTION 10 Suivi de l'état de santé des travailleurs

SOUS-SECTION 1 Modalités spécifiques du suivi individuel renforcé

Art. R. 4451-82 Le suivi individuel renforcé des travailleurs classés au sens de l'article R. 4451-57 ou des travailleurs faisant l'objet d'un suivi individuel de l'exposition au radon prévu à l'article R. 4451-65 est assuré dans les conditions prévues aux articles R. 4624-22 à R. 4624-28.

Pour un travailleur classé en catégorie A, la visite médicale mentionnée à l'article R. 4624-28 est renouvelée chaque année. La visite intermédiaire mentionnée au même article n'est pas requise.

Art. R. 4451-83 I. — Le dossier médical en santé au travail mentionné à l'article (Décr. n° 2022-1434 du 15 nov. 2022, art. 4) « L. 4624-8 » de chaque travailleur est complété par :

1° L'évaluation individuelle de l'exposition aux rayonnements ionisants transmise par l'employeur au titre de l'article R. 4451-53 ;

2° Les résultats du suivi dosimétrique individuel, ainsi que la dose efficace ;

3° Le cas échéant, les expositions ayant conduit à un dépassement des valeurs limites fixées aux articles R. 4451-6, R. 4451-7 et R. 4451-8 ainsi que la dose reçue au cours de ces expositions ;

4° Les résultats des examens complémentaires prescrits par le médecin du travail dans les conditions prévues aux articles R. 4624-35 à R. 4624-38.

II. — Le dossier médical en santé au travail de chaque travailleur est conservé jusqu'au moment où il a ou aurait atteint l'âge de soixante-quinze ans et, en tout état de cause, pendant une période d'au moins cinquante ans à compter de la fin de l'activité professionnelle impliquant une exposition aux rayonnements ionisants.

Art. R. 4451-84 (Décr. n° 2023-489 du 21 juin 2023, art. 1er) « I. — » Le médecin du travail peut se faire communiquer les résultats des vérifications prévues à la section 6 du présent chapitre qu'il juge nécessaires pour apprécier l'état de santé des travailleurs.

(Décr. n° 2023-489 du 21 juin 2023, art. 1er) « II. — Le médecin du travail, qui constate une contamination d'un travailleur par un ou des radionucléides lorsqu'il reçoit les résultats d'une de ses prescriptions, en informe l'employeur et le conseiller en radioprotection. »

SOUS-SECTION 2 Modalités spécifiques applicables aux professionnels de santé au travail, ainsi qu'aux services de prévention et de santé au travail et services de santé au travail en agriculture, assurant le suivi individuel renforcé d'un travailleur exposé aux rayonnements ionisants (Décr. n° 2023-489 du 21 juin 2023).

Art. R. 4451-85 (Décr. n° 2023-489 du 21 juin 2023, art. 1er, en vigueur le 1er janv. 2024) I. — Pour assurer le suivi individuel renforcé prévu à l'article R. 4451-82, le médecin du travail et les professionnels de santé au travail placés sous son autorité mentionnés au premier alinéa du I de l'article L. 4624-1 suivent une formation spécifique préalable sur les risques liés aux rayonnements ionisants et sur le dispositif de surveillance dosimétrique individuelle.

II. — Un arrêté conjoint des ministres chargés du travail et de l'agriculture détermine :

1° Le contenu de la formation mentionnée au I en fonction des professionnels de santé au travail concernés et du type d'exposition, ainsi que les modalités de son renouvellement ;

2° Les modalités de reconnaissance des connaissances, des compétences et de l'expérience du professionnel de santé au travail comme valant satisfaction de l'obligation de formation prévue au I ;

3° Les conditions pour qu'un organisme de formation puisse dispenser cette formation.

A compter du 1ᵉʳ janv. 2026, les médecins du travail et les professionnels de santé qui n'ont pas bénéficié de la formation spécifique mentionnée à l'art. R. 4451-85 dans sa rédaction issue du Décr. nº 2023-489 du 21 juin 2023 ne peuvent plus assurer le suivi individuel renforcé prévu à l'art. R. 4451-82 (Décr. préc., art. 4-II).

Art. R. 4451-86 I. — L'agrément du service de santé au travail prévu à l'article D. 4622-48 tient compte du nombre de médecin [*médecins*] du travail ayant bénéficié de la formation mentionnée à l'article R. 4451-85.

II. — Le (*Décr. nº 2020-1545 du 9 déc. 2020, art. 28-X, en vigueur le 1ᵉʳ avr. 2021*) « directeur régional de l'économie, de l'emploi, du travail et des solidarités », après avis du médecin inspecteur du travail, peut décider de déroger aux dispositions des articles D. 4622-25 à D. 4622-27 lorsque la répartition géographique des travailleurs bénéficiant du suivi individuel mentionné au I de l'article R. 4451-85 le justifie.

Nouvel art. R. 4451-86 (*Décr. nº 2023-489 du 21 juin 2023, art. 1ᵉʳ, en vigueur le 1ᵉʳ janv. 2025*)
I. — Pour assurer le suivi des travailleurs mentionnés à l'article R. 4451-82, les services de prévention et de santé au travail mentionnés à l'article L. 4622-2 et les services de santé au travail en agriculture mentionnés à l'article L. 717-3 du code rural et de la pêche maritime dispose [disposent] d'un agrément complémentaire à celui prévu à l'article L. 4622-6-1 du code du travail.

II. — L'agrément complémentaire est délivré par l'autorité administrative pour une période de cinq ans.

Il peut être demandé en même temps que l'agrément prévu à l'article L. 4622-6-1 du présent code, pendant sa période de validité ou lors de son renouvellement.

Il est délivré lorsque le service remplit les conditions fixées par un cahier des charges national établi par arrêté conjoint des ministres chargés du travail et de l'agriculture prévoyant notamment que le nombre de médecins du travail et de professionnels de santé au travail mentionnés au premier alinéa du I de l'article L. 4624-1 du présent code ayant bénéficié de la formation prévue à l'article R. 4451-85 du présent code requis pour assurer le suivi des travailleurs mentionnés au I.

III. — L'abrogation de l'agrément prévu à l'article L. 4622-6-1 du présent code entraîne celle de l'agrément complémentaire.

Lorsque l'autorité administrative constate des manquements aux conditions mentionnées au II, elle peut diminuer la durée de l'agrément complémentaire ou y mettre fin.

Art. R. 4451-87 (*Décr. nº 2023-489 du 21 juin 2023, art. 1ᵉʳ, en vigueur le 1ᵉʳ janv. 2024*) I. — Lorsqu'une entreprise dispose de son propre service de prévention et de santé au travail et détient l'agrément complémentaire mentionné au I de l'article R. 4451-86, ce service assure, dans les conditions prévues au second alinéa de l'article L. 4622-5-1, conjointement avec le service de prévention et de santé au travail des entreprises extérieures mentionnées au I de l'article R. 4451-35 ou avec celui des entreprises exécutant les opérations mentionnées à l'article R. 4451-36, le suivi individuel renforcé prévu à l'article R. 4451-82 des travailleurs de ces dernières.

II. — La convention prévue au second alinéa de l'article L. 4622-5-1 est annexée au plan de prévention prévu au 2° de l'article R. 4512-7.

Elle est transmise dès sa signature au directeur régional de l'économie, de l'emploi, du travail et des solidarités ainsi qu'à l'agent de contrôle de l'inspection du travail et aux agents de contrôle assimilés mentionnés à l'article L. 8112-1.

Les membres de chaque comité social et économique intéressé en sont également informés.

Art. R. 4451-88 (*Décr. nº 2023-489 du 21 juin 2023, art. 1ᵉʳ*) En application des dispositions du dernier alinéa de l'article L. 1251-22, le suivi individuel renforcé prévu à l'article R. 4451-82 est assuré, à l'égard du salarié temporaire, par l'entreprise utilisatrice définie au 1° de l'article L. 1251-1.

Le médecin du travail de l'entreprise de travail temporaire est informé des résultats de ce suivi.

SECTION 11 Exposition exceptionnelle

SOUS-SECTION 1 Exposition soumise à autorisation

Art. R. 4451-89 I. — Dans des circonstances exceptionnelles, lorsque les mesures de protection collective et individuelle ne permettent pas de garantir que l'exposition des travailleurs demeure inférieure aux valeurs limites d'exposition prévues à l'article R. 4451-6, l'employeur demande à l'agent de contrôle de l'inspection du travail mentionné à l'article L. 8112-1 l'autorisation de les dépasser.

II. — L'employeur démontre l'absence d'alternative possible au dépassement *(Décr. n° 2021-1091 du 18 août 2021, art. 1ᵉʳ)* « des » valeurs *(Décr. n° 2021-1091 du 18 août 2021, art. 1ᵉʳ)* « mentionnées » au I compte tenu du caractère exceptionnel des travaux à effectuer.

L'employeur demande l'avis du médecin du travail et celui du comité social et économique.

V. note ss. art. R. 4451-17.

Art. R. 4451-90 Le niveau d'exposition exceptionnelle n'excède pas 50 millisieverts sur douze mois consécutifs en termes de dose efficace ou en termes de dose équivalente pour le cristallin, pour autant que la dose annuelle moyenne reçue sur une période de cinq années consécutives, y compris les années au cours desquelles la limite a été dépassée, ne soit pas supérieure à 20 millisieverts.

Art. R. 4451-91 L'employeur s'assure que le travailleur concerné :
1° A donné son accord pour réaliser ces travaux ;
2° Bénéficie de tous les moyens de protection appropriés ;
3° Est classé en catégorie A ;
4° N'a pas reçu, dans les douze mois qui précèdent, une dose supérieure à l'une des valeurs limites fixées à l'article R. 4451-6 ;
5° Ne présente pas de contre-indication médicale ;
6° A reçu une formation sur les risques liées *[liés]* aux travaux à réaliser dans les circonstances exceptionnelles prévues à l'article R. 4451-89.

Art. R. 4451-92 La demande d'autorisation comprend :
1° La dénomination et le siège social de l'entreprise et l'adresse de l'établissement ;
2° Le nom et l'adresse du service *(Décr. n° 2023-489 du 21 juin 2023, art. 1ᵉʳ)* « de prévention et » de santé au travail dont il relève ;
3° Le nom et la qualité du conseiller en radioprotection ;
4° Le résultat de l'évaluation des risques d'exposition aux rayonnements ionisants ;
5° Les circonstances qui justifient cette demande, notamment la démonstration de l'absence d'alternative possible au dépassement des valeurs limites d'exposition ;
6° Les mesures et moyens de protection envisagés ;
7° La liste des postes de travail et des travailleurs concernés ;
8° Le cas échéant, les dispositions particulières prises dans le cadre de travaux réalisés par une entreprise extérieure ;
9° L'avis du médecin du travail et l'avis du comité social et économique.

L'employeur en informe, selon le cas, l'Autorité de sûreté nucléaire ou le délégué à la sûreté nucléaire et à la radioprotection pour les installations et activités intéressant la défense.

Art. R. 4451-93 I. — L'agent de contrôle de l'inspection du travail mentionné à l'article L. 8112-1 fait connaître à l'employeur sa décision dans les meilleurs délais compte tenu des circonstances exceptionnelles et au plus tard dans un délai de quinze jours suivant la date de réception de la demande d'autorisation.

Il peut saisir l'Institut de radioprotection et de sûreté nucléaire pour avis.

II. — Le silence gardé pendant plus de quinze jours à compter de la réception de la demande d'autorisation par l'administration vaut décision de rejet.

SOUS-SECTION 2 Gestion du dépassement de dose

Art. R. 4451-94 A l'issue des situations d'exposition prévues à la sous-section 1, pendant la période où la dose reçue demeure supérieure à l'une des valeurs limites fixées à l'article R. 4451-6 et par dérogation aux dispositions de cet article, le travailleur peut être affecté à des travaux l'exposant aux rayonnements ionisants sous réserve de :

1° La délivrance d'un nouvel avis d'aptitude préalable attestant l'absence de contre-indication médicale à ces travaux ;

2° L'accord préalable du travailleur concerné qui a reçu, par le médecin du travail, une information telle que prévue au 4° de l'article R. 4624-24 ;

3° Son classement en catégorie A.

La dose efficace susceptible d'être reçue dans les cinq années à venir, incluant la dose reçue dans le cadre du dépassement, n'excède pas 100 millisieverts.

L'employeur en informe le comité social et économique.

V. note ss. art. R. 4451-17.

SOUS-SECTION 3 Exposition à bord d'engins spatiaux

Art. R. 4451-95 Il peut être dérogé à la valeur limite de dose efficace et de la dose équivalente pour le cristallin fixées à l'article R. 4451-6 au cours d'un vol spatial sous réserve que l'employeur veille à maintenir ces doses en dessous d'un niveau de référence de 500 millisieverts sur la durée du vol.

SECTION 12 Situation d'urgence radiologique

SOUS-SECTION 1 Champ d'application

Art. R. 4451-96 I. — Les dispositions de la présente section s'appliquent à tout employeur susceptible de confier à un travailleur lors d'une situation d'urgence radiologique mentionnée à l'article L. 1333-3 du code de la santé publique la mise en œuvre d'actions destinées à :

1° Prévenir ou réduire un risque lié à une telle situation ;

2° Contribuer au maintien en fonctionnement d'une activité d'importance stratégique non interruptible.

II. — Les actions concernées sont celles réalisées dans les périmètres :

1° De l'établissement à l'origine de la situation d'urgence radiologique ;

2° De protection des populations mis en place par les pouvoirs publics en situation d'urgence radiologique lors du déclenchement d'un plan de secours prévu aux articles L. 741-1 à L. 741-4 et L. 741-6 du code de la sécurité intérieure ;

3° De protection mis en place lorsqu'une opération de transport est à l'origine de la situation d'urgence radiologique.

Art. R. 4451-97 Est un travailleur intervenant en situation d'urgence, tout travailleur à qui a été confiée l'une des actions mentionnées à l'article R. 4451-96.

Ces actions ne peuvent être confiées à une femme enceinte, une femme allaitant ou à un jeune travailleur.

SOUS-SECTION 2 Organisation préalable à la situation d'urgence radiologique

Art. R. 4451-98 L'employeur s'assure qu'il dispose de l'organisation et des moyens permettant la mise œuvre dans les meilleurs délais des dispositions de la présente section.

L'employeur en informe le comité social et économique.

V. note ss. art. R. 4451-17.

Art. R. 4451-99 I. — L'employeur identifie tout travailleur susceptible d'intervenir en situation d'urgence radiologique.

II. — Après avis du médecin du travail, l'employeur affecte le travailleur mentionné au I :

1° Au "premier groupe", lorsque la dose efficace liée à l'exposition professionnelle due aux actions mentionnées à l'article R. 4451-96 est susceptible de dépasser 20 millisieverts durant la situation d'urgence radiologique ;

2° Au "second groupe" lorsqu'il ne relève pas du premier groupe et que la dose efficace est susceptible de dépasser 1 millisievert durant la situation d'urgence radiologique.

SANTÉ ET SÉCURITÉ AU TRAVAIL   **Art. R. 4451-104** 2423

III. – L'employeur établit et tient à jour, en liaison avec le médecin du travail, la liste de ces affectations.

Art. R. 4451-100 I. – Chaque travailleur affecté au premier groupe mentionné au 1° du II de l'article R. 4451-99 :
1° Donne son accord à l'affectation ;
2° Ne présente pas de contre-indication médicale à l'intervention en situation d'urgence radiologique ;
3° Reçoit une formation appropriée sur les risques pour la santé et les précautions à prendre lors d'une intervention en situation d'urgence radiologique, renouvelée au moins tous les trois ans.
Les travailleurs titulaires d'un contrat à durée déterminée, les travailleurs temporaires et les travailleurs titulaires d'un contrat conclu pour la durée d'un chantier ne peuvent être affectés dans le premier groupe.
II. – Chaque travailleur affecté au second groupe mentionné au 2° du II de l'article R. 4451-99 :
1° Ne présente pas de contre-indication médicale à l'intervention en situation d'urgence radiologique ;
2° Reçoit une information appropriée sur les risques pour la santé et les précautions à prendre lors de l'intervention en situation d'urgence radiologique.

SOUS-SECTION 3 **Intervention en situation d'urgence radiologique**

§ 1 Moyens organisationnels et techniques

Art. R. 4451-101 L'employeur met en place une organisation de la radioprotection adaptée à la situation d'urgence radiologique, notamment :
1° Il désigne, s'il ne l'a pas déjà fait à un autre titre, un conseiller en radioprotection dans les conditions prévues à l'article R. 4451-112 ;
2° Il signale et délimite, si possible, dans les périmètres mentionnés au II de l'article R. 4451-96 les zones spécifiques à la situation d'urgence radiologique, afin d'organiser les mesures de protection collective et individuelle adaptées à la situation.

§ 2 Conditions d'intervention

Art. R. 4451-102 Chaque travailleur intervenant en situation d'urgence radiologique affecté au premier groupe :
1° Reçoit une information adaptée à la situation d'urgence radiologique survenue et aux conditions d'intervention ;
2° Confirme son accord pour l'intervention ;
3° Bénéficie des moyens de protection individuelle adaptés à la nature de l'intervention en situation d'urgence radiologique ;
4° Fait l'objet d'une surveillance dosimétrique individuelle telle que celle prévue à l'article R. 4451-64 ;
5° Bénéficie d'un suivi de l'exposition externe au moyen d'un dosimètre opérationnel.

Art. R. 4451-103 Chaque travailleur intervenant en situation d'urgence radiologique affecté au second groupe :
1° Reçoit une information adaptée à la situation d'urgence radiologique survenue et aux conditions d'intervention ;
2° Bénéficie des moyens de protection individuelle adaptés à la nature de l'intervention en situation d'urgence radiologique ;
3° Fait l'objet d'une évaluation de son exposition aux rayonnements ionisants, réalisée au moyen d'une surveillance dosimétrique individuelle telle que celle prévue à l'article R. 4451-65 ou lorsque le caractère de la situation d'urgence ne le permet pas, selon toute autre méthode appropriée établie par l'employeur avec l'appui de l'Institut de radioprotection et de sûreté nucléaire.

Art. R. 4451-104 I. – Dans le respect du principe d'optimisation mentionné au 2° de l'article L. 1333-2 du code de la santé publique, l'employeur veille à maintenir, dans la mesure du possible, l'exposition des travailleurs intervenant en situation d'urgence radiologique en dessous des valeurs limites d'exposition professionnelle fixées au 1° de l'article R. 4451-6.

II. — Lorsque les conditions d'intervention ne le permettent pas, l'employeur veille à maintenir leur exposition en dessous du niveau de référence fixé au I de l'article R. 4451-11.

III. — Dans des situations exceptionnelles, pour sauver des vies, empêcher de graves effets sanitaires radio-induits ou empêcher l'apparition de situations catastrophiques, l'employeur s'assure que l'exposition individuelle du travailleur concerné demeure en dessous du niveau de référence fixé au II de l'article R. 4451-11.

Art. R. 4451-105 L'employeur informe l'agent de contrôle de l'inspection du travail mentionné à l'article L. 8112-1 et, selon le cas, l'Autorité de sûreté nucléaire ou le délégué à la sûreté nucléaire et à la radioprotection pour les installations et activités intéressant la défense à l'issue de toute situation d'urgence radiologique ayant nécessité l'intervention d'un travailleur affecté au premier groupe.

§ 3 Gestion de la surveillance dosimétrique

Art. R. 4451-106 Le médecin du travail et le conseiller en radioprotection mettent en œuvre de manière concertée la surveillance dosimétrique individuelle prévue au 4° de l'article R. 4451-102 ou l'évaluation des expositions prévue au 3° de l'article R. 4451-103.

Ils recourent, si nécessaire, à l'appui technique de l'Institut de radioprotection et de sûreté nucléaire.

Ils informent, chacun en ce qui le concerne, l'employeur, sous les formes et conditions respectivement prévues aux articles R. 4451-75 et R. 4451-76, lorsque l'exposition d'un travailleur est susceptible de dépasser l'un des niveaux de référence mentionnés à l'article R. 4451-11.

Ils en informent, chacun en ce qui le concerne, le travailleur concerné.

Art. R. 4451-107 I. — Dans le cas où l'un des niveaux de référence mentionnés à l'article R. 4451-11 a été dépassé, l'employeur informe sans délai de ce dépassement le travailleur concerné.

II. — Lorsque l'exposition d'un travailleur dépasse le niveau de référence mentionné au I de l'article R. 4451-11, la poursuite des actions mentionnées à l'article R. 4451-96 qui lui sont confiées est conditionnée à :

1° La justification par l'employeur de la nécessité de maintenir le travailleur à son poste ;

2° L'absence de contre-indication médicale ;

3° L'accord du travailleur concerné qui a reçu les informations appropriées sur les risques sanitaires associés.

L'employeur informe le comité social et économique du dépassement et du maintien au poste du travailleur.

L'employeur en informe également l'agent de contrôle de l'inspection du travail mentionné à l'article L. 8112-1 et, selon le cas, l'Autorité de sûreté nucléaire ou le délégué à la sûreté nucléaire et à la radioprotection pour les installations et activités intéressant la défense.

V. note ss. art. R. 4451-17.

§ 4 Suivi de l'état de santé des travailleurs à l'issue d'une situation d'urgence radiologique

Art. R. 4451-108 A l'issue de la situation d'urgence radiologique, le médecin du travail prescrit tous les examens qu'il juge pertinents pour apprécier l'état de santé des travailleurs intervenant en situation d'urgence radiologique.

Il établit pour chaque travailleur un bilan dosimétrique qu'il consigne dans le dossier médical en santé au travail mentionné à l'article (*Décr. n° 2022-1434 du 15 nov. 2022, art. 4*) « L. 4624-8 » et qu'il remet au travailleur.

Il recourt, si nécessaire, à l'appui technique ou méthodologique de l'Institut de radioprotection et de sûreté nucléaire.

Art. R. 4451-109 I. — Chaque travailleur étant intervenu dans une situation d'urgence radiologique bénéficie des mesures de suivi individuel renforcé applicables

SANTÉ ET SÉCURITÉ AU TRAVAIL   **Art. R. 4451-114** 2425

aux travailleurs classés en catégorie A prévues à l'article R. 4451-82 pendant au moins cinq ans à l'issue de la situation d'urgence radiologique ou pendant la période où la dose reçue demeure supérieure à l'une des valeurs limites fixées à l'article R. 4451-6.

II. – Le travailleur mentionné au I peut être affecté à des travaux l'exposant aux rayonnements ionisants dans les conditions prévues à l'article R. 4451-94.

§ 5 Dispositions d'application

Art. R. 4451-110 Les modalités et conditions de mise en œuvre du suivi de l'exposition individuelle en situation d'urgence radiologique prévu aux articles R. 4451-102 et R. 4451-103 sont fixées par un arrêté conjoint des ministres chargés du travail et de l'agriculture.

V. Arr. du 26 juin 2019, NOR : MTRT1901273A (JO 3 juill.).

SECTION 13 Organisation de la radioprotection

SOUS-SECTION 1 Champ d'application

Art. R. 4451-111 L'employeur, le chef de l'entreprise extérieure ou le travailleur indépendant met en place, le cas échant, une organisation de la radioprotection lorsque la nature et l'ampleur du risque d'exposition des travailleurs aux rayonnements ionisants le conduisent à mettre en œuvre au moins l'une des mesures suivantes :

(Décr. n° 2023-489 du 21 juin 2023, art. 1ᵉʳ) « 1° La mise en œuvre d'une surveillance dosimétrique individuelle en application du I de l'article R. 4451-64 ; »

2° La délimitation de zone dans les conditions (Décr. n° 2023-489 du 21 juin 2023, art. 1ᵉʳ) « fixées » aux articles R. 4451-22 et R. 4451-28 ;

3° Les vérifications prévues à la section 6 du présent chapitre.

SOUS-SECTION 2 Désignation du conseiller en radioprotection

Art. R. 4451-112 L'employeur désigne au moins un conseiller en radioprotection pour la mise en œuvre des mesures et moyens de prévention prévus au présent chapitre. Ce conseiller est :

1° Soit une personne physique, dénommée "personne compétente en radioprotection", salariée de l'établissement ou à défaut de l'entreprise ;

2° Soit une personne morale, dénommée "organisme compétent en radioprotection".

Art. R. 4451-113 I. – Dans un établissement comprenant une installation nucléaire de base, l'employeur constitue un pôle de compétences en radioprotection chargé de le conseiller en matière de radioprotection.

Ne sont pas concernées par les dispositions du premier alinéa :

1° Les installations mettant en œuvre uniquement des sources radioactives scellées et celles comprenant un accélérateur tel que défini à (Décr. n° 2021-1091 du 18 août 2021, art. 1ᵉʳ) « l'article R. 593-3 du code de l'environnement » ;

2° Les entreprises extérieures intervenant dans les établissements (Décr. n° 2021-1091 du 18 août 2021, art. 1ᵉʳ) « mentionnés » au premier alinéa.

II. – Dans les établissements mentionnés au I, l'employeur peut confier au pôle qu'il a constitué les missions de conseiller en radioprotection au titre d'autres activités nucléaires exercées dans le même établissement.

III. – Le pôle de compétence en radioprotection peut accomplir les vérifications initiales prévues aux articles R. 4451-40 et R. 4451-44 (Décr. n° 2021-1091 du 18 août 2021, art. 1ᵉʳ) « et procéder au renouvellement de la vérification initiale des équipements de travail prévu à l'article R. 4451-41 ».

Art. R. 4451-114 (Décr. n° 2023-489 du 21 juin 2023, art. 1ᵉʳ) « I. – Lorsque la situation et les enjeux radiologiques le nécessitent, l'employeur s'assure de la continuité de service du conseiller en radioprotection.

« II. – » Lorsque plusieurs personnes compétentes en radioprotection sont désignées (Décr. n° 2023-489 du 21 juin 2023, art. 1ᵉʳ) « au sein d'un établissement, ou à défaut de l'entreprise », elles sont regroupées au sein d'une entité interne dotée de moyens de fonctionnement adaptés.

Art. R. 4451-115 Lorsque l'employeur a désigné un organisme compétent en radioprotection, il s'assure de la coordination des actions de prévention mises en œuvre au titre du présent chapitre sur le fondement des conseils dispensés en la matière par cet organisme avec celles qu'il a mis en œuvre concernant les autres risques professionnels.

Art. R. 4451-116 L'organisme compétent en radioprotection ainsi que le pôle de compétences en radioprotection comprennent au moins une personne désignée pour se charger de l'exploitation des résultats de la surveillance dosimétrique individuelle des travailleurs prévue aux articles R. 4451-64 et suivants.

Art. R. 4451-117 Dans les entreprises de moins de vingt salariés, lorsque l'évaluation des risques exclut tout risque d'exposition interne, l'employeur peut occuper la fonction de personne compétente en radioprotection s'il est titulaire du certificat prévu au 1° de l'article R. 4451-125.

Art. R. 4451-118 L'employeur consigne par écrit les modalités d'exercice des missions du conseiller en radioprotection qu'il a définies. Il précise le temps alloué et les moyens mis à sa disposition, en particulier ceux de nature à garantir la confidentialité des données relatives à la surveillance de l'exposition des travailleurs prévue aux articles R. 4451-64 et suivants.

Art. R. 4451-119 La personne compétente en radioprotection définie au 1° de l'article R. 4451-112 ne peut subir de discrimination en raison de l'exercice de sa mission.

Art. R. 4451-120 Le comité social et économique est consulté sur l'organisation mise en place par l'employeur pour l'application des dispositions de la présente section.

Art. R. 4451-121 Le conseiller en radioprotection désigné par l'employeur en application de l'article R. 4451-112 peut également être désigné par le responsable de l'activité nucléaire en application de l'article R. 1333-19 du code de la santé publique.

SOUS-SECTION 3 **Mission du conseiller en radioprotection**

Art. R. 4451-122 Sous la responsabilité de l'employeur, le conseiller en radioprotection participe, dans un objectif de prévention, à la préservation de la santé et de la sécurité des travailleurs.

Il exerce ses missions en lien avec le médecin du travail, le salarié mentionné au I de l'article L. 4644-1 et le comité social et économique.

Art. R. 4451-123 Le conseiller en radioprotection :
1° Donne des conseils en ce qui concerne :
a) La conception, la modification ou l'aménagement des lieux de travail et des dispositifs de sécurité destinés à prévenir les risques liés aux rayonnements ionisants ;
b) Les programmes des vérifications des équipements de travail et des lieux de travail prévues à la section 6 au présent chapitre ainsi que les modalités de suivi de l'exposition individuelle des travailleurs ;
c) L'instrumentation appropriée aux vérifications mentionnées au *b)* et les dosimètres opérationnels ;
d) Les modalités de classement des travailleurs prévu à l'article R. 4451-57 ;
e) Les modalités de délimitation et conditions d'accès aux zones mentionnées aux articles R. 4451-24 et R. 4451-28 ;
f) La préparation et l'intervention en situations d'urgence radiologique prévues à la section 12 du présent chapitre ;
2° Apporte son concours en ce qui concerne :
a) L'évaluation des risques prévue à l'article R. 4451-13 et suivants ;
b) La définition et à la mise en œuvre des dispositions relatives aux mesures et moyens de prévention prévus à la section 5 du présent chapitre, notamment celles concernant la définition des contraintes de dose prévue au 1° de l'article R. 4451-33 et l'identification et la délimitation des zones prévues aux articles R. 4451-22 et R. 4451-26 ;
c) La définition et à la mise en œuvre des dispositions relatives aux conditions d'emploi des travailleurs prévue à la section 7 du présent chapitre, notamment celles concernant l'évaluation individuelle du risque lié aux rayonnements ionisants prévue à

SANTÉ ET SÉCURITÉ AU TRAVAIL **Art. R. 4451-126**

l'article R. 4451-52, les mesures de protection individuelle prévues à l'article R. 4451-56 et l'information et la formation à la sécurité des travailleurs prévue aux articles R. 4451-58 et R. 4451-59 ;
d) La définition et à la mise en œuvre des dispositions relatives à la surveillance de l'exposition individuelle des travailleurs prévue à la section 9 du présent chapitre en liaison avec le médecin du travail ;
e) La coordination des mesures de prévention relatives à la radioprotection au sens de l'article R. 4511-5 ;
f) L'élaboration des procédures et moyens pour la décontamination des lieux de travail susceptibles de l'être ;
g) L'enquête et l'analyse des événements significatifs mentionnés à l'article R. 4451-77 ;
3° Exécute ou supervise :
a) Les mesurages prévus à l'article R. 4451-15 ;
b) Les vérifications de l'efficacité des moyens de prévention prévues à la section 6 du présent chapitre à l'exception de celles prévues aux articles R. 4451-40 et R. 4451-44.

Jusqu'au 1ᵉʳ janv. 2022, les missions du conseiller en radioprotection prévues à l'art. R. 4451-123 peuvent continuer à être confiées à une personne compétente en radioprotection interne ou externe à l'établissement, dans les conditions prévues par les art. R. 4451-107, R. 4451-108 et R. 4451-109 dans leur rédaction en vigueur avant le Décr. n° 2018-437 du 4 juin 2018 (Décr. n° 2021-1091 du 18 août 2021, art. 3).

V. Arr. du 23 oct. 2020, NOR : MTRT2001758A (JO 27 oct.), mod. par Arr. du 12 nov. 2021, NOR : MTRT2130063A (JO 12 déc.).

Art. R. 4451-124 I. – Le conseiller en radioprotection consigne les conseils qu'il donne en application du 1° de l'article R. 4451-123 sous une forme en permettant la consultation pour une période d'au moins dix ans.
Dans les établissements dotés d'un comité social et économique, ces éléments sont utilisés pour établir le rapport et le programme de prévention des risques professionnels annuels prévus à l'article *(Décr. n° 2021-1091 du 18 août 2021, art. 1ᵉʳ)* « L. 2312-27 ».
II. – Les conseils donnés par le conseiller en radioprotection au titre du 1° du I de l'article R. 1333-19 du code de la santé publique peuvent être regardés comme étant des conseils donnés au titre du *(Décr. n° 2021-1091 du 18 août 2021, art. 1ᵉʳ)* « 1° de l'article R. 4451-123 » lorsqu'ils portent sur le même objet.

SOUS-SECTION 4 Dispositions d'application

Art. R. 4451-125 Pour être désigné conseiller en radioprotection est requis :
1° Pour la personne compétente en radioprotection, un certificat de formation délivré par un organisme de formation certifié par un organisme certificateur accrédité par le Comité français d'accréditation ou par tout autre organisme mentionné à l'article R. 4724-1 ;
2° Pour l'organisme compétent en radioprotection, une certification délivrée par un organisme certificateur accrédité par le Comité français d'accréditation ou par tout autre organisme mentionné à l'article R. 4724-1 ;
3° Pour le pôle de compétences en radioprotection, une approbation, selon le cas, de l'Autorité de sûreté nucléaire ou du délégué à la sûreté nucléaire et à la radioprotection pour les installations et activités intéressant la défense.

Art. R. 4451-126 Un arrêté conjoint des ministres chargés du travail, de la radioprotection et de l'agriculture détermine :
1° Pour ce qui concerne la personne compétente en radioprotection :
a) Le contenu et la durée de la formation à la radioprotection du public, des travailleurs et de l'environnement, en tenant compte de la nature de l'activité exercée, des caractéristiques des sources de rayonnements ionisants utilisés ;
b) La qualification, la compétence et l'expérience des personnes chargées de la formation ;
c) Les modalités de contrôle des connaissances ;
d) Les conditions de délivrance et de renouvellement du certificat de formation ;

e) La durée de validité du certificat de formation ;
f) Les modalités et conditions de certification des organismes de formation ;
g) Les modalités et conditions d'accréditation des organismes certificateurs ;
2° Pour ce qui concerne l'organisme compétent en radioprotection :
a) La qualification, la compétence et l'expérience professionnelle des personnes assurant au sein de cet organisme les fonctions de conseiller en radioprotection dans les établissements clients ;
b) Les exigences organisationnelles, notamment permettant d'assurer la confidentialité des données relatives à la surveillance dosimétrique individuelle ;
c) Les modalités et conditions de certification de ces organismes ;
d) Les modalités et conditions d'accréditation des organismes certificateurs ;
3° Pour ce qui concerne le pôle de compétences en radioprotection :
a) La qualification, les compétences et l'expérience professionnelle des personnes le constituant ;
b) Les exigences organisationnelles, notamment permettant d'assurer la confidentialité des données relatives à la surveillance dosimétrique individuelle ;
c) Les modalités et conditions d'approbation des pôles de compétences en radioprotection par les autorités compétentes mentionnées au 3° de l'article R. 4451-125 ;
d) Les exigences organisationnelles et de moyens nécessaires à l'exercice indépendant et objectif des missions prévues à l'article R. 4451-123 de celles de vérification initiale prévues aux articles R. 4451-40 et R. 4451-44.

V. Arr. du 18 déc. 2019, NOR : MTRT1920692A (JO 21 déc.), mod. par Arr. du 12 nov. 2021, NOR : MTRT2130063A (JO 12 déc.).

SECTION 14 Missions de l'Institut de radioprotection et de sûreté nucléaire

SOUS-SECTION 1 Gestion du système d'information et de surveillance de l'exposition aux rayonnements ionisants

Art. R. 4451-127 L'Institut de radioprotection et de sûreté nucléaire est chargé :
1° D'assurer la gestion du système d'information et de surveillance de l'exposition aux rayonnements ionisants et d'organiser les accès nécessaires pour l'application des dispositions de la section 6 du présent chapitre ;
2° De centraliser, vérifier et conserver au moins cinquante ans après la dernière exposition l'ensemble des résultats de la surveillance dosimétrique individuelle de l'exposition des travailleurs recueillies *[recueillis]* en application des dispositions de l'article R. 4451-66 ainsi que les données administratives relatives à chaque travailleur fournies par l'employeur, en vue notamment de les exploiter à des fins statistiques ou épidémiologiques.

Art. R. 4451-128 Lorsque, au vu des résultats de la surveillance dosimétrique individuelle, l'exposition d'un travailleur a dépassé l'une des valeurs limites de dose fixées à l'article R. 4451-6, l'Institut de radioprotection et de sûreté nucléaire informe sans délai l'employeur, le ministre chargé du travail, l'Autorité de sûreté nucléaire ou le délégué à la sûreté nucléaire et à la radioprotection pour les installations et activités intéressant la défense.

Art. R. 4451-129 L'Institut de radioprotection et de sûreté nucléaire établit un bilan annuel des résultats des mesures de l'exposition des travailleurs comprenant les niveaux d'exposition aux rayonnements ionisants, compte tenu notamment des activités professionnelles et de la nature des expositions ainsi qu'une analyse de ces données.
Ce rapport est transmis au ministre chargé du travail, à l'Autorité de sûreté nucléaire ou au délégué à la sûreté nucléaire et à la radioprotection pour les installations et activités intéressant la défense et est rendu accessible sur le site internet de l'Institut.

Art. R. 4451-130 L'Institut de radioprotection et de sûreté nucléaire peut, dans le respect des exigences liées à la défense nationale et celles liées au secret médical, communiquer les résultats de la surveillance dosimétrique qu'il détient à des organismes d'études et de recherche qui en font la demande et avec lesquels il conclut une convention.

SANTÉ ET SÉCURITÉ AU TRAVAIL — **Art. R. 4451-137** 2429

SOUS-SECTION 2 Appui technique

Art. R. 4451-131 L'Institut de radioprotection et de sûreté nucléaire est chargé de :
1° Définir les modalités de communication des résultats des mesurages de la concentration d'activité du radon dans l'air prévue au II de l'article R. 4451-17 ;
2° Contribuer à la vérification de la qualité et la pertinence de la surveillance de l'exposition individuelle réalisée par l'organisme, le service et le laboratoire mentionnés à l'article R. 4451-65, notamment au moyen d'inter-comparaisons qu'il organise le cas échéant et d'avis qu'il rend au ministre chargé du travail ;
3° Organiser, dans le respect des exigences liées à la défense nationale, l'accès pour les agents de contrôle de l'inspection du travail mentionnés à l'article L. 8112-1 aux relevés des sources et des appareils émettant des rayonnements ionisants qui lui sont transmis en application du II de l'article R. 1333-158 du code de la santé publique ainsi que pour les inspecteurs et agents mentionnés à l'article R. 4451-135.

Art. R. 4451-132 L'Institut de radioprotection et de sûreté nucléaire définit, après avis du ministre chargé du travail, les conditions organisationnelles et tarifaires dans lesquelles il exerce les missions qui lui sont confiées à l'article R. 4451-61.

Art. R. 4451-133 L'Institut de radioprotection et de sûreté nucléaire rend un avis technique sur les arrêtés pris en application du présent chapitre.

SOUS-SECTION 3 Dispositions particulières

Art. R. 4451-134 L'Institut de radioprotection et de sûreté nucléaire peut réaliser :
1° Les vérifications prévues à la section 6 du présent chapitre, par dérogation aux dispositions des articles R. 4451-40 et R. 4451-44, dans le respect des exigences organisationnelles et de moyen nécessaires à l'exercice indépendant et objectif définis au 6° de l'article R. 4451-51 ;
2° La fourniture des dosimètres, leur exploitation ainsi que les modélisations numériques, les mesures et les analyses prévues à l'article R. 4451-65.

SECTION 15 Autres systèmes de contrôle

Art. R. 4451-135 L'employeur tient à la disposition des inspecteurs de la radioprotection mentionnés à l'article L. 1333-29 du code de la santé publique, des agents mentionnés à l'article L. 1333-30 du même code et des agents des services de prévention des organismes de sécurité sociale l'ensemble des informations et documents relatifs à la radioprotection auxquels a accès l'agent de contrôle de l'inspection du travail mentionné à l'article L. 8112-1.

SECTION 16 Situation d'exposition durable résultant d'une situation d'urgence radiologique

(Décr. n° 2021-1091 du 18 août 2021, art. 1ᵉʳ)

Art. R. 4451-136 Lorsqu'en application de l'article R. 1333-94 du code de la santé publique, le représentant de l'État dans le département délimite les zones dans lesquelles peuvent être prescrites, en raison d'une situation d'urgence radiologique, des mesures de réduction des expositions aux rayonnements ionisants, l'employeur évalue conformément aux dispositions de la section 4 les risques liés aux situations d'exposition durable aux rayonnements pour les travailleurs présents dans ces zones et met en œuvre à leur profit les mesures de prévention prévues au présent chapitre.

Art. R. 4451-137 Le ministre chargé du travail peut édicter des recommandations sur les modalités particulières d'application du présent chapitre pour les situations d'exposition durable résultant d'une situation d'urgence radiologique. Ces recommandations sont publiées sur le site internet du ministère chargé du travail.

# CHAPITRE II PRÉVENTION DES RISQUES D'EXPOSITION AUX RAYONNEMENTS OPTIQUES ARTIFICIELS

(Décr. n° 2010-750 du 2 juill. 2010, art. 2)

SECTION 1 Définitions

Art. R. 4452-1 Pour l'application du présent chapitre, on entend par :

1° Rayonnements optiques : tous les rayonnements électromagnétiques d'une longueur d'onde comprise entre 100 nanomètres et 1 millimètre. Le spectre des rayonnements optiques se subdivise en rayonnements ultraviolets, en rayonnements visibles et en rayonnements infrarouges :

 a) Rayonnements ultraviolets : rayonnements optiques d'une longueur d'onde comprise entre 100 nanomètres et 400 nanomètres. Le domaine de l'ultraviolet se subdivise en rayonnements UVA (315-400 nanomètres), UVB (280-315 nanomètres) et UVC (100-280 nanomètres) ;

 b) Rayonnements visibles : les rayonnements optiques d'une longueur d'onde comprise entre 380 nanomètres et 780 nanomètres ;

 c) Rayonnements infrarouges : les rayonnements optiques d'une longueur d'onde comprise entre 780 nanomètres et 1 millimètre. Le domaine de l'infrarouge se subdivise en rayonnements IRA (780-1 400 nanomètres), IRB (1 400-3 000 nanomètres) et IRC (3 000 nanomètres – 1 millimètre) ;

2° Laser (amplification de lumière par une émission stimulée de rayonnements) : tout dispositif susceptible de produire ou d'amplifier des rayonnements électromagnétiques de longueur d'onde correspondant aux rayonnements optiques, essentiellement par le procédé de l'émission stimulée contrôlée ;

3° Rayonnements laser : les rayonnements optiques provenant d'un laser ;

4° Rayonnements incohérents : tous les rayonnements optiques autres que les rayonnements laser ;

5° Valeurs limites d'exposition : les valeurs limites du niveau d'exposition aux rayonnements optiques, fondées directement sur des effets avérés sur la santé et des considérations biologiques, dont le respect garantit que les travailleurs exposés à des sources artificielles de rayonnement optique sont protégés de tout effet nocif connu sur la santé ;

6° Éclairement énergétique (E) ou densité de puissance : puissance rayonnée incidente par superficie unitaire sur une surface, exprimée en watts par mètre carré ($W.m^{-2}$) ;

7° Exposition énergétique (H) : l'intégrale de l'éclairement énergétique par rapport au temps, exprimée en joules par mètre carré ($J.m^{-2}$) ;

8° Luminance énergétique (L) : le flux énergétique ou la puissance par unité d'angle solide et par unité de surface, exprimé en watts par mètre carré par stéradian ($W.m^{-2}.sr^{-1}$) ;

9° Niveau : la combinaison d'éclairement énergétique, d'exposition énergétique et de luminance énergétique à laquelle est exposé un travailleur.

SECTION 2 Principes de prévention

Art. R. 4452-2 L'employeur, par des mesures de prévention des risques à la source et en tenant compte du progrès technique, prend les dispositions visant à supprimer ou, à défaut, à réduire au minimum les risques résultant de l'exposition aux rayonnements optiques artificiels.

Art. R. 4452-3 L'employeur veille à ce que les travailleurs exposés à des rayonnements optiques artificiels reçoivent une information sur les risques éventuels liés à ce type de rayonnements.

Art. R. 4452-4 La réduction des risques d'exposition aux rayonnements optiques artificiels se fonde sur les principes généraux de prévention mentionnés à l'article L. 4121-2.

SANTÉ ET SÉCURITÉ AU TRAVAIL **Art. R. 4452-10** 2431

SECTION 3 Valeurs limites d'exposition professionnelle

Art. R. 4452-5 L'exposition des travailleurs ne peut dépasser les valeurs limites d'exposition aux rayonnements incohérents autres que ceux émis par les sources naturelles de rayonnement optique fixées à l'annexe I figurant à la fin du présent chapitre.
– *V. ss. art. R. 4452-31.*

Art. R. 4452-6 L'exposition des travailleurs ne peut dépasser les valeurs limites d'exposition pour les rayonnements laser fixées à l'annexe II figurant à la fin du présent chapitre. – *V. ss. art. R. 4452-31.*

SECTION 4 Évaluation des risques

Art. R. 4452-7 L'employeur évalue les risques résultant de l'exposition aux rayonnements optiques artificiels, notamment afin de vérifier le respect des valeurs limites d'exposition définies aux articles R. 4452-5 et R. 4452-6. Si une évaluation à partir des données documentaires techniques disponibles ne permet pas de conclure à l'absence de risque, il calcule et, le cas échéant, mesure les niveaux de rayonnements optiques artificiels auxquels les travailleurs sont exposés.

Art. R. 4452-8 Lorsqu'il procède à l'évaluation des risques, l'employeur prend en considération :
1° Le niveau, le domaine des longueurs d'onde et la durée de l'exposition à des sources artificielles de rayonnement optique ;
2° Les valeurs limites d'exposition définies aux articles R. 4452-5 et R. 4452-6 ;
3° Toute incidence sur la santé et la sécurité des travailleurs ;
4° Toute incidence éventuelle sur la santé et la sécurité des travailleurs résultant d'interactions, sur le lieu de travail, entre des rayonnements optiques artificiels et des substances chimiques photosensibilisantes ;
5° Tout effet indirect tel qu'un aveuglement temporaire, une explosion ou un incendie ;
6° L'existence d'équipements de remplacement conçus pour réduire les niveaux d'exposition à des rayonnements optiques artificiels ;
7° Dans la mesure du possible, les informations appropriées issues des recommandations des instances sanitaires ;
8° L'exposition à plusieurs sources de rayonnements optiques artificiels ;
9° Le classement d'un laser, conformément à une norme définie par l'arrêté mentionné à l'article R. 4452-12, dans la ou les classes de lasers intrinsèquement dangereux en cas d'exposition directe au faisceau ou d'exposition à ses réflexions ;
10° L'information fournie par les fabricants de sources de rayonnements optiques artificiels et d'équipements de travail associés conformément à la réglementation applicable.

Art. R. 4452-9 L'évaluation des risques est réalisée par l'employeur après consultation du *(Décr. n° 2017-1819 du 29 déc. 2017, art. 3)* « comité social et économique », avec le concours, le cas échéant, du service de santé au travail.
Cette évaluation est renouvelée périodiquement, notamment lorsqu'une modification des installations ou des modes de travail est susceptible de faire varier les niveaux d'exposition aux rayonnements optiques artificiels et dans le cas prévu à l'article R. 4452-30.
En cas de mesurage des niveaux d'exposition, celui-ci est renouvelé au moins tous les cinq ans.

Art. R. 4452-10 Les résultats de l'évaluation des risques sont consignés dans le document unique d'évaluation des risques prévu à l'article R. 4121-1.
Ils sont communiqués par l'employeur au médecin du travail et au *(Décr. n° 2017-1819 du 29 déc. 2017, art. 3)* « comité social et économique ».
Ils sont également tenus, sur leur demande, à la disposition de l'inspection du travail, des agents des services de prévention des organismes de sécurité sociale et des organismes de santé, de sécurité et des conditions de travail mentionnés à l'article L. 4643-1.

Art. R. 4452-11 Lorsque les résultats de l'évaluation des risques mettent en évidence la moindre possibilité de dépassement des valeurs limites d'exposition des travailleurs, l'employeur détermine les mesures de prévention, de formation et de suivi (*Décr. n° 2016-1908 du 27 déc. 2016, art. 15, en vigueur le 1er janv. 2017*) « de l'état de santé » à prendre, conformément aux dispositions des sections 5, 6 et 7.

Art. R. 4452-12 Un arrêté conjoint des ministres chargés du travail et de l'agriculture précise les modalités de l'évaluation des risques et du calcul et du mesurage des niveaux de rayonnements optiques artificiels. — *V. Arr. du 23 oct. 2020 relatif aux mesurages réalisés dans le cadre de l'évaluation des risques et aux vérifications de l'efficacité des moyens de prévention mis en place dans le cadre de la protection des travailleurs contre les risques dus aux rayonnements ionisants, NOR : MTRT2001758A (JO 27 oct.).*

SECTION 5 Mesures et moyens de prévention

Art. R. 4452-13 La réduction des risques d'exposition aux rayonnements optiques artificiels se fonde notamment sur :

1° La mise en œuvre d'autres procédés de travail n'exposant pas aux rayonnements optiques artificiels ou entraînant une exposition moindre ;

2° Le choix d'équipements de travail appropriés émettant, compte tenu du travail à effectuer, le moins de rayonnements optiques artificiels possible ;

3° La limitation de la durée et de l'intensité des expositions ;

4° La conception, l'agencement des lieux et postes de travail et leur modification ;

5° Des moyens techniques pour réduire l'exposition aux rayonnements optiques artificiels en agissant sur leur émission, leur propagation, leur réflexion, tels qu'écrans, capotages ;

6° Des programmes appropriés de maintenance des équipements de travail et du lieu de travail ;

7° L'information et la formation adéquates des travailleurs.

Art. R. 4452-14 Les lieux de travail où, d'après les résultats de l'évaluation des risques définie à la section 4, les travailleurs sont susceptibles d'être exposés à des rayonnements optiques artificiels dépassant les valeurs limites d'exposition définies aux articles R. 4452-5 et R. 4452-6 font l'objet d'une signalisation appropriée. Ces lieux sont en outre circonscrits, lorsque cela est techniquement possible, et leur accès est limité.

Art. R. 4452-15 En liaison avec le médecin du travail, l'employeur adapte les mesures de prévention prévues à la présente section aux besoins des travailleurs appartenant à des groupes à risques particulièrement sensibles.

Art. R. 4452-16 Lorsqu'il n'est pas possible d'éviter les risques dus à l'exposition aux rayonnements optiques artificiels par d'autres moyens, des équipements de protection individuelle, appropriés et adaptés, sont mis à la disposition des travailleurs. Lorsque les niveaux d'exposition fixés aux articles R. 4452-5 et R. 4452-6 sont dépassés, l'employeur veille à leur port effectif.

Art. R. 4452-17 Les équipements de protection individuelle sont tels qu'ils réduisent les expositions à un niveau qui ne dépasse pas les valeurs limites d'exposition définies aux articles R. 4452-5 et R. 4452-6.

Ils sont adoptés après consultation du (*Décr. n° 2017-1819 du 29 déc. 2017, art. 3*) « comité social et économique », du médecin du travail et, éventuellement, avec le concours des agents des services de prévention des organismes de sécurité sociale et des organismes de santé, de sécurité et des conditions de travail mentionnés à l'article L. 4643-1. Ils sont choisis en concertation avec les travailleurs.

Art. R. 4452-18 Lorsqu'en dépit des mesures de prévention mises en œuvre en application de la présente section, des expositions dépassant les valeurs limites d'exposition sont constatées, l'employeur :

1° Prend immédiatement des mesures pour réduire l'exposition à un niveau inférieur à ces valeurs limites ;

2° Détermine les causes du dépassement des valeurs limites d'exposition et adapte en conséquence les mesures de protection et de prévention en vue d'éviter tout nouveau dépassement.

SANTÉ ET SÉCURITÉ AU TRAVAIL — Art. R. 4452-24

SECTION 6 Information et formation des travailleurs

Art. R. 4452-19 Les mesures de formation portent notamment sur :
1° Les sources de rayonnements optiques artificiels se trouvant sur le lieu de travail ;
2° Les risques pour la santé et la sécurité pouvant résulter d'une exposition excessive aux rayonnements optiques artificiels ainsi que les valeurs limites d'exposition applicables ;
3° Les résultats de l'évaluation des risques définie à la section 4 ainsi que les mesures prises en application de la section 5 en vue de supprimer ou de réduire les risques résultant des rayonnements optiques artificiels ;
4° Les précautions à prendre par les travailleurs pour assurer leur protection et celle des autres travailleurs présents sur le lieu de travail ;
5° L'utilisation correcte des équipements de travail et des équipements de protection individuelle ;
6° La conduite à tenir en cas d'accident ;
7° La manière de repérer les effets nocifs d'une exposition sur la santé et de les signaler ;
8° Les conditions dans lesquelles les travailleurs sont soumis à (*Décr. n° 2016-1908 du 27 déc. 2016, art. 15, en vigueur le 1er janv. 2017*) « un suivi individuel de leur état de santé ».

Art. R. 4452-20 L'employeur établit une notice de poste pour chaque poste de travail ou situation de travail où, d'après les résultats de l'évaluation des risques définie à la section 4, les travailleurs sont susceptibles d'être exposés à des rayonnements optiques artificiels dépassant les valeurs limites d'exposition définies aux articles R. 4452-5 et R. 4452-6.
La notice est destinée à informer les travailleurs des risques auxquels leur travail peut les exposer et des dispositions prises pour les éviter.
Elle rappelle en particulier les règles de sécurité applicables et les consignes relatives à l'emploi des équipements de protection collective ou individuelle.

Art. R. 4452-21 Lorsqu'il est fait usage de lasers des classes mentionnées au 9° de l'article R. 4452-8, l'employeur s'assure qu'il dispose, par lui-même ou chez ses salariés, de la compétence appropriée pour la réalisation, sous sa responsabilité, des missions suivantes :
1° Participation aux évaluations des risques encourus par les travailleurs intervenant à proximité de machines ou d'appareils à laser ;
2° Participation à la mise en œuvre sur le site de toutes les mesures propres à assurer la santé et la sécurité des travailleurs intervenant à proximité de machines ou d'appareils à laser ;
3° Participation à l'amélioration continue de la prévention des risques à partir de l'analyse des situations de travail.

SECTION 7 Suivi des travailleurs et suivi individuel de l'état de santé (*Décr. n° 2016-1908 du 27 déc. 2016, art. 15, en vigueur le 1er janv. 2017*).

Art. R. 4452-22 L'employeur tient une liste actualisée des travailleurs susceptibles d'être exposés à des rayonnements optiques artificiels dépassant les valeurs limites d'exposition définies aux articles R. 4452-5 et R. 4452-6.
Cette liste précise la nature de l'exposition, sa durée ainsi que son niveau, tel qu'il est connu, le cas échéant, par les résultats du calcul ou du mesurage.

Art. R. 4452-23 L'employeur établit pour ces travailleurs une fiche d'exposition comprenant les informations suivantes :
1° La nature du travail accompli ;
2° Les caractéristiques des sources émettrices auxquelles le travailleur est exposé ;
3° La nature des rayonnements ;
4° Le cas échéant, les résultats des mesurages des niveaux de rayonnements optiques artificiels ;
5° Les périodes d'exposition.

Art. R. 4452-24 En cas d'exposition anormale, l'employeur porte sur la fiche d'exposition la durée et la nature de cette dernière.

Art. R. 4452-25 Une copie de la fiche d'exposition est remise au médecin du travail. Elle est tenue à disposition, sur sa demande, de l'inspection du travail.

Art. R. 4452-26 Chaque travailleur intéressé est informé de l'existence de la fiche d'exposition et a accès aux informations y figurant le concernant.

Art. R. 4452-27 et R. 4452-28 *Abrogés par Décr. n° 2012-135 du 30 janv. 2012, art. 2-1° et 3.*

Art. R. 4452-29 Lorsqu'une exposition au-delà des valeurs limites est détectée ou lorsque *(Décr. n° 2016-1908 du 27 déc. 2016, art. 15, en vigueur le 1er janv. 2017)* « le suivi individuel » fait apparaître qu'un travailleur est atteint d'une maladie ou d'une anomalie susceptible de résulter d'une exposition à des rayonnements optiques artificiels, *(Décr. n° 2016-1908 du 27 déc. 2016, art. 15, en vigueur le 1er janv. 2017)* « les professionnels de santé mentionnés au premier alinéa de l'article L. 4624-1 informent sans délai le médecin du travail, qui » informe le travailleur des résultats le concernant et lui indique les suites médicales nécessaires. Il détermine la pertinence et la nature des examens éventuellement nécessaires pour les travailleurs ayant subi une exposition comparable.

Art. R. 4452-30 Quand une maladie ou une anomalie mentionnée à l'article R. 4452-29 lui est signalée par le médecin du travail, une nouvelle évaluation des risques est réalisée par l'employeur.

Art. R. 4452-31 *(Décr. n° 2016-1908 du 27 déc. 2016, art. 15, en vigueur le 1er janv. 2017)* « Le professionnel de santé mentionné au premier alinéa de l'article L. 4624-1 verse au dossier médical en santé au travail, qu'il ouvre le cas échéant », pour chaque travailleur susceptible d'être exposé à des rayonnements optiques artificiels dépassant les valeurs limites d'exposition définies aux articles R. 4452-5 et R. 4452-6 *(Abrogé par Décr. n° 2016-1908 du 27 déc. 2016, art. 15, à compter du 1er janv. 2017)* « , *un dossier individuel contenant* » :

1° Une copie de la fiche d'exposition prévue à l'article R. 4452-23 ;

2° Les dates et les résultats *(Décr. n° 2016-1908 du 27 déc. 2016, art. 15, en vigueur le 1er janv. 2017)* « du suivi réalisé ».

ANNEXE I

Au chapitre II du titre V du livre IV de la quatrième partie du code du travail (partie réglementaire)

RAYONNEMENTS OPTIQUES INCOHÉRENTS

Les grandeurs physiques d'exposition pertinentes d'un point de vue biophysique sont choisies en fonction du domaine spectral du rayonnement émis par la source. Plus d'une grandeur physique d'exposition, et donc plus d'une limite d'exposition correspondante, peut être pertinente pour une source de rayonnements optiques donnée.

Valeurs limites d'exposition

Tableau 1.1 : valeurs limites d'exposition pour les rayonnements optiques incohérents :

Longueur d'onde (nanomètres)	Partie du corps	Risque	Critère de choix	Valeur limite d'exposition	Observation
180-400 (UVA, UVB et UVC)	œil - cornée - conjonctive - cristallin peau	photokératite conjonctivite cataractogénèse érythème élastose cancer de la peau		H_{eff} = 30 J·m^{-2} Valeur quotidienne pour une journée de 8 heures	
315-400 (UVA)	œil - cristallin	cataracto-génèse		H_{UVA} = 10^4 J·m^{-2} Valeur quotidienne pour une journée de 8 heures	

Art. R. 4452-31

Longueur d'onde (nanomètres)	Partie du corps	Risque	Critère de choix	Valeur limite d'exposition	Observation
300-700 (Lumière bleue) *voir note 1*	œil - rétine	photorétinite	pour $\alpha \leq 11$ mrad (sources étendues)	$L_B = 10^6 / t$ W·m^{-2} sr^{-1} pour $t \leq 10\,000$ s $L_B = 100$ W·m^{-2} sr^{-1} pour $t > 10\,000$ s	
			pour $\alpha < 11$ mrad (sources ponctuelles) *voir note 2*	$E_B = 100 / t$ W·m^{-2} pour $t \leq 10\,000$ s $E_B = 0,01$ W·m^{-2} pour $t > 10\,000$ s	
380-1 400 (Visible et IRA)	œil - rétine	brûlure rétinienne		$L_R = (2,8 \times 10^7) / C_\alpha$ W·m^{-2} sr^{-1} pour $t > 10$ s $L_R = (5 \times 10^7) / C_\alpha * t^{0,25}$ W·m^{-2} sr^{-1} pour 10 µs $\leq t \leq 10$ s $L_R = (8,89 \times 10^8) / C_\alpha$ W·m^{-2} sr^{-1} pour $t < 10$ µs	$C_\alpha = 1,7$ pour $\alpha \leq 1,7$ mrad $C_\alpha = \alpha$ pour $1,7 \leq \alpha \leq 100$ mrad $C_\alpha = 100$ pour $\alpha > 100$ mrad
780-1 400 (IRA)	œil - rétine	brûlure rétinienne		$L_R = (6 \times 10^6) / C_\alpha$ W·m^{-2}·sr^{-1} pour $t > 10$ s $L_R = (5 \times 10^7) / (C_\alpha \, t^{0,25})$ W·m^{-2} sr^{-1} pour 10 µs $\leq t \leq 10$ s $L_R = (8,89 \times 10^8) / C_\alpha$ W·m^{-2}·sr^{-1} pour $t < 10$ µs	$C_\alpha = 11$ pour $\alpha \leq 11$ mrad $C_\alpha = \alpha$ pour $11 \leq \alpha \leq 100$ mrad $C_\alpha = 100$ pour $\alpha > 100$ mrad (champ de mesure : 11 mrad)
780-3 000 (IRA et IRB)	œil - cornée - cristallin	brûlure cornéenne cataractogénèse		$E_{IR} = 18\,000 \, t^{-0,75}$ W·m^{-2} pour $t \leq 1\,000$ s $E_{IR} = 100$ W·m^{-2} pour $t > 1\,000$ s	
380-3 000 (visible, IRA et IRB)	peau	brûlure		$H_{peau} = 20\,000 \, t^{0,25}$ J·m^{-2} pour $t < 10$ s	

Note 1 : La gamme comprise entre 300 et 700 nm ne couvre pas uniquement la lumière bleue proprement dite mais également une partie de l'UVB, l'UVA et l'essentiel du rayonnement visible.
L'association entre cette gamme de longueur d'onde et la lumière bleue provient du fait que le danger pour l'œil (photorétinite) existant dans cette gamme est maximal dans le domaine bleu du spectre visible (400 à 500 nm).
Note 2 : Pour la fixation du regard sur de très petites sources d'une amplitude inférieure à 11 mrad, L_B peut être converti en E_B. Normalement, cela ne s'applique qu'aux instruments ophtalmologiques ou à un œil stabilisé lors d'une anesthésie. La durée maximale pendant laquelle on peut fixer une source se détermine en appliquant la formule suivante : $t_{max} = 100/E_B$, s'exprimant en W·m^{-2}. Du fait des mouvements des yeux lors de tâches visuelles normales, cette durée n'excède pas 100 s.

Grandeurs physiques d'exposition et formules de calcul

Les grandeurs physiques d'exposition pertinentes d'un point de vue biophysique sont calculées au moyen des formules énoncées dans le tableau 1.2. Ces grandeurs physiques peuvent être calculées au moyen de l'une des deux formules énoncées, la première correspondant à l'expression générique et la seconde à une intégration numérique de valeurs discrètes dont l'usage est généralement plus adapté compte tenu des méthodologies de mesurage utilisées. Les résultats des calculs réalisés doivent être comparés aux valeurs limites d'exposition correspondantes.

Les valeurs des facteurs de pondération à appliquer S (λ), B (λ), R (λ) pour le calcul des grandeurs physiques à déterminer sont précisées dans les tableaux 1.3 et 1.4.

Tableau 1.2 : formule de calcul des grandeurs physiques à déterminer :

Longueur d'onde (nanomètres)	Formules de calcul	
180-400 (UVA, UVB et UVC)	$H_{eff} = \int_0^t \int_{\lambda=180nm}^{\lambda=400nm} E_\lambda(\lambda,t) \cdot S(\lambda) \cdot d\lambda \cdot dt$	$H_{eff} = E_{eff} \cdot \Delta t$ avec $E_{eff} = \sum_{\lambda=180nm}^{\lambda=400nm} E_\lambda \cdot S(\lambda) \cdot \Delta\lambda$
315-400 (UVA)	$H_{UVA} = \int_0^t \int_{\lambda=315nm}^{\lambda=400nm} E_\lambda(\lambda,t) \cdot d\lambda \cdot dt$	$H_{UVA} = E_{UVA} \cdot \Delta t$ avec $E_{UVA} = \sum_{\lambda=315nm}^{\lambda=400nm} E_\lambda \cdot \Delta\lambda$
300-700 (Lumière bleue) *voir note 2 du tableau 1.1*	$L_B = \int_{\lambda=300\,nm}^{\lambda=700\,nm} L_\lambda(\lambda) \cdot B(\lambda) \cdot d\lambda$	$L_B = \sum_{\lambda=300nm}^{\lambda=700nm} \cdot B(\lambda) \cdot \Delta\lambda$
	$E_B = \int_{\lambda=300\,nm}^{\lambda=700\,nm} E_\lambda(\lambda) \cdot B(\lambda) \cdot d\lambda$	$E_B = \sum_{\lambda=300nm}^{\lambda=700nm} E_\lambda \cdot B(\lambda) \cdot \Delta\lambda$
380-1 400 (Visible et IRA)	$L_R = \int_{\lambda=380\,nm}^{\lambda=1400\,nm} L_\lambda(\lambda) \cdot R(\lambda) \cdot d\lambda$	$L_R = \sum_{\lambda=380nm}^{\lambda=1400nm} L_\lambda \cdot R(\lambda) \cdot \Delta\lambda$
780-1 400 (IRA)	$L_R = \int_{\lambda=780\,nm}^{\lambda=1400\,nm} L_\lambda(\lambda) \cdot R(\lambda) \cdot d\lambda$	$L_R = \sum_{\lambda=780nm}^{\lambda=1400nm} L_\lambda \cdot R(\lambda) \cdot \Delta\lambda$
780-3 000 (IRA et IRB)	$E_{IR} = \int_{\lambda=780\,nm}^{\lambda=3\,000\,nm} E_\lambda(\lambda) \cdot d\lambda$	$E_{IR} = \sum_{\lambda=780nm}^{\lambda=3\,000nm} E_\lambda \cdot \Delta\lambda$
380-3 000 (visible, IRA et IRB)	$H_{peau} = \int_0^t \int_{\lambda=380\,nm}^{\lambda=3\,000\,nm} E_\lambda(\lambda,t) \cdot d\lambda \cdot dt$	$H_{peau} = E_{peau} \cdot \Delta t$ avec $E_{peau} = \sum_{\lambda=380nm}^{\lambda=3\,000nm} E_\lambda \cdot \Delta\lambda$

Tableau 1.3 : S (λ) [sans dimension], 180 à 400 nanomètres :

λ en nm	S (λ)	λ en nm	S (λ)
180	0,0120	192	0,0208
181	0,0126	193	0,0218
182	0,0132	194	0,0228
183	0,0138	195	0,0239
184	0,0144	196	0,0250
185	0,0151	197	0,0262
186	0,0158	198	0,0274
187	0,0166	199	0,0287
188	0,0173	200	0,0300
189	0,0181	201	0,0334
190	0,0190	202	0,0371
191	0,0199	203	0,0412

Art. R. 4452-31

λ en nm	S (λ)	λ en nm	S (λ)
204	0,0459	239	0,2869
205	0,0510	240	0,3000
206	0,0551	241	0,3111
207	0,0595	242	0,3227
208	0,0643	243	0,3347
209	0,0694	244	0,3471
210	0,0750	245	0,3600
211	0,0786	246	0,3730
212	0,0824	247	0,3865
213	0,0864	248	0,4005
214	0,0906	249	0,4150
215	0,0950	250	0,4300
216	0,0995	251	0,4465
217	0,1043	252	0,4637
218	0,1093	253	0,4815
219	0,1145	254	0,5000
220	0,1200	255	0,5200
221	0,1257	256	0,5437
222	0,1316	257	0,5685
223	0,1378	258	0,5945
224	0,1444	259	0,6216
225	0,1500	260	0,6500
226	0,1583	261	0,6792
227	0,1658	262	0,7098
228	0,1737	263	0,7417
229	0,1819	264	0,7751
230	0,1900	265	0,8100
231	0,1995	266	0,8449
232	0,2089	267	0,8812
233	0,2188	268	0,9192
234	0,2292	269	0,9587
235	0,2400	270	1,0000
236	0,2510	271	0,9919
237	0,2624	272	0,9838
238	0,2744	273	0,9758

Art. R. 4452-31

λ en nm	S (λ)	λ en nm	S (λ)
274	0,9679	309	0,0197
275	0,9600	310	0,0150
276	0,9434	311	0,0111
277	0,9272	312	0,0081
278	0,9112	313	0,0060
279	0,8954	314	0,0042
280	0,8800	315	0,0030
281	0,8568	316	0,0024
282	0,8342	317	0,0020
283	0,8122	318	0,0016
284	0,7908	319	0,0012
285	0,7700	320	0,0010
286	0,7420	321	0,000819
287	0,7151	322	0,000670
288	0,6891	323	0,000540
289	0,6641	324	0,000520
290	0,6400	325	0,000500
291	0,6186	326	0,000479
292	0,5980	327	0,000459
293	0,5780	328	0,000440
294	0,5587	329	0,000425
295	0,5400	330	0,000410
296	0,4984	331	0,000396
297	0,4600	332	0,000383
298	0,3989	333	0,000370
299	0,3459	334	0,000355
300	0,3000	335	0,000340
301	0,2210	336	0,000327
302	0,1629	337	0,000315
303	0,1200	338	0,000303
304	0,0849	339	0,000291
305	0,0600	340	0,000280
306	0,0454	341	0,000271
307	0,0344	342	0,000263
308	0,0260	343	0,000255

λ en nm	S (λ)	λ en nm	S (λ)
344	0,000248	373	0,000083
345	0,000240	374	0,000080
346	0,000231	375	0,000077
347	0,000223	376	0,000074
348	0,000215	377	0,000072
349	0,000207	378	0,000069
350	0,000200	379	0,000066
351	0,000191	380	0,000064
352	0,000183	381	0,000062
353	0,000175	382	0,000059
354	0,000167	383	0,000057
355	0,000160	384	0,000055
356	0,000153	385	0,000053
357	0,000147	386	0,000051
358	0,000141	387	0,000049
359	0,000136	388	0,000047
360	0,000130	389	0,000046
361	0,000126	390	0,000044
362	0,000122	391	0,000042
363	0,000118	392	0,000041
364	0,000114	393	0,000039
365	0,000110	394	0,000037
366	0,000106	395	0,000036
367	0,000103	396	0,000035
368	0,000099	397	0,000033
369	0,000096	398	0,000032
370	0,000093	399	0,000031
371	0,000090	400	0,000030
372	0,000086		

Tableau 1.4 : B (λ), R (λ) [sans dimension], 380 à 1 400 nanomètres :

λ en nm	B (λ)	R (λ)
300 ≤ λ < 380	0,01	–
380	0,01	0,1
385	0,013	0,13

λ en nm	B (λ)	R (λ)
390	0,025	0,25
395	0,05	0,5
400	0,1	1
405	0,2	2
410	0,4	4
415	0,8	8
420	0,9	9
425	0,95	9,5
430	0,98	9,8
435	1	10
440	1	10
445	0,97	9,7
450	0,94	9,4
455	0,9	9
460	0,8	8
465	0,7	7
470	0,62	6,2
475	0,55	5,5
480	0,45	4,5
485	0,32	3,2
490	0,22	2,2
495	0,16	1,6
500	0,1	1
$500 < \lambda \leq 600$	$10^{0,02\,(450 - \lambda)}$	1
$600 < \lambda \leq 700$	0,001	1
$700 < \lambda \leq 1\,050$	–	$10^{0,002\cdot(700 - \lambda)}$
$1\,050 < \lambda \leq 1\,150$	–	0,2
$1\,150 < \lambda \leq 1\,200$	–	$0,2\cdot 10^{0,02\cdot(1\,150 - \lambda)}$
$1\,200 < \lambda \leq 1\,400$	–	0,02

Définition détaillée des expressions utilisées :

$E_\lambda\,(\lambda, t)$, E_λ : *éclairement énergétique spectral ou densité de puissance spectrale* : puissance rayonnée incidente par superficie unitaire sur une surface, exprimée en watts par mètre carré par nanomètre [$W \cdot m^{-2} \cdot nm^{-1}$] ; les valeurs de $E_\lambda\,(\lambda,\,t)$ et de E_λ soit proviennent de mesures soit peuvent être communiquées par le fabricant de l'équipement ;

E_{eff} : *éclairement énergétique efficace (gamme des UV)* : éclairement énergétique calculé à l'intérieur de la gamme de longueur d'onde UV comprise entre 180 et 400 nm, pondéré en fonction de la longueur d'onde par S (λ) et exprimé en watts par mètre carré [$W \cdot m^{-2}$] ;

H : *exposition énergétique* : l'intégrale de l'éclairement énergétique par rapport au temps, exprimée en joules par mètre carré [$J \cdot m^{-2}$] ;

H_{eff} : *exposition énergétique efficace* : exposition énergétique pondérée en fonction de la longueur d'onde par S (λ), exprimée en joules par mètre carré [$J \cdot m^{-2}$] ;

E_{UVA} : *éclairement énergétique total (UVA)* : éclairement énergétique calculé à l'intérieur de la gamme de longueur d'onde UVA comprise entre 315 et 400 nm, exprimé en watts par mètre carré [$W \cdot m^{-2}$] ;

H_{UVA} : *exposition énergétique* : l'intégrale ou la somme de l'éclairement énergétique par rapport au temps et à la longueur d'onde calculée à l'intérieur de la gamme de longueur d'onde UVA comprise entre 315 et 400 nm, exprimée en joules par mètre carré [$J \cdot m^{-2}$] ;

$S(\lambda)$: *pondération spectrale* qui tient compte du rapport entre la longueur d'onde et les effets sanitaires des rayonnements UV sur les yeux et la peau (tableau 1.2) [sans dimension] ;

$t, \Delta t$: *temps, durée de l'exposition*, exprimés en secondes [s] ;

λ : *longueur d'onde*, exprimée en nanomètres [nm] ;

$\Delta \lambda$: *largeur de bande*, exprimée en nanomètres [nm], des intervalles de calcul ou de mesure ;

$L_\lambda (\lambda)$, L_λ : *luminance énergétique spectrique* de la source exprimée en watts par mètre carré par stéradian par nanomètre [$W \cdot m^{-2} \cdot sr^{-1} \cdot nm^{-1}$] ;

$R(\lambda)$: *pondération spectrale* qui tient compte du rapport entre la longueur d'onde et la lésion de l'œil par effet thermique provoquée par des rayonnements visibles et IRA (tableau 1.3) [sans dimension] ;

L_R : *luminance efficace (lésion par effet thermique)* : luminance calculée et pondérée en fonction de la longueur d'onde par $R(\lambda)$, exprimée en watts par mètre carré par stéradian [$W \cdot m^{-2} \cdot sr^{-1}$] ;

$B(\lambda)$: *pondération spectrale* qui tient compte du rapport entre la longueur d'onde et la lésion photochimique de l'œil provoquée par une lumière bleue (tableau 1.3) [sans dimension] ;

L_B : *luminance efficace (lumière bleue)* : luminance calculée et pondérée en fonction de la longueur d'onde par $B(\lambda)$, exprimée en watts par mètre carré par stéradian [$W \cdot m^{-2} \cdot sr^{-1}$] ;

E_B : *éclairement énergétique efficace (lumière bleue)* : éclairement énergétique calculé et pondéré en fonction de la longueur d'onde par $B(\lambda)$, exprimé en watts par mètre carré [$W \cdot m^{-2}$] ;

E_{IR} : *éclairement énergétique total (lésion par effet thermique)* : éclairement énergétique calculé à l'intérieur de la gamme de longueur d'onde infrarouge comprise entre 780 et 3 000 nm, exprimé en watts par mètre carré [$W \cdot m^{-2}$] ;

E_{peau} : *éclairement énergétique total (visible, IRA et IRB)* : éclairement énergétique calculé à l'intérieur de la gamme de longueur d'onde visible et infrarouge comprise entre 380 et 3 000 nm, exprimé en watts par mètre carré [$W \cdot m^{-2}$] ;

H_{peau} : *exposition énergétique*, l'intégrale ou la somme de l'éclairement énergétique par rapport au temps et à la longueur d'onde calculée à l'intérieur de la gamme de longueur d'onde visible et infrarouge comprise entre 380 et 3 000 nm, exprimée en joules par mètre carré ($J \cdot m^{-2}$).

(Décr. n° 2019-1547 du 30 déc. 2019, art. 3) « α : *angle apparent* : l'angle sous-tendu par une source apparente, telle que vue vue d'un point de l'espace, exprimé en milliradians (mrad).
« La source apparente est l'objet réel ou virtuel qui forme l'image rétinienne la plus petite possible. »

ANNEXE II

RAYONNEMENTS OPTIQUES LASER

Les grandeurs physiques d'exposition pertinentes d'un point de vue biophysique sont choisies en fonction de la longueur d'onde et de la durée du rayonnement émis par la source. Plus d'une grandeur physique d'exposition, et donc plus d'une limite d'exposition correspondante, peut être pertinente pour une source de rayonnements optiques laser donnée.

Valeurs limites d'exposition

Les valeurs limites d'exposition figurent aux tableaux 2.2, 2.3 et 2.4 selon la longueur d'onde du rayonnement émis et les risques associés au regard desquels elles sont pertinentes, conformément au tableau 2.1.

Les coefficients C_A, C_B, C_C, T_1, T_2, α_{min} et γ, ainsi que les corrections applicables aux expositions répétitives, utiles à l'identification des valeurs limites d'exposition pertinentes, sont précisés aux tableaux 2.5 et 2.6.

Tableau 2.1 : Risques associés aux rayonnements :

Longueur d'onde [nm] λ	Région du spectre	Organe atteint	Risque	Tableaux dans lesquels figurent les valeurs limites d'exposition
180 à 400	UV	œil	lésion photochimique et lésion thermique	2.2, 2.3
180 à 400	UV	peau	érythème	2.4
400 à 700	visible	œil	lésion de la rétine	2.2
400 à 600	visible	œil	lésion photochimique	2.3
400 à 700	visible	peau	lésion thermique	2.4
700 à 1 400	IRA	œil	lésion thermique	2.2, 2.3
700 à 1 400	IRA	peau	lésion thermique	2.4
1 400 à 2 600	IRB	œil	lésion thermique	2.2
2 600 à 10^6	IRC	œil	lésion thermique	2.2
1 400 à 10^6	IRB, IRC	œil	lésion thermique	2.3
1 400 à 10^6	IRB, IRC	peau	lésion thermique	2.4

Tableau 2.2 : Valeurs limites d'exposition de l'œil au laser – Exposition de courte durée < 10 s

Longueur d'onde[a] [nm]		Diaphragme	Durée [s]						
			$10^{-13} - 10^{-11}$	$10^{-11} - 10^{-9}$	$10^{-9} - 10^{-7}$	$10^{-7} - 1{,}8 \cdot 10^{-5}$	$1{,}8 \cdot 10^{-5} - 5 \cdot 10^{-5}$	$5 \cdot 10^{-5} - 10^{-3}$	$10^{-3} - 10^{1}$
UVC	180-280	1 mm pour t≤0,3 s ; 1,5 · $t^{0,375}$ · 10⁻³ pour 0,3<t≤10 s	$E = 3 \cdot 10^{10}$ W m⁻² voir note[c]		$H = 40$ J m⁻²		si t < 2,6 · 10⁻⁹ alors H = 5,6 · 10³ $t^{0,25}$ J m⁻²	$H = 30$ J m⁻²	voir note[d]
	280-302				$H = 60$ J m⁻²		si t < 1,3 · 10⁻⁸ alors H = 5,6 · 10³ $t^{0,25}$ J m⁻²		voir note[d]
UVB	303				$H = 100$ J m⁻²		si t < 1,0 · 10⁻⁷ alors H = 5,6 · 10³ $t^{0,25}$ J m⁻²		voir note[d]
	304				$H = 160$ J m⁻²		si t < 6,7 · 10⁻⁷ alors H = 5,6 · 10³ $t^{0,25}$ J m⁻²		voir note[d]
	305				$H = 250$ J m⁻²		si t < 4,0 · 10⁻⁶ alors H = 5,6 · 10³ $t^{0,25}$ J m⁻²		voir note[d]
	306				$H = 400$ J m⁻²		si t < 2,6 · 10⁻⁵ alors H = 5,6 · 10³ $t^{0,25}$ J m⁻²		voir note[d]
	307				$H = 630$ J m⁻²		si t < 1,6 · 10⁻⁴ alors H = 5,6 · 10³ $t^{0,25}$ J m⁻²		voir note[d]
	308				$H = 10^3$ J m⁻²		si t < 1,0 · 10⁻³ alors H = 5,6 · 10³ $t^{0,25}$ J m⁻²		voir note[d]
	309				$H = 1{,}6 \cdot 10^3$ J m⁻²		si t < 6,7 · 10⁻³ alors H = 5,6 · 10³ $t^{0,25}$ J m⁻²		voir note[d]
	310				$H = 2{,}5 \cdot 10^3$ J m⁻²		si t < 4,0 · 10⁻² alors H = 5,6 · 10³ $t^{0,25}$ J m⁻²		voir note[d]
	311				$H = 4{,}0 \cdot 10^3$ J m⁻²		si t < 2,6 · 10⁻¹ alors H = 5,6 · 10³ $t^{0,25}$ J m⁻²		voir note[d]
	312				$H = 6{,}3 \cdot 10^3$ J m⁻²		si t < 1,6 · 10⁰ alors H = 5,6 · 10³ $t^{0,25}$ J m⁻²		voir note[d]
	313						H = 5,6 · 10³ $t^{0,25}$ J m⁻²		voir note[d]
	314								
UVA	315-400			$H = 1{,}5 \cdot 10^{-4} C_E$ J m⁻²	$H = 5 \cdot 10^{-3} C_E$ J m⁻²		$H = 18 \cdot t^{0,75} C_E$ J m⁻²		
Visible et IRA	400-700	7 mm	$H = 1{,}5 \cdot 10^{-4} C_A C_E$ J m⁻²	$H = 2{,}7 \cdot 10^4 t^{0,75} C_A C_E$ J m⁻²	$H = 5 \cdot 10^{-3} C_A C_E$ J m⁻²		$H = 18 \cdot t^{0,75} C_E$ J m⁻²		
	700-1050		$H = 1{,}5 \cdot 10^{-4} C_C C_E$ J m⁻²	$H = 2{,}7 \cdot 10^4 t^{0,75} C_C C_E$ J m⁻²	$H = 5 \cdot 10^{-2} C_C C_E$ J m⁻²		$H = 90 \cdot t^{0,75} C_C C_E$ J m⁻²		
	1050-1400		$E = 10^{13}$ W m⁻²	voir note[c]	$H = 10^2$ J m⁻²	$LI = 10^3$ J m⁻²	H=5,6 · 10³ $t^{0,25}$ J m⁻²		
IRB et IRC	1400-1500		$E = 10^{11}$ W m⁻²	voir note[c]					
	1500-1800		$E = 10^{12}$ W m⁻²	voir note[c]					
	1800-2600		$E = 10^{11}$ W m⁻²	voir note[c]	$H = 100$ J m⁻²		H=5,6 · 10³ · $t^{0,25}$ J m⁻²		
	2600-10⁶								

a Si la longueur d'onde du laser correspond à deux limites, la limite la plus restrictive s'applique.
b Si 1 400≤λ<10⁵ nm : diamètre de diaphragme limite = 1 mm pour t ≤ 0,3 s et 1,5 $t^{0,375}$ mm pour 0,3 s < t < 10 s ;
  si 10⁵≤λ<10⁶ nm : diamètre de diaphragme limite = 11 mm.
c Soit la valeur limite de E pour 1 ns.
d Le tableau indique des valeurs correspondant à une seule impulsion laser. S'il y a plusieurs impulsions laser, leurs durées sont additionnées pour les impulsions émises au cours d'un intervalle T_{min} (figurant dans le tableau 2.6) et t prend la valeur qui en résulte dans la formule : 5,6 * 10⁴ $t^{0,25}$.

Tableau 2.3 : valeurs limites d'exposition de l'œil au laser – Exposition de longue durée > 10 s

Longueur d'onde [nm]		Diaphragme limite	Durée [s]		
			$10^1 - 10^2$	$10^2 - 10^4$	$10^4 - 3 \cdot 10^4$
UVC	180 - 280	3,5 mm		$H = 30$ J m^{-2}	
	280 - 302				
	303			$H = 40$ J m^{-2}	
	304			$H = 60$ J m^{-2}	
	305			$H = 100$ J m^{-2}	
	306			$H = 160$ J m^{-2}	
UVB	307			$H = 250$ J m^{-2}	
	308			$H = 400$ J m^{-2}	
	309			$H = 630$ J m^{-2}	
	310			$H = 1,0 \cdot 10^3$ J m^{-2}	
	311			$H = 1,6 \cdot 10^3$ J m^{-2}	
	312			$H = 2,5 \cdot 10^3$ J m^{-2}	
	313			$H = 4,0 \cdot 10^3$ J m^{-2}	
	314			$H = 6,3 \cdot 10^3$ J m^{-2}	
UVA	315 - 400	7 mm		$H = 10^4$ [J m^{-2}]	
Visible 400 – 700	400 - 600 Lésion photochimique[b] de la rétine	7 mm	$H = 100 \, C_B$ J m^{-2} ($\gamma = 11$ mrad)[d]	$E = 1 \, C_B$ [W m^{-2}]; ($\gamma = 1,1 \, t^{0,5}$ mrad)[d]	$E = 1 \, C_B$ [W m^{-2}] ($\gamma = 110$ mrad)[d]
	400 - 700 Lésion thermique[b] de la rétine	7 mm	si $\alpha < 1,5$ mrad alors $E = 10$ [W m^{-2}] si $\alpha \geq 1,5$ mrad et $t \leq T_2$ alors $H = 18 \, C_E \, t^{0,75}$ [J m^{-2}] si $\alpha \geq 1,5$ mrad et $t > T_2$ alors $E = 18 \, C_E \, T_2^{-0,25}$ [W m^{-2}]		
IRA	700 - 1400	voir[c]	si $\alpha < 1,5$ mrad alors $E = 10 \, C_A \, C_C$ [W m^{-2}] si $\alpha \geq 1,5$ mrad et $t \leq T_2$ alors $H = 18 \, C_A \, C_C \, C_E \, t^{0,75}$ [J m^{-2}] si $\alpha \geq 1,5$ mrad et $t > T_2$ alors $E = 18 \, C_A \, C_C \, C_E \, T_2^{-0,25}$ [W m^{-2}] (ne doit pas être supérieur à 1 000 W m^{-2})		
IRB & IRC	1400 - 10^6		$E = 1000$ [W m^{-2}]		

[a] Si la longueur d'onde ou un autre paramètre du laser correspond à deux limites, la limite la plus restrictive s'applique.

[b] Le spectre visible auquel se réfère le présent tableau correspond à une gamme de longueurs d'onde plus réduite que celle communément admise et retenue dans la définition figurant à l'article R. 4452-1. Pour les petites sources sous-tendant un angle de 1,5 mrad ou moins, les doubles limites d'exposition E entre 400 nm et 600 nm, dans le spectre visible, se réduisent aux limites thermiques pour 10s ≤ t < T1 et aux limites photochimiques pour les durées supérieures. Pour T1 et T2, voir le tableau 2.5. La limite pour le risque rétinien lié à un effet photochimique peut aussi être exprimée sous forme d'une luminance énergétique intégrée par rapport au temps G = 10^6 C$_B$ [J m-2 sr-1] pour t > 10s, jusqu'à t = 10 000 s et L = 10^6 C$_B$ [W m-2 sr-1] pour t > 10.000 s. Pour la mesure de G et L, γ$_m$ est utilisé comme champ du calcul des moyennes.
Pour les longueurs d'onde de 1400 à 10^5 nm : diamètre de diaphragme limite = 3,5 mm ; pour les longueurs d'ondes de 10^5 à 10^6 nm : diamètre de diaphragme limite ~ 11 mm.

[c] Pour la mesure de la valeur d'exposition, γ est pris en compte comme suit :
Si α (angle apparent de la source) > γ (angle de cône de limitation, indiqué entre crochets dans la colonne correspondante), alors le champ de mesure γm est la valeur indiquée pour γ.
Si α ≤ γ, le champ de mesure γm doit être suffisamment grand pour englober entièrement la source ; il n'est pas limité et peut être plus grand que γ.

Tableau 2.4 : valeurs limites d'exposition de la peau au laser

Longueur d'onde[a] [mn] [nm]		Diaphragme limite	Durée[s]					
			$< 10^{-9}$	$10^{-9} - 10^{-7}$	$10^{-7} - 10^{-3}$	$10^{-3} - 10^{1}$	$10^{1} - 10^{3}$	$10^{3} - 3 \cdot 10^{4}$
UV (A, B, C)	180-400	3,5 mm	$E = 3 \cdot 10^{10}$ [W·m^{-2}]	Voir limites d'exposition de l'œil				
Visible et IRA	400-700	3,5 mm	$E = 2 \cdot 10^{11}$ [W·m^{-2}]	$H = 200\ C_A$ [J·m^{-2}]	$H = 1,1 \cdot 10^{4}\ C_A\ t^{0,25}$ [J·m^{-2}]		$E = 2 \cdot 10^{3}\ C_A$ [W·m^{-2}]	
	700-1 400		$E = 2 \cdot 10^{11}\ C_A$ [W·m^{-2}]					
IRB et IRC	1 400-1 500	3,5 mm	$E = 10^{12}$ [W·m^{-2}]	Voir limites d'exposition de l'œil				
	1 500-1 800		$E = 10^{13}$ [W·m^{-2}]					
	1 800-2 600		$E = 10^{12}$ [W·m^{-2}]					
	2 600-10^6		$E = 10^{11}$ [W·m^{-2}]					

a : Si la longueur d'onde ou un autre paramètre du laser correspond à deux limites, la limite la plus restrictive s'applique.

Tableau 2.5 : facteurs de correction appliqués et autres paramètres de calcul :

Paramètre	Gamme spectrale de validité (nm)	Valeur
C_A	$\lambda < 700$	$C_A = 1,0$
	700 – 1 050	$C_A = 10^{0,002(\lambda - 700)}$
	1 050 – 1 400	$C_A = 5,0$
C_B	400 – 450	$C_B = 1,0$
	450 – 700	$C_B = 10^{0,02(\lambda - 450)}$
C_C	700 – 1 150	$C_C = 1,0$
	1 150 – 1 200	$C_C = 10^{0,018(\lambda - 1\ 150)}$
	1 200 – 1 400	$C_C = 8,0$
T_1	$\lambda < 450$	$T_1 = 10$ s
	450 – 500	$T_1 = 10\ [10^{0,02(\lambda - 450)}]$ s
	$\lambda > 500$	$T_1 = 100$ s

Paramètre	Valable pour les effets biologiques	Valeur
α_{min}	tous les effets thermiques	$\alpha_{min} = 1,5$ mrad

Paramètre	Gamme angulaire de validité (mrad)	Valeur
C_E	$\alpha < \alpha_{min}$	$C_E = 1{,}0$
	$\alpha_{min} < \alpha < 100$	$C_E = \alpha/\alpha_{min}$
	$\alpha > 100$	$C_E = \alpha^2/(\alpha_{min} \cdot \alpha_{max})$ mrad avec $\alpha_{max} = 100$ mrad
T_2	$\alpha < 1{,}5$	$T_2 = 10$ s
	$1{,}5 < \alpha < 100$	$T_2 = 10 \cdot [10^{(\alpha - 1{,}5)/98{,}5}]$ s
	$\alpha > 100$	$T_2 = 100$ s

Paramètre	Fourchette valable de temps d'exposition (s)	Valeur
γ	$t \leq 100$	$\gamma = 11$ [mrad]
	$100 < t < 10^4$	$\gamma = 1{,}1\ t^{0,5}$ [mrad]
	$t > 10^4$	$\gamma = 110$ [mrad]

Tableau 2.6 : Correction pour l'exposition répétitive

Les trois règles suivantes s'appliquent cumulativement à toutes les expositions répétitives dues à des systèmes de laser pulsé répétitif ou des systèmes de balayage laser :
1) L'exposition résultant d'une impulsion unique dans un train d'impulsions ne dépasse pas la valeur limite d'exposition pour une impulsion unique de cette durée d'impulsion ;
2) L'exposition résultant d'un groupe d'impulsions (ou d'un sous-groupe d'impulsions dans un train) délivrées dans un temps t ne dépasse pas la valeur limite d'exposition pour le temps t ;
3) L'exposition résultant d'une impulsion unique dans un groupe d'impulsions ne dépasse pas la valeur limite d'exposition pour une impulsion unique multipliée par un facteur de correction thermique cumulée $C_p = N^{-0,25}$, où N est le nombre d'impulsions. La présente règle ne s'applique qu'aux limites d'exposition destinées à protéger contre la lésion thermique, lorsque toutes les impulsions délivrées en moins de T_{min} sont considérées comme une impulsion unique.

Paramètre	Gamme spectrale de validité (nm)	Valeur ou description
T_{min}	$315 < \lambda \leq 400$	$T_{min} = 10^{-9}$ s (= 1 ns)
	$400 < \lambda \leq 1\,050$	$T_{min} = 18 \cdot 10^{-6}$ s (= 18 µs)
	$1\,050 < \lambda \leq 1\,400$	$T_{min} = 50 \cdot 10^{-6}$ s (= 50 µs)
	$1\,400 < \lambda \leq 1\,500$	$T_{min} = 10^{-3}$ s (= 1 ms)
	$1\,500 < \lambda \leq 1\,800$	$T_{min} = 10$ s
	$1\,800 < \lambda \leq 2\,600$	$T_{min} = 10^{-3}$ s (= 1 ms)
	$2\,600 < \lambda \leq 10^6$	$T_{min} = 10^{-7}$ s (= 100 ns)

Grandeurs physiques d'exposition et formules de calcul

Les grandeurs physiques d'exposition pertinentes d'un point de vue biophysique sont calculées au moyen des formules énoncées ci-dessous :
$E = (dP/dA)$ [W·m^{-2}]
$H = \int_0^t E(t) \cdot dt$ [J·m^{-2}]

Définition détaillée des expressions utilisées :

dP : *puissance* exprimée en watts [W] ;
dA : *surface* exprimée en mètres carrés [m^2] ;
E (*t*), E : *éclairement énergétique ou densité de puissance* : puissance rayonnée incidente par superficie unitaire sur une surface, généralement exprimée en watts par mètres carrés *[mètre carré]* [W m^2].
Les valeurs de E(t), E, soit proviennent de mesures, soit peuvent être communiquées par le fabricant de l'équipement ;
H : *exposition énergétique* : l'intégrale de l'éclairement énergétique par rapport au temps, exprimée en joules par mètre carré (J·m^{-2}] ;
t : *temps, durée de l'exposition*, exprimée en secondes [s] ;
λ : *longueur d'onde*, exprimée en nanomètres [nm] ;
γ : *angle de cône de limitation du champ de mesure*, exprimé en milliradians [mrad] ;
γm : *champ de mesure*, exprimé en milliradians [mrad] ;
α : *angle apparent d'une source*, exprimé en milliradians [mrad] ;
diaphragme limite : la surface circulaire, utilisée pour calculer les moyennes de l'éclairement énergétique et de l'exposition énergétique ;
G : *luminance énergétique intégrée* : l'intégrale de la luminance énergétique sur une durée d'exposition donnée, exprimée sous forme d'énergie rayonnante par superficie unitaire d'une surface rayonnante et par angle solide unitaire d'émission, en joules par mètre carré par stéradian [J·m^{-2} sr^{-1}].

CHAPITRE III PRÉVENTION DES RISQUES D'EXPOSITION AUX CHAMPS ÉLECTROMAGNÉTIQUES

SECTION 1 Définitions

(Décr. n° 2016-1074 du 3 août 2016, art. 1er, en vigueur le 1er janv. 2017)

Art. R. 4453-1 Pour l'application du présent chapitre, on entend par :

1° Champs électromagnétiques : des champs électriques statiques, des champs magnétiques statiques et des champs électriques, magnétiques et électromagnétiques variant dans le temps, dont les fréquences vont de 0 *(Décr. n° 2021-1091 du 18 août 2021, art. 2)* « hertz » à 300 *(Décr. n° 2021-1091 du 18 août 2021, art. 2)* « gigahertz » ;

2° Valeur limite d'exposition : valeur exprimée, selon la fréquence, en termes d'induction magnétique externe (B$_0$), d'intensité de *(Décr. n° 2021-1091 du 18 août 2021, art. 2)* « champ électrique interne (E) », de débit d'absorption spécifique (DAS), d'absorption spécifique (AS) ou de densité de puissance (S) ;

3° Valeur déclenchant l'action : valeur exprimée, selon la fréquence, en termes d'intensité de champ électrique (E) ou d'induction magnétique (B), et le niveau de courant, indiqué en termes de courant induit dans les extrémités (I$_L$) ou de courant de contact (I$_C$) ;

Les valeurs déclenchant l'action sont les niveaux d'exposition opérationnels au-delà desquels des mesures ou moyens de prévention prévus par le présent chapitre doivent être mis en œuvre et, pour celles concernant les effets biophysiques, en deçà desquels les valeurs limites d'exposition sont considérées comme respectées ;

4° Effets biophysiques directs : effets de type thermique ou non thermique sur l'organisme humain directement causés par sa présence dans un champ électromagnétique. Selon le niveau d'exposition et la gamme de fréquence, sont distingués des effets sensoriels et des effets nocifs sur la santé ;

5° Effets indirects : effets causés par la présence d'un objet dans un champ électromagnétique pouvant entraîner un risque pour la sécurité ou la santé.

SECTION 2 Principes de prévention

(Décr. n° 2016-1074 du 3 août 2016, art. 1er, en vigueur le 1er janv. 2017)

Art. R. 4453-2 La réduction des risques liés à l'exposition aux champs électromagnétiques se fonde sur les principes généraux de prévention mentionnés à l'article L. 4121-2.

SECTION 3 Valeurs limites

(Décr. n° 2016-1074 du 3 août 2016, art. 1er, en vigueur le 1er janv. 2017)

Art. R. 4453-3 L'exposition d'un travailleur à des champs électromagnétiques ne dépasse pas les valeurs limites d'exposition suivantes :

FRÉQUENCES (f) (1)	VALEURS LIMITES D'EXPOSITION PROFESSIONNELLE					
	Effets biophysiques directs	« Effets sensoriels »		« Effets sur la santé »		
		Exposition localisée de la tête	Exposition localisée des membres	Exposition ensemble du corps	Exposition localisée de la tête et du tronc	Exposition localisée des membres
0 Hz ≤ f < 1 Hz (2)	Effets non thermiques	-	2 T	8 T	8 T	-
1 Hz ≤ f < 10 Hz (3)		$0,7/f$ V.m^{-1}	-			
10 Hz ≤ f < 25 Hz (3)		$0,07$ V.m^{-1}	-	$1,1$ V.m^{-1}		
25 Hz ≤ f ≤ 400 Hz (3)		$0,0028 f$ V.m^{-1}	-			
400 Hz < f < 3 kHz (3)		-	-			
3 kHz ≤ f < 100 kHz (3)		-	-	$3,8 \times 10^{-4} f$ V.m^{-1}		
100 kHz ≤ f < 10 MHz (3) (4) (5)	Effets thermiques	-	-	$3,8 \times 10^{-4} f$ V.m^{-1} (non thermique) $0,4$ W.kg^{-1} (thermique)	10 W.kg^{-1}	20 W.kg^{-1}
10 MHz ≤ f < 0,3 GHz (4)		-	-	$0,4$ W.kg^{-1}		
0,3 GHz ≤ f ≤ 6 GHz (4) (6)		-	10 mJ.kg^{-1}			
6 GHz ≤ f ≤ 300 GHz (7)		-	-	50 W.m^{-2}		-

(1) La fréquence f est exprimée en hertz (Hz)
(2) Dans la gamme de fréquences comprises entre 0 et 1 hertz, les valeurs limites d'exposition sont des valeurs d'induction magnétique externe exprimées en tesla
(3) Dans la gamme de fréquences comprises entre 1 hertz et 10 mégahertz, les valeurs limites d'exposition sont des valeurs crête spatiale du champ électrique interne exprimées en volt par mètre
(4) Dans la gamme de fréquences comprises entre 100 kilohertz et 6 gigahertz, les valeurs limites d'exposition relatives aux effets sur la santé représentent l'énergie moyenne sur l'ensemble ou une partie du corps (tête, tronc, membres) exprimée en termes de débit d'absorption spécifique en watt par kilogramme
(5) Dans la gamme de fréquences comprises entre 100 kilohertz et 10 mégahertz, les effets thermiques et non thermiques agissant concomitamment, les valeurs limites d'exposition pour les deux types d'effets doivent être considérées
(6) Dans la gamme de fréquences comprises entre 0,3 et 6 gigahertz, la valeur limite d'exposition relative aux effets sensoriels représente l'énergie absorbée par unité de masse de tissus biologiques exprimée en termes d'absorption spécifique en joules par kilogramme
(7) Dans la gamme de fréquences comprises entre 6 et 300 gigahertz, la valeur limite d'exposition relative aux effets sur la santé représente une densité de puissance exprimée en watt par mètre carré

Art. R. 4453-4 Les valeurs déclenchant les actions prévues à la section 5 du présent chapitre sont les suivantes :

1° Valeurs déclenchant l'action liées aux effets biophysiques directs des champs électromagnétiques : – *Aux notes (3) et (6) du tableau ci-dessous, l'art. « R. 4453-2 » est remplacé par l'art. « R. 4453-3 »* (Décr. n° 2021-1091 du 18 août 2021, art. 2).

FRÉQUENCE (f) (1)	VALEURS DÉCLENCHANT L'ACTION					
	Effets biophysiques directs	Pour l'exposition aux champs électriques	Pour l'exposition aux champs magnétiques			Pour les courants induits
			VA (B$_{eff}$) (4)		Exposition des membres à un champ magnétique localisé	VA (I$_{Leff}$) (5)
		VA (E$_{eff}$) (2) (3)	VA basse (6)	VA haute (6)		Dans une extrémité quelconque
1 Hz ≤ f < 8 Hz	Effets non thermiques	2×10^4 V.m^{-1}	$2 \times 10^5 / f^2$ µT	$3 \times 10^5 / f$ µT	$9 \times 10^5 / f$ µT	-
8 Hz ≤ f < 25 Hz			$2,5 \times 10^4 / f$ µT			
25 Hz ≤ f < 50 Hz			1×10^3 µT			
50 Hz ≤ f < 300 Hz		1×10^4 V.m^{-1}				
300 Hz ≤ f < 1,64 kHz						
1,64 kHz ≤ f < 2,5 kHz		$6,1 \times 10^2$ V.m^{-1}	$3 \times 10^4 / f$ µT			
2,5 kHz ≤ f < 3 kHz						
3 kHz ≤ f < 100 kHz			1×10^2 µT			
100 kHz ≤ f < 1 MHz (7)	Effets thermiques	$6,1 \times 10^2$ V.m^{-1} (non thermique et thermique)	1×10^2 µT (non thermique) $2 \times 10^6 / f$ µT (thermique)		3×10^2 µT	-
1 MHz ≤ f < 10 MHz (7)		$6,1 \times 10^2 / f$ V.m^{-1} (non thermique) $6,1 \times 10^1 / f$ V.m^{-1} (thermique)				
10 MHz ≤ f < 110 MHz		61 V.m^{-1}	0,2 µT		-	100 mA
110 MHz ≤ f < 400 MHz						
400 MHz ≤ f < 2 GHz		$3 \times 10^0 f^{1/2}$ V.m^{-1}	$1 \times 10^{-2} f^{1/2}$ µT		-	-
2 GHz ≤ f < 300 GHz		$1,4 \times 10^2$ V.m^{-1}	$4,5 \times 10^{-1}$ µT		-	-

(1) La fréquence f est exprimée en hertz (Hz)
(2) Les valeurs déclenchant l'action pour une exposition aux champs électriques sont des valeurs d'intensité de champ électrique exprimées en volt par mètre
(3) Sur la gamme de fréquences comprises entre 1 et 400 hertz, pour une exposition à des champs électriques, la valeur déclenchant l'action permet de respecter les valeurs limites d'exposition relatives aux effets sensoriels et aux effets sur la santé mentionnées à l'article R. 4453-2
(4) Les valeurs déclenchant l'action pour une exposition à des champs magnétiques sont des valeurs d'induction magnétique exprimées en microtesla
(5) La valeur déclenchant l'action pour les courants induits est exprimée en milliampère
(6) Sur la gamme de fréquences comprises entre 1 et 400 hertz pour une exposition aux champs magnétiques, la valeur déclenchant l'action basse permet de respecter les valeurs limites d'exposition relatives aux effets sensoriels pour une exposition localisée de la tête tandis que la valeur déclenchant l'action haute permet de respecter les valeurs limites d'exposition relatives aux effets sur la santé mentionnées à l'article R. 4453-2
(7) Dans la gamme de fréquences comprises entre 100 kilohertz et 10 mégahertz, les effets thermiques et non thermiques agissant concomitamment pour les expositions à des champs électriques et à des champs magnétiques, les valeurs déclenchant l'action pour les deux types d'effets et les deux types de champs doivent être considérées

2° Valeurs déclenchant l'action liées à certains effets indirects des champs électromagnétiques :

FREQUENCE (f) (1)	VALEURS DÉCLENCHANT L'ACTION			
	pour le risque d'interférence avec des dispositifs actifs implantés	pour le risque d'attraction et de projection dans le champ périphérique de source de champs intenses (> 100 mT)	pour la limitation du risque de décharges d'étincelles	pour un courant de contact d'état stable
	$AL(B_0)$ (2)	$AL(B_0)$ (2)	$VA(E_{eff})$ (3)	$VA(I_C)$ (4)
0 Hz ≤ f < 1 Hz	0,5 mT	3 mT	-	-
1 Hz ≤ f < 25 Hz	-	-	2×10^4 V.m^{-1}	1 mA
25 Hz ≤ f < 2,5 kHz	-	-	$5 \times 10^5/f$ V.m^{-1}	1 mA
2,5 kHz ≤ f < 3 kHz	-	-	$5 \times 10^5/f$ V.m^{-1}	0,4 f mA
3 kHz ≤ f < 100 kHz	-	-	$1,7 \times 10^2$ V.m^{-1}	0,4 f mA
100 kHz ≤ f < 10 MHz	-	-	$1,7 \times 10^2$ V.m^{-1}	40 mA
10 MHz ≤ f ≤ 110 MHz	-	-	-	40 mA

(1) La fréquence f est exprimée en hertz (Hz) à l'exception de la valeur déclenchant l'action pour les courants de contact dans la gamme de fréquences comprises entre 2,5 et 100 kilohertz où elle est exprimée en kilohertz
(2) Les valeurs déclenchant l'action pour une exposition à des champs magnétiques statiques sont des valeurs d'induction magnétique exprimées en millitesla
(3) Les valeurs déclenchant l'action pour la limitation du risque de décharges d'étincelles sont des valeurs d'intensité de champ électrique exprimées en volt par mètre
(4) Les valeurs déclenchant l'action pour les courants de contact sont exprimées en milliampère

Art. R. 4453-5 Un arrêté conjoint des ministres chargés du travail et de l'agriculture précise les grandeurs physiques que représentent les valeurs limites d'exposition mentionnées à l'article R. 4453-3 et les valeurs déclenchant l'action mentionnées à l'article R. 4453-4 ainsi que les paramètres associés.

SECTION 4 Évaluation des risques

(Décr. n° 2016-1074 du 3 août 2016, art. 1er, en vigueur le 1er janv. 2017)

Art. R. 4453-6 L'employeur évalue les risques résultant de l'exposition des travailleurs à des champs électromagnétiques.
Cette évaluation a notamment pour objectif :
1° D'identifier parmi les valeurs limites d'exposition et les valeurs déclenchant l'action fixées aux articles R. 4453-3 et R. 4453-4, celles pertinentes au regard de la situation de travail ;
2° De constater si, dans une situation donnée, l'une des valeurs mentionnées au 1° est susceptible d'être dépassée ;
3° De déterminer le cas échéant les mesures et moyens de prévention.

Art. R. 4453-7 Lorsque l'évaluation des risques réalisée à partir des données documentaires ne permet pas de conclure à l'absence de risque de dépassement des valeurs déclenchant l'action ou des valeurs limites d'exposition, l'employeur procède à la mesure, au calcul ou à la simulation numérique des niveaux de champs électromagnétiques auxquels les travailleurs sont susceptibles d'être exposés.

Art. R. 4453-8 Lorsqu'il procède à l'évaluation des risques, l'employeur prend en considération :
1° L'origine et les caractéristiques des émissions de champs électromagnétiques présents sur le lieu de travail ;
2° Les valeurs limites d'exposition et les valeurs déclenchant l'action fixées aux articles R. 4453-3 et R. 4453-4 ;
3° Le résultat des évaluations d'expositions réalisées en application de dispositions règlementaires relatives à la limitation de l'exposition du public aux champs électromagnétiques ;
4° Les informations sur les niveaux d'émission de champs électromagnétiques, fournis par le fabricant d'équipements de travail ou de dispositifs médicaux, en application des règles techniques de conception ou d'utilisation auxquels ils sont soumis, ou par le fabricant d'équipements conçus pour un usage public, s'ils sont utilisés conformément à l'usage auquel ils sont destinés ;
5° La fréquence, le niveau, la durée et le type d'exposition, y compris la répartition dans l'organisme du travailleur et dans l'espace de travail ;
6° Tout effet biophysique direct sur le travailleur ou tout effet indirect pouvant résulter de l'exposition aux champs électromagnétiques ;
7° Toute incidence sur la santé et la sécurité des travailleurs de moins de 18 ans et des travailleurs à risques particuliers, notamment les femmes enceintes et les travailleurs équipés de dispositifs médicaux implantés ou non, passifs ou actifs ;

8° Les informations fournies par (*Décr. n° 2016-1908 du 27 déc. 2016, art. 16, en vigueur le 1er janv. 2017*) « les professionnels de santé mentionnés au premier alinéa de l'article L. 4624-1 concernant le suivi » de l'état de santé des travailleurs pour ce type d'exposition ;

9° L'existence d'équipements de travail permettant de réduire le niveau d'exposition aux champs électromagnétiques et susceptibles d'être utilisés en remplacement ;

10° L'exposition simultanée à des champs de fréquences multiples.

Art. R. 4453-9 Lorsqu'il procède à l'évaluation des risques, l'employeur s'appuie sur le ou les salariés compétents mentionnés à l'article L. 4644-1 ou à défaut sur l'intervenant et les organismes mentionnés au même article.

Art. R. 4453-10 Les résultats de l'évaluation des risques ainsi que les valeurs limites d'exposition ou les valeurs déclenchant l'action identifiées[,] en application de l'article R. 4453-6, sont consignés dans le document unique d'évaluation des risques prévu à l'article R. 4121-1.

Les résultats de l'évaluation des risques sont conservés sous une forme susceptible d'en permettre la consultation à une date ultérieure.

L'employeur les communique au médecin du travail (*Décr. n° 2016-1908 du 27 déc. 2016, art. 16, en vigueur le 1er janv. 2017*) « , aux professionnels de santé du service de santé au travail » et au (*Décr. n° 2017-1819 du 29 déc. 2017, art. 3*) « comité social et économique ».

(*Abrogé par Décr. n° 2021-1091 du 18 août 2021, art. 2*) (*Décr. n° 2016-1908 du 27 déc. 2016, art. 15*) « *Les travailleurs exposés à des champs électromagnétiques affectés à des postes pour lesquels les valeurs limites d'exposition fixées à l'article R. 4453-3 sont dépassées bénéficient d'une visite d'information et de prévention prévue aux articles R. 4624-10 à R. 4624-21 réalisée avant l'affectation au poste afin notamment d'orienter sans délai les travailleurs mentionnés au 7° de l'article R. 4453-8 vers le médecin du travail.* »

Art. R. 4453-11 Lorsque les résultats de l'évaluation des risques mettent en évidence le dépassement des valeurs déclenchant l'action, l'employeur détermine et met en œuvre les mesures et moyens de prévention prévus à l'article R. 4453-13.

Ces dispositions ne sont pas exigées, lorsque les conditions cumulatives suivantes sont remplies :

1° Les valeurs déclenchant l'action ne concernent que les effets biophysiques directs ;

2° L'employeur a démontré que les valeurs limites d'exposition ne sont pas dépassées ;

3° Les risques pour la sécurité peuvent être écartés.

Art. R. 4453-12 Un arrêté conjoint des ministres chargés du travail et de l'agriculture précise les conditions de mesurage, de calcul et de simulation numérique des niveaux de champs électromagnétiques.

SECTION 5 Mesures et moyens de prévention

(*Décr. n° 2016-1074 du 3 août 2016, art. 1er, en vigueur le 1er janv. 2017*)

Art. R. 4453-13 La réduction des risques liés à l'exposition aux champs électromagnétiques se fonde notamment sur :

1° La mise en œuvre d'autres procédés de travail n'exposant pas aux champs électromagnétiques ou entraînant une exposition moindre ;

2° Le choix d'équipements de travail appropriés émettant, compte tenu du travail à effectuer, des champs électromagnétiques moins intenses ;

3° La mise en œuvre de moyens techniques visant à réduire l'émission de champs électromagnétiques des équipements de travail ;

4° La modification de la conception et de l'agencement des lieux et postes de travail visant à réduire l'exposition aux champs électromagnétiques ;

5° Le choix d'une organisation du travail visant à réduire la durée et l'intensité des expositions ;

6° Des programmes appropriés de maintenance des équipements de travail, des postes de travail et du lieu de travail ;

SANTÉ ET SÉCURITÉ AU TRAVAIL   **Art. R. 4453-18** 2451

7° La mise à disposition d'équipements de protection individuelle appropriés ;
8° La mise en œuvre de mesures techniques et organisationnelles visant à éviter tout risque lié aux effets indirects.

Art. R. 4453-14 Les lieux de travail où les travailleurs sont susceptibles d'être exposés à des niveaux de champs électromagnétiques dépassant les valeurs déclenchant l'action sont identifiés et font l'objet d'une signalisation spécifique et appropriée. Leur accès est limité s'il y a lieu.

Ils font l'objet d'une restriction ou d'un contrôle d'accès lorsque les travailleurs sont susceptibles d'être exposés à des niveaux de champs électromagnétiques dépassant les valeurs limites d'exposition.

Lorsque l'accès à ces lieux est restreint au titre des risques d'origine électrique et que les travailleurs sont informés et formés conformément à l'article R. 4453-17, la signalisation et les restrictions d'accès propres aux champs électromagnétiques ne sont pas requises. Le (Décr. n° 2017-1819 du 29 déc. 2017, art. 3) « comité social et économique » est consulté sur cette organisation.

Art. R. 4453-15 Pour les travailleurs à risques particuliers mentionnés au 7° de l'article R. 4453-8, l'employeur adapte, en liaison avec le médecin du travail, les mesures de prévention prévues à la présente section.

Art. R. 4453-16 Lorsqu'en dépit des mesures de prévention mises en œuvre en application de la présente section, l'exposition d'un travailleur dépasse les valeurs limites d'exposition, l'employeur :
1° Prend immédiatement des mesures pour réduire l'exposition à un niveau inférieur à ces valeurs limites ;
2° Détermine les causes du dépassement des valeurs limites d'exposition et adapte en conséquence les mesures de protection et de prévention en vue d'éviter tout nouveau dépassement ;
3° Informe le (Décr. n° 2017-1819 du 29 déc. 2017, art. 3) « comité social et économique » ainsi que l'agent de contrôle de l'inspection du travail mentionné à l'article L. 8112-1 en précisant les circonstances, les causes présumées et les mesures envisagées pour éviter le renouvellement de ce dépassement.

SECTION 6 Information et formation des travailleurs

(Décr. n° 2016-1074 du 3 août 2016, art. 1er, en vigueur le 1er janv. 2017)

Art. R. 4453-17 L'employeur veille à ce que chaque travailleur susceptible d'être exposé à un risque lié à des champs électromagnétiques reçoive toute l'information nécessaire et une formation en rapport avec les résultats de l'évaluation des risques réalisée conformément à la section 4.

Cette information et cette formation portent, notamment, sur :
1° Les caractéristiques des émissions de champs électromagnétiques ;
2° Les effets biophysiques directs et les effets indirects pouvant résulter d'une exposition à des champs électromagnétiques ;
3° Les mesures prises en application de la section 5 en vue de supprimer ou de réduire les risques résultant des champs électromagnétiques ;
4° Les précautions à prendre par les travailleurs pour assurer la protection de leur santé et de leur sécurité et celle des autres travailleurs présents sur le lieu de travail, notamment l'importance de déclarer le plus précocement possible au médecin du travail (Décr. n° 2016-1908 du 27 déc. 2016, art. 16, en vigueur le 1er janv. 2017) « ou les [aux] professionnels de santé du service de santé au travail » qu'ils sont équipés de dispositifs médicaux implantés ou non, passifs ou actifs ;
5° Les règles particulières établies pour les travailleurs à risques particuliers mentionnés au 7° de l'article R. 4453-8 ;
6° La conduite à tenir en cas d'apparition d'effets sensoriels ou sur la santé, d'accident ou d'exposition au-delà des valeurs limites d'exposition, ainsi que les modalités de leur signalement.

Art. R. 4453-18 L'employeur établit une notice de poste pour chaque poste de travail lorsque les travailleurs sont susceptibles d'être exposés à des champs électromagnétiques dépassant les valeurs déclenchant l'action identifiées en application de l'article R. 4453-6 ou présentant d'autres risques d'effets indirects.

La notice est destinée à informer les travailleurs des risques auxquels leur travail peut les exposer et des dispositions prises pour les éviter. Elle rappelle en particulier les règles de sécurité applicables et les consignes relatives aux mesures de protection collective et individuelle.

SECTION 7 Suivi de l'état de santé des travailleurs

(Décr. n° 2016-1074 du 3 août 2016, art. 1er, en vigueur le 1er janv. 2017)

Art. R. 4453-19 Lorsqu'une exposition au-delà des valeurs limites d'exposition est détectée ou lorsqu'un effet indésirable ou inattendu sur la santé susceptible de résulter d'une exposition à des champs électromagnétiques est signalé par un travailleur, celui-ci bénéficie d'*(Décr. n° 2016-1908 du 27 déc. 2016, art. 16, en vigueur le 1er janv. 2017)* « un examen médical » *(Décr. n° 2021-1091 du 18 août 2021, art. 2)* « réalisé par le médecin du travail dans les conditions prévues au premier alinéa de l'article R. 4624-34 ».

SECTION 8 Dispositions particulières encadrant le dépassement des valeurs limites d'exposition relatives aux effets sensoriels

(Décr. n° 2016-1074 du 3 août 2016, art. 1er, en vigueur le 1er janv. 2017)

Art. R. 4453-20 Sans préjudice des dispositions prévues aux sections 1 à 7 du présent chapitre, à l'exception de l'article R. 4453-16, lorsque les mesures et moyens de prévention mis en place par l'employeur au titre de l'article R. 4453-13 ne permettent pas de maintenir les expositions en deçà des valeurs limites d'exposition relatives aux effets sensoriels et lorsque la pratique de travail le nécessite, ces valeurs peuvent être temporairement dépassées.

L'exposition du travailleur ne dépasse pas les valeurs limites d'exposition relatives aux effets sur la santé.

Art. R. 4453-21 L'employeur démontre l'absence d'alternative possible au dépassement des valeurs limites d'exposition relatives aux effets sensoriels compte tenu de la pratique de travail et consigne la justification dans le document unique d'évaluation des risques.

L'employeur en informe le médecin du travail *(Décr. n° 2016-1908 du 27 déc. 2016, art. 16, en vigueur le 1er janv. 2017)* « , les professionnels de santé du service de santé au travail » et le *(Décr. n° 2017-1819 du 29 déc. 2017, art. 3)* « comité social et économique ».

Art. R. 4453-22 L'employeur s'assure de la mise en œuvre de mesures et moyens de prévention complémentaires propres à garantir la santé et la sécurité des travailleurs.

Art. R. 4453-23 L'employeur désigne une personne chargée d'assurer la fonction de conseiller à la prévention des risques liés aux champs électromagnétiques. Cette personne peut être le salarié sur lequel s'appuie l'employeur au titre de l'article R. 4453-9 pour procéder à l'évaluation des risques.

Sous la responsabilité de l'employeur, celle-ci participe notamment à :

1° L'évaluation des risques prévue à l'article R. 4453-6 ;

2° La mise en œuvre de toutes mesures propres à assurer la santé et la sécurité des travailleurs ;

3° L'amélioration continue de la prévention des risques à partir de l'analyse des situations de travail ;

4° L'information et la formation des travailleurs relatives aux risques liés aux champs électromagnétiques.

Art. R. 4453-24 En complément de la formation prévue à l'article R. 4453-17, l'employeur organise, pour chaque travailleur concerné, une formation renforcée sur les risques, les mesures et moyens de prévention spécifiques à prendre pendant cette exposition.

Art. R. 4453-25 *(Décr. n° 2021-1091 du 18 août 2021, art. 2)* « I. – Les travailleurs exposés à des champs électromagnétiques affectés à des postes pour lesquels les valeurs

SANTÉ ET SÉCURITÉ AU TRAVAIL — Art. R. 4453-31

limites d'exposition fixées à l'article R. 4453-3 sont dépassées bénéficient d'une visite d'information et de prévention prévue aux articles R. 4624-10 à R. 4624-21 réalisée avant l'affectation au poste afin notamment d'orienter sans délai les travailleurs mentionnés au 7° de l'article R. 4453-8 vers le médecin du travail.

« II. — » L'employeur met en place un dispositif permettant aux travailleurs de signaler l'apparition de tout effet sensoriel.

Après chaque signalement, l'employeur met à jour, si nécessaire, l'évaluation des risques prévue à l'article R. 4453-6 et adapte les moyens et mesures de prévention mentionnés à l'article R. 4453-13.

Art. R. 4453-26 Pour chaque travailleur concerné, l'employeur identifie et transmet au médecin du travail (Décr. n° 2016-1908 du 27 déc. 2016, art. 16, en vigueur le 1er janv. 2017) « et aux professionnels de santé mentionnés au premier alinéa de l'article L. 4624-1 » les informations suivantes, qu'il réactualise en tant que de besoin :
1° La nature du travail ;
2° Les caractéristiques des champs électromagnétiques auxquelles le travailleur est exposé ;
3° Les niveaux d'exposition, et le cas échéant, les résultats des mesures, du calcul, ou de la simulation numérique des niveaux de champs électromagnétiques ;
4° La fréquence des expositions.

SECTION 9 Dispositions particulières applicables aux équipements d'imagerie par résonance magnétique destinés aux soins des patients dans le secteur de la santé ou à la recherche dans ce domaine encadrant le dépassement des valeurs limites d'exposition relatives aux effets sur la santé

(Décr. n° 2016-1074 du 3 août 2016, art. 1er, en vigueur le 1er janv. 2017)

Art. R. 4453-27 Sans préjudice des dispositions prévues aux sections 1 à 8 du présent chapitre, à l'exception de l'article R. 4453-16, les dispositions de la présente section sont applicables à l'installation, à l'essai, à l'utilisation, au développement et à l'entretien des équipements d'imagerie par résonance magnétique destinés aux soins des patients dans le secteur de la santé ou à la recherche dans ce domaine lorsque les mesures de prévention mises en place par l'employeur au titre de l'article R. 4453-13 ne permettent pas de maintenir l'exposition des travailleurs en deçà des valeurs limites d'exposition relatives aux effets sur la santé.

Art. R. 4453-28 L'employeur démontre l'absence d'alternative possible au dépassement des valeurs limites d'exposition relatives aux effets sur la santé compte tenu de la pratique de travail et consigne la justification dans le document d'évaluation des risques.

L'employeur demande l'avis du médecin du travail et celui du (Décr. n° 2017-1819 du 29 déc. 2017, art. 3) « comité social et économique ».

Art. R. 4453-29 L'employeur définit les mesures et moyens de protection appropriés garantissant que :
1° Les travailleurs sont protégés contre les effets nocifs pour la santé et les risques pour la sécurité ;
2° L'exposition du travailleur ne soit que temporaire ;
3° Le travailleur ne fait l'objet d'aucune contre-indication médicale ;
4° L'accès au poste de travail fait l'objet d'une habilitation nominative délivrée par l'employeur, renouvelée si la pratique de travail le nécessite.

Art. R. 4453-30 L'employeur complète le dispositif prévu à l'article R. 4453-25 permettant aux travailleurs de signaler l'apparition de tout autre effet.

Après chaque signalement, l'employeur met à jour, si nécessaire, l'évaluation des risques prévue à l'article R. 4453-6 et adapte les moyens et mesures de prévention mis en œuvre au titre de la présente section.

Art. R. 4453-31 L'employeur demande l'autorisation de dépasser, dans les conditions prévues à la présente section, les valeurs limites d'exposition relatives aux effets sur la santé au (Décr. n° 2020-1545 du 9 déc. 2020, art. 28-X, en vigueur le 1er avr. 2021) « directeur régional de l'économie, de l'emploi, du travail et des solidarités ».

Art. R. 4453-32 La demande d'autorisation comprend :

1° La dénomination et le siège social de l'entreprise et l'adresse de l'établissement ;
2° Le nom et l'adresse du service de santé au travail dont il relève ;
3° Le nom et la qualité du conseiller à la prévention des risques liés aux champs électromagnétiques désigné par l'employeur ;
4° Le résultat de l'évaluation des risques d'exposition aux champs électromagnétiques ;
5° Les circonstances qui justifient cette démarche ;
6° Les mesures et moyens de protection envisagés ;
7° La liste des postes de travail concernés ;
8° Le cas échéant, les dispositions particulières prises dans le cadre de travaux réalisés par une entreprise extérieure ;
9° L'avis du médecin du travail et l'avis du (*Décr. n° 2017-1819 du 29 déc. 2017, art. 3*) « comité social et économique ».

Art. R. 4453-33 I. – Le (*Décr. n° 2020-1545 du 9 déc. 2020, art. 28-X, en vigueur le 1er avr. 2021*) « directeur régional de l'économie, de l'emploi, du travail et des solidarités » saisi d'une demande d'autorisation, prend sa décision dans un délai de deux mois, après enquête de l'agent de contrôle de l'inspection du travail mentionné à l'article L. 8112-1.

II. – Le silence gardé par le (*Décr. n° 2020-1545 du 9 déc. 2020, art. 28-X, en vigueur le 1er avr. 2021*) « directeur régional de l'économie, de l'emploi, du travail et des solidarités » pendant deux mois à la demande d'autorisation mentionnée au I vaut rejet de celle-ci.

Art. R. 4453-34 L'autorisation du (*Décr. n° 2020-1545 du 9 déc. 2020, art. 28-X, en vigueur le 1er avr. 2021*) « directeur régional de l'économie, de l'emploi, du travail et des solidarités » peut être retirée lorsque les conditions ayant justifié sa délivrance ne sont plus réunies.

TITRE VI AUTRES RISQUES

(*Décr. n° 2011-45 du 11 janv. 2011*)

CHAPITRE I PRÉVENTION DES RISQUES EN MILIEU HYPERBARE

SECTION 1 Définitions et dispositions générales

Art. R. 4461-1 Les dispositions du présent chapitre s'appliquent dès lors que des travailleurs sont exposés à une pression relative supérieure à 100 hectopascals dans l'exercice des activités suivantes réalisées avec ou sans immersion :

1° Travaux hyperbares exécutés par des entreprises soumises à certification et dont la liste est fixée par l'arrêté prévu à l'article R. 4461-48, en tenant compte de la nature et de l'importance du risque, comprenant notamment les travaux industriels, de génie civil ou maritimes ;
2° Interventions en milieu hyperbare réalisées à d'autres fins que celles des travaux mentionnés au 1°, notamment dans le cadre d'activités physiques ou sportives, culturelles, scientifiques, techniques, maritimes, aquacoles, (*Décr. n° 2020-1531 du 7 déc. 2020, art. 1er*) « de santé », de sécurité (*Décr. n° 2020-1531 du 7 déc. 2020, art. 1er*) « et de secours ».

Art. R. 4461-2 La pression relative considérée par le présent chapitre est la pression absolue au niveau des voies respiratoires du travailleur, au moment où elle atteint sa valeur maximale pendant la durée de travail, diminuée de la pression atmosphérique locale.

SECTION 2 Évaluation des risques

SOUS-SECTION 1 Document unique

Art. R. 4461-3 Dans le cadre de l'évaluation des risques prévue à l'article R. 4121-1, l'employeur consigne en particulier les éléments suivants dans le document unique d'évaluation :

SANTÉ ET SÉCURITÉ AU TRAVAIL

1° Le niveau, le type et la durée d'exposition au risque hyperbare des travailleurs ;
2° L'incidence sur la santé et la sécurité des travailleurs exposés à ce risque ;
3° L'incidence sur la santé et la sécurité des autres risques liés aux interventions et leurs interactions avec le risque hyperbare ;
4° Les variables d'environnement tels que les courants, la météorologie, la température, la turbidité et tout autre élément ayant une incidence sur les conditions d'intervention ;
5° Les caractéristiques techniques des équipements de travail ;
6° Les recommandations spécifiques du médecin du travail concernant la surveillance de la santé des travailleurs.

Lorsqu'il s'agit d'interventions archéologiques sous-marines et subaquatiques, sont substitués au mot : "l'employeur" les mots : "le ministre chargé de la culture ou son représentant" (Décr. n° 2011-45 du 11 janv. 2011, art. 7).

SOUS-SECTION 2 Conseiller à la prévention hyperbare

Art. R. 4461-4 I. — L'employeur désigne une personne chargée d'assurer la fonction de conseiller à la prévention hyperbare. Sous la responsabilité de l'employeur, ce conseiller participe notamment :
1° A l'évaluation des risques prévue à l'article R. 4461-3 ;
2° A la mise en œuvre de toutes les mesures propres à assurer la santé et la sécurité des travailleurs intervenant en milieu hyperbare ;
3° A l'amélioration continue de la prévention des risques à partir de l'analyse des situations de travail.
II. — Ne peut être désigné en qualité de conseiller à la prévention hyperbare que le travailleur titulaire du certificat prévu au II de l'article R. 4461-27.
(Abrogé par Décr. n° 2020-1531 du 7 déc. 2020, art. 1er) « *La durée de validité de ce certificat ainsi que les conditions de son renouvellement sont fixées par l'arrêté prévu à l'article R. 4461-30.* »
III. — Dans les entreprises de moins de *(Décr. n° 2019-1586 du 31 déc. 2019, art. 2, en vigueur le 1er janv. 2020)* « onze » salariés, l'employeur peut occuper cette fonction à la condition d'être titulaire du certificat mentionné au II ci-dessus.
(Décr. n° 2019-1586 du 31 déc. 2019, art. 2, en vigueur le 1er janv. 2020) « L'effectif salarié ainsi que le franchissement du seuil de onze salariés sont déterminés selon les modalités prévues à l'article L. 130-1 du code de la sécurité sociale. »

Lorsqu'il s'agit d'interventions archéologiques sous-marines et subaquatiques, sont substitués au mot : "l'employeur" les mots : "le ministre chargé de la culture ou son représentant" (Décr. n° 2011-45 du 11 janv. 2011, art. 7).

Pour l'application des dispositions de cet art. issues du Décr. n° 2019-1586 du 31 déc. 2019, le II de l'art. L. 130-1 CSS ne s'applique pas lorsque l'effectif de l'entreprise est, au 1er janv. 2020, supérieur ou égal au seuil déterminé au III de l'art. R. 4461-4 et que cette entreprise était soumise, au titre de l'année 2019, aux dispositions applicables dans le cas d'un effectif supérieur ou égal au seuil applicable avant le 1er janv. 2020 (Décr. préc., art. 4-II).

Art. R. 4461-5 L'employeur porte à la connaissance de chaque travailleur amené à intervenir en milieu hyperbare le nom et les coordonnées du conseiller à la prévention hyperbare mentionné à l'article R. 4461-4.

SECTION 3 Mesures et moyens de prévention

SOUS-SECTION 1 Organisation du travail en milieu hyperbare

§ 1 Procédures et méthodes d'intervention, procédures de secours et manuel de sécurité hyperbare

Art. R. 4461-6 Les procédures, et leurs paramètres, retenues pour les différentes méthodes d'intervention ou d'exécution de travaux sont fixées par des arrêtés conjoints du ministre chargé du travail et, chacun en ce qui le concerne, des ministres intéressés.
Chaque arrêté précise notamment :
1° Les gaz ou mélanges gazeux respiratoires autorisés, en application des dispositions de la sous-section 2 ci-après ;

2° Les durées d'intervention ou d'exécution des travaux, tenant compte de l'exposition du travailleur ;

3° Les caractéristiques et conditions d'utilisation des appareils respiratoires ;

4° La composition des équipes lorsque, par dérogation aux dispositions de la section 5 du présent chapitre, il est nécessaire que celles-ci soient renforcées pour tenir compte des méthodes et conditions d'intervention ou d'exécution de travaux particulières, en milieu hyperbare ;

5° Les prescriptions d'utilisation applicables aux enceintes pressurisées habitées, notamment aux caissons de recompression, aux systèmes de plongées à saturation, aux caissons hyperbares thérapeutiques, aux tourelles de plongées, aux bulles de plongées et aux caissons hyperbares des tunneliers ;

6° Les procédures et moyens de compression et de décompression ;

7° Les méthodes d'intervention et d'exécution de travaux ainsi que les procédures de secours et la conduite à tenir devant les accidents liés à l'exposition au risque hyperbare.

V. Arr. du 14 mai 2019 relatif aux travaux hyperbares effectués en milieu subaquatique et Arr. du 14 mai 2019 définissant les procédures d'accès, de séjour, de sortie et d'organisation du travail pour les interventions en milieu hyperbare exécutées avec immersion dans le cadre de la mention B « techniques, sciences, pêche, aquaculture, médias et autres interventions » (JO 24 mai).

Art. R. 4461-7 L'employeur établit, pour chacun de ses établissements, un manuel de sécurité hyperbare, en tenant compte des résultats de l'évaluation des risques consignés dans le document unique prévu à l'article R. 4461-3.

Ce manuel précise notamment :

1° Les fonctions, compétences et les rôles respectifs des différentes catégories de travailleurs intervenant lors des opérations ;

2° Les équipements requis selon les méthodes d'intervention employées par l'entreprise et les vérifications devant être effectuées avant leur mise en œuvre ;

3° Les règles de sécurité à observer au cours des différents types d'opérations ainsi que celles à respecter préalablement et ultérieurement à ces opérations, en particulier dans les déplacements entraînant des modifications de pression ayant des conséquences sur la santé et en cas d'intervention dans les conditions mentionnées à l'article R. 4461-49 ;

4° Les éléments devant être pris en compte par les travailleurs lors du déroulement des opérations tels que les caractéristiques des lieux, les variables d'environnement, les interférences avec d'autres opérations, la pression relative ;

5° Les méthodes d'intervention et d'exécution des travaux ;

6° Les procédures d'alerte et d'urgence, les moyens de secours extérieurs à mobiliser, les moyens de recompression disponibles et leur localisation.

Lorsqu'il s'agit d'interventions archéologiques sous-marines et subaquatiques, sont substitués au mot : "l'employeur" les mots : "le ministre chargé de la culture ou son représentant" (Décr. n° 2011-45 du 11 janv. 2011, art. 7).

Art. R. 4461-8 Le manuel de sécurité hyperbare, établi en liaison avec le conseiller à la prévention hyperbare, est soumis à l'avis préalable du médecin du travail et du *(Décr. n° 2017-1819 du 29 déc. 2017, art. 3)* « comité social et économique ».

Il est mis à jour périodiquement notamment à l'occasion de toute modification importante des conditions d'intervention ou d'exécution de travaux.

V. ndlr ss. art. R. 4461-7.

Art. R. 4461-9 L'employeur remet un exemplaire du manuel de sécurité hyperbare au conseiller à la prévention hyperbare qui veille à la disponibilité de ce manuel sur le site d'intervention ou de travaux.

L'employeur le tient à la disposition des travailleurs et du *(Décr. n° 2017-1819 du 29 déc. 2017, art. 3)* « comité social et économique ».

A bord des navires, le manuel de sécurité hyperbare est également tenu à la disposition des délégués de bord mentionnés à l'article L. 5543-2 du code des transports.

V. ndlr ss. art. R. 4461-7.

SANTÉ ET SÉCURITÉ AU TRAVAIL

Art. R. 4461-10 L'employeur établit, sur la base de l'évaluation des risques réalisée pour chaque poste de travail et mentionnée à l'article R. 4461-3, une notice de poste remise à chaque travailleur afin de l'informer sur les risques auxquels son travail peut l'exposer et les dispositions prises pour les éviter ou les réduire. Cette notice, tenue à jour, rappelle les règles d'hygiène et de sécurité applicables ainsi que, le cas échéant, les consignes relatives à l'emploi des mesures de protection collective ou des équipements de protection individuelle.

(Décr. n° 2020-1531 du 7 déc. 2020, art. 1er) « La notice de poste est accompagnée d'un livret de suivi des interventions ou d'exécution des travaux en milieu hyperbare, dénommé livret individuel hyperbare, remis au travailleur par l'employeur. »

V. ndlr ss. art. R. 4461-7.

Art. R. 4461-11 Lorsque le chef de l'entreprise utilisatrice fait intervenir une entreprise extérieure ou un travailleur indépendant, il assure la coordination générale des mesures de prévention qu'il prend et de celles prises par le chef de l'entreprise extérieure ou le travailleur indépendant, conformément aux dispositions des articles R. 4511-1 et suivants.

Il transmet les consignes particulières applicables à l'établissement en matière de prévention du risque hyperbare aux chefs des entreprises extérieures ou aux travailleurs indépendants auxquels il fait appel. Il leur remet notamment le manuel de sécurité hyperbare applicable à l'établissement au sein duquel ils sont appelés à intervenir.

Chaque chef d'entreprise est responsable, chacun en ce qui le concerne, de l'application des mesures de prévention nécessaires à la protection des travailleurs qu'il emploie, notamment de la fourniture, de l'entretien et du contrôle des appareils et mesures de protection collective et des équipements de protection individuelle.

Des accords peuvent être conclus entre le chef de l'entreprise utilisatrice et les chefs des entreprises extérieures ou les travailleurs indépendants concernant les modalités de mise à disposition des moyens de protection collective, des appareils et des équipements de protection individuelle, ainsi que des gaz respiratoires.

§ 2 Fiche de sécurité

Art. R. 4461-12 L'employeur s'assure de l'adéquation des qualifications et de l'aptitude médicale de chaque travailleur avec la fonction qu'il lui a confiée.

Art. R. 4461-13 Sur le site d'intervention ou de travaux hyperbares, pour chaque intervention à des fins de travaux ou à d'autres fins, l'employeur établit une fiche de sécurité sur laquelle il indique :

1° La date et le lieu de l'intervention ou des travaux ;

2° L'identité des travailleurs concernés ainsi que leur fonction et, s'il s'agit de travailleurs indépendants ou de salariés d'une entreprise extérieure, l'identification de celle-ci ;

3° Les paramètres relatifs à l'intervention ou aux travaux, notamment les durées d'exposition et les pressions relatives ;

4° Les mélanges utilisés.

Un modèle de ce document est intégré dans le manuel de sécurité hyperbare.

Art. R. 4461-13-1 (Décr. n° 2020-1531 du 7 déc. 2020, art. 1er) Afin d'assurer la traçabilité de toute exposition aux risques inhérents au travail accompli dans les conditions mentionnées à l'article R. 4461-1, l'employeur conserve l'original de la fiche de sécurité et remet à chaque travailleur ayant pris part à l'intervention un exemplaire de cette fiche.

L'employeur transmet au service de santé au travail, au plus tard à l'occasion des visites et examens réalisés au titre du suivi individuel renforcé de l'état de santé du travailleur prévu à l'article R. 4624-22, les informations mentionnées sur l'exemplaire de la fiche de sécurité qui lui a été remis. La transmission est effectuée par tout moyen donnant date certaine à la réception.

SOUS-SECTION 2 Règles techniques

§ 1 Gaz et mélanges gazeux respiratoires

SOUS-§ 1 *Principes*

Art. R. 4461-14 Sauf pour les interventions en apnée mentionnées à l'article R. 4461-42, les interventions et travaux en milieu hyperbare sont pratiqués en respirant de l'air, un autre mélange gazeux ou de l'oxygène pur dans les conditions fixées à la présente sous-section.

Art. R. 4461-15 L'employeur détermine le gaz respiratoire le plus approprié aux conditions de travail.

Art. R. 4461-16 La respiration d'air comprimé est autorisée jusqu'à la pression relative de 6 000 hectopascals. Au-delà de 6 000 hectopascals, des mélanges respiratoires spécifiques doivent être utilisés.

SOUS-§ 2 *Composition des gaz*

Art. R. 4461-17 Sans préjudice des valeurs limites d'exposition professionnelle fixées aux articles R. 4222-10, R. 4412-149 et R. 4412-150, l'air ou les mélanges respirés au cours des interventions et travaux doivent présenter les caractéristiques suivantes :
1° S'agissant du gaz carbonique, une pression partielle inférieure à 10 hectopascals ;
2° S'agissant du monoxyde de carbone, une pression partielle inférieure à *(Décr. n° 2020-1531 du 7 déc. 2020, art. 1ᵉʳ)* « 0,05 hectopascal » ;
3° S'agissant de la vapeur d'eau, pour les expositions d'une durée supérieure à 24 heures, un degré hygrométrique compris entre 60 pour 100 et 80 pour 100 ;
4° S'agissant des vapeurs d'huile, une pression partielle exprimée en équivalent méthane inférieure à 0,5 hectopascal et une concentration inférieure à 0,5 mg/m^3.
La masse volumique d'un mélange respiratoire ne doit pas excéder 9 grammes par litre à la pression d'utilisation.

Art. R. 4461-18 La pression partielle d'azote dans un mélange respiré doit être inférieure à 5 600 hectopascals.

Art. R. 4461-19 La pression partielle d'oxygène d'un mélange respiré ne doit pas :
I. — Être inférieure à 160 hectopascals et, dans une enceinte hyperbare de travail, être supérieure à 25 pour 100 de la pression *(Décr. n° 2013-607 du 9 juill. 2013)* « absolue. »
II. — Dépasser les valeurs suivantes :
1° En période d'activités physiques, en dehors des phases de compression et de décompression et pour des durées continues d'exposition n'excédant pas respectivement 3, 4, 5, 6 et 8 heures : 1 600 hectopascals, 1 400 hectopascals, 1 200 hectopascals, 1 000 hectopascals et 900 hectopascals ;
2° Lors de la phase de décompression en immersion, 1 600 hectopascals ;
3° Lors de la phase de décompression au sec, 2 200 hectopascals pour une décompression d'une durée inférieure à 24 heures et 800 hectopascals pour une décompression d'une durée supérieure à 24 heures ;
4° Lors des phases de compression ou de repos à saturation, entre 300 hectopascals et 450 hectopascals ;
5° Lors d'une recompression d'urgence après un accident de décompression, 2 800 hectopascals, sauf prescription médicale différente.

Art. R. 4461-20 Par dérogation au I de l'article R. 4461-19, la respiration d'oxygène pur sous pression avec un appareil de protection respiratoire individuel est autorisée durant les périodes de décompression conformément aux procédures de décompression définies au 6° de l'article R. 4461-6.

§ 2 Équipements de protection individuelle

Art. R. 4461-21 L'employeur met à disposition les équipements de protection individuelle spécifiques à la nature de l'intervention ou des travaux, comprenant notam-

SANTÉ ET SÉCURITÉ AU TRAVAIL   **Art. R. 4461-27**

ment les appareils respiratoires, les appareils respiratoires de secours et les accessoires appropriés aux méthodes d'intervention et de secours.

Par dérogation à cet art., l'employeur peut autoriser un travailleur titulaire d'un certificat d'aptitude à l'hyperbarie mention B "archéologie sous-marine et subaquatique" à utiliser son propre équipement de protection individuelle, après s'être assuré qu'il est approprié au travail à réaliser ou convenablement adapté à cet effet, conformément aux art. R. 4321-1 s. (Décr. n° 2011-45 du 11 janv. 2011, art. 7).

Art. R. 4461-22 Doivent être constamment disponibles pour prévenir une défaillance d'alimentation en gaz respirable :
1° Un réservoir de gaz de secours ou un moyen de contrôle continu de la pression permettant d'alerter le travailleur ;
2° Un dispositif d'alimentation de secours.

§ 3 Contrôle des gaz et détendeurs

Art. R. 4461-23 L'employeur s'assure, en procédant ou en faisant procéder, par analyse, et avant leur utilisation, de :
1° La conformité des gaz respiratoires, fournis par des compresseurs, aux valeurs limites d'exposition professionnelle fixées par la présente sous-section ;
2° La conformité de la teneur en oxygène des mélanges autres que l'air aux valeurs limites d'exposition professionnelle fixées par la présente sous-section ;
3° En cas d'utilisation de mélanges binaires ou ternaires, la conformité de la teneur en azote et, le cas échéant, en hélium.

Art. R. 4461-24 L'employeur consigne les résultats des analyses mentionnées à l'article R. 4461-23 et les tient à disposition des personnes mentionnées à l'article R. 4121-4.
Lorsque les gaz sont destinés à être utilisés par une entreprise extérieure, ils sont accompagnés d'une fiche mentionnant le résultat de ces analyses.

Art. R. 4461-25 L'employeur assure la maintenance et le contrôle des détendeurs destinés à ramener la pression du gaz d'un réservoir à la pression d'utilisation.

Par dérogation à cet art., l'employeur peut autoriser un travailleur titulaire d'un certificat d'aptitude à l'hyperbarie mention B "archéologie sous-marine et subaquatique" à utiliser son propre équipement de protection individuelle, après s'être assuré qu'il est approprié au travail à réaliser ou convenablement adapté à cet effet, conformément aux art. R. 4321-1 s. (Décr. n° 2011-45 du 11 janv. 2011, art. 7).

Art. R. 4461-26 Un arrêté conjoint du ministre chargé du travail et, chacun en ce qui le concerne, des ministres intéressés[,] précise la périodicité et les modalités selon lesquelles sont effectuées :
1° Les analyses de gaz prévues à l'article R. 4461-23 ;
2° Les opérations de maintenance et de contrôle prévues à l'article R. 4461-25.

SECTION 4 Formation

SOUS-SECTION 1 Certificat d'aptitude à l'hyperbarie et certificat de conseiller à la prévention hyperbare

Art. R. 4461-27 I. — Seuls peuvent intervenir en milieu hyperbare les travailleurs titulaires d'un certificat d'aptitude à l'hyperbarie délivré à l'issue d'une formation dispensée dans les conditions prévues par la présente section.
II. — Seuls peuvent exercer les fonctions de conseiller à la prévention hyperbare (Décr. n° 2020-1531 du 7 déc. 2020, art. 1er) « mentionnées à l'article R. 4461-4 » les travailleurs titulaires du certificat (Abrogé par Décr. n° 2020-1531 du 7 déc. 2020, art. 1er) « mentionné à l'article R. 4461-4 » délivré (Décr. n° 2020-1531 du 7 déc. 2020, art. 1er) « à cet effet » à l'issue d'une formation dispensée dans les conditions prévues par la présente section.
III. — La durée de validité de ces certificats ainsi que les modalités et conditions de leur renouvellement sont fixées par les arrêtés prévus à l'article R. 4461-30.

(*Décr. n° 2020-1531 du 7 déc. 2020, art. 1er, en vigueur le 1er janv. 2022*) « IV. — Les travaux subaquatiques mentionnés au 1° du III de l'article R. 4461-28 ne peuvent être accomplis que par des travailleurs détenant :

« 1° Soit le titre professionnel de scaphandrier de travaux publics, délivré par le ministre chargé de l'emploi en application de l'article R. 338-1 du code de l'éducation ;

« 2° Soit le certificat sanctionnant celui des blocs de compétences constituant ce titre professionnel qui correspond à l'activité exercée ;

« 3° Soit une certification professionnelle enregistrée dans le répertoire national des certifications professionnelles correspondant à l'activité exercée lorsqu'elle n'est pas accomplie en milieu subaquatique.

« Un arrêté du ministre chargé du travail détermine la durée et les modalités des formations conduisant à l'obtention du titre professionnel de scaphandrier de travaux publics et des blocs de compétences constituant ce titre. »

« V. — L'obligation de détention des certificats mentionnés aux I et II et du titre professionnel, du certificat sanctionnant un bloc de compétences ou de la certification professionnelle mentionné au IV » n'est pas applicable aux travailleurs qui justifient d'une formation acquise de façon prépondérante dans l'Union, ou d'un diplôme, certificat ou autre titre délivré dans un État membre de l'Union européenne, ou délivré par une autorité d'un pays tiers, à condition que soit fournie une attestation de l'autorité compétente de l'État membre qui a reconnu le titre, certificat ou un autre titre attestant de la formation et de la qualification de cette personne par une autorité ou d'une formation acquise remplissant les mêmes objectifs pédagogiques que ceux figurant au I du R. 4461-30.

Les titulaires de certificats d'aptitude à l'hyperbarie délivrés antérieurement au 13 janv. 2011, date d'entrée en vigueur du Décr. n° 2011-45 du 11 janv. 2011, conservent le bénéfice des aptitudes définies dans ces certificats.

Pour l'application du Décr. préc., les intitulés des classes et les pressions relatives maximales mentionnées à l'art. 3 du Décr. n° 1990-277 du 28 mars 1990 ont pour équivalence les intitulés et pressions relatives maximales figurant en annexe du Décr. n° 2011-45 du 11 janv. 2011 (JO 13 janv.).

Par dérogation aux dispositions du IV de l'art. R. 4461-27, peuvent accomplir des travaux subaquatiques mentionnés au 1° du III de l'art. R. 4461-28 les travailleurs qui détiennent au 1er janv. 2022 un certificat d'aptitude à l'hyperbarie portant la mention A en cours de validité et qui, à cette date, justifient d'au moins quinze heures de plongées effectives depuis le 1er janv. 2019 dans l'activité visée par un des blocs de compétences composant le titre professionnel de scaphandrier de travaux publics (Décr. n° 2020-1531 du 7 déc. 2020, art. 5-II).

Art. R. 4461-28 (*Décr. n° 2020-1531 du 7 déc. 2020, art. 1er*) I. — Le certificat d'aptitude à l'hyperbarie indique notamment :

1° La mention correspondant à l'activité professionnelle exercée ;

2° La classe définissant, compte tenu de la pression relative maximale, la zone dans laquelle le travailleur peut intervenir.

II. — Le certificat de conseiller à la prévention hyperbare indique notamment la mention correspondant à l'activité professionnelle exercée.

III. — Les mentions relatives aux activités professionnelles sont ainsi définies :

1° Mention A : Travaux subaquatiques effectués par des entreprises soumises à certification telle que définie à l'article R. 4461-43 ;

2° Mention B : Interventions subaquatiques :
a) Activités physiques ou sportives ;
b) Archéologie sous-marine et subaquatique ;
c) Secours et sécurité :
— option sécurité civile ;
— option police ;
d) Techniques, sciences, pêche, aquaculture, médias et autres interventions ;

3° Mention C : Interventions sans immersion effectuées dans le domaine de la santé ;

4° Mention D : Travaux sans immersion effectués par des entreprises soumises à certification telle que définie à l'article R. 4461-43.

IV. — Les classes sont définies comme suit :

1° Classe 0 : pour une pression relative maximale n'excédant pas 1 200 hectopascals ;

2° Classe I : pour une pression relative maximale n'excédant pas 3 000 hectopascals ;
3° Classe II : pour une pression relative maximale n'excédant pas 5 000 hectopascals ;
4° Classe III : pour une pression relative supérieure à 5 000 hectopascals.

SOUS-SECTION 2 Organisation de la formation

Art. R. 4461-29 Les formations réalisées en vue de la délivrance des certificats d'aptitude à l'hyperbarie et de conseiller à la prévention hyperbare le sont par :
1° Un organisme habilité dans les conditions et selon les modalités définies à la sous-section 3 ci-après, pour les formations donnant lieu à la délivrance d'un certificat d'aptitude à l'hyperbarie mention B, pour les activités suivantes :
a) Archéologie sous-marine et subaquatique ;
b) Secours et sécurité ;
2° Un organisme certifié par un organisme de certification accrédité dans les conditions prévues à l'article R. 4724-1, pour les autres formations.

Art. R. 4461-30 Pour la réalisation des formations, des arrêtés conjoints du ministre chargé du travail et, chacun en ce qui le concerne, des ministres intéressés, fixent :
I. – Pour la réalisation des formations, en tenant compte de l'ampleur et la nature du risque lié à chaque type d'intervention ou de travaux en milieu hyperbare :
1° Les objectifs pédagogiques, la durée des formations des travailleurs intéressés et les conditions d'accès aux formations ;
2° La qualification des personnes chargées de ces formations ;
3° Les modalités de contrôle des connaissances acquises à l'issue des formations ;
4° Les conditions d'organisation de la formation des travailleurs concernés.
II. – Pour la délivrance des certificats prévus aux articles R. 4461-4 et R. 4461-27 :
1° Les conditions de délivrance, la durée de validité et les modalités de renouvellement du certificat d'aptitude à l'hyperbarie et du certificat de conseiller à la prévention hyperbare ;
2° Les informations devant figurer sur le certificat d'aptitude à l'hyperbarie et sur le certificat de conseiller à la prévention hyperbare.

V. Arr. du 12 déc. 2016, NOR : ETST1625048A (JO 31 déc.).

V. Arr. du 11 juin 2020, NOR : MICC2012447A (JO 8 juill.), mod. par Arr. du 30 juin 2022, NOR : MICC2218782A (JO 8 juill.).

Art. R. 4461-31 (Abrogé par Décr. n° 2020-1531 du 7 déc. 2020, art. 1ᵉʳ) *Les organismes de formation mentionnés à l'article R. 4461-29 transmettent, dans un délai maximum d'un mois à compter de la délivrance des certificats d'aptitude à l'hyperbarie et de conseiller à la prévention hyperbare, les informations suivantes à un organisme désigné par le ministre chargé du travail :*
1° L'identité, la date de naissance et les coordonnées de résidence des titulaires du certificat délivré ;
2° La date de délivrance du certificat ainsi que la mention et la classe obtenues.
Cet organisme centralise, vérifie et consolide ces informations pour constituer et tenir à jour le fichier national des travailleurs hyperbares. Il détermine les modalités pratiques de transmission de ces informations et les porte à la connaissance des organismes de formation mentionnés à l'article R. 4461-29. Il transmet dans un rapport annuel au ministre chargé du travail les éléments statistiques et informations relatifs à ce fichier.
Dans le cadre de leur mission de contrôle, les agents des services de l'inspection du travail et les services déconcentrés de l'État chargés des sports, de l'intérieur et de la mer ont accès sur demande à ces informations individuelles nominatives.

SOUS-SECTION 3 Habilitation, accréditation et certification

§ 1 Habilitation

Art. R. 4461-32 (Décr. n° 2020-733 du 15 juin 2020, art. 8) « I. – La demande d'habilitation des organismes de formation, mentionnés au 1° de l'article R. 4461-29, est adressée, par pli recommandé avec demande d'avis de réception :

« 1° Aux services centraux placés sous l'autorité du ministre *(Décr. n° 2020-1531 du 7 déc. 2020, art. 1ᵉʳ)* « de l'intérieur » pour ce qui concerne la mention B "secours et sécurité" ;

« 2° Aux services placés sous l'autorité du directeur du département des recherches archéologiques subaquatiques et sous-marines pour ce qui concerne la mention B "archéologie sous-marine et subaquatique". »

II. — Ce dossier comprend les informations relatives :

1° A l'identification de l'organisme ;

2° Aux catégories d'intervention *[interventions]* pour lesquelles l'habilitation est demandée ;

3° Aux moyens mis en œuvre ;

4° Aux modalités de financement de ces formations.

Le dossier est réputé complet, si le service instructeur a délivré un accusé de réception ou n'a pas fait connaître, dans le délai d'un mois à compter de sa réception, au demandeur, par lettre recommandée avec demande d'avis de réception, la liste des pièces manquantes ou incomplètes.

(Décr. n° 2020-733 du 15 juin 2020, art. 8) « III. — Pour l'octroi d'une habilitation à un organisme de formation, l'autorité administrative compétente est :

« 1° Lorsque la demande d'habilitation relève des services mentionnés au 1° du I, le ministre *(Décr. n° 2020-1531 du 7 déc. 2020, art. 1ᵉʳ)* « de l'intérieur » ;

« 2° Lorsque la demande d'habilitation relève des services mentionnés au 2° du I, le directeur du département des recherches archéologiques subaquatiques et sous-marines.

« IV. — L'autorité administrative compétente se prononce dans un délai de deux mois à compter de la présentation d'une demande complète. L'habilitation est réputée acquise au terme de ce délai. En cas d'octroi de l'habilitation, l'autorité administrative compétente en informe l'organisme désigné à l'article R. 4461-29.

« L'habilitation est valable pour une durée de trois ans. Elle peut être renouvelée par l'autorité administrative compétente, pour une durée identique, sur demande du titulaire de l'habilitation adressée au plus tard quatre mois avant sa date d'expiration, par lettre recommandée avec demande d'avis de réception. Les dispositions du II s'appliquent à ces demandes de renouvellement. »

Art. R. 4461-33 Pour délivrer l'habilitation mentionnée au 1° de l'article R. 4461-29, l'autorité administrative compétente s'assure en particulier que les modalités et conditions d'organisation répondent aux exigences fixées par les arrêtés mentionnés à l'article R. 4461-30.

Lorsque les modalités et conditions d'organisation ne répondent plus aux exigences fixées par les arrêtés mentionnés à l'article R. 4461-30, l'autorité administrative compétente retire l'habilitation délivrée.

Le retrait est prononcé par décision motivée après l'expiration d'un délai de trente jours suivant la notification d'une mise en demeure au titulaire de l'habilitation précisant les griefs formulés à son encontre.

Art. R. 4461-34 Toutes les modifications portant sur les 2°, 3° et 4° du II de l'article R. 4461-32 sont subordonnées à une autorisation préalable après avoir été transmises à l'autorité administrative compétente par pli recommandé avec demande d'avis de réception. Le silence gardé par l'autorité administrative compétente pendant un délai de trente jours à compter de la date de délivrance de l'accusé de réception du pli recommandé vaut acceptation de ces modifications.

Les modifications portant sur le 1° du II de l'article R. 4461-32 font l'objet d'une déclaration annuelle.

Art. R. 4461-35 L'habilitation mentionnée au 1° de l'article R. 4461-29 délivrée par l'autorité administrative compétente devient caduque si :

1° L'organisme de formation n'a pas mis en œuvre de formation dans les douze mois qui suivent sa délivrance ;

2° L'organisme de formation n'a pas mis en œuvre de formation pendant douze mois consécutifs.

Toutefois, les dispositions des 1° et 2° ne trouvent pas à s'appliquer lorsque l'autorité administrative compétente prend une décision en ce sens en raison de circonstances particulières.

SANTÉ ET SÉCURITÉ AU TRAVAIL **Art. R. 4461-42**

§ 2 Accréditation et certification

Art. R. 4461-36 Pour obtenir l'accréditation prévue au 2° de l'article R. 4461-29, l'organisme candidat doit remplir les conditions prévues par le référentiel d'accréditation défini par le Comité français d'accréditation (COFRAC) mentionné à l'article R. 4724-1.

Des arrêtés conjoints du ministre chargé du travail et, chacun en ce qui le concerne, des ministres intéressés déterminent les garanties minimales que doivent présenter les organismes de formation mentionnés au 2° de l'article R. 4461-29, notamment en ce qui concerne :
1° La qualification des personnes chargées de la formation ;
2° Les méthodes et capacités pédagogiques adaptées au but poursuivi ;
3° La capacité d'évaluation préalable des candidats au regard de leur compétence professionnelle ou de leur diplôme ;
4° La capacité de se conformer au référentiel de formation comprenant les éléments figurant au I du R. 4461-30 ;
5° La capacité à assurer un contrôle des connaissances et des acquis.

SECTION 5 Organisation des interventions et travaux en milieu hyperbare

SOUS-SECTION 1 Dispositions communes

Art. R. 4461-37 Les interventions et travaux en milieu hyperbare ne peuvent être effectuées par une personne seule sans surveillance.

Art. R. 4461-38 En application des dispositions réglementaires qui s'appliquent à son établissement, prévues à l'article R. 4461-6, l'employeur adapte la composition de l'équipe d'intervention ou de travaux en fonction de la nature et de l'ampleur du risque.

Art. R. 4461-39 L'employeur s'assure que les méthodes et conditions d'intervention et d'exécution des travaux sont consignées sur le livret individuel hyperbare de chaque travailleur, mentionné *(Décr. n° 2020-1531 du 7 déc. 2020, art. 1ᵉʳ)* « à l'article R. 4461-10 ».

SOUS-SECTION 2 Dispositions spécifiques aux interventions en milieu hyperbare

§ 1 Équipe d'intervention

Art. R. 4461-40 Les équipes réalisant une intervention en milieu hyperbare, mentionnée au 2° de l'article R. 4461-1, sont constituées d'au moins deux personnes :
1° Un opérateur intervenant en milieu hyperbare titulaire du certificat d'aptitude à l'hyperbarie ;
2° Un surveillant, formé pour donner en cas d'urgence les premiers secours, qui veille à la sécurité des travailleurs intervenant en milieu hyperbare à partir d'un lieu adapté soumis à la pression atmosphérique locale et regroupant les moyens de communication, d'alerte et de secours.

Art. R. 4461-41 Au cours d'une intervention en milieu hyperbare, les travailleurs peuvent occuper alternativement des fonctions différentes au sein de l'équipe sous réserve qu'ils aient les compétences et aptitudes requises conformément au 1° de l'article R. 4461-7.

§ 2 Interventions en apnée

Art. R. 4461-42 I. – La pratique de l'apnée est autorisée pour les travailleurs disposant d'un certificat d'aptitude mention B ″activités physiques ou sportives″. Les conditions d'exercice de cette pratique sont celles déterminées au chapitre II du titre II du livre III du code du sport.

II. – Pour les travailleurs titulaires d'un certificat comportant une autre des mentions B visées au II de l'article R. 4461-28, la pratique de l'apnée est autorisée sous réserve que la pression relative d'exposition ne soit pas supérieure à 1 000 hectopascals.

Des arrêtés conjoints des ministres chargés du travail, et, chacun en ce qui le concerne, des ministres intéressés précisent les activités ouvertes à cette pratique et les conditions et modalités d'exercice des interventions en apnée.

SOUS-SECTION 3 **Dispositions spécifiques aux travaux en milieu hyperbare**

Art. R. 4461-43 Les travaux en milieu hyperbare, mentionnés au 1° de l'article R. 4461-1, ne peuvent être effectués que par des entreprises ayant obtenu un certificat délivré par un organisme de certification, accrédité dans les conditions de l'article R. 4724-1.

Art. R. 4461-44 Les entreprises de travail temporaire qui mettent à disposition des travailleurs pour la réalisation de travaux mentionnés à l'article R. 4461-43 sont soumises aux obligations de ce même article.

§ 1 Équipe de travaux

Art. R. 4461-45 (Décr. n° 2020-1531 du 7 déc. 2020, art. 1ᵉʳ) I. — Les équipes réalisant des travaux en milieu hyperbare mentionnés au 1° de l'article R. 4461-1 sont constituées d'au moins trois travailleurs, titulaires du certificat d'aptitude à l'hyperbarie mentionné à l'article R. 4461-27, entre lesquels sont réparties les fonctions suivantes :

1° Opérateur intervenant en milieu hyperbare ;

2° Aide opérateur, chargé de l'environnement de travail de l'opérateur intervenant en milieu hyperbare et, en cas de situation anormale de travail, de prêter assistance à cet opérateur ;

3° Surveillant, chargé de veiller à la sécurité des travailleurs intervenant en milieu hyperbare à partir d'un lieu adapté soumis à la pression atmosphérique locale et regroupant les moyens de communication, d'alerte et de secours. A ce titre, il assure notamment la gestion des paramètres du milieu hyperbare, la communication avec l'opérateur intervenant en milieu hyperbare et, en cas de situation anormale de travail, la mise en œuvre des moyens de secours.

II. — Au cours de travaux en milieu hyperbare, les travailleurs peuvent occuper alternativement des fonctions différentes au sein de l'équipe sous réserve qu'ils aient les compétences et aptitudes requises conformément au 1° de l'article R. 4461-7.

Art. R. 4461-46 (Décr. n° 2020-1531 du 7 déc. 2020, art. 1ᵉʳ) L'employeur désigne parmi les travailleurs mentionnés à l'article R. 4451-45 un chef d'opération hyperbare qui est chargé, sur le site et sous la responsabilité de l'employeur, de coordonner l'équipe en matière de sécurité hyperbare.

Le chef d'opération s'assure que les méthodes et conditions d'intervention sont consignées sur le livret individuel hyperbare.

§ 2 Équipements de travail

Art. R. 4461-47 L'équipement de travail s'entend comme comprenant l'ensemble des éléments permettant :

1° L'exécution de travaux en situation d'hyperbarie ;

2° La surveillance des travailleurs en situation d'hyperbarie ;

3° La production, le transfert, le stockage, la distribution et le contrôle des gaz respiratoires ;

4° Les secours.

Un arrêté conjoint des ministres chargés du travail et de l'agriculture précise les spécifications techniques et opérationnelles auxquelles doivent satisfaire ces équipements.

§ 3 Dispositif de certification

Art. R. 4461-48 Un arrêté conjoint des ministres chargés du travail, de la mer, de l'intérieur, de l'agriculture et de la culture détermine :

1° Les modalités et conditions d'accréditation des organismes chargés de la certification ;
2° Les modalités et conditions de certification des entreprises en tenant compte de leurs compétences techniques et du secteur d'activité dans lequel elles peuvent intervenir ;
3° La liste des activités ou des catégories d'activités pour lesquelles cette certification est requise.

V. Arr. du 29 sept. 2017, JO 12 janv. 2018 (NOR : MTRT1727489A).

SECTION 6 Situations exceptionnelles d'interventions et de travaux exécutés en milieu hyperbare

Art. R. 4461-49 Dans le cas de la survenance d'un événement impromptu nécessitant la modification ponctuelle de l'organisation de travail initialement définie, l'employeur peut demander au travailleur de déroger aux pressions maximales autorisées par son certificat d'aptitude à l'hyperbarie, sous réserve de mettre en œuvre les mesures de sécurité nécessaires telles que définies au 3° de l'article R. 4461-7.

Il consigne cette intervention dans le livret individuel hyperbare du travailleur concerné.

Ce travailleur, qui accepte cette intervention, ne peut être conduit à dépasser les valeurs de pression relative maximale suivantes :
1° Pour la classe I : 4 000 hectopascals ;
2° Pour la classe II : 6 000 hectopascals.

Le refus ne peut être constitutif d'une faute du salarié entraînant une sanction disciplinaire.

CHAPITRE II PRÉVENTION DU RISQUE PYROTECHNIQUE

(Décr. n° 2013-973 du 29 oct. 2013, en vigueur le 1er juill. 2014)

Les études de sécurité déjà approuvées à la date d'entrée en vigueur du Décr. n° 2013-973 du 29 oct. 2013 restent valides.

Ces études de sécurité sont réexaminées suivant les dispositions de l'art. 1er du Décr. préc. dans un délai maximum de cinq ans à compter de la date d'entrée en vigueur de ce Décr. (Décr. préc., art. 3, en vigueur le 1er juill. 2014).

SECTION 1 Champ d'application et définitions

V. ndlr ss. chap. II.

Art. R. 4462-1 I. — Les dispositions du présent chapitre déterminent les prescriptions particulières s'appliquant à tous les employeurs mentionnés par l'article L. 4111-1 qui effectuent les activités pyrotechniques suivantes :

La fabrication, l'étude, l'expérimentation, le contrôle, le conditionnement, la conservation, la destruction de substances ou d'objets explosibles destinés à être utilisés pour les effets de leur explosion ou à des fins pyrotechniques, la démolition ou le démantèlement d'équipements ou de bâtiments pyrotechniques.

Ne relèvent pas des dispositions du présent chapitre les activités pyrotechniques suivantes :

1° La conservation, le montage ou le démontage d'objets pyrotechniques, dont le fonctionnement n'induit aucun effet pyrotechnique extérieur à leur enveloppe ;
2° L'utilisation des substances ou d'objets explosifs pour les effets de leur fonctionnement.

II. — Sont exclues du champ d'application du présent chapitre les activités pyrotechniques se déroulant :

1° A bord des navires ou sur des plates-formes de forage en mer ;
2° Lors des opérations de déminage, désobusage et débombage effectuées par le ministre de l'intérieur et le ministre de la défense en application du décret n° 76-225 du 4 mars 1976 modifié fixant les attributions respectives du ministre de l'intérieur et du ministre de la défense en matière de recherche, de neutralisation, d'enlèvement et de destruction des munitions et explosifs ;

3° Dans les chantiers de dépollution pyrotechnique relevant de l'article 1ᵉʳ du décret n° 2005-1325 du 26 octobre 2005 modifié relatif aux règles de sécurité applicables lors des travaux réalisés dans le cadre d'un chantier de dépollution pyrotechnique ;

4° Dans les espaces de vente des magasins auxquels sont applicables les dispositions relatives aux munitions et artifices du règlement de sécurité, contre les risques d'incendie et de panique dans les établissements recevant du public (ERP), approuvé en application de l'article *(Décr. n° 2021-872 du 30 juin 2021, art. 7)* « R. 143-12 » du code de la construction et de l'habitation ;

5° Dans les installations de stockage momentané, dûment déclarées à l'autorité compétente, d'articles pyrotechniques avant un spectacle pyrotechnique, lorsque la quantité totale de matière active n'atteint pas le seuil du régime de la déclaration prévu à la rubrique 1311 de la colonne A de l'annexe à l'article R. 511-9 du code de l'environnement et lorsque la durée du stockage momentané n'excède pas quinze jours ;

6° Dans les installations de stockage des munitions de la division de risque 1.4, telle que définie par la directive 2008/68/CE du 24 septembre 2008 relative au transport intérieur des marchandises dangereuses, qui relèvent du ministère de l'intérieur ;

7° Dans les installations, autres que celles qui sont mentionnées au 6°, de stockage des munitions de la division de risque 1.4 S en emballage admis au transport et dont la quantité totale de matière active est inférieure à 20 kg ;

8° Lors de l'armement et du désarmement des plates-formes de combat et des unités de combat.

Art. R. 4462-2 Pour l'application du présent chapitre, on entend par :

1° "Substance ou mélange explosible" toute substance ou tout mélange de substances solide ou liquide qui est en soi susceptible, par réaction chimique, de dégager des gaz à une température, une pression et une vitesse telles qu'il en résulte des dégâts dans la zone environnante. Les substances pyrotechniques sont incluses dans cette définition, même si elles ne dégagent pas de gaz ;

2° "Substance ou mélange pyrotechnique" toute substance ou tout mélange de substances destiné à produire un effet calorifique, lumineux, sonore, gazeux ou fumigène, ou une combinaison de ces effets à la suite de réactions chimiques exothermiques autoentretenues non détonantes ;

3° "Substance ou objet explosif" toute substance explosible ou tout objet contenant une ou plusieurs substances ou mélanges explosibles destiné à être utilisé pour les effets de leur explosion ou à des fins pyrotechniques ;

4° "Poste de travail" toute zone affectée à l'exécution d'une tâche par un ou plusieurs travailleurs pouvant englober la zone de conservation temporaire des produits dans le flux associé ;

5° "Emplacement de travail" toute zone dans laquelle un ou plusieurs travailleurs sont appelés à se déplacer pour effectuer un travail défini. Cette zone peut inclure un ou plusieurs postes de travail ;

6° "Installation pyrotechnique" tout local, toute aire de chargement et de déchargement, de stationnement, de contrôle, d'expérimentation, de destruction, unité mobile de fabrication ou véhicule de transport, relevant de l'employeur, contenant ou mettant en œuvre une substance ou un objet explosif ;

7° "Enceinte pyrotechnique" la partie parfaitement délimitée du site où sont implantées des installations pyrotechniques ;

8° "Site" tout lieu où se situent une ou plusieurs installations relevant d'un employeur ;

9° "Site pyrotechnique multiemployeurs" tout lieu dont l'accès est réglementé et surveillé en permanence dans lequel se situent plusieurs installations fixes relevant d'employeurs différents, et dont au moins une est une installation pyrotechnique ;

10° "Événement pyrotechnique" toute détonation, déflagration, combustion ou décomposition de substances ou d'objets explosifs, non contrôlée ;

11° "Effet pyrotechnique" tout phénomène physique de surpression ou de projection d'éclats, thermique, toxique et tellurique, survenant à la suite d'un événement pyrotechnique ;

SANTÉ ET SÉCURITÉ AU TRAVAIL   **Art. R. 4462-4**

12° "Effet domino" tout événement pyrotechnique survenant dans une ou plusieurs installations dont les effets déclenchent un autre événement sur une autre installation, conduisant à une aggravation générale des effets du premier événement ;

13° "Gravité" l'importance des dommages prévisibles subis par les personnes ou les biens exposés aux effets d'un événement pyrotechnique ;

14° "Risque pyrotechnique" la combinaison de la probabilité d'être exposé aux effets pyrotechniques et de la gravité de ces effets ;

15° "Siège potentiel d'événement pyrotechnique" tout lieu de présence de substance ou d'objet explosif ;

16° "Siège exposé" tout emplacement de travail ou installation, à l'intérieur d'un site ou d'un site pyrotechnique multiemployeurs, exposé aux effets pyrotechniques survenant dans un siège potentiel d'événement pyrotechnique ;

17° "Périmètre de sécurité" toute zone où la présence de toute personne est interdite, dans laquelle sont circonscrits l'ensemble des effets d'un événement pyrotechnique résultant du fonctionnement volontaire d'une substance ou d'un objet explosif lors d'une expérimentation ou d'un contrôle, ou survenant lors de la destruction d'une substance ou d'un objet explosif.

SECTION 2 L'étude de sécurité

V. ndlr ss. chap. II.

Art. R. 4462-3 *[I. –]* En complément du document unique d'évaluation des risques prévu à l'article R. 4121-1, l'employeur rédige une étude de sécurité, pour chaque activité pyrotechnique mentionnée à l'article R. 4462-1 ainsi que pour les activités de chargement et de déchargement des substances ou objets explosifs afin de :

1° Déceler toutes les possibilités d'événements pyrotechniques et établir, dans chaque cas, leur nature et les risques encourus par les travailleurs ;

2° Déterminer les mesures à prendre pour éviter les événements pyrotechniques et limiter leurs conséquences.

Chaque étude de sécurité justifie le dimensionnement des dispositifs de réduction des effets et définit l'étendue du périmètre de sécurité à retenir lors des tirs de contrôle, d'expérimentation ou de destruction.

Chaque étude de sécurité fait l'objet d'un examen par l'employeur au minimum tous les cinq ans afin de vérifier que les conditions de sécurité des travailleurs ne sont pas modifiées.

L'employeur consulte le *(Décr. n° 2017-1819 du 29 déc. 2017, art. 3)* « comité social et économique, qui peut », en tant que de besoin, se faire assister d'un expert, sur toute étude de sécurité.

II. – Un arrêté des ministres chargés du travail et de l'agriculture précise le contenu de l'étude de sécurité, qui est adapté pour les unités mobiles de fabrication, et qui comprend :

1° Une description du site ou site pyrotechnique multiemployeurs, de chacune des installations pyrotechniques et de son voisinage ;

2° Une description détaillée des substances ou objets explosifs, de leurs caractéristiques et de leurs sensibilités aux sollicitations accidentelles ;

3° Une évaluation des risques permettant d'identifier les événements pyrotechniques susceptibles de se produire et d'analyser leurs causes ;

4° Les mesures de prévention et de protection à prendre pour éviter la survenance de tels événements ou leur répétition et limiter leurs conséquences.

V. Arr. du 7 nov. 2013 fixant le contenu de l'étude de sécurité du travail et le contenu des consignes de sécurité pour les activités pyrotechniques (JO 11 déc.).

Art. R. 4462-4 Toute modification apportée à l'activité ou aux équipements d'une installation pyrotechnique ou toute modification apportée à proximité d'une installation pyrotechnique fixe pouvant avoir un effet sur les mesures de prévention et de protection retenues dans cette installation fait l'objet d'une analyse de sécurité rédigée par l'employeur permettant de juger du caractère notable ou non de cette modification.

Une modification est considérée comme notable dans les cas suivants :

1° Présence de nouvelles substances ou de nouveaux objets explosifs au poste de travail ;

2° Modification de l'étendue des zones d'effets pyrotechniques retenues pour l'installation pyrotechnique considérée ;
3° Augmentation de la probabilité d'occurrence d'un événement pyrotechnique ;
4° Création d'un nouveau poste de travail au sein de l'installation pyrotechnique considérée ;
5° Augmentation du nombre de travailleurs exposés ;
6° Création d'une situation de non-conformité.

Dès lors qu'une modification est considérée comme notable, chaque étude de sécurité concernée par cette modification fait l'objet d'une nouvelle approbation, conformément aux dispositions de l'article R. 4462-30.

Si la modification n'est pas considérée comme notable, l'analyse de sécurité rédigée par l'employeur est versée au dossier de sécurité défini à l'article R. 4462-34.

L'employeur informe le *(Décr. n° 2017-1819 du 29 déc. 2017, art. 3)* « comité social et économique » de toute analyse de sécurité visée par cet article.

Art. R. 4462-5 I. — Lorsque les travailleurs d'une entreprise extérieure réalisent une activité pyrotechnique mentionnée à l'article R. 4462-1, à l'intérieur du site d'une entreprise utilisatrice au sens de l'article R. 4511-1, l'étude de sécurité de cette activité est communiquée par l'employeur de l'entreprise extérieure à l'entreprise utilisatrice. Les conclusions de l'étude de sécurité effectuée par l'entreprise extérieure sont annexées au plan de prévention défini à l'article R. 4512-6.

Dans le cas où les travailleurs de l'entreprise extérieure et ceux de l'entreprise utilisatrice effectuent ensemble une même activité pyrotechnique, une seule étude de sécurité est rédigée par l'employeur de l'entreprise utilisatrice puis validée par l'employeur de l'entreprise extérieure.

Dans tous les cas mentionnés aux alinéas ci-dessus, les *(Décr. n° 2017-1819 du 29 déc. 2017, art. 3)* « comités sociaux et économiques » de l'entreprise extérieure et de l'entreprise utilisatrice sont consultés sur cette étude.

II. — Lorsque les travailleurs d'une entreprise extérieure réalisent une activité non pyrotechnique dans une installation pyrotechnique de l'entreprise utilisatrice au sens de l'article R. 4511-1, les conclusions de l'étude (ou des études) de sécurité de l'activité (ou des activités) pyrotechnique(s) de l'installation pyrotechnique sont reportées dans le plan de prévention défini à l'article R. 4512-6.

III. — Pour les activités de chargement et de déchargement de substances ou d'objets explosifs effectuées par les travailleurs d'une entreprise extérieure, les conclusions de l'étude de sécurité relative aux activités de chargement et de déchargement de substances ou d'objets explosifs ainsi que les conclusions du document cité à l'article R. 4462-14 sont reportées dans le protocole de sécurité prévu à l'article R. 4515-4.

IV. — Pour l'ensemble des activités mentionnées au premier alinéa de l'article R. 4462-3 qui sont réalisées sur les chantiers de bâtiment ou de génie civil soumis à l'obligation de coordination prévue à l'article L. 4532-2, les conclusions de l'étude (ou des études) de sécurité sont annexées au plan particulier de sécurité et de protection de la santé prévu à l'article L. 4532-9.

SECTION 3 Mesures générales de sécurité

V. ndlr ss. chap. II.

Art. R. 4462-6 L'employeur établit une consigne générale de sécurité qui définit les règles générales d'accès et de sécurité dans les enceintes pyrotechniques et qui comporte :
1° L'interdiction de porter tout article de fumeurs ainsi que l'interdiction, sauf autorisation délivrée par l'employeur, de porter des feux nus, des objets incandescents, des allumettes ou tout autre moyen de mise à feu ;
2° L'interdiction d'introduire, sauf autorisation de l'employeur, des matériels autres que ceux prévus dans les consignes de sécurité relatives à chaque poste de travail pyrotechnique, notamment les matériels qui sont sources de rayonnements électromagnétiques ;
3° L'interdiction pour chaque travailleur de se rendre à un emplacement de travail sans motif de service. Sous réserve de l'observation des consignes de sécurité, cette

interdiction ne s'applique pas aux représentants du personnel dans l'exercice des fonctions qui leur sont confiées par les lois et règlements ;

4° L'interdiction de procéder dans les installations pyrotechniques à des opérations non prévues par les consignes en vigueur, notamment à l'ouverture des emballages dans les bâtiments de stockage ;

5° L'obligation pour les travailleurs de revêtir pendant les heures de travail les équipements de protection individuelle fournis par l'employeur ;

6° L'interdiction pour les travailleurs d'emporter des substances ou des objets explosifs ;

7° Les mesures à observer, à l'intérieur de l'enceinte pyrotechnique, pour la circulation des personnes et des véhicules de toute nature ainsi que pour leur stationnement ;

8° Les dispositions générales à prendre en cas d'incendie ou d'explosion.

L'employeur porte cette consigne générale de sécurité à la connaissance des travailleurs et de toute personne pénétrant dans l'enceinte pyrotechnique.

Art. R. 4462-7 L'employeur établit également, compte tenu des conclusions des études de sécurité, avant la mise en œuvre des activités qu'elles concernent :
1° Les consignes de sécurité relatives à chaque installation pyrotechnique ;
2° Les consignes de sécurité relatives à chaque poste de travail pyrotechnique ;
3° Les modes opératoires relatifs à chaque poste de travail pyrotechnique.

Le contenu et les modalités d'affichage de chacune des consignes de sécurité mentionnées aux 1° et 2° ci-dessus sont fixés par un arrêté des ministres chargés du travail et de l'agriculture.

V. Arr. du 7 nov. 2013 fixant le contenu de l'étude de sécurité du travail et le contenu des consignes de sécurité pour les activités pyrotechniques (JO 11 déc.).

Art. R. 4462-8 L'équipement des postes de travail pyrotechniques et le mode opératoire sont conçus en prenant en compte la nécessité d'une attention soutenue des travailleurs et de manière à empêcher les variations brusques de la cadence, notamment lorsque la tâche confiée aux travailleurs est répétitive.

Aucune forme de salaire n'incite les travailleurs affectés à ces postes à accomplir une production supérieure à celle qui est compatible avec l'équipement et le respect du mode opératoire ainsi définis.

Art. R. 4462-9 I. — Sans préjudice des dispositions des articles R. 4227-28 à R. 4227-33, les mesures de lutte contre l'incendie suivantes sont prises pour les installations fixes dans l'enceinte pyrotechnique :

1° Les abords immédiats des installations pyrotechniques sont désherbés et débroussaillés. Les produits utilisés pour le désherbage et le débroussaillage sont de nature telle qu'ils ne puissent provoquer des réactions dangereuses avec les matières utilisées dans l'enceinte pyrotechnique ;

2° Les installations pyrotechniques où l'on manipule des substances ou objets présentant en raison des opérations effectuées un risque élevé d'inflammation pouvant conduire à un incendie sont dotées d'un système d'extinction automatique compatible avec la nature des produits à éteindre. Ce système doit pouvoir en outre être commandé manuellement depuis un emplacement restant accessible et protégé en cas de début d'incendie sur l'installation concernée ;

3° Des dispositifs de détection automatique d'incendie commandant un système d'alarme à fonctionnement instantané sont installés dans les installations où fonctionnent sans surveillance permanente des appareils susceptibles de provoquer des incendies tels que des étuves ou séchoirs.

II. — Toutefois, sans préjudice des autres réglementations applicables en matière de lutte contre l'incendie, les dispositifs prévus par les 2° et 3° du I ne sont pas exigés si les incendies envisagés ne peuvent, par la nature ou la quantité des substances concernées :

1° Ni s'étendre à des installations voisines ;

2° Ni amorcer d'événement pyrotechnique ;

3° Ni provoquer de projections dangereuses ou le dégagement de quantités dangereuses de gaz ou de vapeurs toxiques.

SECTION 4 Implantation des installations et transports internes

V. ndlr ss. chap. II.

SOUS-SECTION 1 Implantation des installations et des postes de travail

V. ndlr ss. chap. II.

Art. R. 4462-10 Les installations pyrotechniques sont conçues, réalisées et implantées de manière telle qu'un événement pyrotechnique n'entraîne pas de risque important pour les travailleurs autres que ceux qui, du fait de leur activité, sont directement exposés aux effets de cet événement.

A l'intérieur du site, les distances d'isolement entre les sièges potentiels d'événement pyrotechnique et les sièges exposés sont telles que, en cas d'événement pyrotechnique, les travailleurs ne sont exposés qu'à un risque limité et la transmission ou propagation vers les autres installations pyrotechniques est peu probable.

Un arrêté des ministres chargés du travail, de l'agriculture, de la défense, des mines, de l'intérieur, des carrières et de l'industrie fixe les règles d'évaluation des risques permettant de déterminer les distances d'isolement minimales à respecter entre les emplacements de travail ou entre les installations, compte tenu notamment de la nature des activités exercées et des installations.

Art. R. 4462-11 Chaque enceinte pyrotechnique est matérialisée par une clôture ou, à défaut, par un système de signalisation bien visible de toute personne y pénétrant en quelque point que ce soit.

L'accès à ces enceintes est interdit à toute personne non concernée par les activités s'y déroulant. Cette interdiction ne s'applique pas aux représentants du personnel dans l'exercice des fonctions qui leur sont confiées par les lois et règlements, aux représentants de l'administration ainsi qu'aux personnes autorisées par l'employeur, sous réserve de l'observation des consignes de sécurité.

Art. R. 4462-12 I. − A l'intérieur de l'enceinte pyrotechnique, des installations pyrotechniques distinctes sont prévues pour :

1° L'étude, l'expérimentation et le contrôle des substances ou des objets explosifs ;

2° La fabrication et la manipulation des objets explosifs ;

3° La fabrication et la manipulation des substances explosives ;

4° La destruction des substances ou des objets explosifs ;

5° La conservation des substances ou des objets explosifs, à l'exception du stockage des quantités nécessaires aux fabrications en cours.

II. − Toutefois, la fabrication ou le contrôle d'objets explosifs peuvent être effectués dans les mêmes bâtiments que la fabrication des substances explosives sous les deux conditions suivantes :

1° La disposition des installations permet de réduire le nombre des travailleurs exposés au risque pyrotechnique, notamment en évitant des stockages ou des manutentions intermédiaires ;

2° L'étude de sécurité montre que le risque pyrotechnique auquel chaque travailleur est individuellement exposé n'est pas plus élevé que si les deux catégories d'installations se trouvaient dans des bâtiments distincts.

Art. R. 4462-13 Les installations présentant un risque caractérisé d'incendie ou d'explosion non pyrotechnique, telles que les dépôts de produits inflammables n'entrant pas dans la fabrication des substances ou objets explosifs, dépôts de bois ou de papiers, de pneumatiques et de cartons, menuiseries, dépôts de gaz comprimés, sont situées hors de l'enceinte pyrotechnique ou disposées de telle sorte que tout incident survenant dans l'une de ces installations n'affecte pas les conditions de sécurité dans l'enceinte pyrotechnique.

SOUS-SECTION 2 Transports de substances ou d'objets explosifs internes au site

V. ndlr ss. chap. II.

Art. R. 4462-14 Pour les transports de substances ou d'objets explosifs à destination ou en provenance de la voie publique, l'employeur rédige un document qui, compte tenu de la nature du chargement, indique précisément les itinéraires autorisés dans le site et analyse les effets domino possibles entre le convoi et chaque installation. Ce document est versé au dossier de sécurité mentionné à l'article R. 4462-34.

Ces transports font l'objet, à leur entrée du site, d'un contrôle afin de vérifier que le chargement est conforme aux données figurant dans le document prévu au premier alinéa et de s'assurer de l'absence d'anomalie de nature à introduire un risque accru lors de la circulation interne.

Art. R. 4462-15 Pour les transports de substances ou d'objets explosifs internes au site, qui se font dans le respect des réglementations particulières relatives aux transports de marchandises dangereuses en vigueur ou présentent un niveau de sécurité que l'employeur évalue comme équivalent à celui d'un transport effectué conformément à ces réglementations, l'employeur rédige et tient à disposition des représentants de l'administration, un document tel que celui qui est défini au premier alinéa de l'article R. 4462-14.

Si ces transports internes ne se font pas dans les conditions de sécurité décrites dans l'alinéa précédent, ils sont alors couverts par une étude de sécurité telle que prévue à l'article R. 4462-3.

SECTION 5 Exigences de sécurité concernant les installations

V. ndlr ss. chap. II.

SOUS-SECTION 1 Caractéristiques générales

V. ndlr ss. chap. II.

Art. R. 4462-16 L'employeur s'assure que le mode de construction des bâtiments et la nature des matériaux utilisés sont tels qu'en cas d'événement pyrotechnique, le risque de projection de masses importantes soit aussi réduit que possible.

Il s'assure également que les matériaux constituant les parois, les portes, les fenêtres et en particulier les vitrages des bâtiments situés dans les zones d'effets et pouvant être occupés par des travailleurs, ne produisent pas des éclats tranchants s'ils sont susceptibles d'être brisés par une surpression interne ou externe.

Il prend des dispositions pour éviter, en cas d'événement pyrotechnique survenant dans une installation pyrotechnique voisine, la chute d'éléments importants de toiture ou de plafond d'un bâtiment habituellement occupé par des travailleurs.

Art. R. 4462-17 Les bâtiments où s'effectuent des activités pyrotechniques n'ont ni étage ni sous-sol, sauf si cet étage ou ce sous-sol contient uniquement les installations permettant d'abriter les servitudes de ces bâtiments.

Le présent article n'est pas applicable :

1° Aux activités pyrotechniques dont le mode opératoire nécessite des bâtiments comportant des postes de travail sur plusieurs niveaux, à l'intérieur ou à l'extérieur d'un bâtiment. Dans ce cas, ces postes de travail sont disposés de manière telle que les effets pyrotechniques survenant sur l'un des niveaux ne puissent affecter gravement les postes de travail situés sur les autres niveaux, à moins que les postes situés à des niveaux différents ne soient pas occupés simultanément ;

2° Aux travaux effectués sur des objets explosifs de grande hauteur nécessitant l'usage de plates-formes superposées. Dans ce dernier cas, plusieurs opérations indépendantes sur plusieurs niveaux différents peuvent être effectuées sur lesdits objets ou à proximité desdits objets, si l'étude de sécurité démontre que les effets d'un événement propre à un poste de travail survenant sur l'un des niveaux, autres que les effets d'un événement pyrotechnique lié auxdits objets, ne peuvent affecter gravement les autres postes de travail situés sur les autres niveaux ;

3° Aux activités pyrotechniques autres que celles mentionnées au 1° et pour lesquelles l'étude de sécurité définie à l'article R. 4462-3 démontre que les effets d'un événement pyrotechnique n'affectent pas les étages voisins et les installations situées à proximité, y compris leurs voies d'accès.

SOUS-SECTION 2 Issues et dégagements

V. ndlr ss. chap. II.

Art. R. 4462-18 Les portes des issues et dégagements, prévus aux articles R. 4227-4 à R. 4227-14, des locaux où s'effectuent des activités pyrotechniques, s'ouvrent vers l'extérieur par une simple poussée de l'intérieur et facilement de l'extérieur lorsque des travailleurs se trouvent dans le local.

Pour les locaux où s'effectuent des activités pyrotechniques munis uniquement de portes coulissantes, ces dernières doivent être immobilisées en position ouverte lorsqu'il y a des travailleurs à l'intérieur.

Art. R. 4462-19 Dans les locaux où s'effectuent des activités pyrotechniques, les issues et dégagements répondent aux prescriptions particulières suivantes :

1° Il ne peut y avoir moins de deux issues lorsque celles-ci doivent permettre le passage de plus de cinq personnes ; pour un nombre de personnes allant de six à dix, la largeur totale des issues n'est pas inférieure à 1,80 mètre ; elle est augmentée de 0,60 mètre par tranche de une à cinq personnes en plus des dix premières ;

2° Pour un nombre de personnes allant de trois à cinq, s'il n'y a qu'une issue, sa largeur n'est pas inférieure à 1,40 mètre ;

3° Les largeurs mentionnées aux 1° et 2° sont mesurées déduction faite des saillies et des obstacles.

Art. R. 4462-20 Aucun poste de travail où s'effectuent des activités pyrotechniques ne se trouve à plus de 7 mètres d'une issue ou d'un abri efficace. Cette distance est mesurée selon le trajet réel à parcourir entre le poste de travail pyrotechnique et l'issue. Elle ne s'applique pas aux bâtiments de stockage de substances ou d'objets explosifs ni, en cas d'impossibilité, aux bâtiments où le travail s'effectue sur des objets explosifs de grande dimension et aux installations pyrotechniques mobiles.

Art. R. 4462-21 Les bâtiments où s'effectuent des activités pyrotechniques comportant plusieurs niveaux mentionnés à l'article R. 4462-17 sont desservis, indépendamment des escaliers intérieurs, par un ou plusieurs escaliers extérieurs ou par des dispositifs équivalents, dont l'emplacement et la capacité de dégagement seront choisis de manière à assurer une évacuation rapide des travailleurs.

Art. R. 4462-22 Toute incompatibilité entre l'application des exigences du présent chapitre et celles qui sont fixées par d'autres réglementations en vue de la mise en œuvre d'impératifs de sécurité fait l'objet d'une demande de dérogation présentée par l'employeur, fondée sur une analyse spécifique et assortie d'une proposition visant à obtenir le niveau de sécurité des travailleurs le plus élevé possible par la mise en œuvre de mesures compensatoires. Cette demande de dérogation est soumise à l'autorité administrative compétente dans les conditions prévues aux II et III de l'article R. 4462-36.

SOUS-SECTION 3 **Installations électriques et précaution contre l'électricité statique**

V. ndlr ss. chap. II.

Art. R. 4462-23 Tous les bâtiments où s'effectuent des activités pyrotechniques sont réputés constituer des "locaux ou emplacements exposés à des risques d'incendie" au sens de l'article R. 4215-12. Dans le cas d'atmosphère explosive, ils sont également réputés exposés à des risques d'explosion au sens du même article.

Aucune ligne électrique aérienne en conducteurs nus ne doit surplomber les installations de l'enceinte pyrotechnique.

Art. R. 4462-24 L'installation électrique de chaque bâtiment ou local où s'effectuent des activités pyrotechniques comporte un dispositif permettant de couper en cas d'urgence l'alimentation électrique du bâtiment ou du local. L'organe de manœuvre de ce dispositif est situé à l'extérieur et à proximité du bâtiment ou du local. Cet organe est aisément reconnaissable et facilement accessible.

Art. R. 4462-25 Lors de la manipulation de substances ou objets explosifs réputés sensibles à des décharges d'électricité statique, il convient, pour réduire la possibilité des décharges potentielles, d'organiser cette manipulation afin de favoriser l'écoulement des charges statiques et d'assurer le même niveau de potentiel électrique en tout point du poste de travail pyrotechnique.

Les travailleurs portent des vêtements de travail et des équipements de protection individuelle évitant l'accumulation de charges électrostatiques.

SECTION 6 Encadrement et formation

V. ndlr ss. chap. II.

Art. R. 4462-26 L'employeur s'assure que les chefs de service et les chefs d'atelier, de laboratoire ou de chantier possèdent la compétence et l'autorité nécessaires pour organiser et diriger, conformément au présent chapitre et aux règles de l'art, les activités dont ils sont chargés dans l'enceinte pyrotechnique.

L'employeur vérifie également que les travailleurs chargés de conduire ou de surveiller les activités pyrotechniques, les activités de maintenance ainsi que les activités de transport interne de substances ou objets explosifs, sous la direction des chefs mentionnés au précédent alinéa, disposent des moyens nécessaires pour assurer la stricte application des consignes de sécurité et des modes opératoires.

Art. R. 4462-27 I. — La conduite et la surveillance, ou l'exécution, d'activités pyrotechniques déterminées, ainsi que d'activités déterminées de maintenance ou de transport interne de substances ou objets explosifs, ne sont confiées qu'à un travailleur habilité à cet effet par l'employeur à l'issue des formations initiales et complémentaires dispensées dans les conditions définies par le II et le III du présent article en application de l'article L. 4141-2.

II. — Une formation initiale à la sécurité est dispensée par l'employeur au bénéfice des travailleurs qu'il embauche, ou des travailleurs temporaires, appelés à conduire, à surveiller ou à exécuter des activités pyrotechniques, les activités de maintenance ainsi que les activités de transport interne de substances ou objets explosifs.

Cette formation comprend :

1° Un commentaire des prescriptions des articles R. 4462-1 à R. 4462-36 ;

2° Un commentaire de la consigne générale de sécurité prévue à l'article R. 4462-6, dont un exemplaire est remis à chaque travailleur suivant cette formation.

III. — Cette formation initiale est complétée, avant toute affectation à un poste de travail comportant les activités mentionnées au premier alinéa, par une formation particulière à ce poste, qui comprend notamment :

1° Une présentation du (ou des) poste(s) de travail et des risques associés ;

2° Un commentaire des consignes de sécurité de l'installation et du poste, prévues à l'article R. 4462-7 ;

3° Une formation pratique au poste de travail.

IV. — A l'issue de ces formations initiales et complémentaires, et en vue de la délivrance de l'habilitation prévue au premier alinéa, l'employeur vérifie que le travailleur a les aptitudes nécessaires pour remplir les fonctions associées à son poste de travail.

L'habilitation fait l'objet d'un document signé par l'employeur et remis au travailleur.

Chaque habilitation est renouvelée par l'employeur tous les cinq ans après qu'il s'est assuré du maintien des *(Décr. n° 2016-1908 du 27 déc. 2016, art. 17, en vigueur le 1er janv. 2017)* « compétences » des travailleurs, compte tenu notamment des formations qu'ils ont suivies en application de l'article R. 4462-28.

Art. R. 4462-28 En application de l'article L. 4141-2, une formation continue des travailleurs affectés aux activités pyrotechniques ainsi qu'aux activités de transport interne de substances ou objets explosifs, y compris les chefs de service, chefs d'atelier, de laboratoire ou de chantier mentionnés à l'article R. 4462-26, est effectuée pendant l'horaire normal de travail.

Cette formation vise à maintenir et à perfectionner les connaissances des intéressés dans le domaine des risques pyrotechniques et de leur prévention. Chaque travailleur participe au moins une fois par trimestre à l'une des séances de formation au cours desquelles divers sujets concernant l'amélioration de la sécurité sont traités. Cette périodicité peut être adaptée pour les travailleurs qui ne sont pas affectés de façon permanente à des opérations pyrotechniques.

Un compte rendu indiquant les sujets traités auquel est annexée la liste d'émargement, signée par les participants, est établi pour chacune de ces séances.

SECTION 7 Dispositions administratives

V. ndlr ss. chap. II.

Art. R. 4462-29 Pour l'application du présent chapitre aux établissements mentionnés aux articles R. 8111-9 et R. 8111-12, le ministre de la défense et les autorités qu'il désigne à cet effet sont substitués au ministre chargé du travail et aux *(Décr. n° 2020-1545 du 9 déc. 2020, art. 28-X, en vigueur le 1er avr. 2021)* « directeurs régionaux de l'économie, de l'emploi, du travail et des solidarités ».

Pour l'application du présent chapitre aux établissements de la gendarmerie, de la police et de la sécurité civile, le ministre de l'intérieur et les autorités qu'il désigne à cet effet sont substitués au ministre chargé du travail et aux *(Décr. n° 2020-1545 du 9 déc. 2020, art. 28-X, en vigueur le 1er avr. 2021)* « directeurs régionaux de l'économie, de l'emploi, du travail et des solidarités ».

Pour l'application du présent chapitre aux sites du Commissariat à l'énergie atomique et aux énergies alternatives dont les activités sont liées à des applications militaires et qui sont mentionnées à l'article R.* 1333-37 du code de la défense, le ministre de la défense et le directeur des applications militaires du Commissariat à l'énergie atomique et aux énergies alternatives sont substitués au ministre chargé du travail et aux *(Décr. n° 2020-1545 du 9 déc. 2020, art. 28-X, en vigueur le 1er avr. 2021)* « directeurs régionaux de l'économie, de l'emploi, du travail et des solidarités ».

Art. R. 4462-30 I. — Chacune des études de sécurité prévues à l'article R. 4462-3, à laquelle est joint le compte-rendu de la consultation du *(Décr. n° 2017-1819 du 29 déc. 2017, art. 3)* « comité social et économique », est soumise pour approbation au *(Décr. n° 2020-1545 du 9 déc. 2020, art. 28-X, en vigueur le 1er avr. 2021)* « directeur régional de l'économie, de l'emploi, du travail et des solidarités » ou à l'autorité qui lui est substituée en application des articles R. 8111-8 et R. 4462-29, et donne lieu à consultation de l'inspecteur de l'armement pour les poudres et explosifs.

II. — Le *(Décr. n° 2020-1545 du 9 déc. 2020, art. 28-X, en vigueur le 1er avr. 2021)* « directeur régional de l'économie, de l'emploi, du travail et des solidarités » ou l'autorité qui lui est substituée fait connaître sa décision à l'employeur dans un délai de trois mois à compter de la date de réception de la demande d'approbation, par tout moyen permettant de donner date certaine à cette notification. Il peut toutefois, par décision motivée notifiée selon les mêmes modalités avant l'expiration du délai mentionné ci-dessus, fixer un nouveau délai si l'instruction du dossier l'exige, sans que le délai global puisse excéder six mois.

Il peut aussi, par décision motivée, notifiée selon les modalités prévues à l'alinéa précédent, demander à l'employeur de lui transmettre des compléments d'information ou d'effectuer ou de faire effectuer aux frais de l'entreprise par un organisme compétent les essais complémentaires nécessaires à l'appréciation des risques éventuels et de l'efficacité des moyens de protection envisagés. Cette demande suspend le cours du délai mentionné à l'alinéa précédent.

Le délai recommence à courir à partir du moment où le *(Décr. n° 2020-1545 du 9 déc. 2020, art. 28-X, en vigueur le 1er avr. 2021)* « directeur régional de l'économie, de l'emploi, du travail et des solidarités » ou l'autorité qui lui est substituée a eu connaissance des compléments d'information demandés ou du résultat de ces essais.

En l'absence de réponse du *(Décr. n° 2020-1545 du 9 déc. 2020, art. 28-X, en vigueur le 1er avr. 2021)* « directeur régional de l'économie, de l'emploi, du travail et des solidarités » ou de l'autorité qui lui est substituée dans le délai résultant de l'application du premier alinéa du II, l'employeur peut, dans les conditions qui résultent de l'étude de sécurité, mettre en œuvre les activités envisagées.

III. — Pour les unités mobiles de fabrication, l'autorité compétente pour l'approbation de l'étude de sécurité est le *(Décr. n° 2020-1545 du 9 déc. 2020, art. 28-X, en vigueur le 1er avr. 2021)* « directeur régional de l'économie, de l'emploi, du travail et des solidarités » du siège de l'entreprise qui est propriétaire de l'unité mobile de fabrication.

IV. — Le présent article ne s'applique pas aux employeurs effectuant uniquement des activités de conservation de substances ou d'objets explosifs ne relevant pas des prescriptions de l'arrêté du ministre chargé de l'intérieur, du ministre chargé du travail et du ministre de la défense relatif aux installations pyrotechniques soumises à agrément technique, pris en application de l'article R. 2352-97 du code de la défense.

V. Instr. DGT/CT3/2017/235 du 26 juill. 2016, NOR : MTRT1722219.

Art. R. 4462-31 L'employeur signale, dans les meilleurs délais, au *(Décr. n° 2020-1545 du 9 déc. 2020, art. 28-X, en vigueur le 1ᵉʳ avr. 2021)* « directeur régional de l'économie, de l'emploi, du travail et des solidarités » ou à l'autorité qui lui est substituée en application des articles R. 8111-8 et R. 4462-29, et à l'inspection de l'armement pour les poudres et explosifs, tout événement pyrotechnique survenant dans le cadre de ses activités.

Art. R. 4462-32 I. – Dans le cas d'un site pyrotechnique multi-employeurs tel que défini à l'article R. 4462-2, les activités pyrotechniques du site ne peuvent être exercées que sur la base d'une convention établie et conclue par les différents employeurs présents.

Cette convention définit, dans le respect des dispositions du présent chapitre et de l'ensemble des dispositions législatives et réglementaires applicables aux activités du site pyrotechnique multi-employeurs, l'organisation mise en place sur le site entre les différents employeurs pour :

1° La gestion des effets pyrotechniques résultant de la coexistence sur le site des activités relevant des différents employeurs et ayant des conséquences sur les différentes installations du site pyrotechnique multi-employeurs ;

2° La gestion des secours vis-à-vis du risque pyrotechnique.

II. – Un arrêté du ministre chargé du travail précise le contenu de la convention, qui comporte :

1° Les règles de fonctionnement des instances de concertation et de décision traitant des questions de santé et de sécurité sur le site ;

2° Les règles internes au site d'implantation des installations ;

3° Les règles d'accès et de circulation sur le site ;

4° Les modalités communes de formation du personnel aux risques du site ;

5° Les modalités de résolution des désaccords éventuels ;

6° Les modalités de prise en compte des modifications concernant la sécurité effectuées par un employeur et susceptibles d'avoir un impact sur les autres employeurs du site.

III. – La convention est transmise pour information au *(Décr. n° 2020-1545 du 9 déc. 2020, art. 28-X, en vigueur le 1ᵉʳ avr. 2021)* « directeur régional de l'économie, de l'emploi, du travail et des solidarités » ou à l'autorité qui lui est substituée en application des articles R. 8111-8 et R. 4462-29.

IV. – Les employeurs élaborent également de façon conjointe, pour le site pyrotechnique multi-employeurs, la consigne générale du site mentionnée à l'article R. 4462-6.

V. – La convention, les procédures et les documents permettant de vérifier le respect des engagements qu'elle prévoit sont incorporés au dossier de sécurité défini par l'article R. 4462-34.

VI. – Chaque employeur présent sur le site pyrotechnique multi-employeurs est consulté sur les conclusions de chacune des études de sécurité réalisées par les employeurs mentionnés à l'article R. 4462-1 si celles-ci démontrent que ses travailleurs sont exposés aux effets pyrotechniques. Il consulte son *(Décr. n° 2017-1819 du 29 déc. 2017, art. 3)* « comité social et économique » sur les conclusions de chacune de ces études de sécurité.

Chaque employeur présent sur le site pyrotechnique multi-employeurs est informé des conclusions de chaque étude de sécurité, en particulier sur les zones d'effets et les risques correspondants.

Art. R. 4462-33 Pour l'application du présent chapitre, le *(Décr. n° 2020-1545 du 9 déc. 2020, art. 28-X, en vigueur le 1ᵉʳ avr. 2021)* « directeur régional de l'économie, de l'emploi, du travail et des solidarités » ou à l'autorité qui lui est substituée en application des articles R. 8111-8 et R. 4462-29 reçoit le concours de l'inspecteur de l'armement pour les poudres et explosifs du ministère de la défense. Ce dernier effectue, en accord avec le *(Décr. n° 2020-1545 du 9 déc. 2020, art. 28-X, en vigueur le 1ᵉʳ avr. 2021)* « directeur régional de l'économie, de l'emploi, du travail et des solidarités » ou avec les autorités qui lui sont substituées, des inspections de sécurité pyrotechnique dans les sites des employeurs relevant du présent chapitre.

Art. R. 4462-34 L'employeur établit un dossier de sécurité qu'il tient constamment à jour en l'enrichissant sur la base des enseignements tirés des événements pyrotechniques et de toute observation ou information pouvant intéresser la sécurité. Ce dossier comprend :
1° Les études de sécurité prescrites à l'article R. 4462-3 auxquelles sont joints les résultats des essais qui ont été nécessaires à leur établissement ;
2° Les analyses de sécurité citées à l'article R. 4462-4 ;
3° Les documents cités aux articles R. 4462-14 et R. 4462-15 ;
4° Les procès-verbaux des *(Décr. n° 2017-1819 du 29 déc. 2017, art. 3)* « comités sociaux et économiques » sur les études de sécurité citées à l'article R. 4462-3 et à l'article R. 4462-32 ;
5° Les consignes établies en application des dispositions des articles R. 4462-6 et R. 4462-7 ;
6° Les comptes-rendus des événements pyrotechniques et des incidents significatifs qui ont été constatés ;
7° La liste des personnes habilitées à réaliser des opérations pyrotechniques ;
8° Les comptes-rendus et les listes d'émargement des formations cités à l'article R. 4462-28 ;
9° Pour les sites pyrotechniques multi-employeurs, la convention prévue à l'article R. 4462-32.

Art. R. 4462-35 Le dossier de sécurité prévu à l'article R. 4462-34 est tenu par l'employeur à la disposition du *(Décr. n° 2020-1545 du 9 déc. 2020, art. 28-X, en vigueur le 1ᵉʳ avr. 2021)* « directeur régional de l'économie, de l'emploi, du travail et des solidarités » ou de l'autorité qui lui est substituée en application des articles R. 8111-8 et R. 4462-29, des agents en charge du contrôle de la législation du travail, des ingénieurs de prévention, du service de santé au travail, des services de prévention des organismes de sécurité sociale, des *(Décr. n° 2017-1819 du 29 déc. 2017, art. 3)* « comités sociaux et économiques ».
Les personnes qui accèdent au dossier de sécurité en vertu des dispositions de l'alinéa précédent sont astreintes, en ce qui concerne les informations concernant les sites pyrotechniques qui figurent dans le dossier, aux obligations de secret et aux exigences de confidentialité, dans les conditions prévues par les textes qui leur sont applicables.

Art. R. 4462-36 I. — Sur demande motivée de l'employeur précisant les mesures compensatoires qu'il prévoit, le *(Décr. n° 2020-1545 du 9 déc. 2020, art. 28-X, en vigueur le 1ᵉʳ avr. 2021)* « directeur régional de l'économie, de l'emploi, du travail et des solidarités » ou l'autorité qui lui est substituée en application des articles R. 8111-8 et R. 4462-29 peut, par décision prise après avis de l'inspecteur de l'armement pour les poudres et explosifs, accorder pour une ou plusieurs installations déterminées, et dans les conditions qu'il fixe, une dérogation aux dispositions figurant dans les articles du présent chapitre mentionnées ci-dessous :
1° Article R. 4462-10 – Absence de risque important sur un emplacement de travail en cas d'accident sur un emplacement de travail voisin ;
2° Article R. 4462-13 – Exclusion d'installations non pyrotechniques de l'enceinte pyrotechnique ;
3° Article R. 4462-17 – Interdiction des bâtiments à étage ou sous-sol et travail sur plusieurs niveaux ;
4° Article R. 4462-18 – Immobilisation en position ouverte des portes coulissantes lorsqu'il y a des travailleurs à l'intérieur des locaux où s'effectuent des activités pyrotechniques qui sont munis uniquement de telles portes ;
5° Article R. 4462-19 – Largeur des issues et des dégagements ;
6° Article R. 4462-20 – Distance des postes de travail par rapport aux issues ou aux abris ;
7° Article R. 4462-21 – Desserte par un ou plusieurs escaliers externes ou par des dispositifs équivalents des bâtiments où s'effectuent des activités pyrotechniques comportant plusieurs niveaux ;

SANTÉ ET SÉCURITÉ AU TRAVAIL   **Art. R. 4511-1** 2477

8° Article R. 4462-32 – Distance des installations dans un site pyrotechnique multi-employeurs.

II. – Le *(Décr. n° 2020-1545 du 9 déc. 2020, art. 28-X, en vigueur le 1ᵉʳ avr. 2021)* « directeur régional de l'économie, de l'emploi, du travail et des solidarités » ou l'autorité qui lui est substituée en application des articles R. 8111-8 et R. 4462-29 peut également, sur demande motivée de l'employeur dans les situations mentionnées à l'article R. 4462-22, accorder une dérogation lorsque l'analyse effectuée par l'employeur démontre l'existence d'une incompatibilité entre une disposition du présent chapitre et des exigences fixées par d'autres règlementations en vue de la mise en œuvre d'impératifs de sécurité, et que la proposition présentée par l'employeur permet d'obtenir le niveau de sécurité des travailleurs le plus élevé possible par l'application de mesures compensatoires.

III. – La demande présentée par l'employeur en application des dispositions du I ou du II est accompagnée de l'avis du *(Décr. n° 2017-1819 du 29 déc. 2017, art. 3)* « comité social et économique ».

IV. – La décision du *(Décr. n° 2020-1545 du 9 déc. 2020, art. 28-X, en vigueur le 1ᵉʳ avr. 2021)* « directeur régional de l'économie, de l'emploi, du travail et des solidarités » ou de l'autorité qui lui est substituée est portée à la connaissance du *(Décr. n° 2017-1819 du 29 déc. 2017, art. 3)* « comité social et économique » par l'employeur.

LIVRE V PRÉVENTION DES RISQUES LIÉS À CERTAINES ACTIVITÉS OU OPÉRATIONS

TITRE I TRAVAUX RÉALISÉS DANS UN ÉTABLISSEMENT PAR UNE ENTREPRISE EXTÉRIEURE

CHAPITRE I DISPOSITIONS GÉNÉRALES

SECTION 1 Champ d'application

Art. R. 4511-1 Les dispositions du présent titre s'appliquent au chef de l'entreprise utilisatrice et au chef de l'entreprise extérieure lorsqu'une entreprise extérieure fait intervenir des travailleurs pour exécuter ou participer à l'exécution d'une opération, quelle que soit sa nature, dans un établissement d'une entreprise utilisatrice, y compris dans ses dépendances ou chantiers. – *[Anc. art. R. 237-1, al. 1ᵉʳ.]*

1. Irresponsabilité pénale de la société commettante absorbée. Les dispositions des art. R. 4511-1 s. C. trav. sont applicables à un chantier de dépose de lignes électriques à haute tension dans lequel les travailleurs des entreprises utilisatrice et extérieure n'interviennent pas de manière simultanée. • Crim. 7 janv. 2020, 🔒 n° 18-86.293 P : *RSC* 2020. 85, obs. Mayaud ⌀ ; *RJS* 3/2020, n° 165 ; *Gaz. Pal.* 3 mars 2020. 21, obs. Baugard. ♦ L'absorption d'une société commettante par une autre société par le jeu d'une fusion-absorption éteint l'action publique relative aux infractions qui auraient été commises pour le compte de la société absorbée avant cette opération. • Même arrêt. ♦ Un salarié non délégataire de pouvoirs ayant commis une faute de surveillance, caractéristique d'une imprudence simple qui n'est pas la cause directe du dommage, ne peut être pénalement responsable du chef d'homicide involontaire. • Même arrêt.

2. Responsabilité extracontractuelle et compétence prud'homale. Relève de la compétence du conseil de prud'hommes l'action par laquelle un salarié sollicite la condamnation au paiement de dommages-intérêts de son employeur ou d'une entreprise utilisatrice, au sens de l'art. R. 4511-1 C. trav., dans l'établissement de laquelle le contrat de travail s'exécute, en raison des manquements aux obligations, notamment de coordination, prévues par le code du travail. • Soc. 15 mars 2023, 🔒 n° 20-23.694 B : *D. actu. 27 mars 2023*, obs. Malfettes ; *D.* 2023. 554 ⌀ ; *RJS* 5/2023, n° 270 ; *JCP S* 2023. 1060, obs. Godefroy ; ibid. 1115, obs. Brissy.

3. Responsabilité extracontractuelle de l'entreprise utilisatrice et préjudice d'anxiété. Les dispositions des art. R. 4511-4, R. 4511-5 et R. 4511-6 C. trav., qui mettent à la charge de l'entreprise utilisatrice une obligation générale de coordination des mesures de prévention qu'elle prend et de celles que prennent l'ensemble des chefs des entreprises intervenant dans son établissement, et précisent que chaque chef d'entreprise est responsable de l'application des mesures de prévention nécessaires à la protection de son personnel, n'interdisent pas au salarié de l'entreprise extérieure de rechercher la responsabilité de l'entreprise utilisatrice, s'il démontre que celle-ci a

manqué aux obligations mises à sa charge par le code du travail et que ce manquement lui a causé un dommage, sans qu'il soit nécessaire que la responsabilité de l'entreprise extérieure au titre de l'obligation de sécurité ait été retenue.
• Soc. 8 févr. 2023, ⚓ n° 20-23.312 B : *D. actu.* 20 févr. 2023, obs. Malfettes ; *D.* 2023. 299 ⊘ ; *RDT* 2023. 273, obs. Nivert ⊘ ; *Dr. soc.* 2023. 363, obs. Willmann ⊘ ; *RJS* 4/2023, n° 207 ; *JSL* 2023, n° 560-4, obs. Farzam et Rodriguez ; *Gaz. Pal.* 14 mars 2023, p. 25, note Asquinazi-Bailleux ; *JCP* 2023. 281, obs. Oudot ; *JCP S* 2023. 1060, obs. Godefroy.

Art. R. 4511-2 Les dispositions du présent titre ne s'appliquent pas aux travaux relatifs à la construction et à la réparation navales. — *[Anc. art. R. 237-1, al. 3.]*

Art. R. 4511-3 Les dispositions du présent titre ne s'appliquent pas aux chantiers de bâtiment ou de génie civil soumis à l'obligation de coordination prévue à l'article L. 4532-2, ni aux autres chantiers clos et indépendants.

Toutefois, le chef de l'entreprise utilisatrice coopère avec le coordonnateur en matière de sécurité et de protection de la santé, dans les conditions fixées à l'article R. 4532-14.

Lorsque ces chantiers sont soumis à l'obligation d'établir un plan général de coordination en matière de sécurité et de protection de la santé prévu à l'article L. 4532-8, le chef de l'entreprise utilisatrice reçoit copie de ce plan et participe, sur sa demande, aux travaux du collège interentreprises de sécurité, de santé et des conditions de travail, s'il en existe un. — *[Anc. art. R. 237-1, al. 2.]*

Art. R. 4511-4 On entend par opération, au sens du présent titre, les travaux ou prestations de services réalisés par une ou plusieurs entreprises afin de concourir à un même objectif. — *[Anc. art. R. 237-1, al. 5.]*

SECTION 2 **Coordination de la prévention**

Art. R. 4511-5 Le chef de l'entreprise utilisatrice assure la coordination générale des mesures de prévention qu'il prend et de celles que prennent l'ensemble des chefs des entreprises extérieures intervenant dans son établissement. — *[Anc. art. R. 237-2, al. 1er, phrase 1.]*

Art. R. 4511-6 Chaque chef d'entreprise est responsable de l'application des mesures de prévention nécessaires à la protection des travailleurs qu'il emploie. — *[Anc. art. R. 237-2, al. 1er, phrase 2.]*

Art. R. 4511-7 La coordination générale des mesures de prévention a pour objet de prévenir les risques liés à l'interférence entre les activités, les installations et matériels des différentes entreprises présentes sur un même lieu de travail. — *[Anc. art. R. 237-2, al. 2.]*

Art. R. 4511-8 Au titre de la coordination générale des mesures de prévention, le chef de l'entreprise utilisatrice alerte le chef de l'entreprise extérieure intéressée lorsqu'il est informé d'un danger grave concernant un des travailleurs de cette entreprise, même s'il estime que la cause du danger est exclusivement le fait de cette entreprise, afin que les mesures de prévention nécessaires puissent être prises par l'employeur intéressé.

En outre, il demande au propriétaire de l'établissement les dossiers techniques regroupant les informations relatives à la recherche et à l'identification des matériaux contenant de l'amiante prévus (*Décr. n° 2017-899 du 9 mai 2017*) « aux articles R. 1334-29-4 à R. 1334-29-6 du code de la santé publique et à l'article R. 111-45 du code de la construction et de l'habitation ou, le cas échéant, le rapport de repérage de l'amiante prévu à l'article R. 4412-97-5 du présent code ». Il communique ces documents au chef de l'entreprise extérieure intervenant dans l'établissement.

Art. R. 4511-9 Pour l'application des dispositions du présent titre, le chef de l'entreprise extérieure ne peut déléguer ses attributions qu'à un travailleur doté de l'autorité, de la compétence et des moyens nécessaires.

Ce dernier est désigné, lorsque c'est possible, parmi un des travailleurs appelés à participer à l'exécution des opérations prévues dans l'établissement de l'entreprise utilisatrice. — *[Anc. art. R. 237-3.]*

Art. R. 4511-10 Les chefs des entreprises extérieures font connaître par écrit à l'entreprise utilisatrice :

SANTÉ ET SÉCURITÉ AU TRAVAIL

1° La date de leur arrivée et la durée prévisible de leur intervention ;
2° Le nombre prévisible de travailleurs affectés ;
3° Le nom et la qualification de la personne chargée de diriger l'intervention ;
4° Les noms et références de leurs sous-traitants, le plus tôt possible et en tout état de cause avant le début des travaux dévolus à ceux-ci ;
5° L'identification des travaux sous-traités. — *[Anc. art. R. 237-4, al. 1er.]*

Art. R. 4511-11 Le chef de l'entreprise utilisatrice et les chefs des entreprises extérieures tiennent les informations mentionnées à l'article R. 4511-10 à la disposition :
1° Du *(Décr. n° 2017-1819 du 29 déc. 2017, art. 3)* « comité social et économique » compétent ;
2° Des médecins du travail compétents ;
3° De l'inspection du travail ;
4° Des agents des services de prévention des organismes de sécurité sociale ;
5° Le cas échéant, des agents de l'Organisme professionnel de prévention du bâtiment et des travaux publics. — *[Anc. art. R. 237-4, al. 2.]*

Art. R. 4511-12 Les chefs des entreprises extérieures fournissent à l'inspection du travail, sur sa demande, l'état des heures réellement passées à l'exécution de l'opération par les travailleurs qui y sont affectés. — *[Anc. art. R. 237-4, al. 3.]*

CHAPITRE II MESURES PRÉALABLES À L'EXÉCUTION D'UNE OPÉRATION

SECTION 1 Dispositions générales

Art. R. 4512-1 Lorsque, après le début de l'intervention, une entreprise extérieure recourt à de nouveaux sous-traitants, les procédures prévues par le présent chapitre sont à nouveau applicables à ces derniers. — *[Anc. art. R. 237-5, al. 2.]*

SECTION 2 Inspection commune préalable

Art. R. 4512-2 Il est procédé, préalablement à l'exécution de l'opération réalisée par une entreprise extérieure, à une inspection commune des lieux de travail, des installations qui s'y trouvent et des matériels éventuellement mis à disposition des entreprises extérieures. — *[Anc. art. R. 237-6, al. 1er.]*

1. Pluralité d'entreprises. Toutes les entreprises concourant à l'exécution d'une même opération, au sens de l'art. R. 237-1, al. 5, C. trav. [art. R. 4511-4 nouv.] doivent participer de manière simultanée à l'inspection préalable prévue par l'art. R. 237-6 du même code dont l'objet est d'assurer leur information réciproque dans l'intérêt de la sécurité des travailleurs. ● Crim. 16 févr. 1999, n° 97-86.290 P : *Dr. pénal 1999. Comm. 82, note Véron.*

2. Obligation de sécurité du chef d'entreprise. En vertu du contrat de travail le liant à son salarié, l'employeur est tenu envers celui-ci d'une obligation de sécurité de résultat, notamment en ce qui concerne les maladies professionnelles contractées par ce salarié du fait des produits fabriqués ou utilisés par l'entreprise, et que le manquement à cette obligation a le caractère d'une faute inexcusable lorsque l'employeur avait ou aurait dû avoir conscience du danger auquel était exposé le salarié et qu'il n'a pas pris les mesures nécessaires pour l'en protéger ; lorsque le travail s'exécute dans les locaux d'une autre entreprise, l'employeur a le devoir de se renseigner sur les dangers courus par le salarié. ● Soc. 8 nov. 2007 : *JSL 2007, n° 224-3 ; Dr. soc. 2008. 258, obs. Chaumette.*

Art. R. 4512-3 Au cours de l'inspection commune préalable, le chef de l'entreprise utilisatrice :
1° Délimite le secteur de l'intervention des entreprises extérieures ;
2° Matérialise les zones de ce secteur qui peuvent présenter des dangers pour les travailleurs ;
3° Indique les voies de circulation que pourront emprunter ces travailleurs ainsi que les véhicules et engins de toute nature appartenant aux entreprises extérieures ;
4° Définit les voies d'accès de ces travailleurs aux locaux et installations à l'usage des entreprises extérieures prévus à l'article R. 4513-8. — *[Anc. art. R. 237-6, al. 2.]*

Art. R. 4512-4 Le chef de l'entreprise utilisatrice communique aux chefs des entreprises extérieures ses consignes de sécurité applicables aux travailleurs chargés d'exécuter l'opération, y compris durant leurs déplacements. – *[Anc. art. R. 237-6, al. 3.]*

Art. R. 4512-5 Les employeurs se communiquent toutes informations nécessaires à la prévention des risques, notamment la description des travaux à accomplir, des matériels utilisés et des modes opératoires dès lors qu'ils ont une incidence sur la santé et la sécurité. – *[Anc. art. R. 237-6, al. 4.]*

SECTION 3 Plan de prévention

Art. R. 4512-6 Au vu des informations et éléments recueillis au cours de l'inspection commune préalable, les chefs des entreprises utilisatrice et extérieures procèdent en commun à une analyse des risques pouvant résulter de l'interférence entre les activités, installations et matériels.

Lorsque ces risques existent, les employeurs arrêtent d'un commun accord, avant le début des travaux, un plan de prévention définissant les mesures prises par chaque entreprise en vue de prévenir ces risques. – *[Anc. art. R. 237-7, al. 1ᵉʳ.]*

Art. R. 4512-7 Le plan de prévention est établi par écrit et arrêté avant le commencement des travaux dans les deux cas suivants :

1° Dès lors que l'opération à réaliser par les entreprises extérieures, y compris les entreprises sous-traitantes auxquelles elles peuvent faire appel, représente un nombre total d'heures de travail prévisible égal au moins à 400 heures sur une période inférieure ou égale à douze mois, que les travaux soient continus ou discontinus. Il en est de même dès lors qu'il apparaît, en cours d'exécution des travaux, que le nombre d'heures de travail doit atteindre 400 heures ;

2° Quelle que soit la durée prévisible de l'opération, lorsque les travaux à accomplir sont au nombre des travaux dangereux figurant sur une liste fixée, respectivement, par arrêté du ministre chargé du travail et par arrêté du ministre chargé de l'agriculture. – *[Anc. art. R. 237-8.]*

Art. R. 4512-8 Les mesures prévues par le plan de prévention comportent au moins les dispositions suivantes :

1° La définition des phases d'activité dangereuses et des moyens de prévention spécifiques correspondants ;

2° L'adaptation des matériels, installations et dispositifs à la nature des opérations à réaliser ainsi que la définition de leurs conditions d'entretien ;

3° Les instructions à donner aux travailleurs ;

4° L'organisation mise en place pour assurer les premiers secours en cas d'urgence et la description du dispositif mis en place à cet effet par l'entreprise utilisatrice ;

5° Les conditions de la participation des travailleurs d'une entreprise aux travaux réalisés par une autre en vue d'assurer la coordination nécessaire au maintien de la sécurité et, notamment, de l'organisation du commandement. – *[Anc. art. R. 237-7, al. 2 à 7.]*

Art. R. 4512-9 Chaque entreprise concernée fournit la liste des postes occupés par les travailleurs susceptibles de relever *(Décr. n° 2016-1908 du 27 déc. 2016, art. 17, en vigueur le 1ᵉʳ janv. 2017)* « du suivi individuel renforcé prévu par les articles R. 4624-22 à R. 4624-28 » ou, s'il s'agit d'un salarié agricole, par l'article R. 717-16 du code rural et de la pêche maritime, en raison des risques liés aux travaux réalisés dans l'entreprise utilisatrice. Cette liste figure dans le plan de prévention.

Art. R. 4512-10 Le plan de prévention fixe la répartition des charges d'entretien entre les entreprises extérieures dont les travailleurs utilisent les locaux et installations prévus à l'article R. 4513-8 et mis à disposition par l'entreprise utilisatrice. – *[Anc. art. R. 237-7, al. 9, et anc. art. R. 237-16, al. 3.]*

Art. R. 4512-11 Les dossiers techniques regroupant les informations relatives à la recherche et à l'identification des matériaux contenant de l'amiante prévus *(Décr. n° 2017-899 du 9 mai 2017)* « aux articles R. 1334-29-4 à R. 1334-29-6 du code de la santé publique et à l'article *(Décr. n° 2021-872 du 30 juin 2021, art. 7)* « R. 126-10 »

SANTÉ ET SÉCURITÉ AU TRAVAIL — Art. R. 4513-3

du code de la construction et de l'habitation ou, le cas échéant, le rapport de repérage de l'amiante prévu à l'article R. 4412-97-5 du présent code » sont joints au plan de prévention.

Art. R. 4512-12 Lorsque l'établissement d'un plan de prévention par écrit est obligatoire, en application de l'article R. 4512-7 :
1° Ce plan est tenu, pendant toute la durée des travaux, à la disposition de l'inspection du travail, des agents de prévention des organismes de sécurité sociale et, le cas échéant, de l'Organisme professionnel de prévention du bâtiment et des travaux publics ;
2° Le chef de l'entreprise utilisatrice informe par écrit l'inspection du travail de l'ouverture des travaux. — [Anc. art. R. 237-9.]

SECTION 4 Travail isolé

Art. R. 4512-13 Lorsque l'opération est réalisée de nuit ou dans un lieu isolé ou à un moment où l'activité de l'entreprise utilisatrice est interrompue, le chef de l'entreprise extérieure intéressé prend les mesures nécessaires pour qu'aucun travailleur ne travaille isolément en un point où il ne pourrait être secouru à bref délai en cas d'accident. — [Anc. art. R. 237-10, al. 1er.]

Art. R. 4512-14 Pour les travaux accomplis dans un établissement agricole, les dispositions de l'article R. 4512-13 ne s'appliquent qu'aux travaux réalisés dans les locaux de l'exploitation, de l'entreprise ou de l'établissement ou à proximité de ceux-ci. — [Anc. art. R. 237-10, al. 2.]

SECTION 5 Information des travailleurs

Art. R. 4512-15 Avant le début des travaux et sur le lieu même de leur exécution, le chef de l'entreprise extérieure fait connaître à l'ensemble des travailleurs qu'il affecte à ces travaux les dangers spécifiques auxquels ils sont exposés et les mesures de prévention prises en application du présent titre.
Il précise notamment les zones dangereuses ainsi que les moyens adoptés pour les matérialiser. Il explique l'emploi des dispositifs collectifs et individuels de protection.
Il montre à ces travailleurs les voies à emprunter pour accéder au lieu d'intervention et le quitter, pour accéder aux locaux et installations mis à leur disposition ainsi que, s'il y a lieu, les issues de secours. — [Anc. art. R. 237-11, al. 1er à 3.]

Art. R. 4512-16 Le temps consacré à l'information des travailleurs est assimilé à du temps de travail effectif. — [Anc. art. R. 237-11, al. 4.]

CHAPITRE III MESURES À PRENDRE PENDANT L'EXÉCUTION DES OPÉRATIONS

SECTION 1 Inspections et réunions périodiques de coordination

Art. R. 4513-1 Pendant l'exécution des opérations, chaque entreprise met en œuvre les mesures prévues par le plan de prévention.
Le chef de l'entreprise utilisatrice s'assure auprès des chefs des entreprises extérieures que les mesures décidées sont exécutées. Il coordonne les mesures nouvelles à prendre lors du déroulement des travaux. — [Anc. art. R. 237-12, al. 1er.]

Art. R. 4513-2 Le chef de l'entreprise utilisatrice organise, avec les chefs des entreprises extérieures qu'il estime utile d'inviter, des inspections et réunions périodiques, selon une périodicité qu'il définit, afin d'assurer, en fonction des risques ou lorsque les circonstances l'exigent :
1° Soit la coordination générale dans l'enceinte de l'entreprise utilisatrice ;
2° Soit la coordination des mesures de prévention pour une opération donnée ;
3° Soit la coordination des mesures rendues nécessaires par les risques liés à l'interférence entre deux ou plusieurs opérations. — [Anc. art. R. 237-12, al. 2.]

Art. R. 4513-3 Les chefs des entreprises intéressées par les opérations en cause sont informés de la date à laquelle se tiennent les inspections et réunions périodiques de coordination.

Lorsqu'ils l'estiment nécessaire en fonction des risques, les chefs des entreprises extérieures qui ne sont pas conviés participent, sur leur demande, aux réunions et inspections organisées par l'entreprise utilisatrice.

En l'absence de réunion ou d'inspection, les chefs des entreprises extérieures peuvent, lorsqu'ils l'estiment nécessaire pour la sécurité des travailleurs, demander au chef de l'entreprise utilisatrice d'organiser de telles réunions ou inspections. – *[Anc. art. R. 237-12, al. 3 à 5.]*

Art. R. 4513-4 Les mesures prises lors de la coordination font l'objet d'une mise à jour du plan de prévention. – *[Anc. art. R. 237-12, al. 6.]*

Art. R. 4513-5 Lorsque l'ensemble des opérations des entreprises extérieures présentes dans l'établissement conduit à l'emploi de travailleurs pour une durée totale supérieure à 90 000 heures pour les douze mois à venir, les inspections et réunions périodiques de coordination se tiennent au moins tous les trois mois.

Ces dispositions s'appliquent, y compris lorsque sont mises en œuvre les dispositions des deuxième et troisième alinéas de l'article R. 4513-3. – *[Anc. art. R. 237-13.]*

Art. R. 4513-6 Lorsque de nouveaux travailleurs sont affectés à l'exécution des travaux en cours d'opération, le chef de l'entreprise extérieure en informe le chef de l'entreprise utilisatrice.

Le chef de l'entreprise *(Décr. n° 2009-289 du 13 mars 2009)* « extérieure » est tenu, à l'égard de ces travailleurs, aux obligations d'information prévues à l'article R. 4512-15. – *[Anc. art. R. 237-14.]*

Art. R. 4513-7 Le chef de l'entreprise utilisatrice s'assure auprès des chefs des entreprises extérieures qu'ils ont donné aux travailleurs des instructions appropriées aux risques liés à la présence dans son établissement de plusieurs entreprises. – *[Anc. art. R. 237-15.]*

SECTION 2   Locaux et installations à l'usage des entreprises extérieures

Art. R. 4513-8 Les installations sanitaires, les vestiaires collectifs et les locaux de restauration sont mis par l'entreprise utilisatrice à la disposition des entreprises extérieures présentes dans l'établissement, excepté lorsque ces dernières mettent en place un dispositif équivalent.

Des installations supplémentaires sont mises en place, si nécessaire, sur la base de l'effectif moyen des travailleurs des entreprises extérieures devant être employés au cours de l'année à venir de manière habituelle dans l'établissement de l'entreprise utilisatrice. – *[Anc. art. R. 237-16.]*

SECTION 3   Suivi individuel de l'état de santé *(Décr. n° 2016-1908 du 27 déc. 2016, art. 17, en vigueur le 1ᵉʳ janv. 2017).*

Art. R. 4513-9 Lorsque l'établissement d'un plan de prévention par écrit est obligatoire, en application de l'article R. 4512-7, ce plan est tenu à la disposition du médecin du travail de l'entreprise utilisatrice et des médecins du travail des entreprises extérieures intéressées.

Ceux-ci sont informés de ses mises à jour.

Le plan de prévention et ses mises à jour leur sont communiqués sur leur demande. – *[Anc. art. R. 237-17.]*

Art. R. 4513-10 Le médecin du travail de l'entreprise extérieure communique au médecin du travail de l'entreprise utilisatrice, sur demande de ce dernier, les éléments du dossier médical individuel des travailleurs de l'entreprise extérieure qui lui sont nécessaires.

Le médecin du travail de l'entreprise utilisatrice fournit au médecin du travail de l'entreprise extérieure, sur demande de ce dernier, les indications sur les risques particuliers que présentent les travaux pour la santé des travailleurs intéressés de l'entreprise extérieure. – *[Anc. art. R. 237-18.]*

Art. R. 4513-11 Le médecin du travail de l'entreprise utilisatrice assure, pour le compte de l'entreprise extérieure, la réalisation des examens complémentaires rendus

SANTÉ ET SÉCURITÉ AU TRAVAIL **Art. R. 4514-3** 2483

nécessaires par la nature et la durée des travaux réalisés par le travailleur de l'entreprise extérieure dans l'entreprise utilisatrice.

Les résultats sont communiqués au médecin du travail de l'entreprise extérieure *(Abrogé par Décr. n° 2016-1908 du 27 déc. 2016, art. 17, à compter du 1er janv. 2017)* « , notamment en vue de la détermination de l'aptitude médicale du salarié ».

Art. R. 4513-12 *(Décr. n° 2012-135 du 30 janv. 2012, art. 1er-II et 3)* Par accord entre les chefs de l'entreprise utilisatrice et de l'entreprise extérieure et les médecins du travail intéressés, *(Décr. n° 2016-1908 du 27 déc. 2016, art. 17, en vigueur le 1er janv. 2017)* « le suivi individuel de l'état de santé » et pour les salariés agricoles, *[prévu]* *(Décr. n° 2017-1311 du 29 août 2017, art. 5)* « à l'article R. 717-14 » du code rural et de la pêche maritime, peut être réalisé par le médecin du travail de l'entreprise utilisatrice pour le compte de l'entreprise extérieure. Cet accord peut également prévoir que le médecin du travail de l'entreprise utilisatrice et, le cas échéant, les autres membres de l'équipe pluridisciplinaire de santé au travail, mènent les actions sur le milieu de travail prévues aux articles R. 4624-1 et suivants pour le compte des salariés de l'entreprise extérieure.

Le médecin du travail de l'entreprise utilisatrice communique les résultats au médecin de l'entreprise extérieure *(Abrogé par Décr. n° 2016-1908 du 27 déc. 2016, art. 17, à compter du 1er janv. 2017)* « , notamment en vue de la détermination de l'aptitude médicale ».

Art. R. 4513-13 Les conditions dans lesquelles le médecin du travail de l'entreprise extérieure a accès aux postes de travail occupés ou susceptibles d'être occupés par les travailleurs de l'entreprise extérieure sont fixées entre l'entreprise utilisatrice et l'entreprise extérieure, après avis des médecins du travail intéressés. − *[Anc. art. R. 237-21.]*

CHAPITRE IV RÔLE DES INSTITUTIONS REPRÉSENTATIVES DU PERSONNEL

SECTION 1 Dispositions communes

Art. R. 4514-1 Les *(Décr. n° 2017-1819 du 29 déc. 2017, art. 3)* « comités sociaux et économiques » de l'entreprise utilisatrice et des entreprises extérieures sont informés :

1° De la date de l'inspection commune préalable par les chefs des entreprises intéressées, dès qu'ils en ont connaissance et au plus tard trois jours avant qu'elle ait lieu. En cas d'urgence, ils sont informés sur le champ ;

2° De la date des inspections et réunions périodiques de coordination, au plus tard trois jours avant qu'elles aient lieu. En cas d'urgence, ils sont informés sur le champ ;

3° De toute situation d'urgence et de gravité mentionnée au 3° de l'article L. 4614-6. − *[Anc. art. R. 237-22, al. 1er à 3.]*

Art. R. 4514-2 Lorsque l'établissement d'un plan de prévention par écrit est obligatoire, en application de l'article R. 4512-7, ce plan est tenu à la disposition du *(Décr. n° 2017-1819 du 29 déc. 2017, art. 3)* « comité social et économique » de l'entreprise utilisatrice et de ceux des entreprises extérieures.

Ces comités sont informés de ses mises à jour.

Ce plan et ses mises à jour leur sont communiqués sur leur demande.

Ils reçoivent toutes informations nécessaires à l'exercice de leurs missions. − *[Anc. art. R. 237-22, al. 4.]*

Art. R. 4514-3 Le *(Décr. n° 2017-1819 du 29 déc. 2017, art. 3)* « comité social et économique » de l'entreprise utilisatrice compétent charge, s'il l'estime nécessaire, un ou plusieurs de ses membres appartenant à la délégation du personnel de participer à l'inspection commune préalable.

Les *(Décr. n° 2017-1819 du 29 déc. 2017, art. 3)* « comités sociaux et économiques » des entreprises extérieures intéressées participent, s'ils l'estiment nécessaire, à l'inspection commune préalable, dans les conditions prévues à l'article R. 4514-9.

Les membres des comités désignés pour participer à l'inspection commune préalable émettent un avis sur les mesures de prévention. Cet avis est porté sur le plan de prévention lorsque ce plan doit être établi par écrit. − *[Anc. art. R. 237-23.]*

Art. R. 4514-4 Des inspections et réunions périodiques de coordination sont organisées à la demande motivée de deux représentants du personnel au (*Décr. n° 2017-1819 du 29 déc. 2017, art. 3*) « comité social et économique » de l'entreprise utilisatrice.

A la demande motivée de deux représentants du personnel au (*Décr. n° 2017-1819 du 29 déc. 2017, art. 3*) « comité social et économique » de l'entreprise extérieure, les dispositions prévues aux deuxième et troisième alinéas de l'article R. 4513-3 sont mises en œuvre par le chef de l'entreprise extérieure.

Art. R. 4514-5 Aux lieux d'entrée et de sortie du personnel de l'entreprise utilisatrice sont affichés :

1° Les noms et lieux de travail des membres du (*Décr. n° 2017-1819 du 29 déc. 2017, art. 3*) « comité social et économique » de l'entreprise utilisatrice et des entreprises extérieures ;

2° Le nom du médecin du travail de l'entreprise utilisatrice ;

3° Le lieu où est située l'infirmerie de l'entreprise utilisatrice. — [*Anc. art. R. 237-25.*]

SECTION 2 Comité d'hygiène, de sécurité et des conditions de travail de l'entreprise utilisatrice

Art. R. 4514-6 Le (*Décr. n° 2017-1819 du 29 déc. 2017, art. 3*) « comité social et économique » de l'entreprise utilisatrice charge, s'il l'estime nécessaire, un ou plusieurs de ses membres appartenant à la délégation du personnel de participer aux inspections et réunions périodiques de coordination.

Ces membres émettent un avis sur les mesures de prévention. Cet avis est porté sur le plan de prévention lorsque ce plan doit être établi par écrit. — [*Anc. art. R. 237-26.*]

Art. R. 4514-7 Lorsqu'il peut y avoir des risques liés à l'interférence entre les activités, les installations et matériels des différentes entreprise, le (*Décr. n° 2017-1819 du 29 déc. 2017, art. 3*) « comité social et économique » de l'entreprise utilisatrice procède, dans le cadre de ses missions, aux inspections et enquêtes prévues aux articles L. 4612-4 et L. 4612-5, sur les lieux de travail temporairement occupés par des travailleurs d'entreprises extérieures. — [*Anc. art. R. 237-27.*]

Art. R. 4514-7-1 (*Décr. n° 2008-467 du 19 mai 2008*) Les représentants des entreprises extérieures au (*Décr. n° 2017-1819 du 29 déc. 2017, art. 3*) « comité social et économique » de l'entreprise utilisatrice, élargi en application de l'article L. 4523-11, ne sont pas considérés comme appartenant à la délégation du personnel du (*Décr. n° 2017-1819 du 29 déc. 2017, art. 3*) « comité social et économique » de l'entreprise utilisatrice.

SECTION 3 Comité d'hygiène, de sécurité et des conditions de travail [*comité social et économique*] de l'entreprise extérieure

Art. R. 4514-8 Le (*Décr. n° 2017-1819 du 29 déc. 2017, art. 3*) « comité social et économique » de l'entreprise extérieure charge, s'il l'estime nécessaire, un ou plusieurs de ses membres appartenant à la délégation du personnel de participer aux inspections et réunions périodiques de coordination, lorsqu'il est prévu que l'entreprise extérieure y participe.

Ces membres émettent un avis sur les mesures de prévention. Cet avis est porté sur le plan de prévention lorsque ce plan doit être établi par écrit. — [*Anc. art. R. 237-28, al. 1ᵉʳ et 2.*]

Art. R. 4514-9 Avant le début des travaux, lorsqu'un représentant du personnel au (*Décr. n° 2017-1819 du 29 déc. 2017, art. 3*) « comité social et économique » est appelé à faire partie de l'équipe intervenant dans l'entreprise utilisatrice et que le comité entend participer à l'inspection commune préalable, en application du deuxième alinéa de l'article R. 4514-3, ce représentant du personnel est désigné pour participer à cette inspection.

Dans le cas contraire, le comité peut désigner un représentant du personnel élu titulaire d'un autre mandat, s'il est appelé à être affecté dans l'entreprise utilisatrice.

Art. R. 4514-10 Les dispositions de l'article R. 4514-9 s'appliquent pendant l'exécution des travaux lorsque le (*Décr. n° 2017-1819 du 29 déc. 2017, art. 3*) « comité social et économique » de l'entreprise extérieure entend faire application du premier alinéa de l'article R. 4514-8.

CHAPITRE V OPÉRATIONS DE CHARGEMENT ET DE DÉCHARGEMENT

SECTION 1 Champ d'application

Art. R. 4515-1 Les dispositions du présent chapitre s'appliquent aux opérations de chargement ou de déchargement réalisées par des entreprises extérieures transportant des marchandises, en provenance ou à destination d'un lieu extérieur à l'enceinte de l'entreprise utilisatrice, dite "entreprise d'accueil".
Elles dérogent aux dispositions relatives :
1° A la transmission à l'inspection du travail de l'état des heures passées à l'exécution de l'opération, prévue à l'article R. 4511-12 ;
2° A l'inspection commune préalable prévue aux articles R. 4512-2 à R. 4512-5 ;
3° Au plan de prévention prévu aux articles R. 4512-6 à R. 4512-11 ;
4° A l'information et à la communication au *(Décr. n° 2017-1819 du 29 déc. 2017, art. 3)* « comité social et économique » des renseignements et documents prévues aux articles R. 4514-1 et R. 4514-2.

Art. R. 4515-2 On entend par opération de chargement ou de déchargement, l'activité concourant à la mise en place ou à l'enlèvement sur ou dans un engin de transport routier, de produits, fonds et valeurs, matériels ou engins, déchets, objets et matériaux de quelque nature que ce soit. — *[Anc. art. 1er, al. 2, Arr. du 26 avr. 1996.]*

Art. R. 4515-3 On entend par opérations de chargement ou de déchargement à caractère répétitif, celles qui portent sur des produits ou substances de même nature, sont accomplies sur les mêmes emplacements, selon le même mode opératoire, et mettent en œuvre les mêmes types de véhicules et de matériels de manutention. — *[Anc. art. 4, phrase 1, Arr. du 26 avr. 1996.]*

SECTION 2 Protocole de sécurité

Art. R. 4515-4 Les opérations de chargement ou de déchargement, font l'objet d'un document écrit, dit "protocole de sécurité", remplaçant le plan de prévention. — *[Anc. art. 2, al. 1er, Arr. du 26 avr. 1996.]*

Art. R. 4515-5 Le protocole de sécurité comprend les informations utiles à l'évaluation des risques de toute nature générés par l'opération ainsi que les mesures de prévention et de sécurité à observer à chacune des phases de sa réalisation. — *[Anc. art. 2, al. 2, Arr. du 26 avr. 1996.]*

Art. R. 4515-6 Pour l'entreprise d'accueil, le protocole de sécurité comprend, notamment, les informations suivantes :
1° Les consignes de sécurité, particulièrement celles qui concernent l'opération de chargement ou de déchargement ;
2° Le lieu de livraison ou de prise en charge, les modalités d'accès et de stationnement aux postes de chargement ou de déchargement accompagnées d'un plan et des consignes de circulation ;
3° Les matériels et engins spécifiques utilisés pour le chargement ou le déchargement ;
4° Les moyens de secours en cas d'accident ou d'incident ;
5° L'identité du responsable désigné par l'entreprise d'accueil, auquel l'employeur *(Décr. n° 2009-289 du 13 mars 2009)* « délègue, le cas échéant, ses attributions ». — *[Anc. art. 2, al. 3 à 9, Arr. du 26 avr. 1996.]*

Art. R. 4515-7 Pour le transporteur, le protocole de sécurité décrit, notamment :
1° Les caractéristiques du véhicule, son aménagement et ses équipements ;
2° La nature et le conditionnement de la marchandise ;
3° Les précautions ou sujétions particulières résultant de la nature des substances ou produits transportés, notamment celles imposées par la réglementation relative au transport de matières dangereuses. — *[Anc. art. 2, al. 10 à 13, Arr. du 26 avr. 1996.]*

Art. R. 4515-8 Le protocole de sécurité est établi dans le cadre d'un échange entre les employeurs intéressés, préalablement à la réalisation de l'opération.

Chacune des opérations ne revêtant pas le caractère répétitif défini à l'article R. 4515-3 donne lieu à un protocole de sécurité spécifique. – *[Anc. art. 3, Arr. du 26 avr. 1996.]*

Art. R. 4515-9 Les opérations de chargement ou de déchargement impliquant les mêmes entreprises et revêtant un caractère répétitif font l'objet d'un seul protocole de sécurité établi préalablement à la première opération.

Ce protocole de sécurité reste applicable aussi longtemps que les employeurs intéressés considèrent que les conditions de déroulement des opérations n'ont subi aucune modification significative, dans l'un quelconque de leurs éléments constitutifs. – *[Anc. art. 4, phrases 1 et 2, Arr. du 26 avr. 1996.]*

Art. R. 4515-10 Lorsque le prestataire ne peut pas être identifié préalablement par l'entreprise d'accueil ou lorsque l'échange préalable n'a pas permis de réunir toutes les informations nécessaires, par dérogation aux dispositions de l'article R. 4515-8, l'employeur de l'entreprise d'accueil fournit et recueille par tout moyen approprié les éléments qui se rapportent au protocole de sécurité. – *[Anc. art. 5, Arr. du 26 avr. 1996.]*

Art. R. 4515-11 Les chefs d'établissement des entreprises d'accueil et de transport tiennent un exemplaire de chaque protocole de sécurité, daté et signé, à la disposition :
1° Des *(Décr. n° 2017-1819 du 29 déc. 2017, art. 3)* « comités sociaux et économiques » des entreprises intéressées ;
2° De l'inspection du travail.

TITRE II INSTALLATIONS NUCLÉAIRES DE BASE ET INSTALLATIONS SUSCEPTIBLES DE DONNER LIEU À DES SERVITUDES D'UTILITÉ PUBLIQUE

CHAPITRE I CHAMP D'APPLICATION

Le présent chapitre ne comprend pas de dispositions réglementaires.

CHAPITRE II COORDINATION DE LA PRÉVENTION

Le présent chapitre ne comprend pas de dispositions réglementaires.

CHAPITRE III COMITÉ SOCIAL ET ÉCONOMIQUE *(Décr. n° 2017-1819 du 29 déc. 2017, art. 4).*

SECTION 1 Attributions particulières *(Décr. n° 2008-467 du 19 mai 2008).*

Art. R. 4523-1 La liste des postes de travail liés à la sécurité de l'installation prévue à l'article L. 4523-2 précise, le cas échéant, au titre des actions de prévention prévues aux articles L. 4121-3 et L. 4121-4 :
1° Les postes qui ne peuvent être confiés à des salariés titulaires d'un contrat de travail à durée déterminée ou à des salariés temporaires ;
2° Les postes destinés à être occupés par les salariés de l'établissement ;
3° Les postes dont les tâches exigent la présence d'au moins deux personnes qualifiées. – *[Anc. art. L. 236-2, al. 11, phrase 3.]*

Art. R. 4523-2 *(Décr. n° 2017-1819 du 29 déc. 2017, art. 4)* « Le comité social et économique » peut décider de faire appel à l'expert en risques technologiques mentionné à l'article L. 4523-5 à l'occasion de la demande d'autorisation préfectorale prévue par l'article L. 512-1 du code de l'environnement et avant d'émettre l'avis prévu à l'article R. 4612-4.

Le comité peut prendre sa décision à compter de la réunion au cours de laquelle il est informé sur les documents joints à la demande d'autorisation communiquée au préfet.

SANTÉ ET SÉCURITÉ AU TRAVAIL — Art. R. 4523-8

Cet expert, choisi après consultation du service instructeur de la demande d'autorisation, remet son rapport au comité avant la clôture de l'enquête publique. Il le présente en réunion du comité avant la consultation de ce dernier sur l'ensemble du dossier.

Art. R. 4523-3 (*Décr. n° 2017-1819 du 29 déc. 2017, art. 4*) « Le comité social et économique » peut faire appel à l'expert en risques technologiques mentionné à l'article L. 4523-5 en cas de danger grave en rapport avec l'installation classée.

L'expert présente son rapport dans le délai de quarante-cinq jours à compter de sa saisine. — [*Anc. art. L. 236-9-II fin et anc. art. R. 236-10-1-II, al. 2.*]

Art. R. 4523-4 Les représentants des entreprises extérieures mentionnés à l'article L. 4523-11 disposent d'une voix consultative (*Décr. n° 2017-1819 du 29 déc. 2017, art. 4*) « à la commission santé, sécurité et conditions de travail élargie ». — [*Anc. art. L. 236-1, al. 8, phrases 5 et 6.*]

Art. R. 4523-4-1 (*Décr. n° 2009-289 du 13 mars 2009*) Les accidents du travail pour lesquels (*Décr. n° 2017-1819 du 29 déc. 2017, art. 4*) « à la commission santé, sécurité et conditions de travail élargie est réunie », en application de l'article L. 4523-13, sont les accidents ayant entraîné ou ayant pu entraîner des conséquences graves.

SECTION 2 Dispositions relatives à l'élargissement du comité, applicables en l'absence de convention ou d'accord collectif

(*Décr. n° 2008-467 du 19 mai 2008*)

SOUS-SECTION 1 Désignation des entreprises extérieures et de leurs représentants

Art. R. 4523-5 Pour élargir la composition (*Décr. n° 2017-1819 du 29 déc. 2017, art. 4*) « de la commission santé, sécurité et conditions de travail » de l'entreprise utilisatrice à une représentation des entreprises extérieures, en application de l'article L. 4523-11, il incombe :
1° Au chef d'établissement de l'entreprise utilisatrice d'identifier les entreprises extérieures répondant aux critères définis à l'article R. 4523-6 et de sélectionner parmi celles-ci les entreprises appelées à désigner un ou des représentants ;
2° Au chef de chaque entreprise extérieure de désigner nominativement les représentants de son entreprise.

Art. R. 4523-6 L'identification et la sélection des entreprises extérieures par l'entreprise utilisatrice s'effectuent sur la base des trois critères cumulatifs suivants :
1° La nature des risques particuliers liés à l'intervention et susceptibles de porter atteinte à la sécurité des travailleurs présents au sein ou à proximité de l'installation, qui constitue le critère prépondérant ;
2° L'importance des effectifs intervenant ou appelés à intervenir, exprimée en nombre moyen d'hommes par jour présents au sein ou à proximité de l'installation durant une période de douze mois consécutifs ;
3° La durée des interventions prévisibles à compter du jour de la consultation (*Décr. n° 2017-1819 du 29 déc. 2017, art. 4*) « du comité social et économique », prévue à l'article R. 4523-8.

Art. R. 4523-7 Le chef d'établissement de l'entreprise utilisatrice classe la liste des entreprises extérieures répondant aux critères définis à l'article R. 4523-6 par ordre de pertinence. Il mentionne les entreprises qu'il envisage de sélectionner et, pour chacune d'elles, sa représentation soit par un ou des salariés, soit par un représentant de la direction, soit par une représentation des salariés et de la direction.

Le nombre total de représentants des salariés des entreprises extérieures est égal au nombre de représentants du personnel de l'entreprise utilisatrice, dans la limite de trois représentants par entreprise extérieure. Le nombre de représentants de la direction des entreprises extérieures est au plus égal au nombre d'entreprises sélectionnées pour désigner une représentation de salariés.

Art. R. 4523-8 Le chef d'établissement de l'entreprise utilisatrice communique cette liste au (*Décr. n° 2017-1819 du 29 déc. 2017, art. 4*) « comité social et économique », accompagnée des éléments qui justifient la composition retenue au regard des critères fixés à l'article R. 4523-6. Après un délai de trente jours au moins et soixante jours au plus suivant cette communication, le *(Décr. n° 2017-1819 du 29 déc. 2017, art. 4)* « comité social et économique » rend son avis sur la liste et la représentation mentionnées à l'article R. 4523-7.

Art. R. 4523-9 Dans les quinze jours suivant la consultation *(Décr. n° 2017-1819 du 29 déc. 2017, art. 4)* « du comité social et économique », le chef d'établissement de l'entreprise utilisatrice :

1° Communique aux chefs des entreprises extérieures figurant sur la liste mentionnée à l'article R. 4523-7 l'avis *(Décr. n° 2017-1819 du 29 déc. 2017, art. 4)* « du comité social et économique » prévu à l'article R. 4523-8 et les consulte avant d'arrêter la liste des entreprises extérieures appelées à désigner une représentation de leur direction ;

2° Arrête la liste des entreprises extérieures appelées à désigner une représentation de salariés et le nombre de représentants par entreprise ;

3° Envoie sa décision aux chefs des entreprises sélectionnées ;

4° *(Décr. n° 2016-1417 du 20 oct. 2016, art. 12)* « Communique sa décision, à l'agent de contrôle de l'inspection du travail, à la demande de celui-ci », accompagnée des éléments qui la motivent et du procès-verbal de la réunion de consultation *(Décr. n° 2017-1819 du 29 déc. 2017, art. 4)* « du comité social et économique ».

Art. R. 4523-10 Dans les trente jours suivant l'envoi de la décision de sélection des entreprises extérieures, chaque chef d'entreprise extérieure sélectionnée :

1° Organise la désignation des représentants des salariés ou, selon les cas, de la direction de son entreprise *(Décr. n° 2017-1819 du 29 déc. 2017, art. 4)* « à la commission santé, sécurité et conditions de travail élargie » de l'entreprise utilisatrice, selon les modalités fixées à l'article R. 4523-11 ;

2° Transmet au chef d'établissement de l'entreprise utilisatrice les noms et adresses des représentants désignés.

Art. R. 4523-11 Les représentants des salariés des entreprises extérieures sont désignés parmi ceux qui sont intervenus régulièrement, sur ou à proximité de l'installation de l'entreprise utilisatrice, durant les douze derniers mois ou parmi ceux qui sont appelés à y intervenir régulièrement durant les douze prochains mois.

Ils sont désignés par *(Décr. n° 2017-1819 du 29 déc. 2017, art. 4)* « le comité social et économique » constitué dans leur établissement *(Abrogé par Décr. n° 2017-1819 du 29 déc. 2017, art. 4)* « ou, à défaut, par leurs délégués du personnel ».

En l'absence *(Décr. n° 2017-1819 du 29 déc. 2017, art. 4)* « de comité social et économique » *(Abrogé par Décr. n° 2017-1819 du 29 déc. 2017, art. 4)* « et de délégués du personnel », la représentation des salariés est désignée par les salariés qui, au jour du vote au scrutin secret, interviennent régulièrement dans l'établissement de l'entreprise utilisatrice depuis douze mois au moins ou sont appelés à y intervenir régulièrement au cours des douze prochains mois. Le procès-verbal de désignation des salariés, accompagné de la liste d'émargement datée et signée par les personnes ayant participé à la désignation et par leur employeur ou son représentant, est tenu à la disposition de l'*(Décr. n° 2021-143 du 10 févr. 2021, art. 10)* « agent de contrôle de l'inspection du travail ».

Art. R. 4523-12 *(Décr. n° 2016-1417 du 20 oct. 2016, art. 13)* Le chef de l'entreprise utilisatrice communique, à l'agent de contrôle de l'inspection du travail, à la demande de celui-ci, les noms des représentants des entreprises extérieures désignés selon les modalités prévues à l'article R. 4523-11.

Art. R. 4523-13 Le chef d'établissement de l'entreprise utilisatrice affiche la liste nominative des représentants des entreprises extérieures *(Décr. n° 2017-1819 du 29 déc. 2017, art. 4)* « à la commission santé, sécurité et conditions de travail élargie » au même emplacement que celui réservé aux informations mentionnées à l'article R. 4514-5. Il adresse cette liste, qui doit être actualisée au moins tous les deux ans selon les modalités fixées aux articles R. 4523-7 à R. 4523-12, à toutes les entreprises extérieures.

SANTÉ ET SÉCURITÉ AU TRAVAIL

SOUS-SECTION 2 Fonctionnement de la commission élargie (Décr. n° 2017-1819 du 29 déc. 2017, art. 4)

Art. R. 4523-14 Les représentants des entreprises extérieures (Décr. n° 2017-1819 du 29 déc. 2017, art. 4) « à la commission santé, sécurité et conditions de travail » de l'entreprise utilisatrice sont désignés (Décr. n° 2017-1819 du 29 déc. 2017, art. 4) « pour une durée qui prend fin avec celle du mandat des membres élus du comité social et économique ». Si, pendant la durée normale de son mandat, un représentant cesse ses fonctions, il est remplacé dans le délai d'un mois, pour la période du mandat restant à courir, sauf si cette période est inférieure à trois mois. Les modalités de ce remplacement sont celles fixées aux articles R. 4523-10 et R. 4523-11.

Art. R. 4523-15 Les réunions (Décr. n° 2017-1819 du 29 déc. 2017, art. 4) « de la commission santé, sécurité et conditions de travail » de l'entreprise utilisatrice en formation élargie se tiennent séparément de celles (Décr. n° 2017-1819 du 29 déc. 2017, art. 4) « de la commission » en formation ordinaire.

L'ordre du jour de la réunion (Décr. n° 2017-1819 du 29 déc. 2017, art. 4) « de la commission élargie » et les documents joints sont transmis par le président (Décr. n° 2017-1819 du 29 déc. 2017, art. 4) « de la commission, selon les modalités fixées à l'article L. 2315-30 et au quatrième alinéa de l'article L. 2315-27 », au moins trente jours avant la date fixée pour la réunion.

Le temps passé en réunion (Décr. n° 2017-1819 du 29 déc. 2017, art. 4) « de la commission élargie » est considéré comme temps de travail et payé à l'échéance normale.

Art. R. 4523-16 Les procès-verbaux des réunions (Décr. n° 2017-1819 du 29 déc. 2017, art. 4) « de la commission élargie » sont transmis aux personnes qui y siègent et sont tenus à la disposition de toutes les entreprises extérieures.

SOUS-SECTION 3 Dérogation applicable aux établissements comprenant une installation nucléaire de base

Art. R. 4523-17 Les établissements comprenant une installation nucléaire de base qui ne sont pas soumis aux dispositions relatives (Décr. n° 2017-1819 du 29 déc. 2017, art. 4) « à la commission santé, sécurité et conditions de travail élargie », en application de l'article L. 4523-12, répondent aux caractéristiques suivantes :

1° Une instance est exclusivement dédiée au dialogue interentreprises dans le but d'améliorer la sécurité des travailleurs et de contribuer à la prévention des risques professionnels liés à l'interférence entre les activités, les installations et les matériels des différentes entreprises présentes sur un même lieu de travail. Elle se réunit au moins une fois par an ;

2° La sélection des entreprises extérieures appelées à désigner des représentants pour siéger à cette instance fait l'objet d'une consultation de la représentation du personnel ou syndicale de l'entreprise utilisatrice ;

3° Le critère prépondérant de sélection des entreprises extérieures est la nature des risques particuliers liés à l'intervention extérieure, qui sont susceptibles de porter atteinte à la sécurité des travailleurs présents au sein ou à proximité de l'installation nucléaire de base ;

4° Les représentants des salariés des entreprises extérieures sont désignés parmi ceux qui interviennent régulièrement sur ou à proximité de l'installation nucléaire de base. Ils exercent leurs fonctions durant leur temps de travail ;

5° Les président et secrétaire (Décr. n° 2017-1819 du 29 déc. 2017, art. 4) « de comité social et économique » des établissements de l'entreprise utilisatrice situés à proximité de l'installation nucléaire de base sont invités aux réunions de l'instance prévue au présent article ;

6° Les procès-verbaux des réunions de cette instance sont tenus à la disposition de toutes les entreprises extérieures.

CHAPITRE IV COMITÉ INTERENTREPRISES DE SANTÉ ET DE SÉCURITÉ AU TRAVAIL

SECTION 1 Mise en place

Art. R. 4524-1 Lorsqu'un plan de prévention des risques technologiques a été prescrit en application de l'article L. 515-15 du code de l'environnement, le préfet met en place un comité interentreprises de santé et de sécurité au travail.

Ce comité représente tous les établissements comprenant au moins une installation susceptible de donner lieu à des servitudes d'utilité publique en application de l'article L. 515-8 du même code ou mentionnée aux articles 3-1 et 104 à 104-8 du code minier, situés dans le périmètre de ce plan. — *[Anc. art. R. 236-10-2-I, al. 1er, phrase 1.]*

Art. R. 4524-2 Lorsque le périmètre d'exposition au risque couvre tout ou partie du territoire de plusieurs départements, le préfet qui organise la mise en place du comité interentreprises de santé et de sécurité au travail est celui du département le plus exposé. — *[Anc. art. R. 236-10-2-I, al. 2, phrase 1.]*

SECTION 2 Missions

Art. R. 4524-3 Pour l'exercice de leur mission, les membres du comité interentreprises de santé et de sécurité au travail peuvent émettre des observations, des préconisations et proposer des actions de prévention. — *[Anc. art. R. 236-10-2-II, al. 1er et 10.]*

Art. R. 4524-4 Le comité interentreprises de santé et de sécurité au travail est informé, par le préfet, des dispositions du plan de prévention des risques technologiques. — *[Anc. art. R. 236-10-2-II, al. 2.]*

SECTION 3 Composition

Art. R. 4524-5 Le comité interentreprises de santé et de sécurité au travail est composé du président de chacun (*Décr. n° 2017-1819 du 29 déc. 2017, art. 4*) « des comités sociaux et économiques » concernés et de représentants des salariés, à raison d'un membre titulaire et d'un membre suppléant.

Ses membres sont désignés, en son sein, par la délégation du personnel de chacun des comités. — *[Anc. art. R. 236-10-2-I, al. 3.]*

Art. R. 4524-6 Les représentants du personnel au comité interentreprises sont désignés pour une durée de trois ans renouvelable.

Leur mandat prend fin dès qu'ils cessent d'être représentants des salariés (*Décr. n° 2017-1819 du 29 déc. 2017, art. 4*) « au comité social et économique » de leur établissement. Il est procédé à leur remplacement dans les conditions prévues à l'article R. 4524-5. — *[Anc. art. R. 236-10-2-I, al. 4.]*

SECTION 4 Fonctionnement

Art. R. 4524-7 Le comité interentreprises de santé et de sécurité au travail est présidé par le (*Décr. n° 2020-1545 du 9 déc. 2020, art. 28-X, en vigueur le 1er avr. 2021*) « directeur régional de l'économie, de l'emploi, du travail et des solidarités » ou son représentant.

Lorsque le périmètre d'exposition au risque couvre tout ou partie du territoire de plusieurs départements, le comité est présidé par le directeur départemental du travail, de l'emploi et de la formation professionnelle du département le plus exposé.

Art. R. 4524-8 Le comité interentreprises de santé et de sécurité au travail est réuni par le président au moins une fois par an ou à la demande motivée d'un tiers de ses membres.

Seuls ses membres ont voix délibérative. — *[Anc. art. R. 236-10-2-I, al. 7.]*

Art. R. 4524-9 Le préfet peut inviter les présidents et les secrétaires (*Décr. n° 2017-1819 du 29 déc. 2017, art. 4*) « des comités sociaux et économiques » constitués dans d'autres établissements et situés dans le périmètre de ce plan, à assister aux réunions

SANTÉ ET SÉCURITÉ AU TRAVAIL **Art. R. 4532-2**

du comité mis en place à cet effet en raison de risques particuliers liés à leur implantation ou à leur activité.

Les *(Décr. n° 2021-143 du 10 févr. 2021, art. 10)* « agents de contrôle de l'inspection du travail mentionnés à l'article L. 8112-1 » et les inspecteurs des installations classées, compétents pour contrôler ces établissements, sont invités à participer aux réunions du comité interentreprises.

Le président peut inviter toute personne susceptible d'éclairer les débats en raison de sa compétence. – *[Anc. art. R. 236-10-2-I, al. 5 et 6.]*

Art. R. 4524-10 Les chefs d'établissement intéressés communiquent au comité interentreprises toutes les informations utiles à l'exercice de ses missions, notamment :
1° La politique de prévention des accidents majeurs qu'ils conduisent ;
2° Les systèmes de gestion de la sécurité mis en œuvre dans chaque établissement et les résultats des contrôles de ces systèmes, audits et revues de direction, organisés par les chefs d'établissement ;
3° Les risques d'accidents majeurs, identifiés comme susceptibles d'affecter les établissements voisins comportant des installations classées ;
4° Les plans d'urgence et les exercices relatifs à ces plans d'urgence ;
5° Les enseignements tirés du retour d'expérience des établissements concernés ;
6° Les projets de modification ou d'extension des installations à l'origine du risque, le plus en amont possible. – *[Anc. art. R. 236-10-2-II, al. 3 à 9.]*

CHAPITRE V DISPOSITIONS PARTICULIÈRES EN MATIÈRE D'INCENDIE ET DE SECOURS

Le présent chapitre ne comprend pas de dispositions réglementaires.

CHAPITRE VI DISPOSITIONS PARTICULIÈRES EN CAS DE DANGER GRAVE ET IMMINENT ET DROIT DE RETRAIT

Le présent chapitre ne comprend pas de dispositions réglementaires.

TITRE III BÂTIMENT ET GÉNIE CIVIL

CHAPITRE I PRINCIPES DE PRÉVENTION

Le présent chapitre ne comprend pas de dispositions réglementaires.

CHAPITRE II COORDINATION LORS DES OPÉRATIONS DE BÂTIMENT ET DE GÉNIE CIVIL

SECTION 1 Catégories d'opérations

Art. R. 4532-1 Les opérations de bâtiment et de génie civil sont classées en trois catégories :
1° Première catégorie : opérations soumises à l'obligation de constituer un collège interentreprises de sécurité, de santé et des conditions de travail ;
2° Deuxième catégorie : opérations soumises à l'obligation de déclaration préalable prévue à l'article L. 4532-1 ne relevant pas de la première catégorie ;
3° Troisième catégorie : opérations soumises à l'obligation d'établir un plan général de coordination simplifié en application des articles R. 4532-52 et R. 4532-54 et autres opérations ne relevant pas des première et deuxième catégories. – *[Anc. art. R. 238-8.]*

SECTION 2 Déclaration préalable

Art. R. 4532-2 Les opérations de bâtiment ou de génie civil, soumises à l'obligation de déclaration préalable prévue à l'article L. 4532-1, sont celles pour lesquelles l'effectif prévisible des travailleurs doit dépasser vingt travailleurs à un moment quelconque des travaux et dont la durée doit excéder trente jours ouvrés, ainsi que celles dont le volume prévu des travaux doit être supérieur à 500 hommes-jours. – *[Anc. art. R. 238-1.]*

Art. R. 4532-3 La déclaration préalable est adressée à l'*(Décr. n° 2021-143 du 10 févr. 2021, art. 10)* « agent de contrôle de l'inspection du travail » et aux organismes mentionnés à l'article L. 4532-1 territorialement compétents au lieu de l'opération.

Elle est adressée à la date de dépôt de la demande de permis de construire lorsque celui-ci est requis ou, lorsque celui-ci n'est pas requis, au moins trente jours avant le début effectif des travaux. — *[Anc. art. R. 238-2.]*

SECTION 3 Mission de coordination et coordonnateur en matière de sécurité et de protection de la santé

SOUS-SECTION 1 Obligations du maître d'ouvrage

Art. R. 4532-4 Le maître d'ouvrage désigne un coordonnateur en matière de sécurité et de protection de la santé dès le début de la phase d'élaboration de l'avant-projet sommaire, au sens de l'article 4 du décret n° 93-1268 du 29 novembre 1993 relatif aux missions de maîtrise d'œuvre confiées par des maîtres d'ouvrage publics à des prestataires de droit privé, ou de la phase d'élaboration de son équivalent, lorsque l'opération n'est pas soumise à une telle élaboration. — *[Anc. art. R. 238-4, al. 1er.]*

Art. R. 4532-5 Lorsque le maître d'ouvrage désigne, pour la phase de réalisation de l'ouvrage, un coordonnateur distinct de celui de la phase de conception, d'étude et d'élaboration du projet, cette désignation intervient avant le lancement de la consultation des entreprises. — *[Anc. art. R. 238-4, al. 2.]*

Art. R. 4532-6 Afin notamment d'assurer au coordonnateur l'autorité et les moyens nécessaires au bon déroulement de sa mission, le maître d'ouvrage prévoit, dès les études d'avant-projet de l'ouvrage, la coopération entre les différents intervenants dans l'acte de construire et le coordonnateur.

Les modalités pratiques de cette coopération font l'objet d'un document joint aux contrats conclus avec les différents intervenants. — *[Anc. art. R. 238-17, al. 1er fin et al. 4.]*

Art. R. 4532-7 Le maître d'ouvrage demande au propriétaire du bâtiment les dossiers techniques regroupant les informations relatives à la recherche et à l'identification des matériaux contenant de l'amiante prévus *(Décr. n° 2017-899 du 9 mai 2017, en vigueur au plus tard le 1er oct. 2018)* « aux articles R. 1334-29-4 à R. 1334-29-6 du code de la santé publique et à l'article *(Décr. n° 2021-872 du 30 juin 2021, art. 7)* « R. 126-10 » du code de la construction et de l'habitation ou, le cas échéant, le rapport de repérage de l'amiante prévu à l'article R. 4412-97-5 du présent code ».

Il communique ces documents au maître d'œuvre et au coordonnateur.

Art. R. 4532-8 Le maître d'ouvrage veille à ce que le coordonnateur soit associé pendant toutes les phases de l'opération à l'élaboration et à la réalisation du projet de l'ouvrage, en particulier en lui donnant accès à toutes les réunions organisées par le maître d'œuvre et en le rendant destinataire, dans un délai compatible avec l'exercice de sa mission, de toutes les études réalisées par celui-ci. — *[Anc. art. R. 238-17, al. 3.]*

Art. R. 4532-9 Le maître d'ouvrage tient compte, lorsqu'il les estime justifiées, des observations du coordonnateur ou adopte des mesures d'une efficacité au moins équivalente. — *[Anc. art. R. 238-17, al. 5.]*

Art. R. 4532-10 Dans le cas d'opérations entreprises par un particulier non soumises à l'obtention d'un permis de construire, prévu au 2° de l'article L. 4532-7, la coordination est assurée, pendant chacune de ses interventions sur le chantier, par l'entreprise dont la part de main-d'œuvre dans l'opération est la plus élevée.

Lorsque cette entreprise interrompt ou met fin à son intervention, l'entreprise qui répond à son tour au critère défini au premier alinéa prend en charge la coordination.

Chaque changement de titulaire de la mission de coordination donne préalablement lieu à concertation entre les entrepreneurs concernés. — *[Anc. art. R. 238-3.]*

SANTÉ ET SÉCURITÉ AU TRAVAIL

SOUS-SECTION 2 Coordonnateur en matière de sécurité et de protection de la santé

§ 1 Missions du coordonnateur

Art. R. 4532-11 Le coordonnateur veille *(Abrogé par Décr. n° 2009-289 du 13 mars 2009)* « , sous la responsabilité du maître d'ouvrage, » à ce que les principes généraux de prévention définis aux articles L. 4531-1 et L. 4535-1 soient effectivement mis en œuvre.

(Décr. n° 2009-289 du 13 mars 2009) « Il exerce ses missions sous la responsabilité du maître d'ouvrage. »

Responsabilité du maître d'ouvrage. Si l'art. R. 238-18 [art. R. 4532-11 nouv.] dispose que le coordonnateur exerce sa mission sous la responsabilité du maître d'ouvrage, il n'édicte pas d'obligation particulière de sécurité ou de prudence à la charge de ce dernier, au sens de l'art. 222-20 C. pén. • Crim. 16 mars 2021, n° 20-81.316 P : D. actu. 30 mars 2021, obs. de Montvalon ; D. 2021. Actu. 578 ; AJ pénal 2021. 210 et les obs. ; RJS 5/2021, n° 273 ; JSL 2021, n° 526-6, obs. Mesa ; JCP S 2021. 1107, obs. Duquesne.

Art. R. 4532-12 Le coordonnateur, au cours de la conception, de l'étude et de l'élaboration du projet de l'ouvrage :
1° Élabore le plan général de coordination lorsqu'il est requis ;
2° Constitue le dossier d'intervention ultérieure sur l'ouvrage ;
3° Ouvre un registre-journal de la coordination dès la signature du contrat ou de l'avenant spécifique ;
4° Définit les sujétions relatives à la mise en place et à l'utilisation des protections collectives, des appareils de levage, des accès provisoires et des installations générales, notamment les installations électriques. Il mentionne dans les pièces écrites leur répartition entre les différents corps d'état ou de métier qui interviendront sur le chantier ;
5° Assure le passage des consignes et la transmission des documents mentionnés aux 1° à 4° au coordonnateur de la phase de réalisation de l'ouvrage lorsque celui-ci est différent. – *[Anc. art. R. 238-18, al. 3 à 8.]*

Art. R. 4532-13 Le coordonnateur, au cours de la réalisation de l'ouvrage :
1° Organise entre les entreprises, y compris sous-traitantes, qu'elles se trouvent ou non présentes ensemble sur le chantier, la coordination de leurs activités simultanées ou successives, les modalités de leur utilisation en commun des installations, matériels et circulations verticales et horizontales, leur information mutuelle ainsi que l'échange entre elles des consignes en matière de sécurité et de protection de la santé. A cet effet, il procède avec chaque entreprise, préalablement à l'intervention de celle-ci, à une inspection commune au cours de laquelle sont en particulier précisées, en fonction des caractéristiques des travaux que cette entreprise s'apprête à exécuter, les consignes à observer ou à transmettre et les observations particulières de sécurité et de santé prises pour l'ensemble de l'opération. Cette inspection commune est réalisée avant remise du plan particulier de sécurité et de protection de la santé lorsque l'entreprise est soumise à l'obligation de le rédiger ;
2° Veille à l'application correcte des mesures de coordination qu'il a définies ainsi que des procédures de travail qui interfèrent ;
3° Tient à jour et adapte le plan général de coordination et veille à son application ;
4° Complète en tant que de besoin le dossier d'intervention ultérieure sur l'ouvrage. – *[Anc. art. R. 238-18, al. 9 à 13.]*

Art. R. 4532-14 Le coordonnateur tient compte des interférences avec les activités d'exploitation sur le site à l'intérieur ou à proximité duquel est implanté le chantier et à cet effet, notamment :
1° Procède avec le chef de l'établissement en activité, préalablement au commencement des travaux, à une inspection commune visant à :
a) Délimiter le chantier ;
b) Matérialiser les zones du secteur dans lequel se situe le chantier qui peuvent présenter des dangers spécifiques pour les travailleurs des entreprises appelées à intervenir ;

c) (Décr. n° 2008-1382 du 19 déc. 2008) « Préciser les voies de circulation que pourront emprunter les travailleurs, les véhicules et engins de toute nature des entreprises concourant à la réalisation des travaux, ainsi qu'à définir, pour les chantiers non clos et non indépendants, les installations sanitaires, les vestiaires, les locaux de restauration et le local ou les aménagements mentionnés à l'article R. 4534-142-1 auxquels auront accès leurs travailleurs ; »

2° Communique aux entreprises appelées à intervenir sur le chantier les consignes de sécurité arrêtées avec le chef d'établissement et, en particulier, celles qu'elles devront donner à leurs travailleurs, ainsi que, s'agissant des chantiers non clos et non indépendants, l'organisation prévue pour assurer les premiers secours en cas d'urgence et la description du dispositif mis en place à cet effet dans l'établissement. – *[Anc. art. R. 238-18, al. 14 à 16.]*

Art. R. 4532-15 Le coordonnateur préside le collège interentreprises de sécurité, de santé et des conditions de travail lorsque sa création est requise. – *[Anc. art. R. 238-18, al. 17.]*

Art. R. 4532-16 Le coordonnateur prend les dispositions nécessaires pour que seules les personnes autorisées puissent accéder au chantier. – *[Anc. art. R. 238-18, al. 18.]*

§ 2   Conditions et modalités d'exercice de la mission

Art. R. 4532-17 (Décr. n° 2009-289 du 13 mars 2009) « Sauf dans les cas d'opérations entreprises par un particulier pour son usage personnel, prévus à l'article L. 4532-7, nul » ne peut exercer la fonction de coordonnateur s'il ne possède *[pas]* la compétence requise conformément aux dispositions des paragraphes 3 et 4. – *[Anc. art. R. 238-6.]*

Art. R. 4532-18 Une personne morale en mesure d'affecter à cette fonction une personne physique compétente peut être désignée en tant que coordonnateur. – *[Anc. art. R. 238-6, al. 2.]*

Art. R. 4532-19 Une personne physique qui exerce la fonction de coordonnateur, en son nom propre ou au nom de l'organisme qui l'emploie, ne peut pas être chargée de la fonction de contrôleur technique prévue à l'article (Décr. n° 2021-872 du 30 juin 2021, art. 7) « L. 125-1 » du code de la construction et de l'habitation dans le cadre d'une même opération de bâtiment ou de génie civil.

(Décr. n° 2009-289 du 13 mars 2009) « Sauf dans les cas d'opérations entreprises par un particulier pour son usage personnel, prévus à l'article L. 4532-7, cette » personne ne peut pas, lorsque l'opération excède le montant fixé par l'article R. 4533-1, être chargée d'une autre fonction dans le cadre de la même opération. Toutefois, cette disposition n'est pas applicable aux opérations de bâtiment ou de génie civil entreprises par les communes ou groupements de communes de moins de 5 000 habitants, dans lesquels il est fait application de l'article L. 4531-2. – *[Anc. art. R. 238-6, al. 3 et 4.]*

Art. R. 4532-20 La mission de coordination fait l'objet de contrats ou d'avenants spécifiques écrits.

Elle est rémunérée distinctement.

La rémunération tient compte, notamment, du temps passé sur le chantier par le coordonnateur et, le cas échéant, des frais de fonctionnement occasionnés par la mise en place du collège interentreprises de sécurité, de santé et des conditions de travail, en particulier, des frais de secrétariat. – *[Anc. art. R. 238-16, al. 1er, phrase 1 fin et phrases 2 et 3.]*

Art. R. 4532-21 Lorsque le coordonnateur est employé par le maître d'ouvrage et lié à celui-ci par un contrat de travail, la mission de coordination fait l'objet d'un document écrit permettant d'individualiser chaque opération. – *[Anc. art. R. 238-16, al. 2.]*

Art. R. 4532-22 Le contrat, l'avenant ou le document :

1° Définit le contenu de la mission confiée au coordonnateur, les moyens, notamment financiers, que le maître d'ouvrage met à la disposition de celui-ci ainsi que l'autorité qu'il lui confère par rapport à l'ensemble des intervenants dans l'opération, maître d'œuvre et entrepreneurs, employeurs ou travailleurs indépendants ;

SANTÉ ET SÉCURITÉ AU TRAVAIL — **Art. R. 4532-26**

2° Précise les obligations du coordonnateur, notamment les modalités de sa présence aux réunions lors de la phase de conception, d'étude et d'élaboration du projet et aux réunions de chantier pendant la phase de réalisation de l'ouvrage. — *[Anc. art. R. 238-16, al. 3 et 4.]*

§ 3 Compétences

Art. R. 4532-23 Les trois niveaux de compétence de coordonnateur en matière de sécurité et de protection de la santé sont :
1° Niveau 1 : aptitude à coordonner toutes opérations ;
2° Niveau 2 : aptitude à coordonner les opérations des deuxième et troisième catégories ;
3° Niveau 3 : aptitude à coordonner les opérations de troisième catégorie. — *[Anc. art. R. 238-9, al. 1er à 4.]*

Art. R. 4532-24 Pour ce qui concerne les opérations des première et deuxième catégories, l'aptitude à coordonner est distincte pour la phase de conception, d'étude et d'élaboration du projet et pour la phase de réalisation de l'ouvrage. — *[Anc. art. R. 238-9, al. 5.]*

Art. R. 4532-25 Est réputée compétente, pour exercer la fonction de coordonnateur durant la phase de conception, d'étude et d'élaboration du projet de l'ouvrage, la personne physique qui justifie à la fois :
(*Décr. n° 2021-652 du 25 mai 2021*) « 1° D'une expérience professionnelle en architecture, ingénierie ou maîtrise d'œuvre, ou, pour les compétences de niveau 2 ou 3, d'un diplôme dans les conditions suivantes :
« *a*) Pour la compétence de niveau 1 : une expérience professionnelle d'une durée minimale de cinq ans ;
« *b*) Pour la compétence de niveau 2 : une expérience professionnelle d'une durée minimale de cinq ans ou un diplôme, de niveau au moins égal à la licence professionnelle, en hygiène sécurité et environnement attestant de compétences dans le domaine de la construction, du bâtiment et des travaux publics ;
« *c*) Pour la compétence de niveau 3 : une expérience professionnelle d'une durée minimale de trois ans ou un diplôme, de niveau au moins égal à la licence, en architecture ou dans le domaine de la construction, du bâtiment et des travaux publics ou de la prévention des risques professionnels ; »
(*Décr. n° 2011-39 du 10 janv. 2011*) « 2° D'une formation spécifique de coordonnateur en matière de sécurité et de protection de la santé adaptée, d'une part, à l'expérience professionnelle ou au diplôme du candidat et, d'autre part, au niveau de compétence défini à l'article R. 4532-23. Cette formation est actualisée tous les cinq ans, dans l'année civile qui suit l'échéance de la dernière attestation de compétence prévue à l'article R. 4532-31. »

Art. R. 4532-26 Est réputée compétente, pour exercer la fonction de coordonnateur durant la phase de réalisation de l'ouvrage[,] la personne physique qui justifie à la fois :
(*Décr. n° 2021-652 du 25 mai 2021*) « 1° D'une expérience professionnelle en matière de contrôle des travaux, d'ordonnancement, de pilotage et de conduite des travaux ou de maîtrise de chantier ou en tant que coordonnateur ou agent en matière de sécurité, ou, pour les compétences de niveau 2 ou 3, d'un diplôme dans les conditions suivantes :
« *a*) Pour la compétence de niveau 1 : une expérience professionnelle d'une durée minimale de cinq ans ;
« *b*) Pour la compétence de niveau 2 : une expérience professionnelle d'une durée minimale de cinq ans ou un diplôme, de niveau au moins égal à la licence professionnelle, en hygiène sécurité et environnement attestant de compétences dans le domaine de la construction, du bâtiment et des travaux publics ;
« *c*) Pour la compétence de niveau 3 : une expérience professionnelle d'une durée minimale de trois ans ou un diplôme, de niveau au moins égal à la licence, en architecture ou dans le domaine de la construction, du bâtiment et des travaux publics ou de la prévention des risques professionnels ; »

(Décr. n° 2011-39 du 10 janv. 2011) « 2° D'une formation spécifique de coordonnateur en matière de sécurité et de protection de la santé adaptée, d'une part, à l'expérience professionnelle ou au diplôme du candidat et, d'autre part, au niveau de compétence défini à l'article R. 4532-23. Cette formation est actualisée tous les cinq ans, dans l'année civile qui suit l'échéance de la dernière attestation de compétence prévue à l'article R. 4532-31. »

Art. R. 4532-27 Le coordonnateur qui a exercé pendant cinq ans sa fonction à un niveau de compétence donné peut se voir reconnaître le niveau de compétence immédiatement supérieur, s'il a préalablement acquis, à l'issue de la formation correspondante, l'attestation de compétence correspondant à ce niveau.

(Décr. n° 2011-39 du 10 janv. 2011) « S'il est titulaire de l'un des diplômes visés au 1° de l'article R. 4532-25 ou de l'article R. 4532-26, la condition de durée d'exercice mentionnée au premier alinéa est réduite à deux ans. »

Art. R. 4532-28 L'aptitude peut être étendue à la phase pour laquelle elle n'a pas été initialement prévue lorsque le coordonnateur apporte la preuve de l'acquisition de l'expérience professionnelle requise.

Cette expérience professionnelle est vérifiée par l'organisme de formation de son choix et portée par ce dernier sur l'attestation de compétence prévue à l'article R. 4532-31. — *[Anc. art. R. 238-10, al. 9.]*

Art. R. 4532-29 Le maître d'ouvrage justifie, sur demande de l'inspection du travail, de la compétence du coordonnateur qu'il a désigné. — *[Anc. art. R. 238-7.]*

§ 4 Formation du coordonnateur et organisme de formation

Art. R. 4532-30 *(Décr. n° 2011-39 du 10 janv. 2011)* Peut exercer la fonction de formateur de coordonnateurs la personne physique qui justifie à la fois :

1° D'un niveau de compétence au moins égal à celui exigé pour les coordonnateurs aux articles R. 4532-25 et R. 4532-26, excepté lorsqu'elle fait partie du personnel qualifié de l'un des organismes de prévention mentionnés au 2° ;

2° Du suivi d'un stage de formation de formateurs auprès de l'Organisme professionnel de prévention dans le bâtiment et les travaux publics, de l'Institut national de recherche et de sécurité ou d'un organisme établi dans un autre État membre de l'Union européenne ou partie à l'accord sur l'Espace économique européen autorisé dans cet État à pratiquer une telle activité de formation, sous réserve que la formation dispensée soit reconnue équivalente à celle prévue en application du présent paragraphe.

Art. R. 4532-31 *(Décr. n° 2011-39 du 10 janv. 2011)* « La durée et le contenu de la formation des coordonnateurs et des formateurs sont adaptés au niveau de compétence recherché ainsi qu'à l'expérience professionnelle ou au diplôme des candidats. »

La formation donne lieu à un contrôle de capacité à l'issue du stage et à la délivrance, par l'organisme de formation, d'une attestation de compétence.

Art. R. 4532-32 L'admission à un stage de formation de coordonnateur ou de formateur est prononcée par l'organisme de formation, après qu'il a vérifié que les conditions d'expérience professionnelle *(Décr. n° 2011-39 du 10 janv. 2011)* « ou de diplôme » sont satisfaites. — *[Anc. art. R. 238-14, al. 1ᵉʳ.]*

Art. R. 4532-33 *(Décr. n° 2011-39 du 10 janv. 2011)* Le refus d'admission à un stage de formation de formateurs est motivé. Il peut faire l'objet, dans les formes et délai prévus à l'article R. 4723-1, d'une réclamation auprès du ministre chargé du travail, qui statue dans le délai prévu aux articles R. 4723-2 et R. 4723-3.

Art. R. 4532-34 *(Décr. n° 2011-39 du 10 janv. 2011)* Peuvent assurer la formation de coordonnateurs prévue aux articles R. 4532-25 et R. 4532-26 l'Organisme professionnel de prévention dans le bâtiment et les travaux publics et les organismes de formation certifiés, au vu d'un référentiel garantissant qu'ils satisfont aux exigences issues du présent code, par un organisme bénéficiant à cette fin d'une accréditation délivrée par un organisme mentionné au premier alinéa de l'article R. 4724-1.

SANTÉ ET SÉCURITÉ AU TRAVAIL **Art. R. 4532-41** 2497

Art. R. 4532-35 La formation des coordonnateurs est dispensée dans chaque organisme par des formateurs remplissant les conditions prévues à l'article R. 4532-30.

Toutefois, pour des domaines requérant des compétences particulières, ces organismes peuvent faire appel à d'autres personnes justifiant de la qualification adéquate, sous réserve que le volume horaire qui leur est imparti n'excède pas la moitié du volume horaire total du cycle de formation. — *[Anc. art. R. 238-11, al. 2.]*

Art. R. 4532-36 *Abrogé par Décr. n° 2011-39 du 10 janv. 2011, art. 2-6°.*

Art. R. 4532-37 *(Décr. n° 2011-39 du 10 janv. 2011)* Un arrêté conjoint des ministres chargés du travail et de l'agriculture détermine :

1° Les garanties minimales que doivent présenter les organismes de formation mentionnés à l'article R. 4532-34, relatives notamment aux méthodes et qualités pédagogiques des personnes chargées de la formation et à la capacité à évaluer les candidats au regard de leur compétence professionnelle ou de leur diplôme, à se conformer au référentiel de formation prévu au 2° et à assurer le contrôle des connaissances et des acquis ;

2° Le référentiel des formations prévues aux articles R. 4532-25 et R. 4532-26, précisant leurs objectifs, leur durée et leur contenu ;

3° Les indications à faire figurer sur l'attestation prévue à l'article R. 4532-31 ;

4° Les conditions d'organisation de la formation de formateurs par l'Organisme professionnel de prévention du bâtiment et des travaux publics et par l'Institut national de recherche et de sécurité et celles de leur contribution aux stages d'actualisation de la formation ;

5° Les conditions de reconnaissance du caractère équivalent de la formation mentionnée à l'article R. 4532-30.

SOUS-SECTION 3 **Registre-journal**

Art. R. 4532-38 Le coordonnateur consigne sur le registre-journal de la coordination, au fur et à mesure du déroulement de l'opération :

1° Les comptes rendus des inspections communes, les consignes à transmettre et les observations particulières prévues au 1° de l'article R. 4532-13, qu'il fait viser par les entreprises concernées ;

2° Les observations ou notifications qu'il juge nécessaire de faire au maître d'ouvrage, au maître d'œuvre ou à tout autre intervenant sur le chantier, qu'il fait viser dans chaque cas par les intéressés avec leur réponse éventuelle ;

3° Dès qu'il en a connaissance, les noms et adresses des entrepreneurs contractants, cocontractants et sous-traitants, ainsi que la date approximative d'intervention de chacun d'eux sur le chantier, et, par entreprise, l'effectif prévisible des travailleurs affectés au chantier et la durée prévue des travaux. Cette liste est, si nécessaire, précisée au moment de l'intervention sur le chantier et tenue à jour ;

4° Le procès-verbal de passation de consignes avec le coordonnateur appelé à lui succéder. — *[Anc. art. R. 238-19, al. 1ᵉʳ à 5.]*

Art. R. 4532-39 Une copie du procès-verbal de transmission du dossier d'intervention ultérieure sur l'ouvrage mentionné à l'article R. 4532-97 est annexée au registre-journal. — *[Anc. art. R. 238-19, al. 6.]*

Art. R. 4532-40 Le coordonnateur présente le registre-journal, sur leur demande, au maître d'œuvre, à l'inspection du travail, aux agents des services de prévention des organismes de sécurité sociale, aux agents de l'Organisme professionnel de prévention du bâtiment et des travaux publics, et, lorsqu'il est constitué, aux membres du collège interentreprises de sécurité, de santé et des conditions de travail. — *[Anc. art. R. 238-19, al. 7.]*

Art. R. 4532-41 Le registre-journal est conservé par le coordonnateur pendant une durée de cinq ans à compter de la date de réception de l'ouvrage. — *[Anc. art. R. 238-19, al. 8.]*

SECTION 4 Plan général de coordination en matière de sécurité et de protection de la santé

SOUS-SECTION 1 Opérations de première et deuxième catégories

Art. R. 4532-42 Le maître d'ouvrage, ou l'entrepreneur principal en cas de sous-traitance, mentionne dans les documents remis aux entrepreneurs, que le chantier sur lequel ils seront appelés à travailler en cas de conclusion d'un contrat est soumis à l'obligation de plan général de coordination en matière de sécurité et de protection de la santé. − *[Anc. art. R. 238-20.]*

Art. R. 4532-43 Le plan général de coordination est un document écrit qui définit l'ensemble des mesures propres à prévenir les risques découlant de l'interférence des activités des différents intervenants sur le chantier, ou de la succession de leurs activités lorsqu'une intervention laisse subsister après son achèvement des risques pour les autres entreprises. − *[Anc. art. R. 238-21.]*

Art. R. 4532-44 Le plan général de coordination est joint aux autres documents remis par le maître d'ouvrage aux entrepreneurs qui envisagent de contracter. Il énonce notamment :

1° Les renseignements d'ordre administratif intéressant le chantier, et notamment ceux complétant la déclaration préalable ;

2° Les mesures d'organisation générale du chantier arrêtées par le maître d'œuvre en concertation avec le coordonnateur ;

3° Les mesures de coordination prises par le coordonnateur en matière de sécurité et de santé et les sujétions qui en découlent concernant, notamment :

a) Les voies ou zones de déplacement ou de circulation horizontales ou verticales ;

b) Les conditions de manutention des différents matériaux et matériels, en particulier pour ce qui concerne l'interférence des appareils de levage sur le chantier ou à proximité, ainsi que la limitation du recours aux manutentions manuelles ;

c) La délimitation et l'aménagement des zones de stockage et d'entreposage des différents matériaux, en particulier s'il s'agit de matières ou de substances dangereuses ;

d) Les conditions de stockage, d'élimination ou d'évacuation des déchets et des décombres ;

e) Les conditions d'enlèvement des matériaux dangereux utilisés ;

f) L'utilisation des protections collectives, des accès provisoires et de l'installation électrique générale ;

g) Les mesures prises en matière d'interactions sur le site ;

4° Les sujétions découlant des interférences avec des activités d'exploitation sur le site à l'intérieur ou à proximité duquel est implanté le chantier ;

5° Les mesures générales prises pour assurer le maintien du chantier en bon ordre et en état de salubrité satisfaisant, notamment :

a) Pour les opérations de construction de bâtiment, les mesures arrêtées par le maître de l'ouvrage en application de l'article R. 4533-1 ;

b) Pour les opérations de génie civil, les dispositions prises par le maître d'ouvrage pour établir des conditions telles que les locaux destinés au personnel du chantier soient conformes aux prescriptions qui leur sont applicables en matière de santé, de sécurité et de conditions de travail ;

6° Les renseignements pratiques propres au lieu de l'opération concernant les secours et l'évacuation des travailleurs ainsi que les mesures communes d'organisation prises en la matière ;

7° Les modalités de coopération entre les entrepreneurs, employeurs ou travailleurs indépendants. − *[Anc. art. R. 238-22, al. 1er à 17.]*

Art. R. 4532-45 Le plan général de coordination rappelle, dans le cas de la constitution d'un collège interentreprises de sécurité, de santé et des conditions de travail, la mission de ce collège en la matière. − *[Anc. art. R. 238-22, al. 18.]*

Art. R. 4532-46 Les dossiers techniques regroupant les informations relatives à la recherche et à l'identification des matériaux contenant de l'amiante prévus aux articles R. 1334-22, R. 1334-27 et R. 1334-28 du code de la santé publique sont joints au plan général de coordination. − *[Anc. art. R. 238-22, al. 19.]*

Art. R. 4532-47 Le plan général de coordination est complété et adapté en fonction de l'évolution du chantier et de la durée effective à consacrer aux différents types de travaux ou phases de travail.

Ces modifications sont portées à la connaissance des entreprises. — *[Anc. art. R. 238-23, al. 1ᵉʳ.]*

Art. R. 4532-48 Le plan général de coordination intègre, notamment, au fur et à mesure de leur élaboration et en les harmonisant, les plans particuliers de sécurité et de santé ainsi que, lorsqu'ils sont requis, les plans de prévention prévus par d'autres dispositions du code du travail. — *[Anc. art. R. 238-23, al. 2.]*

Art. R. 4532-49 Dès la phase de consultation des entreprises, le maître d'ouvrage adresse le plan général de coordination, sur leur demande, à l'inspection du travail, à l'Organisme professionnel de prévention du bâtiment et des travaux publics et au service de prévention des organismes de sécurité sociale. — *[Anc. art. R. 238-24, al. 1ᵉʳ.]*

Art. R. 4532-50 Le plan général de coordination tenu sur le chantier peut être consulté par :

1° Les membres des *(Décr. n° 2017-1819 du 29 déc. 2017, art. 3)* « comités sociaux et économiques », appelés à intervenir sur le chantier ;
2° Le médecin du travail ;
3° Les membres du collège interentreprises de sécurité, de santé et des conditions de travail ;
4° L'inspection du travail ;
5° L'Organisme professionnel de prévention du bâtiment et des travaux publics ;
6° Le service de prévention des organismes de sécurité sociale. — *[Anc. art. R. 238-24, al. 2.]*

Art. R. 4532-51 Le plan général de coordination tenu sur le chantier est conservé par le maître d'ouvrage pendant une durée de cinq années à compter de la date de réception de l'ouvrage. — *[Anc. art. R. 238-25.]*

SOUS-SECTION 2 Opérations de troisième catégorie

Art. R. 4532-52 Lorsqu'il est prévu, pour une opération de bâtiment ou de génie civil faisant intervenir plusieurs entreprises et n'appartenant pas à la première ou à la deuxième catégorie, d'exécuter des travaux présentant des risques particuliers inscrits sur la liste fixée par l'arrêté prévu par l'article L. 4532-8, le coordonnateur établit par écrit, avant la phase de consultation des entreprises, un plan général simplifié de coordination en matière de sécurité et de protection de la santé.

Ce plan prend en considération les mesures propres à prévenir les risques découlant de l'interférence de ces travaux avec les autres activités des différents intervenants sur le chantier, ou de la succession de leurs activités lorsqu'une intervention laisse subsister après son achèvement un des risques particuliers énumérés dans la même liste. — *[Anc. art. R. 238-25-1, al. 1ᵉʳ.]*

Art. R. 4532-53 Les dossiers techniques regroupant les informations relatives à la recherche et à l'identification des matériaux contenant de l'amiante prévus aux articles R. 1334-22, R. 1334-27 et R. 1334-28 du code de la santé publique sont joints au plan général simplifié de coordination. — *[Anc. art. R. 238-25-1, al. 2.]*

Art. R. 4532-54 Lorsque, lors d'une opération de troisième catégorie, un coordonnateur a connaissance, après le début des travaux, de l'existence d'un ou plusieurs des travaux présentant des risques particuliers inscrits sur la liste fixée par l'arrêté prévu par l'article L. 4532-8, il prend toutes les mesures utiles afin de rédiger, avant toute poursuite des travaux, le plan général simplifié de coordination en matière de sécurité et de protection de la santé.

Les sujétions découlant de l'observation de ce plan sont définies, le cas échéant, par voie d'avenants aux différents contrats conclus avec les entreprises chargées de l'exécution des travaux. — *[Anc. art. R. 238-25-2.]*

Art. R. 4532-55 Sont applicables au plan général simplifié de coordination et, dès son élaboration, à celui établi en application de l'article R. 4532-54, les dispositions des articles R. 4532-42 et R. 4532-47 à R. 4532-51. — *[Anc. art. R. 238-25-3.]*

SECTION 5 Plan particulier de sécurité et de protection de la santé

SOUS-SECTION 1 Opérations de première et deuxième catégories

Art. R. 4532-56 L'entrepreneur tenu de remettre un plan particulier de sécurité et de santé au coordonnateur ou au maître d'ouvrage, en application du premier alinéa de l'article L. 4532-9, dispose de trente jours à compter de la réception du contrat signé par le maître de l'ouvrage pour établir ce plan. — *[Anc. art. R. 238-27.]*

Art. R. 4532-57 L'entrepreneur qui intervient seul remet au maître d'ouvrage un plan particulier de sécurité, en application du deuxième alinéa de l'article L. 4532-9, lorsqu'il est prévu qu'il réalisera des travaux d'une durée supérieure à un an et qu'il emploiera, à un moment quelconque des travaux, plus de cinquante travailleurs pendant plus de dix jours ouvrés consécutifs.

Il dispose du délai prévu à l'article R. 4532-56. — *[Anc. art. R. 238-26.]*

Art. R. 4532-58 Dès la conclusion du contrat de l'entreprise, le coordonnateur communique à chacun des entrepreneurs appelés à intervenir sur un chantier soumis à l'obligation de plan général de coordination, les noms et adresses des entrepreneurs contractants.

Il transmet à chaque entrepreneur qui en fait la demande les plans particuliers de sécurité et de protection de la santé établis par les autres entrepreneurs. — *[Anc. art. R. 238-28, phrase 1.]*

Art. R. 4532-59 En cas d'opération de construction de bâtiment, le coordonnateur communique aux autres entrepreneurs les plans particuliers de sécurité et de santé des entrepreneurs chargés du gros œuvre ou du lot principal et de ceux ayant à exécuter des travaux présentant des risques particuliers, tels qu'énumérés sur la liste prévue à l'article L. 4532-8. — *[Anc. art. R. 238-28, phrase 2.]*

Art. R. 4532-60 L'entrepreneur qui fait exécuter le contrat conclu avec le maître d'ouvrage, en tout ou partie, par un ou plusieurs sous-traitants remet à ceux-ci :
1° Un exemplaire du plan général de coordination ;
2° Le cas échéant, un document précisant les mesures d'organisation générales qu'il a retenues pour la partie du chantier dont il a la responsabilité et qui sont de nature à avoir une incidence sur la santé et la sécurité des travailleurs. — *[Anc. art. R. 238-29.]*

Art. R. 4532-61 Pour l'élaboration du plan particulier de sécurité, le sous-traitant tient compte des informations fournies par l'entrepreneur, notamment de celles qui sont contenues dans le plan général de coordination.

Il tient également compte des informations contenues dans le document prévu au 2° de l'article R. 4532-60. — *[Anc. art. R. 238-30, al. 1ᵉʳ.]*

Art. R. 4532-62 A compter de la réception du contrat signé par l'entrepreneur, le sous-traitant dispose d'au moins trente jours pour établir le plan particulier de sécurité.

Ce délai est réduit à huit jours pour les travaux du second œuvre lorsqu'il s'agit d'une opération de bâtiment ou pour les lots ou travaux accessoires dans le cas d'une opération de génie civil, dès lors que ceux-ci ne figurent pas sur la liste des travaux comportant des risques particuliers prévue à l'article L. 4532-8. — *[Anc. art. R. 238-30, al. 2.]*

Art. R. 4532-63 Le plan particulier de sécurité indique :
1° Les nom et adresse de l'entrepreneur ;
2° L'évolution prévisible de l'effectif sur le chantier ;
3° Le cas échéant, les noms et qualité de la personne chargée de diriger l'exécution des travaux. — *[Anc. art. R. 238-31-I.]*

Art. R. 4532-64 Le plan particulier de sécurité est adapté aux conditions spécifiques de l'intervention sur le chantier.

A cet effet, outre la prise en compte des mesures de coordination générale décidées par le coordonnateur et l'énumération des installations de chantier et des matériels et dispositifs prévus pour la réalisation de l'opération, le plan mentionne, en les distinguant :

SANTÉ ET SÉCURITÉ AU TRAVAIL **Art. R. 4532-70**

1° Les mesures spécifiques prises par l'entreprise pour prévenir les risques spécifiques découlant :
a) De l'exécution par d'autres entreprises de travaux dangereux pouvant avoir une incidence sur la santé et la sécurité des travailleurs de l'entreprise ou du travailleur indépendant ;
b) Des contraintes propres au chantier ou à son environnement, en particulier en matière de circulations ou d'activités d'exploitation particulièrement dangereuses ;
2° La description des travaux et des processus de travail de l'entreprise pouvant présenter des risques pour la santé et la sécurité des autres intervenants sur le chantier, notamment lorsqu'il s'agit de travaux comportant des risques particuliers tels que ceux énumérés sur la liste prévue à l'article L. 4532-8 ;
3° Les dispositions à prendre pour prévenir les risques pour la santé et la sécurité que peuvent encourir les travailleurs de l'entreprise lors de l'exécution de ses propres travaux. — [*Anc. art. R. 238-31-III, al. 1er à 6.*]

Art. R. 4532-65 Lorsqu'il ressort du plan général de coordination et de l'évaluation préalable des risques menée par l'entreprise que des mesures mentionnées à l'article R. 4532-64 n'ont pas à être prises du fait de l'absence de risques, résultant en particulier de l'exécution de travaux figurant sur la liste prévue à l'article L. 4532-8, l'employeur le mentionne expressément sur le plan. — [*Anc. art. R. 238-31-III, al. 7.*]

Art. R. 4532-66 Le plan particulier de sécurité :
1° Analyse de manière détaillée les procédés de construction et d'exécution ainsi que les modes opératoires retenus dès lors qu'ils ont une incidence particulière sur la santé et la sécurité des travailleurs sur le chantier ;
2° Définit les risques prévisibles liés aux modes opératoires, aux matériels, dispositifs et installations mis en œuvre, à l'utilisation de produits, aux déplacements des travailleurs, à l'organisation du chantier ;
3° Indique les mesures de protection collective ou, à défaut, individuelle, adoptées pour parer à ces risques ainsi que les conditions dans lesquelles sont contrôlés l'application de ces mesures et l'entretien des moyens matériels qui s'y rattachent ;
4° Précise les mesures prises pour assurer la continuité des solutions de protection collective lorsque celles-ci requièrent une adaptation particulière. — [*Anc. art. R. 238-32.*]

Art. R. 4532-67 Le plan particulier de sécurité comporte de manière détaillée :
1° Les dispositions en matière de secours et d'évacuation, notamment :
a) Les consignes de premiers secours aux victimes d'accidents et aux malades ;
b) Le nombre de travailleurs du chantier formés pour donner les premiers secours en cas d'urgence ;
c) Le matériel médical existant sur le chantier ;
d) Les mesures prises pour évacuer, dans les moindres délais, dans un établissement hospitalier de toute victime d'accident semblant présenter des lésions graves ;
2° Les mesures assurant l'hygiène des conditions de travail et celle des locaux destinés aux travailleurs. Il mentionne, pour chacune des installations prévues, leur emplacement sur le chantier et leur date de mise en service prévisible. — [*Anc. art. R. 238-31-II, al. 1er à 6 et 8.*]

Art. R. 4532-68 Lorsque les dispositions en matière de secours et d'évacuation sont prévues par le plan général de coordination, mention peut être faite dans le plan particulier de sécurité du renvoi au plan général de coordination. — [*Anc. art. R. 238-31-II, al. 7.*]

Art. R. 4532-69 Le plan particulier de sécurité peut être consulté pour avis, avant toute intervention sur le chantier, par le médecin du travail ainsi que par les membres des (*Décr. n° 2017-1819 du 29 déc. 2017, art. 3*) « comités sociaux et économiques ». — [*Anc. art. R. 238-33.*]

Art. R. 4532-70 L'entrepreneur chargé du gros œuvre ou du lot principal ainsi que celui appelé à exécuter des travaux présentant des risques particuliers figurant sur la liste de travaux prévue à l'article L. 4532-8, adressent à l'inspection du travail, au service de prévention des organismes de sécurité sociale et à l'Organisme professionnel de prévention du bâtiment et des travaux publics, avant toute intervention sur le chantier, un exemplaire du plan particulier de sécurité. Ils joignent les avis du médecin du travail et des membres du *(Décr. n° 2017-1819 du 29 déc. 2017, art. 3)* « comité social et économique », s'ils ont été donnés dans les conditions prévues à l'article R. 4532-69. — *[Anc. art. R. 238-34.]*

Art. R. 4532-71 Un exemplaire à jour du plan particulier de sécurité est tenu disponible en permanence sur le chantier. Sont joints, y compris pour les entrepreneurs non mentionnés à l'article R. 4532-70, les avis du médecin du travail et du *(Décr. n° 2017-1819 du 29 déc. 2017, art. 3)* « comité social et économique » prévus à l'article R. 4532-69. — *[Anc. art. R. 238-35, al. 1er.]*

Art. R. 4532-72 Lorsqu'une mesure de prévention prévue au plan n'a pu être appliquée, l'entrepreneur indique sur le plan les moyens d'une efficacité au moins équivalente qui ont été mis en œuvre. Cette substitution est portée à la connaissance du coordonnateur et des personnes et organismes mentionnés à l'article R. 4532-70. — *[Anc. art. R. 238-35, al. 2.]*

Art. R. 4532-73 Le plan particulier de sécurité tenu sur le chantier peut être consulté par :
1° Les membres du collège interentreprises de sécurité, de santé et des conditions de travail ;
2° Les membres du *(Décr. n° 2017-1819 du 29 déc. 2017, art. 3)* « comité social et économique » ;
3° Le médecin du travail ;
4° L'inspection du travail ;
5° Le service de prévention des organismes de sécurité sociale ;
6° L'Organisme professionnel de prévention du bâtiment et des travaux publics. — *[Anc. art. R. 238-36, al. 1er et 2.]*

Art. R. 4532-74 Le plan particulier de sécurité tenu sur le chantier est conservé par l'entrepreneur pendant une durée de cinq années à compter de la date de réception de l'ouvrage. — *[Anc. art. R. 238-36, al. 3.]*

SOUS-SECTION 2 **Opérations de troisième catégorie**

Art. R. 4532-75 Pour les opérations soumises à l'obligation de plan général simplifié de coordination en matière de sécurité et de protection de la santé prévue aux articles R. 4532-52 et R. 4532-54, chaque entrepreneur appelé à exécuter des travaux présentant des risques particuliers figurant sur la liste de travaux prévue à l'article L. 4532-8 établit par écrit, préalablement à leur début ou à leur poursuite, un plan particulier simplifié de sécurité et de protection de la santé. Le plan évalue ces risques et décrit les consignes à observer ou à transmettre aux travailleurs appelés à intervenir sur le chantier et les conditions de santé et de sécurité dans lesquelles vont être exécutés les travaux. — *[Anc. art. R. 238-36-1.]*

Art. R. 4532-76 Sont applicables au plan particulier simplifié, les dispositions des articles R. 4532-56 à R. 4532-62, de l'article R. 4532-63, des 2° et 3° de l'article R. 4532-64 et des articles R. 4532-69 à R. 4532-74. — *[Anc. art. R. 238-36-2.]*

SECTION 6 **Collège interentreprises de sécurité, de santé et des conditions de travail**

SOUS-SECTION 1 **Conditions de mise en place**

Art. R. 4532-77 Le maître d'ouvrage constitue un collège interentreprises de sécurité, de santé et des conditions de travail lorsque le chantier doit dépasser un volume de 10 000 hommes-jours et que le nombre d'entreprises, travailleurs indépendants et entreprises sous-traitantes inclus, est supérieur à dix s'il s'agit d'une opération de bâtiment ou à cinq s'il s'agit d'une opération de génie civil.
Cette constitution est effective au plus tard vingt et un jours avant le début des travaux. — *[Anc. art. R. 238-46.]*

SANTÉ ET SÉCURITÉ AU TRAVAIL **Art. R. 4532-86** 2503

SOUS-SECTION 2 Composition

Art. R. 4532-78 Le collège interentreprises de sécurité, de santé et des conditions de travail comprend :
 1° Les coordonnateurs en matière de santé et de sécurité ;
 2° Le maître d'œuvre désigné par le maître d'ouvrage ;
 3° Les entrepreneurs ;
 4° Des salariés employés sur le chantier, avec voix consultative. — *[Anc. art. L. 235-11, al. 2, phrase 1.]*

Art. R. 4532-79 Peuvent assister aux réunions du collège interentreprises à titre consultatif :
 1° Les médecins du travail ;
 2° Les représentants de l'inspection du travail ;
 3° Les représentants de l'Organisme professionnel de prévention du bâtiment et des travaux publics ;
 4° Les représentants du service de prévention des organismes de sécurité sociale. — *[Anc. art. L. 235-11, al. 2, phrase 2.]*

Art. R. 4532-80 Pendant la durée de son intervention sur le chantier, chaque entreprise est représentée au collège interentreprises par :
 1° Le chef de l'entreprise ou son représentant habilité à cet effet ;
 2° Un salarié effectivement employé sur le chantier, désigné par le *(Décr. n° 2017-1819 du 29 déc. 2017, art. 3)* « comité social et économique ou, en son absence », choisi par les membres de l'équipe appelée à intervenir sur le chantier. — *[Anc. art. R. 238-47, al. 1er à 3.]*

Art. R. 4532-81 Chaque entreprise communique les noms de ses deux représentants au président du collège interentreprises, au plus tard avant la réunion d'adoption de son règlement prévue à l'article R. 4532-92. — *[Anc. art. R. 238-47, al. 4.]*

Art. R. 4532-82 Ne sont pas tenues de participer aux travaux du collège interentreprises les entreprises dont il est prévu qu'elles n'occuperont pas sur le chantier au moins dix travailleurs pendant au moins quatre semaines, dès lors qu'elles n'auront pas à exécuter l'un des travaux figurant sur la liste de travaux comportant des risques particuliers prévue à l'article L. 4532-8. — *[Anc. art. R. 238-47, al. 5.]*

Art. R. 4532-83 La liste nominative des représentants des entreprises et des autres membres du collège interentreprises, ainsi que des personnes qui peuvent assister aux réunions du collège à titre consultatif, est tenue à jour et affichée sur le chantier par le coordonnateur. — *[Anc. art. R. 238-47, al. 6.]*

SOUS-SECTION 3 Fonctionnement

Art. R. 4532-84 Le collège interentreprises de sécurité, de santé et des conditions de travail est présidé par le coordonnateur en matière de sécurité et de protection de la santé désigné pour la phase de réalisation de l'ouvrage en application de l'article L. 4532-3. — *[Anc. art. R. 238-48.]*

Art. R. 4532-85 Le collège interentreprises se réunit pour la première fois dès que deux entreprises au moins sont effectivement présentes sur le chantier, puis au moins tous les trois mois sur convocation de son président.
 En outre, il est réuni par celui-ci :
 1° A la demande de la majorité des représentants ayant voix délibérative ;
 2° A la demande motivée du tiers des membres représentant les salariés ;
 3° A la suite de tout accident ayant eu ou ayant pu avoir des conséquences graves. — *[Anc. art. R. 238-49, al. 1er à 4.]*

Art. R. 4532-86 Les réunions du collège interentreprises ont lieu sur le chantier dans un local approprié et, sauf cas exceptionnels justifiés par l'urgence, pendant les heures de travail.
 Les réunions sont précédées par une inspection du chantier. — *[Anc. art. R. 238-49, al. 5 et 6.]*

Art. R. 4532-87 L'ordre du jour des séances du collège interentreprises peut évoquer toute question entrant dans le cadre de ses missions, notamment, la formation et l'information des travailleurs.

La convocation et l'ordre du jour des séances sont établis par le président du collège interentreprises. Sauf en cas de réunion d'urgence, ils sont communiqués quinze jours au moins avant la date de réunion aux membres du collège, à l'inspection du travail, à l'Organisme professionnel de prévention du bâtiment et des travaux publics et au service de prévention des organismes de sécurité sociale. Le procès-verbal de la réunion précédente est joint à cet envoi.

Les membres du collège interentreprises peuvent demander par écrit au président de porter à l'ordre du jour toute question relevant de sa compétence dans les huit jours qui suivent la réception de la convocation. — [Anc. art. R. 238-50.]

Art. R. 4532-88 Les procès-verbaux des réunions du collège interentreprises sont consignés sur un registre tenu à la disposition de l'inspection du travail, de l'Organisme professionnel de prévention du bâtiment et des travaux publics et du service de prévention des organismes de sécurité sociale.

Les procès-verbaux font ressortir, notamment :
1° Les décisions prises par le collège interentreprises ;
2° Le compte rendu des inspections du chantier ;
3° Les formations à la sécurité dispensées par les entreprises en application de l'article L. 4141-2 ainsi que les formations à la sécurité complémentaires décidées par le collège interentreprises. — [Anc. art. R. 238-51, al. 1er à 5.]

Art. R. 4532-89 Les membres du collège interentreprises peuvent consulter le registre des procès-verbaux de ses réunions à tout moment.

Le registre est conservé par le coordonnateur pendant une durée de cinq années à compter de la date de réception de l'ouvrage. — [Anc. art. R. 238-51, al. 6 et 7.]

Art. R. 4532-90 Les règles de fonctionnement du collège interentreprises sont précisées par un règlement.

Ce règlement prévoit, notamment :
1° La fréquence accrue des réunions du collège en fonction de l'importance et de la nature des travaux ;
2° Les procédures propres à assurer le respect des règles communes relatives à la santé, à la sécurité et aux conditions de travail ;
3° Les conditions de la vérification de l'application des mesures prises par le coordonnateur ou par le collège interentreprises ;
4° La procédure de règlement des difficultés qui pourraient s'élever entre ses membres ;
5° Les attributions du président. — [Anc. art. R. 238-52.]

Art. R. 4532-91 Le projet de règlement du collège interentreprises est élaboré par le coordonnateur pendant la phase de conception, d'étude et d'élaboration du projet.

Il est annexé aux documents du dossier de consultation adressés par le maître d'ouvrage aux entrepreneurs et, en l'absence de consultation, à chaque marché ou contrat conclu pour une opération entrant dans les prévisions de l'article R. 4532-77.

En cas de sous-traitance, l'entrepreneur principal communique à chacun de ses sous-traitants le règlement du collège, ou son projet si le règlement n'a pas encore été adopté au moment de la conclusion du contrat de sous-traitance. — [Anc. art. R. 238-53.]

Art. R. 4532-92 Sur l'initiative de son président, le collège interentreprises est réuni, en temps utile, aux fins d'adoption du règlement du collège.

(Décr. n° 2016-1417 du 20 oct. 2016, art. 14) « Le président communique le règlement ainsi que le procès-verbal de la séance au cours de laquelle il a été adopté, à leur demande, à l'agent de contrôle de l'inspection du travail, à l'Organisme professionnel de prévention du bâtiment et des travaux publics et au service de prévention des organismes de sécurité sociale. Ce procès-verbal mentionne les résultats du vote émis à l'occasion de cette adoption. »

Art. R. 4532-93 Lorsque, sur un chantier soumis à la présente section, il a été prévu de différer l'attribution de certains lots, les entreprises appelées à intervenir après la constitution du collège interentreprises ont l'obligation d'y participer dès leur intervention sur le chantier.

Elles se conforment également au règlement du collège et communiquent au président le nom de leurs représentants dans les conditions prévues à l'article R. 4532-81. — [Anc. art. R. 238-55.]

Art. R. 4532-94 Les (*Décr. n° 2017-1819 du 29 déc. 2017, art. 3*) « comités sociaux et économiques » des établissements appelés à intervenir sur le chantier reçoivent les copies des procès-verbaux du collège interentreprises et peuvent saisir par écrit le président de ce dernier de toute question relevant de sa compétence.

Le président répond par écrit aux observations formulées et en informe les membres du collège en temps utile et, au plus tard, lors de la réunion qui suit la demande des intéressés. — [Anc. art. R. 238-56.]

SECTION 7 Interventions ultérieures sur l'ouvrage

Art. R. 4532-95 Le dossier d'intervention ultérieure sur l'ouvrage prévu à l'article L. 4532-16 rassemble, sous bordereau, tous les documents, tels que les plans et notes techniques, de nature à faciliter l'intervention ultérieure sur l'ouvrage, ainsi que le dossier technique regroupant les informations relatives à la recherche et à l'identification des matériaux contenant de l'amiante prévus aux articles R. 1334-22 et R. 1334-28 du code de la santé publique (*Décr. n° 2017-899 du 9 mai 2017, en vigueur au plus tard le 1er oct. 2018*) « ou, le cas échéant, le rapport de repérage de l'amiante prévu l'article R. 4412-97-5 du présent code ».

Il comporte notamment, s'agissant des bâtiments destinés à recevoir des travailleurs, le dossier de maintenance des lieux de travail prévu à l'article R. 4211-3.

Pour ce qui concerne les autres ouvrages, il comporte, notamment, les dispositions prévues aux 1° à 4° de l'article R. 4211-3 et à l'article R. 4211-4. — [Anc. art. R. 238-37, al. 1er et 2.]

Art. R. 4532-96 Le dossier d'intervention ultérieur est constitué dès la phase de conception de l'ouvrage par le coordonnateur qui en a la responsabilité et transmis au coordonnateur chargé de la phase de réalisation des travaux lorsque celui-ci est différent. Cette transmission fait l'objet d'un procès-verbal joint au dossier. — [Anc. art. R. 238-37, al. 3.]

Art. R. 4532-97 Le dossier d'intervention ultérieure sur l'ouvrage est remis au maître d'ouvrage par le coordonnateur en fonctions lors de la réception de l'ouvrage. Cette transmission fait l'objet d'un procès-verbal joint au dossier.

Le dossier est joint aux actes notariés établis à chaque mutation de l'ouvrage.

Dans le cas d'une copropriété, un exemplaire du dossier est également remis au syndic de l'immeuble. — [Anc. art. R. 238-38.]

Art. R. 4532-98 Lors de toute nouvelle opération pour laquelle un coordonnateur en matière de sécurité et de santé est requis, un exemplaire du dossier d'intervention ultérieure sur l'ouvrage est remis au coordonnateur en matière de sécurité et de santé désigné par le maître de l'ouvrage.

Le coordonnateur apporte au dossier les modifications et compléments éventuels découlant des nouveaux travaux.

Les règles de transmission prévues à la présente section s'appliquent au dossier mis à jour. — [Anc. art. R. 238-39.]

CHAPITRE III PRESCRIPTIONS TECHNIQUES APPLICABLES AVANT L'EXÉCUTION DES TRAVAUX

SECTION 1 Voies et réseaux divers

Art. R. 4533-1 Lorsque le montant d'une opération de construction de bâtiment excède 760 000 €, le chantier relatif à cette opération dispose, en un point au moins de son périmètre, d'une desserte en voirie, d'un raccordement à des réseaux de distribution d'eau potable et d'électricité, d'une évacuation des matières usées, dans des conditions telles que les locaux destinés aux travailleurs du chantier soient conformes aux dispositions qui leur sont applicables en matière de santé et de sécurité au travail.

Le maître d'ouvrage prend les mesures nécessaires, avant toute intervention des entrepreneurs et des sous-traitants sur le chantier dans les conditions prévues à la présente section. – *[Anc. art. L. 235-16, al. 1er, et anc. art. R. 238-40.]*

Art. R. 4533-2 Une voie d'accès au chantier est construite pour permettre aux véhicules et aux piétons de parvenir en un point au moins du périmètre d'emprise du chantier.

Cette voie est prolongée dans le chantier par d'autres voies permettant aux travailleurs d'accéder aux zones où sont installés les divers locaux qui leur sont destinés.

Les voies d'accès sont constamment praticables. Les eaux pluviales sont drainées et évacuées.

Ces voies sont convenablement éclairées. – *[Anc. art. R. 238-41.]*

Art. R. 4533-3 Le raccordement à un réseau de distribution d'eau potable est réalisé de manière à permettre une alimentation suffisante des divers points d'eau prévus dans les locaux destinés aux travailleurs. – *[Anc. art. R. 238-42.]*

Art. R. 4533-4 Le raccordement à un réseau de distribution électrique permet de disposer d'une puissance suffisante pour alimenter les divers équipements et installations prévus dans les locaux destinés aux travailleurs. – *[Anc. art. R. 238-43.]*

Art. R. 4533-5 Les matières usées sont évacuées conformément aux règlements sanitaires en vigueur. – *[Anc. art. R. 238-44.]*

SECTION 2 Dérogations

Art. R. 4533-6 Le *(Décr. n° 2020-1545 du 9 déc. 2020, art. 28-X, en vigueur le 1er avr. 2021)* « directeur régional de l'économie, de l'emploi, du travail et des solidarités » peut, sur la demande du maître d'ouvrage, accorder des dérogations à titre exceptionnel :

1° Aux règles d'accès prévues à l'article R. 4533-2 lorsque la configuration du chantier ou son isolement s'oppose soit à l'aménagement de tout ou partie des voies prévues à cet article, soit au respect des conditions fixées par celui-ci ;

2° Aux règles de raccordement prévues aux articles R. 4533-3 et R. 4533-4 lorsqu'il n'existe pas de réseau de distribution d'eau potable ou d'électricité à proximité du chantier.

Art. R. 4533-7 Les dérogations du *(Décr. n° 2020-1545 du 9 déc. 2020, art. 28-X, en vigueur le 1er avr. 2021)* « directeur régional de l'économie, de l'emploi, du travail et des solidarités » sont accordées sous réserve de la mise en œuvre de mesures compensatrices d'hygiène et de sécurité.

Elles sont prises après consultation de l'Organisme professionnel de prévention du bâtiment et des travaux publics.

Elles fixent la durée de leur application.

CHAPITRE IV PRESCRIPTIONS TECHNIQUES DE PROTECTION DURANT L'EXÉCUTION DES TRAVAUX

SECTION 1 Champ d'application

Art. R. 4534-1 Les dispositions du présent chapitre s'appliquent aux employeurs du bâtiment et des travaux publics, dont les travailleurs accomplissent, même à titre occasionnel, des travaux de terrassement, de construction, d'installation, de démolition, d'entretien, de réfection, de nettoyage, toutes opérations annexes et tous autres travaux prévus par le présent chapitre, portant sur des immeubles par nature ou par destination.

Elles s'appliquent également aux autres employeurs dont les travailleurs accomplissent les mêmes travaux. – *[Anc. art. 1er, al. 1er, Décr. n° 65-48 du 8 janv. 1965.]*

Art. R. 4534-2 Les dispositions du présent chapitre ne s'appliquent pas aux travaux de démontage, d'entretien ou de maintenance portant sur des immeubles par destina-

SANTÉ ET SÉCURITÉ AU TRAVAIL

tion, y compris ceux mentionnés à l'article 524 du code civil, dès lors qu'ils sont soumis aux conditions d'installations des équipements de travail prévues aux articles R. 4323-7 à R. 4323-12. – [Anc. art. 1er, al. 2, Décr. n° 65-48 du 8 janv. 1965.]

SECTION 2 Mesures générales de sécurité

SOUS-SECTION 1 Chutes de personnes

Art. R. 4534-3 Les parties d'une construction qui ne sont pas livrables au service du chantier et dont l'accès présente des dangers pour les personnes sont nettement délimitées et visiblement signalées.

Leur accès est interdit par des dispositifs matériels. – [Anc. art. 6, al. 1er, Décr. n° 65-48 du 8 janv. 1965.]

Art. R. 4534-4 Les ouvertures d'une construction donnant sur le vide, telles que les baies, sont munies, une fois le gros œuvre d'un étage terminé, de garde-corps placés à 90 cm des planchers et de plinthes d'une hauteur de 15 cm au moins, sauf si ces ouvertures comportent des dispositifs de protection d'une efficacité au moins équivalente ou si leur accès a été interdit en application des dispositions de l'article R. 4534-3. – [Anc. art. 6, al. 2, Décr. n° 65-48 du 8 janv. 1965.]

Art. R. 4534-5 Lorsque, pour l'exécution des travaux à l'intérieur d'une construction, sont installées des plates-formes coupant les ouvertures en bordure du vide dans leur hauteur, à une distance verticale de plus de 90 cm de la partie supérieure des ouvertures, un garde-corps et une plinthe sont établis au droit de ces ouvertures. – [Anc. art. 6, al. 3, Décr. n° 65-48 du 8 janv. 1965.]

Art. R. 4534-6 Les orifices des puits, des galeries d'une inclinaison de plus de 45°, et les ouvertures, telles que celles qui sont prévues pour le passage des ascenseurs, ou telles que les trémies de cheminées ou les trappes, pouvant exister dans les planchers d'une construction ainsi que dans les planchers des échafaudages, passerelles ou toutes autres installations, sont clôturés (Décr. n° 2009-289 du 13 mars 2009) « ou obturés » :

1° Soit par un garde-corps placé à une hauteur de 90 cm et une plinthe d'une hauteur minimale de 15 cm ;

2° Soit par un plancher provisoire jointif convenablement fixé ;

3° Soit par tout autre dispositif équivalent. – [Anc. art. 7, Décr. n° 65-48 du 8 janv. 1965.]

SOUS-SECTION 2 Rangement et éclairage du chantier

Art. R. 4534-7 Les matériaux se trouvant sur le chantier sont empilés et disposés de manière à ne pas mettre des travailleurs en danger. – [Anc. art. 14, Décr. n° 65-48 du 8 janv. 1965.]

Art. R. 4534-8 Il est interdit de laisser à l'abandon sur le chantier des planches munies de pointes saillantes. – [Anc. art. 15, Décr. n° 65-48 du 8 janv. 1965.]

Art. R. 4534-9 Les lieux où sont exécutés des travaux, ainsi que leur accès, sont convenablement éclairés. – [Anc. art. 12, Décr. n° 65-48 du 8 janv. 1965.]

SOUS-SECTION 3 Travaux faisant appel à des véhicules, appareils et engins de chantier

Art. R. 4534-10 Lorsqu'un chantier comporte habituellement un important mouvement de camions ou de tous autres véhicules de transport, des pistes spécialement réservées à la circulation de ces véhicules et convenablement balisées sont aménagées. – [Anc. art. 20, al. 1er, Décr. n° 65-48 du 8 janv. 1965.]

Art. R. 4534-11 Lorsque le conducteur d'un camion exécute une manœuvre, notamment de recul, dans des conditions de visibilité insuffisantes, un ou plusieurs travailleurs dirigent le conducteur et avertissent, par la voix ou par des signaux conventionnels, les personnes survenant dans la zone où évolue le véhicule.

Les mêmes mesures sont prises lors du déchargement d'une benne de camion. — [Anc. art. 20, al. 2, Décr. n° 65-48 du 8 janv. 1965.]

Art. R. 4534-12 Le véhicule, l'appareil ou l'engin de chantier mobile qui se trouve, sans son conducteur, à l'arrêt sur un terrain en pente est maintenu immobilisé par tout moyen approprié. — [Anc. art. 21, Décr. n° 65-48 du 8 janv. 1965.]

Art. R. 4534-13 Il est interdit d'entreprendre un travail sous la benne d'un camion ou sous une partie mobile d'un engin de chantier sans que soit utilisé un dispositif approprié pour empêcher un accident en cas de défaillance du dispositif normal de retenue.

Dans les bétonnières, le dispositif courant d'arrêt de la benne agissant sur le câble de manœuvre est doublé par un dispositif complémentaire d'immobilisation en position haute. Ce dispositif est indépendant du mécanisme de manœuvre, fixé en attente au châssis, et toujours prêt à être utilisé. — [Anc. art. 227, Décr. n° 65-48 du 8 janv. 1965.]

Art. R. 4534-14 Les crics sont munis d'un dispositif capable de s'opposer à un retour de manivelle. — [Anc. art. 228, Décr. n° 65-48 du 8 janv. 1965.]

SOUS-SECTION 4 Examens, vérifications, registres

Art. R. 4534-15 Le matériel, les engins, les installations et les dispositifs de protection de toute nature utilisés sur un chantier sont, avant leur mise ou remise en service, examinés dans toutes leurs parties en vue de s'assurer qu'ils sont conformes aux dispositions du présent chapitre. — [Anc. art. 22, al. 1er, Décr. n° 65-48 du 8 janv. 1965.]

Art. R. 4534-16 Les examens du matériel, des engins, des installations ou des dispositifs de (Décr. n° 2020-88 du 5 févr. 2020, art. 1er) « protection » sont renouvelés aussi souvent que nécessaire, notamment :

1° Après chaque démontage ou modification, ou lorsque l'une de leurs parties a été remplacée ;

2° A la suite de toute défaillance ayant entraîné ou non un accident ;

3° Après tout effort anormal ou incident ayant pu provoquer un désordre dans les installations. — [Anc. art. 22, al. 2, Décr. n° 65-48 du 8 janv. 1965.]

Art. R. 4534-17 Tant qu'il n'a pas été procédé aux examens et, éventuellement, aux réparations nécessaires, le matériel, l'engin, l'installation ou le dispositif de (Décr. n° 2020-88 du 5 févr. 2020, art. 1er) « protection » dont l'état paraît défectueux est retiré du service.

Le matériel, l'engin, l'installation ou le dispositif réformé est définitivement retiré du service. — [Anc. art. 22, al. 3 et 4, Décr. n° 65-48 du 8 janv. 1965.]

Art. R. 4534-18 L'employeur fait réaliser les examens par une personne compétente désignée à cet effet.

Le nom et la qualité de cette personne sont consignés sur un registre de sécurité. Ce registre est conservé sur le chantier ou, en cas d'impossibilité, au siège de l'établissement. — [Anc. art. 22, al. 5, Décr. n° 65-48 du 8 janv. 1965.]

Art. R. 4534-19 Un registre d'observations est mis à la disposition des travailleurs et des membres du (Décr. n° 2017-1819 du 29 déc. 2017, art. 3) « comité social et économique ».

Ceux-ci y consignent leurs observations relatives à l'état du matériel et des installations, l'existence de causes susceptibles d'en compromettre la solidité et l'application des dispositions du présent chapitre.

L'employeur peut également y consigner ses observations. — [Anc. art. 24, al. 1er, phrase 1, Décr. n° 65-48 du 8 janv. 1965.]

Art. R. 4534-20 Le registre d'observations est tenu à la disposition de l'inspection du travail, du médecin du travail, des agents de l'Organisme professionnel de prévention du bâtiment et des travaux publics, du service de prévention des organismes de sécurité sociale, ainsi que des membres du collège interentreprises de sécurité, de santé et des conditions de travail.

Il est conservé sur le chantier ou, en cas d'impossibilité, au siège de l'établissement. — [Anc. art. 24, al. 1er, phrase 2, et al. 2, Décr. n° 65-48 du 8 janv. 1965.]

SANTÉ ET SÉCURITÉ AU TRAVAIL

SECTION 3 Opération de chargement ou de déchargement en hauteur

Art. R. 4534-21 Les recettes sont aménagées de telle sorte que les travailleurs chargés des opérations de chargement ou de déchargement ne soient pas obligés, pour tirer la charge, de se pencher au-dessus du vide.

Toutefois, pour le chargement ou le déchargement de matériaux ou d'objets d'un poids inférieur ou égal à 50 kilogrammes, il peut être mis à la disposition des travailleurs, d'une part, des crochets d'une longueur suffisante pour amener les charges à l'aplomb du plancher de la recette, ou tout autre dispositif équivalent, d'autre part, des appuis leur permettant d'assurer efficacement leur équilibre. – *[Anc. art. 38 et anc. art. 50, Décr. n° 65-48 du 8 janv. 1965.]*

SECTION 4 Travaux de terrassement à ciel ouvert

Art. R. 4534-22 Afin de prendre s'il y a lieu les mesures de sécurité appropriées et avant de commencer des travaux de terrassement, l'employeur s'informe auprès du service de voirie compétent dans le cas de travaux sur le domaine public ou auprès du propriétaire dans le cas de travaux sur le domaine privé :
1° De l'existence éventuelle de terres rapportées ;
2° De l'emplacement et de la nature des canalisations ou câbles souterrains pouvant se trouver dans la zone où les travaux seront entrepris ;
3° Des risques d'imprégnation du sous-sol par des émanations ou produits nocifs. – *[Anc. art. 64, Décr. n° 65-48 du 8 janv. 1965.]*

Art. R. 4534-23 Les arbres, les blocs de pierre, ainsi que le matériel, les matériaux et objets de toute nature se trouvant à proximité de l'emplacement où des fouilles sont entreprises, sont enlevés ou solidement maintenus lorsqu'il apparaît que leur équilibre risque d'être compromis lors de l'exécution des travaux. – *[Anc. art. 65, Décr. n° 65-48 du 8 janv. 1965.]*

Art. R. 4534-24 Les fouilles en tranchée de plus de 1,30 mètre de profondeur et d'une largeur égale ou inférieure aux deux tiers de la profondeur sont, lorsque leurs parois sont verticales ou sensiblement verticales, blindées, étrésillonnées ou étayées.

Les parois des autres fouilles en tranchée, ainsi que celles des fouilles en excavation ou en butte sont aménagées, eu égard à la nature et à l'état des terres, de façon à prévenir les éboulements. A défaut, des blindages, des étrésillons ou des étais appropriés à la nature et à l'état des terres sont mis en place. Ces mesures de protection ne sont pas réduites ou supprimées lorsque les terrains sont gelés.

Ces mesures de protection sont prises avant toute descente d'un travailleur ou d'un employeur dans la fouille pour un travail autre que celui de la mise en place des dispositifs de (Décr. n° 2020-88 du 5 févr. 2020, art. 1er) « protection ».

Lorsque nul n'a à descendre dans la fouille, les zones situées à proximité du bord et qui présenteraient un danger pour les travailleurs sont nettement délimitées et visiblement signalées. – *[Anc. art. 66, Décr. n° 65-48 du 8 janv. 1965.]*

Art. R. 4534-25 Pour la détermination de l'inclinaison à donner aux parois ou pour l'établissement des blindages, des étrésillons et des étais des fouilles en tranchée ou en excavation, il est tenu compte des surcharges dues aux constructions ou aux dépôts de toute nature, tels que matériaux divers, déblais, matériel, existant dans le voisinage, ainsi que des surcharges et des ébranlements prévisibles dus à la circulation sur les voies carrossables, les pistes de circulation et les voies ferrées se trouvant à proximité des fouilles. – *[Anc. art. 67, Décr. n° 65-48 du 8 janv. 1965.]*

Art. R. 4534-26 La reprise des fondations en sous-œuvre ne peut être exécutée que par petites portions et au fur et à mesure que les blindages, les étrésillons ou les étais mis en place assurent une sécurité suffisante.

Toutefois, cette prescription ne fait pas obstacle à l'emploi de procédés particuliers assurant aux travailleurs une sécurité au moins équivalente. – *[Anc. art. 68, Décr. n° 65-48 du 8 janv. 1965.]*

Art. R. 4534-27 Les pentes et les crêtes des parois sont débarrassées des éléments dont la chute présente un danger. – *[Anc. art. 69, al. 1er, Décr. n° 65-48 du 8 janv. 1965.]*

Art. R. 4534-28 Lorsque des parties en surplomb d'un terrain ne peuvent être abattues, des mesures appropriées, telles qu'étaiement et consolidation, sont prises pour empêcher leur éboulement. – *[Anc. art. 69, al. 2, Décr. n° 65-48 du 8 janv. 1965.]*

Art. R. 4534-29 La mise en place des blindages, étrésillons ou étais est accomplie dès que l'avancement des travaux le permet. – *[Anc. art. 70, Décr. n° 65-48 du 8 janv. 1965.]*

Art. R. 4534-30 Lorsque les divers éléments d'un blindage sont assemblés hors de la fouille, la hauteur de ces éléments est au moins égale à la profondeur totale de la fouille.

Pour éviter tout renversement ou déplacement, le blindage, après avoir été descendu dans la fouille, est convenablement calé. – *[Anc. art. 71, Décr. n° 65-48 du 8 janv. 1965.]*

Art. R. 4534-31 Afin d'empêcher les chutes de déblais, de matériaux, d'outils ou d'objets de toute nature à l'intérieur des fouilles en tranchée de plus de 1,30 mètre de profondeur, celles-ci sont entourées de plinthes d'une hauteur de 15 centimètres au moins ou comportent un blindage dont les éléments constituants dépassent le niveau du sol d'une hauteur minimale de 15 centimètres. – *[Anc. art. 72, Décr. n° 65-48 du 8 janv. 1965.]*

Art. R. 4534-32 Des déblais ou du matériel ne peuvent être déposés le long d'une tranchée de plus de 1,30 mètre de profondeur que s'il est possible de ménager une berme d'une largeur de 40 centimètres au moins.

Cette berme reste constamment dégagée de tout dépôt. – *[Anc. art. 73, Décr. n° 65-48 du 8 janv. 1965.]*

Art. R. 4534-33 Des mesures, telles que le creusement de cunettes et l'exécution de drainages sont prises pour limiter les infiltrations provenant des eaux de ruissellement.

En outre, des mesures, telles que la mise en service de pompes, sont prévues pour remédier aux effets des infiltrations qui pourraient se produire. – *[Anc. art. 74, al. 1er et 2, Décr. n° 65-48 du 8 janv. 1965.]*

Art. R. 4534-34 Après une période de pluie ou de gel, il est procédé à un examen du talus des fouilles en excavation ou en tranchée. S'il y a lieu, le blindage est consolidé.

L'employeur fait procéder à cet examen par une personne compétente. Le nom et la qualité de cette personne sont consignés sur le registre de sécurité. – *[Anc. art. 74, al. 3 et 4, Décr. n° 65-48 du 8 janv. 1965.]*

Art. R. 4534-35 Les fouilles en tranchée ou en excavation comportent les moyens nécessaires à une évacuation rapide des travailleurs. – *[Anc. art. 75, Décr. n° 65-48 du 8 janv. 1965.]*

Art. R. 4534-36 Lorsque des travailleurs sont appelés à franchir une tranchée de plus de 40 centimètres de largeur, des moyens de passage sont mis en place. – *[Anc. art. 76, Décr. n° 65-48 du 8 janv. 1965.]*

Art. R. 4534-37 Il ne peut être procédé à l'enlèvement d'un blindage, d'un étrésillon ou d'un étai que lorsque des mesures de protection efficaces ont été prises contre les risques d'éboulement. – *[Anc. art. 77, Décr. n° 65-48 du 8 janv. 1965.]*

Art. R. 4534-38 L'abattage en sous-cave ne peut être réalisé qu'à l'aide d'engins mus mécaniquement et à condition qu'il n'en résulte aucun danger pour les travailleurs.

Lors de l'exécution de tels travaux, des mesures sont prises pour interdire l'accès de la zone dans laquelle l'éboulement est appelé à se produire. – *[Anc. art. 78, Décr. n° 65-48 du 8 janv. 1965.]*

Art. R. 4534-39 En cas de découverte d'un engin susceptible d'exploser, le travail est immédiatement interrompu au voisinage jusqu'à ce que les autorités compétentes aient fait procéder à l'enlèvement de l'engin. – *[Anc. art. 79, Décr. n° 65-48 du 8 janv. 1965.]*

SECTION 5 Travaux souterrains

SOUS-SECTION 1 Éboulements et chutes de blocs

Art. R. 4534-40 Dans tous les ouvrages souterrains, les risques d'éboulement ou de chutes de blocs sont prévenus, selon des modalités appropriées à la hauteur de l'ouvrage :

1° Soit au moyen d'un soutènement appuyé ou suspendu et d'un garnissage approprié à la nature des terrains ;

2° Soit grâce à la surveillance, au sondage et à la purge méthodique des parements et de la couronne. — *[Anc. art. 80, Décr. n° 65-48 du 8 janv. 1965.]*

Art. R. 4534-41 Les parois des puits et des galeries souterraines, le toit de ces dernières, ainsi que les travaux de consolidation réalisés ou les dispositifs de soutènement mis en place, sont examinés :

1° A la reprise de chaque poste de travail, sur toute la hauteur des puits et sur toute la longueur des galeries ;

2° Après chaque tir de mine, sur une longueur de 50 mètres au moins en arrière du front de tir.

Ces examens sont réalisés par une personne compétente choisie par l'employeur. Le nom et la qualité de cette personne sont consignés sur le registre de sécurité. — *[Anc. art. 81, Décr. n° 65-48 du 8 janv. 1965.]*

Art. R. 4534-42 Lorsqu'un puits ou une galerie souterraine sont destinés à recevoir un revêtement maçonné ou bétonné, les éléments du dispositif de soutènement ne sont enlevés qu'au fur et à mesure de l'avancement des travaux et seulement dans la mesure où, eu égard à la stabilité du terrain traversé, cet enlèvement ne peut nuire à la sécurité des travailleurs.

Des précautions similaires sont prises pour l'exécution de travaux d'abattage latéral ainsi que pour l'exécution de travaux de comblement. — *[Anc. art. 82, Décr. n° 65-48 du 8 janv. 1965.]*

SOUS-SECTION 2 Ventilation

Art. R. 4534-43 La qualité de l'air des galeries souterraines en cours de percement et des puits en cours de fonçage doit être compatible avec la santé et la sécurité des travailleurs. — *[Anc. art. 83, Décr. n° 65-48 du 8 janv. 1965.]*

Art. R. 4534-44 Lorsque l'aération naturelle d'une galerie en cours de percement est insuffisante, l'assainissement de l'atmosphère est obtenu au moyen d'une installation de ventilation mécanique.

Cette installation de ventilation assure au front de taille un débit minimal d'air de vingt-cinq litres par seconde et par homme.

L'air introduit est prélevé loin de toute source de pollution. — *[Anc. art. 84, Décr. n° 65-48 du 8 janv. 1965.]*

Art. R. 4534-45 Dans les galeries souterraines en cours de percement où il est fait usage d'explosifs, la ventilation est réalisée dans les conditions suivantes :

1° Il est introduit au front de taille, au moyen d'une installation de ventilation mécanique, 200 litres au moins d'air par seconde et par mètre carré de la plus grande section de galerie ventilée. L'air introduit est prélevé loin de toute source de pollution ;

2° Après chaque tir, une aspiration est réalisée le plus près possible du front de taille, afin d'éliminer au maximum les poussières en suspension ;

3° Éventuellement, une ventilation auxiliaire permet d'accélérer l'absorption du bouchon de tir. — *[Anc. art. 85, Décr. n° 65-48 du 8 janv. 1965.]*

Art. R. 4534-46 Lorsqu'il est fait usage de moteurs à combustion interne ou qu'il existe des émanations nocives, les quantités minimales d'air à introduire prévues par les articles R. 4534-44 et R. 4534-45 sont augmentées de telle sorte que la qualité de l'air demeure compatible avec la santé et la sécurité des travailleurs. — *[Anc. art. 86, Décr. n° 65-48 du 8 janv. 1965.]*

Art. R. 4534-47 Lorsqu'une galerie est percée ou lorsqu'un puits est foncé dans une roche renfermant de la silice libre, seuls des fleurets à injection d'eau ou munis d'un dispositif efficace pour le captage à sec des poussières sont utilisés.

Une consigne indique les postes de travail où il est nécessaire de renforcer les mesures de protection collective par l'utilisation d'un appareil respiratoire approprié. Cette consigne précise, en outre, pour chaque poste de travail, la durée maximale de port de l'appareil et les conditions de son entretien. — *[Anc. art. 87, Décr. n° 65-48 du 8 janv. 1965.]*

Art. R. 4534-48 Dans les travaux où il est fait usage d'explosifs ainsi que dans ceux qui sont exécutés dans des terrains renfermant de la silice libre, les déblais sont arrosés. — [Anc. art. 88, Décr. n° 65-48 du 8 janv. 1965.]

Art. R. 4534-49 Dans les galeries souterraines et les puits où des émanations de gaz susceptibles de former avec l'air un mélange détonant sont à craindre, l'usage de lampes ou d'appareils à feu nu est interdit. — [Anc. art. 89, Décr. n° 65-48 du 8 janv. 1965.]

SOUS-SECTION 3 Circulation

Art. R. 4534-50 Dans les puits dont la profondeur dépasse vingt-cinq mètres, les treuils utilisés pour le transport des travailleurs sont mus mécaniquement. — [Anc. art. 90, Décr. n° 65-48 du 8 janv. 1965.]

Art. R. 4534-51 Tant qu'il y a des travailleurs dans une galerie souterraine ou au fond d'un puits, la présence d'un travailleur est requise en permanence pour la manœuvre du treuil.

Lorsque la profondeur d'un puits dépasse six mètres, le service d'un treuil mû à la main est assuré par deux travailleurs au moins. — [Anc. art. 91, Décr. n° 65-48 du 8 janv. 1965.]

Art. R. 4534-52 Les puits dans lesquels est installée une descenderie par échelles, des paliers de repos d'une dimension suffisante pour accueillir au moins deux travailleurs sont établis à six mètres au plus les uns des autres. Les volées ainsi délimitées peuvent être verticales.

A chaque palier, des poignées fixes sont placées de façon à en permettre facilement l'accès. — [Anc. art. 92, Décr. n° 65-48 du 8 janv. 1965.]

Art. R. 4534-53 Lorsqu'une galerie est percée dans un terrain où des venues d'eau importantes et soudaines sont à craindre, cette galerie comporte des issues permettant une évacuation rapide des travailleurs. A défaut, des mesures appropriées, telles que l'aménagement de niches surélevées en nombre suffisant, sont mises en œuvre.

Lorsqu'un puits est foncé dans un terrain analogue à celui mentionné au premier alinéa, des échelles de secours sont installées du fond du puits à l'orifice au jour ou à un emplacement sûr. — [Anc. art. 93, Décr. n° 65-48 du 8 janv. 1965.]

Art. R. 4534-54 Dans les galeries souterraines où se trouvent disposées des voies ferrées, à défaut d'un espace libre de 55 centimètres mesuré entre la partie la plus saillante du matériel roulant et les parties les plus saillantes des parois de la galerie, il est aménagé, au fur et à mesure de l'avancement des travaux et tous les 10 mètres au plus, une niche de sûreté ayant des dimensions suffisantes pour abriter simultanément deux travailleurs et ayant au moins 60 centimètres de profondeur.

En cas d'impossibilité, la sécurité des travailleurs est assurée d'une autre manière par des mesures appropriées. L'employeur porte préalablement ces mesures à la connaissance de l'inspection du travail. — [Anc. art. 94, Décr. n° 65-48 du 8 janv. 1965.]

SOUS-SECTION 4 Signalisation et éclairage

Art. R. 4534-55 Les orifices des puits et des galeries d'une inclinaison de plus de 45° sont convenablement signalés la nuit. — [Anc. art. 95, al. 1er, Décr. n° 65-48 du 8 janv. 1965.]

Art. R. 4534-56 Les ouvertures ou dénivellations existant dans le sol d'une galerie, les passages resserrés, les abaissements de voûte ainsi que tous obstacles pouvant présenter un danger ou une gêne pour la circulation des travailleurs, des véhicules ou des convois sont convenablement signalés par des moyens appropriés, tels que la pose de feux de position ou de dispositifs réfléchissants d'une efficacité équivalente.

A défaut d'un éclairage suffisant, des dispositifs avertisseurs sont prévus, tels que chaînettes et fils pendants, balais souples, dont le contact permet de signaler aux travailleurs la présence d'un obstacle. — [Anc. art. 95, al. 2, Décr. n° 65-48 du 8 janv. 1965.]

Art. R. 4534-57 A défaut d'un éclairage suffisant dans les galeries où circulent des véhicules ou des convois, les postes de travail sont signalés par des feux très visibles et les véhicules ou convois sont munis :

SANTÉ ET SÉCURITÉ AU TRAVAIL   **Art. R. 4534-68** 2513

1° A l'avant, d'un feu blanc ;
2° A l'arrière, d'un feu rouge, soit d'un dispositif réfléchissant de même couleur ou d'une efficacité équivalente. − [Anc. art. 95, al. 3, Décr. n° 65-48 du 8 janv. 1965.]

Art. R. 4534-58 Sauf dans les galeries pourvues d'un éclairage fixe suffisant, les véhicules sont munis d'un projecteur capable d'éclairer sur une distance au moins égale au parcours d'arrêt du véhicule ou du convoi. − [Anc. art. 95, al. 4, Décr. n° 65-48 du 8 janv. 1965.]

Art. R. 4534-59 Lorsque les chantiers souterrains sont éclairés électriquement, un éclairage de sécurité destiné à être utilisé en cas d'arrêt du courant pendant le temps nécessaire pour assurer l'évacuation du chantier est mis à la disposition des travailleurs. − [Anc. art. 96, Décr. n° 65-48 du 8 janv. 1965.]

SECTION 6 Travaux de démolition

Art. R. 4534-60 Avant de commencer les travaux de démolition d'un ouvrage, l'employeur vérifie la résistance et de la stabilité de chacune des parties de cet ouvrage, notamment des planchers.
S'il y a lieu, des étaiements sûrs sont mis en place. − [Anc. art. 97, Décr. n° 65-48 du 8 janv. 1965.]

Art. R. 4534-61 Aucun travailleur ne peut être chargé d'un travail de démolition ou de démontage pour lequel il n'est pas compétent et qui comporte, pour lui ou pour les autres travailleurs du chantier, un risque anormal. − [Anc. art. 98, al. 1er, Décr. n° 65-48 du 8 janv. 1965.]

Art. R. 4534-62 Dès que les travaux nécessitent l'emploi de dix travailleurs, un chef d'équipe est exclusivement affecté à la surveillance des travaux.
Au moins un chef d'équipe est désigné pour dix travailleurs.
Lorsque des travaux nécessitent l'intervention simultanée de plusieurs équipes, les chefs de ces équipes sont placés sous l'autorité d'un chef unique. − [Anc. art. 98, al. 2 à 4, Décr. n° 65-48 du 8 janv. 1965.]

Art. R. 4534-63 La démolition des ouvrages en béton armé ou en matériaux précontraints, ainsi que la démolition des ouvrages soutenus par une charpente métallique, ne peut être accomplie que sous la direction de travailleurs ayant l'expérience des techniques particulières mises en œuvre pour la démolition de ces ouvrages. − [Anc. art. 99, Décr. n° 65-48 du 8 janv. 1965.]

Art. R. 4534-64 Les travailleurs ne peuvent être employés à des hauteurs différentes que si les précautions sont prises pour assurer la sécurité de ceux qui travaillent dans les plans inférieurs. − [Anc. art. 100, al. 2, Décr. n° 65-48 du 8 janv. 1965.]

Art. R. 4534-65 Les murs à abattre sont préalablement débarrassés de toutes les pièces de bois ou de fer en saillie qui ne sont pas scellées ou qui, bien que scellées, sont en saillie de plus de deux mètres. − [Anc. art. 101, al. 1er, Décr. n° 65-48 du 8 janv. 1965.]

Art. R. 4534-66 Lorsque, dans une construction, des éléments présentant une certaine élasticité sont soumis à des contraintes et qu'un fouettement peut résulter de leur rupture ou de leur brusque libération, ou que leur dépose peut avoir des conséquences graves sur la stabilité de tout ou partie de la construction, il ne peut être procédé à leur enlèvement que d'une manière sûre et, s'agissant de travailleurs, conformément aux directives de l'employeur. − [Anc. art. 101, al. 2, Décr. n° 65-48 du 8 janv. 1965.]

Art. R. 4534-67 Lorsque la démolition d'un pan de mur ou de tout autre élément de construction est réalisée par des tractions exercées au moyen de câbles métalliques, de cordages ou de tous autres dispositifs similaires, la zone dans laquelle le pan de mur ou l'élément de construction viendra s'écrouler est délimitée avec soin. − [Anc. art. 102, al. 1er, Décr. n° 65-48 du 8 janv. 1965.]

Art. R. 4534-68 Lorsque la démolition d'un pan de mur ou de tout autre élément de construction est réalisée au moyen de poussées ou de chocs, des mesures appropriées sont prises pour empêcher l'écroulement du mur ou de l'élément de construction du côté où se trouvent les travailleurs. – [Anc. art. 102, al. 2, Décr. n° 65-48 du 8 janv. 1965.]

Art. R. 4534-69 Lorsque à la suite de la démolition de certains éléments d'un ouvrage, l'équilibre des parties restantes ou des constructions voisines paraît compromis, des mesures, telles que la pose d'étais, sont prises pour prévenir tout risque d'écroulement. – [Anc. art. 103, Décr. n° 65-48 du 8 janv. 1965.]

Art. R. 4534-70 Le sapement d'un ouvrage au moyen d'un engin mû mécaniquement n'est autorisé que s'il n'en résulte aucun danger. – [Anc. art. 104, Décr. n° 65-48 du 8 janv. 1965.]

Art. R. 4534-71 Un plancher de travail est mis en place pour les travaux de démolition réalisés à une hauteur de plus de six mètres au-dessus du sol.
Le plancher situé en bordure du vide est clôturé par des garde-corps et des plinthes établis conformément aux dispositions de l'article R. 4534-78. – [Anc. art. 105, al. 1er et 2, Décr. n° 65-48 du 8 janv. 1965.]

Art. R. 4534-72 Lorsque les travaux de démolition sont réalisés à une hauteur qui ne dépasse pas 6 mètres au-dessus du sol, l'installation d'un plancher de travail n'est pas obligatoire, sous réserve des dispositions suivantes :
1° Les travaux ne peuvent être confiés qu'à des travailleurs qualifiés ;
2° Il est interdit de laisser monter des travailleurs sur des murs à déraser de moins de 35 centimètres d'épaisseur. – [Anc. art. 105, al. 3 à 5, Décr. n° 65-48 du 8 janv. 1965.]

Art. R. 4534-73 Le port du casque de protection est obligatoire pour les travaux de démolition. – [Anc. art. 100, al. 1er, Décr. n° 65-48 du 8 janv. 1965.]

SECTION 7 Utilisation de plates-formes de travail, passerelles et escaliers

SOUS-SECTION 1 Plates-formes de travail

Art. R. 4534-74 Les dispositions de la présente section ne font pas obstacles [obstacle] à celles applicables à l'exécution des travaux temporaires en hauteur et aux équipements de travail utilisés à cette fin prévues aux articles R. 4323-58 et suivants.

Art. R. 4534-75 Les plates-formes de travail, les passerelles et les escaliers sont :
1° Construits de manière qu'aucune de leurs parties ne puisse subir une flexion exagérée ou inégale ;
2° Construits et entretenus de manière à réduire autant que possible, compte tenu des conditions existantes, les risques de trébuchement ou de glissement de personnes ;
3° Maintenus libres de tout encombrement inutile ;
4° Constamment débarrassés de tous gravats et décombres. – [Anc. art. 141, Décr. n° 65-48 du 8 janv. 1965.]

Art. R. 4534-76 Les plates-formes de travail sont établies sur des parties solides de la construction.
Les plates-formes servant à l'exécution de travaux à l'intérieur des constructions prennent appui sur des traverses reposant sur des solives. Elles ne peuvent s'appuyer sur des hourdis de remplissage. – [Anc. art. 142, Décr. n° 65-48 du 8 janv. 1965.]

Art. R. 4534-77 Les plates-formes de travail et les boulins supportant leur plancher obéissent aux caractéristiques prévues pour les échafaudages aux articles R. 4323-69 et suivants. – [Anc. art. 143, Décr. n° 65-48 du 8 janv. 1965.]

Art. R. 4534-78 Les plates-formes de travail sont munies, sur les côtés extérieurs :
1° De garde-corps constitués par deux lisses placées l'une à un mètre, l'autre à 45 centimètres au-dessus du plancher ;
2° De plinthes d'une hauteur de 15 centimètres au moins.
Toutefois, ces dispositions ne font pas obstacle à l'établissement de dispositifs de protection d'une efficacité au moins équivalente. – [Anc. art. 144, Décr. n° 65-48 du 8 janv. 1965.]

SANTÉ ET SÉCURITÉ AU TRAVAIL   **Art. R. 4534-88** 2515

Art. R. 4534-79 Les garde-corps des plates-formes de travail sont solidement fixés à l'intérieur des montants. — *[Anc. art. 145, Décr. n° 65-48 du 8 janv. 1965.]*

Art. R. 4534-80 Lorsque des plates-formes de travail reposent sur des chevalets ou des tréteaux, ces derniers ne sont pas espacés de plus de 2 mètres. Ils sont rigides, ont leurs pieds soigneusement étrésillonnés et reposent sur des points d'appui résistants.

Il est interdit de les surélever par des moyens de fortune, de les superposer et de les disposer sur le plancher d'un autre échafaudage ou d'une autre plate-forme. — *[Anc. art. 146, Décr. n° 65-48 du 8 janv. 1965.]*

SOUS-SECTION 2   Passerelles et escaliers

Art. R. 4534-81 Les planchers des passerelles obéissent aux dispositions relatives aux planchers des plates-formes de travail. — *[Anc. art. 147, al. 1er, Décr. n° 65-48 du 8 janv. 1965.]*

Art. R. 4534-82 Les passerelles ainsi que les diverses installations sur lesquelles circulent des personnes sont munies, en bordure du vide, de garde-corps placés à une hauteur de 90 centimètres et de plinthes de 15 centimètres de hauteur au moins ou de tous autres dispositifs de protection d'une efficacité au moins équivalente. — *[Anc. art. 147, al. 2, Décr. n° 65-48 du 8 janv. 1965.]*

Art. R. 4534-83 Lorsque les passerelles sont rendues glissantes par suite de verglas, de gelée ou de neige, des mesures sont prises pour prévenir toute glissade. — *[Anc. art. 147, al. 3, Décr. n° 65-48 du 8 janv. 1965.]*

Art. R. 4534-84 Les escaliers qui ne sont pas munis de leurs rampes définitives sont bordés, du côté du vide, de garde-corps et de plinthes. — *[Anc. art. 148, Décr. n° 65-48 du 8 janv. 1965.]*

SECTION 8   Travaux sur toitures

Art. R. 4534-85 Lorsque des travailleurs sont appelés à intervenir sur un toit présentant des dangers de chute de personnes ou de matériaux d'une hauteur de plus de trois mètres, des mesures appropriées sont prises pour éviter toute chute. — *[Anc. art. 156, Décr. n° 65-48 du 8 janv. 1965.]*

Art. R. 4534-86 Les échafaudages utilisés pour exécuter des travaux sur les toitures sont munis de garde-corps constitués par des éléments jointifs ou écartés de sorte qu'ils ne puissent permettre le passage d'un corps humain. Ces garde-corps ont une solidité suffisante pour s'opposer efficacement à la chute dans le vide d'une personne ayant perdu l'équilibre.

A défaut d'échafaudages appropriés, des dispositifs de protection collective d'une efficacité au moins équivalente sont mis en place.

Lorsque l'utilisation de ces dispositifs de protection est reconnue impossible, le port d'un système d'arrêt de chute est obligatoire. — *[Anc. art. 157, al. 1er à 3, Décr. n° 65-48 du 8 janv. 1965.]*

Art. R. 4534-87 Lorsqu'il existe des dispositifs permanents de protection, tels que crochets de service, rambardes, mains courantes, ceux-ci ne peuvent être utilisés qu'après avoir été examinés en vue de s'assurer de leur solidité.

Ces examens sont accomplis par une personne compétente choisie par l'employeur. Le nom et la qualité de cette personne sont consignés sur le registre de sécurité. — *[Anc. art. 158, Décr. n° 65-48 du 8 janv. 1965.]*

Art. R. 4534-88 Les travailleurs intervenant sur des toitures en matériaux d'une résistance insuffisante, tels que vitres, plaques en agglomérés à base de ciment, tôles, ou vétustes, travaillent sur des échafaudages, plates-formes de travail, planches ou échelles leur permettant de ne pas prendre directement appui sur ces matériaux.

Les dispositifs ainsi interposés entre ces travailleurs et la toiture portent sur une étendue de toiture comprenant plusieurs éléments de charpente, dont un à chaque extrémité des dispositifs, et sont agencés de manière à prévenir tout effet de bascule.

Au fur et à mesure de l'avancement des travaux, ces dispositifs doivent pouvoir, le cas échéant, être déplacés sans que les travailleurs aient à prendre directement appui sur la couverture. – [Anc. art. 159, al. 1er à 3, Décr. n° 65-48 du 8 janv. 1965.]

Art. R. 4534-89 Lorsque le respect des dispositions de l'article R. 4534-88 est impossible, des dispositifs propres à prévenir efficacement les conséquences d'une chute sont installés en dessous de la toiture.

Lorsque la mise en place de ces dispositifs est impossible, le port d'un système d'arrêt de chute est obligatoire. – [Anc. art. 159, al. 4, Décr. n° 65-48 du 8 janv. 1965.]

Art. R. 4534-90 Lors des travaux de vitrage sur toiture, les débris de verre sont immédiatement enlevés. – [Anc. art. 159, al. 5, Décr. n° 65-48 du 8 janv. 1965.]

Art. R. 4534-91 Les échelles plates, dites "échelles de couvreurs", sont fixées de manière à ne pouvoir ni glisser ni basculer. – [Anc. art. 160, Décr. n° 65-48 du 8 janv. 1965.]

Art. R. 4534-92 Les antennes de radio ou de télévision, les haubans ainsi que les obstacles de toute nature pouvant exister sur les parties de toiture sur lesquelles les travailleurs sont appelés à circuler sont signalés, pendant la durée des travaux, par les dispositifs visibles. – [Anc. art. 161, Décr. n° 65-48 du 8 janv. 1965.]

Art. R. 4534-93 Lorsque des travailleurs réalisent fréquemment, pendant plus d'une journée, sur des chéneaux, chemins de marche ou tous autres lieux de passage, des déplacements comportant des risques de chute sur une toiture en matériaux d'une résistance insuffisante, cette toiture, à défaut de garde-corps ou d'un dispositif permanent de protection, est recouverte de planches ou de tous autres dispositifs capables d'arrêter une personne ayant perdu l'équilibre. – [Anc. art. 162, Décr. n° 65-48 du 8 janv. 1965.]

Art. R. 4534-94 Il est interdit de travailler sur des toits rendus glissants par les circonstances atmosphériques, sauf s'il existe des dispositifs de protection installés à cet effet. – [Anc. art. 163, Décr. n° 65-48 du 8 janv. 1965.]

SECTION 9 Montage, démontage et levage de charpentes et ossatures

Art. R. 4534-95 Lors des travaux de montage, de démontage et de levage de charpentes et ossatures, toutes mesures sont prises pour réduire au minimum les travaux et déplacements en hauteur qui exposent les travailleurs à un risque de chute.

A cette fin, il est procédé, chaque fois que cela est possible, à l'assemblage des pièces au sol et à la mise en œuvre de dispositifs d'accrochage ou de décrochage à distance. – [Anc. art. 164, Décr. n° 65-48 du 8 janv. 1965.]

Art. R. 4534-96 Lorsque, dans les travaux de montage, de démontage et de levage de charpentes et ossatures, les travailleurs sont appelés à accéder à un poste de travail ou à circuler en se trouvant exposé [exposés] à un risque de chute dans le vide, l'employeur prend l'une des mesures suivantes :

1° Installation d'échelles de service en nombre suffisant fixées en tête et au pied, et des paliers de repos convenablement aménagés ;

2° Installation de passerelles munies de garde-corps placés à une hauteur de 90 centimètres et de plinthes de 15 centimètres de hauteur au moins, susceptibles d'être déplacées à l'aide d'un appareil de levage ;

3° Élévation, dans les conditions prévues par l'article R. 4534-98, des travailleurs dans les nacelles, ou tous autres dispositifs similaires, suspendues [suspendus] à un appareil de levage. – [Anc. art. 165, al. 1er à 4, Décr. n° 65-48 du 8 janv. 1965.]

Art. R. 4534-97 Lorsque, dans les travaux de montage, de démontage et de levage de charpentes et ossatures, des travailleurs sont appelés à intervenir en se trouvant exposé à un risque de chute dans le vide, l'employeur prend l'une des mesures suivantes :

1° Installation de planchers de travail fixes, munis de garde-corps placés à une hauteur de 90 centimètres et de plinthes de 15 centimètres de hauteur au moins ;

2° Mise en œuvre, dans les conditions prévues par l'article R. 4534-98, de plates-formes de travail mobiles, ou tous autres dispositifs similaires, suspendues [suspendus] à un appareil de levage. – [Anc. art. 165, al. 5 à 7, Décr. n° 65-48 du 8 janv. 1965.]

SANTÉ ET SÉCURITÉ AU TRAVAIL   **Art. R. 4534-106** 2517

Art. R. 4534-98 Les plates-formes de travail, nacelles et dispositifs similaires utilisés pour le transport ou le travail en élévation des travailleurs employés à des travaux mentionnés à la présente section, ainsi que les appareils de levage auxquels ces plates-formes, nacelles ou dispositifs similaires sont suspendus, obéissent aux dispositions relatives au levage des personnes prévues par les articles R. 4323-31 et R. 4323-32. — [Anc. art. 166, Décr. n° 65-48 du 8 janv. 1965.]

Art. R. 4534-99 A défaut de l'installation des dispositifs prévus par les articles R. 4534-96 et R. 4534-97, ou à défaut de l'utilisation de nacelles et de plates-formes de travail, ou tous autres dispositifs similaires, suspendues [suspendus] à un appareil de levage, sont installés :
1° Soit des auvents, éventails ou planchers propres à empêcher une chute libre de plus de trois mètres ;
2° Soit des filets, ou tous autres dispositifs présentant une élasticité au moins équivalente, propres à empêcher une chute libre de plus de six mètres. — [Anc. art. 167, al. 1er à 3, Décr. n° 65-48 du 8 janv. 1965.]

Art. R. 4534-100 Les dispositifs prévus aux 1° et 2° de l'article R. 4534-99 sont agencés de manière à prévenir les effets de bascule ou de rebondissement. — [Anc. art. 167, al. 5, Décr. n° 65-48 du 8 janv. 1965.]

Art. R. 4534-101 Lorsque la mise en œuvre des mesures de sécurité prévues par les articles R. 4534-96 à R. 4534-99 paraît impossible, le port d'un système d'arrêt de chute est obligatoire. — [Anc. art. 168, Décr. n° 65-48 du 8 janv. 1965.]

Art. R. 4534-102 Le port d'un casque de protection est obligatoire pour les travaux de montage, de démontage et de levage de charpentes et ossatures. — [Anc. art. 169, Décr. n° 65-48 du 8 janv. 1965.]

SECTION 10 Travaux de construction comportant la mise en œuvre d'éléments préfabriqués lourds ou de béton précontraint

Art. R. 4534-103 Lors de l'exécution des travaux de construction comportant la mise en œuvre d'éléments préfabriqués lourds, la stabilité de chacun de ces éléments est assurée, dès sa mise en place, par des dispositifs rigides appropriés.
L'enlèvement des dispositifs mis en œuvre ne peut être accompli que sur l'ordre du chef de chantier et sous son contrôle personnel. — [Anc. art. 170, Décr. n° 65-48 du 8 janv. 1965.]

Art. R. 4534-104 La mise en tension des armatures du béton précontraint ainsi que l'enlèvement des vérins utilisés pour cette opération ne peuvent être réalisés que sous la surveillance du chef de chantier ou d'un agent des cadres ou d'un ingénieur désigné par l'employeur en raison de sa compétence.
Cet agent veille à la mise en place de dispositifs appropriés pour protéger efficacement les travailleurs contre le danger qui pourrait résulter d'une libération intempestive de l'énergie emmagasinée dans les armatures au cours de leur mise en tension. — [Anc. art. 219, Décr. n° 65-48 du 8 janv. 1965.]

SECTION 11 Étaiements, cintres et coffrages

Art. R. 4534-105 La conception des étaiements d'une hauteur de plus de six mètres est justifiée par une note de calcul et leur construction réalisée conformément à un plan de montage préalablement établi, sauf en cas d'urgence ou d'impossibilité. La note de calcul et le plan de montage sont conservés sur le chantier.
Ces dispositions ne sont pas applicables aux étaiements mis en œuvre pour l'exécution des travaux souterrains. — [Anc. art. 218, Décr. n° 65-48 du 8 janv. 1965.]

Art. R. 4534-106 L'enlèvement des cintres et des coffrages ainsi que l'enlèvement des charpentes soutenant ces installations ne peut [peuvent] être réalisé[s] que sous le contrôle d'une personne compétente désignée par l'employeur. — [Anc. art. 220, Décr. n° 65-48 du 8 janv. 1965.]

SECTION 12 Travaux au voisinage de lignes, canalisations et installations électriques

SOUS-SECTION 1 Lignes, canalisations et installations intérieures et extérieures de haute tension et de basse tension B et lignes, canalisations et installations situées à l'extérieur de locaux et de basse tension A

§ 1 Champ d'application

Art. R. 4534-107 Les dispositions de la présente sous-section s'appliquent lors de l'exécution de travaux au voisinage de lignes, canalisations et installations électriques :

1° Situées à l'extérieur de locaux et du domaine basse tension A (BTA), c'est-à-dire dont la tension excède 50 volts, sans dépasser 500 volts en courant alternatif, ou excède 120 volts, sans dépasser 750 volts en courant continu lisse ;

2° Situées à l'extérieur ou à l'intérieur de locaux et du domaine basse tension B (BTB), c'est-à-dire dont la tension excède 500 volts, sans dépasser 1 000 volts en courant alternatif, ou excède 750 volts, sans dépasser 1 500 volts en courant continu lisse ;

3° Situées à l'extérieur ou à l'intérieur de locaux et du domaine haute tension A (HTA), c'est-à-dire dont la tension excède 1 000 volts en courant alternatif sans dépasser 50 000 volts ou excède 1 500 volts sans dépasser 75 000 volts en courant continu lisse ;

4° Situées à l'extérieur ou à l'intérieur de locaux et du domaine haute tension B (HTB), c'est-à-dire dont la tension excède 50 000 volts en courant alternatif ou excède 75 000 volts en courant continu lisse. — *[Anc. art. 171, Décr. n° 65-48 du 8 janv. 1965.]*

V. Circ. DGT n° 13 du 12 déc. 2013 relative aux travaux d'élagage dans l'environnement des lignes électriques aériennes.

§ 2 Distances minimales de sécurité

Art. R. 4534-108 L'employeur qui envisage d'accomplir des travaux au voisinage de lignes ou d'installations électriques s'informe auprès de l'exploitant, qu'il s'agisse du représentant local de la distribution d'énergie ou de l'exploitant de la ligne ou installation publique ou privée en cause, de la valeur des tensions de ces lignes ou installations. Au vu de ces informations, l'employeur s'assure qu'au cours de l'exécution des travaux les travailleurs ne sont pas susceptibles de s'approcher ou d'approcher les outils, appareils ou engins qu'ils utilisent, ou une partie quelconque des matériels et matériaux qu'ils manutentionnent, à une distance dangereuse des pièces conductrices nues normalement sous tension, notamment, à une distance inférieure à :

1° Trois mètres pour les lignes ou installations dont la plus grande des tensions, en valeur efficace pour le courant alternatif, existant en régime normal entre deux conducteurs quelconques est inférieure à 50 000 volts ;

2° Cinq mètres pour les lignes ou installations dont la plus grande des tensions, en valeur efficace pour le courant alternatif, existant en régime normal entre deux conducteurs quelconques est égale ou supérieure à 50 000 volts. — *[Anc. art. 172, al. 1er à 3, Décr. n° 65-48 du 8 janv. 1965.]*

Art. R. 4534-109 Il est tenu compte, pour déterminer les distances minimales à respecter par rapport aux pièces conductrices nues normalement sous tension :

1° De tous les mouvements possibles des pièces conductrices nues sous tension de la ligne, canalisation ou installation électrique ;

2° De tous les mouvements, déplacements, balancements, fouettements, notamment en cas de rupture éventuelle d'un organe, ou chutes possibles des engins utilisés pour les travaux envisagés. — *[Anc. art. 172, al. 4, Décr. n° 65-48 du 8 janv. 1965.]*

Art. R. 4534-110 L'employeur qui envisage de réaliser des travaux de terrassement, des fouilles, des forages ou des enfoncements s'informe, auprès du service de voirie compétent en cas de travaux sur le domaine public, auprès du propriétaire en cas de travaux sur le domaine privé et, dans tous les cas, auprès du représentant local de la distribution d'énergie électrique, s'il existe des canalisations électriques souterraines,

SANTÉ ET SÉCURITÉ AU TRAVAIL

qu'elles soient ou non enterrées, à l'intérieur du périmètre des travaux projetés ou à moins de 1,50 mètre à l'extérieur de ce périmètre. − *[Anc. art. 173, Décr. n° 65-48 du 8 janv. 1965.]*

§ 3 Travaux exécutés hors tension

Art. R. 4534-111 L'employeur ne peut accomplir les travaux qu'après la mise hors tension de l'installation électrique, à moins que l'exploitant ait fait connaître par écrit qu'il ne peut, pour une raison qu'il juge impérieuse, procéder à la mise hors tension.

Dans ce dernier cas, l'employeur se conforme aux prescriptions du paragraphe 4. − *[Anc. art. 174, Décr. n° 65-48 du 8 janv. 1965.]*

Art. R. 4534-112 Lorsqu'il a été convenu de mettre hors tension la ligne, la canalisation ou l'installation électrique, souterraine ou non, l'employeur demande à l'exploitant de faire procéder à cette mise hors tension.

Il fixe, après accord écrit de l'exploitant, les dates auxquelles les travaux pourront avoir lieu et, pour chaque jour, l'heure du début et de la fin des travaux. Ces indications, utiles pour l'organisation des travaux, ne dispensent pas d'établir et de remettre l'attestation de mise hors tension et l'avis de cessation de travail. − *[Anc. art. 175, al. 1er, Décr. n° 65-48 du 8 janv. 1965.]*

Art. R. 4534-113 Le travail ne peut commencer que lorsque l'employeur est en possession de l'attestation de mise hors tension écrite, datée et signée par l'exploitant. − *[Anc. art. 175, al. 2, Décr. n° 65-48 du 8 janv. 1965.]*

Art. R. 4534-114 Lorsque le travail a cessé, qu'il soit interrompu ou terminé, l'employeur s'assure que les travailleurs ont évacué le chantier ou ne courent plus aucun risque. Il établit alors et signe l'avis de cessation de travail qu'il remet à l'exploitant, cette remise valant décharge. − *[Anc. art. 175, al. 3, Décr. n° 65-48 du 8 janv. 1965.]*

Art. R. 4534-115 Lorsque l'employeur a délivré l'avis de cessation de travail, il ne peut reprendre les travaux que s'il est en possession d'une nouvelle attestation de mise hors tension. − *[Anc. art. 175, al. 4, Décr. n° 65-48 du 8 janv. 1965.]*

Art. R. 4534-116 L'attestation de mise hors tension et l'avis de cessation de travail sont conformes à un modèle fixé par un arrêté du ministre chargé du travail.

La remise en mains propres de ces documents peut être remplacée par l'échange de messages téléphoniques ou électroniques enregistrés sur un carnet spécial et relus en retour, avec le numéro d'enregistrement, lorsque le temps de transmission d'un document écrit augmenterait dans une mesure excessive la durée de l'interruption de la distribution. − *[Anc. art. 175, al. 5 et 6, Décr. n° 65-48 du 8 janv. 1965.]*

Art. R. 4534-117 En cas de travaux exécutés dans le voisinage d'une ligne, canalisation ou installation électrique du domaine basse tension A (BTA), et dans ce cas seulement, l'employeur peut, sous réserve de l'accord écrit de l'exploitant, procéder à la mise hors tension avant les travaux et au rétablissement de la tension après les travaux.

L'employeur :

1° N'ordonne le début du travail qu'après avoir vérifié que la mise hors tension est effective ;

2° Signale de façon visible la mise hors tension ;

3° Se prémunit contre le rétablissement inopiné de la tension pendant la durée des travaux, de préférence en condamnant, en position d'ouverture, les appareils de coupure ou de sectionnement correspondants ;

4° Ne rétablit la tension que lorsque les travaux ont cessé et que les travailleurs ne courent plus aucun danger. − *[Anc. art. 175, al. 7 à 11, Décr. n° 65-48 du 8 janv. 1965.]*

§ 4 Travaux exécutés sous tension

Art. R. 4534-118 Lorsque l'exploitant a fait connaître par écrit qu'il ne peut, pour une raison qu'il juge impérieuse, mettre hors tension la ligne, la canalisation ou l'installation électrique au voisinage de laquelle les travaux seront accomplis, l'employeur arrête, avant le début des travaux et en accord avec l'exploitant, les mesures de sécurité à prendre.

L'employeur porte, au moyen de la consigne prévue par l'article R. 4534-125, ces mesures à la connaissance des travailleurs. — [Anc. art. 176, Décr. n° 65-48 du 8 janv. 1965.]

Art. R. 4534-119 Lorsque les travaux à réaliser se situent au voisinage d'une ligne ou d'une installation électrique autre qu'une canalisation souterraine et que l'exploitant, pour une raison qu'il juge impérieuse, estime qu'il ne peut mettre hors tension cette ligne ou cette installation, la consigne prévue par l'article R. 4534-125 précise les mesures à prendre pour mettre la ligne ou l'installation hors d'atteinte des travailleurs.

Si la ligne ou l'installation électrique est du domaine basse tension A (BTA), cette mise hors d'atteinte est réalisée :

1° Soit en mettant en place des obstacles efficaces solidement fixés ;

2° Soit en isolant par recouvrement les conducteurs ou autres pièces nus sous tension, ainsi que le neutre. — [Anc. art. 177, al. 1er à 4, Décr. n° 65-48 du 8 janv. 1965.]

Art. R. 4534-120 S'il n'est pas possible de recourir aux mesures prévues à l'article R. 4534-119, la consigne prévue par l'article R. 4534-125 prescrit aux travailleurs de porter des gants isolants mis à leur disposition par l'employeur ainsi que des vêtements à manches longues et une coiffe. Ces mesures ne font pas obstacle aux mesures propres à isoler les travailleurs par rapport au sol. — [Anc. art. 177, al. 5, Décr. n° 65-48 du 8 janv. 1965.]

Art. R. 4534-121 Lorsque la ligne ou l'installation électrique est des domaines basse tension B (BTB), haute tension A (HTA) et haute tension B (HTB), la mise hors d'atteinte de cette ligne ou de cette installation est réalisée en mettant en place des obstacles efficaces solidement fixés devant les conducteurs ou pièces nus sous tension, ainsi que devant le neutre.

Si cette mesure ne peut être envisagée, la zone de travail est délimitée matériellement, dans tous les plans possibles, par une signalisation très visible, telle que pancartes, barrières, rubans. La consigne prévue par l'article R. 4534-125 précise les conditions dans lesquelles cette délimitation est réalisée. En outre, l'employeur désigne une personne compétente ayant pour unique fonction de s'assurer que les travailleurs ne franchissent pas la limite de la zone de travail et de les alerter dans le cas contraire.

Les mises hors d'atteinte susceptibles d'amener des travailleurs à une distance dangereuse des pièces conductrices nues normalement sous tension, ainsi que l'intervention directe sur des lignes, installations électriques ou pièces nues normalement sous tension, ne peuvent être accomplies que par des travailleurs compétents et pourvus du matériel approprié. — [Anc. art. 177, al. 6 à 8, Décr. n° 65-48 du 8 janv. 1965.]

Art. R. 4534-122 Lorsque des travaux de terrassement, des fouilles, des forages ou des enfoncements sont à réaliser au voisinage de canalisations électriques souterraines de quelque classe que ce soit, le parcours des canalisations et l'emplacement des installations sont balisés de façon très visible à l'aide de pancartes, banderoles, fanions, peintures ou tous autres dispositifs ou moyens équivalents. Ce balisage est réalisé en tenant compte des informations recueillies par application des articles R. 4534-110 à R. 4534-118. Il est accompli avant le début des travaux et maintenu pendant toute leur durée.

En outre, l'employeur désigne une personne compétente pour surveiller les travailleurs et les alerter dès qu'ils s'approchent ou approchent leurs outils à moins de 1,50 mètre des canalisations et installations électriques souterraines. — [Anc. art. 178, Décr. n° 65-48 du 8 janv. 1965.]

Art. R. 4534-123 Lorsque des engins de terrassement, de transport, de levage ou de manutention doivent être utilisés ou déplacés au voisinage d'une ligne, installation ou canalisation électrique de quelque classe que ce soit, et que l'exploitant, pour une raison qu'il juge impérieuse, estime qu'il ne peut mettre hors tension cette ligne, installation ou canalisation, les emplacements à occuper et les itinéraires à suivre par ces engins sont choisis, dans toute la mesure du possible, de manière à éviter qu'une partie quelconque des engins approche de la ligne, installation ou canalisation à une distance inférieure aux distances minimales de sécurité fixées par les articles R. 4534-108 et R. 4534-110.

SANTÉ ET SÉCURITÉ AU TRAVAIL **Art. R. 4534-129**

S'il ne peut en être ainsi, la consigne prévue par l'article R. 4534-125 précise les précautions à prendre pour éviter de tels rapprochements, même s'il existe des limiteurs de déplacement des éléments mobiles ou si des dispositions appropriées d'avertissement ou d'arrêt ont été prises. – [Anc. art. 179, Décr. n° 65-48 du 8 janv. 1965.]

§ 5 Dispositions communes

Art. R. 4534-124 En cas de désaccord entre l'employeur et l'exploitant, soit sur la possibilité de mettre l'installation hors tension, soit, dans le cas où la mise hors tension est reconnue impossible, sur les mesures à prendre pour assurer la protection des travailleurs, les contestations sont portées par l'employeur devant l'inspecteur du travail, qui tranche le litige, en accord, s'il y a lieu, avec le service chargé du contrôle de la distribution d'énergie électrique en cause. – [Anc. art. 180, Décr. n° 65-48 du 8 janv. 1965.]

Art. R. 4534-125 En application des dispositions de la présente sous-section et avant le début des travaux, l'employeur :

1° Fait mettre en place les dispositifs protecteurs nécessaires ;

2° Informe les travailleurs, au moyen d'une consigne écrite, sur les mesures de protection à mettre en œuvre lors de l'exécution des travaux. – [Anc. art. 181, Décr. n° 65-48 du 8 janv. 1965.]

SOUS-SECTION 2 **Lignes, canalisations et installations situées à l'intérieur des locaux et de basse tension A**

Art. R. 4534-126 Les dispositions de la présente sous-section s'appliquent lors de l'exécution de travaux à l'intérieur de locaux ne comportant que des lignes ou installations électriques du domaine basse tension A (BTA) au sens de l'article R. 4534-107. – [Anc. art. 182, Décr. n° 65-48 du 8 janv. 1965.]

Art. R. 4534-127 Lorsque les travailleurs risquent, au cours de l'exécution des travaux, d'entrer directement ou indirectement en contact soit avec un conducteur ou pièce conductrice sous tension nu ou insuffisamment isolé, soit avec une masse métallique pouvant être mise accidentellement sous tension, les travaux ne sont réalisés que lorsque la ligne ou l'installation a été mise hors tension.

Excepté le cas où les travaux sont exécutés dans des locaux très conducteurs et le cas où les travailleurs sont susceptible[s] d'avoir les pieds ou les mains humides, il peut être dérogé aux dispositions du premier alinéa lorsque l'exploitant a fait connaître par écrit qu'il ne peut, pour une raison qu'il juge impérieuse, mettre la ligne ou l'installation hors tension, sous réserve toutefois que les travaux soient exécutés dans les conditions fixées par les articles R. 4534-129 et R. 4534-130. – [Anc. art. 183, Décr. n° 65-48 du 8 janv. 1965.]

Art. R. 4534-128 En cas de mise hors tension de la ligne ou de l'installation, l'employeur demande à l'exploitant ou à l'usager de la ligne ou de l'installation de procéder à cette mise hors tension ou obtient de lui l'autorisation de la réaliser lui-même.

L'employeur :

1° N'ordonne le début du travail qu'après avoir vérifié que la mise hors tension est effective ;

2° Signale de façon visible la mise hors tension ;

3° Se prémunit contre le rétablissement inopiné de la tension pendant la durée des travaux, de préférence en condamnant, en position d'ouverture, les appareils de coupure ou de sectionnement correspondants ;

4° Ne rétablit la tension que lorsque les travaux ont cessé et que le personnel ne court plus aucun danger. – [Anc. art. 184, al. 1er à 6, Décr. n° 65-48 du 8 janv. 1965.]

Art. R. 4534-129 Lorsque les travaux sont réalisés alors que la ligne ou l'installation demeure sous tension, les parties de la ligne ou de l'installation susceptibles de provoquer des contacts dangereux sont mises hors d'atteinte :

1° Soit en disposant des obstacles efficaces solidement fixés ;

2° Soit en faisant procéder ou en procédant à une isolation efficace par recouvrement des conducteurs et pièces nus ou insuffisamment isolés sous tension ou susceptibles d'y être portés. – [Anc. art. 185, al. 1er à 3, Décr. n° 65-48 du 8 janv. 1965.]

Art. R. 4534-130 Les dispositions de l'article R. 4534-129 ne font pas obstacle à la mise en œuvre, en accord avec l'usager, de toute autre mesure de protection appropriée à chaque cas considéré, telle que l'isolation des travailleurs au moyen de vêtements, de gants, de coiffures ou de planchers isolants.

L'employeur porte, au moyen d'une consigne, à la connaissance des travailleurs intéressés les mesures de sécurité mises en œuvre. – *[Anc. art. 185, al. 4, Décr. n° 65-48 du 8 janv. 1965.]*

SECTION 13 Travaux de soudage, de rivetage, de sablage ou de découpage

Art. R. 4534-131 Les travaux de soudage, de rivetage et de sablage ne peuvent être confiés qu'à des travailleurs compétents.

Des moyens de protection individuelle, tels que des gants, des guêtres ou cuissards, des tabliers ou gilets de protection, des baudriers "supports de tas", des masques ou cagoules, des lunettes de sûreté, sont mis à la disposition de ces travailleurs et de leurs aides, afin de les protéger contre les risques de brûlure ou de projections de matières. – *[Anc. art. 223, al. 1er et 2, Décr. n° 65-48 du 8 janv. 1965.]*

Art. R. 4534-132 Des appareils respiratoires empêchant l'inhalation des vapeurs ou poussières nocives sont mis à la disposition des travailleurs qui réalisent des travaux de soudage, de rivetage ou de découpage sur des éléments recouverts de peinture au minium de plomb, ainsi qu'à la disposition des travailleurs qui réalisent des travaux de métallisation ou de sablage.

Ces appareils sont maintenus en bon état de fonctionnement et désinfectés avant d'être attribués à un nouveau titulaire. – *[Anc. art. 224, al. 1er et 2, Décr. n° 65-48 du 8 janv. 1965.]*

Art. R. 4534-133 Lorsque des travaux de soudage à l'arc sont accomplis sur un chantier, des écrans masquent les arcs aux personnes autres que les soudeurs ou leurs aides, afin de supprimer les risques d'éblouissement et les dangers du rayonnement ultra-violet.

A défaut d'écrans protecteurs, les zones dangereuses sont délimitées et convenablement signalées. – *[Anc. art. 225, Décr. n° 65-48 du 8 janv. 1965.]*

SECTION 14 Travaux exposant à des risques de projection

Art. R. 4534-134 Des mesures sont prises pour éviter que les travailleurs puissent être blessés par des projections de béton, de mortier ou de ciment mis en œuvre par des moyens mécaniques ou pneumatiques. – *[Anc. art. 221, Décr. n° 65-48 du 8 janv. 1965.]*

Art. R. 4534-135 Le port de lunettes de sûreté est obligatoire pour tous travaux sur des matériaux durs susceptibles de produire des éclats. – *[Anc. art. 222, Décr. n° 65-48 du 8 janv. 1965.]*

SECTION 15 Travaux exposant à des risques de noyade

Art. R. 4534-136 Lorsque des travailleurs sont exposés à des risques de noyade, l'employeur prend, indépendamment des mesures de sécurité prescrites par le présent chapitre, les mesures particulières de protection suivantes :

1° Les travailleurs exposés sont munis de gilets de sauvetage ;

2° Un signal d'alarme est prévu ;

3° Le cas échéant, une barque au moins, conduite par des mariniers sachant nager et plonger, est placée en permanence auprès des postes de travail les plus dangereux. Cette barque est équipée de gaffes, de cordages et de bouées de sauvetage. Le nombre de barques de sauvetage est en rapport avec le nombre de travailleurs exposés au risque de noyade ;

4° Lorsque des travaux sont réalisés la nuit, des projecteurs orientables sont installés, afin de permettre l'éclairage de la surface de l'eau, et les mariniers sont munis de lampes puissantes ;

5° Lorsqu'un chantier fixe occupant plus de vingt travailleurs pendant plus de quinze jours est éloigné de tout poste de secours, un appareil de respiration artificielle ou tout

SANTÉ ET SÉCURITÉ AU TRAVAIL **Art. R. 4534-142**

autre dispositif ou moyen d'une efficacité au moins équivalente est placé en permanence sur le chantier. – *[Anc. art. 226, al. 1er à 6, Décr. n° 65-48 du 8 janv. 1965.]*

SECTION 16 Mesures d'hygiène

Art. R. 4534-137 Sous réserve de l'observation des dispositions correspondantes prévues par la présente section, il peut être dérogé, dans les chantiers dont la durée n'excède pas quatre mois, aux obligations relatives :
 1° Aux installations sanitaires, prévues par les articles R. 4228-2 à R. 4228-7 et R. 4228-10 à R. 4228-18 ;
 2° A la restauration, prévues par les articles R. 4228-22 à R. 4228-25. – *[Anc. art. 186, al. 1er, Décr. n° 65-48 du 8 janv. 1965.]*

Art. R. 4534-138 Les locaux de travail fermés qui appartiennent, sont loués ou sont gérés par les entreprises chargées des travaux ainsi que ceux mis à la disposition de ces entreprises sur les chantiers soumis à l'obligation de coordination en matière de sécurité et de protection de la santé, répondent aux dispositions suivantes :
 1° Règles d'aération et d'assainissement prévues aux articles R. 4222-1 à R. 4222-17 et R. 4222-20 à R. 4222-22 ;
 2° Règles relatives à l'ambiance thermique, au froid et aux intempéries prévues aux articles R. 4223-13 et R. 4223-15 ;
 3° Règles relatives à la sécurité des lieux de travail prévues par les R. 4224-2 à R. 4224-18 ;
 4° Règles relatives à d'aménagement des lieux de travail prévues à l'article R. 4225-5. – *[Anc. art. 186, al. 2, Décr. n° 65-48 du 8 janv. 1965.]*

Art. R. 4534-139 L'employeur met à la disposition des travailleurs un local-vestiaire :
 1° Convenablement aéré et éclairé, et suffisamment chauffé ;
 2° Nettoyé au moins une fois par jour et tenu en état constant de propreté ;
 3° Pourvu d'un nombre suffisant de sièges.
 Il est interdit d'y entreposer des produits ou matériels dangereux ou salissants ainsi que des matériaux.
 Lorsque l'exiguïté du chantier ne permet pas d'équiper le local d'armoires-vestiaires individuelles en nombre suffisant, le local est équipé de patères en nombre suffisant.
 Pour les chantiers souterrains, le local est installé au jour. – *[Anc. art. 187, Décr. n° 65-48 du 8 janv. 1965.]*

Art. R. 4534-140 Lorsque les installations prévues à l'article R. 4534-139 ne sont pas adaptées à la nature du chantier, des véhicules de chantier spécialement aménagés à cet effet peuvent être utilisés pour permettre aux travailleurs d'assurer leur propreté individuelle, de disposer de cabinets d'aisances, de vestiaires et, si possible, de douches à l'abri des intempéries.
 L'utilisation d'un local en sous-sol est exceptionnelle et n'est tolérée que s'il est possible de le tenir en état constant de propreté, de l'aérer et de l'éclairer convenablement. – *[Anc. art. 188, Décr. n° 65-48 du 8 janv. 1965.]*

Art. R. 4534-141 Les employeurs mettent à la disposition des travailleurs une quantité d'eau potable suffisante pour assurer leur propreté individuelle. Lorsqu'il est impossible de mettre en place l'eau courante, un réservoir d'eau potable d'une capacité suffisante est raccordé aux lavabos afin de permettre leur alimentation.
 Dans les chantiers mentionnés à l'article R. 4534-137, sont installés des lavabos ou des rampes, si possible à température réglable, à raison d'un orifice pour dix travailleurs.
 Des moyens de nettoyage et de séchage ou d'essuyage appropriés, entretenus et changés chaque fois que nécessaire, sont mis à disposition des travailleurs. – *[Anc. art. 189, Décr. n° 65-48 du 8 janv. 1965.]*

Art. R. 4534-142 Lorsque des travailleurs prennent leur repas sur le chantier, un local réfectoire est mis à leur disposition.
 Ce local répond aux exigences suivantes :
 1° Il est pourvu de tables et de chaises en nombre suffisant :

2° Il dispose d'au moins un appareil permettant d'assurer le réchauffage ou la cuisson des aliments et d'un garde-manger destiné à protéger les aliments d'une capacité suffisante et, si possible, d'un réfrigérateur ;

3° Il est tenu en parfait état de propreté. — *[Anc. art. 190, Décr. n° 65-48 du 8 janv. 1965.]*

Art. R. 4534-142-1 *(Décr. n° 2008-1382 du 19 déc. 2008)* Les travailleurs disposent soit d'un local permettant leur accueil dans des conditions de nature à préserver leur santé et leur sécurité en cas de survenance de conditions climatiques susceptibles d'y porter atteinte, soit d'aménagements de chantiers les garantissant dans des conditions équivalentes.

Art. R. 4534-143 L'employeur met à la disposition des travailleurs de l'eau potable et fraîche pour la boisson, à raison de trois litres au moins par jour et par travailleur.

Les conventions collectives nationales prévoient les situations de travail, notamment climatiques, pour lesquelles des boissons chaudes non alcoolisées sont mises gratuitement à la disposition des travailleurs. — *[Anc. art. 191, Décr. n° 65-48 du 8 janv. 1965.]*

Art. R. 4534-144 Sur les chantiers, des cabinets d'aisance conformes aux dispositions *(Décr. n° 2009-289 du 13 mars 2009)* « des articles R. 4228-11 à R. 4228-15 » sont mis à la disposition des travailleurs. — *[Anc. art. 192, Décr. n° 65-48 du 8 janv. 1965.]*

Art. R. 4534-145 Lorsque la disposition des lieux ne permet pas de mettre en place les véhicules de chantier, le local réfectoire et les cabinets d'aisance, prévus aux articles R. 4534-140, R. 4534-142 et R. 4534-144, l'employeur recherche à proximité du chantier un local ou un emplacement offrant des conditions au moins équivalentes. — *[Anc. art. 192 bis, Décr. n° 65-48 du 8 janv. 1965.]*

SECTION 17 Hébergement

Art. R. 4534-146 Dans les chantiers où sont logés des travailleurs, les locaux affectés au logement satisfont aux obligations de l'employeur en matière de prévention des risques d'incendies et d'évacuation, prévues aux articles R. 4227-1 à R. 4227-14, et d'hébergement, prévues aux articles R. 4228-26 à R. 4228-35.

Toutefois, s'agissant d'installations provisoires, ces dispositions ne font pas obstacle à l'utilisation de logements mobiles tels que voitures ou remorques routières, sous réserve que des mesures compensatrices soient mises en œuvre afin d'assurer aux travailleurs des conditions d'hébergement au moins équivalentes. — *[Anc. art. 193, Décr. n° 65-48 du 8 janv. 1965.]*

Art. R. 4534-147 Les voies d'accès aux logements des travailleurs sont entretenues de telle sorte qu'elles soient praticables et convenablement éclairées. — *[Anc. art. 194, Décr. n° 65-48 du 8 janv. 1965.]*

Art. R. 4534-148 Les *(Décr. n° 2017-1819 du 29 déc. 2017, art. 3)* « comités sociaux et économiques » des entreprises appelées à intervenir sur les chantiers où il est prévu de loger des travailleurs, ainsi que le comité interentreprises de sécurité, de santé et des conditions de travail, sont consultés sur les installations prévues. — *[Anc. art. 195, al. 1ᵉʳ, Décr. n° 65-48 du 8 janv. 1965.]*

Art. R. 4534-149 Les situations dans lesquelles les travailleurs déplacés sont logés à proximité du chantier et nourris sont déterminées par les conventions collectives nationales concernant ces travailleurs. — *[Anc. art. 196, Décr. n° 65-48 du 8 janv. 1965.]*

Art. R. 4534-150 Il est interdit à l'employeur de laisser les travailleurs loger sur le terrain mis à sa disposition par le maître d'ouvrage, à moins que les logements occupés présentent des garanties d'hygiène correspondant au moins à celles prévues par la présente section. — *[Anc. art. 217, Décr. n° 65-48 du 8 janv. 1965.]*

Art. R. 4534-151 L'inspecteur du travail peut accorder des dérogations lorsque l'application des mesures prévues par la présente section est rendue difficile par les conditions d'exploitation du chantier. — *[Anc. art. 195, al. 2, Décr. n° 65-48 du 8 janv. 1965.]*

SANTÉ ET SÉCURITÉ AU TRAVAIL   **Art. R. 4535-2** 2525

SECTION 18 **Premiers secours**

Art. R. 4534-152 Des mesures appropriées sont prises pour donner rapidement les premiers secours au travailleur blessé au cours du travail. — [Anc. art. 229, al. 1er, Décr. n° 65-48 du 8 janv. 1965.]

SECTION 19 **Affichage et information**

Art. R. 4534-153 Les obligations prévues par le présent chapitre sont affichées dans le local-vestiaire prévu par l'article R. 4534-139.
  Elles sont affichées à une place convenable, aisément accessibles et tenues dans un bon état de lisibilité. — [Anc. art. 230, al. 1er, Décr. n° 65-48 du 8 janv. 1965.]

Art. R. 4534-154 Dans les chantiers où la durée des travaux dépasse une semaine, l'employeur indique, par un avis, l'adresse ou le numéro téléphonique du service d'urgence auquel s'adresser en cas d'accident. — [Anc. art. 229, al. 2, Décr. n° 65-48 du 8 janv. 1965.]

Art. R. 4534-155 Dans les chantiers autres que ceux mentionnés à l'article R. 4534-137, un document rappelant les obligations prévues par le présent chapitre est remis à chaque travailleur intéressé. — [Anc. art. 230, al. 2, Décr. n° 65-48 du 8 janv. 1965.]

SECTION 20 **Dérogations**

Art. R. 4534-156 Les ministres chargés du travail et de l'agriculture peuvent, par décision prise sur le rapport (Décr. n° 2021-143 du 10 févr. 2021, art. 10) « de l'agent de contrôle de l'inspection du travail », et après avis du (Décr. n° 2016-1834 du 22 déc. 2016, art. 2) « Conseil d'orientation des conditions de travail », autoriser pour un ou des chantiers déterminés et, le cas échéant, pour une certaine nature de travaux, des dérogations temporaires et limitées à certaines dispositions du présent chapitre.
  Ils peuvent également autoriser par arrêté, pour une durée déterminée, des dérogations de portée générale à certaines dispositions.
  Ces décisions et arrêtés ne peuvent intervenir que sous réserve de prévoir des mesures compensatrices de sécurité. — [Anc. art. 232, Décr. n° 65-48 du 8 janv. 1965.]

CHAPITRE V DISPOSITIONS APPLICABLES AUX TRAVAILLEURS INDÉPENDANTS

SECTION 1 **Prescriptions techniques durant l'exécution de travaux de bâtiment et de génie civil**

Art. R. 4535-1 Sous réserve des adaptations prévues par la présente section, les travailleurs indépendants ainsi que les employeurs qui exercent directement une activité sur un chantier de bâtiment et de génie civil sont soumis aux dispositions du chapitre IV à l'exception de celles relatives aux mesures générales d'hygiène, prévues par la section 16, et au logement provisoire des travailleurs, prévues par la section 17. — [Anc. art. 1er, al. 3, Décr. n° 65-48 du 8 janv. 1965.]

Art. R. 4535-2 Les travailleurs indépendants ainsi que les employeurs, lorsqu'ils exercent directement une activité sur un chantier de bâtiment et de génie civil, ne sont soumis aux dispositions prévues en matière d'examen du matériel, des engins, installations ou (Décr. n° 2020-88 du 5 févr. 2020, art. 1er) « dispositifs de protection » par l'article R. 4534-18 que sur les chantiers soumis à obligation de coordination en matière de sécurité et de santé des travailleurs mentionnés à l'article L. 4532-2, à l'exception des opérations entreprises par un particulier pour son usage personnel mentionné au 2° de l'article L. 4532-7.
  De même, le respect des dispositions des premier et deuxième alinéas de l'article R. 4534-86 et celles de l'article R. 4534-99 n'est pas obligatoire pour ces travailleurs, sous réserve qu'ils utilisent effectivement un système d'arrêt de chute. — [Anc. art. 22, al. 6, anc. art. 157, al. 4, et anc. art. 167, al. 4, Décr. n° 65-48 du 8 janv. 1965.]

Art. R. 4535-3 Pour les travaux au voisinage de lignes, canalisations et installations électriques, le travailleur indépendant peut suivre la procédure prévue à l'article R. 4534-117, sous réserve de respecter les prescriptions des 2° à 4° du même article.

Il suit la procédure prévue à l'article R. 4534-128 en respectant les prescriptions des 2° à 4° du même article. — *[Anc. art. 175, al. 12, et anc. art. 184, al. 7, Décr. n° 65-48 du 8 janv. 1965.]*

Art. R. 4535-4 Lors des travaux mentionnés à l'article R. 4534-132, les travailleurs indépendants et les employeurs, lorsqu'ils exercent directement une activité sur un chantier de bâtiment et de génie civil, portent des appareils respiratoires appropriés et en bon état de fonctionnement. — *[Anc. art. 224, al. 3, Décr. n° 65-48 du 8 janv. 1965.]*

Art. R. 4535-5 Lors des travaux exposant à des risques de noyade mentionnés à l'article R. 4534-136, les travailleurs indépendants et les employeurs, lorsqu'ils exercent directement une activité sur un chantier de bâtiment et de génie civil, portent des gilets de sauvetage. — *[Anc. art. 226, al. 7, Décr. n° 65-48 du 8 janv. 1965.]*

SECTION 2 Utilisation d'équipements de travail et de protection individuelle

Art. R. 4535-6 Lorsqu'ils utilisent des équipements de travail et des équipements de protection individuelle, les travailleurs indépendants ainsi que les employeurs qui exercent directement une activité sur un chantier de bâtiment et de génie civil sont soumis aux dispositions suivantes :

1° Règles générales d'utilisation des équipements de travail et des moyens de protection prévues aux articles R. 4321-1 à R. 4321-5 ;

2° Obligation de maintien en conformité prévue à l'article R. 4322-1 ;

3° Règles d'installation et d'utilisation des équipements de travail prévues aux articles R. 4323-6, R. 4323-14 et R. 4323-18 ;

4° Règles de vérification des équipements de travail prévues aux articles R. 4323-22 à R. 4323-28 ;

5° Dispositions particulières applicables aux équipements de travail servant au levage de charges prévues aux articles R. 4323-29 à R. 4323-36, R. 4323-39, R. 4323-40 et R. 4323-44 à R. 4323-49 ;

6° Dispositions particulières applicables aux équipements de travail mobiles prévues à l'article R. 4323-53 ;

7° Formation à la conduite prévue à l'article R. 4323-55 ;

8° Dispositions particulières applicables aux travaux en hauteur prévues aux articles R. 4323-58 à R. 4323-89 ;

9° Règles d'utilisation et de vérifications des équipements de protection individuelle prévues aux articles R. 4323-91 à R. 4323-94 et R. 4323-98 à R. 4323-103. — *[Anc. art. R. 233-48.]*

Art. R. 4535-7 S'ils répondent aux critères de qualification et de compétence définis par les articles R. 4323-24 et R. 4323-100, les travailleurs indépendants peuvent procéder eux-mêmes aux vérifications périodiques des équipements de travail et des équipements de protection individuelle.

Dans les situations prévues aux articles *(Décr. n° 2020-88 du 5 févr. 2020, art. 1er)* « R. 4722-5 » et suivants, les travailleurs indépendants consignent les résultats de ces vérifications, ainsi que le nom et la qualité de la personne qui les a réalisées sur le registre prévu à l'article R. 4534-18. — *[Anc. art. R. 233-11, al. 8 et 9, et anc. art. R. 233-42-2, al. 8 et 9.]*

SECTION 3 Risques chimiques

SOUS-SECTION 1 Mesures générales de prévention des risques chimiques

Art. R. 4535-8 Lorsqu'ils sont exposés ou susceptibles d'être exposés à des agents chimiques dangereux autres que des agents cancérogènes, mutagènes ou toxiques pour la reproduction, les travailleurs indépendants ainsi que les employeurs qui exercent directement une activité sur un chantier de bâtiment et de génie civil sont soumis aux dispositions relatives aux risques d'exposition aux agents chimiques dangereux suivantes :

1° Champ d'application et définitions prévus aux articles R. 4412-1 à R. 4412-4 ;
2° Évaluation des risques prévue aux articles R. 4412-5 à R. 4412-8 et à l'article R. 4412-10 ;
3° Mesures et moyens de prévention prévus aux articles R. 4412-11 à R. 4412-22 à l'exception du 3° de l'article R. 4412-11 ;
4° Vérifications des installations et appareils de protection collective prévues aux articles R. 4412-23 et R. 4412-26 ;
5° Mesures en cas d'accident ou d'incident prévues aux articles R. 4412-33 à R. 4412-37 ;
6° Surveillance médicale prévue aux articles R. 4412-44 à R. 4412-57.

SOUS-SECTION 2 **Agents cancérogènes, mutagènes ou toxiques pour la reproduction**

Art. R. 4535-9 Lorsqu'ils sont exposés ou susceptibles d'être exposés à des agents chimiques dangereux cancérogènes, mutagènes ou toxiques pour la reproduction, les travailleurs indépendants ainsi que les employeurs qui exercent directement une activité sur un chantier de bâtiment et de génie civil sont soumis aux dispositions relatives aux risques d'exposition aux agents cancérogènes, mutagènes et toxiques pour la reproduction suivantes :
1° Champ d'application et définitions prévus aux articles R. 4412-59 à R. 4412-60 ;
2° Évaluation des risques prévue aux articles R. 4412-61 à R. 4412-65 à l'exception du premier alinéa de l'article R. 4412-64 ;
3° Mesures et moyens de prévention prévus aux articles R. 4412-66 à R. 4412-75 à l'exception du 2° de l'article R. 4412-70 ;
4° Mesures à prendre en cas d'accidents ou d'incidents prévues aux articles R. 4412-83 à R. 4412-85.
Ils sont également soumis aux dispositions relatives aux risques d'exposition aux agents chimiques dangereux suivantes :
1° Champ d'application et définitions prévus aux articles R. 4412-1 à R. 4412-4 ;
2° Mesures et dispositions à prendre contre les dangers découlant des propriétés chimiques et physico-chimiques des agents chimiques prévues aux articles R. 4412-7 et R. 4412-18 ;
3° Vérifications des installations et appareils de protection collective prévues aux articles R. 4412-23 à R. 4412-26 ;
4° Mesures en cas d'accident ou d'incident prévues aux articles R. 4412-33 à R. 4412-37 ;
5° Surveillance médicale prévue aux articles R. 4412-44 à R. 4412-57. – *[Anc. art. R. 231-56, al. 4.]*

SOUS-SECTION 3 **Activités de confinement et de retrait d'amiante et activités et interventions sur des matériaux et appareils susceptibles de libérer des fibres d'amiante**

Art. R. 4535-10 Lorsqu'ils sont susceptibles d'être exposés à l'inhalation de poussières d'amiante à l'occasion d'activités de confinement et de retrait d'amiante ou d'activités ou interventions sur des matériaux et appareils susceptibles de libérer des fibres d'amiante, les travailleurs indépendants ainsi que les employeurs qui exercent directement une activité sur un chantier de bâtiment et de génie civil sont soumis aux dispositions particulières relatives aux risques d'exposition à l'amiante de la section 3 du chapitre II du titre I du livre IV, à l'exception (*Décr. n° 2012-639 du 4 mai 2012, art. 3*) « des articles (*Décr. n° 2013-594 du 5 juill. 2013, art. 3*) « R. 4412-116 » et R. 4412-118 du code du travail ».
Ils sont également soumis aux dispositions de l'article R. 4535-9.

SECTION 4 **Risques électriques**

(*Décr. n° 2013-607 du 9 juill. 2013*)

Les installations existantes au 1ᵉʳ juill. 2011 et conformes aux dispositions du Décr. n° 88-1056 du 14 nov. 1988 relatif à la protection des travailleurs dans les établissements qui mettent en œuvre des courants électriques sont réputées satisfaire aux prescriptions des art. R. 4227-14 et R. 4324-21 C. trav. (Décr. n° 2010-1018 du 30 août 2010, art. 7).

SOUS-SECTION 1 Utilisation des installations électriques

Art. R. 4535-11 Les travailleurs indépendants et les employeurs qui exercent directement une activité sur un chantier de bâtiment et de génie civil sont soumis aux dispositions des articles R. 4226-1 à R. 4226-21.

SOUS-SECTION 2 Opérations sur ou au voisinage des installations électriques

Art. R. 4535-12 Les travailleurs indépendants ou les employeurs qui exercent directement une activité sur un chantier de bâtiment et de génie civil, lorsqu'ils effectuent des opérations sur les installations électriques ou dans leur voisinage, ont un niveau de connaissance des risques liés à l'électricité et des mesures à prendre pour intervenir en sécurité équivalant à celui des travailleurs auxquels sont confiées ces opérations.

SECTION 5 Risque hyperbare

(Décr. n° 2013-607 du 9 juill. 2013)

Art. R. 4535-13 Les travailleurs indépendants ainsi que les employeurs qui exercent directement une activité sur un chantier de bâtiment et de génie civil sont soumis aux dispositions du titre VI du livre IV du code du travail.

TITRE IV AUTRES ACTIVITÉS ET OPÉRATIONS (Décr. n° 2009-289 du 13 mars 2009).

CHAPITRE I Manutention des charges

SECTION 1 Dispositions générales

Art. R. 4541-1 Les dispositions du présent (Décr. n° 2009-289 du 13 mars 2009) « chapitre » s'appliquent à toutes les manutentions dites manuelles comportant des risques, notamment dorso-lombaires, pour les travailleurs en raison des caractéristiques de la charge ou des conditions ergonomiques défavorables. — [Anc. art. R. 231-66, al. 1er.]

Les dispositions de l'art. R. 4541-1 C. trav. visent l'ensemble des manutentions manuelles comportant tout risque pour les travailleurs en raison des caractéristiques de la charge ou des conditions ergonomiques défavorables ; l'absence de prévention du risque emporte reconnaissance de la faute inexcusable de l'employeur, indépendamment de la question de savoir s'il était concrètement informé de l'existence de ce risque. • Civ. 2e 18 nov. 2010 : ⚖ D. actu. 3 déc. 2010, obs. Astaix ; JCP S 2011. 1128, obs. Tauran.

Art. R. 4541-2 On entend par manutention manuelle, toute opération de transport ou de soutien d'une charge, dont le levage, la pose, la poussée, la traction, le port ou le déplacement, qui exige l'effort physique d'un ou de plusieurs travailleurs. — [Anc. art. R. 231-66, al. 2.]

SECTION 2 Principes de prévention

Art. R. 4541-3 L'employeur prend les mesures d'organisation appropriées ou utilise les moyens appropriés, et notamment les équipements mécaniques, afin d'éviter le recours à la manutention manuelle de charges par les travailleurs. — [Anc. art. R. 231-67, al. 1er.]

Art. R. 4541-4 Lorsque la nécessité d'une manutention manuelle de charges ne peut être évitée, notamment en raison de la configuration des lieux où cette manutention est réalisée, l'employeur prend les mesures d'organisation appropriées ou met à la disposition des travailleurs les moyens adaptés, si nécessaire en combinant leurs effets, de façon à limiter l'effort physique et à réduire le risque encouru lors de cette opération. — [Anc. art. R. 231-67, al. 2.]

SANTÉ ET SÉCURITÉ AU TRAVAIL

SECTION 3 Évaluation des risques

Art. R. 4541-5 Lorsque la manutention manuelle ne peut pas être évitée, l'employeur :

1° Évalue les risques que font encourir les opérations de manutention pour la santé et la sécurité des travailleurs ;

2° Organise les postes de travail de façon à éviter ou à réduire les risques, notamment dorso-lombaires, en mettant en particulier à la disposition des travailleurs des aides mécaniques ou, à défaut de pouvoir les mettre en œuvre, les accessoires de préhension propres à rendre leur tâche plus sûre et moins pénible. — *[Anc. art. R. 231-68, al. 1er à 3.]*

Art. R. 4541-6 Pour l'évaluation des risques et l'organisation des postes de travail, l'employeur tient compte :

1° Des caractéristiques de la charge, de l'effort physique requis, des caractéristiques du milieu de travail et des exigences de l'activité ;

2° Des facteurs individuels de risque, définis par arrêté conjoint des ministres chargés du travail et de l'agriculture. — *[Anc. art. R. 231-68, al. 4.]*

SECTION 4 Mesures et moyens de prévention

Art. R. 4541-7 L'employeur veille à ce que les travailleurs reçoivent des indications estimatives et, chaque fois que possible, des informations précises sur le poids de la charge et sur la position de son centre de gravité ou de son côté le plus lourd lorsque la charge est placée de façon excentrée dans un emballage. — *[Anc. art. R. 231-70.]*

Art. R. 4541-8 L'employeur fait bénéficier les travailleurs dont l'activité comporte des manutentions manuelles :

1° D'une information sur les risques qu'ils encourent lorsque les activités ne sont pas exécutées d'une manière techniquement correcte, en tenant compte des facteurs individuels de risque définis par l'arrêté prévu à l'article R. 4541-6 ;

2° D'une formation adéquate à la sécurité relative à l'exécution de ces opérations. Au cours de cette formation, essentiellement à caractère pratique, les travailleurs sont informés sur les gestes et postures à adopter pour accomplir en sécurité les manutentions manuelles. — *[Anc. art. R. 231-71.]*

Art. R. 4541-9 Lorsque le recours à la manutention manuelle est inévitable et que les aides mécaniques prévues au 2° de l'article R. 4541-5 ne peuvent pas être mises en œuvre, un travailleur ne peut être admis à porter d'une façon habituelle des charges supérieures à 55 kilogrammes qu'à condition d'y avoir été reconnu apte par le médecin du travail, sans que ces charges puissent être supérieures à 105 kilogrammes.

Toutefois, les femmes ne sont pas autorisées à porter des charges supérieures à 25 kilogrammes ou à transporter des charges à l'aide d'une brouette supérieures à 40 kilogrammes, brouette comprise. — *[Anc. art. R. 231-72 et anc. art. R. 234-6, al. 1er, 2, 7, 13 et 14.]*

Art. R. 4541-10 L'expéditeur de tout colis ou objet pesant 1 000 kilogrammes ou plus de poids brut destiné à être transporté par mer ou voie navigable intérieure porte, sur le colis, l'indication de son poids marquée à l'extérieur de façon claire et durable.

Dans les cas exceptionnels où il est difficile de déterminer le poids exact, le poids marqué peut être un poids maximum établi d'après le volume et la nature du colis.

A défaut de l'expéditeur, cette obligation incombe au mandataire chargé par lui de l'expédition du colis. — *[Anc. art. L. 233-7, al. 1er à 3.]*

SECTION 5 Surveillance médicale

Art. R. 4541-11 *Abrogé par Décr. n° 2012-135 du 30 janv. 2012, art. 2-1° et 3.*

CHAPITRE II UTILISATION D'ÉCRANS DE VISUALISATION

SECTION 1 Champ d'application et définitions

Art. R. 4542-1 Les dispositions du présent chapitre s'appliquent aux travailleurs qui utilisent de façon habituelle et pendant une partie non négligeable du temps de travail des équipements de travail comportant des écrans de visualisation.
Toutefois, elles ne s'appliquent pas aux équipements suivants :
1° Les postes de conduite de véhicules ou d'engins ;
2° Les systèmes informatiques à bord d'un moyen de transport ;
3° Les systèmes informatiques destinés à être utilisés en priorité par le public ;
4° Les systèmes portables dès lors qu'ils ne font pas l'objet d'une utilisation soutenue à un poste de travail ;
5° Les machines à calculer, les caisses enregistreuses et tout équipement possédant un petit dispositif de visualisation de données ou de mesures nécessaires à l'utilisation directe de cet équipement. – [Anc. art. 1er, Décr. n° 91-451 du 14 mai 1991.]

Art. R. 4542-2 Pour l'application des dispositions du présent chapitre, on entend par écran de visualisation, un écran alphanumérique ou graphique quel que soit le procédé d'affichage utilisé.
On entend par poste de travail, l'ensemble comprenant un équipement de travail comportant notamment un écran de visualisation, un clavier ou un dispositif de saisies de données, des périphériques, un siège et une table ou une surface de travail, ainsi que l'environnement de travail immédiat. – [Anc. art. 2, Décr. n° 91-451 du 14 mai 1991.]

SECTION 2 Évaluation des risques

Art. R. 4542-3 Après analyse des conditions de travail et évaluation des risques de tous les postes comportant un écran de visualisation, l'employeur prend les mesures appropriées pour remédier aux risques constatés. – [Anc. art. 3, al. 1er, Décr. n° 91-451 du 14 mai 1991.]

SECTION 3 Mesures et moyens de prévention

Art. R. 4542-4 L'employeur organise l'activité du travailleur de telle sorte que son temps quotidien de travail sur écran soit périodiquement interrompu par des pauses ou par des changements d'activité réduisant la charge de travail sur écran. – [Anc. art. 3, al. 2, Décr. n° 91-451 du 14 mai 1991.]

Art. R. 4542-5 Pour l'élaboration, le choix, l'achat et la modification de logiciels ainsi que pour la définition des tâches impliquant l'utilisation d'écrans de visualisation, l'employeur prend en compte les facteurs suivants, dans la mesure où les exigences ou les caractéristiques intrinsèques de la tâche ne s'y opposent pas :
1° Le logiciel est adapté à la tâche à exécuter ;
2° Le logiciel est d'un usage facile et est adapté au niveau de connaissance et d'expérience de l'utilisateur ;
3° Les systèmes fournissent aux travailleurs des indications sur leur déroulement ;
4° Les systèmes affichent l'information dans un format et à un rythme adaptés aux opérateurs ;
5° Les principes d'ergonomie sont appliqués en particulier au traitement de l'information par l'homme. – [Anc. art. 4, Décr. n° 91-451 du 14 mai 1991.]

Art. R. 4542-6 L'écran de visualisation obéit aux caractéristiques suivantes :
1° Les caractères sont d'une bonne définition et formés d'une manière claire, d'une dimension suffisante et avec un espace adéquat entre les caractères et les lignes ;
2° L'image est stable ;
3° La luminance ou le contraste entre les caractères et le fond de l'écran sont facilement adaptables par l'utilisateur de terminaux à écrans et facilement adaptables aux conditions ambiantes ;
4° L'écran est orientable et inclinable facilement pour s'adapter aux besoins de l'utilisateur. Il peut être installé sur un pied séparé ou sur une table réglable ;

SANTÉ ET SÉCURITÉ AU TRAVAIL

5° L'écran est exempt de reflets et de réverbérations susceptibles de gêner l'utilisateur. – [Anc. art. 7, Décr. n° 91-451 du 14 mai 1991.]

Art. R. 4542-7 Le clavier de l'écran de visualisation obéit aux caractéristiques suivantes :
1° Il est inclinable et dissocié de l'écran pour permettre au travailleur d'avoir une position confortable qui ne provoque pas de fatigue des avant-bras ou des mains ;
2° L'espace devant le clavier est suffisant pour permettre un appui pour les mains et les avant-bras de l'utilisateur ;
3° Le clavier a une surface mate pour éviter les reflets ;
4° La disposition du clavier et les caractéristiques des touches tendent à faciliter son utilisation ;
5° Les symboles des touches sont suffisamment contrastés et lisibles à partir de la position de travail normale. – [Anc. art. 8, Décr. n° 91-451 du 14 mai 1991.]

Art. R. 4542-8 L'espace de travail obéit aux caractéristiques suivantes :
1° Le plateau de la table ou de la surface de travail a une surface peu réfléchissante et de dimensions suffisantes pour permettre de modifier l'emplacement respectif de l'écran, du clavier, des documents et du matériel accessoire ;
2° Le support de documents est stable et réglable. Il se situe de telle façon que les mouvements inconfortables de la tête, du dos et des yeux soient évités au maximum ;
3° L'espace de travail est suffisant pour permettre une position confortable pour les travailleurs. – [Anc. art. 9, Décr. n° 91-451 du 14 mai 1991.]

Art. R. 4542-9 Le siège est, s'il y a lieu, adaptable en hauteur et en inclinaison.
Un repose-pieds est mis à la disposition des travailleurs qui en font la demande. – [Anc. art. 10, Décr. n° 91-451 du 14 mai 1991.]

Art. R. 4542-10 Les dimensions et l'aménagement du poste de travail assurent suffisamment de place pour permettre au travailleur de changer de position et de se déplacer. – [Anc. art. 11, Décr. n° 91-451 du 14 mai 1991.]

Art. R. 4542-11 Les dispositions des articles R. 4542-6 à R. 4542-10 ne s'appliquent que dans la mesure où les éléments considérés existent dans le poste de travail et où les caractéristiques de la tâche en rendent l'application possible. – [Anc. art. 12, Décr. n° 91-451 du 14 mai 1991.]

SECTION 4 Ambiance physique de travail

Art. R. 4542-12 Les équipements des postes de travail ne doivent pas produire un surcroît de chaleur susceptible de constituer une gêne pour les travailleurs. – [Anc. art. 13-I, Décr. n° 91-451 du 14 mai 1991.]

Art. R. 4542-13 Les radiations, à l'exception de la partie visible du spectre électromagnétique, sont réduites à des niveaux négligeables pour la protection de la santé et de la sécurité des travailleurs. – [Anc. art. 13-II, Décr. n° 91-451 du 14 mai 1991.]

Art. R. 4542-14 Un taux d'humidité satisfaisant est établi et maintenu dans les locaux affectés au travail sur écran de visualisation. – [Anc. art. 13-III, Décr. n° 91-451 du 14 mai 1991.]

Art. R. 4542-15 Le bruit émis par les équipements du poste de travail est pris en compte lors de l'aménagement du poste de façon, en particulier, à ne pas perturber l'attention et l'audition. – [Anc. art. 13-IV, Décr. n° 91-451 du 14 mai 1991.]

SECTION 5 Suivi individuel de l'état de santé (Décr. n° 2016-1908 du 27 déc. 2016, art. 17, en vigueur le 1ᵉʳ janv. 2017).

Art. R. 4542-16 L'employeur assure l'information et la formation des travailleurs sur les modalités d'utilisation de l'écran et de l'équipement de travail dans lequel cet écran est intégré.
Chaque travailleur en bénéficie avant sa première affectation à un travail sur écran de visualisation et chaque fois que l'organisation du poste de travail est modifiée de manière substantielle. – [Anc. art. 5, Décr. n° 91-451 du 14 mai 1991.]

SECTION 6 Surveillance médicale

Art. R. 4542-17 Un travailleur ne peut être affecté à des travaux sur écran de visualisation que s'il a fait l'objet *(Décr. n° 2016-1908 du 27 déc. 2016, art. 17, en vigueur le 1ᵉʳ janv. 2017)* « dans le cadre des visites d'information et de prévention » d'un examen *(Abrogé par Décr. n° 2016-1908 du 27 déc. 2016, art. 17, à compter du 1ᵉʳ janv. 2017)* « médical préalable » et approprié des yeux et de la vue *(Abrogé par Décr. n° 2016-1908 du 27 déc. 2016, art. 17, à compter du 1ᵉʳ janv. 2017)* « par le médecin du travail ».
(Décr. n° 2016-1908 du 27 déc. 2016, art. 17, en vigueur le 1ᵉʳ janv. 2017) « Si le résultat de cet examen le nécessite, ils bénéficient d'un examen ophtalmologique complémentaire prescrit par le médecin du travail dans les conditions prévues aux articles R. 4624-35 à R. 4624-38. »

Art. R. 4542-18 L'employeur fait examiner par le médecin du travail tout travailleur se plaignant de troubles pouvant être dus au travail sur écran de visualisation.
Si les résultats des examens médicaux le rendent nécessaire, un examen ophtalmologique est pratiqué. — *[Anc. art. 6, al. 2 et 3, Décr. n° 91-451 du 14 mai 1991.]*

Art. R. 4542-19 Si les résultats de la surveillance médicale rendent nécessaire une correction et si les dispositifs de correction normaux ne peuvent être utilisés, les travailleurs sur écran de visualisation reçoivent des dispositifs de correction spéciaux en rapport avec le travail concerné.
Ces dispositifs ne peuvent entraîner aucune charge financière additionnelle pour les travailleurs. — *[Anc. art. 6, al. 4, Décr. n° 91-451 du 14 mai 1991.]*

CHAPITRE III INTERVENTIONS SUR LES ÉQUIPEMENTS ÉLÉVATEURS ET INSTALLÉS À DEMEURE

(Décr. n° 2008-1325 du 15 déc. 2008)

SECTION 1 Champ d'application

Art. R. 4543-1 Les dispositions des sections 2 à 6 du présent chapitre sont applicables, sans préjudice de celles du titre I du présent livre, aux interventions de vérification, de maintenance, de contrôle technique ainsi qu'aux travaux de réparation et de transformation effectués sur les équipements installés à demeure suivants : ascenseurs, monte-charges, élévateurs de personnes dont la vitesse n'excède pas 0,15 mètre par seconde, escaliers mécaniques, trottoirs roulants ou installations de parcage automatique de véhicules.

SECTION 2 Étude de sécurité spécifique

Art. R. 4543-2 Les interventions et travaux mentionnés à l'article R. 4543-1 ne peuvent être réalisés sur un équipement qui n'a pas fait l'objet d'une étude de sécurité spécifique, effectuée par l'entreprise chargée de ces interventions et travaux, dénommée "entreprise intervenante". Cette étude est réalisée dans les six semaines suivant la prise en charge de l'équipement par l'entreprise.

Ces dispositions sont entrées en vigueur le 17 déc. 2010. Toutefois, les entreprises intervenantes concernées établissent, avant la date d'entrée en vigueur du Décr. n° 2008-1325 du 15 déc. 2008, la liste des monte-charges et des élévateurs de personnes n'excédant pas une vitesse de 0,15 mètre par seconde qui, en application de l'art. R. 4543-2, doivent faire l'objet d'une étude de sécurité. Les études relatives aux équipements figurant sur cette liste doivent être réalisées, par tiers, dans les trois ans suivant cette date (Décr. préc., art. 7).

Art. R. 4543-3 L'étude est confiée à une personne compétente dans le domaine de la prévention des risques et connaissant les dispositions applicables aux interventions et travaux mentionnés à l'article R. 4543-1 ainsi que les dispositions réglementaires applicables aux équipements concernés.

Art. R. 4543-4 L'étude de sécurité spécifique est mise à jour, dans un délai de six semaines, lorsque survient un événement susceptible d'affecter l'évaluation des risques, notamment :

SANTÉ ET SÉCURITÉ AU TRAVAIL

1° En cas de transformation importante ;
2° A la réception, pour les ascenseurs, du rapport d'inspection du contrôleur technique ;
3° Après l'intervention de mesures consécutives au signalement d'une situation de danger grave et imminent dans les conditions de l'article L. 4131-1.

Art. R. 4543-5 Le rapport de contrôle technique défini à l'article (*Décr. n° 2021-872 du 30 juin 2021, art. 7*) « R. 134-11 » du code de la construction et de l'habitation est réputé constituer l'étude de sécurité de l'entreprise intervenante qui réalise ce contrôle. Pour cette entreprise, il vaut étude de sécurité préalable aux vérifications qu'elle réalise ultérieurement sur le même équipement.

Art. R. 4543-6 Sauf dans le cas prévu à l'article R. 4543-5, l'étude de sécurité spécifique reste la propriété de l'entreprise intervenante. Il en est remis copie au propriétaire de l'appareil.

Art. R. 4543-7 Le chef de l'entreprise intervenante tient l'étude de sécurité à la disposition (*Décr. n° 2021-143 du 10 févr. 2021, art. 10*) « de l'agent de contrôle de l'inspection du travail », des agents des services de prévention des organismes de sécurité sociale, du médecin du travail et des membres du (*Décr. n° 2017-1819 du 29 déc. 2017, art. 3*) « comité social et économique ».

Art. R. 4543-8 Lorsque le dossier de maintenance élaboré en application de l'article R. 4211-3 du code du travail existe, son détenteur met à la disposition de l'entreprise intervenante celles des pièces de ce dossier qui précisent les conditions d'accès aux équipements.

Art. R. 4543-9 Pour chaque équipement pris en charge dans le cadre de la réalisation d'interventions ou travaux mentionnés à l'article R. 4543-1, l'étude de sécurité spécifique complète le document unique d'évaluation des risques de l'entreprise intervenante, en tenant compte des caractéristiques particulières de l'équipement et des risques de chute ou d'écrasement.

Art. R. 4543-10 L'étude de sécurité comporte toutes les données permettant au chef de l'entreprise intervenante de définir et de mettre en œuvre les mesures de prévention qui s'imposent pour assurer la sécurité et préserver la santé des personnes chargées de l'intervention ou des travaux.

A ce titre, elle comporte notamment :
1° La description de l'équipement ;
2° Les conditions d'accès aux différentes parties de l'équipement, et notamment la machinerie ;
3° Le descriptif des dispositifs d'aide à la manutention ;
4° L'évaluation de l'équipement et de son installation au regard de la sécurité des travailleurs chargés des interventions ou des travaux ainsi que les mesures de prévention, y compris les modes opératoires, pertinentes ;
5° L'appréciation de la validité et de l'exhaustivité des documents techniques disponibles.

Art. R. 4543-11 Une fiche signalétique annexée à l'étude de sécurité spécifique récapitule l'ensemble des risques mis en évidence. Cette récapitulation peut être réalisée à l'aide de pictogrammes. Lorsque la nature du risque exige que des mesures particulières de prévention soient prises, la fiche signalétique renvoie, par tout moyen approprié, à la consultation de l'étude de sécurité pour la mise en œuvre de ces mesures.

SECTION 3 Information des travailleurs intervenants

Art. R. 4543-12 Le personnel de l'entreprise intervenante a accès à l'étude de sécurité spécifique, avant l'exécution des interventions ou des travaux.

Art. R. 4543-13 La fiche signalétique est tenue en permanence à la disposition des travailleurs de l'entreprise intervenante soit dans le local de machinerie de l'ascenseur ou du monte-charge, soit dans un lieu proche, pour les autres équipements.

Elle est communiquée par le propriétaire de l'équipement à toute personne appelée, du fait de ses fonctions, à pénétrer dans les parties normalement inaccessibles de l'appareil.

SECTION 4 Organisation de l'intervention

Art. R. 4543-14 Le chef de l'entreprise intervenante organise les interventions ou travaux de manière à assurer la sécurité et à préserver la santé des travailleurs qui les effectuent.

A ce titre, il prend les mesures de prévention appropriées en vue d'éviter tout risque pouvant résulter, pour les travailleurs et les autres personnes exposées, de l'éventuelle neutralisation des dispositifs de (*Décr. n° 2020-88 du 5 févr. 2020, art. 1er*) « protection ».

Art. R. 4543-15 Le chef de l'entreprise intervenante définit les interventions ou travaux nécessitant l'emploi de plus d'un travailleur, en fonction de leur caractère pénible, répétitif ou complexe.

Lors de l'intervention de deux ou plusieurs travailleurs, le chef de l'entreprise intervenante prend les mesures de prévention nécessaires pour éliminer les risques liés à la simultanéité de l'activité de ces travailleurs et pour assurer une communication satisfaisante entre eux.

Art. R. 4543-16 Lors de l'organisation des interventions ou travaux mentionnés à l'article R. 4543-15, le chef de l'entreprise intervenante définit les modes opératoires appropriés à la technologie de l'équipement et à son environnement.

Cette organisation prend en compte :

1° Les conséquences de l'introduction de nouvelles technologies ;

2° Les conclusions tirées de l'expérience acquise et de l'analyse des accidents du travail ;

3° Les formations et les qualifications professionnelles des personnels au regard de l'aptitude nécessaire à la réalisation des interventions ou travaux.

Art. R. 4543-17 Lorsqu'un ou plusieurs appareils circulent simultanément dans la même gaine, les interventions ou travaux sur l'un d'eux sont effectués lorsque les autres ont été mis à l'arrêt, sauf si la séparation entre les équipements permet d'assurer la sécurité des intervenants.

Art. R. 4543-18 Lorsque les interventions ou travaux exigent la présence d'un travailleur en toit de cabine et que l'équipement est doté du dispositif de commande de manœuvre d'inspection, ces interventions ou travaux ne peuvent être entrepris qu'après vérification du bon fonctionnement de ce dispositif selon une méthode permettant de s'assurer de la prise de contrôle.

SECTION 5 Travailleurs isolés

Art. R. 4543-19 Un travailleur isolé doit pouvoir signaler toute situation de détresse et être secouru dans les meilleurs délais.

Art. R. 4543-20 Un travailleur isolé ne peut réaliser des interventions ou travaux qui :

1° Comportent le port manuel d'une masse supérieure à 30 kg, la pose ou la dépose manuelle d'éléments d'appareils d'une masse supérieure à 50 kg, ou la pose ou la dépose des câbles de traction d'ascenseur ;

2° Exigent le port d'un équipement de protection individuelle respiratoire isolant ou filtrant à ventilation assistée.

Art. R. 4543-21 Un travailleur isolé ne peut réaliser des interventions ou travaux qui conduisent à sa présence sur le toit de l'habitacle d'un équipement pendant son déplacement qu'aux conditions cumulatives suivantes :

1° L'équipement est doté d'un dispositif de commande de manœuvre d'inspection conçu et installé de manière à garantir la sécurité des intervenants ;

2° La prévention du risque de chute est assurée :

a) Prioritairement, par la conception de l'installation ou par la mise en œuvre de mesures de protection collective ;

b) A défaut, par le port d'un équipement de protection individuelle empêchant toute sortie du travailleur de la surface du toit de l'habitacle, sous réserve que cette protection soit adaptée à la nature du risque compte tenu de la technologie de l'équipement, de la nature et de la durée des interventions ou travaux ainsi que de la possibilité de les réaliser dans des conditions ergonomiques.

SECTION 6 Formation des travailleurs

Art. R. 4543-22 Tout travailleur effectuant les interventions ou travaux mentionnés à l'article R. 4543-1, y compris les travailleurs temporaires ou sous contrat à durée déterminée, reçoit de l'entreprise qui l'emploie une formation particulière. Cette formation est renouvelée aussi souvent que nécessaire, notamment lors de l'introduction de nouvelles technologies.

Cette formation porte notamment :
1° Sur l'évaluation du risque figurant dans l'étude de sécurité en vue de faciliter la compréhension des mesures d'organisation et techniques qu'elle préconise et leur mise en œuvre ;
2° Sur les méthodes de travail et les procédures d'intervention applicables aux équipements sur lesquels le travailleur peut être amené à intervenir ;
3° Sur les équipements de travail et les équipements de protection individuelle qui doivent être utilisés.

Art. R. 4543-23 La formation comporte une période d'exercices pratiques effectuée sous le contrôle d'un tuteur désigné par l'employeur. Ce tuteur dispose de la qualification nécessaire et connaît notamment les principes de sécurité applicables aux interventions ou travaux.

La durée de la période de tutorat est définie par l'employeur en fonction de la qualification et de l'expérience du travailleur. Elle permet à celui-ci d'acquérir les savoir-faire correspondant au contenu théorique de la formation.

Art. R. 4543-24 L'accomplissement de la formation spécifique prévue à la présente section fait l'objet d'une attestation nominative remise au travailleur par l'employeur, après une évaluation effectuée par ce dernier. Cette attestation porte la date à laquelle elle a été délivrée, et mentionne la durée de la formation.

L'employeur tient à la disposition *(Décr. n° 2021-143 du 10 févr. 2021, art. 10)* « de l'agent de contrôle de l'inspection du travail », ainsi que des agents des services de prévention des organismes de sécurité sociale les copies des attestations de formation spécifique qu'il a délivrées.

SECTION 7 Montage et démontage des ascenseurs

Art. R. 4543-25 Les dispositions de la présente section s'appliquent au montage et au démontage des ascenseurs, sans préjudice de celles du titre III du présent livre.

Art. R. 4543-26 Le montage et le démontage des ascenseurs sont réalisés en suivant une méthode sûre. Celle-ci est établie pour le montage et, le cas échéant, pour le démontage sur la base des éléments fournis par le constructeur.

La méthode de montage des ascenseurs tient, notamment, compte des documentations et indications prévues *(Décr. n° 2021-872 du 30 juin 2021, art. 7)* « à l'article R. 134-31 » du code de la construction et de l'habitation.

Pendant toutes les phases de démontage d'un ascenseur, la stabilité de la cabine est assurée et son toit ne peut être utilisé comme poste de travail que s'il satisfait aux dispositions des articles R. 4323-58 à R. 4323-61.

Art. R. 4543-27 Toute opération de levage ou de maintien en hauteur de la cabine est effectuée au moyen d'un appareil de levage approprié.

Art. R. 4543-28 Tout salarié se déplaçant dans la trémie dispose des équipements de travail et des équipements de protection individuelle prévus par les articles R. 4323-62 et R. 4323-64.

CHAPITRE IV OPÉRATIONS SUR LES INSTALLATIONS ÉLECTRIQUES OU DANS LEUR VOISINAGE

(Décr. n° 2010-1118 du 22 sept. 2010)

V. Circ. DGT 2012/12 du 9 oct. 2012 relative à la prévention des risques électriques.

SECTION 1 Champ d'application et définitions

Art. R. 4544-1 Les dispositions du présent chapitre comportent les prescriptions particulières aux opérations effectuées sur des installations électriques ou dans leur voisinage.

Elles ne s'appliquent pas aux installations des distributions d'énergie électrique régies par la loi du 15 juin 1906 sur les distributions d'énergie.

Dans le cas des installations de traction électrique, cette exclusion s'étend aux chantiers d'extension, de transformation et d'entretien de ces installations, aux équipements électriques du matériel roulant ferroviaire ainsi qu'aux installations techniques et de sécurité ferroviaires.

Art. R. 4544-2 Pour l'application des dispositions du présent chapitre, on entend par opérations sur les installations électriques :

1° Dans les domaines haute et basse tension, les travaux hors tension, les travaux sous tension, les manœuvres, les essais, les mesurages et les vérifications ;

2° Dans le domaine basse tension, les interventions.

On entend par opérations effectuées dans le voisinage d'installations électriques les opérations d'ordre électrique et non électrique effectuées dans une zone définie autour de pièces nues sous tension, dont les dimensions varient en fonction du domaine de tension. Un arrêté des ministres chargés du travail et de l'agriculture précise ces dimensions. – V. Arr. du 9 juill. 2013 (JO 23 juill.).

Art. R. 4544-3 La définition des opérations sur les installations électriques ou dans leur voisinage ainsi que les modalités recommandées pour leur exécution figurent dans les normes homologuées dont les références sont publiées au *Journal officiel* de la République française par arrêté des ministres chargés du travail et de l'agriculture. – V. Arr. du 26 avr. 2012 (JO 5 mai).

SECTION 2 Obligations générales de l'employeur

Art. R. 4544-4 L'employeur définit et met en œuvre les mesures de prévention de façon à supprimer ou, à défaut, à réduire autant qu'il est possible le risque d'origine électrique lors des opérations sur les installations électriques ou dans leur voisinage. A cet effet, il s'assure que :

1° Les travaux sont effectués hors tension, sauf s'il ressort de l'évaluation des risques que les conditions d'exploitation rendent dangereuse la mise hors tension ou en cas d'impossibilité technique ;

2° Les opérations effectuées au voisinage de pièces nues sous tension sont limitées aux cas où il n'a pas été possible de supprimer ce voisinage soit en consignant l'installation ou la partie d'installation à l'origine de ce voisinage soit à défaut, en assurant la protection par éloignement, obstacle ou isolation ;

3° Les opérations d'ordre non électrique dans le voisinage de pièces nues sous tension sont limitées aux seules opérations qui concourent à l'exploitation et à la maintenance des installations électriques.

SECTION 3 Prescriptions particulières

Art. R. 4544-5 Les travaux hors tension sont réalisés dans les conditions suivantes :

1° La partie de l'installation sur laquelle ils sont effectués doit être préalablement identifiée et consignée, de telle façon que, pendant toute la durée des travaux, aucune tension ne subsiste, ne puisse apparaître ou réapparaître dans cette partie d'installation ;

2° La tension ne doit pouvoir être rétablie dans la partie d'installation considérée qu'après que l'installation a été déconsignée, et que si le rétablissement de la tension ne présente aucun risque.

Art. R. 4544-6 Dans le cas de travaux effectués au voisinage de parties actives nues sous tension des domaines HTA ou HTB mentionnés aux 3° et 4° de l'article R. 4226-2, une surveillance permanente est assurée par une personne habilitée, désignée à cet effet, qui veille à l'application des mesures de sécurité prescrites.

L'accès aux locaux ou emplacements à risques particuliers de choc électrique mentionnés à l'article R. 4226-9 est réservé aux personnes titulaires d'une habilitation appropriée. Toutefois, pour des opérations d'ordre non électrique, d'autres personnes peuvent être autorisées à y pénétrer, à la condition d'avoir été informées des instructions de sécurité à respecter vis-à-vis des risques électriques et d'être placées sous la surveillance constante d'une personne habilitée et désignée à cet effet.

Art. R. 4544-7 Les travaux sous tension, y compris lorsqu'ils sont confiés à une entreprise extérieure, ne peuvent être entrepris que sur un ordre écrit du chef de l'établissement dans lequel ils sont effectués, justifiant la nécessité de travailler sous tension.

Art. R. 4544-8 Pour la réalisation de travaux sous tension, l'employeur met en œuvre les mesures de prévention qui comprennent, compte tenu de l'évaluation des risques :
1° La définition des modes opératoires appropriés ;
2° Le choix des équipements de travail appropriés aux conditions et caractéristiques des travaux à effectuer ainsi que des équipements de protection individuelle et des vêtements de travail, appropriés aux risques et aux conditions dans lesquelles les travaux sont effectués.

Ces mesures de prévention sont conformes aux normes homologuées dont les références sont précisées par arrêté des ministres chargés du travail et de l'agriculture. — V. Arr. du 7 avr. 2021, NOR : MTRT2109976A (JO 11 avr.), mod. par Arr. du 5 juin 2023, NOR : MTRT2315301A (JO 24 juin).

SECTION 4 Travailleurs autorisés à effectuer des opérations sur les installations électriques ou dans leur voisinage

Art. R. 4544-9 Les opérations sur les installations électriques ou dans leur voisinage ne peuvent être effectuées que par des travailleurs habilités.

Art. R. 4544-10 Un travailleur est habilité dans les limites des attributions qui lui sont confiées. L'habilitation, délivrée par l'employeur, spécifie la nature des opérations qu'il est autorisé à effectuer.

Avant de délivrer l'habilitation, l'employeur s'assure que le travailleur a reçu la formation théorique et pratique qui lui confère la connaissance des risques liés à l'électricité et des mesures à prendre pour intervenir en sécurité lors de l'exécution des opérations qui lui sont confiées.

L'employeur délivre, maintient ou renouvelle l'habilitation selon les modalités contenues dans les normes mentionnées à l'article R. 4544-3.

L'employeur remet à chaque travailleur un carnet de prescriptions établi sur la base des prescriptions pertinentes de ces normes, complété, le cas échéant, par des instructions de sécurité particulières au travail effectué.

(Décr. n° 2016-1908 du 27 déc. 2016, art. 17) « Tout travailleur habilité au titre du présent article bénéficie d'un suivi individuel renforcé prévu aux articles R. 4624-22 à R. 4624-28 en application du II de l'article R. 4624-23. »

Art. R. 4544-11 (Décr. n° 2016-1318 du 5 oct. 2016, art. 1er) I. — Tout travailleur qui effectue des travaux sous tension est titulaire d'une habilitation spécifique délivrée par l'employeur après l'obtention d'un document délivré par un organisme de formation agréé attestant qu'il a acquis les connaissances et les compétences nécessaires. Cette habilitation spécifique est délivrée, maintenue ou renouvelée selon les modalités contenues dans les normes mentionnées à l'article R. 4544-3.

II. — L'employeur s'assure avant toute formation que les travailleurs qui suivent la formation mentionnée au I ont les capacités et les compétences et expérience professionnelles requises dans le domaine des opérations d'ordre électrique.

III. — Les organismes de formation mentionnés au I sont agréés pour une durée d'au plus quatre ans par le ministre chargé du travail, au vu du rapport technique établi par un organisme expert compétent et après avis du conseil d'orientation des conditions de travail.

IV. – Un arrêté du ministre chargé du travail détermine la procédure et les modalités de délivrance ou de retrait d'agrément des organismes de formation et désigne l'organisme expert mentionné au III chargé d'établir un rapport technique sur toute demande d'agrément.

> **Ancien art. R. 4544-11** *Les travailleurs qui effectuent des travaux sous tension sont titulaires d'une habilitation spécifique.*
> *Cette habilitation est délivrée par l'employeur après certification des travailleurs par un organisme de certification accrédité.*
> *Un arrêté des ministres chargés du travail et de l'agriculture fixe :*
> *1° Les compétences requises pour les travailleurs qui effectuent des travaux sous tension ;*
> *2° Les critères d'évaluation qui sont utilisés par l'organisme de certification ;*
> *3° Les normes au vu desquelles sont accrédités les organismes de certification.*

LIVRE VI INSTITUTIONS ET ORGANISMES DE PRÉVENTION

TITRE I *[ANCIEN]* COMITÉ D'HYGIÈNE, DE SÉCURITÉ ET DES CONDITIONS DE TRAVAIL

(Abrogé par Décr. n° 2017-1819 du 29 déc. 2017, art. 1ᵉʳ-III)

CHAPITRE I *[ANCIEN]* RÈGLES GÉNÉRALES

> **Ancien art. R. 4611-1** *(Décr. n° 2016-510 du 25 avr. 2016, art. 8, en vigueur le 1ᵉʳ juill. 2016) L'autorité administrative mentionnée au deuxième alinéa de l'article L. 4611-5 est le directeur régional des entreprises, de la concurrence, de la consommation, du travail et de l'emploi.*

CHAPITRE II *[ANCIEN]* ATTRIBUTIONS

SECTION 1 *[ANCIENNE]* Missions

> **Ancien art. R. 4612-1** *Le comité d'hygiène, de sécurité et des conditions de travail définit les missions qu'il confie à ses membres pour l'accomplissement des tâches qui relèvent de sa compétence.* – *[Anc. art. L. 236-2, al. 15.]*

> **Ancien art. R. 4612-2** *Les enquêtes du comité d'hygiène, de sécurité et des conditions de travail en cas d'accidents du travail ou de maladies professionnelles ou à caractère professionnel sont réalisées par une délégation comprenant au moins :*
> *1° L'employeur ou un représentant désigné par lui ;*
> *2° Un représentant du personnel siégeant à ce comité.* – *[Anc. art. R. 236-10.]*

> **Ancien art. R. 4612-2-1** *(Décr. n° 2012-134 du 30 janv. 2012, art. 2) Les membres du comité d'hygiène, de sécurité et des conditions de travail peuvent se faire présenter l'ensemble des livres, registres et documents non nominatifs rendus obligatoires par la partie IV du présent code.*

SECTION 2 *[ANCIENNE]* Consultations obligatoires dans les établissements comportant une ou plusieurs installations soumises à autorisation ou une installation nucléaire de base

> **Ancien art. R. 4612-3** *Les dispositions de la présente section s'appliquent aux établissements comportant une ou plusieurs installations soumises à autorisation en application de l'article L. 512-1 du code de l'environnement ou mentionnées aux articles 3-1 et 104 à 104-8 du code minier.*

> **Ancien art. R. 4612-4** *Les documents joints à la demande d'autorisation, prévue à l'article L. 512-1 du code de l'environnement, sont portés à la connaissance du comité d'hygiène, de sécurité et des conditions de travail préalablement à leur envoi au préfet.*
> *(Décr. n° 2017-81 du 26 janv. 2017, art. 10)* « *Le dossier établi par l'employeur à l'appui de sa demande est transmis au comité dans un délai de quinze jours à compter du lancement de l'enquête publique prévue à l'article L. 181-9 du même code.*
> « *Il émet un avis motivé sur ce dossier dans un délai de quinze jours à compter de la réception par l'employeur du rapport de l'enquête publique.*
> « *Le président du comité transmet cet avis au préfet dans les trois jours suivant la remise de l'avis du comité.* »

SANTÉ ET SÉCURITÉ AU TRAVAIL **Ancien art. R. 4613-1**

Ancien art. R. 4612-5 *Le comité d'hygiène, de sécurité et des conditions de travail émet un avis :*
1° Sur le plan d'opération interne prévu à l'article (Décr. n° 2017-81 du 26 janv. 2017, art. 10) « au cinquième alinéa de l'article R. 181-54 » du code de l'environnement ;
2° Sur la teneur des informations transmises au préfet en application (Décr. n° 2017-81 du 26 janv. 2017, art. 10) « de l'article R. 181-13 » ainsi que du (Décr. n° 2017-81 du 26 janv. 2017, art. 10) « I de l'article R. 181-47 » du même code.
Le président du comité transmet ces avis au préfet dans un délai de trente jours à compter de la consultation. — *[Anc. art. R. 236-10-1-I, al. 2.]*

Ancien art. R. 4612-5-1 *(Décr. n° 2008-467 du 19 mai 2008) Dans les établissements comportant une installation nucléaire de base, le comité d'hygiène, de sécurité et des conditions de travail émet un avis sur tout projet d'élaboration ou de modification du plan d'urgence interne, après un délai de trente jours au moins et soixante jours au plus suivant la communication du dossier, sauf cas exceptionnel justifié par l'urgence.*

Ancien art. R. 4612-6 *Le comité d'hygiène, de sécurité et des conditions de travail est informé par l'employeur des prescriptions imposées par les autorités publiques chargées de la protection de l'environnement.* — *[Anc. art. L. 236-2, al. 9, phrase 4.]*

SECTION 3 *[ANCIENNE]* Rapport et programme annuels

Ancien art. R. 4612-7 *Des arrêtés conjoints des ministres chargés du travail, de l'agriculture et des transports déterminent :*
1° Les informations figurant au rapport annuel, notamment le bilan des conditions de la manutention manuelle de charges ;
2° La nature des renseignements que les comités d'hygiène, de sécurité et des conditions de travail fournissent à l'administration. — *[Anc. art. R. 231-69, al. 2, et anc. art. R. 236-12.]*

Ancien art. R. 4612-8 *Le programme annuel de prévention des risques professionnels et d'amélioration des conditions de travail est établi à partir des analyses mentionnées à l'article L. 4612-2 et, s'il y a lieu, des informations figurant au bilan social prévu à l'article L. 2323-68.*
Ce programme fixe la liste détaillée des mesures devant être prises au cours de l'année à venir dans les mêmes domaines afin de satisfaire, notamment :
1° Aux principes généraux de prévention prévus aux articles L. 4121-1 à L. 4121-5 et L. 4221-1 ;
2° A l'information et à la formation des travailleurs prévues aux articles L. 4141-1 à L. 4143-1 ;
3° A l'information et à la formation des salariés titulaires d'un contrat de travail à durée déterminée et des salariés temporaires prévues aux articles L. 4154-2 et L. 4154-4 ;
4° A la coordination de la prévention prévue aux articles L. 4522-1 et L. 4522-2. — *[Anc. art. L. 236-4, al. 4, phrases 1 et 2.]*

Ancien art. R. 4612-9 *L'avis du comité d'hygiène, de sécurité et des conditions de travail sur le rapport et le programme annuels est transmis pour information à l'inspecteur du travail.* — *[Anc. art. L. 236-4, al. 5, phrase 2.]*

CHAPITRE III *[ANCIEN]* COMPOSITION ET DÉSIGNATION

SECTION 1 *[ANCIENNE]* Composition

Ancien art. R. 4613-1 *La délégation du personnel au comité d'hygiène, de sécurité et des conditions de travail est composée comme suit :*
1° Établissements de 199 salariés et moins, trois salariés dont un appartenant au personnel de maîtrise ou des cadres ;
2° Établissements de 200 à 499 salariés, quatre salariés dont un appartenant au personnel de maîtrise ou des cadres ;
3° Établissements de 500 à 1 499 salariés, six salariés dont deux appartenant au personnel de maîtrise ou des cadres ;
4° Établissements de 1 500 salariés et plus, neuf salariés, dont trois appartenant au personnel de maîtrise ou des cadres. — *[Anc. art. R. 236-1, al. 1er à 4.]*

1. Absence de candidats dans un collège. Pour l'élection des membres du CHSCT, s'il n'y a pas de candidats pour occuper le ou les sièges réservés au personnel d'encadrement, il y a lieu de les laisser vacants. • Soc. 10 mai 2012 : 🛱 *Dr. soc.* 2012. 753, obs. Petit ⌀ ; RJS 2012. 554, n° 647 ; JCP S 2012. 1351, obs. Cottin.

2. Ingénieur. Un ingénieur est un cadre au sens des dispositions relatives aux élections des membres du CHSCT. • Soc. 26 sept. 2012 : 🛱 *D. actu.*

10 oct. 2012, obs. Perrin ; RJS 2012. 824, n° 974 ; JSL 2012, n° 331-3, obs. Lhernould ; JCP S 2012. 1512, obs. Cottin.

3. Affectation catégorielle. L'art. R. 4613-1 qui impose de réserver un certain nombre de sièges à la catégorie agents de maîtrise et cadres n'interdit pas que des salariés appartenant à cette catégorie puissent être par ailleurs élus pour pourvoir les sièges auxquels le code du travail n'attribue aucune affectation catégorielle particulière.
• Soc. 14 janv. 2014 : 🔒 *D. actu. 26 févr. 2014, obs. Ines ; RJS 2014. 203, n° 251.*

Ancien art. R. 4613-2 *L'inspecteur du travail peut autoriser des dérogations aux règles déterminant la répartition des sièges entre les représentants du personnel de maîtrise ou des cadres et ceux des autres catégories de personnel.* – [Anc. art. R. 236-1, al. 5.]

1. Lorsque la convention collective applicable dans une entreprise de plus de 1 500 salariés se borne à distinguer entre cadres et techniciens, il appartient au juge de rechercher parmi ces derniers ceux qui, par les fonctions et les pouvoirs qu'ils exercent, ont un degré d'autonomie permettant de les ranger dans la catégorie du personnel de maîtrise. • Soc. 25 sept. 2002, 🔒 n° 01-60.705 P : RJS 2002. 1036, n° 1408.

2. L'inspecteur du travail ne peut accorder de dérogation aux règles de répartition des sièges au sein de la délégation du personnel du CHSCT qu'en raison d'une disproportion manifeste entre l'importance respective des collèges de salariés et l'importance respective du nombre de sièges qui leur sont attribués. • CE 2 juill. 2007 : 🔒 *JCP E 2007. 2315, obs. Béal.*

Ancien art. R. 4613-3 *Dans un établissement de cinq cents salariés et plus, lorsque plusieurs comités sont institués, en application de l'article L. 4613-4, la délégation du personnel au sein de chacun de ces comités est constituée conformément à l'article R. 4613-1.* – [Anc. art. R. 236-2.]

Ancien art. R. 4613-4 *Lorsque les entreprises du bâtiment et des travaux publics mettent en place un comité d'hygiène, de sécurité et des conditions de travail, en application de l'article L. 4611-5, les règles énoncées à l'article R. 4613-1 s'appliquent.* – [Anc. art. R. 236-3.]

SECTION 2 [ANCIENNE] Désignation

Ancien art. R. 4613-5 (*Décr. n° 2016-868 du 29 juin 2016, art. 4*) « *Le mandat des représentants du personnel au comité d'hygiène, de sécurité et des conditions de travail est renouvelable. Il peut être prorogé par accord unanime des membres élus du comité d'entreprise nouvellement élu, après la fin du mandat des membres élus du comité d'entreprise les ayant désignés et jusqu'à la désignation d'une nouvelle délégation du personnel au comité d'hygiène, de sécurité et des conditions de travail, dans la limite de six mois suivant la fin des mandats.* »

Lorsque, pendant la durée normale de son mandat, un représentant du personnel cesse ses fonctions, il est remplacé dans le délai d'un mois, pour la période de mandat restant à courir. Il n'est pas pourvu à son remplacement si la période de mandat restant à courir est inférieure à trois mois.

Lorsque le représentant du personnel au CHSCT dont il convient d'assurer le remplacement occupe l'un des deux sièges réservés aux cadres et agents de maîtrise, il ne peut être remplacé que par un salarié appartenant à cette même catégorie.
• Soc. 24 sept. 2008 : 🔒 *JCP S 2008. 1673, obs. Cottin ; RJS 2008. 995, n° 1201.*

Ancien art. R. 4613-6 *Lorsque le mandat du comité d'hygiène, de sécurité et des conditions de travail vient à expiration, ou lorsqu'un siège de ce comité devient vacant et doit être pourvu dans les conditions prévues à l'article R. 4613-5, le collège chargé de désigner les membres de la représentation du personnel se réunit dans un délai de quinze jours à compter des dates d'expiration du mandat ou d'ouverture de la vacance.*

Le procès-verbal de la réunion du collège renouvelant le comité ou palliant la vacance du siège est remis dès sa conclusion à l'employeur. Ce dernier l'adresse à l'inspecteur du travail, dans un délai de huit jours à compter de la réception. – [Anc. art. R. 236-5.]

Ancien art. R. 4613-7 *En application de l'article L. 4611-6, lorsqu'un comité d'hygiène, de sécurité et des conditions de travail a été institué par accord entre plusieurs entreprises de moins de cinquante salariés, le collège appelé à désigner les représentants du personnel est constitué par l'ensemble des représentants élus du personnel des entreprises parties à l'accord, à moins que cet accord n'en dispose autrement.* – [Anc. art. R. 236-4.]

Ancien art. R. 4613-8 *La liste nominative des membres de chaque comité d'hygiène, de sécurité et des conditions de travail est affichée dans les locaux affectés au travail.*

SANTÉ ET SÉCURITÉ AU TRAVAIL **Ancien art. R. 4613-12** 2541

Elle indique l'emplacement de travail habituel des membres du comité. — [Anc. art. R. 236-7, al. 2.]

SECTION 3 [ANCIENNE] Recours et contestations

Ancien art. R. 4613-9 *Lorsque, en application de l'article L. 4611-4, la décision de l'inspecteur du travail d'imposer la création d'un comité d'hygiène, de sécurité et des conditions de travail fait l'objet d'une réclamation devant le* (Décr. n° 2009-1377 du 10 nov. 2009) « *directeur régional des entreprises, de la concurrence, de la consommation, du travail et de l'emploi », cette dernière s'exerce dans les conditions de délai et de procédure fixées à l'article R. 4723-1.* — [Anc. art. L. 236-1, al. 3, phrase 2 fin.]

Ancien art. R. 4613-10 *Le recours hiérarchique prévu à l'article L. 4613-4 contre la décision de l'inspecteur du travail fixant le nombre de comités d'hygiène, de sécurité et des conditions de travail dans les établissements de cinq cents salariés et plus ainsi que les mesures nécessaires à la coordination de ces différents comités est exercé dans les conditions de délai et de procédure fixées à l'article R. 4723-1.* — [Anc. art. L. 236-6, al. 2.]

Ancien art. R. 4613-11 *Le tribunal d'instance statue en dernier ressort sur les contestations relatives à la délégation des représentants du personnel au comité d'hygiène, de sécurité et des conditions de travail prévues à l'article L. 4613-3.*

Le tribunal d'instance est saisi des contestations par voie de déclaration au greffe.

Cette déclaration n'est recevable que si elle est faite dans les quinze jours suivant la désignation. — [Anc. art. L. 236-5, al. 4, phrase 1, et al. 5, et anc. art. R. 236-5-1, al. 1er et 2.]

1. Point de départ. Le point de départ du délai de 15 jours pour contester la désignation de la délégation du personnel court à compter de la date à laquelle la désignation a été portée à la connaissance de la personne qui la conteste. • Soc. 26 nov. 2003 : RJS 2004. 150, n° 216 • 26 mai 2010 : RJS 2010. 620, n° 693 / JCP S 2010. 1336, obs. Cottin ; Dr. soc. 2010. 1003, obs. Petit.

2. Dès lors que le procès-verbal relatant la désignation des représentants au CHSCT a été transmis par courrier intérieur, le tribunal n'a pu relever qu'il avait été porté à la connaissance du chef d'entreprise à une date permettant de fixer le point de départ du délai de prescription. • Soc. 11 juin 1996, n° 95-60.808 P : D. 1996. IR 80 ; RJS 1996. 514, n° 798.

3. Contestation de candidature. La contestation de la candidature aux élections au CHSCT, qui n'est soumise à aucun délai, peut être présentée dans les 15 jours qui suivent la désignation du candidat. • Soc. 18 févr. 2004, n° 03-60.110 P : RJS 2004. 375, n° 552. ♦ La contestation d'une candidature, quels qu'en soient les motifs, se rattache à la régularité des élections et doit donc être introduite avant l'expiration d'un délai de 15 jours suivant la promulgation des résultats. • 16 oct. 2013 : D. actu. 15 nov. 2013, obs. Fraisse ; RJS 12/2013, n° 838. ♦ Dès lors qu'il a été constaté que la désignation d'un salarié comme représentant du personnel au sein du comité d'hygiène, de sécurité et des conditions de travail résultait d'un vote du collège désignatif, l'employeur qui n'a pas contesté l'élection dans les délais prévus par l'art. R. 4613-11, ne peut remettre en cause, à l'occasion d'un licenciement, la régularité de l'élection du salarié et le bénéfice protecteur. • Soc. 12 févr. 2008 : RJS 2008. 355, n° 450 / JCP S 2008. 440, obs. Matinon.

4. Annulation des élections du comité d'entreprise et des délégués du personnel. Le délai de 15 jours pour la contestation de la désignation des membres du CHSCT n'est pas affecté par l'annulation des élections des membres du comité d'entreprise et des délégués du personnel dès lors que cette annulation est prononcée passé le délai de 15 jours. • Soc. 16 nov. 2011 : D. actu. 16 déc. 2011, obs. Dechristé ; Dr. soc. 2012. 106, obs. Petit ; RJS 2012. 145, n° 178 / JCP S 2011. 1030, obs. Cottin.

Ancien art. R. 4613-12 *Le tribunal d'instance statue dans les dix jours de sa saisine sans frais ni forme de procédure et sur avertissement qu'il donne trois jours à l'avance à toutes les parties intéressées.*

La décision du tribunal est notifiée par le greffe dans les trois jours par lettre recommandée avec avis de réception.

Le délai du pourvoi en cassation est de dix jours. Le pourvoi est formé, instruit et jugé dans les conditions fixées par les articles 999 à 1008 du code de procédure civile. — [Anc. art. L. 236-5, al. 4, phrase 2, et anc. art. R. 236-5-1, al. 3 à 5.]

CHAPITRE IV [ANCIEN] FONCTIONNEMENT

SECTION 1 [ANCIENNE] Dispositions générales

Ancien art. R. 4614-1 Le secrétaire du comité d'hygiène, de sécurité et des conditions de travail est choisi parmi les représentants du personnel au sein de ce comité. — [Anc. art. L. 236-5, al. 7, phrase 2.]

SECTION 2 [ANCIENNE] Réunions

Ancien art. R. 4614-2 Outre le médecin du travail, le responsable du service de sécurité et des conditions de travail ou, à défaut, l'agent chargé de la sécurité et des conditions de travail assiste, s'il existe, à titre consultatif, aux réunions du comité d'hygiène, de sécurité et des conditions de travail. — [Anc. art. R. 236-6.]

Ancien art. R. 4614-3 (Décr. n° 2013-552 du 26 juin 2013) L'ordre du jour de la réunion du comité d'hygiène, de sécurité et des conditions de travail et, le cas échéant, les documents s'y rapportant sont transmis par le président aux membres du comité et à l'inspecteur du travail (Décr. n° 2016-868 du 29 juin 2016, art. 2) « huit » jours au moins avant la date fixée pour la réunion, sauf cas exceptionnel justifié par l'urgence.

Toutefois, lorsque le comité est réuni dans le cadre d'un projet de restructuration et de compression des effectifs mentionné à l'article (Décr. n° 2016-868 du 29 juin 2016, art. 3) « L. 2323-31 », l'ordre du jour et, le cas échéant, les documents s'y rapportant sont transmis trois jours au moins avant la date fixée pour la réunion.

L'ordre du jour est transmis dans les mêmes conditions aux agents des services de prévention des organismes de sécurité sociale qui peuvent assister aux réunions du comité.

Est satisfaite l'obligation qui pèse sur le président du CHSCT de transmettre l'ordre du jour à tous les membres du CHSCT et le cas échéant, les documents s'y rapportant, l'envoi de ces documents par voie électronique au moyen d'une liste de distribution. ● Soc. 25 nov. 2015 : 🔒 D. 2015. Actu. 2508 ⌀ ; RJS 2/2016, n° 134 ; JCP S 2016. 1028, obs. Icard.

Ancien art. R. 4614-4 Les réunions du comité d'hygiène, de sécurité et des conditions de travail ont lieu dans l'établissement, dans un local approprié et, sauf exception justifiée par l'urgence, pendant les heures de travail.

Les procès-verbaux des réunions ainsi que le rapport et le programme annuels mentionnés à l'article L. 4612-16 sont conservés dans l'établissement. Ils sont tenus à la disposition de l'inspecteur du travail, du médecin inspecteur du travail et des agents des services de prévention des organismes de sécurité sociale. — [Anc. art. R. 236-8, al. 4, et anc. art. R. 236-11.]

Ancien art. R. 4614-5 Les documents mentionnés à l'article L. 4711-1 sont présentés au comité d'hygiène, de sécurité et des conditions de travail au cours de la réunion qui suit leur réception par l'employeur.

Chaque membre du comité peut à tout moment demander la transmission de ces documents.

Le président informe le comité des observations de l'inspecteur du travail, du médecin inspecteur du travail et des agents des services de prévention des organismes de sécurité sociale au cours de la réunion qui suit leur intervention. — [Anc. art. R. 236-13.]

Ancien art. D. 4614-5-1 (Décr. n° 2016-453 du 12 avr. 2016) Les réunions par visioconférence du comité d'hygiène, de sécurité et des conditions de travail sur le fondement de l'article L. 4614-11-1 sont tenues dans les conditions prévues aux articles D. 2325-1-1 et suivants.

SECTION 2 BIS [ANCIENNE] Délais de consultation

(Décr. n° 2016-868 du 29 juin 2016, art. 2)

Ancien art. R. 4614-5-2 Pour l'exercice de ses attributions consultatives mentionnées à l'article L. 4612-8 pour lesquelles la loi n'a pas fixé de délai spécifique, le délai de consultation du comité d'hygiène, de sécurité et des conditions de travail court à compter de la communication par l'employeur des informations prévues par le présent code pour la consultation ou de l'information par l'employeur de leur mise à disposition dans la base de données dans les conditions prévues aux articles R. 2323-1-5 et suivants.

L'absence de remise du rapport par l'expert, tenu pour exécuter la mesure d'expertise de respecter un délai qui court du jour de sa désignation, n'a pas pour effet automatique de prolonger le délai de consultation du CHSCT. Si, d'une part, les CHSCT n'avaient pas saisi le juge dans le délai qui leur était imparti pour donner leur avis à l'effet d'obtenir la communication d'informations complémentaires et la suspension du délai de consultation jusqu'à la communication de ces éléments complémentaires et si, d'autre part, les délais de consultation des CHSCT n'avaient pas été prolongés d'un commun accord conclu entre les représentants du personnel et l'employeur. • Soc. 27 mai 2021, ✥ n° 19-18.089 P : *D. actu. 14 juin 2021, obs. Couëdel.*

Ancien art. R. 4614-5-3 I. – *Pour l'exercice de ses attributions consultatives mentionnées à l'article L. 4612-8, à défaut d'accord, le comité d'hygiène, de sécurité et des conditions de travail est réputé avoir été consulté et avoir rendu un avis négatif à l'expiration d'un délai d'un mois à compter de la date fixée à l'article R. 4614-5-2.*

En cas d'intervention d'un expert mentionné à l'article L. 4614-12, le délai mentionné au premier alinéa est porté à deux mois.

II. – Dans le cas prévu au troisième alinéa du I de l'article R. 2323-1-1 :

1° Les délais prévus au I du présent article s'appliquent au comité d'hygiène, de sécurité et des conditions de travail ;

2° L'avis du comité d'hygiène, de sécurité et des conditions de travail est transmis au comité d'entreprise au plus tard sept jours avant la date à laquelle ce dernier est réputé avoir été consulté et avoir rendu un avis négatif.

SECTION 3 *[ANCIENNE]* Recours à un expert

Ancien art. R. 4614-6 *Les experts auxquels le comité d'hygiène, de sécurité et des conditions de travail peut faire appel en application de l'article L. 4614-12 sont agréés* (Abrogé par Décr. n° 2011-1953 du 23 déc. 2011) « *, compte tenu de leurs compétences,* » *pour le ou les domaines suivants :*

1° Santé et sécurité au travail ;

2° Organisation du travail et de la production. – [Anc. art. R. 236-40-I, al. 1er à 3.]

Ancien art. R. 4614-7 *Les experts, personnes physiques ou morales, sont agréés par* (Décr. n° 2011-1953 du 23 déc. 2011) « *arrêté du ministre chargé du travail* ». *Cet agrément est pris après avis du* (Décr. n° 2016-1834 du 22 déc. 2016, art. 2) « *Conseil d'orientation des conditions de travail* ».

L'arrêté fixe la durée de validité de chacun des agréments. (Décr. n° 2011-1953 du 23 déc. 2011) « *Elle* » *ne peut excéder* (Décr. n° 2011-1953 du 23 déc. 2011) « *cinq ans* », *renouvelable.*

L'arrêté précise (Décr. n° 2011-1953 du 23 déc. 2011) « *le ou les domaines dans lesquels l'expert agréé intervient* ». – [Anc. art. L. 236-9-I, al. 4, et anc. art. R. 236-40-I, al. 4 et 5.]

Ancien art. R. 4614-8 (Décr. n° 2011-1953 du 23 déc. 2011) *Pour délivrer l'agrément, il est notamment tenu compte :*

– de l'expérience professionnelle et des compétences du demandeur pour mener des expertises dans le ou les domaines mentionnés à l'article R. 4614-6 pour lesquels l'agrément est sollicité ;

– de la pertinence des méthodes d'intervention proposées ;

– des engagements déontologiques relatifs à la prévention des conflits d'intérêt [intérêts] et à la pratique professionnelle de l'expertise au regard des règles définies selon les modalités prévues à l'article R. 4614-9 ;

– de la compatibilité de l'agrément demandé avec les activités du demandeur autres que d'expertise.

Ancien art. R. 4614-9 (Décr. n° 2011-1953 du 23 déc. 2011) *L'agrément peut être suspendu pour une durée n'excédant pas un an ou retiré par le ministre chargé du travail, après avis du* (Décr. n° 2016-1834 du 22 déc. 2016, art. 2) « *Conseil d'orientation des conditions de travail* », *et après que l'expert agréé a été mis à même de présenter ses observations, lorsque les conditions prévues à l'article R. 4614-8 cessent d'être remplies ou lorsque la qualité des expertises cesse d'être conforme aux obligations professionnelles, méthodologiques et déontologiques définies par arrêté de ce ministre. Ce même arrêté détermine les modalités de contrôle du respect des obligations précitées.*

Ancien art. R. 4614-10 (Abrogé par Décr. n° 2011-1953 du 23 déc. 2011) *Les organismes habilités à procéder à la vérification de la conformité des équipements de travail à la réglementation qui leur est applicable sont réputés agréés pour procéder aux expertises ayant pour seul objet d'apprécier cette conformité. Dans ce cas, l'expert désigné ne peut être la personne ou l'organisme qui a procédé à cette vérification.*

Ancien art. R. 4614-11 (Décr. n° 2011-1953 du 23 déc. 2011) *La demande d'agrément justifie de l'expérience et de la compétence du demandeur pour procéder à des expertises dans le ou les domaines mentionnés à l'article R. 4614-6 pour lesquels l'agrément est sollicité.*

Elle est adressée au ministre chargé du travail, par tous moyens, y compris électronique, permettant d'établir une date certaine avant le 1er mars ou avant le 1er septembre de l'année en cours pour produire effet respectivement au 1er juillet de la même année et au 1er janvier de l'année suivante. Le silence gardé pendant plus de quatre mois à compter de la date limite de réception de la demande vaut décision de rejet.

Ancien art. R. 4614-12 La demande d'agrément est accompagnée des pièces suivantes :

1° Statuts de la personne morale ou identification de la personne physique ;

2° Liste des administrateurs et du personnel de direction lorsqu'il s'agit d'une personne morale ;

3° Liste des personnes appelées à réaliser effectivement les expertises, avec toutes indications permettant d'apprécier, pour chacune d'elles, sa qualification et son expérience dans le ou les domaines de l'agrément sollicité ;

4° Note détaillée exposant les principales méthodes d'intervention mises en œuvre ;

(Décr. n° 2011-1953 du 23 déc. 2011) « 5° Déclaration des activités autres que les expertises mentionnées à l'article L. 4614-12 ; »

6° Tarifs applicables aux expertises réalisées dans le cadre de l'agrément prévu par l'article L. 4614-12.

(Abrogé par Décr. n° 2011-1953 du 23 déc. 2011) « 7° En cas de demande de renouvellement, bilan d'activité précisant notamment les expertises réalisées. »

(Décr. n° 2011-1953 du 23 déc. 2011) « Si le dossier est incomplet, le ministre en informe le demandeur et l'invite à produire les pièces ou informations manquantes, dans un délai qu'il fixe, et qui ne peut être inférieur à huit jours. »

Ancien art. R. 4614-13 Lorsqu'il est saisi d'une demande d'agrément, le ministre chargé du travail peut procéder aux contrôles ou inspections nécessaires à la vérification de l'aptitude des experts.

Pour l'instruction des demandes d'agrément, le ministre chargé du travail peut demander à l'Agence nationale pour l'amélioration des conditions de travail et à l'Institut national de recherche et de sécurité de lui apporter leur concours (Décr. n° 2011-1953 du 23 déc. 2011) « , selon des modalités fixées par arrêté de ce ministre ». Le ministre chargé du travail et ces organismes peuvent demander tous documents et informations utiles ou procéder aux entretiens nécessaires à l'instruction des demandes d'agrément.

V. Arr. du 23 déc. 2011 (JO 27 déc.).

Ancien art. R. 4614-14 (Décr. n° 2011-1953 du 23 déc. 2011) « Les experts » agréés adressent au (Décr. n° 2011-1953 du 23 déc. 2011) « ministre chargé du travail », avant le 31 décembre de chaque année, la liste des expertises réalisées au cours de l'année (Décr. n° 2011-1953 du 23 déc. 2011) « civile » écoulée. (Décr. n° 2011-1953 du 23 déc. 2011) « Ils fournissent, à sa demande », une copie des rapports auxquels ont donné lieu ces expertises.

Ancien art. R. 4614-15 (Décr. n° 2011-1953 du 23 déc. 2011) Les experts agréés peuvent sous-traiter une partie des travaux que nécessite l'expertise.

Le sous-traitant est lui-même agréé sauf s'il intervient en tant qu'organisme habilité à réaliser des contrôles techniques ou des vérifications de conformité, dans le cadre de la réglementation relative à la santé et la sécurité au travail.

Dans ce cas, le sous-traitant ne peut être la personne ou l'organisme ayant procédé précédemment à ce contrôle ou à cette vérification.

Ancien art. R. 4614-16 Toute modification des listes des personnes, des statuts, des tarifs pratiqués, (Décr. n° 2011-1953 du 23 déc. 2011) « mentionnés » à l'article R. 4614-12, est déclarée au ministre chargé du travail. — [Anc. art. R. 236-42-III.]

Ancien art. R. 4614-17 (Décr. n° 2011-1953 du 23 déc. 2011) « Les experts » agréés sont tenus au secret professionnel pour toutes les questions relatives aux procédés de fabrication dont ils auraient eu connaissance dans le cadre des expertises.

Ancien art. R. 4614-18 L'expertise faite en application du 2° de l'article L. 4614-12 est réalisée dans le délai d'un mois. Ce délai peut être prolongé pour tenir compte des nécessités de l'expertise. Le délai total ne peut excéder quarante-cinq jours.

(Décr. n° 2013-552 du 26 juin 2013) « Lorsque cette expertise est organisée dans le cadre d'un projet de restructuration et de compression des effectifs mentionné à l'article (Décr. n° 2016-868 du 29 juin 2016, art. 3) « L. 2323-31 » et selon les modalités définies à l'article L. 4614-12-1, l'absence de remise du rapport de l'expert désigné n'a pas pour effet de prolonger le délai prévu à l'article L. 1233-30. En cas de contestation, les dispositions de l'article R. 4616-10 s'appliquent. »

SANTÉ ET SÉCURITÉ AU TRAVAIL

Ancien art. R. 4614-19 (*Décr. n° 2016-1761 du 16 déc. 2016, art. 1er*) *Les contestations de l'employeur prévues au deuxième alinéa de l'article L. 4614-13 relèvent de la compétence du président du tribunal de grande instance. Le délai du pourvoi en cassation formé à l'encontre du jugement est de dix jours à compter de sa notification.*

Ancien art. R. 4614-20 (*Décr. n° 2016-1761 du 16 déc. 2016, art. 2*) *La contestation par l'employeur du coût final de l'expertise prévue à l'article L. 4614-13-1 relève de la compétence du tribunal de grande instance.*

SECTION 4 *[ANCIENNE]* Formation

SOUS-SECTION 1 *[ANCIENNE]* Contenu et organisation de la formation

Ancien art. R. 4614-21 *La formation des représentants du personnel aux comités d'hygiène, de sécurité et des conditions de travail a pour objet :*
1° De développer leur aptitude à déceler et à mesurer les risques professionnels et leur capacité d'analyse des conditions de travail ;
2° De les initier aux méthodes et procédés à mettre en œuvre pour prévenir les risques professionnels et améliorer les conditions de travail. — [*Anc. art. R. 236-15, al. 1er, phrase 1, et al. 2, phrase 2.*]

Ancien art. R. 4614-22 *La formation est dispensée dès la première désignation des représentants du personnel au comité d'hygiène, de sécurité et des conditions de travail.*
Elle est dispensée selon un programme théorique et pratique préétabli qui tient compte :
1° Des caractéristiques de la branche professionnelle de l'entreprise ;
2° Des caractères spécifiques de l'entreprise ;
3° Du rôle du représentant au comité d'hygiène, de sécurité et des conditions de travail dans l'entreprise. — [*Anc. art. R. 236-15, al. 1er, phrase 2, et al. 2, phrases 1 et 3.*]

Ancien art. R. 4614-23 *Le renouvellement de la formation des représentants du personnel aux comités d'hygiène, de sécurité et des conditions de travail fait l'objet de stages distincts de celui organisé en application de l'article R. 4614-21.*
Ce renouvellement a pour objet de permettre au représentant du personnel d'actualiser ses connaissances et de se perfectionner. A cet effet, le programme établi par l'organisme de formation a un caractère plus spécialisé. Il est adapté aux demandes particulières du stagiaire et tient compte notamment des changements technologiques et d'organisation affectant l'entreprise, l'établissement ou la branche d'activité. — [*Anc. art. R. 236-15, al. 3.*]

Ancien art. R. 4614-24 *Dans les établissements de moins de trois cents salariés, la durée de la formation des représentants au* (*Décr. n° 2011-774 du 28 juin 2011, art. 30*) « *comité d'hygiène, de sécurité et des conditions de travail* » *est de trois jours.* — [*Anc. art. R. 236-22-1.*]

SOUS-SECTION 2 *[ANCIENNE]* Obligations des organismes de formation

Ancien art. R. 4614-25 *La formation des représentants du personnel au comité d'hygiène, de sécurité et des conditions de travail est dispensée soit par des organismes figurant sur une liste arrêtée par le ministre chargé du travail selon la procédure prévue à l'article* (*Décr. n° 2016-1552 du 18 nov. 2016, art. 7-I, en vigueur le 1er janv. 2017*) « *R. 2145-3* », *soit par des organismes agréés par le préfet de région selon la procédure prévue à l'article R. 2325-8.*

Ancien art. R. 4614-26 *Les organismes qui demandent à figurer sur la liste arrêtée par le préfet de région établissent leur aptitude à assurer, conformément aux dispositions de la sous-section 1, la formation des représentants du personnel au comité d'hygiène, de sécurité et des conditions de travail.*
Ils justifient notamment des capacités de leurs formateurs et de l'expérience acquise par ces derniers en matière de prévention des risques professionnels et de conditions de travail.
Le préfet de région se prononce après avis du (*Décr. n° 2014-1055 du 16 sept. 2014, art. 5-I*) « *comité régional de l'emploi, de la formation et de l'orientation professionnelles* ».
Le silence gardé pendant plus de quatre mois sur une demande d'agrément vaut décision de rejet. — [*Anc. art. R. 236-18, al. 1er à 4.*]

En application de l'art. L. 231-5 CRPA, et par exception à l'application du délai de deux mois prévu à l'art. L. 231-1 du même code, le délai à l'expiration duquel le silence gardé par l'administration vaut décision de rejet est fixé à quatre mois pour une demande d'agrément des organismes de formation des représentants du personnel au comité d'hygiène, de sécurité et des conditions de travail (Décr. n° 2014-1289 du 23 oct. 2014, art. 1er).

Ancien art. R. 4614-27 *Lorsqu'un organisme cesse de répondre aux qualifications ayant justifié son inscription sur la liste préfectorale, il en est radié par décision motivée du préfet de région.*

Cette décision est prise après avis du (Décr. n° 2014-1055 du 16 sept. 2014, art. 5-I) « *comité régional de l'emploi, de la formation et de l'orientation professionnelles* ». — [Anc. art. R. 236-18, al. 5.]

Ancien art. R. 4614-28 *L'organisme de formation délivre, à la fin du stage, une attestation d'assiduité que l'intéressé remet à son employeur lorsqu'il reprend son travail.* — [Anc. art. R. 236-19, al. 1er.]

Ancien art. R. 4614-29 *Les organismes de formation remettent chaque année avant le 30 mars, au ministre chargé du travail ou aux préfets de région selon les cas, un compte rendu de leurs activités au cours de l'année écoulée. Ce compte rendu indique le nombre des stages organisés ainsi que leurs programmes.* — [Anc. art. R. 236-19, al. 2.]

SOUS-SECTION 3 *[ANCIENNE]* Congés de formation

Ancien art. R. 4614-30 *Le représentant du personnel au comité d'hygiène, de sécurité et des conditions de travail qui souhaite bénéficier de son droit à un congé de formation en fait la demande à l'employeur. Cette demande précise la date à laquelle il souhaite prendre son congé, la durée de celui-ci, le prix du stage et le nom de l'organisme chargé de l'assurer.*

La demande de congé est présentée au moins trente jours avant le début du stage. A sa date de présentation, elle est imputée par priorité sur les contingents mentionnés à l'article (Décr. n° 2016-1552 du 18 nov. 2016, art. 7, en vigueur le 1er janv. 2017) « **L. 2145-8** ». — [Anc. art. R. 236-17, al. 1er et 2.]

Ancien art. R. 4614-31 *Le congé de formation est pris en une seule fois à moins que le bénéficiaire et l'employeur ne décident d'un commun accord qu'il le sera en deux fois.* — [Anc. art. R. 236-16.]

Ancien art. R. 4614-32 *Lorsque pour refuser la demande de congé, l'employeur estime que l'absence du salarié pourrait avoir des conséquences préjudiciables à la production et à la bonne marche de l'entreprise, le refus est notifié à l'intéressé dans un délai de huit jours à compter de la réception de la demande.*

Dans ce cas, le congé formation peut être reporté dans la limite de six mois. — [Anc. art. R. 236-17, al. 3.]

SOUS-SECTION 4 *[ANCIENNE]* Dépenses de formation

Ancien art. R. 4614-33 *Les frais de déplacement au titre de la formation des représentants du personnel au comité d'hygiène, de sécurité et des conditions de travail sont pris en charge par l'employeur à hauteur du tarif de seconde classe des chemins de fer applicable au trajet le plus direct depuis le siège de l'établissement jusqu'au lieu de dispense de la formation.*

Les frais de séjour sont pris en charge à hauteur du montant de l'indemnité de mission fixée en application de la réglementation applicable aux déplacements temporaires des fonctionnaires. — [Anc. art. R. 236-21.]

Ancien art. R. 4614-34 (Décr. n° 2008-558 du 13 juin 2008) *Les dépenses afférentes à la rémunération des organismes de formation sont prises en charge par l'employeur, à concurrence d'un montant qui ne peut dépasser, par jour et par stagiaire, l'équivalent de trente-six fois le montant horaire du salaire minimum de croissance.*

Ancien art. R. 4614-35 *Le temps consacré à la formation des représentants du personnel au comité d'hygiène, de sécurité et des conditions de travail est pris sur le temps de travail et rémunéré comme tel.* — [Anc. art. R. 236-22-2, phrase 1.]

Ancien art. R. 4614-36 *Les dépenses de rémunération des organismes de formation et les frais de déplacement et de séjour exposés par les stagiaires ne s'imputent pas sur la participation au développement de la formation professionnelle continue prévue à l'article L. 6331-1.*

Dans les entreprises de moins de trois cents salariés, les dépenses engagées au titre de la rémunération du temps de formation des stagiaires sont déductibles dans la limite de 0,08 % du montant des salaires payés pendant l'année en cours, du montant de la participation des employeurs au financement de la formation professionnelle continue. — [Anc. art. R. 236-20 et anc. art. R. 236-22-2, phrase 2.]

SANTÉ ET SÉCURITÉ AU TRAVAIL **Ancien art. R. 4615-8**

CHAPITRE V *[ANCIEN]* COMITÉ D'HYGIÈNE, DE SÉCURITÉ ET DES CONDITIONS DE TRAVAIL DANS CERTAINS ÉTABLISSEMENTS DE SANTÉ, SOCIAUX ET MÉDICO-SOCIAUX ET DANS CERTAINS GROUPEMENTS DE COOPÉRATION SANITAIRES DE MOYENS DE DROIT PUBLIC *(Décr. n° 2017-631 du 25 avr. 2017, art. 6).*

SECTION 1 *[ANCIENNE]* Champ d'application et définitions

Ancien art. R. 4615-1 *Les dispositions des chapitres I à IV s'appliquent aux établissements de santé, sociaux et médico-sociaux mentionnés à l'article 2 de la loi n° 86-33 du 9 janvier 1986 portant dispositions statutaires relatives à la fonction publique hospitalière,* (Décr. n° 2017-631 du 25 avr. 2017, art. 6) « *ainsi qu'aux groupements de coopération sanitaire de moyens de droit public, au sens du 1° du I de l'article L. 6133-3 du code de la santé publique,* » *sous réserve des dispositions particulières prévues par le présent chapitre.*

Ancien art. R. 4615-2 *Pour l'application des dispositions des articles L. 4612-13 et L. 4612-17 et de celles du présent chapitre, le comité technique se substitue au comité d'entreprise.* – *[Anc. art. R. 236-29, al. 2 et 3.]*

SECTION 2 *[ANCIENNE]* Conditions de mise en place

Ancien art. R. 4615-3 *Des comités d'hygiène, de sécurité et des conditions de travail sont constitués dans les établissements* (Décr. n° 2017-631 du 25 avr. 2017, art. 6) « *et dans les groupements de coopération sanitaire de moyens de droit public* » *qui emploient au moins cinquante agents.*
L'effectif à prendre en considération est l'effectif réel de l'ensemble des personnels, y compris les personnels médicaux, employés dans l'établissement (Décr. n° 2017-631 du 25 avr. 2017, art. 6) « *ou dans le groupement de coopération sanitaire de moyens de droit public* » *au 31 décembre de la dernière année civile.* – *[Anc. art. R. 236-23, al. 1er.]*

Ancien art. R. 4615-4 *Lorsque dans les établissements* (Décr. n° 2017-631 du 25 avr. 2017, art. 6) « *ou dans les groupements de coopération sanitaire de moyens de droit public* » *employant moins de cinquante agents un comité d'hygiène, de sécurité et des conditions de travail n'a pas été constitué, les représentants du personnel au* (Décr. n° 2011-184 du 15 févr. 2011, art. 55) « *comité technique* » *de l'établissement* (Décr. n° 2017-631 du 25 avr. 2017, art. 6) « *ou du groupement* » *exercent, dans le cadre des moyens dont ils disposent en tant que membres du* (Décr. n° 2011-184 du 15 févr. 2011, art. 55) « *comité technique* », *les missions dévolues aux membres du comité d'hygiène, de sécurité et des conditions de travail. Ils sont soumis aux mêmes obligations que ces derniers.* – *[Anc. art. R. 236-23, al. 2.]*

Ancien art. R. 4615-5 *Lorsqu'au [Lorsque au] cours de son mandat, un représentant cesse ses fonctions dans l'établissement* (Décr. n° 2017-631 du 25 avr. 2017, art. 6) « *ou dans le groupement de coopération sanitaire de moyens de droit public* », *il est remplacé dans le délai d'un mois, dans les formes prévues à l'article R. 4615-11. Il en est de même des représentants frappés des incapacités prononcées en application des articles L. 5 à L. 7 du code électoral.*
Dans les établissements (Décr. n° 2017-631 du 25 avr. 2017, art. 6) « *ou dans les groupements de coopération sanitaire de moyens de droit public* » *où il n'existe pas d'organisation syndicale, il n'est pas procédé au remplacement d'un représentant du personnel non médecin, non pharmacien et non odontologiste cessant ses fonctions lorsque la période du mandat restant à courir est inférieure à trois mois.* – *[Anc. art. R. 236-26, al. 2 et 3.]*

Ancien art. R. 4615-6 *Les représentants mentionnés au 1° de l'article R. 4615-9* (Décr. n° 2017-631 du 25 avr. 2017, art. 6) « *ou de l'article R. 4615-9-1* » *cessent de faire partie du comité d'hygiène, de sécurité et des conditions de travail lorsque l'organisation qui les a désignés en a fait la demande par écrit au chef d'établissement* (Décr. n° 2017-631 du 25 avr. 2017, art. 6) « *ou à l'administrateur du groupement de coopération sanitaire de moyens de droit public* ».
Ils sont remplacés dans le délai d'un mois, dans les formes prévues à l'article R. 4615-11.

Ancien art. R. 4615-7 *Le chef d'établissement* (Décr. n° 2017-631 du 25 avr. 2017, art. 6) « *ou l'administrateur du groupement de coopération sanitaire de moyens de droit public* » *arrête la liste nominative des membres du comité d'hygiène, de sécurité et des conditions de travail.*

Ancien art. R. 4615-8 *Le chef d'établissement* (Décr. n° 2017-631 du 25 avr. 2017, art. 6) « *ou l'administrateur du groupement de coopération sanitaire de moyens de droit public* » *informe l'autorité de tutelle de sa réclamation éventuelle contre la décision de créer un comité d'hygiène,* de sécurité et des conditions de travail ou de créer des comités distincts, prise par l'inspecteur du travail en application des articles L. 4611-4 et L. 4613-4.

SECTION 3 *[ANCIENNE]* **Composition et désignation**

Ancien art. R. 4615-9 *La délégation du personnel au comité d'hygiène, de sécurité et des conditions de travail comporte un nombre égal de titulaires et de suppléants. Elle comprend :*

1° Des représentants des personnels non médecins, non pharmaciens et non odontologistes à raison de :

a) Trois représentants dans les établissements de 199 agents et moins ;
b) Quatre représentants dans les établissements de 200 à 499 agents ;
c) Six représentants dans les établissements de 500 à 1499 agents ;
d) Neuf représentants dans les établissements de 1500 agents et plus ;

2° Des représentants des personnels médecins, pharmaciens et odontologistes à raison de :

a) Un représentant dans les établissements de 2500 agents et moins ;
b) Deux représentants dans les établissements de plus de 2500 agents.

Ni les dispositions législatives ou réglementaires, ni aucun autre texte ne prévoient l'institution de délégués suppléants des personnels dans les comités d'hygiène, de sécurité et des conditions de travail. ● CE 5 mai 1993 : ⚖ *RJS 1993. 441, n° 754.*

Ancien art. R. 4615-9-1 (Décr. n° 2017-631 du 25 avr. 2017, art. 6) *La délégation du personnel au comité d'hygiène, de sécurité et des conditions de travail dans les groupements de coopération sanitaire de moyens de droit public comporte un nombre égal de titulaires et de suppléants. Elle comprend :*

1° Des représentants des personnels non médecins, non pharmaciens et non odontologistes à raison de :

a) Trois représentants dans les groupements de 199 agents et moins ;
b) Quatre représentants dans les groupements de 200 agents et plus ;

2° Le cas échéant, un représentant des personnels médecins, pharmaciens et odontologistes.

Ancien art. R. 4615-10 *Le renouvellement des représentants du personnel intervient dans un délai de trois mois à compter du renouvellement* (Décr. n° 2012-285 du 29 févr. 2012) « *du comité technique d'établissement* ». *Le mandat est renouvelable.* — *[Anc. art. R. 236-26, al. 1er.]*

Ancien art. R. 4615-11 *Les représentants mentionnés au 1° de l'article R. 4615-9* (Décr. n° 2017-631 du 25 avr. 2017, art. 6) « *ou de l'article R. 4615-9-1* » *sont désignés par les organisations syndicales existant dans l'établissement* (Décr. n° 2017-631 du 25 avr. 2017, art. 6) « *ou dans le groupement de coopération sanitaire de moyens de droit public* » *lors de la constitution ou du renouvellement du comité.*

Les sièges sont attribués proportionnellement au nombre de voix recueilli[es] par chacune des organisations syndicales, dans l'établissement (Décr. n° 2017-631 du 25 avr. 2017, art. 6) « *ou dans le groupement de coopération sanitaire de moyens de droit public* », *à l'occasion du renouvellement* (Décr. n° 2012-285 du 29 févr. 2012) « *du comité technique d'établissement* ». *Lorsqu'il reste des sièges à pourvoir, les sièges restants sont attribués sur la base de la plus forte moyenne.*

(Décr. n° 2012-285 du 29 févr. 2012) « *Au sein de l'Assistance publique-hôpitaux de Paris, les sièges aux comités d'hygiène, de sécurité et des conditions de travail institués dans les groupements d'hôpitaux, les hôpitaux ou les pôles d'intérêt commun sont attribués proportionnellement au nombre de voix recueillies par les organisations syndicales lors de l'élection du comité technique d'établissement local.*

« *Lorsqu'il n'existe pas de comité technique d'établissement ou lorsque aucune candidature n'a été déposée lors des élections au comité technique d'établissement, les représentants sont élus par l'ensemble du personnel au scrutin uninominal à un tour.* » *Chaque candidat au siège de représentant titulaire se présente avec un candidat suppléant appelé à le remplacer en cas d'indisponibilité.*

Les représentants mentionnés au 2° de l'article R. 4615-9 (Décr. n° 2017-631 du 25 avr. 2017, art. 6) « *ou de l'article R. 4615-9-1* » *sont désignés par la commission médicale d'établissement en son sein.*

(Décr. n° 2017-631 du 25 avr. 2017, art. 6) « *Dans les groupements de coopération sanitaire de moyens de droit public, le représentant mentionné au 2° de l'article R. 4615-9-1 est désigné par tirage au sort par l'administrateur du groupement.* »

SANTÉ ET SÉCURITÉ AU TRAVAIL **Ancien art. R. 4615-17**

Tout représentant suppléant désigné selon le cas par une organisation syndicale ou la commission médicale d'établissement peut siéger en remplacement de tout représentant titulaire désigné dans les mêmes conditions.

SECTION 4 *[ANCIENNE]* Fonctionnement

Ancien art. R. 4615-12 Le comité d'hygiène, de sécurité et des conditions de travail est présidé par le chef d'établissement ou son représentant (Décr. n° 2017-631 du 25 avr. 2017, art. 6) « *ou par l'administrateur du groupement de coopération sanitaire de moyens de droit public* ».
Outre les médecins du travail, assistent aux réunions du comité à titre consultatif, lorsqu'ils existent :
 1° Le responsable des services économiques ;
 2° L'ingénieur ou, à défaut, le technicien chargé de l'entretien des installations ;
 3° L'infirmier général ;
 4° Un professeur des universités-praticien hospitalier chargé de l'enseignement de l'hygiène.

Ancien art. R. 4615-13 Dans les établissements (Décr. n° 2017-631 du 25 avr. 2017, art. 6) « *ou dans les groupements de coopération sanitaire de moyens de droit public* » de cinq cents salariés et plus, pour l'application de l'article L. 4613-4, le chef d'établissement (Décr. n° 2017-631 du 25 avr. 2017, art. 6) « *ou l'administrateur du groupement* » prend les décisions après consultation du comité technique.
Lorsque plusieurs comités d'hygiène, de sécurité et des conditions de travail sont institués, la délégation du personnel au sein de chacun de ces comités est constituée conformément aux règles fixées (Décr. n° 2017-631 du 25 avr. 2017, art. 6) « *aux articles R. 4615-9 et R. 4615-9-1* ». Cette composition tient compte du nombre des agents relevant de la compétence de chacun des comités d'hygiène, de sécurité et des conditions de travail constitués.

SECTION 5 *[ANCIENNE]* Formation

Ancien art. R. 4615-14 La formation des représentants du personnel aux comités d'hygiène, de sécurité et des conditions de travail, qui revêt un caractère théorique et pratique, a pour objet :
 1° De développer leur aptitude à déceler et à mesurer les risques professionnels et leur capacité d'analyse des conditions de travail ;
 2° De les initier aux méthodes et procédés à mettre en œuvre pour prévenir les risques professionnels et améliorer les conditions de travail, en tenant compte des caractéristiques des établissements mentionnés à l'article 2 du titre IV du statut général des fonctionnaires de l'État et des collectivités territoriales (Décr. n° 2017-631 du 25 avr. 2017, art. 6) « *et des groupements de coopération sanitaire de moyens de droit public* ».

Ancien art. R. 4615-15 Les organismes chargés d'assurer la formation d'un représentant du personnel aux comités d'hygiène, de sécurité et des conditions de travail sont :
 1° Soit les organismes figurant sur la liste établie en application de l'article 1er du décret du 6 mai 1988 relatif à l'attribution du congé pour formation syndicale dans la fonction publique hospitalière ;
 2° Soit les organismes figurant sur la liste mentionnée à l'article R. 4614-25. — *[Anc. art. R. 236-35.]*

Ancien art. R. 4615-16 Un congé de formation avec traitement est attribué aux représentants titulaires du personnel au comité d'hygiène, de sécurité et des conditions de travail.
La durée maximale de ce congé de formation est de cinq jours. Tout nouveau mandat ouvre droit au renouvellement de ce congé.
Le congé de formation est, à la demande du bénéficiaire, pris en une ou deux fois. — *[Anc. art. R. 236-33.]*

Ancien art. R. 4615-17 Le représentant du personnel au comité d'hygiène, de sécurité et des conditions de travail qui souhaite bénéficier de son droit à un congé de formation en fait la demande au chef d'établissement (Décr. n° 2017-631 du 25 avr. 2017, art. 6) « *ou à l'administrateur du groupement de coopération sanitaire de moyens de droit public* ». La demande précise la date à laquelle il souhaite prendre son congé, la durée de celui-ci, le prix du stage et le nom de l'organisme chargé de l'assurer.
La demande de congé est présentée au moins trente jours avant le début du stage. A sa date de présentation, elle est imputée en priorité sur le contingent fixé au premier alinéa de l'article 2 du décret n° 88-676 du 6 mai 1988 relatif à l'attribution du congé pour formation syndicale dans la fonction publique hospitalière.

Ancien art. R. 4615-18 Si les nécessités du service l'imposent, le congé de formation peut être refusé après avis de la commission administrative paritaire compétente siégeant en formation plénière. En ce qui concerne les agents non titulaires, la commission consultée est la commission compétente à l'égard des agents titulaires exerçant les mêmes fonctions que l'agent non titulaire intéressé.

La décision de refus est motivée. – [Anc. art. R. 236-34, al. 3 et 4.]

Ancien art. R. 4615-19 Les dépenses prises en charge par l'établissement (Décr. n° 2017-631 du 25 avr. 2017, art. 6) « ou par le groupement de coopération sanitaire de moyens de droit public » au titre de la formation des représentants du personnel au comité d'hygiène, de sécurité et des conditions de travail ne s'imputent pas sur le financement des actions de formation prévues par le décret n° 90-319 du 5 avril 1990 relatif à la formation professionnelle continue des agents de la fonction publique hospitalière.

Ancien art. R. 4615-20 Les frais de déplacement et de séjour sont pris en charge par l'établissement (Décr. n° 2017-631 du 25 avr. 2017, art. 6) « ou par le groupement de coopération sanitaire de moyens de droit public » dans les conditions applicables aux agents relevant du titre IV du statut général des fonctionnaires de l'État et des collectivités territoriales.

Ancien art. R. 4615-21 Les dépenses relatives à la rémunération des organismes de formation sont prises en charge dans les conditions fixées par l'article R. 4614-34. – [Anc. art. R. 236-39.]

CHAPITRE VI *[ANCIEN]* INSTANCE DE COORDINATION DES COMITÉS D'HYGIÈNE, DE SÉCURITÉ ET DES CONDITIONS DE TRAVAIL

(Décr. n° 2013-552 du 26 juin 2013)

SECTION 1 *[ANCIENNE]* Composition et désignation

Ancien art. R. 4616-1 Lors de la première réunion suivant la désignation des représentants du personnel au comité d'hygiène, de sécurité et des conditions de travail, la délégation du personnel choisit en son sein trois représentants, par ordre de priorité, susceptibles de siéger au sein de l'instance de coordination prévue à l'article L. 4616-1 selon les modalités définies à l'article L. 4614-2 et au 2° de l'article L. 4616-2.

Pour les CHSCT déjà constitués au 1er juill. 2013, la désignation des représentants de la délégation du personnel susceptibles de siéger au sein de l'instance de coordination prévue à l'art. L. 4616-1 est organisée lors de la prochaine réunion du comité, selon les modalités prévues à l'art. R. 4616-1. Dans le cas où une instance de coordination est mise en place avant la prochaine réunion d'un ou plusieurs comités concernés par le projet commun, une réunion extraordinaire de chacun de ces comités est tenue en urgence pour désigner leurs représentants au sein de l'instance (Décr. n° 2013-552 du 26 juin 2013, art. 4).

Ancien art. R. 4616-2 Lorsque, pendant la durée normale de son mandat, un représentant du personnel d'un comité d'hygiène, de sécurité et des conditions de travail à l'instance de coordination cesse ses fonctions, il est remplacé à l'occasion de la réunion suivante du comité d'hygiène, de sécurité et des conditions de travail concerné, pour la période du mandat restant à courir. Il n'est pas pourvu à son remplacement si la période restant à courir est inférieure à trois mois.

Toutefois, dans le cas où une instance de coordination est mise en place pour un projet commun concernant son établissement avant la réunion suivante du comité d'hygiène, de sécurité et des conditions de travail, une réunion extraordinaire du comité est tenue en urgence pour désigner ce nouveau représentant.

Ancien art. R. 4616-3 Lorsqu'une instance de coordination est mise en place, la liste nominative de ses membres (Décr. n° 2016-1417 du 20 oct. 2016, art. 9) « est communiquée par tout moyen aux salariés » de chaque établissement concerné par le projet commun.

Elle indique la qualité, les coordonnées et l'emplacement de travail habituel des membres de l'instance.

SECTION 2 *[ANCIENNE]* Fonctionnement

Ancien art. R. 4616-4 Les représentants du personnel au sein de l'instance de coordination choisissent parmi eux le secrétaire.

Ancien art. R. 4616-5 L'ordre du jour des réunions de l'instance et, le cas échéant, les documents s'y rapportant sont transmis par le président aux membres de cette instance (Décr. n° 2016-868 du 29 juin 2016, art. 3) « huit » jours au moins avant la date fixée pour la réunion, sauf cas exceptionnel justifié par l'urgence.

(Décr. n° 2016-868 du 29 juin 2016, art. 3) « Lorsque » l'instance est réunie dans le cadre d'un projet de restructuration et de compression des effectifs mentionné à l'article *(Décr. n° 2016-868 du 29 juin 2016, art. 3)* « L. 2323-31 », l'ordre du jour et, le cas échéant, les documents s'y rapportant sont transmis *(Décr. n° 2016-868 du 29 juin 2016, art. 3)* « huit » jours au moins avant la date fixée pour la réunion.

Ancien art. R. 4616-6 Les réunions de l'instance ont lieu dans un local approprié et, sauf exception justifiée par l'urgence, pendant les heures de travail.

Ancien art. D. 4616-6-1 *(Décr. n° 2016-453 du 12 avr. 2016)* Les réunions par visioconférence de l'instance de coordination sur le fondement de l'article L. 4616-6 satisfont aux conditions prévues aux articles D. 2325-1-1 et suivants.

Ancien art. R. 4616-7 Les procès-verbaux des réunions et les avis de l'instance sont conservés au siège social de l'entreprise.

Ils sont transmis, par l'employeur, aux membres de la délégation du personnel des comités d'hygiène, de sécurité et des conditions de travail concernés par le projet commun.

Ils sont communiqués, à leur demande, aux médecins du travail, aux inspecteurs du travail, aux agents des services de prévention de l'organisme de sécurité sociale et, le cas échéant, aux agents de l'organisme professionnel de prévention du bâtiment et des travaux publics des établissements concernés.

Ancien art. R. 4616-8 *(Décr. n° 2016-868 du 29 juin 2016, art. 3)* I. – Pour l'exercice de ses attributions consultatives mentionnées *(Décr. n° 2016-1761 du 16 déc. 2016, art. 3)* « aux articles L. 4612-8 et L. 4616-3 », l'instance de coordination est réputée avoir été consultée et avoir rendu un avis négatif à l'expiration d'un délai d'un mois à compter de la communication par l'employeur des informations prévues par le présent code pour sa consultation.

En cas d'intervention d'un expert mentionné à l'article L. 4614-12, ce délai est porté à trois mois.

II. – Dans le cas prévu au troisième alinéa du I de l'article R. 2323-1-1 :

1° Les délais prévus au I du présent article s'appliquent à l'instance de coordination ;

2° L'avis de l'instance est transmis au comité d'entreprise au plus tard sept jours avant la date à laquelle ce dernier est réputé avoir été consulté et avoir rendu un avis négatif.

III. – Lorsqu'il y a lieu de consulter à la fois l'instance de coordination et un ou plusieurs comités d'hygiène, de sécurité et des conditions de travail, les délais prévus au I du présent article s'appliquent à l'instance de coordination.

Dans ce cas, l'avis de chaque comité d'hygiène, de sécurité et des conditions de travail est réputé avoir été rendu et transmis à l'instance de coordination au plus tard sept jours avant la date à laquelle cette dernière est réputée avoir été consultée et avoir rendu un avis négatif.

Ancien art. R. 4616-9 L'expertise unique organisée par l'instance en application de l'article L. 4616-3 est réalisée dans le délai d'un mois à compter de la désignation de l'expert. Ce délai peut être prolongé pour tenir compte des nécessités de l'expertise sans excéder soixante jours.

Toutefois, lorsque cette expertise est organisée dans le cadre d'un projet de restructuration et de compression des effectifs mentionné à l'article L. 2323-15 et selon les modalités définies à l'article L. 4614-12-1, le rapport d'expertise est remis à l'employeur au plus tard quinze jours avant l'expiration du délai prévu à l'article L. 1233-30. L'absence de remise du rapport de l'expert désigné n'a pas pour effet de prolonger le délai prévu à l'article L. 1233-30.

Ancien art. R. 4616-10 Les contestations relatives à l'expertise prévue à l'article L. 4614-12-1 doivent être dûment motivées et adressées au directeur régional des entreprises, de la concurrence, de la consommation, du travail et de l'emploi territorialement compétent, par tout moyen permettant de conférer une date certaine :

1° Par l'employeur, s'agissant des dispositions de l'alinéa 2 de l'article L. 4614-13 ;

2° Par les membres de l'instance lorsque les conditions fixées par l'alinéa 3 de l'article L. 4614-13 ne sont pas réunies.

Le directeur régional se prononce dans un délai de cinq jours à compter de la date de réception de la demande. Une copie de la décision est adressée aux autres parties.

TITRE II SERVICES DE PRÉVENTION ET DE SANTÉ AU TRAVAIL

(Décr. n° 2012-135 du 30 janv. 2012, art. 1ᵉʳ-III et 3)

Au titre II du livre VI de la 4ᵉ partie du C. trav., les mots : « service de santé au travail », « services de santé au travail », « service de santé au travail interentreprises », « services de santé au travail interentreprises », « service autonome de santé au travail » et « services autonomes de santé au travail » sont remplacés respectivement par les mots : « service de prévention et de santé au travail », « services de prévention et de santé au travail », « service de prévention et de santé au travail interentreprises », « services de prévention et de santé au travail interentreprises », « service autonome de prévention et de santé au travail » et « services autonomes de prévention et de santé au travail » (Décr. n° 2022-679 du 26 avr. 2022, art. 2-II).

CHAPITRE I CHAMP D'APPLICATION

Art. R. 4621-1 Les dispositions du présent titre ne s'appliquent pas aux entreprises et établissements agricoles, dont les services de prévention et de santé au travail sont régis par le livre VII du code rural et de la pêche maritime.

CHAPITRE II MISSIONS ET ORGANISATION

SECTION 1 Organisation des services de prévention et de santé au travail

Art. D. 4622-1 (Décr. n° 2012-137 du 30 janv. 2012, art. 1ᵉʳ-1° et 2) Le service de prévention et de santé au travail est organisé sous la forme :
1° Soit d'un service autonome, qui peut être un service de groupe au sens de l'article L. 2331-1, d'entreprise, inter-établissements, d'établissement ou commun aux entreprises constituant une unité économique et sociale ;
2° Soit d'un service de prévention et de santé au travail interentreprises.

Art. D. 4622-2 (Décr. n° 2012-137 du 30 janv. 2012, art. 1ᵉʳ-1° et 2) Lorsque, pour organiser le service de prévention et de santé au travail, l'entreprise a le choix entre les deux formes de service prévues à l'article D. 4622-1, ce choix est fait par l'employeur.
Le (Décr. n° 2017-1819 du 29 déc. 2017, art. 3) « comité social et économique » préalablement consulté peut s'opposer à cette décision. L'opposition est motivée.

Art. D. 4622-3 (Décr. n° 2012-137 du 30 janv. 2012, art. 1ᵉʳ-1° et 2) Lorsque le (Décr. n° 2017-1819 du 29 déc. 2017, art. 3) « comité social et économique » s'est opposé à la décision de l'employeur, celui-ci saisit le (Décr. n° 2020-1545 du 9 déc. 2020, art. 28-X) « directeur régional de l'économie, de l'emploi, du travail et des solidarités », qui se prononce sur la forme du service, après avis du médecin inspecteur du travail.

Art. R. 4622-4 (Décr. n° 2012-135 du 30 janv. 2012, art. 1ᵉʳ-III et 3) Le choix par l'employeur de la forme du service est réputée approuvée par le (Décr. n° 2020-1545 du 9 déc. 2020, art. 28-X) « directeur régional de l'économie, de l'emploi, du travail et des solidarités » si aucune opposition ne lui a été notifiée dans le délai d'un mois à compter de la réception de sa saisine.

SECTION 2 Services autonomes de prévention et de santé au travail

SOUS-SECTION 1 Services de prévention et de santé au travail de groupe, d'entreprise ou d'établissement

Art. D. 4622-5 (Décr. n° 2012-137 du 30 janv. 2012, art. 1ᵉʳ-2° et 2) Un service de prévention et de santé au travail de groupe, d'entreprise ou d'établissement peut être institué lorsque l'effectif de salariés suivis atteint ou dépasse 500 salariés.
Le service de prévention et de santé au travail de groupe est institué par accord entre tout ou partie des entreprises du groupe.

Art. D. 4622-6 (Décr. n° 2012-137 du 30 janv. 2012, art. 1ᵉʳ-2° et 2) Le service de prévention et de santé au travail d'entreprise ou d'établissement est administré par l'employeur sous la surveillance du (Décr. n° 2017-1819 du 29 déc. 2017, art. 3) « comité social et économique ».
Le comité est consulté sur les questions relatives à l'organisation et au fonctionnement du service de prévention et de santé au travail.

Art. D. 4622-7 (Décr. n° 2012-137 du 30 janv. 2012, art. 1ᵉʳ-2° et 2) Le (Décr. n° 2017-1819 du 29 déc. 2017, art. 3) « comité social et économique » est informé des observations formulées et des mises en demeure notifiées par l'inspection du travail

SANTÉ ET SÉCURITÉ AU TRAVAIL   **Art. D. 4622-14**

dans le domaine de la santé au travail ainsi que des observations d'ordre technique faites par l'inspection médicale du travail.

Art. D. 4622-8 (Décr. n° 2012-137 du 30 janv. 2012, art. 1ᵉʳ-2° et 2) Des modalités particulières de gestion du service de prévention et de santé au travail peuvent être établies par accord de groupe, d'entreprise ou à défaut par accord entre l'employeur et le (Décr. n° 2017-1819 du 29 déc. 2017, art. 3) « comité social et économique ».

Dans le cas d'un service de prévention et de santé au travail de groupe, l'accord prévoit les conditions dans lesquelles s'exercent la surveillance et la consultation prévues à l'article D. 4622-6.

SOUS-SECTION 2   **Services de prévention et de santé au travail interétablissements**

Art. D. 4622-9 (Décr. n° 2012-137 du 30 janv. 2012, art. 1ᵉʳ-3° et 2) Un service de prévention et de santé au travail inter-établissements peut être créé entre plusieurs établissements d'une entreprise lorsque l'effectif de salariés suivis atteint ou dépasse 500 salariés.

La création de ce service est soumise aux dispositions de la section 1 ainsi qu'aux conditions d'agrément prévues à la sous-section 1 de la section 4.

Art. D. 4622-10 (Décr. n° 2012-137 du 30 janv. 2012, art. 1ᵉʳ-3° et 2) Le service de prévention et de santé au travail inter-établissements est administré par l'employeur sous la surveillance du (Décr. n° 2017-1819 du 29 déc. 2017, art. 3) « comité social et économique central » et des (Décr. n° 2017-1819 du 29 déc. 2017, art. 3) « comités sociaux et économiques d'établissement » intéressés.

Art. D. 4622-11 (Décr. n° 2012-137 du 30 janv. 2012, art. 1ᵉʳ-3° et 2) Pour la surveillance du service de prévention et de santé au travail inter-établissements, chaque (Décr. n° 2017-1819 du 29 déc. 2017, art. 3) « comité social et économique d'établissement » exerce les mêmes attributions que celles définies aux articles D. 4622-6 à D. 4622-8 pour ce qui concerne l'organisation et le fonctionnement du service de prévention et de santé au travail dans l'établissement.

SOUS-SECTION 3   **Services de prévention et de santé au travail communs aux entreprises constituant une unité économique et sociale**

Art. D. 4622-12 (Décr. n° 2012-137 du 30 janv. 2012, art. 1ᵉʳ-4° et 2) Lorsqu'une unité économique et sociale a été reconnue entre des entreprises distinctes dans les conditions prévues à l'article L. 2322-4 et que l'effectif de salariés suivis atteint ou dépasse 500 salariés, un service de prévention et de santé au travail commun à ces entreprises peut être créé, après accord du (Décr. n° 2017-1819 du 29 déc. 2017, art. 3) « comité social et économique » commun.

Art. D. 4622-13 (Décr. n° 2012-137 du 30 janv. 2012, art. 1ᵉʳ-4° et 2) Sauf dans le cas où il est administré paritairement en application de l'accord conclu par l'employeur, le service de prévention et de santé au travail est placé sous la surveillance du (Décr. n° 2017-1819 du 29 déc. 2017, art. 3) « comité social et économique » commun qui exerce alors les attributions prévues aux articles D. 4622-6 à D. 4622-8.

SECTION 3   **Services de prévention et de santé au travail interentreprises**

SOUS-SECTION 1   **Organisation du service de prévention et de santé au travail**

§ 1   Mise en place et administration

Art. D. 4622-14 (Décr. n° 2012-137 du 30 janv. 2012, art. 1ᵉʳ-5° et 2) Les entreprises et établissements qui ne relèvent pas d'un service autonome de prévention et de santé au travail en application de la section 2 organisent ou adhèrent à un service de prévention et de santé au travail interentreprises.

Toutefois, une entreprise ou un établissement, quel que soit son effectif, peut faire suivre ses salariés par un service de prévention et de santé au travail d'entreprise dans les cas suivants :

1° L'entreprise ou l'établissement appartient à un groupe au sens de l'article L. 2331-1 ;

2° L'entreprise ou l'établissement intervient régulièrement en tant qu'entreprise extérieure auprès d'une entreprise, dans les conditions prévues à l'article R. 4511-1.

Dans les cas prévus aux 1° et 2°, une convention est conclue entre l'entreprise qui a organisé le service de prévention et de santé au travail et l'entreprise ou l'établissement concerné. Le comité de l'entreprise ou de l'établissement concerné préalablement consulté peut s'y opposer. L'opposition est motivée.

Art. D. 4622-15 (Décr. n° 2012-137 du 30 janv. 2012, art. 1er-5° et 2) Le service de prévention et de santé au travail interentreprises est constitué sous la forme d'un organisme à but non lucratif, doté de la personnalité civile et de l'autonomie financière.

Lorsqu'il comprend un service social du travail, ce dernier est animé par un assistant social du travail ou par un conseiller du travail. L'assistant social du travail est un assistant social diplômé d'État ayant acquis un diplôme équivalent à celui de conseiller du travail.

Art. D. 4622-16 (Décr. n° 2012-137 du 30 janv. 2012, art. 1er-5° et 2) Lorsqu'ils ont conclu un accord de coopération pour la mise en œuvre des mesures de prévention relatives à la santé et à la sécurité de leurs salariés, des établissements travaillant sur un même site et appartenant à des entreprises différentes peuvent constituer un service de prévention et de santé au travail, par dérogation aux dispositions des articles D. 4622-5, D. 4622-9 et D. 4622-12.

La création de ce service est autorisée par le (Décr. n° 2020-1545 du 9 déc. 2020, art. 28-X) « directeur régional de l'économie, de l'emploi, du travail et des solidarités », après consultation des (Décr. n° 2017-1819 du 29 déc. 2017, art. 3) « comités sociaux et économiques » intéressés et lorsque l'effectif des salariés suivis atteint ou dépasse 500 salariés.

Art. R. 4622-17 Le (Décr. n° 2017-1819 du 29 déc. 2017, art. 3) « comité social et économique » est consulté sur le choix du service de prévention et de santé au travail interentreprises.

Art. R. 4622-18 (Décr. n° 2012-137 du 30 janv. 2012, art. 1er-6° et 2) Les entreprises foraines adhèrent à un service de prévention et de santé au travail interentreprises territorialement compétent :

(Décr. n° 2017-1522 du 2 nov. 2017, art. 8) « 1° Soit pour la commune de résidence de l'employeur, soit pour la commune où se situe l'organisme auprès duquel il a fait élection de domicile dans les conditions prévues à l'article L. 264-1 du code de l'action sociale et des familles ; »

2° Soit pour l'une des communes où l'entreprise exerce habituellement son activité.

(Décr. n° 2016-1908 du 27 déc. 2016, art. 18) « Lorsqu'une entreprise foraine est appelée à embaucher un travailleur lors de son passage dans une localité éloignée d'un centre d'examen du service de prévention et de santé au travail auquel elle est affiliée, l'examen médical d'aptitude ou la visite d'information et de prévention réalisés à l'embauche peuvent avoir lieu lors du prochain passage dans une localité où fonctionne un de ces centres dans un délai qui n'excède pas un an. »

Art. D. 4622-19 (Abrogé par Décr. n° 2023-704 du 31 juill. 2023, art. 1er-1°) (Décr. n° 2012-137 du 30 janv. 2012, art. 1er-6° et 2) « *Les représentants des employeurs au conseil d'administration du service de prévention et de santé au travail interentreprises sont désignés par les entreprises adhérentes après avis des organisations professionnelles d'employeurs représentatives au plan national interprofessionnel ou professionnel.* »

En l'absence de dispositions statutaires particulières du service de prévention et de santé au travail interentreprises, lorsque des candidats aux fonctions de président (Décr. n° 2023-704 du 31 juill. 2023, art. 1er-1°) « , de vice-président » et de trésorier (Décr. n° 2023-704 du 31 juill. 2023, art. 1er-1°) « du conseil d'administration de ce service » ont obtenu le même nombre de voix, le poste est attribué au plus âgé des candidats.

La durée du mandat des membres du conseil d'administration est de quatre ans.

SANTÉ ET SÉCURITÉ AU TRAVAIL **Art. R. 4622-24**

Un compte rendu de chaque réunion du conseil d'administration est tenu à disposition du *(Décr. n° 2020-1545 du 9 déc. 2020, art. 28-X)* « directeur régional de l'économie, de l'emploi, du travail et des solidarités ».

Art. D. 4622-20 *(Décr. n° 2012-137 du 30 janv. 2012, art. 1er-6° et 2)* Le service de prévention et de santé au travail interentreprises fait connaître au *(Décr. n° 2020-1545 du 9 déc. 2020, art. 28-X)* « directeur régional de l'économie, de l'emploi, du travail et des solidarités », dans les trois mois, tout changement survenu dans son administration ou sa direction ainsi que toute modification apportée à ses statuts.

Art. D. 4622-21 *(Décr. n° 2012-137 du 30 janv. 2012, art. 1er-6° et 2)* Sauf avis contraire du *(Décr. n° 2020-1545 du 9 déc. 2020, art. 28-X)* « directeur régional de l'économie, de l'emploi, du travail et des solidarités », un service de prévention et de santé au travail interentreprises ne peut s'opposer à l'adhésion d'une entreprise relevant de sa compétence.

(Décr. n° 2022-1435 du 15 nov. 2022, art. 1er) « Un service de prévention et de santé au travail interentreprises peut accepter l'adhésion d'une entreprise située dans la région où il dispose d'un agrément dès lors que les conditions suivantes sont réunies :

« 1° L'adhésion de l'entreprise ne remet pas en cause la couverture effective des besoins en médecine du travail des secteurs pour lesquels le service est agréé ;

« 2° Le service garantit un accès de proximité pour chaque travailleur dans les conditions prévues au *d* du 5° du I de l'article D. 4622-49-1. »

§ 2 Adhésion et cessation d'adhésion

Art. D. 4622-22 *(Décr. n° 2012-137 du 30 janv. 2012, art. 1er-7° et 2)* Les droits et obligations réciproques du service de prévention et de santé au travail interentreprises et de ses adhérents sont déterminés dans les statuts ou le règlement intérieur de celui-ci. Ces statuts et ce règlement sont communiqués à l'entreprise, lors de la demande d'adhésion, avec la grille des cotisations du service de prévention et de santé au travail interentreprises et un document détaillant les contreparties individualisées de l'adhésion.

(Décr. n° 2016-1908 du 27 déc. 2016, art. 18) « L'employeur adresse au service de prévention et de santé au travail un document précisant le nombre et la catégorie des travailleurs à suivre ainsi que les risques professionnels auxquels ils sont exposés, notamment les risques mentionnés à l'article R. 4624-23, qui permettent au travailleur de bénéficier d'un suivi individuel renforcé de son état de santé. Ce document est établi en cohérence avec l'évaluation des risques prévue à l'article L. 4121-3 et le recensement des postes exposés à des facteurs de risques prévu à l'article R. 4624-46 après avis du ou des médecins du travail concernés ainsi que du *(Décr. n° 2017-1819 du 29 déc. 2017, art. 3)* « comité social et économique s'il existe ». »

(Décr. n° 2014-799 du 11 juill. 2014, art. 1er) « Ce document est mis à jour chaque année selon les mêmes modalités. »

Il est tenu à disposition du *(Décr. n° 2020-1545 du 9 déc. 2020, art. 28-X)* « directeur régional de l'économie, de l'emploi, du travail et des solidarités ».

Art. D. 4622-23 *(Décr. n° 2012-137 du 30 janv. 2012, art. 1er-7° et 2)* La cessation de l'adhésion à un service de prévention et de santé au travail interentreprises est décidée par l'employeur, sauf opposition du *(Décr. n° 2017-1819 du 29 déc. 2017, art. 3)* « comité social et économique » préalablement consulté. L'opposition est motivée.

En cas d'opposition, la décision de l'employeur est subordonnée à l'autorisation du *(Décr. n° 2020-1545 du 9 déc. 2020, art. 28-X)* « directeur régional de l'économie, de l'emploi, du travail et des solidarités » qui se prononce après avis du médecin inspecteur du travail.

En l'absence d'opposition, l'employeur informe le *(Décr. n° 2020-1545 du 9 déc. 2020, art. 28-X)* « directeur régional de l'économie, de l'emploi, du travail et des solidarités » de sa décision.

Art. R. 4622-24 L'autorisation de cessation d'adhésion à un service de prévention et de santé au travail interentreprises est réputée accordée par le *(Décr. n° 2020-1545 du 9 déc. 2020, art. 28-X)* « directeur régional de l'économie, de l'emploi, du travail et des solidarités » si aucune opposition n'a été notifiée à l'employeur dans le délai d'un mois à compter de la réception de sa demande.

L'autorisation et le refus d'autorisation sont motivés. En cas d'autorisation implicite, les motifs sont fournis, sur demande, dans le délai d'un mois.

§ 3 Secteurs

Art. D. 4622-25 (Décr. n° 2012-137 du 30 janv. 2012, art. 1er-8° et 2) Le service de prévention et de santé au travail interentreprises est organisé en secteurs géographiques, professionnels ou interprofessionnels.

Art. D. 4622-26 (Décr. n° 2012-137 du 30 janv. 2012, art. 1er-8° et 2) L'équipe pluridisciplinaire prévue à l'article L. 4622-8 intervient dans chacun des secteurs.

(Abrogé par Décr. n° 2022-1435 du 15 nov. 2022) « *Le nombre de médecins du travail affectés à un secteur est déterminé par l'agrément prévu à la sous-section 1 de la section 4.* »

Art. D. 4622-27 (Décr. n° 2012-137 du 30 janv. 2012, art. 1er-8° et 2) Chaque secteur comporte au moins un centre médical fixe.

Dans chaque centre médical fixe ou mobile est affichée la liste nominative avec leurs coordonnées :
1° Des médecins du travail du secteur ;
2° Des autres membres de l'équipe pluridisciplinaire ;
3° Des membres de la commission de contrôle ou des membres du comité interentreprises.

§ 4 Offre de services à destination des travailleurs indépendants

(Décr. n° 2022-681 du 26 avr. 2022, art. 1er)

Art. D. 4622-27-1 Chaque service de prévention et de santé au travail interentreprises propose aux travailleurs indépendants mentionnés à l'article L. 4621-3 une offre spécifique de services en matière de prévention des risques professionnels, de suivi individuel et de prévention de la désinsertion professionnelle, dont il détermine le contenu pour l'adapter aux besoins de ces travailleurs.

Art. D. 4622-27-2 L'offre spécifique de services proposée par le service de prévention et de santé au travail interentreprises et la grille tarifaire de celle-ci prévue à *[l'article]* L. 4622-6 sont rendus publics par tout moyen.

Art. D. 4622-27-3 L'affiliation à l'offre spécifique de services mentionnée à l'article L. 4621-3 du travailleur indépendant au service de prévention et de santé au travail interentreprises de son choix est d'une durée minimale d'un an. Le renouvellement de cette affiliation ne peut se faire de manière tacite.

§ 5 Financement

(Décr. n° 2022-1749 du 30 déc. 2022, art. 1er, en vigueur le 1er janv. 2025)

Art. D. 4622-27-4 Le coût moyen de l'ensemble socle de services mentionné à l'article L. 4622-6, défini pour chaque service de prévention et de santé au travail interentreprises, est calculé au titre de l'année précédant l'année en cours de la manière suivante :

Charges d'exploitation de l'ensemble socle de services

Nombre de travailleurs suivis pour lesquels une cotisation a été facturée pendant l'année

Art. D. 4622-27-5 Un arrêté du ministre chargé du travail fixe chaque année, à partir des données transmises selon les modalités prévues à l'article D. 4622-57, le coût moyen national mentionné à l'article L. 4622-6 et correspondant au montant moyen du coût défini à l'article D. 4622-27-4.

Ce coût est présenté au comité national de prévention et de santé au travail dans le cadre de sa mission prévue au 3° de l'article L. 4641-2-1.

SANTÉ ET SÉCURITÉ AU TRAVAIL   **Art. D. 4622-28**

Les services de prévention et de santé au travail interentreprises le présentent à leur conseil d'administration et à la commission de contrôle ou au comité social et économique interentreprises avant approbation, par l'assemblée générale, du montant des cotisations et de la grille tarifaire au titre de l'année civile suivante. Ce coût moyen national est également présenté à l'assemblée générale à l'occasion du vote d'approbation des cotisations mentionné à l'article L. 4622-6.

L'arrêté mentionné au 1ᵉʳ al. de cet art. est publié au plus tard le 1ᵉʳ oct. 2024 (Décr. nº 2022-1749 du 30 déc. 2022, art. 2).

Art. D. 4622-27-6 I. — Le montant des cotisations versées pour chaque travailleur au service de prévention et de santé au travail interentreprises ne peut être inférieur à 80 % ou supérieur à 120 % du coût fixé par l'arrêté prévu à l'article D. 4622-27-5.

II. — L'assemblée générale peut approuver un montant des cotisations supérieur à la borne haute définie au I lorsque le niveau des charges d'exploitation s'explique par un ou plusieurs des motifs suivants :

1° Le suivi de l'état de santé des travailleurs bénéficiant d'un suivi individuel renforcé, tel que prévu par l'article R. 4624-22, lorsqu'ils représentent un effectif supérieur à 30 % de l'ensemble des travailleurs suivis ;

2° Le suivi des travailleurs exposés aux rayonnements ionisants, tel que prévu par l'article R. 4451-82, ou le suivi des travailleurs exécutant ou participant à l'exécution d'une opération dans un établissement comprenant une installation nucléaire de base, tel que prévu par l'article R. 4451-85 ;

3° Le constat d'une augmentation significative des investissements, identifiée par une augmentation des dotations aux amortissements parmi les charges d'exploitation, visant à améliorer la qualité du service rendu dans le cadre de la réalisation de l'offre socle prévue à l'article L. 4622-9-1 ou des autres missions définies à l'article L. 4622-2 ;

4° Le constat d'un résultat net négatif et de la baisse continue du nombre de salariés pour lesquels une cotisation a été facturée au cours du dernier exercice comptable.

III. — L'assemblée générale peut également approuver un montant des cotisations inférieur à la borne basse définie au I dans les conditions cumulatives suivantes :

1° Au cours du dernier exercice comptable, le rapport entre le montant total des cotisations et le total des charges d'exploitation dans le compte de résultat est supérieur à un ;

2° Le service bénéficie d'un agrément valide d'une durée de cinq ans.

IV. — La mise en œuvre des dérogations prévues au II et au III ne peut porter atteinte à l'accomplissement par le service de l'ensemble de ses missions prévues à l'article L. 4622-2.

V. — Pour l'application des dispositions prévues aux II et III, les services de prévention et de santé au travail interentreprises présentent à leur conseil d'administration, à la commission de contrôle ou au comité social et économique interentreprises et à l'assemblée générale, le rapport comptable d'entreprise mentionné à l'article D. 4622-56 en indiquant le ratio entre les fonds propres figurant au passif du bilan et les charges d'exploitation figurant dans le compte de résultat.

SOUS-SECTION 2 Commission médico-technique

Art. D. 4622-28 *(Décr. nº 2012-137 du 30 janv. 2012, art. 1ᵉʳ-9° et 2)* La commission médico-technique prévue à l'article L. 4622-13 élabore le projet pluriannuel de service. Elle est informée de la mise en œuvre des priorités du service et des actions à caractère pluridisciplinaire.

Elle est en outre consultée sur les questions relatives :

1° A la mise en œuvre des compétences pluridisciplinaires au sein du service de prévention et de santé au travail ;

2° A l'équipement du service ;

3° A l'organisation des actions en milieu de travail *(Décr. nº 2016-1908 du 27 déc. 2016, art. 18)* « et du suivi de l'état de santé des travailleurs ;

« 3° *bis* A l'élaboration et à la mise en œuvre des protocoles prévus à l'article R. 4623-14 » ;

4° A l'organisation d'enquêtes et de campagnes ;

5° Aux modalités de participation à le veille sanitaire.

Elle peut également être consultée sur toute question relevant de sa compétence.

Art. D. 4622-29 (*Décr. n° 2012-137 du 30 janv. 2012, art. 1ᵉʳ-9° et 2*) La commission médico-technique est constituée à la diligence du président du service de prévention et de santé au travail.

Elle est composée :

1° Du président du service de prévention et de santé au travail ou de son représentant ;

2° Des médecins du travail du service ou, s'il y a lieu, de leurs délégués (*Décr. n° 2014-799 du 11 juill. 2014, art. 1ᵉʳ*) « , élus à raison d'un titulaire et d'un suppléant pour huit médecins » ;

3° Des intervenants en prévention des risques professionnels du service ou, s'il y a lieu, de leurs délégués élus à raison d'un titulaire et d'un suppléant pour huit intervenants ;

4° Des infirmiers ou, s'il y a lieu, de leurs délégués élus à raison d'un titulaire et d'un suppléant pour huit infirmiers ;

5° Des assistants de services de prévention et de santé au travail ou, s'il y a lieu, de leurs délégués élus à raison d'un titulaire et d'un suppléant pour huit assistants ;

6° Des professionnels recrutés après avis des médecins du travail ou, s'il y a lieu, de leurs délégués élus à raison d'un titulaire et d'un suppléant pour huit professionnels.

Art. D. 4622-30 (*Décr. n° 2012-137 du 30 janv. 2012, art. 1ᵉʳ-9° et 2*) La commission médico-technique se réunit au moins trois fois par an.

Elle établit son règlement intérieur.

Elle communique ses conclusions au conseil d'administration et, selon le cas, au comité interentreprises ou à la commission de contrôle. Elle les tient à disposition du médecin inspecteur du travail.

Elle présente chaque année à ces instances l'état de ses réflexions et travaux.

SOUS-SECTION 3 Organes de surveillance et de consultation

§ 1 Dispositions communes

Art. D. 4622-31 (*Décr. n° 2012-137 du 30 janv. 2012, art. 1ᵉʳ-10° et 2*) Le comité interentreprises ou la commission de contrôle est consulté sur l'organisation et le fonctionnement du (*Décr. n° 2014-799 du 11 juill. 2014, art. 1ᵉʳ*) « service de prévention et de santé au travail, notamment sur » :

1° (*Décr. n° 2012-1247 du 7 nov. 2012, art. 2*) « Le budget » ainsi que l'exécution du budget du service de prévention et de santé au travail ;

2° La modification de la compétence géographique ou professionnelle du service de prévention et de santé au travail ;

3° Les créations, suppressions ou modifications de secteurs ;

4° Les créations et suppressions d'emploi de médecin du travail, d'intervenant en prévention des risques professionnels ou d'infirmier ;

5° Les recrutements de médecins du travail en contrat de travail à durée déterminée ;

6° La nomination, le changement d'affectation, le licenciement, la rupture conventionnelle du contrat de travail, la rupture du contrat de travail à durée déterminée dans les cas prévus à l'article L. 4623-5-1 et le transfert d'un médecin du travail ;

7° Le licenciement d'un intervenant en prévention des risques professionnels ou d'un infirmier.

Le comité ou la commission peut en outre être consulté sur toute question relevant de sa compétence.

Licenciement d'un intervenant en prévention des risques professionnels. La consultation du comité interentreprises ou de la commission de contrôle, préalablement au licenciement d'un intervenant en prévention des risques professionnels, constitue pour le salarié une garantie de fond dont la violation prive le licenciement de cause réelle et sérieuse. • Soc. 14 nov. 2019, n° 18-20.307 P : D. 2019. Actu. 2254 ; RDT 2020. 198, obs. Véricel ; RJS 1/2020, n° 24.

Art. D. 4622-32 (*Décr. n° 2012-137 du 30 janv. 2012, art. 1ᵉʳ-10° et 2*) Le comité interentreprises ou la commission de contrôle est informé :

SANTÉ ET SÉCURITÉ AU TRAVAIL **Art. D. 4622-38**

1° De tout changement de secteur ou d'affectation d'un médecin d'une entreprise ou d'un établissement de cinquante salariés et plus ;

2° Des observations et des mises en demeure de l'inspection du travail relatives aux missions des services de prévention et de santé au travail et des mesures prises pour s'y conformer ;

3° Des observations d'ordre technique faites par l'inspection médicale du travail et des mesures prises pour s'y conformer ;

4° Des suites données aux suggestions qu'il a formulées ;

5° De l'état d'application des clauses des accords ou conventions collectifs relatives à l'activité et aux missions des services de prévention et de santé au travail dès lors que ces accords ou conventions intéressent une ou plusieurs des entreprises adhérentes à ces services.

§ 2 Dispositions particulières à la commission de contrôle

Art. D. 4622-33 (Décr. n° 2012-137 du 30 janv. 2012, art. 1er-11° et 2) La commission de contrôle comprend neuf membres au moins et vingt et un membres au plus, issus des entreprises adhérant au service de prévention et de santé au travail.

Art. D. 4622-34 (Décr. n° 2012-137 du 30 janv. 2012, art. 1er-11° et 2) La commission de contrôle est constituée puis renouvelée à la diligence du président du service de prévention et de santé au travail.

Lorsque, par défaut de candidatures, la commission de contrôle n'a pas été constituée ou renouvelée, un procès-verbal est établi par le président. Celui-ci (Décr. n° 2016-1418 du 20 oct. 2016, art. 4) « communique, par tout moyen, le procès-verbal aux salariés ». Il le transmet dans les quinze jours au (Décr. n° 2020-1545 du 9 déc. 2020, art. 28-X) « directeur régional de l'économie, de l'emploi, du travail et des solidarités ».

Art. D. 4622-35 (Abrogé par Décr. n° 2023-704 du 31 juill. 2023, art. 1er-2°) (Décr. n° 2012-137 du 30 janv. 2012, art. 1er-11° et 2) « Les représentants des salariés sont désignés par les organisations syndicales de salariés représentatives au niveau national et interprofessionnel.

« Les représentants des employeurs sont désignés par les entreprises adhérentes après avis des organisations professionnelles d'employeurs représentatives au plan national interprofessionnel ou professionnel.

« La répartition des sièges pour les représentants des employeurs et les représentants des salariés fait l'objet respectivement d'un accord entre le président du service de prévention et de santé au travail et les organisations professionnelles d'employeurs représentatives au plan national interprofessionnel ou professionnel et d'un accord (Décr. n° 2014-799 du 11 juill. 2014, art. 1er) « , valide au sens de l'article L. 2232-2, » entre le président du service de prévention et de santé au travail et les organisations syndicales de salariés représentatives au niveau national et interprofessionnel intéressées. »

La fonction de trésorier du conseil d'administration est incompatible avec celle de président de la commission de contrôle.

Art. D. 4622-36 (Décr. n° 2012-137 du 30 janv. 2012, art. 1er-11° et 2) La composition de la commission de contrôle ainsi que toute modification intervenant dans cette composition sont communiquées, dans le délai d'un mois, au (Décr. n° 2020-1545 du 9 déc. 2020, art. 28-X) « directeur régional de l'économie, de l'emploi, du travail et des solidarités ».

Art. D. 4622-37 (Décr. n° 2012-137 du 30 janv. 2012, art. 1er-11° et 2) Les difficultés soulevées par l'application des articles D. 4622-33 à D. 4622-36 sont tranchées par le (Décr. n° 2020-1545 du 9 déc. 2020, art. 28-X) « directeur régional de l'économie, de l'emploi, du travail et des solidarités ».

(Décr. n° 2014-799 du 11 juill. 2014, art. 1er) « Toutefois, le (Décr. n° 2020-1545 du 9 déc. 2020, art. 28-X) « directeur régional de l'économie, de l'emploi, du travail et des solidarités » ne peut être saisi de difficultés liées à la répartition des sièges entre organisations au sein de la commission de contrôle qu'en l'absence d'accord mentionné au troisième alinéa de l'article D. 4622-35. »

Art. D. 4622-38 (Décr. n° 2012-137 du 30 janv. 2012, art. 1er-11° et 2) La durée du mandat des membres de la commission de contrôle est de quatre ans.

Art. D. 4622-39 (*Décr. n° 2012-137 du 30 janv. 2012, art. 1ᵉʳ-11° et 2*) Les membres de la commission de contrôle bénéficient, dans les trois mois qui suivent leur nomination, de la formation nécessaire à l'exercice de leur mandat, auprès de l'organisme de leur choix. Cette formation est à la charge du service de prévention et de santé au travail.

En cas de renouvellement de leur mandat et lorsqu'ils ont exercé leurs fonctions pendant trois ans, consécutifs ou non, les membres de la commission de contrôle bénéficient, dans les mêmes conditions, d'un stage de perfectionnement et d'actualisation de leurs connaissances.

Le contenu et les conditions d'organisation de ces formations peuvent être précisés par accord collectif de branche.

Art. D. 4622-40 (*Décr. n° 2012-137 du 30 janv. 2012, art. 1ᵉʳ-11° et 2*) La commission élabore son règlement intérieur, qui précise notamment :

1° Le nombre de réunions annuelles de la commission ;

2° La possibilité et les modalités de réunions extraordinaires ;

3° Les modalités selon lesquelles les représentants des employeurs désignent parmi eux le secrétaire de la commission ;

4° Les conditions d'élaboration de l'ordre du jour de chaque réunion.

Art. D. 4622-41 (*Décr. n° 2012-137 du 30 janv. 2012, art. 1ᵉʳ-11° et 2*) L'ordre du jour des réunions de la commission de contrôle est arrêté par le président et le secrétaire de la commission.

Il est transmis par le président aux membres de la commission au moins quinze jours avant la date de la réunion, accompagné des documents correspondants.

Ce délai est porté à dix jours en cas de mise à pied d'un médecin du travail, dans le cadre de la procédure prévue au quatrième alinéa de l'article R. 4623-20.

L'ordre du jour est communiqué, dans les mêmes conditions, au (*Décr. n° 2020-1545 du 9 déc. 2020, art. 28-X*) « directeur régional de l'économie, de l'emploi, du travail et des solidarités ».

Art. D. 4622-42 (*Décr. n° 2012-137 du 30 janv. 2012, art. 1ᵉʳ-11° et 2*) Le procès-verbal de chaque réunion, cosigné par le président et le secrétaire de la commission, est tenu à disposition du (*Décr. n° 2020-1545 du 9 déc. 2020, art. 28-X*) « directeur régional de l'économie, de l'emploi, du travail et des solidarités » dans le délai d'un mois à compter de la date de la réunion.

Art. D. 4622-43 (*Décr. n° 2012-137 du 30 janv. 2012, art. 1ᵉʳ-11° et 2*) Les membres salariés de la commission de contrôle sont indemnisés intégralement par leur employeur de toute éventuelle perte de rémunération résultant de l'exercice de leur mandat. Cette indemnisation prend notamment en compte le temps de déplacement et les frais de transport.

Le service de prévention et de santé au travail interentreprises rembourse à l'employeur les frais ainsi engagés.

SOUS-SECTION 4 **Contractualisation**

Art. D. 4622-44 (*Décr. n° 2012-137 du 30 janv. 2012, art. 1ᵉʳ-12° et 2*) Le contrat pluriannuel d'objectifs et de moyens mentionné à l'article L. 4622-10 est conclu entre chaque service de prévention et de santé au travail agréé d'une part, le (*Décr. n° 2020-1545 du 9 déc. 2020, art. 28-X*) « directeur régional de l'économie, de l'emploi, du travail et des solidarités » et les organismes de prévention des caisses de sécurité sociale d'autre part, après avis du (*Décr. n° 2016-1834 du 22 déc. 2016, art. 2-II*) « groupe permanent régional d'orientation des conditions de travail ».

Art. D. 4622-45 (*Décr. n° 2012-137 du 30 janv. 2012, art. 1ᵉʳ-12° et 2*) Le contrat pluriannuel définit des actions visant à :

1° Mettre en œuvre les priorités d'actions du projet de service pluriannuel prévu à l'article (*Décr. n° 2014-799 du 11 juill. 2014, art. 1ᵉʳ*) « L. 4622-14 » et faire émerger des bonnes pratiques ;

2° Améliorer la qualité individuelle et collective de la prévention des risques professionnels et des conditions de travail ;

3° Mettre en œuvre les objectifs régionaux de santé au travail définis dans les plans régionaux de santé au travail ;
4° Promouvoir une approche collective et concertée et les actions en milieu de travail ;
5° Mutualiser, y compris entre les services de prévention et de santé au travail, des moyens, des outils, des méthodes, des actions, notamment en faveur des plus petites entreprises ;
6° Cibler des moyens et des actions sur certaines branches professionnelles, en faveur de publics particuliers ou sur la prévention de risques spécifiques ;
7° Permettre le maintien dans l'emploi des salariés et lutter contre la désinsertion professionnelle.

Art. D. 4622-46 (Décr. n° 2012-137 du 30 janv. 2012, art. 1er-12° et 2) Le contrat pluriannuel indique les moyens mobilisés par les parties, la programmation des actions et les modalités de collaboration pour atteindre des objectifs chiffrés. Il détermine également les modalités de suivi, de contrôle et d'évaluation des résultats, à l'aide d'indicateurs quantitatifs et qualitatifs.

Art. D. 4622-47 (Décr. n° 2012-137 du 30 janv. 2012, art. 1er-12° et 2) Le contrat pluriannuel est conclu pour une durée maximale de cinq ans. Il peut être révisé par voie d'avenants.

SOUS-SECTION 5 **Documents communiqués aux adhérents et rendus publics**

(Décr. n° 2022-1435 du 15 nov. 2022)

Ndlr : cette sous-section 5 a été créée sans tenir compte de la sous-section 5 (Certification) créée par le Décr. n° 2022-1031 du 20 juill. 2022, en vigueur au plus tard le 1er mai 2023.

Art. D. 4622-47-1 Les documents prévus au 4° de l'article L. 4622-16-1 sont les suivants :
1° Les résultats de la dernière certification ;
2° Le projet de service pluriannuel ;
3° L'offre de service spécifique à destination des travailleurs indépendants.

Art. D. 4622-47-2 Les documents mentionnés à l'article L. 4622-16-1 sont transmis par tout moyen aux adhérents et au comité régional de prévention et de santé au travail et publiés sur le site internet du service de prévention et de santé au travail, au plus tard à la fin de l'année à laquelle ils ont été établis.

SOUS-SECTION 5 **Certification**

(Décr. n° 2022-1031 du 20 juill. 2022, en vigueur au plus tard le 1er mai 2023)

§ 1 Principes

Art. D. 4622-47-1 L'appréciation sur les éléments prévus aux 1° à 5° de l'article L. 4622-9-3, portée par la procédure de certification des services de prévention et de santé au travail interentreprises prévue au même article, garantit l'homogénéité, l'effectivité et la qualité des services rendus par ces entités ainsi que celle des processus qui s'y rapportent ou y contribuent. Elle garantit également le respect par ces mêmes entités, dans l'exercice de leurs activités, de l'impartialité et de la confidentialité vis-à-vis des entreprises adhérentes et de leurs salariés.
La certification est accessible à tout service de prévention et de santé au travail interentreprises, progressive et tient compte des capacités et des moyens des services de prévention et de santé au travail interentreprises en vue d'atteindre un niveau élevé d'exigence. Elle est délivrée pour une période comprise entre un et cinq ans, en année complète, en fonction du niveau de certification déterminés *[déterminé]* dans les conditions mentionnées à l'article D. 4622-47-3. Le service dont la certification est délivrée pour une durée inférieure à cinq ans prend, pendant cette durée, toute mesure utile pour obtenir une certification d'une durée supérieure lors de son renouvellement.

Ces dispositions entrent en vigueur à la date de publication de l'arrêté mentionné à l'art. D. 4622-47-4 et au plus tard le 1er mai 2023 (Décr. n° 2022-1031 du 20 juill. 2022, art. 2). – V. Arr. du 27 juill. 2023, NOR : MTRT2320847A (JO 1er sept.).

§ 2 Référentiels

Art. D. 4622-47-2 La certification des services de prévention et de santé au travail interentreprises prévue à l'article L. 4622-9-3 est délivrée par un organisme certificateur accrédité par le Comité français d'accréditation ou par un autre organisme d'accréditation visé par le règlement (CE) n° 765/2008 du Parlement européen et du Conseil du 9 juillet 2008 fixant les prescriptions relatives à l'accréditation et abrogeant le règlement (CEE) n° 339/93 du Conseil, signataire d'un accord de reconnaissance multilatéral pris dans le cadre de la coordination européenne des organismes d'accréditation. Le choix de l'organisme certificateur est libre et exclusif.

V. ndlr ss. art. D. 4622-47-1.

Art. D. 4622-47-3 La durée pour laquelle la certification est délivrée au service de prévention et de santé au travail interentreprises est fonction de niveaux de certification correspondant respectivement à une liste de critères factuels, non discriminants, explicites et reproductibles, définis dans le cahier des charges mentionné à l'article D. 4622-47-4.

Les services candidats à la certification sont soumis à des audits sur site dans des conditions définies dans ce cahier des charges.

L'organisme certificateur qui refuse la certification motive sa décision.

L'organisme certificateur qui délivre la certification peut formuler des observations, des réserves ou des demandes d'actions correctives immédiates, assorties d'une demande de réexamen dans un délai déterminé.

V. ndlr ss. art. D. 4622-47-1.

Art. D. 4622-47-4 Les principes et référentiels mentionnés au dernier alinéa de l'article L. 4622-9-3 sont déclinés et mis en œuvre, en application des dispositions de la présente sous-section, dans un cahier des charges fixé par un arrêté du ministre chargé du travail. Cet arrêté précise notamment :

1° Les modalités d'accréditation des organismes certificateurs mentionnés à l'article D. 4622-47-2 ;

2° Les modalités ainsi que la méthode et les conditions de délivrance de la certification des services de prévention et de santé au travail interentreprises ;

3° La liste et la nature des critères de chacun des niveaux de certification mentionnés à l'article D. 4622-47-3, ainsi que les indicateurs qui s'y rapportent ;

4° Les modalités de transmission, de communication et de suivi de la certification, aux adhérents, aux membres du comité national de prévention et de santé au travail et des comités régionaux de prévention et de santé au travail et aux autorités administratives mentionnées à l'article D. 4622-47-5 ;

5° Les modalités de traitement par le service de prévention et de santé au travail interentreprises des réclamations émanant d'adhérents ou de tiers, notamment des salariés, des représentants du personnel ou des membres de la commission de contrôle, en rapport avec l'objet de la certification ;

6° Les modalités de traitement des réclamations adressées à l'organisme certificateur par le service de prévention et de santé au travail interentreprises certifié ou candidat à la certification, par des adhérents ou des tiers en rapport avec la certification de ce service, notamment ceux mentionnés au 5° ;

7° Les modalités de transfert et de traitement des dossiers de certification, en cas de suspension ou de retrait de l'accréditation, ou en cas de cessation d'activité ;

8° Les modalités de publicité de la certification.

V. ndlr ss. art. D. 4622-47-1.

Art. D. 4622-47-5 Le directeur général du travail et le directeur régional de l'économie, de l'emploi, du travail et des solidarités compétent peuvent à tout moment, de leur propre initiative ou sur demande des membres du comité national de prévention et de santé au travail ou du comité régional de prévention et de santé au travail :

1° Solliciter de l'organisme certificateur un bilan d'activité ou tout document ou information complémentaires relatifs à la certification ;

2° Lui demander d'organiser un audit supplémentaire.

V. ndlr ss. art. D. 4622-47-1.

SANTÉ ET SÉCURITÉ AU TRAVAIL **Art. D. 4622-49-1**

Art. D. 4622-47-6 La direction générale du travail informe le comité national de prévention et de santé au travail des travaux relatifs à l'élaboration et à la mise en œuvre de la certification, qui peut le cas échéant, dans le cadre de ses missions prévues aux 2°, 3° et 4° de l'article L. 4641-2-1, formuler des propositions d'évolution des principes ou des modalités de certification.

V. ndlr ss. art. D. 4622-47-1.

SECTION 4 Dispositions communes

SOUS-SECTION 1 Agréments

Art. D. 4622-48 (*Décr. n° 2012-137 du 30 janv. 2012, art. 1er-13° et 2*) Chaque service de prévention et de santé au travail fait l'objet d'un agrément, (*Abrogé par Décr. n° 2022-1435 du 15 nov. 2022, art. 1er*) « *pour une période de cinq ans,* » par le (*Décr. n° 2020-1545 du 9 déc. 2020, art. 28-X*) « directeur régional de l'économie, de l'emploi, du travail et des solidarités », après avis du médecin inspecteur du travail.

Le directeur régional peut autoriser le rattachement, au service de prévention et de santé au travail qu'il agrée, d'un établissement ou d'une entreprise situé dans le ressort d'une autre région, sous réserve de l'accord du directeur régional géographiquement compétent.

(*Abrogé par Décr. n° 2022-1435 du 15 nov. 2022, art. 1er*) « *L'agrément fixe l'effectif maximal de travailleurs suivis par [le] médecin du travail ou, pour les services de prévention et de santé au travail interentreprises, par l'équipe pluridisciplinaire de santé au travail.* »

Art. D. 4622-49 (*Décr. n° 2022-1435 du 15 nov. 2022*) L'agrément ne peut être refusé que pour des motifs tirés de la non-conformité des prescriptions au présent titre, notamment celles du cahier des charges national de l'agrément défini à l'article D. 4622-49-1. Tout refus d'agrément est motivé.

Art. D. 4622-49-1 (*Décr. n° 2022-1435 du 15 nov. 2022*) I. — Pour les services de prévention et de santé au travail interentreprises, le cahier des charges national de l'agrément comprend les critères suivants :

1° Au titre de la gouvernance et du pilotage des services de prévention et de santé au travail :

a) Le service est administré paritairement par un conseil d'administration composé de représentants des employeurs et de représentants des salariés dans les conditions prévues à l'article L. 4622-11 ;

b) Le service respecte la durée maximale du mandat des membres du conseil d'administration définie à l'article D. 4622-19 et applique la limitation du nombre de mandats successifs de ces membres dans les conditions prévues à l'article L. 4622-11 ;

c) La commission médico-technique élabore le projet de service pluriannuel ;

d) Le projet de service pluriannuel s'appuie sur un diagnostic territorial en matière de santé au travail ;

e) La commission de contrôle assure un contrôle effectif du fonctionnement et des actions menées par le service ;

f) La formation effective des membres de la commission de contrôle intervient dans les conditions prévues à l'article D. 4622-39 ;

g) Le service assure la publicité et la transmission de la liste des documents prévus à l'article L. 4622-16-1 à ses adhérents, ainsi qu'au comité régional de prévention et de santé au travail ;

h) Le montant de la cotisation prévu à l'article L. 4622-6 est défini proportionnellement au nombre de travailleurs suivis comptant chacun pour une unité.

2° Au titre de la qualité de l'offre de services :

a) Le service a obtenu le niveau minimal de certification en application de l'article L. 4622-9-3 et met en œuvre des actions pour atteindre le niveau le plus élevé s'il ne l'a pas atteint ;

b) Le service réalise l'ensemble des missions mentionnées à l'article L. 4622-2, en veillant à l'effectivité et à la qualité de la réalisation de l'ensemble socle de services prévu à l'article L. 4622-9-1 ;

c) Le service garantit les conditions d'exercice des personnels concourant aux services de prévention et de santé au travail prévues au présent titre, notamment le temps de travail consacré par le médecin du travail aux actions sur le milieu de travail prévu à l'article L. 4623-3-1 ;

d) Le service utilise des systèmes d'informations ou des outils numériques conformes aux dispositions de l'article L. 4624-8-2 ;

e) Le service met en œuvre le dossier médical en santé au travail prévu à l'article L. 4624-8 dans les conditions définies au 4° de l'article L. 4622-9-3 ;

3° Au titre de sa contribution à la mise en œuvre de la politique de santé au travail :

a) Le service a signé le contrat pluriannuel d'objectifs et de moyens prévu à l'article L. 4622-10 ;

b) Le service contribue à la traçabilité des expositions professionnelles et aux enquêtes en matière de veille sanitaire, notamment celles menées par le ministère chargé du travail, l'Agence nationale de sécurité sanitaire de l'alimentation, de l'environnement et du travail et l'Agence nationale de santé publique ;

c) Le service transmet chaque année les données relatives à son activité et à sa gestion financière selon les modalités prévues à l'article D. 4622-57 ;

d) Le service utilise l'identifiant national de santé défini à l'article L. 1111-8-1 du code de la santé publique et a recours à une messagerie de santé sécurisée conforme aux dispositions de l'article R. 4624-45-7.

4° Au titre de la mise en œuvre de la pluridisciplinarité :

a) Le service dispose, le cas échéant par convention avec d'autres services de prévention et de santé au travail, d'une ou plusieurs équipes pluridisciplinaires permettant d'assurer l'effectivité de l'ensemble socle de services, qui comprend des médecins du travail, des collaborateurs médecins, des internes en médecine du travail, des intervenants en prévention des risques professionnels et des infirmiers en nombre suffisant ;

b) Les délégations de missions des médecins du travail aux personnels concourant au service de prévention et de santé au travail et aux membres de l'équipe pluridisciplinaire, lorsqu'elles sont mises en œuvre, respectent les conditions fixées par les articles L. 4622-8 et R. 4623-14 ;

c) La cellule pluridisciplinaire de prévention de la désinsertion professionnelle assure ses missions dans les conditions prévues à l'article L. 4622-8-1.

5° Au titre de la couverture par les services de prévention et de santé au travail des besoins des entreprises et de l'ensemble des secteurs définis à l'article D. 4622-25 :

a) L'effectif maximal de travailleurs suivis par le médecin du travail ou par l'équipe pluridisciplinaire permet une couverture adéquate des besoins des entreprises ou des besoins des secteurs pour lesquels le service demande son agrément ;

b) Le service est d'une capacité lui permettant de disposer des moyens nécessaires à la réalisation des missions prévues à l'article L. 4622-2 ;

c) Les secteurs pour lesquels le service de prévention et de santé au travail sollicite un agrément participent à la couverture effective des besoins en médecine du travail, appréciés au niveau régional ;

d) L'accès à un centre fixe et, le cas échéant, mobile, garantit un service de proximité aux entreprises adhérentes et aux travailleurs.

II. — Pour les services de prévention et de santé au travail autonomes, le cahier des charges national de l'agrément comprend les critères prévus aux *c* à *e* du 2°, aux *b* à *d* du 3°, au *b* du 4° et au *a* et *d* du 5° du I.

Art. D. 4622-49-2 (*Décr. n° 2022-1435 du 15 nov. 2022*) Chaque direction régionale de l'économie, de l'emploi, du travail et des solidarités présente pour avis au comité régional de prévention et de santé au travail les modalités d'application au niveau régional du cahier des charges national de l'agrément prévu à l'article D. 4622-49-1.

Art. D. 4622-50 (*Décr. n° 2012-137 du 30 janv. 2012, art. 1ᵉʳ-13° et 2*) La demande d'agrément ou de renouvellement d'agrément est accompagnée d'un dossier dont les éléments sont fixés par arrêté du ministre chargé du travail (*Abrogé par Décr. n° 2022-1435 du 15 nov. 2022*) « *qui tient compte notamment de la couverture géographique assurée, professionnelle ou interprofessionnelle, des moyens affectés ainsi que des locaux et des équipements dédiés et, le cas échéant, de la mise en œuvre des dispositions du contrat pluriannuel d'objectifs et de moyens par le service de prévention et de santé au travail interentreprises* ».

La demande de renouvellement d'agrément est présentée au moins quatre mois avant le terme de l'agrément en cours.

Art. D. 4622-51 (*Décr. n° 2022-1435 du 15 nov. 2022*) Lorsque le directeur régional de l'économie, de l'emploi, du travail et des solidarités constate que les conditions de fonctionnement du service de prévention et de santé au travail ne sont pas conformes aux prescriptions du présent titre, et notamment celles du cahier des charges national de l'agrément, il peut, après avis du médecin inspecteur du travail :

1° En cas de demande d'agrément ou de renouvellement, délivrer un agrément pour une durée maximale de deux ans non renouvelable, sous réserve d'un engagement précis et daté de mise en conformité par le service de prévention et de santé au travail. Lorsqu'à l'issue de cette période le service de prévention et de santé au travail satisfait à ses obligations, l'agrément lui est accordé pour une durée de cinq ans ;

2° En cours d'agrément :
a) Soit mettre fin à l'agrément ;
b) Soit réduire la durée de l'agrément.

Les mesures prévues au 2° ne peuvent être mises en œuvre qu'après que le service de prévention et de santé au travail a été invité à se mettre en conformité avec les prescriptions du présent titre, et notamment celles du cahier des charges national, par tout moyen permettant de conférer une date certaine à cette demande, dans un délai fixé par le directeur régional dans la limite de six mois si le service n'a pas accompli dans ce délai les diligences nécessaires.

Le président du service de prévention et de santé au travail informe chaque entreprise adhérente dès la réception de la notification de la décision prononçant la réduction de la durée de l'agrément ou son retrait.

Art. R. 4622-52 Le silence gardé pendant plus de quatre mois sur une demande d'agrément ou de renouvellement d'agrément vaut décision d'agrément.

Le silence gardé pendant plus de quatre mois par le ministre chargé du travail saisi d'un recours hiérarchique sur une décision relative à l'agrément vaut décision d'agrément.

Art. D. 4622-53 *Abrogé par Décr. n° 2022-1435 du 15 nov. 2022.*

SOUS-SECTION 2 **Rapports**

(*Décr. n° 2022-1435 du 15 nov. 2022*)

Art. D. 4622-54 I. — Le directeur du service de prévention et de santé au travail interentreprises établit le rapport annuel d'activité mentionné à l'article L. 4622-16, qui est présenté au comité interentreprises ou à la commission de contrôle et au conseil d'administration au plus tard à la fin du quatrième mois qui suit l'année au titre de laquelle il a été établi. Ce rapport est ensuite transmis aux adhérents.

La commission médico-technique prévue à l'article L. 4622-13 émet un avis sur ce rapport, avant sa présentation aux instances mentionnées au premier alinéa.

Les instances mentionnées au premier alinéa peuvent faire toute proposition relative à l'organisation, au fonctionnement, à l'équipement et au budget du service de prévention et de santé au travail.

II. — Dans les entreprises ou établissements de plus de trois cents salariés, les données d'activité propres à l'entreprise ou à l'établissement sont transmises au comité social et économique.

Il en est de même dans les autres entreprises ou établissements lorsque le comité social et économique intéressé en fait la demande.

Art. D. 4622-55 Pour les services de prévention et de santé au travail autonomes, un rapport annuel d'activité est présenté au comité social et économique au plus tard à la fin du quatrième mois qui suit l'année au titre de laquelle il a été établi.

L'instance mentionnée au premier alinéa peut faire toute proposition relative à l'organisation, au fonctionnement, à l'équipement et au budget du service de prévention et de santé au travail.

Art. D. 4622-56 Un rapport comptable d'entreprise, certifié par un commissaire aux comptes, est versé en complément des rapports prévus aux articles D. 4622-54 et D. 4622-55 au plus tard avant la fin du premier semestre suivant l'exercice considéré.

Art. D. 4622-57 Les services de prévention et de santé au travail transmettent par voie dématérialisée les données relatives à leur activité et à leur gestion financière et toute autre information demandée par l'autorité administrative dans les délais fixés par celle-ci. Elles concernent l'organisation et le fonctionnement des services de prévention et de santé au travail notamment :

1° Les ressources et les outils utilisés, notamment une adresse électronique à jour pour faciliter la transmission des données ;

2° La réalisation des actions figurant dans le cadre du projet pluriannuel de service et notamment, pour les services de prévention et de santé interentreprises, la réalisation de l'offre socle de services ;

3° Pour les services de prévention et de santé au travail interentreprises, les données relatives à la gestion financière du service permettant notamment de calculer le coût moyen national de l'offre socle ;

4° Toute autre information relative à la contribution des services de prévention et de santé au travail à la mise en œuvre de la politique de santé au travail.

Art. D. 4622-58 Un rapport de synthèse annuel relatif à l'activité et à la gestion financière des services de prévention et de santé au travail est publié sur le site internet du ministère chargé du travail.

CHAPITRE III PERSONNELS CONCOURANT AUX SERVICES DE PRÉVENTION ET DE SANTÉ AU TRAVAIL

(Décr. n° 2012-135 du 30 janv. 2012, art. 1er-III et 3)

SECTION 1 Médecin du travail

SOUS-SECTION 1 Missions du médecin du travail

Art. R. 4623-1 *(Décr. n° 2016-1908 du 27 déc. 2016, art. 18)* Le médecin du travail est le conseiller de l'employeur, des travailleurs, des représentants du personnel et des services sociaux. Dans le champ de ses missions :

1° Il participe à la prévention des risques professionnels et à la protection de la santé des travailleurs, notamment par :

a) L'amélioration des conditions de vie et de travail dans l'entreprise ;

b) L'adaptation des postes, des techniques et des rythmes de travail à la santé physique et mentale, notamment en vue de préserver le maintien dans l'emploi des salariés ;

c) La protection des travailleurs contre l'ensemble des nuisances, notamment contre les risques d'accidents du travail ou d'exposition à des agents chimiques dangereux ;

d) L'amélioration de l'hygiène générale de l'établissement et l'hygiène dans les services de restauration ;

e) La prévention et l'éducation sanitaires dans le cadre de l'établissement en rapport avec l'activité professionnelle ;

f) La construction ou les aménagements nouveaux ;

g) Les modifications apportées aux équipements ;

h) La mise en place ou la modification de l'organisation du travail de nuit ;

i) L'accompagnement en cas de réorganisation importante de l'entreprise ;

2° Il conseille l'employeur, notamment en participant à l'évaluation des risques dans le cadre de l'élaboration de la fiche d'entreprise et dans le cadre de son action sur le milieu de travail, réalisées, conformément à sa mission définie à l'article L. 4622-3, au service de la prévention et du maintien dans l'emploi des travailleurs, qu'il conduit avec les autres membres de l'équipe pluridisciplinaire, qu'il anime et coordonne ;

3° Il décide du suivi individuel de l'état de santé des travailleurs, qui a une vocation exclusivement préventive et qu'il réalise avec les personnels de santé mentionnés au premier alinéa de l'article L. 4624-1, qui exercent dans le cadre de protocoles *(Décr. n° 2022-679 du 26 avr. 2022, art. 1er)* « mentionnés à l'article R. 4623-14 » et sous son autorité ;

4° Il contribue à la veille épidémiologique et à la traçabilité.

SANTÉ ET SÉCURITÉ AU TRAVAIL

Dans les services de prévention et de santé au travail interentreprises, l'équipe pluridisciplinaire et, le cas échéant, le service social du travail, se coordonnent avec le service social du travail de l'entreprise.

SOUS-SECTION 2 **Recrutement, nomination, affectation et conditions d'exercice**

§ 1 Recrutement

Art. R. 4623-2 Seul un médecin remplissant l'une des conditions suivantes peut pratiquer la médecine du travail :
1° Être qualifié en médecine du travail ;
2° Avoir été autorisé, à titre exceptionnel, à poursuivre son exercice en tant que médecin du travail en application de l'article 28 de la loi n° 98-535 du 1er juillet 1998 ou de l'article 189 de la loi n° 2002-73 du 17 janvier 2002 de modernisation sociale ;
3° Être titulaire d'une capacité en médecine de santé au travail et de prévention des risques professionnels.

Art. R. 4623-3 Le médecin du travail communique ses titres à l'inspection médicale du travail, dans le mois qui suit son entrée en fonction dans un service de prévention et de santé au travail.

Art. R. 4623-4 Le médecin du travail est lié par un contrat de travail conclu avec l'employeur ou le président du service de prévention et de santé au travail interentreprises, dans les conditions prévues par le code de déontologie médicale prévu à l'article L. 4127-1 du code de la santé publique.

1. Recours pour excès de pouvoir. Les contrats types établis sur le fondement du code de déontologie constituent des actes réglementaires pouvant être l'objet d'un recours pour excès de pouvoir devant les juridictions administratives au même titre que la décision du conseil de l'ordre qui en adopte les dispositions et qui en est indissociable. ● CE 13 mai 1987 : *Lebon* 530 ; *D.* 1989. Somm. 65, obs. Chelle et Prétot ; *Dr. soc.* 1987. 749, concl. de Clausade ; *JCP E* 1988. II. 15157, note Chaumette (décision statuant sur la légalité de certaines clauses du contrat type des médecins du travail relevant de services interentreprises rendu public le 1er avr. 1978).

2. Rôle du conseil de l'ordre. Les contrats doivent être communiqués au conseil de l'ordre, mais n'ont pas à être approuvés par lui ; celui-ci ne peut donc prendre une sanction disciplinaire au motif qu'il n'a pas approuvé un contrat. ● CE 3 juill. 1970 : *Lebon* 460.

§ 2 Nomination

Art. R. 4623-5 Le médecin du travail est nommé et affecté avec l'accord du (*Décr. n° 2017-1819 du 29 déc. 2017, art. 3*) « comité social et économique » ou, dans les services de prévention et de santé au travail interentreprises, avec l'accord du comité interentreprises ou de la commission de contrôle, ainsi que du conseil d'administration.

1. Légalité des dispositions réglementaires. Sur la légalité des dispositions réglementaires soumettant la nomination ou le licenciement du médecin du travail à l'accord, soit du comité d'entreprise, soit de la commission de contrôle du service interentreprises, V. ● Crim. 9 mai 1978 : *Dr. soc.* 1979. 452, annexe 3, note Javillier ● CE 12 juill. 1957 : *Lebon* 480.

2. Sur la légalité du règlement R PS 24 B établi par la Société nationale des chemins de fer français relatif au service médical de médecine du travail. ● CE 6 nov. 2000, n° 207780.

3. Principe du contradictoire. Le médecin, dont l'audition par le comité d'entreprise ou l'organisme de contrôle n'est pas exigée, doit avoir été mis à même de présenter ses moyens de défense. ● Soc. 9 déc. 1964 : *Dr. soc.* 1965. 316, obs. Savatier. ♦ Rappr. ● Soc. 10 mars 1971 : *Bull. civ. V, n° 194*.

4. Majorité. Dans le cadre de l'art. R. 241-31 [R. 4623-5 nouv.], une résolution doit, pour être adoptée, avoir recueilli les suffrages favorables de plus de la moitié des personnes composant le comité ou la commission de contrôle. ● Crim. 4 mars 1980 : *Bull. crim. n° 78* ● Soc. 10 déc. 1986 : *Bull. civ. V, n° 587*.

5. Dossiers de candidature. Le comité d'entreprise n'étant pas compétent pour effectuer le choix parmi les candidats retenus par l'employeur, celui-ci n'a pas à lui transmettre les dossiers des candidatures. ● CE 20 avr. 1984 : *Dr. soc.* 1984. 559, concl. Pauti.

Art. R. 4623-6 Les instances mentionnées à l'article R. 4623-5 se prononcent par un vote à bulletin secret, à la majorité de leurs membres, régulièrement convoqués, présents ou représentés. Chaque membre ne peut disposer du pouvoir que d'un seul autre membre.

Art. R. 4623-7 Les instances mentionnées à l'article R. 4623-5 ont communication des données suivantes :
1° L'effectif des salariés suivis par le médecin nommé ;
2° Dans les services de prévention et de santé au travail d'entreprise ou d'établissement, le secteur auquel le médecin du travail est affecté ;
3° Dans les services de prévention et de santé au travail de groupe, interétablissements ou commun aux entreprises constituant une unité économique et sociale, la liste des entreprises ou établissements surveillés par le médecin du travail ;
4° Dans les services de prévention et de santé au travail interentreprises, la liste des entreprises surveillées par le médecin du travail.

Art. R. 4623-8 La consultation des instances mentionnées à l'article R. 4623-5 intervient au plus tard avant la fin de la période d'essai.
A défaut d'accord de ces instances, la nomination intervient sur autorisation de l'inspecteur du travail prise après avis du médecin inspecteur du travail.

Art. R. 4623-9 Lorsque l'effectif d'une entreprise, d'un établissement ou d'un service de prévention et de santé au travail interentreprises correspond à l'emploi d'un seul médecin du travail à temps plein ou à temps partiel, il ne peut être fait appel à plusieurs médecins du travail.
Des dérogations peuvent être accordées, à titre exceptionnel, par le (*Décr. n° 2020-1545 du 9 déc. 2020, art. 28-X*) « directeur régional de l'économie, de l'emploi, du travail et des solidarités » après avis du médecin inspecteur du travail.

Art. R. 4623-10 Dans les services de prévention et de santé au travail interentreprises, une liste d'entreprises et d'établissements indiquant les effectifs de travailleurs correspondants et les risques professionnels auxquels ils sont exposés est attribuée à chaque médecin.

Art. R. 4623-11 Dans les services autonomes de prévention et de santé au travail employant plusieurs médecins du travail, chacun d'eux est affecté à un secteur déterminé, défini par l'employeur et dont l'effectif salarié lui est communiqué.

§ 3 Changement d'affectation

Art. R. 4623-12 La procédure prévue à l'article R. 4623-5 s'applique également :
1° Dans les services autonomes de prévention et de santé au travail, en cas de changement de secteur ou d'entreprise du groupe suivi par un médecin du travail, lorsque ce changement est contesté par l'intéressé ou par le (*Décr. n° 2017-1819 du 29 déc. 2017, art. 3*) « comité social et économique » concerné ;
2° Dans les services de prévention et de santé au travail interentreprises :
a) En cas de changement d'affectation d'une entreprise ou d'un établissement à un médecin du travail, lorsque ce changement est contesté par le médecin du travail, par l'employeur ou par le (*Décr. n° 2017-1819 du 29 déc. 2017, art. 3*) « comité social et économique » concerné ;
b) En cas de changement de secteur d'un médecin du travail, lorsque ce changement est contesté par le médecin du travail, par le comité interentreprises ou la commission de contrôle du service ou son conseil d'administration.

Art. R. 4623-13 A défaut d'accord des instances mentionnées à l'article R. 4623-5 ou de l'employeur, les changements de secteur et d'affectation du médecin du travail interviennent sur autorisation de l'inspecteur du travail délivrée après avis du médecin inspecteur du travail.
Un document annuel faisant état de ces changements, ainsi que de tout autre changement d'affectation d'une entreprise ou d'un établissement (*Décr. n° 2019-1586 du 31 déc. 2019, art. 2*) « d'au moins » cinquante salariés, est tenu à disposition du (*Décr. n° 2020-1545 du 9 déc. 2020, art. 28-X*) « directeur régional de l'économie, de l'emploi, du travail et des solidarités » ainsi que du médecin inspecteur du travail.

SANTÉ ET SÉCURITÉ AU TRAVAIL **Art. R. 4623-16**

(*Décr. n° 2019-1586 du 31 déc. 2019, art. 2, en vigueur le 1ᵉʳ janv. 2020*) « L'effectif salarié ainsi que le franchissement du seuil de cinquante salariés sont déterminés selon les modalités prévues à l'article L. 130-1 du code de la sécurité sociale. Lorsque l'entreprise comporte plusieurs établissements, les effectifs sont décomptés par établissement. »

Pour l'application des dispositions de cet art. issues du Décr. n° 2019-1586 du 31 déc. 2019, le II de l'art. L. 130-1 CSS ne s'applique pas lorsque l'effectif de l'entreprise est, au 1ᵉʳ janv. 2020, supérieur ou égal au seuil déterminé à l'art. R. 4623-13 et que cette entreprise était soumise, au titre de l'année 2019, aux dispositions applicables dans le cas d'un effectif supérieur ou égal au seuil applicable avant le 1ᵉʳ janv. 2020 (Décr. préc., art. 4-II).

§ 4 Modalités d'exercice

Art. R. 4623-14 (*Décr. n° 2022-679 du 26 avr. 2022, art. 1ᵉʳ*) « I. — » Le médecin du travail assure personnellement l'ensemble de ses fonctions, dans le cadre des missions définies à l'article R. 4623-1. Elles sont exclusives de toute autre fonction dans les établissements dont il a la charge et dans le service interentreprises dont il est salarié.

(*Décr. n° 2022-679 du 26 avr. 2022, art. 1ᵉʳ*) « II. — Le médecin du travail peut toutefois confier, dans le cadre de protocoles écrits, les visites et examens relevant du suivi individuel des travailleurs aux collaborateurs médecins et aux internes en médecine du travail.

« Le médecin du travail peut également confier, selon les mêmes modalités, à un infirmier en santé au travail la réalisation des visites et examens prévus au chapitre IV du titre II du livre VI de la quatrième partie du présent code, à l'exclusion de l'examen médical d'aptitude et de son renouvellement mentionnés aux articles R. 4624-24 et R. 4624-25 et de la visite médicale mentionnée à l'article R. 4624-28-1, sous les réserves suivantes :

« 1° Ne peuvent être émis que par le médecin du travail les avis, propositions, conclusions écrites ou indications reposant sur des éléments de nature médicale ;

« 2° Lorsqu'il l'estime nécessaire pour tout motif, notamment pour l'application du 1°, ou lorsque le protocole le prévoit, l'infirmier oriente, sans délai, le travailleur vers le médecin du travail qui réalise alors la visite ou l'examen.

« III. — Le médecin du travail peut également confier des missions, à l'exclusion de celles mentionnées au II, aux personnels concourant au service de prévention et de santé au travail et, lorsqu'une équipe pluridisciplinaire a été mise en place, aux membres de cette équipe.

« IV. — Les missions déléguées dans le cadre des II et III sont :

« 1° Réalisées sous la responsabilité du médecin du travail ;

« 2° Adaptées à la formation et aux compétences des professionnels auxquels elles sont confiées ;

« 3° Exercées dans la limite des compétences respectives des professionnels de santé déterminées par les dispositions du code de la santé publique pour les professions dont les conditions d'exercice relèvent de ce code ;

« 4° Mises en œuvre dans le respect du projet de service pluriannuel lorsque les missions sont confiées aux membres de l'équipe pluridisciplinaire. »

Art. R. 4623-15 Le médecin du travail peut être remplacé durant son absence.

Lorsque la durée de l'absence excède trois mois, son remplacement est de droit.

Lorsque la durée de l'absence est inférieure à trois mois, le médecin du travail peut être remplacé par un médecin du travail, par un collaborateur médecin ou par un interne en médecine du travail dans les conditions mentionnées à l'article (*Décr. n° 2014-798 du 11 juill. 2014, art. 4*) « R. 4623-28 ».

SOUS-SECTION 3 **Participation aux organes de surveillance et de consultation**

Art. R. 4623-16 Lorsque l'ordre du jour comporte des questions relatives à l'organisation et au fonctionnement des services de prévention et de santé au travail ou des questions qui concernent les missions des médecins telles que définies à l'article L. 4622-3, le médecin du travail ou, en cas de pluralité de médecins, le ou les délégués des médecins assistent, avec voix consultative, aux réunions :

1° Du (*Décr. n° 2017-1819 du 29 déc. 2017, art. 3*) « comité social et économique » lorsqu'ils relèvent d'un service autonome de prévention et de santé au travail ;

2° Du comité interentreprises ou de la commission de contrôle ainsi que du conseil d'administration lorsqu'ils relèvent d'un service de prévention et de santé au travail interentreprises.

Art. R. 4623-17 Dans les services autonomes de prévention et de santé au travail, les délégués des médecins du travail sont élus à raison d'un titulaire et d'un suppléant pour huit médecins, dans la limite de quatre titulaires et quatre suppléants.

Dans les services interentreprises, ils sont élus à raison d'un titulaire et d'un suppléant par secteur, dans la limite de quatre titulaires et quatre suppléants.

La durée du mandat des délégués est de trois ans.

L'employeur ou le président du service de prévention et de santé au travail organise l'élection.

SOUS-SECTION 4 **Procédure d'autorisation applicable à la rupture ou au transfert du contrat**

Art. R. 4623-18 Lorsqu'est envisagé le licenciement ou la rupture conventionnelle du contrat de travail d'un médecin du travail, ou en cas de rupture de son contrat de travail à durée déterminée dans les cas prévus à l'article L. 4623-5-1, le (*Décr. n° 2017-1819 du 29 déc. 2017, art. 3*) « comité social et économique », le comité interentreprises ou la commission de contrôle ainsi que le conseil d'administration, selon le cas, se prononcent après audition de l'intéressé. L'entretien préalable prévu à l'article L. 1232-2 précède la consultation de l'instance.

1. Application du statut. La procédure de l'art. R. 241-31-2 [R. 4623-20 nouv.] doit être suivie lorsque le licenciement est la conséquence de la suppression par une entreprise de son propre service médical. ● CE 5 févr. 1988 : ⚖ *D.* 1990. Somm. 135, obs. Chelle et Prétot ⚖ ; *Dr. soc.* 1988. 449, concl. Robineau ; *JCP* 1988. II. 21151, note Moderne. ♦ ... Ou lorsque le médecin est mis à la retraite. ● Crim. 2 févr. 1982 : *Bull. crim.* n° 38. ♦ La rupture du contrat de travail pendant la période d'essai est soumise aux dispositions particulières de l'art. R. 241-31 [R. 4623-20 nouv.]. ● Soc. 9 févr. 1966 : *Bull. civ. IV*, n° 162 ; *Dr. soc.*, n° spéc. avr. 1980, 61 ● 4 mars 1987 : *Liaisons soc. Lég. soc.*, n° 5943, 19 ● 26 oct. 2005 : ⚖ *D.* 2006. 115, note Mouly ⚖ ; *ibid.* 2006. Pan. 419, obs. Lokiec ⚖ ; *JCP E* 2005. 1801, note Boulmier ; *JSL* 2005, n° 178-2.

2. Inapplication du statut. Le statut protecteur ne s'applique pas à un médecin chef du service médical d'une compagnie aérienne qui dispose déjà d'un médecin du travail. ● Soc. 7 déc. 1966 : *Bull. civ. IV*, n° 923. ♦ ... Ni aux médecins faisant partie du service central d'appui à la médecine du travail et au médecin coordonnateur qui n'exercent aucune des attributions confiées aux médecins du travail. ● CE 15 janv. 1999, ⚖ n° 189568. ♦ Mais il bénéficie même à un médecin recruté sans l'accord du comité d'entreprise ou de l'organisme de contrôle. ● CE 22 déc. 1967 : *Gaz. Pal.* 1968. 1. 249 ● Crim. 2 oct. 1985 : *JS UIMM* 1986. 99.

Art. R. 4623-19 Les instances mentionnées à l'article R. 4623-18 se prononcent par un vote à bulletin secret, à la majorité de leurs membres, régulièrement convoqués, présents ou représentés.

Chaque membre ne peut disposer du pouvoir que d'un seul autre membre.

Art. R. 4623-20 (*Décr. n° 2012-135 du 30 janv. 2012, art. 1ᵉʳ-III et 3*) (*Décr. n° 2014-798 du 11 juill. 2014, art. 4*) « La demande d'autorisation de licenciement d'un médecin du travail, de rupture du contrat de travail à durée déterminée dans les cas prévus à l'article L. 4623-5-1 ainsi que la demande de constatation de l'arrivée du terme du contrat dans le cas prévu à l'article L. 4623-5-2 sont adressées à l'inspecteur du travail dont dépend le service de prévention et de santé au travail qui l'emploie par tout moyen permettant de conférer date certaine.

« En cas de licenciement, de rupture anticipée ou de non-renouvellement du contrat de travail à durée déterminée, la demande en énonce les motifs. Elle est accompagnée du procès-verbal de la réunion des instances mentionnées à l'article R. 4623-18 ».

La demande est transmise dans les quinze jours suivant la délibération des instances mentionnées à l'article R. 4623-18.

En cas de mise à pied, la consultation de ces instances a lieu dans un délai de dix jours à compter de la mise à pied.

SANTÉ ET SÉCURITÉ AU TRAVAIL **Art. R. 4623-24**

La demande d'autorisation de licenciement ou de rupture du contrat à durée déterminée avant l'échéance du terme ou de non-renouvellement du contrat à durée déterminée est transmise à l'inspecteur du travail dans les quarante-huit heures suivant la délibération des instances mentionnées à l'article R. 4623-18.

Art. R. 4623-21 L'inspecteur du travail procède à une enquête contradictoire au cours de laquelle le médecin du travail peut, sur sa demande, se faire assister par une personne de son choix appartenant au personnel du service de prévention et de santé au travail ou de l'entreprise.

L'inspecteur du travail prend sa décision dans un délai de quinze jours, réduit à huit jours en cas de mise à pied. Ce délai court à compter de la réception de la demande motivée présentée par l'employeur. Il n'est prolongé que si les nécessités de l'enquête le justifient.

Art. R. 4623-22 La décision de l'inspecteur du travail est motivée. Elle est notifiée (*Décr. n° 2014-798 du 11 juill. 2014, art. 4*) « par tout moyen permettant de lui conférer une date certaine » :

1° A l'employeur ;

2° Au médecin du travail ;

(*Décr. n° 2014-798 du 11 juill. 2014, art. 4*) « 3° Dans le cas d'un service autonome, au (*Décr. n° 2017-1819 du 29 déc. 2017, art. 3*) « comité social et économique » ;

« 4° Dans le cas d'un service interentreprises, au conseil d'administration et, selon le cas, soit au comité interentreprises, soit à la commission de contrôle. »

1. Portée de l'autorisation administrative de licenciement. L'autorisation de licenciement donnée par l'inspecteur du travail se substitue entièrement à la délibération de la commission de contrôle et, par suite, les moyens tirés d'irrégularités dont serait entachée la délibération de cette commission sont inopérants. • CE 12 oct. 1990 : *RJS 1991. 106, n° 192*.

2. Office du juge. En cas de licenciement, le juge doit rechercher si cette mesure était en rapport avec l'exercice normal des fonctions de médecin du travail. • CE 5 févr. 1988 : *D. 1990. Somm. 135, obs. Chelle et Prétôt* ; *Dr. soc. 1988. 449, concl. Robineau* ; *JCP 1988. II. 21151, note Moderne*. ♦ Dès lors que la procédure de licenciement n'a pas été sans rapport avec l'exercice normal des fonctions du médecin du travail, l'inspecteur du travail était tenu de refuser son autorisation. • CE 6 mai 1996 : *RJS 1996. 515, n° 799*.

3. Licenciement abusif. Est abusif, bien que régulier en la forme, le licenciement d'un médecin d'un service interentreprises en raison de ses mauvaises relations avec certains employeurs qui l'ont obligé à réclamer le respect de son indépendance dans le domaine médical. • Crim. 10 oct. 1979 : *Dr. soc., n° spéc. avr. 1980, S. 109, obs. Savatier*.

Art. R. 4623-23 Lors du transfert partiel de l'entreprise ou de l'établissement auquel appartient le médecin du travail, seules les dispositions des articles R. 4623-21 et R. 4623-22 s'appliquent. La demande d'autorisation de transfert prévue à l'article L. 4623-5-3 est adressée à l'inspecteur du travail par lettre recommandée avec avis de réception quinze jours avant la date arrêtée pour le transfert.

Art. R. 4623-24 Le ministre peut annuler ou réformer la décision de l'inspecteur du travail mentionnée à l'article (*Décr. n° 2014-798 du 11 juill. 2014, art. 4*) « R. 4623-22 » sur le recours de l'employeur ou du médecin du travail.

Ce recours est introduit dans un délai de deux mois à compter de la notification de la décision de l'inspecteur.

Le silence gardé pendant plus de quatre mois sur ce recours vaut décision de rejet.

1. Référé. Constitue un trouble manifestement illicite justifiant la compétence du juge des référés la violation par une entreprise des dispositions protectrices des fonctions de médecin du travail. • Soc. 7 mai 1987 : *Bull. civ. V, n° 274*.

2. Sanctions. Le licenciement donné sans accord préalable de l'organisme de contrôle est nul. • Soc. 12 mai 1965 : *Bull. civ. IV, n° 374* • 3 nov. 1967 : *Dr. soc. 1968. 242, obs. Savatier* • 19 juin 1975 : *Bull. civ. V, n° 342*. ♦ Comp., lorsque l'absence de cet organisme ou du comité d'entreprise n'est pas due à la faute de l'employeur : • Soc. 24 mai 1967 : *Bull. civ. IV, n° 422* • 16 mars 1978 : *Dr. soc., n° spéc., avr. 1980, S. 106, obs. Savatier*.

3. Rôle des syndicats. La réglementation de la médecine du travail n'a pas été instituée principalement dans l'intérêt de la profession des médecins du travail, mais elle a pour objet essentiel de protéger la santé du personnel des entreprises, ce qui, en cas de violation de cette réglementation, autorise l'action civile des syndicats représentant l'intérêt collectif de la profession. • Crim. 9 mai 1978 : *Dr. soc. 1979. 452, annexe 3, note Javillier*.

SECTION 2 Collaborateur médecin

Art. R. 4623-25 Le service de prévention et de santé au travail ou l'employeur peut recruter des collaborateurs médecins. Ces médecins s'engagent à suivre une formation en vue de l'obtention de la qualification en médecine du travail auprès de l'ordre des médecins. Ils sont encadrés par un médecin qualifié en médecine du travail qu'ils assistent dans ses missions.
(Décr. n° 2016-1358 du 11 oct. 2016, art. 1er) « Les collaborateurs médecins communiquent leurs titres à l'inspection médicale du travail dans le mois qui suit leur embauche.
« Ils exercent leurs fonctions dans les conditions fixées aux articles R. 4623-25-1 et R. 4623-25-2. »

Art. R. 4623-25-1 (Décr. n° 2014-798 du 11 juill. 2014, art. 2) Le collaborateur médecin remplit les missions que lui confie le médecin du travail qui l'encadre, dans le cadre du protocole écrit prévu par l'article R. 4623-14 et validé par ce dernier, en fonction des compétences et de l'expérience qu'il a acquises.
(Décr. n° 2016-1358 du 11 oct. 2016, art. 2) « Ce protocole définit notamment les conditions dans lesquelles le collaborateur médecin procède aux examens prévus dans le cadre du suivi individuel de l'état de santé du salarié. »

Art. R. 4623-25-2 (Décr. n° 2014-798 du 11 juill. 2014, art. 2) Le collaborateur médecin dispose du temps nécessaire et des moyens requis pour exercer ses missions et suivre la formation mentionnée à l'article R. 4623-25.
Il ne peut subir de discrimination en raison de l'exercice de ses missions.

SECTION 3 Interne en médecine du travail

Art. R. 4623-26 Les services de prévention et de santé au travail peuvent être agréés, dans les conditions prévues par l'article L. 632-5 du code de l'éducation, comme organismes extrahospitaliers accueillant en stage les internes inscrits au diplôme d'études spécialisées de médecine du travail ou les étudiants inscrits en deuxième cycle des études médicales.

Art. R. 4623-27 L'interne en médecine du travail est soumis aux dispositions relatives au régime de l'internat déterminé en application de l'article L. 6153-1 du code de la santé publique et à l'organisation du troisième cycle des études médicales fixée en application de l'article L. 632-2 du code de l'éducation.

Art. R. 4623-28 Peuvent être autorisés à exercer la médecine du travail en remplacement d'un médecin du travail temporairement absent, l'interne en médecine du travail disposant du niveau d'études requis par l'article L. 4131-2 du code de la santé publique et autorisé par le conseil départemental de l'ordre des médecins dans les conditions fixées par ce même article. L'interne en médecine du travail peut aussi être autorisé à exercer la médecine du travail dans l'attente de la prise de fonction d'un médecin du travail.

SECTION 4 Médecin candidat à l'autorisation d'exercice
(Décr. n° 2014-798 du 11 juill. 2014, art. 3)

Art. R. 4623-25-3 I. — Le candidat à l'autorisation ministérielle d'exercice de la profession de médecin, dans la spécialité médecine du travail, prévue au I de l'article L. 4111-2 du code de la santé publique, lauréat des épreuves de vérification des connaissances, peut être recruté par un service de prévention et de santé au travail, agréé comme organisme extrahospitalier accueillant en stage les internes inscrits au diplôme d'études spécialisées de médecine du travail, pour l'accomplissement des fonctions requises par les dispositions du même article.
Ces fonctions sont exercées à temps plein ou à temps partiel selon les dispositions prévues au quatrième alinéa du I de l'article L. 4111-2 du code de la santé publique ou à l'article 83 de la loi n° 2006-1640 du 21 décembre 2006 de financement de la sécurité sociale pour 2007 modifiée.
II. — Le candidat à l'autorisation d'exercice de la profession de médecin, dans la spécialité médecine du travail, prévue au II de l'article L. 4111-2 et à l'article L. 4131-

SANTÉ ET SÉCURITÉ AU TRAVAIL **Art. R. 4623-31-1**

1-1 du code de la santé publique, qui effectue un stage d'adaptation en application de l'article R. 4111-18 du même code, peut être recruté par un service de prévention et de santé au travail pour l'accomplissement de ce stage.

Art. R. 4623-25-4 Le candidat à l'autorisation d'exercice est lié par un contrat de travail conclu avec l'employeur ou le président du service de prévention et de santé au travail interentreprises.

La durée du contrat de travail est, selon le cas, soit conforme aux dispositions du second alinéa du I de l'article R. 4623-25-3, soit égale à la durée du stage prescrit en application de l'article R. 4111-17 du code de la santé publique, dans la limite de trois ans.

Le non-renouvellement du contrat à l'issue d'une période d'engagement est notifié avec un préavis de deux mois. Les démissions sont présentées avec le même préavis.

Art. R. 4623-25-5 Le médecin recruté en application des dispositions de l'article R. 4623-25-3 exerce sous la responsabilité d'un médecin qualifié en médecine du travail.

SECTION 5 Personnel infirmier

La section 4 est devenue la section 5 (Décr. n° 2014-798 du 11 juill. 2014, art. 3).

SOUS-SECTION 1 Dispositions communes

Art. R. 4623-29 *(Abrogé par Décr. n° 2022-679 du 26 avr. 2022, art. 1er) L'infirmier recruté dans un service de santé au travail est diplômé d'État ou a l'autorisation d'exercer sans limitation dans les conditions prévues par le code de la santé publique. Si l'infirmier n'a pas suivi une formation en santé au travail, l'employeur l'y inscrit au cours des douze mois qui suivent son recrutement et favorise sa formation continue.*

§ 1 Missions *(Décr. n° 2022-1664 du 27 déc. 2022, art. 1er, en vigueur le 31 mars 2023).*

Art. R. 4623-30 Dans le respect des dispositions des articles R. 4311-1 et suivants du code de la santé publique, l'infirmier exerce ses missions propres ainsi que celles *(Décr. n° 2022-679 du 26 avr. 2022, art. 1er)* « déléguées par le médecin du travail dans les conditions prévues à l'article R. 4623-14 du présent code ».

Art. R. 4623-31 *(Décr. n° 2022-679 du 26 avr. 2022, art. 1er)* « Un entretien infirmier peut être mis en place en accord avec le médecin du travail et sous sa responsabilité. »

(Décr. n° 2012-135 du 30 janv. 2012, art. 1er-III et 3) « L'infirmier peut également, *(Abrogé par Décr. n° 2022-679 du 26 avr. 2022, art. 1er)* « *selon les mêmes modalités, effectuer des examens complémentaires et* » participer à des actions *(Décr. n° 2022-679 du 26 avr. 2022, art. 1er)* « en milieu de travail et » d'information collectives conçues en collaboration avec le médecin du travail et validées par lui. »

(Décr. n° 2022-679 du 26 avr. 2022, art. 1er) « Les actions prévues par le présent article sont réalisées dans le respect des règles liées à l'exercice de la profession d'infirmier déterminées en application de l'article L. 4311-1 du code de la santé publique. »

§ 2 Formation

(Décr. n° 2022-1664 du 27 déc. 2022, art. 1er, en vigueur le 31 mars 2023)

Art. R. 4623-31-1 La formation spécifique en santé au travail prévue à l'article L. 4623-10 est acquise par la justification :
1° D'un parcours de formation d'un minimum de 240 heures d'enseignements théoriques ;
2° D'un stage de 105 heures de pratique professionnelle en santé au travail.
Cette formation est assurée par un établissement public à caractère scientifique, culturel et professionnel ou par un organisme de formation certifié dans les conditions prévues par l'article L. 6316-1 du code du travail, qui atteste de sa validation.

Ces établissements et organismes tiennent compte, le cas échéant, des formations en santé au travail et de l'expérience professionnelle du candidat pour le dispenser d'effectuer tout ou partie du parcours de formation mentionné au 1° ou du stage mentionné au 2°.

Les infirmiers ayant exercé dans un service de prévention et de santé au travail depuis plus de 12 mois avant le 31 mars 2023 ne sont pas tenus de justifier du stage professionnel mentionné au 2° de l'art. R. 4623-31-1 (Décr. n° 2022-1664 du 27 déc. 2022, art. 3-II).

Art. R. 4623-31-2 La formation spécifique en santé au travail prévue à l'article L. 4623-10 permet, au minimum, au candidat d'acquérir des compétences dans les matières suivantes :
1° La connaissance du monde du travail et de l'entreprise ;
2° La connaissance des risques et pathologies professionnels et des moyens de les prévenir ;
3° L'action collective de prévention des risques professionnels et de promotion de la santé sur le lieu de travail et l'accompagnement des employeurs et des entreprises ;
4° Le suivi individuel de l'état de santé des salariés, incluant la traçabilité des expositions et la veille sanitaire et épidémiologique ;
5° La prévention de la désinsertion professionnelle ;
6° L'exercice infirmier dans le cadre des équipes pluridisciplinaires des services de prévention et de santé au travail et la collaboration avec les personnes et organismes mentionnés aux troisième et quatrième alinéas du I de l'article L. 4644-1.

V. Arr. du 30 janv. 2023 relatif aux modalités d'organisation et d'évaluation de la formation spécifique des infirmiers de santé au travail, NOR : MTRT2301438A (JO 1ᵉʳ mars).

Art. R. 4623-31-3 Les modalités d'organisation de la formation spécifique en santé au travail prévue à l'article L. 4623-10, le cadre du contrôle des connaissances acquises lors du parcours de formation et celui de l'évaluation du stage de pratique professionnelle sont précisés par un arrêté du ministre chargé du travail.

SOUS-SECTION 2   Le personnel infirmier en entreprise

Art. R. 4623-32 Dans les établissements industriels de 200 à 800 salariés, est présent au moins un infirmier et, au-delà de cet effectif, un infirmier supplémentaire par tranche de 600 salariés.

Dans les autres établissements de 500 à 1 000 salariés, est présent au moins un infirmier et, au-delà de cet effectif, un infirmier supplémentaire par tranche de 1 000 salariés.

Art. R. 4623-33 Dans les établissements industriels de moins de 200 salariés et dans les autres établissements de moins de 500 salariés, un infirmier est présent si le médecin du travail et le *(Décr. n° 2017-1819 du 29 déc. 2017, art. 3)* « comité social et économique » en font la demande.

Lorsque l'employeur conteste la demande, la décision est prise par l'inspecteur du travail après avis du médecin inspecteur du travail.

Art. R. 4623-34 *(Décr. n° 2022-679 du 26 avr. 2022, art. 1ᵉʳ)* L'infirmier assure ses missions de santé au travail qui lui sont dévolues par le présent code ou déléguées dans les conditions prévues à l'article R. 4623-14 sous l'autorité du médecin du travail de l'entreprise dans le cas des services de prévention et de santé au travail autonomes ou sous celle du médecin du travail du service de prévention et de santé au travail interentreprises intervenant dans l'entreprise.

L'équipe pluridisciplinaire du service de prévention et de santé au travail interentreprises se coordonne avec l'infirmier de l'entreprise.

SOUS-SECTION 3   Le personnel infirmier au sein des services de prévention et de santé au travail interentreprises

Art. R. 4623-35 *(Abrogé par Décr. n° 2022-679 du 26 avr. 2022, art. 1ᵉʳ)* L'infirmier est recruté après avis du ou des médecins du travail.

SANTÉ ET SÉCURITÉ AU TRAVAIL **Art. R. 4623-41** 2575

Art. R. 4623-36 (Décr. n° 2022-679 du 26 avr. 2022, art. 1ᵉʳ) A l'exception des situations d'urgence, les missions de l'infirmier sont principalement orientées vers la prévention.

SECTION 6 Intervenant en prévention des risques professionnels des services de prévention et de santé au travail interentreprises

La section 5 est devenue la section 6 (Décr. n° 2014-798 du 11 juill. 2014, art. 3).

Art. R. 4623-37 L'intervenant en prévention des risques professionnels a des compétences techniques ou organisationnelles en matière de santé et de sécurité au travail. Il dispose du temps nécessaire et des moyens requis pour exercer ses missions.
Il ne peut subir de discrimination en raison de ses activités de prévention.
Il assure ses missions dans des conditions garantissant son indépendance.

Licenciement d'un intervenant en prévention des risques professionnels. La consultation du comité interentreprises ou de la commission de contrôle, préalablement au licenciement d'un intervenant en prévention des risques professionnels, constitue pour le salarié une garantie de fond dont la violation prive le licenciement de cause réelle et sérieuse. • Soc. 14 nov. 2019, n° 18-20.307 P : D. 2019. Actu. 2254 ; RJS 1/2020, n° 24.

Art. R. 4623-38 L'intervenant en prévention des risques professionnels participe, dans un objectif exclusif de prévention, à la préservation de la santé et de la sécurité des travailleurs et à l'amélioration des conditions de travail. Dans ce cadre, il assure des missions de diagnostic, de conseil, d'accompagnement et d'appui, et communique les résultats de ses études au médecin du travail.

Art. R. 4623-39 Lorsque le service de prévention et de santé au travail ne dispose pas des compétences techniques nécessaires à son intervention, il fait appel, le cas échéant, à un intervenant en prévention des risques professionnels enregistré en application des dispositions de l'article L. 4644-1.

SECTION 7 Assistant de service de prévention et de santé au travail

Art. R. 4623-40 Dans les services de prévention et de santé au travail interentreprises, l'assistant de service de prévention et de santé au travail apporte une assistance administrative au médecin du travail et aux autres membres de l'équipe pluridisciplinaire dans leurs activités.
Il contribue également à repérer les dangers et à identifier les besoins en santé au travail, notamment dans les entreprises de moins de vingt salariés. Il participe à l'organisation, à l'administration des projets de prévention et à la promotion de la santé au travail et des actions du service dans ces mêmes entreprises.

SECTION 8 Médecin praticien correspondant

(Décr. n° 2023-1302 du 27 déc. 2023, art. 1ᵉʳ)

Art. R. 4623-41 Le médecin praticien correspondant, mentionné au IV de l'article L. 4623-1, est un médecin non spécialiste en médecine du travail. Il dispose, au moment de la conclusion du protocole de collaboration avec le ou les services de prévention et de santé au travail interentreprises mentionnés à l'article R. 4623-43, d'une formation en santé au travail d'au moins cent heures théoriques, visant à acquérir des compétences au minimum dans les domaines suivants :
1° La connaissance des risques et pathologies professionnels et les moyens de les prévenir ;
2° Le suivi individuel de l'état de santé des salariés incluant la traçabilité des expositions et la veille sanitaire et épidémiologique ;
3° La prévention de la désinsertion professionnelle.
Cette formation est délivrée par un établissement public à caractère scientifique, culturel et professionnel ou par un ou plusieurs organismes certifiés dans les conditions prévues par l'article L. 6316-1, qui atteste de sa validation.
Par dérogation aux dispositions du premier alinéa, un médecin non spécialiste en médecine du travail peut, lorsqu'il conclut pour la première fois un protocole de collaboration, recevoir la formation que ces dispositions mentionnent dans l'année qui suit

la conclusion de ce protocole. Le lien avec le médecin du travail est renforcé jusqu'à la délivrance de l'attestation de la validation de la formation suivie, dans les conditions prévues à l'article R. 4523-43.

Lorsqu'un médecin non spécialiste en médecine du travail devient médecin praticien correspondant pour la première fois, sa collaboration est précédée d'un séjour d'observation d'au moins trois jours dans le service de prévention et de santé au travail interentreprises avec lequel la collaboration est engagée.

Art. R. 4623-42 Le directeur général de l'agence régionale de santé territorialement compétent se fonde sur un diagnostic territorial en matière de santé au travail pour déterminer par arrêté, pour une durée maximum de cinq ans, révisable en tant que de besoin et en concertation avec les représentants régionaux du conseil de l'Ordre des médecins, la ou les zones caractérisées par un nombre ou une disponibilité insuffisants de médecins du travail, justifiant le recours aux médecins praticiens correspondants.

A cette fin, le directeur régional de l'économie, de l'emploi, du travail et des solidarités fournit au directeur général de l'agence régionale de santé tout élément utile pour apprécier la couverture des besoins en médecine du travail des entreprises sur le territoire de la région, après consultation du comité régional d'orientation des conditions de travail.

Cette appréciation tient notamment compte de l'effectif maximal de travailleurs suivis par les médecins du travail ou les équipes pluridisciplinaires ainsi que de la situation des services de prévention et de santé au travail interentreprises au regard de leur capacité à disposer des moyens nécessaires à la réalisation des missions prévues à l'article L. 4622-2.

Art. R. 4623-43 Le protocole de collaboration, conforme au modèle défini par arrêté des ministres chargés du travail et de la santé et conclu entre le médecin praticien correspondant, le ou les médecins du travail de l'équipe pluridisciplinaire concernée et le directeur du service de prévention et de santé au travail interentreprises prévoit notamment :
— jusqu'à la délivrance de l'attestation de la validation de la formation suivie par le médecin praticien correspondant, les modalités de mise en œuvre du lien renforcé avec le médecin du travail, mentionné à l'article R. 4623-41 ;
— les types de visites ou d'examens médicaux confiés au médecin praticien correspondant dans le respect des dispositions du IV de l'article L. 4623-1 ;
— les moyens matériels, les informations et les documents nécessaires à l'accomplissement de sa mission et mis à la disposition du médecin praticien correspondant par le service de prévention et de santé au travail interentreprises ;
— les modalités de recours par le médecin praticien correspondant aux outils de télésanté au travail ;
— les modalités de convocation des travailleurs aux visites et examens médicaux assurés par le service de prévention et de santé au travail interentreprises ;
— les modalités de réorientation des travailleurs par le médecin praticien correspondant vers le médecin du travail ;
— les modalités d'accès du médecin praticien correspondant au dossier médical en santé au travail et d'alimentation par celui-ci de ce dossier, dans le respect des conditions prévues par les articles R. 4624-45-3 à R. 4624-45-9.

Art. R. 4623-44 A l'issue de chaque visite ou examen[,] le médecin praticien correspondant délivre une attestation de suivi au travailleur et à l'employeur mentionnée à l'article L. 4624-1. Il peut, s'il l'estime nécessaire, orienter sans délai le travailleur vers le médecin du travail dans le respect du protocole mentionné à l'article R. 4623-43. Il ne peut pas proposer de mesures d'aménagement prévues à l'article L. 4624-3, ni déclarer un travailleur inapte à son poste de travail, en application des dispositions de l'article L. 4624-4.

Art. R. 4623-45 Un arrêté pris par les ministres chargés du travail et de la santé après consultation de l'assurance maladie et du conseil d'orientation des conditions de travail détermine les montants minimaux et les montants maximaux de la rémunération due au médecin praticien correspondant par le service de prévention et de santé au travail interentreprises.

SANTÉ ET SÉCURITÉ AU TRAVAIL — Art. R. 4624-4-1

CHAPITRE IV ACTIONS ET MOYENS DES MEMBRES DE L'ÉQUIPE PLURIDISCIPLINAIRE DE SANTÉ AU TRAVAIL

(Décr. n° 2012-135 du 30 janv. 2012, art. 1ᵉʳ-III et 3)

SECTION 1 Actions sur le milieu de travail

Art. R. 4624-1 Les actions sur le milieu de travail s'inscrivent dans la mission des services de prévention et de santé au travail définie à l'article L. 4622-2. Elles comprennent notamment :
1° La visite des lieux de travail ;
2° L'étude de postes en vue de l'amélioration des conditions de travail, de leur adaptation dans certaines situations ou du maintien dans l'emploi ;
3° L'identification et l'analyse des risques professionnels ;
4° L'élaboration et la mise à jour de la fiche d'entreprise ;
5° La délivrance de conseils en matière d'organisation des secours et des services d'urgence ;
6° La participation aux réunions du *(Décr. n° 2017-1819 du 29 déc. 2017, art. 3)* « comité social et économique » ;
7° La réalisation de mesures métrologiques ;
8° L'animation de campagnes d'information et de sensibilisation aux questions de santé publique en rapport avec l'activité professionnelle ;
9° Les enquêtes épidémiologiques ;
10° La formation aux risques spécifiques ;
11° L'étude de toute nouvelle technique de production ;
12° L'élaboration des actions de formation à la sécurité prévues à l'article L. 4141-2 et à celle des secouristes.

BIBL. ▶ Héas, *Dr. soc.* 2020. 524 ⃫ (le concept d'exposome à l'aune du droit social).

Art. R. 4624-2 Les actions sur le milieu de travail sont menées :
1° Dans les entreprises disposant d'un *(Décr. n° 2014-798 du 11 juill. 2014, art. 4)* « service autonome de prévention et de santé au travail », par le médecin du travail, en collaboration avec les services chargés des activités de protection des salariés et de prévention des risques professionnels dans l'entreprise ;
2° Dans les entreprises adhérant à un service de prévention et de santé au travail interentreprises, par l'équipe pluridisciplinaire de santé au travail, sous la conduite du médecin du travail et dans le cadre des objectifs fixés par le projet pluriannuel prévu à l'article L. 4622-14.

Art. R. 4624-3 *(Décr. n° 2016-1908 du 27 déc. 2016, art. 18)* « Les professionnels de santé de l'équipe pluridisciplinaire ont libre accès aux lieux de travail, sous l'autorité du médecin du travail. »
Il[s] y réalise[nt] des visites soit à son *[leur]* initiative, soit à la demande de l'employeur ou du *(Décr. n° 2017-1819 du 29 déc. 2017, art. 3)* « comité social et économique ».

Art. R. 4624-4 L'employeur ou le président du service interentreprises prend toutes mesures pour permettre au médecin du travail de consacrer à ses missions en milieu de travail le tiers de son temps de travail, dans le cadre des actions mentionnées à l'article R. 4624-1.
Ce temps comporte au moins cent cinquante demi-journées de travail effectif chaque année, pour un médecin à plein temps. Pour un médecin à temps partiel, cette obligation est calculée proportionnellement à son temps de travail. *(Décr. n° 2016-1908 du 27 déc. 2016, art. 18)* « Ce temps est également consacré par le médecin du travail à sa mission d'animation et de coordination de l'équipe pluridisciplinaire en santé au travail. »

Art. R. 4624-4-1 Afin d'éviter toute altération de la santé des travailleurs du fait de leur travail, le médecin du travail ou, dans les services de prévention et de santé au travail interentreprises, l'équipe pluridisciplinaire est informé :

1° De la nature et de la composition des produits utilisés ainsi que de leurs modalités d'emploi. L'employeur transmet notamment au médecin du travail les fiches de données de sécurité délivrées par le fournisseur de ces produits ;

2° Des résultats de toutes les mesures et analyses réalisées dans les domaines mentionnés à l'article R. 4623-1.

Art. R. 4624-5 Le médecin du travail ou, dans les services de prévention et de santé au travail interentreprises, l'équipe pluridisciplinaire a accès à tous les documents non nominatifs rendus obligatoires par la présente partie.

Ce droit d'accès s'exerce dans des conditions garantissant le caractère confidentiel des données ainsi que la protection des informations mentionnées à l'article R. 4624-9.

Art. R. 4624-6 L'employeur prend en considération les avis présentés par le médecin du travail sur l'application des dispositions relatives à l'emploi des travailleurs handicapés. Il lui fait connaître les motifs qui s'opposent à ce qu'il y soit donné suite.

En cas de difficulté ou de désaccord, la décision est prise par l'inspecteur du travail, après avis du médecin inspecteur du travail.

Art. R. 4624-7 Dans l'exercice de ses fonctions, le médecin du travail peut, aux frais de l'employeur, réaliser ou faire réaliser des prélèvements et des mesures aux fins d'analyses. Il peut également faire procéder à des analyses ou mesures qu'il estime nécessaires par un organisme habilité. En cas de désaccord entre l'employeur et le médecin du travail, la décision est prise par l'inspecteur du travail, après avis du médecin inspecteur du travail.

Le médecin du travail avertit l'employeur, qui informe les travailleurs concernés ainsi que le (*Décr. n° 2017-1819 du 29 déc. 2017, art. 3*) « comité social et économique », des risques éventuels et des moyens de protection dont il doit être fait usage.

Art. R. 4624-8 Le médecin du travail communique à l'employeur les rapports et les résultats des études menées par lui ou, dans les services de prévention et de santé au travail interentreprises, l'équipe pluridisciplinaire, dans le cadre de son action en milieu de travail. L'employeur porte ces rapports et résultats à la connaissance du (*Décr. n° 2017-1819 du 29 déc. 2017, art. 3*) « comité social et économique ». Il les tient à disposition du médecin inspecteur du travail.

Art. R. 4624-9 Il est interdit au médecin du travail et, dans les services de prévention et de santé au travail interentreprises, aux autres membres de l'équipe pluridisciplinaire, de révéler les secrets de fabrication et les procédés d'exploitation dont il pourrait prendre connaissance dans l'exercice de ses fonctions.

La méconnaissance de ces interdictions est punie conformément à l'article 226-13 du code pénal.

SECTION 2 Le suivi individuel de l'état de santé du travailleur

(*Décr. n° 2016-1908 du 27 déc. 2016, art. 1ᵉʳ*)

Au 1ᵉʳ janv. 2017, ces dispositions s'appliquent à tous les travailleurs à compter de la première visite ou du premier examen médical effectué au titre de leur suivi individuel (Décr. n° 2016-1908 du 27 déc. 2016, art. 20-I).

SOUS-SECTION 1 Dispositions relatives au suivi de l'état de santé des travailleurs

§ 1 Visite d'information et de prévention

Art. R. 4624-10 Tout travailleur bénéficie d'une visite d'information et de prévention, réalisée par l'un des professionnels de santé mentionnés au premier alinéa de l'article L. 4624-1 dans un délai qui n'excède pas trois mois à compter de la prise effective du poste de travail.

Art. R. 4624-11 La visite d'information et de prévention dont bénéficie le travailleur est individuelle. Elle a notamment pour objet :

1° D'interroger le salarié sur son état de santé ;
2° De l'informer sur les risques éventuels auxquels l'expose son poste de travail ;
3° De le sensibiliser sur les moyens de prévention à mettre en œuvre ;

SANTÉ ET SÉCURITÉ AU TRAVAIL

4° D'identifier si son état de santé ou les risques auxquels il est exposé nécessitent une orientation vers le médecin du travail ;

5° De l'informer sur les modalités de suivi de son état de santé par le service et sur la possibilité dont il dispose, à tout moment, de bénéficier d'une visite à sa demande avec le médecin du travail.

Art. R. 4624-12 (Abrogé par Décr. n° 2022-1434 du 15 nov. 2022, art. 4) *Lors de cette visite, un dossier médical en santé au travail est ouvert par le professionnel de santé du service de prévention et de santé au travail mentionné au premier alinéa de l'article L. 4624-1, sous l'autorité du médecin du travail dans les conditions prévues à l'article L. 4624-8.*

Art. R. 4624-13 A l'issue de toute visite d'information et de prévention, si elle n'a pas été réalisée par le médecin du travail, le professionnel de santé qui a effectué cette visite peut, s'il l'estime nécessaire, orienter sans délai le travailleur vers le médecin du travail dans le respect du protocole prévu au troisième alinéa de l'article L. 4624-1. Cette nouvelle visite, effectuée par le médecin du travail, a notamment pour objet de proposer, si elles sont nécessaires, des adaptations du poste ou l'affectation à d'autres postes.

Art. R. 4624-14 Le professionnel de santé délivre une attestation de suivi au travailleur et à l'employeur à l'issue de toute visite d'information et de prévention.

Art. R. 4624-15 Lorsque le travailleur a bénéficié d'une visite d'information et de prévention dans les cinq ans ou, pour le travailleur mentionné à l'article R. 4624-17, dans les trois ans précédant son embauche, l'organisation d'une nouvelle visite d'information et de prévention n'est pas requise dès lors que l'ensemble des conditions suivantes sont réunies :

1° Le travailleur est appelé à occuper un emploi identique présentant des risques d'exposition équivalents ;

2° Le professionnel de santé mentionné au premier alinéa de l'article L. 4624-1 est en possession de la dernière attestation de suivi ou du dernier avis d'aptitude ;

3° Aucune mesure formulée au titre de l'article L. 4624-3 ou aucun avis d'inaptitude rendu en application *[de l'article]* L. 4624-4 n'a été émis au cours des cinq dernières années ou, pour le travailleur mentionné à l'article R. 4624-17, au cours des trois dernières années.

§ 2 Périodicité du suivi individuel de l'état de santé des travailleurs

Art. R. 4624-16 Le travailleur bénéficie d'un renouvellement de la visite d'information et de prévention initiale, réalisée par un professionnel de santé mentionné au premier alinéa de l'article L. 4624-1, selon une périodicité qui ne peut excéder cinq ans. Ce délai, qui prend en compte les conditions de travail, l'âge et l'état de santé du salarié, ainsi que les risques auxquels il est exposé, est fixé par le médecin du travail dans le cadre du protocole mentionné à l'article L. 4624-1.

§ 3 Adaptation du suivi individuel de l'état de santé des travailleurs

Art. R. 4624-17 Tout travailleur dont l'état de santé, l'âge, les conditions de travail ou les risques professionnels auxquels il est exposé le nécessitent, notamment les travailleurs handicapés, les travailleurs qui déclarent être titulaires d'une pension d'invalidité et les travailleurs de nuit mentionnées à l'article L. 3122-5, bénéficie, à l'issue de la visite d'information et de prévention, de modalités de suivi adaptées déterminées dans le cadre du protocole écrit prévu au troisième alinéa de l'article L. 4624-1, selon une périodicité qui n'excède pas une durée de trois ans.

Art. R. 4624-18 Tout travailleur de nuit mentionné à l'article L. 3122-5 et tout travailleur âgé de moins de dix-huit ans bénéficie d'une visite d'information et de prévention réalisée par un professionnel de santé mentionné au premier alinéa de l'article L. 4624-1 préalablement à son affectation sur le poste.

Art. R. 4624-19 Toute femme enceinte, venant d'accoucher ou allaitante est, (*Abrogé par Décr. n° 2022-679 du 26 avr. 2022, art. 2*) « *à l'issue de la visite d'information et de prévention, ou,* » à tout moment si elle le souhaite, orientée sans délai vers le médecin du travail dans le respect du protocole mentionné à l'article L. 4624-1. Cette nouvelle visite, effectuée par le médecin du travail, a notamment pour objet de proposer, si elles sont nécessaires, des adaptations du poste ou l'affectation à d'autres postes.

Art. R. 4624-20 Lors de la visite d'information et de prévention, tout travailleur handicapé ou qui déclare être titulaire d'une pension d'invalidité mentionné au cinquième alinéa de l'article L. 4624-1 est orienté sans délai vers le médecin du travail, qui peut préconiser des adaptations de son poste de travail. Le médecin du travail, dans le cadre du protocole mentionné à l'article L. 4624-1, détermine la périodicité et les modalités du suivi de son état de santé qui peut être réalisé par un professionnel de santé mentionné au premier alinéa de l'article L. 4624-1.

Art. R. 4624-21 Si le médecin du travail est informé et constate que le travailleur est affecté à un poste présentant des risques particuliers pour sa santé ou sa sécurité ou pour celles de ses collègues ou des tiers évoluant dans l'environnement immédiat de travail défini à l'article R. 4624-23, le travailleur bénéficie sans délai des modalités de suivi individuel renforcé prévues à la sous-section 2.

SOUS-SECTION 2 **Suivi individuel renforcé de l'état de santé des travailleurs**

Art. R. 4624-22 Tout travailleur affecté à un poste présentant des risques particuliers pour sa santé ou sa sécurité ou pour celles de ses collègues ou des tiers évoluant dans l'environnement immédiat de travail défini à l'article R. 4624-23 bénéficie d'un suivi individuel renforcé de son état de santé selon des modalités définies par la présente sous-section.

§ 1 Définition des postes à risque

Art. R. 4624-23 I. — Les postes présentant des risques particuliers mentionnés au premier alinéa de l'article L. 4624-2 sont ceux exposant les travailleurs :

1° A l'amiante ;

2° Au plomb dans les conditions prévues à l'article R. 4412-160 ;

3° Aux agents cancérogènes, mutagènes ou toxiques pour la reproduction mentionnés à l'article R. 4412-60 ;

4° Aux agents biologiques des groupes 3 et 4 mentionnés à l'article R. 4421-3 ;

5° Aux rayonnements ionisants ;

6° Au risque hyperbare ;

7° Au risque de chute de hauteur lors des opérations de montage et de démontage d'échafaudages.

II. — Présente également des risques particuliers tout poste pour lequel l'affectation sur celui-ci est conditionnée à un examen d'aptitude spécifique prévu par le présent code.

III. — S'il le juge nécessaire, l'employeur complète la liste des postes entrant dans les catégories mentionnées au I. par des postes présentant des risques particuliers pour la santé ou la sécurité du travailleur ou pour celles de ses collègues ou des tiers évoluant dans l'environnement immédiat de travail mentionnés au premier alinéa de l'article L. 4624-2, après avis du ou des médecins concernés et du (*Décr. n° 2017-1819 du 29 déc. 2017, art. 3*) « comité social et économique s'il existe », en cohérence avec l'évaluation des risques prévue à l'article L. 4121-3 et, le cas échéant, la fiche d'entreprise prévue à l'article R. 4624-46. Cette liste est transmise au service de prévention et de santé au travail, tenue à disposition du (*Décr. n° 2020-1545 du 9 déc. 2020, art. 28-X*) « directeur régional de l'économie, de l'emploi, du travail et des solidarités » et des services de prévention des organismes de sécurité sociale et mise à jour tous les ans. L'employeur motive par écrit l'inscription de tout poste sur cette liste.

IV. — Le Conseil d'orientation des conditions de travail est consulté tous les trois ans sur la mise à jour éventuelle de la liste mentionnée au I du présent article.

§ 2 Examen médical d'aptitude à l'embauche

Art. R. 4624-24 Le suivi individuel renforcé comprend un examen médical d'aptitude, qui se substitue à la visite d'information et de prévention prévue à l'article R. 4624-10. Il est effectué par le médecin du travail préalablement à l'affectation sur le poste.

Cet examen a notamment pour objet :
1° De s'assurer que le travailleur est médicalement apte au poste de travail auquel l'employeur envisage de l'affecter, notamment en vérifiant la compatibilité du poste avec l'état de santé du travailleur qui y est affecté, afin de prévenir tout risque grave d'atteinte à sa santé ou à sa sécurité ou à celles de ses collègues ou des tiers évoluant dans l'environnement immédiat de travail ;
2° De rechercher si le travailleur n'est pas atteint d'une affection comportant un danger pour les autres travailleurs ;
3° De proposer éventuellement les adaptations du poste ou l'affectation à d'autres postes ;
4° D'informer le travailleur sur les risques des expositions au poste de travail et le suivi médical nécessaire ;
5° De sensibiliser le travailleur sur les moyens de prévention à mettre en œuvre.

Art. R. 4624-25 Cet examen ainsi que son renouvellement donnent lieu à la délivrance par le médecin du travail d'un avis d'aptitude ou d'inaptitude rendu conformément aux dispositions de l'article L. 4624-4. Cet avis d'aptitude ou d'inaptitude est transmis au travailleur et à l'employeur et versé au dossier médical en santé au travail de l'intéressé.

Art. R. 4624-26 (Abrogé par Décr. n° 2022-1434 du 15 nov. 2022, art. 4) *Lors de cette visite, un dossier médical en santé au travail est constitué par le médecin du travail dans les conditions prévues à l'article L. 4624-8.*

Art. R. 4624-27 Lorsque le travailleur a bénéficié d'une visite médicale d'aptitude dans les deux ans précédant son embauche, l'organisation d'un nouvel examen médical d'aptitude n'est pas requise dès lors que l'ensemble des conditions suivantes sont réunies :
1° Le travailleur est appelé à occuper un emploi identique présentant des risques d'exposition équivalents ;
2° Le médecin du travail intéressé est en possession du dernier avis d'aptitude du travailleur ;
3° Aucune mesure formulée au titre de l'article L. 4624-3 ou aucun avis d'inaptitude rendu en application *[de l'article]* L. 4624-4 n'a été émis au cours des deux dernières années.

§ 3 Périodicité du suivi individuel renforcé

Art. R. 4624-28 Tout travailleur affecté à un poste présentant des risques particuliers pour sa santé ou sa sécurité ou pour celles de ses collègues ou des tiers évoluant dans l'environnement immédiat de travail, tels que définis à l'article R. 4624-23, bénéficie, à l'issue de l'examen médical d'embauche, d'un renouvellement de cette visite, effectuée par le médecin du travail selon une périodicité qu'il détermine et qui ne peut être supérieure à quatre ans. Une visite intermédiaire est effectuée par un professionnel de santé mentionné au premier alinéa de l'article L. 4624-1 au plus tard deux ans après la visite avec le médecin du travail.

§ 4 Surveillance post-exposition ou post-professionnelle (Décr. n° 2022-372 du 16 mars 2022, art. 3, en vigueur le 31 mars 2022).

(Décr. n° 2021-1065 du 9 août 2021, en vigueur le 1er oct. 2021)

Art. R. 4624-28-1 La visite médicale prévue à l'article L. 4624-2-1 est organisée pour les catégories de travailleurs suivantes :
1° Les travailleurs bénéficiant ou ayant bénéficié d'un suivi individuel renforcé de leur état de santé prévu à l'article L. 4624-2 ;

2° Les travailleurs ayant (*Décr. n° 2022-372 du 16 mars 2022, art. 3, en vigueur le 31 mars 2022*) « été exposés » à un ou plusieurs des risques mentionnés au I de l'article R. 4624-23 antérieurement à la mise en œuvre du dispositif de suivi individuel renforcé.

Ces dispositions s'appliquent aux travailleurs dont le départ ou la mise à la retraite intervient à compter du 1ᵉʳ oct. 2021 (Décr. n° 2021-1065 du 9 août 2021, art. 3).

Les dispositions issues du Décr. n° 2022-372 du 16 mars 2022 s'appliquent aux travailleurs dont la cessation d'exposition a été constatée à compter du 31 mars 2022 (Décr. préc., art. 5).

Art. R. 4624-28-2 Pour l'organisation de la visite prévue à l'article L. 4624-2-1, l'employeur informe son service de prévention et de santé au travail, dès qu'il en a connaissance, (*Décr. n° 2022-372 du 16 mars 2022, art. 3, en vigueur le 31 mars 2022*) « de la cessation de l'exposition d'un des travailleurs de l'entreprise à des risques particuliers pour sa santé ou sa sécurité justifiant un suivi individuel renforcé, de son départ ou de sa mise à la retraite ». Il avise sans délai le travailleur concerné de la transmission de cette information.

Lorsqu'un travailleur estime remplir les conditions définies à l'article R. 4624-28-1 et n'a pas été avisé de la transmission de cette information par l'employeur, il peut, durant le mois précédant (*Décr. n° 2022-372 du 16 mars 2022, art. 3, en vigueur le 31 mars 2022*) « la date de la cessation de l'exposition ou » son départ (*Décr. n° 2022-372 du 16 mars 2022, art. 3, en vigueur le 31 mars 2022*) « et jusqu'à six mois après la cessation de l'exposition », demander à bénéficier de cette visite directement auprès de son service de prévention et de santé au travail. Il informe son employeur de sa démarche.

Informé (*Décr. n° 2022-372 du 16 mars 2022, art. 3, en vigueur le 31 mars 2022*) « de la cessation de l'exposition, » du départ ou de la mise à la retraite du travailleur, le service de prévention et de santé au travail détermine, par tout moyen, si le travailleur remplit les conditions définies à l'article R. 4624-28-1 et organise la visite lorsqu'il les estime remplies.

V. notes ss. art. R. 4624-28-1.

Art. R. 4624-28-3 Le médecin du travail établit un état des lieux des expositions du travailleur aux facteurs de risques professionnels mentionnés à l'article L. 4161-1.

Cet état des lieux est établi, notamment, sur la base des informations contenues dans le dossier médical en santé au travail prévu à l'article L. 4624-8, des déclarations du travailleur et de celles de ses employeurs successifs.

A l'issue de la visite, le médecin du travail remet (*Décr. n° 2022-372 du 16 mars 2022, art. 3, en vigueur le 31 mars 2022*) « au travailleur le document dressant l'état des lieux et le verse au dossier médical en santé au travail ». Lorsque le document fait état de l'exposition à un ou plusieurs facteurs de risques professionnels mentionnés à l'article L. 4161-1 ou que l'examen auquel il procède fait apparaître d'autres risques professionnels, le médecin du travail (*Décr. n° 2022-372 du 16 mars 2022, art. 3, en vigueur le 31 mars 2022*) « met en place », le cas échéant, la surveillance (*Décr. n° 2022-372 du 16 mars 2022, art. 3, en vigueur le 31 mars 2022*) « post-exposition mentionnée à l'article L. 4624-2-1 ou » post-professionnelle mentionnée à l'article L. 4624-2-1. A cette fin, il transmet, s'il le juge nécessaire et avec l'accord du travailleur, le document et, le cas échéant, les informations complémentaires au médecin traitant. Les documents transmis sont alors assortis de préconisations et de toutes informations utiles à la prise en charge médicale ultérieure.

Lorsque le travailleur remplit les conditions pour bénéficier du dispositif de surveillance (*Décr. n° 2022-372 du 16 mars 2022, art. 3, en vigueur le 31 mars 2022*) « post-exposition mentionnée à l'article L. 4624-2-1 ou » post-professionnelle défini sur le fondement de l'article L. 461-7 du code de la sécurité sociale, le médecin du travail l'informe des démarches à effectuer pour ce faire.

V. notes ss. art. R. 4624-28-1.

SANTÉ ET SÉCURITÉ AU TRAVAIL   **Art. R. 4624-33** 2583

SOUS-SECTION 3 **Prévention de la désinsertion professionnelle** *(Décr. n° 2022-372 du 16 mars 2022, art. 5, en vigueur le 31 mars 2022).*

§ 1 Visite de préreprise *(Décr. n° 2022-372 du 16 mars 2022, art. 5, en vigueur le 31 mars 2022).*

Art. R. 4624-29 En vue de favoriser le maintien dans l'emploi *(Décr. n° 2022-372 du 16 mars 2022, art. 5, en vigueur le 31 mars 2022)* « , les travailleurs en arrêt de travail d'une durée de plus de trente jours peuvent bénéficier d'une visite de préreprise ».

Les dispositions issues du Décr. n° 2022-372 du 16 mars 2022 s'appliquent aux arrêts de travail commençant après le 31 mars 2022 (Décr. préc., art. 5).

Sur la possibilité de confier la visite de pré-reprise à un infirmier en santé au travail à titre exceptionnel jusqu'au 29 sept. 2021, V. Décr. n° 2021-56 du 22 janv. 2021 (JO 24 janv.), mod. par Décr. n° 2021-729 du 8 juin 2021 (JO 9 juin) et par Décr. n° 2021-1250 du 29 sept. 2021 (JO 30 sept.).

Art. R. 4624-30 Au cours de l'examen de préreprise, le médecin du travail peut recommander :
1° Des aménagements et adaptations du poste de travail ;
2° Des préconisations de reclassement ;
3° Des formations professionnelles à organiser en vue de faciliter le reclassement du travailleur ou sa réorientation professionnelle.
A cet effet, il s'appuie en tant que de besoin sur le service social du travail du service de prévention et de santé au travail interentreprises ou sur celui de l'entreprise.
Il informe, sauf si le travailleur s'y oppose, l'employeur et le médecin conseil de ces recommandations afin que toutes les mesures soient mises en œuvre en vue de favoriser le maintien dans l'emploi du travailleur.

§ 2 Visite de reprise *(Décr. n° 2022-372 du 16 mars 2022, art. 5, en vigueur le 31 mars 2022).*

Art. R. 4624-31 Le travailleur bénéficie d'un examen de reprise du travail par le médecin du travail :
1° Après un congé de maternité ;
2° Après une absence pour cause de maladie professionnelle ;
3° Après une absence d'au moins trente jours pour cause d'accident du travail *(Abrogé par Décr. n° 2022-372 du 16 mars 2022, art. 3, à compter du 31 mars 2022)* « , de maladie ou d'accident non professionnel » ;
(Décr. n° 2022-372 du 16 mars 2022, art. 5, en vigueur le 31 mars 2022) « 4° Après une absence d'au moins soixante jours pour cause de maladie ou d'accident non professionnel. »
Dès que l'employeur a connaissance de la date de la fin de l'arrêt de travail, il saisit le service de prévention et de santé au travail qui organise l'examen de reprise le jour de la reprise effective du travail par le travailleur, et au plus tard dans un délai de huit jours qui suivent cette reprise.

Les dispositions issues du Décr. n° 2022-372 du 16 mars 2022 s'appliquent aux arrêts de travail commençant après le 31 mars 2022 (Décr. préc., art. 5).

Art. R. 4624-32 L'examen de reprise a pour objet :
1° De vérifier si le poste de travail que doit reprendre le travailleur ou le poste de reclassement auquel il doit être affecté est compatible avec son état de santé ;
2° D'examiner les propositions d'aménagement ou d'adaptation du poste repris par le travailleur ou de reclassement faites par l'employeur à la suite des préconisations émises le cas échéant par le médecin du travail lors de la visite de préreprise ;
3° De préconiser l'aménagement, l'adaptation du poste ou le reclassement du travailleur ;
4° D'émettre, le cas échéant, un avis d'inaptitude.

Art. R. 4624-33 Le médecin du travail est informé par l'employeur de tout arrêt de travail d'une durée inférieure à trente jours pour cause d'accident du travail afin de pouvoir apprécier, notamment, l'opportunité d'un nouvel examen médical et, avec l'équipe pluridisciplinaire, de préconiser des mesures de prévention des risques professionnels.

§ 3 Rendez-vous de liaison

(Décr. n° 2022-679 du 26 avr. 2022, art. 2)

Art. R. 4624-33-1 Les personnels des services de prévention et de santé au travail chargés de la prévention des risques professionnels ou du suivi individuel de l'état de santé participent en tant que de besoin au rendez-vous de liaison mentionné à l'article L. 1226-1-3.

SOUS-SECTION 4 **Visites à la demande de l'employeur, du travailleur ou du médecin du travail**

Art. R. 4624-34 Indépendamment des examens d'aptitude à l'embauche et périodiques ainsi que des visites d'information et de prévention, le travailleur bénéficie, à sa demande ou à celle de l'employeur, d'un examen par le médecin du travail *(Décr. n° 2022-679 du 26 avr. 2022, art. 2)* « ou par un autre professionnel de santé mentionné à l'article L. 4624-1, au choix du travailleur, dans les conditions prévues par l'article R. 4623-14 ».

Le travailleur peut solliciter notamment une visite médicale, lorsqu'il anticipe un risque d'inaptitude, dans l'objectif d'engager une démarche de maintien en emploi et de bénéficier d'un accompagnement personnalisé.

La demande du travailleur ne peut motiver aucune sanction.

Le médecin du travail peut également organiser une visite médicale pour tout travailleur le nécessitant.

BIBL. ▶ FANTONI-QUINTON, *SSL 2017, n° 1772, p. 10* (visite médicale en cours d'arrêt de travail).

SOUS-SECTION 5 **Examens complémentaires**

Art. R. 4624-35 Le médecin du travail peut réaliser ou prescrire les examens complémentaires nécessaires :

1° A la détermination de la compatibilité entre le poste de travail et l'état de santé du travailleur, notamment au dépistage des affections pouvant entraîner une contre-indication à ce poste de travail ;

2° Au dépistage d'une maladie professionnelle ou à caractère professionnel susceptible de résulter de l'activité professionnelle du travailleur ;

3° Au dépistage des maladies dangereuses pour l'entourage professionnel du travailleur.

Art. R. 4624-36 Les examens complémentaires sont à la charge de l'employeur lorsqu'il dispose d'un service autonome de prévention et de santé au travail et du service de prévention et de santé au travail interentreprises dans les autres cas.

Le médecin du travail réalise ou fait réaliser ces examens au sein du service de prévention et de santé au travail, ou choisit l'organisme chargé de pratiquer les examens.

Ces derniers sont réalisés dans des conditions garantissant le respect de leur anonymat.

Art. R. 4624-37 Dans le cadre du suivi des travailleurs de nuit, le médecin du travail peut prescrire, s'il le juge utile, des examens spécialisés complémentaires, qui sont à la charge de l'employeur.

Art. R. 4624-38 En cas de désaccord entre l'employeur et le médecin du travail sur la nature et la fréquence de ces examens, la décision est prise par le médecin inspecteur du travail.

SOUS-SECTION 6 **Déroulement des visites et des examens médicaux**

§ 1 Dispositions diverses *(Décr. n° 2022-679 du 26 avr. 2022, art. 3)*.

Art. R. 4624-39 Le temps nécessité par les visites et les examens médicaux, y compris les examens complémentaires, est soit pris sur les heures de travail des travailleurs sans qu'aucune retenue de salaire puisse être opérée, soit rémunéré comme temps de travail effectif lorsque ces examens ne peuvent avoir lieu pendant les heures de travail.

Le temps et les frais de transport nécessités par ces visites et ces examens sont pris en charge par l'employeur.

Art. R. 4624-40 Dans les établissements de 200 travailleurs et plus, le suivi individuel peut être réalisé dans l'établissement.

Art. R. 4624-41 Un arrêté du ministre chargé du travail détermine les caractéristiques auxquelles répondent les centres de visites et d'examens fixes ou mobiles et leurs équipements, en fonction de l'importance du service de prévention et de santé au travail. Cet arrêté précise le matériel minimum nécessaire au médecin du travail, au collaborateur médecin, à l'interne ou à l'infirmier pour l'exercice de leurs missions.

§ 2 Télésanté au travail

(Décr. n° 2022-679 du 26 avr. 2022, art. 3)

Art. R. 4624-41-1 Les visites et examens réalisés dans le cadre du suivi individuel de l'état de santé du travailleur peuvent être effectués à distance, par vidéotransmission, dans le respect des conditions prévues au titre VII du livre IV de la première partie du code de la santé publique, par les professionnels de santé mentionnés au I de l'article L. 4624-1 du présent code, à leur initiative ou à celle du travailleur.

Art. R. 4624-41-2 La pertinence de la réalisation à distance d'une visite ou d'un examen, y compris lorsqu'elle est sollicitée par le travailleur, est appréciée par le professionnel de santé du service de prévention et de santé au travail en charge du suivi de l'état de santé du travailleur.

Si le professionnel de santé constate au cours d'une visite ou d'un examen réalisé à distance qu'une consultation physique avec le travailleur ou qu'un équipement spécifique non disponible auprès du travailleur est nécessaire, une nouvelle visite est programmée en présence de ce dernier dans les meilleurs délais et, le cas échéant, dans les délais prévus pour l'intervention des actes de suivi individuel de l'état de santé par le présent code.

Art. R. 4624-41-3 Chaque visite ou examen effectué à distance est réalisé dans des conditions garantissant :

1° Le consentement du travailleur à la réalisation de l'acte par vidéotransmission ;

2° Le cas échéant, le consentement du travailleur à ce que participe à cette visite ou à cet examen son médecin traitant ou un professionnel de santé de son choix et l'information du travailleur des conditions, prévues par l'article R. 4624-41-6, dans lesquelles cette participation est prise en charge par l'assurance maladie.

Le consentement préalable du travailleur est recueilli par tout moyen et consigné au sein de son dossier médical en santé au travail.

Si le travailleur ne consent pas à la réalisation à distance de la visite ou de l'examen, une consultation physique est programmée dans les meilleurs délais et, le cas échéant, dans les délais prévus pour l'intervention des actes de suivi individuel de l'état de santé par le présent code.

Art. R. 4624-41-4 Le professionnel de santé s'assure que la visite ou l'examen en vidéotransmission peut être réalisé dans des conditions sonores et visuelles satisfaisantes et de nature à garantir la confidentialité des échanges.

Lorsque la visite ou l'examen en vidéotransmission est réalisé sur le lieu de travail, l'employeur met, si nécessaire, à disposition du travailleur un local adapté permettant le respect des conditions mentionnées à l'alinéa précédent.

Art. R. 4624-41-5 Les services de prévention et de santé au travail s'assurent que les professionnels de santé qui ont recours aux dispositifs de télésanté disposent de la formation et des compétences techniques requises.

Dans les services de prévention et de santé au travail interentreprises, le recours aux visites ou examens à distance est réalisé dans le respect du projet de service pluriannuel.

Art. R. 4624-41-6 Les tarifs et les modes de rémunération du médecin traitant ou du professionnel de santé choisi par le travailleur pour participer à la visite ou à l'examen réalisé à distance en application du II de l'article L. 4624-1, ainsi que les modalités de prise en charge par l'assurance maladie de ces prestations, sont ceux appliqués par le code de la sécurité sociale aux actes de télémédecine ou aux activités de télésoin réalisés par ces professionnels.

SOUS-SECTION 7 **Déclaration d'inaptitude**

BIBL. ▶ Mazon et Loiselet, *SSL 2017, n° 1761, p. 6* (réforme de l'inaptitude médicale : vers un nouvel échec de simplification ?).

Art. R. 4624-42 Le médecin du travail ne peut constater l'inaptitude médicale du travailleur à son poste de travail que :
1° S'il a réalisé au moins un examen médical de l'intéressé, accompagné, le cas échéant, des examens complémentaires, permettant un échange sur les mesures d'aménagement, d'adaptation ou de mutation de poste ou la nécessité de proposer un changement de poste ;
2° S'il a réalisé ou fait réaliser une étude de ce poste ;
3° S'il a réalisé ou fait réaliser une étude des conditions de travail dans l'établissement et indiqué la date à laquelle la fiche d'entreprise a été actualisée ;
4° S'il a procédé à un échange, par tout moyen, avec l'employeur.
Ces échanges avec l'employeur et le travailleur permettent à ceux-ci de faire valoir leurs observations sur les avis et les propositions que le médecin du travail entend adresser.
S'il estime un second examen nécessaire pour rassembler les éléments permettant de motiver sa décision, le médecin réalise ce second examen dans un délai qui n'excède pas quinze jours après le premier examen. La notification de l'avis médical d'inaptitude intervient au plus tard à cette date.
Le médecin du travail peut mentionner dans cet avis que tout maintien du salarié dans un emploi serait gravement préjudiciable à sa santé ou que l'état de santé du salarié fait obstacle à tout reclassement dans un emploi.

V. Arr. du 16 oct. 2017, JO 21 oct., NOR : MTRT1716161A.

Art. R. 4624-43 Avant d'émettre son avis, le médecin du travail peut consulter le médecin inspecteur du travail.

Art. R. 4624-44 Les motifs de l'avis du médecin du travail sont consignés dans le dossier médical en santé au travail du travailleur.

SOUS-SECTION 8 **Contestation des avis et mesures émis par le médecin du travail**

Art. R. 4624-45 (*Décr. n° 2017-1698 du 15 déc. 2017*) En cas de contestation portant sur les avis, propositions, conclusions écrites ou indications reposant sur des éléments de nature médicale émis par le médecin du travail mentionnés à l'article L. 4624-7, le conseil de prud'hommes statuant (*Décr. n° 2019-1419 du 20 déc. 2019, art. 10, en vigueur le 1ᵉʳ janv. 2020*) « selon la procédure accélérée au fond » est saisi dans un délai de quinze jours à compter de leur notification. Les modalités de recours ainsi que ce délai sont mentionnés sur les avis et mesures émis par le médecin du travail.
Le conseil de prud'hommes statue (*Décr. n° 2019-1419 du 20 déc. 2019, art. 10, en vigueur le 1ᵉʳ janv. 2020*) « selon la procédure accélérée au fond » dans les conditions prévues à l'article R. 1455-12.
Le médecin du travail informé de la contestation peut être entendu par le médecin-inspecteur du travail.

Ces dispositions s'appliquent aux instances introduites en application de l'art. L. 4624-7 C. trav. à compter du 1ᵉʳ janv. 2018 (Décr. n° 2017-1698 du 15 déc. 2017, art. 4-II).

Les dispositions issues du Décr. n° 2019-1419 du 20 déc. 2019 s'appliquent aux instances introduites à compter du 1ᵉʳ janv. 2020 (Décr. préc., art. 24-II).

1. Le délai de 15 jours pour la saisine du conseil de prud'hommes court à compter de la notification de l'avis d'inaptitude émis par le médecin du travail. ● Soc. 2 juin 2021 🔒 n° 19-24.061 P :

D. 2021. 1089 ; RDT 2021. 458, obs. Couëdel ; RJS 8-9/2021, n° 453 ; JCP S 2021. 1183, obs. Babin.

2. Opposabilité du délai de recours. Le délai de recours de 15 jours contre l'avis d'inaptitude n'est pas opposable au salarié lorsque aucun élément ne permet de retenir que cet avis dactylographié mentionnant les voies et délais de recours a été remis personnellement au salarié à l'issue de sa visite médicale. • Soc. 13 déc. 2023, n° 21-22.401 B.

Art. R. 4624-45-1 (Décr. n° 2017-1008 du 10 mai 2017, art. 6) La provision des sommes dues au (Décr. n° 2017-1698 du 15 déc. 2017) « médecin-inspecteur du travail » désigné en application de l'article L. 4624-7 est consignée à la Caisse des dépôts et consignations.

Le greffe est avisé de la consignation par la Caisse des dépôts et consignations.

(Décr. n° 2017-1698 du 15 déc. 2017) « Le président du conseil de prud'hommes statuant (Décr. n° 2019-1419 du 20 déc. 2019, art. 10, en vigueur le 1er janv. 2020) « selon la procédure accélérée au fond » fixe la rémunération du médecin-inspecteur du travail conformément au IV de l'article L. 4624-7. »

La libération des sommes consignées est faite par la Caisse des dépôts et consignations sur présentation de l'autorisation du président de la formation de référé.

V. ndlr ss. art. R. 4624-45.

V. Arr. du 27 mars 2018 (JO 30 mars, NOR : MTRT1806841A).

Art. R. 4624-45-2 (Décr. n° 2017-1698 du 15 déc. 2017) En cas d'indisponibilité du médecin-inspecteur du travail ou en cas de récusation de celui-ci, notamment lorsque ce dernier est intervenu dans les conditions visées à l'article R. 4624-43, le conseil de prud'hommes statuant (Décr. n° 2019-1419 du 20 déc. 2019, art. 10, en vigueur le 1er janv. 2020) « selon la procédure accélérée au fond » peut désigner un autre médecin inspecteur du travail que celui qui est territorialement compétent.

V. ndlr ss. art. R. 4624-45.

SOUS-SECTION 9 **Dossier médical en santé au travail**

(Décr. n° 2022-1434 du 15 nov. 2022, art. 1er)

Art. R. 4624-45-3 Le dossier médical en santé au travail prévu à l'article L. 4624-8 est constitué sous format numérique sécurisé, pour chaque travailleur bénéficiant d'un suivi individuel de son état de santé dans un service de prévention et de santé au travail, par les professionnels de santé au travail mentionnés au premier alinéa de l'article L. 4624-1.

Le traitement de données ainsi mis en œuvre est placé sous la responsabilité du service de prévention et de santé au travail pour le respect des obligations légales auxquelles il est soumis, conformément au c du 1 de l'article 6 du règlement (UE) 2016/679 du 27 avril 2016 relatif à la protection des personnes physiques à l'égard du traitement des données à caractère personnel et à la libre circulation de ces données.

Les dossiers médicaux en santé au travail créés à compter du 16 nov. 2022, ainsi que ceux, établis avant cette date, des travailleurs toujours suivis à cette même date par un service de prévention et de santé au travail sont conformes respectivement aux dispositions des art. R. 4624-45-3 et R. 4624-45-4 C. trav., dans leur rédaction issue du Décr. n° 2022-1434 du 15 nov. 2022, au plus tard le 31 mars 2023.

Les dossiers médicaux en santé au travail, établis avant le 16 nov. 2022, des travailleurs qui ne sont plus suivis à cette même date par un service de prévention et de santé au travail restent régis par les dispositions du C. trav., dans leur rédaction antérieure au Décr. n° 2022-1434 du 15 nov. 2022, à l'exception des dispositions relatives à la communication, à l'hébergement et à la conservation des dossiers (Décr. préc., art. 5).

Art. R. 4624-45-4 Le dossier médical en santé au travail comprend les éléments suivants :

1° Les données d'identité, incluant l'identifiant national de santé mentionnée à l'article L. 1111-8-1 du code de la santé publique, les données médico-administratives du travailleur nécessaires à la coordination de sa prise en charge en matière de santé et, le cas échéant, les données d'identité et de contact de son médecin traitant ;

2° Les informations permettant de connaître les risques actuels ou passés auxquels le travailleur est ou a été exposé, notamment les informations relatives aux caractéristiques du ou des postes de travail et au secteur d'activité dans lequel il exerce, les données d'exposition à un ou plusieurs facteurs de risques professionnels mentionnés à l'article L. 4161-1 du code du travail ou toute autre donnée d'exposition à un risque professionnel de nature à affecter l'état de santé du travailleur, ainsi que les mesures de prévention mises en place ;

3° Les informations relatives à l'état de santé du travailleur recueillies lors des visites et examens nécessaires au suivi individuel de son état de santé ;

4° Les correspondances échangées entre professionnels de santé aux fins de la coordination et de la continuité de la prise en charge du travailleur ;

5° Les informations formalisées concernant les attestations, avis et propositions des professionnels de santé au travail, notamment celles formulées en application des articles L. 4624-1, L. 4624-3 et L. 4624-4, les informations délivrées au travailleur sur les expositions professionnelles, les risques identifiés, les moyens de protection, l'existence ou l'absence d'une pathologie en lien possible avec une exposition professionnelle, ainsi que les avis médicaux ;

6° La mention de l'information du travailleur sur ses droits en matière d'accès aux données le concernant et sur les conditions d'accès à son dossier médical de santé au travail ;

7° Le cas échéant, le consentement ou l'opposition du travailleur pour les situations prévues respectivement aux articles L. 4624-1 et L. 4624-8.

V. note ss. art. R. 4624-45-3.

Art. R. 4624-45-5 L'alimentation et la consultation du dossier médical en santé au travail par les professionnels de santé en charge du suivi individuel du travailleur prévu à l'article L. 4624-1 sont réalisées dans le respect des règles de confidentialité précisées au I de l'article L. 1110-4 du code de la santé publique et dans le respect des règles d'identification électronique et d'interopérabilité définies par les référentiels mentionnés aux articles L. 1470-1 à L. 1470-5 du même code.

L'alimentation et la consultation des informations du dossier médical en santé au travail mentionnées au 1° ou au 2° de l'article R. 4624-45-4 peuvent également être réalisées par les personnels mentionnés aux articles R. 4623-38 et R. 4623-40, sur délégation du médecin du travail et sous sa responsabilité, dans le respect des règles d'identification électronique et d'interopérabilité définies par les référentiels mentionnés aux articles L. 1470-1 à L. 1470-5 du code de la santé publique.

Les référentiels d'interopérabilité mentionnés à l'article L. 1470-5 du code de la santé publique peuvent être adaptés aux spécificités de l'activité des services de prévention et de santé au travail.

Toutes les actions réalisées sur le dossier médical en santé au travail, quel qu'en soit l'auteur, sont tracées et conservées dans le dossier médical en santé au travail, notamment la date, l'heure, et l'identification du professionnel du service de prévention et de santé au travail.

Art. R. 4624-45-6 Le travailleur est informé, lors de la création de son dossier médical en santé au travail et lors des situations prévues à l'article R. 4624-45-7, par tout moyen y compris dématérialisé :

1° De son droit de s'opposer à l'accès au dossier médical en santé au travail, du médecin praticien correspondant ou des professionnels chargés d'assurer, sous l'autorité du médecin du travail, le suivi de son état de santé ;

2° De son droit de s'opposer à l'accès des professionnels chargés du suivi de son état de santé aux dossiers médicaux en santé au travail dont il est titulaire et qui sont détenus par d'autres services de prévention et de santé au travail.

La délivrance de ces informations et l'exercice de l'un de ces droits sont retracés dans le dossier médical en santé au travail conformément à l'article R. 4624-45-4.

Art. R. 4624-45-7 Lorsqu'un travailleur relève de plusieurs services de prévention et de santé au travail ou cesse de relever d'un de ces services, le service compétent pour assurer la continuité du suivi du travailleur peut demander la transmission de son dossier médical en santé au travail, sauf dans le cas où le travailleur a déjà exprimé son opposition à une telle transmission en application du 2° de l'article R. 4624-45-6.

Le service demandeur informe le travailleur et s'assure qu'il ne s'oppose pas à une telle transmission. En l'absence d'opposition du travailleur, son dossier médical est transmis par messagerie sécurisée au service demandeur.

Les informations concernant des tiers n'intervenant pas dans le suivi individuel de l'état de santé ne sont communicables que dans la mesure où elles sont strictement nécessaires à la continuité du suivi.

Art. R. 4624-45-8 Le travailleur, ou en cas de décès de celui-ci toute personne autorisée par les articles L. 1110-4 et L. 1111-7 du code de la santé publique, peut demander la communication de son dossier médical en santé au travail sous format papier ou dématérialisé.

Le travailleur peut également exercer ses droits de rectification, d'effacement et de limitation, prévus aux articles 16 à 18 du règlement (UE) 2016/679, auprès du service de prévention et de santé au travail.

Sous réserve des dispositions prévues à l'article R. 4624-45-6, le droit d'opposition ne s'applique pas à la constitution et à l'alimentation du dossier médical en santé au travail.

Art. R. 4624-45-9 Les informations concernant la santé des travailleurs sont soit conservées au sein des services de prévention et de santé au travail qui les ont recueillies, soit déposées par ces établissements auprès d'un organisme hébergeur dans le respect des dispositions de l'article L. 1111-8 du code de la santé publique.

Le service de prévention et de santé au travail veille à ce que toutes dispositions soient prises pour assurer la confidentialité des informations ainsi conservées ou hébergées.

Le dossier médical en santé au travail mentionné à l'article L. 4624-8 est conservé pendant une durée de quarante ans à compter de la date de la dernière visite ou examen du titulaire au sein du service de prévention et de santé au travail concerné, dans la limite d'une durée de dix ans à compter de la date du décès de la personne titulaire du dossier. Ces délais sont suspendus par l'introduction de tout recours gracieux ou contentieux tendant à mettre en cause la responsabilité médicale du service ou de professionnels de santé à raison de leurs interventions au sein du service.

Par dérogation à l'alinéa précédent, lorsque la durée de conservation d'un dossier médical en santé au travail devrait s'achever avant la durée mentionnée aux articles R. 4412-55, R. 4426-9 et R. 4451-83, la conservation du dossier est prorogée jusqu'aux échéances prévues par ces articles.

SECTION 3 Documents et rapports

SOUS-SECTION 1 Fiche d'entreprise

(Décr. n° 2014-798 du 11 juill. 2014, art. 1ᵉʳ)

Art. R. 4624-46 Pour chaque entreprise ou établissement, le médecin du travail ou, dans les services de prévention et de santé au travail interentreprises, l'équipe pluridisciplinaire établit et met à jour une fiche d'entreprise ou d'établissement sur laquelle figurent, notamment, les risques professionnels et les effectifs de salariés qui y sont exposés.

L'art. R. 4624-37 devient l'art. R. 4624-46 (Décr. n° 2016-1908 du 27 déc. 2016, art. 1ᵉʳ).

Art. R. 4624-47 Pour les entreprises adhérentes à un service de prévention et de santé au travail interentreprises, la fiche d'entreprise est établie dans l'année qui suit l'adhésion de l'entreprise ou de l'établissement à ce service.

L'art. R. 4624-38 devient l'art. R. 4624-47 (Décr. n° 2016-1908 du 27 déc. 2016, art. 1ᵉʳ).

Art. R. 4624-48 La fiche d'entreprise est transmise à l'employeur.

Elle est présentée au *(Décr. n° 2017-1819 du 29 déc. 2017, art. 3)* « comité social et économique » en même temps que le bilan annuel prévu à l'article L. 4612-16.

L'art. R. 4624-39 devient l'art. R. 4624-48 (Décr. n° 2016-1908 du 27 déc. 2016, art. 1ᵉʳ).

Art. R. 4624-49 La fiche d'entreprise est tenue à la disposition du *(Décr. n° 2020-1545 du 9 déc. 2020, art. 28-X)* « directeur régional de l'économie, de l'emploi, du travail et des solidarités » et du médecin inspecteur du travail.

Elle peut être consultée par les agents des services de prévention des organismes de sécurité sociale et par ceux des organismes professionnels de santé, de sécurité et des conditions de travail mentionnés à l'article L. 4643-1.

L'art. R. 4624-40 devient l'art. R. 4624-49 (Décr. n° 2016-1908 du 27 déc. 2016, art. 1ᵉʳ).

Art. R. 4624-50 Le modèle de fiche d'entreprise est fixé par arrêté du ministre chargé du travail.

L'art. R. 4624-41 devient l'art. R. 4624-50 (Décr. n° 2016-1908 du 27 déc. 2016, art. 1ᵉʳ).

SOUS-SECTION 2 *[ABROGÉE]* **Rapport annuel d'activité**

(Abrogée par Décr. n° 2022-1434 du 15 nov. 2022, art. 4)

Art. R. 4624-51 à R. 4624-54 *Abrogés par Décr. n° 2022-1434 du 15 nov. 2022, art. 4.*

SOUS-SECTION 3 **Avis médicaux d'aptitude et d'inaptitude** *(Décr. n° 2016-1908 du 27 déc. 2016, art. 1ᵉʳ.)*

Art. R. 4624-55 *(Décr. n° 2016-1908 du 27 déc. 2016, art. 1ᵉʳ)* L'avis médical d'aptitude ou d'inaptitude émis par le médecin du travail est transmis au salarié ainsi qu'à l'employeur par tout moyen leur conférant une date certaine. L'employeur le conserve pour être en mesure de le présenter à tout moment, sur leur demande, à l'inspecteur du travail et au médecin inspecteur du travail. Une copie de l'avis est versée au dossier médical en santé au travail du travailleur.

V. Arr. du 16 oct. 2017, JO 21 oct., NOR : MTRT1716161A.

Art. R. 4624-56 *(Décr. n° 2016-1908 du 27 déc. 2016, art. 1ᵉʳ)* Lorsque le médecin du travail constate que l'inaptitude du salarié est susceptible d'être en lien avec un accident ou une maladie d'origine professionnelle, il remet à ce dernier le formulaire de demande prévu à l'article D. 433-3 du code de la sécurité sociale.

Art. R. 4624-57 *(Décr. n° 2016-1908 du 27 déc. 2016, art. 1ᵉʳ)* Le modèle d'avis d'aptitude ou d'inaptitude est fixé par arrêté du ministre chargé du travail.

V. Arr. du 16 oct. 2017, JO 21 oct., NOR : MTRT1716161A.

SECTION 4 **Recherches, études et enquêtes**

Art. R. 4624-58 Le médecin du travail participe, notamment en liaison avec le médecin inspecteur du travail, à toutes recherches, études et enquêtes, en particulier à caractère épidémiologique, entrant dans le cadre de ses missions.

L'art. R. 4624-50 devient l'art. R. 4624-58 (Décr. n° 2016-1908 du 27 déc. 2016, art. 1ᵉʳ).

SECTION 5 **Suivi de l'état de santé du travailleur occupant des emplois identiques en cas de pluralité d'employeurs**

(Décr. n° 2023-547 du 30 juin 2023, art. 1ᵉʳ)

SOUS-SECTION 1 **Travailleur occupant des emplois identiques et ayant une pluralité d'employeurs**

Art. D. 4624-59 Le suivi de l'état de santé prévu à l'article L. 4624-1-1 est applicable au travailleur qui remplit les conditions suivantes :

1° Le travailleur exécute simultanément au moins deux contrats de travail, que ceux-ci soient à durée déterminée ou indéterminée ;

2° Les emplois concernés relèvent de la même catégorie socioprofessionnelle selon la nomenclature des professions et des catégories socioprofessionnelles des emplois salariés des employeurs privés et publics ;

SANTÉ ET SÉCURITÉ AU TRAVAIL   **Art. D. 4624-65** 2591

3° Le type de suivi individuel de l'état de santé du travailleur est identique pour les postes occupés dans le cadre des emplois visés au 2°.

Art. D. 4624-60 L'employeur avec lequel le travailleur entretient la relation contractuelle la plus ancienne, y compris lorsque son contrat de travail a donné lieu à transfert légal au sens de l'article L. 1224-1 ou conventionnel au sens de l'article L. 2253-1, est son employeur principal pour l'application des dispositions de la présente section.

SOUS-SECTION 2 **Service de prévention et de santé au travail interentreprises chargé du suivi mutualisé de l'état de santé de ce travailleur**

Art. D. 4624-61 Le service de prévention et de santé au travail interentreprises de l'employeur principal apprécie, compte-tenu [compte tenu] des informations dont il dispose, notamment celles transmises par les employeurs du travailleur, si celui-ci répond aux conditions prévues à l'article D. 4624-59.

En tant que de besoin, l'employeur peut demander à son travailleur de l'informer de la conclusion d'autres contrats de travail auprès d'un ou plusieurs autres employeurs pendant la durée de son contrat, afin qu'il en informe, le cas échéant, son service de prévention et de santé au travail.

Le service de prévention et de santé au travail de l'employeur principal informe le cas échéant le travailleur qu'il relève du suivi de l'état de santé prévu à l'article L. 4624-1-1, ainsi que ses employeurs et les services de prévention et de santé au travail des employeurs autres que l'employeur principal.

Art. D. 4624-62 Le suivi de l'état de santé du travailleur prévu à l'article L. 4624-1-1 est assuré par le service de prévention et de santé au travail interentreprises de l'employeur principal, auquel adhèrent les autres employeurs au titre de ce travailleur.

Le service de prévention et de santé au travail interentreprises de l'employeur principal ne peut s'opposer à l'adhésion des autres employeurs à ce titre.

En cas de cessation de la relation contractuelle entre le travailleur et l'employeur principal en cours d'année, le suivi de l'état de santé du salarié reste assuré par le service de l'employeur principal jusqu'à la fin de l'année en cours.

SOUS-SECTION 3 **Modalités du suivi de l'état de santé du travailleur**

Art. D. 4624-63 Pour les travailleurs dont le suivi de l'état de santé est prévu à l'article L. 4624-1-1, la visite de reprise prévue à l'article R. 4624-31 est demandée :

1° Par l'employeur principal, si cette visite est consécutive à [un] congé maternité, ainsi qu'à une absence d'au moins soixante jours pour cause de maladie ou d'accident non professionnel ;

2° Par l'employeur principal, si cette visite est consécutive à une absence pour cause de maladie professionnelle ;

3° Par l'employeur ayant déclaré un accident du travail du travailleur concerné, si cette visite est consécutive à une absence d'au moins trente jours à ce titre.

Art. D. 4624-64 En cas de délivrance de l'attestation ou de l'avis mentionnés aux articles R. 4624-14 et R. 4624-25, le professionnel de santé se prononce au regard de l'emploi et délivre ce document à chaque employeur.

Toutefois[,] si ces documents prévoient des aménagements de poste, des avis d'inaptitude ou des avis différents, ils sont délivrés pour chaque poste occupé par le travailleur auprès de chacun de ses employeurs.

A l'issue de la visite ou de l'examen, le ou les documents sont transmis aux employeurs et au travailleur concerné par tout moyen leur conférant une date certaine.

SOUS-SECTION 4 **Modalités de répartition du coût de la mutualisation entre les employeurs du travailleur**

Art. D. 4624-65 Le service de prévention et de santé au travail interentreprises de l'employeur principal recouvre la cotisation annuelle prévue à l'article L. 4622-6 auprès de chaque employeur, en la répartissant entre les employeurs à parts égales.

Pour l'application des dispositions prévues à l'alinéa précédent, le service de prévention et de santé au travail se fonde sur le nombre de travailleurs ayant plusieurs employeurs et occupant des emplois identiques constituées au 31 janvier de l'année en cours portées à sa connaissance.

A cette fin, il peut demander à ses entreprises adhérentes de lui transmettre, avant le 28 février de chaque année, la liste nominative des travailleurs exécutant simultanément au moins deux contrats de travail arrêtée au 31 janvier de l'année en cours.

Au-delà de la date prévue au deuxième alinéa, il n'est pas procédé au recouvrement d'une cotisation complémentaire pour tout travailleur donnant lieu à un suivi mutualisé prévu à l'article L. 4624-1-1.

Pour l'année 2023, si le service de prévention et de santé au travail de l'employeur principal constate qu'un ou plusieurs travailleurs employés au sein de ses entreprises adhérentes relèvent du suivi de l'état de santé prévu à l'art. L. 4624-1-1 C. trav. au 31 juill. 2023, la cotisation mentionnée à l'art. L. 4622-6 due à ce titre est répartie à parts égales entre les employeurs du ou des travailleurs concernés, notamment sous la forme d'un avoir pour l'année 2024.

Au-delà de la date prévue à l'alinéa précité, il n'est pas procédé au recouvrement d'une cotisation complémentaire pour tout travailleur donnant lieu à un suivi mutualisé prévu à l'art. L. 4624-1-1 au titre de l'année 2023 (Décr. n° 2023-547 du 30 juin 2023, art. 3-II).

CHAPITRE V SUIVI DE L'ÉTAT DE SANTÉ DE CATÉGORIES PARTICULIÈRES DE TRAVAILLEURS (Décr. n° 2016-1908 du 27 déc. 2016, art. 19).

(Décr. n° 2012-135 du 30 janv. 2012, art. 1ᵉʳ-III et 3)

BIBL. GÉN. ▶ CASAUX, *Dr. soc.* 1994. 943 ⌀. – DOUAY et FANTONI-QUINTON, *Dr. soc.* 2004. 636 ⌀.

SECTION 1 Modalités de suivi individuel applicables aux travailleurs titulaires de contrats à durée déterminée

(Décr. n° 2016-1908 du 27 déc. 2016, art. 2)

Art. R. 4625-1 Les dispositions des chapitres I à IV sont applicables aux travailleurs titulaires de contrats à durée déterminée. Ces travailleurs bénéficient d'un suivi individuel de leur état de santé d'une périodicité équivalente à celui des salariés en contrat à durée indéterminée, notamment des dispositions prévues aux articles R. 4624-15 et R. 4624-27.

SECTION 2 Modalités de suivi individuel applicables aux travailleurs temporaires

(Décr. n° 2016-1908 du 27 déc. 2016, art. 2)

SOUS-SECTION 1 Champ d'application

Art. R. 4625-2 Les dispositions des chapitres I à IV sont applicables aux travailleurs temporaires, sous réserve des modalités particulières prévues par la présente section.

SOUS-SECTION 2 Agrément du service de prévention et de santé au travail

Art. R. 4625-3 Pour les entreprises de travail temporaire, la demande d'agrément et de renouvellement des services de prévention et de santé au travail est accompagnée d'un dossier spécifique dont les éléments sont fixés par arrêté du ministre chargé du travail.

Art. R. 4625-4 Le service de prévention et de santé au travail interentreprises agréé pour exercer les missions de santé au travail pour les travailleurs temporaires constitue un secteur à compétence géographique propre réservé à ces salariés.

Ce secteur peut être commun à plusieurs services de prévention et de santé au travail interentreprises agréés pour exercer les missions de santé au travail pour les travailleurs temporaires.

Art. R. 4625-5 Le secteur réservé aux travailleurs temporaires n'est pas soumis à l'obligation de créer au moins un centre médical fixe. Lorsqu'aucun [*Lorsque aucun*] centre médical fixe n'est créé, ce secteur est rattaché au centre d'un autre secteur du même service.

Art. R. 4625-6 L'affectation d'un médecin du travail au secteur réservé aux travailleurs temporaires ne peut être faite à titre exclusif. Une dérogation peut être accordée après avis du médecin inspecteur du travail par le *(Décr. n° 2020-1545 du 9 déc. 2020, art. 28-X)* « directeur régional de l'économie, de l'emploi, du travail et des solidarités », lorsque les caractéristiques particulières du secteur l'exigent.

SOUS-SECTION 3 **Action sur le milieu de travail**

Art. R. 4625-7 Les conditions dans lesquelles le médecin du travail et, sous son autorité, les professionnels de santé de l'entreprise de travail temporaire ont accès aux postes de travail utilisés ou susceptibles d'être utilisés par des travailleurs temporaires sont fixées entre l'entreprise utilisatrice et l'entreprise de travail temporaire, après avis des médecins du travail intéressés.

SOUS-SECTION 4 **Suivi individuel de l'état de santé des travailleurs temporaires**

§ 1 Dispositions communes

Art. R. 4625-8 Pour les travailleurs temporaires, les visites prévues par les sous-sections 1 et 2 de la section 2 du présent chapitre sont réalisées par le service de prévention et de santé au travail de l'entreprise de travail temporaire. Les entreprises de travail temporaire ont également la possibilité de s'adresser, sous réserve de leur accord, aux services suivants pour faire réaliser ces visites :
1° Un service interentreprises de *[prévention et de]* santé au travail proche du lieu de travail du salarié temporaire, d'un autre secteur ou professionnel ;
2° Le service autonome de l'entreprise utilisatrice auprès de laquelle est détaché le travailleur temporaire.
Les entreprises de travail temporaire informent le médecin inspecteur du travail qui les suit de leur intention de recourir à cette faculté.
Les entreprises de travail temporaire recourant à cette faculté communiquent au service de prévention et de santé au travail concerné les coordonnées de leur service de médecine du travail habituel afin de faciliter l'échange d'informations entre les deux services dans le respect des obligations de confidentialité.

Art. R. 4625-9 Si le travailleur est affecté, le cas échéant en cours de mission, à un poste à risque mentionné à l'article R. 4624-23 pour lequel il n'a pas bénéficié du suivi individuel renforcé mentionné au paragraphe 3 de la présente sous-section, l'entreprise utilisatrice organise un examen médical d'aptitude pour ce poste.
Le médecin du travail de l'entreprise utilisatrice se prononce, le cas échéant, sur l'aptitude ou l'inaptitude du travailleur à occuper ce poste de travail.
Le médecin du travail de l'entreprise de travail temporaire est informé du résultat de cet examen.

§ 2 Suivi individuel de l'état de santé des travailleurs temporaires

Art. R. 4625-10 Les visites réalisées en application de la sous-section 1 de la section 2 du présent chapitre peuvent être effectuées pour plusieurs emplois, dans la limite de trois.

Art. R. 4625-11 Il n'est pas réalisé de nouvelle visite d'information et de prévention par le personnel de santé du service de prévention et de santé au travail de l'entreprise de travail temporaire avant une nouvelle mission si l'ensemble des conditions suivantes sont réunies :
1° Le personnel de santé a pris connaissance d'une attestation de suivi délivrée pour un même emploi dans les deux années précédant l'embauche ;
2° Le travailleur est appelé à occuper un emploi identique présentant des risques d'exposition équivalents ;
3° Aucun avis médical formulé au titre des articles L. 4624-3 ou avis d'inaptitude rendu en application *[de l'article]* L. 4624-4 n'a été émis au cours des deux dernières années.

§ 3 Suivi individuel renforcé de l'état de santé des travailleurs temporaires

Art. R. 4625-12 Les examens médicaux d'aptitude réalisés en application de la sous-section 2 de la section 2 du présent chapitre peuvent être effectués pour plusieurs emplois, dans la limite de trois. Ils sont réalisés par le médecin du travail de l'entreprise de travail temporaire, dans les conditions mentionnées à l'article R. 4625-9.

Art. R. 4625-13 Il n'est pas réalisé de nouvel examen médical d'aptitude avant la nouvelle mission si les conditions suivantes sont réunies :
1° Le médecin du travail a pris connaissance d'un avis d'aptitude pour un même emploi dans les deux années précédant l'embauche ;
2° Le travailleur est appelé à occuper un emploi identique présentant des risques d'exposition équivalents ;
3° Aucun avis médical formulé au titre des articles L. 4624-3 ou avis d'inaptitude rendu en application *[de l'article]* L. 4624-4 n'a été émis au cours des deux dernières années.

Art. R. 4625-14 Lorsqu'un décret intéressant certaines professions, certains modes de travail ou certains risques pris en application au *[du]* 3° de l'article L. 4111-6 prévoit la réalisation d'examens obligatoires destinés à vérifier l'aptitude à un emploi, notamment avant l'affectation, ces examens sont réalisés par le médecin du travail de l'entreprise utilisatrice, qui se prononce sur l'aptitude ou l'inaptitude du travailleur.

SOUS-SECTION 5 **Documents et rapports**

Art. R. 4625-15 Dans les entreprises de travail temporaire, le document prévu à l'article D. 4622-22 comporte des indications particulières, fixées par arrêté du ministre chargé du travail.

Art. R. 4625-16 (*Décr. n° 2022-1434 du 15 nov. 2022, art. 4*) « Le rapport annuel d'activité prévu à l'article D. 4622-54 comporte » (*Décr. n° 2016-1908 du 27 déc. 2016, art. 2*) « des éléments particuliers consacrés au suivi individuel de l'état de santé des travailleurs temporaires. »

SOUS-SECTION 6 **Dossier médical**

Art. R. 4625-17 Le médecin du travail ou, sous son autorité, les personnels de santé du service de prévention et de santé au travail de l'entreprise de travail temporaire constituent et complètent le dossier médical en santé au travail prévu à l'article L. 4624-8. Le médecin du travail conserve ce dossier médical.

SOUS-SECTION 7 **Communication d'informations entre entreprises de travail temporaire et entreprises utilisatrices**

Art. R. 4625-18 Lors de la signature du contrat de mise à disposition du travailleur temporaire, l'entreprise de travail temporaire et l'entreprise utilisatrice se transmettent l'identité de leur service de prévention et de santé au travail.
L'entreprise utilisatrice indique à l'entreprise de travail temporaire si le poste de travail occupé par le travailleur présente des risques particuliers mentionné *[mentionnés]* à l'article L. 4624-2.
Les médecins du travail de l'entreprise de travail temporaire et de l'entreprise utilisatrice sont également informés.

Art. R. 4625-19 Les informations nécessaires à l'exercice des missions de médecine du travail au bénéfice des travailleurs temporaires sont communiquées par l'entreprise de travail temporaire à l'entreprise utilisatrice et aux autres entreprises de travail temporaire intéressées.

Art. R. 4625-20 Le médecin du travail de l'entreprise utilisatrice et le médecin du travail de l'entreprise de travail temporaire échangent les renseignements nécessaires à l'accomplissement de leur mission.

SECTION 2 **Salarié saisonnier**

Art. D. 4625-22 (*Décr. n° 2012-137 du 30 janv. 2012, art. 1ᵉʳ-26° et 2*) Un examen médical d'embauche est obligatoire pour les salariés saisonniers recrutés pour une durée au moins égale à quarante-cinq jours de travail effectif (*Décr. n° 2016-1908 du*

SANTÉ ET SÉCURITÉ AU TRAVAIL Art. D. 4625-29 2595

27 déc. 2016, art. 19) « affectés à des emplois présentant des risques particuliers mentionnés à l'article R. 4624-23, » sauf en ce qui concerne les salariés recrutés pour un emploi équivalent à ceux précédemment occupés si aucune inaptitude n'a été reconnue lors du dernier examen médical intervenu au cours des vingt-quatre mois précédents.

Pour les salariés saisonniers recrutés pour une durée inférieure à quarante-cinq jours *(Décr. n° 2016-1908 du 27 déc. 2016, art. 19)* « et ceux affectés à des emplois autres que ceux présentant des risques particuliers mentionnés à l'article R. 4624-23 », le service de prévention et de santé au travail organise des actions de formation et de prévention. Ces actions peuvent être communes à plusieurs entreprises.

Le *(Décr. n° 2017-1819 du 29 déc. 2017, art. 3)* « comité social et économique » est consulté sur ces actions.

SECTION 3 Travailleurs éloignés

(Décr. n° 2014-423 du 24 avr. 2014)

SOUS-SECTION 1 Champ d'application

Art. D. 4625-23 Les dispositions des chapitres I à IV sont applicables à la surveillance médicale des travailleurs éloignés définis à l'article L. 4625-1, sous réserve des modalités particulières prévues par la présente section.

Art. D. 4625-24 Pour l'application de la présente section, le service de prévention et de santé au travail chargé du suivi des travailleurs de l'établissement est appelé : service de prévention et de santé au travail principal.

Le service de prévention et de santé au travail interentreprises chargé du suivi des travailleurs éloignés est appelé : service de prévention et de santé au travail de proximité.

SOUS-SECTION 2 Adhésion à un service de prévention et de santé au travail

Art. D. 4625-25 L'employeur peut adhérer à un ou plusieurs services de prévention et de santé au travail de proximité situés dans le département où travaillent, à titre principal, ses travailleurs éloignés.

En cas d'adhésion à plusieurs services de prévention et de santé au travail de proximité, ces derniers ne sont pas compétents sur le même secteur géographique.

Art. D. 4625-26 L'employeur peut adhérer à un service de prévention et de santé au travail de proximité pour ses travailleurs éloignés :

1° Soit parce que l'affectation de ces travailleurs éloignés en dehors de l'établissement qui les emploie est suffisamment durable ;

2° Soit parce que ces travailleurs éloignés ne se rendent pas habituellement au sein de l'établissement qui les emploie.

Art. D. 4625-27 L'employeur informe et consulte le *(Décr. n° 2017-1819 du 29 déc. 2017, art. 3)* « comité social et économique » sur le recours à un ou plusieurs services de prévention et de santé au travail de proximité pour la surveillance médicale de ses travailleurs éloignés.

Art. D. 4625-28 Lors de son adhésion, l'employeur communique au service de prévention et de santé au travail de proximité les informations suivantes :

1° La liste des travailleurs concernés, dont ceux relevant d'*(Décr. n° 2016-1908 du 27 déc. 2016, art. 19)* « un suivi individuel renforcé » ;

2° L'adresse du site ou des sites à suivre ;

3° La fiche d'entreprise prévue à l'article R. 4624-37 ;

4° Les coordonnées du service de prévention et de santé au travail principal *(Décr. n° 2016-1908 du 27 déc. 2016, art. 19)* « , des médecins du travail et des professionnels de santé mentionnés au premier alinéa de l'article L. 4624-1 » compétents.

SOUS-SECTION 3 Échanges d'informations, documents et rapports

Art. D. 4625-29 Le service de prévention et de santé au travail principal est informé, par l'employeur, dans le délai d'un mois après son adhésion au service de prévention et de santé au travail de proximité :

1° Des coordonnées du service de prévention et de santé au travail de proximité ;

2° Du nom et des coordonnées des médecins du travail *(Décr. n° 2016-1908 du 27 déc. 2016, art. 19)* « et des professionnels de santé mentionnés au premier alinéa de l'article L. 4624-1 » compétents ;

3° De la liste des travailleurs suivis par le service de prévention et de santé au travail de proximité, dont ceux relevant d'*(Décr. n° 2016-1908 du 27 déc. 2016, art. 19)* « un suivi individuel renforcé ».

Art. D. 4625-30 Le médecin du travail du service de prévention et de santé au travail principal et le médecin du travail du service de prévention et de santé au travail de proximité échangent les renseignements nécessaires à l'accomplissement de leur mission.

Art. D. 4625-31 *Abrogé par Décr. n° 2022-1435 du 15 nov. 2022.*

Art. D. 4625-32 La fiche d'entreprise prévue à l'article R. 4624-37 est complétée, le cas échéant, par les informations communiquées par le médecin du travail qui anime et coordonne l'équipe pluridisciplinaire de chacun des services de prévention et de santé au travail de proximité compétents pour le suivi des travailleurs éloignés.

SOUS-SECTION 4 **Dossier médical en santé au travail**

Art. D. 4625-33 Le médecin du travail du service de prévention et de santé au travail de proximité constitue, complète et conserve le dossier médical en santé au travail prévu à l'article *(Décr. n° 2016-1908 du 27 déc. 2016, art. 19)* « L. 4624-8 ».

SOUS-SECTION 5 **Contestation des avis médicaux**

Art. D. 4625-34 En cas de contestation d'un avis émis par le médecin du travail en application *(Décr. n° 2016-1908 du 27 déc. 2016, art. 19)* « de l'article L. 4624-7, le recours est adressé au conseil de prud'hommes dans le ressort duquel se trouve » l'établissement qui emploie le salarié.

(Décr. n° 2016-1908 du 27 déc. 2016, art. 19) « Le médecin inspecteur du travail saisi par le conseil de prud'hommes d'une consultation relative à la contestation est celui dont la compétence géographique couvre le service de prévention et de santé au travail de proximité. »

SECTION 4 **Travailleurs des entreprises extérieures**

(Décr. n° 2022-681 du 26 avr. 2022, art. 1ᵉʳ)

Art. D. 4625-34-1 La prévention des risques professionnels prévue aux 1°, 1° *bis*, 2°, 4° et 5° de l'article L. 4622-2 auxquels sont exposés les salariés d'une entreprise extérieure est assurée de manière conjointe dans le cadre de la convention prévue à l'article L. 4622-5-1, dès lors que l'intervention au sein de l'entreprise revêt un caractère permanent ou que les deux conditions cumulatives suivantes sont remplies :

1° L'intervention à réaliser par les entreprises extérieures, y compris les entreprises sous-traitantes auxquelles elles peuvent faire appel, représente un nombre total d'heures de travail prévisible égal à au moins 400 heures sur une période inférieure ou égale à douze mois. Il en est de même dès lors qu'il apparaît, en cours d'exécution des travaux, que le nombre d'heures de travail doit atteindre 400 heures ;

2° L'intervention expose le travailleur à des risques particuliers pour sa santé ou sa sécurité ou pour celles de ses collègues ou des tiers évoluant dans l'environnement immédiat de travail définis à l'article R. 4624-23, ou est réalisée dans les conditions du travail de nuit prévues à l'article L. 3122-5.

CHAPITRE VI SERVICES DE PRÉVENTION ET DE SANTÉ AU TRAVAIL DES ÉTABLISSEMENTS DE SANTÉ, SOCIAUX ET MÉDICO-SOCIAUX

SECTION 1 **Champ d'application**

Art. D. 4626-1 Les dispositions des chapitres I à V s'appliquent aux établissements de santé, sociaux et médico-sociaux mentionnés à l'article 2 de la loi n° 86-33 du

SANTÉ ET SÉCURITÉ AU TRAVAIL **Art. D. 4626-6** 2597

9 janvier 1986 portant dispositions particulières relatives à la fonction publique hospitalière, sous réserve des dispositions du présent chapitre. — *[Anc. art. R. 241-1, al. 1ᵉʳ milieu, et anc. art. R. 242-1, al. 1ᵉʳ début.]*

SECTION 2 Services de prévention et de santé au travail

SOUS-SECTION 1 Organisation

Art. D. 4626-2 *(Décr. n° 2015-1588 du 4 déc. 2015, art. 2)* Le service de prévention et de santé au travail est organisé sous la forme :
1° Soit d'un service autonome de prévention et de santé au travail propre à l'établissement ;
2° Soit d'un service autonome de prévention et de santé au travail constitué par convention entre plusieurs établissements.
Toutefois, pour les établissements de moins de mille cinq cents agents, lorsque la création d'un service autonome de prévention et de santé au travail se révélerait impossible, l'établissement peut passer convention avec :
— un service commun à plusieurs administrations prévu au deuxième alinéa de l'article 11 du décret n° 82-453 du 28 mai 1982 modifié relatif à l'hygiène et à la sécurité du travail ainsi qu'à la prévention médicale dans la fonction publique ;
— un service de prévention et de santé au travail interentreprises tel que défini aux articles D. 4622-22 et suivants.

Art. D. 4626-3 *(Décr. n° 2015-1588 du 4 déc. 2015, art. 3)* Lorsque le service autonome de prévention et de santé au travail regroupe par convention plusieurs établissements, la convention fixe notamment les modalités de gestion du service et de répartition des charges. La gestion du service peut être confiée à l'un des établissements parties à la convention.

Art. D. 4626-4 L'effectif à prendre en considération pour l'organisation du service *(Décr. n° 2015-1588 du 4 déc. 2015, art. 4)* « autonome » de prévention et de santé au travail est *(Décr. n° 2015-1588 du 4 déc. 2015, art. 4, en vigueur le 1ᵉʳ janv. 2016)* « l'effectif physique de l'ensemble des agents » y compris les personnels médicaux, employés dans l'établissement au 31 décembre de la dernière année civile.

Art. D. 4626-4-1 *(Décr. n° 2015-1588 du 4 déc. 2015, art. 5)* Les caractéristiques auxquelles répondent les locaux médicaux et leurs équipements sont déterminées en fonction de l'importance du service autonome de prévention et de santé au travail, après consultation du médecin du travail et du *(Décr. n° 2017-1819 du 29 déc. 2017, art. 3)* « comité social et économique » compétents.

Art. D. 4626-5 *(Décr. n° 2015-1588 du 4 déc. 2015, art. 6)* Lorsque le service autonome de prévention et de santé au travail regroupe par convention plusieurs établissements, le montant total des dépenses est réparti entre les établissements intéressés proportionnellement à l'effectif physique de l'ensemble des agents employés par chacun d'eux au 31 décembre de la dernière année civile.

Art. D. 4626-5-1 *(Décr. n° 2015-1588 du 4 déc. 2015, art. 7)* Les services autonomes de prévention et de santé au travail ne sont pas soumis aux dispositions des articles D. 4622-48 à D. 4622-53 du présent code.
L'établissement qui gère le service autonome de prévention et de santé au travail adresse une déclaration décrivant l'organisation et le fonctionnement du service au *(Décr. n° 2020-1545 du 9 déc. 2020, art. 28-X)* « directeur régional de l'économie, de l'emploi, du travail et des solidarités ». Dans un délai de quatre mois, celui-ci peut présenter ses observations à l'établissement sur l'organisation et le fonctionnement prévus du service.
Le contenu de la déclaration est précisé par arrêté conjoint des ministres chargés de la santé et du travail. La déclaration est actualisée tous les cinq ans.

SOUS-SECTION 2 Rapport annuel

Art. D. 4626-6 *(Décr. n° 2015-1588 du 4 déc. 2015, art. 8)* Le chef d'établissement établit chaque année un rapport sur l'organisation, le fonctionnement et la gestion financière du service autonome de prévention et de santé au travail. Il est élaboré selon un modèle fixé par arrêté conjoint des ministres chargés de la santé et du travail.

Lorsque le service autonome de prévention et de santé au travail regroupe par convention plusieurs établissements, un rapport commun est établi par le chef d'établissement hébergeant le service. Il retrace l'activité du service autonome de prévention et de santé au travail dans chacun des établissements concernés. Un exemplaire de ce rapport est adressé à chaque établissement partie à la convention.

Art. D. 4626-7 (Décr. n° 2015-1588 du 4 déc. 2015, art. 9) Le rapport annuel est présenté en même temps que le rapport mentionné à l'article D. 4626-32 et que le bilan social au comité technique d'établissement, à la commission médicale d'établissement et au (Décr. n° 2017-1819 du 29 déc. 2017, art. 3) « comité social et économique ». Il est transmis, assorti des observations éventuelles de ces instances, dans un délai d'un mois, au (Décr. n° 2020-1545 du 9 déc. 2020, art. 28-X) « directeur régional de l'économie, de l'emploi, du travail et des solidarités ».

Art. D. 4626-8 Les dispositions de l'article D. 4626-7 s'appliquent lorsque l'établissement a conclu une convention avec un service de prévention et de santé au travail interentreprises.

SECTION 3 Personnels concourant aux services de prévention et de santé au travail (Décr. n° 2022-679 du 26 avr. 2022, art. 2).

SOUS-SECTION 1 Médecin du travail (Décr. n° 2015-1588 du 4 déc. 2015, art. 11).

Art. R. 4626-9 Les médecins du travail sont recrutés parmi les médecins remplissant les conditions prévues à l'article R. 4623-2. — [Anc. art. R. 242-4.]

Art. R. 4626-10 Le certificat d'études spéciales de médecine du travail et le diplôme d'études spécialisé[e]s de médecine du travail ne sont pas obligatoires pour les médecins chargés d'un service de médecine préventive du personnel en fonction à la date du 8 septembre 1985. — [Anc. art. R. 242-24.]

Art. R. 4626-11 (Décr. n° 2015-1588 du 4 déc. 2015, art. 12) Le médecin du travail est lié par un contrat conclu avec l'établissement chargé de la gestion du service de prévention et de santé au travail conformément à un modèle de contrat établi par arrêté conjoint des ministres chargés de la santé et du travail.

Art. R. 4626-12 (Décr. n° 2015-1588 du 4 déc. 2015, art. 13) L'établissement informe le comité technique d'établissement, le (Décr. n° 2017-1819 du 29 déc. 2017, art. 3) « comité social et économique » et le (Décr. n° 2020-1545 du 9 déc. 2020, art. 28-X) « directeur régional de l'économie, de l'emploi, du travail et des solidarités » de la nomination ou du recrutement du médecin du travail.

Sans préjudice des dispositions réglementaires applicables en matière disciplinaire aux personnels visés à l'article L. 952-21 du code de l'éducation et au 1° de l'article L. 6152-1 du code de la santé publique, la décision de licenciement du médecin du travail, de rupture ou de non-renouvellement de son contrat à durée déterminée est prise après avis conforme de l'inspecteur du travail. Cet avis est rendu après consultation du (Décr. n° 2017-1819 du 29 déc. 2017, art. 3) « comité social et économique » compétent et avis du médecin inspecteur du travail.

Art. R. 4626-13 (Décr. n° 2015-1588 du 4 déc. 2015, art. 14) Le médecin du travail assure personnellement l'ensemble de ses fonctions. Dans les établissements dont il a la charge, ces fonctions sont exclusives de toute autre fonction susceptible de remettre en cause l'indépendance du médecin du travail prévue à l'article L. 4622-4 ou qui déroge à l'article R. 4127-99 du code de la santé publique.

Toutefois, le médecin du travail peut confier certaines activités, sous sa responsabilité et dans le cadre de protocoles écrits, notamment aux collaborateurs médecins, aux internes, aux candidats à l'autorisation d'exercice, aux infirmiers, aux assistants de service de prévention et de santé au travail. Pour les professions dont les conditions d'exercice relèvent du code de la santé publique, ces activités sont exercées dans la limite des compétences respectives des professionnels de santé déterminées par les dispositions du présent code.

SANTÉ ET SÉCURITÉ AU TRAVAIL   **Art. R. 4626-19** 2599

Art. R. 4626-13-1 *(Décr. n° 2015-1588 du 4 déc. 2015, art. 15)* Dans les centres hospitaliers universitaires, les fonctions de médecin du travail peuvent être confiées à un professeur des universités-praticien hospitalier en médecine du travail dans les conditions définies aux articles R. 4626-12 et R. 4626-13. Dans ce cas, les dispositions des articles R. 4623-4 et R. 4626-9 ne sont pas applicables.

Art. R. 4626-14 *(Décr. n° 2015-1588 du 4 déc. 2015, art. 16)* Le service autonome de prévention et de santé au travail comprend au moins un médecin du travail employé à temps complet pour mille cinq cents agents.

Pour tout effectif ou fraction inférieure à mille cinq cents agents, il est fait appel à un médecin du travail employé à temps partiel.

Le seuil de mille cinq cents agents est porté à deux mille lorsque le service autonome de prévention et de santé au travail est assisté de l'équipe pluridisciplinaire composée de l'ensemble des agents mentionnés aux 1° à 3° de l'article R. 4626-17.

Art. R. 4626-15 Lorsque le service *(Décr. n° 2015-1588 du 4 déc. 2015, art. 17)* « autonome » de prévention et de santé au travail comprend plusieurs médecins, la coordination administrative de leurs activités peut être confiée à l'un d'entre eux. – *[Anc. art. R. 242-8, al. 2.]*

Art. R. 4626-16 Dans le cas d'un *(Décr. n° 2015-1588 du 4 déc. 2015, art. 18)* « service autonome de prévention et de santé au travail constitué par convention entre plusieurs établissements », le temps consacré aux déplacements est compté dans le temps de travail du médecin.

SOUS-SECTION 2 **Équipes pluridisciplinaires** *(Décr. n° 2015-1588 du 4 déc. 2015, art. 11).*

Art. R. 4626-17 *(Décr. n° 2015-1588 du 4 déc. 2015, art. 19)* Afin d'assurer la mise en œuvre des compétences médicales, techniques et organisationnelles nécessaires à la prévention des risques professionnels et à l'amélioration des conditions de travail, l'établissement met à disposition du service autonome de prévention et de santé au travail les moyens nécessaires à son bon fonctionnement et à la réalisation de ses missions, notamment :

 1° Du personnel infirmier ;

 2° Du personnel assistant de service de prévention et de santé au travail ;

 3° Sur proposition du médecin du travail, de manière ponctuelle ou permanente, des personnes ou des organismes possédant des compétences nécessaires à la prévention des risques professionnels et à l'amélioration des conditions de travail.

L'équipe pluridisciplinaire ainsi constituée est animée et coordonnée par le médecin du travail.

Les membres de l'équipe pluridisciplinaire exercent leurs fonctions en toute indépendance.

L'indépendance des personnes et des organismes associés extérieurs à l'établissement est garantie dans le cadre d'une convention qui précise :

– les actions qui leur sont confiées et les modalités de leur exercice ;

– les moyens mis à leur disposition ainsi que les règles assurant leur accès aux lieux de travail et les conditions d'accomplissements de leurs missions, notamment celles propres à assurer la libre présentation de leurs observations et propositions.

Les services sociaux peuvent être associés à la mise en œuvre des actions menées par l'équipe du service autonome de prévention et de santé au travail.

Art. R. 4626-18 *Abrogé par Décr. n° 2015-1588 du 4 déc. 2015, art. 20.*

SECTION 4 **Actions et moyens des membres de l'équipe pluridisciplinaire de santé au travail** *(Décr. n° 2015-1588 du 4 déc. 2015, art. 21).*

SOUS-SECTION 1 **Action sur le milieu de travail**

Art. R. 4626-19 *(Décr. n° 2015-1588 du 4 déc. 2015, art. 22)* Le médecin du travail est informé dans les meilleurs délais par le chef d'établissement de toute déclaration de maladie professionnelle, de maladie contractée pendant le travail et d'accident du travail.

Il établit, s'il l'estime nécessaire, un rapport sur les mesures à prendre pour éviter la répétition de tels faits. Ce rapport est adressé au *(Décr. n° 2017-1819 du 29 déc. 2017, art. 3)*

« comité social et économique » ainsi qu'au chef d'établissement qui en adresse copie à l'autorité de tutelle, et il est tenu à la disposition de l'*(Décr. n° 2021-143 du 10 févr. 2021, art. 10)* « agent de contrôle de l'inspection du travail » et du médecin inspecteur du travail.

Le médecin du travail est également informé de la saisine du *(Décr. n° 2022-630 du 22 avr. 2022, art. 22, en vigueur le 1ᵉʳ mai 2022)* « conseil médical ». Il rédige un rapport dans les conditions précisées à l'article 9 du décret n° 88-386 du 19 avril 1988 modifié relatif aux conditions d'aptitude physique et aux congés de maladie des agents de la fonction publique hospitalière.

Art. R. 4626-20 Le médecin du travail consacre à ses missions en milieu de travail le tiers de son temps de travail.

(Décr. n° 2015-1588 du 4 déc. 2015, art. 23) « Le chef d'établissement prend toutes les mesures pour permettre au médecin du travail d'effectuer ce tiers-temps dans le cadre des actions mentionnées à l'article R. 4624-1. »

Art. R. 4626-21 *(Décr. n° 2015-1588 du 4 déc. 2015, art. 24)* Le médecin du travail assiste, à titre consultatif, aux réunions du comité technique d'établissement et de la commission médicale d'établissement lorsque l'ordre du jour de ces instances comporte des questions intéressant la santé, la sécurité et les conditions de travail.

SOUS-SECTION 2 **Examens médicaux**

§ 1 Examen médical préalable à la prise de fonction et vaccinations

Art. R. 4626-22 L'agent fait l'objet, avant sa prise de fonction, d'un examen médical par le médecin du travail. Celui-ci est informé du poste auquel cet agent est affecté. – *[Anc. art. R. 242-15, al. 1ᵉʳ.]*

Art. R. 4626-23 *(Décr. n° 2015-1588 du 4 déc. 2015, art. 27)* Le médecin du travail prévoit les examens complémentaires adaptés en fonction des antécédents de la personne, du poste qui sera occupé et dans une démarche de prévention des maladies infectieuses transmissibles.

Le médecin du travail procède ou fait procéder aux examens complémentaires prévus par les dispositions en vigueur pour certaines catégories de travailleurs exposés à des risques particuliers dans les conditions prévues à l'article R. 4626-31.

Art. R. 4626-24 *Abrogé par Décr. n° 2015-1588 du 4 déc. 2015, art. 26.*

Art. R. 4626-25 Le médecin du travail veille, sous la responsabilité du chef d'établissement, à l'application des dispositions du code de la santé publique sur les vaccinations obligatoires.

Il procède lui-même ou fait procéder à ces vaccinations ainsi qu'à celles qui seraient imposées par une épidémie. Les agents peuvent les faire pratiquer par le médecin de leur choix. Ils fournissent un certificat détaillé.

Le médecin du travail est habilité à pratiquer les vaccinations qui sont recommandées en cas de risques particuliers de contagion. – *[Anc. art. R. 242-16.]*

§ 2 Examens périodiques

Art. R. 4626-26 *(Décr. n° 2015-1588 du 4 déc. 2015, art. 28)* Les agents bénéficient d'un examen médical au moins tous les vingt-quatre mois.

Des examens médicaux ou, en application du premier alinéa de l'article R. 4623-31, des entretiens infirmiers peuvent être réalisés plus fréquemment, à l'appréciation du médecin du travail.

§ 3 Surveillance médicale renforcée

Art. R. 4626-27 *(Décr. n° 2015-1588 du 4 déc. 2015, art. 29)* Bénéficient d'une surveillance médicale renforcée :
1° Les agents mentionnés à l'article R. 4624-18 ;
2° Les agents réintégrés après un congé de longue durée ou de longue maladie.

Art. R. 4626-28 *(Décr. n° 2015-1588 du 4 déc. 2015, art. 30)* Le médecin du travail détermine les modalités de la surveillance médicale renforcée en tenant compte des recommandations de bonnes pratiques.

SANTÉ ET SÉCURITÉ AU TRAVAIL

Art. R. 4626-33

§ 4 Examens de pré-reprise et de reprise du travail *(Décr. n° 2015-1588 du 4 déc. 2015, art. 31).*

Art. R. 4626-29 *(Décr. n° 2015-1588 du 4 déc. 2015, art. 32)* L'agent bénéficie d'un examen de reprise par le médecin du travail :
 1° Après un congé de maternité ;
 2° Après une absence pour cause de maladie professionnelle ;
 3° Après une absence d'au moins trente jours pour cause d'accident du travail, de maladie ou d'accident non professionnel ou, à l'initiative du médecin du travail, pour une absence d'une durée inférieure à trente jours.
 L'examen de reprise est organisé dans un délai de huit jours à compter de la reprise du travail par l'agent.

Art. R. 4626-29-1 *(Décr. n° 2015-1588 du 4 déc. 2015, art. 33)* Un examen de pré-reprise peut être organisé dans les conditions prévues aux articles R. 4624-20 à R. 4624-21.

§ 5 Examens complémentaires

Art. R. 4626-30 *(Décr. n° 2015-1588 du 4 déc. 2015, art. 34)* Le médecin du travail peut prescrire les examens complémentaires nécessaires :
 1° A la détermination de l'aptitude de l'agent au poste de travail et notamment au dépistage des affections comportant une contre-indication à ce poste de travail ;
 2° Au dépistage d'une maladie professionnelle ou à caractère professionnel susceptible de résulter de l'activité professionnelle de l'agent ;
 3° Au dépistage des affections susceptibles d'exposer l'entourage de l'agent à des risques de contagion.
 A cet effet, le médecin du travail est informé par le chef d'établissement, le plus tôt possible, de tout changement d'affectation et peut, à cette occasion, prendre l'initiative de procéder à un nouvel examen de l'agent.

§ 6 Déroulement des examens médicaux

Art. R. 4626-31 *(Décr. n° 2015-1588 du 4 déc. 2015, art. 35)* Les examens médicaux prévus à la présente sous-section sont :
 1° A la charge de l'établissement lorsqu'il dispose d'un service autonome de prévention et de santé au travail ou lorsqu'il est lié par convention à un service commun à plusieurs administrations. L'établissement fournit au médecin du travail le moyen d'assurer le respect de l'anonymat des examens. Dans la mesure où ces examens ne peuvent être réalisés dans l'établissement, le médecin du travail choisit l'organisme chargé de les pratiquer ;
 2° A la charge du service de prévention et de santé au travail interentreprises lorsque l'établissement fait appel à cette structure, sauf clause contraire figurant dans la convention signée avec le service de prévention et de santé au travail interentreprises.

SECTION 5 Documents et rapports

SOUS-SECTION 1 Rapport annuel d'activité

Art. D. 4626-32 *(Décr. n° 2015-1588 du 4 déc. 2015, art. 36)* Le médecin du travail établit chaque année, après consultation de l'équipe pluridisciplinaire, un rapport d'activité qui doit être annexé au bilan social.
 Ce rapport annuel est présenté en même temps que celui mentionné à l'article D. 4626-6 et que le bilan social au comité technique d'établissement, à la commission médicale d'établissement et au *(Décr. n° 2017-1819 du 29 déc. 2017, art. 3)* « comité social et économique ». Il est transmis assorti des observations éventuelles de ces instances dans un délai d'un mois au destinataire prévu à l'article D. 4626-7.

SOUS-SECTION 2 Dossier médical et fiche médicale d'aptitude

Art. R. 4626-33 *(Décr. n° 2015-1588 du 4 déc. 2015, art. 37)* Un dossier médical en santé au travail est constitué par le médecin du travail dans les conditions prévues à l'article *(Décr. n° 2022-1434 du 15 nov. 2022, art. 4)* « L. 4624-8 » du code du travail.

Dans le respect des dispositions prévues aux articles L. 1110-4 et L. 1111-7 du code de la santé publique, le médecin du travail recueille et actualise avec l'agent et les services concernés les informations administratives, médicales et professionnelles nécessaires aux actions individuelles et collectives en santé au travail. Ces données sont conservées dans le dossier médical en santé au travail. Il en est de même des avis des différentes instances médicales formulés en application *(Décr. n° 2022-1434 du 15 nov. 2022, art. 4)* « du livre VIII du code général de la fonction publique.

« Lorsque l'agent quitte l'établissement, son dossier médical est transmis dans les conditions prévues à l'article R. 4624-45-7. Dans le cas où l'agent s'oppose à la transmission de son dossier médical, seuls la liste des vaccinations pratiquées et les résultats des tests tuberculiniques sont transmis. »

Art. D. 4626-34 Abrogé par Décr. n° 2015-1588 du 4 déc. 2015, art. 38.

Art. R. 4626-35 *(Décr. n° 2015-1588 du 4 déc. 2015, art. 39)* Le médecin du travail établit, à l'issue de chacun des examens médicaux prévus à la sous-section 2 de la section 4, à l'exception de l'examen de pré-reprise mentionné à l'article R. 4626-29-1, une fiche médicale d'aptitude en triple exemplaire.

Il en remet un exemplaire à l'agent, classe un exemplaire dans son dossier médical en santé au travail et transmet le troisième à l'employeur par tout moyen conférant date certaine, qui le conserve dans le dossier administratif de l'agent. Cet exemplaire est présenté, à tout moment, sur leur demande, à l'inspecteur du travail et au médecin inspecteur du travail.

Cette fiche ne contient aucun renseignement sur la nature des affections dont l'agent serait ou aurait été atteint. Elle mentionne uniquement les contre-indications et les recommandations concernant l'affectation éventuelle à certains postes de travail.

TITRE III SERVICE SOCIAL DU TRAVAIL

CHAPITRE I MISE EN PLACE ET MISSIONS

Art. D. 4631-1 Le service social agit sur les lieux mêmes du travail pour suivre et faciliter la vie personnelle des travailleurs, notamment des femmes, des jeunes et des travailleurs handicapés.

Il peut éventuellement agir en dehors des lieux de travail pour seconder l'action des services sociaux sur les questions en rapport avec l'activité professionnelle. – *[Anc. art. R. 250-2, al. 1er.]*

CHAPITRE II ORGANISATION ET FONCTIONNEMENT

Art. D. 4632-1 Dans l'exercice de ses missions dans le domaine social, le *(Décr. n° 2017-1819 du 29 déc. 2017, art. 3)* « comité social et économique » s'appuie sur le service social.

Le comité établit chaque année un rapport sur l'organisation, le fonctionnement et la gestion financière du service social. *(Décr. n° 2016-1418 du 20 oct. 2016, art. 9)* « Ce rapport est communiqué, à sa demande, à l'agent de contrôle de l'inspection du travail dont dépend l'entreprise. »

Art. D. 4632-2 Lorsque plusieurs entreprises possèdent déjà ou envisagent de créer un service social commun et ont, par application de l'article R. 2323-33, créé un comité interentreprises chargé de sa gestion, celui-ci établit chaque année un rapport sur l'organisation, le fonctionnement et la gestion financière du service social. *(Décr. n° 2016-1418 du 20 oct. 2016, art. 10)* « Ce rapport est communiqué, sur sa demande, à l'agent de contrôle de l'inspection du travail. »

Les difficultés pouvant naître de l'application du présent article, notamment entre employeurs et la délégation des salariés siégeant au comité, ou entre plusieurs entreprises ou des *(Décr. n° 2017-1819 du 29 déc. 2017, art. 3)* « comités sociaux et économiques », sont portées devant l'inspecteur du travail.

Art. D. 4632-3 Le service social du travail dispose d'un bureau au moins. — *[Anc. art. R. 250-9.]*

Art. D. 4632-4 Le service social est assuré par un conseiller du travail qui exerce les fonctions de conseiller technique pour les questions sociales auprès du *(Décr. n° 2017-1819 du 29 déc. 2017, art. 3)* « comité social et économique ». Le conseiller du travail peut être chargé par lui de l'organisation et de la direction des institutions sociales de l'entreprise.

Il assiste de droit, avec voix consultative, à toutes les réunions du comité ou des commissions spéciales consacrées, selon leur ordre du jour, à des questions sociales.

Il assure les tâches d'ordre social dévolues par l'employeur au service social sur le lieu de travail.

Il réalise, tous les trois mois, un compte rendu de son activité au *(Décr. n° 2017-1819 du 29 déc. 2017, art. 3)* « comité social et économique » et à l'employeur. — *[Anc. art. R. 250-6.]*

BIBL. ▶ Ducrot, *Dr. soc.* 1990. 880 ⦸ (mutation professionnelle des conseillers du travail).

Art. D. 4632-5 Le conseiller du travail est désigné et maintenu en fonction après accord, selon le cas, entre l'employeur et le *(Décr. n° 2017-1819 du 29 déc. 2017, art. 3)* « comité social et économique » ou entre les employeurs et le comité interentreprises.

En cas de désaccord, la décision est prise par l'inspecteur du travail. — *[Anc. art. R. 250-7.]*

En application de l'art. L. 231-5 CRPA, et par exception à l'application du délai de deux mois prévu à l'art. L. 231-1 du même code, le silence gardé par l'administration pendant deux mois vaut décision de rejet pour une demande de désignation ou maintien en fonction des conseillers du travail (Décr. n° 2014-1289 du 23 oct. 2014, art. 1ᵉʳ).

Art. D. 4632-6 Le conseiller du travail consacre au moins trois demi-journées par semaine pour chaque groupe de deux cent cinquante salariés. — *[Anc. art. R. 250-8.]*

Art. D. 4632-7 Le conseiller du travail doit être titulaire du diplôme spécial délivré par le ministre chargé du travail. — *[Anc. art. R. 250-2, al. 3.]*

Art. D. 4632-8 Le conseiller du travail agit sur les lieux du travail afin :

1° De veiller au bien-être du travailleur dans l'entreprise et de faciliter son adaptation au travail ;

2° D'étudier plus particulièrement les problèmes soulevés par l'emploi des femmes, des jeunes et des travailleurs handicapés ;

3° De coordonner et de promouvoir les réalisations sociales décidées par l'employeur et par le *(Décr. n° 2017-1819 du 29 déc. 2017, art. 3)* « comité social et économique » et d'exercer auprès de ce dernier les fonctions de conseiller technique pour les questions sociales ;

4° De concourir à toute action d'ordre éducatif entreprise par le *(Décr. n° 2017-1819 du 29 déc. 2017, art. 3)* « comité social et économique ». — *[Anc. art. R. 250-10, al. 1ᵉʳ à 5.]*

Art. D. 4632-9 Le conseiller du travail collabore avec le service de santé au travail de l'entreprise. Il recherche, en accord avec l'employeur et le *(Décr. n° 2017-1819 du 29 déc. 2017, art. 3)* « comité social et économique » ou le comité interentreprises, les améliorations susceptibles d'être apportées aux conditions de travail, au bien-être des travailleurs et au fonctionnement des œuvres sociales de l'entreprise ou interentreprises. — *[Anc. art. R. 250-10, al. 6.]*

Art. D. 4632-10 Le conseiller du travail est en liaison constante avec les organismes de prévoyance, d'assistance, de placement, des diverses institutions sociales et les services sociaux de la sécurité sociale et de la santé publique en vue de faciliter aux travailleurs l'exercice des droits que lui confère la législation sociale et de les orienter, le cas échéant, vers les organismes compétents. — *[Anc. art. R. 250-10, al. 7.]*

Art. D. 4632-11 Le conseiller du travail responsable, dans les entreprises ou les services interentreprises, de l'initiative, de l'étude et de la mise en place des réalisations sociales décidées par le *(Décr. n° 2017-1819 du 29 déc. 2017, art. 3)* « comité social et économique » et l'employeur exerce les fonctions de conseiller chef du travail. – *[Anc. art. R. 250-10, al. 8.]*

TITRE IV INSTITUTIONS CONCOURANT À L'ORGANISATION DE LA PRÉVENTION

CHAPITRE I CONSEIL D'ORIENTATION DES CONDITIONS DE TRAVAIL ET COMITÉS RÉGIONAUX D'ORIENTATION DES CONDITIONS DE TRAVAIL

(Décr. n° 2016-1834 du 22 déc. 2016)

SECTION 1 Conseil d'orientation des conditions de travail

SOUS-SECTION 1 Dispositions générales

§ 1 Missions

Art. R. 4641-1 Le Conseil d'orientation des conditions de travail est placé auprès du ministre chargé du travail.

I. – Il participe à l'élaboration des orientations des politiques publiques dans les domaines de la santé et de la sécurité au travail et de l'amélioration des conditions de travail, en particulier les *[des]* stratégies nationales d'action et les *[des]* projets de stratégies et d'instruments internationaux. Cette participation peut se faire en soumettant des avis et des propositions dans les domaines relevant de sa compétence et en diligentant à cette fin des études ou en établissant des rapports particuliers.

II. – Il est consulté sur les projets de textes législatifs et réglementaires qui concourent à la mise en œuvre de ces politiques publiques :
1° Les projets de loi ou d'ordonnance relatifs à la protection et à la promotion de la santé et de la sécurité au travail dans les établissements mentionnés aux articles L. 4111-1 et L. 4111-3 ;
2° Les projets de décrets et d'arrêtés pris relevant de la quatrième partie du présent code ou en application des textes mentionnés au 1° ci-dessus ;
3° Les projets de décrets et d'arrêtés pris en application des dispositions législatives des chapitres V, VI et VII du titre I du livre VII du code rural et de la pêche maritime.

Il constitue, pour le ministre chargé de l'agriculture, l'organisme mentionné à l'article R. 717-74 du code rural et de la pêche maritime consulté sur les projets de textes réglementaires applicables aux professions agricoles et sur les priorités nationales en santé et sécurité au travail conformément à l'article D. 717-33 de ce code.

La formalité de consultation du Conseil d'orientation des conditions de travail, requise en application du II, est réputée avoir été satisfaite lorsque les projets de loi, d'ordonnance, de décret ou d'arrêté publiés postérieurement à l'installation dudit conseil ont fait l'objet, avant la date de cette installation, d'une consultation du Conseil d'orientation sur les conditions de travail, dans les conditions prévues aux art. R. 4641-2 s., dans leur rédaction antérieure au Décr. n° 2016-1834 du 22 déc. 2016 (Décr. préc., art. 3).

Art. R. 4641-2 Le Conseil d'orientation des conditions de travail est constitué des formations suivantes :
1° Le Conseil national d'orientation des conditions de travail, présidé par le ministre chargé du travail, et *(Décr. n° 2021-1792 du 23 déc. 2021, art. 1ᵉʳ-1°)* « le comité national de prévention et de santé au travail *[ancienne rédaction : le groupe permanent d'orientation des conditions de travail]* », qui exercent les fonctions d'orientation du Conseil d'orientation des conditions de travail ;

2° La commission générale, présidée par le président de la section sociale du Conseil d'État et les commissions spécialisées, qui exercent les fonctions consultatives du Conseil d'orientation des conditions de travail.

Les mandats des membres du groupe permanent d'orientation en cours le 27 déc. 2021 prennent fin lors de l'installation du comité national de prévention et de santé au travail.

Jusqu'au 31 mars 2022, le comité national de prévention et de santé au travail exerce les missions confiées au groupe permanent d'orientation du Conseil d'orientation des conditions de travail par l'art. R. 4641-7 dans sa rédaction en vigueur antérieurement au 31 mars 2022 (Décr. n° 2021-1792 du 23 déc. 2021, art. 2-II).

§ 2 Composition et désignation

Art. R. 4641-3 (*Décr. n° 2021-1792 du 23 déc. 2021, art. 1ᵉʳ-2°*) « I. — » Chacune des formations du conseil, à l'exception (*Décr. n° 2021-1792 du 23 déc. 2021, art. 1ᵉʳ-2°*) « du comité national de prévention et de santé au travail *[ancienne rédaction : du groupe permanent d'orientation]* », comprend :
1° Le collège des départements ministériels ;
2° Le collège des partenaires sociaux, comportant un nombre égal de représentants des salariés et des employeurs ;
3° Le collège des organismes nationaux de sécurité sociale, d'expertise et de prévention ;
4° Le collège des personnalités qualifiées.
(*Décr. n° 2021-1792 du 23 déc. 2021, art. 1ᵉʳ-2°*) « II. — Le comité national de prévention et de santé au travail comprend :
« 1° Le collège des partenaires sociaux, comportant un nombre égal de représentants des salariés et des employeurs ;
« 2° Le collège des départements ministériels et des organismes nationaux de sécurité sociale.
« III. — Les membres des collèges mentionnés au 2° et au 4° du I et au 1° du II sont nommés au sein des différentes formations du conseil par arrêté du ministre chargé du travail, et par arrêté conjoint du ministre chargé du travail et du ministre chargé de l'agriculture pour la commission spécialisée chargée des questions relatives aux activités agricoles.
« Leur nomination intervient, à la suite de chaque mesure quadriennale de l'audience des organisations syndicales et des organisations professionnelles d'employeurs organisée en application des articles L. 2122-9 et L. 2152-4, dans un délai de quatre mois suivant la publication du dernier des deux arrêtés, prévus aux articles L. 2122-11 et L. 2152-6, établissant la liste des organisations reconnues représentatives au niveau national et interprofessionnel.
« Pour chacun des membres du collège mentionné au 2° du I et au 1° du II, deux suppléants sont nommés dans les mêmes conditions. »

Les nominations au sein des collèges des partenaires sociaux et des collèges des partenaires sociaux des instances mentionnées par l'art. R. 4641-3 faisant suite à la mesure de l'audience réalisée au cours de l'année 2021 peuvent intervenir jusqu'au 31 mai 2022 (Décr. n° 2021-1792 du 23 déc. 2021, art. 2-I).

§ 3 Fonctionnement

Art. R. 4641-4 Le vice-président du Conseil national d'orientation des conditions de travail est nommé par arrêté du ministre chargé du travail (*Décr. n° 2021-1792 du 23 déc. 2021, art. 1ᵉʳ-3°, en vigueur le 31 mars 2022*) « dans les conditions prévues au III de l'article R. 4641-3 *[ancienne rédaction : pour un mandat de trois ans renouvelable]* ». Le secrétaire général, qui l'assiste dans ses missions, est nommé par arrêté du ministre chargé du travail. Il assure, sous l'autorité du vice-président, l'organisation et l'animation des travaux du Conseil national d'orientation des conditions de travail et du (*Décr. n° 2021-1792 du 23 déc. 2021, art. 1ᵉʳ-3°*) « comité national de prévention et de santé au travail *[ancienne rédaction : groupe permanent d'orientation des conditions de travail]* » ainsi que l'établissement de leurs rapports. Il est membre de droit de chacune des formations du conseil dont il peut assurer, le cas échéant, la présidence en cas d'absence des présidents titulaire et suppléant.

La convocation et l'ordre du jour des réunions du Conseil national d'orientation des conditions de travail et du *(Décr. n° 2021-1792 du 23 déc. 2021, art. 1ᵉʳ-3°)* « comité national de prévention et de santé au travail *[ancienne rédaction : groupe permanent d'orientation]* » sont établis par le secrétaire général du Conseil d'orientation des conditions de travail, qui en assure le secrétariat. La convocation et l'ordre du jour des réunions de la commission générale et des commissions spécialisées sont établis par le directeur général du travail ou son représentant, qui en assurent le secrétariat. Pour la commission spécialisée chargée des questions relatives aux activités agricoles, ces fonctions sont assurées par le directeur des affaires financières, sociales et logistiques du ministère chargé de l'agriculture ou son représentant.

Les positions du *(Décr. n° 2021-1792 du 23 déc. 2021, art. 1ᵉʳ-3°)* « comité national de prévention et de santé au travail *[ancienne rédaction : groupe permanent d'orientation]* » sont adoptées par consensus *(Décr. n° 2021-1792 du 23 déc. 2021, art. 1ᵉʳ-3°, en vigueur le 31 mars 2022)* « et, pour les missions prévues aux 3° à 5° de l'article L. 4641-2-1 par délibération dans les conditions prévues à l'article R. 4641-8 ».

(Décr. n° 2021-1792 du 23 déc. 2021, art. 1ᵉʳ-3°) « Les avis, propositions et autres délibérations des formations du Conseil d'orientation des conditions de travail sont valablement adoptés si plus de la moitié des membres ayant voix délibérative sont présents, y compris les membres prenant part aux débats soit au moyen d'une conférence téléphonique ou audiovisuelle soit par voie de consultation électronique, ou ont donné mandat.

« Lorsque le quorum n'est pas atteint, ces formations délibèrent valablement sans condition de quorum après une nouvelle convocation portant sur le même ordre du jour et spécifiant qu'aucun quorum ne sera exigé. »

Les avis des formations du Conseil d'orientation des conditions de travail requis en application du II de l'article R. 4641-1 sont retracés dans le compte rendu de séance établi par les services du ministère chargé du travail, et, pour la commission chargée des questions relatives aux activités agricoles, par les services du ministère chargé de l'agriculture. Ce compte rendu est signé par le président de séance.

S'il le juge nécessaire, le président des formations consultatives peut procéder à un vote. Les membres des formations du Conseil d'orientation des conditions de travail mentionnés au 2° de l'article R. 4641-3 disposent chacun d'une voix. Lorsqu'il n'est pas suppléé, chacun de ces membres peut donner mandat à un autre membre *(Décr. n° 2021-1792 du 23 déc. 2021, art. 1ᵉʳ-3°, en vigueur le 31 mars 2022)* « de la même formation *[ancienne rédaction : du même collège]* » pour le représenter.

Le président de chaque formation du Conseil d'orientation des conditions de travail peut, dans le cadre des attributions de celle-ci, constituer et mandater des groupes de travail et faire appel à des experts afin d'apporter un avis technique sur une question particulière, formuler des recommandations ou diligenter des études. Dotés d'un mandat et d'un calendrier prévisionnel, ces groupes rapportent le résultat de leurs travaux devant la formation qui les a mandatés.

La participation aux réunions du Conseil d'orientation des conditions de travail ouvre droit aux indemnités pour frais de déplacement et de séjour dans les conditions prévues par le décret n° 2006-781 du 3 juillet 2006 fixant les conditions et les modalités de règlement des frais occasionnés par les déplacements temporaires des personnels civils de l'État.

V. ndlr ss. art. R. 4641-2.

SOUS-SECTION 2 Conseil national d'orientation des conditions de travail et comité national de prévention et de santé au travail *(Décr. n° 2021-1792 du 23 déc. 2021, art. 1ᵉʳ-4°).*

§ 1 Conseil national d'orientation des conditions de travail

Art. R. 4641-5 Le Conseil national d'orientation des conditions de travail :

1° Participe à l'élaboration des orientations stratégiques nationales et internationales relatives à la santé et à la sécurité au travail, à l'amélioration des conditions de travail et à la prévention des risques professionnels, et notamment du plan santé au travail, le cas échéant sur la base des propositions *(Décr. n° 2021-1792 du 23 déc. 2021,* art. 1er-5°) « du comité national de prévention et de santé au travail [ancienne rédaction : du groupe permanent d'orientation] » ainsi qu'au suivi de leur mise en œuvre ;

2° Examine le bilan annuel des conditions de travail établi par les services du ministère chargé du travail, qui comprend le bilan annuel des comités régionaux d'orientation des conditions de travail. Dans ce cadre, il organise un suivi des statistiques sur les conditions de travail et peut réaliser toute étude se rapportant aux conditions de travail ;

3° Participe à la coordination des acteurs intervenant dans ces domaines.

V. ndlr ss. art. R. 4641-2.

Art. R. 4641-6 Le Conseil national d'orientation des conditions de travail est présidé par le ministre chargé du travail, ou en son absence, par le vice-président du conseil.

Il comprend :

1° Au titre du collège des partenaires sociaux :

a) Huit représentants des salariés, soit : deux sur proposition de la Confédération générale du travail (CGT), deux sur proposition de la Confédération française démocratique du travail (CFDT), deux sur proposition de la Confédération générale du travail-Force ouvrière (CGT-FO), un sur proposition de la Confédération française des travailleurs chrétiens (CFTC) et un sur proposition de la Confédération française de l'encadrement-Confédération générale des cadres (CFE-CGC) ;

(Décr. n° 2021-1792 du 23 déc. 2021, art. 1er-6°, en vigueur le 31 mars 2022) « *b)* Huit représentants des employeurs, soit : quatre sur proposition du Mouvement des entreprises de France (MEDEF), deux sur proposition de la Confédération des petites et moyennes entreprises (CPME), un sur proposition de l'Union des entreprises de proximité (U2P), et un sur proposition conjointe de la Fédération nationale des syndicats d'exploitants agricoles (FNSEA) et de la Confédération nationale de la mutualité, de la coopération et du crédit agricoles (CNMCCA) ; »

2° Au titre du collège des départements ministériels :

a) Le directeur général du travail ou son représentant ;

b) Le directeur général de la santé ou son représentant ;

c) Le directeur général des entreprises ou son représentant ;

d) Le directeur général de la prévention des risques ou son représentant ;

e) Le directeur des affaires financières, sociales et logistiques du ministère chargé de l'agriculture ou son représentant ;

(Décr. n° 2022-473 du 4 avr. 2022, art. 4) « *f)* Le directeur général des infrastructures, des transports et des mobilités ou son représentant ; »

g) Le directeur général de la fonction publique ou son représentant ;

h) Le directeur général des collectivités locales ou son représentant ;

i) Le directeur de la sécurité sociale ou son représentant ;

j) Le directeur général de l'offre de soins ou son représentant ;

k) Le chef du service de l'inspection générale des affaires sociales ou son représentant ;

3° Au titre du collège des organismes nationaux de sécurité sociale, d'expertise et de prévention :

a) Le directeur de l'Agence nationale de sécurité sanitaire de l'alimentation, de l'environnement et du travail ou son représentant ;

b) Le directeur de l'Agence nationale de santé publique ou son représentant ;

c) Le directeur de l'Agence nationale pour l'amélioration des conditions de travail ou son représentant ;

d) Le directeur de l'Institut national de recherche et de sécurité ou son représentant ;

e) Le directeur des risques professionnels de la Caisse nationale (Décr. n° 2019-718 du 5 juill. 2019, art. 9-III) « de l'assurance maladie » ou son représentant ;

f) Le directeur de la santé et de la sécurité au travail de la Caisse centrale de la mutualité sociale agricole ou son représentant ;

g) Le directeur de l'Organisme professionnel de prévention du bâtiment et des travaux publics ou son représentant ;

h) Le directeur de l'Institut de radioprotection et de sûreté nucléaire ou son représentant ;

4° Au titre du collège des personnalités qualifiées et des représentants d'associations ou des organisations professionnelles de prévention, quinze représentants :

a) Douze personnalités qualifiées, dont le président et les vice-présidents de la commission des accidents du travail et des maladies professionnelles de la Caisse nationale *(Décr. n° 2019-718 du 5 juill. 2019, art. 9-III)* « de l'assurance maladie » et neuf personnalités, parmi lesquelles sont désignés les présidents des commissions spécialisées ;

b) Trois représentants d'associations de victimes des risques professionnels et des organisations professionnelles de prévention.

Ce collège comporte au moins une personne spécialiste de médecine du travail.

§ 2 Comité national de prévention et de santé au travail *(Décr. n° 2021-1792 du 23 déc. 2021, art. 1ᵉʳ-7°).*

Art. R. 4641-7 *(Décr. n° 2021-1792 du 23 déc. 2021, art. 1ᵉʳ-8°, en vigueur le 31 mars 2022)* « En complément des missions prévues à l'article L. 4641-2-1, le comité national de prévention et de santé au travail :

(Décr. n° 2021-1792 du 23 déc. 2021, art. 1ᵉʳ-8°, en vigueur le 31 mars 2022) « 1° » Contribue à la définition de la position française sur les questions stratégiques au niveau européen ou international en matière de santé et de sécurité au travail ;

(Décr. n° 2021-1792 du 23 déc. 2021, art. 1ᵉʳ-8°, en vigueur le 31 mars 2022) « 2° » Participe à la coordination et l'information *(Décr. n° 2021-1792 du 23 déc. 2021, art. 1ᵉʳ-8°, en vigueur le 31 mars 2022)* « des comités régionaux de prévention et de santé au travail » mentionnés aux articles R. 4641-21 et suivants ;

(Décr. n° 2021-1792 du 23 déc. 2021, art. 1ᵉʳ-8°, en vigueur le 31 mars 2022) « 3° » Élabore une synthèse annuelle de l'évolution des conditions de travail ;

(Décr. n° 2021-1792 du 23 déc. 2021, art. 1ᵉʳ-8°, en vigueur le 31 mars 2022) « 4° Formule des avis ou des propositions sur les questions particulières figurant dans son programme de travail annuel ou traitées à la demande du ministre chargé du travail, ou encore sur tout autre thème entrant dans son domaine de compétences. »

<small>Ancien art. R. 4641-7 *Le groupe permanent d'orientation des conditions de travail :*

1° Participe à l'élaboration du plan santé au travail, en proposant au ministre chargé du travail les orientations pour celui-ci ;

2° Participe à l'orientation de la politique publique en santé [et en] sécurité au travail, en formulant des avis ou des propositions sur les questions particulières figurant dans son programme de travail annuel ou traitées à la demande du ministre chargé du travail ou encore de tout autre thème entrant dans son domaine de compétences ;

3° Contribue à la définition de la position française sur les questions stratégiques au niveau européen ou international en matière de santé et de sécurité au travail ;

4° Participe à la coordination des acteurs de la santé au travail, notamment en formulant des avis et des propositions visant à améliorer son pilotage ;

5° Participe à la coordination et l'information des groupes permanents régionaux d'orientation des conditions de travail mentionnés aux articles R. 4641-21 et suivants ;

6° Élabore une synthèse annuelle de l'évolution des conditions de travail.</small>

Art. R. 4641-8 Le *(Décr. n° 2021-1792 du 23 déc. 2021, art. 1ᵉʳ-9°)* « comité national de prévention et de santé au travail *[ancienne rédaction : groupe permanent d'orientation des conditions de travail]* » est présidé par le vice-président du Conseil d'orientation des conditions de travail et animé par son secrétaire général.

Il comprend :

(Décr. n° 2021-1792 du 23 déc. 2021, art. 1ᵉʳ-9°) « 1° Au titre du collège des partenaires sociaux :

« *a)* Cinq représentants des salariés, soit : un sur proposition de la Confédération générale du travail (CGT), un sur proposition de la Confédération française démocratique du travail (CFDT), un sur proposition de la Confédération générale du travail-Force ouvrière (CGT-FO), un sur proposition de la Confédération française des travailleurs chrétiens (CFTC) et un sur proposition de la Confédération française de l'encadrement-Confédération générale des cadres (CFE-CGC) ;

« *b)* Cinq représentants des employeurs, soit : trois sur proposition du Mouvement des entreprises de France (MEDEF), un sur proposition de la Confédération des petites et moyennes entreprises (CPME), un sur proposition de l'Union des entreprises de proximité (U2P) ; »

2° Au titre du collège des départements ministériels et *(Abrogé par Décr. n° 2021-1792 du 23 déc. 2021, art. 1ᵉʳ-9°)* « *du collège* » des organismes nationaux de sécurité sociale *(Abrogé par Décr. n° 2021-1792 du 23 déc. 2021, art. 1ᵉʳ-9°)* « *, d'expertise et de prévention* » :

a) Le directeur général du travail ou son représentant ;

b) Le directeur des affaires financières, sociales et logistiques du ministère chargé de l'agriculture ou son représentant ;

c) Le directeur des risques professionnels de la Caisse nationale *(Décr. n° 2019-718 du 5 juill. 2019, art. 9-III)* « de l'assurance maladie » ou son représentant ;

(Décr. n° 2021-1792 du 23 déc. 2021, art. 1ᵉʳ-9°) « *d)* Le directeur de la caisse centrale de la mutualité sociale agricole ou son représentant. »

Le *(Décr. n° 2021-1792 du 23 déc. 2021, art. 1ᵉʳ-9°)* « comité national de prévention et de santé au travail *[ancienne rédaction : groupe permanent d'orientation]* » établit un programme de travail annuel par consensus entre ses membres, sur la base d'une proposition élaborée par le secrétaire général.

En fonction des thèmes inscrits à l'ordre du jour, un expert ou un représentant *(Décr. n° 2021-1792 du 23 déc. 2021, art. 1ᵉʳ-9°)* « d'une administration représentée au collège mentionné au 2° » ne siégeant pas au *(Décr. n° 2021-1792 du 23 déc. 2021, art. 1ᵉʳ-9°)* « comité national de prévention et de santé au travail *[ancienne rédaction : groupe permanent d'orientation]* » peut être sollicité à titre consultatif par le secrétaire général.

Les membres du collège des partenaires sociaux peuvent demander l'inscription d'un sujet à l'ordre du jour établi par le secrétaire général.

(Décr. n° 2021-1792 du 23 déc. 2021, art. 1ᵉʳ-9°, en vigueur le 31 mars 2022) « Les délibérations prises en application des 3° à 5° de l'article L. 4641-2-1 du code du travail sont adoptées par les membres du collège des partenaires sociaux mentionnés au 1° du présent article lorsque les conditions cumulatives suivantes sont réunies :

« – elles recueillent le vote favorable d'une ou plusieurs organisations syndicales de salariés représentatives ayant obtenu, aux élections prises en compte pour la mesure de l'audience prévue au 3° de l'article L. 2122-9, au moins 30 % des suffrages exprimés en faveur d'organisations reconnues représentatives à ce niveau, quel que soit le nombre de votants, et ne font pas l'objet d'une opposition de la part de membres représentant une ou plusieurs organisations syndicales de salariés représentatives ayant obtenu la majorité des suffrages exprimés en faveur des mêmes organisations à ces mêmes élections, quel que soit le nombre de votants ;

« – elles recueillent le vote favorable d'au moins une organisation professionnelle d'employeurs et ne font pas l'objet d'une opposition de la part d'une ou de plusieurs organisations professionnelles d'employeurs dont les entreprises adhérentes emploient plus de 50 % de l'ensemble des salariés des entreprises adhérant aux organisations professionnelles d'employeurs reconnues représentatives au niveau national et interprofessionnel. »

V. ndlr ss. art. R. 4641-2.

SOUS-SECTION 3 La commission générale et les commissions spécialisées

§ 1 La commission générale

Art. R. 4641-9 La commission générale est consultée sur les projets de loi et d'ordonnance ainsi que sur les projets de décret pris sur le rapport du ministre chargé du travail. Sur ces textes, elle rend l'avis du Conseil d'orientation des conditions de travail.

Cet avis rend compte, s'il y a lieu, de la position de la commission spécialisée chargée des questions relatives aux activités agricoles pour les textes applicables aux activités agricoles.

Les travaux de la commission générale portant sur les projets de décret pris sur le rapport du ministre chargé du travail sont préparés par les commissions spécialisées.

Art. R. 4641-10 La commission générale est présidée par le président de la section sociale du Conseil d'État, ou, en son absence, par un président de commission spécialisée ou, en son absence, le directeur général du travail ou son représentant.
Elle comprend :
1° Au titre du collège des partenaires sociaux :
a) Cinq représentants des salariés, soit : un sur proposition de la Confédération générale du travail (CGT), un sur proposition de la Confédération française démocratique du travail (CFDT), un sur proposition de la Confédération générale du travail-Force ouvrière (CGT-FO), un sur proposition de la Confédération française des travailleurs chrétiens (CFTC) et un sur proposition de la Confédération française de l'encadrement-Confédération générale des cadres (CFE-CGC) ;
(Décr. n° 2021-1792 du 23 déc. 2021, art. 1er-10°, en vigueur le 31 mars 2022) « *b)* Cinq représentants des employeurs, soit : trois sur proposition du Mouvement des entreprises de France (MEDEF), un sur proposition de la Confédération des petites et moyennes entreprises (CPME), un sur proposition de l'Union des entreprises de proximité (U2P) ; »
2° Au titre du collège des départements ministériels :
a) Le directeur général du travail ou son représentant ;
b) Le directeur général de la santé ou son représentant ;
c) Le directeur général de la prévention des risques ou son représentant ;
d) Le directeur des affaires financières, sociales et logistiques du ministère chargé de l'agriculture ou son représentant ;
e) Le directeur de la sécurité sociale ou son représentant ;
3° Au titre du collège des organismes nationaux de sécurité sociale, d'expertise et de prévention :
a) Le directeur de l'Agence nationale pour l'amélioration des conditions de travail ou son représentant ;
b) Le directeur de l'Institut national de recherche et de sécurité ou son représentant ;
c) Le directeur des risques professionnels de la Caisse nationale *(Décr. n° 2019-718 du 5 juill. 2019, art. 9-III)* « de l'assurance maladie » ou son représentant ;
d) Le directeur de la santé et de la sécurité au travail de la Caisse centrale de la mutualité sociale agricole ou son représentant ;
e) Le directeur de l'Organisme professionnel de prévention du bâtiment et des travaux publics ou son représentant ;
4° Au titre du collège des personnalités qualifiées : *(Décr. n° 2021-1792 du 23 déc. 2021, art. 1er-10°, en vigueur le 31 mars 2022)* « neuf » personnalités désignées à raison de leurs compétences personnelles en santé au travail, dont les présidents des commissions spécialisées. *(Décr. n° 2021-1792 du 23 déc. 2021, art. 1er-10°, en vigueur le 31 mars 2022)* « Ce collège comprend une personne ayant compétence en matière agricole. »

§ 2 Les commissions spécialisées

Art. R. 4641-11 Les commissions spécialisées :
1° Préparent les avis de la commission générale ;
2° Sont consultées sur les instruments internationaux et européens, les projets de décrets autres que ceux pris sur le rapport du ministre chargé du travail, ainsi que sur les projets d'arrêtés pris sur le rapport du ministre chargé du travail. Sur ces textes, elles rendent l'avis du Conseil d'orientation des conditions de travail prévu au II de l'article R. 4641-1.

Art. R. 4641-12 Les *(Décr. n° 2021-1792 du 23 déc. 2021, art. 1er-11°, en vigueur le 31 mars 2022)* « cinq » commissions spécialisées, à l'exception de la commission spécialisée chargée des questions relatives aux activités agricoles, comprennent :
1° Au titre du collège des partenaires sociaux :
a) Cinq représentants des salariés, soit : un sur proposition de la Confédération générale du travail (CGT), un sur proposition de la Confédération française démocratique du travail (CFDT), un sur proposition de la Confédération générale du travail-Force ouvrière (CGT-FO), un sur proposition de la Confédération française des travailleurs chrétiens (CFTC) et un sur proposition de la Confédération française de l'encadrement-Confédération générale des cadres (CFE-CGC) ;

(Décr. n° 2021-1792 du 23 déc. 2021, art. 1ᵉʳ-11°, en vigueur le 31 mars 2022) « b) Cinq représentants des employeurs, soit : trois sur proposition du Mouvement des entreprises de France (MEDEF), un sur proposition de la Confédération des petites et moyennes entreprises (CPME), un sur proposition de l'Union des entreprises de proximité (U2P) ; »

2° Au titre du collège des départements ministériels : cinq représentants des départements ministériels, désignés par décision du directeur général du travail parmi ceux désignés au 2° de l'article R. 4641-6 ;

3° Au titre du collège des organismes nationaux de sécurité sociale, d'expertise et de prévention : cinq représentants désignés par décision du directeur général du travail parmi ceux désignés au 3° de l'article R. 4641-6 ;

4° Au titre du collège des personnalités qualifiées : six personnalités désignées à raison de leurs compétences personnelles au regard des attributions de la commission. (Décr. n° 2021-1792 du 23 déc. 2021, art. 1ᵉʳ-11°, en vigueur le 31 mars 2022) « Ce collège comprend une personne ayant compétence en matière agricole. »

Pour chaque commission spécialisée, à l'exception de la commission spécialisée chargée des questions relatives aux activités agricoles mentionnée à l'article R. 4641-14, un président est nommé au sein du collège des personnalités qualifiées, parmi ses membres visés au 4° de l'article R[.] 4641-6. En son absence, la commission est présidée par un suppléant désigné au sein du collège mentionné au 4° du présent article ou un représentant du directeur général du travail.

Art. R. 4641-13 Les (Décr. n° 2021-1792 du 23 déc. 2021, art. 1ᵉʳ-12°, en vigueur le 31 mars 2022) « quatre » premières commissions spécialisées formées au sein du Conseil d'orientation des conditions de travail sont les suivantes :

(Décr. n° 2021-1792 du 23 déc. 2021, art. 1ᵉʳ-12°, en vigueur le 31 mars 2022) « 1° Une commission spécialisée relative aux questions transversales, aux acteurs de la prévention en entreprise, aux études et à la recherche. Elle est notamment compétente sur les services de prévention et de santé au travail et les médecins du travail, les membres de l'équipe pluridisciplinaire et sur les comités sociaux et économiques. Elle est compétente sur la promotion et la diffusion de la culture de prévention, la formation, les risques relatifs à l'organisation du travail, les études, la recherche et les interventions des agences publiques dans ces domaines, notamment celles de l'Agence nationale de sécurité sanitaire de l'alimentation, de l'environnement et du travail et de l'Agence nationale pour l'amélioration des conditions de travail. Elle est également compétente sur les missions, l'organisation et le fonctionnement du Conseil d'orientation des conditions de travail et des comités régionaux d'orientation des conditions de travail. Elle est enfin compétente sur les aspects transversaux et les orientations de la politique européenne et internationale ; »

2° Une commission spécialisée relative à la prévention des risques physiques, chimiques et biologiques pour la santé au travail ;

3° Une commission spécialisée relative à la prévention des risques liés à la conception et à l'utilisation des équipements de travail, des équipements de protection individuelle et des locaux et lieux de travail temporaires ;

4° Une commission spécialisée relative aux pathologies professionnelles. Elle est notamment compétente sur les questions relatives à la connaissance de l'origine professionnelle des pathologies, aux maladies professionnelles et à l'articulation entre la réparation et la prévention des pathologies professionnelles.

(Abrogé par Décr. n° 2021-1792 du 23 déc. 2021, art. 1ᵉʳ-12°, à compter du 31 mars 2022) « 5° Une commission spécialisée relative aux acteurs de la prévention en entreprise. Elle est notamment compétente sur les services de santé au travail et médecins du travail, membres de l'équipe pluridisciplinaire et sur les (Décr. n° 2017-1819 du 29 déc. 2017, art. 3) « comités sociaux et économiques ». »

Art. R. 4641-14 La commission spécialisée chargée des questions relatives aux activités agricoles est consultée, en application des dispositions de l'article R. 4641-1, sur les textes présentés sur le rapport du ministre chargé de l'agriculture.

Par exception aux dispositions de l'article R. 4641-11, elle peut être également saisie par le ministre chargé de l'agriculture soit d'autres projets de loi, d'ordonnance, de décret ou d'arrêté lorsqu'ils intéressent la santé et la sécurité des travailleurs en agriculture, soit de questions relatives à ces matières. Elle peut proposer à ce ministre toutes mesures susceptibles d'être prises en ce domaine. Le compte rendu de ses travaux est communiqué à la commission générale.

Cette commission spécialisée comprend :

1° Au titre du collège des partenaires sociaux :

a) Cinq représentants des salariés, soit : un sur proposition de la Confédération générale du travail (CGT), un sur proposition de la Confédération française démocratique du travail (CFDT), un sur proposition de la Confédération générale du travail-Force ouvrière (CGT-FO), un sur proposition de la Confédération française des travailleurs chrétiens (CFTC) et un sur proposition de la Confédération française de l'encadrement-Confédération générale des cadres (CFE-CGC) ;

b) Cinq représentants des employeurs, soit : un sur proposition de la Fédération nationale des syndicats d'exploitants agricoles (FNSEA), un sur proposition de la Fédération nationale des syndicats d'exploitants forestiers, scieurs et industriels du bois (FNB), un sur proposition de COOP de France, un sur proposition d'Entrepreneurs des territoires et un sur proposition de l'Union nationale des entrepreneurs du paysage (UNEP) ;

2° Au titre du collège des départements ministériels : cinq représentants ;

3° Au titre du collège des organismes nationaux de sécurité sociale, d'expertise et de prévention : cinq représentants ;

4° Au titre du collège des personnalités qualifiées : cinq personnalités désignées à raison de leurs compétences au regard des attributions de la commission.

La commission spécialisée chargée des questions relatives aux activités agricoles est présidée par une personne qualifiée mentionnée au *a* du 4° de l'article R. 4641-6, nommée par arrêté conjoint des ministres chargés de l'agriculture et du travail, ou, en son absence, par un représentant du ministre chargé de l'agriculture.

SECTION 2 Comités régionaux d'orientation des conditions de travail

SOUS-SECTION 1 Dispositions générales

§ 1 Missions

Art. R. 4641-15 Placé auprès du préfet de région, le comité régional d'orientation des conditions de travail participe à l'élaboration des orientations de la politique de santé et de sécurité au travail et d'amélioration des conditions de travail au plan régional.

(Décr. n° 2021-1792 du 23 déc. 2021, art. 1er-13°, en vigueur le 31 mars 2022) « Un comité régional de prévention et de santé au travail *[ancienne rédaction : Un groupe permanent régional d'orientation des conditions de travail]* » est constitué en son sein. Il exerce une fonction d'orientation dans le domaine de la politique de santé et de sécurité au travail et d'amélioration des conditions de travail.

§ 2 Composition et désignation

Art. R. 4641-16 *(Décr. n° 2021-1792 du 23 déc. 2021, art. 1er-14°, en vigueur le 31 mars 2022)* « I. – Le comité régional d'orientation des conditions de travail comprend : »

1° Le préfet de région ou son représentant, président ;

2° Un collège de représentants des administrations régionales de l'État ;

3° Un collège de représentants, en nombre égal, des organisations d'employeurs et de salariés représentatives au niveau national ;

4° Un collège des organismes régionaux de sécurité sociale, d'expertise et de prévention ;

5° Un collège de personnalités qualifiées, comprenant notamment :

a) Des personnalités désignées à raison de leurs compétences en santé au travail, dont, notamment, des experts scientifiques ou techniques de la prévention en entreprise ;

b) Des représentants d'associations de victimes de risques professionnels et d'organisations de professionnels de la prévention.

SANTÉ ET SÉCURITÉ AU TRAVAIL

(*Décr. n° 2021-1792 du 23 déc. 2021, art. 1er-14°, en vigueur le 31 mars 2022*) « II. — Le comité régional de prévention et de santé au travail comprend :

« 1° Le collège des partenaires sociaux, comportant un nombre égal de représentants des salariés et des employeurs ;

« 2° Le collège des administrations régionales de l'État et des organismes régionaux de sécurité sociale.

« III. — Les membres des collèges mentionnés au 3° et au 5° du I et au 1° du II sont nommés au sein des différentes formations du comité régional par arrêté du préfet de région.

« Leur nomination intervient, à la suite de chaque mesure quadriennale de l'audience des organisations syndicales et des organisations professionnelles d'employeurs organisée en application des articles L. 2122-9 et L. 2152-4, dans un délai de quatre mois suivant la publication du dernier des deux arrêtés, prévus aux articles L. 2122-11 et L. 2152-6, établissant la liste des organisations reconnues représentatives au niveau national et interprofessionnel.

« Pour chacun des membres du collège mentionné au 3° du I et au 1° du II du présent article, deux suppléants sont nommés dans les mêmes conditions. »

Ancien art. R. 4641-16 (*Applicable jusqu'au 30 mars 2022*) *Les formations du comité régional d'orientation des conditions de travail, à l'exception du groupe régional d'orientation des conditions de travail, comprennent :*

1° Le préfet de région ou son représentant, président ;

2° Un collège de représentants des administrations régionales de l'État ;

3° Un collège de représentants, en nombre égal, des organisations d'employeurs et de salariés représentatives au niveau national ;

4° Un collège des organismes régionaux de sécurité sociale, d'expertise et de prévention ;

5° Un collège de personnalités qualifiées, comprenant notamment :

a) Des personnalités désignées à raison de leurs compétences en santé au travail, dont, notamment, des experts scientifiques ou techniques de la prévention en entreprise ;

b) Des représentants d'associations de victimes de risques professionnels et d'organisations de professionnels de la prévention.

Les membres des collèges mentionnés aux 3° et 5° du présent article sont nommés par arrêté du préfet pour trois ans renouvelables au sein des différentes formations du comité régional. Les membres du collège mentionné au 3° du même article peuvent être représentés par leur suppléant nommé dans les mêmes conditions.

V. ndlr ss. art. R. 4641-1.

§ 3 Fonctionnement

Art. R. 4641-17 Les membres du comité régional mentionnés aux 3° et 5° de l'article R. 4641-16 remplissent et actualisent une déclaration individuelle d'intérêts déposée à la (*Décr. n° 2020-1545 du 9 déc. 2020, art. 28-X, en vigueur le 1er avr. 2021*) « direction régionale de l'économie, de l'emploi, du travail et des solidarités ». Ils ne participent pas aux travaux susceptibles de comporter un conflit d'intérêts.

En tant que de besoin, tout représentant ministériel ou toute autre personne que le représentant de la (*Décr. n° 2020-1545 du 9 déc. 2020, art. 28-X, en vigueur le 1er avr. 2021*) « direction régionale de l'économie, de l'emploi, du travail et des solidarités » estime utile à la réflexion sur les thèmes inscrits à l'ordre du jour.

Dans le cadre de ses attributions, le comité régional d'orientation des conditions de travail peut constituer et mandater des groupes de travail sur une question particulière pour accompagner et suivre la mise en œuvre du plan régional [de] santé au travail, formuler des recommandations ou diligenter des études. Dotés d'un mandat et d'un calendrier prévisionnel, ces groupes rapportent le résultat de leurs travaux devant le comité régional.

Lorsqu'un vote est demandé soit par le président, soit par la moitié des représentants du collège des partenaires sociaux, il est acquis à la majorité des membres présents ayant voix délibérative. En cas de partage des voix, la voix du président est prépondérante.

La participation aux réunions du comité régional d'orientation des conditions de travail ouvre droit aux indemnités pour frais de déplacement et de séjour, au sein de la région, dans les conditions prévues par le décret n° 2006-781 du 3 juillet 2006 fixant les conditions et les modalités de règlement des frais occasionnés par les déplacements temporaires des personnels civils de l'État.

SOUS-SECTION 2 **Le comité régional d'orientation des conditions de travail**

§ 1 Missions

Art. R. 4641-18 Placé auprès du préfet de région, le comité régional d'orientation des conditions de travail :

1° Participe à l'élaboration et à l'actualisation de diagnostics territoriaux portant sur les conditions de travail et la prévention des risques professionnels ;

2° Participe à l'élaboration et au suivi du plan régional santé au travail, qui décline à l'échelle régionale le plan santé au travail. Il constitue le programme de prévention des risques liés au travail du plan régional de santé publique, mentionné à l'article L. 1411-11 du code de la santé publique ;

3° Est consulté sur la mise en œuvre régionale des politiques publiques intéressant la santé et la sécurité au travail ainsi que l'amélioration des conditions de travail, qui lui sont soumises par les autorités publiques ;

4° Est consulté sur les actions coordonnées prévues à l'article D. 717-43-2 du code rural et de la pêche maritime adoptées après avis du comité technique régional visé à l'article R. 751-160 de ce code ;

5° Est consulté sur les instruments régionaux d'orientation des politiques publiques en matière de santé et de sécurité au travail et est informé de la mise en œuvre des politiques publiques intéressant ces domaines ;

6° Contribue à la coordination avec la commission de coordination des politiques de prévention de l'agence régionale de santé et à l'organisation territoriale de la politique de santé publique mentionnée à l'article L. 1411-11 du code de la santé publique ;

7° Contribue à la coordination avec le comité régional d'orientation et de suivi (CROS) chargé de la mise en œuvre territoriale du plan Ecophyto conformément à l'article L. 253-6 du code rural et de la pêche maritime, dans ses actions relatives à la santé et sécurité au travail lors de l'utilisation des produits phytopharmaceutiques ;

8° **Adopte les avis** *(Décr. n° 2021-1792 du 23 déc. 2021, art. 1er-15°, en vigueur le 31 mars 2022)* « **du comité régional de prévention et de santé au travail** *[ancienne rédaction : du groupe permanent régional d'orientation]* ».

§ 2 Composition

Art. R. 4641-19 Les membres du comité régional sont :

1° Au titre du collège des administrations régionales de l'État :

a) Le *(Décr. n° 2020-1545 du 9 déc. 2020, art. 28-X, en vigueur le 1er avr. 2021)* « **directeur régional de l'économie, de l'emploi, du travail et des solidarités** » ou son représentant et trois autres membres de ce service qu'il désigne ;

b) Le directeur général de l'Agence régionale de santé ou son représentant ;

c) Le directeur régional de l'environnement, de l'aménagement et du logement ou son représentant ;

2° Au titre du collège des partenaires sociaux :

a) Huit représentants des salariés, soit : deux sur proposition de la Confédération générale du travail (CGT), deux sur proposition de la Confédération française démocratique du travail (CFDT), deux sur proposition de la Confédération générale du travail-Force ouvrière (CGT-FO), un sur proposition de la Confédération française des travailleurs chrétiens (CFTC) et un sur proposition de la Confédération française de l'encadrement-Confédération générale des cadres (CFE-CGC) ;

b) Huit représentants des employeurs, soit : quatre sur proposition du Mouvement des entreprises de France (MEDEF), dont deux issus d'organisations de branche, deux sur proposition de la *(Décr. n° 2021-1792 du 23 déc. 2021, art. 1er-16°, en vigueur le 31 mars 2022)* « **Confédération des petites et moyennes entreprises (CPME)** *[ancienne rédaction : Confédération générale des petites et moyennes entreprises (CGPME)]* », **un sur proposition de l'***(Décr. n° 2021-1792 du 23 déc. 2021, art. 1er-16°, en vigueur le 31 mars 2022)* « **Union des entreprises de proximité (U2P)** *[ancienne rédaction : Union professionnelle arti-*

sanale (UPA)] » et un sur proposition conjointe de la Fédération nationale des syndicats d'exploitants agricoles (FNSEA) et de la coopération et du crédit agricoles (CNMCCA) ;

3° Au titre du collège des représentants d'organismes de sécurité sociale, d'expertise et de prévention :

a) Le directeur de la caisse régionale d'assurance retraite et de la santé au travail de la circonscription régionale ou son représentant ;

b) Le directeur de l'association régionale pour l'amélioration des conditions de travail ou son représentant ;

c) Le médecin du travail, coordonnateur régional santé et sécurité au travail de la mutualité sociale agricole ou son représentant ;

d) Le directeur du comité régional de l'Organisme professionnel de prévention du bâtiment et des travaux publics ou son représentant ;

4° Au titre du collège des personnalités qualifiées :

a) Huit personnes physiques désignées par arrêté préfectoral ;

b) Deux représentants de personnes morales désignés par arrêté préfectoral.

Ce collège comporte au moins une personne spécialiste en médecine du travail.

§ 3 Organisation et fonctionnement

Art. R. 4641-20 Le comité régional se réunit au moins une fois par an en séance plénière. Il se réunit également à l'initiative de son président ou à la demande d'une moitié, au moins, des représentants du collège des partenaires sociaux.

Seuls le président et les membres des collèges du comité régional mentionnés aux 1°, 2° et 3° de l'article R. 4641-19 ont voix délibérative.

Le compte rendu de chaque réunion, établi par les services de *[la]* (Décr. n° 2020-1545 du 9 déc. 2020, art. 28-X, en vigueur le 1er avr. 2021) « direction régionale de l'économie, de l'emploi, du travail et des solidarités », rend compte de l'expression de tous les membres du comité. Il est diffusé aux membres du comité.

SOUS-SECTION 3 **Le comité régional de prévention et de santé au travail** (Décr. n° 2021-1792 du 23 déc. 2021, art. 1°-17°, en vigueur le 31 mars 2022).

§ 1 Missions

Art. R. 4641-21 (Décr. n° 2021-1792 du 23 déc. 2021, art. 1er-18°, en vigueur le 31 mars 2022) « Le comité régional de prévention et de santé au travail exerce une fonction d'orientation dans les domaines de la santé et de la sécurité au travail et de l'amélioration des conditions de travail dans le ressort de la région. En complément des missions prévues à l'article L. 4641-5, il : »

1° Rend un avis sur toute question de nature stratégique dans le domaine de la santé au travail, des conditions de travail et des risques professionnels dont il se saisit ;

(Décr. n° 2021-1792 du 23 déc. 2021, art. 1er-18°, en vigueur le 31 mars 2022) « 2° » Participe à l'élaboration du diagnostic territorial portant sur la santé au travail, les conditions de travail et la prévention des risques professionnels ;

(Décr. n° 2021-1792 du 23 déc. 2021, art. 1er-18°, en vigueur le 31 mars 2022) « 3° » Favorise la coordination des orientations et des positions prises adoptées dans les principales instances paritaires régionale dans le champ de la santé au travail, en cohérence avec les orientations du (Décr. n° 2021-1792 du 23 déc. 2021, art. 1er-18°, en vigueur le 31 mars 2022) « comité national de prévention et de santé au travail mentionné à l'article L. 4641-2-1 » ;

(Décr. n° 2021-1792 du 23 déc. 2021, art. 1er-18°, en vigueur le 31 mars 2022) « 4° » Adresse au (Décr. n° 2021-1792 du 23 déc. 2021, art. 1er-18°, en vigueur le 31 mars 2022) « comité national de prévention et de santé au travail » un bilan annuel de son activité.

Il rend un avis, qu'il remet au comité régional d'orientation des conditions de travail :

a) Sur le contenu des contrats pluriannuels d'objectifs et de moyens des services de santé au travail prévus à l'article L. 4622-10 ;

b) Sur la politique régionale d'agrément prévue à l'article D. 4622-53.

Dans le cadre de son domaine de compétence, le (Décr. n° 2021-1792 du 23 déc. 2021, art. 1er-18°, en vigueur le 31 mars 2022) « comité régional de prévention et de santé au travail » peut, de sa propre initiative, soumettre des propositions et des avis et diligenter des analyses ou des études.

Ancien art. R. 4641-21 *(Applicable jusqu'au 31 mars 2022) Le groupe permanent régional d'orientation des conditions de travail exerce une fonction d'orientation dans les domaines de la santé et de la sécurité au travail et de l'amélioration des conditions de travail dans le ressort du territoire régional. A ce titre, il :*

1° Rend un avis sur toute question de nature stratégique dans le domaine de la santé au travail, des conditions de travail et des risques professionnels dont il se saisit ;

2° Formule les orientations du plan régional santé au travail et participe au suivi de sa mise en œuvre ;

3° Participe à l'élaboration du diagnostic territorial portant sur la santé au travail, les conditions de travail et la prévention des risques professionnels ;

4° Favorise la coordination des orientations et des positions prises adoptées dans les principales instances paritaires régionale dans le champ de la santé au travail, en cohérence avec les orientations du groupe permanent d'orientation mentionné à l'article R. 4641-7 ;

5° Adresse au groupe permanent d'orientation un bilan annuel de son activité.

Il rend un avis, qu'il remet au comité régional d'orientation des conditions de travail :

a) Sur le contenu des contrats pluriannuels d'objectifs et de moyens des services de santé au travail prévus à l'article L. 4622-10 ;

b) Sur la politique régionale d'agrément prévue à l'article D. 4622-53.

Dans le cadre de son domaine de compétence, le groupe permanent régional peut, de sa propre initiative, soumettre des propositions et des avis et diligenter des analyses ou des études.

§ 2 Composition et fonctionnement

Art. R. 4641-22 Le *(Décr. n° 2021-1792 du 23 déc. 2021, art. 1er-19°, en vigueur le 31 mars 2022)* « comité régional de prévention et de santé au travail » est présidé par le préfet de région ou son représentant. Deux vice-présidents sont élus respectivement par les membres des collèges mentionnés aux a et b *(Décr. n° 2021-1792 du 23 déc. 2021, art. 1er-19°, en vigueur le 31 mars 2022)* « du 1° du présent article », l'un au titre des représentants des salariés, l'autre au titre des représentants des employeurs.

Le *(Décr. n° 2021-1792 du 23 déc. 2021, art. 1er-19°, en vigueur le 31 mars 2022)* « comité régional de prévention et de santé au travail » est formé au sein du comité régional d'orientations des conditions de travail. Il comprend :

(Décr. n° 2021-1792 du 23 déc. 2021, art. 1er-19°, en vigueur le 31 mars 2022) « 1° Au titre du collège des partenaires sociaux :

« *a)* Cinq représentants des salariés, soit : un sur proposition de la Confédération générale du travail (CGT), un sur proposition de la Confédération française démocratique du travail (CFDT), un sur proposition de la Confédération générale du travail-Force ouvrière (CGT-FO), un sur proposition de la Confédération française des travailleurs chrétiens (CFTC) et un sur proposition de la Confédération française de l'encadrement-Confédération générale des cadres (CFE-CGC) ;

« *b)* Cinq représentants des employeurs, soit : trois sur proposition du Mouvement des entreprises de France (MEDEF), un sur proposition de la Confédération des petites et moyennes entreprises (CPME), un sur proposition de l'Union des entreprises de proximité (U2P) ;

« 2° Au titre du collège des administrations régionales de l'État et des organismes régionaux de sécurité sociale :

« *a)* Le directeur de la direction régionale de l'économie, de l'emploi, du travail et des solidarités ou son représentant, qui assure l'animation des travaux du comité, et trois autres membres de cette direction qu'il désigne ;

« *b)* Un représentant de la caisse régionale d'assurance retraite et de la santé au travail de la circonscription régionale ;

« *c)* Un représentant du réseau régional des caisses de mutualité sociale agricole. »

Ancien art. R. 4641-22 *(Applicable jusqu'au 30 mars 2022) Le groupe permanent régional d'orientation des conditions de travail est présidé par le préfet de région ou son représentant. Deux vice-présidents sont élus respectivement par les membres des collèges mentionnés aux a et b du 2° de l'article R. 4641-19, l'un au titre des représentants des salariés, l'autre au titre des représentants des employeurs. Le (Décr. n° 2020-1545 du 9 déc. 2020, art. 28-X, en vigueur le 1er avr.*

SANTÉ ET SÉCURITÉ AU TRAVAIL

2021) « directeur régional de l'économie, de l'emploi, du travail et des solidarités » ou son représentant assure l'animation de ses travaux.

Le groupe permanent régional d'orientation des conditions de travail est formé au sein du comité régional d'orientations des conditions de travail. Il comprend :

1° Au titre du collège des partenaires sociaux : les représentants mentionnés au 2° de l'article R. 4641-19 ;

2° Un représentant de la caisse régionale d'assurance retraite et de la santé au travail de la circonscription régionale.

CHAPITRE II AGENCE NATIONALE POUR L'AMÉLIORATION DES CONDITIONS DE TRAVAIL

(Décr. n° 2015-968 du 31 juill. 2015, art. 1ᵉʳ)

SECTION 1 Missions de l'agence et de son réseau

Art. R. 4642-1 I. — L'Agence nationale pour l'amélioration des conditions de travail est un établissement public national à caractère administratif placé sous la tutelle du ministre chargé du travail.

Dans le cadre des missions qui lui sont confiées en application de l'article L. 4642-1, l'agence conduit des actions visant à agir sur les éléments déterminants des conditions de travail, notamment l'organisation du travail et les relations professionnelles, en vue de leur amélioration.

Ses champs d'intervention, dans le cadre des politiques publiques, couvrent notamment :

1° La promotion de la santé au travail et de la qualité de vie au travail, en particulier lors de la conception des organisations, des équipements et des installations de travail ;

2° La prévention des risques professionnels dans le cadre de l'organisation du travail ;

3° L'amélioration de l'environnement de travail par l'adaptation des postes, des lieux et des situations de travail.

L'agence met également à disposition son expertise pour faciliter l'expression des salariés sur les conditions de réalisation de leur travail, notamment lors de la conduite de projets de transformation des entreprises et des organisations, et pour aider au dialogue social sur les questions de conditions de travail.

Les activités conduites par l'agence dans le champ de l'amélioration des conditions de travail et de la qualité de vie au travail contribuent notamment à l'accès et au maintien en emploi durable des travailleurs, au développement des connaissances et des compétences des travailleurs tout au long de leur vie professionnelle et à l'égalité professionnelle.

II. — Pour mener à bien ses missions, l'agence :

1° Conduit des interventions à caractère expérimental dans les entreprises, les associations et les structures publiques ;

2° Développe et produit à partir de ces expérimentations des outils et des méthodes susceptibles d'être utilisés par les employeurs, les travailleurs et leurs représentants ;

3° Assure l'information, la diffusion et la formation nécessaires à l'utilisation de ces outils et méthodes ;

4° Conduit une activité de veille, d'étude et de prospective sur les enjeux liés aux conditions de travail ;

5° Développe des partenariats avec les autres acteurs intervenant dans le domaine des conditions de travail, au niveau national et international *(Décr. n° 2022-624 du 22 avr. 2022, art. 2, en vigueur le 1ᵉʳ janv. 2023)* « , notamment pour contribuer au développement de démarches innovantes ;

« 6° Élabore des guides de pratiques en matière d'amélioration des conditions de travail à destination des intervenants en santé au travail et des entreprises. »

Les actions de l'agence *(Décr. n° 2022-624 du 22 avr. 2022, art. 2, en vigueur le 1ᵉʳ janv. 2023)* « mentionnées aux 1° à 5° du présent II », conduites au besoin par l'intermédiaire de tout acteur pertinent tel que les organisations professionnelles, consulaires ou de formation, bénéficient prioritairement aux petites et moyennes entreprises. *(Décr. n° 2022-624 du 22 avr. 2022, art. 2, en vigueur le 1ᵉʳ janv. 2023)* « Elles peuvent être menées pour répondre aux besoins de l'État, des collectivités territoriales ou de toute autre personne morale de droit public.

« Les interventions de l'agence au sein des structures publiques donnent lieu à la conclusion d'un contrat en fixant les conditions financières. »

L'agence conduit ses activités dans le respect des principes de neutralité et d'impartialité vis-à-vis des acteurs de l'entreprise, de l'association ou de la structure publique au sein de laquelle elle est amenée à intervenir.

Art. R. 4642-2 (Décr. n° 2022-624 du 22 avr. 2022, art. 2, en vigueur le 1er janv. 2023) L'Agence nationale pour l'amélioration des conditions de travail peut se doter de directions régionales.

Chaque direction régionale s'appuie sur une instance paritaire régionale qui participe, en collaboration avec le directeur régional, à la définition de ses orientations. L'instance paritaire adopte le programme régional d'action annuel en cohérence avec le programme national. Elle établit son règlement intérieur conformément aux dispositions de la charte mentionnée à l'article R. 4642-4.

L'instance paritaire régionale comprend au plus et en nombre égal pour chacun des collèges :
1° Dix représentants des organisations syndicales de salariés ;
2° Dix représentants des organisations professionnelles d'employeurs.

La répartition des sièges au sein de ces deux collèges est fixée en tenant compte :
— de la représentativité des organisations professionnelles d'employeurs et des organisations syndicales de salariés au niveau national et interprofessionnel ;
— le cas échéant de la représentativité d'autres organisations au niveau régional.

Le préfet de région fixe par arrêté le nombre des membres de l'instance et les nomment pour une durée de trois ans renouvelable.

En cas d'empêchement, les membres mentionnés aux 1° et 2° du présent article peuvent être représentés par un suppléant appartenant à la même organisation nommé dans les mêmes conditions. Lorsque le titulaire est présent, le suppléant peut assister aux réunions de l'instance sans voix délibérative.

Chacune des organisations syndicales de salariés et chacune des organisations professionnelles d'employeurs pourvoit les sièges qui lui sont attribués en respectant la parité entre les femmes et les hommes. Si les sièges à pourvoir sont en nombre impair, l'écart entre le nombre de femmes et le nombre d'hommes ne peut être supérieur à un.

Un total maximal de cinq membres observateurs sans voix délibérative peut également assister aux réunions de l'instance paritaire régionale. Ces membres sont désignés par arrêté du préfet de région sur proposition du directeur régional pour une durée de trois ans renouvelable.

SECTION 2 Organisation et fonctionnement

SOUS-SECTION 1 Conseil d'administration

Art. R. 4642-3 (Décr. n° 2022-624 du 22 avr. 2022, art. 2, en vigueur le 1er janv. 2023) « I. — L'Agence nationale pour l'amélioration des conditions de travail est administrée par un conseil d'administration et dirigée par un directeur général.

« Le conseil d'administration comprend :

« 1° Onze représentants des employeurs répartis comme suit :

« — dix représentants des organisations professionnelles d'employeurs représentatives au niveau national et interprofessionnel. Pour la répartition des sièges, sont pris en compte à hauteur, respectivement, de 30 % et de 70 %, le nombre des entreprises adhérentes à chacune de ces organisations et le nombre de salariés employés par ces mêmes entreprises. La répartition des sièges se fait suivant la règle de la représentation proportionnelle à la plus forte moyenne ;

« — un représentant des professions agricoles sur proposition de la Fédération nationale des syndicats exploitants agricoles (FNSEA) ;

« 2° Onze représentants des organisations syndicales de salariés représentatives au niveau national et interprofessionnel. Chaque organisation syndicale de salariés dispose d'un nombre de sièges proportionnel à son poids au niveau national et interprofessionnel et suivant la règle de la représentation proportionnelle à la plus forte moyenne ;

« 3° Sept représentants de l'État, membres de droit, répartis comme suit :

« a) Le ministre chargé du travail ou son représentant, ainsi qu'un autre de ses représentants ;

« b) Un représentant du ministre chargé de l'emploi ;

« c) Un représentant du ministre chargé de l'agriculture ;

« d) Un représentant du ministre chargé de l'économie ;

« e) Un représentant du ministre chargé du droit des femmes ;

« f) Un représentant du ministre chargé de la fonction publique ;

« 4° Quatre personnes qualifiées en matière de conditions de travail désignées par le ministre chargé du travail, dont une sur proposition de l'Association des régions de France.

« Un arrêté du ministre chargé du travail fixe la répartition des sièges mentionnés aux 1° et 2° du présent I. »

II. – Outre les personnalités prévues au quatrième alinéa de l'article L. 4642-2, assistent avec voix consultative aux réunions du conseil d'administration :

1° Le directeur général et l'agent comptable de l'agence ou leurs représentants ;

2° Le président du conseil scientifique de l'agence ;

3° Le contrôleur budgétaire de l'agence ou son représentant ;

4° En tant que de besoin, les représentants des ministres qui ne siègent pas au conseil d'administration lorsque le conseil est appelé à connaître de questions entrant dans leurs attributions ;

(Décr. n° 2022-624 du 22 avr. 2022, art. 2, en vigueur le 1er janv. 2023) « 5° Deux représentants du personnel de l'agence élus selon les modalités définies par le règlement intérieur de l'agence. »

En outre, le conseil d'administration peut entendre toute personne dont il estime l'audition utile à son information.

III. – Le conseil d'administration élit un président parmi ses membres, à la majorité absolue. Son mandat est d'une durée de trois ans renouvelable. (Décr. n° 2019-196 du 15 mars 2019) « La limite d'âge qui lui est applicable est fixée à soixante-dix ans. »

En cas d'absence ou d'empêchement du président, le ministre chargé du travail ou son représentant exerce ses prérogatives.

Les membres du conseil d'administration mentionnés aux 1°, 2° et 4° du I sont nommés pour trois ans renouvelables par arrêté du ministre chargé du travail.

Les membres du conseil d'administration mentionnés aux 1° et 2° du même (Décr. n° 2022-624 du 22 avr. 2022, art. 2, en vigueur le 1er janv. 2023) « I » peuvent être représentés par (Décr. n° 2022-624 du 22 avr. 2022, art. 2, en vigueur le 1er janv. 2023) « un suppléant appartenant à la même organisation » nommé dans les mêmes conditions.

Les fonctions de membre du conseil d'administration sont incompatibles avec la qualité de membre du conseil scientifique.

En cas de vacance d'un siège du fait de l'empêchement définitif de son titulaire ou de la perte par un membre de la qualité au titre de laquelle il a été désigné, il est procédé à la désignation d'un nouveau membre ou d'un nouveau président dans les conditions prévues au présent article. Le mandat de ce membre ou du président expire dans les mêmes délais que le mandat du membre ou du président qui est remplacé.

Art. R. 4642-4 Le conseil d'administration fixe par ses délibérations les orientations générales de l'agence. Outre les attributions qu'il tient du titre III du décret n° 2012-1246 du 7 novembre 2012 relatif à la gestion budgétaire et comptable publique, il délibère notamment sur :

1° Les objectifs stratégiques pluriannuels, notamment ceux fixés dans le cadre du contrat d'objectifs et de performance conclu entre l'agence et l'État ;

2° Le programme de travail de l'agence ;

3° L'organisation générale de l'agence et son règlement intérieur ;

4° Le budget de l'agence et ses modifications, le compte financier, l'affectation des résultats, le tableau des emplois ainsi que les emprunts ;

5° Les conditions générales d'emploi et de recrutement du personnel ;

6° Les acquisitions, aliénations, échanges d'immeubles et les baux et locations concernant l'agence ;

7° L'acceptation ou le refus de dons et legs ;

8° L'approbation des conventions de partenariat dès lors que les recettes qu'elles procurent dépassent un montant fixé par le conseil d'administration ;

9° La participation à un groupement d'intérêt public ou tout autre organisme.

(*Décr. n° 2022-624 du 22 avr. 2022, art. 2, en vigueur le 1er janv. 2023*) « En outre, le conseil d'administration adopte la charte qui fixe les relations entre l'agence, ses directions régionales et les instances paritaires régionales mentionnées à l'article R. 4642-2 ».

Il autorise le directeur général à ester en justice.

Il donne un avis sur toute question qui lui est soumise par le président du conseil d'administration ou par le ministre chargé du travail et, le cas échéant, par d'autres ministres.

Art. R. 4642-5 Le conseil d'administration est réuni au moins quatre fois par an, sur convocation de son président. Il se réunit également sur demande du ministre chargé du travail, du directeur général de l'agence ou de la moitié de ses membres.

L'ordre du jour de chaque réunion est arrêté par le président sur proposition du directeur général. Toute question dont l'inscription a été demandée par le ministre chargé du travail ou par six membres au moins du conseil d'administration est portée à l'ordre du jour.

Les membres du conseil d'administration mentionnés au I de l'article R. 4642-3 disposent chacun d'une voix. Chaque membre du conseil d'administration peut donner mandat à un autre membre du conseil d'administration pour le représenter. Nul ne peut être porteur de plus d'un de ces mandats.

Le conseil d'administration ne délibère valablement que si la moitié au moins des membres est présente. Si le quorum n'est pas atteint, le conseil est convoqué sur le même ordre du jour au plus tard dans les quinze jours suivants. Il délibère alors valablement, quel que soit le nombre des membres présents.

Les délibérations du conseil d'administration sont prises à la majorité des membres présents. En cas de partage, la voix du président est prépondérante.

En cas d'urgence, les délibérations du conseil d'administration peuvent être adoptées selon les modalités prévues par l'ordonnance n° 2014-1329 du 6 novembre 2014 relative aux délibérations à distance des instances administratives à caractère collégial.

Les délibérations du conseil d'administration sont exécutoires dans un délai d'un mois suivant leur transmission au ministre chargé du travail dès lors qu'ils [il] n'a pas fait connaître son opposition motivée. Les délibérations portant sur le budget de l'agence et ses modifications, le compte financier, l'affectation des résultats, le tableau des emplois, les emprunts, les acquisitions, les aliénations, les échanges d'immeubles, les baux et locations, la participation à un groupement d'intérêt public ou tout autre organisme, les conventions mentionnées au 9° de l'article R. 4642-4, ainsi que les conventions et la synthèse annuelle budgétaire et financière mentionnées à l'avant-dernier alinéa de cet article, sont également transmises au ministre chargé du budget, qui peut, dans le même délai, faire connaître son opposition motivée. Le délai d'un mois est suspendu jusqu'à la production des informations ou documents complémentaires demandés, le cas échéant, par ces ministres.

Le procès-verbal de chaque séance, signé par le président, est approuvé lors de la séance suivante du conseil d'administration.

Les fonctions de membre du conseil d'administration sont exercées à titre gracieux. Elles ouvrent droit aux indemnités pour frais de déplacement et de séjour dans les conditions prévues par le décret n° 2006-781 du 3 juillet 2006 fixant les conditions et les modalités de règlement des frais occasionnés par les déplacements temporaires des personnels civils de l'État.

SOUS-SECTION 2 **Directeur général et personnels de l'agence**

Art. R. 4642-6 Le directeur général est nommé pour une durée de trois ans renouvelable par arrêté du ministre en charge du travail.

Il exerce la direction générale de l'établissement.

SANTÉ ET SÉCURITÉ AU TRAVAIL   **Art. R. 4642-8** 2621

Il accomplit tous les actes qui ne sont pas réservés au conseil d'administration en application de l'article R. 4642-4.

Il prépare les délibérations du conseil d'administration et en assure l'exécution.

Il propose au conseil d'administration les orientations stratégiques, le programme de travail et le bilan d'activité de l'établissement.

Il assure le fonctionnement des services de l'établissement. Il a autorité sur l'ensemble du personnel.

Il est ordonnateur (*Décr. n° 2022-624 du 22 avr. 2022, art. 2, en vigueur le 1er janv. 2023*) « principal » des dépenses et des recettes. (*Décr. n° 2022-624 du 22 avr. 2022, art. 2, en vigueur le 1er janv. 2023*) « Il peut désigner des ordonnateurs secondaires parmi les directeurs régionaux mentionnés à l'article R. 4642-2.

« Il peut décider la création de régies de recettes et d'avances après avis conforme de l'agent comptable auprès des directeurs régionaux mentionnés à l'article R. 4642-2, dans le respect des dispositions applicables aux régies de recettes et d'avances des organismes publics.

« Il assure le pilotage des directions régionales mentionnées à l'article R. 4642-2, dans le respect des attributions exercées par l'instance paritaire régionale mentionnée au même article. »

Il représente l'établissement en justice et dans tous les actes de la vie civile et dans ses rapports avec les tiers. Il passe, au nom de l'établissement, les contrats, les marchés et conventions ainsi que les actes d'acquisition et de vente et les transactions, sous réserve des attributions conférées au conseil d'administration par l'article R. 4642-4.

Il est assisté d'un secrétaire général qui le supplée en cas d'absence ou d'empêchement. Il peut déléguer sa signature (*Décr. n° 2022-624 du 22 avr. 2022, art. 2, en vigueur le 1er janv. 2023*) « aux agents placés sous son autorité ».

Art. R. 4642-7 L'agence peut employer des agents contractuels dans les conditions prévues par le décret n° 2014-21 du 9 janvier 2014 fixant les conditions contractuelles applicables aux agents de l'Agence nationale pour l'amélioration des conditions de travail.

SOUS-SECTION 3   Conseil scientifique

Art. R. 4642-8 I. — Le conseil scientifique comprend :

1° Huit membres, ayant voix délibérative, nommés sur proposition du directeur général de l'agence, choisis parmi les personnalités compétentes et reconnues dans le domaine d'intervention de celle-ci :

a) Six personnalités du monde de la recherche en sciences humaines, économiques et sociales ;

b) Deux personnalités ayant une expertise sur les questions d'organisation du travail en entreprise ;

2° Cinq membres, ayant voix consultative, représentants d'organismes ou d'administrations intervenant dans le domaine de compétence de l'agence :

a) Le directeur de l'animation de la recherche, des études et des statistiques au ministère chargé du travail ou son représentant ;

b) Le directeur du Centre d'études et de recherches sur les qualifications ou son représentant ;

c) Le directeur général de l'Institut national de recherche et de sécurité pour la prévention des accidents du travail et des maladies professionnelles ou son représentant ;

d) Le directeur général de l'Agence nationale de sécurité sanitaire de l'alimentation, de l'environnement et du travail ou son représentant ;

e) Le directeur de la Fondation de Dublin ou son représentant.

II. — Les membres du conseil scientifique sont nommés pour une durée de trois ans renouvelable par arrêté du ministre chargé du travail.

En cas de vacance d'un siège du fait de l'empêchement définitif de son titulaire ou de la perte par un membre de la qualité au titre de laquelle il a été désigné, il est procédé à la désignation d'un nouveau membre dans les conditions prévues au présent article. Le mandat de ce membre expire dans les mêmes délais que le mandat du membre qui est remplacé.

Le conseil scientifique élit son président pour trois ans parmi les membres mentionnés au 1° du I. Son mandat est renouvelable.

Le directeur général ou son représentant participe avec voix consultative aux séances du conseil scientifique.

Le conseil scientifique peut s'adjoindre le concours de tout collaborateur de son choix.

III. — Le conseil scientifique est chargé :

1° De donner un avis sur les orientations et sur le projet de programme de travail préalablement à la tenue des délibérations du conseil d'administration prévues à l'article R. 4642-4 ;

2° De contribuer au suivi et à l'évaluation des actions menées par l'agence ;

3° D'assister l'agence dans ses missions d'anticipation de l'évolution des conditions de travail ;

4° D'assister l'agence dans l'élaboration de projets.

En outre, le conseil scientifique donne un avis, à la demande du président du conseil d'administration, du directeur général ou de sa propre initiative, sur toute question scientifique ou technique entrant dans le champ de compétence de l'agence.

IV. — Le conseil scientifique est convoqué par son président, à la demande du directeur général, à la demande du conseil d'administration ou à l'initiative d'au moins un tiers de ses membres. Il se réunit au moins deux fois par an.

Les fonctions de membre du conseil scientifique sont exercées à titre gracieux. Elles ouvrent droit aux indemnités pour frais de déplacement et de séjour dans les conditions prévues à l'article R. 4642-5.

SECTION 3 Régime financier et comptable

Art. R. 4642-9 Le régime financier de l'agence est fixé, sous réserve des dispositions résultant du présent chapitre, par les titres I et III du décret n° 2012-1246 du 7 novembre 2012 relatif à la gestion budgétaire et comptable publique.

Le budget de l'agence comprend, d'une manière générale, toutes les recettes autorisées par les lois et les règlements et les dépenses prévues à l'article 178 du décret n° 2012-1246 du 7 novembre 2012 relatif à la gestion budgétaire et comptable publique.

Art. R. 4642-10 Le Fonds pour l'amélioration des conditions de travail a pour objet d'inciter et d'aider les entreprises, notamment les petites et moyennes entreprises, les associations ou les branches professionnelles au moyen de subventions et dans le cadre de démarches participatives, à concevoir et à mettre en œuvre des projets d'expérimentation dans le champ des missions confiées à l'Agence nationale pour l'amélioration des conditions de travail. Les modalités d'attribution des subventions allouées au titre du fonds sont fixées par arrêté du ministre chargé du travail. — *V. Arr. du 22 oct. 2015, JO 30 oct.*

La gestion des crédits du Fonds pour l'amélioration des conditions de travail est confiée à l'Agence nationale pour l'amélioration des conditions de travail. Le cadre général d'intervention de l'agence fait l'objet d'une convention conclue entre l'État et l'agence.

CHAPITRE III ORGANISMES ET COMMISSIONS DE SANTÉ ET DE SÉCURITÉ

SECTION 1 Dispositions générales

Art. R. 4643-1 Dans les branches d'activité où existe un organisme professionnel de santé, de sécurité et des conditions de travail, prévu à l'article L. 4643-1, cet organisme est chargé de promouvoir la formation à la sécurité et d'apporter son concours technique pour sa mise en œuvre. — *[Anc. art. R. 231-33.]*

SANTÉ ET SÉCURITÉ AU TRAVAIL

SECTION 2 Organisme professionnel de prévention du bâtiment et des travaux publics

SOUS-SECTION 1 Missions

Art. R. 4643-2 L'Organisme professionnel de prévention du bâtiment et des travaux publics a pour mission, notamment, de contribuer à la promotion de la prévention des accidents du travail et des maladies professionnelles ou à caractère professionnel ainsi qu'à l'amélioration des conditions de travail dans les entreprises adhérentes. – *[Anc. art. 2, al. 1er, phrase 1, Décr. n° 85-682 du 4 juill. 1985.]*

Art. R. 4643-3 Afin de remplir sa mission, l'Organisme professionnel de prévention du bâtiment et des travaux publics :
1° Participe à la veille en matière de risques professionnels ;
2° Conduit les études relatives aux conditions de travail ;
3° Analyse les causes des risques professionnels ;
4° Suscite les initiatives des professionnels de la branche du bâtiment et des travaux publics ainsi que de toutes les personnes qui interviennent dans le processus de construction pour une meilleure prise en compte de la sécurité dans les procédés de fabrication ;
5° Propose aux pouvoirs publics toutes mesures résultant du retour d'expérience organisé dans la profession ;
6° Exerce des actions d'information et de conseil en matière de prévention ;
7° Contribue à la formation à la sécurité ;
8° Participe aux travaux menés dans le cadre de l'Union européenne dans son champ de compétences. – *[Anc. art. 2, al. 1er, phrase 2, et al. 2, Décr. n° 85-682 du 4 juill. 1985.]*

SOUS-SECTION 2 Composition

Art. R. 4643-4 Les entreprises qui relèvent des caisses de congés payés des professions du bâtiment et des travaux publics adhèrent à l'Organisme professionnel de prévention du bâtiment et des travaux publics. – *[Anc. art. 1er, al. 2, Décr. n° 85-682 du 4 juill. 1985.]*

SOUS-SECTION 3 Organisation et fonctionnement

§ 1 Comité national

Art. R. 4643-5 L'Organisme professionnel de prévention du bâtiment et des travaux publics comprend un comité national qui règle, par ses délibérations, les affaires de l'organisme.
A ce titre, le conseil du comité national :
1° Détermine les orientations de l'organisme, fixe le programme annuel et adopte le rapport d'activité, conformément à la politique générale de prévention et d'amélioration des conditions de travail définie par le ministre chargé du travail et en concertation avec les organismes chargés de la santé et de la sécurité et de l'amélioration des conditions de travail ;
2° Anime, coordonne et contrôle l'action des comités régionaux de prévention prévus à l'article R. 4643-19 ;
3° Vote le budget ;
4° Approuve le bilan et les comptes de résultats de l'exercice ;
5° Autorise les acquisitions et les ventes de biens immobiliers ainsi que les emprunts. Le comité national peut déléguer cette compétence au bureau ;
6° Se prononce sur les conditions générales de recrutement, d'emploi et de rémunération du personnel ;
7° Nomme le secrétaire général ;
8° Établit le règlement intérieur type du comité national et des comités régionaux de prévention. – *[Anc. art. 3 et anc. art. 5, Décr. n° 85-682 du 4 juill. 1985.]*

Art. R. 4643-6 Le conseil du comité national comprend dix membres, dont cinq sont désignés par les organisations professionnelles d'employeurs représentatives au plan national et cinq par les organisations syndicales de salariés représentatives au plan national. Le ministre chargé du travail procède à la répartition des sièges entre les organisations.

Dix suppléants sont désignés dans les mêmes conditions.

Les désignations sont soumises à l'approbation du ministre chargé du travail. Le mandat d'un représentant peut prendre fin à la demande de l'organisation qui l'avait désigné. — [Anc. art. 4, al. 1er à 3, Décr. n° 85-682 du 4 juill. 1985.]

Art. R. 4643-7 Le conseil du comité national élit, chaque année, en son sein, un bureau composé d'un président et d'un vice-président appelé à remplacer le président en cas d'absence ou d'empêchement.

Lorsque le président appartient à la catégorie des membres représentant les employeurs, le vice-président est choisi parmi les membres représentant les salariés et inversement. — [Anc. art. 4, al. 4, Décr. n° 85-682 du 4 juill. 1985.]

Art. R. 4643-8 Le conseil du comité national se réunit sur la convocation de son président et sur l'ordre du jour fixé par lui. Il est également réuni à la demande de la majorité de ses membres ou du ministre chargé du travail.

Il ne peut délibérer que si trois membres au moins appartenant à chaque catégorie sont présents. A défaut, il est convoqué une nouvelle fois dans les quinze jours et sur le même ordre du jour, il délibère sans condition de nombre. — [Anc. art. 4, al. 5, Décr. n° 85-682 du 4 juill. 1985.]

Art. R. 4643-9 Sauf convocation du conseil du comité national en cas d'urgence motivée, les dossiers relatifs à l'ordre du jour sont adressés aux membres ainsi qu'aux représentants avec voix consultative, quinze jours au moins avant la date fixée sur la convocation. — [Anc. art. 4, al. 6, Décr. n° 85-682 du 4 juill. 1985.]

Art. R. 4643-10 Le secrétaire général prépare et exécute les délibérations du conseil comité national.

Il est le chef des services de l'organisme, recrute et dirige le personnel.

Il définit l'organisation opérationnelle de l'organisme qu'il propose au conseil du comité national pour accord. — [Anc. art. 6, al. 1er, Décr. n° 85-682 du 4 juill. 1985.]

Art. R. 4643-11 Le secrétaire général, un représentant de la Caisse nationale d'assurance maladie et le représentant du ministre chargé du travail assistent aux séances du comité national avec voix consultative. Ce dernier peut jouer le rôle d'arbitre en cas de nécessité.

Le comité national peut faire appel à toute personne qualifiée. — [Anc. art. 4, al. 7 et 8, Décr. n° 85-682 du 4 juill. 1985.]

Art. R. 4643-12 Les délibérations du comité national, énumérées à l'article R. 4643-5 sont exécutoires de plein droit, à l'exception de celles portant sur le vote du budget.

Ces dernières sont adoptées et rendues exécutoires dans les conditions suivantes :

1° Le budget primitif, détaillé selon le plan comptable applicable aux établissements de droit privé, est adopté par le conseil du comité national au plus tard vingt et un jours avant le début de l'année auquel il s'applique. Il n'est exécutoire que si, dans le délai de vingt et un jours de son adoption, le ministre chargé du travail n'a pas fait connaître son opposition. L'adoption du budget primitif est précédée, dans le courant du mois d'octobre, d'un débat d'orientation au sein du comité national destiné à préparer le budget primitif de l'année suivante à la lumière, notamment, de l'exécution du budget en cours et du programme annuel envisagé pour l'année à venir ;

2° A défaut d'adoption du budget primitif dans le délai prévu ou d'approbation, le ministre chargé du travail peut autoriser l'organisme à reconduire le budget de l'exercice précédent selon la règle dite du douzième ;

3° Les modifications à apporter en cours d'exercice à l'exécution du budget primitif sont approuvées par le conseil du comité national. Elles ne sont exécutoires que si le ministre chargé du travail n'a pas fait connaître son opposition dans le délai de quinze jours de leur adoption. — [Anc. art. 5-1, Décr. n° 85-682 du 4 juill. 1985.]

SANTÉ ET SÉCURITÉ AU TRAVAIL

Art. R. 4643-13 Le conseil du comité national est assisté, pour le suivi des questions financières, d'un comité financier.

Le comité financier comprend le président et le vice-président de l'Organisme professionnel de prévention du bâtiment et des travaux publics, un représentant désigné par chacun des deux collèges siégeant au comité national, le secrétaire général de l'organisme et le représentant désigné par le ministre chargé du travail.

Le président de l'organisme préside le comité financier. — [Anc. art. 5-2, al. 1er, Décr. n° 85-682 du 4 juill. 1985.]

Art. R. 4643-14 Le comité financier se réunit en tant que de besoin, et au moins deux fois par an, sur convocation du secrétaire général. — [Anc. art. 5-2, al. 2, Décr. n° 85-682 du 4 juill. 1985.]

Art. R. 4643-15 Le comité financier donne son avis sur le projet de budget primitif de l'organisme, ainsi que sur les modifications de ce budget envisagées en cours de gestion, et sur le financement des investissements.

Au cours de ses réunions, il se prononce sur l'état de l'exécution du budget en cours qui lui est présenté par le secrétaire général de l'organisme. — [Anc. art. 5-2, al. 3 et 4, Décr. n° 85-682 du 4 juill. 1985.]

Art. R. 4643-16 Les documents relatifs à l'ordre du jour du comité financier sont transmis, par le secrétaire général, aux membres du comité quinze jours avant sa tenue, sauf en cas d'urgence. — [Anc. art. 5-2, al. 5, Décr. n° 85-682 du 4 juill. 1985.]

Art. R. 4643-17 Le secrétaire général porte à la connaissance du comité national les avis du comité financier lors de la première réunion qui suit celle de ce dernier. — [Anc. art. 5-2, al. 6, Décr. n° 85-682 du 4 juill. 1985.]

Art. R. 4643-18 Le comité national s'adjoint, en qualité de conseiller technique, un médecin choisi parmi les médecins du travail assurant la surveillance médicale des salariés de la branche d'activité. — [Anc. art. 12, Décr. n° 85-682 du 4 juill. 1985.]

§ 2 Comités régionaux

Art. R. 4643-19 L'Organisme professionnel de prévention du bâtiment et des travaux publics comprend des comités régionaux de prévention chargés, notamment :

1° De conduire les actions en vue de l'amélioration de l'hygiène, de la santé, de la sécurité et des conditions de travail sur tous les lieux dans lesquels interviennent les entreprises adhérentes ;

2° De mettre en œuvre, sous le contrôle du comité national et conformément au programme d'actions adopté par le conseil du comité national, les programmes d'action de l'Organisme professionnel de prévention du bâtiment et des travaux publics dans leur champ de compétence territorial. — [Anc. art. 3 et anc. art. 7, al. 1er et 2, Décr. n° 85-682 du 4 juill. 1985.]

Art. R. 4643-20 Le conseil du comité régional de prévention assure l'organisation et le fonctionnement des services mis à sa disposition par le comité national, conformément aux orientations définies par celui-ci.

Il adopte le programme régional d'action annuel en cohérence avec celui défini par le conseil du comité national.

Il fixe ses prévisions de dépenses.

Il établit son règlement intérieur conformément au règlement intérieur type établi par le conseil du comité national. — [Anc. art. 9, Décr. n° 85-682 du 4 juill. 1985.]

Art. R. 4643-21 Le comité national fixe le nombre des comités régionaux de prévention. — [Anc. art. 7, al. 3, Décr. n° 85-682 du 4 juill. 1985.]

Art. R. 4643-22 Chaque conseil de comité régional de prévention comprend dix membres nommés par le conseil du comité national, à raison de cinq sur proposition des organisations professionnelles d'employeurs représentatives au plan national et cinq sur proposition des organisations syndicales de salariés représentatives au plan national.

Dix suppléants sont désignés dans les mêmes conditions. — [Anc. art. 8, al. 1er, Décr. n° 85-682 du 4 juill. 1985.]

Art. R. 4643-23 Le conseil de comité régional de prévention élit, chaque année, en son sein, un bureau composé d'un président et d'un vice-président, lequel est chargé de remplacer le président en cas d'absence ou d'empêchement.

Lorsque le président appartient à la catégorie des membres désignés sur proposition des organisations professionnelles d'employeurs, le vice-président est choisi parmi les membres désignés sur proposition des organisations syndicales de salariés, et inversement. — [Anc. art. 8, al. 2, Décr. n° 85-682 du 4 juill. 1985.]

Art. R. 4643-24 Le conseil de comité régional de prévention se réunit sur la convocation de son président et sur l'ordre du jour fixé par lui. Il est également réuni à la demande de la majorité de ses membres ou du (Décr. n° 2020-1545 du 9 déc. 2020, art. 28-X, en vigueur le 1er avr. 2021) « directeur régional de l'économie, de l'emploi, du travail et des solidarités ».

Il ne peut délibérer que si trois membres au moins appartenant à chaque catégorie sont présents. A défaut, convoqué une nouvelle fois dans les quinze jours et sur le même ordre du jour, il délibère sans condition de nombre.

Le responsable opérationnel du comité régional, un représentant de la caisse régionale d'assurance maladie et le (Décr. n° 2020-1545 du 9 déc. 2020, art. 28-X, en vigueur le 1er avr. 2021) « directeur régional de l'économie, de l'emploi, du travail et des solidarités » siègent avec voix consultative. Ce dernier peut jouer le rôle d'arbitre en cas de nécessité.

Le conseil régional peut faire appel à toute personne qualifiée.

Art. R. 4643-25 Les responsables opérationnels régionaux préparent et exécutent les délibérations des conseils des comités régionaux de prévention.

Ils dirigent, par délégation du secrétaire général, les services et le personnel mis à leur disposition. — [Anc. art. 6, al. 2, Décr. n° 85-682 du 4 juill. 1985.]

Art. R. 4643-26 Chaque comité régional s'adjoint, en qualité de conseiller technique, un médecin choisi parmi les médecins du travail assurant la surveillance médicale des salariés de la branche d'activité. — [Anc. art. 12, Décr. n° 85-682 du 4 juill. 1985.]

Art. R. 4643-27 L'action du comité régional de prévention est mise en œuvre notamment par des ingénieurs et des techniciens de prévention, dont les modalités de recrutement sont fixées par délibération du conseil du comité national. — [Anc. art. 13, Décr. n° 85-682 du 4 juill. 1985.]

§ 3 Membres des comités

Art. R. 4643-28 Nul ne peut appartenir au conseil du comité national ou à celui d'un comité régional de prévention s'il ne justifie de l'exercice, pendant cinq années au moins, d'une profession, d'un métier ou d'une activité salariée dans la branche du bâtiment et des travaux publics. — [Anc. art. 10, Décr. n° 85-682 du 4 juill. 1985.]

Art. R. 4643-29 L'employeur laisse aux salariés membres d'un conseil d'un comité de l'organisme le temps nécessaire à l'exercice de leurs fonctions.

L'organisme assure aux intéressés le maintien de leur rémunération pendant les absences correspondantes ou, le cas échéant, rembourse, à la demande de l'employeur, les charges supportées par lui à ce titre. — [Anc. art. 11, Décr. n° 85-682 du 4 juill. 1985.]

Art. R. 4643-30 Les membres du conseil du comité national et le secrétaire général, dûment mandatés par lui et les membres du personnel de l'organisme, mandatés par le secrétaire général, ont libre accès dans les établissements et chantiers des entreprises adhérentes.

Les membres du conseil du comité régional de prévention et le responsable opérationnel de ce comité, dûment mandatés par lui et les membres du personnel mandaté par ce responsable, ont libre accès dans les établissements et chantiers des entreprises adhérentes de la circonscription.

Dans ces établissements et chantiers, les personnes mentionnées aux premier et deuxième alinéas peuvent, au cours de leurs visites, demander communication des documents mentionnés à l'article L. 4711-1. Les représentants mandatés peuvent porter à la connaissance de l'(Décr. n° 2021-143 du 10 févr. 2021, art. 10) « agent de

SANTÉ ET SÉCURITÉ AU TRAVAIL

contrôle de l'inspection du travail » les manquements répétés ou les infractions graves qu'ils constatent aux dispositions légales en matière de santé et sécurité au travail. — *[Anc. art. 14, al. 1er à 3, Décr. n° 85-682 du 4 juill. 1985.]*

Art. R. 4643-31 De leur propre initiative ou à la demande d'un *(Décr. n° 2017-1819 du 29 déc. 2017, art. 3)* « membre [de] la délégation du personnel du comité social et économique », les personnes mentionnées aux premier et deuxième alinéas de l'article R. 4643-30 procèdent aux enquêtes techniques sur les causes des accidents du travail et des maladies professionnelles ou à caractère professionnel dans les entreprises qui ne disposent pas d'un *(Décr. n° 2017-1719 du 29 déc. 2017, art. 3)* « comité social et économique ».

Dans les autres entreprises, ces personnes peuvent participer à ces enquêtes à la demande de l'employeur ou d'un membre du *(Décr. n° 2017-1819 du 29 déc. 2017, art. 3)* « comité social et économique ». — *[Anc. art. 14, al. 4, Décr. n° 85-682 du 4 juill. 1985.]*

Art. R. 4643-32 *(Décr. n° 2017-1819 du 29 déc. 2017, art. 3)* Un représentant mandaté du comité régional de prévention est invité et assiste avec voix consultative :

1° Aux réunions de la commission santé, sécurité et conditions de travail ;

2° A l'initiative de l'employeur ou à la demande de la majorité de la délégation du personnel du comité social et économique aux réunions de ce comité mentionnées aux premier et deuxième alinéas de l'article L. 2315-27 :

3° Aux réunions du comité consécutives à un accident de travail ayant entraîné un arrêt de travail d'au moins huit jours ou à une maladie professionnelle ou à caractère professionnel.

Le calendrier prévisionnel et l'ordre du jour sont communiqués dans les conditions fixées respectivement au quatrième alinéa de l'article L. 2315-27 et à l'article L. 2315-30.

Art. R. 4643-33 Les membres du comité du conseil national et des comités des conseils régionaux ainsi que les salariés de l'Organisme professionnel de prévention du bâtiment et des travaux publics sont tenus de ne rien révéler des secrets dont ils pourraient avoir connaissance dans l'exercice de leurs fonctions.

Ils ne peuvent faire état de procédés de fabrication améliorant la prise en compte de la sécurité qu'avec l'accord exprès de l'employeur qui en dispose. — *[Anc. art. 15, Décr. n° 85-682 du 4 juill. 1985.]*

Art. R. 4643-34 Les employeurs des entreprises adhérentes déclarent au comité régional, dans les quarante-huit heures, tout accident grave.

On entend par accident grave, au sens du présent article, l'accident ayant entraîné la mort ou paraissant devoir entraîner une incapacité permanente ou ayant révélé l'existence d'un danger grave, même si les conséquences ont pu en être évitées, ainsi que toute maladie professionnelle ou à caractère professionnel.

Les employeurs communiquent au comité régional, à sa demande, tous renseignements statistiques nécessaires à l'exercice de sa mission, ainsi que toutes informations de nature à permettre un bon déroulement des enquêtes prévues à l'article R. 4643-31.

Ils transmettent au comité régional une copie de la déclaration d'ouverture de tout chantier ou autre lieu de travail à caractère temporaire prévue au second alinéa de l'article R. 8113-1. — *[Anc. art. 16, Décr. n° 85-682 du 4 juill. 1985.]*

§ 4 Dispositions financières

Art. R. 4643-35 Les ressources de l'Organisme professionnel de prévention du bâtiment et des travaux publics comprennent :

1° Les cotisations des entreprises adhérentes ;

2° A titre exceptionnel, la rémunération des services rendus qui par leur nature, leur importance ou leur durée excéderaient les limites habituelles des interventions de l'organisme ;

3° Le produit des ventes des productions et publications ;

4° Les produits financiers. — *[Anc. art. 17, Décr. n° 85-682 du 4 juill. 1985.]*

Art. R. 4643-36 Les cotisations sont constituées :

1° Par une fraction du montant des salaires versés aux salariés permanents par les entreprises adhérentes, augmenté des indemnités de congés payés pour lesquelles une cotisation est perçue par les caisses de congés payés instituées dans la branche du bâtiment et des travaux publics ;

2° Par une contribution au titre des salariés temporaires mis à la disposition de ces entreprises. Cette contribution est assise sur le produit obtenu en multipliant le nombre d'heures de travail accomplies par les salariés temporaires auxquels les entreprises adhérentes font appel par le salaire de référence fixé dans les conditions prévues à l'article R. 4643-38. — *[Anc. art. 18, al. 1ᵉʳ, Décr. n° 85-682 du 4 juill. 1985.]*

Art. R. 4643-37 Les entreprises dotées d'un (*Décr. n° 2017-1819 du 29 déc. 2017, art. 3*) « comité social et économique » peuvent être admises à cotiser à taux réduit par décision du comité régional de prévention dont elles relèvent, compte tenu de leurs résultats en matière de prévention tels qu'ils ressortent, notamment, des documents mentionnés à l'article L. 4612-16. — *[Anc. art. 18, al. 2, Décr. n° 85-682 du 4 juill. 1985.]*

Art. R. 4643-38 Un arrêté du ministre chargé du travail, pris après avis du conseil du comité national de l'Organisme professionnel de prévention du bâtiment et des travaux publics, fixe le taux plein et le taux réduit des cotisations.

Il fixe le salaire de référence de la contribution due au titre de l'emploi de salariés temporaires, ainsi que les taux qui lui sont applicables. — *[Anc. art. 18, al. 3, Décr. n° 85-682 du 4 juill. 1985.]* — V. Arr. du 16 déc. 1999 (JO 29 déc.), mod. (dernière modification : Arr. du 14 déc. 2023, NOR : MTRT2333473A, JO 29 déc.).

Art. R. 4643-39 Le recouvrement des cotisations est assuré par les caisses de congés payés instituées dans la branche d'activité, dans les mêmes conditions que celui des cotisations de congés payés.

Le recouvrement de la contribution est assuré par trimestre civil sur la base des heures accomplies au cours du trimestre précédant la date du recouvrement.

Le montant des frais de recouvrement et de gestion des fonds est fixé par convention entre le comité national et les caisses intéressées. — *[Anc. art. 18, al. 4, Décr. n° 85-682 du 4 juill. 1985.]*

Art. R. 4643-40 Le montant des cotisations recouvrées est versé à l'Union des caisses de France – Congés intempéries BTP et porté au crédit de l'Organisme professionnel de prévention du bâtiment et des travaux publics. — *[Anc. art. 18, al. 5, Décr. n° 85-682 du 4 juill. 1985.]*

Art. R. 4643-41 L'Union des caisses de France – Congés intempéries BTP procède au règlement des dépenses figurant au budget de l'organisme suivant les ordres qu'elle reçoit à cet effet du secrétaire général. Elle transmet chaque année au comité national un état récapitulatif des opérations comptables effectuées pour le compte de l'organisme. L'organisme le met en mesure de connaître, préalablement à l'exécution des ordres, la situation des soldes comptables et bancaires.

Les opérations d'encaissement des cotisations et de règlement des dépenses de l'organisme font l'objet, dans les écritures de l'Union des caisses de France – Congés intempéries BTP, d'une comptabilité distincte. — *[Anc. art. 19, al. 1ᵉʳ et 2, Décr. n° 85-682 du 4 juill. 1985.]*

Art. R. 4643-42 La gestion financière de l'Organisme professionnel de prévention du bâtiment et des travaux publics est soumise au contrôle du ministre chargé du travail. — *[Anc. art. 19, al. 3, Décr. n° 85-682 du 4 juill. 1985.]*

CHAPITRE IV AIDE À L'EMPLOYEUR POUR LA GESTION DE LA SANTÉ ET DE LA SÉCURITÉ AU TRAVAIL

(*Décr. n° 2012-135 du 30 janv. 2012, art. 1ᵉʳ-IV et 3*)

SECTION 1 Conditions d'exercice

Art. R. 4644-1 Les personnes mentionnées au premier alinéa de l'article L. 4644-1 sont désignées après avis du (*Décr. n° 2017-1819 du 29 déc. 2017, art. 3*) « comité social et économique s'il existe ».

Elles disposent du temps nécessaire et des moyens requis pour exercer leurs missions. Elles ne peuvent subir de discrimination en raison de leurs activités de prévention.

Art. R. 4644-2 L'intervention de l'intervenant en prévention des risques professionnels enregistré dans les conditions prévues à la section 2 est subordonnée à la conclusion d'une convention entre celui-ci et l'employeur ou le président du service de santé au travail interentreprises.

Cette convention précise :

1° Les activités confiées à l'intervenant ainsi que les modalités de leur exercice ;

2° Les moyens mis à la disposition de l'intervenant ainsi que les règles définissant son accès aux lieux de travail et l'accomplissement de ses missions, notamment la présentation de ses propositions, dans des conditions assurant son indépendance.

Art. R. 4644-3 Lorsque l'employeur fait appel à un intervenant en prévention des risques professionnels enregistré ou aux organismes de prévention mentionnés à l'article L. 4644-1, il informe son service de santé au travail de cette intervention ainsi que des résultats des études menées dans ce cadre.

Art. R. 4644-4 La convention mentionnée à l'article R. 4644-2 ne peut comporter de clauses autorisant l'intervenant en prévention des risques professionnels enregistré à réaliser des actes relevant de la compétence du médecin du travail.

Art. R. 4644-5 L'intervenant en prévention des risques professionnels enregistré a accès à tous les documents non nominatifs rendus obligatoires par la présente partie.

Ce droit d'accès s'exerce dans des conditions garantissant le caractère confidentiel des données ainsi que la protection des informations mentionnées à l'article R. 4624-9.

SECTION 2 Enregistrement

Art. D. 4644-6 (*Décr. n° 2012-137 du 30 janv. 2012, art. 1ᵉʳ-27° et 2*) Le dossier de l'enregistrement prévu à l'article L. 4644-1 est adressé au (*Décr. n° 2020-1545 du 9 déc. 2020, art. 28-X, en vigueur le 1ᵉʳ avr. 2021*) « directeur régional de l'économie, de l'emploi, du travail et des solidarités » par lettre recommandée avec avis de réception. Il contient :

1° Les justificatifs attestant de la détention par le demandeur d'un diplôme d'ingénieur (*Décr. n° 2014-799 du 11 juill. 2014, art. 1ᵉʳ*) « ou » d'un diplôme sanctionnant au moins deux ans d'études supérieures dans les domaines de la santé, de la sécurité ou de l'organisation du travail, d'un diplôme sanctionnant au moins trois ans d'études supérieures dans un domaine scientifique ou dans une matière relevant des sciences humaines et sociales et (*Décr. n° 2014-799 du 11 juill. 2014, art. 1ᵉʳ*) « liés » au travail ou d'une expérience professionnelle dans le domaine de la prévention des risques professionnels d'au moins cinq ans ;

2° Une déclaration d'intérêts dont le modèle est fixé par arrêté ; – V. Arr. du 2 oct. 2023, NOR : MTRT2228712A (JO 17 oct.).

3° Un rapport d'activité de l'intervenant en prévention des risques professionnels concernant les cinq dernières années d'exercice lorsqu'il s'agit d'un renouvellement de l'enregistrement.

Art. D. 4644-7 (*Décr. n° 2012-137 du 30 janv. 2012, art. 1ᵉʳ-27° et 2*) Le directeur régional des entreprises, de la concurrence, de la consommation, du travail et de l'emploi enregistre l'intervenant en prévention des risques professionnels dans un délai d'un mois, à compter de la date de réception du dossier.

Art. D. 4644-8 (*Décr. n° 2012-137 du 30 janv. 2012, art. 1ᵉʳ-27° et 2*) L'enregistrement des intervenants en prévention des risques professionnels est renouvelé au terme d'un délai de cinq ans.

Il est valable pour l'ensemble du territoire national.

Art. D. 4644-9 (*Décr. n° 2012-137 du 30 janv. 2012, art. 1ᵉʳ-27° et 2*) Le (*Décr. n° 2020-1545 du 9 déc. 2020, art. 28-X, en vigueur le 1ᵉʳ avr. 2021*) « directeur régional de l'économie, de l'emploi, du travail et des solidarités » peut mettre fin, à tout moment, à l'enregistrement d'un intervenant en prévention des risques professionnels lorsque celui-ci ne dispose pas des compétences nécessaires, qu'il ne respecte pas les prescriptions légales ou qu'il n'est plus en mesure d'assurer sa mission.

Art. D. 4644-10 *(Décr. n° 2012-137 du 30 janv. 2012, art. 1ᵉʳ-27° et 2)* L'intervenant en prévention des risques professionnels tient à disposition du *(Décr. n° 2020-1545 du 9 déc. 2020, art. 28-X, en vigueur le 1ᵉʳ avr. 2021)* « directeur régional de l'économie, de l'emploi, du travail et des solidarités » les éléments permettant de justifier son activité.

Art. D. 4644-11 *(Décr. n° 2012-137 du 30 janv. 2012, art. 1ᵉʳ-27° et 2)* Une personne d'un État membre de l'Union européenne non établie en France peut effectuer de façon occasionnelle des prestations de prévention des risques professionnels si elle peut justifier de compétences ou de diplômes équivalents dans son pays d'origine.

LIVRE VII CONTRÔLE

TITRE I DOCUMENTS ET AFFICHAGES OBLIGATOIRES

CHAPITRE UNIQUE

Art. D. 4711-1 L'employeur affiche, dans des locaux normalement accessibles aux travailleurs, l'adresse et le numéro d'appel :
1° Du médecin du travail ou du service de santé au travail compétent pour l'établissement ;
2° Des services de secours d'urgence ;
3° De l'inspection du travail compétente ainsi que le nom de l'inspecteur compétent.
– *[Anc. art. L. 620-5.]*

Art. D. 4711-2 Les attestations, consignes, résultats et rapports relatifs aux vérifications et contrôles mis à la charge de l'employeur au titre de la santé et de la sécurité au travail sont datés.
Ils mentionnent l'identité de la personne ou de l'organisme chargé du contrôle ou de la vérification ainsi que celle de la personne qui a réalisé le contrôle ou la vérification.
– *[Anc. art. L. 620-6, al. 1ᵉʳ fin.]*

Art. D. 4711-3 Sauf dispositions particulières, l'employeur conserve les documents concernant les observations et mises en demeure de l'inspection du travail ainsi que ceux concernant les vérifications et contrôles mis à la charge des employeurs au titre de la santé et de la sécurité au travail des cinq dernières années et, en tout état de cause, ceux des deux derniers contrôles ou vérifications.
(Décr. n° 2009-289 du 13 mars 2009) « Il conserve, pendant la même durée, les copies des déclarations d'accidents du travail déclarés à la caisse primaire d'assurance maladie. »

TITRE II MISES EN DEMEURE ET DEMANDES DE VÉRIFICATION

CHAPITRE I MISES EN DEMEURE

SECTION 1 Mises en demeure du directeur départemental du travail, de l'emploi et de la formation professionnelle

Art. R. 4721-1 La mise en demeure du *(Décr. n° 2020-1545 du 9 déc. 2020, art. 28-X, en vigueur le 1ᵉʳ avr. 2021)* « directeur régional de l'économie, de l'emploi, du travail et des solidarités », prévue au 2° de l'article L. 4721-1, peut être adressée à l'employeur lorsque la situation dangereuse créant un risque professionnel trouve son origine, notamment :
1° Dans les conditions d'organisation du travail ou d'aménagement du poste de travail ;
2° Dans l'état des surfaces de circulation ;
3° Dans l'état de propreté et d'ordre des lieux de travail ;
4° Dans le stockage des matériaux et des produits de fabrication. – *[Anc. art. L. 231-5, al. 1ᵉʳ, phrase 1 milieu, et al. 2, phrase 1 début.]*

Art. R. 4721-2 Le délai d'exécution de la mise en demeure prévue au 2° de l'article L. 4721-1 ne peut être inférieur à quatre jours ouvrables. – *[Anc. art. R. 231-13, al. 2.]*

SANTÉ ET SÉCURITÉ AU TRAVAIL **Art. R. 4721-5** 2631

Art. R. 4721-3 La mise en demeure du (*Décr. n° 2020-1545 du 9 déc. 2020, art. 28-X, en vigueur le 1er avr. 2021*) « directeur de l'économie, de l'emploi, du travail et des solidarités » adressée à l'employeur est écrite, datée et signée. — [*Anc. art. L. 230-5, phrase 2 début.*]

SECTION 2 Mises en demeure de l'inspecteur du travail et du contrôleur du travail

SOUS-SECTION 1 Mise en demeure préalable au procès-verbal

Art. R. 4721-4 La mise en demeure préalable prévue à l'article L. 4721-4 est écrite, datée et signée. — [*Anc. art. L. 231-4, al. 4, phrase 2.*]

Art. R. 4721-5 Le tableau ci-après détermine les dispositions de la présente partie qui donnent lieu à l'application de la procédure de mise en demeure préalable ainsi que le délai minimum d'exécution :

Prescriptions pour lesquelles la mise en demeure est prévue	Délai minimum d'exécution
Femmes enceintes, venant d'accoucher ou allaitant	
Local dédié à l'allaitement prévu à l'article L. 1225-32	1 mois
Utilisation des lieux de travail	
Dispositions relatives aux obligations de l'employeur pour l'utilisation des lieux de travail du titre II du livre II à l'exception du deuxième alinéa de l'article R. 4224-7 et de l'article R. 4224-15	8 jours
Obligation de former des secouristes dans les ateliers où sont accomplis des travaux dangereux prévue à l'article R. 4224-15	1 mois
Conditions d'installation et de protection des cuves, bassins et réservoirs prévues à l'article R. 4224-7	1 mois
Utilisation des équipements de travail	
Principes généraux d'utilisation des équipements de travail et des moyens de protection prévus aux articles R. 4321-1 à R. 4321-5	8 jours
Mise à disposition des représentants du personnel de la documentation relative aux équipements de travail prévue à l'article R. 4323-5	8 jours
Largeur, profil et état des passages et allées de circulation prévus à l'article R. 4323-12	3 mois
Gabarit et profil des voies de circulation empruntées par les équipements de travail mobiles prévus à l'article R. 4323-50	3 mois
Caractéristiques et conditions d'utilisation des équipements de protection individuelle prévues à l'article [articles] R. 4323-91 à R. 4323-94	8 jours

Prescriptions pour lesquelles la mise en demeure est prévue	Délai minimum d'exécution
Élaboration et mise à disposition des représentants du personnel de la consigne d'utilisation des équipements de protection individuelle prévues à l'article R. 4323-105	8 jours
Risques chimiques	
Mesures contre les risques de débordement, d'éclaboussure et de déversement par rupture des cuves, bassins, réservoirs et récipients prévues à l'article R. 4412-17, 2°	1 mois
Vibrations mécaniques	
Caractéristiques des équipements de protection individuelle contre les effets nuisibles des vibrations mécaniques prévues à l'article R. 4445-3	8 jours
Travaux du bâtiment et du génie civil	
Dispositions relatives à l'hébergement des travailleurs prévues aux articles R. 4534-146, R. 4534-147	8 jours
Services de santé au travail	
Dispositions du titre II du livre VI relatives : – Aux conditions de qualification exigées des médecins et des infirmiers des services de santé au travail, prévues aux articles R. 4623-2 et R. 4623-53 ; – Aux modalités d'établissement du contrat de travail des médecins du travail, prévues à l'article R. 4623-4 ; – A l'obligation pour le médecin du travail d'exercer personnellement ses fonctions, prévues à l'article R. 4623-16 ; – A la présence dans l'établissement d'au moins un infirmier pendant les heures normales de travail, prévues à l'article R. 4623-56 ; – A l'installation matérielle du service de santé au travail, prévues par l'arrêté mentionné à l'article R. 4624-30	1 mois
Service social du travail	
Dispositions du titre III du livre VI relatives à la mise en place, aux missions, à l'organisation et au fonctionnement du service social du travail	1 mois

[Anc. art. L. 241-10, anc. art. L. 250-1, anc. art. R. 224-6, anc. art. R. 232-14, anc. art. R. 233-47 et anc. art. 233, Décr. n° 65-48 du 8 janv. 1965.]

SOUS-SECTION 2 Mise en demeure préalable à l'arrêt temporaire d'activité

Art. R. 4721-6 Dès qu'il a constaté que les travailleurs se trouvent dans la situation dangereuse mentionnée à l'article L. 4721-8, l'(*Décr. n° 2016-510 du 25 avr. 2016, art. 4, en vigueur le 1er juill. 2016*) « agent de contrôle de l'inspection du travail mentionné à l'article L. 8112-1 » met l'employeur en demeure de remédier à cette situation. Cette mise en demeure se déroule selon les deux étapes suivantes :

SANTÉ ET SÉCURITÉ AU TRAVAIL **Art. R. 4721-12**

1° Dès le constat de la situation dangereuse, l'*(Décr. n° 2016-510 du 25 avr. 2016, art. 4, en vigueur le 1ᵉʳ juill. 2016)* « agent de contrôle de l'inspection du travail mentionné à l'article L. 8112-1 » demande à l'employeur de lui transmettre par écrit, dans un délai de quinze jours, un plan d'action contenant les mesures correctives appropriées qu'il prend parmi celles prévues notamment aux articles R. 4412-66 à R. 4412-71 en vue de remédier à cette situation ainsi qu'un calendrier prévisionnel. Il lui notifie en même temps, si les circonstances l'exigent, l'obligation de prendre des mesures provisoires afin de protéger immédiatement la santé et la sécurité des travailleurs ;

2° Dans un délai de quinze jours à compter de la réception de ce plan d'action, l'*(Décr. n° 2016-510 du 25 avr. 2016, art. 4, en vigueur le 1ᵉʳ juill. 2016)* « agent de contrôle de l'inspection du travail mentionné à l'article L. 8112-1 » met l'employeur en demeure de réaliser les mesures correctives. Il fixe un délai d'exécution et communique, le cas échéant, ses observations concernant le contenu du plan d'action. — *[Anc. art. R. 231-12-6, al. 1ᵉʳ, 2 et 5.]*

Art. R. 4721-7 L'employeur informe sans délai les agents des services de prévention des organismes de sécurité sociale, le médecin du travail, le *(Décr. n° 2017-1819 du 29 déc. 2017, art. 3)* « comité social et économique », ainsi que les travailleurs intéressés, du constat de situation dangereuse effectué par l'*(Décr. n° 2021-143 du 10 févr. 2021, art. 10)* « agent de contrôle de l'inspection du travail » en application du 1° de l'article R. 4721-6. — *[Anc. art. R. 231-12-6, al. 3.]*

Art. R. 4721-8 Le plan d'action est établi par l'employeur après avis du médecin du travail, du *(Décr. n° 2017-1819 du 29 déc. 2017, art. 3)* « comité social et économique ».

En l'absence d'avis, il est passé outre dès lors que le médecin du travail, le *(Décr. n° 2017-1819 du 29 déc. 2017, art. 3)* « comité social et économique », ont été régulièrement informés et convoqués pour cette consultation.

Art. R. 4721-9 L'employeur informe et consulte régulièrement le médecin du travail, le *(Décr. n° 2017-1819 du 29 déc. 2017, art. 3)* « comité social et économique » sur la mise en œuvre du plan d'action. — *[Anc. art. R. 231-12-6, al. 6.]*

Art. R. 4721-10 A défaut de réception du plan d'action ou à l'issue du délai d'exécution fixé en application du 2° de l'article R. 4721-6, *(Décr. n° 2016-510 du 25 avr. 2016, art. 3)* « si l'agent de contrôle de l'inspection du travail mentionné à l'article L. 8112-1 » constate que la situation dangereuse persiste, il peut, après avoir entendu l'employeur, ordonner l'arrêt temporaire de l'activité *(Décr. n° 2009-289 du 13 mars 2009)* « dans les conditions prévues aux articles *(Décr. n° 2019-253 du 27 mars 2019, art. 2)* « R. 4731-10 » et suivants ».

SOUS-SECTION 3 **Mise en demeure de réduction d'intervalle entre les vérifications périodiques**

Art. R. 4721-11 L'*(Décr. n° 2021-143 du 10 févr. 2021, art. 10)* « agent de contrôle de l'inspection du travail » peut mettre l'employeur en demeure de réduire l'intervalle entre les vérifications des équipements de travail ou catégories d'équipements de travail prévues par les arrêtés mentionnés à l'article R. 4323-23 lorsque, en raison notamment des conditions ou de la fréquence d'utilisation, du mode de fonctionnement ou de la conception de certains organes, les équipements de travail sont soumis à des contraintes génératrices d'une usure prématurée susceptible d'être à l'origine de situations dangereuses. — *[Anc. art. R. 233-11, al. 3.]*

Art. R. 4721-12 L'*(Décr. n° 2021-143 du 10 févr. 2021, art. 10)* « agent de contrôle de l'inspection du travail » peut mettre l'employeur en demeure de réduire l'intervalle entre les vérifications des équipements de protection individuelle ou catégories d'équipements de protection individuelle prévues par les arrêtés mentionnés à l'article R. 4323-99 lorsque, en raison notamment des conditions de stockage ou d'environnement, du mode de fonctionnement ou de la conception de certains organes, les équipements de protection individuelle sont soumis à des contraintes susceptibles de nuire à leur fonction protectrice. — *[Anc. art. R. 233-42-2, al. 3.]*

CHAPITRE II DEMANDES DE VÉRIFICATIONS, D'ANALYSES ET DE MESURES

SECTION 1 Aération et assainissement des locaux de travail

Art. R. 4722-1 (Décr. n° 2020-88 du 5 févr. 2020, art. 1er-9°, en vigueur au plus tard le 30 juin 2021) L'agent de contrôle de l'inspection du travail mentionné à l'article L. 8112-1 peut demander à l'employeur de faire procéder par un organisme accrédité ou, à défaut d'organisme accrédité, par un organisme désigné par arrêté des ministres chargé [chargés] du travail et de l'agriculture, aux contrôles et aux mesures permettant de vérifier la conformité de l'aération et de l'assainissement des locaux de travail avec les dispositions des articles R. 4222-6 à R. 4222-17, R. 4222-20 et R. 4222-21.

Il fixe le délai dans lequel cet organisme doit être saisi.

Ces dispositions entrent en vigueur à la date de publication de l'arrêté prévu à l'art. R. 4724-2 et au plus tard le 30 juin 2021.

Jusqu'à cette date, les agréments demandés au titre de l'art. R. 4722-1 sont accordés par le directeur régional des entreprises, de la concurrence, de la consommation, du travail et de l'emploi d'Île-de-France dans les conditions définies par un arrêté des ministres chargés du travail et de l'agriculture. Ces agréments prennent fin au plus tard le 31 déc. 2021.

Les organismes agréés à la date du 6 févr. 2020 continuent d'exercer leurs missions jusqu'au 31 déc. 2021 (Décr. n° 2020-88 du 5 févr. 2020, art. 5).

En application de l'art. L. 231-5 CRPA, et par exception à l'application du délai de deux mois prévu à l'art. L. 231-1 du même code, le délai à l'expiration duquel le silence gardé par l'administration vaut décision de rejet est fixé à quatre mois pour une demande d'agrément des organismes chargés de vérifier la conformité de l'aération et de l'assainissement des locaux de travail (Décr. n° 2014-1289 du 23 oct. 2014, art. 1er).

Art. R. 4722-2 (Décr. n° 2020-88 du 5 févr. 2020, art. 1er-9°, en vigueur au plus tard le 30 juin 2021) L'employeur justifie qu'il a saisi l'organisme mentionné à l'article R. 4722-1 dans le délai qui lui a été imparti et transmet à l'agent de contrôle de l'inspection du travail, dès leur réception, les résultats des contrôles et mesures.

V. ndlr ss. art. R. 4722-1.

SECTION 2 Éclairage des lieux de travail

Art. R. 4722-3 (Décr. n° 2020-88 du 5 févr. 2020, art. 1er-10°, en vigueur au plus tard le 30 juin 2021) L'agent de contrôle de l'inspection du travail mentionné à l'article L. 8112-1 peut demander à l'employeur de faire procéder par un organisme accrédité ou, à défaut d'organisme accrédité, par un organisme désigné par un arrêté des ministres chargés du travail et de l'agriculture, à des relevés photométriques permettant de vérifier la conformité de l'éclairage des lieux de travail avec les dispositions des articles R. 4223-4 à R. 4223-8.

Il fixe le délai dans lequel cet organisme doit être saisi.

Ces dispositions entrent en vigueur à la date de publication de l'arrêté prévu à l'art. R. 4724-16 et au plus tard le 30 juin 2021.

Jusqu'à cette date, les agréments demandés au titre de l'art. R. 4722-3 sont accordés par le directeur régional des entreprises, de la concurrence, de la consommation, du travail et de l'emploi d'Île-de-France dans les conditions définies par un arrêté des ministres chargés du travail et de l'agriculture. Ces agréments prennent fin au plus tard le 31 déc. 2021.

Les organismes agréés à la date du 6 févr. 2020 continuent d'exercer jusqu'au 31 déc. 2021 (Décr. n° 2020-88 du 5 févr. 2020, art. 5).

En application de l'art. L. 231-5 CRPA, et par exception à l'application du délai de deux mois prévu à l'art. L. 231-1 du même code, le délai à l'expiration duquel le silence gardé par l'administration vaut décision de rejet est fixé à quatre mois pour une demande d'agrément des personnes ou organismes chargés de procéder à des relevés photométriques (Décr. n° 2014-1289 du 23 oct. 2014, art. 1er).

Art. R. 4722-4 (Décr. n° 2020-88 du 5 févr. 2020, art. 1er-10°, en vigueur le 30 juin 2021) L'employeur justifie qu'il a saisi l'organisme mentionné à l'article R. 4722-1

SANTÉ ET SÉCURITÉ AU TRAVAIL

dans le délai qui lui a été imparti et transmet à l'agent de contrôle de l'inspection du travail, dès leur réception, les résultats des contrôles et mesures.

V. ndlr ss. art. R. 4722-3.

SECTION 3 Équipements de travail et moyens de protection

Art. R. 4722-5 (Décr. n° 2020-88 du 5 févr. 2020, art. 1ᵉʳ) L'agent de contrôle de l'inspection du travail mentionné à l'article L. 8112-1 peut demander à l'employeur de faire vérifier, par un organisme accrédité, la conformité des équipements de travail mentionnés à l'article L. 4321-1 avec les dispositions qui leur sont applicables.

Il fixe le délai dans lequel cet organisme doit être saisi.

Art. R. 4722-6 (Décr. n° 2020-88 du 5 févr. 2020, art. 1ᵉʳ) « L'agent de contrôle de l'inspection du travail mentionné à l'article L. 8112-1 » peut demander de faire vérifier, par un organisme (Décr. n° 2008-1156 du 7 nov. 2008) « accrédité », la conformité des équipements de travail et moyens de protection d'occasion soumis à la procédure de certification de conformité prévue par l'article (Décr. n° 2008-1156 du 7 nov. 2008) « R. 4313-14 » et faisant l'objet d'une des opérations mentionnées à l'article L. 4311-3, avec les dispositions techniques qui leur sont applicables.

Art. R. 4722-7 (Décr. n° 2020-88 du 5 févr. 2020, art. 1ᵉʳ) L'employeur ou le responsable de l'opération mentionnée à l'article L. 4311-3 justifie qu'il a saisi l'organisme accrédité dans le délai qui lui a été imparti et transmet à l'agent de contrôle de l'inspection du travail, dès leur réception, les résultats des vérifications de la conformité des équipements de travail.

Art. R. 4722-8 Une copie du rapport de l'organisme (Décr. n° 2008-1156 du 7 nov. 2008) « accrédité » est adressée simultanément par l'employeur au service de prévention de l'organisme de sécurité social[e] compétent.

SECTION 4 Risques chimiques

SOUS-SECTION 1 Contrôle des valeurs limites d'exposition professionnelle

(Décr. n° 2009-1570 du 15 déc. 2009)

La sous-section 2 devient la sous-section 1 (Décr. n° 2020-88 du 5 févr. 2020, art. 1ᵉʳ).

Art. R. 4722-12 L'(Décr. n° 2021-143 du 10 févr. 2021, art. 10) « agent de contrôle de l'inspection du travail » peut demander à l'employeur de faire procéder à un contrôle technique des valeurs limites d'exposition professionnelle par un organisme accrédité conformément aux articles R. 4724-8 à R. 4724-13.

Il fixe le délai dans lequel l'organisme accrédité doit être saisi.

L'art. R. 4722-13 est devenu l'art. R. 4722-12 depuis le 29 déc. 2009 (Décr. n° 2008-1156 du 7 nov. 2008).

Art. R. 4722-13 L'employeur justifie qu'il a saisi l'organisme accrédité pendant le délai qui lui a été fixé et transmet (Décr. n° 2021-143 du 10 févr. 2021, art. 10) « à l'agent de contrôle de l'inspection du travail » les résultats dès leur réception.

L'art. R. 4722-14 est devenu l'art. R. 4722-13 depuis le 29 déc. 2009 (Décr. n° 2008-1156 du 7 nov. 2008).

SOUS-SECTION 2 Amiante

La sous-section 3 devient la sous-section 2 (Décr. n° 2020-88 du 5 févr. 2020, art. 1ᵉʳ).

Art. R. 4722-14 L'(Décr. n° 2021-143 du 10 févr. 2021, art. 10) « agent de contrôle de l'inspection du travail » peut demander à l'employeur exerçant une activité relevant de la section 3 du chapitre II du titre I du livre IV, relatif à la prévention des risques d'exposition à l'amiante, de faire procéder à un contrôle des niveaux d'empoussièrement en fibres d'amiante par un laboratoire accrédité, qui procède au prélèvement et à l'analyse.

La demande de vérification fixe un délai d'exécution.

L'art. R. 4722-15 est devenu l'art. R. 4722-14 depuis le 29 déc. 2009 (Décr. n° 2008-1156 du 7 nov. 2008).

Art. R. 4722-15 L'employeur justifie qu'il a saisi le laboratoire accrédité pendant le délai d'exécution qui lui a été fixé.

Il transmet les résultats à l'inspection du travail dès leur réception.

L'art. R. 4722-16 est devenu l'art. R. 4722-15 depuis le 29 déc. 2009 (Décr. n° 2008-1156 du 7 nov. 2008).

SECTION 5 **Bruit**

Art. R. 4722-16 L'(*Décr. n° 2021-143 du 10 févr. 2021, art. 10*) « agent de contrôle de l'inspection du travail » peut demander à l'employeur de faire procéder à un mesurage de l'exposition au bruit par un organisme accrédité dans ce domaine, en vue de s'assurer du respect des obligations relatives à la prévention des risques d'exposition au bruit prévues par le titre III du livre IV.

L'art. R. 4722-17 est devenu l'art. R. 4722-16 depuis le 29 déc. 2009 (Décr. n° 2008-1156 du 7 nov. 2008).

Art. R. 4722-17 L'employeur justifie qu'il a saisi l'organisme accrédité dans les quinze jours suivant la date de mise en demeure.

Il transmet à l'inspection du travail les résultats dans les dix jours qui suivent leur réception.

SECTION 6 **Vibrations mécaniques**

Art. R. 4722-18 L'(*Décr. n° 2021-143 du 10 févr. 2021, art. 10*) « agent de contrôle de l'inspection du travail » peut demander à l'employeur de faire procéder à un mesurage de l'exposition aux vibrations mécaniques par un organisme accrédité, en vue de s'assurer du respect des obligations relatives à la prévention des risques d'exposition aux vibrations mécaniques prévues au titre IV du livre IV.

Art. R. 4722-19 L'employeur justifie qu'il a saisi l'organisme accrédité dans les quinze jours suivant la date de mise en demeure.

Il transmet à l'inspection du travail les résultats dans les dix jours qui suivent leur réception.

SECTION 7 **Rayonnements** (*Décr. n° 2010-750 du 2 juill. 2010*).

Art. R. 4722-20 (*Décr. n° 2018-437 du 4 juin 2018, art. 2, en vigueur le 1ᵉʳ juill. 2018*) L'agent de contrôle de l'inspection du travail mentionné à l'article L. 8112-1, l'inspecteur de la radioprotection mentionné à l'article L. 1333-29 du code de la santé publique ainsi que les agents mentionnés à l'article L. 1333-30 du même code peuvent demander à l'employeur de faire procéder aux mesurages prévus à l'article R. 4451-15 ou aux vérifications de l'efficacité des moyens de prévention prévues aux articles R. 4451-40 à R. 4451-48.

Ils fixent le délai dans lequel l'Institut de radioprotection et *[de]* sûreté nucléaire ou l'organisme accrédité mentionné à l'article R. 4451-40 doit être saisi.

Art. R. 4722-20-1 (*Décr. n° 2010-750 du 2 juill. 2010*) L'employeur justifie qu'il a saisi (*Décr. n° 2018-437 du 4 juin 2018, art. 2, en vigueur le 1ᵉʳ juill. 2018*) « l'organisme accrédité ou » l'Institut de radioprotection et de sûreté nucléaire pendant le délai qui lui a été fixé.

Il transmet les résultats à l'agent ayant demandé la vérification dès leur réception.

Art. R. 4722-21 (*Décr. n° 2010-750 du 2 juill. 2010*) (*Décr. n° 2019-1547 du 30 déc. 2019, art. 1ᵉʳ*) « L'agent de contrôle de l'inspection du travail mentionné à l'article L. 8112-1 peut demander à l'employeur de faire procéder aux mesurages des niveaux de rayonnements optiques artificiels prévus à l'article R. 4452-7 par un organisme accrédité ou à défaut, par le laboratoire national de métrologie et d'essais mentionné à l'article L. 823-1 du code de la consommation. »

Il fixe le délai dans lequel l'organisme accrédité (*Décr. n° 2019-1547 du 30 déc. 2019, art. 1ᵉʳ*) « ou le laboratoire national de métrologie et d'essais » doit être saisi.

SANTÉ ET SÉCURITÉ AU TRAVAIL **Art. R. 4722-29**

Art. R. 4722-21-1 *(Décr. n° 2010-750 du 2 juill. 2010)* L'employeur justifie qu'il a saisi l'organisme accrédité *(Décr. n° 2019-1547 du 30 déc. 2019, art. 2)* « ou, à défaut, le laboratoire national de métrologie et d'essais » pendant le délai qui lui a été fixé et transmet à l'*(Décr. n° 2019-1547 du 30 déc. 2019, art. 2)* « agent de contrôle de l'inspection du travail mentionné à l'article L. 8112-1 » les résultats dès leur réception.

Art. R. 4722-21-2 *(Décr. n° 2016-1074 du 3 août 2016, art. 2, en vigueur le 1er janv. 2017)* L'agent de contrôle de l'inspection du travail mentionné à l'article L. 8112-1 peut demander à l'employeur de faire procéder à un contrôle technique des valeurs limites d'exposition aux champs électromagnétiques définies aux articles R. 4453-3 et R. 4453-4 par un organisme accrédité *(Décr. n° 2020-88 du 5 févr. 2020, art. 1er)* « ou, à défaut, par un organisme désigné par arrêté des ministres chargés du travail et de l'agriculture ».

Art. R. 4722-21-3 *(Décr. n° 2020-88 du 5 févr. 2020, art. 1er)* L'employeur justifie qu'il a saisi l'organisme mentionné à l'article R. 4722-21-2 dans le délai qui lui a été imparti et transmet à l'agent de contrôle de l'inspection du travail, dès leur réception, les résultats du contrôle technique.

SECTION 8 Travaux du bâtiment et du génie civil

Art. R. 4722-22 *(Abrogé par Décr. n° 2020-88 du 5 févr. 2020, art. 1er)* L'inspecteur ou le contrôleur du travail peut demander à l'employeur réalisant des travaux de bâtiment ou de génie civil soumis aux prescriptions techniques du chapitre III du titre III du livre V, de faire procéder à une vérification de tout ou partie du matériel, des installations ou dispositifs de sécurité par un vérificateur ou un organisme agréé.

Art. R. 4722-23 *(Abrogé par Décr. n° 2020-88 du 5 févr. 2020, art. 1er)* L'employeur transmet à l'inspection du travail les résultats dans les quatre jours qui suivent leur réception.

Art. R. 4722-24 *(Abrogé par Décr. n° 2020-88 du 5 févr. 2020, art. 1er)* Les résultats et les dates des vérifications, ainsi que les noms, qualités et adresses des personnes qui les ont accomplies, sont consignés sur le registre de sécurité prévu à l'article R. 4534-18.

SECTION 9 Installations électriques

(Décr. n° 2010-1018 du 30 août 2010)

Art. R. 4722-26 *(Décr. n° 2021-143 du 10 févr. 2021, art. 10)* « L'agent de contrôle de l'inspection du travail » peut demander à l'employeur de faire vérifier, par un organisme accrédité, la conformité de tout ou partie des installations électriques fixes ou temporaires aux dispositions qui leur sont applicables.

Art. R. 4722-27 L'employeur justifie qu'il a saisi l'organisme accrédité dans les quinze jours suivant la date de demande de vérification.

Il transmet à l'*(Décr. n° 2021-143 du 10 févr. 2021, art. 10)* « agent de contrôle de l'inspection du travail », dans les dix jours qui suivent sa réception, le rapport établi par l'organisme.

Art. R. 4722-28 Une copie du rapport de l'organisme accrédité est adressée simultanément par l'employeur au service de prévention de l'organisme de sécurité sociale compétent.

SECTION 10 Analyse de toutes matières ou d'équipements susceptibles de comporter ou d'émettre des agents physiques, chimiques ou biologiques dangereux

(Décr. n° 2020-88 du 5 févr. 2020, art. 1er)

Art. R. 4722-29 Sans préjudice du droit de prélèvement prévu à l'article L. 8113-3, l'agent de contrôle de l'inspection du travail mentionné à l'article L. 8112-1 peut demander à l'employeur de faire procéder, par un organisme accrédité ou, à défaut d'organisme accrédité, par un organisme désigné par arrêté des ministres du travail et de l'agriculture, à des analyses de toutes matières, y compris des substances, mélanges, matériaux, équipements, matériels ou articles susceptibles de comporter ou d'émettre des agents physiques, chimiques ou biologiques dangereux pour les travailleurs, en vue d'en connaître la composition et les effets sur l'organisme humain.

Il fixe dans sa demande le délai dans lequel le résultat des analyses doit lui être adressé par l'employeur.

SECTION 11 **Dispositions communes**

(Décr. n° 2020-88 du 5 févr. 2020, art. 1ᵉʳ)

Art. R. 4722-30 Le prélèvement des échantillons et leur expédition à l'organisme choisi, ou l'analyse de l'équipement, de l'article ou du matériel sont réalisés sous le contrôle de l'agent qui a formulé la demande.

Art. R. 4722-31 L'employeur transmet les résultats des analyses à l'agent de contrôle de l'inspection du travail dès leur réception.

Art. R. 4722-32 Des arrêtés conjoints des ministres chargés du travail et de l'agriculture précisent les conditions d'accréditation et les méthodes de prélèvement et d'analyses prévus aux articles R. 4722-29 et R. 4722-30.

Art. R. 4722-33 Le coût des prestations liées aux contrôles et mesurages réalisés au titre du présent chapitre sont à la charge de l'employeur.

CHAPITRE III **RECOURS**

Art. R. 4723-1 Le recours contre les mises en demeure prévu *(Décr. n° 2019-253 du 27 mars 2019, art. 2)* « au deuxième alinéa de l'article L. 4723-1 » est formé devant le *(Décr. n° 2020-1545 du 9 déc. 2020, art. 28-X, en vigueur le 1ᵉʳ avr. 2021)* « directeur régional de l'économie, de l'emploi, du travail et des solidarités » avant l'expiration du délai d'exécution fixé en application *(Décr. n° 2019-253 du 27 mars 2019, art. 2)* « de l'article L. 4721-6 » et, au plus tard, dans les quinze jours qui suivent la mise en demeure.

Le recours contre une demande de vérification prévu *(Décr. n° 2019-253 du 27 mars 2019, art. 2)* « au deuxième alinéa de l'article L. 4723-1 » est formé au plus tard dans les quinze jours suivants *[suivant]* la demande de vérification.

Ces recours sont suspensifs.

Ils sont faits par lettre recommandée avec avis de réception.

Art. R. 4723-2 La date de présentation de la lettre recommandée adressée au *(Décr. n° 2009-1377 du 10 nov. 2009)* « directeur régional des entreprises, de la concurrence, de la consommation, du travail et de l'emploi » constitue le point de départ du délai accordé à ce dernier pour prendre sa décision. − *[Anc. art. R. 231-13-1, al. 1ᵉʳ, phrase 2.]*

Art. R. 4723-3 Le directeur régional du travail et de la formation professionnelle prend sa décision dans un délai de vingt et un jours.

Si les nécessités d'instruction de la réclamation l'exigent, ce délai peut être prolongé d'une nouvelle période de vingt et un jours. L'employeur en est informé par lettre recommandée avec avis de réception. − *[Anc. art. R. 231-13-1, al. 2.]*

Art. R. 4723-4 La non-communication à l'employeur de la décision du *(Décr. n° 2020-1545 du 9 déc. 2020, art. 28-X, en vigueur le 1ᵉʳ avr. 2021)* « directeur régional de l'économie, de l'emploi, du travail et des solidarités » dans le délai prévu à l'article R. 4723-3 vaut acceptation du recours.

Art. R. 4723-5 L'employeur qui conteste la nature, l'importance ou le délai imposé par l'*(Décr. n° 2021-143 du 10 févr. 2021, art. 10)* « agent de contrôle de l'inspection du travail » d'une demande d'analyse de produit faite en application de l'article *(Décr. n° 2020-88 du 5 févr. 2020, art. 1ᵉʳ)* « R. 4722-29 », adresse son recours, dans les huit jours de la mise en demeure, au *(Décr. n° 2020-1545 du 9 déc. 2020, art. 28-X, en vigueur le 1ᵉʳ avr. 2021)* « directeur régional de l'économie, de l'emploi, du travail et des solidarités ».

Le recours est suspensif. Toutefois, il ne fait pas obstacle à l'exécution du prélèvement.

SANTÉ ET SÉCURITÉ AU TRAVAIL

Art. R. 4723-6 (*Décr. n° 2019-253 du 27 mars 2019, art. 2*) Le recours contre la mise en demeure du (*Décr. n° 2020-1545 du 9 déc. 2020, art. 28-X, en vigueur le 1er avr. 2021*) « directeur régional de l'économie, de l'emploi, du travail et des solidarités » prévu au premier alinéa de l'article L. 4723-1 est formé devant le ministre chargé du travail avant l'expiration du délai d'exécution fixé en application de l'article L. 4721-2 et, au plus tard, dans les quinze jours qui suivent la mise en demeure.

Ce recours est suspensif. Il est transmis par lettre recommandée avec avis de réception.

Le silence gardé pendant plus deux mois sur ce recours vaut décision d'acceptation.

CHAPITRE IV ORGANISMES DE MESURES ET DE VÉRIFICATIONS

SECTION 1 Accréditations

Art. R. 4724-1 (*Décr. n° 2010-699 du 25 juin 2010, art. 1er*) Les accréditations sont délivrées par le Comité français d'accréditation ou par tout autre organisme d'accréditation désigné en application du règlement (CE) n° 765/2008 du Parlement européen et du Conseil du 9 juillet 2008 fixant les prescriptions relatives à l'accréditation et à la surveillance du marché pour la commercialisation des produits.

Un organisme d'un État membre de l'Union européenne non établi en France peut effectuer de façon occasionnelle des prestations de service mentionnées à l'article L. 4722-1 s'il dispose d'une accréditation attestant qu'il a été reconnu compétent pour mettre en œuvre toute méthode normalisée ou assimilée, applicable sur le territoire national, dans le domaine de compétence au titre duquel il intervient.

V. Arr. du 15 déc. 2009 relatif aux contrôles techniques des valeurs limites d'exposition professionnelle sur les lieux de travail et aux conditions d'accréditation des organismes chargés des contrôles (JO 17 déc.).

SECTION 2 Organismes de vérification en matière d'aération et d'assainissement des locaux de travail

Art. R. 4724-2 (*Décr. n° 2020-88 du 5 févr. 2020, art. 1er-21°, en vigueur le 30 juin 2021*) Un arrêté des ministres chargés du travail et de l'agriculture précise les conditions d'accréditation et les méthodes de mesure permettant de vérifier la conformité de l'aération et de l'assainissement des locaux de travail.

V. Arr. du 20 déc. 2021, NOR : MTRT2127700A (JO 23 déc.).

Art. R. 4724-3 (*Abrogé par Décr. n° 2020-88 du 5 févr. 2020, art. 1er-22°, à compter du 30 juin 2021*) *Le silence gardé pendant plus de quatre mois sur une demande d'agrément vaut décision de rejet.*

SECTION 3 Organismes de vérification des équipements de travail

Art. R. 4724-4 Pour l'application des articles R. 4722-5 et R. 4722-6, un arrêté des ministres chargés du travail et de l'agriculture fixe (*Décr. n° 2008-1156 du 7 nov. 2008*) « les conditions de recours à l'accréditation ».

Art. R. 4724-5 *Abrogé par Décr. n° 2008-1156 du 7 nov. 2008.*

SECTION 4 Organismes de contrôle des risques chimiques

SOUS-SECTION 1 Contrôle des valeurs limites d'exposition professionnelle

(*Décr. n° 2009-1570 du 15 déc. 2009*)

La sous-section 2 devient la sous-section 1 (*Décr. n° 2020-88 du 5 févr. 2020, art. 1er*).

Art. R. 4724-8 Les contrôles techniques destinés à vérifier, en application des articles R. 4412-27 et R. 4412-76, le respect des valeurs limites d'exposition professionnelle aux agents chimiques fixées par les articles R. 4412-149 et R. 4412-150 sont réalisés par un organisme accrédité dans ce domaine.

Art. R. 4724-9 L'organisme accrédité, dont le personnel est tenu au secret professionnel, est indépendant des établissements qu'il contrôle. Il possède les compétences spécifiques requises pour chacun des agents chimiques sur lesquels il opère des contrôles techniques.

Art. R. 4724-10 L'organisme accrédité établit la stratégie de prélèvement, après consultation de l'employeur, du médecin du travail et du *(Décr. n° 2017-1819 du 29 déc. 2017, art. 3)* « comité social et économique s'il existe ». L'employeur lui communique toutes données utiles, notamment le résultat de l'évaluation des risques chimiques.

Les prélèvements sont faits par l'organisme accrédité sur des postes de travail en situation représentative de l'exposition.

Art. R. 4724-11 L'organisme accrédité qui établit la stratégie de prélèvement et effectue les prélèvements dans l'entreprise est maître d'œuvre du contrôle technique. Il peut sous-traiter la prestation d'analyse en la confiant à un autre organisme accrédité.

Art. R. 4724-12 Indépendamment de la communication du rapport prévue à l'article R. 4412-30, l'organisme maître d'œuvre du contrôle technique communique les résultats à un organisme national désigné par arrêté des ministres chargés du travail et de l'agriculture. Ce dernier les exploite, dans le respect de l'anonymat des entreprises concernées, à des fins d'études et d'évaluation.

V. Arr. du 15 déc. 2009 relatif aux contrôles techniques des valeurs limites d'exposition professionnelle sur les lieux de travail et aux conditions d'accréditation des organismes chargés des contrôles (JO 17 déc.).

Art. R. 4724-13 Des arrêtés des ministres chargés du travail et de l'agriculture précisent :
1° Les conditions d'accréditation des organismes chargés des contrôles techniques, qui comportent le respect des dispositions de l'article R. 4412-151, des articles R. 4724-9 à R. 4724-12 et des normes techniques européennes en vigueur, ainsi que la vérification de leur capacité d'intervention dans des délais appropriés pour réaliser les contrôles techniques ;
2° Les modalités de communication des résultats à l'organisme national mentionné à l'article R. 4724-12.

V. ndlr ss. art. R. 4724-12.

SOUS-SECTION 2 Contrôle de la concentration en fibres d'amiante

La sous-section 3 devient la sous-section 2 (Décr. n° 2020-88 du 5 févr. 2020, art. 1ᵉʳ).

Art. R. 4724-14 *(Décr. n° 2012-639 du 4 mai 2012, art. 4)* Un arrêté du ministre chargé du travail détermine :
1° Les conditions de mesurage des niveaux d'empoussièrement des processus mis en œuvre par les entreprises ;
2° Les conditions de contrôle du respect de la valeur limite d'exposition professionnelle ;
3° Les conditions d'accréditation des organismes procédant au mesurage des niveaux d'empoussièrement selon le référentiel technique défini par l'organisme chargé de l'accréditation pour la stratégie d'échantillonnage, le prélèvement et l'analyse.

V. Arr. du 14 août 2012 (JO 23 août), mod. par Arr. du 30 mai 2018, NOR : MTRT1806491A (JO 29 juin).

SOUS-SECTION 3 Contrôle des valeurs limites biologiques

(Décr. n° 2009-1570 du 15 déc. 2009)

La sous-section 4 devient la sous-section 3 (Décr. n° 2020-88 du 5 févr. 2020, art. 1ᵉʳ).

Art. R. 4724-15 Les analyses destinées à vérifier le respect des valeurs limites biologiques fixées par décret sont réalisées par un organisme accrédité dans ce domaine.

Ces dispositions entrent en vigueur le 1ᵉʳ janv. 2012. Jusqu'à cette date, les agréments délivrés en application de l'art. R. 4724-15 le sont conformément aux dispositions des art. R. 4724-8 à R. 4724-12 dans leur rédaction antérieure à l'entrée en vigueur du Décr. n° 2009-1570 du 15 déc. 2009. — V. ces art.

SANTÉ ET SÉCURITÉ AU TRAVAIL **Art. R. 4724-18**

Art. R. 4724-15-1 L'organisme accrédité, dont le personnel est tenu au secret professionnel, est indépendant des établissements qu'il contrôle. Il possède les compétences spécifiques requises pour chacun des agents chimiques sur lesquels il conduit ses analyses.

Art. R. 4724-15-2 Un arrêté des ministres chargés du travail et de l'agriculture précise les conditions d'accréditation des organismes chargés des analyses, qui comportent le respect des dispositions des articles R. 4412-51-2 et R. 4724-15-1 et des normes techniques européennes en vigueur.

SECTION 5 Contrôle des ambiances physiques de travail

Art. R. 4724-16 (Décr. n° 2020-88 du 5 févr. 2020, art. 1ᵉʳ-24°, en vigueur au plus tard le 30 juin 2021) Un arrêté des ministres chargés du travail et de l'agriculture précise les conditions d'accréditation et les méthodes de mesure permettant de vérifier la conformité de l'éclairage des lieux de travail.

Ces dispositions entrent en vigueur à la date de publication de l'arrêté prévu par cet art. et au plus tard le 30 juin 2021.

Jusqu'à cette date, les agréments demandés au titre de l'art. R. 4722-3 sont accordés par le directeur régional de l'économie, de l'emploi, du travail et des solidarités [ancienne rédaction applicable jusqu'au 31 mars 2021 : directeur régional des entreprises, de la concurrence, de la consommation, du travail et de l'emploi] d'Île-de-France dans les conditions définies par un arrêté des ministres chargés du travail et de l'agriculture. Ces agréments prennent fin au plus tard le 31 déc. 2021.

Les organismes agréés à la date de publication du présent décret continuent d'exercer jusqu'au 31 déc. 2021 (Décr. n° 2020-88 du 5 févr. 2020, art. 5 ; Décr. n° 2020-1545 du 9 déc. 2020, art. 28-X, en vigueur le 1ᵉʳ avr. 2021).

Art. R. 4724-17 (Abrogé par Décr. n° 2020-88 du 5 févr. 2020, art. 1ᵉʳ, au plus tard à compter du 30 juin 2021) **Le silence gardé pendant plus de quatre mois sur une demande d'agrément vaut décision de rejet.**

Cette abrogation entre en vigueur à la date de publication de l'arrêté prévu à l'art. R. 4724-16 et au plus tard le 30 juin 2021. Jusqu'à cette date, les agréments demandés au titre de l'art. R. 4722-3 sont accordés par le directeur régional de l'économie, de l'emploi, du travail et des solidarités [ancienne rédaction applicable jusqu'au 31 mars 2021 : directeur régional des entreprises, de la concurrence, de la consommation, du travail et de l'emploi] d'Île-de-France dans les conditions définies par un arrêté des ministres chargés du travail et de l'agriculture. Ces agréments prennent fin au plus tard le 31 déc. 2021.

Les organismes agréés à la date du 6 févr. 2020 continuent d'exercer jusqu'au 31 déc. 2021 (Décr. n° 2020-88 du 5 févr. 2020, art. 5 ; Décr. n° 2020-1545 du 9 déc. 2020, art. 28-X, en vigueur le 1ᵉʳ avr. 2021).

Art. R. 4724-17-1 (Abrogé par Décr. n° 2020-88 du 5 févr. 2020, art. 1ᵉʳ-24°, au plus tard à compter du 30 juin 2021) (Décr. n° 2016-1074 du 3 août 2016, art. 3) **Les conditions et les modalités de délivrance de l'agrément au laboratoire prévu par l'article R. 4722-21-2 pour le contrôle technique des valeurs limites d'exposition aux champs électromagnétiques ainsi que les règles à suivre pour réaliser ce contrôle sont fixées par arrêté des ministres chargés du travail et de l'agriculture.**

Sur l'entrée en vigueur de cette abrogation, V. ndlr ss. art. R. 4724-17.

Art. R. 4724-17-2 (Abrogé par Décr. n° 2020-88 du 5 févr. 2020, art. 1ᵉʳ-24°, au plus tard à compter du 30 juin 2021) (Décr. n° 2016-1074 du 3 août 2016, art. 3) **Le silence gardé pendant plus de quatre mois sur une demande d'agrément vaut décision de rejet.**

Sur l'entrée en vigueur de cette abrogation, V. ndlr ss. art. R. 4724-17.

Art. R. 4724-18 Des arrêtés conjoints des ministres chargés du travail et de l'agriculture précisent les conditions d'accréditation et les méthodes à utiliser pour le mesurage :
1° Du bruit ;
2° Des vibrations mécaniques ;
(Décr. n° 2010-750 du 2 juill. 2010, art. 4) « 3° Des rayonnements optiques artificiels » ;

(*Décr. n° 2016-1074 du 3 août 2016, art. 4, en vigueur le 1ᵉʳ janv. 2017*) « 4° Des champs électromagnétiques. »

V. Arr. du 1ᵉʳ mars 2016 relatif aux conditions d'accréditation des organismes pouvant procéder au mesurage de l'exposition aux rayonnements optiques artificiels en milieu de travail (JO 18 mars).

SECTION 6 Vérification des installations électriques

(*Décr. n° 2010-1018 du 30 août 2010*)

Art. R. 4724-19 Les modalités de la vérification prévue à l'article R. 4722-26, ainsi que le contenu du rapport de vérification, sont fixés par arrêté des ministres chargés du travail et de l'agriculture.

TITRE III MESURES ET PROCÉDURES D'URGENCE

CHAPITRE I ARRÊTS TEMPORAIRES DE TRAVAUX OU D'ACTIVITÉ

SECTION 1 Arrêt de travaux

Art. R. 4731-1 Pour l'application de l'article L. 4731-1, l'(*Décr. n° 2016-510 du 25 avr. 2016, art. 4*) « agent de contrôle de l'inspection du travail mentionné à l'article L. 8112-1 » relève les éléments caractérisant la situation de danger grave et imminent et précise les mesures qu'il prend pour y remédier.

Sa décision, qui est d'application immédiate, fait l'objet d'un écrit.

Art. R. 4731-2 Lorsque l'employeur ou son représentant est présent (*Abrogé par Décr. n° 2019-253 du 27 mars 2019, art. 2*) « *sur le chantier* », la décision lui est remise directement contre récépissé.

A défaut, elle est adressée d'urgence à l'employeur par tous moyens appropriés et confirmée au plus tard dans le délai d'un jour franc par lettre recommandée avec avis de réception.

Toutefois, cette décision, ou copie de celle-ci dans le cas où elle lui a déjà été adressée dans les formes prévues au premier alinéa, est remise directement, contre récépissé, à l'employeur qui s'est porté à la rencontre de l'(*Décr. n° 2021-143 du 10 févr. 2021, art. 10*) « agent de contrôle de l'inspection du travail ». Cette procédure se substitue alors à celle définie au deuxième alinéa.

Art. R. 4731-3 Lorsque la décision a été remise directement au représentant de l'employeur, copie en est adressée à ce dernier par lettre recommandée avec avis de réception dans le délai mentionné au deuxième alinéa de l'article R. 4731-2. – *[Anc. art. R. 231-12-1, al. 4.]*

Art. R. 4731-4 L'employeur informe, (*Décr. n° 2019-253 du 27 mars 2019, art. 2*) « par tout moyen donnant date certaine à la réception de cette information », l'(*Décr. n° 2016-510 du 25 avr. 2016, art. 4*) « agent de contrôle de l'inspection du travail mentionné à l'article L. 8112-1 » des mesures qu'il a prises pour faire cesser la situation de danger grave et imminent.

(*Abrogé par Décr. n° 2019-253 du 27 mars 2019, art. 2*) « *Cette lettre est remise directement contre récépissé à l'*(*Décr. n° 2016-510 du 25 avr. 2016, art. 4*) « *agent de contrôle de l'inspection du travail mentionné à l'article L. 8112-1* » *ou lui est adressée par lettre recommandée avec avis de réception.* »

Art. R. 4731-5 L'(*Décr. n° 2016-510 du 25 avr. 2016, art. 4*) « agent de contrôle de l'inspection du travail mentionné à l'article L. 8112-1 » vérifie d'urgence, et au plus tard dans un délai de deux jours (*Décr. n° 2019-253 du 27 mars 2019, art. 2*) « ouvrés » à compter de la date de remise ou de réception de la lettre de l'employeur ou de son représentant, le caractère approprié des mesures prises pour faire cesser la cause de danger grave et imminent.

Art. R. 4731-6 La décision d'autorisation ou de refus d'autorisation de reprise des travaux motivé par l'inadéquation ou l'insuffisance de mesures prises pour faire cesser la cause de danger grave et imminent est notifiée dans les formes et les délais définis aux articles R. 4731-2 et R. 4731-3. – *[Anc. art. R. 231-12-3, al. 2.]*

SANTÉ ET SÉCURITÉ AU TRAVAIL **Art. R. 4733-1** 2643

Art. R. 4731-7 *(Abrogé par Décr. n° 2019-253 du 27 mars 2019, art. 2)* **Un arrêté conjoint des ministres chargés du travail, de l'agriculture et des transports précise les mentions qui figurent sur les décisions prévues au présent chapitre.**

Art. R. 4731-8 *Abrogé par Décr. n° 2016-510 du 25 avr. 2016, art. 5.*

SECTION 2 Arrêt d'activité

Art. R. 4731-9 *Abrogé par Décr. n° 2016-510 du 25 avr. 2016, art. 5.*

Art. R. 4731-10 L'arrêt temporaire d'activité *(Décr. n° 2009-289 du 13 mars 2009)* « faisant suite à la procédure de mise de demeure prévue aux articles R. 4721-6 et suivants » fait l'objet d'une décision motivée comportant les éléments de fait et de droit caractérisant la persistance de la situation dangereuse et l'injonction à l'employeur de prendre des mesures appropriées pour y remédier, ainsi que la voie de recours prévue par l'article L. 4731-4.
Cette décision est notifiée à l'employeur soit par remise en main propre contre décharge, soit par lettre recommandée avec avis de réception. Elle prend effet le jour de remise de la notification ou le jour de la présentation de la lettre recommandée. – [*Anc. art. R. 231-12-8.*]

Art. R. 4731-11 L'employeur informe, *(Décr. n° 2019-253 du 27 mars 2019, art. 2)* « par tout moyen donnant date certaine à la réception de cette information », l'*(Décr. n° 2016-510 du 25 avr. 2016, art. 4)* « agent de contrôle de l'inspection du travail mentionné à l'article L. 8112-1 » des mesures qu'il a prises pour faire cesser la situation dangereuse et lui communique l'avis du médecin du travail, du *(Décr. n° 2017-1819 du 29 déc. 2017, art. 3)* « comité social et économique » concernant ces mesures.
(Abrogé par Décr. n° 2019-253 du 27 mars 2019, art. 2) « Cette lettre est remise directement contre récépissé à l'*(Décr. n° 2016-510 du 25 avr. 2016)* « agent de contrôle de l'inspection du travail mentionné à l'article L. 8112-1 » ou lui est adressée par lettre recommandée [avec] avis de réception. »

Art. R. 4731-12 L'*(Décr. n° 2016-510 du 25 avr. 2016, art. 4)* « agent de contrôle de l'inspection du travail mentionné à l'article L. 8112-1 » vérifie, au plus tard dans un délai de huit jours à compter de la date de remise ou de réception de la lettre de l'employeur, le caractère approprié des mesures prises par ce dernier pour faire cesser la situation dangereuse.
La décision d'autorisation ou la décision de refus d'autorisation de reprise de l'activité concernée motivée par l'inadéquation ou l'insuffisance de ces mesures est alors notifiée sans délai par l'*(Décr. n° 2016-510 du 25 avr. 2016, art. 4)* « agent de contrôle de l'inspection du travail mentionné à l'article L. 8112-1 » dans les formes définies à l'article R. 4731-10.

Art. R. 4731-13 et R. 4731-14 *Abrogés par Décr. n° 2016-510 du 25 avr. 2016, art. 5.*

Art. R. 4731-15 *Abrogé par Décr. n° 2019-253 du 27 mars 2019, art. 2.*

CHAPITRE II PROCÉDURES DE RÉFÉRÉ

Le présent chapitre ne comprend pas de dispositions réglementaires.

CHAPITRE III PROCÉDURES D'URGENCE ET MESURES CONCERNANT LES JEUNES ÂGÉS DE MOINS DE DIX-HUIT ANS

(Décr. n° 2019-253 du 27 mars 2019, art. 1ᵉʳ)

SECTION 1 Dispositions générales

Art. R. 4733-1 Pour l'application du présent chapitre, le chef d'établissement est le chef de l'établissement d'enseignement, le directeur du centre de formation d'apprentis ou de l'organisme de formation professionnelle, le directeur de l'établissement ou du service social ou médico-social mentionné au V de l'article L. 312-1 du code de l'action sociale et des familles.

SECTION 2 Retrait d'affectation à certains travaux

SOUS-SECTION 1 Retrait d'affectation à un ou plusieurs travaux interdits

Art. R. 4733-2 Pour l'application de l'article L. 4733-2, la décision de l'agent de contrôle de l'inspection du travail mentionné à l'article L. 8112-1 portant retrait d'affectation est d'application immédiate. Elle est écrite.

Art. R. 4733-3 Lorsque l'employeur, le chef d'établissement ou leur représentant est présent, la décision lui est remise en main propre contre décharge.
A défaut, elle est adressée d'urgence à l'employeur ou au chef d'établissement par tous moyens appropriés et confirmée au plus tard dans le délai d'un jour franc par tout moyen donnant date certaine à sa réception.

Art. R. 4733-4 Lorsque la décision a été remise directement au représentant de l'employeur ou à celui du chef d'établissement, copie en est adressée à l'employeur ou au chef d'établissement par tout moyen donnant date certaine à sa réception dans le délai mentionné au deuxième alinéa de l'article R. 4733-3.

SOUS-SECTION 2 Retrait d'affectation à un ou plusieurs travaux réglementés

Art. R. 4733-5 Pour l'application de l'article L. 4733-3, l'agent de contrôle de l'inspection du travail mentionné à l'article L. 8112-1 relève les éléments caractérisant la situation de danger grave et imminent motivant sa décision de retrait.
Cette décision, précisant ces éléments, est d'application immédiate. Elle est écrite.

Art. R. 4733-6 Lorsque l'employeur, le chef d'établissement ou leur représentant est présent, la décision lui est remise en main propre contre décharge.
A défaut, elle est adressée d'urgence à l'employeur ou au chef d'établissement par tous moyens appropriés et confirmée au plus tard dans le délai d'un jour franc par tout moyen donnant date certaine à sa réception.

Art. R. 4733-7 Lorsque la décision a été remise directement au représentant de l'employeur ou à celui du chef d'établissement, copie en est adressée à l'employeur ou au chef d'établissement par tout moyen donnant date certaine à sa réception dans le délai mentionné au deuxième alinéa de l'article R. 4733-6.

Art. R. 4733-8 L'employeur ou le chef d'établissement informe l'agent de contrôle de l'inspection du travail mentionné à l'article L. 8112-1 des mesures qu'il a prises pour faire cesser la situation de danger grave et imminent, par tout moyen donnant date certaine à la réception de cette information.

Art. R. 4733-9 L'agent de contrôle de l'inspection du travail mentionné à l'article L. 8112-1 vérifie d'urgence, et au plus tard dans un délai de deux jours ouvrés à compter de la date de remise ou de réception des informations transmises par l'employeur ou par le chef d'établissement, ou leur représentant, le caractère approprié des mesures prises pour faire cesser la situation de danger grave et imminent et permettre la reprise des travaux réglementés par le jeune.

Art. R. 4733-10 La décision d'autorisation ou de refus de reprise des travaux réglementés concernés est notifiée dans les formes et les délais mentionnés aux articles R. 4733-6 et R. 4733-7.

SECTION 3 Suspension et rupture du contrat de travail ou de la convention de stage

Art. R. 4733-11 La présente section ne s'applique pas aux apprentis âgés de moins de dix-huit ans. Ces derniers sont soumis aux dispositions de la section 3 du chapitre V du titre II du livre II de la sixième partie.

Art. R. 4733-12 En application de l'article L. 4733-8, l'agent de contrôle de l'inspection du travail mentionné à l'article L. 8112-1 peut proposer au *(Décr. n° 2020-1545 du 9 déc. 2020, art. 28-X, en vigueur le 1er avr. 2021)* « directeur régional de l'économie, de l'emploi, du travail et des solidarités » la suspension de l'exécution du contrat de

SANTÉ ET SÉCURITÉ AU TRAVAIL   **Art. R. 4741-3** 2645

travail ou de la convention de stage, après avoir procédé, lorsque les circonstances le permettent, à une enquête contradictoire.

L'agent de contrôle en informe sans délai l'employeur.

Le *(Décr. n° 2020-1545 du 9 déc. 2020, art. 28-X, en vigueur le 1ᵉʳ avr. 2021)* « directeur régional de l'économie, de l'emploi, du travail et des solidarités » se prononce au vu du rapport établi par l'agent de contrôle.

Art. R. 4733-13 Pour obtenir la levée de l'interdiction de recruter ou d'accueillir de nouveaux jeunes âgés de moins de dix-huit ans, travailleurs ou stagiaires, en application de l'article L. 4733-10, l'employeur peut demander au *(Décr. n° 2020-1545 du 9 déc. 2020, art. 28-X, en vigueur le 1ᵉʳ avr. 2021)* « directeur régional de l'économie, de l'emploi, du travail et des solidarités » de mettre fin à cette interdiction.

L'employeur joint à sa demande toutes justifications de nature à établir qu'il a pris les mesures nécessaires pour supprimer tout risque d'atteinte à la santé ou à l'intégrité physique ou morale des jeunes âgés de moins de dix-huit ans.

Art. R. 4733-14 Le *(Décr. n° 2020-1545 du 9 déc. 2020, art. 28-X, en vigueur le 1ᵉʳ avr. 2021)* « directeur régional de l'économie, de l'emploi, du travail et des solidarités », au vu des justifications présentées par l'employeur, statue sur la demande de levée de l'interdiction de recruter ou d'accueillir de nouveaux jeunes âgés de moins de dix-huit ans. Il notifie sa décision à l'employeur. Le silence gardé dans le délai de deux mois vaut rejet de cette demande.

SECTION 4 Dispositions communes

Art. R. 4733-15 Une copie des décisions de retrait d'affectation, des décisions de refus ou d'autorisation de reprise des travaux réglementés, et des décisions de suspension ou de refus de reprise d'exécution du contrat de travail ou de la convention de stage est transmise sans délai au jeune, à son représentant légal et, le cas échéant au chef d'établissement mentionné à l'article R. 4733-1.

TITRE IV DISPOSITIONS PÉNALES

CHAPITRE I INFRACTIONS AUX RÈGLES DE SANTÉ ET DE SÉCURITÉ

SECTION 1 Infractions commises par l'employeur ou son représentant

Art. R. 4741-1 Le fait de ne pas transcrire ou de ne pas mettre à jour les résultats de l'évaluation des risques, dans les conditions prévues aux articles R. 4121-1 et R. 4121-2, est puni de l'amende prévue pour les contraventions de cinquième classe.

La récidive est réprimée conformément aux articles 132-11 et 132-15 du code pénal.
– *[Anc. art. R. 263-1-1.]*

Art. R. 4741-1-1 *(Décr. n° 2015-1885 du 30 déc. 2015, art. 2-XI)* Le fait de ne pas remplir ou actualiser la fiche de suivi des expositions d'un travailleur mentionné au 2° du V de l'article L. 4161-1, dans les conditions prévues par l'article D. 4161-1-1, est puni de l'amende prévue pour les contraventions de la cinquième classe.

L'amende est appliquée autant de fois qu'il y a de travailleurs concernés par l'infraction.

La récidive est réprimée conformément aux articles 132-11 et 132-15 du code pénal.

Art. R. 4741-2 *(Décr. n° 2023-452 du 9 juin 2023)* Le fait pour l'employeur ayant connaissance d'un accident du travail ayant entraîné le décès d'un travailleur de ne pas en informer l'inspection du travail, selon les modalités prévues par l'article R. 4121-5, est puni de l'amende prévue pour les contraventions de la cinquième classe.

La récidive est réprimée conformément aux articles 132-11 et 132-15 du code pénal.

Art. R. 4741-3 Le fait de méconnaître les dispositions des articles L. 4711-1 à L. 4711-5 *(Décr. n° 2009-289 du 13 mars 2009)* « ainsi que celles des articles D. 4711-1 à D. 4711-3 » relatives aux documents et affichages obligatoires est puni de l'amende prévue pour les contraventions de la quatrième classe.

L'amende est appliquée autant de fois qu'il y a de personnes employées dans des conditions susceptibles d'être sanctionnées au titre du présent article. – [Anc. art. R. 632-1 et anc. art. R. 632-2.]

Art. R. 4741-3-1 (Décr. n° 2010-150 du 17 févr. 2010) Le fait de ne pas donner aux travailleurs et à leurs représentants l'accès aux informations prévues à l'article 35 du règlement (CE) n° 1907/2006 est puni de l'amende prévue pour les contraventions de la cinquième classe.

L'amende est appliquée autant de fois qu'il y a de personnes employées dans des conditions susceptibles d'être sanctionnées au titre du présent article.

La récidive est réprimée conformément aux articles 132-11 et 132-15 du code pénal.

SECTION 2 Infractions commises par une personne autre que l'employeur ou son représentant

Art. R. 4741-4 Est puni de la peine d'amende prévue pour les contraventions de la cinquième classe le fait, pour un maître d'ouvrage :

1° De ne pas avoir mentionné dans les contrats, en méconnaissance de l'article L. 4532-12, l'obligation de participer à un collège interentreprises de sécurité, de santé et des conditions de travail ;

2° De ne pas avoir constitué, en méconnaissance de l'article R. 4532-77, un collège interentreprises de sécurité, de santé et des conditions de travail ;

3° De ne pas avoir annexé aux documents du dossier de consultation adressé aux entreprises, ou aux marchés ou contrats conclus avec elles, en méconnaissance de l'article R. 4532-91, le projet de règlement du collège ;

4° De ne pas s'être assuré, en méconnaissance de l'article R. 4532-94[,] de l'envoi aux [au] (Décr. n° 2017-1819 du 29 déc. 2017, art. 3) « comité social et économique s'il existe » des entreprises ou établissements intervenant sur le chantier, des procès-verbaux des réunions du collège.

La récidive est réprimée conformément aux articles 132-11 et 132-15 du code pénal. – [Anc. art. R. 263-3, al. 1er à 6.]

Art. R. 4741-5 Est puni de la peine d'amende prévue pour les contraventions de la cinquième classe le fait, pour l'entrepreneur ou le sous-traitant :

1° De ne pas avoir laissé les travailleurs émettre des opinions pendant les réunions du collège ou de les avoir sanctionnés ou licenciés, en méconnaissance de l'article L. 4532-11 ;

2° De ne pas avoir fait mentionner dans les contrats de soustraitance l'obligation de participer à un collège interentreprises de sécurité, de santé et des conditions de travail, en méconnaissance de l'article L. 4532-12 ;

3° De ne pas avoir laissé aux travailleurs désignés comme membres du collège le temps nécessaire pour assister aux réunions du collège ou d'avoir refusé de rémunérer ce temps comme temps de travail en méconnaissance de l'article L. 4532-15 ;

4° De ne pas avoir désigné de représentants au collège en méconnaissance de l'article R. 4532-80 ;

5° De ne pas avoir participé ou d'avoir empêché son représentant de participer aux réunions du collège dans les conditions prévues aux articles R. 4532-85 et R. 4532-86.

La récidive est réprimée conformément aux articles 132-11 et 132-15 du code pénal. – [Anc. art. R. 263-3, al. 7 à 13.]

SECTION 3 Dispositions particulières aux personnes morales

La présente section ne comprend pas de dispositions réglementaires.

CHAPITRE II INFRACTIONS AUX RÈGLES DE REPRÉSENTATION DES SALARIÉS

Le présent chapitre ne comprend pas de dispositions réglementaires.

SANTÉ ET SÉCURITÉ AU TRAVAIL

CHAPITRE III INFRACTIONS AUX RÈGLES CONCERNANT LE TRAVAIL DES JEUNES ET DES FEMMES ENCEINTES, VENANT D'ACCOUCHER OU ALLAITANT

Art. R. 4743-1 Le fait d'employer une femme enceinte, venant d'accoucher ou allaitant à des travaux interdits, en méconnaissance de l'article L. 4152-1 et des décrets pris pour son application, est puni de l'amende prévue pour les contraventions de la cinquième classe.
La récidive est réprimée conformément aux articles 132-11 et 132-15 du code pénal.
— *[Anc. art. R. 263-1.]*

Art. R. 4743-2 Le fait de méconnaître les dispositions des articles R. 4152-13 à R. 4152-28, relatives au local dédié à l'allaitement, est puni de l'amende prévue pour les contraventions de la cinquième classe, prononcée autant de fois qu'il y a de travailleurs concernés par l'infraction.
La récidive de la contravention prévue au présent article est réprimée conformément aux articles 132-11 et 132-15 du code pénal.
En cas de pluralité de contraventions entraînant les peines de la récidive, l'amende est appliquée autant de fois qu'il a été relevé de nouvelles infractions. — *[Anc. art. R. 260-1, al. 3, et anc. art. R. 262-7.]*

Art. R. 4743-3 Le fait d'employer un travailleur de moins de dix-huit ans à des travaux interdits, en méconnaissance de l'article L. 4153-8 et des décrets pris pour son application, est puni de l'amende prévue pour les contraventions de la cinquième classe.
La récidive est réprimée conformément aux articles 132-11 et 132-15 du code pénal.
— *[Anc. art. R. 263-1.]*

Art. R. 4743-4 Le fait d'employer un travailleur de moins de dix-huit ans à des travaux mentionnés à l'article L. 4153-9, en méconnaissance des conditions énoncées à ce même article et de celles des décrets pris pour son application, est puni de l'amende prévue pour les contraventions de la cinquième classe.
La récidive est réprimée conformément aux articles 132-11 et 132-15 du code pénal.
— *[Anc. art. R. 263-1.]*

Art. R. 4743-5 Le fait de méconnaître les dispositions relatives à l'âge d'admission prévues aux articles L. 4153-1 à L. 4153-5 ainsi que celles des décrets pris pour leur application, est puni de l'amende prévue pour les contraventions de la cinquième classe.
La récidive est réprimée conformément aux articles 132-11 et 132-15 du code pénal.
— *[Anc. art. R. 261-1.]*

Art. R. 4743-6 L'amende prévue à l'article R. 4743-5 est appliquée autant de fois qu'il y a de personnes employées dans des conditions contraires aux prescriptions mentionnées à ce même article.
En cas de pluralité de contraventions entraînant les peines de la récidive, l'amende est appliquée autant de fois qu'il a été relevé de nouvelles infractions. — *[Anc. art. R. 260-1.]*

Art. R. 4743-7 Le fait, pour un exploitant d'un débit de boissons à consommer sur place, sans avoir obtenu l'agrément prévu à l'article R. 4153-8, d'employer ou de recevoir en stage des mineurs, à l'exception du conjoint du débitant ou de ses parents ou alliés jusqu'au quatrième degré inclusivement, est puni de l'amende prévue pour les contraventions de la cinquième classe.
La récidive est réprimée conformément aux articles 132-11 et 132-15 du code pénal.
— *[Anc. art. R. 261-1-1.]*

CHAPITRE IV OPÉRATIONS DE BÂTIMENT ET DE GÉNIE CIVIL

Le présent chapitre ne comprend pas de dispositions réglementaires.

CHAPITRE V INFRACTIONS AUX RÈGLES RELATIVES À LA MÉDECINE DU TRAVAIL

Art. R. 4745-1 Le fait de méconnaître les dispositions relatives aux missions et à l'organisation des services de santé au travail, prévues aux articles L. 4622-1 à *(Décr. n° 2014-798 du 11 juill. 2014, art. 4)* « L. 4622-17 » ainsi que celles des décrets pris pour leur application, est puni de l'amende prévue pour les contraventions de la cinquième classe. — *[Anc. art. R. 264-1.]*

1. Participation à une réunion d'information. Commet l'infraction prévue à l'art. R. 264-1 [R. 4745-1 nouv.] le chef d'un service médical interentreprises qui interdit à un médecin de son service de se rendre, sur l'invitation de l'inspection du travail, à une réunion d'information organisée dans une entreprise afin d'exposer au personnel les règles d'hygiène jusqu'alors méconnues, la participation à une telle réunion s'inscrivant dans le cadre de la mission de conseiller du chef d'entreprise telle qu'elle est envisagée par l'art. R. 241-41. • Crim. 15 oct. 1985 : *Dr. soc. 1986.* 779, note Savatier.

2. Articulation avec les dispositions applicables du code rural et de la pêche maritime. Ne peut être condamné l'employeur, soumis aux dispositions de l'art. 1000-5 C. rur., qui transmet à la médecine du travail la liste des salariés devant subir la visite médicale obligatoire, sans qu'il puisse lui être reproché de n'avoir pas effectivement pris toutes dispositions utiles pour que les salariés se présentent aux examens de médecine du travail. • Crim. 26 nov. 1991, ⚐ n° 90-84.863 P.

Art. R. 4745-2 Le fait de méconnaître les dispositions relatives au recrutement, aux conditions d'exercice *(Décr. n° 2014-798 du 11 juill. 2014, art. 4)* « , à la protection et à l'indépendance professionnelle » dont bénéficie le médecin du travail, prévues aux articles L. 4623-1 à *(Décr. n° 2014-798 du 11 juill. 2014, art. 4)* « L. 4623-8 » *(Décr. n° 2012-135 du 30 janv. 2012, art. 1er-V)* « et L. 1237-15 » et celles des décrets pris pour leur application, est puni de l'amende prévue pour les contraventions de la cinquième classe. — *[Anc. art. R. 264-1.]*

Art. R. 4745-3 Le fait de méconnaître les dispositions relatives à l'action du médecin du travail, prévues à l'article L. 4624-1 et celles des décrets pris pour leur application, est puni de l'amende prévue pour les contraventions de la cinquième classe. — *[Anc. art. R. 264-1.]*

Art. R. 4745-4 Le fait, pour un employeur ou son préposé, de ne pas avoir organisé des services sociaux du travail dans un établissement dont l'effectif est égal ou supérieur à deux cent cinquante, en méconnaissance de l'article L. 4631-1, est puni de l'amende prévue pour les contraventions de la quatrième classe. — *[Anc. art. R. 265-1.]*

Art. R. 4745-5 *(Décr. n° 2014-798 du 11 juill. 2014, art. 4)* Le fait de méconnaître les dispositions relatives à la surveillance médicale des catégories particulières de travailleurs prévues aux articles L. 4625-1 et L. 4625-2 et à celles des décrets pris pour leur application est puni de l'amende prévue pour les contraventions de la cinquième classe.

Art. R. 4745-6 *(Décr. n° 2014-798 du 11 juill. 2014, art. 4)* Le fait de méconnaître les dispositions relatives au personnel infirmier en entreprise prévues aux articles R. 4623-32 à *[et]* R. 4623-33 ou, s'agissant des professions agricoles, à l'article R. 717-53 du code rural et de la pêche maritime est puni de l'amende prévue pour les contraventions de la cinquième classe.

CHAPITRE VI INFRACTIONS AUX RÈGLES RELATIVES À LA CONCEPTION, À LA FABRICATION ET À LA MISE SUR LE MARCHÉ DES ÉQUIPEMENTS DE TRAVAIL ET DES ÉQUIPEMENTS DE PROTECTION INDIVIDUELLE

(Décr. n° 2022-624 du 22 avr. 2022, art. 4)

Art. R. 4746-1 I. — Est puni de la peine d'amende prévue pour les contraventions de la cinquième classe le fait pour un opérateur économique au sens du 13) de l'article 3 du règlement (UE) 2019/1020 d'exposer, de mettre en vente, de vendre, d'importer, de louer, de mettre à disposition ou de céder à quelque titre que ce soit :

1° Un équipement de protection individuelle au sens du 1) de l'article 3 du règlement (UE) 2016/425 :

a) Non accompagné, ou non pourvu par un lien internet sûr et aisément accessible, de la déclaration UE de conformité prévue à l'article 15 du même règlement, ou accompagné d'une déclaration incomplète ou non rédigée en français ;

b) Non accompagné des instructions prévues au paragraphe 7 de l'article 8, au paragraphe 4 de l'article 10 et au paragraphe 2 de l'article 11 du même règlement, ou accompagné d'instructions incomplètes ou non rédigées en français ;

c) Ne respectant pas les obligations relatives au marquage CE prévues aux articles 16 et 17 du même règlement et, pour les équipements de protection individuelle de catégorie III, ne respectant pas les obligations relatives à l'identification de l'organisme notifié prévues à cet article 17 ;

d) Ne comportant pas les informations relatives à l'identification de l'équipement, à ses caractéristiques ou à l'opérateur économique mentionnées aux paragraphes 5 et 6 de l'article 8 et au paragraphe 3 de l'article 10 du même règlement, ou portant des informations fausses ou incomplètes ;

2° Une machine au sens de l'article R. 4311-4 :

a) Non accompagnée de la déclaration CE de conformité prévue à l'article R. 4313-1, ou accompagnée d'une déclaration incomplète ou non rédigée en français ;

b) Non accompagnée de la notice d'instructions prévue au point 1.7.4 de l'annexe I à l'article R. 4312-1 ou accompagnée d'une notice d'instructions incomplète ou non rédigée en français ;

c) Ne respectant pas les obligations relatives au marquage CE prévues aux articles R. 4313-3 à R. 4313-5 ;

3° Une quasi-machine au sens de l'article R. 4311-6 non accompagnée de la déclaration d'incorporation prévue à l'article R. 4313-10, accompagnée d'une déclaration incomplète ou non rédigée en français, non accompagnée de la notice d'assemblage prévue à l'article R. 4313-7 ou accompagnée d'une notice ne respectant pas les dispositions de l'article R. 4313-9 ;

4° Un tracteur agricole ou forestier soumis à réception UE non accompagné du certificat de conformité prévu à l'article 33 du règlement (UE) n° 167/2013, ou accompagné d'un certificat incomplet ou non rédigé en français ;

5° Un tracteur agricole ou forestier ou une entité technique, un système ou un composant de tracteur agricole ou forestier soumis à réception UE ne respectant pas les obligations relatives au marquage prévu à l'article 34 du règlement (UE) n° 167/2013 ;

6° Un tracteur agricole ou forestier soumis à homologation nationale :

a) Non accompagné du certificat de conformité prévu à l'article 12 du décret n° 2005-1236 modifié du 30 septembre 2005, ou accompagné d'un certificat incomplet ou non rédigé en français ;

b) Ne respectant pas les obligations relatives au marquage de conformité prévues à l'article 13 du décret n° 2005-1236 du 30 septembre 2005 relatif aux règles, prescriptions et procédures applicables aux tracteurs agricoles ou forestiers et à leurs dispositifs ;

7° Un électrificateur de clôture :

a) Non accompagné de la déclaration de conformité prévue à l'article 19 du décret n° 96-216 modifié du 14 mars 1996, ou accompagné d'une déclaration incomplète ou non rédigée en français ;

b) Ne respectant pas les obligations relatives au marquage de conformité prévues à l'article 20 du décret n° 96-216 du 14 mars 1996.

II. — Est puni de la peine d'amende prévue pour les contraventions de la cinquième classe le fait pour un opérateur économique au sens du 13) de l'article 3 du règlement (UE) 2019/1020 d'exposer, lors de foires, d'expositions et de démonstrations ou d'événements similaires, un équipement de travail ou un équipement de protection individuelle ne satisfaisant pas aux dispositions de l'article L. 4311-1 sans placer à proximité de cet équipement l'avertissement prévu à l'article L. 4311-4.

III. — La récidive des contraventions prévues au présent article est réprimée conformément aux articles 132-11 et 132-15 du code pénal.

Art. R. 4746-2 I. — Est puni de la peine d'amende prévue pour les contraventions de la cinquième classe le fait pour tout responsable de la vente, de la location, de la cession ou mise à disposition à quelque titre que ce soit d'un équipement d'occasion :
 1° De ne pas respecter les dispositions de l'article R. 4313-14 ;
 2° De ne pas respecter les dispositions de l'article R. 4313-16.
 II. — La récidive des contraventions prévues au I est réprimée conformément aux articles 132-11 et 132-15 du code pénal.

Art. R. 4746-3 I. — Est puni de la peine d'amende prévue pour les contraventions de la cinquième classe le fait pour un opérateur économique au sens du 13) de l'article 3 du règlement (UE) 2019/1020 de ne pas fournir aux agents mentionnés à l'article L. 4311-6 autres que ceux habilités en application de l'article L. 4314-1 :
 1° Les déclarations, certificats et instructions mentionnés au I de l'article R. 4746-1 ;
 2° L'attestation UE de type prévue au point 6 de l'annexe V du règlement (UE) 2016/425 pour les équipements de protection individuelle ou l'attestation d'examen CE de type prévue à l'article R. 4313-31 pour les machines.
 II. — Est puni de la peine d'amende prévue pour les contraventions de la cinquième classe le fait pour un opérateur économique mentionné au paragraphe 2 de l'article 4 du règlement (UE) 2019/1020 de ne pas fournir aux agents mentionnés à l'article L. 4311-6 autres que ceux habilités en application de l'article L. 4314-1 la documentation technique mentionnée à l'annexe III du règlement (UE) 2016/425 pour les équipements de protection individuelle ou le dossier technique mentionné à l'article R. 4313-6 pour les machines ou le fait de fournir une documentation technique ou un dossier technique incomplet.
 III. — Est puni de la peine d'amende prévue pour les contraventions de la cinquième classe le fait :
 1° Pour tout responsable de la vente, de la location, de la cession ou mise à disposition à quelque titre que ce soit d'un équipement de travail d'occasion ou d'un équipement de protection individuelle d'occasion, de ne pas fournir aux agents mentionnés à l'article L. 4311-6 autres que ceux habilités en application de l'article L. 4314-1 le certificat de conformité prévu à l'article R. 4313-14 ;
 2° Pour tout responsable de la location ou de la mise à disposition d'un équipement de protection individuelle d'occasion, de ne pas fournir aux agents mentionnés à l'article L. 4311-6 autres que ceux habilités en application de l'article L. 4314-1 les justificatifs de la mise en œuvre de l'article R. 4313-16.

Art. R. 4746-4 Le présent chapitre ne s'applique pas à l'opérateur économique fabriquant pour sa propre utilisation ou mettant en service un des équipements mentionnés au présent chapitre pour son propre usage.

TITRE V AMENDES ADMINISTRATIVES

(Décr. n° 2022-624 du 22 avr. 2022, art. 4)

CHAPITRE I DISPOSITIONS COMMUNES

Ce chapitre ne contient pas de dispositions réglementaires.

CHAPITRE II MANQUEMENTS AUX DÉCISIONS PRISES PAR L'INSPECTION DU TRAVAIL EN MATIÈRE DE SANTÉ ET DE SÉCURITÉ AU TRAVAIL

Ce chapitre ne contient pas de dispositions réglementaires.

CHAPITRE III MANQUEMENTS CONCERNANT LES JEUNES ÂGÉS DE MOINS DE DIX-HUIT ANS

Ce chapitre ne contient pas de dispositions réglementaires.

SANTÉ ET SÉCURITÉ AU TRAVAIL

CHAPITRE IV MANQUEMENTS AUX RÈGLES CONCERNANT LES REPÉRAGES AVANT TRAVAUX

Ce chapitre ne contient pas de dispositions réglementaires.

CHAPITRE V MANQUEMENTS AUX RÈGLES CONCERNANT LA CONCEPTION, LA FABRICATION ET LA MISE SUR LE MARCHÉ DES ÉQUIPEMENTS DE TRAVAIL ET DES ÉQUIPEMENTS DE PROTECTION INDIVIDUELLE

Art. R. 4755-1 Lorsqu'un des agents mentionnés à l'article L. 4311-6 constate qu'une mesure prise en application des articles R. 4314-11 à R. 4314-13 est méconnue par un opérateur économique mentionné à l'article L. 4755-3, il transmet à l'autorité de surveillance du marché à l'origine de ladite mesure un rapport sur le fondement duquel cette dernière peut décider de prononcer une amende administrative.

Art. R. 4755-2 Lorsque l'autorité de surveillance du marché à l'origine de la mesure envisage de prononcer une amende administrative, elle indique à l'intéressé le montant de l'amende envisagée et l'invite à présenter ses observations dans un délai d'un mois.

A l'expiration du délai fixé et au vu des observations éventuelles de l'intéressé, elle notifie sa décision et émet le titre de perception correspondant.

L'indication de l'amende envisagée et la notification de la décision infligeant l'amende sont effectuées par tout moyen permettant de leur conférer date certaine.

Art. R. 4755-3 L'amende est prise en charge et recouvrée par le comptable public assignataire de la recette. Le délai de prescription de l'action en recouvrement de cette créance est de cinq ans à compter de la date de notification du titre de perception. Les articles 112 à 124, à l'exception du quatrième alinéa de l'article 117, du décret n° 2012-1246 du 7 novembre 2012 relatif à la gestion budgétaire et comptable publique sont applicables au recouvrement de cette amende. Les sommes recouvrées sont affectées au budget général de l'État.

LIVRE VIII DISPOSITIONS RELATIVES À L'OUTRE-MER

TITRE I DISPOSITIONS GÉNÉRALES

Le présent titre ne comprend pas de dispositions réglementaires.

TITRE II GUADELOUPE, GUYANE, MARTINIQUE, MAYOTTE, LA RÉUNION, SAINT-BARTHÉLEMY, SAINT-MARTIN ET SAINT-PIERRE-ET-MIQUELON (*Décr. n° 2018-953 du 31 oct. 2018, art. 5*).

CHAPITRE I DISPOSITIONS GÉNÉRALES

Le présent chapitre ne comprend pas de dispositions réglementaires.

CHAPITRE II SERVICES DE SANTÉ AU TRAVAIL

Art. R. 4822-1 La décision prévue à l'article L. 4822-1 est prise par (*Décr. n° 2020-88 du 5 févr. 2020, art. 1ᵉʳ*) « le préfet de Saint-Pierre-et-Miquelon sur la proposition du directeur de la cohésion sociale, du travail, de l'emploi et de la population » constatant l'absence de médecin du travail dans l'archipel.

CHAPITRE III SENSIBILISATION AUX RISQUES NATURELS MAJEURS

(Décr. n° 2023-333 du 3 mai 2023, en vigueur le 1ᵉʳ janv. 2024)

SECTION 1 FORMATION EN PRÉVENTION DES RISQUES NATURELS MAJEURS

Art. R. 4823-1 En Guadeloupe, en Guyane, en Martinique, à Mayotte, à La Réunion, à Saint-Barthélemy, à Saint-Martin et à Saint-Pierre-et-Miquelon, afin d'assurer l'information des travailleurs prévue à l'article L. 4823-1, l'employeur veille à ce que le salarié compétent mentionné au I de l'article L. 4644-1 bénéficie d'une formation en prévention des risques naturels intégrée à la formation délivrée au titre de ce même article.

Art. R. 4823-2 I. – La formation en prévention des risques naturels porte sur :
1° La description des risques naturels majeurs auxquels sont exposés les travailleurs sur leur lieu de travail, ainsi que des conséquences prévisibles de leur réalisation pour les personnes, les biens et l'environnement ;
2° Les mesures de prévention de ces risques ;
3° Les mesures de protection et de sauvegarde, notamment les réflexes et comportements à tenir en cas de réalisation du risque.
II. – Ces éléments sont définis en s'appuyant :
1° En Guadeloupe, en Guyane, en Martinique, à Mayotte, à La Réunion, à Saint-Martin et à Saint-Pierre-et-Miquelon, d'une part, sur le dossier départemental sur les risques majeurs et le document d'information communal sur les risques majeurs mentionnés à l'article R. 125-11 du code de l'environnement et, d'autre part, sur les plans de prévention des risques naturels prévisibles mentionnés à l'article L. 562-1 du même code ;
2° A Saint-Barthélemy, sur les informations relatives aux risques majeurs prévues par la règlementation *[réglementation]* applicable localement.

Art. R. 4823-3 La formation en prévention des risques naturels est renouvelée et complétée aussi souvent que nécessaire pour prendre en compte l'évolution des risques ou des modalités de gestion des conséquences de leur réalisation.

SECTION II INFORMATION DES TRAVAILLEURS SUR LA PRÉVENTION DES RISQUES NATURELS MAJEURS

Art. R. 4823-4 L'information des travailleurs sur les risques naturels majeurs prévue à l'article L. 4823-2 est délivrée par le ou les salariés compétents en matière de protection et de prévention des risques professionnels mentionnés au I de l'article L. 4644-1.
A défaut, l'employeur peut faire appel aux personnes et organismes mentionnés aux troisième et quatrième alinéas du même I de l'article L. 4644-1 dans les conditions prévues par cet article. Les intervenants en prévention des risques professionnels mentionnés au troisième alinéa du I de l'article L. 4644-1 justifient par tout moyen de leur compétence pour délivrer aux travailleurs l'information en matière de prévention des risques naturels majeurs.

Art. R. 4823-5 L'information des travailleurs, par des présentations théoriques et des exercices et démonstrations, a pour objectif de développer leur culture sur les risques naturels majeurs, de les préparer à la réalisation d'un risque et de leur faire connaître les modalités de gestion des conséquences de la réalisation du risque.
Elle porte sur les éléments mentionnés à l'article R. 4823-2 ainsi que sur les mesures de prévention et les consignes de sécurité définies par l'employeur.

Art. R. 4823-6 L'information dont bénéficient les travailleurs est renouvelée et complétée aussi souvent que nécessaire pour prendre en compte l'évolution des risques ou des modalités de gestion des conséquences de leur réalisation, et au moins annuellement.

TITRE III MESURES DE COORDINATION AVEC LES AUTRES COLLECTIVITÉS ULTRA-MARINES *(Décr. n° 2018-953 du 31 oct. 2018, art. 5).*

Le présent titre ne comprend pas de dispositions réglementaires.

CINQUIÈME PARTIE L'EMPLOI

LIVRE I LES DISPOSITIFS EN FAVEUR DE L'EMPLOI

TITRE I POLITIQUE DE L'EMPLOI

CHAPITRE I OBJET

Art. R. 5111-1 Pour la mise en œuvre de la politique de l'emploi définie à l'article L. 5111-1, le ministre chargé de l'emploi est habilité à conclure des conventions de coopération avec les organismes professionnels ou interprofessionnels, les organisations syndicales et avec des entreprises. – *[Anc. art. L. 322-2, al. 3, et anc. art. R. 322-1-1.]*

Art. R. 5111-2 Les actions d'urgence conclues dans le cadre des conventions de coopération comportent, notamment :

1° Des mesures temporaires de formation professionnelle ;

2° Des mesures temporaires assurant certaines garanties de ressources aux salariés privés de tout ou partie de leur rémunération par suite de circonstances économiques ;

3° Des aides favorisant l'embauche et la mobilité professionnelle des salariés ;

4° Des aides temporaires aux entreprises qui réalisent un programme de reclassement de leurs salariés en engageant des actions de réinsertion professionnelle préalables aux suppressions d'emplois et en accordant aux salariés intéressés un congé de conversion ;

5° Des actions de reclassement de salariés licenciés pour motif économique ou menacés de l'être. – *[Anc. art. R. 322-1, al. 1ᵉʳ à 5 début, 6 début, 8, 9 début et 11.]*

La revalorisation prévue à l'art. 4 de la convention type annexée à l'Arr. du 22 août 1985, pris pour l'application de l'art. R. 322-1, 5° [R. 5111-2, 5° nouv.], ne s'applique pas en cas d'augmentations individualisées versées aux salariés, dès lors qu'elles n'ont pas un caractère général et ne présentent pas une discrimination fautive à l'égard des intéressés. • Soc. 10 janv. 1991 : 🔒 *CSB 1991. 45, S. 20 ; RJS 1991. 196, n° 369.*

Art. R. 5111-3 Le *(Décr. n° 2017-1819 du 29 déc. 2017, art. 3)* « comité social et économique est consulté » sur les projets de convention mentionnés à l'article R. 5111-1.

Lorsque les conventions font partie des mesures prévues à l'occasion d'un projet de licenciement pour motif économique, elles sont soumises à l'une ou l'autre des réunions du *(Décr. n° 2017-1819 du 29 déc. 2017, art. 3)* « comité social et économique » prévues aux articles L. 1233-8 et L. 1233-28. – *[Anc. art. R. 322-8.]*

Art. R. 5111-4 Le comité de coordination régional de l'emploi et de la formation professionnelle est consulté sur les conditions générales de mise en œuvre dans la région des conventions et actions prévues à l'article R. 5111-1, notamment en ce qui concerne leur adaptation aux caractères spécifiques de la région concernée en matière d'emploi. – *[Anc. art. R. 322-9.]*

Art. R. 5111-5 Les conventions mentionnées à l'article R. 5111-1, à l'exception de celles conclues à l'occasion d'un projet de licenciement de moins de dix salariés dans une même période de trente jours, sont soumises, avant leur conclusion, pour avis :

1° *(Décr. n° 2018-1262 du 26 déc. 2018, art. 1ᵉʳ)* « A la Commission nationale de la négociation collective, de l'emploi et de la formation professionnelle » lorsqu'elles relèvent de la compétence du ministre chargé de l'emploi ;

2° Au comité de coordination régional de l'emploi et de la formation professionnelle lorsqu'elles relèvent de la compétence du préfet de région ;

3° A la commission départementale de l'emploi et de l'insertion lorsqu'elles relèvent de la compétence du préfet. – *[Anc. art. R. 322-10.]*

Art. R. 5111-6 Chaque année, avant l'examen du projet de loi de finances, le ministre chargé de l'emploi fournit au Parlement un rapport sur les mesures prises pour mettre en œuvre les aides à l'emploi prévues à l'article L. 5111-1. – *[Anc. art. L. 322-5, al. 2.]*

CHAPITRE II INSTANCES CONCOURANT À LA POLITIQUE DE L'EMPLOI

SECTION 1 [ABROGÉE] Conseil national de l'emploi

SECTION 2 Commissions départementales

SOUS-SECTION 1 Missions

Art. R. 5112-11 Des commissions départementales de l'emploi et de l'insertion concourent à la mise en œuvre des orientations de la politique publique de l'emploi et de l'insertion professionnelle et des décisions du Gouvernement en la matière.

Elles sont régies par les dispositions des articles 8 et 9 du décret n° 2006-665 du 7 juin 2006. – *[Anc. art. L. 322-2-1 et anc. art. R. 322-15, al. 1er.]*

Art. R. 5112-12 La commission départementale de l'emploi et de l'insertion est compétente en matière d'apprentissage en liaison avec le *(Décr. n° 2020-372 du 30 mars 2020, art. 1er)* « comité régional de l'emploi, de la formation et de l'orientation professionnelles ».

Art. R. 5112-13 La commission départementale de l'emploi et de l'insertion coordonne ses travaux avec ceux des commissions ou conseils placés auprès des collectivités territoriales dans le domaine de l'emploi et de l'insertion.

Elle émet, sur les demandes d'agrément, les avis prévus par les dispositions légales. – *[Anc. art. R. 322-15, al. 3 et 4.]*

SOUS-SECTION 2 Composition et fonctionnement

Art. R. 5112-14 La commission départementale de l'emploi et de l'insertion est présidée par le préfet. Elle comprend :

1° Des représentants de l'État, notamment le directeur départemental de l'emploi, du travail et de la formation professionnelle et le directeur départemental des affaires sanitaires et sociales ;

2° Des élus, représentants des collectivités territoriales et de leurs groupements, dont un membre du conseil départemental, élu par ce conseil, un membre du conseil régional, élu par ce conseil, et des élus, représentants de communes et des établissements publics de coopération intercommunale du département, sur proposition de l'association départementale des maires. En cas de pluralité d'associations, ces représentants sont désignés par accord des présidents d'associations des maires du département ou, à défaut d'accord, par le préfet ;

3° Des représentants des organisations professionnelles et interprofessionnelles d'employeurs ;

4° Des représentants des organisations syndicales de salariés, représentatives au niveau national, désignés par leurs confédérations respectives ;

5° Des représentants des chambres consulaires ;

6° Des personnes qualifiées désignées par le préfet en raison de leur compétence dans le domaine de l'emploi, de l'insertion et de la création d'entreprise. – *[Anc. art. R. 322-15-1.]*

Art. R. 5112-15 Au sein de la commission départementale de l'emploi et de l'insertion sont instituées deux formations spécialisées compétentes respectivement dans le domaine de l'emploi et dans le domaine de l'insertion par l'activité économique. – *[Anc. art. R. 322-15-2, al. 1er.]*

Art. R. 5112-16 La formation spécialisée compétente dans le domaine de l'emploi se compose de quinze membres :

1° Cinq représentants de l'État désignés par le préfet, dont le *(Décr. n° 2020-1545 du 9 déc. 2020, art. 28-X, en vigueur le 1er avr. 2021)* « directeur régional de l'économie, de l'emploi, du travail et des solidarités » et le directeur régional de l'industrie, de la recherche et de l'environnement ;

2° Cinq représentants des organisations syndicales de salariés représentatives ;

EMPLOI   **Art. R. 5112-23** 2655

3° Cinq représentants des organisations d'employeurs représentatives.
(Décr. n° 2013-703 du 1ᵉʳ août 2013) « Le directeur départemental ou, le cas échéant, régional des finances publiques ou son représentant peut être entendu par la formation spécialisée compétente dans le domaine de l'emploi si elle le juge utile. »

Les avis et propositions régulièrement émis par les organismes dont la composition est modifiée par le Décr. n° 2013-703 du 1ᵉʳ août 2013 demeurent valables pour l'édiction des décisions qu'ils préparent lorsque celles-ci interviennent après le 3 août 2013, date de publication dudit décret (Décr. préc., art. 6).

Art. R. 5112-17 La formation spécialisée compétente en matière d'insertion par l'activité économique, dénommée "conseil départemental de l'insertion par l'activité économique", comprend, outre le préfet :
1° Le *(Décr. n° 2020-1545 du 9 déc. 2020, art. 28-X, en vigueur le 1ᵉʳ avr. 2021)* « directeur régional de l'économie, de l'emploi, du travail et des solidarités » ;
2° Le directeur départemental des affaires sanitaires et sociales ;
(Décr. n° 2016-531 du 27 avr. 2016) « 3° Le directeur régional des services pénitentiaires ; »
4° Des élus, représentants des collectivités territoriales et de leurs groupements, dont un membre du conseil départemental, élu par ce conseil, un membre du conseil régional, élu par ce conseil, et des élus, représentants de communes et d'établissements publics de coopération intercommunale du département, sur proposition de l'association départementale des maires. En cas de pluralité d'associations, ces représentants sont désignés par accord des présidents d'associations des maires du département ou, à défaut d'accord, par le préfet ;
5° Un représentant de *(Décr. n° 2014-524 du 22 mai 2014, art. 16-III)* « Pôle emploi » *[France Travail depuis le 1ᵉʳ janv. 2024]* ;
6° Des représentants du secteur de l'insertion par l'activité économique ;
7° Des représentants des organisations professionnelles et interprofessionnelles d'employeurs ;
8° Des représentants des organisations syndicales représentatives des salariés, désignés par leurs confédérations respectives.

Pour l'application à Mayotte de cet art., V. art. R. 5522-85.

Art. R. 5112-18 Le Conseil départemental de l'insertion par l'activité économique a pour missions :
1° D'émettre les avis relatifs aux demandes de conventionnement des employeurs mentionnés à l'article L. 5132-2 et aux demandes de concours du fonds départemental pour l'insertion prévu à l'article R. 5132-44 ;
2° De déterminer la nature des actions à mener en vue de promouvoir les actions d'insertion par l'activité économique. A cette fin, il élabore un plan d'action pour l'insertion par l'activité économique et veille à sa cohérence avec les autres dispositifs concourant à l'insertion, notamment le programme départemental d'insertion mentionné *(Décr. n° 2018-953 du 31 oct. 2018, art. 6)* « à l'article L. 263-1 du code de l'action sociale et des familles » et les plans locaux pluriannuels pour l'insertion et l'emploi mentionnés à l'article L. 5131-2 du présent code.

SECTION 3 Conseil régional de l'emploi

(Décr. n° 2008-1010 du 29 sept. 2008)

SOUS-SECTION 1 Missions

Art. R. 5112-19 à R. 5112-22 *Abrogés par Décr. n° 2014-1055 du 16 sept. 2014, art. 5-I.*

SECTION 4 Demandes d'informations relatives à certains dispositifs d'aides à l'emploi

(Décr. n° 2009-1696 du 29 déc. 2009)

Art. R. 5112-23 Le préfet se prononce de façon motivée sur toute demande d'un employeur ayant pour objet de connaître l'application à sa situation de dispositions relatives aux dispositifs en faveur de l'emploi énumérés à l'article D. 5112-24.

Art. D. 5112-24 Les dispositifs en faveur de l'emploi auxquels s'appliquent les dispositions de l'article R. 5112-23 sont ceux qui sont définis aux articles L. 5121-3 à L. 5124-1, L. 5132-1 à L. 5132-17 et L. 5134-100 à L. 5134-109.

TITRE II AIDES AU MAINTIEN ET À LA SAUVEGARDE DE L'EMPLOI

CHAPITRE I AIDES À L'ADAPTATION DES SALARIÉS AUX ÉVOLUTIONS DE L'EMPLOI ET DES COMPÉTENCES ET À LA GESTION DES ÂGES (Décr. n° 2013-222 du 15 mars 2013).

SECTION 1 Aide au développement de l'emploi et des compétences

Art. D. 5121-1 Les conventions d'aide au développement de l'emploi et des compétences mentionnées à l'article L. 5121-1 déterminent en particulier :

1° Le champ de l'accord : branches professionnelles ou territoires ;

2° L'objet de l'accord : étude prospective, diagnostic sectoriel ou territorial, actions de développement des compétences ;

3° La durée d'application de l'accord ;

4° Les objectifs à atteindre au terme de l'exécution de l'accord au regard, notamment, de la prévention des risques d'inadaptation à l'emploi et du maintien dans l'emploi des salariés en seconde partie de carrière ;

5° Les moyens techniques et financiers de mise en œuvre ;

6° Les modalités de suivi et de contrôle en cours d'exécution et au terme de l'engagement. – *[Anc. art. L. 322-10, al. 2, phrase 2, à al. 8.]*

Art. D. 5121-2 Les conventions conclues au niveau national sont soumises à l'avis (Décr. n° 2018-1262 du 26 déc. 2018, art. 1ᵉʳ) « de la Commission nationale de la négociation collective, de l'emploi et de la formation professionnelle » et signées par le ministre chargé de l'emploi.

Les conventions conclues aux niveaux régional et local sont soumises à l'avis du (Décr. n° 2014-1055 du 16 sept. 2014, art. 5-I) « comité régional de l'emploi, de la formation et de l'orientation professionnelles » et signées par le préfet de région. – *[Anc. art. D. 322-10-12 et anc. art. L. 322-10, al. 9 et 10.]*

Art. D. 5121-3 Ces conventions précisent notamment les modalités de participation des organisations syndicales de salariés préalablement consultées en vue de leur élaboration au suivi et à l'évaluation des opérations prévues par ces conventions. – *[Anc. art. D. 322-10-13.]*

SECTION 2 Aide à l'élaboration d'un plan de gestion prévisionnelle des emplois et des compétences

Art. D. 5121-4 Le plan de gestion prévisionnelle des emplois et des compétences prévu à l'article L. 5121-3 comprend, notamment, des actions de formation destinées à assurer l'adaptation des salariés à l'évolution de leurs emplois ou des actions favorisant l'égalité professionnelle entre les femmes et les hommes, en particulier grâce à des mesures améliorant l'articulation entre l'activité professionnelle et la vie personnelle et familiale. – *[Anc. art. L. 322-7, al. 6, phrase 1 fin.]*

Art. D. 5121-5 L'État prend en charge une partie des frais liés aux études préalables à la conception du plan de gestion prévisionnelle des emplois et des compétences. – *[Anc. art. L. 322-7, al. 6, phrase 2 fin.]*

Art. D. 5121-6 L'État peut prendre en charge, dans la limite de 50 %, les coûts supportés par les entreprises pour la conception et l'élaboration d'un plan de gestion prévisionnelle des emplois et des compétences dans le cadre de conventions dénommées "conventions d'aide au conseil".

(Abrogé par Décr. n° 2017-1647 du 30 nov. 2017, art. 1ᵉʳ) (Décr. n° 2013-222 du 15 mars 2013) « *Lorsque l'aide est accordée pour la mise en œuvre du contrat de génération, ce taux peut être porté jusqu'à 70 %.* »

EMPLOI **Art. R. 5121-14** 2657

Art. D. 5121-7 Dans le cadre d'une convention conclue avec une seule entreprise, dont l'effectif ne peut excéder trois cents salariés, la participation financière de l'État est au maximum de 15 000 €. Cette convention est signée par le préfet.

Dans le cadre d'une convention conclue avec plusieurs entreprises, la participation financière de l'État est, au maximum, de 12 500 € par entreprise. Elle est conclue par le préfet de région lorsque les sièges sociaux des entreprises signataires sont situés dans plusieurs départements compris dans une même région. – *[Anc. art. D. 322-10-14, al. 2 et 3.]*

Art. D. 5121-8 L'entreprise précise dans sa demande, adressée à l'autorité administrative compétente, les motifs de sa démarche de gestion prévisionnelle au regard, notamment :
1° De son organisation du travail ;
2° De l'évolution des compétences des salariés et du maintien de leur emploi ;
3° De sa gestion des âges ;
4° Du développement du dialogue social ;
5° De la prise en compte du principe d'égalité professionnelle entre les femmes et les hommes ;
6° Des perspectives d'amélioration de l'articulation entre l'activité professionnelle et la vie personnelle et familiale de ses salariés ;
7° De la promotion de la diversité. – *[Anc. art. D. 322-10-14, al. 4 à 12.]*

Art. D. 5121-9 Le *(Décr. n° 2017-1819 du 29 déc. 2017, art. 3)* « comité social et économique est consulté » sur la conclusion de cette convention avec l'État. Ils sont consultés sur le contenu et les modalités de mise en œuvre du plan de gestion prévisionnelle des emplois et des compétences. – *[Anc. art. D. 322-10-14, al. 13.]*

Art. D. 5121-10 L'État peut conclure avec des organismes professionnels ou interprofessionnels ou tout organisme représentant ou animant un réseau d'entreprises des conventions ayant pour objet de préparer les entreprises aux enjeux de la gestion prévisionnelle des emplois et des compétences. – *[Anc. art. D. 322-10-15, al. 1er.]*

Art. D. 5121-11 *(Décr. n° 2020-88 du 5 févr. 2020, art. 1er)* Les conventions mentionnées à l'article D. 5121-10 sont signées par le préfet de région ou les préfets de département lorsqu'elles concernent, respectivement, des entreprises de la région ou du département.

Art. D. 5121-12 Ces conventions peuvent prévoir :
1° D'une part, des actions d'information, de communication et d'animation ;
2° D'autre part, des actions de capitalisation, d'évaluation et de diffusion de bonnes pratiques. – *[Anc. art. D. 322-10-15, al. 3, phrase 1.]*

Art. D. 5121-13 L'État peut prendre en charge jusqu'à 70 % du coût global des actions, en prenant en compte la nature des entreprises visées, leurs effectifs et l'intérêt des actions envisagées. – *[Anc. art. D. 322-10-15, al. 3, phrase 2.]*

SECTION 3 Aide aux actions de formation pour l'adaptation des salariés

SOUS-SECTION 1 Agrément

§ 1 Dispositions communes

Art. R. 5121-14 *(Abrogé par Décr. n° 2020-88 du 5 févr. 2020, art. 1er) L'aide de l'État aux actions de formation pour l'adaptation des salariés est attribuée sur agrément du ministre chargé de l'emploi, du préfet de région ou du préfet après avis :*
1° (Décr. n° 2018-1262 du 26 déc. 2018, art. 1er) « De la Commission nationale de la négociation collective, de l'emploi et de la formation professionnelle » lorsqu'il relève de la compétence du ministre chargé de l'emploi ;
2° Du (Décr. n° 2014-1055 du 16 sept. 2014, art. 5-I) « comité régional de l'emploi, de la formation et de l'orientation professionnelles » lorsqu'il relève de la compétence du préfet de région ;
3° De la commission départementale de l'emploi et de l'insertion lorsqu'il relève de la compétence du préfet.

Art. R. 5121-15 (Abrogé par Décr. n° 2020-88 du 5 févr. 2020, art. 1ᵉʳ) *L'agrément peut être donné pour tout ou partie des actions prévues par les accords ou projets de formation prévus à l'article R. 5121-20. Il est délivré pour la durée de validité de l'accord mentionné à l'article L. 5121-4.*

Il peut être retiré si les conditions posées pour son attribution cessent d'être remplies.

Art. R. 5121-16 (Abrogé par Décr. n° 2020-88 du 5 févr. 2020, art. 1ᵉʳ) *Pour être agréé, l'accord d'entreprise doit :*

1° Satisfaire aux conditions de validité des conventions et accords collectifs de travail ;

2° Être conclu dans le cadre d'une convention de branche ou d'un accord professionnel sur l'emploi national, régional ou local ;

3° Tenir compte des prévisions mentionnées à l'article L. 2323-56.

Art. R. 5121-17 (Abrogé par Décr. n° 2020-88 du 5 févr. 2020, art. 1ᵉʳ) *L'accord d'entreprise comporte les indications suivantes :*

1° Le nombre et les catégories de salariés intéressés, les critères d'éligibilité aux actions de formation et les modalités d'évaluation et d'orientation des salariés intéressés par ces actions ;

2° La nature et la durée des formations envisagées en vue de favoriser l'adaptation des salariés aux évolutions de l'emploi dans l'entreprise ;

3° Les conditions de validation des acquis de ces formations ;

4° Les modalités d'information et de consultation du (Décr. n° 2017-1819 du 29 déc. 2017, art. 3) *« comité social et économique » sur l'organisation, le suivi des actions de formation et leurs conséquences sur l'emploi ;*

5° La durée du maintien du contrat de travail à l'issue de la période de formation ;

6° La durée de l'accord, laquelle ne peut être supérieure à trois ans.

Art. R. 5121-18 (Abrogé par Décr. n° 2020-88 du 5 févr. 2020, art. 1ᵉʳ) *Lorsque le bénéfice des actions de formation est étendu par une convention de branche ou un accord professionnel aux salariés dont l'entreprise envisage le reclassement externe, l'accord d'entreprise contient, pour pouvoir être agréé, les indications suivantes :*

1° Les catégories de salariés susceptibles de se voir proposer des actions de formation pouvant déboucher sur un reclassement externe ;

2° Les modalités de proposition des actions de formation aux salariés et de leur accord ;

3° Les modalités de proposition des emplois de reclassement aux salariés et de leur accord exprès ;

4° Les garanties applicables aux salariés ayant échoué dans les formations et à ceux dont le reclassement n'est pas devenu définitif ;

5° Les dispositions applicables aux salariés ayant refusé les emplois de reclassement qui leur étaient proposés.

§ 2 Entreprises dépourvues de représentants syndicaux

Art. R. 5121-19 (Abrogé par Décr. n° 2020-88 du 5 févr. 2020, art. 1ᵉʳ) *Dans les entreprises ne disposant pas de délégué syndical, la convention de branche ou l'accord professionnel sur l'emploi, mentionné à l'article L. 5121-5, prévoit des modalités d'application directe comprenant notamment :*

1° Les modalités d'information et de consultation du (Décr. n° 2017-1819 du 29 déc. 2017, art. 3) *« comité social et économique » ;*

2° Les modalités d'information des salariés lorsqu'il n'y a pas d'instance représentative du personnel.

Art. R. 5121-20 (Abrogé par Décr. n° 2020-88 du 5 févr. 2020, art. 1ᵉʳ) *Le bénéfice de l'aide de l'État aux actions de formation pour l'adaptation des salariés est accordé aux entreprises dépourvues de représentants syndicaux après agrément d'un projet de formation comprenant les dispositions prévues aux articles R. 5121-16 et R. 5121-17 et établi dans le cadre du plan de formation s'il existe.*

Art. R. 5121-21 (Abrogé par Décr. n° 2020-88 du 5 févr. 2020, art. 1ᵉʳ) *La demande d'agrément du projet de formation est accompagnée :*

1° Soit du procès-verbal de la réunion du (Décr. n° 2017-1819 du 29 déc. 2017, art. 3) *« comité social et économique » au cours de laquelle le projet aura été examiné ;*

2° Soit des procès-verbaux de carence prévus aux articles L. 2314-5 et L. 2324-8.

EMPLOI   **Art. R. 5121-28** 2659

Art. R. 5121-22 *(Abrogé par Décr. n° 2020-88 du 5 févr. 2020, art. 1ᵉʳ)* **L'agrément du projet de formation est délivré pour une durée d'un an.**

SOUS-SECTION 2 Calcul de l'aide

Art. R. 5121-23 L'aide de l'État aux actions de formation pour l'adaptation des salariés, est calculée forfaitairement par salarié, en fonction de la durée de la formation.
Ce montant est majoré lorsque la formation est organisée au bénéfice de salariés âgés de quarante-cinq ans et plus. — *[Anc. art. L. 322-7, al. 3, phrases 1 début et 2.]*

Art. R. 5121-24 L'aide de l'État est attribuée sous les conditions suivantes :
1° Les actions de formation ont une durée minimale de cinq cents heures ;
2° Les actions concernent des salariés justifiant d'une ancienneté de deux ans dans l'entreprise. — *[Anc. art. R. 322-10-4, al. 1ᵉʳ et 2.]*

Art. R. 5121-25 Les modalités de calcul de l'aide de l'État sont fixées par arrêté conjoint des ministres chargés de l'emploi et du budget. — *[Anc. art. R. 322-10-4, al. 3.]*

SECTION 4 Contrat de génération

(Décr. n° 2013-222 du 15 mars 2013)

SOUS-SECTION 1 Dispositions générales

Art. R. 5121-26 *(Abrogé par Décr. n° 2017-1646 du 30 nov. 2017)* Les effectifs mentionnés aux articles L. 5121-7 à L. 5121-9 sont appréciés au 31 décembre, tous établissements confondus, en fonction de la moyenne au cours de l'année civile des effectifs déterminés chaque mois.
Pour la détermination des effectifs du mois, il est tenu compte des salariés titulaires d'un contrat de travail le dernier jour de chaque mois, y compris les salariés absents, conformément aux dispositions des articles L. 1111-2, L. 1111-3 et L. 1251-54.
Pour une entreprise créée au cours de l'année, l'effectif est apprécié à la date de sa création. Au titre de l'année suivante, l'effectif de cette entreprise est apprécié dans les conditions définies aux deux premiers alinéas du présent article en fonction de la moyenne des effectifs de chacun des mois d'existence de la première année.

Les entreprises ayant conclu un contrat avec un jeune dans les conditions prévues à la section 4 du chapitre I du titre II du livre I de la cinquième partie C. trav. avant le 23 sept. 2017, et ayant déposé leur demande dans un délai de 3 mois suivant le premier jour d'exécution du contrat de travail, bénéficient de l'aide prévue aux art. L. 5121-17 à L. 5121-21, dans les conditions prévues aux art. R. 5121-26, R. 5121-28 à R. 5121-38, R. 5121-40, R. 5121-41, R. 5121-43 et R. 5121-45 à R. 5121-55 dans leur rédaction applicable avant l'entrée en vigueur du Décr. n° 2017-1646 du 30 nov. 2017 (Décr. préc., art. 2).

SOUS-SECTION 2 Accords collectifs et plans d'action

Art. D. 5121-27 *Abrogé par Décr. n° 2017-1647 du 30 nov. 2017.*

Art. R. 5121-28 *(Abrogé par Décr. n° 2017-1646 du 30 nov. 2017)* En s'appuyant sur le diagnostic établi, les accords collectifs d'entreprise, de groupe ou de branche et les plans d'action comportent, au titre du 1° de l'article L. 5121-11, les éléments suivants :
1° Les tranches d'âge des jeunes et des salariés âgés concernés par les engagements souscrits par l'employeur ;
2° S'agissant des engagements en faveur de l'insertion durable des jeunes :
a) Les objectifs chiffrés de l'entreprise, du groupe ou de la branche, en matière de recrutements de jeunes en contrat à durée indéterminée ;
b) Les modalités d'intégration, de formation et d'accompagnement des jeunes dans l'entreprise, qui comprennent au minimum la mise en place d'un parcours d'accueil dans l'entreprise, la désignation d'un référent, la description des fonctions de celui-ci et éventuellement l'organisation de sa charge de travail ;
c) Les modalités de mise en œuvre d'un entretien de suivi entre le jeune, son responsable hiérarchique et son référent portant en particulier sur l'évaluation de la maîtrise des compétences du jeune ;

d) Les perspectives de développement de l'alternance et les conditions de recours aux stages ainsi que les modalités d'accueil des alternants et des stagiaires ;

e) Le cas échéant, la mobilisation d'outils existants dans l'entreprise permettant de lever les freins matériels à l'accès à l'emploi, tels que les difficultés de transport ou de garde d'enfants ;

3° S'agissant des engagements en faveur de l'emploi des salariés âgés :

a) Les objectifs chiffrés de l'entreprise, du groupe ou de la branche en matière d'embauche et de maintien dans l'emploi des salariés âgés ;

b) Des mesures destinées à favoriser l'amélioration des conditions de travail et la prévention (Décr. n° 2017-1768 du 27 déc. 2017, art. 2) « *des expositions aux facteurs de risques professionnels mentionnés à l'article L. 4161-1* », *notamment par l'adaptation et l'aménagement du poste de travail ;*

c) Les actions pertinentes dans au moins deux des cinq domaines suivants :
— recrutement de salariés âgés dans l'entreprise, le groupe ou la branche ;
— anticipation des évolutions professionnelles et gestion des âges ;
— organisation de la coopération intergénérationnelle ;
— développement des compétences et des qualifications et accès à la formation ;
— aménagement des fins de carrière et de la transition entre activité et retraite ;

4° L'accord ou le plan d'action définit des actions permettant la transmission des savoirs et des compétences en direction des jeunes. Il peut également préciser les modalités de transmission des compétences en direction des salariés âgés. Il veille à garantir la transmission des compétences et savoirs techniques les plus sensibles pour l'entreprise en s'appuyant sur les "compétences clés" identifiées dans le diagnostic.

Les modalités de transmission des compétences prévues par l'accord collectif ou le plan d'action peuvent comprendre notamment :

a) La mise en place de binômes d'échange de compétences entre des salariés expérimentés et des jeunes ayant développé une première expérience professionnelle dans l'entreprise ;

b) L'organisation de la diversité des âges au sein des équipes de travail.

Les objectifs d'égalité professionnelle entre les femmes et les hommes dans l'entreprise, de mixité des emplois et de prévention de la pénibilité s'appuient sur les engagements souscrits par l'employeur dans le cadre des accords ou plans d'action mentionnés aux articles L. 2242-5 et L. 2242-5-1 du présent code et L. 138-29 du code de la sécurité sociale.

V. ndlr ss. art. R. 5121-26.

Art. R. 5121-29 (Abrogé par Décr. n° 2017-1646 du 30 nov. 2017) L'entreprise ou le groupe dépose l'accord collectif ou le plan d'action dans les conditions définies à l'article L. 2231-6. Outre les pièces prévues en application de cet article, le dépôt de l'accord collectif et du plan d'action est accompagné des pièces suivantes :

1° Dans tous les cas, du diagnostic mentionné à l'article L. 5121-10 et d'une fiche descriptive du contenu de celui-ci et de l'accord ou du plan d'action, dont le modèle est établi par arrêté du ministre chargé de l'emploi ; — V. Arr. du 26 avr. 2013 (JO 8 mai).

2° Dans le cas des plans d'action, d'une copie de l'avis mentionné au troisième alinéa de l'article L. 5121-12 et, le cas échéant, du procès-verbal de désaccord mentionné aux articles L. 5121-8 et L. 5121-9.

V. ndlr ss. art. R. 5121-26.

Art. R. 5121-30 Abrogé par Décr. n° 2015-249 du 3 mars 2015, art. 1er.

Art. R. 5121-31 (Abrogé par Décr. n° 2017-1646 du 30 nov. 2017) Outre les pièces prévues en application de l'article L. 2231-6, le dépôt de l'accord de branche est accompagné du diagnostic mentionné à l'article L. 5121-10 et d'une fiche signalétique dont le contenu est établi par arrêté du ministre chargé de l'emploi.

V. ndlr ss. art. R. 5121-26.

Art. R. 5121-32 (Abrogé par Décr. n° 2017-1646 du 30 nov. 2017) Le contrôle de conformité prévu à l'article L. 5121-13 est effectué par le directeur régional des entreprises, de la concurrence, de la consommation, du travail et de l'emploi dans un délai de trois semaines dans le cas d'un accord et de six semaines dans le cas d'un plan d'action, à compter de la date de dépôt de l'ensemble des pièces mentionnées à l'article R. 5121-29.

EMPLOI · **Art. R. 5121-35** 2661

(Décr. n° 2015-249 du 3 mars 2015, art. 2) « A défaut de notification d'une décision de conformité dans ces délais, l'accord ou le plan d'action est réputé conforme pour l'application des articles L. 5121-8 et L. 5121-9. »

V. ndlr ss. art. R. 5121-26.

SOUS-SECTION 3 Pénalités

Art. R. 5121-33 (Abrogé par Décr. n° 2017-1646 du 30 nov. 2017) Pour les entreprises mentionnées à l'article L. 5121-9, en cas d'absence d'accord ou de plan d'action, ou en cas d'accord ou de plan d'action non conforme aux articles L. 5121-10 à L. 5121-12, le directeur régional des entreprises, de la concurrence, de la consommation, du travail et de l'emploi met en demeure l'entreprise de régulariser sa situation dans un délai compris entre un et quatre mois, qu'il fixe en fonction de l'ampleur des régularisations à apporter. Ce délai court à compter de la date de réception de la mise en demeure adressée par lettre recommandée avec accusé de réception.

Si l'employeur n'est pas en mesure de communiquer au directeur régional des entreprises, de la concurrence, de la consommation, du travail et de l'emploi un accord ou plan d'action remplissant les conditions fixées aux articles L. 5121-10 à L. 5121-12 dans le délai fixé par la mise en demeure, il justifie des motifs de la défaillance de l'entreprise.

L'entreprise peut être entendue, à sa demande, par le directeur régional avant que la décision de sanction prévue par l'article R. 5121-34 ne lui soit notifiée.

V. ndlr ss. art. R. 5121-26.

Art. R. 5121-34 (Abrogé par Décr. n° 2017-1646 du 30 nov. 2017) A l'issue du délai imparti par la mise en demeure, le directeur régional décide, en tenant compte des éléments qui lui ont été communiqués par l'entreprise, du taux de la pénalité mentionnée à l'article L. 5121-9. Le montant de la pénalité est déterminé par application de ce taux au montant le plus élevé parmi ceux mentionnés à la deuxième phrase du deuxième alinéa de l'article L. 5121-14.

Pour déterminer le taux, le directeur régional tient compte des efforts réalisés par l'entreprise pour établir un accord ou un plan d'action conforme aux dispositions des articles L. 5121-10 à L. 5121-12, notamment :

1° De la réalisation d'un diagnostic ;
2° De l'ouverture d'une négociation ;
3° De l'existence d'un accord ou plan d'action négocié ou élaboré antérieurement portant sur les thématiques du contrat de génération ;
4° Du degré de non-conformité de l'accord ou du plan d'action lorsqu'il existe ;
5° Du fait que l'entreprise ait franchi le seuil d'effectifs prévu à l'article L. 5121-9 au cours des douze mois précédant l'envoi de la mise en demeure mentionnée à l'article R. 5121-33.

Il tient également compte de la situation économique et financière de l'entreprise.

Le directeur régional notifie à l'employeur, par lettre recommandée avec demande d'avis de réception, dans le délai d'un mois à compter de la date d'expiration de la mise en demeure prévue à l'article R. 5121-33, la décision motivée d'application de la sanction qui comprend notamment le taux retenu.

Il adresse une copie de cette notification à l'organisme chargé du recouvrement des cotisations de sécurité sociale du régime général ou du régime de la protection sociale agricole dont relève l'employeur.

V. ndlr ss. art. R. 5121-26.

Art. R. 5121-35 (Abrogé par Décr. n° 2017-1646 du 30 nov. 2017) La pénalité est due par l'entreprise pour chaque mois entier au cours duquel l'entreprise n'a pas été couverte par un accord ou un plan d'action dont l'administration a validé la conformité en application de l'article L. 5121-13. En outre, elle est due jusqu'à ce que l'entreprise ait conclu un accord ou établi un plan d'action dont l'administration a validé la conformité.

La pénalité est calculée par l'employeur par application du taux notifié selon les modalités prévues à l'article R. 5121-34. Elle est déclarée et versée par l'employeur auprès de l'organisme chargé du recouvrement des cotisations de sécurité sociale du régime général ou du

Art. R. 5121-36 (Abrogé par Décr. n° 2017-1646 du 30 nov. 2017) Le document d'évaluation prévu aux articles L. 5121-15 et L. 5121-16 comporte au minimum :
1° L'actualisation des données mentionnées dans le diagnostic ;
2° Le suivi des indicateurs mis en place pour chacune des actions portant sur l'insertion durable des jeunes, et en particulier sur les objectifs chiffrés en matière de recrutements de jeunes en contrat à durée indéterminée ;
3° Le suivi des indicateurs mis en place pour chacune des actions en faveur de l'emploi des salariés âgés, en particulier sur les objectifs chiffrés en matière de recrutement et de maintien dans l'emploi des salariés âgés ;
4° Le suivi des actions en faveur de la transmission des compétences.
Le document d'évaluation précise le niveau de réalisation des autres actions contenues dans l'accord collectif ou le plan d'action.
Il justifie, le cas échéant, les raisons pour lesquelles certaines des actions prévues n'ont pas été réalisées. Il mentionne les objectifs de progression pour l'année à venir et les indicateurs associés.
Le contenu du document d'évaluation est précisé par arrêté du ministre chargé de l'emploi.

V. ndlr ss. art. R. 5121-26.

Art. R. 5121-37 (Abrogé par Décr. n° 2017-1646 du 30 nov. 2017) Le document d'évaluation prévu à l'article L. 5121-15 est transmis chaque année au directeur régional des entreprises, de la concurrence, de la consommation, du travail et de l'emploi.
Le directeur régional peut adresser à l'entreprise des observations portant sur la mise en œuvre de l'accord ou du plan d'action sur la base du document d'évaluation. Le courrier d'observations est transmis aux délégués syndicaux et au comité d'entreprise ou, à défaut, aux délégués du personnel.

Le contenu du document d'évaluation est fixé par l'Arr. du 26 avr. 2013 (JO 8 mai).

V. ndlr ss. art. R. 5121-26.

Art. R. 5121-38 (Abrogé par Décr. n° 2017-1646 du 30 nov. 2017) La mise en demeure prévue à l'article L. 5121-15 est adressée par le directeur régional des entreprises, de la concurrence, de la consommation, du travail et de l'emploi.
Si l'employeur n'est pas en mesure de communiquer au directeur régional un document d'évaluation de l'accord ou du plan d'action remplissant les conditions fixées à l'article R. 5121-36 dans le délai d'un mois fixé par la mise en demeure, il justifie des motifs de la défaillance de l'entreprise. Jusqu'à la notification de la pénalité, l'entreprise peut être entendue, à sa demande, par le directeur régional.
La décision motivée d'application de la pénalité est notifiée par le directeur régional. Une copie de cette notification est adressée à l'organisme chargé du recouvrement des cotisations de sécurité sociale du régime général ou du régime de la protection sociale agricole dont relève l'employeur.
La pénalité est due par l'entreprise pour chaque mois entier au cours duquel elle n'a pas transmis le document d'évaluation, à compter de la réception de la décision du directeur régional lui notifiant la pénalité et jusqu'à la réception du document d'évaluation par le directeur régional.
La pénalité est déclarée et versée par l'employeur à l'organisme chargé du recouvrement des cotisations de sécurité sociale du régime général ou du régime de la protection sociale agricole dont il dépend à la date d'échéance de ses cotisations et contributions sociales.

V. ndlr ss. art. R. 5121-26.

Art. D. 5121-39 Abrogé par Décr. n° 2017-1647 du 30 nov. 2017.

SOUS-SECTION 4 **Modalités de l'aide**

Art. R. 5121-40 (Abrogé par Décr. n° 2017-1646 du 30 nov. 2017) L'entreprise est considérée comme étant à jour de ses obligations déclaratives et de paiement à l'égard des organismes de recouvrement de cotisation et de contribution de sécurité sociale ou d'assurance

EMPLOI

chômage lorsque l'employeur a souscrit et respecte un plan d'apurement des cotisations restant dues.

V. ndlr ss. art. R. 5121-26.

Art. R. 5121-41 (Abrogé par Décr. n° 2017-1646 du 30 nov. 2017) *Les conditions d'âge mentionnées à l'article L. 5121-17 sont appréciées au premier jour d'exécution du contrat de travail à durée indéterminée du jeune (Décr. n° 2015-249 du 3 mars 2015, art. 3)* « et[,] *pour le contrat d'apprentissage en contrat de travail à durée indéterminée mentionné au second alinéa de l'article L. 6222-7, au premier jour d'exécution de ce contrat suivant l'expiration de la période d'apprentissage* ».

V. ndlr ss. art. R. 5121-26.

Art. D. 5121-42 *Abrogé par Décr. n° 2017-1647 du 30 nov. 2017.*

Art. R. 5121-43 (Abrogé par Décr. n° 2017-1646 du 30 nov. 2017) *L'aide prévue aux articles L. 5121-17 et L. 5121-18 ne peut se cumuler (Décr. n° 2013-815 du 11 sept. 2013)* « *avec une autre aide de l'État à l'insertion, à l'accès ou au retour à l'emploi* », *à l'exception du contrat de professionnalisation.*

V. ndlr ss. art. R. 5121-26.

Art. D. 5121-44 *Abrogé par Décr. n° 2017-1647 du 30 nov. 2017.*

Art. R. 5121-45 (Abrogé par Décr. n° 2017-1646 du 30 nov. 2017) *La demande d'aide est déposée par l'employeur auprès de Pôle emploi dans les trois mois suivant le premier jour d'exécution du contrat de travail du jeune recruté dans les conditions prévues à 1° du I de l'article L. 5121-17 (Décr. n° 2015-249 du 3 mars 2015, art. 3)* « et[,] *pour le contrat d'apprentissage en contrat de travail à durée indéterminée, suivant le premier jour d'exécution de ce contrat suivant l'expiration de la période d'apprentissage* ».

V. ndlr ss. art. R. 5121-26.

Art. R. 5121-46 (Abrogé par Décr. n° 2017-1646 du 30 nov. 2017) *L'aide est interrompue, dans sa totalité, en cas de rupture du contrat de travail à durée indéterminée du jeune mentionné au 1° du I de l'article L. 5121-17 ou à l'article L. 5121-18 ou en cas de diminution de sa durée hebdomadaire de travail en deçà des quatre cinquièmes de la durée collective de travail hebdomadaire de l'entreprise.*

Elle est également interrompue dans sa totalité en cas de rupture du contrat de travail du salarié âgé mentionné au 2° du I de l'article L. 5121-17 :

1° Dans les six mois suivant le premier jour d'exécution du contrat de travail à durée indéterminée du jeune, quel que soit le motif de rupture ;

2° Au-delà des six mois suivant le premier jour d'exécution du contrat de travail à durée indéterminée du jeune, en cas de licenciement pour une cause autre que la faute grave ou lourde ou l'inaptitude ou de rupture conventionnelle.

En cas de rupture du contrat de travail du salarié âgé mentionné au 2° du I de l'article L. 5121-17 dans les six mois suivant le premier jour d'exécution du contrat de travail à durée indéterminée du jeune pour les motifs de départ en retraite, licenciement pour faute grave ou lourde, inaptitude physique, ou décès, l'aide est maintenue, dans sa totalité, pour le trimestre civil concerné lorsque ce salarié est remplacé dans les trois mois suivant la rupture de son contrat de travail par un autre salarié âgé dans les conditions prévues au 2° du I de l'article L. 5121-17.

L'aide est interrompue dans sa totalité en cas de départ du chef d'entreprise mentionné à l'article L. 5121-18 (Décr. n° 2013-815 du 11 sept. 2013) « *dans les six mois suivant le premier jour d'exécution du contrat de travail à durée indéterminée du jeune recruté dans les conditions prévues au 1° du I de l'article L. 5121-17. Lorsque le départ du chef d'entreprise intervient au-delà de ce délai de six mois, l'aide est maintenue.* »

En cas de licenciement de l'un des salariés âgés mentionnés au IV de l'article L. 5121-17 pour une cause autre que la faute grave ou lourde ou l'inaptitude, l'entreprise perd le bénéfice de la dernière aide accordée au titre du contrat de génération, à compter du trimestre au cours duquel le départ d'un des salariés est intervenu.

V. ndlr ss. art. R. 5121-26.

Art. R. 5121-47 (Abrogé par Décr. n° 2017-1646 du 30 nov. 2017) *L'aide est versée trimestriellement.*

Au terme de chaque trimestre civil suivant celui au cours duquel a eu lieu la demande initiale de l'aide, l'employeur adresse à Pôle emploi une déclaration d'actualisation permettant le calcul et le versement de l'aide.

Chaque déclaration d'actualisation doit être adressée à Pôle emploi dans le mois qui suit le trimestre civil pour lequel l'aide est demandée. A défaut, l'aide n'est pas due pour le trimestre concerné. En l'absence d'actualisation par l'entreprise de deux trimestres consécutifs, l'aide est interrompue dans sa totalité.

L'aide n'est pas versée lorsque son montant dû au titre d'un trimestre est inférieur à cinquante euros.

En cas de diminution du temps de travail du jeune mentionné au 1° du I de l'article L. 5121-17 et L. 5121-18 en deçà de la durée hebdomadaire prévue au 1° de l'article L. 5121-17 en cours de trimestre, l'aide est interrompue à compter de la date à laquelle survient cette diminution.

V. ndlr ss. art. R. 5121-26.

Art. R. 5121-48 (Abrogé par Décr. n° 2017-1646 du 30 nov. 2017) *Lorsque le contrat de travail du jeune mentionné au 1° du I de l'article L. 5121-17 ou à l'article L. 5121-18 ou du salarié âgé mentionné au 2° du I de l'article L. 5121-17 est suspendu durant au moins trente jours consécutifs au cours du trimestre civil, sans que soit maintenue la rémunération du salarié, l'aide afférente à ce trimestre civil n'est pas due pour la partie de l'aide afférente au jeune ou au salarié âgé dont le contrat de travail est suspendu.*

V. ndlr ss. art. R. 5121-26.

Art. R. 5121-49 (Abrogé par Décr. n° 2017-1646 du 30 nov. 2017) *Pôle emploi contrôle l'exactitude des déclarations du bénéficiaire de l'aide.*

Le bénéficiaire de l'aide tient à sa disposition tout document permettant d'effectuer ce contrôle. Il adresse à Pôle emploi les documents demandés par celui-ci dans un délai maximum d'un mois suivant la demande de leur communication. Cette demande est adressée par tout moyen permettant d'établir une date certaine.

L'absence de réponse de l'entreprise dans ce délai interrompt le versement de l'aide associée au contrat de génération sur laquelle porte le contrôle, sans préjudice du recouvrement par Pôle emploi des sommes indûment versées.

V. ndlr ss. art. R. 5121-26.

Art. R. 5121-50 (Abrogé par Décr. n° 2017-1646 du 30 nov. 2017) (Décr. n° 2013-815 du 11 sept. 2013) *Pour la gestion du versement de l'aide, Pôle emploi est habilité à mettre en œuvre un traitement automatisé comportant des données à caractère personnel collectées auprès des employeurs.*

Ce traitement est dénommé "aide-contrat de génération".

V. ndlr ss. art. R. 5121-26.

Art. R. 5121-51 (Abrogé par Décr. n° 2017-1646 du 30 nov. 2017) (Décr. n° 2013-815 du 11 sept. 2013) *Les catégories de données, comportant des données à caractère personnel, enregistrées dans le cadre de ce traitement sont les suivantes :*
I. — Données concernant le salarié jeune embauché :
1° Numéro d'inscription au répertoire national d'identification des personnes physiques ;
2° Données relatives à l'identité : nom, prénom, date de naissance, adresse et numéro de téléphone ;
3° Données relatives à la vie professionnelle : date d'embauche et caractéristiques du contrat, nature de l'emploi ; le cas échéant, période de suspension du contrat, date et motif de la rupture du contrat et reconnaissance de la qualité de travailleur handicapé ; niveau de formation ; situation professionnelle avant l'embauche ;
4° Situation économique et financière ; salaire ;
II. — Données concernant le salarié âgé maintenu en emploi :
1° Numéro d'identification au répertoire national d'identification des personnes physiques ;
2° Données relatives à l'identité : nom, prénom et date de naissance ;
3° Données relatives à la vie professionnelle : date d'embauche et caractéristiques du contrat, nature de l'emploi ; le cas échéant, période de suspension du contrat, date et motif de la rupture du contrat et reconnaissance de la qualité de travailleur handicapé ;

EMPLOI

III. — *Données concernant l'employeur ou le correspondant de Pôle emploi dans l'entreprise :*
1° Données d'identification de l'entreprise : nom, raison sociale, numéro SIRET, adresse postale, adresse électronique, téléphone ;
2° Données relatives aux caractéristiques de l'entreprise : effectifs, convention collective applicable ;
3° Le cas échéant, pour les entreprises mentionnées à l'article L. 5121-7 bénéficiaires de l'aide prévue à l'article L. 5121-18, date de naissance du chef d'entreprise.

V. ndlr ss. art. R. 5121-26.

Art. R. 5121-52 (Abrogé par Décr. n° 2017-1646 du 30 nov. 2017) (Décr. n° 2013-815 du 11 sept. 2013) *Pour les besoins de la finalité mentionnée à l'article R. 5121-50, les agents de Pôle emploi exerçant leur activité au sein de Pôle emploi Services nommément désignés et habilités par le directeur général de Pôle emploi sont destinataires des données du traitement.*

Sont également destinataires des données du traitement, à l'exclusion du numéro d'inscription au répertoire d'identification des personnes physiques et, le cas échéant, de la donnée relative à la reconnaissance de la qualité de travailleur handicapé, (Décr. n° 2015-249 du 3 mars 2015, art. 4) « *les agents de la délégation générale à l'emploi et à la formation professionnelle et les services déconcentrés du ministère chargé de l'emploi désignés et habilités par l'autorité responsable pour les besoins de suivi, pilotage et évaluation du dispositif ainsi que* » *les agents des services statistiques du ministre chargé de l'emploi désignés et habilités par le responsable de ces services, pour les besoins de l'élaboration de données statistiques et financières anonymes destinées à être transmises au ministre chargé de l'emploi et à ses services.*

V. ndlr ss. art. R. 5121-26.

Art. R. 5121-53 (Abrogé par Décr. n° 2017-1646 du 30 nov. 2017) (Décr. n° 2013-815 du 11 sept. 2013) *Les données du traitement ne peuvent être conservées, pour les besoins de l'accomplissement de la finalité mentionnée à l'article R. 5121-50, au-delà d'une période de cinq ans après le terme de l'aide accordée à l'entreprise au titre du contrat de génération.*

V. ndlr ss. art. R. 5121-26.

Art. R. 5121-54 (Abrogé par Décr. n° 2017-1646 du 30 nov. 2017) (Décr. n° 2013-815 du 11 sept. 2013) *Les droits d'accès et de rectification prévus aux articles 39 et 40 de la loi n° 78-17 du 6 janvier 1978 relative à l'informatique, aux fichiers et aux libertés s'exercent auprès de Pôle emploi – Pôle emploi Services.*

V. ndlr ss. art. R. 5121-26.

Art. R. 5121-55 (Abrogé par Décr. n° 2017-1646 du 30 nov. 2017) (Décr. n° 2013-815 du 11 sept. 2013) *Le droit d'opposition institué par le premier alinéa de l'article 38 de la loi n° 78-17 du 6 janvier 1978 relative à l'informatique, aux fichiers et aux libertés n'est pas applicable au traitement mentionné à l'article R. 5121-50.*

V. ndlr ss. art. R. 5121-26.

CHAPITRE II AIDE AUX SALARIÉS PLACÉS EN ACTIVITÉ PARTIELLE
(Décr. n° 2013-551 du 26 juin 2013).

V. Circ. DGEFP n° 2013-12 du 12 juill. 2013, SSL 2013, n° 1596, p. 3.

BIBL. ▶ BAUGARD, *Dr. soc.* 2013. 798 ⌀ (indemnisation de l'activité partielle après la loi du 14 juin 2013 et le décret du 26 juin 2013).

Art. R. 5122-1 (Décr. n° 2012-1271 du 19 nov. 2012) « *L'employeur peut placer ses salariés en position* (Décr. n° 2013-551 du 26 juin 2013) « *d'activité partielle* » *lorsque l'entreprise est contrainte de réduire ou de suspendre temporairement son activité pour l'un des motifs suivants :* »
1° La conjoncture économique ;
2° Des difficultés d'approvisionnement en matières premières ou en énergie ;
3° Un sinistre ou des intempéries de caractère exceptionnel ;
4° La transformation, restructuration ou modernisation de l'entreprise ;

5° Toute autre circonstance de caractère exceptionnel.

Les dispositions issues du Décr. n° 2013-551 du 26 juin 2013 s'appliquent à toute nouvelle demande d'autorisation administrative préalable de placement en chômage partiel déposée à compter du 1er juill. 2013 (Décr. préc., art. 22).

1. Les allocations de chômage partiel se substituant au salaire, elles sont à bon droit incluses dans l'assiette des rémunérations servant de base au calcul d'une prime de treizième mois. ● Soc. 26 nov. 1996 : ⚖ *Dr. soc.* 1997. 93, obs. Savatier ⌀.
♦ Comp., s'agissant de la base de calcul d'une indemnité de licenciement, note 19 ss. art. L. 1234-9.

2. Les périodes de chômage partiel n'étant pas assimilées par l'art. L. 223-4 [L. 3141-4 nouv.] à un temps de travail effectif, les indemnités ne doivent pas être intégrées dans la rémunération servant de base au calcul de l'indemnité de congés payés. ● Soc. 17 févr. 1992, n° 88-42.632 P : *D.* 1992. IR 120 ; *CSB* 1992. 118, S. 69 ; *RJS* 1992. 263, n° 458.

Art. R. 5122-2 (*Décr. n° 2013-551 du 26 juin 2013*) L'employeur adresse au préfet du département où est implanté l'établissement concerné une demande préalable d'autorisation d'activité partielle.

La demande précise :
1° Les motifs justifiant le recours à l'activité partielle ;
2° La période prévisible de sous-activité ;
3° Le nombre de salariés concernés.

(*Décr. n° 2020-794 du 26 juin 2020, art. 1er*) « Elle est accompagnée, lorsque l'entreprise compte au moins cinquante salariés, de l'avis rendu préalablement par le comité social et économique en application de l'article L. 2312-8. » (*Décr. n° 2020-325 du 25 mars 2020, art. 1er*) « Par dérogation, dans les cas prévus au 3° ou au 5° de l'article R. 5122-1, cet avis peut être recueilli postérieurement à la demande mentionnée au premier alinéa, et transmis dans un délai d'au plus deux mois à compter de cette demande. »

(*Décr. n° 2020-1316 du 30 oct. 2020, art. 1er*) « Dans les entreprises d'au moins cinquante salariés, le comité social et économique est informé à l'échéance de chaque autorisation des conditions dans lesquelles l'activité partielle a été mise en œuvre.

« Lorsque la demande d'autorisation préalable d'activité partielle et, le cas échéant, la demande de renouvellement d'autorisation portent, pour le même motif et la même période, sur au moins cinquante établissements implantés dans plusieurs départements, l'employeur peut adresser une demande unique au titre de l'ensemble des établissements au préfet du département où est implanté l'un quelconque des établissements concernés.

« Dans ce cas, le contrôle de la régularité des conditions de placement en activité partielle des salariés est confié au représentant de l'État dans le département où est implanté chacun des établissements concernés. »

Lorsque la demande s'effectue sur le fondement du II de l'article R. 5122-9, elle mentionne les engagements que l'employeur propose de souscrire.

La demande d'autorisation est adressée par voie dématérialisée (*Décr. n° 2014-740 du 30 juin 2014, art. 1er*) « dans les conditions fixées par l'article R. 5122-26 ».

Les dispositions issues du Décr. n° 2020-325 du 25 mars 2020 s'appliquent aux demandes d'indemnisation adressées ou renouvelées à l'Agence de services et de paiement en application de l'art. R. 5122-5 C. trav. à compter du 26 mars 2020, au titre du placement en position d'activité partielle de salariés depuis le 1er mars 2020 (Décr. préc., art. 2-I).

BIBL. ▶ Dalmasso, *RDT* 2012. 641 ⌀ (retour à l'autorisation administrative de l'allocation spécifique de chômage partiel : quelle incidence sur les licenciements économiques ?). – Peyronnet, *D. actu.* 30 mars 2020 (décret du 25 mars 2020 et Ord. du 27 mars 2020).

Art. R. 5122-3 (*Décr. n° 2020-325 du 25 mars 2020, art. 1er*) Par dérogation à l'article R. 5122-2, l'employeur dispose d'un délai de trente jours à compter du placement des salariés en activité partielle pour adresser sa demande par tout moyen donnant date certaine à sa réception :
1° En cas de suspension d'activité due à un sinistre ou à des intempéries prévues au 3° de l'article R. 5122-1 ;
2° En cas de circonstance de caractère exceptionnel prévue au 5° de l'article R. 5122-1.

EMPLOI — **Art. R. 5122-7**

Sur l'application des dispositions du Décr. n° 2020-325 du 25 mars 2020, V. ndlr ss. art. R. 5122-2.

Art. R. 5122-4 (*Décr. n° 2022-1665 du 27 déc. 2022, art. 1ᵉʳ*) « Le préfet du département où est implanté l'établissement concerné apprécie les éléments produits par l'employeur à l'appui de sa demande, tels que mentionnés à l'article R. 5122-2, et contrôle la régularité des conditions de placement en activité partielle des salariés. »

(*Décr. n° 2012-1271 du 19 nov. 2012*) La décision d'(*Décr. n° 2013-551 du 26 juin 2013*) « autorisation » ou de refus (*Décr. n° 2014-740 du 30 juin 2014, art. 2*) « , signée par le préfet, » est notifiée à l'employeur dans un délai de quinze jours à compter de la date de réception de la demande d'autorisation.

(*Décr. n° 2014-740 du 30 juin 2014, art. 2*) « La décision d'autorisation précise notamment les coordonnées bancaires de l'employeur. »

L'absence de décision dans un délai de quinze jours vaut acceptation implicite de la demande.

La décision de refus est motivée.

(*Décr. n° 2013-551 du 26 juin 2013*) « La décision du préfet est notifiée par voie dématérialisée à l'employeur. Celui-ci en informe le » (*Décr. n° 2017-1819 du 29 déc. 2017, art. 3*) « comité social et économique ». »

Art. R. 5122-5 (*Décr. n° 2013-551 du 26 juin 2013*) En cas de décision d'autorisation expresse ou tacite prévue à l'article R. 5122-4, l'employeur peut adresser à l'Agence de services et de paiement une demande d'indemnisation au titre de l'allocation d'activité partielle prévue à l'article L. 5122-1.

Cette demande comporte :

1° Des informations relatives à l'identité de l'employeur ;

2° La liste nominative des salariés concernés ainsi que le numéro d'inscription au répertoire national d'identification des personnes physiques ;

3° Les états nominatifs précisant notamment le nombre d'heures chômées par salarié.

Pour les établissements appliquant un accord d'aménagement du temps de travail sur une période supérieure à la semaine et inférieure à l'année, l'employeur y joint, dans le cas où il ne souhaite pas un remboursement à la fin de la période, une demande de remboursement mensuel.

La demande est adressée par voie dématérialisée (*Décr. n° 2014-740 du 30 juin 2014, art. 3*) « à l'Agence de services et de paiement qui se charge d'en assurer la conservation selon des modalités garantissant l'intégrité des informations reçues ».

Après vérification, l'Agence de services et de paiement liquide l'allocation d'activité partielle selon les modalités fixées aux articles R. 5122-14 à R. 5122-17.

Art. R. 5122-6 L'allocation (*Décr. n° 2013-551 du 26 juin 2013*) « d'activité partielle » est attribuée dans la limite d'un contingent annuel d'heures indemnisables fixé, en tenant compte de la situation économique, par arrêté du ministre chargé de l'emploi.

Cette limite ne peut être dépassée que dans des cas exceptionnels résultant de la situation particulière de l'entreprise, sur décision conjointe des ministres chargés de l'emploi et du budget. — [*Anc. art. R. 351-50, al. 3.*]

Les dispositions issues du Décr. n° 2013-551 du 26 juin 2013 s'appliquent à toute nouvelle demande d'autorisation administrative préalable de placement en chômage partiel déposée à compter du 1ᵉʳ juill. 2013 (Décr. préc., art. 22).

Le contingent annuel d'heures indemnisables au titre de l'allocation d'activité partielle prévu à l'art. R. 5122-6 est fixé à 1 000 heures par salarié par an (Arr. du 26 août 2013, JO 6 sept.).

Art. R. 5122-7 Au sein du contingent annuel d'heures indemnisables, l'arrêté du ministre chargé de l'emploi fixe le nombre d'heures pouvant être indemnisées en cas (*Décr. n° 2020-325 du 25 mars 2020, art. 1ᵉʳ*) « d'activité partielle justifiée par l'un des motifs prévus au 4° de l'article R. 5122-1 ».

Cette limite ne peut être dépassée que dans des cas exceptionnels résultant de la situation particulière de l'entreprise, sur décision conjointe du préfet (*Décr. n° 2013-551 du 26 juin 2013*) « de département » et du (*Décr. n° 2013-551 du 26 juin 2013*) « directeur départemental des finances publiques ».

Le contingent annuel d'heures indemnisables au titre de l'allocation d'activité partielle prévu à l'art. R. 5122-7 est fixé à 1 000 heures par salarié par an (Arr. du 26 août 2013, JO 6 sept.).

Sur l'application des dispositions du Décr. n° 2020-325 du 25 mars 2020, V. ndlr ss. art. R. 5122-2.

Art. R. 5122-8 (*Décr. n° 2020-325 du 25 mars 2020, art. 1er*) Ne peuvent bénéficier de l'allocation et de l'indemnité d'activité partielle les employeurs et leurs salariés quand la réduction ou la suspension de l'activité est provoquée par un différend collectif de travail intéressant l'établissement dans lequel ces salariés sont employés. Toutefois, dans le cas d'une fermeture de l'entreprise ou d'un service décidée par l'employeur suite à une grève, le versement des allocations et des indemnités peut être autorisé par décision du ministre chargé de l'emploi, si la fermeture se prolonge plus de trois jours.

Sur l'application des dispositions du Décr. n° 2020-325 du 25 mars 2020, V. ndlr ss. art. R. 5122-2.

L'allocation spécifique ne peut être refusée, sur le fondement de l'art. R. 351-51, 2° [R. 5122-8 nouv.], à des salariés d'une entreprise dont le chômage avait été provoqué par la grève d'une autre entreprise au motif que les deux entreprises constitueraient une unité économique et sociale.
• CE 9 oct. 1992 : 🔑 *D. 1994. Somm. 244, obs. Chelle et Prétot* ⌀ *; RJS 1993. 50, n° 63.*

Art. R. 5122-9 (*Décr. n° 2020-1316 du 30 oct. 2020, art. 1er, en vigueur le 1er juill. 2021*) « I. — Une autorisation d'activité partielle peut être accordée pour une durée maximum de trois mois. Elle peut être renouvelée dans les conditions fixées au II et dans la limite de six mois, consécutifs ou non, sur une période de référence de douze mois consécutifs.

« Par dérogation à l'alinéa précédent, lorsque l'employeur place ses salariés en position d'activité partielle en application du 3° de l'article R. 5122-1, l'autorisation d'activité partielle peut être accordée pour une durée maximum de six mois. Cette autorisation peut être renouvelée dans les conditions fixées au II. »

(*Décr. n° 2013-551 du 26 juin 2013*) « II. — Lorsque l'employeur a, préalablement à sa demande, déjà placé ses salariés en activité partielle au cours des trente-six mois précédant la date de dépôt de la demande d'autorisation, celle-ci mentionne les engagements souscrits par l'employeur.

« Ces engagements peuvent notamment porter sur :

« 1° Le maintien dans l'emploi des salariés pendant une durée pouvant atteindre le double de la période d'autorisation ;

« 2° Des actions spécifiques de formation pour les salariés placés en activité partielle ;

« 3° Des actions en matière de gestion prévisionnelle des emplois et des compétences ;

« 4° Des actions visant à rétablir la situation économique de l'entreprise.

« L'autorité administrative fixe ces engagements en tenant compte de la situation de l'entreprise, d'un éventuel accord collectif sur les conditions du recours à l'activité partielle ou, à défaut, des propositions figurant dans la demande d'autorisation ainsi que de la récurrence du recours à l'activité partielle dans l'établissement.

« III. — Les engagements sont notifiés dans la décision d'autorisation.

« IV. — L'autorité administrative s'assure du respect des engagements souscrits par l'employeur. »

Les dispositions issues du Décr. n° 2020-1316 du 30 oct. 2020 s'appliquent aux demandes d'autorisation préalables adressées à l'autorité administrative à compter du 1er juill. 2021. Lorsque l'employeur a bénéficié d'une autorisation d'activité partielle avant cette date, il n'est pas tenu compte de cette période pour l'application des dispositions du 1er al. de l'art. R. 5122-9 nouv. (Décr. préc., art. 4-I, mod. par Décr. n° 2020-1681 du 24 déc. 2020, mod. par Décr. n° 2021-221 du 26 févr. 2021).

Par dérogation au 1er al. de l'art. R. 5122-9, lorsque l'employeur place ses salariés en position d'activité partielle en application des 1°, 2°, 4° et 5° de l'art. R. 5122-1, il n'est pas tenu compte des périodes d'autorisation d'activité partielle dont il a pu bénéficier avant le 31 déc. 2021 pour le calcul de la durée maximale d'autorisation.

EMPLOI   **Art. D. 5122-13** 2669

Les dispositions de l'al. précédent s'appliquent aux demandes d'autorisation préalables adressées par l'employeur à l'autorité administrative au titre du placement en position d'activité partielle de ses salariés à compter du 1ᵉʳ janv. 2022 et pour les périodes d'activité partielle comprises entre cette date et le 31 mars 2022 (Décr. n° 2021-1816 du 27 déc. 2021, art. 2).

Ancien art. R. 5122-9, I *(Décr. n° 2013-551 du 26 juin 2013) I. — Une autorisation d'activité partielle peut être accordée pour une durée maximum de (Décr. n° 2020-325 du 25 mars 2020, art. 1ᵉʳ)* « *douze mois* »*. Elle peut être renouvelée dans les conditions fixées au II.*

Art. R. 5122-10 *(Décr. n° 2020-794 du 26 juin 2020, art. 1ᵉʳ)* « L'autorité administrative demande à l'employeur le remboursement à l'Agence de service et de paiement, dans un délai ne pouvant être inférieur à trente jours, des sommes versées au titre de l'allocation d'activité partielle en cas de trop-perçu *(Décr. n° 2022-1665 du 27 déc. 2022, art. 1ᵉʳ)* « , notamment lorsque les conditions mises à leur octroi n'ont pas été respectées, » ou en cas de non-respect par l'entreprise, sans motif légitime, des engagements mentionnés au II de l'article R. 5122-9. »

(Décr. n° 2013-551 du 26 juin 2013) « Le remboursement peut ne pas être exigé s'il est incompatible avec la situation économique et financière de l'entreprise. »

Obligations de l'employeur. C'est à l'employeur qu'il appartient de transmettre la demande du salarié fondée sur les dispositions de l'art. R. 351-52 [R. 5122-10 nouv.] au service de la direction départementale du travail et de l'emploi. • Soc. 24 mars 1993 : ⚖ *Dr. soc. 1993. 456* • 2 avr. 1997, ⚖ n° 95-42.723 P.

Art. R. 5122-11 *(Décr. n° 2013-551 du 26 juin 2013)* Les heures non travaillées au titre de l'activité partielle font l'objet du versement de l'allocation dans la limite de la durée légale ou, lorsqu'elle est inférieure, la durée collective du travail ou la durée stipulée au contrat sur la période considérée. Au-delà de la durée légale ou, lorsqu'elle est inférieure, la durée collective du travail ou la durée stipulée au contrat sur la période considérée, les heures non travaillées au titre de l'activité partielle sont considérées comme chômées mais n'ouvrent pas droit au versement par l'État à l'employeur de l'allocation d'activité partielle et au versement par l'employeur au salarié de l'indemnité prévues à l'article L. 5122-1.

La totalité des heures chômées est prise en compte pour le calcul de l'acquisition des droits à congés payés. *(Décr. n° 2020-1316 du 30 oct. 2020, art. 1ᵉʳ)* « Lorsqu'ils sont dus sous la forme d'une indemnité compensatrice, cette indemnité est versée en *sus* de l'indemnité d'activité partielle. La totalité des heures chômées » est également prise en compte pour la répartition de la participation et de l'intéressement lorsque cette répartition est proportionnelle à la durée de présence du salarié. Lorsque cette répartition est proportionnelle au salaire, les salaires à prendre en compte sont ceux qu'aurait perçus le salarié s'il n'avait pas été placé en activité partielle.

Les heures supplémentaires, soit les heures supérieures à la durée légale, ne donnent pas lieu à indemnisation au titre du chômage partiel. • Soc. 28 oct. 2008 : ⚖ *D. 2008. AJ 2876* ✏ ; *RJS 2009. 70, n° 61* ; *JCP S 2009. 1041, obs. Verkindt.*

Art. R. 5122-12 *(Décr. n° 2020-325 du 25 mars 2020, art. 1ᵉʳ)* Le taux horaire de l'allocation d'activité partielle versée à l'employeur correspond, pour chaque salarié autorisé à être placé en activité partielle, à un pourcentage de la rémunération horaire antérieure brute calculée dans les conditions du II de l'article L. 3141-24 et *(Décr. n° 2020-1316 du 30 oct. 2020, art. 1ᵉʳ, en vigueur le 1ᵉʳ janv. 2021)* « des premier et troisième alinéas » de l'article R. 5122-18. Un décret détermine ce pourcentage, ainsi que le minimum de ce taux horaire et la rémunération maximale prise en compte pour le calcul de l'allocation.

Sur l'application des dispositions du Décr. n° 2020-325 du 25 mars 2020, V. ndlr ss. art. R. 5122-2.

Les dispositions issues du Décr. n° 2020-1316 du 30 oct. 2020 s'appliquent aux heures chômées par les salariés à compter du 1ᵉʳ janv. 2021 (Décr. préc., art. 4).

Art. D. 5122-13 *(Décr. n° 2020-325 du 25 mars 2020, art. 1ᵉʳ)* Le taux horaire de l'allocation d'activité partielle est égal pour chaque salarié concerné à *(Décr. n° 2020-1319 du 30 oct. 2020, art. 1ᵉʳ, en vigueur le 1ᵉʳ juill. 2021)* « **36 %** *[52 % au 1ᵉʳ juin*

2021] » de la rémunération horaire brute telle que calculée à l'article R. 5122-12, limitée à 4,5 fois le taux horaire du salaire minimum interprofessionnel de croissance.

Ce taux horaire ne peut être inférieur à (*Décr. n° 2023-1305 du 27 déc. 2023, en vigueur le 1ᵉʳ janv. 2024*) « 8,30 euros ». Ce minimum n'est pas applicable (*Décr. n° 2021-1918 du 30 déc. 2021, art. 2 et 4, en vigueur le 1ᵉʳ janv. 2022*) « lorsque leur rémunération est inférieure au salaire minimum interprofessionnel de croissance, aux salariés en contrat d'apprentissage ou de professionnalisation, aux journalistes pigistes en collaboration régulière entrant dans le champ d'application de l'article L. 7112-1 et aux salariés mentionnés au titre I du livre III de la septième partie du présent code ».

Le montant de 8,30 € issu du Décr. n° 2023-1305 du 27 déc. 2023 s'applique aux demandes d'indemnisation adressées à l'autorité administrative au titre des heures chômées par les salariés à compter du 1ᵉʳ janv. 2024 (Décr. préc., art. 3).

Sur l'allocation d'activité partielle spécifique en cas de réduction d'activité durable, V. Décr. n° 2020-926 du 28 juill. 2020 mod.

V. QR Min. Trav. sur l'activité partielle, https://travail-emploi.gouv.fr/le-ministere-en-action/coronavirus-covid-19/questions-reponses-par-theme/faq-chomage-partiel-activite-partielle.

Art. R. 5122-14 (*Décr. n° 2013-551 du 26 juin 2013*) L'allocation d'activité partielle est liquidée mensuellement par l'Agence de services et de paiement pour le compte de l'État et de l'organisme gestionnaire du régime d'assurance chômage.

Les indemnités mentionnées au II de l'article L. 5122-1 sont versées aux salariés à la date normale de paie par l'employeur.

Ces dispositions s'appliquent à toute nouvelle demande d'autorisation administrative préalable de placement en chômage partiel déposée à compter du 1ᵉʳ juill. 2013 (Décr. n° 2013-551 du 26 juin 2013, art. 22).

Art. D. 5122-15 (*Décr. n° 2021-1918 du 30 déc. 2021, art. 1ᵉʳ et 4, en vigueur le 1ᵉʳ janv. 2022*) I. – Pour l'application du 3° du II de l'article L. 5122-3, les modalités de calcul de l'indemnité et de l'allocation sont déterminées selon les règles suivantes :

1° Pour les salariés dont la durée du travail est fixée par une convention de forfait en jours sur l'année, les jours ou demi-journées sont convertis en heures selon les modalités suivantes :

– une demi-journée non travaillée correspond à 3 h 30 non travaillées ;
– un jour non travaillé correspond à 7 heures non travaillées ;
– une semaine non travaillée correspond à 35 heures non travaillées.

Les jours de congés payés et de repos pris au cours de la période prévue au premier alinéa, ainsi que les jours fériés non travaillés qui correspondent à des jours ouvrés sont, le cas échéant, convertis en heures selon les modalités prévues au premier alinéa.

Les heures issues de cette conversion sont déduites du nombre d'heures non travaillées calculées en application du premier alinéa ;

2° Pour le personnel navigant des entreprises dont l'organisation de la durée du travail est fondée sous la forme d'alternance de jours d'activité et de jours d'inactivité en application des dispositions de l'article D. 422-5-2 et des sections 2 et 3 du chapitre II du titre II du livre IV de la partie réglementaire du code de l'aviation civile ou des dispositions relatives à la durée du travail applicables au personnel navigant technique des exploitants d'hélicoptères en application de l'arrêté du 8 septembre 1997 modifié portant extension de la convention collective nationale du personnel navigant technique des exploitants d'hélicoptères du 13 novembre 1996, le nombre d'heures donnant lieu au versement de l'indemnité et de l'allocation d'activité partielle est déterminé en tenant compte de la différence entre le nombre de jours d'inactivité constatés et le nombre de jours d'inactivité garantis au titre de la période considérée.

Pour l'application de l'alinéa précédent [*précédent*], chaque jour d'inactivité au-delà du nombre de jours d'inactivité garantis correspond à 8,75 heures chômées, dans la limite de la durée légale du temps de travail mentionnée à l'article L. 3121-27 sur la période considérée.

II. – Pour l'application du 4° du II de l'article L. 5122-3, les modalités de calcul de l'indemnité et de l'allocation sont déterminées selon les règles suivantes :

1° Pour les salariés mentionnés au titre I du livre III de la septième partie du présent code et qui ne relèvent pas d'un aménagement du temps de travail applicable dans l'entreprise, l'indemnité et l'allocation d'activité partielle sont calculées selon les modalités suivantes :

– la rémunération mensuelle de référence servant au calcul de l'indemnité et de l'allocation d'activité partielle correspond à la moyenne des rémunérations brutes perçues au cours des douze derniers mois civils, ou le cas échéant de la totalité des mois civils travaillés si le salarié a travaillé moins de douze mois, précédant le premier jour de placement en activité partielle de l'entreprise ou de l'établissement, à l'exclusion des frais professionnels et des éléments de rémunération mentionnés au IV ;

– le montant horaire servant au calcul de l'indemnité et de l'allocation prévues aux articles D. 5122-13 et R. 5122-18 est déterminé en rapportant le montant de la rémunération mensuelle de référence prévue à l'alinéa précédent à la durée légale du temps de travail ;

– la perte de rémunération mentionnée à l'article L. 5122-1 correspond à la différence entre la rémunération mensuelle de référence prévue au deuxième alinéa du présent 1° et la rémunération mensuelle effectivement perçue au cours de la même période ;

– le nombre d'heures non travaillées indemnisables correspond, dans la limite de la durée légale du travail, à la différence de rémunération obtenue en application de l'alinéa précédent rapportée au montant horaire prévu au troisième alinéa du présent 1°.

2° Pour les salariés mentionnés à l'article L. 7412-1, les modalités de calcul de l'indemnité et de l'allocation d'activité partielle sont les suivantes :

– la rémunération mensuelle de référence servant au calcul de l'indemnité et de l'allocation d'activité partielle correspond à la moyenne des rémunérations brutes perçues au cours des douze derniers mois civils ou, le cas échéant, de la totalité des mois civils travaillés si la première fourniture de travail au salarié est intervenue il y a moins de douze mois, précédant le premier jour de placement en activité partielle de l'entreprise ou de l'établissement, à l'exclusion des frais d'atelier, des frais accessoires mentionnés à l'article L. 7422-11, des heures supplémentaires prévues à l'article L. 7422-9 et des frais professionnels et éléments de rémunération mentionnés au IV.

– le montant horaire servant au calcul de l'indemnité et de l'allocation prévues aux articles D. 5122-13 et R. 5122-18 correspond au taux mentionné aux articles L. 7422-6 à L. 7422-8 ou, s'il est plus favorable, au taux appliqué par l'employeur ;

– la perte de rémunération mentionnée à l'article L. 5122-1 correspond à la différence entre la rémunération mensuelle de référence prévue au deuxième alinéa du présent 2° et la rémunération mensuelle effectivement perçue au cours de la même période ;

– le nombre d'heures non travaillées indemnisables correspond, dans la limite de la durée légale du travail ou, lorsqu'elle est inférieure, la durée stipulée au contrat de travail, à la différence de rémunération obtenue en application de l'alinéa précédent rapportée au montant horaire prévu au troisième alinéa du présent 2°.

Le bénéfice de ces dispositions n'est pas cumulable avec l'aide prévue à l'article R. 3232-8 du code du travail.

3° Pour les journalistes pigistes en collaboration régulière entrant dans le champ d'application de l'article L. 7112-1, qui ne sont pas soumis aux dispositions légales ou conventionnelles relatives à la durée du travail et qui ont bénéficié au minimum de trois bulletins mensuels de pige sur les douze mois civils précédant la date du placement en activité partielle, dont deux dans les quatre mois précédant cette même date, ou qui ont collaboré à la dernière parution dans le cas d'une publication trimestrielle, les modalités de calcul de l'indemnité et de l'allocation d'activité partielle sont les suivantes :

– la rémunération mensuelle de référence servant au calcul de l'indemnité et de l'allocation d'activité partielle correspond à la moyenne des rémunérations brutes perçues au titre des piges réalisées au cours des douze mois civils, ou le cas échéant de la totalité des mois civils travaillés si le salarié a travaillé moins de douze mois, précédant le premier jour de placement en activité partielle de l'entreprise ou de l'établissement, à l'exclusion des frais professionnels et des éléments de rémunération mentionnés au IV.

— un coefficient de référence est déterminé en rapportant le montant de la rémunération mensuelle de référence prévue à l'alinéa précédent au salaire minimum mensuel de rédacteur du barème applicable dans l'entreprise concernée ou, à défaut, dans la forme de presse considérée au titre de la même période de référence ou, à défaut, par le salaire minimum interprofessionnel de croissance fixé en application des articles L. 3231-2 à L. 3231-12. Ce coefficient de référence ne peut être supérieur à 1 ;

— le montant horaire, servant au calcul de l'indemnité et de l'allocation prévues aux articles R. 5122-18 et D. 5122-13, est déterminé en rapportant le montant de la rémunération mensuelle de référence prévue au deuxième alinéa du présent 3° à la durée légale du temps de travail à laquelle est appliquée, s'il y a lieu, le coefficient de référence ;

— la perte de rémunération mentionnée à l'article L. 5122-1 correspond à la différence entre la rémunération mensuelle de référence prévue au deuxième alinéa du présent 3° et la rémunération mensuelle effectivement perçue au cours de la même période ;

— le nombre d'heures non travaillées indemnisables correspond, dans la limite de la durée légale du travail, après application, s'il y a lieu, du coefficient de référence, à la différence de rémunération obtenue en application de l'alinéa précédent rapportée au montant horaire prévu au quatrième alinéa du présent 3° ;

4° Pour les travailleurs mentionnés aux articles L. 7121-2 et suivants, L. 7123-2 à L. 7123-4, L. 7123-6 et L. 5424-20, le nombre d'heures non travaillées retenu pour le calcul de l'indemnité et de l'allocation d'activité partielle correspond à 7 heures par cachet contractuellement programmé, mais non réalisé en raison d'une annulation liée à l'épidémie de covid-19.

5° Pour les cadres dirigeants mentionnés à l'article L. 3111-2, les modalités de calcul de l'indemnité et de l'allocation d'activité partielle sont les suivantes :

— la rémunération mensuelle de référence servant au calcul de l'indemnité et de l'allocation d'activité partielle correspond à la moyenne des rémunérations brutes perçues au cours des douze derniers mois civils, ou le cas échéant de la totalité des mois civils travaillés si le salarié a travaillé moins de douze mois, précédant le premier jour de placement en activité partielle de l'entreprise ou de l'établissement ;

— le montant horaire servant au calcul de l'indemnité et de l'allocation prévues aux articles D. 5122-13 et R. 5122-18 est déterminé en rapportant le trentième du montant de la rémunération mensuelle de référence obtenue en application de l'alinéa précédent à sept heures ;

— le nombre d'heures non travaillées indemnisables, dans la limite de la durée légale du travail, est obtenu selon les modalités de conversion en heures mentionnées au 1° du I.

III. — Pour l'application des dispositions du présent article, le nombre d'heures donnant lieu à versement de l'indemnité et de l'allocation d'activité partielle ne peut excéder la durée légale du temps de travail mentionnée à l'article L. 3121-27 au titre de la période considérée.

IV. — Pour l'application des deuxièmes alinéas des 1°, 2° et 3° du II, sont exclus de l'assiette de calcul de l'indemnité et de l'allocation d'activité partielle les sommes représentatives de frais professionnels et les éléments de rémunération qui, bien qu'ayant le caractère de salaire, ne sont pas la contrepartie du travail effectif ou ne sont pas affectés par la réduction ou l'absence d'activité et sont alloués pour l'année.

Lorsque la rémunération inclut une fraction de rémunération correspondant au paiement de l'indemnité de congés payés, cette fraction est déduite pour la détermination de l'assiette permettant le calcul de l'indemnité et de l'allocation d'activité partielle, sans préjudice des dispositions de l'article R. 5122-11.

Art. R. 5122-16 En cas de procédure de sauvegarde ou de redressement ou de liquidation judiciaire, ou de difficultés financières de l'employeur, le préfet, ou sur délégation le (*Décr. n° 2020-1545 du 9 déc. 2020, art. 28-X, en vigueur le 1ᵉʳ avr. 2021*) « directeur régional de l'économie, de l'emploi, du travail et des solidarités », peut

EMPLOI **Art. R. 5122-18**

faire procéder (*Décr. n° 2020-794 du 26 juin 2020, art. 1er*) « au paiement de l'allocation d'activité partielle par l'Agence de services et de paiement :

« 1° Soit directement aux salariés ;

« 2° Soit, le cas échéant, au mandataire judiciaire chargé du versement des indemnités aux salariés ou à l'association mentionnée à l'article L. 3253-14 lorsque cette dernière assure le versement des indemnités au mandataire judiciaire. »

La procédure de paiement direct (*Décr. n° 2013-551 du 26 juin 2013*) « par l'Agence de services et de paiement » de l'allocation aux salariés peut également être employée pour assurer, sous le contrôle des services de l'emploi, l'indemnisation des travailleurs à domicile habituellement employés par plusieurs employeurs.

(*Décr. n° 2020-794 du 26 juin 2020, art. 1er*) « Dans les cas mentionnés au premier alinéa, l'allocation d'activité partielle peut, sur décision de l'autorité administrative, être liquidée par l'Agence de services et de paiement avant l'échéance du mois, lorsque l'entreprise est dans l'impossibilité d'assurer le paiement mensuel des indemnités d'activité partielle aux salariés. »

Art. R. 5122-17 (*Décr. n° 2020-325 du 25 mars 2020, art. 1er*) Dans les cas prévus à l'article R. 5122-16, un document comportant les mentions prévues au 16° de l'article R. 3243-1 est remis au salarié par l'Agence de services et de paiement.

Sur l'application des dispositions du Décr. n° 2020-325 du 25 mars 2020, V. ndlr ss. art. R. 5122-2.

Art. R. 5122-18 (*Décr. n° 2013-551 du 26 juin 2013*) Le salarié placé en activité partielle reçoit une indemnité horaire, versée par son employeur, correspondant à (*Décr. n° 2020-1316 du 30 oct. 2020, art. 1er, 5°, a, en vigueur le 1er juill. 2021*) « 60 % [*ancienne rédaction : 70 %*] » de sa rémunération brute servant d'assiette de l'indemnité de congés payés telle que prévue au II de l'article (*Décr. n° 2016-1551 du 18 nov. 2016, art. 6-V, en vigueur le 1er janv. 2017*) « L. 3141-24 » ramenée à un montant horaire sur la base de la durée légale du travail applicable dans l'entreprise ou, lorsqu'elle est inférieure, la durée collective du travail ou la durée stipulée au contrat de travail.

(*Décr. n° 2020-1316 du 30 oct. 2020, art. 1er, 5°, b, en vigueur le 1er janv. 2021*) « La rémunération maximale prise en compte pour le calcul de l'indemnité horaire est égale à 4,5 fois le taux horaire du salaire minimum interprofessionnel de croissance.

« Pour les salariés qui bénéficient d'éléments de rémunération variables ou versés selon une périodicité non mensuelle, le salaire de référence servant au calcul de l'indemnité et de l'allocation d'activité partielle tient compte de la moyenne de ces éléments de rémunération perçus au cours des douze mois civils, ou sur la totalité des mois travaillés si le salarié a travaillé moins de douze mois civils, précédant le premier jour de placement en activité partielle de l'entreprise. »

Pendant les actions de formation mentionnées à l'article L. 5122-2 mises en œuvre pendant les heures chômées, cette indemnité horaire est portée à 100 % de la rémunération nette antérieure du salarié.

Pour les salariés en contrat d'apprentissage ou de professionnalisation, l'allocation mentionnée à l'article L. 5122-1 ne peut être supérieure au montant de l'indemnité horaire due par l'employeur.

(*Décr. n° 2020-1316 du 30 oct. 2020, art. 1er, 5°, c, en vigueur le 1er juill. 2021*) « L'indemnité nette versée par l'employeur ne peut excéder la rémunération nette horaire habituelle du salarié. L'indemnité et la rémunération nettes s'entendent après déduction des cotisations et contributions obligatoires retenues par l'employeur. »

(*Décr. n° 2022-1665 du 27 déc. 2022, art. 1er, en vigueur le 1er janv. 2023*) « Pour les salariés des entreprises de travail temporaire régis par le chapitre premier du titre V du livre II de la première partie du présent code, à l'exception de ceux mentionnés à l'article L. 1251-58-1, et pour les salariés mentionnés à l'article L. 3123-1, le taux horaire de l'indemnité d'activité partielle ne peut être inférieur au taux horaire du salaire minimum interprofessionnel de croissance, sous réserve des dispositions du dernier alinéa.

« Lorsque le taux horaire de rémunération d'un salarié mentionné au précédent alinéa est inférieur au taux horaire du salaire minimum interprofessionnel de croissance, le taux horaire de l'indemnité d'activité partielle qui lui est versée est égal à son taux horaire de rémunération. »

Les dispositions issues du Décr. n° 2022-1665 du 27 déc. 2022 s'appliquent au titre des heures chômées à compter du 1er janv. 2023 (Décr. préc., art. 3-II).

Art. R. 5122-19 (Décr. n° 2022-241 du 24 févr. 2022, art. 2) « Sous réserve des dispositions de l'article L. 5122-3, » (Décr. n° 2013-551 du 26 juin 2013) « le nombre d'heures pouvant justifier de l'attribution de l'allocation d'activité partielle correspond à la différence entre la durée légale du travail sur la période considérée ou, lorsqu'elle est inférieure, la durée collective du travail ou la durée stipulée au contrat, et le nombre d'heures travaillées sur ladite période. »

(Abrogé par Décr. n° 2022-241 du 24 févr. 2022, art. 2) « Lorsque la durée du travail du salarié est fixée par forfait en heures ou en jours sur l'année, en application des articles (Décr. n° 2016-1551 du 18 nov. 2016, art. 6-V, en vigueur le 1er janv. 2017) « L. 3121-56 et L. 3121-58 », est prise en compte la durée légale correspondant aux jours de fermeture de l'établissement (Décr. n° 2020-325 du 25 mars 2020, art. 1er) « ou aux jours de réduction de l'horaire de travail pratiquée dans l'établissement, à due proportion de cette réduction ».

« Lorsque le salarié est employé dans le cadre d'un régime d'équivalence tel que prévu (Décr. n° 2016-1551 du 18 nov. 2016, art. 6-V, en vigueur le 1er janv. 2017) « aux articles L. 3121-13 à L. 3121-15 », est déduit de la durée légale mentionnée au premier alinéa le nombre d'heures rémunérées sur la période considérée. »

« Pour l'application du présent article, la durée légale du travail et la durée stipulée au contrat sont définies sur la période considérée en tenant compte du nombre de mois entiers, du nombre de semaines entières et du nombre de jours ouvrés. »

Sur l'application des dispositions du Décr. n° 2020-325 du 25 mars 2020, V. ndlr ss. art. R. 5122-2.

Art. R. 5122-20 (Décr. n° 2014-740 du 30 juin 2014, art. 4) L'Agence de services et de paiement est autorisée à mettre en œuvre un traitement automatisé des données à caractère personnel contenues dans les demandes préalables d'autorisation de placement en position d'activité partielle et les demandes d'indemnisation en application des articles R. 5122-2 et R. 5122-5.

Le traitement automatisé a pour finalité :

1° La gestion, le contrôle et le suivi des demandes préalables d'autorisation de placement en position d'activité partielle de salariés et des demandes d'indemnisation ;

2° Le calcul et le paiement de l'allocation d'activité partielle versée à l'établissement ou au salarié en cas de paiement direct selon les modalités prévues à l'article R. 5122-16 ;

3° L'élaboration de données statistiques et financières anonymisées ;

(Décr. n° 2023-1397 du 29 déc. 2023, art. 1er) « 4° Le contrôle du respect des dispositions du présent code relatives à l'aide aux salariés placés en activité partielle et la lutte contre la fraude dont sont chargés l'inspection du travail et les services déconcentrés du ministre chargé de l'emploi. »

Art. R. 5122-21 (Décr. n° 2014-740 du 30 juin 2014, art. 4) Les catégories de données à caractère personnel enregistrées sont les suivantes :

1° En cas de paiement de l'allocation de l'activité partielle à l'établissement (Décr. n° 2020-794 du 26 juin 2020, art. 1er) « , au mandataire judiciaire ou à l'association mentionnée à l'article L. 3253-14 » :

a) Les identifiants de connexion ;

b) Le nom d'usage et le prénom des salariés ;

c) Le numéro d'inscription au répertoire national d'identification des personnes physiques ;

d) La catégorie socioprofessionnelle ;

e) Les coordonnées bancaires de l'établissement (Décr. n° 2020-794 du 26 juin 2020, art. 1er) « , du mandataire judiciaire ou de l'association mentionnée à l'article L. 3253-14 » ;

f) Le mode d'aménagement du temps de travail de chaque salarié, le nombre d'heures chômées et celles ouvrant droit à indemnisation sur la période considérée, dans les conditions prévues à l'article R. 5122-11 ;

EMPLOI **Art. R. 5122-26** 2675

(*Décr. n° 2020-325 du 25 mars 2020, art. 1ᵉʳ*) « **g) Les données inscrites dans le bulletin de paie mentionnées aux 4° à 7°, 10° à 12° ainsi qu'aux 14° et 16° de l'article R. 3243-1.** »

2° En cas de paiement direct aux salariés de l'allocation d'activité partielle dans le cadre des articles R. 5122-16 et R. 5122-17 :
 a) Les identifiants de connexion ;
 b) Les nom d'usage, nom de famille, prénom, civilité, date de naissance, commune de naissance, code INSEE de la commune de naissance des salariés ;
 c) Le numéro d'inscription au répertoire national d'identification des personnes physiques ;
 d) L'adresse des salariés, le code postal et la commune ;
 e) Les coordonnées bancaires des salariés ;
 f) Le mode d'aménagement du temps de travail de chaque salarié, le nombre d'heures chômées et celles ouvrant droit à indemnisation sur la période considérée, dans les conditions prévues à l'article R. 5122-11 ;
 (*Décr. n° 2020-325 du 25 mars 2020, art. 1ᵉʳ*) « **g) Les données inscrites dans le bulletin de paie mentionnées aux 4° à 7°, 10° à 12° ainsi qu'aux 14° et 16° de l'article R. 3243-1.** »

Sur l'application des dispositions du Décr. n° 2020-325 du 25 mars 2020, V. ndlr ss. art. R. 5122-2.

Art. R. 5122-22 (*Décr. n° 2014-740 du 30 juin 2014, art. 4*) A l'exception du numéro d'inscription au répertoire national d'identification des personnes physiques, sont destinataires des données du traitement pour les nécessités liées aux seules finalités mentionnées (*Décr. n° 2023-1397 du 29 déc. 2023, art. 1ᵉʳ*) « à » l'article R. 5122-20, les agents des administrations et organismes mentionnés ci-après, désignés et habilités par l'autorité responsable de ces administrations et organismes :
 1° La délégation générale à l'emploi et à la formation professionnelle ;
 2° L'organisme gestionnaire du régime d'assurance chômage ;
 3° Les services déconcentrés du ministère chargé de l'emploi ;
 (*Décr. n° 2023-1397 du 29 déc. 2023, art. 1ᵉʳ*) « **4° Les services de l'inspection du travail.**
 « **Par dérogation au premier alinéa, les agents de l'administration mentionnée au 1° sont destinataires du numéro d'inscription au répertoire national d'identification des personnes physiques pour les nécessités liées à la seule finalité mentionnée au 3° de l'article R. 5122-20.** »

Art. R. 5122-23 (*Décr. n° 2014-740 du 30 juin 2014, art. 4*) Les agents des services statistiques du ministère chargé de l'emploi désignés et habilités par l'autorité responsable de ces services sont destinataires des données, à l'exception du nom de famille et, le cas échéant, du nom d'usage, (*Abrogé par Décr. n° 2023-1397 du 29 déc. 2023, art. 1ᵉʳ*) « ainsi que du numéro d'inscription au répertoire national d'identification des personnes physiques, » pour les nécessités liées à la seule finalité mentionnée au 3° de l'article R. 5122-20.

Art. R. 5122-24 (*Décr. n° 2014-740 du 30 juin 2014, art. 4*) Les données à caractère personnel ne peuvent être conservées au-delà de cinq ans. Toutefois, en cas de contentieux relatif à une demande d'indemnisation, les données correspondantes sont conservées jusqu'au règlement définitif de l'affaire.
 L'enregistrement, l'utilisation, la conservation et la transmission de ces données sont réalisés selon des modalités propres à garantir leur confidentialité.

Art. R. 5122-25 (*Décr. n° 2014-740 du 30 juin 2014, art. 4*) Les droits d'accès et de rectification prévus aux articles (*Décr. n° 2023-1397 du 29 déc. 2023, art. 1ᵉʳ*) « 49 et 50 » de la loi n° 78-17 du 6 janvier 1978 relative à l'informatique, aux fichiers et aux libertés s'exercent auprès de l'Agence de services et de paiement.

Art. R. 5122-26 (*Décr. n° 2014-740 du 30 juin 2014, art. 4*) I. — La demande d'autorisation mentionnée à l'article R. 5122-2 adressée par voie dématérialisée est établie sur un site accessible en ligne, par l'intermédiaire du réseau internet, offrant les fonctionnalités nécessaires à la dématérialisation des échanges d'information entre l'employeur et le préfet de manière sécurisée et confidentielle.

Les conditions générales d'utilisation de ce site précisent notamment les règles relatives à l'identification de l'auteur de la demande d'autorisation, à l'intégrité, à la lisibilité et à la fiabilité de la transmission, à sa date et à son heure, à l'assurance de sa réception ainsi qu'à sa conservation.

Pour adhérer à ces conditions générales d'utilisation, l'employeur fournit les informations nécessaires à son identification ainsi que le nom de la personne physique, dûment habilitée, chargée de procéder à la demande d'autorisation et une adresse électronique, afin que puissent lui être communiquées les informations permettant d'authentifier l'auteur de la demande d'autorisation.

L'adhésion par l'employeur donne lieu à la délivrance d'un récépissé électronique établi dans des conditions de nature à permettre sa conservation garantissant son intégrité sur la durée.

Cette adhésion lui ouvre l'accès au dépôt de sa demande dématérialisée d'activité partielle.

II. — La demande d'autorisation, qui comporte notamment les coordonnées bancaires du compte sur lequel sera payée l'allocation mentionnée à l'article L. 5122-1, donne lieu à la délivrance d'un récépissé électronique de dépôt établi dans des conditions de nature à permettre sa conservation garantissant son intégrité sur la durée. Ce récépissé récapitule notamment les informations relatives à l'identification de l'auteur de la demande, la date et l'heure de la réception de celle-ci et le délai au terme duquel l'absence de décision vaut acceptation implicite de la demande d'autorisation.

La transmission de ce récépissé est assurée de manière sécurisée.

CHAPITRE III AIDES AUX ACTIONS DE RECLASSEMENT ET DE RECONVERSION PROFESSIONNELLE

SECTION 1 Dispositions générales

Art. R. 5123-1 Le ministre chargé de l'emploi engage les actions de reclassement, de placement et de reconversion professionnelle prévues à l'article L. 5123-1 et peut accorder les aides individuelles au reclassement mentionnées aux articles L. 5123-2 et L. 5123-3 après avis (*Décr. n° 2018-1262 du 26 déc. 2018, art. 1er*) « de la Commission nationale de la négociation collective, de l'emploi et de la formation professionnelle ». — [*Anc. art. L. 322-4, al. 1er partiel.*]

Art. R. 5123-2 Pour l'application du 4° de l'article R. 5111-2, le congé de conversion accordé aux salariés doit être d'une durée au moins égale à quatre mois et leur garantir une allocation de conversion au moins égale à 65 % de la rémunération brute moyenne des douze mois précédant l'entrée en congé, et à 85 % du salaire minimum de croissance. (*Décr. n° 2021-626 du 19 mai 2021, art. 1er, en vigueur le 1er juill. 2021*) « Lorsqu'au cours de ces douze mois le salarié a exercé son emploi à temps partiel dans le cadre d'un congé parental d'éducation, d'un congé de proche aidant, d'un congé de présence parentale ou d'un congé de solidarité familiale, il est tenu compte, pour le calcul de la rémunération brute moyenne, du salaire qui aurait été le sien s'il avait exercé son activité à temps plein sur l'ensemble de la période. »

Les conventions de congé de conversion sont conformes à une convention type fixée par arrêté conjoint des ministres chargés de l'économie et de l'emploi.

SECTION 2 Convention de coopération pour la mise en œuvre des cellules de reclassement

Art. R. 5123-3 Pour l'application du 5° de l'article R. 5111-2, la convention de coopération détermine la nature des actions de reclassement, leur champ d'application et le montant de la participation de l'État au financement des cellules chargées de les mettre en œuvre.

Le taux maximal de cette participation et la durée maximale pendant laquelle les intéressés peuvent bénéficier de ces actions sont fixés par arrêté conjoint des ministres chargés de l'emploi et de l'économie. — [*Anc. art. R. 322-1, al. 9 fin et 10.*]

Lorsque la convention visée à l'art. R. 5123-3 C. trav. a pour objectif de mettre en place un accompagnement collectif renforcé afin de favoriser le retour à l'emploi de salariés licenciés pour motif économique dans des entreprises en redressement ou liquidation judiciaire, l'État peut, sur décision du ministre en charge de l'emploi, participer financièrement au coût de la prestation dans la limite de 4 000 € (TTC) par salarié. La contribution de l'État tient compte de la capacité contributive de l'entreprise.

En cas de manquement du cocontractant de l'État à ses obligations figurant à la convention, les dispositions de celle-ci pourront être suspendues ou révisées et les sommes indûment perçues feront l'objet d'un reversement (Arr. du 22 janv. 2014, JO 29 janv.).

Art. D. 5123-4 Les maisons de l'emploi mentionnées à l'article L. 5313-1 peuvent, pour la mise en œuvre de cellules de reclassement interentreprises, conclure avec l'État une convention de coopération portant sur les actions prévues au 5° de l'article R. 5111-2. — *[Anc. art. D. 322-7-1.]*

SECTION 3 Convention de formation

Art. R. 5123-5 Les conventions prévoyant des mesures temporaires de formation professionnelle mentionnées au 1° de l'article R. 5111-2 sont conclues pour une durée limitée en vue d'organiser :
1° Des actions de conversion ;
2° Des actions d'adaptation ;
3° Des actions de prévention. — *[Anc. art. R. 322-2.]*

Art. R. 5123-6 Ces conventions peuvent prévoir :
1° Soit l'organisation de sections temporaires homogènes de formation ;
2° Soit l'accomplissement du stage aux postes mêmes de travail, sous la direction de moniteurs. — *[Anc. art. R. 322-3.]*

Art. R. 5123-7 Les conventions de formation déterminent notamment :
1° L'objet, la nature et la durée de la formation dispensée ainsi que le nombre prévu de stagiaires ;
2° Les conditions de création et de fonctionnement des stages ;
3° Le contrôle technique permettant notamment de fixer le temps de formation servant de base à la participation de l'État aux dépenses de fonctionnement ;
4° Les conditions de prise en charge des frais de formation pédagogique des moniteurs et de leur rémunération ;
5° La participation de l'État aux dépenses de matières d'œuvre et d'amortissement des machines, et éventuellement, pour les sections homogènes de formation, sa participation à l'équipement en matériel et à l'aménagement des locaux ;
6° La partie de la rémunération et des charges sociales des stagiaires pris en charge par l'État dans le cas des stages d'adaptation ou de prévention, conformément aux dispositions des articles L. 6341-2, L. 6341-9 et R. 6341-10. — *[Anc. art. R. 322-4.]*

Art. R. 5123-8 Le salarié qui suit une action de conversion ayant fait l'objet d'une convention est rémunéré dans les conditions fixées par l'article L. 6341-4. — *[Anc. art. R. 322-5.]*

SECTION 4 Convention d'allocation temporaire dégressive

Art. R. 5123-9 Les conventions mentionnées au 2° de l'article R. 5111-2 peuvent prévoir le versement d'une allocation temporaire dégressive aux salariés ayant fait l'objet d'un licenciement économique et reclassés dans un emploi comportant une rémunération inférieure à celle qu'ils recevaient au titre de leur emploi antérieur. — *[Anc. art. R. 322-6, al. 1er.]*

L'allocation temporaire dégressive ne saurait bénéficier à une personne ayant la qualité de mandataire social. ● CE 3 mars 1997 : *RJS 1997. 383, n° 588.*

Art. R. 5123-10 Les conventions d'allocation temporaire dégressive garantissent à leurs bénéficiaires, pour une période qui ne peut excéder deux ans, le versement d'une allocation évaluée au moment de l'embauche et calculée forfaitairement en prenant en compte l'écart existant entre le salaire net moyen perçu au cours des douze derniers mois au titre du dernier emploi, à l'exclusion de la rémunération des heures supplémentaires et des primes et indemnités n'ayant pas le caractère d'un complément de salaire, et le salaire net de l'emploi de reclassement. — [Anc. art. R. 322-6, al. 2.]

Art. R. 5123-11 La participation de l'État ne peut excéder 75 % du montant de l'allocation, ni dépasser un montant maximum par salarié fixé par arrêté conjoint des ministres chargés de l'emploi et du budget. — [Anc. art. R. 322-6, al. 3.]

SECTION 5 **Convention d'allocation spéciale pour les travailleurs âgés**

Art. R. 5123-12 La convention mentionnée au 2° de l'article L. 5123-2 peut prévoir l'attribution d'une allocation spéciale pour les travailleurs âgés faisant l'objet d'un licenciement pour motif économique qui, selon les modalités fixées par chaque convention, ont été déclarés non susceptibles d'un reclassement. — [Anc. art. R. 322-7-I, al. 1er.]

V. Arr. du 20 avr. 1999 (JO 24 avr.) fixant les conditions d'adhésion et les droits des bénéficiaires des conventions de préretraite progressive, mod. par Arr. du 18 déc. 2003 (JO 23 janv. 2004).

V. Arr. du 29 août 2001 (JO 4 sept.) fixant les conditions d'adhésion et les droits des bénéficiaires des conventions d'allocations spéciales du Fonds national de l'emploi, mod. par Arr. du 9 mars 2005 (JO 31 mars).

V. Circ. CDE n° 93-12 du 26 mars 1993 relative aux conventions de préretraite progressive du FNE (BOMT n° 93/10, texte n° 417) ; Circ. CDE n° 93-58 du 30 déc. 1993 relative aux conventions d'allocations spéciales du FNE (BOMT n° 94/5, p. 132) ; Instr. CDGEFP n° 97-14 du 28 mai 1997 relative à la préretraite progressive (BOMT n° 97/14, p. 71).

Pour le calcul du salaire de référence, doivent être prises en compte les primes de sujétion individuelles présentant un caractère habituel. ● CE 14 oct. 1996 : ⚖ *RJS 1997. 55, n° 80.*

Art. R. 5123-13 La convention détermine le montant de la contribution financière due par l'entreprise signataire. — [Anc. art. R. 322-7-I, al. 2.]

Art. R. 5123-14 Le salaire de référence servant de base à la détermination de l'allocation spéciale est fixé d'après les rémunérations sur lesquelles ont été assises les contributions au régime d'assurance chômage au titre des douze derniers mois civils précédant le dernier jour de travail payé à l'intéressé, dans la limite du double du plafond prévu à l'article L. 241-3 du code de la sécurité sociale. Il est calculé selon les règles définies dans le cadre du régime d'assurance chômage prévu au chapitre II du titre II du livre IV de la partie V du présent code. — [Anc. art. R. 322-7-I, al. 3.]

Art. R. 5123-15 Le montant total de l'allocation spéciale est égal à 65 % du salaire journalier de référence dans la limite du plafond prévu à l'article L. 241-3 du code de la sécurité sociale, auxquels s'ajoutent 50 % du salaire de référence pour la part de ce salaire comprise entre une et deux fois ce même plafond. — [Anc. art. R. 322-7-I, al. 4.]

Art. R. 5123-16 Le montant de l'allocation spéciale ne peut être inférieur au montant minimum de l'allocation d'assurance chômage prévue à l'article L. 5422-3.

Le montant de l'allocation journalière garantie ne peut excéder 85 % du salaire de référence. — [Anc. art. R. 322-7-I, al. 5.]

Art. R. 5123-17 L'allocation spéciale est attribuée au plus tard jusqu'à (Décr. n° 2011-620 du 31 mai 2011) « l'âge prévu au 1° de l'article L. 351-8 du code de la sécurité sociale ». Les conditions dans lesquelles elle peut être éventuellement cumulée avec une pension de retraite et les modalités de ce cumul sont déterminées par décret.

Pour l'application à Mayotte de cet art., V. art. R. 5522-88.

Art. R. 5123-18 Le versement de l'allocation spéciale est suspendu en cas de reprise d'une activité professionnelle. — [Anc. art. R. 322-7-III, al. 2, phrase 1.]

Art. R. 5123-19 Cependant, à titre exceptionnel et pour certaines tâches d'intérêt général accomplies pour le compte d'organismes privés à but non lucratif ou de collectivités publiques ayant à cet effet conclu une convention avec le préfet, le versement de l'allocation spéciale peut être maintenu en tenant compte des rémunérations éventuellement perçues par l'intéressé. — [Anc. art. R. 322-7-III, al. 3, phrase 1.]

EMPLOI

Art. R. 5123-20 Le salaire de référence et le montant minimum de l'allocation sont revalorisés dans des conditions et suivant des modalités définies par décret. — *[Anc. art. R. 322-7-IV.]*

Art. R. 5123-21 Un arrêté conjoint des ministres chargés de l'emploi et du budget précise notamment les conditions d'adhésion des salariés aux conventions, les modalités de calcul du salaire de référence et les modalités de détermination de la contribution financière des entreprises. — *[Anc. art. R. 322-7-V.]*

SECTION 6 Convention d'allocation pour cessation anticipée d'activité

SOUS-SECTION 1 Convention

Art. R. 5123-22 L'État peut prendre partiellement en charge le revenu de remplacement versé aux salariés bénéficiant d'avantages de préretraite, en application d'un accord professionnel national ouvrant droit à une exonération des cotisations de sécurité sociale dans les conditions prévues aux articles L. 5123-6 et L. 5422-10 et d'un accord d'entreprise dans les conditions définies ci-après, lorsque les salariés connaissent des difficultés d'adaptation à l'évolution de leur emploi liées à des conditions spécifiques d'exercice de leur activité. — *[Anc. art. R. 322-7-2-I, al. 1er.]*

Art. R. 5123-23 La prise en charge partielle par l'État du revenu de remplacement dans le cadre d'une convention d'allocation pour cessation anticipée d'activité ne peut être accordée que si l'accord professionnel national a déterminé :
1° Son champ d'application ;
2° Les conditions d'ouverture pour les salariés du droit à la cessation d'activité ;
3° Les conditions d'âge pour en bénéficier ;
4° Le montant de l'allocation servie au bénéficiaire ainsi que les modalités de son versement ;
5° Les conditions de reprise d'activité dans l'entreprise par les salariés intéressés ;
6° La période pendant laquelle les salariés peuvent adhérer aux mesures de cessation d'activité, l'État ne pouvant s'engager que si la durée de cette période n'excède pas cinq ans. — *[Anc. art. R. 322-7-2-I, al. 2.]*

Art. R. 5123-24 La prise en charge de l'allocation par l'État ne peut intervenir que si l'entreprise a prévu par convention ou accord collectif de travail des dispositions relatives à la gestion prévisionnelle de l'emploi, au développement des compétences de ses salariés et à leur adaptation à l'évolution de leur emploi. La convention ou l'accord collectif de travail détermine également le nombre maximum de bénéficiaires de l'allocation pour la période d'adhésion définie par l'accord professionnel. — *[Anc. art. R. 322-7-2-II.]*

Art. R. 5123-25 L'employeur consulte, avant la conclusion d'une convention de cessation d'activité, le *(Décr. n° 2017-1819 du 29 déc. 2017, art. 3)* « comité social et économique ». Il s'engage également à leur présenter annuellement un bilan de l'application de la convention relative à la cessation d'activité. — *[Anc. art. R. 322-7-2-III.]*

Art. R. 5123-26 Une convention conclue entre l'État, l'entreprise et l'organisme gestionnaire désigné par l'accord professionnel pour effectuer, au nom de l'entreprise, le versement de l'allocation aux bénéficiaires de la cessation d'activité indique le nombre maximum de salariés susceptibles d'être placés en cessation d'activité pendant la période prévue au 6° de l'article R. 5123-23. — *[Anc. art. R. 322-7-2-VI, al. 1er.]*

Art. R. 5123-27 La convention prévoit que, chaque année, l'entreprise fait connaître par une déclaration à l'autorité signataire de la convention le nombre de salariés répartis par âge qui sont susceptibles d'adhérer au dispositif pendant l'année suivant celle au cours de laquelle cette déclaration est établie. Cette déclaration n'est pas susceptible de modification.
Le revenu de remplacement versé au salarié ne peut faire l'objet d'une prise en charge partielle par l'État si l'adhésion de l'intéressé n'est pas prévue dans la déclaration visée au premier alinéa.

La convention prévoit également que l'entreprise transmet annuellement à l'autorité signataire de la convention un état de la réalisation des engagements qu'elle a souscrits dans l'accord d'entreprise ainsi qu'un bilan précisant le nombre de bénéficiaires ayant effectivement opté pour le dispositif.

La convention stipule que, pendant la période prévue au 6° de l'article R. 5123-23, l'entreprise s'engage à ne solliciter aucune convention tendant à l'attribution de l'allocation spéciale pour les travailleurs âgés prévue à l'article R. 5123-12. − [Anc. art. R. 322-7-2-VI, al. 2 à 5.]

Art. R. 5123-28 Aucune convention au titre de la cessation d'activité ne peut être conclue avec une entreprise ayant déjà conclu une convention en vue de l'attribution de l'allocation spéciale pour les travailleurs âgés, durant la période pendant laquelle les salariés peuvent adhérer à cette dernière convention. − [Anc. art. R. 322-7-2-VI, al. 6.]

SOUS-SECTION 2 **Conditions d'attribution relatives au salarié**

Art. R. 5123-29 Pour bénéficier de la prise en charge partielle de l'allocation pour cessation anticipée d'activité par l'État, le salarié remplit les conditions suivantes :

1° Le salarié a adhéré personnellement au dispositif de cessation d'activité ;

2° Son contrat de travail est suspendu pendant la durée du versement effectif de l'allocation ;

3° Il est âgé d'au moins cinquante-sept ans ;

4° Il a adhéré au dispositif, au plus tôt, à cinquante-cinq ans et, au plus tard, avant son soixante-cinquième anniversaire ;

5° Il a été salarié de l'entreprise de manière continue pendant un an au moins avant son adhésion au dispositif ;

6° Il a :

a) Soit accompli quinze ans de travail à la chaîne au sens du c de l'article 70-3 du décret du 29 décembre 1945 dans sa rédaction issue du décret n° 76-404 du 10 mai 1976 ou de travail en équipes successives, soit avoir travaillé habituellement deux cents nuits ou plus par an pendant quinze ans ;

b) Soit, s'il est travailleur handicapé au sens de l'article L. 5212-13 à la date d'entrée en vigueur de l'accord professionnel mentionné à l'article R. 5123-22, justifié d'au moins quarante trimestres valables pour la retraite au sens des articles R. 351-3, R. 351-4, R. 351-12 et R. 351-15 du code de la sécurité sociale, dans un ou plusieurs régimes de sécurité sociale de salariés ;

7° Il n'a pas réuni les conditions nécessaires à la validation d'une retraite à taux plein au sens (Décr. n° 2008-1555 du 31 déc. 2008) « de l'article R. 351-27 » du code de la sécurité sociale ;

8° Il n'exerce aucune autre activité professionnelle ;

9° Il ne bénéficie ni d'un avantage vieillesse à caractère viager acquis à titre personnel liquidé après l'entrée dans le dispositif, ni d'une indemnisation versée en application des articles L. 5421-2, R. 5123-12 ou de la loi n° 96-126 du 21 février 1996 portant création d'un fonds paritaire en faveur de l'emploi.

Un arrêté du ministre chargé de l'emploi détermine les modalités selon lesquelles il est vérifié que le salarié remplit les conditions ci-dessus. − [Anc. art. R. 322-7-2-IV.]

Pour l'application à Mayotte de cet art., V. art. R. 5522-89.

SOUS-SECTION 3 **Calcul et paiement de l'allocation**

Art. R. 5123-30 Pendant la durée de la suspension du contrat de travail du salarié, l'entreprise lui assure le versement d'une allocation pour cessation anticipée d'activité dont le montant minimum est déterminé par l'accord professionnel. − [Anc. art. R. 322-7-2-V, al. 1ᵉʳ.]

Art. R. 5123-31 Le versement de l'allocation est interrompu en cas de reprise d'une activité professionnelle par le salarié.

L'allocation cesse d'être versée lorsque, à partir de (Décr. n° 2011-620 du 31 mai 2011) « l'âge prévu à l'article L. 161-17-2 du code de la sécurité sociale », les bénéficiaires remplissent les conditions nécessaires à la validation d'une retraite à taux plein au sens *(Décr. n° 2008-1555 du 31 déc. 2008)* « de l'article R. 351-27 » du code de la sécurité sociale.

Pour l'application à Mayotte de cet art., V. art. R. 5522-90.

Art. R. 5123-32 L'État participe au financement de l'allocation versée aux bénéficiaires dans les conditions suivantes :
1° La participation de l'État n'est due qu'après l'expiration d'un délai courant à compter de la date de suspension du contrat de travail et comprenant un nombre de jours correspondant aux indemnités compensatrices de congés payés versées par l'employeur ;
2° L'assiette prise en compte pour la détermination de la participation financière de l'État est égale à l'allocation définie par l'accord professionnel national, dans la limite de 65 % du salaire de référence pour la part du salaire n'excédant pas le plafond prévu à l'article L. 241-3 du code de la sécurité sociale auxquels s'ajoutent 50 % du salaire de référence pour la part de ce salaire comprise entre une et deux fois ce même plafond ;
3° Le montant de la participation de l'État au financement de l'allocation est égal à une proportion, fixée par arrêté conjoint des ministres chargés de l'emploi et des finances, de l'assiette définie au 2° ci-dessus. Cette proportion croît dans les conditions précisées par cet arrêté en fonction de l'âge auquel le salarié a bénéficié de la cessation d'activité. — *[Anc. art. R. 322-7-2-VII, al. 1er à 3 et 6.]*

Art. R. 5123-33 Le salaire de référence est déterminé d'après les rémunérations sur lesquelles ont été assises les contributions au régime d'assurance chômage au titre des douze derniers mois civils précédant l'adhésion au dispositif de cessation d'activité.

Il est calculé selon les règles définies dans le cadre du régime d'assurance chômage prévu au chapitre II du titre II du livre IV. Il est revalorisé selon les règles définies aux deuxième et troisième alinéas de l'article L. 161-23-1 du code de la sécurité sociale. La première revalorisation ne peut intervenir que dès lors que les rémunérations qui composent le salaire de référence sont intégralement afférentes à des périodes de plus de six mois à la date de revalorisation.

Le salaire de référence pour les salariés bénéficiant d'une préretraite progressive est celui qui a servi de base au versement des allocations de préretraite progressive, revalorisé le cas échéant dans les conditions prévues aux articles 1er et 2 du décret n° 98-1024 du 12 novembre 1998 portant application de l'article R. 322-7 du code du travail. — *[Anc. art. R. 322-7-2-VII, al. 4 et 5.]*

Art. R. 5123-34 L'État rembourse l'entreprise en versant à l'organisme gestionnaire désigné par l'accord professionnel la participation financière qui est à sa charge.

Ce remboursement s'effectue trimestriellement à terme échu. — *[Anc. art. R. 322-7-2-VIII.]*

SOUS-SECTION 4 **Suspension ou dénonciation de la convention**

Art. R. 5123-35 La convention de cessation d'activité peut être totalement ou partiellement suspendue en cas de non-respect par l'entreprise des dispositions des accords professionnel ou d'entreprise ou des dispositions de la convention. — *[Anc. art. R. 322-7-2-IX, al. 1er début.]*

Art. R. 5123-36 La convention peut être dénoncée en cas de dénonciation des accords professionnel ou d'entreprise. — *[Anc. art. R. 322-7-2-IX, al. 1er fin.]*

Art. R. 5123-37 La suspension de la convention entraîne la suspension du versement de la participation financière de l'État à compter du premier jour du mois suivant celui au cours duquel le manquement a été constaté. Elle n'a pas pour effet de prolonger la durée de la convention.

Toutefois, l'autorité signataire de la convention peut, après appréciation de la gravité des manquements de l'entreprise, de sa situation et des nouveaux engagements pris par l'employeur, conclure un avenant à la convention prévoyant le maintien d'une partie de la participation financière de l'État. — *[Anc. art. R. 322-7-2-IX, al. 2 et 3.]*

Art. R. 5123-38 La dénonciation de la convention entraîne la cessation définitive du versement de la participation financière de l'État, à compter du premier jour du mois suivant celui au cours duquel l'accord cesse de produire effet. — *[Anc. art. R. 322-7-2-IX, al. 4.]*

Art. R. 5123-39 L'accord professionnel national et l'accord d'entreprise ne peuvent délier l'entreprise des engagements pris à l'égard des salariés et notamment du versement de l'allocation lorsque la participation financière de l'État est suspendue ou interrompue en application des dispositions de la présente sous-section. — *[Anc. art. R. 322-7-2-IX, al. 6.]*

SECTION 7 **Convention d'aide au passage à temps partiel**

Art. R. 5123-40 L'allocation complémentaire mentionnée au 4° de l'article L. 5123-2 est accordée aux salariés acceptant la transformation de leur emploi à temps plein en emploi dont la durée de travail est inférieure d'au moins un cinquième à la durée légale du travail afin d'éviter des licenciements pour motif économique. — *[Anc. art. R. 322-7-1, al. 1er.]*

Art. R. 5123-41 Cette allocation dégressive est versée pendant une durée maximale de deux ans. Son montant, sa durée et les règles de détermination de la participation respective de l'État et de l'employeur à son financement, ainsi que les conditions d'adhésion et les garanties complémentaires dont bénéficient les salariés intéressés, notamment en cas de licenciement, pendant la période de versement ou à son issue, sont fixés par arrêté conjoint des ministres chargés de l'emploi et du budget. — *[Anc. art. R. 322-7-1, al. 2.]*

CHAPITRE IV DISPOSITIONS PÉNALES

Le présent chapitre ne comprend pas de dispositions réglementaires.

TITRE III AIDES À L'INSERTION, À L'ACCÈS ET AU RETOUR À L'EMPLOI

CHAPITRE I ACCOMPAGNEMENT PERSONNALISÉ POUR L'ACCÈS À L'EMPLOI

SECTION 1 **Objet et conventions**

Art. R. 5131-1 Les personnes mentionnées à l'article L. 5131-1 sont, notamment :
1° Les jeunes de dix-huit à vingt-cinq ans révolus rencontrant des difficultés particulières d'accès à l'emploi ;
2° Les chômeurs de longue durée ;
3° Les chômeurs âgés de plus de cinquante ans ;
4° Les bénéficiaires du revenu minimum d'insertion ;
5° Les personnes handicapées. — *[Anc. art. L. 322-4-17, al. 1er milieu.]*

Art. R. 5131-2 Les conventions mentionnées au second alinéa de l'article L. 5131-1 peuvent prévoir des aides de l'État.
Les modalités de ces conventions et, notamment, le montant des aides sont fixées [fixés] par décret. — *[Anc. art. L. 322-4-17, al. 2.]*

SECTION 2 **Plan local pluriannuel pour l'insertion et l'emploi**

Art. R. 5131-3 L'État apporte son concours, pour une durée maximale de cinq ans, à la mise en œuvre des plans locaux pluriannuels pour l'insertion et l'emploi, dans le cadre d'accords conclus avec les collectivités intéressées et les agences d'insertion mentionnées à l'article L. 522-1 du code de l'action sociale et des familles. — *[Anc. art. L. 322-4-16-6, phrase 3.]*

EMPLOI **Art. R. 5131-7** 2683

SECTION 3 Droit à l'accompagnement des jeunes vers l'emploi et l'autonomie

(Décr. n° 2016-1855 du 23 déc. 2016, en vigueur le 1er janv. 2017)

SOUS-SECTION 1 Droit à l'accompagnement

Art. R. 5131-4 L'État établit, en concertation avec la région, des orientations stratégiques relatives à la mise en œuvre du droit à l'accompagnement des jeunes confrontés à un risque d'exclusion professionnelle mentionné à l'article L. 5131-3. Il associe à ces travaux les départements, les communes et leurs groupements.

Ces orientations s'inscrivent dans le cadre du schéma prévisionnel de développement du service public régional de l'orientation mentionné au 5° de l'article L. 214-13 du code de l'éducation et de la stratégie régionale coordonnée en matière d'emploi, d'orientation et de formation professionnelles mentionnée à l'article L. 6123-4-1 du code du travail.

Ces orientations font l'objet d'une concertation préalable au sein du comité régional de l'emploi, de la formation et de l'orientation professionnelles, qui en assure également le suivi.

Ces orientations précisent notamment les conditions de mobilisation par les missions locales *(Décr. n° 2022-199 du 18 févr. 2022, art. 1er, en vigueur le 1er mars 2022)* « et Pôle emploi » *[France Travail depuis le 1er janv. 2024]* des acteurs de l'éducation, de l'information, de l'orientation, de l'insertion, de la formation et de l'emploi au bénéfice de l'accompagnement des jeunes.

Art. R. 5131-5 Dans le cadre des orientations stratégiques définies à l'article R. 5131-4, les missions locales *(Décr. n° 2022-199 du 18 févr. 2022, art. 1er, en vigueur le 1er mars 2022)* « et Pôle emploi » *[France Travail depuis le 1er janv. 2024]* mettent en œuvre le droit à l'accompagnement, en lien avec l'ensemble des organismes susceptibles d'y contribuer, dans le cadre du conseil en évolution professionnelle mentionné à l'article L. 6111-6.

Art. R. 5131-6 L'État conclut avec les missions locales des conventions pluriannuelles d'objectifs. Les collectivités territoriales et leurs groupements signent également ces conventions lorsqu'ils participent au financement des missions locales.

Au vu des orientations stratégiques mentionnées à l'article R. 5131-4, ces conventions précisent :

1° Les jeunes susceptibles de bénéficier prioritairement du parcours d'accompagnement contractualisé vers l'emploi et l'autonomie *(Décr. n° 2022-199 du 18 févr. 2022, art. 1er, en vigueur le 1er mars 2022)* « et du contrat d'engagement jeune » ;

2° Les objectifs à atteindre en termes d'accès à l'emploi et à l'autonomie des jeunes ;

3° L'offre de services proposée et les moyens mobilisés afin d'identifier les modalités du parcours contractualisé *(Décr. n° 2022-199 du 18 févr. 2022, art. 1er, en vigueur le 1er mars 2022)* « et du contrat d'engagement jeune » les plus adaptées pour ses bénéficiaires ;

4° L'offre de services proposée aux entreprises dans leurs processus de recrutement ;

5° Les financements accordés pour la mise en œuvre des dispositifs nationaux de la politique de l'emploi ;

6° Leurs modalités de suivi et d'évaluation.

Les conseils départementaux signataires des conventions pluriannuelles d'objectifs peuvent confier l'accompagnement des bénéficiaires du revenu de solidarité active et de leur conjoint, concubin ou partenaire lié par un pacte civil de moins de vingt-cinq ans révolus aux missions locales, qui l'assureront dans le cadre du parcours contractualisé d'accompagnement vers l'emploi et l'autonomie *(Décr. n° 2022-199 du 18 févr. 2022, art. 1er, en vigueur le 1er mars 2022)* « ou du contrat d'engagement jeune ».

Art. R. 5131-7 Les cas de dérogation prévus *(Décr. n° 2022-199 du 18 févr. 2022, art. 1er, en vigueur le 1er mars 2022)* « à l'article L. 5131-4 » concernent les cas d'absence d'une mission locale sur tout ou partie du territoire ou de cessation d'activité d'une mission locale et les cas où une mission locale ne serait pas sur un territoire en mesure d'accompagner seule les jeunes dans le cadre du parcours contractualisé d'accompagnement vers l'emploi et l'autonomie *(Abrogé par Décr. n° 2022-199 du 18 févr. 2022, art. 1er, à compter du 1er mars 2022)* **« et de la garantie**

jeunes ». Dans ces cas, un autre organisme peut être désigné par le représentant de l'État dans le département, après consultation du comité régional de l'emploi, de la formation et de l'orientation professionnelles, pour mettre en œuvre le parcours contractualisé d'accompagnement vers l'emploi et l'autonomie *(Abrogé par Décr. n° 2022-199 du 18 févr. 2022, art. 1er, à compter du 1er mars 2022)* « *et la garantie jeunes* ». L'État, la région et les autres collectivités territoriales qui participent au financement de l'organisme désigné définissent par convention son cadre d'intervention et notamment la durée de l'intervention, son périmètre et les moyens mobilisés par chaque partie.

Les organismes désignés dans ce cadre mettent en œuvre les dispositions de la présente section dans les mêmes conditions que les missions locales.

Art. R. 5131-8 *(Décr. n° 2022-199 du 18 févr. 2022, art. 1er, en vigueur le 1er mars 2022)* Le bénéfice de l'allocation prévue à l'article L. 5131-5 peut être accordé par le représentant de la mission locale ou de Pôle emploi *[France Travail depuis le 1er janv. 2024]*, au nom et pour le compte de l'État, en fonction de la situation et des besoins de l'intéressé pendant les périodes durant lesquelles ce dernier ne perçoit pas, au titre de la rémunération d'un emploi, d'un stage ou d'une autre allocation, des sommes excédant un montant mensuel total de 300 euros.

L'allocation est versée par Pôle emploi *[France Travail depuis le 1er janv. 2024]* ou par l'Agence de services et de paiement lorsque la demande émane d'une mission locale. Ils transmettent au ministre chargé de l'emploi et au ministre chargé des comptes publics les éléments d'information nécessaires au suivi statistique des bénéficiaires de l'allocation, à la connaissance des crédits engagés, ainsi qu'à l'évaluation de la mesure.

Art. D. 5131-9 *(Décr. n° 2022-199 du 18 févr. 2022, art. 1er, en vigueur le 1er mars 2022)* Le montant de l'allocation prévue à l'article L. 5131-5 ne peut excéder le montant fixé au *a* du 1° du I de l'article D. 5131-19. L'allocation versée au bénéficiaire est plafonnée à six fois ce montant par an.

SOUS-SECTION 2 **Parcours contractualisé d'accompagnement vers l'emploi et l'autonomie**

Art. R. 5131-10 Le diagnostic prévu à l'article L. 5131-4 résulte d'une analyse menée avec le jeune de sa situation, de ses demandes, de ses projets et de ses besoins. Ce diagnostic formalisé permet notamment d'identifier et valoriser les compétences. Il fonde l'orientation du jeune vers la modalité la plus adaptée du parcours contractualisé d'accompagnement vers l'emploi et l'autonomie.

L'art. R. 5131-8 devient l'art. R. 5131-10 *(Décr. n° 2022-199 du 18 févr. 2022, art. 1er, en vigueur le 1er mars 2022)*.

Art. R. 5131-11 Le parcours contractualisé d'accompagnement vers l'emploi et l'autonomie *(Décr. n° 2022-199 du 18 févr. 2022, art. 1er, en vigueur le 1er mars 2022)* « mentionné à l'article L. 5131-4 » est constitué de phases d'accompagnement pouvant varier dans leur durée et leur intensité. Chaque phase fait l'objet d'objectifs définis avec le jeune et d'une évaluation à son terme, en vue de mesurer la progression du jeune vers l'accès à l'emploi et l'autonomie et de s'assurer que les objectifs de la phase ont été atteints. Chaque phase d'accompagnement peut comporter :

1° Des périodes de formation ;

2° Des situations professionnelles, y compris des périodes de mise en situation en milieu professionnel mentionnées aux articles L. 5131-5 et suivants ;

3° Des actions spécifiques dans le cadre de l'accompagnement social et professionnel ;

4° Des actions portées par d'autres organismes susceptibles de contribuer à l'accompagnement.

L'art. R. 5131-9 devient l'art. R. 5131-11 *(Décr. n° 2022-199 du 18 févr. 2022, art. 1er, en vigueur le 1er mars 2022)*.

Art. R. 5131-12 Le contrat *(Abrogé par Décr. n° 2022-199 du 18 févr. 2022, art. 1er, à compter du 1er mars 2022)* « *d'engagements* » est signé un mois au plus tard après la réalisation du diagnostic, d'une part, au nom de l'État, par le représentant légal de la mission locale, ou tout salarié dûment habilité par lui et, d'autre part, par le bénéficiaire de l'accompagnement.

Il mentionne :
1° Les phases du parcours, leurs objectifs et leur durée définis par le bénéficiaire et le conseiller référent ;
2° Les engagements de chaque partie au contrat pour chaque phase. Parmi ces engagements figurent pour le bénéficiaire la participation active aux différentes actions prévues au sein des phases d'accompagnement ainsi que la sincérité et l'exactitude des informations communiquées, notamment au titre de l'article *(Décr. n° 2022-199 du 18 févr. 2022, art. 1er, en vigueur le 1er mars 2022)* « R. 5131-8 » ;
3° Le cas échéant, l'attribution d'une allocation *(Décr. n° 2022-199 du 18 févr. 2022, art. 1er, en vigueur le 1er mars 2022)* « et son montant ».

La première phase du parcours débute au plus tard un mois après la signature du contrat.

Le contrat peut être modifié en fonction des évaluations mentionnées à l'article *(Décr. n° 2022-199 du 18 févr. 2022, art. 1er, en vigueur le 1er mars 2022)* « R. 5131-11 » ou de l'évolution de la situation du jeune.

Les contrats d'engagements réciproques conclus dans le cadre de la garantie jeunes antérieurement au 1er janv. 2017 continuent à produire leurs effets dans les conditions applicables avant cette date, jusqu'à leur terme (Décr. n° 2016-1855 du 23 déc. 2016, art. 2-II).

L'art. R. 5131-10 devient l'art. R. 5131-12 (Décr. n° 2022-199 du 18 févr. 2022, art. 1er, en vigueur le 1er mars 2022).

Art. R. 5131-13 Le contrat *(Abrogé par Décr. n° 2022-199 du 18 févr. 2022, art. 1er, à compter du 1er mars 2022)* « d'engagements » du parcours contractualisé est conclu pour une durée déterminée et peut être renouvelé dans la limite de vingt-quatre mois consécutifs.

(Décr. n° 2022-199 du 18 févr. 2022, art. 1er, en vigueur le 1er mars 2022) « A la suite d'un parcours contractualisé d'accompagnement vers l'emploi et l'autonomie, l'accompagnement mentionné à l'article L. 5131-3 peut, le cas échéant, se poursuivre dans le cadre d'un contrat d'engagement jeune. »

Le contrat d'engagements prend fin :
1° Lorsque l'autonomie du jeune est considérée comme acquise, au vu des évaluations mentionnées à l'article *(Décr. n° 2022-199 du 18 févr. 2022, art. 1er, en vigueur le 1er mars 2022)* « R. 5131-11 » ou de l'évolution de la situation du jeune ;
2° Lorsque son bénéficiaire atteint son vingt-sixième anniversaire ;
3° A la demande expresse de son bénéficiaire ;
4° En cas de manquement du bénéficiaire à ses engagements contractuels.

L'art. R. 5131-11 devient l'art. R. 5131-13 (Décr. n° 2022-199 du 18 févr. 2022, art. 1er, en vigueur le 1er mars 2022).

Art. R. 5131-14 En cas de manquement du bénéficiaire à ses engagements contractuels, le représentant légal de la mission locale, après avoir mis à même l'intéressé de présenter ses observations, peut procéder à *(Décr. n° 2022-199 du 18 févr. 2022, art. 1er, en vigueur le 1er mars 2022)* « la rupture du parcours contractualisé vers l'emploi et l'autonomie. »

Il notifie sa décision, dûment motivée, par tout moyen conférant date certaine au bénéficiaire de l'accompagnement ou à ses représentants légaux lorsque celui-ci est mineur ou fait l'objet d'une mesure de protection juridique.

L'art. R. 5131-12 devient l'art. R. 5131-14 (Décr. n° 2022-199 du 18 févr. 2022, art. 1er, en vigueur le 1er mars 2022).

SOUS-SECTION 3 Le contrat d'engagement jeune

(Décr. n° 2022-199 du 18 févr. 2022, art. 1er, en vigueur le 1er mars 2022)

Art. R. 5131-15 Le contrat d'engagement jeune mentionné à l'article L. 5131-6 est ouvert par le représentant légal de la mission locale ou de Pôle emploi *[France Travail depuis le 1er janv. 2024]* aux jeunes qui ne sont pas étudiants, ne suivent pas une formation et qui rencontrent des difficultés d'accès à l'emploi durable, appréciées au regard de la situation du jeune, en tenant compte, le cas échéant, notamment de la nature du contrat de travail et de sa quotité de travail.

Art. R. 5131-16 I. — Le contrat d'engagement jeune comporte le diagnostic mentionné à l'article L. 5131-6 et définit :

1° Les engagements de chaque partie en vue de la réalisation des objectifs fixés en lien avec le jeune, notamment la désignation d'un conseiller référent, chargé de l'accompagnement du bénéficiaire tout au long de son parcours.

Parmi les engagements du bénéficiaire figurent l'assiduité, la participation active à l'ensemble des actions prévues ainsi que la sincérité et l'exactitude des informations communiquées ;

2° Un plan d'action élaboré en fonction des besoins du jeune, précisant les objectifs et la durée de l'accompagnement, qui ne peut excéder une durée de douze mois ;

Cet accompagnement intensif, individuel et collectif, peut notamment comporter :
— des mises en situations professionnelles ;
— des périodes de formation ;
— un appui à des phases de recherche active d'emploi, seul ou en collectif ;
— des actions spécifiques dans le cadre de l'accompagnement social et professionnel ;
— des actions portées par d'autres organismes susceptibles de contribuer à l'accompagnement social et professionnel.

Le plan d'action est actualisé selon une périodicité et des modalités définies avec le jeune ;

3° Si les conditions posées par le quatrième alinéa de l'article L. 5131-6 sont remplies, l'attribution d'une allocation et son montant maximum.

II. — Au terme du contrat, le conseiller référent peut, à titre exceptionnel et au regard des besoins du jeune, prolonger la durée du contrat pour la porter à dix-huit mois maximum au total. La nécessité de cette prolongation est dûment motivée par le conseiller.

Par dérogation au précédent alinéa, lorsque le bénéficiaire du contrat est, avant la fin de celui-ci, engagé dans un parcours ou par un contrat mis en œuvre par d'autres organismes à visée d'insertion ou de formation, dont la liste est fixée par arrêté, le contrat d'engagement jeune est prolongé jusqu'au dernier jour du deuxième mois suivant la fin du parcours ou du contrat concerné. – *V. Arr. du 9 mars 2022, NOR : MTRD2206662A (JO 11 mars).*

Lorsque le jeune accède à l'emploi à l'issue du contrat d'engagement jeune, l'accompagnement par le conseiller référent peut se poursuivre à l'issue de ce contrat en tant que de besoin afin de sécuriser l'insertion professionnelle du jeune dans l'entreprise.

Un nouveau contrat d'engagement jeune ne peut être conclu qu'au terme d'un délai de six mois après l'expiration du précédent contrat, sauf circonstances particulières appréciées par le représentant de la mission locale ou de Pôle emploi *[France Travail depuis le 1ᵉʳ janv. 2024]*, lorsque le jeune ayant respecté ses engagements dans le cadre de son premier contrat d'engagement est ou a été confronté à des difficultés spécifiques.

Art. R. 5131-17 I. — Le versement de l'allocation mentionnée à l'article L. 5131-6 et, le cas échéant, du revenu de remplacement mentionné à l'article L. 5421-1 peut être supprimé, en tout ou partie, lorsque le jeune, sans motif légitime, est absent à une action prévue dans le cadre de son contrat d'engagement jeune ou ne peut justifier l'accomplissement d'actes positifs définis dans ce même cadre.

II. — En cas de manquements répétés du jeune ou en cas de fausse déclaration dans le but de percevoir l'allocation mentionnée à l'article L. 5131-6, la rupture du contrat est prononcée.

III. — Les décisions mentionnées aux I et II sont prises par le représentant légal de la mission locale, de Pôle emploi *[France Travail depuis le 1ᵉʳ janv. 2024]* ou par toute personne dûment habilitée, sur avis du conseiller référent, après avoir mis à même l'intéressé de présenter ses observations dans un délai raisonnable.

Ces décisions sont motivées, elles précisent les voies et délais de recours et sont notifiées par tout moyen permettant de donner date certaine à leur réception au bénéficiaire de l'accompagnement ou à ses représentants légaux lorsque celui-ci est mineur ou fait l'objet d'une mesure de protection juridique.

Ces décisions prennent effet le premier jour du mois suivant leur notification.

IV. – La qualité de bénéficiaire du contrat d'engagement jeune fait obstacle à l'application, par Pôle emploi *[France Travail depuis le 1er janv. 2024]*, des dispositions prévues par l'article L. 5412-1.

Art. R. 5131-18 En cas de manquement du bénéficiaire du contrat d'engagement jeune à ses obligations contractuelles, l'allocation mentionnée à l'article L. 5131-6 et, le cas échéant, le revenu de remplacement mentionné à l'article L. 5421-1, sont supprimés dans les conditions définies à l'article R. 5131-17 et selon les modalités suivantes :
1° Au premier manquement, l'allocation et, le cas échéant, le revenu de remplacement mentionné à l'article L. 5421-1, versés au titre du mois considéré font l'objet d'une réduction d'un quart de leur montant ;
2° En cas de deuxième manquement, l'allocation et, le cas échéant, le revenu de remplacement mentionné à l'article L. 5421-1, versés au titre du mois considéré sont supprimés pour une durée d'un mois ;
3° Au troisième manquement, l'allocation est supprimée définitivement et, le cas échéant, le revenu de remplacement mentionné à l'article L. 5421-1 est supprimé pour une durée de quatre mois et le contrat d'engagement prend fin.

Art. D. 5131-19 I. – Le montant mensuel forfaitaire de l'allocation mentionnée à l'article L. 5131-6 est fixé :
1° Pour un jeune majeur à :
a) 500 € lorsque le jeune constitue ou est rattaché à un foyer fiscal non imposable à l'impôt sur le revenu ;
b) 300 € lorsque le jeune constitue ou est rattaché à un foyer fiscal imposable à l'impôt sur le revenu dont chaque part de revenu est comprise dans la première tranche du barème fixé à l'article 197 du code général des impôts ;
2° Pour un jeune mineur à 200 €, lorsque le jeune constitue ou est rattaché à un foyer fiscal non imposable à l'impôt sur le revenu ou lorsqu'il constitue ou est rattaché à un foyer imposable dont chaque part de revenu est comprise dans la première tranche du barème fixé à l'article 197 du code général des impôts.
II. – Pour l'application du I, les organismes désignés à l'article L. 5131-6 pour mettre en œuvre le contrat d'engagement jeune peuvent considérer qu'un jeune est fiscalement autonome en cas de rupture familiale manifeste ou de détachement annoncé du jeune lors de la prochaine déclaration fiscale. L'absence de correction lors de la déclaration fiscale de l'année suivante entraîne un remboursement du trop-perçu par le bénéficiaire.
III. – A Mayotte, les montants mentionnés aux *a* et *b* du 1° et au 2° du I sont fixés respectivement à 285 €, 171 € et 114 €.
IV. – Les montants mentionnés au I et au III sont revalorisés le 1er avril de chaque année par application du coefficient mentionné à l'article L. 161-25 du code de la sécurité sociale. – *Ces dispositions entrent en vigueur le 1er janv. 2023 (Décr. n° 2022-199 du 18 févr. 2022, art. 3).*
V. – Le montant forfaitaire de l'allocation est défini à la signature du contrat d'engagement. Il est révisé sur demande du jeune ou à l'initiative du conseiller référent, en cas de changement de situation.

Art. R. 5131-20 I. – L'allocation mentionnée à l'article L. 5131-6 ouvre droit à un montant mensuel équivalent au montant forfaitaire fixé par décret, déduction faite :
1° Des ressources mentionnées à l'article R. 5131-21 ;
2° De la fraction excédant le montant fixé au 1° de l'article D. 5131-23 du total des ressources mentionnées à l'article R. 5131-22, pondérée par le coefficient de dégressivité mentionné au 2° de l'article D. 5131-23.
II. – Les ressources autres que celles mentionnées au I et à l'article R. 5131-24 sont intégralement cumulables avec l'allocation.

Art. R. 5131-21 Sont considérés comme des ressources intégralement déductibles en application du 1° de l'article R. 5131-20 :
1° Les allocations versées aux travailleurs privés d'emploi en application du titre II du livre IV de la cinquième partie du code du travail ainsi que de l'article L. 1233-68 du même code ;

2° Les revenus tirés de stages de formation professionnelle ;

3° La rémunération perçue dans le cadre d'un parcours de formation dispensé par les écoles de la deuxième chance mentionnées à l'article L. 214-14 du code de l'éducation.

Art. R. 5131-22 Sont considérés comme des ressources partiellement déductibles en application du 2° de l'article R. 5131-20 :

1° L'ensemble des revenus tirés d'une activité salariée ou non salariée ;

2° L'aide légale ou conventionnelle aux salariés en activité partielle ;

3° Les indemnités perçues à l'occasion des congés légaux de maternité, de paternité ou d'adoption ;

4° Les indemnités journalières de sécurité sociale de base et complémentaires, perçues en cas d'incapacité physique médicalement constatée de continuer ou de reprendre le travail, d'accident du travail ou de maladie professionnelle ;

5° La rémunération garantie perçue par les travailleurs handicapés admis dans un établissement ou un service d'aide par le travail ;

6° La rémunération perçue dans le cadre d'une action ayant pour objet l'adaptation à la vie active, prévue à l'article R. 345-3 du code de l'action sociale et des familles ;

7° Les sommes perçues au titre de leur participation à un travail destiné à leur insertion sociale par les personnes accueillies dans les organismes d'accueil communautaires et d'activités solidaires mentionnés à l'article L. 265-1 du code de l'action sociale et des familles.

Art. D. 5131-23 1° Le montant au-delà duquel les ressources mentionnées à l'article R. 5131-22 ne sont plus intégralement cumulables avec le montant forfaitaire de l'allocation mentionnée à l'article L. 5131-6 est fixé à 300 € ;

2° Le coefficient de dégressivité mentionné au 2° de l'article R. 5131-20 est défini comme la division du montant forfaitaire fixé à l'article D. 5131-19 par la différence entre 80 % du montant mensuel brut du salaire minimum interprofessionnel de croissance et le montant fixé au 1° du présent article.

Art. R. 5131-24 I. – L'allocation mentionnée à l'article L. 5131-6 n'est pas cumulable avec le revenu de solidarité active mentionné à l'article L. 262-1 du code de l'action sociale et des familles, sauf pour les personnes à charge mentionnées à l'article R. 262-3 du même code. Les bénéficiaires du revenu de solidarité active et leur conjoint, concubin ou partenaire lié par un pacte civil de solidarité qui ont conclu un contrat d'engagement jeune dans le cadre fixé à l'article R. 5131-6 ne bénéficient pas de l'allocation prévue à l'article L. 5131-6.

II. – L'allocation mentionnée à l'article L. 5131-6 n'est pas cumulable avec la prime d'activité mentionnée à l'article L. 841-1 du code de la sécurité sociale, sauf pour les personnes à charge mentionnées à l'article R. 842-3 du même code. Toutefois, lorsqu'un droit à la prime d'activité est ouvert au titre d'une activité antérieure au premier mois de bénéfice de l'allocation, la prime correspondant à cette période d'activité demeure cumulable avec l'allocation. Le versement de l'allocation prend fin, le cas échéant, à compter de l'ouverture du droit à la prime d'activité.

III. – Les rémunérations, allocations et indemnités suivantes ne sont pas cumulables avec l'allocation mentionnée à l'article L. 5131-6 et, le cas échéant, le versement de l'allocation est suspendu pendant la période durant laquelle le jeune perçoit ces prestations :

1° La rémunération perçue dans le cadre d'un volontariat dans les armées mentionné à l'article L. 4132-11 du code de la défense ;

2° La rémunération perçue dans le cadre du service militaire volontaire visé à l'article 32 de la loi n° 2018-607 du 13 juillet 2018 relative à la programmation militaire pour les années 2019 à 2025 et portant diverses dispositions intéressant la défense ;

3° La rémunération perçue dans le cadre de service militaire adapté mentionné à l'article 17 du décret n° 2008-955 du 12 septembre 2008 relatif aux volontariats militaires ;

4° L'indemnité perçue dans le cadre du service civique mentionnée aux articles R. 121-23 et R. 121-24 du code du service national ;

5° L'allocation prévue par le décret n° 2005-888 du 2 août 2005 relatif à l'allocation versée aux volontaires pour l'insertion et à la prime versée aux volontaires pour l'insertion et aux volontaires pour un contrat de service en établissement public d'insertion de la défense ;

6° La rémunération perçue dans le cadre d'un contrat à durée déterminée conclu en application des dispositions des articles L. 5132-5, L. 5132-11-1 et L. 5132-15-1 du présent code, d'un contrat de mission mentionné à l'article L. 5132-6 ou d'un contrat unique d'insertion mentionné à l'article L. 5134-19-3.

Art. R. 5131-25 I. – L'allocation mentionnée à l'article L. 5131-6 est, au nom et pour le compte de l'État, attribuée par le représentant de Pôle emploi *[France Travail depuis le 1er janv. 2024]* ou de la mission locale et versée mensuellement par Pôle emploi *[France Travail depuis le 1er janv. 2024]* ou par l'Agence de services et de paiement pour les jeunes suivis par les missions locales. Elle est due pour le mois civil au cours duquel a lieu la signature du contrat d'engagement ainsi que pour le mois civil au cours duquel échoit le droit à l'allocation.

II. – Le bénéficiaire dispose d'un délai de trois mois pour transmettre les pièces justificatives permettant d'attester son éligibilité et de fixer le montant de l'allocation mentionnée à l'article L. 5131-6. Un dépôt de ces pièces au-delà ce délai entraîne le non-versement définitif des montants éventuellement dus au titre d'une période antérieure de trois mois à compter de la réception du dossier complet.

Par dérogation à l'alinéa précédent, le représentant légal de la mission locale ou de Pôle emploi *[France Travail depuis le 1er janv. 2024]* peut prendre une décision de versement de l'allocation mentionnée à l'article L. 5131-6 à titre conservatoire, pour une durée maximale de trois mois, pour les jeunes démontrant qu'ils satisfont aux conditions d'éligibilité mentionnées au même article sans disposer de l'ensemble des pièces justificatives permettant d'en attester. Les montants versés dans ce cadre sont définitivement acquis au bénéficiaire.

III. – Pôle emploi *[France Travail depuis le 1er janv. 2024]* et l'Agence des services et de paiement transmettent au ministre chargé de l'emploi et au ministre chargé des comptes publics les éléments d'information nécessaires au suivi statistique des bénéficiaires de l'allocation, à la connaissance des crédits engagés ainsi qu'à l'évaluation de la mesure.

Art. R. 5131-26 Le contrat d'engagement jeune est mis en œuvre par les organismes publics ou privés mentionnés à l'article L. 5131-6, dans les conditions prévues à la présente sous-section. Ces organismes peuvent également concourir à la mise en œuvre du contrat d'engagement jeune de manière conjointe avec les organismes mentionnés à l'article L. 5314-1 ou Pôle emploi *[France Travail depuis le 1er janv. 2024]*. Les dispositions du contrat d'engagement jeune définissent le cadre d'intervention de chaque partie.

Le versement de l'allocation mentionnée au même article est réalisé par Pôle emploi *[France Travail depuis le 1er janv. 2024]* ou par l'Agence des services et des paiements dans des conditions prévues par convention conclue par l'État avec chacun de ces deux opérateurs et les organismes publics ou privés concernés.

CHAPITRE II INSERTION PAR L'ACTIVITÉ ÉCONOMIQUE

SECTION PRÉLIMINAIRE Parcours d'insertion par l'activité économique

(Décr. n° 2021-1128 du 30 août 2021, art. 1er)

SOUS-SECTION 1 Prescription d'un parcours

Art. R. 5132-1 Le parcours d'insertion par l'activité économique permet aux personnes sans emploi qui rencontrent des difficultés sociales et professionnelles particulières de bénéficier de contrats de travail ainsi que d'un accueil et d'un accompagnement spécifiques, pouvant comprendre des actions de formation, en vue de faciliter leur insertion professionnelle.

Art. R. 5132-1-1 Un parcours d'insertion par l'activité économique peut être prescrit à toute personne déclarée éligible, dans les conditions prévues à la sous-section 2 de la présente section, par l'un des prescripteurs mentionnés au deuxième alinéa de l'article L. 5132-3 ou par l'une des structures d'insertion par l'activité économique mentionnées à l'article L. 5132-4.

Art. R. 5132-1-2 La prescription d'un parcours est valable jusqu'à vingt-quatre mois à compter de la délivrance du récépissé mentionné au dernier alinéa de l'article R. 5132-1-6.

Art. R. 5132-1-3 La prescription d'un parcours est suspendue lorsque le contrat de travail au sein d'une structure mentionnée à l'article L. 5132-4 est suspendu au-delà d'une durée de 15 jours, rompu ou a pris fin.

La suspension est déclarée, par voie dématérialisée, en utilisant le téléservice mentionné à l'article R. 5132-1-19, par un prescripteur ou une structure d'insertion par l'activité économique.

Au-delà de douze mois de suspension consécutifs, un prescripteur ou une structure d'insertion par l'activité économique peut mettre fin à la prescription du parcours, après examen de la situation de la personne concernée au regard de l'emploi et des actions d'accompagnement et de formation conduites dans le cadre du parcours. Cette interruption est notifiée à l'intéressé par tout moyen donnant date certaine à la réception de cette notification.

Art. R. 5132-1-4 Une personne ayant bénéficié d'un parcours d'insertion par l'activité économique n'est pas éligible à un nouveau parcours dans les deux ans suivant la fin de son précédent parcours ou, dans le cas où il a été mis fin au parcours dans les conditions fixées au dernier alinéa de l'article R. 5132-1-3, dans les deux ans suivant le début de la suspension de son précédent parcours.

Par dérogation, après examen de la situation de la personne concernée, l'un des prescripteurs mentionnés au deuxième alinéa de l'article L. 5132-3 peut prescrire un nouveau parcours dans les deux ans suivant la fin du dernier parcours, à son initiative ou à la demande de la structure d'insertion par l'activité économique qui emploie l'intéressé ou souhaite l'employer.

La demande de la structure d'insertion mentionnée à l'alinéa précédent intervient après examen de la situation de la personne au regard de l'emploi, des actions d'accompagnement et de formation conduites pendant la durée initiale du parcours et des nouvelles actions envisagées. Le refus d'un prescripteur est motivé par écrit et notifié par tout moyen donnant date certaine à la réception de cette notification à la structure ainsi qu'à l'intéressé.

SOUS-SECTION 2   Éligibilité

Art. R. 5132-1-5 Un diagnostic individuel portant sur la situation sociale et professionnelle ainsi que sur les besoins du bénéficiaire est réalisé par un prescripteur ou une structure d'insertion par l'activité économique préalablement à la déclaration d'éligibilité de la personne à un parcours.

Art. R. 5132-1-6 L'éligibilité d'une personne est déclarée auprès des services de l'État au moyen du téléservice mentionné à l'article R. 5132-1-19 par un prescripteur ou une structure d'insertion par l'activité économique et notifiée par tout moyen donnant date certaine à la réception de cette notification à l'intéressé.

A compter de la déclaration d'une date de début de contrat de travail par une structure d'insertion par l'activité économique pour une personne déclarée éligible, un récépissé de cette déclaration comportant un numéro d'enregistrement est délivré à la structure d'insertion par l'activité économique au moyen du même téléservice mentionné à l'article R. 5132-1-19.

Art. [R.] 5132-1-7 I. – L'éligibilité d'une personne à un parcours est appréciée en fonction de ses difficultés sociales et professionnelles ainsi que de son besoin d'un accompagnement renforcé.

II. – Une personne peut être déclarée éligible par une structure d'insertion par l'activité économique lorsqu'elle répond à l'un des critères suivants :

1° Être bénéficiaire de l'allocation de solidarité spécifique mentionnée à l'article L. 5423-1, du revenu de solidarité active mentionné à l'article L. 262-1 du code de

EMPLOI   **Art. R. 5132-1-8**

l'action sociale et des familles ou de l'allocation aux adultes handicapés mentionnée à l'article L. 244-1 du même code ;

2° Être demandeur d'emploi depuis vingt-quatre mois ou plus.

III. – Une personne peut également être déclarée éligible par une structure d'insertion par l'activité économique lorsqu'elle répond à plusieurs critères définis en fonction de :

1° Sa situation au regard de l'accès à l'emploi ;
2° Son niveau de diplôme ;
3° Son âge ;
4° Sa situation de handicap ;
5° Sa situation familiale ;
6° Sa situation au regard de l'hébergement ;
7° Sa situation judiciaire ;
8° Son éligibilité à d'autres dispositifs de politique publique.

Un arrêté du ministre chargé de l'emploi précise les critères mentionnés au présent III, le nombre de critères exigé par catégorie de structure d'insertion par l'activité économique, la liste des pièces justificatives permettant d'attester du respect des critères mentionnés aux II et III ainsi que leurs conditions de validité.

Les pièces justificatives sont conservées par la structure d'insertion par l'activité économique pour une durée de vingt-quatre mois à compter de la date de déclaration de l'éligibilité de la personne.

SOUS-SECTION 3   Prolongations

Art. R. 5132-1-8 Par dérogation à l'article R. 5132-1-2, la validité de la prescription du parcours peut être prolongée au-delà de vingt-quatre mois :

1° Par la structure d'insertion par l'activité économique :

a) Lorsqu'elle a conclu un contrat de travail à durée indéterminée avec une personne âgée d'au moins cinquante-sept ans rencontrant des difficultés sociales et professionnelles particulières, jusqu'à la rupture de ce contrat à son initiative ou à celle du salarié ;

b) Lorsqu'elle emploie une personne en parcours qui achève une action de formation professionnelle en cours de réalisation à l'échéance du parcours, au plus tard jusqu'au terme de l'action concernée ;

2° Par l'un des prescripteurs mentionnés au deuxième alinéa de l'article L. 5132-3, sur demande de la structure d'insertion par l'activité économique qui emploie la personne ou souhaite l'employer, après examen en lien avec la structure de sa situation au regard de l'emploi, des actions d'accompagnement et de formation conduites pendant la durée initiale du parcours et des actions envisagées pour la poursuite de ce parcours :

a) Lorsque le salarié âgé de cinquante ans et plus rencontre des difficultés particulières qui font obstacle à son insertion durable dans l'emploi, dans la limite de quatre-vingt-quatre mois ;

b) Lorsqu'une personne reconnue travailleur handicapé rencontre des difficultés particulières qui font obstacle à son insertion durable dans l'emploi, dans la limite de soixante mois ;

c) A titre exceptionnel, pour les ateliers et chantiers d'insertion et les associations intermédiaires, lorsqu'un salarié rencontre des difficultés particulièrement importantes dont l'absence de prise en charge ferait obstacle à son insertion professionnelle, par décisions successives d'un an au plus et dans la limite de soixante mois.

Le refus de prolongation d'un prescripteur est motivé par écrit et notifié, par tout moyen donnant date certaine à la réception de cette notification, à la structure et à l'intéressé.

La prolongation est déclarée au moyen du téléservice mentionné à l'article R. 5132-1-19, par la structure dans les cas mentionnés au 1°, et par le prescripteur dans les cas mentionnés au 2°.

SOUS-SECTION 4 — Aides financières

Art. R. 5132-1-9 La délivrance du récépissé mentionné au dernier alinéa de l'article R. 5132-1-6 ouvre droit aux aides financières mentionnées à l'article L. 5132-3 pour chaque contrat de travail conclu avec la personne en parcours d'insertion par l'activité économique, dans les conditions fixées par la convention prévue à l'article L. 5132-2, jusqu'à la fin ou la rupture de ce contrat ou jusqu'à la date de fin du parcours d'insertion par l'activité économique si cette date est antérieure.

Art. R. 5132-1-10 En cas de suspension du parcours d'insertion par l'activité économique d'une personne en contrat dans une structure d'insertion par l'activité économique, le droit aux aides mentionnées à l'article L. 5132-3 est suspendu pendant la durée de la suspension du parcours d'insertion par l'activité économique.

SOUS-SECTION 5 — Modalités spécifiques d'accueil et d'accompagnement

Art. R. 5132-1-11 Les prescripteurs peuvent conclure des conventions de coopération avec les structures d'insertion par l'activité économique, pour définir leurs engagements respectifs en matière d'accueil, de suivi et d'accompagnement des personnes déclarées éligibles et favoriser leur accès ultérieur au marché du travail.

Ces conventions prévoient :
1° Les modalités de mise en relation des candidats avec l'employeur ;
2° Les modalités selon lesquelles l'employeur s'engage à informer le prescripteur du parcours et de l'évolution de la situation du salarié, notamment en cas de rupture du contrat de travail ;
3° Les modalités de coopération entre le prescripteur et l'employeur en vue de favoriser l'accès des personnes suivies au marché du travail ;
4° Les actions susceptibles d'être réalisées par le prescripteur pour faciliter l'insertion des personnes en parcours d'insertion par l'activité économique.

SOUS-SECTION 6 — Contrôle

Art. R. 5132-1-12 Les déclarations d'éligibilité à un parcours, effectuées par une structure d'insertion par l'activité économique, sont contrôlées l'année suivant leur enregistrement par la direction départementale de l'emploi, du travail et des solidarités, territorialement compétente, selon les modalités prévues à l'article R. 5132-1-13.

Ce contrôle vise à s'assurer de :
1° La réalisation du diagnostic mentionné à l'article R. 5132-1-5 ;
2° La collecte des pièces justificatives de nature à attester de l'éligibilité des personnes concernées, et répondant aux conditions de validité précisées par l'arrêté mentionné à l'article R. 5132-1-7.

V. Instr. DGEFP/SDPAE/MIP/2022/83 du 5 avr. 2022 relative à la mise en œuvre opérationnelle du contrôle a posteriori des recrutements en auto-prescription prévu par les art. R. 5132-1-12 à R. 5132-1-17.

Art. R. 5132-1-13 La direction départementale de l'emploi, du travail et des solidarités transmet à la structure concernée la liste des personnes déclarées éligibles faisant l'objet du contrôle et des pièces justificatives demandées au moyen du téléservice mentionné à l'article R. 5132-1-19. La structure dispose d'un délai de six semaines pour y répondre.

Lorsque les éléments demandés ne sont pas fournis dans le délai mentionné à l'alinéa précédent ou que les justificatifs transmis ne sont pas de nature à établir le respect des exigences rappelées aux 1° et 2° de l'article R. 5132-1-12, l'autorité administrative notifie à la structure les manquements constatés et les mesures envisagées par tout moyen conférant date certaine à la réception de ces éléments.

A réception de cette notification, la structure dispose d'un délai de six semaines pour transmettre les justificatifs demandés ou pour présenter ses observations selon les modalités prévues à l'article L. 122-1 du code des relations entre le public et l'administration.

Art. R. 5132-1-14 Au terme de la procédure prévue à l'article R. 5132-1-13, le préfet de département peut décider de suspendre pour une durée déterminée ou de retirer à la structure la capacité à prescrire un parcours d'insertion par l'activité économique.

Dans ce dernier cas, la capacité à prescrire un parcours peut être rétablie par le préfet, à la demande de la structure, sous réserve de la participation de ses dirigeants ou salariés à des actions de formation définies par l'autorité administrative.

Art. R. 5132-1-15 Lorsqu'il est constaté que des personnes déclarées éligibles n'en remplissaient pas les conditions, le préfet de département peut supprimer tout ou partie de l'aide attribuée au titre des heures réalisées durant le parcours de la personne et demander à l'employeur le reversement des sommes indûment versées à ce titre.

Lorsque le département a participé aux aides financières concernées en application de l'article L. 5132-2, le préfet informe le président du conseil départemental de sa décision en vue de la récupération, le cas échéant, des montants correspondants.

Art. R. 5132-1-16 Les mesures mentionnées aux articles R. 5132-1-14 et R. 5132-1-15 sont prises en tenant compte :
1° De la nature et du nombre des irrégularités constatées au cours du contrôle annuel ;
2° Des irrégularités constatées le cas échéant au cours des trois années précédentes.

Art. R. 5132-1-17 La décision du préfet est adressée à la structure d'insertion par l'activité économique, par tout moyen conférant date certaine à sa réception, au plus tard cinq mois après la notification mentionnée au deuxième alinéa de l'article R. 5132-1-13.

SOUS-SECTION 7 **Structures implantées dans un établissement pénitentiaire**

Art. R. 5132-1-18 L'accès des personnes détenues ayant signé un (*Décr. n° 2022-917 du 21 juin 2022, art. 1ᵉʳ*) « contrat d'emploi pénitentiaire » au bénéfice du dispositif d'insertion par l'activité économique au sein d'une structure implantée dans un établissement pénitentiaire n'est pas soumis aux dispositions de la présente section.

SOUS-SECTION 8 **Service dématérialisé**

Art. R. 5132-1-19 Le (*Décr. n° 2023-188 du 17 mars 2023, art. 4*) « groupement d'intérêt public dénommé "Plateforme de l'inclusion" » met à disposition un téléservice permettant d'accomplir les démarches relatives aux parcours d'insertion par l'activité économique.

Le traitement de données à caractère personnel mis en œuvre dans ce cadre a pour finalités :
1° La gestion de candidatures à des postes relevant de l'insertion par l'activité économique ;
2° L'enregistrement et la gestion des déclarations d'éligibilité à un parcours d'insertion par l'activité économique, ainsi que le suivi des embauches par les structures d'insertion par l'activité économique ;
3° Le suivi des parcours des personnes en insertion ;
4° L'ouverture des droits aux aides financières prévues au bénéfice des structures d'insertion par l'activité économique ;
5° La mise en œuvre de contrôles par les autorités administratives.

Art. R. 5132-1-20 I. – Peuvent être enregistrées dans le traitement, dans la stricte mesure où elles sont nécessaires à la poursuite des finalités mentionnées à l'article R. 5132-1-19, des données appartenant aux catégories suivantes :
1° Données d'identification du bénéficiaire d'un parcours ;
2° Données relatives au parcours professionnel, à la candidature et au contrat du bénéficiaire ;
3° Données relatives à l'éligibilité à un parcours d'insertion par l'activité économique du bénéficiaire ;
4° Données relatives aux prescripteurs et structures d'insertion par l'activité économique ;
5° Données d'inscription au téléservice ;

6° Données relatives à la traçabilité des accès et des actions des utilisateurs.

II. — Un arrêté du ministre chargé de l'emploi précise le contenu des catégories de données à caractère personnel mentionnées au I.

Cet arrêté dresse la liste des autres traitements de données à caractère personnel susceptibles d'être mis en relation, selon des modalités qu'il précise, y compris le cas échéant de manière automatisée, avec le traitement mentionné à l'article R. 5132-1-19 aux fins, notamment, de vérification de l'éligibilité des personnes ainsi que de suivi des parcours et de gestion des aides financières afférentes.

V. Arr. du 22 sept. 2021, NOR : MTRD2128159A (JO 2 oct.).

Art. R. 5132-1-21 I. — Sont autorisées à enregistrer ou à consulter les données du traitement mentionné à l'article R. 5132-1-19, dans les conditions fixées par le responsable de traitement et dans la limite de ce qui est nécessaire à l'exercice de leurs missions, les personnes désignées et habilitées à cette fin au sein :

1° Des structures d'insertion par l'activité économique ;

2° Des organismes prescripteurs ;

3° Des services de l'État en charge du pilotage et du contrôle du dispositif d'insertion par l'activité économique ;

4° Des collectivités et organismes en charge d'une mission d'accueil ou d'accompagnement social ou professionnel, ou intervenant sur le dispositif d'insertion par l'activité économique, dont la liste est fixée par arrêté du ministre chargé de l'emploi.

II. — Sont destinataires de tout ou partie des données à caractère personnel incluses dans ce même traitement, dans les conditions fixées par le responsable de traitement et dans les limites strictement nécessaires à l'exercice de leurs missions, les personnes désignées et habilitées à cette fin au sein :

1° De Pôle emploi *[France Travail depuis le 1ᵉʳ janv. 2024]* ;

2° De l'Agence de services et de paiement ;

3° Des collectivités et organismes en charge d'une mission d'accueil ou d'accompagnement social ou professionnel, ou intervenant sur le dispositif d'insertion par l'activité économique, dont la liste est fixée par arrêté du ministre chargé de l'emploi ;

(Décr. n° 2023-188 du 17 mars 2023, art. 4) « 4° De la délégation générale à l'emploi et à la formation professionnelle. »

Art. R. 5132-1-22 I. — L'information des personnes concernées est assurée conformément aux articles 13 et 14 du règlement (UE) n° 2016/679 du Parlement européen et du Conseil du 27 avril 2016 relatif à la protection des personnes physiques à l'égard du traitement des données à caractère personnel et à la libre circulation de ces données, en particulier par l'intermédiaire du site internet du téléservice mentionné à l'article R. 5132-1-19.

II. — Les droits d'accès et de rectification, ainsi que le droit à la limitation du traitement, prévus aux articles 15, 16 et 18 du règlement (UE) n° 2016/679 s'exercent auprès *(Décr. n° 2023-188 du 17 mars 2023, art. 4)* « du groupement d'intérêt public mentionné au premier alinéa de l'article R. 5132-1-19 ».

Le titulaire d'un compte en tant que candidat ou bénéficiaire d'un parcours d'insertion dispose en outre d'un accès direct aux données à caractère personnel le concernant, en vue de les renseigner et de les mettre à jour.

III. — En application de l'article 23 du règlement (UE) du 27 avril 2016, le droit à l'effacement et le droit d'opposition prévus aux articles 17 et 21 du même règlement ne s'appliquent pas à ce traitement.

Le droit à la portabilité mentionné à l'article 18 de ce règlement n'est pas applicable.

Art. R. 5132-1-23 Les données à caractère personnel enregistrées dans le traitement sont conservées pendant une durée de vingt-quatre mois à compter de la date de fin du parcours d'insertion par l'activité économique, ou de la date de la collecte des données pour les personnes n'entrant pas en parcours d'insertion par l'activité économique.

Les données relatives à la traçabilité des actions réalisées sur la plateforme sont conservées trois ans à compter de chaque action. Toutefois, elles ne peuvent être conservées plus de treize mois à compter de l'inactivité constatée d'un utilisateur pendant une période de six mois consécutifs.

En cas de contentieux, les délais mentionnés au présent article peuvent être prorogés, le cas échéant, jusqu'à l'intervention d'une décision juridictionnelle définitive.

SECTION 1 Entreprises d'insertion

SOUS-SECTION 1 Convention

Art. R. 5132-2 Après consultation du conseil départemental de l'insertion par l'activité économique, et en tenant compte *(Décr. n° 2021-1128 du 30 août 2021, art. 1ᵉʳ)* « de la qualité du projet d'insertion proposé et » de l'offre existante pour assurer un développement équilibré des actions d'insertion, le préfet peut conclure les conventions prévues à l'article L. 5132-2 avec des *(Décr. n° 2014-197 du 21 févr. 2014)* « entreprises candidates au conventionnement d'entreprise d'insertion », quelle que soit leur forme juridique, *(Décr. n° 2014-197 du 21 févr. 2014)* « contribuant à l'insertion professionnelle des personnes » mentionnées à l'article L. 5132-1.

(Décr. n° 2014-197 du 21 févr. 2014, art. 2, art. 16-XIV) La convention conclue avec une entreprise d'insertion comporte *(Abrogé par Décr. n° 2021-1128 du 30 août 2021, art. 1ᵉʳ)* « notamment » :

1° Une présentation du projet d'insertion de la structure précisant :

a) Les caractéristiques générales de la structure ;

b) *(Décr. n° 2021-359 du 31 mars 2021, art. 2)* « Les caractéristiques sociales et professionnelles » des personnes en difficulté embauchées *(Décr. n° 2016-531 du 27 avr. 2016)* « ou des personnes détenues ayant signé un *(Décr. n° 2022-917 du 21 juin 2022, art. 1ᵉʳ)* « contrat d'emploi pénitentiaire mentionné à l'article L. 412-3 du code pénitentiaire » ;

c) Les modalités d'accompagnement des salariés en insertion et de collaboration avec, d'une part, *(Décr. n° 2014-524 du 22 mai 2014)* « Pôle emploi » *[France Travail depuis le 1ᵉʳ janv. 2024]* et, d'autre part, les organismes chargés de l'insertion sociale et professionnelle de ces personnes *(Décr. n° 2021-1128 du 30 août 2021, art. 1ᵉʳ)* « ainsi que, le cas échéant, la mention de la détention d'un label délivré par un tiers certificateur permettant d'attester de la qualité du projet d'insertion de l'entreprise d'insertion ; »

d) Le cas échéant, la mention de l'existence d'une autre convention au titre d'une structure de l'insertion par l'activité économique ;

e) L'adéquation du projet économique et social de la structure avec l'environnement local et l'offre d'insertion déjà existante ;

(Décr. n° 2021-1128 du 30 août 2021, art. 1ᵉʳ) « f) Le secteur d'activité de la structure correspondant au niveau section de la nomenclature des activités françaises définie en annexe du décret n° 2007-1888 du 26 décembre 2007 portant approbation des nomenclatures d'activités et de produits françaises ;

« g) Le cas échéant, le champ territorial d'intervention de l'entreprise d'insertion lorsque celui-ci dépasse le seul ressort départemental. »

2° La présentation des moyens en personnel ainsi que des moyens matériels et financiers mobilisés pour mettre en œuvre le projet d'insertion de la structure et accomplir les tâches administratives et les obligations comptables résultant de l'activité de l'entreprise d'insertion ;

3° Le nombre de postes d'insertion ouvrant droit à l'aide financière prévue à l'article R. 5132-7 ;

4° Les engagements d'insertion pris par la structure et les indicateurs destinés à rendre compte des actions et des résultats ;

5° Les modalités de dépôt des offres d'emploi auprès de *(Décr. n° 2014-524 du 22 mai 2014, art. 16-XIV)* « Pôle emploi » *[France Travail depuis le 1ᵉʳ janv. 2024]* ;

6° La nature et le montant des autres aides publiques directes ou privées dont la structure a bénéficié les années antérieures ;

7° Les règles selon lesquelles sont rémunérés les salariés en insertion *(Décr. n° 2016-531 du 27 avr. 2016)* « ou les personnes détenues ayant signé un *(Décr. n° 2022-917 du 21 juin 2022, art. 1ᵉʳ)* « contrat d'emploi pénitentiaire » et, le cas échéant, la nature des différents contrats proposés ;

8° La durée collective de travail applicable dans la structure ;

9° Les modalités de suivi, de contrôle et d'évaluation de la convention ;

(Décr. n° 2016-531 du 27 avr. 2016) « 10° Lorsque l'entreprise d'insertion exerce son activité dans un établissement pénitentiaire, le contrat d'implantation conclu à ce titre. »

L'art. R. 5132-1 devient le 1er al. de l'art. R. 5132-2 (Décr. n° 2021-1128 du 30 août 2021, art. 1er).

Art. R. 5132-3 *(Décr. n° 2014-197 du 21 févr. 2014, art. 3)* La convention peut être conclue pour une durée maximale de trois ans avec des structures présentant des perspectives de viabilité économique ; elle peut être renouvelée selon la même procédure.

Les stipulations financières des conventions pluriannuelles font l'objet d'avenants annuels.

La structure transmet chaque année au préfet ses comptes annuels et un bilan d'activité précisant pour les salariés en insertion *(Décr. n° 2016-531 du 27 avr. 2016)* « ou les personnes détenues ayant signé un *(Décr. n° 2022-917 du 21 juin 2022, art. 1er)* « contrat d'emploi pénitentiaire » », les actions mises en œuvre et leurs résultats à l'issue du parcours dans la structure.

Ce document précise les réalisations en termes de suivi, d'accompagnement social et professionnel, d'encadrement des personnes présentant des difficultés sociales et professionnelles particulières, comportant notamment les mentions suivantes :

1° Les moyens humains et matériels affectés à la réalisation de ces actions ;

2° Les caractéristiques des personnes embauchées et de leur contrat de travail *(Décr. n° 2016-531 du 27 avr. 2016)* « ou des personnes détenues ayant signé un *(Décr. n° 2022-917 du 21 juin 2022, art. 1er)* « contrat d'emploi pénitentiaire » » ;

3° La nature, l'objet, la durée des actions de suivi individualisé et d'accompagnement social et professionnel des personnes ;

4° Le cas échéant, les propositions d'action sociale faites à la personne pendant la durée de l'action et avant la sortie de la structure ;

5° Les propositions d'orientation professionnelle, de formation préqualifiante ou qualifiante, ou d'emploi faites aux personnes ainsi que les suites qui leur auront été données ;

6° Les résultats en termes d'accès et de retour à l'emploi des personnes sorties de la structure.

Art. R. 5132-3-1 *(Décr. n° 2023-1303 du 27 déc. 2023)* Les stipulations financières de l'avenant annuel mentionné au deuxième alinéa de l'article R. 5132-3 demeurent applicables après le terme de l'année sur laquelle elles portent, à titre conservatoire, jusqu'à la signature du nouvel avenant annuel et, au plus tard, jusqu'à une date fixée par arrêté des ministres chargés de l'emploi et du budget. Cette date ne peut pas dépasser le 31 mai de l'année concernée.

A l'échéance fixée dans les conditions prévues à l'alinéa précédent, lorsque l'entreprise d'insertion n'a pas signé le nouvel avenant qui lui a été proposé, le versement des aides financières est suspendu jusqu'à la conclusion de cet avenant.

En l'absence de conclusion du nouvel avenant avant le 30 septembre de l'année concernée, les aides versées par l'État au titre de cette même année font l'objet d'une demande de reversement, qui tient compte des actions réalisées depuis le 1er janvier conformément à la convention pluriannuelle adressée à l'entreprise d'insertion.

Art. R. 5132-4 *(Décr. n° 2014-197 du 21 févr. 2014, art. 4)* Le préfet contrôle l'exécution de la convention. L'employeur lui fournit, à sa demande, tout élément permettant de vérifier la bonne exécution de la convention, la réalité des actions d'insertion mises en œuvre ainsi que leurs résultats.

Ces dispositions s'appliquent aux avenants annuels prévus aux art. R. 5132-3 et R. 5132-10-8 qui sont conclus pour l'ensemble de l'année 2014 (Décr. n° 2014-197 du 21 févr. 2014, art. 32).

Art. R. 5132-5 En cas de non-respect des dispositions de la convention par l'employeur, le préfet l'informe par lettre recommandée de son intention de résilier la convention. Celui-ci dispose d'un délai, qui ne peut être inférieur à *(Décr. n° 2014-197 du 21 févr. 2014, art. 5)* « un mois », pour faire connaître ses observations.

Le préfet peut alors demander le reversement des sommes indûment perçues. – *[Anc. art. 8, al. 1er et 2, Décr. n° 99-107 du 19 févr. 1999.]*

EMPLOI   **Art. R. 5132-9** 2697

Les dispositions issues du Décr. n° 2014-197 du 21 févr. 2014 s'appliquent aux avenants annuels prévus aux art. R. 5132-3 et R. 5132-10-8 qui sont conclus pour l'ensemble de l'année 2014 (Décr. préc., art. 32).

Art. R. 5132-6 (*Décr. n° 2014-197 du 21 févr. 2014, art. 6*) Lorsque l'aide financière est obtenue à la suite de fausses déclarations ou lorsque la convention est détournée de son objet, le préfet résilie la convention après avoir observé la procédure prévue à l'article R. 5132-5. Les sommes indûment perçues donnent alors lieu à reversement.

Ces dispositions s'appliquent aux avenants annuels prévus aux art. R. 5132-3 et R. 5132-10-8 qui sont conclus pour l'ensemble de l'année 2014 (Décr. n° 2014-197 du 21 févr. 2014, art. 32).

SOUS-SECTION 2   Aide financière

Art. R. 5132-7 L'embauche des personnes mentionnées à l'article L. 5132-1 (*Décr. n° 2021-1128 du 30 août 2021, art. 1ᵉʳ*) « en contrat à durée déterminée » (*Décr. n° 2016-531 du 27 avr. 2016*) « ou des personnes détenues ayant signé un (*Décr. n° 2022-917 du 21 juin 2022, art. 1ᵉʳ*) « contrat d'emploi pénitentiaire » par les entreprises d'insertion ouvre droit, dans la limite du nombre de postes d'insertion fixé par la convention, à une (*Décr. n° 2014-197 du 21 févr. 2014, art. 7*) « aide financière.
« Cette aide comprend un montant socle et un montant modulé. Le montant modulé est déterminé chaque année par le préfet, dans les conditions fixées par l'article R. 5132-8, en tenant compte :
« — des caractéristiques des personnes embauchées (*Décr. n° 2016-531 du 27 avr. 2016*) « et le cas échéant des personnes détenues ayant signé un (*Décr. n° 2022-917 du 21 juin 2022, art. 1ᵉʳ*) « contrat d'emploi pénitentiaire » ;
« — des actions et des moyens d'insertion mis en œuvre ;
« — des résultats constatés à la sortie de la structure. »

Art. R. 5132-8 (*Décr. n° 2014-197 du 21 févr. 2014, art. 8*) L'aide financière est versée à l'entreprise d'insertion pour chaque poste de travail occupé à temps plein. Le cas échéant, le montant de l'aide est réduit à due proportion de l'occupation des postes.
« Son montant socle, le montant maximum de la part modulée dans la limite d'un pourcentage du montant socle et ses conditions de versement sont fixés par arrêté conjoint des ministres chargés de l'emploi et du budget (*Décr. n° 2016-531 du 27 avr. 2016*) « respectivement pour les salariés en insertion recrutés sous contrat de travail (*Décr. n° 2021-1128 du 30 août 2021, art. 1ᵉʳ*) « à durée déterminée » et pour les personnes détenues ayant signé un (*Décr. n° 2022-917 du 21 juin 2022, art. 1ᵉʳ*) « contrat d'emploi pénitentiaire ». Un arrêté conjoint du ministre chargé de l'emploi et du ministre chargé du budget revalorise, chaque année, cette aide en fonction de l'évolution du salaire minimum de croissance à compter du 1ᵉʳ janvier 2015. » — *V. Arr. du 5 juill. 2022, NOR : MTRD2206107A (JO 21 août).*

Art. R. 5132-8-1 (*Décr. n° 2021-1128 du 30 août 2021, art. 1ᵉʳ*) L'embauche des personnes mentionnées à l'article L. 5132-5-1 en contrat à durée indéterminée par les entreprises d'insertion ouvre droit, dans la limite du nombre de postes d'insertion fixé par la convention, à une aide financière.

Art. R. 5132-8-2 (*Décr. n° 2021-1128 du 30 août 2021, art. 1ᵉʳ*) L'aide financière mentionnée à l'article R. 5132-8-1 est versée à l'entreprise d'insertion pour chaque poste de travail occupé à temps plein. Le cas échéant, le montant de l'aide est réduit à due proportion de l'occupation des postes.
Son montant est égal à :
1° 100 % du montant socle de l'aide mentionné à l'article R. 5132-8 pour la première année d'exécution du contrat de travail à durée indéterminée ;
2° 70 % du montant socle précité à compter de la deuxième année d'exécution du contrat de travail à durée indéterminée.
Les conditions de son versement sont fixées par arrêté conjoint des ministres chargés de l'emploi et du budget.

Art. R. 5132-9 (*Décr. n° 2014-197 du 21 févr. 2014, art. 9*) L'aide financière mentionnée (*Décr. n° 2021-1128 du 30 août 2021, art. 1ᵉʳ*) « aux articles R. 5132-7 et R. 5132-8-1 » est versée, pour le compte de l'État, par l'Agence de services et de paiement.

Cette aide ne peut se cumuler pour un même poste avec une autre aide à l'emploi financée par l'État.

(Décr. n° 2015-1435 du 5 nov. 2015, art. 2) « En cas de modification de la situation juridique de l'employeur au sens de l'article L. 1224-1, le nouvel employeur est substitué dans les droits et obligations de l'employeur initial résultant de la convention prévue à l'article R. 5132-2. »

Le dernier al. de l'art. R. 5132-8 devient le dernier al. de l'art. R. 5132-9 *(Décr. n° 2021-1128 du 30 août 2021, art. 1ᵉʳ).*

Art. R. 5132-10 Lorsque la durée du travail prévue au contrat de travail du salarié *(Décr. n° 2016-531 du 27 avr. 2016)* « ou dans *(Décr. n° 2022-917 du 21 juin 2022, art. 1ᵉʳ)* « le contrat d'emploi pénitentiaire » de la personne détenue » est inférieure à trente-cinq heures par semaine, le montant de l'aide au poste qu'il occupe est réduit par application du rapport entre la durée prévue au contrat *(Décr. n° 2016-531 du 27 avr. 2016)* « ou dans *(Décr. n° 2022-917 du 21 juin 2022, art. 1ᵉʳ)* « le contrat d'emploi pénitentiaire » et :

1° La durée collective applicable à l'organisme employeur si cette durée est au moins égale à trente-cinq heures par semaine ;

2° La durée de trente-cinq heures si la durée collective du travail applicable à l'organisme employeur est inférieure à trente-cinq heures par semaine. — [Anc. art. 6, Décr. n° 99-107 du 19 févr. 1999.]

SOUS-SECTION 3 **Périodes de mise en situation en milieu professionnel**

(Décr. n° 2014-1360 du 13 nov. 2014, art. 4)

V. Circ. DGEFP n° 01/2015 du 14 janv. 2015, Questions-réponses et fiches techniques sur la mise en œuvre des périodes de mise en situation en milieu professionnel.

Art. D. 5132-10-1 La convention mentionnée à l'article L. 5132-2 peut prévoir la possibilité pour l'entreprise d'insertion signataire de mettre en place des périodes de mise en situation en milieu professionnel pour ses salariés recrutés dans le cadre de contrats conclus en application de l'article L. 5132-5.

Dans ce cas, la convention précise :

1° Le nombre prévisionnel de salariés concernés ;

2° Les structures d'accueil auprès desquelles ces salariés peuvent effectuer des périodes de mise en situation en milieu professionnel ;

3° Les modalités d'accompagnement spécifiques prévues par l'entreprise d'insertion pendant ces périodes ;

4° Le ou les objets, parmi ceux mentionnés à l'article L. 5135-1, pour lesquels il pourra être mis en œuvre des périodes de mise en situation en milieu professionnel.

Art. D. 5132-10-2 Chaque période de mise en situation en milieu professionnel prescrite, en accord avec son employeur, pour un salarié en insertion, fait l'objet d'une convention selon les modalités prévues au chapitre V du présent titre, sous réserve des dispositions prévues par la présente sous-section.

Art. D. 5132-10-3 La durée cumulée de l'ensemble des périodes de mise en situation en milieu professionnel effectuées au cours du contrat conclu en application de l'article L. 5132-5 ne peut représenter plus de 25 % de la durée totale du contrat.

Art. D. 5132-10-4 L'entreprise d'insertion transmet à l'Agence de services et de paiement une copie de la convention mentionnée à l'article D. 5135-2.

SOUS-SECTION 4 **Contrat à durée indéterminée d'inclusion**

(Décr. n° 2021-1129 du 30 août 2021, art. 1ᵉʳ)

Art. D. 5132-10-5 Les personnes âgées d'au moins cinquante-sept ans rencontrant des difficultés sociales et professionnelles peuvent conclure avec une entreprise d'insertion le contrat à durée indéterminée d'inclusion prévu à l'article L. 5132-5-1 à l'issue d'un délai minimal de douze mois après le début de leur parcours d'insertion par l'activité économique.

EMPLOI

Ce contrat est conclu après examen par l'entreprise d'insertion de la situation de la personne au regard de l'emploi et des actions d'accompagnement et de formation effectuées dans le cadre du contrat à durée déterminée précédent conclu en application du premier alinéa de l'article L. 5132-5.

Art. D. 5132-10-5-1 L'embauche en contrat à durée indéterminée d'une personne mentionnée à l'article L. 5132-5-1 est déclarée, par voie dématérialisée, en utilisant le téléservice mentionné à l'article R. 5132-1-19. Le cas échéant, la rupture de ce contrat de travail est déclarée selon les mêmes modalités.

Art. D. 5132-10-5-2 Une entreprise d'insertion peut conclure des contrats à durée indéterminée mentionnés à l'article D. 5132-10-5 dans la limite de 20 % du nombre de postes de travail d'insertion occupés à temps plein fixés par la convention.

Par dérogation à l'alinéa précédent, l'entreprise d'insertion peut conclure des contrats à durée indéterminée au-delà du seuil fixé à ce même alinéa sur décision du préfet de département, dans la limite de 30 % du nombre de postes de travail d'insertion occupés à temps plein fixés par la convention. Cette dérogation est accordée par le préfet de département lorsque la situation de l'entreprise le justifie, notamment en fonction du nombre de postes d'insertion fixé par la convention et du nombre prévisionnel de rupture de contrats de travail à durée indéterminée d'inclusion à l'initiative d'un salarié.

SOUS-SECTION 5 **Dérogation à la durée hebdomadaire de travail en cas de cumul avec un autre contrat de travail à temps partiel**

(Décr. n° 2021-1129 du 30 août 2021, art. 1er)

Art. D. 5132-10-5-3 La dérogation, prévue à l'article L. 5132-5, à la durée hebdomadaire de travail minimale du titulaire d'un contrat à durée déterminée conclu en application de l'article L. 1242-3 est autorisée par le préfet, après examen par la structure d'insertion par l'activité économique qui emploie le salarié de la situation de celui-ci au regard de l'emploi et des actions d'accompagnement et de formation conduites dans le cadre du parcours d'insertion par l'activité économique selon les conditions suivantes :

— elle ne peut pas être accordée au titre d'un contrat de travail à temps partiel conclu avec une structure mentionnée aux articles L. 5132-4 et L. 5213-13 autre que l'employeur ;

— elle ne peut être autorisée qu'au moins quatre mois après l'entrée en parcours d'insertion par l'activité économique ;

— la période durant laquelle il peut être dérogé à la durée hebdomadaire minimale de vingt heures ne peut excéder six mois ;

— cette dérogation peut être renouvelée une fois, après examen de la situation de l'intéressé par le préfet, fondé notamment sur un bilan des perspectives d'évolution professionnelle du salarié transmis par l'employeur.

Art. D. 5132-10-5-4 La demande de dérogation intervient soit à l'initiative de l'employeur, soit à l'initiative du salarié en accord avec son employeur.

Lorsque la demande de dérogation intervient à l'initiative de l'employeur, celui-ci transmet au préfet :

1° Tout document visant à établir une promesse d'embauche pour un contrat de travail à temps partiel avec un employeur autre que ceux mentionnés aux articles L. 5132-4 et L. 5213-13 ;

2° Un document précisant les actions d'accompagnement dans l'emploi qu'il envisage de mettre en œuvre pendant la période dérogatoire pour faciliter la transition professionnelle.

Lorsque la demande de dérogation intervient à l'initiative du salarié, celui-ci adresse une demande écrite et motivée à son employeur qui, s'il accepte cette demande, saisit le préfet dans les conditions prévues aux deuxième à quatrième alinéas.

SECTION 1 BIS Entreprises de travail temporaire d'insertion

(Décr. n° 2014-197 du 21 févr. 2014, art. 10)

Les dispositions de cette section s'appliquent aux avenants annuels prévus aux art. R. 5132-3 et R. 5132-10-8 qui sont conclus pour l'ensemble de l'année 2014 (Décr. n° 2014-197 du 21 févr. 2014, art. 32).

SOUS-SECTION 1 Convention

Les dispositions de cette sous-section s'appliquent aux avenants annuels prévus aux art. R. 5132-3 et R. 5132-10-8 qui sont conclus pour l'ensemble de l'année 2014 (Décr. n° 2014-197 du 21 févr. 2014, art. 32).

Art. R. 5132-10-6 Après consultation du conseil départemental de l'insertion par l'activité économique, et en tenant compte *(Décr. n° 2021-1128 du 30 août 2021, art. 1ᵉʳ)* « de la qualité du projet d'insertion proposé et » de l'offre existante pour assurer un développement équilibré des actions d'insertion, le préfet peut conclure les conventions prévues à l'article L. 5132-2 avec des entreprises candidates au conventionnement d'entreprise de travail temporaire d'insertion, quelle que soit leur forme juridique, contribuant à l'insertion professionnelle des personnes mentionnées à l'article L. 5132-1.

Art. R. 5132-10-7 La convention conclue avec une entreprise de travail temporaire d'insertion comporte notamment :

1° Une présentation du projet d'insertion de la structure précisant :

a) Les caractéristiques générales de la structure ;

b) Les principales caractéristiques des personnes en difficulté embauchées ;

c) Les modalités d'accompagnement des salariés en insertion et de collaboration avec, d'une part, *(Décr. n° 2014-524 du 22 mai 2014, art. 16-XIV)* « Pôle emploi » *[France Travail depuis le 1ᵉʳ janv. 2024]* et, d'autre part, les organismes chargés de l'insertion sociale et professionnelle de ces personnes *(Décr. n° 2021-1128 du 30 août 2021, art. 1ᵉʳ)* « ainsi que, le cas échéant, la mention de la détention d'un label délivré par un tiers certificateur permettant d'attester de la qualité du projet d'insertion de l'entreprise de travail temporaire d'insertion » ;

d) Le cas échéant, la mention de l'existence d'une autre convention au titre d'une structure de l'insertion par l'activité économique ;

e) L'adéquation du projet économique et social de la structure avec l'environnement local et l'offre d'insertion déjà existante ;

(Décr. n° 2021-1128 du 30 août 2021, art. 1ᵉʳ) « *f)* Les modalités selon lesquelles la condition d'activité exclusive définie à l'article L. 5132-6 est respectée, notamment l'intégralité des moyens humains et matériels ;

« *g)* Le cas échéant, le champ territorial d'intervention de l'entreprise de travail temporaire d'insertion lorsque celui-ci dépasse le seul ressort départemental ; »

2° La présentation des moyens en personnel ainsi que des moyens matériels et financiers mobilisés pour mettre en œuvre le projet d'insertion de la structure et accomplir les tâches administratives et les obligations comptables résultant de l'activité de l'entreprise de travail temporaire d'insertion ;

3° Le nombre de postes d'insertion ouvrant droit à l'aide financière prévue à l'article *(Décr. n° 2015-1435 du 5 nov. 2015, art. 3)* « R. 5132-10-12 » ;

4° Les engagements d'insertion pris par la structure et les indicateurs destinés à rendre compte des actions et des résultats ;

5° Les modalités de dépôt des offres d'emploi auprès de *(Décr. n° 2014-524 du 22 mai 2014, art. 16-XIV)* « Pôle emploi » *[France Travail depuis le 1ᵉʳ janv. 2024]* ;

6° La nature et le montant des autres aides publiques directes ou privées dont la structure a bénéficié les années antérieures ;

7° Les modalités de suivi, de contrôle et d'évaluation de la convention.

Art. R. 5132-10-8 La convention peut être conclue pour une durée maximale de trois ans avec des structures présentant des perspectives de viabilité économique ; elle peut être renouvelée selon la même procédure.

Les stipulations financières des conventions pluriannuelles font l'objet d'avenants annuels.

La structure transmet chaque année ses comptes annuels et un bilan d'activité précisant pour les salariés en insertion, les actions mises en œuvre et leurs résultats à l'issue du parcours dans la structure.

Ce document précise les réalisations en termes de suivi, d'accompagnement social et professionnel, d'encadrement des personnes présentant des difficultés sociales et professionnelles particulières, comportant notamment les mentions suivantes :

1° Les moyens humains et matériels affectés à la réalisation de ces actions ;
2° Les caractéristiques des personnes embauchées et de leur contrat de travail ;
3° La nature, l'objet, la durée des actions de suivi individualisé et d'accompagnement social et professionnel des personnes ;
4° Le cas échéant, les propositions d'action sociale faites à la personne pendant la durée de l'action et avant la sortie de la structure ;
5° Les propositions d'orientation professionnelle, de formation préqualifiante ou qualifiante, ou d'emploi faites aux personnes ainsi que les suites qui leur auront été données ;
6° Les résultats en termes d'accès et de retour à l'emploi des personnes sorties de la structure.

Art. R. 5132-10-8-1 (*Décr. n° 2023-1303 du 27 déc. 2023*) Les stipulations financières de l'avenant annuel mentionné au deuxième alinéa de l'article R. 5132-10-8 demeurent applicables après le terme de l'année sur laquelle elles portent, à titre conservatoire, jusqu'à la signature du nouvel avenant annuel et, au plus tard, jusqu'à une date fixée par arrêté des ministres chargés de l'emploi et du budget. Cette date ne peut pas dépasser le 31 mai de l'année concernée.

A l'échéance fixée dans les conditions prévues à l'alinéa précédent, lorsque l'entreprise de travail temporaire d'insertion n'a pas signé le nouvel avenant qui lui a été proposé, le versement des aides financières est suspendu jusqu'à la conclusion de cet avenant.

En l'absence de conclusion du nouvel avenant avant le 30 septembre de l'année concernée, les aides versées par l'État au titre de cette même année font l'objet d'une demande de reversement, qui tient compte des actions réalisées depuis le 1er janvier conformément à la convention pluriannuelle adressée à l'entreprise de travail temporaire d'insertion.

Art. R. 5132-10-9 Le préfet contrôle l'exécution de la convention. L'employeur lui fournit, à sa demande, tout élément permettant de vérifier la bonne exécution de la convention, la réalité des actions d'insertion mises en œuvre ainsi que leurs résultats.

Art. R. 5132-10-10 En cas de non-respect des dispositions de la convention par l'employeur, le préfet l'informe par lettre recommandée de son intention de résilier la convention. Celui-ci dispose d'un délai, qui ne peut être inférieur à un mois, pour faire connaître ses observations.

Le préfet peut alors demander le reversement des sommes indûment perçues.

Art. R. 5132-10-11 Lorsque l'aide financière est obtenue à la suite de fausses déclarations ou lorsque la convention est détournée de son objet, le préfet résilie la convention après avoir observé la procédure prévue à l'article R. 5132-10-10. Les sommes indûment perçues donnent alors lieu à reversement.

SOUS-SECTION 2 Aide financière

Art. R. 5132-10-12 L'embauche des personnes mentionnées à l'article L. 5132-1 (*Décr. n° 2021-1128 du 30 août 2021, art. 1er*) « en contrat de mission » par les entreprises de travail temporaire d'insertion ouvre droit, dans la limite du nombre de poste [postes] d'insertion fixé par la convention, à une aide financière. Cette aide comprend un montant socle et un montant modulé. Le montant modulé est déterminé chaque année par le préfet, dans les conditions fixées par l'article R. 5132-10-13, en tenant compte :
– des caractéristiques des personnes embauchées ;
– des actions et des moyens d'insertion mis en œuvre ;
– des résultats constatés à la sortie de la structure.

Art. R. 5132-10-13 L'aide financière est versée à l'entreprise de travail temporaire d'insertion pour chaque poste de travail occupé à temps plein. Le cas échéant, le montant de l'aide est réduit à due proportion de l'occupation des postes.

Son montant socle, le montant maximum [maximal] de la part modulée dans la limite d'un pourcentage du montant socle et ses conditions de versement sont fixés par arrêté conjoint des ministres chargés de l'emploi et du budget. Un arrêté conjoint du ministre chargé de l'emploi et du ministre chargé du budget revalorise, chaque année, cette aide en fonction de l'évolution du salaire minimum de croissance à compter du 1er janvier 2015. – V. Arr. du 5 juill. 2022, NOR : MTRD2206107A (JO 21 août).

Art. R. 5132-10-13-1 (Décr. n° 2021-1128 du 30 août 2021, art. 1er) L'embauche des personnes mentionnées à l'article L. 5132-6-1 en contrat à durée indéterminée par les entreprises de travail temporaire d'insertion ouvre droit, dans la limite du nombre de postes d'insertion fixé par la convention, à une aide financière.

Art. R. 5132-10-13-2 (Décr. n° 2021-1128 du 30 août 2021, art. 1er) L'aide financière mentionnée à l'article R. 5132-10-13-1 est versée à l'entreprise de travail temporaire d'insertion pour chaque poste de travail occupé à temps plein. Le cas échéant, le montant de l'aide est réduit à due proportion de l'occupation des postes.

Son montant est égal à :

1° 100 % du montant socle de l'aide mentionné à l'article R. 5132-10-13 pour la première année d'exécution du contrat de travail à durée indéterminée ;

2° 70 % du montant socle de l'aide précitée à compter de la deuxième année d'exécution du contrat de travail à durée indéterminée.

Les conditions de son versement sont fixées par arrêté conjoint des ministres chargés de l'emploi et du budget.

Art. R. 5132-10-14 L'aide financière mentionnée (Décr. n° 2021-1128 du 30 août 2021, art. 1er) « aux articles R. 5132-10-12 et R. 5132-10-13-1 » est versée, pour le compte de l'État, par l'Agence de services et de paiement.

Cette aide ne peut se cumuler pour un même poste avec une autre aide à l'emploi financée par l'État.

(Décr. n° 2021-1128 du 30 août 2021, art. 1er) « En cas de modification de la situation juridique de l'employeur au sens de l'article L. 1224-1, le nouvel employeur est substitué dans les droits et obligations de l'employeur initial résultant de la convention prévue à l'article R. 5132-2. »

SOUS-SECTION 3 **Contrat à durée indéterminée d'inclusion**

(Décr. n° 2021-1129 du 30 août 2021, art. 1er)

Art. D. 5132-10-15 Les personnes âgées d'au moins cinquante-sept ans rencontrant des difficultés sociales et professionnelles peuvent conclure avec une entreprise de travail temporaire d'insertion un contrat à durée indéterminée d'inclusion prévu à l'article L. 5132-6-1 à l'issue d'un délai minimal de douze mois après le début de leur parcours d'insertion par l'activité économique.

Ce contrat est conclu après examen par l'entreprise de travail temporaire d'insertion de la situation de la personne au regard de l'emploi et des actions d'accompagnement et de formation effectuées dans le cadre du contrat à durée déterminée précédent conclu en application du premier alinéa de l'article L. 5132-6.

Art. D. 5132-10-16 L'embauche en contrat à durée indéterminée d'une personne mentionnée à l'article L. 5132-6-1 est déclarée, par voie dématérialisée, en utilisant le téléservice mentionné à l'article R. 5132-1-19. Le cas échéant, la rupture de ce contrat de travail est déclarée selon les mêmes modalités.

Art. D. 5132-10-17 Une entreprise de travail temporaire d'insertion peut conclure des contrats à durée indéterminée mentionnés à l'article D. 5132-10-15 dans la limite de 20 % du nombre de postes de travail d'insertion occupés à temps plein fixés par la convention.

Par dérogation à l'alinéa précédent, l'entreprise de travail temporaire d'insertion peut conclure des contrats à durée indéterminée au-delà du seuil fixé à ce même alinéa sur décision du préfet de département, dans la limite de 30 % du nombre de pos-

EMPLOI | **Art. R. 5132-13** 2703

tes de travail d'insertion occupés à temps plein fixés par la convention. Cette dérogation est accordée par le préfet de département lorsque la situation de l'entreprise le justifie, notamment en fonction du nombre de postes d'insertion fixé par la convention et du nombre prévisionnel de rupture de contrats de travail à durée indéterminée d'inclusion à l'initiative d'un salarié.

SECTION 2 Associations intermédiaires

SOUS-SECTION 1 Convention

Art. R. 5132-11 (Décr. n° 2014-197 du 21 févr. 2014, art. 11) Après consultation du conseil départemental de l'insertion par l'activité économique et en tenant compte (Décr. n° 2021-1128 du 30 août 2021, art. 1er) « de la qualité du projet d'insertion proposé et » de l'offre existante pour assurer un développement équilibré des actions d'insertion, le préfet peut conclure les conventions prévues à l'article L. 5132-7 avec des associations candidates au statut d'association intermédiaire contribuant à l'insertion professionnelle des personnes mentionnées à l'article L. 5132-1. Cette convention peut porter sur tout ou partie des activités d'insertion des associations candidates.

Art. R. 5132-12 (Décr. n° 2014-197 du 21 févr. 2014, art. 12) La convention conclue avec une association intermédiaire comporte notamment :
1° Une présentation du projet d'insertion de la structure précisant :
a) Les caractéristiques générales de la structure ;
b) Les principales caractéristiques des personnes en difficulté embauchées ;
c) Les modalités d'accompagnement des personnes accueillies et des salariés en insertion ainsi que les modalités de collaboration avec, d'une part, Pôle emploi [France Travail depuis le 1er janv. 2024] et, d'autre part, les organismes chargés de l'insertion sociale et professionnelle de ces personnes (Décr. n° 2021-1128 du 30 août 2021, art. 1er) « ainsi que, le cas échéant, la mention de la détention d'un label délivré par un tiers certificateur permettant d'attester de la qualité du projet d'insertion de l'association intermédiaire » ;
d) Le cas échéant, la mention de l'existence d'une autre convention au titre d'une structure de l'insertion par l'activité économique ;
e) L'adéquation du projet économique et social de la structure avec l'environnement local et l'offre d'insertion déjà existante ;
f) Le territoire dans lequel l'association se propose d'exercer son activité ;
2° La présentation des moyens en personnel ainsi que des moyens matériels et financiers mobilisés pour :
a) Accomplir les tâches administratives et les obligations comptables résultant de l'activité de l'association ;
b) Mettre en œuvre le projet d'insertion de la structure ;
c) Assurer une permanence d'une durée au moins équivalente à trois jours par semaine pour l'accueil des publics et la réception des offres d'activité ;
3° Le nombre de postes d'insertion, ouvrant droit à l'aide financière prévue à l'article R. 5132-23 ;
4° Les engagements d'insertion pris par la structure et les indicateurs destinés à rendre compte des actions et des résultats ;
5° Les conditions de coopération envisagées avec l'institution mentionnée à l'article L. 5312-1 afin de favoriser l'insertion dans l'emploi des personnes dont l'association assure le suivi ainsi que les modalités de dépôt des offres d'emploi auprès de cette institution ;
6° La nature et le montant des autres aides publiques directes ou privées dont la structure a bénéficié les années antérieures ;
7° Les modalités de suivi, de contrôle et d'évaluation de la convention.

Art. R. 5132-13 (Décr. n° 2014-197 du 21 févr. 2014, art. 13) La convention peut être conclue pour une durée maximale de trois ans avec des structures présentant des perspectives de viabilité économique ; elle peut être renouvelée selon la même procédure.
Les stipulations financières des conventions pluriannuelles font l'objet d'avenants annuels.

La structure transmet chaque année ses comptes annuels et un bilan d'activité précisant pour les salariés en insertion, les actions mises en œuvre et leurs résultats à l'issue du parcours dans la structure.

Ce document précise les réalisations en termes de suivi, d'accompagnement social et professionnel, d'encadrement des personnes présentant des difficultés sociales et professionnelles particulières, comportant notamment les mentions suivantes :

1° Les moyens humains et matériels affectés à la réalisation de ces actions ;

2° Les caractéristiques des personnes embauchées et de leur contrat de travail ;

3° La nature, l'objet, la durée des actions de suivi individualisé et d'accompagnement social et professionnel des personnes ;

4° Le cas échéant, les propositions d'action sociale faites à la personne pendant la durée de l'action et avant la sortie de la structure ;

5° Les propositions d'orientation professionnelle, de formation préqualifiante ou qualifiante, ou d'emploi faites aux personnes ainsi que les suites qui leur auront été données ;

6° Les résultats en termes d'accès et de retour à l'emploi des personnes sorties de la structure.

Art. R. 5132-14 (Décr. n° 2023-1303 du 27 déc. 2023) Les stipulations financières de l'avenant annuel mentionné au deuxième alinéa de l'article R. 5132-13 demeurent applicables après le terme de l'année sur laquelle elles portent, à titre conservatoire, jusqu'à la signature du nouvel avenant annuel et, au plus tard, jusqu'à une date fixée par arrêté des ministres chargés de l'emploi et du budget. Cette date ne peut pas dépasser le 31 mai de l'année concernée.

A l'échéance fixée dans les conditions prévues à l'alinéa précédent, lorsque l'association intermédiaire n'a pas signé le nouvel avenant qui lui a été proposé, le versement des aides financières est suspendu jusqu'à la conclusion de cet avenant.

En l'absence de conclusion du nouvel avenant avant le 30 septembre de l'année concernée, les aides versées par l'État au titre de cette même année font l'objet d'une demande de reversement, qui tient compte des actions réalisées depuis le 1er janvier conformément à la convention pluriannuelle adressée à l'association intermédiaire.

Art. R. 5132-15 (Décr. n° 2014-197 du 21 févr. 2014, art. 14) Le préfet contrôle l'exécution de la convention. L'employeur lui fournit, à sa demande, tout élément permettant de vérifier la bonne exécution de la convention, la réalité des actions d'insertion mises en œuvre ainsi que leurs résultats.

Art. R. 5132-16 (Décr. n° 2014-197 du 21 févr. 2014, art. 15) En cas de non-respect des dispositions de la convention par l'employeur, le préfet l'informe par lettre recommandée de son intention de résilier la convention. Celui-ci dispose d'un délai, qui ne peut être inférieur à un mois, pour faire connaître ses observations.

Le préfet peut alors demander le reversement des sommes indûment perçues.

SOUS-SECTION 2 **Convention de coopération et mise à disposition**

Art. R. 5132-17 La convention de coopération prévue à l'article L. 5132-8 comporte, notamment :

1° Les modalités de mise en relation des candidats avec l'association intermédiaire ;

2° Les modalités selon lesquelles l'association informe l'agence locale pour l'emploi de toute évolution de la situation de ses salariés justifiant son intervention ;

3° Les actions susceptibles d'être réalisées par l'agence pour faciliter l'accès à l'emploi des personnes salariées de l'association ;

4° Le cas échéant, les conditions dans lesquelles l'association intermédiaire réalise des prestations pour le compte de (Décr. n° 2014-524 du 22 mai 2014, art. 16-III) « Pôle emploi » [France Travail depuis le 1er janv. 2024], ainsi que les conditions de financement de ces prestations. – [Anc. art. 7, Décr. n° 99-108 du 18 févr. 1999.]

Art. R. 5132-18 En application de l'article L. 5132-9, les conditions suivantes doivent être respectées :

1° Le seuil prévu au 1° de l'article précité est de 16 heures ;

2° La durée totale mentionnée au 2° de ce même article est de (Décr. n° 2014-197 du 21 févr. 2014, art. 13) « 480 heures ».

Art. D. 5132-18-1 (*Décr. n° 2021-1129 du 30 août 2021, art. 1er*) Le préfet de département peut, après consultation du conseil départemental de l'insertion par l'activité économique, autoriser une association intermédiaire à déroger à la durée mentionnée au 2° de l'article R. 5132-18 pour une durée maximale de trois ans renouvelable :
1° En tenant compte de la nature et de l'intensité des activités exercées par les entreprises de travail temporaire d'insertion dans le département ;
2° Après examen du bilan d'activité mentionné à l'article R. 5132-13.

Art. R. 5132-19 L'association intermédiaire ne peut pas mettre ses salariés à disposition d'employeurs pour des activités situées hors du territoire défini dans la convention conclue par elle avec l'État. — [*Anc. art. L. 322-4-16-3, al. 3, et anc. art. 6, Décr. n° 99-108 du 18 févr. 1999.*]

Art. R. 5132-20 Un contrat est établi par écrit entre l'association intermédiaire et la personne, dite l'utilisateur, à la disposition de laquelle elle met un ou plusieurs salariés.
Le contrat comporte notamment :
1° Le nom des salariés mis à disposition ;
2° Les tâches à remplir ;
3° Le lieu où elles s'exécutent ;
4° Le terme de la mise à disposition ;
5° Lorsque l'utilisateur est une entreprise, le montant de la rémunération avec ses différentes composantes, y compris, s'il en existe, les primes et accessoires de salaire que percevrait après période d'essai un salarié de qualification équivalente occupant le même poste de travail ;
6° La nature des équipements de protection individuelle que le salarié doit utiliser en précisant, le cas échéant, s'ils sont fournis par l'association intermédiaire. — [*Anc. art. 5, Décr. n° 99-108 du 18 févr. 1999.*]

Art. R. 5132-21 Les travaux particulièrement dangereux figurant sur la liste prévue à l'article L. 5132-10 sont ceux mentionnés à l'article D. 4154-1. — [*Anc. art. L. 322-4-16-3, 5 al. 2.*]

Art. R. 5132-22 La convention conclue avec l'État peut être résiliée par le préfet si l'association intermédiaire effectue des mises à disposition pour la réalisation de travaux particulièrement dangereux pour lesquels il ne peut être fait appel à des salariés sous contrat de travail à durée déterminée, en application de l'article L. 1242-6, ou ne respecte pas les conditions de mise à disposition mentionnées à l'article L. 5132-9. — [*Anc. art. 4, al. 4, Décr. n° 99-108 du 18 févr. 1999.*]

SOUS-SECTION 3 Aide financière

Art. R. 5132-23 (*Décr. n° 2014-197 du 21 févr. 2014, art. 17*) L'embauche des personnes mentionnées à l'article L. 5132-1 (*Décr. n° 2021-1128 du 30 août 2021, art. 1er*) « en contrat à durée déterminée » par les associations intermédiaires ouvre droit, dans la limite du nombre de postes d'insertion fixé par la convention, à une aide financière.
Cette aide comprend un montant socle et un montant modulé. Le montant modulé est déterminé chaque année par le préfet, dans les conditions fixées par l'article R. 5132-24, en tenant compte :
— des caractéristiques des personnes embauchées ;
— des actions et des moyens d'insertion mis en œuvre ;
— des résultats constatés à la sortie de la structure.

Art. R. 5132-24 (*Décr. n° 2014-197 du 21 févr. 2014, art. 18*) L'aide financière est versée à l'association intermédiaire pour chaque poste de travail occupé à temps plein. Le cas échéant, le montant de l'aide est réduit à due proportion de l'occupation des postes.
Son montant socle, le montant maximum [*maximal*] de la part modulée dans la limite d'un pourcentage du montant socle et ses conditions de versement sont fixés par arrêté conjoint des ministres chargés de l'emploi et du budget. Un arrêté conjoint du ministre chargé de l'emploi et du ministre chargé du budget revalorise, chaque année, cette aide en fonction de l'évolution du salaire minimum de croissance à compter du 1er janvier 2015. — *V. Arr. du 5 juill. 2022, NOR : MTRD2206107A (JO 21 août).*

Art. R. 5132-24-1 (*Décr. n° 2021-1128 du 30 août 2021, art. 1ᵉʳ*) L'embauche des personnes mentionnées à l'article L. 5132-14-1 en contrat à durée indéterminée par les associations intermédiaires ouvre droit, dans la limite du nombre de postes d'insertion fixé par la convention, à une aide financière.

Art. R. 5132-24-2 (*Décr. n° 2021-1128 du 30 août 2021, art. 1ᵉʳ*) L'aide financière mentionnée à l'article R. 5132-24-1 est versée à l'association intermédiaire pour chaque poste de travail occupé à temps plein. Le cas échéant, le montant de l'aide est réduit à due proportion de l'occupation des postes.

Son montant est égal à :

1° 100 % du montant socle de l'aide mentionné à l'article R. 5132-24 pour la première année d'exécution du contrat de travail à durée indéterminée ;

2° 70 % à compter de la deuxième année d'exécution du contrat de travail à durée indéterminée.

Les conditions de son versement sont fixées par arrêté conjoint des ministres chargés de l'emploi et du budget.

Art. R. 5132-25 (*Décr. n° 2014-197 du 21 févr. 2014, art. 19*) L'aide financière mentionnée (*Décr. n° 2021-1128 du 30 août 2021, art. 1ᵉʳ*) « aux articles R. 5132-23 et R. 5132-24-1 » est versée, pour le compte de l'État, par l'Agence de services et de paiement.

Cette aide ne peut se cumuler pour un même poste avec une autre aide à l'emploi financée par l'État.

(*Décr. n° 2015-1435 du 5 nov. 2015, art. 2*) « En cas de modification de la situation juridique de l'employeur au sens de l'article L. 1224-1, le nouvel employeur est substitué dans les droits et obligations de l'employeur initial résultant de la convention prévue à l'article R. 5132-12. »

Art. R. 5132-26 (*Décr. n° 2014-197 du 21 févr. 2014, art. 20*) Lorsque l'aide financière est obtenue à la suite de fausses déclarations ou lorsque la convention est détournée de son objet, le préfet résilie la convention après avoir observé la procédure prévue à l'article R. 5132-16. Les sommes indûment perçues donnent alors lieu à reversement.

SOUS-SECTION 4 **Périodes de mise en situation en milieu professionnel**

(*Décr. n° 2014-1360 du 13 nov. 2014, art. 5*)

Art. D. 5132-26-1 La convention mentionnée à l'article L. 5132-2 peut prévoir la possibilité, pour l'association intermédiaire signataire, de mettre en place des périodes de mise en situation en milieu professionnel pour ses salariés recrutés dans le cadre de contrats conclus en application de l'article L. 5132-11-1.

Dans ce cas, la convention précise :

1° Le nombre prévisionnel de salariés concernés ;

2° Les structures d'accueil auprès desquelles les salariés peuvent effectuer des périodes de mise en situation en milieu professionnel ;

3° Les modalités d'accompagnement spécifiques prévues par l'association intermédiaire pendant ces périodes ;

4° Le ou les objets, parmi ceux mentionnés à l'article L. 5135-1, pour lesquels il pourra être mis en œuvre des périodes de mise en situation en milieu professionnel.

Art. D. 5132-26-2 Chaque période de mise en situation en milieu professionnel prescrite, en accord avec son employeur, pour un salarié en insertion fait l'objet d'une convention selon les modalités prévues au chapitre V du présent titre, sous réserve des dispositions prévues par la présente sous-section.

Art. D. 5132-26-3 La durée cumulée de l'ensemble des périodes de mise en situation en milieu professionnel effectuées au cours du contrat conclu en application de l'article L. 5132-11-1 ne peut représenter plus de 25 % de la durée totale du contrat.

Art. D. 5132-26-4 L'association intermédiaire transmet à l'Agence de services et de paiement une copie de la convention mentionnée à l'article D. 5135-2.

EMPLOI   **Art. D. 5132-26-12** 2707

SOUS-SECTION 5   **Suivi de l'état de santé des salariés de l'association intermédiaire**
(Décr. n° 2016-1908 du 27 déc. 2016, art. 19, en vigueur le 1ᵉʳ janv. 2017).

(Décr. n° 2012-135 du 30 janv. 2012, art. 1ᵉʳ-VI et 3)

Art. R. 5132-26-6 L'association intermédiaire assure le suivi *(Décr. n° 2016-1908 du 27 déc. 2016, art. 19, en vigueur le 1ᵉʳ janv. 2017)* « de l'état de santé » des personnes mises à disposition d'un utilisateur par un service de santé au travail interentreprises.

Art. R. 5132-26-7 *(Décr. n° 2016-1908 du 27 déc. 2016, art. 19, en vigueur le 1ᵉʳ janv. 2017)* « La visite d'information et de prévention et l'examen médical d'embauche » de la personne mise à disposition d'un utilisateur *(Décr. n° 2016-1908 du 27 déc. 2016, art. 19, en vigueur le 1ᵉʳ janv. 2017)* « sont organisés » par l'association intermédiaire, dès sa première mise à disposition ou au plus tard dans le mois suivant.

Art. R. 5132-26-8 *(Décr. n° 2016-1908 du 27 déc. 2016, art. 19, en vigueur le 1ᵉʳ janv. 2017)* Les visites réalisées en application des sous-sections 1 et 2 de la section 2 du chapitre IV du titre II du livre VI de la quatrième partie du présent code peuvent être effectuées pour plusieurs emplois, dans la limite de trois.

SOUS-SECTION 6   **Contrat à durée indéterminée d'inclusion**

(Décr. n° 2021-1129 du 30 août 2021, art. 1ᵉʳ)

Art. D. 5132-26-9 Les personnes âgées d'au moins cinquante-sept ans rencontrant des difficultés sociales et professionnelles peuvent conclure avec une association intermédiaire un contrat à durée indéterminée prévu à l'article L. 5132-14-1 à l'issue d'un délai minimal de douze mois après le début de leur parcours d'insertion par l'activité économique.

Ce contrat est conclu après examen par l'association intermédiaire de la situation de la personne au regard de l'emploi et des actions d'accompagnement et de formation conduites dans le cadre du contrat à durée déterminée précédent conclu en application du premier alinéa de l'article L. 5132-11-1 ou du 3° de l'article L. 1242-2.

Art. D. 5132-26-10 L'embauche en contrat à durée indéterminée d'une personne mentionnée à l'article L. 5132-14-1 est déclarée, par voie dématérialisée, en utilisant le téléservice mentionné à l'article R. 5132-1-19. Le cas échéant, la rupture de ce contrat de travail est déclarée selon les mêmes modalités.

Art. D. 5132-26-11 Une association intermédiaire peut conclure des contrats à durée indéterminée mentionnés à l'article D. 5132-26-9, dans la limite de 20 % du nombre de postes de travail d'insertion occupés à temps plein fixés par la convention.

Par dérogation à l'alinéa précédent, l'association intermédiaire peut conclure des contrats à durée indéterminée au-delà du seuil fixé à ce même alinéa sur décision du préfet de département, dans la limite de 30 % du nombre de postes de travail d'insertion occupés à temps plein fixés par la convention. Cette dérogation est accordée par le préfet de département lorsque la situation de l'association le justifie, notamment en fonction du nombre de postes d'insertion fixé par la convention et du nombre prévisionnel de rupture de contrats de travail à durée indéterminée d'inclusion à l'initiative d'un salarié.

SOUS-SECTION 7   **Dérogation à la durée hebdomadaire de travail en cas de cumul avec un autre contrat de travail à temps partiel**

(Décr. n° 2021-1129 du 30 août 2021, art. 1ᵉʳ)

Art. D. 5132-26-12 La dérogation, prévue à l'article L. 5132-11-1, à la durée hebdomadaire de travail minimale du titulaire d'un contrat à durée déterminée conclu en application de l'article L. 1242-3 est autorisée par le préfet, après examen par la structure d'insertion par l'activité économique qui emploie le salarié de la situation de celui-ci au regard de l'emploi et des actions d'accompagnement et de formation conduites dans le cadre du parcours d'insertion par l'activité économique selon les conditions suivantes :

— elle ne peut pas être accordée au titre d'un contrat de travail à temps partiel conclu avec une structure mentionnée aux articles L. 5132-4 et L. 5213-13 autre que l'employeur ;
— elle ne peut être autorisée qu'au moins quatre mois après l'entrée en parcours d'insertion par l'activité économique ;
— la période durant laquelle il peut être dérogé à la durée hebdomadaire minimale de vingt heures ne peut excéder six mois ;
— cette dérogation peut être renouvelée une fois, après examen de la situation de l'intéressé par le préfet fondé notamment sur un bilan des perspectives d'évolution professionnelle du salarié transmis par l'employeur.

Art. D. 5132-26-13 La demande de dérogation intervient soit à l'initiative de l'employeur, soit à l'initiative du salarié en accord avec son employeur.

Lorsque la demande de dérogation intervient à l'initiative de l'employeur, celui-ci transmet au préfet :

1° Tout document visant à établir une promesse d'embauche pour un contrat de travail à temps partiel avec un employeur autre que ceux mentionnés aux articles L. 5132-4 et L. 5213-13 ;

2° Un document précisant les actions d'accompagnement dans l'emploi qu'il envisage de mettre en œuvre pendant la période dérogatoire pour faciliter la transition professionnelle.

Lorsque la demande de dérogation intervient à l'initiative du salarié, celui-ci adresse une demande écrite et motivée à son employeur qui, s'il accepte cette demande, saisit le préfet dans les conditions prévues aux deuxième à quatrième alinéas.

SECTION 3 **Ateliers et chantiers d'insertion**

SOUS-SECTION 1 **Conventions**

Art. R. 5132-27 (Décr. n° 2014-197 du 21 févr. 2014, art. 21) Après consultation du conseil départemental de l'insertion par l'activité économique et en tenant compte (Décr. n° 2021-1128 du 30 août 2021, art. 1ᵉʳ) « de la qualité du projet d'insertion proposé et » de l'offre existante pour assurer un développement équilibré des actions d'insertion sociale et professionnelle, le préfet peut conclure des conventions pour la mise en place d'un ou [de] plusieurs ateliers et chantiers d'insertion avec :

1° Un organisme de droit privé à but non lucratif ayant pour objet l'embauche de personnes mentionnées à l'article L. 5132-1 (Décr. n° 2016-531 du 27 avr. 2016) « ou l'emploi de personnes détenues ayant signé un (Décr. n° 2022-917 du 21 juin 2022, art. 1ᵉʳ) « contrat d'emploi pénitentiaire » afin de faciliter leur insertion sociale et professionnelle en développant des activités ayant principalement un caractère d'utilité sociale ;

2° Un centre communal ou intercommunal d'action sociale ;
3° Une commune ;
4° Un établissement public de coopération intercommunale ;
5° Un syndicat mixte ;
6° Les départements ;
7° Une chambre d'agriculture ;
8° Un établissement d'enseignement professionnel et d'enseignement agricole de l'État ;
9° L'Office national des forêts.

Art. R. 5132-28 (Décr. n° 2014-197 du 21 févr. 2014, art. 22) La convention conclue pour la mise en place d'un ou [de] plusieurs ateliers et chantiers d'insertion comporte notamment :

1° Une présentation du projet d'insertion de l'organisme conventionné précisant :
a) Le statut juridique de l'organisme porteur ;
b) Le nombre, l'objet, la durée et les caractéristiques des ateliers et chantiers d'insertion ;
c) Les modalités d'accompagnement des salariés en insertion (Décr. n° 2016-531 du 27 avr. 2016) « ou des personnes détenues ayant signé un (Décr. n° 2022-917 du 21 juin 2022, art. 1ᵉʳ) « contrat d'emploi pénitentiaire » et de collaboration avec, d'une

EMPLOI **Art. R. 5132-29-1** 2709

part, *(Décr. n° 2014-524 du 22 mai 2014, art. 16)* « Pôle emploi » *[France Travail depuis le 1ᵉʳ janv. 2024]* et, d'autre part, les organismes chargés de l'insertion sociale et professionnelle de ces personnes *(Décr. n° 2021-1128 du 30 août 2021, art. 1ᵉʳ)* « ainsi que, le cas échéant, la mention de la détention d'un label délivré par un tiers certificateur permettant d'attester de la qualité du projet d'insertion de l'atelier et chantier d'insertion » ;
 d) Le cas échéant, la mention de l'existence d'une autre convention au titre d'une structure de l'insertion par l'activité économique ;
 e) L'adéquation du projet économique et social des ateliers et chantiers d'insertion avec l'environnement local et l'offre d'insertion déjà existante ;
 f) Le territoire dans lequel les ateliers et chantiers d'insertion sont réalisés ;
 (Décr. n° 2016-531 du 27 avr. 2016) « *g)* Lorsque l'activité est réalisée dans un établissement pénitentiaire, le contrat d'implantation conclu à ce titre ; »
 2° La présentation des moyens en personnel ainsi que des moyens matériels et financiers mobilisés pour mettre en œuvre le projet d'insertion de l'organisme conventionné et accomplir les tâches administratives et les obligations comptables résultant de l'activité de l'organisme conventionné ;
 3° Le nombre de postes d'insertion susceptibles d'être conventionnés ouvrant droit à l'aide financière prévue à l'article R. 5132-37 et, le cas échéant, leur affectation entre les différents ateliers et chantiers d'insertion ;
 4° Les engagements d'insertion pris par l'organisme conventionné et les indicateurs destinés à rendre compte des actions et des résultats ;
 5° Les modalités de dépôt des offres d'emploi auprès de l'institution précitée ;
 6° La nature et le montant des aides publiques et privées dont l'organisme conventionné est susceptible de bénéficier pour réaliser des ateliers et chantiers d'insertion et, pour ceux qui ont une activité de commercialisation, le montant des ressources tirées de la commercialisation des biens et services produits ;
 7° Les modalités de suivi, de contrôle et d'évaluation de la convention.

Art. R. 5132-29 *(Décr. n° 2014-197 du 21 févr. 2014, art. 23)* La convention pour la mise en place d'un ou *[de]* plusieurs chantiers d'insertion peut être conclue pour une durée maximale de trois ans avec des organismes présentant des perspectives de viabilité économique ; elle peut être renouvelée selon la même procédure.
 Les stipulations financières des conventions pluriannuelles font l'objet d'avenants annuels.
 L'organisme conventionné au titre d'un atelier ou chantier d'insertion transmet chaque année ses comptes annuels et un bilan d'activité précisant *(Décr. n° 2016-531 du 27 avr. 2016)* « respectivement » pour les salariés en insertion *(Décr. n° 2016-531 du 27 avr. 2016)* « et les personnes détenues ayant signé un *(Décr. n° 2022-917 du 21 juin 2022, art. 1ᵉʳ)* « contrat d'emploi pénitentiaire », les actions mises en œuvre et leurs résultats à l'issue du parcours dans la structure.
 Ce document précise les réalisations en termes de suivi, d'accompagnement social et professionnel, d'encadrement des personnes présentant des difficultés sociales et professionnelles particulières, comportant notamment les mentions suivantes :
 1° Les moyens humains et matériels affectés à la réalisation de ces actions ;
 2° Les caractéristiques des personnes embauchées et de leur contrat de travail *(Décr. n° 2016-531 du 27 avr. 2016)* « et le cas échéant des personnes détenues ayant signé un *(Décr. n° 2022-917 du 21 juin 2022, art. 1ᵉʳ)* « contrat d'emploi pénitentiaire » ;
 3° La nature, l'objet, la durée des actions de suivi individualisé et d'accompagnement social et professionnel des personnes ;
 4° Le cas échéant, les propositions d'action sociale faites à la personne pendant la durée de l'action et avant la sortie de la structure ;
 5° Les propositions d'orientation professionnelle, de formation préqualifiante ou qualifiante, ou d'emploi faites aux personnes ainsi que les suites qui leur auront été données ;
 6° Les résultats en termes d'accès et de retour à l'emploi des personnes sorties de la structure.

Art. R. 5132-29-1 *(Décr. n° 2023-1303 du 27 déc. 2023)* Les stipulations financières de l'avenant annuel mentionné au deuxième alinéa de l'article R. 5132-29 demeurent applicables après le terme de l'année sur laquelle elles portent, à titre conservatoire, jusqu'à la signature du nouvel avenant annuel et, au plus tard, jusqu'à une date fixée par arrêté des ministres chargés de l'emploi et du budget. Cette date ne peut pas dépasser le 31 mai de l'année concernée.

A l'échéance fixée dans les conditions prévues à l'alinéa précédent, lorsque l'atelier et chantier d'insertion n'a pas signé le nouvel avenant qui lui a été proposé, le versement des aides financières est suspendu jusqu'à la conclusion de cet avenant.

En l'absence de conclusion du nouvel avenant avant le 30 septembre de l'année concernée, les aides versées par l'État au titre de cette même année font l'objet d'une demande de reversement, qui tient compte des actions réalisées depuis le 1er janvier conformément à la convention pluriannuelle adressée à l'atelier et chantier d'insertion.

Art. D. 5132-30 Après avis favorable du conseil départemental de l'insertion par l'activité économique, un organisme conventionné au titre d'un atelier ou chantier d'insertion peut également être conventionné au titre d'une entreprise d'insertion ou d'une association intermédiaire.

Les activités réalisées par l'organisme conventionné au titre de chacune des deux conventions font alors l'objet d'une comptabilité distincte et donnent lieu à une information sectorielle distincte donnée en annexe des comptes. — *[Anc. art. D. 322-28, al. 2.]*

Art. D. 5132-31 Lorsque l'organisme conventionné au titre de l'article L. 5132-15 est une association, elle établit les comptes annuels conformément au règlement de l'Autorité des normes comptables en vigueur pour les comptes annuels des associations. — *[Anc. art. D. 322-28, al. 3.]*

Art. R. 5132-32 *(Décr. n° 2014-197 du 21 févr. 2014, art. 24)* En cas de non-respect des dispositions de la convention par l'employeur, le préfet l'informe par lettre recommandée de son intention de résilier la convention. Celui-ci dispose d'un délai, qui ne peut être inférieur à un mois, pour faire connaître ses observations.

Le préfet peut alors demander le reversement des sommes indûment perçues.

Art. R. 5132-33 Abrogé par Décr. n° 2014-197 du 21 févr. 2014, art. 30.

SOUS-SECTION 2 **Mise en œuvre des actions**

Art. D. 5132-34 La commercialisation des biens et des services produits dans le cadre des ateliers et des chantiers d'insertion est possible lorsqu'elle contribue à la réalisation et au développement des activités d'insertion sociale et professionnelle des personnes mentionnées à l'article L. 5132-1.

Toutefois, les recettes tirées de cette commercialisation ne peuvent couvrir qu'une part inférieure à 30 % des charges liées à ces activités.

Cette part peut être augmentée sur décision du préfet, dans la limite de 50 %, après avis favorable du conseil départemental de l'insertion par l'activité économique, si les activités développées ne sont pas déjà assurées et satisfaites par les entreprises locales. — *[Anc. art. D. 322-28, al. 1er.]*

Art. R. 5132-35 *(Décr. n° 2014-197 du 21 févr. 2014, art. 25)* Le préfet contrôle l'exécution de la convention conclue pour la mise en place d'un ou *[de]* plusieurs ateliers et chantiers d'insertion. L'employeur lui fournit, à sa demande, tout élément permettant de vérifier la bonne exécution de la convention, la réalité des actions d'insertion mises en œuvre ainsi que leurs résultats.

Art. R. 5132-36 Abrogé par Décr. n° 2014-197 du 21 févr. 2014, art. 30.

SOUS-SECTION 3 **Aide financière**

Art. R. 5132-37 *(Décr. n° 2014-197 du 21 févr. 2014, art. 26)* L'embauche des personnes mentionnées à l'article L. 5132-1 *(Décr. n° 2021-1128 du 30 août 2021, art. 1er)* « en contrat à durée déterminée » *(Décr. n° 2016-531 du 27 avr. 2016)* « ou l'emploi des personnes détenues ayant signé un *(Décr. n° 2022-917 du 21 juin 2022, art. 1er)* « contrat d'emploi pénitentiaire » » par les organismes conventionnés au titre d'un atelier ou chantier d'insertion ouvre droit, dans la limite du nombre de postes d'insertion fixé par la convention, à une aide financière.

Cette aide comprend un montant socle et un montant modulé. Le montant modulé est déterminé chaque année par le préfet, dans les conditions fixées par l'article R. 5132-38, en tenant compte :
— des caractéristiques des personnes embauchées *(Décr. n° 2016-531 du 27 avr. 2016)* « et, le cas échéant, des personnes détenues ayant signé un *(Décr. n° 2022-917 du 21 juin 2022, art. 1er)* « contrat d'emploi pénitentiaire » ;
— des actions et des moyens d'insertion mis en œuvre ;
— des résultats constatés à la sortie de la structure.

Art. R. 5132-38 *(Décr. n° 2014-197 du 21 févr. 2014, art. 27)* L'aide financière est versée à l'organisme conventionné au titre d'un atelier ou chantier d'insertion pour chaque poste de travail occupé à temps plein. Le cas échéant, le montant de l'aide est réduit à due proportion de l'occupation des postes.

Son montant socle, le montant maximum [maximal] de la part modulée dans la limite d'un pourcentage du montant socle et ses conditions de versement sont fixés par arrêté conjoint des ministres chargés de l'emploi et du budget *(Décr. n° 2016-531 du 27 avr. 2016)* « respectivement pour les salariés en insertion recrutés sous contrat de travail *(Décr. n° 2021-1128 du 30 août 2021, art. 1er)* « à durée déterminée » et pour les personnes détenues ayant signé un *(Décr. n° 2022-917 du 21 juin 2022, art. 1er)* « contrat d'emploi pénitentiaire ». Un arrêté conjoint du ministre chargé de l'emploi et du ministre chargé du budget revalorise, chaque année, cette aide en fonction de l'évolution du salaire minimum de croissance à compter du 1er janvier 2015. — V. Arr. du 5 juill. 2022, NOR : MTRD2206107A (JO 21 août).

Art. R. 5132-39 *(Décr. n° 2021-1128 du 30 août 2021, art. 1er)* L'embauche des personnes mentionnées à l'article L. 5132-15-1-1 en contrat à durée indéterminée par les ateliers et chantiers d'insertion ouvre droit, dans la limite du nombre de postes d'insertion fixé par la convention, à une aide financière.

Art. R. 5132-39-1 *(Décr. n° 2021-1128 du 30 août 2021, art. 1er)* L'aide financière mentionnée à l'article R. 5132-39 est versée à l'atelier et chantier d'insertion pour chaque poste de travail occupé à temps plein. Le cas échéant, le montant de l'aide est réduit à due proportion de l'occupation des postes.

Son montant est égal à :
1° 100 % du montant socle de l'aide mentionné à l'article R. 5132-38 pour la première année d'exécution du contrat de travail à durée indéterminée ;
2° 70 % du montant socle de l'aide précitée à compter de la deuxième année d'exécution du contrat de travail à durée indéterminée.

Les conditions de son versement sont fixées par arrêté conjoint des ministres chargés de l'emploi et du budget.

Art. R. 5132-40 *(Décr. n° 2014-197 du 21 févr. 2014)* L'aide financière mentionnée *(Décr. n° 2021-1128 du 30 août 2021, art. 1er)* « aux articles R. 5132-37 et R. 5132-39 » est versée, pour le compte de l'État, par l'Agence de services et de paiement.

Cette aide ne peut se cumuler pour un même poste avec une autre aide à l'emploi financée par l'État.

(Décr. n° 2015-1435 du 5 nov. 2015, art. 2) « En cas de modification de la situation juridique de l'employeur au sens de l'article L. 1224-1, le nouvel employeur est substitué dans les droits et obligations de l'employeur initial résultant de la convention prévue à l'article R. 5132-28. »

Art. D. 5132-41 *(Décr. n° 2014-728 du 27 juin 2014)* Pour l'application du troisième alinéa de l'article L. 5132-3-1, la participation mensuelle du département aux aides financières est égale, pour chaque salarié en insertion qui était, avant son embauche, bénéficiaire du revenu de solidarité active financé par le département, à 88 % du montant forfaitaire mentionné *(Décr. n° 2015-1710 du 21 déc. 2015, art. 4-IV)* « à » l'article L. 262-2 du code de l'action sociale et des familles applicable à un foyer composé d'une seule personne, dans la limite de la durée de conventionnement avec la structure d'insertion par l'activité économique concernée.

Art. R. 5132-42 Abrogé par Décr. n° 2014-197 du 21 févr. 2014.

Art. R. 5132-43 (*Décr. n° 2014-197 du 21 févr. 2014, art. 29*) Lorsque l'aide financière est obtenue à la suite de fausses déclarations ou lorsque la convention est détournée de son objet, le préfet résilie la convention après avoir observé la procédure prévue à l'article R. 5132-32. Les sommes indûment perçues donnent alors lieu à reversement.

SOUS-SECTION 4 **Périodes de mise en situation en milieu professionnel**

(*Décr. n° 2014-1360 du 13 nov. 2014, art. 6*)

Art. D. 5132-43-1 La convention mentionnée à l'article L. 5132-2 peut prévoir la possibilité pour l'organisme conventionné en tant qu'atelier et chantier d'insertion signataire de mettre en place des périodes de mise en situation en milieu professionnel pour ses salariés recrutés dans le cadre de contrats conclus en application de l'article L. 5132-15-1.

Dans ce cas, la convention précise :
1° Le nombre prévisionnel de salariés concernés ;
2° Les structures auprès desquelles ces salariés peuvent effectuer des périodes de mise en situation en milieu professionnel ;
3° Les modalités d'accompagnement spécifiques prévues par l'organisme conventionné en tant qu'atelier et chantier d'insertion pendant ces périodes ;
4° Le ou les objets, parmi ceux mentionnés à l'article L. 5135-1, pour lesquels il pourra être mis en œuvre des périodes de mise en situation en milieu professionnel.

Art. D. 5132-43-2 Chaque période de mise en situation en milieu professionnel prescrite, en accord avec son employeur, pour un salarié en insertion fait l'objet d'une convention selon les modalités prévues au chapitre V du présent titre, sous réserve des dispositions prévues par la présente sous-section.

Art. D. 5132-43-3 La durée cumulée de l'ensemble des périodes de mise en situation en milieu professionnel effectuées au cours du contrat conclu en application de l'article L. 5132-15-1 ne peut représenter plus de 25 % de la durée totale du contrat.

Art. D. 5132-43-4 L'organisme conventionné en tant qu'atelier et chantier d'insertion transmet à l'Agence de services et de paiement une copie de la convention mentionnée à l'article D. 5135-2.

SOUS-SECTION 5 **Dérogation à la durée hebdomadaire de travail**

(*Décr. n° 2015-1435 du 5 nov. 2015, art. 1ᵉʳ*)

Art. D. 5132-43-5 La dérogation à la durée hebdomadaire de travail du titulaire d'un contrat à durée déterminée conclu en application de l'article L. 1242-3 dans les ateliers et chantiers d'insertion (*Décr. n° 2021-1128 du 30 août 2021, art. 1ᵉʳ*) « peut être accordée par le préfet après examen » de la situation de l'intéressé.

La période durant laquelle il peut être dérogé à la durée hebdomadaire minimale de vingt heures ne peut excéder (*Décr. n° 2021-1128 du 30 août 2021, art. 1ᵉʳ*) « douze » mois.

Cette période peut être prolongée après un bilan établi par l'employeur de la situation du salarié au regard de l'emploi, des actions d'accompagnement et de formation dont il a bénéficié, le cas échéant en coopération avec (*Décr. n° 2021-1128 du 30 août 2021, art. 1ᵉʳ*) « le préfet » et les organismes chargés de l'insertion sociale et professionnelle de cette personne.

La prolongation doit permettre d'achever les actions d'accompagnement et de formation prescrite lors de la demande initiale. Sa durée ne peut excéder la durée de l'action ou de l'atelier et chantier conventionné.

La demande de dérogation intervient soit à l'initiative de l'employeur avant l'embauche, soit à l'initiative du salarié en accord avec son employeur.

L'art. R. 5132-43-5 devient l'art. D. 5132-43-5 (Décr. n° 2021-1128 du 30 août 2021, art. 1ᵉʳ).

Art. D. 5132-43-6 Lorsqu'un employeur envisage de conclure un contrat de travail dérogeant à la durée hebdomadaire minimale de vingt heures, il fournit (*Décr. n° 2021-1128 du 30 août 2021, art. 1ᵉʳ*) « au préfet » avant l'embauche :

1° Tout document visant à établir que la situation de la personne recrutée présente les caractéristiques mentionnées à l'article R. 5132-43-7 et justifie le recours à cette dérogation ;

2° Un document répertoriant les actions d'accompagnement et de formation qu'il envisage de mettre en œuvre pendant la période dérogatoire.

Lorsqu'un salarié envisage de passer à une durée de travail hebdomadaire inférieure à la durée minimale de vingt heures, il fait une demande écrite et motivée à son employeur qui, s'il accepte cette demande, saisit (*Décr. n° 2021-1128 du 30 août 2021, art. 1ᵉʳ*) « le préfet » dans les conditions prévues ci-dessus.

L'art. R. 5132-43-6 devient l'art. D. 5132-43-6 (Décr. n° 2021-1128 du 30 août 2021, art. 1ᵉʳ).

Art. D. 5132-43-7 En application des dispositions de l'article L. 5132-15-1, le diagnostic de la situation des personnes susceptibles de bénéficier d'une durée de travail inférieure à vingt heures doit permettre d'établir que leurs difficultés particulièrement importantes caractérisent un risque de grande exclusion dont l'absence de prise en charge ferait obstacle à leur insertion professionnelle.

Ce diagnostic est réalisé par (*Décr. n° 2021-1128 du 30 août 2021, art. 1ᵉʳ*) « le préfet », le cas échéant en collaboration avec les organismes chargés de l'insertion sociale et professionnelle de la personne concernée, avant son embauche.

L'art. R. 5132-43-7 devient l'art. D. 5132-43-7 (Décr. n° 2021-1128 du 30 août 2021, art. 1ᵉʳ).

Art. D. 5132-43-8 (*Décr. n° 2021-1128 du 30 août 2021, art. 1ᵉʳ*) Une dérogation à la durée hebdomadaire de travail du titulaire d'un contrat à durée déterminée conclu en application de l'article L. 1242-3 peut être accordée par le préfet pour tous les salariés d'un atelier et chantier d'insertion présentant des difficultés communes particulièrement importantes.

La demande de dérogation intervient à l'initiative de l'employeur.

La période durant laquelle il peut être dérogé à la durée hebdomadaire minimale de vingt heures ne peut excéder douze mois.

Art. D. 5132-43-9 (*Décr. n° 2021-1128 du 30 août 2021, art. 1ᵉʳ*) Lorsqu'un employeur envisage de conclure des contrats de travail dérogeant, pour tous ses salariés éligibles, à la durée hebdomadaire minimale de vingt heures, il fournit au préfet :

1° Un document visant à établir que l'atelier et chantier d'insertion porte un projet d'accompagnement renforcé des salariés présentant des difficultés communes particulièrement importantes justifiant le recours à cette dérogation ;

2° Tout document visant à établir les critères de sélection des salariés dans le programme d'accompagnement spécifique qu'il envisage de mettre en œuvre pendant la période dérogatoire.

Art. D. 5132-43-10 (*Décr. n° 2021-1128 du 30 août 2021, art. 1ᵉʳ*) En application des dispositions de l'article L. 5132-15-1, le diagnostic de la situation des personnes susceptibles de bénéficier d'une durée de travail inférieure à vingt heures établit que leurs difficultés particulièrement importantes caractérisent un risque de grande exclusion dont l'absence de prise en charge ferait obstacle à leur insertion professionnelle.

Ce diagnostic est réalisé par les employeurs des personnes concernées.

Le respect des critères mentionnés à l'article D. 5132-43-9 est apprécié par le préfet lors de la transmission, chaque année, par la structure du bilan portant notamment sur les caractéristiques des personnes embauchées dans le cadre de la convention. En cas de non-respect de ces critères par l'employeur, le préfet met un terme à la dérogation à la durée hebdomadaire minimale du travail qu'il a accordée à l'atelier et chantier d'insertion.

SOUS-SECTION 6 **Contrat à durée indéterminée d'inclusion**

(*Décr. n° 2021-1129 du 30 août 2021, art. 1ᵉʳ*)

Art. D. 5132-43-11 Les personnes âgées d'au moins cinquante-sept ans rencontrant des difficultés sociales et professionnelles peuvent conclure avec un atelier ou un chantier d'insertion un contrat à durée indéterminée prévu à l'article L. 5132-15-1-1 à l'issue d'un délai minimal de douze mois après le début de leur parcours d'insertion par l'activité économique.

Ce contrat est conclu après examen par l'atelier et chantier d'insertion de la situation de la personne au regard de l'emploi et des actions d'accompagnement et de formation conduites dans le cadre du contrat à durée déterminée précédent conclu en application du premier alinéa de l'article L. 5132-15-1.

Art. D. 5132-43-12 L'embauche en contrat à durée indéterminée d'une personne mentionnée à l'article L. 5132-15-1-1 est déclarée, par voie dématérialisée, en utilisant le téléservice mentionné à l'article R. 5132-1-19. Le cas échéant, la rupture de contrat de travail est déclarée selon les mêmes modalités.

Art. D. 5132-43-13 Un atelier ou un chantier d'insertion peut conclure des contrats à durée indéterminée mentionnés à l'article D. 5132-43-5, dans la limite de 20 % du nombre de postes de travail d'insertion occupés à temps plein fixés par la convention.

Par dérogation à l'alinéa précédent, l'atelier ou le chantier d'insertion peut conclure des contrats à durée indéterminée au-delà du seuil fixé à ce même alinéa sur décision du préfet de département, dans la limite de 30 % du nombre de postes de travail d'insertion occupés à temps plein fixés par la convention. Cette dérogation est accordée par le préfet de département lorsque la situation de l'atelier et chantier d'insertion le justifie, notamment en fonction du nombre de postes d'insertion fixé par la convention et du nombre prévisionnel de ruptures de contrats de travail à durée indéterminée d'inclusion à l'initiative d'un salarié.

SOUS-SECTION 7 **Dérogation à la durée hebdomadaire de travail en cas de cumul avec un autre contrat de travail à temps partiel**

(Décr. n° 2021-1129 du 30 août 2021, art. 1er)

Art. D. 5132-43-14 La dérogation, prévue à l'article L. 5132-15-1 en cas de cumul avec un autre contrat de travail à temps partiel, à la durée hebdomadaire de travail minimale du titulaire d'un contrat à durée déterminée conclu en application de l'article L. 1242-3, est autorisée par le préfet, après examen par la structure d'insertion par l'activité économique qui emploie le salarié, de la situation de celui-ci au regard de l'emploi et des actions d'accompagnement et de formation conduites dans le cadre du parcours d'insertion par l'activité économique selon les conditions suivantes :

— elle ne peut pas être accordée au titre d'un contrat de travail à temps partiel conclu avec une structure mentionnée aux articles L. 5132-4 et L. 5213-13 autre que l'employeur ;

— elle ne peut être autorisée qu'à compter de quatre mois après l'entrée en parcours d'insertion par l'activité économique ;

— la période durant laquelle il peut être dérogé à la durée hebdomadaire minimale de vingt heures ne peut excéder six mois ;

— cette dérogation peut être renouvelée une fois, après examen de la situation de l'intéressé par le préfet fondé notamment sur un bilan des perspectives d'évolution professionnelle du salarié transmis par l'employeur.

Art. D. 5132-43-15 La demande de dérogation intervient soit à l'initiative de l'employeur, soit à l'initiative du salarié en accord avec son employeur.

Lorsque la demande de dérogation intervient à l'initiative de l'employeur, celui-ci transmet au préfet :

1° Tout document visant à établir une promesse d'embauche pour un contrat de travail à temps partiel avec un employeur autre que ceux mentionnés aux articles L. 5132-4 et L. 5213-13 ;

2° Un document précisant les actions d'accompagnement dans l'emploi qu'il envisage de mettre en œuvre pendant la période dérogatoire pour faciliter la transition professionnelle.

Lorsque la demande de dérogation intervient à l'initiative du salarié, celui-ci adresse une demande écrite et motivée à son employeur qui, s'il accepte cette demande, saisit le préfet dans les conditions prévues aux deuxième à quatrième alinéas.

EMPLOI **Art. R. 5133-6** 2715

SECTION 4 Fonds de développement de l'inclusion (Décr. n° 2021-1128 du 30 août 2021, art. 1ᵉʳ)

Art. R. 5132-44 (Décr. n° 2021-1128 du 30 août 2021, art. 1ᵉʳ) « Un fonds de développement de l'inclusion » finance le développement et la consolidation des initiatives locales en matière d'insertion par l'activité économique.

Art. R. 5132-45 Le fonds (Décr. n° 2021-1128 du 30 août 2021, art. 1ᵉʳ) « de développement de l'inclusion » est géré par le préfet (Décr. n° 2021-1128 du 30 août 2021, art. 1ᵉʳ) « de département ou de région » qui arrête le montant des aides accordées.

Art. R. 5132-46 Le fonds (Décr. n° 2021-1128 du 30 août 2021, art. 1ᵉʳ) « de développement de l'inclusion » a pour objet de concourir au financement :
1° D'aides au conseil nécessaires à l'identification, à l'élaboration et au suivi des projets de développement d'activités des organismes mentionnés à l'article L. 5132-2 ;
2° D'aides au démarrage, au développement et, à titre exceptionnel, à la consolidation de l'activité de ces organismes.

Art. R. 5132-47 (Décr. n° 2021-1128 du 30 août 2021, art. 1ᵉʳ) « Les » concours du fonds (Décr. n° 2021-1128 du 30 août 2021, art. 1ᵉʳ) « de développement de l'inclusion » sont attribués par le préfet (Décr. n° 2021-1128 du 30 août 2021, art. 1ᵉʳ) « de département, après avis du conseil départemental de l'insertion par l'activité économique, ou par le préfet de région », qui en détermine le montant. Ils font l'objet de conventions entre l'État et l'organisme, qui mentionnent notamment la nature, la durée et l'objet de l'action financée.
Le préfet peut subordonner l'attribution de ces aides à des engagements de l'organisme concernant le suivi des actions financées.

CHAPITRE III PRIME DE RETOUR À L'EMPLOI

SECTION 1 Prime de retour à l'emploi (Décr. n° 2009-404 du 15 avr. 2009, art. 11).

Art. R. 5133-1 Pour ouvrir droit à la prime de retour à l'emploi instituée par l'article L. 5133-1, la durée minimale de l'activité professionnelle exercée par le bénéficiaire de l'une des allocations mentionnées à ce même article est de quatre mois consécutifs.
Lorsque cette activité est salariée, la durée contractuelle résultant de la conclusion d'un ou plusieurs contrats de travail est au moins égale à soixante-dix-huit heures mensuelles. — [Anc. art. R. 322-19, al. 1ᵉʳ.]

Art. R. 5133-2 La liste des justificatifs exigés pour l'ouverture du droit à la prime et attestant l'effectivité de la reprise d'activité est fixée par arrêté des ministres chargés de l'action sociale (Décr. n° 2009-289 du 13 mars 2009) « et de l'emploi ». — [Anc. art. R. 322-19, al. 2.]

Art. R. 5133-3 Le montant de la prime de retour à l'emploi est de 1 000 €. — [Anc. art. R. 322-20, al. 1ᵉʳ.]

Art. R. 5133-4 Lorsque la reprise d'activité résulte de la conclusion d'un ou plusieurs contrats de travail à durée indéterminée ou d'un ou plusieurs contrats de travail à durée déterminée de plus de six mois, la prime est, à la demande de l'intéressé, versée par anticipation dès la fin du premier mois d'activité.
Dans les autres cas, la prime est versée à compter de la fin du quatrième mois d'activité professionnelle. — [Anc. art. R. 322-20, al. 2 et 3.]

Art. R. 5133-5 Le bénéfice de la prime de retour à l'emploi ne peut être accordé plus d'une fois dans un délai de dix-huit mois, courant à compter du premier des quatre mois d'activité mentionnés à l'article R. 5133-1. — [Anc. art. R. 322-20, al. 4.]

Art. R. 5133-6 Lorsqu'une personne bénéficie simultanément de l'allocation solidarité spécifique et du revenu minimum d'insertion ou de l'allocation de parent isolé, la prime lui est versée en sa qualité de bénéficiaire de l'allocation de solidarité spécifique.

Lorsqu'une personne bénéficie simultanément du revenu minimum d'insertion et de l'allocation de parent isolé, la prime lui est versée en sa qualité de bénéficiaire de l'allocation parent isolé. − [Anc. art. R. 322-20, al. 5.]

Art. R. 5133-7 Tout paiement indu de la prime est récupéré par remboursement en un ou plusieurs versements.

La créance peut être réduite ou remise en cas de précarité de la situation du débiteur, sauf en cas de manœuvre frauduleuse ou de fausse déclaration. − [Anc. art. L. 322-12, al. 4, phrases 2 début, et 4.]

Art. R. 5133-8 La récupération de l'indu sur la prime de retour à l'emploi intervient après information écrite de l'intéressé sur la source de l'erreur et expiration du délai de recours. − [Anc. art. L. 322-12, al. 4, phrase 2 fin.]

SECTION 2   Aide personnalisée de retour à l'emploi

(Décr. n° 2009-404 du 15 avr. 2009)

Art. R. 5133-9 Une fraction des crédits du Fonds national des solidarités actives, définie chaque année par arrêté des ministres chargés du budget, de l'action sociale et de l'emploi, est consacrée à l'aide personnalisée de retour à l'emploi.

Art. R. 5133-10 L'aide personnalisée de retour à l'emploi peut être attribuée aux bénéficiaires du revenu de solidarité active tenus à l'obligation prévue à l'article L. 262-28 du code de l'action sociale et des familles.

Elle a pour objet de prendre en charge tout ou partie des coûts exposés à l'occasion de la prise ou la reprise d'une activité professionnelle, que ce soit sous la forme d'un emploi, du suivi d'une formation ou de la création d'une entreprise.

Pour l'application à Mayotte de cet art., V. art. R. 5522-92.

Art. R. 5133-11 Les dépenses mentionnées à l'article R. 5133-10 justifiant le versement de l'aide sont notamment celles découlant du retour à l'emploi, en matière de transport, d'habillement, de logement, d'accueil des jeunes enfants, d'obtention d'un diplôme, licence, certification ou autorisation qu'implique une activité professionnelle.

Art. R. 5133-12 L'aide personnalisée de retour à l'emploi est versée :
1° Soit au bénéficiaire, pour couvrir tout ou partie de dépenses exposées par lui-même ;
2° Soit à un prestataire en paiement direct d'une dépense.

Le montant de l'aide est attribué sur la base de justificatifs, selon les modalités et dans la limite d'un plafond fixé par la convention mentionnée à l'article L. 262-32 du code de l'action sociale et des familles.

Art. R. 5133-13 Une convention entre le président du conseil de gestion du Fonds national des solidarités actives et Pôle emploi [*France Travail depuis le 1er janv. 2024*] détermine les conditions dans lesquelles l'aide personnalisée de retour à l'emploi intervient pour abonder les aides et mesures attribuées par cet organisme aux bénéficiaires du revenu de solidarité active, en cas de reprise d'activité professionnelle.

Art. R. 5133-14 Le montant des crédits attribués par département au titre de l'aide personnalisée de retour à l'emploi est arrêté par le président du conseil de gestion du Fonds national des solidarités actives en fonction du nombre prévisionnel de bénéficiaires du revenu de solidarité active relevant des dispositions de l'article L. 262-28 du code de l'action sociale et des familles. Ce montant est notifié au préfet avant le 31 mars de chaque année.

Art. R. 5133-15 Sur la base de la convention d'orientation prévue à l'article L. 262-32 du code de l'action sociale et des familles, le préfet arrête la répartition des crédits entre les organismes au sein desquels peuvent être désignés des référents en application de l'article L. 262-27 du code de l'action sociale et des familles. Cette répartition tient compte, notamment, du nombre des bénéficiaires suivis par l'organisme, de l'objet des aides versées et du retour à l'emploi des bénéficiaires effectivement constaté. La convention détermine les modalités de versement et de suivi des dépenses. Le préfet notifie les sommes attribuées à chaque organisme.

EMPLOI • **Art. D. 5134-3**

Les crédits ainsi répartis sont versés par le Fonds national des solidarités actives sur la base de l'arrêté du préfet.

Art. R. 5133-16 Avant la fin de chaque exercice budgétaire, le préfet procède à l'estimation des crédits engagés pour le service de l'aide personnalisée de retour à l'emploi. Il peut procéder à une répartition modificative de ces crédits entre organismes, sur la base des besoins constatés.

Art. R. 5133-17 En l'absence de convention d'orientation prévue à l'article L. 262-32 du code de l'action sociale et des familles, le préfet répartit les crédits qui lui sont notifiés au titre de l'article R. 5133-14 du présent code entre les organismes chargés du service du revenu de solidarité active.

L'aide personnalisée de retour à l'emploi est alors servie par les organismes aux bénéficiaires du revenu de solidarité active relevant des dispositions de l'article L. 262-28 du code de l'action sociale et des familles et qui ont débuté ou repris une activité professionnelle au cours de l'année.

Les dispositions des articles L. 262-45 à L. 262-53 du même code sont applicables.

Pour l'application à Mayotte de cet art., V. art. R. 5522-93.

CHAPITRE IV CONTRATS DE TRAVAIL AIDÉS

SECTION 1 Contrat emploi-jeune

SOUS-SECTION 1 Objet

Art. D. 5134-1 La condition d'activité prévue au 2° de l'article L. 5134-1 est appréciée à compter de la fin de la scolarité et à l'exclusion des périodes de travail accomplies en exécution des contrats de travail suivants :

1° Le contrat d'apprentissage ;

2° Le contrat d'accompagnement dans l'emploi ;

3° Le contrat initiative-emploi ;

4° Le contrat de professionnalisation ;

(Abrogé par Décr. n° 2015-1723 du 21 déc. 2015, art. 2, à compter du 1er janv. 2016)
« *5° Le contrat d'insertion par l'activité mentionné à l'article L. 522-8 du code de l'action sociale et des familles ;* »

6° Les contrats conclus avec un employeur relevant des dispositions de l'article L. 5132-1 relatif à l'insertion par l'activité économique.

SOUS-SECTION 2 Convention

Art. D. 5134-2 Les conventions pluriannuelles mentionnées à l'article L. 5134-3 répondent aux exigences d'un cahier des charges qui comporte notamment les conditions prévisibles de la pérennisation des activités et les dispositions de nature à assurer la professionnalisation des emplois.

Elles comportent également des dispositions relatives aux objectifs de qualification, aux conditions de la formation professionnelle et, selon les besoins, aux modalités du tutorat.

Les régions, dans le cadre de leurs compétences, ainsi que d'autres personnes morales peuvent participer à l'effort de formation. — *[Anc. art. L. 322-4-18, al. 1er fin et 7.]*

Art. D. 5134-3 La convention emploi-jeune mentionnée au 1° de l'article L. 5134-2 précise notamment :

1° La description des activités prévues ;

2° Le nombre de postes et la nature des contrats de travail ouvrant droit à l'aide dont la création est envisagée ;

3° La fixation de la période, de douze mois au plus à compter de la conclusion de la convention, pendant laquelle les postes peuvent être créés ;

4° La durée collective de travail applicable dans l'organisme employeur ;

5° Pour chaque poste, la durée du travail fixée au contrat de travail du salarié occupant le poste ;

6° Les objectifs fixés pour assurer la professionnalisation des activités envisagées et, le cas échéant, les actions de formation et de qualification professionnelle des salariés exerçant ces activités ;

7° La convention collective éventuellement applicable ;

8° Le montant et les modalités de versement de l'aide de l'État ;

9° Les modalités du contrôle de l'application de la convention. — *[Anc. art. 2, al. 1er à 10, Décr. n° 97-954 du 17 oct. 1997.]*

Art. D. 5134-4 Aucune embauche ne peut intervenir avant la date de la signature de la convention. — *[Anc. art. 2, al. 11, Décr. n° 97-954 du 17 oct. 1997.]*

V. Circ. DGEFP n° 2005/12 du 21 mars 2005 relative à la mise en œuvre du contrat d'accompagnement dans l'emploi (CAE).

Art. D. 5134-5 Le préfet contrôle l'exécution de la convention. A cette fin, l'employeur fournit à sa demande tout élément permettant de vérifier la bonne exécution de la convention et la réalité des emplois créés. — *[Anc. art. 4, Décr. n° 97-954 du 17 oct. 1997.]*

Art. D. 5134-6 Les conventions conclues, en application de l'article L. 5134-3, avec les établissements d'enseignement, publics ou sous contrat, sont instruites, signées et résiliées par les autorités académiques et exécutées sous leur contrôle, lorsque les activités envisagées participent directement à l'action éducatrice.

Les conventions relatives aux activités périscolaires relèvent de la compétence du préfet, qui consulte les autorités académiques sur les projets de convention concernés. — *[Anc. art. 6, Décr. n° 97-954 du 17 oct. 1997.]*

SOUS-SECTION 3 **Contrat de travail**

Art. D. 5134-7 L'autorité administrative mentionnée à l'article L. 5134-11 est le préfet, signataire de la convention. — *[Anc. art. L. 322-4-20-I, al. 1er, phrase 3 milieu.]*

SOUS-SECTION 4 **Aide financière et exonérations**

Art. D. 5134-8 L'aide prévue par la convention pluriannuelle est versée pendant une durée de soixante mois à compter de la création du poste de travail, pour les périodes pendant lesquelles le poste est effectivement occupé par une personne remplissant les conditions prévues à l'article L. 5134-1. — *[Anc. art. 3, al. 1er, Décr. n° 97-954 du 17 oct. 1997.]*

Art. D. 5134-9 Le montant annuel de l'aide par poste de travail est fixé à 15 924,55 €.

L'aide est versée mensuellement et par avance à l'organisme employeur. — *[Anc. art. 3, al. 2, Décr. n° 97-954 du 17 oct. 1997.]*

Art. D. 5134-10 Lorsque le paiement de l'aide a été suspendu à la suite d'une vacance de poste due à une rupture du contrat de travail, il n'y a pas de reprise du versement de l'aide de l'État.

Le versement de l'aide peut cependant être repris pour les postes pour lesquels les conventions initiales ont fait l'objet d'un avenant portant la durée de l'aide à une période supérieure à soixante mois.

Les personnes morales qui en sollicitent la reprise en font la demande au préfet qui vérifie les conditions d'exécution de la convention à la date de la demande. — *[Anc. art. 3, al. 3, Décr. n° 97-954 du 17 oct. 1997.]*

V. Circ. DGEFP n° 2005/09 du 19 mars 2005 relative à la mise en œuvre du contrat insertion-revenu minimum d'activité (CI-RMA).

Art. D. 5134-11 Pour chaque poste, les conventions conclues avec les organismes de droit privé à but non lucratif peuvent faire l'objet d'avenants prévoyant, au cours d'une durée additionnelle de trente-six mois, le versement d'une partie de l'aide initiale ainsi que l'octroi d'une prime de consolidation d'un montant maximum de 15 245 €. — *[Anc. art. 3, al. 4, Décr. n° 97-954 du 17 oct. 1997.]*

Art. D. 5134-12 En cas de résiliation des avenants, les sommes que l'employeur aurait dû percevoir au titre de l'aide initiale s'il n'avait pas opté pour le versement différé de cette aide lui sont reversées. — *[Anc. art. 3, al. 5, Décr. n° 97-954 du 17 oct. 1997.]*

EMPLOI **Art. R. 5134-17** 2719

Art. D. 5134-13 Lorsque la durée du travail prévue au contrat de travail du salarié est inférieure à trente-cinq heures par semaine, le montant de l'aide est réduit par application du rapport entre la durée prévue au contrat et la durée collective applicable à l'organisme employeur où est créé le poste. — [Anc. art. 3, al. 6, Décr. n° 97-954 du 17 oct. 1997.]

SECTION 1-1 Contrat unique d'insertion

(Décr. n° 2009-1442 du 25 nov. 2009)

Dans les départements d'outre-mer et les collectivités de Saint-Barthélemy, Saint-Martin et Saint-Pierre-et-Miquelon, ces dispositions entrent en vigueur dans les conditions prévues à l'art. 29 de la L. n° 2008-1249 du 1ᵉʳ déc. 2008 (Décr. n° 2009-1442 du 25 nov. 2009).

SOUS-SECTION 1 Dispositions générales

Art. R. 5134-14 (Décr. n° 2014-524 du 22 mai 2014, art. 16-IV) « Pôle emploi » [France Travail depuis le 1ᵉʳ janv. 2024] (Décr. n° 2012-1211 du 31 oct. 2012 art. 1ᵉʳ-I-1°) « , les organismes mentionnés à l'article L. 5314-1 et au 1° *bis* de l'article L. 5311-4, ainsi que les recteurs d'académie pour les contrats mentionnés à l'article L. 5134-125, peuvent attribuer pour le compte de l'État des aides à l'insertion professionnelle en application » de l'article L. 5134-19-1, dans le cadre des missions d'insertion professionnelle que l'État leur confie par une convention ou par un marché et dans la limite de l'enveloppe financière qu'il notifie annuellement à chaque organisme.

Art. R. 5134-15 Lorsque les organismes mentionnés (Décr. n° 2012-1211 du 31 oct. 2012 art. 1ᵉʳ-I-2°) « à l'article L. 5314-1 et au 1° *bis* de l'article L. 5311-4, ainsi que les recteurs d'académie pour les contrats mentionnés à l'article L. 5134-125 [,] » prennent des décisions ou (Décr. n° 2012-1211 du 31 oct. 2012, art. 1ᵉʳ-I-2°) « attribuent des aides à l'insertion professionnelle » pour le compte de l'État en application (Abrogé par Décr. n° 2012-1211 du 31 oct. 2012, art. 1ᵉʳ-I-2°) « du a du 1° » de l'article L. 5134-19-1, ils statuent également au nom de l'État en cas de recours gracieux formés contre ces décisions (Abrogé par Décr. n° 2012-1211 du 31 oct. 2012, art. 1ᵉʳ-I-2°) « *ou conventions* ». Les recours hiérarchiques sont portés devant le préfet de région.

Art. R. 5134-16 La convention annuelle d'objectifs et de moyens prévue à l'article L. 5134-19-4 comporte une annexe, dont le modèle est fixé par arrêté du ministre chargé de l'emploi, faisant apparaître la liste des taux de prise en charge de l'aide financière définis en application du dernier alinéa de l'article L. 5134-19-1, du cinquième et du sixième alinéa de l'article L. 5134-19-4. Cette annexe mentionne également le nombre prévisionnel (Décr. n° 2012-1211 du 31 oct. 2012, art. 1ᵉʳ-I-3°) « d'aides à l'insertion professionnelle attribuées » par le président du conseil départemental, selon que l'aide est financée pour partie ou en totalité par le département.

La convention annuelle d'objectifs et de moyens peut être modifiée en cours d'année par avenant.

*L'annexe à la convention annuelle d'objectifs et de moyens pour la mise en œuvre du contrat unique d'insertion est établie selon le modèle du CERFA n° 13999*01 ; les imprimés sont délivrés par l'Agence de service et de paiement (Arr. du 4 janv. 2010, JO 15 janv.).*

Art. R. 5134-17 La (Décr. n° 2012-1211 du 31 oct. 2012, art. 1ᵉʳ-I-4°) « demande d'aide à l'insertion professionnelle », dont le modèle est fixé par arrêté du ministre chargé de l'emploi, comporte :

1° Des informations relatives à l'identité du bénéficiaire et à sa situation au regard de l'emploi, des allocations dont il bénéficie et de sa qualification ;

2° Des informations relatives à l'identité et aux caractéristiques de l'employeur ;

3° Des informations relatives à la nature, aux caractéristiques et au contenu du contrat de travail conclu avec le salarié ;

4° Les modalités de mise en œuvre de (Décr. n° 2012-1211 du 31 oct. 2012, art. 1ᵉʳ-I-4°) « l'aide à l'insertion professionnelle », notamment :

a) La nature des actions prévues au cours du contrat d'accompagnement dans l'emploi ou du contrat initiative-emploi, respectivement, en matière d'orientation et d'accompagnement professionnel, de formation professionnelle et de validation des acquis de l'expérience, en application de l'article L. 5134-22, et en matière d'accompagnement professionnel et, le cas échéant, de formation, en application de l'article L. 5134-65 ;

b) Le cas échéant, l'indication qu'une ou plusieurs périodes d'immersion auprès d'un autre employeur sont prévues au cours du contrat, en application de l'article L. 5134-20 ;

c) Le nom du référent mentionné aux articles R. 5134-37 et R. 5134-60 et l'organisme dont il relève ;

d) Le nom et la fonction du tuteur mentionné aux articles R. 5134-38 et R. 5134-61 ;

e) Le taux de prise en charge servant au calcul de l'aide versée à l'employeur et le nombre d'heures de travail auquel il s'applique ;

f) L'identité de l'organisme ou des organismes en charge du versement de l'aide financière et les modalités de versement ;

g) Les modalités de contrôle par l'autorité (Décr. n° 2012-1211 du 31 oct. 2012, art. 1ᵉʳ-I-4°) « attribuant l'aide de la mise en œuvre de l'aide.

« Les conditions d'attribution de l'aide peuvent être modifiées avant le terme prévu par la décision avec l'accord de l'employeur, du salarié et de l'autorité visée à l'article R. 5134-14 ayant attribué l'aide. »

La convention individuelle de contrat unique d'insertion est établie selon le modèle du CERFA n° 13998*01 ; les imprimés sont délivrés par l'Agence de services et de paiement (Arr. du 4 janv. 2010, JO 15 janv.).

V. Arr. du 2 nov. 2012 relatif au modèle de demande d'aide à l'insertion professionnelle de l'emploi d'avenir (JO 24 nov.).

Art. R. 5134-17-1 *(Décr. n° 2012-1211 du 31 oct. 2012, art. 1ᵉʳ-I-5°)* La décision d'attribution de l'aide à l'insertion professionnelle est transmise par l'autorité signataire à l'Agence de services et de paiement.

Elle comprend l'ensemble des éléments indiqués à l'article R. 5134-17.

SOUS-SECTION 2 **Suivi financier et statistique**

Art. R. 5134-18 L'Agence de services et de paiement est autorisée à mettre en œuvre un traitement automatisé des données à caractère personnel contenues dans les *(Décr. n° 2012-1211 du 31 oct. 2012, art. 1ᵉʳ-I-6°)* « décisions d'attribution de l'aide à l'insertion professionnelle ».

Le traitement automatisé a pour finalité :

1° La gestion, le contrôle et le suivi des *(Décr. n° 2012-1211 du 31 oct. 2012, art. 1ᵉʳ-I-6°)* « aides à l'insertion professionnelle » ;

2° Le calcul et le paiement de l'aide versée à l'employeur ;

3° L'identification des cas dans lesquels l'allocation de revenu de solidarité active est intégralement à la charge du Fonds national des solidarités actives en application du troisième alinéa du I de l'article L. 262-24 du code de l'action sociale et des familles ;

4° L'élaboration de données statistiques et financières anonymes ;

(Décr. n° 2012-657 du 4 mai 2012, art. 1ᵉʳ) « 5° La réalisation d'enquêtes permettant d'étudier la situation des personnes en contrats aidés et leur parcours professionnel. »

— *Les dispositions du 5° peuvent être modifiées par décret simple (Décr. n° 2012-657 du 4 mai 2012, art. 3).*

Art. R. 5134-19 Les catégories de données à caractère personnel enregistrées sont les suivantes :

1° Le nom de famille et, le cas échéant, le nom *(Décr. n° 2012-1211 du 31 oct. 2012, art. 1ᵉʳ-I-7°)* « d'usage », les prénoms, le sexe et la date de naissance ;

2° La nationalité, sous l'une des formes suivantes :

— français ;

— ressortissant d'un État membre de l'Union européenne ;

— ressortissant d'un État tiers.

3° Le numéro d'inscription au répertoire national d'identification des personnes physiques ;

4° Le niveau de formation ;

EMPLOI **Art. R. 5134-23** 2721

5° L'adresse ;
6° Le cas échéant, le numéro d'inscription sur la liste des demandeurs d'emploi et la durée de cette inscription ;
7° Le cas échéant, l'indication de la qualité de bénéficiaire du revenu de solidarité active financé par le département, le numéro d'allocataire, l'organisme en charge du versement et la durée pendant laquelle il a bénéficié de cette allocation ;
8° Le cas échéant, l'indication de la qualité de bénéficiaire de l'allocation de solidarité spécifique, de l'allocation aux adultes handicapés ou de l'allocation temporaire d'attente et la durée pendant laquelle il a bénéficié de cette allocation ;
9° Le cas échéant, l'indication (*Décr. n° 2012-1211 du 31 oct. 2012, art. 1ᵉʳ-I-7°*) « de la reconnaissance de la qualité de bénéficiaire de l'obligation d'emploi des travailleurs handicapés, pour les personnes mentionnées à l'article L. 5212-13 » ;
10° Les données mentionnées aux 2°, 3° et 4° de l'article R. 5134-17.

Art. R. 5134-20 Pour les nécessités liées à la seule finalité mentionnée au 3° de l'article R. 5134-18 les agents des organismes mentionnés à l'article L. 262-16 du code de l'action sociale et des familles désignés et habilités par l'autorité responsable de ces organismes sont destinataires des données du traitement relatives aux personnes bénéficiaires du revenu de solidarité active financé par le département et portant sur :
1° Le nom et l'adresse des intéressés ;
2° Leur numéro d'inscription au répertoire national d'identification des personnes physiques ;
3° Leur numéro d'allocataire ;
4° La date de leur embauche.

Art. R. 5134-21 A l'exception du numéro d'inscription au répertoire national d'identification des personnes physiques et, le cas échéant, du numéro d'allocataire du revenu de solidarité active financé par le département, sont destinataires des données du traitement pour les nécessités liées aux seules finalités mentionnées aux 1°, 2° et 4° de l'article R. 5134-18 les agents des administrations et organismes mentionnés ci-après, désignés et habilités par l'autorité responsable de ces administrations et organismes :
1° Les services déconcentrés du ministre chargé de l'emploi dans le département ;
2° Les (*Décr. n° 2012-657 du 4 mai 2012, art. 1ᵉʳ*) « agences » locales de Pôle emploi [*France Travail depuis le 1ᵉʳ janv. 2024*] ;
3° Les organismes mentionnés à l'article R. 5134-14, pour les (*Décr. n° 2012-1211 du 31 oct. 2012, art. 1ᵉʳ-I-8°*) « aides attribuées » au nom de l'État ;
4° Le cas échéant, le département, lorsque le président du conseil départemental le demande, pour les (*Décr. n° 2012-1211 du 31 oct. 2012, art. 1ᵉʳ-I-8°*) « aides qu'il a attribuées ».

Art. R. 5134-22 (*Décr. n° 2012-657 du 4 mai 2012, art. 1ᵉʳ*) Pour permettre aux agents des services statistiques du ministre chargé de l'emploi désignés et habilités par l'autorité responsable de ces services de conduire les opérations prévues aux 4° et 5° de l'article R. 5134-18, ces derniers sont destinataires des données du traitement, à l'exception du numéro d'inscription au répertoire national d'identification des personnes physiques.

Ces données ne peuvent être conservées par les services statistiques du ministre chargé de l'emploi au-delà de la période nécessaire à la conduite de ces opérations et au plus tard cinq ans après (*Décr. n° 2012-1211 du 31 oct. 2012, art. 1ᵉʳ-I-9°*) « le terme de l'aide à l'insertion professionnelle ».

Les dispositions du 1ᵉʳ al. peuvent être modifiées par décret simple (Décr. n° 2012-657 du 4 mai 2012, art. 3).

Art. R. 5134-23 Les données à caractère personnel ne peuvent être conservées au-delà de la période nécessaire à la conduite des opérations prévues à l'article R. 5134-18 et au maximum un an après (*Décr. n° 2012-1211 du 31 oct. 2012, art. 1ᵉʳ-I-10°*) « le terme de l'aide à l'insertion professionnelle ».

Toutefois, en cas de contentieux relatif à une (*Décr. n° 2012-1211 du 31 oct. 2012, art. 1ᵉʳ-I-10°*) « aide à l'insertion professionnelle », les données correspondantes sont conservées jusqu'à une décision de justice devenue définitive.

L'enregistrement, l'utilisation, la conservation et la transmission de ces données sont réalisés selon des modalités propres à garantir leur confidentialité.

Art. R. 5134-24 Les droits d'accès et de rectification prévus aux articles 39 et 40 de la loi n° 78-17 du 6 janvier 1978 relative à l'informatique, aux fichiers et aux libertés s'exercent auprès de l'Agence de services et de paiement.

Art. D. 5134-25 *Abrogé par Décr. n° 2012-657 du 4 mai 2012, art. 1ᵉʳ-5°.*

SECTION 2 Contrat d'accompagnement dans l'emploi

(Décr. n° 2009-1442 du 25 nov. 2009)

Dans les départements d'outre-mer et les collectivités de Saint-Barthélemy, Saint-Martin et Saint-Pierre-et-Miquelon, ces dispositions entrent en vigueur dans les conditions prévues à l'art. 29 de la L. n° 2008-1249 du 1ᵉʳ déc. 2008 (Décr. n° 2009-1442 du 25 nov. 2009).

SOUS-SECTION 1 Aide à l'insertion professionnelle *(Décr. n° 2012-1211 du 31 oct. 2012, art. 1ᵉʳ-II-1°).*

Art. R. 5134-26 *(Décr. n° 2012-1211 du 31 oct. 2012, art. 1ᵉʳ-II-2°)* L'aide à l'insertion professionnelle est attribuée préalablement à la conclusion du contrat de travail mentionné à l'article L. 5134-24.

Art. R. 5134-27 *(Décr. n° 2012-1211 du 31 oct. 2012, art. 1ᵉʳ-II-3°)* L'employeur qui effectue une nouvelle demande d'aide à l'insertion professionnelle transmet à l'autorité appelée à attribuer cette aide les éléments nécessaires à l'établissement du bilan mentionné à l'article L. 5134-21-1.

Art. R. 5134-28 L'employeur informe, dans un délai franc de sept jours, de toute suspension ou rupture du contrat de travail qui interviendrait avant la fin de *(Décr. n° 2012-1211 du 31 oct. 2012, art. 1ᵉʳ-II-4°)* « l'attribution de l'aide à l'insertion professionnelle » :

1° L'autorité *(Décr. n° 2012-1211 du 31 oct. 2012, art. 1ᵉʳ-II-4°)* « ayant attribué l'aide » ;

2° Le ou les organismes chargés du versement des aides.

Un arrêté du ministre chargé de l'emploi fixe le modèle de fiche de signalement, par l'employeur, des suspensions ou ruptures du contrat de travail. – *V. Arr. du 1ᵉʳ mars 2010 (JO 19 mars).*

Art. R. 5134-29 *(Décr. n° 2012-1211 du 31 oct. 2012, art. 1ᵉʳ-II-5°)* En cas de non-respect par l'employeur des dispositions de la décision d'attribution de l'aide à l'insertion professionnelle, l'aide à l'insertion professionnelle n'est pas due et les sommes versées font l'objet d'un remboursement.

L'autorité attribuant l'aide informe l'employeur de son intention de procéder à la récupération de l'indu.

L'employeur dispose d'un délai franc de sept jours pour faire connaître ses observations.

Tout paiement indu donne lieu à remboursement par l'employeur de la totalité des aides perçues.

L'autorité attribuant l'aide informe l'organisme de recouvrement des cotisations sociales de la procédure.

Art. R. 5134-30 En cas de modification de la situation juridique de l'employeur au sens de l'article L. 1224-1, le nouvel employeur est substitué dans les droits de l'employeur en ce qui concerne le contrat de travail. Le nouvel employeur est également substitué dans les droits de l'employeur initial en ce qui concerne *(Décr. n° 2012-1211 du 31 oct. 2012, art. 1ᵉʳ-II-6°)* « l'aide à l'insertion professionnelle, sous réserve de l'accord de l'autorité ayant attribué l'aide, au regard des engagements du nouvel employeur ».

Art. R. 5134-31 En application de l'article L. 5134-23-2, l'employeur qui souhaite prolonger une *(Décr. n° 2012-1211 du 31 oct. 2012, art. 1ᵉʳ-II-7°)* « aide à l'insertion professionnelle » au titre d'un contrat d'accompagnement dans l'emploi adresse à

EMPLOI **Art. R. 5134-38** 2723

l'autorité *(Décr. n° 2012-1211 du 31 oct. 2012, art. 1ᵉʳ-II-7°)* « qui a attribué l'aide » initiale une demande préalable.

Cette demande motivée est accompagnée d'un bilan des actions réalisées en matière d'accompagnement et de formation, notamment des actions d'aide à la prise de poste, de remise à niveau, d'acquisition de nouvelles compétences, de formation qualifiante, ou de la réalisation d'une période d'immersion. L'employeur joint également à sa demande un document répertoriant les actions d'accompagnement et de formation qu'il envisage de mettre en œuvre pendant la période de prolongation.

Art. R. 5134-32 La durée maximale de *(Décr. n° 2012-1211 du 31 oct. 2012, art. 1ᵉʳ-II-8°)* « l'aide à l'insertion professionnelle », fixée à vingt-quatre mois par l'article L. 5134-23, peut être prolongée, en application du premier alinéa de l'article L. 5134-23-1, pour la durée de la formation suivie par le salarié restant à courir et dans la limite de soixante mois.

La demande de prolongation déposée par l'employeur est accompagnée :

1° De tous justificatifs visant à établir que l'action de formation professionnelle qualifiante visée à l'article L. 6314-1 et *(Décr. n° 2012-1211 du 31 oct. 2012, art. 1ᵉʳ-II-8°)* « prévue au titre de l'aide attribuée » initiale est en cours de réalisation et que le terme de cette action dépasse le terme de *(Décr. n° 2012-1211 du 31 oct. 2012, art. 1ᵉʳ-II-8°)* « l'aide » ;

2° Des éléments d'organisation des actions de formation permettant de s'assurer qu'elles pourront être réalisées durant la période de prolongation.

Art. R. 5134-33 La durée maximale de vingt-quatre mois de *(Décr. n° 2012-1211 du 31 oct. 2012, art. 1ᵉʳ-II-9°)* « l'aide à l'insertion professionnelle » peut, pour les personnes mentionnées au premier alinéa de l'article L. 5134-23-1, être portée, par *(Décr. n° 2012-1211 du 31 oct. 2012, art. 1ᵉʳ-II-9°)* « décisions de prolongation successives » d'un an au plus, à soixante mois.

La condition d'âge mentionnée au premier alinéa des articles L. 5134-23-1 et L. 5134-25-1 s'apprécie à l'échéance de la durée maximale de *(Décr. n° 2012-1211 du 31 oct. 2012, art. 1ᵉʳ-II-9°)* « l'aide ».

Art. R. 5134-34 *Abrogé par Décr. n° 2015-1435 du 5 nov. 2015, art. 4.*

Art. R. 5134-35 En application de l'article L. 2323-48, les institutions représentatives du personnel des organismes employeurs, lorsqu'elles existent, sont informées des contrats d'accompagnement dans l'emploi conclus.

SOUS-SECTION 2 Contrat de travail

Art. R. 5134-36 En application de l'article L. 5134-26, pour le calcul de la rémunération, le nombre d'heures hebdomadaires de travail accomplies est réputé égal à la durée du travail contractuelle.

Le programme prévisionnel de la répartition de la durée du travail sur l'année ou sur la période couverte par le contrat de travail est indiqué dans le contrat de travail.

Ce programme prévisionnel peut être modifié à la condition que cette possibilité ait été prévue dans le contrat de travail. En ce cas, sa modification éventuelle respecte un délai de prévenance de quinze jours au moins.

SOUS-SECTION 3 Accompagnement

Art. R. 5134-37 L'autorité *(Décr. n° 2012-1211 du 31 oct. 2012, art. 1ᵉʳ-II-11°)* « qui attribue l'aide à l'insertion professionnelle » désigne en son sein ou auprès d'un organisme chargé de l'accompagnement ou de l'insertion, en le mentionnant dans la *(Décr. n° 2012-1211 du 31 oct. 2012, art. 1ᵉʳ-II-11°)* « décision d'attribution initiale de l'aide », un référent chargé d'assurer le suivi du parcours d'insertion professionnelle du salarié en contrat d'accompagnement dans l'emploi.

Dans le cas où le salarié est bénéficiaire du revenu de solidarité active, le référent peut être le même que celui désigné en application de l'article L. 262-27 du code de l'action sociale et des familles.

Art. R. 5134-38 Dès la *(Décr. n° 2012-1211 du 31 oct. 2012, art. 1ᵉʳ-II-12°)* « transmission de la demande d'aide à l'insertion professionnelle », l'employeur désigne un tuteur parmi les salariés qualifiés et volontaires pour assumer cette fonction.

Ce dernier doit justifier d'une expérience professionnelle d'au moins deux ans. Exceptionnellement, sur autorisation de l'autorité (*Décr. n° 2012-1211 du 31 oct. 2012, art. 1ᵉʳ-II-12°*) « qui attribue l'aide », l'employeur peut assurer lui-même le tutorat. Le tuteur ne peut suivre plus de trois salariés en contrat d'accompagnement dans l'emploi.

Art. R. 5134-39 Les missions du tuteur sont les suivantes :
1° Participer à l'accueil, aider, informer et guider le salarié en contrat d'accompagnement dans l'emploi ;
2° Contribuer à l'acquisition des savoir-faire professionnels ;
3° Assurer la liaison avec le référent mentionné à l'article R. 5134-37 ;
4° Participer à l'établissement de l'attestation d'expérience professionnelle prévue à l'article L. 5134-28-1 avec le salarié concerné et l'employeur.

SOUS-SECTION 4 **Aide financière et exonérations**

§ 1 Aide financière

Art. R. 5134-40 L'aide mentionnée à l'article L. 5134-30 est versée mensuellement :
1° Par l'Agence de services et de paiement pour le compte de l'État ;
2° Par le département ou par tout organisme qu'il mandate à cet effet, lorsque (*Décr. n° 2012-1211 du 31 oct. 2012, art. 1ᵉʳ-II-13°*) « l'aide à l'insertion professionnelle est attribuée pour » un bénéficiaire du revenu de solidarité active financé par le département.

L'employeur communique aux organismes mentionnés au 1° ou au 2° les justificatifs attestant de l'effectivité de l'activité du salarié.

Art. D. 5134-41 Pour l'application de l'article L. 5134-30-2, la participation mensuelle du département au financement de l'aide est égale à 88 % du montant forfaitaire mentionné (*Décr. n° 2015-1710 du 21 déc. 2015, art. 4-IV*) « à » l'article L. 262-2 du code de l'action sociale et des familles, applicable à un foyer composé d'une seule personne, dans la limite de l'aide effectivement versée.

(*Décr. n° 2011-1999 du 27 déc. 2011*) « Toutefois, lorsque la convention individuelle de contrat d'accompagnement dans l'emploi prévoit une prise en charge de la durée hebdomadaire de travail égale à sept heures en application de la dérogation prévue à l'article L. 5134-26, le taux de la participation mensuelle du département mentionné à l'alinéa précédent est réduit à 45 %. »

Art. R. 5134-42 Les taux de prise en charge déterminant le montant de l'aide financière mentionné à l'article L. 5134-30-1 sont fixés par un arrêté du préfet de région, en fonction des critères énumérés à l'article L. 5134-30 et compte tenu, le cas échéant, des statistiques publiques de l'emploi dans la région.

Art. R. 5134-43 Lorsque, en application du cinquième alinéa de l'article L. 5134-19-4, le département majore les taux de l'aide à l'employeur mentionnés à l'article R. 5134-42, le coût induit par cette majoration est à la charge du département. Cette contribution du département s'ajoute au montant de sa participation telle que définie à l'article D. 5134-41.

Art. R. 5134-44 Lorsque le contrat d'accompagnement dans l'emploi est suspendu sans que soit maintenue la rémunération du salarié, l'aide afférente à la période de suspension n'est pas versée.

Lorsque, au cours de la période de suspension, la rémunération est maintenue en totalité ou partiellement, l'aide afférente à la période de suspension est versée au prorata de la rémunération effectivement versée par l'employeur.

Art. R. 5134-45 En cas de rupture du contrat de travail à l'initiative de l'employeur avant la fin de (*Décr. n° 2012-1211 du 31 oct. 2012, art. 1ᵉʳ-II-14°*) « l'aide à l'insertion professionnelle, celle-ci n'est pas due ».

Sous réserve des cas mentionnés aux articles R. 5134-46 et R. 5134-47, l'employeur reverse alors à l'Agence de services et de paiement ou, le cas échéant, au département ou à l'organisme désigné par lui dans le cadre de l'article R. 5134-40 l'intégralité des sommes déjà perçues au titre de (*Décr. n° 2012-1211 du 31 oct. 2012, art. 1ᵉʳ-II-14°*) « l'aide à l'insertion professionnelle ».

EMPLOI | **Art. D. 5134-50-1**

Art. R. 5134-46 Les *(Décr. n° 2012-1211 du 31 oct. 2012, art. 1ᵉʳ-II-15°)* « montants perçus au titre de l'aide à l'insertion professionnelle » ne font pas l'objet d'un reversement et l'employeur conserve le bénéfice des aides correspondant au nombre de jours travaillés par le salarié dont le contrat d'accompagnement dans l'emploi est un contrat à durée indéterminée dans les cas suivants :
1° Licenciement pour faute grave du salarié ;
2° Licenciement pour force majeure ;
3° Licenciement pour inaptitude médicalement constatée ;
4° Licenciement pour motif économique notifié dans le cadre d'une procédure de redressement ou de liquidation judiciaire ;
5° Rupture du contrat au cours de la période d'essai ;
6° Rupture conventionnelle intervenue dans le cadre de l'article L. 1237-11.

Art. R. 5134-47 Les *(Décr. n° 2012-1211 du 31 oct. 2012, art. 1ᵉʳ-II-16°)* « montants perçus au titre de l'aide à l'insertion professionnelle » ne font pas l'objet d'un reversement, et l'employeur conserve le bénéfice des aides correspondant au nombre de jours travaillés par le salarié dont le contrat d'accompagnement dans l'emploi est un contrat à durée déterminée, en cas de :
1° Rupture anticipée résultant de la volonté claire et non équivoque des parties ;
2° Rupture anticipée pour faute grave ;
3° Rupture anticipée pour force majeure ;
4° Rupture anticipée au cours de la période d'essai.

§ 2 Exonérations

Art. D. 5134-48 Le montant de l'exonération prévue au 1° de l'article L. 5134-31 est égal à celui des cotisations patronales au titre des assurances sociales et des allocations familiales correspondant à la fraction de la rémunération n'excédant pas le produit du salaire minimum de croissance par le nombre d'heures rémunérées, dans la limite de la durée légale du travail calculée sur le mois ou, si elle est inférieure, de la durée conventionnelle applicable dans l'établissement.

Art. R. 5134-49 En cas de suspension du contrat de travail avec maintien total ou partiel de la rémunération mensuelle brute du salarié, le nombre d'heures rémunérées pris en compte pour le calcul de l'exonération est égal au produit de la durée de travail que le salarié aurait accomplie s'il avait continué à travailler et de la part de la rémunération restée à la charge de l'employeur et soumise à cotisation. Le nombre d'heures rémunérées ainsi déterminé ne peut excéder au titre du mois civil considéré la durée légale du travail calculée sur le mois ou, si elle est inférieure, la durée conventionnelle applicable dans l'établissement.

Art. R. 5134-50 En cas de rupture du contrat d'accompagnement dans l'emploi à l'initiative de l'employeur avant la fin de *(Décr. n° 2012-1211 du 31 oct. 2012, art. 1ᵉʳ-II-17°)* « l'aide à l'insertion professionnelle » dans un cas autre que ceux mentionnés aux articles R. 5134-46 et R. 5134-47, l'employeur verse le montant des cotisations et contributions sociales patronales dont il a été exonéré en application de l'article L. 5134-31.
Ces cotisations et contributions sont versées au plus tard à la première date d'exigibilité des cotisations et contributions sociales qui suit la date d'effet de la rupture du contrat de travail.

SOUS-SECTION 5 **Périodes de mise en situation en milieu professionnel**

(Décr. n° 2014-1360 du 13 nov. 2014, art. 2)

Art. D. 5134-50-1 Une ou plusieurs périodes de mise en situation en milieu professionnel peuvent être prescrites à un salarié en contrat d'accompagnement dans l'emploi, avec son accord et celui de son employeur.
Chacune de ces périodes fait l'objet d'une convention selon les modalités prévues au chapitre V du présent titre, sous réserve des dispositions prévues par la présente sous-section.

Art. D. 5134-50-2 La durée cumulée de l'ensemble des périodes de mise en situation en milieu professionnel effectuées au cours du contrat d'accompagnement dans l'emploi ne peut représenter plus de 25 % de la durée totale du contrat.

Art. D. 5134-50-3 L'organisme prescripteur de la mise en situation en milieu professionnel en application de l'article L. 5135-2 transmet à l'Agence de services et de paiement une copie de la convention mentionnée à l'article D. 5135-2.

SECTION 3 **Contrat initiative-emploi**

(Décr. n° 2009-1442 du 25 nov. 2009)

Dans les départements d'outre-mer et les collectivités de Saint-Barthélemy, Saint-Martin et Saint-Pierre-et-Miquelon, ces dispositions entrent en vigueur dans les conditions prévues à l'art. 29 de la L. n° 2008-1249 du 1ᵉʳ déc. 2008 (Décr. n° 2009-1442 du 25 nov. 2009).

SOUS-SECTION 1 **Aide à l'insertion professionnelle** *(Décr. n° 2012-1211 du 31 oct. 2012, art. 1ᵉʳ-III-1°).*

Art. R. 5134-51 *(Décr. n° 2012-1211 du 31 oct. 2012, art. 1ᵉʳ-III-2°)* L'aide à l'insertion professionnelle est attribuée préalablement à la conclusion du contrat de travail mentionné à l'article L. 5134-69.

Art. R. 5134-52 *(Décr. n° 2012-1211 du 31 oct. 2012, art. 1ᵉʳ-III-3°)* L'employeur qui effectue une nouvelle demande d'aide à l'insertion professionnelle transmet à l'autorité appelée à attribuer cette aide les éléments nécessaires à l'établissement du bilan mentionné à l'article L. 5134-66-1.

Art. R. 5134-53 L'employeur informe, dans un délai franc de sept jours, de toute suspension ou rupture du contrat de travail qui interviendrait avant la fin de *(Décr. n° 2012-1211 du 31 oct. 2012, art. 1ᵉʳ-III-4°)* « l'attribution de l'aide à l'insertion professionnelle » :

1° L'autorité *(Décr. n° 2012-1211 du 31 oct. 2012, art. 1ᵉʳ-III-4°)* « ayant attribué l'aide » ;

2° Le ou les organismes chargés du versement des aides.

Un arrêté du ministre chargé de l'emploi fixe le modèle de fiche de signalement, par l'employeur, des suspensions ou ruptures du contrat de travail. – *V. Arr. du 1ᵉʳ mars 2010 (JO 19 mars).*

Art. R. 5134-54 *(Décr. n° 2012-1211 du 31 oct. 2012, art. 1ᵉʳ-III-5°)* En cas de non-respect par l'employeur des dispositions de la décision d'attribution de l'aide à l'insertion professionnelle, cette aide n'est pas due et les sommes versées font l'objet d'un remboursement.

L'autorité attribuant l'aide informe l'employeur de son intention de procéder à la récupération de l'indu.

L'employeur dispose d'un délai franc de sept jours pour faire connaître ses observations.

Tout paiement indu donne lieu à remboursement par l'employeur de la totalité des aides perçues.

L'autorité attribuant l'aide informe l'organisme de recouvrement des cotisations sociales de la procédure.

Art. R. 5134-55 En cas de modification de la situation juridique de l'employeur au sens de l'article L. 1224-1, le nouvel employeur est substitué dans les droits de l'employeur en ce qui concerne le contrat de travail. Le nouvel employeur est substitué également dans les droits de l'employeur initial en ce qui concerne *(Décr. n° 2012-1211 du 31 oct. 2012, art. 1ᵉʳ-III-6°)* « l'aide à l'insertion professionnelle sous réserve de l'accord de l'autorité ayant attribué l'aide, au regard des engagements du nouvel employeur » et à condition qu'il n'entre pas dans un des cas mentionnés à l'article L. 5134-68.

Art. R. 5134-56 En application de l'article L. 5134-67-2, l'employeur qui souhaite prolonger une *(Décr. n° 2012-1211 du 31 oct. 2012, art. 1ᵉʳ-III-7°)* « aide à l'insertion professionnelle » au titre du contrat initiative-emploi adresse à l'autorité *(Décr.*

EMPLOI   **Art. R. 5134-62** 2727

n° 2012-1211 du 31 oct. 2012, art. 1ᵉʳ-III-7°) « qui a attribué l'aide » initiale une demande préalable.

Cette demande motivée est accompagnée d'un bilan des actions réalisées en matière d'accompagnement et de formation, notamment des actions d'aide à la prise de poste, de remise à niveau, d'acquisition de nouvelles compétences et de formation qualifiante. L'employeur joint également à sa demande un document répertoriant les actions d'accompagnement et de formation qu'il envisage de mettre en œuvre pendant la période de prolongation.

Art. R. 5134-57 La durée maximale de *(Décr. n° 2012-1211 du 31 oct. 2012, art. 1ᵉʳ-III-8°)* « l'aide à l'insertion professionnelle », fixée à vingt-quatre mois par l'article L. 5134-67-1, peut être prolongée, en application du troisième alinéa du même article, pour la durée de la formation suivie par le salarié restant à courir et dans la limite de soixante mois.

La demande de prolongation faite par l'employeur est accompagnée :

1° De tous justificatifs visant à établir que l'action de formation professionnelle qualifiante visée à l'article L. 6314-1 *(Décr. n° 2012-1211 du 31 oct. 2012, art. 1ᵉʳ-III-8°)* « prévue au titre de l'aide attribuée » initiale est en cours de réalisation et que le terme de cette action dépasse le terme de *(Décr. n° 2012-1211 du 31 oct. 2012, art. 1ᵉʳ-III-8°)* « l'aide » ;

2° Des éléments d'organisation des actions de formation permettant de s'assurer qu'elles pourront être réalisées durant la période de prolongation.

Art. R. 5134-58 La durée maximale de vingt-quatre mois de *(Décr. n° 2012-1211 du 31 oct. 2012, art. 1ᵉʳ-III-9°)* « l'aide à l'insertion professionnelle » peut, pour les personnes mentionnées au troisième alinéa de l'article L. 5134-67-1, être portée, par *(Décr. n° 2012-1211 du 31 oct. 2012, art. 1ᵉʳ-III-9°)* « décisions de prolongation successives » d'un an au plus, à soixante mois.

La condition d'âge mentionnée au troisième alinéa de l'article L. 5134-67-1 et à l'article L. 5134-69-1 s'apprécie à l'échéance de la durée maximale de *(Décr. n° 2012-1211 du 31 oct. 2012, art. 1ᵉʳ-III-9°)* « l'aide ».

Art. R. 5134-59 En application de l'article L. 2323-48, les institutions représentatives du personnel des organismes employeurs, lorsqu'elles existent, sont informées des contrats initiative-emploi conclus.

SOUS-SECTION 2 **Accompagnement**

Art. R. 5134-60 L'autorité *(Décr. n° 2012-1211 du 31 oct. 2012, art. 1ᵉʳ-III-10°)* « qui attribue l'aide à l'insertion professionnelle » désigne en son sein ou auprès d'un organisme chargé de l'accompagnement ou de l'insertion, en le mentionnant dans la *(Décr. n° 2012-1211 du 31 oct. 2012, art. 1ᵉʳ-III-10°)* « décision d'attribution initiale de l'aide », un référent chargé d'assurer le suivi du parcours d'insertion professionnelle du salarié en contrat initiative-emploi.

Dans le cas où ce salarié est bénéficiaire du revenu de solidarité active, le référent peut être le même que celui désigné en application de l'article L. 262-27 du code de l'action sociale et des familles.

Art. R. 5134-61 L'employeur, dès la *(Décr. n° 2012-1211 du 31 oct. 2012, art. 1ᵉʳ-III-11°)* « transmission de la demande d'aide à l'insertion professionnelle », désigne un tuteur parmi les salariés qualifiés et volontaires pour assumer cette fonction.

Ce dernier doit justifier d'une expérience professionnelle d'au moins deux ans. Exceptionnellement, sur autorisation de l'autorité *(Décr. n° 2012-1211 du 31 oct. 2012, art. 1ᵉʳ-III-11°)* « qui attribue l'aide », l'employeur peut assurer lui-même le tutorat. Le tuteur ne peut suivre plus de trois salariés en contrat initiative-emploi.

Art. R. 5134-62 Les missions du tuteur sont les suivantes :

1° Participer à l'accueil, aider, informer et guider le salarié en contrat initiative-emploi ;

2° Contribuer à l'acquisition des savoir-faire professionnels ;

3° Assurer la liaison avec le référent mentionnés à l'article R. 5134-60 ;

4° Participer à l'établissement de l'attestation d'expérience professionnelle prévue à l'article L. 5134-70-2 avec le salarié concerné et l'employeur.

SOUS-SECTION 3 Aide financière

Art. R. 5134-63 L'aide mentionnée à l'article L. 5134-72 est versée mensuellement :
1° Par l'Agence de services et de paiement pour le compte de l'État ;
2° Par le département ou par tout organisme qu'il mandate à cet effet, lorsque *(Décr. n° 2012-1211 du 31 oct. 2012, art. 1ᵉʳ-III-12°)* « l'aide à l'insertion professionnelle est attribuée pour » un bénéficiaire du revenu de solidarité active financé par le département.

L'employeur communique aux organismes mentionnés au 1° ou au 2° les justificatifs attestant de l'effectivité de l'activité du salarié.

Art. D. 5134-64 Pour l'application de l'article L. 5134-72-2, la participation mensuelle du département au financement de l'aide est égale à 88 % du montant forfaitaire mentionné *(Décr. n° 2015-1710 du 21 déc. 2015, art. 4-IV)* « à » l'article L. 262-2 du code de l'action sociale et des familles, applicable à un foyer composé d'une seule personne, dans la limite du montant de l'aide effectivement versée.

Art. R. 5134-65 Les taux de prise en charge déterminant le montant de l'aide financière mentionné à l'article L. 5134-72-1 sont fixés par un arrêté du préfet de région, en fonction des critères énumérés à l'article L. 5134-72 et compte tenu, le cas échéant, des statistiques publiques de l'emploi dans la région.

Art. R. 5134-66 Lorsque, en application du cinquième alinéa de l'article L. 5134-19-4, le département majore les taux de prise en charge mentionnés à l'article R. 5134-65, le coût induit par cette majoration est à la charge du département. Cette contribution du département s'ajoute au montant de sa participation telle que définie à l'article D. 5134-64.

Art. R. 5134-67 Lorsque le contrat initiative-emploi est suspendu sans que soit maintenue la rémunération du salarié, l'aide afférente à la période de suspension n'est pas versée.

Lorsque, au cours de la période de suspension, la rémunération est maintenue en totalité ou partiellement, l'aide afférente à la période de suspension est versée au prorata de la rémunération effectivement versée par l'employeur.

Art. R. 5134-68 En cas de rupture du contrat de travail à l'initiative de l'employeur avant la fin de *(Décr. n° 2012-1211 du 31 oct. 2012, art. 1ᵉʳ-III-13°)* « l'aide à l'insertion professionnelle, celle-ci n'est pas due ».

Sous réserve des cas mentionnés aux articles R. 5134-69 et R. 5134-70, l'employeur reverse alors à l'Agence de services et de paiement ou, le cas échéant, au département ou à l'organisme désigné par lui dans le cadre de l'article R. 5134-63 l'intégralité des sommes déjà perçues au titre de *(Décr. n° 2012-1211 du 31 oct. 2012, art. 1ᵉʳ-III-13°)* « l'aide à l'insertion professionnelle ».

Art. R. 5134-69 Les *(Décr. n° 2012-1211 du 31 oct. 2012, art. 1ᵉʳ-III-14°)* « montants perçus au titre de l'aide à l'insertion professionnelle » ne font pas l'objet d'un reversement et l'employeur conserve le bénéfice des aides correspondant au nombre de jours travaillés par le salarié dont le contrat initiative-emploi est un contrat à durée indéterminée, dans les cas suivants :
1° Licenciement pour faute grave du salarié ;
2° Licenciement pour force majeure ;
3° Licenciement pour inaptitude médicalement constatée ;
4° Licenciement pour motif économique notifié dans le cadre d'une procédure de redressement ou de liquidation judiciaire ;
5° Rupture du contrat au cours de la période d'essai ;
6° Rupture conventionnelle intervenue dans le cadre de l'article L. 1237-11.

Art. R. 5134-70 Les *(Décr. n° 2012-1211 du 31 oct. 2012, art. 1ᵉʳ-III-15°)* « montants perçus au titre de l'aide à l'insertion professionnelle » ne font pas l'objet d'un reversement, et l'employeur conserve le bénéfice des aides correspondant au nombre de jours travaillés par le salarié dont le contrat initiative-emploi est un contrat à durée déterminée, dans les cas suivants :
1° Rupture anticipée résultant de la volonté claire et non équivoque des parties ;

EMPLOI **Art. D. 5134-147** 2729

2° Rupture anticipée pour faute grave ;
3° Rupture anticipée pour force majeure ;
4° Rupture anticipée au cours de la période d'essai.

SOUS-SECTION 4 **Périodes de mise en situation en milieu professionnel**

(Décr. n° 2014-1360 du 13 nov. 2014, art. 3)

Art. D. 5134-71-1 Une ou plusieurs périodes de mise en situation en milieu professionnel peuvent être prescrites à un salarié en contrat initiative-emploi, avec son accord et celui de son employeur.

Chacune de ces périodes fait l'objet d'une convention selon les modalités prévues au chapitre V du présent titre, sous réserve des dispositions prévues par la présente sous-section.

Art. D. 5134-71-2 La durée cumulée de l'ensemble des périodes de mise en situation en milieu professionnel effectuées au cours du contrat initiative-emploi ne peut représenter plus de 25 % de la durée totale du contrat.

Art. D. 5134-71-3 L'organisme prescripteur de la mise en situation en milieu professionnel en application de l'article L. 5135-2 transmet à l'Agence de services et de paiement une copie de la convention mentionnée à l'article D. 5135-2.

SECTION 4 *[ABROGÉE]* **Contrat initiative-emploi**

(Abrogée par Décr. n° 2009-1442 du 25 nov. 2009)

SECTION 5 *[ABROGÉE]* **Contrat insertion-revenu minimum d'activité**

(Abrogée par Décr. n° 2009-1442 du 25 nov. 2009)

SECTION 6 **Contrat relatif aux activités d'adultes-relais**

SOUS-SECTION 1 **Objet**

Art. D. 5134-145 Les adultes-relais mentionnés à l'article L. 5134-100 assurent des missions de médiation sociale et culturelle. Les activités de ces adultes-relais consistent notamment à :
1° Accueillir, écouter, exercer toute activité qui concourt au lien social ;
2° Informer et accompagner les habitants dans leurs démarches, faciliter le dialogue entre services publics et usagers, et notamment établir des liens entre les parents et les services qui accueillent leurs enfants ;
3° Contribuer à améliorer ou préserver le cadre de vie ;
4° Prévenir et aider à la résolution des petits conflits de la vie quotidienne par la médiation et le dialogue ;
5° Faciliter le dialogue entre les générations, accompagner et renforcer la fonction parentale par le soutien aux initiatives prises par les parents ou en leur faveur ;
6° Contribuer à renforcer la vie associative locale et développer la capacité d'initiative et de projet dans le quartier et la ville. — *[Anc. art. 1er, al. 1er à 7, Décr. n° 2002-374 du 20 mars 2002.]*

Art. D. 5134-146 Les adultes-relais ne peuvent accomplir aucun acte relevant du maintien de l'ordre public et ne peuvent être employés à des fonctions dont le seul objet est d'assurer les services au domicile des personnes physiques mentionnés à l'article L. 7231-1.

Les personnes morales de droit public et les personnes morales de droit privé chargées d'un service public ne peuvent pas embaucher d'adultes-relais pour des missions relevant de leur activité normale. — *[Anc. art. 1er, al. 8, Décr. n° 2002-374 du 20 mars 2002.]*

Les dispositions de l'art. D. 5134-146 sont applicables aux contrats insertion-revenu minimum d'activité conclus à compter du 15 oct. 2006 (Décr. n° 2008-244 du 7 mars 2008, art. 4-IV).

SOUS-SECTION 2 **Convention**

Art. D. 5134-147 Les personnes morales mentionnées à l'article L. 5134-101 qui sollicitent le bénéfice d'une convention ouvrant droit au bénéfice de contrats relatifs à des activités d'adultes-relais en font la demande au préfet. — [Anc. art. 2, al. 1ᵉʳ, phrase 1, Décr. n° 2002-374 du 20 mars 2002.]

Art. D. 5134-148 La demande de convention se traduit par le dépôt d'un dossier qui comprend notamment :

1° La présentation de l'organisme employeur, de son projet et de ses objectifs ;

2° Le nombre et les caractéristiques des postes ;

3° Les zones urbaines sensibles ou les autres territoires prioritaires des contrats de ville au bénéfice duquel le projet doit se mettre en place ;

4° Pour les organismes privés à but non lucratif, les statuts et les comptes pour le dernier exercice complet ou le compte de résultat et le bilan lorsque celui-ci est établi ;

5° Le budget prévisionnel de l'action, précisant notamment les contributions financières au titre de la rémunération, de la formation ou de l'encadrement obtenues en dehors de l'État. — [Anc. art. 2, al. 1ᵉʳ, phrase 2, et 2 à 6, Décr. n° 2002-374 du 20 mars 2002.]

Art. D. 5134-149 Les projets retenus font l'objet d'une convention par poste signée entre l'employeur et l'État, représenté par le préfet, et en présence de l'Agence nationale pour la cohésion sociale et l'égalité des chances, représentée par son délégué départemental. — [Anc. art. 3, al. 1ᵉʳ, Décr. n° 2002-374 du 20 mars 2002.]

Art. D. 5134-150 La durée pour laquelle la convention est signée ne peut excéder trois ans.

La convention peut être renouvelée par accord exprès des parties. — [Anc. art. 3, al. 2 et 3, Décr. n° 2002-374 du 20 mars 2002.]

Art. D. 5134-151 La convention précise :

1° La nature du projet ;

2° La durée hebdomadaire de travail ;

3° Les caractéristiques du poste et de l'activité engagée au regard des besoins à satisfaire ;

4° Le montant et les modalités de versement de l'aide versée, au nom de l'État, par l'agence et les modalités du contrôle de l'application de la convention ;

5° Le cas échéant, la dérogation du préfet sur le lieu de résidence de l'adulte-relais lorsque ce dernier ne réside pas en zone urbaine sensible mentionnée à l'article L. 5134-102. — [Anc. art. 3, al. 4 à 9, Décr. n° 2002-374 du 20 mars 2002.]

Art. D. 5134-152 Aucune embauche ne peut intervenir avant la date de la signature de la convention. — [Anc. art. 3, al. 10, Décr. n° 2002-374 du 20 mars 2002.]

Art. D. 5134-153 Le préfet contrôle l'exécution de la convention. A cette fin, l'employeur lui fournit, à sa demande, tout élément de nature à permettre de vérifier la bonne exécution de la convention et la réalité des emplois créés. — [Anc. art. 6, Décr. n° 2002-374 du 20 mars 2002.]

Art. D. 5134-154 La convention peut être résiliée par le préfet, notamment en cas de non-respect par l'employeur des clauses de la convention. Le préfet, en sa qualité de délégué de l'agence, peut demander le reversement des sommes indûment perçues.

Lorsque l'aide est obtenue à la suite de fausses déclarations ou lorsque la convention est détournée de son objet, celle-ci est résiliée d'office. Les sommes indûment perçues donnent lieu à reversement.

La convention est également résiliée d'office lorsque l'employeur n'a pas, sans justification, transmis pendant deux trimestres consécutifs les pièces prévues à la convention.

La convention peut être résiliée par l'employeur. Celui-ci en avertit le préfet avec un préavis de deux mois. — [Anc. art. 7, Décr. n° 2002-374 du 20 mars 2002.]

SOUS-SECTION 3 **Contrat de travail**

Art. D. 5134-155 Le contrat de travail est conclu avec une personne remplissant à la date de la signature les conditions de l'article L. 5134-102. — [Anc. art. 4, phrase 1, Décr. n° 2002-374 du 20 mars 2002.]

Art. D. 5134-156 Le contrat de travail, lorsqu'il est conclu à temps partiel, ne peut être inférieur à un mi-temps. — [Anc. art. 4, phrases 2 et 3, Décr. n° 2002-374 du 20 mars 2002.]

EMPLOI **Art. R. 5134-162** 2731

SOUS-SECTION 4 Aide financière

Art. D. 5134-157 L'aide financière de l'État mentionnée à l'article L. 5134-108, forfaitaire, est versée par l'Agence nationale pour la cohésion sociale et l'égalité des chances.

L'agence peut confier, dans le cadre d'une convention, la gestion de cette aide *(Décr. n° 2009-340 du 27 mars 2009, art. 10)* « à l'Agence de services et de paiement ». — *[Anc. art. 1-1 et anc. art. 5, al. 1er, Décr. n° 2002-374 du 20 mars 2002.]*

Art. D. 5134-158 L'aide de l'État est versée à compter de la création du poste d'adulte-relais pour les périodes pendant lesquelles le poste est effectivement occupé.

Pour un emploi à temps partiel, elle est versée à due proportion du temps de travail prévu à la convention par rapport à un emploi à temps plein. — *[Anc. art. 5, al. 2, Décr. n° 2002-374 du 20 mars 2002.]*

Art. D. 5134-159 Sous réserve des cas de résiliation de la convention mentionnés à l'article D. 5134-154 et de la production des documents justificatifs prévus dans la convention, l'aide est versée pendant la durée de la convention. — *[Anc. art. 5, al. 3, Décr. n° 2002-374 du 20 mars 2002.]*

Art. D. 5134-160 Le montant annuel de l'aide par poste de travail à temps plein est fixé par décret.

Ce montant est revalorisé annuellement au 1er juillet, proportionnellement à l'évolution du salaire minimum de croissance depuis le 1er juillet de l'année précédente et arrondi au dixième d'euro le plus proche. — *[Anc. art. 5, al. 4, phrase 2, Décr. n° 2002-374 du 20 mars 2002.]*

SECTION 7 Emploi d'avenir

(Décr. n° 2012-1210 du 31 oct. 2012)

V. Instr. PE n° 2012-156 du 14 déc. 2012, BOPE n° 129-2012 du 14 déc. 2012.

SOUS-SECTION 1 Dispositions générales

Art. R. 5134-161 Peuvent être recrutés en emploi d'avenir les jeunes sans emploi de seize à vingt-cinq ans et les personnes handicapées de moins de trente ans sans emploi, à la date de la signature du contrat, qui :

1° Soit ne détiennent aucun diplôme du système de formation initiale ;

2° Soit sont titulaires uniquement d'un diplôme ou d'un titre à finalité professionnelle enregistré au répertoire national des certifications professionnelles prévu à l'article L. 335-6 du code de l'éducation et classé au niveau V de la nomenclature interministérielle des niveaux de formation mentionnée à l'article R. 335-13 du code de l'éducation, et totalisent une durée de six mois minimum de recherche d'emploi au cours des douze derniers mois. *(Décr. n° 2014-188 du 20 févr. 2014, art. 1er)* « Sur appréciation des organismes mentionnés aux 1° et 2° de l'article L. 5134-19-1, cette durée peut être inférieure à six mois si le parcours de formation des intéressés, leurs perspectives locales d'accès à l'emploi au regard de leur qualification ou des difficultés sociales particulières le justifient ; »

3° Soit, à titre exceptionnel, s'ils résident dans une zone urbaine sensible, dans une zone de revitalisation rurale ou dans un département d'outre-mer, à Saint-Barthélemy, à Saint-Martin ou à Saint-Pierre-et-Miquelon, ont atteint au plus le niveau du premier cycle de l'enseignement supérieur, et totalisent une durée de douze mois minimum de recherche d'emploi au cours des dix-huit derniers mois. *(Décr. n° 2014-188 du 20 févr. 2014, art. 1er)* « Sur appréciation des organismes mentionnés aux 1° et 2° de l'article L. 5134-19-1, cette durée peut être inférieure à douze mois si le parcours de formation des intéressés, leurs perspectives locales d'accès à l'emploi au regard de leur qualification ou des difficultés sociales particulières le justifient. »

Art. R. 5134-162 I. — Le schéma d'orientation régional définit la stratégie territoriale de mise en œuvre des emplois d'avenir, notamment :

1° Les filières et secteurs d'activité prioritaires pour le déploiement des emplois d'avenir, en particulier les secteurs qui présentent un fort potentiel de création d'emplois ou offrent des perspectives de développement d'activités nouvelles, en cohérence avec les stratégies de développement économique et de développement des compétences au niveau régional ;

2° Les principaux parcours d'insertion et de qualification qui peuvent être proposés dans ces différents filières et secteurs.

II. — Le schéma d'orientation régional tient compte des modalités d'accès des jeunes à la formation définies au contrat de plan régional de développement des formations professionnelles adopté au titre de l'article L. 214-13 du code de l'éducation.

Art. R. 5134-163 I. — Chaque année, le (*Décr. n° 2014-1055 du 16 sept. 2014, art. 5-I*) « comité régional de l'emploi, de la formation et de l'orientation professionnelles » est consulté sur le schéma d'orientation régional mentionné à l'article R. 5134-162 et, s'il y a lieu, sur le bilan des emplois d'avenir au titre de l'année écoulée.

II. — Le projet de schéma d'orientation régional mentionné à l'article R. 5134-162 est établi par le préfet de région, après consultation du président du conseil régional. Il est soumis pour avis au (*Décr. n° 2014-1055 du 16 sept. 2014, art. 5-I*) « comité régional de l'emploi, de la formation et de l'orientation professionnelles » et fait l'objet, avant son adoption, d'une publication sous forme électronique sur le site de la préfecture de région. Les conseils départementaux, les communes, (*Décr. n° 2014-524 du 22 mai 2014, art. 16-II*) « Pôle emploi » [*France Travail depuis le 1ᵉʳ janv. 2024*], les missions locales pour l'insertion professionnelle et sociale des jeunes mentionnées à l'article L. 5314-1 ainsi que la chambre régionale de l'économie sociale et solidaire peuvent faire connaître leur avis au préfet de région dans un délai d'un mois à compter de cette publication.

III. — A l'issue de la procédure de consultation définie au II, le préfet de région publie le schéma d'orientation régional au recueil des actes administratifs de la préfecture de région.

Art. R. 5134-164 I. — Est éligible à l'aide à l'emploi d'avenir l'employeur relevant du huitième alinéa de l'article L. 5134-111 qui :

1° Propose au titulaire d'un emploi d'avenir une perspective de qualification et d'insertion professionnelle durable ;

2° Appartient à un secteur d'activité présentant un fort potentiel de création d'emplois ou offrant des perspectives de développement d'activités nouvelles.

II. — Les secteurs mentionnés au 2° du I sont fixés par arrêté du préfet de région, compte tenu des secteurs prioritaires définis au schéma d'orientation régional en application de l'article R. 5134-162.

Art. R. 5134-165 L'emploi d'avenir est conclu sous la forme, selon le cas :

1° S'agissant d'un employeur mentionné au 2° ou au 3° de l'article L. 5134-111, d'un contrat d'accompagnement dans l'emploi à durée déterminée, d'au moins douze mois et d'au plus trente-six mois, régi par les dispositions de la section 1-1 et de la section 2 du présent chapitre, sous réserve des dispositions spécifiques prévues par la présente section ;

2° S'agissant des autres employeurs mentionnés à l'article L. 5134-111, selon leur situation, d'un contrat d'accompagnement dans l'emploi régi par les dispositions de la section 1-1 et de la section 2 du présent chapitre ou d'un contrat initiative-emploi régi par les dispositions de la section 1-1 et de la section 3 du présent chapitre, sous réserve des dispositions spécifiques prévues par la présente section.

SOUS-SECTION 2 **Aide à l'insertion professionnelle**

Art. R. 5134-166 Par dérogation selon le cas aux articles R. 5134-42 ou R. 5134-65, un arrêté du ministre chargé de l'emploi et du ministre chargé du budget fixe les taux de prise en charge déterminant le montant de l'aide financière relative à l'emploi d'avenir.

Le montant de l'aide de l'État pour les emplois d'avenir conclus sous forme de contrats d'accompagnement dans l'emploi (CAE) est fixé à 75 % du taux horaire brut du salaire minimum de croissance.

EMPLOI **Art. R. 5134-172** 2733

Le montant de l'aide de l'État pour les emplois d'avenir conclus sous forme de contrats initiative-emploi (CIE) est fixé, dans le cas général, à 35 % du taux horaire brut du salaire minimum de croissance. Pour les groupements d'employeurs pour l'insertion et la qualification, et les entreprises d'insertion, qui sont éligibles au contrat initiative-emploi, le taux de prise en charge est fixé à 47 % du taux horaire brut du salaire minimum de croissance (Arr. du 31 oct. 2012, JO 1ᵉʳ nov.).

Art. R. 5134-167 La durée maximale de l'aide, fixée à trente-six mois par l'article L. 5134-113, peut être prolongée, sur autorisation de l'autorité délivrant la décision d'attribution, afin de permettre au bénéficiaire d'achever la formation professionnelle qu'il a engagée, dans la limite d'une durée totale de soixante mois. La demande de prolongation faite par l'employeur est accompagnée des documents mentionnés selon le cas aux articles R. 5134-32 et R. 5134-57.

Art. R. 5134-168 L'exécution des engagements de l'employeur, notamment en matière de formation, est examinée par l'autorité délivrant la décision d'attribution de l'aide à chaque échéance annuelle. En cas de non-respect de ces engagements, l'aide fait l'objet d'un remboursement selon la procédure prévue selon le cas aux articles R. 5134-29 et R. 5134-54.

SECTION 8 **Emploi d'avenir professeur**

(Décr. n° 2013-50 du 15 janv. 2013)

Art. R. 5134-169 L'étudiant bénéficiaire d'un emploi d'avenir professeur doit posséder la qualité de boursier de l'enseignement supérieur au titre de l'année universitaire durant laquelle il est recruté.

Sa qualité de boursier est vérifiée à chaque renouvellement de contrat.

Art. R. 5134-170 La liste des académies et la liste des disciplines connaissant des besoins particuliers justifiant la priorité de recrutement prévue au III de l'article L. 5134-120 sont fixées par arrêté conjoint du ministre chargé de l'éducation nationale et du ministre chargé de l'enseignement agricole. – *V. Arr. du 18 janv. 2013 (JO 26 janv.).*

Art. R. 5134-171 Dans chaque académie concernée, une commission présidée par le recteur *(Décr. n° 2019-1554 du 30 déc. 2019, art. 2, en vigueur le 1ᵉʳ janv. 2020)* « d'académie » ou son représentant vérifie si les candidats à un emploi d'avenir professeur remplissent les conditions leur permettant d'en bénéficier.

Le recteur *(Décr. n° 2019-1554 du 30 déc. 2019, art. 2, en vigueur le 1ᵉʳ janv. 2020)* « d'académie » désigne les membres de la commission qui comprend :

1° Au moins deux et au maximum six enseignants-chercheurs, dont au moins un président d'université ou de pôle de recherche et d'enseignement supérieur ou un directeur de grand établissement, ou leur représentant ;

2° Au moins un directeur académique des services de l'éducation nationale ;

3° Au moins quatre et au maximum six membres des corps d'inspection et chefs d'établissement, dont au moins un chef d'établissement d'enseignement privé ayant passé un contrat avec l'État.

La commission comprend également le directeur régional de l'alimentation, de l'agriculture et de la forêt ou son représentant.

Art. R. 5134-172 Sur la base d'un dossier de candidature dont le contenu est fixé par arrêté du ministre chargé de l'éducation nationale, la commission donne un avis sur l'aptitude des candidats à un emploi d'avenir professeur. – *V. Arr. du 18 janv. 2013 (JO 26 janv.).*

L'avis rendu par la commission tient compte, notamment, du projet professionnel de l'étudiant et de ses résultats universitaires.

A partir de la liste des candidats établie par la commission, le recteur *(Décr. n° 2019-1554 du 30 déc. 2019, art. 2, en vigueur le 1ᵉʳ janv. 2020)* « d'académie » propose aux établissements publics locaux d'enseignement et aux établissements d'enseignement privés ayant passé un contrat avec l'État le nom d'un ou plusieurs candidats à un recrutement au titre d'un emploi d'avenir professeur dans le premier ou le second degré.

S'agissant de l'enseignement agricole, le directeur régional de l'alimentation, de l'agriculture et de la forêt propose aux établissements publics locaux d'enseignement et de formation professionnelle agricoles et aux établissements d'enseignement privé agricole ayant passé un contrat avec l'État le nom d'un ou plusieurs candidats à un recrutement au titre d'un emploi d'avenir professeur.

Art. R. 5134-173 Un arrêté conjoint du ministre chargé de l'emploi, du ministre chargé du budget, du ministre chargé de l'éducation nationale ou du ministre chargé de l'enseignement agricole fixe les taux de prise en charge déterminant le montant de l'aide financière relative à l'emploi d'avenir professeur. – *V. Arr. du 5 févr. 2013 (JO 10 févr.).*

Art. R. 5134-174 Le salaire mensuel du bénéficiaire d'un emploi d'avenir professeur est égal au produit du montant du salaire minimum interprofessionnel de croissance par le nombre moyen mensuel d'heures de travail.

Art. R. 5134-175 I. – Le contrat conclu pour le recrutement d'un étudiant sur un emploi d'avenir professeur précise l'établissement ou l'école au sein duquel l'étudiant exerce ses fonctions, la durée du contrat, la durée hebdomadaire moyenne de travail et les modalités de variation de celle-ci au cours de l'année scolaire.

Le contrat comporte également l'engagement de l'étudiant de suivre la formation universitaire dans laquelle il est inscrit et de se présenter à un des concours de recrutement d'enseignants du premier ou du second degré organisés par l'État.

II. – La durée moyenne hebdomadaire de travail est fixée par arrêté conjoint du ministre chargé de l'éducation nationale et du ministre chargé de l'enseignement agricole dans la limite de la moitié de la durée fixée à l'article *(Décr. n° 2016-1551 du 18 nov. 2016, art. 6-V, en vigueur le 1ᵉʳ janv. 2017)* « **L. 3121-27** ».

Le même arrêté détermine les critères de variation de la durée hebdomadaire de travail afin de prendre en compte, notamment, le calendrier de la formation universitaire et le temps nécessaire à la préparation et aux épreuves du concours ainsi que l'organisation du temps de travail de l'école ou de l'établissement scolaire dans lequel l'étudiant exerce. – *V. Arr. du 18 janv. 2013 (JO 26 janv.).*

Art. R. 5134-176 Les étudiants recrutés sur des emplois d'avenir professeur accomplissent, dans les établissements d'enseignement et dans les écoles, sous la direction des autorités chargées de l'organisation du service, des fonctions d'appui éducatif.

En appui des enseignants, ils peuvent participer aux séquences d'enseignement, aux actions de soutien scolaire ainsi qu'à toute activité de nature éducative organisée au sein de l'établissement ou de l'école.

Les étudiants recrutés sur des emplois d'avenir professeur peuvent également assister à certains conseils de l'établissement ou de l'école.

Art. R. 5134-177 Pour bénéficier de la priorité de recrutement fixée au III de l'article L. 5134-120, les étudiants doivent avoir résidé au moins deux ans dans l'une des zones mentionnées ou avoir effectué au moins deux années d'études secondaires dans un établissement situé dans l'une de ces zones ou dans un établissement relevant de l'éducation prioritaire.

Art. D. 5134-178 Le tutorat des étudiants recrutés sur des emplois d'avenir professeur est assuré par un enseignant désigné par le recteur d'académie.

Dans l'enseignement agricole, le directeur régional de l'alimentation, de l'agriculture et de la forêt désigne l'enseignant chargé du tutorat.

L'enseignant suit et accompagne l'étudiant dans sa formation progressive au métier du professorat notamment en l'associant à la préparation et à la conduite de séquences d'enseignement, à la gestion de classe et au suivi des élèves.

CHAPITRE V PÉRIODES DE MISE EN SITUATION EN MILIEU PROFESSIONNEL

(Décr. n° 2014-1360 du 13 nov. 2014, art. 1ᵉʳ)

Art. D. 5135-1 Lorsque le bénéficiaire est salarié, son employeur est également partie à la convention de mise en situation en milieu professionnel mentionnée à l'article L. 5135-4.

V. Arr. du 13 nov. 2014, JO 15 nov.

Art. D. 5135-2 La convention mentionnée à l'article L. 5135-4, dont le modèle *(Décr. n° 2023-1304 du 27 déc. 2023, art. 1ᵉʳ-1°)* « et les modalités de dépôt sont fixés » par arrêté du ministre chargé de l'emploi, comporte notamment les indications suivantes :

1° La dénomination *(Décr. n° 2023-1304 du 27 déc. 2023, art. 1ᵉʳ-2°)* « et l'adresse » de l'organisme prescripteur ;

2° Les nom, prénom *(Abrogé par Décr. n° 2023-1304 du 27 déc. 2023, art. 1ᵉʳ-3°)* « , adresse » et date de naissance du bénéficiaire, *(Abrogé par Décr. n° 2023-1304 du 27 déc. 2023, art. 1ᵉʳ-3°)* « sa situation professionnelle, l'indication, le cas échéant, de sa qualité de bénéficiaire du revenu de solidarité active financé par le département, » et, s'il est salarié, les coordonnées de son employeur ;

3° La dénomination, l'adresse, *(Abrogé par Décr. n° 2023-1304 du 27 déc. 2023, art. 1ᵉʳ-4°)* « la forme juridique, » le numéro *(Abrogé par Décr. n° 2023-1304 du 27 déc. 2023, art. 1ᵉʳ-4°)* « et la date » d'immatriculation de la structure d'accueil, son activité principale et, le cas échéant, la convention collective dont elle relève, ainsi que le nom et la fonction de la personne en charge de l'accueil et du suivi du bénéficiaire et de la transmission des consignes d'hygiène et de sécurité ;

4° La dénomination, l'adresse *(Abrogé par Décr. n° 2023-1304 du 27 déc. 2023, art. 1ᵉʳ-5°)* « et la forme juridique » de la structure d'accompagnement, ainsi que le nom et la fonction du conseiller référent du bénéficiaire ;

5° Les dates de début et de fin de la ou des périodes de mise en situation, le nombre d'heures de présence, le lieu d'exécution, l'objet assigné à cette période parmi ceux mentionnés à l'article L. 5135-1 ainsi que le ou les objectifs précis fixés dans ce cadre et les modalités prévues pour évaluer leur réalisation ;

6° La description des tâches confiées au bénéficiaire dans le but de développer les compétences recherchées ainsi que les horaires de présence dans la structure d'accueil.

V. Arr. du 13 nov. 2014, JO 15 nov.

Art. D. 5135-3 La convention mentionnée à l'article L. 5135-4 est conclue pour une durée ne pouvant excéder un mois de date à date, que la présence du bénéficiaire au sein de la structure d'accueil soit continue ou discontinue.

Lorsque le ou les objectifs fixés conformément au 5° de l'article D. 5135-2 n'ont pas été atteints, la convention peut être renouvelée une fois, pour le même objet et les mêmes objectifs que ceux initialement fixés et pour une durée au plus égale à celle mentionnée au premier alinéa du présent article.

Il peut être conclu, avec un même bénéficiaire et au cours d'une période de douze mois consécutifs, au plus deux conventions de mise en situation en milieu professionnel dans la même structure d'accueil, sous réserve que ces conventions comportent des objets ou des objectifs différents et sans que la durée totale de ces conventions, renouvellements compris, n'excède soixante jours sur la même période.

Art. D. 5135-4 Pendant la durée de la période de mise en situation en milieu professionnel, le bénéficiaire observe le règlement intérieur de la structure d'accueil et les mesures en matière d'hygiène et de sécurité propres aux activités prévues par la convention mentionnée à l'article D. 5135-2.

Art. D. 5135-5 Pendant la période de mise en situation en milieu professionnel, la structure d'accueil désigne une personne chargée d'aider, d'informer, de guider et d'évaluer le bénéficiaire.

En cas d'accident survenant au cours ou sur le lieu de la mise en situation en milieu professionnel, ou pendant le trajet effectué par le bénéficiaire, la structure d'accueil informe au plus tard dans les vingt-quatre heures la structure d'accompagnement. La structure d'accompagnement transmet l'information sans délai à l'employeur, si le bénéficiaire est salarié[,] ou, dans le cas contraire, au prescripteur, qui procèdent l'un ou l'autre dans les quarante-huit heures à la déclaration d'accident du travail.

Art. D. 5135-6 L'organisme prescripteur s'assure de la pertinence de la période de mise en situation en milieu professionnel envisagée et établit le projet de convention mentionné à l'article D. 5135-2.

La structure d'accompagnement assure la mise en œuvre de la période de mise en situation en milieu professionnel et en réalise le bilan et l'évaluation.

Art. D. 5135-7 Les organismes mentionnés aux 1° à 3° *(Décr. n° 2021-522 du 29 avr. 2021, art. 1er)* « et 4° *bis* » de l'article L. 5135-2 peuvent conclure avec un organisme employant ou accompagnant des bénéficiaires de mise en situation en milieu professionnel des conventions autorisant ce dernier organisme à prescrire pour ces bénéficiaires des périodes de mise en situation en milieu professionnel.

Cette autorisation ne peut être liée à aucune clause financière et l'organisme qui l'a accordée peut la suspendre ou la retirer sans préavis.

Art. D. 5135-8 La convention mentionnée à l'article D. 5135-7 comporte notamment les indications suivantes :

1° La dénomination, l'adresse, la forme juridique de chaque partie à la convention, ainsi que le nom et la fonction de chaque signataire ;

2° Les catégories de personnes pouvant se voir prescrire des périodes de mise en situation parmi celles employées ou accompagnées par l'organisme prescripteur ;

3° La durée de la convention.

TITRE IV AIDES À LA CRÉATION D'ENTREPRISE

CHAPITRE I AIDES À LA CRÉATION OU À LA REPRISE D'ENTREPRISE

SECTION 1 Dispositions communes

SOUS-SECTION 1 Nature et bénéfice des aides

Art. R. 5141-1 Les aides destinées aux personnes qui créent ou reprennent une entreprise, ou qui entreprennent l'exercice d'une autre profession non salariée, prévues au présent chapitre, comprennent :

1° L'exonération de cotisations sociales prévue à l'article L. 161-1-1 du code de la sécurité sociale. Cette exonération peut être cumulée avec les allocations mentionnées à l'article 9 de la loi n° 98-657 du 29 juillet 1998 d'orientation relative à la lutte contre les exclusions ;

2° L'avance remboursable prévue à l'article L. 5141-2. La dotation aux jeunes agriculteurs accordée en application des articles R. 343-3 et suivants du code rural et de la pêche maritime n'est pas cumulable avec cette avance remboursable ;

3° Le versement par l'État, aux bénéficiaires des exonérations prévues au 1°, effectué conformément aux dispositions de l'article L. 5141-3. Pour les personnes admises au bénéfice de ces exonérations au cours de leur période d'indemnisation au titre de l'allocation d'assurance, le bénéfice de l'allocation de solidarité spécifique prévue à l'article L. 5423-1 est maintenu jusqu'au terme du bénéfice de ces exonérations ;

4° Le financement partiel par l'État des actions de conseil *(Décr. n° 2010-1642 du 23 déc. 2010)* « et » d'accompagnement au bénéfice des créateurs ou repreneurs d'entreprises *(Décr. n° 2010-1642 du 23 déc. 2010)* « en application de l'article L. 5141-5 du code du travail ». — *[Anc. art. R. 351-41.]*

Art. R. 5141-2 Pour l'application des dispositions de l'article L. 5141-1, sont considérés comme remplissant la condition de contrôle effectif de l'entreprise créée ou reprise lorsqu'elle est constituée sous la forme de société :

1° Le demandeur du bénéfice de ces dispositions qui détient, personnellement ou avec son conjoint, son partenaire lié par un pacte civil de solidarité ou son concubin, ses ascendants et descendants, plus de la moitié du capital de la société, sans que sa part personnelle puisse être inférieure à 35 % de celui-ci ;

2° Le demandeur qui a la qualité de dirigeant de la société et qui détient, personnellement ou avec son conjoint, son partenaire lié par un pacte civil de solidarité, ses ascendants et descendants, au moins un tiers du capital de celle-ci, sans que sa part personnelle puisse être inférieure à 25 % et sous réserve qu'un autre actionnaire ou porteur de parts ne détienne pas directement ou indirectement plus de la moitié du capital ;

3° Les demandeurs qui détiennent ensemble plus de la moitié du capital de la société, à condition qu'un ou plusieurs d'entre eux aient la qualité de dirigeant et que chaque demandeur détienne une part de capital égale à un dixième au moins de la part détenue par le principal actionnaire ou porteur de parts. — *[Anc. art. R. 351-43.]*

EMPLOI   **Art. R. 5141-8** 2737

Art. R. 5141-3 Lorsqu'une personne a obtenu le bénéfice d'une aide à la création, à la reprise d'entreprise ou pour l'exercice d'une autre profession non salariée, elle ne peut obtenir à nouveau cette aide qu'à l'expiration d'un délai de trois ans suivant la précédente décision du préfet ou de l'organisme habilité prévu à l'article R. 5141-22.
(Décr. n° 2010-1642 du 23 déc. 2010) « Les dispositions du premier alinéa ne s'appliquent pas à l'aide prévue au 4° de l'article R. 5141-1. »

SOUS-SECTION 2 **Retrait des aides**

Art. R. 5141-4 S'il est établi que l'aide a été obtenue à la suite de fausses déclarations ou si la condition de contrôle effectif de la société créée ou reprise cesse d'être remplie dans les deux ans suivant la création ou la reprise, et sous réserve de l'article R. 5141-6 :
1° Le bénéfice des exonérations de cotisations sociales mentionnées au 1° de l'article R. 5141-1 est retiré par décision de l'Union de recouvrement des cotisations de sécurité sociale et d'allocations familiales (URSSAF) ;
2° Le bénéfice de l'avance remboursable mentionnée au 2° de l'article précité est retiré par décision de l'organisme habilité ou du préfet, qui en informe l'URSSAF. — [Anc. art. R. 351-48, al. 1er à 3.]

Art. R. 5141-5 Dans le cas prévu à l'article R. 5141-4, le bénéficiaire acquitte auprès des organismes de sécurité sociale concernés les cotisations dont il a été exonéré, en application des articles L. 161-1-1 et L. 161-24 du code de la sécurité sociale, et rembourse le montant de l'aide financière déjà perçue. — [Anc. art. R. 351-48, al. 4.]

Art. R. 5141-6 Par dérogation aux articles R. 5141-4 et R. 5141-5, lorsque la perte du contrôle effectif résulte de la cessation de l'activité créée ou reprise, ou de la cession de l'entreprise dans le cadre d'une procédure de sauvegarde, de redressement ou de liquidation judiciaire, le remboursement de l'aide financière ainsi que le versement des cotisations sociales dont le bénéficiaire a été exonéré peuvent ne pas être exigés, sur décision motivée du préfet. — [Anc. art. R. 351-48, al. 5.]

SECTION 2 **Exonérations de charges sociales**

Art. R. 5141-7 Peuvent être admis au bénéfice des exonérations de cotisations et des droits à prestation prévus aux articles L. 161-1-1 et L. 161-24 du code de la sécurité sociale :
1° Les personnes privées d'emploi percevant l'allocation d'assurance chômage mentionnée à l'article L. 5422-1 (Abrogé par Décr. n° 2017-826 du 5 mai 2017, art. 3, à compter du 1er sept. 2017) « , l'allocation temporaire d'attente prévue à l'article L. 5423-8 » et l'allocation de solidarité spécifique de l'article L. 5423-1 ;
2° Les personnes remplissant les conditions pour percevoir l'allocation d'assurance ou l'allocation prévue en cas de convention de reclassement prévue à l'article L. 1233-65 ;
3° Les bénéficiaires de l'allocation de revenu (Décr. n° 2015-1709 du 21 déc. 2015, art. 3) « de solidarité active » ou leur conjoint ou concubin ainsi que les bénéficiaires de l'allocation prévue à l'article L. 524-1 du code de la sécurité sociale ;
4° Les demandeurs d'emploi non indemnisés inscrits depuis plus de six mois au cours des dix-huit derniers mois et n'appartenant pas aux catégories mentionnées aux 2° et 3° ;
5° Les personnes mentionnées aux 4° à 9° de l'article L. 5141-1 ;
6° Les personnes mentionnées au premier alinéa de l'article L. 5141-2. — [Anc. art. R. 351-42.]

Pour l'application de cet art. à Mayotte, V. art. R. 5522-83.

Art. R. 5141-8 (Abrogé par Décr. n° 2021-300 du 18 mars 2021, art. 15, à compter du 1er avr. 2021) *La demande d'attribution d'exonérations de cotisations sociales mentionnées au 1° de l'article R. 5141-1 est adressée au centre de formalités des entreprises.*
Elle peut être introduite dès le dépôt de la déclaration de création ou de reprise d'entreprise. Elle est introduite au plus tard le quarante-cinquième jour qui suit ce dépôt.

Le centre de formalités des entreprises a pour seule mission de recevoir la demande d'exonération de cotisations sociales, d'assurer la constitution du dossier et de le transmettre pour décision à l'URSSAF une fois celui-ci complet ; il n'a pas qualité pour décider au lieu et place de l'URSSAF du rejet d'un dossier pour forclusion de la demande. ● Civ. 2ᵉ, 10 nov. 2011 : ⚖ *RJS 2012. 63, nº 71.*

Art. R. 5141-9 Par dérogation à l'article R. 5141-8, les personnes qui se sont vu octroyer l'avance remboursable mentionnée au 2° de l'article R. 5141-1 sont dispensées de présenter la demande d'attribution d'exonérations de cotisations sociales. – *[Anc. art. R. 351-44, al. 1ᵉʳ, phrase 4.]*

Art. R. 5141-10 Un arrêté du ministre chargé de l'emploi définit la composition du dossier de demande d'attribution d'exonérations de cotisations sociales. – *[Anc. art. R. 351-44, al. 2.]*

Art. R. 5141-11 *(Abrogé par Décr. nº 2021-300 du 18 mars 2021, art. 15, à compter du 1ᵉʳ avr. 2021)* Lorsque le dossier de demande d'attribution d'exonérations de cotisations sociales est complet, le centre de formalités des entreprises délivre au demandeur un récépissé indiquant que la demande a été enregistrée. Il informe les organismes sociaux concernés de l'enregistrement de cette demande et transmet, dans les vingt-quatre heures, le dossier de demande et une copie du récépissé *(Décr. nº 2017-864 du 9 mai 2017, art. 5)* « aux organismes mentionnés aux articles L. 213-1 et L. 752-4 du code de la sécurité sociale *(Abrogé par Décr. nº 2019-718 du 5 juill. 2019, art. 2)* « s'il relève du régime général ou aux organismes mentionnés à l'article L. 133-1-2 du même code s'il relève du régime social des indépendants » qui, au nom de l'État, statuent » sur la demande dans un délai d'un mois à compter de la date du récépissé.

Art. R. 5141-12 Lorsque les conditions d'octroi sont remplies, *(Décr. nº 2017-864 du 9 mai 2017, art. 5)* « les organismes mentionnés aux articles L. 213-1 et L. 752-4 du code de la sécurité sociale délivrent » à l'intéressé une attestation d'admission au bénéfice de l'exonération mentionnée à l'article L. 161-1-1 du code de la sécurité sociale.

Lorsque ces conditions ne sont pas réunies, *(Décr. nº 2017-864 du 9 mai 2017, art. 5)* « ils notifient » au demandeur la décision de rejet de sa demande et en informe les organismes sociaux concernés.

Le silence gardé par *(Décr. nº 2017-864 du 9 mai 2017, art. 5)* « les organismes mentionnés à l'article R. 5141-11 » pendant plus d'un mois à compter de la date du récépissé vaut décision d'acceptation. – *[Anc. art. L. 351-24-1, al. 1ᵉʳ, et anc. art. R. 351-44, al. 4.]*

SECTION 3 Avance remboursable

SOUS-SECTION 1 Nature et conditions d'octroi

Art. R. 5141-13 L'avance remboursable est un prêt sans intérêt financé par l'État et attribué, après expertise du projet de création ou de reprise d'entreprise, à une ou à plusieurs personnes physiques qui s'engagent à intégrer son montant au capital de la société créée ou reprise ou à l'utiliser pour le fonctionnement de l'entreprise individuelle créée ou reprise. – *[Anc. art. R. 351-44-2, al. 1ᵉʳ.]*

Art. R. 5141-14 Pour bénéficier de l'avance remboursable mentionnée au 2° de l'article R. 5141-1, le demandeur doit présenter un projet de création ou de reprise réel, consistant et viable au regard de l'environnement économique local, des moyens mobilisés et de ses compétences. – *[Anc. art. R. 351-44-1-I, al. 1ᵉʳ.]*

Art. R. 5141-15 La demande est préalable à la création ou reprise d'entreprise ou à l'exercice de la nouvelle activité. Elle est accompagnée d'un dossier justifiant que le demandeur remplit les conditions d'attribution de cette avance.

Un arrêté du ministre chargé de l'emploi définit la composition de ce dossier. – *[Anc. art. R. 351-44-1-I, al. 2.]*

Art. R. 5141-16 Lorsqu'il n'y a pas dans le département d'organisme mandaté, en application de l'article L. 5141-6, la demande tendant à l'octroi de l'avance remboursable est adressée au préfet.

Le préfet délivre au demandeur un accusé de réception et statue sur la demande dans un délai de deux mois à compter de la date de sa réception. Sa décision est notifiée au demandeur.

En cas de non-réponse dans le délai de deux mois, la demande est réputée rejetée. — *[Anc. art. R. 351-44-1-V.]*

Art. R. 5141-17 La décision d'attribution de l'avance remboursable emporte attribution simultanée des aides prévues aux 1° et 3° de l'article R. 5141-1. — *[Anc. art. R. 351-44-2, al. 2.]*

Art. R. 5141-18 L'attribution de l'avance remboursable est subordonnée à l'obtention d'un financement complémentaire. — *[Anc. art. R. 351-44-2, al. 3.]*

Art. R. 5141-19 Le montant de l'avance remboursable varie en fonction des caractéristiques financières du projet et du nombre de personnes physiques bénéficiaires de l'aide au titre de ce projet. — *[Anc. art. R. 351-44-2, al. 4.]*

Art. R. 5141-20 Le montant maximum de l'aide attribuée à un projet, selon que celui-ci est individuel, collectif ou concerne les salariés repreneurs de leur entreprise en difficulté prévus au 6° de l'article L. 5141-1, ainsi que les caractéristiques du financement complémentaire mentionné à l'article R. 5141-18, sont déterminés par arrêté conjoint des ministres chargés de l'emploi, de l'économie et du budget. — *[Anc. art. R. 351-44-2, al. 6.]*

Art. R. 5141-21 L'avance est remboursable dans le délai maximum de cinq ans.

Le premier remboursement intervient, au plus tard, douze mois après son versement. — *[Anc. art. R. 351-44-2, al. 5.]*

SOUS-SECTION 2 **Organismes habilités pour accorder et gérer l'avance**

Art. R. 5141-22 Le préfet peut mandater des organismes, dont il fixe la liste par arrêté, afin d'accorder et gérer l'avance remboursable mentionnée au 2° de l'article R. 5141-1.

Lorsque la demande du créateur vise les avantages prévus aux 2°, 3° et 4° de l'article R. 5141-1, le mandataire se prononce sur l'octroi de chacun d'entre eux par une décision distincte. — *[Anc. art. R. 351-44-1, II, al. 1er.]*

Art. R. 5141-23 Lorsque l'avance remboursable est relative aux projets présentés par plus de dix demandeurs ou donnant lieu à une demande d'avance remboursable d'un montant supérieur à un seuil fixé par arrêté conjoint des ministres chargés de l'emploi, de l'économie et du budget, la décision d'attribution et la gestion de celle-ci peuvent être confiées, sous forme d'un mandat de gestion, à des organismes dont la liste est fixée par arrêté du ministre chargé de l'emploi. — *[Anc. art. R. 351-44-1, II, al. 2.]*

Art. R. 5141-24 Dans les cas prévus aux articles R. 5141-22 et R. 5141-23, le dossier de demande d'avance remboursable est adressé à l'organisme habilité qui délivre au demandeur une attestation de dépôt et statue sur la demande dans un délai de deux mois à compter de la date du dépôt.

Il notifie sa décision au demandeur et en informe simultanément le préfet et l'URSSAF.

En cas de non-réponse dans le délai de deux mois, la demande est réputée rejetée. — *[Anc. art. R. 351-44-1, II, al. 3.]*

Art. R. 5141-25 Seuls peuvent être titulaires d'une habilitation les organismes ayant pour objet exclusif de participer, par le versement d'aides financières, à la création ou à la reprise d'entreprise et ceux définis par les articles L. 511-1 et suivants du code monétaire et financier.

Ces organismes sont contrôlés par un commissaire aux comptes, tel que défini par *(Décr. n° 2023-1394 du 30 déc. 2023, art. 19-IX)* « les articles L. 821-13 et suivants » du code de commerce.

Pour être habilités, les organismes justifient des caractéristiques suivantes :

1° Leur capacité et leur savoir-faire en matière d'accueil et de conseil des créateurs ou repreneurs d'entreprise ;

2° Une compétence reconnue en matière financière ;
3° Une expérience en matière de mobilisation de financements complémentaires ;
4° Des moyens techniques adaptés à l'exercice de ce mandat.

Art. R. 5141-26 Le préfet ou le ministre chargé de l'emploi peut procéder à tout contrôle, sur pièces et sur place, de l'utilisation des fonds gérés par un organisme habilité par l'État. — *[Anc. art. R. 351-44-1, IV, al. 1ᵉʳ.]*

Art. R. 5141-27 L'organisme habilité communique au préfet ou au ministre chargé de l'emploi, un rapport d'activité semestriel comprenant notamment la liste des projets aidés, les conditions de leur réalisation, le montant des aides financières accordées, ainsi que le montant et la nature des financements complémentaires mobilisés.

L'organisme habilité communique également au préfet un rapport annuel d'évaluation portant notamment sur la consolidation et le développement des projets aidés. — *[Anc. art. R. 351-44-1, IV, al. 2 et 3.]*

SECTION 4 Maintien d'allocations

Art. R. 5141-28 L'aide de l'État prévue à l'article L. 5141-3 est attribuée pour une durée d'un an à compter de la date de création ou de reprise d'une entreprise. — *[Anc. art. L. 351-24-2, al. 1ᵉʳ.]*

SECTION 5 Organisation et labellisation d'actions de conseil et d'accompagnement

(Décr. n° 2010-1642 du 23 déc. 2010)

SOUS-SECTION 1 Organisation du parcours d'accompagnement pour la création ou la reprise d'entreprise

Art. R. 5141-29 Les actions de conseil et d'accompagnement mentionnées au 4° de l'article R. 5141-1 sont réalisées par un opérateur avec lequel l'État passe à cet effet une convention.

Les actions sont réalisées dans le cadre d'un parcours comportant les trois phases suivantes :

1° Une phase d'aide au montage, d'une durée maximum de quatre mois pour un projet de création et de six mois pour un projet de reprise d'entreprise ;

2° Une phase d'aide à la structuration financière, d'une durée maximum de quatre mois pour un projet de création d'entreprise et de six mois pour un projet de reprise d'entreprise ;

3° Une phase d'accompagnement du démarrage et du développement de l'activité de l'entreprise d'une durée fixe de trente-six mois.

La convention peut porter sur tout ou partie des phases mentionnées aux 1° à 3°. Toutefois, un opérateur conventionné pour la phase d'aide à la structuration financière doit l'être également pour la phase d'accompagnement du démarrage et du développement de l'activité de l'entreprise.

Des expertises spécialisées répondant à un besoin particulier du projet peuvent également être réalisées au cours des phases mentionnées aux 1° et 3°, dans des conditions définies par la convention.

Art. R. 5141-30 Les personnes mentionnées à l'article L. 5141-5 peuvent solliciter auprès des opérateurs conventionnés de leur choix le bénéfice des actions de conseil et d'accompagnement prévues à l'article R. 5141-29. Elles peuvent demander à entrer dans le parcours à n'importe laquelle des phases prévues par cet article. Elles peuvent s'adresser pour chaque phase à un opérateur différent de celui qui les a accompagnées au cours de la phase précédente.

La demande est adressée à l'opérateur conventionné par tout moyen permettant d'établir avec certitude la date de sa réception. L'opérateur délivre à la personne un accusé de réception comportant les mentions prévues par le décret du 6 juin 2001 susvisé.

L'opérateur conventionné peut refuser d'accompagner une personne :

1° Soit en raison de l'absence de difficultés particulières du demandeur dans l'accès, le maintien ou le retour à l'emploi ;

2° Soit en raison du manque de consistance ou de viabilité économique du projet de création ou de reprise d'entreprise ;

L'opérateur peut également refuser la demande lorsqu'il ne dispose pas de moyens d'accompagnement suffisants.

Art. R. 5141-31 En cas d'acceptation de la demande, l'opérateur conclut avec la personne, par délégation de l'État, un contrat d'accompagnement indiquant, parmi les trois phases définies à l'article R. 5141-29, la phase par laquelle commence l'accompagnement. Les phases d'aide au montage et d'aide à la structuration financière peuvent être réalisées concomitamment ou successivement.

Le contrat d'accompagnement définit les engagements réciproques de l'opérateur et de la personne accompagnée.

L'opérateur peut résilier le contrat d'accompagnement lorsque la personne ne respecte pas, sans motif légitime, les engagements qui y sont stipulés. L'opérateur qui envisage de résilier le contrat le notifie à la personne, par tout moyen permettant d'attester la réception de la notification. La notification informe la personne de la possibilité de présenter ses observations par écrit ou dans le cadre d'un entretien, au cours duquel elle peut se faire assister d'une personne de son choix.

La décision de résiliation est notifiée à la personne par tout moyen permettant d'établir avec certitude la date de sa réception. La décision est motivée et comporte la mention des voies et délais de recours.

Art. R. 5141-32 Les décisions de refus d'accompagnement et de résiliation du contrat d'accompagnement peuvent faire l'objet d'un recours hiérarchique devant le préfet de région.

Art. R. 5141-33 Un arrêté du ministre chargé de l'emploi fixe la composition du dossier de demande et le modèle de contrat d'accompagnement.

SOUS-SECTION 2 **Modalités de délivrance d'un label**

Art. R. 5141-34 Il est créé un label attestant de la capacité d'une personne physique ou morale à assurer une ou plusieurs des phases de conseil et d'accompagnement des créateurs et repreneurs d'entreprise mentionnées à l'article R. 5141-29.

La décision d'accorder le label, pour une ou pour l'ensemble des phases mentionnées à l'article R. 5141-29, est prise par le préfet de région.

Les conditions d'octroi du label, sa durée de validité ainsi que les conditions de renouvellement et de prorogation sont définies par un arrêté du ministre chargé de l'emploi.

CHAPITRE II **CONTRAT D'APPUI AU PROJET D'ENTREPRISE**

Art. R. 5142-1 Dès la conclusion du contrat d'appui au projet d'entreprise prévu à l'article L. 5142-1, la personne morale responsable de l'appui informe d'une part l'Union de recouvrement des cotisations de sécurité sociale et d'allocations familiales (URSSAF) *(Décr. n° 2008-1010 du 29 sept. 2008)* « ou la Caisse générale de sécurité sociale (CGSS), d'autre part *(Décr. n° 2014-524 du 22 mai 2014, art. 16-II)* « Pôle emploi » *[France Travail depuis le 1er janv. 2024]* de la conclusion du contrat d'appui et du terme prévu.

Elle les informe de ses renouvellements ou de sa rupture anticipée. — *[Anc. art. R. 783-1, al. 1er.]*

Art. R. 5142-2 Lorsque le bénéficiaire procède à l'immatriculation de son entreprise et qu'il effectue la déclaration prévue à *(Décr. n° 2021-300 du 18 mars 2021, art. 40, en vigueur le 1er janv. 2023)* « l'article R. 123-16 du code de commerce, l'organisme unique mentionné à l'article R. 123-1 du même code » transmet aux organismes auxquels le bénéficiaire du contrat est tenu, le cas échéant, de s'affilier, à l'issue de ce contrat, une copie de celui-ci portant mention de son terme prévu.

La personne responsable de l'appui informe ces organismes des renouvellements ou de la rupture anticipée de celui-ci.

Art. R. 5142-3 Sont considérés comme rémunération, au sens de l'article L. 242-1 du code de la sécurité sociale, et par dérogation aux dispositions du sixième alinéa de l'article R. 242-1 de ce code, les revenus correspondant aux recettes hors taxe dégagées par l'activité du bénéficiaire du contrat d'appui et à la rémunération prévue au 7° de l'article 1er du décret n° 2005-505 du 19 mai 2005 relatif au contrat d'appui au projet d'entreprise pour la création ou la reprise d'une activité économique, déduction faite des frais liés à l'exercice de l'activité du bénéficiaire et des frais mentionnés au deuxième alinéa de l'article L. 127-3 du code de commerce. – [Anc. art. R. 783-2, al. 1er.]

Pour l'application de cet art. à Mayotte, V. art. R. 5522-84.

Art. R. 5142-4 Le recouvrement des cotisations et contributions de sécurité sociale s'effectue dans les conditions prévues au titre III et aux chapitres III et IV du titre IV du livre II du code de la sécurité sociale.

Par dérogation à l'article R. 243-6 du code de la sécurité sociale, les cotisations et les contributions de sécurité sociale dues à raison des rémunérations payées au cours d'un trimestre civil sont versées dans les quinze premiers jours du trimestre civil suivant à l'organisme chargé du recouvrement dans la circonscription de laquelle se trouve la personne morale responsable de l'appui. – [Anc. art. R. 783-2, al. 2 et 3.]

Art. R. 5142-5 Pour le calcul de l'allocation d'assurance et la détermination des contributions prévues aux articles L. 5422-9 à L. 5422-11, la rémunération est calculée selon les modalités fixées à l'article R. 5142-3. – [Anc. art. R. 783-3.]

Art. R. 5142-6 A compter du début d'activité économique, au sens de l'article L. 127-4 du code de commerce, et jusqu'à la fin du contrat d'appui, l'exonération prévue au 7° de l'article L. 5141-1 porte sur les cotisations de sécurité sociale calculées selon les modalités fixées par l'article R. 5142-3 et versées par la personne morale responsable de l'appui pour le compte du bénéficiaire du contrat. – [Anc. art. R. 322-10-5.]

TITRE V COMPTE PERSONNEL D'ACTIVITÉ

(Décr. n° 2016-1950 du 28 déc. 2016, en vigueur le 1er janv. 2017)

Ce titre est applicable à Mayotte à compter du 1er janv. 2019 (Décr. n° 2018-953 du 31 oct. 2018, art. 58-I).

CHAPITRE UNIQUE

SECTION 1 Dispositions générales

Les art. R. 5151-1 à R. 5151-10 sont applicables aux agents publics, y compris les agents relevant du statut prévu par la L. n° 52-1311 du 10 déc. 1952 (V. Décr. n° 2017-1877 du 29 déc. 2017, JO 31 déc.).

Art. R. 5151-1 Le compte personnel d'activité est mis en œuvre au moyen du traitement automatisé défini par la présente section.

Les dispositions de la présente section s'appliquent sans préjudice des dispositions régissant les systèmes d'information mis en œuvre pour le compte personnel de formation, le compte (Décr. n° 2017-1768 du 27 déc. 2017, art. 2) « professionnel de prévention » et le compte d'engagement citoyen.

Art. R. 5151-2 Conformément aux dispositions de l'article L. 5151-6, est autorisée la création, par le ministre chargé de l'emploi, d'un traitement automatisé de données à caractère personnel dénommé "Système d'information du compte personnel d'activité" (SI-CPA).

Ce traitement automatisé est mis en œuvre et géré par la Caisse des dépôts et consignations.

Art. R. 5151-3 Le système d'information du compte personnel d'activité a pour finalités de permettre :

1° La consultation par le titulaire du compte et l'utilisation, dans le compte personnel d'activité, des droits inscrits ou mentionnés sur le compte personnel de formation, le compte (Décr. n° 2017-1768 du 27 déc. 2017, art. 2) « professionnel de prévention » ou le compte d'engagement citoyen, dans le cadre du service en ligne mentionné au I de l'article L. 5151-6 ;

2° L'accès des titulaires du compte à un service de consultation de leurs bulletins de paie, lorsqu'ils ont été transmis par l'employeur sous forme électronique dans les conditions prévues par l'article L. 3243-2 au moyen de la plateforme de services en ligne mentionnée au II de l'article L. 5151-6 ;

3° L'accès des titulaires du compte à des services utiles à la sécurisation des parcours professionnels et à la mobilité géographique et professionnelle, au moyen de la même plateforme ainsi que l'accompagnement des titulaires dans l'utilisation de ces services ;

4° Le partage entre titulaires de compte de tout ou partie des données de leur espace personnel dans les conditions prévues au II de l'article R. 5151-6 afin de favoriser les échanges sur des questions liées à la sécurisation des parcours professionnels et à la mobilité géographique et professionnelle ;

5° L'analyse de l'utilisation et l'évaluation de la mise en œuvre du compte personnel d'activité, notamment par le biais de la statistique.

Art. R. 5151-4 Dans la mesure où leur exploitation est nécessaire à la poursuite des finalités définies à l'article R. 5151-3, les catégories de données à caractère personnel pouvant être enregistrées dans le traitement automatisé sont les suivantes :

1° Des données issues du système d'information du compte personnel de formation, y compris celles relevant du compte d'engagement citoyen ;

2° Des données issues du système d'information du compte *(Décr. n° 2017-1768 du 27 déc. 2017, art. 2)* « professionnel de prévention » ;

3° Des données à caractère personnel librement renseignées par le titulaire du compte et des données issues de l'utilisation par celui-ci des services en ligne mentionnés au I et aux 2° et 3° du II de l'article L. 5151-6 relatives aux éléments suivants :

a) Les données relatives au parcours professionnel du titulaire du compte : activités professionnelles exercées ou ayant été exercées, activités d'engagement citoyen exercées ou ayant été exercées, études et formations initiales et continues suivies, diplômes et certifications obtenus, qualifications détenues et exercées ;

b) Les données relatives aux compétences professionnelles du titulaire du compte : aptitudes et compétences, permis de conduire, langues étrangères ;

c) Les données issues de l'utilisation des services en ligne susmentionnés ;

d) Les données relatives au projet professionnel du titulaire du compte : métiers envisagés ou recherchés, formations envisagées ou recherchées, région de résidence actuelle ou recherchée, région du lieu de travail actuel et du lieu de travail recherché ;

e) Les données issues du profil professionnel du titulaire du compte : dénomination de la branche professionnelle d'origine, code APE de l'employeur ;

f) Les données relatives aux coordonnées du titulaire de compte : adresse électronique.

Art. R. 5151-5 Le titulaire du compte personnel d'activité accède directement aux données à caractère personnel le concernant.

Dans la mesure nécessaire à l'exercice de leurs missions, les personnels de la Caisse des dépôts et consignations assurant la gestion du traitement accèdent directement à tout ou partie des données à caractère personnel du système d'information du compte personnel d'activité, pour la gestion des services en ligne mentionnés au I et au 2° et au 3° du II de l'article L. 5151-6.

Les agents des organismes de conseil en évolution professionnelle mentionnés à l'article L. 6111-6 sont habilités, lorsque le titulaire y consent, à accéder aux données mentionnées au *c* du 3° de l'article R. 5151-4 se rapportant à ses profils, parcours, compétences et projets professionnels dans les limites strictement nécessaires à l'exercice de leurs missions.

Art. R. 5151-6 I. — Sont destinataires de tout ou partie des données à caractère personnel incluses dans le traitement automatisé, dans les limites strictement nécessaires à l'exercice de leurs missions :

1° Les agents de la direction de l'animation de la recherche, des études et des statistiques du ministère chargé de l'emploi, et des organismes qu'elle mandate au moyen de conventions de recherche, pour leur exploitation à des fins statistiques destinées à la recherche ou à l'évaluation du " Système d'information du compte personnel d'activité " (SI-CPA) ;

2° Les agents de la délégation générale à l'emploi et à la formation professionnelle ;

3° Les agents de la direction générale du travail ;
4° Les agents de la direction de la sécurité sociale ;
5° Les agents de la direction de la jeunesse, de l'éducation populaire et de la vie associative.

II. — Dans le cadre de la finalité mentionnée au 4° de l'article R. 5151-3, le titulaire du compte peut décider de rendre accessibles aux autres titulaires de compte tout ou partie des données issues de son espace personnel dans des conditions garantissant qu'ils ne font pas l'objet d'une indexation par des moteurs de recherche. Il peut, à tout moment, revenir sur cette décision.

Art. R. 5151-7 I. — Une information conforme aux dispositions de l'article 32 de la loi n° 78-17 du 6 janvier 1978 relative à l'informatique, aux fichiers et aux libertés figure sur le service en ligne mentionné au I de l'article L. 5151-6.

II. — Le droit d'opposition prévu à l'article 38 de la même loi ne s'applique pas au système d'information du compte personnel d'activité.

III. — Le droit d'accès et de rectification prévu aux articles 39 et 40 de la même loi s'exerce auprès de la Caisse des dépôts et consignations.

Art. R. 5151-8 Les données à caractère personnel et les informations enregistrées dans le système d'information du compte personnel d'activité sont conservées pendant toute la durée d'ouverture du compte et pendant une durée de trois ans à compter de la date du décès du titulaire du compte. En cas de contentieux, ce délai est prorogé jusqu'à l'intervention d'une décision juridictionnelle définitive.

Art. R. 5151-9 Toute opération relative au système d'information du compte personnel d'activité fait l'objet d'un enregistrement comprenant l'identification de l'utilisateur, la date, l'heure et la nature de l'intervention dans ce traitement. Ces informations sont conservées pendant une durée d'un an.

Art. R. 5151-10 I. — Les personnes morales de droit public et les personnes morales de droit privé chargées d'une mission de service public qui développent et mettent à disposition les services en ligne mentionnés au 3° du II de l'article L. 5151-6 sont autorisées à créer les traitements de données à caractère personnel nécessaires dans les conditions définies au présent article.

La personne morale qui développe et met à disposition le service en ligne est responsable du traitement de données à caractère personnel correspondant.

Le traitement de données à caractère personnel doit avoir reçu le consentement du titulaire du compte personnel d'activité.

Conformément au IV de l'article 26 de la loi du 6 janvier 1978 précitée, la mise en œuvre de chaque traitement est subordonnée à l'envoi préalable à la Commission nationale de l'informatique et des libertés, d'un engagement de conformité aux dispositions du présent article. Cet engagement est accompagné d'un dossier technique sommaire décrivant le traitement mis en œuvre et les mesures prises pour en assurer la sécurité.

II. — Dans la mesure où elles sont strictement nécessaires à la fourniture du service en ligne, peuvent être collectées, traitées et conservées les données mentionnées à l'article R. 5151-4, à l'exception des données suivantes :

1° Les (*Décr. n° 2017-1768 du 27 déc. 2017, art. 2*) « données relatives à l'exposition aux facteurs de risques professionnels » mentionnées aux 3° à 6° du I de l'article 2 du décret du 11 août 2016 autorisant la création d'un traitement de données à caractère personnel dénommé "compte (*Décr. n° 2017-1813 du 29 déc. 2017*) « professionnel de prévention »" ;

2° Les données relatives aux activités bénévoles ou de volontariat enregistrées en application de l'article L. 5151-8, lorsqu'elles relèvent des données énumérées par l'article 8 de la loi du 6 janvier 1978 précitée.

III. — Un arrêté du ministre chargé de l'emploi, pris après avis motivé et publié de la Commission nationale de l'informatique et des libertés, précise les conditions techniques d'accès aux données.

IV. — Peuvent être destinataires des données mentionnées au II, à condition d'avoir été spécifiquement habilités à cette fin, les employés et agents des organismes mentionnés au I de même nature que ceux mentionnés aux articles R. 5151-5 et R. 5151-6.

V. – Chaque responsable de traitement conserve les données mentionnées au II pour la durée des opérations requises par la fourniture du service en ligne. Cette durée ne peut excéder un mois après l'achèvement des opérations.

VI. – Chaque responsable du traitement procède, conformément aux dispositions du I de l'article 32 de la loi du 6 janvier 1978 précitée, à l'information des personnes dans le cadre du service en ligne. Cette information mentionne notamment l'identité du responsable de traitement, la finalité poursuivie par le traitement, les destinataires des données et les modalités d'exercice des droits des personnes.

Les droits d'opposition, d'accès et de rectification s'exercent, conformément aux articles 38 à 40 de la même loi, auprès des services désignés par le responsable de traitement dans l'engagement de conformité mentionné au I.

SECTION 1 BIS Compte personnel d'activité des travailleurs indépendants, des membres des professions libérales et des professions non salariées, de leurs conjoints collaborateurs et des artistes auteurs

(Décr. n° 2016-1999 du 30 déc. 2016, en vigueur le 1er janv. 2018)

Art. D. 5151-10-1 Conformément à l'article L. 5151-2 du code du travail, un compte personnel d'activité est ouvert pour toute personne assujettie à la contribution prévue aux articles L. 6331-48, L. 6331-53 et L. 6331-65 et à l'article L. 718-2-1 du code rural et de la pêche maritime. Il est constitué :

1° Du compte personnel de formation, dans les conditions définies par les articles L. 6323-25 à L. 6323-31 et les dispositions prises pour leur application ;

2° Du compte d'engagement citoyen, dans les conditions définies par les articles L. 5151-7 à L. 5151-11 et les dispositions prises pour leur application.

SECTION 2 Compte d'engagement citoyen

(Décr. n° 2016-1970 du 28 déc. 2016, en vigueur le 1er janv. 2017)

SOUS-SECTION 1 Dispositions générales

Art. D. 5151-11 *(Décr. n° 2018-1349 du 28 déc. 2018, art. 2 et 3, en vigueur le 1er janv. 2019)* Les droits acquis au titre de l'engagement citoyen sont mobilisés après utilisation des droits inscrits sur le compte personnel de formation, sous réserve des dispositions prévues au 5° du II de l'article L. 6323-6.

Art. D. 5151-12 *(Décr. n° 2018-1349 du 28 déc. 2018, art. 2, en vigueur le 1er janv. 2019)* L'action financée en tout ou partie par les droits acquis au titre de l'engagement citoyen est prise en charge dans les conditions définies par le chapitre III du titre II du livre III de la sixième partie du présent code.

Lorsque le titulaire du compte d'engagement citoyen ne relève pas de l'une des situations mentionnées aux 1° à 3° de l'article L. 5151-2, un organisme désigné par arrêté du ministre chargé de la formation professionnelle assure cette prise en charge.

Art. D. 5151-13 *(Décr. n° 2018-1349 du 28 déc. 2018, art. 2 et 5)* Lorsque, en application de l'article L. 5151-11, plusieurs personnes morales financent les droits mobilisés au titre de l'engagement citoyen, elles versent leur financement à l'organisme qui assure la prise en charge par ordre d'antériorité de la date de déclaration des activités ayant ouvert ces droits à la Caisse des dépôts et consignations.

La Caisse des dépôts et consignations transmet, selon une périodicité définie par arrêté des ministres chargés de la formation professionnelle, de la vie associative, des collectivités territoriales de la santé, de la sécurité civile, *(Décr. n° 2017-1058 du 10 mai 2017, en vigueur le 1er janv. 2017)* « de la police nationale, des affaires étrangères, de l'éducation nationale, » de la défense et du budget, les informations nécessaires aux personnes morales mentionnées à l'article L. 5151-11.

Les dispositions issues du Décr. n° 2017-1023 du 10 mai 2017 sont applicables aux activités réalisées à compter du 1er janv. 2017. Par dérogation, elles sont applicables aux activités réalisées à compter du 1er janv. 2018 pour les activités de réserve civique, de réserve citoyenne de la police nationale et de réserve citoyenne de l'éducation nationale (Décr. préc., art. 5).

Le plafond horaire du remboursement par les personnes morales mentionnées à l'art. L. 5151-11 à l'organisme ayant assuré la prise en charge de l'action financée en tout ou partie par les heures acquises au titre de l'engagement citoyen est fixé à 12 €, à l'exception des formations visées au 4° du III de l'art. L. 6323-6 pour lesquelles le plafond est fixé à 7 € (Arr. du 1ᵉʳ sept. 2017, JO 7 sept.).

SOUS-SECTION 2 Acquisition des droits

Art. D. 5151-14 I. — La durée minimale nécessaire à l'acquisition de *(Décr. n° 2018-1349 du 28 déc. 2018, art. 6, en vigueur le 1ᵉʳ janv. 2019)* « 240 euros » sur le compte personnel de formation correspond à :

1° Pour le service civique, une durée de six mois continus ;

2° Pour la réserve militaire opérationnelle, une durée d'activités accomplies de quatre-vingt-dix jours ;

(Décr. n° 2017-1058 du 10 mai 2017, en vigueur le 1ᵉʳ janv. 2017) « 3° Pour la réserve citoyenne de défense et de sécurité, une durée continue de cinq ans d'engagement ; »

4° Pour la réserve communale de sécurité civile, une durée d'engagement de cinq ans ;

5° Pour la réserve sanitaire, une durée *(Décr. n° 2017-1058 du 10 mai 2017, en vigueur le 1ᵉʳ janv. 2017)* « d'emploi de trente jours » ;

6° Pour l'activité de maître d'apprentissage, une durée de six mois, quel que soit le nombre d'apprentis accompagnés ;

7° Pour les activités de bénévolat associatif, une durée de 200 heures, réalisées dans une ou plusieurs associations, dont au moins 100 heures dans une même association ;

(Décr. n° 2017-1058 du 10 mai 2017, en vigueur le 1ᵉʳ janv. 2017) « 8° Pour la réserve citoyenne de l'éducation nationale, une durée d'engagement continue d'un an ayant donné lieu à au moins vingt-cinq interventions ; »

(Décr. n° 2017-828 du 5 mai 2017, art. 1ᵉʳ, en vigueur le 1ᵉʳ janv. 2017) « 9° Pour l'activité de sapeur-pompier volontaire, la signature de l'engagement de cinq ans ; »

(Décr. n° 2017-1058 du 10 mai 2017, en vigueur le 1ᵉʳ janv. 2017) « 10° Pour les réservistes de la réserve civile de la police nationale mentionnés aux 2° et 3° de l'article L. 411-7 du code de la sécurité intérieure, une durée continue de trois ans d'engagement ayant donné lieu à la réalisation de soixante-quinze vacations par an ;

« 11° Pour la réserve citoyenne de la police nationale, une durée continue de trois ans d'engagement ayant donné lieu à la réalisation de trois cent cinquante heures par an ; »

(Décr. n° 2023-1393 du 29 déc. 2023, art. 6) « 12° Pour la réserve citoyenne de réinsertion, une durée d'activité annuelle de quatre-vingt heures ;

« 13° Pour la réserve civique et ses réserves thématiques à l'exception de celles mentionnées aux 3°, 4°, 8°, 11° et 12°, une durée d'activité annuelle d'au moins deux cents heures, réalisées dans un ou plusieurs organismes d'accueil, dont au moins cent heures dans le même organisme. »

II. — Pour les activités mentionnées aux *(Décr. n° 2021-1842 du 27 déc. 2021, art. 1ᵉʳ)* « 2°, 5°, 7° » *(Décr. n° 2023-1393 du 29 déc. 2023, art. 6)* « , 12° et au 13° du I », la durée est appréciée sur l'année civile écoulée. La déclaration à la Caisse des dépôts et consignations intervient à l'issue de cette année civile.

Pour les activités mentionnées aux *(Décr. n° 2021-1842 du 27 déc. 2021, art. 1ᵉʳ)* « 1°, 6° et au 8° du I », la durée est appréciée sur l'année civile écoulée et sur l'année précédente. La déclaration à la Caisse des dépôts et consignations intervient à l'issue de l'année civile écoulée.

Pour les activités mentionnées *(Décr. n° 2017-1058 du 10 mai 2017, en vigueur le 1ᵉʳ janv. 2017)* « au 4° » du I, la durée est appréciée au vu du contrat d'engagement signé par le réserviste. La déclaration à la Caisse des dépôts et consignations intervient à l'issue de l'année civile au cours de laquelle le contrat d'engagement a été signé.

(Décr. n° 2017-828 du 5 mai 2017, art. 1ᵉʳ, en vigueur le 1ᵉʳ janv. 2017) « Pour l'activité mentionnée au 9°, la durée est appréciée au vu de la signature de l'engagement du sapeur-pompier volontaire. La déclaration à la Caisse des dépôts et consignations intervient à l'issue de l'année civile au cours de laquelle l'arrêté de nomination a été notifié au sapeur-pompier volontaire. »

(Décr. n° 2017-1058 du 10 mai 2017, en vigueur le 1ᵉʳ janv. 2017) « Pour les activités mentionnées au 3° du I, la durée est appréciée au terme d'une durée continue de cinq

EMPLOI   **Art. R. 5151-16** 2747

ans d'engagement. La déclaration à la Caisse des dépôts et consignations intervient au début de l'année civile suivante.

« Pour les activités mentionnées au 10° et au 11° du I, la durée est appréciée au terme d'une durée continue de trois ans d'engagement ayant donné lieu respectivement à soixante-quinze vacations par an et à la réalisation de trois cent cinquante heures par an. La déclaration à la Caisse des dépôts et consignations intervient au début de l'année civile suivante. »

III. — (Décr. n° 2018-1349 du 28 déc. 2018, art. 6, en vigueur le 1er janv. 2019) « Le montant des droits acquis au titre du compte d'engagement citoyen ne peut excéder le plafond de 720 euros. »

Les dispositions issues du Décr. n° 2017-1058 du 10 mai 2017 sont applicables aux activités réalisées à compter du 1er janv. 2017. Par dérogation, elles sont applicables aux activités réalisées à compter du 1er janv. 2018 pour les activités de réserve civique, de réserve citoyenne de la police nationale et de réserve citoyenne de l'éducation nationale (Décr. préc., art. 5).

Les dispositions issues du Décr. n° 2021-1842 du 27 déc. 2021 sont applicables aux activités de réserviste civique réalisées à compter du 1er janv. 2021 (Décr. préc., art. 2).

Art. D. 5151-15 (Décr. n° 2021-1842 du 27 déc. 2021, art. 1er) Le titulaire du compte personnel d'activité souhaitant acquérir des droits inscrits sur son compte personnel de formation au titre des activités mentionnées au 3° de l'article L. 5151-9, à l'exception des réservistes civiques thématiques mentionnées aux 3°, 4°, 8° (Décr. n° 2023-1393 du 29 déc. 2023, art. 6) « , 11° et au 12° » de l'article D. 5151-14, déclare à la Caisse des dépôts et consignations, au plus tard le 30 juin de chaque année, le nombre d'heures qu'il a réalisées au cours de l'année civile précédente en tant que réserviste civique participant à l'encadrement d'autres réservistes civiques, ou en tant que réserviste civique siégeant dans l'organe d'administration ou de direction d'un organisme sans but lucratif de droit français.

L'exactitude des données figurant dans la déclaration mentionnée au premier alinéa est attestée, auprès de la Caisse des dépôts et consignations, par l'une des personnes chargées de l'administration ou de la direction de l'organisme au sein duquel le réserviste civique effectue sa mission, au plus tard le 31 décembre de l'année au cours de laquelle la déclaration a été effectuée.

Les activités faisant l'objet d'une déclaration ou d'une attestation au-delà des dates prévues en application des deux premiers alinéas ne sont pas prises en compte pour le calcul de la durée d'activité nécessaire à l'acquisition des droits inscrits sur le compte personnel *[de]* formation mentionné à l'article L. 5151-10.

La déclaration et sa transmission à l'une des personnes chargées de l'administration ou de la direction de l'organisme auprès duquel le réserviste civique réalise sa mission sont effectuées par l'usage du téléservice "Le compte Bénévole" mentionné à l'article R. 5151-19, l'attestation ainsi que la transmission des données à la Caisse des dépôts et consignations sont réalisées au moyen du téléservice "Le Compte Asso" mentionné au même article.

Ces dispositions sont applicables aux activités de réserviste civique réalisées à compter du 1er janv. 2021 (Décr. n° 2021-1842 du 27 déc. 2021, art. 2).

SOUS-SECTION 3 **Déclaration de l'engagement associatif bénévole**

(Décr. n° 2016-1826 du 21 déc. 2016, en vigueur le 1er janv. 2017)

Art. R. 5151-16 Le titulaire du compte personnel d'activité souhaitant acquérir des (Décr. n° 2018-1164 du 17 déc. 2018, art. 1er, en vigueur le 1er janv. 2019) « droits inscrits » sur son compte personnel de formation au titre des activités mentionnées au 6° de l'article L. 5151-9 déclare à la Caisse des dépôts et consignations, au plus tard le 30 juin de chaque année, le nombre d'heures qu'il a réalisées au cours de l'année civile précédente en tant que bénévole siégeant dans l'organe d'administration ou de direction de l'association ou participant à l'encadrement d'autres bénévoles.

Le titulaire du compte peut déclarer ses activités de bénévolat associatif réalisées au titre de l'année 2017 au plus tard le 28 févr. 2019. L'exactitude de ces données peut être attestée au plus tard le 19 mars 2019 (Décr. n° 2018-1164 du 17 déc. 2018, art. 4).

Art. R. 5151-17 L'exactitude des données figurant dans la déclaration mentionnée à l'article R. 5151-16 est attestée, auprès de la Caisse des dépôts et consignations, par l'une des personnes chargées de l'administration ou de la direction de l'association au plus tard le 31 décembre de l'année au cours de laquelle la déclaration a été effectuée.

V. ndlr ss. art. R. 5151-16.

Art. R. 5151-18 Les activités faisant l'objet d'une déclaration ou d'une attestation au-delà des dates prévues aux articles R. 5151-16 et R. 5151-17 ne sont pas prises en compte pour le calcul de la durée d'activité nécessaire à l'acquisition *(Décr. n° 2018-1164 du 17 déc. 2018, art. 2, en vigueur le 1ᵉʳ janv. 2019)* « des droits inscrits » sur le compte personnel formation mentionnée à l'article L. 5151-10.

Art. R. 5151-19 *(Décr. n° 2018-1164 du 17 déc. 2018, art. 3)* Un téléservice national dénommé : "Le Compte Bénévole", placé sous la responsabilité du ministère chargé de la vie associative, permet la déclaration prévue à l'article R. 5151-16 et sa transmission à l'une des personnes chargées de l'administration ou de la direction de l'association pour l'attestation de l'exactitude des données prévue à l'article R. 5151-17.

Un téléservice national dénommé : "Le Compte Asso", placé sous la responsabilité du ministère chargé de la vie associative permet cette attestation et la transmission des données prévues à l'alinéa précédent à la Caisse des dépôts et consignations.

LIVRE II DISPOSITIONS APPLICABLES À CERTAINES CATÉGORIES DE TRAVAILLEURS

TITRE I TRAVAILLEURS HANDICAPÉS

CHAPITRE I OBJET DES POLITIQUES EN FAVEUR DE L'EMPLOI DES PERSONNES HANDICAPÉES

Art. D. 5211-1 Pour la mise en œuvre des politiques d'accès à la formation et à la qualification prévues à l'article L. 5211-2, une programmation pluriannuelle de l'accueil en formation garantit un ensemble complet de services aux personnes handicapées.

Cette offre respecte la possibilité de libre choix de ces personnes tout en tenant compte de l'analyse des besoins et de la proximité des lieux de formation. — *[Anc. art. L. 323-11-1, al. 3.]*

Art. D. 5211-2 En application de l'article L. 5211-4, les organismes de formation ordinaires, ceux spécialement conçus pour la compensation des conséquences du handicap ou la réparation du préjudice et les acteurs mentionnés à l'article D. 6312-1 mettent en œuvre, au titre de la formation professionnelle continue, un accueil à temps partiel ou discontinu, une durée adaptée de formation et des modalités adaptées de validation de la formation professionnelle pour les personnes handicapées mentionnées à l'article L. 5212-13 du présent code et à l'article L. 114 du code de l'action sociale et des familles. — *[Anc. art. D. 323-10-1, al. 1ᵉʳ.]*

Art. D. 5211-3 Les adaptations mentionnées à l'article D. 5211-2 peuvent être individuelles ou collectives pour un groupe de personnes ayant des besoins similaires. Elles portent également sur les méthodes et les supports pédagogiques et peuvent recourir aux technologies de l'information et de la communication. — *[Anc. art. D. 323-10-1, al. 2.]*

Art. D. 5211-4 *(Décr. n° 2009-289 du 13 mars 2009)* « Les adaptations sont mises en œuvre sur la base des informations fournies par :

« 1° La personne handicapée ; »

2° Le service public de l'emploi ;

3° Les organismes de placement spécialisés qui l'accompagnent dans son parcours d'accès à l'emploi ;

4° La commission des droits et de l'autonomie des personnes handicapées ;

5° Les organismes participant à l'élaboration de son projet d'insertion sociale et professionnelle. — *[Anc. art. D. 323-10-1, al. 3.]*

Art. D. 5211-5 L'adaptation de la validation de la formation professionnelle porte sur les aménagements des modalités générales d'évaluation des connaissances et des compétences acquises au cours de la formation. – *[Anc. art. D. 323-10-1, al. 4.]*

Art. D. 5211-6 Les organismes dispensant des formations professionnelles et les institutions délivrant des diplômes, titres professionnels ou certificats de qualification professionnelle mettent en œuvre les adaptations, notamment en faisant évoluer leur propre réglementation. – *[Anc. art. D. 323-10-1, al. 5.]*

CHAPITRE II OBLIGATION D'EMPLOI DES TRAVAILLEURS HANDICAPÉS, MUTILÉS DE GUERRE ET ASSIMILÉS

SECTION 1 Obligation d'emploi

Art. D. 5212-1 (*Décr. n° 2019-522 du 27 mai 2019, art. 1er, en vigueur le 1er janv. 2020*) L'assujettissement à l'obligation d'emploi mentionnée au premier alinéa de l'article L. 5212-2 est déterminé en fonction de l'effectif calculé selon les modalités fixées à l'article L. 130-1 du code de la sécurité sociale *[V. cet art. ss. art. L. 1151-2]*. (*Décr. n° 2021-918 du 9 juill. 2021, art. 1er*) « Pour l'application de ces dispositions, l'année civile précédente s'entend comme l'année précédant celle au cours de laquelle la déclaration relative à l'obligation d'emploi de travailleurs handicapés est réalisée. »

Dans les entreprises de travail temporaire, les groupements d'employeurs et les entreprises de portage salarial, cet effectif ne prend pas en compte les salariés mis à disposition ou portés.

Les dispositions du 1er al. issues du Décr. n° 2021-918 du 9 juill. 2021 s'appliquent aux déclarations relatives à l'obligation d'emploi des travailleurs handicapés établies à compter de 2021 au titre de l'année 2020 (Décr. préc., art. 2).

Les dispositions du 2e al. de cet art. sont applicables aux entreprises adaptées autorisées à mettre en œuvre une activité exclusive de travail temporaire dans le cadre de l'expérimentation prévue par le Décr. n° 2019-360 du 24 avr. 2019 relatif à l'expérimentation des entreprises adaptées de travail temporaire portant modalités de mise en œuvre, de financement et d'évaluation (Décr. n° 2020-1350 du 5 nov. 2020, art. 2, en vigueur le 1er janv. 2021).

Art. D. 5212-2 (*Décr. n° 2019-522 du 27 mai 2019, art. 1er, en vigueur le 1er janv. 2020*) Le nombre de bénéficiaires de l'obligation d'emploi devant être employés résulte du produit de l'effectif d'assujettissement par le taux d'obligation d'emploi défini à l'article L. 5212-2, arrondi à l'entier inférieur.

Art. D. 5212-3 (*Décr. n° 2019-522 du 27 mai 2019, art. 1er, en vigueur le 1er janv. 2020*) L'effectif des bénéficiaires de l'obligation d'emploi mentionné à l'article L. 5212-13 prend en compte l'ensemble des travailleurs mentionnés à l'article L. 5212-13, quelles que soient la durée et la nature de leur contrat, y compris les stagiaires, les personnes en période de mise en situation en milieu professionnel et les personnes mises à disposition par les entreprises de travail temporaire ou les groupements d'employeurs.

Pour les entreprises de travail temporaire, les groupements d'employeurs et les entreprises de portage salarial, les salariés portés ou mis à disposition ne sont pas pris en compte dans les effectifs de bénéficiaires de l'obligation d'emploi.

L'effectif des bénéficiaires de l'obligation d'emploi est calculé, sous les réserves découlant des alinéas précédents, selon les modalités fixées à l'article L. 130-1 du code de la sécurité sociale.

Le nombre des bénéficiaires de l'obligation d'emploi âgés d'au moins 50 ans pris en compte dans le calcul de l'effectif total des bénéficiaires de l'obligation d'emploi est égal au produit du nombre de bénéficiaires de l'obligation d'emploi âgés d'au moins 50 ans par 1,5. Pour l'établissement de ce calcul, sont pris en compte les bénéficiaires qui atteignent l'âge de 50 ans au cours de l'année civile.

Un bénéficiaire de l'obligation d'emploi ne peut pas être pris en compte plusieurs fois dans le calcul au motif qu'il entre dans plusieurs catégories de bénéficiaires mentionnées à l'article L. 5212-13.

Les dispositions des 1er et 2e al. de cet art. sont applicables aux entreprises adaptées autorisées à mettre en œuvre une activité exclusive de travail temporaire dans le cadre de l'expérimentation prévue par le Décr. n° 2019-360 du 24 avr. 2019 relatif à l'expérimentation des entreprises adaptées de travail temporaire portant modalités de mise en œuvre, de financement et d'évaluation (Décr. n° 2020-1350 du 5 nov. 2020, art. 2, en vigueur le 1er janv. 2021).

Art. D. 5212-4 (Décr. n° 2019-522 du 27 mai 2019, art. 1er, en vigueur le 1er janv. 2020) Tout employeur, quels que soient ses effectifs, identifie dans la déclaration sociale nominative, mentionnée à l'article L. 133-5-3 du code de la sécurité sociale, les informations relatives aux bénéficiaires de l'obligation d'emploi.

Art. D. 5212-5 (Décr. n° 2019-522 du 27 mai 2019, art. 1er, en vigueur le 1er janv. 2020) (Décr. n° 2021-918 du 9 juill. 2021, art. 1er) « I. – » Pour l'établissement de la déclaration relative à l'obligation d'emploi, les organismes mentionnés aux articles L. 213-1 et L. 752-4 du code de la sécurité sociale ou à l'article L. 723-2 du code rural et de la pêche maritime transmettent à l'employeur, au plus tard le (Décr. n° 2023-296 du 20 avr. 2023, art. 2) « 15 mars » de l'année suivant celle au titre de laquelle cette déclaration est effectuée, (Décr. n° 2023-296 du 20 avr. 2023, art. 2) « en prenant en compte toutes les déclarations prévues à l'article L. 133-5-3 du code de la sécurité sociale réceptionnées au plus tard le 15 février de cette même année, » les informations suivantes :
— l'effectif d'assujettissement, mentionné à l'article D. 5212-1 ;
— le nombre de bénéficiaires de l'obligation d'emploi devant être employés au titre de l'obligation d'emploi, calculé selon les modalités fixées à l'article D. 5212-2 ;
— l'effectif de bénéficiaires de l'obligation d'emploi mentionnés par l'article L. 5212-13, hors salariés mis à disposition par les entreprises de travail temporaire et les groupements d'employeurs, calculé selon les modalités fixées à l'article D. 5212-3 ;
— l'effectif de salariés relevant d'un emploi exigeant des conditions d'aptitude particulière, calculé selon les modalités fixées à l'article L. 5212-1 pour l'effectif d'assujettissement.
(Décr. n° 2021-918 du 9 juill. 2021, art. 1er) « II. – Par dérogation au premier alinéa du I, lorsque l'employeur emploie des salariés qui relèvent pour partie des organismes mentionnés respectivement aux articles L. 213-1 et L. 752-4 [du] code de la sécurité sociale et à l'article L. 723-2 du code rural et de la pêche maritime, l'organisme qui transmet à l'employeur les informations mentionnées aux précédents alinéas est celui dont relève la majorité de ses salariés, déterminée dans les conditions mentionnées à l'article D. 5212-1. »

Les dispositions du II issues du Décr. n° 2021-918 du 9 juill. 2021 s'appliquent aux déclarations relatives à l'obligation d'emploi des travailleurs handicapés établies à compter de 2021 au titre de l'année 2020 (Décr. préc., art. 2).

Les dispositions du 4ᵉ al. de cet art. sont applicables aux entreprises adaptées autorisées à mettre en œuvre une activité exclusive de travail temporaire dans le cadre de l'expérimentation prévue par le Décr. n° 2019-360 du 24 avr. 2019 relatif à l'expérimentation des entreprises adaptées de travail temporaire portant modalités de mise en œuvre, de financement et d'évaluation (Décr. n° 2020-1350 du 5 nov. 2020, art. 2, en vigueur le 1er janv. 2021).

Art. D. 5212-6 (Décr. n° 2019-522 du 27 mai 2019, art. 1er, en vigueur le 1er janv. 2020) Au plus tard le (Décr. n° 2023-296 du 20 avr. 2023, art. 2) « 15 mars » de l'année suivant celle au titre de laquelle la déclaration relative à l'obligation d'emploi est effectuée, les entreprises de travail temporaire et les groupements d'employeurs transmettent à chaque employeur une attestation annuelle portant sur le nombre de bénéficiaires de l'obligation d'emploi mis à disposition, calculés [calculé] selon les modalités définies à l'article D. 5212-3, selon un modèle défini par arrêté du ministre chargé du travail. — V. Arr. du 19 nov. 2020 fixant le modèle d'attestation annuelle portant sur le nombre de bénéficiaires de l'obligation d'emploi mis à disposition par une entreprise de travail temporaire ou un groupement d'employeurs auprès d'un employeur, NOR : MTRD2031908A (JO 29 nov.).

Ces dispositions sont applicables aux entreprises adaptées autorisées à mettre en œuvre une activité exclusive de travail temporaire dans le cadre de l'expérimentation prévue par le Décr. n° 2019-360 du 24 avr. 2019 relatif à l'expérimentation des entreprises adaptées de travail temporaire portant modalités de mise en œuvre, de financement et d'évaluation (Décr. n° 2020-1350 du 5 nov. 2020, art. 2, en vigueur le 1er janv. 2021).

TRAVAILLEURS HANDICAPÉS **Art. D. 5212-8** 2751

V. Arr. du 12 déc. 2019 fixant le modèle d'attestation relative aux bénéficiaires de l'obligation d'emploi des travailleurs handicapés mis à disposition par une entreprise de travail temporaire ou un groupement d'employeurs, NOR : MTRD1929204A (JO 15 déc.).

Art. D. 5212-7 *(Décr. n° 2019-522 du 27 mai 2019, art. 1er, en vigueur le 1er janv. 2020)* Au plus tard le *(Décr. n° 2023-296 du 20 avr. 2023, art. 2)* « **15 mars** » de l'année suivant celle au titre de laquelle la déclaration relative à l'obligation d'emploi est effectuée, les entreprises adaptées, les établissements ou services d'aide par le travail *(Décr. n° 2020-1350 du 5 nov. 2020, art. 1er, en vigueur le 1er janv. 2021)* « , les travailleurs indépendants handicapés et les entreprises de portage salarial lorsque le salarié porté est reconnu bénéficiaire de l'obligation d'emploi prévue à l'article L. 5212-13, » adressent à leurs entreprises clientes une attestation annuelle, selon un modèle défini par arrêté du ministre chargé du travail.

Cette attestation indique :
— le montant du prix hors taxes des fournitures, travaux ou prestations figurant aux contrats réglés par l'entreprise au cours de l'année considérée ;
— le montant de la différence entre ce prix hors taxe et les coûts des matières premières, des produits, des matériaux, de la sous-traitance, des consommations intermédiaires et des frais de vente et de commercialisation, effectivement payé dans l'année ;
— le montant de la déduction avant plafonnement prévue au premier alinéa de l'article D. 5212-22. — *V. Arr. du 19 nov. 2020, NOR : MTRD1931263A (JO 29 nov.).*

Les dispositions issues du Décr. n° 2020-1350 du 5 nov. 2020 s'appliquent aux déclarations relatives à l'obligation d'emploi des travailleurs handicapés exigibles à compter du 1er janv. 2021 (Décr. préc., art. 3).

Art. D. 5212-8 *(Décr. n° 2019-522 du 27 mai 2019, art. 1er, en vigueur le 1er janv. 2020)* L'employeur assujetti à l'obligation d'emploi mentionnée au deuxième alinéa de l'article L. 5212-1 renseigne annuellement, dans la déclaration prévue à l'article L. 133-5-3 du code de la sécurité sociale, effectuée pour la période d'emploi du mois de *[d']* *(Décr. n° 2023-296 du 20 avr. 2023, art. 2)* « **avril** » de l'année suivant celle au titre de laquelle la déclaration relative à l'obligation d'emploi est effectuée :
— le nombre de salariés handicapés mis à sa disposition par une entreprise de travail temporaire ou un groupement d'employeurs ;
— le montant de la contribution initialement due, avant déductions prévues aux articles L. 5212-10-1, L. 5212-11 et au troisième alinéa de l'article L. 5212-9, calculée conformément aux dispositions de l'article D. 5212-20 ;
— le montant de la déduction non-plafonnée *[non plafonnée]* liée à la conclusion de contrats de fourniture, de sous-traitance ou de prestations de service avec des entreprises adaptées, des établissements ou services d'aide par le travail *(Décr. n° 2020-1350 du 5 nov. 2020, art. 1er, en vigueur le 1er janv. 2021)* « , des travailleurs indépendants handicapés ou avec les entreprises de portage salarial lorsque le salarié porté est reconnu bénéficiaire de l'obligation d'emploi prévue à l'article L. 5212-13 », calculé conformément aux dispositions de l'article D. 5212-22 ;
— le montant de la déduction non-plafonnée *[non plafonnée]* liée aux dépenses déductibles, calculé conformément aux dispositions de l'article D. 5212-23 ;
— le montant de la déduction non-plafonnée *[non plafonnée]* liée au nombre de salariés de l'entreprise exerçant des emplois exigeant des conditions d'aptitude particulière, conformément aux dispositions du troisième alinéa de l'article L. 5212-9 ;
— le montant de la contribution mentionnée à l'article L. 5212-9 ;
— le cas échéant, s'il s'acquitte de l'obligation d'emploi par la conclusion d'un accord agréé de branche, de groupe, ou d'entreprise mentionné à l'article L. 5212-8.

Lorsqu'un montant de contribution est dû, l'employeur procède à son versement à la date de la déclaration mentionnée au premier alinéa.
(Décr. n° 2021-918 du 9 juill. 2021, art. 1er) « La déclaration et, le cas échéant, le versement sont effectués auprès de l'organisme qui a transmis les informations mentionnées à l'article D. 5212-5. »

Lorsque l'entreprise comprend plusieurs établissements, la déclaration et le versement sont effectués par un seul de ses établissements.

Cette déclaration est effectuée à compter de l'année 2021 (Décr. n° 2019-522 du 27 mai 2019, art. 2).

Les dispositions du 2ᵉ al. de cet art. sont applicables aux entreprises adaptées autorisées à mettre en œuvre une activité exclusive de travail temporaire dans le cadre de l'expérimentation prévue par le Décr. nº 2019-360 du 24 avr. 2019 relatif à l'expérimentation des entreprises adaptées de travail temporaire portant modalités de mise en œuvre, de financement et d'évaluation (Décr. nº 2020-1350 du 5 nov. 2020, art. 2).

Les dispositions issues du Décr. nº 2020-1350 du 5 nov. 2020 s'appliquent aux déclarations relatives à l'obligation d'emploi des travailleurs handicapés exigibles à compter du 1ᵉʳ janv. 2021. Au titre de la déclaration relative à l'obligation d'emploi des travailleurs handicapés établie au titre de l'année 2020, l'employeur renseigne les informations mentionnées à l'art. D. 5212-8 C. trav. dans la déclaration prévue à l'art. L. 133-5-3 CSS afférente à la période d'emploi du mois de mai 2021 (Décr. préc., art. 3).

Les dispositions de l'avant-dernier al. issues du Décr. nº 2021-918 du 9 juill. 2021 s'appliquent aux déclarations relatives à l'obligation d'emploi des travailleurs handicapés établies à compter de 2021 au titre de l'année 2020 (Décr. préc., art. 2).

Art. D. 5212-9 (Décr. nº 2019-522 du 27 mai 2019, art. 1ᵉʳ, en vigueur le 1ᵉʳ janv. 2020) L'employeur porte à la connaissance du comité social et économique la déclaration annuelle mentionnée à l'article L. 5212-5, à l'exclusion de la liste nominative des bénéficiaires de l'obligation d'emploi.

SECTION 1 *[ANCIENNE]* Obligation d'emploi

Cette section est applicable jusqu'au 31 déc. 2019.

Art. R. 5212-1 (Abrogé par Décr. nº 2019-521 du 27 mai 2019, art. 1ᵉʳ, à compter du 1ᵉʳ janv. 2020) L'employeur assujetti à l'obligation d'emploi déclare au titre de chaque année civile :

1º La répartition par sexe et selon la nomenclature des professions et catégories socioprofessionnelles de l'effectif total des salariés de l'établissement. Ces éléments sont communiqués (Décr. nº 2012-1354 du 4 déc. 2012) « à l'association mentionnée à l'article L. 5214-1 » dans la déclaration annuelle des données sociales prévue aux articles 87 et 87 A du code général des impôts ;

(Décr. nº 2012-1354 du 4 déc. 2012) « 2º Au titre de la déclaration annuelle prévue à l'article L. 5212-5, les éléments mentionnés à l'article R. 5212-2. Cette déclaration est adressée, par tout moyen permettant de rapporter la preuve de sa date de réception, à l'association mentionnée à l'article L. 5214-1, selon les modalités fixées par arrêté du ministre chargé de l'emploi, au plus tard le 1ᵉʳ mars de l'année suivante. »

(Décr. nº 2015-655 du 10 juin 2015, art. 1ᵉʳ) « Pour l'application de l'article L. 5212-3, dans les entreprises à établissements multiples, la déclaration prévue au 2º est établie par établissement assujetti qui s'entend d'un établissement dont le chef dispose d'un pouvoir de direction incluant le recrutement et le licenciement du personnel. »

Art. R. 5212-1-1 (Abrogé par Décr. nº 2019-521 du 27 mai 2019, art. 1ᵉʳ, à compter du 1ᵉʳ janv. 2020) (Décr. nº 2009-641 du 9 juin 2009) Le salarié dont la durée de travail est inférieure à la moitié de la durée légale ou conventionnelle est pris en compte pour une demi-unité. Pour le calcul du nombre de travailleurs handicapés dans l'effectif des entreprises au titre de l'année civile, chaque demi-unité est multipliée par le nombre de jours de présence du salarié dans l'entreprise, rapporté à l'année.

Art. R. 5212-1-2 (Abrogé par Décr. nº 2019-521 du 27 mai 2019, art. 1ᵉʳ, à compter du 1ᵉʳ janv. 2020) (Décr. nº 2012-1354 du 4 déc. 2012) L'association mentionnée à l'article L. 5214-1 est chargée :

1º De la gestion de la déclaration obligatoire des travailleurs handicapés, qui comprend notamment l'établissement et l'envoi des formulaires de déclaration aux employeurs assujettis ;

2º Des contrôles de cohérence et de conformité des déclarations ;

3º Du contrôle des contributions mentionnées à l'article L. 5212-9 ;

4º De la gestion des indus et trop-perçus, ainsi que du traitement des recours gracieux et contentieux sur ces indus et trop-perçus.

Elle a accès à la déclaration annuelle des données sociales mentionnée au 1º de l'article R. 5212-1 et aux données des systèmes d'information publics lui permettant d'accomplir ses missions de gestion et de contrôle des déclarations, ainsi que sa mission d'évaluation prévue à l'article R. 5214-20.

Art. R. 5212-1-3 (*Abrogé par Décr. n° 2019-521 du 27 mai 2019, art. 1er, à compter du 1er janv. 2020*) (*Décr. n° 2012-1354 du 4 déc. 2012*) L'association mentionnée à l'article L. 5214-1 transmet au ministre chargé de l'emploi les données relatives à l'obligation d'emploi des travailleurs handicapés mentionnées à l'article R. 5212-2.

Art. R. 5212-1-4 (*Abrogé par Décr. n° 2019-521 du 27 mai 2019, art. 1er, à compter du 1er janv. 2020*) (*Décr. n° 2012-1354 du 4 déc. 2012*) Une convention, conclue entre l'État et l'association mentionnée à l'article L. 5214-1, détermine les modalités de gestion et de contrôle de la déclaration annuelle obligatoire d'emploi des travailleurs handicapés et précise les obligations respectives des signataires en matière d'échanges d'informations.

Art. R. 5212-1-5 (*Décr. n° 2018-850 du 5 oct. 2018*) I. – Les autorités ou organismes désignés au III délivrent une attestation à tout bénéficiaire de l'obligation d'emploi des travailleurs handicapés mentionnée à l'article L. 5212-2 à l'occasion de la notification de la décision prévue selon le cas aux 2°, 3°, 4°, 5° et 9° de l'article L. 5212-13. Cette attestation mentionne la reconnaissance de la qualité de bénéficiaire de l'obligation d'emploi en vue de l'insertion professionnelle. Un arrêté des ministres chargés du travail et des personnes handicapées détermine le modèle de cette attestation.

II. – Toute décision prise en application des 1° et 11° de l'article L. 5212-13 comporte la mention des droits dont son bénéficiaire peut se prévaloir pour l'insertion professionnelle au titre de l'obligation d'emploi des travailleurs handicapés.

En outre, toute décision d'attribution de la carte "mobilité inclusion" portant la "mention invalidité" précise à son titulaire qu'il est bénéficiaire de l'obligation d'emploi des travailleurs handicapés pour l'insertion professionnelle, sans qu'il soit nécessaire d'accomplir une démarche supplémentaire de reconnaissance de la qualité de travailleur handicapé.

III. – Les autorités ou organismes qui délivrent les décisions ou attestations mentionnées au présent article sont, selon le cas :

1° Le ministre de la défense, ou le ministre de l'intérieur pour les militaires de la gendarmerie nationale ;

2° La caisse (*Décr. n° 2019-718 du 5 juill. 2019, art. 9-III*) « primaire d'assurance maladie » ;

3° La mutualité sociale agricole.

V. Arr. du 20 déc. 2018, JO 27 déc., NOR : MTRD1819802A, mod. par Arr. du 30 août 2019, JO 7 sept., NOR : MTRD1916577A.

Toute personne bénéficiaire d'une décision mentionnée à l'art. L. 5212-13 C. trav. délivrée antérieurement au 5 oct. 2018 peut solliciter une attestation conforme aux dispositions de l'art. R. 5212-1-5 auprès de l'autorité ou l'organisme qui lui a délivré cette décision (Décr. n° 2018-850 du 5 oct. 2018, art. 2).

Art. R. 5212-2 (*Abrogé par Décr. n° 2019-521 du 27 mai 2019, art. 1er, à compter du 1er janv. 2020*) L'employeur joint (*Décr. n° 2012-1354 du 4 déc. 2012*) « à la déclaration annuelle prévue à l'article L. 5212-5, » selon les modalités retenues pour satisfaire à l'obligation d'emploi :

1° La liste des bénéficiaires de l'obligation d'emploi et leur effectif apprécié dans les conditions prévues à l'article L. 5212-14 ;

(*Décr. n° 2012-1354 du 4 déc. 2012*) « 2° Les modalités de calcul et le paiement de la contribution mentionnée à l'article L. 5212-9 ; »

3° La répartition des emplois qui relèvent des catégories d'emplois exigeant des conditions d'aptitude particulières mentionnées à l'article L. 5212-9 ;

4° La liste des contrats de fournitures, de sous-traitance ou de prestations de services, prévus à l'article L. 5212-6, conclus au cours de l'année écoulée.

Art. R. 5212-2-1 (*Abrogé par Décr. n° 2019-521 du 27 mai 2019, art. 1er, à compter du 1er janv. 2020*) (*Décr. n° 2012-1354 du 4 déc. 2012*) L'employeur communique à l'association mentionnée à l'article L. 5214-1, à la demande de celle-ci, toute pièce justificative nécessaire au contrôle de sa déclaration, et notamment :

1° Pour les bénéficiaires de l'obligation d'emploi, les pièces justifiant de leur qualité ;

2° Pour la contribution mentionnée à l'article L. 5212-9, les pièces justifiant de ses minorations et des déductions de son montant attribuées respectivement en application des dispositions du même article et de l'article L. 5212-10 ;

3° Pour les contrats prévus à l'article L. 5212-6, les pièces justificatives permettant de calculer, selon les dispositions de l'article R. 5212-6, leur équivalence en nombre de bénéficiaires de l'obligation d'emploi.

Art. R. 5212-2-2 (Abrogé par Décr. n° 2019-521 du 27 mai 2019, art. 1er, à compter du 1er janv. 2020) (Décr. n° 2012-1354 du 4 déc. 2012) *Lorsque l'employeur a conclu un accord en application de l'article L. 5212-8, il adresse à l'autorité administrative qui a agréé l'accord l'état d'avancement du programme prévu par l'accord et portant sur les plans :*
1° D'embauche en milieu ordinaire de travail ;
2° D'insertion et de formation ;
3° D'adaptation aux mutations technologiques ;
4° De maintien dans l'entreprise en cas de licenciement.
Il lui communique également, à sa demande, les pièces justificatives nécessaires au contrôle des bilans annuels et du bilan final de l'accord.

Art. R. 5212-2-3 (Décr. n° 2016-1435 du 25 oct. 2016, art. 4) La demande de l'employeur mentionnée au premier alinéa de l'article L. 5212-5-1 est adressée par tout moyen permettant d'apporter la preuve de sa réception à l'association mentionnée à l'article L. 5214-1 du code du travail à laquelle l'employeur est tenu d'adresser la déclaration prévue au 2° de l'article R. 5212-1.
La demande doit comporter :
1° La raison sociale de l'établissement, ses adresses postale et électronique le cas échéant ;
2° Son numéro de SIRET ;
3° Les références aux dispositions législatives ou réglementaires au regard desquelles la demande est à apprécier ;
4° Une présentation précise, complète et sincère de la situation de nature à permettre à l'association mentionnée à l'article L. 5214-1 du code du travail d'apprécier si les conditions requises par la réglementation sont satisfaites.

V. note ss. art. R. 5212-1-5.

Art. R. 5212-2-4 (Décr. n° 2016-1435 du 25 oct. 2016, art. 4) La demande est réputée complète si, dans un délai de quinze jours à compter de sa réception, l'association mentionnée à l'article L. 5214-1 du code du travail n'a pas fait connaître à l'employeur la liste des pièces ou des informations manquantes.
A réception de ces pièces ou informations, l'organisme notifie au demandeur, par tout moyen permettant de rapporter la preuve de sa date de réception, que la demande est complète. En l'absence de réception des pièces et informations manquantes dans un délai d'un mois, la demande est réputée caduque.
L'association mentionnée à l'article L. 5214-1 dispose d'un délai de deux mois à compter de la date de réception de la demande complète pour se prononcer sur cette demande et notifier sa réponse à l'employeur par tout moyen permettant d'apporter la preuve de sa réception.
Lorsque l'association mentionnée à l'article L. 5214-1 modifie sa position, elle en informe l'établissement selon les mêmes modalités.
En l'absence de réponse à sa demande à la date prévue au 2° de l'article R. 5212-1, l'employeur est tenu d'adresser la déclaration annuelle citée à l'article L. 5212-5 à l'association mentionnée à l'article L. 5214-1 au plus tard à cette date.
En cas de réponse postérieure à la date prévue au 2° de l'article R. 5212-1, l'employeur adresse, le cas échéant, une déclaration rectificative intégrant les éléments de réponse fournis, à l'association susmentionnée.

V. note ss. art. R. 5212-1-5.

Art. R. 5212-2-5 (Décr. n° 2016-1435 du 25 oct. 2016, art. 4) Sous réserve que la situation de l'employeur et que la réglementation applicable soient inchangées, la position prise par l'association mentionnée à l'article L. 5214-1 est valable cinq ans à compter de sa date de notification.

V. note ss. art. R. 5212-1-5.

Art. D. 5212-3 (Abrogé par Décr. n° 2019-523 du 27 mai 2019, art. 1er, à compter du 1er janv. 2020) *Le délai prévu à l'article L. 5212-4 est fixé à trois ans.*

Il court à compter de la date à laquelle l'entreprise a atteint le seuil de vingt salariés.

Art. R. 5212-4 (*Abrogé par Décr. n° 2019-521 du 27 mai 2019, art. 1er, à compter du 1er janv. 2020*) *L'employeur porte à la connaissance du* (*Décr. n° 2017-1819 du 29 déc. 2017, art. 3*) « *comité social et économique* » *la déclaration annuelle prévue à l'article L. 5212-5.*

Toutefois, le document transmis ne comprend pas la liste des bénéficiaires de l'obligation d'emploi.

SECTION 2 Modalités de mise en œuvre de l'obligation

SOUS-SECTION 1 [ABROGÉE] Mise en œuvre partielle

(*Abrogée par Décr. n° 2019-521 du 27 mai 2019, art. 1er, à compter du 1er janv. 2020*)

§ 1 *[ABROGÉ]* Mise en œuvre par la passation de contrats

Art. R. 5212-5 *La passation de contrats de fournitures, de sous-traitance ou de prestations de services dans les conditions de l'article L. 5212-6 ne donne lieu à l'exonération partielle de l'obligation d'emploi que si ces contrats ont été conclus :*

1° Soit avec des entreprises adaptées (*Décr. n° 2018-1334 du 28 déc. 2018, art. 2-1, en vigueur le 1er janv. 2019*) « *créées* » *et ayant conclu un contrat d'objectifs mentionné à l'article L. 5213-13 ;*

2° Soit avec des établissements ou services d'aide par le travail mentionnés à l'article L. 344-2 du code de l'action sociale et des familles et autorisés dans les conditions prévues par les articles L. 313-1 à L. 313-9 du même code ;

(*Décr. n° 2016-60 du 28 janv. 2016, art. 1er*) « *3° Soit avec un travailleur indépendant handicapé tel que défini au 4° de l'article L. 5212-6.* »

Art. D. 5212-5-1 (*Décr. n° 2012-943 du 1er août 2012*) *Pour l'application de l'article L. 5212-10, le montant hors taxes des contrats de fournitures, de sous-traitance ou de services mentionnés à l'article L. 5212-6 doit être supérieur, sur quatre ans, à :*

1° 400 fois le salaire horaire minimum de croissance dans les entreprises de 20 à 199 salariés ;

2° 500 fois le salaire horaire minimum de croissance dans les entreprises de 200 à 749 salariés ;

3° 600 fois le salaire horaire minimum de croissance dans les entreprises de 750 salariés et plus.

Art. R. 5212-6 *Le nombre d'équivalents bénéficiaires de l'obligation d'emploi au titre de la passation de contrats prévus à l'article R. 5212-5 est égal au quotient obtenu en divisant le prix hors taxes des fournitures, travaux ou prestations figurant au contrat, déduction faite des coûts des matières premières, produits, matériaux, consommations et des frais de vente, par deux mille fois le salaire horaire minimum de croissance en vigueur au 31 décembre de l'année d'assujettissement à l'obligation d'emploi.*

Ce nombre ne peut dépasser la limite définie par l'article R. 5212-9.

(*Décr. n° 2016-60 du 28 janv. 2016, art. 2*) « *Pour les contrats conclus avec les travailleurs indépendants handicapés cités au 3° de l'article R. 5212-5, le quotient mentionné au premier alinéa est, le cas échéant, divisé par le nombre de salariés employés par le travailleur indépendant au prorata du temps de travail inscrit à leur contrat, dans la limite de la durée légale ou conventionnelle de travail.* »

Art. R. 5212-6-1 (*Décr. n° 2016-60 du 28 janv. 2016, art. 3*) *Pour les travailleurs indépendants handicapés relevant* (*Décr. n° 2019-718 du 5 juill. 2019, art. 2-III*) « *des dispositions de l'article L. 613-7* » *du code de la sécurité sociale, le nombre d'équivalents bénéficiaires de l'obligation d'emploi au titre de la passation de contrats prévus au 3° de l'article R. 5212-5 est égal au quotient obtenu en divisant par deux mille fois le salaire horaire minimum de croissance en vigueur au 31 décembre de l'année d'assujettissement à l'obligation d'emploi le prix hors taxe des fournitures, travaux ou prestations figurant au contrat, déduction faite d'un abattement. Cet abattement est calculé sur la base d'un des taux d'abattement forfaitaires fixés, selon la catégorie d'activité, au troisième alinéa de l'article 50-0 du code général des impôts pour les exploitants individuels imposés selon le régime* *des micro-entreprises ou du taux d'abattement fixé à l'article 102 ter de ce même code pour les travailleurs indépendants dont l'imposition relève des bénéfices des professions non commerciales.*

Ce nombre ne peut dépasser la limite définie par l'article R. 5212-9.

V. art. R. 5523-2-1 (Mayotte).

Art. R. 5212-7 *Par dérogation aux dispositions de l'article R. 5212-6, pour la passation de contrats de prestations de services donnant lieu à la mise à disposition de travailleurs handicapés par des entreprises adaptées ou par des établissements ou services d'aide par le travail, le dénominateur du quotient mentionné à cet article est fixé à mille six cents fois le salaire horaire minimum de croissance.*

L'employeur ne peut pas décompter ces travailleurs handicapés dans l'effectif des bénéficiaires de l'obligation d'emploi. — [Anc. art. R. 323-2, al. 2.]

Art. R. 5212-8 *Le contrat de fournitures, de sous-traitance ou de prestations de services donnant lieu à la mise à disposition de travailleurs handicapés prévu à l'article R. 5212-7 précise les éléments chiffrés nécessaires au calcul de la déduction définie à l'article R. 5212-6.*
— [Anc. art. R. 323-2, al. 3.]

Art. R. 5212-9 *La dispense partielle de l'obligation d'emploi, en application de l'article L. 5212-6, ne peut être supérieure à la moitié du pourcentage fixé à l'article L. 5212-2.* — [Anc. art. R. 323-3.]

§ 2 *[ABROGÉ]* Mise en œuvre par l'accueil de personnes handicapées

Art. R. 5212-10 (Décr. n° 2009-641 du 9 juin 2009) « *Pour l'application de l'article L. 5212-7* (Décr. n° 2016-60 du 28 janv. 2016, art. 4) « *et de l'article L. 5212-7-1* », *sont prises en compte les personnes mentionnées à l'article L. 5212-13* (Décr. n° 2016-60 du 28 janv. 2016, art. 4) « *qui sont accueillies par l'établissement au titre de l'une des situations suivantes* » :

« *— un stage mentionné à l'article L. 6341-3* ;

« *— un stage organisé par l'association mentionnée à l'article L. 5214-1* ;

« *— un stage prescrit par* (Décr. n° 2014-524 du 22 mai 2014, art. 16-II) « *Pôle emploi* » ;

« *— un stage au titre de l'article L. 331-4 du code de l'éducation* ;

« *— un stage au titre de l'article 9 de la loi n° 2006-396 du 31 mars 2006 pour l'égalité des chances* ;

(Décr. n° 2016-60 du 28 janv. 2016, art. 4) « *— une période de mise en situation en milieu professionnel au titre des articles L. 5135-1 et suivants.*

« *La durée du stage ou de la période de mise en situation en milieu professionnel est égale ou supérieure à trente-cinq heures.* »

Ces personnes sont décomptées au titre de l'année où se termine le stage (Décr. n° 2016-60 du 28 janv. 2016, art. 4) « *ou de la période de mise en situation en milieu professionnel* ». *Elles comptent pour un effectif calculé en divisant la durée du stage* (Décr. n° 2016-60 du 28 janv. 2016, art. 4) « *ou de la période de mise en situation en milieu professionnel* » *par la durée annuelle de travail applicable dans l'entreprise.*

Art. R. 5212-11 *Pour chaque stagiaire accueilli, une convention est conclue entre l'entreprise d'accueil* (Décr. n° 2009-641 du 9 juin 2009) « *, le stagiaire et l'organisme de formation ou l'organisme œuvrant pour l'insertion professionnelle* ». *Cette convention indique* :

1° *Le nom et l'adresse de l'entreprise d'accueil, de l'organisme de formation* (Décr. n° 2009-641 du 9 juin 2009) « *ou de l'organisme œuvrant pour l'insertion professionnelle* » *et du stagiaire* ;

2° *La nature, l'objectif et les modalités d'exécution du stage* ;

3° *Le lieu, la durée en heures et les dates de début et de fin de stage* ;

4° *Le tuteur désigné pour accompagner le stagiaire au cours du stage* ;

5° *Les modalités d'assurance du stagiaire au titre des accidents du travail* ;

6° *Les modalités d'assurance au titre de la responsabilité civile en cas de dommage causé au stagiaire ou par le stagiaire.* — [Anc. art. R. 323-3-1, al. 3 à 9.]

SOUS-SECTION 1 Mise en œuvre par application d'un accord

La sous-section 2 devient la sous-section 1 (Décr. n° 2019-521 du 27 mai 2019, art. 1ᵉʳ, en vigueur le 1ᵉʳ janv. 2020).

Art. R. 5212-12 (Décr. n° 2019-521 du 27 mai 2019, art. 1ᵉʳ, en vigueur le 1ᵉʳ janv. 2020) Pour que l'accord mentionné à l'article L. 5212-8 soit agréé, le programme pluriannuel qu'il prévoit doit comporter un plan d'embauche et un plan de maintien dans l'emploi dans l'entreprise.

Ces documents sont assortis d'objectifs, au nombre desquels doivent notamment figurer, pour chaque année d'exécution du programme, le nombre de bénéficiaires de l'obligation d'emploi mentionnés à l'article L. 5212-13 rapporté à l'effectif d'assujettissement et le nombre de ces bénéficiaires dont le recrutement est envisagé. Ils précisent en outre le financement prévisionnel des différentes actions programmées.

Le montant du financement par l'employeur du programme pluriannuel est au moins égal, par année, au montant de la contribution mentionnée à l'article L. 5212-10 due au titre de cette même année, à l'exclusion des dépenses mentionnées à l'article L. 5212-11 prises en compte au titre de la déduction prévue par ce même article.

Lorsque le programme comporte des actions de sensibilisation des salariés de l'entreprise ou des actions de pilotage et de suivi, les sommes consacrées au financement de ces actions ne peuvent excéder 25 % du total des sommes consacrées au financement des actions prévues par l'accord.

Le programme pluriannuel est établi par année civile.

Art. R. 5212-13 (Décr. n° 2019-521 du 27 mai 2019, art. 1ᵉʳ, en vigueur le 1ᵉʳ janv. 2020) Le montant du financement par l'employeur mentionné à l'article R. 5212-12 est révisé chaque année sur la base du montant de la contribution qui aurait dû être versée l'année précédente, à l'exclusion des déductions mentionnées à l'article L. 5212-11.

Les montants de financement annuels prévus au titre du programme qui n'ont pas été dépensés sont reportés sur l'année suivante.

Art. R. 5212-14 (Décr. n° 2019-521 du 27 mai 2019, art. 1ᵉʳ, en vigueur le 1ᵉʳ janv. 2020) L'accord est transmis pour agrément à l'autorité administrative compétente par la partie la plus diligente au plus tard le (Décr. n° 2023-296 du 20 avr. 2023, art. 2) « 31 mai » de la première année de mise en œuvre du programme, selon des modalités définies par arrêté du ministre chargé de l'emploi.

Art. R. 5212-15 (Décr. n° 2019-521 du 27 mai 2019, art. 1ᵉʳ, en vigueur le 1ᵉʳ janv. 2020) Les autorités administratives compétentes pour délivrer l'agrément sont :

1° Pour l'accord de branche, le ministre chargé de l'emploi ;

2° Pour l'accord d'entreprise, le préfet du département où est situé le siège de l'entreprise ;

3° Pour les accords de groupe, le préfet du département où est situé le siège de l'entreprise dominante définie à l'article L. 2331-1 du code du travail.

L'agrément est délivré pour la durée de validité de l'accord. L'autorité administrative compétente prend en compte la nature, la portée et la cohérence des différentes actions envisagées ainsi que le respect des conditions mentionnées à l'article R. 5212-12.

Art. R. 5212-16 (Décr. n° 2019-521 du 27 mai 2019, art. 1ᵉʳ, en vigueur le 1ᵉʳ janv. 2020) L'employeur dresse un bilan annuel de la mise en œuvre de l'accord qu'il présente, selon les cas, au comité social et économique ou au comité de groupe.

La mise en œuvre des accords de branche fait également l'objet d'un bilan annuel.

Art. R. 5212-17 (Décr. n° 2019-521 du 27 mai 2019, art. 1ᵉʳ, en vigueur le 1ᵉʳ janv. 2020) Dans les deux mois qui suivent le terme de l'accord, l'employeur ou la branche transmet à l'autorité administrative compétente mentionnée à l'article R. 5212-15 :

1° Les bilans annuels et le bilan récapitulatif des actions réalisées dans le cadre de l'accord, précisant leur financement ;

2° Le solde des dépenses exposées pour la mise en œuvre du programme au regard du montant des contributions mentionnées à l'article L. 5212-10.

L'employeur ou la branche communique également, à la demande de l'autorité administrative compétente, les pièces justificatives nécessaires au contrôle du bilan récapitulatif des actions réalisées.

Art. R. 5212-18 (Décr. n° 2019-521 du 27 mai 2019, art. 1er, en vigueur le 1er janv. 2020) L'agrément de l'accord peut être renouvelé une fois par l'autorité compétente mentionnée à l'article R. 5212-15 pour une durée maximale de trois ans, selon des modalités définies par arrêté du ministre chargé de l'emploi.

Le renouvellement de l'agrément est accordé après présentation, selon les cas, au comité social et économique ou au comité de groupe, ou après examen par la branche, du bilan du programme exécuté et de la demande de renouvellement.

Le renouvellement de l'agrément est apprécié au regard du bilan quantitatif et qualitatif du programme réalisé et du nouveau programme pluriannuel élaboré.

Art. R. 5212-19 (Décr. n° 2019-521 du 27 mai 2019, art. 1er, en vigueur le 1er janv. 2020) I. – Si les dépenses réalisées pour la durée du programme sont inférieures au montant total des contributions, à l'exclusion du montant des dépenses déduites au titre de l'article L. 5212-11, l'employeur procède au versement aux organismes mentionnés aux articles L. 213-1 et L. 752-4 du code de la sécurité sociale et à l'article L. 723-2 du code rural et de la pêche maritime des sommes équivalentes aux dépenses prévues par l'accord et non réalisées.

II. – Si l'autorité administrative compétente fait droit à la demande de renouvellement, elle peut autoriser le report total ou partiel de ce solde sur le nouveau programme.

A défaut de renouvellement de l'agrément, cette autorité adresse à l'employeur, par tout moyen permettant de donner date certaine à sa réception par le destinataire, une notification du montant à régler.

III. – Une copie de cette notification est adressée à l'organisme de recouvrement des cotisations de sécurité sociale dont dépend l'employeur.

Le montant dû est déclaré et versé par l'employeur à l'organisme chargé du recouvrement des cotisations de sécurité sociale. Ce versement est effectué à la première date d'échéance des cotisations et contributions sociales dont il est redevable auprès de cet organisme intervenant à l'issue d'un délai de deux mois suivant la réception de la notification.

SOUS-SECTION 2 **Mise en œuvre par le versement d'une contribution annuelle**

La sous-section 3 devient la sous-section 2 (Décr. n° 2019-521 du 27 mai 2019, art. 1er, en vigueur le 1er janv. 2020).

Art. D. 5212-20 (Décr. n° 2019-523 du 27 mai 2019, art. 1er, en vigueur le 1er janv. 2020) La contribution annuelle, avant déductions prévues aux articles L. 5212-10-1, L. 5212-11 et au troisième alinéa de l'article L. 5212-9, est égale au produit :

1° du nombre de travailleurs handicapés bénéficiaires de l'obligation d'emploi manquants, résultant de l'écart entre le nombre de bénéficiaires de l'obligation d'emploi devant être employés calculé en application des dispositions de l'article D. 5212-2 et le nombre de bénéficiaires de l'obligation d'emploi employés calculé en application des dispositions de l'article D. 5212-3 ;

2° par les montants suivants, déterminés en fonction de l'effectif d'assujettissement de l'entreprise :

(Décr. n° 2023-296 du 20 avr. 2023, art. 2) « *a)* » 400 fois le salaire horaire minimum de croissance brut pour les entreprises de 20 à moins de 250 salariés ;

(Décr. n° 2023-296 du 20 avr. 2023, art. 2) « *b)* » 500 fois le salaire horaire minimum de croissance brut pour les entreprises de 250 à moins de 750 salariés ;

(Décr. n° 2023-296 du 20 avr. 2023, art. 2) « *c)* » 600 fois le salaire horaire minimum de croissance brut pour les entreprises de 750 salariés et plus.

(Décr. n° 2023-296 du 20 avr. 2023, art. 2) « Le coefficient applicable en fonction de l'effectif d'assujettissement de l'entreprise mentionné au III de l'article R. 243-15 du code de la sécurité sociale correspond aux montants définis au 2°. »

Le salaire horaire minimum de croissance brut applicable mentionné au deuxièmement est le salaire applicable au 31 décembre de l'année au titre de laquelle la contribution est due.

TRAVAILLEURS HANDICAPÉS

Art. D. 5212-22 2759

A titre transitoire, pour les années 2020 à 2024, le montant de la contribution annuelle due au titre de l'obligation d'emploi des travailleurs handicapés fait l'objet d'une modulation selon les modalités suivantes :

a) En 2020, la hausse de la contribution par rapport à l'année précédente est réduite de :

30 % jusqu'à 10 000 € ;

50 % au-delà de 10 000 € et jusqu'à 100 000 € ;

70 % au-delà de 100 000 €.

b) De 2021 à 2024, la hausse de la contribution par rapport à l'année précédente est réduite de :

80 % en 2021 ;

75 % en 2022 ;

66 % en 2023 ;

50 % en 2024.

Lorsqu'une entreprise comprend un ou plusieurs établissements ayant signé un accord mentionné à l'art. L. 5212-8 et en vigueur au-delà du 1ᵉʳ janv. 2020, le calcul de la contribution due au titre de l'obligation d'emploi des travailleurs handicapés exclut les effectifs du ou des établissements ayant signé un accord pendant la durée de son application.

De 2021 à 2025, au plus tard le 31 déc. de chaque année, le ministre chargé du travail présente au conseil mentionné à l'art. L. 146-1 CASF un bilan des conditions de mise en œuvre des dispositions prévues au chapitre I du titre I du livre II de la cinquième partie C. trav. (Décr. nº 2019-523 du 27 mai 2019, art. 2).

Art. D. 5212-21 (Décr. nº 2019-523 du 27 mai 2019, art. 1ᵉʳ, en vigueur le 1ᵉʳ janv. 2020) Pour les employeurs n'ayant employé aucun travailleur handicapé bénéficiaire de l'obligation d'emploi ou n'ayant pas conclu de contrats de fournitures, de sous-traitance ou de services dans les conditions prévues à l'article L. 5212-10-1 ou n'ayant pas conclu d'accord mentionné à l'article L. 5212-8 pendant une période supérieure à trois ans, le montant mentionné au 2° de l'article D. 5212-20 est fixé à 1 500 fois le salaire horaire minimum de croissance, quel que soit le nombre de salariés employés.

Le montant du prix hors taxes payé des contrats de fournitures, de sous-traitance ou de services mentionnés à l'article L. 5212-10-1, duquel sont déduits les coûts des matières premières, des produits, des matériaux, de la sous-traitance, des consommations intermédiaires et des frais de vente et de commercialisation, doit être supérieur, sur quatre ans, à 600 fois le salaire horaire minimum de croissance brut.

Art. D. 5212-22 (Décr. nº 2019-523 du 27 mai 2019, art. 1ᵉʳ, en vigueur le 1ᵉʳ janv. 2020) Le montant de la déduction mentionnée à l'article L. 5212-10-1 résultant de la conclusion de contrats de fournitures, de sous-traitance ou de prestations de services avec des entreprises adaptées, des établissements ou services d'aide par le travail (Décr. nº 2020-1350 du 5 nov. 2020, art. 1ᵉʳ) « , des travailleurs indépendants handicapés ou avec les entreprises de portage salarial lorsque le salarié porté est reconnu bénéficiaire de l'obligation d'emploi prévue à l'article L. 5212-13 » est calculé en appliquant un taux de 30 % au prix hors taxes des fournitures, travaux ou prestations figurant au contrat, duquel sont déduits les coûts des matières premières, des produits, des matériaux, de la sous-traitance, des consommations intermédiaires et des frais de vente et de commercialisation.

Lorsqu'il emploie moins de 50 % du taux mentionné à l'article L. 5212-2 de travailleurs handicapés bénéficiaires de l'obligation d'emploi dans ses effectifs, l'employeur peut soustraire du montant de sa contribution la déduction mentionnée à l'alinéa précédent dans la limite de 50 % du montant de la contribution calculé conformément aux dispositions de l'article D. 5212-20. Cette limite est portée à 75 % lorsqu'il emploie au moins 50 % du taux mentionné à l'article L. 5212-2 de bénéficiaires de l'obligation d'emploi dans ses effectifs.

En cas de contrats conclus par un groupement d'achats, le montant de la déduction est réparti entre les différents employeurs membres du groupement d'achat à due proportion de leurs dépenses respectives.

Les dispositions issues du Décr. nº 2020-1350 du 5 nov. 2020 s'appliquent aux déclarations relatives à l'obligation d'emploi des travailleurs handicapés exigibles à compter du 1ᵉʳ janv. 2021 (Décr. préc., art. 3).

Art. D. 5212-23 (Décr. n° 2019-523 du 27 mai 2019, art. 1er, en vigueur le 1er janv. 2020) Les dépenses déductibles mentionnées à l'article L. 5212-11 sont relatives :

1° A la réalisation de diagnostics et de travaux afin de rendre les locaux de l'entreprise accessibles aux bénéficiaires de l'obligation d'emploi ;

2° Au maintien dans l'emploi au sein de l'entreprise et à la reconversion professionnelle de bénéficiaires de l'obligation d'emploi par la mise en œuvre de moyens humains, techniques ou organisationnels compensatoires à la situation de handicap, à l'exclusion des dépenses déjà prises en charge ou faisant l'objet d'aides financière [*financières*] délivrées par d'autres organismes ;

3° Aux prestations d'accompagnement des bénéficiaires de l'obligation d'emploi, aux actions de sensibilisation et de formation des salariés réalisées par d'autres organismes pour le compte de l'entreprise afin de favoriser la prise de poste et le maintien en emploi des bénéficiaires de l'obligation d'emploi.

L'employeur peut déduire du montant de sa contribution annuelle ces dépenses (Décr. n° 2020-1350 du 5 nov. 2020, art. 1er, en vigueur le 1er janv. 2021) « , au prix hors taxes, » dans la limite de 10 % du montant de la contribution annuelle calculée en application de l'article D. 5212-20.

Les dispositions issues du Décr. n° 2020-1350 du 5 nov. 2020 s'appliquent aux déclarations relatives à l'obligation d'emploi des travailleurs handicapés exigibles à compter du 1er janv. 2021.

Jusqu'au 31 déc. 2024, peuvent être déduites de sa contribution annuelle en application de l'art. L. 5212-11, en complément des déductions prévues à l'art. D. 5212-23 et dans les conditions prévues par le 5e al. de cet art., les dépenses exposées par l'employeur assujetti à l'obligation d'emploi des travailleurs handicapés au titre :

— de la participation à des événements promouvant l'accueil, l'embauche directe et le maintien dans l'emploi de travailleurs handicapés dans l'entreprise ;

— du partenariat, par voie de convention ou d'adhésion, avec des associations ou des organismes œuvrant pour la formation, l'insertion sociale et professionnelle de personnes handicapées que l'employeur accueille ou embauche, à l'exclusion des participations aux opérations de mécénat ;

— des actions concourant à la professionnalisation des dirigeants ou des travailleurs des entreprises adaptées, des travailleurs des établissements ou services d'aide par le travail ou des travailleurs indépendants handicapés, ainsi qu'au développement des achats auprès de ces acteurs (Décr. préc., art. 3).

Art. D. 5212-24 (Décr. n° 2020-1350 du 5 nov. 2020, art. 1er, en vigueur le 1er janv. 2021) Le montant de la déduction du montant de la contribution annuelle mentionnée au dernier alinéa de l'article L. 5212-9 est égal au produit de l'effectif, défini selon les modalités fixées à l'article L. 5212-1, de l'entreprise occupant un ou plusieurs emplois qui relèvent des catégories exigeant des conditions d'aptitude particulières mentionnées à l'article D. 5212-25, par 17 fois le salaire horaire minimum de croissance brut.

Les dispositions issues du Décr. n° 2020-1350 du 5 nov. 2020 s'appliquent aux déclarations relatives à l'obligation d'emploi des travailleurs handicapés exigibles à compter du 1er janv. 2021 (Décr. préc., art. 3).

Art. D. 5212-25 Les catégories d'emploi exigeant des conditions d'aptitude particulières sont énumérées dans la liste ci-dessous :

NUMÉRO DE LA NOMENCLATURE	INTITULÉ DE LA NOMENCLATURE DES PROFESSIONS ET CATÉGORIES socioprofessionnelles – emplois salariés d'entreprise (PCS-ESE)
389b	Officiers et cadres navigants techniques et commerciaux de l'aviation civile.
389c	Officiers et cadres navigants techniques de la marine marchande.
480b	Maîtres d'équipage de la marine marchande et de la pêche.

NUMÉRO DE LA NOMENCLATURE	INTITULÉ DE LA NOMENCLATURE DES PROFESSIONS ET CATÉGORIES socioprofessionnelles – emplois salariés d'entreprise (PCS-ESE)
526e	Ambulanciers.
533a	Pompiers.
533b	Agents techniques forestiers, gardes des espaces naturels, exclusivement pour les gardes-chasse et les gardes-pêche.
534a	Agents civils de sécurité et de surveillance, excepté les gardiens d'usine et les gardiens de nuit.
534b	Convoyeurs de fonds, gardes du corps, enquêteurs privés et métiers assimilés.
546a	Contrôleurs des transports (personnels roulants).
546b	Hôtesses de l'air et stewards.
546e	Autres agents et hôtesses d'accompagnement (transports, tourisme).
553b	Vendeurs polyvalents des grands magasins.
624d	Monteurs qualifiés en structures métalliques.
621a	Chefs d'équipe du gros œuvre et des travaux publics.
621b	Ouvriers qualifiés du travail en béton.
621c	Conducteurs qualifiés d'engins de chantiers du bâtiment et des travaux publics.
621e	Autres ouvriers qualifiés des travaux publics.
621g	Mineurs de fond qualifiés et autres ouvriers qualifiés des industries d'extraction (carrières, pétrole, gaz...).
632a	Maçons qualifiés.
632c	Charpentiers en bois qualifiés.
632e	Couvreurs qualifiés.
641a	Conducteurs routiers et grands routiers.
641b	Conducteurs de véhicules routiers de transport en commun.
643a	Conducteurs livreurs et coursiers.
651a	Conducteurs d'engins lourds de levage.
651b	Conducteurs d'engins lourds de manœuvre.
652b	Dockers.
654b	Conducteurs qualifiés d'engins de transport guidés (sauf remontées mécaniques).

NUMÉRO DE LA NOMENCLATURE	INTITULÉ DE LA NOMENCLATURE DES PROFESSIONS ET CATÉGORIES socioprofessionnelles – emplois salariés d'entreprise (PCS-ESE)
654c	Conducteurs qualifiés de systèmes de remontées mécaniques.
656b	Matelots de la marine marchande.
656c	Capitaines et matelots timoniers de la navigation fluviale.
671c	Ouvriers non qualifiés des travaux publics et du travail du béton.
671d	Aides-mineurs et ouvriers non qualifiés de l'extraction.
681a	Ouvriers non qualifiés du gros œuvre du bâtiment.
691a	Conducteurs d'engins agricoles ou forestiers.
692a	Marins pêcheurs et ouvriers de l'aquaculture.

Art. D. 5212-26 (Abrogé par Décr. n° 2019-523 du 27 mai 2019, art. 1er, à compter du 1er janv. 2020) *Les montants mentionnés au 3° de l'article D. 5212-19 afin de tenir compte de l'effectif de l'entreprise sont fixés :*

1° A 400 fois le salaire horaire minimum de croissance dans les entreprises de 20 à 199 salariés ;

2° A 500 fois le salaire horaire minimum de croissance dans les entreprises de 200 à 749 salariés ;

3° A 600 fois le salaire horaire minimum de croissance dans les entreprises de 750 salariés et plus.

Art. D. 5212-27 (Abrogé par Décr. n° 2019-523 du 27 mai 2019, art. 1er, à compter du 1er janv. 2020) *Pour les établissements n'employant aucun travailleur handicapé, mutilé de guerre et assimilé et n'acquittant pas partiellement cette obligation d'emploi en passant des contrats de fournitures, de sous-traitance ou de services* (Décr. n° 2012-943 du 1er août 2012) « *dans les conditions prévues à l'article L. 5212-10* » *ou n'appliquant pas d'accord tel que prévu à l'article L. 5212-8 pendant une période supérieure à trois ans, le montant mentionné au 3° de l'article D. 5212-19 est fixé à 1 500 fois le salaire horaire minimum de croissance quel que soit le nombre de salariés de l'entreprise.*

Art. D. 5212-28 (Abrogé par Décr. n° 2019-523 du 27 mai 2019, art. 1er, à compter du 1er janv. 2020) *Dans la limite de 10 % du montant de la contribution annuelle calculée selon les dispositions des articles D. 5212-19 à D. 5212-27, l'employeur peut déduire du montant de cette contribution les dépenses ne lui incombant pas en application d'une disposition légale qu'il a supportée pour favoriser l'accueil, l'insertion ou le maintien dans l'emploi des travailleurs handicapés au sein de l'entreprise ou l'accès à la vie professionnelle de personnes handicapées.*

Sont exclues des dépenses déductibles les dépenses donnant lieu à une décision de reconnaissance de la lourdeur du handicap mentionnée aux articles R. 5213-40 à R. 5213-51.

Art. D. 5212-29 (Abrogé par Décr. n° 2019-523 du 27 mai 2019, art. 1er, à compter du 1er janv. 2020) *Les dépenses déductibles en application de l'article D. 5212-28 sont celles liées :*

1° A la réalisation de travaux, dans les locaux de l'entreprise, afin de faciliter l'accessibilité sous toutes ses formes des travailleurs handicapés ;

2° A la réalisation d'études et d'aménagements des postes de travail en liaison avec le médecin du travail et le (Décr. n° 2017-1819 du 29 déc. 2017, art. 3) « *comité social et économique* », *afin d'améliorer l'insertion professionnelle des travailleurs handicapés dans l'entreprise ;*

3° A la mise en place de moyens de transport adaptés en fonction de la mobilité et du problème particulier de chaque travailleur handicapé ;

4° A la mise en œuvre de moyens pour le maintien dans l'emploi et la reconversion professionnelle de travailleurs handicapés ;

5° A la mise en place d'actions pour aider au logement des travailleurs handicapés afin qu'ils puissent se rapprocher de leur lieu de travail ;

6° A la mise en place d'actions pour aider à la formation des travailleurs handicapés des entreprises adaptées et des établissements ou services d'aide par le travail dans le cas d'adaptation de la qualification liée à l'achat d'une prestation ;

7° Au partenariat avec des associations ou organismes œuvrant pour l'insertion sociale et professionnelle des personnes handicapées, à l'exclusion des actions financées dans le cadre du mécénat ;

8° A la mise en place d'actions d'aide à la création d'entreprises par des personnes handicapées ;

9° A la formation et à la sensibilisation de l'ensemble des salariés de l'entreprise dans le cadre de l'embauche ou du maintien dans l'emploi des travailleurs handicapés ;

10° A la conception et à la réalisation de matériel ou d'aides techniques pour les travailleurs handicapés ;

11° A l'aide à l'équipement et à l'apport de compétences et de matériel aux organismes de formation pour accroître leur accueil de personnes handicapées ;

12° A la formation initiale et professionnelle en faveur des personnes handicapées au-delà de l'obligation légale ;

(Décr. n° 2016-1192 du 1er sept. 2016) « 13° Aux démarches précédant l'ouverture de la négociation collective en vue de la conclusion d'un accord mentionné à l'article L. 5212-8. Dès lors que ces démarches aboutissent à l'agrément d'un premier accord, ces dépenses sont imputées au titre de la déclaration obligatoire de l'emploi des travailleurs handicapés de l'année précédant la première année de l'agrément de l'accord. »

Art. R. 5212-30 (Abrogé par Décr. n° 2019-521 du 27 mai 2019, art. 1er, à compter du 1er janv. 2020) L'employeur qui verse la contribution annuelle à l'association chargée de la gestion du fonds de développement pour l'insertion professionnelle des handicapés, s'acquitte de cette obligation au plus tard (Décr. n° 2012-1354 du 4 déc. 2012) « à la date mentionnée » à l'article R. 5212-1, pour l'année civile de référence au titre de laquelle la contribution est due.

SOUS-SECTION 3 Sanction administrative

La sous-section 4 devient la sous-section 3 (Décr. n° 2019-521 du 27 mai 2019, art. 1er, en vigueur le 1er janv. 2020).

Art. R. 5212-31 (Décr. n° 2012-1354 du 4 déc. 2012) La liste des employeurs qui n'ont pas rempli les obligations définies aux articles L. 5212-2 et L. 5212-6 à L. 5212-11 est transmise par l'association mentionnée à l'article L. 5214-1 au préfet de département compétent pour prononcer la pénalité prévue à l'article L. 5212-12. Les modalités de cette transmission sont précisées par arrêté du ministre chargé de l'emploi.

La pénalité est notifiée à l'employeur défaillant par décision motivée :

1° Du préfet du département où est situé l'établissement ;

2° Du préfet du département où est situé chaque établissement en cas d'application d'un accord mentionné à l'article L. 5212-8 ;

3° Du préfet du département où est situé le siège de l'entreprise dans le cas des entreprises ayant conclu un accord concernant des établissements situés dans plusieurs départements.

Le préfet établit un titre de perception pour la somme correspondante.

Il transmet ce titre au (Décr. n° 2014-551 du 27 mai 2014, art. 29) « directeur départemental ou, le cas échéant, régional des finances publiques » qui en assure le recouvrement.

CHAPITRE III RECONNAISSANCE ET ORIENTATION DES TRAVAILLEURS HANDICAPÉS

SECTION 1 Orientation et placement

Art. R. 5213-1 Le pilotage des actions du service public de l'emploi et des organismes de placement spécialisés en matière d'insertion professionnelle des personnes handicapées associe :
1° L'État ;
2° Le service public de l'emploi ;
3° L'association chargée de la gestion du fonds de développement pour l'insertion professionnelle des handicapés ;
4° Le Fonds de développement pour l'insertion professionnelle des handicapés dans la fonction publique ;
5° Les organismes de placement spécialisés. — *[Anc. art. L. 323-11, al. 3.]*

Art. R. 5213-1-1 *(Décr. n° 2018-850 du 5 oct. 2018)* Toute demande de renouvellement de la reconnaissance de la qualité de travailleur handicapé, formée auprès de la maison départementale des personnes handicapées, proroge les effets du bénéfice de la reconnaissance de cette qualité délivrée au titre de la précédente décision par la commission des droits et de l'autonomie des personnes handicapées jusqu'à ce qu'il soit statué à nouveau sur son renouvellement avant l'expiration du délai mentionné à l'article R. 241-33 du code de l'action sociale et des familles, dès lors qu'elle a été déposée avant l'échéance du droit en cours par tout moyen permettant de conférer date certaine à la réception de cette demande. Le bénéfice de cette prorogation demeure acquis indépendamment du sort de la demande en cours d'instruction.

Art. R. 5213-1-2 *(Décr. n° 2022-1561 du 13 déc. 2022, art. 4)* Le travailleur handicapé qui quitte un établissement ou un service d'aide par le travail pour rejoindre le milieu ordinaire de travail bénéficie obligatoirement, sans nouvelle décision de la commission des droits et de l'autonomie des personnes handicapées, du parcours renforcé en emploi mentionné à l'article L. 5213-2.

A ce titre, il bénéficie de l'accompagnement de son établissement ou service d'aide par le travail d'origine, organisé dans le cadre de la convention d'appui conclue entre cet établissement ou ce service et l'employeur, et éventuellement un service d'accompagnement à la vie sociale, en application du premier alinéa de l'article L. 344-2-5 du code de l'action sociale et des familles.

L'établissement ou le service d'aide par le travail assure ce suivi en lien avec la plateforme départementale chargée du dispositif d'emploi accompagné mentionné à l'article L. 5213-2-1.

A l'échéance de la convention d'appui mentionnée au deuxième alinéa, l'accompagnement du travailleur handicapé est assuré par la plateforme départementale d'emploi accompagné, sur décision de la commission des droits et de l'autonomie des personnes handicapées ou prescription des organismes désignés aux articles L. 5214-3-1, L. 5312-1 et L. 5314-1 du code du travail.

En cas de rupture de son contrat de travail ou lorsqu'il n'est pas définitivement recruté au terme de celui-ci, le travailleur handicapé est réintégré de plein droit, en application de l'article L. 344-2-5 du code de l'action sociale et des familles, dans son établissement ou service d'aide par le travail d'origine ou, à défaut, dans un autre établissement ou service d'aide par le travail avec lequel un accord a été conclu à cet effet, pendant toute la durée de validité de la décision de la commission des droits et de l'autonomie des personnes handicapées l'orientant en établissement ou service d'aide par le travail ou de la convention d'appui.

Art. R. 5213-2 Des centres de préorientation contribuent à l'orientation professionnelle des travailleurs handicapés.

Ils accueillent, sur décision motivée de la commission des droits et de l'autonomie des personnes handicapées, des travailleurs reconnus handicapés dont l'orientation professionnelle présente des difficultés particulières qui n'ont pu être résolues par l'équipe technique de cette commission. — *[Anc. art. L. 323-11, al. 1ᵉʳ, et anc. art. R. 323-33-1.]*

Art. R. 5213-3 Les centres de préorientation ont une compétence interdépartementale ou régionale et peuvent être rattachés à des établissements de réadaptation fonctionnelle ou de rééducation professionnelle. Dans ce cas, ils ont une gestion autonome et une comptabilité distincte. – *[Anc. art. R. 323-33-2.]*

Art. R. 5213-4 La préorientation est opérée dans le cadre d'un stage dont la durée est en moyenne et par stagiaire de huit semaines sans pouvoir excéder douze semaines.
A cet effet, l'agrément du stage prévu à l'article L. 6341-4 est exprimé en nombre de semaines-stagiaires. Ce dernier est au plus égal au produit du nombre de places par le nombre annuel de semaines ouvrées. – *[Anc. art. R. 323-33-3.]*

Art. R. 5213-5 Pendant son séjour en centre de préorientation, la personne handicapée est mise dans des situations de travail caractéristiques de catégories de métiers nettement différentes les unes des autres. Elle est informée des perspectives professionnelles que lui offrent ces métiers et mise en état de pouvoir élaborer un projet professionnel en liaison avec les services de *(Décr. n° 2014-524 du 22 mai 2014, art. 16-III)* « Pôle emploi » *[France Travail depuis le 1ᵉʳ janv. 2024]*. – *[Anc. art. R. 323-33-4.]*

Art. R. 5213-6 A l'issue de la période de préorientation, le centre adresse à la commission des droits et de l'autonomie des personnes handicapées un rapport détaillé sur les souhaits et sur les capacités d'adaptation intellectuelles et physiques de la personne observée à l'exercice ou à l'apprentissage d'un métier. La commission se prononce au vu de ce rapport. – *[Anc. art. R. 323-33-5.]*

Art. R. 5213-7 Des organismes de placement spécialisés, en charge de la préparation, de l'accompagnement et du suivi durable dans l'emploi des personnes handicapées, participent au dispositif d'insertion professionnelle et d'accompagnement particulier pendant la période d'adaptation au poste de travail des travailleurs handicapés mis en œuvre par l'État, le service public de l'emploi, l'association chargée de la gestion du fonds de développement pour l'insertion professionnelle des handicapés et le gestionnaire du fonds pour l'insertion professionnelle des handicapés dans la fonction publique.
Ils sont conventionnés à cet effet et peuvent, à cette condition, recevoir l'aide de l'association et du fonds mentionnés au premier alinéa.
Les conventions sont conformes aux orientations fixées par la convention d'objectifs conclue entre l'État et l'association chargée de la gestion du fonds de développement pour l'insertion professionnelle des handicapés. – *[Anc. art. L. 323-11, al. 2 et 4.]*

Art. R. 5213-8 Les centres de préorientation et les organismes de placement spécialisés concluent une convention avec la maison départementale des personnes handicapées mentionnée à l'article L. 146-3 du code de l'action sociale et des familles afin de coordonner leurs interventions auprès des personnes handicapées. – *[Anc. art. L. 323-11, al. 5.]*

SECTION 2 Réadaptation, rééducation et formation professionnelle

SOUS-SECTION 1 Centres d'éducation, de rééducation et de formation professionnelle

Art. R. 5213-9 L'éducation ou la rééducation professionnelle des travailleurs handicapés est assurée par :
1° Les centres d'éducation ou de rééducation professionnelle créés par l'État, par une collectivité publique ou par un établissement public, et notamment les écoles de reconversion mentionnées à l'article D. 526 du code des pensions militaires d'invalidité et des victimes de guerre ;
2° Les centres d'éducation ou de rééducation professionnelle créés par les organismes de sécurité sociale ;
3° Les centres d'éducation ou de rééducation professionnelle privés autres que ceux qui sont mentionnés au 2° ;
4° Les employeurs au titre d'actions d'éducation ou de rééducation professionnelle ;
(Abrogé par Décr. n° 2020-88 du 5 févr. 2020, art. 1ᵉʳ) « *5° Les centres collectifs ou d'entreprise agréés par le ministre chargé du travail ;* »

(Décr. n° 2020-88 du 5 févr. 2020, art. 1ᵉʳ) « 5° » Les organismes de formation au titre d'actions agréées en application de l'article L. 6341-4.

Art. R. 5213-10 La commission des droits et de l'autonomie des personnes handicapées est consultée sur toutes les demandes ou propositions de rééducation ou de réadaptation d'un travailleur handicapé. — *[Anc. art. R. 323-35, al. 1ᵉʳ, phrase 1.]*

Si les établissements dont la mission est d'assurer la rééducation ou la réadaptation professionnelle des travailleurs handicapés ont la faculté de demander à la COTOREP une révision du classement des intéressés en cas d'aggravation du handicap et s'ils peuvent prendre les mesures provisoires nécessaires à leur bon fonctionnement, ils ne sauraient mettre fin au stage d'un salarié pour des motifs tirés de son infirmité. ● CE 13 juill. 1979 : *Lebon 324*.

Art. R. 5213-11 En cas d'urgence, l'organisme de prise en charge du travailleur handicapé peut, à titre provisoire, prononcer l'admission de l'intéressé, sous réserve de transmettre dans les trois jours son dossier à la commission des droits et de l'autonomie des personnes handicapées. En ce cas, celle-ci statue en urgence. — *[Anc. art. R. 323-35, al. 1ᵉʳ, phrases 2 et 3.]*

Art. R. 5213-12 La commission des droits et de l'autonomie des personnes handicapées donne également son avis sur la nature, les modalités et la durée de la réadaptation, rééducation ou formation professionnelle appropriée.

En cas de prolongation de la période de stage ou en cas de mutation de section, la commission est saisie à nouveau pour avis. Elle est tenue informée avant la fin du stage des résultats de celui-ci. Ces informations sont portées sans délai à la connaissance de la commission par l'intermédiaire du *(Décr. n° 2020-1545 du 9 déc. 2020, art. 28-X, en vigueur le 1ᵉʳ avr. 2021)* « directeur régional de l'économie, de l'emploi, du travail et des solidarités » du département où se trouve situé le centre en cause de l'entreprise.

Art. R. 5213-13 Les demandes de subvention présentées par les centres collectifs de réadaptation, de rééducation ou de formation professionnelle ou par des entreprises du chef de leurs centres accueillant des travailleurs handicapés dans les conditions prévues à l'article R. 5213-9 à R. 5213-12 sont soumises pour avis à la section permanente du conseil supérieur pour le reclassement professionnel et social des travailleurs handicapés. — *[Anc. art. R. 323-37, al. 1ᵉʳ.]*

Art. R. 5213-14 L'attribution d'une aide financière fait l'objet d'une convention conclue entre le ministre chargé du travail et l'organisation ou l'établissement intéressé. Il est tenu compte, lors de cette attribution, des autres subventions que ce centre pourrait recevoir.

La convention détermine notamment :

1° Le nombre de bénéficiaires ;

2° La nature et les types de programmes ;

3° La durée des stages de réadaptation, de rééducation ou de formation professionnelle ;

4° Les modalités du contrôle technique et financier exercé sur le centre. — *[Anc. art. R. 323-37, al. 2 et 3.]*

SOUS-SECTION 2 **Convention de rééducation professionnelle en entreprise**

(Décr. n° 2022-372 du 16 mars 2022, art. 2, en vigueur le 31 mars 2022)

Art. R. 5213-15 I. – La convention mentionnée au I de l'article L. 5213-3-1 définit le montant total de la rémunération perçue par le salarié au titre du salaire versé pour le compte de l'employeur et des indemnités journalières mentionnées à l'article R. 323-3-1 du code de la sécurité sociale. Ce montant ne peut être inférieur à la rémunération perçue avant l'arrêt de travail précédant la mise en place de la convention.

La durée maximale de la convention ne peut être supérieure à dix-huit mois. Elle est déterminée en tenant compte, le cas échéant, de la durée de l'arrêt de travail qui a précédé sa mise en place dans les conditions prévues par le I de l'article R. 323-3-1 du code de la sécurité sociale.

II. – La caisse primaire d'assurance maladie transmet pour information la convention à la direction régionale de l'économie, de l'emploi, du travail et des solidarités dans le ressort de laquelle l'entreprise est installée.

Ces dispositions s'appliquent aux arrêts de travail en cours au 31 mars 2022 (Décr. n° 2022-725 du 16 mars 2022, art. 6).

Art. R. 5213-16 Par dérogation aux articles R. 5213-10 et R. 5213-12, la mise en place de la convention mentionnée au I de l'article L. 5213-3-1 est dispensée d'avis préalable de la commission des droits et de l'autonomie des personnes handicapées.

V. ndlr ss. art. R. 5213-15.

Art. R. 5213-17 I. – Lorsque la rééducation professionnelle est assurée au sein d'une autre entreprise selon les modalités définies à l'article L. 8241-2, l'employeur initial transmet pour information la convention de rééducation professionnelle en entreprise mentionnée à l'article R. 5213-15 à l'entreprise dans laquelle se déroule la rééducation professionnelle.
II. – L'employeur facture à l'entreprise dans laquelle le salarié effectue sa rééducation professionnelle la fraction de la rémunération, des charges sociales et des frais professionnels restant à sa charge.

V. ndlr ss. art. R. 5213-15.

SOUS-SECTION 3 **Réentraînement au travail**

Art. R. 5213-22 Le réentraînement au travail prévu à l'article L. 5213-5 a pour but de permettre au salarié qui a dû interrompre son activité professionnelle à la suite d'une maladie ou d'un accident, de reprendre son travail et de retrouver après une période de courte durée son poste de travail antérieur ou, le cas échéant, d'accéder directement à un autre poste de travail. – *[Anc. art. R. 323-39.]*

Art. R. 5213-23 Les obligations d'assurer le réentraînement au travail et la rééducation professionnelle sont satisfaites par :
1° La création d'un atelier spécial de rééducation et de réentraînement au travail ;
2° L'aménagement dans l'entreprise de postes spéciaux de rééducation et de réentraînement ;
3° La mise en œuvre simultanée de ces deux types de mesures. – *[Anc. art. R. 323-40, al. 1er.]*

Art. R. 5213-24 Le médecin du travail et le *(Décr. n° 2017-1819 du 29 déc. 2017, art. 3)* « comité social et économique » sont consultés sur les moyens les mieux adaptés aux conditions d'exploitation et à la nature des activités professionnelles visant le réentraînement au travail et la rééducation professionnelle. – *[Anc. art. R. 323-40, al. 2.]*

Art. R. 5213-25 Les modalités de réentraînement et de rééducation retenues sont communiquées à l'*(Décr. n° 2021-143 du 10 févr. 2021, art. 10)* « agent de contrôle de l'inspection du travail » qui peut mettre l'employeur en demeure d'adopter, dans un délai déterminé, l'une ou l'autre des mesures énoncées à l'article R. 5213-23 ou de compléter les dispositions prises. – *[Anc. art. R. 323-40, al. 3.]*

Art. R. 5213-26 L'affectation du travailleur handicapé aux ateliers ou postes spéciaux prévus à l'article R. 5213-23 est prononcée sur avis du médecin du travail. – *[Anc. art. R. 323-41.]*

SECTION 3 **Agrément et contrôle des centres de préorientation et d'éducation professionnelle**

Art. R. 5213-27 Les centres de préorientation définis à l'article R. 5213-2 et les centres d'éducation ou de rééducation professionnelle définis aux 1° à 3° de l'article R. 5213-9 sont agréés par le préfet de région. – *[Anc. art. R. 323-41-1.]*

Art. R. 5213-28 La demande d'agrément est adressée par la personne responsable du projet au préfet de la région dans laquelle est situé l'établissement. Elle est accompagnée d'un dossier dont la composition est fixée par arrêté conjoint des ministres chargés des personnes handicapées et de l'emploi et qui comprend, notamment, les programmes de formation projetés.

Cette demande est soumise pour avis aux organismes d'assurance maladie intéressés, au comité de coordination régional de l'emploi et de la formation professionnelle et au conseil régional. – *[Anc. art. R. 323-41-2.]*

Art. R. 5213-29 L'extension d'un centre doit faire l'objet d'un nouvel agrément pris dans les conditions fixées aux articles R. 5213-27 et R. 5213-28.

La modification des programmes de formation est agréée par le préfet de région, après consultation du comité de coordination régional de l'emploi et de la formation professionnelle. – *[Anc. art. R. 323-41-3.]*

Art. R. 5213-30 L'agrément peut être retiré dans les formes et après les consultations prévues aux articles R. 5213-27 et R. 5213-28. L'institution gestionnaire est alors mise à même de présenter ses observations.

En cas d'urgence, l'agrément peut être suspendu par le préfet de région. – *[Anc. art. R. 323-41-4.]*

Art. R. 5213-31 Les centres de préorientation sont placés sous le contrôle des ministres chargés de la sécurité sociale, de l'action sociale, de l'emploi, de la formation professionnelle et, le cas échéant, de l'agriculture ainsi que du ministre chargé de la défense en ce qui concerne les établissements gérés par l'Office national des anciens combattants.

Les centres adressent chaque année un rapport d'activité aux ministres intéressés par l'intermédiaire du préfet de région. – *[Anc. art. R. 323-41-5.]*

SECTION 4 Orientation en milieu professionnel

SOUS-SECTION 1 Aides financières

§ 1 Aide pour l'adaptation du lieu de travail

Art. R. 5213-32 L'aide financière prévue à l'article L. 5213-10 peut concerner, notamment :

1° L'adaptation des machines ou des outillages ;
2° L'aménagement de postes de travail, y compris l'équipement individuel nécessaire aux travailleurs handicapés pour occuper ces postes ;
3° Les accès aux lieux de travail. – *[Anc. art. L. 323-9, al. 6, phrase 2.]*

Art. R. 5213-33 La demande d'aide financière présentée au titre de l'article R. 5213-32 est adressée au préfet du département où est situé l'établissement.

Elle est accompagnée d'une description technique du projet et d'un devis estimatif ainsi que de l'avis du *(Décr. n° 2017-1819 du 29 déc. 2017, art. 3)* « comité social et économique ». – *[Anc. art. R. 323-117, al. 1er.]*

Art. R. 5213-34 Le montant de l'aide financière susceptible d'être accordée ne peut excéder 80 % du coût de l'adaptation ou de l'aménagement envisagé. – *[Anc. art. R. 323-117, al. 2.]*

Art. R. 5213-35 Le préfet statue sur la demande d'aide financière.

Toutefois, lorsque l'aide susceptible d'être accordée excède un montant fixé par arrêté conjoint des ministres chargés du budget et de l'emploi, l'arrêté du préfet est, avant mise à exécution, transmis au ministre chargé de l'emploi, qui dispose d'un délai de quinze jours à compter de la réception de cet arrêté pour évoquer le dossier et statuer sur la demande. – *[Anc. art. R. 323-117, al. 3.]*

§ 2 Aide pour le renforcement de l'encadrement

Art. R. 5213-36 Lorsque la demande d'aide financière concerne la compensation des charges supplémentaires d'encadrement, elle est adressée au préfet du département où est situé l'établissement.

Elle est accompagnée de la justification des dépenses correspondant à ce supplément d'encadrement ainsi que de l'avis du *(Décr. n° 2017-1819 du 29 déc. 2017, art. 3)* « comité social et économique ». — *[Anc. art. R. 323-118, al. 1er.]*

Art. R. 5213-37 L'aide financière susceptible d'être accordée ne peut concerner que la seule période durant laquelle la présence d'un encadrement supplémentaire est nécessaire pour assurer l'adaptation à l'emploi des travailleurs handicapés et ne peut excéder 50 % des dépenses d'encadrement supplémentaire correspondant à cette période. — *[Anc. art. R. 323-118, al. 2 et 3.]*

Art. R. 5213-38 Le préfet statue sur la demande d'aide financière.

Toutefois, lorsque l'aide susceptible d'être accordée excède un montant fixé par arrêté conjoint des ministres chargés du budget et de l'emploi, l'arrêté du préfet est, avant mise à exécution, transmis au ministre chargé de l'emploi, qui dispose d'un délai de quinze jours à compter de la réception de cet arrêté pour évoquer le dossier et statuer sur la demande. — *[Anc. art. R. 323-118, al. 4.]*

§ 3 Compensation de la lourdeur du handicap

Art. R. 5213-39 *(Décr. n° 2016-100 du 2 févr. 2016, art. 1er, en vigueur le 1er juill. 2016)* La reconnaissance de la lourdeur du handicap mentionnée à l'article L. 5212-9 et l'attribution de l'aide mentionnée à l'article L. 5213-11 font l'objet de décisions de l'association mentionnée à l'article L. 5214-1.

Art. R. 5213-40 La modulation de la contribution annuelle et l'attribution de l'aide à l'emploi prévues aux articles L. 5212-9 et L. 5213-11 ont pour objet de compenser la lourdeur du handicap d'un bénéficiaire de l'obligation d'emploi.

La lourdeur du handicap est évaluée, au regard du poste de travail, après aménagement optimal de ce dernier. — *[Anc. art. R. 323-120.]*

Art. R. 5213-41 *(Abrogé par Décr. n° 2016-100 du 2 févr. 2016, art. 11, à compter du 1er juill. 2016) L'employeur demande la reconnaissance de la lourdeur du handicap du salarié, par pli recommandé avec avis de réception, au (Décr. n° 2012-896 du 19 juill. 2012)* « délégué régional de l'association chargée de la gestion du fonds de développement pour l'insertion professionnelle des handicapés de la région » *où est situé l'établissement auquel le bénéficiaire de l'obligation d'emploi est rattaché.*

Art. R. 5213-42 *(Décr. n° 2016-100 du 2 févr. 2016, art. 2, en vigueur le 1er juill. 2016)* La demande de reconnaissance de la lourdeur du handicap est présentée par l'employeur au moyen d'un formulaire dont le modèle est fixé par arrêté conjoint des ministres chargés de l'emploi et des personnes handicapées.

Ce formulaire, dûment renseigné et signé, est accompagné des pièces suivantes :

1° L'un des justificatifs de la qualité de bénéficiaire de l'obligation d'emploi dont la liste figure à l'article L. 5212-13 du code du travail ;

(Décr. n° 2016-1908 du 27 déc. 2016, art. 19, en vigueur le 1er janv. 2017) « 2° L'avis d'aptitude ou l'attestation de suivi délivrés par les professionnels de santé du service de santé au travail ; »

3° Le contrat de travail du bénéficiaire et, le cas échéant, le ou les avenants à ce contrat ;

4° Le dernier bulletin de salaire du bénéficiaire ;

5° Les justificatifs des coûts supportés par l'employeur dans le cadre de l'aménagement optimal du poste et de l'environnement de travail du bénéficiaire ;

6° Les justificatifs des coûts supportés par l'employeur au titre des charges pérennes induites par le handicap.

V. Arr. du 9 sept. 2019 relatif aux modèles de formulaire de demande de reconnaissance de la lourdeur du handicap, aux modalités de calcul mentionnées à l'art. R. 5213-45 C. trav. et au montant annuel de l'aide à l'emploi mentionné à l'art. R. 5213-49 du même code (JO 13 sept.).

Art. R. 5213-43 L'employeur informe le salarié du dépôt de la demande de la reconnaissance de la lourdeur de son handicap. — *[Anc. art. R. 323-121, al. 9.]*

Art. R. 5213-44 *(Décr. n° 2016-100 du 2 févr. 2016, art. 3, en vigueur le 1er juill. 2016)* Lorsque la demande émane d'un bénéficiaire de l'obligation d'emploi exerçant une activité professionnelle non salariée, elle est présentée au moyen d'un formulaire dont le modèle est fixé par arrêté conjoint des ministres chargés de l'emploi et des personnes handicapées.

Ce formulaire, dûment renseigné et signé, est accompagné des pièces suivantes :

1° L'un des justificatifs de la qualité de bénéficiaire de l'obligation d'emploi dont la liste figure à l'article L. 5212-13 du code du travail ;

2° Un justificatif d'immatriculation ou d'inscription attestant de l'activité de travailleur non salarié ;

3° Un justificatif des revenus professionnels de la dernière année écoulée ;

4° Les justificatifs des coûts supportés par le bénéficiaire dans le cadre de l'aménagement optimal de son poste et de son environnement de travail ;

5° Les justificatifs des coûts supportés par le bénéficiaire au titre des charges pérennes induites par son handicap.

Art. R. 5213-45 (Décr. n° 2016-100 du 2 févr. 2016, art. 4, en vigueur le 1er juill. 2016) L'association mentionnée à l'article L. 5214-1 détermine le montant annuel des charges pérennes induites par le handicap mentionnées au 6° de l'article R. 5213-42 ou au 5° de l'article R. 5213-44, en application des modalités de calcul fixées par arrêté conjoint des ministres chargés de l'emploi et des personnes handicapées.

La reconnaissance de la lourdeur du handicap est accordée comme suit :

1° Pour les salariés, lorsque le montant déterminé par l'association est supérieur ou égal à 20 % du produit du salaire horaire minimum de croissance par un nombre d'heures correspondant, sur une base annuelle, soit à la durée collective du travail applicable dans l'établissement, soit à la durée de travail inscrite au contrat en cas de temps partiel, dans la limite d'une durée correspondant à l'application, sur une base annuelle, de la durée légale du travail fixée à l'article (Décr. n° 2016-1551 du 18 nov. 2016, art. 6-V, en vigueur le 1er janv. 2017) « L. 3121-27 » ;

2° Pour les bénéficiaires de l'obligation d'emploi qui exercent une activité professionnelle non salariée, lorsque le montant déterminé par l'association est supérieur ou égal à 20 % du produit du salaire horaire minimum de croissance par un nombre d'heures correspondant à l'application, sur une base annuelle, de la durée légale du travail fixée à l'article (Décr. n° 2016-1551 du 18 nov. 2016, art. 6-V, en vigueur le 1er janv. 2017) « L. 3121-27 ».

V. Arr. du 9 sept. 2019 relatif aux modèles de formulaire de demande de reconnaissance de la lourdeur du handicap, aux modalités de calcul mentionnées à l'art. R. 5213-45 C. trav. et au montant annuel de l'aide à l'emploi mentionné à l'art. R. 5213-49 du même code (JO 13 sept.).

Art. R. 5213-46 (Décr. n° 2016-100 du 2 févr. 2016, art. 5, en vigueur le 1er juill. 2016) La décision prise par l'association mentionnée à l'article L. 5214-1 est motivée, puis notifiée au demandeur. Lorsque celui-ci est l'employeur, il en informe aussitôt le bénéficiaire de l'obligation d'emploi.

Cette décision prend effet à compter de la date du dépôt de la demande. Elle est accordée pour une durée de trois ans. Si le contrat de travail, ou l'activité professionnelle du travailleur non salarié, se termine ou est interrompu avant cette échéance, la décision de reconnaissance de la lourdeur du handicap prend fin à cette même date.

Pour les personnes âgées de 50 ans révolus et plus à la date du dépôt de la demande, la décision de reconnaissance de la lourdeur du handicap est valable jusqu'à la fin de l'activité professionnelle pour laquelle elle a été obtenue, sauf si elles se trouvent dans un des cas prévus à l'article R. 5213-46-2, et sans préjudice de l'article R. 5213-48.

Art. R. 5213-46-1 (Décr. n° 2016-100 du 2 févr. 2016, art. 6, en vigueur le 1er juill. 2016) Pour les personnes présentant un taux d'invalidité ou d'incapacité permanente égal ou supérieur à 80 %, dans le cas d'une première demande ou d'une demande de révision, la décision de reconnaissance de la lourdeur du handicap peut être accordée pour une durée d'un an, sur présentation de la liste des prévisions d'aménagement du poste et de l'environnement de travail. Ces aménagements sont à réaliser au cours de l'année qui suit le dépôt de la demande. A l'expiration de cette décision, la demande de reconnaissance de la lourdeur du handicap devra être faite dans les conditions fixées aux articles R. 5213-42 ou R. 5213-44.

Art. R. 5213-46-2 (*Décr. n° 2016-100 du 2 févr. 2016, art. 6, en vigueur le 1ᵉʳ juill. 2016*) Pour les salariés ouvrant droit à l'aide au poste sortant d'entreprises adaptées (*Décr. n° 2018-1334 du 28 déc. 2018, art. 2-III, en vigueur le 1ᵉʳ janv. 2019*) « mentionnées » à l'article L. 5213-13 du code du travail, et les usagers sortant d'établissements et services d'aide par le travail mentionnés à l'article L. 344-2 du code de l'action sociale et des familles, recrutés par une entreprise du milieu ordinaire de travail autre qu'une entreprise adaptée (*Abrogé par Décr. n° 2018-1334 du 28 déc. 2018, à compter du 1ᵉʳ janv. 2019*) « *ou un centre de distribution de travail à domicile* », la première décision de reconnaissance de la lourdeur du handicap est prise sur présentation du justificatif établi par la structure du milieu adapté ou protégé, attestant de la sortie depuis moins d'un an à la date du dépôt de la demande. Cette première décision ouvre droit à une aide à l'emploi à taux majoré ou[,] le cas échéant[,] à une modulation de la contribution annuelle prévue à l'article L. 5212-9 dans les conditions prévues à l'article R. 5213-51. Le modèle de formulaire contenant l'attestation susmentionnée est fixé par arrêté conjoint des ministres chargés de l'emploi et des personnes handicapées. Ce formulaire, dûment renseigné et signé par l'employeur ou le travailleur non salarié demandeur de la reconnaissance de la lourdeur du handicap, est accompagné des justificatifs prévus aux 1°, 2° et 3° de l'article R. 5213-42 ou aux 1° et 2° de l'article R. 5213-44.

V. Arr. du 9 sept. 2019 relatif aux modèles de formulaire de demande de reconnaissance de la lourdeur du handicap, aux modalités de calcul mentionnées à l'art. R. 5213-45 C. trav. et au montant annuel de l'aide à l'emploi mentionné à l'art. R. 5213-49 du même code (JO 13 sept.).

Art. R. 5213-47 (*Décr. n° 2016-100 du 2 févr. 2016, art. 7, en vigueur le 1ᵉʳ juill. 2016*) La reconnaissance de la lourdeur du handicap peut être renouvelée, à l'expiration de la décision, sur présentation d'une nouvelle demande.

Si la décision de reconnaissance de la lourdeur du handicap, venue à expiration, a été faite dans les conditions fixées à l'article R. 5213-42 ou à l'article R. 5213-44, et dans le cas où la demande de renouvellement n'inclut pas une demande de révision au titre de l'article R. 5213-48 et si la personne handicapée est âgée de moins de 50 ans à la date du dépôt de cette nouvelle demande, la décision de l'association mentionnée à l'article L. 5214-1 est prise au vu d'un formulaire simplifié dont le modèle est fixé par arrêté conjoint des ministres chargés de l'emploi et des personnes handicapées, accompagné des pièces prévues aux 1°, 2° et 4° de l'article R. 5213-42 ou aux 1° et 3° de l'article R. 5213-44. Cette demande de renouvellement simplifiée doit être présentée dans un délai de six mois maximum à compter de la date de fin de la décision précédente.

V. Arr. du 9 sept. 2019 relatif aux modèles de formulaire de demande de reconnaissance de la lourdeur du handicap, aux modalités de calcul mentionnées à l'art. R. 5213-45 C. trav. et au montant annuel de l'aide à l'emploi mentionné à l'art. R. 5213-49 du même code (JO 13 sept.).

Art. R. 5213-48 (*Décr. n° 2016-100 du 2 févr. 2016, art. 8, en vigueur le 1ᵉʳ juill. 2016*) Lorsqu'une décision de reconnaissance de la lourdeur du handicap est en cours et que le bénéficiaire de l'obligation d'emploi change de poste au sein de l'entreprise ou d'activité non salariée, ou lorsque son handicap ou son environnement de travail évolue, l'employeur ou le bénéficiaire non salarié présente une demande de révision dans les conditions fixées aux articles R. 5213-42 ou R. 5213-44.

Art. R. 5213-49 (*Décr. n° 2016-100 du 2 févr. 2016, art. 9, en vigueur le 1ᵉʳ juill. 2016*) Un arrêté conjoint des ministres chargés de l'emploi et des personnes handicapées fixe le montant de l'aide à l'emploi, ainsi qu'un montant majoré. Ce montant majoré est applicable lorsque le montant annuel des charges pérennes induites par le handicap est supérieur ou égal à 50 % du produit résultant du calcul déterminé en application des alinéas 3 ou 4 de l'article R. 5213-45.

V. Arr. du 9 sept. 2019 relatif aux modèles de formulaire de demande de reconnaissance de la lourdeur du handicap, aux modalités de calcul mentionnées à l'art. R. 5213-45 C. trav. et au montant annuel de l'aide à l'emploi mentionné à l'art. R. 5213-49 du même code (JO 13 sept.).

Art. R. 5213-50 L'aide à l'emploi est calculée à due proportion du temps de travail accompli par rapport à la durée collective du travail applicable dans l'établissement, ou, pour le bénéficiaire de l'obligation d'emploi non salarié, par rapport à la durée légale du travail. – *[Anc. art. R. 323-125, phrase 2.]*

Art. R. 5213-51 (Décr. n° 2016-100 du 2 févr. 2016, art. 10, en vigueur le 1er juill. 2016) Dans le mois qui suit la date de notification de la décision, l'employeur soumis à l'obligation d'emploi peut opter pour la modulation de la contribution annuelle prévue à l'article L. 5212-9.

Faute d'avoir notifié son option pour la modulation, dans ce délai d'un mois, l'employeur est censé avoir opté, pour toute la durée de la décision, pour le versement de l'aide à l'emploi.

Dans le cas où, pendant la durée de la décision, l'employeur ayant opté pour la modulation ne serait plus assujetti à l'obligation d'emploi ou remplirait cette obligation, l'aide à l'emploi se substituerait, à sa demande, à la modulation de la contribution.

§ 4 Subvention à l'installation pour l'exercice d'une activité indépendante

Art. R. 5213-52 La personne handicapée pour laquelle la commission des droits et de l'autonomie des personnes handicapées prononce une orientation vers le marché du travail et qui se dirige vers une activité indépendante peut bénéficier d'une subvention d'installation.

Cette subvention, dont le montant et les conditions d'attribution sont fixés par décret, contribue à l'achat et à l'installation de l'équipement nécessaire à cette activité. – *[Anc. art. R. 323-73.]*

Art. D. 5213-53 Pour prétendre à la subvention d'installation, le travailleur handicapé répond aux conditions suivantes :

1° Il n'a subi aucune des condamnations prévues par le chapitre VIII du titre II du livre premier du code de commerce ;

2° Il présente toutes les garanties de moralité nécessaires ;

3° S'il ne possède pas la nationalité française ou celle d'un État membre de l'Union européenne, il réside en France depuis trois ans au moins au moment de la demande ;

4° Il dispose d'un local permettant l'exercice de la profession et remplit les conditions habituelles d'exploitation ;

5° Il justifie des diplômes éventuellement exigés pour l'exercice de la profession ;

6° Il est inscrit au (Décr. n° 2022-1015 du 19 juill. 2022, art. 9, en vigueur le 1er janv. 2023) « Registre national des entreprises en tant qu'entreprise du secteur des métiers et de l'artisanat *[ancienne rédaction : répertoire des métiers]*, » au registre du commerce et aux ordres professionnels, lorsque cette inscription est nécessaire pour l'exercice de la profession.

Art. D. 5213-54 La demande de subvention est adressée par l'intéressé au secrétariat de la commission des droits et de l'autonomie des personnes handicapées de son lieu de résidence, au plus tard dans les douze mois qui suivent la fin du stage de formation ou de la sortie de l'université.

La commission instruit la demande et la transmet avec son avis motivé au préfet de département de résidence de l'intéressé, qui prend la décision. – *[Anc. art. D. 323-18.]*

Art. D. 5213-55 La subvention est attribuée dans la limite des crédits délégués par le ministre chargé de l'emploi.

Son montant maximum est fixé par arrêté conjoint des ministres chargés de l'emploi et du budget. – *[Anc. art. D. 323-20.]*

Art. D. 5213-56 Le versement de la subvention est subordonné à l'établissement d'une convention précisant son objet et les modalités de contrôle exercé par la collectivité publique. – *[Anc. art. D. 323-21.]*

Art. D. 5213-57 La subvention est affectée à l'achat ou à l'installation de l'équipement nécessaire à l'exercice de la profession indépendante vers laquelle le travailleur handicapé a été dirigé par la commission des droits et de l'autonomie des personnes handicapées. – *[Anc. art. D. 323-22, al. 1er.]*

Art. D. 5213-58 La profession indépendante exercée est choisie dans une des branches déterminées par arrêté du ministre chargé de l'emploi sur avis des ministres char-

TRAVAILLEURS HANDICAPÉS **Art. D. 5213-63** 2773

gés de l'industrie, de l'économie, du commerce et de l'artisanat ainsi que de l'agriculture si la subvention est destinée à l'équipement d'une entreprise du secteur agricole. — *[Anc. art. D. 323-22, al. 2.]*

Art. D. 5213-59 Pour bénéficier de la subvention d'installation, le travailleur handicapé s'engage à exploiter personnellement l'entreprise indépendante ainsi qu'à exercer personnellement la profession libérale en vue de laquelle la subvention est sollicitée. — *[Anc. art. D. 323-22, al. 3.]*

Art. D. 5213-60 Le remboursement de la subvention est exigible en cas d'utilisation à des fins autres que celles pour lesquelles elle a été consentie, de non-exploitation du fonds ou d'abandon non justifié de la profession par l'intéressé. — *[Anc. art. D. 323-23.]*

Art. D. 5213-61 L'inspection du travail est habilitée à contrôler l'utilisation de la subvention. — *[Anc. art. D. 323-24.]*

SOUS-SECTION 2 **Entreprises adaptées** *(Décr. n° 2018-1334 du 28 déc. 2018, art. 1er-I).*

§ 1 Contrat pluriannuel d'objectifs et de moyens *(Décr. n° 2018-1334 du 28 déc. 2018, art. 1er-II, en vigueur le 1er janv. 2019).*

Art. R. 5213-62 *(Décr. n° 2018-1334 du 28 déc. 2018, art. 1er-II, en vigueur le 1er janv. 2019)* Le préfet de région, en tenant compte des besoins économiques et sociaux et de l'offre existante sur son territoire, peut conclure avec une structure présentant un projet économique et social viable en faveur de l'emploi de travailleurs handicapés *(Décr. n° 2021-359 du 31 mars 2021, art. 3)* « , ou de personnes détenues reconnues travailleurs handicapés ayant signé *(Décr. n° 2022-917 du 21 juin 2022, art. 1er)* « le contrat d'emploi pénitentiaire mentionné à l'article L. 412-3 du code pénitentiaire », » un contrat pluriannuel d'objectifs et de moyens valant agrément en qualité d'entreprise adaptée dans la région d'implantation.

Lorsqu'une entreprise adaptée est implantée dans plusieurs régions et sollicite un agrément, sa demande est adressée au préfet de la région dans laquelle elle a son siège social. Le préfet de la région d'implantation du siège social coordonne l'instruction de la demande avec les autres préfets de région concernés qui lui transmettent leurs avis. Le préfet de la région d'implantation du siège social notifie la décision. Le contrat est conclu entre l'entreprise et le préfet de région du ressort de chaque établissement.

Art. D. 5213-63 *(Décr. n° 2019-39 du 23 janv. 2019, art. 1er, en vigueur le 1er janv. 2019)* I. — *(Décr. n° 2021-362 du 31 mars 2021, art. 2)* « Sous réserve des dispositions du III, » pour la conclusion du contrat pluriannuel d'objectifs et de moyens prévu au *(Décr. n° 2021-362 du 31 mars 2021, art. 2)* « premier » alinéa de l'article L. **5213-13** valant agrément des entreprises adaptées, les proportions minimale et maximale de travailleurs reconnus handicapés *(Décr. n° 2021-362 du 31 mars 2021, art. 2)* « , à l'exclusion des personnes détenues reconnues travailleurs handicapés ayant signé *(Décr. n° 2022-917 du 21 juin 2022, art. 1er)* « le contrat d'emploi pénitentiaire mentionné à l'article L. 412-3 du code pénitentiaire, » dans les effectifs salariés s'établissent respectivement à 55 % et 100 %.

Ces proportions sont déterminées par le rapport, calculé en pourcentage, entre le nombre en équivalents temps plein, de personnes mentionnées au deuxième alinéa de l'article L. 5213-13-1, et l'effectif salarié annuel de l'entreprise adaptée.

II. — L'effectif salarié annuel de l'entreprise adaptée est déterminé conformément aux dispositions de l'article R. 130-1 du code de la sécurité sociale.

(Décr. n° 2021-362 du 31 mars 2021, art. 2) « III. — Pour la conclusion du contrat pluriannuel d'objectifs et de moyens prévu au premier alinéa de l'article L. 5213-13 valant agrément des entreprises adaptées exerçant une partie de leur activité dans un établissement pénitentiaire, les proportions minimale et maximale de personnes détenues reconnues travailleurs handicapés travaillant dans le cadre du contrat d'implantation de l'entreprise adaptée s'établissent respectivement à 55 % et 100 %.

« Ces proportions sont déterminées par le rapport, calculé en pourcentage, entre le nombre d'heures de travail effectuées annuellement par les personnes détenues reconnues travailleurs handicapés et le nombre d'heures de travail effectuées annuellement par les personnes détenues ayant signé (*Décr. n° 2022-917 du 21 juin 2022, art. 1er*) « un contrat d'emploi pénitentiaire » travaillant dans le cadre du contrat d'implantation de l'entreprise adaptée. »

Art. D. 5213-63-1 (*Décr. n° 2019-39 du 23 janv. 2019, art. 1er, en vigueur le 1er janv. 2019*) (*Décr. n° 2021-362 du 31 mars 2021, art. 2*) « I. — Sous réserve des dispositions du II, » le montant total annuel d'aide versée à l'entreprise adaptée au titre de l'enveloppe financière mentionnée à l'article R. 5213-76 est calculé sur la base d'une proportion de travailleurs (*Décr. n° 2021-362 du 31 mars 2021, art. 2*) « , à l'exclusion des personnes détenues reconnues travailleurs handicapés ayant signé (*Décr. n° 2022-917 du 21 juin 2022, art. 1er*) « un contrat d'emploi pénitentiaire », » qui ne peut être supérieure à 75 % de l'effectif salarié annuel de l'entreprise.

Ce pourcentage est égal au rapport, du nombre en équivalents temps plein, des personnes mentionnées au deuxième alinéa de l'article L. 5213-13-1, dont l'emploi ouvre droit à une aide financière et de l'effectif salarié annuel de l'entreprise.

Les travailleurs reconnus handicapés ayant conclu un contrat à durée déterminée dans les conditions visées à l'article 78 de la loi n° 2018-771 susvisée (*Décr. n° 2021-362 du 31 mars 2021, art. 2*) « et les personnes détenues reconnues travailleurs handicapés ayant signé (*Décr. n° 2022-917 du 21 juin 2022, art. 1er*) « un contrat d'emploi pénitentiaire » » sont exclus du calcul.

(*Décr. n° 2021-362 du 31 mars 2021, art. 2*) « II. — Lorsque l'entreprise adaptée accomplit la mission prévue à (*Décr. n° 2022-917 du 21 juin 2022, art. 1er*) « l'article L. 412-3 du code pénitentiaire » auprès des personnes détenues reconnues travailleurs handicapées [handicapés] ayant signé (*Décr. n° 2022-917 du 21 juin 2022, art. 1er*) « un contrat d'emploi pénitentiaire », le montant total annuel d'aide versé au titre de l'enveloppe financière mentionnée à l'article R. 5213-76 est calculé sur la base d'une proportion de détenus reconnus travailleurs handicapés qui ne peut être supérieure à 75 % de l'effectif annuel de personnes détenues ayant signé (*Décr. n° 2022-917 du 21 juin 2022, art. 1er*) « un contrat d'emploi pénitentiaire » et travaillant dans le cadre du contrat d'implantation de l'entreprise adaptée.

« Ce pourcentage est égal au rapport entre le nombre d'heures de travail effectuées annuellement par les personnes détenues reconnues travailleurs handicapés dont l'emploi ouvre droit à une aide financière et le nombre total d'heures de travail effectuées annuellement par l'ensemble des personnes détenues ayant signé (*Décr. n° 2022-917 du 21 juin 2022, art. 1er*) « un contrat d'emploi pénitentiaire » et travaillant dans le cadre du contrat d'implantation de l'entreprise adaptée. »

Par dérogation au 1er al., pour les entreprises adaptées agréées avant le 1er janv. 2019, la proportion de travailleurs handicapés ne peut être supérieure respectivement à 90 % pour l'année 2019, 85 % pour l'année 2020, 85 % pour l'année 2021, 80 % pour l'année 2022 et 75 % pour l'année 2023 (Décr. n° 2019-39 du 23 janv. 2019, art. 5, mod. par Décr. n° 2021-1196 du 16 sept. 2021).

Art. R. 5213-64 (*Décr. n° 2018-1334 du 28 déc. 2018, art. 1er-II, en vigueur le 1er janv. 2019*) (*Décr. n° 2021-359 du 31 mars 2021, art. 3*) « I. — » Le contrat pluriannuel d'objectifs et de moyens mentionné à l'article L. 5213-13-1 comprend :

1° Une présentation du projet économique et social de la structure visant à favoriser l'accès à l'emploi des travailleurs reconnus handicapés précisant :

a) Les données relatives à l'identification de l'entreprise et un descriptif de ses activités ;

b) Les modalités de suivi et d'accompagnement des salariés handicapés dans leur projet professionnel ;

2° La présentation des moyens mobilisés pour mettre en œuvre le projet économique et social de l'entreprise adaptée ;

3° Le nombre de travailleurs reconnus handicapés ouvrant droit à l'aide financière mentionnée à l'article L. 5213-19 ;

4° Les documents administratifs, comptables et financiers à transmettre au préfet de région ;

5° Les modalités de suivi, d'évaluation et de résiliation du contrat pluriannuel d'objectifs et de moyens.

(Décr. n° 2021-359 du 31 mars 2021, art. 3) « II. — Lorsque l'entreprise adaptée exerce tout ou partie de son activité dans un établissement pénitentiaire, le contrat pluriannuel d'objectifs et de moyens comprend, en sus des éléments mentionnés au I :
« 1° Le contrat d'implantation conclu à ce titre ;
« 2° Les caractéristiques sociales et professionnelles des personnes détenues ayant signé un *(Décr. n° 2022-917 du 21 juin 2022, art. 1ᵉʳ)* « contrat d'emploi pénitentiaire » ainsi que les modalités de leur suivi et accompagnement ;
« 3° Les règles selon lesquelles sont rémunérées les personnes détenues ayant signé un *(Décr. n° 2022-917 du 21 juin 2022, art. 1ᵉʳ)* « contrat d'emploi pénitentiaire ». »

Art. R. 5213-65 *(Décr. n° 2018-1334 du 28 déc. 2018, art. 1ᵉʳ-II, en vigueur le 1ᵉʳ janv. 2019)* Le contrat pluriannuel d'objectifs et de moyens peut être conclu pour une durée maximale de cinq ans. Les stipulations financières du contrat conclu avec le préfet de région font l'objet d'avenants annuels. Chaque avenant fixe le montant des aides financières affectées à l'entreprise adaptée.
Le préfet de région peut réviser en cours d'année par voie d'avenant, à la hausse ou à la baisse, les aides affectées pour tenir compte d'un changement de situation de l'entreprise adaptée.

Art. R. 5213-65-1 *(Décr. n° 2023-1303 du 27 déc. 2023)* Les stipulations financières de l'avenant annuel mentionné au premier alinéa de l'article R. 5213-65 demeurent applicables après le terme de l'année sur laquelle elles portent, à titre conservatoire, jusqu'à la signature du nouvel avenant annuel et, au plus tard, jusqu'à une date fixée par arrêté des ministres chargés de l'emploi et du budget. Cette date ne peut pas dépasser le 31 mai de l'année concernée.
A l'échéance fixée dans les conditions prévues à l'alinéa précédent, lorsque l'entreprise adaptée n'a pas signé le nouvel avenant qui lui a été proposé, le versement des aides financières est suspendu jusqu'à la conclusion de cet avenant.
En l'absence de conclusion du nouvel avenant avant le 30 septembre de l'année concernée, les aides versées par l'État au titre de cette même année font l'objet d'une demande de reversement, qui tient compte des actions réalisées depuis le 1ᵉʳ janvier conformément au contrat pluriannuel d'objectifs et de moyens adressée *[adressé]* à l'entreprise adaptée.

Art. R. 5213-66 *(Décr. n° 2018-1334 du 28 déc. 2018, art. 1ᵉʳ-II, en vigueur le 1ᵉʳ janv. 2019)* Afin de favoriser la réalisation des projets professionnels des salariés *(Décr. n° 2021-359 du 31 mars 2021, art. 3)* « ou des personnes détenues ayant signé un *(Décr. n° 2022-917 du 21 juin 2022, art. 1ᵉʳ)* « contrat d'emploi pénitentiaire », la valorisation de leurs compétences et leur mobilité professionnelle au sein de l'entreprise adaptée elle-même ou vers d'autres employeurs, l'entreprise adaptée met en œuvre, au titre de l'accompagnement spécifique, un parcours d'accompagnement individualisé qui tient compte des besoins et capacités des travailleurs handicapés qu'elle emploie *(Décr. n° 2021-359 du 31 mars 2021, art. 3)* « ou des personnes détenues reconnues travailleurs handicapés ayant signé un *(Décr. n° 2022-917 du 21 juin 2022, art. 1ᵉʳ)* « contrat d'emploi pénitentiaire ». Cet accompagnement peut comprendre, notamment, une aide à la définition du projet professionnel, des actions de formation professionnelle et des actions d'évaluation des compétences.

Art. R. 5213-67 *(Décr. n° 2018-1334 du 28 déc. 2018, art. 1ᵉʳ-II, en vigueur le 1ᵉʳ janv. 2019)* L'entreprise adaptée transmet au préfet de région du ressort de chaque établissement ses comptes annuels et un bilan annuel d'activité présentant, pour les travailleurs reconnus handicapés *(Décr. n° 2021-359 du 31 mars 2021, art. 3)* « ou pour les personnes détenues reconnues travailleurs handicapés ayant signé un *(Décr. n° 2022-917 du 21 juin 2022, art. 1ᵉʳ)* « contrat d'emploi pénitentiaire » qu'elle accompagne, les actions mises en œuvre et leurs résultats ainsi que les moyens affectés à la réalisation de ces actions.
Il précise les réalisations menées en termes d'accompagnement individualisé, notamment en matière de formation et d'encadrement destiné à favoriser le projet professionnel, ainsi que les résultats constatés en matière d'accès et de maintien dans l'emploi des travailleurs handicapés.

Art. R. 5213-68 (*Décr. n° 2018-1334 du 28 déc. 2018, art. 1ᵉʳ-II, en vigueur le 1ᵉʳ janv. 2019*) I. — Le préfet contrôle l'exécution du contrat pluriannuel d'objectifs et de moyens. L'entreprise adaptée lui fournit, à sa demande, tout élément permettant de vérifier la bonne exécution du contrat, la réalité des actions mises en œuvre, ainsi que leurs résultats.

II. — En cas de non-respect des stipulations du contrat par l'entreprise adaptée, le préfet l'informe par tout moyen conférant date certaine de son intention de résilier le contrat. L'entreprise adaptée dispose d'un délai d'un mois pour faire connaître ses observations. Le préfet demande le reversement des sommes indûment perçues.

En cas de manquement aux règles du droit du travail constaté par l'inspection du travail, le préfet peut suspendre le contrat conclu avec l'entreprise adaptée si celle-ci n'a pas régularisé la situation dans le délai accordé par l'inspection du travail. Dans ce cas, le préfet prononce cette suspension à l'issue de ce délai et pour une durée identique.

III. — Lorsque l'aide financière est obtenue à la suite de fausses déclarations, le préfet résilie le contrat après avoir observé la procédure mentionnée au premier alinéa du II. Les sommes indûment perçues donnent lieu à reversement.

Art. R. 5213-69 (*Abrogé par Décr. n° 2021-359 du 31 mars 2021, art. 3*) *L'avenant financier annuel fait état de l'avancement de la réalisation des objectifs du contrat triennal, actualise les données relatives à la situation de l'entreprise adaptée ou du centre de distribution de travail à domicile et fixe le nombre et le montant des aides au poste.*

§ 2 Fonctionnement

Art. R. 5213-70 Chaque entreprise adaptée (*Abrogé par Décr. n° 2018-1334 du 28 déc. 2018, art. 2-IV, à compter du 1ᵉʳ janv. 2019*) « *ou centre de distribution de travail à domicile* » est placée sous l'autorité d'un responsable, sans préjudice des responsabilités incombant à l'organisme gestionnaire.

Quand une section d'entreprise adaptée est annexée à un établissement ou service d'aide par le travail, elle peut être placée sous l'autorité du même responsable.

Art. R. 5213-71 Chaque entreprise adaptée (*Abrogé par Décr. n° 2018-1334 du 28 déc. 2018, art. 2-IV, à compter du 1ᵉʳ janv. 2019*) « *ou centre de distribution de travail à domicile* » fait l'objet d'une comptabilité distincte tenue conformément aux prescriptions du plan comptable général.

Art. R. 5213-72 L'entreprise adaptée dispose de ses propres locaux.
(*Abrogé par Décr. n° 2018-1334 du 28 déc. 2018, art. 2-IV, à compter du 1ᵉʳ janv. 2019*) « *Si plusieurs activités sont organisées dans le même ensemble immobilier, l'entreprise adaptée peut être distinguée des autres activités.* »

Art. R. 5213-73 Les organismes gestionnaires des entreprises adaptées (*Abrogé par Décr. n° 2018-1334 du 28 déc. 2018, art. 2-IV, à compter du 1ᵉʳ janv. 2019*) « *et des centres de distribution de travail à domicile* » se soumettent au contrôle des agents des services du travail et de l'emploi. Ceux-ci peuvent se faire présenter tous les documents relatifs à la gestion, notamment les livres et registres dont la tenue est prescrite aux employeurs par les dispositions légales.

§ 3 Aides financières (*Décr. n° 2018-1334 du 28 déc. 2018, art. 1ᵉʳ-III, en vigueur le 1ᵉʳ janv. 2019*).

Art. R. 5213-76 (*Décr. n° 2018-1334 du 28 déc. 2018, art. 1ᵉʳ-III, en vigueur le 1ᵉʳ janv. 2019*) L'emploi des personnes mentionnées à l'article L. 5213-13-1 (*Décr. n° 2021-359 du 31 mars 2021, art. 3*) « ou l'accomplissement de la mission prévue à (*Décr. n° 2022-917 du 21 juin 2022, art. 1ᵉʳ*) » « l'article L. 412-3 du code pénitentiaire » auprès des personnes détenues reconnues travailleurs handicapés ayant signé un (*Décr. n° 2022-917 du 21 juin 2022, art. 1ᵉʳ*) « contrat d'emploi pénitentiaire » par les entreprises adaptées ouvre droit à une aide financière dans la limite de l'enveloppe financière fixée par l'avenant au contrat conclu avec le préfet de région.

Le montant de l'aide financière contribuant à compenser les conséquences du handicap et des actions engagées liées à l'emploi des travailleurs reconnus handicapés peut varier pour tenir compte de l'impact du vieillissement de ces travailleurs *(Décr. n° 2021-359 du 31 mars 2021, art. 3)* « ou de l'implantation en milieu pénitentiaire de l'entreprise adaptée ». L'aide est versée mensuellement à l'entreprise pour chaque poste de travail occupé en proportion du temps de travail effectif ou assimilé. Le cas échéant, le montant de l'aide est réduit à due proportion du temps de travail effectif ou assimilé d'occupation des postes.

Un arrêté conjoint du ministre chargé de l'emploi et du ministre chargé du budget *(Décr. n° 2021-359 du 31 mars 2021, art. 3)* « fixe le montant de l'aide prévue au présent article. Chaque année, cette aide est revalorisée en fonction de l'évolution du salaire minimum de croissance. » Cet arrêté peut fixer à Mayotte un montant spécifique des aides financières en fonction de l'évolution du salaire minimum de croissance en vigueur à Mayotte.

Le 3ᵉ al. de cet art. est entré en vigueur le 1ᵉʳ janv. 2020 (Décr. n° 2018-1334 du 28 déc. 2018, art. 3).

V. Arr. du 30 avr. 2021 fixant les montants des aides financières aux entreprises adaptées implantées en milieu pénitentiaire, NOR : MTRD2102816A (JO 23 mai).

V. Arr. du 5 juin 2023 fixant les montants des aides financières susceptibles d'être attribuées aux entreprises adaptées hors expérimentation, NOR : MTRD2311998A (JO 9 juill.).

Art. R. 5213-77 *(Décr. n° 2018-1334 du 28 déc. 2018, art. 1ᵉʳ-III, en vigueur le 1ᵉʳ janv. 2019)* Sont considérés comme du temps de travail effectif, quand ils sont rémunérés, les trois premiers jours d'absence justifiée par l'incapacité résultant de maladie ou d'accident.

Une aide minorée est versée à l'entreprise, lorsque l'employeur est tenu, en application de dispositions légales ou conventionnelles, de maintenir la rémunération pendant les périodes donnant lieu au versement de l'indemnité journalière prévue à l'article L. 321-1 du code de la sécurité sociale.

Le montant de cette aide minorée est calculé sur la base de 30 % du salaire horaire minimum de croissance brut. Il tient compte de la durée du travail applicable ou de la durée inscrite au contrat en cas de travail à temps partiel, dans la limite de la durée légale du travail. Lorsque l'absence ne recouvre pas un mois civil entier, l'aide est réduite au prorata du nombre d'indemnités journalières versées.

V. Arr. du 5 févr. 2020 fixant les montants des aides financières susceptibles d'être attribuées aux entreprises adaptées hors expérimentation, JO 23 févr., NOR : MTRD1937343A.

Art. R. 5213-78 *(Décr. n° 2018-1334 du 28 déc. 2018, art. 1ᵉʳ-III, en vigueur le 1ᵉʳ janv. 2019)* L'État confie à l'Agence de services et de paiement le versement et les contrôles des aides mentionnées à l'article L. 5213-19 du code du travail dans les conditions suivantes :

a) Les aides sont attribuées, dans la limite des crédits inscrits dans la loi de finances, à des entreprises adaptées qui ont conclu un contrat pluriannuel d'objectifs et de moyens mentionné à l'article L. 5213-13 ;

b) Les aides susmentionnées ne peuvent se cumuler pour un même poste, avec une autre aide de même nature et ayant le même objet, versée par l'État ;

c) La vérification des proportions minimale et maximale de travailleurs reconnus handicapés dans les effectifs salariés des entreprises adaptées *(Décr. n° 2021-359 du 31 mars 2021, art. 3)* « ou de personnes détenues reconnues travailleurs handicapés parmi les personnes détenues ayant signé un *(Décr. n° 2022-917 du 21 juin 2022, art. 1ᵉʳ)* « contrat d'emploi pénitentiaire » travaillant dans le cadre du contrat d'implantation d'une entreprise adaptée », ainsi que le respect par des règles européennes relatives aux aides d'État, s'effectuent notamment à partir des déclarations réalisées sous forme dématérialisée par l'intermédiaire d'un téléservice.

§ 4 *[ABROGÉ]* Subvention spécifique

(Abrogé par Décr. n° 2019-39 du 23 janv. 2019, art. 3, à compter du 1ᵉʳ janv. 2019)

§ 5 Mises à disposition dans une autre entreprise

Art. D. 5213-81 Le travailleur handicapé employé dans une entreprise adaptée peut, avec son accord et en vue d'une embauche éventuelle, être mis à la disposition d'un autre employeur, dans le cadre du contrat de mise à disposition prévu à l'article D. 5213-84. *(Abrogé par Décr. n° 2019-39 du 23 janv. 2019, art. 4-I, à compter du 1ᵉʳ janv. 2019)* « *Il continue à ouvrir droit, pour l'entreprise adaptée, à l'aide au poste et à la subvention spécifique prévus à l'article L. 5213-19.* »

(Décr. n° 2019-39 du 23 janv. 2019, art. 4-I, en vigueur le 1ᵉʳ janv. 2019) « Le travailleur reconnu handicapé mis à disposition auprès d'un employeur autre qu'une entreprise adaptée, ouvre droit à une aide financière versée à l'entreprise adaptée au titre de l'accompagnement professionnel individualisé visant à favoriser la réalisation de son projet professionnel et faciliter son embauche.

« Le montant de cette aide est fixé par arrêté conjoint du ministre chargé de l'emploi et du ministre chargé du budget. Il est revalorisé, chaque année, en fonction de l'évolution du salaire minimum de croissance. Cet arrêté peut fixer à Mayotte un montant spécifique en fonction de l'évolution du salaire minimum de croissance en vigueur à Mayotte.

« L'aide est versée mensuellement. Elle est réduite au prorata du temps de travail effectif ou assimilé.

« L'embauche d'un travailleur handicapé par l'entreprise adaptée, pour remplacer le travailleur mis à disposition d'un autre employeur, ouvre droit à une aide financière dans les conditions prévues à l'article R. 5213-76.

« L'entreprise adaptée peut réaliser auprès de l'entreprise utilisatrice une prestation d'appui individualisée qui consiste notamment à l'accompagnement de l'intégration de travailleurs handicapés, à l'adaptation de l'environnement de travail. Cette prestation est facturée par l'entreprise adaptée à l'entreprise utilisatrice de manière distincte de la mise à disposition. »

V. *Arr. du 9 juill. 2023 fixant les montants des aides financières susceptibles d'être attribuées aux entreprises adaptées hors expérimentation, NOR : MTRD2311998A (JO 5 juin).*

Art. D. 5213-82 Les conditions de la mise à disposition du travailleur handicapé sont fixées par des contrats écrits que *(Abrogé par Décr. n° 2019-39 du 23 janv. 2019, art. 4-II, à compter du 1ᵉʳ janv. 2019)* « *l'organisme gestionnaire de* » l'entreprise adaptée conclut, d'une part, avec l'employeur utilisateur et, d'autre part, avec le travailleur handicapé.

Art. D. 5213-83 Les contrats de mise à disposition *(Décr. n° 2019-39 du 23 janv. 2019, art. 4-III, en vigueur le 1ᵉʳ janv. 2019)* « auprès d'un même employeur » sont conclus pour une durée maximale d'un an, renouvelable une fois.

(Décr. n° 2019-39 du 23 janv. 2019, art. 4-III, en vigueur le 1ᵉʳ janv. 2019) « A titre exceptionnel, cette durée peut être prolongée d'un an avec l'accord du salarié, lorsque des difficultés particulièrement importantes liées à la situation de handicap du salarié ont fait obstacle à la réalisation de la mise à disposition.

« Ils sont transmis pour information à l' *(Décr. n° 2021-143 du 10 févr. 2021, art. 10)* « agent de contrôle de l'inspection du travail » et donnent lieu à une consultation du comité social et économique, ou à défaut des délégués du personnel, de l'entreprise utilisatrice. »

Art. D. 5213-84 *(Décr. n° 2019-39 du 23 janv. 2019, art. 4-IV, en vigueur le 1ᵉʳ janv. 2019)* Une convention de mise à disposition entre l'entreprise adaptée prêteuse et l'entreprise utilisatrice précise notamment :

1° L'identité et la qualification du salarié concerné ;

2° La durée, l'horaire et le lieu de la mise à disposition ;

3° Les caractéristiques des travaux à accomplir et de l'environnement de travail ;

4° Le mode de détermination des salaires, des charges sociales et des frais professionnels qui seront facturés à l'entreprise utilisatrice par l'entreprise adaptée prêteuse.

Art. D. 5213-85 *(Décr. n° 2019-39 du 23 janv. 2019, art. 4-IV, en vigueur le 1ᵉʳ janv. 2019)* Le salarié signe avec l'entreprise adaptée un avenant au contrat de travail qui précise notamment :

1° Le travail confié au sein de l'entreprise utilisatrice, les horaires et le lieu d'exécution du travail, ainsi que les caractéristiques particulières du poste de travail ;

2° Les éléments et les modalités de paiement de la rémunération due ;

3° Les conditions d'une offre d'embauche au sein de l'entreprise utilisatrice.

Art. D. 5213-86 Le salarié handicapé qui a démissionné d'une entreprise adaptée *(Abrogé par Décr. n° 2019-39 du 23 janv. 2019, art. 4-VI, à compter du 1er janv. 2019)* « *ou d'un centre de distribution de travail à domicile* » pour travailler dans une entreprise ordinaire bénéficie, dans le délai d'un an à compter de la rupture de son contrat, de la priorité d'embauche mentionnée à l'article L. 5213-17 s'il manifeste le souhait de réintégrer l'entreprise adaptée *(Abrogé par Décr. n° 2019-39 du 23 janv. 2019, art. 4-VI, à compter du 1er janv. 2019)* « *ou le centre de distribution de travail à domicile* ».

Dans ce cas, l'entreprise adaptée *(Abrogé par Décr. n° 2019-39 du 23 janv. 2019, art. 4-VI, à compter du 1er janv. 2019)* « *ou le centre de distribution de travail à domicile* » l'informe de tout emploi disponible compatible avec *(Décr. n° 2019-39 du 23 janv. 2019, art. 4-VI, en vigueur le 1er janv. 2019)* « *sa situation* ».

SECTION 5 Autres orientations

Art. R. 5213-87 Lorsque la commission des droits et de l'autonomie des personnes handicapées envisage l'orientation sur le marché du travail ou vers un établissement ou service d'aide par le travail, elle se prononce par une décision motivée, en tenant compte des possibilités réelles d'insertion dans le marché du travail ou au sein d'un tel établissement ou service. — [Anc. art. L. 323-30, al. 2.]

SECTION 6 Modalités de mise en œuvre et cahier des charges du dispositif d'emploi accompagné

(Décr. n° 2016-1899 du 27 déc. 2016, en vigueur le 1er janv. 2017)

V. Circ. DGCS/3B/5A/DGEFP/METH/2017/125 du 14 avr. 2017, NOR : AFSA1711452C.

V. Circ. DGCS/3B/5A/DGEFP/METH/2018/36 du 14 févr. 2018, NOR : SSAA1804477.

Art. D. 5213-88 Le dispositif d'emploi accompagné mentionné à l'article L. 5213-2-1 est mis en œuvre aux fins d'insertion dans le milieu ordinaire de travail, par une personne morale gestionnaire qui organise, au moyen de la convention de gestion mentionnée au III du même article, le soutien à l'insertion professionnelle et l'accompagnement médico-social du travailleur handicapé ainsi que l'accompagnement de son employeur. Il s'inscrit dans le cadre du plan régional d'insertion des travailleurs handicapés défini à l'article L. 5211-5.

La personne morale gestionnaire est :

1° Soit un établissement ou un service mentionnés aux 5° ou 7° de l'article L. 312-1 du code de l'action sociale et des familles ayant conclu une convention de gestion avec l'un au moins des organismes mentionnés aux articles L. 5214-3-1, L. 5312-1 et L. 5314-1 du présent code ;

2° Soit un organisme *(Décr. n° 2017-473 du 3 avr. 2017)* « , notamment un établissement ou service mentionnés aux 1° ou 2° de l'article L. 312-1 du code de l'action sociale et des familles, » ayant conclu une convention de gestion avec un établissement ou service mentionné à l'alinéa précédent et avec au moins un des organismes mentionnés au même alinéa.

Art. D. 5213-89 Peuvent être bénéficiaires du dispositif d'emploi accompagné, donnant lieu à l'accompagnement de leur employeur :

1° Les travailleurs handicapés reconnus au titre de l'article L. 5213-2 ayant un projet d'insertion en milieu ordinaire de travail ;

2° Les travailleurs handicapés accueillis dans un établissement ou service d'aide par le travail mentionné au *a* du 5° du I de l'article L. 312-1 du code de l'action sociale et des familles ayant un projet d'insertion en milieu ordinaire de travail ;

3° Les travailleurs handicapés en emploi en milieu ordinaire de travail qui rencontrent des difficultés particulières pour sécuriser de façon durable leur insertion professionnelle.

Le dispositif d'emploi accompagné est ouvert dès l'âge de seize ans.

Art. D. 5213-90 I. — La personne morale gestionnaire chargée de mettre en œuvre le dispositif d'emploi accompagné respecte un cahier des charges défini, pour chaque personne gestionnaire, par l'agence régionale de santé, conjointement avec la *(Décr. n° 2020-1545 du 9 déc. 2020, art. 28-X, en vigueur le 1er avr. 2021)* « direction régionale de l'économie, de l'emploi, du travail et des solidarités », après consultation du Fonds de développement pour l'insertion professionnelle des handicapés mentionné à l'article L. 5214-1 et du Fonds d'insertion des personnes handicapées dans la fonction publique.

II. – Le cahier des charges comprend notamment :

1° La description des activités et des prestations de soutien à l'insertion professionnelle et des prestations d'accompagnement médico-social proposées, ainsi que les modalités d'entrée et de sortie du dispositif. Ces activités et prestations sont adaptées aux besoins du travailleur handicapé et couvrent toutes les périodes durant lesquelles l'accompagnement est nécessaire. Cet accompagnement comporte (*Décr. n° 2017-473 du 3 avr. 2017*) « au moins les » quatre modules suivants :

a) L'évaluation de la situation du travailleur handicapé, en tenant compte de son projet professionnel, de ses capacités et de ses besoins, ainsi que, le cas échéant, des besoins de l'employeur ;

b) La détermination du projet professionnel et l'aide à sa réalisation, en vue de l'insertion dans l'emploi en milieu ordinaire de travail dans les meilleurs délais ;

c) L'assistance du bénéficiaire dans sa recherche d'emploi en lien avec les entreprises susceptibles de le recruter ;

d) L'accompagnement dans l'emploi afin de sécuriser le parcours professionnel du travailleur handicapé en facilitant notamment l'accès à la formation et aux bilans de compétences, incluant si nécessaire une intermédiation entre la personne handicapée et son employeur, ainsi que des modalités d'adaptation ou d'aménagement de l'environnement de travail aux besoins de la personne handicapée, en lien notamment avec les acteurs de l'entreprise, notamment le médecin de travail ;

2° La description de la nature des activités et des prestations visant à répondre aux besoins des employeurs, pouvant inclure l'appui ponctuel du référent emploi accompagné de la personne handicapée pour prévenir ou pallier les difficultés rencontrées dans l'exercice des missions confiées au travailleur handicapé, pour s'assurer des modalités d'adaptation au collectif de travail notamment par la sensibilisation et la formation des équipes de travail, pour évaluer et adapter le poste et l'environnement de travail, ainsi que pour faciliter la gestion des compétences et le parcours du travailleur handicapé en lien avec les acteurs de l'entreprise dont le médecin du travail ;

3° La présentation des entreprises avec lesquelles la personne morale gestionnaire du dispositif d'emploi accompagné envisage d'intervenir sur le territoire considéré, ainsi que sa démarche de sensibilisation auprès de nouvelles entreprises susceptibles de recruter des travailleurs handicapés ;

4° La présentation des moyens mobilisés pour la mise en œuvre des actions prévues aux alinéas précédents, notamment les effectifs, leur qualification et les compétences mobilisées, l'organisation retenue pour l'accompagnement du travailleur handicapé et de l'employeur par un même référent emploi accompagné au regard du nombre de personnes susceptibles d'être accompagnées au titre d'une année ;

5° La convention de gestion mentionnée au III de l'article L. 5213-2-1 ;

6° Les modalités de suivi et d'évaluation du dispositif d'emploi accompagné, comportant des données quantitatives et qualitatives relatives aux profils des travailleurs handicapés et des employeurs accompagnés, à la file active, à la durée effective des accompagnements, aux sorties du dispositif et à leurs motifs, à la nature des prestations mobilisées ainsi qu'aux difficultés rencontrées, le cas échéant, à chacune des étapes d'accompagnement. Le suivi des indicateurs est réalisé par la personne morale gestionnaire conformément à un référentiel national élaboré selon les modalités précisées dans la convention prévue à l'article D. 5213-91.

Art. D. 5213-91 La convention de financement conclue en application du IV de l'article L. 5213-2-1 peut notamment associer le Fonds de développement pour l'insertion professionnelle des handicapés mentionné à l'article L. 5214-1 et le Fonds d'insertion des personnes handicapées dans la fonction publique mentionné à l'article L. 323-8-6-1 dans les conditions prévues par une convention nationale conclue, le cas échéant, entre l'État et ces deux fonds.

Art. D. 5213-92 Le dispositif d'emploi accompagné fait l'objet d'un appel à candidatures de l'agence régionale de santé, qui définit le ou les territoires d'intervention du dispositif dans le respect du cahier des charges mentionné à l'article D. 5213-90. Pour l'instruction des candidatures, l'agence régionale de santé peut associer la *(Décr. n° 2020-1545 du 9 déc. 2020, art. 28-X, en vigueur le 1ᵉʳ avr. 2021)* « direction régionale de l'économie, de l'emploi, du travail et des solidarités » et consulter le Fonds de développement pour l'insertion professionnelle des handicapés et le Fonds d'insertion des personnes handicapées dans la fonction publique.

A l'issue de la procédure d'appel à candidatures, l'agence régionale de santé informe la commission mentionnée à l'article L. 146-9 du code de l'action sociale et des familles de la ou des personnes morales gestionnaires sélectionnées.

Art. D. 5213-93 I. – La décision d'admission du travailleurs *[travailleur]* handicapé dans le dispositif, prise après accord de l'intéressé, est rendue par la commission mentionnée à l'article L. 146-9 du code de l'action sociale et des familles conformément aux dispositions de l'article L. 241-6 du même code.

Le dispositif d'emploi accompagné et la maison départementale des personnes handicapées compétente organisent, le cas échéant dans le cadre d'une convention, les modalités de partenariat et d'échanges permettant à la commission mentionnée à l'article L. 146-9 précité de prononcer une décision en urgence au titre du 5° de l'article R. 241-28 du même code.

II. – En amont des décisions mentionnées au I, une évaluation préliminaire peut être réalisée à la demande du travailleur handicapé ou de la maison départementale des personnes handicapée *[handicapées]* dont il relève afin de déterminer si, au regard de son projet professionnel, de ses capacités et de ses besoins, ainsi que des besoins de l'employeur, le travailleur handicapé peut entrer dans le dispositif. Pour les besoins de cette évaluation, peuvent être mobilisées les ressources et les prestations des partenaires parties prenantes à la convention de gestion mentionnée au I de l'article D. 5313-88, du Fonds de développement pour l'insertion professionnelle des handicapés et du Fonds d'insertion des personnes handicapées dans la fonction publique.

III. – La décision est notifiée à l'intéressé, au gestionnaire du dispositif d'emploi accompagné aux fins de l'élaboration de la convention individuelle prévue au II de l'article L. 5213-2-1 et, le cas échéant, à l'employeur.

CHAPITRE IV INSTITUTIONS ET ORGANISMES CONCOURANT À L'INSERTION PROFESSIONNELLE DES HANDICAPÉS

SECTION 1 Coordination

Art. R. 5214-1 Le ministre chargé de l'emploi est chargé de coordonner l'activité des organismes et services publics ou privés qui, à quelque titre que ce soit, concourent à l'une des opérations prévues aux articles L. 5212-6 et suivants et de définir les modalités de liaison entre ces organismes et services. – *[Anc. art. R. 323-80.]*

SECTION 2 Conseil supérieur pour le reclassement professionnel et social des travailleurs handicapés

SOUS-SECTION 1 Missions

Art. R. 5214-2 *Abrogé par Décr. n° 2011-1073 du 8 sept. 2011.*

SOUS-SECTION 2 Composition

Art. R. 5214-3 à R. 5214-5 *Abrogés par Décr. n° 2011-1073 du 8 sept. 2011.*

SOUS-SECTION 3 Fonctionnement

Art. R. 5214-6 à R. 5214-12 *Abrogés par Décr. n° 2011-1073 du 8 sept. 2011.*

SOUS-SECTION 4 Section permanente

Art. R. 5214-13 *Abrogé par Décr. n° 2011-1073 du 8 sept. 2011.*

Art. D. 5214-14 à D. 5214-18 *Abrogés par Décr. n° 2011-1073 du 8 sept. 2011.*

SECTION 3 Fonds de développement pour l'insertion professionnelle des handicapés

Art. R. 5214-19 Les statuts de l'association chargée de la gestion du Fonds de développement pour l'insertion professionnelle des handicapés mentionnée à l'article L. 5214-1 sont agréés par le ministre chargé de l'emploi. – *[Anc. art. L. 323-8-3, al. 1er fin.]*

Art. R. 5214-20 L'association procède annuellement à l'évaluation des actions qu'elle conduit pour l'insertion professionnelle des personnes handicapées en milieu ordinaire.
Elle publie un rapport d'activité annuel et est soumise au contrôle administratif et financier de l'État. – *[Anc. art. L. 323-8-3, al. 2.]*

Art. R. 5214-21 L'association transmet au ministre chargé de l'emploi, pour approbation, le projet de répartition des contributions pour l'année en cours, au plus tard au 31 mars de chaque année.
Elle lui adresse également le rapport d'utilisation des contributions pour l'année écoulée. – *[Anc. art. R. 323-8.]*

Art. R. 5214-22 Dans le respect des missions prévues à l'article L. 5214-3, la convention d'objectifs détermine notamment :
1° Les engagements réciproques contribuant à la cohérence entre les mesures de droit commun de l'emploi et de la formation professionnelle et les mesures spécifiques arrêtées par l'association et les moyens financiers nécessaires à l'atteinte de ces objectifs ;
2° Les priorités et les grands principes d'intervention du service public de l'emploi et des organismes de placement spécialisés. – *[Anc. art. L. 323-8-3, al. 3, phrases 2 et 4.]*

Art. R. 5214-23 Une convention de coopération est conclue entre l'association chargée de la gestion du fonds de développement pour l'insertion professionnelle des handicapés et le fonds pour l'insertion professionnelle des handicapés dans la fonction publique.
Elle détermine notamment les obligations respectives des parties à l'égard des organismes de placement spécialisés. – *[Anc. art. L. 323-10-1.]*

CHAPITRE V DISPOSITIONS PÉNALES

Art. R. 5215-1 Le fait de ne pas respecter l'obligation de réentraînement au travail et de rééducation professionnelle des salariés malades et blessés, en méconnaissance des dispositions de l'article L. 5213-5, est puni de l'amende prévue pour les contraventions de la quatrième classe. – *[Anc. art. R. 362-2.]*

TITRE II TRAVAILLEURS ÉTRANGERS

CHAPITRE I EMPLOI D'UN SALARIÉ ÉTRANGER

SECTION 1 Catégories d'autorisation[s] de travail et activités professionnelles autorisées

BIBL. ▶ WOLMARK, *Dr. ouvrier* 2022. 540.

Art. R. 5221-1 *(Décr. n° 2021-360 du 31 mars 2021, art. 1er)* « I. – » Pour exercer une activité professionnelle *(Décr. n° 2016-1456 du 28 oct. 2016, art. 20)* « salariée » en France, les personnes suivantes *(Décr. n° 2008-634 du 30 juin 2008)* « doivent détenir » une autorisation de travail *(Décr. n° 2021-360 du 31 mars 2021, art. 1er, en vigueur le 1er avr. 2021)* « lorsqu'elles sont employées conformément aux dispositions du présent code » :
1° Étranger non ressortissant d'un État membre de l'Union européenne, d'un autre État partie à l'Espace économique européen ou de la Confédération suisse ;
2° Étranger ressortissant d'un État membre de l'Union européenne pendant la période d'application des mesures transitoires relatives à la libre circulation des travailleurs.
(Décr. n° 2021-360 du 31 mars 2021, art. 1er, en vigueur le 1er avr. 2021) « II. – La demande d'autorisation de travail est faite par l'employeur.

« Toutefois, dans le cas où elle concerne un salarié détaché temporairement par une entreprise non établie en France, elle est faite par le donneur d'ordre établi en France, dans les cas prévus aux 1° et 2° de l'article L. 1262-1, ou par l'entreprise utilisatrice dans le cas prévu à l'article L. 1262-2.

« La demande peut également être présentée par une personne habilitée à cet effet par un mandat écrit de l'employeur ou de l'entreprise.

« Tout nouveau contrat de travail fait l'objet d'une demande d'autorisation de travail. »

Art. R. 5221-2 (Décr. n° 2021-360 du 31 mars 2021, art. 1er, en vigueur le 1er avr. 2021) Sont dispensés de l'autorisation de travail prévue à l'article R. 5221-1 :

1° Les ressortissants des États membres de l'Union européenne, des autres États parties à l'accord sur l'Espace économique européen et de la Confédération suisse, dans les conditions prévues (Décr. n° 2021-360 du 31 mars 2021, art. 8, en vigueur le 1er mai 2021) « aux articles L. 233-1 et L. 233-4 » du code de l'entrée et du séjour des étrangers et du droit d'asile, ainsi que les membres de leur famille titulaires d'une carte de séjour portant la mention "membre de la famille d'un citoyen de l'Union", en application de l'article (Décr. n° 2021-360 du 31 mars 2021, art. 8, en vigueur le 1er mai 2021) « L. 233-5 » du même code ;

2° Le salarié, détaché dans les conditions prévues aux articles L. 1262-1 et L. 1262-2 du présent code et travaillant de façon régulière et habituelle pour le compte d'un employeur établi sur le territoire d'un État membre de l'Union européenne, d'un autre État partie à l'accord sur l'Espace économique européen ou de la Confédération suisse ;

3° Le titulaire de la carte de résident mentionnée à l'article (Décr. n° 2021-360 du 31 mars 2021, art. 8, en vigueur le 1er mai 2021) « L. 414-10 » du code de l'entrée et du séjour des étrangers et du droit d'asile ;

4° Le titulaire de la carte de séjour temporaire ou pluriannuelle portant la mention "vie privée et familiale", délivrée en application des articles (Décr. n° 2021-360 du 31 mars 2021, art. 8, en vigueur le 1er mai 2021) « L. 423-1, L. 423-2, L. 423-7, L. 423-13, L. 423-14, L. 423-15, L. 423-21, L. 423-22, L. 423-23, L. 425-1, L. 425-6, L. 425-9, L. 426-5, L. 433-4, L. 433-5 et L. 433-6 » du même code ou du visa de long séjour valant titre de séjour mentionné (Décr. n° 2021-360 du 31 mars 2021, art. 8, en vigueur le 1er mai 2021) « au 6° et 15° de l'article R. 431-16 » du même code ;

5° Le titulaire de la carte de séjour temporaire portant la mention "vie privée et familiale", délivrée en application (Décr. n° 2021-360 du 31 mars 2021, art. 8, en vigueur le 1er mai 2021) « de l'article L. 426-12 » du même code à compter du premier jour de la deuxième année suivant sa délivrance, ou en application (Décr. n° 2021-360 du 31 mars 2021, art. 8, en vigueur le 1er mai 2021) « de l'article L. 426-13 » du même code à condition qu'il séjourne en France depuis au moins un an ;

6° Le titulaire de la carte de séjour pluriannuelle portant la mention "passeport talent" délivrée en application des (Décr. n° 2021-360 du 31 mars 2021, art. 8, en vigueur le 1er mai 2021) « articles L. 421-9, L. 421-11, L. 421-13, L. 421-14, L. 421-15, L. 421-20 et L. 421-21 » du même code ou du visa de long séjour valant titre de séjour mentionné (Décr. n° 2021-360 du 31 mars 2021, art. 8, en vigueur le 1er mai 2021) « au 10° de l'article R. 431-16 » du même code ;

7° Le titulaire de la carte de séjour pluriannuelle portant la mention "passeport talent (famille)" délivrée en application (Décr. n° 2021-360 du 31 mars 2021, art. 8, en vigueur le 1er mai 2021) « des articles L. 421-22 et L. 421-23 » du même code ou du visa de long séjour valant titre de séjour mentionné (Décr. n° 2021-360 du 31 mars 2021, art. 8, en vigueur le 1er mai 2021) « au 10° de l'article R. 431-16 » du même code ;

8° Le titulaire de la carte de séjour pluriannuelle portant la mention "salarié détaché ICT" ou "salarié détaché mobile ICT" délivrée respectivement en application (Décr. n° 2021-360 du 31 mars 2021, art. 8, en vigueur le 1er mai 2021) « des articles L. 421-26 et L. 421-27 » du même code ou du visa de long séjour valant titre de séjour mentionné (Décr. n° 2021-360 du 31 mars 2021, art. 8, en vigueur le 1er mai 2021) « au 11° de l'article R. 431-16 » du même code ;

9° Le titulaire de la carte de séjour portant la mention "salarié détaché ICT (famille)" ou "salarié détaché mobile ICT (famille)", délivrée respectivement en application (Décr.

n° *2021-360 du 31 mars 2021, art. 8, en vigueur le 1ᵉʳ mai 2021)* « des **articles L. 421-28 et L. 421-29** » du même code ou du visa de long séjour valant titre de séjour mentionné *(Décr. n° 2021-360 du 31 mars 2021, art. 8, en vigueur le 1ᵉʳ mai 2021)* « **au 11°** de l'article R. 431-16 » du même code ;

10° Le titulaire de la carte de séjour temporaire portant la mention ″stagiaire ICT (famille)″ délivrée en application *(Décr. n° 2021-360 du 31 mars 2021, art. 8, en vigueur le 1ᵉʳ mai 2021)* « de l'article L. 421-32 » du même code ou du visa de long séjour valant titre de séjour mentionnée *(Décr. n° 2021-360 du 31 mars 2021, art. 8, en vigueur le 1ᵉʳ mai 2021)* « au 12° de l'article R. 431-16 » du même code ;

11° Le titulaire de la carte de séjour temporaire ou pluriannuelle portant la mention ″étudiant″ ou ″étudiant-programme de mobilité″, ainsi que lorsqu'il a été admis dans un autre État membre de l'Union européenne, le titulaire de la notification de mobilité, délivrées en application des articles *(Décr. n° 2021-360 du 31 mars 2021, art. 8, en vigueur le 1ᵉʳ mai 2021)* « L. 422-1, L. 422-2, L. 422-5, L. 422-6 et L. 433-4 » du même code ou le visa de long séjour valant titre de séjour portant la mention ″étudiant″ ou ″étudiant-programme de mobilité″ mentionné *(Décr. n° 2021-360 du 31 mars 2021, art. 8, en vigueur le 1ᵉʳ mai 2021)* « au 13° de l'article R. 431-16 » du même code, pour une activité professionnelle salariée accessoire, dans la limite de 60 % de la durée annuelle de travail (964 heures) ;

12° Le titulaire d'une carte de séjour temporaire ou pluriannuelle ″étudiant″ relevant des articles *(Décr. n° 2021-360 du 31 mars 2021, art. 8, en vigueur le 1ᵉʳ mai 2021)* « L. 422-1, L. 422-2, L. 422-5, L. 422-6 et L. 433-4 » du même code ou le visa de long séjour valant titre de séjour portant la mention ″étudiant″ ou ″étudiant-programme de mobilité″ mentionné *(Décr. n° 2021-360 du 31 mars 2021, art. 8, en vigueur le 1ᵉʳ mai 2021)* « au 13° de l'article R. 431-16 » du même code qui, dans le cadre de son cursus, a conclu un contrat d'apprentissage validé par le service compétent ;

13° Le titulaire de la carte de séjour temporaire ″recherche d'emploi ou création d'entreprise″ délivrée en application *(Décr. n° 2021-360 du 31 mars 2021, art. 8, en vigueur le 1ᵉʳ mai 2021)* « des articles L. 422-10 et L. 422-14 » du même code ou le visa de long séjour valant titre de séjour portant la même mention, mentionné *(Décr. n° 2021-360 du 31 mars 2021, art. 8, en vigueur le 1ᵉʳ mai 2021)* « au 14° de l'article R. 431-16 » du même code ;

14° Le titulaire de la carte de séjour pluriannuelle portant la mention ″bénéficiaire de la protection subsidiaire″ ou ″membre de la famille d'un bénéficiaire de la protection subsidiaire″, délivrée en application *(Décr. n° 2021-360 du 31 mars 2021, art. 8, en vigueur le 1ᵉʳ mai 2021)* « des articles L. 424-9 et L. 424-11 » du même code ;

15° Le titulaire de la carte de séjour pluriannuelle portant la mention ″bénéficiaire du statut d'apatride″ ou ″membre de la famille d'un bénéficiaire du statut d'apatride″ délivrée en application *(Décr. n° 2021-360 du 31 mars 2021, art. 8, en vigueur le 1ᵉʳ mai 2021)* « des articles L. 424-18 et L. 424-19 » du même code ;

16° Le titulaire d'une autorisation provisoire de séjour ou d'un document provisoire de séjour portant la mention ″autorise son titulaire à travailler″ ;

17° Le titulaire du visa d'une durée supérieure à trois mois mentionné *(Décr. n° 2021-360 du 31 mars 2021, art. 8, en vigueur le 1ᵉʳ mai 2021)* « au 4° de l'article R. 431-16 » du même code ;

18° L'étranger, entré en France pour exercer une activité professionnelle salariée pour une durée inférieure ou égale à trois mois, dans les conditions prévues au 1° de l'article L. 5221-2-1 du présent code ;

19° Le praticien étranger répondant aux conditions mentionnées au 2° de l'article L. 5221-2-1 ;

20° Le salarié ressortissant d'un État membre de l'Union européenne, pendant la période d'application des mesures transitoires dans les conditions prévues au dernier alinéa de *(Décr. n° 2021-360 du 31 mars 2021, art. 8, en vigueur le 1ᵉʳ mai 2021)* « l'article L. 233-4 » du code de l'entrée et du séjour des étrangers et du droit d'asile.

Art. D. 5221-2-1 *(Décr. n° 2016-1461 du 28 oct. 2016)* En application de l'article L. 5221-2-1 du code du travail, n'est pas soumis à la condition prévue au 2° de l'article L. 5221-2 du même code l'étranger qui entre en France afin d'y exercer une activité salariée pour une durée inférieure ou égale à trois mois dans les domaines suivants :

1° Les manifestations sportives, culturelles, artistiques et scientifiques ;

2° Les colloques, séminaires et salons professionnels ;

3° La production et la diffusion cinématographiques, audiovisuelles, du spectacle et de l'édition phonographique, lorsqu'il est artiste du spectacle ou personnel technique attaché directement à la production ou à la réalisation ;

4° Le mannequinat et la pose artistique ;

5° Les services à la personne et les employés de maison pendant le séjour en France de leurs employeurs particuliers ;

6° Les missions d'audit et d'expertise en informatique, gestion, finance, assurance, architecture et ingénierie, lorsqu'il est détaché en application des dispositions de l'article L. 1262-1 du code du travail ;

7° Les activités d'enseignement dispensées, à titre occasionnel, par des professeurs invités.

Art. R. 5221-3 (Décr. n° 2021-360 du 31 mars 2021, art. 1er, en vigueur le 1er avr. 2021) I. — L'étranger qui bénéficie de l'autorisation de travail prévue par l'article R. 5221-1 peut, dans le respect des termes de celle-ci, exercer une activité professionnelle salariée en France lorsqu'il est titulaire de l'un des documents et titres de séjour suivants :

1° La carte de séjour temporaire portant la mention "travailleur temporaire", délivrée en application (Décr. n° 2021-360 du 31 mars 2021, art. 8, en vigueur le 1er mai 2021) « de l'article L. 421-3 » du code de l'entrée et du séjour des étrangers et du droit d'asile ou le visa de long séjour valant titre de séjour portant la même mention, mentionné (Décr. n° 2021-360 du 31 mars 2021, art. 8, en vigueur le 1er mai 2021) « au 8° de l'article R. 431-16 » du même code ;

2° La carte de séjour temporaire ou pluriannuelle portant la mention "salarié", délivrée en application (Décr. n° 2021-360 du 31 mars 2021, art. 8, en vigueur le 1er mai 2021) « de l'article L. 421-1 » ou de l'article L. 313-17 du même code ou le visa de long séjour valant titre de séjour portant la même mention, mentionné (Décr. n° 2021-360 du 31 mars 2021, art. 8, en vigueur le 1er mai 2021) « au 7° de l'article R. 431-16 » du même code ;

3° La carte de séjour temporaire "salarié" ou "travailleur temporaire" délivrée en application du (Décr. n° 2021-360 du 31 mars 2021, art. 8, en vigueur le 1er mai 2021) « 1° de l'article L. 426-11 » du même code ;

4° Le récépissé de renouvellement de titre de séjour portant la mention "autorise son titulaire à travailler" ;

5° La carte de séjour pluriannuelle portant la mention "travailleur saisonnier", délivrée en application de l'article (Décr. n° 2021-360 du 31 mars 2021, art. 8, en vigueur le 1er mai 2021) « L. 421-34 » du même code.

II. — L'étranger titulaire de l'un des documents de séjour suivants doit obtenir une autorisation de travail pour exercer une activité professionnelle salariée en France dans le respect des termes [de] l'autorisation de travail accordée :

1° La carte de séjour temporaire ou pluriannuelle portant la mention "étudiant" ou "étudiant-programme de mobilité", délivrée en application des articles (Décr. n° 2021-360 du 31 mars 2021, art. 8, en vigueur le 1er mai 2021) « L. 422-1, L. 422-2, L. 422-5, L. 422-6 et L. 433-4 » du même code ainsi que le visa de long séjour valant titre de séjour portant la mention "étudiant" ou "étudiant-programme de mobilité" mentionné (Décr. n° 2021-360 du 31 mars 2021, art. 8, en vigueur le 1er mai 2021) « au 13° de l'article R. 431-16 » du même code, pour une activité salariée d'une durée supérieure à 60 % de la durée annuelle de travail (964 heures) en lien avec son cursus ;

2° L'attestation délivrée au demandeur d'asile, lorsque les conditions d'accès au marché du travail prévues par (Décr. n° 2021-360 du 31 mars 2021, art. 8, en vigueur le 1er mai 2021) « les articles L. 554-1 à L. 554-4 » du même code sont remplies.

1. Principe. Les dispositions de l'art. R. 341-4 [R. 5221-17 nouv.] sont applicables à l'autorisation provisoire de travail délivrée à un salarié étranger conformément à l'art. R. 341-7. • CE 3 juill. 1992 : ⚖ RJS 1992. 715, n° 1311.

2. Illustration. L'art. R. 341-7 [R. 5221-17 nouv.] s'applique à l'interne zaïrois, recruté par un centre hospitalier pour une durée de 6 mois à compter du 2 nov. 1993, la circonstance que ces fonctions se situent dans le prolongement des études spécialisées de chirurgie thoracique cardiovasculaire qu'il suivait par ailleurs depuis quatre ans n'ayant pas pour effet de le soustraire à l'obligation d'obtenir l'autorisation de travail. • CE 7 oct. 1996, n° 159953.

Art. R. 5221-4 *Abrogé par Décr. n° 2021-360 du 31 mars 2021, art. 1er, à compter du 1er avr. 2021.*

Art. R. 5221-5 *Abrogé par Décr. n° 2016-1456 du 28 oct. 2016, art. 20.*

Art. R. 5221-6 *(Décr. n° 2016-1456 du 28 oct. 2016, art. 20)* Sous réserve des dispositions de l'article R. 5221-22, le contrat de travail conclu dans le cadre de dispositifs en faveur de l'emploi prévus au livre I de la cinquième partie ou dans le cadre de la formation professionnelle tout au long de la vie prévue à la sixième partie du présent code ne permet pas *(Décr. n° 2021-360 du 31 mars 2021, art. 1er, en vigueur le 1er avr. 2021)* « la délivrance des titres de séjour mentionnées aux 6°, 8°, 17° et 20° de l'article R. 5221-2, aux 1°, 2°, 3° et 5° du I et au II de l'article R. 5221-3 et ne peut être conclu par les titulaires des documents de séjour mentionnés au 11° de l'article R. 5221-2, par le titulaire de l'autorisation provisoire de séjour délivrée en application de l'*(Décr. n° 2021-360 du 31 mars 2021, art. 8, en vigueur le 1er mai 2021)* « article L. 425-10 » du code de l'entrée et du séjour des étrangers et du droit d'asile et le titulaire du visa d'une durée supérieure à trois mois prévu au *(Décr. n° 2021-360 du 31 mars 2021, art. 8, en vigueur le 1er mai 2021)* « 4° de l'article R. 431-16 » du même code ».

Art. R. 5221-7 *(Décr. n° 2021-360 du 31 mars 2021, art. 1er, en vigueur le 1er avr. 2021)* Par dérogation à l'article R. 5221-6, l'étudiant étranger, titulaire du titre de séjour mentionné au 11° de l'article R. 5221-2, peut conclure :

1° Un contrat de professionnalisation mentionné à l'article L. 6325-1, à l'issue d'une première année de séjour ;

2° Un contrat d'apprentissage mentionné à l'article L. 6221-1, à l'issue d'une première année de séjour, ou dès la première année de séjour s'il justifie d'une inscription dans un cursus de formation sanctionné par un diplôme conférant le grade de master ou figurant sur la liste prévue *(Décr. n° 2021-360 du 31 mars 2021, art. 8, en vigueur le 1er mai 2021)* « au 1° de l'article D. 421-6 et au 1° de l'article D. 422-13 » du code de l'entrée et du séjour des étrangers et du droit d'asile.

Art. R. 5221-8 à R. 5221-9 *Abrogés par Décr. n° 2021-360 du 31 mars 2021, art. 1er, à compter du 1er avr. 2021.*

Art. R. 5221-10 *Abrogé par Décr. n° 2016-1456 du 28 oct. 2016, art. 20.*

SECTION 2 **Procédure de demande**

Art. R. 5221-11 *Abrogé par Décr. n° 2021-360 du 31 mars 2021, art. 2, à compter du 1er avr. 2021.*

Art. R. 5221-12 La liste des documents à présenter à l'appui d'une demande d'autorisation de travail est fixée par un arrêté conjoint des ministres chargés de l'immigration et du travail. – [Anc. art. R. 341-3, al. 1er, phrase 3.]

V. Arr. du 1er avr. 2021, NOR : MTRD2110626A (JO 2 avr.).

Art. R. 5221-13 *Abrogé par Décr. n° 2009-477 du 27 avr. 2009.*

Art. R. 5221-14 Peut faire l'objet de la demande prévue *(Décr. n° 2021-360 du 31 mars 2021, art. 2, en vigueur le 1er avr. 2021)* « au I de l'article R. 5221-1 » l'étranger résidant hors du territoire national ou *(Décr. n° 2021-360 du 31 mars 2021, art. 2, en vigueur le 1er avr. 2021)* « l'étranger résidant en France et titulaire d'un titre de séjour prévu à l'article R. 5221-3 ».

Art. R. 5221-15 *(Décr. n° 2021-360 du 31 mars 2021, art. 2, en vigueur le 1er avr. 2021)* La demande d'autorisation de travail mentionnée au I de l'article R. 5221-1 est adressée au moyen d'un téléservice au préfet du département dans lequel l'établissement employeur a son siège ou le particulier employeur sa résidence.

Art. R. 5221-15-1 *(Décr. n° 2018-335 du 4 mai 2018, art. 9)* Par dérogation à l'article R. 5221-15, le préfet du département des Bouches-du-Rhône est compétent pour prendre les décisions relatives aux demandes d'autorisation de travail relevant *(Abrogé par Décr. n° 2021-360 du 31 mars 2021, art. 2, à compter du 1ᵉʳ avr. 2021)* « *des 4°, 6°, 8°, 9°, 11°, 14° et 16°* » de l'article R. 5221-3 qui lui sont adressées par l'un des employeurs mentionnés *(Décr. n° 2020-1734 du 16 déc. 2020, art. 14)* « *aux 1° à 3° de l'article R. 431-22* » du code de l'entrée et du séjour des étrangers et du droit d'asile.

Art. R. 5221-16 Lorsque l'étranger ne réside pas sur le territoire national, la demande est adressée :
1° Lorsque l'employeur est établi en France, au préfet du département dans lequel se trouve l'établissement auquel l'étranger sera rattaché ou dans lequel se trouve le domicile du particulier qui se propose de l'embaucher ;
2° Lorsque l'employeur est établi hors de France, soit au préfet du département où se trouve le cocontractant de l'employeur lorsque l'étranger est détaché dans le cadre du 1° de l'article L. 1262-1, soit au préfet du département de l'établissement d'accueil lorsque l'étranger est détaché dans le cadre soit du 2° de l'article L. 1262-1, soit de l'article L. 1262-2. Si l'étranger exerce un emploi itinérant, la demande est adressée au préfet du département de son premier lieu d'emploi. Dans les autres cas, la demande est adressée au préfet du département du lieu d'emploi. – *[Anc. art. R. 341-3-1, al. 2 à 4.]*

SECTION 3 Délivrance des autorisations de travail

Art. R. 5221-17 La décision relative à la demande d'autorisation de travail mentionnée *(Décr. n° 2021-360 du 31 mars 2021, art. 3, en vigueur le 1ᵉʳ avr. 2021)* « *au I de l'article R. 5221-1* » est prise par le préfet. Elle est notifiée à l'employeur ou au mandataire qui a présenté la demande, ainsi qu'à l'étranger.

1. Champ d'application. Les dispositions de l'art. R. 341-4 [R. 5221-17 à 5221-19 nouv.] sont applicables à l'autorisation provisoire de travail délivrée à un salarié étranger conformément à l'art. R. 341-7 [R. 5221-48 nouv.]. • CE 3 juill. 1992 : ⚖ *RJS 1992. 715, n° 1311*.

2. En prévoyant l'apposition de la mention « salarié » sur le certificat de résidence délivré aux ressortissants algériens et en précisant que cette mention constitue l'autorisation de travail exigée par la législation française, les auteurs de l'accord franco-algérien du 27 déc. 1968 ont habilité les services compétents à opérer sur l'exercice par ces ressortissants d'une activité salariée un contrôle fondé sur la situation de l'emploi, de la nature de celui que prévoit l'art. R. 341-4. • CE 6 oct. 1995 : ⚖ *D. 1996. 525, note Artus* ⚖ (application à un agent contractuel de droit public d'une commune).

3. Pouvoir du préfet. Le pouvoir d'apprécier la situation du demandeur d'une carte de séjour, au regard de l'exercice d'une activité salariée, appartient au préfet et, le cas échéant, au directeur départemental du travail en vertu d'une délégation de signature et non au préfet délégué pour la police. • CE 24 févr. 1989 : *D. 1989. IR 113 ; AJDA 1989. 404, obs. Prétot*.

4. Exemple d'erreur manifeste d'appréciation. Pour un exemple d'erreur manifeste d'appréciation de la part du préfet, V. • CE 8 juill. 1988 : *D. 1990. Somm. 135, obs. Chelle et Prétot* ⚖ ; *Dr. ouvrier 1989. 69* • 19 juin 1992 : ⚖ *RJS 1992. 648, n° 1171*. – V. aussi • CE 29 déc. 1993 : ⚖ *RJS 1994. 305, n° 482* • 23 févr. 1994 : ⚖ *ibid. 305, n° 481*. ♦ Est injustifié le refus de délivrance d'un certificat de résidence mention « salarié » justifié par la situation de l'emploi alors que le demandeur avait appartenu au 1ᵉʳ régiment de tirailleurs et servi dans une unité combattante de l'armée française. • CE 4 nov. 1998, n° 170218.

5. Exemple de refus justifié. Est justifié le refus d'autorisation d'employer des travailleurs étrangers fondé sur le fait que les conditions d'application par l'employeur de la réglementation relative au travail ne sont pas satisfaisantes, dès lors que l'intéressé a fait l'objet d'un procès-verbal pour emploi sans autorisation d'un travailleur étranger ; la circonstance que l'autorité judiciaire ait décidé de classer sans suite ce procès-verbal ne fait pas obstacle à la constatation de la réalité des faits qu'il mentionne et à leur prise en compte par l'autorité administrative. • CE 19 déc. 1994 : ⚖ *RJS 1995. 215, n° 314*.

Art. R. 5221-18 En cas d'accord, le préfet adresse les autorisations de travail portant sur des contrats d'une durée supérieure à trois mois ou sur des contrats de travail saisonniers à l'*(Décr. n° 2009-331 du 25 mars 2009)* « Office français de l'immigration et de l'intégration ». – *[Anc. art. R. 341-4, al. 2.]*

Art. R. 5221-19 Les recours hiérarchiques dirigés contre les décisions mentionnées aux articles R. 5221-17, *(Abrogé par Décr. n° 2016-1456 du 28 oct. 2016, art. 22)*

« R. 5221-25, » R. 5221-32 et suivants sont formés auprès du ministre chargé de l'immigration.

Art. R. 5221-20 (*Décr. n° 2021-360 du 31 mars 2021, art. 3, en vigueur le 1ᵉʳ avr. 2021*) L'autorisation de travail est accordée lorsque la demande remplit les conditions suivantes :
1° S'agissant de l'emploi proposé :
a) Soit cet emploi relève de la liste des métiers en tension prévue à (*Décr. n° 2021-360 du 31 mars 2021, art. 8, en vigueur le 1ᵉʳ mai 2021*) « l'article L. 421-4 » du code de l'entrée et du séjour des étrangers et du droit d'asile et établie par un arrêté conjoint du ministre chargé du travail et du ministre chargé de l'immigration ; — V. Arr. du 1ᵉʳ avr. 2021, NOR : MTRD2109963A (JO 2 avr.).
b) Soit l'offre pour cet emploi a été préalablement publiée pendant un délai de trois semaines auprès des organismes concourant au service public de l'emploi et n'a pu être satisfaite par aucune candidature répondant aux caractéristiques du poste de travail proposé ;
2° S'agissant de l'employeur mentionné au II de l'article R. 5221-1 du présent code :
a) Il respecte les obligations déclaratives sociales liées à son statut ou son activité ;
b) Il n'a pas fait l'objet de condamnation pénale pour le motif de travail illégal tel que défini par l'article L. 8211-1 ou pour avoir méconnu des règles générales de santé et de sécurité en vertu de l'article L. 4741-1 et l'administration n'a pas constaté de manquement grave de sa part en ces matières ;
c) Il n'a pas fait l'objet de sanction administrative prononcée en application des articles L. 1264-3, et L. 8272-2 à L. 8272-4 ;
3° L'employeur, l'utilisateur ou l'entreprise d'accueil et le salarié satisfont aux conditions réglementaires d'exercice de l'activité considérée, quand de telles conditions sont exigées ;
4° La rémunération proposée est conforme aux dispositions du présent code sur le salaire minimum de croissance ou à la rémunération minimale prévue par la convention collective applicable à l'employeur ou l'entreprise d'accueil ;
5° Lorsque l'étranger est titulaire d'une carte de séjour portant les mentions "étudiant" ou "étudiant-programme de mobilité" prévue à l'article *[aux articles]* (*Décr. n° 2021-360 du 31 mars 2021, art. 8, en vigueur le 1ᵉʳ mai 2021*) « L. 422-1, L. 422-2, L. 422-5, L. 422-26 et L. 433-4 » du code de l'entrée et du séjour des étrangers et du droit d'asile et qu'il a achevé son cursus en France ou lorsqu'il est titulaire de la carte de séjour portant la mention "recherche d'emploi ou création d'entreprise" prévue à l'article (*Décr. n° 2021-360 du 31 mars 2021, art. 8, en vigueur le 1ᵉʳ mai 2021*) « L. 422-14 » du même code, l'emploi proposé est en adéquation avec les diplômes et l'expérience acquise en France ou à l'étranger.

Art. R. 5221-21 (*Décr. n° 2016-1456 du 28 oct. 2016, art. 22 ; Décr. n° 2021-360 du 31 mars 2021, art. 3, en vigueur le 1ᵉʳ avr. 2021*) Les conditions mentionnées au 1° de l'article R. 5221-20 ne sont pas opposables lorsque la demande d'autorisation de travail est présentée au bénéfice de :
1° L'étranger visé (*Décr. n° 2020-1734 du 16 déc. 2020, art. 14, en vigueur le 1ᵉʳ mai 2021*) « au deuxième alinéa de l'article L. 233-4 » du code de l'entrée et du séjour des étrangers et du droit d'asile ou au (*Décr. n° 2020-1734 du 16 déc. 2020, art. 14, en vigueur le 1ᵉʳ mai 2021*) « premier alinéa de l'article L. 421-4 de ce code » lorsque l'emploi sollicité figure sur l'une des listes visées par ces dispositions ;
(*Décr. n° 2019-141 du 27 févr. 2019, art. 38, en vigueur le 1ᵉʳ mars 2019*) « 2° L'étranger, titulaire d'une carte de séjour temporaire portant la mention "recherche d'emploi ou création d'entreprise" délivrée en application (*Décr. n° 2020-1734 du 16 déc. 2020, art. 14, en vigueur le 1ᵉʳ mai 2021*) « des articles L. 422-10 ou L. 422-14 » du code de l'entrée et du séjour des étrangers et du droit d'asile et qui présente un contrat de travail en relation avec sa formation ou ses recherches et assorti d'une rémunération supérieure à un montant fixé par décret ; »
3° L'étudiant visé au (*Décr. n° 2020-1734 du 16 déc. 2020, art. 14, en vigueur le 1ᵉʳ mai 2021*) « second alinéa de l'article L. 421-4 » du code de l'entrée et du séjour des étrangers et du droit d'asile qui, titulaire d'un diplôme obtenu dans l'année, justifie d'un contrat de travail en relation avec sa formation et assorti d'une (*Décr.*

n° 2019-141 du 27 févr. 2019, art. 38, en vigueur le 1ᵉʳ mars 2019) « rémunération supérieure à un montant fixé par décret » ;
4° Le mineur étranger, pris en charge par l'aide sociale à l'enfance, lorsqu'il remplit les conditions de l'article R. 5221-22 du code du travail.

Art. D. 5221-21-1 (Décr. n° 2016-1463 du 28 oct. 2016) Le seuil de rémunération (Décr. n° 2019-151 du 28 févr. 2019, art. 5, en vigueur le 1ᵉʳ mars 2019) « mentionné aux 2° et 3° de l'article R. 5221-21 et (Décr. n° 2020-1734 du 16 déc. 2020, art. 14, en vigueur le 1ᵉʳ mai 2021) « à l'article L. 422-11 » et (Décr. n° 2020-1734 du 16 déc. 2020, art. 14, en vigueur le 1ᵉʳ mai 2021) « au second alinéa de l'article L. 421-4 » du code de l'entrée et du séjour des étrangers et du droit d'asile est fixé à une fois et demie le montant de la rémunération minimale mensuelle.

Art. R. 5221-22 (Décr. n° 2021-360 du 31 mars 2021, art. 3, en vigueur le 1ᵉʳ avr. 2021) « L'étranger qui est confié au service de l'aide sociale à l'enfance mentionné à l'article L. 221-1 du code de l'action sociale et des familles à la date à laquelle il est statué sur sa demande d'autorisation de travail et qui, en lien avec son cursus, a conclu un contrat d'apprentissage ou un contrat de professionnalisation, validé par le service compétent, est bénéficiaire, à ce titre, d'une autorisation de travail de droit conformément à l'article L. 5221-5 du présent code. »
(Décr. n° 2011-1049 du 6 sept. 2011, art. 59 ; Décr. n° 2021-360 du 31 mars 2021, art. 3, en vigueur le 1ᵉʳ avr. 2021) « La condition prévue aux 1° et 2° de l'article R. 5221-20 du présent code ne peut être opposée lorsque l'autorisation de travail est demandée par un étranger confié à l'aide sociale à l'enfance entre l'âge de seize ans et l'âge de dix-huit ans, dès lors qu'il satisfait les conditions fixées (Décr. n° 2020-1734 du 16 déc. 2020, art. 14, en vigueur le 1ᵉʳ mai 2021) « à l'article L. 435-3 » du code de l'entrée et du séjour des étrangers et du droit d'asile pour obtenir (Décr. n° 2020-1734 du 16 déc. 2020, art. 14, en vigueur le 1ᵉʳ mai 2021) « une carte de séjour temporaire portant la mention "salarié" ou "travailleur temporaire" ».

SECTION 4 Travailleurs saisonniers, étudiants, salariés en mission et travailleurs hautement qualifiés (Décr. n° 2011-1049 du 6 sept. 2011, art. 56).

SOUS-SECTION 1 Travailleurs saisonniers

Art. R. 5221-23 Un étranger peut occuper un ou plusieurs emplois saisonniers dont la durée cumulée ne peut excéder six mois par an. – *[Anc. art. R. 341-4-2, al. 1ᵉʳ.]*

Art. R. 5221-24 L'étranger justifiant d'un contrat de travail d'une durée d'au moins trois mois obtient, sous réserve du respect des conditions mentionnées aux articles R. 5221-20 et R. 5221-21, l'autorisation de travail correspondant au premier emploi saisonnier et prenant la forme d'une carte de séjour (Décr. n° 2016-1456 du 28 oct. 2016, art. 23) « pluriannuelle » portant la mention "travailleur saisonnier".

Art. R. 5221-25 Le contrat de travail saisonnier de l'étranger est visé, avant son entrée en France, par le préfet territorialement compétent selon les critères mentionnés à l'article R. 5221-16 et sous réserve des conditions d'appréciation mentionnées aux articles R. 5221-20 et R. 5221-21.
(Décr. n° 2008-634 du 30 juin 2008) « La procédure de visa par le préfet s'applique également lors du renouvellement de ce contrat et lors de la conclusion d'un nouveau contrat de travail saisonnier en France. » – *[Anc. art. R. 341-4-2, al. 3.]*

SOUS-SECTION 2 Étudiants

Art. R. 5221-26 L'étranger titulaire du titre de séjour (Décr. n° 2009-477 du 27 avr. 2009) « ou du visa pour un séjour d'une durée supérieure à trois mois mentionné » (Décr. n° 2021-360 du 31 mars 2021, art. 4, en vigueur le 1ᵉʳ avr. 2021) « au 11° de l'article R. 5221-2 » portant la mention "étudiant" est autorisé à exercer une activité salariée, à titre accessoire, dans la limite d'une durée annuelle de travail égale à 964 heures.
(Décr. n° 2019-141 du 27 févr. 2019, art. 39, en vigueur le 1ᵉʳ mars 2019) « Il en est de même pour l'étudiant ayant été admis au séjour dans un autre État membre de l'Union

européenne et séjournant en France, après notification de sa mobilité aux autorités administratives compétentes, pour effectuer une partie de ses études dans les conditions prévues à l'article L. 313-7. »

Art. R. 5221-27 La déclaration nominative préalable prévue à l'article L. 5221-9 est adressée par l'employeur au préfet *(Décr. n° 2021-360 du 31 mars 2021, art. 4, en vigueur le 1er avr. 2021)* « du département dans lequel l'établissement employeur a son siège ou le particulier employeur sa résidence », au moins deux jours ouvrables avant la date d'effet de l'embauche. Cette formalité est accomplie *(Décr. n° 2021-360 du 31 mars 2021, art. 4, en vigueur le 1er avr. 2021)* « par tout moyen permettant de donner date certaine à la réception de la déclaration ».

Art. R. 5221-28 *(Décr. n° 2021-360 du 31 mars 2021, art. 4, en vigueur le 1er avr. 2021)* Un arrêté des ministres chargés de l'immigration et du travail fixe les modalités selon lesquelles est effectuée la déclaration prévue à l'article L. 5221-9 et son contenu.

Art. R. 5221-29 *Abrogé par Décr. n° 2016-1456 du 28 oct. 2016, art. 23.*

SOUS-SECTION 3 *[ABROGÉE]* **Salariés en mission**

(Abrogée par Décr. n° 2016-1456 du 28 oct. 2016, art. 23)

SOUS-SECTION 4 *[ABROGÉE]* **Travailleurs hautement qualifiés**

(Abrogée par Décr. n° 2016-1456 du 28 oct. 2016, art. 23)

SECTION 5 **Renouvellement de l'autorisation de travail**

SOUS-SECTION 1 **Procédure de renouvellement**

Art. R. 5221-32 Le renouvellement d'une autorisation de travail mentionnée *(Décr. n° 2021-360 du 31 mars 2021, art. 5, en vigueur le 1er avr. 2021)* « au I de l'article R. 5221-1 » est sollicité dans le courant *(Décr. n° 2021-360 du 31 mars 2021, art. 5, en vigueur le 1er avr. 2021)* « du deuxième » mois précédant son expiration.

La demande de renouvellement est accompagnée de documents dont la liste est fixée par arrêté conjoint des ministres chargés de l'immigration et du travail. – *V. Arr. du 1er avr. 2021, NOR : MTRD2110626A (JO 2 avr.).*

L'autorisation de travail est renouvelée dans la limite de la durée du contrat de travail restant à courir ou de la mission restant à accomplir en France.

Art. R. 5221-33 Par dérogation à l'article R. 5221-32, la validité *(Décr. n° 2016-1456 du 28 oct. 2016, art. 23)* « de l'autorisation de travail mentionnée » *(Décr. n° 2021-360 du 31 mars 2021, art. 5, en vigueur le 1er avr. 2021)* « au 2° du I de l'article R. 5221-3 » est prorogée d'un an lorsque l'étranger se trouve involontairement privé d'emploi à la date de la première demande de renouvellement.

Si, au terme de cette période de prorogation, l'étranger est toujours privé d'emploi, il est statué sur sa demande compte tenu de ses droits au regard du régime d'indemnisation des travailleurs involontairement privés d'emploi.

Art. R. 5221-34 *(Décr. n° 2021-360 du 31 mars 2021, art. 5, en vigueur le 1er avr. 2021)* Le renouvellement d'une des autorisations de travail mentionnées aux articles R. 5221-32 et R. 5221-33 peut être refusé lorsque :

1° L'étranger concerné méconnaît les termes de l'autorisation de travail dont il bénéficie ;

2° L'employeur méconnaît les conditions définies aux 2°, 3° et 4° de l'article R. 5221-20.

Art. R. 5221-35 Les critères mentionnés à l'article R. 5221-20 sont également opposables lors du premier renouvellement de l'une de ces autorisations de travail lorsque l'étranger demande à occuper un emploi dans un métier ou une zone géographique différents de ceux qui étaient mentionnés sur l'autorisation de travail initiale. – *[Anc. art. R. 341-5, al. 4.]*

Art. R. 5221-36 Le premier renouvellement peut également être refusé lorsque le contrat de travail a été rompu dans les douze mois suivant l'embauche sauf en cas de privation involontaire d'emploi. — *[Anc. art. R. 341-5, al. 5.]*

SOUS-SECTION 2 **Taxe**

Art. D. 5221-37 à D. 5221-40 *Abrogés par Décr. n° 2009-2 du 2 janv. 2009.*

SECTION 6 **Contrôle des autorisations de travail**

Art. R. 5221-41 *(Décr. n° 2021-360 du 31 mars 2021, art. 6, en vigueur le 1er avr. 2021)* En application de l'article L. 5221-8, l'employeur vérifie que l'étranger qu'il se propose d'embaucher est en situation régulière au regard du séjour. A cette fin, l'employeur saisit le préfet du département dans lequel l'établissement employeur a son siège ou le particulier employeur sa résidence.

Les modalités de mise en œuvre du présent article, notamment les informations qui peuvent être demandées au préfet et les modalités de sa saisine, sont fixées par arrêté du ministre en charge de l'immigration.

Art. R. 5221-42 La demande de l'employeur est adressée au préfet au moins deux jours ouvrables avant la date d'effet de l'embauche.

Le préfet notifie sa réponse à l'employeur par courrier *(Abrogé par Décr. n° 2021-360 du 31 mars 2021, art. 6, à compter du 1er avr. 2021)* « , *télécopie* » ou courrier électronique dans un délai de deux jours ouvrables à compter de la réception de la demande. A défaut de réponse dans ce délai, l'obligation de l'employeur de s'assurer de l'existence de l'autorisation de travail est réputée accomplie.

Art. R. 5221-43 *(Décr. n° 2021-360 du 31 mars 2021, art. 6, en vigueur le 1er avr. 2021)* Les dispositions des articles R. 5221-41 et R. 5221-42 ne s'appliquent pas lorsque l'étranger produit à l'employeur un justificatif d'inscription sur la liste des demandeurs d'emploi délivré par l'institution mentionnée à l'article L. 5312-1 ou lorsqu'il se trouve dans le cas prévu au 20° de l'article R. 5221-2.

Art. R. 5221-44 Lorsqu'une entreprise de travail temporaire s'est assurée de l'existence de l'autorisation de travail dans les conditions prévues à l'article R. 5221-41, cette formalité est réputée remplie pour la durée de validité du titre de séjour et pour tout contrat de mission, conclu entre l'étranger et cette entreprise de travail temporaire. — *[Anc. art. R. 341-6-1, al. 1er.]*

Art. R. 5221-45 La déclaration de l'employeur accomplie en application de l'article R. 5221-27 pour l'embauche d'un étranger titulaire de la carte de séjour temporaire *(Décr. n° 2009-477 du 27 avr. 2009)* « ou du visa pour un séjour d'une durée supérieure à trois mois mentionné *(Décr. n° 2021-360 du 31 mars 2021, art. 6, en vigueur le 1er avr. 2021)* « au 11° de l'article R. 5221-2 » portant la mention "étudiant" vaut accomplissement de la vérification de l'existence des autorisations de travail, à défaut de réponse du préfet dans un délai de deux jours ouvrables à compter de la réception de cette déclaration.

Art. R. 5221-46 L'autorisation de travail est présentée sans délai à toute demande des autorités mentionnées à l'article L. 8271-17. — *[Anc. art. R. 341-2-5.]*

SECTION 7 **Inscription sur la liste des demandeurs d'emploi**

Art. R. 5221-47 Pour demander son inscription sur la liste des demandeurs d'emploi, le travailleur étranger doit satisfaire aux conditions d'inscription prévues par la section 1 du chapitre premier du titre premier du livre IV, et notamment à celles mentionnées *(Décr. n° 2015-1264 du 9 oct. 2015, art. 4)* « aux articles R. 5411-2 et R. 5411-3 » et au 5° de l'article R. 5411-6 relatives à la justification de la régularité de sa situation au regard des dispositions qui réglementent l'exercice d'activités professionnelles par les étrangers. — *[Anc. art. R. 341-7, al. 1er début et milieu.]*

Les dispositions issues du Décr. n° 2015-1264 du 9 oct. 2015 sont applicables aux demandes d'inscription effectuées :

1° A compter du premier jour qui suit la publication dudit décret dans les départements suivants : Haute-Corse, Corse-du-Sud, Doubs, Haute-Saône, Jura, Territoire de Belfort, Guyane, Aisne, Somme et Oise ;

2° Dans les autres départements, territoires et collectivités selon un calendrier fixé par un ou plusieurs arrêtés du ministre chargé de l'emploi, et au plus tard le 31 déc. 2016 (Décr. préc., art. 6).

Art. R. 5221-48 (Décr. n° 2021-360 du 31 mars 2021, art. 7, en vigueur le 1ᵉʳ avr. 2021) Pour être inscrit sur la liste des demandeurs d'emploi, le travailleur étranger doit être titulaire de l'un des documents et titres de séjour suivants :

1° La carte de résident délivrée en application (Décr. n° 2021-360 du 31 mars 2021, art. 8, en vigueur le 1ᵉʳ mai 2021) « du 5° de l'article L. 411-1 » du code de l'entrée et du séjour des étrangers et du droit d'asile ou la carte de résident portant la mention "carte de résident de longue durée-UE" délivrée en application (Décr. n° 2021-360 du 31 mars 2021, art. 8, en vigueur le 1ᵉʳ mai 2021) « du 6° de l'article L. 411-1 » du même code ;

2° La carte de séjour temporaire ou pluriannuelle portant la mention "vie privée et familiale", délivrée en application des articles (Décr. n° 2021-360 du 31 mars 2021, art. 8, en vigueur le 1ᵉʳ mai 2021) « L. 423-1, L. 423-2, L. 423-7, L. 423-13, L. 423-14, L. 423-15, L. 423-21, L. 423-22, L. 423-23, L. 425-1, L. 425-6, L. 425-9, L. 426-5, L. 433-4, L. 433-5 et L. 433-6 » du même code, ou le visa de long séjour valant titre de séjour mentionné aux (Décr. n° 2021-360 du 31 mars 2021, art. 8, en vigueur le 1ᵉʳ mai 2021) « 6° et 15° de l'article R. 431-16 » du même code ;

3° La carte de séjour temporaire portant la mention "vie privée et familiale" délivrée en application (Décr. n° 2021-360 du 31 mars 2021, art. 8, en vigueur le 1ᵉʳ mai 2021) « de l'article L. 426-12 » du même code autorisant son titulaire à travailler à partir de la deuxième année suivant sa délivrance, ou en application (Décr. n° 2021-360 du 31 mars 2021, art. 8, en vigueur le 1ᵉʳ mai 2021) « de l'article L. 426-13 » autorisant son titulaire à travailler à condition qu'il séjourne en France depuis au moins un an ;

4° La carte de séjour portant la mention "passeport talent" délivrée en application des (Décr. n° 2021-360 du 31 mars 2021, art. 8, en vigueur le 1ᵉʳ mai 2021) « articles L. 421-9, L. 421-11, L. 421-13, L. 421-14, L. 421-15, L. 421-20 et L. 421-21 » du même code ou la carte de séjour portant la mention "passeport talent (famille)" délivrée en application (Décr. n° 2021-360 du 31 mars 2021, art. 8, en vigueur le 1ᵉʳ mai 2021) « des articles L. 421-22, L. 421-23 et L. 422-13 » du même code, ainsi que le visa de long séjour valant titre de séjour correspondant à ces motifs de séjour ;

5° La carte de séjour portant la mention "salarié détaché ICT (famille)" ou "salarié détaché mobile ICT (famille)", délivrée en application (Décr. n° 2021-360 du 31 mars 2021, art. 8, en vigueur le 1ᵉʳ mai 2021) « des articles L. 421-28 et L. 421-29 » du même code, ou le visa de long séjour valant titre de séjour mentionné au (Décr. n° 2021-360 du 31 mars 2021, art. 8, en vigueur le 1ᵉʳ mai 2021) « 11° de l'article R. 431-16 » du même code, dès lors que son titulaire a acquis un droit à l'allocation chômage ;

6° La carte de séjour temporaire portant la mention "stagiaire ICT (famille)" délivrée en application (Décr. n° 2021-360 du 31 mars 2021, art. 8, en vigueur le 1ᵉʳ mai 2021) « de l'article L. 421-32 » du même code, ou le visa de long séjour valant titre de séjour mentionné au (Décr. n° 2021-360 du 31 mars 2021, art. 8, en vigueur le 1ᵉʳ mai 2021) « 12° de l'article R. 431-16 » du même code, dès lors que son titulaire a acquis un droit à l'allocation chômage ;

7° La carte de séjour pluriannuelle portant la mention "salarié" délivrée en application de l'article (Décr. n° 2021-360 du 31 mars 2021, art. 8, en vigueur le 1ᵉʳ mai 2021) « L. 433-4 » du même code ;

8° La carte de séjour temporaire portant la mention "salarié", délivrée en application (Décr. n° 2021-360 du 31 mars 2021, art. 8, en vigueur le 1ᵉʳ mai 2021) « de l'article L. 421-1 » du même code ou le visa de long séjour valant titre de séjour mentionné (Décr. n° 2021-360 du 31 mars 2021, art. 8, en vigueur le 1ᵉʳ mai 2021) « au 7° de l'article R. 431-16 » du même code, accompagnée de l'autorisation de travail ;

9° La carte de séjour délivrée en application de l'article (Décr. n° 2021-360 du 31 mars 2021, art. 8, en vigueur le 1ᵉʳ mai 2021) « L. 233-4 » du même code au ressortissant d'un État membre de l'Union européenne soumis à des mesures transitoires par son traité d'adhésion, ou la carte de séjour portant la mention "membre de la famille d'un citoyen de l'Union", en application de l'article *(Décr. n° 2021-360 du 31 mars 2021, art. 8, en vigueur le 1er mai 2021)* « L. 233-5 » du même code ;

10° La carte de séjour temporaire portant la mention "travailleur temporaire", délivrée en application *(Décr. n° 2021-360 du 31 mars 2021, art. 8, en vigueur le 1er mai 2021)* « de l'article L. 421-3 » du même code ou le visa de long séjour valant titre de séjour mentionné *(Décr. n° 2021-360 du 31 mars 2021, art. 8, en vigueur le 1er mai 2021)* « au 8° de l'article R. 431-16 » du même code, lorsque le contrat de travail, conclu avec un employeur établi en France, a été rompu avant son terme, du fait de l'employeur, pour un motif qui lui est imputable ou pour un cas de force majeure ;

11° Le titulaire de la [La] carte de séjour temporaire "recherche d'emploi ou création d'entreprise" délivrée en application *(Décr. n° 2021-360 du 31 mars 2021, art. 8, en vigueur le 1er mai 2021)* « des articles L. 422-10 ou L. 422-14 » du même code ou le visa de long séjour valant titre de séjour portant la même mention, mentionné *(Décr. n° 2021-360 du 31 mars 2021, art. 8, en vigueur le 1er mai 2021)* « au 14° de l'article R. 431-16 » du même code ;

12° La carte de séjour temporaire ou pluriannuelle portant la mention "étudiant" ou "étudiant-programme de mobilité", délivrée en application des articles *(Décr. n° 2021-360 du 31 mars 2021, art. 8, en vigueur le 1er mai 2021)* « L. 422-1, L. 422-2, L. 422-5, L. 422-6 et L. 433-4 » du même code ainsi que le visa de long séjour valant titre de séjour portant la mention "étudiant" ou "étudiant-programme de mobilité" mentionné *(Décr. n° 2021-360 du 31 mars 2021, art. 8, en vigueur le 1er mai 2021)* « au 13° de l'article R. 431-16 » du même code, bénéficiant d'une autorisation de travail en application du 1° du II de l'article R. 5221-3 du présent code, lorsque son contrat de travail, en rapport avec son cursus universitaire, a été rompu à l'initiative de son employeur ou pour force majeure ;

13° La carte de séjour pluriannuelle portant la mention "bénéficiaire de la protection subsidiaire" ou la mention "membre de la famille d'un bénéficiaire de la protection subsidiaire", mentionnée *(Décr. n° 2021-360 du 31 mars 2021, art. 8, en vigueur le 1er mai 2021)* « aux articles L. 424-9 et L. 424-11 » du code de l'entrée et du séjour des étrangers et du droit d'asile ;

14° La carte de séjour pluriannuelle portant la mention "bénéficiaire du statut d'apatride" ou la mention "membre de la famille d'un bénéficiaire du statut d'apatride", mentionnée *(Décr. n° 2021-360 du 31 mars 2021, art. 8, en vigueur le 1er mai 2021)* « aux articles L. 424-18 et L. 424-19 » du même code ;

15° L'autorisation provisoire de séjour portant la mention "autorise son titulaire à travailler" ;

16° L'autorisation provisoire de séjour délivrée en application de l'article *(Décr. n° 2021-360 du 31 mars 2021, art. 8, en vigueur le 1er mai 2021)* « L. 425-4 » du même code ;

17° Le récépissé de première demande de titre de séjour portant la mention "autorise son titulaire à travailler" ;

18° Le récépissé de renouvellement de titre de séjour portant la mention "autorise son titulaire à travailler" ;

19° L'attestation de décision favorable portant la mention "autorise son titulaire à travailler" ;

20° L'attestation de prolongation portant la mention "autorise son titulaire à travailler".

Art. R. 5221-49 et R. 5221-50 *Abrogés par Décr. n° 2015-1264 du 9 oct. 2015, art. 5.*

CHAPITRE II **INTERDICTIONS**

Le présent chapitre ne comprend pas de dispositions réglementaires.

CHAPITRE III OFFICE FRANÇAIS DE L'IMMIGRATION ET DE L'INTÉGRATION (Décr. n° 2009-331 du 25 mars 2009).

SECTION 1 Missions et exercice des missions

Art. R. 5223-1 (Abrogé par Décr. n° 2020-1734 du 16 déc. 2020, art. 14, à compter du 1er mai 2021) (Décr. n° 2012-336 du 7 mars 2012) *L'Office français de l'immigration et de l'intégration met en œuvre les missions définies à l'article L. 5223-1 dans les conditions fixées par le code de l'entrée et du séjour des étrangers et du droit d'asile.*

Pour la mise en œuvre de la politique d'accueil des demandeurs d'asile, l'Office français de l'immigration et de l'intégration assure le pilotage d'un réseau de structures de premier accueil, d'information, d'orientation et d'accompagnement dont les missions sont définies par le ministère chargé de l'asile et dont il peut déléguer la gestion, par convention, à des personnes morales de droit privé.

En application des dispositions de l'article (Décr. n° 2015-1166 du 21 sept. 2015, art. 26, en vigueur le 1er nov. 2015) « *L. 744-4 du code de l'entrée et du séjour des étrangers et du droit d'asile* », *l'Office assure également, pour le compte du ministère chargé de l'asile, la coordination du dispositif national d'hébergement des demandeurs d'asile et des réfugiés.*

Art. R. 5223-2 (Abrogé par Décr. n° 2020-1734 du 16 déc. 2020, art. 14, à compter du 1er mai 2021) *L'*(Décr. n° 2009-331 du 25 mars 2009) « *Office français de l'immigration et de l'intégration* » *peut, par convention, associer à ses missions tout organisme privé ou public, notamment les collectivités territoriales et les organismes de droit privé à but non lucratif.*

Art. R. 5223-3 (Abrogé par Décr. n° 2020-1734 du 16 déc. 2020, art. 14, à compter du 1er mai 2021) *La mise en œuvre des missions de l'agence* [*l'office*] *fait l'objet d'un* (Décr. n° 2012-336 du 7 mars 2012) « *contrat d'objectifs et de performance* » *conclu avec l'État.*

SECTION 2 Statut, organisation et fonctionnement

SOUS-SECTION 1 Statut

Art. R. 5223-4 (Abrogé par Décr. n° 2020-1734 du 16 déc. 2020, art. 14, à compter du 1er mai 2021) *L'*(Décr. n° 2009-331 du 25 mars 2009) « *Office français de l'immigration et de l'intégration* » *est placé* (Décr. n° 2012-336 du 7 mars 2012) « *sous la tutelle des ministres chargés de l'immigration et de l'intégration* ».

SOUS-SECTION 2 Organisation

§ 1 Conseil d'administration

Art. R. 5223-5 (Abrogé par Décr. n° 2020-1734 du 16 déc. 2020, art. 14, à compter du 1er mai 2021) (Décr. n° 2012-336 du 7 mars 2012) *Le conseil d'administration de l'Office comprend, outre son président* (Décr. n° 2016-358 du 25 mars 2016, art. 1er) « *et deux parlementaires désignés l'un par l'Assemblée nationale et l'autre par le Sénat* », *quinze membres :*

1° Huit membres représentant l'État :
a) Le représentant du ministre chargé de l'immigration ;
b) Le représentant du ministre chargé de l'intégration ;
c) Le représentant du ministre chargé de l'emploi ;
d) Le représentant du ministre chargé des affaires étrangères ;
e) (Décr. n° 2016-358 du 25 mars 2016, art. 1er) « *Le représentant du ministre chargé des affaires sociales ;* »
f) Le représentant du ministre chargé de l'enseignement supérieur ;
g) Le représentant du ministre chargé de la santé ;
h) Le représentant du ministre chargé du budget ;
2° Deux représentants du personnel élus dans les conditions fixées par le chapitre II du titre II de la loi n° 83-675 du 26 juillet 1983 relative à la démocratisation du secteur public, à l'exception des dispositions relatives à la durée de leur mandat. Celle-ci est de trois ans ;

3° *Cinq personnalités qualifiées désignées par les ministres chargés de l'immigration et de l'intégration en raison de leur expérience dans les domaines de compétences de l'Office.*

Art. R. 5223-6 (Abrogé par Décr. n° 2020-1734 du 16 déc. 2020, art. 14, à compter du 1er mai 2021) (Décr. n° 2012-336 du 7 mars 2012) *Le président du conseil d'administration est nommé par décret, pour une durée de trois ans renouvelable, sur proposition conjointe des ministres chargés de l'immigration et de l'intégration.*

Il est assisté de deux vice-présidents :
1° Un des représentants des ministres chargés de l'immigration et de l'intégration, désigné conjointement par ces derniers ;
2° Une personnalité qualifiée désignée en son sein par le conseil d'administration.

Art. R. 5223-7 (Abrogé par Décr. n° 2020-1734 du 16 déc. 2020, art. 14, à compter du 1er mai 2021) *Les membres du conseil d'administration mentionnés* (Décr. n° 2012-336 du 7 mars 2012) « *au 3°* » *de l'article R. 5223-5 sont nommés pour une durée de trois ans, renouvelable une fois,* (Décr. n° 2012-336 du 7 mars 2012) « *par arrêté conjoint du ministre chargé de l'immigration et du ministre chargé de l'intégration* ».

Chaque membre du conseil d'administration, hormis les personnalités qualifiées, dispose d'un suppléant désigné et nommé dans les mêmes conditions.

Art. R. 5223-8 (Abrogé par Décr. n° 2020-1734 du 16 déc. 2020, art. 14, à compter du 1er mai 2021) *Toute vacance, pour quelque cause que ce soit ou perte de la qualité au titre de laquelle les membres du conseil ont été désignés, donne lieu à remplacement dans les mêmes conditions dans un délai de deux mois à compter de cette vacance, pour la durée du mandat restant à courir.*

Art. R. 5223-9 (Abrogé par Décr. n° 2020-1734 du 16 déc. 2020, art. 14, à compter du 1er mai 2021) (Décr. n° 2012-336 du 7 mars 2012) *I. — Dans le cadre des missions fixées à l'article L. 5223-1, le conseil d'administration délibère sur :*
1° Les conditions générales d'organisation et de fonctionnement de l'établissement, et notamment les ouvertures et fermetures des directions territoriales en France et des représentations à l'étranger ;
2° Les missions et l'implantation des services territoriaux et de ses représentations à l'étranger ;
3° Le projet de contrat d'objectifs et de performance conclu avec l'État ;
4° Le programme prévisionnel d'activité, le projet de budget de l'Office et ses modifications ;
5° Le compte financier et l'affectation des résultats de l'établissement ;
6° Le tableau des emplois ;
7° Le rapport annuel d'activité présenté par le directeur général ;
8° Le placement des fonds disponibles dans les conditions fixées par le ministre chargé du budget ;
9° La stratégie immobilière de l'établissement, notamment son schéma pluriannuel de stratégie immobilière, les achats, ventes, échanges d'immeubles et prises à bail d'immeubles, constitution et cession de droits réels immobiliers ;
10° Les conditions générales de vente des produits et services fournis par l'établissement ;
11° L'acceptation ou le refus de dons et legs ;
12° L'autorisation des transactions.
II. — Le conseil d'administration rend un avis sur les projets d'arrêtés prévus à l'article R. 512-1-2 du code de l'entrée et du séjour des étrangers et du droit d'asile concernant les conditions d'octroi et le montant de l'aide au retour.
III. — Le conseil d'administration peut déléguer au directeur général certaines de ses attributions mentionnées aux 11° et 12° dans les conditions qu'il détermine. Le directeur général rend compte au conseil d'administration, lors de sa plus prochaine réunion, des décisions qu'il a prises en vertu de cette délégation.
IV. — Pour l'adoption des délibérations modificatives prévues au 4° du I et de celles relatives aux baux d'immeubles prévues au 9° du I, le recours à une procédure de consultation des membres du conseil d'administration par visioconférence peut être décidé par le président lorsque l'urgence l'impose.

A titre exceptionnel, lorsqu'il ne peut être procédé à une consultation par visioconférence, le recours à une procédure de consultation écrite peut être décidé par le président lorsque l'urgence impose de consulter le conseil d'administration dans les délais les plus brefs. Dans ce cas, les membres du conseil d'administration sont consultés individuellement par tout moyen écrit permettant d'établir la preuve de la réception de la demande de consultation. Les observations émises sur la délibération par l'un des membres du conseil d'administration sont immédiatement communiquées aux autres membres.

Tout membre du conseil d'administration peut s'opposer à ce mode de consultation, auquel cas il est mis un terme à la procédure et le conseil d'administration est convoqué par son président afin de procéder au vote sur la ou les décisions soumises à consultation écrite.

Ces décisions sont prises selon les règles de majorité fixées à l'article R. 5223-13. Elles font l'objet d'une information au conseil d'administration dans les meilleurs délais et sont inscrites au compte rendu de sa plus prochaine séance.

Les modalités de mise en œuvre de ces deux procédures de consultation en urgence, et notamment le délai minimum d'envoi des documents avant la date à laquelle il appartient aux membres du conseil d'administration de se prononcer sur les questions dont ils sont saisis, sont arrêtées par le règlement intérieur du conseil d'administration.

Art. R. 5223-10 *(Abrogé par Décr. n° 2020-1734 du 16 déc. 2020, art. 14, à compter du 1ᵉʳ mai 2021) (Décr. n° 2012-336 du 7 mars 2012)* « *Le président convoque le conseil d'administration et fixe l'ordre du jour de sa réunion sur proposition du directeur général de l'Office.*

« *Le conseil d'administration se réunit au moins deux fois par an pour délibérer sur l'approbation du compte financier présenté par le comptable et l'adoption du budget primitif.* »

Le conseil d'administration est réuni de plein droit à la demande des ministres de tutelle ou de la majorité de ses membres, sur les points de l'ordre du jour déterminés par eux, dans le délai d'un mois suivant la demande.

Art. R. 5223-11 *(Abrogé par Décr. n° 2020-1734 du 16 déc. 2020, art. 14, à compter du 1ᵉʳ mai 2021) (Décr. n° 2012-336 du 7 mars 2012)* « *Le conseil d'administration ne peut valablement délibérer que si la moitié au moins de ses membres titulaires ou suppléants est présente ou représentée.* »

Si le quorum n'est pas atteint, le conseil est à nouveau convoqué sur le même ordre du jour dans un délai maximum de quinze jours. Il délibère alors sans condition de quorum.

Art. R. 5223-12 *(Abrogé par Décr. n° 2020-1734 du 16 déc. 2020, art. 14, à compter du 1ᵉʳ mai 2021) En cas d'absence ou d'empêchement du président, le conseil d'administration est présidé par le vice-président représentant (Décr. n° 2012-336 du 7 mars 2012)* « *les ministres chargés de l'immigration et de l'intégration* ».

Art. R. 5223-13 *(Abrogé par Décr. n° 2020-1734 du 16 déc. 2020, art. 14, à compter du 1ᵉʳ mai 2021) Les délibérations du conseil d'administration sont adoptées à la majorité des voix des membres présents ou représentés. La voix du président est prépondérante en cas de partage égal des voix.*

Art. R. 5223-14 *(Abrogé par Décr. n° 2020-1734 du 16 déc. 2020, art. 14, à compter du 1ᵉʳ mai 2021) (Décr. n° 2016-358 du 25 mars 2016, art. 2)* « *Les secrétaires généraux des ministères de tutelle ou leurs représentants, le directeur général, le contrôleur budgétaire et l'agent comptable assistent aux réunions du conseil d'administration avec voix consultative.* »

(Décr. n° 2012-336 du 7 mars 2012) « *Le directeur général peut être assisté de membres du personnel de l'établissement qui participent aux réunions du conseil d'administration sans prendre part aux votes.* »

Art. R. 5223-15 *(Abrogé par Décr. n° 2020-1734 du 16 déc. 2020, art. 14, à compter du 1ᵉʳ mai 2021) Les fonctions de membre du conseil d'administration ne sont pas rémunérées.*

Toutefois, le président reçoit une indemnité de fonctions dont le montant est fixé par arrêté des ministres chargés de l'immigration et du budget.

Art. R. 5223-16 *(Abrogé par Décr. n° 2020-1734 du 16 déc. 2020, art. 14, à compter du 1ᵉʳ mai 2021) Les membres du conseil d'administration peuvent bénéficier du remboursement de leurs frais de déplacement et de séjour dans les conditions prévues par la réglementation applicable aux fonctionnaires de l'État.*

Art. R. 5223-17 *(Abrogé par Décr. n° 2020-1734 du 16 déc. 2020, art. 14, à compter du 1ᵉʳ mai 2021) (Décr. n° 2012-336 du 7 mars 2012) Sous réserve des dispositions de l'arti-*

cle R. 5223-37, les délibérations du conseil d'administration sont exécutoires de plein droit quinze jours après leur réception par les ministres chargés de l'immigration et de l'intégration.

§ 2   Directeur général

Art. R. 5223-18 (Abrogé par Décr. n° 2020-1734 du 16 déc. 2020, art. 14, à compter du 1er mai 2021) L'(Décr. n° 2009-331 du 25 mars 2009) « Office français de l'immigration et de l'intégration » est dirigé par un directeur général nommé par décret (Décr. n° 2012-336 du 7 mars 2012) « pour trois ans renouvelables » sur proposition du ministre chargé de l'immigration.

Art. R. 5223-19 Abrogé par Décr. n° 2012-336 du 7 mars 2012.

Art. R. 5223-20 (Abrogé par Décr. n° 2020-1734 du 16 déc. 2020, art. 14, à compter du 1er mai 2021) Le directeur général assure la gestion et la conduite générale de l'(Décr. n° 2012-336 du 7 mars 2012) « Office », la préparation et l'exécution des délibérations du conseil d'administration. Il est ordonnateur des recettes et des dépenses de l'établissement. Il passe tous actes, contrats ou marchés et conclut les transactions.
  (Décr. n° 2012-336 du 7 mars 2012) « Il peut ester en justice et représente l'Office en justice ainsi que dans tous les actes de la vie civile. »

Art. R. 5223-21 (Abrogé par Décr. n° 2020-1734 du 16 déc. 2020, art. 14, à compter du 1er mai 2021) Le directeur général peut déléguer sa signature à tout agent de l'établissement exerçant des fonctions d'encadrement.
  Il peut nommer des ordonnateurs secondaires.

Art. R. 5223-22 (Abrogé par Décr. n° 2020-1734 du 16 déc. 2020, art. 14, à compter du 1er mai 2021) Le directeur général élabore la contribution de l'(Décr. n° 2012-336 du 7 mars 2012) « Office » au rapport annuel sur les orientations pluriannuelles de la politique d'immigration prévu par l'article L. 111-10 du code de l'entrée et du séjour des étrangers et du droit d'asile.

Art. R. 5223-23 (Abrogé par Décr. n° 2020-1734 du 16 déc. 2020, art. 14, à compter du 1er mai 2021) Il dresse chaque année un rapport qu'il présente au conseil d'administration au cours du premier semestre, qui rend compte de l'exécution du (Décr. n° 2012-336 du 7 mars 2012) « contrat d'objectifs et de performance » mentionné à l'article R. 5223-3 et de l'activité de l'(Décr. n° 2012-336 du 7 mars 2012) « Office » durant l'exercice écoulé.

Art. R. 5223-24 (Abrogé par Décr. n° 2020-163 du 26 févr. 2020, art. 1er) (Décr. n° 2012-812 du 16 juin 2012, art. 1er) Le directeur général est ordonnateur secondaire à vocation nationale pour l'émission des titres de perception relatifs à la contribution spéciale mentionnée à l'article L. 8253-1 et de ceux relatifs à la contribution forfaitaire représentative des frais de réacheminement de l'étranger dans son pays d'origine mentionnée à l'article L. 626-1 du code de l'entrée et du séjour des étrangers et du droit d'asile.

§ 3   *[ABROGÉ]*   Comité consultatif

(Abrogé par Décr. n° 2016-358 du 25 mars 2016, art. 3)

Art. R. 5223-25 à R. 5223-32 Abrogés par Décr. n° 2016-358 du 25 mars 2016, art. 3.

SOUS-SECTION 3   **Fonctionnement**

Art. R. 5223-33 (Abrogé par Décr. n° 2020-1734 du 16 déc. 2020, art. 14, à compter du 1er mai 2021) L'(Décr. n° 2009-331 du 25 mars 2009) « Office français de l'immigration et de l'intégration » peut accueillir en détachement ou par voie de mise à disposition des agents relevant de la fonction publique ainsi que des agents relevant d'organismes publics ou privés assurant la gestion d'un service public, dans le cadre de la réglementation qui leur est applicable.

Art. R. 5223-34 (Abrogé par Décr. n° 2020-1734 du 16 déc. 2020, art. 14, à compter du 1er mai 2021) Les missions de l'(Décr. n° 2012-336 du 7 mars 2012) « Office » à l'étranger sont placées sous le contrôle permanent des représentants diplomatiques et consulaires français à l'étranger.

(Décr. n° 2012-509 du 18 avr. 2012, art. 14) « *Les représentations de l'office à l'étranger sont placées sous le contrôle des représentations diplomatiques et consulaires françaises. Elles mettent en œuvre les orientations définies par le conseil d'administration de l'établissement.* »

SECTION 3 Ressources

Art. R. 5223-35 (Abrogé par Décr. n° 2020-1734 du 16 déc. 2020, art. 14, à compter du 1er mai 2021) (Décr. n° 2012-336 du 7 mars 2012) Les ressources de l'Office proviennent :
1° Des taxes, redevances et frais de dossiers qu'il est autorisé à percevoir ;
(Abrogé par Décr. n° 2020-163 du 26 févr. 2020, art. 2) « *2° Des taxes versées par les employeurs qui embauchent des travailleurs étrangers, telles qu'elles sont déterminées par l'article L. 311-15 du code de l'entrée et du séjour des étrangers et du droit d'asile ;*
« *3° De la contribution spéciale prévue à l'article L. 8253-1 et de la contribution au titre des frais de réacheminement prévue à l'article L. 626-1 du code de l'entrée et du séjour des étrangers et du droit d'asile ;* »
2° Des dons, legs et libéralités de toute nature qu'elle est appelée à recueillir ;
3° Des avances et subventions de l'État ou d'autres collectivités publiques ;
4° Des produits financiers résultant du placement de ses fonds ;
5° Du produit des cessions et des participations ;
6° Du produit des aliénations ;
7° De tout autre produit prévu par des dispositions légales, réglementaires ou conventionnelles.

Art. R. 5223-36 Abrogé par Décr. n° 2012-1247 du 7 nov. 2012, art. 45.

Art. R. 5223-37 (Abrogé par Décr. n° 2020-1734 du 16 déc. 2020, art. 14, à compter du 1er mai 2021) (Décr. n° 2012-1247 du 7 nov. 2012, art. 45) Les délibérations portant sur le budget et le compte financier sont exécutoires dans les conditions prévues par le titre III du décret n° 2012-1246 du 7 novembre 2012 relatif à la gestion budgétaire et comptable publique.

Art. R. 5223-38 (Abrogé par Décr. n° 2020-1734 du 16 déc. 2020, art. 14, à compter du 1er mai 2021) (Décr. n° 2012-1247 du 7 nov. 2012, art. 45) L'établissement public est soumis aux dispositions des titres I et III du décret n° 2012-1246 du 7 novembre 2012 relatif à la gestion budgétaire et comptable publique.

Art. R. 5223-39 (Abrogé par Décr. n° 2020-1734 du 16 déc. 2020, art. 14, à compter du 1er mai 2021) Des comptables secondaires peuvent être désignés par le directeur général avec l'agrément du ministre chargé du budget et de l'agent comptable de l'Office.
Des régies de recettes et d'avances peuvent être instituées conformément aux dispositions du (Décr. n° 2019-798 du 26 juill. 2019, art. 20) « *décret n° 2019-798 du 26 juillet 2019* » relatives aux régies de recettes et aux régies d'avances des organismes publics.

CHAPITRE IV DISPOSITIONS PÉNALES

Art. R. 5224-1 Le fait de ne pas s'assurer de l'existence de l'autorisation de travail ou de ne pas accomplir une déclaration nominative de l'étranger, en méconnaissance des dispositions des articles L. 5221-8 et L. 5221-9, est puni de l'amende prévue pour les contraventions de la 5e classe.
La récidive de la contravention prévue au présent article est réprimée conformément aux articles 132-11 et 132-15 du code pénal. – *[Anc. art. R. 364-1.]*

LIVRE III SERVICE PUBLIC DE L'EMPLOI ET PLACEMENT

TITRE I LE SERVICE PUBLIC DE L'EMPLOI

CHAPITRE I MISSIONS ET COMPOSANTES DU SERVICE PUBLIC DE L'EMPLOI

Art. R. 5311-1 (Décr. n° 2008-1010 du 29 sept. 2008) La convention pluriannuelle prévue à l'article L. 5312-3 est conclue entre l'État, représenté par le ministre chargé de l'emploi, l'organisme gestionnaire de l'assurance chômage, représenté par son président, son vice-président et son directeur général et *(Décr. n° 2014-524 du 22 mai 2014, art. 16-XVI)* « Pôle emploi *[France Travail depuis le 1er janv. 2024]*, représenté » par le président de son conseil d'administration et son directeur général.

Sans préjudice des dispositions de l'article L. 5312-3, cette convention détermine :

1° Les orientations relatives aux mesures que *(Décr. n° 2014-524 du 22 mai 2014, art. 16-XVI)* « l'établissement » met en œuvre destinées à faciliter les opérations de recrutement des entreprises, à favoriser l'insertion, le reclassement, la promotion professionnelle et la mobilité géographique et professionnelle des personnes, qu'elles disposent ou non d'un emploi ;

2° Les modalités de constitution du dossier unique du demandeur d'emploi et de l'accès à ce dossier ;

3° Les échanges de données et d'informations nécessaires à l'accomplissement des missions de l'État, de l'organisme d'assurance chômage mentionné à l'article L. 5427-1 et de *(Décr. n° 2014-524 du 22 mai 2014, art. 16-XVI)* « Pôle emploi » *[France Travail depuis le 1er janv. 2024]* et répondant à leurs besoins.

Art. R. 5311-2 *(Décr. n° 2008-1010 du 29 sept. 2008)* Le comité de suivi prévu à l'article L. 5312-3 comprend :

1° Trois représentants de l'État désignés par le ministre chargé de l'emploi ;

2° Le directeur général et deux représentants du conseil d'administration, nommés sur proposition de ce conseil, de l'organisme gestionnaire de l'assurance chômage mentionné à l'article L. 5427-1 ;

3° Le président du conseil d'administration et le directeur général de *(Décr. n° 2014-524 du 22 mai 2014, art. 16-II)* « Pôle emploi » *[France Travail depuis le 1er janv. 2024]*.

Le président du comité de suivi est désigné en son sein par le ministre chargé de l'emploi.

Les membres et le président du comité de suivi sont nommés par arrêté du ministre chargé de l'emploi.

Le comité de suivi se réunit au moins deux fois par an sur convocation de son président.

Le représentant *(Décr. n° 2012-1247 du 7 nov. 2012, art. 2)* « du contrôleur budgétaire » assiste aux réunions du comité de suivi.

Art. R. 5311-3 *(Décr. n° 2008-1010 du 29 sept. 2008)* Le comité de suivi remet chaque année à la *(Décr. n° 2018-1262 du 26 déc. 2018, art. 1er)* « Commission nationale de la négociation collective, de l'emploi et de la formation professionnelle » un rapport annuel sur la mise en œuvre de la convention pluriannuelle prévue à l'article L. 5312-3.

Ce rapport est rendu public.

CHAPITRE II PLACEMENT ET ACCOMPAGNEMENT DES DEMANDEURS D'EMPLOI

SECTION 1 Statut et missions de Pôle emploi *[France Travail depuis le 1er janv. 2024]* *(Décr. n° 2014-524 du 22 mai 2014, art. 1er-I).*

Art. R. 5312-1 *(Décr. n° 2014-524 du 22 mai 2014, art. 2-I)* Pôle emploi *[France Travail depuis le 1er janv. 2024]* est un établissement public à caractère administratif.

Art. R. 5312-1-1 *(Décr. n° 2014-524 du 22 mai 2014, art. 2-II)* Dans le cadre des missions mentionnées à l'article L. 5312-1, Pôle emploi *[France Travail depuis le 1er janv. 2024]* apporte son concours à l'orientation et au placement des travailleurs handicapés.

Art. R. 5312-2 Les préfets de région et de département, assistés des directeurs régionaux et départementaux du travail, de l'emploi et de la formation professionnelle, coordonnent l'action de *(Décr. n° 2014-524 du 22 mai 2014, art. 16-III)* « Pôle emploi » *[France Travail depuis le 1er janv. 2024]* avec celle des autres services et organismes chargés de la mise en œuvre de la politique de l'emploi définie par les pouvoirs publics. — *[Anc. art. R. 311-4-11, al. 1er.]*

Art. R. 5312-3 *(Décr. n° 2014-524 du 22 mai 2014, art. 16-XVII)* « Pôle emploi *[France Travail depuis le 1er janv. 2024]* rend compte au ministre chargé de l'emploi, aux préfets de région et de département et aux *(Décr. n° 2020-1545 du 9 déc. 2020, art. 28-X, en vigueur le 1ᵉʳ avr. 2021)* « directeurs régionaux de l'économie, de l'emploi, du travail et des solidarités » des activités du service public de l'emploi qu'il » assure avec le concours des organismes visés aux articles L. 5311-2 à L. 5311-4 et L. 5322-2.

Art. R. 5312-4 *(Décr. n° 2014-524 du 22 mai 2014, art. 3)* Lorsque Pôle emploi *[France Travail depuis le 1ᵉʳ janv. 2024]* prend des décisions ou conclut des conventions pour le compte de l'État, il statue également, au nom de l'État, en cas de recours administratifs formés contre ces décisions ou ces conventions.

Art. R. 5312-5 *(Décr. n° 2014-524 du 22 mai 2014, art. 16-IV)* « Pôle emploi » *[France Travail depuis le 1ᵉʳ janv. 2024]* représente l'État devant les juridictions administratives compétentes en cas de litiges relatifs à des décisions prises ou à des conventions conclues *(Décr. n° 2014-524 du 22 mai 2014, art. 4 ; Décr. n° 2017-1747 du 22 déc. 2017, art. 7)* « pour son compte ».

Art. R. 5312-5-1 *(Décr. n° 2018-1227 du 24 déc. 2018, art. 6)* La demande de rescrit, émanant d'un employeur concernant un de ses mandataires sociaux ou d'une personne titulaire d'un mandat social, prévue à l'article L. 5312-12-2 comporte une présentation précise et complète de la situation de fait de nature à permettre à Pôle emploi *[France Travail depuis le 1ᵉʳ janv. 2024]* d'apprécier si les conditions requises sont satisfaites pour la détermination de l'assujettissement à l'assurance chômage.

La demande, accompagnée de toutes les informations et pièces nécessaires, est présentée à Pôle emploi *[France Travail depuis le 1ᵉʳ janv. 2024]* par tout moyen conférant date certaine à sa réception.

Si la demande est incomplète, Pôle emploi *[France Travail depuis le 1ᵉʳ janv. 2024]* invite son auteur, dans les mêmes formes, à fournir les éléments complémentaires nécessaires. En l'absence de réponse dans un délai de deux mois à compter de la date de réception de cette demande de renseignements complémentaires, la demande est réputée caduque.

Pôle emploi *[France Travail depuis le 1ᵉʳ janv. 2024]* se prononce dans un délai de deux mois à compter de la date de réception de la demande de rescrit, ou des éléments complémentaires demandés.

La décision sur la demande de rescrit est notifiée à l'employeur et à la personne concernée. Elle ne fait pas obstacle à la régularisation de la situation contributive de l'employeur au titre de l'assurance chômage dans la limite du délai de prescription applicable.

Art. R. 5312-5-2 *(Décr. n° 2018-1227 du 24 déc. 2018, art. 6)* Toute modification d'une décision prise en application de l'article R. 5312-5-1 tenant à un changement de la situation de fait de la personne concernée ou de l'analyse de cette situation est notifiée par Pôle emploi *[France Travail depuis le 1ᵉʳ janv. 2024]* à l'employeur et à la personne concernée.

Cette modification prend effet à la date du changement de la situation de fait ou, s'agissant d'un changement d'analyse de cette situation, à la date de sa notification.

SECTION 2 Organisation et fonctionnement de l'institution mentionnée à l'article L. 5312-1

(Décr. n° 2008-1010 du 29 sept. 2008)

Les dispositions de cette section entrent en vigueur à la date de la première réunion du conseil d'administration de l'institution prévue à l'art. L. 5312-1 (Décr. n° 2008-1010 du 29 sept. 2008, art. 14).

La première réunion du conseil d'administration portant officiellement création de « Pôle emploi » s'est tenue le 19 déc. 2008.

SOUS-SECTION 1 Conseil d'administration

§ 1 Attributions

Art. R. 5312-6 Le conseil d'administration règle les affaires relatives à l'objet de *(Décr. n° 2014-524 du 22 mai 2014, art. 5)* « Pôle emploi » *[France Travail depuis le 1ᵉʳ janv. 2024]*. Il délibère sur :

SERVICE PUBLIC DE L'EMPLOI — **Art. R. 5312-7** 2801

1° Les orientations annuelles et les plans de développement des activités ;
2° Les mesures destinées à faciliter les opérations de recrutement des entreprises, à favoriser l'insertion, le reclassement, la promotion professionnelle et la mobilité géographique et professionnelle des personnes, qu'elles disposent ou non d'un emploi, en application de la convention tripartite mentionnée à l'article L. 5312-3 ;
(Décr. n° 2014-524 du 22 mai 2014, art. 5) « 3° Les conditions de mise en œuvre par Pôle emploi [France Travail depuis le 1er janv. 2024] des dispositifs de la politique publique de l'emploi ;
« 4° La nature des conventions soumises à délibération préalable et spéciale du conseil, dans la limite, le cas échéant, d'un montant qu'il détermine ; »
5° Les conditions de recours à des prestataires spécialisés pour l'exécution d'actions organisées en faveur des demandeurs d'emploi ou des entreprises, dans le cadre des orientations fixées par la convention tripartite mentionnée à l'article L. 5312-3 ;
6° Le rapport annuel d'activité ;
7° Les conditions générales d'organisation et de fonctionnement de (Décr. n° 2014-524 du 22 mai 2014, art. 5) « Pôle emploi [France Travail depuis le 1er janv. 2024], en particulier la création ou la suppression d'établissements à compétence nationale ou spécifique » ;
8° Le programme des implantations territoriales ;
9° Les conditions générales d'emploi et de rémunération du personnel ;
10° Le règlement intérieur de (Décr. n° 2014-524 du 22 mai 2014, art. 5) « Pôle emploi » [France Travail depuis le 1er janv. 2024], qui prévoit notamment le régime des frais de déplacement applicable à ses personnels ;
11° Le budget initial et ses révisions ;
12° Les comptes annuels ;
13° Les emprunts et encours maximum des crédits de trésorerie ;
14° L'acceptation des dons et legs ;
15° (Décr. n° 2014-524 du 22 mai 2014, art. 5) « Les prises » de participation financière, de participation à des groupements d'intérêt économique, à des groupements d'intérêt public ou à des groupements européens de coopération territoriale ;
16° Les conditions générales de tarification pour services rendus ;
17° La nature (Décr. n° 2014-524 du 22 mai 2014) « des actions en justice, des transactions et des remises de dette » pour lesquelles le directeur général peut agir sans délibération préalable et spéciale du conseil, dans la limite, le cas échéant, d'un montant (Décr. n° 2014-524 du 22 mai 2014, art. 5) « que le conseil détermine » ;
18° La désignation des commissaires aux comptes ;
19° Le règlement intérieur des marchés, ainsi que la composition de la commission des marchés ;
20° La nature des marchés que le directeur général peut conclure sans délibération préalable et spéciale du conseil, dans la limite, le cas échéant, d'un montant (Décr. n° 2014-524 du 22 mai 2014, art. 5) « que le conseil détermine ».
Il autorise le président du conseil d'administration et le directeur général à signer la convention pluriannuelle mentionnée à l'article L. 5312-3.
Lors de chaque réunion, le conseil d'administration examine le compte rendu d'activité et de gestion de (Décr. n° 2014-524 du 22 mai 2014, art. 5) « Pôle emploi » [France Travail depuis le 1er janv. 2024] préparé par le directeur général.

§ 2 Composition, nomination et mandat

Art. R. 5312-7 Le conseil d'administration de (Décr. n° 2014-524 du 22 mai 2014, art. 6) « Pôle emploi » [France Travail depuis le 1er janv. 2024] est ainsi composé :
1° Cinq représentants de l'État :
— un représentant désigné par le ministre chargé de l'emploi ;
— un représentant désigné par le ministre chargé du budget ;
— un représentant désigné par le ministre chargé de l'éducation nationale ;
— un représentant désigné par le ministre chargé de l'intérieur ;
— un représentant désigné par le ministre chargé (Décr. n° 2014-524 du 22 mai 2014, art. 6) « des affaires sociales » ;
2° Cinq représentants des organisations syndicales de salariés interprofessionnelles représentatives au niveau national :

a) Un représentant nommé sur proposition de la Confédération générale du travail (CGT) ;
b) Un représentant nommé sur proposition de la Confédération française démocratique du travail (CFDT) ;
c) Un représentant nommé sur proposition de la Confédération générale du travail-Force ouvrière (CGT-FO) ;
d) Un représentant nommé sur proposition de la Confédération française des travailleurs chrétiens (CFTC) ;
e) Un représentant nommé sur proposition de la Confédération française de l'encadrement-CGC (CFE-CGC) ;
3° Cinq représentants des organisations professionnelles d'employeurs représentatives au niveau national et interprofessionnel :
a) Trois représentants nommés sur proposition du Mouvement des entreprises de France (MEDEF) ;
b) Un représentant nommé sur proposition de la Confédération générale des petites et moyennes entreprises (CGPME) ;
c) Un représentant nommé sur proposition de l'Union professionnelle artisanale (UPA) ;
4° Deux personnalités qualifiées désignées par le ministre chargé de l'emploi ;
(Décr. n° 2015-1192 du 28 sept. 2015) « 5° Un représentant des régions, désigné sur proposition de l'Association des régions de France ;
« 6° Un représentant des autres collectivités territoriales, désigné sur proposition conjointe de l'Association des départements de France et l'Association des maires de France. »

Art. R. 5312-8 Le président est élu par le conseil d'administration en son sein à la majorité absolue des suffrages exprimés. Il est assisté par deux vice-présidents élus par le conseil d'administration.

Art. R. 5312-9 Les membres du conseil d'administration sont nommés par arrêté du ministre chargé de l'emploi.
Chaque membre, à l'exception des personnalités qualifiées, peut se faire représenter par un suppléant, nommé dans les mêmes conditions.

Art. R. 5312-10 Le directeur général et le représentant du contrôle général économique et financier participent aux séances du conseil d'administration avec voix consultative.

Art. R. 5312-11 La durée du mandat des membres titulaires et suppléants du conseil d'administration est de trois ans renouvelable.
Le mandat des membres du conseil d'administration est gratuit, sous réserve du remboursement des frais de déplacement et de séjour, ainsi que, le cas échéant, de perte de salaire, dans les conditions prévues par le règlement intérieur mentionné à l'article R. 5312-14.

Art. R. 5312-12 Les membres décédés, démissionnaires ou qui ont perdu la qualité au titre de laquelle ils ont été nommés sont remplacés dans un délai de trois mois. Dans ce cas, le mandat des nouveaux membres expire à la date à laquelle aurait normalement pris fin celui de leur prédécesseur.

§ 3 Fonctionnement et réunions

Art. R. 5312-13 Le conseil d'administration est convoqué par son président. Il se réunit au minimum six fois par an.

Art. R. 5312-14 Le conseil d'administration se dote d'un règlement intérieur relatif à son fonctionnement.
Ce règlement intérieur détermine notamment la composition et les attributions du comité d'audit prévu à l'article L. 5312-5, auquel assiste le représentant du *(Décr. n° 2012-1247 du 7 nov. 2012, art. 2)* « contrôle budgétaire », et du comité d'évaluation prévu à l'article L. 5312-5 ainsi que les conditions dans lesquelles ceux-ci peuvent avoir recours à des compétences extérieures.

Art. R. 5312-15 L'ordre du jour de chaque réunion est arrêté par le président, après consultation des vice-présidents, et sur proposition du directeur général.
La convocation est de droit si elle est demandée par le ministre chargé de l'emploi, le directeur général ou la majorité des membres, sur un ordre du jour déterminé.

Art. R. 5312-16 Le conseil d'administration ne peut valablement délibérer que si au moins dix de ses membres sont présents. Si ce nombre n'est pas atteint, le conseil est convoqué à nouveau dans un délai de quinze jours. Il peut alors délibérer valablement quel que soit le nombre des membres présents.
(Décr. n° 2014-524 du 22 mai 2014, art. 7) « Le vote par procuration est admis. Un membre du conseil ne peut être porteur que d'une procuration. »
Les décisions sont prises à la majorité des membres présents (Décr. n° 2014-524 du 22 mai 2014, art. 7) « ou représentés », à l'exception de celles relatives aux matières mentionnées aux 11° et 13° de l'article R. 5312-6 qui le sont à la majorité des deux tiers des membres présents (Décr. n° 2014-524 du 22 mai 2014, art. 7) « ou représentés ». En cas de partage égal de voix, celle du président est prépondérante.

Art. R. 5312-17 Le secrétariat du conseil d'administration est assuré à la diligence du directeur général. Un exemplaire du procès-verbal de chaque réunion du conseil d'administration, signé par le président, est transmis aux membres du conseil d'administration ainsi qu'au représentant du contrôle général économique et financier.

SOUS-SECTION 2 **Directeur général**

Art. R. 5312-18 Le directeur général est nommé pour une durée de trois ans. Son mandat est renouvelable.

Art. R. 5312-19 Le directeur général prépare les délibérations du conseil d'administration et en assure l'exécution. Il prend toutes les décisions autres que celles qui relèvent de la compétence de ce conseil.
Il représente (Décr. n° 2014-524 du 22 mai 2014, art. 8) « Pôle emploi » [France Travail depuis le 1er janv. 2024] en justice et dans les actes de la vie civile, sous réserve des dispositions des articles R. 5312-23 et R. 5312-26.
Il a autorité sur l'ensemble du personnel de (Décr. n° 2014-524 du 22 mai 2014, art. 8) « Pôle emploi » [France Travail depuis le 1er janv. 2024]. Il nomme les directeurs régionaux (Décr. n° 2014-524 du 22 mai 2014, art. 8) « ainsi que les directeurs des établissements créés sur le fondement du 7° de l'article R. 5312-6 ».
Il peut déléguer sa signature aux personnels placés sous son autorité. Il peut déléguer ses pouvoirs dans le cadre fixé par une délibération du conseil d'administration.

SOUS-SECTION 3 **Dispositions économiques et financières**

Art. R. 5312-20 Les comptes de (Décr. n° 2014-524 du 22 mai 2014, art. 16) « Pôle emploi » [France Travail depuis le 1er janv. 2024] sont certifiés par deux commissaires aux comptes.

Art. R. 5312-21 (Décr. n° 2014-524 du 22 mai 2014, art. 16) « Pôle emploi [France Travail depuis le 1er janv. 2024] est soumis » au (Décr. n° 2012-1247 du 7 nov. 2012, art. 2) « contrôle budgétaire prévu par le décret n° 2012-1246 du 7 novembre 2012 relatif à la gestion budgétaire et comptable publique ».
(Décr. n° 2014-524 du 22 mai 2014, art. 16) « Pôle emploi [France Travail depuis le 1er janv. 2024] est soumis » au contrôle de la Cour des comptes.

Art. R. 5312-22 Les opérations de dépenses et de recettes des deux premières sections du budget de (Décr. n° 2014-524 du 22 mai 2014, art. 16) « Pôle emploi » [France Travail depuis le 1er janv. 2024] sont présentées en compte de tiers.
Les conventions relatives aux mandats confiés à (Décr. n° 2014-524 du 22 mai 2014, art. 16) « Pôle emploi » [France Travail depuis le 1er janv. 2024] définissent les dispositions assurant la neutralité des opérations pour le budget et la trésorerie de (Décr. n° 2014-524 du 22 mai 2014, art. 16) « Pôle emploi » [France Travail depuis le 1er janv. 2024].
Une délibération du conseil d'administration précise les modalités de présentation du budget.

(Décr. n° 2014-524 du 22 mai 2014, art. 16) « **Pôle emploi** » [France Travail depuis le 1ᵉʳ janv. 2024] tient une comptabilité analytique dont les principes de présentation sont délibérés par le conseil d'administration.

Dans le cas où, avant le début de l'exercice, le budget n'a pas été voté par le conseil d'administration, les opérations de recettes et de dépenses sont effectuées sur la base du budget de l'exercice précédent.

Art. R. 5312-23 Le règlement intérieur des marchés et des achats précise notamment les marchés pour lesquels les directeurs régionaux exercent le pouvoir adjudicateur.

Art. R. 5312-24 (Décr. n° 2014-524 du 22 mai 2014, art. 16-XIX) « **Pôle emploi** [France Travail depuis le 1ᵉʳ janv. 2024] n'est pas soumis » au chapitre II du livre I de la partie réglementaire du code du domaine de l'État et aux dispositions du décret n° 86-455 du 14 mars 1986 relatif à la suppression des commissions des opérations immobilières et de l'architecture et modalités de consultation du service des domaines.

Les projets de cession, d'apport ou de création de sûreté portant sur un ouvrage ou terrain répondant aux caractéristiques de l'article L. 5312-13 sont communiqués aux ministres chargés de l'emploi et du budget, accompagnés du projet de convention avec le cessionnaire, le destinataire de l'apport ou le bénéficiaire de la sûreté. Ces ministres disposent d'un délai de trois mois à compter de la réception du projet pour faire connaître leur décision motivée d'opposition ou, le cas échéant, les conditions particulières auxquelles ils subordonnent la réalisation de l'opération.

SOUS-SECTION 4 **Directeur régional ou d'établissement**

Art. R. 5312-25 (Décr. n° 2014-524 du 22 mai 2014, art. 10) « Sous l'autorité du directeur général, le directeur régional ou le directeur d'un établissement créé sur le fondement du 7° de l'article R. 5312-6 anime et contrôle l'activité de Pôle emploi [France Travail depuis le 1ᵉʳ janv. 2024] dans la région ou dans le ressort de l'établissement. »

Il a autorité sur l'ensemble du personnel (Décr. n° 2014-524 du 22 mai 2014, art. 10) « affecté à la région ou à l'établissement ».

Il peut déléguer sa signature aux personnels placés sous son autorité. Il peut déléguer ses pouvoirs dans le cadre fixé par une délibération du conseil d'administration.

Art. R. 5312-26 Le directeur régional représente (Décr. n° 2014-524 du 22 mai 2014, art. 11) « **Pôle emploi** » [France Travail depuis le 1ᵉʳ janv. 2024] dans ses relations avec les usagers (Décr. n° 2014-524 du 22 mai 2014, art. 11) « , les agents » et les tiers et dans les actions en justice et les actes de la vie civile intéressant la région, en particulier ceux relatifs aux acquisitions, échanges et aliénations de biens immobiliers conformément au programme des implantations territoriales voté par le conseil d'administration et mis en œuvre par le directeur général. (Décr. n° 2014-524 du 22 mai 2014, art. 11) « Il prend l'ensemble des décisions en matière de gestion de la liste des demandeurs d'emploi, notamment les décisions mentionnées aux articles R. 5411-18, R. 5412-1 et R. 5412-8. (Décr. n° 2018-1335 du 28 déc. 2018, art. 2) « Il décide de la suppression du revenu de remplacement et du prononcé de la pénalité administrative dans les conditions prévues aux sections 2 et 3 du chapitre VI du titre II du livre IV de la présente partie. »

« Le directeur d'un établissement créé sur le fondement du 7° de l'article R. 5312-6 représente Pôle emploi [France Travail depuis le 1ᵉʳ janv. 2024] dans ses relations avec les usagers, les agents et les tiers et dans les actes de la vie civile relevant des attributions de l'établissement. » (Décr. n° 2019-796 du 26 juill. 2019, art. 3) « Il décide le cas échéant de la radiation et de la suppression du revenu de remplacement et du prononcé de la pénalité administrative dans les conditions prévues au chapitre II du titre I, et aux sections 2 et 3 du chapitre VI du titre II du livre IV de la présente partie. »

Art. R. 5312-27 (Décr. n° 2014-524 du 22 mai 2014, art. 16-XX) Le directeur régional transmet au préfet de région les informations nécessaires à l'analyse et au suivi des actions de Pôle emploi [France Travail depuis le 1ᵉʳ janv. 2024] dans la région.

SOUS-SECTION 5 Instance paritaire régionale

Art. R. 5312-28 L'instance paritaire régionale prévue à l'article L. 5312-10 comprend cinq membres représentant les employeurs et cinq membres représentant les salariés désignés par les organisations syndicales de salariés et d'employeurs représentatives au plan national et interprofessionnel mentionnées à l'article L. 5422-22.

Les membres de l'instance paritaire régionale sont désignés pour trois ans. Ce mandat est renouvelable. Pour chacun d'entre eux, un suppléant, chargé de le remplacer en cas d'empêchement, est désigné dans les mêmes conditions. Les suppléants peuvent assister aux réunions de l'instance.

Tous les ans, au cours de la première réunion de l'exercice, l'instance paritaire désigne parmi ses membres un président et un vice-président, qui ne peuvent appartenir au même collège.

Les membres décédés, démissionnaires ou qui ont perdu la qualité au titre de laquelle ils ont été désignés sont remplacés dans un délai de trois mois. Dans ce cas, le mandat des nouveaux membres expire à la date à laquelle aurait normalement pris fin celui de leur prédécesseur.

Le mandat de l'instance paritaire est gratuit, sous réserve du remboursement des frais de déplacement et de séjour, ainsi que, le cas échéant, de perte de salaire, dans les conditions prévues par le règlement intérieur de (Décr. n° 2014-524 du 22 mai 2014, art. 16-VI) « Pôle emploi » [France Travail depuis le 1er janv. 2024].

Art. R. 5312-29 L'instance paritaire régionale de (Décr. n° 2014-524 du 22 mai 2014, art. 16-VI) « Pôle emploi » [France Travail depuis le 1er janv. 2024] est réunie sur convocation de son président, qui arrête l'ordre du jour.

Art. R. 5312-30 Un exemplaire du procès-verbal de chaque réunion de l'instance paritaire, signé par le président, est transmis :
1° Aux membres de l'instance paritaire ;
2° Au directeur régional de (Décr. n° 2014-524 du 22 mai 2014, art. 16-II) « Pôle emploi » [France Travail depuis le 1er janv. 2024] ;
3° Au préfet de région ;
4° Au président du conseil d'administration et au directeur général de (Décr. n° 2014-524 du 22 mai 2014, art. 16-II) « Pôle emploi » [France Travail depuis le 1er janv. 2024] ;
5° Au président, au vice-président et au directeur général de l'organisme gestionnaire de l'assurance chômage mentionné à l'article L. 5427-1.

Art. R. 5312-31 Abrogé par Décr. n° 2014-524 du 22 mai 2014, art. 2-III.

SECTION 3 Transmissions à Pôle emploi [France Travail depuis le 1er janv. 2024] d'une liste nominative des bénéficiaires du revenu de solidarité active et de l'allocation aux adultes handicapés

(Décr. n° 2011-2096 du 30 déc. 2011)

Art. R. 5312-32 Est autorisée la création par la Caisse nationale des allocations familiales, d'une part, et la Caisse centrale de la mutualité sociale agricole, d'autre part, de traitements de données à caractère personnel dénommés "transmissions à Pôle emploi [France Travail depuis le 1er janv. 2024] de données relatives aux bénéficiaires du revenu de solidarité active (Décr. n° 2015-1863 du 29 déc. 2015, art. 9) « , de la prime d'activité » et de l'allocation aux adultes handicapés". Ces traitements ont pour finalité l'identification, parmi les demandeurs d'emploi, des bénéficiaires de ces allocations. Ces données sont enregistrées par Pôle emploi [France Travail depuis le 1er janv. 2024] dans ses traitements automatisés de données relatives à la gestion de la demande d'emploi, afin de lui permettre de :
1° Remplir ses missions prévues à l'article L. 5312-1 du code du travail ;
2° Satisfaire aux obligations posées à l'article L. 262-42 du code de l'action sociale et des familles ;
3° Mettre en œuvre des dispositions particulières prévues aux articles L. 5132-5, L. 5134-23-1 et L. 5134-25-1 du code du travail.

Art. R. 5312-33 Les données à caractère personnel collectées sont celles permettant d'identifier le bénéficiaire ainsi que, le cas échéant, son conjoint, concubin ou partenaire lié par un pacte civil de solidarité, soit, pour chacun d'eux :

1° Le nom de famille et, le cas échéant, le nom marital, le prénom, la date de naissance, la commune de résidence ;

2° Le numéro d'inscription au répertoire national d'identification des personnes physiques ;

3° Le numéro de la caisse de rattachement, le numéro d'allocataire et l'allocation perçue ;

4° Pour le revenu de solidarité active *(Décr. n° 2015-1863 du 29 déc. 2015, art. 9)* « et la prime d'activité », la date d'ouverture des droits, la date de la demande, la nature de l'allocation perçue et la date de sortie de l'allocation.

Art. R. 5312-34 Pôle emploi *[France Travail depuis le 1ᵉʳ janv. 2024]* conserve les données à caractère personnel collectées dans le cadre des traitements mis en place par l'article R. 5312-32 jusqu'à l'extinction du droit du demandeur d'emploi au revenu de solidarité active *(Décr. n° 2015-1863 du 29 déc. 2015, art. 9)* « , à la prime d'activité » ou à l'allocation aux adultes handicapés.

Art. R. 5312-35 Sont destinataires des données à caractère personnel mentionnées aux 3° et 4° de l'article R. 5312-33, pour les nécessités liées aux seules finalités mentionnées à l'article R. 5312-32, les agents de Pôle emploi *[France Travail depuis le 1ᵉʳ janv. 2024]* désignés et habilités par l'autorité responsable de cet organisme pour accéder aux traitements de données relatives à la gestion de la demande d'emploi mentionnés au premier alinéa de l'article R. 5312-32.

Art. R. 5312-36 Les droits d'accès et de rectification prévus par les articles 39 et 40 de la loi n° 78-17 du 6 janvier 1978 relative à l'informatique, aux fichiers et aux libertés s'exercent auprès de l'organisme chargé du service de l'allocation dont bénéficie l'intéressé parmi celles mentionnées à l'article R. 5312-32.

Art. R. 5312-37 Le droit d'opposition prévu au premier alinéa de l'article 38 de la loi n° 78-17 du 6 janvier 1978 relative à l'informatique, aux fichiers et aux libertés ne s'applique pas aux traitements prévus par la présente section.

SECTION 4 Système d'information concernant les demandeurs d'emploi et les salariés

(Décr. n° 2016-729 du 1ᵉʳ juin 2016)

Art. R. 5312-38 Est autorisée la création par Pôle emploi *[France Travail depuis le 1ᵉʳ janv. 2024]* d'un traitement automatisé de données à caractère personnel dénommé "Système d'information concernant les demandeurs d'emploi et salariés".

Il a pour finalités :

1° L'information, l'accueil, l'orientation et l'accompagnement des personnes à la recherche d'un emploi, d'une formation ou d'un conseil professionnel et leur mise en relation avec des employeurs ;

2° L'inscription, le non-renouvellement de l'inscription, les changements de situation sur la liste des demandeurs d'emploi, l'actualisation et la radiation de cette liste ;

3° L'élaboration et le suivi du projet personnalisé d'accès à l'emploi, le contrôle de la recherche d'emploi ;

4° L'attribution et le versement d'allocations et d'aides, la répétition des sommes indûment perçues ;

5° La gestion des réclamations et des contentieux ;

6° La gestion électronique des documents ;

7° L'échange de données avec des organismes de sécurité sociale ou de retraite complémentaire afin de garantir les droits sociaux des demandeurs d'emploi ou d'éviter les cumuls indus d'allocations et aides avec des prestations sociales ou un salaire ;

8° Le partage de données entre les acteurs des services publics de l'emploi, de l'orientation et de la formation ainsi qu'avec l'Agence de services et de paiement visée à l'article L. 313-1 du code rural et de la pêche maritime, afin de permettre l'exercice des missions légales de chacun ;

9° La prévention et la lutte contre la fraude ;
10° L'alimentation et l'agrégation des données afin de produire les statistiques afférentes aux missions prévues à l'article L. 5312-1 et les indicateurs permettant le pilotage des activités de Pôle emploi [France Travail depuis le 1er janv. 2024].

Art. R. 5312-39 Dans le cadre des finalités mentionnées à l'article R. 5312-38, est également mis à disposition par Pôle emploi [France Travail depuis le 1er janv. 2024] un téléservice permettant d'accomplir, à travers un espace personnel sur le site internet de Pôle emploi [France Travail depuis le 1er janv. 2024] ou à travers toute autre technologie de l'information et de la communication, des démarches et formalités visant notamment à :
1° Être mis en relation avec un employeur ;
2° Créer ou télécharger un curriculum vitae et le transmettre à des employeurs ou à des partenaires de Pôle emploi [France Travail depuis le 1er janv. 2024] ;
3° S'inscrire à une prestation ou faire une demande d'aide ;
4° S'inscrire sur la liste des demandeurs d'emploi, faire une demande d'allocation, préparer le premier entretien du parcours personnalisé d'accès à l'emploi et télécharger des documents justificatifs ;
5° Actualiser sa situation sur la liste des demandeurs d'emploi, actualiser son projet personnalisé d'accès à l'emploi, faire une demande d'aide ou une réclamation ;
6° Être en contact avec un conseiller par messagerie électronique ou instantanée, par visioconférence ou par téléphone ;
7° Effectuer des modules de conseil ou de formation en ligne et participer à des forums.
Les démarches et formalités mentionnées au 4° sont accomplies uniquement par l'usage d'un téléservice, avec l'assistance du personnel de Pôle emploi [France Travail depuis le 1er janv. 2024] dans les conditions définies par l'article R. 5411-2 du code du travail.

Art. R. 5312-40 Outre les données directement collectées auprès des personnes concernées, le système d'information est alimenté, dans le cadre des finalités mentionnées à l'article R. 5312-38 et dans la stricte limite des informations nécessaires, par :
1° Le traitement de données à caractère personnel dénommé "Déclaration sociale nominative" mentionné par l'article 3 du décret n° 2013-266 du 28 mars 2013 relatif à la déclaration sociale nominative ;
2° La déclaration préalable à l'embauche mentionnée à l'article R. 1221-17 ;
3° Le traitement automatisé de données à caractère personnel dénommé "Système d'information du compte personnel de formation" mentionné à l'article R. 6323-13 ;
4° Un fichier d'annonces légales permettant d'identifier les entreprises et leurs dirigeants.

Le 3° de cet art. est applicable à Mayotte à compter du 1er janv. 2019 (Décr. n° 2018-953 du 31 oct. 2018, art. 58-I).

Art. R. 5312-41 Dans le cadre des finalités mentionnées à l'article R. 5312-38, le système d'information est mis en relation, aux fins de vérification et de mise à jour, avec :
1° Le système national de gestion des identifiants mis en œuvre par la Caisse nationale d'assurance vieillesse des travailleurs salariés, mentionné à l'article L. 114-12-1 du code de la sécurité sociale, pour identifier de manière unique les demandeurs d'emploi et les salariés par la certification de leur numéro d'inscription au répertoire national d'identification des personnes physiques (NIR) ;
2° L'application de gestion des dossiers des ressortissants étrangers en France (AGDREF2) mentionnée (*Décr. n° 2020-1734 du 16 déc. 2020, art. 14, en vigueur le 1er mai 2021*) « à l'article R. 142-11 » du code de l'entrée et du séjour des étrangers en France pour vérifier la validité du titre de séjour, l'accès au marché du travail et le droit de s'inscrire (*Décr. n° 2018-1335 du 28 déc. 2018, art. 7, en vigueur le 1er janv. 2019*) « et de demeurer inscrit » sur la liste des demandeurs d'emploi ;
3° Le fichier national des comptes bancaires (FICOBA2), mentionné par l'article 2 de l'arrêté du 14 juin 1982 relatif à l'extension d'un système automatisé de gestion du

fichier des comptes bancaires, pour vérifier que les coordonnées bancaires sont celles du demandeur d'emploi ;
4° Les fichiers des organismes mentionnés aux 7° et 8° de l'article R. 5312-38 ;
5° Un fichier d'annonces légales, afin de vérifier si l'usager exerce un mandat social, et ainsi fiabiliser les données issues de la demande d'inscription sur la liste des demandeurs d'emploi, de la demande d'allocation de chômage ou de toute demande d'aide à l'emploi pouvant être accordée au demandeur d'emploi ou à l'employeur.

Art. R. 5312-42 Les catégories de données à caractère personnel traitées dans le système d'information sont :
1° Concernant les demandeurs d'emploi et salariés :
a) Données d'identification : numéro d'inscription au répertoire national d'identification des personnes physiques (NIR), noms, prénoms, sexe, date et lieu de naissance, adresse, domiciliation fiscale, nationalité, photographie de la personne, caractéristiques physiques pour les mannequins et artistes interprètes, numéros d'identifiant internes à Pôle emploi [*France Travail depuis le 1er janv. 2024*], régime de protection sociale, numéro d'enregistrement dans l'AGDREF2, date d'expiration et référence réglementaire du titre de séjour, numéros de téléphone, adresses de messagerie électronique ;
b) Données relatives à la vie personnelle : situation familiale, nombre d'enfants à charge ;
c) Données relatives à la vie professionnelle : formation, qualification, expérience professionnelle, périodes de travail, périodes et motifs d'inscription sur la liste des demandeurs d'emploi, caractéristiques des emplois recherchés, curriculum vitae correspondant au modèle téléchargeable sur le téléservice de Pôle emploi [*France Travail depuis le 1er janv. 2024*] au titre du 2° de l'article R. 5312-39, projet personnalisé d'accès à l'emploi, suivi des actions menées avec le demandeur d'emploi ou le salarié, informations sur les contacts et relations entre le demandeur d'emploi ou le salarié et Pôle emploi [*France Travail depuis le 1er janv. 2024*], périodes d'indisponibilité pour la recherche d'un emploi, reconnaissance de la qualité de travailleur handicapé ;
d) Données d'ordre économique et financier : coordonnées bancaires, revenus, allocations ou aides versées par Pôle emploi [*France Travail depuis le 1er janv. 2024*], périodes de perception de pensions d'invalidité ou vieillesse, d'indemnités journalières de sécurité sociale, d'allocations parentales liées à une suspension d'activité professionnelle ou toutes autres allocations ou prestations sociales, bénéfice du revenu de solidarité active, montant des pensions d'invalidité ou de retraites, charges et revenus du foyer, sommes indûment perçues ;
e) Données relatives aux contentieux et à l'exécution des décisions liées à l'inscription et au suivi du demandeur d'emploi, à l'attribution et au versement des aides et allocations, à la discrimination, à la fausse déclaration et à la fraude ;
f) Données relatives aux personnes sous main de justice aptes à exercer un emploi et disponibles dans un délai de six mois : données enregistrées sous une forme codifiée (PMJ), numéros d'écrou, catégories administratives du quartier d'affectation, dates de transfert, dates prévisibles et effectives de libération, dates d'éligibilité à un aménagement de peine, dates et types d'aménagement de peine demandés et décidés, dates de placement sous surveillance électronique et dates de fin de peine ;
2° Concernant les huissiers et avocats : nom, prénom, adresse professionnelle, téléphone, adresse électronique ;
3° Concernant les correspondants de Pôle emploi [*France Travail depuis le 1er janv. 2024*] au sein des organismes de formation, des prestataires, des partenaires ou des entreprises : nom, prénom, adresse professionnelle, téléphone, adresse électronique, identification de l'entreprise ;
4° Concernant les agents de Pôle emploi [*France Travail depuis le 1er janv. 2024*] : nom, prénom, adresse professionnelle, téléphone et adresse électronique professionnels, identifiants de connexion et traces des actions effectuées.

Art. R. 5312-43 Les catégories de destinataires de tout ou partie des données à caractère personnel incluses dans le système d'information sont :
1° A raison de leurs attributions respectives et dans la stricte limite des informations dont ils ont à connaître dans le cadre de l'exercice de leurs missions :
a) Les membres du service public de l'emploi ;

SERVICE PUBLIC DE L'EMPLOI **Art. R. 5312-47**

b) Les partenaires, organismes ou établissements liés à Pôle emploi *[France Travail depuis le 1ᵉʳ janv. 2024]* par une convention ;
c) Les collectivités territoriales compétentes en matière d'emploi, formation, orientation et insertion sociale ;
d) Les organismes participant au financement de la formation professionnelle ;
e) Les organismes de formation ;
f) Les employeurs mentionnés à l'article L. 5424-1 dans le cadre de la gestion de l'assurance chômage de leurs anciens agents ;
g) Les employeurs dans le cadre du placement et de la gestion des contrats aidés ;
h) Les organismes de sécurité sociale et de retraite complémentaire ;
i) Les huissiers et avocats ;
j) Les services ministériels ou déconcentrés de l'État ;
k) Les institutions des États membres de l'Union européenne compétentes pour la mise en œuvre du règlement portant sur la coordination des systèmes de sécurité sociale ;
l) Le Fonds social européen ;
2° Les demandeurs d'emploi pour les noms, prénoms, numéro de téléphone et l'adresse électronique professionnelle du conseiller chargé de leur accompagnement ou de leur indemnisation.

Art. R. 5312-44 Les données à caractère personnel et les informations enregistrées dans le système d'information sont conservées pendant une durée maximum de vingt années à compter de la cessation d'inscription sur la liste des demandeurs d'emploi, sans préjudice des durées de conservation fixées dans les traitements comportant une durée inférieure.

Les données à caractère personnel et les informations enregistrées dans le système d'information relatives à l'incarcération des personnes sous main de justice visées au *f* du 1° de l'article R. 5312-43 sont conservées pendant une durée de trois mois à compter de la fin de l'incarcération de ces personnes.

Pour toute personne ne sollicitant pas son inscription sur la liste des demandeurs d'emploi ayant accompli des démarches auprès de Pôle emploi *[France Travail depuis le 1ᵉʳ janv. 2024]* en utilisant le téléservice mentionné à l'article R. 5312-39, les données à caractère personnel et les informations enregistrées sont conservées pendant une durée de treize mois à compter de l'absence d'utilisation du téléservice.

Art. R. 5312-45 Les droits d'accès et de rectification prévus par les articles 39 et 40 de la loi n° 78-17 du 6 janvier 1978 modifiée relative à l'informatique, aux fichiers et aux libertés s'exercent à l'agence Pôle emploi *[France Travail depuis le 1ᵉʳ janv. 2024]* où ils sont inscrits pour les demandeurs d'emploi et, pour les autres personnes, auprès du correspondant informatique et libertés de Pôle emploi *[France Travail depuis le 1ᵉʳ janv. 2024]* à la direction générale de Pôle emploi *[France Travail depuis le 1ᵉʳ janv. 2024]*.

Art. R. 5312-46 Le droit d'opposition prévu à l'article 38 de la loi n° 78-17 du 6 janvier 1978 modifiée relative à l'informatique, aux fichiers et aux libertés ne s'applique pas au traitement visé à l'article R. 5312-38.

SECTION 5 Médiation préalable obligatoire

(Décr. n° 2022-433 du 25 mars 2022, art. 5, en vigueur le 1ᵉʳ juill. 2022)

Art. R. 5312-47 La procédure de médiation préalable obligatoire prévue par l'article L. 213-11 du code de justice administrative est applicable aux recours contentieux formés contre les décisions individuelles suivantes prises par Pôle emploi *[France Travail depuis le 1ᵉʳ janv. 2024]* et relevant du champ de compétence du juge administratif :
1° Les décisions prises en application des délibérations du conseil d'administration de Pôle emploi *[France Travail depuis le 1ᵉʳ janv. 2024]* mentionnées au 2° de l'article R. 5312-6 ;
2° Les décisions relatives à la cessation d'inscription sur les liste des demandeurs d'emploi ou au changement de catégorie mentionnées à l'article R. 5411-18 ;
3° Les décisions de radiation de la liste des demandeurs d'emploi, prévues aux articles L. 5412-1 et L. 5412-2 ;

4° Les décisions de suppression du revenu de remplacement, prévues à l'article L. 5426-2 ;

5° Les décisions relatives à la pénalité administrative mentionnée à l'article L. 5426-5 ;

6° Les décisions relatives au remboursement des allocations, aides, ainsi que toute autre prestation indûment versées mentionnées à l'article L. 5426-8-1 ;

7° Les décisions prises pour le compte de l'État relatives :

a) Aux allocations destinées aux jeunes s'engageant dans un parcours contractualisé d'accompagnement vers l'emploi et l'autonomie prévues aux articles L. 5131-5 et L. 5131-6 ;

b) A l'allocation de solidarité spécifique prévue aux articles L. 5423-1 à L. 5423-3 ;

c) Aux allocations de solidarité mentionnées à l'article L. 5424-21 servies aux intermittents du spectacle ;

d) A l'aide à la création ou à la reprise d'entreprise prévue au II de l'article 136 de la loi n° 96-1181 du 30 décembre 1996 de finances pour 1997.

Ces dispositions sont applicables aux recours contentieux susceptibles d'être présentés à l'encontre des décisions intervenues à compter du 1ᵉʳ juill. 2022 (Décr. n° 2022-433 du 25 mars 2022, art. 6).

Ndlr : le Décr. n° 2022-955 du 29 juin 2022 crée une nouvelle section 5 comportant un art. R. 5312-47 sans tenir compte de la section 5 (art. R. 5312-47 et R. 5312-48) créée par le Décr. n° 2022-433 du 25 mars 2022.

Art. R. 5312-48 Le médiateur chargé de la médiation préalable obligatoire mentionnée à l'article R. 5312-47 est le médiateur régional de Pôle emploi *[France Travail depuis le 1ᵉʳ janv. 2024]* territorialement compétent.

V. ndlr ss. art. R. 5312-47.

SECTION 5 Droit de communication

(Décr. n° 2022-955 du 29 juin 2022, art. 1ᵉʳ)

Art. R. 5312-47 L'exercice, par les agents mentionnés à l'article L. 5312-13-1, du droit de communication portant sur des informations relatives à des personnes non identifiées, mentionné au deuxième alinéa de l'article L. 5312-13-2, obéit aux modalités suivantes :

1° La décision d'exercer le droit de communication est prise par un agent chargé de la prévention des fraudes agréé et assermenté, mentionné à l'article L. 5312-13-1 ;

2° La demande comporte les précisions suivantes :

a) La nature de la relation juridique ou économique existant entre la personne à qui la demande est adressée et les personnes qui font l'objet de la demande ;

b) L'un au moins des critères suivants, relatifs à la situation des personnes qui font l'objet de la demande :

— situation géographique ;

— niveau d'activité ou niveau des ressources perçues, ces niveaux pouvant être exprimés en montant financier ou en nombre ou fréquence des opérations réalisées ou des versements reçus ;

— mode de paiement ou de rémunération ;

c) La période, éventuellement fractionnée, mais ne pouvant excéder dix-huit mois, sur laquelle porte la demande ;

3° Sur demande des agents, les informations sont communiquées sur un support numérique, par un dispositif sécurisé ;

4° Les informations communiquées sont conservées pendant un délai de trois ans à compter de leur réception et jusqu'à l'épuisement des voies et délais de recours contre les récupérations d'indu, sanctions administratives ou condamnations pénales consécutives aux contrôles réalisés sur la base de ces informations.

Ndlr : le Décr. n° 2022-955 du 29 juin 2022 crée une nouvelle section 5 comportant un art. R. 5312-47 sans tenir compte de la section 5 (art. R. 5312-47 et R. 5312-48) créée par le Décr. n° 2022-433 du 25 mars 2022.

SERVICE PUBLIC DE L'EMPLOI — **Art. D. 5312-53** 2811

SECTION 7 Traitement des données à caractère personnel concernant la santé nécessaires à l'accompagnement adapté des demandeurs d'emploi en situation de handicap

(Décr. n° 2022-1161 du 17 août 2022)

Art. D. 5312-50 Est autorisée la création par Pôle emploi *[France Travail depuis le 1ᵉʳ janv. 2024]* et par les organismes de placement spécialisés mentionnés à l'article L. 5214-3-1 d'un traitement automatisé de données à caractère personnel dénommé "Traitement des données de santé nécessaires à l'accompagnement adapté des demandeurs d'emploi en situation de handicap".

Les données sont enregistrées au sein du traitement automatisé de données à caractère personnel mentionné à l'article R. 5312-38 afin de permettre à Pôle emploi *[France Travail depuis le 1ᵉʳ janv. 2024]* et aux organismes de placement spécialisés d'assurer :

1° L'information, l'accueil, l'orientation et l'accompagnement de manière adaptée des demandeurs d'emploi en situation de handicap vers l'emploi ;

2° L'élaboration et le suivi du projet personnalisé d'accès à l'emploi ;

3° L'attribution et le versement d'aides et la mobilisation de prestations ;

4° La gestion électronique des documents ;

5° L'alimentation et l'agrégation des données afin de produire les statistiques afférentes aux missions de Pôle emploi *[France Travail depuis le 1ᵉʳ janv. 2024]* et des organismes de placement spécialisés précités, ainsi que les indicateurs permettant le pilotage de leurs activités.

Art. D. 5312-51 Peuvent être enregistrées dans le traitement, dans la stricte mesure où elles sont nécessaires à la poursuite des finalités mentionnées à l'article D. 5312-50, les données de santé suivantes :

1° Le type et l'origine du handicap ;

2° Le besoin lié à la compensation du handicap au sens de l'article L. 114-1-1 du code de l'action sociale et des familles ;

3° Le besoin lié au rétablissement de la personne en situation de handicap permettant d'identifier les modalités de soutien nécessaires à son insertion professionnelle, y compris ses habitudes de vie et interactions sociales ;

4° Les limitations de capacités ;

5° Le titre justifiant du bénéfice de l'obligation d'emploi.

Pôle emploi *[France Travail depuis le 1ᵉʳ janv. 2024]* et les organismes de placement spécialisés mentionnés à l'article L. 5214-3-1 sont conjointement responsables du traitement automatisé prévu au premier alinéa.

Art. D. 5312-52 I. — Sont autorisées à enregistrer ou à consulter les données du traitement mentionné à l'article D. 5312-50, dans les conditions fixées par les responsables conjoints de traitement et dans la limite de ce qui est nécessaire à l'exercice de leurs missions, les personnes désignées et habilitées à cette fin au sein :

1° De Pôle emploi *[France Travail depuis le 1ᵉʳ janv. 2024]* ;

2° Des organismes de placement spécialisés mentionnés à l'article L. 5214-3-1.

II. — Sont destinataires de tout ou partie des données à caractère personnel incluses dans ce même traitement, dans les conditions fixées par les responsables conjoints de traitement et dans les limites strictement nécessaires à l'exercice de leurs missions, les personnes désignées et habilitées à cette fin au sein :

1° De l'association de gestion du fonds pour l'insertion professionnelle des handicapés ;

2° Du fonds pour l'insertion des personnes handicapées dans la fonction publique.

Art. D. 5312-53 I. — L'information des personnes concernées est assurée conformément aux articles 13 et 14 du règlement (UE) 2016/679 du Parlement européen et du Conseil du 27 avril 2016 relatif à la protection des personnes physiques à l'égard du traitement des données à caractère personnel et à la libre circulation de ces données, en particulier par l'intermédiaire du site internet du traitement de données mentionné à l'article R. 5312-38.

II. — Les droits d'accès, de rectification, ainsi que le droit à la limitation du traitement et le droit d'opposition prévus aux articles 15, 16, 18 et 21 du règlement (UE)

2016/679 s'exercent auprès de l'agence Pôle emploi [France Travail depuis le 1ᵉʳ janv. 2024] où les personnes concernées sont inscrites ou de l'organisme de placement spécialisé qui les accompagne.

Art. D. 5312-54 Les données à caractère personnel enregistrées dans le traitement sont conservées pendant une durée de six mois à compter de la fin de la validité de la reconnaissance de la qualité de travailleur handicapée [handicapé] du demandeur d'emploi et, dans tous les cas, pour une durée de six mois suivant la cessation d'inscription sur la liste des demandeurs d'emploi.

En cas de contentieux, les délais mentionnés à l'alinéa précédent peuvent être prorogés, le cas échéant, jusqu'à l'intervention d'une décision juridictionnelle définitive.

CHAPITRE III MAISONS DE L'EMPLOI

SECTION 1 Actions d'information et de sensibilisation

Art. R. 5313-1 Les maisons de l'emploi mentionnées à l'article L. 5313-1 conduisent auprès des employeurs privés et publics des actions d'information et de sensibilisation aux phénomènes des discriminations à l'embauche et dans l'emploi. – *[Anc. art. L. 311-10, al. 2.]*

Art. R. 5313-2 Les maisons de l'emploi et, pour les Français établis hors de France, les *(Décr. n° 2014-144 du 18 févr. 2014, art. 40)* « conseils consulaires » conduisent auprès des employeurs privés et publics en activité dans leur ressort des actions d'information et de sensibilisation relatives à l'égalité professionnelle et à la réduction des écarts de rémunération entre les femmes et les hommes. – *[Anc. art. L. 311-10, al. 3.]*

SECTION 2 Aide de l'État et conventions

Art. R. 5313-3 *(Décr. n° 2009-1593 du 18 déc. 2009)* L'aide de l'État mentionnée à l'article L. 5313-1 est attribuée, par le préfet de région, aux maisons de l'emploi, pour la mise en œuvre, à partir d'un diagnostic territorial, des actions suivantes :
1° Participation à l'anticipation des mutations économiques ;
2° Contribution au développement de l'emploi local ;
3° Réduction des obstacles culturels ou sociaux à l'accès à l'emploi.

Cette aide ne peut être attribuée qu'à la condition que la maison de l'emploi se constitue sous forme d'association ou sous forme de groupement d'intérêt public.

Les membres fondateurs à titre obligatoire doivent disposer de la majorité des voix au sein du conseil d'administration et du bureau.

Art. R. 5313-4 *(Décr. n° 2009-1593 du 18 déc. 2009)* Les maisons de l'emploi ne peuvent bénéficier de l'aide de l'État que si elles remplissent les conditions figurant dans un cahier des charges, pris par arrêté du ministre chargé de l'emploi, qui précise les relations avec leurs partenaires et les modalités de leur financement par l'État.

V. Arr. du 21 déc. 2009 portant cahier des charges des maisons de l'emploi (JO 30 déc.), mod. par Arr. du 18 déc. 2013, NOR : ETSD1331113A (JO 28 déc.).

Art. R. 5313-5 *(Décr. n° 2009-1593 du 18 déc. 2009)* La participation de l'État ne peut excéder un pourcentage du budget de fonctionnement de la maison de l'emploi et un plafond fixés par arrêté du ministre chargé de l'emploi.

L'aide de l'État ne peut porter que sur les dépenses de fonctionnement.

Art. R. 5313-6 *(Décr. n° 2009-1593 du 18 déc. 2009)* Une convention est conclue entre le préfet de région et la maison de l'emploi. Cette convention précise les objectifs à atteindre, les moyens mis en œuvre, la durée du conventionnement et le budget de la maison de l'emploi, ainsi que le montant et les conditions de contrôle de l'utilisation de l'aide allouée.

Le préfet de région présente la convention au conseil régional de l'emploi.

Art. R. 5313-7 *(Décr. n° 2009-1593 du 18 déc. 2009)* Les maisons de l'emploi adressent chaque année au préfet de région un compte rendu financier et un bilan d'activité

SERVICE PUBLIC DE L'EMPLOI — **Art. R. 5315-2** 2813

mettant en évidence les contributions apportées au fonctionnement du service public de l'emploi et du marché de l'emploi sur leur territoire d'intervention.

SECTION 3 Organisation sous forme de groupement d'intérêt public

Art. R. 5313-8 Lorsque la maison de l'emploi prend la forme d'un groupement d'intérêt public, elle est administrée par un conseil d'administration composé de représentants de ses membres constitutifs. Ce conseil élit son président en son sein.

Le directeur du groupement, nommé par le conseil d'administration, assure, sous l'autorité du conseil et de son président, le fonctionnement du groupement. — *[Anc. art. L. 311-10-1, al. 3 et 4.]*

SECTION 4 *[ABROGÉE]* Commission nationale des maisons de l'emploi

(Abrogée par Décr. n° 2009-1593 du 18 déc. 2009)

Art. R. 5313-9 à R. 5313-12 *Abrogés par Décr. n° 2009-1593 du 18 déc. 2009.*

CHAPITRE IV MISSIONS LOCALES POUR L'INSERTION PROFESSIONNELLE ET SOCIALE DES JEUNES

Art. D. 5314-0 *(Décr. n° 2010-485 du 12 mai 2010, art. 5)* Les missions locales pour l'insertion professionnelle et sociale des jeunes assurent par tout moyen à leur disposition une information sur le service civique créé par la loi n° 2010-241 du 10 mars 2010.

SECTION UNIQUE *[ABROGÉE]* Conseil national des missions locales

(Abrogée par Décr. n° 2016-1376 du 12 oct. 2016, art. 5) (Décr. n° 2015-967 du 31 juill. 2015, art. 1ᵉʳ)

CHAPITRE V ÉTABLISSEMENT PUBLIC CHARGÉ DE LA FORMATION PROFESSIONNELLE DES ADULTES

(Décr. n° 2016-1539 du 15 nov. 2016, art. 1ᵉʳ, en vigueur le 1ᵉʳ janv. 2017)

Les dispositions de ce chapitre entrent en vigueur à la date d'effet de la décision portant dissolution de l'Association nationale pour la formation professionnelle des adultes et au plus tard le 1ᵉʳ janv. 2017 (Décr. n° 2016-1539 du 15 nov. 2016, art. 8).

SECTION 1 Organisation et fonctionnement

SOUS-SECTION 1 Conseil d'administration

Art. R. 5315-1 L'établissement mentionné à l'article L. 5315-1 est placé sous la tutelle conjointe des ministres chargés de l'emploi, de la formation professionnelle et du budget.

Art. R. 5315-2 Le conseil d'administration de l'établissement est composé des membres suivants :

1° Neuf représentants de l'État, disposant chacun de deux voix, désignés selon les modalités suivantes :
a) Deux représentants désignés par le ministre chargé de l'emploi ;
b) Deux représentants désignés par le ministre chargé du budget ;
c) Un représentant désigné par le ministre chargé de la formation professionnelle ;
d) Un représentant désigné par le ministre chargé de l'économie ;
e) Un représentant désigné par le ministre chargé de l'éducation nationale ;
f) Un représentant désigné par le ministre chargé des affaires sociales ;
g) Un représentant désigné par le ministre chargé de l'intérieur ;

2° Quatre personnalités qualifiées, dont au moins une personne choisie parmi les représentants des usagers, nommées sur proposition conjointe des ministres chargés de l'emploi, de la formation professionnelle et du budget ;

3° Quatre représentants élus des conseils régionaux, nommés sur proposition de l'Association des régions de France. Chaque représentant dispose de deux voix ;

4° Un représentant de chaque organisation syndicale de salariés représentative au plan national et interprofessionnel, désigné par chacune d'elles ;

5° Un représentant de chaque organisation professionnelle d'employeurs représentative au plan national et interprofessionnel, désigné par chacune d'elles ;

6° Deux représentants du personnel, désignés dans les conditions prévues au chapitre II du titre II de la loi n° 83-675 du 26 juillet 1983 relative à la démocratisation du secteur public.

Les membres mentionnés au 1° peuvent se faire représenter.

La durée du mandat des membres du conseil d'administration est de cinq ans renouvelable une fois.

(Décr. n° 2018-660 du 26 juill. 2018) « Le président du conseil d'administration ne peut être âgé de plus de soixante-dix ans le jour de sa nomination. »

Le directeur général, l'autorité chargée du contrôle économique et financier et le secrétaire du (Décr. n° 2017-1819 du 29 déc. 2017, art. 3) « comité social et économique central » participent aux séances du conseil d'administration avec voix consultative.

Art. R. 5315-3 Le conseil d'administration règle les affaires de l'établissement. Il délibère notamment sur :

1° Les orientations annuelles et pluriannuelles, notamment celles prévues dans le contrat d'objectifs et de performance signé entre l'État et l'établissement public, représenté, sur son autorisation, par le président et le directeur général ;

2° Les plans de développement des activités, les mesures destinées à favoriser l'insertion, la qualification et à accompagner la promotion et la mobilité des personnes, qu'elles disposent ou non d'un emploi ;

3° Les conditions de mise en œuvre par l'établissement des dispositifs des politiques publiques concourant au service public de l'emploi pour le compte de l'État selon les orientations fixées par le contrat d'objectifs et de performance ;

4° La nature des conventions soumises à délibération préalable et spéciale du conseil, dans la limite, le cas échéant, d'un montant qu'il détermine ;

5° Les conditions générales d'organisation et de fonctionnement de l'établissement, en particulier la création ou la suppression de filiales ;

6° Le programme des implantations territoriales ;

7° Les projets d'achat d'immeubles et les baux à long terme ;

8° Les projets d'aliénation de biens immobiliers ;

9° Les conditions générales d'emploi et de rémunération du personnel ;

10° Le règlement intérieur de l'établissement ;

11° Les règlements intérieurs du conseil d'administration et de ses comités mentionnés à l'article R. 5315-5 ;

12° Le rapport annuel d'activité et le rapport social ;

13° Le budget initial, les autorisations d'emplois ainsi que leurs rectifications ;

14° Les comptes annuels ;

15° Les emprunts autorisés et encours maximum [maximums] des crédits de trésorerie ;

16 L'octroi de cautions, garanties et autres sûretés personnelles ;

17° La constitution de sûretés sur les biens de l'établissement public ;

18° L'acceptation des dons et legs ;

19° Les prises de participation financière, de participation à des groupements d'intérêt économique, groupements d'intérêt public et organismes ;

20° La nature des actions en justice, des transactions et des remises de dette pour lesquelles le directeur général peut agir sans délibération préalable et spéciale du conseil, dans la limite, le cas échéant, d'un montant que le conseil détermine ;

21° La désignation des commissaires aux comptes ;

22° Les principes de présentation de la comptabilité analytique prévue à l'article R. 5315-10, qu'il approuve après avis du comité d'audit mentionné au 1° de l'article R. 5315-5.

Après avis du comité d'audit mentionné au 1° de l'article R. 5315-5, le conseil d'administration examine lors de chaque réunion, le compte rendu d'activité et de gestion de l'établissement préparé par le directeur général.

Art. R. 5315-4 Le président du conseil d'administration :

1° Préside les débats du conseil d'administration. Il a voix prépondérante en cas de partage égal des voix ;

2° Convoque le conseil d'administration, arrête son ordre du jour sur proposition du directeur général, signe les procès-verbaux des séances du conseil d'administration et veille à ce qu'ils soient adressés sans délai aux ministres de tutelle ;

3° S'assure de la mise en œuvre de ses délibérations, dont le directeur général rend compte régulièrement ;

4° Signe, conjointement avec le directeur général, le contrat d'objectifs et de performance mentionné au 1° de l'article R. 5315-2.

Art. R. 5315-5 Afin d'assister le président du conseil d'administration et le directeur général dans la conduite de l'établissement, sont institués au sein du conseil d'administration :

1° Un comité d'audit ;
2° Un comité stratégique ;
3° Un comité des nominations et des rémunérations.

Les membres de chaque comité sont désignés par le conseil d'administration sur proposition du président. L'autorité chargée du contrôle économique et financier assiste aux réunions de ces comités.

Art. R. 5315-6 Le conseil d'administration se réunit sur convocation de son président au moins trois fois par an.

Il est en outre réuni de plein droit, à la demande écrite d'un tiers de ses membres ou à celle de l'un des ministres de tutelle, sur les points de l'ordre du jour déterminés par eux, dans le délai d'un mois suivant la demande.

L'ordre du jour ainsi que les documents nécessaires à la préparation des questions devant faire l'objet d'une délibération sont portés à la connaissance des membres du conseil d'administration au moins dix jours avant la réunion, sauf en cas d'urgence motivée. Dans ce cas, le délai ne peut être inférieur à quarante-huit heures.

Le conseil d'administration délibère valablement si la moitié au moins de ses membres sont présents.

Le conseil d'administration entend les ministres de tutelle à leur demande.

Le conseil d'administration, à son initiative ou à celle de son président, peut entendre toute personne dont l'audition lui paraît utile.

Lorsque le conseil d'administration délibère sur une décision dans laquelle un des membres a, directement ou indirectement, un intérêt quelconque, le membre intéressé n'assiste pas à la délibération. Les délibérations prises en violation de cette obligation sont nulles de plein droit.

Il est établi un procès-verbal de chaque séance du conseil d'administration.

Le mandat d'administrateur est gratuit, sans préjudice du remboursement par l'établissement public des frais exposés pour l'exercice de ce mandat.

Art. R. 5315-7 Sous réserve de l'alinéa suivant et des dispositions de l'article R. 5315-12 en ce qui concerne les délibérations relevant du 8° de l'article R. 5315-3, les délibérations du conseil d'administration sont exécutoires quinze jours après leur réception par les ministres de tutelle si ceux-ci ne s'y sont pas opposés. Elles peuvent être immédiatement exécutées, en cas d'urgence déclarée par le conseil d'administration, après autorisation des ministres de tutelle.

Les délibérations relevant des 4°, 6°, 7°, 9°, 13°, 14°, 15°, 16°, 19° et 20° de l'article R. 5315-3 sont exécutoires après approbation conjointe des ministres de tutelle. Dans le cas où aucune décision expresse n'a été notifiée dans le délai d'un mois après leur réception par ces autorités, ces décisions sont réputées approuvées. Lorsqu'un ministre de tutelle demande par écrit des informations ou documents complémentaires, ce délai est suspendu jusqu'à la production de ces informations ou documents.

SOUS-SECTION 2 **Directeur général**

Art. R. 5315-8 Le directeur général est nommé par décret sur proposition conjointe des ministres de tutelle.

Le directeur général :

1° Prépare, cosigne et exécute le contrat d'objectifs et de performance prévu au 1° de l'article R. 5315-3 ;
2° Prépare les délibérations du conseil d'administration et en assure l'exécution ;
3° Prépare et exécute le budget de l'établissement ;
4° Est ordonnateur des recettes et des dépenses ;
5° A autorité sur l'ensemble des personnels de l'établissement et en assure la gestion. A ce titre, il recrute, nomme et gère le personnel ;
6° Préside le (*Décr. n° 2017-1819 du 29 déc. 2017, art. 3*) « comité social et économique central » (*Abrogé par Décr. n° 2017-1819 du 29 déc. 2017, art. 3*) « *et le comité d'hygiène, de sécurité et des conditions de travail* » ;
7° Conclut les conventions et marchés se rapportant aux missions de l'établissement dans les limites fixées par le conseil d'administration ;
8° Représente l'établissement en justice et dans les actes de la vie civile dans les conditions prévues par le conseil d'administration en application du 20° de l'article R. 5315-3 ;
9° Établit le rapport annuel d'activité ainsi que le rapport social ;
10° Rend compte de sa gestion au conseil d'administration.

Il peut déléguer sa signature aux personnels placés sous son autorité.

SOUS-SECTION 3 Règles financières et comptables

Art. R. 5315-9 L'établissement public est soumis :
1° En matière de gestion financière et comptable, aux règles applicables aux entreprises industrielles et commerciales ;
2° Au contrôle économique et financier de l'État, dans les conditions fixées par les décrets n° 53-707 du 9 août 1953 relatif au contrôle de l'État sur les entreprises publiques nationales et certains organismes ayant un objet d'ordre économique ou social et n° 55-733 du 26 mai 1955 relatif au contrôle économique et financier de l'État ;
3° Au contrôle de la Cour des comptes.

Art. R. 5315-10 L'établissement public tient une comptabilité analytique permettant de répondre aux exigences de gestion des services d'intérêt économique général et d'évaluation des obligations de service public donnant lieu à compensation.

Art. R. 5315-11 Le budget de l'établissement comporte un compte de résultat prévisionnel et un état prévisionnel de l'évolution de la situation patrimoniale en droits constatés. Les crédits concernant les dépenses de personnel, à l'exception des personnels recrutés à titre temporaire ou occasionnel, sont limitatifs.

Dans le cas où, avant le début de l'exercice, le budget n'a pas été voté par le conseil d'administration ou n'a pas été approuvé par les ministres de tutelle à la date d'ouverture de l'exercice, l'ordonnateur peut être autorisé par les ministres de tutelle à exécuter temporairement les opérations de recettes et de dépenses strictement nécessaires à la continuité de l'activité.

Art. R. 5315-12 Les projets de cession, d'apport ou de création de sûreté portant sur un bien mentionné au deuxième alinéa de l'article L. 5315-7 sont communiqués aux ministres de tutelle, accompagnés du projet de convention avec le cessionnaire, le destinataire de l'apport ou le bénéficiaire de la sûreté. Ces ministres disposent d'un délai de trois mois à compter de la réception du projet pour faire connaître leur décision conjointe, soit d'approbation, soit d'opposition motivée ou, le cas échéant, les conditions particulières auxquelles ils subordonnent la réalisation de l'opération. Dans le cas où aucune décision expresse n'a été notifiée dans le délai précité après leur réception, ces projets sont réputés rejetés.

Concernant les biens meubles, un arrêté conjoint des ministres de tutelle détermine les conditions dans lesquelles il peut être dérogé à ces dispositions.

SOUS-SECTION 4 Organisation territoriale

Art. R. 5315-13 L'établissement public est composé d'une direction nationale et de directions régionales.

PLACEMENT   **Art. R. 5323-1** 2817

Le directeur régional est placé sous l'autorité du directeur général. Pour les activités conduites dans le cadre du service public de l'emploi, il rend également compte au préfet de région et au comité régional de l'emploi, de la formation et de l'orientation professionnelles mentionné à l'article L. 6123-3.

SECTION 2 Médiateur

Art. R. 5315-14 Le médiateur mentionné à l'article L. 5315-4 remet chaque année au conseil d'administration de l'établissement un rapport dans lequel il formule les propositions qui lui paraissent de nature à améliorer le fonctionnement du service rendu aux usagers. Ce rapport est transmis aux ministres chargés de l'emploi, de la formation professionnelle et du budget et au Défenseur des droits.

En dehors de celles qui mettent en cause l'établissement public, les réclamations qui relèvent de la compétence du Défenseur des droits sont transmises directement à ce dernier.

La saisine du Défenseur des droits, dans son champ de compétences, met fin à la procédure de réclamation.

TITRE II PLACEMENT

CHAPITRE I PRINCIPES

Le présent chapitre ne comprend pas de dispositions réglementaires.

CHAPITRE II RÔLE DES COLLECTIVITÉS TERRITORIALES

Art. R. 5322-1 Lorsqu'une commune souhaite réaliser des opérations de placement, elle adresse sa demande de convention au préfet et à *(Décr. n° 2014-524 du 22 mai 2014)* « Pôle emploi » *[France Travail depuis le 1ᵉʳ janv. 2024]*.

Une copie de la délibération du conseil municipal autorisant le maire à conclure une convention avec *(Décr. n° 2014-524 du 22 mai 2014, art. 16-XII)* « l'établissement » et l'État est jointe à la demande. — *[Anc. art. R. 311-5-1.]*

Art. R. 5322-2 Le projet de convention est soumis par le préfet à l'avis de l'instance paritaire régionale prévue à l'article L. 5312-10. — *[Anc. art. R. 311-5-2.]*

Art. R. 5322-3 La convention par laquelle une commune devient correspondant de *(Décr. n° 2014-524 du 22 mai 2014, art. 16-XII)* « Pôle emploi » *[France Travail depuis le 1ᵉʳ janv. 2024]* est conclue compte tenu des moyens que la commune est disposée à mettre en œuvre au profit des usagers du service public du placement.

Cette convention est signée par le préfet et par le directeur régional. — *[Anc. art. R. 311-5-3.]*

Art. R. 5322-4 Lorsque des informations sont communiquées au maire au titre de l'article L. 5322-3, elles comprennent les noms, prénoms et adresses des demandeurs d'emploi et, le cas échéant, l'indication qu'un revenu de remplacement mentionné à l'article L. 5421-1 est versé. — *[Anc. art. R. 311-5-4.]*

Art. R. 5322-5 Les informations reçues par le maire en application de l'article L. 5322-3 ne peuvent être partagées par lui qu'avec ses adjoints ayant reçu délégation en matière de placement, ou d'attribution d'avantages sociaux ainsi qu'avec les services municipaux compétents dans l'un de ces domaines. — *[Anc. art. R. 311-5-5.]*

Art. R. 5322-6 Les dépenses occasionnées par la communication au maire de la liste des demandeurs d'emploi sont réparties entre *(Décr. n° 2014-524 du 22 mai 2014, art. 16-III)* « Pôle emploi » *[France Travail depuis le 1ᵉʳ janv. 2024]* et la commune dans les conditions fixées par arrêté des ministres chargés des collectivités locales, du budget et de l'emploi. — *[Anc. art. R. 311-5-6.]*

CHAPITRE III PLACEMENT PRIVÉ

SECTION 1 *[ABROGÉE]* Déclaration préalable

(Abrogée par Décr. n° 2012-539 du 20 avr. 2012)

Art. R. 5323-1 *La déclaration préalable à l'exercice à titre principal d'une activité de placement prévue à l'article L. 5323-1 est adressée au préfet du département du siège social de* l'organisme. Cette déclaration est envoyée par lettre recommandée avec avis de réception au plus tard la veille de la date de début d'activité.

La déclaration préalable est conforme à un modèle fixé par arrêté du ministre chargé de l'emploi. — [Anc. art. R. 312-1, al. 1er, phrases 1 et 5.]

Art. R. 5323-2 Outre les informations relatives au respect des conditions fixées à l'article [aux articles] L. 5321-2 et L. 5321-3, la déclaration préalable mentionne :

1° S'il s'agit d'une personne morale : la dénomination sociale, l'objet social, les nom patronymique, prénoms, date et lieu de naissance, adresse du dirigeant de l'entreprise, le code APE ;

2° S'il s'agit d'une personne physique : ses nom patronymique et prénoms, date et lieu de naissance, adresse. — [Anc. art. L. 312-1, al. 3, phrase 1, et anc. art. R. 312-1, al. 1er, phrases 2 et 3.]

Art. R. 5323-3 Les informations transmises pour la déclaration préalable font l'objet d'une saisie informatique par les services du préfet. — [Anc. art. R. 312-1, al. 4.]

Art. R. 5323-4 Le préfet, après s'être assuré de la conformité de la déclaration avec les prescriptions des articles R. 5323-1 à R. 5323-3, adresse au déclarant, dans les quinze jours qui suivent la réception de la déclaration, un document en accusant réception.

Ce document est produit par l'organisme privé de placement sur demande de l'administration. — [Anc. art. R. 312-2.]

Art. R. 5323-5 Le déclarant fait connaître au préfet toute modification des informations mentionnées à l'article R. 5323-2, notamment sa cessation d'activité. — [Anc. art. L. 312-1, al. 3, phrase 2, et anc. art. R. 312-4, al. 1er.]

Art. R. 5323-6 La déclaration préalable à l'exercice à titre principal d'une activité de placement devient caduque lorsque le bilan annuel d'activité prévu à l'article R. 5323-8 ne fait apparaître aucun placement pendant deux années consécutives, ou si aucun bilan d'activité n'a été transmis pendant deux années consécutives. — [Anc. art. R. 312-4, al. 2.]

SECTION 1 Transmission d'informations

La section 2 est devenue la section 1 (Décr. n° 2012-539 du 20 avr. 2012).

Art. R. 5323-7 L'agence de placement privée adresse régulièrement au préfet des renseignements d'ordre statistique sur son activité de placement. — [Anc. art. L. 312-1, al. 3, phrase 3.]

Art. R. 5323-8 L'organisme de droit privé exerçant une fonction de placement adresse au préfet chaque année, avant le 31 mars de l'année suivante et selon un modèle fixé par arrêté du ministre chargé de l'emploi :

1° Le chiffre d'affaires relatif au placement, réalisé sur l'année écoulée, rapporté s'il y a lieu au chiffre d'affaire[s] total ;

2° Le nombre des [de] personnes à la recherche d'un emploi, réparties selon le sexe et l'âge :
  a) Reçues au cours de l'année ;
  b) Placées au cours de l'année ;
  c) Inscrites dans les fichiers de l'organisme au 31 décembre.

Art. R. 5323-9 L'organisme privé de placement peut collecter les données à caractère personnel relatives aux personnes à la recherche d'un emploi dans la mesure où elles sont nécessaires à l'activité de placement, à l'exception du numéro d'inscription au répertoire national d'identification des personnes physiques. — [Anc. art. R. 312-5, al. 1er.]

Art. R. 5323-10 La collecte, l'utilisation, la conservation et la transmission des données à caractère personnel sont réalisées dans le respect du principe de non-discrimination mentionné aux articles L. 1132-1 à L. 1132-4 et de la loi n° 78-17 du 6 janvier 1978 relative à l'informatique, aux fichiers et aux libertés. — [Anc. art. R. 312-5, al. 2.]

Art. R. 5323-11 Les données relatives aux personnes à la recherche d'un emploi enregistrées dans un traitement de données mis en œuvre par les seuls organismes privés de placement ne peuvent être conservées au-delà d'un délai de six ans à compter de leur enregistrement. – *[Anc. art. R. 312-7.]*

SECTION 2 Contrats de prestations

La section 3 est devenue la section 2 (Décr. n° 2012-539 du 20 avr. 2012).

Art. R. 5323-12 L'organisme privé de placement qui a conclu un contrat de prestations de services avec l'un des organismes participant au service public de l'emploi mentionnés à l'article L. 5311-2 pour la prise en charge de demandeurs d'emploi est destinataire du projet personnalisé d'accès à l'emploi prévu par les articles R. 5411-14 à R. 5411-16. – *[Anc. art. R. 312-6, al. 1er et 2.]*

Art. R. 5323-13 L'organisme privé de placement adresse à l'organisme du service public de l'emploi commanditaire de la prestation de placement et, dans tous les cas, à *(Décr. n° 2014-524 du 22 mai 2014, art. 16-III)* « Pôle emploi » *[France Travail depuis le 1er janv. 2024]*, les informations relatives au demandeur d'emploi qui sont nécessaires, notamment :
1° A l'adaptation dans le temps du projet personnalisé d'accès à l'emploi du demandeur d'emploi ;
2° A l'actualisation de la liste des demandeurs d'emploi ;
3° A l'indemnisation des demandeurs d'emploi ;
4° A l'exercice effectif des opérations de suivi de la recherche d'emploi prévues aux articles L. 5426-1 à L. 5426-4. – *[Anc. art. R. 312-6, al. 1er et 3 à 7.]*

Art. R. 5323-14 Les échanges d'informations prévus à l'article R. 5323-13 sont réalisés par la transmission du dossier unique du demandeur d'emploi et selon les modalités fixées par la convention conclue entre l'État, *(Décr. n° 2014-524 du 22 mai 2014, art. 16-III)* « Pôle emploi » *[France Travail depuis le 1er janv. 2024]* et les organismes gestionnaires du régime d'assurance chômage.
Ces échanges d'informations sont conformes à des normes définies par arrêté du ministre chargé de l'emploi. – *[Anc. art. R. 312-6, al. 8 et 9.]*

CHAPITRE IV CONTRÔLE

Art. R. 5324-1 Lorsque des manquements à la réglementation ont été constatés dans les conditions fixées à l'article L. 5324-1, l'organisme privé de placement est invité à présenter ses observations dans un délai de quinze jours.
Au-delà de ce délai, le préfet peut adresser à l'organisme une mise en demeure de se mettre en conformité. Cette mise en demeure, notifiée par lettre recommandée avec avis de réception, énonce les manquements constatés.
Passé un délai qui ne peut être inférieur à quinze jours, le préfet peut ordonner la fermeture de l'organisme pour une durée n'excédant pas trois mois. – *[Anc. art. R. 312-8.]*

CHAPITRE V DISPOSITIONS PÉNALES

Le présent chapitre ne comprend pas de dispositions réglementaires.

TITRE III DIFFUSION ET PUBLICITÉ DES OFFRES ET DEMANDES D'EMPLOI

CHAPITRE I INTERDICTIONS

Le présent chapitre ne comprend pas de dispositions réglementaires.

CHAPITRE II CONDITIONS DE PUBLICATION ET DE DIFFUSION DES OFFRES D'EMPLOI

Art. R. 5332-1 L'autorité administrative mentionnée à l'article L. 5332-4 est le *(Décr. n° 2020-1545 du 9 déc. 2020, art. 28-X, en vigueur le 1er avr. 2021)* « directeur régional de l'économie, de l'emploi, du travail et des solidarités ».

Art. R. 5332-2 La transmission des offres d'emploi au *(Décr. n° 2020-1545 du 9 déc. 2020, art. 28-X, en vigueur le 1ᵉʳ avr. 2021)* « directeur régional de l'économie, de l'emploi, du travail et des solidarités » n'est faite que sur demande expresse de celui-ci précisant le numéro ou la date de la publication auxquels ces offres se rapportent.

CHAPITRE III CONTRÔLE

Le présent chapitre ne comprend pas de dispositions réglementaires.

CHAPITRE IV DISPOSITIONS PÉNALES

Art. R. 5334-1 Le fait de méconnaître les dispositions des articles *(Décr. n° 2009-289 du 13 mars 2009)* « L. 5331-1, L. 5331-2, L. 5331-4, L. 5332-1 et L. 5332-3 », relatives aux conditions de publication et de diffusion des offres d'emploi, est puni de l'amende prévue pour les contraventions de la 3ᵉ classe. — *[Anc. art. R. 361-1.]*

LIVRE IV LE DEMANDEUR D'EMPLOI

TITRE I DROITS ET OBLIGATIONS DU DEMANDEUR D'EMPLOI

CHAPITRE I INSCRIPTION DU DEMANDEUR D'EMPLOI ET RECHERCHE D'EMPLOI

SECTION 1 Inscription sur la liste des demandeurs d'emploi

V. Circ. DGEFP n° 2005-33 du 5 sept. 2005 relative à la réforme du suivi de la recherche d'emploi (BOMT 2005, n° 10).

V. Instr. DGEFP n° 33-06 du 4 mai 2006.

V. Circ. UNEDIC n° 2006-16 du 26 juill. 2006.

BIBL. ▶ Prétot, *Dr. soc.* 2005. 1179 ⌀ (contrôle des demandeurs d'emploi).

Art. R. 5411-1 La liste des demandeurs d'emploi est tenue par *(Décr. n° 2014-524 du 22 mai 2014, art. 16-III)* « Pôle emploi » *[France Travail depuis le 1ᵉʳ janv. 2024]*. — *[Anc. art. R. 311-3-1, I.]*

Art. R. 5411-2 *(Décr. n° 2015-1264 du 9 oct. 2015, art. 1ᵉʳ)* L'inscription sur la liste des demandeurs d'emploi est faite par voie électronique auprès de Pôle emploi. Le travailleur recherchant un emploi qui demande son inscription déclare sa domiciliation et transmet les informations permettant de procéder à son identification.

À défaut de parvenir à s'inscrire lui-même par voie électronique, le travailleur recherchant un emploi peut procéder à cette inscription dans les services de Pôle emploi, également par voie électronique, et bénéficier le cas échéant de l'assistance du personnel de Pôle emploi.

Les modalités d'application du présent article sont déterminées par un arrêté du ministre chargé de l'emploi. — *V. Arr. du 14 oct. 2015, JO 31 oct.*

Ces dispositions sont applicables aux demandes d'inscription effectuées :

1° A compter du premier jour qui suit la publication du Décr. n° 2015-1264 du 9 oct. 2015 dans les départements suivants : Haute-Corse, Corse-du-Sud, Doubs, Haute-Saône, Jura, Territoire de Belfort, Guyane, Aisne, Somme et Oise ;

2° Dans les autres départements, territoires et collectivités selon un calendrier fixé par un ou plusieurs arrêtés du ministre chargé de l'emploi, et au plus tard le 31 déc. 2016 (Décr. préc., art. 6 ; Arr. du 24 déc. 2015, JO 17 janv. 2016).

Pôle emploi est devenu France Travail depuis la L. n° 2023-1196 du 18 déc. 2023.

Art. R. 5411-3 Le travailleur étranger justifie de la régularité de sa situation au regard des dispositions réglementant l'exercice d'activités professionnelles salariées par les étrangers.

Art. R. 5411-4 Lors de son inscription, le travailleur recherchant un emploi est informé de ses droits et obligations. — *[Anc. art. R. 311-3-1, II, al. 3.]*

Art. R. 5411-5 *Abrogé par Décr. n° 2015-1264 du 9 oct. 2015, art. 2.*

SECTION 2 Changement de situation

Art. R. 5411-6 Les changements affectant la situation au regard de l'inscription ou du classement du demandeur d'emploi et devant être portés à la connaissance de *(Décr. n° 2014-524 du 22 mai 2014, art. 16-III)* « Pôle emploi » *[France Travail depuis le 1ᵉʳ janv. 2024]*, en application du second alinéa de l'article L. 5411-2, sont les suivants :
 1° L'exercice de toute activité professionnelle, même occasionnelle ou réduite et quelle que soit sa durée ;
 2° Toute période d'indisponibilité due à une maladie, une maternité, à un accident de travail, une incorporation dans le cadre du service national ou une incarcération ;
 3° La participation à une action de formation, rémunérée ou non ;
 4° L'obtention d'une pension d'invalidité au titre des 2° et 3° de l'article L. 341-4 du code de la sécurité sociale ;
 5° Pour le travailleur étranger, l'échéance de son titre de travail. — *[Anc. art. R. 311-3-2, al. 1ᵉʳ à 6.]*

Pour l'application à Mayotte de cet art., V. art. R. 5524-1.

1. Exercice non déclaré d'une activité professionnelle. L'exercice sans déclaration à l'ANPE d'une activité professionnelle fait perdre à un chômeur tout droit à revenu de remplacement alors même que le versement d'une rémunération ne serait pas établi. • CE 26 mai 1995 : *RJS 1996. 39, n° 54* • 31 mai 1995 : *eod. loc.*

2. Défaut de déclaration de changement d'adresse. Peut valablement être radié le chômeur qui, inscrit dans une des agences locales de l'emploi de la région Île-de-France et qui était tenu pour maintenir son inscription de renouveler mensuellement sa demande, n'a pas retourné à cette agence la « carte d'actualisation » qui lui avait été adressée et n'a pas répondu à la lettre l'invitant à se présenter sans délai à l'agence, l'intéressé ne pouvant justifier ne pas avoir reçu les courriers de l'ANPE adressés à l'hôtel où il était domicilié en raison de la fermeture pendant plusieurs mois de cet établissement, car il lui appartenait de faire connaître son changement d'adresse aux services de l'Agence nationale pour l'emploi dont il relevait. • CE 16 oct. 1998 : *D. 2000. 349, note Erizo*. ♦ En revanche, le chômeur qui signale à l'agence dont il dépend son changement de domicile ne peut ultérieurement être tenu pour responsable du fait que les courriers adressés ne lui sont pas parvenus à sa nouvelle adresse. • CE 24 févr. 1998, n° 163579.

3. Grève des postes. L'ANPE n'est pas fondée à radier un chômeur dès lors que le non-respect des délais résultant de ses propres retards et de grèves ayant perturbé le fonctionnement des services postaux. • CE 30 juill. 1997, n° 149066.

Art. R. 5411-7 Le demandeur d'emploi porte à la connaissance de *(Décr. n° 2014-524 du 22 mai 2014, art. 16-III)* « Pôle emploi » *[France Travail depuis le 1ᵉʳ janv. 2024]* les changements de situation le concernant dans un délai de soixante-douze heures. — *[Anc. art. R. 311-3-2, al. 7.]*

Art. R. 5411-8 Le demandeur d'emploi informe, dans un délai de soixante-douze heures, les services de *(Décr. n° 2014-524 du 22 mai 2014, art. 16-III)* « Pôle emploi » *[France Travail depuis le 1ᵉʳ janv. 2024]* de toute absence de sa résidence habituelle d'une durée supérieure à sept jours et de tout changement de domicile. — *[Anc. art. R. 311-3-2, al. 8 et 9.]*

SECTION 3 Recherche d'emploi

SOUS-SECTION 1 Disponibilité du demandeur d'emploi

Art. R. 5411-9 Est considérée comme immédiatement disponible pour occuper un emploi, pour l'application de l'article L. 5411-6, la personne qui n'exerce aucune activité professionnelle, qui ne suit aucune action de formation professionnelle et dont la situation personnelle lui permet d'occuper sans délai un emploi. — *[Anc. art. R. 311-3-3, al. 1ᵉʳ.]*

Art. R. 5411-10 Est réputée immédiatement disponible pour occuper un emploi, au sens de l'article L. 5411-7 *(Décr. n° 2008-1056 du 13 oct. 2008)* « et pour l'application de l'article L. 5411-6 », la personne qui, au moment de son inscription à *(Décr. n° 2014-524 du 22 mai 2014, art. 16-III)* « Pôle emploi » *[France Travail depuis le 1ᵉʳ janv. 2024]* ou du renouvellement de sa demande d'emploi :

1° Exerce ou a exercé au cours du mois précédent une activité occasionnelle ou réduite n'excédant pas soixante-dix-huit heures par mois ;

2° Suit une action de formation n'excédant pas au total quarante heures ou dont les modalités d'organisation, notamment sous forme de cours du soir ou par correspondance, lui permettent d'occuper simultanément un emploi ;

3° S'absente de son domicile habituel, après en avoir avisé *(Décr. n° 2014-524 du 22 mai 2014, art. 16-III)* « Pôle emploi » *[France Travail depuis le 1ᵉʳ janv. 2024]*, dans la limite de trente-cinq jours dans l'année civile ;

4° Est en congé de maladie ou en incapacité temporaire de travail, pour une durée n'excédant pas quinze jours ;

5° Est incarcérée pour une durée n'excédant pas quinze jours ;

6° Bénéficie d'un congé de paternité. — *[Anc. art. R. 311-3-3, al. 2 à 8.]*

SOUS-SECTION 2 Obligation d'actes positifs de recherche d'emploi

Art. R. 5411-11 Sous réserve des dispenses prévues à l'article L. 5411-8 et au deuxième alinéa de l'article L. 5421-3, le demandeur d'emploi immédiatement disponible accomplit de manière permanente, tant sur proposition de l'un des organismes mentionnés à l'article L. 5311-2, en particulier dans le cadre du projet personnalisé d'accès à l'emploi prévu *(Décr. n° 2008-1056 du 13 oct. 2008)* « à l'article L. 5411-6-1 », que de leur *[sa]* propre initiative, des actes positifs et répétés en vue de retrouver un emploi, de créer *(Décr. n° 2018-1335 du 28 déc. 2018, art. 1ᵉʳ, en vigueur le 1ᵉʳ janv. 2019)* « , reprendre ou développer » une entreprise.

Art. R. 5411-12 Le caractère réel et sérieux des démarches entreprises par le demandeur d'emploi est apprécié compte tenu de la situation du demandeur et de la situation *(Décr. n° 2008-1056 du 13 oct. 2008)* « du marché du travail local ». — *[Anc. art. R. 311-3-4, al. 2.]*

Art. D. 5411-13 *Abrogé par Décr. n° 2008-1056 du 13 oct. 2008.*

SOUS-SECTION 3 Projet personnalisé d'accès à l'emploi et offre raisonnable d'emploi
(Décr. n° 2008-1056 du 13 oct. 2008).

Art. R. 5411-14 *(Décr. n° 2014-524 du 22 mai 2014, art. 12)* Le projet personnalisé d'accès à l'emploi est élaboré conjointement par le demandeur d'emploi et Pôle emploi *[France Travail depuis le 1ᵉʳ janv. 2024]* ou un des organismes mentionnés à l'article L. 5411-6-1 lors de l'inscription sur la liste des demandeurs d'emploi ou au plus tard dans les *(Décr. n° 2015-1264 du 9 oct. 2015, art. 3)* « trente » jours suivant cette inscription. Il est actualisé selon la périodicité et les modalités définies avec le demandeur d'emploi. A l'issue de l'élaboration ou de l'actualisation du projet, Pôle emploi *[France Travail depuis le 1ᵉʳ janv. 2024]* ou l'un des organismes mentionnés à l'article L. 5411-6-1 le communique au demandeur d'emploi.

V. ndlr ss. art. R. 5411-2.

Art. R. 5411-15 *(Abrogé par Décr. n° 2018-1335 du 28 déc. 2018, art. 1ᵉʳ, à compter du 1ᵉʳ janv. 2019) (Décr. n° 2008-1056 du 13 oct. 2008)* Pour l'application de l'article L. 5411-6-3, le salaire antérieurement perçu est défini selon les règles de détermination du salaire de référence servant au calcul de l'allocation d'assurance fixées par l'accord relatif à l'assurance chômage prévu à l'article L. 5422-20, agréé par le ministre chargé de l'emploi.

Le salaire antérieurement perçu est apprécié sur une base horaire.

Art. R. 5411-16 *(Décr. n° 2008-1056 du 13 oct. 2008)* Les conventions conclues entre *(Décr. n° 2014-524 du 22 mai 2014, art. 16-II)* « Pôle emploi » *[France Travail depuis le 1ᵉʳ janv. 2024]* et les organismes participant au service public de l'emploi mentionnés à l'article L. 5311-4 définissent, conformément aux dispositions prévues par la convention pluriannuelle mentionnée à l'article L. 5312-3 :

1° Les règles d'élaboration et d'actualisation du projet personnalisé d'accès à l'emploi des demandeurs d'emploi dont l'accompagnement et le placement sont confiés à ces organismes ;

2° L'offre de service adaptée que ces organismes proposent ;

DEMANDEUR D'EMPLOI **Art. R. 5412-5** 2823

3° Les modalités de mise en œuvre du suivi de la recherche d'emploi ;
4° Les modalités d'échange d'information, d'évaluation et de suivi des résultats.

Les conventions prévoient également que, lorsque ces organismes constatent des faits susceptibles de constituer un des manquements mentionnés aux articles L. 5412-1 *(Décr. n° 2018-1335 du 28 déc. 2018, art. 1er, en vigueur le 1er janv. 2019)* « , L. 5412-2, L. 5426-2 et L. 5426-5 », ils en informent *(Décr. n° 2014-524 du 22 mai 2014, art. 16-II)* « Pôle emploi » *[France Travail depuis le 1er janv. 2024]*.

SECTION 4 Cessation d'inscription sur la liste des demandeurs d'emploi

Art. R. 5411-17 Cesse d'être inscrit sur la liste des demandeurs d'emploi ou est transféré dans la catégorie correspondant à sa nouvelle situation, le demandeur d'emploi :
1° Soit qui ne satisfait pas à l'obligation de renouvellement périodique de sa demande d'emploi ;
2° Soit pour lequel l'employeur ou un organisme lui assurant une indemnisation, un avantage social ou une formation porte à la connaissance de *(Décr. n° 2014-524 du 22 mai 2014, art. 16-III)* « Pôle emploi » *[France Travail depuis le 1er janv. 2024]* une reprise d'emploi ou d'activité, une entrée en formation ou tout autre changement affectant sa situation au regard des conditions d'inscription ou de classement dans une catégorie. — *[Anc. art. R. 311-3-10, al. 1er.]*

Art. R. 5411-18 La décision motivée par laquelle *(Décr. n° 2014-524 du 22 mai 2014, art. 13)* « le directeur régional de Pôle emploi » *[France Travail depuis le 1er janv. 2024]* constate la cessation d'inscription sur la liste des demandeurs d'emploi ou le changement de catégorie est notifiée à l'intéressé.

La personne qui entend la contester *(Décr. n° 2022-433 du 25 mars 2022, art. 5, en vigueur le 1er juill. 2022)* « engage une médiation auprès du médiateur régional de Pôle emploi *[France Travail depuis le 1er janv. 2024]* dans les conditions prévues aux articles R. 213-10 à R. 213-16 du code de justice administrative ».

Les dispositions issues du Décr. n° 2022-433 du 25 mars 2022 sont applicables aux recours contentieux susceptibles d'être présentés à l'encontre des décisions intervenues à compter du 1er juill. 2022 (Décr. préc., art. 6).

CHAPITRE II RADIATION DE LA LISTE DES DEMANDEURS D'EMPLOI

Art. R. 5412-1 *(Décr. n° 2014-524 du 22 mai 2014, art. 14)* « Le directeur régional de Pôle emploi » *[France Travail depuis le 1er janv. 2024]* radie les personnes de la liste des demandeurs d'emploi dans les cas prévus *(Décr. n° 2008-1056 du 13 oct. 2008)* « aux articles L. 5412-1 et L. 5412-2 » *(Décr. n° 2022-199 du 18 févr. 2022, art. 2, en vigueur le 1er mars 2022)* « , à l'exclusion des bénéficiaires du contrat d'engagement jeune mentionné à l'article L. 5131-6 pendant la durée dudit contrat ».

Art. R. 5412-2 *(Abrogé par Décr. n° 2018-1335 du 28 déc. 2018, art. 3, à compter du 1er janv. 2019) Les décisions de radiation de la liste des demandeurs d'emploi sont transmises sans délai au préfet.*

Art. R. 5412-3 *Abrogé par Décr. n° 2008-1056 du 13 oct. 2008.*

Art. R. 5412-4 Le retrait du bénéfice du revenu de remplacement pour l'un des motifs énumérés à l'article R. 5426-3 entraîne pour l'intéressé la radiation de la liste des demandeurs d'emploi. — *[Anc. art. R. 311-3-7.]*

Art. R. 5412-5 *(Décr. n° 2018-1335 du 28 déc. 2018, art. 3, en vigueur le 1er janv. 2019)* La radiation de la liste des demandeurs d'emploi entraîne l'impossibilité d'obtenir une nouvelle inscription :
1° Pendant une période d'un mois lorsqu'est constaté pour la première fois le manquement mentionné au *c* du 3° de l'article L. 5412-1. En cas de deuxième manquement, cette période est portée à une durée de deux mois consécutifs. A partir du troisième manquement, cette période est portée à une durée de quatre mois consécutifs ;
2° Pendant une période d'un mois lorsque sont constatés pour la première fois les manquements mentionnés aux 1°, 2° et *a*, *b*, *d* et *e* du 3° de l'article précitée. En cas de

deuxième manquement au sein de ce groupe de manquements, cette période est portée à une durée de deux mois consécutifs. A partir du troisième manquement au sein de ce groupe de manquements, cette période est portée à une durée de quatre mois consécutifs ;

(Décr. n° 2019-796 du 26 juill. 2019, art. 1er, en vigueur le 1er nov. 2019) « 2° bis Pendant une période de quatre mois consécutifs lorsqu'est constaté le manquement mentionné au f du 3° de l'article précité ; /

3° Pendant une période dont la durée est comprise entre six et douze mois consécutifs lorsque sont constatées les fausses déclarations mentionnées à l'article L. 5412-2.

L'appréciation du caractère répété des manquements tient compte des nouveaux manquements constatés dans un délai de deux ans à compter du jour de la notification de la radiation concernant le premier manquement.

Art. R. 5412-6 Lorsque la radiation est prononcée en application des dispositions de l'article R. 5412-4, sa durée *(Décr. n° 2018-1335 du 28 déc. 2018, art. 3, en vigueur le 1er janv. 2019)* « est égale à la durée » de la suppression du revenu de remplacement.

(Décr. n° 2018-1335 du 28 déc. 2018, art. 3, en vigueur le 1er janv. 2019) « En cas de suppression définitive du revenu de remplacement, la durée de la radiation est comprise entre six et douze mois consécutifs. Toutefois, lorsque la suppression définitive concerne un manquement lié à une activité non déclarée d'une durée très brève, la durée de la radiation est de six mois. »

Art. R. 5412-7 *(Décr. n° 2018-1335 du 28 déc. 2018, art. 3, en vigueur le 1er janv. 2019)* Lorsqu'il envisage de prendre une décision de radiation, le directeur mentionné à l'article R. 5312-26 informe préalablement par tout moyen donnant date certaine l'intéressé des faits qui lui sont reprochés et de la durée de radiation envisagée, en lui indiquant qu'il dispose d'un délai de dix jours pour présenter des observations écrites ou, s'il le souhaite, pour demander à être entendu, le cas échéant assisté d'une personne de son choix.

Art. R. 5412-7-1 *(Décr. n° 2018-1335 du 28 déc. 2018, art. 3, en vigueur le 1er janv. 2019)* Le directeur mentionné à l'article R. 5312-26 se prononce dans un délai de quinze jours à compter de l'expiration du délai de dix jours dans lequel l'intéressé peut présenter des observations écrites ou, si l'intéressé demande à être entendu, à compter de la date de l'audition.

La décision, notifiée à l'intéressé, est motivée. Elle indique la durée de la radiation et mentionne les voies et délais de recours.

Art. R. 5412-8 La personne qui entend contester une décision de radiation de la liste des demandeurs d'emploi *(Décr. n° 2022-433 du 25 mars 2022, art. 5, en vigueur le 1er juill. 2022)* « engage une médiation auprès du médiateur régional de Pôle emploi [France Travail depuis le 1er janv. 2024] dans les conditions prévues aux articles R. 213-10 à R. 213-13 du code de justice administrative ».

V. ndlr ss. art. R. 5411-18.

CHAPITRE III DISPOSITIONS PÉNALES

Le présent chapitre ne comprend pas de dispositions réglementaires.

TITRE II INDEMNISATION DES TRAVAILLEURS PRIVÉS D'EMPLOI *(Décr. n° 2019-796 du 26 juill. 2019, art. 1er).*

CHAPITRE I DISPOSITIONS GÉNÉRALES

Art. R. 5421-1 *Abrogé par Décr. n° 2008-1056 du 13 oct. 2008.*

Art. R. 5421-2 Le bénéficiaire d'une dispense de recherche d'emploi informe, dans un délai de soixante-douze heures, l'organisme qui lui verse le revenu de remplacement de tout changement susceptible d'affecter sa situation au regard du paiement du revenu de remplacement, notamment de toute reprise d'activité, salariée ou non, rémunérée ou non. – *[Anc. art. R. 351-26, al. 4.]*

Art. R. 5421-3 Le travailleur étranger bénéficie du revenu de remplacement prévu à l'article L. 5421-1 dans les mêmes conditions que le travailleur français s'il se trouve en situation régulière au regard des dispositions réglementant son activité professionnelle salariée. – *[Anc. art. R. 351-25.]*

CHAPITRE II RÉGIME D'ASSURANCE

SECTION 1 Conditions et modalités d'attribution de l'allocation d'assurance

SOUS-SECTION 1 Conditions d'attribution

Art. R. 5422-1 *(Abrogé par Décr. n° 2017-692 du 2 mai 2017) (Décr. n° 2009-339 du 27 mars 2009)* « *La durée pendant laquelle l'allocation d'assurance est accordée ne peut être inférieure à la durée d'activité du salarié au cours des vingt-huit mois précédant la fin du dernier contrat de travail dans la limite de sept cent trente jours ou, pour les salariés âgés de cinquante ans ou plus, à la durée d'activité au cours des trente-six mois précédant la fin de ce contrat dans la limite de mille quatre-vingt-quinze jours.* »
(Décr. n° 2017-692 du 2 mai 2017) « La durée pendant laquelle l'allocation prévue à l'article L. 5422-2 est accordée » ne peut être inférieure *(Décr. n° 2019-796 du 26 juill. 2019, art. 3, en vigueur le 1er nov. 2019)* « à cent quatre-vingt-deux jours calendaires ».
(Décr. n° 2014-670 du 24 juin 2014) « Cette durée est diminuée, le cas échéant, de la durée du contrat de sécurisation professionnelle dont l'intéressé a bénéficié à la fin du même contrat de travail en application de l'article L. 1233-65. »

Pour l'application à Mayotte de cet art., V. art. R. 5524-3.

Art. R. 5422-2 *(Décr. n° 2014-670 du 24 juin 2014)* I. – Lorsque l'intéressé a exercé une activité salariée alors qu'il n'avait pas encore épuisé les droits à l'allocation d'assurance qui lui avaient été précédemment accordés, il bénéficie, en cas de perte de cette nouvelle activité, de la reprise du versement du reliquat de ses droits jusqu'à leur épuisement.
Si l'intéressé justifie d'une durée d'affiliation d'au moins *(Décr. n° 2019-796 du 26 juill. 2019, art. 3)* « neuf cent dix heures ou cent trente jours » au titre d'activités exercées antérieurement à la date d'épuisement des droits mentionnés à l'alinéa précédent, il bénéficie, à cette date, de droits à l'allocation d'assurance dont la durée et le montant prennent en compte ces activités.
(Décr. n° 2015-922 du 27 juill. 2015, art. 1er) « II. – Lorsque l'intéressé n'a pas épuisé les droits à l'allocation d'assurance qui lui ont été précédemment accordés et qu'il remplit les conditions qui permettraient une ouverture de nouveaux droits, il peut, par dérogation aux dispositions du I du présent article, opter pour une durée, et le montant d'indemnisation auquel il a droit en fonction de cette durée, prenant exclusivement en compte ces nouveaux droits si :
« 1° Le *(Décr. n° 2019-796 du 26 juill. 2019, art. 3)* « montant global du droit » de son reliquat est inférieur ou égal à un montant fixé dans l'accord relatif à l'assurance chômage prévu à l'article L. 5422-20 ;
« 2° Ou le *(Décr. n° 2019-796 du 26 juill. 2019, art. 3)* « montant global du droit » qui lui aurait été servi en l'absence de reliquat est supérieur au montant de l'allocation journalière du reliquat d'au moins une fraction fixée dans l'accord relatif à l'assurance chômage prévu à l'article L. 5422-20.
« III. – » Lorsque l'intéressé n'a pas épuisé les droits à l'allocation d'assurance qui lui ont été précédemment accordés au titre des contrats prévus aux articles L. 6221-1 et L. 6325-1, et qu'il remplit les conditions qui permettraient une ouverture de nouveaux droits, il peut, par dérogation aux dispositions du I du présent article, opter pour une durée et un montant d'indemnisation prenant exclusivement en compte ces nouveaux droits.

Pour l'application à Mayotte de cet art., V. art. R. 5524-3.

Le salarié qui n'a pas épuisé ses droits à l'allocation chômage acquis lors de la première rupture du contrat de travail qui le liait à un employeur, office public assurant la charge et la gestion de l'allocation d'assurance chômage, reste créancier à son égard des droits acquis jusqu'à leur épuisement, y compris après la rupture d'un second contrat de travail souscrit auprès d'un autre employeur affilié à Pôle emploi *[France Travail depuis le 1er janv. 2024]*. ● Soc. 26 juin 2019, 🔒 n° 17-15.430 P : *D. 2019. Actu. 1395*.

Art. R. 5422-2-1 (*Décr. n° 2019-796 du 26 juill. 2019, art. 1er, en vigueur le 1er nov. 2019*) I. — La demande d'attestation du caractère réel et sérieux du projet professionnel mentionné au 2° du II de l'article L. 5422-1 est adressée par le salarié, par tout moyen donnant date certaine à sa réception, à la commission paritaire interprofessionnelle régionale mentionnée à l'article L. 6323-17-6, agréée dans la région de son lieu de résidence principale ou de son lieu de travail.

Cette demande est recevable dès lors que le salarié n'a pas démissionné de son emploi préalablement à la demande de conseil en évolution professionnelle mentionnée à l'article L. 5422-1-1. – *V. Arr. du 23 oct. 2019, NOR : MTRD1928595A (JO 29 oct.).*

Un arrêté du ministre chargé de l'emploi précise le contenu de la demande d'attestation et la liste des pièces justificatives devant être transmis par le salarié.

II. — La commission paritaire interprofessionnelle régionale procède à l'examen du dossier du salarié et se prononce sur le caractère réel et sérieux de son projet professionnel :

1° Pour les projets de reconversion professionnelle nécessitant le suivi d'une formation, au regard de la cohérence et de la pertinence des informations suivantes et de leur connaissance par le salarié :
— le projet de reconversion ;
— les caractéristiques du métier souhaité ;
— la formation envisagée et les modalités de financement envisagées ;
— les perspectives d'emploi à l'issue de la formation ;

2° Pour les projets de création ou de reprise d'une entreprise, au regard de la cohérence et de la pertinence des informations suivantes et de leur connaissance par le salarié :
— les caractéristiques et les perspectives d'activité du marché de l'entreprise à créer ou à reprendre ;
— les besoins de financement et les ressources financières de l'entreprise à créer ou à reprendre ;
— les moyens techniques et humains de l'entreprise à créer ou à reprendre.

Art. R. 5422-2-2 (*Décr. n° 2019-796 du 26 juill. 2019, art. 1er, en vigueur le 1er nov. 2019*) La commission paritaire interprofessionnelle régionale notifie sa décision au salarié par tout moyen donnant date certaine à la réception de cette notification et l'informe, le cas échéant, des raisons motivant le refus d'attester du caractère réel et sérieux de son projet professionnel. Elle l'informe également de la possibilité d'exercer un recours gracieux contre cette décision, dans un délai de deux mois à compter de sa notification. Ce recours est examiné dans les conditions fixées au deuxième alinéa de l'article R. 6323-16.

La décision prise sur le recours gracieux est notifiée au salarié par tout moyen donnant date certaine à la réception de cette notification. En cas de confirmation du refus d'attester du caractère réel et sérieux du projet professionnel, elle est motivée.

Art. R. 5422-2-3 (*Décr. n° 2019-796 du 26 juill. 2019, art. 1er, en vigueur le 1er nov. 2019*) En cas d'attestation par la commission paritaire interprofessionnelle régionale du caractère réel et sérieux de son projet professionnel, le salarié dispose d'un délai de six mois à compter de la notification de la décision pour déposer auprès de Pôle emploi *[France Travail depuis le 1er janv. 2024]* une demande d'allocation d'assurance au titre du II de l'article L. 5422-1.

SECTION 1 *BIS* Financement de l'allocation d'assurance

(*Décr. n° 2023-635 du 20 juill. 2023*)

Art. D. 5422-3 Les organismes chargés du recouvrement des contributions d'assurance chômage, mentionnés à l'article L. 5427-1, peuvent transmettre à l'employeur ou à son tiers déclarant au sens de l'article L. 133-11 du code de la sécurité sociale, à sa demande, la liste des fins de contrat de travail et de contrats de mise à disposition mentionnés au 1° de l'article L. 1251-1 du présent code des personnes inscrites sur la liste des demandeurs d'emploi mentionnée à l'article L. 5411-1 du même code et dont la fin de contrat est imputable à l'employeur susmentionné dans les conditions prévues par les accords mentionnés à l'article L. 5422-20 du même code.

A cet effet, les organismes précités mettent à disposition un téléservice permettant le dépôt et le traitement des demandes de communication adressées par l'employeur, ou par son tiers déclarant, des données mentionnées à l'alinéa précédent. L'employeur ou son tiers déclarant adresse, par voie dématérialisée, sa demande au moyen de ce téléservice.

Lorsque l'employeur ou son tiers déclarant indique aux organismes mentionnés au premier alinéa ne pas être en mesure d'utiliser le téléservice, il peut adresser sa demande auprès de ces organismes par tout autre moyen.

Les 2ᵉ et 3ᵉ al. de cet art. entrent en vigueur le 1ᵉʳ oct. 2023. Jusqu'à cette date, l'employeur ou son tiers déclarant au sens de l'art. L. 133-11 CSS adresse la demande mentionnée à l'art. D. 5422-3 par tout moyen (Décr. n° 2023-635 du 20 juill. 2023, art. 2).

Art. D. 5422-4 I. — Les organismes de recouvrement des contributions d'assurance chômage mentionnés à l'article L. 5427-1 sont, chacun pour ce qui les concerne, responsables du traitement de données à caractère personnel ayant pour finalités :

1° De permettre la communication, notamment par l'intermédiaire du téléservice mentionné à l'article D. 5422-3, à l'employeur ou à son tiers déclarant au sens de l'article L. 133-11 du code de la sécurité sociale, à sa demande, des données nécessaires à la détermination du nombre mentionné au 1° de l'article L. 5422-12 du présent code afin que ce dernier en contrôle l'exactitude ;

2° De permettre le traitement des contestations par les employeurs ou leurs tiers déclarants de leur taux de contribution d'assurance chômage, ainsi que le recouvrement et le contrôle des contributions concernées.

Ce traitement de données à caractère personnel est mis en œuvre pour l'exécution d'une mission d'intérêt public, conformément au e du 1 de l'article 6 du règlement (UE) 2016/679 du 27 avril 2016.

L'organisme mentionné au dernier membre de la phrase du premier alinéa de l'article L. 133-5 du code de la sécurité sociale peut assurer, pour le compte des organismes précités, la gestion, en qualité de sous-traitant, du traitement dans les conditions prévues à l'article 28 du règlement précité.

II. — Les données et informations à caractère personnel susceptibles d'être enregistrées dans le traitement sont :

1° Le nom de famille du salarié ;
2° Le nom d'usage du salarié ;
3° Le ou les prénoms du salarié ;
4° La date de naissance du salarié ;
5° L'identifiant de la séparation ;
6° La date d'inscription à Pôle emploi *[France Travail depuis le 1ᵉʳ janv. 2024]* du salarié ;
7° Le numéro de contrat du salarié le cas échéant ;
8° La date de début du contrat du salarié ;
9° La date de fin du contrat du salarié ;
10° La nature du contrat du salarié ;
11° Le dispositif de politique publique dont relève le contrat du salarié ;
12° Le motif de rupture du contrat du salarié ;
13° Le type de séparation.

Art. D. 5422-4-1 I. — Peuvent accéder aux données du traitement mentionné au I de l'article D. 5422-4, dans les limites strictement nécessaires à l'exercice de leurs missions, les agents des administrations et organismes mentionnés ci-après, désignés et habilités par l'autorité responsable de ces administrations et organismes :

1° Les organismes de recouvrement des contributions d'assurance chômage mentionnés à l'article L. 5427-1 ;

2° Le cas échéant, l'organisme mentionné au dernier alinéa du I de l'article D. 5422-4.

L'organisme mentionné à l'alinéa précédent peut sous-traiter, par convention, le stockage des données à caractère personnel sous réserve que ces données soient rendues illisibles pour le sous-traitant, maintenues intactes et conservées dans des conditions appropriées de sécurité.

II. — Les employeurs mentionnés au dernier alinéa de l'article L. 5422-12, ou leurs tiers déclarants au sens de l'article L. 133-11 du code de la sécurité sociale, sont destinataires des informations et des données à caractère personnel du traitement, dans les limites strictement nécessaires aux seules fins du contrôle de l'exactitude des données mentionné au 1° du I de l'article D. 5422-4 et dans la limite du besoin d'en connaître de leurs salariés dûment désignés et habilités à cet effet.

Art. D. 5422-4-2 I. – Les données à caractère personnel et les informations enregistrées dans le traitement mentionné au I de l'article D. 5422-4 sont conservées pendant la durée nécessaire :

1° Au traitement des demandes de remboursement des contributions indûment versées, dans la limite des délais de prescription prévus au premier alinéa du I de l'article L. 243-6 du code de la sécurité sociale et au II de l'article L. 725-7 du code rural et de la pêche maritime augmentés de trois années ;

2° Au recouvrement et au contrôle des contributions versées, dans la limite des délais prévus aux articles L. 244-3, L. 244-8-1 et L. 244-11 du code de la sécurité sociale au I de l'article L. 725-7 et à l'article L. 725-12 du code rural et de la pêche maritime, augmentés de trois années. En l'absence de notification d'une mise en demeure prévue à l'article L. 244-2 du code de la sécurité sociale et à l'article L. 725-3 du code rural et de la pêche maritime avant la fin des délais de prescription des contributions prévus respectivement aux articles L. 244-3 et L. 244-11 du code de la sécurité sociale, au I de l'article L. 725-7 et à l'article L. 725-12 du code rural et de la pêche maritime, les données sont supprimées dans un délai de trois années à compter de l'expiration de ces délais de prescription.

Passé le délai prévu au 1°, les données conservées pendant les durées prévues au 2° ne peuvent plus être communiquées à l'employeur dans les conditions prévues par la présente section

En cas de contestation ou de contentieux, ces délais sont prorogés, le cas échéant, jusqu'à l'intervention d'une décision juridictionnelle définitive.

II. – Toute opération relative au traitement mentionné au I de l'article D. 5422-4 fait l'objet d'un enregistrement comprenant l'identification de l'utilisateur, la date et la nature de l'intervention dans ledit traitement.

Art. D. 5422-4-3 I. – Pôle emploi [*France Travail depuis le 1er janv. 2024*] fournit aux personnes concernées par le traitement mentionné au I de l'article D. 5422-4 les informations mentionnées à l'article 14 du règlement (UE) 2016/679 du 27 avril 2016, ainsi que les informations relatives aux limitations de leurs droits prévues au III du présent article.

Ces informations figurent sur le site internet du responsable du traitement.

II. – Les personnes dont les données à caractère personnel sont enregistrées dans le traitement mentionné au I de l'article D. 5422-4 peuvent exercer leurs droits d'accès, de rectification des données ainsi que leur droit à la limitation du traitement, prévus respectivement aux articles 15, 16 et 18 du règlement (UE) 2016/679 du 27 avril 2016, auprès du responsable du traitement mentionné au même I.

III. – En application du e et du 1 de l'article 23 du règlement mentionné à l'alinéa précédent, les droits d'effacement et d'opposition prévus respectivement aux articles 17 et 21 du même règlement ne s'appliquent pas à ce traitement.

SECTION 2 Obligations d'assurance et de déclaration des rémunérations

Art. R. 5422-5 Pour satisfaire à son obligation d'affiliation définie à l'article L. 5422-13, l'employeur qui embauche pour la première fois un salarié qu'il est tenu d'assurer contre le risque de privation d'emploi, adresse un bordereau d'affiliation à (*Décr. n° 2014-524 du 22 mai 2014, art. 16-II*) « Pôle emploi » [*France Travail depuis le 1er janv. 2024*].

(*Décr. n° 2008-1010 du 29 sept. 2008*) « Il est réputé s'être acquitté de cette obligation par l'accomplissement de la déclaration mentionnée à l'article R. 1221-16. »

Quelle que soit la date à laquelle ces formalités déclaratives ont été accomplies, l'affiliation prend effet à la date d'embauche du premier salarié.

Art. R. 5422-6 L'employeur adresse à l'organisme de recouvrement compétent une déclaration comportant, pour chaque salarié, le montant total des rémunérations payées et les périodes de travail correspondantes. – [*Anc. art. R. 351-3.*]

Art. R. 5422-7 La déclaration prévue à l'article R. 5422-6 et le paiement des cotisations correspondant aux rémunérations déclarées sont faits aux mêmes dates que le paiement des cotisations dues au régime général de sécurité sociale.

(Abrogé par Décr. n° 2008-1010 du 29 sept. 2008) **« Toutefois, l'employeur est autorisé à n'accomplir qu'une déclaration et un versement par an lorsque le montant de ce versement est inférieur au minimum fixé par l'accord relatif à l'assurance chômage mentionné à l'article L. 5422-20. »** — *[Anc. art. R. 351-4, al. 1er et 2.]*

Art. R. 5422-8 L'employeur *(Décr. n° 2008-1010 du 29 sept. 2008)* « déclare à l'organisme de recouvrement compétent mentionné à l'article L. 5427-1 » l'ensemble des rémunérations payées à ses salariés.

Il joint à *(Décr. n° 2008-1010 du 29 sept. 2008)* « cette déclaration », le cas échéant, le versement *(Décr. n° 2008-1010 du 29 sept. 2008)* « des cotisations correspondant aux rémunérations déclarées ». — *[Anc. art. R. 351-4, al. 3.]*

SECTION 3 Actions en recouvrement et sanctions

Art. R. 5422-9 La mise en demeure de l'organisme de recouvrement prévue à l'article L. 5422-15 est adressée par lettre recommandée avec avis de réception.

SECTION 4 Accords relatifs à l'assurance chômage

SOUS-SECTION 1 Contenu du document de cadrage

(Décr. n° 2018-791 du 14 sept. 2018, art. 1er, en vigueur le 1er janv. 2019)

Art. R. 5422-10 Le document de cadrage mentionné à l'article L. 5422-20-1 comprend :
1° Des objectifs en matière de trajectoire financière, exprimés selon les conventions de la comptabilité nationale ;
2° Le délai dans lequel la négociation doit aboutir ;
3° Le cas échéant, des objectifs d'évolution des règles du régime d'assurance chômage.

Art. R. 5422-11 Le document de cadrage intègre un état des hypothèses macroéconomiques, cohérent avec les prévisions de la loi de finances, de la loi de financement de la sécurité sociale et de la loi de programmation des finances publiques, ainsi que des hypothèses d'évolution du nombre prévisionnel de demandeurs d'emploi indemnisés, sur les trois prochains exercices à venir.

SOUS-SECTION 2 Agrément des accords d'assurance chômage *(Décr. n° 2018-791 du 14 sept. 2018, art. 1er).*

Art. R. 5422-16 L'agrément des accords mentionnés à l'article L. 5422-22 est délivré par *(Décr. n° 2018-791 du 14 sept. 2018, art. 2, en vigueur le 1er janv. 2019)* « le Premier ministre », après avis *(Décr. n° 2018-791 du 14 sept. 2018, art. 2, en vigueur le 1er janv. 2019)* « de la Commission nationale de la négociation collective, de l'emploi et de la formation professionnelle. Le document de cadrage mentionné à l'article L. 5422-20-1 est annexé à l'arrêté d'agrément.

« Il peut être abrogé lorsque les stipulations de l'accord ou ses conditions d'application cessent d'être en conformité avec les dispositions légales et réglementaires ou dans le cas prévu au dernier alinéa de l'article L. 5422-25. »

Pour l'application à Mayotte de cet art., V. art. R. 5524-6.

Art. R. 5422-17 Dans le cas prévu à l'article L. 5422-23, *(Décr. n° 2018-791 du 14 sept. 2018, art. 2)* « le Premier ministre » peut procéder à l'agrément de l'accord lorsque l'avis motivé favorable *(Décr. n° 2018-791 du 14 sept. 2018, art. 2, en vigueur le 1er janv. 2019)* « de la Commission nationale de la négociation collective, de l'emploi et de la formation professionnelle » a été émis sans l'opposition écrite et motivée, soit de deux organisations d'employeurs, soit de deux organisations de salariés représentées à *(Décr. n° 2018-791 du 14 sept. 2018, art. 2, en vigueur le 1er janv. 2019)* « cette commission ».

En cas d'opposition, *(Décr. n° 2018-791 du 14 sept. 2018, art. 2)* « le Premier ministre » peut à nouveau consulter *(Décr. n° 2018-791 du 14 sept. 2018, art. 2, en vigueur le*

1er janv. 2019) « la Commission nationale de la négociation collective, de l'emploi et de la formation professionnelle » à partir d'un rapport qui précise la portée des dispositions en cause, ainsi que les conséquences de l'agrément.

(Décr. n° 2018-791 du 14 sept. 2018, art. 2) « Le Premier ministre » peut délivrer l'agrément au vu du nouvel avis émis par *(Décr. n° 2019-796 du 26 juill. 2019, art. 3)* « la commission ». Cette décision est motivée.

Pour l'application à Mayotte de cet art., V. art. R. 5524-7.

SOUS-SECTION 3 **Modification des accords d'assurance chômage agréés**

(Décr. n° 2018-791 du 14 sept. 2018, art. 3, en vigueur le 1er janv. 2019)

Art. R. 5422-18 Les accords d'assurance chômage agréés peuvent être modifiés par avenant agréé dans les conditions fixées à l'article L. 5422-22, sous réserve que cet avenant soit compatible avec les objectifs fixés dans le document de cadrage établi préalablement à l'agrément initial de l'accord en vigueur.

CHAPITRE III RÉGIME DE SOLIDARITÉ

SECTION 1 **Allocations**

SOUS-SECTION 1 **Allocation de solidarité spécifique**

§ 1 Conditions d'attribution

Art. R. 5423-1 Pour bénéficier de l'allocation de solidarité spécifique, les personnes mentionnées à l'article L. 5423-1 :

1° Justifient de cinq ans d'activité salariée dans les dix ans précédant la fin du contrat de travail à partir de laquelle ont été ouverts leurs droits aux allocations d'assurance. En ce qui concerne les personnes ayant interrompu leur activité salariée pour élever un enfant, cette durée est réduite, dans la limite de trois ans, d'un an par enfant à charge ou élevé dans les conditions fixées à l'article R. 342-2 du code de la sécurité sociale ;

2° Sont effectivement à la recherche d'un emploi au sens de l'article L. 5421-3, sous réserve des dispositions de l'article R. 5421-1 ;

3° Justifient, à la date de la demande, de ressources mensuelles inférieures à un plafond correspondant à 70 fois le montant journalier de l'allocation pour une personne seule et 110 fois le même montant pour un couple. — *[Anc. art. R. 351-13, al. 1er à 4.]*

Exclusion des travaux d'utilité collective. La période correspondant à l'accomplissement de travaux d'utilité collective ne peut être prise en considération pour le calcul de la durée d'activité salariée exigée par l'art. R. 351-13 [R. 5423-1 nouv.]. • CE 12 nov. 1990 : *RJS 1991. 42, n° 72.*

Art. R. 5423-2 Les ressources prises en considération pour l'application du plafond prévu au 3° de l'article R. 5423-1 comprennent l'allocation de solidarité ainsi que les autres ressources de l'intéressé et, le cas échéant, de son conjoint, partenaire lié par un pacte civil de solidarité ou concubin, telles qu'elles doivent être déclarées à l'administration fiscale pour le calcul de l'impôt sur le revenu avant déduction des divers abattements. Toutefois ces dispositions ne s'appliquent pas lorsque le conjoint, partenaire lié par un pacte civil de solidarité ou concubin du demandeur est dirigeant d'une entreprise entrant dans le champ d'application de l'article 50-0 du code général des impôts.

Le montant pris en compte est le douzième du total des ressources perçues pendant les douze mois précédant celui au cours duquel la demande a été présentée.

Les ressources perçues hors du territoire national sont prises en compte comme si elles avaient été perçues sur ce territoire. — *[Anc. art. R. 351-13, al. 5 et 6.]*

Prise en compte des revenus du concubin. En faveur de l'assimilation à un couple des personnes vivant en concubinage, un tel état impliquant la mise en commun des ressources au sens des dispositions du C. trav., V. • CE 13 nov. 1991 : *D. 1992. IR 6 ; Dr. soc. 1992. 405, concl. Le Chatellier ; RFDA 1993. 816, note Chauchard.*

Art. R. 5423-3 Ne sont pas prises en compte pour la détermination du droit à l'allocation de solidarité spécifique, les ressources suivantes :
1° L'allocation d'assurance précédemment perçue par l'intéressé ;
2° La majoration de l'allocation de solidarité ;
3° Les prestations familiales ;
4° La prime exceptionnelle de retour à l'emploi instituée par le décret n° 2005-1054 du 29 août 2005 créant une prime exceptionnelle de retour à l'emploi en faveur de certains bénéficiaires de minima sociaux ;
5° La prime de retour à l'emploi instituée par l'article L. 5133-1 ;
6° Les primes forfaitaires instituées respectivement par les articles L. 5425-3 du présent code, L. 262-11 du code de l'action sociale et des familles et L. 524-5 du code de la sécurité sociale ;
7° L'allocation de logement prévue *(Décr. n° 2019-772 du 24 juill. 2019, art. 14, en vigueur le 1ᵉʳ sept. 2019)* « au *b* du 2° de l'article L. 821-1 du code de la construction et de l'habitation » ;
(Décr. n° 2019-796 du 26 juill. 2019, art. 2, en vigueur le 1ᵉʳ nov. 2019) « 8° L'allocation des travailleurs indépendants mentionnée à l'article L. 5424-25 précédemment perçue par l'intéressé » ;
(Décr. n° 2022-892 du 14 juin 2022, art. 3) « 9° Les indemnités versées aux personnes tirées au sort mentionnées à l'article 4-3 et au 2° de l'article 12 de l'ordonnance n° 58-1360 du 29 décembre 1958 portant loi organique relative au Conseil économique, social et environnemental. »

Art. R. 5423-4 La pension alimentaire ou la prestation compensatoire fixée par *(L. n° 2016-1907 du 28 déc. 2016, art. 13)* « une convention de divorce *(Décr. n° 2019-1380 du 17 déc. 2019, art. 13)* « ou de séparation de corps » par consentement mutuel prévue à l'article 229-1 du code civil, un acte reçu en la forme authentique par un notaire, une convention de divorce homologuée par le juge ou par » une décision de justice devenue exécutoire est déduite des ressources de celui qui la verse.

Art. R. 5423-5 Il n'est pas tenu compte, pour la détermination des ressources, des allocations de solidarité, *(Décr. n° 2009-289 du 13 mars 2009)* « des allocations d'assurance, » des rémunérations de stage ou des revenus d'activité perçus pendant la période de référence lorsqu'il est justifié que leur perception est interrompue de manière certaine à la date de la demande et que le bénéficiaire de ces ressources ne peut prétendre à un revenu de substitution.
Lorsque le bénéficiaire peut prétendre à un revenu de substitution, un abattement de 30 % est appliqué sur la moyenne des ressources auxquelles ce revenu se substitue. — *[Anc. art. R. 351-13, al. 8.]*

Art. R. 5423-6 Lorsque le total des ressources prises en considération excède le plafond mentionné au 3° de l'article R. 5423-1, l'allocation n'est versée qu'à concurrence d'un montant global de ressources égal au plafond. — *[Anc. art. R. 351-13, al. 9.]*

§ 2 Versement, renouvellement et prolongation

Art. R. 5423-7 *Abrogé par Décr. n° 2008-1010 du 29 sept. 2008.*

Art. R. 5423-8 L'allocation de solidarité spécifique est attribuée pour une période de six mois renouvelable.
Toutefois, l'allocation est attribuée par périodes d'un an renouvelables aux bénéficiaires de la dispense de recherche d'emploi prévue à l'article L. 5421-3. — *[Anc. art. R. 351-15, al. 1ᵉʳ et 2.]*

Art. R. 5423-9 Le renouvellement de l'allocation est subordonné aux mêmes conditions que son attribution initiale. — *[Anc. art. R. 351-15, al. 4.]*

Art. R. 5423-10 et R. 5423-11 *Abrogés par Décr. n° 2008-1056 du 13 oct. 2008.*

Art. R. 5423-12 Le délai dans lequel doit être présentée la demande de paiement de l'allocation solidarité spécifique, est fixé à deux ans à compter du jour où les personnes intéressées remplissent l'ensemble des conditions exigées pour pouvoir prétendre au bénéfice de cette allocation. — *[Anc. art. R. 351-17.]*

Art. R. 5423-13 Dans les cas où la condition de ressources est applicable aux bénéficiaires, l'allocation solidarité spécifique n'est pas versée lorsque le montant mensuel dû est inférieur au taux journalier de cette allocation. – [Anc. art. R. 351-18.]

§ 3 Contestations

(Décr. n° 2022-433 du 25 mars 2022, art. 5, en vigueur le 1er juill. 2022)

Art. R. 5423-14 La personne qui entend contester une décision relative à l'attribution ou au renouvellement de l'allocation de solidarité spécifique engage une médiation auprès du médiateur régional de Pôle emploi [France Travail depuis le 1er janv. 2024] dans les conditions prévues aux articles R. 213-10 à R. 213-13 du code de justice administrative.

Ces dispositions sont applicables aux recours contentieux susceptibles d'être présentés à l'encontre des décisions intervenues à compter du 1er juill. 2022 (Décr. n° 2022-433 du 25 mars 2022, art. 6).

SOUS-SECTION 2 [ABROGÉE] Allocation de fin de formation

(Abrogée par Décr. n° 2019-796 du 26 juill. 2019, art. 3)

§ 1 [ABROGÉ] Conditions d'attribution

Art. R. 5423-15 *Peuvent bénéficier de l'allocation de fin de formation les demandeurs d'emploi qui entreprennent une action de formation permettant d'acquérir une qualification reconnue au sens de l'article L. 6314-1 et d'accéder à un emploi pour lequel sont identifiées des difficultés de recrutement.*
La liste de ces métiers est fixée par arrêté du préfet de région au vu des statistiques d'offres et demandes d'emploi de (Décr. n° 2014-524 du 22 mai 2014, art. 16-III) « Pôle emploi ». Ces statistiques sont présentées par métier en fonction d'un nombre minimum d'offres demeurées non satisfaites et indiquant pour chacun le rapport moyen sur les quatre derniers trimestres connus entre les offres et les demandes.

§ 2 [ABROGÉ] Versement

Art. R. 5423-16 *L'allocation de fin de formation est versée pendant la durée de l'action de formation.*
Toutefois, la durée cumulée de versement aux demandeurs d'emploi en formation de l'allocation d'assurance chômage et de l'allocation de fin de formation ne peut excéder la durée maximum de formation mentionnée à l'article R. 6341-15.

Art. R. 5423-17 *Le montant journalier de l'allocation de fin de formation est égal au dernier montant journalier de l'allocation d'assurance chômage perçu par l'intéressé à la date de l'expiration de ses droits à cette allocation.*

SOUS-SECTION 3 [ABROGÉE] Allocation temporaire d'attente

(Abrogée par Décr. n° 2017-826 du 5 mai 2017, art. 3-I, à compter du 1er sept. 2017)

§ 1 [ABROGÉ] Conditions d'attribution

Art. R. 5423-18 *(Abrogé par Décr. n° 2015-1166 du 21 sept. 2015, art. 26)* Pour bénéficier d'une allocation temporaire d'attente, les ressortissants étrangers mentionnés au 1° (Décr. n° 2015-754 du 24 juin 2015, art. 1er) « et au 1° bis » de l'article L. 5423-8 doivent être âgés de dix-huit ans révolus.

Art. R. 5423-19 Les ressortissants étrangers admis au séjour mentionnés (Décr. n° 2015-1166 du 21 sept. 2015, art. 26) « au 3° » de l'article L. 5423-8, peuvent bénéficier de l'allocation temporaire d'attente (Décr. n° 2009-289 du 13 mars 2009) « pendant la durée du bénéfice de la protection subsidiaire ».

Art. R. 5423-20 Sont admis, en application (Décr. n° 2015-754 du 24 juin 2015, art. 2) « du 3°, du 5° et du 6° » de l'article L. 5423-8, au bénéfice de l'allocation temporaire d'attente :

DEMANDEUR D'EMPLOI **Art. R. 5423-28** 2833

1° *Les apatrides ;*

2° *Les anciens détenus, lorsque la durée de leur détention n'a pas été inférieure à deux mois ;*

3° *Les travailleurs salariés expatriés non couverts par le régime d'assurance chômage qui, lors de leur retour en France, justifient d'une durée de travail de cent quatre-vingt-deux jours au cours des douze mois précédant la fin de leur contrat de travail ;*

(Décr. n° 2015-754 du 24 juin 2015, art. 2) « 4° *Les ressortissants étrangers bénéficiaires de la protection subsidiaire.* »

Art. R. 5423-21 (Décr. n° 2015-754 du 24 juin 2015, art. 3) *L'allocation temporaire d'attente est attribuée aux catégories de bénéficiaires mentionnés à l'article R. 5423-20, sous réserve d'être inscrits comme demandeurs d'emploi et de remplir la condition de ressources mentionnée à l'article R. 5423-23. Pour les bénéficiaires mentionnés aux 1°, 2° et 3° de l'article R. 5423-20, elle est attribuée pour une durée maximale de douze mois.*

Art. R. 5423-22 *Le droit à l'allocation temporaire d'attente ne peut être ouvert qu'une fois au titre de chacun des cas mentionnés à l'article L. 5423-8.*

Art. R. 5423-23 *Pour bénéficier de l'allocation temporaire d'attente, la personne justifie de ressources mensuelles inférieures au montant du revenu minimum d'insertion.*

Art. R. 5423-24 *Les ressources prises en considération pour l'application du plafond mentionné à l'article R. 5423-23 comprennent, hors l'allocation temporaire d'attente, celles de l'intéressé et, le cas échéant, de son conjoint, partenaire lié par un pacte civil de solidarité ou concubin, telles qu'elles doivent être déclarées à l'administration fiscale pour le calcul de l'impôt sur le revenu avant déduction des divers abattements. Le montant pris en compte est le douzième du total des ressources perçues pendant les douze mois précédant celui au cours duquel les ressources sont examinées.*

Les ressources perçues hors du territoire national sont prises en compte comme si elles avaient été perçues sur ce territoire.

Constitue la demande visée par l'art. R. 351-10, 2° [R. 5423-25 nouv.], la demande de reconnaissance de la qualité de réfugié dont un étranger saisit l'Office français de protection des réfugiés et apatrides, puis la commission des recours des réfugiés, à l'exception des demandes présentant un caractère manifestement dilatoire. • CE 29 juill. 1994 : 🔒 *D. 1994. IR 232.*

Art. R. 5423-25 *La condition relative aux ressources est appréciée le mois de la demande d'allocation, puis à échéance semestrielle.*

Art. R. 5423-26 *Ne sont pas prises en compte pour la détermination du droit à l'allocation temporaire d'attente, les ressources suivantes :*

1° *Les prestations familiales ;*

2° *Les allocations d'assurance ou de solidarité, les rémunérations de stage ou des revenus d'activité perçus pendant la période de référence lorsqu'il est justifié que leur perception est interrompue de manière certaine à la date de la demande et que le bénéficiaire de ces ressources ne peut prétendre à un revenu de substitution.*

La pension alimentaire ou la prestation compensatoire fixée par (L. n° 2016-1907 du 28 déc. 2016, art. 13) « *une convention de divorce par consentement mutuel prévue à l'article 229-1 du code civil, un acte reçu en la forme authentique par un notaire, une convention de divorce homologuée par le juge ou par* » *une décision de justice devenue exécutoire est déduite des ressources de celui qui la verse.*

Art. R. 5423-27 *Lorsque le bénéficiaire peut prétendre à un revenu de substitution, un abattement de 30 % est appliqué sur la moyenne des ressources auxquelles ce revenu se substitue.*

§ 2 *[ABROGÉ]* Versement

Art. R. 5423-28 *Le délai dans lequel doit être présentée la demande de paiement de l'allocation temporaire d'attente, est fixé à deux ans à compter du jour où les personnes intéressées remplissent l'ensemble des conditions exigées pour pouvoir prétendre au bénéfice de cette allocation.*

Art. R. 5423-29 *Dans les cas où la condition de ressources est applicable aux bénéficiaires, l'allocation temporaire d'attente n'est pas versée lorsque le montant mensuel dû est inférieur au taux journalier de cette allocation.*

Art. R. 5423-30 (Décr. n° 2015-754 du 24 juin 2015, art. 4) *La décision motivée en fonction de chaque cas d'espèce de suspension, mentionnée au II de l'article L. 5423-11, du versement de l'allocation temporaire d'attente prend effet à compter de la date de son édiction.*

Art. R. 5423-30-1 (Décr. n° 2015-754 du 24 juin 2015, art. 4) *La reprise du versement intervient à compter de la date à laquelle la décision dûment motivée de rétablissement, mentionnée au II de l'article L. 5423-11, a été prise.*

§ 3 [ABROGÉ] Communication d'informations

Art. R. 5423-31 à R. 5423-37 *Abrogés par Décr. n° 2015-1166 du 21 sept. 2015, art. 26.*

SOUS-SECTION 4 [ABROGÉE] Allocation forfaitaire du contrat nouvelles embauches

(Abrogée par Décr. n° 2017-826 du 5 mai 2017, art. 1ᵉʳ, à compter du 1ᵉʳ sept. 2017)

Art. D. 5423-38 *L'allocation forfaitaire mentionnée à l'article L. 5423-15 [abrogé] est accordée, dès lors que le salarié justifie d'une période d'activité continue de quatre mois en contrat nouvelles embauches, pour une durée égale à un mois.*

Art. D. 5423-39 *Le montant journalier de l'allocation forfaitaire est fixé à 16,40 €.*

Art. D. 5423-40 *L'inscription comme demandeur d'emploi doit intervenir dans les trois mois à compter de la fin du contrat de travail pris en considération pour l'ouverture des droits.*

Art. R. 5423-41 *Le délai dans lequel la demande de paiement de l'allocation forfaitaire doit être présentée est fixé à six mois à compter du jour où l'intéressé remplit les conditions exigées pour prétendre au bénéfice de cette allocation.*

Art. R. 5423-42 *L'action en paiement, qui est obligatoirement précédée du dépôt de la demande de paiement de l'allocation forfaitaire, se prescrit par deux ans à compter de la date de notification de la décision d'ouverture de droits.*

Art. R. 5423-43 *Le travailleur involontairement privé d'emploi qui a cessé de bénéficier du service de l'allocation forfaitaire, alors que la période d'indemnisation précédemment ouverte n'était pas épuisée, et qui n'a pas acquis de nouveaux droits à l'allocation d'assurance chômage, bénéficie d'une reprise de ses droits.*

Toutefois cette règle ne s'applique que si le temps écoulé depuis la date d'admission du travailleur n'est pas supérieur à la durée des droits augmentée de trois ans de date à date.

Art. R. 5423-44 *Le versement de l'allocation forfaitaire ne peut se cumuler avec le versement de l'allocation spécifique.*

Lorsque le travailleur privé d'emploi a droit à l'allocation de solidarité spécifique à la date de rupture de son contrat, ces droits sont reportés à la date à laquelle prend fin le versement de l'allocation forfaitaire. Toutefois, il conserve la faculté de renoncer au versement de l'allocation forfaitaire au profit du versement de l'allocation de solidarité spécifique.

Art. R. 5423-45 *Abrogé par Décr. n° 2012-1066 du 18 sept. 2012, art. 2.*

Art. R. 5423-46 *Les dispositions prévues aux articles R. 5421-3, R. 5425-2 à R. 5425-7, R. 5425-12, R. 5426-1 à R. 5426-4, R. 5426-6 à R. 5426-14 et R. 5427-1 sont applicables à l'allocation forfaitaire.*

Art. R. 5423-47 *Sont dispensés, à leur demande, de la condition de recherche d'emploi les bénéficiaires de l'allocation forfaitaire :*

1° Âgés d'au moins cinquante-sept ans et demi ;

2° Âgés d'au moins cinquante-cinq ans, lorsqu'ils justifient d'au moins 160 trimestres validés dans les régimes de base obligatoire d'assurance vieillesse ou de périodes reconnues équivalentes.

DEMANDEUR D'EMPLOI   **Art. R. 5424-2** 2835

SECTION 2 Financement des allocations

SOUS-SECTION 1 Fonds de solidarité

Art. R. 5423-48 *Abrogé par Décr. n° 2017-1747 du 22 déc. 2017, art. 7, à compter du 1ᵉʳ janv. 2018.*

SOUS-SECTION 2 *[ABROGÉE]* Contribution exceptionnelle de solidarité

(Abrogée par Décr. n° 2019-796 du 26 juill. 2019, art. 3)

Art. R. 5423-49 *La contribution exceptionnelle de solidarité prévue à l'article L. 5423-26 est précomptée et versée par l'employeur au fonds de solidarité dans les quinze premiers jours du mois suivant celui du versement des rémunérations ayant supporté le précompte.*

Art. R. 5423-50 *Le versement de la contribution exceptionnelle de solidarité est accompagné d'une déclaration de l'employeur indiquant notamment le nombre de personnes assujetties à cette contribution, son assiette et son montant.*
En cas d'absence de déclaration dans les délais prescrits, le directeur du fonds de solidarité peut fixer forfaitairement à titre provisionnel le montant de cette contribution.

Art. R. 5423-51 *La rétention indue du précompte, malgré une mise en demeure non suivie d'effet dans le mois, rend l'employeur passible des pénalités prévues au chapitre IV du titre IV du livre II du code de la sécurité sociale.*
Dans ce cas, les poursuites sont engagées à la requête du ministère public sur la demande du directeur du fonds de solidarité.

Art. R. 5423-52 *Le montant prévu au deuxième alinéa de l'article L. 5423-32 est égal au traitement mensuel brut afférent à l'*(Décr. n° 2017-241 du 24 févr. 2017, en vigueur le 1ᵉʳ mars 2017) « *indice majoré 313* » *de la fonction publique.*

CHAPITRE IV RÉGIMES PARTICULIERS

SECTION 1 Dispositions particulières à certains salariés du secteur public

Art. R. 5424-1 *(Abrogé par Décr. n° 2019-796 du 26 juill. 2019, art. 3) Pour les salariés des employeurs mentionnés aux 1°, 3° et 4° de l'article L. 5424-2, la contribution prévue à l'article L. 5422-9 est égale au montant de la contribution exceptionnelle qu'ils auraient dû verser en application de l'article L. 5423-26.*
Elle est versée par l'employeur.

Art. R. 5424-2 Lorsque, au cours de la période retenue pour l'application de l'article L. 5422-2, la durée totale d'emploi accomplie pour le compte d'un ou plusieurs employeurs affiliés au régime d'assurance a été plus longue que l'ensemble des périodes d'emploi accomplies pour le compte d'un ou plusieurs employeurs relevant de l'article L. 5424-1, la charge de l'indemnisation incombe à *(Décr. n° 2014-524 du 22 mai 2014, art. 16-II)* « Pôle emploi » *[France Travail depuis le 1ᵉʳ janv. 2024]* pour le compte de l'organisme mentionné à l'article L. 5427-1 ».
Dans le cas contraire, cette charge incombe à l'employeur relevant de l'article L. 5424-1, ou à celui des employeurs relevant de cet article qui a employé l'intéressé durant la période la plus longue. — *[Anc. art. R. 351-20, al. 1ᵉʳ et 2.]*

Pour l'application à Mayotte de cet art., V. art. R. 5524-8.

Il résulte de l'art. 4 du règlement général annexé à la convention relative à l'indemnisation du chômage du 19 févr. 2009 et de l'art. R. 5424-2 C. trav. que, d'une part, lorsqu'un salarié a, après avoir quitté volontairement un emploi, retrouvé un autre emploi dont il a été involontairement privé, il a droit à une indemnisation au titre de l'assurance chômage dès lors qu'il a travaillé au moins 91 jours ou 455 heures dans ce dernier emploi. D'autre part, la charge de l'indemnisation incombe à l'employeur public relevant de l'art. L. 5424-1 C. trav. et non à Pôle emploi *[France Travail depuis le 1ᵉʳ janv. 2024]* lorsque, dans la période de référence prise en compte pour l'ouverture des droits, il a employé le salarié pendant la période la plus longue. • Soc. 31 mars 2021, ⚖ n° 19-13.155 P : *RJS 6/2021, n° 334.*

Art. R. 5424-3 Lorsque, au cours de la période retenue pour l'application de l'article L. 5422-2, les durées d'emploi accomplies pour le compte d'un ou plusieurs employeurs relevant de l'article L. 5424-1 et pour le compte d'un ou plusieurs employeurs affiliés au régime d'assurance sont égales, la charge de l'indemnisation incombe :

1° A l'employeur relevant de l'article L. 5424-1 ou à celui des employeurs relevant de cet article qui a employé l'intéressé pendant la durée la plus longue, si le dernier contrat de travail ou engagement liait l'intéressé à un tel employeur ;

2° Au régime d'assurance si le dernier employeur est affilié à ce régime.

A égalité de durée d'emploi pour le compte de plusieurs employeurs relevant de l'article L. 5424-1, la charge de l'indemnisation incombe à l'employeur auquel l'intéressé a été lié par le dernier contrat de travail ou engagement. – *[Anc. art. R. 351-20, al. 3.]*

Pour l'application à Mayotte de cet art., V. art. R. 5524-9.

Art. R. 5424-4 Le calcul des périodes d'emploi s'effectue, le cas échéant, après application à chacune d'elles d'un coefficient égal au rapport entre la durée hebdomadaire de travail de l'intéressé, fixée par son contrat de travail ou engagement, pendant la période d'emploi et la durée légale de travail ou la durée de travail conventionnelle lorsque celle-ci est inférieure à la durée légale, applicable à l'employeur pendant cette période d'emploi.

Toutefois, ce correctif n'est appliqué que lorsque la durée hebdomadaire de travail de l'intéressé est inférieure à la moitié de la durée de travail légale ou conventionnelle précédemment mentionnée pendant la période d'emploi. – *[Anc. art. R. 351-20, al. 4.]*

Art. R. 5424-5 Pour l'ouverture des droits à indemnisation, la durée totale des activités salariées accomplies par un même travailleur pour le compte d'employeurs relevant des articles L. 5422-13 ou L. 5424-1 est prise en compte.

(Décr. n° 2020-741 du 16 juin 2020, art. 4) « Il est également tenu compte des périodes de suspension de la relation de travail durant lesquelles les personnels sont indemnisés en application, selon le cas, des dispositions statutaires applicables aux personnels concernés ou du régime de sécurité sociale dont relèvent ces personnels. Les périodes de suspension de la relation de travail durant lesquelles les personnels ne sont ni rémunérés ni indemnisés ne sont pas prises en compte. »

Art. R. 5424-6 (Décr. n° 2014-670 du 24 juin 2014) Lorsque l'intéressé a épuisé les droits ouverts lors d'une précédente admission et qu'il remplit les conditions lui permettant de bénéficier de droits au titre d'une ou de plusieurs activités exercées antérieurement à la fin des droits, en application du I de l'article L. 5422-2, l'allocation est à la charge de l'employeur ou de l'institution mentionnée à l'article L. 5312-1 pour le compte de l'organisme mentionné à l'article L. 5427-1 qui décide de la nouvelle admission, après, le cas échéant, application des dispositions des articles R. 5424-2 à R. 5424-5.

Art. D. 5424-6-1 (Décr. n° 2019-1550 du 30 déc. 2019, art. 1er) La contribution spécifique mentionnée à l'article L. 5424-5-1 est fixée à 0,2 %, dans la limite du plafond prévu à l'article L. 5422-9.

Cette contribution spécifique est acquittée par l'employeur pour une durée de 24 mois, à compter du mois suivant la date de l'adhésion ou de la date de l'extension de l'adhésion au régime d'assurance pour les personnels mentionnés au 4° *bis* de l'article L. 5424-1.

I. – La contribution spécifique mentionnée à l'art. L. 5424-5-1 est applicable aux employeurs mentionnés au 4° bis de l'art. L. 5424-1 :

1° Qui adhèrent par une option irrévocable, au bénéfice de leurs personnels, au régime d'assurance chômage à compter du 31 déc. 2019 ;

2° Qui ont adhéré par une option irrévocable au régime d'assurance chômage pour leurs salariés non statutaires mentionnés au 4° de l'art. L. 5424-1 dans sa rédaction antérieure à la L. n° 2019-486 du 22 mai 2019 relative à la croissance et la transformation des entreprises et qui étendent l'adhésion au régime d'assurance chômage à l'ensemble de leurs personnels à compter du 31 déc. 2019.

II. — La contribution spécifique due par les employeurs mentionnés au 1° du I est assise sur les rémunérations de l'ensemble de leurs personnels. La contribution spécifique due par les employeurs mentionnés au 2° du I est assise sur les rémunérations des seuls personnels au titre desquels l'adhésion au régime d'assurance chômage est étendue à compter du 31 déc. 2019 (Décr. n° 2019-1550 du 30 déc. 2019, art. 2).

SECTION 2 Entreprises du bâtiment et des travaux publics privées d'emploi par suite d'intempéries

SOUS-SECTION 1 Champ d'application

Art. D. 5424-7 Les dispositions des articles L. 5424-6 à L. 5424-19 sont applicables :
1° Aux travailleurs appartenant aux activités professionnelles mentionnées par le décret n° 59-534 du 9 avril 1959 relatif à la nomenclature des activités économiques sous les numéros ci-après :
330.
331.
332 (à l'exception des entreprises de fabrication de décors de théâtre).
333.
334.
335 (à l'exclusion de 335-2).
336 (à l'exclusion de 336-22 et de 336-23).
337-03.
338.
34 (à l'exclusion de 348-22 et de 348-3).
2° Aux carrières à ciel ouvert extrayant des matériaux destinés au bâtiment et aux travaux publics et qui sont directement exploitées par les entreprises du bâtiment et des travaux publics. — *[Anc. art. L. 731-1, al. 2 à 5 et 7, et anc. art. R. 731-1.]*

SOUS-SECTION 2 Périodes d'arrêt saisonnier

Art. D. 5424-8 Les périodes d'arrêt saisonnier de travail prévues à l'article L. 5424-7 sont déterminées par le *(Décr. n° 2020-1545 du 9 déc. 2020, art. 28-X, en vigueur le 1er avr. 2021)* « directeur régional de l'économie, de l'emploi, du travail et des solidarités » après avis d'une commission composée comme suit :
1° Quatre membres employeurs et quatre membres salariés désignés respectivement par les organisations d'employeurs et de salariés représentatives pour les activités professionnelles mentionnées à l'article D. 5424-7 ;
2° Le directeur départemental de l'équipement ;
3° L'*(Décr. n° 2009-1106 du 10 sept. 2009)* « ingénieur en chef des ponts, des eaux et des forêts » du service ordinaire.
Peut également être appelée à siéger, en tant que de besoin, toute personne dont la compétence est jugée utile par les membres de la commission.

Art. D. 5424-9 Les périodes d'arrêt saisonnier peuvent varier selon la nature des professions énumérées à l'article D. 5424-7. Elles peuvent, chaque année, faire l'objet d'une révision intervenant avant le 1er août. — *[Anc. art. R. 731-2, al. 3.]*

Art. D. 5424-10 La décision du *(Décr. n° 2020-1545 du 9 déc. 2020, art. 28-X, en vigueur le 1er avr. 2021)* « directeur régional de l'économie, de l'emploi, du travail et des solidarités » est soumise à l'approbation du ministre chargé de l'emploi.

SOUS-SECTION 3 Conditions d'attribution de l'indemnité

Art. D. 5424-11 Le nombre minimum d'heures de travail ouvrant droit à l'indemnisation pour intempéries prévu à l'article L. 5424-11 est fixé à 200 heures durant les deux mois précédant l'arrêt de travail. — *[Anc. art. R. 731-3.]*

Art. D. 5424-12 L'indemnité journalière d'intempéries est due pour chaque heure perdue à partir de la deuxième au cours d'une même semaine ou au cours d'une période continue d'arrêt. — *[Anc. art. R. 731-4, al. 1er.]*

Art. D. 5424-13 La limite d'indemnisation prévue à l'article L. 5424-12 est fixée aux trois quarts du salaire.

Le nombre maximum d'heures de travail pouvant être indemnisées est fixé à neuf heures par jour dans la limite de quarante-cinq heures par semaine. — *[Anc. art. R. 731-4, al. 2 et 3.]*

Art. D. 5424-14 Le nombre maximum des indemnités journalières susceptibles d'être attribuées au cours d'une année civile est fixé à cinquante-cinq. — *[Anc. art. R. 731-4, al. 4.]*

SOUS-SECTION 4 Calcul de l'indemnité

Art. D. 5424-15 Le montant de l'indemnité horaire versée en application des articles L. 5424-12 et L. 5424-13 est calculé en prenant pour base le salaire horaire perçu par le salarié à la veille de l'interruption du travail, y compris, le cas échéant, les primes accessoires du salaire et les primes de rendement. Les primes représentatives de frais ou de risque et des majorations pour heures supplémentaires sont exclues. — *[Anc. art. R. 731-6, al. 1ᵉʳ.]*

Art. D. 5424-16 La partie du salaire dépassant la somme correspondant au salaire limite prévu pour le calcul des cotisations de sécurité sociale majoré de 20 % n'est pas prise en compte pour la fixation de la base de calcul de l'indemnité. — *[Anc. art. R. 731-6, al. 2.]*

SOUS-SECTION 5 Situation des salariés

Art. D. 5424-17 Les heures de travail effectuées en remplacement des heures perdues pour cause d'intempéries sont rémunérées conformément à la réglementation sans tenir compte de l'indemnisation à laquelle elles ont donné lieu au titre des articles L. 5424-6 à L. 5424-19. — *[Anc. art. R. 731-8.]*

Art. D. 5424-18 Le salarié bénéficiant du régime chômage intempéries reste à la disposition de l'entreprise qui l'employait au moment de l'arrêt de travail pendant toute la période de l'inactivité du chantier. — *[Anc. art. R. 731-9, al. 1ᵉʳ.]*

Art. D. 5424-19 Le salarié perd son droit à indemnisation s'il refuse d'exécuter les travaux qui lui sont demandés par son entreprise, lorsque ces travaux peuvent être accomplis pendant l'intempérie, notamment en atelier ou bureau. — *[Anc. art. R. 731-9, al. 2.]*

Art. D. 5424-20 L'employeur qui occupe le salarié pendant l'intempérie lui maintient, pendant la durée des travaux, le salaire qu'il percevait avant l'arrêt de travail dû aux intempéries.

Les heures ainsi rémunérées sont déduites des heures chômées donnant lieu à indemnisation. — *[Anc. art. R. 731-9, al. 3 et 4.]*

Art. D. 5424-21 La date de reprise de travail pour le salarié mis en chômage est décidée par l'employeur ou le représentant du maître d'œuvre sur les chantiers.

Elle est portée à la connaissance du salarié par un avis affiché au siège ou au bureau de l'entreprise ou à l'entrée du chantier.

Le salarié qui ne reprend pas le travail dès la réouverture du chantier cesse d'avoir droit à l'indemnité à partir de la date de cette réouverture. — *[Anc. art. R. 731-9, al. 5 et 6.]*

Art. D. 5424-22 L'entreprise ne peut, sauf en cas de faute grave de l'intéressé ou en cas d'arrêt des travaux par le maître d'œuvre dans les chantiers de travaux publics, licencier un salarié au cours de la période d'inactivité du chantier sur lequel celui-ci est employé.

Toutefois, ces dispositions ne portent pas atteinte aux effets découlant de l'expiration du préavis au cours de la période d'inactivité lorsque le préavis a été donné avant le début de cette période. — *[Anc. art. R. 731-10.]*

Art. D. 5424-23 Lorsque l'employeur met à la disposition de collectivités publiques les salariés, en application du premier alinéa de l'article L. 5424-18, il dépose, à la demande de la mairie de la commune du lieu du chantier, l'effectif et la spécialité des salariés dont l'activité est interrompue. — *[Anc. art. L. 731-12, al. 1er, phrase 2.]*

Art. D. 5424-24 L'indemnité différentielle prévue au second alinéa de l'article L. 5424-18 est remboursée aux collectivités publiques par les caisses de congés payés. — *[Anc. art. L. 731-12, al. 2, phrase 2.]*

SOUS-SECTION 6 **Remboursement de l'employeur**

Art. D. 5424-25 L'entreprise est remboursée par les caisses de congés payés des indemnités versées à ses salariés au titre de la législation sur les intempéries qui sont calculées en affectant le montant de chaque indemnité versée d'un coefficient égal au rapport entre le montant des salaires servant de base à la cotisation versée par l'entreprise en application de l'article D. 5424-36 et le montant de ces salaires avant déduction de l'abattement prévu à ce même article. — *[Anc. art. R. 731-20, al. 1er.]*

Art. D. 5424-26 Il est versé à l'employeur 85 % du montant obtenu à l'article D. 5424-25 lorsque la masse salariale dépasse trois fois le montant de l'abattement prévu au même article et 90 % lorsque la masse salariale est au plus égale à trois fois le montant de cet abattement. — *[Anc. art. R. 731-20, al. 2.]*

Art. D. 5424-27 Pour les six premières heures indemnisées suivant l'heure de carence prévue à l'article D. 5424-12, il est versé de façon uniforme à l'employeur 10 % du montant obtenu à l'article D. 5424-25. — *[Anc. art. R. 731-20, al. 3.]*

Art. D. 5424-28 L'employeur adresse le bordereau de déclaration d'arrêt de travail et de demande de remboursement des indemnités versées aux salariés à la caisse des congés payés mentionnée à l'article D. 5424-32 dans un délai fixé par arrêté du ministre chargé de l'emploi.

Le modèle de ce bordereau est établi par la caisse nationale de surcompensation.

L'employeur transmet aux *(Décr. n° 2017-1819 du 29 déc. 2017, art. 3)* « membres de la délégation du personnel du comité social et économique », à leur demande, les informations du bordereau relatives au nombre des heures perdues pour cause d'intempéries et à leurs dates. — *[Anc. art. R. 731-5.]*

SOUS-SECTION 7 **Cotisations et péréquation des charges**

Art. D. 5424-29 Les dépenses d'indemnisation du chômage-intempéries sont couvertes au moyen d'une cotisation mise à la charge des entreprises exerçant une ou plusieurs activités professionnelles mentionnées à l'article D. 5424-7. — *[Anc. art. R. 731-11.]*

Art. D. 5424-30 Les services créés au sein des caisses de congés payés en vue de l'attribution de l'indemnité journalière d'intempéries définie à l'article L. 5424-12 ont une comptabilité distincte de celle des autres services de la caisse de compensation. — *[Anc. art. R. 731-12.]*

Art. D. 5424-31 L'employeur délivre au salarié qui quitte l'entreprise un certificat indiquant le nombre d'heures et les périodes pendant lesquelles il a bénéficié de l'indemnité chômage-intempéries pendant la période de l'année civile en cours durant laquelle il a été employé dans l'entreprise. — *[Anc. art. R. 731-14.]*

Art. D. 5424-32 L'employeur verse les cotisations de l'assurance intempérie à la caisse de compensation dont il dépend déjà pour l'application de la législation sur les congés payés. — *[Anc. art. R. 731-15, al. 1er.]*

Art. D. 5424-33 Pour les entreprises énumérées au 2° de l'article D. 5424-7 qui, au titre de la législation sur les congés payés, ne sont pas tenues de s'affilier à une caisse de compensation du bâtiment ou des travaux publics, l'employeur verse ses cotisations à la caisse de compensation compétente pour les entreprises du bâtiment et la localité du siège de l'entreprise. — *[Anc. art. R. 731-15, al. 2.]*

Art. D. 5424-34 L'employeur se conforme aux obligations découlant du règlement établi pour l'application de la présente section par la caisse à laquelle il est affilié. — *[Anc. art. R. 731-15, al. 3.]*

Art. D. 5424-35 L'affiliation prévue aux articles D. 5424-32 et D. 5424-33 prend effet à la date à laquelle l'entreprise a commencé à employer des salariés. — *[Anc. art. R. 731-15, al. 4.]*

Art. D. 5424-36 Les cotisations versées par l'employeur aux caisses de congés payés sont assises sur l'ensemble des salaires pris en compte pour le calcul des cotisations de sécurité sociale, déduction faite pour chacun d'eux d'un abattement dont le montant est fixé annuellement par un arrêté conjoint des ministres chargés de l'emploi et du budget. Cet abattement ne peut être inférieur à 8 000 fois le salaire horaire d'un manœuvre de l'industrie du bâtiment. — *[Anc. art. R. 731-18.]* — *V. Arr. du 30 mai 2023, NOR : MTRD2303763A (JO 21 juin).*

Art. D. 5424-37 La cotisation comporte deux taux distincts applicables l'un aux entreprises du gros œuvre et des travaux publics, l'autre aux entreprises n'entrant pas dans cette catégorie.

L'entreprise qui, du fait de ses activités, appartient simultanément à ces deux catégories est rattachée à celle qui correspond à son activité principale sauf lorsqu'elle dispose d'établissements distincts pour chaque catégorie. — *[Anc. art. R. 731-19, al. 1er et 2.]*

Art. D. 5424-38 Les taux de cotisations sont calculés de façon à assurer entre toutes les entreprises assujetties une péréquation des charges sur le plan national, tout en tenant compte des particularités propres à chacune des deux catégories définies à l'article D. 5424-37. — *[Anc. art. R. 731-19, al. 3.]*

Art. D. 5424-39 Des arrêtés des ministres chargés de l'emploi et de l'économie, pris après avis de la Caisse nationale de surcompensation du bâtiment et des travaux publics, répartissent les entreprises entre les deux catégories d'après la nomenclature des activités économiques et fixent le montant de l'abattement prévu à l'article D. 5424-36. — *[Anc. art. R. 731-19, al. 4.]*

V. Arr. du 7 déc. 2021, NOR : MTRD2134025A (JO 18 déc.), mod. par Arr. du 25 févr. 2022, NOR : MTRD2139057A (JO 16 mars), et Arr. du 21 oct. 2022, NOR : MTRD2218779A (JO 17 nov.).

Art. D. 5424-40 Les arrêtés mentionnés à l'article D. 5424-39 fixent chaque année les taux de cotisations mises à la charge des entreprises et le montant du fonds de réserve destiné à assurer le remboursement des indemnités journalières d'intempéries. Lorsque ce montant est dépassé, le conseil d'administration de la Caisse nationale de surcompensation peut, lorsque les ministres chargés de l'emploi et de l'économie, préalablement informés, n'ont pas fait connaître leur opposition dans un délai d'un mois à compter de la réception de cette information, réduire pour le reste de l'année les cotisations des entreprises dans la limite de 20 % des taux initialement fixés. — *[Anc. art. R. 731-19, al. 5.]* — *V. Arr. du 30 mai 2023, NOR : MTRD23037631 (JO 21 juin).*

Art. D. 5424-41 La péréquation des charges mentionnées à l'article L. 5424-15 est opérée par *(Décr. n° 2009-289 du 13 mars 2009)* « l'Union des caisses de France-Congés intempérie BTP » et par les caisses des congés payés prévues par l'article D. 3141-12, dans les conditions fixées par arrêté du ministre chargé de l'emploi pris sur proposition de la caisse de surcompensation. — *[Anc. art. L. 731-9, al. 2 milieu, et anc. art. R. 731-7.]*

V. Arr. du 24 févr. 2015 (JO 11 mars), Arr. du 27 nov. 2015 (JO 19 déc.) et Arr. du 6 avr. 2016 (JO 20 avr.).

Art. D. 5424-42 *(Décr. n° 2009-289 du 13 mars 2009)* « L'Union des caisses de France-Congés intempérie BTP » est autorisée à se procurer, par des emprunts à court terme, les sommes nécessaires pour permettre aux caisses de congés payés, en attendant le recouvrement des cotisations des entreprises, d'effectuer des remboursements. — *[Anc. art. R. 731-21.]*

Art. D. 5424-43 En cas de retard dans le paiement des cotisations et dans la production des déclarations de salaires, le taux de majoration prévu à l'article L. 5424-17 est de 1 % par jour de retard.

Cette majoration ne peut être appliquée qu'après mise en demeure par la caisse des congés payés à l'employeur d'effectuer le versement des cotisations ou les déclarations de salaires. — *[Anc. art. L. 731-11, phrases 1 fin et 2.]*

DEMANDEUR D'EMPLOI **Art. D. 5424-51** 2841

SOUS-SECTION 8 Contrôles et contestations

Art. D. 5424-44 L'employeur présente à tout moment aux contrôleurs des caisses de congés payés les bulletins de paye en vue de leur permettre de contrôler l'exactitude du montant des salaires servant d'assiette au calcul de la cotisation ainsi que toutes pièces justifiant le versement effectif de la cotisation et des indemnités prévues. – *[Anc. art. R. 731-13.]*

Art. D. 5424-45 Les contestations collectives résultant de l'application de la présente section, sauf en ce qui concerne les salariés employés en régie par l'État, sont soumises à une commission paritaire de conciliation.

Cette commission est composée de quatre membres employeurs et de quatre membres salariés désignés respectivement par les organisations d'employeurs et de salariés représentatives pour l'ensemble des activités professionnelles énumérées à l'article D. 5424-7.

Elle siège sous la présidence du *(Décr. n° 2020-1545 du 9 déc. 2020, art. 28-X, en vigueur le 1ᵉʳ avr. 2021)* « directeur régional de l'économie, de l'emploi, du travail et des solidarités » en présence, le cas échéant, des représentants des administrations intéressées.

SOUS-SECTION 9 Salariés employés en régie par l'État

Art. D. 5424-46 En ce qui concerne les salariés employés en régie par l'État, les ministres intéressés peuvent, en tant que de besoin, prévoir des modalités spéciales pour l'application de la présente section. – *[Anc. art. R. 731-17, al. 1ᵉʳ.]*

Art. D. 5424-47 Les heures de travail accomplies pour l'exécution en régie des travaux publics ou de bâtiment pour le compte de l'État entrent dans le calcul du minimum d'heures prévu à l'article D. 5424-11. – *[Anc. art. R. 731-17, al. 2.]*

Art. D. 5424-48 Les journées directement indemnisées par l'État, au titre des intempéries, entrent en compte pour le calcul du maximum de soixante jours prévus à l'article D. 5424-14. – *[Anc. art. R. 731-17, al. 3.]*

Art. D. 5424-49 Le préfet délivre aux salariés intéressés quittant le service un certificat portant les indications prévues à l'article D. 5424-31. – *[Anc. art. R. 731-17, al. 4.]*

SECTION 3 Professions de la production cinématographique, de l'audiovisuel ou du spectacle

SOUS-SECTION 1 Allocation de professionnalisation et de solidarité et allocation de fin de droits

Art. D. 5424-50 Les allocations spécifiques d'indemnisation du chômage mentionnées à l'article L. 5424-21 prennent, selon le cas, la forme :
1° D'une allocation de professionnalisation et de solidarité ;
2° D'une allocation de fin de droits. – *[Anc. art. D. 351-4.]*

Art. D. 5424-51 I. – L'allocation de professionnalisation et de solidarité est attribuée selon les règles définies *(Décr. n° 2017-1023 du 10 mai 2017, en vigueur le 1ᵉʳ déc. 2017)* « par les annexes au règlement général annexé à la convention relative à l'indemnisation du chômage et applicables aux artistes du spectacle et aux ouvriers et techniciens de l'édition d'enregistrement sonore, de la production cinématographique et audiovisuelle, de la radio, de la diffusion et du spectacle mentionnées à l'article L. 5424-21, dans les conditions définies au présent article et aux articles D. 5424-51-1 et D. 5424-52.

« II. – Bénéficie de l'allocation de professionnalisation et de solidarité le travailleur involontairement privé d'emploi qui :

« 1° Ne remplit pas les conditions pour bénéficier de la clause de rattrapage prévue aux annexes mentionnées au I ;

« 2° Et justifie de 507 heures de travail au cours des douze mois précédant la fin de contrat de travail immédiatement antérieure à la date anniversaire prévue aux annexes mentionnées au I ou à la date de dépôt de la demande d'allocation d'assurance.

« III. — Bénéficie également de l'allocation de professionnalisation et de solidarité le travailleur involontairement privé d'emploi qui justifie de 507 heures de travail au cours des dix-huit mois qui précèdent la date de fin de la période d'indemnisation ouverte au titre de la clause de rattrapage prévue aux annexes mentionnées au I.

« IV. — » Outre les périodes mentionnées dans (*Décr. n° 2017-1023 du 10 mai 2017, en vigueur le 1er déc. 2017*) « les annexes mentionnées au I », sont pris en compte pour la recherche de la condition d'activité antérieure :

1° Les congés maladie de trois mois ou plus. Ces périodes sont assimilées à des heures d'activité à raison de cinq heures de travail par jour de congé ;

(*Décr. n° 2017-1023 du 10 mai 2017, en vigueur le 1er déc. 2017*) « 2° Les heures prises en compte pour l'ouverture de la clause de rattrapage prévue aux annexes mentionnées au I » ;

3° Dans la limite de 120 heures, les heures d'enseignement dispensées dans des établissements d'enseignement ou de formation dans lesquels les intéressés interviennent au titre de leur profession pour transmettre leurs compétences. La liste de ces établissements est fixée par arrêté du ministre chargé de l'emploi. Ces heures d'enseignement réduisent à due proportion le nombre d'heures de formation assimilables conformément aux annexes précitées. — *V. Arr. du 22 juill. 2016, JO 27 juill.*

Les dispositions issues du Décr. n° 2017-1023 du 10 mai sont applicables aux allocataires en fin de droit à l'allocation d'assurance au 1er déc. 2017 et à toute demande d'allocation d'assurance déposée à compter de cette date. Par dérogation au 2° du II de l'art. D. 5424-51, bénéficie également de l'allocation de professionnalisation et de solidarité le travailleur involontairement privé d'emploi qui justifie de 507 heures de travail au cours des douze mois précédents la fin de contrat de travail immédiatement antérieure à la date d'épuisement du droit ouvert sur le fondement des annexes alors en vigueur, lorsque cette fin de contrat est antérieure au 1er août 2016 (Décr. préc., art. 6 et 7-I).

Art. D. 5424-51-1 (*Décr. n° 2017-1023 du 10 mai 2017, en vigueur le 1er déc. 2017*) Les dispositions des annexes mentionnées au I de l'article D. 5424-51 relatives au différé d'indemnisation et au délai d'attente ne sont pas applicables à l'allocation de professionnalisation et de solidarité.

A l'issue de la période d'indemnisation au titre de cette allocation, le reliquat éventuel de franchise prévue aux annexes mentionnées au I de l'article D. 5424-51 ne donne lieu à aucune régularisation.

Ces dispositions sont applicables aux allocataires en fin de droit à l'allocation d'assurance au 1er déc. 2017 et à toute demande d'allocation d'assurance déposée à compter de cette date (Décr. préc., art. 6).

Art. D. 5424-52 Le versement de l'allocation de professionnalisation et de solidarité cesse définitivement au titre de la même ouverture de droits dès lors que l'allocataire justifie des conditions d'attribution de l'allocation d'assurance chômage.

(*Décr. n° 2017-1023 du 10 mai 2017, en vigueur le 1er déc. 2017*) « Lorsque l'allocataire bénéficie de l'allocation de professionnalisation et de solidarité au titre du II de l'article D. 5424-51, la durée maximale de versement est de douze mois à compter :

« 1° Du lendemain de la date anniversaire prévue aux annexes mentionnées au I de l'article D. 5424-51 ;

« 2° Ou de la demande d'allocation d'assurance au titre des annexes mentionnées au I de l'article D. 5424-51.

« Lorsque l'allocataire bénéficie [de] l'allocation de professionnalisation et de solidarité au titre du III de l'article D. 5424-51, la durée maximale de versement est de six mois à compter [de] la date de fin de la période d'indemnisation ouverte au titre de la clause de rattrapage prévue aux annexes mentionnées au I de l'article D. 5424-51. »

Les dispositions issues du Décr. n° 2017-1023 du 10 mai sont applicables aux allocataires en fin de droit à l'allocation d'assurance au 1er déc. 2017 et à toute demande d'allocation d'assurance déposée à compter de cette date. Par dérogation au 1° du II de l'art. D. 5424-52, la durée maximale de versement de l'allocation de professionnalisation et de solidarité est de douze mois à compter de la date d'épuisement du droit ouvert à la suite d'une fin de contrat de travail antérieure au 1er août 2016, sur le fondement des annexes alors en vigueur (Décr. préc., art. 6 et 7-II).

Art. D. 5424-53 Bénéficie de l'allocation de fin de droits, le travailleur involontairement privé d'emploi qui :
1° A épuisé ses droits à l'allocation d'assurance mentionnée à l'article L. 5422-1 ou à l'allocation de professionnalisation et de solidarité ;
2° Ne satisfait pas à nouveau aux conditions d'attribution de l'allocation d'assurance chômage ou de l'allocation de professionnalisation et de solidarité ;
3° Justifie de 507 heures de travail selon les règles définies à l'article D. 5424-51 au cours des douze mois précédant la fin de contrat de travail immédiatement antérieure (Décr. n° 2017-1023 du 10 mai 2017, en vigueur le 1er déc. 2017) « à la date anniversaire ou à la demande d'allocation d'assurance ;
« 4° Ne remplit pas les conditions pour bénéficier de la clause de rattrapage prévue par les annexes mentionnées au I de l'article D. 5424-51. »

Les dispositions issues du Décr. n° 2017-1023 du 10 mai sont applicables aux allocataires en fin de droit à l'allocation d'assurance au 1er déc. 2017 et à toute demande d'allocation d'assurance déposée à compter de cette date. Par dérogation au 3° de l'art. D. 5424-53, bénéficie également de l'allocation de fin de droits le travailleur involontairement privé d'emploi qui justifie de 507 heures de travail selon les règles définies à l'art. D. 5424-51 au cours des douze mois précédents la fin de contrat de travail immédiatement antérieure à la date d'épuisement du droit ouvert sur le fondement des annexes alors en vigueur, lorsque cette fin de contrat est antérieure au 1er août 2016 (Décr. préc., art. 6 et 7-III).

Art. D. 5424-54 (Décr. n° 2017-1023 du 10 mai 2017, en vigueur le 1er déc. 2017) Les franchises prévues par les annexes mentionnées au I de l'article D. 5424-51 sont applicables à l'allocation de fin de droits.
A l'issue de la période d'indemnisation au titre de cette allocation, le reliquat éventuel de franchise prévue aux annexes mentionnées au I de l'article D. 5424-51 ne donne lieu à aucune régularisation.

Art. D. 5424-55 La durée de versement de l'allocation de fin de droits varie en fonction d'une ancienneté continue de prise en charge dans le régime d'assurance chômage spécifique aux artistes et techniciens du spectacle prévu à l'article L. 5424-20 ou dans le régime d'indemnisation du chômage prévu à l'article L. 5424-21 ainsi qu'au titre du fonds spécifique provisoire et du fonds transitoire, dans les conditions fixées aux articles D. 5424-58 à D. 5424-61.
Les périodes de congés de maladie ou de maternité n'interrompent pas la durée d'ancienneté. Elles ne sont pas prises en compte pour le calcul de celle-ci.
La durée d'ancienneté s'apprécie au terme du dernier contrat de travail retenu pour l'ouverture des droits à l'allocation de fin de droits. — *[Anc. art. D. 351-7, al. 1er à 3.]*

Art. D. 5424-56 Les travailleurs involontairement privés d'emploi mentionnés à l'article L. 5424-21 peuvent bénéficier :
1° D'une seule ouverture de droits au titre de l'allocation de fin de droits lorsqu'ils justifient d'une ancienneté continue inférieure à cinq ans ;
2° De deux ouvertures de droits au titre de l'allocation de fin de droits, entre la date à laquelle ils ont acquis cinq ans d'ancienneté et la date à laquelle ils acquièrent dix ans d'ancienneté lorsque :
a) Ils justifient d'une ancienneté continue comprise entre cinq ans et moins de dix ans ;
b) Ils ont été admis au bénéfice de l'allocation d'assurance mentionnée à l'article L. 5422-1 entre deux prises en charge au titre de l'allocation de fin de droits ;
3° De trois ouvertures de droits à l'allocation de fin de droits, postérieurement à la date à laquelle ils ont acquis dix ans d'ancienneté lorsque :
a) Ils justifient d'une ancienneté continue de dix ans ou plus ;
b) Ils ont été admis au bénéfice de l'allocation d'assurance mentionnée à l'article L. 5422-1 entre deux prises en charge au titre de l'allocation de fin de droits. — *[Anc. art. D. 351-7, al. 3 à 7.]*

Art. D. 5424-57 Le travailleur involontairement privé d'emploi qui a cessé de bénéficier de l'allocation de fin de droits, alors que la période d'indemnisation n'était pas épuisée, et qui n'a pas acquis de nouveaux droits au titre de l'allocation d'assurance mentionnée à l'article L. 5422-1 ou au titre de l'allocation de professionnalisation et de solidarité, bénéficie d'une reprise de ses droits à l'allocation de fin de droits dès lors que le temps écoulé depuis la date d'admission à la période d'indemnisation considérée n'est pas supérieur à la durée de cette période augmentée de trois ans de date à date. — *[Anc. art. D. 351-7, al. 8.]*

Art. D. 5424-58 Le montant journalier de l'allocation de fin de droits est fixé à 30 €. — *[Anc. art. D. 351-8, al. 1er.]*

Art. D. 5424-59 La durée d'indemnisation de l'allocation de fin de droits est de :

1° 61 jours lorsque le travailleur privé d'emploi justifie de moins de cinq ans d'ancienneté au sens de l'article D. 5424-55 ;

2° 92 jours lorsque le travailleur privé d'emploi justifie d'au moins cinq ans d'ancienneté ou plus ;

3° 182 jours lorsque le travailleur privé d'emploi justifie de dix ans d'ancienneté ou plus. — *[Anc. art. D. 351-8, al. 2 à 5.]*

Art. D. 5424-60 L'allocation de fin de droits est partiellement cumulable avec les revenus tirés d'une activité professionnelle.

Le nombre de jours indemnisables au cours d'un mois civil est égal à la différence entre le nombre de jours calendaires du mois civil concerné et le nombre de jours correspondant au montant des rémunérations brutes mensuelles divisé par cinquante. — *[Anc. art. D. 351-8, al. 6.]*

Art. D. 5424-61 Le versement de l'allocation de fin de droits cesse définitivement au titre de la même ouverture de droits dès lors que l'allocataire justifie des conditions d'attribution de l'allocation d'assurance chômage ou de l'allocation de professionnalisation et de solidarité. — *[Anc. art. D. 351-8, al. 7.]*

SOUS-SECTION 2 **Allocation de solidarité spécifique**

Art. D. 5424-62 Bénéficient de l'allocation de solidarité spécifique, dans les conditions et selon les modalités fixées aux 2° et 3° de l'article R. 5423-1 et aux articles R. 5423-12 à R. 5423-14 et R. 5425-1 :

1° Les artistes auteurs d'œuvres, mentionnés au titre V du livre VI du code de la sécurité sociale ;

2° Les artistes du spectacle qui ne sont pas réputés salariés, au sens de l'article L. 762-1, à condition qu'ils justifient d'un exercice professionnel et qu'ils aient retiré de cet exercice des moyens d'existence réguliers pendant au moins trois ans.

Pour les artistes auteurs d'œuvres, cette condition est réputée satisfaite lorsqu'ils justifient de leur affiliation au régime général de la sécurité sociale, conformément au titre V du livre VI du code de la sécurité sociale. — *[Anc. art. R. 351-22, al. 1er, 6 et 7.]*

Art. D. 5424-63 Pour bénéficier de l'allocation de solidarité spécifique, les intéressés doivent être âgés d'au moins dix-huit ans. — *[Anc. art. R. 351-23, al. 1er.]*

Art. D. 5424-64 L'allocation de solidarité spécifique est attribuée pour une période maximale de 274 jours.

A l'expiration de cette durée, de nouveaux droits peuvent être ouverts à l'intéressé s'il satisfait à nouveau aux conditions fixées par la présente sous-section. — *[Anc. art. R. 351-24.]*

SOUS-SECTION 3 **Actions en recouvrement**

Art. D. 5424-65 Par dérogation à la règle de compétence territoriale énoncée à l'article R. 5422-11, l'opposition du débiteur faisant l'objet de la contrainte mentionnée à l'article L. 5422-16 est formée auprès du tribunal dans le ressort duquel l'organisme créancier a son siège lorsque la contrainte a été délivrée pour le recouvrement de contributions et de majorations de retard dues pour l'emploi de salariés intermittents relevant des professions de la production cinématographique, de l'audiovisuel ou du spectacle. — *[Anc. art. R. 351-5-1, al. 4.]*

DEMANDEUR D'EMPLOI   **Art. R. 5424-70** 2845

SOUS-SECTION 4 Composition et fonctionnement du comité d'expertise sur les règles spécifiques applicables en matière d'indemnisation des artistes et des techniciens intermittents du spectacle

(Décr. n° 2015-1889 du 30 déc. 2015)

Art. D. 5424-66 Le comité d'expertise est composé :
1° Du directeur de l'animation de la recherche, des études et des statistiques du ministère en charge de l'emploi ou de son représentant ;
2° Du chef du département des études, de la prospective et des statistiques du ministère en charge de la culture ou de son représentant ;
3° Du directeur des statistiques, des études et de l'évaluation de Pôle emploi *[France Travail depuis le 1ᵉʳ janv. 2024]* ou de son représentant ;
4° Du directeur des études et analyses de l'organisme chargé de la gestion du régime d'assurance chômage mentionné à l'article L. 5427-1 ou de son représentant ;
5° De quatre personnalités qualifiées nommées par arrêté conjoint du ministre chargé de l'emploi et du ministre chargé de la culture.
Le président du comité d'expertise est désigné par l'arrêté mentionné au 5° parmi les quatre personnalités qualifiées qui y siègent.
Le mandat des personnalités qualifiées prend fin neuf mois avant la fin de validité des accords prévus à l'article L. 5422-20. Toute vacance ou perte de qualité au titre de laquelle elles ont été désignées donne lieu à remplacement pour la durée du mandat restant à courir.

Art. D. 5424-67 Le comité d'expertise se réunit sur convocation de son président.
Le secrétariat du comité d'expertise est conjointement assuré par le ministère chargé de l'emploi et le ministère chargé de la culture.
Le comité d'expertise adopte un règlement intérieur.
Les membres du comité d'expertise sont tenus au respect de la confidentialité sur les informations qui leur sont transmises et sur les délibérations du comité.

Art. D. 5424-68 Le comité est saisi dans les conditions prévues au II de l'article L. 5424-23. Il transmet le résultat de son évaluation à l'organisation qui l'a saisi. Cette dernière peut communiquer le résultat de cette évaluation.
Le délai prévu au III de l'article L. 5424-23 est fixé à vingt jours à compter de la réception de l'accord par le président du comité d'expertise. Le résultat de l'évaluation de l'accord est rendu public par le président du comité d'expertise.
Les informations mentionnées au IV de l'article L. 5424-23 du code du travail sont transmises par Pôle emploi *[France Travail depuis le 1ᵉʳ janv. 2024]* et l'organisme chargé de la gestion de l'assurance chômage mentionné à l'article L. 5427-1 au comité d'expertise dans les formes et délais que ce dernier précise.

Art. D. 5424-69 Les personnalités qualifiées qui n'ont pas la qualité de fonctionnaire ou d'agent de l'État bénéficient du remboursement de leurs frais de déplacement dans les conditions prévues par le décret n° 66-619 du 10 août 1966.

SECTION 4 Allocation des travailleurs indépendants

(Décr. n° 2019-796 du 26 juill. 2019, art. 2, en vigueur le 1ᵉʳ nov. 2019)

SOUS-SECTION 1 Conditions d'attribution

Art. R. 5424-70 Pour bénéficier de l'allocation des travailleurs indépendants, les personnes mentionnées à l'article L. 5424-24 :
1° Justifient d'une activité non salariée pendant une période minimale ininterrompue de deux ans au titre d'une seule et même entreprise, dont le terme est la date du fait générateur d'ouverture du droit prévu à l'article L. 5424-25.
Les personnes mentionnées à l'article L. 382-1 du code de la sécurité sociale sont réputées remplir cette condition lorsqu'elles justifient d'une affiliation au régime général de sécurité sociale dans les conditions prévues aux articles L. 382-1 et R. 382-1 du code de la sécurité sociale pendant une période minimale de deux ans dont le terme est la date du fait générateur d'ouverture du droit prévu à l'article L. 5424-25 ;

2° Sont effectivement à la recherche d'un emploi au sens de l'article L. 5421-3 ;

3° Justifient, au titre de l'activité non salariée mentionnée à l'article L. 5424-25, de revenus antérieurs d'activité égaux ou supérieurs à 10 000 euros *(Décr. n° 2022-450 du 30 mars 2022, art. 1er, en vigueur le 1er avr. 2022)* « calculés sur une période de référence définie au II de l'article R. 5424-71 » ;

4° Justifient d'autres ressources prévues à l'article R. 5424-72 inférieures au montant forfaitaire mensuel mentionné à l'article L. 262-2 du code de l'action sociale et des familles, applicable à un foyer composé d'une personne seule.

Ces dispositions sont applicables aux travailleurs indépendants dont l'entreprise fait l'objet d'un jugement d'ouverture de liquidation judiciaire ou d'une procédure de redressement judiciaire, prononcé ou engagée conformément à l'art. L. 5424-25 à compter du 1er nov. 2019 (Décr. n° 2019-796 du 26 juill. 2019, art. 8-II).

Les dispositions issues du Décr. n° 2022-450 du 30 mars 2022 sont applicables aux demandes déposées à partir du 1er avr. 2022 remplissant les conditions d'ouverture du droit prévu à l'art. L. 5424-25 à compter de cette même date (Décr. préc., art. 5).

Art. R. 5424-71 *(Décr. n° 2022-450 du 30 mars 2022, art. 1er, en vigueur le 1er 2022)* « I. — » Pour l'application de la condition de revenus antérieurs d'activité mentionnée au 3° de l'article R. 5424-70, sont pris en compte les revenus déclarés par le travailleur indépendant à l'administration fiscale au titre de l'impôt sur le revenu et correspondant à l'activité non salariée mentionnée à l'article L. 5424-25.

S'agissant des travailleurs indépendants relevant des régimes d'imposition prévus aux articles 50-0 *ter* et 102 *ter* du code général des impôts, sont pris en compte les chiffres d'affaires ou recettes déclarés, diminués des abattements mentionnés aux mêmes articles. S'agissant des travailleurs indépendants soumis au régime d'imposition défini à l'article 64 *bis* du code général des impôts, sont prises en compte les recettes de l'année d'imposition diminuées de l'abattement mentionné au même article.

S'agissant des personnes mentionnées à l'article L. 382-1 du code de la sécurité sociale soumises au régime de la déclaration contrôlée et qui exercent l'option de l'article 100 *bis* du code général des impôts, est prise en compte la moyenne des recettes de l'année de l'imposition et des deux années précédentes diminuée de la moyenne des dépenses de ces mêmes années.

S'agissant des personnes mentionnées à l'article L. 382-1 du code de la sécurité sociale relevant du régime d'imposition prévu au 9 de l'article 93 du code général des impôts, sont pris en compte leurs bénéfices, diminués de l'abattement mentionné au même article.

(Décr. n° 2022-450 du 30 mars 2022, art. 1er, en vigueur le 1er avr. 2022) « II. — La condition de revenus antérieurs d'activité s'apprécie au titre de :

« 1° L'année civile ayant donné lieu aux revenus les plus élevés, lorsque les deux dernières déclarations fiscales correspondent à deux années complètes d'activité ;

« 2° L'année civile ayant fait l'objet de la dernière déclaration fiscale correspondant à une année complète d'activité, lorsqu'une seule déclaration fiscale correspondant à une année complète d'activité est disponible ;

« 3° L'année civile ayant fait l'objet de la dernière déclaration fiscale sur la base des revenus recalculés pour correspondre à une année complète d'activité, lorsqu'aucune déclaration fiscale correspondant à une année complète d'activité n'est disponible. »

V. ndlr ss. art. R. 5424-70.

Art. R. 5424-71-1 *(Décr. n° 2022-450 du 30 mars 2022, art. 2, en vigueur le 1er avr. 2022)* Pour l'application de la deuxième phrase du 1° de l'article L. 5424-27, le montant moyen mensuel des revenus issus de l'activité indépendante mentionnée au 1° de l'article R. 5424-70 est déterminé :

1° En divisant par vingt-quatre les revenus correspondant à cette activité mentionnés dans les deux déclarations fiscales présentées pour l'appréciation de la condition de revenu prévue à l'article R. 5424-71 ;

2° Lorsque les déclarations fiscales mentionnées au 1° ne permettent pas de justifier de vingt-quatre mois de revenus issus de l'activité indépendante, le travailleur indépendant atteste sur l'honneur des revenus issus de l'activité non salariée perçus pour les

DEMANDEUR D'EMPLOI **Art. R. 5424-72-2** 2847

mois manquants tels qu'ils doivent être déclarés à l'administration fiscale pour le calcul de l'impôt sur le revenu.

V. ndlr ss. art. R. 5424-70.

Art. R. 5424-72 Les ressources prises en considération pour l'application du plafond prévu au 4° de l'article R. 5424-70 comprennent l'ensemble des revenus de l'intéressé déclarés à l'administration fiscale pour le calcul de l'impôt sur le revenu, à l'exception des revenus déclarés au titre de l'activité non salariée mentionnée à l'article L. 5424-25, de l'allocation d'assurance et de l'allocation de solidarité spécifique, et avant déduction des divers abattements.

Le montant pris en compte est le douzième du total des ressources perçues pendant les douze mois précédant celui au cours duquel la demande a été présentée.

Les ressources perçues hors du territoire national sont prises en compte comme si elles avaient été perçues sur ce territoire.

V. ndlr ss. art. R. 5424-70.

Art. R. 5424-72-1 (Décr. n° 2022-450 du 30 mars 2022, art. 3, en vigueur le 1er avr. 2022) Le tiers de confiance chargé d'attester du caractère non viable de l'activité mentionné au 3° de l'article L. 5424-25 peut être, au choix du travailleur indépendant :
— un expert-comptable ;
— une personne habilitée d'un établissement du réseau consulaire du secteur d'activité dont relève le travailleur indépendant.

V. ndlr ss. art. R. 5424-70.

Art. R. 5424-72-2 (Décr. n° 2022-450 du 30 mars 2022, art. 1er, en vigueur le 1er avr. 2022) I. — Le caractère non viable de l'activité mentionné au 3° de l'article L. 5424-25 correspond à une baisse d'au moins 30 % des revenus déclarés par le travailleur indépendant au titre de l'impôt sur le revenu correspondant à l'activité non salariée mentionnée au 1° de l'article R. 5424-70.

La baisse des revenus d'activité correspondant à l'activité non salariée s'apprécie de la manière suivante :

1° Lorsque les deux dernières déclarations fiscales au titre de l'impôt sur le revenu précédant le fait générateur mentionné au 3° de l'article L. 5424-25 sont disponibles, sur le fondement des revenus correspondant à l'activité non salariée figurant dans ces deux déclarations. En cas d'année incomplète d'activité, les revenus sont recalculés à partir des derniers revenus déclarés disponibles relatifs à cette activité pour correspondre à une année complète d'activité ;

2° Lorsqu'une seule déclaration fiscale au titre de l'impôt sur le revenu est disponible au titre des deux années précédant le fait générateur mentionné au 3° de l'article L. 5424-25, sur le fondement des revenus correspondant à l'activité non salariée figurant sur cette déclaration ainsi que le revenu retenu au titre de l'impôt sur le revenu calculé à partir du bilan comptable de l'année pour laquelle la déclaration est manquante ou, pour les travailleurs indépendants relevant de l'un des régimes forfaitaires d'imposition mentionnés au deuxième alinéa de l'article R. 5424-71, le revenu fiscal déterminé à partir des déclarations de chiffre d'affaires ou de recettes. En cas d'année incomplète d'activité ou d'exercice comptable ne correspondant pas à l'année civile, les revenus sont recalculés à partir des derniers revenus disponibles pour correspondre à une année civile complète d'activité ;

3° Lorsque les déclarations fiscales mentionnées au 1° ne permettent pas d'attester de la baisse d'au moins 30 % des revenus survenue au moins l'année du fait générateur mentionné au 3° de l'article L. 5424-25, sur le fondement de la déclaration fiscale de l'année précédant le fait générateur mentionné au 3° de l'article L. 5424-25 ainsi que sur le revenu retenu au titre de l'impôt sur le revenu calculé à partir du bilan comptable de l'année du fait générateur ou, pour les travailleurs indépendants relevant de l'un des régimes forfaitaires d'imposition mentionnés au deuxième alinéa de l'article R. 5424-71, le revenu fiscal déterminé à partir des déclarations de chiffre d'affaires ou de recettes. En cas d'année incomplète d'activité ou d'exercice comptable ne correspondant pas à l'année civile, les revenus sont recalculés à partir des derniers revenus déclarés disponibles pour correspondre à une année civile complète d'activité.

II. – Pour les travailleurs indépendants dont l'activité est soumise au régime de l'impôt sur les sociétés, les critères d'activité non viable sont une baisse de revenu d'au moins 30 % appréciée dans les conditions mentionnées aux 1° à 3° et une stabilité ou une baisse du résultat de la société sur la période retenue pour apprécier la baisse du revenu correspondant à l'activité non salarié.

III. – Le tiers de confiance mentionné à l'article R. 5424-72-1 remet au travailleur indépendant un document attestant du caractère non viable de l'activité tel que défini aux I et II, comprenant les informations suivantes :
– nom et prénom du travailleur indépendant ;
– numéro SIRET de l'entreprise ;
– mention de l'affiliation à la sécurité sociale en tant que travailleur non salarié ;
– durée totale de l'activité non salariée mentionnée au 1° de l'article R. 5424-70 ;
– montant des revenus d'activité par année perçus au titre de l'activité non salariée déterminés dans les conditions prévues aux 1° à 3° du I en indiquant le cas échéant le montant du revenu d'activité qui a servi pour recalculer le revenu d'activité sur une année entière ;
– baisse du revenu d'activité en montant et en pourcentage ;
– le cas échéant, le résultat fiscal de la société pour les deux derniers exercices retenus pour l'appréciation du caractère de non-viabilité de l'activité.
Une copie de la déclaration de cessation d'activité est jointe à cette attestation lors du dépôt de la demande en paiement de l'allocation.

V. ndlr ss. art. R. 5424-70.

Art. R. 5424-73 Les droits à l'allocation des travailleurs indépendants sont ouverts à compter de la fin d'activité non salariée, qui doit se situer dans un délai de 12 mois précédant la veille de l'inscription comme demandeur d'emploi ou, le cas échéant, le premier jour du mois au cours duquel la demande d'allocation a été déposée.

V. ndlr ss. art. R. 5424-70.

SOUS-SECTION 2 **Détermination du montant et de la durée de l'allocation et versement de l'allocation**

(Décr. n° 2019-976 du 20 sept. 2019, art. 1er, en vigueur le 1er nov. 2019)

Art. D. 5424-74 (Décr. n° 2022-451 du 30 mars 2022, en vigueur le 1er avr. 2022) I. – En métropole, en Guadeloupe, en Guyane, en Martinique, à La Réunion, à Saint-Barthélemy, à Saint-Martin et à Saint-Pierre-et-Miquelon :

1° Le montant forfaitaire de l'allocation des travailleurs indépendants mentionné à la première phrase du 1° de l'article L. 5424-27 est fixé à 26,30 euros par jour.

2° Le montant minimum mentionné à la deuxième phrase du même 1° de l'article L. 5424-27 est de 19,73 euros par jour.

II. – A Mayotte, le montant forfaitaire et le montant minimum mentionnés aux 1° et 2° du I sont fixés respectivement à 19,73 euros et 13,15 euros par jour.

Art. D. 5424-75 L'allocation des travailleurs indépendants mentionnée à l'article L. 5424-25 est attribuée pour une période de cent quatre-vingt-deux jours calendaires.

Art. D. 5424-76 La période mentionnée à l'article D. 5424-75 court à compter de la date d'inscription sur la liste des demandeurs d'emploi ou, lorsque la personne est déjà inscrite sur cette liste, de la date du premier jour du mois au cours duquel la demande d'allocation a été déposée.

CHAPITRE V MAINTIEN DES DROITS AU REVENU DE REMPLACEMENT DU DEMANDEUR INDEMNISÉ

SECTION 1 **Cumul d'un revenu de remplacement avec d'autres revenus**

SOUS-SECTION 1 **Exercice d'une activité professionnelle**

Art. R. 5425-1 L'exercice d'une activité professionnelle ou le fait de suivre une formation rémunérée ne fait pas obstacle à la reprise du versement (Décr. n° 2017-826 du

5 mai 2017, art. 2, en vigueur le 1er sept. 2017) « de l'allocation de solidarité spécifique » (Décr. n° 2019-796 du 26 juill. 2019, art. 2, en vigueur le 1er nov. 2019) « ou de l'allocation des travailleurs indépendants ».

« S'agissant de l'allocation de solidarité spécifique », ce versement ne peut être réalisé qu'à l'expiration des droits éventuels aux allocations d'assurance chômage et à la condition qu'il n'intervienne pas plus de quatre ans après la date d'admission à l'allocation considérée ou la date de son dernier renouvellement.

(Décr. n° 2019-796 du 26 juill. 2019, art. 2, en vigueur le 1er nov. 2019) « S'agissant de l'allocation des travailleurs indépendants, ce versement ne peut être réalisé qu'à la condition qu'il intervienne dans un délai de trois ans à compter de la date d'admission à l'allocation, augmenté de la durée d'indemnisation initialement notifiée. »

V. ndlr ss. art. R. 5424-70.

Art. R. 5425-2 (Décr. n° 2017-826 du 5 mai 2017, en vigueur le 1er sept. 2017) Lorsque le bénéficiaire de l'allocation de solidarité spécifique reprend une activité professionnelle salariée ou non salariée, la rémunération tirée de l'exercice de cette activité est intégralement cumulée avec le versement de l'allocation de solidarité spécifique pendant une période de trois mois, consécutifs ou non, dans la limite des droits aux allocations restants.

Tout mois civil au cours duquel une activité même occasionnelle ou réduite a été exercée est pris en compte pour le calcul de cette période.

Art. R. 5425-3 (Abrogé par Décr. n° 2017-826 du 5 mai 2017, art. 2, à compter du 1er sept. 2017) *Pendant les six premiers mois d'activité professionnelle, le nombre des allocations journalières est réduit jusqu'à sa suppression éventuelle dans la proportion de 40 % du quotient, lorsqu'il est positif, par le montant journalier de l'allocation, de la rémunération brute perçue, diminuée d'un montant égal à la moitié du produit du salaire minimum de croissance par le nombre d'heures correspondant à la durée légale du travail.*

Du septième au douzième mois civil suivant d'activité professionnelle, le nombre des allocations journalières est réduit dans la proportion de 40 % du quotient, par le montant journalier de l'allocation, de la rémunération brute perçue.

Art. R. 5425-4 (Abrogé par Décr. n° 2017-826 du 5 mai 2017, art. 2, à compter du 1er sept. 2017) *Lorsque le bénéficiaire de l'allocation de solidarité spécifique reprend une activité professionnelle salariée d'une durée de travail au moins égale à soixante-dix-huit heures par mois ou une activité professionnelle non salariée, le nombre des allocations journalières n'est pas réduit pendant les trois premiers mois d'activité professionnelle.*

Du quatrième au douzième mois d'activité professionnelle, le montant de l'allocation est diminué des revenus d'activité perçus par le bénéficiaire.

Il perçoit mensuellement la prime forfaitaire pour reprise d'activité d'un montant de 150 €.

Pour la détermination de la durée de travail, il est tenu compte, le cas échéant, des différents contrats de travail conclus par l'intéressé au cours de la période considérée.

La liste des justificatifs exigés, le cas échéant pour chaque mois d'activité professionnelle, pour le bénéfice de la prime forfaitaire est fixée par arrêté conjoint des ministres chargés de la solidarité et de l'emploi.

Art. R. 5425-5 (Abrogé par Décr. n° 2017-826 du 5 mai 2017, art. 2, à compter du 1er sept. 2017) *Lorsque, au terme de la période de versement prévue aux articles R. 5425-2 à R. 5425-4, le nombre total des heures d'activité professionnelle n'atteint pas sept cent cinquante heures, le bénéfice de ces dispositions est maintenu à l'allocataire qui exerce une activité professionnelle jusqu'à ce qu'il atteigne ce plafond des sept cent cinquante heures.*

Art. R. 5425-6 Lorsque le bénéficiaire (Décr. n° 2017-826 du 5 mai 2017, art. 2, en vigueur le 1er sept. 2017) « de l'allocation de solidarité spécifique » interrompt son activité professionnelle pendant une durée minimale de (Décr. n° 2017-826 du 5 mai 2017, art. 2, en vigueur le 1er sept. 2017) « trois » mois, il peut bénéficier à nouveau et dans leur intégralité des dispositions de la présente sous-section.

Art. R. 5425-7 Lorsque le bénéficiaire (Décr. n° 2017-826 du 5 mai 2017, art. 2, en vigueur le 1er sept. 2017) « de l'allocation de solidarité spécifique » cesse son activité pendant ou au terme de la période de versement de l'allocation, il n'est pas fait application du délai de quatre ans institué à l'article R. 5425-1 s'il sollicite la reprise du versement de l'allocation dont il bénéficiait avant la fin du mois suivant la cessation d'activité.

Art. R. 5425-8 Les revenus procurés par les activités professionnelles mentionnées aux articles *(Décr. n° 2017-826 du 5 mai 2017, art. 2, en vigueur le 1er sept. 2017)* « R. 5425-2, R. 5425-6 et R. 5425-7 » sont pris en compte pour l'application des conditions de ressources prévues pour le bénéfice de l'allocation de solidarité spécifique.

SOUS-SECTION 2 **Bénéficiaires d'un contrat d'insertion par l'activité**

(Décr. n° 2009-1442 du 25 nov. 2009)

Dans les départements d'outre-mer et les collectivités de Saint-Barthélemy, Saint-Martin et Saint-Pierre-et-Miquelon, ces dispositions entrent en vigueur dans les conditions prévues à l'art. 29 de la L. n° 2008-1249 du 1er déc. 2008 (Décr. n° 2009-1442 du 25 nov. 2009).

Art. R. 5425-9 Par dérogation aux dispositions de la sous-section 1, le bénéficiaire du contrat d'insertion par l'activité mentionné à l'article L. 522-8 du code de l'action sociale et des familles peut cumuler la rémunération perçue au titre de ce contrat avec le versement *(Abrogé par Décr. n° 2017-826 du 5 mai 2017, art. 3, à compter du 1er sept. 2017)* « de l'allocation temporaire d'attente et » de l'allocation de solidarité spécifique pendant toute la durée de ce contrat. Le nombre des allocations journalières est réduit à proportion de 60 % du quotient, par le montant journalier de l'allocation, de la rémunération brute perçue.

Art. R. 5425-10 Les revenus procurés par les activités professionnelles mentionnées à l'article R. 5425-9 sont pris en compte pour l'application des conditions de ressources prévues pour le bénéfice *(Abrogé par Décr. n° 2017-826 du 5 mai 2017, art. 3, à compter du 1er sept. 2017)* « de l'allocation temporaire d'attente et » de l'allocation de solidarité spécifique.

SECTION 2 *[ABROGÉE]* **Prime forfaitaire pour reprise d'activité**

(Abrogée par Décr. n° 2017-826 du 5 mai 2017, art. 2-II, à compter du 1er sept. 2017)

Art. R. 5425-14 *La prime forfaitaire pour reprise d'activité prévue à l'article L. 5425-3 est versée par (Décr. n° 2014-524 du 22 mai 2014, art. 16-II)* « Pôle emploi ».

Art. R. 5425-15 *Le délai dans lequel la demande de paiement de la prime forfaitaire pour reprise d'activité doit être présentée est fixé à deux ans à compter du jour où les personnes intéressées remplissent l'ensemble des conditions exigées pour pouvoir prétendre au bénéfice de la prime forfaitaire pour reprise d'activité.*

Art. R. 5425-16 *Lorsque la condition de ressources est applicable aux bénéficiaires, les allocations mentionnées aux articles R. 5423-12 et R. 5423-28 ne sont pas versées si le montant mensuel dû est inférieur au taux journalier de ces allocations.*

Art. R. 5425-17 *Abrogé par Décr. n° 2012-1066 du 18 sept. 2012, art. 2.*

Art. R. 5425-18 *Abrogé par Décr. n° 2008-1010 du 29 sept. 2008.*

SECTION 3 **Exercice d'une activité d'intérêt général**

Art. R. 5425-19 Le travailleur *(Abrogé par Décr. n° 2019-796 du 26 juill. 2019, art. 1er, à compter du 1er nov. 2019)* « involontairement » privé d'emploi bénéficiaire du revenu de remplacement peut accomplir des tâches d'intérêt général prévues à l'article L. 5425-9 pendant une durée maximale de cinquante heures par mois lorsque les tâches en question donnent lieu à une rémunération et de quatre-vingts heures par mois dans le cas contraire.

La durée pendant laquelle le travailleur peut participer à des tâches d'intérêt général ne peut excéder six mois.

Art. R. 5425-20 Sont réputées tâches d'intérêt général les tâches qui, sur proposition d'une collectivité publique ou d'un organisme privé à but non lucratif, ont fait l'objet d'un agrément par le préfet du département dans le ressort duquel se trouve la collectivité publique ou le siège de l'organisme intéressé.

La décision fixe la durée de l'agrément ainsi que les conditions dans lesquelles sont accomplies les tâches d'intérêt général qui font l'objet de cet agrément. − *[Anc. art. R. 351-40.]*

CHAPITRE VI **CONTRÔLE ET SANCTIONS**

BIBL. ▶ Malfettes, *RDT 2019*. 185 ⌀ (le nouveau barème de sanctions des demandeurs d'emploi).

SECTION 1 **Agents chargés du contrôle de la condition d'aptitude au travail et de recherche d'emploi**

Art. R. 5426-1 Le contrôle de la condition d'aptitude au travail prévu à l'article L. 5421-1 relève de la compétence du préfet. − *[Anc. art. R. 351-29, phrase 2.]*

Art. R. 5426-2 Les agents chargés des opérations de contrôle peuvent se faire communiquer par *(Décr. n° 2014-524 du 22 mai 2014, art. 16-III)* « Pôle emploi » *[France Travail depuis le 1ᵉʳ janv. 2024]* tous documents et informations nécessaires à l'accomplissement de leur mission de contrôle. − *[Anc. art. R. 351-30.]*

SECTION 1 *BIS* **Dispositions particulières applicables aux bénéficiaires de l'allocation d'assurance à la suite d'une démission**

(Décr. n° 2019-796 du 26 juill. 2019, art. 1ᵉʳ)

Art. R. 5426-2-1 Le motif de radiation mentionné au *f* du 3° de l'article L. 5412-1 ne peut être invoqué par Pôle emploi *[France Travail depuis le 1ᵉʳ janv. 2024]* que dans le cadre du contrôle mentionné au II de l'article L. 5426-1-2.

SECTION 2 **Suppression du revenu de remplacement** *(Décr. n° 2018-1335 du 28 déc. 2018, art. 4).*

Art. R. 5426-3 *(Décr. n° 2022-199 du 18 févr. 2022, art. 2)* « I. − » *(Décr. n° 2018-1335 du 28 déc. 2018, art. 4)* Le directeur mentionné à l'article R. 5312-26 supprime le revenu de remplacement mentionné à l'article L. 5421-1 pour une durée limitée ou définitivement selon les modalités suivantes :

1° En cas de deuxième manquement mentionné au *c* du 3° de l'article L. 5412-1, il supprime le revenu de remplacement pour une durée de deux mois consécutifs. A partir du troisième manquement, le revenu de remplacement est supprimé pour une durée de quatre mois consécutifs ;

2° En cas de manquement mentionné aux 1°, 2° et *a*, *b*, *d*, et *e* du 3° de l'article précité, il supprime le revenu de remplacement pour une durée d'un mois. En cas de deuxième manquement au sein de ce groupe de manquements, le revenu de remplacement est supprimé pour une durée de deux mois consécutifs. A partir du troisième manquement au sein de ce groupe de manquements, le revenu de remplacement est supprimé pour une durée de quatre mois consécutifs ;
(Décr. n° 2019-796 du 26 juill. 2019, art. 1ᵉʳ) « 2° *bis* En cas de manquement mentionné au *f* du 3° de l'article précité, il supprime le revenu de remplacement pour une durée de quatre mois consécutifs ; »

3° En cas de manquement mentionné à l'article L. 5412-2 et, en application du deuxième alinéa de l'article L. 5426-2, en cas d'absence de déclaration, ou de déclaration mensongère du demandeur d'emploi, faites en vue de percevoir indûment le revenu de remplacement, il supprime ce revenu de façon définitive. Toutefois, lorsque ce manquement est lié à une activité non déclarée d'une durée très brève, le revenu de remplacement est supprimé, en cas de premier manquement, pour une durée de deux à six mois et, en cas de manquements répétés, de façon définitive.

L'appréciation du caractère répété des manquements tient compte des nouveaux manquements constatés dans un délai de deux ans à compter du jour de la notification de la décision de radiation ou de suppression du revenu de remplacement concernant le premier manquement.

(Décr. n° 2022-199 du 18 févr. 2022, art. 2, en vigueur le 1ᵉʳ mars 2022) « II. − Par dérogation aux 1°, 2° et 2° *bis* du I, lorsque le demandeur d'emploi est bénéficiaire du

contrat d'engagement jeune mentionné à l'article L. 5131-6, le revenu de remplacement mentionné à l'article L. 5421-1 est supprimé dans les conditions prévues à l'article R. 5131-18 ».

Sur la légalité des mesures réglementaires prises pour assurer le respect de l'obligation de recherche d'emploi, V. • CE 28 déc. 1992 : ⚖ *Dr. soc. 1993. 376, concl. de Froment* ⬩ ; *RJS 1993. 182, n° 298*.

Art. R. 5426-4 et R. 5426-5 *Abrogés par Décr. n° 2008-1056 du 13 oct. 2008.*

Art. R. 5426-6 *(Abrogé par Décr. n° 2018-1335 du 28 déc. 2018, art. 4) Lorsque les agents chargés du contrôle de la recherche d'emploi constatent l'un des manquements prévus (Décr. n° 2008-1056 du 13 oct. 2008)* « *à l'article R. 5426-3* », *ils le signalent sans délai au préfet, sans préjudice de l'exercice du pouvoir de radiation (Décr. n° 2008-1056 du 13 oct. 2008)* « *du directeur général* » *de (Décr. n° 2014-524 du 22 mai 2014, art. 16-III)* « *Pôle emploi* » *(Décr. n° 2008-1056 du 13 oct. 2008)* « *ou de la personne qu'il désigne en son sein* » *prévu à l'article R. 5412-1.*

Ce signalement comporte les éléments de fait et de droit de nature à justifier le constat réalisé.

Art. R. 5426-7 *(Abrogé par Décr. n° 2018-1335 du 28 déc. 2018, art. 4) A la suite du signalement d'un manquement et, sous réserve des dispositions de l'article R. 5426-10, le préfet se prononce dans un délai de trente jours à compter de la réception d'un dossier complet.*

Il fait connaître (Décr. n° 2008-1056 du 13 oct. 2008) « *à (Décr. n° 2014-524 du 22 mai 2014, art. 16-II)* « *Pôle emploi* » *les suites données à ses* » *signalements.*

Art. R. 5426-8 *(Décr. n° 2018-1335 du 28 déc. 2018, art. 4) Lorsqu'il envisage de prendre une décision de suppression du revenu de remplacement, le directeur mentionné à l'article R. 5312-26 informe préalablement l'intéressé par tout moyen donnant date certaine des faits qui lui sont reprochés et de la durée de la suppression envisagée, en lui indiquant qu'il dispose d'un délai de dix jours pour présenter des observations écrites ou, s'il le souhaite, pour demander à être entendu, le cas échéant[,] assisté d'une personne de son choix.*

Art. R. 5426-9 *(Abrogé par Décr. n° 2018-1335 du 28 déc. 2018, art. 4) (Décr. n° 2008-1056 du 13 oct. 2008) La commission chargée de donner un avis sur le projet d'une décision de suppression du revenu de remplacement est composée :*

1° D'un représentant de l'État ;

2° De deux membres titulaires ou suppléants de l'instance paritaire mentionnée à l'article L. 5312-10, proposés par celle-ci ;

3° D'un représentant de (Décr. n° 2014-524 du 22 mai 2014, art. 16-II) « *Pôle emploi* »*. Ce dernier assure le secrétariat de cette commission.*

Les membres de cette commission sont nommés par arrêté du préfet.

Pour chacun d'entre eux, un suppléant, chargé de le remplacer en cas d'empêchement, est désigné dans les mêmes conditions.

Art. R. 5426-10 *(Décr. n° 2018-1335 du 28 déc. 2018, art. 4) Le directeur mentionné à l'article R. 5312-26 se prononce dans un délai de quinze jours à compter de l'expiration du délai de dix jours dans lequel l'intéressé peut présenter des observations écrites ou, si l'intéressé demande à être entendu, à compter de la date de l'audition.*

La décision, notifiée à l'intéressé, est motivée. Elle indique la durée de la suppression et mentionne les voies et délais de recours.

Art. R. 5426-11 *(Décr. n° 2008-1056 du 13 oct. 2008)* « *Le demandeur d'emploi intéressé* » *(Décr. n° 2022-433 du 25 mars 2022, art. 5, en vigueur le 1ᵉʳ juill. 2022)* « *engage, lorsqu'il entend contester la décision de suppression du revenu de remplacement, une médiation auprès du médiateur régional de Pôle emploi [France Travail depuis le 1ᵉʳ janv. 2024] dans les conditions prévues aux articles R. 213-10 à R. 213-13 du code de justice administrative* ».

Les dispositions issues du Décr. n° 2022-433 du 25 mars 2022 sont applicables aux recours contentieux susceptibles d'être présentés à l'encontre des décisions intervenues à compter du 1ᵉʳ juill. 2022 (Décr. préc., art. 6).

DEMANDEUR D'EMPLOI   **Art. R. 5426-19** 2853

La légalité de la décision prise par le préfet doit s'apprécier compte tenu des éléments d'appréciation dont disposait le préfet au moment où il a statué sur ce recours. • CE 11 mars 1994 : ⚖ *RJS 1994. 368, n° 591.*

Art. R. 5426-12 *Abrogé par Décr. n° 2008-1056 du 13 oct. 2008.*

Art. R. 5426-13 *(Abrogé par Décr. n° 2018-1335 du 28 déc. 2018, art. 4) Le silence gardé pendant plus de quatre mois sur un recours gracieux préalable vaut décision de rejet.*

Art. R. 5426-14 *(Abrogé par Décr. n° 2018-1335 du 28 déc. 2018, art. 4) La décision prise sur recours gracieux peut faire l'objet d'un recours devant le préfet de région.*

SECTION 3   **Pénalité administrative**

Art. R. 5426-15 Le *(Décr. n° 2018-1335 du 28 déc. 2018, art. 5)* « directeur mentionné à l'article R. 5312-26 » peut prononcer pour des faits présentant un caractère délibéré et selon les modalités fixées par l'article L. 5426-9 et suivants, la pénalité prévue à cet article *(Abrogé par Décr. n° 2018-1335 du 28 déc. 2018, art. 5, à compter du 1er janv. 2019)* « *, après avis de la commission mentionnée à l'article « R. 5426-9 ».*

Lorsqu'il envisage de prononcer cette pénalité, il informe préalablement par écrit *(Décr. n° 2018-1335 du 28 déc. 2018, art. 5)* « l'intéressé » des faits qui lui sont reprochés et de la pénalité envisagée, en lui indiquant qu'il dispose d'un délai d'un mois pour présenter *(Décr. n° 2018-1335 du 28 déc. 2018, art. 5)* « des » observations écrites ou pour demander à être entendu *(Abrogé par Décr. n° 2018-1335 du 28 déc. 2018, art. 5)* « *par la commission mentionnée au premier alinéa* », le cas échéant assisté d'une personne de son choix.

Art. R. 5426-16 *(Abrogé par Décr. n° 2018-1335 du 28 déc. 2018, art. 5) La commission émet son avis dans un délai de trente jours à compter de la réception du dossier complet.*
Si elle ne s'est pas prononcée au terme de ce délai, son avis est réputé rendu.

Art. R. 5426-17 *(Décr. n° 2018-1335 du 28 déc. 2018, art. 5)* Le directeur mentionné à l'article R. 5312-26 se prononce par tout moyen donnant date certaine dans un délai de quinze jours à compter de l'expiration du délai d'un mois dans lequel l'intéressé peut présenter des observations écrites ou, si l'intéressé demande à être entendu, à compter de la date de l'audition.

La décision, notifiée à l'intéressé, est motivée. Elle indique le montant de la pénalité et mentionne les voies et délais de recours.

Art. R. 5426-17-1 *(Décr. n° 2018-1335 du 28 déc. 2018, art. 5)* Le demandeur d'emploi intéressé *(Décr. n° 2022-433 du 25 mars 2022, art. 5, en vigueur le 1er juill. 2022)* « engage, lorsqu'il entend contester la décision de pénalité administrative, une médiation auprès du médiateur régional de Pôle emploi *[France Travail depuis le 1er janv. 2024]* dans les conditions prévues aux articles R. 213-10 à R. 213-13 du code de justice administrative ».

V. ndlr ss. art. R. 5426-11.

SECTION 4   **Répétition des prestations indues et recouvrement de la pénalité administrative** *(Décr. n° 2018-1335 du 28 déc. 2018, art. 6).*

(Décr. n° 2012-1066 du 18 sept. 2012, art. 1er)

Art. R. 5426-18 *(Décr. n° 2014-524 du 22 mai 2014, art. 16-IV)* « Pôle emploi » *[France Travail depuis le 1er janv. 2024]* peut, si le débiteur n'en conteste pas le caractère indu, procéder au recouvrement par retenue des paiements indus mentionnés à l'article L. 5426-8-1 sur les prestations à venir, dans la limite de 20 % de leur montant pour celles prévues *(Décr. n° 2017-826 du 5 mai 2017, art. 3)* « à l'article L. 5423-1 ».

Art. R. 5426-19 Le débiteur qui conteste le caractère indu des prestations *(Décr. n° 2022-433 du 25 mars 2022, art. 5, en vigueur le 1er juill. 2022)* « mentionnées aux articles L. 5422-1 et L. 5424-25 » qui lui sont réclamées forme un recours gracieux préalable devant le directeur général de *(Décr. n° 2014-524 du 22 mai 2014, art. 16-II)* « Pôle emploi *[France Travail depuis le 1er janv. 2024]* » *(Décr. n° 2016-1592 du 24 nov.*

2016) « dans un délai de deux mois à compter de la date de notification de l'indu par Pôle emploi *[France Travail depuis le 1er janv. 2024]*.

« Conformément aux dispositions de l'article L. 411-7 du code des relations entre le public et l'administration, lorsque la décision du directeur général de Pôle emploi *[France Travail depuis le 1er janv. 2024]* sur ce recours gracieux n'a pas été portée à la connaissance du requérant dans le délai de deux mois, l'intéressé peut considérer sa contestation comme rejetée. Il peut alors, s'il le souhaite, se pourvoir devant le juge compétent. »

Les dispositions issues du Décr. n° 2022-433 du 25 mars 2022 sont applicables aux recours contentieux susceptibles d'être présentés à l'encontre des décisions intervenues à compter du 1er juill. 2022 (Décr. préc., art. 6).

Art. R. 5426-20 La contrainte prévue à l'article L. 5426-8-2 est délivrée après que le débiteur a été mis en demeure de rembourser l'allocation, l'aide ou toute autre prestation indue mentionnée à l'article L. 5426-8-1 *(Décr. n° 2018-1335 du 28 déc. 2018, art. 6)* « ou de s'acquitter de la pénalité administrative mentionnée à l'article L. 5426-6 ».

Le directeur général de *(Décr. n° 2014-524 du 22 mai 2014, art. 16-II)* « Pôle emploi » *[France Travail depuis le 1er janv. 2024]* lui adresse, par lettre recommandée avec demande d'avis de réception, une mise en demeure qui comporte le motif, la nature et le montant des sommes demeurant réclamées, la date du ou des versements indus donnant lieu à recouvrement *(Décr. n° 2018-1335 du 28 déc. 2018, art. 6)* « ou la date de la pénalité administrative » ainsi que, le cas échéant, le motif ayant conduit à rejeter totalement ou partiellement le recours formé par le débiteur.

Si la mise en demeure reste sans effet au terme du délai d'un mois à compter de sa notification, le directeur général de *(Décr. n° 2014-524 du 22 mai 2014, art. 16-II)* « Pôle emploi » *[France Travail depuis le 1er janv. 2024]* peut décerner la contrainte prévue à l'article L. 5426-8-2.

Art. R. 5426-21 La contrainte est notifiée au débiteur par lettre recommandée avec demande d'avis de réception ou lui est signifiée par acte d'huissier de justice. A peine de nullité, l'acte d'huissier ou la lettre recommandée mentionne :

1° La référence de la contrainte ;

2° Le montant des sommes réclamées et la nature des allocations, aides et autres prestations en cause *(Décr. n° 2018-1335 du 28 déc. 2018, art. 6, en vigueur le 1er janv. 2019)* « ou la date de la pénalité administrative » ;

3° Le délai dans lequel l'opposition doit être formée ;

4° L'adresse du tribunal compétent et les formes requises pour sa saisine.

L'huissier de justice avise dans les huit jours l'organisme créancier de la date de signification.

Art. R. 5426-22 Le débiteur peut former opposition par inscription au secrétariat du tribunal compétent dans le ressort duquel il est domicilié ou par lettre recommandée avec demande d'avis de réception adressée au secrétariat dudit tribunal dans les quinze jours à compter de la notification.

L'opposition est motivée. Une copie de la contrainte contestée y est jointe.

Cette opposition suspend la mise en œuvre de la contrainte.

La décision du tribunal, statuant sur opposition, est exécutoire de droit à titre provisoire.

Art. R. 5426-23 Le secrétariat du tribunal informe le directeur général de *(Décr. n° 2014-524 du 22 mai 2014, art. 16-II)* « Pôle emploi » *[France Travail depuis le 1er janv. 2024]* dans les huit jours de la réception de l'opposition.

Dès qu'il a connaissance de l'opposition, le directeur général adresse au tribunal une copie de la contrainte, accompagnée d'une copie de la mise en demeure comportant l'indication du montant des sommes réclamées qui a servi de base à l'établissement de la contrainte, ainsi que l'avis de réception, par le débiteur, de cette mise en demeure.

Art. R. 5426-24 Les allocations, aides et autres prestations mentionnées à l'article L. 5426-8-1 d'un montant inférieur à 77 € indûment versées par *(Décr. n° 2014-524 du 22 mai 2014, art. 16-II)* « Pôle emploi » *[France Travail depuis le 1er janv. 2024]* ne donnent pas lieu à récupération.

DEMANDEUR D'EMPLOI   **Art. D. 5427-9** 2855

CHAPITRE VII **ORGANISME GESTIONNAIRE DU RÉGIME D'ASSURANCE CHÔMAGE**

SECTION 1 **Gestion confiée à un organisme de droit privé par voie d'accord ou de convention**

Art. R. 5427-1 (Décr. n° 2014-524 du 22 mai 2014, art. 16-IV) « Pôle emploi » [France Travail depuis le 1er janv. 2024] communique aux organismes de sécurité sociale les renseignements nécessaires à la garantie des droits sociaux des bénéficiaires du revenu de remplacement. — [Anc. art. R. 351-31.]

SECTION 2 **Gestion confiée à un établissement public en l'absence de convention**

Art. D. 5427-2 Le conseil d'administration de l'établissement public mentionné à l'article L. 5427-7 règle par ses délibérations les affaires de l'établissement.
A l'exclusion de celles qui présentent le caractère d'actes d'administration courante, ces délibérations ne sont exécutoires qu'en l'absence d'opposition des ministres chargés de l'emploi ou du budget, dans un délai fixé par décret. — [Anc. art. L. 351-22, al. 4, phrases 2 et 3.]

Art. D. 5427-3 Deux commissaires du Gouvernement, représentant respectivement les ministres chargés de l'emploi et du budget, assistent aux séances du conseil d'administration et sont entendus chaque fois qu'ils le demandent. — [Anc. art. L. 351-22, al. 5.]

Art. D. 5427-4 Les associations pour l'emploi dans l'industrie et le commerce (Assedic) et l'Union nationale interprofessionnelle pour l'emploi dans l'industrie et le commerce (Unedic) tiennent leur comptabilité selon un plan comptable approuvé par le ministre chargé des finances, après avis de l'Autorité des normes comptables.
Les instructions relatives à la tenue de la comptabilité sont soumises à l'agrément préalable du ministre chargé des finances. — [Anc. art. D. 352-1.]

Art. D. 5427-5 Les organismes énumérés à l'article D. 5427-4 procèdent aux opérations de recettes et de dépenses selon les règles en usage dans le commerce.
Ces opérations sont toujours effectuées sous double signature, celle du président du conseil d'administration et celle du directeur de l'organisme ou, à leur défaut, les personnes habilitées à cet effet par le conseil d'administration. — [Anc. art. D. 352-2.]

Art. D. 5427-6 Les organismes énumérés à l'article D. 5427-4 sont soumis aux vérifications de l'inspection générale des finances et à celles des (Décr. n° 2014-552 du 27 mai 2011, art. 17) « comptables de la direction générale des finances publiques ».
Ces derniers arrêtent la caisse, s'assurent de la régularité des écritures et de l'exacte application de l'article D. 5427-10 ainsi que de l'arrêté prévu par l'article L. 5427-10. — [Anc. art. D. 352-3.]

Art. D. 5427-7 Les organismes énumérés à l'article D. 5427-4, établissent à la fin de chaque exercice un compte d'exploitation[,] un compte des pertes et profits et un bilan.
Après approbation de ces documents par le conseil d'administration, une expédition en est adressée au (Décr. n° 2014-552 du 27 mai 2014, art. 17) « directeur départemental ou, le cas échéant, régional des finances publiques » chargé des vérifications ainsi qu'au (Décr. n° 2012-1247 du 7 nov. 2012, art. 2) « contrôleur budgétaire » prévu à l'article D. 5427-11. — [Anc. art. D. 352-4.]

Art. D. 5427-8 Les pièces justificatives de recettes et de dépenses sont conservées pendant un délai minimum de cinq ans après la clôture de l'exercice pour être présentées à toute réquisition. — [Anc. art. D. 352-5.]

Art. D. 5427-9 L'Unedic établit, à la fin de chaque mois et de chaque année, un état faisant ressortir, pour chacun des organismes énumérés à l'article D. 5427-4, les renseignements d'ordre statistique et financier permettant de suivre leur fonctionnement. — [Anc. art. D. 352-6.]

Art. D. 5427-10 Les fonds disponibles des Assedic sont versés à l'Unedic qui les gère dans les conditions fixées par l'arrêté prévu à l'article L. 5427-10. — *[Anc. art. D. 352-7.]*

Art. D. 5427-11 Un *(Décr. n° 2012-1247 du 7 nov. 2012, art. 2)* « contrôleur budgétaire » exerce son contrôle sur les organismes prévus à l'article D. 5427-4 dans les conditions et selon les modalités prévues par *(Décr. n° 2012-1247 du 7 nov. 2012, art. 2)* « le décret n° 2012-1246 du 7 novembre 2012 relatif à la gestion budgétaire et comptable publique ».

Art. D. 5427-12 Un décret pris sur le rapport du ministre chargé des finances détermine le montant et les modalités des versements que doivent faire les organismes contrôlés pour assurer la couverture des frais nécessités par l'exercice du contrôle. — *[Anc. art. D. 352-8, al. 2.]*

Art. D. 5427-13 Le ministre chargé de l'emploi reçoit communication des états prévus à l'article D. 5427-9.

Il reçoit également communication des délibérations des circulaires de portée générale concernant l'application de la convention et de ses annexes. — *[Anc. art. D. 352-9, al. 1er et 2.]*

Art. D. 5427-14 Les délibérations de la commission paritaire instituée par l'article 2 de la convention du 31 décembre 1958 et relatives au champ d'application de la convention agréée sont soumises à l'approbation du ministre chargé de l'emploi.

A défaut de décision expresse dans un délai de trois semaines à dater du dépôt de la délibération auprès des services du ministère chargé du travail, celle-ci est considérée comme approuvée. — *[Anc. art. D. 352-9, al. 3.]*

Art. D. 5427-15 Les services centraux et extérieurs de la Délégation générale à l'emploi et à la formation professionnelle sont habilités à s'assurer auprès des organismes énumérés à l'article D. 5427-4 du respect des dispositions légales mentionnées aux articles L. 5422-21 et L. 5422-22. — *[Anc. art. D. 352-10.]*

CHAPITRE VIII **DISPOSITIONS FINANCIÈRES**

Le présent chapitre ne comprend pas de dispositions réglementaires.

CHAPITRE IX **DISPOSITIONS PÉNALES**

Art. R. 5429-1 Le fait de méconnaître les dispositions du premier alinéa de l'article L. 5422-13 et des articles L. 5422-14 et R. 5422-5 à R. 5422-8 est puni de l'amende prévue pour les contraventions de la cinquième classe. — *[Anc. art. R. 365-1, al. 1er.]*

Art. R. 5429-2 L'employeur qui a indûment retenu la contribution du salarié prévue à l'article L. 5422-9 et précomptée sur le salaire est puni de l'amende prévue pour les contraventions de la cinquième classe. — *[Anc. art. R. 365-1, al. 2.]*

Art. R. 5429-3 Le fait de ne pas donner suite à la mise en demeure prévue à l'article D. 5424-43 dans le délai de quinze jours est puni de l'amende prévue pour les contraventions de la troisième classe prononcée, sans préjudice de la condamnation, par le même jugement, au paiement de la somme représentant les cotisations ainsi qu'au paiement des intérêts de retard.

L'amende est appliquée autant de fois qu'il y a de personnes pour lesquelles les déclarations de salaires ou les versements de cotisations n'ont pas été effectués. — *[Anc. art. R. 793-1.]*

LIVRE V **DISPOSITIONS RELATIVES À L'OUTRE-MER**

TITRE I **DISPOSITIONS GÉNÉRALES**

Le présent titre ne comprend pas de dispositions réglementaires.

TITRE II GUADELOUPE, GUYANE, MARTINIQUE, MAYOTTE, LA RÉUNION, SAINT-BARTHÉLEMY, SAINT-MARTIN ET SAINT-PIERRE-ET-MIQUELON (Décr. n° 2018-953 du 31 oct. 2018, art. 6).

CHAPITRE I DISPOSITIONS GÉNÉRALES

Art. R. 5511-1 (Décr. n° 2014-551 du 27 mai 2014, art. 29) Pour l'application du présent livre à Saint-Pierre-et-Miquelon, les références au "directeur départemental ou, le cas échéant, régional des finances publiques" sont remplacées par la référence au "directeur chargé de la direction des finances publiques de Saint-Pierre-et-Miquelon".

SECTION 1 FEDOM

SOUS-SECTION 1 État annuel

Art. R. 5521-1 Un état annuel des interventions en faveur de l'emploi, appelé FEDOM, récapitule les actions menées par l'État pour l'année en cours dans ce domaine dans les départements d'outre-mer, à Saint-Barthélemy, à Saint-Martin, à Saint-Pierre-et-Miquelon et à Mayotte. — [Anc. art. L. 832-4, al. 1ᵉʳ.]

Art. R. 5521-2 L'état annuel est soumis à l'avis d'un comité directeur composé de représentants de l'État et d'élus des départements d'outre-mer, de Saint-Barthélemy, de Saint-Martin, de Saint-Pierre-et-Miquelon et de Mayotte. — [Anc. art. L. 832-4, al. 2.]

Art. R. 5521-3 Le président du conseil d'administration de l'agence d'insertion fournit annuellement au comité directeur du FEDOM un rapport sur l'activité de l'établissement et sur l'emploi des crédits qui lui ont été alloués par le fonds l'année précédente. — [Anc. art. L. 832-4, al. 3.]

Art. R. 5521-4 Les actions mentionnées au FEDOM sont financées sur les crédits ouverts chaque année au programme "emploi outre-mer" de la mission "outre-mer" du budget de l'État. — [Anc. art. R. 835-1.]

Art. D. 5521-5 Les dépenses en faveur de l'emploi correspondent aux actions suivantes :
(Abrogé par Décr. n° 2015-1723 du 21 déc. 2015, art. 2, à compter du 1ᵉʳ janv. 2016)
« 1° Le versement aux agences d'insertion d'une participation financière aux contrats d'insertion par l'activité ;

« 2° L'exonération de charges sociales et les aides forfaitaires pour les contrats d'accès à l'emploi conclu[s] hors des secteurs d'activité définis par l'article 4 de la loi n° 94-638 du 25 juillet 1994 tendant à favoriser l'emploi, l'insertion et les activités économiques dans les départements d'outre-mer, à Saint-Pierre-et-Miquelon et à Mayotte ;

« 3° L'exonération de charges sociales pour les contrats de retour à l'emploi en cours ;

« 4° Le financement des contrats emploi-solidarité ; »

5° Le financement des primes à la création d'emploi ;
(Abrogé par Décr. n° 2015-1723 du 21 déc. 2015, art. 2, à compter du 1ᵉʳ janv. 2016)
« 6° Le versement aux agences d'insertion des sommes dues à l'Unedic au titre de l'assurance chômage des contrats d'insertion par l'activité ;

« 7° Le financement des dépenses prévues par les articles L. 5522-3 et L. 5522-4 ; »

8° Le financement des contrats emploi-jeune ;

9° Le financement du projet initiative-jeune ;

10° Le financement de l'allocation de retour à l'activité prévue par l'article L. 5524-1, et du congé solidarité prévu par l'article 15 de la loi n° 2000-1207 du 13 décembre 2000 d'orientation pour l'outre-mer ;

11° L'évaluation et le suivi des actions en faveur de l'emploi.

SOUS-SECTION 2 Comité directeur

Art. R. 5521-6 Le comité directeur est consulté sur les orientations et sur les objectifs de la politique pour l'emploi conduite par l'État (Décr. n° 2018-953 du 31 oct.

2018, art. 6) « en Guadeloupe, en Guyane, en Martinique, à Mayotte, à La Réunion », à Saint-Barthélemy, à Saint-Martin (Abrogé par Décr. n° 2018-953 du 31 oct. 2018, art. 6) « , à Mayotte » et à Saint-Pierre-et-Miquelon.

Il donne son avis sur l'état mentionné à l'article R. 5521-1, et notamment sur la répartition entre les collectivités de ces interventions. Il est informé de l'emploi de ces crédits et des résultats obtenus.

Art. D. 5521-7 Le comité directeur est informé à chacune de ses réunions :

1° Par le ministre chargé de la lutte contre l'exclusion, de la situation en matière d'insertion, de pauvreté et de précarité (Décr. n° 2018-953 du 31 oct. 2018, art. 6) « en Guadeloupe, en Guyane, en Martinique, à Mayotte, à La Réunion », à Saint-Barthélemy, à Saint-Martin » et à Saint-Pierre-et-Miquelon ;

2° Par le ministre chargé de l'emploi, de la situation de l'emploi et de la formation professionnelle (Décr. n° 2018-953 du 31 oct. 2018, art. 6) « en Guadeloupe, en Guyane, en Martinique, à Mayotte, à La Réunion », à Saint-Barthélemy, à Saint-Martin » et à Saint-Pierre-et-Miquelon ;

3° Par le président de leur conseil d'administration, de l'activité des agences d'insertion ;

4° Par le ministre chargé de l'outre-mer, de l'activité de l'agence mahoraise pour le développement d'activités d'utilité sociale.

Art. D. 5521-8 Sont membres du comité directeur :

1° Le ministre chargé de l'outre-mer ou son représentant, président ;

2° Les ministres chargés de l'économie et des finances, du travail, de l'emploi et de la formation professionnelle, de la sécurité sociale, de la lutte contre l'exclusion, et du budget ou leurs représentants ;

3° Huit députés désignés par le président de l'Assemblée nationale et représentant chacune des huit collectivités intéressées ;

4° Trois sénateurs désignés par le président du Sénat parmi les représentants de ces collectivités ;

5° Les préfets de région, préfets (Décr. n° 2018-953 du 31 oct. 2018, art. 6) « de Guadeloupe, de Guyane, de Martinique, de Mayotte, de La Réunion » ou leur représentant et les représentants de l'État à Saint-Barthélemy, à Saint-Martin (Abrogé par Décr. n° 2018-953 du 31 oct. 2018, art. 6) « , à Mayotte » et à Saint-Pierre-et-Miquelon ou leurs représentants ;

6° Le délégué général à l'emploi et à la formation professionnelle ou son représentant ;

7° Le directeur général de la cohésion sociale ou son représentant ;

8° Le directeur du budget ou son représentant ;

9° Le directeur général de (Décr. n° 2014-524 du 22 mai 2014, art. 16-III) « Pôle emploi » [France Travail depuis le 1er janv. 2024] ou son représentant ;

10° Le directeur des affaires économiques, sociales et culturelles de l'outre-mer ou son représentant.

Art. D. 5521-9 Le mandat des parlementaires membres du comité directeur prend fin de plein droit à l'expiration du mandat électif au titre duquel ils ont été désignés. — [Anc. art. R. 835-3, al. 12.]

Art. D. 5521-10 Le comité directeur se réunit au moins une fois par an, sur convocation de son président qui en fixe l'ordre du jour. — [Anc. art. R. 835-6.]

SECTION 2 [ABROGÉE] Conseil territorial de l'emploi

(Abrogée par Décr. n° 2014-1055 du 16 sept. 2014, art. 5-I)

Art. R. 5521-11 à R. 5521-14 Abrogés par Décr. n° 2014-1055 du 16 sept. 2014, art. 5-I.

OUTRE-MER — **Art. D. 5522-11**

CHAPITRE II DISPOSITIFS EN FAVEUR DE L'EMPLOI

SECTION 1 Aides à l'insertion, à l'accès et au retour à l'emploi

SOUS-SECTION 1 Contrat jeune en entreprise

Art. D. 5522-1 La demande de bénéfice de l'aide prévue dans le cadre du contrat jeune en entreprise, mentionnée à l'article L. 5522-3, est déposée auprès de l'organisme gestionnaire après l'embauche du salarié et au plus tard trois mois après celle-ci.

Elle est transmise par l'organisme gestionnaire au directeur du travail, de l'emploi et de la formation professionnelle, à Saint-Pierre-et-Miquelon au chef du service du travail, de l'emploi et de la formation professionnelle et, à Saint-Barthélemy et Saint-Martin, au représentant de l'État. — [Anc. art. D. 832-4, phrases 1 et 2.]

Art. D. 5522-2 La demande d'aide comporte :
1° L'engagement de l'employeur de respecter les conditions générales d'attribution de l'aide ;
2° Les documents permettant de vérifier le respect des conditions prévues à l'article L. 5522-3, et notamment la copie du diplôme du salarié. — [Anc. art. D. 832-4, phrase 3.]

Art. D. 5522-3 Pour les salariés à temps plein dont la rémunération est égale au salaire minimum de croissance, le montant de l'aide est fixé à 225 € par mois. — [Anc. art. D. 832-1, al. 1er.]

Art. D. 5522-4 Pour les rémunérations supérieures au montant fixé à l'article D. 5522-3, le montant de l'aide est déterminé en multipliant le montant de 225 € par le rapport entre, d'une part, la rémunération et, d'autre part, le salaire minimum de croissance, dans la limite de 292,50 €. — [Anc. art. D. 832-1, al. 2.]

Art. D. 5522-5 Lorsque la durée du travail prévue par le contrat de travail est inférieure à la durée collective de travail applicable dans l'entreprise, le montant de l'aide est réduit par l'application d'un coefficient égal au rapport entre la durée du travail prévue par ce contrat et la durée collective de travail applicable dans l'entreprise. — [Anc. art. D. 832-1, al. 3.]

Art. D. 5522-6 Pour les professions affiliées aux caisses de congés prévues à l'article (Décr. n° 2016-1553 du 18 nov. 2016, art. 7-IV, en vigueur le 1er janv. 2017) « L. 3141-32 », le montant de l'aide est majoré de 10 %. — [Anc. art. D. 832-7.]

Art. D. 5522-7 L'aide de l'État est due pour une durée de trois années consécutives à compter de la date d'embauche.

Un abattement de 50 % lui est appliqué au titre de la troisième année du contrat. — [Anc. art. D. 832-2, al. 1er.]

Art. D. 5522-8 Le montant de l'aide est versé à l'employeur trimestriellement, à terme échu. — [Anc. art. D. 832-2, al. 2.]

Art. D. 5522-9 Le versement de l'aide est interrompu pour toute suspension du contrat de travail d'une durée au moins égale à quinze jours. Ces interruptions reportent d'autant ce versement. — [Anc. art. D. 832-2, al. 3.]

Art. D. 5522-10 Toute rupture, suspension ou modification du contrat jeune en entreprise qui ouvre droit au versement de l'aide entraînant un changement de son montant ou l'interruption de son paiement est communiquée par l'employeur à l'organisme gestionnaire. Ce dernier transmet cette information au directeur du travail, de l'emploi et de la formation professionnelle, à Saint-Pierre-et-Miquelon au chef du service du travail, de l'emploi et de la formation professionnelle et, à Saint-Barthélemy et Saint-Martin, au représentant de l'État. — [Anc. art. D. 832-5.]

Art. D. 5522-11 En cas de rupture du contrat de travail à l'initiative de l'employeur avant le terme de la période mentionnée à l'article D. 5522-7, le montant de l'aide est intégralement reversé par l'employeur à l'État.

Toutefois, le reversement n'est pas dû en cas de :

1° Rupture intervenant au cours de la période d'essai ;
2° Licenciement pour faute grave ou faute lourde du salarié ;
3° Force majeure ;
4° Inaptitude professionnelle ou médicalement constatée ;
5° Motif économique. – [Anc. art. D. 832-6.]

SOUS-SECTION 2 **Contrat unique d'insertion**

(Décr. n° 2015-1722 du 21 déc. 2015, en vigueur le 1ᵉʳ janv. 2016)

Art. R. 5522-12 Pour son application en Guadeloupe, en Guyane, à la Martinique, à La Réunion, à Saint-Barthélemy, à Saint-Martin et à Saint-Pierre-et-Miquelon, l'article R. 5134-63 est complété par un alinéa ainsi rédigé :

"Lorsque l'État concourt à la prise en charge d'une formation au titre de l'article L. 5522-2-2, sont précisés dans la décision d'attribution de l'aide à l'insertion professionnelle ou une décision modificatrice prise ultérieurement :

1° La nature de cette formation, sa durée et les modalités de son organisation ;

2° La période pendant laquelle elle est dispensée ;

3° Le nom et la qualification professionnelle de la personne chargée au sein de l'entreprise de suivre le déroulement de la formation ;

4° La nature de la sanction de la formation dispensée ;

5° Le montant et les modalités de la prise en charge de cette formation par l'État".

Art. R. 5522-13 Lorsqu'une formation est prévue par la décision d'attribution de l'aide à l'insertion professionnelle ou par une décision modificatrice ultérieure à celle-ci, elle peut faire l'objet d'une aide de l'État sous réserve d'avoir une durée de 200 heures au minimum et d'être dispensée dans le cadre d'une convention avec un organisme de formation mentionné à l'article L. 6351-1.

Art. R. 5522-14 Les frais de formation pris en charge par l'État au titre de l'article R. 5222-12 sont calculés sur une base forfaitaire par heure de formation dispensée et dans la limite de mille heures.

Un premier versement égal à 50 % du coût de la formation est réalisé à la date du début de la formation. Le solde est versé au terme de la formation sur présentation d'une attestation de l'organisme de formation, de l'employeur et du salarié.

V. art. D. 5522-16.

Art. R. 5522-15 Lorsque le contrat de travail est rompu avant le terme de la formation mentionnée à l'article R. 5522-12, les sommes déjà versées à l'employeur correspondant à des heures de formation non réalisées font l'objet d'un reversement.

Lorsque l'aide à l'insertion professionnelle ou une décision modificatrice ultérieure a prévu des heures de formation dispensées en entreprise, ces heures sont réputées être également réparties sur la période de formation.

Art. D. 5522-16 (Décr. n° 2015-1723 du 21 déc. 2015, art. 1ᵉʳ, en vigueur le 1ᵉʳ janv. 2016) Le montant horaire de l'aide forfaitaire pour les frais de formation mentionnés à l'article R. 5522-14 est fixé à 7,62 euros.

SOUS-SECTION 3 **Dispositions relatives à Mayotte**

(Décr. n° 2018-953 du 31 oct. 2018, art. 6)

Art. R. 5522-17 Pour l'application à Mayotte de l'article R. 5134-171, les 1° à 3° sont remplacés par des 1° et 2° ainsi rédigés :

"1° Le directeur du centre universitaire de formation et de recherche de Mayotte, ou son représentant ;

"2° De deux à quatre membres des corps d'inspection et chefs d'établissement, dont au moins un chef d'établissement d'enseignement privé ayant passé un contrat avec l'État."

SECTION 2 Aides à la création d'entreprise

SOUS-SECTION 1 Prime à la création d'emploi

§ 1 Conditions d'attribution

Art. R. 5522-45 Les entreprises, dont l'un au moins des établissements est implanté dans un département d'outre-mer, à Saint-Barthélemy, à Saint-Martin ou à Saint-Pierre-et-Miquelon et qui contribuent à l'accroissement et à la diversification des débouchés commerciaux matériels et immatériels, peuvent bénéficier d'une prime à la création d'emploi. — [Anc. art. L. 832-7, al. 1er.]

Art. R. 5522-46 La prime est versée aux entreprises agréées par le représentant de l'État dans le département qui, après avis du président du conseil régional, s'assure que l'activité de l'entreprise présente un intérêt pour le développement économique du département. — [Anc. art. L. 832-7, al. 2.]

Art. R. 5522-47 Dès réception de la demande d'agrément prévu à l'article R. 5522-46, le représentant de l'État saisit le président du conseil régional en vue de recueillir son avis, qui, à défaut de réponse explicite, est réputé avoir été donné dans un délai de quatre semaines à compter de la saisine. — [Anc. art. R. 831-20, al. 1er.]

Art. R. 5522-48 Les pièces et informations transmises dans la demande d'agrément sont définies par arrêté des ministres chargés de l'emploi et de l'outre-mer.

Le représentant de l'État peut solliciter des éléments d'information complémentaires nécessaires à l'appréciation du projet. — [Anc. art. R. 831-20, al. 2.]

Art. R. 5522-49 L'agrément précise l'effectif de référence des salariés. — [Anc. art. R. 831-20, al. 3.]

Art. R. 5522-50 Pour percevoir la prime à la création d'emplois, l'entreprise agréée :

1° Transmet au représentant de l'État les informations sur les effectifs et le développement de l'entreprise dont le contenu et la date de transmission sont déterminés par arrêté des ministres chargés de l'emploi et de l'outre-mer ;

2° S'acquitte de ses obligations fiscales et sociales, le cas échéant dans le cadre d'un plan d'apurement ;

3° Accroît ses effectifs salariés par rapport à l'effectif de référence. — [Anc. art. R. 831-21, al. 1er à 4.]

Art. R. 5522-51 L'effectif de référence est l'effectif moyen de l'année civile précédant celle au cours de laquelle est accordé l'agrément. Il est calculé conformément à l'article L. 1111-2 et arrondi à l'entier le plus voisin, à l'exclusion des contrats d'accès à l'emploi. — [Anc. art. R. 831-21, al. 5.]

§ 2 Versement

Art. R. 5522-52 La prime est versée pendant dix ans, de façon dégressive, pour les créations nettes d'emplois postérieures à la date de l'agrément. — [Anc. art. L. 832-7, al. 3, phrase 1.]

Art. D. 5522-53 La prime à la création d'emplois, d'un montant de 34 650 €, est versée annuellement selon le barème suivant :

1° Au cours de chacune des trois premières années civiles : 5 500 € ;

2° Au cours de chacune des trois années civiles suivantes : 3 650 € ;

3° Au cours de chacune des quatre années civiles restant à courir : 1 800 €. — [Anc. art. D. 831-5.]

Art. R. 5522-54 La prime est versée pour chaque emploi supplémentaire créé dans le département ou la collectivité territoriale, en équivalent temps plein, au-delà de l'effectif de référence.

Les fractions d'emploi ne sont pas prises en compte. — [Anc. art. R. 831-21, al. 6 et 7.]

Art. R. 5522-55 En cas de réduction de l'effectif, le versement des primes correspondant aux plus récentes créations d'emplois est suspendu à due concurrence de cette baisse d'effectif. — [Anc. art. R. 831-21, al. 8.]

Art. R. 5522-56 La moitié du montant de la prime est versée dès que l'emploi créé est pourvu à temps plein. Le solde est versé au plus tard le 31 mars de l'année suivante, après vérification de l'effectif moyen.

Chaque année, l'aide pour les emplois créés au cours des années précédentes fait l'objet d'un versement de 50 % de son montant avant le 30 juin, le solde dû étant versé avant le 31 mars de l'année qui suit. — *[Anc. art. R. 831-21, al. 9.]*

SOUS-SECTION 2 Aide au projet initiative-jeune

§ 1 Dispositions communes

SOUS-§ 1 *Demande d'aide*

Art. R. 5522-57 La demande tendant au bénéfice de l'aide au projet initiative-jeune, prévue *[à]* l'article L. 5522-22, est adressée au préfet préalablement à la réalisation de ce projet professionnel.

Elle est accompagnée d'un dossier :

1° Justifiant que le demandeur appartient à l'une des catégories énumérées à l'article précité ;

2° Permettant d'apprécier la réalité et la consistance du projet répondant à l'une ou l'autre des aides énumérées à l'article L. 5522-23, ainsi que sa viabilité. — *[Anc. art. R. 831-10, al. 1ᵉʳ et 2.]*

Art. R. 5522-58 Un arrêté des ministres chargés de l'emploi et de l'outre-mer précise la composition du dossier de demande d'aide au projet initiative-jeune et les modalités de son dépôt. — *[Anc. art. R. 831-10, al. 3.]*

Art. R. 5522-59 Pour l'élaboration de son projet en vue de réaliser une formation en mobilité, le demandeur bénéficie du concours, le cas échéant, d'un organisme agréé dans les conditions des articles R. 5522-80 et R. 5522-82. — *[Anc. art. R. 831-10, al. 4.]*

SOUS-§ 2 *Instruction, attribution et versement des aides*

Art. R. 5522-60 L'instruction du dossier de demande d'aide au projet initiative-jeune est assurée :

1° Pour la création d'entreprise, dans les mêmes conditions que pour les aides prévues aux articles L. 5141-1, L. 5141-2 et L. 5141-5. Le dossier peut être examiné conjointement à celles-ci ;

2° Pour la formation en mobilité, par le délégué régional de l'Agence nationale pour l'insertion et la promotion des travailleurs d'outre-mer ou par le *(Décr. n° 2014-524 du 22 mai 2014, art. 16-XI)* « directeur régional de Pôle emploi *[France Travail depuis le 1ᵉʳ janv. 2024]* ou son représentant » ou par le responsable de l'organisme agréé à cet effet selon les modalités prévues aux articles R. 5522-80 et R. 5522-82. — *[Anc. art. R. 831-11.]*

Art. R. 5522-61 La décision d'attribution de l'aide est prise par le préfet, qui apprécie la réalité, la consistance et la viabilité du projet. — *[Anc. art. L. 832-6, al. 5.]*

Art. R. 5522-62 La gestion des crédits et le versement de l'aide en capital ainsi que des mensualités pour la formation en mobilité sont confiés à l'*(Décr. n° 2009-340 du 27 mars 2009, art. 10)* « Agence de services et de paiement ». — *[Anc. art. R. 831-15, al. 1ᵉʳ, phrase 1.]*

Art. R. 5522-63 Les modalités de la gestion par l'organisme gestionnaire mentionné à l'article R. 5522-62 sont précisées par une convention conclue avec le ministre chargé de l'outre-mer. — *[Anc. art. R. 831-15, al. 3.]*

SOUS-§ 3 *Suspension ou suppression du versement de l'aide*

Art. R. 5522-64 Le bénéfice du versement de l'aide au projet initiative-jeune est suspendu par décision du préfet lorsque le projet professionnel n'est plus conforme au projet initial ainsi que dans les cas suivants :

OUTRE-MER   **Art. R. 5522-74** 2863

1° En cas d'aide à la création d'entreprise, lorsque l'entreprise a cessé son activité, en cas de procédure de sauvegarde, de redressement ou de liquidation judiciaire, ou si la condition de direction effective de l'entreprise créée ou reprise cesse d'être remplie ;
2° En cas d'aide à la formation en mobilité pour manque d'assiduité à la formation professionnelle prévue. − *[Anc. art. R. 831-16, al. 1ᵉʳ à 3.]*

Art. R. 5522-65 Le bénéfice du versement de l'aide est supprimé par décision du préfet en l'absence de modification de la situation du bénéficiaire à l'expiration d'un délai de trois mois suivant la notification de la décision par laquelle l'aide a été suspendue ou en cas de fausse déclaration du bénéficiaire de l'aide. Dans le cas de déclarations frauduleuses, le bénéficiaire rembourse à l'organisme gestionnaire l'aide versée. − *[Anc. art. R. 831-16, al. 4.]*

§ 2 Aide de création ou reprise d'entreprise

Art. R. 5522-66 Dans le cas prévu au 1° de l'article L. 5522-23, l'aide de l'État prend la forme d'un capital versé en deux ou plusieurs fractions. − *[Anc. art. L. 832-6, al. 3, phrase 2.]*

Art. R. 5522-67 Est considéré comme remplissant la condition de direction effective de l'entreprise créée ou reprise le demandeur qui, sous sa propre responsabilité, assure la direction de l'entreprise et la représente dans ses rapports avec les tiers. − *[Anc. art. R. 831-12.]*

Art. R. 5522-68 L'aide à la création d'entreprise ne peut être cumulée avec :
1° Un contrat d'apprentissage ;
2° Un contrat d'accompagnement dans l'emploi ;
3° Un contrat emploi-jeune ;
Al. abrogé par Décr. n° 2015-1722 du 21 déc. 2015, art. 2.
5° Un contrat de professionnalisation.
Al. abrogé par Décr. n° 2015-1722 du 21 déc. 2015, art. 2.

Art. D. 5522-69 Le montant maximum de l'aide est de *(Décr. n° 2021-330 du 26 mars 2021)* « 9 378 € ».

Art. D. 5522-70 Lorsque l'aide est destinée à la création d'entreprise, 15 % maximum de son montant est consacré à des actions de conseil ou de formation à la gestion d'entreprise. − *[Anc. art. D. 831-4.]*

§ 3 Aide à la formation en mobilité

Art. R. 5522-71 Le délai dont dispose le préfet pour statuer sur la demande d'aide à la formation en mobilité, prévue au 2° de l'article L. 5522-23, est d'un mois.
Le silence gardé pendant plus d'un mois sur cette demande vaut décision de rejet. − *[Anc. art. R. 831-13.]*

Art. R. 5522-72 L'aide à la formation en mobilité comprend :
1° Une allocation mensuelle, dans la limite de deux ans et d'un montant maximum fixé par décret qui varie en fonction du lieu où est dispensée la formation par rapport au centre des intérêts du bénéficiaire ;
2° Une prise en charge des frais liés à la formation, notamment des frais d'installation, dans la limite d'un montant fixé par ce même décret. − *[Anc. art. L. 832-6, al. 4, phrase 2, et anc. art. R. 831-14, al. 1ᵉʳ.]*

Art. D. 5522-73 Le montant maximum de l'allocation mensuelle est de 305 €. Lorsque la mobilité a lieu à l'intérieur de l'archipel de la Guadeloupe, il est de 152,50 €.
Les frais liés à la formation peuvent faire l'objet d'une prise en charge forfaitaire d'un montant maximum de 762 €. − *[Anc. art. D. 831-3.]*

Art. R. 5522-74 L'allocation mensuelle est versée dans la limite de vingt-quatre mensualités à compter du premier jour du mois où débute la formation, et jusqu'au premier jour du mois civil suivant celui où a pris fin la formation, ou le cas échéant, sur justification de l'inscription sur la liste des demandeurs d'emploi, jusqu'au terme d'une période de deux mois à l'issue de la formation s'il est attesté d'une recherche effective d'emploi au sens de l'article L. 5421-3. − *[Anc. art. R. 831-14, al. 2.]*

Art. R. 5522-75 Lorsque la formation en mobilité se déroule à l'étranger, la gestion des crédits et le versement des aides peuvent être confiés à un organisme, qui conclut une convention à cet effet, dans les conditions prévues à l'article R. 5522-77. – *[Anc. art. R. 831-15, al. 1ᵉʳ, phrase 2.]*

Art. R. 5522-76 La gestion de l'aide pour les frais liés à la formation est assurée par l'Agence nationale pour l'insertion et la promotion des travailleurs d'outre-mer ou un organisme agréé dans les conditions des articles R. 5522-80 à R. 5522-82. – *[Anc. art. R. 831-15, al. 2.]*

Art. R. 5522-77 Les modalités de la gestion par les organismes gestionnaires mentionnés aux articles R. 5522-75 et R. 5522-76 sont précisées par une convention qu'ils concluent avec le ministre chargé de l'outre-mer. – *[Anc. art. R. 831-15, al. 3.]*

Art. R. 5522-78 La formation en mobilité est dispensée sous forme :
1° D'un contrat d'apprentissage ;
2° De l'une des actions de formation énumérées à l'article L. 6313-1 ;
3° D'un contrat en alternance ;
4° D'un stage en entreprise accompli en France ou à l'étranger. – *[Anc. art. R. 831-18, al. 1ᵉʳ.]*

Art. R. 5522-79 L'aide à la formation en mobilité ne peut être cumulée avec :
1° Un contrat d'accompagnement dans l'emploi ;
2° Un contrat emploi-jeune ;
Al. abrogés par Décr. n° 2015-1722 du 21 déc. 2015, art. 2.
5° L'allocation de retour à l'activité prévue à l'article L. 5524-1.

Art. R. 5522-80 Peut être agréé au titre du 2° de l'article L. 5522-23, un organisme public ou privé ayant la capacité de proposer, ou faire accéder à une formation professionnelle, en France ou à l'étranger, ainsi que d'assurer un accompagnement du stagiaire. – *[Anc. art. R. 831-19, al. 1ᵉʳ.]*

Art. R. 5522-81 L'agrément est délivré par le préfet pour une durée de un à trois ans, renouvelable. – *[Anc. art. R. 831-19, al. 2.]*

Art. R. 5522-82 Un arrêté des ministres chargés de l'emploi et de l'outre-mer précise la composition du dossier, les modalités de dépôt ainsi que les conditions d'agrément. – *[Anc. art. R. 831-19, al. 3.]*

SOUS-SECTION 3 **Dispositions relatives à Mayotte**

(Décr. n° 2018-953 du 31 oct. 2018, art. 6)

Art. R. 5522-83 Pour l'application à Mayotte de l'article R. 5141-7, au 5°, les mots : "aux 4° à 9° de l'article L. 5141-1" sont remplacés par les mots : "aux 4° à 8° de l'article L. 5141-1".

Art. R. 5522-84 Pour l'application à Mayotte de l'article R. 5142-3, les mots : "au sens de l'article L. 242-1 du code de la sécurité sociale" sont remplacés par les mots : "au sens de l'article 28-1 de l'ordonnance n° 96-1122 du 20 décembre 1996 relative à l'amélioration de la santé publique, à l'assurance maladie, maternité, invalidité et décès, au financement de la sécurité sociale à Mayotte et à la caisse de sécurité sociale de Mayotte".

SECTION 3 **Dispositions relatives à Mayotte**

(Décr. n° 2018-953 du 31 oct. 2018, art. 6)

SOUS-SECTION 1 **Instances concourant à la politique de l'emploi**

Art. R. 5522-85 Pour l'application à Mayotte de l'article R. 5112-17, les mots : "le directeur départemental des affaires sanitaires et sociales" sont remplacés par les mots : "le directeur de l'immigration, de l'intégration et de la citoyenneté".

SOUS-SECTION 2 **Aide aux salariés placés en activité partielle**

Art. R. 5522-86 Un taux spécifique de l'allocation d'activité partielle peut être fixé à Mayotte dans les conditions prévues à l'article R. 5122-12 du code du travail.

Art. D. 5522-87 (*Décr. n° 2020-1071 du 18 août 2020, en vigueur le 1ᵉʳ sept. 2020*) Pour l'application à Mayotte des dispositions de l'article D. 5122-13, le taux horaire de l'allocation d'activité partielle ne peut être inférieur à (*Décr. n° 2023-438 du 5 juin 2023, art. 1ᵉʳ, en vigueur le 1ᵉʳ mai 2023*) « 7,09 euros ».

Si le salarié perçoit une rémunération déterminée en pourcentage du salaire minimum interprofessionnel de croissance applicable à Mayotte et qu'une convention collective ou qu'un accord de branche ou d'entreprise ne s'applique pas, le taux horaire de l'allocation d'activité partielle est plafonné à la rémunération horaire brute du salarié.

Les dispositions issues du Décr. n° 2023-438 du 5 juin 2023 s'appliquent aux demandes d'indemnisation adressées à l'autorité administrative au titre des heures chômées par les salariés à compter du 1ᵉʳ mai 2023 (Décr. préc., art. 3).

SOUS-SECTION 3   **Aides aux actions de reclassement et de reconversion professionnelle**

Art. R. 5522-88 Pour l'application à Mayotte de l'article R. 5123-17, les mots : "au 1° de l'article L. 351-8 du code de la sécurité sociale" sont remplacés par les mots : "au deuxième alinéa de l'article 6 de l'ordonnance n° 2002-411 du 27 mars 2002 relative à la protection sanitaire et sociale à Mayotte".

Art. R. 5522-89 Pour l'application à Mayotte de l'article R. 5123-29 :
1° Le 6° est abrogé ;
2° Les mots : "de l'article R. 351-27 du code de la sécurité sociale" sont remplacés par les mots : "de l'article 12 de l'ordonnance n° 2002-411 du 27 mars 2002 relative à la protection sanitaire et sociale à Mayotte".

Art. R. 5522-90 Pour l'application à Mayotte de l'article R. 5123-31, le deuxième alinéa est ainsi rédigé :
"L'allocation cesse d'être versée lorsqu'à partir de l'âge prévu à l'article 2 de l'ordonnance n° 2002-411 du 27 mars 2002 relative à la protection sanitaire et sociale à Mayotte les bénéficiaires remplissent les conditions nécessaires à la validation d'une retraite à taux plein au sens de l'article 10 du décret n° 2003-589 du 1ᵉʳ juillet 2003 portant application des dispositions du titre II (Assurance vieillesse) et du chapitre I du titre VI (Allocation spéciale pour les personnes âgées) de l'ordonnance n° 2002-411 du 27 mars 2002 relative à la protection sanitaire et sociale à Mayotte."

SOUS-SECTION 4   **Insertion par l'activité économique**

Art. R. 5522-91 Un arrêté conjoint des ministres chargés du budget, de l'emploi et des outre-mer peut fixer à Mayotte un montant spécifique des aides financières prévues aux articles R. 5132-8, R. 5132-10-13, D. 5132-34 et R. 5132-37.

Un arrêté conjoint des ministres chargés du budget, de l'emploi et des outre-mer revalorise chaque année les montants spécifiques à Mayotte des aides prévues aux articles R. 5132-8, R. 5132-10-13, R. 5132-34 et R. 5132-37 en fonction de l'évolution du salaire minimum interprofessionnel de croissance en vigueur à Mayotte.

V. Arr. du 5 déc. 2022, NOR : MTRD2228391A (JO 15 déc.).

Art. R. 5522-92 Pour l'application à Mayotte de l'article R. 5133-10, il est ajouté, après les mots : "L. 262-28 du code de l'action sociale et des familles", les mots : "sous réserve des adaptations figurant au XII de l'article L. 542-6 du même code".

Art. R. 5522-93 Pour l'application à Mayotte de l'article R. 5133-17, il est ajouté à la dernière phrase, après les mots : "sont applicables", les mots : "sous réserve des adaptations figurant au XII et au XXI de l'article R. 542-6 du même code."

CHAPITRE III DISPOSITIONS APPLICABLES À CERTAINES CATÉGORIES DE TRAVAILLEURS

SECTION 1   **Travailleurs handicapés**

Art. R. 5523-1 Le préfet soumet pour avis chaque accord de groupe (*Décr. n° 2019-521 du 27 mai 2019, art. 2, en vigueur le 1ᵉʳ janv. 2020*) « ou d'entreprise » mettant en œuvre l'application de l'obligation d'emploi prévue à l'article L. 5212-2 :

1° Au comité de coordination régional de l'emploi et de la formation professionnelle dans les départements d'outre-mer, à Saint-Barthélemy et à Saint-Martin ;

2° Au comité de coordination de l'emploi et de la formation professionnelle de Saint-Pierre-et-Miquelon. — *[Anc. art. R. 323-5, phrase 2 début et fin.]*

Art. R. 5523-2 A Saint-Pierre-et-Miquelon, l'autorité administrative compétente pour conclure un contrat d'objectifs des entreprises adaptées *(Abrogé par Décr. n° 2018-1334 du 28 déc. 2018, art. 2-V, à compter du 1er janv. 2019)* « ou des centres de distribution de travail à domicile », mentionnée à l'article L. 5213-13, est le représentant de l'État dans la collectivité.

Art. R. 5523-2-1 *(Abrogé par Décr. n° 2019-521 du 27 mai 2019, art. 2, à compter du 1er janv. 2020) (Décr. n° 2018-953 du 31 oct. 2018, art. 6)* L'article R. 5212-6-1 n'est pas applicable à Mayotte.

Art. R. 5523-2-2 *(Décr. n° 2018-953 du 31 oct. 2018, art. 6)* Pour l'application à Mayotte de l'article R. 5213-76, les mots : "à l'article L. 321-1 du code de la sécurité sociale" sont remplacés par les mots : "au 7° de l'article 20-1 de l'ordonnance n° 96-1122 du 20 décembre 1996 relative à l'amélioration de la santé publique, à l'assurance maladie, maternité, invalidité et décès, au financement de la sécurité sociale à Mayotte et à la caisse de sécurité sociale de Mayotte".

SECTION 2 Travailleurs étrangers

Art. R. 5523-3 Pour exercer une activité professionnelle salariée à Saint-Pierre-et-Miquelon, le travailleur étranger est titulaire d'une autorisation de travail en cours de validité. — *[Anc. art. R. 830-1, al. 1er.]*

Art. R. 5523-4 L'autorisation de travail est délivrée par le préfet de Saint-Pierre-et-Miquelon. Elle autorise l'étranger à exercer les activités professionnelles salariées de son choix dans cette collectivité. — *[Anc. art. R. 830-1, al. 2.]*

Art. R. 5523-5 A Saint-Pierre-et-Miquelon, l'autorisation de travail est présentée, sur demande, aux autorités chargées du contrôle des conditions de travail. — *[Anc. art. R. 830-1, al. 3.]*

Art. R. 5523-6 A Saint-Pierre-et-Miquelon, l'autorisation de travail peut être délivrée sous la forme :

1° D'une carte de résident ;
2° D'une carte de séjour temporaire portant la mention "salarié" ;
3° D'une autorisation provisoire de travail. — *[Anc. art. R. 830-2, al. 1er.]*

Art. R. 5523-7 A Saint-Pierre-et-Miquelon, la carte de résident confère le droit d'exercer toute activité professionnelle salariée dans le cadre de la législation en vigueur. — *[Anc. art. R. 830-2, al. 2.]*

Art. R. 5523-8 A Saint-Pierre-et-Miquelon, la carte de séjour temporaire portant la mention "salarié" autorise à exercer une ou plusieurs activités professionnelles salariées dans le cadre de la législation en vigueur.

Sa durée est au plus égale à un an. Elle est renouvelable. — *[Anc. art. R. 830-2, al. 3.]*

Art. R. 5523-9 A Saint-Pierre-et-Miquelon, une autorisation provisoire de travail peut être délivrée à l'étranger qui ne peut prétendre ni à la carte de séjour temporaire portant la mention "salarié", ni à la carte de résident et qui est appelé à exercer chez un employeur déterminé, pendant une période dont la durée initialement prévue n'excède pas un an, une activité présentant, par sa nature ou les circonstances de son exercice, un caractère temporaire.

La durée de validité de cette autorisation, dont les caractéristiques sont fixées par arrêté du ministre chargé des travailleurs immigrés, ne peut dépasser neuf mois. Elle est renouvelable. — *[Anc. art. R. 830-2, al. 4.]*

Art. R. 5523-10 L'étranger qui souhaite exercer une activité professionnelle salariée à Saint-Pierre-et-Miquelon joint à sa première demande d'autorisation de travail le contrat ou la promesse d'embauche, précisant la profession, le salaire offert et la durée hebdomadaire de travail, revêtus du visa du chef du service du travail et de l'emploi qu'il a dû obtenir avant son entrée dans cette collectivité. – *[Anc. art. R. 830-3, al. 1ᵉʳ.]*

Art. R. 5523-11 Par dérogation à l'article R. 5523-10, l'étranger qui séjourne régulièrement à Saint-Pierre-et-Miquelon peut être autorisé à y travailler. Il joint à sa demande un contrat de travail. – *[Anc. art. R. 830-3, al. 2.]*

Art. R. 5523-12 Pour les marins, les autorisations mentionnées à l'article R. 5523-10 sont délivrées par l'autorité maritime dans les conditions fixées au code du travail maritime. – *[Anc. art. R. 830-3, al. 3.]*

Art. R. 5523-13 A Saint-Pierre-et-Miquelon, sauf s'il est titulaire d'une carte de résident, l'étranger qui sollicite le renouvellement de l'autorisation de travail joint à sa demande un contrat ou une promesse de contrat de travail précisant la profession, le salaire offert et la durée hebdomadaire de travail. – *[Anc. art. R. 830-4.]*

Art. R. 5523-14 Pour accorder ou refuser l'autorisation de travail sollicitée, le préfet de Saint-Pierre-et-Miquelon prend notamment en considération :
 1° La situation de l'emploi présente et à venir dans la profession demandée par le travailleur étranger ;
 2° Les conditions d'application par l'employeur de la réglementation relative au travail ;
 3° Les conditions d'emploi et de rémunération offertes au travailleur étranger, qui doivent être identiques à celles dont bénéficient les travailleurs français ;
 4° Les dispositions prises par l'employeur pour assurer ou faire assurer, dans des conditions normales, le logement du travailleur étranger. – *[Anc. art. R. 830-5, al. 1ᵉʳ à 5.]*

Art. R. 5523-15 Seuls les éléments d'appréciation mentionnés aux 2° et 3° de l'article R. 5523-14 sont pris en considération pour l'examen des demandes présentées par les réfugiés et par les apatrides. – *[Anc. art. R. 830-5, al. 6.]*

CHAPITRE IV LE DEMANDEUR D'EMPLOI

SECTION UNIQUE Dispositions relatives à Mayotte

(Décr. n° 2018-953 du 31 oct. 2018, art. 6)

SOUS-SECTION 1 Droits et obligations du demandeur d'emploi

Art. R. 5524-1 Pour l'application à Mayotte de l'article R. 5411-6, les mots : ″au titre des 2° et 3° de l'article L. 341-4 du code de la sécurité sociale″ sont remplacés par les mots : ″à l'article 20-8-1 de l'ordonnance n° 96-1122 du 20 décembre 1996 relative à l'amélioration de la santé publique, à l'assurance maladie, maternité, invalidité et décès, au financement de la sécurité sociale à Mayotte et à la caisse de sécurité sociale de Mayotte″.

Art. R. 5524-2 A Mayotte, lorsque le bénéficiaire est marié sous le régime du statut civil de droit local, dans sa version antérieure à l'ordonnance n° 2010-590 du 3 juin 2010 portant dispositions relatives au statut civil de droit local applicable à Mayotte et aux juridictions compétentes, le plafond de ressources applicable est celui prévu à l'article R. 5423-1, pour les bénéficiaires en couple. Seules ses ressources ainsi que celles de sa première épouse sont prises en compte pour l'application de l'article R. 5423-2.
 Ses épouses peuvent, le cas échéant, bénéficier à titre personnel de l'allocation de solidarité spécifique dans les conditions prévues aux articles R. 5423-1 et R. 5423-2.

SOUS-SECTION 2 Indemnisation du demandeur d'emploi

Art. R. 5524-3 Les articles R. 5422-1 et R. 5422-2 ne sont pas applicables à Mayotte.

Art. R. 5524-4 Pour les salariés justifiant d'une durée d'affiliation de cent quatre-vingt-deux jours ou mille quatorze heures au cours des vingt-quatre mois précédant la

Art. R. 5524-5 Par dérogation à l'article R. 5524-4, lorsque l'intéressé n'a pas épuisé les droits à l'allocation d'aide au retour à l'emploi qui lui ont été précédemment octroyées *[octroyés]* et qu'il remplit les conditions permettant une nouvelle ouverture de droits, la durée d'indemnisation est établie de manière à permettre le versement du montant global de droits le plus élevé et du montant de l'allocation d'aide au retour à l'emploi calculée à partir du salaire journalier de référence le plus élevé, selon des modalités définies dans l'accord relatif à l'assurance chômage prévu à l'article L. 5524-3.

Ces durées sont diminuées, le cas échéant, de la durée du contrat de sécurisation professionnelle conclu en application de l'article L. 1233-65 du code du travail dont l'intéressé a bénéficié à la fin du même contrat de travail.

Art. R. 5524-6 Pour l'application à Mayotte de l'article R. 5422-16, la référence : "L. 5422-22" est remplacée par la référence : "L. 5524-3".

Art. R. 5524-7 Pour l'application à Mayotte de l'article R. 5422-17, la référence : "L. 5422-23" est remplacée par la référence : "L. 5524-3".

SOUS-SECTION 3 **Régimes particuliers**

Art. R. 5524-8 Pour l'application à Mayotte de l'article R. 5424-2, il est ajouté, après les mots : "affiliés au régime d'assurance", les mots : "applicable à Mayotte".

Art. R. 5524-9 Pour l'application à Mayotte de l'article R. 5424-3 :

1° Au premier alinéa, après les mots : "régime d'assurance", il est inséré les mots : "applicable à Mayotte" ;

2° Au 2°, après les mots : "régime d'assurance", il est inséré les mots : "applicable à Mayotte".

Art. R. 5524-10 Les dispositions de la section 3 du chapitre IV du titre II du livre IV de la cinquième partie du code du travail (partie réglementaire) ne sont pas applicables à Mayotte.

Art. R. 5524-11 (*Décr. n° 2019-796 du 26 juill. 2019, art. 2, en vigueur le 1ᵉʳ nov. 2019*) Les dispositions de la section 4 du chapitre IV du titre II du livre IV de la cinquième partie du code du travail (partie réglementaire) sont applicables à Mayotte, sous réserve des adaptations suivantes :

1° Le montant des revenus antérieurs d'activité mentionnés au 3° de l'article R. 5424-70 est fixé à 7 500 euros (*Décr. n° 2022-450 du 30 mars 2022, art. 4, en vigueur le 1ᵉʳ avr. 2022*) « calculés sur une période de référence définie au II de l'article R. 5424-71 » ;

2° Au 4° de l'article R. 5424-70, les mots "inférieures au montant forfaitaire mensuel" sont remplacés par les mots "inférieures à 75 % du montant forfaitaire mensuel".

TITRE III MESURES DE COORDINATION AVEC LES AUTRES COLLECTIVITÉS ULTRA-MARINES (*Décr. n° 2018-953 du 31 oct. 2018, art. 6*).

Ce titre ne contient pas de dispositions réglementaires.

SIXIÈME PARTIE LA FORMATION PROFESSIONNELLE TOUT AU LONG DE LA VIE

LIVRE I PRINCIPES GÉNÉRAUX ET ORGANISATION INSTITUTIONNELLE DE LA FORMATION PROFESSIONNELLE

TITRE I PRINCIPES GÉNÉRAUX

CHAPITRE I DISPOSITIONS COMMUNES

(Décr. n° 2015-742 du 24 juin 2015, art. 1er)

SECTION 1 Système d'information relatif à l'offre de formation professionnelle

Art. R. 6111-1 Le système d'information national prévu à l'article L. 6111-7 utilise un langage de référence commun dénommé "Langage harmonisé d'échange d'informations sur l'offre de formation – LHÉO".

Art. R. 6111-2 Le langage de référence mentionné à l'article R. 6111-1 est défini par arrêté du ministre en charge de la formation professionnelle, pris après avis de la (Décr. n° 2018-1262 du 26 déc. 2018, art. 1er) « Commission nationale de la négociation collective, de l'emploi et de la formation professionnelle » et publié au *Journal officiel* de la République française. Il est actualisé de façon régulière.

Il est mis à disposition du public par voie dématérialisée.

Art. R. 6111-3 L'information préalable relative aux sessions de formation prévue au premier alinéa de l'article L. 6121-5 et l'information relative à l'offre de formation professionnelle continue sur le territoire par la région déterminée à l'article L. 6121-6 sont diffusées selon le langage de référence mentionné à l'article R. 6111-1.

Le système d'information du compte personnel de formation défini au II de l'article L. 6323-8 recense l'offre de formation professionnelle selon le même langage.

Art. R. 6111-4 Les membres du service public de l'emploi, les opérateurs du conseil en évolution professionnelle ainsi que les organismes mentionnés aux 3° et 4° du II de l'article L. 6323-4 sont destinataires des informations mentionnées au premier alinéa de l'article R. 6111-3.

SECTION 2 Conseil en évolution professionnelle

(Décr. n° 2019-657 du 27 juin 2019, en vigueur le 1er janv. 2020)

Art. R. 6111-5 I. – Lorsque le ministre chargé de la formation professionnelle constate que les institutions et organismes mentionnés au 1° *bis* de l'article L. 5311-4 et à l'article L. 5314-1, Pôle emploi [*France Travail depuis le 1er janv. 2024*] et l'institution chargée de l'amélioration du fonctionnement du marché de l'emploi des cadres créée par l'accord national interprofessionnel du 12 juillet 2011 relatif à l'Association pour l'emploi des cadres, chargés de délivrer le conseil en évolution professionnelle au titre de l'article L. 6111-6, ne fournissent pas, pendant une durée supérieure à six mois, les données relatives au parcours professionnel et au parcours de formation du bénéficiaire prévues [à] l'article R. 6323-34, ainsi que les données relatives à leur activité de conseil prévues à l'article L. 6111-6-1, il les met en demeure de se mettre en conformité avec les obligations mentionnées à l'article L. 6111-6-1 dans un délai de deux mois. A l'expiration de ce délai, si les organismes ne se sont pas mis en conformité avec leurs obligations, ils ne bénéficient plus des dispositions de l'article L. 6111-6. Le ministre chargé de la formation professionnelle leur en fait notification, par tout moyen donnant date certaine à cette notification et en informe France compétences.

II. – Lorsque le conseil d'administration de France compétences constate que les opérateurs chargés de délivrer le conseil en évolution professionnelle désignés au titre du 4° de l'article L. 6123-5 ne fournissent pas, dans les conditions prévues à l'article L. 6111-6-1, pendant une durée supérieure à six mois, les données relatives au parcours professionnel et au parcours de formation du bénéficiaire prévues à l'article R. 6323-34, ainsi que les données relatives à leur activité de conseil prévues à l'article L. 6111-6-1, il les met en demeure de se mettre en conformité avec ces obligations dans un délai de deux mois. A l'expiration de ce délai, si les organismes ne se sont pas mis en conformité avec leurs obligations, France compétences résilie le contrat conclu avec les opérateurs. France compétences leur notifie cette résiliation, par tout moyen donnant date certaine à cette notification, et en informe le ministre chargé de la formation professionnelle.

Art. D. 6111-6 (Décr. n° 2018-1234 du 24 déc. 2018, en vigueur le 1er janv. 2019) Les institutions, organismes et opérateurs mentionnés à l'article L. 6111-6 assurent le conseil en évolution professionnelle.

Ils assurent l'information directe des personnes sur les modalités d'accès à ce conseil et sur son contenu, notamment en organisant des sessions d'information des personnes en activité professionnelle et des demandeurs d'emploi au titre du conseil en évolution professionnelle.

Ces institutions, organismes et opérateurs informent les personnes dès leur premier entretien sur les modalités d'accès et le contenu du conseil en évolution professionnelle, selon les modalités prévues par l'arrêté mentionné à l'article L. 6111-6.

Art. D. 6111-7 (Décr. n° 2018-1234 du 24 déc. 2018, en vigueur le 1er janv. 2019) Les institutions, organismes et opérateurs chargés de délivrer le conseil en évolution professionnelle évaluent l'apport du conseil sur leurs bénéficiaires et partagent ces données dans les conditions prévues à l'article L. 6353-10 du code du travail.

SECTION 3 Centres de conseils sur la validation des acquis de l'expérience

(Décr. n° 2019-1303 du 6 déc. 2019)

Art. D. 6111-8 (Décr. n° 2020-19 du 9 janv. 2020) Les régions organisent la publication et transmettent la liste et les coordonnées des centres de conseil sur la validation des acquis de l'expérience mentionnés au I de l'article L. 6111-3 au portail national dématérialisé dédié à la validation des acquis de l'expérience.

V. site www.vae.gouv.fr.

CHAPITRE II ÉGALITÉ D'ACCÈS À LA FORMATION

Art. D. 6112-1 Toute personne concourant à la formation professionnelle tout au long de la vie est formée aux règles relatives à l'égalité professionnelle entre les femmes et les hommes et contribue, dans l'exercice de son activité, à favoriser cette égalité. — [Anc. art. L. 900-5, al. 3.]

Art. D. 6112-2 (Décr. n° 2019-1422 du 20 déc. 2019) Les actions de formation certifiantes nécessaires à l'obtention de la certification relative aux compétences acquises dans l'exercice d'un mandat de représentant du personnel ou d'un mandat syndical, notamment les actions de positionnement, d'accompagnement et d'évaluation des compétences, constituent un temps de travail effectif et donnent lieu pendant leur déroulement au maintien par l'entreprise de la rémunération, conformément aux dispositions de l'article L. 6321-6, dès lors qu'elles ne relèvent pas des exceptions prévues aux 1° et 2° de ce même article.

CHAPITRE III LA CERTIFICATION PROFESSIONNELLE

(Décr. n° 2018-1172 du 18 déc. 2018, en vigueur le 1er janv. 2019)

SECTION 1 Commission de la certification professionnelle

Art. R. 6113-1 I. — La commission de France compétences en charge de la certification professionnelle prévue à l'article L. 6113-6 est dénommée : "Commission de la certification professionnelle". Elle est composée, outre de son président, des membres suivants, nommés pour une durée de cinq ans par arrêté du ministre chargé de la formation professionnelle :

1° Huit représentants de l'État, désignés respectivement par le ministre chargé de la formation professionnelle, le ministre chargé de l'éducation nationale, le ministre chargé de l'enseignement supérieur, le ministre chargé de la santé, le ministre chargé des sports, le ministre chargé de l'agriculture, le ministre chargé des affaires sociales et le ministre chargé de la culture ;

2° Deux représentants de conseils régionaux ou d'assemblées délibérantes ultramarines exerçant les compétences dévolues aux conseils régionaux en matière de formation professionnelle, désignés par le ministre chargé de la formation professionnelle, sur proposition de l'Association des régions de France ;

3° Un représentant de chaque organisation syndicale de salariés représentative au niveau national et interprofessionnel, sur proposition de leur organisation respective ;

4° Un représentant de chaque organisation professionnelle d'employeurs représentative au niveau national et interprofessionnel, sur proposition de leur organisation respective.

II. – Participent aux débats, sans voix délibérative :

1° A la demande des ministres concernés, un représentant du ministre chargé de l'économie, un représentant du ministre chargé du développement durable, un représentant du ministre chargé du travail, un représentant du ministre chargé de la jeunesse et un représentant du ministre de la défense ;

2° Les rapporteurs, auprès de la commission, des demandes d'enregistrement prévues au II de l'article L. 6113-5 et à l'article L. 6113-6, des projets des demandes prévues à l'article L. 6113-7 et du projet de liste annuelle des métiers considérés comme particulièrement en évolution ou en émergence prévue à l'article R. 6113-12 ;

3° Toute personne dont l'audition est de nature à éclairer les débats, sur invitation du président ;

(Décr. n° 2021-389 du 2 avr. 2021, art. 1er, en vigueur le 1er sept. 2021) « 4° Un membre nommé pour une durée de cinq ans par arrêté du ministre chargé de la formation professionnelle, sur proposition du Conseil national consultatif des personnes handicapées. »

Art. R. 6113-2 Pour chaque membre titulaire de la commission, à l'exception du président, un suppléant de l'autre sexe est désigné et nommé dans les mêmes conditions qu'à l'article R. 6113-1.

Art. R. 6113-3 Lorsqu'un membre décède, démissionne ou perd la qualité au titre de laquelle il a été désigné, il est remplacé pour la durée du mandat restant à courir par une personne désignée dans les mêmes conditions et, sauf s'il s'agit du président, du même sexe.

(Décr. n° 2021-389 du 2 avr. 2021, art. 1er, en vigueur le 1er sept. 2021) « Les dispositions de l'alinéa précédent ne sont pas applicables au remplaçant d'un membre nommé au titre du 4° du II de l'article R. 6113-1. »

En cas d'empêchement temporaire du président, la commission est présidée par un membre élu à la majorité simple des voix exprimées par les membres présents.

Art. R. 6113-4 Avec l'accord du président, les membres de la commission peuvent participer aux débats au moyen d'une conférence téléphonique ou audiovisuelle.

Lorsqu'il n'est pas suppléé, un membre empêché peut donner son mandat à un autre membre ayant voix délibérative. Un membre ne peut détenir plus d'un mandat. Le mandat n'est valable que pour la séance pour laquelle il a été donné.

Les avis de la commission sont adoptés à la majorité simple des voix exprimées. Le président a voix prépondérante en cas de partage égal des voix.

Le quorum est atteint lorsque la moitié au moins des membres composant la commission sont présents, y compris les membres prenant part aux débats au moyen d'une conférence téléphonique ou audiovisuelle, ou ont donné mandat. Lorsque le quorum n'est pas atteint, la commission délibère valablement sans condition de quorum après une nouvelle convocation portant sur le même ordre du jour et spécifiant qu'aucun quorum ne sera exigé.

Art. R. 6113-5 La commission élabore son règlement intérieur qui précise notamment les règles de prévention des conflits d'intérêts. Ce règlement est applicable après son approbation par le conseil d'administration de France compétences.

Art. R. 6113-6 La commission se réunit sur convocation de son président, qui arrête son programme de travail annuel et fixe l'ordre du jour de chaque séance.

Le président peut solliciter, en tant que de besoin, l'avis ou l'expertise d'autorités publiques pour l'appréciation des critères d'examen des demandes d'enregistrement dans les répertoires nationaux fixés aux articles R. 6113-9 et R. 6113-11.

Art. R. 6113-7 Dans l'exercice de ses missions définies aux articles L. 6113-4 à L. 6113-8, la commission :

1° Contribue à l'harmonisation de la terminologie employée par les ministères et organismes certificateurs pour l'intitulé des certifications professionnelles, les activités qu'elles visent et les compétences qu'elles attestent ;

2° Veille à la qualité de l'information, à destination des personnes et des entreprises, relative aux certifications professionnelles et certifications et habilitations enregistrées dans les répertoires nationaux et aux certifications reconnues dans les États membres de l'Union européenne ou parties à l'accord sur l'Espace économique européen et s'assure notamment que les référentiels des certifications professionnelles enregistrées dans le répertoire national des certifications professionnelles sont accessibles au public ;

3° Contribue aux travaux internationaux sur la qualité des certifications ;

4° Peut être saisie par les ministères et les commissions paritaires nationales de l'emploi de branches professionnelles de toute question relative aux certifications professionnelles.

Pour l'exercice de ses missions, la commission tient compte des travaux des observatoires de l'emploi et des qualifications régionaux, nationaux et internationaux, du centre d'études et de recherches sur les qualifications et des observatoires prospectifs des métiers et des qualifications mis en place par les commissions paritaires nationales de l'emploi de branches professionnelles. Elle peut solliciter le conseil d'administration de France compétences pour la réalisation de toute action qu'elle juge nécessaire en matière d'évaluation de la politique de certification professionnelle.

SECTION 2 **Enregistrement dans les répertoires nationaux**

SOUS-SECTION 1 **Conditions de l'enregistrement aux répertoires nationaux** (*Décr. n° 2019-1490 du 27 déc. 2019, art. 1er, en vigueur le 1er janv. 2021*).

Art. R. 6113-8 Pour permettre l'enregistrement d'une certification professionnelle ou d'une certification ou habilitation dans les répertoires nationaux au titre des procédures prévues aux articles L. 6113-5 et L. 6113-6, les ministères ou organismes certificateurs transmettent au directeur général de France compétences les informations dont la liste et le contenu sont fixés par arrêté du ministre chargé de la formation professionnelle. – *V. Arr. du 4 janv. 2019, JO 15 janv., NOR : MTRD1835660A.*

Art. R. 6113-9 Les demandes d'enregistrement dans le répertoire national des certifications professionnelles au titre du II de l'article L. 6113-5 sont examinées selon les critères suivants :

1° L'adéquation des emplois occupés par rapport au métier visé par le projet de certification professionnelle s'appuyant sur l'analyse d'au moins deux promotions de titulaires (*Abrogé par Décr. n° 2021-389 du 2 avr. 2021, art. 1er*) « *du projet de certification professionnelle* » ;

2° L'impact du projet de certification professionnelle en matière d'accès ou de retour à l'emploi, apprécié pour au moins deux promotions de titulaires et comparé à l'impact de certifications (*Décr. n° 2021-389 du 2 avr. 2021, art. 1er*) « *professionnelles* » visant des métiers similaires ou proches ;

3° La qualité du référentiel d'activités, du référentiel de compétences et du référentiel d'évaluation (*Décr. n° 2021-389 du 2 avr. 2021, art. 1er, en vigueur le 1er sept. 2021*) « ainsi que leur cohérence d'ensemble et l'absence de reproduction littérale de tout ou partie du contenu d'un référentiel existant. Pour l'appréciation de la qualité du référentiel de compétences, il est tenu compte, le cas échéant, des compétences liées à la prise en compte des situations de handicap, de l'accessibilité et de la conception universelle telle que définie par l'article 2 de la convention relative aux droits des personnes handicapées du 30 mars 2007 ; » – *Les dispositions du 3°, dans leur rédaction issue du Décr. n° 2021-389 du 2 avr. 2021, s'appliquent aux demandes d'enregistrement dans les répertoires nationaux dont la date de transmission au directeur général de France compétences est postérieure au 31 août 2021 (Décr. préc., art. 3-I).*

4° La mise en place de procédures de contrôle de l'ensemble des modalités d'organisation des épreuves d'évaluation ;

5° La prise en compte des contraintes légales et réglementaires liées à l'exercice du métier visé par le projet de certification professionnelle ;

6° La possibilité d'accéder au projet de certification professionnelle par la validation des acquis de l'expérience ;

7° La cohérence des blocs de compétences constitutifs du projet de certification professionnelle et de leurs modalités spécifiques d'évaluation ;

(Décr. n° 2021-389 du 2 avr. 2021, art. 1ᵉʳ) « 8° Le cas échéant, la cohérence :

« – des correspondances totales mises en place par le demandeur entre le projet de certification professionnelle et des certifications professionnelles équivalentes et de même niveau de qualification ;

« – des correspondances partielles mises en place par le demandeur entre un ou plusieurs blocs de compétences de ce projet et les blocs de compétences d'autres certifications professionnelles ;

« – des correspondances mises en place par le demandeur entre un ou plusieurs blocs de compétences de ce projet et des certifications ou habilitations enregistrées dans le répertoire spécifique ; »

9° Le cas échéant, les modalités d'association des commissions paritaires nationales de l'emploi de branches professionnelles dans l'élaboration ou la validation des référentiels.

(Décr. n° 2021-389 du 2 avr. 2021, art. 1ᵉʳ) « Les critères d'examen prévus aux 1° et 2° ne sont pas applicables aux premières demandes d'enregistrement relatives aux projets de certifications professionnelles pour lesquelles un enregistrement dans le répertoire national des certifications professionnelles est requis pour permettre l'exercice d'une activité professionnelle sur le territoire national en application d'une norme internationale ou d'une disposition législative ou réglementaire. »

Art. R. 6113-10 En application du II de l'article L. 6113-5, la commission de la certification professionnelle établit, selon une périodicité annuelle *(Décr. n° 2021-389 du 2 avr. 2021, art. 1ᵉʳ)* « , après avis » d'un comité scientifique composé *(Abrogé par Décr. n° 2021-389 du 2 avr. 2021, art. 1ᵉʳ)* « *du président de la commission et* » de trois personnalités qualifiées nommées *(Décr. n° 2021-389 du 2 avr. 2021, art. 1ᵉʳ)* « pour une durée de trois ans » par arrêté du ministre chargé de la formation professionnelle, une liste des métiers considérés comme particulièrement en évolution ou en émergence.

Les demandes d'enregistrement portant sur un projet de certification professionnelle relatif à un métier figurant sur la liste mentionnée au précédent alinéa ne sont pas soumises aux critères d'examen prévus aux 1° et 2° de l'article R. 6113-9.

L'enregistrement effectué au titre de la procédure du présent article est d'une durée maximale de trois ans.

Art. R. 6113-11 Les demandes d'enregistrement des projets de certifications et habilitations au titre de l'article L. 6113-6 sont examinées selon les critères suivants :

1° L'adéquation des connaissances et compétences visées par rapport aux besoins du marché du travail ;

2° La qualité du référentiel de compétences et du référentiel d'évaluation *(Décr. n° 2021-389 du 2 avr. 2021, art. 1ᵉʳ, en vigueur le 1ᵉʳ sept. 2021)* « ainsi que leur cohérence d'ensemble et l'absence de reproduction littérale de tout ou partie du contenu d'un référentiel existant. Pour l'appréciation de la qualité du référentiel de compétences, il est tenu compte, le cas échéant, des compétences liées à la prise en compte des situations de handicap, de l'accessibilité et de la conception universelle telle que définie par l'article 2 de la convention relative aux droits des personnes handicapées du 30 mars 2007 ; » *– Les dispositions du 2° dans leur rédaction issue du Décr. n° 2021-389 du 2 avr. 2021 s'appliquent aux demandes d'enregistrement dans les répertoires nationaux dont la date de transmission au directeur général de France compétences est postérieure au 31 août 2021 (Décr. préc., art. 3-I).*

3° La mise en place de procédures de contrôle de l'ensemble des modalités d'organisation des épreuves d'évaluation ;

4° La prise en compte des contraintes légales et réglementaires liées à l'exercice des compétences professionnelles visées par le projet de certification ou d'habilitation ;

5° Le cas échéant, la cohérence des correspondances mises en place *(Décr. n° 2021-389 du 2 avr. 2021, art. 1ᵉʳ, en vigueur le 1ᵉʳ sept. 2021)* « par le demandeur » avec des blocs de compétences de certifications professionnelles enregistrées dans le répertoire national des certifications professionnelles ;

6° Le cas échéant, les modalités d'association des commissions paritaires nationales de l'emploi de branches professionnelles dans l'élaboration ou la validation des référentiels.

V. Arr. du 17 déc. 2018, NOR : MTRD1833692A (JO 26 déc.), et Arr. du 7 déc. 2021, NOR : MTRD2131642A (JO 15 déc.).

Art. R. 6113-12 Le directeur général de France compétences prononce, par décision publiée au *Journal officiel* de la République française et mise en ligne sur le site internet de France compétences, l'enregistrement des certifications professionnelles dans le répertoire national des certifications professionnelles au titre de la procédure prévue au II de l'article L. 6113-5 et l'enregistrement des certifications et habilitations dans le répertoire spécifique au titre de la procédure prévue à l'article L. 6113-6.

Art. R. 6113-13 Les demandes tendant à la mise en place de correspondances totales ou partielles en application de l'article L. 6113-7 sont notifiées aux ministères et organismes certificateurs par le président de la commission de la certification professionnelle.

Les ministères et organismes certificateurs disposent d'un délai de *(Décr. n° 2021-389 du 2 avr. 2021, art. 1ᵉʳ)* « six » mois à compter de cette notification pour faire part de leurs observations écrites.

Au terme de ce délai et au vu des observations produites, la commission de la certification professionnelle confirme, modifie ou infirme sa demande initiale. Cette *(Décr. n° 2021-389 du 2 avr. 2021, art. 1ᵉʳ)* « décision » est notifiée par son président aux ministères et *[aux]* organismes certificateurs.

Le ministère ou l'organisme certificateur dispose d'un délai *(Décr. n° 2021-389 du 2 avr. 2021, art. 1ᵉʳ)* « de six mois » à compter de cette notification pour se conformer à la demande de la commission de la certification professionnelle et l'en informer. À défaut de mise en conformité, le directeur général de France compétences notifie au ministère ou à l'organisme certificateur le retrait de la certification professionnelle du répertoire national de la certification professionnelle.

Les dispositions du dernier al., dans leur rédaction issue du Décr. n° 2021-389 du 2 avr. 2021, s'appliquent aux notifications adressées aux ministères et organismes certificateurs par le président de la commission de la certification professionnelle à compter de l'entrée en vigueur du Décr. n° 2021-389 du 2 avr. 2021 (Décr. préc., art. 3-IV).

Art. R. 6113-14 Nul ne peut exercer, en droit ou en fait, une fonction de direction ou d'administration dans un organisme certificateur au sens de l'article L. 6113-2 s'il a fait l'objet d'une condamnation pour crime ou délit contraire à la probité et aux bonnes mœurs.

Cette condition d'honorabilité s'apprécie au moment de la demande d'enregistrement d'un projet de certification professionnelle ou de certification ou habilitation dans les répertoires nationaux et à tout moment pendant la période d'enregistrement.

Le bulletin n° 3 du casier judiciaire ayant moins de trois mois de date des personnes mentionnées au premier alinéa est annexé au dossier de demande d'enregistrement adressé au directeur général de France compétences. L'absence de transmission de ce bulletin à l'échéance d'un délai d'un mois à compter de la notification d'une mise en demeure par le directeur général de France compétences entraîne l'irrecevabilité de la demande d'enregistrement.

En cas de changement du personnel de direction au cours de la période d'enregistrement, le bulletin n° 3 du casier judiciaire ayant moins de trois mois de date des personnes concernées est adressé au directeur général de France compétences. L'absence de transmission de ce bulletin à l'échéance d'un délai de deux mois à compter de la notification d'une mise en demeure par le directeur général de France compétences entraîne le retrait de la certification professionnelle du répertoire national de la certification professionnelle ou de la certification ou habilitation du répertoire spécifique.

En cas de signalement identifiant un risque imminent et sérieux d'atteinte à l'intégrité physique ou morale des candidats à l'acquisition d'une certification professionnelle ou d'une certification ou habilitation enregistrée dans les répertoires nationaux, le directeur général de France compétences peut procéder, à titre conservatoire, à la suspension de l'enregistrement de la certification professionnelle ou de la certification ou habilitation.

Art. R. 6113-14-1 (Décr. n° 2021-389 du 2 avr. 2021, art. 1er) Les ministres et organismes certificateurs s'assurent que les informations communiquées au public relatives aux certifications professionnelles, aux certifications ou aux habilitations enregistrées dans les répertoires nationaux sont conformes aux informations transmises au directeur général de France compétences pour l'appréciation des critères d'examen fixés aux articles R. 6113-9 et R. 6113-11, que ces informations soient transmises par leurs soins ou par les organismes qu'ils habilitent pour préparer à acquérir, évaluer ou délivrer ces certifications professionnelles, certifications ou habilitations.

Art. R. 6113-15 Les ministres et organismes certificateurs communiquent au directeur général de France compétences, au minimum tous les deux ans, les données statistiques portant sur l'insertion professionnelle des titulaires des certifications professionnelles enregistrées dans le répertoire national des certifications professionnelles au titre du II de l'article L. 6113-5.

Art. R. 6113-16 Les ministres et organismes certificateurs communiquent au directeur général de France compétences (Décr. n° 2021-389 du 2 avr. 2021, art. 1er) « , lors de la demande d'enregistrement, » les habilitations qu'ils délivrent à des organismes pour préparer à acquérir, évaluer ou délivrer les certifications professionnelles et les certifications et habilitations, selon des modalités définies par arrêté du ministre chargé de la formation professionnelle.

(Décr. n° 2021-389 du 2 avr. 2021, art. 1er) « Les ministres et organismes certificateurs communiquent au directeur général de France compétences, dans un délai de trois mois, toute modification portant sur ces habilitations. »

Art. R. 6113-17 I. — Le directeur général de France compétences peut, notamment en cas de signalement effectué sur le fondement du dernier alinéa de l'article R. 6113-14, demander tous documents et pièces lui permettant de s'assurer, pendant la durée de l'enregistrement, du respect de la condition d'honorabilité prévue à l'article R. 6113-14 (Décr. n° 2021-389 du 2 avr. 2021, art. 1er) « , du respect de l'obligation relative aux informations communiquées au public prévue à l'article R. 6113-14-1 » ou du respect des critères mentionnés aux articles R. 6113-9 et R. 6113-11 au regard desquels ont été enregistrés [enregistrées] les certifications professionnelles et les certifications ou habilitations.

Au regard des éléments transmis au titre du premier alinéa, un rapport d'(Décr. n° 2021-389 du 2 avr. 2021, art. 1er) « observations » peut être notifié (Décr. n° 2021-389 du 2 avr. 2021, art. 1er) « par le directeur général de France compétences aux ministres et organismes certificateurs en cas de non-respect des obligations mentionnées au premier alinéa, » avec l'indication du délai dont ils disposent pour présenter des observations écrites et demander, le cas échéant, à être entendus. Ce délai ne peut être inférieur à trente jours à compter de la date de la notification.

II. — Sans préjudice des dispositions du dernier alinéa de l'article R. 6113-14, en cas de non-respect de la condition d'honorabilité prévue à l'article R. 6113-14 ou d'atteintes graves et avérées à l'intégrité physique ou morale des candidats à l'acquisition d'une certification professionnelle ou d'une certification ou habilitation enregistrée dans les répertoires nationaux, le directeur général de France compétences prononce, à l'issue de la procédure prévue au I et après avis de la commission de la certification professionnelle, en fonction de la gravité des manquements constatés, et par une décision motivée qu'il notifie à l'organisme certificateur, la suspension ou le retrait des répertoires nationaux de certaines ou de l'ensemble des certifications professionnelles ou certifications ou habilitations délivrées par l'organisme concerné.

III. — *(Abrogé par Décr. n° 2021-389 du 2 avr. 2021, art. 1ᵉʳ)* « *A l'issue de la procédure prévue au I,* » En cas de non-respect des critères mentionnés aux articles R. 6113-9 et R. 6113-11 au regard desquels ont été enregistrés *[enregistrées]* les certifications professionnelles et les certifications ou habilitations, *(Décr. n° 2021-389 du 2 avr. 2021, art. 1ᵉʳ)* « ou des obligations prévues aux articles R. 6113-14-1, R. 6113-15 et R. 6113-16 », une mise en demeure est notifiée aux *(Décr. n° 2021-389 du 2 avr. 2021, art. 1ᵉʳ)* « ministères ou » organismes certificateurs par le directeur général de France compétences avec l'indication du délai dont ils disposent pour se mettre en conformité avec leurs obligations. Les *(Décr. n° 2021-389 du 2 avr. 2021, art. 1ᵉʳ)* « ministères et » organismes certificateurs peuvent présenter des observations écrites et demander, le cas échéant, à être *(Décr. n° 2021-389 du 2 avr. 2021, art. 1ᵉʳ)* « entendus ». Ce délai ne peut être inférieur à soixante jours à compter de la date de la notification.

En l'absence de mise en conformité dans le délai prévu à l'alinéa précédent, le directeur général de France compétences prononce, par une décision motivée qu'il notifie *(Décr. n° 2021-389 du 2 avr. 2021, art. 1ᵉʳ)* « au ministère ou » à l'organisme certificateur, le retrait des répertoires nationaux, selon la gravité des faits, de certaines ou de l'ensemble des certifications professionnelles ou certifications ou habilitations délivrées par *(Décr. n° 2021-389 du 2 avr. 2021, art. 1ᵉʳ)* « le ministère ou » l'organisme concerné.

La décision de retrait du directeur de France compétences peut être assortie d'une interdiction de présenter un nouveau projet de certification professionnelle ou de certification ou habilitation pendant un délai d'un an.

La décision ne peut être prononcée qu'au vu des observations écrites et après audition, le cas échéant, de l'intéressé, à moins qu'aucun document ni aucune demande d'audition n'ait été présenté avant l'expiration des délais prévus aux alinéas précédents.

SOUS-SECTION 2 **Transmission au système d'information du compte personnel de formation des informations relatives aux titulaires des certifications enregistrées aux répertoires nationaux**

(Décr. n° 2019-1490 du 27 déc. 2019, art. 1ᵉʳ, en vigueur le 1ᵉʳ janv. 2021)

Art. R. 6113-17-1 *(Décr. n° 2019-1490 du 27 déc. 2019, art. 1ᵉʳ, mod. par Décr. n° 2020-894 du 22 juill. 2020, art. 4, en vigueur le 1ᵉʳ juill. 2021)* Les informations relatives aux titulaires des certifications professionnelles enregistrées au répertoire national des certifications professionnelles mentionné à l'article L. 6113-5 et des certifications ou habilitations enregistrées au répertoire spécifique mentionné à l'article L. 6113-6 qui sont transmises au système d'information du compte personnel de formation en application de l'article L. 6113-8 relèvent des catégories suivantes :

1° Les données relatives à l'identification des personnes, à l'exception du numéro d'inscription des personnes au répertoire national d'identification des personnes physiques ;

2° Les données relatives aux certifications professionnelles et aux certifications ou habilitations obtenues.

Sur la définition des données mentionnées et leurs modalités de transmission, V. Arr. du 21 mai 2021, NOR : MTRD2109681A (JO 9 juin).

V. https://www.moncompteformation.gouv.fr.

Art. R. 6113-17-2 *(Décr. n° 2019-1490 du 27 déc. 2019, art. 1ᵉʳ, mod. par Décr. n° 2020-894 du 22 juill. 2020, art. 4, en vigueur le 1ᵉʳ juill. 2021)* Les ministères et organismes certificateurs mentionnés à l'article L. 6113-2 transmettent au système d'information du compte personnel de formation les données mentionnées à l'article R. 6113-17-1 dans un délai de trois mois à compter de la date de délivrance des certifications professionnelles ou des certifications ou habilitations.

Art. R. 6113-17-3 *(Décr. n° 2019-1490 du 27 déc. 2019, art. 1ᵉʳ, mod. par Décr. n° 2020-894 du 22 juill. 2020, art. 4, en vigueur le 1ᵉʳ juill. 2021)* I. — Lorsqu'il constate un manquement à l'obligation de transmission des informations prévue à l'article R. 6113-17-1, le directeur général de la Caisse des dépôts et consignations notifie au ministère ou à l'organisme certificateur, par tout moyen donnant date certaine à sa réception, une mise en demeure indiquant le délai dont il dispose pour se mettre en conformité avec ses obligations, lequel ne peut être inférieur à soixante jours à compter de la date de notification de la mise en demeure. Le directeur général informe le ministère ou l'organisme certificateur qu'il peut présenter des observations écrites et demander à être entendu.

En l'absence de mise en conformité dans le délai imparti, le directeur général de la Caisse des dépôts et consignations en informe le directeur général de France compétences en lui transmettant, le cas échéant, les observations écrites ou le procès-verbal d'audition du ministère ou de l'organisme certificateur. Le directeur général de France compétences peut, selon la nature et la gravité du manquement, notifier au ministère ou à l'organisme certificateur :

1° La suspension ou le retrait des répertoires nationaux de la certification professionnelle ou de la certification ou habilitation concernée ;

2° La suspension ou le retrait des répertoires nationaux de l'ensemble des certifications professionnelles ou certifications ou habilitations délivrées par le ministère ou l'organisme concerné.

II. – Les personnes dont la candidature a été déclarée recevable à une démarche de validation des acquis de l'expérience au sens de l'article L. 6412-2 et les personnes inscrites dans un parcours de formation au moment de la suspension ou du retrait de la certification professionnelle ou de la certification ou habilitation visée peuvent, après son obtention, se prévaloir de l'enregistrement de celle-ci au répertoire national des certifications professionnelles ou au répertoire spécifique. Les personnes qui ont obtenu une certification professionnelle ou une certification ou habilitation avant la date d'effet de sa suspension ou de son retrait peuvent se prévaloir de l'enregistrement de celle-ci au répertoire national des certifications professionnelles ou au répertoire spécifique.

Art. R. 6113-17-4 (Décr. n° 2019-1490 du 27 déc. 2019, art. 1er, mod. par Décr. n° 2020-894 du 22 juill. 2020, art. 4, en vigueur le 1er juill. 2021) Un arrêté du ministre chargé de la formation professionnelle précise les données mentionnées à l'article R. 6113-17-1 et leurs modalités de transmission au système d'information du compte personnel de formation.

SECTION 3 Cadre national des certifications professionnelles

(Décr. n° 2019-14 du 8 janv. 2019, art. 1er)

Art. D. 6113-18 Le cadre national des certifications professionnelles prévu à l'article L. 6113-1 définit le niveau de qualification associé à chaque certification professionnelle en fonction de critères de gradation des compétences nécessaires à l'exercice d'activités professionnelles.

Ces critères permettent d'évaluer :

1° La complexité des savoirs associés à l'exercice de l'activité professionnelle ;

2° Le niveau des savoir-faire, qui s'apprécie notamment en fonction de la complexité et de la technicité d'une activité dans un processus de travail ;

3° Le niveau de responsabilité et d'autonomie au sein de l'organisation de travail.

Art. D. 6113-19 I. – Le cadre national des certifications professionnelles comprend huit niveaux de qualification. Il précise la gradation des compétences associées à chacun de ces niveaux.

II. – Le niveau 1 du cadre national des certifications professionnelles correspond à la maîtrise des savoirs de base.

III. – Les autres niveaux de qualification sont définis comme suit :

1° Le niveau 2 atteste la capacité à effectuer des activités simples et résoudre des problèmes courants à l'aide de règles et d'outils simples en mobilisant des savoir-faire professionnels dans un contexte structuré. L'activité professionnelle associée s'exerce avec un niveau restreint d'autonomie ;

2° Le niveau 3 atteste la capacité à effectuer des activités et résoudre des problèmes en sélectionnant et appliquant des méthodes, des outils, des matériels et des informations de base, dans un contexte connu, ainsi que la capacité à adapter les moyens d'exécution et son comportement aux circonstances ;

3° Le niveau 4 atteste la capacité à effectuer des activités nécessitant de mobiliser un éventail large d'aptitudes, d'adapter des solutions existantes pour résoudre des problèmes précis, à organiser son travail de manière autonome dans des contextes généralement prévisibles mais susceptibles de changer, ainsi qu'à participer à l'évaluation des activités. Le diplôme national du baccalauréat est classé à ce niveau du cadre national ;

4° Le niveau 5 atteste la capacité à maîtriser des savoir-faire dans un champ d'activité, à élaborer des solutions à des problèmes nouveaux, à analyser et interpréter des informations, en mobilisant des concepts, à transmettre le savoir-faire et des méthodes ;

5° Le niveau 6 atteste la capacité à analyser et résoudre des problèmes complexes imprévus dans un domaine spécifique, à formaliser des savoir-faire et des méthodes et à les capitaliser. Les diplômes conférant le grade de licence sont classés à ce niveau du cadre national ;

6° Le niveau 7 atteste la capacité à élaborer et mettre en œuvre des stratégies alternatives pour le développement de l'activité professionnelle dans des contextes professionnels complexes, ainsi qu'à évaluer les risques et les conséquences de son activité. Les diplômes conférant le grade de master sont classés à ce niveau du cadre national ;

7° Le niveau 8 atteste la capacité à identifier et résoudre des problèmes complexes et nouveaux impliquant une pluralité de domaines, en mobilisant les connaissances et les savoir-faire les plus avancés, à concevoir et piloter des projets et des processus de recherche et d'innovation. Le diplôme national de doctorat est classé à ce niveau du cadre national.

IV. — Les critères relatifs aux savoirs, aux savoir-faire et aux niveaux de responsabilité et d'autonomie prévus à l'article D. 6113-18 sont fixés, pour les niveaux de qualification mentionnés au III, par arrêté conjoint des ministres chargés de la santé, des affaires sociales, de la formation professionnelle, de l'éducation nationale, de l'enseignement supérieur, de la culture, de l'enseignement agricole, des sports et de la mer. — V. Arr. du 8 janv. 2019, JO 9 janv., NOR : MTRD1834963A.

Les certifications professionnelles classées selon la nomenclature en vigueur antérieurement au Décr. n° 2019-14 du 8 janv. 2019 sont classées conformément au cadre national des certifications professionnelles défini à l'art. D. 6113-19 selon la correspondance suivante :

Nomenclature approuvée le 21 mars 1969 par le groupe permanent de la formation professionnelle et de la promotion sociale	Cadre national des certifications professionnelles
Niveau V	Niveau 3
Niveau IV	Niveau 4
Niveau III	Niveau 5
Niveau II	Niveau 6

Sous réserve des dispositions prévues au IV de l'art. 31 de la loi du 5 sept. 2018, les certifications professionnelles classées, au 9 janv. 2019, dans le répertoire national des certifications professionnelles au niveau I de la nomenclature en vigueur antérieurement au Décr. préc. sont classées, au plus tard le 1ᵉʳ janv. 2020, au niveau 7 ou au niveau 8 mentionnés au III de l'art. D. 6113-19.

Ce classement est effectué, au plus tard le 1ᵉʳ janv. 2020, par les ministres certificateurs pour les diplômes ou titres à finalité professionnelle enregistrés de droit au répertoire national des certifications professionnelles et par France compétences pour les titres à finalité professionnelle enregistrés sur demande au sein du même répertoire (Décr. préc., art. 2).

Art. D. 6113-20 Les ministères certificateurs prévus à l'article L. 6113-2 déterminent, en fonction des critères de gradation du cadre national des certifications professionnelles, le niveau de qualification des diplômes et titres à finalité professionnelle enregistrées au répertoire national des certifications professionnelles au titre de la procédure prévue au I de l'article L. 6113-5.

FORMATION PROFESSIONNELLE **Art. R. 6113-22** 2879

SECTION 4 **Commissions professionnelles consultatives**

(Décr. n° 2018-1230 du 24 déc. 2018, en vigueur le 1ᵉʳ sept. 2019)

Art. R. 6113-21 Des commissions professionnelles consultatives peuvent être instituées, par un décret qui *(Décr. n° 2019-1119 du 31 oct. 2019, art. 4)* « en précise la composition et » en définit les modalités d'organisation et de fonctionnement, auprès d'un ou de plusieurs ministres certificateurs, selon un périmètre qui permet une analyse des diplômes et titres à finalité professionnelle cohérente en matière d'activité professionnelle et d'organisation économique. *(Décr. n° 2021-389 du 2 avr. 2021, art. 1ᵉʳ, en vigueur le 1ᵉʳ sept. 2021)* « Si la commission est placée auprès de plusieurs ministres certificateurs, le décret désigne le ministre coordonnateur qui est chargé de son organisation administrative et matérielle. »

Sous réserve des dispositions du deuxième alinéa du II de l'article L. 6113-3, ces commissions émettent des avis conformes sur la création, la révision ou la suppression de diplômes et titres à finalité professionnelle et de leurs référentiels, dans le ou les champs professionnels relevant de leurs compétences.

Ces avis tiennent compte de l'évolution des qualifications, *(Décr. n° 2021-389 du 2 avr. 2021, art. 1ᵉʳ, en vigueur le 1ᵉʳ sept. 2021)* « en tenant compte, le cas échéant, des compétences liées à la prise en compte des situations de handicap, de l'accessibilité et de la conception universelle telle que définie par l'article 2 de la convention relative aux droits des personnes handicapées du 30 mars 2007, » de leur usage dans le ou les champs professionnels concernés et de l'objectif de mise en cohérence des certifications professionnelles existantes.

Les commissions professionnelles consultatives peuvent également être saisies par le ministre ou les ministres auprès desquels elles sont instituées de toute question générale ou particulière relative aux diplômes et titres à finalité professionnelle.

Les dispositions issues du Décr. n° 2021-389 du 2 avr. 2021 sont applicables aux projets de diplômes et titres à finalité professionnelle dont la date de transmission aux commissions professionnelles consultatives est postérieure au 31 août 2021 (Décr. préc., art. 3-III).

V. Décr. n° 2019-958 du 13 sept. 2019 (JO 15 sept.).

Art. R. 6113-22 Les commissions professionnelles consultatives sont composées des membres suivants, nommés pour une durée *(Abrogé par Décr. n° 2021-389 du 2 avr. 2021, art. 1ᵉʳ)* « *maximale* » de cinq ans par arrêté *(Décr. n° 2021-389 du 2 avr. 2021, art. 1ᵉʳ)* « du ministre auprès duquel elles sont instituées ou, lorsqu'elles sont interministérielles, du ministre chargé de leur organisation administrative et matérielle en application du premier alinéa de l'article R. 6113-21 » :

1° Un représentant de chaque organisation syndicale de salariés représentative au niveau national et interprofessionnel, sur proposition de leur organisation respective ;

2° Un représentant de chaque organisation professionnelle d'employeurs représentative au niveau national et interprofessionnel, sur proposition de leur organisation respective ;

3° Deux représentants désignés soit par *(Décr. n° 2019-1119 du 31 oct. 2019, art. 4)* « des organisations professionnelles d'employeurs représentatives au niveau national et multiprofessionnel », ou au niveau d'une ou plusieurs branches professionnelles, soit par *(Décr. n° 2019-1119 du 31 oct. 2019, art. 4)* « des organisations représentant les employeurs publics » intervenant dans le ou les champs professionnels de la commission professionnelle consultative concernée ;

(Décr. n° 2019-1119 du 31 oct. 2019, art. 4) « 4° Six représentants de l'État, dont :

« *a)* Un représentant désigné par le ministre chargé de la formation professionnelle ;

« *b)* Un représentant désigné par le ministre chargé de l'éducation nationale ;

« *c)* Un représentant désigné par le ministre chargé de l'enseignement supérieur ;

« *d)* Trois représentants désignés, pour chaque commission professionnelle consultative, *(Décr. n° 2021-389 du 2 avr. 2021, art. 1ᵉʳ, en vigueur le 1ᵉʳ sept. 2021)* « par les ministres qu'ils représentent » dans des conditions définies par décret ; »

5° Cinq membres associés n'ayant pas voix délibérative, représentant les organisations intervenant dans les champs professionnels dont relèvent les titres ou diplômes concernés ou ayant une expertise en matière de formation et d'emploi, *(Décr. n° 2019-1119 du 31 oct. 2019, art. 4)* « sur proposition de leur organisation respective » ;

(*Décr. n° 2021-389 du 2 avr. 2021, art. 1ᵉʳ*) « 6° Un membre n'ayant pas voix délibérative désigné par le Conseil national consultatif des personnes handicapées. Par dérogation à l'article R. 133-4 du code des relations entre le public et l'administration, ce membre est remplacé, en cas de cessation de son mandat avant son terme, par un membre nommé pour une durée de cinq ans. »

Pour chaque membre titulaire de la commission, un suppléant (*Abrogé par Décr. n° 2019-1119 du 31 oct. 2019, art. 4*) « *de l'autre sexe* » est désigné et nommé dans les mêmes conditions.

Les commissions professionnelles consultatives sont présidées (*Décr. n° 2019-1119 du 31 oct. 2019, art. 4*) « alternativement, pour la moitié de la durée pour laquelle les membres de la commission ont été nommés, par un membre élu par et parmi les membres mentionnés au 1° et par un membre élu par et parmi les membres mentionnés aux 2° et 3° ».

Art. R. 6113-23 Lorsqu'il n'est pas suppléé, un membre empêché peut donner son mandat à un autre membre ayant voix délibérative. Un membre ne peut détenir plus de deux mandats. Le mandat n'est valable que pour la séance pour laquelle il a été donné.

Art. R. 6113-24 Le secrétariat de chaque commission est assuré par les services du ou des ministères auprès desquels elle est instituée.

Le secrétariat établit le règlement intérieur de la commission, qui fixe les conditions de son fonctionnement et précise les règles de procédure applicables devant elle.

La commission se réunit sur convocation de son secrétariat, qui fixe l'ordre du jour.

Le secrétariat arrête, au plus tard le 31 janvier de chaque année, le programme biennal (*Décr. n° 2019-1119 du 31 oct. 2019, art. 4*) « prévisionnel » des commissions, qu'il publie au *Bulletin officiel* du ou des ministères concernés.

Dans un délai de six mois à compter de cette publication, les commissions paritaires nationales de l'emploi de branches professionnelles peuvent, à condition d'en avoir informé le secrétariat des commissions professionnelles consultatives dans un délai de deux mois à compter de cette publication, lui transmettre des propositions de création de tout ou partie d'un projet de diplôme ou titre à finalité professionnelle. Si le ou les ministres certificateurs décident de ne pas retenir tout ou partie de ces propositions, ils informent les commissions professionnelles consultatives des raisons de leurs choix.

Art. R. 6113-25 Des groupes de travail, temporaires ou permanents, sont mis en place auprès des commissions professionnelles consultatives par leur secrétariat, afin d'en préparer les travaux et les avis.

Ces groupes de travail sont composés de personnes dont la présence paraît utile aux travaux entrepris en raison de leur activité, de leurs travaux ou de leur implication dans le système de certification, notamment des représentants d'organisations syndicales de salariés ou d'organisations professionnelles d'employeurs représentatives au niveau d'une branche professionnelle.

Art. R. 6113-26 (*Décr. n° 2019-1119 du 31 oct. 2019, art. 4*) Les frais occasionnés par la participation aux travaux des commissions professionnelles consultatives et de leurs groupes de travail sont pris en charge selon des modalités définies par décret.

SECTION 5 Concertation avec les partenaires sociaux en vue de l'enregistrement de diplômes de l'enseignement supérieur délivrés au nom de l'État

(*Décr. n° 2019-434 du 10 mai 2019*)

Art. D. 6113-27 Les projets de création, de révision ou de suppression des diplômes de l'enseignement supérieur inscrits au répertoire national des certifications professionnelles au titre du I de l'article L. 6113-5 sont soumis à une concertation préalable conformément au I de l'article L. 6113-3 selon les modalités suivantes :

1° Les diplômes nationaux, les diplômes conférant un grade universitaire relevant de l'article L. 613-1 du code de l'éducation et les diplômes relevant des articles L. 641-4 ou L. 641-5 du code de l'éducation autres que ceux mentionnés aux 2° et 4° du présent article sont examinés par l'instance chargée des consultations conduisant à la révision périodique des nomenclatures des mentions de ces diplômes. Pour chaque diplôme, un binôme composé d'un enseignant-chercheur ou d'un enseignant et d'une personnalité du domaine socio-économique correspondant présente la certification au sein de cette instance ; le calendrier de concertation est présenté annuellement à cette instance ;

2° Les titres d'ingénieurs diplômés relevant des articles L. 641-4 et L. 641-5 du code de l'éducation sont examinés par la commission mentionnée à l'article L. 642-3 du même code ;

(Décr. n° 2023-469 du 15 juin 2023, art. 2, en vigueur à la rentrée universitaire 2023-2024) « 3° La licence professionnelle "bachelor universitaire de technologie" régie par les articles L. 613-1 et D. 642-66 du code de l'éducation est examinée par la commission consultative nationale chargée des instituts universitaires de technologie et par les instances chargées de formuler des propositions sur les programmes de ce diplôme ; »

4° Les diplômes de gestion relevant des articles L. 641-4 et L. 641-5 et revêtus d'un visa de l'État sont examinés par la commission instituée par le décret n° 2001-295 du 4 avril 2001 portant création de la commission d'évaluation des formations et diplômes de gestion.

Art. D. 6113-28 Les instances mentionnées à l'article D. 6113-27 se fondent, lors de l'examen de chaque diplôme, sur les critères définis à l'article R. 6113-9.

SECTION 6 Socle de connaissances et de compétences professionnelles

(Décr. n° 2019-14 du 8 janv. 2019, art. 1ᵉʳ)

Art. D. 6113-29 Le socle de connaissances et de compétences mentionné aux articles L. 6121-2, L. 6324-1 et L. 6323-6 est constitué de l'ensemble des connaissances et des compétences qu'il est utile pour un individu de maîtriser afin de favoriser son accès à la formation professionnelle et son insertion professionnelle. Ce socle doit être apprécié dans un contexte professionnel. Ces connaissances et compétences sont également utiles à la vie sociale, civique et culturelle de l'individu.

Art. D. 6113-30 I. – Le socle de connaissances et de compétences professionnelles comprend :
1° La communication en français ;
2° L'utilisation des règles de base de calcul et du raisonnement mathématique ;
3° L'utilisation des techniques usuelles de l'information et de la communication numérique ;
4° L'aptitude à travailler dans le cadre de règles définies d'un travail en équipe ;
5° L'aptitude à travailler en autonomie et à réaliser un objectif individuel ;
6° La capacité d'apprendre à apprendre tout au long de la vie ;
7° La maîtrise des gestes et postures et le respect des règles d'hygiène, de sécurité et environnementales élémentaires.

II. – Au socle de connaissances et de compétences professionnelles mentionné au I, peuvent s'ajouter des modules complémentaires définis dans le cadre du service public régional de la formation professionnelle, pour lutter contre l'illettrisme et favoriser l'accès à la qualification.

III. – A l'utilisation des techniques usuelles de l'information et de la communication numérique mentionnée au 3° du I, s'ajoute un module complémentaire ayant pour objet l'acquisition des connaissances et des compétences relatives aux usages fondamentaux du numérique au sein d'un environnement de travail. Ce module permet l'acquisition et l'exploitation de l'information, la prise en compte des principes de la sécurité numérique et la gestion collaborative des projets.

Art. D. 6113-31 Le socle de connaissances et de compétences professionnelles mentionné au I de l'article D. 6113-30 et le module complémentaire mentionné au III du même article font chacun l'objet d'une certification, sur proposition des organisations syndicales de salariés représentatives au niveau national et interprofessionnel et des organisations professionnelles d'employeurs représentatives au niveau national et interprofessionnel dans les conditions définies par arrêté du ministre chargé de la formation professionnelle. – *V. Arr. du 19 févr. 2019, NOR : MTRD1905439A (JO 26 févr.).*

Chacune de ces certifications s'appuie sur un référentiel qui précise les connaissances et les compétences attendues et sur un référentiel d'évaluation qui détermine les modalités d'évaluation des acquis.

Le référentiel d'évaluation prévoit les principes directeurs permettant une mise en perspective du socle de connaissances et compétences et du module complémentaire mentionné au III de l'article D. 6113-30 pour prendre en compte les spécificités des différents secteurs d'activité professionnelle.

Les modalités de la délivrance de chacune de ces certifications sont définies par les organisations syndicales de salariés représentatives au niveau national et interprofessionnel et les organisations professionnelles d'employeurs représentatives au niveau national et interprofessionnel dans les conditions prévues par l'arrêté mentionné à l'article D. 6113-3. Dans ce cadre, elles s'assurent notamment que la délivrance de ces certifications s'effectue dans le respect :

1° De la transparence de l'information donnée au public ;
2° De la qualité du processus de certification.

Ces certifications sont enregistrées au répertoire spécifique prévu à l'article L. 6113-6.

Art. D. 6113-32 Les modules complémentaires mentionnés au II de l'article D. 6113-30 sont définis par arrêté du ministre chargé de la formation professionnelle sur proposition de l'Association des régions de France.

Art. D. 6113-33 Les formations relatives à l'acquisition des compétences et connaissances peuvent être proposées indépendamment les unes des autres. Elles peuvent comprendre une évaluation préalable des compétences et des connaissances des bénéficiaires de l'action de formation. La modularisation des formations et l'évaluation préalable visent, par une bonne utilisation des acquis de la personne, à permettre l'adaptation de l'action de formation aux besoins de celle-ci.

TITRE II RÔLE DES RÉGIONS, DE L'ÉTAT ET DES INSTITUTIONS DE LA FORMATION PROFESSIONNELLE

CHAPITRE I RÔLE DES RÉGIONS

SECTION 1 Procédure d'habilitation des organismes chargés d'actions d'insertion et de formation professionnelle

(Décr. n° 2014-1390 du 21 nov. 2014, art. 1er)

Art. R. 6121-1 L'habilitation prévue à l'article L. 6121-2-1 est insérée dans une convention conclue entre la région et un organisme, qui confie à celui-ci un mandat de service d'intérêt économique général.

Elle charge cet organisme, en contrepartie d'une juste compensation financière, de mettre en œuvre des actions d'insertion et de formation professionnelle à destination des jeunes et des adultes rencontrant des difficultés d'apprentissage ou d'insertion, visant leur accès au marché du travail.

Elle est délivrée selon la procédure prévue aux articles R. 6121-2 à R. 6121-7. Le code des marchés publics ne lui est pas applicable.

Art. R. 6121-2 La procédure d'habilitation s'effectue dans le respect des principes de transparence et d'égalité de traitement des candidats.

Elle est ouverte après l'établissement d'un dossier d'habilitation et le lancement d'un appel public à propositions.

Art. R. 6121-3 Le dossier d'habilitation comporte notamment les informations suivantes :

1° La définition de la mission, en référence aux besoins de formation ;
2° La nature et le contenu des obligations de service public ;
3° La nature des actions d'insertion et de formation professionnelle comportant un accompagnement à caractère pédagogique, social ou professionnel devant être mises en œuvre par l'organisme, le public concerné ainsi qu'une estimation des éléments quantitatifs caractérisant ces actions ;

4° Le territoire concerné ;
5° La nature des partenariats à développer et leur contenu ;
6° Les paramètres de calcul, de contrôle et de révision de la juste compensation financière mentionnée à l'article L. 6121-2-1, qui peut être fixée en fonction des coûts prévisionnels ou des coûts réels. Les coûts prévisionnels peuvent tenir lieu de plafonds de dépenses ;
7° Les modalités de paiement, ainsi que les modalités de remboursement éventuel, notamment dans le cas d'une surcompensation ;
8° La durée de la convention d'habilitation, qui peut être fractionnée en périodes reconductibles sans pouvoir excéder cinq ans ;
9° Les modalités de conclusion d'un avenant à la convention d'habilitation et de sa résiliation, dans les conditions fixées à l'article R. 6121-6 ;
10° Les modalités de suivi et d'évaluation de l'exercice de la mission, fondée sur des indicateurs et des modalités de contrôle reposant notamment sur la vérification des comptes de la mission confiée et sur l'imputation des coûts de structure, ainsi que le régime des pénalités ;
11° Une référence à la décision 2012/21/UE de la Commission du 20 décembre 2011 relative à l'application de l'article 106, paragraphe 2, du traité sur le fonctionnement de l'Union européenne aux aides d'État sous forme de compensations de service public octroyées à certaines entreprises chargées de la gestion de services d'intérêt économique général ainsi que, le cas échéant, les droits exclusifs ou spéciaux octroyés par la région.

Art. R. 6121-4 Le mode de publicité préalable relève de la responsabilité de la région. Il comprend les éléments suivants :
1° Les informations à fournir par le candidat, relatives à ses capacités financières, notamment à ses comptes annuels, à ses bilans, comptes de résultat et annexes, aux moyens qui seront mis en œuvre pour l'accomplissement de la mission, au budget prévisionnel de celle-ci et aux autres éléments sollicités en fonction des critères de sélection. Le candidat indique s'il se présente seul ou en groupement ;
2° Le dossier d'habilitation prévu à l'article R. 6121-3 ;
3° La date de clôture du dépôt des propositions par les candidats et leur durée de validité ;
4° La procédure de sélection des candidats, comprenant les critères objectifs de sélection des propositions, notamment la qualité des réponses, leur capacité à répondre aux besoins, aux obligations de service public et aux critères prévus dans l'appel à propositions, ainsi que les modalités de consultation éventuelle des candidats.

Art. R. 6121-5 Après le dépôt des propositions des candidats, la région peut solliciter de leur part des éléments autres que ceux mentionnés à l'article R. 6121-4, en fonction des critères de sélection retenus. Elle peut également demander à un candidat de compléter son dossier et en informe alors les autres candidats.
Elle peut autoriser les candidats à proposer des variantes au dossier d'habilitation mentionné à l'article R. 6121-3, sous réserve du respect des exigences minimales qu'elle définit.
Elle peut demander aux candidats de préciser, améliorer ou adapter leur proposition afin de mieux répondre aux obligations de service public mentionnées dans le dossier d'habilitation. Si elle choisit de ne faire cette demande qu'à certains candidats, elle en informe les autres candidats en leur en donnant la raison.

Art. R. 6121-6 Dès que le choix de l'organisme a été effectué et notifié à celui-ci, ce choix et le rejet motivé des autres candidatures sont notifiés aux candidats par tout moyen permettant d'établir la date de sa réception.
La région peut déclarer la procédure de sélection infructueuse en motivant sa décision et en la notifiant aux candidats.

Art. R. 6121-7 I. – La convention d'habilitation contient les informations figurant aux 1° à 11° de l'article R. 6121-3 et mentionne les droits et les engagements de l'organisme retenu.
Elle est signée par celui-ci puis par le président du conseil régional. Sa notification au candidat retenu permet son exécution.

II. — Lorsque la compensation financière est d'un montant égal ou supérieur *(Décr. n° 2022-1472 du 24 nov. 2022, art. 1er)* « au seuil de procédure formalisée applicable aux autres pouvoirs adjudicateurs, mentionné à l'annexe n° 2 du code de la commande publique », la convention d'habilitation fait l'objet d'un avis d'attribution transmis à l'office des publications officielles de l'Union européenne.

III. — Au plus tard six mois avant l'échéance de la convention d'habilitation, l'organisme signataire fournit à la région les éléments lui permettant d'évaluer quantitativement et qualitativement la réalisation de la mission de service public qu'il assure, au regard des objectifs de celle-ci et des indicateurs mentionnés au 10° de l'article R. 6121-3.

Art. R. 6121-8 La région peut résilier la convention d'habilitation :
1° Pour un motif d'intérêt général, sous réserve des droits à indemnités de l'organisme titulaire ;
2° Du fait d'une inexécution partielle ou totale par l'organisme titulaire de ses obligations, après une mise en demeure mentionnant les obligations non respectées à laquelle il n'est pas donné suite dans un délai de trente jours. La résiliation est prononcée par une décision mentionnant expressément son motif et sa date d'effet. Un décompte des dépenses engagées est produit selon les principes fixés à l'article R. 6121-3 et donne lieu à un paiement.

SECTION 2 Service public régional de la formation professionnelle

(Décr. n° 2016-153 du 12 févr. 2016, art. 1er)

Art. R. 6121-9 *(Décr. n° 2016-380 du 29 mars 2016)* La gratuité de la formation professionnelle, financée par la région en application du deuxième alinéa du I de l'article L. 6121-2 au bénéfice de toute personne cherchant à s'insérer sur le marché du travail, s'entend des dépenses liées aux frais pédagogiques de cette formation et aux frais de la procédure d'acquisition de la certification professionnelle classée au plus au niveau *(Décr. n° 2022-1472 du 24 nov. 2022, art. 1er)* « 4 » auquel elle conduit.

Elle peut également s'étendre à la prise en charge par la région des frais d'inscription et d'éventuels frais annexes, notamment des frais d'hébergement ou de restauration.

Art. R. 6121-10 *(Décr. n° 2016-380 du 29 mars 2016)* La région fixe, dans le cadre du programme régional *(Abrogé par Décr. n° 2022-1472 du 24 nov. 2022, art. 1er)* « d'apprentissage et » de formation professionnelle continue mentionné au VI de l'article L. 214-13 du code de l'éducation, les modalités de la gratuité des formations professionnelles qu'elle finance, conformément aux dispositions de l'article R. 6121-9 du présent code.

Art. D. 6121-11 Sans préjudice des dispositions du 5° du II de l'article L. 6121-2, l'accès au service public régional de la formation professionnelle est garanti dans les mêmes conditions quel que soit le lieu de résidence de la personne.

A défaut de conclusion des conventions prévues au troisième alinéa de l'article L. 6121-2, la région contribue au financement des actions de formation du programme régional de formation et des droits associés mis en œuvre sur son territoire sans distinction du lieu de résidence de la personne.

Le financement des aides individuelles à la formation prévues au 2° de l'article L. 6121-1 relève de la compétence de la région de résidence de la personne.

Pour l'application à Mayotte de cet art., V. art. R. 6511-1.

CHAPITRE II RÔLE DE L'ÉTAT

SECTION 1 Financement des actions de formation professionnelle continue

Art. D. 6122-1 Chaque année, le Gouvernement présente au Parlement un document :
1° Regroupant les crédits demandés pour l'année suivante et l'emploi de ceux accordés pour l'année antérieure et pour l'année en cours ;
2° Retraçant l'emploi de la participation des employeurs au développement de la formation professionnelle continue, prévue à l'article L. 6331-1, notamment en matière de contrats de professionnalisation pour les jeunes, et de conditions de mise en œuvre

de la formation professionnelle continue dans les entreprises de moins de *(Décr. n° 2017-249 du 27 févr. 2017)* « onze » salariés selon les secteurs d'activité. Ce rapport fait apparaître les situations propres à chacun des secteurs intéressés de l'artisanat, du commerce et des professions libérales ;

3° Comportant un état des ressources et des dépenses des fonds régionaux de l'apprentissage et de la formation professionnelle continue pour l'année antérieure et pour l'année en cours. – *[Anc. art. L. 941-3, al. 2 et 3.]*

Art. D. 6122-2 L'État met à disposition du Parlement, de la *(Décr. n° 2018-1262 du 26 déc. 2018, art. 1ᵉʳ)* « Commission nationale de la négociation collective, de l'emploi et de la formation professionnelle », des syndicats professionnels, du Conseil supérieur pour le reclassement professionnel et social des travailleurs handicapés et du Conseil national consultatif des personnes handicapées, les résultats de l'exploitation des données recueillies auprès des *(L. n° 2018-771 du 5 sept. 2018, art. 45-II)* « opérateurs de compétences » mentionnés à l'article L. 6332-1 et du fonds national de péréquation mentionné à l'article L. 6332-18. – *[Anc. art. L. 941, al. 6 début.]*

Art. D. 6122-3 L'État assure la publication régulière des données qui lui sont transmises par les *(L. n° 2018-771 du 5 sept. 2018, art. 45-II)* « opérateurs de compétences » et le fonds national de péréquation, en application de l'article L. 6332-23. – *[Anc. art. L. 941, al. 6 fin.]*

SECTION 2 Convention de formation professionnelle continue

Art. D. 6122-4 Les conventions de formation professionnelle continue conclues en application du premier alinéa de l'article L. 6122-1 sont arrêtées conformément à l'un des modèles annexés à la fin du présent livre. – *[Anc. art. D. 940-1.]*

V. annexe ss. art. R. 6123-3-15.

Art. D. 6122-5 Les conventions de formation professionnelle continue renseignent avec les mentions appropriées les articles figurant dans les "dispositions communes applicables aux conventions de formation professionnelle comportant une aide de l'État", annexées à la fin du présent livre. – *[Anc. art. D. 940-2.]*

V. annexe ss. art. R. 6123-3-15.

Art. D. 6122-6 Les conventions de formation professionnelle continue ouvrent droit au concours de l'État dans les conditions qu'elles prévoient. – *[Anc. art. D. 940-3.]*

CHAPITRE III INSTITUTIONS DE LA FORMATION PROFESSIONNELLE

SECTION 1 Centres d'animation, de ressources et d'information sur la formation – Observatoires régionaux de l'emploi et de la formation et réseau des centres d'animation, de ressources et d'information sur la formation – Observatoires régionaux de l'emploi et de la formation

(Décr. n° 2021-792 du 22 juin 2021)

SOUS-SECTION 1 Centres d'animation, de ressources et d'information sur la formation – Observatoires régionaux de l'emploi et de la formation

Art. D. 6123-1 Le centre d'animation, de ressources et d'information sur la formation - observatoire régional de l'emploi et de la formation mentionné au 6° de l'article R. 6123-3 est constitué dans des conditions définies par la convention prévue au dernier alinéa du I de l'article L. 6111-3.

Art. D. 6123-1-1 Dans le cadre de sa mission de service public de l'orientation et de la formation professionnelle, le centre d'animation, de ressources et d'information sur la formation - observatoire régional de l'emploi et de la formation :

1° Collecte les informations relatives à l'offre de formation en apprentissage et de formation professionnelle continue à destination des personnes sans emploi, inscrites ou non comme demandeurs d'emploi.

Art. D. 6123-1-2   CODE DU TRAVAIL

Sur demande conjointe du préfet de région et du président du conseil régional, le centre d'animation, de ressources et d'information sur la formation - observatoire régional de l'emploi et de la formation peut collecter des informations relatives à l'offre de formation autres que celles prévues au premier alinéa.

Le centre d'animation, de ressources et d'information sur la formation - observatoire régional de l'emploi et de la formation transmet par voie dématérialisée ces informations au réseau des centres d'animation, de ressources et d'information sur la formation - observatoires régionaux de l'emploi et de la formation mentionné à l'article D. 6123-2 ;

2° Analyse les informations et les données relatives aux modalités d'accès à la formation et aux rapports entre la formation et l'emploi au niveau régional, notamment les évolutions de l'emploi, de la formation, de l'orientation et de l'insertion professionnelles, les besoins en compétences, en qualifications et en acquis de l'expérience, les caractéristiques des organismes de formation ainsi que la situation socio-économique du territoire ;

3° Anime et accompagne au niveau régional la professionnalisation les *[des]* acteurs et opérateurs dans le domaine de l'emploi, de l'orientation et de la formation professionnelle, en assurant notamment la veille sur les outils d'innovations technologiques et pédagogiques en matière d'orientation et de formation professionnelles, ainsi que leur diffusion ;

4° Met en œuvre au niveau régional toute autre action en matière d'information sur l'offre de formation qui lui est confiée dans le cadre de ses missions par le préfet de région et le président du conseil régional ou par l'organisme mentionné à l'article D. 6123-2.

Art. D. 6123-1-2 Le centre d'animation, de ressources et d'information sur la formation - observatoire régional de l'emploi et de la formation adresse annuellement au préfet de région, au président du conseil régional, aux membres du comité régional de l'emploi, de la formation et de l'orientation professionnelles, ainsi qu'au réseau mentionné à l'article D. 6123-2 son programme et son bilan annuels d'activités.

SOUS-SECTION 2   **Réseau des centres d'animation, de ressources et d'information sur la formation - Observatoires régionaux de l'emploi et de la formation**

Art. D. 6123-2 I. — Un réseau des centres d'animation, de ressources et d'information sur la formation - observatoires régionaux de l'emploi et de la formation, doté de la personnalité morale et composé des centres d'animation, de ressources et d'information sur la formation - observatoires régionaux de l'emploi et de la formation volontaires, exerce des missions d'appui aux ministres chargés de l'orientation et de la formation professionnelle et aux présidents des conseils régionaux dans la mise en œuvre des politiques relatives à l'orientation et à la formation professionnelle mentionnées aux articles L. 6111-1 et L. 6111-3.

L'adhésion au réseau des centres d'animation, de ressources et d'information sur la formation - observatoires régionaux de l'emploi et de la formation est de droit.

Les autres conditions d'adhésion au réseau des centres d'animation, de ressources et d'information sur la formation - observatoires régionaux de l'emploi et de la formation sont fixées par ses statuts, notamment les éventuelles conditions financières si les statuts en prévoient.

II. — Le réseau des centres d'animation, de ressources et d'information sur la formation - observatoires régionaux de l'emploi et de la formation a pour missions :

1° D'organiser la mise à disposition des données nécessaires à l'exécution des missions confiées aux centres d'animation, de ressources et d'information sur la formation - observatoires régionaux de l'emploi et de la formation ;

2° De consolider au niveau national les informations transmises par les centres d'animation, de ressources et d'information sur la formation - observatoires régionaux de l'emploi et de la formation en application du 1° de l'article D. 6123-1-1, afin de les mettre à disposition des acteurs du service public de l'emploi, des acteurs en charge de l'orientation des élèves sous statut scolaire, des étudiants et des apprentis, et des services publics régionaux de l'orientation et de les transmettre aux ministres chargés de l'orientation et de la formation professionnelle et aux présidents des conseils régionaux dans le cadre de la collecte des informations relatives à l'offre de formation mentionnée à l'article L. 6111-7, ainsi que de celles destinées à assurer l'orientation des élèves et des étudiants vers l'apprentissage ;

3° De coordonner les actions des centres d'animation, de ressources et d'information sur la formation - observatoires régionaux de l'emploi et de la formation relatives à la diffusion et la promotion des innovations régionales dans le domaine de l'emploi, de la formation et de l'orientation professionnelles ;

4° De recenser les organismes de formation professionnelle et les centres de formation des apprentis, en précisant leur implantation territoriale, et [d']en assurer l'actualisation en fonction des informations mentionnées au 1° de l'article D. 6123-1-1 ;

5° D'établir et [de] publier le bilan annuel sur l'offre de formation professionnelle, précisée notamment par région, par domaine et par finalité de formation[,] et le cas échéant, par niveau de certification. Ce bilan précise également les actions constitutives d'une offre de formation professionnelle accessible sur le territoire de référence, prévues par voie conventionnelle, dès lors qu'elles ne relèvent pas du périmètre défini au 1° de l'article D. 6123-1-1 ;

6° D'assurer la représentation des centres d'animation, de ressources et d'information sur la formation - observatoires régionaux de l'emploi et de la formation qui le constituent auprès des instances et des acteurs en matière d'emploi, de formation et d'orientation professionnelles au niveau national ;

7° De mettre en œuvre toute autre action en matière d'information sur l'offre de formation qui lui est confiée par les ministres chargés de l'orientation et de la formation professionnelle, en lien avec les représentants des régions.

Art. D. 6123-2-1 I. – Les orientations stratégiques du réseau des centres d'animation, de ressources et d'information sur la formation - observatoires régionaux de l'emploi et de la formation sont fixées dans une convention-cadre triennale conclue entre le ministre chargé de la formation professionnelle, les représentants des régions et le réseau des centres d'animation, de ressources et d'information sur la formation - observatoires régionaux de l'emploi et de la formation.

II. – Une convention annuelle d'objectifs et de moyens conclue entre le ministre chargé de la formation professionnelle et le réseau des centres d'animation, de ressources et d'information sur la formation - observatoires régionaux de l'emploi et de la formation précise, dans le respect des orientations stratégiques prévues au I, les engagements des acteurs, ainsi que les modalités de calcul de la dotation de l'État due au titre des missions de service public pour la formation et l'orientation professionnelles du réseau.

SECTION 2 Comité régional de l'emploi, de la formation et de l'orientation professionnelles (Décr. n° 2014-1055 du 16 sept. 2014, art. 1ᵉʳ).

SOUS-SECTION 1 Missions

(Décr. n° 2014-1055 du 16 sept. 2014, art. 2)

Art. R. 6123-3 I. – Le comité régional de l'emploi, de la formation et de l'orientation professionnelles est chargé des fonctions de diagnostic, d'étude, de suivi et d'évaluation des politiques nécessaires pour assurer la coordination entre les acteurs des politiques d'orientation, de formation professionnelle et d'emploi et la cohérence des programmes de formation dans la région *(Abrogé par Décr. n° 2022-1472 du 24 nov. 2022, art. 1ᵉʳ)* « , en lien avec *(Décr. n° 2018-1262 du 26 déc. 2018, art. 1ᵉʳ)* « la Commission nationale de la négociation collective, de l'emploi et de la formation professionnelle » mentionné à l'article L. 6123-1 ».

II. – Pour l'exercice de ces fonctions, le comité régional de l'emploi, de la formation et de l'orientation professionnelles s'appuie en tant que de besoin sur les études et les travaux d'observation réalisés notamment par :

1° Les collectivités territoriales ressortissant du territoire régional ;
2° Le Conseil économique, social et environnemental régional ;
3° Pôle emploi *[France Travail depuis le 1ᵉʳ janv. 2024]* ;
4° Les services statistiques de l'État et les organismes publics d'étude et de recherche ;

5° Les organismes paritaires de gestion et d'observation des branches professionnelles, présents dans la région ;
6° Le Centre d'animation, de ressources et d'information sur la formation-observatoire régional de l'emploi et de la formation professionnelle.

(Décr. n° 2022-1472 du 24 nov. 2022, art. 1er) « III. – Le comité régional de l'emploi, de la formation et de l'orientation professionnelles est informé des projets d'investissement et des moyens d'intervention dont disposent les services régionaux de Pôle emploi *[France Travail depuis le 1er janv. 2024]*. »

Art. R. 6123-3-1 Chaque année, le comité régional de l'emploi, de la formation et de l'orientation professionnelles établit un bilan régional des actions financées au titre de l'emploi, de la formation et de l'orientation professionnelles *(Abrogé par Décr. n° 2022-1472 du 24 nov. 2022, art. 1er)* « *selon une méthodologie définie par la Commission nationale de la négociation collective, de l'emploi et de la formation professionnelle* ».

Art. R. 6123-3-2 Le comité régional de l'emploi, de la formation et de l'orientation professionnelles émet, avant leur adoption ou leur conclusion, un avis sur :
1° Les conventions régionales pluriannuelles de coordination de l'emploi, de l'orientation et de la formation relevant de l'article L. 6123-4 ;
(Décr. n° 2022-1472 du 24 nov. 2022, art. 1er) « 2° La carte régionale des formations professionnelles initiales mentionnée à l'article L. 214-13-1 du code de l'éducation, à l'exclusion de l'apprentissage ; »
3° Les programmes relevant du service public régional de formation professionnelle dont celui prévu à l'article L. 5211-3, ainsi que le projet de convention élaboré en application de l'article L. 6121-4 ;
4° Le cahier des charges prévu à l'article L. 6111-5, fixant des normes de qualité aux organismes participant au service public régional de l'orientation ;
5° La convention annuelle de coordination relative au service public de l'orientation professionnelle conclue entre l'État et la région prévue à l'article L. 6111-3.

Les avis sont rendus publics par le comité *(Abrogé par Décr. n° 2022-1472 du 24 nov. 2022, art. 1er)* « *et sont transmis à la Commission nationale de la négociation collective, de l'emploi et de la formation professionnelle* ».

SOUS-SECTION 2 **Composition**

(Décr. n° 2014-1055 du 16 sept. 2014, art. 2)

Art. R. 6123-3-3 Le comité régional de l'emploi, de la formation et de l'orientation professionnelles est composé, outre le préfet de région et le président du conseil régional, de membres nommés par arrêté du préfet de région :
1° Six représentants de la région désignés par le conseil régional ;
2° Six représentants de l'État :
a) (Décr. n° 2015-1616 du 10 déc. 2015, art. 10) « Le recteur de région académique » ;
(Décr. n° 2022-1472 du 24 nov. 2022, art. 1er) « *b)* Le directeur régional de l'économie, de l'emploi, du travail et des solidarités ;
« *c)* » Le directeur régional de l'alimentation, de l'agriculture et de la forêt *(Abrogé par Décr. n° 2022-1472 du 24 nov. 2022, art. 1er)* « *(DRAAF)* » ;
(Décr. n° 2022-1472 du 24 nov. 2022, art. 1er) « *d)* » Les autres représentants de l'État restant à nommer après application des *a* à *(Décr. n° 2022-1472 du 24 nov. 2022, art. 1er)* « *c* », désignés par le préfet de région ;
3° Des représentants des organisations syndicales de salariés et professionnelles d'employeurs sur proposition de leur organisation respective :
a) Un représentant de chaque organisation syndicale de salariés, représentative au plan national et interprofessionnel ;
b) Un représentant de chaque organisation professionnelle d'employeurs, représentative au plan national et interprofessionnel ;
c) Un représentant de chaque organisation professionnelle d'employeurs représentative au plan national et multi professionnel ;
d) Deux représentants des organisations syndicales intéressées *(Décr. n° 2022-1472 du 24 nov. 2022, art. 1er)* « mentionnées au III de l'article R. 2272-9 » ;
4° Un représentant pour chacun des trois réseaux consulaires sur proposition de leur organisation respective ;

FORMATION PROFESSIONNELLE

Art. R. 6123-3-8 2889

5° Des représentants des principaux opérateurs de l'emploi, de la formation et de l'orientation professionnelles dans la région, dont un représentant du regroupement d'établissements d'enseignement supérieurs constitué en application des dispositions combinées de l'article L. 718-2 et du 2° de l'article L. 718-3 du code de l'éducation, le directeur régional de Pôle emploi [France Travail depuis le 1er janv. 2024], le délégué régional de l'association de gestion du fonds pour l'insertion professionnelle des personnes handicapées, le représentant régional des Cap emploi, *(Décr. n° 2022-1472 du 24 nov. 2022, art. 1er)* « un représentant de la commission paritaire interprofessionnelle régionale », le président de l'association régionale des missions locales, le délégué en région de l'association pour l'emploi des cadres mentionné à l'article L. 6111-6, le directeur du centre d'animation, de ressources et d'information sur la formation et observatoire régional de l'emploi et de la formation professionnelle ainsi que le directeur régional de l'office national d'information des enseignements et des professions ;

(Décr. n° 2022-1472 du 24 nov. 2022, art. 1er) « 6° Deux personnalités qualifiées dans le domaine de la transition écologique, après avis du président du conseil régional et du conseil économique, social et environnemental régional. »

Les représentants désignés en application du 1° comprennent un nombre égal de femmes et d'hommes, conformément au principe de parité tel que défini à l'article L. 6123-3. Les représentants désignés au titre du *(Décr. n° 2022-1472 du 24 nov. 2022, art. 1er)* « d » du 2° comprennent un nombre égal de femmes et d'hommes s'ils sont en nombre pair, et au moins une personne de chaque sexe si leur nombre est impair et au moins égal à deux.

Les membres mentionnés *(Décr. n° 2022-1472 du 24 nov. 2022, art. 1er)* « aux 5° et 6° » du présent article siègent sans voix délibératives.

Art. R. 6123-3-4 Les collectivités départementales du ressort de la région sont associées aux réflexions et travaux conduits par le comité en matière d'insertion professionnelle, selon des modalités définies dans son règlement intérieur.

Art. R. 6123-3-5 Pour chaque représentant, un suppléant est désigné dans les mêmes conditions que le titulaire.

Les suppléants peuvent assister avec les titulaires aux séances du comité régional de l'emploi, de la formation et de l'orientation professionnelles. Ils ne délibèrent qu'en l'absence des membres titulaires.

Pour les représentants ayant la qualité de membres du bureau du comité régional de l'emploi, de la formation et de l'orientation professionnelles, mentionné à l'article R. 6123-3-9, un second suppléant peut être désigné dans les mêmes conditions que pour le titulaire.

Art. R. 6123-3-6 Les membres du comité régional de l'emploi, de la formation et de l'orientation professionnelles sont nommés pour une durée de trois ans.

Toute vacance ou perte de la qualité au titre de laquelle ils ont été désignés donne lieu à remplacement pour la durée du mandat restant à courir.

Art. R. 6123-3-7 Avant de procéder à la nomination des membres du comité en application de l'article R. 6123-3-3, le préfet de région consulte le président du conseil régional sur la nomination, au titre du 5° de cet article, de représentants d'opérateurs qui n'y sont pas mentionnés, dans la limite de trois.

SOUS-SECTION 3 **Organisation et fonctionnement**

(Décr. n° 2014-1055 du 16 sept. 2014, art. 2)

Art. R. 6123-3-8 Le comité régional de l'emploi, de la formation et de l'orientation professionnelles ainsi que son bureau sont présidés conjointement par le préfet de région et le président du conseil régional.

La vice-présidence du comité et de son bureau est assurée conjointement par :

a) Un représentant des organisations professionnelles d'employeurs, désigné par les représentants mentionnés au *b* du 3° de l'article R. 6123-3-3 pour le comité et au 3° de l'article R. 6123-3-10 pour le bureau ;

b) Un représentant des organisations syndicales de salariés, désigné par les représentants mentionnés au *a* du 3° de l'article R. 6123-3-3 pour le comité et par les représentants mentionnés au 3° de l'article R. 6123-3-10 pour le bureau.

Art. R. 6123-3-9 Le bureau prépare les réunions du comité régional. Il oriente et suit les travaux des commissions prévues mentionnées à l'article R. 6123-3-13.

Il est chargé de la concertation entre l'État, la région et les organisations professionnelles et syndicales représentatives au plan national et interprofessionnel sur les sujets mentionnés aux articles L. 6111-6, L. 6121-1, *(Abrogé par Décr. n° 2022-1472 du 24 nov. 2022, art. 1ᵉʳ)* « L. 6241-3, L. 6241-10 » L. 6323-3 *(Abrogé par Décr. n° 2022-1472 du 24 nov. 2022, art. 1ᵉʳ)* « , L. 6323-16 » et L. 6323-21.

Il favorise dans ce cadre la définition et la mise en œuvre d'une stratégie régionale concertée en matière d'orientation professionnelle, de développement de l'alternance et de formation professionnelle des salariés comme des demandeurs d'emploi.

Art. R. 6123-3-10 Le bureau comprend :

1° Quatre représentants de l'État, dont le préfet de région et trois représentants désignés par lui parmi ceux mentionnés au 2° de l'article R. 6123-3-3, dont le *(Décr. n° 2020-1545 du 9 déc. 2020, art. 28-X, en vigueur le 1ᵉʳ avr. 2021)* « directeur régional de l'économie, de l'emploi, du travail et des solidarités » et *(Décr. n° 2015-1616 du 10 déc. 2015, art. 10, en vigueur le 1ᵉʳ janv. 2016)* « le recteur de région académique » ;

2° Quatre représentants de la région, dont le président du conseil régional et trois représentants désignés par le conseil régional parmi ceux mentionnés au 1° de l'article R. 6123-3-3 ;

3° Un représentant dans la région de chaque organisation syndicale de salariés et de chaque organisation professionnelle d'employeurs mentionnés aux *a* et *b* du 3° de l'article R. 6123-3-3, représentative au plan national et interprofessionnel.

Art. R. 6123-3-11 En tant que de besoin, le président du conseil régional et le préfet de région peuvent inviter conjointement des représentants de collectivités territoriales ou d'opérateurs ne faisant pas partie du comité régional de l'emploi, de la formation et de l'orientation professionnelles, ou des personnalités qualifiées, à participer aux séances plénières du comité sans prendre part aux délibérations relatives aux avis mentionnées à l'article R. 6123-3-2, à celles du bureau ou celles des commissions mentionnées à l'article R. 6123-3-13.

Art. R. 6123-3-12 Le comité régional de l'emploi, de la formation et de l'orientation professionnelles adopte un règlement intérieur qui fixe l'organisation de ses travaux.

Art. R. 6123-3-13 Le comité régional de l'emploi, de la formation et de l'orientation professionnelles se dote des commissions nécessaires à son fonctionnement ainsi que d'un secrétariat permanent.

Art. R. 6123-3-14 Le comité régional de l'emploi, de la formation et de l'orientation professionnelles se réunit au moins deux fois par an, sur convocation conjointe du préfet de région et du président du conseil régional qui fixent l'ordre du jour, ou à la demande de la majorité de ses membres.

La convocation est accompagnée des documents relatifs aux points inscrits à l'ordre du jour.

Art. R. 6123-3-15 La convocation du bureau du comité est effectuée conjointement par le préfet de région et le président du conseil régional au moins cinq jours avant sa réunion. Elle est accompagnée des documents relatifs aux points inscrits à l'ordre du jour.

Dans les cas d'urgence définis conjointement par le préfet de région et le président du conseil régional pour la mise en œuvre des dispositions du cinquième alinéa de l'article L. 6123-3, le délai mentionné au premier alinéa est ramené à 48 heures.

Le bureau est réputé s'être prononcé à l'expiration du délai mentionné au précédent alinéa.

ANNEXE

Définissant les modèles de convention de formation professionnelle continue prévus par les articles D. 6122-4 et D. 6122-5

CONVENTION DE FORMATION PROFESSIONNELLE PRÉVOYANT UNE AIDE FINANCIÈRE DE L'ÉTAT AU FONCTIONNEMENT DES STAGES

Entre le (ministre ou préfet de région) ....
et le (dénomination du centre) ....
Il est convenu ce qui suit :

Article 1er

La présente convention est conclue en application des livres premier et III de la partie VI du code du travail.
Les dispositions prévues par l'annexe mentionnée aux articles D. 6122-4 et D. 6122-5 du code du travail lui sont applicables, à l'exclusion des articles 9 (2, c) et 11.

Article 2

En exécution de la présente convention, le centre s'engage à s'organiser les cycles de formation prévus à l'annexe pédagogique et dans les conditions fixées par cette annexe.

Article 3

En application des articles L. 6341-1 et suivants du code du travail, l'État apporte son aide à la rémunération des stagiaires dans la limite des effectifs prévus par l'annexe jointe,
ou
Il n'est prévu aucune aide de l'État à la rémunération des stagiaires.

Article 4

L'État apporte au centre l'aide technique prévue à l'article 9-1 de l'annexe mentionnée aux articles D. 6122-4 et D. 6122-5 du code du travail (préciser s'il y a lieu).
L'État apporte au centre une aide financière, dans les conditions prévues par la réglementation en vigueur et dont le montant est fixé chaque année par une annexe financière.

Article 5

Le contrôle pédagogique, technique et financier sera exercé par ....

Article 6

La présente convention prend effet à compter du ....

CONVENTION DE FORMATION PROFESSIONNELLE PRÉVOYANT UNE AIDE DE L'ÉTAT À L'ÉQUIPEMENT DU CENTRE

Entre le (ministre ou préfet de région) ....
et le (dénomination du centre) ....
Il est convenu ce qui suit :

Article 1er

La présente convention est conclue en application des livres premier et III de la partie VI du code du travail.
Les dispositions prévues par les articles 1er, 2, 5, 8, 9 (2, c) et 11 de l'annexe mentionnée aux articles D. 6122-4 et D. 6122-5 du code du travail lui sont également applicables.

Article 2

Le centre organisera les formations prévues à l'annexe jointe.

Article 3

L'État apportera une aide financière à la construction et à l'équipement du centre dans les conditions prévues par la réglementation en vigueur et pour un montant de ....

Article 4

Le contrôle technique et financier sera exercé par ....

DISPOSITIONS COMMUNES À L'ENSEMBLE DES CONVENTIONS DE FORMATION PROFESSIONNELLE COMPORTANT UNE AIDE DE L'ÉTAT

I. Objet et organisation du centre et des cycles de formation

Article 1er

Pour bénéficier d'une aide de l'État, le centre organise une ou plusieurs actions de formation professionnelle répondant aux orientations prioritaires et aux critères d'intervention définis par les instances de la formation professionnelle.

Article 2

Le conseil de centre

Le centre de formation est doté d'un conseil auquel participent notamment les employeurs et salariés désignés par les organismes ou organisations professionnels, ou, le cas échéant, par les entreprises et travailleurs intéressés.

Dans les conditions fixées par le conseil, des représentants des stagiaires seront appelés à participer aux réunions du conseil.

Lorsqu'un accord conclu entre les organisations d'employeurs et de salariés prévoit la composition et les modalités de fonctionnement de ce conseil, ce sont les dispositions de cet accord qui s'appliquent.

Lorsque la gestion du centre est assurée par une entreprise ou un groupe d'entreprises de cinquante salariés et plus, le ou les *(Décr. n° 2017-1819 du 29 déc. 2017, art. 3)* « comités sociaux et économiques » intéressés exercent les attributions que leur confère la réglementation en vigueur. Ils doivent en particulier avoir délibéré sur les problèmes propres à l'entreprise relatifs à la formation professionnelle continue et sur les actions pour lesquelles l'aide de l'État est accordée.

Article 3

Organisation des cycles

La formation est délivrée par le centre au moyen de cycles de formation qui peuvent comporter des stages à temps plein ou à temps partiel, ainsi que des cours de types divers.

L'objet du cycle, les types de stage, le lieu, la durée, le nombre de stagiaires prévus, le niveau de la formation dispensée et la sanction prévue sont définis pour chaque cycle dans une annexe pédagogique jointe à la convention.

Les règles particulières aux stages qui pourraient être mis en place ultérieurement sont fixées par avenant.

Les parties peuvent demander des modifications dans les conditions prévues à l'article 12 ci-après.

Pour les actions s'adressant à des stagiaires sous contrat de travail, la formation dispensée à temps partiel est, en principe, donnée pendant les heures normales de travail. Cependant, l'organisation des stages à temps partiel pourra tenir compte des situations particulières relatives aux conditions et aux horaires de travail ainsi qu'à la nature des formations dispensées et à la situation des stagiaires au regard du droit à congé de formation.

Article 4

Personnel du centre

Le personnel assurant un enseignement au centre peut comprendre des personnels à temps plein et des personnels à temps partiel.

Ce personnel est choisi par le responsable du centre, après avis du conseil du centre.

La rémunération des personnes dispensant un enseignement au centre, ainsi que celle du personnel de direction et d'administration, est assurée par le centre.

II. Stagiaires

Article 5

Recrutement

Les stagiaires sont recrutés parmi les candidats qui adressent à titre individuel leur demande d'admission au centre, et notamment, ceux auxquels les services de l'emploi ainsi que les organismes d'information et d'orientation compétents peuvent apporter leur concours ou parmi les candidats présentés par les entreprises ou les organisations professionnelles et syndicales.

Le choix des stagiaires est opéré sur des critères et dans les conditions arrêtées en accord avec l'autorité cosignataire.

Lorsque les stagiaires sont envoyés par leur entreprise aucune participation financière ne doit leur être demandée.

Article 6

Rémunération

Les stagiaires présentés au centre par leur employeur bénéficient, de la part de ce dernier, du maintien intégral de la rémunération qu'ils percevaient avant leur entrée en stage. Lorsque les conditions prévues par la législation en vigueur sont remplies, l'État peut prendre en charge une partie de la rémunération maintenue.

Les autres stagiaires peuvent bénéficier, sous réserve de remplir les conditions prévues, du versement de la rémunération prévu par les articles L. 6341-1 et suivants du code du travail.

Dans tous les cas, l'aide de l'État ne peut intervenir que si elle est prévue expressément par la convention ou par un avenant à la convention.

Article 7

Protection sociale

Le centre s'assure que les stagiaires bénéficient d'une protection sociale.

Il prend les dispositions appropriées pour assurer la couverture des risques sociaux et notamment des accidents du travail pour les stagiaires qui ne seraient pas couverts par la réglementation en vigueur.

Article 8

Reconnaissance de la formation acquise

Le centre s'engage à rechercher auprès des employeurs intéressés les modalités propres à assurer la reconnaissance de la formation acquise par les stagiaires du centre.

III. Aide de l'État

Article 9

L'État peut apporter :
1. Une aide technique :
a) Concours à la formation des personnels appelés à assurer un enseignement au centre ;
b) Mise à disposition de locaux et installations ;
c) Mise à disposition de documents d'ordre technique et pédagogique ;
d) Mise à disposition de personnel d'enseignement.
2. Une aide financière :
L'État peut verser au centre :
a) Une subvention destinées [destinée] à permettre la mise au point des différents cycles ;
b) Une subvention forfaitaire de fonctionnement.

Le montant de cette subvention est calculé, pour chaque exercice, dans les conditions fixées par le ministre chargé de la formation professionnelle, après avis du Conseil national de la formation professionnelle tout au long de la vie.

Dans tous les cas, il est tenu une comptabilité distincte pour les cycles et stagiaires relevant de la convention.

Dans l'hypothèse où les effectifs réellement présents ou la durée des formations seraient inférieurs aux prévisions, le montant de la subvention sera réduit à due concurrence.

Si le montant des différentes ressources perçues au titre des cycles conventionnés excède le montant des dépenses effectivement exposées pour le fonctionnement de ces cycles, cet excédent devra être déduit de la subvention due au titre de l'exercice suivant ou reversé au Trésor.

c) Une subvention destinée à couvrir une partie du coût de construction et d'équipement du centre.

Les conditions d'attribution de cette subvention, ainsi que les modalités selon lesquelles elle est calculée, sont fixées par le ministre chargé de la formation professionnelle, après avis du Conseil national de la formation professionnelle tout au long de la vie.

Le montant de cette subvention ne peut être augmenté si le coût réel des travaux réalisés dépasse le montant du devis prévisionnel, que ce dépassement résulte d'une sous-estimation du coût des travaux, d'une actualisation du prix de l'opération ou d'une hausse de prix contractuelle.

Le centre bénéficiaire d'une subvention d'équipement est tenu, au cas où il serait mis fin aux formations prévues par la convention ou si les équipements réalisés ne sont pas utilisés conformément aux stipulations de la convention, de rembourser la subvention reçue, proportionnellement au nombre d'années restant à courir sur les délais d'amortissement : cinq ans pour le matériel, dix ans pour les aménagements immobiliers, vingt ans pour les constructions ou achats d'immeubles. Lorsque l'aide de l'État a porté sur l'acquisition du terrain, cette participation doit être remboursée intégralement.

De même, si la capacité de formation est inférieure à celle prévue par la convention, le centre rembourse la subvention reçue proportionnellement au nombre de places prévues et non réalisées.

3. Une aide technique et financière :

Les aides prévues aux 1 et 2 ci-dessus peuvent se cumuler.

Dans ce cas, les aides techniques font l'objet d'une évaluation financière et sont déduites du monde de la subvention.

IV. Contrôle de l'État

Article 10

Aide au fonctionnement

a) Contrôle pédagogique et technique.

Le centre est soumis au contrôle pédagogique exercé par les services et organismes compétents désignés par l'autorité cosignataire. Il porte sur l'objet de la formation, les méthodes, les programmes et la qualité des enseignements dispensés. Le conseil de centre est consulté à l'occasion de ce contrôle.

b) Contrôle financier.

Le responsable du centre adresse chaque année un compte rendu des résultats qu'ont permis d'obtenir les cycles de formation organisés, un bilan financier des dépenses et ressources réellement constatées et un budget annuel ; ces différents documents sont transmis avec l'avis du conseil du centre.

Sans préjudice des contrôles que l'État peut exercer en vertu de la réglementation en vigueur sur les organismes et entreprises recevant des subventions sur fonds publics, les services ou organismes désignés par l'autorité cosignataire, compétents pour effectuer des inspections administratives, financières et techniques, ont accès dans les locaux du centre. Ils peuvent en outre se faire communiquer toutes pièces nécessaires permettant de contrôler l'activité du centre de l'assiduité des stagiaires, et notamment les situations d'effectifs et les emplois du temps.

Article 11

Aide à l'équipement

Pendant l'exécution des travaux, le service chargé du contrôle peut s'assurer de leur conformité avec les plans et devis présentés.

Lorsque les travaux sont achevés ou les matériels acquis, l'autorité cosignataire pourra s'assurer à tout moment que la capacité créée et l'utilisation des équipements sont bien conformes à la destination prévue par l'annexe à la convention.

A cet effet, les services désignés par cette autorité ont accès dans les locaux du centre et peuvent se faire communiquer toutes précisions nécessaires permettant de contrôler son activité.

V. Application et durée de la convention

Article 12

Modification de la convention

L'autorité cosignataire peut, à tout moment, mettre fin sans délai à la convention dans le cas où le contrôle exercé sur le centre fait apparaître que l'organisation des cycles de formation ou les conditions de sa gestion ne répondent pas aux conditions définies dans la convention.

L'autorité cosignataire peut également demander, à tout moment, au responsable du centre de modifier les conditions d'organisation ou de fonctionnement d'un cycle de formation en cours lorsque celui-ci *[celles-ci]* apparaissent défectueuses.

Dans ces deux cas, le conseil du centre est consulté.

En dehors de ces cas, chacune des parties porte à la connaissance de l'autre, au moins deux mois à l'avance, les modifications éventuelles qu'elle désire voir apporter aux dispositions de la convention ou de ses annexes.

C'est notamment le cas lorsqu'il apparaît nécessaire d'adapter l'objet des cycles ou les méthodes de formation aux exigences ou aux possibilités nouvelles que ferait apparaître l'évolution de l'emploi et des moyens de formation existant*[s]*.

Les modifications arrêtées d'un commun accord et après consultation du conseil du centre font l'objet d'un avenant.

Article 13
Résiliation de la convention

La convention peut être résiliée par l'une ou l'autre des parties sur préavis de trois mois.
Lorsqu'il est mis fin à la convention, des dispositions particulières sont prises, le conseil du centre ayant été consulté pour sauvegarder les intérêts des stagiaires en cours de formation.

SECTION 3 France compétences

(Décr. n° 2018-1331 du 28 déc. 2018, art. 1er, en vigueur le 1er janv. 2019)

SOUS-SECTION 1 Dispositions générales

Art. R. 6123-5 L'institution nationale publique dénommée France compétences, définie à l'article L. 6123-5, est un établissement public national à caractère administratif placé sous la tutelle du ministre chargé de la formation professionnelle.

SOUS-SECTION 2 Organisation de l'établissement

§ 1 Conseil d'administration

Art. R. 6123-6 Le conseil d'administration comprend quinze membres nommés par arrêté du ministre chargé de la formation professionnelle selon la répartition suivante :
1° Un collège composé de trois représentants de l'État disposant de quarante-cinq voix, désignés selon la répartition suivante :
a) Un représentant désigné par le ministre chargé de la formation professionnelle, disposant de quinze voix ;
b) Un représentant désigné par le ministre chargé du budget, disposant de quinze voix ;
c) Un représentant désigné conjointement par le ministre chargé de l'éducation nationale, par le ministre chargé de l'enseignement supérieur et par le ministre en charge de l'agriculture, disposant de quinze voix ;
2° Un collège composé de cinq représentants des organisations syndicales de salariés représentatives au niveau national et interprofessionnel, désignés par chacune d'elles et disposant de vingt voix. Au sein de ce collège, chaque organisation syndicale dispose d'un nombre de voix fixé, par arrêté du ministre chargé de la formation professionnelle, en proportion de son audience au niveau national et interprofessionnel ;
3° Un collège composé de trois représentants des organisations professionnelles d'employeurs représentatives au niveau national et interprofessionnel, désignés par chacune d'elles et disposant de vingt voix. Au sein de ce collège, chaque organisation professionnelle d'employeurs dispose d'un nombre de voix fixé, par arrêté du ministre chargé de la formation professionnelle, en proportion de son audience au niveau national et interprofessionnel.
4° Un collège composé de deux représentants des conseils régionaux, désignés par le ministre chargé de la formation professionnelle, sur proposition sur l'Association Régions de France, disposant chacun de sept voix et demie ;
5° Un collège composé de deux personnalités qualifiées, de sexe différent, dont au moins une personne titulaire d'un mandat électif local et dont l'une après avis du ministre chargé du handicap, désignées par le ministre chargé de la formation professionnelle, disposant chacune de cinq voix ;
Les membres du conseil d'administration, à l'exception des personnalités qualifiées, peuvent être représentés par un suppléant, nommé dans les mêmes conditions.
La durée du mandat des membres du conseil d'administration est de trois ans.
Le directeur général, ainsi que toute personne dont la présence est jugée utile par le président, assistent aux réunions du conseil d'administration.

Art. R. 6123-7 I. — Les frais exposés par les membres du conseil d'administration pour l'exercice de leur mandat sont remboursés par l'établissement dans les conditions prévues par le décret n° 2006-781 du 3 juillet 2006 fixant les conditions et les modalités de règlement des frais occasionnés par les déplacements temporaires des personnels civils de l'État.

II. — Lorsque le conseil d'administration délibère sur une décision dans laquelle un des membres a, directement ou indirectement, un intérêt quelconque, le membre intéressé n'assiste pas à la délibération. Les délibérations prises en violation de cette obligation sont nulles de plein droit.

Art. R. 6123-8 I. — Le conseil d'administration délibère sur :

1° La fixation d'un niveau maximal de prise en charge éligible à la péréquation interbranche mentionnée au 1° de l'article (Décr. n° 2019-1326 du 10 déc. 2019, art. 1ᵉʳ) « L. 6123-5 » ;

2° Le suivi et l'évaluation de la qualité des actions de formation mentionnés au 7° de l'article L. 6123-5, notamment sur le référentiel national prévu par l'article L. 6316-3 ;

3° Les recommandations mentionnées au 10° de l'article L. 6123-5 conformément aux dispositions de l'article L. 6123-10 ;

4° Les actions mises en œuvre en application du 11° de l'article L. 6123-5 ;

5° La reconnaissance d'instances de labellisation prévues par l'article L. 6316-2, sur le fondement du référentiel national mentionné à l'article L. 6316-3 ;

6° Le rapport annuel d'activité destiné au parlement et au ministre chargé de la formation professionnelle continue, conformément aux dispositions de l'article L. 6123-11 ;

7° La convention triennale d'objectifs et de performance conclue avec l'État en application de l'article L. 6123-11 ;

8° L'affectation des excédents constatés auprès des opérateurs de compétences (Décr. n° 2021-1916 du 30 déc. 2021, art. 1ᵉʳ-1°, en vigueur le 1ᵉʳ janv. 2022) « , des fonds d'assurance-formation de non-salariés, des conseils de la formation » et des commissions paritaires interprofessionnelles régionales, dans le cadre d'une ou des sections financières mentionnées à l'article (Décr. n° 2021-1916 du 30 déc. 2021, art. 1ᵉʳ-1°, en vigueur le 1ᵉʳ janv. 2022) « R. 6123-16 » ;

9° Le budget initial de l'établissement et les budgets rectificatifs ;

10° Le bilan annuel, le compte de résultat, les principes de comptabilité analytique et les décisions relatives à la fixation, à l'affectation des résultats de l'exercice et à la constitution de réserves ;

11° La conclusion d'emprunts, dont le terme ne peut être supérieur à douze mois, à partir d'un seuil défini par le règlement du conseil ;

12° Les marchés et autres contrats comportant, de la part de l'établissement, un engagement financier dont la valeur excède un seuil défini par le règlement du conseil ou pris au titre du 4° et du 14° de l'article L. 6123-5 ;

13° L'acquisition ou l'aliénation des biens immobiliers ;

14° Le schéma pluriannuel de stratégie immobilière ;

15° Les actions en justice et transactions supérieures à un montant fixé par le règlement intérieur du conseil ;

16° Le schéma directeur des systèmes d'information ;

17° La désignation des commissaires aux comptes ;

18° L'octroi d'avances à des organismes ou sociétés ayant pour objet de contribuer à l'exécution des missions de l'établissement ;

19° La participation à un groupement d'intérêt public ou à toute autre forme de groupement public ou privé ;

20° Le règlement du conseil d'administration, (Abrogé par Décr. n° 2019-1326 du 10 déc. 2019, art. 1ᵉʳ) « *le règlement intérieur de l'établissement,* » le règlement intérieur de la commission en charge de la certification professionnelle prévue à l'article L. 6113-6 et la charte déontologique applicable aux membres du conseil d'administration et au personnel de l'établissement ;

21° La création de commissions spécialisées au sein de l'établissement et leurs règlements intérieurs.

(Abrogé par Décr. n° 2019-1326 du 10 déc. 2019, art. 1ᵉʳ) « *22° Le projet d'établissement.* »

II. — Le conseil d'administration est tenu informé :

1° Des travaux des commissions et des instances créées au sein de l'établissement ;

2° Des signalements de dysfonctionnements mentionnés au 12° de l'article L. 6123-5 ;

3° De la consolidation, de l'animation et de la publicité des travaux des observatoires prospectifs des métiers et des qualifications au titre du 13° de l'article L. 6123-5 ;

4° Des comptes rendus annuels d'exécution du projet d'établissement et de la convention triennale d'objectifs et de performance ;

5° Des conditions générales d'organisation et de fonctionnement de l'établissement, notamment les conditions générales d'emploi et de rémunération des personnels ;

6° Des emprunts, dont le terme ne peut être supérieur à douze mois, d'un montant inférieur au seuil mentionné au 11° du I ;

7° Du plan pluriannuel d'action achats et des marchés et autres contrats non couverts autres que ceux mentionnés au 12° du I ;

8° Des baux et locations d'immeubles ;

9° De l'état d'avancement du schéma pluriannuel de stratégie immobilière, du schéma directeur des systèmes d'information et du plan d'actions achats.

Art. R. 6123-9 Le conseil d'administration peut déléguer au directeur général certaines de ses attributions dans les limites qu'il détermine, à l'exclusion de celles mentionnées aux 2°, 3°, 5°, 7°, 9°, 10°, 11°, 12°, 13°, 16°, 17° et 20° du I de l'article R. 6123-8.

Le directeur général rend compte des décisions qu'il a prises en vertu de cette délégation lors de la séance suivante du conseil d'administration.

Art. R. 6123-10 Le conseil administration se réunit sur convocation de son président au moins six fois par an.

Il est en outre réuni de plein droit, sur un ordre du jour déterminé, à la demande écrite du représentant du ministre chargé de la formation professionnelle ou de la majorité des membres du conseil d'administration, dans le délai d'un mois suivant la demande.

Il est établi un procès-verbal de chaque séance du conseil d'administration.

Le procès-verbal est adressé sans délai au ministre chargé de la formation professionnelle, ainsi qu'à l'autorité chargée du contrôle économique et financier.

Art. R. 6123-11 Les délibérations du conseil d'administration relevant des 8°, 9°, 10°, 11°, 13° et 19° du I de l'article R. 6123-8 sont exécutoires de plein droit quinze jours après leur réception par les ministres chargé de la formation professionnelle et chargé du budget, à moins que l'un d'entre eux n'y fasse opposition dans ce délai.

Les autres délibérations sont exécutoires à compter de la signature du relevé des délibérations par le président de séance.

Les délibérations sont transmises sans délai à l'autorité chargée du contrôle économique et financier.

§ 2 Le président du conseil d'administration

Art. R. 6123-12 I. — Le président du conseil d'administration est nommé, dans les conditions prévues à l'article L. 6123-7, pour trois ans.

II. — Le président du conseil d'administration :

1° Préside les débats du conseil d'administration ;

2° Convoque le conseil d'administration, arrête son ordre du jour sur proposition du directeur général, signe les procès-verbaux des séances du conseil d'administration et veille à ce qu'ils soient adressés sans délai au ministre de tutelle et à l'autorité chargée du contrôle économique et financier conformément aux articles R. 6123-10 et R. 6123-11 ;

3° S'assure de la mise en œuvre de ses délibérations, dont le directeur général rend compte régulièrement ;

4° Signe, conjointement avec le directeur général, la convention triennale d'objectifs et de performance mentionnée à l'article L. 6123-11.

(Décr. n° 2019-1326 du 10 déc. 2019, art. 1er) « III. — En cas de partage égal des voix, la délibération du conseil d'administration est renvoyée à une nouvelle séance du conseil d'administration. Le président du conseil d'administration dispose alors d'une voix prépondérante. »

§ 3   Le directeur général

Art. R. 6123-13 Le directeur général :
1° Prépare, signe conjointement avec le président du conseil administration et exécute la convention triennale d'objectifs et de performance *(Décr. n° 2021-1916 du 30 déc. 2021, art. 1er-2°, en vigueur le 1er janv. 2022)* « prévue à l'article L. 6123-11 » ;
2° Prépare les délibérations du conseil d'administration et en assure l'exécution ;
3° Prépare et exécute le budget de l'établissement ;
4° Exécute les recettes et les dépenses, dans les conditions prévues au règlement intérieur ;
5° A autorité sur l'ensemble des personnels de l'établissement et en assure la gestion. A ce titre, il recrute, nomme et gère le personnel ;
6° Préside les instances de dialogue social de l'établissement ;
7° Négocie et conclut les conventions et marchés se rapportant aux missions de l'établissement dans les limites fixées, le cas échéant, par le conseil d'administration ;
8° Représente l'établissement en justice et dans les actes de la vie civile dans les conditions prévues, le cas échéant, par le conseil d'administration ;
9° Établit le rapport annuel d'activité *[destiné]* au parlement et au ministre chargé de la formation professionnelle ;
10° Assure la publication de la liste actualisée des certifications professionnelles enregistrées au répertoire national des certifications professionnelles au titre de la procédure prévue au II de l'article L. 6113-5 ainsi que des certifications et habilitations recensées dans le répertoire spécifique au titre de la procédure prévue à l'article L. 6113-6 ;
(Abrogé par Décr. n° 2021-1916 du 30 déc. 2021, art. 1er-2°, à compter du 1er janv. 2022) « 11° *Prépare et exécute les délibérations prévues au I de l'article R. 6123-8* ; »
12° Rend compte de sa gestion au conseil d'administration et au ministre chargé de la formation professionnelle. Il rend également compte de sa gestion devant le parlement en application de l'article L. 6123-8.
Il peut déléguer sa signature aux personnels placés sous son autorité.

§ 4   Médiateur

Art. R. 6123-14 Un médiateur est chargé au sein de France compétences d'instruire les réclamations individuelles des usagers relatives au conseil en évolution professionnelle mentionné au 4° de l'article L. 6123-5 et aux projets de transition professionnelle mentionnés à l'article L. 6323-17-6.
Il établit un rapport annuel dans lequel il formule les propositions qui lui paraissent de nature à améliorer le fonctionnement de France compétences et le service rendu aux usagers. Ce rapport est transmis au conseil d'administration de France compétences, au ministre chargé de la formation professionnelle et au Défenseur des droits.
La saisine du Défenseur des droits, dans son champ de compétences, met fin à la procédure de réclamation introduite auprès du médiateur.

SOUS-SECTION 3   **Règles financières et comptables**

Art. R. 6123-15 Le budget comprend :
1° En recettes :
a) Les versements de l'État, de l'Union européenne et les fonds mentionnés aux articles L. 6331-2, L. 6331-4 et L. 6241-3 ;
b) Les remboursements d'avances et de prêts ;
c) Le produit du placement des fonds disponibles ;
d) Les dons et legs ;
e) Les revenus procurés par les participations financières ;
f) Le produit des cessions et de location ;
g) Le produit des redevances pour services rendus ;
h) D'une manière générale, toute autre recette provenant de l'exercice de ses activités ou autorisées par les lois et règlements ;
2° En dépenses :
a) Les dépenses de personnel ;

b) Les dépenses de fonctionnement ;
c) Les dépenses d'investissement ;
d) Les dépenses d'intervention autres que celles gérées en compte de tiers.

Art. R. 6123-16 Le budget de l'établissement comporte *(Décr. n° 2021-1916 du 30 déc. 2021, art. 1ᵉʳ-3°, en vigueur le 1ᵉʳ janv. 2022)* « neuf » sections financières :

1° Une section dédiée au financement de l'alternance, divisée en *(Décr. n° 2022-528 du 12 avr. 2022)* « cinq » sous-sections :

a) Une sous-section dédiée à la péréquation entre les opérateurs de compétences mentionnée au 1° de l'article L. 6123-5 ;

b) Une sous-section dédiée au financement de l'aide au permis de conduire mentionnée au 1° du même article ;

c) Une sous-section dédiée au versement aux régions des fonds pour le financement des centres de formation d'apprentis au titre du 2° du même article ;

d) une sous-section dédiée aux opérateurs de compétences pour le financement de l'alternance mentionné [au] *c* du 3° de l'article L. 6123-5 ;

(Décr. n° 2022-528 du 12 avr. 2022) « *e)* Une sous-section dédiée au versement au centre national de la fonction publique territoriale de fonds pour le financement des frais de formation des apprentis qu'il prend en charge au titre du 1° de l'article L. 6123-5 ; »

2° Une section dédiée au financement du compte personnel de formation mentionné au *a* du 3° du même article ;

3° Une section dédiée au financement de la formation des demandeurs d'emploi mentionné au *b* du 3° du même article ;

4° Une section dédiée au financement de l'aide au développement des compétences au bénéfice des entreprises de moins de cinquante salariés mentionné au *c* du 3° du même article ;

5° Une section dédiée au financement du conseil en évolution professionnelle au titre du 4° du même article ;

6° Une section dédiée au financement des projets de transition professionnelle mentionné au 5° du même article ;

(Décr. n° 2021-1916 du 30 déc. 2021, art. 1ᵉʳ-3°, en vigueur le 1ᵉʳ janv. 2022) « 7° Une section dédiée à l'affectation des financements aux fonds d'assurance-formation de non-salariés et aux conseils de la formation mentionnés à l'article R. 6331-63-1 ;

« 8° Une section dédiée à l'affectation des financements au comité de concertation et de coordination de l'apprentissage du bâtiment et des travaux publics mentionné à l'article L. 6331-41 ;

« 9° » Une section dédiée au fonctionnement et aux investissements de l'établissement :

a) Une sous-section dédiée aux dépenses de fonctionnement ;
b) Une sous-section dédiée aux dépenses d'investissement.

France compétences peut créer toute autre section pour compte de tiers.

Art. R. 6123-17 France compétences tient une comptabilité analytique dont les principes de présentation sont fixés par le conseil d'administration.

Art. R. 6123-18 Le budget de l'établissement comporte un compte de résultat prévisionnel et un état prévisionnel de l'évolution de la situation patrimoniale en droits constatés. Les crédits concernant les dépenses de personnel, à l'exception des personnels recrutés à titre temporaire ou occasionnel, sont limitatifs, et fixés dans le respect des stipulations de la convention triennale d'objectifs et de performance visée à l'article L. 6123-11.

Art. R. 6123-19 Le budget de l'année est soumis au vote du conseil d'administration avant le 30 novembre de l'année précédente.

Dans le cas où, avant le début de l'exercice, le budget n'a pas été voté par le conseil d'administration à la date d'ouverture de l'exercice, les opérations de recettes et de dépenses sont effectuées sur la base et dans la limite de 80 % du budget voté de l'exercice précédent.

Art. R. 6123-20 France compétence est soumis au contrôle économique et financier de l'État dans les conditions prévues par le décret n° 55-733 du 26 mai 1955 relatif au contrôle économique et financier de l'État.

France compétences est tenu de déposer ses fonds au Trésor.

(Décr. n° 2019-1326 du 10 déc. 2019, art. 1ᵉʳ) « Toutefois, par décision du ministre chargé de l'économie et du ministre chargé du budget, France compétences peut être autorisé à ouvrir un compte bancaire auprès d'un établissement de crédit. Une telle autorisation est valable pour une durée maximale de trois ans. »

SOUS-SECTION 4 **Fonctionnement**

§ 1 Charte déontologique

Art. R. 6123-21 Les membres du conseil d'administration et les agents de France compétences exercent leurs fonctions dans le respect de principes fixés dans une charte déontologique, préparée par le directeur général et adoptée par le conseil d'administration.

Cette charte comprend des dispositions spécifiques applicables aux agents affectés aux missions relatives à la certification prévue au 8° de l'article L. 6123-5, à la médiation prévue à l'article *(Décr. n° 2019-1326 du 10 déc. 2019, art. 1ᵉʳ)* « R. 6123-14 » et aux missions relatives à l'évaluation et aux recommandations mentionnées au[x] 7°, 10° et 12° de l'article L. 6123-5.

§ 2 Dotations financières versées par france compétences

Art. R. 6123-24 France compétences verse à l'État une dotation annuelle pour le financement de la formation des demandeurs d'emploi en application du b du 3° de l'article L. 6123-5.

(Décr. n° 2023-535 du 28 juin 2023, art. 1ᵉʳ) « Le montant de cette dotation est fixé par délibération du conseil d'administration de France compétences avant le 30 novembre de l'année précédant le versement. Après cette date et en l'absence de délibération, ce montant est fixé par arrêté conjoint du ministre chargé de la formation professionnelle et du ministre chargé du budget. »

En application du B du III de l'art. 37 de la L. n° 2018-771 du 5 sept. 2018, les opérateurs de compétences assurent le recouvrement des contributions mentionnées aux 2° à 4° du I de l'art. L. 6131-1, à l'exception du solde de la taxe d'apprentissage mentionnée au II de l'art. L. 6241-2, jusqu'à la date d'entrée en vigueur de l'Ord. relative à la collecte des contributions des employeurs au titre du financement de la formation professionnelle et de l'alternance mentionnée à l'art. 41 de la L. du 5 sept. 2018.

Les art. R. 6123-24 à R. 6123-28 et R. 6123-31 à R. 6123-33 s'appliquent, sauf en ce qu'ils ont de contraire avec les dispositions du présent art.

Le montant de la dotation mentionnée à l'art. R. 6123-24 est fixé à 1,632 milliard d'euros pour l'année 2021 et à 1,684 milliard d'euros pour l'année 2022 (Décr. n° 2018-1331 du 28 déc. 2018, art. 4-1 et VIII).

Art. R. 6123-25 I. — France compétences affecte, chaque année, le produit des contributions des employeurs qui lui sont reversées au titre des 2°, 3° et 4° du I de l'article L. 6131-1, déduction faite du versement mentionné à l'article R. 6123-24, et détermine le montant des différentes dotations dans les conditions suivantes :

1° *(Décr. n° 2020-1739 du 29 déc. 2020, art. 1ᵉʳ)* « Entre 5 % et 35 % » à la Caisse des dépôts et consignations pour le financement du compte personnel de formation mentionné au a du 3° de l'article L. 6123-5 ;

2° *(Décr. n° 2020-1739 du 29 déc. 2020, art. 1ᵉʳ)* « Entre 4 % et 30 % » aux opérateurs de compétences pour l'aide au développement des compétences au bénéfice des entreprises de moins de cinquante salariés mentionné au c du 3° de l'article L. 6123-5 ;

3° *(Décr. n° 2020-1739 du 29 déc. 2020, art. 1ᵉʳ)* « Entre 3 % et 25 % » aux commissions paritaires interprofessionnelles régionales mentionnées à l'article 6323-17-6 pour le financement des projets de transition professionnelle ;

4° *(Décr. n° 2020-1739 du 29 déc. 2020, art. 1ᵉʳ)* « Entre 0,5 % et 6 % » aux opérateurs du conseil en évolution professionnelle. Ces montants sont augmentés de la seconde fraction mentionnée à l'article L. 6332-11 de la collecte des travailleurs indépendants ;

5° (*Décr. n° 2020-1739 du 29 déc. 2020, art. 1er*) « Entre 55 % et 83 % » pour les dépenses relatives à l'alternance. Ce versement se répartit ainsi :

(*Décr. n° 2020-1476 du 30 nov. 2020, art. 1er*) « *a)* Deux montants affectés aux régions pour le financement respectivement des dépenses de fonctionnement et des dépenses d'investissement des centres de formation d'apprentis et justifiés par des besoins d'aménagement du territoire et de développement économique, fixés par arrêté du ministre chargé de la formation professionnelle (*Décr. n° 2022-528 du 12 avr. 2022*) « et un montant affecté au centre national de la fonction publique territoriale pour le financement des frais de formation des apprentis qu'il prend en charge au titre du 1° de l'article L. 6123-5 ; » — V. Arr. du 2 déc. 2020, NOR : MTRD2017641A (JO 6 déc.).

b) Le solde restant est versé selon les modalités suivantes :

— (*Décr. n° 2020-1739 du 29 déc. 2020, art. 1er*) « entre 8 % et 55 % » de ce solde aux opérateurs de compétences dans le cadre de la péréquation permettant l'aide à la prise en charge des contrats en alternance selon les besoins des structures au vu de leurs capacités financières et des niveaux de prise en charge déterminées [*déterminés*] selon les modalités mentionnées à l'article L. 6332-14 ;

— (*Décr. n° 2020-1739 du 29 déc. 2020, art. 1er*) « jusqu'à » 1 % du même solde au titre du financement du permis de conduire mentionnée au 1° de l'article L. 6123-5 dans le cadre d'une convention avec le gestionnaire de l'aide ;

— la part restante de ce même solde aux opérateurs de compétences pour le financement des dépenses de la section des actions de financement de l'alternance mentionnée au 1° de l'article L. 6332-3. Cette part est attribuée aux opérateurs de compétences en fonction des contributions des entreprises relevant des branches adhérentes à l'opérateur de compétences ou, à défaut, des entreprises relevant du champ interprofessionnel dans les conditions prévues à l'article L. 6332-1-1. (*Décr. n° 2020-1739 du 29 déc. 2020, art. 1er*) « Sur la base des besoins de financement prévisionnels, des niveaux d'engagements réalisés lors des exercices précédents et des ressources financières dédiées à l'alternance, France compétences détermine pour chaque opérateur de compétences la part pouvant être affectée aux autres dépenses que celles définies au 2° de l'article R. 6123-31 dans la limite d'un plafond de 10 %. »

II. — L'ensemble des parts mentionnées au 1° à 5° du I et la part des ressources dédiée au financement de la mise en œuvre des missions de France compétences fixée par la convention mentionnée au deuxième alinéa de l'article L. 6123-12 représentent la totalité des contributions qui lui sont reversées au titre des 2°, 3° et 4° du I de l'article L. 6131-1, déduction faite du versement mentionné à l'article R. 6123-24.

(*Décr. n° 2019-1326 du 10 déc. 2019, art. 1er*) « Les montants prévisionnels » des versements mentionnés au I sont fixés, chaque année, par délibération du conseil d'administration de France compétences (*Décr. n° 2021-1916 du 30 déc. 2021, art. 1er-4°, en vigueur le 1er janv. 2022*) « et communiqués aux opérateurs de compétences » avant le (*Décr. n° 2019-1326 du 10 déc. 2019, art. 1er*) « 30 novembre » de l'année précédant le versement. (*Décr. n° 2019-1326 du 10 déc. 2019, art. 1er*) « Après cette date et en l'absence de cette délibération, ces montants sont fixés par arrêté du ministre chargé de la formation professionnelle. »

(*Décr. n° 2020-1476 du 30 nov. 2020, art. 1er*) « Les montants mentionnés au *a* du 5° du I sont versés aux régions avant le 1er juin de chaque année. »

V. ndlr ss. art. R. 6123-24.

Par dérogation aux dispositions du 2e al. du II, la délibération du conseil d'administration de France compétences relative aux montants prévisionnels des versements mentionnés au I pour l'année 2021 intervient avant le 31 déc. 2020 (Décr. n° 2020-1434 du 24 nov. 2020, art. 3).

Par dérogation aux dispositions du II, dans sa rédaction issue du Décr. n° 2020-1476 du 30 nov. 2020, le versement des montants mentionnés au a du 5° du I est effectué pour l'année 2020 avant le 30 nov. 2020 (Décr. préc., art. 4).

Art. R. 6123-26
I. — France compétences verse :

1° La dotation relative à l'aide au développement des compétences des entreprises de moins de cinquante salariés, mentionnée au 2° du I de l'article R. 6123-25, aux opérateurs de compétences en fonction du nombre d'entreprises de moins de cinquante salariés adhérentes et de *(Décr. n° 2021-1916 du 30 déc. 2021, art. 1er-5°, en vigueur le 1er janv. 2022)* « leur effectif salarié déterminé selon les modalités prévues au I de l'article L. 130-1 du code de la sécurité sociale » ;

2° La dotation relative au financement des projets de transition professionnelle, mentionnée au 3° du I de l'article R. 6123-25, aux commissions paritaires interprofessionnelles régionales en fonction de la masse salariale des établissements par région, dans le respect des recommandations qu'elle a fixées, en application du 10° de l'article L. 6123-5, en ce qui concerne les modalités et règles de prise en charge de ces projets.

II. — France compétences fixe les modalités de répartition des dotations mentionnées au I par délibération de son conseil d'administration.

(Abrogé par Décr. n° 2021-1916 du 30 déc. 2021, art. 1er-5°, à compter du 1er janv. 2022) « *France compétences communique aux opérateurs de compétences mentionnés au 1° du I, avant le 30 septembre de l'année précédant le versement, les modalités de répartition et une estimation des montants correspondants.* »

V. ndlr ss. art. R. 6123-24.

Art. D. 6123-26-1 *(Décr. n° 2023-760 du 10 août 2023, art. 3, en vigueur le 1er sept. 2023)* I. — France compétences verse la dotation du fonds d'investissement dans la prévention de l'usure professionnelle aux commissions paritaires interprofessionnelles régionales en application du 5° de l'article L. 6123-5 du code du travail en fonction des statistiques régionales de sinistres des accidents du travail et des maladies professionnelles ayant entraîné un arrêt de travail d'au moins vingt-quatre heures, une incapacité permanente ou un décès au sens des articles L. 411-1, L. 411-2 et L. 461-1 du code de la sécurité sociale, de la masse salariale des établissements par région et du taux de consommation de la dotation versée au titre de l'année précédente.

Les modalités de répartition et le calendrier de versement des dotations sont fixés par délibération du conseil d'administration de France compétences. Les crédits qui n'ont pas été engagés au cours de l'exercice sont reversés à France compétences qui les restitue au fonds d'investissement dans la prévention de l'usure professionnelle, conformément à l'article R. 251-6-4 du code de la sécurité sociale.

II. — France compétences verse la dotation pour le financement des projets de reconversion financés par le compte professionnel de prévention, dans le cadre du 4° du I de l'article L. 4163-7, aux commissions paritaires interprofessionnelles régionales en fonction des statistiques régionales de sinistres des accidents du travail et des maladies professionnelles ayant entraîné un arrêt de travail d'au moins vingt-quatre heures, une incapacité permanente ou un décès au sens des articles L. 411-1, L. 411-2 et L. 461-1 du code de la sécurité sociale, de la masse salariale des établissements par région et, le cas échéant, des demandes complémentaires des commissions paritaires interprofessionnelles régionales.

Les modalités de répartition et le calendrier de versement des dotations, leurs remontées éventuelles, ainsi que des demandes complémentaires des commissions paritaires interprofessionnelles régionales, sont fixées par délibération du conseil d'administration de France compétences.

Art. R. 6123-27 France compétences sélectionne tous les quatre ans, dans le cadre *(Décr. n° 2020-1739 du 29 déc. 2020, art. 1er)* « du marché public » prévu par l'article L. 6111-6, les opérateurs chargés du conseil en évolution professionnelle susceptibles de bénéficier de ses dotations.

V. ndlr ss. art. R. 6123-24.

Art. R. 6123-28 *(Décr. n° 2023-535 du 28 juin 2023, art. 2)* « La dotation mentionnée à l'article R. 6123-24 est versée selon un calendrier défini par convention entre l'État et France compétences.

« Les dotations mentionnées à l'article R. 6123-25 sont versées par trimestre. »

(Décr. n° 2020-1739 du 29 déc. 2020, art. 1er) « Les dotations mentionnées à l'article R. 6123-25 sont affectées et versées en tenant compte notamment des besoins de financement et des situations de trésorerie transmis par les attributaires à France compétences.

« Le cas échéant et sous réserve des montants minimaux de dotations prévus au I de l'article R. 6123-25, les versements peuvent être inférieurs aux montants fixées [fixés] par la délibération prévue au (Décr. n° 2023-535 du 28 juin 2023, art. 2) « troisième » alinéa du II de cet article, au vu notamment des besoins de financement et des niveaux d'engagements transmis par les attributaires à France compétences.

« La liste et les modalités de transmission des informations nécessaires, transmises en application du (Décr. n° 2023-535 du 28 juin 2023, art. 2) « troisième » alinéa, sont définies par délibération du conseil d'administration de France compétences. »

(Décr. n° 2018-1331 du 28 déc. 2018, art. 1er, en vigueur le 1er janv. 2019) « Par dérogation au (Décr. n° 2023-535 du 28 juin 2023, art. 2) « deuxième » alinéa, le calendrier de versement des dotations relatives, d'une part, au financement de l'alternance par les opérateurs de compétences et, d'autre part, au financement du conseil en évolution professionnelle est défini par délibération du conseil d'administration de France compétences.

V. ndlr ss. art. R. 6123-24.

§ 3 Missions d'évaluation et de qualité de France compétences

Art. R. 6123-29 France compétences, point national de référence qualité pour la France auprès de l'Union européenne, participe au réseau du cadre européen de référence pour l'assurance de la qualité dans l'enseignement et la formation professionnels. Il en promeut les principes, les critères de référence et les indicateurs auprès de l'ensemble des financeurs et des dispensateurs de formation.

Art. R. 6123-30 I. – Le rapport d'activité annuel mentionné à l'article L. 6123-11 retrace l'ensemble des activités de France compétences au titre de ses missions énumérées à l'article L. 6123-5.

II. – Chaque année, à l'occasion de la remise du rapport au parlement et au ministre chargé de la formation professionnelle, le président du conseil d'administration de France compétences présente l'activité de l'établissement et ses perspectives de travail, devant une assemblée composée, outre les administrateurs de l'établissement, des membres suivants :

1° Douze représentants de l'État, désignés respectivement par le ministre en charge de la jeunesse et des sports, le ministre en charge de la santé, le ministre en charge des affaires sociales, le ministre en charge de la défense, le ministre en charge des collectivités territoriales, le ministre en charge de l'industrie, le ministre en charge de la mer et le ministre en charge de l'outre-mer ;

2° Un représentant de chaque organisation professionnelle d'employeurs représentative au plan national multiprofessionnel sur proposition de leur[s] organisation[s] respective[s] ;

3° Trois représentants au titre des organisations syndicales de salariés intéressées sur proposition de leur[s] organisation[s] respective[s]. Ces organisations sont déterminées par arrêté du ministre en charge de l'emploi et de la formation ; – V. Arr. du 30 mars 2021, NOR : MTRD2103173A (JO 3 avr.).

4° Un représentant pour chaque réseau consulaire, sur proposition de CCI France, de (Ord. n° 2022-583 du 20 avr. 2022, art. 1er) « Chambres d'agriculture France » et (Décr. n° 2019-56 du 30 janv. 2019, art. 4) « de CMA France » ;

5° Un représentant de la Conférence des présidents d'université.

SOUS-SECTION 5 **Péréquation**

Art. R. 6123-31 France compétences verse à un opérateur de compétences, au titre de la péréquation inter-branches mentionnée au 1° de l'article L. 6123-5, une dotation complémentaire pour le financement de l'alternance lorsque :

1° Les fonds affectés à la section financière mentionnée au 1° de l'article L. 6332-3 sont insuffisants pour prendre en charge les dépenses mentionnées au I de l'article L. 6332-14 ;

2° L'opérateur de compétences a affecté au moins 90 % de ses fonds destinés à financer des actions de formation relatives aux contrats d'apprentissage, et à ses frais annexes, notamment d'hébergement et de restauration, ainsi que des actions de formation relatives aux contrats de professionnalisation et aux reconversions ou promotions par alternance mentionnées à l'article L. 6324-1.

V. ndlr ss. art. R. 6123-24.

Art. R. 6123-32 La part de la dotation de financement complémentaire affectée, en application du second alinéa de l'article R. 6123-31, aux contrats de professionnalisation et aux reconversions ou promotions par alternance est versée dans la limite d'un plafond fixé par arrêté du ministre chargé de la formation professionnelle, en fonction, notamment, de leurs coûts moyens observés et de majorations liées à des publics prioritaires, pris après avis de France compétences. – *V. Arr. du 2 sept. 2020, NOR : MTRD2022956A (JO 26 sept.).*

V. ndlr ss. art. R. 6123-24.

Art. R. 6123-33 Pour l'accomplissement de la mission de péréquation, France compétences attribue aux opérateurs de compétences la dotation complémentaire mentionnée à l'article R. 6123-31 en fonction de prévisions d'activité démontrant une insuffisance de couverture.

Les prévisions d'activité détaillent les besoins d'engagements nouveaux et anciens.

La dotation tient compte de la moyenne d'annulation des engagements constatés au cours des quatre dernières années pour les contrats d'apprentissage et des trois dernières années pour les contrats de professionnalisation et les reconversions ou promotions par alternance. Elle exclut du besoin de couverture les engagements anciens de plus de quatre ans pour les contrats d'apprentissage et de plus de trois ans pour les contrats de professionnalisation et les reconversions ou promotions par alternance.

V. ndlr ss. art. R. 6123-24.

SOUS-SECTION 6 **Tables de correspondance des branches et entreprises adhérentes des opérateurs de compétences**

(Décr. n° 2021-1916 du 30 déc. 2021, art. 1er-6°, en vigueur le 1er janv. 2022)

Art. R. 6123-34 France compétences établit et actualise des tables de correspondance associant à chaque branche professionnelle et aux établissements de chaque entreprise l'opérateur de compétence dont ils relèvent, au regard :
1° Du champ d'intervention professionnel et interprofessionnel de l'opérateur de compétences défini dans l'arrêté d'agrément mentionné à l'article R. 6332-1 ainsi que, le cas échéant, de son champ d'intervention dans les collectivités d'outre-mer ;
2° De l'activité principale des établissements considérés.

A cette fin, France compétences s'appuie sur les informations communiquées dans les déclarations sociales nominatives des employeurs, en vérifiant leur cohérence avec les critères définis aux 1° et 2°. Elle peut également adresser des demandes d'information à l'entreprise ou aux opérateurs concernés et saisir, pour avis, le ministre chargé de la formation professionnelle.

Art. R. 6123-35 Les tables de correspondance sont diffusées sur le site internet de France compétences selon un format défini par arrêté du ministre chargé de la formation professionnelle.

Elles sont également transmises en tout ou partie par France compétences dans un format permettant la réutilisation des données, sur demande et sous réserve de l'établissement d'une licence gratuite selon les modalités définies au chapitre III du titre II du livre III du code des relations entre le public et l'administration.

Art. D. 6123-36 *(Décr. n° 2021-1917 du 30 déc. 2021, art. 1er-1°, en vigueur le 1er janv. 2022)* Les tables de correspondance mentionnées à l'article R. 6123-34 sont actualisées et diffusées au plus tard dans les deux mois qui suivent la déclaration mensuelle des entreprises.

Art. D. 6123-37 *(Décr. n° 2021-1917 du 30 déc. 2021, art. 1er-2°, en vigueur le 1er janv. 2022)* I. – Les informations relatives aux entreprises sont communiquées à France compétences par les organismes chargés du recouvrement de la contribution relative à la formation professionnelle, et aux opérateurs de compétences par France compétences, afin de permettre :

1° L'établissement, l'actualisation et la diffusion des tables de correspondance mentionnées à l'article R. 6123-34 ;

2° La répartition et le versement par France compétences des contributions et des cotisations mentionnées aux 3° et 15° de l'article L. 6123-5 et aux articles L. 6331-5, L. 6331-35, L. 6331-55, L. 6331-57, L. 6323-20-1 ;

3° La réalisation des enquêtes de satisfaction mentionnées au 14° de l'article L. 6123-5 ;

4° Aux opérateurs de compétences d'assurer les missions précisées aux 1°, 4°, 5° et 6° de l'article L. 6332-1 ou par accord professionnel national dans le cadre des contributions supplémentaires mentionnées à l'article L. 6332-1-2 ;

5° Au comité de concertation et de coordination de l'apprentissage du bâtiment et des travaux publics d'assurer les missions précisées à l'article L. 6331-36.

II. – Les catégories d'informations à transmettre en application du I sont les suivantes :

1° Données à transmettre à France compétences :

a) Données de l'entreprise :
— Numéro d'identification du siège social ;
— Raison sociale ;
— Catégorie juridique ;
— Code activité principale exercée de l'entreprise (APEN) ;
— Adresse ;
— Coordonnées du référent formation professionnelle ;
— Date de création ;
— Dates de cessations d'activité ;
— Dates de disparitions ;
— Effectif moyen annuel ;
— Effectif moyen annuel des alternants ;
— Effectif moyen annuel des bénéficiaires de l'obligation d'emploi des travailleurs handicapés (BOETH).

b) Données de l'établissement :
— Numéro d'identification ;
— Nom commercial ;
— Code activité principale exercée de l'établissement (APET) ;
— Adresse ;
— Date de création ;
— Date de fin d'activité ;
— Identifiant de convention collective ou opérateur de compétences déclaré ;
— Date de transfert et identification du cédant et du repreneur ;
— Effectif moyen mensuel ;
— Effectif moyen mensuel des alternants ;
— Effectif moyen mensuel des bénéficiaires de l'obligation d'emploi des travailleurs handicapés (BOETH) ;
— Masse salariale assujettie à la contribution à la formation professionnelle ;
— Masse salariale assujettie à la contribution au compte personnel de formation des contrats à durée déterminée ;
— Masse salariale assujettie à la taxe d'apprentissage ;
— Masse salariale des intermittents ;
— Montant déclaré des contributions : contribution à la formation professionnelle, contribution compte personnel de formation des contrats à durée déterminée, part principale de la taxe d'apprentissage, contribution supplémentaire à l'apprentissage, participation unique au développement de la formation professionnelle des intermittents et régularisations, montant des déductions de la taxe d'apprentissage.

2° Données à transmettre aux opérateurs de compétences :

a) Données de l'entreprise :
— Numéro d'identification du siège social ;
— Raison sociale ;
— Catégorie juridique ;
— Code activité principale exercée de l'entreprise (APEN) ;
— Adresse ;

— Coordonnées du référent chargé de la formation professionnelle ;
— Date de création ;
— Dates de cessations d'activité ;
— Dates de disparitions ;
— Effectif moyen annuel ;
— Effectif moyen annuel des alternants ;
— Effectif moyen annuel des bénéficiaires de l'obligation d'emploi des travailleurs handicapés (BOETH) ;
b) Données de l'établissement :
— Numéro d'identification ;
— Nom commercial ;
— Code activité principale exercée de l'établissement (APET) ;
— Adresse ;
— Date de création ;
— Date de fin d'activité ;
— Identifiant de convention collective ou opérateur de compétences déclaré ;
— Date de transfert et identification du cédant et du repreneur ;
— Masse salariale assujettie à la contribution à la formation professionnelle ;
— Masse salariale assujettie à la contribution au compte personnel de formation des contrats à durée déterminée ;
— Masse salariale assujettie à la taxe d'apprentissage ;
— Masse salariale des intermittents.

La publication des premières tables de concordances établies en application de l'art. D. 6123-37 intervient au plus tard le 30 avr. 2022 (Décr. n° 2021-1917 du 30 déc. 2021, art. 3-II).

LIVRE II L'APPRENTISSAGE

TITRE I DISPOSITIONS GÉNÉRALES

CHAPITRE UNIQUE

SECTION 1 Enseignements à distance *(Décr. n° 2020-373 du 30 mars 2020, art. 1ᵉʳ).*

Art. D. 6211-1 *Abrogé par Décr. n° 2014-1031 du 10 sept. 2014, art. 2-6°.*

Art. D. 6211-2 *(Décr. n° 2020-373 du 30 mars 2020, art. 1ᵉʳ)* Lorsque les enseignements prévus au 2° de l'article L. 6211-2 sont effectués en tout ou partie à distance, ils sont mis en œuvre selon les modalités prévues à l'article D. 6313-3-1. La réalisation de l'action de formation par apprentissage est justifiée par tout élément probant.

Ces dispositions s'appliquent aux contrats conclus à compter du 1ᵉʳ avr. 2020 (Décr. n° 2020-373 du 30 mars 2020, art. 5).

SECTION 2 Rôle des acteurs de l'apprentissage *(Décr. n° 2020-1476 du 30 nov. 2020, art. 2).*

Art. D. 6211-3 *(Abrogé par Décr. n° 2020-373 du 30 mars 2020, art. 1ᵉʳ) Les chambres consulaires mentionnées à l'article L. 6211-4 peuvent soit individuellement, soit en commun, organiser des services d'apprentissage chargés de contribuer :*
3° [1°] Au placement des jeunes en apprentissage ;
2° A la préparation des contrats d'apprentissage ;
3° A l'élaboration de documents statistiques sur l'apprentissage, notamment à la demande de la commission départementale de l'emploi et de l'insertion ;
4° A la réalisation d'enquêtes sur le devenir professionnel des jeunes formés par la voie de l'apprentissage ;
5° Au fonctionnement des divers services sociaux organisés en faveur des apprentis.

Cette abrogation s'applique aux contrats conclus à compter du 1ᵉʳ avr. 2020 (Décr. n° 2020-373 du 30 mars 2020, art. 5).

Art. D. 6211-3 Les chambres consulaires adressent à la commission départementale de l'emploi et de l'insertion tout avis sur l'apprentissage dans le département. — *[Anc. art. R. 118-1, al. 7.]*

L'art. D. 6211-4 devient l'art. D. 6211-3 (Décr. n° 2020-373 du 30 mars 2020, art. 1ᵉʳ).

Art. R. 6211-4 (*Décr. n° 2020-1476 du 30 nov. 2020, art. 2*) I. — Les ressources allouées aux régions pour les dépenses de fonctionnement mentionnées au 1° du I de l'article L. 6211-3 sont réparties proportionnellement à la moyenne des dépenses constatées pour chaque région pour le fonctionnement des centres de formation des apprentis au titre des exercices 2016, 2017 et 2018. Leur montant par région est fixé par arrêté du ministre chargé de la formation professionnelle.

II. — Les ressources allouées aux régions au titre des dépenses d'investissement mentionnées au 2° du I de l'article L. 6211-3 sont réparties proportionnellement à la moyenne des dépenses constatées mentionnées au dernier alinéa du II du même article. Leur montant par région est fixé par arrêté du ministre chargé de la formation professionnelle.

Art. R. 6211-5 (*Décr. n° 2021-1850 du 28 déc. 2021, art. 1ᵉʳ, en vigueur le 1ᵉʳ janv. 2022*) La région peut affecter une fraction des ressources qui lui sont allouées en application du I de l'article R. 6211-4 aux dépenses d'investissement mentionnées au 2° du I de l'article L. 6211-3 lorsqu'elle constate sur une même période :

1° Un montant de dépenses de fonctionnement engagées ou prévisionnelles inférieur au montant des ressources allouées à ce titre ;

2° Un montant de dépenses d'investissement engagées ou prévisionnelles supérieur au montant des ressources allouées à ce titre.

La fraction des ressources mentionnée au premier alinéa ne peut être supérieure à un plafond fixé par arrêté du ministre chargé de la formation professionnelle dans la limite de 82 % du montant annuel des ressources allouées pour les dépenses de fonctionnement mentionnées au 1° du I de l'article L. 6211-3. — *Cette fraction des ressources est fixée à 80 % par Arr. du 20 janv. 2022, NOR : MTRD2138279A (JO 27 janv.).*

La fraction des ressources faisant l'objet d'une réaffectation en application du premier alinéa, ainsi que le montant de la somme correspondant à l'application de cette fraction, sont communiqués pour information au représentant de l'État dans la région et à France compétences.

La région peut affecter les ressources allouées pour les dépenses de fonctionnement mentionnées au 1° du I de l'art. L. 6211-3 qui n'ont pas été engagées au 31 déc. 2021 au financement des dépenses d'investissement mentionnées au 2° du I de l'art. L. 6211-3 en 2022, dans la limite de 82 % du montant des ressources allouées au titre du fonctionnement des centres de formation des apprentis en 2021.

Le montant des ressources faisant l'objet d'une réaffectation en 2022 en application du 1ᵉʳ al. est communiqué pour information au représentant de l'État dans la région et à France compétences (Décr. n° 2021-1850 du 28 déc. 2021, art. 2).

SECTION 3 Rôle des instances consultatives

Art. R. 6211-6 Conformément au 3° de l'article L. 6123-1, la (*Décr. n° 2018-1262 du 26 déc. 2018, art. 1ᵉʳ*) « Commission nationale de la négociation collective, de l'emploi et de la formation professionnelle » est consulté sur les projets de dispositions réglementaires prévus par le présent livre.

Le Conseil supérieur de l'éducation est consulté sur les projets de décret en Conseil d'État prévus par le présent livre et sur les projets de décret prévus à l'article L. 6241-2.

Le décret en Conseil d'État prévu à l'article L. 6222-33 est pris après avis des commissions professionnelles consultatives compétentes.

TITRE II CONTRAT D'APPRENTISSAGE

CHAPITRE I DÉFINITION ET RÉGIME JURIDIQUE

Le présent chapitre ne comprend pas de dispositions réglementaires.

CHAPITRE II CONTRAT DE TRAVAIL ET CONDITIONS DE TRAVAIL

SECTION 1 Formation, exécution et rupture du contrat de travail

SOUS-SECTION 1 Conditions d'âge

Art. D. 6222-1 Les dérogations à la limite d'âge supérieure, prévue à l'article L. 6222-2, sont applicables dans les conditions suivantes :
1° Pour les dérogations prévues aux (*Décr. n° 2009-596 du 26 mai 2009*) « 1° et 2° », l'âge de l'apprenti au moment de la conclusion du contrat est de (*Décr. n° 2020-373 du 30 mars 2020, art. 1er*) « trente-cinq » ans au plus ;
2° Pour les dérogations prévues aux 1° et 2°, le contrat d'apprentissage doit être souscrit dans un délai maximum d'un an après l'expiration du précédent contrat ;
3° Pour la dérogation prévue au 2°, les causes indépendantes de la volonté de l'apprenti ayant entraîné la rupture du contrat d'apprentissage sont les suivantes :
a) La cessation d'activité de l'employeur ;
b) La faute de l'employeur ou les manquements répétés à ses obligations ;
c) La mise en œuvre de la procédure de suspension de l'exécution du contrat d'apprentissage, prévue aux articles L. 6225-4 et suivants ;
4° Pour l'inaptitude physique et temporaire de l'apprenti constatée dans les conditions prévues (*Décr. n° 2020-373 du 30 mars 2020, art. 1er*) « à l'article L. 6222-18 ».

Les dispositions issues du Décr. n° 2020-373 du 30 mars 2020 s'appliquent aux contrats conclus à compter du 1er avr. 2020 (Décr. préc., art. 5).

Art. R. 6222-1-1 (*Décr. n° 2014-1031 du 10 sept. 2014, art. 1er*) En application du troisième alinéa de l'article L. 6222-1, les jeunes qui atteignent l'âge de quinze ans avant le terme de l'année civile peuvent être inscrits, sous statut scolaire, dans un lycée professionnel ou dans un centre de formation d'apprentis pour débuter leur formation, dans les conditions suivantes :
1° L'élève a accompli la scolarité du premier cycle de l'enseignement secondaire ;
2° L'élève est inscrit, soit dans un lycée professionnel, soit dans un centre de formation d'apprentis sous statut scolaire, pour commencer une formation conduisant à la délivrance d'un diplôme ou d'un titre à finalité professionnelle enregistré au répertoire national des certifications professionnelles. La formation comprend des périodes de formation en milieu professionnel, qui sont régies par les articles D. 331-3, D. 331-4 et D. 331-15 du code de l'éducation et R. 715-1 et R. 715-1-5 du code rural et de la pêche maritime.

Art. D. 6222-1-2 (*Décr. n° 2020-373 du 30 mars 2020, art. 1er*) L'âge de l'apprenti ne fait pas obstacle à la conclusion d'un nouveau contrat d'apprentissage dans les conditions fixées au 2° de l'article L. 6222-11.

SOUS-SECTION 2 Conclusion du contrat

Art. R. 6222-2 Le contrat d'apprentissage est établi par écrit (*Abrogé par Décr. n° 2020-372 du 30 mars 2020, art. 2*) « *, en trois exemplaires originaux* ».
Chaque exemplaire est signé par l'employeur, l'apprenti et, le cas échéant, son représentant légal.

Art. R. 6222-3 (*Décr. n° 2020-372 du 30 mars 2020, art. 2*) Le contrat d'apprentissage précise :
1° Les nom et prénom de l'employeur ou la dénomination de l'entreprise ;
2° L'effectif de l'entreprise, au sens de l'article L. 130-1 du code de la sécurité sociale ;
3° Le diplôme ou le titre préparé par l'apprenti ;
4° Les nom, prénom et date de naissance du maître d'apprentissage ;
5° L'attestation de l'employeur précisant que le maître d'apprentissage remplit les conditions de compétence professionnelle imposées par l'article L. 6223-8-1.

Art. R. 6222-4 Le contrat d'apprentissage fixe le salaire dû à l'apprenti pour chacune des années (*Décr. n° 2014-1031 du 10 sept. 2014, art. 2-1°*) « du contrat ou de la période d'apprentissage ». Ce salaire ne peut être inférieur aux taux prévus par *(Décr. n° 2020-372 du 30 mars 2020, art. 2)* « les articles D. 6222-26 à 6222-32 ».

Lorsque des avantages en nature sont accordés, le contrat fixe, dans des limites prévues par décret, les conditions dans lesquelles ils sont déduits du salaire.

Art. R. 6222-5 *(Abrogé par Décr. n° 2020-372 du 30 mars 2020, art. 2)* Un arrêté conjoint des ministres chargés de la formation professionnelle, de l'agriculture et des transports, pris après avis de la *(Décr. n° 2018-1262 du 26 déc. 2018, art. 1ᵉʳ)* « Commission nationale de la négociation collective, de l'emploi et de la formation professionnelle », détermine un contrat type d'apprentissage, qui comporte les mentions définies aux articles R. 6222-3 et R. 6222-4. *(Décr. n° 2011-1924 du 21 déc. 2011)* « Cet arrêté fixe, en outre, la liste des pièces liées au contrat d'apprentissage.

« Sur demande de l'organisme chargé de l'enregistrement du contrat d'apprentissage, l'employeur produit les pièces mentionnées dans l'arrêté prévu au présent article. »

SOUS-SECTION 3 **Convention relative à la durée du contrat**

(Décr. n° 2020-372 du 30 mars 2020, art. 2)

Art. R. 6222-6 La durée du contrat ou de la période d'apprentissage peut être réduite ou allongée par la convention prévue au dernier alinéa de l'article L. 6222-7-1, après évaluation par le centre de formation d'apprentis du niveau initial de compétence de l'apprenti ou de ses compétences acquises.

La convention ne peut pas conduire à une durée du contrat ou de la période d'apprentissage inférieure à six mois ou supérieure à trois ans.

Dans le cadre d'un centre de formation d'apprentis interne à l'entreprise, la convention est signée par l'employeur et l'apprenti ou son représentant légal.

Art. R. 6222-7 Un arrêté du ministre chargé de la formation professionnelle détermine le modèle de la convention tripartite prévue au dernier alinéa de l'article L. 6222-7-1.

Art. R. 6222-8 La convention tripartite prévue au dernier alinéa de l'article L. 6222-7-1 est conclue sans préjudice du respect des obligations fixées par l'organisme certificateur pour l'inscription au diplôme ou titre à finalité professionnelle mentionné dans le contrat d'apprentissage.

Art. R. 6222-9 La conclusion de la convention tripartite prévue au dernier alinéa de l'article L. 6222-7-1 n'est pas requise dans les cas prévus aux articles L. 6222-11 et L. 6222-12-1, au 2° de l'article L. 6222-37 et au 1° de l'article L. 6222-40.

Art. R. 6222-10 Une convention tripartite peut être conclue pour allonger la durée du contrat ou de la période d'apprentissage en cas de suspension de celui-ci ou de celle-ci pour une raison indépendante de la volonté de l'apprenti. La durée du contrat ou de la période d'apprentissage est alors prolongée jusqu'à l'expiration du cycle de formation suivant.

SOUS-SECTION 4 **Rupture du contrat**

Art. R. 6222-21 *(Décr. n° 2020-372 du 30 mars 2020, art. 2)* La rupture anticipée du contrat d'apprentissage ou de la période d'apprentissage fait l'objet d'un document écrit, dans les conditions prévues aux articles L. 6222-18 à L. 6222-19.

Elle est notifiée au directeur du centre de formation d'apprentis ainsi qu'à l'organisme chargé du dépôt du contrat.

Art. D. 6222-21-1 *(Décr. n° 2018-1231 du 24 déc. 2018, en vigueur le 1ᵉʳ janv. 2019)* Dans un délai qui ne peut être inférieur à cinq jours calendaires à compter de la saisine du médiateur prévue à l'article L. 6222-18, l'apprenti informe l'employeur de son intention de rompre le contrat par tout moyen conférant date certaine.

La rupture du contrat d'apprentissage ne peut intervenir qu'après un délai qui ne peut être inférieur à sept jours calendaires après la date à laquelle l'employeur a été informé de l'intention de l'apprenti de rompre son contrat.

Ces dispositions sont applicables aux contrats conclus à compter du 1ᵉʳ janv. 2019 (Décr. n° 2018-1231 du 24 déc. 2018, art. 2).

Art. R. 6222-22 (*Abrogé par Décr. n° 2020-372 du 30 mars 2020, art. 2*) **Les dispositions de l'article R. 6222-21 s'appliquent lorsque la rupture intervient à l'initiative de l'apprenti suite à l'obtention d'un diplôme ou d'un titre.**

Art. R. 6222-23 L'apprenti qui souhaite rompre son contrat en cas d'obtention du diplôme ou du titre préparé, en application de l'article L. 6222-19, en informe l'employeur, par écrit, au moins (*Décr. n° 2020-372 du 30 mars 2020, art. 2*) « un » mois avant la fin du contrat.

Art. R. 6222-23-1 (*Décr. n° 2020-372 du 30 mars 2020, art. 2*) Afin de permettre la signature d'un nouveau contrat d'apprentissage en application de l'article L. 6222-18-2, il peut être dérogé à la durée minimale du contrat d'apprentissage mentionnée au premier alinéa de l'article L. 6222-7-1 et à la durée minimale de formation en centre de formation d'apprentis mentionnée au cinquième alinéa de l'article L. 6211-2.

La signature de la convention de réduction de durée prévue à l'article L. 6222-7-1 n'est pas nécessaire.

SECTION 2 Conditions de travail de l'apprenti

SOUS-SECTION 1 Durée du travail

Art. R. 6222-24 La dérogation à l'interdiction du travail de nuit des apprentis, prévue à l'article L. 6222-26, est accordée par l'inspecteur du travail pour une durée maximale d'une année, renouvelable. Celui-ci apprécie les caractéristiques particulières de l'activité mentionnée à l'article R. 3163-1 justifiant cette dérogation.

L'absence de réponse dans le délai d'un mois à compter du dépôt de la demande vaut décision d'acceptation. — [*Anc. art. R. 213-10, al. 1er.*]

Art. R. 6222-25 Le travail de nuit des apprentis de moins de dix-huit ans, accompli dans les conditions prévues à l'article R. 6222-24, est réalisé sous la responsabilité du maître d'apprentissage. — [*Anc. art. R. 213-10, al. 2.*]

SOUS-SECTION 2 Salaire

Art. D. 6222-26 (*Décr. n° 2018-1347 du 28 déc. 2018, art. 1er-I, en vigueur le 1er janv. 2019*) Le salaire minimum perçu par l'apprenti prévu à l'article L. 6222-29 pendant le contrat ou la période d'apprentissage est fixé :

1° Pour les jeunes âgés de seize à dix-sept ans :

a) A 27 % du salaire minimum de croissance pendant la première année d'exécution du contrat ;

b) A 39 % du salaire minimum de croissance pendant la deuxième année d'exécution du contrat ;

c) A 55 % du salaire minimum de croissance pendant la troisième année d'exécution du contrat ;

2° Pour les jeunes âgés de dix-huit à vingt ans :

a) A 43 % du salaire minimum de croissance pendant la première année d'exécution du contrat ;

b) A 51 % du salaire minimum de croissance pendant la deuxième année d'exécution du contrat ;

c) A 67 % du salaire minimum de croissance pendant la troisième année d'exécution du contrat ;

3° Pour les jeunes âgés de vingt et un an[s] à vingt-cinq ans :

a) A 53 % du salaire minimum de croissance ou, s'il est supérieur, du salaire minimum conventionnel correspondant à l'emploi occupé pendant la première année d'exécution du contrat ;

b) A 61 % du salaire minimum de croissance ou, s'il est supérieur, du salaire minimum conventionnel correspondant à l'emploi occupé pendant la deuxième année d'exécution du contrat ;

c) A 78 % du salaire minimum de croissance ou, s'il est supérieur, du salaire minimum conventionnel correspondant à l'emploi occupé pendant la troisième année d'exécution du contrat ;

4° Pour les jeunes âgés de 26 ans et plus, à 100 % du salaire minimum de croissance ou, s'il est supérieur, du salaire minimum conventionnel correspondant à l'emploi occupé pendant la durée d'exécution du contrat d'apprentissage.

Ces dispositions sont applicables aux contrats d'apprentissage conclus à compter du 1er janv. 2019 (Décr. n° 2018-1347 du 28 déc. 2018, art. 2).

Art. D. 6222-27 Les jeunes apprentis de moins de seize ans bénéficient d'une rémunération identique à celle prévue pour les apprentis âgés de seize à dix-sept ans. — [Anc. art. D. 117-1, al. 14.]

Art. D. 6222-28 Lorsque l'apprentissage est prolongé, par application de l'article L. 6222-11 (Abrogé par Décr. n° 2018-1347 du 28 déc. 2018, art. 1er, à compter du 1er janv. 2019) « ou L. 6222-12 », le salaire minimum applicable pendant la prolongation est celui correspondant à la dernière année précédant cette prolongation.

Art. D. 6222-28-1 *(Décr. n° 2020-373 du 30 mars 2020, art. 1er)* Lorsque la durée du contrat ou de la période d'apprentissage est inférieure à celle du cycle de formation préparant à la qualification qui fait l'objet du contrat en application du troisième alinéa des articles L. 6222-7-1 ou L. 6222-12-1, ou en application de l'article R. 6222-23-1, l'apprenti est considéré, en ce qui concerne sa rémunération, comme ayant accompli une durée d'apprentissage égale à ce cycle de formation.

Ces dispositions s'appliquent aux contrats conclus à compter du 1er avr. 2020 (Décr. n° 2020-373 du 30 mars 2020, art. 5).

Art. D. 6222-28-2 *(Décr. n° 2020-373 du 30 mars 2020, art. 1er)* Lorsque la durée du contrat ou de la période d'apprentissage est supérieure à celle du cycle de formation préparant à la qualification qui fait l'objet du contrat, en application du troisième alinéa de l'article L. 6222-7-1, le salaire minimum applicable pendant la prolongation est celui correspondant à la dernière année d'exécution du contrat précédant cette prolongation selon les modalités prévues à l'article D. 6222-26.

V. ndlr ss. art. D. 6222-28-1.

Art. D. 6222-29 *(Décr. n° 2018-1347 du 28 déc. 2018, art. 1er-III, en vigueur le 1er janv. 2019)* Lorsqu'un apprenti conclut un nouveau contrat d'apprentissage avec le même employeur, sa rémunération est au moins égale à celle qu'il percevait lors de la dernière année d'exécution du contrat précédent lorsque ce dernier a conduit à l'obtention du titre ou du diplôme ainsi préparé, sauf quand l'application des rémunérations prévues à la présente sous-section en fonction de son âge est plus favorable.

Lorsqu'un apprenti conclut un nouveau contrat d'apprentissage avec un employeur différent, sa rémunération est au moins égale à celle à laquelle il pouvait prétendre lors de la dernière année d'exécution du contrat précédent, lorsque ce dernier a conduit à l'obtention du titre ou du diplôme ainsi préparé, sauf quand l'application des rémunérations prévues à la présente sous-section en fonction de son âge est plus favorable.

V. ndlr ss. art. D. 6222-26.

Art. D. 6222-30 *(Décr. n° 2018-1347 du 28 déc. 2018, art. 1er-IV, en vigueur le 1er janv. 2019)* Lorsqu'un contrat d'apprentissage est conclu pour une durée inférieure ou égale à un an pour préparer un diplôme ou un *(Décr. n° 2020-373 du 30 mars 2020, art. 1er)* « titre » de même niveau que celui précédemment obtenu, lorsque la nouvelle qualification recherchée est en rapport direct avec celle qui résulte du diplôme ou du titre précédemment obtenu, une majoration de 15 points est appliquée à la rémunération prévue à l'article D. 6222-26.

Dans ce cas, les jeunes issus d'une voie de formation autre que celle de l'apprentissage sont considérés, en ce qui concerne leur rémunération minimale, comme ayant accompli la durée d'apprentissage pour l'obtention de leur diplôme ou titre.

V. ndlr ss. art. D. 6222-26.

Art. D. 6222-31 Les montants des rémunérations prévues *(Décr. n° 2020-373 du 30 mars 2020, art. 1er)* « à la présente sous-section » sont majorés à compter du premier jour du mois suivant le jour où l'apprenti atteint dix-huit ans ou vingt et un ans *(Décr. n° 2018-1347 du 28 déc. 2018, art. 1er)* « ou vingt-six ans ».

(*Décr. n° 2020-373 du 30 mars 2020, art. 1er*) « Sous réserve de dispositions contractuelles ou conventionnelles plus favorables, les majorations prévues à la présente sous-section ne peuvent conduire l'apprenti à percevoir un salaire supérieur à 100 % du salaire minimum de croissance. »

Les années du contrat exécutées avant que l'apprenti ait atteint l'âge de dix-huit ans ou vingt et un ans (*Décr. n° 2018-1347 du 28 déc. 2018, art. 1er*) « ou vingt-six ans » sont prises en compte pour le calcul de ces montants de rémunération. — *[Anc. art. D. 117-3.]*

L'art. D. 6222-34 devient l'art. D. 6222-31 (Décr. n° 2018-1347 du 28 déc. 2018, art. 1er-VI).

Les dispositions issues du Décr. n° 2020-373 du 30 mars 2020 s'appliquent aux contrats conclus à compter du 1er avr. 2020 (Décr. préc., art. 5).

Art. D. 6222-32 (*Décr. n° 2020-373 du 30 mars 2020, art. 1er*) La rémunération minimale perçue par l'apprenti préparant une licence professionnelle pendant le contrat ou la période d'apprentissage correspond à celle fixée pour la deuxième année d'exécution du contrat dans les conditions prévues à l'article D. 6222-26.

V. 2e ndlr ss. art. D. 6222-31.

Art. D. 6222-33 Excepté dans le cas où un taux moins élevé est prévu par une convention ou un contrat particulier, les avantages en nature dont bénéficie l'apprenti peuvent être déduits du salaire dans la limite de 75 % de la déduction autorisée, pour les autres travailleurs, par la réglementation applicable en matière de sécurité sociale.

Ces déductions ne peuvent excéder, chaque mois, un montant égal aux trois quarts du salaire. — *[Anc. art. D. 117-4.]*

L'art. D. 6222-35 devient l'art. D. 6222-32 (Décr. n° 2018-1347 du 28 déc. 2018, art. 1er-VII).

L'art. D. 6222-32 devient l'art. D. 6222-33 (Décr. n° 2020-373 du 30 mars 2020, art. 1er).

SOUS-SECTION 3 Santé et sécurité

Art. R. 6222-36 (*Décr. n° 2016-1908 du 27 déc. 2016, art. 19, en vigueur le 1er janv. 2017*) L'apprenti bénéficie d'une visite d'information et de prévention prévue aux articles R. 4624-10 à R. 4624-15 ou d'un examen médical d'embauche prévu aux articles R. 4623-22 à R. 4624-27 au plus tard dans les deux mois qui suivent son embauche.

L'art. R. 6222-40-1 devient l'art. R. 6222-36 (Décr. n° 2020-372 du 30 mars 2020, art. 2).

Art. R. 6222-37 à R. 6222-40 Abrogés par *Décr. n° 2020-372 du 30 mars 2020, art. 2.*

SECTION 3 *[ABROGÉE]* Présentation et préparation aux examens

(Abrogée par Décr. n° 2020-372 du 30 mars 2020, art. 2)

Art. R. 6222-41 (*Abrogé par Décr. n° 2020-372 du 30 mars 2020, art. 2*) L'apprenti a le droit de se présenter aux examens de son choix dans les conditions prévues par le chapitre II du titre II du livre III, relatives au congé pour examen.

Toutefois, aucune condition d'ancienneté dans la branche professionnelle ou dans l'entreprise ne lui est opposable.

SECTION 4 Carte d'étudiant des métiers (*Décr. n° 2011-2001 du 28 déc. 2011*).

Art. D. 6222-42 Une carte (*Décr. n° 2011-2001 du 28 déc. 2011*) « d'étudiant des métiers » est délivrée à l'apprenti par le centre qui assure sa formation (*Décr. n° 2011-2001 du 28 déc. 2011*) « dans les trente jours qui suivent l'inscription par le centre de formation d'apprentis. En cas de rupture du contrat d'apprentissage, la carte est remise à l'établissement de formation, qui assure sa destruction. »

Art. D. 6222-43 La carte permet à l'apprenti de faire valoir la spécificité de son statut auprès des tiers, notamment en vue d'accéder, le cas échéant, à des réductions tarifaires.

Elle est valable sur l'ensemble du territoire national. — *[Anc. art. L. 117 bis-8, al. 2.]*

Art. D. 6222-44 (*Décr. n° 2011-2001 du 28 déc. 2011*) La carte d'étudiant des métiers comporte les mentions suivantes :
Au recto :
— la photo du titulaire, tête découverte ;
— la date de début et de fin de la formation pour laquelle la carte est délivrée ;
— le nom et le prénom du titulaire ;
— la date de naissance du titulaire ;
— la signature du titulaire ;
— les mentions : "Carte d'étudiant des métiers" et "Cette carte est strictement personnelle" ;
— le logo du ministère chargé de la formation professionnelle.
Au verso :
— le nom, l'adresse et les coordonnées téléphoniques de l'établissement délivrant la formation ;
— les nom, prénom et signature du directeur de l'établissement délivrant la formation ;
— les mentions : "Carte d'étudiant des métiers" et "Merci de retourner cette carte à l'adresse indiquée ci-dessus".
Le modèle de la carte d'étudiant des métiers est déterminé par arrêté du ministre chargé de la formation professionnelle.

SECTION 5   Aménagements en faveur des personnes handicapées

SOUS-SECTION 1   Champ d'application

Art. R. 6222-45 Les dispositions de la présente section s'appliquent aux personnes auxquelles la qualité de travailleur handicapé est reconnue et qui souscrivent un contrat d'apprentissage en application du 1° du I de l'article L. 241-6 du code de l'action sociale et des familles. — *[Anc. art. R. 119-72.]*

SOUS-SECTION 2   Durée du contrat et temps de travail (*Décr. n° 2016-1711 du 12 déc. 2016, art. 1ᵉʳ*).

Art. R. 6222-46 La durée du contrat d'apprentissage du travailleur handicapé peut être portée à quatre ans. — *[Anc. art. L. 115-2, al. 10.]*

Art. R. 6222-47 Lorsque l'état de l'apprenti handicapé l'exige, l'enseignement dispensé dans le centre de formation d'apprentis (*Abrogé par Décr. n° 2020-372 du 30 mars 2020, art. 2*) « *ou la section d'apprentissage* » en vue de conduire au diplôme prévu au contrat est réparti sur une période de temps égale à la durée normale d'apprentissage pour la formation considérée, augmentée d'un an au plus.
(*Abrogé par Décr. n° 2020-372 du 30 mars 2020, art. 2*) « *L'annexe pédagogique de la convention régissant le centre de formation d'apprentis ou la section d'apprentissage concerné fixe les conditions dans lesquelles cette règle est mise en œuvre.* »

Art. R. 6222-48 Dans le cas prévu à l'article R. 6222-47, la durée de l'apprentissage est prolongée d'un an au plus, sans faire obstacle à la conclusion, s'il y a lieu, d'un nouveau contrat avec un autre employeur en application du 2° de l'article L. 6222-11.
(*Décr. n° 2018-1163 du 17 déc. 2018*) « Lorsque la durée du contrat d'apprentissage est ainsi prolongée, il est appliqué au salaire minimum qui s'impose au contrat une majoration uniforme de quinze points aux pourcentages correspondant à la dernière année de la durée du contrat. »

Les dispositions issues du Décr. n° 2018-1163 du 17 déc. 2018 sont applicables aux contrats conclus à compter du 1ᵉʳ janv. 2019 (Décr. préc., art. 2).

Art. R. 6222-49 (*Décr. n° 2016-1711 du 12 déc. 2016, art. 1ᵉʳ*) Les dispositions des articles (*Décr. n° 2020-372 du 30 mars 2020, art. 2*) « R. 6222-46, » R. 6222-47, R. 6222-48 et R. 6222-50 sont également applicables aux apprentis auxquels la qualité de travailleur handicapé est reconnue au cours de leur apprentissage.

Art. R. 6222-49-1 (*Décr. n° 2016-1711 du 12 déc. 2016, art. 1ᵉʳ*) Le médecin du travail peut proposer un aménagement du temps de travail de l'apprenti reconnu travailleur handicapé. *(Décr. n° 2020-372 du 30 mars 2020, art. 2)* « Il en informe le référent chargé de l'intégration des personnes en situation de handicap désigné par le centre de formation d'apprentis en application du 1° de l'article L. 6231-2 et, le cas échéant, le référent chargé d'orienter, d'informer et d'accompagner les personnes en situation de handicap de l'entreprise désigné conformément à l'article L. 5213-6-1. »

SOUS-SECTION 3 **Aménagements de la formation**

(Décr. n° 2020-372 du 30 mars 2020, art. 2)

Art. R. 6222-50 I. — Lorsque l'apprenti en situation de handicap est en mesure de suivre l'enseignement du centre de formation d'apprentis, moyennant un aménagement spécifique de la pédagogie appliquée dans ce centre, cet aménagement est mis en œuvre par le référent chargé de l'intégration des personnes en situation de handicap désigné par le centre en application du 1° de l'article L. 6231-2 après avis de son médecin traitant ou du médecin de la maison départementale des personnes handicapées.

II. — Lorsque l'apprenti n'est pas en mesure, en raison de son handicap, de fréquenter le centre de formation d'apprentis correspondant à la formation prévue au contrat, il peut être autorisé :

1° Soit à suivre cette formation à distance ;

2° Soit à suivre à distance une formation ou un enseignement pratique et théorique équivalents à celui dispensé en centre.

Ces aménagements sont mis en œuvre par le référent mentionné au I après avis du médecin traitant de l'apprenti ou du médecin de la maison départementale des personnes handicapées.

III. — Les aménagements de la formation mentionnés au II sont inscrits dans la convention de formation mentionnée à l'article L. 6353-1.

Art. R. 6222-51 Pour assurer la formation des personnes en situation de handicap, les conventions prévues aux articles L. 6232-1 et L. 6233-1 peuvent être conclues par le centre de formation d'apprentis avec, selon le cas, des établissements d'enseignement, des organismes de formation ou des entreprises dont l'organisation et la pédagogie sont adaptées aux personnes en situation de handicap.

Elles contiennent les aménagements nécessaires pour tenir compte de la spécificité des formations.

SOUS-SECTION 4 *[ABROGÉE]* **Primes aux employeurs**

(Abrogée par Décr. n° 2018-1163 du 17 déc. 2018, à compter du 1ᵉʳ janv. 2019)

Art. R. 6222-54 *Lorsque la durée du contrat d'apprentissage est prolongée, en application de l'article R. 6222-48, il est appliqué une majoration uniforme de quinze points aux pourcentages correspondant à la dernière année de la durée du contrat.*

Art. R. 6222-55 *Les primes prévues à l'article L. 6222-38 donnent lieu à l'attribution, au titre de chaque apprenti, d'une somme globale payée en deux versements égaux à l'issue de chacune des deux premières années d'apprentissage.*

Le montant de cette somme est déterminé par référence au salaire horaire minimum de croissance applicable au premier jour du mois de juillet compris dans la première année d'apprentissage.

Art. R. 6222-56 *Les primes ne sont pas dues lorsque le contrat est rompu durant les deux premiers mois de l'apprentissage.*

Art. R. 6222-57 *Lorsque la rupture du contrat résulte, par application du second alinéa de l'article L. 6222-18, de l'accord exprès et bilatéral des parties, les primes sont dues, mais la somme définie à l'article R. 6222-55 est réduite proportionnellement à la durée effective de l'apprentissage.*

A défaut d'accord, lorsque le conseil de prud'hommes prononce la rupture pour faute grave de l'employeur ou manquements répétés à ses obligations, les primes ne sont pas dues et l'employeur rembourse les sommes qui ont pu lui être payées.

APPRENTISSAGE   **Art. R. 6222-66** 2915

Art. R. 6222-58 La demande d'attribution des primes est adressée au (Décr. n° 2009-1377 du 10 nov. 2009) « *directeur régional des entreprises, de la concurrence, de la consommation, du travail et de l'emploi* » du lieu de résidence de l'employeur.

Un arrêté conjoint des ministres chargés de la formation professionnelle, de l'éducation, de la jeunesse et des sports et de l'agriculture fixe la liste des justifications à joindre à cette demande.

SECTION 6 **Aménagements en faveur des sportifs de haut niveau**

(Décr. n° 2016-1711 du 12 déc. 2016, art. 2)

SOUS-SECTION 1 **Champ d'application**

Art. R. 6222-59 Les dispositions de la présente section s'appliquent aux sportifs de haut niveau figurant sur la liste mentionnée au premier alinéa de l'article L. 221-2 du code du sport qui concluent un contrat d'apprentissage.

SOUS-SECTION 2 **Durée du contrat**

Art. R. 6222-60 La durée du contrat d'apprentissage du sportif de haut niveau peut être portée à quatre ans.

Dans ce cas, la rémunération de l'apprenti au titre de la quatrième année d'exécution du contrat est identique à celle prévue à l'article D. 6222-26 pour la troisième année.

Art. R. 6222-61 Lorsque les activités sportives de l'apprenti l'exigent, l'enseignement dispensé dans l'établissement de formation en vue de conduire au diplôme ou au titre à finalité professionnelle prévu au contrat est réparti sur une période de temps égale à la durée normale d'apprentissage pour la formation considérée, augmentée d'un an au plus.

(Abrogé par Décr. n° 2020-372 du 30 mars 2020, art. 2) « *L'annexe pédagogique de la convention régissant l'établissement de formation concerné fixe les conditions dans lesquelles cette règle est mise en œuvre.* »

Art. R. 6222-62 Dans le cas prévu à l'article R. 6222-61, la durée de l'apprentissage est prolongée d'un an au plus, sans faire obstacle à la conclusion, s'il y a lieu, d'un nouveau contrat avec un autre employeur.

Art. R. 6222-63 Les dispositions des articles R. 6222-61 et R. 6222-62 sont également applicables aux apprentis auxquels la qualité de sportif de haut niveau est reconnue au cours de leur apprentissage.

SOUS-SECTION 3 **Aménagement de la formation pratique et théorique**

Art. R. 6222-64 L'employeur de l'apprenti s'engage à libérer ce dernier pour ses activités sportives, et prend l'attache de la fédération sportive dont dépend le sportif de haut niveau afin d'organiser son temps de formation pratique.

Sauf dispositions particulières prévues par le contrat, les périodes consacrées à ces activités sportives n'emportent pas rémunération de l'apprenti.

Art. R. 6222-65 L'établissement de formation dans lequel est inscrit l'apprenti prend l'attache de la fédération sportive dont dépend le sportif de haut niveau afin d'adapter l'organisation de l'enseignement théorique au calendrier des activités sportives.

SECTION 7 **Mobilité dans ou hors de l'Union européenne**

(Décr. n° 2019-1086 du 24 oct. 2019, art. 2)

Art. R. 6222-66 La convention conclue entre l'apprenti et ses représentants légaux pour les mineurs, l'employeur en France, l'employeur à l'étranger, le centre de formation en France et, le cas échéant, le centre de formation à l'étranger, en application du II de l'article L. 6222-42, précise, notamment :

1° La date de début et de fin de la période de mobilité ;

2° L'objet de la formation et la nature des tâches confiées à l'apprenti en lien avec la certification visée, objet du contrat d'apprentissage ;

3° Les lieux de travail et le cas échéant, de formation ;

4° Le nom et la qualification des personnes chargées d'en suivre le déroulement en France, au sein du centre de formation d'apprentis et dans le pays d'accueil ainsi que les modalités de suivi ;

5° Les équipements et produits utilisés ;

6° Les horaires de travail, la durée du travail, les repos hebdomadaires, les congés et les jours fériés ;

7° Le cas échéant, les modalités de prise en charge de la rémunération et des frais annexes générés par la mobilité ;

8° Le cas échéant, les modalités d'évaluation et de validation des compétences acquises à l'étranger ;

9° Les dispositions applicables à l'apprenti dans le pays d'accueil en matière de santé et sécurité au travail ;

10° L'information relative aux garanties prises en matière de responsabilité civile ou de couverture de risques équivalents dans le pays concerné, par l'apprenti, l'entreprise d'accueil et, le cas échéant, le centre de formation d'accueil.

Un arrêté du ministre chargé de la formation professionnelle détermine le modèle de cette convention. – *V. Arr. du 22 janv. 2020, NOR : MTRD2002357A (JO 31 janv.).*

Art. R. 6222-67 La convention conclue entre l'apprenti et ses représentants légaux pour les mineurs, l'employeur en France, l'employeur à l'étranger, le centre de formation d'apprentis en France et, le cas échéant, le centre de formation à l'étranger, en application du III de l'article L. 6222-42, précise, notamment :

1° La date de début et de fin de la période de mobilité ;

2° L'objet de la formation et la nature des tâches confiées à l'apprenti en lien avec la certification visée, objet du contrat d'apprentissage ;

3° Les lieux de travail et le cas échéant de formation ;

4° Le nom et la qualification de la personne chargée d'en suivre le déroulement en France et dans le pays d'accueil ainsi que les modalités de suivi ;

5° Les équipements utilisés et produits ;

6° Les horaires de travail, la durée du travail, les repos hebdomadaires, les congés et les jours fériés ;

7° Le cas échéant, les modalités de prise en charge des frais annexes générés par la mobilité ;

8° Le cas échéant, les modalités d'évaluation et de validation des compétences acquises à l'étranger ;

9° Les dispositions applicables à l'apprenti dans le pays d'accueil en matière de santé et sécurité au travail ;

10° L'information relative aux garanties prises en matière de responsabilité civile ou de couverture de risques équivalents dans le pays concerné, par l'apprenti, l'entreprise d'accueil et, le cas échéant, le centre de formation d'accueil.

Un arrêté du ministre chargé de la formation professionnelle détermine le modèle de cette convention. – *V. Arr. du 22 janv. 2020, NOR : MTRD2002356A (JO 31 janv.).*

Art. R. 6222-68 Avant la conclusion de la convention prévue à l'article R. 6222-66, le centre de formation d'apprentis adresse à l'opérateur de compétences de l'employeur en France, le projet de convention avec une demande de prise en charge des frais générés par la mobilité hors du territoire national de l'apprenti en application du 3° du II de l'article L. 6332-14 et du 5ᵉ alinéa de l'article D. 6332-83. *(Décr. n° 2020-372 du 30 mars 2020, art. 2)* « L'opérateur de compétences se prononce sur la prise en charge financière et informe le ministre chargé de la formation professionnelle, sous forme dématérialisée, des conventions qui lui sont transmises ainsi que des modifications qui leur sont apportées. »

Dès sa conclusion, la convention prévue à l'article R. 6222-66 est adressée par le centre de formation d'apprentis à l'opérateur de compétences de l'employeur en France.

Ces dispositions ne s'appliquent pas aux conventions relatives à la mobilité des apprentis relevant des dispositions de l'article L. 6227-1.

Art. R. 6222-69 Avant la conclusion de la convention prévue à l'article R. 6222-67, l'employeur adresse à son opérateur de compétences le projet de convention avec une

APPRENTISSAGE **Art. R. 6223-10** 2917

demande de prise en charge des frais générés par la mobilité hors du territoire national de l'apprenti en application du 3° du II de l'article L. 6332-14 et du 5ᵉ alinéa de l'article D. 6332-83. *(Décr. nº 2020-372 du 30 mars 2020, art. 2)* « L'opérateur de compétences se prononce sur la prise en charge financière et informe le ministère chargé de la formation professionnelle, sous forme dématérialisée, des conventions qui lui sont transmises ainsi que des modifications qui leur sont apportées. »

Dès sa conclusion, la convention prévue à l'article R. 6222-67, est adressée par l'employeur à son opérateur de compétences.

Ces dispositions ne s'appliquent pas aux conventions relatives à la mobilité des apprentis relevant des dispositions de l'article L. 6227-1.

CHAPITRE III OBLIGATIONS DE L'EMPLOYEUR

SECTION 1 Organisation de l'apprentissage

SOUS-SECTION 1 Obligations envers l'administration

(Décr. nº 2020-372 du 30 mars 2020, art. 3)

Art. R. 6223-1 Pendant la durée du contrat d'apprentissage, l'employeur fournit, à la demande de l'inspection du travail, de la mission chargée du contrôle pédagogique mentionnée à l'article R. 6251-1 ou des organismes en charge du dépôt du contrat d'apprentissage, les pièces permettant d'attester du respect des déclarations figurant dans le contrat d'apprentissage prévu à l'article L. 6222-4, la convention de formation prévue à l'article L. 6353-1 et, le cas échéant, la convention d'aménagement de la durée du contrat d'apprentissage prévue à l'article L. 6222-7-1.

SOUS-SECTION 2 Nombre maximal d'apprentis

Art. R. 6223-6 Le nombre maximal d'apprentis *(Abrogé par Décr. nº 2018-1138 du 13 déc. 2018)* « *ou d'élèves de classes préparatoires à l'apprentissage* » pouvant être accueillis simultanément dans une entreprise ou un établissement est fixé à deux par maître d'apprentissage.

Le maître d'apprentissage peut également, en application de l'article L. 6222-11, accueillir un apprenti *(Décr. nº 2018-1138 du 13 déc. 2018)* « supplémentaire » dont la formation est prolongée en cas d'échec à l'examen.

Les dispositions issues du Décr. nº 2018-1138 du 13 déc. 2018 sont applicables aux contrats conclus à compter du 1ᵉʳ janv. 2019 (Décr. préc., art. 2).

Art. R. 6223-7 La commission départementale de l'emploi et de l'insertion peut délivrer des dérogations individuelles au plafond de deux apprentis lorsque la qualité de la formation dispensée dans l'entreprise et les possibilités d'insertion professionnelle dans la branche considérée le justifient.

Ces dérogations sont valables pour cinq ans au plus, renouvelables. — *[Anc. art. R. 117-1, al. 3.]*

Art. R. 6223-8 Pour une branche professionnelle déterminée, un arrêté interministériel, pris après avis de la Commission professionnelle consultative nationale compétente pour la branche considérée, peut fixer des plafonds d'emplois simultanés, différents de celui prévu au premier alinéa de l'article R. 6223-6.

Ces plafonds sont fixés en tenant compte du rapport qui doit être maintenu entre le nombre d'apprentis et celui des personnes possédant les qualifications prévues *(Décr. nº 2020-372 du 30 mars 2020, art. 3)* « en application de l'article L. 6223-8 ».

SOUS-SECTION 3 Obligations envers les représentants de l'apprenti

Art. R. 6223-9 L'employeur prévient les représentants légaux de l'apprenti mineur, en cas de maladie ou d'absence, ou de tout fait de nature à motiver leur intervention. — *[Anc. art. L. 117-11.]*

SOUS-SECTION 4 Conventionnement avec une entreprise d'accueil

Art. R. 6223-10 *(Décr. nº 2012-627 du 2 mai 2012, art. 1ᵉʳ)* I. — Afin de permettre à l'apprenti de compléter sa formation, en application de l'article L. 6221-1, une partie de sa formation pratique peut être dispensée dans d'autres entreprises que celle qui l'emploie notamment pour recourir à des équipements ou des techniques qui ne sont pas utilisés dans celle-ci.

L'accueil de l'apprenti dans d'autres entreprises que celle qui l'emploie ne peut excéder la moitié du temps de formation en entreprise prévu par le contrat d'apprentissage. Le nombre d'entreprises d'accueil autres que celle qui l'emploie ne peut être supérieur à deux au cours de l'exécution d'un même contrat d'apprentissage.

II. — En application des dispositions de l'article L. 6223-5, un maître d'apprentissage est nommé au sein de chaque entreprise d'accueil.

Pour l'application de l'article R. 6223-6 à chaque entreprise d'accueil, l'apprenti est pris en compte dans le calcul du nombre maximal d'apprentis par maître d'apprentissage.

La dérogation à l'interdiction du travail de nuit des apprentis, prévue à l'article L. 6222-26, est accomplie sous la responsabilité du maître d'apprentissage nommé au sein de l'entreprise d'accueil.

III. — Pour l'application (*Décr. n° 2020-372 du 30 mars 2020, art. 3*) « du 3° du I de l'article L. 6131-1 », l'apprenti est pris en compte au prorata de son temps de travail dans chaque entreprise d'accueil.

Art. R. 6223-11 (*Décr. n° 2012-627 du 2 mai 2012, art. 2*) « L'accueil de l'apprenti dans une autre entreprise que celle qui l'emploie fait l'objet d'une convention tripartite conclue entre l'employeur, l'entreprise d'accueil et l'apprenti. »

La convention précise, notamment :

(*Décr. n° 2012-627 du 2 mai 2012, art. 2*) « 1° Le titre ou le diplôme préparé par l'apprenti ;

« 2° La durée de la période d'accueil ;

« 3° La nature des tâches confiées à l'apprenti, qui doivent être en relation directe avec la formation professionnelle prévue au contrat d'apprentissage ;

« 4° Les horaires et le lieu de travail ;

« 5° Le nom du maître d'apprentissage désigné au sein de l'entreprise avec laquelle a été signé le contrat d'apprentissage ; »

(*Décr. n° 2020-372 du 30 mars 2020, art. 3*) « 6° Le nom du maître d'apprentissage désigné au sein de l'entreprise d'accueil et les pièces attestant du respect des conditions imposées par l'article L. 6223-8-1 ; »

(*Décr. n° 2012-627 du 2 mai 2012, art. 2*) « 7° Les modalités selon lesquelles l'entreprise d'accueil informe l'employeur de l'apprenti du déroulement de la formation professionnelle de l'apprenti en son sein ;

« 8° Les modalités selon lesquelles est organisée la liaison entre les maîtres d'apprentissage et le centre de formation des apprentis ;

« 9° Les modalités de partage, entre l'employeur et l'entreprise d'accueil, des charges, rémunérations et avantages liés à l'emploi de l'apprenti ;

« 10° Les modalités de prise en charge par l'employeur ou l'entreprise d'accueil de l'apprenti des frais de transport et d'hébergement ;

« 11° » L'obligation pour l'entreprise d'accueil de se garantir en matière de responsabilité civile.

Art. R. 6223-12 (*Décr. n° 2020-372 du 30 mars 2020, art. 3*) Dès sa conclusion, la convention est adressée par l'employeur au directeur du centre de formation d'apprentis, à l'organisme en charge du dépôt ainsi que, le cas échéant, à la mission chargée du contrôle pédagogique mentionnée à l'article R. 6251-1.

Art. R. 6223-13 Abrogé par Décr. n° 2012-627 du 2 mai 2012, art. 3.

Art. R. 6223-14 Pendant l'exécution de la convention, l'apprenti continue de suivre les enseignements dispensés par le centre de formation (*Abrogé par Décr. n° 2020-372 du 30 mars 2020, art. 3*) « *ou la section d'apprentissage* » auquel il est inscrit. Il se conforme au règlement intérieur de l'entreprise d'accueil.

Art. R. 6223-15 L'entreprise d'accueil est responsable du respect des dispositions relatives à la durée du travail ainsi qu'à la santé et la sécurité au travail.

APPRENTISSAGE Art. R. 6223-24

Lorsque l'activité exercée par l'apprenti dans l'entreprise d'accueil nécessite *(Décr. n° 2016-1908 du 27 déc. 2016, art. 19, en vigueur le 1er janv. 2017)* « un suivi individuel renforcé », les obligations correspondantes sont à la charge de cette entreprise.

Art. R. 6223-16 L'engagement d'apprentis par une entreprise peut faire l'objet d'une décision d'opposition selon la procédure prévue à l'article L. 6225-1, lorsqu'il s'avère que les conditions dans lesquelles une partie de la formation est dispensée dans une ou plusieurs autres entreprises ne permettent pas le bon déroulement du contrat d'apprentissage. – *[Anc. art. R. 117-5-1, al. 6.]*

SOUS-SECTION 5 *[ABROGÉE]* Conventionnement avec une entreprise d'un autre État membre de la Communauté européenne

(Abrogée par Décr. n° 2019-1086 du 24 oct. 2019, art. 2)

Art. R. 6223-17 à R. 6223-21 *Abrogés par Décr. n° 2019-1086 du 24 oct. 2019, art. 2.*

SECTION 2 Maître d'apprentissage

SOUS-SECTION 1 Dispositions générales

Art. R. 6223-22 *(Décr. n° 2018-1138 du 13 déc. 2018)* A défaut de convention ou accord collectif de branche fixant les conditions de compétence professionnelle exigées d'un maître d'apprentissage, sont réputées remplir la condition de compétence professionnelle exigée d'un maître d'apprentissage en application de l'article L. 6223-8-1 :

1° Les personnes titulaires d'un diplôme ou d'un titre relevant du domaine professionnel correspondant à la finalité du diplôme ou du titre préparé par l'apprenti et d'un niveau au moins équivalent, justifiant d'une année d'exercice d'une activité professionnelle en rapport avec la qualification préparée par l'apprenti ;

2° Les personnes justifiant de deux années d'exercice d'une activité professionnelle en rapport avec la qualification préparée par l'apprenti.

Les stages et les périodes de formation effectués en milieu professionnel, dans le cadre d'une formation initiale, y compris sous contrat d'apprentissage, ou d'une formation continue qualifiante prévue à l'article L. 6314-1, ne sont pas pris en compte dans le décompte de la durée d'expérience requise.

Ces dispositions sont applicables aux contrats conclus à compter du 1er janv. 2019 (Décr. n° 2018-1138 du 13 déc. 2018, art. 2).

Art. R. 6223-23 Lorsque la fonction tutorale est partagée entre plusieurs salariés constituant une équipe tutorale, un maître d'apprentissage référent est désigné.

Il assure la coordination de l'équipe et la liaison avec le centre de formation d'apprentis. – *[Anc. art. L. 117-4, al. 3.]*

Art. R. 6223-24 *(Abrogé par Décr. n° 2018-1138 du 13 déc. 2018, à compter du 1er janv. 2019)* Sont réputées remplir la condition de compétence professionnelle exigée d'un maître d'apprentissage en application de l'article L. 6223-1 :

1° *Les personnes titulaires d'un diplôme ou d'un titre relevant du domaine professionnel correspondant à la finalité du diplôme ou du titre préparé par l'apprenti et d'un niveau au moins équivalent, justifiant de (Décr. n° 2011-1358 du 25 oct. 2011)* « deux » *années d'exercice d'une activité professionnelle en relation avec la qualification visée par le diplôme ou le titre préparé ;*

2° *Les personnes justifiant de (Décr. n° 2011-1358 du 25 oct. 2011)* « trois » *années d'exercice d'une activité professionnelle en relation avec la qualification visée par le diplôme ou le titre préparé et d'un niveau minimal de qualification déterminé par la commission départementale de l'emploi et de l'insertion ;*

3° *Les personnes possédant une expérience professionnelle de (Décr. n° 2011-1358 du 25 oct. 2011)* « trois » *ans en rapport avec le diplôme ou le titre préparé par l'apprenti après avis du recteur, du directeur régional de l'alimentation, de l'agriculture et de la forêt ou du (Décr. n° 2009-1540 du 10 déc. 2009)* « directeur régional de la jeunesse, des sports et de la cohésion sociale ». *L'absence de réponse dans un délai d'un mois à compter de la saisine de l'autorité compétente vaut avis favorable.*

(*Décr. n° 2011-1358 du 25 oct. 2011*) « *Les stages et les périodes de formation effectués en milieu professionnel, dans le cadre d'une formation initiale ou continue qualifiante prévue à l'article L. 6314-1, ne sont pas pris en compte dans le décompte de la durée d'expérience requise.* »

SOUS-SECTION 2 *[ABROGÉE]* **Maître d'apprentissage confirmé**

Art. R. 6223-25 à R. 6223-31 Abrogés par *Décr. n° 2018-1138 du 13 déc. 2018*, à compter du 1er janv. 2019.

CHAPITRE IV **DÉPÔT DU CONTRAT**

(*Décr. n° 2019-1489 du 27 déc. 2019, art. 1er, en vigueur le 1er janv. 2020*)

Art. D. 6224-1 Au plus tard dans les cinq jours ouvrables qui suivent le début de l'exécution du contrat d'apprentissage, l'employeur transmet ce contrat, accompagné de la convention mentionnée à l'article L. 6353-1 et, le cas échéant, de la convention tripartite prévue au troisième alinéa de l'article L. 6222-7-1, à l'opérateur de compétences.

Lorsque la formation de l'apprenti est confiée à un centre de formation d'apprentis, service interne de l'entreprise, mentionné à l'article D. 6241-30, l'employeur transmet à l'opérateur de compétences le contrat, accompagné le cas échéant de la convention tripartite mentionnée à l'alinéa précédent, et une annexe pédagogique et financière précisant l'intitulé, l'objectif et le contenu de l'action de formation, les moyens prévus, la durée et la période de réalisation, les modalités de déroulement, de suivi et de sanction de l'action et le prix.

Les transmissions prévues au présent article peuvent se faire par voie dématérialisée.

Art. D. 6224-2 A réception du contrat, l'opérateur de compétences se prononce sur la prise en charge financière. Il vérifie à cet effet que le contrat satisfait aux conditions posées par :

1° L'article L. 6211-1 relatif aux formations éligibles à l'apprentissage ;
2° Les articles L. 6222-1 à L. 6222-3 relatifs à l'âge de l'apprenti ;
3° Le premier alinéa de l'article L. 6223-8-1 relatif au maître d'apprentissage ;
4° L'article D. 6222-26 relatif à la rémunération des apprentis.

S'il constate la méconnaissance d'une ou plusieurs de ces conditions, l'opérateur de compétences refuse la prise en charge financière du contrat par une décision motivée qu'il notifie aux parties ainsi qu'au centre de formation d'apprentis. La notification peut être faite par voie dématérialisée.

Art. R. 6224-3 L'opérateur de compétences statue sur la prise en charge financière dans un délai de vingt jours à compter de la réception de l'ensemble des documents mentionnés à l'article D. 6224-1. Son silence fait naître, au terme de ce délai, une décision implicite refusant la prise en charge.

Art. D. 6224-4 L'opérateur de compétences dépose le contrat, par voie dématérialisée, auprès des services du ministre en charge de la formation professionnelle. Le cas échéant, il informe simultanément ces services de son refus de prise en charge financière, ainsi que des motifs de ce refus.

Art. D. 6224-5 Toute modification d'un élément essentiel du contrat fait l'objet d'un avenant transmis à l'opérateur de compétences pour dépôt dans les conditions fixées au présent chapitre. A réception de l'avenant, l'opérateur de compétences statue soit sur la prise en charge financière, s'il l'avait refusée initialement, soit sur le maintien de cette prise en charge.

Art. D. 6224-6 Lorsque le contrat d'apprentissage est rompu avant son terme, l'employeur notifie sans délai la rupture à l'opérateur de compétences, qui informe les services du ministre chargé de la formation professionnelle. La notification peut être faite par voie dématérialisée.

Art. D. 6224-7 Le dépôt du contrat d'apprentissage ne donne lieu à aucun frais.

Art. R. 6224-8 (*Décr. n° 2020-372 du 30 mars 2020, art. 4*) Lorsqu'un apprenti mineur est employé par un ascendant, la déclaration prévue à l'article L. 6222-5,

CHAPITRE V PROCÉDURES D'OPPOSITION, DE SUSPENSION ET D'INTERDICTION DE RECRUTEMENT

SECTION 1 Mise en demeure préalable à l'opposition

Art. R. 6225-1 (Décr. n° 2020-372 du 30 mars 2020, art. 5) Lorsqu'il est constaté lors d'un contrôle de l'inspection du travail, ou lors de la transmission du contrat auprès de l'organisme chargé du dépôt du contrat ou au service mentionné à l'article D. 6275-1, ou lors de la mission de contrôle pédagogique de l'apprentissage mentionnée à l'article R. 6251-1, que l'employeur méconnaît les obligations mentionnées à l'article L. 6225-1, l'(Décr. n° 2021-143 du 10 févr. 2021, art. 10) « agent de contrôle de l'inspection du travail » met l'employeur en demeure de régulariser la situation et de prendre les mesures ou d'assurer les garanties de nature à permettre une formation satisfaisante.

Art. R. 6225-2 Lorsqu'il est constaté, par les services mentionnés à l'article R. 6225-1, qu'un maître d'apprentissage, autre que l'employeur, méconnaît les obligations mises à sa charge par le contrat d'apprentissage ou ne présente plus les garanties de moralité requises, l'(Décr. n° 2021-143 du 10 févr. 2021, art. 10) « agent de contrôle de l'inspection du travail » (Abrogé par Décr. n° 2020-372 du 30 mars 2020, art. 5) « ou l'inspecteur de l'apprentissage » met l'employeur en demeure de désigner un autre maître d'apprentissage et d'informer de ses nom, prénoms et compétences professionnelles, l'organisme chargé (Décr. n° 2020-372 du 30 mars 2020, art. 5) « du dépôt » du contrat. (Abrogé par Décr. n° 2020-372 du 30 mars 2020, art. 5) « Ce dernier transmet sans délai ces éléments à la (Décr. n° 2009-1377 du 10 nov. 2009) « direction régionale des entreprises, de la concurrence, de la consommation, du travail et de l'emploi ».

Art. R. 6225-3 Lorsqu'il est constaté par les services mentionnés à l'article R. 6225-1 qu'un employeur, en tant que maître d'apprentissage, méconnaît les obligations mises à sa charge par le contrat d'apprentissage ou ne présente plus les garanties de moralité requises, l'(Décr. n° 2021-143 du 10 févr. 2021, art. 10) « agent de contrôle de l'inspection du travail » (Abrogé par Décr. n° 2020-372 du 30 mars 2020, art. 5) « ou l'inspecteur de l'apprentissage » le met en demeure de régulariser la situation et de prendre les mesures ou d'assurer les garanties de nature à permettre une formation satisfaisante.

SECTION 2 Opposition à l'engagement d'apprentis

Art. R. 6225-4 Dans les cas prévus à la section 1, la décision d'opposition du préfet à l'engagement d'apprenti intervient, s'il y a lieu, dans un délai de trois mois à compter de l'expiration du délai fixé par la mise en demeure de l'(Décr. n° 2021-143 du 10 févr. 2021, art. 10) « agent de contrôle de l'inspection du travail » (Abrogé par Décr. n° 2020-372 du 30 mars 2020, art. 5) « ou d'apprentissage ».

Art. R. 6225-5 (Décr. n° 2020-372 du 30 mars 2020, art. 5) La décision d'opposition à l'engagement d'apprentis est communiquée à l'(Décr. n° 2021-143 du 10 févr. 2021, art. 10) « agent de contrôle de l'inspection du travail », au comité social et économique, à l'organisme chargé du dépôt du contrat ainsi que, le cas échéant, à la mission chargée du contrôle pédagogique mentionnée à l'article R. 6251-1.

Art. R. 6225-6 Lorsque le préfet prend une décision d'opposition à l'engagement d'apprentis, en application de l'article L. 6225-1 ou de l'article R. 6223-16, l'employeur peut lui demander de mettre fin à cette opposition.

Il joint à sa demande toutes justifications de nature à établir qu'il remplit les obligations mises à sa charge par le présent code ou par d'autres dispositions légales applicables aux jeunes travailleurs et aux apprentis. — [Anc. art. R. 117-5-I, al. 1er, phrases 1 et 2.]

Art. R. 6225-7 Lorsque le préfet, au vu des justifications de l'employeur, décide de mettre fin à l'opposition, il notifie sa décision à l'employeur.

L'employeur peut à nouveau procéder à *(Décr. n° 2020-372 du 30 mars 2020, art. 5)* « l'engagement d'apprentis ».

Art. R. 6225-8 *(Décr. n° 2020-372 du 30 mars 2020, art. 5)* La décision de levée d'opposition, prise en application de l'article R. 6225-7, est communiquée sans délai à l'organisme chargé du dépôt du contrat et, le cas échéant, à la mission chargée du contrôle pédagogique mentionnée à *[l'article]* R. 6251-1.

SECTION 3 Suspension de l'exécution du contrat et interdiction de recrutement

SOUS-SECTION 1 Suspension de l'exécution du contrat de travail

Art. R. 6225-9 En application de l'article L. 6225-4, l'*(Décr. n° 2021-143 du 10 févr. 2021, art. 10)* « agent de contrôle de l'inspection du travail » propose la suspension de l'exécution du contrat d'apprentissage, après qu'il ait [a] été procédé, lorsque les circonstances le permettent, à une enquête contradictoire. Il en informe sans délai l'employeur et adresse cette proposition au *(Décr. n° 2020-1545 du 9 déc. 2020, art. 28-X, en vigueur le 1er avr. 2021)* « directeur régional de l'économie, de l'emploi, du travail et des solidarités ».

Ce dernier se prononce sans délai et, le cas échéant, dès la fin de l'enquête contradictoire.

SOUS-SECTION 2 Interdiction de recrutement de nouveaux apprentis

Art. R. 6225-10 Lorsque le *(Décr. n° 2020-1545 du 9 déc. 2020, art. 28-X, en vigueur le 1er avr. 2021)* « directeur régional de l'économie, de l'emploi, du travail et des solidarités » a interdit le recrutement de nouveaux apprentis, en application de l'article L. 6225-6, l'employeur peut lui demander de mettre fin à cette interdiction.

L'employeur joint à sa demande toutes justifications de nature à établir qu'il a pris les mesures nécessaires pour supprimer tout risque d'atteinte à la santé ou à l'intégrité physique ou morale des apprentis dans l'entreprise.

Art. R. 6225-11 Lorsque le *(Décr. n° 2020-1545 du 9 déc. 2020, art. 28-X, en vigueur le 1er avr. 2021)* « directeur régional de l'économie, de l'emploi, du travail et des solidarités » décide, au vu des justifications présentées par l'employeur, de mettre fin à l'interdiction de recruter de nouveaux apprentis, il notifie sa décision à l'employeur.

L'employeur peut à nouveau procéder à *(Décr. n° 2020-372 du 30 mars 2020, art. 5)* « l'engagement d'apprentis ».

Art. R. 6225-12 *(Décr. n° 2020-372 du 30 mars 2020, art. 5)* « Sont communiquées sans délai à l'organisme chargé du dépôt du contrat et, le cas échéant, à la mission chargée du contrôle pédagogique mentionnée à l'article R. 6251-1 : »

1° La décision d'interdiction de recruter de nouveaux apprentis, prise en application de l'article L. 6225-6 ;

2° La décision de levée d'interdiction de recruter de nouveaux apprentis, prise en application de l'article R. 6225-11.

CHAPITRE VI ENTREPRISES DE TRAVAIL TEMPORAIRE

(Décr. n° 2012-472 du 11 avr. 2012)

SECTION 1 Dispositions générales

(Décr. n° 2012-472 du 11 avr. 2012)

Art. R. 6226-1 Le contrat d'apprentissage conclu avec une entreprise de travail temporaire précise notamment le nom du maître d'apprentissage nommé dans cette dernière et la durée de son expérience en entreprise de travail temporaire.

Art. R. 6226-2 Le contrat de mise à disposition de l'apprenti au sein de l'entreprise utilisatrice précise :

1° Le titre ou diplôme préparé par l'apprenti ;

2° La nature des travaux confiés à l'apprenti, qui doivent être en relation directe avec la formation professionnelle prévue au contrat d'apprentissage ;

3° Le nom du maître d'apprentissage désigné au sein de l'entreprise de travail temporaire ;

(Décr. n° 2020-372 du 30 mars 2020, art. 6) « 4° Le nom du maître d'apprentissage désigné au sein de l'entreprise utilisatrice et les informations attestant du respect des conditions imposées par l'article L. 6223-8-1 ; »

5° Les modalités selon lesquelles l'entreprise utilisatrice informe l'entreprise de travail temporaire du déroulement de la formation professionnelle de l'apprenti en son sein ;

6° Les modalités selon lesquelles est organisée la liaison entre les maîtres d'apprentissage et le centre de formation des apprentis.

Art. R. 6226-3 I. – Les mentions figurant sur le contrat de mission en application de l'article L. 1251-16 sont complétées par les mentions du contrat de mise à disposition de l'apprenti prévues à l'article R. 6226-2.

II. – L'entreprise de travail temporaire adresse le contrat de mission de l'apprenti, dès sa conclusion, au directeur du centre de formation d'apprentis *(Abrogé par Décr. n° 2020-372 du 30 mars 2020, art. 6)* « *ou, dans le cas d'une section d'apprentissage, au responsable d'établissement* ». Elle l'informe de tout changement concernant le maître d'apprentissage désigné au sein de l'entreprise utilisatrice.

III. – La suspension du contrat d'apprentissage, en application des dispositions de l'article L. 6225-4, emporte la suspension du contrat de mission de l'apprenti. La rupture du contrat d'apprentissage, en application des dispositions de l'article L. 6225-5, emporte la rupture du contrat de mission de l'apprenti.

Art. R. 6226-4 Pour la formation de l'apprenti qu'elle emploie, l'entreprise de travail temporaire ne peut pas conclure de convention avec une entreprise d'accueil en application de l'article R. 6223-10 ni avec une entreprise d'un autre État membre de *(Décr. n° 2020-372 du 30 mars 2020, art. 6)* « l'Union » européenne susceptible d'accueillir temporairement l'apprenti en application de l'article *(Décr. n° 2020-372 du 30 mars 2020, art. 6)* « L. 6222-42 ».

SECTION 2 Maîtres d'apprentissage

(Décr. n° 2012-472 du 11 avr. 2012)

Art. R. 6226-5 Le maître d'apprentissage désigné au sein de l'entreprise de travail temporaire assure le suivi de l'apprenti tout au long de sa formation et veille à sa progression, en liaison avec le centre de formation des apprentis et les maîtres d'apprentissage nommés dans les entreprises utilisatrices.

Est réputée remplir la condition de compétence professionnelle exigée, en application de l'article L. 6223-1, d'un maître d'apprentissage nommé dans une entreprise de travail temporaire une personne justifiant d'une expérience professionnelle minimale de deux années dans ce type d'entreprise.

Par dérogation aux dispositions de l'article R. 6223-6, le nombre maximal d'apprentis pouvant être accueillis simultanément dans une entreprise de travail temporaire est fixé à cinq par maître d'apprentissage.

Art. R. 6226-6 En application de l'article L. 6223-5, le maître d'apprentissage nommé au sein de l'entreprise utilisatrice contribue à l'acquisition par l'apprenti dans cette entreprise des compétences correspondant à la qualification recherchée et au titre ou diplôme préparé, en liaison avec le maître d'apprentissage désigné au sein de l'entreprise de travail temporaire et avec le centre de formation d'apprentis.

(Décr. n° 2020-372 du 30 mars 2020, art. 6) « Le maître d'apprentissage nommé au sein de l'entreprise utilisatrice doit remplir les conditions imposées par l'article L. 6223-8-1. »

Pour l'application de l'article R. 6223-6 à l'entreprise utilisatrice, l'apprenti mis à disposition par une entreprise de travail temporaire est pris en compte dans le calcul du nombre maximal d'apprentis par maître d'apprentissage.

La dérogation à l'interdiction du travail de nuit des apprentis, prévue à l'article L. 6222-26, est accomplie sous la responsabilité du maître d'apprentissage nommé au sein de l'entreprise utilisatrice.

CHAPITRE VII **DISPOSITIONS PÉNALES**

Le chapitre VI du titre II du livre II de la sixième partie du code du travail devient le chapitre VII (Décr. n° 2012-472 du 11 avr. 2012, art. 1er) ; les art. R. 6226-1 à R. 6226-10 deviennent les art. R. 6227-1 à R. 6227-10.

Art. R. 6227-1 Le fait, pour l'employeur, de méconnaître les dispositions des articles L. 6222-1, L. 6222-2, L. 6222-11, L. 6222-24, L. 6223-2 à L. 6223-8, R. 6223-9, R. 6223-22 et R. 6223-23, est puni de l'amende prévue pour les contraventions de la quatrième classe. — *[Anc. art. R. 151-2, al. 1er.]*

Art. R. 6227-2 Le fait d'employer un apprenti à un travail effectif excédant huit heures par jour ou la durée légale hebdomadaire fixée par l'article *(Décr. n° 2016-1551 du 18 nov. 2016, art. 6-V)* « L. 3121-27 » du code du travail et par l'article L. 713-2 du code rural et de la pêche maritime, en méconnaissance des dispositions *(Abrogé par Décr. n° 2018-1139 du 13 déc. 2018, à compter du 1er janv. 2019)* « *du premier alinéa* » de l'article L. 6222-25, est puni de l'amende prévue pour les contraventions de la quatrième classe.

L'abrogation issue du Décr. n° 2018-1139 du 13 déc. 2018 est applicable aux contrats conclus à compter du 1er janv. 2019 (Décr. préc., art. 2).

Art. R. 6227-3 Le fait d'employer un apprenti âgé de moins de dix-huit ans à un travail de nuit, en méconnaissance des dispositions de l'article L. 6222-26, est puni de l'amende prévue pour les contraventions de la cinquième classe.

La récidive est réprimée conformément aux articles 132-11 et 132-15 du code pénal. — *[Anc. art. R. 151-5.]*

Art. R. 6227-4 Le fait de verser un salaire à l'apprenti inférieur au minimum prévu par l'article L. 6222-27, est puni de l'amende prévue pour les contraventions de la cinquième classe.

L'amende est appliquée autant de fois qu'il y a d'apprentis rémunérés dans des conditions illégales.

La récidive est réprimée conformément aux articles 132-11 et 132-15 du code pénal. — *[Anc. art. R. 151-3.]*

Art. R. 6227-5 Le fait d'employer un apprenti à des travaux dangereux pour sa santé ou sa sécurité, en méconnaissance des dispositions de l'article L. 6222-30, est puni de l'amende prévue pour les contraventions de la cinquième classe.

La récidive est réprimée conformément aux articles 132-11 et 132-15 du code pénal. — *[Anc. art. R. 263-1.]*

Art. R. 6227-6 Le fait de ne pas présenter l'apprenti aux épreuves du diplôme ou du titre prévu par le contrat d'apprentissage, en méconnaissance des dispositions de l'article L. 6222-34, est puni de l'amende prévue pour les contraventions de la cinquième classe.

La récidive est réprimée conformément aux articles 132-11 et 132-15 du code pénal. — *[Anc. art. R. 151-5.]*

Art. R. 6227-7 Le fait de ne pas accorder un congé supplémentaire de cinq jours à l'apprenti pour lui permettre de préparer les épreuves dans un centre de formation d'apprentis, ou de ne pas maintenir le salaire de l'apprenti pendant ce congé en méconnaissance des dispositions de l'article L. 6222-35, est puni de l'amende prévue pour les contraventions de la cinquième classe.

La récidive est réprimée conformément aux articles 132-11 et 132-15 du code pénal. — *[Anc. art. R. 151-5.]*

APPRENTISSAGE **Art. R. 6231-4** 2925

Art. R. 6227-8 Le fait, pour l'employeur, de méconnaître les dispositions de l'article L. 6223-1, est puni de l'amende prévue pour les contraventions de la cinquième classe. — *[Anc. art. R. 151-2, al. 2.]*

Art. R. 6227-9 Le fait, pour l'employeur, de méconnaître les dispositions de l'article L. 6225-1, est puni de l'amende prévue pour les contraventions de la cinquième classe. — *[Anc. art. R. 151, al. 2.]*

Art. R. 6227-10 *Abrogé par Décr. n° 2018-1138 du 13 déc. 2018, à compter du 1er janv. 2019.*

TITRE III DISPOSITIONS SPÉCIFIQUES APPLICABLES AUX CENTRES DE FORMATION D'APPRENTIS

(Décr. n° 2019-1143 du 7 nov. 2019, art. 1er)

Les centres de formation d'apprentis existants au 6 sept. 2018, date de publication de la L. n° 2018-771 du 5 sept. 2018, doivent, au plus tard le 31 déc. 2021, se mettre en conformité avec les dispositions issues de cette loi et du Décr. n° 2019-1143 du 7 nov. 2019 (Décr. préc., art. 10-I).

Les dispositions des art. R. 6232-1 à D. 6232-25 C. trav., dans leur rédaction antérieure au Décr. n° 2019-1143 du 7 nov. 2019, sont applicables aux centres de formations d'apprentis et aux sections d'apprentissage créés avant le 1er janv. 2020 (Décr. préc., art. 10-II).

Les dispositions des art. R. 6233-1 à R. 6233-11 C. trav., dans leur rédaction antérieure au Décr. n° 2019-1143 du 7 nov. 2019, demeurent applicables aux centres de formation d'apprentis et aux sections d'apprentissage jusqu'au 31 déc. 2019 (Décr. préc., art. 10-III).

V. ces dispositions sur le Code en ligne 🔒.

CHAPITRE I MISSIONS ET OBLIGATIONS DES CENTRES DE FORMATION D'APPRENTIS

SECTION 1 Missions des centres de formation d'apprentis

Art. R. 6231-1 Le directeur de l'organisme de formation délivrant des formations par apprentissage est chargé de la mise en œuvre des missions et obligations du centre de formation d'apprentis.

Art. R. 6231-2 Les centres de formation d'apprentis peuvent confier par convention aux chambres consulaires une ou plusieurs des missions mentionnées aux 1° à 14° de l'article L. 6231-2.
La convention comporte les mentions suivantes :
1° La désignation de la chambre consulaire signataire ;
2° Les missions confiées ;
3° Les moyens mis en œuvre pour réaliser la ou les missions ;
4° Les modalités de financement ;
5° Les modalités choisies pour suivre, contrôler et évaluer la réalisation de la mission ;
6° La durée de validité de la convention.

SECTION 2 Conseil de perfectionnement

Art. R. 6231-3 Le conseil de perfectionnement prévu à l'article L. 6231-3 est placé auprès du directeur de l'organisme de formation délivrant des formations par apprentissage.

Art. R. 6231-4 Le conseil de perfectionnement examine et débat des questions relatives à l'organisation et au fonctionnement du centre de formation d'apprentis, notamment sur :
1° Le projet pédagogique du centre de formation d'apprentis ;
2° Les conditions générales d'accueil, d'accompagnement des apprentis, notamment des apprentis en situation de handicap, de promotion de la mixité et de la mobilité nationale et internationale ;
3° L'organisation et le déroulement des formations ;

4° Les conditions générales de préparation et de perfectionnement pédagogique des formateurs ;
5° L'organisation des relations entre les entreprises accueillant des apprentis et le centre ;
6° Les projets de convention à conclure, en application des articles L. 6232-1 et L. 6233-1, avec des établissements d'enseignement, des organismes de formation ou des entreprises ;
7° Les projets d'investissement ;
8° Les informations publiées chaque année en application de l'article L. 6111-8.

Art. R. 6231-5 La présidence du conseil de perfectionnement est assurée par le directeur de l'organisme de formation délivrant des formations par apprentissage ou son représentant. Toutefois, pour les centres de formation d'apprentis des établissements mentionnés à l'article L. 811-8 du code rural et de la pêche maritime, le deuxième alinéa de l'article R. 811-46 du même code est applicable.

Le règlement intérieur mentionné à l'article R. 6352-1 définit les modalités de fonctionnement du conseil de perfectionnement et de la désignation de ses membres.

CHAPITRE II ORGANISATION DE L'APPRENTISSAGE AU SEIN DES CENTRES DE FORMATION D'APPRENTIS

Les dispositions des art. R. 6232-1 à D. 6232-25, dans leur rédaction antérieure au Décr. n° 2019-1143 du 7 nov. 2019, sont applicables aux centres de formation d'apprentissage et aux sections d'apprentissage créés avant le 1er janv. 2020 (Décr. préc., art. 10-II).

Art. R. 6232-1 La convention prévue à l'article L. 6232-1 fixe les conditions dans lesquelles tout ou partie des enseignements normalement dispensés par le centre de formation d'apprentis est assurée par les structures mentionnées à cet article.

La mise en œuvre de cette convention s'effectue sans préjudice des missions et obligations du centre de formation d'apprentis prévues aux articles L. 6231-2 à L. 6231-7.

Art. R. 6232-2 La convention précise notamment :
1° Son objet ;
2° Sa durée de validité ;
3° La description de l'organisation des formations et des équipements pédagogiques ;
4° Le nombre d'apprentis pouvant être accueillis simultanément ;
5° Les moyens humains permettant de dispenser la formation ;
6° Le cas échéant, la mise à disposition de locaux destinés à l'hébergement ;
7° Les modalités de financement.

Art. R. 6232-3 Pour les enseignements assurés par une ou des entreprises, la convention prévoit également que l'entreprise garantit la nature des équipements mis à la disposition des apprentis ainsi que la technologie à laquelle ils ont accès.

CHAPITRE III CRÉATION D'UNITÉS DE FORMATION PAR APPRENTISSAGE

Les dispositions des art. R. 6233-1 à R. 6233-11 C. trav., dans leur rédaction antérieure au Décr. n° 2019-1143 du 7 nov. 2019, demeurent applicables aux centres de formation d'apprentis et aux sections d'apprentissage jusqu'au 31 déc. 2019 (Décr. préc., art. 10-III). — V. ces dispositions sur le Code en ligne 🔗.

Art. R. 6233-1 La convention entre un établissement d'enseignement et un centre de formation d'apprentis créant une unité de formation par apprentissage dans l'établissement est conclue pour une durée au moins égale à celle du cycle de la formation, nécessaire à l'acquisition d'une certification professionnelle, pour laquelle elle a été ouverte.

La mise en œuvre de cette convention s'effectue sans préjudice des missions et obligations du centre de formation d'apprentis prévues aux articles L. 6231-2 à L. 6231-7.

Art. R. 6233-2 La convention créant une unité de formation par apprentissage détermine notamment :
1° Le recrutement, les effectifs des apprentis à former et les certifications professionnelles préparées ;

APPRENTISSAGE **Art. R. 6241-19** 2927

2° Les moyens humains et matériels destinés à la formation, l'organisation pédagogique, les modalités d'accompagnement, le contenu des enseignements et, le cas échéant, les locaux destinés à l'hébergement ;
3° Les modalités de financement.

CHAPITRE IV DISPOSITIONS APPLICABLES À L'ENTREPRISE DISPOSANT D'UN CENTRE DE FORMATION D'APPRENTIS

Art. R. 6234-1 Le centre de formation d'apprentis d'entreprise mentionné au I de l'article L. 6241-2 dépose une déclaration d'activité dans les conditions prévues aux articles R. 6351-1 et suivants.

TITRE III *[ANCIEN]* CENTRES DE FORMATION D'APPRENTIS ET SECTIONS D'APPRENTISSAGE

Anciens art. R. 6232-1 à D. 6233-65

TITRE IV FINANCEMENT DE L'APPRENTISSAGE

CHAPITRE I TAXE D'APPRENTISSAGE

SECTION 1 Principes

Art. R. 6241-1 à R. 6241-7 *Abrogés par Décr. n° 2020-372 du 30 mars 2020, art. 7.*

Art. D. 6241-8 *(Décr. n° 2021-1917 du 30 déc. 2021, art. 1ᵉʳ, en vigueur le 1ᵉʳ janv. 2022)* Pour bénéficier de l'exonération mentionnée au IV de l'article L. 6241-1 pour un mois considéré, l'entreprise doit satisfaire le mois précédent aux conditions suivantes :
— sa masse salariale n'excède pas six fois le montant du salaire minimum de croissance mensuel ;
— elle emploie au moins un apprenti avec lequel elle a conclu un contrat d'apprentissage.

Art. R. 6241-9 et R. 6241-10 *Abrogés par Décr. n° 2020-372 du 30 mars 2020, art. 7.*

SECTION 2 Financement national du développement et de la modernisation de l'apprentissage *(Décr. n° 2011-1970 du 26 déc. 2011).*

SECTION 3 Solde de la taxe d'apprentissage
(Décr. n° 2019-1491 du 27 déc. 2019, art. 1ᵉʳ)

SOUS-SECTION 1 Dispositions générales *(Décr. n° 2023-606 du 15 juill. 2023, art. 1ᵉʳ).*

Art. R. 6241-19 Les employeurs assujettis à la taxe d'apprentissage s'acquittent du solde *(Abrogé par Décr. n° 2021-1916 du 30 déc. 2021, art. 1ᵉʳ-7°, à compter du 1ᵉʳ janv. 2022)* « de 13 % » mentionné au II de l'article L. 6241-2 sur la base *(Décr. n° 2021-1916 du 30 déc. 2021, art. 1ᵉʳ-7°, en vigueur le 1ᵉʳ janv. 2022)* « de la même assiette que celle de la part principale, recouvrée l'année précédant celle de l'exigibilité du solde ». L'imputation *(Décr. n° 2021-1916 du 30 déc. 2021, art. 1ᵉʳ-7°, en vigueur le 1ᵉʳ janv. 2022)* « des versements mentionnés aux 1° et 2° de l'article L. 6241-4 » sur cette fraction de la taxe d'apprentissage s'effectue, au choix de l'employeur, alternativement ou cumulativement selon les modalités prévues *(Décr. n° 2021-1916 du 30 déc. 2021, art. 1ᵉʳ-7°, en vigueur le 1ᵉʳ janv. 2022)* « par ces mêmes dispositions ».

Ces dispositions sont applicables à la taxe d'apprentissage due à compter de l'année 2020.

Toutefois, pour l'année 2020 :

1° Par dérogation au 1ᵉʳ al. de l'art. R. 6241-20 C. trav., lorsque, pour s'acquitter du solde de la taxe d'apprentissage, les employeurs procèdent aux dépenses libératoires selon les modalités prévues au

1° de l'art. L. 6241-4 du même code, les dépenses réellement exposées prises en compte sont celles effectuées, directement auprès des établissements et organismes habilités à en bénéficier en application de l'art. L. 6241-5 de ce code, jusqu'au 15 juill. 2020 ;

2° Par dérogation au 1er al. de l'art. R. 6241-24 C. trav., lorsque les employeurs procèdent aux dépenses libératoires selon les modalités prévues au 2° de l'art. L. 6241-4 du même code, les subventions prises en compte sont celles versées aux centres de formation d'apprentis entre le 1er juin 2019 et le 15 juill. 2020 (Décr. n° 2019-1491 du 27 déc. 2019, art. 3, mod. par Décr. n° 2020-894 du 22 juill. 2020, art. 5).

Art. R. 6241-20 (Décr. n° 2021-1916 du 30 déc. 2021, art. 1er-8°, en vigueur le 1er janv. 2022) Le versement annuel unique mentionné au 1° du II de l'article L. 6241-2 est déterminé en déduisant du solde mentionné au premier alinéa du même II, le cas échéant :

1° Les subventions versées aux centres de formation d'apprentis sous forme d'équipements et de matériels prévues au 2° de l'article L. 6241-4 ;

2° Le montant de la créance mentionnée au sixième alinéa du II de l'article L. 6241-2 et constatée au titre de l'année précédente.

Art. R. 6241-21 Le représentant de l'État dans la région arrête et publie, au plus tard le 31 décembre de l'année précédant celle au titre de laquelle la taxe d'apprentissage est due, la liste des formations dispensées par les établissements, services ou écoles mentionnés aux 1° à (Décr. n° 2021-1916 du 30 déc. 2021, art. 1er-9°, en vigueur le 1er janv. 2022) « 6° de l'article L. 6241-5 et des établissements mentionnés aux 7° à 10° et 12° du même article », habilités à bénéficier des (Décr. n° 2021-1916 du 30 déc. 2021, art. 1er-9°, en vigueur le 1er janv. 2022) « versements mentionnés » au 1° de l'article L. 6241-4 et établis dans la région.

V. ndlr ss. art. R. 6241-19.

Art. R. 6241-22 Le représentant de l'État dans la région publie, au plus tard le 31 décembre de l'année précédant celle au titre de laquelle la taxe d'apprentissage est due, la liste, communiquée par le président du conseil régional, des organismes participant au service public de l'orientation tout au long de la vie mentionnées au 11° de l'article L. 6241-5.

V. ndlr ss. art. R. 6241-19.

Art. R. 6241-23 Les listes mentionnées aux articles R. 6241-21 et R. 6241-22 font l'objet d'un avis (Décr. n° 2021-1916 du 30 déc. 2021, art. 1er-10°, en vigueur le 1er janv. 2022) « du bureau » du comité régional de l'emploi, de la formation et de l'orientation professionnelles mentionné à l'article L. 6123-3.

Art. R. 6241-24 Lorsque les employeurs procèdent aux (Décr. n° 2021-1916 du 30 déc. 2021, art. 1er-11°, en vigueur le 1er janv. 2022) « versements mentionnés » au 2° de l'article L. 6241-4, les subventions prises en compte pour l'année au titre de laquelle la taxe d'apprentissage est due sont celles versées aux centres de formation d'apprentis (Décr. n° 2021-1916 du 30 déc. 2021, art. 1er-11°, en vigueur le 1er janv. 2022) « au cours de cette même année ».

Les centres de formation d'apprentis établissent un reçu destiné à l'entreprise daté du jour de livraison des matériels et équipements et indiquant l'intérêt pédagogique de ces biens ainsi que la valeur comptable justifiée par l'entreprise selon des modalités fixées par arrêté du ministre chargé de la formation professionnelle. – *V. Arr. du 27 déc. 2019, NOR : MTRD1937423A (JO 29 déc.).*

Par dérogation à l'art. R. 6241-24, les subventions prises en compte pour le solde de la taxe d'apprentissage due au titre de 2022 sont celles versées aux centres de formation des apprentis entre le 1er juin 2022 et le 31 déc. 2022 (Décr. n° 2021-1916 du 30 déc. 2021, art. 4-II).

SOUS-SECTION 2 **Affectation aux établissements habilités**

(Décr. n° 2023-606 du 15 juill. 2023, art. 1er)

Art. R. 6241-25 Dans le cadre du service dématérialisé mentionné au II de l'article L. 6241-2, la Caisse des dépôts et consignations :

1° Met à la disposition des employeurs une liste des établissements habilités à percevoir le solde de la taxe d'apprentissage en application des articles L. 6241-4 et

L. 6241-5 et, le cas échéant, des formations dispensées par ces derniers, établie à partir des listes mentionnées au 13° de l'article L. 6241-5 et aux articles R. 6241-21 et R. 6241-22 ;

2° Informe les employeurs des critères d'affectation du solde de la taxe d'apprentissage mentionnés à l'article R. 6241-28 en l'absence de désignation des établissements destinataires, ainsi que du versement effectif des fonds aux établissements qu'ils ont, le cas échéant, désignés ;

3° Recueille, au cours d'une période déterminée par arrêté des ministres chargés de l'éducation nationale, de la formation professionnelle et de l'enseignement supérieur, auprès des établissements habilités les informations lui permettant de procéder au versement du montant du solde de la taxe d'apprentissage dont ils sont destinataires. Elle les informe de l'origine des fonds qui leur sont affectés.

Art. D. 6241-25-1 I. – Les organismes chargés du recouvrement mentionnés au II de l'article L. 6131-4 transmettent à la Caisse des dépôts et consignations les informations relatives aux entreprises redevables de la taxe d'apprentissage suivantes :

1° Les numéros d'identifications mentionnés à l'article R. 123-221 du code de commerce ;

2° La période fiscale de référence au titre de laquelle le solde est dû ;

3° Le montant dû ou recouvré au titre du solde de la taxe d'apprentissage ;

4° Le montant versé directement aux centres de formation d'apprentis en application du 2° du II de l'article L. 6241-2. L'organisme mentionné à l'article L. 723-2 du code rural et de la pêche maritime n'est pas tenu de transmettre ce montant ;

5° Le montant de la créance mentionnée au deuxième alinéa du 2° du II de l'article L. 6241-2.

II. – Les modalités de transmission de ces informations sont précisées dans le cadre de la convention mentionnée au premier alinéa du II de l'article L. 6131-4.

Art. R. 6241-26 La Caisse des dépôts et consignations définit les conditions d'utilisation du service dématérialisé mentionné au II de l'article L. 6241-2.

Elle informe chaque année les employeurs de la date d'ouverture du service dématérialisé et des modalités de répartition et de versement des fonds aux établissements destinataires.

Elle notifie aux employeurs concernés les informations nécessaires à leur première connexion au service dématérialisé.

Art. D. 6241-27 I. – Chaque année, les employeurs procèdent à la désignation des établissements destinataires des fonds mentionnés au 1° du II de l'article L. 6131-4 au moyen du service dématérialisé mentionné au II de l'article L. 6241-2.

II. – Un calendrier, défini par arrêté des ministres chargés de l'éducation nationale, de la formation professionnelle et de l'enseignement supérieur, est mis à disposition des employeurs sur le service dématérialisé mentionné au I.

Ce calendrier détaille les différentes phases qui suivent la connexion des employeurs à leur espace individualisé et sécurisé sur le service dématérialisé, et notamment :

1° La période, qui ne peut être inférieure à deux mois, pendant laquelle les employeurs peuvent désigner le ou les établissements bénéficiaires des fonds mentionnés au 1° du II de l'article L. 6131-4 ou modifier leurs choix ;

2° Les dates de versement des fonds par la Caisse des dépôts et consignations.

Art. D. 6241-27-1 Afin de permettre à l'employeur de désigner, dans un délai fixé par arrêté des ministres chargés de l'éducation nationale, de la formation professionnelle et de l'enseignement supérieur, un ou plusieurs autres établissements auxquels il affecte la contribution de l'année considérée par l'intermédiaire du service dématérialisé mentionné au II de l'article L. 6241-2, la Caisse des dépôts et consignations informe l'employeur lorsque le versement des fonds à un établissement qu'il a désigné dans les conditions prévues à l'article D. 6241-27 ne peut être effectué, notamment :

1° En raison de la cessation définitive d'activité de cet établissement ;

2° En raison de l'absence ou d'erreurs de saisie par cet établissement de ses coordonnées bancaires, à défaut de régularisation de sa part avant une date fixée par arrêté des ministres chargés de l'éducation nationale, de la formation professionnelle et de l'enseignement supérieur.

Art. R. 6241-28 Les contributions mentionnées au 1° du II de l'article L. 6241-2 recouvrées auprès d'employeurs qui n'ont pas procédé à la désignation des établissements destinataires du solde de la taxe d'apprentissage sont affectées par la Caisse des dépôts et consignations à des établissements habilités déterminés en fonction des critères suivants :

1° Une première partie des fonds est répartie selon l'implantation géographique des employeurs et des établissements figurant sur les listes prévues aux articles R. 6241-21 et R. 6241-22 du code du travail. Les établissements d'une même région perçoivent un montant identique du solde de la taxe d'apprentissage ;

2° Une seconde partie des fonds est répartie au niveau national selon la nature des formations, au profit des formations menant aux métiers qui connaissent les besoins les plus importants de recrutement de leur région en raison d'un manque de personnes formées. Un montant identique est attribué aux établissements au titre de chaque formation concernée.

Un arrêté des ministres chargés de l'éducation nationale, de la formation professionnelle et de l'enseignement supérieur fixe la répartition des fonds entre les deux parts mentionnées au 1° et au 2°, qui ne peuvent être inférieures à 20 % chacune. Il précise les modalités de sélection des formations mentionnées au 2°.

Art. R. 6241-28-1 En cas d'impossibilité de verser les fonds à un établissement auquel ils ont été affectés en application de la présente sous-section, en raison notamment de l'absence ou d'erreurs de saisie par l'établissement de ses coordonnées bancaires ou de la cessation définitive de son activité, la Caisse des dépôts et consignations affecte les sommes correspondantes entre les autres établissements selon les modalités prévues au premier alinéa de l'article R. 6241-28.

Les fonds qui n'ont pas pu être versés aux établissements destinataires avant la plus tardive des dates mentionnées au troisième alinéa de l'article R. 6241-28-2, sont conservés au sein du fonds mentionné au deuxième alinéa du II de l'article L. 6131-4 et sont affectés l'année suivante par la Caisse des dépôts et consignations aux établissements habilités selon les modalités prévues à l'article R. 6241-28.

SOUS-SECTION 3 **Gestion du fonds dédié de la Caisse des dépôts et consignations**

(Décr. n° 2023-606 du 15 juill. 2023, art. 1er)

Art. R. 6241-28-2 Les montants des reversements mentionnés au premier alinéa du II de l'article L. 6131-4 du présent code sont déterminés chaque année, jusqu'à une date fixée par arrêté des ministres chargés de l'éducation nationale, de la formation professionnelle et de l'enseignement supérieur, à partir des montants des contributions dues ou, le cas échéant, des contributions recouvrées conformément au I de l'article L. 6131-3 du présent code.

La Caisse des dépôts et consignations applique sur le montant de ces reversements les frais de gestion mentionnés au troisième alinéa du II de l'article L. 6131-4 du présent code.

Le versement des fonds par la Caisse des dépôts et consignations aux établissements destinataires est effectué à des dates fixées par arrêté des ministres chargés de l'éducation nationale, de la formation professionnelle et de l'enseignement supérieur. Il est subordonné au reversement préalable des fonds mentionnés au premier alinéa.

Les modifications ou redressements des déclarations sociales au titre des exercices antérieurs ou de l'exercice en cours effectués après la date mentionnée au premier alinéa sont pris en compte par les organismes de recouvrement lors des reversements effectués l'année suivante à la Caisse des dépôts et consignations. Les sommes dues ou excédentaires en résultant pour les employeurs sont prises en compte pour déterminer le montant qu'ils peuvent affecter aux établissements habilités qu'ils désignent au titre de cette année suivante. Ces modifications et redressements ne donnent pas lieu à un versement complémentaire ou à une restitution des sommes versées aux établissements destinataires pour l'année considérée.

Art. R. 6241-28-3 Une convention est conclue entre les ministres chargés de l'éducation nationale, de la formation professionnelle et de l'enseignement supérieur et la Caisse des dépôts et consignations pour une durée minimale de trois ans.

APPRENTISSAGE **Art. D. 6241-32** 2931

Cette convention détermine notamment les modalités de gestion du fonds mentionné au deuxième alinéa du II de l'article L. 6131-4 ainsi que les modalités selon lesquelles la Caisse des dépôts et consignations rend compte de sa gestion à ces ministres.

Art. R. 6241-28-4 Le fonds mentionné au deuxième alinéa du II de l'article L. 6131-4 est soumis en matière de gestion financière et comptable aux règles applicables aux entreprises industrielles et commerciales.

Art. R. 6241-28-5 Un commissaire aux comptes certifie les comptes annuels du fonds mentionné au deuxième alinéa du II de l'article L. 6131-4.

SECTION 4 [ABROGÉE] Affectation des fonds

(Abrogée par Décr. n° 2019-1491 du 27 déc. 2019, art. 1er)

SECTION 5 Déductions de la taxe d'apprentissage

(Décr. n° 2019-1438 du 23 déc. 2019)

Art. D. 6241-29 Les dépenses déductibles, en application du I de l'article L. 6241-2, de la part (Décr. n° 2021-1917 du 30 déc. 2021, art. 1er-3°, en vigueur le 1er janv. 2022) « principale » de la taxe d'apprentissage mentionnée au même I, sont celles qui remplissent les conditions suivantes :

1° Les dépenses des investissements destinés au financement des équipements et matériels nécessaires à la réalisation de la formation d'un ou plusieurs apprentis de l'entreprise au sein du centre de formation d'apprentis dont celle-ci dispose ;

2° Les versements concourant aux investissements destinés au financement des équipements et matériels nécessaires à la mise en place par le centre de formation d'apprentis d'une offre nouvelle de formation par apprentissage, lorsque celle-ci sert à former un ou plusieurs apprentis de l'entreprise.

Art. D. 6241-30 Le centre de formation d'apprentis mentionné au 1° de l'article D. 6241-29 est un centre de formation d'apprentis qui remplit l'une des conditions suivantes :

1° Être interne à l'entreprise ;

2° Dont l'entreprise détient plus de la moitié du capital au sens de l'article L. 233-1 du code de commerce ou plus de la moitié des voix au sein de l'organe de gouvernance du centre de formation d'apprentis ;

3° Est constitué par un groupe au sens du deuxième alinéa de l'article L. 1233-4 ;

4° Est constitué par plusieurs entreprises partageant des perspectives communes d'évolution des métiers ou qui interviennent dans des secteurs d'activité complémentaires.

(Décr. n° 2020-373 du 30 mars 2020, art. 2) « Le centre de formation d'apprentis d'entreprise mentionné aux 2°, 3° et 4° adresse la déclaration d'activité dans les conditions prévues aux articles R. 6351-1 à R. 6351-7, accompagnée d'une attestation de l'entreprise précisant la situation du centre de formation en fonction des modalités prévues aux 1° à 4° du présent article. »

Les dispositions issues du Décr. n° 2020-373 du 30 mars 2020 s'appliquent aux contrats conclus à compter du 1er avr. 2020 (Décr. préc., art. 5).

Art. D. 6241-31 L'offre nouvelle de formation par apprentissage mentionnée au 2° de l'article D. 6241-29 est celle qui n'a jamais été dispensée (Décr. n° 2020-373 du 30 mars 2020, art. 2) « par la voie de l'apprentissage » sur le territoire national avant l'ouverture de la session de formation au titre de laquelle les versements prévus au même alinéa sont effectués.

Les dispositions issues du Décr. n° 2020-373 du 30 mars 2020 s'appliquent aux contrats conclus à compter du 1er avr. 2020 (Décr. préc., art. 5).

Art. D. 6241-32 Le montant total des dépenses pouvant être déduites au titre de l'article D. 6241-29 ne peut excéder (Décr. n° 2021-1917 du 30 déc. 2021, art. 1er-4°, en vigueur le 1er janv. 2022) « un plafond de » 10 % de la part (Décr. n° 2021-1917 du 30 déc. 2021, art. 1er-4°, en vigueur le 1er janv. 2022) « principale » de la taxe d'apprentissage mentionnée au I de l'article L. 6241-2 (Décr. n° 2021-1917 du 30 déc. 2021, art. 1ᵉʳ-4°, en vigueur le 1ᵉʳ janv. 2022) « due au titre de » l'année (Abrogé par Décr. n° 2021-1917 du 30 déc. 2021, art. 1ᵉʳ-4°, à compter du 1ᵉʳ janv. 2022) « *précédant leur déduction* ».

(Décr. n° 2021-1917 du 30 déc. 2021, art. 1ᵉʳ-4°, en vigueur le 1ᵉʳ janv. 2022) « Les dépenses déduites correspondent aux dépenses effectivement payées par l'entreprise au cours de l'année précédant la déduction.

« Ces dépenses ne peuvent donner lieu ni à report, ni à restitution.

« Le montant de ces déductions ne peut excéder le montant de la part principale de la taxe d'apprentissage due au titre de l'année où la déduction est déclarée. »

SECTION 6 Liste nationale des organismes habilités à percevoir le solde de la taxe d'apprentissage (Décr. n° 2020-372 du 30 mars 2020, art. 7).

(Décr. n° 2019-1438 du 23 déc. 2019)

Art. D. 6241-33 Le niveau d'activité prévu au 13° de l'article L. 6241-5 est fixé en fonction du nombre d'actions mises en œuvre et de leur périodicité, du nombre de bénéficiaires, de régions et de départements concernés, en fonction des ressources et des moyens engagés.

Au titre d'une année, les ressources et moyens engagés sont appréciés au regard du nombre d'actions mises en œuvre qui ne peut être inférieur à un au sein d'au moins deux régions. Le nombre de bénéficiaires de ces actions ne peut être inférieur à dix.

CHAPITRE II *[ABROGÉ]* Organismes collecteurs de la taxe d'apprentissage

Art. R. 6242-1 à R. 6242-24 Abrogés par Décr. n° 2019-1326 du 10 déc. 2019, art. 1ᵉʳ.

CHAPITRE III AIDES À L'APPRENTISSAGE

SECTION 1 Aide unique aux employeurs d'apprentis

(Décr. n° 2018-1348 du 28 déc. 2018, art. 1ᵉʳ, en vigueur le 1ᵉʳ janv. 2019)

Art. D. 6243-1 Les entreprises de moins de deux cent cinquante salariés bénéficient d'une aide forfaitaire de l'État pour la conclusion d'un contrat d'apprentissage visant un diplôme ou un titre à finalité professionnelle équivalant au plus au baccalauréat.

(Abrogé par Décr. n° 2019-1591 du 31 déc. 2019, art. 4, à compter du 1ᵉʳ janv. 2020) « *Pour l'application du seuil défini au premier alinéa, l'effectif de l'entreprise est apprécié au titre de l'année civile précédant la date de conclusion du contrat, tous établissements confondus.* »

Art. D. 6243-2 (Décr. n° 2022-1714 du 29 déc. 2022, art. 1ᵉʳ, en vigueur le 1ᵉʳ janv. 2023) « I. – L'aide est attribuée au titre de la première année d'exécution du contrat d'apprentissage.

« II. – Son montant est de 6 000 euros maximum.

III. – L'aide est versée avant le paiement de la rémunération par l'employeur et chaque mois dans l'attente des données mentionnées dans la déclaration prévue à l'article L. 133-5-3 du code de la sécurité sociale effectuée par l'employeur. A défaut de transmission de ces données, le mois suivant, l'aide est suspendue.

IV. – En cas de rupture anticipée du contrat d'apprentissage, l'aide n'est pas due à compter du mois suivant la date de fin du contrat.

En cas d'une suspension du contrat conduisant au non-versement de la rémunération par l'employeur à l'apprenti, l'aide n'est pas due pour chaque mois considéré.

V. – Les sommes indûment perçues sont remboursées à l'opérateur national mentionné à l'article D. 6243-4.

Sur l'aide exceptionnelle prévue au titre des contrats d'apprentissage conclus entre le 1ᵉʳ janv. et le 31 déc. 2023, V. Décr. n° 2022-1714 du 29 déc. 2022, App. I. A, v° Apprentissage.

Art. D. 6243-3 (Décr. n° 2020-373 du 30 mars 2020, art. 3) « Le bénéfice de l'aide est subordonné au dépôt du contrat d'apprentissage par l'opérateur de compétences auprès du ministre chargé de la formation professionnelle. »

(*Décr. n° 2018-1348 du 28 déc. 2018, art. 1er, en vigueur le 1er janv. 2020*) Le ministre chargé de la formation professionnelle adresse par le service dématérialisé les informations nécessaires au paiement de l'aide pour chaque contrat éligible à l'opérateur national mentionné à l'article D. 6243-4. Cette transmission vaut décision d'attribution.

Art. D. 6243-4 I. — La gestion de l'aide unique aux employeurs d'apprentis est confiée à l'Agence de services et de paiement, avec laquelle le ministre chargé de la formation professionnelle conclut une convention à cet effet.

II. — L'Agence de services et de paiement assure le paiement de l'aide. A ce titre, elle est chargée :

1° De notifier la décision d'attribution de l'aide à l'employeur bénéficiaire et de l'informer des modalités de versement de l'aide ;

2° De verser mensuellement l'aide à l'employeur bénéficiaire ;

3° Le cas échéant, de recouvrer les sommes indûment perçues par l'employeur.

III. — L'Agence de services et de paiement traite les réclamations et recours relatifs à l'aide.

IV. — L'Agence de services et de paiement peut demander à l'employeur et à l'opérateur de compétences toute information complémentaire nécessaire au paiement de l'aide.

V. — L'Agence de services et de paiement est responsable des traitements de données, y compris personnelles, nécessaires au versement de l'aide et à la gestion des réclamations et des recours.

SECTION 2 Exonération de charges salariales

Art. D. 6243-5 (*Décr. n° 2018-1357 du 28 déc. 2018, art. 3, en vigueur le 1er janv. 2019*) Le plafond mentionné à l'article L. 6243-2 est égal à 79 % du salaire minimum de croissance en vigueur au titre du mois considéré.

Ces dispositions s'appliquent aux cotisations et contributions dues au titre des périodes courant à compter du 1er janv. 2019 (Décr. n° 2018-1357 du 28 déc. 2018, art. 4).

TITRE V CONTRÔLE PÉDAGOGIQUE DES FORMATIONS PAR APPRENTISSAGE CONDUISANT À UN DIPLÔME

(*Décr. n° 2018-1210 du 21 déc. 2018, en vigueur le 1er janv. 2019*)

Art. R. 6251-1 Pour l'application du dernier alinéa de l'article L. 6211-2, chaque ministre certificateur instaure une mission, placée sous son autorité, chargée du contrôle pédagogique des formations par apprentissage conduisant à l'obtention des diplômes relevant de sa compétence.

Ces missions sont composées :

1° D'inspecteurs ou d'agents publics habilités des ministères certificateurs ;

2° D'experts désignés par les commissions paritaires régionales de l'emploi ou, à défaut, par les commissions paritaires nationales de l'emploi ;

3° D'experts désignés par les chambres consulaires.

En cas d'absence de désignation des personnes mentionnées aux 2° et 3°, le ministre certificateur met en demeure les instances concernées de procéder à cette désignation.

Les personnes mentionnées aux 2° et 3° sont nommées par le ministre certificateur pour une durée de cinq ans.

L'exercice du contrôle pédagogique est incompatible avec l'exercice d'une fonction dans un centre de formation d'apprentis ou la qualité de membre d'une instance d'un centre de formation d'apprentis.

Les modalités d'organisation et de fonctionnement des missions de contrôle pédagogique sont fixées par arrêté de chaque ministre certificateur pour les diplômes qui le concernent.

Art. R. 6251-2 Le contrôle pédagogique des formations par apprentissage conduisant à l'obtention d'un diplôme est diligenté par le ministre certificateur concerné, qui en informe le préfet de région.

Le contrôle peut être sollicité par un centre de formation d'apprentis, un employeur d'apprenti, un apprenti ou son représentant légal s'il est mineur. La demande est formée auprès du préfet de région, qui la transmet au ministère concerné.

Le contrôle est mené conjointement par au moins une personne de chacune des catégories mentionnées aux 1°, 2° et 3° de l'article R. 6251-1. En cas de non désignation des personnes mentionnées aux 2° ou 3° de cet article après mise en demeure prévue à l'article R. 6251-1, le contrôle peut être effectué en leur absence.

Le contrôle porte sur la mise en œuvre de la formation au regard du référentiel du diplôme concerné.

Il est réalisé sur pièces et sur les lieux de formation des apprentis.

Les personnes chargées du contrôle peuvent se faire communiquer par les organismes contrôlés tous documents et pièces utiles au contrôle.

Les personnes chargées du contrôle sont tenues au secret professionnel pour toutes les questions relatives aux procédés de fabrication, dans les conditions prévues aux articles 226-13 et 226-14 du code pénal.

Art. R. 6251-3 Le projet de rapport de contrôle est adressé au centre de formation d'apprentis et aux employeurs d'apprentis avec l'indication du délai dont ils disposent pour présenter des observations écrites et demander, le cas échéant, à être entendus. Ce délai ne peut être inférieur à trente jours à compter de la date de la notification.

Au terme de ce délai, le rapport de contrôle, accompagné, le cas échéant, de recommandations pédagogiques, est adressé au centre de formation d'apprentis et aux employeurs d'apprentis.

Le centre de formation d'apprentis, sur demande de l'organisme ou de l'instance mentionné à l'article L. 6316-2 lui ayant délivré la certification prévue à l'article L. 6316-1, lui adresse le rapport de contrôle. – *Les dispositions de cet al. entrent en vigueur le 1er janv. 2021 (Décr. n° 2018-1210 du 21 déc. 2018, art. 3).*

Art. R. 6251-4 Les missions de contrôle pédagogique transmettent chaque année au préfet de région un rapport d'activité.

Le préfet de région établit un rapport annuel de synthèse des activités et des recommandations des missions de contrôle pédagogique, qu'il présente au comité régional pour l'emploi, la formation et l'orientation professionnelles.

TITRE VI DISPOSITIONS PARTICULIÈRES AUX DÉPARTEMENTS DE LA MOSELLE, DU BAS-RHIN ET DU HAUT-RHIN

CHAPITRE I

SECTION 1 Dispositions générales

Art. R. 6261-1 Les décrets n°s 72-279 et 72-283 du 12 avril 1972 ainsi que les dispositions du présent livre *(Abrogé par Décr. n° 2015-151 du 10 févr. 2015, art. 6-1°)* « *, à l'exclusion de celles des articles D. 6241-8 et D. 6241-9,* » s'appliquent dans les départements de la Moselle, du Bas-Rhin et du Haut-Rhin, dans la mesure où il n'y est pas dérogé par les dispositions des articles R. 6261-2 à R. 6261-14.

Les textes modifiant ou remplaçant ces décrets et ces dispositions ne sont applicables à ces départements qu'après consultation *(Décr. n° 2020-372 du 30 mars 2020, art. 8)* « du comité régional » *(Décr. n° 2015-151 du 10 févr. 2015, art. 6-1°)* « de l'emploi, de la formation et de l'orientation professionnelles » ainsi que *(Décr. n° 2015-151 du 10 févr. 2015, art. 6-1°)* « , dans le département de la Moselle, de la chambre de métiers et de l'artisanat et de la chambre de commerce et d'industrie » *(Décr. n° 2020-372 du 30 mars 2020, art. 8)* « compétentes ».

Art. R. 6261-2 Toute disposition visant des personnes, entreprises, activités ou professions régies par le décret n° 83-487 du 10 juin 1983 s'applique, dans les départements de la Moselle, du Bas-Rhin et du Haut-Rhin, aux personnes, entreprises, activités ou professions qui, dans ces départements, relèvent des chambres de métiers et de l'artisanat de région. – *[Anc. art. R. 119-33.]*

SECTION 2 Contrat d'apprentissage

Art. R. 6261-3 *(Abrogé par Décr. n° 2020-372 du 30 mars 2020, art. 8) La durée des contrats d'apprentissage, telle qu'elle résulte du 2° de l'article R. 6222-7, peut être adaptée*

APPRENTISSAGE **Art. R. 6261-9** 2935

en fonction de spécificités locales par un arrêté conjoint du ministre chargé de la formation professionnelle et du ministre qui délivre le diplôme après avis des chambres consulaires, des comités de coordination régionaux de l'emploi et de la formation professionnelle concernés et des conseils régionaux.

Art. R. 6261-4 *(Abrogé par Décr. n° 2020-372 du 30 mars 2020, art. 8) La décision de réduire la durée du contrat d'apprentissage, prévue à l'article R. 6222-16, est notifiée à la chambre consulaire concernée.*

Art. R. 6261-5 Dans les entreprises relevant de la chambre de métiers et de l'artisanat de région, les litiges entre les employeurs et les apprentis ou leurs représentants légaux sur l'exécution ou la rupture du contrat d'apprentissage ne peuvent être portés devant la juridiction compétente qu'après une tentative de conciliation devant la commission paritaire ou l'organisme délégué à cet effet par la chambre de métiers et de l'artisanat de région.

La procédure de conciliation n'a pas à être mise en œuvre lorsqu'une infraction a été constatée.

Faute de conciliation dans le mois suivant la notification du litige à la chambre, la juridiction peut être saisie. − [Anc. art. R. 119-42.]

Art. R. 6261-6 *(Abrogé par Décr. n° 2020-372 du 30 mars 2020, art. 8) Le nombre maximal d'apprentis ou d'élèves de classes préparatoires à l'apprentissage pouvant être accueillis simultanément dans les entreprises ou les établissements par les personnes possédant les qualifications prévues à l'article R. 6223-24 et, le cas échéant, celles prévues à l'article R. 6261-9 est fixé par la commission départementale de l'emploi et de l'insertion, après avis de la chambre consulaire intéressée.*

Ces plafonds sont déterminés par métier, en tenant compte :

1° S'il y a lieu, des différents types d'entreprise existant dans le métier considéré ;

2° De la relation qui doit être maintenue au sein de l'entreprise ou de l'établissement entre le nombre des apprentis et le nombre des personnes qualifiées dans le métier faisant l'objet de la formation.

Art. R. 6261-7 *(Abrogé par Décr. n° 2020-372 du 30 mars 2020, art. 8) Dès sa conclusion, la convention prévue à l'article R. 6223-10 est adressée par l'employeur au directeur du centre de formation d'apprentis, ou, dans le cas d'une section d'apprentissage, au responsable de l'établissement d'enseignement ou de l'établissement de formation et de recherche.*

Ce dernier la transmet à l'organisme chargé de l'enregistrement du contrat, ainsi qu'au (Décr. n° 2009-1377 du 10 nov. 2009) « directeur régional des entreprises, de la concurrence, de la consommation, du travail et de l'emploi » (Abrogé par Décr. n° 2008-1503 du 30 déc. 2008) « ou au chef de service assimilé ».

La convention peut recevoir application dès réception par l'employeur de l'accord de la chambre concernée ou, à défaut d'opposition de celle-ci, après l'expiration du délai d'un mois à compter de sa transmission au directeur du centre de formation d'apprentis ou, dans le cas d'une section d'apprentissage, au responsable de l'établissement d'enseignement ou de l'établissement de formation et de recherche.

Art. R. 6261-8 *(Abrogé par Décr. n° 2020-372 du 30 mars 2020, art. 8) L'employeur transmet les exemplaires du contrat d'apprentissage, selon les modalités définies à l'article R. 6224-1 :*

1° A la chambre des métiers et de l'artisanat, si l'entreprise est inscrite à la première section du registre des entreprises ;

2° A la chambre d'agriculture, s'il emploie un apprenti mentionné au 7° de l'article L. 722-20 du code rural et de la pêche maritime, (Décr. n° 2013-1222 du 23 déc. 2013, art. 4) « sauf pour une entreprise artisanale rurale n'employant pas plus de deux salariés de façon permanente » ;

3° A la chambre de commerce et d'industrie territoriale, (Décr. n° 2008-1253 du 1er déc. 2008) « dans les autres cas à l'exception de ceux où l'employeur relève du secteur public au sens du chapitre II de la loi n° 92-675 du 17 juillet 1992 ».

SECTION 3 Maître d'apprentissage

Art. R. 6261-9 Dans les entreprises relevant de la chambre de métiers et de l'artisanat de région, le maître d'apprentissage doit être titulaire du brevet de maîtrise délivré par les chambres de métiers et de l'artisanat de région de la Moselle, du Bas-Rhin et du Haut-Rhin ou d'un diplôme ou titre de niveau équivalent. – *[Anc. art. R. 119-36-II, al. 1ᵉʳ à 3.]*

Art. R. 6261-10 Dans des métiers de création récente, ainsi que là où des cas particuliers le rendent nécessaire, il peut être dérogé à la condition de titre prévue à l'article R. 6261-9.

Dans ce cas, l'avis *(Décr. nº 2020-372 du 30 mars 2020, art. 8)* « des chambres des métiers et de l'artisanat compétentes pour les départements du Haut-Rhin, du Bas-Rhin et de la Moselle » est demandé avant *(Décr. nº 2020-372 du 30 mars 2020, art. 8)* « le dépôt » du contrat d'apprentissage.

SECTION 4 *[ABROGÉE]* **Fonctionnement des centres de formation d'apprentis et des sections d'apprentissage**

(Abrogée par Décr. nº 2020-372 du 30 mars 2020, art. 8)

Art. R. 6261-11 *Le conseil de perfectionnement de chaque centre de formation d'apprentis ou, dans le cas d'une ou plusieurs sections d'apprentissage ouvertes dans un établissement d'enseignement ou de formation et de recherche, le conseil de perfectionnement constitué auprès du conseil d'administration de l'établissement ou de l'instance qui en tient lieu, comprend, outre les membres désignés aux articles R. 6233-33 et R. 6233-35, deux représentants des chambres consulaires.*

Art. R. 6261-12 *Le directeur du centre de formation d'apprentis ou, dans le cas d'une section d'apprentissage, le responsable de l'établissement d'enseignement ou de l'établissement de formation et de recherche soumet la demande d'habilitation, prévue à l'article D. 6233-63, au chef du service académique de l'inspection de l'apprentissage ou au directeur régional de l'alimentation, de l'agriculture et de la forêt (Décr. nº 2009-1540 du 10 déc. 2009)* « ou au directeur régional de la jeunesse, des sports et de la cohésion sociale », *après avoir recueilli l'avis de la chambre de métiers et de l'artisanat de région ou de la chambre de commerce et d'industrie territoriale dont relèvent les entreprises concernées.*

SECTION 5 **Financement de l'apprentissage**

Art. R. 6261-13 Dans les départements de la Moselle, du Bas-Rhin et du Haut-Rhin *(Abrogé par Décr. nº 2021-1916 du 30 déc. 2021, art. 1ᵉʳ-12º, à compter du 1ᵉʳ janv. 2022)* « , et conformément aux dispositions de l'article 9 de la loi nº 71-578 du 16 juillet 1971 », le taux de la taxe d'apprentissage est réduit *(Décr. nº 2019-1491 du 27 déc. 2019, art. 2)* « au taux mentionné *(Décr. nº 2021-1916 du 30 déc. 2021, art. 1ᵉʳ-12º, en vigueur le 1ᵉʳ janv. 2022)* « au second alinéa du II de l'article L. 6241-1-1 ».

« Le produit de la taxe d'apprentissage est réservé au financement de l'apprentissage, selon les modalités prévues au I de l'article L. 6241-2. »

Les dispositions issues du Décr. nº 2019-1491 du 27 déc. 2019 sont applicables à la taxe d'apprentissage due à compter de l'année 2020 (Décr. préc., art. 3).

Art. R. 6261-14 *(Abrogé par Décr. nº 2020-372 du 30 mars 2020, art. 8) La déclaration de l'employeur relative à l'organisation de l'apprentissage prévue à l'article L. 6223-1 précise :*

1º Les nom et prénoms de l'employeur ou la dénomination de l'entreprise ;

2º Le nombre de salariés de l'entreprise autres que les apprentis ;

3º Les diplômes et les titres susceptibles d'être préparés ;

4º Les noms et prénoms du ou des maîtres d'apprentissage, les titres ou diplômes dont ils sont titulaires et la durée de leur expérience professionnelle dans l'activité en relation avec la qualification recherchée.

La déclaration contient une attestation de l'employeur indiquant qu'il prend les mesures nécessaires à l'organisation de l'apprentissage, qu'il donne les garanties mentionnées au premier alinéa de l'article L. 6223-1 et qu'il s'engage à informer l'autorité administrative compétente de tout changement concernant le ou les maîtres d'apprentissage. Elle est accompagnée des justificatifs des compétences professionnelles du ou des maîtres d'apprentissage.

La déclaration est adressée au chef du service chargé, dans le département où se trouve le lieu d'exécution du contrat d'apprentissage, du contrôle de l'application de la législation du travail et des lois sociales dans la branche d'activité à laquelle se rattache l'entreprise, par l'intermédiaire de l'un des organismes mentionnés au premier alinéa de l'article R. 6261-8.

SECTION 6 Contrôle pédagogique des formations par apprentissage conduisant à un diplôme

(Décr. n° 2019-967 du 18 sept. 2019)

Art. R. 6261-15 Les dispositions du chapitre unique du titre V relatif au contrôle pédagogique des formations par apprentissage conduisant à un diplôme sont applicables dans les départements de la Moselle, du Bas-Rhin et du Haut-Rhin, sous réserve des exceptions et des règles spéciales résultant des articles qui suivent.

Art. R. 6261-16 Le contrôle de la formation dispensée aux apprentis dans les entreprises auxquelles s'applique le décret n° 98-247 du 2 avril 1998 relatif à la qualification artisanale et au *(Décr. n° 2022-1014 du 19 juill. 2022, art. 22, en vigueur le 1er janv. 2023)* « secteur des métiers et de l'artisanat *[ancienne rédaction : répertoire des métiers]* » est assuré par les experts mentionnés au 3° de l'article R. 6251-1 désignés par la chambre *(Décr. n° 2022-1014 du 19 juill. 2022, art. 22, en vigueur le 1er janv. 2023)* « de métiers et de l'artisanat de région Grand Est *[ancienne rédaction : régionale de métiers et de l'artisanat des départements de la Moselle, du Bas-Rhin et du Haut-Rhin]* ».

Le contrôle de la formation dispensée aux apprentis dans les entreprises relevant des secteurs de l'industrie et du commerce est assuré par les experts mentionnés au 3° de l'article R. 6251-1 désignés par les chambres de commerce et d'industrie territoriales de ces mêmes départements.

Art. R. 6261-17 Les dispositions relatives au secret professionnel, prévues au dernier alinéa de l'article R. 6251-2, sont applicables aux experts désignés par les chambres consulaires mentionnés à l'article R. 6261-16.

Art. R. 6261-18 Les dispositions de l'article R. 6251-3 sont applicables aux rapports des experts désignés par les chambres consulaires mentionnés à l'article R. 6261-16.

Les rapports sont adressés systématiquement à la mission de contrôle pédagogique concernée par la formation contrôlée.

Art. R. 6261-19 Chaque expert désigné par les chambres consulaires mentionné à l'article R. 6261-16 établit annuellement un rapport d'activité.

Ce rapport est transmis par le président de la chambre intéressée au préfet de région.

Art. R. 6261-20 Un règlement, établi avec l'accord du préfet de région par chaque mission en charge du contrôle pédagogique des formations par apprentissage conduisant à l'obtention d'un diplôme et la chambre de métiers et de l'artisanat ou la chambre de commerce et d'industrie territoriale intéressée, fixe les modalités de la coopération entre la mission et cette chambre en vue de coordonner l'organisation des contrôles.

TITRE VII DÉVELOPPEMENT DE L'APPRENTISSAGE DANS LE SECTEUR PUBLIC NON INDUSTRIEL ET COMMERCIAL

(Décr. n° 2017-199 du 16 févr. 2017)

Les dispositions issues du Décr. n° 2017-199 du 16 févr. 2017 s'appliquent aux contrats d'apprentissage en cours d'exécution au 19 févr. 2017 (Décr. préc., art. 2).

CHAPITRE I CONVENTIONNEMENT DE L'APPRENTISSAGE AVEC UNE PERSONNE MORALE DE DROIT PUBLIC

Art. D. 6271-1 *(Décr. n° 2020-478 du 24 avr. 2020, art. 1er)* « Lorsque l'employeur public mentionné » à l'article L. 6227-1 n'est pas en mesure de proposer des tâches ou ne dispose pas des équipements ou techniques recouvrant l'ensemble des besoins de formation pratique nécessaires à l'obtention du diplôme ou du titre à finalité professionnelle inscrit au répertoire national des certifications professionnelles préparé par l'apprenti (*Décr. n° 2020-478 du 24 avr. 2020, art. 1ᵉʳ*) « qu'il emploie, il peut » conclure une convention avec (*Décr. n° 2020-478 du 24 avr. 2020, art. 1ᵉʳ*) « un autre employeur public mentionné à l'article L. 6227-1 ou une entreprise privée » afin de permettre à l'apprenti de compléter sa formation pratique.

(*Décr. n° 2020-478 du 24 avr. 2020, art. 1ᵉʳ*) « Il doit » toutefois assurer plus de la moitié de la durée de la formation pratique exigée par le diplôme ou le titre préparé par l'apprenti.

Pendant l'exécution de la convention, l'apprenti continue de suivre les enseignements dispensés par le centre de formation d'apprentis (*Abrogé par Décr. n° 2020-478 du 24 avr. 2020, art. 1ᵉʳ*) « ou la section d'apprentissage » auquel il est inscrit et doit se conformer au règlement intérieur qui s'applique dans la structure d'accueil au sein de laquelle il effectue sa formation pratique.

Art. D. 6271-2 La convention est conclue, en début ou en cours de contrat, (*Décr. n° 2020-478 du 24 avr. 2020, art. 2*) « entre l'employeur public mentionné à l'article L. 6227-1, l'autre employeur public ou l'entreprise qui assure l'accueil de l'apprenti ».

Elle doit préciser :

1° La durée de la période d'accueil ;

2° L'objet de la formation (*Décr. n° 2020-478 du 24 avr. 2020, art. 2*) « et le titre ou diplôme préparé par l'apprenti ;

« 3° La nature des tâches qui sont confiées à l'apprenti qui doivent être en relation directe avec la formation professionnelle prévue au contrat d'apprentissage ; »

4° Les horaires et le lieu de travail ;

(*Décr. n° 2020-478 du 24 avr. 2020, art. 2*) « 5° Le nom du maître d'apprentissage et les informations attestant du respect des conditions de compétences professionnelles prévues à l'article D. 6273-1 ; »

6° Les modalités de prise en charge par (*Décr. n° 2020-478 du 24 avr. 2020, art. 2*) « l'établissement d'accueil » des frais de transport et d'hébergement résultant pour l'apprenti de l'exécution de la formation pratique ;

7° L'obligation pour (*Décr. n° 2020-478 du 24 avr. 2020, art. 2*) « l'établissement d'accueil » de se garantir en matière de responsabilité civile ;

(*Décr. n° 2020-478 du 24 avr. 2020, art. 2*) « 8° Les modalités de partage, entre l'employeur public mentionné à l'article L. 6227-1 et l'établissement d'accueil, des rémunérations ;

« 9° Les modalités selon lesquelles l'établissement d'accueil informe l'employeur de l'apprenti du déroulement de la formation.

« Dès sa conclusion, la convention est adressée par l'employeur au directeur du centre de formation d'apprentis qui la transmet au représentant de l'État mentionné à l'article L. 6227-11. »

(*Abrogé par Décr. n° 2020-478 du 24 avr. 2020, art. 2*) « 1° A l'organisme chargé de l'enregistrement du contrat ;

« 2° (*Décr. n° 2019-32 du 18 janv. 2019, art. 2*) « Au directeur régional des entreprises, de la concurrence, de la consommation, du travail et de l'emploi » ;

« 3° Au recteur (*Décr. n° 2019-1558 du 30 déc. 2019, art. 11, en vigueur le 1ᵉʳ janv. 2020*) « d'académie », au directeur régional de l'agriculture et de la forêt ou au directeur régional de la jeunesse, des sports et de la vie associative. »

Art. D. 6271-3 Lorsque l'employeur d'accueil est soumis aux dispositions du code du travail, celui-ci est responsable du respect des dispositions relatives à la durée du travail prévues au livre I de la troisième partie, ainsi qu'à l'hygiène, à la sécurité et aux conditions de travail prévues à la quatrième partie et, le cas échéant, du code rural et de la pêche marine. Si l'activité exercée par l'apprenti dans la structure d'accueil nécessite une surveillance médicale spéciale au sens de la réglementation relative à la médecine du travail, les obligations correspondantes sont à la charge de cet employeur.

Lorsque l'employeur d'accueil est une personne morale de droit public, celui-ci est responsable du respect des dispositions relatives à l'hygiène, à la sécurité et à la médecine préventive définies par le décret n° 82-453 du 28 mai 1982 modifié relatif à l'hygiène et à la sécurité du travail ainsi qu'à la prévention médicale dans la fonction publique.

Art. D. 6275-2 A réception du contrat, *(Décr. n° 2020-1545 du 9 déc. 2020, art. 28-X, en vigueur le 1ᵉʳ avr. 2021)* « la direction départementale de l'emploi, du travail et des solidarités » vérifie qu'il satisfait aux conditions posées par :

1° L'article L. 6211-1 relatif aux formations éligibles à l'apprentissage ;
2° Les articles L. 6222-1 à L. 6222-3 relatifs à l'âge de l'apprenti ;
3° Les articles D. 6222-26 à D. 6222-33 relatifs à la rémunération des apprentis.

S'il est constaté que l'une au moins de ces conditions n'est pas satisfaite, le dépôt du contrat d'apprentissage est refusé. Ce refus est notifié aux parties ainsi qu'au centre de formation d'apprentis. La notification précise le motif du refus. Elle peut être faite par voie dématérialisée.

Art. R. 6275-3 *(Décr. n° 2020-1545 du 9 déc. 2020, art. 28-X, en vigueur le 1ᵉʳ avr. 2021)* « La direction départementale de l'emploi, du travail et des solidarités *[ancienne rédaction : L'unité départementale de la direction régionale des entreprises, de la concurrence, de la consommation, du travail et de l'emploi]* » se prononce dans un délai de vingt jours à compter de la réception de l'ensemble des documents mentionnés à l'article D. 6275-1. Son silence fait naître, au terme de ce délai, une décision implicite acceptant le dépôt du contrat.

Art. D. 6275-4 Toute modification d'un élément essentiel du contrat fait l'objet d'un avenant transmis à *(Décr. n° 2020-1545 du 9 déc. 2020, art. 28-X, en vigueur le 1ᵉʳ avr. 2021)* « la direction départementale de l'emploi, du travail et des solidarités *[ancienne rédaction : l'unité départementale de la direction régionale des entreprises, de la concurrence, de la consommation, du travail et de l'emploi]* » compétente pour dépôt dans les conditions fixées au présent chapitre.

Art. D. 6275-5 Lorsque le contrat d'apprentissage est rompu avant son terme, l'employeur notifie sans délai la rupture, et par tout moyen approprié, à *(Décr. n° 2020-1545 du 9 déc. 2020, art. 28-X, en vigueur le 1ᵉʳ avr. 2021)* « la direction départementale de l'emploi, du travail et des solidarités *[ancienne rédaction : l'unité départementale de la direction régionale des entreprises, de la concurrence, de la consommation, du travail et de l'emploi]* ».

LIVRE III LA FORMATION PROFESSIONNELLE CONTINUE

TITRE I DISPOSITIONS GÉNÉRALES

CHAPITRE I OBJET DE LA FORMATION PROFESSIONNELLE CONTINUE

Le présent chapitre ne comprend pas de dispositions réglementaires.

CHAPITRE II ACCÈS À LA FORMATION PROFESSIONNELLE CONTINUE

Art. D. 6312-1 L'État, les collectivités locales, les établissements publics, les établissements d'enseignement publics et privés, les associations, les organisations d'employeurs, de salariés et familiales, ainsi que les entreprises, concourent à assurer la formation professionnelle continue. – *[Anc. art. L. 900-1, al. 4.]*

CHAPITRE III CATÉGORIES D'ACTIONS

(Décr. n° 2018-1330 du 28 déc. 2018, art. 2, en vigueur le 1ᵉʳ janv. 2019)

SECTION 1 Action de formation

Art. R. 6313-1 L'action de formation mentionnée au 1° de l'article L. 6313-1 peut être organisée selon différentes modalités de formation permettant d'acquérir des compétences.

Selon les modalités de formation composant le parcours pédagogique, les moyens humains et techniques ainsi que les ressources pédagogiques, *[et]* les conditions de prise en charge par les financeurs peuvent être différenciées *[différenciés]*. Sont considérés comme financeurs au sens du présent chapitre les employeurs, les organismes

CHAPITRE II LA RÉMUNÉRATION DES APPRENTIS DANS LE SECTEUR PUBLIC NON INDUSTRIEL ET COMMERCIAL

Art. D. 6272-1 (Décr. n° 2020-478 du 24 avr. 2020, art. 3) Le salaire perçu par l'apprenti en application de l'article L. 6222-27 est fixé selon les modalités définies à la sous-section 2 de la section 2 du chapitre II du titre II du présent livre.

Ces dispositions s'appliquent aux contrats d'apprentissage conclus à compter du 26 avr. 2020 (Décr. n° 2020-478 du 24 avr. 2020, art. 6).

Art. D. 6272-2 (Décr. n° 2020-478 du 24 avr. 2020, art. 4) Les employeurs publics peuvent majorer la rémunération prévue par l'article D. 6222-26 de 10 points ou 20 points.

Ces dispositions s'appliquent aux contrats d'apprentissage conclus à compter du 26 avr. 2020 (Décr. n° 2020-478 du 24 avr. 2020, art. 6).

CHAPITRE III MAÎTRE D'APPRENTISSAGE DANS LE SECTEUR PUBLIC NON INDUSTRIEL ET COMMERCIAL

(Décr. n° 2019-32 du 18 janv. 2019)

Art. D. 6273-1 Pour les contrats conclus en application de l'article L. 6227-1 sont réputées remplir la condition de compétence professionnelle exigée d'un maître d'apprentissage en application de l'article L. 6223-8-1 :
1° Les personnes titulaires d'un diplôme ou d'un titre relevant du domaine professionnel correspondant à la finalité du diplôme ou du titre préparé par l'apprenti et d'un niveau au moins équivalent, justifiant d'une année d'exercice d'une activité professionnelle en rapport avec la qualification préparée par l'apprenti ;
2° Les personnes justifiant de deux années d'exercice d'une activité professionnelle en rapport avec la qualification préparée par l'apprenti.

Ces dispositions s'appliquent aux contrats d'apprentissage conclus à compter du 1er janv. 2019 (Décr. n° 2019-32 du 18 janv. 2019, art. 3).

CHAPITRE IV MÉDIATION DANS LE SECTEUR PUBLIC NON INDUSTRIEL ET COMMERCIAL

(Décr. n° 2019-32 du 18 janv. 2019)

Art. D. 6274-1 Pour les (Décr. n° 2020-478 du 24 avr. 2020, art. 5) « employeurs publics mentionnés » à l'article L. 6227-1, un médiateur est désigné pour résoudre les différends entre l'employeur et l'apprenti ou son représentant légal au sujet de l'exécution ou de la rupture du contrat d'apprentissage.
(Abrogé par Décr. n° 2020-478 du 24 avr. 2020, art. 5) « *Pour ces mêmes personnes,* » La médiation prévue par l'article L. 6222-18 est assurée soit par le médiateur soit par le service de ressources humaines de proximité dont relève l'apprenti. Cette médiation est mise en œuvre dans les conditions prévues à l'article D. 6222-21-1.

V. ndlr ss. art. D. 6273-1.

CHAPITRE V DÉPÔT DU CONTRAT DANS LE SECTEUR PUBLIC NON INDUSTRIEL ET COMMERCIAL

(Décr. n° 2019-1489 du 27 déc. 2019, art. 1er, en vigueur le 1er janv. 2020)

Art. D. 6275-1 Au plus tard dans les cinq jours ouvrables qui suivent le début de l'exécution du contrat d'apprentissage, l'employeur public mentionné à l'article L. 6227-1 transmet ce contrat, accompagné de la convention mentionnée à l'article L. 6227-6 et, le cas échéant, de la convention tripartite mentionnée au troisième alinéa de l'article L. 6222-7-1, à (Décr. n° 2020-1545 du 9 déc. 2020, art. 28-X, en vigueur le 1er avr. 2021) « la direction départementale de l'emploi, du travail et des solidarités » compétente.
Cette transmission peut se faire par voie dématérialisée.

mentionnés à l'article L. 6316-1 et les organismes habilités à percevoir la contribution de financement mentionnée aux articles L. 6331-48 et L. 6331-54.

Art. R. 6313-2 Les informations relatives à l'organisation du parcours sont rendues accessibles par le dispensateur d'actions de formation, par tout moyen, aux bénéficiaires et aux financeurs concernés.

Art. R. 6313-3 La réalisation de l'action de formation composant le parcours doit être justifiée par le dispensateur par tout élément probant.

Art. D. 6313-3-1 (*Décr. n° 2018-1341 du 28 déc. 2018, art. 1ᵉʳ, en vigueur le 1ᵉʳ janv. 2019*) La mise en œuvre d'une action de formation en tout ou partie à distance comprend :
1° Une assistance technique et pédagogique appropriée pour accompagner le bénéficiaire dans le déroulement de son parcours ;
2° Une information du bénéficiaire sur les activités pédagogiques à effectuer à distance et leur durée moyenne ;
3° Des évaluations qui jalonnent ou concluent l'action de formation.

Art. D. 6313-3-2 (*Décr. n° 2018-1341 du 28 déc. 2018, art. 1ᵉʳ, en vigueur le 1ᵉʳ janv. 2019*) La mise en œuvre d'une action de formation en situation de travail comprend :
1° L'analyse de l'activité de travail pour, le cas échéant, l'adapter à des fins pédagogiques ;
2° La désignation préalable d'un formateur pouvant exercer une fonction tutorale ;
3° La mise en place de phases réflexives, distinctes des mises en situation de travail et destinées à utiliser à des fins pédagogiques les enseignements tirés de la situation de travail, qui permettent d'observer et d'analyser les écarts entre les attendus, les réalisations et les acquis de chaque mise en situation afin de consolider et d'expliciter les apprentissages ;
4° Des évaluations spécifiques des acquis de la formation qui jalonnent ou concluent l'action.

SECTION 2 Bilan de compétences

Art. R. 6313-4 Le bilan de compétences mentionné au 2° de l'article L. 6313-1 comprend, sous la conduite du prestataire effectuant ce bilan, les trois phases suivantes :
1° Une phase préliminaire qui a pour objet :
a) D'analyser la demande et le besoin du bénéficiaire ;
b) De déterminer le format le plus adapté à la situation et au besoin ;
c) De définir conjointement les modalités de déroulement du bilan ;
2° Une phase d'investigation permettant au bénéficiaire soit de construire son projet professionnel et d'en vérifier la pertinence, soit d'élaborer une ou plusieurs alternatives ;
3° Une phase de conclusions qui, par la voie d'entretiens personnalisés, permet au bénéficiaire :
a) De s'approprier les résultats détaillés de la phase d'investigation ;
b) De recenser les conditions et moyens favorisant la réalisation du ou des projets professionnels ;
c) De prévoir les principales modalités et étapes du ou des projets professionnels, dont la possibilité de bénéficier d'un entretien de suivi avec le prestataire de bilan de compétences.

Art. R. 6313-5 Les employeurs ne peuvent réaliser eux-mêmes des bilans de compétences pour leurs salariés.

Art. R. 6313-6 L'organisme prestataire de bilans de compétences qui exerce par ailleurs d'autres activités dispose en son sein d'une organisation identifiée, spécifiquement destinée à la réalisation de bilans de compétences.

Art. R. 6313-7 L'organisme prestataire de bilans de compétences procède à la destruction des documents élaborés pour la réalisation du bilan de compétences, dès le terme de l'action.

Toutefois, les dispositions du premier alinéa ne s'appliquent pas pendant (*Décr. n° 2023-1350 du 28 déc. 2023, art. 3*) « un délai de trois ans » :

— au document de synthèse dans le cas mentionné au troisième alinéa de l'article L. 6313-4 ;
— aux documents faisant l'objet d'un accord écrit du bénéficiaire fondé sur la nécessité d'un suivi de sa situation.

Art. R. 6313-8 Lorsque le bilan de compétences est réalisé au titre du plan de développement des compétences mentionné au 1° de l'article L. 6312-1 ou dans le cadre d'un congé de reclassement dans les conditions prévues à l'article L. 1233-71, il fait l'objet d'une convention écrite conclue entre l'employeur, le salarié et l'organisme prestataire du bilan de compétences.

La convention comporte les mentions suivantes :

1° L'intitulé, l'objectif et le contenu de l'action, les moyens prévus, la durée et la période de réalisation, les modalités de déroulement et de suivi du bilan ainsi que les modalités de remise des résultats détaillés et du document de synthèse ;

2° Le prix et les modalités de règlement.

Le salarié dispose d'un délai de dix jours à compter de la transmission par son employeur du projet de convention pour faire connaître son acceptation en apposant sa signature.

L'absence de réponse du salarié au terme de ce délai vaut refus de conclure la convention.

CHAPITRE IV DROIT À LA QUALIFICATION PROFESSIONNELLE

Art. D. 6314-1 Les régions et l'État contribuent à l'exercice du droit à la qualification, notamment pour les personnes n'ayant pas acquis de qualification reconnue dans le cadre de la formation initiale. — *[Anc. art. L. 900-3, al. 5.]*

CHAPITRE VI QUALITÉ DES ACTIONS DE FORMATION PROFESSIONNELLE

(Décr. n° 2019-564 du 6 juin 2019, art. 1ᵉʳ, en vigueur le 1ᵉʳ janv. 2021)

Les dispositions du présent chapitre s'appliquent à la certification mentionnée à l'art. L. 6316-1 issu de la L. n° 2018-771 du 5 sept. 2018, obligatoire à compter du 1ᵉʳ janv. 2022.

Les organismes qui obtiennent la certification avant le 1ᵉʳ janv. 2022 sont réputés satisfaire aux critères prévus à l'art. R. 6316-1 C. trav., dans sa rédaction antérieure au Décr. n° 2019-564 du 6 juin 2019, dans sa rédaction en vigueur jusqu'au 31 déc. 2021 (Décr. n° 2019-564 du 6 juin 2019, art. 2, mod. par Décr. n° 2020-894 du 22 juill. 2020, art. 2).

Art. R. 6316-1 *(Décr. n° 2019-564 du 6 juin 2019, art. 1ᵉʳ, mod. par Décr. n° 2020-894 du 22 juill. 2020, art. 2, en vigueur le 1ᵉʳ janv. 2022)* Les critères mentionnés à l'article L. 6316-1 auxquels doivent satisfaire les prestataires d'actions concourant au développement des compétences mentionnés à l'article L. 6351-1 sont :

1° Les conditions d'information du public sur les prestations proposées, les délais pour y accéder et les résultats obtenus ;

2° L'identification précise des objectifs des prestations proposées et l'adaptation de ces prestations aux publics bénéficiaires, lors de la conception des prestations ;

3° L'adaptation aux publics bénéficiaires des prestations et des modalités d'accueil, d'accompagnement, de suivi et d'évaluation mises en œuvre ;

4° L'adéquation des moyens pédagogiques, techniques et d'encadrement aux prestations mises en œuvre ;

5° La qualification et le développement des connaissances et compétences des personnels chargés de mettre en œuvre les prestations ;

6° L'inscription et l'investissement du prestataire dans son environnement professionnel ;

7° Le recueil et la prise en compte des appréciations et des réclamations formulées par les parties prenantes aux prestations délivrées.

V. annexe ss. art. D. 6316-1-1.

Art. D. 6316-1-1 *(Décr. n° 2019-565 du 6 juin 2019, art. 1ᵉʳ, mod. par Décr. n° 2020-894 du 22 juill. 2020, art. 3, en vigueur le 1ᵉʳ janv. 2022)* Les indicateurs d'appréciation des critères mentionnés à l'article R. 6316-1 et les modalités d'audit mises en œuvre

FORMATION PROFESSIONNELLE CONTINUE — Art. D. 6316-1-1

par les organismes certificateurs pour délivrer la certification mentionnée à l'article L. 6316-1 sont définis dans le référentiel national figurant en annexe du présent chapitre [*article*]. Les conditions de mise en œuvre des audits sont précisées par un arrêté du ministre chargé de la formation professionnelle.

V. Arr. du 6 juin 2019, NOR : MTRD1903979A (JO 8 juin), mod. par Arr. du 24 juill. 2020, NOR : MTRD2019055A (JO 29 juill.), mod. par Arr. du 31 mai 2023, NOR : MTRD2314526A (JO 8 juin).

ANNEXE

(Décr. n° 2019-565 du 6 juin 2019)

I. – Indicateurs d'appréciation des critères définis à l'article R. 6316-1 du code du travail

Critère 1 : Les conditions d'information du public sur les prestations proposées, les délais pour y accéder et les résultats obtenus.

L. 6313-1-1°	L. 6313-1-2°	L. 6313-1-3°	L. 6313-1-4°	Indicateurs d'appréciation
x	x	x	x	1) Le prestataire diffuse une information accessible au public, détaillée et vérifiable sur les prestations proposées : prérequis, objectifs, durée, modalités et délais d'accès, tarifs, contacts, méthodes mobilisées et modalités d'évaluation, accessibilité aux personnes handicapées.
x	x	x	x	2) Le prestataire diffuse des indicateurs de résultats adaptés à la nature des prestations mises en œuvre et des publics accueillis.
Indicateur spécifique d'appréciation				
x		x	x	3) Lorsque le prestataire met en œuvre des prestations conduisant à une certification professionnelle, il informe sur les taux d'obtention des certifications préparées, les possibilités de valider un/ou des blocs de compétences, ainsi que sur les équivalences, passerelles, suites de parcours et les débouchés.

Critère 2 : L'identification précise des objectifs des prestations proposées et l'adaptation de ces prestations aux publics bénéficiaires, lors de la conception des prestations.

L. 6313-1-1°	L. 6313-1-2°	L. 6313-1-3°	L. 6313-1-4°	Indicateurs d'appréciation
x	x	x	x	4) Le prestataire analyse le besoin du bénéficiaire en lien avec l'entreprise et/ou le financeur concerné(s).
x	x	x	x	5) Le prestataire définit les objectifs opérationnels et évaluables de la prestation.
x	x	x	x	6) Le prestataire établit les contenus et les modalités de mise en œuvre de la prestation, adaptés aux objectifs définis et aux publics bénéficiaires.

				Indicateurs spécifiques d'appréciation
	x		x	7) Lorsque le prestataire met en œuvre des prestations conduisant à une certification professionnelle, il s'assure de l'adéquation du ou des contenus de la prestation aux exigences de la certification visée.
x			x	8) Le prestataire détermine les procédures de positionnement et d'évaluation des acquis à l'entrée de la prestation.

Critère 3 : L'adaptation aux publics bénéficiaires des prestations et des modalités d'accueil, d'accompagnement, de suivi et d'évaluation mises en œuvre.

L. 6313-1-1°	L. 6313-1-2°	L. 6313-1-3°	L. 6313-1-4°	Indicateurs d'appréciation
x	x	x	x	9) Le prestataire informe les publics bénéficiaires sur les conditions de déroulement de la prestation.
x	x	x	x	10) Le prestataire met en œuvre et adapte la prestation, l'accompagnement et le suivi aux publics bénéficiaires.
x	x	x	x	11) Le prestataire évalue l'atteinte par les publics bénéficiaires des objectifs de la prestation.
x	x	x	x	12) Le prestataire décrit et met en œuvre les mesures pour favoriser l'engagement des bénéficiaires et prévenir les ruptures de parcours.
				Indicateurs spécifiques d'appréciation
x			x	13) Pour les formations en alternance, le prestataire, en lien avec l'entreprise, anticipe avec l'apprenant les missions confiées, à court, moyen et long terme, et assure la coordination et la progressivité des apprentissages réalisés en centre de formation et en entreprise.
			x	14) Le prestataire met en œuvre un accompagnement socio-professionnel, éducatif et relatif à l'exercice de la citoyenneté.
			x	15) Le prestataire informe les apprentis de leurs droits et devoirs en tant qu'apprentis et salariés ainsi que des règles applicables en matière de santé et de sécurité en milieu professionnel.

L. 6313-1-1°	L. 6313-1-2°	L. 6313-1-3°	L. 6313-1-4°	Indicateurs d'appréciation
x		x	x	16) Lorsque le prestataire met en œuvre des formations conduisant à une certification professionnelle, il s'assure que les conditions de présentation des bénéficiaires à la certification respectent les exigences formelles de l'autorité de certification.

Critère 4 : L'adéquation des moyens pédagogiques, techniques et d'encadrement aux prestations mises en œuvre.

L. 6313-1-1°	L. 6313-1-2°	L. 6313-1-3°	L. 6313-1-4°	Indicateurs d'appréciation
x	x	x	x	17) Le prestataire met à disposition ou s'assure de la mise à disposition des moyens humains et techniques adaptés et d'un environnement approprié (conditions, locaux, équipements, plateaux techniques...).
x	x	x	x	18) Le prestataire mobilise et coordonne les différents intervenants internes et/ou externes (pédagogiques, administratifs, logistiques, commerciaux...).
x	x	x	x	19) Le prestataire met à disposition du bénéficiaire des ressources pédagogiques et permet à celui-ci de se les approprier.

Indicateur spécifique d'appréciation

			x	20) Le prestataire dispose d'un personnel dédié à l'appui à la mobilité nationale et internationale, d'un référent handicap et d'un conseil de perfectionnement.

Critère 5 : La qualification et le développement des connaissances et compétences des personnels chargés de mettre en œuvre les prestations.

L. 6313-1-1°	L. 6313-1-2°	L. 6313-1-3°	L. 6313-1-4°	Indicateurs d'appréciation
x	x	x	x	21) Le prestataire détermine, mobilise et évalue les compétences des différents intervenants internes et/ou externes, adaptées aux prestations.
x	x	x	x	22) Le prestataire entretient et développe les compétences de ses salariés, adaptées aux prestations qu'il délivre.

Critère 6 : L'inscription et l'investissement du prestataire dans son environnement professionnel.

L. 6313-1-1°	L. 6313-1-2°	L. 6313-1-3°	L. 6313-1-4°	Indicateurs d'appréciation
x	x	x	x	23) Le prestataire réalise une veille légale et réglementaire sur le champ de la formation professionnelle et en exploite les enseignements.

L. 6313-1-1°	L. 6313-1-2°	L. 6313-1-3°	L. 6313-1-4°	Indicateurs d'appréciation
x	x	x	x	24) Le prestataire réalise une veille sur les évolutions des compétences, des métiers et des emplois dans ses secteurs d'intervention et en exploite les enseignements.
x	x	x	x	25) Le prestataire réalise une veille sur les innovations pédagogiques et technologiques permettant une évolution de ses prestations et en exploite les enseignements.
x	x	x	x	26) Le prestataire mobilise les expertises, outils et réseaux nécessaires pour accueillir, accompagner/former ou orienter les publics en situation de handicap.
x	x	x	x	27) Lorsque le prestataire fait appel à la sous-traitance ou au portage salarial, il s'assure du respect de la conformité au présent référentiel.

Indicateurs spécifiques d'appréciation

x			x	28) Lorsque les prestations dispensées au bénéficiaire comprennent des périodes de formation en situation de travail, le prestataire mobilise son réseau de partenaires socio-économiques pour co-construire l'ingénierie de formation et favoriser l'accueil en entreprise.
			x	29) Le prestataire développe des actions qui concourent à l'insertion professionnelle ou la poursuite d'étude par la voie de l'apprentissage ou par toute autre voie permettant de développer leurs connaissances et leurs compétences.

Critère 7 : Le recueil et la prise en compte des appréciations et des réclamations formulées par les parties prenantes aux prestations délivrées.

L. 6313-1-1°	L. 6313-1-2°	L. 6313-1-3°	L. 6313-1-4°	Indicateurs d'appréciation
x	x	x	x	30) Le prestataire recueille les appréciations des parties prenantes : bénéficiaires, financeurs, équipes pédagogiques et entreprises concernées.
x	x	x	x	31) Le prestataire met en œuvre des modalités de traitement des difficultés rencontrées par les parties prenantes, des réclamations exprimées par ces dernières, des aléas survenus en cours de prestation.
x	x	x	x	32) Le prestataire met en œuvre des mesures d'amélioration à partir de l'analyse des appréciations et des réclamations.

FORMATION PROFESSIONNELLE CONTINUE — Art. R. 6316-3

II. – Modalités d'audit prévues à l'article L. 6316-3 du code du travail

1. Périmètre

Les audits mis en œuvre par les organismes certificateurs pour s'assurer du respect des indicateurs fixés par le référentiel national concernent les organismes disposant d'un numéro d'enregistrement de la déclaration d'activité prévue à l'article L. 6351-1 ou en cours d'enregistrement et souhaitant bénéficier des fonds des financeurs mentionnés à l'article L. 6316-1.

Dans le cas d'un organisme implanté sur plusieurs sites, la certification porte sur l'ensemble des sites.

L'organisme informe en amont le certificateur des catégories d'actions de développement des compétences pour lesquelles il souhaite être certifié.

2. Procédure et cycle de la certification

La procédure de certification repose sur des audits, selon des cycles de trois années, selon des modalités précisées par arrêté du ministre chargé de la formation professionnelle. Elle comprend :

a) Un audit initial, qui permet de vérifier que les actions de développement des compétences répondent aux exigences requises. En cas de résultats satisfaisants, la certification est délivrée pour trois ans ;

b) Un audit de surveillance, qui permet de s'assurer de la bonne application du référentiel ;

c) En cas de demande de renouvellement de certification de l'organisme, un audit de renouvellement qui s'effectue durant la troisième année avant l'expiration de la certification. — *Par dérogation aux modalités de renouvellement d'audit prévues au présent al., pour les organismes ayant obtenu avant le 1er janv. 2021, la certification mentionnée au 2° du I de l'art. 6 de la L. n° 2018-771 du 5 sept. 2018 susvisée, l'audit de renouvellement s'effectue au cours de la 4e année de validité de la certification, avant son expiration (Décr. n° 2019-565 du 6 juin 2019, art. 2 bis, mod. par Décr. n° 2020-894 du 22 juill. 2020, art. 2).*

La durée de chacun des audits varie en fonction du chiffre d'affaires relatif à l'activité de prestataire d'action concourant au développement des compétences de l'organisme et du nombre de catégories d'actions de développement des compétences pour lesquelles l'organisme demande à être certifié, selon des modalités précisées par arrêté du ministre chargé de la formation professionnelle.

3. Cas de non-conformité au référentiel

Une non-conformité est un écart par rapport à un ou plusieurs indicateurs du référentiel.

Elle peut être mineure ou majeure. La non-conformité mineure est la prise en compte partielle d'un indicateur ne remettant pas en cause la qualité de la prestation délivrée. La non-conformité majeure est la non prise en compte d'un indicateur ou sa prise en compte partielle remettant en cause la qualité de la prestation délivrée. Les modalités relatives à ces non conformités au référentiel national de certification de qualité des organismes mentionnés à l'article L. 6351-1 sont précisées par arrêté du ministre chargé de la formation professionnelle.

4. Modalités de certification d'un organisme disposant d'une certification ou d'une labellisation de qualité des actions concourant au développement des compétences

Les modalités de l'audit initial de certification d'un organisme disposant d'une certification ou d'une labellisation de qualité des actions concourant au développement des compétences obtenue en application de l'article R. 6316-3 du code du travail dans sa rédaction antérieure à l'entrée en vigueur du décret n° 2018-1262 du 26 décembre 2018 relatif à la Commission nationale de la négociation collective, de l'emploi et de la formation professionnelle, et en cours de validité au moment de sa demande de certification, sont précisées par arrêté du ministre chargé de la formation professionnelle. — *V. Arr. du 6 juin 2019, NOR : MTRD1903979A (JO 8 juin).*

Art. R. 6316-2 (Décr. n° 2019-564 du 6 juin 2019, art. 1er, mod. par Décr. n° 2020-894 du 22 juill. 2020, art. 2, en vigueur le 1er janv. 2022) **La certification mentionnée à l'article L. 6316-1 est délivrée par les organismes et instances mentionnés à l'article L. 6316-2 pour une durée de trois ans. Un arrêté fixe les modalités selon lesquelles elle peut être suspendue ou retirée par l'organisme ou l'instance qui l'a délivrée.**

Par dérogation aux dispositions de l'art. R. 6316-2, la certification mentionnée à l'art. L. 6316-1 obtenue avant le 1er janv. 2021 a une validité de 4 ans (Décr. n° 2019-564 du 6 juin 2019, mod. par Décr. n° 2020-894 du 22 juill. 2020, art. 2).

Art. R. 6316-3 (Décr. n° 2019-564 du 6 juin 2019, art. 1er, mod. par Décr. n° 2020-894 du 22 juill. 2020, art. 2, en vigueur le 1er janv. 2022) **I. — L'accréditation des organismes certificateurs prévue à l'article L. 6316-2 garantit le respect :**

1° De la norme de l'organisation internationale de normalisation correspondant à l'exercice de l'activité de certification des produits, des procédés et des services ;

2° D'exigences permettant notamment de garantir la compétence des auditeurs pour la certification des organismes mentionnés à l'article L. 6351-1, fixées par arrêté du ministre chargé de la formation professionnelle.

II. – Les organismes certificateurs mentionnés au I figurent sur une liste publiée sur le site internet du ministère chargé de la formation professionnelle.

V. Arr. du 6 juin 2019, NOR : MTRD1903989A (JO 8 juin), mod. par Arr. du 24 juill. 2020, NOR : MTRD2019055A (JO 29 juill.).

Art. R. 6316-4 (*Décr. n° 2019-564 du 6 juin 2019, art. 1ᵉʳ, mod. par Décr. n° 2020-894 du 22 juill. 2020, art. 2, en vigueur le 1ᵉʳ janv. 2022*) France compétences inscrit sur une liste les instances de labellisation qu'elle reconnaît après avoir vérifié que le processus de certification mis en œuvre par ces instances implique une autorité administrative et qu'il présente des garanties d'indépendance à l'égard des prestataires certifiés.

France compétences met cette liste à la disposition du public et la révise tous les trois ans.

Art. R. 6316-5 (*Décr. n° 2019-564 du 6 juin 2019, art. 1ᵉʳ, mod. par Décr. n° 2020-894 du 22 juill. 2020, art. 2, en vigueur le 1ᵉʳ janv. 2022*) Les organismes et instances mentionnés à l'article L. 6316-2 transmettent au ministre chargé de la formation professionnelle les listes des prestataires qu'ils ont certifiés. Les modalités de transmission et de publication de ces listes sont fixées par arrêté du ministre chargé de la formation professionnelle.

V. Arr. du 1ᵉʳ févr. 2021 relatif aux listes des prestataires certifiés par les organismes et les instances mentionnés à l'art. L. 6316-2 et des établissements réputés avoir satisfait à l'obligation de certification mentionnés à l'art. L. 6316-4, NOR : MTRD2100758A (JO 9 févr.).

Art. R. 6316-5-1 (*Décr. n° 2023-1396 du 28 déc. 2023, art. 1ᵉʳ*) Les organismes certificateurs et instances de labellisation transmettent chaque année un bilan de leur activité relative à la certification mentionnée à l'article L. 6316-1 au ministre chargé de la formation professionnelle ainsi que, pour les organismes certificateurs, à l'instance nationale d'accréditation mentionnée à l'article L. 6316-2 et, pour les instances de labellisation, à France Compétences.

Le contenu de ce bilan est fixé par arrêté du ministre chargé de la formation professionnelle.

Le bilan est transmis au plus tard le 1ᵉʳ mars de chaque année et porte sur l'activité de l'organisme certificateur ou de l'instance de labellisation durant l'année civile précédente.

Art. R. 6316-6 (*Décr. n° 2019-564 du 6 juin 2019, art. 1ᵉʳ, mod. par Décr. n° 2020-894 du 22 juill. 2020, art. 2, en vigueur le 1ᵉʳ janv. 2021*) Les organismes financeurs mentionnés à l'article L. 6316-1 veillent à l'adéquation financière des prestations achetées aux besoins de formation, à l'ingénierie pédagogique déployée par le prestataire, à l'innovation des moyens mobilisés et aux tarifs pratiqués dans des conditions d'exploitation comparables pour des prestations analogues.

Art. R. 6316-7 (*Décr. n° 2023-1396 du 28 déc. 2023, art. 1ᵉʳ*) Les contrôles mentionnés à l'article L. 6316-3 permettent aux organismes financeurs de s'assurer de la qualité des actions financées et de leur conformité aux obligations légales et conventionnelles. Ils peuvent être réalisés conjointement à un contrôle de service fait et peuvent être coordonnés ou mutualisés entre les organismes financeurs.

Ces contrôles peuvent être exercés, pour le compte d'un ou plusieurs organismes financeurs mentionnés à l'article L. 6316-1, par une structure qu'ils mandatent à cet effet.

Art. R. 6316-7-1 (*Décr. n° 2023-1396 du 28 déc. 2023, art. 1ᵉʳ*) Les organismes financeurs mentionnés à l'article L. 6316-1 qui constatent la méconnaissance, par un prestataire, de ses obligations relatives à la qualité des actions mentionnées à l'article L. 6313-1, le signalent, de manière étayée, à l'organisme certificateur ou à l'instance de labellisation qui lui a délivré sa certification.

Art. R. 6316-8 (*Décr. n° 2021-1851 du 28 déc. 2021, art. 1ᵉʳ, en vigueur le 1ᵉʳ janv. 2022*) L'exigence de certification prévue à l'article L. 6316-1 s'apprécie, selon le cas, soit à la date de conclusion de la convention avec le financeur mentionné au même article, soit à la date de l'accord de prise en charge donné par ce dernier, soit à la date à laquelle la Caisse des dépôts et consignations constate que les conditions générales d'utilisation du service dématérialisé mentionnées à l'article L. 6323-9 sont satisfaites.

Les prestataires mentionnés à l'art. L. 6351-1 qui ont conclu avant le 1er janv. 2022 un contrat ayant pour objet la certification mentionnée à l'art. L. 6316-1 avec un organisme ou une instance mentionné à l'art. R. 6316-2, et qui ne sont pas encore titulaires de la certification, peuvent obtenir, jusqu'à une date fixée par arrêté du ministre chargé de la formation professionnelle, et au plus tard jusqu'au 30 juin 2022, le financement par un organisme mentionné à l'art. L. 6316-1 de nouvelles actions mentionnées à l'art. L. 6313-1, sous réserve de transmettre à cet organisme la copie de ce contrat (Décr. n° 2021-1851 du 28 déc. 2021, art. 2).

Art. R. 6316-9 (Décr. n° 2021-1851 du 28 déc. 2021, art. 1er, en vigueur le 1er janv. 2022) I. – Un prestataire d'actions mentionnées à l'article L. 6313-1 qui dispense pour la première fois une action de formation par apprentissage peut, pendant un délai de six mois à compter de la signature de la première convention de formation par apprentissage ou, pour les centres de formation d'apprentis d'entreprise, du premier contrat d'apprentissage, être financé par l'un des organismes mentionnés à l'article L. 6316-1 pour une action de formation par apprentissage sans détenir la certification pour cette catégorie d'actions, sous réserve qu'il s'engage à transmettre à l'organisme concerné, dans un délai de deux mois, la copie du contrat conclu avec l'organisme ou l'instance mentionné à l'article R. 6316-2 en vue de l'obtention de cette certification.

A défaut de transmission de cette pièce dans le délai de deux mois, le prestataire ne peut obtenir de prise en charge financière de nouvelles actions de formation par apprentissage.

A l'issue du délai de six mois, le centre de formation d'apprentis qui n'a pas obtenu la certification pour la catégorie d'actions concernée ne peut conclure un nouvel engagement avec un financeur mentionné à l'article L. 6316-1.

II. – En cas d'anomalie constatée dans l'exécution de l'action mentionnée au 4° de l'article L. 6313-1 ou de non-respect des dispositions des articles L. 6211-1, L. 6211-2 et L. 6231-2, l'organisme financeur notifie à l'organisme prestataire les anomalies constatées et l'invite à présenter des observations écrites ou orales dans un délai de quinze jours à compter de cette notification. A l'expiration de ce délai, l'organisme financeur peut, par une décision motivée, refuser à l'organisme prestataire toute prise en charge de nouvelles actions de formation par apprentissage durant la période de six mois mentionnée au premier alinéa du I.

V. ndlr ss. art. R. 6316-8.

CHAPITRE VI *[ANCIEN]* QUALITÉ DES ACTIONS DE LA FORMATION PROFESSIONNELLE CONTINUE

(Décr. n° 2015-790 du 30 juin 2015, art. 1er, en vigueur le 1er janv. 2017)

Les organismes qui obtiennent la certification avant le 1er janv. 2022 sont réputés satisfaire aux critères prévus à l'art. R. 6316-1 C. trav., dans sa rédaction antérieure au Décr. n° 2019-564 du 6 juin 2019, dans sa rédaction en vigueur jusqu'au 31 déc. 2021 (Décr. n° 2019-564 du 6 juin 2019, art. 2, mod. par Décr. n° 2020-894 du 22 juill. 2020, art. 2).

Ancien art. R. 6316-1 *Les critères mentionnés à l'article L. 6316-1 sont :*

1° L'identification précise des objectifs de la formation et son adaptation au public formé ;

2° L'adaptation des dispositifs d'accueil, de suivi pédagogique et d'évaluation aux publics de stagiaires ;

3° L'adéquation des moyens pédagogiques, techniques et d'encadrement à l'offre de formation ;

4° La qualification professionnelle et la formation continue des personnels chargés des formations ;

5° Les conditions d'information du public sur l'offre de formation, ses délais d'accès et les résultats obtenus ;

6° La prise en compte des appréciations rendues par les stagiaires.

Les organismes financeurs s'assurent en outre du respect des dispositions des articles L. 6352-3 à L. 6352-5, L. 6353-1, L. 6353-8 et L. 6353-9.

Ancien art. R. 6316-2 *Les organismes financeurs mentionnés à l'article L. 6316-1 inscrivent sur un catalogue de référence les prestataires de formation qui remplissent les conditions définies à l'article R. 6316-1 :*

1° Soit dans le cadre de leurs procédures internes d'évaluation ;

2° Soit par la vérification que le prestataire bénéficie d'une certification ou d'un label au sens de l'article R. 6316-3.

Ce catalogue est mis à la disposition du public par chacun de ces organismes.

Ancien art. R. 6316-3 *Les certifications ou labels dont les exigences sont conformes aux critères mentionnés à l'article R. 6316-1 sont inscrits sur une liste établie par* (Décr. n° 2018-1262 du 26 déc. 2018, art. 1er) « *la Commission nationale de la négociation collective, de l'emploi et de la formation professionnelle* » *selon des modalités qu'il détermine.*

Cette liste est mise à la disposition du public.

V. Arr. du 6 juin 2019, NOR : MTRD1903989A (JO 8 juin), mod. par Arr. du 24 juill. 2020, NOR : MTRD2019055A (JO 29 juill.).

Ancien art. R. 6316-4 *Les organismes financeurs mentionnés à l'article L. 6316-1 veillent à l'adéquation financière des prestations achetées aux besoins de formation, à l'ingénierie pédagogique déployée par le prestataire, à l'innovation des moyens mobilisés et aux tarifs pratiqués dans des conditions d'exploitation comparables pour des prestations analogues.*

Ancien art. R. 6316-5 *Les organismes financeurs mentionnés à l'article L. 6316-1 mettent à disposition des organismes de formation, des entreprises et du public, selon des modalités qu'ils déterminent, des informations relatives aux outils, méthodologies et indicateurs permettant de faciliter l'appréciation de la qualité des formations dispensées.*

V. Arr. du 1er févr. 2021 relatif aux listes des prestataires certifiés par les organismes et les instances mentionnés à l'art. L. 6316-2 et des établissements réputés avoir satisfait à l'obligation de certification mentionnées à l'art. L. 6316-4, NOR : MTRD2100758A (JO 9 févr.).

TITRE II DISPOSITIFS DE FORMATION PROFESSIONNELLE CONTINUE

CHAPITRE I FORMATIONS À L'INITIATIVE DE L'EMPLOYEUR ET PLAN DE FORMATION

SECTION 1 *[ABROGÉE]* Déroulement des actions de formation

(Abrogée par Décr. n° 2018-1330 du 28 déc. 2018, art. 3, à compter du 1er janv. 2019)

SECTION 2 Régimes applicables aux heures de formation (Décr. n° 2018-1229 du 24 déc. 2018, en vigueur le 1er janv. 2019).

Art. R. 6321-4 (Décr. n° 2018-1229 du 24 déc. 2018, en vigueur le 1er janv. 2019) En l'absence d'accord collectif d'entreprise ou de branche, l'accord du salarié sur les actions de formation se déroulant hors du temps de travail, prévu au 2° de l'article L. 6321-6, est écrit. Il peut être dénoncé par ce dernier dans un délai de huit jours à compter de sa conclusion.

Art. D. 6321-5 à D. 6321-10 Abrogés par Décr. n° 2018-1229 du 24 déc. 2018, à compter du 1er janv. 2019.

CHAPITRE II FORMATIONS À L'INITIATIVE DU SALARIÉ

SECTION 1 [ABROGÉE] Congé individuel de formation

(Abrogée par Décr. n° 2018-1332 du 28 déc. 2018, art. 3, à compter du 1er janv. 2019)

SECTION 2 [ABROGÉE] Congé de bilan de compétences

(Abrogée par Décr. n° 2018-1330 du 28 déc. 2018, art. 3, à compter du 1er janv. 2019)

SECTION 3 Autres congés

SOUS-SECTION 1 [ABROGÉE] Congés d'enseignement ou de recherche

(Abrogée par Décr. n° 2021-1332 du 12 oct. 2021)

V. art. D. 3142-77 s.

SOUS-SECTION 2 Congés de formation pour les salariés de vingt-cinq ans et moins

Les dispositions législatives relatives aux congés de formation pour les salariés de 25 ans et moins ont été abrogées.

Art. R. 6322-70 La durée minimum de présence dans l'entreprise pour l'ouverture du droit au congé de formation pour les salariés âgés de vingt-cinq ans et moins est fixée à trois mois. — *[Anc. art. R. 931-13.]*

Art. R. 6322-71 La demande de congé est formulée au plus tard trente jours avant la date d'effet.
Elle indique la date, la désignation et la durée d'ouverture du stage ainsi que le nom de l'organisme qui en est responsable. — *[Anc. art. R. 931-15, al. 1er et 2.]*

Art. R. 6322-72 Dans les dix jours suivant la réception de la demande de congé, l'employeur fait connaître à l'intéressé soit son accord, soit les raisons qui motivent le rejet ou le report de la demande. — *[Anc. art. R. 931-15, al. 3.]*

Art. R. 6322-73 La durée pendant laquelle le congé peut être différé, en application du 3° de l'article L. 6322-63, ne peut excéder trois mois. — *[Anc. art. R. 931-16.]*

Art. R. 6322-74 Lorsque les nécessités de l'entreprise font obstacle à ce que les demandes de congés présentées soient simultanément satisfaites, les demandes sont départagées selon l'ordre de priorité suivant :
1° Demandes déjà différées ;
2° Demandes présentées par les salariés dont le stage a été interrompu pour des motifs reconnus valables, après avis du *(Décr. n° 2017-1819 du 29 déc. 2017, art. 3)* « comité social et économique » ;
3° Demandes formulées par les salariés ayant la plus grande ancienneté dans l'entreprise. — *[Anc. art. R. 931-17.]*

Art. R. 6322-75 Le report de congé ne supprime pas le droit à congé pour le salarié qui atteint :
1° Soit l'âge de *(Décr. n° 2009-289 du 13 mars 2009)* « vingt-six » ans après le dépôt de sa demande ;
2° Soit vingt-quatre mois d'activité professionnelle après le dépôt de *(Décr. n° 2009-289 du 13 mars 2009)* « sa » demande. — *[Anc. art. R. 931-18, phrase 1.]*

Art. R. 6322-76 Outre la possibilité de bénéficier du congé individuel de formation prévu à l'article L. 6322-1, le salarié conserve le droit de prendre le congé de formation prévu à la présente sous-section au-delà des limites énoncées à l'article R. 6322-75. — *[Anc. art. R. 931-18, phrase 2.]*

Art. R. 6322-77 La décision de refus ou de report de congé est prise après avis du *(Décr. n° 2017-1819 du 29 déc. 2017, art. 3)* « comité social et économique ». — *[Anc. art. R. 931-19.]*

Art. R. 6322-78 Les heures de congé auxquelles a droit le salarié peuvent, sur sa demande, être reportées d'une année à l'autre.

Le congé total peut être utilisé en une ou plusieurs fois pour suivre des stages, continus ou discontinus, à temps plein ou à temps partiel. – *[Anc. art. R. 931-14.]*

SECTION 4 Formations se déroulant en dehors du temps de travail

(Décr. n° 2010-65 du 18 janv. 2010)

Art. D. 6322-79 La durée minimum mentionnée au second alinéa de l'article L. 6322-64 *[abrogé]* est fixée à cent vingt heures.

CHAPITRE III LE COMPTE PERSONNEL DE FORMATION

(Décr. n° 2014-1120 du 2 oct. 2014, art. 1er, en vigueur le 1er janv. 2015)

Ce chapitre est applicable à Mayotte à compter du 1er janv. 2019 (Décr. n° 2018-953 du 31 oct. 2018, art. 58-I).

SECTION 1 Mise en œuvre du compte personnel de formation pour les salariés
(Décr. n° 2018-1329 du 28 déc. 2018, art. 1er).

SOUS-SECTION 1 Alimentation du compte *(Décr. n° 2018-1329 du 28 déc. 2018, art. 1er).*

Art. R. 6323-1 *(Décr. n° 2018-1329 du 28 déc. 2018, art. 1er, en vigueur le 1er janv. 2019)* « I. – Le compte personnel de formation du salarié ayant effectué une durée de travail supérieure ou égale à la moitié de la durée légale ou conventionnelle de travail sur l'ensemble de l'année est alimenté à hauteur de 500 euros au titre de cette année, dans la limite d'un plafond total de 5 000 euros.

« II. – Le compte du salarié dont la durée de travail a été inférieure à la moitié de la durée légale ou conventionnelle de travail sur l'ensemble de l'année est alimenté, au titre de cette année, d'une fraction du montant mentionné au I, calculée à due proportion de la durée de travail qu'il a effectuée. Lorsque le calcul de ses droits aboutit à un montant en euros comportant des décimales, ce montant est arrondi à la deuxième décimale, au centime d'euro supérieur. »

(Décr. n° 2014-1120 du 2 oct. 2014, art. 1er) Pour les salariés dont la durée de travail à temps plein est fixée en application d'un accord *(Décr. n° 2018-1329 du 28 déc. 2018, art. 1er, en vigueur le 1er janv. 2019)* « collectif » d'entreprise ou de branche, le nombre d'heures de travail de référence pour le calcul de l'alimentation du compte personnel de formation est égal à la durée conventionnelle de travail.

Pour les salariés dont la durée de travail à temps plein n'est pas fixée en application d'un accord *(Décr. n° 2018-1329 du 28 déc. 2018, art. 1er, en vigueur le 1er janv. 2019)* « collectif » d'entreprise ou de branche, le nombre d'heures de travail de référence pour le calcul de l'alimentation du compte personnel de formation est égal à 1 607 heures.

(Décr. n° 2018-1329 du 28 déc. 2018, art. 1er, en vigueur le 1er janv. 2019) « Pour les salariés dont la durée de travail est décomptée en jours dans le cadre d'une convention de forfait annuel en jours, le nombre de jours de travail de référence pour le calcul de l'alimentation du compte personnel de formation est égal au nombre de jours compris dans le forfait tel que fixé par l'accord collectif instaurant le forfait annuel, dans la limite de 218 jours.

« Pour les salariés dont la rémunération n'est pas établie en fonction d'un horaire de travail, le montant de référence pour le calcul de l'alimentation du compte personnel de formation est fixé à 2 080 fois le montant du salaire minimum horaire de croissance.

« L'alimentation du compte de ces salariés est calculée au prorata du rapport entre la rémunération effectivement perçue et le montant de référence mentionné à l'alinéa précédent.

« III. – Le calcul des droits des salariés est effectué par la Caisse des dépôts et consignations au moyen des données issues de la déclaration sociale nominative des employeurs mentionnée à l'article L. 133-5-3 du code de la sécurité sociale afin de procéder à l'alimentation de leurs comptes personnels de formation.

FORMATION PROFESSIONNELLE CONTINUE — Art. R. 6323-3-1   2953

« Un arrêté du ministre chargé de la formation professionnelle fixe les modalités selon lesquelles la caisse procède à ce calcul et à cette alimentation lorsqu'elle ne reçoit pas ces données et lorsque les données qu'elle reçoit sont incomplètes ou erronées. »

Art. R. 6323-2 (Décr. n° 2018-1171 du 18 déc. 2018, art. 1er et 3, en vigueur le 1er janv. 2020) I. – Lorsqu'en application des dispositions du quatrième alinéa de l'article L. 6323-11, des dispositions plus favorables ont été prévues par un accord collectif d'entreprise, de groupe ou, à défaut, de branche, pour l'alimentation du compte personnel de formation des salariés, l'employeur effectue annuellement, pour chacun des salariés concernés, le calcul des droits venant abonder son compte personnel de formation.
II. – Une somme d'un montant égal à celui de l'abondement mentionné au I est versée par l'employeur à la Caisse des dépôts et consignations qui en assure la gestion conformément aux dispositions des articles L. 6333-6 et L. 6333-7. Le compte du salarié concerné est alimenté de l'abondement correspondant dès réception de cette somme.
(Décr. n° 2019-1049 du 11 oct. 2019, art. 2, en vigueur le 1er janv. 2020) « III. – L'employeur adresse à la Caisse des dépôts et consignations la liste des salariés bénéficiaires des dispositions plus favorables mentionnées au I, ainsi que les données permettant leur identification et l'abondement attribué à chacun d'eux. »

Ancien art. R. 6323-2 (Décr. n° 2018-1171 du 18 déc. 2018, art. 1er et 3, en vigueur du 1er janv. 2019 au 31 déc. 2019) I. – Lorsqu'en application des dispositions du quatrième alinéa de l'article L. 6323-11, des dispositions plus favorables ont été prévues par un accord collectif d'entreprise, de groupe ou, à défaut, de branche, pour l'alimentation du compte personnel de formation des salariés, l'employeur effectue annuellement, pour chacun des salariés concernés, le calcul des droits venant abonder son compte personnel de formation.
II. – En vue d'assurer le suivi des comptes par la Caisse des dépôts et consignations, l'entreprise adresse à l'opérateur de compétences dont elle relève la liste des salariés bénéficiaires des dispositions plus favorables mentionnées au I ainsi que les données permettant leur identification et l'abondement attribué à chacun d'eux.
III. – Une somme d'un montant égal à celui de l'abondement mentionné au II est versée par l'entreprise à l'opérateur de compétences dont elle relève, qui en assure un suivi comptable distinct, au sein de la section consacrée au financement du compte personnel de formation.

Art. R. 6323-3 (Décr. n° 2018-1171 du 18 déc. 2018, art. 1er, en vigueur le 1er janv. 2020) I. – Le salarié mentionné au premier alinéa de l'article L. 6323-13 bénéficie d'un abondement de son compte personnel de formation d'un montant de 3 000 euros.
II. – Une somme d'un montant égal à celui de l'abondement mentionné au I est versée par l'employeur à la Caisse des dépôts et consignations qui en assure la gestion conformément aux dispositions des articles L. 6333-6 et L. 6333-7. Le compte du salarié concerné est alimenté de l'abondement correspondant dès réception de cette somme.
(Décr. n° 2019-1049 du 11 oct. 2019, art. 2, en vigueur le 1er janv. 2020) « III. – L'employeur adresse à la Caisse des dépôts et consignations les informations nécessaires à l'abondement mentionné au I, notamment son montant, le nom du salarié bénéficiaire ainsi que les données permettant son identification. »
(Décr. n° 2021-1916 du 30 déc. 2021, art. 1er-13°, en vigueur le 1er janv. 2022) « IV. – Le versement de la somme mentionnée au II et la transmission des informations mentionnées au III sont effectués, au plus tard, le dernier jour du trimestre civil suivant la date de l'entretien professionnel pris en compte pour apprécier la période de six ans mentionnée au premier alinéa de l'article L. 6323-13. »

Art. R. 6323-3-1 (Décr. n° 2018-1329 du 28 déc. 2018, art. 1er, en vigueur le 1er janv. 2019) « I. – Le compte personnel de formation du salarié mentionné à l'article L. 6323-11-1 qui a effectué une durée de travail supérieure ou égale à la moitié de la durée légale ou conventionnelle de travail sur l'ensemble de l'année est alimenté, au titre de cette année, à hauteur de 800 euros, dans la limite d'un plafond de 8 000 euros.

« II. — Afin de bénéficier de cette majoration, le salarié déclare remplir les conditions prévues à cet article par l'intermédiaire du service dématérialisé mentionné au I de l'article L. 6323-8. Cette déclaration peut être effectuée, à sa demande et selon les mêmes modalités, par son conseiller en évolution professionnelle. La majoration est effective à compter de l'alimentation du compte effectuée au titre de l'année au cours de laquelle cette déclaration est intervenue. »

(Décr. n° 2018-1329 du 28 déc. 2018, art. 1er, en vigueur le 1er janv. 2019) « III. — Le salarié » (Décr. n° 2016-1367 du 12 oct. 2016, art. 1er, en vigueur le 1er janv. 2017) qui ne remplit plus les conditions prévues à l'article L. 6323-11-1 le déclare par l'intermédiaire (Décr. n° 2018-1329 du 28 déc. 2018, art. 1er, en vigueur le 1er janv. 2019) « du service dématérialisé mentionné » au I de l'article L. 6323-8. Il cesse de bénéficier des dispositions du même article à compter de l'année civile suivante.

IV. — Une information spécifique portant sur les modalités de cette déclaration, sur la majoration des droits en résultant, ainsi que sur les conséquences d'une déclaration frauduleuse ou erronée est fournie par l'intermédiaire (Décr. n° 2018-1329 du 28 déc. 2018, art. 1er, en vigueur le 1er janv. 2019) « du service dématérialisé mentionné » au I de l'article L. 6323-8. Cette information est également délivrée par le (Décr. n° 2018-1329 du 28 déc. 2018, art. 1er, en vigueur le 1er janv. 2019) « conseiller » en évolution professionnelle, dans des conditions définies par le cahier des charges mentionné au (Décr. n° 2018-1329 du 28 déc. 2018, art. 1er, en vigueur le 1er janv. 2019) « quatrième » alinéa de l'article L. 6111-6.

V. — En cas de déclaration frauduleuse ou erronée, les droits inscrits au compte personnel de formation font l'objet d'un nouveau calcul opéré conformément aux dispositions de l'article L. 6323-11, sans préjudice des sanctions prévues aux articles 313-3 et 441-6 du code pénal.

(Décr. n° 2018-1329 du 28 déc. 2018, art. 1er, en vigueur le 1er janv. 2019) « Les conditions générales d'utilisation du service dématérialisé mentionnées à l'article L. 6323-9 précisent que les droits, exprimés en euros, obtenus à la suite d'une déclaration frauduleuse ou erronée ne peuvent être utilisés. Lorsque le titulaire d'un compte a tout de même utilisé de tels droits, il rembourse les sommes correspondantes à la Caisse des dépôts et consignations ou, le cas échéant, à la commission paritaire interprofessionnelle régionale mentionnée à l'article L. 6323-17-6, au terme d'une procédure contradictoire et selon des modalités que les conditions générales d'utilisation précisent. »

Art. R. 6323-3-2 (Décr. n° 2018-1171 du 18 déc. 2018, art. 1er et 3, en vigueur le 1er janv. 2020) I. — Le salarié licencié à la suite du refus d'une modification de son contrat de travail résultant de l'application d'un accord d'entreprise mentionné à l'article L. 2254-2 bénéficie d'un abondement de son compte personnel de formation d'un montant minimal de 3 000 euros.

II. — Une somme d'un montant égal à celui de l'abondement mentionné au I est versée par l'employeur à la Caisse des dépôts et consignations qui en assure la gestion conformément aux dispositions des articles L. 6333-6 et L. 6333-7. Le compte du salarié licencié concerné est alimenté de l'abondement correspondant dès réception de cette somme.

(Décr. n° 2019-1049 du 11 oct. 2019, art. 2, en vigueur le 1er janv. 2020) « III. — L'employeur dispose d'un délai de quinze jours à compter de la notification du licenciement, pour adresser à la Caisse des dépôts et consignations les informations nécessaires à l'abondement mentionné au I, notamment son montant, le nom du salarié bénéficiaire ainsi que les données permettant son identification. »

<small>**Ancien art. R. 6323-3-2** (Décr. n° 2018-1171 du 18 déc. 2018, art. 1er et 3, en vigueur du 1er janv. 2019 au 31 déc. 2019) I. — Le salarié licencié à la suite du refus d'une modification de son contrat de travail résultant de l'application d'un accord d'entreprise mentionné à l'article L. 2254-2 bénéficie d'un abondement de son compte personnel de formation d'un montant minimal de 3 000 euros.</small>

II. – En vue d'assurer le suivi des comptes par la Caisse des dépôts et consignations, l'entreprise adresse, dans les quinze jours calendaires après la notification du licenciement, à l'opérateur de compétences dont elle relève, les informations nécessaires à l'abondement mentionné au I, notamment son montant, le nom du salarié bénéficiaire ainsi que les données permettant son identification.

III. – Une somme d'un montant égal à celui de l'abondement mentionné au I est versée par l'entreprise à l'opérateur de compétences dont elle relève, qui en assure un suivi comptable distinct, au sein de la section consacrée au financement du compte personnel de formation.

Art. D. 6323-3-3 (Décr. n° 2019-566 du 7 juin 2019) Le compte personnel de formation du salarié bénéficiaire de l'obligation d'emploi mentionné à l'article L. 5212-13 est alimenté annuellement à hauteur de 300 euros au titre de la majoration prévue au troisième alinéa de l'article L. 6323-11, dans la limite du plafond mentionné au I de l'article R. 6323-3-1.

Art. D. 6323-3-4 (Décr. n° 2022-1686 du 28 déc. 2022) I. – Le salarié lanceur d'alerte mentionné au I de l'article 6 de la loi n° 2016-1691 du 9 décembre 2016 relative à la transparence, à la lutte contre la corruption et à la modernisation de la vie économique, ainsi que les personnes salariées mentionnées aux 1° et 2° de l'article 6-1 de cette loi, bénéficient d'un abondement de leur compte personnel de formation dans les conditions prévues au II de l'article 12 de la même loi.

II. – Lorsqu'à l'occasion d'un litige le conseil des prud'hommes demande à l'employeur d'abonder le compte du salarié mentionné au I, il tient compte du montant des droits inscrits sur le compte du salarié bénéficiaire ainsi que du plafond de droits mentionné au I de l'article R. 6323-3-1.

III. – La somme fixée par le conseil des prud'hommes dans la limite du plafond de droits prévu au I de l'article R. 6323-3-1 ne peut excéder la différence entre le plafond de droits mentionné et le montant des droits inscrits. Elle est versée par l'employeur à la Caisse des dépôts et consignations qui en assure la gestion conformément aux articles L. 6333-6 et L. 6333-7. Le compte du salarié concerné est alimenté dès réception de cette somme du montant correspondant, sans qu'y fassent obstacle les alimentations intervenues postérieurement au jugement.

IV. – L'employeur adresse à la Caisse des dépôts et consignations les informations nécessaires à cet abondement, notamment son montant, le nom du salarié bénéficiaire ainsi que les données permettant son identification.

V. – La transmission des informations et le versement de la somme mentionnées au II sont effectués, au plus tard, à la date mentionnée par le jugement du conseil des prud'hommes ou, à défaut de mention dans ledit jugement, au dernier jour du trimestre civil suivant la date du jugement du conseil des prud'hommes.

SOUS-SECTION 2 **Mobilisation du compte**

(Décr. n° 2018-1336 du 28 déc. 2018, art. 1er, en vigueur le 1er janv. 2019)

Art. D. 6323-4 I. – Le salarié qui souhaite bénéficier d'une action mentionnée à l'article L. 6323-6 suivie en tout ou partie pendant le temps de travail au titre du compte personnel de formation adresse une demande d'autorisation d'absence à l'employeur avant le début de l'action de formation dans un délai qui ne peut être inférieur à :

1° Soixante jours calendaires si la durée de l'action de formation est inférieure à six mois ;

2° Cent vingt jours calendaires si la durée de l'action de formation est égale ou supérieure à six mois.

II. – A compter de la réception de la demande, l'employeur dispose d'un délai de trente jours calendaires pour notifier sa réponse au salarié. L'absence de réponse de l'employeur dans ce délai vaut acceptation de la demande.

SOUS-SECTION 3 Prise en charge des frais de formation au titre du compte personnel de formation

(Décr. n° 2018-1336 du 28 déc. 2018, art. 1ᵉʳ)

Art. D. 6323-5 I. — Les frais pédagogiques et les frais liés à la validation des compétences et des connaissances afférents à l'une des actions mentionnées à l'article L. 6323-6 suivie par le salarié, pendant son temps de travail ou hors temps de travail, sont pris en charge par la Caisse des dépôts et consignations, dans le cadre des fonds affectés à la prise en charge du compte personnel de formation.

II. — Lorsque les frais pédagogiques et les frais liés à la validation des compétences et des connaissances afférents à l'action de formation suivie par le salarié sont pris en charge par la commission paritaire interprofessionnelle régionale en application du deuxième alinéa de l'article L. 6323-20, la Caisse des dépôts et consignations débite le compte du titulaire des droits correspondants sans opérer de remboursement auprès de la commission.

III. — Un suivi de la mise en œuvre des dispositions prévues au I est effectué par la Caisse des dépôts et consignations. Il est intégré au rapport mentionné au troisième alinéa de l'article L. 6333-5.

Les dispositions des II et III entrent en vigueur le 1ᵉʳ janv. 2020.

SOUS-SECTION 4 Formations éligibles au titre du compte personnel de formation

(Décr. n° 2018-1338 du 28 déc. 2018, art. 1ᵉʳ, en vigueur le 1ᵉʳ janv. 2019)

Art. D. 6323-6 Les dispositions des articles R. 6313-4 à R. 6313-7 sont applicables aux bilans de compétences réalisés en mobilisant des droits inscrits au compte personnel de formation.

Le bilan de compétences peut notamment être effectué dans le cadre du conseil en évolution professionnelle mentionné à l'article L. 6111-6. A cet effet, le titulaire du compte est informé de la possibilité de s'adresser à un organisme de conseil en évolution professionnelle pour être accompagné dans sa réflexion sur son évolution professionnelle, préalablement à la décision de mobiliser ses droits pour effectuer un bilan. Cette information est fournie par l'intermédiaire du service dématérialisé mentionné au I de l'article L. 6323-8.

Art. D. 6323-7 *(Décr. n° 2020-1228 du 8 oct. 2020)* « I. — Les actions de formation, d'accompagnement et de conseil éligibles au compte personnel de formation mentionnées au 4° du II de l'article L. 6323-6 sont réalisées dans le cadre du parcours prévu à l'article L. 6313-2 suivi par le créateur ou le repreneur d'entreprise.

« Ces actions ont pour objet l'acquisition de compétences *(Décr. n° 2022-649 du 22 avr. 2022)* « exclusivement » liées à l'exercice de la fonction de chef d'entreprise concourant au démarrage, à la mise en œuvre et au développement du projet de création ou de reprise d'une entreprise et à la pérennisation de son activité » *(Décr. n° 2022-649 du 22 avr. 2022)* « , et qui ne sont pas propres à l'exercice d'un métier dans un secteur d'activité particulier. »

II. — Ces actions sont mises en œuvre par des opérateurs ayant procédé à la déclaration prévue à l'article L. 6351-1.

III. — L'opérateur peut refuser de dispenser à la personne les actions mentionnées au I, soit en raison du manque de consistance ou de viabilité économique du projet de création ou de reprise d'entreprise, soit lorsque le projet du créateur ou du repreneur ne correspond pas au champ de compétences de l'opérateur.

Art. D. 6323-8 I. — Sans préjudice des dispositions de l'article L. 6321-1, la préparation à l'épreuve théorique du code de la route et à l'épreuve pratique du permis de conduire autorisant la conduite des véhicules des catégories B, C1, C, D1, D, C1E, CE, D1E, DE, mentionnées à l'article R. 221-4 du code de la route, est éligible au compte personnel de formation dans les conditions suivantes :

1° L'obtention du permis de conduire contribue à la réalisation d'un projet professionnel ou à favoriser la sécurisation du parcours professionnel du titulaire du compte ;

2° Le titulaire du compte ne fait pas l'objet d'une suspension de son permis de conduire ou d'une interdiction de solliciter un permis de conduire. Cette obligation est vérifiée par une attestation sur l'honneur de l'intéressé produite lors de la mobilisation de son compte.

II. – La préparation mentionnée au I est assurée par un établissement d'enseignement de la conduite et de la sécurité routière qui satisfait [à] l'ensemble des obligations suivantes :

1° Être agréé au titre des articles L. 213-1 ou L. 213-7 du code de la route ;

2° Avoir procédé à la déclaration prévue à l'article L. 6351-1 du présent code.

SECTION 2 Projet de transition professionnelle

(Décr. n° 2018-1332 du 28 déc. 2018, art. 1er, en vigueur le 1er janv. 2019)

SOUS-SECTION 1 Mobilisation du compte personnel de formation dans le cadre d'un projet de transition professionnelle

(Décr. n° 2018-1332 du 28 déc. 2018, art. 1er, en vigueur le 1er janv. 2019)

§ 1 Conditions d'ancienneté

(Décr. n° 2018-1339 du 28 déc. 2018, art. 1er-I, en vigueur le 1er janv. 2019)

Art. D. 6323-9 I. – Pour bénéficier d'un projet de transition professionnelle, le salarié doit justifier :

1° Soit d'une ancienneté d'au moins vingt-quatre mois, consécutifs ou non, en qualité de salarié, dont douze mois dans l'entreprise, quelle qu'ait été la nature des contrats de travail successifs ;

2° Soit d'une ancienneté d'au moins vingt-quatre mois, consécutifs ou non, en qualité de salarié, quelle qu'ait été la nature des contrats successifs, au cours des cinq dernières années dont quatre mois, consécutifs ou non, en contrat de travail à durée déterminée au cours des douze derniers mois.

(Décr. n° 2022-373 du 16 mars 2022, art. 2, en vigueur le 31 mars 2022) « Ces conditions d'ancienneté ne s'appliquent pas pour un salarié ayant connu, quelle qu'ait été la nature de son contrat de travail et dans les vingt-quatre mois ayant précédé sa demande de projet de transition professionnelle, une absence au travail résultant d'une maladie professionnelle ou une absence au travail d'au moins six mois, consécutifs ou non, résultant d'un accident du travail, d'une maladie ou d'un accident non professionnel. »

II. – Ne peut être prise en compte au titre du calcul des quatre mois en contrat de travail à durée déterminée mentionnée au I l'ancienneté acquise au titre :

1° D'un contrat d'accompagnement dans l'emploi mentionné à l'article L. 5134-20 ;

2° D'un contrat d'apprentissage mentionné à l'article L. 6221-1 ;

3° D'un contrat de professionnalisation mentionné à l'article L. 6325-1 ;

4° D'un contrat conclu avec un jeune au cours de son cursus scolaire ou universitaire ;

5° D'un contrat de travail à durée déterminée qui se poursuit par un contrat à durée indéterminée.

III. – Cette ancienneté est appréciée à la date de départ en formation du salarié.

Art. R. 6323-9-1 (Décr. n° 2019-1549 du 30 déc. 2019, art. 1er) I. – Pour bénéficier d'un projet de transition professionnelle, le salarié intermittent du spectacle qui relève des secteurs d'activité du spectacle vivant ou du spectacle enregistré doit justifier de deux cent-vingt jours de travail ou cachets répartis sur les deux à cinq dernières années et remplir, selon le cas, l'une des conditions d'ancienneté suivantes :

1° Pour le technicien du spectacle enregistré, justifier de cent-trente jours de travail sur les vingt-quatre derniers mois ou soixante-cinq jours sur les douze derniers mois ;

2° Pour le technicien du spectacle vivant, justifier de quatre-vingt-huit jours de travail sur les vingt-quatre derniers mois ou quarante-quatre jours sur les douze derniers mois ;

3° Pour l'artiste du spectacle mentionné à l'article L. 7121-2, justifier de soixante jours de travail ou soixante cachets sur les vingt-quatre derniers mois ou trente jours ou trente cachets sur les douze derniers mois.

II. – Pour bénéficier d'un projet de transition professionnelle, le salarié titulaire d'un contrat de travail conclu avec une entreprise de travail temporaire mentionnée à l'article L. 1251-2 doit justifier d'une ancienneté de 1 600 heures travaillées dans la branche, dont 600 heures dans l'entreprise de travail temporaire, ou le groupe d'entreprises de travail temporaire, dans lequel est déposée la demande du congé spécifique mentionné à l'article L. 6323-17-1. L'ancienneté s'apprécie, toutes missions confondues, sur une période de référence de dix-huit mois.

Pour le salarié titulaire d'un contrat de travail à durée indéterminée, les périodes sans exécution de mission sont prises en compte pour le calcul de l'ancienneté.

III. – L'ancienneté mentionnée au présent article est appréciée à la date du départ en formation du salarié.

Art. D. 6323-9-2 (Décr. n° 2023-760 du 10 août 2023, art. 3, en vigueur le 1er sept. 2023) Pour bénéficier d'un projet de transition professionnelle dans les conditions mentionnées au troisième alinéa du L. 6323-17-1 [de l'article L. 6323-17-1] du code du travail, le salarié doit justifier que :

1° Les conditions d'ancienneté requises aux articles R. 6323-9 et R. 6323-9-1 s'appliquent à des métiers relevant de la cartographie des métiers et des activités mentionnée au III de l'article L. 221-1-5 [CSS] ;

2° Le métier visé par la formation n'est pas exposé aux facteurs de risques professionnels mentionnés à l'article L. 4161-1 ;

3° Le projet de transition professionnelle fait l'objet d'un cofinancement assuré par son employeur. Le montant de ce cofinancement doit correspondre au minimum à un taux fixé par arrêté du ministre chargé de la formation professionnelle.

Pour présenter sa demande, le salarié peut bénéficier d'un accompagnement préalable par l'un des opérateurs financés par l'organisme mentionné à l'article L. 6123-5 au titre du conseil en évolution professionnelle mentionné à l'article L. 6111-6.

§ 2 La demande de congé dans le cadre d'un projet de transition professionnelle

Art. R. 6323-10 I. – Le salarié présente une demande de congé dans le cadre d'un projet de transition professionnelle à son employeur par écrit, au plus tard :

1° Cent vingt jours avant le début de l'action de formation lorsque la réalisation de celle-ci entraîne une interruption continue de travail d'au moins six mois ;

2° Soixante jours avant le début de l'action de formation lorsque la réalisation de celle-ci entraîne une interruption continue de travail d'une durée inférieure à six mois ou lorsque l'action de formation est réalisée à temps partiel.

(Décr. n° 2019-1549 du 30 déc. 2019, art. 1er) « Le salarié titulaire d'un contrat de travail conclu avec une entreprise de travail temporaire mentionnée à l'article L. 1251-2 adresse sa demande de congé de transition professionnelle à cette entreprise. »

II. – La demande de congé indique la date du début de l'action de formation, la désignation et la durée de celle-ci ainsi que le nom de l'organisme qui en est responsable, l'intitulé et la date de l'examen concerné.

III. – L'employeur informe l'intéressé de sa réponse, par écrit, dans le délai de trente jours suivant la réception de la demande de congé. En l'absence de réponse dans ce délai, l'autorisation est réputée accordée.

IV. – L'employeur ne peut refuser d'accorder le congé demandé qu'en cas de non-respect, par le salarié, des conditions prévues au I ou au II ou des conditions d'ancienneté prévues au paragraphe 1er. La décision par laquelle l'employeur rejette la demande est motivée.

En l'absence de la cartographie des métiers et des activités élaborée par la commission des accidents du travail et des maladies professionnelles mentionnée au III de l'art. L. 221-1-5 CSS, l'autorisation de congé de l'employeur doit comporter un descriptif de l'emploi exercé par le demandeur permettant d'apprécier si celui-ci est exposé aux facteurs de risques professionnels mentionnés au 1° du I de l'art. L. 4161-1 C. trav., ainsi que la branche professionnelle à laquelle appartient l'entreprise (Décr. n° 2023-760 du 10 août 2023, art. 4).

Art. R. 6323-10-1 I. – L'employeur peut différer le bénéfice du congé de transition professionnelle demandé par un salarié :
1° Lorsqu'il estime que l'absence de l'intéressé pourrait avoir des conséquences préjudiciables à la production et à la marche de l'entreprise. Un tel report est décidé pour une durée maximale de neuf mois, après avis du comité social et économique lorsque celui-ci existe ;
2° Afin que :
a) Dans un établissement de 100 salariés et plus, le pourcentage de salariés simultanément absents au titre du congé de transition professionnelle ne dépasse pas 2 % de l'effectif total ;
b) Dans un établissement de moins de 100 salariés, le congé de transition professionnelle ne bénéficie qu'à un salarié à la fois.
(Décr. n° 2019-1549 du 30 déc. 2019, art. 1er) « Les dispositions du présent 2° ne sont pas applicables au salarié lorsque son employeur lui oppose deux refus successifs à des demandes de période de mobilité volontaire en application de l'article L. 1222-12. »
II. – La décision par laquelle l'employeur diffère le congé est motivée.
(Décr. n° 2019-1549 du 30 déc. 2019, art. 1er) « III. – Le I n'est pas applicable au salarié titulaire d'un contrat de travail conclu avec une entreprise de travail temporaire. Celle-ci peut toutefois différer le bénéfice du congé de transition professionnelle demandé par le salarié lorsque la demande de congé et le début de l'action de formation interviennent au cours d'une même mission, à l'exception des cas suivants :
« 1° Le projet de transition professionnelle a pour but d'acquérir une qualification dans un secteur d'activité différent ;
« 2° Le projet de transition professionnelle a une durée supérieure à 1 200 heures. »

Art. R. 6323-10-2 Les demandes de congés de transition professionnelle qui ne peuvent être toutes satisfaites par l'employeur sont retenues suivant l'ordre de priorité décroissante suivant :
1° Les demandes déjà présentées et qui ont été différées ;
2° Les demandes formulées par les salariés dont l'action de formation a dû être interrompue pour des motifs légitimes, après avis du comité social et économique lorsqu'il existe ;
3° Les demandes formulées par les salariés ayant un niveau de qualification inférieur au niveau IV ;
4° Les demandes formulées par les salariés les plus anciens dans l'entreprise ;
5° Les demandes formulées par les salariés n'ayant jamais bénéficié d'un congé de transition professionnelle.

Art. R. 6323-10-3 Le salarié ayant bénéficié d'un congé de transition professionnelle ne peut prétendre, dans la même entreprise, au bénéfice d'un nouveau congé de transition professionnelle avant un délai, exprimé en mois, égal à dix fois la durée du projet de transition professionnelle précédemment effectué, exprimée en mois.
Ce délai ne peut être inférieur à six mois ni supérieur à six ans.

Art. R. 6323-10-4 I. – Le bénéficiaire du congé de transition professionnelle remet à l'employeur des justificatifs, établis par l'organisme de formation, prouvant son assiduité à l'action de formation à la fin de chaque mois et lorsqu'il reprend son poste de travail.
Le salarié, qui, sans motif légitime, cesse de suivre l'action de formation, perd le bénéfice du congé.
II. – Par dérogation, dans les entreprises de moins de cinquante salariés, le bénéficiaire du congé de transition professionnelle remet les justificatifs prouvant son assiduité à la commission paritaire interprofessionnelle régionale qui assure la prise en charge financière de son projet de transition professionnelle.

Art. D. 6323-10-5 (Décr. n° 2023-760 du 10 août 2023, art. 3, en vigueur le 1er sept. 2023) Dans le cadre d'une demande de projet de transition professionnelle financé dans les conditions mentionnées à l'article L. 221-1-5 du code de la sécurité sociale, l'autorisation de l'employeur mentionnée à l'article R. 6323-10 doit être expresse et

§ 3 Le positionnement préalable et la demande de prise en charge

Art. R. 6323-11 La demande de prise en charge d'un projet de transition professionnelle est adressée par le salarié à la commission paritaire interprofessionnelle régionale compétente pour son lieu de résidence principale ou à celle compétente pour son lieu de travail, après que celui-ci a obtenu l'accord de son employeur pour bénéficier du congé de transition professionnelle. Le salarié ne peut déposer simultanément plusieurs demandes de prise en charge d'un projet de transition professionnelle.

Art. R. 6323-11-1 Lorsque le salarié est titulaire d'un contrat à durée déterminée, il peut adresser une demande de prise en charge d'un projet de transition professionnelle à la commission paritaire interprofessionnelle régionale compétente au cours de l'exécution de son contrat de travail. L'accord préalable de l'employeur est requis lorsque le salarié souhaite suivre l'action de formation correspondante pour tout ou partie pendant son temps de travail.

Art. R. 6323-11-2 (Décr. n° 2019-1549 du 30 déc. 2019, art. 1er) Le salarié mentionné à l'article R. 6323-9-1 et réunissant l'une des conditions d'ancienneté prévues à cet article peut adresser une demande de prise en charge d'un projet de transition professionnelle à la commission paritaire interprofessionnelle régionale compétente au plus tard quatre mois après le terme de son dernier contrat de travail ou contrat de mission, à la condition que l'action de formation débute au plus tard six mois après ce terme.

Art. R. 6323-12 La demande de prise en charge d'un projet de transition professionnelle intervient après la réalisation d'une action de positionnement préalable. Le positionnement préalable est réalisé à titre gratuit par le prestataire de formation contacté en vue de suivre l'action de formation. Ce positionnement ne constitue pas une action de formation au sens de l'article L. 6313-1.

A l'issue de la réalisation du positionnement préalable, un document, joint à la demande de prise en charge, identifie les acquis du salarié et propose un parcours de formation individualisé et adapté, dans son contenu et sa durée, aux besoins de formation identifiés pour la réalisation du projet de transition professionnelle. Il comprend un devis approuvé par le salarié, précisant le coût et le contenu de l'action de formation proposée.

Art. R. 6323-13 La liste des pièces à transmettre à la commission paritaire interprofessionnelle régionale par le salarié souhaitant bénéficier d'un projet de transition professionnelle est arrêtée par le ministre chargé de la formation professionnelle.

Sur la composition du dossier de demande de prise en charge financière, V. Arr. du 17 mars 2021, NOR : MTRD2102181A (JO 1er avr.).

§ 4 Les critères et modalités de prise en charge du projet de transition professionnelle

Art. R. 6323-14 La commission paritaire interprofessionnelle régionale procède à l'examen du dossier du salarié.

Elle contrôle le respect des conditions d'ancienneté et d'accès prévues au paragraphe 1er de la présente section et à l'article R. 6323-10 ainsi que la capacité, requise par l'article L. 6316-1, du prestataire de formation à dispenser une formation de qualité (Décr. n° 2023-1396 du 28 déc. 2023, art. 1er) « , en tenant compte des résultats des contrôles opérés le cas échéant sur ce prestataire au titre du paiement des frais de formation ».

La commission apprécie la pertinence du projet professionnel au regard des critères cumulatifs suivants :

1° La cohérence du projet de transition professionnelle destiné à permettre de changer de métier ou de profession ;

2° La pertinence du parcours de formation et des modalités de financement envisagés à l'issue de l'action de positionnement préalable ;
3° Les perspectives d'emploi à l'issue de l'action de formation, notamment dans la région.

Art. R. 6323-14-1 I. – Lorsque la demande de prise en charge est présentée par le salarié mentionné à l'article R. 6323-11-1, la commission paritaire interprofessionnelle régionale peut décider de prendre en charge le projet même quand l'action de formation associée débute après le terme du contrat de travail, à la condition toutefois qu'elle débute au plus tard six mois après celui-ci.
II. – Pendant la durée de son projet de transition professionnelle, le travailleur mentionné au I a la qualité de stagiaire de la formation professionnelle.
Il bénéficie de la rémunération prévue à l'article L. 6323-17-5 ainsi que du maintien du régime de protection sociale dont il bénéficiait lorsqu'il était titulaire d'un contrat de travail à durée déterminée, en matière de sécurité sociale, d'assurance chômage et de retraite complémentaire. La commission paritaire interprofessionnelle régionale verse aux régimes concernés les cotisations sociales afférentes à ces garanties.

Art. D. 6323-14-1-1 (Décr. n° 2023-760 du 10 août 2023, art. 3, en vigueur le 1er sept. 2023) Dans le cadre d'une demande de prise en charge d'un projet de transition professionnelle mentionné au troisième alinéa de l'article L. 6323-17-1, en cas de doute sur un ou plusieurs risques professionnels mentionnés à l'article L. 4161-1 qui concernerait le métier visé par le demandeur, la commission paritaire interprofessionnelle régionale peut renvoyer le demandeur vers un conseiller en évolution professionnel [professionnelle] qui vérifiera que son projet de transition professionnelle vise un métier non soumis à un risque professionnel.

Art. R. 6323-14-2 I. – Les demandes de prise en charge d'un projet de transition professionnelle sont satisfaites dans l'ordre de leur réception. Toutefois, les commissions paritaires interprofessionnelles régionales sont admises à déterminer certaines catégories d'actions et de publics prioritaires lorsque les demandes de prise en charge d'un projet de transition professionnelle qui leur sont présentées ne peuvent être toutes satisfaites simultanément.
L'ordre de priorité est fixé par chaque commission au regard des spécificités de son territoire. Il tient compte notamment des analyses effectuées dans le cadre du contrat de plan régional de développement des formations et de l'orientation professionnelle élaboré par la région en application de l'article L. 6121-1, d'une part, et du référentiel de priorités dans la satisfaction des demandes de prise en charge établi par France compétences en application du 10° de l'article L. 6123-5, d'autre part.
Ce référentiel tient notamment compte du niveau de qualification et de la catégorie socioprofessionnelle des demandeurs ainsi que de leur éventuelle inaptitude à leur emploi, de la taille des entreprises qui les emploient et de l'objectif d'assurer l'égalité professionnelle entre les femmes et les hommes.
II. – La commission paritaire interprofessionnelle régionale planifie la répartition prévisionnelle de ses engagements financiers au cours de l'année.
III. – L'ordre de priorité et la répartition prévus au[x] I et II sont définis et publiés chaque année dans des rubriques dédiées du système d'information national commun aux commissions paritaires interprofessionnelles régionales prévu au II de l'article L. 6323-17-2.

Art. R. 6323-14-3 I. – La commission paritaire interprofessionnelle régionale prend en charge :
1° Les frais pédagogiques et les frais de validation des compétences et des connaissances liés à la réalisation de l'action de formation ;
2° Les frais annexes, composés des frais de transport, de repas et d'hébergement occasionnés par la formation suivie par le salarié qui exécute un projet de transition professionnelle ;
3° La rémunération du salarié mentionnée à l'article L. 6323-17-5 ;
4° Les cotisations de sécurité sociale afférentes à cette rémunération ;
5° Les charges légales et conventionnelles assises sur cette rémunération.

II. — Sous réserve de la transmission, par le bénéficiaire, du justificatif matérialisant la décision de rompre le contrat de travail postérieurement à l'accord de prise en charge de la commission paritaire interprofessionnelle régionale, la prise en charge est maintenue en cas de rupture du contrat de travail :
1° Par l'employeur ;
2° Par le bénéficiaire, sous réserve de la conclusion d'un nouveau contrat de travail succédant au précédent dans un délai d'un mois à compter de la date de fin de préavis et de l'accord donné par le nouvel employeur à la demande de congé associé.

Art. R. 6323-14-4 La commission paritaire interprofessionnelle régionale mobilise prioritairement les droits inscrits sur le compte personnel de formation du salarié ayant fait l'objet d'une décision de prise en charge de son projet de transition professionnelle.

Le salarié peut bénéficier de compléments de financement versés à la commission paritaire interprofessionnelle régionale par les financeurs mentionnés au II de l'article L. 6323-4.

Art. D. 6323-14-5 (Décr. n° 2023-760 du 10 août 2023, art. 3, en vigueur le 1er sept. 2023) Lorsque le financement de la dotation mentionnée au I de l'article D. 6123-26-1 ne suffit pas à la prise en charge d'une demande de projet de transition professionnelle, la commission paritaire interprofessionnelle régionale peut, dans les conditions prévues au troisième alinéa de l'article L. 6323-17-1, mobiliser la dotation mentionnée à l'article R. 6123-25 pour en assurer le financement complémentaire.

§ 5 Le refus de prise en charge d'un projet de transition professionnelle

Art. R. 6323-15 La commission paritaire interprofessionnelle régionale qui rejette tout ou partie d'une demande de prise en charge notifie au salarié les raisons motivant ce rejet par tout moyen conférant date certaine à la réception de cette notification. Elle l'informe également, dans sa notification, de la possibilité de déposer un recours gracieux.

Art. R. 6323-16 Le recours gracieux contre la décision est adressé à la commission paritaire interprofessionnelle régionale dans un délai de deux mois à compter de la date d'envoi de la notification du rejet.

Il est examiné par une instance paritaire de recours créée au sein de la commission paritaire interprofessionnelle régionale par son conseil d'administration. La commission détermine les conditions dans lesquelles elle délègue à cette instance le pouvoir de se prononcer sur les recours au nom du conseil d'administration.

La décision prise sur le recours gracieux est notifiée au salarié dans un délai de deux mois à compter de la date de dépôt du recours. En cas de confirmation du rejet, elle est motivée.

Art. R. 6323-17 L'intéressé peut solliciter une médiation de France compétences réalisée en application de l'article R. 6123-14 du code du travail. La commission paritaire interprofessionnelle régionale transmet, sur demande de France compétences, le dossier de demande de prise en charge du salarié accompagné de la décision motivée de refus de prise en charge du projet de transition professionnelle et, le cas échéant, de la décision prise sur le recours gracieux.

§ 6 Modalités de rémunération

(Décr. n° 2018-1339 du 28 déc. 2018, art. 1er-II, en vigueur le 1er janv. 2019)

Art. D. 6323-18-1 I. — Lorsque le projet de transition professionnelle est réalisé sur le temps de travail, le salarié bénéficie de la rémunération prévue à l'article L. 6323-17-5 pendant la durée de son projet, sous réserve de son assiduité à l'action de formation ou au stage en entreprise nécessaire à l'obtention de la certification prévue par le projet de transition professionnelle.

II. — (Abrogé par Décr. n° 2019-1439 du 23 déc. 2019, art. 1er, à compter du 1er janv. 2020) « *Dans les entreprises de cinquante salariés et plus,* » La rémunération du bénéficiaire du projet de transition professionnelle et les cotisations sociales légales et conventionnelles à la charge de l'employeur assises sur cette rémunération sont versées mensuellement par l'employeur.

La commission paritaire interprofessionnelle régionale rembourse l'employeur dans le délai maximum d'un mois à compter de la réception des justificatifs suivants :

1° La copie du bulletin de paie ;

2° Le ou les justificatifs prouvant l'assiduité du bénéficiaire à l'action de formation *(Décr. n° 2019-1439 du 23 déc. 2019, art. 1er, en vigueur le 1er janv. 2020)* « ou au stage en entreprise » ;

3° Le cas échéant, les justificatifs relatifs aux cotisations sociales légales et conventionnelles à la charge de l'employeur assises sur les rémunérations dans l'entreprise concernée.

(Décr. n° 2019-1439 du 23 déc. 2019, art. 1er, en vigueur le 1er mars 2020) « III. — Dans les entreprises de moins de cinquante salariés, l'employeur bénéficie, sur sa demande, du remboursement de la rémunération versée et des cotisations sociales légales et conventionnelles assises sur cette rémunération sous forme d'avances.

« Le montant total des avances ne peut excéder 90 % du montant total des rémunérations mensuelles et des cotisations sociales légales et conventionnelles assises sur les rémunérations dues par l'employeur pendant le projet de transition professionnelle.

« La première avance est versée à l'employeur par la commission paritaire interprofessionnelle régionale au plus tard trente jours après la réception de la facture émise par l'employeur comprenant le montant total des rémunérations et des cotisations sociales légales et conventionnelles dues par l'employeur pendant le projet de transition professionnelle. Le solde est versé à l'employeur par la commission paritaire interprofessionnelle régionale, après la réception des justificatifs, à la fin du projet de transition professionnelle.

« En cas d'abandon du projet de transition professionnelle par le salarié ou d'absence supérieure à un mois, le paiement est réalisé au prorata temporis de la durée du projet de transition professionnelle.

« Le taux et les conditions de versement des avances sont définis conjointement par la commission paritaire interprofessionnelle régionale et l'employeur. Ils peuvent s'appliquer pour l'ensemble des salariés bénéficiaires d'un projet de transition professionnelle au cours d'une période définie conjointement par la commission paritaire interprofessionnelle régionale et l'employeur. A défaut d'accord avant le début du projet de transition professionnelle, le taux et les conditions de versement de l'avance sont déterminés par arrêté du ministre chargé de la formation professionnelle.

« L'employeur informe le cas échéant la commission paritaire interprofessionnelle régionale de la survenance de tout événement pouvant avoir des conséquences sur le suivi par le salarié de l'action de formation ou le montant de la rémunération et des cotisations sociales légales et conventionnelles et adresse les justificatifs avant le versement de l'avance suivante ou du solde.

« Le versement sous forme d'avances est suspendu lorsque l'employeur ne transmet pas les justificatifs à la commission paritaire interprofessionnelle régionale.

« En cas de trop perçu au titre des avances versées par la commission paritaire interprofessionnelle régionale, l'employeur rembourse la commission paritaire interprofessionnelle régionale concernée au plus tard trente jours après la constatation du trop perçu par la commission.

« IV. — Pour les particuliers employeurs, la rémunération du salarié bénéficiaire d'un projet de transition professionnelle et les cotisations sociales légales et conventionnelles assises sur cette rémunération lui sont versées mensuellement par la commission paritaire interprofessionnelle régionale. »

V. Arr. du 26 févr. 2020, NOR : MTRD2005214A (JO 29 févr.).

Art. D. 6323-18-2 Lorsque le projet de transition professionnelle est réalisé après le terme du contrat de travail à durée déterminée en application de l'article R. 6323-14-1, la rémunération est versée par la commission paritaire interprofessionnelle régionale.

Art. R. 6323-18-2-1 *(Décr. n° 2019-1549 du 30 déc. 2019, art. 1er)* I. — Lorsque le projet de transition professionnelle est accordé à un artiste ou technicien intermittent du spectacle mentionnés à l'article R. 6323-9-1 qui remplit la condition d'ancienneté mentionnée au 1°, au 2° ou au 3° du I de cet article, la rémunération et les cotisations sociales légales et conventionnelles assises sur cette rémunération, y compris celles versées en application des règles spécifiques d'indemnisation au titre du régime d'assurance chômage prévues à l'article L. 5424-22, sont versées mensuellement par la commission paritaire interprofessionnelle régionale.

II. — Lorsque le projet de transition professionnelle est accordé à un salarié, titulaire d'un contrat de travail conclu avec une entreprise de travail temporaire, qui remplit les conditions d'ancienneté mentionnées au III de l'article R. 6323-9-1, l'entreprise de travail temporaire établit un contrat de mission en application de l'article L. 1251-57 ou une lettre de mission pour les salariés titulaires d'un contrat à durée indéterminée intérimaire relevant de l'article L. 1251[-]58-1.

III. — La rémunération du salarié bénéficiaire du projet de transition professionnelle et les cotisations sociales légales et conventionnelles assises sur cette rémunération sont versées par l'employeur.

La commission paritaire interprofessionnelle régionale rembourse l'employeur dans le délai maximum d'un mois à compter de la réception des justificatifs suivants :

1° La copie du bulletin de paie ;

2° Les justificatifs prouvant l'assiduité du bénéficiaire à l'action de formation ou au stage en entreprise ;

3° Le cas échéant, les justificatifs relatifs aux cotisations sociales légales et conventionnelles à la charge de l'employeur assises sur les rémunérations dans l'entreprise concernée.

IV. - Dans les entreprises de moins de cinquante salariés, l'employeur bénéficie, sur sa demande, du remboursement de la rémunération versée et des cotisations sociales légales et conventionnelles assises sur cette rémunération sous forme d'avances.

Le montant total des avances ne peut excéder 90 % du montant total des rémunérations mensuelles et des cotisations sociales légales et conventionnelles assises sur les rémunérations dues par l'employeur pendant le projet de transition professionnelle.

La première avance est versée à l'employeur par la commission paritaire interprofessionnelle régionale au plus tard trente jours après la réception de la facture émise par l'employeur comprenant le montant total des rémunérations et des cotisations sociales légales et conventionnelles dues par l'employeur pendant le projet de transition professionnelle. Le solde est versé à l'employeur par la commission paritaire interprofessionnelle régionale, après la réception des justificatifs, à la fin du projet de transition professionnelle.

En cas d'abandon du projet de transition professionnelle par le salarié ou d'absence supérieure à un mois, le paiement est réalisé au *prorata temporis* de la durée du projet de transition professionnelle.

Le taux et les conditions de versement des avances sont définis conjointement par la commission paritaire interprofessionnelle régionale et l'employeur. Ils peuvent s'appliquer pour l'ensemble des salariés bénéficiaires d'un projet de transition professionnelle au cours d'une période définie conjointement par la commission paritaire interprofessionnelle régionale et l'employeur. A défaut d'accord avant le début du projet de transition professionnelle, le taux et les conditions de versement de l'avance sont déterminés par arrêté du ministre chargé de la formation professionnelle.

L'employeur informe le cas échéant la commission paritaire interprofessionnelle régionale de la survenance de tout événement pouvant avoir des conséquences sur le suivi par le salarié de l'action de formation ou sur le montant de la rémunération et des cotisations sociales légales et conventionnelles et adresse les justificatifs avant le versement de l'avance suivante ou du solde.

Le versement sous forme d'avances est suspendu lorsque l'employeur ne transmet pas les justificatifs à la commission paritaire interprofessionnelle régionale.

Art. D. 6323-18-3 I. — La rémunération due au titre du projet de transition professionnelle est égale à un pourcentage du salaire moyen de référence du bénéficiaire du projet, déterminé en fonction des salaires perçus au cours d'une période de référence.

II. — Le salaire moyen de référence du salarié qui remplit les conditions d'ancienneté mentionnées au 1° de l'article D. 6323-9 est calculé sur la base des salaires perçus au cours des douze mois précédant la formation.

III. – Le salaire moyen de référence du salarié qui remplit les conditions d'ancienneté mentionnées au 2° de l'article D. 6323-9 est calculé sur la base des salaires perçus au cours des quatre derniers mois en contrat de travail à durée déterminée, à l'exclusion des contrats mentionnés *(Décr. n° 2019-1439 du 23 déc. 2019, art. 1er, en vigueur le 1er janv. 2020)* « au II » de l'article D. 6323-9.

Art. R. 6323-18-3-1 *(Décr. n° 2019-1549 du 30 déc. 2019, art. 1er)* I. – Le salaire moyen de référence de l'artiste ou technicien intermittent du spectacle mentionné à l'article R. 6323-9-1 qui bénéficie d'un projet de transition professionnelle est calculé sur la base des salaires perçus au cours des périodes travaillées mentionnées au 1°, au 2° ou au 3° du I de l'article R. 6323-9-1, du montant de l'allocation d'assurance perçu par le salarié et des indemnités versées par la caisse des congés spectacles.

II. – Le salaire moyen de référence du salarié titulaire d'un contrat de travail conclu avec une entreprise de travail temporaire, qui remplit les conditions d'ancienneté mentionnées au II de l'article R. 6323-9-1, est calculé sur la base des salaires moyens perçus au cours des 600 dernières heures de mission effectuées pour le compte de l'entreprise de travail temporaire dans laquelle cette demande est déposée.

Le salaire moyen tient compte du salaire de base, des heures complémentaires ou supplémentaires et des primes de toute nature versées au cours de la période de référence, à l'exception de l'indemnité de fin de mission, de l'indemnité compensatrice de congés payés et des remboursements de frais professionnels.

Art. D. 6323-18-4 I. – Lorsque le salaire moyen de référence du salarié est inférieur ou égal à deux fois le salaire minimum de croissance, la rémunération perçue au titre du projet de transition professionnelle est égale à 100 % du salaire moyen de référence.

II. – Lorsque le salaire moyen de référence du salarié est supérieur à deux fois le salaire minimum de croissance, la rémunération est égale à :

1° 90 % du salaire moyen de référence, lorsque la durée du congé de transition professionnelle n'excède pas un an ou 1 200 heures pour une formation discontinue ou à temps partiel ;

2° 90 % du salaire moyen de référence pour la première année de formation ou pour les premières 1 200 heures de formation, lorsque la durée du congé de transition professionnelle est supérieure à un an ou *[à]* 1 200 heures pour une formation discontinue ou à temps partiel, et 60 % du salaire moyen de référence pour les années suivantes ou à partir de la 1201e heure.

Lorsque le salaire moyen de référence du bénéficiaire excède deux fois le salaire minimum de croissance, le montant de la rémunération perçue au titre d'un projet de transition professionnelle ne peut être inférieur *[à]* un montant égal à deux fois le salaire minimum de croissance.

SOUS-SECTION 2 **Commissions paritaires interprofessionnelles régionales**

(Décr. n° 2018-1339 du 28 déc. 2018, art. 2-I, en vigueur le 1er janv. 2019)

§ 1 Agrément

Art. D. 6323-19 I. – L'autorité administrative mentionnée au premier alinéa de l'article L. 6323-17-6 est le *(Décr. n° 2020-88 du 5 févr. 2020, art. 1er)* « préfet de région ».

II. – La commission paritaire interprofessionnelle régionale prévue à l'article L. 6323-17-6 est gérée par une association paritaire administrée par un conseil d'administration.

III. – Les règles d'organisation et de fonctionnement des commissions paritaires interprofessionnelles régionales sont définies par un accord national interprofessionnel conclu entre les organisations d'employeurs et de salariés représentatives au plan national et interprofessionnel, sous réserve des dispositions prévues par le présent code.

§ 2 Retrait de l'agrément et nomination d'un administrateur provisoire

Art. D. 6323-19-1 I. – Lorsqu'il constate des dysfonctionnements répétés ou des défaillances, le *(Décr. n° 2020-88 du 5 févr. 2020, art. 1er)* « préfet de région » adresse à la commission paritaire interprofessionnelle régionale *(Abrogé par Décr. n° 2020-88 du 5 févr. 2020, art. 1ᵉʳ)* « **, le cas échéant sur proposition du préfet de région,** » une mise en demeure motivée par tout moyen donnant date certaine à la réception de cette mise en demeure.

La commission paritaire interprofessionnelle dispose d'un délai d'un mois pour présenter ses observations écrites et, le cas échéant, orales relatives à cette situation ainsi que les mesures correctives envisagées.

Au vu des éléments de réponse de la commission paritaire interprofessionnelle régionale ou, le cas échéant, à l'expiration de ce délai, le *(Décr. n° 2020-88 du 5 févr. 2020, art. 1ᵉʳ)* « préfet de région » peut, en application de l'article L. 6323-17-6, nommer par arrêté un administrateur provisoire. L'arrêté fixe la durée de cette fonction.

II. — L'administrateur provisoire peut avoir pour mission :

1° D'accomplir une opération déterminée par l'arrêté mentionné au I ;

2° De gérer et de représenter l'organisme par substitution au conseil d'administration et à la direction générale pour la durée fixée par l'arrêté mentionné au I.

Art. D. 6323-19-2 I. — L'agrément peut être retiré lorsqu'une commission paritaire interprofessionnelle régionale ne satisfait plus aux dispositions des articles L. 6323-17-6, D. 6323-20-1, D. 6323-21, D. 6323-21-2 et D. 6323-21-4.

II. — Lorsqu'il constate qu'une commission paritaire interprofessionnelle régionale ne satisfait plus les *[aux]* dispositions mentionnées au I, le *(Décr. n° 2020-88 du 5 févr. 2020, art. 1ᵉʳ)* « préfet de région » lui adresse une mise en demeure motivée, par tout moyen donnant date certaine à la réception de cette mise en demeure.

La commission paritaire interprofessionnelle régionale dispose d'un délai de deux mois pour présenter ses observations écrites ou orales.

III. — Au vu des éléments de réponse de la commission paritaire interprofessionnelle régionale ou, le cas échéant, à l'expiration de ce délai, le *(Décr. n° 2020-88 du 5 févr. 2020, art. 1ᵉʳ)* « préfet de région » peut retirer l'agrément par arrêté.

L'arrêté précise la date à laquelle le retrait prend effet, ainsi que les modalités de dévolution des biens de l'opérateur concerné. L'arrêté lui est notifié et fait l'objet d'une publication au *(Décr. n° 2020-88 du 5 févr. 2020, art. 1ᵉʳ)* « recueil des actes administratifs de la préfecture ».

§ 3 Constitution et fonctionnement des commissions paritaires interprofessionnelles régionales

Art. D. 6323-20 L'acte de constitution de la commission paritaire interprofessionnelle régionale détermine son champ d'intervention géographique, ainsi que les conditions de sa gestion. Il fixe notamment :

1° La composition et l'étendue des pouvoirs du conseil d'administration paritaire ;

2° Les modalités de désignation des organes chargés de la préparation et de l'exécution des décisions de gestion de l'organisme. L'acte de constitution peut prévoir à cet effet l'existence de commissions paritaires afférentes.

Art. D. 6323-20-1 I. — Le conseil d'administration de la commission paritaire interprofessionnelle régionale est composé, en tenant compte de la représentativité des signataires de l'accord constitutif de la commission, d'au plus vingt membres titulaires comme suit :

— dix membres titulaires au plus représentant les organisations syndicales de salariés représentatives au niveau national et interprofessionnel ;

— dix membres titulaires au plus représentant les organisations professionnelles d'employeurs représentatives au niveau national et interprofessionnel.

II. — Chaque organisation membre du conseil d'administration dispose d'un nombre de voix proportionnel à l'audience établie au niveau national et interprofessionnel en application du 3° de l'article L. 2122-9.

Art. D. 6323-20-2 I. — Les membres du conseil d'administration doivent être en activité professionnelle ou avoir été en activité professionnelle au cours des cinq années précédant leur désignation. Ils peuvent se faire représenter par un suppléant désigné selon les mêmes modalités que le titulaire.

II. — Les incompatibilités mentionnées aux articles L. 6332-2-1 et R. 6332-12 sont applicables aux membres de la commission paritaire interprofessionnelle régionale.

III. — Les fonctions d'administrateur ou de salarié dans un opérateur chargé d'organiser et de financer le conseil en évolution professionnelle désigné par France compétences en application du 4° de l'article L. 6123-5 sont incompatibles avec les fonctions d'administrateur ou de salarié d'une commission paritaire interprofessionnelle régionale.

Art. D. 6323-20-3 Les dispositions des articles R. 6332-13, R. 6332-14 et R. 6332-34 à R. 6332-37 sont applicables aux commissions paritaires interprofessionnelles régionales.

§ 4 Missions

Art. D. 6323-20-4 La commission paritaire interprofessionnelle régionale a pour mission :

1° L'examen, l'autorisation et la prise en charge des projets de transition professionnelle prévus à l'article L. 6323-17-2 *(Décr. n° 2023-760 du 10 août 2023, art. 3, en vigueur le 1er sept. 2023)* « et des projets de reconversion professionnelle prévus au 4° du I de l'article L. 4163-7 » ;

2° L'examen et la vérification du caractère réel et sérieux du projet de reconversion professionnelle mentionné au 2° du II de l'article L. 5422-1 ;

3° L'information du public sur les organismes délivrant du conseil en évolution professionnelle et le suivi de la mise en œuvre du conseil en évolution professionnelle sur le territoire régional prévus à l'article L. 6223-17-6. Ce suivi donne lieu à la transmission annuelle d'un rapport à France compétences, réalisé sur la base d'indicateurs transmis par les opérateurs de conseil en évolution professionnelle et d'une méthodologie définie par France compétences ;

4° L'examen des recours mentionnés à l'article *[aux articles]* R. 6323-16 et R. 5422-2-2, et, le cas échéant, pour les projets mentionnés à l'article L. 6323-17-1 *(Décr. n° 2023-760 du 10 août 2023, art. 3, en vigueur le 1er sept. 2023)* « et les projets de reconversion professionnelle prévus au 4° du I de l'article L. 4163-7 », la transmission d'une demande de médiation à France compétences prévue à l'article R. 6123-14 ;

5° Le contrôle de la qualité des formations dispensées dans le cadre d'un projet de transition professionnelle prévus à l'article L. 6316-3 *(Décr. n° 2023-760 du 10 août 2023, art. 3, en vigueur le 1er sept. 2023)* « et des projets de reconversion professionnelle prévus au 4° du I de l'article L. 4163-7 » ;

6° L'analyse des besoins en emploi[s], en compétences et en qualifications sur le territoire et l'élaboration de partenariats régionaux avec notamment l'État, le conseil régional et les acteurs du service public de l'emploi permettant l'élaboration et la mise en œuvre des parcours professionnels. *(Décr. n° 2019-1439 du 23 déc. 2019, art. 2, en vigueur le 1er janv. 2020)* « La commission paritaire interprofessionnelle régionale organise des actions d'information sur la certification relative au socle de connaissances et de compétences professionnelles mentionné au I de l'article D. 6113-30 et des sessions de validation de cette certification dans la région » ;

7° Le paiement des frais résultant des actions de formation mentionnées au 1° de l'article L. 6313-1 qui s'effectue dans les conditions prévues par le[s] I et II de l'article R. 6332-25 et par l'article R. 6332-26.

Art. D. 6323-20-5 Les commissions paritaires interprofessionnelles régionales ne peuvent pas être désignées opérateurs de conseil en évolution professionnelle par France compétences.

Art. D. 6323-20-6 *(Décr. n° 2023-760 du 10 août 2023, art. 3, en vigueur le 1er sept. 2023)* Les commissions paritaires interprofessionnelles régionales gèrent au sein de deux sections financières distinctes les fonds reçus pour financer les projets de transition professionnelle en application du 5° de l'article L. 6123-5 :

1° Une section financière relative aux fonds reçus au titre de l'article R. 6123-25 ;

2° Une section financière relative aux fonds reçus au titre de l'article L. 221-1-5 du code de la sécurité sociale.

Elles gèrent au sein d'une section financière spécifique les projets de reconversion professionnelle prévus au 4° du I de l'article L. 4163-7.

§ 5 Financement et disponibilités

Art. D. 6323-21 I. — Les commissions paritaires interprofessionnelles régionales financent :

1° Les frais pédagogiques, les frais annexes et les frais liés à la validation des compétences et des connaissances des projets de transition professionnelle prévus par l'article R. 6323-14-3 ;

2° La rémunération des bénéficiaires d'un projet de transition professionnelle et la prise en charge des cotisations sociales légales et conventionnelles à la charge de l'employeur assises sur ces rémunérations prévues à l'article R. 6323-14-3 ;

3° Les dépenses réalisées au titre du suivi de la mise en œuvre du conseil en évolution professionnelle sur le territoire régional prévu à l'article L. 6323-17-6 ;

4° Les frais de gestion correspondant aux missions de la commission paritaire interprofessionnelle régionale dans les limites définies par la convention d'objectifs et de moyens prévue à l'article (*Décr. n° 2019-1439 du 23 déc. 2019, art. 2, en vigueur le 1ᵉʳ janv. 2020*) « D. 6323-21-4 » ou, à défaut, dans celles arrêtées par le ministre chargé de la formation professionnelle, dans les conditions prévues (*Décr. n° 2019-1439 du 23 déc. 2019, art. 2, en vigueur le 1ᵉʳ janv. 2020*) « au III du même article ».

II. — Les commissions paritaires interprofessionnelles régionales n'assurent aucun financement, direct ou indirect, des organisations syndicales de salariés et des organisations professionnelles d'employeurs, sous réserve du remboursement, sur présentation de justificatifs, des frais de déplacement, de séjour et de restauration engagés par les personnes qui siègent au sein des organes de direction de ces commissions.

Art. D. 6323-21-1 Les règles et les sanctions prévues aux articles R. 6332-27 à R. 6332-29 s'appliquent à la gestion des fonds dont la commission paritaire interprofessionnelle régionale peut disposer au 31 décembre au titre de la section financière unique mentionnée à l'article D. 6323-20-6.

Les modalités de calcul et de reversement des disponibilités excédentaires mentionnées à l'art. D. 6323-21-1 ne sont pas applicables aux exercices comptables relatifs : [...]

2° A l'année 2020 pour les commissions paritaires interprofessionnelles régionales mentionnées à l'art. L. 6323-17-6 (Décr. n° 2019-1119 du 31 oct. 2019, art. 5).

§ 6 Transmission de documents

Art. D. 6323-21-2 Les articles R. 6332-30 à R. 6332-32 sont applicables aux commissions paritaires interprofessionnelles régionales. Les documents prévus aux articles R. 6332-30 et R. 6332-31 sont également transmis, avant le 31 mai de l'année civile considérée, au préfet de région.

§ 7 Convention d'objectifs et de moyens

Art. D. 6323-21-3 I. — Une convention d'objectifs et de moyens triennale est conclue entre la commission paritaire interprofessionnelle régionale et le préfet de région.

Lors de la procédure préalable à cette convention, la commission paritaire interprofessionnelle régionale transmet au préfet de région un état des orientations de son activité et de l'évolution prévisionnelle des charges qui en résultent.

II. — Les parties procèdent annuellement à l'évaluation de suivi de la convention d'objectifs et de moyens. Elles apprécient le niveau de réalisation des objectifs fixés.

III. — Une copie de la convention et de l'évaluation annuelle est transmise à France compétences et au ministre chargé de la formation professionnelle par le préfet de région.

Art. D. 6323-21-4 I. — Les frais de gestion des commissions ne peuvent excéder un plafond déterminé dans la convention d'objectifs et de moyens.

Ces frais sont définis en fonction des demandes présentées par la commission paritaire interprofessionnelle et des objectifs fixés avec le préfet de région.

II. — Le plafond des frais de gestion mentionné au I est compris entre un minimum et un maximum déterminés en pourcentage des sommes perçues au titre des fonds mentionnés au 5° de l'article L. 6123-5. Ce minimum et ce maximum sont fixés par arrêté du ministre chargé de la formation professionnelle.

III. — En cas d'absence de conclusion de la convention d'objectifs et de moyens, les frais mentionnés au I ne peuvent excéder le minimum mentionné au II.

Art. D. 6323-21-5 Les frais de gestion de la commission paritaire interprofessionnelle régionale sont constitués par :

1° Les frais de gestion administrative relatifs à l'instruction et au suivi des projets de transition professionnelle (Décr. n° 2019-1439 du 23 déc. 2019, art. 2, en vigueur le 1er janv. 2020) « , des » projets mentionnés au 2° du II de l'article L. 5422-1 (Décr. n° 2019-1439 du 23 déc. 2019, art. 2, en vigueur le 1er janv. 2020) « et à l'organisation des sessions de validation de la certification relative au socle de connaissances et de compétences professionnelles mentionné au I de l'article D. 6113-30 » ;

2° Les frais de gestion liés à la mission de suivi de la mise en œuvre du conseil en évolution professionnelle sur le territoire régional ;

3° Le remboursement des frais de déplacement, de séjour et de restauration engagés par les personnes qui siègent au sein des organes de direction de l'organisme ;

4° Les frais d'information des salariés sur les projets de transition professionnelle (Décr. n° 2019-1439 du 23 déc. 2019, art. 2, en vigueur le 1er janv. 2020) « , la certification relative au socle de connaissances et de compétences professionnelles mentionné au I de l'article D. 6113-30 », les projets mentionnés au 2° du II de l'article L. 5422-1 et l'information sur les organismes délivrant du conseil en évolution professionnelle ;

5° Les frais engagés pour s'assurer de la qualité des formations dispensées (Décr. n° 2019-1439 du 23 déc. 2019, art. 2, en vigueur le 1er janv. 2020) « , notamment ceux liés à l'analyse des besoins en emploi, en compétences et en qualification sur le territoire ».

(Décr. n° 2023-760 du 10 août 2023, art. 3, en vigueur le 1er sept. 2023) « Les frais relatifs à l'instruction, à la gestion et au suivi des projets de reconversion professionnelle prévus au 4° du I de l'article L. 4163-7 et des actions financées par la dotation du fonds d'investissement dans la prévention de l'usure professionnelle mentionné à l'article L. 221-1-5 du code de la sécurité sociale font l'objet d'une prise en charge spécifique par les dotations mentionnées à l'article D. 6123-26-1 et assise sur les montants consommés par les commissions.

« Les modalités et le montant de ces prises en charge sont définis par arrêté des ministres chargés de la sécurité sociale et de la formation professionnelle. »

Art. D. 6323-21-6 En cas de dépassement des plafonds ou lorsque les objectifs prévus aux articles D. 6323-21-3 et D. 6323-21-4 ne sont pas atteints, le ministre chargé de la formation professionnelle adresse, sur proposition du préfet de région, à la commission paritaire interprofessionnelle régionale par tout moyen donnant date certaine à sa réception une mise en demeure motivée afin de présenter, dans un délai d'un mois, ses observations écrites et, le cas échéant, orales justifiant cette situation.

Au vu des éléments de réponse de la commission paritaire interprofessionnelle régionale ou après l'expiration de ce délai, le ministre chargé de la formation professionnelle peut :

1° Adresser à la commission une notification afin de procéder aux mesures correctives permettant d'assurer le respect des plafonds et objectifs prévus aux articles D. 6323-21-3 et D. 6323-21-4, ces mesures devant faire l'objet d'un suivi permettant d'apprécier la réponse apportée par la commission paritaire interprofessionnelle régionale ;

2° Décider le versement au Trésor public par la commission paritaire interprofessionnelle régionale d'une somme correspondant en tout ou partie au montant du dépassement constaté. Le recouvrement du versement est établi et poursuivi selon les modalités ainsi que sous les sûretés, garanties et sanctions applicables aux taxes sur le chiffre d'affaires ;

3° Nommer un administrateur provisoire au sein de la commission paritaire interprofessionnelle régionale ;

4° Retirer l'agrément de la commission paritaire interprofessionnelle régionale.

§ 8 Le système d'information national commun aux commissions paritaires interprofessionnelles régionales

(Décr. n° 2019-1492 du 27 déc. 2019)

Art. R. 6323-21-7 I. — Le système d'information national commun prévu à l'article L. 6323-17-2 est mis en œuvre par France compétences qui en assure la conception, le déploiement, l'exploitation et la maintenance.

France compétences est en charge du pilotage de ce système d'information et fixe les modalités de sa gouvernance et de son organisation financière. Elle définit et met en œuvre le cadre stratégique commun pour son développement et organise son administration. Elle veille également à son adaptation et détermine les modalités et les actions d'accompagnement nécessaires à son utilisation.

II. — Les commissions paritaires interprofessionnelles régionales ont recours au système d'information national commun pour l'exercice de leurs missions et procèdent, à ce titre, à son alimentation.

Du 1er janv. au 31 déc. 2020, France compétences assure une mission d'harmonisation des systèmes d'information utilisés par les commissions paritaires interprofessionnelles régionales afin d'en garantir l'interopérabilité (Décr. n° 2019-1492 du 27 déc. 2019, art. 2).

Art. R. 6323-21-8 *(Abrogé par Décr. n° 2020-1739 du 29 déc. 2020, art. 1er)* « *Le directeur général de* » France compétences est responsable des traitements de données à caractère personnel mis en œuvre au moyen du système d'information national commun mentionné à l'article R. 6323-21-7.

Art. R. 6323-21-9 Le système d'information national commun des commissions paritaires interprofessionnelles permet la transmission dans le système d'information du compte personnel de formation mentionné à l'article L. 6323-8 des données mentionnées au II de l'article R. 6323-34 dont il dispose.

SECTION 3 Mise en œuvre du compte personnel de formation pour les travailleurs indépendants, les membres des professions libérales et des professions non salariées, leurs conjoints collaborateurs et les artistes auteurs

(Décr. n° 2016-1999 du 30 déc. 2016, art. 2, en vigueur le 1er janv. 2018)

La sect. VII devient la sect. III (Décr. n° 2018-1329 du 28 déc. 2018, art. 2, en vigueur le 1er janv. 2019).

SOUS-SECTION 1 Alimentation du compte

Art. R. 6323-22 *(Décr. n° 2018-1329 du 28 déc. 2018, art. 2, en vigueur le 1er janv. 2019)* Le compte personnel de formation du travailleur mentionné à l'article L. 6323-25 est alimenté à hauteur de 500 euros par année de travail, dans la limite d'un plafond de 5 000 euros.

Lorsque le travailleur n'a pas exercé son activité au titre d'une année entière, son compte personnel de formation est alimenté d'une fraction du montant mentionné au I, calculée à due proportion du temps d'exercice de l'activité au cours de l'année. Lorsque le calcul des droits aboutit à un montant en euros comportant des décimales, ce montant est arrondi à la deuxième décimale, au centime d'euro supérieur.

(Décr. n° 2019-1049 du 11 oct. 2019, art. 3) « Un arrêté du ministre chargé de la formation professionnelle détermine les données permettant l'identification du travailleur et celles relatives à son activité professionnelle, transmises et utilisées par la Caisse des dépôts et consignations pour l'alimentation du compte personnel de formation. »

SOUS-SECTION 2 Formations éligibles *(Décr. n° 2018-1338 du 28 déc. 2018, art. 2-I, en vigueur le 1er janv. 2019).*

Art. D. 6323-23 *(Décr. n° 2018-1338 du 28 déc. 2018, art. 2-II, en vigueur le 1er janv. 2019)* Les dispositions des articles D. 6323-6, D. 6323-7 et D. 6323-8 sont applicables aux formations du travailleur mentionné à l'article L. 6323-25 éligibles au compte personnel de formation dans le cadre de la présente section.

Art. D. 6323-24 (Abrogé par Décr. n° 2018-1338 du 28 déc. 2018, art. 2-III, à compter du 1er janv. 2019) *Pour la détermination des listes de formations éligibles dans le cadre de la présente section, l'organe compétent mentionné à l'article D. 6323-23 détermine les critères selon lesquels les formations sont inscrites et publie ces listes. Celles-ci sont actualisées de façon régulière.*

Le ministre chargé de la formation professionnelle vérifie les conditions d'élaboration des listes de formation éligibles dans le cadre de la présente section, notamment le respect des dispositions du présent article.

Art. D. 6323-25 (Abrogé par Décr. n° 2018-1338 du 28 déc. 2018, art. 2-III, à compter du 1er janv. 2019) *Les dispositions des articles R. 6323-9 et R. 6323-10 sont applicables à la transmission des listes de formations éligibles et à leur publication dans le cadre de la présente section.*

SOUS-SECTION 3 *[ABROGÉE]* **Prise en charge des frais de formation**

(Abrogée par Décr. n° 2018-1336 du 28 déc. 2018, art. 2, à compter du 1er janv. 2019)

SECTION 4 **Mise en œuvre du compte personnel de formation pour les pluriactifs**

La sect. VIII devient la sect. IV (Décr. n° 2018-1329 du 28 déc. 2018, art. 3, en vigueur le 1er janv. 2019).

Art. R. 6323-27 (Décr. n° 2018-1329 du 28 déc. 2018, art. 3, en vigueur le 1er janv. 2019) Lorsque le titulaire d'un compte relève de plusieurs catégories au cours d'une même année, la Caisse des dépôts et consignations applique le montant d'alimentation annuel et le plafond les plus favorables.

(Décr. n° 2019-1392 du 17 déc. 2019, en vigueur le 1er janv. 2020) « Le titulaire d'un compte, qui exerce concomitamment des activités ouvrant des droits alimentés en euros et en heures, utilise ses droits acquis en euros ou en heures en fonction de son activité principale. Si ces activités sont exercées selon la même quotité, il peut utiliser ses droits acquis indifféremment en euros ou en heures. »

Art. D. 6323-28 (Abrogé par Décr. n° 2018-1336 du 28 déc. 2018, art. 3, à compter du 1er janv. 2019) *Lorsqu'une personne exerce simultanément plusieurs activités professionnelles, elle peut choisir l'activité au titre de laquelle elle mobilise son compte personnel de formation. La mobilisation du compte est alors régie par les dispositions applicables à cette activité.*

Ce choix est effectué par l'intermédiaire des services dématérialisés mentionnés à l'article [aux articles] L. 5151-6 et L. 6323-8.

SECTION 5 **Mise en œuvre du compte personnel de formation pour les personnes handicapées accueillies dans un établissement ou [un] service d'aide par le travail** (Décr. n° 2018-1329 du 28 déc. 2018, art. 4, en vigueur le 1er janv. 2019).

(Décr. n° 2016-1899 du 27 déc. 2016, art. 2 ; Décr. n° 2017-1058 du 10 mai 2017, art. 1er)

La sect. IX devient la sect. V (Décr. n° 2018-1329 du 28 déc. 2018, art. 4, en vigueur le 1er janv. 2019).

Art. R. 6323-29 (Décr. n° 2018-1329 du 28 déc. 2018, art. 4, en vigueur le 1er janv. 2019) I. — Le compte personnel de formation de la personne mentionnée à l'article L. 6323-33 est alimenté à hauteur de 800 euros par année d'admission à temps plein ou à temps partiel dans un établissement ou un service d'aide par le travail, dans la limite d'un plafond de 8 000 euros.

II. — Le calcul des droits des salariés est effectué par la Caisse des dépôts et consignations au moyen des données issues de la déclaration sociale nominative des employeurs mentionnée à l'article L. 133-5-3 du code de la sécurité sociale afin de procéder à l'alimentation de leurs comptes personnels de formation.

Un arrêté du ministre chargé de la formation professionnelle fixe les modalités selon lesquelles la Caisse procède à ce calcul et à cette alimentation lorsqu'elle ne reçoit pas ces données et lorsque les données qu'elle reçoit sont incomplètes ou erronées.

Art. D. 6323-29-1 (*Décr. n° 2018-1338 du 28 déc. 2018, art. 3, en vigueur le 1er janv. 2019*) Les dispositions des articles D. 6323-6, D. 6323-7 et D. 6323-8 sont applicables aux formations de la personne mentionnée à l'article L. 6323-33 éligibles au compte personnel de formation dans le cadre de la présente section.

Art. D. 6323-29-2 (*Décr. n° 2018-1346 du 28 déc. 2018, art. 1er, en vigueur le 1er janv. 2019*) La contribution de l'établissement ou du service d'aide par le travail mentionnée à l'article L. 6323-36 est égale à 0,20 % de l'assiette égale à la somme :

1° D'une part, de la fraction de rémunération garantie mentionnée à l'article L. 243-4 du code de l'action sociale et des familles qui est financée par l'établissement ou le service d'aide par le travail ;

2° Et, d'autre part, de la moitié de l'aide au poste financée par l'État et mentionnée au même article L. 243-4.

Ces dispositions s'appliquent aux droits ouverts en matière de rémunération garantie à compter du 1er janv. 2019 (Décr. n° 2018-1346 du 28 déc. 2018, art. 2).

SECTION 6 **Système d'information du compte personnel de formation et du droit individuel à la formation des élus locaux** (*Décr. n° 2021-1708 du 17 déc. 2021, art. 5-II, en vigueur le 1er janv. 2022*).

(*Décr. n° 2014-1717 du 30 déc. 2014, art. 1er*)

Art. R. 6323-31 Le compte personnel de formation est mis en œuvre au moyen du traitement automatisé mentionné à la présente section. — *[Anc. art. R. 6323-12.]*

V. Décr. n° 2015-1224 du 2 oct. 2015 (JO 4 oct.), mod. par Décr. n° 2017-772 du 4 mai 2017 (JO 6 mai) et par Décr. n° 2018-1332 du 28 déc. 2018 (JO 30 déc.).

Les art. R. 6323-12 à R. 6323-21 deviennent respectivement les art. R. 6323-31 à R. 6323-40 (Décr. n° 2018-1332 du 28 déc. 2018, art. 1er).

Art. R. 6323-32 Conformément (*Décr. n° 2019-1049 du 11 oct. 2019, art. 1er*) « aux dispositions de l'article » L. 6323-8, est autorisée la création, par le ministre chargé de la formation professionnelle, d'un traitement automatisé de données à caractère personnel dénommé "Système d'information du compte personnel de formation" (SI-CPF), permettant la gestion des droits inscrits (*Abrogé par Décr. n° 2019-1049 du 11 oct. 2019, art. 1er*) « *ou mentionnés* » sur le compte personnel de formation (*Décr. n° 2019-1049 du 11 oct. 2019, art. 1er*) « , la gestion du parcours de formation du titulaire du compte, la mise à disposition des informations relatives à l'offre de formation et la prise en charge des actions de formation de l'inscription du titulaire du compte aux formations jusqu'au paiement des prestataires mentionnés à l'article L. 6351-1.

(*Décr. n° 2021-1708 du 17 déc. 2021, art. 12-II, en vigueur le 1er janv. 2022*) « Ce traitement permet également la gestion et l'utilisation du droit individuel à la formation des élus locaux mentionné à l'article L. 1621-3 du code général des collectivités territoriales. »

« Le ministre chargé de la formation professionnelle et la Caisse des dépôts et consignations sont responsables conjoints du traitement automatisé, qui est mis en œuvre et géré par la Caisse des dépôts et consignations. »

Art. R. 6323-33 (*Décr. n° 2019-1049 du 11 oct. 2019, art. 1er*) Le traitement automatisé mentionné à l'article R. 6323-32 a pour finalités de permettre :

1° La gestion et le contrôle des droits acquis (*Décr. n° 2021-1708 du 17 déc. 2021, art. 13, en vigueur le 1er janv. 2022*) « au titre » du compte personnel de formation (*Décr. n° 2021-1708 du 17 déc. 2021, art. 13, en vigueur le 1er janv. 2022*) « et au titre du droit individuel à la formation des élus locaux, ainsi que des abondements en droits complémentaires », accessible[s] via un service dématérialisé mis en place à cet effet ;

2° L'information du titulaire du compte personnel de formation (*Décr. n° 2021-1708 du 17 déc. 2021, art. 13, en vigueur le 1er janv. 2022*) « ou de droits individuels à la formation des élus locaux » ;

3° La prise en charge des actions de formation, de l'inscription jusqu'au paiement des prestataires mentionnés à l'article L. 6351-1 (*Décr. n° 2021-1708 du 17 déc. 2021, art. 13, en vigueur le 1er janv. 2022*) « du présent code ainsi que des organismes mentionnés à l'article L. 1221-3 du code général des collectivités territoriales », après *(Décr. n° 2021-1708 du 17 déc. 2021, art. 13, en vigueur le 1ᵉʳ janv. 2022)* « contrôle des actions de formation et » vérification du service fait ;

4° La mise en relation du titulaire du compte personnel de formation *(Décr. n° 2021-1708 du 17 déc. 2021, art. 13, en vigueur le 1ᵉʳ janv. 2022)* « ou de droits individuels à la formation des élus locaux avec les » prestataires *(Décr. n° 2021-1708 du 17 déc. 2021, art. 13, en vigueur le 1ᵉʳ janv. 2022)* « et organismes » mentionnés à l'article L. 6351-1 *(Décr. n° 2021-1708 du 17 déc. 2021, art. 13, en vigueur le 1ᵉʳ janv. 2022)* « du présent code et à l'article L. 1221-3 du code général des collectivités territoriales », conformément aux modalités prévues par les conditions générales d'utilisation du service dématérialisé mentionnées à l'article L. 6323-9 *(Décr. n° 2021-1708 du 17 déc. 2021, art. 13, en vigueur le 1ᵉʳ janv. 2022)* « du présent code et au III de l'article L. 1621-5 du code général des collectivités territoriales » ;

5° L'analyse de l'utilisation et l'évaluation de la mise en œuvre du compte personnel de formation *(Décr. n° 2021-1708 du 17 déc. 2021, art. 13, en vigueur le 1ᵉʳ janv. 2022)* « et du droit individuel à la formation des élus locaux », notamment au moyen de la statistique ;

6° La mise à disposition des services prévus au titre du compte personnel d'activité mentionnés au II de l'article L. 5151-6 par l'intermédiaire du service en ligne mentionné au I de l'article L. 5151-6 ;

7° La mise à disposition de services permettant d'accompagner le titulaire du compte personnel de formation *(Décr. n° 2021-1708 du 17 déc. 2021, art. 13, en vigueur le 1ᵉʳ janv. 2022)* « ou de droits individuels à la formation des élus locaux » dans la construction de son parcours professionnel et de lui formuler des propositions en lien avec ses préférences, ses attentes et son parcours ;

8° Le recensement des activités bénévoles ou de volontariat, l'alimentation et la mobilisation des droits inscrits sur le compte d'engagement citoyen conformément aux dispositions des articles L. 5151-7, L. 5151-8 et L. 5151-9 ;

9° La mise à disposition de services permettant au titulaire du compte personnel de formation de recenser les connaissances et compétences acquises, au cours de sa formation initiale et continue, et de sa carrière *(Décr. n° 2023-713 du 1ᵉʳ août 2023)* « , au sein du passeport d'orientation, de formation et de compétences mentionné au second alinéa du II de l'article L. 6323-8 ;

« 9° bis La mise en œuvre et la gestion du passeport de prévention mentionné à l'article L. 4141-5 et intégré au passeport mentionné au 9° ; »

10° La mise en œuvre du partage des données mentionné au deuxième alinéa de l'article L. 6353-10 ;

(Décr. n° 2021-1708 du 17 déc. 2021, art. 13, en vigueur le 1ᵉʳ janv. 2022) « 11° L'instruction des réclamations et des litiges ainsi que le recouvrement des sommes indûment versées, conformément aux modalités prévues par les conditions générales d'utilisation du service dématérialisé mentionnées à l'article L. 6323-9 du présent code et au III de l'article L. 1621-5 du code général des collectivités territoriales ;

« 12° L'accès aux formations mentionnées au I de l'article L. 1621-5 du code général des collectivités territoriales. »

Art. R. 6323-34 *(Décr. n° 2019-1049 du 11 oct. 2019, art. 1ᵉʳ)* I. — Dans la mesure où leur exploitation est nécessaire à la poursuite des finalités définies aux 1° à *(Décr. n° 2023-713 du 1ᵉʳ août 2023)* « 9° bis » *(Décr. n° 2021-1708 du 17 déc. 2021, art. 14, en vigueur le 1ᵉʳ janv. 2022)* « [,] 11° et 12° » de l'article R. 6323-33, les catégories de données à caractère personnel *(Décr. n° 2021-1708 du 17 déc. 2021, art. 14, en vigueur le 1ᵉʳ janv. 2022)* « relatives au titulaire du compte personnel de formation ou au titulaire de droits individuels à la formation des élus locaux » pouvant être enregistrées dans le traitement automatisé sont les suivantes :

1° Données relatives à l'identité et à l'activité professionnelle du titulaire *(Abrogé par Décr. n° 2021-1708 du 17 déc. 2021, art. 14, à compter du 1ᵉʳ janv. 2022)* « *du compte personnel de formation* » ;

2° Données relatives au parcours professionnel du titulaire *(Abrogé par Décr. n° 2021-1708 du 17 déc. 2021, art. 14, à compter du 1ᵉʳ janv. 2022)* « *du compte personnel de formation* » ;

Art. R. 6323-35

3° Données d'ordre économique et financier relatives au titulaire *(Abrogé par Décr. n° 2021-1708 du 17 déc. 2021, art. 14, à compter du 1er janv. 2022)* « *du compte personnel de formation* » ;

4° Données relatives aux droits et parcours de formation du titulaire *(Abrogé par Décr. n° 2021-1708 du 17 déc. 2021, art. 14, à compter du 1er janv. 2022)* « *du compte personnel de formation* » ;

(Décr. n° 2021-1708 du 17 déc. 2021, art. 14, en vigueur le 1er janv. 2022) « 5° Données relatives aux mandats électifs exercés par le titulaire de droits individuels à la formation des élus locaux ;

« 6° Données relatives aux prestataires mentionnés à l'article L. 6351-1 du présent code et aux organismes mentionnés à l'article L. 1221-3 du code général des collectivités territoriales ;

« 7° Données de connexion relatives aux personnes concernées. »

II. – Dans la mesure où leur exploitation est nécessaire à la poursuite des finalités définies au 10° de l'article R. 6323-33, les catégories de données à caractère personnel *(Décr. n° 2021-1708 du 17 déc. 2021, art. 14, en vigueur le 1er janv. 2022)* « relatives au titulaire de compte personnel de formation ou titulaire de droits individuels à la formation des élus locaux » pouvant être enregistrées dans le traitement automatisé sont les suivantes :

1° Données relatives à l'identité et à l'activité professionnelle du titulaire *(Abrogé par Décr. n° 2021-1708 du 17 déc. 2021, art. 14, à compter du 1er janv. 2022)* « *du compte personnel de formation* » ;

2° Données relatives à l'action de formation ;

3° Données relatives à l'entrée effective, aux interruptions et aux sorties de formation ;

4° Données relatives au parcours professionnel du titulaire *(Abrogé par Décr. n° 2021-1708 du 17 déc. 2021, art. 14, à compter du 1er janv. 2022)* « *du compte* » ;

5° Données relatives au parcours de formation du titulaire *(Abrogé par Décr. n° 2021-1708 du 17 déc. 2021, art. 14, à compter du 1er janv. 2022)* « *du compte* » ;

(Décr. n° 2021-1708 du 17 déc. 2021, art. 14, en vigueur le 1er janv. 2022) « 6° Données relatives aux mandats électifs exercés par le titulaire de droits individuels à la formation des élus locaux. »

III. – Un arrêté du ministre chargé de la formation professionnelle *(Décr. n° 2021-1708 du 17 déc. 2021, art. 14, en vigueur le 1er janv. 2022)* « et du ministre chargé des collectivités territoriales » précise les catégories de données à caractère personnel mentionnées aux I et II *(Décr. n° 2021-1708 du 17 déc. 2021, art. 14, en vigueur le 1er janv. 2022)* « ainsi que les personnes concernées ». – V. Arr. du 11 oct. 2019, NOR : MTRD1908679A (JO 13 oct.), mod. par Arr. du 19 mai 2020, NOR : MTRD2002216A (JO 18 juin), par Arr. du 19 juill. 2021, NOR : MTRD2121799A (JO 11 août), et par Arr. du 19 oct. 2022, NOR : MTRD2222945A (JO 2 déc.).

Art. R. 6323-35 *(Décr. n° 2019-1049 du 11 oct. 2019, art. 1er)* I. – Le titulaire du compte personnel de formation *(Décr. n° 2021-1708 du 17 déc. 2021, art. 15, en vigueur le 1er janv. 2022)* « ou de droits individuels à la formation des élus locaux » accède directement aux données à caractère personnel le concernant, en vue de renseigner et mettre à jour ses données à caractère personnel, son dossier de formation et son passeport d'orientation, de formation et *(Décr. n° 2023-713 du 1er août 2023)* « de compétences, ainsi que, le cas échéant, son passeport de prévention. »

II. – Ont seuls accès à tout ou partie des données à caractère personnel incluses dans le traitement automatisé mentionné à l'article R. 6323-32, dans les conditions fixées par les responsables de traitement et dans les limites strictement nécessaires à l'exercice de leurs missions, aux seules fins de la *(Décr. n° 2021-1708 du 17 déc. 2021, art. 15, en vigueur le 1er janv. 2022)* « mise en œuvre des finalités mentionnées à l'article R. 6323-33 », les personnes et agents habilités des organismes. La liste de ces organismes est fixée par arrêté du ministre chargé de la formation professionnelle *(Décr. n° 2021-1708 du 17 déc. 2021, art. 15, en vigueur le 1er janv. 2022)* « et du ministre chargé des collectivités territoriales ». – V. Arr. du 11 oct. 2019, NOR : MTRD1908679A (JO 13 oct.), mod. par Arr. du 19 mai 2020, NOR : MTRD2002216A (JO 18 juin), et par Arr. du 19 juill. 2021, NOR : MTRD2121799A (JO 11 août).

Art. R. 6323-36 (*Décr. n° 2019-1049 du 11 oct. 2019, art. 1er*) Sont destinataires de tout ou partie des données à caractère personnel incluses dans le traitement automatisé mentionné à l'article R. 6323-32, dans les conditions fixées par les responsables de traitement et dans les limites strictement nécessaires à l'exercice de leurs missions, les personnes et les agents habilités des organismes pour ce qui relève de :

1° La gestion et du contrôle des droits acquis (*Décr. n° 2021-1708 du 17 déc. 2021, art. 16, en vigueur le 1er janv. 2022*) « au titre du » compte personnel de formation et (*Décr. n° 2021-1708 du 17 déc. 2021, art. 16, en vigueur le 1er janv. 2022*) « du droit individuel à la formation des élus locaux ainsi que » des abondements en droits complémentaires ;

2° La mise en relation du titulaire du compte personnel de formation et (*Décr. n° 2021-1708 du 17 déc. 2021, art. 16, en vigueur le 1er janv. 2022*) « du titulaire de droits individuels à la formation des élus locaux avec les prestataires et organismes » mentionnés à l'article L. 6351-1 (*Décr. n° 2021-1708 du 17 déc. 2021, art. 16, en vigueur le 1er janv. 2022*) « du présent code et à l'article L. 1221-3 du code général des collectivités territoriales » ;

3° L'analyse de l'utilisation et de l'évaluation de la mise en œuvre du compte personnel de formation (*Décr. n° 2021-1708 du 17 déc. 2021, art. 16, en vigueur le 1er janv. 2022*) « et du droit individuel à la formation des élus locaux » ;

(*Décr. n° 2019-1490 du 27 déc. 2019, art. 2*) « 4° La mise en œuvre du partage de données mentionné au deuxième alinéa de l'article L. 6353-10. »

La liste de ces organismes est fixée par arrêté du ministre chargé de la formation professionnelle (*Décr. n° 2021-1708 du 17 déc. 2021, art. 16, en vigueur le 1er janv. 2022*) « et du ministre chargé des collectivités territoriales ». – V. Arr. du 11 oct. 2019, NOR : MTRD1908679A (JO 13 oct.), mod. par Arr. du 19 mai 2020, NOR : MTRD2002216A (JO 18 juin), et par Arr. du 19 juill. 2021, NOR : MTRD2121799A (JO 11 août).

Art. R. 6323-37 (*Décr. n° 2019-1049 du 11 oct. 2019, art. 1er*) I. – Dans le cadre des finalités définies à l'article R. 6323-33 et dans la limite du besoin d'en connaître, le traitement automatisé mentionné à l'article R. 6323-32 peut être alimenté par les traitements automatisés de données à caractère personnel comportant le numéro d'inscription des personnes au répertoire national d'identification des personnes physiques pour ce qui relève :

(*Décr. n° 2021-1708 du 17 déc. 2021, art. 17, en vigueur le 1er janv. 2022*) « 1° De la gestion et du contrôle des droits acquis au titre du compte personnel de formation et du droit individuel à la formation des élus locaux ainsi que des abondements en droits complémentaires ; »

2° Du recensement des activités bénévoles ou de volontariat, de l'alimentation et de la mobilisation des droits inscrits sur le compte d'engagement citoyen ;

3° De la mise en œuvre du partage de données mentionné au deuxième alinéa de l'article L. 6353-10 ;

(*Décr. n° 2023-713 du 1er août 2023*) « 4° De la mise à disposition de services permettant au titulaire d'un compte personnel de formation de recenser les connaissances et compétences acquises au cours de sa formation initiale et continue et de sa carrière, au sein du passeport d'orientation, de formation et de compétences mentionné au dernier alinéa de l'article L. 6323-8 ;

« 5° De la mise en œuvre et de la gestion du passeport de prévention mentionné à l'article L. 4141-5. »

La liste de ces traitements automatisés est fixée par arrêté du ministre chargé de la formation professionnelle (*Décr. n° 2021-1708 du 17 déc. 2021, art. 17, en vigueur le 1er janv. 2022*) « et du ministre chargé des collectivités territoriales ».

II. – Dans le cadre des finalités définies à l'article R. 6323-33 et dans la limite du besoin d'en connaître, le traitement automatisé mentionné à l'article R. 6323-32 peut être mis en relation avec d'autres traitements automatisés de données à caractère personnel comportant le numéro d'inscription des personnes au répertoire national d'identification des personnes physiques pour ce qui relève de la prise en charge des actions de formation. La liste de ces traitements automatisés est fixée par arrêté du ministre chargé de la formation professionnelle (*Décr. n° 2021-1708 du 17 déc. 2021, art. 17, en vigueur le 1er janv. 2022)* « et du ministre chargé des collectivités territoriales ».

III. – Dans le cadre des finalités définies à l'article R. 6323-33 et dans la limite du besoin d'en connaître, le traitement automatisé mentionné à l'article R. 6323-32 peut être mis en relation avec d'autres traitements automatisés de données à caractère personnel ne comportant pas le numéro d'inscription des personnes au répertoire national d'identification des personnes physiques pour ce qui relève de :

1° La mise en relation du titulaire du compte personnel de formation *(Décr. n° 2021-1708 du 17 déc. 2021, art. 17, en vigueur le 1er janv. 2022)* « ou de droits individuels à la formation des élus locaux avec les » prestataires mentionnés à l'article L. 6351-1 *(Décr. n° 2021-1708 du 17 déc. 2021, art. 17, en vigueur le 1er janv. 2022)* « du présent code et à l'article L. 1221-3 du code général des collectivités territoriales » ;

2° L'analyse de l'utilisation et de l'évaluation de la mise en œuvre du compte personnel de formation *(Décr. n° 2021-1708 du 17 déc. 2021, art. 17, en vigueur le 1er janv. 2022)* « et du droit individuel à la formation des élus locaux » ;

3° La mise à disposition des services prévus au titre du compte personnel d'activité ;

4° La mise à disposition de services permettant d'accompagner le titulaire du compte personnel de formation dans la construction de son parcours professionnel.

La liste de ces traitements automatisés est fixée par arrêté du ministre chargé de la formation professionnelle *(Décr. n° 2021-1708 du 17 déc. 2021, art. 17, en vigueur le 1er janv. 2022)* « et du ministre chargé des collectivités territoriales ». – *V. Arr. du 11 oct. 2019, NOR : MTRD1908679A (JO 13 oct.), mod. par Arr. du 19 mai 2020, NOR : MTRD2002216A (JO 18 juin), et par Arr. du 19 juill. 2021, NOR : MTRD2121799A (JO 11 août).*

Art. R. 6323-38 I. – Une information conforme aux dispositions *(Décr. n° 2023-713 du 1er août 2023)* « de l'article 13 du règlement (UE) 2016/679 du Parlement européen et du Conseil du 27 avril 2016 » figure sur le site internet du traitement automatisé mentionné à l'article *(Décr. n° 2019-1049 du 11 oct. 2019, art. 1er)* « R. 6323-32 ».

(Décr. n° 2023-713 du 1er août 2023) « II. – Le droit à l'effacement et le droit d'opposition prévus aux articles 17 et 21 du règlement mentionné au I ne s'appliquent pas au traitement mentionné à l'article R. 6323-32. »

III. – *(Décr. n° 2023-713 du 1er août 2023)* « Les droits d'accès, de rectification et de limitation prévus aux articles 15, 16 et 18 du règlement mentionné aux I et II s'exercent » auprès de la Caisse des dépôts et consignations.

Art. R. 6323-39 Les données à caractère personnel et les informations enregistrées dans le traitement sont conservées pendant une durée de trois ans à compter de la date du décès du titulaire du compte personnel de formation.

En cas de contentieux, ce délai est prorogé, le cas échéant, jusqu'à l'intervention d'une décision juridictionnelle définitive.

Art. R. 6323-40 Toute opération relative au traitement automatisé mentionné à l'article *(Décr. n° 2019-1049 du 11 oct. 2019, art. 1er)* « R. 6323-32 » fait l'objet d'un enregistrement comprenant l'identification de l'utilisateur, la date, l'heure et la nature de l'intervention dans ce traitement. Ces informations sont conservées pendant une durée d'un an.

(Décr. n° 2019-1049 du 11 oct. 2019, art. 1er) « En cas de contentieux, ce délai est prorogé, le cas échéant, jusqu'à l'intervention d'une décision juridictionnelle définitive. »

SECTION 7 Modalités d'alimentation supplémentaire du compte personnel de formation

(Décr. n° 2019-1049 du 11 oct. 2019, art. 4, en vigueur le 1er janv. 2020)

Art. R. 6323-42 I. – Lorsqu'en application des dispositions du III de l'article L. 6323-4, les financeurs mentionnés au II du même article alimentent en droits supplémentaires le compte personnel de formation, ils adressent à la Caisse des dépôts et consignations les informations nécessaires à cette alimentation, notamment le nom du titulaire du compte, les données permettant son identification et le montant attribué.

II. — Une somme d'un montant égal à celui de l'alimentation mentionnée au I est versée par le financeur à la Caisse des dépôts et consignations qui en assure la gestion conformément aux dispositions de l'article L. 6333-6. Le compte du titulaire est alimenté du montant correspondant dès réception de cette somme.

SECTION 8   Modalités d'utilisation des droits acquis au titre d'une activité relevant du droit public

(Décr. n° 2019-1392 du 17 déc. 2019, en vigueur le 1er janv. 2020)

Art. R. 6323-43 Les droits acquis en heures au titre de l'article 22 *quater* de la loi n° 83-634 du 13 juillet 1983 peuvent être convertis en euros, à l'initiative de toute personne mentionnée aux articles L. 6323-2 et L. 6323-33, dans la limite des plafonds définis au I des articles R. 6323-1, R. 6323-3-1, R. 6323-29 et au premier alinéa de l'article R. 6323-22.

Art. D. 6323-44 La conversion en euros des droits acquis en heures mentionnée à l'article R. 6323-43 s'effectue à raison de 15 euros par heure.

SECTION 9   Contribution du compte personnel de formation au droit individuel à la formation des élus locaux

(Décr. n° 2021-1708 du 17 déc. 2021, art. 18, en vigueur le 1er janv. 2022)

Art. R. 6323-45 Le compte personnel de formation peut être mobilisé par son titulaire en complément des droits dont il dispose au titre du droit individuel à la formation des élus locaux mentionné à l'article L. 1621-3 du code général des collectivités territoriales, pour le financement de formations contribuant à sa réinsertion professionnelle conformes à l'article L. 6323-6 du présent code.

CHAPITRE IV   Reconversion ou promotion par alternance *(Décr. n° 2018-1232 du 24 déc. 2018, en vigueur le 1er janv. 2019).*

SECTION 1   Objet et conditions d'ouverture

Art. D. 6324-1 *(Décr. n° 2018-1232 du 24 déc. 2018, en vigueur le 1er janv. 2019)* La reconversion ou la promotion par alternance mentionnée à l'article L. 6324-1 s'effectue selon les modalités et la durée prévues aux articles L. 6325-11 à L. 6325-15 *(Décr. n° 2020-262 du 16 mars 2020)* « , à l'exception des actions d'acquisition du socle de connaissance et de compétences mentionné aux articles L. 6121-2 et L. 6323-6 et de validation des acquis de l'expérience mentionnées à l'article L. 6313-5, pour lesquelles cette durée n'est pas applicable ».

Art. D. 6324-1-1 *(Décr. n° 2018-1232 du 24 déc. 2018, en vigueur le 1er janv. 2019)* Les salariés mentionnés à l'article L. 6324-2 sont ceux n'ayant pas atteint un niveau de qualification sanctionné par une certification professionnelle enregistrée au répertoire national des certifications professionnelles prévu à l'article L. 6113-1 et correspondant au grade de la licence. *(Abrogé par Décr. n° 2020-262 du 16 mars 2020)* « *La reconversion ou la promotion par alternance permet à ces salariés d'atteindre un niveau de qualification supérieur ou identique à celui qu'ils détiennent au moment de leur demande de reconversion ou de promotion par l'alternance.* »

SECTION 2   Tutorat

Art. D. 6324-2 *(Décr. n° 2018-1232 du 24 déc. 2018, en vigueur le 1er janv. 2019)* L'employeur désigne, parmi les salariés de l'entreprise, un tuteur chargé d'accompagner chaque bénéficiaire de la reconversion ou la promotion par alternance, selon les modalités prévues aux articles D. 6325-6 à D. 6325-10.

Art. D. 6324-3 à D. 6324-6 *Abrogés par Décr. n° 2018-1232 du 24 déc. 2018, à compter du 1er janv. 2019.*

CHAPITRE V CONTRATS DE PROFESSIONNALISATION

SECTION 1 Formation, enregistrement et rupture du contrat

Art. D. 6325-1 (Décr. n° 2011-535 du 17 mai 2011) L'employeur adresse le contrat de professionnalisation accompagné du document annexé à ce contrat mentionné à l'article D. 6325-11 à l'organisme paritaire collecteur agréé au titre de la professionnalisation, au plus tard dans les cinq jours qui suivent le début du contrat.

(Décr. n° 2015-1093 du 28 août 2015, art. 1er-1°, en vigueur le 1er sept. 2016) « L'employeur transmet, sous une forme dématérialisée, les documents prévus au premier alinéa au moyen du service dématérialisé favorisant le développement de la formation en alternance mentionné à l'article 4 de la loi n° 2011-893 du 28 juillet 2011 pour le développement de l'alternance et la sécurisation des parcours professionnels.

« Les décisions d'accord ou de refus de prise en charge prévues à l'article D. 6325-2 sont notifiées à l'employeur au moyen du service dématérialisé mentionné au précédent alinéa.

« Ces décisions sont également adressées au (Décr. n° 2020-1545 du 9 déc. 2020, art. 28-X, en vigueur le 1er avr. 2021) « directeur régional de l'économie, de l'emploi, du travail et des solidarités (DREETS) » du lieu d'exécution du contrat par l'intermédiaire du service dématérialisé mentionné au deuxième alinéa. »

Art. D. 6325-2 (Décr. n° 2011-535 du 17 mai 2011) Dans le délai de vingt jours à compter de la réception du contrat et du document annexé à ce contrat, l'organisme collecteur se prononce sur la prise en charge financière. Il vérifie notamment que les stipulations du contrat ne sont pas contraires à une disposition légale ou à une stipulation conventionnelle. Il notifie à l'employeur sa décision relative à la prise en charge financière. (Abrogé par Décr. n° 2015-1093 du 28 août 2015, art. 1er-2°, à compter du 1er sept. 2016) « Il dépose le contrat, accompagné de sa décision, auprès du directeur régional des entreprises, de la concurrence, de la consommation, du travail et de l'emploi du lieu d'exécution du contrat, sous une forme dématérialisée. » A défaut d'une décision de l'organisme dans ce délai, la prise en charge est réputée acceptée et le contrat est réputé déposé.

Lorsque l'organisme refuse la prise en charge financière au motif que les stipulations du contrat sont contraires à une disposition légale ou à une stipulation conventionnelle, il notifie sa décision motivée à l'employeur et au salarié titulaire du contrat.

Art. D. 6325-3 Abrogé par Décr. n° 2011-535 du 17 mai 2011.

Art. D. 6325-4 Les périodes en entreprise réalisées au titre de la formation initiale des jeunes sous statut scolaire ou universitaire ne peuvent donner lieu à la conclusion de contrats de professionnalisation. – [Anc. art. R. 981-1, al. 3.]

Art. D. 6325-5 Lorsque le contrat de professionnalisation, ou l'action de professionnalisation lorsqu'il s'agit d'un contrat de travail à durée indéterminée, est rompu avant son terme, l'employeur signale cette rupture dans un délai de trente jours :

1° Au (Décr. n° 2020-1545 du 9 déc. 2020, art. 28-X, en vigueur le 1er avr. 2021) « directeur régional de l'économie, de l'emploi, du travail et des solidarités (DREETS) » (Décr. n° 2015-1093 du 28 août 2015, art. 1er-3°) « par l'intermédiaire du service dématérialisé mentionné au deuxième alinéa de l'article D. 6325-1 » ;

2° A l'(L. n° 2018-771 du 5 sept. 2018, art. 45-II) « opérateur de compétences » (Décr. n° 2015-1093 du 28 août 2015, art. 1er-3°) « par l'intermédiaire du service dématérialisé mentionné au deuxième alinéa de l'article D. 6325-1 » ;

3° A l'organisme chargé du recouvrement des cotisations et contributions sociales.

SECTION 2 Tutorat

Art. D. 6325-6 Pour chaque salarié en contrat de professionnalisation, l'employeur (Décr. n° 2014-969 du 22 août 2014, art. 3) « choisit » un tuteur parmi les salariés qualifiés de l'entreprise.

Le salarié choisi pour être tuteur doit être volontaire et justifier d'une expérience professionnelle d'au moins deux ans dans une qualification en rapport avec l'objectif de professionnalisation visé.

FORMATION PROFESSIONNELLE CONTINUE — Art. D. 6325-13

(*Décr. n° 2014-969 du 22 août 2014, art. 3*) « Toutefois, l'employeur peut, notamment en l'absence d'un salarié qualifié répondant aux conditions prévues au second alinéa et à l'article D. 6325-9, assurer lui-même le tutorat dès lors qu'il remplit les conditions de qualification et d'expérience. »

Art. D. 6325-7 Les missions du tuteur sont les suivantes :
1° Accueillir, aider, informer et guider les bénéficiaires du contrat de professionnalisation ;
2° Organiser avec les salariés intéressés l'activité de ces bénéficiaires dans l'entreprise et contribuer à l'acquisition des savoir-faire professionnels ;
3° Veiller au respect de l'emploi du temps du bénéficiaire ;
4° Assurer la liaison avec l'organisme ou le service chargé des actions d'évaluation, de formation et d'accompagnement des bénéficiaires à l'extérieur de l'entreprise ;
5° Participer à l'évaluation du suivi de la formation. — [*Anc. art. D. 981-8, al. 2, phrases 1 et 2, et anc. art. D. 981-10, al. 2 à 5.*]

Art. D. 6325-8 L'employeur laisse au tuteur le temps nécessaire pour exercer ses fonctions et se former. — [*Anc. art. D. 981-8, al. 2, phrase 3.*]

Art. D. 6325-9 Lorsqu'il est salarié, le tuteur ne peut exercer simultanément ses fonctions à l'égard de plus de trois salariés bénéficiaires de contrats de professionnalisation ou d'apprentissage ou de périodes de professionnalisation.
L'employeur ne peut assurer simultanément le tutorat à l'égard de plus de deux salariés. — [*Anc. art. D. 981-8, al. 3.*]

Art. D. 6325-10 (*Décr. n° 2014-969 du 22 août 2014, art. 4*) Dans le cadre d'un contrat de professionnalisation conclu avec une entreprise de travail temporaire (*Décr. n° 2020-1741 du 29 déc. 2020, art. 8*) « , une association intermédiaire » ou un groupement d'employeurs, l'entreprise utilisatrice désigne un tuteur chargé d'exercer, pendant les périodes de mise à disposition, les missions prévues aux 1°, 2° et 3° de l'article D. 6325-7.
L'entreprise de travail temporaire (*Décr. n° 2020-1741 du 29 déc. 2020, art. 8*) « , l'association intermédiaire » ou le groupement d'employeurs désigne également un tuteur chargé d'exercer, en lien avec le tuteur de l'entreprise utilisatrice, les missions prévues aux 4° et 5° de l'article D. 6325-7. Les conditions prévues aux articles D. 6325-6 et D. 6325-9 ne s'appliquent pas à ce tuteur.

SECTION 3 Organisation de la formation

Art. D. 6325-11 Un document précisant les objectifs, le programme et les modalités d'organisation, d'évaluation et de sanction de la formation est annexé au contrat de professionnalisation. — [*Anc. art. R. 981-1, al. 1er.*]

Art. D. 6325-12 Les actions d'accompagnement ainsi que les enseignements généraux, professionnels et technologiques mentionnés à l'article L. 6325-13, mis en place dans le cadre d'un contrat de professionnalisation par un organisme de formation ou un établissement d'enseignement, donnent lieu à la signature, entre l'entreprise et l'organisme de formation ou l'établissement d'enseignement, d'une convention précisant les objectifs, le programme et les modalités d'organisation, d'évaluation et de sanction de la formation. — [*Anc. art. R. 981-1, al. 2.*]

Art. D. 6325-13 Dans les deux mois suivant le début du contrat de professionnalisation, l'employeur examine avec le salarié l'adéquation du programme de formation au regard des acquis du salarié.
En cas d'inadéquation, l'employeur et le salarié peuvent, dans les limites de la durée de ce contrat, conclure un avenant.
Cet avenant est transmis à l'(*L. n° 2018-771 du 5 sept. 2018, art. 45-II*) « opérateur de compétences ». Il est déposé à la (*Décr. n° 2020-1545 du 9 déc. 2020, art. 28-X, en vigueur le 1er avr. 2021*) « direction régionale de l'économie, de l'emploi, du travail et des solidarités » selon les modalités et dans les conditions définies (*Décr. n° 2011-535 du 17 mai 2011*) « à l'article D. 6325-2 ».

SECTION 4 Salaire

Art. D. 6325-14 Les salariés âgés de moins de vingt-six ans titulaires d'un contrat de professionnalisation perçoivent pendant la durée du contrat de travail à durée déterminée ou de l'action de professionnalisation du contrat de travail à durée indéterminée un salaire minimum calculé en fonction de leur âge et de leur niveau de formation. – *[Anc. art. D. 981-1, al. 1er.]*

Art. D. 6325-15 Le salaire ne peut être inférieur à 55 % du salaire minimum de croissance pour les bénéficiaires âgés de moins de vingt et un ans et à 70 % du salaire minimum de croissance pour les bénéficiaires âgés de vingt et un ans et plus.

Ces rémunérations ne peuvent, respectivement, être inférieures à 65 % et 80 % du salaire minimum de croissance, lorsque le bénéficiaire est titulaire d'une qualification au moins égale à celle d'un baccalauréat professionnel ou d'un titre ou diplôme à finalité professionnelle de même niveau. – *[Anc. art. D. 981-1, al. 2.]*

Art. D. 6325-16 Les montants de rémunération prévus à l'article D. 6325-15 sont calculés à partir du premier jour du mois suivant le jour où le titulaire du contrat a atteint l'âge indiqué. – *[Anc. art. D. 981-1, al. 3.]*

Art. D. 6325-17 Excepté dans le cas où un taux moins élevé est prévu par une convention collective ou un contrat, les avantages en nature dont bénéficie le titulaire du contrat de professionnalisation peuvent être déduits du salaire dans la limite de 75 % de la déduction autorisée pour les autres salariés par la réglementation applicable en matière de sécurité sociale.

Ces déductions ne peuvent excéder, chaque mois, un montant égal aux trois quarts du salaire. – *[Anc. art. D. 981-2.]*

Art. D. 6325-18 La rémunération du titulaire d'un contrat de professionnalisation âgé d'au moins vingt-six ans, prévue à l'article L. 6325-9, ne peut être inférieure à 85 % de la rémunération minimale prévue par les dispositions de la convention ou de l'accord collectif de branche dont relève l'entreprise. – *[Anc. art. L. 981-5, al. 2.]*

SECTION 5 Exonérations de cotisations sociales

Art. D. 6325-19 En cas de suspension du contrat de travail avec maintien total ou partiel de la rémunération mensuelle brute du salarié, le nombre d'heures rémunérées pris en compte pour le calcul *(Décr. n° 2009-612 du 2 juin 2009)* « des exonérations prévues aux articles L. 6325-16 et L. 6325-17 » est égal au produit de la durée de travail que le salarié aurait accomplie s'il avait continué à travailler et du pourcentage de la rémunération demeuré à la charge de l'employeur et soumis à cotisation.

Ce nombre d'heures rémunérées ne peut excéder, au titre du mois civil considéré, la durée légale du travail calculée sur le mois, ou, lorsqu'elle est inférieure, la durée conventionnelle applicable dans l'établissement. – *[Anc. art. D. 981-3-I.]*

Art. D. 6325-19-1 *(Décr. n° 2009-612 du 2 juin 2009)* L'exonération prévue à l'article L. 6325-17 bénéficie aux groupements d'employeurs *(Décr. n° 2015-998 du 17 août 2015, art. 2)* « pour l'insertion et la qualification » bénéficiant de l'aide prévue aux articles D. 6325-23 et D. 6325-24.

Art. R. 6325-20 Lorsque les services chargés du contrôle de l'exécution du contrat ou les agents de contrôle mentionnés à l'article L. 6361-5 constatent que l'employeur a méconnu les dispositions de l'article L. 1111-3, relatives aux modalités de calcul des effectifs, et celles du présent chapitre, le *(Décr. n° 2020-1545 du 9 déc. 2020, art. 28-X, en vigueur le 1er avr. 2021)* « directeur régional de l'économie, de l'emploi, du travail et des solidarités (DREETS) » peut, par décision motivée, prononcer le retrait du bénéfice de l'exonération.

Art. R. 6325-21 La décision de retrait du bénéfice de l'exonération est notifiée à l'employeur. Ce dernier en informe les représentants du personnel.

Elle est également transmise à l'organisme chargé du recouvrement des cotisations et contributions sociales et à *(Décr. n° 2018-1209 du 21 déc. 2018, art. 1er, en vigueur le 1er janv. 2019)* « l'opérateur de compétences ».

Les cotisations dont l'employeur a été exonéré avant la notification de la décision de retrait sont versées au plus tard à la première date d'exigibilité des cotisations et contributions sociales qui suit la date de notification de la décision.

SECTION 6 **Dispositions applicables aux groupements d'employeurs**

Art. D. 6325-22 Dans le cas d'un contrat de travail conclu avec un groupement d'employeurs, lorsque l'entreprise utilisatrice désigne un tuteur, les missions prévues à l'article D. 6325-7 peuvent, pendant les périodes de mise à disposition, être confiées à ce tuteur.

Toutefois, lorsque l'employeur désigne un tuteur, l'évaluation du suivi de la formation et la liaison avec l'organisme de formation, ou le service de formation, sont assurées par ce tuteur. Les conditions prévues aux articles D. 6325-6 et D. 6325-9 ne s'appliquent pas à ce tuteur. — *[Anc. art. D. 981-8, al. 4.]*

Art. D. 6325-23 Le groupement d'employeurs *(Décr. n° 2015-998 du 17 août 2015, art. 3)* « pour l'insertion et la qualification » qui organise, dans le cadre du contrat de professionnalisation *(Décr. n° 2020-1122 du 10 sept. 2020)* « ou du contrat d'apprentissage », des parcours d'insertion et de qualification peut bénéficier d'une aide de l'État.

(Décr. n° 2020-1122 du 10 sept. 2020) « Sont éligibles à cette aide les groupements d'employeurs pour l'insertion et la qualification qui organisent l'accompagnement personnalisé vers l'emploi au profit des personnes rencontrant des difficultés d'insertion particulières et répondant aux caractéristiques fixées dans le cahier des charges mentionné à l'article D. 1253-45. »

V. Arr. du 10 mars 2022, NOR : MTRD2205599A (JO 24 mars).

Art. D. 6325-24 Pour bénéficier de l'aide prévue à l'article D. 6325-23, les groupements d'employeurs concluent une convention avec le préfet.

Cette convention précise :

1° Le nombre prévisionnel d'accompagnements *(Décr. n° 2020-1122 du 10 sept. 2020)* « éligibles à cette aide dans l'année » ;

2° Les secteurs d'activité concernés, les qualifications préparées, les postes de travail sur lesquels les bénéficiaires du contrat sont embauchés ;

3° Le contenu et les modalités de mise en œuvre de l'accompagnement personnalisé vers l'emploi ;

4° Le nombre et la qualité des personnes chargées de l'accompagnement.

Art. D. 6325-25 Le groupement d'employeurs bénéficiant de l'aide prévue à l'article D. 6325-23 établit annuellement un bilan d'exécution de la convention. — *[Anc. art. D. 981-12, al. 5.]*

Art. D. 6325-26 L'aide de l'État prévue aux articles D. 6325-23 et D. 6325-24 est attribuée chaque année, en fonction du nombre d'accompagnements prévus par le groupement d'employeurs.

Elle est calculée sur une base forfaitaire par accompagnement et par an, dont le montant est fixé par arrêté conjoint des ministres chargés de l'emploi et du budget.

(Décr. n° 2009-612 du 2 juin 2009) « Elle est cumulable avec les exonérations prévues aux articles L. 6325-16 et L. 6325-17. »

Art. D. 6325-27 L'aide de l'État est versée à raison de 75 % de son montant prévisionnel au moment de la conclusion de la convention.

Le solde est versé après examen du bilan d'exécution de la convention par la *(Décr. n° 2020-1545 du 9 déc. 2020, art. 28-X, en vigueur le 1er avr. 2021)* « direction régionale de l'économie, de l'emploi, du travail et des solidarités ».

Art. D. 6325-28 Lorsqu'il ressort de l'examen du bilan d'exécution que le nombre d'accompagnements réalisés est inférieur à celui prévu par la convention ou que le contenu et les modalités de mise en œuvre de l'accompagnement ne sont pas conformes à la convention, les sommes correspondantes sont déduites du solde de l'aide restant à verser et, le cas échéant, reversées au Trésor public pour la part excédant le montant du solde. — *[Anc. art. D. 981-14, al. 2.]*

SECTION 7 Carte d'étudiant des métiers

(Décr. n° 2011-2001 du 28 déc. 2011)

Art. D. 6325-29 Une carte d'étudiant des métiers est délivrée gratuitement aux salariés en contrat de professionnalisation mentionnés à l'article L. 6325-6-2, par l'organisme ou le service chargé de leur formation dans les trente jours suivant la conclusion du contrat. En cas de rupture du contrat de professionnalisation, la carte est remise à l'établissement de formation, qui assure sa destruction.

La carte d'étudiant des métiers comporte les mentions prévues à l'article D. 6222-44 et est conforme au modèle défini en application de ce même article.

SECTION 8 Conventionnement avec l'entreprise d'accueil

(Décr. n° 2016-95 du 1ᵉʳ févr. 2016, art. 1ᵉʳ)

Art. D. 6325-30 En application du second alinéa de l'article L. 6325-2, l'accueil du salarié dans d'autres entreprises que celle qui l'emploie ne peut excéder la moitié du temps de formation en entreprise prévu par le contrat de professionnalisation. Cet accueil doit permettre au salarié de compléter sa formation en recourant, notamment, à des équipements ou des techniques qui ne sont pas utilisés par l'employeur.

Chaque entreprise d'accueil désigne un tuteur.

Le salarié doit se conformer au règlement intérieur de chaque entreprise d'accueil.

Chaque entreprise d'accueil est responsable du respect des dispositions relatives à la durée du travail ainsi qu'à la santé et la sécurité au travail.

Lorsque l'activité exercée par le salarié en entreprise d'accueil nécessite *(Décr. n° 2016-1908 du 27 déc. 2016, art. 19, en vigueur le 1ᵉʳ janv. 2017)* « un suivi individuel renforcé », les obligations correspondantes sont à la charge de cette entreprise.

Art. D. 6325-31 L'accueil du salarié dans d'autres entreprises que celles [celle] qui l'emploie fait l'objet d'une convention conclue entre l'employeur, les entreprises d'accueil et le salarié.

La convention précise notamment :

1° Le titre, le diplôme ou le certificat de qualification professionnel préparé, la durée de la période d'accueil et la nature des tâches confiées au salarié ;

2° Les horaires et les lieux de travail ;

3° Les modalités de partage, entre l'employeur et chaque entreprise d'accueil, des charges, rémunérations et avantages liés à l'emploi du salarié ;

4° Les modalités de partage, entre l'employeur et chaque entreprise d'accueil, des frais de transport et d'hébergement ;

5° L'obligation pour chaque entreprise d'accueil de se garantir en matière de responsabilité civile.

Art. D. 6325-32 Dès sa conclusion, la convention est adressée par l'employeur à l'établissement de formation dans lequel est inscrit le salarié, ainsi qu'à l'organisme paritaire collecteur agréé chargé de financer la formation de ce contrat.

SECTION 9 Mobilité dans ou hors de l'Union européenne

(Décr. n° 2019-1086 du 24 oct. 2019, art. 2)

Art. R. 6325-33 La convention conclue entre le bénéficiaire du contrat de professionnalisation et ses représentants légaux pour les mineurs, l'employeur en France, l'employeur à l'étranger, l'organisme de formation en France et, le cas échéant, l'organisme de formation à l'étranger, en application du II de l'article L. 6325-25, précise, notamment :

1° La date de début et de fin de la période de mobilité ;

2° L'objet de la formation et la nature des tâches confiées au bénéficiaire du contrat de professionnalisation en lien avec la certification visée, objet du contrat de professionnalisation ;

3° Les lieux de travail et, le cas échéant, de formation ;

4° Le nom et la qualification des personnes chargées d'en suivre le déroulement en France au sein de l'organisme de formation et dans le pays d'accueil ainsi que les modalités de suivi ;

5° Les équipements utilisés et produits ;
6° Les horaires de travail, la durée du travail, les repos hebdomadaires, les congés et les jours fériés ;
7° Le cas échéant, les modalités de prise en charge de la rémunération et des frais annexes générés par la mobilité ;
8° Le cas échéant, les modalités d'évaluation et de validation des compétences acquises à l'étranger ;
9° Les dispositions applicables au bénéficiaire du contrat de professionnalisation dans le pays d'accueil en matière de santé et sécurité au travail ;
10° L'information relative aux garanties prises en matière de responsabilité civile ou de couverture de risques équivalents dans le pays concerné, par le bénéficiaire du contrat de professionnalisation, l'entreprise d'accueil et, le cas échéant, l'organisme de formation d'accueil.

Un arrêté du ministre chargé de la formation professionnelle détermine le modèle de cette convention. – V. Arr. du 22 janv. 2020, NOR : MTRD2002357A (JO 31 janv.).

Art. R. 6325-34 La convention conclue entre le bénéficiaire du contrat de professionnalisation et ses représentants légaux pour les mineurs, l'employeur en France, l'employeur à l'étranger, l'organisme de formation en France et, le cas échéant, l'organisme de formation à l'étranger, en application du III de l'article L. 6325-25, précise, notamment :

1° La date de début et de fin et la durée de la période de mobilité ;
2° L'objet de la formation et la nature des tâches confiées au bénéficiaire du contrat de professionnalisation en lien avec la certification visée, objet du contrat de professionnalisation ;
3° Les lieux de travail et le cas échéant de formation ;
4° Le nom et la qualification de la personne chargée d'en suivre le déroulement en France et dans le pays d'accueil ainsi que les modalités de suivi ;
5° Les équipements utilisés et produits ;
6° Les horaires de travail, la durée du travail, les repos hebdomadaires, les congés et les jours fériés ;
7° Le cas échéant, les modalités de prise en charge des frais annexes générés par la mobilité ;
8° Le cas échéant, les modalités d'évaluation et de validation des compétences acquises à l'étranger ;
9° Les dispositions applicables au bénéficiaire du contrat de professionnalisation dans le pays d'accueil en matière de santé et sécurité au travail ;
10° L'information relative aux garanties prises en matière de responsabilité civile ou de couverture de risques équivalents dans le pays concerné, par le bénéficiaire du contrat de professionnalisation, l'entreprise d'accueil et, le cas échéant, l'organisme de formation d'accueil.

Un arrêté du ministre chargé de la formation professionnelle détermine le modèle de cette convention. – V. Arr. du 22 janv. 2020, NOR : MTRD2002356A (JO 31 janv.).

Art. R. 6325-35 Avant la conclusion de la convention prévue à l'article R. 6325-33, l'organisme de formation adresse à l'opérateur de compétences de l'employeur en France, le projet de convention avec une demande de prise en charge des frais supportés par le bénéficiaire du contrat de professionnalisation en application du 3° du II de l'article L. 6332-14.

Dès sa conclusion, la convention prévue à l'article R. 6325-33 est adressée par l'organisme de formation à l'opérateur de compétences de l'employeur en France.

Art. R. 6325-36 Avant la conclusion de la convention prévue à l'article R. 6325-34, l'employeur adresse à son opérateur de compétences le projet de convention avec une demande de prise en charge des frais supportés par le bénéficiaire du contrat de professionnalisation en application du 3° du II de l'article L. 6332-14.

Dès sa conclusion, la convention prévue à l'article R. 6325-34 est adressée par l'employeur à son opérateur de compétences.

TITRE III FINANCEMENT DE LA FORMATION PROFESSIONNELLE CONTINUE

CHAPITRE I PARTICIPATION DES EMPLOYEURS AU DÉVELOPPEMENT DE LA FORMATION PROFESSIONNELLE CONTINUE

SECTION 1 Modalités de calcul des effectifs

Art. R. 6331-1 (*Abrogé par Décr. n° 2019-1586 du 31 déc. 2019, art. 2, à compter du 1er janv. 2020*) (*Décr. n° 2009-775 du 23 juin 2009*) *Pour la détermination du montant de la participation des employeurs au développement de la formation professionnelle continue, l'effectif de l'entreprise calculé au 31 décembre, tous établissements confondus, est égal à la moyenne des effectifs déterminés chaque mois de l'année civile.*

Pour la détermination des effectifs du mois, il est tenu compte des salariés titulaires d'un contrat de travail le dernier jour de chaque mois, y compris les salariés absents, conformément aux dispositions des articles L. 1111-2, L. 1111-3 et L. 1251-54.

Pour une entreprise créée en cours d'année, l'effectif est apprécié à la date de sa création. Au titre de l'année suivante, l'effectif de cette entreprise est apprécié dans les conditions définies aux deux alinéas précédents, en fonction de la moyenne des effectifs de chacun des mois d'existence de la première année.

Pour la détermination de la moyenne mentionnée aux premier et troisième alinéas, les mois au cours desquels aucun salarié n'est employé ne sont pas pris en compte.

Pour calculer les effectifs permettant de déterminer le taux de la participation des employeurs au développement de la formation professionnelle continue applicable aux entreprises de travail temporaire, il y a lieu de retenir les salariés temporaires qui, d'une part, ont effectué au moins trois mois de mission d'intérim au cours de l'année de versement des rémunérations constituant l'assiette de la participation, qui est l'année qui précède celle au cours de laquelle cette participation est acquittée, et, d'autre part, entrent dans le décompte des effectifs d'au moins un des mois de cette même année de versement des rémunérations pour avoir été titulaires d'un contrat de travail le dernier jour de ce mois. ● CE 28 nov. 2018, n° 420951 A : *RJS 2/2019, n° 81.*

SECTION 2 Employeurs de moins de onze salariés (*Décr. n° 2017-249 du 27 févr. 2017*).

Art. R. 6331-2 (*Abrogé par Décr. n° 2021-1916 du 30 déc. 2021, art. 1er-14°, à compter du 1er janv. 2022*) (*Décr. n° 2014-968 du 22 août 2014*) *Pour l'application de l'article L. 6331-2, l'employeur de moins de* (*Décr. n° 2017-249 du 27 févr. 2017*) *« onze » salariés procède au versement de la participation avant le 1er mars de l'année suivant celle au titre de laquelle elle est due.*

Art. R. 6331-3 à R. 6331-8 (*Articles omis*).

SECTION 3 Employeurs d'au moins onze salariés (*Décr. n° 2019-1586 du 31 déc. 2019, art. 2, en vigueur le 1er janv. 2020*).

SOUS-SECTION 1 Montant et mise en œuvre de la participation

§ 1 Dispositions générales

Art. R. 6331-9 (*Abrogé par Décr. n° 2021-1916 du 30 déc. 2021, art. 1er-14°, à compter du 1er janv. 2022*) (*Décr. n° 2019-1586 du 31 déc. 2019, art. 2, en vigueur le 1er janv. 2020*) *Pour l'application de l'article L. 6331-3, l'employeur d'au moins onze salariés procède au versement de la participation avant le 1er mars de l'année suivant celle au titre de laquelle elle est due.*

Art. D. 6331-10 *Abrogé par Décr. n° 2014-968 du 22 août 2014.*

§ 2 Prise en compte d'un accroissement d'effectif

Art. R. 6331-11 *Abrogé par Décr. n° 2014-968 du 22 août 2014.*

Art. R. 6331-12 (Abrogé par Décr. n° 2019-1586 du 31 déc. 2019, art. 2, à compter du 1er janv. 2020) (Décr. n° 2014-968 du 22 août 2014) *Lorsque, en raison de l'accroissement de leur effectif, les employeurs atteignent ou dépassent au titre d'une année l'effectif de* (Décr. n° 2017-249 du 27 févr. 2017) *« onze » salariés, dans les conditions prévues à l'article L. 6331-15, le pourcentage minimal mentionné au premier alinéa de l'article L. 6331-9 est calculé en diminuant respectivement, pour les quatrième et cinquième années, le montant des rémunérations versées pendant l'année en cours d'un montant équivalent à* (Décr. n° 2016-189 du 24 févr. 2016) *« 30 % puis 10 % ».*

Les dispositions de l'art. R. 6331-12, dans leur rédaction antérieure au Décr. n° 2019-1586 du 31 déc. 2019, continuent à s'appliquer aux entreprises relevant de ces dispositions au 31 déc. 2019 (Décr. préc., art. 4-V).

§ 3 *[ABROGÉ]* Dépenses éligibles au financement par l'employeur du compte personnel de formation (Décr. n° 2014-968 du 28 août 2014).

(Abrogé par Décr. n° 2021-1916 du 30 déc. 2021, art. 1er-15°, à compter du 1er janv. 2022)

Art. R. 6331-13 Abrogé par Décr. n° 2021-1916 du 30 déc. 2021, art. 1er-15°, à compter du 1er janv. 2022.

Art. R. 6331-14 Abrogé par Décr. n° 2014-968 du 22 août 2014.

Art. R. 6331-15 et R. 6331-16 Abrogés par Décr. n° 2021-1916 du 30 déc. 2021, art. 1er-15°, à compter du 1er janv. 2022.

Art. R. 6331-17 à R. 6331-28 Abrogés par Décr. n° 2014-968 du 22 août 2014.

SOUS-SECTION 2 **Déclaration à l'autorité administrative**

Art. R. 6331-29 à R. 6331-35 Abrogés par Décr. n° 2015-600 du 2 juin 2015.

SECTION 4 **Dispositions applicables à certaines catégories d'employeurs et de travailleurs indépendants** (Décr. n° 2012-1370 du 7 déc. 2012, art. 2).

SOUS-SECTION 1 **Employeurs du bâtiment et des travaux publics**

Art. R. 6331-36 La cotisation prévue à l'article L. 6331-35 contribue au développement des actions mentionnées au 2° de l'article L. 6331-36, en ce qui concerne en particulier :
1° Le financement des investissements et du fonctionnement des établissements d'enseignement professionnel, des centres de formation d'apprentis et des sections d'apprentissage ;
2° La formation des personnels enseignants et des maîtres d'apprentissage ;
3° L'acquisition de matériel technique et pédagogique. — [Anc. art. L. 951-10-1-I, al. 5.]

Art. R. 6331-37 La cotisation (Décr. n° 2021-1916 du 30 déc. 2021, art. 1er-16°, en vigueur le 1er janv. 2022) « due par les entreprises de moins de onze salariés » donne lieu à trois versements d'acomptes provisionnels, les 30 avril, 31 juillet et 31 octobre de chaque année.
Le montant de chaque acompte est égal au quart de la cotisation mise à la charge du redevable au cours de la dernière année au titre de laquelle il a été assujetti. Pour l'année en cours, leur montant est égal au quart de la cotisation évaluée sur la base des rémunérations de l'année précédente calculée selon les modalités prévues à l'article L. 6331-37.

Art. R. 6331-38 La cotisation (Décr. n° 2021-1916 du 30 déc. 2021, art. 1er-17°, en vigueur le 1er janv. 2022) « due par les entreprises de moins de onze salariés » est liquidée le 31 janvier de l'année suivant le paiement du dernier acompte. Le solde de cotisation exigible est versé à cette date.
Les éventuels trop-perçus sont déduits de l'acompte suivant, sauf si l'entreprise en demande expressément le remboursement. Dans ce cas, le remboursement est réalisé dans le délai de trois mois.

Art. R. 6331-39 Pour les entreprises nouvellement créées ou celles qui entrent dans le champ d'application prévu à l'article L. 6331-35, les acomptes des cotisations prévues à l'article L. 6331-35 sont calculés pour la première année sur la base de l'effectif moyen de l'entreprise de l'année en cours. Ils sont assis, de manière forfaitaire, sur le salaire minimum de croissance applicable aux travailleurs intéressés. La régularisation est opérée au moment de la liquidation de la cotisation, dans les conditions prévues à l'article R. 6331-38. — *[Anc. art. L. 951-10-1-IV, al. 3.]*

Art. R. 6331-40 Les entreprises *(Décr. n° 2021-1916 du 30 déc. 2021, art. 1er-18°, en vigueur le 1er janv. 2022)* « de moins de onze salariés » redevables de la cotisation adressent leurs versements à la caisse BTP Prévoyance selon les modalités prévues aux articles R. 6331-37 à R. 6331-39.

Art. R. 6331-41 L'ensemble des opérations liées au recouvrement de la cotisation et au versement de son produit au Comité de concertation et de coordination de l'apprentissage du bâtiment et des travaux publics fait l'objet d'une comptabilité distincte dans les comptes de la caisse BTP Prévoyance. — *[Anc. art. L. 951-10-1-V, al. 4.]*

Art. R. 6331-42 *(Décr. n° 2021-1916 du 30 déc. 2021, art. 1er-19°, en vigueur le 1er janv. 2022)* Le produit de la cotisation est reversé mensuellement au comité de concertation et de coordination de l'apprentissage du bâtiment et des travaux publics :
1° Par la caisse BTP Prévoyance, pour la cotisation due par les entreprises de moins de onze salariés, après déduction d'un prélèvement de 0,6 % au titre des frais de recouvrement ;
2° Par France compétences, pour la cotisation due par les entreprises d'au moins onze salariés.

Art. R. 6331-43 La limite prévue au 4° de l'article L. 6331-36 est déterminée par le taux du montant total de la collecte de la cotisation fixé par arrêté du ministre chargé de la formation professionnelle, au regard de la mission particulière d'intérêt général du Comité de concertation et de coordination de l'apprentissage du bâtiment et des travaux publics. — *[Anc. art. L. 951-10-1-I, al. 7.]*

Art. R. 6331-44 Un commissaire du Gouvernement auprès du Comité de concertation et de coordination de l'apprentissage du bâtiment et des travaux publics est désigné par le ministre chargé de l'éducation nationale en accord avec les ministres chargés de l'équipement, du logement et de la formation professionnelle. — *[Anc. art. L. 951-10-1-VII, al. 5.]*

Art. R. 6331-45 Le contrôleur général économique et financier de l'État auprès du Comité de concertation et de coordination de l'apprentissage du bâtiment et des travaux publics est compétent pour contrôler l'ensemble des opérations relatives à la collecte et au recouvrement de la cotisation instituée au profit de ce comité, y compris lorsque ces opérations sont assurées par la caisse BTP Prévoyance. — *[Anc. art. L. 951-10-1-VII, al. 6.]*

Art. R. 6331-46 Un compte rendu annuel d'activités et des sommes consacrées à la prise en charge des dépenses mentionnées au 5° de l'article L. 6331-6 est adressé au commissaire du Gouvernement et au contrôleur général économique et financier de l'État placés auprès du Comité de concertation et de coordination de l'apprentissage du bâtiment et des travaux publics. — *[Anc. art. L. 951-10-1-I, al. 9.]*

SOUS-SECTION 2 **Travailleurs indépendants, membres des professions libérales et professions non salariées**

Art. R. 6331-47 La contribution prévue à l'article L. 6331-48 est due par les personnes non salariées, à l'exception de celles dont la rémunération ne peut être prise en compte pour la détermination du montant des salaires, entendu au sens du 1 de l'article 231 du code général des impôts, *(Décr. n° 2020-1739 du 29 déc. 2020, art. 1er)* « mentionnées au premier alinéa de l'article L. 6331-48 et à l'article L. 6331-53 ».
(Décr. n° 2022-956 du 29 juin 2022, art. 1er-1°) « Les personnes mentionnées au premier alinéa de l'article L. 6331-48 ne peuvent bénéficier de la prise en charge de leurs demandes de formation par un fonds d'assurance formation que si elles sont à jour du

paiement de la contribution prévue par cet article. Elles justifient de cette condition en produisant une attestation de paiement fournie par l'organisme collecteur. »

Art. R. 6331-48 *(Décr. n° 2022-956 du 29 juin 2022, art. 1er-2°, en vigueur le 1er sept. 2022)* Les personnes mentionnées au premier alinéa de l'article L. 6331-53 ne peuvent bénéficier de la prise en charge de leurs demandes de formation par l'opérateur de compétences mentionné au 1° du même article que si elles sont à jour du paiement de la contribution prévue par cet article. Elles justifient de cette condition en produisant une attestation de paiement fournie par l'organisme collecteur.

Art. R. 6331-49 *(Décr. n° 2022-956 du 29 juin 2022, art. 1er-3°, en vigueur le 1er sept. 2022)* Les personnes mentionnées au premier alinéa de l'article L. 6331-53 adhèrent à l'opérateur de compétences mentionné au 1° du même article.

Art. R. 6331-50 L'agrément de l'*(L. n° 2018-771 du 5 sept. 2018, art. 45-II)* « opérateur de compétences » mentionné au *(Décr. n° 2022-956 du 29 juin 2022, art. 1er-4°, en vigueur le 1er sept. 2022)* « 1° » de l'article L. 6331-53 est prononcé par arrêté conjoint des ministres chargés de la formation professionnelle, des gens de mer et de la pêche maritime.

(Décr. n° 2022-956 du 29 juin 2022, art. 1er-4°) « La délivrance de l'agrément est subordonnée à la condition que l'opérateur de compétences intervienne dans un champ caractérisé par des métiers, des emplois et des compétences proches de ceux des travailleurs indépendants de la pêche maritime et des employeurs de pêche maritime de moins de onze salariés ainsi que des travailleurs indépendants et des employeurs de culture marine, par l'existence de secteurs d'activités complémentaires, par un niveau général de qualification ou par des perspectives communes d'évolution des métiers. »

Art. R. 6331-51 L'agrément peut être retiré par arrêté conjoint des ministres chargés de la formation professionnelle, des gens de mer et de la pêche maritime lorsque les dispositions légales applicables à l'organisme ou les conditions particulières prévues le cas échéant par l'agrément ne sont pas respectées.

La décision de retrait intervient après que l'organisme gestionnaire a été appelé à s'expliquer. — *[Anc. art. R. 953-17, al. 3.]*

Art. R. 6331-52 *(Décr. n° 2021-1916 du 30 déc. 2021, art. 1er-22°, en vigueur le 1er janv. 2022)* La contribution prévue à l'article L. 6331-53 est versée par les organismes de recouvrement à France compétences, selon des modalités précisées par convention conclue respectivement avec *(Décr. n° 2022-956 du 29 juin 2022, art. 1er-5°)* « les organismes mentionnés aux articles L. 225-1-1 du code de la sécurité sociale et L. 723-11 du code rural et de la pêche maritime », après déduction des frais de gestion mentionnés respectivement à l'article L. 6331-52 du présent code *(Abrogé par Décr. n° 2022-956 du 29 juin 2022, art. 1er-5°)* « et à l'article R. 718-22 du code rural et de la pêche maritime ».

La part due à l'opérateur de compétences *(Décr. n° 2022-956 du 29 juin 2022, art. 1er-5°, en vigueur le 1er janv. 2022)* « en application du 1° de l'article L. 6331-53 » est reversée par France compétences au plus tard le 1er mars de l'année qui suit le recouvrement de la contribution.

Art. R. 6331-53 *Abrogé par Décr. n° 2021-1916 du 30 déc. 2021, art. 1er-23°, à compter du 1er janv. 2022.*

Art. R. 6331-54 L'*(L. n° 2018-771 du 5 sept. 2018, art. 45-II)* « opérateur de compétences » *(Décr. n° 2022-956 du 29 juin 2022, art. 1er-6°, en vigueur le 1er sept. 2022)* « mentionné au 1° de l'article L. 6331-53 » désigne en son sein une section particulière.

Cette section est gérée par les organisations syndicales représentatives des travailleurs indépendants et des employeurs de la pêche maritime et des cultures marines. *(Décr. n° 2021-1916 du 30 déc. 2021, art. 1er-24°, en vigueur le 1er janv. 2022)* « Ses disponibilités sont régies par les dispositions de l'article R. 6332-77-1. »

SOUS-SECTION 3 Travailleurs indépendants du secteur artisanal

(Décr. n° 2012-528 du 19 avr. 2012)

§ 1 Fonds d'assurance formation des chefs d'entreprise artisanale *(Décr. n° 2015-254 du 3 mars 2015, art. 1er).*

Art. R. 6331-55 à R. 6331-63 Abrogés par Décr. n° 2022-956 du 29 juin 2022, art. 1er-7°, à compter du 1er sept. 2022.

§ 2 Conseils de la formation institués auprès des chambres de métiers et de l'artisanat de région et auprès des chambres régionales de métiers et de l'artisanat *(Décr. n° 2016-480 du 18 avr. 2016, art. 3).*

(Décr. n° 2015-254 du 3 mars 2015, art. 4)

Art. R. 6331-63-1 à R. 6331-63-12 Abrogés par Décr. n° 2022-956 du 29 juin 2022, art. 1er-7°, à compter du 1er sept. 2022.

SOUS-SECTION 4 Artistes auteurs

(Décr. n° 2012-1370 du 7 déc. 2012)

Art. R. 6331-64 I. – Il est créé au sein de l'*(Décr. n° 2018-1209 du 21 déc. 2018, art. 1er, en vigueur le 1er janv. 2019)* « opérateur de compétences chargé de gérer la contribution mentionné à » l'article L. 6331-55 une section particulière chargée de gérer les contributions mentionnées à l'article L. 6331-65 du présent code.

II. – Le conseil d'administration de l'*(Décr. n° 2018-1209 du 21 déc. 2018, art. 1er, en vigueur le 1er janv. 2019)* « opérateur de compétences » arrête, sur proposition du conseil de gestion de la section mentionnée au I, les services et actions de formation susceptibles d'êtres financés, les priorités, les critères et les conditions de prise en charge des demandes de formation présentées par les artistes auteurs. A défaut de proposition, le conseil d'administration délibère valablement sur ces questions.

(Décr. n° 2018-1209 du 21 déc. 2018, art. 1er, en vigueur le 1er janv. 2019) « III. – Le conseil de gestion de la section mentionnée au I est composé :

« 1° D'un collège comprenant vingt et un membres représentant des organisations professionnelles d'artistes auteurs ;

« 2° D'un collège comprenant sept membres représentant des organisations professionnelles de diffuseurs ;

« 3° D'un collège comprenant cinq membres représentant des organismes de gestion collective contribuant au financement.

« IV. – Un arrêté du ministre chargé de la culture fixe, pour une durée de deux ans :

« – la répartition en nombre de sièges entre les branches professionnelles du collège des artistes auteurs ;

« – les organismes professionnels appelés à siéger au sein des trois collèges ainsi que le nombre de sièges affectés à chacun des organismes.

« La répartition en nombre de sièges au sein de chaque collège tient compte :

« – pour le collège des artistes auteurs, du montant des contributions par branches professionnelles définies à l'article R. 382-1 du code de la sécurité sociale ;

« – pour le collège des diffuseurs, du montant des contributions par secteurs professionnels ;

« – pour le collège organismes de gestion collective, du montant de leurs contributions au regard des branches professionnelles d'artistes auteurs qu'elles représentent.

« Le conseil de gestion arrête son règlement intérieur et le communique au conseil d'administration de l'opérateur de compétences. »

(Décr. n° 2021-1916 du 30 déc. 2021, art. 1er-26°, en vigueur le 1er janv. 2022) « V. – Les disponibilités de la section mentionnée au I sont régies par les dispositions de l'article R. 6332-77-1. »

Art. R. 6331-65 Les ressources reçues au titre de l'article L. 6331-65 peuvent être également destinées :

1° Au financement des frais de fonctionnement liés aux actions de formation mentionnées à l'article L. 6313-1 et des frais de transport et d'hébergement afférents des stagiaires ;

2° Au financement des dépenses d'information et de conseil aux artistes auteurs ;
3° Au financement des autres frais de gestion de la section mentionnée à l'article R. 6331-64.

Les dépenses mentionnées aux 2° et 3° ne peuvent excéder le plafond fixé pour les fonds d'assurance formation des non-salariés en application de l'article R. 6332-64.

Art. R. 6331-66 Sont applicables à la gestion des actions de formation des artistes auteurs les dispositions de l'article R. 6332-63.

SOUS-SECTION 5 **Particuliers employeurs**

(Décr. n° 2018-1344 du 28 déc. 2018, art. 1er, en vigueur le 1er janv. 2019)

Art. D. 6331-67 I. – L'accord prévu à l'article L. 6331-60 détermine l'organisation de l'organisme mentionné au même article et ses missions, sous réserve des dispositions prévues à la présente sous-section.

II. – L'organisme mentionné au I est doté d'un conseil de gestion composé d'au plus douze membres représentant les employeurs et les salariés en nombre égal désignés par les organisations signataires de l'accord le créant. Ces membres peuvent se faire représenter par un suppléant désigné selon les mêmes modalités que le titulaire.

III. – Les dispositions de l'article R. 6332-12 sont applicables aux membres du conseil de gestion et aux salariés de l'organisme mentionné au I.

IV. – L'organisme mentionné au I définit son règlement intérieur. Il le transmet à l'opérateur de compétences dont il relève.

Art. D. 6331-68 I. – L'opérateur de compétences définit, sur proposition du conseil de gestion mentionné à l'article D. 6331-67, les actions de formation éligibles au titre du 1° de l'article L. 6332-3 ainsi que des [les] dépenses spécifiques nécessaires à l'accessibilité à la formation des salariés et des assistants maternels du particulier employeur, les priorités, les critères et les conditions de prise en charge de ces formations et de ces dépenses.

A défaut de proposition du conseil de gestion, le conseil d'administration de l'opérateur de compétences les définit.

Art. D. 6331-69 La part versée (Décr. n° 2021-1917 du 30 déc. 2021, art. 1er-5°, en vigueur le 1er janv. 2022) « par France compétences » à l'opérateur de compétences (Abrogé par Décr. n° 2021-1917 du 30 déc. 2021, art. 1er-5°, à compter du 1er janv. 2022) « reçue » au titre du premier alinéa de l'article L. 6331-60 permet le financement :

I. – 1° Des frais des actions mentionnées à l'article L. 6313-1 ;

2° Des frais de transport et d'hébergement des stagiaires afférents aux actions prévues au I, ainsi qu'à la rémunération des salariés du particulier employeur et des assistants maternels du particulier employeur, que cette rémunération soit assurée directement par l'employeur ou par mandatement ;

II. – En fonction des missions confiées à l'organisme prévu à l'article L. 6331-60 :

1° Des frais de gestion administrative relatifs à l'instruction et au suivi des dossiers de formation ;

2° Des frais d'information générale et de sensibilisation des particuliers employeurs et de leurs salariés ;

3° Du remboursement des frais de déplacement, de séjour et de restauration engagés par les personnes qui siègent au sein du conseil de gestion.

4° D'études ou de recherches relatives à la formation des salariés du particulier employeur et des assistants maternels du particulier employeur.

Les dépenses mentionnées au II ne peuvent excéder un plafond arrêté par le ministre chargé de la formation professionnelle. – V. Arr. du 21 déc. 2018, NOR : MTRD1833924A (JO 27 déc.).

Art. D. 6331-70 L'organisme mentionné à l'article L. 6331-60 adresse avant le 30 avril à l'opérateur de compétences les informations financières et statistiques nécessaires au respect des obligations prévues aux articles R. 6332-30 à R. 6332-33.

Il transmet avant le 30 avril au ministre chargé de la formation professionnelle un bilan de son activité annuelle précédente permettant de suivre son fonctionnement et d'apprécier l'emploi des fonds reçus.

Art. D. 6331-71 En cas de dépassement du plafond mentionné au dernier alinéa de l'article D. 6331-69 ou de dysfonctionnement de l'organisme spécifique mentionné à l'article L. 6331-60, le ministre chargé de la formation professionnelle adresse à l'organisme spécifique et à l'opérateur de compétences, par tout moyen donnant date certaine à sa réception, une mise en demeure motivée afin de présenter, dans un délai d'un mois, ses observations écrites et, le cas échéant, orales justifiant cette situation et précisant les mesures prévues pour y remédier.

Au vu des éléments de réponse de l'opérateur de compétences ou après l'expiration de ce délai, le ministre chargé de la formation professionnelle peut :

1° Adresser à l'organisme spécifique mentionné à l'article L. 6331-60 et à l'opérateur de compétences une notification afin de procéder aux mesures correctives permettant d'assurer le respect des plafonds et objectifs définis à l'article D. 6331-69, ces mesures devant faire l'objet d'un suivi permettant d'apprécier la réponse apportée ;

2° Décider le versement au Trésor public par l'opérateur de compétences d'une somme correspondant en tout ou partie au montant du dépassement constaté. Le recouvrement du versement est établi et poursuivi selon les modalités ainsi que sous les sûretés, garanties et sanctions applicables aux taxes sur le chiffre d'affaires ;

3° De *[Décider de]* retirer la gestion de la part reçue au titre du premier alinéa de l'article L. 6331-60 à l'organisme spécifique et les frais de gestion y afférent*[s]*.

SOUS-SECTION 6 **Contrats à durée déterminée ne donnant pas lieu au versement de la contribution spécifique assise sur le revenu d'activité pour les cotisations sociales des titulaires d'un contrat à durée déterminée**

(Décr. n° 2018-1233 du 24 déc. 2018, en vigueur le 1ᵉʳ janv. 2019)

Art. D. 6331-72 Les contrats à durée déterminée ne donnant pas lieu au versement de la contribution spécifique mentionnée à l'article L. 6331-6 sont :

1° Les contrats d'accompagnement dans l'emploi ;

2° Les contrats d'apprentissage ;

3° Les contrats de professionnalisation ;

(Abrogé par Décr. n° 2021-1917 du 30 déc. 2021, art. 1ᵉʳ-6°, à compter du 1ᵉʳ janv. 2022) « *4° Les contrats conclus avec des jeunes au cours de leur cursus scolaire ou universitaire ;*

« *5° Les contrats de travail à durée déterminée qui se poursuivent par des contrats à durée indéterminée ;* »

6° les contrats mentionnés à l'article L. 6321-9.

SOUS-SECTION 7 **Employeurs occupant des salariés intermittents du spectacle**

(Décr. n° 2021-1916 du 30 déc. 2021, art. 1ᵉʳ-27°, en vigueur le 1ᵉʳ janv. 2022)

Art. R. 6331-73 I. — Les organismes mentionnés à l'article L. 6131-3 recouvrent la contribution définie à l'article L. 6331-55, dans la limite du taux mentionné au deuxième alinéa du même article, et la reversent à France compétences.

II. — France compétences affecte le produit de cette contribution, suivant la répartition définie par la convention ou l'accord mentionnés à l'article L. 6331-56, à l'opérateur de compétences spécifiquement agréé sous forme de versements trimestriels et, au titre des actions de formation au bénéfice des demandeurs d'emploi, à l'État.

La part dévolue par la convention ou l'accord au compte personnel de formation est affectée par l'opérateur de compétences au financement de l'abondement prévu au II de l'article L. 6323-4 et au second alinéa de l'article R. 6323-14-4, pour les actions de formation au bénéfice des salariés intermittents du spectacle.

III. — Les effectifs des salariés intermittents du spectacle ne sont pas pris en compte pour l'appréciation des effectifs de salariés mentionnés au 1° du I de l'article R. 6123-26.

CHAPITRE II OPÉRATEURS DE COMPÉTENCES (Décr. n° 2018-1209 du 21 déc. 2018, art. 1ᵉʳ).

SECTION 1 Dispositions générales

(Décr. n° 2018-1209 du 21 déc. 2018, art. 1ᵉʳ)

SOUS-SECTION 1 Agrément

§ 1 Délivrance de l'agrément

Art. R. 6332-1 L'agrément des opérateurs de compétences mentionnés à l'article L. 6332-1-1 est délivré par arrêté du ministre chargé de la formation professionnelle.

Art. R. 6332-2 La composition du dossier de demande d'agrément est fixée par arrêté du ministre chargé de la formation professionnelle. — *V. Arr. du 21 déc. 2018, NOR : MTRD1833923A (JO 29 déc.), mod. par Arr. du 12 juill. 2021, NOR : MTRD2121547A (JO 17 juill.).*

Art. R. 6332-3 L'accord mentionné au premier alinéa du III de l'article L. 6332-1-1 détermine le champ d'intervention professionnel ou interprofessionnel de l'opérateur de compétences, ainsi que, le cas échéant, la présence et la capacité d'intervention de ce dernier dans les territoires d'outre-mer.

Art. R. 6332-4 L'agrément est accordé en application du II de l'article L. 6332-1-1 lorsque les opérateurs de compétences :

1° Sont en capacité de mettre en œuvre une comptabilité analytique ;

2° Interviennent dans un champ caractérisé par des métiers, des emplois et des compétences proches, ou par l'existence de secteurs d'activités complémentaires, ou bien encore par un niveau général de qualification des salariés ou par des perspectives communes d'évolution des métiers des branches concernées ;

3° Gèrent un montant de contributions, déduction faite de la péréquation interbranche mentionnée au 1° de l'article L. 6123-5, supérieur à 200 millions d'euros, ou couvrent au moins 200 000 entreprises ;

4° Sont dirigés par un conseil d'administration ou disposent des organes mentionnés au 2° de l'article R. 6332-8 permettant d'assurer une représentation de l'ensemble des organisations syndicales de salariés et des organisations professionnelles d'employeurs relevant des branches adhérentes de l'opérateur de compétences ;

5° Prévoient dans leurs statuts qu'un commissaire du Gouvernement, nommé par arrêté du ministre chargé de la formation professionnelle, assiste aux séances du conseil d'administration avec voix consultative.

§ 2 Nomination de l'administrateur provisoire

Art. R. 6332-5 I. — Lorsqu'il constate des dysfonctionnements répétés ou des défaillances, le ministre chargé de la formation professionnelle adresse à l'opérateur de compétences une mise en demeure motivée, par tout moyen donnant date certaine à la réception de cette mise en demeure.

L'opérateur de compétences dispose d'un délai d'un mois pour présenter ses observations écrites et, le cas échéant, orales relatives à cette situation ainsi que les mesures correctives envisagées.

Au vu des éléments de réponse de l'opérateur de compétences ou le cas échéant à l'expiration de ce délai, le ministre chargé de la formation professionnelle peut, en application du 4° de l'article L. 6332-6, nommer par arrêté un administrateur provisoire. L'arrêté fixe la durée de cette fonction.

II. — L'administrateur provisoire peut avoir pour mission :

1° D'accomplir une opération déterminée par l'arrêté mentionné au I ;

2° De gérer et de représenter l'organisme par substitution au conseil d'administration et à la direction générale pour la durée fixée par l'arrêté mentionné au I.

§ 3 Retrait de l'agrément

Art. R. 6332-6 L'agrément peut être retiré lorsqu'un opérateur de compétences ne satisfait plus les conditions fixées aux 1°, 2°, 4° et 5° de l'article R. 6332-4.

L'agrément est retiré lorsque l'opérateur de compétences ne satisfait plus les conditions prévues au 3° de l'article R. 6332-4 pendant trois années consécutives.

Art. R. 6332-7 Lorsqu'il constate qu'un opérateur de compétences ne satisfait plus les conditions d'agrément prévues à l'article R. 6332-4, le ministre chargé de la formation professionnelle lui adresse une mise en demeure motivée, par tout moyen donnant date certaine à la réception de cette mise en demeure.

L'opérateur de compétences dispose d'un délai de deux mois pour présenter ses observations écrites ou orales.

Au vu des éléments de réponse de l'opérateur de compétences ou, le cas échéant, à l'expiration de ce délai, le ministre chargé de la formation professionnelle peut retirer l'agrément par arrêté.

L'arrêté précise la date à laquelle le retrait prend effet, ainsi que les modalités de dévolution des biens de l'opérateur concerné. L'arrêté lui est notifié et fait l'objet d'une publication au *Journal officiel* de la République française.

SOUS-SECTION 2 **Constitution et fonctionnement des opérateurs de compétences**

Art. R. 6332-8 L'accord de constitution d'un opérateur de compétences mentionné au premier alinéa du III de l'article L. 6332-1-1 détermine son champ d'intervention professionnel ou interprofessionnel, ainsi que les conditions de sa gestion. Il fixe notamment :

1° L'étendue des pouvoirs du conseil d'administration ainsi que les modalités de prise en compte par celui-ci des orientations, priorités de formation et conditions de prise en charge des actions de formation proposées par les sections paritaires professionnelles ou les commissions constituées dans les conditions mentionnées au 2° ;

2° Le mode de désignation des organes chargés de la préparation des mesures énumérées au 1° et de l'exécution des décisions de gestion de l'organisme. L'accord de constitution peut prévoir à cet effet l'existence de sections paritaires professionnelles de branches ou de commissions paritaires afférentes à un champ plus large, ou relatives aux activités complémentaires, chargées de proposer au conseil d'administration les orientations et priorités de formation pour les champs professionnels concernées [concernés].

Art. R. 6332-9 Le conseil d'administration de l'opérateur de compétences est composé d'un nombre égal de représentants des salariés et des employeurs désignés parmi les organisations signataires. Les membres du conseil d'administration peuvent se faire représenter par un suppléant désigné selon les mêmes modalités que le titulaire.

La composition du conseil d'administration tient compte de la diversité des branches professionnelles adhérentes.

Art. R. 6332-10 Les opérateurs de compétences peuvent conclure avec une personne morale une convention de délégation de mise en œuvre d'une partie des décisions en matière d'informations et de services mentionnées aux 1°, 2°, 3° et 5° du II de l'article R. 6332-17.

Cette personne morale ne peut être ni un prestataire de formation, ni un gestionnaire d'organisme de formation, ni une organisation d'employeur ou une organisation de salariés.

La convention de délégation peut être conclue au plan national ou territorial avec les personnes morales autres que celles mentionnées à l'alinéa précédent dans leur champ d'application géographique, à l'exclusion de tout champ d'application professionnel.

La délégation est autorisée par le conseil d'administration et exercée sous sa responsabilité et son contrôle.

Cette convention est transmise au ministre chargé de la formation professionnelle.

Art. R. 6332-11 Les tâches de gestion d'un opérateur de compétences ne peuvent être confiées directement ou indirectement à un organisme prestataire de formation mentionné à l'article L. 6351-1 ou à un établissement de crédit.

Toutefois, les tâches relatives à la gestion du compte personnel de formation peuvent être confiées à la Caisse des dépôts et consignations.

Art. R. 6332-12 I. — Une fonction salariée au sein d'un opérateur de compétences est incompatible avec l'exercice d'une fonction salariée dans un organisme prestataire de formation mentionné à l'article L. 6351-1, un établissement de crédit ou une société de financement.

II. – Le cumul des fonctions d'administrateur au sein d'un opérateur de compétences et de salarié ou d'administrateur dans un organisme de formation prestataire mentionné à l'article L. 6351-1, un établissement de crédit ou une société de financement est porté à la connaissance des instances paritaires de l'opérateur de compétences ainsi qu'à celle du commissaire aux comptes qui établit, s'il y a lieu, un rapport spécial.

L'administrateur concerné par ce cumul ne prend pas part aux délibérations impliquant l'organisme de formation prestataire mentionné à l'article L. 6351-1, l'établissement de crédit ou la société de financement auquel il est lié.

Art. R. 6332-13 Les biens des opérateurs de compétences qui cessent leur activité sont dévolus à des organismes de même nature, désignés par le conseil d'administration.

Cette dévolution est soumise à l'accord préalable du ministre chargé de la formation professionnelle. La décision est publiée au *Journal officiel* de la République française.

A défaut les biens sont dévolus au Trésor public.

Art. R. 6332-14 Les opérateurs de compétences ne peuvent posséder d'autres biens que ceux nécessaires à leur fonctionnement.

SOUS-SECTION 3 **Gestion des fonds**

§ 1 Sections financières

Art. R. 6332-15 I. – L'opérateur de compétences gère les contributions mentionnées aux 2°, 3° et 4° de l'article L. 6131-1 au sein des sections consacrées au financement respectivement :

1° Des actions en alternance ;

2° Des actions utiles au développement des compétences au bénéfice des entreprises de moins de cinquante salariés.

II. – L'opérateur de compétences gère, le cas échéant, dans le cadre de sections constituées en son sein à cet effet, les contributions supplémentaires ayant pour objet le développement de la formation professionnelle continue mentionnées à l'article L. 6332-1-2 qui lui sont versées :

1° En application d'un accord de branche ;

2° Sur une base volontaire par l'entreprise.

Jusqu'à la date d'entrée en vigueur de l'Ord. relative à la collecte des contributions des employeurs au titre du financement de la formation professionnelle et de l'alternance mentionnée à l'art. 41 de la L. du 5 sept. 2018, et au plus tard jusqu'au 31 déc. 2020, les opérateurs de compétences mentionnés à l'art. L. 6332-1 peuvent financer des organismes prenant en charge notamment le conseil en évolution professionnelle, la formation de demandeurs d'emploi et le compte personnel de formation.

A cet effet, il est ajouté trois sections comptables supplémentaires provisoires au I de l'art. R. 6332-15, dédiées respectivement au compte personnel de formation, à France compétences et à la taxe d'apprentissage.

Ces sections financières sont exclues de la répartition des frais de gestion mentionnés à l'art. R. 6332-17, à l'exception, au titre de l'année 2019, de la section dédiée au compte personnel de formation, diminuée de la part reversée à France compétences pour le financement du compte personnel de formation de transition professionnelle et pour la mise en œuvre anticipée du compte personnel de formation par la Caisse des dépôts et consignations.

Les ressources au titre de la section particulière dédiée au compte personnel de formation sont destinées :

1° Au financement par l'opérateur de compétences des frais pédagogiques occasionnés par la formation suivie par le salarié qui mobilise son compte personnel de formation. Après accord exprès du conseil d'administration et si le conseil d'administration de l'organisme paritaire collecteur agréé auquel adhérait la ou les branches adhérentes à l'opérateur de compétences l'avait décidé, l'opérateur de compétences peut également prendre en charge de la rémunération des salariés en formation pendant le temps de travail au titre du compte personnel de formation, dans la limite, pour chaque salarié concerné, à [de] 50 % du montant total pris en charge par cet organisme pour le financement de la formation ;

2° Au financement direct des frais de formation par reversement à la Caisse des dépôts et consignations ;

3° Au financement des frais de formation des actions de formation organisées dans le cadre du compte personnel de formation de transition professionnelle, par reversement de la part dédiée à France compétences ;

4° Au financement des frais prévus à l'art. R. 6332-17 *(Décr. n° 2018-1209 du 21 sept. 2018, art. 2-II et III, mod. par Décr. n° 2019-1326 du 10 déc. 2019, art. 2).*

V. *Décr. n° 2019-1326 du 10 déc. 2019, art. 4, concernant le 1° du I de l'art. R. 6332-15.*

Art. D. 6332-16 L'opérateur de compétences gère, le cas échéant, dans le cadre d'une section particulière constituée en son sein, les contributions des travailleurs indépendants versées dans les conditions prévues à l'article L. 6332-11-1.

Le conseil d'administration de l'opérateur de compétences arrête, sur proposition d'un conseil de gestion composé des organisations professionnelles représentatives des travailleurs indépendants, les services et actions de formation susceptibles d'être financés, les priorités, les critères et les conditions de prise en charge des demandes de formation présentées par le conseil de gestion. A défaut de proposition, le conseil d'administration de l'opérateur de compétences délibère valablement sur ces questions.

§ 2 Frais de gestion et d'information et frais relatifs aux missions des opérateurs de compétences

Art. R. 6332-17 I. — Les frais de gestion mentionnés au 9° de l'article L. 6332-6 des opérateurs de compétences sont constitués par :

1° Les frais de gestion administrative relatifs à l'instruction et au suivi des dossiers de formation ;

2° Le remboursement des frais de déplacement, de séjour et de restauration engagés par les personnes qui siègent au sein des organes de direction de l'organisme.

II. — Les frais d'information et de missions mentionnés au 9° de l'article L. 6332-6 des opérateurs de compétences sont constitués par :

1° Les frais d'accompagnement des branches professionnelles pour le développement de l'alternance *(Décr. n° 2019-1326 du 10 déc. 2019, art. 1er)* « et les frais de » mise en œuvre des conventions cadre de coopération mentionnées au b du II de l'article L. 6332-1 ;

2° L'appui technique aux branches pour aider les commissions paritaires nationales de l'emploi, ou la commission paritaire de branche, à déterminer les niveaux de prise en charge des contrats d'apprentissage et de professionnalisation ;

3° Les dépenses réalisées pour le fonctionnement d'observatoires prospectifs des métiers et des qualifications destinées à mesurer l'évolution quantitative et qualitative des emplois et des qualifications, en privilégiant les approches multi branches couvrant tout ou partie du champ professionnel de l'opérateur de compétences ;

4° Le financement des frais relatifs à l'ingénierie de certification professionnelle visée au 3° de l'article L. 6332-1 et les frais d'études ou de recherches intéressant la formation ;

5° Les frais d'information-conseil, de pilotage de projet et de service de proximité aux entreprises notamment des très petites entreprises et des petites et moyennes entreprises, dont les coûts de diagnostics et d'accompagnement des entreprises ;

6° Les frais engagés pour s'assurer du contrôle de la qualité des formations dispensées.

Les frais de gestion mentionnés au I de l'art. R. 6332-17 comprennent au titre des années 2019, 2020 et 2021 les frais de collecte des contributions des employeurs au titre du financement de la formation professionnelle et de l'alternance (Décr. n° 2018-1209 du 21 déc. 2018, art. 2-IV).

Art. D. 6332-18 I. — Les frais de gestion, d'information et de missions mentionnés à l'article R. 6332-17 ne peuvent excéder un plafond déterminé dans la convention d'objectifs et de moyens mentionnée à l'article L. 6332-2.

Ces frais sont définis en fonction des demandes présentées par l'opérateur de compétences et des objectifs fixés avec le ministre chargé de la formation professionnelle.

Le plafond des frais de gestion mentionné au I de l'article R. 6332-17 est compris entre un minimum et un maximum déterminés en pourcentage des sommes perçues au titre des fonds mentionnés aux 1° et c du 3° de l'article L. 6123-5 et de l'article L. 6332-1-2 par arrêté du ministre chargé de la formation professionnelle. – *V. Arr. du 26 mars 2019, NOR : MTRD1904445A (JO 29 mars).*

II. – Pour préparer la convention d'objectifs et de moyens, l'opérateur de compétences transmet au ministre chargé de la formation professionnelle un document comprenant :

1° Les principales orientations pour son activité ;
2° L'évolution correspondante de ses charges ;
3° Les moyens mis en place pour assurer les services de proximité aux entreprises et à leurs salariés sur l'ensemble du territoire, et pour organiser des observatoires ou financer une structure paritaire spécifique accomplissant cette mission ;
4° Une carte précisant ses lieux d'implantation géographique sur le territoire.

III. – La convention d'objectifs et de moyens mentionnée à l'article L. 6332-2 est triennale.

Les parties procèdent annuellement à son évaluation.

Par dérogation au III de l'art. R. 6332-18, l'année 2019 fait l'objet d'une convention d'objectifs et de moyens annuelle (Décr. n° 2018-1209 du 21 déc. 2018, art. 2-VII).

Art. R. 6332-19 La répartition des dépenses mentionnées à l'article R. 6332-17 de l'opérateur de compétences s'effectue, au prorata des sommes affectées dans le cadre :

1° Des sections mentionnées à l'article L. 6332-3 ;
2° Le cas échéant, des sections constituées en application du II de l'article R. 6332-17 pour regrouper les sommes versées au titre des contributions supplémentaires versées en application de l'article L. 6332-1-2 soit en application d'un accord professionnel national, soit sur une base volontaire par l'entreprise.

Sur la base d'une comptabilité analytique, cette répartition peut toutefois faire l'objet d'une modulation déterminée par la convention d'objectifs et de moyens mentionnée au dernier alinéa de l'article L. 6332-2, sans que cette modulation ne puisse avoir pour effet de faire peser sur les sections mentionnées au 1° les frais de gestion des sections mentionnées au 2°. Afin de garantir le respect de cette obligation, les frais de gestion afférents aux sections mentionnées au 2° sont égaux ou supérieurs à un minimum fixé par arrêté du ministre chargé de la formation professionnelle. – *V. Arr. du 26 mars 2019, NOR : MTRD1904445A (JO 29 mars).*

Art. D. 6332-20 Les frais de gestion de la section financière mentionnée à l'article D. 6332-18 sont constitués par les frais de gestion administrative relatifs à l'instruction et au suivi des dossiers de formation, les frais d'information générale et de sensibilisation des travailleurs indépendants et le remboursement des frais de déplacement, de séjour et de restauration engagés par les personnes qui siègent au sein des organes de direction de l'organisme, le financement d'études ou de recherches intéressant la formation et les dépenses pour assurer le contrôle de la qualité des formations dispensées.

Ces dépenses sont exprimées en pourcentage des sommes perçues au titre de la part de la collecte non affectée au financement du compte personnel de formation des travailleurs indépendants et du conseil en évolution professionnelle. Ce pourcentage doit être inférieur ou égal à un taux maximum fixé par arrêté du ministre chargé de la formation professionnelle.

Art. R. 6332-21 En cas d'absence de conclusion de la convention d'objectifs et de moyens mentionnée à l'article L. 6332-2, les dépenses mentionnées à l'article R. 6332-17 ne peuvent excéder le minimum mentionné au troisième alinéa du I de l'article D. 6332-18.

Art. R. 6332-22 En cas de dépassement des plafonds ou lorsque les objectifs définis à l'article D. 6332-18 ne sont pas atteints, le ministre chargé de la formation professionnelle adresse à l'opérateur de compétences, par tout moyen donnant date certaine à sa réception, une mise en demeure motivée afin de présenter, dans un délai d'un mois, ses observations écrites et, le cas échéant, orales justifiant cette situation.

Au vu des éléments de réponse de l'opérateur de compétences ou après l'expiration de ce délai, le ministre chargé de la formation professionnelle peut :

1° Adresser à l'opérateur de compétences une notification afin de procéder aux mesures correctives permettant d'assurer le respect des plafonds et objectifs définis à l'article D. 6332-18, ces mesures devant faire l'objet d'un suivi permettant d'apprécier la réponse apportée par l'opérateur de compétences ;

2° Décider le versement au Trésor public par l'opérateur de compétences d'une somme correspondant en tout ou partie au montant du dépassement constaté. Le recouvrement est établi et poursuivi selon les modalités ainsi que sous les sûretés, garanties et sanctions applicables aux taxes sur le chiffre d'affaires ;

3° Nommer un administrateur provisoire au sein de l'opérateur de compétences ;

4° Retirer l'agrément de l'opérateur de compétences.

§ 3   Prise en charge des demandes des employeurs et du paiement des bénéficiaires

Art. R. 6332-23 Les opérateurs de compétences créent un service dématérialisé qui publie au sein d'une rubrique dédiée et identifiable :

1° La liste des priorités, des critères et des conditions de prise en charge des demandes présentées par les employeurs, des coûts de diagnostics visés au 4° du I de l'article L. 6332-1 ainsi que les services proposés correspondant à l'emploi des sommes mentionnées au II de l'article R. 6332-17 ;

2° Les niveaux de prise en charge décidés par les branches professionnelles ou les commissions paritaires mentionnés au 1° du I de l'article L. 6332-14 ;

3° La liste annuelle des organismes bénéficiaires des fonds de l'opérateur de compétences ainsi que le montant versé pour chacun des organismes ;

4° Les comptes annuels des opérateurs de compétences et le rapport du commissaire aux comptes en application du 6° de l'article L. 6332-1, sans préjudice de l'application des dispositions de l'article L. 612-4 du code de commerce.

Cette rubrique est actualisée dans les quinze jours suivant la modification de l'une de ces informations.

Art. R. 6332-23-1 (Décr. n° 2023-1396 du 28 déc. 2023, art. 1er) L'instruction de la demande de prise en charge prend en compte les priorités, critères et conditions mentionnés au 1° de l'article R. 6332-23, ainsi que les éléments résultant des contrôles réalisés en application de l'article R. 6332-26.

Lors de l'instruction, l'opérateur de compétences vérifie si l'entreprise lui est rattachée dans les tables de correspondance mentionnées à l'article R. 6123-34 et, dans le cas contraire, si ce rattachement peut être établi au regard des critères définis au même article. Dans ce dernier cas, il en informe France compétences.

Art. R. 6332-24 La décision de rejet total ou partiel par un opérateur de compétences d'une demande de prise en charge formée par un employeur ou un organisme prestataire de formation est motivée et notifiée dans un délai de deux mois. (Abrogé par Décr. n° 2023-1396 du 28 déc. 2023, art. 1er) (Décr. n° 2021-1916 du 30 déc. 2021, art. 1er-28°) *« Lors de l'instruction des demandes de prise en charge, l'opérateur de compétences vérifie si l'entreprise lui est rattachée dans les tables de correspondance mentionnées à l'article R. 6123-34 et, dans le cas contraire, si ce rattachement peut être établi au regard des critères définis au même article. Dans ce dernier cas, il en informe France compétences. »*

Art. R. 6332-25 I. – Le paiement des frais de formation pris en charge par les opérateurs de compétences est réalisé après exécution des actions mentionnées à l'article L. 6313-1.

II. – Pour les actions mentionnées aux 1° à 3° de l'article L. 6313-1, les parties peuvent convenir d'un échelonnement des paiements au fur et à mesure du déroulement des actions de formation. Cet échelonnement peut être assorti d'une avance dont le montant ne peut être supérieur à 30 % du prix convenu.

III. – Pour les actions mentionnées au 4° de l'article L. 6313-1, l'opérateur de compétences verse au centre de formation d'apprentis un montant annuel constitué de la somme du niveau de la prise en charge mentionnée au 1° du I de l'article L. 6332-14 et des frais annexes mentionnés au 3° du même article, selon les modalités de versement suivantes :

1° Au plus tard dans les 30 jours après (Décr. n° 2019-1326 du 10 déc. 2019, art. 1er) « la réception d'une facture adressée par le centre de formation d'apprentis », une avance de (Décr. n° 2020-1739 du 29 déc. 2020, art. 1er) « 40 % » du montant annuel ;

2° Avant la fin du septième mois, *(Décr. n° 2020-1739 du 29 déc. 2020, art. 1er)* « 30 % » du montant annuel ;
3° Le solde au dixième mois.
(Décr. n° 2019-1326 du 10 déc. 2019, art. 1er) « IV. — Par dérogation au III, lorsque la durée du contrat est inférieure à un an :
« 1° Le montant est calculé au *prorata temporis* du niveau de la prise en charge mentionnée au 1° du I de l'article L. 6332-14 pour la durée du contrat d'apprentissage ;
« 2° Le montant peut être majoré de 10 % en application du troisième alinéa de l'article L. 6222-7-1. Le versement au centre de formation au titre de ce contrat ne peut toutefois excéder le niveau de prise en charge déterminé en application du décret n° 2018-1345 du 28 décembre 2018 relatif aux modalités de détermination des niveaux de prise en charge des contrats d'apprentissage.
« Lorsque le contrat d'apprentissage prépare à un titre à finalité professionnelle du ministère chargé de la formation professionnelle et lorsque la durée de ce contrat a été fixée à moins d'un an par voie réglementaire, les 1° et 2° ne s'appliquent pas.
« Le centre de formation d'apprentis perçoit une avance de 50 % de ce montant au plus tard trente jours après la réception de la facture par l'opérateur de compétences et le solde à la fin du contrat.
« V. — Lorsque la durée du contrat est supérieure à un an, les modalités de versement prévues au premier alinéa du III s'appliquent pour chaque année d'exécution. Pour la dernière année d'exécution, le montant est calculé au *prorata temporis* du niveau de la prise en charge mentionnée au 1° du I de l'article L. 6332-14.
« VI. — En cas de rupture anticipée du contrat d'apprentissage, le paiement est réalisé au *prorata temporis* de la durée du contrat d'apprentissage.
« Chaque mois de contrat d'apprentissage débuté est dû.
« Dans le cas prévu aux articles L. 6222-12-1 et R. 6222-1-1, et après conclusion d'un contrat d'apprentissage, le montant versé par les opérateurs de compétences prend en compte la période passée en centre de formation d'apprentis préalable à la signature du contrat.
« Dans le cas prévu à l'article L. 6222-18-2, l'opérateur de compétences maintient les versements du niveau de prise en charge déterminé à l'article L. 6332-14, et ce jusqu'à la signature d'un nouveau contrat d'apprentissage ou jusqu'à expiration du délai de six mois.
« VII. — Les modalités de versement mentionnées au III du présent article peuvent être modifiées par arrêté du ministre chargé de la formation professionnelle. »

Les dispositions issues du Décr. n° 2020-1739 du 29 déc. 2020 s'appliquent aux contrats d'apprentissage conclus à compter du 1er janv. 2021 (Décr. préc., art. 7).

Par dérogation au III de l'art. R. 6332-25, pour le financement en 2020 et pour la durée restante d'exécution des contrats d'apprentissage conclus au plus tard le 31 août 2019, l'opérateur de compétences verse aux centres de formation d'apprentis, selon un calendrier et des modalités fixés par arrêté du ministre chargé de la formation professionnelle, des montants correspondant aux coûts annuels de formation sur la base des coûts publiés par le préfet de région au 31 déc. 2018, conformément aux dispositions de l'art. R. 6241-3-1 dans sa rédaction en vigueur au 31 déc. 2018.

Pour le financement en 2020 et pour la durée restante d'exécution des contrats d'apprentissage conclus entre le 1er sept. 2019 et le 31 déc. 2019, l'opérateur de compétences verse aux centres de formation d'apprentis, selon un calendrier et des modalités fixés par un arrêté du ministre chargé de la formation professionnelle, des montants correspondant au niveau de prise en charge déterminé par les commissions paritaires nationales de l'emploi ou, à défaut, par la commission paritaire de la branche dont relève l'entreprise signataire du contrat conformément au Décr. n° 2018-1345 du 28 déc. 2018 relatif aux modalités de détermination des niveaux de prise en charge des contrats d'apprentissage.

Par dérogation à l'al. précédent, l'opérateur de compétences peut, pour les contrats conclus entre le 1er sept. et le 31 déc. 2019, verser au centre de formation d'apprentis qui le demande un montant établi selon les coûts annuels de formation publiés par le préfet de région au 31 déc. 2018. Cette dérogation ne peut excéder six mois d'exécution du contrat à compter du 1er janv. 2020. Les mois restants d'exécution des contrats sont versés aux centres de formation d'apprentis selon les modalités précisées à l'alinéa précédent. Le centre de formation d'apprentis informe l'opérateur de compétences concerné de son choix lors de la transmission de la facture afférente au contrat.

En l'absence de coût annuel de formation publié par le préfet de région au 31 déc. 2018, un montant forfaitaire de 5 000 euros est appliqué (Décr. n° 2018-1209 du 21 déc. 2018, art. 2-IX, mod. par Décr. n° 2019-1326 du 10 déc. 2019, art. 2).

Art. R. 6332-26 *(Décr. n° 2023-1396 du 28 déc. 2023, art. 1er)* Les opérateurs de compétences s'assurent de l'exécution des actions mentionnées à l'article L. 6313-1 par un contrôle de service fait ou un contrôle de la qualité des actions.

Le contrôle de service fait s'effectue au regard des pièces justificatives définies par un arrêté du ministre chargé de la formation professionnelle. En sus de ces pièces, l'opérateur de compétences peut demander à l'organisme prestataire de formation ou à l'employeur, notamment en cas de plainte ou d'anomalie relative à l'exécution d'une action mentionnée à l'article L. 6313-1, tout document complémentaire nécessaire pour s'assurer de la réalisation de l'action qu'il finance et de sa conformité aux dispositions légales, réglementaires et conventionnelles.

L'opérateur de compétences peut procéder à un contrôle sur place de la qualité des actions financées conformément aux articles L. 6316-3 et R. 6316-7. Les résultats de ce contrôle sont notifiés à l'intéressé qui peut faire valoir ses observations dans un délai déterminé par l'opérateur de compétences et qui ne peut être inférieur à sept jours.

Lorsque le prestataire de formation ou l'employeur ne fournissent pas l'ensemble des pièces prévues ou demandées lors d'un contrôle de service fait, ou s'opposent au contrôle de la qualité des actions, ou n'exécutent pas une ou plusieurs actions mentionnées à l'article L. 6313-1, l'opérateur de compétences ne prend pas en charge les dépenses liées aux actions en cause.

Les opérateurs de compétences signalent, de manière étayée, aux services de l'État chargés du contrôle de la formation professionnelle tout manquement par un prestataire de formation ou un employeur dans l'exécution des actions mentionnées à l'article L. 6313-1 et, aux services de l'État chargés du contrôle pédagogique, toute incohérence, pour les actions de formation par apprentissage, entre le contenu de la formation proposée et le référentiel de compétences du diplôme concerné.

En cas de manquement constaté dans l'exécution du contrat de travail de l'apprenti ou du contrat de professionnalisation, les opérateurs de compétences effectuent un signalement auprès des services de l'État chargés de l'inspection du travail.

§ 4 Disponibilités

Art. R. 6332-27 Les disponibilités, dont un opérateur de compétences peut disposer au 31 décembre d'une année donnée au titre des actions de l'alternance ou du plan de développement des compétences, ne peuvent excéder le tiers des charges comptabilisées au cours du dernier exercice clos *(Décr. n° 2022-956 du 29 juin 2022, art. 1er-8°, en vigueur le 1er janv. 2023)* « , déduction faite des dotations aux amortissements et des provisions autres que celles relatives à un contentieux engagé avec un organisme de formation ».

Les dispositions issues du Décr. n° 2022-956 du 29 juin 2022 s'appliquent au calcul des disponibilités à compter du 1er janv. 2023 (Décr. préc., art. 5-II).

Art. R. 6332-28 Les disponibilités au 31 décembre sont constituées par les montants figurant aux comptes de placement, de banque et de caisse, tels que définis par le plan comptable prévu à l'article R. 6332-35. Les placements sont toutefois appréciés à leur valeur liquidative.

Art. R. 6332-29 Les disponibilités excédant les montants dont un opérateur de compétences peut disposer en application des articles R. 6332-27 sont versées à France compétences avant le 30 avril de l'année suivant la clôture de l'exercice.

Les modalités de calcul et de reversement des disponibilités excédentaires mentionnées à l'art. R. 6332-29 ne sont pas applicables aux exercices comptables relatifs aux années 2020 et 2021.

Les fonds propres disponibles de la section financière dédiée au compte personnel de formation à l'issue de l'exercice comptable de l'année 2019 qui ne sont pas affectés à la liquidation des opérations y afférentes sont reportés dans la section financière dédiée à l'alternance. Ils sont affectés intégralement au financement des actions de formation relatives aux contrats d'apprentissage et à ses frais annexes, notamment d'hébergement et de restauration, ainsi que des actions de formation relatives aux contrats de professionnalisation et aux reconversions ou promotions par alternance mentionnées à l'art. L. 6324-1 (Décr. n° 2018-1209 du 21 déc. 2018, art. 2-V, mod. par Décr. n° 2020-1739 du 29 déc. 2020, art. 4).

§ 5 Transmission de documents

Art. R. 6332-30 Les opérateurs de compétences informent le ministre chargé de la formation professionnelle de toute modification apportée à leurs statuts, à leur règlement intérieur et à leur organigramme en lui transmettant ces documents dès modification.

Ils lui communiquent également chaque année le nombre et la composition des conseils d'administration, des commissions paritaires et des sections paritaires professionnelles mises en place pour chaque branche professionnelle.

Art. R. 6332-31 I. — Les opérateurs de compétences transmettent chaque année, avant le 31 mai suivant l'année civile considérée, au ministre chargé de la formation professionnelle et à France compétences un état, dont le modèle est fixé par le ministre chargé de la formation professionnelle.

II. — L'état mentionné au I comporte les renseignements statistiques et financiers permettant de suivre le fonctionnement de l'opérateur de compétences et d'apprécier l'emploi des fonds reçus, ainsi que ses comptes et bilans.

Les renseignements statistiques et financiers qui peuvent être rendus publics sont définis par arrêté du ministre chargé de la formation professionnelle.

III. — Le commissaire aux comptes des opérateurs de compétences atteste de la réalité et de l'exactitude des renseignements financiers.

Art. R. 6332-32 Le conseil d'administration de France compétences peut, en tant que de besoin, recourir à des experts, notamment des commissaires aux comptes pour l'accomplissement des missions mentionnées à l'article L. 6123-5, pour pratiquer des audits auprès des opérateurs de compétences.

Les opérateurs de compétences présentent à ces experts toutes pièces ou documents établissant la réalité et le bien-fondé des éléments figurant sur l'état statistique et financier mentionné à l'article R. 6332-31.

Art. R. 6332-33 Chaque opérateur de compétences transmet au ministre chargé de la formation professionnelle les informations individuelles relatives aux bénéficiaires des contrats d'apprentissage et de professionnalisation qu'il contribue à financer.

Ces informations sont transmises lors du dépôt, de la modification et de la fin des contrats.

Les opérateurs de compétences transmettent simultanément les informations relatives aux entreprises qui ont conclu ces contrats ainsi qu'aux actions de formation correspondantes.

§ 6 Contrôle et comptabilité

Art. R. 6332-34 Les opérateurs de compétences établissent des comptes annuels selon les principes et méthodes comptables définis au code de commerce.

Art. R. 6332-35 (Décr. n° 2019-1326 du 10 déc. 2019, art. 1er) Les opérateurs de compétences sont tenus d'établir des comptes annuels selon les modalités définies par un règlement de l'Autorité des normes comptables.

Art. R. 6332-36 Pour l'exercice du contrôle des comptes, les opérateurs de compétences désignent au moins un commissaire aux comptes et un suppléant.

Art. R. 6332-37 Les ressources des opérateurs de compétences sont conservées en numéraire, soit déposées à vue, soit placées à court terme.

Les intérêts produits par les sommes déposées où placées à court terme ont le même caractère que les sommes dont ils sont issus. Ils sont soumis aux mêmes conditions d'utilisation et à la même procédure de contrôle.

Art. R. 6332-38 Les opérateurs de compétences et les fonds d'assurance formation des non-salariés sont soumis au contrôle économique et financier de l'État dans les conditions prévues par le décret n° 55-733 du 26 mai 1955 susvisé.

SECTION 2 Prise en charge des actions utiles au développement des compétences au bénéfice des entreprises de moins de cinquante salariés

(Décr. n° 2018-1342 du 28 déc. 2018, art. 1ᵉʳ)

Art. D. 6332-39 I. — Les opérateurs de compétences peuvent prendre en charge au titre de la section financière mentionnée au 2° de l'article L. 6332-3 la rémunération et les charges sociales légales et conventionnelles des salariés des entreprises de moins de cinquante salariés en formation, dans la limite du coût horaire du salaire minimum interprofessionnel de croissance par heure de formation, selon les modalités définies par le conseil d'administration de l'opérateur de compétences prévues à l'article L. 6332-17.

II. — Les frais annexes mentionnés au 1° de l'article L. 6332-17 couvrent les frais de transport, de restauration et d'hébergement afférents à la formation suivie. Lorsque les formations se déroulent pour tout ou partie en dehors du temps de travail, les frais de garde d'enfants ou de parents à charge peuvent également être pris en charge selon les modalités définies par le conseil d'administration mentionnées [*mentionné*] au I.

Le conseil d'administration détermine les priorités, les critères et les conditions de prise en charge des demandes présentées par les employeurs.

Art. R. 6332-40 *(Décr. n° 2022-395 du 18 mars 2022, art. 1ᵉʳ, en vigueur le 31 mars 2022)* Les dépenses liées aux formations prévues *(Décr. n° 2023-333 du 3 mai 2023, en vigueur le 1ᵉʳ janv. 2024)* « aux articles L. 2315-18, L. 4644-1 et L. 4823-1 » que les opérateurs de compétences peuvent prendre en charge au titre de la section financière mentionnée au 2° de l'article L. 6332-3 sont les suivantes :

1° Les coûts pédagogiques ;

2° La rémunération et les charges sociales légales et conventionnelles des salariés en formation, dans la limite du coût horaire du salaire minimum interprofessionnel de croissance par heure de formation ;

3° Les frais annexes de transport, de restauration et d'hébergement afférents à la formation suivie et, lorsque les formations se déroulent pour tout ou partie en dehors du temps de travail, les frais de garde d'enfants ou de parents à charge.

Le conseil d'administration de l'opérateur de compétences détermine les priorités et les critères de prise en charge des demandes présentées par les employeurs.

SECTION 3 Fonds d'assurance formation de non-salariés *(Décr. n° 2010-1116 du 22 sept. 2010)*.

§ 1 Constitution

Art. R. 6332-63 Sont applicables aux fonds d'assurance formation de non-salariés habilités au titre *(Décr. n° 2010-1116 du 22 sept. 2010)* « de la présente section », y compris aux fonds d'assurance formation de non-salariés des employeurs et travailleurs indépendants de la pêche maritime et des cultures marines, les articles suivants :

(Décr. n° 2022-956 du 29 juin 2022, art. 1ᵉʳ-9°) « 1° R. 6332-5, relatif à la nomination de l'administrateur provisoire ;

« 2° R. 6332-12, relatif au cumul de fonctions ; »

3° *(Décr. n° 2018-1209 du 21 déc. 2018, art. 1ᵉʳ, en vigueur le 1ᵉʳ janv. 2019)* « R. 6332-13 », relatif à la dévolution des biens des *(Décr. n° 2019-1326 du 10 déc. 2019, art. 1ᵉʳ)* « opérateurs de compétences » qui cessent leur activité ;

4° *(Décr. n° 2018-1209 du 21 déc. 2018, art. 1ᵉʳ, en vigueur le 1ᵉʳ janv. 2019)* « R. 6332-14 », relatif aux biens nécessaires au fonctionnement des *(Décr. n° 2019-1326 du 10 déc. 2019, art. 1ᵉʳ)* « opérateurs de compétences » ;

5° *(Décr. n° 2018-1209 du 21 déc. 2018, art. 1ᵉʳ, en vigueur le 1ᵉʳ janv. 2019)* « R. 6332-23 à » *(Décr. n° 2022-956 du 29 juin 2022, art. 1ᵉʳ-9°)* « R. 6332-26 », relatifs aux conditions de prise en charge et de paiement des frais de formation ;

6° R. 6332-30 à *(Décr. n° 2018-1209 du 21 déc. 2018, art. 1ᵉʳ, en vigueur le 1ᵉʳ janv. 2019)* « R. 6332-33 », relatifs à la transmission de documents par les *(Décr. n° 2019-1326 du 10 déc. 2019, art. 1ᵉʳ)* « opérateurs de compétences » ;

FORMATION PROFESSIONNELLE CONTINUE **Art. R. 6332-68** 3001

7° *(Décr. n° 2018-1209 du 21 déc. 2018, art. 1er, en vigueur le 1er janv. 2019)* « R. 6332-34 à R. 6332-36 », relatifs à la comptabilité et au contrôle des comptes des *(Décr. n° 2019-1326 du 10 déc. 2019, art. 1er)* « opérateurs de compétences » ;

8° *(Décr. n° 2018-1209 du 21 déc. 2018, art. 1er, en vigueur le 1er janv. 2019)* « R. 6332-37 », relatif aux ressources des *(Décr. n° 2019-1326 du 10 déc. 2019, art. 1er)* « opérateurs de compétences ».

Al. abrogé par Décr. n° 2018-1209 du 21 déc. 2018, art. 1er, à compter du 1er janv. 2019.

Les 1° à 6° deviennent les 3° à 8° (Décr. n° 2022-956 du 29 juin 2022, art. 1er-9°).

Art. R. 6332-64 Un fonds d'assurance formation de non-salariés est destiné à recevoir la contribution des travailleurs indépendants, membres des professions libérales et professions non salariées prévue *(Décr. n° 2022-956 du 29 juin 2022, art. 1er-10°)* « à l'article L. 6331-48 diminuée des deux fractions mentionnées à l'article L. 6332-11 destinées au financement du compte personnel de formation des travailleurs indépendants et du conseil en évolution professionnelle ».

Ce fonds a pour objet exclusif de financer la formation des personnes intéressées. *(Décr. n° 2015-753 du 24 juin 2015, art. 1er)* « Il définit les services proposés, les priorités, les critères et les conditions de prise en charge des demandes présentées. »

(Décr. n° 2010-1116 du 22 sept. 2010) « Les ressources du fonds sont destinées :

« 1° Au financement des frais de fonctionnement des actions de formation mentionnées aux articles L. 6313-1 et L. 6314-1 et des frais de transport, d'hébergement et d'indemnisation de la perte de ressources des stagiaires ;

« 2° Au financement d'études ou de recherches intéressant la formation ;

« 3° Au financement des dépenses d'information et de conseil des non-salariés ;

« 4° Au financement des frais de gestion du fonds d'assurance formation.

« Les dépenses mentionnées au 2° à 4° ne peuvent excéder un plafond fixé par arrêté du ministre chargé de la formation professionnelle. » — *V. Arr. du 20 sept. 2011, JO 11 oct.*

Art. R. 6332-65 Le fonds d'assurance formation de non-salariés est créé soit par des organisations d'employeurs représentatives et des chambres de commerce et d'industrie territoriales, soit par des organisations représentatives de professions libérales. — *[Anc. art. R. 953-2, al. 1er.]*

Art. R. 6332-66 L'acte constitutif du fonds d'assurance formation de non-salariés détermine son champ d'intervention géographique et professionnel ou interprofessionnel.

Lorsqu'il est professionnel, ce champ d'intervention est obligatoirement national.

Ce champ est défini par référence à la Nomenclature d'activités française. *(Décr. n° 2022-956 du 29 juin 2022, art. 1er-11°)* « Il peut également être tenu compte de l'inscription au répertoire des métiers. »

Art. R. 6332-67 L'acte constitutif du fonds d'assurance formation de non-salariés fixe notamment :

1° La composition du conseil *(Décr. n° 2022-956 du 29 juin 2022, art. 1er-12°)* « d'administration ou » de gestion et l'étendue des pouvoirs de celui-ci ;

2° Les règles de détermination des actions donnant lieu à intervention du fonds et de répartition des ressources entre ces interventions ;

3° Le mode de désignation des organes chargés de la préparation des mesures énumérées *(Décr. n° 2022-956 du 29 juin 2022, art. 1er-12°)* « au » 2° et de l'exécution des décisions de gestion du fonds.

(Décr. n° 2022-956 du 29 juin 2022, art. 1er-12°) « La composition de son conseil d'administration ou de gestion et des organes chargés de la préparation des décisions de ce conseil ou de son assemblée générale tient compte de la diversité des représentants des secteurs adhérents du fonds d'assurance formation. »

§ 2 Agrément *(Décr. n° 2022-956 du 29 juin 2022, art. 1er-13°).*

Art. R. 6332-68 *(Décr. n° 2022-956 du 29 juin 2022, art. 1er-13°)* La composition du dossier de demande d'agrément des fonds de formation des non-salariés est fixée par un arrêté du ministre chargé de la formation professionnelle. — *V. Arr. du 20 juill. 2022, NOR : MTRD2219746A (JO 28 juill.).*

Art. R. 6332-69 (Décr. n° 2022-956 du 29 juin 2022, art. 1er-15°) « L'agrément » d'un fonds d'assurance formation de non salariés est (Décr. n° 2022-956 du 29 juin 2022, art. 1er-15°) « accordé » par arrêté du ministre chargé de la formation professionnelle, après avis de (Décr. n° 2018-1209 du 21 déc. 2018, art. 1er, en vigueur le 1er janv. 2019) « France compétences ».

Art. R. 6332-70 (Décr. n° 2022-956 du 29 juin 2022, art. 1er-16°) « L'agrément » du fonds d'assurance formation de non-salariés ne peut être (Décr. n° 2022-956 du 29 juin 2022, art. 1er-16°) « délivré » que s'il respecte les dispositions légales relatives à sa constitution.
(Décr. n° 2022-956 du 29 juin 2022, art. 1er-16°) « L'agrément » n'est (Décr. n° 2022-956 du 29 juin 2022, art. 1er-16°) « accordé » que lorsque le montant estimé de la collecte annuelle est supérieur à un seuil fixé par arrêté du ministre chargé de la formation professionnelle. Ce seuil est déterminé en vue d'assurer une capacité financière suffisante pour le développement de la formation professionnelle.

Art. R. 6332-71 (Décr. n° 2022-956 du 29 juin 2022, art. 1er-17°) L'agrément d'un fonds d'assurance formation de non-salariés peut être retiré, après mise en demeure motivée, lorsque les dispositions légales applicables aux fonds d'assurance formation ou les conditions particulières prévues par la décision d'agrément ne sont pas respectées, ou lorsque le fonds d'assurance formation présente des dysfonctionnements répétés ou des défaillances n'ayant pas pu être surmontés par la désignation d'un administrateur provisoire sur le fondement de l'article R. 6332-5.
L'agrément peut également être retiré, après information préalable du fonds concerné, lorsque le montant de la collecte annuelle destinée à être reversée au fonds d'assurance formation n'atteint pas, pendant deux années consécutives, le seuil prévu au second alinéa de l'article R. 6332-70.
Le fonds d'assurance formation dispose d'un délai de deux mois à compter de la réception de la mise en demeure mentionnée au premier alinéa ou de l'information préalable mentionnée au deuxième alinéa pour présenter ses observations écrites et, le cas échéant, orales ainsi que les éventuelles mesures correctives envisagées.
Au vu des éléments de réponse du fonds d'assurance formation ou, à défaut de réponse, à l'expiration du délai de deux mois mentionné à l'alinéa précédent, le ministre chargé de la formation professionnelle peut retirer l'agrément par un arrêté précisant la date d'effet du retrait. Cet arrêté est notifié au fonds par tout moyen permettant de donner date certaine à sa réception et fait l'objet d'une publication au *Journal officiel de la République française*.

§ 3 Contribution et gestion

Art. R. 6332-72 (Abrogé par Décr. n° 2022-956 du 29 juin 2022, art. 1er-18°) (Décr. n° 2020-1739 du 29 déc. 2020, art. 1er) « L'Agence centrale des organismes de sécurité sociale est chargée de centraliser les sommes recouvrées au titre de la contribution mentionnée à l'article L. 6331-48 par les organismes chargés de son recouvrement, mentionnés aux articles L. 213-1 et L. 752-4 du code de la sécurité sociale. »
(Décr. n° 2022-956 du 29 juin 2022, art. 1er-18°) « L'organisme mentionné à l'article L. 225-1-1 du code de la sécurité sociale » reverse sous forme d'un acompte le montant de (Décr. n° 2022-956 du 29 juin 2022, art. 1er-18°) « la contribution mentionnée à l'article L. 6331-48 » à France compétences au plus tard le 31 décembre de l'année au titre de laquelle elle est due, après déduction (Décr. n° 2021-1916 du 30 déc. 2021, art. 1er-29°, en vigueur le 1er janv. 2022) « des frais de gestion mentionnés à l'article L. 6331-52 » du présent code et selon les modalités fixées par convention entre ces organismes. La régularisation de l'acompte est effectuée au plus tard le 1er mars de l'année qui suit le recouvrement de la contribution. (Décr. n° 2022-956 du 29 juin 2022, art. 1er-18°) « L'organisme mentionné à l'article L. 225-1-1 du code de la sécurité sociale » accompagne ses versements des informations (Décr. n° 2021-1916 du 30 déc. 2021, art. 1er-29°, en vigueur le 1er janv. 2022) « , recensées dans la même convention, » permettant la répartition des fonds par France compétences.

Art. R. 6332-73 Abrogé par Décr. n° 2021-1916 du 30 déc. 2021, art. 1er-30°, à compter du 1er janv. 2022.

FORMATION PROFESSIONNELLE CONTINUE **Art. D. 6332-78** 3003

Art. R. 6332-74 *(Abrogé par Décr. n° 2020-1739 du 29 déc. 2020, art. 1ᵉʳ)* **Un arrêté du ministre chargé de la sécurité sociale fixe le modèle des déclarations que les travailleurs indépendants, membres des professions libérales et professions non salariées mentionnés à l'article R. 6331-47 fournissent aux organismes de recouvrement pour le versement de la contribution.**

Art. R. 6332-75 *(Décr. n° 2020-1739 du 29 déc. 2020, art. 1ᵉʳ)* La contribution due par les personnes mentionnées au premier alinéa de l'article L. 6331-48 est répartie par France compétences entre les fonds d'assurance formation de non-salariés en fonction de la population des cotisants relevant du champ d'intervention de chaque fonds. Cette répartition est notamment fondée sur les informations fournies par les organismes collecteurs. *(Décr. n° 2021-1916 du 30 déc. 2021, art. 1ᵉʳ-31°, en vigueur le 1ᵉʳ janv. 2022)* « Ces versements donnent lieu à un acompte avant le 1ᵉʳ février de l'année suivant celle du recouvrement de la contribution puis à une régularisation avant le 1ᵉʳ avril suivant. »

Art. R. 6332-76 *(Abrogé par Décr. n° 2020-88 du 5 févr. 2020, art. 1ᵉʳ)* Le pourcentage de la collecte mentionné à l'article L. 6332-11 est déterminé par arrêté conjoint des ministres chargés de l'emploi, du commerce, de l'artisanat et des professions libérales.

Art. R. 6332-77 Les tâches de gestion d'un fonds d'assurance formation de non-salariés ne peuvent être confiées à un établissement de formation, à un établissement bancaire ou à un organisme de crédit. — *[Anc. art. R. 953-2, al. 8.]*

Art. R. 6332-77-1 *(Décr. n° 2014-1240 du 24 oct. 2014, art. 24)* Les disponibilités dont un fonds d'assurance formation de non-salariés peut disposer au 31 décembre d'un exercice déterminé ne peuvent excéder *(Décr. n° 2019-1326 du 10 déc. 2019, art. 1ᵉʳ)* « le tiers du montant » des charges comptabilisées au cours du même exercice *(Décr. n° 2022-956 du 29 juin 2022, art. 1ᵉʳ-19°, en vigueur le 1ᵉʳ janv. 2023)* « , déduction faite des dotations aux amortissements et des provisions autres que celles relatives à un contentieux engagé avec un organisme de formation ».

(Décr. n° 2018-1209 du 21 déc. 2018, art. 1ᵉʳ, en vigueur le 1ᵉʳ janv. 2019) « N'entrent pas dans le calcul des disponibilités les contributions à la formation versée[s] en année N permettant de financer les formations réalisées en année N + 1. »

Les disponibilités au 31 décembre sont constituées par les montants figurant aux comptes de placement, de banque et de caisse, tels que définis par le plan comptable prévu *(Décr. n° 2019-1326 du 10 déc. 2019, art. 1ᵉʳ)* « au 5° de l'article R. 6332-63 ». Les placements sont toutefois appréciés à leur valeur liquidative.

Les disponibilités excédant les montants dont le fonds d'assurance formation de non-salariés peut disposer en application du premier alinéa du présent article sont versées *(Décr. n° 2020-372 du 30 mars 2020, art. 9)* « à France compétences » avant le 30 avril de l'année suivant la clôture de l'exercice.

(Décr. n° 2019-1326 du 10 déc. 2019, art. 1ᵉʳ) « Le fonds d'assurance formation de non-salariés transmet à France compétences le bilan comptable de l'exercice pour lequel un excédent financier est déterminé, accompagné du rapport du commissaire aux comptes et des pièces justifiant la situation de trésorerie de la structure, avec le versement correspondant. Ces documents sont également transmis au ministre chargé de la formation professionnelle. »

A défaut, il est fait application de la procédure prévue par les articles L. 6362-8 à L. 6362-12.

Les dispositions issues du Décr. n° 2022-956 du 29 juin 2022 s'appliquent au calcul des disponibilités à compter du 1ᵉʳ janv. 2023 (Décr. préc., art. 5-II).

SECTION 4 Prise en charge des actions de formation en alternance par les opérateurs de compétences *(Décr. n° 2018-1209 du 21 déc. 2018, art. 1ᵉʳ).*

SOUS-SECTION 1 Prise en charge des contrats d'apprentissage

(Décr. n° 2018-1345 du 28 déc. 2018, art. 1ᵉʳ)

Art. D. 6332-78 *(Décr. n° 2019-956 du 13 sept. 2019, art. 1ᵉʳ)* I. — La commission paritaire nationale de l'emploi, ou à défaut la commission paritaire de la branche professionnelle, détermine le niveau de prise en charge du contrat d'apprentissage en fonction du diplôme ou du titre à finalité professionnelle préparé. Ce niveau correspond à un montant annuel. Le niveau de prise en charge du contrat d'apprentissage permet le financement des centres de formation d'apprentis par les opérateurs de compétences dans les conditions prévues à l'article R. 6332-25.

II. — Ce niveau de prise en charge comprend les charges de gestion administrative et les charges de production suivantes :

1° La conception, la réalisation des enseignements mentionnés au 2° de l'article L. 6211-2 et au 11° de l'article L. 6231-2, ainsi que l'évaluation des compétences acquises par les apprentis prévue au 12° du même article ;

2° La réalisation des missions d'accompagnement et de promotion de la mixité prévues aux 1° à 9°, 13° et 14° de l'article L. 6231-2 ;

3° Le déploiement d'une démarche qualité engagée pour satisfaire aux exigences liées au cadre de certification prévu à l'article L. 6316-1.

Les charges d'amortissement annuelles comptabilisées pour des équipements qui participent à la mise en œuvre des enseignements dispensés par apprentissage ainsi qu'à l'ingénierie pédagogique sont prises en compte pour la détermination du niveau de prise en charge du contrat d'apprentissage dès lors que leur durée d'amortissement n'excède pas trois ans.

Lorsque la commission paritaire nationale de l'emploi, ou à défaut la commission paritaire de la branche professionnelle, le sollicite, l'opérateur de compétences apporte son appui technique et son expertise conformément aux dispositions prévues au 2° du I de l'article L. 6332-1.

Art. D. 6332-78-1 (Décr. n° 2022-321 du 4 mars 2022, art. 1er) « I. — France compétences invite les branches, par tout moyen donnant date certaine à la réception de cette demande, à déterminer, dans les conditions mentionnées à l'article D. 6332-78, le niveau de prise en charge des contrats d'apprentissage. La commission paritaire nationale de l'emploi ou, à défaut, la commission paritaire de la branche professionnelle dispose d'un délai de deux mois à compter de la réception de cette demande pour transmettre à l'opérateur de compétence dont relève la branche le niveau de prise en charge qu'elle a déterminé. L'opérateur de compétence en informe France compétences.

« II. — » (Décr. n° 2019-956 du 13 sept. 2019, art. 1er) « A compter de la réception des niveaux de prise en charge fixés (Décr. n° 2022-321 du 4 mars 2022, art. 1er) « en application du I », France compétences dispose d'un délai de deux mois pour émettre ses recommandations prévues au 10° de l'article L. 6123-5. »

(Décr. n° 2022-321 du 4 mars 2022, art. 1er) « III. — La prise en compte des recommandations de France compétences prévue au 1° du I de l'article L. 6332-14 est assurée dans un délai d'un mois à compter de leur réception par la commission paritaire nationale de l'emploi ou le cas échéant la commission paritaire de la branche professionnelle concernée. »

(Abrogé par Décr. n° 2022-321 du 4 mars 2022, art. 1er) (Décr. n° 2019-956 du 13 sept. 2019, art. 1er) « V. — A défaut de la prise en compte des recommandations de France compétences dans le délai imparti par la commission paritaire, le ministre chargé de la formation professionnelle fixe (Décr. n° 2020-1076 du 20 août 2020, art. 1er) « par arrêté » le niveau de prise en charge du contrat d'apprentissage en tenant compte des recommandations de France compétences. »

(Décr. n° 2022-321 du 4 mars 2022, art. 1er) « IV. — » (Décr. n° 2019-956 du 13 sept. 2019, art. 1er) « Le niveau de prise en charge du contrat d'apprentissage est établi pour une période minimale de deux ans, sans préjudice des modifications rendues nécessaires par la prise en compte des recommandations de France compétences. »

Art. D. 6332-78-2 (Décr. n° 2022-321 du 4 mars 2022, art. 1er) (Décr. n° 2023-858 du 6 sept. 2023, art. 1er) « Un décret » fixe, dans un délai d'un mois à compter du terme du délai mentionné au III de l'article D. 6332-78-1 :

1° Le niveau de prise en charge du contrat d'apprentissage prévu à l'article D. 6332-78 à défaut de la détermination de ce niveau par la commission paritaire nationale de l'emploi ou, le cas échéant, par la commission paritaire de la branche professionnelle, ou à défaut de la prise en compte des recommandations de France compétences par celle-ci, dans les conditions mentionnées aux I et III de l'article D. 6332-78-1. Ce niveau de prise en charge, qui tient compte des recommandations de France compétences, correspond à un montant annuel applicable au contrat d'apprentissage selon le diplôme ou titre à finalité professionnelle préparé et la nature des dépenses mentionnées au II de l'article D. 6332-78 ; — *Pour les contrats d'apprentissage conclus avant le 8 sept. 2023, V. Arr. du 31 août 2022, NOR : MTRD2225070A (JO 1ᵉʳ sept.), mod. par Arr. du 27 oct. 2022, NOR : MTRD2230170A (JO 29 oct.) et par Arr. du 17 août 2023, NOR : MTRD2322749A (JO 20 août) ; pour la durée restante des contrats d'apprentissage conclus à compter du 8 sept. 2023 et pour les contrats conclus à compter du 15 oct. 2023, V. Ann. I du Décr. n° 2023-945 du 13 oct. 2023 (JO 14 oct.).*

2° La date de conclusion des contrats d'apprentissage à compter de laquelle s'appliquent à ces contrats les niveaux de prise en charge déterminés en application du 1° ou par les commissions paritaires nationales de l'emploi ou, le cas échéant, par les commissions paritaires des branches professionnelles dans les conditions mentionnées aux I et III de l'article D. 6332-78-1.

Art. D. 6332-79 *(Décr. n° 2019-956 du 13 sept. 2019, art. 1ᵉʳ) (Décr. n° 2022-321 du 4 mars 2022, art. 1ᵉʳ)* « I. — Lorsque France compétences identifie des contrats d'apprentissage dont le niveau de prise en charge n'a pas été fixé, elle invite les branches concernées, par tout moyen donnant date certaine à la réception de cette demande, à le déterminer.

« II. — » Les commissions paritaires nationales de l'emploi, ou le cas échéant les commissions paritaires des branches professionnelles, disposent de deux mois *(Décr. n° 2022-321 du 4 mars 2022, art. 1ᵉʳ)* « à compter de cette demande » pour transmettre le niveau de prise en charge qu'elles ont déterminé en application de l'article D. 6332-78 à l'opérateur de compétences dont elles relèvent, qui le communique à France compétences.

(Décr. n° 2022-321 du 4 mars 2022, art. 1ᵉʳ) « III. — » A compter de la réception des niveaux de prise en charge fixés *(Décr. n° 2022-321 du 4 mars 2022, art. 1ᵉʳ)* « en application du II », France compétences dispose d'un délai de deux mois pour émettre ses recommandations prévues au 10° de l'article L. 6123-5.

(Décr. n° 2022-321 du 4 mars 2022, art. 1ᵉʳ) « IV. — » La prise en compte des recommandations de France compétences prévue au 1° du I de l'article L. 6332-14 est assurée dans un délai d'un mois à compter de leur réception par la commission paritaire nationale de l'emploi ou le cas échéant la commission paritaire de la branche professionnelle concernée.

(Abrogé par Décr. n° 2022-321 du 4 mars 2022, art. 1ᵉʳ) « VI. — *A défaut de la prise en compte des recommandations de France compétences dans le délai imparti par la commission paritaire, le ministre chargé de la formation professionnelle fixe (Décr. n° 2020-1076 du 20 août 2020, art. 1ᵉʳ) « par arrêté » le niveau de prise en charge du contrat d'apprentissage en tenant compte des recommandations de France compétences au plus tard le 31 mai de l'année suivant la date de transmission pour dépôt du contrat d'apprentissage auprès de l'opérateur de compétence mentionné au I.* »

(Décr. n° 2022-321 du 4 mars 2022, art. 1ᵉʳ) « V. — » Le niveau de prise en charge du contrat d'apprentissage est établi pour une période minimale de deux ans, sans préjudice des modifications rendues nécessaires par la prise en compte des recommandations de France compétences.

(Décr. n° 2022-321 du 4 mars 2022, art. 1ᵉʳ) « VI. — *(Décr. n° 2023-858 du 6 sept. 2023, art. 1ᵉʳ)* « Le décret *[ancienne rédaction : L'arrêté]* » mentionné à l'article D. 6332-78-2 fixe le niveau de prise en charge du contrat d'apprentissage à défaut de la détermination de ce niveau par la commission paritaire nationale de l'emploi ou, le cas échéant, par la commission paritaire de la branche professionnelle, ou à défaut de la prise en compte des recommandations de France compétences par celle-ci, dans les conditions mentionnées aux II et IV. Il fixe également la date de conclusion des contrats d'apprentissage à compter de laquelle s'appliquent à ces contrats les niveaux de prise en charge déterminés en application des mêmes II et IV ou du présent VI. » — *Pour les contrats d'apprentissage conclus avant le 8 sept. 2023, V. Arr. du 31 août 2022, NOR : MTRD2225070A (JO 1ᵉʳ sept.), mod. par Arr. du 27 oct. 2022, NOR : MTRD2230170A (JO 29 oct.) et par Arr. du 17 août 2023, NOR : MTRD2322749A (JO 20 août). — Pour la durée*

restante des contrats d'apprentissage conclus après le 8 sept. 2023, et pour les contrats conclus à compter du 15 oct. 2023, V. Ann. II du Décr. n° 2023-945 du 13 oct. 2023 (JO 14 oct.).

Art. D. 6332-79-1 *(Décr. n° 2022-1194 du 30 août 2022)* I. — Lorsque France compétences révise les recommandations au cours de la période de deux ans prévue aux IV de l'article D. 6332-78-1 et V de l'article D. 6332-79, elle invite les branches professionnelles, par tout moyen donnant date certaine à la réception de cette demande, à prendre en compte ses recommandations dans un délai d'un mois.

II. — A compter du terme du délai d'un mois fixé au I, à défaut de la prise en compte des recommandations de France compétences par la commission paritaire nationale de l'emploi ou le cas échéant la commission paritaire de la branche professionnelle concernée, *(Décr. n° 2023-858 du 6 sept. 2023, art. 1er)* « le décret *[ancienne rédaction : l'arrêté]* » mentionné à l'article D. 6332-78-2 fixe le niveau de prise en charge du contrat d'apprentissage. Il fixe également la date de conclusion des contrats d'apprentissage à compter de laquelle s'appliquent à ces contrats les niveaux de prise en charge déterminés en application du présent article.

Art. D. 6332-80 *(Décr. n° 2019-956 du 13 sept. 2019, art. 1er)* Jusqu'à la détermination du niveau de prise en charge, l'opérateur de compétences verse au centre de formation d'apprentis un montant forfaitaire annuel fixé par *(Décr. n° 2022-1194 du 30 août 2022)* « arrêté des ministres chargés de la formation professionnelle et du budget » conformément aux dispositions prévues à l'article R. 6332-25.

A compter de la fixation du niveau de prise en charge par la commission paritaire nationale de l'emploi, ou le cas échéant par la commission paritaire de la branche professionnelle concernée, ou à défaut par *(Décr. n° 2023-858 du 6 sept. 2023, art. 1er)* « décret », l'opérateur de compétences procède, le cas échéant, à la régularisation des sommes dues ou à la récupération des sommes avancées à ce titre, dès le premier versement suivant la décision fixant le niveau de prise en charge applicable.

Art. D. 6332-81 *(Décr. n° 2019-956 du 13 sept. 2019, art. 1er)* Avant le 31 décembre de chaque année, France compétences communique au ministre chargé de la formation professionnelle la liste actualisée des commissions paritaires nationale pour l'emploi ou des commissions paritaires qui n'ont pas respecté leurs obligations en matière de détermination de niveaux de prise en charge des contrats d'apprentissage, ainsi que celle des diplômes ou titres à finalité professionnelle préparés pour lesquels elles devaient se déterminer.

Art. D. 6332-82 L'opérateur de compétences *(Décr. n° 2020-1450 du 26 nov. 2020, art. 1er, en vigueur le 1er janv. 2021)* « majore » le niveau de prise en charge, en application du 1° du I de l'article L. 6332-14, *(Décr. n° 2020-1450 du 26 nov. 2020, art. 1er, en vigueur le 1er janv. 2021)* « pour l'accueil d'un apprenti reconnu travailleur handicapé par la commission mentionnée à l'article L. 241-5 du code de l'action sociale et des familles, en appliquant une majoration dans la limite d'un montant de 4 000 euros, selon les niveaux d'intervention fixés par arrêté conjoint du ministre chargé de la formation professionnelle et du ministre chargé du handicap ». — *V. Arr. du 7 déc. 2020, NOR : MTRD2032818A (JO 12 déc.).*

Les dispositions issues du Décr. n° 2020-1450 du 26 nov. 2020 s'appliquent aux contrats d'apprentissage conclus à compter du 1er janv. 2021 (Décr. préc., art. 2).

Art. D. 6332-83 L'opérateur de compétence[s] prend en charge, dès lors qu'ils sont financés par les centres de formation d'apprentis, les frais annexes à la formation des apprentis prévus aux 3° des I et II de l'article L. 6332-14 selon les modalités suivantes :

1° Les frais d'hébergement sont pris en charge par nuitée pour un montant *(Abrogé par Décr. n° 2020-373 du 30 mars 2020, art. 4)* « *maximal* » déterminé par arrêté du ministre chargé de la formation professionnelle ; — *Montant de 6 € par nuitée, V. Arr. du 30 juill. 2019, NOR : MTRD1922937A (JO 22 août), mod. par Arr. du 29 sept. 2020, NOR : MTRD2020643A (JO 4 oct.).*

2° Les frais de restauration sont pris en charge par repas pour un montant *(Abrogé par Décr. n° 2020-373 du 30 mars 2020, art. 4)* « *maximal* » déterminé par arrêté du ministre chargé de la formation professionnelle ; — *Montant de 3 € par repas, V. Arr. du*

30 juill. 2019, NOR : MTRD1922937A (JO 22 août), mod. par Arr. du 29 sept. 2020, NOR : MTRD2020643A (JO 4 oct.).

3° Les frais de premier équipement pédagogique nécessaire à l'exécution de la formation sont pris en charge selon un forfait déterminé par l'opérateur de compétences identique pour l'ensemble des centres de formation d'apprentis concernés, établi en fonction de la nature des activités des apprentis, et dans la limite d'un plafond maximal de 500 euros ;

4° Les frais liés à la mobilité internationale des apprentis prévus au 10° de l'article L. 6231-2 sont pris en charge selon un forfait déterminé par l'opérateur de compétences (Abrogé par Décr. n° 2019-956 du 13 sept. 2019, art. 1er) « , *par nature d'activité et par zone géographique* », identique pour l'ensemble des centres de formation d'apprentis concernés.

Les dispositions issues du Décr. n° 2020-373 du 30 mars 2020 s'appliquent aux contrats conclus à compter du 1er avr. 2020 (Décr. préc., art. 5).

Art. D. 6332-84 Le financement des actions mentionnées au 4° du II de l'article L. 6332-14 ne peut excéder un montant déterminé dans le cadre des frais de missions [mission] fixés lors de la conclusion de la convention d'objectifs et de moyens établie entre l'opérateur de compétences et l'État.

SOUS-SECTION 2 **Prise en charge des contrats de professionnalisation**

(Décr. n° 2018-1342 du 28 déc. 2018, art. 2)

Art. D. 6332-85 I. – L'opérateur de compétences prend en charge au titre de la section financière mentionnée au 1° de l'article L. 6332-3 les contrats de professionnalisation au niveau de prise en charge fixé par les branches ou, à défaut d'accord, par un accord collectif conclu entre les organisations représentatives d'employeurs et de salariés signataires d'un accord constitutif d'un opérateur gestionnaire des fonds de la formation professionnelle continue.

II. – Le niveau de prise en charge correspond à un montant forfaitaire par contrat versé par l'opérateur de compétences. Il couvre tout ou partie des frais pédagogiques, des rémunérations et charges sociales légales et conventionnelles des stagiaires, ainsi que des frais de transport et d'hébergement.

III. – Le montant prévu au II est communiqué à France compétences par l'opérateur de compétences.

Art. D. 6332-86 A défaut de fixation du montant forfaitaire de la prise en charge prévu à l'article D. 6332-85, ce montant est fixé à 9,15 euros par heure ou, lorsqu'il porte sur des contrats conclus avec les personnes mentionnées à l'article L. 6325-1-1 (Décr. n° 2020-1122 du 10 sept. 2020) « ou les personnes en parcours d'insertion dans un groupement d'employeur [employeurs] pour l'insertion et la qualification mentionné au troisième alinéa de l'article L. 1253-1 », à 15 euros par heure.

Les dispositions issues du Décr. n° 2020-1122 du 10 sept. 2020 s'appliquent aux contrats de professionnalisation conclus à compter du 1er oct. 2020 (Décr. préc., art. 2).

Art. D. 6332-87 Pôle emploi [France Travail depuis le 1er janv. 2024] peut prendre en charge, pour le compte de l'organisme gestionnaire du régime d'assurance chômage par l'intermédiaire des opérateurs de compétences, les dépenses afférentes aux contrats de professionnalisation des demandeurs d'emploi âgés de vingt-six ans et plus.

Art. D. 6332-88 Les dépenses exposées par les employeurs des entreprises de moins de 50 salariés au-delà des montants forfaitaires prévus par l'article D. 6332-85 peuvent être financées par l'opérateur de compétences au titre des fonds affectés au développement des compétences au bénéfice des entreprises de moins de 50 salariés, selon les modalités définies par le conseil d'administration de l'opérateur de compétences prévues à l'article L. 6332-17.

SOUS-SECTION 3 **Prise en charge des actions de reconversion ou promotion par l'alternance**

(Décr. n° 2018-1342 du 28 déc. 2018, art. 2)

Art. D. 6332-89 Dans le respect d'un accord de branche ou, à défaut, d'un accord collectif conclu entre les organisations représentatives d'employeurs et de salariés signataires d'un accord constitutif d'un opérateur de compétences, un opérateur de compétences finance les actions selon un niveau de prise en charge déterminé.

Le niveau de prise en charge correspond à un montant forfaitaire versé par l'opérateur de compétences. Ce montant couvre tout ou partie des frais pédagogiques ainsi que des frais de transport et d'hébergement.

(Décr. n° 2020-262 du 16 mars 2020) « La prise en charge de la rémunération du salarié en reconversion ou en alternance prévue par l'accord de branche étendu mentionné au deuxième alinéa de l'article L. 6324-5 peut également comprendre les charges sociales légales et conventionnelles dues par l'employeur au titre des salariés concernés, sans que le montant total pris en charge au titre de la rémunération puisse toutefois excéder le coût horaire du salaire minimum interprofessionnel de croissance par heure. »

Ce montant est communiqué par l'opérateur de compétences à France compétences.

Le dépôt de l'avenant au contrat de travail prévoyant la reconversion ou la promotion par l'alternance est effectué selon les modalités mentionné[e]s aux articles D. 6325-1 et suivants.

Art. D. 6332-90 En l'absence de forfaits fixés dans les conditions prévues à l'article D. 6332-89, ce montant est de 9,15 euros par heure.

(Décr. n° 2020-262 du 16 mars 2020) « Lorsque l'accord de branche étendu mentionné à l'article L. 6324-3 prévoit la prise en charge de la rémunération par l'opérateur de compétences sans en préciser le niveau de prise en charge, celui-ci est fixé par l'opérateur de compétences. Il peut également comprendre les charges sociales légales et conventionnelles dues par l'employeur au titre des salariés concernés, sans que le montant total pris en charge au titre de la rémunération puisse toutefois excéder le coût horaire du salaire minimum interprofessionnel de croissance par heure. »

Art. D. 6332-91 Les dépenses exposées par les employeurs des entreprises de moins de 50 salariés au-delà des montants forfaitaires prévus par l'article D. 6332-89 peuvent être financées par l'opérateur de compétences au titre des fonds affectés au développement des compétences au bénéfice des entreprises de moins de 50 salariés, selon des modalités précisées par le conseil d'administration de l'opérateur de compétences.

SOUS-SECTION 4 **Dépenses de tutorat et de formation pédagogique des maîtres d'apprentissage**

(Décr. n° 2018-1342 du 28 déc. 2018, art. 2)

Art. D. 6332-92 Le plafond horaire et la durée maximale prévus au 4° de l'article L. 6332-14 des dépenses exposées pour les actions de formation en qualité de tuteur ou de maître d'apprentissage pour chaque salarié ou employeur de moins de onze salariés sont respectivement de 15 euros par heure de formation et de 40 heures.

Ces dépenses couvrent les frais pédagogiques, les rémunérations, les cotisations et contributions sociales légales et conventionnelles, ainsi que les frais de transport, de restauration et d'hébergement.

Art. D. 6332-93 Le plafond mensuel et la durée prévus au 4° de l'article L. 6332-14 sont :

1° Pour l'exercice de tutorat, de 230 euros par mois et par salarié pour une durée maximale de six mois. Ce plafond mensuel est majoré de 50 % lorsque la personne chargée de l'exercice du tutorat est âgée de 45 ans ou plus ou accompagne une personne mentionnée à l'article L. 6325-1-1.

[2°] Pour l'exercice de maître d'apprentissage de 230 euros par mois et par apprenti pour une durée maximale de 12 mois.

SECTION 5 Prise en charge par l'opérateur de compétences des formations organisées au titre du compte personnel de formation (L. n° 2018-771 du 5 sept. 2018, art. 45-II).

(Décr. n° 2014-1240 du 24 oct. 2014, art. 36)

Cette section est applicable à Mayotte à compter du 1ᵉʳ janv. 2019 (Décr. n° 2018-953 du 31 oct. 2018, art. 58-I).

§ 1 Sommes perçues par l'opérateur de compétences (L. n° 2018-771 du 5 sept. 2018, art. 45-II).

Art. R. 6332-93 Les (L. n° 2018-771 du 5 sept. 2018, art. 45-II) « opérateurs de compétences » gèrent paritairement les contributions des employeurs affectées au financement du compte personnel de formation selon les modalités définies par les articles R. 6332-22-3 à R. 6332-22-5 et suivent l'emploi des sommes collectées au sein d'une section particulière.

Ils définissent les services proposés, les priorités, les critères et les conditions de prise des demandes présentées dans le cadre du compte personnel de formation selon les modalités définies par l'article R. 6323-5.

Dès leur réception, les fonds mentionnés au premier alinéa sont mutualisés au sein de la section particulière.

§ 2 Gestion des ressources

Art. R. 6332-94 Les ressources au titre de la section particulière mentionnée à l'article R. 6332-93 sont destinées :

1° Au financement des frais de formation des actions de formation mentionnées à l'article L. 6323-16 organisées dans le cadre du compte personnel de formation selon les modalités définies par l'article R. 6323-5 ;

2° Au financement des frais prévus à l'article R. 6332-36. Ces frais sont répartis selon les modalités définies à l'article R. 6332-7.

Les formations se déroulent selon les modalités définies à l'article L. 6353-1.

§ 3 Contrôle

Art. R. 6332-95 Les agents de contrôle mentionnés à l'article L. 6361-5 sont habilités à exercer le contrôle des recettes et des dépenses des organismes collecteurs paritaires au titre du compte personnel de formation.

Donnent lieu à un reversement de même montant par l'organisme collecteur paritaire au Trésor public les emplois de fonds qui ne sont pas conformes aux règles posées par les articles R. 6332-22, R. 6332-22-3 à R. 6332-22-5, R. 6332-25 à R. 6332-27, R. 6332-28-1 et R. 6332-29, R. 6332-42 et R. 6332-94.

SECTION 6 *[ABROGÉE]* Fonds paritaire de sécurisation des parcours professionnels

(Abrogée par Décr. n° 2018-1331 du 28 déc. 2018, art. 2, à compter du 1ᵉʳ janv. 2019)

SECTION 7 Information de l'État *(Décr. n° 2010-1116 du 22 sept. 2010).*

Art. R. 6332-114 La mise en demeure prévue à l'article L. 6332-24 est réalisée par le préfet de région. — *[Anc. art. L. 941, al. 5.]*

CHAPITRE III GESTION DU COMPTE PERSONNEL DE FORMATION PAR LA CAISSE DES DÉPÔTS ET CONSIGNATIONS

(Décr. n° 2018-1333 du 28 déc. 2018, art. 1ᵉʳ)

Ce chap. entre en vigueur à compter de la date à laquelle la Caisse des dépôts et consignations reçoit de France compétences les fonds affectés au financement du compte personnel de formation qui lui sont versés en 2019 en application du b du 2° du B du III de l'art. 4 du Décr. n° 2018-1331 du 28 déc. 2018 relatif à l'organisation et au fonctionnement de France compétences. Toutefois, l'art.

R. 6333-2 et les I et II de l'art. R. 6333-3, dans leur rédaction issue du Décr. n° 2018-1333 du 28 déc. 2018, entrent en vigueur le 1ᵉʳ janv. 2020 (Décr. préc., art. 4-II).

SECTION 1 **Ressources perçues par la Caisse des dépôts et consignations**

Art. R. 6333-1 Les ressources mentionnées au premier alinéa de l'article L. 6333-1 sont versées trimestriellement, par France compétences, à la Caisse des dépôts et consignations, à l'exception de celle mentionnée à l'article L. 6332-11 qui fait l'objet d'un versement dans des délais définis par convention entre la Caisse des dépôts et consignations et les organismes de recouvrement mentionnés aux articles L. 213-1 du code de la sécurité sociale et L. 718-2-1 du code rural et de la pêche maritime.

Art. R. 6333-2 La mobilisation, par un titulaire d'un compte personnel de formation, de droits complémentaires associés à des ressources mentionnées à l'article L. 6333-2 est subordonnée à la réception des ressources correspondantes par la Caisse des dépôts et consignations.

Art. R. 6333-2-1 *(Décr. n° 2020-894 du 22 juill. 2020, art. 1ᵉʳ)* Les financeurs mentionnés aux 2° à 14° du II de l'article L. 6323-4 peuvent confier à la Caisse des dépôts et consignations, le cas échéant dans le cadre d'une convention conclue sur le fondement de l'article L. 6333-7, la gestion d'une enveloppe globale de fonds lui permettant de financer des abondements en droits complémentaires en application des dispositions de ce II ou des alimentations supplémentaires en application des dispositions du III du même article.

SECTION 2 **Modalités de financement des actions de formation**

Art. R. 6333-3 I. — Afin de financer une formation éligible au compte personnel de formation mentionnée à l'article L. 6323-6, la Caisse des dépôts et consignations mobilise d'abord les ressources mentionnées à l'article L. 6333-1 destinées au financement des droits acquis par le titulaire du compte, puis, lorsque ces derniers sont insuffisants, les ressources supplémentaires mentionnées à l'article L. 6333-2 destinées au financement des droits complémentaires.
II. — Lorsque la Caisse des dépôts et consignations procède à la mobilisation des droits complémentaires, elle utilise les ressources mentionnées à l'article L. 6333-2 dans un ordre de priorité fixé par arrêté du ministre chargé de la formation professionnelle. – *V. Arr. du 30 juill. 2020, NOR : MTRD2020454A (JO 1ᵉʳ août).*
III. — Les frais de formation qui ne sont pas financés par les droits mobilisés au titre du compte personnel de formation restent à la charge du titulaire du compte. Les délais et modalités de versement du reste à charge par le titulaire à la Caisse des dépôts et consignations sont fixés par les conditions générales d'utilisation du service dématérialisé mentionnées à l'article L. 6323-9.

SECTION 3 **Paiement des organismes de formation par la Caisse des dépôts et consignations**

Art. R. 6333-4 La Caisse des dépôts et consignations procède au paiement des prestataires mentionnés à l'article L. 6351-1 après réception des informations nécessaires au débit des droits inscrits sur le compte personnel de formation et vérification du service fait, selon des modalités prévues aux conditions générales d'utilisation du service dématérialisé mentionnées à l'article L. 6323-9.

SECTION 4 **Obligations contractuelles des organismes de formation et des titulaires du compte personnel de formation**

SOUS-SECTION 1 **Dispositions applicables aux organismes de formation référencés sur le service dématérialisé mentionné à l'article L. 6323-9** *(Décr. n° 2023-1350 du 28 déc. 2023, art. 1ᵉʳ).*

Art. R. 6333-5 La Caisse des dépôts et consignations définit dans les conditions générales d'utilisation du service dématérialisé mentionnées à l'article L. 6323-9, les

FORMATION PROFESSIONNELLE CONTINUE

engagements souscrits par les titulaires du compte personnel de formation et les prestataires mentionnés à l'article L. 6351-1.

(Décr. n° 2023-1350 du 28 déc. 2023, art. 1ᵉʳ) « Les conditions générales d'utilisation déterminent notamment la liste des pièces justificatives de nature à établir que les conditions de l'article L. 6323-9-1 sont remplies. »

Art. R. 6333-6 Lorsque la Caisse des dépôts et consignations constate un manquement de l'un des prestataires mentionnés à l'article L. 6351-1 aux engagements qu'il a souscrits, elle peut, selon la nature du manquement, lui (Décr. n° 2021-1708 du 17 déc. 2021, art. 5-II, en vigueur le 1ᵉʳ janv. 2022) « prononcer un avertissement, refuser le paiement des prestations, » demander le remboursement des sommes qu'elle lui a indûment versées et suspendre temporairement son référencement sur le service dématérialisé mentionné à l'article L. 6323-9. Ces mesures, proportionnées aux manquements constatés, sont prises après application d'une procédure contradictoire et selon des modalités que les conditions générales d'utilisation du service dématérialisé précisent.

(Décr. n° 2023-1350 du 28 déc. 2023, art. 1ᵉʳ) « La décision précise la ou les sanctions prononcées, et, en cas de déréférencement temporaire du prestataire mentionné à l'article L. 6351-1, sa date d'effet et sa durée qui ne peut excéder douze mois. »

La Caisse des dépôts et consignations effectue tout signalement utile et étayé des manquements qu'elle constate auprès (Décr. n° 2021-1708 du 17 déc. 2021, art. 5-II, en vigueur le 1ᵉʳ janv. 2022) « des autorités compétentes de l'État ».

Art. R. 6333-6-1 (Décr. n° 2023-1350 du 28 déc. 2023, art. 1ᵉʳ) Lorsque la Caisse des dépôts et consignations constate un manquement d'un prestataire mentionné à l'article L. 6351-1 aux engagements qu'il a souscrits de nature à porter une atteinte grave aux intérêts publics, elle peut suspendre pendant une durée maximale de six mois le paiement du prestataire et son référencement sur le service dématérialisé préalablement ou au cours de la procédure contradictoire mentionnée au premier alinéa de l'article R. 6333-6.

Ces mesures sont d'effet immédiat et peuvent être maintenues jusqu'au terme de la même procédure contradictoire.

SOUS-SECTION 2 Dispositions visant à réguler la sous-traitance

(Décr. n° 2023-1350 du 28 déc. 2023, art. 2, en vigueur le 1ᵉʳ avr. 2024)

Art. R. 6333-6-2 Le contrat de sous-traitance prévu au premier alinéa de l'article L. 6323-9-2 est conclu par écrit entre le prestataire référencé mentionné à l'article L. 6323-9-1 et un sous-traitant.

Le contrat mentionné au premier alinéa précise les missions exercées au titre de l'intervention confiée, le contenu et la sanction de la formation, les moyens mobilisés ainsi que les conditions de réalisation et de suivi de l'action, sa durée, la période de réalisation ainsi que le montant de la prestation.

Le sous-traitant ne peut lui-même sous-traiter l'exécution de l'action qui lui a été confiée.

Le sous-traitant ne peut se voir confier l'exécution d'une action au titre du présent chapitre, s'il fait lui-même l'objet d'un déréférencement temporaire en application de l'article R. 6333-6.

Le prestataire mentionné au premier alinéa du présent article peut sous-traiter l'exécution d'actions mentionnées à l'article L. 6323-6, dans la limite d'un plafond exprimé en pourcentage de son chiffre d'affaires réalisé sur le service dématérialisé mentionné à l'article L. 6323-9. Ce plafond est fixé par arrêté du ministre chargé de la formation professionnelle à un niveau garantissant la capacité du prestataire à exercer une activité de formation. – V. Arr. du 3 janv. 2024, NOR : MTRD2335264A (JO 12 janv.).

Le prestataire mentionné au premier alinéa communique par tous moyens à la Caisse des dépôts et consignation tout contrat mentionné au présent article.

Art. R. 6333-6-3 Le sous-traitant partie à un contrat mentionné à l'article R. 6333-6-2 qui relève du régime micro-social mentionné à l'article L. 613-7 du code de la sécurité sociale et dont le chiffre d'affaires ne dépasse pas le montant fixé au 2° du 1 de l'article 50-0 du code général des impôts, est dispensé de la détention des certifications professionnelles ou habilitations délivrées par les ministères ou organismes certificateurs mentionnés à l'article L. 6113-2, ainsi que de la détention de la certification de qualité des actions de la formation professionnelle mentionnée à l'article L. 6316-1.

Art. R. 6333-6-4 Le sous-traitant partie à un contrat mentionné à l'article R. 6333-6-2 qui ne bénéficie pas des dispositions mentionnées à l'article R. 6333-6-3, est dispensé de l'obligation de détention des certifications professionnelles ou habilitations délivrées par les ministères ou organismes certificateurs mentionnés à l'article L. 6113-2 dans le cas où son intervention ne porte que sur une partie de l'action de formation éligible au compte personnel de formation et que la ou les parties d'action de formation mises en œuvre pour le compte du prestataire de formation ne correspondent pas à la réalisation d'un bloc de compétence complet au sens de l'article L. 6113-1.

Art. R. 6333-6-5 En cas de méconnaissance par le sous-traitant des conditions prévues aux 1° à 5° de l'article L. 6323-9-1 et à l'article R. 6333-6-1, la Caisse des dépôts et consignations met en demeure le prestataire référencé mentionné à l'article L. 6323-9-1 de remédier à cette situation, dans le délai qu'elle prescrit.

La mise en demeure mentionné à l'alinéa précédent ouvre la procédure contradictoire prévue à l'article R. 6333-6. Au cours de cette procédure, la Caisse des dépôts et consignations peut faire application des dispositions de l'article R. 6333-6-1. Au terme de la procédure, si le non-respect qui a fait l'objet de la mise en demeure persiste, la Caisse des dépôts et consignations peut prononcer une sanction, dans les conditions prévues à l'article R. 6333-6.

SOUS-SECTION 3 **Modalités de contrôle et d'échanges d'information**

(Décr. n° 2023-1350 du 28 déc. 2023, art. 3)

Art. R. 6333-6-6 Les agents mentionnés au premier alinéa de l'article L. 6361-5 sont habilités, au titre des services en charge du contrôle de la formation professionnelle, à procéder aux échanges de documents et d'informations prévus à l'article L. 6333-7-1.

SOUS-SECTION 4 **Dispositions applicables aux titulaires du compte personnel de formation** *(Décr. n° 2023-1350 du 28 déc. 2023, art. 3).*

Art. R. 6333-7 Lorsque la Caisse des dépôts et consignations constate un manquement du titulaire d'un compte personnel de formation aux engagements qu'il a souscrits, elle peut, selon la nature du manquement, suspendre temporairement la prise en charge des formations dont il bénéficie ou dont il demande à bénéficier. Ces mesures, proportionnées aux manquements constatés, sont prises après application d'une procédure contradictoire et selon des modalités que les conditions générales d'utilisation du service dématérialisé précisent.

(Décr. n° 2021-1708 du 17 déc. 2021, art. 5-III) « En cas de déclaration frauduleuse ou erronée, les droits inscrits au compte personnel de formation font l'objet d'un nouveau calcul, sans préjudice des sanctions prévues aux articles 313-3 et 441-6 du code pénal.

« Les droits, exprimés en euros, obtenus à la suite d'une déclaration frauduleuse ou erronée, ne peuvent être utilisés. Lorsque le titulaire d'un compte a tout de même utilisé de tels droits, il rembourse les sommes correspondantes à la Caisse des dépôts et consignations au terme d'une procédure contradictoire et selon des modalités que les conditions générales d'utilisation précisent. »

SECTION 5 **Gestion administrative, comptable et financière du compte personnel de formation**

Art. R. 6333-8 La convention triennale d'objectifs et de performance mentionnée au premier alinéa de l'article L. 6333-5 définit les objectifs stratégiques, opérationnels et de performance de la Caisse des dépôts et consignations pour la gestion du compte personnel de formation, qu'elle assortit d'indicateurs quantitatifs et qualitatifs. Elle fixe les moyens dont dispose la Caisse pour mettre en œuvre cette gestion et détermine les modalités de suivi de ses actions.

Art. R. 6333-9 La Caisse des dépôts et consignations élabore et transmet à France compétences, avant le 30 juin suivant l'année au titre de laquelle il est établi, un rapport annuel relatif à la gestion administrative, comptable et financière du compte personnel de formation. Ce rapport présente les perspectives pluriannuelles de mobilisation du compte personnel de formation des actifs et les hypothèses d'évolutions financières qui en découlent.

Art. R. 6333-10 La réserve de précaution mentionnée au troisième alinéa de l'article L. 6333-6 est affectée à la correction des déséquilibres financiers du fonds mentionné au premier alinéa du même article.

Si elle constate que la couverture des engagements n'est pas assurée de manière durable, la Caisse des dépôts et consignations en informe le directeur général de France compétences. Ce dernier propose au ministre chargé de la formation professionnelle un programme de rétablissement destiné à assurer la couverture intégrale des engagements.

Art. R. 6333-11 Un commissaire aux comptes certifie les comptes annuels du fonds mentionné au premier alinéa de l'article L. 6333-6 et vérifie chaque année son équilibre financier, en procédant à l'évaluation des provisions et du taux de couverture des engagements.

Art. R. 6333-12 Le fonds mentionné au premier alinéa de l'article L. 6333-6 est soumis en matière de gestion financière et comptable aux règles applicables aux entreprises industrielles et commerciales.

Art. R. 6333-12-1 (Décr. n° 2021-1708 du 17 déc. 2021, art. 8-II, en vigueur le 1er janv. 2022) L'État est représenté en justice tant en demande qu'en défense par le directeur général de la Caisse des dépôts et consignations pour tous les actes relevant de la gestion du fonds mentionné au premier alinéa de l'article L. 6333-6.

Lorsque la Caisse des dépôts et consignations constate une fraude portant préjudice au fonds mentionné au premier alinéa de l'article L. 6333-6 ou aux droits des titulaires de compte personnel de formation, le directeur général de la Caisse des dépôts et consignations peut, selon la gravité des faits constatés, intenter toute action en justice au nom et pour le compte de l'État et, le cas échéant, se constituer partie civile. En ce cas, elle est dispensée de la consignation prévue à l'article 88 du code de procédure pénale.

Art. R. 6333-13 I. – Les modalités de gestion de trésorerie, ainsi que la politique de placement réalisée par la Caisse des dépôts et consignations dans sa gestion financière du compte personnel de formation sont prévues par la convention triennale d'objectifs et de performance.

II. – La gestion des actifs et des instruments financiers peut être déléguée à des entreprises ou des sociétés exerçant les activités mentionnées au I de l'article L. 532-9 du code monétaire et financier. Cette délégation de gestion porte sur les opérations d'achat et de vente des actifs ainsi que sur les opérations relatives à leur gestion. Les mandats de gestion correspondants prévoient que le mandataire accepte de se soumettre aux contrôles et aux expertises sur pièces et sur place diligentés par le mandant.

III. – Les produits financiers provenant de la politique de placement sont affectés au fonds mentionné au premier alinéa de l'article L. 6333-6.

Art. R. 6333-14 La Caisse des dépôts et consignations met en place un dispositif permanent de contrôle interne administratif, financier et comptable de la gestion du fonds mentionné au premier alinéa de l'article L. 6333-6. Le rapport de contrôle interne détaille notamment :

1° Les objectifs et la méthodologie du contrôle interne ;

2° Les procédures et dispositifs permettant d'identifier, d'évaluer, de gérer et de contrôler les risques ;

3° Les suites données aux recommandations des personnes chargées du contrôle interne.

TITRE IV STAGIAIRE DE LA FORMATION PROFESSIONNELLE

CHAPITRE I RÉMUNÉRATION DU STAGIAIRE

SECTION 1 Financement des stages rémunérés par l'État ou la région

Pour son application à Mayotte, l'intitulé de cette section est rédigé ainsi : « Financement des stages rémunérés par l'État ou le Département de Mayotte » (Décr. n° 2018-953 du 31 oct. 2018, art. 7-1°).

SOUS-SECTION 1 Dispositions générales

Art. R. 6341-1 Les actions de formations définies aux articles L. 6313-1 à L. 6314-1 ouvrent droit au bénéfice des régimes de rémunération du stagiaire prévus au présent chapitre, si elles répondent aux conditions prévues à la présente section. – *[Anc. art. R. 961-1.]*

SOUS-SECTION 2 Agrément des stages

Art. R. 6341-2 *(Décr. n° 2015-466 du 23 avr. 2015, art. 1er)* « Dans la limite de leurs compétences respectives, l'agrément des stages de formation professionnelle est accordé par : »

1° Le ministre chargé de la formation professionnelle, après avis de la *(Décr. n° 2018-1262 du 26 déc. 2018, art. 1er)* « Commission nationale de la négociation collective, de l'emploi et de la formation professionnelle », pour les stages organisés et financés au niveau national ;

2° Le préfet de région, après avis du *(Décr. n° 2014-1055 du 16 sept. 2014, art. 5-I)* « comité régional de l'emploi, de la formation de l'orientation professionnelles », pour les stages organisés et financés au niveau régional ;

3° Le préfet de département, après avis du *(Décr. n° 2014-1055 du 16 sept. 2014, art. 5-I)* « comité régional de l'emploi, de la formation de l'orientation professionnelles », pour les stages organisés et financés au niveau départemental.

Art. R. 6341-3 La consultation de la *(Décr. n° 2018-1262 du 26 déc. 2018, art. 1er)* « Commission nationale de la négociation collective, de l'emploi et de la formation professionnelle » et du *(Décr. n° 2015-466 du 23 avr. 2015, art. 2)* « comité régional de l'emploi, de la formation et de l'orientation professionnelles » prévue à l'article R. 6341-2 porte sur les programmes au titre desquels sont organisés les stages dont l'agrément est sollicité.

Art. R. 6341-4 Les stages autres que ceux mentionnés à l'article R. 6341-2 sont agréés par le président du conseil régional après avis du *(Décr. n° 2015-466 du 23 avr. 2015, art. 2)* « comité régional de l'emploi, de la formation et de l'orientation professionnelles ».

Art. R. 6341-5 L'autorité administrative compétente pour délivrer l'agrément examine le projet de stage selon les critères d'appréciation suivants :
1° La nature du stage ;
2° Les conditions d'admission du stagiaire ;
3° Le niveau de la formation ;
4° Le contenu des programmes ;
5° Le contenu du plan de formation prévu à l'article R. 6341-12 ;
6° La sanction des études ;
7° La qualification des enseignants et des responsables du stage ;
8° L'installation des locaux ;
9° L'exercice du contrôle financier, technique et pédagogique. – *[Anc. art. R. 961-2, al. 7 et 8.]*

Art. R. 6341-6 La décision d'agrément précise :
1° Lorsqu'il s'agit de stages dont la durée est préalablement définie :
a) Le nombre maximal de stagiaires susceptibles d'être rémunérés chaque année ;
b) La durée totale et la durée hebdomadaire du stage, ainsi que le nombre de mois-stagiaires ;

c) Les dates de début et de fin du stage ;
2° Lorsqu'il s'agit de stages accueillant des stagiaires en continu : le nombre annuel de mois-stagiaires ;
3° Lorsqu'il s'agit de stages comportant un enseignement à distance, outre le nombre de stagiaires et les dates de début et de fin du stage :
a) Lorsque l'enseignement est dispensé en totalité à distance ;
— Le nombre d'heures estimées nécessaires pour réaliser les travaux demandés à chaque stagiaire ;
— La fréquence, au moins mensuelle, et la durée des séances d'évaluation pédagogique se déroulant dans les locaux du centre de formation ;
b) Lorsque l'enseignement, dispensé en formation dite ouverte, comporte alternativement un enseignement dans les locaux d'un centre de formation et un enseignement à distance ;
— La durée totale, en heures, de l'ensemble de ces enseignements ;
— Pour l'enseignement à distance, le nombre d'heures estimées nécessaires pour réaliser les travaux demandés à chaque stagiaire. — *[Anc. art. R. 961-2, al. 9 à 21.]*

Art. R. 6341-7 Les stages organisés par les employeurs en application de l'article L. 6341-2 ne peuvent être agréés que lorsque leur création est motivée par une création d'emplois, une modification du processus de production, une réduction de l'effectif ou une cessation d'activité. — *[Anc. art. R. 961-2, al. 22.]*

Art. R. 6341-8 L'agrément du stage est délivré pour une durée de trois ans maximum.
Son renouvellement, au terme de la période pour laquelle il a été délivré, intervient par une décision explicite. — *[Anc. art. R. 961-2, al. 23, phrases 1 et 2.]*

Art. R. 6341-9 L'agrément du stage peut être retiré après un préavis de trois mois en raison des résultats des contrôles opérés par les organismes ou services chargés *[de]* réaliser les inspections administrative, financière ou technique.
Le retrait d'agrément ne fait pas obstacle au maintien de la rémunération des intéressés jusqu'à la fin du stage. — *[Anc. art. R. 961-2, al. 23, phrases 3 et 4.]*

Art. R. 6341-10 Les conventions mentionnées à l'article R. 5111-1 prévoyant le financement d'une action de formation ou d'adaptation valent agrément de cette action par l'État au titre de la rémunération des stagiaires. — *[Anc. art. R. 961-2, al. 24.]*

Art. R. 6341-11 L'établissement public de l'État auquel la gestion des rémunérations peut être confiée, en application de l'article L. 6341-6, est un établissement public à caractère administratif. — *[Anc. art. L. 961-2, al. 5, phrase 2.]*

SOUS-SECTION 3 **Plan de formation des stages comportant un enseignement à distance**

Art. R. 6341-12 Les stages comportant un enseignement dispensé en totalité ou en partie à distance donnent lieu, avant le début des travaux du stagiaire, à l'élaboration d'un plan de formation établi par accord entre le directeur de l'établissement et le stagiaire. — *[Anc. art. R. 961-3, al. 1er, phrase 1.]*

Art. R. 6341-13 Le plan de formation définit :
1° Pour chaque mois, le calendrier, la nature, la durée estimée nécessaire pour réaliser les travaux demandés et le mode de vérification de l'exécution de ces derniers ;
2° L'assiduité du stagiaire, par le rapport entre la durée estimée de l'exécution des travaux effectivement réalisés par le stagiaire et vérifiés par l'établissement et la durée estimée nécessaire pour réaliser tous les travaux prévus chaque mois. — *[Anc. art. R. 961-3, al. 1er, phrase 2, et 2.]*

Art. R. 6341-14 Le plan de formation est transmis, avec la demande de rémunération établie par le stagiaire, dans les conditions prévues au 1° de l'article R. 6341-33. — *[Anc. art. R. 961-3, al. 3.]*

SOUS-SECTION 4 **Durée des stages**

Art. R. 6341-15 Les durées des stages sont les suivantes :
1° Stages à temps plein :

a) Durée maximum : trois ans ;
b) Durée minimum : quarante heures ;
c) Durée minimum hebdomadaire : trente heures ;
2° Stages à temps partiel :
a) Durée maximum : trois ans ;
b) Durée minimum : quarante heures. — *[Anc. art. R. 961-4.]*

SOUS-SECTION 5 **Titulaires d'un livret d'épargne**

Art. R. 6341-16 Le titulaire d'un livret d'épargne institué par l'article 80 de la loi n° 76-1232 du 29 décembre 1976 qui envisage de créer ou d'acquérir une entreprise artisanale, ainsi que son conjoint, partenaire lié par un pacte civil de solidarité ou concubin, est prioritaire pour l'accès aux stages agréés ou conventionnés par l'État lorsque la formation dispensée vise l'acquisition de la qualification nécessaire à la gestion d'une entreprise. — *[Anc. art. R. 941-1, phrase 1.]*

Art. R. 6341-17 Le titulaire d'un livret d'épargne bénéficie de la priorité prévue à l'article R. 6341-16 dans l'année qui précède ou qui suit l'échéance du plan d'épargne et pour une formation d'une durée maximale de quatre cents heures. — *[Anc. art. R. 941-1, phrase 2.]*

Art. R. 6341-18 L'État prend en charge les frais de stage des titulaires d'un livret d'épargne. — *[Anc. art. R. 941-2.]*

Art. R. 6341-19 Le stagiaire, qui ne crée pas ou n'acquiert pas une entreprise artisanale dans l'année qui suit l'achèvement du stage, rembourse à l'État 50 % des frais de stage :
1° Soit lorsque l'aide de l'État est limitée aux titulaires d'un livret d'épargne ;
2° Soit lorsque le stage a été suivi avec maintien du contrat de travail et que les conditions de délai prévues à l'article *(Décr. n° 2018-1332 du 28 déc. 2018, art. 3-II, en vigueur le 1er janv. 2019)* « R. 6323-10-3 » ne sont pas remplies.

Art. R. 6341-20 Le titulaire d'un livret d'épargne est exonéré du remboursement prévu à l'article R. 6341-19 lorsque l'établissement dépositaire du livret d'épargne a refusé de délivrer le prêt prévu au deuxième alinéa du III de l'article 80 de la loi n° 76-1232 du 29 décembre 1976. — *[Anc. art. R. 941-3, al. 4.]*

Art. R. 6341-21 Le titulaire d'un livret d'épargne peut être exonéré du remboursement en fonction de circonstances exceptionnelles, par décision de l'autorité signataire de la convention ou, dans le cas d'un stage ne faisant pas l'objet d'une convention, par décision du préfet de région. — *[Anc. art. R. 941-3, al. 5.]*

Art. R. 6341-22 Les dispositions relatives à la périodicité du *(Décr. n° 2018-1332 du 28 déc. 2018, art. 3-II, en vigueur le 1er janv. 2019)* « congé de transition professionnelle », prévues par l'article *(Décr. n° 2018-1332 du 28 déc. 2018, art. 3-II, en vigueur le 1er janv. 2019)* « R. 6323-10-3 », ne s'appliquent pas au titulaire d'un livret d'épargne et à son conjoint salarié, partenaire lié par un pacte civil de solidarité ou concubin.
Ils peuvent bénéficier, sans condition de délai, dans l'année qui précède ou qui suit l'échéance du plan d'épargne, d'un *(Décr. n° 2018-1332 du 28 déc. 2018, art. 3-II, en vigueur le 1er janv. 2019)* « congé de transition professionnelle » d'une durée maximum de 400 heures en vue de les préparer à la fonction de chef d'entreprise.

SECTION 2 **Rémunération**

SOUS-SECTION 1 **Montant et cumul de la rémunération**

§ 1 Dispositions communes *(Décr. n° 2022-477 du 4 avr. 2022, en vigueur le 1er janv. 2023).*

Art. D. 6341-23 *Abrogé par Décr. n° 2021-522 du 29 avr. 2021, art. 1er, à compter du 1er mai 2021.*

Art. R. 6341-24 *(Abrogé par Décr. n° 2021-521 du 29 avr. 2021, art. 1er, à compter du 1er mai 2021) Les travailleurs titulaires d'un livret d'épargne institué par l'article 80 de la* loi n° 76-1232 du 29 décembre 1976 ainsi que leur conjoint, partenaire lié par un pacte civil de solidarité ou concubin reçoivent une rémunération dont le montant est fixé par décret lorsqu'ils suivent un stage de formation agréé par l'État ou par une région au titre de la rémunération des stagiaires et que leur demande de prise en charge, présentée au titre du 2° de l'article L. 6331-11, n'a pas reçu de suite favorable.

Art. D. 6341-24-1 (Décr. n° 2021-522 du 29 avr. 2021, art. 1er, en vigueur le 1er mai 2021) La rémunération mensuelle de la personne en recherche d'emploi et du travailleur non salarié qui suivent à temps partiel un stage agréé dans les conditions fixées aux 1° et 2° de l'article L. 6341-2 est égale, pour chaque heure de stage, à la rémunération mensuelle qu'elles [ils] auraient perçue pour un stage à temps complet divisée par 151,67.

Lorsque, en application du premier alinéa, le montant de la rémunération mensuelle est inférieur au montant mensuel de l'allocation de solidarité spécifique qui serait dû en application des articles L. 5423-1 à L. 5423-3, la rémunération prévue au premier alinéa est au minimum portée au montant qui aurait été dû au titre de l'allocation.

Ces dispositions entrent en vigueur le 1er mai 2021. Elles s'appliquent aux rémunérations de stages versées à compter de cette même date (Décr. n° 2021-522 du 29 avr. 2021, art. 4, mod. par Décr. n° 2021-601 du 17 mai 2021, art. 1er).

Par dérogation aux dispositions de l'art. D. 6341-28-2, les rémunérations des personnes qui, au 1er mai 2021, suivent un stage de formation professionnelle agréé dans les conditions fixées aux 1° et 2° de l'art. L. 6341-2 restent régies par les dispositions applicables avant l'entrée en vigueur du Décr. n° 2021-522 du 29 avr. 2021 pour :

— les travailleurs non salariés, lorsqu'ils ont exercé une activité professionnelle, salariée ou non salariée, durant douze mois, dont six consécutifs, dans les trois années qui précèdent l'entrée en stage, qui perçoivent une rémunération mensuelle fixée à 708,59 euros et, à Mayotte, à 630,64 euros ;

— les personnes en recherche d'emploi âgées de moins de 26 ans qui n'entrent pas dans la catégorie définie à l'art. D. 6341-26 et qui ont également exercé une activité salariée pendant six mois au cours d'une période de douze mois ou pendant douze mois au cours d'une période de vingt-quatre mois qui perçoivent une rémunération fixée à 652,02 euros et, à Mayotte, à 580 euros (Décr. préc., art. 4-II, mod. par Décr. n° 2021-601 du 17 mai 2021, art. 1er).

Art. D. 6341-24-2 (Décr. n° 2021-522 du 29 avr. 2021, art. 1er, en vigueur le 1er mai 2021) L'acompte mensuel prévu à l'article R. 6341-40 est égal au montant minimal fixé à l'article D. 6341-24-3 pour la personne en recherche d'emploi qui suit un stage rémunéré en fonction de son salaire antérieur et au montant de la rémunération mensuelle pour le travailleur non salarié qui suit un stage.

V. ndlr ss. art. D. 6341-24-1.

Art. D. 6341-24-3 (Décr. n° 2021-522 du 29 avr. 2021, art. 1er, en vigueur le 1er mai 2021) Les montants minimum et maximum mensuels prévus aux articles D. 6341-24-2, D. 6341-26 et D. 6341-32-2 sont respectivement fixés à 685 euros et 1 932,52 euros.

V. ndlr ss. art. D. 6341-24-1.

Art. D. 6341-24-4 (Décr. n° 2021-522 du 29 avr. 2021, art. 1er, en vigueur le 1er mai 2021) Les rémunérations mensuelles prévues aux articles D. 6341-28-1 à D. 6341-28-3 incluent les indemnités compensatrices de congés payés mentionnées à l'article R. 6341-42.

V. ndlr ss. art. D. 6341-24-1.

Art. D. 6341-24-5 (Décr. n° 2021-522 du 29 avr. 2021, art. 1er, en vigueur le 1er mai 2021) Les personnes qui effectuent un stage de formation professionnelle relevant de l'administration pénitentiaire à l'extérieur de l'établissement en régime de semi-liberté ou de placement extérieur bénéficient des modalités de rémunérations définies dans la présente sous-section selon les mêmes conditions.

V. ndlr ss. art. D. 6341-24-1.

Art. D. 6341-24-6 (Décr. n° 2021-522 du 29 avr. 2021, art. 1er, en vigueur le 1er mai 2021) Les rémunérations prévues à la présente sous-section, à l'exception de celles définies à l'article R. 6341-32-1, sont calculées ou arrêtées à la date d'ouverture du stage.

V. ndlr ss. art. D. 6341-24-1.

Art. R. 6341-24-7 (Décr. n° 2021-670 du 28 mai 2021) La rémunération due aux personnes en recherche d'emploi et aux travailleurs non-salariés qui n'entrent pas dans la catégorie définie à l'article D. 6341-26 est fixée par décret en fonction d'un ou plusieurs des critères suivants :
1° Leur situation personnelle ;
2° Leur âge ;
3° Leur activité salariée antérieure ;
4° La catégorie de stages définie par l'État.

Art. R. 6341-24-8 (Décr. n° 2022-477 du 4 avr. 2022, en vigueur le 1er janv. 2023) Sont revalorisés le 1er avril de chaque année par application du coefficient mentionné à l'article L. 161-25 du code de la sécurité sociale :
1° Les montants versés au titre de la rémunération des stages mentionnés aux 2° et 3° de l'article L. 6341-2 et à l'article L. 6341-3, sauf lorsque cette rémunération est déterminée en tenant compte d'un salaire antérieur ;
2° Les montants minimum et maximum des rémunérations de l'ensemble des stages mentionnés aux 2° et 3° de l'article L. 6341-2 et à l'article L. 6341-3, ainsi que ceux mentionnés à l'article R. 6341-32-2 ;
3° Le montant des acomptes mensuels versés en application de l'article R. 6341-40.

§ 2 Personnes en recherche d'emploi (Décr. n° 2021-521 du 29 avr. 2021, art. 1er).

Art. R. 6341-25 Les (Décr. n° 2021-521 du 29 avr. 2021, art. 1er, en vigueur le 1er mai 2021) « personnes en recherche d'emploi » perçoivent une rémunération déterminée sur une base mensuelle lorsque :
1° Ils ne sont pas pris en charge dans les conditions prévues au deuxième alinéa de l'article L. 6341-1 ;
2° Ils suivent des stages agréés en application des dispositions de l'article L. 6341-4.

Art. D. 6341-26 La rémunération due aux travailleurs handicapés (Décr. n° 2021-522 du 29 avr. 2021, art. 1er, en vigueur le 1er mai 2021) « en recherche d'emploi, reconnus au titre de l'article L. 5213-2, » ayant exercé une activité salariée pendant six mois au cours d'une période de douze mois ou pendant douze mois au cours d'une période de vingt-quatre mois est établie (Décr. n° 2021-522 du 29 avr. 2021, art. 1er, en vigueur le 1er mai 2021) « en fonction » du salaire perçu antérieurement (Décr. n° 2021-522 du 29 avr. 2021, art. 1er, en vigueur le 1er mai 2021) « dans les limites des montants minimum et maximum fixés à l'article D. 6341-24-3 ».

Elle est calculée selon la durée légale du travail fixée à l'article (Décr. n° 2016-1553 du 18 nov. 2016, art. 7-IV) « L. 3121-27 » à partir de la moyenne des salaires perçus pendant la durée d'activité de six mois ou de douze mois considérée. Les majorations pour heures supplémentaires, les indemnités compensatrices de congé payé et de préavis ainsi que les primes et indemnités qui ne sont pas retenues pour le calcul des cotisations sociales n'entrent pas dans le décompte des salaires perçus.

Lorsque l'interruption du travail est antérieure depuis plus d'un an à l'entrée en stage, le salaire perçu dans le dernier emploi est affecté d'un coefficient de revalorisation correspondant aux majorations du salaire minimum de croissance au cours de la période considérée.

Art. R. 6341-27 (Abrogé par Décr. n° 2021-521 du 29 avr. 2021, art. 1er, à compter du 1er mai 2021) *La rémunération due aux demandeurs d'emploi qui n'entrent pas dans la catégorie définie à l'article D. 6341-26 et qui ont également exercé une activité salariée pendant six mois au cours d'une période de douze mois ou pendant douze mois au cours d'une période de vingt-quatre mois est fixée par décret à partir du montant de l'allocation de solidarité spécifique prévue à l'article L. 5423-1.*

FORMATION PROFESSIONNELLE CONTINUE — Art. R. 6341-30

Le nombre d'heures à retenir pour calculer les sommes dues à ces stagiaires est celui de la durée légale du travail fixée à l'article (Décr. n° 2016-1551 du 18 nov. 2016, art. 6-V) « *L. 3121-27* ».

Art. R. 6341-28 (Abrogé par Décr. n° 2021-670 du 28 mai 2021) La rémunération due aux (Décr. n° 2021-521 du 29 avr. 2021, art. 1er, en vigueur le 1er mai 2021) « personnes en recherche d'emploi qui n'entrent pas dans la catégorie définie à l'article D. 6341-26 » est fixée par décret en fonction :
1° Soit de leur situation personnelle ;
2° Soit de leur âge ;
3° Soit de la catégorie de stages définie à l'initiative de l'État.

Art. D. 6341-28-1 (Décr. n° 2021-522 du 29 avr. 2021, art. 1er, en vigueur le 1er mai 2021) Les travailleurs handicapés en recherche d'emploi qui n'entrent pas dans la catégorie définie à l'article D. 6341-26, ainsi que les personnes handicapées, reconnus [reconnues] au titre de l'article L. 5213-2 et à la recherche d'un premier emploi, perçoivent, lorsqu'ils suivent un stage de formation agréé dans les conditions fixées aux 1° et 2° de l'article L. 6341-2, une rémunération mensuelle fixée à 685 euros.

V. ndlr ss. art. D. 6341-24-1.

Art. D. 6341-28-2 (Décr. n° 2021-522 du 29 avr. 2021, art. 1er, en vigueur le 1er mai 2021) Les travailleurs non-salariés et les personnes à la recherche d'un emploi qui n'entrent [pas] dans la catégorie définie à l'article D. 6341-28-1 perçoivent lorsqu'elles [ils] suivent un stage de formation agréé dans les conditions fixées aux 1° et 2° de l'article L. 6341-2, au titre de la rémunération des stagiaires, une rémunération mensuelle fixée à :
1° 200 euros lorsqu'elles [ils] sont âgées [âgés] de moins de dix-huit ans à la date de leur entrée en stage ;
2° 500 euros lorsqu'elles [ils] sont âgées [âgés] de dix-huit à vingt-cinq ans à la date de leur entrée en stage ;
3° 685 euros lorsqu'elles [ils] sont âgées [âgés] de vingt-six ans ou plus à la date de leur entrée en stage.

V. ndlr ss. art. D. 6341-24-1.

Art. D. 6341-28-3 (Décr. n° 2021-522 du 29 avr. 2021, art. 1er, en vigueur le 1er mai 2021) Les personnes veuves, divorcées, séparées ou célibataires et qui assument seules la charge effective et permanente d'un ou plusieurs enfants résidant en France, ainsi que les femmes seules âgées de moins de vingt-six ans en état de grossesse ayant effectué la déclaration de grossesse et les examens prénataux prévus par la loi, les personnes âgées de moins de vingt-six ans ayant eu trois enfants, et les personnes âgées de moins de vingt-six ans divorcées, veuves ou séparées judiciairement depuis moins de trois ans, perçoivent, lorsqu'elles suivent un stage de formation agréé dans les conditions fixées aux 1° et 2° de l'article L. 6341-2, au titre de la rémunération des stagiaires, une rémunération mensuelle fixée à 685 euros.

V. ndlr ss. art. D. 6341-24-1.

Art. D. 6341-28-4 (Décr. n° 2021-672 du 28 mai 2021, art. 1er, en vigueur le 1er juin 2021) Les personnes en recherche d'emploi âgées de moins de vingt-six ans à la date de leur entrée en stage qui ont exercé une activité salariée pendant six mois au cours d'une période de douze mois, ou pendant douze mois au cours d'une période de vingt-quatre mois, perçoivent, lorsqu'elles suivent un stage de formation agréé dans les conditions fixées aux 2° et 3° de l'article L. 6341-2, au titre de la rémunération des stagiaires, une rémunération mensuelle dont le montant est fixé à 685 euros.

Art. R. 6341-29 La rémunération perçue au titre d'un stage de formation professionnelle peut se cumuler avec les pensions et les rentes versées aux travailleurs reconnus handicapés au sens de l'article L. 5213-1 (Décr. n° 2015-466 du 23 avr. 2015, art. 4) « ou avec la rémunération perçue pour une activité salariée (Décr. n° 2021-521 du 29 avr. 2021, art. 1er, en vigueur le 1er mai 2021) « ou non salariée ». »

Art. R. 6341-30 Les indemnités journalières, à l'exclusion de celle servie par application combinée des articles L. 432-9 et L. 433-1 du code de la sécurité sociale (*Abrogé* *par Décr. n° 2015-466 du 23 avr. 2015, art. 5)* « , *ainsi que les salaires,* » sont déduites de la rémunération perçue au titre des stages de formation professionnelle.

A cet effet, le montant des indemnités journalières est notifié par les organismes concernés :

1° Au préfet du département dans lequel est situé l'établissement de formation ou, le cas échéant, à l'*(Décr. n° 2009-340 du 27 mars 2009, art. 10)* « Agence de services et de paiement », lorsque le stage a été agréé par l'État ;

2° Au président du conseil régional, lorsque le stage a été agréé par une région.

Art. R. 6341-31 Les bénéficiaires de l'allocation aux adultes handicapés, définie à l'article L. 821-1 du code de la sécurité sociale, et de la prestation de compensation, définie à l'article L. 245-1 du code de l'action sociale et des familles, peuvent cumuler avec celles-ci les rémunérations perçues au titre d'un stage de formation professionnelle dans la limite des plafonds prévus par ces codes. — *[Anc. art. R. 961-7, II, al. 1er.]*

Pour l'application à Mayotte de cet art., V. art. R. 6523-14-1.

Art. R. 6341-32 Pour permettre le versement aux bénéficiaires de l'aide sociale des allocations qu'ils sont susceptibles de percevoir, le service chargé du paiement de ces rémunérations ou éventuellement *(Décr. n° 2009-340 du 27 mars 2009, art. 10)* « l'Agence de services et de paiement » notifie le montant de la rémunération versée à l'occasion d'un stage de formation professionnelle aux caisses d'allocations familiales, aux caisses de mutualité sociale agricole *(Décr. n° 2010-344 du 31 mars 2010, art. 350)* « aux directions départementales interministérielles chargées de la cohésion sociale ». — *[Anc. art. R. 961-7, II, al. 2.]*

§ 3 Travailleurs salariés

(Décr. n° 2021-522 du 29 avr. 2021, art. 1er, en vigueur le 1er mai 2021)

Art. R. 6341-32-1 I. — Le taux de remboursement par l'État de la rémunération maintenue aux stagiaires par leurs employeurs ne peut dépasser :

1° 50 % dans le cas de création d'emplois ou de modification du processus de production ;

2° 70 % dans le cas de réduction d'effectif ou de cessation d'activité.

II. — Dans le cas des conventions prévoyant le financement d'une action d'adaptation au poste de travail ou d'une action de formation par le Fonds national de l'emploi, le taux de remboursement ne peut dépasser :

1° 50 % pour les actions d'adaptation ;

2° 70 % pour les actions de formation.

Ces dispositions entrent en vigueur le 1er mai 2021. Elles s'appliquent aux rémunérations de stages versées à compter de cette même date (Décr. n° 2021-522 du 29 avr. 2021, art. 4, mod. par Décr. n° 2021-601 du 17 mai 2021, art. 1er).

Par dérogation aux dispositions de l'art. D. 6341-28-2, les rémunérations des personnes qui, au 1er mai 2021, suivent un stage de formation professionnelle agréé dans les conditions fixées aux 1° et 2° de l'art. L. 6341-2 restent régies par les dispositions applicables avant l'entrée en vigueur du Décr. n° 2021-522 du 29 avr. 2021 pour :

— les travailleurs non salariés, lorsqu'ils ont exercé une activité professionnelle, salariée ou non salariée, durant douze mois, dont six consécutifs, dans les trois années qui précèdent l'entrée en stage, qui perçoivent une rémunération mensuelle fixée à 708,59 euros et, à Mayotte, à 630,64 euros ;

— les personnes en recherche d'emploi âgées de moins de 26 ans qui n'entrent pas dans la catégorie définie à l'art. D. 6341-26 et qui ont également exercé une activité salariée pendant six mois au cours d'une période de douze mois ou pendant douze mois au cours d'une période de vingt-quatre mois qui perçoivent une rémunération mensuelle fixée à 652,02 euros et, à Mayotte, à 580 euros (Décr. préc., art. 4-II, mod. par Décr. n° 2021-601 du 17 mai 2021, art. 1er).

L'art. D. 6341-32-1 devient l'art. R. 6341-32-1 (Décr. n° 2021-670 du 28 mai 2021).

Art. R. 6341-32-2 Les travailleurs salariés qui sont en attente de réinsertion ou en instance de reclassement en application de l'article L. 1226-7 et qui suivent un stage agréé par l'État ou une région au titre de la rémunération des stagiaires perçoivent une rémunération mensuelle égale à leur salaire antérieur, déterminée suivant les condi-

FORMATION PROFESSIONNELLE CONTINUE — Art. R. 6341-37

tions prévues aux deuxième et troisième alinéas de l'article D. 6341-26 dans les limites des montants minimum et maximum fixés à l'article D. 6341-24-3.

V. ndlr ss. art. D. 6341-32-1.

L'art. D. 6341-32-2 devient l'art. R. 6341-32-2 (Décr. n° 2021-670 du 28 mai 2021).

SOUS-SECTION 2 — Obligations du directeur de l'établissement ou du centre de formation

Art. R. 6341-33 Les rémunérations dues aux stagiaires sont liquidées sur demande établie par les intéressés le premier jour du stage. Le directeur de l'établissement ou du centre de formation certifie :
1° Les mentions portées sur la demande et relatives au stage ;
2° Que cette demande est comprise dans les limites de l'effectif agréé au titre du stage considéré par la décision prévue aux articles R. 6341-6 et R. 6341-7. – [Anc. art. R. 961-8, al. 1er à 3.]

Art. R. 6341-34 Dès le début du stage, le directeur de l'établissement ou du centre de formation :
1° Lorsqu'il s'agit de stages agréés par l'État, et en ce qui concerne les stagiaires pour lesquels la gestion de la rémunération est confiée à (Décr. n° 2014-524 du 22 mai 2014, art. 16-XXI) « Pôle emploi [France Travail depuis le 1er janv. 2024], adresse la demande à cet établissement » ;
2° Lorsqu'il s'agit de stages agréés par l'État, et en ce qui concerne les autres stagiaires, adresse la demande au service régional (Décr. n° 2009-340 du 27 mars 2009, art. 10) « de l'Agence de services et de paiement » dans le ressort duquel est implanté l'établissement ou le centre de formation ;
3° Lorsqu'il s'agit de stages agréés par la région, donne suite à la demande conformément aux instructions du président du conseil régional.
(Décr. n° 2016-1539 du 15 nov. 2016, art. 6) « L'établissement mentionné à l'article L. 5315-1 du code du travail » assure les obligations prévues par l'article R. 6341-33 pour les stagiaires dont elle est chargée par convention de gérer la rémunération. – [Anc. art. R. 961-8, al. 4 à 8.]

Art. R. 6341-35 Le directeur de l'établissement ou du centre de formation :
1° Fait connaître à l'institution ou au service chargé de la gestion des rémunérations tout changement survenu dans la situation des stagiaires susceptible de modifier le montant notifié par la décision mentionnée à l'article R. 6341-36 ;
2° Certifie les documents individuels mensuels de présence en ce qui concerne les stagiaires pour lesquels la gestion de la rémunération est confiée à (Décr. n° 2014-524 du 22 mai 2014, art. 16-XXII) « Pôle emploi [France Travail depuis le 1er janv. 2024] et notifie à cet établissement » les abandons et les renvois de stage ainsi que leurs motifs et les accidents du travail ;
3° Communique au service chargé de la rémunération en ce qui concerne les autres stagiaires les états mensuels de présence et notifie à ce service les abandons et les renvois de stage ainsi que leurs motifs et les accidents du travail.
Dans le cas des stages comportant un enseignement à distance, les documents individuels mensuels de présence et les états mensuels de présence mentionnés aux 2° et 3° précisent les durées définies au 3° de l'article R. 6341-6. – [Anc. art. R. 961-9.]

SOUS-SECTION 3 — Paiement

Art. R. 6341-36 Selon le cas, l'organisme auquel a été confiée la gestion, ou (Décr. n° 2009-340 du 27 mars 2009, art. 10) « l'Agence de services et de paiement », ou le président du conseil régional, fixe le montant de la rémunération à servir pendant la durée du stage et notifie sa décision au stagiaire. – [Anc. art. R. 961-10, al. 1er.]

Art. R. 6341-37 Lorsqu'il s'agit de stages agréés par l'État et que la gestion de la rémunération est assurée par (Décr. n° 2014-524 du 22 mai 2014, art. 16-XXIII) « Pôle emploi » [France Travail depuis le 1er janv. 2024] ou par (Décr. n° 2016-1539 du 15 nov. 2016, art. 6) « l'établissement mentionné à l'article L. 5315-1 du code du travail », le

préfet, (Décr. n° 2014-524 du 22 mai 2014, art. 16-XXIII) « saisi par l'établissement ou l'association » :
1° Prononce les décisions de rejet relatives à la prise en charge ;
2° Prend les décisions relatives aux demandes qui lui sont soumises ;
3° Statue sur les cas dans lesquels la décision de (Décr. n° 2014-524 du 22 mai 2014, art. 16-XXIII) « l'établissement » ou de l'association a été contestée par le stagiaire. — [Anc. art. R. 961-10, al. 2.]

Art. R. 6341-38 Pour l'application des dispositions de l'article R. 6341-37, le préfet compétent est :
1° Soit celui du département du siège de l'institution chargée de la gestion de la rémunération ;
2° Soit celui du département dans lequel est implanté le centre de (Décr. n° 2016-1539 du 15 nov. 2016, art. 6) « l'établissement mentionné à l'article L. 5315-1 du code du travail » qui dispense le stage, en ce qui concerne les stagiaires qu'elle est chargée de rémunérer. — [Anc. art. R. 961-10, al. 3.]

Art. R. 6341-39 Les rémunérations des stagiaires, lorsqu'elles sont à la charge de l'État, sont payées, selon le cas, par l'organisme auquel a été confiée la gestion ou par (Décr. n° 2009-340 du 27 mars 2009, art. 10) « l'Agence de services et de paiement ». — [Anc. art. R. 961-11, al. 1er.]

Art. R. 6341-40 Les rémunérations dues aux stagiaires à plein temps sont payées mensuellement et à terme échu.
Dès la fin du premier mois de stage ouvrant droit à rémunération à la charge de l'État, ces stagiaires perçoivent au moins un acompte dont le montant est fixé par décret. — [Anc. art. R. 961-11, al. 2.]

Art. R. 6341-41 Lorsque la rémunération des stagiaires est déterminée par décret en application des articles L. 6341-7 et L. 6341-8, le paiement de l'acompte peut être opéré, par l'organisme ou l'établissement mentionnés à l'article R. 6341-39, avant notification au stagiaire de la décision prévue à l'article R. 6341-36. — [Anc. art. R. 961-11, al. 3.]

Art. R. 6341-42 La liquidation et le paiement des sommes dues aux stagiaires à l'issue d'un stage à titre de solde des rémunérations et, le cas échéant, des indemnités compensatrices de congés payés, sont réalisés dans les mêmes conditions que la liquidation et le paiement des rémunérations. — [Anc. art. R. 961-12.]

Art. R. 6341-43 Par dérogation aux dispositions des articles R. 6341-39 à R. 6341-42, le paiement des rémunérations à la charge de l'État peut être réalisé par les établissements ou centres de formation lorsque ceux-ci sont soumis au contrôle administratif et financier de l'État.
Des conventions conclues entre ces organismes, le ministre de l'économie et des finances et le ministre intéressé fixent les modalités d'application du présent article. — [Anc. art. R. 961-13.]

Art. R. 6341-44 La fraction de la rémunération à rembourser à l'employeur qui maintient le salaire des salariés qui suivent des stages agréés ainsi que les cotisations de sécurité sociale relatives à cette fraction sont liquidées, en application du 1° de l'article L. 6341-2, sur demande de l'employeur, selon le cas par :
1° Le préfet du département du lieu du stage ;
2° Le président du conseil régional ;
3° Le directeur (Décr. n° 2009-340 du 27 mars 2009, art. 10) « de l'Agence de services et de paiement », lorsqu'il s'agit de stages relevant du ministre de l'agriculture ou faisant l'objet d'une convention conclue au nom de l'État par ce ministre. — [Anc. art. L. 961-4 et anc. art. R. 961-14.]

Art. R. 6341-45 Les rémunérations versées aux stagiaires et les rémunérations remboursées aux employeurs ainsi que, le cas échéant, les sommes payées au titre des cotisations de sécurité sociale afférentes à ces rémunérations, font l'objet de retenues proportionnelles à la durée des absences non justifiées aux séances de formation. — [Anc. art. R. 961-15, al. 1er.]

Art. R. 6341-46 Les manquements non justifiés à l'obligation d'assiduité déterminée dans les conditions prévues au 2° de l'article R. 6341-13 et les absences non justifiées aux séquences de formation en centre, dans le cas des formations ouvertes, font l'objet des retenues proportionnelles prévues à l'article R. 6341-45.

Les absences non justifiées aux séquences d'évaluation pédagogique en centre donnent lieu au reversement de la rémunération perçue depuis la dernière séquence, ou à retenue de la rémunération due depuis celle-ci. — *[Anc. art. R. 961-15, al. 2.]*

Art. R. 6341-47 Lorsque le stagiaire abandonne sans motif légitime le stage ou fait l'objet d'un renvoi pour faute lourde, les rémunérations perçues par les stagiaires et les rémunérations qui ont été remboursées aux employeurs ainsi que, le cas échéant, les sommes versées au titre des cotisations de sécurité sociale afférentes à ces rémunérations sont reversées en totalité à l'État ou, selon le cas, à la région. — *[Anc. art. R. 961-15, al. 3.]*

Art. R. 6341-48 Le recouvrement des sommes indûment versées est opéré, suivant le cas, soit par le préfet lorsque le reversement n'a pu être obtenu par l'organisme auquel a été confiée la gestion de la rémunération, soit par *(Décr. n° 2009-340 du 27 mars 2009, art. 10)* « l'Agence de services et de paiement », soit par le président du conseil régional.

A titre exceptionnel, une remise partielle ou totale de dette peut être accordée, suivant le cas, par le préfet, par *(Décr. n° 2009-340 du 27 mars 2009, art. 10)* « l'Agence de services et de paiement » ou par le président du conseil régional.

Pour l'application de ces dispositions, le préfet compétent est celui mentionné à l'article R. 6341-38. — *[Anc. art. R. 961-15, al. 4 à 6.]*

SECTION 3 Remboursement des frais de transport

Art. R. 6341-49 Les stagiaires dont la rémunération est prise en charge par l'État ou par la région ont droit *(Décr. n° 2015-466 du 23 avr. 2015, art. 6)* « à la prise en charge » des frais de transport exposés à l'occasion des déplacements réalisés en fonction des nécessités des stages *(Décr. n° 2015-466 du 23 avr. 2015, art. 6)* « dans les conditions précisées à la présente section ».

Le remboursement couvre notamment, dans le cas des stages comportant un enseignement à distance, les frais de transport exposés au début et à la fin de chaque période en centre et de chaque séance d'évaluation pédagogique.

Art. R. 6341-50 A condition que la distance à parcourir à partir de leur domicile soit supérieure à 25 kilomètres, les stagiaires dont la rémunération est prise en charge par l'État ou par la région ont droit au remboursement de la totalité des frais de transport exposés au début et à la fin du stage pour rejoindre l'établissement ou le centre de formation et en revenir. — *[Anc. art. R. 963-1, al. 3.]*

Art. R. 6341-51 *(Décr. n° 2021-521 du 29 avr. 2021, art. 1ᵉʳ)* Dans le cas des stages comportant un éloignement du domicile habituel du stagiaire, les stagiaires concernés ont droit, pour leur permettre de rentrer périodiquement, au remboursement de leurs frais engagés dans les conditions suivantes :

1° Les stagiaires âgés de moins de dix-huit ans ont droit, pour se rendre à leur domicile habituel et à condition que la distance à parcourir soit supérieure à vingt-cinq kilomètres, au remboursement des trois quarts des frais de transport exposés à raison d'un voyage mensuel ;

2° Les autres stagiaires ont droit, pour se rendre à leur domicile habituel et à condition que la distance à parcourir soit supérieure à vingt-cinq kilomètres, au remboursement en totalité des frais de transport exposés pour un voyage par trimestre si la durée du stage est supérieure à trois mois.

Art. R. 6341-52 Les frais de transport exposés par les stagiaires participant à des sessions de regroupement ouvrant droit à rémunération dans le cadre de stages d'enseignement à distance sont remboursés dans les mêmes conditions que les frais correspondants *[correspondant]* aux déplacements mentionnés au premier alinéa de l'article R. 6341-49. — *[Anc. art. R. 963-3.]*

Art. R. 6341-53 Le remboursement des frais de transport est opéré dans les conditions prévues aux articles R. 6341-35 à R. 6341-43. — *[Anc. art. R. 963-4.]*

CHAPITRE II **PROTECTION SOCIALE DU STAGIAIRE**

Art. R. 6342-1 Sous réserve de l'application des dispositions du présent titre, les obligations qui incombent à l'employeur en application des législations de sécurité sociale sont assumées par la personne, le service ou l'organisme qui assure le versement de la rémunération due au stagiaire. — *[Anc. art. R. 962-1, al. 1er.]*

Art. R. 6342-2 L'organisme qui assure le versement de la rémunération des stagiaires est dispensé du versement des cotisations dues au titre des assurances sociales et des prestations familiales en ce qui concerne :

1° Les travailleurs reconnus handicapés au sens de l'article L. 5213-1 et dont les périodes de stages sont prises en compte sans cotisation pour l'ouverture des droits aux assurances sociales et aux prestations familiales ;

2° Les travailleurs privés d'emploi dont la rémunération est assurée par *(Décr. n° 2008-1010 du 29 sept. 2008 ; Décr. n° 2014-524 du 22 mai 2014, art. 16-II)* « Pôle emploi *[France Travail depuis le 1er janv. 2024]* pour le compte de l'organisme mentionnée à l'article L. 5427-1 », en application des dispositions du second alinéa de l'article L. 6341-1, et qui bénéficient des dispositions du 2° de l'article L. 351-3 du code de la sécurité sociale. — *[Anc. art. R. 962-1, al. 2 à 4.]*

Pour l'application à Mayotte de cet art., V. art. R. 6523-14-2.

Art. R. 6342-3 En matière d'accidents du travail et de maladies professionnelles, les obligations autres que celles qui concernent le paiement des cotisations incombent à la personne ou à l'organisme responsable de la gestion du centre où le stage est accompli. — *[Anc. art. R. 962-1, al. 5.]*

Art. R. 6342-4 *(Abrogé par Décr. n° 2019-718 du 5 juill. 2019, art. 2-III) Les stagiaires relevant du régime social des indépendants restent tenus au paiement des cotisations dues au titre de ce régime et des régimes d'assurance vieillesse et de prestations familiales dont ils relèvent.*

CHAPITRE III **CONDITIONS DE TRAVAIL DU STAGIAIRE**

Le présent chapitre ne comprend pas de dispositions réglementaires.

TITRE V **ORGANISMES DE FORMATION**

CHAPITRE I **DÉCLARATION D'ACTIVITÉ**

SECTION 1 **Dépôt et enregistrement de la déclaration**

Art. R. 6351-1 *(Décr. n° 2010-530 du 20 mai 2010)* La déclaration d'activité prévue à l'article L. 6351-2 est adressée par le prestataire de formation au préfet de région compétent *(Décr. n° 2021-900 du 5 juill. 2021, art. 1er)* « et, lorsque la déclaration est adressée selon les modalités définies au deuxième alinéa, au ministre chargé de la formation professionnelle ». Elle est complétée des pièces justificatives mentionnées à l'article R. 6351-5.

(Décr. n° 2021-900 du 5 juill. 2021, art. 1er) « Elle peut être adressée, par voie dématérialisée, au moyen du téléservice prévu à l'article R. 6351-13. »

Cette déclaration est effectuée au plus tard dans les trois mois qui suivent la conclusion par le prestataire de formation de la première convention ou du premier contrat de formation professionnelle.

Art. R. 6351-2 *(Décr. n° 2010-530 du 20 mai 2010)* L'organisme prestataire se déclare auprès du préfet de région compétent à raison soit du lieu de son principal établissement, soit du lieu où est assurée sa direction effective, soit du lieu de son siège social.

Art. R. 6351-3 Les organismes de formation qui exercent leur activité sur le territoire français, mais dont le siège social se trouve hors de ce territoire, désignent un représentant domicilié en France habilité à répondre en leur nom aux obligations résultant de la présente partie *(Décr. n° 2019-1143 du 7 nov. 2019, art. 3)* « et immatriculé ou ayant déclaré son activité auprès » *(Décr. n° 2021-300 du 18 mars 2021,* art. 40, en vigueur le 1er janv. 2023) « de l'organisme unique mentionné à l'article R. 123-1 du code de commerce ». *(Décr. n° 2010-530 du 20 mai 2010)* « Dans ce cas, l'organisme se déclare auprès du préfet de région compétent à raison du lieu du domicile de ce représentant. »

Cette obligation ne concerne pas les organismes de formation dont le siège social est situé dans un autre État membre de *(Décr. n° 2021-300 du 18 mars 2021, art. 15, en vigueur le 1er avr. 2021)* « l'Union » européenne ou de l'Espace économique européen et qui interviennent de manière occasionnelle sur le territoire français.

Art. R. 6351-4 La déclaration d'activité indique la dénomination, l'adresse, l'objet de l'activité et le statut juridique du déclarant.

(Décr. n° 2010-530 du 20 mai 2010) « Le cas échéant, l'organisme mentionne dans sa déclaration les autres activités exercées. »

Art. R. 6351-5 *(Décr. n° 2010-530 du 20 mai 2010)* La déclaration d'activité est accompagnée des pièces justificatives suivantes :

1° Une copie du justificatif d'attribution du numéro SIREN ;

2° Le bulletin n° 3 du casier judiciaire du dirigeant pour les personnes morales ou celui du déclarant pour les personnes physiques ;

(Décr. n° 2019-1143 du 7 nov. 2019, art. 3) « 3° Une copie de la première convention de formation professionnelle relative à une des actions concourant au développement des compétences prévues à l'article L. 6313-1, ou du premier contrat de formation professionnelle prévu à l'article L. 6353-3, ou, s'il y a lieu, d'un contrat d'apprentissage lorsque l'entreprise dispose d'un centre de formation d'apprentis d'entreprise mentionné au I de l'article L. 6241-2 ;

« 4° Pour les personnes morales de droit privé qui dispensent des actions de formation par apprentissage, à l'exception des centres de formation d'apprentis d'entreprise, une copie de leurs statuts. »

5° *(Décr. n° 2019-1143 du 7 nov. 2019, art. 3)* « Les informations relatives au contenu des actions, à leur organisation et aux moyens techniques et pédagogiques mobilisés lorsque ces informations ne figurent pas sur les pièces produites en application du 3° », ainsi que la liste des personnes qui interviennent dans la réalisation de l'action avec la mention de leurs titres et qualités, du lien entre ces titres et qualités et la prestation réalisée conformément à l'article L. 6352-1 et du lien contractuel qui les lie à l'organisme.

L'administration peut demander, pour l'appréciation de la conformité de la déclaration d'activité *(Abrogé par Décr. n° 2019-1143 du 7 nov. 2019, art. 3)* « *aux dispositions de l'article L. 6353-1* »[,] un justificatif relatif à la première prestation de formation réalisée, au public bénéficiaire ou à la nature de cette prestation.

Elle peut aussi demander, pour l'appréciation de la conformité de cette déclaration aux dispositions de l'article L. 6352-1, un justificatif relatif aux titres et qualités des personnes qui interviennent dans la réalisation de la prestation et à la relation entre ces titres et qualités et la prestation.

La demande de justificatifs complémentaires prévue aux deux alinéas précédents est adressée à l'organisme dans le délai de dix jours à compter de la réception des pièces mentionnées aux 1° à 5° du présent article. L'organisme dispose d'un délai de quinze jours à compter de la réception de la demande pour fournir les justificatifs.

Art. R. 6351-6 *(Décr. n° 2010-530 du 20 mai 2010)* « Dans les trente jours qui suivent la réception de la déclaration complétée des pièces justificatives mentionnées à l'article R. 6351-5, le préfet de région délivre un récépissé comportant un numéro d'enregistrement à l'organisme qui satisfait aux conditions d'enregistrement de la déclaration d'activité.

« Jusqu'à la délivrance de ce récépissé ou la notification de la décision de refus d'enregistrement, l'organisme est réputé déclaré. »

A l'exception de la première convention ou du premier contrat de formation professionnelle, le prestataire de formation fait figurer ce numéro d'enregistrement sur les conventions et, en l'absence de conventions, sur les bons de commandes *(Décr. n° 2019-1143 du 7 nov. 2019, art. 3)* « , devis » ou factures, ou les contrats de formation professionnelle qu'il conclut, sous la forme suivante : "déclaration d'activité enregistrée sous le numéro auprès du préfet de région de ...".

Art. R. 6351-6-1 (*Décr. n° 2010-530 du 20 mai 2010*) La décision de refus d'enregistrement est notifiée au prestataire de formation par le préfet de région dans les trente jours qui suivent la réception de la déclaration complétée des pièces justificatives.

Le silence gardé dans ce délai vaut enregistrement de la déclaration.

Art. R. 6351-7 Toute personne qui exerce, en droit ou en fait, une fonction de direction (*Décr. n° 2019-1143 du 7 nov. 2019, art. 3*) « , d'enseignement aux apprentis » ou d'administration dans un organisme de formation au sens du présent titre présente, sur demande du préfet de région territorialement compétent, un bulletin n° 3 de son casier judiciaire de moins d'un mois.

Art. R. 6351-7-1 (*Décr. n° 2019-1143 du 7 nov. 2019, art. 3*) Sur demande des inspections compétentes, les personnes morales de droit privé mentionnées au 4° de l'article R. 6351-5 leur transmettent leurs statuts.

SECTION 2 Déclaration rectificative et annulation

Art. R. 6351-8 (*Décr. n° 2021-900 du 5 juill. 2021, art. 2*) I. — Toute modification de la déclaration d'activité du prestataire de formation fait l'objet, dans un délai de trente jours, d'une déclaration rectificative selon les modalités suivantes :

1° Auprès du préfet de région destinataire de la déclaration d'activité ;

2° Lorsque la déclaration rectificative est adressée par voie dématérialisée selon les modalités définies au deuxième alinéa de l'article R. 6351-1, au ministre chargé de la formation professionnelle.

II. — La cessation d'activité du prestataire de formation fait l'objet, dans un délai de trente jours, d'une déclaration auprès du préfet de région destinataire de la déclaration d'activité.

Art. R. 6351-8-1 (*Décr. n° 2019-1143 du 7 nov. 2019, art. 3*) Lorsque l'organisme de formation titulaire d'un numéro d'enregistrement dispense pour la première fois une action de formation par apprentissage, il transmet une copie de ses statuts au préfet de région dans un délai de trente jours. Cette disposition s'applique aux personnes morales de droit privé mentionnées au 4° de l'article R. 6351-5.

Art. R. 6351-9 (*Décr. n° 2010-530 du 20 mai 2010*) Pour l'appréciation des conditions d'annulation de l'enregistrement de la déclaration d'activité mentionnées aux 1° et 2° de l'article L. 6351-4, les prestations examinées sont celles qui correspondent aux recettes figurant dans le dernier bilan pédagogique et financier adressé par le prestataire au préfet de région en application des articles L. 6352-11 et R. 6352-22 à R. 6352-24 et aux recettes perçues entre la date de la fin de ce bilan et la date du contrôle.

Lorsque le prestataire vient de déclarer son activité et n'est donc pas tenu de dresser le bilan pédagogique et financier, l'examen porte sur les prestations réalisées jusqu'à la date du contrôle.

Art. R. 6351-10 (*Décr. n° 2010-530 du 20 mai 2010*) L'annulation de l'enregistrement de la déclaration est prononcée par le préfet de région.

Art. R. 6351-11 (*Décr. n° 2010-530 du 20 mai 2010*) L'intéressé qui entend contester la décision de refus ou d'annulation de l'enregistrement de la déclaration d'activité saisit d'une réclamation, préalablement à tout recours pour excès de pouvoir, l'autorité qui a pris la décision.

Art. D. 6351-12 (*Décr. n° 2010-63 du 18 janv. 2010*) Le délai mentionné au 3° de l'article L. 6351-4 est fixé à trente jours.

SECTION 3 Système d'information "Mon Activité Formation"

(*Décr. n° 2021-900 du 5 juill. 2021, art. 3*)

Art. R. 6351-13 Est autorisée la création, par le ministre chargé de la formation professionnelle, d'un traitement automatisé de données à caractère personnel dénommé "Mon Activité Formation" (MAF). Ce téléservice permet aux prestataires mentionnés à l'article L. 6351-1 d'accomplir la déclaration mentionnée à l'article

L. 6351-2 ainsi que la transmission du bilan pédagogique et financier prévu à l'article L. 6352-11.

Le ministre chargé de la formation professionnelle est responsable du traitement automatisé.

Art. R. 6351-14 Le traitement mentionné à l'article R. 6351-13 a pour finalités de permettre :
1° Le dépôt de la déclaration d'activité prévue à l'article L. 6351-2 et de la déclaration rectificative prévue à l'article L. 6351-5, ainsi que la transmission du bilan pédagogique et financier prévu à l'article L. 6352-11 par les prestataires mentionnés à l'article L. 6351-1 ;
2° L'instruction des déclarations d'activité, y compris les déclarations rectificatives, la réception des bilans pédagogiques et financiers et l'actualisation des informations relatives aux prestataires enregistrés, notamment pour les besoins du contrôle par les agents mentionnés à l'article L. 6361-5 ;
3° Le pilotage et l'évaluation de la politique de formation et de contrôle, notamment au moyen de la statistique ;
4° La mise à disposition du public, des financeurs et des acteurs de la formation professionnelle, des informations fiables et actualisées sur les prestataires déclarés et à jour de leurs obligations administratives conformément à l'article L. 6351-7-1 ;
5° L'information des prestataires mentionnés à l'article L. 6351-1 relative au bilan pédagogique et financier prévu à l'article L. 6352-11.

Art. R. 6351-15 Dans la mesure où leur exploitation est nécessaire à la poursuite des finalités définies à l'article R. 6351-14, les catégories de données à caractère personnel enregistrées dans le traitement sont les suivantes :
1° Données d'identification ;
2° Données relatives à la vie professionnelle ;
3° Données relatives à des infractions et condamnations pénales ou à des mesures de sûreté.
Un arrêté du ministre chargé de la formation professionnelle précise les données à caractère personnel enregistrées dans le traitement relevant des catégories mentionnées aux 1° à 3°.

V. Arr. du 9 juill. 2021, NOR : MTRD2121637A (JO 1er août).

Art. R. 6351-16 I. – L'utilisateur, prestataire d'actions concourant au développement des compétences, saisit, enregistre et transmet les données mentionnées à l'article R. 6351-15.

II. – L'utilisateur, agent chargé du contrôle de la formation professionnelle ou de la gestion des déclarations des organismes de formation des directions régionales de l'économie, de l'emploi, du travail et des solidarités, de la direction régionale interdépartementale de l'économie, de l'emploi, du travail et des solidarités ou des directions de l'économie, de l'emploi, du travail et des solidarités, saisit et, le cas échéant, modifie les données mentionnées à l'article R. 6351-15, à partir des informations transmises par le prestataire d'actions concourant au développement des compétences.

III. – Les données relatives aux bénéficiaires des actions concourant au développement des compétences sont collectées par le prestataire d'actions concourant au développement des compétences et transmises dans le cadre de la communication des pièces justificatives prévues à l'article R. 6351-5.

Art. R. 6351-17 I. – Les données à caractère personnel enregistrées dans le traitement mentionné à l'article R. 6351-13 sont conservées pour les nécessités du contrôle prévu à l'article L. 6361-2 pendant toute la durée de validité de la déclaration d'activité, y compris rectificative, et jusqu'à quatre ans après la fin de validité de cette déclaration.

En cas de refus d'enregistrement de la déclaration d'activité, les données sont conservées pendant une durée de quatre ans à compter de la date de notification du refus et, au-delà de cette date, en cas de recours administratif ou contentieux, jusqu'à la fin de la procédure de recours.

II. – Les pièces justificatives mentionnées à l'article R. 6351-5 contenant des données à caractère personnel sont conservées pendant la durée nécessaire à l'instruction et couvrant les délais de recours et de retrait d'une décision administrative illégale. En cas de recours, les pièces sont conservées jusqu'à la fin de la procédure de recours.

III. — Les données à caractère personnel collectées dans le cadre de la transmission du bilan pédagogique et financier prévue à l'article L. 6352-11 sont conservées pour les nécessités du contrôle prévu à l'article L. 6361-2 du code du travail, pendant une durée de quatre ans.

Les modalités de conservation et de suppression des données sont précisées par arrêté du ministre chargé de la formation professionnelle.

V. Arr. du 9 juill. 2021, NOR : MTRD2121637A (JO 1er août).

Art. R. 6351-18 I. — Le représentant du prestataire mentionné à l'article L. 6351-1 accède directement aux données à caractère personnel le concernant, en vue de renseigner et mettre à jour ses données à caractère personnel.

II. — Ont accès à tout ou partie des données à caractère personnel incluses dans le traitement mentionné à l'article R. 6351-13, dans les conditions fixées par le responsable de traitement, à raison de leurs attributions respectives et dans la limite du besoin d'en connaître, pour ce qui relève des finalités mentionnées à l'article R. 6351-14 :

1° Les personnes et agents habilités de la délégation générale à l'emploi et à la formation professionnelle et ses sous-traitants ;

2° Les personnes et agents habilités chargés du contrôle de la formation professionnelle ou de la gestion des déclarations des organismes de formation au sein des directions régionales de l'économie, de l'emploi, du travail et des solidarités, de la direction régionale interdépartementale de l'économie, de l'emploi, du travail et des solidarités ou des directions de l'économie, de l'emploi, du travail et des solidarités.

III. — Sont destinataires de tout ou partie des données à caractère personnel incluses dans le traitement automatisé mentionné à l'article R. 6351-13, strictement nécessaires à leur mission, dans les conditions fixées par le responsable de traitement, à raison de leurs attributions respectives et dans la limite du besoin d'en connaître, pour ce qui relève des finalités mentionnées à l'article R. 6351-14 :

1° Les personnes et agents habilités de la direction de l'animation de la recherche, des études et des statistiques ;

2° Les personnes et agents des organismes financeurs de la formation professionnelle ;

3° Les personnes et agents des organismes chargés d'une mission d'information relative à l'offre de formation.

La liste des organismes mentionnés aux 2° et 3° est fixée par arrêté du ministre chargé de la formation professionnelle.

V. Arr. du 9 juill. 2021, NOR : MTRD2121637A (JO 1er août).

Art. R. 6351-19 Pour mettre en œuvre la finalité définie au 4° de l'article R. 6351-14 et dans la limite du besoin d'en connaître, le traitement automatisé mentionné à l'article R. 6351-13 peut être mis en relation avec d'autres traitements automatisés de données à caractère personnel.

La liste de ces traitements automatisés est fixée par arrêté du ministre chargé de la formation professionnelle.

V. Arr. du 9 juill. 2021, NOR : MTRD2121637A (JO 1er août).

Art. R. 6351-20 Toute opération relative au traitement mentionné à l'article R. 6351-13 fait l'objet d'un enregistrement comprenant l'identification de l'utilisateur, la date et la nature de l'intervention dans ce traitement.

Ces enregistrements sont conservés pendant toute la durée de validité de la déclaration d'activité concernée, y compris rectificative, et jusqu'à quatre ans après la fin de validité de cette déclaration.

Art. R. 6351-21 Les droits d'accès et de rectification prévus aux articles 15 et 16 du règlement (UE) 2016/679 du Parlement européen et du Conseil du 27 avril 2016 relatif à la protection des personnes physiques à l'égard du traitement de données à caractère personnel et à la libre circulation de ces données s'exercent auprès du délégué général à l'emploi et à la formation professionnelle selon des modalités définies par arrêté du ministre chargé de la formation professionnelle. — *V. Arr. du 9 juill. 2021, NOR : MTRD2121637A (JO 1er août).*

Le droit à la limitation du traitement s'exerce dans les conditions définies à l'article 18 du même règlement.

Les droits d'effacement, de portabilité et d'opposition prévus aux articles 17, 20 et 21 du même règlement ne s'applique *[s'appliquent]* pas à ce traitement.

Le droit d'obtenir communication des règles définissant le traitement et les principales caractéristiques de sa mise en œuvre s'exerce dans les mêmes conditions que celles mentionnées au premier alinéa.

CHAPITRE II **FONCTIONNEMENT**

SECTION 1 **Règlement intérieur**

Art. R. 6352-1 Le règlement intérieur est établi dans tous les organismes de formation, y compris dans ceux qui accueillent les stagiaires *(Décr. n° 2019-1143 du 7 nov. 2019, art. 4)* « et apprentis » dans des locaux mis à leur disposition.

Lorsque l'organisme comporte plusieurs établissements *(Décr. n° 2019-1143 du 7 nov. 2019, art. 4)* « ou qu'il dispense l'activité de formation par apprentissage », le règlement intérieur peut faire l'objet des adaptations nécessaires, notamment en matière de santé et de sécurité au travail.

Lorsque la formation se déroule dans une entreprise ou un établissement déjà doté d'un règlement intérieur, les mesures de santé et de sécurité applicables aux stagiaires *(Décr. n° 2019-1143 du 7 nov. 2019, art. 4)* « et apprentis » sont celles de ce dernier règlement.

Art. R. 6352-2 Le règlement intérieur est établi dans les trois mois suivant le début de l'activité de l'organisme de formation.

Il se conforme aux dispositions de la présente section. — *[Anc. art. R. 922-2.]*

SECTION 2 **Droit disciplinaire**

Art. R. 6352-3 Constitue une sanction toute mesure, autre que les observations verbales, prise par le directeur de l'organisme de formation ou son représentant, à la suite d'un agissement du stagiaire *(Décr. n° 2019-1143 du 7 nov. 2019, art. 4)* « ou de l'apprenti » considéré par lui comme fautif, que cette mesure soit de nature à affecter immédiatement ou non la présence de l'intéressé dans *(Décr. n° 2019-1143 du 7 nov. 2019, art. 4)* « la formation » ou à mettre en cause la continuité de la formation qu'il reçoit.

Les amendes ou autres sanctions pécuniaires sont interdites. — *[Anc. art. R. 922-3.]*

Art. R. 6352-4 Aucune sanction ne peut être infligée au stagiaire *(Décr. n° 2019-1143 du 7 nov. 2019, art. 4)* « ou à l'apprenti » sans que celui-ci ait été informé au préalable des griefs retenus contre lui.

Art. R. 6352-5 Lorsque le directeur de l'organisme de formation ou son représentant envisage de prendre une sanction qui a une incidence, immédiate ou non, sur la présence d'un stagiaire *(Décr. n° 2019-1143 du 7 nov. 2019, art. 4)* « ou d'un apprenti » dans une formation, il est procédé comme suit :

1° Le directeur ou son représentant convoque le stagiaire *(Décr. n° 2019-1143 du 7 nov. 2019, art. 4)* « ou l'apprenti » en lui indiquant l'objet de cette convocation. Celle-ci précise la date, l'heure et le lieu de l'entretien. Elle est écrite et est adressée par lettre recommandée ou remise à l'intéressé contre décharge ;

2° Au cours de l'entretien, le stagiaire *(Décr. n° 2019-1143 du 7 nov. 2019, art. 4)* « ou l'apprenti » peut se faire assister par la personne de son choix, notamment le délégué de stage. La convocation mentionnée au 1° fait état de cette faculté ;

3° Le directeur ou son représentant indique le motif de la sanction envisagée et recueille les explications du stagiaire *(Décr. n° 2019-1143 du 7 nov. 2019, art. 4)* « ou de l'apprenti.

« L'employeur de l'apprenti est informé de cette procédure, de son objet et du motif de la sanction envisagée. »

Art. R. 6352-6 La sanction ne peut intervenir moins d'un jour franc ni plus de quinze jours après l'entretien.

Elle fait l'objet d'une décision écrite et motivée, notifiée au stagiaire (*Décr. n° 2019-1143 du 7 nov. 2019, art. 4*) « ou à l'apprenti » par lettre recommandée ou remise contre récépissé.

Art. R. 6352-7 Lorsque l'agissement a rendu indispensable une mesure conservatoire d'exclusion temporaire à effet immédiat, aucune sanction définitive, relative à cet agissement, ne peut être prise sans que la procédure prévue à l'article R. 6352-4 et, éventuellement, aux articles R. 6352-5 et R. 6352-6, ait été observée. – *[Anc. art. R. 922-6.]*

Art. R. 6352-8 (*Décr. n° 2019-1143 du 7 nov. 2019, art. 4*) Le directeur de l'organisme de formation informe l'employeur et l'organisme financeur de la sanction prise.

SECTION 3 **Représentation des stagiaires et des apprentis** (*Décr. n° 2019-1143 du 7 nov. 2019, art. 4*).

SOUS-SECTION 1 **Élection et scrutin**

Art. R. 6352-9 (*Décr. n° 2019-1143 du 7 nov. 2019, art. 4*) « Pour les actions de formation organisées en sessions d'une durée totale supérieure à cinq cents heures », il est procédé simultanément à l'élection d'un délégué titulaire et d'un délégué suppléant au scrutin uninominal à deux tours.

Tous les stagiaires (*Décr. n° 2019-1143 du 7 nov. 2019, art. 4*) « ou apprentis » sont électeurs et éligibles.

Art. R. 6352-10 Le scrutin se déroule pendant les heures de la formation. Il a lieu au plus tôt vingt heures et au plus tard quarante heures après le début (*Décr. n° 2019-1143 du 7 nov. 2019, art. 4*) « de la première session collective ».

Art. R. 6352-11 Le directeur de l'organisme de formation est responsable de l'organisation du scrutin. Il en assure le bon déroulement. – *[Anc. art. R. 922-9, al. 2.]*

Art. R. 6352-12 Lorsque, à l'issue du scrutin, il est constaté que la représentation des stagiaires (*Décr. n° 2019-1143 du 7 nov. 2019, art. 4*) « et apprentis » ne peut être assurée, le directeur dresse un procès-verbal de carence.

SOUS-SECTION 2 **Mandat et attribution**

Art. R. 6352-13 Les délégués sont élus pour la durée (*Décr. n° 2019-1143 du 7 nov. 2019, art. 4*) « de la formation ». Leurs fonctions prennent fin lorsqu'ils cessent de participer (*Décr. n° 2019-1143 du 7 nov. 2019, art. 4*) « à la formation ».

Lorsque le délégué titulaire et le délégué suppléant ont cessé leurs fonctions avant la fin (*Décr. n° 2019-1143 du 7 nov. 2019, art. 4*) « de la formation », il est procédé à une nouvelle élection, dans les conditions prévues à la sous-section 1.

Art. R. 6352-14 Les délégués font toute suggestion pour améliorer le déroulement des (*Décr. n° 2019-1143 du 7 nov. 2019, art. 4*) « formations » et les conditions de vie des stagiaires (*Décr. n° 2019-1143 du 7 nov. 2019, art. 4*) « et des apprentis » dans l'organisme de formation.

Ils présentent les réclamations individuelles ou collectives relatives à ces matières, aux conditions de santé et de sécurité au travail et à l'application du règlement intérieur.

Art. R. 6352-15 Les dispositions de la présente section ne sont pas applicables aux détenus admis à participer à une action de formation professionnelle. – *[Anc. art. R. 922-12.]*

SECTION 4 **Obligations comptables**

Art. D. 6352-16 Les dispensateurs de formation qui ont un statut de droit privé établissent des comptes annuels selon les principes et méthodes comptables définis au code de commerce. – *[Anc. art. R. 923-1, al. 1er.]*

Art. D. 6352-17 Le plan comptable applicable aux dispensateurs de formation est approuvé par arrêté conjoint du garde des sceaux, ministre de la justice, du ministre du budget et du ministre chargé de la formation professionnelle.

Cet arrêté est pris après avis de l'Autorité des normes comptables. – *[Anc. art. R. 923-1, al. 2.]*

Art. D. 6352-18 Les organismes qui interviennent dans le déroulement des actions destinées à la validation des acquis de l'expérience tiennent une comptabilité distincte pour cette activité lorsqu'ils exercent simultanément plusieurs autres activités. – *[Anc. art. R. 923-4.]*

Art. R. 6352-19 Sans préjudice des dispositions du *(Décr. n° 2016-1026 du 26 juill. 2016, art. 92 ; Décr. n° 2023-1394 du 30 déc. 2023, art. 19-VIII-2°)* « I de l'article L. 821-13 » du code de commerce applicables aux sociétés anonymes, les dispensateurs de formation de droit privé désignent au moins un commissaire aux comptes et un suppléant lorsqu'ils dépassent, à la fin de l'année civile ou à la clôture de l'exercice, les chiffres fixés pour deux des trois critères suivants :

1° Trois pour le nombre des salariés ;

2° 153 000 € pour le montant hors taxe du chiffre d'affaires ou des ressources ;

3° 230 000 € pour le total du bilan.

Art. R. 6352-20 Les dispensateurs de formation de droit privé ne sont pas tenus à l'obligation de désigner un commissaire aux comptes lorsqu'ils ne dépassent pas les chiffres fixés pour deux des trois critères définis à l'article R. 6352-19 pendant deux exercices successifs. – *[Anc. art. R. 923-3.]*

Art. R. 6352-21 Le montant du chiffre annuel mentionné à l'article L. 6352-9 est fixé à 152 449,02 € hors taxes. – *[Anc. art. L. 920-8, al. 4.]*

SECTION 5   Bilan pédagogique et financier

Art. R. 6352-22 Le bilan pédagogique et financier prévu à l'article L. 6352-11 indique :

1° Les activités de formation conduites au cours de l'exercice comptable ;

2° Le nombre de stagiaires *(Décr. n° 2019-1143 du 7 nov. 2019, art. 4)* « et apprentis » accueillis ;

(Décr. n° 2019-1143 du 7 nov. 2019, art. 4) « 3° Le nombre d'heures de formation suivies par les stagiaires et les apprentis, ainsi que le nombre d'heures de formation dispensées, en fonction de la nature, du niveau, des domaines et de la durée des formations ; »

4° La répartition des fonds reçus selon leur nature et le montant des factures émises par le prestataire ;

5° Les données comptables relatives aux prestations de formation professionnelle *(Abrogé par Décr. n° 2019-1143 du 7 nov. 2019, art. 4)* « continue ;

« 6° Les produits financiers tirés du placement des fonds reçus ».

Art. R. 6352-23 Le prestataire de formation déclaré *(Abrogé par Décr. n° 2019-1143 du 7 nov. 2019, art. 4)* « ou *l'établissement autonome* » adresse au préfet de région *(Décr. n° 2021-900 du 5 juill. 2021, art. 4)* « et, lorsque ce bilan est adressé selon les modalités définies au second alinéa, au ministère chargé de la formation professionnelle, » son bilan pédagogique et financier avant le 30 avril de chaque année.

(Décr. n° 2021-900 du 5 juill. 2021, art. 1ᵉʳ) « Ce bilan peut être adressé par voie dématérialisée au moyen du téléservice prévu à l'article R. 6351-13. »

Art. R. 6352-24 Sur la demande du préfet de région compétent, le prestataire produit la liste des prestations de formation réalisées ou à accomplir.

(Abrogé par Décr. n° 2019-1143 du 7 nov. 2019, art. 4) « *Cette liste mentionne, le cas échéant, le montant des résorptions opérées par le prestataire auprès des entreprises.* »

SECTION 6 Centres de formation professionnelle

SOUS-SECTION 1 Objet, organisation et fonctionnement

Art. D. 6352-25 Les centres de formation professionnelle ont pour objet :
1° Soit de délivrer aux travailleurs une formation professionnelle accélérée leur permettant d'exercer un métier, de s'adapter à un nouveau métier ou d'acquérir une qualification professionnelle d'un niveau supérieur ;
2° Soit de former les moniteurs aptes à assurer cette formation. — *[Anc. art. 2, Décr. n° 46-2511 du 9 nov. 1946.]*

Art. D. 6352-26 Les centres de formation professionnelle peuvent être créés sous forme :
1° Soit de centres d'entreprises par une entreprise dans ses propres établissements ;
2° Soit de centres collectifs par des organisations professionnelles d'employeurs ou de salariés, par des collectivités publiques ou par des associations ayant pour objet la rééducation professionnelle. — *[Anc. art. 3, Décr. n° 46-2511 du 9 nov. 1946.]*

Art. R. 6352-27 Les centres de formation professionnelle sont soumis à la déclaration d'activité prévue à l'article L. 6351-1.

Art. D. 6352-28 La gestion des centres d'entreprises est soumise au contrôle du *(Décr. n° 2017-1819 du 29 déc. 2017, art. 3)* « comité social et économique ».
La gestion des centres collectifs est soumise au contrôle d'une commission composée de trois représentants des employeurs et de trois représentants des salariés. — *[Anc. art. 4, Décr. n° 46-2511 du 9 nov. 1946.]*

Art. D. 6352-29 Les centres d'entreprises sont installés dans des locaux séparés des locaux de travail, suivant les modalités permettant de s'assurer que tout en participant, le cas échéant, à l'activité, les salariés sont formés ou perfectionnés progressivement. — *[Anc. art. 5.]*

Art. D. 6352-30 La comptabilité du centre de formation professionnelle et les comptes bancaires qu'il est tenu d'ouvrir sont distincts de ceux de l'organisme créateur.
La comptabilité est tenue suivant les règles fixées par un arrêté conjoint des ministres chargés de la formation professionnelle et des finances. — *[Anc. art. 15, Décr. n° 46-2511 du 9 nov. 1946.]*

Art. D. 6352-31 En cas de cessation d'activité d'un centre de formation professionnelle, le ministre chargé de la formation professionnelle fixe les conditions dans lesquelles il est procédé à la liquidation du centre ou à sa prise en charge par un autre groupement. — *[Anc. art. 16, Décr. n° 46-2511 du 9 nov. 1946.]*

SOUS-SECTION 2 Stagiaires

Art. D. 6352-32 Les stagiaires des centres d'entreprises sont recrutés soit parmi le personnel de l'entreprise, soit parmi les candidats présentés par le service public de l'emploi.
Les stagiaires des centres collectifs sont recrutés parmi les candidats présentés par le service public de l'emploi. — *[Anc. art. 6, al. 1ᵉʳ et 2, Décr. n° 46-2511 du 9 nov. 1946.]*

Art. D. 6352-33 L'entrée en stage est subordonnée à un examen médical et psychotechnique organisé ou contrôlé par le service public de l'emploi. — *[Anc. art. 6, al. 3, Décr. n° 46-2511 du 9 nov. 1946.]*

Art. D. 6352-34 La rémunération versée par le centre de formation professionnelle au demandeur d'emploi se substitue à l'allocation qui lui est versée à ce titre.
Ce stagiaire est tenu de suivre le cours de formation jusqu'à son expiration.
Le stagiaire qui abandonne le stage pour des motifs non reconnus valables est exclu du bénéfice des allocations de chômage pendant une durée d'un an, à compter du jour de son départ. — *[Anc. art. 18, Décr. n° 46-2511 du 9 nov. 1946.]*

FORMATION PROFESSIONNELLE CONTINUE

SOUS-SECTION 3 Subventions

Art. R. 6352-35 Les centres de formation professionnelle peuvent bénéficier des financements de la région ou de l'État dans les conditions prévues respectivement aux articles L. 6121-1 et L. 6122-1.

Art. D. 6352-36 Les dépenses ouvrant droit à subvention sont :
1° Pour les centres d'entreprise, les salaires des moniteurs et les charges sociales correspondantes ;
2° Pour les centres collectifs :
a) Les salaires du personnel administratif, technique et de service nécessaire au fonctionnement du centre, ainsi que les charges sociales correspondantes ;
b) Les frais de location et d'aménagement du mobilier ainsi que d'entretien des locaux et ateliers nécessaires au fonctionnement du centre ;
c) Les frais de bureau, affranchissement, téléphone, frais divers ;
d) Les frais d'achat de machines-outils, d'outillage et de moteurs ;
e) Les frais de location ou d'amortissement du matériel ;
f) Les frais d'assurances comprenant les assurances accidents du personnel et des élèves, les assurances de vol et incendie du matériel et des locaux, les assurances recours contre les tiers ;
g) Les frais d'achat de matières premières et de petit outillage ;
h) Les frais d'éclairage, frais de chauffage, frais d'eau des locaux ainsi que les frais de combustible et de force motrice ;
i) Les frais d'inspection médicale et de service social ;
j) Les frais d'aménagement et d'entretien des locaux mis à la disposition des stagiaires. — *[Anc. art. 9, Décr. n° 46-2511 du 9 nov. 1946.]*

Art. D. 6352-37 Les subventions portent sur les dépenses opérées au cours de chaque trimestre civil, compte tenu des recettes, notamment des heures passées à la production, vente des vieilles matières et des produits fabriqués par les stagiaires. — *[Anc. art. 10, Décr. n° 46-2511 du 9 nov. 1946.]*

Art. D. 6352-38 Les subventions ne peuvent s'appliquer qu'aux dépenses ayant fait l'objet de prévisions fournies par le centre et acceptées par le ministre chargé de la formation professionnelle.

A cet effet, le centre présente au début de chaque trimestre civil des prévisions de recettes et de dépenses portant sur le trimestre qui suit. Ces prévisions sont fournies en même temps que la demande de subventions.

Exceptionnellement, les subventions peuvent porter, si elles s'avèrent indispensables à l'exécution des programmes de rééducation établis par les centres. — *[Anc. art. 11, Décr. n° 46-2511 du 9 nov. 1946.]*

Art. D. 6352-39 La demande de subvention est présentée dans un délai de dix jours à compter de l'expiration de chaque trimestre civil au *(Décr. n° 2020-1545 du 9 déc. 2020, art. 28-X, en vigueur le 1er avr. 2021)* « directeur régional de l'économie, de l'emploi, du travail et des solidarités ».

Elle est accompagnée d'un relevé de la situation financière du centre de formation professionnelle faisant ressortir les recettes et les dépenses effectuées au cours du trimestre considéré.

Art. D. 6352-40 Des avances à valoir sur subventions peuvent être allouées au centre.

Lors du démarrage, ces avances peuvent être égales aux dépenses de fonctionnement prévues pour les deux premiers trimestres civils qui suivent la date d'ouverture du centre sur la base des prévisions fournies à l'appui de la demande d'agrément.

Par la suite, elles peuvent être égales aux dépenses de fonctionnement prévues pour le trimestre auquel s'appliquent les prévisions fournies dans les conditions fixées au deuxième alinéa de l'article D. 6352-38. — *[Anc. art. 13, Décr. n° 46-2511 du 9 nov. 1946.]*

CHAPITRE III RÉALISATION DES ACTIONS DE FORMATION

Art. D. 6353-1 (Décr. n° 2018-1341 du 28 déc. 2018, art. 2, en vigueur le 1er janv. 2019) I. — Lorsque les actions concourant au développement des compétences prévues à l'article L. 6313-1 sont financées par un organisme mentionné à l'article L. 6316-1 ou par un organisme habilité à percevoir la contribution de financement mentionnée aux articles L. 6331-48 et L. 6331-54, la convention prévue à l'article L. 6353-1 comporte :

1° L'intitulé, l'objectif et le contenu de l'action, les moyens prévus, la durée et la période de réalisation, ainsi que les modalités de déroulement, de suivi et de sanction de l'action ;

2° Le prix de l'action et les modalités de règlement.

II. — Pour les actions mentionnées au 1° de l'article L. 6313-1 qui sont financées par un organisme mentionné à l'article L. 6316-1 ou par un organisme habilité à percevoir la contribution de financement mentionnée aux articles L. 6331-48 et L. 6331-54, les bons de commandes [commande] ou les devis approuvés peuvent tenir lieu de la convention prévue au I s'ils satisfont à ses prescriptions, ou si une de leurs annexes y satisfait.

III. — Lorsque les actions concourant au développement des compétences prévues à l'article L. 6313-1 sont financées par la Caisse des dépôts et consignations et mises en œuvre dans le cadre du compte personnel de formation, les conditions générales d'utilisation du service dématérialisé mentionnées à l'article L. 6323-9 tiennent lieu de la convention prévue au I pour le prestataire et le titulaire du compte.

Art. R. 6353-2 Abrogé par Décr. n° 2018-1330 du 28 déc. 2018, art. 3, à compter du 1er janv. 2019.

Art. D. 6353-3 (Abrogé par Décr. n° 2018-1341 du 28 déc. 2018, art. 2-II, à compter du 1er janv. 2019) (Décr. n° 2014-935 du 20 août 2014, art. 1er) *Les moyens d'organisation, d'accompagnement ou d'assistance, pédagogique et technique, mis à disposition du stagiaire qui suit une séquence de formation ouverte ou à distance, qui doivent être précisés dans le programme mentionné à l'article L. 6353-1, comprennent notamment :*

1° Les compétences et qualifications des personnes chargées d'assister le bénéficiaire de la formation ;

2° Les modalités techniques selon lesquelles le stagiaire est accompagné ou assisté, les périodes et les lieux mis à sa disposition pour s'entretenir avec les personnes chargées de l'assister ou les moyens dont il dispose pour contacter ces personnes ;

3° Les délais dans lesquels les personnes en charge de son suivi sont tenues de l'assister en vue du bon déroulement de l'action, lorsque cette aide n'est pas apportée de manière immédiate.

Art. D. 6353-4 (Abrogé par Décr. n° 2018-1341 du 28 déc. 2018, art. 2-II, à compter du 1er janv. 2019) (Décr. n° 2017-382 du 22 mars 2017, en vigueur le 1er avr. 2017) *L'assiduité du stagiaire contribue à justifier de l'exécution de l'action de formation.*

Pour établir l'assiduité d'un stagiaire, sont pris en compte :

1° Les états de présence émargés par le stagiaire ou tous documents et données établissant sa participation effective à la formation ;

2° Les documents ou données relatifs à l'accompagnement et à l'assistance du bénéficiaire par le dispensateur de la formation ;

3° Les comptes rendus de positionnement et les évaluations organisées par le dispensateur de la formation qui jalonnent ou terminent la formation ;

4° Pour les séquences de formation ouvertes ou à distance, les justificatifs permettant d'attester de la réalisation des travaux exigés en application des dispositions du 1° de l'article L. 6353-1.

CHAPITRE IV SANCTIONS FINANCIÈRES

Le présent chapitre ne comprend pas de dispositions réglementaires.

CHAPITRE V DISPOSITIONS PÉNALES

Le présent chapitre ne comprend pas de dispositions réglementaires.

TITRE VI CONTRÔLE DE LA FORMATION PROFESSIONNELLE CONTINUE

CHAPITRE I OBJET DU CONTRÔLE ET FONCTIONNAIRES DE CONTRÔLE

Art. R. 6361-1 Avant d'entrer en fonction, *(Décr. n° 2010-530 du 20 mai 2010)* « les agents de contrôle mentionnés au premier alinéa de l'article L. 6361-5 » prêtent serment devant le *(Décr. n° 2019-966 du 18 sept. 2019, art. 8-I, en vigueur le 1ᵉʳ janv. 2020)* « tribunal judiciaire » de leur résidence administrative en ces termes : "Je jure d'accomplir avec exactitude et probité, en conformité avec les lois et règlements en vigueur, les missions de contrôle qui me sont confiées".

Art. R. 6361-2 *(Décr. n° 2010-530 du 20 mai 2010)* « Les agents de contrôle mentionnés au premier alinéa de l'article L. 6361-5 » sont commissionnés par :
 1° Le préfet de région lorsqu'ils interviennent dans les limites d'une région ;
 2° Le ministre chargé de la formation professionnelle lorsqu'ils ont vocation à intervenir sur l'ensemble du territoire.

Art. D. 6361-3 *(Décr. n° 2010-530 du 20 mai 2010)* Les agents de la fonction publique de l'État placés sous l'autorité du ministre chargé de la formation professionnelle mentionnés au premier alinéa de l'article L. 6361-5 suivent une formation pratique de six mois dans les services en charge des contrôles.
Durant ce stage, ils participent aux contrôles en qualité d'assistant.

Art. D. 6361-4 *(Décr. n° 2010-530 du 20 mai 2010)* Les inspecteurs et contrôleurs du travail mentionnés au premier alinéa de l'article L. 6361-5 suivent la formation préalable à l'exercice des missions de contrôle prévue par les dispositions statutaires relatives aux formations et aux stages précédant leur titularisation.

CHAPITRE II DÉROULEMENT DES OPÉRATIONS DE CONTRÔLE

Art. R. 6362-1 Les personnes et organismes mentionnés aux articles L. 6361-1 et L. 6361-2 *(Abrogé par Décr. n° 2018-1209 du 21 déc. 2018, art. 1ᵉʳ, à compter du 1ᵉʳ janv. 2019)* « , 1°, » qui ont fait l'objet d'un contrôle sur place, sont informés de la fin de la période d'instruction par lettre recommandée avec avis de réception.
Des faits nouveaux constatés postérieurement à la réception de cette lettre peuvent justifier l'ouverture d'une nouvelle période d'instruction.
(Décr. n° 2010-530 du 20 mai 2010) « Les dispositions qui précèdent ne s'appliquent pas lorsque la procédure d'évaluation d'office est mise en œuvre. »

Art. R. 6362-1-1 *(Décr. n° 2010-530 du 20 mai 2010)* En cas d'obstacle à l'accomplissement des contrôles réalisés par les agents mentionnés à l'article L. 6361-5, la procédure d'évaluation d'office est mise en œuvre au plus tôt trente jours après l'envoi d'une mise en demeure de lever tout obstacle à l'exercice par les agents de contrôle de leurs missions.

Art. R. 6362-1-2 *(Décr. n° 2010-530 du 20 mai 2010)* L'évaluation d'office est établie à partir des déclarations souscrites en matière de formation professionnelle, des informations recueillies auprès des administrations et organismes visés à l'article L. 6362-1 ou à l'occasion de contrôles par les agents mentionnés au premier alinéa de l'article L. 6361-5 des organismes ou entreprises participant au financement des actions *(Décr. n° 2018-1209 du 21 déc. 2018, art. 1ᵉʳ, en vigueur le 1ᵉʳ janv. 2019)* « mentionnées à l'article L. 6313-1 ».
Les bases ou les éléments servant au calcul des remboursements ou des versements à opérer au bénéfice du Trésor public et leurs modalités de détermination sont notifiés à l'intéressé conformément à l'article L. 6362-9 avec les garanties prévues aux articles R. 6362-2 à R. 6362-6.
L'intéressé peut faire valoir ses observations sur la détermination des éléments chiffrés par l'administration.

Art. R. 6362-1-3 *(Décr. n° 2010-530 du 20 mai 2010)* La mise en demeure est motivée. Elle précise le délai dont dispose l'intéressé pour permettre aux agents de débuter ou de reprendre le contrôle sur place et rappelle les dispositions applicables dans le cas où la procédure d'évaluation d'office est mise en œuvre. Elle est visée par l'autorité qui a commissionné l'agent de contrôle en application de l'article R. 6361-2.

Art. R. 6362-2 La notification des résultats du contrôle prévue à l'article L. 6362-9 intervient dans un délai ne pouvant dépasser trois mois à compter de la fin de la période d'instruction avec l'indication des procédures dont l'organisme contrôlé dispose pour faire valoir ses observations.

Les résultats du contrôle peuvent comporter des observations adressées à l'organisme contrôlé.

(Décr. n° 2010-530 du 20 mai 2010) « Lorsque la procédure d'évaluation d'office est mise en œuvre, le délai mentionné ci-dessus est de six mois à compter de la fin de la période fixée par la mise en demeure. »

Art. R. 6362-3 Les résultats des contrôles prévus aux articles L. 6361-1 à L. 6361-3 sont notifiés à l'intéressé avec l'indication du délai dont il dispose pour présenter des observations écrites et demander, le cas échéant, à être entendu.

Ce délai ne peut être inférieur à trente jours à compter de la date de la notification.
— [Anc. art. R. 991-4, al. 1er et 2.]

Art. R. 6362-4 La décision du ministre chargé de la formation professionnelle ou du préfet de région ne peut être prise qu'au vu des observations écrites et après audition, le cas échéant, de l'intéressé, à moins qu'aucun document ni aucune demande d'audition n'aient été présentés avant l'expiration du délai prévu à l'article R. 6362-3.

La décision est motivée et notifiée à l'intéressé. — [Anc. art. R. 991-4, al. 3 et 4.]

Art. R. 6362-5 Les décisions de rejet (Abrogé par Décr. n° 2018-1209 du 21 déc. 2018, art. 1er, à compter du 1er janv. 2019) « de dépenses » et de versement sont transmises, s'il y a lieu, à l'administration fiscale.

Art. R. 6362-6 L'intéressé qui entend contester la décision administrative qui lui a été notifiée en application de l'article R. 6362-4, saisit d'une réclamation, préalablement à tout recours (Décr. n° 2018-1209 du 21 déc. 2018, art. 1er, en vigueur le 1er janv. 2019) « contentieux », l'autorité qui a pris la décision.

Le rejet total ou partiel de la réclamation fait l'objet d'une décision motivée notifiée à l'intéressé.

Art. R. 6362-7 Le ministre chargé de la formation professionnelle et le préfet de région peuvent déférer ou défendre devant le juge administratif tout contentieux consécutif aux contrôles mentionnés aux articles L. 6361-1 à L. 6361-3, à l'exception du contentieux relatif à l'établissement et au recouvrement des versements mentionnés aux articles (Abrogé par Décr. n° 2018-1209 du 21 déc. 2018, art. 1er, à compter du 1er janv. 2019) « L. 6331-31 et » L. 6362-8 à L. 6362-12.

Art. R. 6362-8 Le préfet de région présente chaque année au (Décr. n° 2014-1055 du 16 sept. 2014, art. 5-I) « comité régional de l'emploi, de la formation et de l'orientation professionnelles » un rapport relatif à l'activité des services de contrôle (Abrogé par Décr. n° 2018-1209 du 21 déc. 2018, art. 1er, à compter du 1er janv. 2019) « et au développement du dispositif régional de formation professionnelle ».

Art. R. 6362-9 Abrogé par Décr. n° 2018-1209 du 21 déc. 2018, art. 1er, à compter du 1er janv. 2019.

CHAPITRE III CONSTATATION DES INFRACTIONS ET DISPOSITIONS PÉNALES

Art. R. 6363-1 (Décr. n° 2010-530 du 20 mai 2010) « Les agents de contrôle mentionnés au premier alinéa de l'article L. 6361-5 » sont habilités à rechercher et constater par procès-verbal les infractions prévues aux articles L. 6355-1 à L. 6355-24 et L. 6363-2. — [Anc. art. R. 991-1, al. 2.]

LIVRE IV VALIDATION DES ACQUIS DE L'EXPÉRIENCE

TITRE I OBJET DE LA VALIDATION DES ACQUIS DE L'EXPÉRIENCE ET RÉGIME JURIDIQUE

CHAPITRE I SERVICE PUBLIC DE LA VALIDATION DES ACQUIS DE L'EXPÉRIENCE

(Décr. n° 2023-1275 du 27 déc. 2023, art. 2-1°)

SECTION 1 Missions

Art. R. 6411-1 La mise en œuvre des missions du service public mentionné à l'article L. 6411-1 permet, notamment, à toute personne de bénéficier gratuitement d'une information sur les principes et les modalités de mise en œuvre de la validation des acquis de l'expérience mentionnée au troisième alinéa de l'article L. 6111-1, sur les modalités de financement des actions permettant d'y accéder et sur l'identification, le cas échéant en s'appuyant sur un bilan de compétences, des certifications professionnelles qui sont en rapport direct avec son expérience.

Cette information est délivrée par l'intermédiaire du portail numérique mentionné à l'article R. 6411-2 et est également rendue disponible auprès des opérateurs de conseil en évolution professionnelle mentionnés à l'article L. 6111-6 au centres de conseil sur la validation des acquis de l'expérience mentionnés au cinquième alinéa du I de l'article L. 6111-3 agissant dans le cadre du service public régional de l'orientation mentionné à ce même I.

SECTION 2 Portail numérique et traitements de données mis en œuvre

Art. R. 6411-2 Le groupement d'intérêt public mentionné à l'article L. 6411-2 exerce les missions qui lui sont attribuées à destination du public au travers d'un portail numérique, dénommé "France VAE", permettant la mise à disposition d'informations et l'accomplissement des démarches du parcours de validation des acquis de l'expérience.

Art. R. 6411-3 Les traitements de données personnelles mis en œuvre par le groupement d'intérêt public mentionné à l'article L. 6411-2 dans le cadre des téléservices rendus disponibles sur le portail numérique mentionné à l'article R. 6411-2 et de l'exploitation du système d'informations que ce groupement d'intérêt public gère pour l'exercice de ses missions ont pour seules finalités :

1° La communication d'informations aux personnes candidates ou souhaitant se porter candidates à un parcours de validation des acquis de l'expérience ;

2° La gestion des demandes d'inscription à de tels parcours ;

3° L'accompagnement, par les personnes mentionnées au deuxième alinéa de l'article R. 6412-2, des personnes engagées dans ces parcours ;

4° La gestion de la prise en charge des frais exposés par les personnes engagées dans ces parcours et, le cas échéant, la récupération des sommes indûment perçues ;

5° Le suivi de ces parcours et des certifications professionnelles ou blocs de compétences obtenus dans ce cadre ;

6° La gestion des notifications de recevabilité des demandes de validation des acquis de l'expérience émises par suite des décisions des ministères et organismes certificateurs mentionnés à l'article L. 6113-2 ;

7° L'inscription des personnes candidates aux séances d'évaluation par les jurys mentionnés à l'article L. 6412-3 ;

8° La réalisation d'enquêtes ;

9° La production de statistiques nationale et locale à des fins de pilotage, de suivi et d'évaluation des politiques publiques dans le champ de la formation professionnelle.

Art. R. 6411-4 I. — Peuvent faire l'objet des traitements mentionnés à l'article R. 6411-3, dans la stricte mesure où elles sont nécessaires à la poursuite des finalités mentionnées à cet article, les catégories d'informations ou de données suivantes :

1° Données d'identification, données de contact et numéro d'inscription au répertoire national d'identification des candidats à un parcours de validation des acquis d'exploitation ;

2° Données relatives aux certifications professionnelles, aux qualifications, aux expériences et activités des personnes engagées dans un parcours de validation des acquis de l'expérience ;

3° Données relatives au projet professionnel poursuivi ;

4° Le cas échéant, certificat médical d'aptitude nécessaire à la certification envisagée ;

5° Données relatives aux démarches, prévues à l'article R. 6412-5, accomplies par les personnes engagées dans un parcours et à la recevabilité de la demande de validation des acquis de l'expérience ;

6° Données relatives à la session d'évaluation du candidat et aux résultats obtenus ;

7° Données relatives au financement du parcours de validation des acquis de l'expérience du candidat ;

8° Données d'identification et de contact des personnes chargées de l'accompagnement mentionnées au deuxième alinéa de l'article R. 6412-2 ainsi que des personnels dûment habilités des organismes de formation sollicités et des ministères et organismes certificateurs mentionnés à l'article L. 6113-2 ;

9° Données relatives à la traçabilité des accès et des actions des personnes mentionnées au I de l'article R. 6411-5 et des échanges intervenus avec les destinataires mentionnés au II du même article.

II. — Les éléments relatifs aux parcours professionnel et personnel des candidats, lorsqu'ils sont en lien avec la certification visée, pouvant révéler indirectement l'état de santé, les opinions politiques, l'appartenance syndicale, les convictions philosophiques et religieuses ou des condamnations pénales, des infractions ou des mesures de sûreté connexes peuvent être enregistrés et faire l'objet d'échanges limités, dans la stricte mesure où ils sont nécessaires à la poursuite des finalités mentionnées à l'article R. 6411-3, après qu'ils ont été identifiés comme pouvant révéler de telles informations par les personnes désignées et habilitées à cette fin par le groupement d'intérêt public mentionné à l'article L. 6411-2.

Art. R. 6411-5 I. — Sont autorisées à consulter, à enregistrer ou à mettre à jour les données mentionnées à l'article R. 6411-4, à raison de leurs attributions respectives et dans la limite du besoin d'en connaître et pour ce qui relève des finalités mentionnées à l'article R. 6411-3, les candidats à un parcours de validation des acquis de l'expérience, les personnes chargées de l'accompagnement mentionnées au deuxième alinéa de l'article R. 6412-2, les ministères et organismes certificateurs mentionnés à l'article L. 6113-2, ainsi que les personnes désignées et habilitées à cette fin par le groupement d'intérêt public mentionné à l'article L. 6411-2.

II. — Sont destinataires, dans des conditions assurant la confidentialité et l'intégrité des données transmises, de tout ou partie des informations mentionnées à l'article R. 6411-4, dans les limites strictement nécessaires à l'exercice de leurs missions, les personnes désignées et habilitées à cette fin au sein :

1° Des ministères et organismes certificateurs mentionnés à l'article L. 6113-2 ou des opérateurs qu'ils désignent ;

2° Des services centraux de l'État chargés de la formation professionnelle ;

3° Des services statistiques ministériels compétents en matière de formation professionnelle ;

4° De Pôle emploi *[France Travail depuis le 1ᵉʳ janv. 2024]* ;

5° Des organismes de placement spécialisés dans l'insertion professionnelle des personnes handicapées ;

6° Des missions locales mentionnées à l'article L. 5314-1 ;

7° Des conseils régionaux ;

8° Des conseils départementaux et de leurs délégataires ;

9° Des opérateurs de compétences ;

10° De France compétences ;

11° De la Caisse des dépôts et des consignations au titre des missions qu'elle exerce en application du second alinéa de l'article L. 6323-8 ;

12° Des commissions paritaires interprofessionnelles régionales.

Art. R. 6411-6 Les données mentionnées à l'article R. 6411-4 sont conservées pendant une durée fixée, selon leur catégorie, au regard des finalités qui sont les leurs, par le groupement d'intérêt public mentionné à l'article L. 6411-2, sans pouvoir excéder douze mois à compter de la date de fin du parcours de validation des acquis de l'expérience ou de la date de la collecte de ces données pour les personnes ne réalisant pas dans ce même délai les démarches mentionnées à l'article R. 6412-3, à l'exception des données contenues au sein des pièces comptables, dont la durée de conservation maximale est de dix ans à compter de la clôture de l'exercice comptable correspondant.

En cas de contentieux, les délais mentionnés au présent article sont prorogés, le cas échéant, jusqu'à l'intervention d'une décision juridictionnelle définitive.

CHAPITRE II **PROCÉDURE DE VALIDATION DES ACQUIS DE L'EXPÉRIENCE**

(Décr. n° 2023-1275 du 27 déc. 2023, art. 2-1°, en vigueur le 1er janv. 2024)

Art. R. 6412-1 Le parcours de validation des acquis de l'expérience, qui débute par l'inscription mentionnée au premier alinéa de l'article R. 6412-2, comprend une phase préparatoire à l'issue de laquelle est examinée la recevabilité de la demande de validation et, sous cette réserve, une évaluation par le jury mentionné à l'article L. 6412-3.

L'examen de la recevabilité consiste à vérifier le caractère suffisamment adéquat des activités précédemment exercées par le candidat, des formations qu'il a suivies et des blocs de compétences dont il a obtenu la validation, ou dont il est susceptible de l'obtenir à l'issue d'une formation en cours, avec le référentiel de la certification visée, ainsi que le respect des conditions particulières fixées par ce référentiel.

Les dispositions des art. R. 6412-1 à R. 6412-7, dans leur rédaction issue du Décr. n° 2023-1275 du 27 déc. 2023, s'appliquent, sauf en tant qu'elles prévoient le recours à des téléservices mis à disposition sur le portail numérique mentionné à l'art. R. 6411-2, aux personnes qui initient un parcours de validation des acquis de l'expérience à compter du 1er janv. 2024.

L'utilisation de ces téléservices est introduite de manière progressive, par certification professionnelle, au cours de l'année 2024, selon un calendrier défini par arrêté du ministre chargé de la formation professionnelle. Par dérogation aux dispositions des trois premiers al. de l'art. R. 6412-2 et des art. R. 6412-3 à R. 6412-5, demeurent applicables aux personnes qui initient un parcours de validation des acquis de l'expérience avant la date fixée par cet arrêté pour la certification professionnelle visée les dispositions de l'art. R. 335-7 C. éduc., exception faite, au dernier al. de son II, des mots : « d'une part, à contrôler la conformité de la durée effective d'activité par rapport à la durée requise et, d'autre part, », du I de l'art. R. 335-8 du même code et des art. R. 6423-2 à R. 6423-3-1 C. trav. dans leur rédaction en vigueur antérieurement au Décr. préc. (Décr. préc., art. 5).

Art. R. 6412-2 Les personnes qui souhaitent s'engager dans un parcours de validation des acquis de l'expérience procèdent à leur inscription sur le portail numérique mentionné à l'article R. 6411-2 en sélectionnant la certification professionnelle ou le bloc de compétences visés. Cette inscription est ouverte à toute personne qui n'est pas déjà engagée dans un parcours de formation initiale pour cette même certification professionnelle.

Dès cette inscription, elles peuvent, à leur demande, bénéficier d'un accompagnement personnalisé mis en œuvre par une personne, disposant de la certification mentionnée à l'article L. 6316-1, qu'elles choisissent au sein d'une liste mise à disposition sur le portail mentionné à l'article R. 6411-1. Le groupement d'intérêt public procède au retrait de cette liste des personnes ne respectant pas les obligations liées à leurs missions.

La personne mentionnée à l'alinéa précédent peut, selon des modalités définies par arrêté du ministre chargé de la formation professionnelle, accompagner le candidat dans ses démarches, y compris en étant habilité par lui à en effectuer certaines pour son compte, dans la constitution des dossiers et pièces justificatives mentionnés aux articles R. 6412-3 et R. 6412-5 et dans la mobilisation des financements mentionnés au dernier alinéa. Il conseille le candidat sur les formations complémentaires utiles à la validation visée ou à la préparation de son évaluation. Après que le candidat lui a indiqué celles qu'il entendait entreprendre, il émet un avis sur l'adéquation des éléments mentionnés au second alinéa de l'article R. 6412-1.

Le candidat peut bénéficier de la prise en charge, par le groupement d'intérêt public, dans des conditions fixées par décision de son assemblée générale, des frais nécessaires à son accompagnement à la validation des acquis de l'expérience ou d'un ou plusieurs blocs de compétences nécessaires à cette validation. Le cas échéant, il peut bénéficier de co-financements [cofinancements] par les membres constitutifs du groupement d'intérêt public ou par d'autres financeurs, notamment par l'institution mentionnée à l'article L. 5214-1 ou par la mobilisation du compte personnel de formation mentionné à l'article L. 6323-1.

V. ndlr ss. art. R. 6412-1.

Art. R. 6412-3 Le ministère ou l'organisme certificateur se prononce sur la recevabilité de la demande de validation des acquis de l'expérience sur la base d'un dossier que dépose l'intéressé ou la personne, mentionnée au deuxième alinéa de l'article R. 6412-2, chargée de son accompagnement sur le portail mentionné à l'article R. 6411-2. Ce dossier, dont le modèle est fixé par arrêté du ministre chargé de la formation professionnelle, comporte des informations sur la certification professionnelle ou le bloc de compétences visés, sur le candidat, sur ses expériences, activités et formations et, le cas échéant, l'avis mentionné au troisième alinéa de l'article R. 6412-2.

Au cours de la même année civile, un candidat ne peut soumettre plus d'un dossier pour une même certification professionnelle ou plus de trois pour des certifications professionnelles différentes.

Les dispositions du précédent alinéa ne s'appliquent pas lorsque les dossiers précédemment soumis portaient sur la validation de blocs de compétences.

V. ndlr ss. art. R. 6412-1.

Art. R. 6412-4 Le ministère ou l'organisme certificateur accuse réception du dossier par tout moyen donnant date certaine à sa réception après avoir, par l'intermédiaire du portail numérique, invité le candidat à régulariser son dossier si des pièces étaient manquantes.

Le ministère ou l'organisme certificateur notifie sa décision dans les deux mois qui suivent la réception du dossier de faisabilité complet, en indiquant, le cas échéant, les écarts entre les expériences et activités déclarées par le candidat et le référentiel de certification applicable. Cette notification peut en outre comporter des recommandations, relatives notamment à des formations complémentaires utiles.

Si le ministère ou l'organisme certificateur ne s'est pas prononcé au terme de ce délai, le groupement d'intérêt public notifie immédiatement au candidat, par l'intermédiaire du portail numérique mentionné à l'article R. 6411-2, que son dossier est recevable.

Sauf motif légitime, l'absence, sur le portail numérique, d'enregistrement à l'issue du sixième mois qui suit cette notification, de démarches, prévues dans le dossier soumis ou découlant des recommandations mentionnées au deuxième alinéa, accomplies par le candidat entraîne la caducité de la décision de recevabilité. Dans ce cas et sous réserve que le contenu du référentiel de la certification demeure inchangé, les dispositions du deuxième alinéa de l'article R. 6412-3 ne peuvent être opposées à la nouvelle présentation par le candidat de son dossier.

V. ndlr ss. art. R. 6412-1.

Art. R. 6412-5 Le candidat auquel a été notifiée une décision favorable constitue, le cas échéant avec la personne, mentionnée au deuxième alinéa de l'article R. 6412-2, chargée de son accompagnement, un dossier de validation destiné au jury mentionné à l'article L. 6412-3. Ce dossier comprend la description des compétences et connaissances mobilisées au cours de son expérience dans les différentes activités qu'il a exercées ou acquises au cours de formations. Le candidat ou la personne chargée de son accompagnement adressent [adresse], par l'intermédiaire du portail numérique mentionné à l'article R. 6411-2, ce dossier au ministère ou à l'organisme certificateur chargé de l'organisation du jury de la certification professionnelle visée.

Le certificateur fixe les modalités et la date de présentation du candidat devant le jury, laquelle doit intervenir avant la fin du troisième mois qui suit le dépôt du dossier de validation.

V. ndlr ss. art. R. 6412-1.

VALIDATION DES ACQUIS　　　　　　　　　　　　**Art. R. 6422-4** 3041

Art. R. 6412-7 Les modalités d'évaluation retenues par le jury mentionné à l'article L. 6421-3 et les conditions dans lesquelles les évaluations se déroulent doivent lui permettre de vérifier si les acquis dont fait état le candidat correspondent aux compétences et connaissances exigées par les référentiels de la certification professionnelle visée.

Le jury se prononce sur l'attribution de la certification professionnelle visée. En cas de validation partielle, le jury précise le ou les blocs de compétences acquis.

Le résultat de l'évaluation est notifié par le ministère ou l'organisme certificateur au candidat et, le cas échéant à la personne, mentionnée au deuxième alinéa de l'article R. 6412-2, chargée de son accompagnement, dans les quinze jours qui suivent le passage devant le jury.

Le ministère ou l'organisme certificateur délivre, sur demande du candidat, des attestations relatives à la certification professionnelle obtenue ou aux blocs de compétences validés.

Le ministère ou l'organisme certificateur peut, lorsque le dossier de validation comporte des éléments plagiés ou présentés dans des conditions frauduleuses, et après que le candidat a été mis en mesure de présenter ses observations, refuser de délivrer ou retirer la certification professionnelle ou les parties de certification professionnelle validées par le jury.

V. ndlr ss. art. R. 6412-1.

TITRE II MISE EN ŒUVRE DE LA VALIDATION DES ACQUIS DE L'EXPÉRIENCE

CHAPITRE I *[ABROGÉ]* GARANTIES

(*Abrogé par Décr. n° 2023-1275 du 27 déc. 2023, art. 2-2°*)

CHAPITRE II DISPOSITIONS GÉNÉRALES DE MISE EN ŒUVRE (*Décr. n° 2017-1135 du 4 juill. 2017, art. 8-I, en vigueur le 1er oct. 2017*).

SECTION 1 Congé pour validation des acquis de l'expérience (*Décr. n° 2017-1135 du 4 juill. 2017, art. 8-II, en vigueur le 1er oct. 2017*).

Art. R. 6422-1 Le congé pour validation des acquis de l'expérience peut être demandé en vue :

1° De participer (*Décr. n° 2019-1119 du 31 oct. 2019, art. 3*) « à la session d'évaluation organisée par le ministère ou l'organisme certificateur » ;

2° (*Décr. n° 2019-1119 du 31 oct. 2019, art. 3*) « De se préparer à » cette validation.

Art. R. 6422-2 La demande d'autorisation d'absence au titre du congé pour validation des acquis de l'expérience précise :

1° (*Décr. n° 2019-1119 du 31 oct. 2019, art. 3*) « La certification professionnelle visée » ;

2° Les dates, la nature et la durée des actions permettant au salarié de faire valider les acquis de son expérience ;

3° La dénomination (*Décr. n° 2019-1119 du 31 oct. 2019, art. 3*) « du ministère ou de l'organisme certificateur ».

(*Décr. n° 2019-1119 du 31 oct. 2019, art. 3*) « Le salarié joint à sa demande tout document attestant de la recevabilité de sa candidature à une validation des acquis de l'expérience. Lorsque le salarié peut bénéficier d'une augmentation de la durée de l'autorisation d'absence, en application de l'article R. 6422-8, il joint également à sa demande tout document permettant d'attester de son niveau de qualification. »

Art. R. 6422-3 La demande d'autorisation d'absence est transmise à l'employeur au plus tard (*Décr. n° 2023-1275 du 27 déc. 2023, art. 2-4°*) « trente » jours avant le début des actions de validation des acquis de l'expérience (*Décr. n° 2019-1119 du 31 oct. 2019, art. 3*) « par tout moyen conférant date certaine à sa réception ».

Art. R. 6422-4 Dans les (*Décr. n° 2023-1275 du 27 déc. 2023, art. 2-5°*) « quinze » jours (*Décr. n° 2019-1119 du 31 oct. 2019, art. 3*) « calendaires » suivant la réception de la demande d'autorisation d'absence, l'employeur fait connaître par écrit à l'intéressé son accord ou les raisons de service motivant le report de l'autorisation d'absence.

Ce report ne peut excéder *(Décr. n° 2023-1275 du 27 déc. 2023, art. 2-5°)* « un mois » à compter de la demande.

(Décr. n° 2019-1119 du 31 oct. 2019, art. 3) « L'absence de réponse de l'employeur dans un délai de *(Décr. n° 2023-1275 du 27 déc. 2023, art. 2-5°)* « quinze » jours calendaires suivant la réception de la demande d'autorisation d'absence vaut accord. »

Art. R. 6422-5 Au terme d'un congé de validation des acquis de l'expérience, le bénéficiaire du congé présente *(Décr. n° 2017-1135 du 4 juill. 2017, art. 8-III)* « sur demande de l'employeur » *(Décr. n° 2019-1119 du 31 oct. 2019, art. 3) (Abrogé par Décr. n° 2023-1275 du 27 déc. 2023, art. 2-6°)* « *ou d'un organisme financeur mentionné à l'article L. 6316-1,* » tout justificatif attestant de sa participation aux actions de validation des acquis de l'expérience » fournie *[fourni]* par *(Décr. n° 2019-1119 du 31 oct. 2019, art. 3)* « le ministère ou l'organisme certificateur » *(Décr. n° 2017-1135 du 4 juill. 2017, art. 8-III)* « et le cas échéant, par » *(Décr. n° 2023-1275 du 27 déc. 2023, art. 2-6°)* « la personne, mentionnée au deuxième alinéa de l'article R. 6412-2, chargée de son accompagnement ».

Art. R. 6422-6 Le salarié ayant bénéficié d'une autorisation d'absence pour accomplir des actions de validation des acquis de l'expérience ne peut prétendre, dans la même entreprise, au bénéfice d'une nouvelle autorisation dans le même but avant un an *(Décr. n° 2017-1135 du 4 juill. 2017, art. 8-III)* « , à l'exception des candidats ayant obtenu une ou plusieurs parties de certification pour le passage de l'évaluation complémentaire prévue à l'article » *(Décr. n° 2023-1275 du 27 déc. 2023, art. 2-7°)* « R. 6412-6 ».

Art. R. 6422-7 *(Décr. n° 2019-1119 du 31 oct. 2019, art. 3)* L'autorisation d'absence n'est pas prise en compte dans le calcul du délai de franchise applicable au congé spécifique dans le cadre d'un projet de transition professionnelle.

SECTION 2 **Rémunération et protection sociale** *(Décr. n° 2019-1119 du 31 oct. 2019, art. 3).*

Art. D. 6422-8 Le salarié bénéficiaire d'un congé pour validation des acquis de l'expérience a droit, *(Abrogé par Décr. n° 2019-1119 du 31 oct. 2019, art. 3)* « dès lors qu'il a obtenu d'un organisme » *(Décr. n° 2017-1135 du 4 juill. 2017, art. 9, en vigueur le 1ᵉʳ oct. 2017)* « paritaire agréé ou d'un organisme paritaire collecteur habilité » *la prise en charge des dépenses correspondantes à ce congé,* » à une rémunération égale à celle qu'il aurait perçue s'il était resté à son poste de travail, dans la limite de vingt-quatre heures *(Décr. n° 2019-1119 du 31 oct. 2019, art. 3)* « , continues ou discontinues, » par validation.

(Décr. n° 2017-1135 du 4 juill. 2017, art. 9, en vigueur le 1ᵉʳ oct. 2017) « Toutefois, cette limite peut être augmentée par convention ou accord collectif de travail pour les travailleurs n'ayant pas atteint un niveau *(Décr. n° 2019-1119 du 31 oct. 2019, art. 3)* « 4 » de qualification, au sens du *(Décr. n° 2019-1119 du 31 oct. 2019, art. 3)* « cadre » national des certifications professionnelles, ou dont l'emploi est menacé par les évolutions économiques ou technologiques. »

Art. R. 6422-8-1 *(Décr. n° 2019-1119 du 31 oct. 2019, art. 3)* Lorsque les actions de validation des acquis de l'expérience se déroulent pendant le temps de travail, *(Abrogé par Décr. n° 2023-1275 du 27 déc. 2023, art. 2-9°)* « *dans le cadre du plan de développement des compétences, de la mobilisation du compte personnel de formation, d'un congé de validation des acquis de l'expérience ou de la reconversion ou promotion par alternance,* » les heures qui y sont consacrées constituent un temps de travail effectif et donnent lieu au maintien de la rémunération.

Lorsque les actions de validation des acquis de l'expérience se déroulent en dehors du temps de travail, *(Abrogé par Décr. n° 2023-1275 du 27 déc. 2023, art. 2-9°)* « *au titre du plan de développement des compétences, du compte personnel de formation ou de la reconversion ou promotion par alternance,* » le salarié bénéficie de la législation de la sécurité sociale relative à la protection en matière d'accidents du travail et de maladies professionnelles.

SECTION 3 Conditions de prise en charge des frais de procédure et d'accompagnement et conventionnement (Décr. n° 2019-1119 du 31 oct. 2019, art. 3).

Art. R. 6422-9 à R. 6422-11 Abrogés par Décr. n° 2023-1275 du 27 déc. 2023, art. 2-10°.

Art. R. 6422-12 La signature par le salarié de la convention (Décr. n° 2019-1119 du 31 oct. 2019, art. 3) « mentionnée au I de l'article R. 6422-11 » atteste de son consentement au sens de l'article L. 6421-1. — L'art. R. 6422-13 devient l'art. R. 6422-12 (Décr. n° 2019-1119 du 31 oct. 2019).

CHAPITRE III [ABROGÉ] ACCOMPAGNEMENT DES CANDIDATS À LA VALIDATION DES ACQUIS DE L'EXPÉRIENCE ET SUIVI STATISTIQUE (Décr. n° 2019-1119 du 31 oct. 2019, art. 3).

(Abrogé par Décr. n° 2023-1275 du 27 déc. 2023, art. 2-11°) (Décr. n° 2014-1354 du 12 nov. 2014)

LIVRE V DISPOSITIONS RELATIVES À L'OUTRE-MER

TITRE I DISPOSITIONS GÉNÉRALES

Art. R. 6511-1 (Décr. n° 2018-953 du 31 oct. 2018, art. 7) Pour l'application à Mayotte de l'article D. 6121-11, les mots : "de la région de résidence de la personne" sont remplacés par les mots : "du Département de Mayotte".

TITRE II GUADELOUPE, GUYANE, MARTINIQUE, MAYOTTE, LA RÉUNION, SAINT-BARTHÉLEMY, SAINT-MARTIN ET SAINT-PIERRE-ET-MIQUELON (Décr. n° 2018-953 du 31 oct. 2018, art. 7).

CHAPITRE I [ABROGÉ] DISPOSITIONS GÉNÉRALES

(Abrogé par Décr. n° 2014-1055 du 16 sept. 2014, art. 3)

Art. R. 6521-1 à R. 6521-14 Abrogés par Décr. n° 2014-1055 du 16 sept. 2014, art. 3.

SECTION 2 [ABROGÉE] Saint-Barthélemy, Saint-Martin et Saint-Pierre-et-Miquelon

Art. D. 6521-15 Les dispositions de la section 1 sont applicables à Saint-Barthélemy, Saint-Martin et Saint-Pierre-et-Miquelon sous réserve des adaptations suivantes :
 1° Les compétences dévolues au président du conseil régional sont exercées par le président du conseil territorial ;
 2° Les références à la région sont remplacées par celles de Saint-Barthélemy, Saint-Martin et Saint-Pierre-et-Miquelon. — [Anc. art. D. 910-21, al. 1er à 3.]

Art. R. 6521-16 Les attributions du comité de coordination régional de l'emploi et de la formation professionnelle, prévu à l'article D. 6123-18, sont exercées, à Saint-Barthélemy, Saint-Martin et Saint-Pierre-et-Miquelon, par le comité de coordination de l'emploi et de la formation professionnelle. — [Anc. art. L. 910-1, al. 6.]

Art. D. 6521-17 Le comité de coordination de l'emploi et de la formation professionnelle comprend :
 1° Le représentant de l'État dans la collectivité, coprésident ;
 2° Le président du conseil territorial, coprésident ;
 3° Quatre représentants du conseil territorial ;

4° A Saint-Pierre-et-Miquelon, un représentant par commune de la collectivité ;

5° Le président du comité économique et social de la collectivité ;

6° Quatre représentants de l'État désignés par le préfet, dont le chef du service de l'éducation nationale, le directeur du travail, de l'emploi et de la formation professionnelle et le chef du service de la jeunesse et des sports ;

7° Cinq représentants des organisations syndicales de salariés ;

8° Cinq représentants des organisations d'employeurs et de la chambre d'agriculture, de commerce, d'industrie et des métiers. − [Anc. art. D. 910-21, al. 4 à 12.]

CHAPITRE II DISPOSITIONS SPÉCIFIQUES À L'APPRENTISSAGE (Décr. n° 2020-138 du 18 févr. 2020, art. 1er).

Art. D. 6522-1 Les dispositions du livre II relatives à l'apprentissage sont applicables (Décr. n° 2018-953 du 31 oct. 2018, art. 7) « en Guadeloupe, en Guyane, en Martinique, à Mayotte, à La Réunion », à Saint-Barthélemy et à Saint-Martin (Abrogé par Décr. n° 2020-138 du 18 févr. 2020, art. 1er) « , (Décr. n° 2015-151 du 10 févr. 2015, art. 7-1°) « sous réserve que, dans les centres de formation d'apprentis, les enseignements destinés à ceux-ci peuvent débuter à sept heures » ».

Art. D. 6522-2 (Décr. n° 2020-138 du 18 févr. 2020, art. 1er) Pour l'application de l'article D. 6243-1 en Guadeloupe, en Guyane, en Martinique, à Mayotte, à La Réunion, à Saint-Barthélemy, à Saint-Martin et à Saint-Pierre-et-Miquelon, les mots : "au baccalauréat" sont remplacés par les mots : "au niveau 5".

Art. D. 6522-3 (Décr. n° 2020-1476 du 30 nov. 2020, art. 3) Le montant minimum mentionné à l'article L. 6522-3 est fixé à 25 000 euros.

Art. R. 6522-4 (Abrogé par Décr. n° 2020-138 du 18 févr. 2020, art. 1er) (Décr. n° 2018-953 du 31 oct. 2018, art. 7) Pour l'application à Mayotte de l'article R. 6233-15, les mots : "30 janvier 1988" sont remplacés par les mots : "31 décembre 2018".

CHAPITRE III FORMATION PROFESSIONNELLE (Décr. n° 2020-138 du 18 févr. 2020, art. 1er).

SECTION 1 Dispositions générales

Art. R. 6523-1 (Décr. n° 2020-138 du 18 févr. 2020, art. 1er) Les modalités d'application en Guadeloupe, en Guyane, en Martinique, à Mayotte, à La Réunion, à Saint-Barthélemy et à Saint-Martin des dispositions relatives à l'accès des salariés à la formation, prévues à l'article L. 6312-1, à l'obligation de l'employeur en matière de formation, prévues à l'article L. 6321-1, à la participation des employeurs au développement de la formation professionnelle, prévues par les articles L. 6131-1 à L. 6131-3 et L. 6331-1 à L. 6331-68, sont celles qui résultent des articles R. 6323-10 à R. 6323-10-4 et R. 6331-1, dans la mesure où il n'y est pas dérogé par les dispositions du présent chapitre.

SECTION 2 Financement de la formation professionnelle (Décr. n° 2020-138 du 18 févr. 2020, art. 1er).

SOUS-SECTION 1 Dispositions générales (Décr. n° 2018-953 du 31 oct. 2018, art. 7).

Art. R. 6523-2 Les employeurs (Décr. n° 2018-953 du 31 oct. 2018, art. 7) « de Guadeloupe, Guyane, Martinique, Mayotte, La Réunion », de Saint-Barthélemy et de Saint-Martin employant des salariés à temps partiel, d'une manière intermittente ou travaillant à domicile ne sont soumis à l'obligation de participer au financement de la formation professionnelle continue, prévue par les articles L. 6313-1 et suivants, que si le montant total des salaires versés pendant l'année est au moins égal à 520 fois le salaire hebdomadaire minimum de croissance.

En cas de début ou de fin d'activité, ce nombre est réduit, pour l'année considérée, à due proportion du nombre de semaines pendant lesquelles l'activité est exercée. − [Anc. art. R. 992-2.]

Art. D. 6523-2-1 (Décr. n° 2019-204 du 18 mars 2019, art. 1ᵉʳ) (Décr. n° 2020-1680 du 23 déc. 2020, art. 1ᵉʳ, en vigueur le 1ᵉʳ janv. 2021) « En Guadeloupe, en Guyane, en Martinique et à La Réunion, des opérateurs de compétences agréés d'une ou plusieurs branches professionnelles peuvent être autorisés, pour une ou plusieurs collectivités, à gérer les contributions des entreprises mentionnées au titre III du livre I de la sixième partie du présent code lorsque leur implantation locale leur permet d'assurer des services de proximité auprès des entreprises concernées et, notamment, la mise en œuvre de partenariats pour le déploiement d'actions de formation sur les territoires concernés. »

L'autorisation mentionnée au premier alinéa est délivrée par un arrêté conjoint des ministres chargés de la formation professionnelle et de l'outre-mer, qui précise le champ territorial sur lequel est délivrée l'autorisation ainsi que le champ d'application de l'accord constitutif de l'opérateur de (Décr. n° 2020-1680 du 23 déc. 2020, art. 1ᵉʳ, en vigueur le 1ᵉʳ janv. 2021) « compétences » concernés.

Art. D. 6523-2-2 (Décr. n° 2019-204 du 18 mars 2019, art. 1ᵉʳ) Les opérateurs de compétences agréés d'une ou plusieurs branches professionnelles intéressés saisissent d'une demande de gestion des contributions mentionnées à l'article D. 6523-2-1 les ministres chargés de la formation professionnelle et de l'outre-mer.

Cette demande est accompagnée des éléments de nature à justifier du respect (Décr. n° 2020-1680 du 23 déc. 2020, art. 1ᵉʳ, en vigueur le 1ᵉʳ janv. 2021) « de la condition prévue » à l'article D. 6523-2-1.

Art. D. 6523-2-3 (Décr. n° 2019-204 du 18 mars 2019, art. 1ᵉʳ) Les opérateurs de compétences autorisés en application de l'article D. 6523-2-1 mentionnent dans l'état statistique et financier prévu à l'article R. 6332-31, pour la ou les collectivités territoriales concernées, les montants des fonds gérés et des fonds dépensés, ainsi que le nombre de salariés concernés.

Art. D. 6523-2-4 (Décr. n° 2019-204 du 18 mars 2019, art. 1ᵉʳ) L'autorisation mentionnée à l'article D. 6523-2-2 est abrogée, par arrêté conjoint des ministres chargés de la formation professionnelle et de l'Outre-mer, après procédure contradictoire, lorsque (Décr. n° 2020-1680 du 23 déc. 2020, art. 1ᵉʳ, en vigueur le 1ᵉʳ janv. 2021) « la condition justifiant sa délivrance cesse d'être remplie ».

Art. R. 6523-2-4-1 (Décr. n° 2020-138 du 18 févr. 2020, art. 2) En application de l'article L. 6523-1-1, un opérateur de compétences qui n'est pas implanté dans un territoire d'outre-mer peut conclure avec un opérateur de compétences qui y est implanté une convention ayant pour objet l'accomplissement de ses missions dans ce territoire au bénéfice des entreprises soumises à une convention collective qui y est applicable et des entreprises du territoire concerné dont l'activité principale relève du champ professionnel pour lequel il est agréé. Une convention peut concerner plusieurs territoires d'outre-mer.

Les conventions mentionnées au précédent alinéa font notamment état des orientations, priorités de formation, décisions de gestion et conditions de prise en charge des actions de formation, telles qu'elles ont été définies par l'opérateur de compétences non implanté sur le ou les territoires concernés, et prévoient les modalités de financement par l'opérateur de compétences non implanté des actions réalisées localement par l'opérateur de compétences implanté.

Ces conventions font l'objet, préalablement à leur conclusion, d'une délibération du conseil d'administration des opérateurs de compétences concernés. Le conseil d'administration de chaque organisme autorise leur conclusion et contrôle leur exécution.

Les opérateurs de compétences implantés dans les territoires d'outre-mer rendent compte aux opérateurs de compétences non implantés avec lesquels ils ont conclu une convention de l'activité accomplie et de l'utilisation des fonds qu'ils gèrent localement pour leur compte.

Ces conventions font l'objet d'un contrôle dans le cadre des conventions triennales d'objectifs et de moyens que les opérateurs de compétences concluent avec l'État en application de l'article L. 6332-2.

SOUS-SECTION 2 **Dispositions relatives à Mayotte**

(Décr. n° 2018-953 du 31 oct. 2018, art. 7)

Art. R. 6523-2-5 La sous-section 4 de la section 4 du chapitre I du titre III du livre III de la présente partie n'est pas applicable à Mayotte.

Art. R. 6523-2-6 *(Décr. n° 2022-956 du 29 juin 2022, art. 1ᵉʳ-20°)* Pour l'application des articles R. 6331-52 et R. 6332-72 à Mayotte, les mots : "l'organisme mentionné à l'article L. 225-1-1" sont remplacés par les mots : "la caisse de sécurité sociale mentionnée à l'article 22 de l'ordonnance n° 96-1122 du 20 décembre 1996 relative à l'amélioration de la santé publique, à l'assurance maladie, maternité, invalidité, décès et autonomie, au financement de la sécurité sociale à Mayotte et à la caisse de sécurité sociale de Mayotte".

Art. R. 6523-2-7 et R. 6523-2-8 *Abrogés par Décr. n° 2022-956 du 29 juin 2022, art. 1ᵉʳ-21°, à compter du 1ᵉʳ sept. 2022.*

Art. R. 6523-2-9 *(Décr. n° 2020-1680 du 23 déc. 2020, art. 2, en vigueur le 1ᵉʳ janv. 2021)* En application de l'article L. 6523-1-2, un opérateur de compétences interprofessionnel agréé au titre de l'article L. 6332-1-1 est autorisé par arrêté conjoint des ministres chargés de la formation professionnelle et des outre-mer à gérer à Mayotte, pour une durée de cinq ans, les contributions mentionnées au titre III du livre premier de la sixième partie du présent code.

Art. R. 6523-2-10 *(Décr. n° 2020-1680 du 23 déc. 2020, art. 2, en vigueur le 1ᵉʳ janv. 2021)* I. — Les opérateurs de compétences interprofessionnels agréés intéressés sont invités, par un appel à candidatures, à adresser aux ministres chargés de la formation professionnelle et des outre-mer une demande d'autorisation accompagnée des éléments de nature à justifier :

1° Qu'ils disposent d'une implantation locale ;

2° Qu'ils sont en mesure d'assurer des services de proximité auprès des entreprises exerçant sur le territoire.

II. — L'autorisation est accordée à l'opérateur qui satisfait le mieux aux conditions énoncées au I.

Art. R. 6523-2-11 *(Décr. n° 2020-1680 du 23 déc. 2020, art. 2, en vigueur le 1ᵉʳ janv. 2021)* A défaut de demande d'autorisation présentée dans les conditions de l'article R. 6523-2-10, ou si les demandes présentées ne remplissent pas les conditions prévues au I du même article, les ministres chargés de la formation professionnelle et des outre-mer désignent par arrêté un opérateur de compétences interprofessionnel agréé au titre de l'article L. 6332-1-1 chargé de gérer les contributions mentionnées au titre III du livre premier de la sixième partie du présent code.

Art. R. 6523-2-12 *(Décr. n° 2020-1680 du 23 déc. 2020, art. 2, en vigueur le 1ᵉʳ janv. 2021)* L'opérateur de compétences autorisé en application de l'article R. 6523-2-10 précise dans une annexe à l'état statistique et financier prévu à l'article R. 6332-31, pour le territoire, les montants des fonds gérés et des fonds dépensés, ainsi que le nombre de salariés concernés.

Art. R. 6523-2-13 *(Décr. n° 2020-1680 du 23 déc. 2020, art. 2, en vigueur le 1ᵉʳ janv. 2021)* Sans préjudice de l'application des dispositions des articles R. 6332-5 à R. 6332-7, l'autorisation mentionnée à l'article R. 6523-2-9 est abrogée, par arrêté conjoint des ministres chargés de la formation professionnelle et des outre-mer, après procédure contradictoire, lorsque les conditions justifiant sa délivrance cessent d'être remplies ou en cas de dysfonctionnements répétés ou de défaillances de l'opérateur dans l'accomplissement de sa mission sur le territoire.

Art. R. 6523-2-14 *(Décr. n° 2020-1680 du 23 déc. 2020, art. 2, en vigueur le 1ᵉʳ janv. 2021)* Les autres opérateurs de compétences agréés au titre de l'article L. 6332-1-1 peuvent conclure avec l'opérateur de compétences interprofessionnel autorisé en application de l'article R. 6523-2-9 des conventions ayant pour objet l'accomplissement de leurs missions sur le territoire au bénéfice des entreprises soumises à une convention collective qui y est applicable ou des entreprises exerçant sur ce territoire dont l'activité principale relève du champ professionnel de leur agrément. Cette convention est conclue dans les conditions prévues à l'article R. 6523-2-4-1.

SOUS-SECTION 3 Dispositions relatives à Saint-Martin et à Saint-Barthélemy

(Décr. n° 2020-1680 du 23 déc. 2020, art. 2, en vigueur le 1er janv. 2021)

Art. R. 6523-2-15 A Saint-Martin et à Saint-Barthélemy, en application de l'article L. 6523-1-3, un opérateur de compétences interprofessionnel agréé au titre de l'article L. 6332-1-1 est autorisé par arrêté conjoint des ministres chargés de la formation professionnelle et des outre-mer à gérer sur ce ou ces territoires, pour une durée de cinq ans, les contributions mentionnées au titre III du livre premier de la sixième partie du présent code.

Cet arrêté précise le champ d'application territorial de l'autorisation.

Art. R. 6523-2-16 Les dispositions des articles R. 6523-2-10 à R. 6523-2-14 sont applicables, au titre de l'article L. 6523-1-3, à la présente sous-section.

Art. R. 6523-2-16-1 *(Décr. n° 2022-956 du 29 juin 2022, art. 1er-22°)* Pour l'application des articles R. 6331-52 et R. 6332-72 à Saint-Martin et à Saint-Barthélemy, les mots : "l'organisme mentionné à l'article L. 225-1-1" sont remplacés respectivement par les mots : "l'organisme mentionné au deuxième alinéa de l'article L. 752-1 du code de la sécurité sociale" et "l'organisme mentionné au troisième alinéa de l'article L. 752-1 du code de la sécurité sociale".

SOUS-SECTION 4 Dispositions relatives à Saint-Pierre-et-Miquelon

(Décr. n° 2020-1680 du 23 déc. 2020, art. 2, en vigueur le 1er janv. 2021)

Art. R. 6523-2-17 A Saint-Pierre-et-Miquelon, en application de l'article L. 6523-1-4, un opérateur de compétences interprofessionnel agréé au titre de l'article L. 6332-1-1 peut être autorisé par arrêté conjoint des ministres chargés de la formation professionnelle et des outre-mer à gérer sur ce territoire, pour une durée de cinq ans, les contributions dédiées au développement de la formation professionnelle et à l'alternance.

Art. R. 6523-2-18 Les dispositions des articles R. 6523-2-10 à R. 6523-2-14 sont applicables, au titre de l'article L. 6523-1-4, à la présente sous-section.

Art. R. 6523-2-19 Pour la réalisation de ses missions, l'opérateur de compétences reçoit les ressources qui sont collectées au titre du développement de la formation professionnelle et de l'alternance par la caisse de prévoyance sociale mentionnée à l'article 3 de l'ordonnance n° 77-1102 du 26 septembre 1977 modifiée portant extension et adaptation au département de Saint-Pierre-et-Miquelon de diverses dispositions relatives aux affaires sociales.

A titre transitoire jusqu'à l'entrée en vigueur de l'ordonnance mentionnée à l'art. 41 de la L. n° 2018-771 du 5 sept. 2018, l'opérateur de compétences autorisé, le cas échéant, en application de l'art. R. 6523-2-19 collecte les contributions dédiées au développement de la formation professionnelle et de l'alternance. Il peut, par convention, déléguer les opérations matérielles de collecte à la caisse de prévoyance sociale mentionnée à l'art. 3 de l'Ord. n° 77-1102 du 26 sept. 1977 (Décr. n° 2020-1680 du 23 déc. 2020, art. 5-II).

Art. R. 6523-2-20 *(Décr. n° 2022-956 du 29 juin 2022, art. 1er-23°)* Pour l'application des articles R. 6331-52 et R. 6332-72 à Saint-Pierre-et-Miquelon, les mots : "l'organisme mentionné à l'article L. 225-1-1" sont remplacés par les mots : "la caisse de sécurité sociale mentionnée à l'article 3 de l'ordonnance n° 77-1102 du 26 septembre 1977 modifiée portant extension et adaptation au département de Saint-Pierre-et-Miquelon de diverses dispositions relatives aux affaires sociales".

SECTION 3 Parrainage

Art. R. 6523-3 Peuvent être agréées pour exercer l'activité de parrainage, prévue à l'article L. 6523-3, les personnes volontaires justifiant soit d'une expérience minimale de deux années en qualité de maître d'apprentissage ou de tuteur, soit d'une expérience professionnelle de cinq ans. — *[Anc. art. R. 811-1, al. 1er.]*

Art. R. 6523-4 L'agrément des personnes habilitées à exercer les fonctions de parrain est délivré par le préfet pour trois ans. — [Anc. art. L. 811-2, al. 2, et anc. art. R. 811-1.]

Art. R. 6523-5 Une même personne ne peut parrainer simultanément plus de trois apprentis ou jeunes bénéficiaires de contrat de professionnalisation. — [Anc. art. R. 811-1, al. 3.]

Art. R. 6523-6 Le parrain a pour mission d'assister et d'informer l'apprenti ou le jeune bénéficiaire en contrat de professionnalisation.
Cette mission est complémentaire des fonctions du maître d'apprentissage ou du tuteur désigné dans le cadre du contrat précité. — [Anc. art. R. 811-1, al. 4 et 5.]

Art. R. 6523-7 La fonction de parrain n'est pas rémunérée. — [Anc. art. R. 811-1, al. 6.]

Art. R. 6523-8 La liste des parrains agréés est arrêtée par le préfet.
Elle comporte le nom, le prénom, le métier antérieurement exercé ainsi que la qualification professionnelle de chaque parrain.
Elle est tenue à disposition des employeurs à la direction du travail, de l'emploi et de la formation professionnelle et dans chaque mairie. — [Anc. art. R. 811-2.]

Art. D. 6523-9 Les revenus de remplacement mentionnés au deuxième alinéa de l'article L. 6523-3 sont :
1° L'allocation d'assurance, mentionnée au 1° de l'article L. 5421-2 ;
(Décr. n° 2020-138 du 18 févr. 2020, art. 1er) « 2° L'allocation des travailleurs indépendants et les autres allocations et indemnités régies par les régimes particuliers, mentionnées au 3° de ce même article ; »
3° L'allocation de congé solidarité, instituée sur le fondement de l'article 15 de la loi n° 2000-1207 du 13 décembre 2000 d'orientation pour l'outre-mer.
(Abrogé par Décr. n° 2020-138 du 18 févr. 2020, art. 1er) « 4° *L'allocation de remplacement pour l'emploi (ARPE).* »

SECTION 4 **Stagiaire de la formation professionnelle** (Décr. n° 2018-953 du 31 oct. 2018, art. 7).

SOUS-SECTION 1 **Remboursement des frais de transport exposés par les stagiaires** (Décr. n° 2018-953 du 31 oct. 2018, art. 7).

Art. R. 6523-10 Les dispositions du premier alinéa de l'article R. 6341-49 sont applicables aux stagiaires qui suivent (Décr. n° 2018-953 du 31 oct. 2018, art. 7) « en Guadeloupe, en Guyane, en Martinique, à Mayotte, à La Réunion », à Saint-Barthélemy ou à Saint-Martin un stage ouvrant droit à rémunération à la charge de l'État, de la région ou de la collectivité.

Art. R. 6523-11 Les stagiaires résidant (Décr. n° 2018-953 du 31 oct. 2018, art. 7) « en Guadeloupe, en Guyane, en Martinique, à Mayotte, à La Réunion », à Saint-Barthélemy ou à Saint-Martin qui suivent, dans ce même département ou cette même collectivité, un stage donnant lieu à rémunération à la charge de l'État ou de la région ont droit :
1° Au remboursement par l'État ou la région de la totalité des frais de transport exposés au début et à la fin du stage pour rejoindre l'établissement ou le centre de formation et en revenir, à condition que la distance à parcourir à partir de leur domicile soit supérieure à 25 km ;
2° Au remboursement des trois quarts des frais de transport exposés pour se rendre dans leur famille, à condition que la distance à parcourir soit supérieure à 25 km, à raison :
a) Pour les stagiaires âgés de moins de dix-huit ans, d'un voyage mensuel ;
b) Pour les autres stagiaires ; [:]
— lorsqu'ils sont célibataires, d'un voyage si la durée du stage est supérieure à huit mois ;

— lorsqu'ils sont mariés, liés par un pacte civil de solidarité, concubins ou chargés de famille, d'un voyage si la durée du stage est comprise entre trois et huit mois et de deux voyages si cette durée est supérieure à huit mois.

Pour l'application à Mayotte de cet art., V. art. R. 6523-14-4.

Art. R. 6523-12 Les stagiaires résidant en Guadeloupe, Guyane, Martinique ou à Saint-Barthélemy, Saint-Martin et qui suivent un stage donnant lieu à rémunération à la charge de l'État, de la région ou de la collectivité dans l'un des autres départements ou collectivités précités ont droit au remboursement par l'État de la totalité des frais de transport exposés au début et à la fin du stage pour rejoindre l'établissement de formation et en revenir.

Ces stagiaires ont également droit au remboursement par l'État des trois quarts des frais de transport exposés pour se rendre dans leur famille, dans l'un des départements précités, à raison d'un voyage par stage d'une durée supérieure à six mois. — [*Anc. art. R. 992-6.*]

Art. R. 6523-13 (Décr. n° 2020-88 du 5 févr. 2020, art. 1er) A défaut de prise en charge par les financeurs de l'action de formation des frais de transport correspondants, le préfet peut accorder aux stagiaires résidant en Guadeloupe, en Guyane, en Martinique, à La Réunion, à Mayotte, à Saint-Barthélemy, à Saint-Martin à Saint-Pierre-et-Miquelon, qui suivent en France métropolitaine un stage donnant lieu à rémunération à la charge de l'État ou de la région le remboursement de la totalité des frais de transport occasionnés par le stage.

Un bilan annuel des décisions prises par le préfet en matière de remboursement de frais de transport pour les stagiaires mentionnés à l'alinéa précédent est présenté au comité régional de l'emploi, de la formation et de l'orientation professionnelles.

Art. R. 6523-14 Le remboursement des frais de transport est opéré dans les conditions prévues aux articles R. 6341-35 à R. 6341-43. — [*Anc. art. R. 992-8.*]

SOUS-SECTION 2 **Dispositions relatives à Mayotte**

(*Décr. n° 2018-953 du 31 oct. 2018, art. 7*)

Art. R. 6523-14-1 Pour l'application à Mayotte de l'article R. 6341-31, les mots : ″à l'article L. 821-1 du code de la sécurité sociale″ sont remplacés par les mots : ″à l'article 35 de l'ordonnance n° 2002-411 du 27 mars 2002 relative à la protection sanitaire et sociale à Mayotte″.

Art. R. 6523-14-2 Pour l'application à Mayotte de l'article R. 6342-2, les mots : ″du 2° de l'article L. 351-3 du code de la sécurité sociale″ sont remplacés par les mots : ″de l'article 8 de l'ordonnance n° 2002-411 du 27 mars 2002 relative à la protection sanitaire et sociale à Mayotte″.

Art. R. 6523-14-3 Les stagiaires résidant à Mayotte ou à La Réunion et qui suivent un stage donnant lieu à rémunération à la charge de l'État, de La Réunion ou du département de Mayotte dans l'autre territoire que celui où ils sont domiciliés, ont droit au remboursement par l'État de la totalité des frais de transport exposés au début et à la fin du stage pour rejoindre l'établissement de formation et en revenir.

Ces stagiaires ont également droit au remboursement par l'État des trois quarts des frais de transport exposés pour se rendre dans leur famille, dans l'un des territoires précités, à raison d'un voyage par stage d'une durée supérieure à six mois.

Art. R. 6523-14-4 Pour l'application à Mayotte de l'article R. 6523-11, les mots : ″25 km″ sont remplacés par les mots : ″10 km″.

Art. D. 6523-14-5 (Décr. n° 2021-522 du 29 avr. 2021, art. 1er, en vigueur le 1er mai 2021) I. — Pour l'application à Mayotte des articles D. 6341-28-1, D. 6341-28-2 (Décr. n° 2021-672 du 28 mai 2021, art. 1er, en vigueur le 1er juin 2021) « , D. 6341-28-3 et D. 6341-28-4 », la somme : ″685 euros″ est remplacée par la somme : ″609 euros″.

II. — Pour l'application à Mayotte de l'article D. 6341-28-2, la somme : ″500 euros″ est remplacée par la somme : ″443 euros″ et la somme : ″200 euros″ est remplacée par la somme : ″178 euros″.

Art. D. 6523-14-6

III. — Pour l'application à Mayotte de l'article D. 6341-24-3, les sommes : "685 euros" et "1932,52 euros" sont remplacées respectivement par les sommes : "609 euros" et "1 720 euros".

Art. D. 6523-14-6 (Décr. n° 2021-522 du 29 avr. 2021, art. 1er, en vigueur le 1er mai 2021) Pour son application à Mayotte, l'article D. 6341-24-5 est complété par un alinéa ainsi rédigé :
Les personnes qui suivent un stage de formation relevant de l'administration pénitentiaire au titre de la rémunération des stagiaires perçoivent une rémunération fixée à 0,53 € par heure de formation.

SECTION 5 Comité régional de l'emploi, de la formation et de l'orientation professionnelles

(Décr. n° 2014-1055 du 16 sept. 2014, art. 3)

SOUS-SECTION 1 Guadeloupe, Guyane, Martinique, La Réunion

Pour l'application en Guyane et en Martinique de cette sous-section, et jusqu'à la date de la première réunion suivant la première élection de l'assemblée de Guyane et de l'assemblée de Martinique créées en application des dispositions de la L. n° 2011-884 du 27 juill. 2011 :

1° Au a de l'art. R. 6523-17, la charte ou le plan régional de prévention et de lutte contre l'illettrisme sur laquelle le comité régional de l'emploi, de la formation et de l'orientation professionnelles émet un avis est établi sous l'égide du préfet et du président du conseil régional ;

2° Au 4° de l'art. R. 6523-18, le comité régional de l'emploi, de la formation et de l'orientation professionnelles est informé du bilan des activités du conseil général en matière d'aide à l'insertion sociale et professionnelle ;

3° A l'art. R. 6521-19, le comité régional de l'emploi, de la formation et de l'orientation professionnelles est co-présidé par le président du conseil régional, et composé de sept représentants de la région désignés par le conseil régional ainsi que du président du conseil général ou de son représentant ;

4° Au 2° de l'art. R. 6523-21, le bureau du comité régional de l'emploi, de la formation et de l'orientation professionnelles est composé de deux représentants dont le président du conseil régional et un représentant de la région désigné par lui parmi ceux qui ont été nommés en application du 2° de l'art. R. 6523-19 (Décr. n° 2014-1055 du 16 sept. 2014, art. 4).

Art. R. 6523-15 La section 2 du chapitre III du titre II du livre I de la présente partie s'applique *(Décr. n° 2018-953 du 31 oct. 2018, art. 7)* « en Guadeloupe, en Guyane, en Martinique » *(Abrogé par Décr. n° 2020-138 du 18 févr. 2020, art. 1er)* « , à Mayotte » et à La Réunion sous réserve des dispositions de la présente sous-section.

Art. R. 6523-16 I. — Les articles R. 6123-3-3, R. 6123-3-4 et R. 6123-3-10 ne sont pas applicables.

II. — Pour l'application de l'article R. 6123-3-9, les mots : "national et" sont supprimés.

Art. R. 6523-17 Outre les attributions dévolues au comité régional par les articles R. 6123-3 à R. 6123-3-2, le comité de chacune des collectivités mentionnées à l'article R. 6523-15 est chargé :

a) D'émettre un avis sur la charte ou le plan régional de prévention et de lutte contre l'illettrisme établi sous l'égide du préfet et du président du conseil régional en Guadeloupe et à La Réunion, du préfet et du président de l'assemblée en Guyane *(Décr. n° 2020-138 du 18 févr. 2020, art. 1er)* « ou du préfet et du président du conseil exécutif en Martinique » ;

b) D'examiner toute question relative à l'emploi et à la formation professionnelle en mobilité.

Pour l'application en Guyane et en Martinique de cette sous-section, et jusqu'à la date de la première réunion suivant la première élection de l'assemblée de Guyane et de l'assemblée de Martinique créées en application des dispositions de la L. du 27 juill. 2011, au a de l'art. R. 6523-17, la charte ou le plan régional de prévention et de lutte contre l'illettrisme sur laquelle le comité régional de l'emploi, de la formation et de l'orientation professionnelles émet un avis est établi sous l'égide du préfet et du président du conseil régional (Décr. n° 2014-1055 du 16 sept. 2014, art. 4).

Art. R. 6523-18 Au III de l'article R. 6123-3, sont ajoutées après le troisième alinéa les dispositions suivantes :

3° Chaque année, des activités de l'Agence de l'outre-mer pour la mobilité et du service militaire adapté dans la collectivité ;

4° Chaque année, du bilan des activités du *(Décr. n° 2020-138 du 18 févr. 2020, art. 1er)* « conseil départemental », de l'assemblée de Guyane ou de l'assemblée de Martinique en matière d'aide à l'insertion sociale et professionnelle ;

5° Chaque année, par les services compétents de l'État, des données relatives au *(Décr. n° 2020-138 du 18 févr. 2020, art. 1er)* « territoire » d'outre-mer concernées figurant dans les états statistiques et financiers des *(Décr. n° 2020-138 du 18 févr. 2020, art. 1er)* « opérateurs de compétences ».

Pour l'application en Guyane et en Martinique de cette sous-section, et jusqu'à la date de la première réunion suivant la première élection de l'assemblée de Guyane et de l'assemblée de Martinique créées en application des dispositions de la L. du 27 juill. 2011, au 4° de l'art. R. 6523-18, le comité régional de l'emploi, de la formation et de l'orientation professionnelles est informé du bilan des activités du conseil général en matière d'aide à l'insertion sociale et professionnelle (Décr. n° 2014-1055 du 16 sept. 2014, art. 4).

Art. R. 6523-19 Le comité régional de l'emploi, de la formation et de l'orientation professionnelle est composé, outre le préfet ou son représentant et, selon le cas, le président du conseil régional en Guadeloupe et à La Réunion, le président de l'assemblée de Guyane ou le président du conseil exécutif de la Martinique, de membres nommés par arrêté du préfet :

1° Huit représentants de l'État :

a) Le recteur *(Décr. n° 2019-1554 du 30 déc. 2019, art. 2, en vigueur le 1er janv. 2020)* « de région académique » ;

b) Le chef de corps commandant le régiment du service militaire adapté présent dans la collectivité ;

(Décr. n° 2022-1472 du 24 nov. 2022, art. 2) « c) Le directeur de l'économie, de l'emploi, du travail et des solidarités en Guadeloupe, en Martinique et à La Réunion, le directeur général de la cohésion et des populations en Guyane ;

« d) » Le directeur de la mer ;

(Décr. n° 2022-1472 du 24 nov. 2022, art. 2) « e) » Le directeur de l'agriculture, de l'agroalimentaire et de la forêt ;

(Décr. n° 2022-1472 du 24 nov. 2022, art. 2) « f) » Un représentant local de l'administration pénitentiaire ;

(Décr. n° 2022-1472 du 24 nov. 2022, art. 2) « g) Les autres représentants de l'État restant à nommer après application des *a* à *f*, désignés par le préfet ; »

2° Sept représentants de la région désignés par le conseil régional, ainsi que le président du conseil *(Décr. n° 2022-1472 du 24 nov. 2022, art. 2)* « départemental » ou son représentant en Guadeloupe et à La Réunion, huit représentants de l'assemblée de Guyane et huit représentants de l'assemblée de la Martinique ;

3° Un nombre compris entre cinq et onze au titre du *a* comme du *b* de représentants désignés par leurs organisations respectives :

a) Des organisations syndicales de salariés représentatives au niveau national et interprofessionnel, des organisations syndicales de salariés représentatives au niveau régional et interprofessionnel et des organisations syndicales de salariés intervenant dans les secteurs d'activités correspondant à ceux des organisations intéressées *(Décr. n° 2020-138 du 18 févr. 2020, art. 1er)* « mentionnées au III de l'article R. 2272-9 » ;

b) Des organisations professionnelles d'employeurs représentatives au niveau national et interprofessionnel, des organisations professionnelles d'employeurs représentatives au niveau régional et interprofessionnel, ou au niveau multi professionnel, ainsi que de chacun des trois réseaux consulaires ;

4° Des représentants des principaux opérateurs de l'emploi, de la formation et de l'orientation professionnelles implantés localement, dont un représentant du regroupement des établissements d'enseignement supérieur constitué en application des dispositions combinées de l'article L. 718-2 et du 2° de l'article L. 718-3 du code de l'éducation, le directeur régional de Pôle emploi *[France Travail depuis le 1er janv. 2024]*, le représentant régional des Cap emploi, le directeur *(Décr. n° 2020-138 du 18 févr. 2020, art. 1ᵉʳ*) « de la commission paritaire interprofessionnelle régionale », le président de l'association régionale des missions locales *(Décr. n° 2022-1472 du 24 nov. 2022, art. 2)* « ou, à défaut, les directeurs de missions locales », le délégué en région de l'association pour l'emploi des cadres, le directeur du centre d'animation, de ressources et d'information sur les formations et observatoire régional de l'emploi et de la formation professionnelle, le directeur régional de l'Office national d'information des enseignements et des professions, le président du conseil économique, social et environnemental régional, le directeur de l'association de gestion du fonds pour l'insertion professionnelle [*professionnelle*] des personnes handicapées, et le délégué régional de l'agence de l'outre-mer pour la mobilité ;

(Décr. n° 2022-1472 du 24 nov. 2022, art. 2) « 5° Des personnalités qualifiées dans le domaine de la transition écologique, après avis du président du conseil régional en Guadeloupe et à La Réunion, du président de l'assemblée de Guyane ou du président du conseil exécutif de la Martinique et du président du conseil économique, social, environnemental, de la culture et de l'éducation de Martinique, et de Guyane ou du président du conseil économique, social et environnemental de Guadeloupe et de La Réunion. »

Les représentants désignés en application du 2° comprennent un nombre égal de femmes et d'hommes, conformément au principe de parité tel que défini à l'article L. 6123-3. *(Décr. n° 2022-1472 du 24 nov. 2022, art. 2)* « Les représentants désignés en application du g » doit [*doivent*] être du sexe qui a le moins de représentants nommés *(Décr. n° 2022-1472 du 24 nov. 2022, art. 2)* « en application des *a* à *f* ».

Les membres mentionnés *(Décr. n° 2022-1472 du 24 nov. 2022, art. 2)* « aux 4° et 5° » du présent article siègent sans voix délibératives.

Pour l'application du présent article, le préfet arrête le nombre et la liste des organisations représentatives au niveau régional mentionnées au *a* et *b* du 3° de l'article R. 6523-19, en application des dispositions du chapitre II du titre II du livre I de la deuxième partie et du chapitre II du titre V du même livre.

Art. R. 6523-20 Afin d'obtenir le même nombre de représentants, d'une part, des organisations syndicales et, d'autre part, des organisations professionnelles augmentées des représentants des réseaux consulaires, le préfet peut nommer des représentants supplémentaires d'une organisation syndicale ou professionnelle. Selon le cas, les sièges supplémentaires sont attribués aux organisations syndicales de salariés ayant obtenu les meilleurs résultats dans le cadre de la mesure de l'audience effectuée en application des dispositions du chapitre II du titre II du livre I de la deuxième partie ou aux organisations professionnelles d'employeurs dont la mesure d'audience effectuée en application des dispositions du chapitre II du titre V du livre I de la deuxième partie est la plus importante.

Art. R. 6523-21 Le comité régional de l'emploi, de la formation et de l'orientation professionnelles constitue en son sein en un bureau comprenant :

1° Trois représentants de l'État, dont le préfet de région, le recteur *(Décr. n° 2019-1554 du 30 déc. 2019, art. 2, en vigueur le 1ᵉʳ janv. 2020)* « de région académique » et un représentant de l'État désigné par le préfet de région parmi ceux mentionnés au 1° de l'article *(Décr. n° 2020-1680 du 23 déc. 2020, art. 4, en vigueur le 1ᵉʳ janv. 2021)* « R. 6523-19 » ;

2° Trois représentants des collectivités territoriales investies des compétences en matière de formation et d'orientation professionnelles, selon les modalités suivantes :

a) En Guadeloupe et à La Réunion, trois représentants de la région, dont le président du conseil régional et deux représentants de la région désignés par lui parmi ceux qui ont été nommés en application du 2° de l'article R. 6523-19 ;

b) En Guyane, trois représentants de l'assemblée de Guyane dont son président et deux représentants désignés par lui parmi ceux qui ont été nommés en application du 2° de l'article R. 6523-19 ;

c) En Martinique, trois représentants de l'assemblée de Martinique dont le président du conseil exécutif et deux représentants désignés par lui parmi ceux qui ont été nommés en application du 2° de l'article R. 6523-19 ;

3° Quatre représentants des organisations syndicales de salariés représentatives au plan national et interprofessionnel ou au plan régional et interprofessionnel et des organisations professionnelles d'employeurs représentatives au plan national et interprofessionnel ou représentatives au niveau régional et interprofessionnel, désignés sur proposition du collège constitué par l'ensemble des représentants des partenaires sociaux mentionnés au 3° de l'article R. 6523-19.

Dans le cas où aucun accord ne peut être obtenu au sein du collège mentionné à l'alinéa précédent dans un délai d'un mois à compter de la saisine à cet effet de tous ses membres par le préfet de région, celui-ci désigne deux organisations syndicales de salariés et deux organisations professionnelles d'employeurs dont l'audience, mesurée suivant les dispositions des titres II et V du livre I de la deuxième partie, est la plus forte.

SOUS-SECTION 2 **Saint-Barthélemy et Saint-Martin**

(Décr. n° 2014-1055 du 16 sept. 2014, art. 3)

Art. R. 6523-22 Les dispositions de la sous-section 1 de la présente section, à l'exclusion de l'article R. 6523-19, sont applicables à Saint-Barthélemy et Saint-Martin sous réserve des adaptations suivantes :

1° Les attributions du comité régional de l'emploi, de la formation et de l'orientation professionnelles, sont exercées par le comité de l'emploi, de la formation et de l'orientation professionnelles ;

2° Les attributions dévolues au préfet de région sont exercées par le représentant de l'État à Saint-Barthélemy et à Saint-Martin ;

3° Les compétences dévolues au président du conseil régional sont exercées par le président du conseil territorial ;

4° Les références à la région, à la Guadeloupe, à la Guyane, à la Martinique et à La Réunion sont remplacées par celles de Saint-Barthélemy et de Saint-Martin ;

5° Les références au conseil *(Décr. n° 2022-1472 du 24 nov. 2022, art. 2)* « départemental » sont remplacées par celles du conseil territorial.

Art. R. 6523-23 Le Comité de l'emploi, de la formation et de l'orientation professionnelle est composé, outre le représentant de l'État à Saint-Barthélemy et à Saint-Martin et le président du conseil territorial, de membres nommés par arrêté du représentant de l'État dans chacune des collectivités :

1° Six représentants de l'État :

a) Le *(Décr. n° 2019-1554 du 30 déc. 2019, art. 2, en vigueur le 1er janv. 2020)* « recteur de la région académique Guadeloupe » ou son représentant ;

b) Le chef de corps commandant le régiment du service militaire adapté présent en Guadeloupe ou son représentant ;

c) (Décr. n° 2022-1472 du 24 nov. 2022, art. 2) « Le directeur de l'économie, de l'emploi, du travail et des solidarités » ou son représentant ;

(Abrogé par Décr. n° 2022-1472 du 24 nov. 2022, art. 2) « d) Le directeur régional de la jeunesse, des sports et de la cohésion sociale (DRJSCS) ou son représentant ; »

(Décr. n° 2022-1472 du 24 nov. 2022, art. 2) « *d)* Trois » autres représentants des services de l'État désignés par le représentant de l'État ;

2° Six représentants de la collectivité d'outre-mer désigné par le président du conseil territorial ;

3° Un nombre compris entre quatre et huit, au titre du *a* comme du *b*, de représentants désignés par leurs organisations respectives :

a) Des organisations syndicales de salariés représentatives au niveau national et interprofessionnel, des organisations syndicales de salariés représentatives au niveau régional et interprofessionnel et des organisations syndicales de salariés intervenant dans les secteurs d'activités correspondant à ceux des organisations intéressées *(Décr. n° 2020-138 du 18 févr. 2020, art. 1er)* « mentionnées au III de l'article R. 2272-9 » ;

b) Des organisations professionnelles d'employeurs représentatives au niveau national et interprofessionnel, des organisations professionnelles d'employeurs représentatives au niveau régional et interprofessionnel ou au niveau multi-professionnel, ainsi que de la chambre économique multi-professionnelle à Saint-Barthélemy et de la chambre consulaire interprofessionnelle à Saint-Martin ;

4° Des représentants des principaux opérateurs de l'emploi, de la formation et de l'orientation professionnelles implantés localement dont le directeur de l'institut universitaire, le directeur régional de Pôle emploi [France Travail depuis le 1er janv. 2024], le directeur (Décr. n° 2020-138 du 18 févr. 2020, art. 1er) « de la commission paritaire interprofessionnelle régionale », le directeur de l'association régionale des missions locales, le représentant du réseau des associations de financement des créateurs-repreneurs d'entreprise, le directeur du centre d'animation, de ressources et d'information sur les formations et observatoire régional de l'emploi et de la formation professionnelle, le président du comité économique, social et environnemental régional, le directeur régional de l'Office national d'information des enseignements et des professions ainsi que le directeur régional de l'agence de l'outre-mer pour la mobilité ou leurs représentants ;

(Décr. n° 2022-1472 du 24 nov. 2022, art. 2) « 5° Des personnalités qualifiées dans le domaine de la transition écologique, après avis du président du conseil régional et du conseil économique, social et environnemental régional. »

Les représentants désignés en application du (Décr. n° 2022-1472 du 24 nov. 2022, art. 2) « d » du 1° et du 2° comprennent un nombre égal de femmes et d'hommes, conformément au principe de parité tel que défini à l'article L. 6123-3.

Les membres mentionnés (Décr. n° 2022-1472 du 24 nov. 2022, art. 2) « aux 4° et 5° » du présent article siègent sans voix délibératives.

Pour l'application du présent article, le représentant de l'État arrête la liste des organisations représentatives au niveau local mentionnées aux a et b du 3°, en application des dispositions du chapitre II du titre II du livre I de la deuxième partie et du chapitre II du titre V du même livre.

SOUS-SECTION 3   Saint-Pierre-et-Miquelon

(Décr. n° 2014-1055 du 16 sept. 2014, art. 3)

Art. R. 6523-24 Les dispositions de la sous-section 1 de la présente section, à l'exception de celles du II de l'article R. 6523-16, du a de l'article R. 6523-17, de l'article R. 6523-18 en ce qu'il ajoute un 3° et un 4° au III de l'article R. 6123-3, de l'article R. 6523-19 et de l'article R. 6523-21, sont applicables à Saint-Pierre-et-Miquelon sous réserve des adaptations suivantes :

1° Les attributions du comité régional de l'emploi, de la formation et de l'orientation professionnelles, sont exercées par le comité de l'emploi, de la formation et de l'orientation professionnelles ;

2° Les attributions dévolues au préfet de région sont exercées par le représentant de l'État à Saint-Pierre-et-Miquelon ;

3° Les compétences dévolues au président du conseil régional sont exercées par le président du conseil territorial ;

4° Les références à la région, à la Guadeloupe, à la Guyane, à la Martinique et à La Réunion sont remplacées par celles de Saint-Pierre-et-Miquelon ;

5° Les références au conseil (Décr. n° 2022-1472 du 24 nov. 2022, art. 2) « départemental » sont remplacées par celles du conseil territorial ;

6° L'article R. 6123-3-4 n'est pas applicable à Saint-Pierre-et-Miquelon.

Art. R. 6523-25 Le comité de l'emploi, de la formation et de l'orientation professionnelle est composé, outre le représentant de l'État à Saint-Pierre-et-Miquelon et le président du conseil territorial, de membres nommés par arrêté du représentant de l'État :

1° Quatre représentants de l'État :
a) Le chef de service de l'éducation nationale ;
b) Le directeur de la cohésion sociale, du travail, de l'emploi et de la population ;
c) Le correspondant aux droits des femmes et à l'égalité ;
d) Le directeur du centre pénitentiaire ;

2° Trois représentants de la collectivité d'outre-mer désigné par le président du conseil territorial ;

3° Un nombre compris entre quatre et six, au titre du a comme du b, de représentants désignés par leurs organisations respectives :

a) Des organisations syndicales de salariés représentatives au niveau national et interprofessionnel, des organisations syndicales de salariés représentatives au niveau régional et interprofessionnel et des organisations syndicales de salariés intervenant dans les secteurs d'activités correspondant à ceux des organisations intéressées *(Décr. n° 2020-138 du 18 févr. 2020, art. 1ᵉʳ)* « mentionnées au III de l'article R. 2272-9 » ;

b) Des organisations professionnelles d'employeurs les plus représentatives au niveau national et interprofessionnel, des organisations syndicales des salariés représentatives au niveau régional et interprofessionnel, dans la région au niveau interprofessionnel ou multi professionnel, ainsi que de la chambre d'agriculture, du commerce, d'industrie et des métiers ;

4° Des représentants des principaux opérateurs de l'emploi, de la formation et de l'orientation professionnelles implantés localement dont le directeur régional de Pôle emploi *[France Travail depuis le 1ᵉʳ janv. 2024]*, le chef du centre d'information et d'orientation et le directeur du groupement d'intérêt public Expertise, mobilisation et valorisation des initiatives vers l'emploi (EMVIE) ;

(Décr. n° 2022-1472 du 24 nov. 2022, art. 2) « 5° Des personnalités qualifiées dans le domaine de la transition écologique, après avis du président du conseil régional et du conseil économique, social et environnemental et culturel régional. »

Les représentants désignés en application du 2° comprennent au moins une personne de chaque sexe.

Chaque membre du conseil émet un avis sauf les membres mentionnés au 4° du présent article. Ils peuvent, le cas échéant, être entendus pour éclairer les débats.

Pour l'application du présent article, le représentant de l'État arrête la liste des organisations les plus représentatives au niveau local mentionnées aux *a* et *b* du 3° en application des dispositions du chapitre II du titre II du livre I de la deuxième partie et du chapitre II du titre V du même livre.

Art. R. 6523-26 Le comité de l'emploi, de la formation et de l'orientation professionnelles constitue en son sein un bureau comprenant le représentant de l'État, le président du conseil territorial, un représentant des organisations syndicales de salariés représentatives au plan national et interprofessionnel et un représentant des organisations professionnelles d'employeurs représentatives au plan national et interprofessionnel.

Les représentants des organisations syndicales de salariés et des organisations professionnelles d'employeurs représentatives sont désignés sur proposition du collège constitué par l'ensemble des personnes nommées au titre du 3° de l'article R. 6523-26. Dans le cas où aucun accord ne peut être obtenu sur cette désignation dans le délai d'un mois à compter de la saisine à cet effet des membres concernés par le représentant de l'État, celui-ci désigne, pour le choix des deux membres du bureau l'organisation syndicale de salariés et l'organisation professionnelle d'employeurs dont l'audience, mesurée suivant les dispositions des titres II et V du livre I de la deuxième partie est la plus forte.

SOUS-SECTION 4 **Dispositions relatives à Mayotte**

(Décr. n° 2018-953 du 31 oct. 2018, art. 7)

Art. R. 6523-26-1 La section 2 du chapitre III du titre II du livre I de la présente partie s'applique à Mayotte sous réserve des dispositions de la présente sous-section.

Art. R. 6523-26-2 I. – Le 2° de l'article R. 6123-3-2 et les articles R. 6123-3-3, R. 6123-3-4 et R. 6123-3-10 ne sont pas applicables à Mayotte.

II. – Pour l'application de l'article R. 6123-3-9 à Mayotte, les mots : "national et" sont supprimés.

Art. R. 6523-26-3 Outre les attributions dévolues au comité régional par les articles R. 6123-3 à R. 6123-3-2, le comité de Mayotte est chargé :

1° D'émettre un avis sur la charte ou le plan régional de prévention et de lutte contre l'illettrisme établi sous l'égide du préfet et du président du conseil départemental de Mayotte ;

2° D'examiner toute question relative à l'emploi et à la formation professionnelle en mobilité.

Art. R. 6523-26-4 Après le troisième alinéa du III de l'article R. 6123-3, sont ajoutées les dispositions suivantes :
"3° Chaque année, des activités de l'Agence de l'outre-mer pour la mobilité et du service militaire adapté dans la collectivité ;
"4° Chaque année, du bilan des activités du conseil départemental de Mayotte en matière d'aide à l'insertion sociale et professionnelle ;
"5° Chaque année, par les services compétents de l'État, des données relatives au *(Décr. n° 2020-138 du 18 févr. 2020, art. 1ᵉʳ)* « territoire » d'outre-mer concernées figurant dans les états statistiques et financiers des *(Décr. n° 2020-138 du 18 févr. 2020, art. 1ᵉʳ)* « opérateurs de compétences »."

Art. R. 6523-26-5 Le comité régional de l'emploi, de la formation et de l'orientation professionnelle est composé, outre le préfet ou son représentant et du président du conseil départemental de Mayotte, de membres nommés par arrêté du préfet :
1° Huit représentants de l'État ;
a) Le *(Décr. n° 2020-138 du 18 févr. 2020, art. 1ᵉʳ)* « recteur » d'académie ;
b) Le chef de *(Décr. n° 2022-1472 du 24 nov. 2022, art. 2)* « corps commandant le régiment » du service militaire adapté de Mayotte ;
(Décr. n° 2022-1472 du 24 nov. 2022, art. 2) « *c)* Le directeur de l'économie, de l'emploi, du travail et des solidarités ;
« *d)* » Le chef des affaires maritimes ;
(Décr. n° 2022-1472 du 24 nov. 2022, art. 2) « *e)* » Le directeur de l'agriculture, de l'agroalimentaire et de la forêt ;
(Décr. n° 2022-1472 du 24 nov. 2022, art. 2) « *f)* » Un représentant local de l'administration pénitentiaire ;
(Décr. n° 2022-1472 du 24 nov. 2022, art. 2) « *g)* Deux autres représentants de l'État désignés » par le préfet ;
2° Sept représentants du Département de Mayotte désignés par le conseil départemental, ainsi que le président du conseil départemental ou son représentant ;
3° Un nombre compris entre cinq et onze au titre du *a* comme du *b* de représentants désignés par leurs organisations respectives :
a) Des organisations syndicales de salariés représentatives au niveau national et interprofessionnel, des organisations syndicales de salariés représentatives au niveau régional et interprofessionnel et des organisations syndicales de salariés intervenant dans les secteurs d'activités correspondant à ceux des organisations intéressées *(Décr. n° 2020-138 du 18 févr. 2020, art. 1ᵉʳ)* « mentionnées au III de l'article R. 2272-9 » ;
b) Des organisations professionnelles d'employeurs représentatives au niveau national et interprofessionnel, des organisations professionnelles d'employeurs représentatives au niveau régional et interprofessionnel, ou au niveau multi-professionnel, ainsi que de chacun des trois réseaux consulaires ;
4° Des représentants des principaux opérateurs de l'emploi, de la formation et de l'orientation professionnelles implantés localement, dont un représentant des établissements d'enseignement supérieur, le directeur régional de Pôle emploi *[France Travail depuis le 1ᵉʳ janv. 2024]*, un représentant des organismes ayant compétence pour l'accompagnement des personnes reconnues travailleurs handicapés, un représentant des missions locales de Mayotte, un représentant des organismes ayant compétence pour l'accompagnement des cadres et assimilés, le directeur du centre d'animation, de ressources et d'information sur les formations et observatoire régional de l'emploi et de la formation professionnelle, le directeur régional de l'Office national d'information des enseignements et des professions, le président du conseil économique, social et environnemental de Mayotte, le délégué régional de l'agence de l'outre-mer pour la mobilité, et un représentant de la chambre de l'économie sociale et solidaire de Mayotte ;
(Décr. n° 2022-1472 du 24 nov. 2022, art. 2) « 5° Des personnes qualifiées dans le domaine de la transition écologique, après avis du président du conseil régional et du conseil économique, social et environnemental. »
Les représentants désignés en application du 2° comprennent un nombre égal de femmes et d'hommes, conformément au principe de parité tel que défini à l'article L. 6123-3. Le représentant désigné en application *(Décr. n° 2022-1472 du 24 nov.*

2022, art. 2) « du g du 1° » doit être du sexe qui a le moins de représentants nommés en application *(Décr. n° 2022-1472 du 24 nov. 2022, art. 2)* « des *a* à *f* ».

Les membres mentionnés *(Décr. n° 2022-1472 du 24 nov. 2022, art. 2)* « aux 4° et 5° » du présent article siègent sans voix délibératives.

Pour l'application du présent article, le préfet arrête le nombre et la liste des organisations représentatives au niveau régional mentionnées au *a* et *b* du 3° de l'article R. 6523-19, en application des dispositions du chapitre II du titre II du livre I de la deuxième partie et du chapitre II du titre V du même livre.

Art. R. 6523-26-6 *(Décr. n° 2020-138 du 18 févr. 2020, art. 1er)* Pour son application à Mayotte, l'article R. 6523-21 du code du travail est ainsi rédigé :

Art. R. 6523-21 Le comité régional de l'emploi, de la formation et de l'orientation professionnelles constitue en son sein un bureau comprenant :

1° Trois représentants de l'État, dont le préfet, le recteur et un représentant de l'État désigné par le préfet parmi ceux mentionnés au 1° de l'article *(Décr. n° 2020-1680 du 23 déc. 2020, art. 4, en vigueur le 1er janv. 2021)* « R. 6523-26-5 » ;

2° Trois représentants du Département de Mayotte, dont le président du conseil départemental de Mayotte et deux représentants désignés par lui parmi ceux qui ont été nommés en application du 2° de l'article R. 6323-26-5 ;

3° Quatre représentants des organisations syndicales de salariés représentatives au plan national et interprofessionnel ou au plan régional et interprofessionnel et des organisations professionnelles d'employeurs représentatives au plan national et interprofessionnel ou représentatives au niveau régional et interprofessionnel, désignés sur proposition du collège constitué par l'ensemble des représentants des partenaires sociaux mentionnés au 3° de l'article *(Décr. n° 2020-1680 du 23 déc. 2020, art. 4, en vigueur le 1er janv. 2021)* « R. 6523-26-5 ».

Dans le cas où aucun accord ne peut être obtenu au sein du collège mentionné à l'alinéa précédent dans un délai d'un mois à compter de la saisine à cet effet de tous ses membres par le préfet, celui-ci désigne deux organisations syndicales de salariés et deux organisations professionnelles d'employeurs dont l'audience, mesurée suivant les dispositions des titres II et V du livre I de la deuxième partie, est la plus forte.

SECTION 6 *[ABROGÉE]* Comité paritaire interprofessionnel régional pour l'emploi et la formation

(Abrogée par Décr. n° 2020-138 du 18 févr. 2020, art. 1er) (Décr. n° 2014-1311 du 31 oct. 2014)

Art. R. 6523-27 *I. – Le I de l'article R. 6123-6 n'est pas applicable (Décr. n° 2018-953 du 31 oct. 2018, art. 7) « en Guadeloupe, en Guyane, en Martinique, à Mayotte », à La Réunion, à Saint-Barthélemy, à Saint-Martin et à Saint-Pierre-et-Miquelon.*

II. – Pour l'application du V de l'article R. 6123-6 dans les collectivités mentionnées au I, les mots : "mentionnées au I" sont remplacés par les mots : "mentionnées au I de l'article R. 6523-28".

Art. R. 6523-28 *I. – Les comités paritaires interprofessionnels régionaux pour l'emploi et la formation (Décr. n° 2018-953 du 31 oct. 2018, art. 7) « de Guadeloupe, Guyane, Martinique, Mayotte », de La Réunion, de Saint-Barthélemy, de Saint-Martin et de Saint-Pierre-et-Miquelon sont composés à parité, d'une part, d'un collège de quatre à neuf représentants des organisations syndicales de salariés mentionnées à l'article L. 6523-6-2 et, d'autre part, d'un collège de quatre à neuf représentants d'organisations professionnelles d'employeurs mentionnées au même article. Ils sont désignés par leurs organisations respectives selon les critères fixés aux 1° et 2° du même article.*

II. – Pour l'application du I, le nombre des membres du comité et la liste des organisations mentionnées au 1° et au 2° de l'article L. 6523-6-2 les plus représentatives dans chaque collectivité sont arrêtés par le représentant de l'État en application des dispositions du chapitre II du titre II du livre I de la deuxième partie et du chapitre II du titre V du même livre.

III. – Afin de garantir le caractère paritaire du comité, le représentant de l'État complète, le cas échéant, la liste du collège comportant le moins de représentants en tenant compte de la représentativité des organisations mentionnées dans la liste citée au II.

SEPTIÈME PARTIE DISPOSITIONS PARTICULIÈRES À CERTAINES PROFESSIONS ET ACTIVITÉS

LIVRE I JOURNALISTES PROFESSIONNELS, PROFESSIONS DU SPECTACLE, DE L'AUDIOVISUEL, DE LA PUBLICITÉ ET DE LA MODE (Décr. n° 2022-727 du 28 avr. 2022, art. 1er).

TITRE I JOURNALISTES PROFESSIONNELS

CHAPITRE I CHAMP D'APPLICATION ET DÉFINITIONS

SECTION 1 Carte d'identité professionnelle

SOUS-SECTION 1 Délivrance et renouvellement

Art. R. 7111-1 La carte d'identité professionnelle des journalistes ne peut être délivrée qu'aux personnes qui, conformément aux dispositions des articles L. 7111-3 à L. 7111-5, sont journalistes professionnels ou sont assimilées à des journalistes professionnels. – [Anc. art. R. 761-3, al. 2.]

Art. R. 7111-2 A l'appui de sa première demande adressée à la commission de la carte d'identité des journalistes professionnels, prévue à la section 2, l'intéressé fournit :
 1° La justification de son identité et de sa nationalité ;
 2° Un curriculum vitae affirmé sur l'honneur ;
 3° Le bulletin n° 3 de son casier judiciaire daté de moins de trois mois ;
 4° L'affirmation sur l'honneur que le journalisme est bien sa profession principale, régulière et rétribuée et qu'il en tire une rémunération au moins égale au salaire minimum résultant de l'application des dispositions du présent code. Cette affirmation est accompagnée de l'indication des publications quotidiennes ou périodiques, agences de presse ou entreprises de communication audiovisuelle dans lesquelles le postulant exerce sa profession ;
 5° L'indication des autres occupations régulières rétribuées ;
 6° L'engagement de faire connaître à la commission tout changement qui surviendrait dans sa situation et qui entraînerait une modification des déclarations sur la production desquelles la carte aurait été délivrée. Cet engagement comporte l'obligation de rendre la carte à la commission lorsque le titulaire perd la qualité de journaliste professionnel. – [Anc. art. R. 761-8.]

Art. R. 7111-3 Après examen, et dans les conditions prévues aux articles R. 7111-27 et R. 7111-28, la commission de la carte d'identité des journalistes professionnels statue sur les demandes de délivrance de cartes dont elle est saisie.
 Elle peut préalablement procéder ou faire procéder aux vérifications qu'elle juge utiles. – [Anc. art. R. 761-9, al. 1er.]

Art. R. 7111-4 La personne étrangère présentant une demande de carte d'identité de journaliste professionnel doit respecter les dispositions du présent code relatives aux conditions d'exercice d'une activité salariée par un étranger en France. – [Anc. art. R. 761-9, al. 2.]

Art. R. 7111-5 La commission de la carte d'identité des journalistes professionnels délivre une carte de stagiaire à la personne qui a moins de deux ans d'ancienneté dans la profession. – [Anc. art. R. 761-10.]

Art. R. 7111-6 La carte d'identité de journaliste professionnel comporte la photographie du titulaire, sa signature, l'indication de ses nom, prénoms, nationalité et domicile, la mention des publications, agences de presse ou entreprise de communication audiovisuelle dans lesquelles il exerce sa profession.

Le cachet de la commission de la carte d'identité des journalistes professionnels et la signature de deux de ses membres, pris respectivement parmi les représentants des employeurs et des salariés, sont apposés sur la carte. — *[Anc. art. R. 761-11.]*

Art. R. 7111-7 La carte d'identité de journaliste professionnel est valable pour une durée d'un an. Elle mentionne la période de sa validité.

Elle est renouvelée pour une même durée sur décision favorable de la commission de la carte d'identité des journalistes professionnels. — *[Anc. art. R. 761-12, al. 1er.]*

En application de l'art. L. 231-5 CRPA, et par exception à l'application du délai de deux mois prévu à l'art. L. 231-1 du même code, le silence gardé par l'administration pendant deux mois vaut décision de rejet pour une demande de délivrance et renouvellement de la carte d'identité de journaliste professionnel (Décr. n° 2014-1304 du 23 oct. 2014, art. 1er).

Art. R. 7111-8 Lors du renouvellement de la carte d'identité de journaliste professionnel, la commission détermine les justificatifs à fournir à l'appui de la demande de renouvellement, compte tenu des justificatifs déjà fournis à l'appui de la demande initiale. — *[Anc. art. R. 761-12, al. 2.]*

Art. R. 7111-9 Lorsque, sans faute de sa part, un journaliste professionnel ayant possédé cette qualité pendant deux ans au moins se trouve momentanément privé de travail, la commission peut lui délivrer une carte provisoire d'identité de journaliste professionnel dont la durée est expressément limitée.

Cette carte ne diffère de la carte ordinaire que par l'absence d'indication des publications, agences de presse ou entreprises de communication audiovisuelle dans lesquelles le titulaire est employé. — *[Anc. art. R. 761-14.]*

Art. R. 7111-10 La décision de la commission de refus de délivrance ou de renouvellement de la carte est notifiée à l'intéressé par lettre recommandée avec avis de réception. — *[Anc. art. R. 761-15, al. 2.]*

SOUS-SECTION 2 **Modifications et annulation**

Art. R. 7111-11 Le titulaire d'une carte d'identité de journaliste professionnelle *[professionnel]* qui cesse d'être employé dans les publications, agences de presse ou entreprises de communication audiovisuelle auxquelles il était attaché au moment de la délivrance de la carte d'identité, saisit la commission.

Cette dernière modifie la carte en tenant compte de sa nouvelle situation ou engage, s'il y a lieu, la procédure d'annulation prévue aux articles R. 7111-12 et R. 7111-13. — *[Anc. art. R. 761-13.]*

Art. R. 7111-12 La commission de la carte d'identité des journalistes professionnels peut annuler une carte.

Au préalable, le président de la commission convoque le titulaire devant celle-ci par lettre recommandée. Ce dernier, qui peut être assisté d'un conseil, présente ses explications. Lorsqu'il ne comparaît pas, il peut faire parvenir à la commission des explications écrites. — *[Anc. art. R. 761-15, al. 1er.]*

Art. R. 7111-13 La décision de la commission d'annuler de la carte est notifiée à l'intéressé par lettre recommandée avec avis de réception. — *[Anc. art. R. 761-15, al. 2.]*

SOUS-SECTION 3 **Carte d'identité de journaliste professionnel honoraire**

Art. R. 7111-14 A l'appui de sa demande de carte de journaliste professionnel honoraire, l'intéressé fournit :

1° La justification de son identité et de sa nationalité ;

2° Un curriculum vitae affirmé sur l'honneur indiquant notamment les publications quotidiennes ou périodiques, agences de presse ou entreprises de communication audiovisuelle dans lesquelles il exerçait la profession de journaliste professionnel, dans les conditions définies aux articles L. 7111-3 et L. 7111-4 ;

3° Le bulletin n° 3 de son casier judiciaire daté de moins de trois mois ;

(Décr. n° 2014-1767 du 31 déc. 2014, art. 1er) « 4° S'il bénéficie d'une pension de retraite, une notification de l'organisme qui lui sert cette pension de retraite attestant qu'il a été affilié en qualité de journaliste professionnel et la justification de l'exercice de la profession de journaliste pendant vingt ans au moins. Lorsqu'il ne bénéficie pas d'une pension de retraite, il justifie d'avoir atteint l'âge d'ouverture du droit à une pension de retraite prévu à l'article L. 161-17-2 du code de la sécurité sociale ainsi que de l'exercice de sa profession de journaliste pendant trente ans. La justification de la qualité de journaliste est établie par la possession de la carte d'identité de journaliste professionnel ou par la production d'attestations de ses anciens employeurs ; »

5° Deux photographies récentes. — *[Anc. art. R. 761-20.]*

En application de l'art. L. 231-5 CRPA, et par exception à l'application du délai de deux mois prévu à l'art. L. 231-1 du même code, le silence gardé par l'administration pendant deux mois vaut décision de rejet pour une demande de délivrance de la carte d'identité de journaliste honoraire (Décr. n° 2014-1304 du 23 oct. 2014, art. 1ᵉʳ).

Art. R. 7111-15 Après examen, et dans les conditions prévues aux articles R. 7111-27 et R. 7111-28, la commission de la carte d'identité des journalistes professionnels statue sur les demandes de délivrance de cartes de journaliste professionnel honoraire dont elle est saisie.

Elle peut préalablement procéder ou faire procéder aux vérifications jugées utiles. — *[Anc. art. R. 761-21.]*

Art. R. 7111-16 Le modèle de la carte d'identité de journaliste professionnel honoraire ainsi que les mentions qu'elle comporte sont établis par le règlement intérieur de la commission de la carte d'identité des journalistes professionnels. — *[Anc. art. R. 761-22, al. 1ᵉʳ.]*

Art. R. 7111-17 La carte d'identité de journaliste professionnel honoraire peut être annulée suivant la procédure prévue aux articles R. 7111-12 et R. 7111-13 lorsque le titulaire reprend son activité dans la profession ou lorsqu'il est établi que la carte lui a été délivrée au vu de déclarations ou attestations sciemment inexactes. — *[Anc. art. R. 761-22, al. 2.]*

SECTION 2 Commission de la carte d'identité des journalistes professionnels

SOUS-SECTION 1 Attributions, composition et mandat

Art. R. 7111-18 La commission chargée d'attribuer la carte d'identité des journalistes professionnels est paritaire.

Elle comprend :
1° Huit représentants des employeurs, dont :
a) Sept au titre des directeurs de journaux et agences de presse ;
b) Un au titre des entreprises de communication audiovisuelle ;
2° Huit représentants des journalistes professionnels. — *[Anc. art. R. 761-3, al. 1ᵉʳ, et anc. art. R. 761-5, al. 1ᵉʳ.]*

Art. R. 7111-19 Les membres de la commission justifient de l'exercice de leur profession pendant deux ans au moins durant les cinq années précédant leur désignation ou leur élection.

Ils ne doivent avoir fait l'objet d'aucune interdiction, déchéance ou incapacité relative à leurs droits civiques. — *[Anc. art. R. 761-5, al. 4.]*

Art. R. 7111-20 Le mandat des membres désignés et des membres élus de la commission est de trois ans, renouvelable.

Il expire en même temps pour les deux catégories. — *[Anc. art. R. 761-5, al. 5.]*

SOUS-SECTION 2 Désignation et élection des membres

Art. R. 7111-21 Les représentants des employeurs sont désignés par les organisations représentatives des directeurs de journaux et agences de presse et des entreprises de communication audiovisuelle.

En cas de désaccord, le siège en litige est pourvu par arrêté du ministre chargé de la communication. — *[Anc. art. R. 761-5, al. 2, phrases 1 et 2.]*

Art. R. 7111-22 Les représentants des journalistes professionnels sont élus par les journalistes titulaires de la carte d'identité professionnelle.

Leur élection a lieu à bulletin secret au scrutin de liste à deux tours, à la représentation proportionnelle suivant la règle de la plus forte moyenne, avec vote préférentiel et sans panachage.

Les listes peuvent comporter un nombre de candidats inférieur à celui des sièges à pourvoir. – [Anc. art. R. 761-5, al. 2, phrase 3, et 3, phrases 1 et 2.]

Art. R. 7111-23 Au premier tour de scrutin de l'élection des représentants des journalistes professionnels, chaque liste est établie par les organisations de salariés représentatives au niveau national. Lorsque le nombre de votants est inférieur à la moitié des électeurs inscrits, il est procédé, dans un délai d'un mois, à un second tour de scrutin.

Pour le second tour, les électeurs peuvent voter pour des listes autres que celles qui sont présentées par les organisations précédemment mentionnées.

Les modalités techniques du scrutin sont précisées par le protocole d'accord électoral ou, à défaut, le règlement intérieur de la commission. – [Anc. art. R. 761-5, al. 3, phrases 3 à 5.]

Art. R. 7111-24 Des membres suppléants, en nombre égal à celui des représentants des employeurs et des journalistes professionnels, sont désignés et élus simultanément et dans les mêmes conditions que les membres titulaires.

Un des suppléants des représentants des employeurs est désigné au titre des entreprises de communication audiovisuelle du secteur privé par les organisations professionnelles représentatives de ces entreprises.

En cas de désaccord entre les organisations mentionnées au premier alinéa de l'article R. 7111-21, le siège en litige est pourvu par arrêté du ministre chargé de la communication.

Ces représentants suppléent les membres titulaires absents et remplacent, entre deux renouvellements, les membres décédés, démissionnaires ou qui cessent de faire partie de la commission par suite de décès ou de toute autre cause.

Les membres suppléants qui ne remplacent pas un membre titulaire peuvent être entendus par la commission, avant que celle-ci ne délibère. – [Anc. art. R. 761-6, al. 1er, 2 et 5.]

Art. R. 7111-25 Dans les régions délimitées par le règlement intérieur de la commission un représentant et un remplaçant de chaque catégorie sont désignés en qualité de correspondants.

Dans chaque région, le représentant et le remplaçant des employeurs sont désignés par l'organisation la plus représentative des directeurs de journaux, agences de presse et entreprises de communication audiovisuelle. Le représentant et le remplaçant des journalistes professionnels sont élus par les journalistes titulaires de la carte d'identité professionnelle.

Les correspondants peuvent être entendus par la commission, avant que celle-ci ne délibère. – [Anc. art. R. 761-6, al. 3 à 5.]

SOUS-SECTION 3 Organisation et fonctionnement

Art. R. 7111-26 Le président de la commission de la carte d'identité des journalistes professionnels est alternativement un représentant des employeurs et un représentant des journalistes professionnels. Le sort détermine celui qui préside la commission la première fois. – [Anc. art. R. 761-7, al. 2.]

Art. R. 7111-27 La commission de la carte d'identité des journalistes professionnels établit son règlement intérieur.

La commission ne peut délibérer que lorsqu'au moins cinq représentants des employeurs et cinq représentants des journalistes professionnels sont présents et participent au vote.

Lorsque, au cours d'une séance, l'une des deux catégories a plus de membres présents que l'autre, le nombre de ses représentants autorisés à prendre part au vote est ramené au nombre des présents de l'autre catégorie, dans des conditions déterminées par le règlement intérieur de la commission. – [Anc. art. R. 761-7, al. 1er et 3.]

Art. R. 7111-28 Les décisions de la commission de la carte d'identité des journalistes professionnels, notamment celles qui comportent délivrance, renouvellement ou annulation de la carte, sont prises à la majorité absolue des représentants présents. — *[Anc. art. R. 761-7, al. 4.]*

SOUS-SECTION 4 **Réclamations**

Art. R. 7111-29 Toute décision de la commission de la carte d'identité des journalistes professionnels peut faire l'objet d'une réclamation, par l'intéressé, devant la commission supérieure mentionnée à l'article R. 7111-32. — *[Anc. art. R. 761-16, al. 1er début, et anc. art. R. 761-23.]*

Art. R. 7111-30 Le délai pour formuler une réclamation devant la commission supérieure est d'un mois franc à compter de la notification de la décision comportant annulation, refus de délivrance ou de renouvellement de la carte.

Pour les personnes qui, domiciliées en France, en sont temporairement éloignées pour une cause reconnue légitime, le délai pour formuler la réclamation devant la commission supérieure est porté à six mois. — *[Anc. art. R. 761-17, al. 1er et 2.]*

Art. R. 7111-31 La réclamation est adressée par lettre recommandée avec avis de réception au président de la commission supérieure. Elle est suspensive.

La commission statue dans les conditions prévues aux articles R. 7111-12 et R. 7111-13. — *[Anc. art. R. 761-17, al. 3, et anc. art. R. 761-18.]*

Art. R. 7111-31-1 (Décr. n° 2014-1767 du 31 déc. 2014, art. 2) Le président de la commission supérieure représente l'État devant les juridictions compétentes en cas de litige relatif aux décisions de cette commission, à l'exception des pourvois devant le Conseil d'État.

Art. R. 7111-32 La commission supérieure comprend :
1° Un conseiller à la Cour de cassation, en exercice ou honoraire, président ;
2° Deux magistrats de la cour d'appel de Paris, en exercice ou honoraires ;
3° Un représentant des directeurs de journaux, agences de presse et entreprises de communication audiovisuelle ;
4° Un représentant des journalistes professionnels. — *[Anc. art. R. 761-16, al. 1er fin à 5.]*

Art. R. 7111-33 Les trois magistrats de la commission supérieure ainsi qu'un suppléant pour chacun d'eux sont désignés par le premier président de la cour dont ils relèvent.

Les représentants des directeurs de journaux, agences de presse et entreprises de communication audiovisuelle et des journalistes professionnels, ainsi que deux suppléants pour chacun d'eux, sont respectivement désignés et élus simultanément et dans les mêmes conditions que les membres de la commission de la carte d'identité des journalistes professionnels. — *[Anc. art. R. 761-16, al. 6 et 7.]*

Art. R. 7111-34 Le mandat de représentant à la commission supérieure est incompatible avec celui de membre de la commission de la carte d'identité des journalistes professionnels. — *[Anc. art. R. 761-16, al. 8.]*

Art. R. 7111-35 Il est procédé tous les trois ans au renouvellement complet de la commission supérieure. Les membres sortants peuvent être désignés ou élus à nouveau. — *[Anc. art. R. 761-16, al. 9.]*

CHAPITRE II **CONTRAT DE TRAVAIL**

Art. D. 7112-1 L'indemnité de rupture du contrat de travail, prévue à l'article L. 7112-3, ne peut être inférieure à un mois de salaire, par année ou fraction d'année d'ancienneté.

Le maximum des mensualités est fixé à quinze. — *[Anc. art. L. 761-5, al. 1er.]*

Art. D. 7112-2 La commission arbitrale prévue à l'article L. 7112-4 détermine l'indemnité due au salarié dont l'ancienneté excède quinze années. — *[Anc. art. L. 761-5, al. 2.]*

Art. D. 7112-3 La décision de la commission arbitrale est obligatoire. Elle produit effet à compter de sa saisine. Aucune disposition ne peut prescrire que ses effets rétroagiront avant cette date.

SPECTACLE, AUDIOVISUEL, PUBLICITÉ ET MODE   **Art. R. 7121-2** 3063

Sa minute est déposée par l'un des arbitres ou par le président de la commission au greffe du *(Décr. n° 2019-966 du 18 sept. 2019, art. 8-I, en vigueur le 1ᵉʳ janv. 2020)* « tribunal judiciaire » dans le ressort duquel la décision a été rendue. Ce dépôt est accompli dans les vingt-quatre heures et rend la décision exécutoire.

Les actes nécessités par l'application de l'article L. 7112-4 et du présent article sont dispensés de formes et de frais, en particulier de timbre et d'enregistrement. – *[Anc. art. L. 761-6 et anc. art. R. 761-1, al. 1ᵉʳ et 3.]*

La décision rendue par la commission arbitrale des journalistes devient exécutoire à la condition unique de son dépôt dans les 24 heures au greffe du tribunal de grande instance [tribunal judiciaire] ; peu importe que cette formalité soit réalisée par un arbitre de la commission, son président ou le secrétaire de celle-ci. ● Soc. 7 juin 2023, 🔒 n° 21-14.956 B : *D. actu. 29 juin 2023,* obs. Demay ; *Légipresse 2023.* 48, note Derieux et Gras ∅ ; *RJS 8-9/2023,* n° 489 ; *JCP S 2023.* 1186, obs. Dauxerre.

Art. D. 7112-4 La décision de la commission arbitrale est notifiée aux parties par lettre recommandée avec avis de réception vingt-quatre heures après avoir été rendue. Cette notification est faite par l'un des arbitres ou par le président de la commission. – *[Anc. art. R. 761-1, al. 2.]*

Art. D. 7112-5 La commission arbitrale comprend deux arbitres désignés par les organisations professionnelles d'employeurs et deux arbitres désignés par les organisations syndicales de salariés. – *[Anc. art. L. 761-5, al. 3.]*

Art. D. 7112-6 La nomination des arbitres par le président du *(Décr. n° 2019-966 du 18 sept. 2019, art. 8-I, en vigueur le 1ᵉʳ janv. 2020)* « tribunal judiciaire » intervient huit jours après une mise en demeure adressée par lettre recommandée à la partie défaillante par l'autre organisation ou aux deux parties par l'intéressé lui-même. – *[Anc. art. L. 761-5, al. 4.]*

CHAPITRE III RÉMUNÉRATION

Le présent chapitre ne comprend pas de dispositions réglementaires.

CHAPITRE IV DISPOSITIONS PÉNALES

Le présent chapitre ne comprend pas de dispositions réglementaires.

TITRE II PROFESSIONS DU SPECTACLE, DE L'AUDIOVISUEL, DE LA PUBLICITÉ ET DE LA MODE *(Décr. n° 2022-727 du 28 avr. 2022, art. 1ᵉʳ).*

CHAPITRE I ARTISTES DU SPECTACLE

SECTION 1 Agents artistiques

(Décr. n° 2011-517 du 11 mai 2011)

SOUS-SECTION 1 Dispositions générales

Art. R. 7121-1 L'agent artistique représente l'artiste du spectacle. A cette fin, il exerce notamment les missions suivantes :

1° Défense des activités et des intérêts professionnels de l'artiste du spectacle ;

2° Assistance, gestion, suivi et administration de la carrière de l'artiste du spectacle ;

3° Recherche et conclusion des contrats de travail pour l'artiste du spectacle ;

4° Promotion de la carrière de l'artiste du spectacle auprès de l'ensemble des professionnels du monde artistique ;

5° Examen de toutes propositions qui sont faites à l'artiste du spectacle ;

6° Gestion de l'agenda et des relations de presse de l'artiste du spectacle ;

7° Négociation et examen du contenu des contrats de l'artiste du spectacle, vérification de leur légalité et de leur bonne exécution auprès des employeurs.

Art. R. 7121-2 *(Abrogé par Décr. n° 2020-733 du 15 juin 2020, art. 8) La personne physique ou la personne morale, qui opère sur le territoire national le placement des artistes* *du spectacle au sens de l'article L. 7121-9, s'inscrit préalablement dans le registre national des agents artistiques auprès du ministère chargé de la culture.*

L'inscription mentionnée à l'alinéa précédent est effectuée préalablement à la première prestation de service[s] sur le territoire national par l'agent artistique ressortissant d'un État membre de la Communauté européenne ou d'un autre État partie à l'accord sur l'Espace économique européen.

Art. R. 7121-3 (Abrogé par Décr. n° 2020-733 du 15 juin 2020, art. 8) *L'inscription au registre national des agents artistiques mentionné à l'article R. 7121-2 comporte les éléments suivants transmis par l'agent artistique :*

1° Le nom et le prénom de la personne physique ou du dirigeant de la personne morale ;
2° L'adresse professionnelle, le numéro de téléphone et l'adresse électronique ;
3° S'il y a lieu, le nom de l'enseigne commerciale ;
4° La forme juridique sous laquelle est exercée l'activité ;
5° La ou les spécialités de l'agence artistique ;
6° Une déclaration de la personne physique ou morale indiquant si elle exerce, directement ou indirectement, l'activité de producteur d'œuvres cinématographiques ou audiovisuelles.

L'agent artistique doit avertir dans le délai d'un mois, par tous moyens, y compris par voie électronique, le ministre chargé de la culture de tout changement intervenu depuis la date de son inscription dans les éléments mentionnés au présent article.

Lorsqu'une modification de ces éléments est constatée par le ministre, celui-ci ne peut modifier le registre qu'à l'expiration d'un délai de quinze jours suivant l'information préalable de l'intéressé, adressée par tous moyens, y compris par voie électronique.

Art. R. 7121-4 (Abrogé par Décr. n° 2020-733 du 15 juin 2020, art. 8) *Le ministre chargé de la culture délivre un document attestant de l'inscription sur le registre, le cas échéant par voie électronique.*

Art. R. 7121-5 (Abrogé par Décr. n° 2020-733 du 15 juin 2020, art. 8) *Le ministre chargé de la culture tient à jour une liste accessible au public des agents inscrits sur le registre national des agents artistiques, le cas échéant sous forme électronique. La liste comporte les mentions énumérées à l'article R. 7121-3.*

SOUS-SECTION 2 **Le mandat**

Art. R. 7121-6 Le mandat entre un agent artistique et un artiste est régi dans les conditions prévues au titre XIII du livre III du code civil. Il précise au minimum :
1° La ou les missions confiées et les modalités pour rendre compte de leur exécution périodique ;
2° Leurs conditions de rémunération ;
3° Le terme du mandat ou les autres modalités par lesquelles il prend fin.
Il est établi à titre gratuit.

SOUS-SECTION 3 **Rémunérations**

(Décr. n° 2011-1018 du 25 août 2011)

Art. D. 7121-7 L'agent artistique perçoit en contrepartie de ses services, dans les conditions fixées par le mandat mentionné à l'article R. 7121-6, une rémunération calculée en pourcentage des rémunérations, fixes ou proportionnelles à l'exploitation, perçues par l'artiste.

Les sommes perçues par l'agent artistique en contrepartie des missions définies à l'article R. 7121-1, autres que celles mentionnées au second alinéa de l'article D. 7121-8, ne peuvent excéder un plafond de 10 % du montant brut des rémunérations définies au premier alinéa.

Toutefois, lorsque, conformément aux usages professionnels en vigueur notamment dans le domaine des musiques actuelles, des missions particulières justifiant une rémunération complémentaire sont confiées par l'artiste à l'agent en matière d'organisation et de développement de sa carrière, le plafond mentionné à l'alinéa précédent est porté à 15 %.

Le contrat de travail signé entre l'artiste et l'employeur prévoit la partie qui prend en charge les sommes dues à l'agent artistique et, le cas échéant, selon quel partage.

SPECTACLE, AUDIOVISUEL, PUBLICITÉ ET MODE **Art. D. 7121-32** 3065

Ne peuvent être prises en charge par l'employeur que les sommes calculées en pourcentage des rémunérations qu'il verse directement à l'artiste et dont l'agent artistique bénéficiaire est explicitement désigné dans le contrat de travail.

La rémunération complémentaire mentionnée au troisième alinéa est prise en charge par l'artiste. Elle peut toutefois être versée par l'employeur pour le compte de l'artiste.

Art. D. 7121-8 Ne peuvent être pris en considération pour le calcul de la rémunération de l'agent artistique en application du premier alinéa de l'article D. 7121-7 les remboursements, indemnités et avantages en nature perçus par l'artiste à titre de frais professionnels.

Dans les conditions fixées par le mandat mentionné à l'article R. 7121-6 et sur présentation de pièces justificatives, les frais engagés par l'agent artistique en accord avec l'artiste peuvent faire l'objet d'un remboursement.

SECTION 2 Congés payés

SOUS-SECTION 1 Champ d'application

Art. D. 7121-28 La présente section détermine, conformément à l'article *(Décr. n° 2016-1553 du 18 nov. 2016, art. 7-IV, en vigueur le 1ᵉʳ janv. 2017)* « L. 3141-32 », les modalités d'application des dispositions relatives aux congés payés du personnel artistique et technique du spectacle occupé :

1° Dans les entreprises de spectacle occupant les activités prévues au code 92.3 et aux codes 92.7A et 55.4C de la nomenclature des activités françaises (NAF) ainsi que par les impresarios, agences théâtrales, chefs d'orchestre, chefs de troupe ou dans les hôtels, cafés, restaurants ;

2° Dans les entreprises exerçant les activités cinématographiques et vidéo prévues au code 92.1 de la nomenclature NAF ;

3° Dans les entreprises exerçant les activités de radio et de télévision prévues au code 92.2 de la nomenclature NAF ;

4° Dans les entreprises exerçant les activités d'édition d'enregistrements sonores prévues au code 22.1G. − *[Anc. art. D. 762-1, al. 1ᵉʳ et 2.]*

Art. D. 7121-29 La présente section s'applique également pour leur personnel artistique et technique :

1° Aux personnes morales de droit public exerçant les types d'activités mentionnés à l'article D. 7121-28 à titre principal, accessoire ou occasionnel, sous quelque forme juridique que ce soit ;

2° Au personnel artistique et technique détaché dans les conditions prévues à l'article L. 1261-3. − *[Anc. art. D. 762-1, al. 3 et 4.]*

SOUS-SECTION 2 Droit au congé

Art. D. 7121-30 Les dispositions relatives aux congés payés, prévus par le chapitre premier du titre IV du livre premier de la partie III, qui ne sont pas contraires aux dispositions de la présente section s'appliquent. − *[Anc. art. D. 762-11.]*

Art. D. 7121-31 Lorsqu'il justifie d'au moins quatre semaines d'engagement ou de trente cachets au cours de la période de référence chez un ou plusieurs des employeurs assujettis, le bénéficiaire de la présente section a droit à un congé déterminé conformément aux dispositions des articles L. 3141-3 à *(Décr. n° 2016-1553 du 18 nov. 2016, art. 7-IV, en vigueur le 1ᵉʳ janv. 2017)* « L. 3141-31 ».

Chaque journée de congé payé est considérée, pour la détermination du droit au congé ultérieur, comme correspondant à une journée de travail ou à un cachet. − *[Anc. art. D. 762-5.]*

Art. D. 7121-32 L'employeur délivre au salarié qu'il cesse d'employer ou qui peut bénéficier de son congé annuel un certificat justificatif de ses droits à congé en double exemplaire.

Ce certificat indique :

1° La durée des engagements ou le nombre des cachets accomplis pour le compte de l'employeur dans les douze mois qui précédent *[précèdent]* et le montant de la rémunération versée pendant la période envisagée ;

2° La raison sociale et l'adresse de la caisse de congés payés à laquelle l'employeur est affilié.

Il lui remet également une enveloppe timbrée nécessaire à la transmission de ce certificat à la caisse de congés payés. — *[Anc. art. D. 762-6, al. 1er.]*

Art. D. 7121-33 Le salarié transmet à la caisse de congés payés prévue à la sous-section 3 un exemplaire du certificat justificatif de ses droits à congés. — *[Anc. art. D. 762-6, al. 2, phrase 1.]*

Art. D. 7121-34 Lorsque, au moment du départ du salarié, l'employeur ne lui a pas délivré le certificat justificatif de ses droits à congés, l'intéressé peut le réclamer dans les six mois suivant son départ.

En cas de refus de l'employeur, l'intéressé informe la caisse de congés. — *[Anc. art. D. 762-6, al. 2, phrase 2.]*

Art. D. 7121-35 Le versement des cotisations accompli par l'employeur en application de l'article D. 7121-44 le dispense du paiement de l'indemnité compensatrice de congé, prévue à l'article (*Décr. n° 2016-1553 du 18 nov. 2016, art. 7-IV, en vigueur le 1er janv. 2017*) « L. 3141-28 », en cas de rupture du contrat de travail d'un salarié qui a au moins un mois d'ancienneté dans l'entreprise et qui n'a pas bénéficié de son congé payé. — *[Anc. art. D. 762-6, al. 3.]*

Art. D. 7121-36 Pour bénéficier du congé annuel continu, en application de l'article D. 7121-31, le salarié transmet à la caisse de congés payés les certificats qu'il a reçus de son employeur ou de ses employeurs successifs. Cette transmission est faite quinze jours au moins avant la date à laquelle il prend son congé.

Après vérification, la caisse verse à l'intéressé le montant de l'indemnité à laquelle il a droit contre remise d'une pièce justifiant son immatriculation à la sécurité sociale. — *[Anc. art. D. 762-7.]*

Art. D. 7121-37 Le montant de l'indemnité journalière de congé est égal à la rémunération journalière moyenne que l'intéressé a reçue dans les entreprises où il a été employé pendant la période prise en considération pour la détermination du droit au congé.

Le montant de l'indemnité journalière ne peut excéder le chiffre maximum fixé dans les conventions collectives de travail ou par sentence arbitrale, rendue dans les conditions prévues aux articles L. 2524-1 et suivants.

En cas d'absence de convention collective, le montant de l'indemnité journalière est limité au triple du montant du salaire minimum de la catégorie professionnelle, à moins qu'une sentence arbitrale n'ait fixé une limite plus élevée. — *[Anc. art. D. 762-8.]*

SOUS-SECTION 3 Caisse de congés payés

§ 1 Constitution

Art. D. 7121-38 Une caisse de congés payés assure le service des congés annuels au personnel artistique et technique employé de façon intermittente dans les entreprises mentionnées aux articles D. 7121-28 et D. 7121-29.

Cette caisse répartit entre ces entreprises les charges résultant de l'attribution des congés payés. — *[Anc. art. D. 762-2, al. 1er.]*

Art. D. 7121-39 La caisse de congés payés est agréée par le ministre chargé du travail.

Le ministre approuve ses statuts et règlements ainsi que les modifications qui leurs sont apportées. Ils ne peuvent être modifiés qu'avec son approbation.

Un arrêté du ministre chargé du travail fixe les pièces, justifications et garanties à fournir par la caisse, soit en vue de son agrément, soit au cours de son fonctionnement. Cet arrêté détermine également les dispositions que contiennent ses statuts et règlements. — *[Anc. art. D. 762-2, al. 2 à 4.]*

En application de l'art. L. 231-5 CRPA, et par exception à l'application du délai de deux mois prévu à l'art. L. 231-1 du même code, le silence gardé par l'administration pendant deux mois vaut décision de rejet pour une demande d'agrément de la caisse de congés payés du spectacle (Décr. n° 2014-1289 du 23 oct. 2014, art. 1er).

§ 2 Affiliation

Art. D. 7121-40 Les employeurs mentionnés aux articles D. 7121-28 et D. 7121-29 s'affilient, pour le personnel artistique et technique qu'ils emploient, à la caisse de congés payés prévue à l'article D. 7121-38. — *[Anc. art. D. 762-3, al. 1er.]*

Art. D. 7121-41 Les employeurs déclarent à la caisse de congés payés le personnel artistique et technique qu'ils n'ont pas employé de façon continue pendant les douze mois précédant la demande de congé. — *[Anc. art. D. 762-3, al. 2.]*

Art. D. 7121-42 Les entreprises établies dans un autre État membre de l'Union européenne ou d'un autre État partie à l'accord sur l'Espace économique européen qui emploient des salariés détachés mentionnés au 2° de l'article D. 7121-29 peuvent s'exonérer des obligations figurant à la présente section lorsqu'elles justifient que ces salariés bénéficient, pour la période de détachement, de leurs droits à congés payés dans des conditions au moins équivalentes à celles prévues par la législation française. — *[Anc. art. D. 762-3, al. 4.]*

Art. D. 7121-43 Lorsque, dans les pays où elles sont établies, les entreprises mentionnées à l'article D. 7121-42 sont affiliées à une institution équivalente aux caisses de congés payés, elles justifient, pour bénéficier de l'exonération :
1° Qu'elles sont à jour de leurs obligations à l'égard de ces institutions à la date du commencement de la prestation ;
2° Qu'elles ont continué à cotiser à l'institution compétente durant le détachement temporaire. — *[Anc. art. D. 762-3, al. 5.]*

Art. D. 7121-44 La cotisation versée par l'employeur affilié à la caisse de congés payés est déterminée par un pourcentage du montant des salaires et appointements payés au personnel intéressé.
Le règlement intérieur de la caisse détermine le pourcentage, les périodes et les modes de versement des cotisations ainsi que les justifications, dont ce versement est accompagné.
Il détermine également les vérifications auxquelles se soumettent les employeurs. — *[Anc. art. D. 762-4.]*

Art. D. 7121-45 L'employeur (*Décr. n° 2016-1418 du 20 oct. 2016, art. 5*) « communique par tout moyen aux salariés » la raison sociale et l'adresse de la caisse de congés payés à laquelle il est affilié.

Art. D. 7121-46 L'employeur justifie aux agents de l'inspection du travail et aux officiers de police judiciaire qu'il est à jour de ses obligations envers la caisse de congés payés en produisant les pièces émanant de cette caisse. — *[Anc. art. D. 762-10, al. 1er, phrase 2.]*

Art. D. 7121-47 L'employeur indique à la caisse de congés payés la caisse d'allocations familiales à laquelle il adhère.
Il justifie, par des pièces émanant de la caisse de congés payés, trimestriellement et plus souvent si nécessaire :
1° Du taux de compensation qui lui est appliqué ;
2° Qu'il est à jour de ses obligations envers la caisse de congés payés. — *[Anc. art. D. 762-10, al. 2.]*

§ 3 Commission paritaire

Art. D. 7121-48 Une commission paritaire est instituée auprès de la caisse de congés payés.
Elle est chargée :
1° De contrôler le fonctionnement de la caisse quant à l'attribution des indemnités de congé aux ayants droit ;
2° De statuer sur les contestations qui peuvent s'élever sur le droit au congé. — *[Anc. art. D. 762-9, al. 2, phrase 1.]*

Art. D. 7121-49 La commission paritaire est composée en nombre égal de représentants des employeurs et des salariés. Ces représentants sont désignés respectivement par les organisations professionnelles représentatives au niveau national des entreprises et professions pour lesquelles la caisse est agréée.

En cas de contestation sur la détermination des organisations représentatives, le ministre chargé du travail se prononce dans les conditions prévues à l'article L. 2121-2. — [Anc. art. D. 762-9, al. 1er, et 2, phrase 2.]

SECTION 3 **Dispositions pénales**

(Décr. n° 2011-517 du 11 mai 2011)

Art. R. 7121-50 (Abrogé par Décr. n° 2020-733 du 15 juin 2020, art. 8) *Le fait, pour toute personne d'exercer sur le territoire national l'activité d'agent artistique définie à l'article L. 7121-9 sans être préalablement inscrite au registre mentionné à l'article L. 7121-10 en méconnaissance de ces dispositions, est puni de l'amende prévue pour les contraventions de la cinquième classe.*

Art. R. 7121-51 Le fait, pour un agent artistique titulaire d'une licence d'entrepreneur de spectacles vivants et produisant un spectacle vivant, de percevoir une commission sur l'ensemble des artistes composant la distribution du spectacle, en méconnaissance des dispositions de l'article L. 7121-12, est puni de l'amende prévue pour les contraventions de la cinquième classe.

Art. R. 7121-52 Le fait, pour un agent artistique établi sur le territoire national, de percevoir des sommes, en méconnaissance des dispositions de l'article L. 7121-13, est puni de l'amende prévue pour les contraventions de la cinquième classe.

CHAPITRE II **ENTREPRISES DE SPECTACLES VIVANTS**

SECTION 1 **Activité d'entrepreneur de spectacles vivants** (Décr. n° 2019-1004 du 27 sept. 2019, art. 2, en vigueur le 1er oct. 2019).

SOUS-SECTION 1 **Dispositions communes**

(Décr. n° 2019-1004 du 27 sept. 2019, art. 2, en vigueur le 1er oct. 2019)

Art. D. 7122-1 Les entrepreneurs de spectacles vivants soumis aux obligations du présent chapitre sont classés selon les catégories suivantes :

1° Les exploitants de lieux de spectacles aménagés pour les représentations publiques ;
2° Les producteurs de spectacles ou entrepreneurs de tournées qui ont la responsabilité d'un spectacle et notamment celle d'employeur à l'égard du plateau artistique ;
3° Les diffuseurs de spectacles qui ont la charge, dans le cadre d'un contrat, de l'accueil du public, de la billetterie et de la sécurité des spectacles, et les entrepreneurs de tournées qui n'ont pas la responsabilité d'employeur à l'égard du plateau artistique.

Art. R. 7122-2 L'entrepreneur de spectacles vivants adresse au préfet de région la déclaration prévue par le 2° de l'article L. 7122-3, ou l'informe de son activité en application de l'article L. 7122-6, au moyen d'un téléservice mentionné à l'article L. 112-9 du code des relations entre le public et l'administration, mis en place par le ministre chargé de la culture.

Le téléservice permet le signalement sans délai au déclarant des pièces ou informations manquantes et, lorsque la déclaration est complète, l'envoi sans délai d'un récépissé de déclaration. Le récépissé mentionne le numéro de la déclaration.

Le silence gardé par l'administration pendant un mois à compter de la date du récépissé vaut absence d'opposition à la déclaration.

Le site internet public du téléservice comporte la liste des récépissés de déclaration.

La liste des documents et informations à fournir en application des articles L. 7122-3, L. 7122-4, L. 7122-5 et L. 7122-6 est fixée par un arrêté du ministre chargé de la culture. — V. Arr. du 27 sept. 2019, NOR : MICB1927667A (JO 29 sept.)

SOUS-SECTION 2 **Entrepreneur de spectacles vivants établi en France**

(Décr. n° 2019-1004 du 27 sept. 2019, art. 2, en vigueur le 1er oct. 2019)

Art. R. 7122-3 Aux fins de répondre aux conditions de compétence ou d'expérience professionnelle mentionnées au I de l'article L. 7122-4, lorsque l'entrepreneur est une personne physique, il doit être majeur et remplir l'une des conditions suivantes :

1° Être titulaire d'un diplôme de l'enseignement supérieur ou d'un titre de même niveau inscrit au répertoire national des certifications professionnelles mentionné à l'article L. 6113-1 ;
2° Justifier d'une expérience professionnelle de six mois au moins dans le spectacle vivant ;
3° Justifier d'une formation d'au moins cent vingt-cinq heures ou d'un ensemble de compétences, figurant dans un répertoire établi par la commission paritaire nationale mentionnée à l'article L. 6113-2, compétente pour le spectacle vivant.

Lorsque l'entrepreneur est une personne morale, il doit justifier de la présence dans l'entreprise d'une ou plusieurs personnes physiques remplissant l'une au moins des conditions mentionnées aux 1° à 3°.

Lorsque la déclaration est faite en vue de l'exploitation de lieux de spectacles aménagés pour les représentations publiques, la personne physique déclarante doit en outre justifier avoir suivi une formation à la sécurité des spectacles adaptée à la nature de ces lieux, figurant dans un répertoire établi par la commission paritaire nationale, et la personne morale doit justifier de la présence dans l'entreprise d'une ou plusieurs personnes physiques remplissant cette condition.

Art. R. 7122-4 Lors d'une première déclaration, le déclarant peut exercer l'activité d'entrepreneur de spectacles vivants à l'issue du délai d'un mois mentionné à l'article R. 7122-2.

Art. R. 7122-5 La déclaration prévue par le 2° de l'article L. 7122-3 est renouvelée par l'entrepreneur tous les cinq ans, dans les conditions prévues à l'article R. 7122-2, auprès du préfet de région compétent pour connaître de la déclaration de l'établissement principal de l'entreprise.

La liste des documents et informations à fournir en application du présent article est fixée par un arrêté du ministre chargé de la culture.

Art. R. 7122-6 Toute modification dans les éléments constitutifs de la déclaration est portée à la connaissance du préfet de région, dans un délai de quinze jours suivant ce changement, par actualisation de la déclaration au moyen du téléservice mentionné à l'article R. 7122-2.

Lorsque la modification porte sur la cessation de présence dans l'entreprise de toute personne physique remplissant au moins l'une des conditions mentionnées aux 1° à 3° de l'article R. 7122-3, ou de toute personne physique remplissant la condition mentionnée au dernier alinéa du même article, la personne morale entrepreneur de spectacles vivants justifie en outre de leur remplacement respectivement dans les trois mois et dans le mois suivant leur départ. A défaut, le préfet de région peut engager la procédure prévue à l'article R. 7122-11.

SOUS-SECTION 3 **Entrepreneur de spectacles vivants non établi en France**

(Décr. n° 2019-1004 du 27 sept. 2019, art. 2, en vigueur le 1er oct. 2019)

§ 1 Conditions d'établissement en France des ressortissants d'un État membre de l'Union européenne ou d'un autre État partie à l'accord sur l'Espace économique européen

Art. R. 7122-7 Le titre mentionné à l'article L. 7122-5 est transmis par l'entrepreneur de spectacles vivants au préfet de région du lieu envisagé de l'établissement, au moyen du téléservice mentionné à l'article R. 7122-2. Le préfet de région apprécie l'équivalence du titre fourni eu égard aux conditions de compétence ou d'expérience professionnelle mentionnées au I de l'article L. 7122-4 et au contenu de la déclaration prévue par le 2° de l'article L. 7122-3.

Lorsqu'il reconnaît le titre d'effet équivalent, le préfet de région délivre un récépissé de déclaration pour la catégorie correspondant au titre dans un délai d'un mois à compter du dépôt du titre.

Dans le cas contraire, le préfet de région informe par tout moyen l'intéressé de son refus de reconnaître l'équivalence du titre par une décision motivée dans le même délai.

Le silence gardé par l'administration pendant un mois à compter du dépôt du titre vaut reconnaissance de l'équivalence.

§ 2 Conditions de prestation de services en France des entrepreneurs de spectacles vivants établis dans un État membre de l'Union européenne ou dans un autre État partie à l'accord sur l'Espace économique européen

Art. R. 7122-8 L'information préalable d'activité mentionnée au 1° de l'article L. 7122-6 est adressée, via le téléservice mentionné à l'article R. 7122-2, au préfet de région du lieu de la représentation publique ou, lorsque les représentations sont données dans plusieurs régions, au préfet de région du lieu de la première représentation publique. Elle précise la date de début et la durée de l'exercice envisagé en France.

L'information est transmise au moins un mois avant le début de la période d'exercice en France.

§ 3 Conditions de prestation de services en France des entrepreneurs non établis dans un État membre de l'Union européenne ou de l'Espace économique européen

Art. R. 7122-9 L'information préalable d'activité et le contrat prévus au 2° de l'article L. 7122-6 sont adressés au préfet de région du lieu de la représentation publique ou, lorsque les représentations sont données dans plusieurs régions, au préfet de région du lieu de la première représentation, au moyen du téléservice mentionné à l'article R. 7122-2.

L'information précise la date de début et la durée de l'exercice envisagé en France.

Elle est transmise au moins un mois avant le début de la période d'exercice en France.

SOUS-SECTION 4 **Protection des salaires**

Art. D. 7122-10 Pour assurer le paiement des salaires, le président du tribunal peut autoriser, en application de l'article L. 7122-15, la saisie des recettes du spectacle. — *[Anc. art. 8, al. 2, Ord. n° 45-2339 du 13 oct. 1945.]*

L'art. D. 7122-24 devient l'art. D. 7122-10 (Décr. n° 2019-1004 du 27 sept. 2019, art. 2, en vigueur le 1er oct. 2019).

SOUS-SECTION 5 **Contrôle**

Art. R. 7122-11 *(Décr. n° 2019-1004 du 27 sept. 2019, art. 2, en vigueur le 1er oct. 2019)* I. – Si le préfet de région du lieu de l'établissement principal de l'entreprise de spectacles vivants ou du lieu de la représentation publique constate que l'exercice de l'activité ne satisfait pas aux exigences légales ou réglementaires relatives à la profession d'entrepreneur de spectacles vivants mentionnées à l'article L. 7122-7, il en informe par tout moyen l'entrepreneur de spectacles vivants en l'invitant à présenter des observations écrites et, le cas échéant, à régulariser sa situation dans le délai d'un mois à compter de cette notification. L'entrepreneur peut demander à être entendu par le préfet de région.

II. – Le préfet de région informe l'entrepreneur de spectacles vivants des suites données à la procédure.

En cas d'opposition à la poursuite de l'activité, l'entrepreneur ne peut plus exercer son activité en France et l'invalidité du récépissé est portée sur le site internet public du téléservice mentionné à l'article R. 7122-2.

Art. R. 7122-12 *(Décr. n° 2019-1004 du 27 sept. 2019, art. 2, en vigueur le 1er oct. 2019)* Les supports de communication et la billetterie de tout spectacle vivant mentionnent le numéro du récépissé de la déclaration en cours de validité du ou des entrepreneurs de spectacles vivants qui le produisent ou le diffusent.

SECTION 2 **Activité d'entrepreneur de spectacles vivants à titre accessoire**

(Décr. n° 2019-1004 du 27 sept. 2019, art. 3, en vigueur le 1er oct. 2019)

Art. R. 7122-13 Le plafond annuel permettant d'exercer l'activité d'entrepreneur de spectacles vivants sans être soumis aux obligations de déclaration mentionnées à l'article L. 7122-3 est fixé à six représentations.

SECTION 3 Guichet unique pour le spectacle vivant

Art. R. 7122-14 (*Décr. n° 2021-1340 du 13 oct. 2021, art. 2*) L'employeur procède aux déclarations obligatoires mentionnées à l'article L. 7122-23 au moyen de la déclaration unique et simplifiée mentionnée à l'article R. 7122-16, dans les conditions prévues à l'article L. 133-9 du code de la sécurité sociale.

Art. R. 7122-15 La déclaration unique et simplifiée concerne l'embauche et l'emploi d'artistes du spectacle ainsi que des ouvriers et techniciens relevant des professions du spectacle vivant et occupant un des emplois définis par l'accord relatif à l'application du régime d'assurance chômage à ces professions prévu à l'article L. 5422-20. — [*Anc. art. R. 620-6, al. 2 fin.*]

Pour l'application à Mayotte de cet art., V. art. R. 7523-1.

L'art. R. 7122-30 devient l'art. R. 7122-15 (Décr. n° 2019-1004 du 27 sept. 2019, art. 4).

Art. R. 7122-16 La déclaration unique et simplifiée permet de satisfaire :
1° Aux déclarations prévues par les dispositions suivantes, ou requises pour leur application :
a) (*Décr. n° 2019-613 du 19 juin 2019, art. 2*) « Articles 87 A et 87-0 A » du code général des impôts ;
b) Articles L. 922-2, R. 243-2, R. 243-13, R. 243-14 et R. 312-4 du code de la sécurité sociale ;
c) Articles L. 1221-10 et L. 1221-11, relatifs à la déclaration préalable à l'embauche ;
d) Article R. 1234-9, relatif à l'attestation d'assurance chômage ;
e) Article L. 4622-6, relatif aux dépenses afférentes aux services de santé au travail ;
f) Articles L. 6331-55 et L. 6331-56, relatifs à la participation des employeurs de salariés intermittents au développement de la formation professionnelle continue ;
g) Articles R. 4622-1 à R. 4622-4, relatifs à l'organisation du service de santé au travail ;
(*Décr. n° 2016-1908 du 27 déc. 2016, art. 19*) « *h)* Articles R. 4624-10 à R. 4624-15, relatifs à la visite d'information et de prévention, ou aux articles R. 4624-24 à R. 4624-27 relatif[s] à l'examen médical d'aptitude » ;
i) Articles R. 5422-5 et R. 5422-6, relatifs à l'obligation d'assurance contre le risque de privation d'emploi et à l'obligation pour l'employeur d'adresser à (*Décr. n° 2014-524 du 22 mai 2014, art. 16-II*) « Pôle emploi » [*France Travail depuis le 1ᵉʳ janv. 2024*] des déclarations ;
j) Article D. 7121-40, relatif à l'affiliation à la caisse de congés payés des artistes du spectacle ;
2° Aux déclarations et au versement des cotisations et contributions (*Décr. n° 2019-613 du 19 juin 2019, art. 2*) « et de la retenue à la source prévue à l'article 204 A du code général des impôts » dues :
a) Aux organismes chargés du recouvrement des cotisations et contributions du régime général de la sécurité sociale ;
b) (*Décr. n° 2008-1010 du 29 sept. 2008*) « A (*Décr. n° 2014-524 du 22 mai 2014, art. 16-II*) « Pôle emploi » [*France Travail depuis le 1ᵉʳ janv. 2024*] pour le compte de l'organisme mentionné à l'article L. 5427-1 » ;
c) Aux institutions mettant en œuvre les régimes de retraite complémentaire mentionnés au chapitre premier du titre II du livre IX du code de la sécurité sociale ;
d) Aux services de santé au travail interentreprises organisés en application de l'article L. 4622-2 ;
e) A l'(*L. n° 2018-771 du 5 sept. 2018, art. 45-II*) « opérateur de compétences » chargé du recouvrement de la contribution mentionnée à l'article L. 6331-55 ;
f) A la caisse des congés payés mentionnée à l'article D. 7121-38 ;
(*Décr. n° 2019-613 du 19 juin 2019, art. 2*) « *g)* A l'administration fiscale. »

Pour l'application à Mayotte de cet art., V. art. R. 7523-2.

L'art. R. 7122-31 devient l'art. R. 7122-16 (Décr. n° 2019-1004 du 27 sept. 2019, art. 4).

Art. R. 7122-17 La déclaration unique et simplifiée comporte deux volets :
1° Un premier volet qui permet de satisfaire à la déclaration préalable à l'embauche prévue à l'article L. 1221-10 ;

2° Un second volet *(Abrogé par Décr. n° 2021-1340 du 13 oct. 2021, art. 2)* « *constitué de quatre feuillets identiques* » qui permet de satisfaire aux autres obligations mentionnées aux articles L. **7122-24** et *(Décr. n° 2021-1340 du 13 oct. 2021, art. 2)* « R. **7122-16** ».

L'art. R. 7122-32 devient l'art. R. 7122-17 (Décr. n° 2019-1004 du 27 sept. 2019, art. 4, en vigueur le 1ᵉʳ oct. 2019).

Art. R. 7122-18 L'employeur est réputé satisfaire aux obligations énumérées aux articles *(Décr. n° 2023-1004 du 30 oct. 2023, art. 5, en vigueur au plus tard le 1ᵉʳ avr. 2024)* « L. **1221-5-1,** » L. **7122-24** et *(Décr. n° 2021-1340 du 13 oct. 2021, art. 2)* « R. **7122-16** » lorsque les deux volets de la déclaration unique et simplifiée comportent les informations suivantes :
1° Mentions relatives à l'employeur :
a) Nom, prénom ou dénomination sociale ;
b) Code APE ;
c) Numéro SIRET ;
d) Numéro d'inscription au répertoire national d'identification des personnes physiques lorsque l'employeur est un particulier ;
e) Adresse ;
f) Numéros de téléphone et *(Décr. n° 2019-796 du 26 juill. 2019, art. 3)* « courriel » ;
(Abrogé par Décr. n° 2019-796 du 26 juill. 2019, art. 3) « *g) Numéro de compte bancaire ;* »
2° Mentions relatives au salarié :
a) Nom et prénom ;
b) Nom marital ;
c) Adresse ;
d) Numéro d'immatriculation à la sécurité sociale ;
e) Date et lieu de naissance ;
f) Sexe ;
g) Nationalité ;
3° Mentions relatives à l'embauche et à l'emploi :
a) Date et heure d'embauche ;
b) Motif du contrat ;
c) Emploi occupé ;
(Décr. n° 2023-1004 du 30 oct. 2023, art. 5, en vigueur au plus tard le 1ᵉʳ avr. 2024)
« *d)* Lieu de travail si différent de l'adresse de l'employeur mentionnée au *e* du 1° ; »
e) Salaire horaire brut ou valeur unitaire en cas de rémunération au cachet ;
f) Intitulé la convention collective de branche applicable ;
(Décr. n° 2019-613 du 19 juin 2019, art. 2) « *g)* Montant de la retenue à la source prévue à l'article 204 A du code général des impôts ; »
(Décr. n° 2023-1004 du 30 oct. 2023, art. 5, en vigueur au plus tard le 1ᵉʳ avr. 2024)
« *h)* S'il y a lieu, la durée et les conditions de la période d'essai ; »
4° Mentions relatives à l'exécution et à la cessation du contrat de travail :
a) Nombre d'heures de travail accomplies ou de cachets ;
b) Période pendant laquelle l'emploi a été pourvu ;
c) Rémunération nette ;
(Décr. n° 2023-1004 du 30 oct. 2023, art. 5, en vigueur au plus tard le 1ᵉʳ avr. 2024)
« *d)* La méthode et la périodicité du versement de la rémunération ; »
e) Signature de l'employeur à la date d'expiration du contrat de travail ;
(Décr. n° 2023-1004 du 30 oct. 2023, art. 5, en vigueur au plus tard le 1ᵉʳ avr. 2024)
« *f)* Les droits du salarié à l'indemnité compensatrice de congés mentionnée à l'article L. **1242-16** et les modalités de service des congés annuels dont bénéficie le salarié ;
« *g)* Les modalités de cessation des relations de travail ;
« *h)* Les modalités de contribution de l'employeur aux droits à formation du salarié ;
« *i)* L'identification des organismes de sécurité sociale percevant les cotisations sociales liées à la relation de travail ainsi que des organismes de protection sociale complémentaire.

« Le renseignement de la rubrique mentionnée au g du 4° peut prendre la forme d'un renvoi aux dispositions législatives et réglementaires ou aux stipulations conventionnelles applicables. »

L'art. R. 7122-33 devient l'art. R. 7122-18 (Décr. n° 2019-1004 du 27 sept. 2019, art. 4, en vigueur le 1er oct. 2019).

Art. R. 7122-19 Les employeurs mentionnés à l'article L. 7122-22 adressent à l'organisme habilité par l'État la déclaration unique et simplifiée. — *[Anc. art. R. 620-6, al. 2 début.]*

L'art. R. 7122-34 devient l'art. R. 7122-19 (Décr. n° 2019-1004 du 27 sept. 2019, art. 4, en vigueur le 1er oct. 2019).

Art. R. 7122-20 *(Abrogé par Décr. n° 2021-1340 du 13 oct. 2021, art. 2)* « *L'organisme habilité délivre avant l'embauche la déclaration unique et simplifiée à l'employeur, à la demande de l'employeur ou de la personne susceptible d'être embauchée.* »
Au plus tard lors de l'embauche, l'employeur adresse à l'organisme habilité le premier volet de la déclaration permettant de satisfaire à l'obligation prévue à l'article L. 1221-10. L'employeur est dispensé des envois prévus à l'article R. 1221-3.
Lorsque l'employeur ne dispose pas de la déclaration avant le début effectif du travail, il satisfait aux dispositions des articles R. 1221-1 à R. 1221-12, relatives à la déclaration préalable à l'embauche.
Dans tous les cas, il n'est pas dérogé aux modes de preuve prévus à l'article R. 1221-5.

L'art. R. 7122-35 devient l'art. R. 7122-20 (Décr. n° 2019-1004 du 27 sept. 2019, art. 4, en vigueur le 1er oct. 2019).

Art. R. 7122-21 Au plus tard dans les deux jours suivant l'embauche, l'employeur remet au salarié *(Décr. n° 2021-1340 du 13 oct. 2021, art. 2)* « un exemplaire du second volet » de la déclaration unique *(Décr. n° 2021-1340 du 13 oct. 2021, art. 2)* « et » simplifiée permettant de satisfaire aux obligations relatives à la forme, au contenu et à la transmission du contrat de travail à durée déterminée prévues aux articles *(Décr. n° 2023-1004 du 30 oct. 2023, art. 5, en vigueur au plus tard le 1er avr. 2024)* « L. 1221-5-1, » L. 1242-12 et L. 1242-13.

L'art. R. 7122-36 devient l'art. R. 7122-21 (Décr. n° 2019-1004 du 27 sept. 2019, art. 4, en vigueur le 1er oct. 2019).

Art. R. 7122-22 Au terme du contrat de travail, l'employeur remet au salarié *(Décr. n° 2021-1340 du 13 oct. 2021, art. 2)* « un exemplaire du second volet de la déclaration unique et simplifiée » permettant de satisfaire aux obligations de délivrance des attestations d'assurance chômage, du certificat de travail et du certificat justificatif du droit au congé, prévues par les articles L. 1234-19, R. 1234-9 et D. 3141-9.

L'art. R. 7122-37 devient l'art. R. 7122-22 (Décr. n° 2019-1004 du 27 sept. 2019, art. 4, en vigueur le 1er oct. 2019).

Art. R. 7122-23 Au plus tard le quinzième jour suivant le terme du contrat de travail, l'employeur adresse à l'organisme habilité *(Décr. n° 2021-1340 du 13 oct. 2021, art. 2)* « un exemplaire du second volet de la déclaration unique et simplifiée ». Cet envoi est accompagné du versement des cotisations et contributions sociales *(Décr. n° 2019-613 du 19 juin 2019, art. 2)* « ainsi que de la retenue à la source prévue à l'article 204 A du code général des impôts » dont l'employeur est redevable au titre de l'emploi de ce salarié.

L'art. R. 7122-38 devient l'art. R. 7122-23 (Décr. n° 2019-1004 du 27 sept. 2019, art. 4, en vigueur le 1er oct. 2019).

Art. R. 7122-24 *(Décr. n° 2021-1340 du 13 oct. 2021, art. 2)* L'employeur adresse à l'organisme habilité les volets de la déclaration unique et simplifiée par voie dématérialisée ou par échanges de données informatisées dans des conditions définies par arrêté conjoint des ministres chargés du travail et de la sécurité sociale.
Toutefois, l'employeur qui répond aux conditions fixées au deuxième alinéa de l'article L. 133-9 du code de la sécurité sociale peut adresser à l'organisme habilité les volets de la déclaration unique et simplifiée par voie postale ou télécopie.

Art. R. 7122-25 (*Décr. n° 2019-1004 du 27 sept. 2019, art. 4*) L'organisme habilité par l'État mentionné à l'article L. 7122-23 transmet au préfet de région les informations utiles à la vérification du respect du plafond annuel mentionné à l'article R. 7122-13.

L'organisme habilité délivre, selon le cas, un message ou un avis de réception.

SECTION 4 — Sanctions administratives

(Décr. n° 2019-1004 du 27 sept. 2019, art. 5)

Art. R. 7122-26 Peut être sanctionné d'une amende administrative d'un montant maximum de 800 € pour une personne physique et de 2 000 € pour une personne morale le fait de ne pas avoir porté sur les supports de communication ou la billetterie la mention rendue obligatoire par l'article R. 7122-12 du numéro de récépissé de déclaration en cours de validité.

Art. R. 7122-27 Le préfet de région du lieu de l'établissement principal prononce les sanctions prévues aux II et III de l'article L. 7122-16 et à l'article R. 7122-26 après avoir notifié par lettre recommandée avec demande d'avis de réception à la personne mise en cause les griefs qui lui sont reprochés.

Le préfet de région mentionne dans cette notification que la personne dispose d'un délai d'un mois pour transmettre ses observations écrites. Il lui indique les sanctions encourues et lui précise qu'elle peut prendre connaissance des pièces du dossier et se faire assister ou représenter par tout conseil de son choix. L'entrepreneur peut demander à être entendu par le préfet de région.

Le préfet de région fixe la sanction en tenant compte de l'ensemble des circonstances de l'affaire et la notifie par lettre recommandée avec demande d'avis de réception à la personne mise en cause.

Lorsque la sanction est assortie d'une mesure de publicité totale ou partielle, la publicité est assurée sur le site internet du téléservice mentionné à l'article R. 7122-2.

Art. R. 7122-28 Les amendes mentionnées à la présente section sont versées au Trésor et sont recouvrées comme les créances de l'État étrangères à l'impôt et au domaine.

Art. R. 7122-29 Sur leur rapport, le (*Décr. n° 2020-1545 du 9 déc. 2020, art. 28-X, en vigueur le 1ᵉʳ avr. 2021*) « directeur régional de l'économie, de l'emploi, du travail et des solidarités » informe le préfet de région des manquements constatés au titre de la présente section par les agents de contrôle de l'inspection du travail.

Le maire, les organismes de sécurité sociale et le directeur général de Pôle emploi *[France Travail depuis le 1ᵉʳ janv. 2024]* transmettent au préfet de région les manquements constatés au titre de la présente section par leurs agents dans le cadre de leurs missions.

CHAPITRE III — MANNEQUINS ET AGENCES DE MANNEQUINS

SECTION 1 — Mannequins

SOUS-SECTION 1 — Contrat de travail

Art. R. 7123-1 Le contrat de travail conclu entre une agence de mannequins et chaque mannequin mis à la disposition d'un utilisateur est remis au mannequin, ou à ses représentants légaux, au plus tard dans les deux jours ouvrables suivant sa mise à disposition.

Ce contrat comporte :

1° La date de la délivrance du contrat de mise à disposition prévu à l'article L. 7123-17 ;

2° La qualification du mannequin au regard des conventions et accords collectifs de travail applicables ;

3° Le montant, ou le cas échéant le taux horaire, et les modalités de fixation et de versement des salaires et rémunérations dus au mannequin ;

SPECTACLE, AUDIOVISUEL, PUBLICITÉ ET MODE — Art. R. 7123-7

4° Une clause de rapatriement du mannequin à la charge de l'agence de mannequins lorsque la mission est réalisée hors du territoire métropolitain *(Décr. n° 2018-953 du 31 oct. 2018, art. 8)* « ou du lieu d'établissement de l'agence de mannequin lorsque celle-ci est établie dans le ressort d'une collectivité ultramarine ». Cette clause n'est pas applicable en cas de rupture du contrat à l'initiative du mannequin, sauf si celui-ci est mineur ;

5° Le nom et l'adresse de la caisse de retraite complémentaire et, le cas échéant, de l'organisme de prévoyance dont relève l'agence de mannequins ;

6° Une clause précisant les conditions dans lesquelles est autorisée par le mannequin, ou ses représentants légaux, et rémunérée la vente ou l'exploitation de l'enregistrement de sa présentation, au sens de l'article L. 7123-6.

Art. R. 7123-2 Le contrat de travail conclu entre une agence de mannequins et chaque mannequin mis à la disposition d'un utilisateur est signé par les représentants légaux du mannequin lorsque celui-ci est mineur. Celui-ci peut y apposer sa signature. — *[Anc. art. R. 763-1, al. 9.]*

SOUS-SECTION 2 — Rémunération

Art. R. 7123-3 Aucune des retenues successives mentionnées à l'article L. 7123-9 et opérées par l'agence de mannequins en remboursement des frais qu'elle a avancés pour la promotion et le déroulement de la carrière du mannequin ne peut excéder 20 % du montant des salaires et rémunérations exigibles versés au mannequin. — *[Anc. art. R. 763-3.]*

SECTION 2 — Suivi de l'état de santé des mannequins en milieu de travail *(Décr. n° 2016-1908 du 27 déc. 2016, art. 19, en vigueur le 1er janv. 2017).*

Art. R. 7123-4 *(Décr. n° 2016-1908 du 27 déc. 2016, art. 19, en vigueur le 1er janv. 2017)* « La visite d'information et de prévention prévue aux articles R. 4624-10 à R. 4624-21 et l'examen médical d'aptitude prévu aux articles R. 4624-23 à R. 4624-27 sont réalisés » par le service de santé au travail chargé du suivi médical des mannequins. *(Décr. n° 2016-1908 du 27 déc. 2016, art. 19, en vigueur le 1er janv. 2017)* « Le certificat médical mentionné à l'article L. 7123-2-1 du code du travail est délivré à l'occasion de cette visite ou de cet examen. »

Art. R. 7123-5 Par dérogation aux dispositions *(Décr. n° 2016-1908 du 27 déc. 2016, art. 19, en vigueur le 1er janv. 2017)* « des sous-sections 1 et 2 de la section 2 du chapitre IV du titre II du livre VI de la quatrième partie du présent code, la visite d'information et de prévention ou », l'examen médical d'embauche demeure valable un an pour les contrats conclus par le mannequin auprès de la même agence de mannequins ou six mois pour les contrats conclus avec plusieurs agences de mannequins lorsque les conditions suivantes sont réunies :

1° Le mannequin est appelé à occuper un emploi identique ;

(Décr. n° 2016-1908 du 27 déc. 2016, art. 19, en vigueur le 1er janv. 2017) « 2° Les professionnels de santé du service de santé au travail, chargés du suivi de l'état de santé des mannequins de chaque agence de mannequins, sont en possession de l'avis médical d'aptitude ou de l'attestation de suivi de chaque mannequin et de l'avis médical prévu à l'article L. 7123-2-1 du code du travail » ;

3° Aucune inaptitude n'a été reconnue *(Décr. n° 2016-1908 du 27 déc. 2016, art. 19, en vigueur le 1er janv. 2017)* « ni mesure proposée en application de l'article L. 4624-3 » lors du dernier examen médical intervenu au cours des douze mois précédents.

Art. R. 7123-6 La mise en œuvre de la dérogation mentionnée à l'article R. 7123-5 est subordonnée à la conclusion et à l'extension d'un accord de branche, prévoyant notamment les modalités de répartition du financement de la surveillance médicale. — *[Anc. art. R. 763-30, al. 6.]*

Art. R. 7123-7 Chaque mannequin bénéficie d'au moins *(Décr. n° 2016-1908 du 27 déc. 2016, art. 19, en vigueur le 1er janv. 2017)* « une visite ou un examen réalisés par un professionnel de santé du service de santé au travail » par période de douze mois en vue de s'assurer *(Décr. n° 2016-1908 du 27 déc. 2016, art. 19, en vigueur le*

1ᵉʳ janv. 2017) « , s'il relève du suivi individuel renforcé, » du maintien de son aptitude à exercer l'emploi considéré.

(Décr. n° 2016-1908 du 27 déc. 2016, art. 19, en vigueur le 1ᵉʳ janv. 2017) « La première visite ou le premier examen » a lieu dans les douze mois (Décr. n° 2016-1908 du 27 déc. 2016, art. 19, en vigueur le 1ᵉʳ janv. 2017) « qui suivent la première visite d'information et de prévention ou l'examen médical d'embauche ».

SECTION 3 Agences de mannequins

SOUS-SECTION 1 Licence d'agence de mannequins et déclaration préalable

(Décr. n° 2011-1001 du 24 août 2011, art. 1ᵉʳ)

Les licences délivrées avant le 26 août 2011 restent valables jusqu'à leur date d'expiration (Décr. n° 2011-1001 du 24 août 2011, art. 3).

§ 1 Délivrance de la licence et déclaration préalable

Art. R. 7123-8 Toute personne établie sur le territoire national qui exerce une activité de placement de mannequins à titre onéreux doit être titulaire d'une licence d'agence de mannequins.

Art. R.* 7123-9 La licence d'agence de mannequins est délivrée pour une durée indéterminée par le préfet de Paris. Le (Décr. n° 2020-1545 du 9 déc. 2020, art. 28-X, en vigueur le 1ᵉʳ avr. 2021) « directeur régional de l'économie, de l'emploi, du travail et des solidarités » d'Île-de-France instruit le dossier et sollicite l'avis du directeur régional des affaires culturelles d'Île-de-France.

L'arrêté portant délivrance de la licence d'agence de mannequins est notifié aux intéressés et publié au *Journal officiel* de la République française.

Art. R. 7123-10 La demande de licence est adressée au préfet mentionné à l'article R.* 7123-9, par lettre recommandée avec demande d'avis de réception.

Elle précise le lieu choisi comme siège de l'agence. Elle est accompagnée des documents mentionnés, suivant les cas, à l'article R. 7123-10-1 ou à l'article R. 7123-10-2.

Lorsque la demande de licence est incomplète, le préfet indique au demandeur les documents manquants et fixe un délai pour la réception de ces pièces.

Le silence gardé pendant plus de deux mois sur une demande de licence assortie d'un dossier complet vaut acceptation.

Art. R. 7123-10-1 La demande de licence comporte :

(Décr. n° 2021-631 du 21 mai 2021, art. 16, en vigueur le 1ᵉʳ nov. 2021) « 1° Le numéro unique d'identification de l'entreprise accompagné de ses statuts s'il s'agit d'une personne morale *[ancienne rédaction : 1° Un extrait K ou un extrait K bis de l'entreprise accompagné de ses statuts ;]* ; »

2° Un curriculum vitae indiquant, notamment, l'expérience professionnelle du demandeur à la date de la demande ;

3° La liste des collaborateurs permanents, des délégataires de l'agence et des personnes habilitées à représenter l'agence pour tout ou partie de ses activités, au siège de l'agence ou dans les succursales, avec l'indication, pour chacune d'elles, des nom, prénoms, nationalité, date et lieu de naissance, adresse personnelle, expérience professionnelle (curriculum vitae) ainsi que des fonctions exercées au sein de l'agence ;

4° Une copie de l'attestation de la garantie financière mentionnée à l'article L. 7123-19 ;

5° Un extrait de bulletin de casier judiciaire n° 2 ou tout document équivalent du demandeur de la licence, des dirigeants sociaux et des gérants de l'agence ;

6° Une note sur les conditions dans lesquelles l'agence exercera son activité, notamment au plan géographique, et comportant l'identification des succursales et les secteurs professionnels concernés ;

7° Au titre des activités ou professions susceptibles d'entraîner une situation de conflit d'intérêts mentionnées à l'article R. 7123-16, une déclaration indiquant, le cas échéant, les autres activités ou professions exercées et les mandats sociaux détenus par chaque dirigeant, mandataire social, associé, délégataire et salarié. La déclaration précise, en outre, l'adresse d'exercice de l'activité en cause ou le siège de la société dont ils sont mandataires. Cette déclaration est également exigée en l'absence d'autres activités ou de mandats sociaux.

Art. R. 7123-10-2 Une agence de mannequins, légalement établie dans un autre État membre de l'Union européenne ou partie à l'accord sur l'Espace économique européen, produit à l'appui de sa demande de licence les documents mentionnés à l'article R. 7123-10-1. Si cette agence a obtenu dans son pays d'origine un titre d'effet équivalent, elle en produit la copie et est dispensée de produire ceux des documents mentionnés à l'article R. 7123-10-1 qu'elle a dû présenter dans le cadre de la procédure de délivrance de ce titre.

Art. R. 7123-11 Le bénéficiaire de la licence informe le préfet mentionné à l'article R.* 7123-9 dans le délai d'un mois, par lettre recommandée avec demande d'avis de réception, de tout changement de lieu du siège social de l'agence ou de ses succursales, ou de modification de ses statuts.

Il informe le préfet dans le même délai de tout changement de dirigeants, de collaborateurs permanents, de délégataires ou d'associés de l'agence en indiquant les nom, prénoms, nationalité, date et lieu de naissance, adresse personnelle, expérience professionnelle (curriculum vitae) ainsi que des fonctions exercées dans le cadre de l'agence de tout nouveau dirigeant, délégataire ou associé de cette agence, et transmet au préfet les éléments mentionnés aux 3°, 5° et 7° de l'article R. 7123-10-1.

Le bénéficiaire de la licence qui cesse ses activités en fait la déclaration au préfet mentionné à l'article R.* 7123-9 dans le délai d'un mois.

Art. R. 7123-12 Les agences de mannequins légalement établies dans un autre État membre de l'Union européenne ou partie à l'accord sur l'Espace économique européen qui veulent exercer cette activité de façon temporaire et occasionnelle sur le territoire national adressent à la (*Décr. n° 2020-1545 du 9 déc. 2020, art. 28-X, en vigueur le 1er avr. 2021*) « direction régionale de l'économie, de l'emploi, du travail et des solidarités » du lieu d'exécution de la prestation et préalablement à celle-ci la déclaration comportant les informations suivantes :

1° Les références de l'immatriculation de l'agence à un registre professionnel de son pays d'origine ;
2° Le nom ou la raison sociale et l'adresse du lieu d'établissement de l'agence de mannequins ;
3° Les nom, prénoms et adresse du domicile des dirigeants de l'agence ;
4° La désignation du ou des organismes auxquels l'agence de mannequins verse les cotisations de sécurité sociale ;
5° La preuve de l'obtention d'une garantie financière conformément à l'article L. 7123-19 ou la preuve de l'obtention d'une garantie équivalente dans le pays d'établissement ;
6° Le nom ou la raison sociale ainsi que l'adresse de l'utilisateur ;
7° Les lieux, dates, durée et, le cas échéant, les heures d'exécution de la prestation ;
8° S'il y a lieu, l'autorisation individuelle pour l'emploi d'enfants mentionnée à l'article L. 7124-1.

Art. R. 7123-12-1 Pour l'application des dispositions de l'article L. 7123-4-1, les mannequins reconnus comme prestataires de services établis dans un État membre de l'Union européenne ou dans un autre État partie à l'accord sur l'Espace économique européen qui veulent exercer leur activité en France, par la voie de la prestation de services, à titre temporaire et indépendant, indiquent à l'autorité administrative mentionnée à l'article R. 7123-12 le ou les organismes auxquels ils versent les cotisations de sécurité sociale.

Art. R. 7123-13 Le bénéficiaire de la licence adresse au préfet mentionné à l'article R.* 7123-9, par lettre recommandée avec demande d'avis de réception, tous les trois ans, dans les deux mois qui précèdent la date anniversaire de l'obtention de la licence, une déclaration certifiant qu'aucun changement n'est intervenu dans la situation de l'agence au regard des pièces fournies dans la demande initiale, compte tenu, le cas échéant, des documents communiqués en application de l'article R. 7123-11.

§ 2 Refus, suspension et retrait de licence d'agence de mannequins

Art. R. 7123-14 I. — La licence d'agence de mannequins est refusée ou retirée par le préfet mentionné à l'article R.* 7123-9 :

1° Lorsque l'auteur de la demande de licence ou les dirigeants de l'agence n'offrent pas ou n'offrent plus les garanties de moralité nécessaires. A tout moment, l'autorité administrative peut demander la délivrance du bulletin n° 2 du casier judiciaire ou de tout document d'effet équivalent ;

2° Lorsque les dispositions légales ou conventionnelles relatives aux conditions d'emploi des mannequins fixées par les articles L. 7123-5, L. 7123-7 à L. 7123-9, et à l'exercice de l'activité d'agence de mannequins fixées par les articles L. 7123-14, L. 7123-15, L. 7123-17, L. 7123-19 et L. 7123-22, ne sont pas ou ne sont plus respectées.

Elle est retirée lorsque les dispositions de l'article R. 7123-15 ne sont pas ou ne sont plus respectées.

II. — En cas d'urgence, et lorsque l'agence de mannequins a commis une irrégularité particulièrement grave, le préfet mentionné à l'article R.* 7123-9 peut suspendre la licence pour une durée maximum d'un mois.

III. — La décision portant retrait est motivée. Elle ne peut être prononcée sans que l'intéressé ait été préalablement informé, par lettre recommandée avec demande d'avis de réception, des motifs invoqués à l'appui de la mesure envisagée et invité à présenter ses observations dans un délai déterminé par le préfet.

IV. — Les arrêtés portant refus, suspension ou retrait de licence sont notifiés aux intéressés. Les arrêtés portant retrait de licence sont publiés au *Journal officiel* de la République française.

§ 3 Prévention des conflits d'intérêts

Art. R. 7123-15 Pour l'application de l'article L. 7123-15 et dans le cadre du contrôle de son activité, l'agence de mannequins porte à la connaissance de chaque mannequin, de chaque utilisateur et de la (*Décr. n° 2020-1545 du 9 déc. 2020, art. 28-X, en vigueur le 1er avr. 2021*) « direction régionale de l'économie, de l'emploi, du travail et des solidarités » du lieu d'exercice de l'activité :

1° Les modalités de facturation permettant d'identifier la part consacrée à la prestation du mannequin au sens de l'article L. 7123-2 ;

2° Au titre des activités ou professions susceptibles d'entraîner une situation de conflit d'intérêts, le détail des mandats sociaux exercés par chaque dirigeant, dirigeant social, associé et salarié indiquant la nature de l'activité ou la qualité de mandataire social, l'adresse d'exercice de l'activité ou le siège de la société dont il est mandataire. (*Décr. n° 2016-1417 du 20 oct. 2016, art. 10*) « Ces informations sont portées, par tout moyen, à la connaissance du public et des salariés. »

Art. R. 7123-16 Les activités ou professions dont l'exercice conjoint avec l'activité d'agences de mannequins sont susceptibles d'entraîner des situations de conflits d'intérêts sont :

1° Production ou réalisation d'œuvres cinématographiques ou audiovisuelles ;
2° Distribution ou sélection pour l'adaptation d'une production ;
3° Organisation de cours ou de stages de formation payants pour mannequins ou comédiens ;
4° Agence de publicité ;
5° Organisation de défilés de mode ;
6° Photographe.

Art. R. 7123-17 Peut être sanctionné d'une amende administrative d'un montant maximum de 1 500 € pour une personne physique et de 7 500 € pour une personne morale, et respectivement de 3 000 € et de 15 000 € en cas de récidive, le fait de méconnaître les dispositions de l'article R. 7123-15.

Art. R. 7123-17-1 Le préfet du lieu de constat de l'infraction notifie à la personne mise en cause les griefs qui lui sont reprochés et les sanctions encourues et l'invite à présenter ses observations dans un délai d'un mois. La notification est faite par lettre recommandée adressée à l'intéressé avec demande d'avis de réception.

Pendant le délai mentionné au premier alinéa, l'intéressé peut prendre connaissance et copie des pièces du dossier et se faire assister ou représenter par tout conseil de son choix.

La décision de sanction est notifiée à l'intéressé par lettre recommandée avec demande d'avis de réception.

Les amendes prévues à l'article R. 7123-17 sont prononcées par arrêté du préfet. Elles donnent lieu à l'émission d'un titre de perception exécutoire, établi par le préfet et recouvré au profit de l'État par les comptables du Trésor, selon les modalités prévues pour les créances étrangères à l'impôt et au domaine.

SOUS-SECTION 2 **Mise à disposition**

Art. R. 7123-18 Le contrat de mise à disposition prévu à l'article L. 7123-17 est conclu avant le début de la prestation.

Il est établi pour chaque mannequin et lui est remis ainsi que, le cas échéant, à ses représentants légaux. − [Anc. art. R. 763-2, al. 1er et 2.]

Art. R. 7123-19 Le contrat de mise à disposition mentionne notamment :

1° La nature et les caractéristiques de la prestation, notamment en ce qui concerne les conditions de travail et les horaires prévisibles d'emploi et de sélection ;

2° La durée prévisible et le lieu de la mission ;

3° Pour les enfants, l'avis d'un pédiatre ou d'un médecin généraliste ;

4° Le pourcentage minimum prévu à l'article L. 7123-7 et correspondant à la prestation réalisée par le mannequin ;

5° Le nom et l'adresse du garant financier de l'agence de mannequins prévu par l'article L. 7123-19. − [Anc. art. R. 763-2, al. 3 à 7.]

SOUS-SECTION 3 **Garantie financière**

§ 1 Objet et montant de la garantie financière

Art. R. 7123-20 La garantie financière prévue à l'article L. 7123-19 a exclusivement pour objet d'assurer :

1° Le paiement aux mannequins, mis à la disposition d'utilisateurs par une agence de mannequins, de leur salaire et de ses accessoires, de l'indemnité compensatrice de congés payés et des rémunérations dues au titre de l'article L. 7123-6 ;

2° Le paiement aux organismes de sécurité sociale ou autres institutions sociales des cotisations obligatoires dues pour ces salariés. − [Anc. art. R. 763-4.]

Art. R. 7123-21 Le montant de la garantie financière peut être révisé à tout moment et fait l'objet d'un réexamen chaque année.

Ce montant ne peut être inférieur, pour chaque agence de mannequins, à 6 % de la masse salariale résultant des déclarations annuelles réalisées au titre de l'article R. 243-14 du code de la sécurité sociale, ni à un minimum fixé à 15 200 € et révisable par décret. − [Anc. art. R. 763-5.]

Art. R. 7123-22 En cas d'absorption ou de fusion d'agences de mannequins, le montant de la garantie de l'agence ainsi formée ne peut être inférieur au montant des garanties cumulées de ces agences.

En cas de scission d'une agence de mannequins, le montant de sa garantie est ventilé entre les agences issues de la scission, proportionnellement à leur masse salariale respective. − [Anc. art. R. 763-6.]

§ 2 Attestation de garantie

Art. R. 7123-23 L'agence de mannequins doit être en possession d'une attestation de garantie délivrée par le garant, indiquant notamment le nom et l'adresse de celui-ci, le montant, la date de prise d'effet et la date d'expiration de la garantie accordée.

Cette attestation de garantie est tenue à la disposition des agents de l'inspection du travail et des agents de contrôle des organismes de sécurité sociale et institutions sociales intéressées. − [Anc. art. R. 763-7.]

Art. R. 7123-24 *Abrogé par Décr. n° 2011-1001 du 24 août 2011.*

Art. R. 7123-25 Les dirigeants de l'agence de mannequins font figurer sur les documents concernant l'agence, notamment sur les contrats de travail qui les lient à chacun des mannequins et les contrats de mise à disposition qu'ils concluent avec les utilisateurs, le nom et l'adresse de leur garant ainsi que la référence à l'article L. 7123-19. — *[Anc. art. R. 763-8.]*

§ 3 Engagement de caution

Art. R. 7123-26 La garantie financière ne peut être donnée par des sociétés de caution mutuelle que lorsqu'elles ont pour objet unique de garantir les créances définies à l'article R. 7123-20. — *[Anc. art. R. 763-9.]*

Art. R. 7123-27 L'engagement de caution prévu à l'article L. 7123-20 ne peut être pris par un organisme de garantie collective, une entreprise d'assurances, une banque ou un établissement financier habilité à donner caution que lorsque cet organisme, entreprise, banque ou établissement peut légalement exercer son activité en France. — *[Anc. art. R. 763-10.]*

Art. R. 7123-28 L'engagement de caution fait l'objet d'un contrat écrit précisant les conditions et le montant de la garantie accordée ainsi que les modalités du contrôle comptable que le garant peut exercer sur l'agence de mannequins.

Ce contrat mentionne la renonciation du garant, en cas de défaillance de l'agence de mannequins, au bénéfice de discussion prévu aux articles *(Décr. n° 2021-1888 du 29 déc. 2021, art. 5-XIII)* « 2305 et 2305-1 *[ancienne rédaction : 2298 à 2301]* » du code civil.

Le contrat est tenu, au siège de l'agence de mannequins, à la disposition des agents de l'inspection du travail et des agents de contrôle des organismes de sécurité sociale et des institutions sociales.

Art. R. 7123-29 Lorsque l'engagement de caution dont bénéficie une agence de mannequins prend fin, l'agence ne peut poursuivre son activité que si elle a obtenu, dans les conditions prévues par les articles R. 7123-26 à R. 7123-28, un autre engagement de caution, de sorte que le paiement des dettes définies à l'article R. 7123-20 soit garanti sans interruption. — *[Anc. art. R. 763-17.]*

§ 4 Obligations du garant

Art. R. 7123-30 L'agence de mannequins est considérée comme défaillante, au sens de l'article L. 7123-19, lorsqu'à l'expiration d'un délai de quinze jours suivant la réception d'une mise en demeure, elle n'a pas payé tout ou partie des dettes énumérées à l'article R. 7123-20.

L'agence de mannequins est également considérée comme défaillante lorsqu'elle fait l'objet d'une procédure de sauvegarde, de redressement ou de liquidation judiciaire. Dans ce cas, le garant est informé du jugement, dans les mêmes formes, par le mandataire judiciaire ou par le liquidateur. — *[Anc. art. R. 763-12, al. 1ᵉʳ et 3.]*

Art. R. 7123-31 La mise en demeure mentionnée à l'article R. 7123-30 peut émaner soit d'un salarié, soit d'un organisme de sécurité sociale ou d'une institution sociale, dès lors que leurs créances sont certaines, liquides et exigibles. Cette mise en demeure est faite par lettre recommandée avec avis de réception.

Le garant est informé de l'envoi de la mise en demeure par le créancier par lettre recommandée avec avis de réception ou par lettre remise contre récépissé. — *[Anc. art. R. 763-12, al. 2.]*

Art. R. 7123-32 Dès la constatation de la défaillance de l'agence de mannequins, le titulaire de l'une des créances définies à l'article R. 7123-20 peut adresser au garant une demande de paiement par lettre recommandée avec avis de réception ou par lettre remise contre récépissé.

Le garant entend le représentant de l'agence de mannequins et reçoit ses explications sur la demande présentée. — *[Anc. art. R. 763-13, al. 1ᵉʳ.]*

Art. R. 7123-33 Lorsqu'une agence de mannequins fait l'objet d'une procédure de sauvegarde, de redressement ou de liquidation judiciaire, le mandataire judiciaire ou le liquidateur adresse au garant un relevé, visé par le juge commissaire, des salaires, des cotisations impayées et rémunérations dues au titre de l'article L. 7123-6.

Ce relevé est adressé dans le délai de dix jours à compter du prononcé du jugement et dans les formes prévues à l'article R. 7123-32. Il précise les droits de chacun des créanciers et éventuellement les sommes versées par le mandataire judiciaire ou le liquidateur. — *[Anc. art. R. 763-13, al. 2.]*

Art. R. 7123-34 Le garant paye les sommes dues dans les dix jours à compter de la réception de la demande de paiement.

Lorsque le reliquat de paiements demandés excède le montant de la garantie financière, les créances de même nature sont réglées proportionnellement aux paiements demandés. — *[Anc. art. R. 763-14.]*

Art. R. 7123-35 Lorsque le garant conteste l'existence, l'exigibilité ou le montant de la créance, le salarié ou l'organisme social peut l'assigner directement devant les juridictions compétentes. — *[Anc. art. R. 763-15.]*

Art. R. 7123-36 Le garant qui a payé les sommes définies à l'article R. 7123-20 est subrogé, à due concurrence, dans tous les droits des salariés, des organismes de sécurité sociale et des institutions sociales contre l'agence de mannequins.

Le garant informe l'utilisateur intéressé ainsi que le préfet du paiement de ces sommes. — *[Anc. art. R. 763-16.]*

Art. R. 7123-37 En cas de cessation de la garantie, le garant en informe dans un délai de trois jours à compter de la date à laquelle il en est informé, par lettre recommandée avec avis de réception, dans la circonscription du siège de l'agence de mannequins :

1° La (Décr. n° 2020-1545 du 9 déc. 2020, art. 28-X, en vigueur le 1er avr. 2021) « direction régionale de l'économie, de l'emploi, du travail et des solidarités » ;

2° L'organisme chargé du recouvrement des cotisations de sécurité sociale.

§ 5 Substitution de l'utilisateur à l'agence de mannequins en cas d'insuffisance de la caution

Art. R. 7123-38 En cas d'insuffisance de la caution, l'utilisateur est substitué à l'agence de mannequins pour le paiement des sommes définies à l'article R. 7123-20 qui restent dues par elle au titre des prestations réalisées par des mannequins pour le compte de cet utilisateur. Cette règle s'applique nonobstant toute convention contraire et obligations qui découlent pour l'agence de mannequins des dispositions relatives à l'assurance contre le risque de non[-]paiement, prévu par les articles L. 3253-6 à L. 3253-21.

Dans ce cas, soit le salarié ou l'organisme de sécurité sociale ou l'institution sociale, soit, en cas de procédure de sauvegarde, de redressement ou de liquidation judiciaire, le mandataire judiciaire ou le liquidateur informe l'utilisateur de l'insuffisance de la caution en lui adressant une demande de paiement des sommes restant dues. Cette demande est faite par lettre recommandée avec avis de réception ou par lettre remise contre récépissé.

Le paiement des sommes dues est réalisé par l'utilisateur dans le délai de dix jours à compter de la réception de la demande. — *[Anc. art. R. 763-19.]*

Art. R. 7123-39 Les salariés ainsi que les organismes de sécurité sociale ont une action directe contre l'utilisateur ainsi substitué pour les sommes qui restaient dues à l'agence de mannequins par cet utilisateur pour la mise à disposition des salariés. — *[Anc. art. R. 763-20.]*

Art. R. 7123-40 L'utilisateur qui a payé les sommes définies à l'article R. 7123-20 qui restaient dues est subrogé, à due concurrence, dans tous les droits des salariés, des organismes de sécurité sociale contre l'agence de mannequins. — *[Anc. art. R. 763-21.]*

Art. R. 7123-41 Lorsqu'un organisme de sécurité sociale poursuit à l'encontre de l'utilisateur, substitué à une agence de mannequins en raison de l'insuffisance de la caution, le remboursement de prestations sociales pour défaut de versement des cotisations dues, la somme réclamée ne peut être supérieure au montant des cotisations dues pour les salariés mis à la disposition provisoire de l'utilisateur par cette agence. – *[Anc. art. R. 763-22.]*

CHAPITRE IV ENFANTS DANS LE SPECTACLE, LES PROFESSIONS AMBULANTES, L'AUDIOVISUEL, LA PUBLICITÉ ET LA MODE *(Décr. n° 2022-727 du 28 avr. 2022, art. 1ᵉʳ).*

SECTION 1 Autorisation individuelle

Art. R. 7124-1 Toute personne souhaitant engager ou produire un enfant âgé de moins de seize ans *(Décr. n° 2022-727 du 28 avr. 2022, art. 1ᵉʳ)* « en vue d'exercer une des activités mentionnées aux 1°, 2°, 3° et 4° de l'article L. 7124-1 » dépose préalablement une demande d'autorisation auprès du préfet du siège de l'entreprise.

Lorsque le siège de l'entreprise se trouve à l'étranger ou lorsque l'entreprise n'a pas de siège fixe, la demande est déposée auprès du préfet de Paris.

(Abrogé par Décr. n° 2022-727 du 28 avr. 2022, art. 1ᵉʳ) « *Une demande d'autorisation est également déposée par toute personne, autre que l'agence de mannequins agréée, qui souhaite sélectionner, engager, employer ou produire un enfant âgé de moins de seize ans pour exercer une activité de mannequin au sens de l'article L. 7123-2.* »

Art. R. 7124-2 La demande d'autorisation individuelle est accompagnée :
1° D'une pièce établissant l'état civil de l'enfant ;
2° De l'autorisation écrite de ses représentants légaux accompagnée de la liste des emplois précédemment ou actuellement occupés par l'enfant ;
3° De tous documents permettant d'apprécier les difficultés et la moralité *(Décr. n° 2022-727 du 28 avr. 2022, art. 1ᵉʳ)* « de l'activité faisant l'objet de la demande » ;
4° De toutes précisions sur ses conditions d'emploi, sur sa rémunération et sur les dispositions prises pour assurer sa fréquentation scolaire.

Art. R. 7124-3 L'autorisation individuelle est accordée sur avis conforme d'une commission dont la composition et le mode de fonctionnement sont déterminés à la section 3. – *[Anc. art. L. 211-7, al. 1ᵉʳ.]*

Art. R. 7124-4 La demande d'autorisation individuelle est instruite par le *(Décr. n° 2022-727 du 28 avr. 2022, art. 1ᵉʳ)* « directeur départemental chargé de l'économie, de l'emploi, du travail et des solidarités ».

Art. R. 7124-5 L'instruction permet à la commission d'apprécier :
(Décr. n° 2022-727 du 28 avr. 2022, art. 1ᵉʳ) « 1° Si l'activité faisant l'objet de la demande peut, compte tenu de ses difficultés et de sa moralité, être normalement confiée à l'enfant ; »
2° Si l'enfant a déjà été ou est actuellement employé dans des activités *(Décr. n° 2022-727 du 28 avr. 2022, art. 1ᵉʳ)* « mentionnées aux 1°, 2°, 3° et 4° de l'article L. 7124-1 » et à quelles conditions ;
3° Si, compte tenu de son âge, de l'obligation scolaire à laquelle il est soumis et de son état de santé, l'enfant est en mesure d'assurer le travail qui lui est proposé. A cet effet, un examen médical pris en charge par l'employeur est réalisé par un pédiatre ou par un médecin généraliste ;
4° Si les conditions d'emploi de l'enfant sont satisfaisantes au regard :
a) Des horaires de travail ;
(Décr. n° 2022-727 du 28 avr. 2022, art. 1ᵉʳ) « *b)* Du rythme des activités, notamment en soirée ou au cours de la même semaine ; »
c) De sa rémunération ;
d) Des congés et temps de repos ;
e) De l'hygiène, de la sécurité ;
f) De la sauvegarde de sa santé et de sa moralité ;
5° Si des dispositions sont prises en vue de lui assurer une fréquentation scolaire normale ;
6° Si la famille de l'enfant ou les personnes qui en ont la charge sont en mesure d'exercer à son égard une surveillance efficace, notamment pendant les heures de repos et les trajets.

Art. R. 7124-6 Pour les demandes d'autorisations individuelles présentées en Île-de-France, l'examen médical prévu au 3° de l'article R. 7124-5 est réalisé par un médecin du travail du service interprofessionnel de santé au travail spécialisé en médecine du travail des artistes et techniciens du spectacle. — *[Anc. art. R. 211-6, al. 5, phrase 3.]*

Art. R. 7124-7 Un arrêté du ministre chargé de la santé fixe les vérifications auxquelles il doit être procédé au cours de l'examen médical prévu au 3° de l'article de l'article R. 7124-5 pour s'assurer, en fonction de l'âge, de l'état de santé de l'enfant, de la durée, du rythme et des horaires de l'activité proposée, que cette activité n'est pas néfaste pour la santé de l'enfant et pour déterminer d'éventuelles contre-indications. — *[Anc. art. R. 211-6, al. 6.] — V. Arr. du 14 avr. 2009 (JO 6 mai).*

SECTION 2 Dérogations pour l'emploi d'enfants par des personnes agréées *(Décr. n° 2022-727 du 28 avr. 2022, art. 1ᵉʳ).*

§ 1 Agrément et conditions de fonctionnement de l'agence de mannequins *(Décr. n° 2022-727 du 28 avr. 2022, art. 1ᵉʳ).*

Art. R. 7124-8 La demande d'agrément ou de renouvellement d'agrément présentée par une agence de mannequins en vue d'engager *(Décr. n° 2022-727 du 28 avr. 2022, art. 1ᵉʳ)* « , pour exercer l'activité mentionnée au 3° de l'article L. 7124-1, » des enfants est accompagnée des documents suivants :

1° Un extrait d'acte de naissance des dirigeants, associés et gérants de l'agence ;

2° Une attestation de versement des cotisations aux organismes de sécurité sociale pour les agences en activité au moment du dépôt de la demande d'agrément ;

3° Une attestation par laquelle l'agence s'engage à faire passer à l'enfant *(Décr. n° 2022-727 du 28 avr. 2022, art. 1ᵉʳ)* « l'examen médical prévu à l'article R. 7124-9 » aux frais de l'agence ;

4° Un exemplaire de la notice prévue à l'article R. 7124-15 ;

5° Tous éléments permettant d'apprécier :

a) La moralité, la compétence et l'expérience professionnelle en matière d'emploi d'enfants mannequins des dirigeants, associés et gérants de l'agence de mannequins ;

b) La situation financière de l'agence, si elle est en activité au moment du dépôt de la demande ;

c) Les conditions de fonctionnement de l'agence, notamment en ce qui concerne l'équipement dont elle dispose, les locaux dans lesquels elle est installée, l'effectif et la compétence du personnel employé ;

d) Les conditions dans lesquelles elle exercera son activité avec des enfants.

Art. R. 7124-9 L'examen médical préalable à l'emploi de l'enfant *(Abrogé par Décr. n° 2022-727 du 28 avr. 2022, art. 1ᵉʳ)* « , prévu au 3° de l'article R. 7124-5, » est réalisé par un pédiatre ou par un médecin généraliste, selon les modalités prévues par l'arrêté mentionné à l'article R. 7124-7.

Il fait apparaître si, compte tenu de l'âge et de l'état de santé de l'enfant, celui-ci est en mesure d'assurer une activité de mannequin sans compromettre sa santé ou son développement.

Cet examen est renouvelé tous les trois mois pour les enfants âgés de moins de trois ans, tous les six mois pour ceux âgés de trois à six ans et tous les ans pour ceux âgés de plus de six ans.

En cas d'avis négatif du médecin, l'enfant ne peut être employé.

Art. R. 7124-10 *(Décr. n° 2022-727 du 28 avr. 2022, art. 1ᵉʳ)* « L'autorité administrative définie à l'article R. 7124-1 » accorde l'agrément, pour une durée d'un an renouvelable, sur avis conforme d'une commission dont la composition et le mode de fonctionnement sont déterminés à la section 3 *(Décr. n° 2022-727 du 28 avr. 2022, art. 1ᵉʳ)* « du présent chapitre.

« Elle » peut également le suspendre en *(Décr. n° 2022-727 du 28 avr. 2022, art. 1ᵉʳ)* « application de l'article R. 7124-12 ».

Art. R. 7124-11 L'agrément ou le renouvellement d'agrément ne peut être accordé que lorsque les garanties assurées aux enfants quant à leur sécurité physique et psychique sont suffisantes.

Dans le cadre de l'instruction de la demande, (*Décr. n° 2022-727 du 28 avr. 2022, art. 1ᵉʳ*) « l'autorité administrative définie à l'article R. 7124-1 » peut demander la délivrance du bulletin n° 2 du casier judiciaire. Aucun agrément ne peut être accordé ou renouvelé s'il apparaît qu'un dirigeant, associé ou gérant de l'agence a fait l'objet d'une condamnation figurant sur ce bulletin.

Art. R. 7124-12 La décision de suspension de l'agrément doit être justifiée par l'urgence et ne peut être fondée que sur des faits mettant en cause immédiatement et gravement la santé ou la moralité des enfants employés par l'agence ou de certains d'entre eux. Elle est motivée. — *[Anc. art. R. 211-8-2, al. 1ᵉʳ.]*

Art. R. 7124-13 La durée de la suspension de l'agrément ne peut excéder un mois. Dans ce délai, la commission, saisie par (*Décr. n° 2022-727 du 28 avr. 2022, art. 1ᵉʳ*) « l'autorité administrative définie à l'article R. 7124-1 [,] propose à cette dernière », après que l'agence intéressée a été mise en mesure de présenter ses observations :

1° Soit le retrait de l'agrément ;

2° Soit la levée de la suspension si les mesures prises par l'agence sont de nature à supprimer les risques encourus par les enfants et à éviter leur renouvellement.

La suspension prend fin à l'expiration du délai d'un mois si (*Décr. n° 2022-727 du 28 avr. 2022, art. 1ᵉʳ*) « l'autorité administrative définie à l'article R. 7124-1 » n'a pas fait connaître sa décision définitive dans ce délai.

Art. R. 7124-14 La liste des décisions portant attribution, renouvellement, non-renouvellement ou retrait de l'agrément est publiée sous forme d'avis (*Abrogé par Décr. n° 2011-1001 du 24 août 2011*) « [,] *au cours du premier et du troisième trimestre de chaque année civile* [,] » au Journal officiel de la République française. — *[Anc. art. R. 211-8, al. 11.]*

Art. R. 7124-15 L'agence de mannequins agréée qui engage un enfant lui remet ainsi qu'à ses représentants légaux, contre récépissé, une notice explicative précisant :

1° Le fonctionnement de l'agence ;

2° Le contrôle médical de l'enfant ;

3° La procédure de sélection par les utilisateurs ;

4° Les conditions de mise à disposition de l'utilisateur, y compris les durées de déplacement et les temps d'attente ;

5° Les durées maximales d'emploi ;

6° Les conditions de rémunération. — *[Anc. art. R. 211-13, I.]*

Art. R. 7124-16 L'agence de mannequins agréée consigne dans un registre spécial :

1° L'identité et l'adresse des enfants sélectionnés ou employés ainsi que celles de leurs représentants légaux ;

2° La date, le lieu et l'heure des opérations de sélection réalisées pour chaque enfant avec l'identité de l'utilisateur et du commanditaire ;

3° Les mises à disposition de l'utilisateur de chaque enfant, avec les horaires quotidiens d'emploi, la durée des déplacements et le temps d'attente. — *[Anc. art. R. 211-13, II, al. 1ᵉʳ à 4.]*

Art. R. 7124-17 Le registre spécial est tenu à la disposition de l'inspection du travail et des représentants légaux de l'enfant en cas de sélection ou d'emploi. Les représentants légaux de l'enfant le contresignent au moins trimestriellement.

En cas de contrôle de la sélection ou de l'emploi d'un enfant mannequin, celui-ci ainsi que ses représentants légaux sont entendus par l'inspection du travail sur sa demande ou à leur propre demande. — *[Anc. art. R. 211-13-II, al. 5 et 6.]*

Art. R. 7124-18 Lors de la conclusion du contrat de mise à disposition mentionné à l'article L. 7123-17, l'utilisateur informe l'enfant de la nature et des conditions de la prestation. — *[Anc. art. R. 763-2, al. 8.]*

§ 2 Agrément de l'employeur mentionné au 5° de l'article L. 7124-1

(*Décr. n° 2022-727 du 28 avr. 2022, art. 1ᵉʳ*)

Art. R. 7124-19 La demande d'agrément ou de renouvellement d'agrément présentée par un employeur en vue d'engager un enfant pour réaliser l'activité mentionnée au 5° de l'article L. 7124-1 est accompagnée des documents suivants :

1° Un extrait d'acte de naissance de l'employeur ou de ses dirigeants, associés et gérants lorsqu'il s'agit d'une société ;

2° Une attestation de versement des cotisations aux organismes de sécurité sociale pour les employeurs en activité au moment du dépôt de la demande d'agrément ;

3° Une attestation par laquelle l'employeur s'engage à faire passer, à ses frais, à l'enfant qu'il emploie l'examen médical prévu à l'article R. 7124-19-1 ;

4° Tous éléments permettant d'apprécier la moralité de l'employeur ainsi que les conditions dans lesquelles il exercera son activité ;

5° Une pièce établissant l'état civil de l'enfant ;

6° L'autorisation écrite de ses représentants légaux accompagnée de la liste des emplois précédemment ou actuellement occupés par l'enfant ;

7° Tous documents permettant d'apprécier les difficultés et la moralité du rôle que l'enfant est appelé à jouer ;

8° Toutes précisions sur les conditions d'emploi de l'enfant, sur sa rémunération et sur les dispositions prises pour assurer sa fréquentation scolaire.

Les employeurs qui exercent l'activité mentionnée au 5° de l'art. L. 7124-1 au 29 avr. 2022 sont autorisés à poursuivre cette activité jusqu'à ce que l'autorité administrative définie à l'art. R. 7124-1 ait pris une décision, à condition d'avoir déposé la demande d'agrément dans un délai d'un mois à compter du 30 avr. 2022 (Décr. n° 2022-727 du 28 avr. 2022, art. 2).

Art. R. 7124-19-1 L'examen médical préalable à l'emploi de l'enfant est réalisé par un pédiatre ou par un médecin généraliste ou par un médecin du travail du service interprofessionnel de santé au travail spécialisé en médecine du travail des artistes et techniciens du spectacle mentionné à l'article R. 7124-6, selon les modalités prévues par arrêté du ministre chargé de la santé.

Il fait apparaître si, compte tenu de l'âge et de l'état de santé de l'enfant, celui-ci est en mesure d'assurer l'activité sans compromettre sa santé ou son développement.

Cet examen est renouvelé tous les trois mois pour les enfants âgés de moins de trois ans, tous les six mois pour ceux âgés de trois à six ans et tous les ans pour ceux âgés de plus de six ans.

En cas d'avis négatif du médecin, l'enfant ne peut être employé.

Art. R. 7124-19-2 L'autorité administrative définie à l'article R. 7124-1 accorde l'agrément, pour une durée d'un an renouvelable, sur avis conforme d'une commission dont la composition et le mode de fonctionnement sont déterminés à la section 3 du présent chapitre.

Elle peut également le suspendre en application de l'article R. 7124-19-4.

L'agrément comporte le nom de l'enfant autorisé à travailler avec l'employeur pour réaliser l'activité mentionnée au 5° de l'article L. 7124-1.

Art. R. 7124-19-3 L'agrément, ou le renouvellement d'agrément, ne peut être accordé que lorsque les garanties assurées à l'enfant quant à sa sécurité physique et psychique sont suffisantes.

Dans le cadre de l'instruction de la demande, l'autorité administrative définie à l'article R. 7124-1 peut demander la délivrance du bulletin n° 2 du casier judiciaire. Aucun agrément ne peut être accordé ou renouvelé s'il apparaît que l'employeur ou l'un de ses dirigeants, associés ou gérants ont fait l'objet d'une condamnation figurant sur ce bulletin.

Art. R. 7124-19-4 La décision de suspension de l'agrément doit être justifiée par l'urgence et ne peut être fondée que sur des faits mettant en cause immédiatement et gravement la santé ou la moralité de l'enfant. Elle est motivée.

Art. R. 7124-19-5 La durée de la suspension de l'agrément ne peut excéder un mois. Dans ce délai, la commission, saisie par l'autorité administrative définie à l'article R. 7124-1, propose à cette dernière, après que l'employeur concerné a été mis en mesure de présenter ses observations :

1° Soit le retrait de l'agrément ;

2° Soit la levée de la suspension si les mesures prises par l'employeur sont de nature à supprimer les risques encourus par l'enfant et à éviter leur renouvellement.

La suspension prend fin à l'expiration du délai d'un mois si l'autorité administrative définie à l'article R. 7124-1 n'a pas fait connaître sa décision définitive dans ce délai.

Art. R. 7124-19-6 L'information prévue au dernier alinéa de l'article L. 7124-1-5 est délivrée par tout moyen aux représentants légaux de l'enfant par l'autorité administrative définie à l'article R. 7124-1.

SECTION 3 Dispositions communes

§ 1 Composition et fonctionnement de la commission consultative

Art. R. 7124-20 *(Décr. n° 2022-727 du 28 avr. 2022, art. 1er)* La commission participe à l'examen des demandes d'autorisation individuelles et des demandes d'agrément en vue d'engager un ou des enfants.

Elle comprend dans chaque département :
1° Un magistrat chargé des fonctions de juge des enfants et désigné par le premier président de la cour d'appel, président ;
2° Le directeur académique des services de l'éducation nationale agissant sur délégation du recteur d'académie ou son représentant, ou, à Paris, le directeur de l'académie de Paris ou son représentant ;
3° Le directeur départemental chargé de l'emploi, du travail et des solidarités ou son représentant ;
4° Un médecin ;
5° Le directeur régional des affaires culturelles ou son représentant, ou, à Paris, un représentant du ministre chargé de la culture, désigné par arrêté.

Art. R. 7124-21 La commission se réunit sur convocation *(Décr. n° 2022-727 du 28 avr. 2022, art. 1er)* « de l'autorité administrative définie à l'article R. 7124-1 » aussi souvent qu'il est nécessaire. Elle lui remet un avis circonstancié sur chaque demande d'autorisation individuelle ou d'agrément qui lui est soumise.

Elle ne délibère valablement que lorsqu' *(Décr. n° 2022-727 du 28 avr. 2022, art. 1er)* « au moins trois de ses membres, dont la personne chargée d'assurer sa présidence, se sont prononcés ».

Elle rend son avis à la majorité des voix des membres présents *(Décr. n° 2022-727 du 28 avr. 2022, art. 1er)* « ou ayant fait connaître leur avis ». En cas de partage égal des voix, celle du président est prépondérante.

(Décr. n° 2022-727 du 28 avr. 2022, art. 1er) « Sur décision de l'autorité administrative définie à l'article R. 7124-1, la voix de chacun de ses membres peut être recueillie sous forme numérique. »

Elle peut, en toute circonstance, entendre l'enfant et ses représentants légaux, séparément ou non, sur leur demande ou à celle de l'un de ses membres.

(Décr. n° 2022-727 du 28 avr. 2022, art. 1er) « Elle peut également entendre toute personnalité qualifiée en raison de sa compétence dans le domaine de la protection de l'enfance ou de sa connaissance du secteur d'activité concerné par la demande. »

Art. R. 7124-22 Le secrétariat de la commission est chargé, notamment, de la conservation des dossiers de chaque enfant. — *[Anc. art. R. 211-5, al. 2.]*

§ 2 Procédure devant la commission consultative

Art. R. 7124-23 Dans le délai d'un mois à compter du jour du dépôt de la demande d'autorisation individuelle, d'agrément ou de renouvellement d'agrément et à la condition que le dossier déposé soit complet, *(Décr. n° 2022-727 du 28 avr. 2022, art. 1er)* « l'autorité administrative définie à l'article R. 7124-1 » notifie aux parties intéressées :
1° Le refus de l'autorisation ou l'agrément ;
2° Le fait qu'il procède à un complément d'instruction et, dans ce cas, le délai d'un mois est prorogé d'un mois ;
3° Il soumet l'autorisation ou l'agrément au respect de certaines conditions ou modalités ;
4° Il accorde l'autorisation ou l'agrément.
Une copie de cette notification est adressée, dans les cas prévus aux 3° et 4°, à la Caisse des dépôts et consignations.

Art. R. 7124-24 Lorsque *(Décr. n° 2022-727 du 28 avr. 2022, art. 1er)* « l'autorité administrative définie à l'article R. 7124-1 » n'a pas fait connaître sa décision dans le délai d'un mois fixé au premier alinéa de l'article R. 7124-23 :

1° La demande d'autorisation individuelle ou d'agrément est considérée comme rejetée ;
2° La demande de renouvellement de l'agrément est considérée comme acceptée.

Art. R. 7124-25 Les refus et retraits d'autorisation individuelle et d'agrément sont motivés. Ils peuvent notamment être prononcés à la demande de personnes qualifiées en raison de leurs activités dans le domaine de la protection de l'enfance ou de l'intérêt qu'elles portent aux mineurs concernés.
(Abrogé par Décr. n° 2022-727 du 28 avr. 2022, art. 1ᵉʳ) « *Les convocations aux séances de la commission sont adressées par lettre recommandée avec avis de réception.* »
Les demandeurs sont entendus par la commission s'ils le souhaitent. Ils peuvent se faire assister ou représenter par une personne de leur choix.

Art. R. 7124-26 Le retrait de l'autorisation individuelle et *(Décr. n° 2022-727 du 28 avr. 2022, art. 1ᵉʳ)* « des agréments prévus respectivement » aux articles L. 7124-3 et L. 7124-5 est prononcé par *(Décr. n° 2022-727 du 28 avr. 2022, art. 1ᵉʳ)* « l'autorité administrative définie à l'article R. 7124-1 » sur avis conforme de la commission soit d'office, soit à la demande de toute personne qualifiée.

SECTION 4 Conditions de travail des enfants

SOUS-SECTION 1 Durée du travail et repos

Art. R. 7124-27 L'emploi d'un enfant âgé de moins de six ans révolus exerçant une activité de mannequin et la sélection préalable en vue de cette activité ne peuvent être autorisés que selon les durées suivantes :
1° Durée journalière maximum :
a) Une heure, dont pas plus d'une demi-heure en continu, jusqu'à l'âge de trois ans révolus ;
b) Deux heures, dont pas plus d'une heure en continu, de trois à six ans ;
2° Durée hebdomadaire maximum :
a) Une heure, jusqu'à l'âge de six mois ;
b) Deux heures, de six mois à trois ans ;
c) Trois heures, de trois ans à six ans. — *[Anc. art. R. 211-12-1, al. 1ᵉʳ à 8.]*

Art. R. 7124-28 L'emploi et la sélection d'un enfant scolarisé mentionné à l'article *(Décr. n° 2009-289 du 13 mars 2009)* « L. 7124-8 » ne sont autorisés que les jours et demi-journées de repos autres que le dimanche. — *[Anc. art. R. 211-12-1, al. 9.]*

Art. R. 7124-29 Durant les périodes scolaires, l'emploi d'un enfant âgé de six à seize ans exerçant une activité de mannequin et la sélection préalable en vue d'exercer cette activité ne peuvent être autorisés que les jours ou demi-journées de repos hebdomadaire autres que le dimanche, et selon les durées suivantes :
1° Durée journalière maximum :
a) Trois heures, dont pas plus d'une heure et demie en continu, de six à onze ans ;
b) Quatre heures, dont pas plus de deux heures en continu, de douze à seize ans.
Cette durée journalière est réduite de moitié pour l'emploi et la sélection de l'enfant pendant une demi-journée.
2° Durée hebdomadaire maximum :
a) Quatre heures et demie, de six à onze ans ;
b) Six heures, de douze à seize ans. — *[Anc. art. R. 211-12-2.]*

Art. R. 7124-30 Durant les périodes de congés scolaires, l'emploi d'un enfant âgé de six à seize ans exerçant une activité de mannequin et la sélection préalable en vue d'exercer cette activité ne peuvent être autorisés que pendant la moitié des congés et selon les durées suivantes :
1° Durée journalière maximum :
a) Six heures, dont pas plus de deux heures en continu de six à onze ans ;
b) Sept heures, dont pas plus de trois heures en continu, de douze à seize ans ;
2° Durée hebdomadaire maximum :
a) Douze heures, de six à onze ans ;
b) Quinze heures, de douze à quatorze ans ;

c) Dix-huit heures, de quatorze à seize ans. — *[Anc. art. R. 211-12-3.]*

Art. R. 7124-30-1 *(Décr. n° 2008-889 du 2 sept. 2008)* Dans le secteur du spectacle, le travail de nuit des enfants de moins de 16 ans ne peut être autorisé que jusqu'à 24 heures.

Art. R. 7124-30-2 *(Décr. n° 2009-1049 du 27 août 2009)* Constitue un temps de travail effectif au sens de l'article L. 3121-1 la durée des représentations payantes auxquelles participent les enfants appartenant à une manécanterie développant une activité de production de spectacles itinérants dans le cadre du projet pédagogique d'un établissement d'enseignement.

SOUS-SECTION 2 **Rémunération**

Art. R. 7124-31 La part de la rémunération perçue par l'enfant dont le montant peut être laissé à la disposition de ses représentants légaux est fixée par la commission mentionnée à l'article *(Décr. n° 2022-727 du 28 avr. 2022, art. 1ᵉʳ)* « R. 7124-20 ».

Art. R. 7124-32 La commission statue sur demande des contractants préalablement présentée à toute exécution. — *[Anc. art. L. 211-4, al. 2.]*

Art. R. 7124-33 Dans les cas énoncés aux 3° et 4° de l'article R. 7124-23, la notification précise la fraction de rémunération affectée à la constitution du pécule.

Cette notification rappelle l'obligation faite à l'employeur par l'article R. 7124-35. Cette fraction porte sur le salaire et la rémunération perçue par l'enfant conformément aux articles L. 7123-6 et L. 7123-12 à L. 7123-16. — *[Anc. art. R. 211-8, al. 6.]*

Art. R. 7124-34 L'autorisation donnée aux représentants légaux de l'enfant, en application de l'article L. 7124-9, de réaliser des prélèvements, en cas d'urgence et à titre exceptionnel, sur son pécule peut être retirée à tout moment s'il apparaît que les sommes déjà prélevées n'ont pas été intégralement affectées à l'usage auquel elles étaient destinées.

Les prélèvements sur le pécule sont autorisés par le président de la commission.

Ces prélèvements ne peuvent être autorisés que dans l'intérêt exclusif de l'enfant. — *[Anc. art. L. 211-8, al. 3, et anc. art. R. 211-9.]*

Art. R. 7124-35 Le versement à la Caisse des dépôts et consignations prévu au deuxième alinéa de l'article L. 7124-9 est accompagné d'une déclaration de l'employeur rappelant l'état civil de l'enfant, son domicile et le nom de ses représentants légaux. — *[Anc. art. R. 211-10, al. 1ᵉʳ.]*

Art. R. 7124-36 La Caisse des dépôts et consignations ouvre dans ses écritures, au nom de chacun des mineurs intéressés, un compte de dépôt auquel sont portés les versements réalisés par les employeurs.

Le taux et le mode de calcul des intérêts produits par le compte de dépôts sont fixés dans les conditions prévues à l'article L. 518-23 du code monétaire et financier. Ce taux ne peut être inférieur au taux de l'intérêt légal de l'exercice en cours. — *[Anc. art. R. 211-10, al. 2 et 3.]*

Art. R. 7124-37 Avant le 31 mars de chaque année, la Caisse des dépôts et consignations transmet au titulaire du compte ou à son représentant légal, *(Décr. n° 2022-727 du 28 avr. 2022, art. 1ᵉʳ)* « par tous moyens », un document indiquant l'encours des dépôts et les intérêts qu'ils ont générés pour l'année précédente.

Lorsque l'enfant atteint sa majorité, la Caisse des dépôts et consignations lui communique *(Décr. n° 2022-727 du 28 avr. 2022, art. 1ᵉʳ)* « , par tout moyen donnant date certaine à sa réception », le solde de son compte et l'informe qu'elle tient les fonds de son pécule à sa disposition.

(Décr. n° 2022-727 du 28 avr. 2022, art. 1ᵉʳ) « En cas d'émancipation, le mineur émancipé communique, par tous moyens donnant date certaine, à la Caisse des dépôts et consignations la décision définitive d'émancipation. »

A compter de la majorité de l'enfant ou de la *(Décr. n° 2022-727 du 28 avr. 2022, art. 1ᵉʳ)* « communication » prévue au troisième alinéa, la Caisse des dépôts et consignations transfère les fonds mis à la disposition de l'intéressé à un compte ordinaire de dépôt.

CONCIERGES ET EMPLOYÉS D'IMMEUBLES

SECTION 5 Contrôle

Art. R. 7124-38 Toute infraction aux dispositions des articles L. 4153-7, L. 7124-1 à L. 7124-11, L. 7124-13 à L. 7124-18 et L. 7124-21 ainsi que des articles R. 7124-3, R. 7124-10, R. 7124-26, R. 7124-31 et R. 7124-34 commise à l'étranger à l'égard de Français doit être dénoncée, dans le plus bref délai, par les agents consulaires de la France aux autorités françaises ou aux autorités locales si les lois du pays en assurent la répression.

Ces agents doivent, en outre, prendre les mesures nécessaires pour assurer le rapatriement en France des enfants d'origine française. – *[Anc. art. R. 211-12.]*

LIVRE II CONCIERGES ET EMPLOYÉS D'IMMEUBLES À USAGE D'HABITATION, EMPLOYÉS DE MAISON ET SERVICES À LA PERSONNE

TITRE I CONCIERGES ET EMPLOYÉS D'IMMEUBLES À USAGE D'HABITATION

CHAPITRE I DISPOSITIONS GÉNÉRALES

Le présent chapitre ne comprend pas de dispositions réglementaires.

CHAPITRE II CONTRAT DE TRAVAIL

Art. R. 7212-1 Le délai minimum avant lequel, en application de l'article L. 7212-1, le salarié dont le contrat de travail est rompu à l'initiative de l'employeur ne peut être obligé à quitter son logement est de trois mois. – *[Anc. art. L. 771-3, al. 1er.]*

CHAPITRE III CONGÉS PAYÉS

SECTION 1 Droit au congé

Art. R. 7213-1 Le congé à attribuer à deux salariés déterminés à l'article L. 7213-3 est déterminé compte tenu des droits distincts de chacun. – *[Anc. art. R. 771-7, phrase 1.]*

Art. R. 7213-2 Les jours autres que le dimanche et ceux qui, en application de la loi, de l'usage ou de la convention sont fériés et obligatoirement chômés par les catégories de salariés mentionnées à l'article L. 7211-2, sont réputés ouvrables pour la détermination du congé. – *[Anc. art. R. 771-3, al. 1er.]*

Art. R. 7213-3 Le congé ne peut être confondu avec :
1° Une absence pour cause de maladie ;
2° Les périodes de cure indemnisées par la sécurité sociale ;
3° Les périodes légales de repos des femmes enceintes ;
4° Les périodes obligatoires d'instruction du service national ;
5° Les repos payés bénévolement accordés par l'employeur. – *[Anc. art. R. 771-3, al. 2.]*

SECTION 2 Durée du congé

Art. R. 7213-4 Le congé annuel d'une durée inférieure ou égale à douze jours ouvrables est continu. – *[Anc. art. R. 771-2, al. 2, phrase 1.]*

Art. R. 7213-5 Le congé annuel d'une durée supérieure à douze jours ouvrables peut être fractionné par l'employeur avec l'accord du salarié. En cas de fractionnement, l'une des fractions est de deux semaines civiles au moins. – *[Anc. art. R. 771-2, al. 2, phrases 2 et 3.]*

Art. R. 7213-6 L'employeur peut imposer à un concierge d'immeuble à usage d'habitation un congé annuel d'une durée supérieure à celle du congé légal auquel peut prétendre l'intéressé.

Dans ce cas, l'employeur verse à l'intéressé, pendant toute la durée du repos supplémentaire, une indemnité qui ne peut être inférieure aux sommes qui seraient dues pour un même temps de congé légal.

Ce temps de repos supplémentaire et l'indemnité correspondante ne peuvent être imputés sur les congés légaux à venir et sur les indemnités correspondantes. — *[Anc. art. R. 771-9.]*

SECTION 3 Prise des congés

Art. R. 7213-7 Sauf accord du bénéficiaire, le congé annuel est pris au cours des mois de mai à octobre inclus. — *[Anc. art. R. 771-1, al. 1er.]*

Pour l'application à Mayotte de cet art., V. art. R. 7524-1.

Art. R. 7213-8 Le délai dont dispose l'employeur pour déclarer s'il accepte ou refuse le remplaçant proposé par le salarié, mentionné à l'article L. 7213-6, est de huit jours. — *[Anc. art. R. 771-10.]*

SECTION 4 Indemnité de congés payés

Art. R. 7213-9 L'indemnité correspondante au congé prévu par l'article L. 3141-3 ne peut être inférieure ni (*Décr. n° 2018-953 du 31 oct. 2018, art. 8*) « au dixième » de la rémunération totale perçue par l'intéressé au cours de la période de référence, ni au salaire qui serait dû au moment du règlement de l'indemnité pour un temps de travail égal à celui du congé.

Chaque jour de congé supplémentaire accordé conformément aux dispositions de l'article (*Décr. n° 2016-1551 du 18 nov. 2016, art. 6-V, en vigueur le 1er janv. 2017*) « L. 3141-8 » donne lieu à l'attribution d'une indemnité égale au quotient de l'indemnité correspondante au congé principal par le nombre de jours ouvrables compris dans ce congé. — *[Anc. art. R. 771-4, al. 1er et 2.]*

Art. R. 7213-10 Pour le calcul de l'indemnité de congé à attribuer à deux salariés relevant de l'article L. 7213-3, la rémunération des intéressés, tant en espèces qu'en nature, est considérée, sauf accord contraire, comme due pour moitié à chacun d'eux. — *[Anc. art. R. 771-7, phrase 2.]*

Art. R. 7213-11 A l'indemnité calculée suivant les dispositions des articles R. 7213-9 et R. 7221-2, s'ajoute, s'il y a lieu, une indemnité représentative des avantages en nature garantis par le contrat et dont le travailleur cesse de bénéficier pendant son congé.

Le montant de cette indemnité ne peut être inférieur à celui qui est fixé chaque année pour chaque département, localité ou groupe de localités, par arrêté préfectoral. — *[Anc. art. R. 771-5.]*

Art. R. 7213-12 En cas de licenciement, de démission ou de décès du salarié, les indemnités prévues par les articles R. 7213-9 à R. 7213-11 sont dues dans les conditions déterminées par les articles (*Décr. n° 2016-1551 du 18 nov. 2016, art. 6-V, en vigueur le 1er janv. 2017*) « L. 3141-28 à L. 3141-30 », relatifs aux indemnités de congés consécutives à la rupture du contrat de travail, et à l'article D. 3141-9 [D. 3141-8] lorsque l'employeur est tenu d'adhérer à une caisse de congés payés. — *[Anc. art. R. 771-6.]*

SECTION 5 Interdictions

Art. R. 7213-13 Il est interdit au bénéficiaire d'un congé légal d'accepter un travail rémunéré pendant ce congé. — *[Anc. art. R. 771-8, phrase 1.]*

Art. R. 7213-14 Il est interdit à toute personne de proposer un emploi rémunéré à un salarié lorsqu'elle sait que celui-ci est en congé annuel légal. — *[Anc. art. R. 771-8, phrase 2.]*

CHAPITRE IV SURVEILLANCE MÉDICALE

SECTION 1 Services de santé au travail

SOUS-SECTION 1 Organisation et fonctionnement

Art. R. 7214-1 La création et la constitution d'un service de santé au travail interentreprises destiné uniquement à assurer la surveillance médicale des gardiens d'immeubles à usage d'habitation et des employés de maison, sont soumises aux règles applicables aux services de santé au travail interentreprises en ce qui concerne tant la définition de leur compétence territoriale que leur agrément. – *[Anc. art. D. 773-1.]*

Art. R. 7214-2 à R. 7214-4 *Abrogés par Décr. n° 2016-1908 du 27 déc. 2016, art. 19, à compter du 1er janv. 2017.*

SOUS-SECTION 2 Adhésion

Art. R. 7214-5 Lorsqu'il ne dispose pas d'un service autonome de santé au travail, l'employeur d'un gardien d'immeubles à usage d'habitation ou d'un employé de maison adhère à un service de santé au travail interentreprises habilité à faire assurer la surveillance médicale. – *[Anc. art. R. 773-4, al. 1er.]*

Art. R. 7214-6 L'adhésion à un service de santé au travail interentreprises habilité est demandée dans le délai d'un mois à compter de l'engagement du premier salarié. – *[Anc. art. R. 773-4, al. 2.]*

SOUS-SECTION 3 Dépenses et frais

Art. R. 7214-7 Les frais de transport du salarié pour se rendre au service de santé au travail interentreprises et pour en revenir sont à la charge de l'employeur. – *[Anc. art. R. 773-6, al. 1er.]*

Art. R. 7214-8 Le temps passé par le salarié pour satisfaire aux obligations de la surveillance médicale est assimilé à une période de travail. Ce temps ne peut justifier une réduction de la rémunération. – *[Anc. art. R. 773-6, al. 2.]*

SECTION 2 Objet de la surveillance et examens médicaux

Art. R. 7214-9 à R. 7214-16 *Abrogés par Décr. n° 2016-1908 du 27 déc. 2016, art. 19, à compter du 1er janv. 2017.*

SECTION 3 Documents et rapports

SOUS-SECTION 1 Rapports

Art. R. 7214-17 à R. 7214-19 *Abrogés par Décr. n° 2016-1908 du 27 déc. 2016, art. 19, à compter du 1er janv. 2017.*

SOUS-SECTION 2 Documents médicaux

Art. R. 7214-20 *Abrogé par Décr. n° 2016-1908 du 27 déc. 2016, art. 19, à compter du 1er janv. 2017.*

Art. R. 7214-21 Le dossier médical est complété lors des visites ultérieures.
Ces visites donnent lieu à l'établissement d'une nouvelle fiche médicale d'aptitude remise à l'employeur et au salarié dans les mêmes conditions que la fiche médicale d'aptitude initiale. – *[Anc. art. R. 773-10, al. 6.]*

CHAPITRE V LITIGES

Art. R. 7215-1 à R. 7215-3 *Abrogés par Décr. n° 2016-1908 du 27 déc. 2016, art. 19, à compter du 1er janv. 2017.*

CHAPITRE VI *[ABROGÉ]* DISPOSITIONS PÉNALES

(Abrogé par Décr. n° 2016-1908 du 27 déc. 2016, art. 19)

Art. R. 7216-1 *Le fait, pour les responsables d'un service de santé au travail, de ne pas satisfaire aux dispositions du présent code qui lui sont applicables, en méconnaissance des dispositions de l'article R. 7214-3, est puni de l'amende prévue pour les contraventions de la cinquième classe.* — *[Anc. art. R. 797-1.]*

Art. R. 7216-2 *Le fait de ne pas adhérer à un service de santé au travail, en méconnaissance des dispositions de l'article R. 7214-5, ou de ne pas adhérer dans le délai prévu à l'article R. 7214-6, est puni de l'amende prévue pour les contraventions de la cinquième classe.* — *[Anc. art. R. 797-1.]*

Art. R. 7216-3 *Le fait de méconnaître les dispositions relatives à la participation des employeurs aux dépenses du service de santé au travail interentreprises, mentionnée à l'article R. 7214-4, est puni de l'amende prévue pour les contraventions de la cinquième classe.* — *[Anc. art. R. 797-1.]*

Art. R. 7216-4 *Le fait de ne pas prendre en charge les frais de transport du salarié pour se rendre au service de santé au travail ou de ne pas le rémunérer pour le temps consacré à sa surveillance médicale, en méconnaissance des dispositions des articles R. 7214-7 et R. 7214-8, est puni de l'amende prévue pour les contraventions de la cinquième classe.* — *[Anc. art. R. 797-1.]*

Art. R. 7216-5 *Le fait de méconnaître les dispositions des articles R. 7214-9 et R. 7214-10, est puni de l'amende prévue pour les contraventions de la cinquième classe.* — *[Anc. art. R. 797-1.]*

Art. R. 7216-6 *Le fait de méconnaître la finalité de l'examen médical d'embauche, des visites médicales périodiques et des visites médicales de reprise, prévue aux articles R. 7214-11 et R. 7214-14, est puni de l'amende prévue pour les contraventions de la cinquième classe.* — *[Anc. art. R. 797-1.]*

Art. R. 7216-7 *Le fait de ne pas faire pratiquer l'examen médical d'embauche avant l'engagement du salarié ou au plus tard dans les quinze jours ouvrables qui suivent cet engagement, en méconnaissance des dispositions de l'article R. 7214-12, est puni de l'amende prévue pour les contraventions de la cinquième classe.* — *[Anc. art. R. 797-1.]*

Art. R. 7216-8 *Le fait de ne pas respecter les dispositions de l'article R. 7214-13, est puni de l'amende prévue pour les contraventions de la cinquième classe.* — *[Anc. art. R. 797-1.]*

Art. R. 7216-9 *Le fait de méconnaître les dispositions des articles R. 7214-20 et R. 7214-21, est puni de l'amende prévue pour les contraventions de la cinquième classe.* — *[Anc. art. R. 797-1.]*

TITRE II EMPLOYÉS DE MAISON

CHAPITRE I DISPOSITIONS GÉNÉRALES

Art. R. 7221-1 L'employeur peut imposer à un employé de maison, à l'exclusion, sauf convention contraire, des femmes et des hommes de ménage, un congé annuel d'une durée supérieure à celle du congé légal auquel peut prétendre l'intéressé.

Dans ce cas l'employeur verse à l'intéressé, pendant toute la durée du repos supplémentaire, une indemnité qui ne peut être inférieure aux sommes qui seraient dues pour un même temps de congé légal.

Ce temps de repos supplémentaire et l'indemnité correspondante ne peuvent être imputés sur les congés légaux à venir et sur les indemnités correspondantes. — *[Anc. art. R. 771-9.]*

Art. R. 7221-2 L'indemnité journalière de congé due aux femmes et aux hommes de ménage est égale au sixième du salaire hebdomadaire habituel sauf si l'application de la règle *(Décr. n° 2018-953 du 31 oct. 2018, art. 8)* « du dixième » énoncée au premier alinéa de l'article R. 7213-9 est plus favorable.

SERVICES À LA PERSONNE **Art. D. 7231-1** 3093

CHAPITRE II **DISPOSITIONS PÉNALES**

Art. R. 7222-1 Le fait de méconnaître les dispositions des 2° à 5° de l'article L. 7221-2 est puni de l'amende prévue pour les contraventions de la cinquième classe. — [Anc. art. R. 797-1.]

TITRE III **ACTIVITÉS DE SERVICES À LA PERSONNE**

CHAPITRE I **CHAMP D'APPLICATION**

Art. D. 7231-1 (Décr. n° 2016-750 du 6 juin 2016) « I. — Les activités de service à la personne soumises à agrément, en application de l'article L. 7232-1, sont les suivantes :
« 1° Garde d'enfants à domicile, en dessous d'un âge fixé par arrêté conjoint du (Décr. n° 2016-1895 du 28 déc. 2016, art. 1er) « ministre chargé de l'économie » et du ministre chargé de la famille ;
« 2° Accompagnement des enfants en dessous d'un âge fixé par arrêté conjoint du (Décr. n° 2016-1895 du 28 déc. 2016, art. 1er) « ministre chargé de l'économie » et du ministre chargé de la famille dans leurs déplacements en dehors de leur domicile (promenades, transport, actes de la vie courante) ; — V. Arr. du 5 févr. 2019, NOR : ECOI1832261A (JO 2 mars).
« 3° Assistance dans les actes quotidiens de la vie ou aide à l'insertion sociale aux personnes âgées et aux personnes handicapées ou atteintes de pathologies chroniques qui ont besoin de telles prestations à domicile, quand ces prestations sont réalisées dans les conditions prévues aux 1° et 2° de l'article L. 7232-6 du présent code, à l'exclusion d'actes de soins relevant d'actes médicaux à moins qu'ils ne soient exécutés dans les conditions prévues à l'article L. 1111-6-1 du code de la santé publique et du décret n° 99-426 du 27 mai 1999 habilitant certaines catégories de personnes à effectuer des aspirations endo-trachéales ; — V. Arr. du 24 nov. 2023, art. 2 (JO 28 nov. ; NOR : ECOI2327755A).
« 4° Prestation de conduite du véhicule personnel des personnes âgées, des personnes handicapées ou atteintes de pathologies chroniques du domicile au travail, sur le lieu de vacances, pour les démarches administratives quand cette prestation est réalisée dans les conditions prévues aux 1° et 2° de l'article L. 7232-6 du présent code ;
« 5° Accompagnement des personnes âgées, des personnes handicapées ou atteintes de pathologies chroniques, dans leurs déplacements en dehors de leur domicile (promenades, aide à la mobilité et au transport, actes de la vie courante) quand cet accompagnement est réalisé dans les conditions prévues aux 1° et 2° de l'article L. 7232-6 du même code. »
(Décr. n° 2011-1133 du 20 sept. 2011, art. 3) II. — Les activités de services à la personne soumises à titre facultatif à la déclaration prévue à l'article L. 7232-1-1 sont, outre celles mentionnées au I du présent article (Décr. n° 2016-750 du 6 juin 2016) « et à l'article (Décr. n° 2023-608 du 13 juill. 2023, art. 3-II) « D. 312-6-2 » du code de l'action sociale et des familles », les activités suivantes :
« 1° Entretien de la maison et travaux ménagers ;
« 2° Petits travaux de jardinage, y compris les travaux de débroussaillage ;
« 3° Travaux de petit bricolage dits ″homme toutes mains″ ;
« 4° Garde d'enfants à domicile au-dessus d'un âge fixé par arrêté conjoint du (Décr. n° 2016-1895 du 28 déc. 2016, art. 1er) « ministre chargé de l'économie » et du ministre chargé de la famille ;
« 5° Soutien scolaire à domicile ou cours à domicile ;
« 6° Soins d'esthétique à domicile pour les personnes dépendantes ;
« 7° Préparation de repas à domicile, y compris le temps passé aux (Décr. n° 2016-750 du 6 juin 2016) « courses » ;
« 8° Livraison de repas à domicile ;
« 9° Collecte et livraison à domicile de linge repassé ;
« 10° Livraison de courses à domicile ;
« 11° Assistance informatique (Abrogé par Décr. n° 2016-750 du 6 juin 2016) « *et internet* » à domicile ;

« 12° Soins et promenades d'animaux de compagnie, à l'exception des soins vétérinaires et du toilettage, pour les personnes dépendantes ;
« 13° Maintenance, entretien et vigilance temporaires, à domicile, de la résidence principale et secondaire ;
« 14° Assistance administrative à domicile ;
« 15° Accompagnement des enfants de plus de trois ans dans leurs déplacements en dehors de leur domicile (promenades, transport, actes de la vie courante) ;
(Décr. n° 2016-750 du 6 juin 2016) « 16° Téléassistance et visio-assistance ;
« 17° Interprète en langue des signes, technicien de l'écrit et codeur en langage parlé complété ;
« 18° Prestation de conduite du véhicule personnel des personnes mentionnées au 20° du II du présent article, du domicile au travail, sur le lieu de vacances, pour les démarches administratives ;
« 19° Accompagnement des personnes mentionnées au 20° du II du présent article dans leurs déplacements en dehors de leur domicile (promenades, aide à la mobilité et au transport, actes de la vie courante) ;
« 20° Assistance aux personnes autres que celles mentionnées au 3° du I du présent article qui ont besoin temporairement d'une aide personnelle à leur domicile, à l'exclusion des soins relevant d'actes médicaux ;
« 21° Coordination et délivrance des services mentionnés au présent article. »
« III. – Les activités mentionnées *(Décr. n° 2016-750 du 6 juin 2016)* « aux 2°, 4° et 5° du I et aux 8°, 9°, 10°, 15°, 18° et 19° » du II du présent article n'ouvrent droit au bénéfice du 1° de l'article L. 7233-2 du code du travail et de l'article L. 241-10 du code de la sécurité sociale qu'à la condition que la prestation soit comprise dans une offre de services incluant un ensemble d'activités réalisées à domicile. »

Pour l'application à Mayotte de cet art., V. art. R. 7524-2.

Art. D. 7231-2 *Abrogé par Décr. n° 2014-753 du 2 juill. 2014, art. 4.*

CHAPITRE II AGRÉMENT ET DÉCLARATION DES PERSONNES MORALES ET ENTREPRENEURS INDIVIDUELS *(Décr. n° 2011-1132 du 20 sept. 2011, art. 1ᵉʳ-1°).*

SECTION 1 Demande d'agrément

Art. R. 7232-1 *(Décr. n° 2011-1132 du 20 sept. 2011, art. 1ᵉʳ-2°)* La demande d'agrément d'une personne morale ou d'un entrepreneur individuel mentionné à l'article L. 7232-1 est adressée par son représentant légal au préfet de département par voie électronique ou par lettre recommandée avec avis de réception.

Art. R. 7232-2 *(Décr. n° 2016-1895 du 28 déc. 2016, art. 1ᵉʳ)* « La demande d'agrément mentionne : »
(Décr. n° 2011-1132 du 20 sept. 2011, art. 1ᵉʳ-3°) « 1° L'adresse et la raison sociale de la personne morale ou le nom de l'entrepreneur individuel ;
« 2° L'adresse du principal établissement de la personne morale ou de l'entrepreneur individuel ainsi que l'adresse de leurs établissements secondaires, le cas échéant ;
« 3° Les départements où seront exercées les activités ;
« 4° La nature des prestations proposées et des publics ou clients visés ; »
5° Les conditions d'emploi du personnel ;
6° Les moyens d'exploitation mis en œuvre.

Art. R. 7232-3 A la demande d'agrément est joint un dossier comprenant :
(Décr. n° 2021-631 du 21 mai 2021, art. 16, en vigueur le 1ᵉʳ nov. 2021) « 1° Le numéro unique d'identification ou une copie des statuts de la personne morale, ou, le cas échéant, pour les ressortissants d'un État membre de l'Union européenne ou d'un autre État partie à l'accord sur l'Espace économique européen, un document équivalent à l'extrait d'immatriculation au registre du commerce et des sociétés ou au *(Décr. n° 2022-1014 du 19 juill. 2022, art. 22, en vigueur le 1ᵉʳ janv. 2023)* « Registre national des entreprises en tant qu'entreprise du secteur des métiers et de l'artisanat *[ancienne rédaction : répertoire des métiers]* ; »

2° Les éléments permettant d'apprécier le niveau de qualité des services mis en œuvre ;

3° Un modèle de document prévoyant une information des clients et des usagers en matière fiscale et des services administratifs en matière statistique ;

4° La liste des sous-traitants.

(Décr. n° 2011-1132 du 20 sept. 2011, art. 1er-4°) « Les personnes morales ou entrepreneurs individuels qui sont légalement établis dans un autre État membre de l'Union européenne ou partie à l'accord sur l'Espace économique européen joignent à leur dossier toute information et tout document relatifs à leur situation au regard de la mise en œuvre des obligations prévues, le cas échéant, par la législation applicable dans l'État où ils sont établis, en vue de l'examen de leur demande d'agrément. »

SECTION 2 Délivrance de l'agrément

Art. R. 7232-4 (Décr. n° 2011-1132 du 20 sept. 2011, art. 1er-5°) L'agrément des personnes morales ou des entrepreneurs individuels mentionnés à l'article L. 7232-1 est délivré par le préfet du département du lieu d'implantation du principal établissement de la personne morale ou de l'entrepreneur individuel (Décr. n° 2016-1895 du 28 déc. 2016, art. 1er) « . Lorsque cet agrément est demandé au titre du 1° de l'article L. 7232-1, le président du conseil départemental donne un avis » sur la capacité des personnes morales ou des entrepreneurs individuels demandant l'agrément à assurer une prestation de qualité et sur l'affectation de moyens humains, matériels et financiers proportionnés à cette exigence.

Si le dossier est incomplet, le préfet en informe le demandeur et l'invite à produire les pièces ou informations manquantes.

Le silence gardé par le préfet pendant plus de trois mois à compter de la date de réception d'un dossier complet de demande d'agrément emporte décision d'acceptation.

Lorsque la personne morale ou l'entrepreneur individuel est établi hors de France, la demande d'agrément est adressée au préfet du département où sa principale activité sera exercée.

En application à l'art. L. 231-5 CRPA, et par exception à l'application du délai de deux mois prévu à l'art. L. 231-1 du même code, le délai à l'expiration duquel le silence gardé par l'administration vaut décision d'acceptation est fixé à trois mois pour une demande d'agrément pour l'exercice d'une activité s'adressant à un public fragile dans le secteur des services à la personne (Décr. n° 2014-1281 du 23 oct. 2014, art. 1er).

Art. R. 7232-5 (Décr. n° 2011-1132 du 20 sept. 2011, art. 1er-6°) Si la personne morale ou l'entrepreneur individuel projette d'exercer (Décr. n° 2016-1895 du 28 déc. 2016, art. 1er) « l'activité mentionnée au 1° de l'article L. 7232-1 » dans plusieurs départements, le préfet du département du lieu d'implantation du principal établissement de la personne morale ou de l'entrepreneur individuel recueille l'avis des présidents de conseil départemental des départements intéressés, par l'intermédiaire des préfets territorialement compétents.

Toute demande d'extension de l'agrément à une nouvelle activité ou à un nouveau département fait l'objet d'une demande de modification de l'agrément adressée au préfet du département du lieu d'implantation du principal établissement de la personne morale ou de l'entrepreneur individuel. (Décr. n° 2016-1895 du 28 déc. 2016, art. 1er) « Lorsqu'il s'agit de l'activité mentionnée au 1° de l'article L. 7232-1, « ce dernier recueille l'avis du président du conseil départemental du département intéressé, par l'extension d'agrément, par l'intermédiaire du préfet territorialement compétent. »

Si le dossier de demande d'extension est incomplet, le préfet en informe le demandeur et l'invite à produire les pièces ou informations manquantes. Le silence gardé par le préfet pendant plus de trois mois à compter de la date de réception d'un dossier complet emporte décision d'acceptation.

Art. R. 7232-6 (Décr. n° 2011-1132 du 20 sept. 2011, art. 1er-8°) Le préfet accorde l'agrément lorsque les conditions suivantes sont remplies :

1° La personne morale ou l'entrepreneur individuel dispose, en propre ou au sein du réseau dont il fait partie, des moyens humains, matériels et financiers permettant de satisfaire l'objet pour lequel l'agrément est sollicité ;

(Décr. n° 2016-1895 du 28 déc. 2016, art. 1ᵉʳ) « 2° » Le demandeur de l'agrément s'engage à respecter un cahier des charges approuvé par arrêté *(Décr. n° 2016-1895 du 28 déc. 2016, art. 1ᵉʳ)* « du ministre chargé de l'économie » et du ministre chargé de la famille. Ce cahier des charges précise les conditions de fonctionnement, d'organisation et, le cas échéant, de continuité des services, ainsi que les conditions de délivrance et d'évaluation des prestations, permettant de répondre aux exigences de qualité *(Décr. n° 2016-1895 du 28 déc. 2016, art. 1ᵉʳ)* « mentionnées à l'article L. 7232-1 » ; — *V. Arr. du 24 nov. 2023, NOR : ECOI2327755A (JO 28 nov.).*

(Décr. n° 2016-1895 du 28 déc. 2016, art. 1ᵉʳ) « 3° » Les dirigeants de la personne morale ou l'entrepreneur individuel n'ont pas fait l'objet d'une condamnation pénale ni d'une sanction civile, commerciale ou administrative de nature à leur interdire de gérer, administrer ou diriger une personne morale ou d'exercer une activité commerciale ;

(Décr. n° 2016-1895 du 28 déc. 2016, art. 1ᵉʳ) « 4° » Lorsque l'activité de services à la personne est en lien avec les mineurs, la personne représentant la personne morale ou l'entrepreneur individuel *(Décr. n° 2016-1895 du 28 déc. 2016, art. 1ᵉʳ)* « ainsi que l'encadrant et les intervenants définis par arrêté du ministre chargé de l'économie et du ministre chargé de la famille ne sont pas inscrits » au fichier judiciaire national automatisé des auteurs d'infractions sexuelles *(Décr. n° 2016-1895 du 28 déc. 2016, art. 1ᵉʳ)* « mentionné à l'article 706-53-7 du code de procédure pénale » ou, pour les ressortissants d'un État membre de l'Union européenne ou d'un autre État partie à l'accord sur l'Espace économique européen, sur un document équivalent s'il existe.

L'art. R. 7232-7 devient l'art. R. 7232-6 (Décr. n° 2016-1895 du 28 déc. 2016, art. 1ᵉʳ).

Art. R. 7232-7 L'agrément est délivré pour une durée de cinq ans. — *[Anc. art. R. 129-4, al. 1ᵉʳ, phrase 1.]*

L'art. R. 7232-8 devient l'art. R. 7232-7 (Décr. n° 2016-1895 du 28 déc. 2016, art. 1ᵉʳ).

Art. R. 7232-8 *(Décr. n° 2011-1132 du 20 sept. 2011, art. 1ᵉʳ-9°)* La demande de renouvellement est déposée, au plus tard, trois mois avant le terme de la période d'agrément auprès du préfet du département du lieu d'implantation du principal établissement de la personne morale ou de l'entrepreneur individuel.

(Abrogé par Décr. n° 2016-1895 du 28 déc. 2016, art. 1ᵉʳ) « *Les organismes agréés relevant du 2° de l'article L. 313-1-2 du code de l'action sociale et des familles fournissent les résultats de leur évaluation externe dans les conditions et délais prévus en application des dispositions combinées des articles L. 312-8 et L. 313-1-2 du code de l'action sociale et des familles.*

« *La certification dispense de l'évaluation externe dans les conditions prévues en application des dispositions combinées de l'article L. 312-8 et de l'article L. 313-1-2 du code de l'action sociale et des familles. Elle ouvre droit au renouvellement automatique de l'agrément, dans les conditions prévues à l'alinéa suivant sous réserve qu'elle concerne les mêmes activités et les mêmes établissements.* »

Chaque organisme agréé et certifié bénéficie d'un renouvellement automatique de son précédent agrément à condition que l'ensemble de ses activités et établissements concernés soient couverts par une certification telle que définie à l'article *(Décr. n° 2016-1895 du 28 déc. 2016, art. 1ᵉʳ)* « L. 433-3 » du code de la consommation. Cette certification doit être fondée sur un référentiel des services à la personne qui respecte les exigences fixées par le cahier des charges mentionné au *(Décr. n° 2016-1895 du 28 déc. 2016, art. 1ᵉʳ)* « 2° de l'article R. 7232-6 ». La conformité du référentiel de chaque organisme certificateur au cahier des charges est reconnue par *(Décr. n° 2014-753 du 2 juill. 2014, art. 5)* « un arrêté du ministre *(Décr. n° 2016-1895 du 28 déc. 2016, art. 1ᵉʳ)* « chargé de l'économie », qui est publiée *[publié]* au *Bulletin officiel* du *(Décr. n° 2016-1895 du 28 déc. 2016, art. 1ᵉʳ)* « ministère en charge de l'économie ».

L'art. R. 7232-9 devient l'art. R. 7232-8 (Décr. n° 2016-1895 du 28 déc. 2016, art. 1ᵉʳ).

Art. R. 7232-9 *(Décr. n° 2011-1132 du 20 sept. 2011, art. 1ᵉʳ-10°)* La personne morale ou l'entrepreneur individuel agréé produit au moins chaque trimestre un état d'activité et chaque année un bilan qualitatif et quantitatif de l'activité exercée au titre de l'année écoulée ainsi qu'un tableau statistique annuel. Ces documents sont adressés

SERVICES À LA PERSONNE **Art. R. 7232-15** 3097

par voie électronique *(Décr. n° 2016-1895 du 28 déc. 2016, art. 1ᵉʳ)* « au préfet, qui les rend accessibles au ministre chargé de l'économie ». A défaut, ils sont adressés sous forme de documents papiers au préfet, qui en assure *(Décr. n° 2016-1895 du 28 déc. 2016, art. 1ᵉʳ)* « la transmission au ministre chargé de l'économie. » Celui-ci les rend accessibles par voie électronique au ministre chargé de l'emploi, à des fins statistiques.

Lorsque la personne morale ou l'entrepreneur individuel dispose de plusieurs établissements, les états statistiques et le bilan annuel distinguent l'activité exercée par chaque établissement.

L'art. R. 7232-10 devient l'art. R. 7232-9 (Décr. n° 2016-1895 du 28 déc. 2016, art. 1ᵉʳ).

Art. R. 7232-10 L'agrément délivré à *(Décr. n° 2011-1132 du 20 sept. 2011, art. 1ᵉʳ-11°)* « une personne morale ou un entrepreneur individuel disposant de » plusieurs établissements peut être modifié lorsqu'un de ses établissements se trouve dans un des cas de retrait mentionnés *(Décr. n° 2016-1895 du 28 déc. 2016, art. 1ᵉʳ)* « à l'article R. 7232-12 ». — *[Anc. art. R. 129-5, II.]*

L'art. R. 7232-11 devient l'art. R. 7232-10 (Décr. n° 2016-1895 du 28 déc. 2016, art. 1ᵉʳ).

Art. R. 7232-11 La décision d'agrément est publiée au recueil des actes administratifs de la préfecture.
(Décr. n° 2011-1132 du 20 sept. 2011, art. 1ᵉʳ-12°) « Le préfet » en informe *(Abrogé par Décr. n° 2014-753 du 2 juill. 2014, art. 5)* « *l'Agence nationale des services à la personne et* » l'organisme chargé du recouvrement des cotisations de sécurité sociale.

L'art. R. 7232-12 devient l'art. R. 7232-11 (Décr. n° 2016-1895 du 28 déc. 2016, art. 1ᵉʳ).

SECTION 3 Retrait d'agrément

Art. R. 7232-12 L'agrément est retiré à *(Décr. n° 2011-1132 du 20 sept. 2011, art. 1ᵉʳ-13°)* « la personne morale ou à l'entrepreneur individuel » qui :

1° Cesse de remplir les conditions ou de respecter les obligations mentionnées aux articles R. 7232-4 à *(Décr. n° 2016-1895 du 28 déc. 2016, art. 1ᵉʳ)* « R. 7232-9 » ;

2° Ne respecte pas les dispositions légales relatives à la santé et à la sécurité au travail ;

3° Exerce des activités autres que celles déclarées dans la demande d'agrément ;

(Abrogé par Décr. n° 2011-1132 du 20 sept. 2011, art. 1ᵉʳ-13°) « *4° N'est pas en mesure de justifier à tout moment du caractère exclusif de son activité de service ;* »

(Décr. n° 2011-1132 du 20 sept. 2011, art. 1ᵉʳ-13°) « 4° » Ne transmet pas au préfet compétent, avant la fin du premier semestre de l'année, le bilan qualitatif et quantitatif de l'activité exercée au titre de l'année écoulée.

L'art. R. 7232-13 devient l'art. R. 7232-12 (Décr. n° 2016-1895 du 28 déc. 2016, art. 1ᵉʳ).

Art. R. 7232-13 *(Décr. n° 2011-1132 du 20 sept. 2011, art. 1ᵉʳ-15°)* « La personne morale ou l'entrepreneur individuel » qui ne remplit plus les conditions de l'agrément en est informée *[informé]* par lettre recommandée *(Décr. n° 2011-1132 du 20 sept. 2011, art. 1ᵉʳ-15°)* « avec avis de réception.

« Il dispose » d'un délai de quinze jours au moins pour faire valoir ses observations.

L'art. R. 7232-15 devient l'art. R. 7232-13 (Décr. n° 2016-1895 du 28 déc. 2016, art. 1ᵉʳ).

Art. R. 7232-14 Lorsque l'agrément lui est retiré, *(Décr. n° 2011-1132 du 20 sept. 2011, art. 1ᵉʳ-16°)* « la personne morale ou l'entrepreneur individuel » en informe sans délai l'ensemble des bénéficiaires de ses prestations de service *[services]* par lettre individuelle.

(Décr. n° 2011-1132 du 20 sept. 2011, art. 1ᵉʳ-16°) « A défaut de justification de l'accomplissement de cette obligation et après mise en demeure restée sans effet, le préfet publie aux frais de la personne morale ou de l'entrepreneur individuel sa décision dans deux journaux locaux ou dans un journal local et un journal à diffusion nationale lorsque les activités en cause de services à la personne sont exercées sur le territoire d'au moins deux régions. »

L'art. R. 7232-16 devient l'art. R. 7232-14 (Décr. n° 2016-1895 du 28 déc. 2016, art. 1ᵉʳ).

Art. R. 7232-15 *(Décr. n° 2011-1132 du 20 sept. 2011, art. 1ᵉʳ-17°)* La décision de retrait d'agrément est publiée au recueil des actes administratifs de la préfecture.

Le préfet en informe le président des conseils départementaux intéressés, *(Décr. n° 2016-1895 du 28 déc. 2016, art. 1ᵉʳ)* « le ministre chargé de l'économie » ainsi que l'organisme chargé du recouvrement des cotisations de sécurité sociale territorialement compétent.

L'art. R. 7232-17 devient l'art. R. 7232-15 (Décr. n° 2016-1895 du 28 déc. 2016, art. 1ᵉʳ).

SECTION 4 **Déclaration, enregistrement d'activité et retrait de l'enregistrement**

(Décr. n° 2011-1132 du 20 sept. 2011, art. 1ᵉʳ-18°)

Art. R. 7232-16 La déclaration de la personne morale ou de l'entrepreneur individuel, mentionnée à l'article L. 7232-1-1, est effectuée auprès du préfet du département du lieu d'implantation du principal établissement de la personne morale ou du lieu d'établissement de l'entrepreneur individuel. Elle est adressée par voie électronique ou par lettre recommandée avec avis de réception par son représentant légal.

Lorsque la personne morale ou l'entrepreneur individuel est établi hors de France, sa déclaration est adressée au préfet du département où sa principale activité sera exercée.

Lorsque la personne morale ou l'entrepreneur individuel dispose de plusieurs établissements ou exerce une nouvelle activité, l'ouverture d'un nouvel établissement ou l'exercice de la nouvelle activité fait l'objet d'une déclaration modificative dans les mêmes conditions que la déclaration initiale.

L'art. R. 7232-18 devient l'art. R. 7232-16 (Décr. n° 2016-1895 du 28 déc. 2016, art. 1ᵉʳ).

Art. R. 7232-17 La déclaration comprend :

1° La raison sociale de la personne morale ou le nom de l'entrepreneur individuel et leur adresse ;

2° L'adresse du principal établissement de la personne morale ou de l'entrepreneur individuel ainsi que l'adresse de leurs établissements secondaires ;

3° La mention des activités de services à la personne proposées ;

4° L'engagement du représentant légal de la personne morale ou de l'entrepreneur individuel d'exercer son activité dans le champ des services à la personne à titre exclusif, conformément à l'article L. 7232-1-1, sous réserve du 5° ;

5° L'engagement du représentant légal de la personne morale dispensée de la condition d'activité exclusive en application de l'article L. 7232-1-2 de mettre en place une comptabilité séparée relative aux prestations de services à la personne mentionnées à l'article L. 7231-1 ;

6° Pour certaines prestations identifiées à ce titre par le décret prévu au 1° de l'article L. 7231-2, l'engagement d'inclure ces prestations dans une offre de services comprenant un ensemble d'activités de services à la personne réalisées à domicile.

L'art. R. 7232-19 devient l'art. R. 7232-17 (Décr. n° 2016-1895 du 28 déc. 2016, art. 1ᵉʳ).

Art. R. 7232-18 Dès réception du dossier de déclaration complet, le préfet du département du lieu d'implantation du principal établissement de la personne morale ou de l'entrepreneur individuel enregistre la déclaration et lui délivre un récépissé. Dans le cas où le dossier est incomplet, le préfet en informe le demandeur et l'invite à produire les pièces ou informations manquantes.

Le récépissé délivré à la personne morale ou à l'entrepreneur individuel est publié au recueil des actes administratifs de la préfecture.

Le préfet en informe *(Abrogé par Décr. n° 2014-753 du 2 juill. 2014, art. 5)* « *l'Agence nationale des services à la personne ainsi que* » le directeur des services fiscaux et l'organisme chargé du recouvrement des cotisations de sécurité sociale territorialement compétents. *(Décr. n° 2016-1895 du 28 déc. 2016, art. 1ᵉʳ)* « Le ministre chargé de l'économie » rend accessible au public par voie électronique la liste des personnes morales et entrepreneurs individuels dont la déclaration a donné lieu à délivrance d'un récépissé.

Le bénéfice des exonérations de cotisations de sécurité sociale mentionnées à l'article L. 241-10 du code de la sécurité sociale est acquis à compter du premier jour du mois qui suit la publication du récépissé.

L'art. R. 7232-20 devient l'art. R. 7232-18 (Décr. n° 2016-1895 du 28 déc. 2016, art. 1ᵉʳ).

SERVICES À LA PERSONNE — **Art. R. 7232-22** 3099

Art. R. 7232-19 La personne morale ou l'entrepreneur individuel qui a effectué une déclaration produit au moins chaque trimestre un état d'activité et chaque année un bilan qualitatif et quantitatif de l'activité exercée au titre de l'année écoulée ainsi qu'un tableau statistique annuel. Ces documents sont adressés par voie électronique *(Décr. n° 2016-1895 du 28 déc. 2016, art. 1ᵉʳ)* « au préfet, qui les rend accessibles au ministre chargé de l'économie. » A défaut, ils sont adressés sous forme de documents papiers au préfet, *(Décr. n° 2016-1895 du 28 déc. 2016, art. 1ᵉʳ)* « qui en assure la transmission au ministre chargé de l'économie ». Celui-ci les rend accessibles par voie électronique au ministre chargé de l'emploi, à des fins statistiques.

Lorsque la personne morale ou l'entrepreneur individuel dispose de plusieurs établissements, les états statistiques et le bilan annuel mentionnés au premier alinéa distinguent l'activité exercée par chaque établissement.

La personne morale ou l'entrepreneur individuel qui a effectué une déclaration s'engage à apposer sur tous ses supports commerciaux le logotype identifiant le secteur des services à la personne. Ce logotype est mis gratuitement à la disposition des personnes morales et des entrepreneurs individuels *(Décr. n° 2016-1895 du 28 déc. 2016, art. 1ᵉʳ)* « par le ministre chargé de l'économie ».

L'art. R. 7232-21 devient l'art. R. 7232-19 (Décr. n° 2016-1895 du 28 déc. 2016, art. 1ᵉʳ).

Art. R. 7232-20 La personne morale ou l'entrepreneur individuel qui cesse de remplir les conditions ou de respecter les obligations mentionnées aux 4°, 5° et 6° de l'article *(Décr. n° 2016-1895 du 28 déc. 2016, art. 1ᵉʳ)* « **R. 7232-17** » ou qui méconnaît de façon répétée, après mise en demeure par le préfet restée sans effet, les obligations définies à l'article *(Décr. n° 2016-1895 du 28 déc. 2016, art. 1ᵉʳ)* « **R. 7232-19** » perd le bénéfice des dispositions de l'article L. 7233-2 et des dispositions de l'article L. 241-10 du code de la sécurité sociale.

Il en est informé par le préfet, par lettre recommandée avec accusé de réception. Il dispose d'un délai de quinze jours pour faire valoir ses observations.

Lorsque le préfet estime que les manquements relevés ne justifient pas le retrait de l'enregistrement mais rendent nécessaire une modification des termes de la déclaration, la personne en cause est invitée par le préfet à apporter à sa déclaration la modification requise.

La décision de retrait ou de modification d'un enregistrement de déclaration est prise par le préfet du département où la déclaration a été enregistrée. Elle est publiée au recueil des actes administratifs de la préfecture.

Le préfet en informe *(Abrogé par Décr. n° 2016-1895 du 28 déc. 2016, art. 1ᵉʳ)* « *(Décr. n° 2014-753 du 2 juill. 2014, art. 5)* « *le ministre chargé des services à la personne* » ainsi que » le directeur des services fiscaux et l'organisme chargé du recouvrement des cotisations de sécurité sociale territorialement compétents.

L'art. R. 7232-22 devient l'art. R. 7232-20 (Décr. n° 2016-1895 du 28 déc. 2016, art. 1ᵉʳ).

Pour l'application à Mayotte de cet art., V. art. R. 7524-2.

Art. R. 7232-21 La décision de retrait de l'enregistrement et du bénéfice des dispositions des articles L. 7233-2 du code du travail et de l'article L. 241-10 du code de la sécurité sociale prend effet immédiatement. La personne morale ou l'entrepreneur individuel en informe sans délai l'ensemble des bénéficiaires de ses prestations de services par lettre individuelle.

A défaut de justification de l'accomplissement de cette obligation, et après mise en demeure restée sans effet, le préfet publie aux frais de la personne morale ou de l'entrepreneur individuel sa décision dans deux journaux locaux ou dans un journal local et un journal à diffusion nationale lorsque les activités en cause de services à la personne sont exercées sur le territoire d'au moins deux régions.

L'art. R. 7232-23 devient l'art. R. 7232-21 (Décr. n° 2016-1895 du 28 déc. 2016, art. 1ᵉʳ).

Art. R. 7232-22 Dans le cas prévu au premier alinéa de l'article L. 7232-8, la personne morale ou l'entrepreneur individuel qui a fait l'objet d'une décision de retrait du bénéfice des articles L. 7233-2 du code du travail et de l'article L. 241-10 du code de la sécurité sociale ne peut, en application du deuxième alinéa de l'article L. 7232-8, faire une nouvelle déclaration qu'après un délai d'un an à compter de la date de la notification de la décision de retrait de l'enregistrement de la déclaration.

L'art. R. 7232-24 devient l'art. R. 7232-22 (Décr. n° 2016-1895 du 28 déc. 2016, art. 1ᵉʳ).

Pour l'application à Mayotte de cet art., V. art. R. 7524-2.

CHAPITRE III DISPOSITIONS FINANCIÈRES

SECTION 1 Facturation des services

Art. D. 7233-1 (*Décr. n° 2011-1133 du 20 sept. 2011, art. 4*) « Lorsqu'ils assurent » la fourniture aux personnes physiques de prestations de services à la personne, (*Décr. n° 2011-1133 du 20 sept. 2011, art. 4*) « les personnes morales et les entrepreneurs individuels » produisent une facture faisant apparaître :

1° Le nom et l'adresse de (*Décr. n° 2011-1133 du 20 sept. 2011, art. 4*) « la personne morale ou de l'entrepreneur individuel ;

« 2° Le numéro et la date d'enregistrement de la déclaration si celle-ci a été demandée ainsi que le numéro et la date de délivrance de l'agrément lorsque les activités relèvent de l'article L. 7232-1 ; »

3° Le nom et l'adresse du bénéficiaire de la prestation de service ;

4° La nature exacte des services fournis ;

5° Le montant des sommes effectivement acquittées au titre de la prestation de service ;

6° Un numéro d'immatriculation de l'intervenant permettant son identification dans les registres des salariés de l'entreprise ou de l'association prestataire ;

7° Les taux horaires de main-d'œuvre ou, le cas échéant, le prix forfaitaire de la prestation ;

8° Le décompte du temps passé ;

9° Les prix des différentes prestations ;

10° Le cas échéant, les frais de déplacement ;

(*Décr. n° 2011-1133 du 20 sept. 2011, art. 4*) « 11° Lorsque la personne morale ou l'entrepreneur individuel est agréé en application de l'article (*Décr. n° 2016-1895 du 28 déc. 2016, art. 1ᵉʳ*) « L. 7232-1 » mais non déclaré au titre de l'article L. 7232-1-1, les devis, factures et documents commerciaux indiquent que les prestations fournies n'ouvrent pas droit aux avantages fiscaux prévus par l'article L. 7233-2. »

Art. D. 7233-2 Lorsque les prestations de service sont imposables à la taxe sur la valeur ajoutée, les taux, prix et frais de déplacement mentionnés à l'article D. 7233-1 comprennent cette taxe. — [*Anc. art. D. 129-38, al. 12.*]

Art. D. 7233-3 Seules peuvent ouvrir droit à (*Décr. n° 2016-1895 du 28 déc. 2016, art. 1ᵉʳ*) « l'aide » prévue par l'article 199 *sexdecies* du code général des impôts, les factures acquittées :

1° Soit par carte de paiement, prélèvement, virement, titre universel ou interbancaire de paiement ou par chèque ;

2° Soit par chèque emploi service universel. — [*Anc. art. D. 129-38, al. 13.*]

Le 2° de cet art. est applicable à Mayotte à compter du 1ᵉʳ janv. 2020 (Décr. n° 2018-953 du 31 oct. 2018, art. 58-II).

Art. D. 7233-4 (*Décr. n° 2011-1133 du 20 sept. 2011, art. 5-I*) « La personne morale ou l'entrepreneur individuel déclaré en application de l'article L. 7232-1-1 » délivre à chacun de ses clients une attestation fiscale annuelle, pour leur permettre de bénéficier de (*Décr. n° 2016-1895 du 28 déc. 2016, art. 1ᵉʳ*) « l'aide prévue par l'article 199 *sexdecies* du code général des impôts ».

Cette attestation mentionne :

1° Le nom, l'adresse et le numéro d'identification de (*Décr. n° 2011-1133 du 20 sept. 2011, art. 5-I*) « la personne morale ou de l'entrepreneur individuel » ;

2° Le numéro et la date (*Décr. n° 2011-1133 du 20 sept. 2011, art. 5-I*) « d'enregistrement de la déclaration » ;

3° Le nom de la personne ayant bénéficié du service, son adresse, le numéro de son compte débité le cas échéant, le montant effectivement acquitté ;

SERVICES À LA PERSONNE

4° Un récapitulatif des interventions faisant apparaître le nom et le code identifiant de l'intervenant, ainsi que la date et la durée de l'intervention.

SECTION 2 Mesures fiscales

Art. D. 7233-5 Les activités de service à la personne à domicile ouvrent droit à (*Décr. n° 2016-1895 du 28 déc. 2016, art. 1ᵉʳ*) « l'aide » prévue par l'article 199 *sexdecies* du code général des impôts sous les réserves suivantes :

1° Le montant total (*Décr. n° 2011-1133 du 20 sept. 2011, art. 5-II*) « des travaux de petit bricolage dits » "hommes toutes mains" est plafonné à 500 € par an et par foyer fiscal. La durée d'une intervention de petit bricolage ne peut excéder deux heures ;

2° Le montant de l'assistance informatique et Internet à domicile est plafonné à (*Décr. n° 2013-524 du 19 juin 2013*) « 3 000 » € par an et par foyer fiscal ;

3° Le montant des interventions de petits travaux de jardinage des particuliers est plafonné à (*Décr. n° 2013-524 du 19 juin 2013*) « 5 000 » € par an et par foyer fiscal.

SECTION 3 Aide financière en faveur des salariés, du chef d'entreprise ou des dirigeants sociaux

Art. D. 7233-6 (*Décr. n° 2011-1133 du 20 sept. 2011, art. 5-III*) L'aide financière mentionnée à l'article L. 7233-4 peut financer des services à la personne au sein de l'entreprise au bénéfice de ses salariés.

Art. D. 7233-7 Les bénéficiaires de l'aide financière (*Décr. n° 2011-1133 du 20 sept. 2011, art. 5-IV*) « prévue à l'article L. 7233-4 » sont les salariés ou agents des personnes physiques ou morales de droit public ou de droit privé ainsi que ceux mentionnés à l'article L. 7233-5 dans les conditions prévues à cet article. – [*Anc. art. D. 129-30.*]

Art. D. 7233-8 Le montant maximum de l'aide financière est fixé à 1 830 € par année civile et par bénéficiaire.

Ce montant maximum est révisé annuellement, par arrêté conjoint des ministres chargés (*Abrogé par Décr. n° 2016-1895 du 28 déc. 2016, art. 1ᵉʳ*) « *de l'emploi,* » de l'économie et de la sécurité sociale, en fonction de l'évolution de l'indice des prix à la consommation des ménages.

Ce montant ne peut excéder le coût des services supportés par le bénéficiaire.

V. Arr. du 9 août 2022, NOR : SPRS2217306A (JO 18 août).

Art. D. 7233-9 Le (*Décr. n° 2017-1819 du 29 déc. 2017, art. 3*) « comité social et économique » ou l'entreprise qui verse l'aide financière établit, aux fins de contrôle, au titre de chaque année civile, un état récapitulatif individuel des aides versées aux salariés de l'entreprise et aux autres personnes mentionnées à l'article L. 7233-5. – [*Anc. art. D. 129-32.*]

Art. D. 7233-10 Le (*Décr. n° 2017-1819 du 29 déc. 2017, art. 3*) « comité social et économique » qui verse l'aide financière transmet à l'entreprise, dans les dix premiers jours du mois de janvier de l'année suivant celle de l'attribution de l'aide, l'identité des bénéficiaires et le montant qui leur a été versé à ce titre au cours de l'année civile précédente. – [*Anc. art. D. 129-33.*]

Art. D. 7233-11 L'employeur communique au bénéficiaire de l'aide, avant le 1ᵉʳ février de l'année suivant celle de l'attribution de l'aide versée par le (*Décr. n° 2017-1819 du 29 déc. 2017, art. 3*) « comité social et économique » ou l'entreprise au cours de l'année écoulée, une attestation mentionnant le montant total de celle-ci et précisant son caractère non imposable.

La déclaration annuelle prévue par l'article 87 du code général des impôts, souscrite par l'entreprise, mentionne, pour chaque bénéficiaire, le montant de l'aide accordée par le (*Décr. n° 2017-1819 du 29 déc. 2017, art. 3*) « comité social et économique » ou par l'entreprise. – [*Anc. art. D. 129-34.*]

Art. R. 7233-12 Les dispositions de l'article L. 7233-4 s'appliquent à l'aide financière de la personne morale de droit public destinée à financer les chèques emploi-service universels au bénéfice de ses agents et salariés et des ayants droit. – *[Anc. art. L. 129-13, al. 1er milieu.]*

Cet art. est applicable à Mayotte à compter du 1er janv. 2020 (Décr. n° 2018-953 du 31 oct. 2018, art. 58-II).

LIVRE III VOYAGEURS, REPRÉSENTANTS OU PLACIERS, GÉRANTS DE SUCCURSALES, ENTREPRENEURS SALARIÉS ASSOCIÉS D'UNE COOPÉRATIVE D'ACTIVITÉ ET D'EMPLOI ET TRAVAILLEURS UTILISANT UNE PLATEFORME DE MISE EN RELATION PAR VOIE ÉLECTRONIQUE (Décr. n° 2015-1363 du 27 oct. 2015, art. 1er ; Décr. n° 2017-774 du 4 mai 2017, en vigueur le 1er janv. 2018).

TITRE I VOYAGEURS, REPRÉSENTANTS ET PLACIERS

CHAPITRE I CHAMP D'APPLICATION ET DÉFINITIONS

Le présent chapitre ne comprend pas de dispositions réglementaires.

CHAPITRE II ACCÈS À LA PROFESSION

Art. D. 7312-1 à D. 7312-25 *Abrogés par Décr. n° 2009-289 du 13 mars 2009.*

CHAPITRE III CONTRAT DE TRAVAIL

Art. D. 7313-1 Pour l'application de la législation sur les congés payés, le voyageur, représentant ou placier qui exerce sa profession dans les conditions prévues par les articles L. 7311-1 à L. 7311-3, L. 7313-1 et L. 7313-6 a droit à la rémunération moyenne qu'il a reçue pour une période de même durée dans l'année qui a précédé son congé.

L'allocation de cette indemnité n'entraîne pas de réduction du montant des commissions auxquelles il a droit, dans les conditions prévues à son contrat, en raison de son activité antérieure à son départ en congé. – *[Anc. art. R. 751-1.]*

1. *Principe de proportionnalité.* L'indemnité de congés payés doit être proportionnelle aux salaires perçus pendant la période de référence, quelle que soit la durée du temps d'occupation de l'intéressé. ● Soc. 6 mars 1963 : *D. 1963. 330.*

2. *Assiette de calcul.* Doivent être prises en compte pour le calcul de l'indemnité de congés payés toutes les sommes dues en rémunération de l'activité du représentant pendant la période de référence. ● Soc. 4 mars 1964 : *Bull. civ. V, n° 196.* ♦ ... Y compris les commissions afférentes aux achats directs antérieurs à son congé. ● Soc. 28 oct. 1963 : *D. 1964. 337 ; JCP 1964. II. 13550, note B.A.* – V. aussi ● Soc. 4 juill. 1966 : *D. 1967. 533, 2e esp., note J. Blaise.* ♦ Sur la preuve de l'inclusion des congés payés dans les commissions. ● Soc. 3 mars 1971 : *Bull. civ. V, n° 183* ● 28 oct. 1971 : *ibid., n° 613.*

3. La rémunération visée par l'art. R. 751-1 est celle due en contrepartie du travail, à l'exclusion des frais professionnels. ● Soc. 18 juill. 1961 : *Bull. civ. IV, n° 804.* ♦ Dès lors que les frais professionnels sont inclus dans les commissions, il y a lieu de pratiquer un abattement. ● Soc. 10 juin 1965 : *Dr. soc. 1965. 560, obs. Savatier.*

4. *Modalités de paiement.* Aucune disposition légale n'interdit de verser l'indemnité de congés payés en même temps que les commissions. ● Soc. 18 oct. 1975 : *Bull. civ. V, n° 163* ● 2 févr. 1983 : *ibid. n° 700.* ♦ Mais s'il n'est pas interdit aux parties de prévoir expressément dans le contrat de travail une rémunération mensuelle forfaitaire incluant l'indemnité de congés payés, sous réserve de ne pas aboutir pour le salarié à un résultat moins favorable que la stricte application des dispositions légales ou conventionnelles, c'est à la condition, pour un VRP payé à la commission, que soit prévue une majoration du taux desdites commissions. ● Soc. 30 mai 2000, n° 97-45.946 P.

5. A défaut de dispositions contraires, l'inclusion des congés payés dans les commissions n'ayant pu être stipulée qu'en fonction de la durée légale des congés, il y a lieu de tenir compte des modifications intervenues dans la durée légale des congés payés. ● Soc. 21 avr. 1977 : *Bull. civ. V, n° 267.*

COOPÉRATIVE D'ACTIVITÉ ET D'EMPLOI   **Art. R. 7331-5** 3103

CHAPITRE IV DISPOSITIONS PÉNALES

Le présent chapitre ne comprend pas de dispositions réglementaires.

TITRE II GÉRANTS DE SUCCURSALES

CHAPITRE I DISPOSITIONS GÉNÉRALES

Le présent chapitre ne comprend pas de dispositions réglementaires.

CHAPITRE II GÉRANTS NON SALARIÉS DES SUCCURSALES DE COMMERCE DE DÉTAIL ALIMENTAIRE

Art. D. 7322-1 L'autorité administrative mentionnée à l'article L. 7322-4 est le ministre chargé du travail. Il prend les décisions mentionnées au même article par arrêté. — *[Anc. art. L. 782-4.]*

TITRE III ENTREPRENEURS SALARIÉS ASSOCIÉS D'UNE COOPÉRATIVE D'ACTIVITÉ ET D'EMPLOI

(Décr. n° 2015-1363 du 27 oct. 2015, art. 1er, en vigueur le 1er janv. 2016)

CHAPITRE I ORGANISATION DES COOPÉRATIVES D'ACTIVITÉ ET D'EMPLOI

Art. R. 7331-1 La coopérative d'activité et d'emploi assure l'ensemble des obligations légales, réglementaires et contractuelles inhérentes à l'exercice de l'activité économique de chaque entrepreneur salarié avec lequel elle conclut le contrat d'entrepreneur salarié mentionné au 2° de l'article L. 7331-2.

Elle assure notamment les obligations fiscales, sociales et comptables relatives à l'activité de l'entrepreneur salarié.

Art. R. 7331-2 La coopérative d'activité et d'emploi assure un accompagnement individuel de chaque entrepreneur salarié en vue de favoriser le développement de son activité économique.

Les statuts de la coopérative d'activité et d'emploi déterminent les services mutualisés proposés pour l'accompagnement individuel et collectif des entrepreneurs salariés.

L'assemblée générale délibère chaque année sur les actions nécessaires à l'accompagnement individuel et collectif des entrepreneurs salariés et les ressources à affecter à cet effet.

Art. R. 7331-3 Le contrat d'entrepreneur salarié mentionné au 2° de l'article L. 7331-2 définit les conditions dans lesquelles l'entrepreneur salarié bénéficie, par période de douze mois, d'au moins deux entretiens individuels d'accompagnement faisant l'objet d'un document écrit et signé par l'entrepreneur salarié. Ce document comporte notamment le bilan et les perspectives d'évolution prévisible de son activité économique, les actions individuelles et collectives nécessaires au développement de son activité économique ainsi que les besoins d'accompagnement.

Art. R. 7331-4 Sans préjudice des dispositions de l'article L. 7332-2, la coopérative d'activité et d'emploi informe et conseille les entrepreneurs salariés aux fins d'assurer leur sécurité ou de protéger leur santé dans l'exercice de leur activité.

Art. R. 7331-5 La coopérative d'activité et d'emploi tient, pour chaque activité économique autonome :

1° Un compte analytique de bilan qui récapitule les éléments de l'actif et du passif ;
2° Un compte analytique de résultat qui récapitule les produits et les charges de l'exercice.

L'entrepreneur salarié a accès au système d'information de la coopérative pour consulter le compte d'activité et les opérations comptables qui le concernent, ainsi que pour prendre connaissance de sa situation financière. A défaut de système d'information, ces informations lui sont transmises une fois par mois par la coopérative ou à sa demande pour les besoins de gestion de son activité.

Art. R. 7331-6 Lorsque plusieurs entrepreneurs salariés d'une même coopérative d'activité et d'emploi exercent ensemble une activité économique autonome, ils concluent préalablement avec la coopérative d'activité et d'emploi une convention précisant notamment la nature de l'activité économique ainsi que les modalités de répartition de la rémunération entre les entrepreneurs salariés. Cette convention précise aussi la répartition de la propriété de la clientèle, du nom commercial commun et de tous éléments matériels et immatériels mis en commun.

Art. R. 7331-7 La coopérative d'activité et d'emploi peut tenir un seul compte analytique de bilan et un seul compte analytique de résultat pour un entrepreneur salarié qui exerce plusieurs activités économiques.

Art. R. 7331-8 Les statuts de la coopérative d'activité et d'emploi déterminent les principes régissant la contribution des entrepreneurs salariés au financement des services mutualisés mis en œuvre par la coopérative.

L'assemblée générale arrête les assiettes, les taux ou les montants de la contribution aux conditions de majorité des assemblées générales ordinaires prévues, selon la forme juridique de la coopérative d'activité et d'emploi, aux articles L. 223-29, L. 223-30, L. 225-98 ou L. 227-9 du code de commerce.

Le contrat d'entrepreneur salarié mentionné au 2° de l'article L. 7331-2 peut prévoir que les assiettes, les taux ou les montants de la contribution mentionnés au précédent alinéa sont, le cas échéant, modifiés par l'assemblée générale.

Art. R. 7331-9 La contribution de l'entrepreneur salarié mentionnée au *c* du 2° de l'article L. 7331-2 participe au financement des dépenses, permettant à la coopérative la réalisation de son objet tel qu'il est défini par l'article 26-41 de la loi n° 47-1775 du 10 septembre 1947.

La coopérative met à la disposition de l'entrepreneur salarié le compte analytique des services mutualisés de la coopérative d'activité et d'emploi établi à la clôture de l'exercice comptable.

Art. R. 7331-10 Le contrat d'entrepreneur salarié mentionné au 2° de l'article L. 7331-2 précise les délais et les modalités par lesquels l'entrepreneur salarié devient associé de la coopérative dans les conditions posées par l'article L. 7331-3.

CHAPITRE II DÉTERMINATION DE LA RÉMUNÉRATION DE L'ENTREPRENEUR SALARIÉ D'UNE COOPÉRATIVE D'ACTIVITÉ ET D'EMPLOI

Art. R. 7331-11 La rémunération prévue à l'article L. 7332-3, fixée au contrat, est composée :

1° D'une part fixe versée mensuellement dont le montant est déterminé forfaitairement en fonction des objectifs d'activités minimales définis dans le contrat de l'entrepreneur salarié ;

2° D'une part variable calculée pour chaque exercice en fonction du chiffre d'affaires défini à l'article L. 7332-3. Un acompte sur la part variable de la rémunération peut être versé mensuellement.

Art. R. 7331-12 En fin d'exercice, la coopérative d'activité et d'emploi procède à la régularisation du calcul de la part variable de la rémunération de chaque entrepreneur salarié et au versement du solde restant dû dans un délai maximum d'un mois après la date de l'assemblée générale statuant sur la clôture des comptes de l'exercice.

Le contrat d'entrepreneur salarié peut stipuler les conditions dans lesquelles les parties conviennent en fin d'exercice comptable des modalités de constitution d'un résultat net comptable. Ce résultat est affecté en application des conventions et accords collectifs de travail et des statuts de la coopérative.

TITRE IV TRAVAILLEURS UTILISANT UNE PLATEFORME DE MISE EN RELATION PAR VOIE ÉLECTRONIQUE

(Décr. n° 2017-774 du 4 mai 2017, en vigueur le 1ᵉʳ janv. 2018)

CHAPITRE I CHAMP D'APPLICATION

Le présent chapitre ne comporte pas de dispositions réglementaires.

CHAPITRE II RESPONSABILITÉ SOCIALE DES PLATEFORMES

(Décr. n° 2017-774 du 4 mai 2017, en vigueur le 1ᵉʳ janv. 2018)

SECTION 1 Dispositions communes *(Décr. n° 2020-1284 du 22 oct. 2020, art. 1ᵉʳ).*

Art. D. 7342-1 La cotisation mentionnée au premier alinéa de l'article L. 7342-2 et la contribution mentionnée au premier alinéa de l'article L. 7342-3 sont prises en charge par la plateforme lorsque le travailleur indépendant a réalisé sur la plateforme, au cours de l'année civile au titre de laquelle la cotisation et la contribution ont été acquittées, un chiffre d'affaires égal ou supérieur à 13 % du plafond annuel de la sécurité sociale.

Les frais d'accompagnement et l'indemnité mentionnés au deuxième alinéa de l'article L. 7342-3 sont pris en charge par la plateforme lorsque le travailleur indépendant a réalisé sur la plateforme, au cours de la dernière année civile écoulée, un chiffre d'affaires égal ou supérieur à 13 % du plafond annuel de la sécurité sociale.

Art. D. 7342-2 Le montant du plafond mentionné au premier alinéa de l'article L. 7342-2 est égal à la cotisation due au titre de l'assurance volontaire des accidents du travail et des maladies professionnelles prévue à l'article L. 743-1 du code de la sécurité sociale, calculée sur la base du salaire minimum prévu au premier alinéa de l'article L. 434-16 du même code.

Art. D. 7342-3 Les frais d'accompagnement à la validation des acquis de l'expérience pris en charge par la plateforme sont ceux exposés par la personne pour réaliser les actions définies aux articles R. 6423-2 et R. 6423-3, dans la limite de 3 % du plafond annuel de la sécurité sociale.

L'indemnité versée pour compenser la perte de revenus occasionnée par l'accompagnement à la validation des acquis de l'expérience est due dans la limite de vingt-quatre fois le taux horaire du salaire minimum interprofessionnel de croissance.

Art. D. 7342-4 Lorsque plusieurs plateformes sont tenues de prendre en charge les cotisations, contributions et frais mentionnés aux articles D. 7342-1 à D. 7342-3, chacune d'entre elles les rembourse au prorata du chiffre d'affaires que le travailleur indépendant a réalisé par son intermédiaire, rapporté au chiffre d'affaires total qu'il a réalisé au cours de l'année civile par l'intermédiaire des plateformes mentionnées à l'article L. 7341-1.

Art. D. 7342-5 Afin de bénéficier de la prise en charge par la plateforme des cotisations, contributions et frais mentionnés aux articles D. 7342-1 à D. 7342-3, le travailleur indépendant lui adresse une demande de remboursement et justifie auprès d'elle des dépenses qu'il a exposées, ainsi que du chiffre d'affaires total mentionné à l'article D. 7342-4. A cette fin, il produit les documents mentionnés au II de l'article 242 *bis* du code général des impôts.

La demande de remboursement est réalisable gratuitement et par voie électronique.

Toute plateforme remplissant les conditions définies à l'article L. 7342-1 est tenue d'informer les travailleurs indépendants qui utilisent ses services de la possibilité de présenter une demande de remboursement dans les conditions définies au présent article.

Art. D. 7342-6 *(Décr. n° 2021-952 du 16 juill. 2021)* I. — Les données mentionnées à l'article L. 7342-7 sont les données à caractère personnel au sens de l'article 4 du règlement (UE) 2016/679 du 27 avril 2016 du Parlement européen et du Conseil relatif à la protection des personnes physiques à l'égard du traitement des données à caractère personnel et à la libre circulation de ces données, et abrogeant la directive 95/46/CE. Ces données, détenues par la plateforme de mise en relation par voie électronique mentionnée à l'article L. 7341-1, se rapportent à l'exercice de l'activité professionnelle du travailleur indépendant mentionné à ce même article et proviennent de l'une des sources suivantes :

1° Elles ont été communiquées par le travailleur, ou ont été engendrées par son activité propre au sein de la plateforme ;

2° Elles ont été fournies par des tiers ;

3° Elles ont été créées par la plateforme à partir du traitement des données mentionnées au 1° et au 2° afin de les rendre lisibles, claires et intelligibles par le travailleur, notamment en les agrégeant et les présentant sous forme de moyennes.

II. – Les données personnelles mentionnées au I comprennent notamment :

1° Les données relatives à l'immatriculation ou à l'inscription du travailleur en tant que travailleur indépendant, en application des dispositions de l'article L. 8221-6 ;

2° La date d'entrée en relation contractuelle avec la plateforme ;

3° Les données relatives aux prestations effectuées par le travailleur par l'intermédiaire de la plateforme : leur nature, le nombre total de prestations effectuées, ainsi que, dans un format consolidé lorsque la nature des prestations le justifie, leur durée totale, exprimée en heures, les plages horaires moyennes des prestations, leur secteur géographique et leur distance moyenne ;

4° Le montant des revenus d'activité versés par la plateforme en contrepartie des prestations effectuées, déduction faite des frais de commission ;

5° Lorsque ces données existent, les évaluations des prestations effectuées au cours des douze derniers mois ;

6° Le cas échéant, les données personnelles que détient la plateforme de mise en relation par voie électronique et qui sont attachées à l'exercice de la responsabilité sociale qui lui incombe en vertu de l'article L. 7342-1 :

a) Le montant de la contribution à la formation professionnelle mentionnée au premier alinéa de l'article L. 7342-3 pris en charge par la plateforme au cours de la dernière année civile écoulée et le montant cumulé des contributions prises en charge par la plateforme les années précédant celle-ci ;

b) L'intitulé des actions permettant de faire valider les acquis de l'expérience mentionnées au 3° de l'article L. 6313-1 auxquelles le travailleur a participé au cours de la dernière année civile écoulée et l'intitulé des formations suivies les années précédant celle-ci ;

c) Le montant de l'abondement au compte personnel de formation prévu à l'article L. 7342-3.

III. – Sans préjudice de l'exercice des droits prévus aux articles 15 à 21 du règlement (UE) 2016/679 du 27 avril 2016 susvisé, le travailleur a le droit de recevoir et de transférer les données à caractère personnel mentionnées au I, dans un format structuré, couramment utilisé et lisible par machine, et a le droit de transmettre ces données à un tiers sans que la plateforme à laquelle les données à caractère personnel ont été communiquées y fasse obstacle.

Lorsque le travailleur exerce le droit mentionné au premier alinéa du présent III, il a le droit d'obtenir que ces données soient transmises directement d'une plateforme à une autre, lorsque cela est techniquement possible.

L'exercice du droit mentionné au premier alinéa du présent III ne porte pas atteinte aux droits et libertés de tiers.

La plateforme de mise en relation par voie électronique, responsable du traitement, met le travailleur concerné en mesure de demander et d'obtenir, par une requête unique, l'ensemble des données concernées. La demande est effectuée par le travailleur par voie électronique et permet de conférer date certaine à sa réception par la plateforme.

La plateforme fournit au travailleur concerné les données demandées dans un délai d'un mois à compter de la réception de la demande.

SECTION 2 Dispositions particulières

(Décr. n° 2020-1284 du 22 oct. 2020, art. 1ᵉʳ)

SOUS-SECTION 1 Demande d'homologation *(Décr. n° 2020-1548 du 9 déc. 2020, art. 1ᵉʳ).*

Art. D. 7342-7 La plateforme ayant établi une charte déterminant les conditions et modalités d'exercice de sa responsabilité sociale en vertu de l'article L. 7342-9 la dépose auprès de la direction générale du travail.

Le dépôt est opéré sur support électronique sur le site internet (https://demarches-simplifiees.fr).

Un récépissé est délivré à la plateforme.

Art. D. 7342-8 I. — Lorsque la plateforme de mise en relation par voie électronique demande l'homologation de la charte, elle saisit le directeur général du travail.

La saisine est opérée sur support électronique sur le site internet (https://demarches-simplifiees.fr).

Un récépissé est délivré à la plateforme.

II. — La demande d'homologation est accompagnée des documents permettant d'attester :

1° Du résultat de la consultation des travailleurs prévue à l'article L. 7342-9 ;

2° Du nombre de travailleurs consultés ;

3° Du nombre de travailleurs qui se sont exprimés ;

4° Des modalités d'organisation et de déroulement de la consultation.

La plateforme joint les conditions générales d'utilisation et un modèle type de contrat commercial, ainsi que tout document utile pour préciser la nature des engagements figurant dans la charte soumise à homologation.

III. — Le directeur général du travail s'assure de :

1° La complétude de la charte au regard des dispositions de l'article L. 7342-9 ;

2° La conformité de la charte au cadre de la responsabilité sociale incombant à la plateforme à l'égard de ses travailleurs.

IV. — Le directeur général du travail notifie à la plateforme la décision d'homologation ou son refus dans les conditions prévues par l'article L. 7342-9.

Art. D. 7342-9 La plateforme porte la décision administrative d'homologation de la charte à la connaissance de chacun des travailleurs avec lesquels elle est liée à la date à laquelle la charte est homologuée, par voie électronique ou par tout autre moyen permettant de conférer date certaine à la réception de cette information.

Art. D. 7342-10 Lorsque la charte de responsabilité sociale est homologuée, la plateforme le mentionne sur son site internet et sur la charte annexée aux contrats ou aux conditions générales d'utilisation qui la lient aux travailleurs comme suit : "En application de l'article L. 7342-9 du code du travail, la présente charte de responsabilité sociale a été homologuée par décision administrative du [date]."

Art. D. 7342-11 I. — Toute modification de la charte est transmise par la plateforme de mise en relation par voie électronique à la direction générale du travail dans les conditions fixées à l'article D. 7342-7.

II. — Il appartient à la plateforme de mise en relation par voie électronique de demander l'homologation de la charte modifiée en saisissant le directeur général du travail dans les conditions fixées à l'article D. 7342-8.

III. — La plateforme porte la décision administrative d'homologation de la charte modifiée à la connaissance de chacun des travailleurs avec lesquels elle est liée à la date à laquelle la charte modifiée est homologuée, par voie électronique ou par tout autre moyen permettant de conférer date certaine à la réception de cette information. Lorsque la modification de la charte est homologuée, la plateforme procède aux formalités prévues à l'article D. 7342-10.

SOUS-SECTION 2 Procédure applicable au recours dirigé contre une décision relative à une demande d'homologation

(Décr. n° 2020-1548 du 9 déc. 2020)

Art. R. 7342-12 La notification de la décision d'homologation de la charte mentionnée au premier alinéa de l'article L. 7342-10 indique le délai de recours ainsi que les modalités selon lesquelles celui-ci peut être exercé. A défaut de ces mentions, le délai de recours ne court pas à l'égard de la plateforme.

Lorsque la plateforme porte à la connaissance du travailleur la décision d'homologation de la charte, elle l'informe, en même temps, du délai de recours ainsi que des modalités selon lesquelles celui-ci peut être exercé. A défaut de cette information, le délai de recours ne court pas à l'égard du travailleur.

Art. R. 7342-13 La juridiction saisie d'un litige mentionné au premier alinéa de l'article L. 7342-10 statue suivant la procédure accélérée au fond. La procédure est sans représentation obligatoire.

Art. R. 7342-14 Le délai de quatre mois mentionné au deuxième alinéa de l'article L. 7342-10 court à compter de la remise de la copie de l'assignation au greffe.

Art. R. 7342-15 Lorsqu'il n'a pas statué dans le délai de quatre mois mentionné au deuxième alinéa de l'article L. 7342-10, le tribunal judiciaire est dessaisi de l'affaire. Dans ce cas, le dossier de la procédure est transmis sans délai par le greffe de ce tribunal au greffe de la cour d'appel. Le greffe du tribunal judiciaire en avise les parties par lettre simple.

Dès réception du dossier de la procédure, le greffe de la cour d'appel convoque les parties à l'audience prévue pour les débats. La procédure est orale et sans représentation obligatoire. Il est fait application des dispositions des articles 937 à 949 du code de procédure civile.

La cour d'appel statue en premier et dernier ressort.

SOUS-SECTION 3 Procédure applicable en cas de transmission de question préjudicielle par le conseil de prud'hommes

(Décr. n° 2020-1548 du 9 déc. 2020)

Art. R. 7342-16 Lorsque le tribunal judiciaire est saisi en application du troisième alinéa de l'article L. 7342-10, le greffe convoque à l'audience, au moins un mois à l'avance et par lettre recommandée avec demande d'avis de réception, les parties à l'instance engagée devant le conseil de prud'hommes.

La convocation précise qu'à défaut de comparution les parties s'exposent à ce qu'un jugement soit rendu en leur absence.

Art. R. 7342-17 Le greffe avise de la date d'audience l'autorité administrative mentionnée au treizième alinéa de l'article L. 7342-9 à laquelle l'homologation de la charte a été demandée.

Art. R. 7342-18 La juridiction statue à bref délai selon la procédure orale ordinaire. Les parties ne sont pas tenues de constituer avocat. Le jugement est rendu en premier et en dernier ressort. Le délai de pourvoi en cassation est de quinze jours à compter de la notification du jugement.

CHAPITRE III DIALOGUE SOCIAL DU SECTEUR

(Décr. n° 2021-1461 du 8 nov. 2021, art. 1er)

SECTION 1 Organisation du scrutin servant à mesurer l'audience des organisations représentant les travailleurs des plateformes

(Décr. n° 2021-1791 du 23 déc. 2021)

SOUS-SECTION 1 Le corps électoral

Art. R. 7343-1 Le vote est ouvert aux travailleurs mentionnés à l'article L. 7341-1 et inscrits sur la liste électorale prévue à l'article L. 7343-8.

Art. R. 7343-2 Un scrutin est organisé pour chacun des secteurs d'activité mentionnés à l'article L. 7343-1.

Les travailleurs peuvent participer au scrutin organisé au titre de chaque secteur d'activité dans lequel ils exercent leur activité, à la condition de remplir dans ce secteur la condition d'ancienneté mentionnée à l'article L. 7343-7.

SOUS-SECTION 2   **L'information préalable sur l'organisation du scrutin**

Art. R. 7343-2-1 (*Décr. n° 2021-1791 du 23 déc. 2021 ; Décr. n° 2023-1306 du 28 déc. 2023, art. 1ᵉʳ*) « L'Autorité des relations sociales des plateformes d'emploi mentionnée à l'article L. 7345-1 communique aux travailleurs indépendants concernés par le scrutin les informations relatives à l'organisation de ce dernier.

« Cette autorité » informe les travailleurs concernés (*Décr. n° 2023-1306 du 28 déc. 2023, art. 1ᵉʳ*) « de la date du scrutin », au moins deux mois avant la tenue de celui-ci. A cette fin, elle procède à une publication sur le site internet dédié aux opérations de vote.

Sur demande de cette Autorité, les plateformes transmettent aux travailleurs, dans le même délai, à travers les applications numériques qu'elles utilisent dans leurs relations commerciales avec ces derniers, l'information relative à l'organisation à venir du scrutin. L'information diffusée précise, notamment, la date envisagée pour le tour unique de scrutin et le lien vers le site internet dédié aux opérations de vote.

SOUS-SECTION 3   **Le traitement des données à caractère personnel**

Art. R. 7343-3 I. — Afin de préparer et de permettre le vote électronique prévu à l'article L. 7343-9, il est créé un traitement automatisé de données à caractère personnel placé sous la responsabilité de l'Autorité des relations sociales des plateformes d'emploi.

Les catégories de données à caractère personnel traitées sont les suivantes :

1° Pour l'établissement de la liste électorale : les données relatives à l'identité des travailleurs et à leur activité professionnelle mentionnée à l'article L. 7343-1 ;

2° Pour le traitement des candidatures : les données relatives à l'identité du mandataire ;

(*Décr. n° 2023-1306 du 28 déc. 2023, art. 1ᵉʳ*) « 3° Pour la communication aux travailleurs indépendants concernés par le scrutin des informations relatives à l'exercice du droit de vote et aux élections : les données relatives à leur identité, à leurs coordonnées et à leur activité professionnelle ; »

4° Pour les opérations électorales : les données nécessaires à la mise en œuvre du protocole d'authentification prévu au deuxième alinéa de l'article R. 7343-44 et les données relatives à l'identité des membres du bureau de vote et des agents en charge du scrutin.

Ce traitement automatisé garantit dans le système de vote la séparation, dans des fichiers distincts, des données relatives aux électeurs, d'une part, et aux votes, d'autre part.

II. — Le traitement mentionné au I est constitué sur la base des informations transmises par l'ensemble des plateformes mentionnées à l'article L. 7343-1, par les mandataires des organisations candidates, et par l'Autorité des relations sociales des plateformes d'emploi.

III. — Les destinataires des données à caractère personnel traitées sont, pour l'ensemble des informations collectées, les agents de l'Autorité des relations sociales des plateformes d'emploi, les personnes habilitées par le ou les prestataires (*Décr. n° 2023-1306 du 28 déc. 2023, art. 1ᵉʳ*) « , agissant pour le compte de l'Autorité des relations sociales des plateformes d'emploi, en charge de l'élaboration de la liste électorale, de la mise en place du vote électronique à distance et de la communication aux travailleurs indépendants concernés par le scrutin des informations liées aux opérations électorales ».

IV. — Un arrêté du ministre chargé du travail précise les caractéristiques du traitement automatisé prévu au I.

Il fixe notamment :

1° La liste des données à caractère personnel enregistrées dans le traitement ;

2° Les garanties entourant le recours *(Décr. n° 2023-1306 du 28 déc. 2023, art. 1er)* « aux prestataires techniques chargés », dans le respect des obligations de sécurité mentionnées au présent chapitre, de la maîtrise d'œuvre du traitement automatisé ainsi que les modalités de *(Décr. n° 2023-1306 du 28 déc. 2023, art. 1er)* « leur » intervention ;

3° Les modalités de l'expertise indépendante prévue à l'article R. 7343-4 ;

4° Les modalités d'identification des électeurs ainsi que les modalités de récupération par l'électeur de son identifiant et de son mot de passe. — V. Arr. du 8 janv. 2024, NOR : MTRT2400495A (JO 12 janv.).

Art. R. 7343-4 Préalablement à sa mise en place ou à toute modification substantielle de sa conception, le système de vote électronique mentionné à l'article R. 7343-37 fait l'objet d'une expertise indépendante à la demande de l'Autorité des relations sociales des plateformes d'emploi. Cette expertise est destinée à vérifier que l'intégralité du dispositif de vote respecte les garanties prévues au présent chapitre préalablement, pendant et postérieurement à la période de vote.

Le rapport d'expertise, contenant la méthode et les moyens permettant de vérifier que les différents composants logiciels sur lesquels a porté l'expertise n'ont pas été modifiés, est tenu à la disposition de la Commission nationale de l'informatique et des libertés et communiqué au directeur général de l'Autorité des relations sociales des plateformes d'emploi, aux organisations candidates ainsi qu'à la commission des opérations de vote et aux bureaux de vote.

Art. R. 7343-5 Les droits d'accès et de rectification, ainsi que le droit à la limitation des données enregistrées dans le traitement prévu à l'article R. 7343-3, s'exercent auprès des services de l'Autorité des relations sociales des plateformes d'emploi, dans les conditions prévues aux articles 12, 15, 16 et 18 du règlement (UE) 2016/679 du 27 avril 2016 relatif à la protection des personnes physiques à l'égard des traitements des données à caractère personnel et à la libre circulation de ces données. *(Abrogé par Décr. n° 2023-1306 du 28 déc. 2023, art. 1er)* « *Un arrêté du ministre chargé du travail précise les modalités de mise en œuvre de ce droit d'accès et de rectification des données.* »

Le droit d'opposition mentionné à l'article 21 du même règlement *(Décr. n° 2023-1306 du 28 déc. 2023, art. 1er)* « s'exerce, dans les conditions prévues aux 2 et 3 du même article, à l'égard du traitement des données nécessaires aux opérations de communication électorale prévues au 3° du I de l'article R. 7343-3. Ce droit d'opposition ne s'applique pas au traitement des données permettant de constituer la liste électorale prévue au 1° du I de l'article R. 7343-3.

« Un arrêté du ministre chargé du travail précise les modalités de mise en œuvre des droits mentionnés aux alinéas précédents dont bénéficient les personnes concernées. »

Art. R. 7343-6 Les fichiers constitués à partir des données mentionnées à l'article R. 7343-3 sont conservés par les services de l'Autorité des relations sociales des plateformes d'emploi pendant une durée d'un an après la clôture du scrutin en vue duquel ces fichiers ont été réalisés. Passé ce délai, les fichiers sont versés aux archives nationales.

Les services de l'Autorité des relations sociales des plateformes d'emploi peuvent toutefois conserver une copie d'extraits des fichiers rendus anonymes en vue de réaliser des expérimentations pour les scrutins suivants et des études statistiques.

Art. R. 7343-7 Les prestataires destinataires des fichiers constitués à partir des données mentionnées à l'article R. 7343-3 détruisent ces fichiers à l'issue d'un délai d'un mois après la clôture du scrutin. Ils déclarent sur l'honneur au directeur général de l'Autorité des relations sociales des plateformes d'emploi avoir procédé à cette destruction et précisent les conditions dans lesquelles cette destruction a été effectuée.

SOUS-SECTION 4 **L'établissement et la consultation de la liste électorale**

§ 1   L'établissement de la liste électorale

Art. R. 7343-8 Une liste électorale est établie pour chaque secteur d'activité par le directeur général de l'Autorité des relations sociales des plateformes d'emploi.

Art. R. 7343-9 Le traitement automatisé de données à caractère personnel mentionné à l'article R. 7343-3 est utilisé pour l'établissement des deux listes électorales.

L'Autorité des relations sociales des plateformes d'emploi collecte auprès des plateformes mentionnées à l'article L. 7343-1 les données relatives au travailleur prévues au 1°, au 3° et au 4° du I de l'article R. 7343-3, notamment celles permettant d'établir le respect de la condition d'ancienneté mentionnée à l'article L. 7343-7. *(Décr. n° 2023-1306 du 28 déc. 2023, art. 1er)* « Un arrêté du ministre chargé du travail fixe le délai dans lequel les plateformes mentionnées à l'article L. 7341-1 sont tenues de transmettre ces données à l'Autorité des relations sociales des plateformes d'emploi. »

§ 2 La mise à disposition et la consultation de la liste électorale

Art. R. 7343-10 I. — Un extrait de la liste électorale établie par l'Autorité des relations sociales des plateformes d'emploi peut être consulté sur le site internet dédié aux opérations de vote. Cet extrait, qui mentionne les noms, prénoms, et numéro de SIREN des électeurs, peut également être consulté dans les locaux de l'Autorité des relations sociales des plateformes d'emploi.

II. — Un arrêté du ministre chargé du travail détermine :

1° La date à partir de laquelle l'extrait de la liste électorale peut être consulté ;

2° Les modalités de cette consultation, et notamment les informations qui permettent de procéder à celle-ci.

III. — Les services de l'Autorité des relations sociales des plateformes d'emploi envoient à chaque électeur, au plus tard trois jours avant la date mentionnée au 1° du II du présent article, un document qui l'informe de son inscription sur cette liste, précise les catégories de données à caractère personnel qui y figurent et lui indique les dates du scrutin ainsi que les modalités pour y participer.

Art. R. 7343-11 A l'expiration d'un délai de huit jours suivant l'affichage des résultats du scrutin, l'extrait de la liste électorale ne peut plus être consulté.

SOUS-SECTION 5 **Les contestations relatives à l'inscription sur les listes électorales**

§ 1 Le recours gracieux

Art. R. 7343-12 Préalablement à la contestation prévue à l'article L. 7343-10, l'électeur ou un représentant qu'il aura désigné saisit le directeur général de l'Autorité des relations sociales des plateformes d'emploi d'un recours relatif à l'inscription sur la liste électorale. Ce recours est formé, à peine d'irrecevabilité, dans un délai de *(Décr. n° 2023-1306 du 28 déc. 2023, art. 1er)* « vingt-et-un » jours à compter de la date mentionnée au 1° du II de l'article R. 7343-10, par tout moyen permettant de donner date certaine à sa réception. Un accusé de réception est adressé au requérant.

Art. R. 7343-13 Un arrêté du ministre chargé du travail précise les modalités de présentation du recours mentionné à l'article R. 7343-12.

Art. R. 7343-14 La décision du directeur général de l'Autorité des relations sociales des plateformes d'emploi est notifiée dans un délai de dix jours à compter de la date de réception du recours au requérant.

Le silence gardé par le directeur général de l'Autorité des relations sociales des plateformes d'emploi à l'expiration du délai de dix jours mentionné au premier alinéa vaut décision de rejet.

Art. R. 7343-15 Les délais fixés par les articles R. 7343-12 et R. 7343-14 sont calculés et prorogés conformément aux dispositions des articles 640 à 642 du code de procédure civile.

§ 2 Le recours contentieux

Art. R. 7343-16 La contestation de la décision du directeur général de l'Autorité des relations sociales des plateformes d'emploi mentionnée à l'article R. 7343-14 peut être formée par l'électeur ou par un représentant qu'il aura désigné. Elle est portée devant le tribunal judiciaire.

Elle est formée, à peine d'irrecevabilité, dans un délai de dix jours à compter de la notification de la décision du directeur général de l'Autorité des relations sociales des plateformes d'emploi ou de la date à laquelle est née une décision implicite de rejet.

Art. R. 7343-17 La contestation est formée par requête remise ou adressée au greffe du tribunal judiciaire par lettre recommandée avec demande d'avis de réception. Elle contient les mentions prescrites par les articles 54 et 57 du code de procédure civile.

A peine de nullité, la requête est accompagnée soit d'une copie de la décision du directeur général de l'Autorité des relations sociales des plateformes d'emploi, soit, en cas de décision implicite de rejet, du recours prévu à l'article R. 7343-12 et du récépissé. Lorsque la contestation concerne la situation d'une autre personne que le requérant, la requête mentionne, à peine de nullité, les nom et prénoms de la personne concernée et son numéro de SIREN.

Le directeur général de l'Autorité des relations sociales des plateformes d'emploi, informé par tout moyen par le greffe de cette contestation, transmet sans délai au tribunal l'adresse de la personne concernée lorsque celle-ci n'est pas l'auteur du recours. Selon les mêmes modalités, en cas de décision implicite de rejet, il transmet à la demande du tribunal toute information utile permettant d'apprécier le bien-fondé de la contestation.

Art. R. 7343-18 Le tribunal judiciaire statue dans les dix jours suivant la date du recours sans forme et sans frais et sur simple avertissement donné cinq jours à l'avance aux parties intéressées.

Art. R. 7343-19 La décision du tribunal judiciaire est notifiée sans délai et au plus tard dans les trois jours par le greffe au requérant et aux parties intéressées par lettre recommandée avec demande d'avis de réception.

L'Autorité des relations sociales des plateformes d'emploi la transmet au prestataire mentionné dans l'arrêté du ministre chargé du travail prévu à l'article R. 7343-3.

Art. R. 7343-20 Le pourvoi est formé, instruit et jugé dans les conditions prévues par le code de procédure civile en matière d'élections professionnelles.

Les parties sont dispensées du ministère d'avocat au Conseil d'État et à la Cour de cassation.

Art. R. 7343-21 Les délais fixés par les articles R. 7343-16 et R. 7343-18 à R. 7343-20 sont calculés et prorogés conformément aux dispositions des articles 640 à 642 du code de procédure civile.

SOUS-SECTION 6 **Les candidatures des organisations syndicales et des associations**

Art. R. 7343-22 Les candidatures des organisations mentionnées à l'article L. 7343-2 sont transmises par voie électronique. Une organisation qui se porte candidate dans deux secteurs d'activité présente deux candidatures distinctes.

Dans chaque secteur d'activité, les associations et syndicats affiliés à une même organisation syndicale au niveau interprofessionnel se déclarent candidats sous le seul nom de cette organisation.

Chaque organisation candidate désigne un mandataire qui la représente au cours des différentes étapes de la procédure électorale.

Art. R. 7343-23 Un arrêté du ministre chargé du travail fixe les modalités et la période de dépôt des candidatures des organisations candidates ainsi que le modèle des documents requis pour le dépôt des candidatures. — *V. Arr. du 29 déc. 2023, NOR : MTRT2335772A (JO 9 janv.).*

Art. R. 7343-24 Toute déclaration de candidature d'une organisation est accompagnée des pièces suivantes :

1° Une déclaration sur l'honneur du mandataire de cette organisation attestant que sa candidature satisfait aux exigences prévues à l'article *(Décr. n° 2022-142 du 7 févr. 2022)* « L. 7343-6 » et précisant le ou les secteurs d'activité dans lesquels cette organisation se porte candidate ;

2° Une copie de ses statuts ;

3° Une copie du récépissé de dépôt de ses statuts ;

4° Les éléments et documents permettant de justifier de l'indépendance et de la transparence financière de l'organisation ;

5° Une copie de la décision ayant donné pouvoir au mandataire pour effectuer les démarches nécessaires à la déclaration de candidature ou des dispositions statutaires fondant ce mandat ;

6° Une copie d'un document permettant d'attester l'identité du mandataire.

En cas de candidature dans deux secteurs d'activité, les pièces communes à ces candidatures sont transmises en un seul exemplaire pour les deux candidatures.

Art. R. 7343-25 L'Autorité des relations sociales des plateformes d'emploi, chargée de l'instruction de la déclaration de candidature, délivre par voie électronique un récépissé au mandataire de l'organisation candidate dès lors que cette déclaration satisfait au délai prévu par l'arrêté mentionné à l'article R. 7343-23.

Si l'organisation candidate ne remplit pas les conditions prévues à l'article (*Décr. n° 2022-142 du 7 févr. 2022*) « L. 7343-6 », l'Autorité notifie son refus de validation au mandataire de l'organisation candidate.

La validation de la candidature est notifiée par voie électronique au mandataire d'une organisation candidate dont la candidature est recevable.

Art. R. 7343-26 Le directeur général de l'Autorité des relations sociales des plateformes d'emploi publie la liste des candidatures recevables sur le site internet prévu à l'article R. 7343-10 quinze jours après l'expiration de la période de dépôt mentionnée à l'article R. 7343-23.

Art. R. 7343-26-1 (*Décr. n° 2023-1306 du 28 déc. 2023, art. 1er*) Chaque organisation syndicale ou association dont la candidature a été déclarée recevable conformément aux dispositions de l'article R. 7343-25 reçoit de l'Autorité des relations sociales des plateformes d'emploi une contribution financière destinée au financement de sa campagne électorale.

Un arrêté conjoint du ministre chargé du travail, [du] ministre chargé des transports et du ministre chargé des comptes publics fixe le montant de la contribution perçue par les organisations candidates, les conditions et modalités de versement de cette contribution et de contrôle de son utilisation, la nature des dépenses de communication et des frais de déplacement pris en charge. Le montant de la contribution versée ne peut excéder le montant des dépenses éligibles engagées.

Art. R. 7343-27 La contestation des décisions relatives à la validation d'une ou plusieurs candidatures est formée, à peine d'irrecevabilité, par requête dans un délai de sept jours à compter de la publication mentionnée à l'article R. 7343-26, devant le tribunal judiciaire. Elle peut être formée par tout électeur ou tout mandataire d'une organisation candidate dans les conditions prévues aux articles 54 et 57 du code de procédure civile.

Art. R. 7343-28 Le tribunal judiciaire statue sans frais ni forme de procédure dans les dix jours à compter de la date de saisine.

La décision est notifiée aux parties au plus tard dans les trois jours par le greffe, qui en adresse une copie dans le même délai au directeur général de l'Autorité des relations sociales des plateformes d'emploi.

Art. R. 7343-29 La décision du tribunal judiciaire peut faire l'objet d'un pourvoi en cassation dans un délai de dix jours suivant sa notification. Le pourvoi est formé, instruit et jugé dans les conditions prévues par le code de procédure civile en matière d'élections professionnelles.

Les parties sont dispensées du ministère d'avocat au Conseil d'État et à la Cour de cassation.

Art. R. 7343-30 Les délais fixés par les articles R. 7343-27 à R. 7343-29 sont calculés et prorogés conformément aux dispositions des articles 640 à 642 du code de procédure civile.

SOUS-SECTION 7 Le scrutin

§ 1 La commission des opérations de vote

Art. R. 7343-31 Une commission des opérations de vote est créée auprès du directeur général de l'Autorité des relations sociales des plateformes d'emploi.

Art. R. 7343-32 La Commission des opérations de vote comprend :
1° Deux représentants de l'Autorité des relations sociales des plateformes d'emploi désignés par le directeur général de cette autorité, dont l'un assure la fonction de président et l'autre celle de secrétaire ;
2° Le mandataire de chaque organisation candidate mentionnée à l'article (*Décr. n° 2022-142 du 7 févr. 2022*) « R. 7343-26 ».

Art. R. 7343-33 La Commission des opérations de vote est chargée :
1° De donner un avis sur la conformité des documents de propagande électorale des organisations candidates et de s'assurer de la diffusion des documents nécessaires à la campagne électorale sur le site internet prévu à l'article R. 7343-10 ;
2° De s'assurer de l'envoi du matériel de vote par voie électronique ;
3° De s'assurer du bon déroulement du vote électronique ;
4° D'assister au dépouillement et au dénombrement des votes dans les conditions fixées par les articles R. 7343-46 à R. 7343-54.

Art. R. 7343-34 La commission des opérations de vote se réunit sur convocation de son président, qui fixe l'ordre du jour.
Cette convocation peut être envoyée par tout moyen. Il en est de même des pièces ou documents nécessaires à la préparation de la réunion ou établis à l'issue de celle-ci.
Sauf urgence, les membres de la commission des opérations de vote reçoivent, cinq jours au moins avant la date de la réunion, une convocation comportant l'ordre du jour et, le cas échéant, les documents nécessaires à l'examen des affaires qui y sont inscrites.

§ 2 Les documents de propagande

Art. R. 7343-35 L'autorité des relations sociales des plateformes d'emploi consulte la commission des opérations de vote sur la conformité des documents de propagande. Leurs conditions de présentation et la date avant laquelle ils doivent être déposés sont déterminées par arrêté du ministre chargé du travail.
Le directeur général de l'autorité des relations sociales des plateformes d'emploi notifie aux organisations candidates dont il examine les documents de propagande sa décision de valider ou de refuser les documents dans un délai fixé par arrêté du ministre chargé du travail.

V. Arr. du 19 janv. 2024, NOR : TSST2401798A (JO 25 janv.).

Art. R. 7343-36 La contestation des décisions relatives à la conformité des documents de propagande électorale est formée par requête devant le tribunal judiciaire, sous peine d'irrecevabilité, dans un délai de dix jours à compter de la notification mentionnée à l'article R. 7343-35. Elle est formée dans les conditions prévues par les articles 54 et 57 du code de procédure civile.
Les modalités de saisine du tribunal judiciaire et les règles de procédure prévues aux articles R. 7343-27 à R. 7343-30 s'appliquent à la contestation des décisions relatives aux documents de propagande électorale des organisations candidates.

Art. R. 7343-36-1 Le directeur général de l'Autorité des relations sociales des plateformes d'emploi publie sur le site internet mentionné à l'article R. 7343-10 à une date fixée par arrêté du ministre chargé du travail les documents de propagande électorale ayant fait l'objet d'une décision de validation dans les conditions prévues à l'article R. 7343-35.

§ 3 Le vote électronique

Art. R. 7343-37 Le vote a lieu par voie électronique. Le dispositif permet aux électeurs d'exprimer leur vote de manière sécurisée.

A cette fin, il est créé, pour chaque scrutin, deux fichiers informatiques sur la base du traitement mentionné à l'article R. 7343-3. Ces deux fichiers distincts, dédiés et isolés, sont respectivement dénommés "fichier des électeurs" et "urne électronique". Aucun lien n'est établi entre ces deux fichiers.

Ces fichiers permettent aux électeurs d'exprimer leur vote par voie électronique dans le respect de l'anonymat, de la confidentialité et du secret du vote.

Art. R. 7343-37-1 Les modalités d'accès au système de vote électronique et le fonctionnement général du scrutin font l'objet d'une communication aux électeurs sur le site internet prévu à l'article R. 7343-10 la semaine précédant le premier jour du scrutin.

§ 4 Les bureaux de vote

Art. R. 7343-38 Les opérations de vote par voie électronique sont placées, pour chaque élection, sous le contrôle d'un bureau de vote propre à chaque secteur d'activité.

Art. R. 7343-39 Un bureau de vote est présidé par un magistrat en activité ou honoraire de l'ordre judiciaire, désigné par le président de la Chambre sociale de la Cour de cassation. Il comprend en outre :
1° Un assesseur ayant la qualité de magistrat de l'ordre administratif, en activité ou honoraire, désigné par le président de la cour administrative d'appel de Paris ;
2° Un assesseur désigné par le premier président de la cour d'appel de Paris parmi les magistrats de l'ordre judiciaire ou les auxiliaires de justice, en activité ou honoraire ;
3° Un secrétaire désigné par le directeur général de l'Autorité des relations sociales des plateformes d'emploi.

Le président et les assesseurs mentionnés aux 1° et 2° du présent article peuvent être communs aux différents bureaux de vote.

En cas d'absence, le président du bureau de vote est remplacé par le plus âgé des assesseurs présents.

En cas d'absence, le secrétaire du bureau de vote est remplacé par le plus jeune des assesseurs présents.

Lorsque le bureau est appelé à statuer sur une contestation, le président du bureau a voix prépondérante en cas de partage égal des voix.

Le secrétaire assiste aux réunions du bureau, mais ne participe pas avec voix délibérative à ses décisions.

Art. R. 7343-40 I. — Le bureau de vote est chargé du contrôle de l'ensemble des opérations électorales, du dépouillement du scrutin et de la proclamation des résultats. Il s'assure notamment, pour chaque scrutin :
1° De la mise en œuvre des dispositifs de sécurité prévus pour garantir le secret du vote et son intégrité ;
2° De la confidentialité du fichier des électeurs comportant les éléments permettant leur identification, du chiffrement de l'urne électronique et de la séparation de l'urne électronique et du fichier des électeurs ;
3° De la conservation des différents supports d'information et des conditions de sécurité et de confidentialité des données pendant et après le scrutin ;
4° De la qualité des personnes autorisées à accéder à chacun des fichiers informatiques prévus à l'article R. 7343-37.

II. — Le bureau de vote peut, à tout moment, s'assurer de la disponibilité et de l'intégrité du système de vote ainsi que des fichiers mentionnés au 2° du I du présent article. Il est compétent pour prendre toute mesure d'information et de sauvegarde, y compris l'arrêt temporaire ou définitif des opérations de vote électronique s'il estime que leur sincérité, leur secret ou leur accessibilité ne sont plus garantis.

Toute facilité est accordée au bureau de vote pour lui permettre d'assurer la surveillance effective des opérations électorales par voie électronique. Il peut, en tant que de besoin, saisir les autorités et, le cas échéant, les prestataires chargés de l'organisation de ces opérations de toute question relative à leur déroulement.

Le bureau de vote est informé automatiquement et immédiatement de toute intervention technique sur le système de vote.

Art. R. 7343-41 Le bureau de vote est assisté par un comité technique comprenant l'expert indépendant prévu à l'article R. 7343-4 et deux membres nommés par décision du directeur général de l'Autorité des relations sociales des plateformes d'emploi.

Art. R. 7343-42 Pour chaque élection, le bureau de vote établit un procès-verbal du vote électronique composé de pages numérotées. Tout événement survenu durant le scrutin, toute décision prise par le bureau de vote ou toute intervention effectuée sur le système de vote sont immédiatement portés au procès-verbal et font l'objet d'une consignation dont l'intégrité est garantie.

Tout électeur, tout mandataire d'une organisation candidate et le directeur général de l'Autorité des relations sociales des plateformes d'emploi peuvent consulter le procès-verbal et y consigner leurs observations relatives aux opérations du vote électronique.

Art. R. 7343-43 Chaque organisation candidate peut désigner trois délégués habilités à contrôler l'ensemble des opérations du vote et à porter toute observation au procès-verbal.

L'accès au bureau de vote est assuré à ces délégués, dans la limite de deux délégués à la fois par organisation.

§ 5 Les documents électoraux

Art. R. 7343-44 L'identification des électeurs votant par voie électronique est assurée au moyen d'un identifiant et d'un mot de passe, transmis à chaque électeur suivant des modalités [en] garantissant la confidentialité. L'identifiant et le mot de passe sont transmis de manière sécurisée, par le biais de deux canaux physiques distincts.

(Décr. n° 2023-1306 du 28 déc. 2023, art. 1ᵉʳ) « En cas de perte de l'identifiant mentionné à l'alinéa précédent, un nouvel identifiant peut être obtenu par l'intermédiaire d'un » protocole d'authentification reposant sur une question dont la réponse n'est connue que du votant et du système de vote électronique par internet.

Une notice d'information détaillée sur le déroulement des opérations électorales et le protocole d'authentification, ainsi que l'identifiant permettant de participer au scrutin, sont envoyés à chaque électeur au moins trois jours avant le premier jour du scrutin.

Art. R. 7343-45 Sur demande du directeur général de l'Autorité des relations sociales des plateformes d'emploi, les plateformes diffusent les informations nécessaires au bon déroulement du processus électoral et les liens des interfaces de propagande électorale et de vote électronique, via les interfaces ou applications numériques qu'elles utilisent dans leurs relations commerciales avec les travailleurs indépendants.

§ 6 Les opérations de vote

Art. R. 7343-46 La période de vote est déterminée par un arrêté du ministre chargé du travail.

Art. R. 7343-47 Tout électeur pour lequel sont connues toutes les données mentionnées à l'article R. 7343-3 peut voter par voie électronique.

Art. R. 7343-48 Le fichier des électeurs mentionné à l'article R. 7343-37 contient les données relatives à la liste électorale établie en application de l'article L. 7343-8.

Ce fichier permet d'adresser aux électeurs remplissant les conditions pour voter par voie électronique les éléments permettant leur identification lors des opérations de vote. Il permet également de recenser les électeurs ayant pris part au scrutin par voie électronique et d'éditer la liste d'émargement.

Art. R. 7343-49 L'urne électronique mentionnée à l'article R. 7343-37 contient les données relatives aux votes exprimés par voie électronique.

Art. R. 7343-50 Avant l'ouverture du vote électronique, des clés de déchiffrement distinctes, confidentielles et strictement personnelles sont remises, sous pli scellé, à trois des membres du bureau de vote. Chaque clé est attribuée selon une procédure garantissant aux attributaires qu'ils ont, seuls, connaissance du secret associé à la clé qui leur est personnellement attribuée.

Le bureau de vote procède au scellement du système de vote, de la liste des électeurs et des listes de candidats, dont il vérifie l'intégrité.

Il vérifie que les listes d'émargement sont vierges et que l'urne électronique est vide. La liste d'émargement et l'urne électronique font l'objet d'un procédé garantissant qu'elles ne peuvent être respectivement modifiées que par l'ajout d'un émargement et d'un bulletin de vote dématérialisé provenant d'un électeur authentifié de manière non frauduleuse. Le système de vote garantit qu'aucun résultat partiel n'est accessible pendant le déroulement du scrutin.

Art. R. 7343-51 Pour voter par voie électronique, l'électeur, après s'être connecté au système de vote et identifié selon les modalités prévues à l'article R. 7343-44, exprime puis valide son vote. Le vote est anonyme.

Le bulletin de vote est chiffré sur le poste de l'électeur avant d'être envoyé par un canal lui-même chiffré vers les serveurs de vote, afin d'y être stocké de façon anonyme. Il demeure chiffré jusqu'au dépouillement.

La liaison entre le terminal de vote et le serveur hébergeant le fichier "urne électronique" fait également l'objet d'un chiffrement. La transmission du vote et l'émargement de l'électeur ont une date certaine de réception. Il est immédiatement mis à la disposition de l'électeur un accusé de réception électronique mentionnant son identifiant ainsi que la date et l'heure du vote.

La validation du vote le rend définitif et empêche toute modification.

Art. R. 7343-52 A la clôture du vote électronique, le président et les assesseurs du bureau de vote, après avoir déclaré le scrutin clos, procèdent au scellement de l'urne électronique et de la liste d'émargement.

Une fois le scellement opéré, le président et les assesseurs du bureau de vote vérifient l'intégrité du système de vote électronique.

Ils vérifient en particulier que le nombre de votes exprimés dans l'urne électronique correspond au nombre de votants figurant sur la liste d'émargement et que les votes enregistrés ont été exprimés pendant la période de vote.

Les opérations de vérification sont incluses dans le journal qui recense les opérations de vote électronique. Ce journal est automatiquement édité et communiqué au comité technique mentionné à l'article R. 7343-41 et aux délégués mentionnés à l'article R. 7343-43. Il est annexé au procès-verbal du vote électronique mentionné à l'article R. 7343-42.

§ 7 Le dépouillement du vote et la proclamation des résultats

Art. R. 7343-53 Après la clôture du scrutin, les membres du bureau de vote procèdent publiquement à l'ouverture de l'urne électronique en activant les clés mentionnées à l'article R. 7343-50. L'urne ne peut être ouverte que si deux clés au moins sont actionnées, chacune par le membre du bureau de vote auquel elle a été remise dans les conditions prévues à l'article R. 7343-50.

Le décompte des suffrages est réalisé par secteur d'activité et fait l'objet d'une édition sécurisée afin d'être porté au procès-verbal du vote électronique mentionné à l'article R. 7343-42.

Art. R. 7343-54 Le procès-verbal de dépouillement est signé de tous les membres du bureau de vote et établi en deux exemplaires. Dès l'établissement de ce procès-verbal, les résultats sont proclamés par le président du bureau de vote, puis transmis à la commission de vote pour affichage dans les locaux de l'Autorité des relations sociales des plateformes d'emploi.

Les résultats sont également publiés sur le site internet prévu à l'article R. 7343-10. Un exemplaire du procès-verbal est aussitôt transmis au ministre chargé du travail.

La publication des résultats a lieu le même jour que leur proclamation.

§ 8 Les contestations relatives au déroulement des opérations électorales

Art. R. 7343-55 Jusqu'à l'expiration du délai de recours contentieux contre les opérations électorales ou, lorsqu'une action contentieuse a été engagée, jusqu'à l'épuisement des voies de recours contentieux, les fichiers supports comprenant la copie des programmes sources et des programmes exécutables, les matériels de vote, les fichiers d'émargement, de résultats et de sauvegarde ainsi que l'ensemble des données à caractère personnel enregistrées sur le traitement mentionné à l'article R. 7343-3 sont conservés sous scellés, sous le contrôle de l'Autorité des relations sociales des plateformes d'emploi. La procédure de décompte des votes doit, si nécessaire, pouvoir être exécutée à nouveau.

A l'expiration du délai de recours ou, lorsqu'une action contentieuse a été engagée, après l'épuisement des voies de recours contentieux, sauf si une instance pénale a été engagée dans ce délai, il est procédé, sous le contrôle de l'Autorité des relations sociales des plateformes d'emploi, à la destruction de ces supports et données.

Art. R. 7343-56 La contestation prévue à l'article L. 7343-10 est formée dans un délai de quinze jours à compter de l'affichage des résultats mentionné à l'article R. 7343-54, par tout électeur ou tout mandataire d'une organisation candidate relevant du secteur d'activité pour laquelle la contestation est formée, à peine d'irrecevabilité.

La contestation est formée par requête dans les conditions prévues aux articles 54 et 57 du code de procédure civile.

Art. R. 7343-57 Le tribunal statue dans un délai d'un mois à compter de sa saisine, après avoir averti toutes les parties intéressées quinze jours à l'avance par remise contre récépissé ou par lettre recommandée avec demande d'avis de réception. A défaut de retour au greffe de l'avis de réception signé, la notification est réputée faite à domicile le jour de sa première présentation.

Le tribunal judiciaire statue sans frais ni forme de procédure. La décision est notifiée aux parties au plus tard dans les trois jours par le greffe, qui en adresse une copie dans le même délai au directeur général de l'Autorité des relations sociales des plateformes d'emploi, qui en transmet lui-même une copie au ministre chargé du travail.

La décision du tribunal judiciaire n'est susceptible ni d'opposition ni d'appel.

Art. R. 7343-58 La décision du tribunal judiciaire peut faire l'objet d'un pourvoi en cassation formé, instruit et jugé dans les conditions prévues par le code de procédure civile en matière d'élections professionnelles.

Les parties sont dispensées du ministère d'avocat au Conseil d'État et à la Cour de cassation.

Art. R. 7343-59 Les délais fixés par les articles R. 7343-56, R. 7343-57 et R. 7343-58 sont calculés et prorogés conformément aux dispositions des articles 640 à 642 du code de procédure civile.

§ 9 Les voies de recours

Art. R. 7343-60 Les recours dirigés contre l'arrêté édicté en application de l'article L. 7343-3 sont portés devant la juridiction désignée par l'article R. 311-2 du code de justice administrative.

SECTION 2 Représentants des travailleurs indépendants recourant aux plateformes

(Décr. n° 2022-651 du 25 avr. 2022)

SOUS-SECTION 1 Désignation des représentants

Art. D. 7343-61 Chaque organisation syndicale ou association professionnelle reconnue représentative auprès des travailleurs de plateformes peut désigner trois représentants de manière simultanée en application de l'article L. 7343-12. Ces désignations sont effectuées en cours de cycle électoral tel que prévu à l'article L. 7343-5.

Art. D. 7343-62 Les noms et prénoms des représentants sont portés à la connaissance de l'Autorité des relations sociales des plateformes d'emploi mentionnée à l'article L. 7345-1 par l'organisation représentative qui les désigne.

La notification mentionnée à l'alinéa précédent se fait par tout moyen. Elle comprend le nom de l'organisation mandante et la date de commencement de l'exécution du mandat.

Art. D. 7343-63 L'organisation représentative mandante notifie dans les meilleurs délais à l'Autorité des relations sociales des plateformes d'emploi la fin du mandat de représentant des travailleurs.

Ce mandat de représentant prend fin au plus tard à la date de publication de l'arrêté, prévu à l'article L. 7343-4, renouvelant la liste des organisations représentatives des travailleurs de plateformes à l'issue du cycle électoral en cours.

SOUS-SECTION 2 **Protection des représentants** (*Décr. n° 2022-650 du 25 avr. 2022*)

Art. R. 7343-64 Les dispositions de la présente sous-section s'appliquent au représentant désigné en application de l'article L. 7343-12, ci-après désigné "représentant", qui recourt, comme travailleur indépendant, à une plateforme pour l'exercice de son activité professionnelle dans l'un des secteurs mentionnés à l'article L. 7343-1.

Art. R. 7343-65 En application de l'article L. 7343-13, la plateforme qui souhaite procéder à la rupture du contrat commercial la liant à un représentant en informe préalablement ce dernier et lui communique les motifs de cette rupture par tout moyen donnant date certaine à la réception de cette information.

Cette information est délivrée au représentant au plus tard quinze jours avant le dépôt de la demande d'autorisation de la rupture du contrat prévue à l'article L. 7343-14.

En cas de faute grave donnant lieu à une suspension provisoire des relations commerciales avec l'intéressé, prévue au deuxième alinéa de l'article L. 7343-14, ce délai peut être réduit à cinq jours.

Art. D. 7343-66 La plateforme adresse la demande d'autorisation de rupture du contrat prévue à l'article L. 7343-14 à l'Autorité des relations sociales des plateformes d'emploi par voie électronique selon les modalités prévues aux articles R. 112-9-1 et R. 112-9-2 du code des relations entre le public et l'administration.

La demande énonce les motifs de la rupture de la relation commerciale envisagée.

Art. R. 7343-67 La décision du directeur général de l'Autorité des relations sociales des plateformes d'emploi est précédée d'une enquête contradictoire au cours de laquelle le représentant peut, à sa demande, se faire assister.

Pour les besoins de l'enquête contradictoire, l'Autorité des relations sociales des plateformes d'emploi peut demander à la plateforme de lui communiquer tout document en sa possession nécessaire pour vérifier que le motif de la rupture de la relation commerciale envisagée n'est pas en rapport avec les fonctions représentatives exercées par le travailleur.

Art. R. 7343-68 Le directeur général de l'Autorité des relations sociales des plateformes d'emploi prend sa décision dans un délai de deux mois à compter de la réception de la demande d'autorisation de rupture, délai à l'issue duquel naît une décision implicite de rejet.

La décision est motivée et notifiée par voie électronique ou par tout autre moyen donnant date certaine à sa réception :

1° A la plateforme ;

2° Au représentant ;

3° A l'organisation reconnue représentative en application de l'article L. 7343-4 à laquelle est lié le représentant.

La notification de la décision mentionnée au premier alinéa indique les voies et délais de recours.

Art. R. 7343-69 La rupture de la relation commerciale intervient dans un délai maximal d'un mois après la notification à la plateforme de la décision du directeur général de l'Autorité des relations sociales des plateformes autorisant cette rupture. Au-delà de ce délai, la décision d'autorisation cesse de produire ses effets.

Art. R. 7343-70 Pour l'application de l'article L. 7343-17, la baisse substantielle d'activité peut notamment être établie par les éléments suivants :

1° Une baisse substantielle du montant horaire moyen de revenu versé par la plateforme au travailleur dans les trois derniers mois d'activité, au regard des douze mois précédents.

Le montant horaire moyen de revenu versé par la plateforme au travailleur correspond au rapport entre le revenu d'activité, défini au 2° de l'article R. 1326-4 du code des transports, versé par la plateforme au travailleur sur un mois calendaire et la durée totale de connexion du travailleur à cette plateforme lors du même mois exprimée en heures ;

2° Une baisse substantielle du nombre horaire moyen de propositions de prestations adressées par la plateforme au travailleur dans les trois derniers mois d'activité, au regard des douze mois précédents.

Le nombre horaire moyen de propositions de prestations, telles que définies au 3° de l'article R. 1326-1 du code des transports, adressées par la plateforme au travailleur correspond au rapport entre le nombre de propositions de prestations adressées par la plateforme au travailleur sur un mois calendaire et la durée totale de connexion du travailleur à cette plateforme lors du même mois exprimée en heures.

Lorsque la durée d'activité du travailleur auprès de cette plateforme est inférieure à un an, l'appréciation de la baisse mentionnée aux 1° et 2° est réalisée en comparant les trois derniers mois à la moyenne mensuelle d'activité sur l'ensemble des mois précédents.

Art. R. 7343-71 Sans préjudice de l'exercice des droits prévus aux articles 15 à 21 du règlement (UE) 2016/679 du 27 avril 2016 du Parlement européen et du Conseil relatif à la protection des personnes physiques à l'égard du traitement des données à caractère personnel et à la libre circulation de ces données, et abrogeant la directive 95/46/CE, le représentant peut obtenir communication des informations permettant de calculer la baisse substantielle d'activité mentionnée à l'article R. 7343-70 du présent code dans les conditions prévues à l'article L. 7342-7.

SOUS-SECTION 3 **Formation et temps de délégation des représentants**

§ 1 Les modalités du financement par l'autorité des relations sociales des plateformes d'emploi de la formation au dialogue social

Art. R. 7343-72 La formation des représentants désignés en application de l'article L. 7343-12 a pour objet de les sensibiliser aux enjeux et méthodes du dialogue social. Elle est dispensée par des formateurs disposant d'une expérience en matière de dialogue social selon un programme théorique et pratique qui tient compte :
1° Des caractéristiques des secteurs mentionnés à l'article L. 7343-1 ;
2° Du rôle du représentant de travailleurs indépendants utilisant une plateforme d'emploi.

Art. R. 7343-72-1 Les dépenses afférentes à la rémunération des organismes de formation dispensant la formation mentionnée à l'article R. 7343-72 sont prises en charge par l'Autorité des relations sociales des plateformes d'emploi mentionnée à l'article L. 7345-1, dans la limite d'un plafond, par jour et par stagiaire, défini par arrêté du ministre chargé du travail. Cet arrêté définit également les modalités de versement de cette rémunération. – *V. Arr. du 25 juill. 2022, NOR : MTRT2222097A (JO 6 août).*

Art. R. 7343-73 Les frais de déplacement et de séjour au titre de la formation des représentants désignés en application de l'article L. 7343-12 sont avancés par le représentant ou par l'association ou l'organisation qui l'a désigné et remboursés par l'Autorité des relations sociales des plateformes d'emploi, dans les conditions prévues par la réglementation applicable aux personnels civils de l'État.

§ 2 La détermination du nombre de jours de formation, de délégation et des modalités de calcul et de versement de l'indemnisation forfaitaire

Art. D. 7343-74 Les représentants désignés en application de l'article L. 7343-12 bénéficient au maximum de douze jours par an de formation au dialogue social.
La durée de chaque formation ne peut être inférieure à une demi-journée.

Art. D. 7343-75 Le temps annuel passé à l'exercice de leurs fonctions par les représentants désignés en application de l'article L. 7343-12 est indemnisé pour le temps passé aux réunions de la commission de négociation, en application de l'article L. 7343-20.

Il est également indemnisé au prorata du nombre de jours d'exercice du mandat du représentant dans la limite de cent quarante-quatre heures par an pour l'exercice des autres fonctions de représentation. – *V. Arr. du 25 juill. 2022, NOR : MTRT2222097A (JO 6 août).*

Art. D. 7343-76 *(Décr. n° 2023-682 du 27 juill. 2023)* « I. – » L'indemnisation forfaitaire définie à l'article L. 7343-20 versée aux représentants au titre de leur formation et de leurs heures de délégation est prise en charge par l'Autorité des relations sociales des plateformes d'emploi.

Un arrêté du ministre chargé du travail détermine, après avis du directeur général de l'Autorité des relations sociales des plateformes d'emploi, le montant de l'indemnisation, les modalités de contrôle de la perte de rémunération ainsi que les modalités et la périodicité de versement de l'indemnisation. – *V. Arr. du 25 juill. 2022, NOR : MTRT2222097A (JO 6 août).*

(Décr. n° 2023-682 du 27 juill. 2023) « II. – Un accord collectif de secteur peut prévoir une allocation complémentaire financée par des contributions de la ou des organisations de plateformes signataires.

« Une convention conclue entre les organisations de plateformes mentionnées à l'alinéa précédent et l'Autorité des relations sociales des plateformes d'emploi peut prévoir que cette dernière recouvre les contributions et reverse le produit des contributions recouvrées aux représentants, selon les modalités prévues par cette convention. »

Art. D. 7343-77 L'organisme chargé des stages ou sessions délivre au représentant des travailleurs de plateformes une attestation constatant la fréquentation effective de celui-ci.

Cette attestation est remise à l'Autorité des relations sociales des plateformes d'emploi à l'issue du stage et permet le versement de l'indemnisation aux représentants.

Art. D. 7343-78 Afin de bénéficier de l'indemnisation prévue au premier alinéa de l'article D. 7343-75, les représentants justifient de leur participation aux réunions de la commission de négociation auprès de l'Autorité des relations sociales des plateformes d'emploi dans les conditions et selon les modalités déterminées par un arrêté du ministre chargé du travail, après avis du délégué général de l'Autorité des relations sociales des plateformes d'emploi.

SECTION 3 Représentation des plateformes faisant appel à des travailleurs indépendants

(Décr. n° 2022-882 du 13 juin 2022)

SOUS-SECTION 1 Représentativité des organisations professionnelles de plateformes

Art. R. 7343-79 Pour l'application des articles L. 7343-22 et L. 7343-23, sont considérées comme adhérentes les plateformes relevant du secteur concerné, dès lors qu'elles versent une cotisation, conformément aux règles fixées par une délibération de l'organe compétent de l'organisation de plateformes à laquelle elles adhèrent.

Sont également prises en compte comme plateformes adhérentes celles qui, selon les modalités fixées par une délibération de l'organe compétent de l'organisation, s'acquittent d'une cotisation dont le montant est réduit, pour tenir compte d'une adhésion en cours d'année ou de tout autre motif prévu par la délibération précitée, sous réserve que cette réduction n'excède pas de moitié la cotisation due en application des règles mentionnées à l'alinéa précédent.

Art. R. 7343-80 Le nombre de plateformes adhérentes aux organisations candidates est apprécié au 31 décembre de l'année précédant l'année de la déclaration de candidature prévue à l'article L. 7343-23.

Au titre de la première mesure d'audience, le nombre de plateformes adhérentes aux organisations candidates est apprécié au 15 juin 2022 (Décr. n° 2022-882 du 13 juin 2022, art. 2-1°).

Art. R. 7343-81 Pour être prise en compte, l'adhérente doit avoir payé au 31 mars de l'année de la déclaration de candidature prévue à l'article L. 7343-23 l'intégralité des cotisations dues au titre de l'année précédente.

Au titre de la première mesure d'audience, pour être prise en compte, l'adhérente doit avoir payé au 15 juin 2022 l'intégralité des cotisations dues au titre de l'année précédente ou, si elle a adhéré à l'organisation concernée au cours de l'année 2022, au titre de la durée de son adhésion (Décr. n° 2022-882 du 13 juin 2022, art. 2-2°).

Art. R. 7343-82 Sont joints à la déclaration de candidature d'une organisation professionnelle de plateformes souhaitant voir établie sa représentativité au niveau du secteur considéré en application de l'article L. 7343-23 :
  1° Une copie des statuts de l'organisation ainsi que du récépissé de dépôt de ceux-ci ;
  2° Les éléments et documents permettant de justifier que l'organisation satisfait aux critères mentionnés aux 1°, 2°, 3° et 5° de l'article L. 7343-22 ;
  3° Les règles en matière de cotisations fixées par délibération de l'organe compétent de l'organisation ;
  4° Les déclarations établies par l'organisation candidate :
  a) Du nombre de plateformes adhérentes à l'organisation dans le secteur à jour de leurs cotisations ;
  b) Du nombre de travailleurs utilisant ces plateformes qui remplissent les conditions d'ancienneté et de nombre de prestations fixées à l'article L. 7343-7 ;
  c) Du revenu d'activité mentionné à l'article L. 1326-3 du code des transports généré par ces plateformes adhérentes.
  Ces déclarations sont établies conformément à un modèle arrêté par le directeur général de l'Autorité des relations sociales des plateformes d'emploi.
  Les plateformes adhérentes à une organisation candidate peuvent transmettre les déclarations mentionnées aux *b* et *c* directement à l'Autorité des relations sociales des plateformes d'emploi ;
  5° Une copie de la décision ayant donné pouvoir au mandataire pour effectuer les démarches nécessaires à la déclaration de candidature ou des dispositions statutaires fondant ce mandat ;
  6° Une copie d'un document permettant d'attester l'identité du mandataire.

Art. R. 7343-83 Pour l'application des dispositions du *a* du 6° de l'article L. 7343-22, les conditions d'ancienneté de trois mois et du nombre de prestations fixées à l'article L. 7343-7 s'apprécient au premier jour du troisième mois précédant la date de clôture des candidatures fixée par décision du directeur général de l'Autorité des relations sociales des plateformes d'emploi.

Pour l'application des dispositions du *b* du 6° de l'article L. 7343-22, sont pris en compte les revenus d'activité tels que définis au 2° de l'article R. 1326-4 du code des transports au titre de l'année précédant l'année de déclaration des candidatures.

Art. R. 7343-84 Les candidatures des organisations de plateformes sont déposées par voie électronique auprès de l'Autorité des relations sociales des plateformes d'emploi dans les conditions fixées par décision du directeur général. Cette décision fixe notamment la période de dépôt des candidatures.

Art. R. 7343-85 L'organisation de plateformes qui souhaite voir établie sa représentativité en application de l'article L. 7343-23 dans plusieurs secteurs dépose une déclaration de candidature au titre de chacun des secteurs dans lequel elle candidate.

Art. R. 7343-86 L'Autorité des relations sociales des plateformes d'emploi, chargée de l'instruction de la déclaration de candidature, délivre par voie électronique un récépissé au mandataire de l'organisation candidate dès lors que cette déclaration est déposée dans le délai mentionné à l'article R. 7343-84.

Si l'organisation candidate ne remplit pas les conditions prévues aux 1° à 4° de l'article L. 7343-22, l'Autorité notifie son refus de validation au mandataire de l'organisation candidate.

La validation de la candidature est notifiée au mandataire de l'organisation professionnelle de plateformes candidate dont la candidature est recevable.

Art. R. 7343-87 Le respect du critère de l'audience défini à l'article L. 7343-22 est apprécié par le directeur général de l'Autorité des relations sociales des plateformes d'emploi qui s'assure que le montant de la cotisation versée est de nature à établir la réalité de l'adhésion.

SOUS-SECTION 2 — Représentants des organisations reconnues représentatives

(Décr. n° 2022-1246 du 21 sept. 2022, art. 1ᵉʳ)

Art. D. 7343-88 Les organisations reconnues représentatives en application de l'article L. 7343-24 désignent huit représentants.

SECTION 4 — Organisation du dialogue social et de la négociation de secteur

(Décr. n° 2022-1245 du 21 sept. 2022, art. 1ᵉʳ)

SOUS-SECTION 1 — Publicité et dépôt des accords de secteur

Art. R. 7343-89 I. — Les accords collectifs de secteur sont publiés sur le site internet de l'Autorité des relations sociales des plateformes d'emploi.

II. — L'acte prévu au deuxième alinéa de l'article L. 7343-34 par lequel les parties peuvent convenir qu'une partie de l'accord collectif de secteur ne doit pas faire l'objet de la publication prévue au premier alinéa de ce même article est signé par la majorité des organisations de travailleurs signataires de l'accord et par une ou plusieurs organisations professionnelles de plateformes signataires.

Cet acte indique les raisons pour lesquelles une partie de l'accord ne doit pas faire l'objet d'une publication. Cette motivation est sans incidence sur la légalité de l'accord.

Les accords faisant l'objet d'un tel acte sont publiés avec l'indication que cette publication est partielle.

A défaut d'un tel acte, les accords sont publiés dans une version intégrale, à l'exception des noms et prénoms des négociateurs et des signataires.

Les accords homologués sont publiés dans une version intégrale, à l'exception des noms et prénoms des négociateurs et des signataires.

Art. D. 7343-90 *(Décr. n° 2022-1246 du 21 sept. 2022, art. 2)* I. — Les accords collectifs de secteur sont déposés par la partie la plus diligente auprès des services de l'Autorité des relations sociales des plateformes d'emploi.

Le dépôt est opéré en deux exemplaires, dont une version sur support papier signée des parties et une version sur support électronique.

II. — Le dépôt est accompagné des pièces suivantes :

1° D'une copie du courrier électronique ou du récépissé ou d'un avis de réception daté de notification du texte à l'ensemble des organisations représentatives à l'issue de la procédure de signature ;

2° D'une version publiable mentionnée à l'article L. 7343-34 et anonymisée, qui tient compte, le cas échéant, des modifications actées conformément à l'article R. 7343-89 ;

3° De l'acte mentionné à l'article R. 7343-89, s'il y a lieu.

Un récépissé est délivré au déposant.

Art. D. 7343-91 *(Décr. n° 2022-1246 du 21 sept. 2022, art. 2)* Les déclarations de dénonciation, intervenues en application de l'article L. 7343-41, et les déclarations d'opposition à l'homologation intervenues en application de l'article L. 7343-49, sont déposées, selon les modalités prévues au I et au 1° du II de l'article D. 7343-90, par la partie qui en est signataire.

Un récépissé est délivré au déposant.

SOUS-SECTION 2 — Information et communication

(Décr. n° 2022-1246 du 21 sept. 2022, art. 2)

Art. D. 7343-92 A défaut d'autres modalités prévues par un accord collectif de secteur conclu en application de l'article L. 7343-45, la plateforme :

1° Communique, par tout moyen, au travailleur indépendant recourant à ses services, au moment de son inscription, une notice l'informant des accords de secteurs applicables par la plateforme pour la prestation concernée ;

2° Met sur un espace numérique accessible à tous les travailleurs un exemplaire à jour des textes ;
3° Informe, par tout moyen, les travailleurs indépendants, dans un délai d'un mois à compter de leur date d'effet, de tout nouvel accord collectif de secteur applicable aux prestations concernées ou de toute modification d'un accord applicable ainsi que de l'emplacement où ces textes peuvent être consultés.

Art. D. 7343-93 Toute personne intéressée peut prendre connaissance gratuitement des accords collectifs de secteur déposés auprès de l'Autorité des relations sociales des plateformes d'emploi.

Elle peut en obtenir copie, à ses frais, suivant les modalités fixées à l'article L. 311-9 du code des relations entre le public et l'administration.

Toutefois, lorsqu'une instance juridictionnelle est engagée, copie de tout ou partie de l'accord en cause est délivrée gratuitement à chacune des parties à l'instance qui le demande.

SOUS-SECTION 3 **Homologation**

(Décr. n° 2022-1246 du 21 sept. 2022, art. 2)

Art. D. 7343-94 Lorsqu'une décision d'homologation est envisagée, elle est précédée de la publication au *Journal officiel* de la République française d'un avis. Cet avis invite les organisations et personnes intéressées à faire connaître leurs observations. Il indique le lieu où l'accord collectif de secteur a été déposé et le service auprès duquel les observations sont présentées.

Les organisations et les personnes intéressées disposent d'un délai de quinze jours à compter de la publication de l'avis pour présenter leurs observations.

La décision d'homologation est publiée au *Journal officiel* de la République française.

SOUS-SECTION 4 **Application, révision et dénonciation des accords collectifs**

(Décr. n° 2022-1245 du 21 sept. 2022, art. 1ᵉʳ)

Art. R. 7343-95 Le poids des organisations professionnelles de plateformes mentionné au 2° du II de l'article L. 7343-41 est calculé à partir des données recueillies dans le cadre de la mesure de l'audience des organisations professionnelles de plateformes au sein du secteur considéré prévue au 6° de l'article L. 7343-22.

SECTION 5 **Commission de négociation**

(Décr. n° 2022-1246 du 21 sept. 2022, art. 3)

Art. D. 7343-96 La commission de négociation prévue par l'article L. 7343-54 en l'absence d'accord de secteur homologué est composée de deux collèges :
— un collège comprenant les représentants des organisations de travailleurs reconnues représentatives dans le secteur figurant sur la liste prévue à l'article L. 7343-4, ci-après désigné "collège des travailleurs" ;
— un collège comprenant les représentants des organisations de plateformes reconnues représentatives dans le secteur figurant sur la liste prévue à l'article L. 7343-24, ci-après désigné "collège des plateformes".

Art. D. 7343-97 Chaque organisation de travailleurs dispose de deux sièges au sein du collège des travailleurs.

Elle désigne ses titulaires parmi les représentants mentionnés à l'article D. 7343-61.
Elle peut désigner un suppléant parmi ces mêmes représentants.

Art. D. 7343-98 Le collège des plateformes dispose d'un nombre de siège[s] égal au nombre de sièges du collège des travailleurs réparti à parts égales entre les différentes organisations de plateformes.

Si le nombre de sièges ne permet pas une répartition à parts égales, l'attribution des sièges restants est effectuée entre les organisations de plateformes ayant la plus forte audience à raison d'un siège par organisation.

Chaque organisation de plateformes désigne ses titulaires parmi les représentants mentionnés à l'article D. 7343-88.

Elle peut désigner un suppléant parmi ces mêmes représentants.

Art. D. 7343-99 Les frais de déplacement et de séjour au titre de la participation aux réunions de la commission de négociation des représentants des travailleurs désignés en application de l'article L. 7343-12 sont avancés par le représentant ou l'organisation qui l'a désigné et remboursés par l'Autorité des relations sociales des plateformes d'emploi, dans les conditions prévues par la réglementation applicable aux personnels civils de l'État.

SECTION 6 Expertise

(Décr. n° 2022-1245 du 21 sept. 2022, art. 2)

SOUS-SECTION 1 Instruction de la demande d'expertise

Art. R. 7343-100 L'expertise, à laquelle une ou plusieurs organisations de travailleurs reconnues représentatives ou une ou plusieurs organisations professionnelles de plateformes reconnues représentatives peuvent recourir en application de l'article L. 7343-56, a pour objet de les informer sur les sujets mentionnés à cet article qui sont nécessaires à la négociation des accords de secteur, en leur apportant une information claire, précise et impartiale.

La demande d'autorisation de recourir à l'expertise prévue à l'article L. 7343-56 est adressée au directeur général de l'Autorité des relations sociales des plateformes d'emploi. Elle comprend :

1° La liste des organisations à l'origine de la demande d'expertise ;

2° Le cahier des charges mentionné à l'article L. 7343-56 établi par la ou les organisations à l'origine de la demande. Il précise le contexte de l'intervention de l'expert et contient une présentation précise de l'expertise demandée, restituant la ou les questions posées, et des éléments permettant de justifier de sa nécessité pour la négociation en cours ;

3° Une proposition émise par l'expert pressenti qui précise :

a) Tout élément permettant d'attester de sa connaissance du sujet à traiter, de son expérience en la matière ainsi que du respect des conditions prévues à l'article R. 7343-104. L'expert fait état, le cas échéant, des liens d'intérêts qu'il entretient avec les plateformes, les travailleurs indépendants y recourant pour leur activité ou les organisations qui les représentent ;

b) La durée prévisionnelle de la mission ;

c) Le choix des méthodes d'exécution de l'expertise appropriées. L'expert expose clairement la méthodologie retenue ;

d) Les données qui seront demandées par l'expert et les personnes susceptibles de les fournir ;

e) L'identité du chargé de projet mentionné à l'article R. 7343-105 qu'il envisage de désigner, ainsi que toute information permettant de justifier qu'il remplit la condition prévue au deuxième alinéa de cet article ;

f) La liste des sous-traitants mentionnés à l'article R. 7343-106 auxquels il est susceptible de recourir ainsi que, le cas échéant, leurs liens d'intérêts avec les plateformes, les travailleurs indépendants y recourant pour leur activité ou les organisations les représentant ;

g) L'estimation du coût de l'expertise.

Le directeur général de l'Autorité des relations sociales des plateformes d'emploi peut demander à l'expert de compléter les informations contenues dans la proposition si cela s'avère nécessaire pour statuer sur la demande.

Le directeur général de l'Autorité des relations sociales des plateformes d'emploi fixe le modèle du formulaire de demande.

Art. R. 7343-101 Le directeur général de l'Autorité des relations sociales des plateformes d'emploi saisit les organisations de travailleurs reconnues représentatives et les organisations professionnelles de plateformes reconnues représentatives qui ne sont pas à l'origine de la demande d'expertise afin de recueillir leur avis sur l'utilité de cette dernière.

Un arrêté du ministre chargé du travail et du ministre chargé des transports définit les éléments du dossier de demande mentionné à l'article R. 7343-100 qui sont transmis aux organisations reconnues représentatives afin qu'elles puissent se prononcer utilement sur le bien-fondé de la demande d'autorisation. — *V. Arr. du 4 oct. 2022, NOR : MTRT2228046A (JO 16 nov.).*

Les organisations représentatives saisies émettent un avis dans un délai de trois semaines. A défaut, l'avis est réputé rendu.

Art. R. 7343-102 Le directeur général de l'Autorité des relations sociales des plateformes d'emploi statue sur la demande d'expertise au regard du dossier de demande prévu à l'article R. 7343-100 et des avis mentionnés à l'article R. 7343-101.

Pour apprécier l'utilité de l'expertise sollicitée, il tient notamment compte :

1° De l'étendue de l'expertise ;
2° De sa faisabilité ;
3° De la pertinence des questions formulées dans le cahier des charges au regard de l'objet de la négociation ;
4° Du nombre d'organisations demandant l'expertise ;
5° De l'existence ou non d'expertises antérieures sur un sujet similaire ;
6° De la durée de l'expertise ;
7° De son coût estimé ;
8° Des données demandées par l'expert ;
9° De la qualité de l'expert et de ses éventuels sous-traitants.

Art. R. 7343-103 Le directeur général de l'Autorité des relations sociales des plateformes d'emploi notifie sa décision motivée aux organisations à l'origine de la demande et à l'expert. Il en informe également les organisations reconnues représentatives de travailleurs et les organisations reconnues représentatives de plateformes qui ne sont pas à l'origine de la demande d'expertise.

En cas d'acceptation de la demande d'expertise, une convention est établie entre l'expert et l'Autorité des relations sociales des plateformes d'emploi, sur la base des éléments transmis au sein de la proposition prévue à l'article R. 7343-100. La convention précise notamment le coût de l'expertise et le calendrier de mise en œuvre de son paiement.

SOUS-SECTION 2 **Expert**

Art. R. 7343-104 L'expert, qui peut être une personne physique ou une personne morale :

1° Justifie d'une assurance destinée à couvrir sa responsabilité ainsi que, lorsqu'il s'agit d'une personne morale, de son statut juridique ;
2° Dispose des moyens organisationnels, humains et matériels permettant de réaliser ses missions d'expertise ;
3° Conduit ses expertises selon des règles de déontologie professionnelle, notamment en matière de confidentialité, de responsabilité et de prévention des conflits d'intérêts. Il transmet à l'Autorité des relations sociales des plateformes d'emploi tout document attestant, le cas échéant, d'un lien particulier, notamment commercial, existant avec les plateformes, les travailleurs indépendants y recourant pour leur activité ou les organisations qui les représentent ;
4° S'engage à ne pas proposer, à l'issue de l'expertise, des prestations en rapport avec les conclusions de celles-ci *[celle-ci]*.

Art. R. 7343-105 I. – L'expert désigne un chargé de projet qui assure un rôle d'intermédiaire avec l'Autorité des relations sociales des plateformes d'emploi.

Le chargé de projet justifie d'une compétence adaptée à cette mission.

II. – Lorsque l'expertise est confiée à une équipe de travail, l'identité de ses membres est communiquée à l'Autorité des relations sociales des plateformes d'emploi.

Art. R. 7343-106 Le sous-traitant, dont l'implication dans une expertise ne peut concerner qu'une partie des travaux, agit sous l'autorité de l'expert.

Pour chaque expertise pour laquelle il recourt à un sous-traitant, l'expert s'assure que le sous-traitant remplit les conditions prévues aux 1° à 4° de l'article R. 7343-104.

L'expert communique à l'Autorité des relations sociales des plateformes d'emploi le nom de ceux des sous-traitants mentionnés au 3° du R. 7343-100 auxquels il recourt ainsi que le périmètre et le domaine de son intervention dans l'expertise conduite.

SOUS-SECTION 3 **Déroulement de la mission d'expertise**

Art. R. 7343-107 Les organisations professionnelles de plateformes communiquent à l'organisme expert les informations nécessaires à la réalisation de sa mission dans des délais définis, pour chaque expertise, par le directeur général de l'Autorité des relations sociales des plateformes d'emploi.

Les plateformes peuvent également transmettre directement à l'expert des données utiles à la réalisation de sa mission.

Les organisations professionnelles de plateformes et les plateformes indiquent à l'expert les informations qu'elles estiment couvertes par le secret des affaires. A leur demande, l'expert leur transmet les éléments rédigés à partir de ces informations en amont de la remise de ses conclusions, mentionnée à l'article R. 7343-108.

Art. R. 7343-108 L'expert remet ses conclusions à l'Autorité des relations sociales des plateformes d'emploi qui les communique ensuite à l'ensemble des organisations représentatives du secteur.

Art. R. 7343-109 La remise de ses conclusions à l'Autorité des relations sociales des plateformes d'emploi vaut demande de paiement par l'expert.

Le directeur général de l'Autorité des relations sociales des plateformes d'emploi constate la réalisation effective de la mission, notamment au regard du contenu de la proposition prévue à l'article R. 7343-100.

Il notifie sa décision d'acceptation ou de refus de constatation de la réalisation effective de la mission à l'expert ainsi qu'à l'ensemble des organisations de travailleurs reconnues représentatives et des organisations professionnelles de plateformes reconnues représentatives.

La décision prise par le directeur général de l'Autorité des relations sociales des plateformes d'emploi est motivée.

Art. R. 7343-110 La constatation de la réalisation effective de la mission prévue à l'article R. 7343-109 ouvre droit à la rétribution de l'expert, sur la base du montant et du calendrier de mise en paiement prévus dans la convention mentionnée à l'article R. 7343-103.

Le montant versé à l'expert peut éventuellement inclure des frais supplémentaires justifiés et préalablement communiqués à l'Autorité des relations sociales des plateformes d'emploi au cours de l'exécution de la mission d'expertise par l'expert.

CHAPITRE IV **DIALOGUE SOCIAL DE PLATEFORME**

(Décr. n° 2021-1461 du 8 nov. 2021, art. 1er)

Ce chapitre ne contient pas de dispositions réglementaires.

CHAPITRE V **AUTORITÉ DES RELATIONS SOCIALES DES PLATEFORMES D'EMPLOI**

(Décr. n° 2021-1461 du 8 nov. 2021, art. 1er)

SECTION 1 Organisation et fonctionnement

SOUS-SECTION 1 **Le conseil d'administration**

Art. R. 7345-1 Le conseil d'administration comprend, outre le président *(Abrogé par Décr. n° 2022-1245 du 21 sept. 2022, art. 3)* « , *(Décr. n° 2022-650 du 25 avr. 2022, art. 2)* « *neuf* » *membres* » :

1° *(Décr. n° 2022-1245 du 21 sept. 2022, art. 3)* « Un collège composé de six » membres représentant l'État :

a) Le directeur général du travail ou son représentant ;

b) Le directeur général des infrastructures, des transports et *(Décr. n° 2022-650 du 25 avr. 2022)* « des mobilités » ou son représentant ;

c) Le directeur général des entreprises ou son représentant ;
d) Le directeur des affaires civiles et du sceau ou son représentant ;
e) Le directeur général du trésor ou son représentant ;
f) Le directeur général de la concurrence, de la consommation et de la répression des fraudes ou son représentant ;
(Abrogé par Décr. n° 2022-650 du 25 avr. 2022) « *2° Un député ;*
« *3° Un sénateur ;* »
(Décr. n° 2022-650 du 25 avr. 2022) « **2°** » *(Décr. n° 2022-1245 du 21 sept. 2022, art. 3)* « Un collège composé de trois » personnalités qualifiées désignées en raison de leur compétence en matière d'économie numérique, de dialogue social et de droit commercial ;
(Décr. n° 2022-1245 du 21 sept. 2022, art. 3) « **3°** Un collège composé d'un représentant de chacune des organisations de travailleurs reconnues représentatives figurant sur la liste mentionnée à l'article L. 7343-4 ;
« **4°** Un collège composé d'un représentant de chacune des organisations de plateformes reconnues représentatives figurant sur la liste mentionnée à l'article L. 7343-24. »
Les membres mentionnés *(Décr. n° 2022-1245 du 21 sept. 2022, art. 3)* « aux 2° à 4° » du présent article sont nommés par arrêté conjoint du ministre chargé du travail et du ministre chargé des transports.
Peuvent assister avec voix consultative aux réunions du conseil d'administration le directeur général de l'établissement, le contrôleur budgétaire et l'agent comptable, ainsi que toute personne dont le président du conseil d'administration juge la présence utile.

Jusqu'à la désignation des représentants des organisations reconnues représentatives figurant sur la liste mentionnée à l'art. L. 7343-24, le conseil d'administration n'est composé que des membres prévus aux 1° et 2° de l'art. R. 7345-1 (Décr. n° 2021-1461 du 8 nov. 2021, art. 3-I, mod. par Décr. n° 2022-1245 du 21 sept. 2022, art. 5).

Art. R. 7345-2 I. — Le mandat du président du conseil d'administration est de quatre années au terme desquelles il peut être reconduit une fois. *(Décr. n° 2023-1306 du 28 déc. 2023, art. 2)* « La limite d'âge pour l'exercice de la fonction de président du conseil d'administration est fixée à soixante-dix ans. »
II. — Le mandat des membres *(Décr. n° 2022-650 du 25 avr. 2022)* « visés au 2° » de l'article R. 7345-1 est de quatre années au terme desquelles il peut être reconduit une fois.
(Décr. n° 2022-1245 du 21 sept. 2022, art. 3) « III. — Le mandat des membres visés aux 3° et 4° de l'article R. 7345-1 est valable jusqu'à la prochaine publication des listes mentionnées respectivement à l'article L. 7343-4 et à l'article L. 7343-24. »
IV. — Toute vacance pour quelque cause que ce soit, ou perte de la qualité au titre de laquelle une personnalité qualifiée ou un représentant a été nommé, donne lieu à remplacement pour la durée du mandat restant à courir.
V. — Une indemnité de fonction dont le montant est fixé par arrêté conjoint du ministre chargé du travail, du ministre chargé des transports et du ministre chargé du budget est attribuée au président du conseil d'administration. Le mandat des autres membres du conseil d'administration est gratuit, sous réserve du remboursement des frais de déplacement et de séjour, dans les conditions prévues par la réglementation applicable aux personnels civils de l'État.

Art. R. 7345-3 I. — Le conseil d'administration délibère notamment sur :
1° Les orientations générales de l'établissement et son programme d'activité développées en application des missions définies à l'article L. 7345-1 ;
2° Le rapport annuel d'activité ;
3° Les conditions générales d'organisation et de fonctionnement de l'établissement dont son règlement intérieur ;
4° Les conditions générales de recrutement, d'emploi et de rémunération du personnel ;
5° Le budget initial et ses modifications ;
6° Le compte financier et l'affectation du résultat de l'exercice ;
7° Les conditions générales de passation des contrats et conventions qui, en raison de leur nature ou du montant financier engagé, doivent lui être soumis pour approbation et ceux dont il délègue la responsabilité au directeur général de l'établissement ;

8° Les actions en justice et les transactions ;
9° L'acceptation ou le refus des dons et legs.
II. — Le conseil d'administration est consulté sur :
1° Les conditions générales d'organisation du scrutin mentionné à l'article L. 7343-5 par le directeur général de l'établissement ;
2° La liste des organisations représentatives des travailleurs, arrêtée au nom de l'État par le directeur général de l'établissement en application de l'article L. 7343-4.
III. — Le conseil d'administration se prononce en outre sur les questions qui lui sont soumises par son président ou les ministres de tutelle de l'établissement.
IV. — Le conseil d'administration peut déléguer au directeur général de l'établissement certaines de ses attributions à l'exception de celles mentionnées aux 1°, 2°, 5° et 6° du I. Le directeur général rend compte des décisions prises dans le cadre des délégations qui lui sont ainsi consenties, selon les modalités fixées par le conseil d'administration.

Le budget initial de l'exercice 2021 de l'établissement est arrêté par décision conjointe du ministre chargé du travail, du ministre chargé des transports et du ministre chargé du budget (Décr. n° 2021-1461 du 8 nov. 2021, art. 3-III).

Art. R. 7345-4 Le président du conseil d'administration est chargé d'élaborer des propositions sur les orientations générales de l'établissement et son programme d'activité mentionnées au 1° de l'article R. 7345-3 afin de les soumettre à la délibération du conseil d'administration.

Art. R. 7345-5 Le conseil d'administration se réunit, sur convocation de son président, aussi souvent que la bonne marche de l'établissement l'exige et au minimum quatre fois par an. La convocation est de droit si elle est demandée par le ministre chargé du travail et le ministre chargé des transports ou par la moitié au moins des membres sur un ordre du jour déterminé. La réunion du conseil d'administration se tient dans le mois qui suit la demande. Le président arrête l'ordre du jour sur proposition du directeur général.

Art. R. 7345-6 Le conseil d'administration ne peut valablement délibérer que si la moitié au moins de ses membres est présente. Si le quorum n'est pas atteint, le conseil est à nouveau convoqué sur le même ordre du jour dans un délai de quinze jours. Il délibère alors valablement quel que soit le nombre de membres présents.
(Décr. n° 2022-1245 du 21 sept. 2022, art. 3) « Un arrêté du ministre chargé du travail et du ministre chargé des transports fixe le nombre total de voix des membres du conseil d'administration et le nombre de voix par collège comme suit :
« 1° Le président du conseil d'administration dispose de dix pour cent du total des voix ;
« 2° Le collège mentionné au 1° de l'article R. 7345-1 dispose de quarante pour cent du total des voix ;
« 3° Le collège mentionné au 2° du même article dispose de dix pour cent du total des voix ;
« 4° Les collèges mentionnés aux 3° et 4° du même article disposent chacun de vingt pour cent du total des voix.
« Au sein des collèges, chaque membre dispose du même nombre de voix. »
Les délibérations du conseil sont adoptées à la majorité des membres présents ou représentés. En cas de partage égal des voix, celle du président de séance est prépondérante.
Il est établi un procès-verbal de chaque séance du conseil d'administration, signé par le président de séance. Le procès-verbal est adressé sans délai aux ministres exerçant la tutelle de l'établissement. — *V. Arr. du 18 nov. 2022, NOR : MTRT2230756A (JO 23 nov.).*

Art. R. 7345-7 I. — Les membres du conseil d'administration ne peuvent ni assister, ni prendre part aux délibérations lorsqu'ils ont un intérêt personnel sur un des thèmes à l'ordre du jour. Ils ne sont alors pas comptés pour le calcul du quorum et de la majorité.
II. — Le président, les membres du conseil d'administration *(Décr. n° 2023-185 du 17 mars 2023)* « , à l'exception de ceux mentionnés aux 3° et 4° de l'article R. 7345-1, » et le directeur général ne peuvent prendre ou conserver aucun intérêt, ni occuper

aucune fonction dans une entreprise qui exerce, à titre principal ou secondaire, une activité de conduite d'une voiture de transport avec chauffeur ou de livraison de marchandises au moyen d'un véhicule à deux ou trois roues, motorisées ou non, ou dans une plateforme mentionnée à l'article L. 7343-1.

Art. R. 7345-8 Les délibérations du conseil d'administration deviennent exécutoires de plein droit un mois après leur réception par le ministre chargé du travail et le ministre chargé des transports si aucun d'entre eux n'y a fait opposition dans ce délai.

Les délibérations portant sur le budget et le compte financier sont exécutoires dans les conditions prévues par le titre III du décret n° 2012-1246 du 7 novembre 2012 modifié relatif à la gestion budgétaire et comptable publique.

Art. R. 7345-9 Le président du conseil d'administration désigne parmi les membres du conseil d'administration la personne chargée de le suppléer en cas d'absence momentanée ou d'empêchement.

SOUS-SECTION 2 **La direction de l'Autorité des relations sociales des plateformes d'emploi**

Art. R. 7345-10 Le directeur général dirige l'établissement dans le cadre des orientations définies par le conseil d'administration.

Outre celles qui lui ont été déléguées par le conseil d'administration, le directeur général exerce, notamment, les responsabilités suivantes :

1° Il prépare les décisions du conseil d'administration et en assure ou en fait assurer l'exécution ;

2° Il prépare le budget de l'établissement ;

3° Il est ordonnateur des recettes et des dépenses de l'établissement ;

4° Il conclut au nom de l'établissement les contrats et marchés publics dans les conditions fixées par le conseil d'administration ;

5° Il dirige le personnel de l'établissement ;

6° Il nomme à toutes les fonctions pour lesquelles aucune autre autorité n'est compétente ;

7° Il organise le scrutin mentionné à l'article L. 7343-5 dans les conditions fixées par les articles L. 7343-5 à L. 7343-11 ;

8° Il communique en application de l'article L. 7343-12 le nom des représentants désignés par les organisations reconnues représentatives auprès des travailleurs en application de l'article L. 7343-4 à la plateforme avec laquelle ils sont liés par contrat ;

9° Il autorise la rupture du contrat commercial des représentants désignés en application de l'article L. 7343-13 ;

10° Il s'assure du financement des formations mentionnées à l'article L. 7343-19 et de l'indemnisation des jours de formation et des heures de délégation mentionnée à l'article L. 7343-20 *(Décr. n° 2023-682 du 27 juill. 2023)* « , ainsi que, le cas échéant, du versement d'indemnisations complémentaires définies par accord collectif de secteur ; »

11° Il promeut le dialogue social auprès des représentants des travailleurs et des plateformes *(Décr. n° 2022-1245 du 21 sept. 2022, art. 3)* « , » accompagne ces derniers *(Décr. n° 2022-1245 du 21 sept. 2022, art. 3)* « dans la mise en œuvre des règles de négociation de secteur ainsi que » dans l'organisation des cycles électoraux *(Décr. n° 2022-1245 du 21 sept. 2022, art. 3)* « et aide à l'établissement et au déroulement du dialogue en application de l'article L. 7343-55 » ;

12° Il s'assure de la collecte des statistiques mentionnées au 5° de l'article L. 7345-1 et de leur mise à disposition auprès des organisations représentatives sous un format lisible et compréhensible ;

(Décr. n° 2022-1245 du 21 sept. 2022, art. 3) « 13° Il signe au nom de l'Autorité des relations sociales des plateformes d'emploi les décisions d'homologation ;

« 14° Il statue sur les demandes d'expertise, dans les conditions fixées à la section 6 du chapitre IV du présent titre ;

« 15° Il soumet tous les deux ans au minimum au conseil d'administration un rapport d'observation sur les pratiques des plateformes relatives aux conditions d'exercice de l'activité professionnelle des travailleurs, notamment en matière d'usage des algorithmes et des outils numériques et des données personnelles des travailleurs qui peut s'accompagner de préconisations.

« Il arrête, au nom de l'État, les listes mentionnées aux articles L. 7343-4 et L. 7343-24. Ces arrêtés sont publiés au *Journal officiel* de la République française. »

Il peut déléguer sa signature aux agents de l'établissement pour prendre en son nom les actes relatifs à ses attributions énumérées ci-dessus.

Il rend compte à chaque réunion du conseil d'administration de la mise en œuvre de ses missions.

Art. R. 7345-11 Le mandat du directeur général est de quatre ans au terme desquels il peut être reconduit deux fois.

SOUS-SECTION 3 **Conseil des acteurs des plateformes**

Art. R. 7345-12 Un conseil des acteurs des plateformes est placé auprès de l'Autorité des relations sociales des plateformes d'emploi.

Il est constitué :

1° De représentants des organisations des plateformes mentionnées à l'article *(Décr. n° 2022-650 du 25 avr. 2022, art. 2)* « L. 7343-24 » ;

2° De représentants des organisations des travailleurs des plateformes mentionnées à l'article L. 7343-4 ;

3° De représentants d'associations de défense des consommateurs et d'usagers des transports ;

4° De représentants des clients professionnels recourant aux services proposés par les plateformes ;

5° De représentants des associations d'élus locaux ;

6° De personnalités qualifiées dans le domaine du numérique, des transports et du dialogue social issues du secteur économique, du secteur académique, ou impliquées dans le développement du numérique au niveau local, national ou européen.

Un arrêté conjoint du ministre chargé du travail et du ministre chargé des transports définit le nombre de sièges à attribuer par catégorie de membres énumérées ci-dessus. La représentation des organisations, des associations et des clients mentionnés aux 1° à 5 est limitée à deux personnes pour chacun d'entre eux.

Un arrêté conjoint des mêmes ministres nomme, pour une durée de quatre ans, les membres du conseil des acteurs des plateformes. Les représentants mentionnés aux 1° à 5° sont nommés sur proposition des organisations, associations ou clients professionnels concernés.

Peuvent assister aux réunions du conseil le directeur général de l'établissement, les membres du conseil d'administration, le contrôleur budgétaire ainsi que toute personne dont le président du conseil d'administration juge la présence utile.

Le mandat des membres du conseil des acteurs des plateformes est exercé à titre gratuit.

Le conseil des acteurs des plateformes se réunit pour la première fois à compter de la désignation, en application des art. L. 7343-12 et L. 7343-26, des représentants des organisations reconnues représentatives figurant sur la liste mentionnée aux art. L. 7343-4 et L. 7343-24 (Décr. n° 2021-1461 du 8 nov. 2021, art. 3-II).

Art. R. 7345-13 Le président du conseil d'administration préside le conseil des acteurs des plateformes qui se réunit, sur convocation du président du conseil d'administration ou à l'initiative de la majorité des membres du Conseil des acteurs des plateformes, aussi souvent que la bonne marche de l'établissement l'exige et au minimum deux fois par an.

Le conseil établit son règlement intérieur sur proposition de son président.

Le secrétariat du Conseil des acteurs des plateformes est assuré par l'Autorité des relations sociales des plateformes d'emploi qui prend en charge ses frais de fonctionnement.

Art. R. 7345-14 Sans préjudice du respect des dispositions relatives au secret professionnel, les membres du conseil des acteurs des plateformes *(Décr. n° 2022-650 du 25 avr. 2022, art. 2)* « et les personnes qui assistent à ses réunions à l'invitation de son président » font preuve de discrétion pour tous les faits, informations ou documents dont ils ont connaissance dans l'exercice ou à l'occasion de l'exercice de leur mandat *(Décr. n° 2022-650 du 25 avr. 2022, art. 2)* « ou de leur présence », qui leur ont été signalés comme présentant un caractère confidentiel par le président du conseil des acteurs des plateformes.

Art. R. 7345-15 *(Décr. n° 2022-1245 du 21 sept. 2022, art. 3)* « I. – » Le conseil des acteurs des plateformes a pour mission de faire des propositions au président du conseil d'administration sur les sujets relevant de la compétence de l'établissement notamment :
1° Les conditions de travail et d'exercice de leur activité des travailleurs mentionnés à l'article L. 7343-1 et les moyens de les améliorer ;
2° Les moyens de favoriser le développement du dialogue social et de la négociation collective au sein des secteurs mentionnés à l'article L. 7343-1 ;
(Décr. n° 2022-1245 du 21 sept. 2022, art. 3) « 3° L'usage des algorithmes, des outils numériques et des données personnelles des travailleurs par les plateformes mentionnées à l'article L. 7343-1.
« II. – Le conseil peut être consulté sur tout projet de dispositions législatives ou réglementaires portant sur le dialogue social et les relations sociales entre les plateformes et les travailleurs mentionnés à l'article L. 7343-1. »

SECTION 2 **Régime financier et comptable**

Art. R. 7345-16 L'établissement est soumis aux dispositions des titres I et III du décret n° 2012-1246 du 7 novembre 2012 relatif à la gestion budgétaire et comptable publique.

Art. R. 7345-17 Les recettes de l'établissement comprennent :
1° Le produit de la taxe mentionnée à l'article L. 7345-4 ;
2° Les subventions de l'État, des collectivités publiques ou d'organismes publics ou privés et les recettes de mécénat ;
3° Les produits de la vente des contrats et des conventions ;
4° Les revenus des biens meubles et immeubles ;
5° Les dons et legs ;
6° Le produit financier du résultat du placement de ses fonds ;
7° Le produit des aliénations ;
8° Toutes les recettes autorisées par les lois et les règlements.

Art. R. 7345-18 Les dépenses de l'établissement comprennent :
1° Les frais de personnel qui ne sont pas pris en charge par l'État ;
2° Les frais de fonctionnement ;
3° Les dépenses d'acquisition de biens mobiliers et immobiliers ;
4° De façon générale, toutes les dépenses nécessaires à l'accomplissement de ses missions.

Art. R. 7345-19 Le directeur général de l'établissement peut créer des régies de recettes et des régies d'avances dans les conditions prévues par le décret n° 2019-798 du 26 juillet 2019 relatif aux régies de recettes et d'avances des organismes publics.

SECTION 3 **Médiation**

(Décr. n° 2022-1245 du 21 sept. 2022, art. 4)

Art. R. 7345-20 La médiation prévue à l'article L. 7345-7 portant sur les différends relatifs à la mise en œuvre d'un accord collectif de secteur survenant entre une plateforme mentionnée à l'article L. 7343-1 et les travailleurs indépendants y recourant pour leur activité est organisée par l'Autorité des relations sociales des plateformes d'emploi entre la plateforme et un ou des représentants désignés en application de l'article L. 7343-12.

Le travailleur indépendant mandate un représentant désigné en application de l'article L. 7343-12 en l'habilitant, le cas échéant, à saisir l'Autorité des relations sociales des plateformes d'emploi en application du deuxième alinéa de l'article L. 7543-7 et à le représenter au cours du processus de médiation, à l'exclusion de la signature de l'accord de médiation.

Le mandat du représentant s'exerce à titre gratuit.

Art. R. 7345-21 I. – Pour l'application du deuxième alinéa de l'article L. 7345-7, l'Autorité des relations sociales des plateformes d'emploi est saisie par voie électronique.

Le dossier de saisine comprend :

1° Le nom de la plateforme et du ou des travailleurs indépendants que le différend oppose. Lorsque l'Autorité des relations sociales des plateformes d'emploi est saisie par une plateforme, la demande comporte l'identité de son représentant légal et ses statuts ainsi que, s'ils sont connus, les adresses postale et électronique ainsi que le numéro SIREN des travailleurs indépendants ;

2° Un exposé circonstancié de l'objet du différend ;

3° Une copie de la réclamation écrite mentionnée au 1° de l'article L. 7345-9 ou, lorsque les modalités de résolution des litiges sont fixées par le contrat, les éléments établissant l'existence d'une tentative préalable de résolution du litige selon les modalités prévues par le contrat ;

4° Une attestation sur l'honneur, présentée par l'auteur de la saisine, indiquant que le différend n'a pas été examiné et n'est pas en cours d'examen dans le cadre d'une autre médiation ou par un tribunal ;

5° Lorsque l'Autorité des relations sociales des plateformes d'emploi est saisie par un représentant désigné en application de l'article L. 7343-12, les éléments établissant qu'il a reçu mandat d'un ou plusieurs travailleurs indépendants mentionnés à l'article L. 7341-1 pour effectuer la saisine et le représenter au cours du processus de médiation.

II. – Dès réception du dossier de saisine, l'Autorité des relations sociales des plateformes d'emploi notifie sa saisine à la plateforme et aux travailleurs indépendants que le différend oppose.

Lorsque l'Autorité des relations sociales des plateformes d'emploi est saisie par une plateforme mentionnée à l'article L. 7343-1, la notification informe le travailleur indépendant de l'obligation, s'il souhaite participer à la médiation, de mandater, dans un délai de deux mois, un représentant désigné en application de l'article L. 7343-12 afin que ce représentant prenne part en son nom à la médiation. Lorsqu'aucun représentant désigné en application de cet article ne fournit les éléments établissant qu'il a reçu mandat d'un ou plusieurs travailleurs indépendants pour les représenter au cours du processus de médiation dans un délai de deux mois à compter de la notification, l'Autorité des relations sociales des plateformes d'emploi met fin à la médiation, le cas échéant uniquement en ce qui concerne les travailleurs indépendants non représentés.

Lorsque l'Autorité des relations sociales des plateformes d'emploi est saisie par un représentant désigné en application de l'article L. 7343-12, la notification informe la plateforme qu'elle dispose d'un délai de deux mois pour accepter de s'engager dans la médiation. A défaut d'acceptation dans ce délai, l'Autorité des relations sociales des plateformes d'emploi met fin à la médiation.

Lorsque l'Autorité des relations sociales des plateformes d'emploi est informée du refus de la plateforme ou du travailleur de participer à la médiation, elle met fin à la médiation, le cas échéant uniquement en ce qui concerne le travailleur indépendant ayant refusé de participer à la médiation.

Art. R. 7345-22 I. – La plateforme ou le représentant désigné en application de l'article L. 7343-12 qui se retire de la médiation en informe l'Autorité des relations sociales des plateformes d'emploi, qui met fin à la médiation.

II. – En cas de retrait du mandat au cours du processus de médiation, le travailleur indépendant en avise immédiatement l'Autorité des relations sociales des plateformes d'emploi par tout moyen donnant date certaine à la réception. Si aucun représentant désigné en application de l'article L. 7343-12 ne fournit les éléments établissant qu'il a reçu mandat pour le représenter dans un délai de deux mois à compter de cette information, le travailleur indépendant n'est plus représenté dans la médiation et l'Autorité des relations sociales des plateformes d'emploi met fin à la médiation en ce qui le concerne. Lorsque plus aucun travailleur indépendant concerné par le différend n'est représenté, l'Autorité des relations sociales des plateformes d'emploi met fin à la médiation.

Art. R. 7345-23 L'Autorité des relations sociales des plateformes d'emploi assiste la plateforme et le représentant désigné en application de l'article L. 7343-12 dans la recherche de toute solution de nature à mettre fin amiablement au différend. Elle s'assure du caractère loyal et équilibré de la procédure de médiation.

Lorsque le bon déroulement de la médiation lui apparaît compromis ou qu'elle estime que la médiation n'est pas susceptible d'aboutir, l'Autorité des relations sociales des plateformes d'emploi y met fin.

Lorsque la plateforme et le représentant désigné en application de l'article L. 7343-12 parviennent à s'accorder sur une solution amiable concernant tout ou partie du différend, elles [ils] établissent, sous l'égide de l'Autorité des relations sociales des plateformes d'emploi, un accord écrit. Cet accord est signé par la plateforme mentionnée à l'article L. 7343-1 et le ou les travailleurs indépendants que le différend oppose. La conclusion d'un tel accord met fin à la médiation. En cas d'accord résolvant partiellement le différend, la médiation peut être poursuivie sur les points mentionnés dans la saisine restant en débat.

Art. R. 7345-24 Lorsqu'elle met fin à la médiation, l'Autorité des relations sociales des plateformes d'emploi notifie sa décision par tout moyen donnant date certaine à la réception de cette notification à la plateforme, au représentant désigné en application de l'article L. 7343-12 et, dans les cas prévus aux deuxième et quatrième alinéas du II de l'article R. 7545-21 et au II de l'article R. 7345-22, aux travailleurs indépendants non représentés.

LIVRE IV TRAVAILLEURS À DOMICILE

TITRE I DISPOSITIONS GÉNÉRALES

CHAPITRE I CHAMP D'APPLICATION ET DISPOSITIONS D'APPLICATION

Le présent chapitre ne comprend pas de dispositions réglementaires.

CHAPITRE II DÉFINITIONS

Le présent chapitre ne comprend pas de dispositions réglementaires.

CHAPITRE III MISE EN ŒUVRE

SECTION 1 Comptabilité

Art. R. 7413-1 Le donneur d'ouvrage à domicile tient une comptabilité distincte des matières premières et fournitures destinées au travailleur à domicile.

Cette comptabilité fait ressortir séparément :

1° A l'entrée dans l'établissement : la date d'entrée, la quantité et la nature de chaque article ;

2° A la remise de l'ouvrage aux travailleurs :
a) La date de remise, la quantité, la nature de chaque article ;
b) La nature de l'ouvrage ;
c) Le nom du travailleur ;

3° A la livraison de l'ouvrage par les travailleurs : la date de la livraison. – [Anc. art. R. 721-3, al. 1er à 5.]

Art. R. 7413-2 Les registres de la comptabilité du donneur d'ouvrage sont tenus à la disposition de l'inspection du travail.

Le (Décr. n° 2020-1545 du 9 déc. 2020, art. 28-X, en vigueur le 1er avr. 2021) « directeur régional de l'économie, de l'emploi, du travail et des solidarités » peut demander un contrôle de cette comptabilité.

Art. R. 7413-3 Sous réserve de l'application de l'article L. 8232-2, relatif aux obligations et à la solidarité du donneur d'ordres, la responsabilité du travailleur à domicile pour l'application, à l'auxiliaire auquel il recourt, de l'ensemble des dispositions appli-

TRAVAILLEURS À DOMICILE

cables aux salariés est, suivant que l'auxiliaire est employé à son propre domicile ou à celui du travailleur à domicile :
1° Soit celle d'un donneur d'ouvrage vis-à-vis d'un travailleur à domicile ;
2° Soit celle d'un chef d'entreprise industrielle vis-à-vis d'un ouvrier en atelier. — *[Anc. art. R. 721-4.]*

SECTION 2 Rupture du contrat de travail

Art. R. 7413-4 Pour l'application aux travailleurs à domicile liés par un contrat de travail à durée indéterminée des dispositions des articles L. 1234-1 à L. 1234-8 et L. 1237-1, relatives au préavis, l'indemnité due, sauf rupture pour faute grave, en cas d'inobservation du préavis, est calculée sur la moyenne des salaires des six mois précédant la rupture du contrat. — *[Anc. art. R. 721-5.]*

Sur la preuve de la rupture du contrat de travail *Bull. civ. V, n° 287.*
d'un salarié à domicile, V. • Soc. 28 mars 1979 :

SECTION 3 Dispositions pénales

Art. R. 7413-5 Le fait de méconnaître les dispositions des articles R. 7413-1 et R. 7413-2, est puni de l'amende prévue pour les contraventions de la troisième classe. — *[Anc. art. R. 792-1, al. 1er.]*

TITRE II RÉMUNÉRATION ET CONDITIONS DE TRAVAIL

CHAPITRE I FOURNITURE ET LIVRAISON DES TRAVAUX

SECTION 1 Bulletin et carnet de travail

Art. R. 7421-1 Le bulletin ou le carnet remis au travailleur à domicile, en application de l'article L. 7421-2, est établi en deux exemplaires au moins.
Il mentionne :
1° Le nom et l'adresse de l'établissement ou les nom, prénoms et adresse du donneur d'ouvrage ;
2° La référence des organismes auxquels le donneur d'ouvrage verse les cotisations de sécurité sociale et le numéro d'immatriculation sous lequel ces cotisations sont versées ;
3° Le numéro d'inscription au registre du commerce ou au registre des métiers ;
4° La nature et la quantité du travail, la date à laquelle il est donné, les temps d'exécution, les prix de façon ou les salaires applicables ;
5° La nature et la valeur des fournitures imposées au travailleur ainsi que les frais d'atelier et accessoires ;
6° Le cas échéant, la date à laquelle le travail est livré. — *[Anc. art. L. 721-7, al. 2 fin à al. 8.]*

Art. R. 7421-2 Lors de la livraison du travail achevé, le bulletin ou carnet mentionne :
1° La date de la livraison ;
2° Le montant :
a) Des prix de façon acquis par le travailleur ;
b) Des frais d'ateliers qui s'y ajoutent ;
c) De l'allocation de congés payés ;
d) Des retenues que la loi fait obligation aux employeurs d'opérer ;
e) Le cas échéant, des divers frais accessoires laissés à la charge de l'intéressé par le donneur d'ouvrage, dans les limites prévues aux articles L. 3251-1 et L. 3251-2, relatifs à la saisie et à la cession des sommes dues au titre de rémunération ;
3° La somme nette payée ou à payer au travailleur compte tenu des éléments énumérés aux *a*, *b* et *c* du 2° et après déduction des frais et retenues mentionnées aux *d* et *e* du 2°. — *[Anc. art. L. 721-7, al. 9 fin à al. 17.]*

Art. R. 7421-3 Les inscriptions relatives à chaque travail sont portées sous un numéro d'ordre qui figure sur tous les exemplaires du bulletin ou carnet. — *[Anc. art. L. 721-7, al. 18.]*

SECTION 2 Dispositions pénales

Art. R. 7421-4 Le fait de méconnaître les dispositions des articles L. 7421-1 et L. 7421-2 ou des règlements pris pour leur application, est puni de l'amende prévue pour les contraventions de la troisième classe, prononcée autant de fois qu'il y a de personnes concernées.

Le fait de porter des mentions inexactes sur les bulletins ou carnets et leur duplicata est puni des mêmes peines. — *[Anc. art. R. 792-1, al. 1er et al. 4.]*

CHAPITRE II CONDITIONS DE RÉMUNÉRATION

SECTION 1 Détermination des temps d'exécution

Art. R. 7422-1 Dans les cas prévus à l'article L. 7422-2, le tableau des temps d'exécution des travaux est dressé par le préfet, après avis d'une commission départementale composée de trois employeurs et de trois travailleurs à domicile. — *[Anc. art. L. 721-11, al. 1er début.]*

Art. R. 7422-2 Les membres de la commission départementale sont désignés par le préfet selon la nature de l'activité, après consultation :
1° Des organisations d'employeurs et de travailleurs intéressées représentatives au niveau national ;
2° Du (*Décr. n° 2020-1545 du 9 déc. 2020, art. 28-X, en vigueur le 1er avr. 2021*) « directeur régional de l'économie, de l'emploi, du travail et des solidarités ».

Art. R. 7422-3 La composition de la commission départementale peut varier, d'une part, selon la nature des travaux pour lesquels elle est consultée, d'autre part, pour une même branche d'activité, selon qu'elle est appelée à émettre un avis sur les temps d'exécution des travaux ou sur les salaires et les frais d'atelier. — *[Anc. art. R. 721-6, phrase 2.]*

Art. R. 7422-4 Les arrêtés pris par le préfet conformément à l'article R. 7422-1 sont publiés dans un délai d'un mois à compter de la date à laquelle ils ont été pris et insérés au recueil des actes administratifs du département.

A l'expiration du délai d'un jour franc à compter de leur publication au chef-lieu du département, ces arrêtés sont applicables dans l'étendue du département ou de la circonscription.

Les arrêtés ministériels pris conformément aux articles R. 7422-5 et R. 7422-6 sont publiés au *Journal officiel* de la République française. — *[Anc. art. R. 721-7.]*

Art. R. 7422-5 Un arrêté conjoint des ministres chargé du travail, de l'intérieur et des finances détermine les conditions dans lesquelles les membres employeurs sont indemnisés de leurs frais de déplacement et les membres travailleurs de leurs frais de déplacement et de leurs pertes de salaires. — *[Anc. art. L. 721-11, al. 2, phrase 1.]*

Art. R. 7422-6 Dans les cas prévus à l'article L. 7422-3, le ministre chargé du travail prend un arrêté après avis :
1° Soit des commissions départementales compétentes mentionnées à l'article R. 7422-1, lorsqu'il s'agit de plusieurs départements ;
2° Soit d'une commission nationale des temps d'exécution lorsqu'il s'agit de l'ensemble du territoire.

La composition de la commission nationale des temps d'exécution est fixée dans chaque cas par arrêté du ministre chargé du travail. — *[Anc. art. L. 721-13, fin.]*

SECTION 2 Détermination du salaire

Art. R. 7422-7 Le préfet prend la décision prévue au premier alinéa de l'article L. 7422-6 sur avis conforme de la commission départementale prévue à l'article R. 7422-1.

Il prend la décision prévue au deuxième alinéa de l'article L. 7422-6 sur avis simple de cette commission. — *[Anc. art. L. 721-12.]*

Art. R. 7422-8 Les arrêtés pris par le préfet conformément aux articles L. 7422-6 et L. 7422-11 sont publiés et insérés au recueil des actes administratifs du département dans un délai d'un mois à compter de la date à laquelle ils ont été pris.

A l'expiration du délai d'un jour franc à compter de leur publication au chef-lieu du département, ces arrêtés sont applicables dans l'étendue du département ou de la circonscription.

L'arrêté ministériel pris conformément à l'article L. 7422-7, est publié au *Journal officiel* de la République française. – *[Anc. art. R. 721-7.]*

Art. R. 7422-9 Les taux horaires de salaires applicables aux professions mentionnées à l'article L. 7422-7 sont fixés par le ministre chargé du travail, après avis :

1° Soit des commissions départementales compétentes mentionnées à l'article R. 7422-1 lorsqu'il s'agit de plusieurs départements ;

2° Soit de la commission nationale de salaires lorsqu'il s'agit de l'ensemble du territoire.

La composition de la commission nationale des salaires est fixée dans chaque cas par arrêté du ministre chargé du travail après consultation des organisations d'employeurs et de travailleurs intéressées représentatives au niveau national. – *[Anc. art. L. 721-14, al. 1er fin.]*

SECTION 3 Majorations

Art. R. 7422-10 Pour apprécier si un donneur d'ouvrage doit verser à un travailleur à domicile les majorations pour heures supplémentaires prévues à l'article L. 7422-9, il est tenu compte :

1° Des temps d'exécution résultant de la convention collective de travail étendue ou, à défaut, de l'arrêté préfectoral ou ministériel pris en application des articles L. 7422-2 et R. 7422-6 ;

2° Le cas échéant, des concours auxquels le travailleur à domicile a eu recours conformément au 2° de l'article L. 7412-1. – *[Anc. art. R. 721-8, al. 1er à 3.]*

Art. R. 7422-11 Pour l'application des majorations mentionnées à l'article R. 7422-10, les jours de la semaine autres que les dimanches et les jours de fêtes légales sont considérés comme jours ouvrables.

Dans le cas d'exécution d'heures supplémentaires, le pourcentage correspondant aux frais d'atelier porte sur le tarif normal, à l'exclusion de la majoration appliquée au titre des heures supplémentaires. – *[Anc. art. R. 721-8, al. 4 et 5.]*

SECTION 4 Affichages

Art. R. 7422-12 Les temps d'exécution des travaux à domicile, les prix de façon ou les salaires applicables à ces travaux et les frais d'atelier et frais accessoires sont affichés en permanence par le donneur d'ouvrage dans les locaux d'attente ainsi que dans ceux où la remise au travailleur des matières premières ou objets et la réception des articles après exécution est réalisée.

Ces dispositions ne s'appliquent pas au domicile privé des travailleurs, lorsque la remise de ces matières premières ou objets et la réception des marchandises y sont réalisées par les donneurs d'ouvrages ou leurs intermédiaires. – *[Anc. art. R. 721-9, al. 1er.]*

Art. R. 7422-13 Le préfet peut décider l'affichage dans les mairies des communes intéressées des dispositions réglementaires relatives aux temps d'exécution, aux prix de façon, aux frais d'atelier et frais accessoires ainsi que la remise d'un extrait de ces dispositions à chaque travailleur à domicile de la profession. – *[Anc. art. R. 721-9, al. 2.]*

SECTION 5 Dispositions pénales

Art. R. 7422-14 Le fait de méconnaître les dispositions de l'article L. 7422-4 ou des règlements pris pour leur application, est puni de l'amende prévue pour les contraventions de la quatrième classe, prononcée autant de fois qu'il y a de travailleurs concernés. – *[Anc. art. R. 792-1, al. 2 et 3.]*

Art. R. 7422-15 Le fait de méconnaître les dispositions de l'article L. 7422-8 ou des règlements pris pour leur application, est puni de l'amende prévue pour les contraventions de la quatrième classe, prononcée autant de fois qu'il y a de travailleurs concernés. – *[Anc. art. R. 792-1, al. 2 et 3.]*

Art. R. 7422-16 Le fait de méconnaître les dispositions (*Décr. n° 2009-289 du 13 mars 2009*) « des premier à troisième alinéa de l'article L. 7422-9 et de l'article L. 7422-10 » ou des règlements pris pour leur application, est puni de l'amende prévue pour les contraventions de la quatrième classe, prononcée autant de fois qu'il y a de travailleurs concernés. – *[Anc. art. R. 792-1, al. 2 et 3.]*

Art. R. 7422-17 Le fait de méconnaître les dispositions du premier alinéa de l'article R. 7422-12, est puni de l'amende prévue pour les contraventions de la troisième classe. – *[Anc. art. R. 792-1, al. 1er.]*

CHAPITRE III RÈGLEMENT DES LITIGES

Art. R. 7423-1 Le conseil de prud'hommes connaît les litiges relatifs à la rémunération des travailleurs à domicile et redresse notamment les comptes faisant ressortir des tarifs inférieurs au tarif minimum défini aux articles L. 7422-4 et L. 7422-5.

La différence constatée entre le salaire effectivement versé et celui qui aurait dû l'être est payée au travailleur. Il ne doit pas être tenu compte de l'indemnité à laquelle le donneur d'ouvrage peut être condamné. – *[Anc. art. R. 721-10.]*

Art. R. 7423-2 A l'occasion de différend portant sur la rémunération d'un travailleur exécutant des travaux à domicile, le conseil de prud'hommes rend public, par affichage à la porte du prétoire, le tarif d'espèce résultant du jugement.

Tout intéressé et tout groupement professionnel sont autorisés à prendre sans frais copie de ces tarifs, au greffe du conseil de prud'hommes, et à les publier. – *[Anc. art. R. 721-11.]*

CHAPITRE IV SANTÉ ET SÉCURITÉ AU TRAVAIL

Art. R. 7424-1 L'employeur ou le préposé qui fait exécuter à domicile des travaux présentant des risques compris dans un arrêté pris en exécution de l'article L. 7424-1, mentionne la nature exacte des travaux dans la déclaration qu'il adresse à l'inspection du travail. – *[Anc. art. R. 721-13.]*

Art. R. 7424-2 Le délai minimum d'exécution de la mise en demeure prévue par l'article L. 7424-3 est fixé à quinze jours. – *[Anc. art. R. 721-14.]*

LIVRE V DISPOSITIONS RELATIVES À L'OUTRE-MER

TITRE I DISPOSITIONS GÉNÉRALES

Le présent titre ne comprend pas de dispositions réglementaires.

TITRE II GUADELOUPE, GUYANE, MARTINIQUE, MAYOTTE, LA RÉUNION, SAINT-BARTHÉLEMY, SAINT-MARTIN ET SAINT-PIERRE-ET-MIQUELON (*Décr. n° 2018-953 du 31 oct. 2018, art. 8*).

CHAPITRE I DISPOSITIONS GÉNÉRALES

Le présent chapitre ne comprend pas de dispositions réglementaires.

CHAPITRE II JOURNALISTES PROFESSIONNELS

Art. D. 7522-1 Les modalités d'application des dispositions des articles R. 7111-2 à R. 7111-35, relatives à la carte d'identité professionnelle et à la commission de la carte d'identité des journalistes professionnels, sont déterminées (*Décr. n° 2018-953 du 31 oct. 2018, art. 8*) « en Guadeloupe, en Guyane, en Martinique, à Mayotte, à La

Réunion », à Saint-Barthélemy et à Saint-Martin par arrêté du représentant de l'État dans le département ou la collectivité.

CHAPITRE III PROFESSIONS DU SPECTACLE, DE LA PUBLICITÉ ET DE LA MODE

(Décr. n° 2018-953 du 31 oct. 2018, art. 8)

Art. R. 7523-1 Pour l'application à Mayotte de l'article R. 7122-30, les mots : "et occupant un des emplois définis par l'accord relatif à l'application du régime d'assurance chômage à ces professions prévu à l'article L. 5422-20" sont remplacés par les mots : "et, le cas échéant, occupant un des emplois définis par l'accord prévu à l'alinéa 2 de l'article L. 5524-2".

Art. R. 7523-2 Pour l'application à Mayotte de l'article R. 7122-31 :
1° Le *b* du 1° est remplacé par les dispositions suivantes :
"*b)* Article 1er du décret n° 98-1162 du 16 décembre 1998 et article R. 243-13 du code de la sécurité sociale" ;
2° Le *c* du 2° n'est pas applicable.

CHAPITRE IV CONCIERGES ET EMPLOYÉS D'IMMEUBLES À USAGE D'HABITATION, EMPLOYÉS DE MAISON ET SERVICES À LA PERSONNE

(Décr. n° 2018-953 du 31 oct. 2018, art. 8)

Art. R. 7524-1 Pour l'application à Mayotte de l'article R. 7213-7, les mots : "mois de mai à octobre inclus" sont remplacés par les mots : "mois de juillet à décembre inclus".

Art. R. 7524-2 Pour l'application à Mayotte des articles D. 7231-1, R. 7232-20 et R. 7232-22, les mots : "L. 241-10 du code de la sécurité sociale" sont remplacés par les mots : "28-8-1 de l'ordonnance n° 96-1122 du 20 décembre 1996 relative à l'amélioration de la santé publique, à l'assurance maladie, maternité, invalidité et décès, au financement de la sécurité sociale à Mayotte et à la caisse de sécurité sociale de Mayotte".

HUITIÈME PARTIE CONTRÔLE DE L'APPLICATION DE LA LÉGISLATION DU TRAVAIL

LIVRE I INSPECTION DU TRAVAIL

TITRE I COMPÉTENCES ET MOYENS D'INTERVENTION

CHAPITRE I RÉPARTITION DES COMPÉTENCES ENTRE LES DIFFÉRENTS DÉPARTEMENTS MINISTÉRIELS

SECTION 1 Inspection du travail dans l'industrie, les commerces et les services, les professions agricoles et le secteur des transports *(Décr. n° 2008-1503 du 30 déc. 2008)*.

BIBL. ▶ BESSIÈRE, *Dr. soc.* 2011. 1021.

Art. R. 8111-1 Sous réserve des dispositions des autres sections du présent chapitre, les missions d'inspection du travail sont exercées par les inspecteurs et contrôleurs du travail placés sous l'autorité du ministre chargé du travail.

SECTION 2 Inspection du travail dans les mines et carrières

Art. R. 8111-8 Dans les mines et carrières *(Décr. n° 2021-124 du 5 févr. 2021, en vigueur le 1er juill. 2021)* « comportant des installations souterraines accessibles aux travailleurs », ainsi que dans leurs dépendances, les missions d'inspection du travail sont exercées par les fonctionnaires habilités à cet effet par les directeurs régionaux de l'environnement, de l'aménagement et du logement parmi les agents placés sous leur autorité. Ces missions sont exercées sous l'autorité du ministre chargé du travail.

(Décr. n° 2021-124 du 5 févr. 2021, en vigueur le 1er juill. 2021) « Lorsqu'ils exercent leurs missions dans plusieurs régions, les agents sont habilités pour chacune de ces régions par le directeur régional de l'environnement, de l'aménagement et du logement territorialement compétent, avec l'accord du directeur régional de l'environnement, de l'aménagement et du logement auquel ils sont hiérarchiquement rattachés. »

Art. R. 8111-9 Les dispositions de l'article R. 8111-8 ne s'appliquent pas aux carrières situées sur le domaine de l'État mis à la disposition du ministère de la défense.

Pour ces dernières, les missions d'inspection du travail sont exercées par des agents habilités à cet effet par le ministre de la défense. — *[Anc. art. L. 711-12, al. 3.]*

SECTION 3 **Inspection du travail dans les industries électriques et gazières**

Art. R. 8111-10 (*Abrogé par Décr. n° 2021-124 du 5 févr. 2021, à compter du 1er juill. 2021*) (*Décr. n° 2011-1697 du 1er déc. 2011, art. 30*) *Dans les établissements et ouvrages des aménagements hydroélectriques concédés, placés sous le contrôle du ministre chargé de l'énergie, les missions d'inspection du travail sont exercées par les ingénieurs ou techniciens, habilités à cet effet par les directeurs régionaux de l'environnement, de l'aménagement et du logement ou le directeur régional et interdépartemental de l'environnement et de l'énergie d'Ile-de-France parmi les agents placés sous leur autorité.*

Ces missions sont exercées sous l'autorité du ministre chargé du travail.

Art. R. 8111-11 Dans les centrales de production d'électricité comprenant une ou plusieurs installations nucléaires de base au sens (*Décr. n° 2018-437 du 4 juin 2018, art. 2, en vigueur le 1er juill. 2018*) « de l'article L. 593-2 du code de l'environnement », les missions d'inspection du travail sont exercées par (*Décr. n° 2018-437 du 4 juin 2018, art. 2, en vigueur le 1er juill. 2018*) « des agents de l'Autorité de sûreté nucléaire, habilités à cet effet par cette dernière ».

Ces missions sont exercées sous l'autorité du ministre chargé du travail.

SECTION 4 **Inspection du travail dans les établissements de la défense**

Art. R. 8111-12 Pour les établissements placés sous l'autorité du ministre de la défense et dont l'accès est réglementé et surveillé en permanence, les missions d'inspection du travail, conformément à l'article (*Décr. n° 2017-272 du 1er mars 2017*) « L. 8112-1 », sont exercées, sous l'autorité du ministre de la défense, par les agents civils et militaires qu'il désigne. — *[Anc. art. L. 611-2.]*

CHAPITRE II **COMPÉTENCES DES AGENTS**

Art. R. 8112-1 Dans la mise en œuvre des actions d'inspection du travail prévues à l'article L. 8112-1, l'(*Décr. n° 2021-143 du 10 févr. 2021, art. 10*) « agent de contrôle de l'inspection du travail » contribue, notamment, à la prévention des risques professionnels, ainsi qu'à l'amélioration des conditions de travail et des relations sociales.

(*Décr. n° 2009-1377 du 10 nov. 2009*) « Outre l'exercice de ces attributions principales, il concourt à l'exécution des missions de la (*Décr. n° 2020-1545 du 9 déc. 2020, art. 28-X, en vigueur le 1er avr. 2021*) « direction régionale de l'économie, de l'emploi, du travail et des solidarités », en ce qui concerne les politiques du travail, de l'emploi et de la formation professionnelle. »

Art. R. 8112-2 L'(*Décr. n° 2021-143 du 10 févr. 2021, art. 10*) « agent de contrôle de l'inspection du travail » assure un rôle de conseil et de conciliation en vue de la prévention et du règlement des conflits. — *[Anc. art. 8, al. 4, Décr. n° 94-1166.]*

Art. R. 8112-3 L'(*Décr. n° 2021-143 du 10 févr. 2021, art. 10*) « agent de contrôle de l'inspection du travail » contribue à l'élaboration des statistiques relatives aux conditions du travail dans le secteur qu'il est chargé de surveiller. — *[Anc. art. R. 611-1.]*

Art. R. 8112-4 L'(*Décr. n° 2021-143 du 10 févr. 2021, art. 10*) « agent de contrôle de l'inspection du travail » fournit des rapports circonstanciés sur l'application, dans toute

INSPECTION DU TRAVAIL **Art. R. 8113-3-2** 3141

l'étendue de sa circonscription, des dispositions dont il est chargé d'assurer le contrôle de l'exécution.

Ces rapports mentionnent les accidents dont les salariés ont été victimes et leurs causes.

Ils contiennent des propositions relatives aux prescriptions nouvelles qui seraient de nature à mieux assurer la santé et la sécurité au travail. – *[Anc. art. R. 611-2.]*

Art. R. 8112-5 Un rapport de synthèse de l'ensemble des communications des *(Décr. n° 2021-143 du 10 févr. 2021, art. 10)* « agents de contrôle de l'inspection du travail mentionnés à l'article L. 8112-1 » est publié tous les ans par le ministre chargé du travail. – *[Anc. art. R. 611-3.]*

Art. R. 8112-6 *(Décr. n° 2011-2029 du 29 déc. 2011)* Pour l'application des articles L. 242-7, L. 422-3 et L. 422-4 du code de la sécurité sociale et des articles L. 751-21 et L. 751-48 du code rural et de la pêche maritime, l'*(Décr. n° 2021-143 du 10 févr. 2021, art. 10)* « agent de contrôle de l'inspection du travail » informe la caisse chargée de la prévention et de la tarification des accidents du travail et des maladies professionnelles compétente des mesures qu'il a prises à l'encontre d'une entreprise dans laquelle il a constaté une situation particulièrement grave de risque exceptionnel, notamment dans le cas de situations de danger grave et imminent ou de risque sérieux pour l'intégrité physique des travailleurs mentionnées au titre III du livre VII de la quatrième partie du présent code.

CHAPITRE III **PRÉROGATIVES ET MOYENS D'INTERVENTION**

SECTION 1 **Information sur les lieux de travail à caractère temporaire**

Art. R. 8113-1 Les employeurs, autres que ceux des professions agricoles, tiennent à la disposition de l'inspection du travail, au siège de leur établissement, une liste de leurs chantiers et autres lieux de travail à caractère temporaire.

Ils informent par écrit l'inspection du travail de l'ouverture de tout chantier ou autre lieu de travail employant dix salariés au moins pendant plus d'une semaine. – *[Anc. art. R. 620-4.]*

SECTION 2 **Accès aux documents**

Art. D. 8113-2 Lorsque un *[Lorsqu'un]* décret, pris en application de l'article L. 8113-6, après consultation des organisations représentatives d'employeurs et de salariés, prévoit que l'employeur peut recourir à un support de substitution pour la tenue de certains registres, ce support est conçu et tenu de façon à obtenir, sans difficulté d'utilisation et de compréhension et sans risque d'altération, toutes les mentions obligatoires.

Il est présenté dans les mêmes conditions et conservé pendant le même délai que le registre auquel il se substitue. – *[Anc. art. D. 620-1, al. 1er et anc. art. L. 620-7, al. 1er.]*

Art. D. 8113-3 En cas de traitement automatisé de données nominatives pour la tenue d'un registre, l'employeur ou le responsable du traitement justifie à l'*(Décr. n° 2021-143 du 10 févr. 2021, art. 10)* « agent de contrôle de l'inspection du travail » de la délivrance du récépissé attestant qu'il a accompli la déclaration préalable prévue par la loi n° 78-17 du 6 janvier 1978 relative à l'informatique, aux fichiers et aux libertés. – *[Anc. art. D. 620-1, al. 2.]*

Art. R. 8113-3-1 *(Décr. n° 2015-1359 du 26 oct. 2015, art. 3)* Pour l'application des dispositions des articles L. 124-8, L. 124-10, L. 124-13, L. 124-14 et du premier alinéa de l'article L. 124-9 du code de l'éducation, l'organisme d'accueil ou l'établissement d'enseignement communique, à leur demande, aux agents de contrôle de l'inspection du travail une copie de la convention de stage conclue avec le stagiaire.

Art. R. 8113-3-2 *(Décr. n° 2019-555 du 4 juin 2019, art. 4, en vigueur le 1er juill. 2019)* Le droit de communication de documents ou d'informations prévu à l'article L. 8113-5-1 est exercé, dans le cadre de leurs visites et enquêtes, par les agents de contrôle de l'inspection du travail mentionnés à l'article L. 8112-1.

Art. R. 8113-3-3 (*Décr. n° 2019-555 du 4 juin 2019, art. 4, en vigueur le 1er juill. 2019*) Le droit de communication de documents ou d'informations auprès de tiers défini à l'article L. 8113-5-2 est exercé, dans le cadre d'une enquête visant une ou plusieurs infractions constitutives de travail illégal, par les agents de contrôle de l'inspection du travail en fonction, soit au groupe national de veille, d'appui et de contrôle prévu par l'article R. 8121-15, soit dans l'une des unités régionales d'appui et de contrôle instituées à l'article R. 8122-8.

La demande est notifiée par écrit à la personne physique ou morale destinataire du droit de communication.

Lorsque le droit de communication porte sur des informations relatives à des personnes non identifiées, il satisfait aux conditions suivantes :

1° La demande comporte les précisions suivantes :

a) La nature de la relation juridique ou économique existant entre la personne à qui la demande est adressée et les personnes qui font l'objet de la demande ;

b) Des critères relatifs à l'activité des personnes qui font l'objet de la demande, dont l'un au moins des trois critères suivants :

— lieu d'exercice de l'activité ;

— niveau d'activité ou niveau des ressources perçues, ces niveaux pouvant être exprimés en montant financier ou en nombre ou fréquence ou durée des opérations réalisées ou des versements reçus ;

— mode de paiement ou de rémunération ;

c) La période, éventuellement fractionnée, mais sans pouvoir excéder dix-huit mois, sur laquelle porte la demande ;

2° Sur demande des agents, les informations sont communiquées sur un support informatique, par un dispositif sécurisé ;

3° Les informations communiquées sont conservées pendant un délai de trois ans à compter de leur réception et jusqu'à l'épuisement des voies et délais de recours contre les sanctions administratives ou condamnations pénales consécutives aux contrôles réalisés sur la base de ces informations.

SECTION 3 Mises en demeure et demandes de vérification

Art. R. 8113-4 Les mises en demeure et demandes de vérification (*Décr. n° 2021-143 du 10 févr. 2021, art. 10*) « de l'agent de contrôle de l'inspection du travail » sont notifiées par écrit à l'employeur soit par remise en main propre contre décharge, soit par lettre recommandée avec avis de réception. – *[Anc. art. L. 611-14, al. 1er.]*

Art. R. 8113-5 Le délai d'exécution des mises en demeure ainsi que les délais de recours courent à compter du jour de remise de la notification ou du jour de présentation de la lettre recommandée. – *[Anc. art. L. 611-14, al. 2.]*

SECTION 4 Constats dans les établissements de l'État, les collectivités territoriales et leurs établissements publics administratifs

Art. R. 8113-6 Les constatations (*Décr. n° 2021-143 du 10 févr. 2021, art. 10*) « de l'agent de contrôle de l'inspection du travail » dans un établissement de l'État, d'une collectivité territoriale ou de l'un de leurs établissements publics administratifs, sont consignées dans un registre spécial fourni par l'administration intéressée ou adressées au directeur de l'établissement, qui les annexe à ce registre.

Une copie de ces observations est adressée au (*Décr. n° 2020-1545 du 9 déc. 2020, art. 28-X, en vigueur le 1er avr. 2021*) « directeur régional de l'économie, de l'emploi, du travail et des solidarités ».

Art. R. 8113-7 Le directeur de l'établissement fait connaître au directeur (*Décr. n° 2009-289 du 13 mars 2009*) « régional » des entreprises, de la concurrence, de la consommation, du travail et de l'emploi, dans un délai d'un mois, les suites qu'il entend donner aux observations (*Décr. n° 2021-143 du 10 févr. 2021, art. 10*) « de l'agent de contrôle de l'inspection du travail ».

Une copie de cette lettre est annexée au registre spécial sur lequel figurent les observations de l'inspection du travail. – *[Anc. art. 2, Décr. 2 mars 1905.]*

INSPECTION DU TRAVAIL **Art. R. 8114-6** 3143

Art. R. 8113-8 En cas de désaccord entre le directeur de l'établissement et le *(Décr. n° 2020-1545 du 9 déc. 2020, art. 28-X, en vigueur le 1er avr. 2021)* « directeur régional de l'économie, de l'emploi, du travail et des solidarités », ce dernier informe le ministre chargé du travail, qui saisit le ministre intéressé.

SECTION 5 Prestation de serment

Art. D. 8113-9 Avant d'entrer en fonctions, l'inspecteur du travail prête le serment prévu à l'article L. 8113-10 devant le *(Décr. n° 2019-966 du 18 sept. 2019, art. 8-I, en vigueur le 1er janv. 2020)* « tribunal judiciaire » dans le ressort duquel se trouve la résidence de sa première affectation. – *[Anc. art. D. 611-1.]*

CHAPITRE IV DISPOSITIONS PÉNALES

SECTION 1 Contraventions *(Décr. n° 2016-510 du 25 avr. 2016, art. 1er, en vigueur le 1er juill. 2016).*

Art. R. 8114-1 Le fait de méconnaître les dispositions de l'article R. 8113-1 est puni de l'amende prévue pour les contraventions de la quatrième classe.
Cette amende est appliquée autant de fois qu'il y a de personnes employées dans des conditions susceptibles d'être sanctionnées au titre des dispositions de cet article. – *[Anc. art. R. 632-1 et anc. art. R. 632-2, 2.]*

Art. R. 8114-2 *(Décr. n° 2009-289 du 13 mars 2009)* Le fait de ne pas présenter à l'inspection du travail les livres, registres et documents rendus obligatoires par le présent code ou par une disposition légale relative au régime du travail, en méconnaissance de l'article L. 8113-4, est puni de l'amende prévue pour les contraventions de la *(Décr. n° 2022-624 du 22 avr. 2022, art. 5)* « cinquième » classe.

SECTION 2 Transaction pénale

(Décr. n° 2016-510 du 25 avr. 2016, art. 1er)

Art. R. 8114-3 La proposition de transaction mentionnée à l'article L. 8114-4 est établie par le *(Décr. n° 2020-1545 du 9 déc. 2020, art. 28-X, en vigueur le 1er avr. 2021)* « directeur régional de l'économie, de l'emploi, du travail et des solidarités ».

Art. R. 8114-4 La proposition de transaction mentionne :
1° La nature des faits reprochés et leur qualification juridique ;
2° Le montant des peines encourues ;
3° Le montant de l'amende transactionnelle ;
4° Les délais impartis pour le paiement et, s'il y a lieu, pour l'exécution des obligations ;
5° Le cas échéant, la nature et les modalités d'exécution des obligations imposées en vue de faire cesser l'infraction, d'éviter son renouvellement ou de remettre en conformité les situations de travail ;
6° L'indication que la proposition, une fois acceptée par l'auteur de l'infraction, doit être homologuée par le procureur de la République.

Art. R. 8114-5 La proposition de transaction est adressée en double exemplaire à l'auteur de l'infraction par tout moyen permettant d'établir date certaine, dans le délai de quatre mois pour les contraventions et d'un an pour les délits, à compter de la date de clôture du procès-verbal de constatation de l'infraction.
S'il l'accepte, l'auteur de l'infraction en retourne un exemplaire signé dans le délai d'un mois à compter de sa réception. Si l'auteur de l'infraction n'a pas renvoyé un exemplaire signé dans le délai susmentionné, la proposition de transaction est réputée refusée.

Art. R. 8114-6 Après acceptation de l'intéressé, le *(Décr. n° 2020-1545 du 9 déc. 2020, art. 28-X, en vigueur le 1er avr. 2021)* « directeur régional de l'économie, de l'emploi, du travail et des solidarités » transmet le dossier de transaction au procureur de la République pour homologation.
Dès que l'homologation du procureur de la République sur la proposition de transaction est intervenue, l'autorité administrative notifie celle-ci à l'auteur de l'infraction,

par tout moyen permettant d'établir date certaine, pour exécution. Cette notification fait courir les délais d'exécution des obligations prévues par la transaction.

CHAPITRE V SANCTIONS ADMINISTRATIVES

(Décr. n° 2015-364 du 30 mars 2015, art. 7)

BIBL. ▶ Tomi, *Dr. soc.* 2017. 436 ⌀. – Vilbœuf, *ibid.* 2017. 432 ⌀.

SECTION 1 Dispositions générales

Art. R. 8115-1 Lorsqu'un agent de contrôle de l'inspection du travail constate l'un des manquements aux obligations mentionnées à la section 2 du présent chapitre, il transmet au *(Décr. n° 2020-1545 du 9 déc. 2020, art. 28-X, en vigueur le 1er avr. 2021)* « directeur régional de l'économie, de l'emploi, du travail et des solidarités » un rapport sur le fondement duquel ce dernier peut décider de prononcer une amende administrative. – V. art. R. 8115-9.

Art. R. 8115-2 Lorsque le *(Décr. n° 2020-1545 du 9 déc. 2020, art. 28-X, en vigueur le 1er avr. 2021)* « directeur régional de l'économie, de l'emploi, du travail et des solidarités » décide de prononcer une amende administrative, il indique à l'intéressé *(Décr. n° 2015-1579 du 3 déc. 2015, art. 2)* « par l'intermédiaire du représentant de l'employeur mentionné au II de l'article L. 1262-2-1 » *(Décr. n° 2019-555 du 4 juin 2019, art. 2)* « ou, à défaut, directement à l'employeur, » le montant de l'amende envisagée et l'invite à présenter ses observations dans un délai de quinze jours.

A l'expiration du délai fixé et au vu des observations éventuelles de l'intéressé, il notifie sa décision et émet le titre de perception correspondant.

L'indication de l'amende envisagée et la notification de la décision infligeant l'amende sont effectuées par tout moyen permettant de leur conférer date certaine.

Art. R. 8115-3 La décision du *(Décr. n° 2020-1545 du 9 déc. 2020, art. 28-X, en vigueur le 1er avr. 2021)* « directeur régional de l'économie, de l'emploi, du travail et des solidarités » indique les voies et délais de recours.

Art. R. 8115-4 L'amende est prise en charge et recouvrée par le comptable public assignataire de la recette. *(Décr. n° 2021-1221 du 23 sept. 2021, art. 4, en vigueur le 1er janv. 2022)* « L'action en recouvrement se prescrit conformément aux dispositions de l'article L. 274 du livre des procédures fiscales. » Les articles 112 à 124 *(Décr. n° 2019-555 du 4 juin 2019, art. 2)* « , à l'exception du quatrième alinéa de l'article 117, » du décret n° 2012-1246 du 7 novembre 2012 relatif à la gestion budgétaire et comptable publique sont applicables au recouvrement *(Décr. n° 2019-555 du 4 juin 2019, art. 2)* « de cette amende. Les sommes recouvrées sont affectées au budget général de l'État. »

SECTION 2 Dispositions particulières

SOUS-SECTION 1 Prestations de services internationales *(Décr. n° 2015-1579 du 3 déc. 2015, art. 2).*

Art. R. 8115-5 *(Décr. n° 2015-1579 du 3 déc. 2015, art. 2)* Les manquements aux obligations mentionnées à l'article R. 8115-1 sont ceux résultant de la méconnaissance des dispositions *(Décr. n° 2023-185 du 17 mars 2023)* « de l'article L. 1262-2-1, » *(Décr. n° 2020-916 du 28 juill. 2020, art. 3, en vigueur le 30 juill. 2020)* « du troisième alinéa du II de l'article L. 1262-4, des articles L. 1262-4-1, L. 1262-4-4, L. 1262-4-5, L. 1263-6 et L. 1263-7 » du code du travail.

Les dispositions issues du Décr. n° 2020-916 du 22 juill. 2020 ne s'appliquent pas aux salariés roulants des entreprises de transport routier mentionnées à l'art. L. 1321-1 C. transp. qui restent régis par les dispositions du C. trav. dans leur rédaction antérieure à ce Décr. (Décr. préc., art. 6).

SOUS-SECTION 2 Accueil et encadrement des stagiaires

(Décr. n° 2015-1359 du 26 oct. 2015, art. 4)

Art. R. 8115-6 Les manquements mentionnés à l'article R. 8115-1 sont ceux résultant de la méconnaissance des articles L. 124-8, L. 124-14 et du premier alinéa de l'article L. 124-9 du code de l'éducation.

Pour fixer le montant de l'amende applicable aux manquements des articles **L. 124-8, L. 124-14** et du premier alinéa de l'article **L. 124-9** du code de l'éducation, le *(Décr. n° 2020-1545 du 9 déc. 2020, art. 28-X, en vigueur le 1ᵉʳ avr. 2021)* « directeur régional de l'économie, de l'emploi, du travail et des solidarités » tient compte des éléments du rapport prévu à l'article R. 8115-1, des circonstances de fait, notamment, du caractère réitéré du manquement, de la proportion de stagiaires par rapport à l'effectif tel que défini à l'article R. 124-12 du code de l'éducation, de la situation économique, sociale et financière de l'établissement, ainsi que[,] le cas échéant, de la commission d'autres infractions.

Le débiteur de l'amende administrative prévue à l'article L. 124-17 est l'organisme d'accueil du stagiaire.

SOUS-SECTION 3 **Carte d'identification professionnelle des salariés du bâtiment et des travaux publics**

(Décr. n° 2016-175 du 22 févr. 2016, art. 2)

Ces dispositions entrent en application le lendemain de la publication de l'arrêté déterminant les conditions de fonctionnement du traitement informatisé des informations relatives aux salariés, aux employeurs et entreprises utilisatrices. – V. Arr. du 20 mars 2017, NOR : ETST1708820A, JO 21 mars.

Dans les deux mois suivant la publication de l'arrêté, les employeurs mentionnés aux premier, deuxième et troisième al. de l'art. R. 8291-1 C. trav. ou, le cas échéant, les entreprises utilisatrices de salariés intérimaires détachés sont tenus de procéder à une déclaration de leurs salariés titulaires d'un contrat conclu avant la date de parution de l'arrêté, auprès de l'union des caisses mentionnée à l'art. R. 8291-2 C. trav. pour l'obtention d'une carte d'identification professionnelle, selon les modalités prévues aux art. R. 8293-5 et R. 8293-6 de ce même code (Décr. n° 2016-175 du 22 févr. 2016, art. 3).

Art. R. 8115-7 Lorsqu'un agent de contrôle de l'inspection du travail constate l'un des manquements aux obligations de déclaration et d'information mentionnées aux articles R. 8293-1 à R. 8293-4, et R. 8295-3 commis par l'employeur d'un salarié ou le cas échéant de l'entreprise utilisatrice d'un salarié intérimaire détaché, il transmet au *(Décr. n° 2020-1545 du 9 déc. 2020, art. 28-X, en vigueur le 1ᵉʳ avr. 2021)* « directeur régional de l'économie, de l'emploi, du travail et des solidarités », un rapport sur le fondement duquel ce dernier peut décider de prononcer l'amende administrative prévue par l'article L. 8291-2, selon les modalités prévues aux articles R. 8115-2 à R. 8115-4.

Art. R. 8115-8 Lorsqu'un agent de la direction générale des finances publiques ou un agent de la direction générale des douanes et des droits indirects constate l'un des manquements aux obligations de déclaration et d'information mentionnées aux articles R. 8293-1 à R. 8293-4 et R. 8295-3 commis par l'employeur d'un salarié ou le cas échéant de l'entreprise utilisatrice d'un salarié intérimaire détaché, il transmet, sous couvert du directeur sous l'autorité duquel il est placé, un rapport au *(Décr. n° 2020-1545 du 9 déc. 2020, art. 28-X, en vigueur le 1ᵉʳ avr. 2021)* « directeur régional de l'économie, de l'emploi, du travail et des solidarités », aux fins du prononcé de l'amende administrative prévue à l'article L. 8291-2.

SOUS-SECTION 4 **Manquements en matière de santé et sécurité au travail, durée du travail, repos et salaires**

(Décr. n° 2016-510 du 25 avr. 2016, art. 2)

Art. R. 8115-9 Les manquements mentionnés à l'article R. 8115-1 sont ceux résultant de la méconnaissance des articles L. 4751-1 à *(Décr. n° 2017-899 du 9 mai 2017, en vigueur le 1ᵉʳ oct. 2018)* « L. 4754-1 » et de l'article L. 8115-1.

Art. R. 8115-10 Par dérogation à l'article R. 8115-2, lorsque le *(Décr. n° 2020-1545 du 9 déc. 2020, art. 28-X, en vigueur le 1ᵉʳ avr. 2021)* « directeur régional de l'économie, de l'emploi, du travail et des solidarités » décide de prononcer une amende administrative sur le fondement des articles L. 4751-1 à *(Décr. n° 2017-899 du 9 mai 2017, en vigueur le 1ᵉʳ oct. 2018)* « L. 4754-1 » et L. 8115-1 à L. 8115-8, il invite l'intéressé à présenter ses observations dans un délai d'un mois.

Ce délai peut être prorogé d'un mois à la demande de l'intéressé, si les circonstances ou la complexité de la situation le justifient.

TITRE II SYSTÈME D'INSPECTION DU TRAVAIL

CHAPITRE I ÉCHELON CENTRAL

SECTION 1 Conseil national de l'inspection du travail

SOUS-SECTION 1 Attributions

Art. D. 8121-1 Le Conseil national de l'inspection du travail, institué auprès du ministre chargé du travail, contribue à assurer, par ses attributions consultatives auprès du ministre, l'exercice des missions et garanties de l'inspection du travail telles qu'elles sont notamment définies par les conventions n° 81 et n° 129 de l'OIT sur l'inspection du travail et par le présent code. – *[Anc. art. 1er, Décr. n° 2007-279 du 2 mars 2007.]*

Art. D. 8121-2 Le Conseil national de l'inspection du travail peut être saisi par tout agent participant aux activités de contrôle de l'inspection du travail de tout acte d'une autorité administrative de nature à porter directement et personnellement atteinte aux conditions dans lesquelles il doit pouvoir exercer sa mission.

(Décr. n° 2016-299 du 14 mars 2016) « Le conseil se prononce sur la recevabilité de la saisine. Dans le cas où elle est recevable, il procède à l'instruction du dossier, informe l'autorité centrale, qui présente ses observations si elle le juge utile et rend un avis motivé » transmis au ministre chargé du travail et, le cas échéant, au ministre dont relève l'agent et notifié à l'agent.

(Décr. n° 2016-299 du 14 mars 2016) « L'avis est simultanément adressé à l'autorité centrale et à la commission administrative paritaire du corps interministériel dont relève l'agent. »

Art. D. 8121-3 *(Décr. n° 2016-299 du 14 mars 2016)* « Le Conseil national de l'inspection du travail peut être saisi par le ministre chargé du travail, par un autre ministre en charge d'un service d'inspection du travail ou par l'autorité centrale de l'inspection du travail de toute question à caractère général concernant le respect des missions et garanties de l'inspection du travail. »

L'avis rendu est transmis aux ministres *(Décr. n° 2016-299 du 14 mars 2016)* « , à l'autorité centrale » et communiqué au *(Décr. n° 2011-184 du 15 févr. 2011, art. 55)* « comité technique » compétent.

Art. D. 8121-4 Les attributions du Conseil national de l'inspection du travail sont sans incidence sur les compétences des instances paritaires telles qu'elles sont définies par les dispositions légales. – *[Anc. art. 2, al. 3, Décr. n° 2007-279 du 2 mars 2007.]*

Art. D. 8121-5 Le Conseil national de l'inspection du travail établit un rapport annuel d'activité. Ce rapport est public. – *[Anc. art. 2, al. 4, Décr. n° 2007-279 du 2 mars 2007.]*

SOUS-SECTION 2 Composition et mandat

Art. D. 8121-6 Le Conseil national de l'inspection du travail est composé :

1° D'un *(Décr. n° 2022-979 du 2 juill. 2022)* « membre du Conseil » d'État *(Décr. n° 2016-299 du 14 mars 2016)* « en activité ou honoraire » désigné par le vice-président du Conseil d'État ;

2° *(Décr. n° 2016-299 du 14 mars 2016)* « D'un membre de la Cour de cassation *(Abrogé par Décr. n° 2022-979 du 2 juill. 2022)* « *ayant au moins le grade de conseiller* », en activité ou honoraire » désigné par le premier président de la Cour de cassation ;

3° D'un inspecteur général des affaires sociales, désigné par le chef de l'inspection générale des affaires sociales ;

(Décr. n° 2008-1510 du 30 déc. 2008) « 4° D'un membre du corps de l'inspection du travail exerçant les fonctions de *(Décr. n° 2020-1545 du 9 déc. 2020, art. 28-X, en vigueur le 1er avr. 2021)* « directeur régional de l'économie, de l'emploi, du travail et

INSPECTION DU TRAVAIL **Art. D. 8121-9-1**

des solidarités » (*Décr. n° 2016-299 du 14 mars 2016*) « ou de chef de pôle Travail dans une (*Décr. n° 2020-1545 du 9 déc. 2020, art. 28-X, en vigueur le 1ᵉʳ avr. 2021*) « direction régionale de l'économie, de l'emploi, du travail et des solidarités » désigné par le collège des directeurs régionaux ; »

(*Décr. n° 2022-979 du 2 juill. 2022*) « 5° D'un responsable d'unité de contrôle, sur proposition des représentants du personnel élus à la commission administrative paritaire compétente pour le corps de l'inspection du travail à partir d'une liste établie après appel à candidature ;

« 6° De deux inspecteurs » du travail, sur proposition des représentants du personnel élus à la commission administrative paritaire (*Décr. n° 2022-979 du 2 juill. 2022*) « compétente pour le corps de l'inspection du travail à partir d'une liste établie après appel à candidature ;

« 7° » D'un contrôleur du travail, sur proposition des représentants du personnel élus à la commission administrative paritaire (*Décr. n° 2022-979 du 2 juill. 2022*) « compétente pour le corps des contrôleurs du travail à partir d'une liste établie après appel à candidature. En l'absence de candidature, ce siège est confié à un inspecteur du travail désigné dans les conditions prévues au 6° ».

(*Décr. n° 2016-299 du 14 mars 2016*) « Chaque membre titulaire a un suppléant désigné dans les mêmes conditions, appelé à participer aux travaux en cas d'absence ponctuelle ou d'empêchement, ou à lui succéder en cas de cessation de fonctions. »

(*Décr. n° 2022-979 du 2 juill. 2022*) « Lorsque le conseil examine une question pouvant concerner la déontologie et la prévention des conflits d'intérêts, il s'adjoint un membre issu du collège des personnalités qualifiées du comité de déontologie des ministères sociaux. Celui-ci dispose d'une voix consultative. »

Les dispositions issues du Décr. n° 2022-979 du 2 juill. 2022 entrent en vigueur à compter du prochain renouvellement du mandat des membres du Conseil national de l'inspection du travail (Décr. préc., art. 2). Les 5° et 6° deviennent respectivement les 6° et 7° (Décr. préc., art. 1ᵉʳ-1°-e).

Art. D. 8121-7 (*Décr. n° 2008-1510 du 30 déc. 2008*) Les membres (*Décr. n° 2016-299 du 14 mars 2016*) « titulaires et suppléants » du Conseil national de l'inspection du travail sont nommés par arrêté du ministre chargé du travail.

Art. D. 8121-8 Le mandat des membres (*Décr. n° 2016-299 du 14 mars 2016*) « titulaires et suppléants » du Conseil national de l'inspection du travail est de (*Décr. n° 2022-979 du 2 juill. 2022*) « quatre » ans. Il est renouvelable une fois (*Décr. n° 2016-299 du 14 mars 2016*) « dans l'une ou l'autre qualité ».

Si, en cours de mandat, un membre (*Décr. n° 2016-299 du 14 mars 2016*) « titulaire ou suppléant » du conseil cesse d'exercer ses fonctions (*Décr. n° 2016-299 du 14 mars 2016*) « pour quelque cause que ce soit », le mandat de son successeur est limité à la période restant à courir.

La durée du mandat des suppléants nommés en application de l'art. D. 8121-6 C. trav., effectué jusqu'à l'échéance du mandat des membres titulaires en fonctions au 16 mars 2016, n'est pas prise en compte pour l'application du premier al. de l'art. D. 8121-8 du même code (Décr. n° 2016-299 du 14 mars 2016, art. 2).

V. 1ʳᵉ ndlr ss. art. D. 8121-6.

SOUS-SECTION 3 **Fonctionnement**

Art. D. 8121-9 Le Conseil national de l'inspection du travail établit un règlement intérieur approuvé par arrêté des ministres intéressés. (*Décr. n° 2016-299 du 14 mars 2016*) « Ce règlement fixe les modalités de l'instruction contradictoire des affaires soumises au conseil. » — V. Arr. du 28 juin 2023, NOR : MTRT2318025A (JO 8 juill.).

Art. D. 8121-9-1 (*Décr. n° 2016-299 du 14 mars 2016*) Les membres du Conseil national de l'inspection du travail exercent leur mission dans le respect des exigences d'indépendance, d'impartialité et d'intégrité. Ils sont soumis au secret des débats de l'instance et ne peuvent intervenir à d'autres titres pendant l'instruction d'une affaire dont le conseil a été saisi en application de l'article D. 8121-2.

Tout membre du conseil s'abstient de participer aux débats et travaux se rapportant à une demande portant sur une affaire dans laquelle il est partie prenante ou qui le met en cause.

Art. D. 8121-10 Le Conseil national de l'inspection du travail élit son président, en son sein, à chaque renouvellement triennal.

En cas d'empêchement, de démission ou pour toute autre raison empêchant le président d'achever son mandat, son remplaçant est désigné dans les mêmes conditions pour la durée de la période restant à courir. – *[Anc. art. 5, phrase 2, Décr. n° 2007-279 du 2 mars 2007.]*

Art. D. 8121-11 Le secrétariat du Conseil national de l'inspection du travail est assuré par le directeur général du travail ou son représentant. – *[Anc. art. 6, Décr. n° 2007-279 du 2 mars 2007.]*

Art. D. 8121-12 Les fonctions de membre du Conseil national de l'inspection du travail ne sont pas rémunérées.

Les frais de déplacement donnent lieu à indemnisation dans les conditions prévues par le décret n° 2006-781 du 3 juillet 2006 fixant les conditions et les modalités de règlement des frais occasionnés par les déplacements temporaires des personnels civils de l'État. – *[Anc. art. 7, Décr. n° 2007-279 du 2 mars 2007.]*

SECTION 2 Direction générale du travail

V. Arr. du 4 juill. 2022 relatif à l'organisation de la direction générale du travail, NOR : MTRT2219294A (JO 10 juill.).

Art. R. 8121-13 *(Décr. n° 2008-1503 du 30 déc. 2008)* La direction générale du travail a autorité sur les services déconcentrés et est chargée de l'application de la convention n° 81 de l'Organisation internationale du travail (OIT) du 11 juillet 1947 sur l'inspection du travail, ainsi que de la convention n° 129 du 25 juin 1969 sur l'inspection du travail en agriculture *(Décr. n° 2014-359 du 20 mars 2014)* « , de la convention n° 178 du 22 octobre 1996 et des règles 5.1.4 à 5.1.6 du titre 5 de la convention de travail maritime 2006 » sur l'inspection des conditions de travail et de vie des gens de mer.

Elle exerce à ce titre pour les agents de l'inspection du travail la fonction d'autorité centrale, d'organe central et d'autorité centrale de coordination prévue par ces conventions.

Elle a autorité sur les agents de l'inspection du travail dans le champ des relations du travail.

(Décr. n° 2014-359 du 20 mars 2014) « Elle fixe les modalités de coordination entre les différentes unités de contrôle du système d'inspection. »

Art. R. 8121-14 La direction générale du travail :

1° Détermine les orientations de la politique du travail, coordonne et évalue les actions, notamment en matière de contrôle de l'application du droit du travail ;

2° Contribue à la définition des principes de l'organisation du réseau territorial ;

3° Assure l'appui et le soutien des services déconcentrés dans l'exercice de leurs missions ;

4° Veille au respect des règles déontologiques des agents de l'inspection du travail ;

5° Coordonne les liaisons avec les services *(Décr. n° 2008-1503 du 30 déc. 2008)* « exerçant des fonctions d'inspection du travail » relevant d'autres départements ministériels ;

(Décr. n° 2014-359 du 20 mars 2014, art. 1er) « 6° Conduit des actions spécifiques de contrôle. »

SECTION 3 Groupe national de veille, d'appui et de contrôle

(Décr. n° 2014-359 du 20 mars 2014, en vigueur le 1er janv. 2015)

Art. R. 8121-15 Le groupe national de veille, d'appui et de contrôle mène ou apporte un appui à des opérations qui nécessitent une expertise particulière, un accompagnement des services, un contrôle spécifique ou une coordination des contrôles. Des inspecteurs et contrôleurs du travail y sont affectés. Il est placé sous l'autorité d'un inspecteur du travail.

INSPECTION DU TRAVAIL **Art. R. 8122-2** 3149

CHAPITRE II **SERVICES DÉCONCENTRÉS**

Art. R. 8122-1 (*Décr. n° 2009-1377 du 10 nov. 2009*) Dans le cadre des directives du directeur général du travail, le (*Décr. n° 2020-1545 du 9 déc. 2020, art. 28-X, en vigueur le 1er avr. 2021*) « directeur régional de l'économie, de l'emploi, du travail et des solidarités » :

1° Met en œuvre au plan régional (*Décr. n° 2020-1545 du 9 déc. 2020, art. 6, en vigueur le 1er avr. 2021*) « et pilote la mise en œuvre à l'échelon départemental » la politique définie par les pouvoirs publics afin d'améliorer les relations collectives et individuelles et les conditions de travail dans les entreprises ;

2° Définit les orientations générales des actions d'inspection de la législation du travail, qu'il organise, coordonne, suit et évalue ;

3° Coordonne l'action de ses services avec les autres services de l'État et les organismes chargés de la prévention ou du contrôle, en matière d'inspection de la législation du travail, de prévention des risques professionnels et d'amélioration des conditions de travail. A ce titre, il est tenu informé par l'Agence nationale pour l'amélioration des conditions de travail de ses interventions dans la région ;

4° Assure le suivi de la négociation collective dans les entreprises et (*Décr. n° 2020-1545 du 9 déc. 2020, art. 6, en vigueur le 1er avr. 2021*) « à l'échelon territorial avec les directeurs départementaux de l'emploi, du travail et des solidarités et les directeurs départementaux de l'emploi, du travail, des solidarités et de la protection des populations *[ancienne rédaction : au niveau territorial]* » ;

5° Est chargé des relations avec les autorités judiciaires, sous réserve des attributions confiées par la loi aux inspecteurs du travail ;

6° Exerce les pouvoirs propres qui lui sont conférés par les dispositions en vigueur ou sur le fondement de telles dispositions ;

(*Décr. n° 2020-1545 du 9 déc. 2020, art. 6, en vigueur le 1er avr. 2021*) « 7° Organise le système d'inspection du travail dans la région, répartit les effectifs aux échelons régional et départemental et s'assure de l'adaptation des moyens humains et matériels dévolus au système d'inspection du travail. »

Art. R. 8122-2 (*Décr. n° 2009-1377 du 10 nov. 2009*) (*Décr. n° 2020-1545 du 9 déc. 2020, art. 6, en vigueur le 1er avr. 2021*) « I. – Le directeur régional de l'économie, de l'emploi, du travail et des solidarités a autorité sur les directeurs départementaux de l'emploi, du travail et des solidarités et les directeurs départementaux de l'emploi, du travail, des solidarités et de la protection des populations pour l'exercice des missions relevant des actions d'inspection de la législation du travail.

« Les directeurs départementaux de l'emploi, du travail et des solidarités, les directeurs départementaux de l'emploi, du travail, des solidarités et de la protection des populations et, en Ile-de-France, les directeurs d'unités départementales exercent, au nom du directeur régional et sous son autorité, et dans le cadre des directives et instructions de la direction générale du travail, le pouvoir hiérarchique sur les agents du système d'inspection du travail affectés dans les directions départementales de l'emploi, du travail et des solidarités, les directions départementales de l'emploi, du travail, des solidarités et de la protection des populations et les unités départementales.

« II. – Pour l'exercice des compétences en matière d'actions d'inspection de la législation du travail, le directeur régional de l'économie, de l'emploi, du travail et des solidarités » peut déléguer sa signature au chef du pôle en charge des questions de travail (*Décr. n° 2020-1545 du 9 déc. 2020, art. 6, en vigueur le 1er avr. 2021*) « [,] aux directeurs départementaux de l'emploi, du travail et des solidarités, aux directeurs départementaux de l'emploi, du travail, des solidarités et de la protection des populations et, en Île-de-France, aux directeurs d'unités départementales *[ancienne rédaction : et aux responsables d'unités départementales chargées des politiques du travail, de l'emploi, de la formation professionnelle et de développement des entreprises]* ».

En accord avec le délégant, ceux-ci peuvent (*Décr. n° 2020-1545 du 9 déc. 2020, art. 6, en vigueur le 1er avr. 2021*) « subdéléguer la signature des actes pour lesquels *[ancienne rédaction : donner délégation pour signer des actes relatifs aux affaires pour lesquelles]* » ils ont eux-mêmes reçu délégation aux agents du corps de l'inspection du travail placés sous leur autorité. Le directeur régional peut mettre fin à tout ou partie de cette délégation. Il peut également fixer la liste des compétences qu'il souhaite exclure de la

délégation que peuvent consentir ces chefs de service aux agents du corps de l'inspection du travail placés sous leur autorité.
(Abrogé par Décr. n° 2020-1545 du 9 déc. 2020, art. 6, à compter du 1ᵉʳ avr. 2021) « *Les responsables d'unité départementale exercent, au nom du directeur régional, le pouvoir hiérarchique sur les agents chargés des actions d'inspection de la législation du travail.* »

Art. R. 8122-3 *(Décr. n° 2014-359 du 20 mars 2014, en vigueur le 1ᵉʳ janv. 2015)* Sans préjudice des dispositions de l'article R. 8121-15, les inspecteurs et les contrôleurs du travail exercent leur mission :
    1° Soit dans une unité de contrôle départementale ou infra-départementale ;
    2° Soit dans une unité de contrôle interdépartementale ;
    3° Soit dans une unité de contrôle régionale ;
    4° Soit dans une unité de contrôle interrégionale.
Chacune de ces unités de contrôle est placée sous l'autorité d'un inspecteur du travail.

Art. R. 8122-4 *(Décr. n° 2014-359 du 20 mars 2014, en vigueur le 1ᵉʳ janv. 2015) (Décr. n° 2020-1545 du 9 déc. 2020, art. 6, en vigueur le 1ᵉʳ avr. 2021)* « Les directions départementales de l'emploi, du travail et des solidarités, les directions départementales de l'emploi, du travail, des solidarités et de la protection des populations et les unités départementales de la direction régionale et interdépartementale de l'économie de l'emploi du travail et des solidarités d'Ile-de-France comportent des unités de contrôle départementales, infra-départementales ou interdépartementales. La délimitation géographique d'une unité de contrôle peut recouvrir tout ou partie d'un ou plusieurs départements dans les conditions prévues à l'article R. 8122-6. »
Les unités de contrôle *(Décr. n° 2020-1545 du 9 déc. 2020, art. 6, en vigueur le 1ᵉʳ avr. 2021)* « infra-départementales, départementales ou interdépartementales *[ancienne rédaction : de niveau infra-départemental, départemental ou interdépartemental, rattachées à une unité départementale]* », et les unités de contrôle interrégionales, rattachées à une direction régionale *(Décr. n° 2020-1545 du 9 déc. 2020, art. 6, en vigueur le 1ᵉʳ avr. 2021)* « de l'économie, de l'emploi, du travail et des solidarités », sont composées de sections, dans lesquelles un inspecteur ou un contrôleur du travail exerce ses compétences.
Le responsable de l'unité de contrôle est chargé, notamment dans la mise en œuvre de l'action collective, de l'animation, de l'accompagnement et du pilotage de l'activité des agents de contrôle. Il peut apporter un appui à une opération de contrôle menée sur le territoire de l'unité dont il est responsable. Il peut en outre, sur décision du directeur régional *(Décr. n° 2020-1545 du 9 déc. 2020, art. 6, en vigueur le 1ᵉʳ avr. 2021)* « de l'économie, de l'emploi, du travail et des solidarités, » être chargé d'exercer les fonctions d'inspecteur du travail dans une section relevant de son unité.

Art. R. 8122-5 *(Décr. n° 2014-359 du 20 mars 2014, en vigueur le 1ᵉʳ janv. 2015)* Le nombre d'unités de contrôle infra-départementales, départementales ou interdépartementales et leur rattachement sont fixés pour chaque région par arrêté du ministre chargé du travail.
Lorsque des spécificités sectorielles ou thématiques justifient l'intervention d'une unité de contrôle spécialisée dont la compétence territoriale excède la région, un arrêté du ministre en charge du travail fixe sa localisation, sa délimitation et son champ d'intervention. Cet arrêté précise la *(Décr. n° 2020-1545 du 9 déc. 2020, art. 28-X, en vigueur le 1ᵉʳ avr. 2021)* « direction régionale de l'économie, de l'emploi, du travail et des solidarités » à laquelle est rattachée cette unité de contrôle.

V. Arr. du 18 mars 2022, NOR : MTRT2209383A (JO 26 mars).

Art. R. 8122-6 *(Décr. n° 2014-359 du 20 mars 2014)* Dans les limites de sa circonscription territoriale *(Décr. n° 2020-1545 du 9 déc. 2020, art. 6, en vigueur le 1ᵉʳ avr. 2021)* « et dans le cadre des directives et instructions de la direction générale du travail », le directeur régional *(Décr. n° 2020-1545 du 9 déc. 2020, art. 6, en vigueur le 1ᵉʳ avr. 2021)* « de l'économie, de l'emploi, du travail et des solidarités » décide de la localisation et de la délimitation des unités de contrôle *(Décr. n° 2020-1545 du 9 déc. 2020, art. 6, en vigueur le 1ᵉʳ avr. 2021)* « infra-départementales, départementales et interdépartementales *[ancienne rédaction : et, dans chaque unité de contrôle, du nombre, de la*

INSPECTION DU TRAVAIL **Art. R. 8122-10** 3151

localisation et de la délimitation, et le cas échéant du champ d'intervention sectoriel ou thématique, des sections d'inspection] ».
(*Décr. n° 2020-1545 du 9 déc. 2020, art. 6, en vigueur le 1er avr. 2021*) « Il décide dans chaque unité de contrôle du nombre, de la localisation et de la délimitation, et le cas échéant du champ d'intervention sectoriel ou thématique, des sections d'inspection. »

Il nomme les responsables des unités de contrôle et affecte les agents de contrôle de l'inspection du travail dans les sections d'inspection.

(*Décr. n° 2020-1545 du 9 déc. 2020, art. 6, en vigueur le 1er avr. 2021*) « Il peut également créer des services interdépartementaux ou régionaux pour garantir l'adaptation du fonctionnement du système d'inspection du travail aux particularités de la région. »

Art. R. 8122-7 (*Décr. n° 2014-359 du 20 mars 2014, en vigueur le 1er janv. 2015*) Dans chaque département, au moins une section exerce les missions définies au chapitre II du titre I du présent livre dans les exploitations, entreprises et établissements définis à l'article L. 717-1 du code rural et de la pêche maritime, sauf exception justifiée par le faible volume de l'activité agricole et prévue par arrêté des ministres chargés de l'agriculture et du travail. Le (*Décr. n° 2020-1545 du 9 déc. 2020, art. 28-X, en vigueur le 1er avr. 2021*) « directeur régional de l'économie, de l'emploi, du travail et des solidarités » peut en tant que de besoin élargir le champ de compétence des sections agricoles tel qu'il résulte de l'application de l'article L. 717-1 du code rural et de la pêche maritime.

Art. R. 8122-8 (*Décr. n° 2014-359 du 20 mars 2014, en vigueur le 1er janv. 2015*) Dans chaque région, une unité régionale d'appui et de contrôle, rattachée au pôle "politique du travail" de la (*Décr. n° 2020-1545 du 9 déc. 2020, art. 28-X, en vigueur le 1er avr. 2021*) « direction régionale de l'économie, de l'emploi, du travail et des solidarités », est chargée de la lutte contre le travail illégal (*Décr. n° 2015-1579 du 3 déc. 2015, art. 3*) « et du contrôle du respect des dispositions relatives aux salariés détachés temporairement en France par une entreprise non établie en France ».

Art. R. 8122-9 (*Décr. n° 2014-359 du 20 mars 2014, en vigueur le 1er janv. 2015*) Afin d'opérer un contrôle sectoriel ou thématique (*Décr. n° 2015-1579 du 3 déc. 2015, art. 4*) « , de prévenir un risque particulier ou d'assurer le renfort des agents des unités de contrôle », le (*Décr. n° 2020-1545 du 9 déc. 2020, art. 28-X, en vigueur le 1er avr. 2021*) « directeur régional de l'économie, de l'emploi, du travail et des solidarités » peut :

1° Soit désigner au sein des unités de contrôle des agents disposant de compétences particulières pour assurer dans la région un appui aux unités de contrôle infra-départementales, départementales ou interdépartementales ou de mener une action régionale ;

2° Soit proposer la création d'une unité de contrôle régionale chargée d'opérer ce contrôle sectoriel ou thématique (*Décr. n° 2015-1579 du 3 déc. 2015, art. 4*) « [,] de prévenir ce risque particulier ou d'assurer ce renfort ». Cette unité, rattachée au pôle "politique du travail" de la (*Décr. n° 2020-1545 du 9 déc. 2020, art. 28-X, en vigueur le 1er avr. 2021*) « direction régionale de l'économie, de l'emploi, du travail et des solidarités », est créée par arrêté du ministre chargé du travail.

Art. R. 8122-10 (*Décr. n° 2014-359 du 20 mars 2014, en vigueur le 1er janv. 2015*) I. — Dans chaque unité de contrôle mentionnée au 1° de l'article R. 8122-3, l'agent de contrôle de l'inspection du travail exerce ses missions sur le territoire d'une section. Il peut, lorsqu'une action le rend nécessaire, intervenir sur le reste du territoire de l'unité départementale à laquelle est rattachée l'unité de contrôle où il est affecté.

II. — Dans chaque unité de contrôle mentionnée au 2° de l'article R. 8122-3, l'agent de contrôle de l'inspection du travail exerce ses missions sur le territoire d'une section. Il peut, lorsqu'une action le rend nécessaire, intervenir sur le territoire de son unité de contrôle et sur celui de (*Décr. n° 2020-1545 du 9 déc. 2020, art. 28-X, en vigueur le 1er avr. 2021*) « la direction départementale de l'emploi, du travail et des solidarités » à laquelle cette unité de contrôle est rattachée.

III. — Dans chaque unité de contrôle mentionnée au 4° de l'article R. 8122-3, l'agent de contrôle de l'inspection du travail exerce ses missions sur le territoire d'une section. Il peut, lorsqu'une action le rend nécessaire, intervenir sur le territoire de son unité de contrôle et sur celui de la *(Décr. n° 2020-1545 du 9 déc. 2020, art. 28-X, en vigueur le 1er avr. 2021)* « direction régionale de l'économie, de l'emploi, du travail et des solidarités » à laquelle cette unité de contrôle est rattachée.

IV. — Toutefois, l'inspecteur du travail est seul habilité à prendre, dans la section où il exerce ses missions, les décisions qui relèvent de sa compétence exclusive en vertu de dispositions législatives ou réglementaires.

Art. R. 8122-11 *(Décr. n° 2014-359 du 20 mars 2014)* Lorsque les actions d'inspection de la législation du travail ont été confiées, dans une section, à un contrôleur du travail, le *(Décr. n° 2020-1545 du 9 déc. 2020, art. 28-X, en vigueur le 1er avr. 2021)* « directeur régional de l'économie, de l'emploi, du travail et des solidarités » :

1° Désigne un ou plusieurs inspecteurs du travail pour prendre les décisions qui relèvent de la compétence exclusive de l'inspecteur du travail, en vertu de dispositions législatives ou réglementaires ;

2° Peut confier le contrôle des établissements d'au moins cinquante salariés à un ou plusieurs inspecteurs du travail.

CHAPITRE III APPUI À L'INSPECTION DU TRAVAIL

SECTION 1 Médecin inspecteur du travail

Art. R. 8123-1 Le médecin inspecteur du travail concourt à l'ensemble des missions des services déconcentrés relevant des ministres chargés du travail, de l'emploi et de la formation professionnelle *(Abrogé par Décr. n° 2008-1503 du 30 déc. 2008)* « *ainsi que de ceux relevant du ministre chargé de l'agriculture* ».

A ce titre, il formule les avis et prend les décisions prévues par les dispositions légales.

Il est notamment chargé de l'étude des risques professionnels et de leur prévention. Il exerce une mission d'information au bénéfice des médecins du travail et des médecins de main-d'œuvre, qu'il associe aux études entreprises.

Il est chargé du contrôle technique de l'activité des médecins de main-d'œuvre. — *[Anc. art. 5, al. 1er, phrase 2 et al. 2, Décr. n° 94-1166 du 28 déc. 1994.]*

Art. R. 8123-2 Le médecin inspecteur du travail veille, avec les services de l'inspection du travail et en liaison avec les comités techniques des caisses de sécurité sociale, à l'application des dispositions légales relatives à la santé et la sécurité au travail. — *[Anc. art. D. 612-1, al. 1er et 2.]*

Art. D. 8123-3 Le médecin inspecteur du travail exerce une action permanente en vue de la protection des travailleurs sur leur lieu de leur travail.

Cette action porte également sur le contrôle du fonctionnement des services de santé au travail. — *[Anc. art. D. 612-1, al. 3.]*

Art. D. 8123-4 Le médecin inspecteur du travail communique aux comités techniques des caisses de sécurité sociale les renseignements qu'il possède sur les risques de maladies professionnelles et d'accidents du travail inhérents aux différentes entreprises. — *[Anc. art. D. 612-1, al. 4.]*

Art. D. 8123-5 Le médecin inspecteur du travail assure, en coordination étroite avec les services psychotechniques, l'examen médical des travailleurs en vue de leur orientation professionnelle, de leur reclassement et de l'envoi dans les centres de rééducation de ceux qui sont provisoirement inaptes au travail ou handicapés physiquement. — *[Anc. art. D. 612-1, al. 5.]*

Art. R. 8123-6 Le médecin inspecteur du travail est placé sous l'autorité du *(Décr. n° 2020-1545 du 9 déc. 2020, art. 28-X, en vigueur le 1er avr. 2021)* « directeur régional de l'économie, de l'emploi, du travail et des solidarités », sauf dans l'exercice des compétences qu'il tient directement des dispositions légales, et sous réserve des dispositions de l'article R. 8123-7.

Art. R. 8123-7 Le médecin inspecteur du travail est placé sous l'autorité du chef du service de l'inspection médicale du travail pour l'exercice de ses compétences techniques. — *[Anc. art. 5, al. 3, Décr. n° 94-1116 du 22 déc. 1994.]*

SECTION 2 Missions spéciales temporaires confiées à des médecins et ingénieurs

Art. R. 8123-8 Les médecins conseils de l'inspection du travail, prévus à l'article L. 8123-6, sont choisis sur une liste arrêtée par décret pris après avis du *(Décr. n° 2016-1834 du 22 déc. 2016, art. 2)* « Conseil d'orientation des conditions de travail ». – *[Anc. art. R. 611-4, phrase 1.]*

Art. R. 8123-9 Les ingénieurs conseils de l'inspection du travail mentionnés à l'article L. 8123-6 sont choisis sur une liste arrêtée par décret pris après avis du *(Décr. n° 2016-1834 du 22 déc. 2016, art. 2)* « Conseil d'orientation des conditions de travail ». – *[Anc. art. R. 611-4, phrase 2.]*

CHAPITRE IV DE LA DÉONTOLOGIE DES AGENTS DU SYSTÈME D'INSPECTION DU TRAVAIL

(Décr. n° 2017-541 du 12 avr. 2017)

Art. R. 8124-1 Les dispositions du présent chapitre constituent le code de déontologie du service public de l'inspection du travail.

SECTION 1 Cadre général d'exercice des missions du service public de l'inspection du travail

Art. R. 8124-2 Les règles déontologiques énoncées par le présent code procèdent de la Constitution et notamment du Préambule de la Constitution de 1946, des engagements internationaux de la France, des principes généraux du droit et des lois et règlements en vigueur, notamment des règles statutaires applicables aux agents de la fonction publique ainsi que de celles régissant les relations entre le public et l'administration.

Les agents du système d'inspection du travail bénéficient pour l'exercice de leurs missions d'une garantie d'indépendance les préservant des influences extérieures indues. Cette garantie conditionne la qualité du service rendu au public et la confiance des usagers dans le service public de l'inspection du travail.

Art. R. 8124-3 Chaque agent affecté au sein du service public de l'inspection du travail veille, compte tenu de son emploi et de ses attributions, à l'application des dispositions du code du travail et des autres dispositions légales relatives au régime du travail, ainsi qu'aux stipulations des conventions et accords collectifs de travail répondant aux conditions fixées au livre II de la deuxième partie du *[de]* ce code et notamment des dispositions et stipulations assurant le respect des droits et libertés fondamentaux du travailleur et de la personne humaine. Dans l'exercice de ses missions, il contribue à la mise en œuvre des principes constitutionnels particulièrement nécessaires à notre temps proclamés par le Préambule de la Constitution de 1946.

Art. R. 8124-4 Le présent code de déontologie s'applique à tout agent quelles que soient les fonctions qu'il exerce.

Il concerne notamment :

1° Le directeur général du travail et les agents de la direction générale du travail participant au service public de l'inspection du travail ;

2° Les *(Décr. n° 2020-1545 du 9 déc. 2020, art. 6, en vigueur le 1er avr. 2021)* « directeurs régionaux de l'économie, de l'emploi, du travail et des solidarités et leurs adjoints », chefs de pôle "politique du travail" *(Décr. n° 2020-1545 du 9 déc. 2020, art. 6, en vigueur le 1er avr. 2021)* « , le directeur régional et interdépartemental de l'économie, de l'emploi, du travail et des solidarités et son adjoint chef de pôle "politique du travail", les directeurs départementaux de l'emploi, du travail, des solidarités et leurs adjoints responsables du système d'inspection du travail, les directeurs départementaux de l'emploi, du travail, des solidarités et de la protection des populations et leurs adjoints responsables du système d'inspection du travail, les directeurs d'unité départementale de la direction régionale et interdépartementale de l'économie, de l'emploi, du travail et des solidarités d'Île-de-France et leurs adjoints responsables du système d'inspection du travail *[ancienne rédaction : et responsables d'unité départementale]* », ainsi que les agents d'encadrement ;

3° Les agents de contrôle de l'inspection du travail mentionnés à l'article L. 8112-1 ;
4° Les médecins inspecteurs du travail, sans préjudice du code de déontologie médicale mentionné aux articles R. 4127-1 et suivants du code de la santé publique ;
5° Les agents des pôles "politique du travail" *(Décr. n° 2020-1545 du 9 déc. 2020, art. 6, en vigueur le 1er avr. 2021)* « des directions régionales de l'économie, de l'emploi, du travail et des solidarités, en Ile-de-France, de la direction régionale et interdépartementale de l'économie, de l'emploi, du travail et des solidarités, des directions départementales de l'emploi, du travail et des solidarités, des directions départementales de l'emploi, du travail, des solidarités et de la protection des populations et des unités départementales de la direction régionale et interdépartementale de l'économie, de l'emploi, du travail et des solidarités d'Île-de-France *[ancienne rédaction : des unités régionales et départementales des directions régionales des entreprises, de la concurrence, de la consommation, du travail et de l'emploi]* », notamment les ingénieurs de prévention, les agents des unités de contrôle et des services mettant en œuvre la politique du travail ;
6° Les agents des services fournissant au public des renseignements sur la législation du travail ;
7° Les agents du groupe national de veille d'appui et de contrôle prévu par l'article R. 8121-15 ;
8° Les agents publics assimilés aux agents de contrôle de l'inspection mentionnés au dernier alinéa de l'article L. 8112-1 relevant de l'autorité centrale du système d'inspection du travail.

SECTION 2 Droits et devoirs respectifs de la hiérarchie et des agents placés sous son autorité

Art. R. 8124-5 Le directeur général du travail, autorité centrale du système d'inspection du travail, veille au respect par toute autorité et toute personne placée sous son autorité des obligations, prérogatives et garanties prévues pour l'inspection du travail par le présent code de déontologie.

Art. R. 8124-6 Tout agent exerçant l'autorité hiérarchique est garant du respect des règles déontologiques applicables à l'ensemble des agents placés sous son autorité. A cet effet :
1° Il en explique le sens aux agents et en précise, par ses instructions, les modalités de mise en œuvre ;
2° Il s'assure de son application effective dans les situations professionnelles dans lesquelles sont placées les agents ;
3° Il intervient en cas de méconnaissance des principes et règles déontologiques, tant dans les actions menées par les agents du service que dans les relations entre les agents ;
4° Il veille à ce que ses instructions assurent le respect des droits reconnus aux agents par les dispositions du présent code ainsi que des garanties d'indépendance dans l'exercice de leurs missions ;
5° Il veille également à l'indépendance reconnue aux médecins inspecteurs du travail par l'article R. 4127-5 du code de la santé publique ;
6° Il contribue à la mise en œuvre de la protection juridique dont les agents bénéficient dans l'exercice légal de leurs attributions ;
7° Il apporte par tout moyen approprié un soutien aux agents rencontrant des difficultés dans l'exercice de leurs missions ;
8° Il rend compte à la direction générale du travail de toute difficulté rencontrée dans la mise en œuvre du présent code de déontologie.
Tout agent exerçant l'autorité hiérarchique explique en tant que de besoin le sens des règles déontologiques aux travailleurs et aux employeurs ainsi qu'à leurs organisations professionnelles.

Art. R. 8124-7 Les agents de contrôle du système d'inspection du travail sont associés à la définition des orientations collectives et des priorités pour l'inspection du travail définies selon les modalités prévues par l'article L. 8112-1.
Tout agent est tenu de contribuer à la mise en œuvre des actions engagées conformément à ces orientations collectives et priorités.

Tout agent de contrôle est libre d'organiser et de conduire des contrôles à son initiative.

Art. R. 8124-8 Tout agent se conforme aux instructions reçues de son supérieur hiérarchique.

Les dispositions du premier alinéa s'appliquent sans préjudice de l'article 28 de la loi n° 83-634 du 13 juillet 1983 portant droits et obligations des fonctionnaires et, pour ce qui concerne les médecins inspecteurs du travail, des articles R. 4127-5 et R. 4127-95 du code de la santé publique.

Art. R. 8124-9 Tout agent rend compte de ses actions à l'autorité investie du pouvoir hiérarchique suivant les modalités définies par l'administration, notamment celles concernant le partage, dans le système d'information prévu à cet effet, des informations relatives à ses actions et aux entreprises contrôlées.

Ces obligations s'appliquent aux médecins inspecteurs du travail sous réserve des informations couvertes par le secret professionnel en vertu des articles R. 4127-4 et R. 4127-104 du code de la santé publique.

Art. R. 8124-10 Tout agent porte sans délai à la connaissance de l'autorité hiérarchique tout fait ou plainte survenue à l'occasion du service ayant entraîné ou susceptible d'entraîner sa convocation par une autorité de police, juridictionnelle ou de contrôle.

Chaque agent mis en cause par un usager en est informé par son autorité hiérarchique.

Art. R. 8124-11 Les agents du système d'inspection du travail se prêtent aide et assistance dans l'exercice de leurs missions. Ils se doivent mutuellement respect.

Art. R. 8124-12 Les agents du système d'inspection du travail bénéficient du libre exercice du droit syndical dans les conditions définies par les lois et les règlements relatifs à son exercice dans la fonction publique.

Art. R. 8124-13 Les agents peuvent exercer des mandats politiques dans les conditions garanties notamment par le code électoral et le code général des collectivités territoriales, sous réserve des dispositions de l'article R. 8124-15.

SECTION 3 Droits et devoirs envers chaque usager du service public de l'inspection du travail

SOUS-SECTION 1 Prévention des conflits d'intérêts

Art. R. 8124-14 Les agents du système d'inspection du travail ne peuvent avoir un intérêt quelconque direct ou indirect dans les entreprises qu'ils contrôlent ou entrant dans leur champ de compétence.

Art. R. 8124-15 Chaque agent veille à prévenir ou à faire cesser immédiatement toute situation d'interférence entre l'exercice de son activité professionnelle et des intérêts publics ou privés, y compris l'exercice d'un mandat politique, de nature à influencer ou paraître influencer l'exercice indépendant, impartial et objectif de ses fonctions selon les modalités prévues à l'article 25 bis de la loi du 13 juillet 1983 précitée.

Art. R. 8124-16 L'autorité investie du pouvoir hiérarchique propose à tout agent, lors de son affectation, et aussi souvent que nécessaire par la suite, un entretien consacré à la prévention des situations de conflits d'intérêts.

Lorsque l'agent est soumis à l'obligation de déclaration d'intérêts prévue à l'article 25 ter de la loi du 13 juillet 1983 précitée, l'entretien prévu au premier alinéa est obligatoire et se déroule sur la base du contenu de cette déclaration.

L'entretien permet à l'agent de faire état des intérêts ou activités, passés ou présents, notamment de nature patrimoniale, professionnelle, familiale ou personnelle susceptibles d'influencer ou de paraître influencer l'exercice indépendant, impartial et objectif de ses fonctions.

Compte tenu des éléments dont il est fait état lors de l'entretien, le travail de l'agent est organisé de façon à éviter les situations dans lesquelles un doute pourrait naître quant à l'impartialité de l'agent ou [à] l'exercice indépendant de ses fonctions. S'il ne peut être procédé à cet aménagement, un changement d'affectation est envisagé.

Légalité de l'entretien de prévention des conflits d'intérêts. L'entretien de prévention des conflits d'intérêts est justifié par la nature particulière des missions de contrôle des entreprises de service public d'inspection du travail et ne crée donc pas de rupture d'égalité vis-à-vis d'autres agents publics ; même lorsqu'il est obligatoire, l'entretien ne saurait avoir pour effet d'obliger l'agent à évoquer des informations, relatives notamment à ses opinions ou à des activités politiques, syndicales, religieuses ou philosophiques, qui n'auraient pas à figurer dans sa déclaration d'intérêts au titre de la déclaration de fonctions ou de mandats exercés publiquement, ou d'autoriser le responsable hiérarchique à méconnaître la confidentialité qui s'attache au contenu de cette déclaration. ● CE 19 déc. 2018, 🔒 n° 411554.

SOUS-SECTION 2 **Obligation de se consacrer à ses fonctions**

Art. R. 8124-17 Les agents du système d'inspection du travail consacrent l'intégralité de leur activité professionnelle aux fonctions qui leur sont confiées.

Le cumul d'activités n'est possible que dans les conditions prévues à l'article 25 *septies* de la loi du 13 juillet 1983 précitée. Ces activités ne doivent pas faire obstacle à l'exercice de leurs fonctions principales ni porter préjudice d'une manière quelconque à l'autorité ou à l'impartialité nécessaires dans les relations avec les employeurs et les travailleurs.

SOUS-SECTION 3 **Devoirs de neutralité et d'impartialité**

Art. R. 8124-18 Les agents du système d'inspection du travail exercent leurs fonctions de manière impartiale sans manifester d'*a priori* par leurs comportements, paroles et actes.

Ils font bénéficier les usagers placés dans des situations identiques, quels que soient leur statut, leur implantation géographique et leur activité, d'une égalité de traitement.

Art. R. 8124-19 Dans l'exercice de leurs missions, les agents s'abstiennent de toute expression ou manifestation de convictions personnelles, de quelque nature qu'elles soient.

En dehors du service, ils s'expriment librement dans les limites posées par le devoir de réserve. Ils ne peuvent notamment tenir des propos de nature à nuire à la considération du système d'inspection du travail.

Ils ne peuvent se prévaloir de la qualité d'agent du système d'inspection du travail dans l'expression publique de leurs opinions personnelles.

SOUS-SECTION 4 **Devoir d'information**

Art. R. 8124-20 Les agents du système d'inspection du travail fournissent des informations et des conseils aux usagers sur le droit applicable, sur sa portée et sur les moyens d'assurer son respect.

Ils répondent aux demandes d'information selon les formes et les moyens les plus adaptés à leur interlocuteur, dans un délai raisonnable compte tenu de la complexité de la question.

Art. R. 8124-21 Les agents du système d'inspection du travail communiquent les documents administratifs aux usagers conformément aux articles L. 311-1 à L. 311-14 du code des relations entre le public et l'administration.

SOUS-SECTION 5 **Obligations de discrétion, de secret et de confidentialité**

Art. R. 8124-22 Soumis au devoir de discrétion professionnelle, les agents du système d'inspection du travail s'abstiennent de divulguer à quiconque n'a le droit d'en connaître les informations dont ils ont connaissance dans l'exercice de leurs fonctions, sous réserve de l'article 8 de la loi n° 2016-1691 du 9 décembre 2016 relative à la transparence, à la lutte contre la corruption et à la modernisation de la vie économique.

Art. R. 8124-23 Les agents sont soumis au secret professionnel dans les conditions prévues par la loi.

INSPECTION DU TRAVAIL — Art. R. 8124-32

Les agents de contrôle ainsi que les ingénieurs de prévention ont interdiction de révéler les secrets de fabrication et procédés d'exploitation dont ils pourraient prendre connaissance dans l'exercice de leurs fonctions.

Les médecins inspecteurs du travail sont soumis au secret professionnel dans les conditions prévues par les articles L. 1413-15, R. 4127-4 et R. 4127-104 du code de la santé publique.

Art. R. 8124-24 Les agents respectent l'obligation de confidentialité des plaintes dont ils sont saisis et s'abstiennent de révéler à toute personne l'identité d'un plaignant et de faire état de l'existence de plaintes signalant une infraction ou un manquement aux dispositions des articles L. 8112-1 et L. 8112-2, sauf lorsque le plaignant a informé par écrit son employeur qu'il sollicitait l'intervention des agents de contrôle pour faire cesser l'infraction signalée par sa plainte.

SOUS-SECTION 6 Droits et devoirs spécifiques liés à l'exercice de fonctions de contrôle

Art. R. 8124-25 L'agent de contrôle pénètre librement, sans avertissement préalable, à toute heure du jour et de la nuit dans tout établissement assujetti à son contrôle.

Lors d'une visite d'inspection, inopinée ou non, l'agent de contrôle informe de sa présence l'employeur ou son représentant, à moins qu'il n'estime qu'un tel avis risque de porter préjudice à l'efficacité du contrôle.

L'agent de contrôle doit être muni de sa carte professionnelle afin de justifier de sa qualité.

Art. R. 8124-26 L'agent reste, en toute circonstance, courtois à l'égard des personnes présentes sur le lieu de travail ou dans le local affecté à l'hébergement des travailleurs soumis à son contrôle.

Art. R. 8124-27 Lorsqu'il constate des infractions ou des manquements à la réglementation, l'agent de contrôle agit en faisant preuve de discernement et de diligence dans le choix de ses modalités d'action.

Il décide librement des suites à donner à ses interventions et aux constats qu'il a réalisés. Il peut ainsi formuler des conseils ou des observations, saisir l'autorité judiciaire ou engager des suites administratives.

Art. R. 8124-28 Lorsqu'il constate ou est informé d'un accident du travail grave ou mortel, ainsi que de tout incident qui aurait pu avoir des conséquences graves, l'agent de contrôle effectue une enquête et informe son service qui à son tour informe l'autorité centrale. En tant que de besoin, il saisit les autorités compétentes.

Art. R. 8124-29 L'agent de contrôle veille à informer, selon les modalités prévues par la législation en vigueur, les usagers concernés des suites données à son contrôle.

SECTION 4 Respect du code de déontologie

Art. R. 8124-30 A tous les niveaux de la hiérarchie, les agents du système d'inspection du travail veillent au respect du présent code.

Art. R. 8124-31 Les agents de contrôle prêtent serment de remplir leurs missions conformément au présent code.

La prestation de serment intervient, lors de leur première affectation en unité de contrôle, en audience publique, devant le président du *(Décr. n° 2019-966 du 18 sept. 2019, art. 8-I, en vigueur le 1ᵉʳ janv. 2020)* « tribunal judiciaire » dans le ressort duquel se trouve leur lieu d'affectation.

La formule du serment est la suivante :

"Je m'engage à exercer mes fonctions de contrôle avec dignité, impartialité, intégrité, neutralité et probité. Je m'engage à ne pas révéler les secrets de fabrication et les procédés d'exploitation dont je pourrais prendre connaissance dans l'exercice de mes fonctions."

Art. R. 8124-32 Les agents participant aux activités de contrôle de l'inspection du travail peuvent, sans préjudice des attributions du référent déontologue prévu à l'article 28 bis de la loi du 13 juillet 1983 précitée, saisir le Conseil national de l'inspection du travail de tout acte d'une autorité administrative de nature à porter directement et personnellement atteinte aux conditions dans lesquelles il doit pouvoir exercer sa mission.

Art. R. 8124-33 Les agents du système d'inspection du travail peuvent, sans préjudice des attributions du Conseil national de l'inspection du travail, saisir le référent déontologue de toute question entrant dans le cadre des missions de ce dernier.

LIVRE II LUTTE CONTRE LE TRAVAIL ILLÉGAL

TITRE I DISPOSITIONS GÉNÉRALES

(Décr. n° 2015-1327 du 21 oct. 2015, art. 1ᵉʳ)

CHAPITRE UNIQUE DISPOSITIONS RELATIVES À LA PUBLICATION DES DÉCISIONS PÉNALES

BIBL. ▶ FARZAM-ROCHON, *SSL 2016, n° 1696* (la mise en ligne de la liste noire des condamnations pour travail illégal ou le retour des peines « infamantes »).

Art. R. 8211-1 Lorsque la juridiction *(Abrogé par Décr. n° 2019-555 du 4 juin 2019, art. 4)* « qui a prononcé une amende » a ordonné la diffusion de sa décision dans les conditions prévues *(Décr. n° 2019-555 du 4 juin 2019, art. 4)* « au sixième alinéa de l'article L. 8224-3, à la seconde phrase du 4° de l'article L. 8256-3 » ainsi qu'au dernier alinéa des articles L. 8224-5, L. 8234-1, L. 8234-2, L. 8243-1, L. 8243-2 et L. 8256-7, cette diffusion est assurée par les services du ministre chargé du travail sur une partie du site internet de ce ministère, dédiée à la diffusion des décisions pénales prononcées sur le fondement des dispositions susmentionnées à titre de peine complémentaire, en matière d'infractions de travail illégal. Cette rubrique est consultable librement et gratuitement par toute personne.

Art. R. 8211-2 Lorsqu'une personne physique ou morale est condamnée par une décision pénale pour l'une des infractions de travail illégal mentionnées aux articles L. 8224-1, L. 8224-2, L. 8224-5, L. 8234-1, L. 8234-2, L. 8243-1, L. 8256-2 et L. 8256-7 à une peine complémentaire de diffusion de la décision pénale sur la partie dédiée du site internet du ministère, le greffe de la juridiction transmet la décision aux services de l'administration centrale du ministère chargé du travail dès qu'elle a acquis un caractère définitif dans les conditions prévues par l'article 708 du code de procédure pénale, et sans préjudice des dispositions des articles 471 et 512 du même code.

La transmission, qui peut être dématérialisée, est assurée dans des conditions garantissant l'intégrité et la confidentialité des données transmises.

Le greffe informe la personne condamnée de la transmission de la décision pénale au ministère chargé du travail en vue d'une publication sur la partie dédiée du site internet de ce ministère.

Art. R. 8211-3 Les informations relatives aux personnes physiques ou morales condamnées mises en ligne sur le site internet sont :
1° Pour les personnes physiques :
a) Identité (nom, prénom(s), sexe, date et lieu de naissance) ;
b) SIREN ou SIRET ou, le cas échéant, numéro d'immatriculation à un registre professionnel ou autre référence équivalente pour la personne établie à l'étranger, ou à un organisme chargé du recouvrement des cotisations de sécurité sociale ;
c) Adresse professionnelle ;
d) Activité principale exercée (APE/NAF) ;
e) Nature de l'infraction mentionnée à l'article R. 8211-2 ;
f) Date et dispositif de la décision ;
g) Date de mise en ligne ;
h) Durée de la diffusion et date de fin de la diffusion ;
i) Références de la juridiction et indication d'un éventuel appel ou d'un éventuel recours en cassation lorsque le juge du fond a ordonné l'exécution provisoire du juge-

ment ou de l'arrêt en application respectivement des articles 471 et 512 du code de procédure pénale ;

2° Pour les personnes morales :

a) Dénomination sociale, objet social ou statut ;
b) Identité du représentant légal lorsque celui-ci est également condamné ;
c) Numéro SIREN ou SIRET ou, le cas échéant, numéro d'immatriculation à un registre professionnel, ou autre référence équivalente pour la personne établie à l'étranger ;
d) Adresse du siège social ;
e) Activité principale exercée (APE/NAF) ;
f) Nature de l'infraction mentionnée à l'article R. 8211-2 ;
g) Date et dispositif de la décision ;
h) Date de mise en ligne ;
i) Durée et date de fin de la diffusion ;
j) Références de la juridiction.

Art. R. 8211-4 La peine complémentaire de diffusion prend effet à compter de la date de la mise en ligne de la décision pénale sur la partie dédiée du site internet du ministère chargé du travail, pour la durée fixée par cette décision.

Lorsqu'au cours du délai de diffusion fixé par la juridiction qui a ordonné l'exécution provisoire en application des articles 471 et 512 du code de procédure pénale, les termes du dispositif de la décision diffusée sont confirmés ou modifiés par les juridictions supérieures, les services du ministre chargé du travail procèdent sans délai, pour la durée de diffusion de la décision fixée par la juridiction du fond, à la mise à jour de la partie dédiée du site internet relative :

1° A la mention sur la partie dédiée du site d'un recours en appel ou en cassation ;

2° A la confirmation ou à la modification par la juridiction supérieure des termes du dispositif de la décision ;

3° A la cessation de la diffusion de la décision de condamnation sur la partie dédiée du site internet, lorsque la modification du jugement ou de l'arrêt par la juridiction supérieure implique le retrait des données.

Pour l'application des dispositions du présent article, le greffe de la juridiction concernée transmet sans délai aux services du ministre chargé du travail les nouvelles données nécessaires.

Art. R. 8211-5 L'autorité responsable du site internet au titre de la diffusion mentionnée à l'article R. 8211-1 des décisions pénales en matière d'infractions de travail illégal est le ministre chargé du travail (direction générale du travail).

Art. R. 8211-6 L'autorité responsable prend les mesures nécessaires pour assurer l'intégrité et la sécurité des pages sur lesquelles sont diffusées les informations mentionnées à l'article R. 8211-3 et la protection des données identifiantes en vue d'empêcher leur indexation par les sites de moteur de recherche.

Ces pages mentionnent l'interdiction faite à ces sociétés de procéder à l'indexation et au référencement des données contenues durant l'exécution de la peine ou à l'issue de celle-ci.

Elles informent que ces données ne peuvent faire l'objet par quiconque d'une reproduction sur d'autres sites internet ou sur tout support électronique.

Art. R. 8211-7 L'autorité responsable indique sur ces pages la possibilité pour la personne condamnée d'exercer ses droits d'accès et de rectification des informations la concernant auprès du ministre chargé du travail (direction générale du travail), en application des articles 39 et 40 de la loi n° 78-17 du 6 janvier 1978 relative à l'informatique, aux fichiers et aux libertés, et qu'elle ne dispose pas du droit d'opposition prévu à l'article 38 de ladite loi pendant la durée d'exécution de la peine.

Art. R. 8211-8 L'autorité responsable conserve les décisions transmises par les greffes des juridictions pendant une durée de cinq ans avant de procéder à leur destruction.

TITRE II TRAVAIL DISSIMULÉ

CHAPITRE I INTERDICTIONS

SECTION 1 Travail dissimulé par dissimulation d'activité

Art. R. 8221-1 L'entrepreneur travaillant sur un chantier ayant donné lieu à la délivrance d'un permis de construire affiche sur ce chantier, pendant la durée de l'affichage du permis, son nom, sa raison ou sa dénomination sociale ainsi que son adresse.

L'affichage est assuré sur un panneau dont les indications sont lisibles de la voie publique. *(Décr. n° 2023-452 du 9 juin 2023)* « Les informations mentionnées au premier alinéa peuvent également être affichées de manière synthétique sous la forme d'un code bidimensionnel visible depuis la voie publique, gratuit pour toute personne appelée à le consulter et généré par un dispositif numérique sécurisé. »

SECTION 2 Travail dissimulé par dissimulation d'emploi salarié

Art. R. 8221-2 *(Décr. n° 2011-681 du 16 juin 2011)* Sur demande des agents de contrôle mentionnés à l'article L. 8271-7, pour l'application des dispositions du 1° de l'article L. 8221-5, l'employeur produit l'avis de réception prévu à l'article R. 1221-7 s'il est encore tenu de le conserver en application de l'article R. 1221-8 ou, tant qu'il n'a pas reçu cet avis, les éléments leur permettant de vérifier qu'il a procédé à la déclaration préalable à l'embauche du salarié.

SECTION 3 Règles applicables à la diffusion d'annonce

Art. R. 8221-3 Le numéro d'identification mentionné au *a* du 1° de l'article L. 8221-7 est le numéro unique d'identification des entreprises défini à l'article D. 123-235 du code de commerce. – *[Anc. art. R. 324-8.]*

CHAPITRE II OBLIGATIONS ET SOLIDARITÉ FINANCIÈRE DES DONNEURS D'ORDRE ET DES MAÎTRES D'OUVRAGE

SECTION 1 Dispositions communes

Art. R. 8222-1 Les vérifications à la charge de la personne qui conclut un contrat, prévues à l'article L. 8222-1, sont obligatoires pour toute opération d'un montant au moins égal à *(Décr. n° 2015-364 du 30 mars 2015, art. 13-I)* « 5 000 euros hors taxes ». – *[Anc. art. L. 324-14, al. 1ᵉʳ début.]*

Art. R. 8222-2 L'injonction adressée au cocontractant par le maître d'ouvrage ou le donneur d'ordre, en application du premier alinéa de l'article L. 8222-5, est réalisée par lettre recommandée avec avis de réception. – *[Anc. art. L. 324-14-1, al. 1ᵉʳ.]*

Art. R. 8222-3 L'injonction adressée à l'entreprise en situation irrégulière par la personne morale de droit public, en application du premier alinéa de l'article L. 8222-6, est réalisée par lettre recommandée avec avis de réception.

L'entreprise mise en demeure dispose d'un délai de quinze jours pour répondre à la personne publique. – *[Anc. art. L. 324-14-1, al. 3 et 4.]*

SECTION 2 Cocontractant établi en France

Art. D. 8222-4 Le particulier qui contracte pour son usage personnel, celui de son conjoint, partenaire lié par un pacte civil de solidarité, concubin ou de ses ascendants ou descendants, est considéré comme ayant procédé aux vérifications imposées par l'article L. 8222-1 s'il se fait remettre, par son cocontractant, lors de la conclusion du contrat et tous les six mois jusqu'à la fin de son exécution, l'un des documents énumérés à l'article D. 8222-5. – *[Anc. art. R. 324-3.]*

Art. D. 8222-5 La personne qui contracte, lorsqu'elle n'est pas un particulier répondant aux conditions fixées par l'article D. 8222-4, est considérée comme ayant procédé aux vérifications imposées par l'article L. 8222-1 si elle se fait remettre par son

TRAVAIL DISSIMULÉ   **Art. D. 8222-7** 3161

cocontractant, lors de la conclusion et tous les six mois jusqu'à la fin de son exécution :
(*Décr. n° 2011-1601 du 21 nov. 2011*) « 1° Une attestation de fourniture des déclarations sociales et de paiement des cotisations et contributions de sécurité sociale prévue à l'article L. 243-15 émanant de l'organisme de protection sociale chargé du recouvrement des cotisations et des contributions datant de moins de six mois dont elle s'assure de l'authenticité auprès de l'organisme de recouvrement des cotisations de sécurité sociale ; »

2° Lorsque l'immatriculation du cocontractant au registre du commerce et des sociétés ou au (*Décr. n° 2022-1015 du 19 juill. 2022, art. 9, en vigueur le 1ᵉʳ janv. 2023*) « Registre national des entreprises en tant qu'entreprise du secteur des métiers et de l'artisanat *[ancienne rédaction : répertoire des métiers]* » est obligatoire ou lorsqu'il s'agit d'une profession réglementée, l'un des documents suivants :

a) Un extrait de l'inscription au registre du commerce et des sociétés (K ou K *bis*) ;
(*Décr. n° 2022-1015 du 19 juill. 2022, art. 9, en vigueur le 1ᵉʳ janv. 2023*) « *b)* Un extrait d'immatriculation au Registre national des entreprises en tant qu'entreprise du secteur des métiers et de l'artisanat *[ancienne rédaction : b) Une carte d'identification justifiant de l'inscription au répertoire des métiers]* ; »

c) Un devis, un document publicitaire ou une correspondance professionnelle, à condition qu'y soient mentionnés le nom ou la dénomination sociale, l'adresse complète et le numéro d'immatriculation au registre du commerce et des sociétés ou au (*Décr. n° 2022-1015 du 19 juill. 2022, art. 9, en vigueur le 1ᵉʳ janv. 2023*) « Registre national des entreprises en tant qu'entreprise du secteur des métiers et de l'artisanat *[ancienne rédaction : répertoire des métiers]* » ou à une liste ou un tableau d'un ordre professionnel, ou la référence de l'agrément délivré par l'autorité compétente ;

(*Décr. n° 2021-300 du 18 mars 2021, art. 40, en vigueur le 1ᵉʳ janv. 2023*) « *d)* L'accusé de réception électronique mentionné à l'article R. 123-6 du code de commerce, émanant du greffier du tribunal de commerce compétent ou de la chambre des métiers et de l'artisanat compétente. »

Sur les modalités de l'attestation de vigilance exigée du sous-traitant, V. Circ. DSS/SD5C/2012/186 du 16 nov. 2012, NOR : AFSS1225441C.

SECTION 3 Cocontractant établi à l'étranger

Art. D. 8222-6 Le particulier qui contracte pour son usage personnel, celui de son conjoint, partenaire lié par un pacte civil de solidarité, concubin ou de ses ascendants ou descendants, est considéré comme ayant procédé aux vérifications imposées par l'article L. 8222-4 s'il se fait remettre par son cocontractant établi ou domicilié à l'étranger, lors de la conclusion du contrat et tous les six mois jusqu'à la fin de son exécution, l'un des documents énumérés à l'article D. 8222-7. — *[Anc. art. R. 324-6.]*

Art. D. 8222-7 La personne qui contracte, lorsqu'elle n'est pas un particulier répondant aux conditions fixées par l'article D. 8222-6, est considérée comme ayant procédé aux vérifications imposées par l'article (*Décr. n° 2009-289 du 13 mars 2009*) « L. 8222-4 » si elle se fait remettre par son cocontractant établi ou domicilié à l'étranger, lors de la conclusion du contrat et tous les six mois jusqu'à la fin de son exécution :

1° Dans tous les cas, les documents suivants :

a) Un document mentionnant son numéro individuel d'identification attribué en application de l'article 286 *ter* du code général des impôts. Si le cocontractant n'est pas tenu d'avoir un tel numéro, un document mentionnant son identité et son adresse ou, le cas échéant, les coordonnées de son représentant fiscal ponctuel en France ;

(*Décr. n° 2011-1601 du 21 nov. 2011*) « *b)* Un document attestant de la régularité de la situation sociale du cocontractant au regard du règlement (CE) n° 883/2004 du 29 avril 2004 ou d'une convention internationale de sécurité sociale et, lorsque la législation du pays de domiciliation le prévoit, un document émanant de l'organisme gérant le régime social obligatoire et mentionnant que le cocontractant est à jour de ses déclarations sociales et du paiement des cotisations afférentes, ou un document équivalent ou, à défaut, une attestation de fourniture des déclarations sociales et de paiement des cotisations et contributions de sécurité sociale prévue à l'article L. 243-15 du code de la sécurité sociale. Dans ce dernier cas, elle doit s'assurer de l'authenticité de cette attestation auprès de l'organisme chargé du recouvrement des cotisations et contributions sociales ; »

2° Lorsque l'immatriculation du cocontractant à un registre professionnel est obligatoire dans le pays d'établissement ou de domiciliation, l'un des documents suivants :

a) Un document émanant des autorités tenant le registre professionnel ou un document équivalent certifiant cette inscription ;

b) Un devis, un document publicitaire ou une correspondance professionnelle, à condition qu'y soient mentionnés le nom ou la dénomination sociale, l'adresse complète et la nature de l'inscription au registre professionnel ;

c) Pour les entreprises en cours de création, un document datant de moins de six mois émanant de l'autorité habilitée à recevoir l'inscription au registre professionnel et attestant de la demande d'immatriculation audit registre ;

Délit de recours au travail dissimulé. Une entreprise utilisatrice qui n'obtient pas le certificat de détachement A1 de l'entreprise dont elle utilise les services pour des salariés détachés depuis un autre État membre commet sciemment le délit de recours aux services d'une personne exerçant un travail dissimulé. ● Crim. 21 févr. 2023, n° 22-81.903 B : *D. actu.* 7 avr. 2023, obs. Gallois ; *RJS* 6/2023, n° 331 ; *JSL* 2023, n° 563-5, obs. Mesa ; *JCP S* 2023. 1129, obs. Icard et Verner.

Art. D. 8222-8 Les documents et attestations énumérés à l'article D. 8222-7 sont rédigés en langue française ou accompagnés d'une traduction en langue française. – *[Anc. art. R. 324-7, al. 10.]*

CHAPITRE III **DROITS DES SALARIÉS ET ACTIONS EN JUSTICE** *(Décr. n° 2015-364 du 30 mars 2015, art. 14).*

Art. D. 8223-1 En application de l'article L. 8223-2, le salarié obtient les informations relatives à l'accomplissement par l'employeur de la déclaration préalable à l'embauche le concernant sur demande écrite.

La demande du salarié contient :
1° Ses nom, prénoms, nationalité, date et lieu de naissance ;
2° Son numéro national d'identification, s'il est déjà immatriculé à la sécurité sociale ;
3° Son adresse ;
4° Sa date d'embauche et la période de travail pour laquelle l'information relative à l'accomplissement de la déclaration préalable à l'embauche est sollicitée. – *[Anc. art. R. 324-9, al. 1ᵉʳ à 6.]*

Art. D. 8223-2 La réponse à la demande du salarié lui est adressée dans les trente jours qui suivent la réception de sa demande.

Elle contient les informations relatives à :
1° L'existence ou non d'une déclaration préalable à l'embauche le concernant, correspondant à la date d'embauche et à la période d'emploi mentionnées dans sa demande ;
2° Lorsque l'embauche a fait l'objet d'une déclaration, la date et l'heure prévisibles d'embauche indiquées par l'employeur, ainsi que la date et l'heure auxquelles il a procédé à la déclaration ;
3° La dénomination sociale ou les nom et prénoms de l'employeur qui a procédé à cette déclaration ainsi que son adresse professionnelle et, le cas échéant, son numéro SIRET. – *[Anc. art. R. 324-9, al. 7 à 11.]*

Art. D. 8223-3 Lorsque la demande du salarié est présentée verbalement, cette demande et la réponse qui lui est apportée sont consignées par procès-verbal. – *[Anc. art. R. 324-9, al. 12.]*

Art. D. 8223-4 *(Décr. n° 2015-364 du 30 mars 2015, art. 14)* Le salarié est informé de l'action en justice envisagée par l'organisation syndicale représentative en application de l'article L. 8223-4 par tout moyen conférant date certaine. *(Décr. n° 2015-1327 du 21 oct. 2015, art. 2)* « Cette information » précise la nature et l'objet de l'action envisagée par l'organisation syndicale et indique que :

1° Le salarié peut faire connaître à l'organisation syndicale son opposition à l'action envisagée dans un délai de quinze jours à compter de la date de réception de l'information ;

2° L'organisation syndicale peut exercer elle-même les voies de recours ;

3° Le salarié peut, à tout moment, intervenir dans l'instance engagée par l'organisation syndicale.

CHAPITRE IV DISPOSITIONS PÉNALES

Art. R. 8224-1 Le fait de ne pas respecter l'obligation d'affichage prévue à l'article R. 8221-1, est puni de l'amende prévue pour les contraventions de la 5ᵉ classe. – *[Anc. art. R. 362-5.]*

TITRE III MARCHANDAGE

CHAPITRE I INTERDICTION

Le présent chapitre ne comprend pas de dispositions réglementaires.

CHAPITRE II OBLIGATIONS ET SOLIDARITÉ FINANCIÈRE DU DONNEUR D'ORDRE

Art. D. 8232-1 L'entrepreneur qui, en application de l'article L. 8232-1, a conclu un contrat avec un chef d'entreprise sans être propriétaire d'un fonds de commerce ou d'un fonds artisanal et qui fait exécuter des travaux dans les ateliers, magasins ou chantiers autres que ceux de l'entrepreneur principal qui lui a confié ces travaux, affiche dans chacun de ces ateliers, magasins ou chantiers, le nom et l'adresse de la personne de qui il tient les travaux. – *[Anc. art. R. 125-1.]*

CHAPITRE III ACTIONS EN JUSTICE

Art. D. 8233-1 (*Décr. n° 2015-364 du 30 mars 2015, art. 15*) Le salarié est informé de l'action en justice envisagée par l'organisation syndicale représentative en application de l'article L. 8233-1 par tout moyen conférant date certaine. Cette information précise la nature et l'objet de l'action envisagée par l'organisation syndicale et indique que :

1° Le salarié peut faire connaître à l'organisation syndicale son opposition à l'action envisagée dans un délai de quinze jours à compter de la date de réception de l'information ;

2° L'organisation syndicale peut exercer elle-même les voies de recours ;

3° Le salarié peut, à tout moment, intervenir dans l'instance engagée par l'organisation syndicale.

Art. D. 8233-2 Passé le délai de quinze jours prévu au 4° de l'article D. 8233-1, l'acceptation du salarié est considérée comme tacitement acquise. – *[Anc. art. R. 125-2, al. 6.]*

CHAPITRE IV DISPOSITIONS PÉNALES

Art. R. 8234-1 Le fait, pour un entrepreneur ayant conclu un contrat dans les conditions prévues à l'article D. 8232-1, de ne pas afficher dans chacun des ateliers, magasins ou chantiers, le nom et l'adresse de la personne de qui il tient les travaux, est puni de l'amende prévue pour les contraventions de la 4ᵉ classe. – *[Anc. art. R. 152-7.]*

TITRE IV PRÊT ILLICITE DE MAIN-D'ŒUVRE

CHAPITRE I PRÊT DE MAIN-D'ŒUVRE RÉALISÉ SUR LE FONDEMENT DE L'ARTICLE L. 8241-3 *(Décr. n° 2017-1879 du 29 déc. 2017, en vigueur le 1er janv. 2018).*

Art. R. 8241-1 *(Décr. n° 2017-1879 du 29 déc. 2017, en vigueur le 1er janv. 2018)* I. — La durée d'existence maximale des jeunes entreprises mentionnées au 1° de l'article L. 8241-3 s'apprécie à compter de la date d'immatriculation à un registre professionnel ou, le cas échéant, de déclaration par l'entreprise de son activité.

II. — Le décompte des effectifs des entreprises mentionnés au *(Décr. n° 2019-1586 du 31 déc. 2019, art. 2, en vigueur le 1er janv. 2020)* « 2° du » I de l'article L. 8241-3 s'effectue en référence à l'effectif occupé au dernier jour de l'année précédente et conformément aux dispositions de l'article L. 1111-2.

Art. R. 8241-2 *(Décr. n° 2017-1879 du 29 déc. 2017, en vigueur le 1er janv. 2018)* I. — Une convention de mise à disposition est conclue entre l'entreprise prêteuse et l'entreprise utilisatrice. Cette convention mentionne l'identité et la qualification du salarié concerné et le mode de détermination des salaires, des charges sociales et des frais professionnels qui seront facturés le cas échéant à l'entreprise utilisatrice par l'entreprise prêteuse. Elle précise la durée et la finalité poursuivie par l'opération de prêt au regard du premier alinéa de l'article L. 8241-3 du présent code et les missions confiées au salarié concerné.

L'employeur met à disposition du comité social et économique les informations relatives au nombre de conventions de mise à disposition conclues et aux types de postes occupés dans l'entreprise utilisatrice par les salariés mis à disposition, dans le cadre de la *(Décr. n° 2022-678 du 26 avr. 2022, art. 3)* « base de données économiques, sociales et environnementales » mentionnée à l'article L. 2312-18.

Les articles L. 1251-21 à L. 1251-24, les 2° et 3° de l'article L. 2312-6 et l'article L. 5221-4 du présent code ainsi que les articles L. 412-3 à L. 412-7 du code de la sécurité sociale sont applicables aux opérations mentionnées à l'article L. 8241-3.

II. — La mise à disposition ne peut être mise en œuvre qu'avec l'accord exprès et écrit du salarié concerné.

A l'issue de sa mise à disposition, le salarié retrouve son poste de travail ou un poste équivalent dans l'entreprise prêteuse sans que l'évolution de sa carrière ou de sa rémunération ne soit affectée par la période de prêt.

Un salarié ne peut être sanctionné, licencié ou faire l'objet d'une mesure discriminatoire pour avoir refusé une proposition de mise à disposition.

La mise à disposition ne peut affecter la protection dont jouit un salarié en vertu d'un mandat représentatif.

Pendant la période de prêt de main-d'œuvre, le contrat de travail qui lie le salarié à l'entreprise prêteuse n'est ni rompu ni suspendu. Le salarié continue d'appartenir au personnel de l'entreprise prêteuse. Il conserve le bénéfice de l'ensemble des dispositions conventionnelles dont il aurait bénéficié s'il avait exécuté son travail dans l'entreprise prêteuse.

CHAPITRE II ACTIONS EN JUSTICE

Art. R. 8242-1 *(Décr. n° 2015-364 du 30 mars 2015, art. 15)* Le salarié est informé de l'action en justice envisagée par l'organisation syndicale représentative en application de l'article L. 8242-1 *(Décr. n° 2015-1327 du 21 oct. 2015, art. 2)* « par tout moyen conférant date certaine. Cette information » précise la nature et l'objet de l'action envisagée par l'organisation syndicale et indique que :

1° Le salarié peut faire connaître à l'organisation syndicale son opposition à l'action envisagée dans un délai de quinze jours à compter de la date de réception de la lettre ;

2° L'organisation syndicale peut exercer elle-même les voies de recours ;

3° Le salarié peut, à tout moment, intervenir dans l'instance engagée par l'organisation syndicale.

Art. R. 8242-2 Passé le délai de quinze jours prévu au 4° de l'article R. 8242-1, l'acceptation du salarié est considérée comme tacitement acquise. — [*Anc. art. R. 125-2, al. 6.*]

CHAPITRE III DISPOSITIONS PÉNALES

Le présent chapitre ne comprend pas de dispositions réglementaires.

TITRE V EMPLOI D'ÉTRANGERS NON AUTORISÉS À TRAVAILLER (*Décr. n° 2016-1456 du 28 oct. 2016, art. 26*).

CHAPITRE I INTERDICTIONS

Le présent chapitre ne comprend pas de dispositions réglementaires.

CHAPITRE II DROITS DU SALARIÉ ÉTRANGER

SECTION 1 Information des étrangers non autorisés à travailler au regard de leurs droits (*Décr. n° 2016-1456 du 28 oct. 2016, art. 26*).

(*Décr. n° 2011-1693 du 30 nov. 2011*)

Art. R. 8252-1 Lorsque l'un des agents mentionnés à l'article L. 8271-7 constate qu'un travailleur étranger est occupé sans être en possession d'un titre l'autorisant à exercer une activité salariée en France, il lui remet un document l'informant de ses droits dont le contenu est défini à l'article R. 8252-2.

SECTION 2 Le document d'information

(*Décr. n° 2011-1693 du 30 nov. 2011*)

Art. R. 8252-2 Le document remis au salarié étranger (*Décr. n° 2016-1456 du 28 oct. 2016, art. 26*) « non autorisé à travailler » comporte les informations suivantes :

1° Dans tous les cas :

a) Le droit aux salaires et indemnités mentionnés aux 1° et 2° de l'article L. 8252-2 ;

b) L'obligation qui incombe à l'employeur de remettre les bulletins de paie, le certificat de travail et le solde de tout compte correspondant à la période d'emploi dans l'entreprise ;

c) La possibilité, lorsqu'il est placé dans l'une des situations mentionnées à la dernière phrase du premier alinéa de l'article L. 8252-4, d'obtenir le recouvrement des salaires et des indemnités auprès de l'Office français de l'immigration et de l'intégration ;

d) La possibilité, le cas échéant, de saisir la juridiction compétente en matière prud'homale aux fins d'obtenir le paiement des salaires et des indemnités, pour la partie non recouvrée par l'Office français de l'immigration et de l'intégration, notamment par l'intermédiaire d'une organisation syndicale représentative, conformément aux dispositions de l'article L. 8255-1 ;

e) La possibilité de saisir également la juridiction compétente en matière prud'homale afin de réclamer des dommages et intérêts s'il est en mesure d'établir l'existence d'un préjudice non réparé au titre des dispositions de l'article L. 8252-2 ;

f) La possibilité de porter plainte contre une personne qu'il accuse d'avoir commis à son encontre les infractions visées aux articles 225-4-1 à 225-4-6 et 225-5 à 225-10 du code pénal et de pouvoir bénéficier à cet effet d'une carte de séjour temporaire durant la procédure, au titre de (*Décr. n° 2020-1734 du 16 déc. 2020, art. 14, en vigueur le 1ᵉʳ mai 2021*) « l'article L. 425-1 » du code de l'entrée et du séjour des étrangers et du droit d'asile ;

2° En outre, l'indication de l'indemnité forfaitaire mentionnée au 2° de l'article L. 8252-2 ou celle prévue par l'article L. 8223-1, en cas d'emploi dans les conditions définies aux articles L. 8221-3 et L. 8221-5.

Le document est traduit dans les langues les plus couramment utilisées désignées par le ministre chargé de l'immigration.

SECTION 3 Modalités de paiement, de recouvrement et de versement des salaires et indemnités dus au salarié étranger non autorisé à travailler *(Décr. n° 2016-1456 du 28 oct. 2016, art. 26).*

(Décr. n° 2011-1693 du 30 nov. 2011)

SOUS-SECTION 1 Dispositions générales

Art. R. 8252-4 L'organisme mentionné à l'article L. 8252-4 est l'Office français de l'immigration et de l'intégration.

Art. R. 8252-5 Lorsqu'un des agents mentionnés à l'article L. 8271-7 a relevé une infraction à l'emploi d'étranger *(Décr. n° 2016-1456 du 28 oct. 2016, art. 26)* « non autorisé à travailler », il en informe sans délai l'Office français de l'immigration et de l'intégration, en précisant l'identité du contrevenant, du ou des salariés concernés ainsi que tout élément relatif à la mise en œuvre des dispositions de l'article L. 8252-2. Le préfet du département et, à Paris, le préfet de police tiennent l'office informé des mesures prises à l'égard du salarié concerné. Ce dernier informe l'office de sa situation au regard du règlement des sommes auxquelles il a droit en application de l'article L. 8252-2.

SOUS-SECTION 2 Paiement spontané par l'employeur des salaires et indemnités dus au salarié étranger non autorisé à travailler *(Décr. n° 2016-1456 du 28 oct. 2016, art. 26).*

Art. R. 8252-6 L'employeur d'un étranger *(Décr. n° 2016-1456 du 28 oct. 2016, art. 26)* « non autorisé à travailler » s'acquitte par tout moyen, dans le délai mentionné à l'article L. 8252-4, des salaires et indemnités déterminés à l'article L. 8252-2.

Il remet au salarié étranger *(Décr. n° 2016-1456 du 28 oct. 2016, art. 26)* « non autorisé à travailler » les bulletins de paie correspondants, un certificat de travail ainsi que le solde de tout compte. Il justifie, auprès de l'Office français de l'immigration et de l'intégration, par tout moyen, de l'accomplissement de ses obligations légales.

Art. R. 8252-7 Lorsque le salarié étranger est placé en rétention administrative, est assigné à résidence ou n'est déjà plus sur le territoire national, son employeur s'acquitte des sommes déterminées à l'article L. 8252-2, dans le délai mentionné à l'article L. 8252-4, auprès de l'Office français de l'immigration et de l'intégration, lequel les reverse à l'intéressé.

SOUS-SECTION 3 Recouvrement forcé des salaires et indemnités dus au salarié étranger non autorisé à travailler *(Décr. n° 2016-1456 du 28 oct. 2016, art. 26).*

Art. R. 8252-8 Pour tout salarié étranger placé en rétention administrative, assigné à résidence ou qui ne se trouve plus sur le territoire national, le directeur général de l'office rappelle à son employeur, par lettre recommandée avec avis de réception ou par tout autre moyen permettant de faire la preuve de sa réception par le destinataire, qu'il doit, s'il ne s'est pas déjà acquitté des sommes mentionnées à l'article R. 8252-6, les verser sans délai sur un compte ouvert par l'office au nom du salarié étranger concerné.

A défaut de règlement par l'employeur au terme du délai mentionné à l'article L. 8252-4, le directeur général émet à son encontre un titre exécutoire correspondant aux sommes dues en application de l'article L. 8252-2, pour permettre à l'agent comptable de l'office d'en effectuer le recouvrement. Le directeur général notifie sa décision à l'employeur ainsi que le titre de recouvrement par lettre recommandée avec avis de réception ou par tout autre moyen permettant de faire la preuve de sa réception par le destinataire.

Le recouvrement des sommes mentionnées au présent article est réalisé conformément aux dispositions régissant les états exécutoires émis pour le recouvrement des créances des établissements publics nationaux.

Si le salarié étranger est toujours sur le territoire national, l'agent comptable de l'office reverse les sommes au salarié étranger concerné.

ÉTRANGERS SANS TITRE DE TRAVAIL **Art. R. 8253-2**

Si le salarié étranger a quitté le territoire national, ces sommes sont transférées dans le pays où il est retourné ou a été reconduit afin qu'elles lui soient remises. Les frais d'envoi mentionnés au 3° de l'article L. 8252-2 sont mis à la charge de l'employeur.

Art. R. 8252-9 Si, dans la situation du salarié étranger mentionnée à l'article R. 8252-8, le directeur général de l'Office français de l'immigration et de l'intégration décide de mettre en œuvre la solidarité financière du donneur d'ordre mentionné à l'article L. 8254-2, il informe le donneur d'ordre, par lettre recommandée avec avis de réception ou par tout autre moyen permettant de faire la preuve de sa réception par le destinataire, qu'il doit verser les sommes dues sur un compte ouvert par l'office au nom du salarié étranger concerné.

A défaut de règlement par le donneur d'ordre au terme du délai fixé dans la décision mentionnée à l'alinéa précédent, qui ne peut être inférieur à quinze jours suivant sa notification, il est procédé dans les mêmes conditions qu'à l'article R. 8252-8.

SOUS-SECTION 4 **Recouvrement des sommes dues au salarié étranger non autorisé à travailler sur décision judiciaire** (Décr. n° 2016-1456 du 28 oct. 2016, art. 26).

§ 1   Dispositions générales

Art. R. 8252-10 Lorsque la juridiction statuant en matière prud'homale, saisie par un salarié étranger (Décr. n° 2016-1456 du 28 oct. 2016, art. 26) « non autorisé à travailler » ou son représentant, en application de l'article L. 8252-2, a rendu une décision passée en force de chose jugée condamnant l'employeur ou le donneur d'ordre au paiement des sommes restant dues, le greffe transmet une copie de cette décision au directeur général de l'Office français de l'immigration et de l'intégration.

Art. R. 8252-11 Lorsqu'une juridiction correctionnelle a prononcé une décision définitive condamnant une personne pour avoir recouru sciemment aux services d'un employeur d'un étranger (Décr. n° 2016-1456 du 28 oct. 2016, art. 26) « non autorisé à travailler », le greffe transmet une copie de la décision au directeur général de l'Office français de l'immigration et de l'intégration, afin de lui permettre de procéder à la mise en œuvre de la solidarité financière prévue à l'article L. 8254-2-2.

§ 2   Intervention de l'Office français de l'immigration et de l'intégration saisi sur décision judiciaire

Art. R. 8252-12 Lorsque le directeur général de l'Office français de l'immigration et de l'intégration est saisi d'une décision judiciaire mentionnée à l'article R. 8252-10, il enjoint la personne condamnée de verser ces sommes sur un compte ouvert au nom du salarié étranger concerné, par lettre recommandée avec avis de réception ou par tout autre moyen permettant de faire la preuve de sa réception par le destinataire.

A défaut de règlement par la personne condamnée au terme du délai fixé dans la décision mentionnée à l'alinéa précédent, qui ne peut être inférieur à quinze jours suivant sa notification, il est procédé dans les mêmes conditions qu'à l'article R. 8252-8.

Art. R. 8252-13 Lorsque le directeur général de l'Office français de l'immigration et de l'intégration est saisi d'une décision pénale mentionnée à l'article R. 8252-11, il met en œuvre dans les mêmes conditions la procédure prévue à l'article R. 8252-8.

CHAPITRE III **CONTRIBUTION SPÉCIALE**

Art. R. 8253-1 (Décr. n° 2012-812 du 16 juin 2012, art. 2) La contribution spéciale prévue à l'article L. 8253-1 est due pour chaque étranger employé en méconnaissance des dispositions du premier alinéa de l'article L. 8251-1.

Cette contribution est à la charge de l'employeur qui a embauché ou employé un travailleur étranger non muni d'une autorisation de travail.

Art. R. 8253-2 (Décr. n° 2013-467 du 4 juin 2013, art. 1er) I. – Le montant de la contribution spéciale prévue à l'article L. 8253-1 est égal à 5 000 fois le taux horaire, à la date de la constatation de l'infraction, du minimum garanti prévu à l'article L. 3231-12.

II. – Ce montant est réduit à 2 000 fois le taux horaire du minimum garanti dans l'un ou l'autre des cas suivants :

1° Lorsque le procès-verbal d'infraction ne mentionne pas d'autre infraction commise à l'occasion de l'emploi du salarié étranger en cause que la méconnaissance des dispositions du premier alinéa de l'article L. 8251-1 ;

2° Lorsque l'employeur s'est acquitté des salaires et indemnités mentionnés à l'article L. 8252-2 dans les conditions prévues par les articles R. 8252-6 et R. 8252-7.

III. – Dans l'hypothèse mentionnée au 2° du II, le montant de la contribution spéciale est réduit à 1 000 fois le taux horaire du minimum garanti lorsque le procès-verbal d'infraction ne mentionne l'emploi que d'un seul étranger sans titre l'autorisant à exercer une activité salariée en France.

IV. – Le montant de la contribution spéciale est porté à 15 000 fois le taux horaire du minimum garanti lorsqu'une méconnaissance du premier alinéa de l'article L. 8251-1 a donné lieu à l'application de la contribution spéciale à l'encontre de l'employeur au cours de la période de cinq années précédant la constatation de l'infraction.

Art. R. 8253-3 (Décr. n° 2012-812 du 16 juin 2012, art. 2) Au vu des procès-verbaux qui lui sont transmis en application de l'article L. 8271-17, le directeur général de l'Office français de l'immigration et de l'intégration indique à l'employeur, par lettre recommandée avec avis de réception ou par tout autre moyen permettant de faire la preuve de sa date de réception par le destinataire, que les dispositions de l'article L. 8253-1 sont susceptibles de lui être appliquées et qu'il peut présenter ses observations dans un délai de quinze jours.

Art. R. 8253-4 (Décr. n° 2012-812 du 16 juin 2012, art. 2) A l'expiration du délai fixé, le directeur général de l'Office français de l'immigration et de l'intégration décide, au vu des observations éventuelles de l'employeur, de l'application de la contribution spéciale prévue à l'article L. 8253-1 (Abrogé par Décr. n° 2020-163 du 26 févr. 2020, art. 3) « , la liquide et émet le titre de perception correspondant ».

(Décr. n° 2020-163 du 26 févr. 2020, art. 3) « Le ministre chargé de l'immigration est l'autorité compétente pour la liquider et émettre le titre de perception correspondant. »

La créance est recouvrée par le comptable public compétent comme en matière de créances étrangères à l'impôt et au domaine.

CHAPITRE IV SOLIDARITÉ FINANCIÈRE DU DONNEUR D'ORDRE

SECTION 1 Vérifications préalables

Art. D. 8254-1 Les vérifications à la charge de la personne qui conclut un contrat, prévues aux articles L. 8254-1 et L. 8254-3, sont obligatoires pour toute opération d'un montant au moins égal à (Décr. n° 2015-364 du 30 mars 2015, art. 13-II) « 5 000 euros hors taxes ». – [Anc. art. L. 341-6-4, al. 1er et 2.]

Art. D. 8254-2 La personne à qui les vérifications prévues à l'article L. 8254-1 s'imposent se fait remettre, par son cocontractant, lors de la conclusion du contrat, la liste nominative des salariés étrangers employés par ce dernier et soumis à l'autorisation de travail prévue à l'article L. 5221-2.

Cette liste, établie à partir du registre unique du personnel, précise pour chaque salarié :

1° Sa date d'embauche ;

2° Sa nationalité ;

3° Le type et le numéro d'ordre du titre valant autorisation de travail. – [Anc. art. R. 341-30, al. 1er.]

Art. D. 8254-3 Lorsque le contrat est conclu avec un prestataire établi à l'étranger détachant des salariés sur le territoire national pour l'exécution de ce contrat, dans les conditions définies à l'article L. 1262-1, elle se fait remettre, lors de la conclusion du contrat, une liste nominative des salariés étrangers soumis à autorisation de travail, comprenant les indications prévues à l'article D. 8254-2. – [Anc. art. R. 341-30-1, phrase 1.]

Art. D. 8254-4 Sauf en ce qui concerne les particuliers, la liste nominative des salariés étrangers soumis à autorisation de travail est adressée tous les six mois, jusqu'à la fin de l'exécution du contrat. – *[Anc. art. R. 341-30, al. 2, phrase 1 et anc. art. R. 341-30-1, phrase 2.]*

Art. D. 8254-5 Pour les entreprises de travail temporaire, la communication de la liste nominative prévue à l'article D. 8254-2 est réputée accomplie lorsque les informations relatives au salarié étranger figurent dans le contrat de mise à disposition conclu avec l'utilisateur. – *[Anc. art. R. 341-30, al. 2, phrase 2.]*

Art. D. 8254-6 L'agent de contrôle qui constate l'embauche ou l'emploi d'un étranger non muni d'un titre l'autorisant à exercer une activité salariée en France par le cocontractant prévu à l'article D. 8254-2, s'assure auprès de la personne à laquelle ce même article est applicable qu'elle s'est fait remettre par ce cocontractant la liste nominative des salariés étrangers soumis à autorisation de travail.

Lorsque cette liste n'a pas été remise, l'agent de contrôle le mentionne dans le procès-verbal prévu à l'article *(Décr. n° 2012-812 du 16 juin 2012, art. 3)* « L. 8271-17 » ou dans une notice qui lui est annexée en précisant :

1° L'identité et l'adresse de chacune des personnes intéressées ;

2° L'objet et le montant de chacun des contrats qu'elles ont conclus en méconnaissance des obligations prévues à l'article L. 8254-1.

Un exemplaire du procès-verbal et, le cas échéant, de la notice sont adressés au *(Décr. n° 2020-1545 du 9 déc. 2020, art. 28-X, en vigueur le 1er avr. 2021)* « directeur régional de l'économie, de l'emploi, du travail et des solidarités ».

SECTION 2 Méconnaissance de l'obligation

Art. D. 8254-7 Indépendamment de la procédure prévue aux articles R. 8253-2 et suivants, le *(Décr. n° 2020-1545 du 9 déc. 2020, art. 28-X, en vigueur le 1er avr. 2021)* « directeur régional de l'économie, de l'emploi, du travail et des solidarités » informe chaque personne mentionnée dans le procès-verbal ou la notice, par lettre recommandée avec avis de réception, que les dispositions de l'article L. 8254-2 sont susceptibles de lui être appliquées et qu'elle peut lui adresser des observations dans un délai de quinze jours.

Art. D. 8254-8 *Abrogé par Décr. n° 2008-1510 du 30 déc. 2008.*

Art. D. 8254-9 Dès que le délai de quinze jours est expiré et qu'il dispose des pièces mentionnées aux deuxième et troisième alinéas de l'article D. 8254-11, le directeur général de l'*(Décr. n° 2009-331 du 25 mars 2009)* « Office français de l'immigration et de l'intégration » peut prescrire aux personnes mentionnées à l'article L. 8254-1 de consigner, sans délai, entre les mains de l'agent comptable de l'agence *[l'Office]*, une somme égale à 40 % du montant de la contribution spéciale. Cette somme est calculée conformément à l'article R. 8253-8.

Les dispositions de l'article R. 8253-10 sont applicables à cette consignation. – *[Anc. art. R. 341-32-1, al. 1er et 2.]*

Art. D. 8254-10 Lorsque plusieurs personnes sont mentionnées au titre du même salarié étranger dans le procès-verbal mentionné à l'article R. 8253-2 et qu'il a ordonné la consignation, le directeur général de l'*(Décr. n° 2009-331 du 25 mars 2009)* « Office français de l'immigration et de l'intégration » répartit à due proportion le montant de la somme à consigner entre ces personnes. – *[Anc. art. R. 341-32-1, al. 3.]*

Art. D. 8254-11 Le *(Décr. n° 2020-1545 du 9 déc. 2020, art. 28-X, en vigueur le 1er avr. 2021)* « directeur régional de l'économie, de l'emploi, du travail et des solidarités » vérifie que les conditions des articles L. 8254-1 et suivants sont réunies et demande à l'agent verbalisateur, si nécessaire, toutes informations complémentaires.

Il transmet au directeur général de l'*(Décr. n° 2009-331 du 25 mars 2009)* « Office français de l'immigration et de l'intégration », son avis sur les modalités de mise en œuvre de la contribution spéciale à l'égard de chacune des personnes mentionnées dans la procédure.

Cet avis est accompagné du procès-verbal et de la notice qui lui est éventuellement annexée, ainsi que des observations de chacune de ces personnes s'il en a été produit.

Art. D. 8254-12 Au vu des documents qui lui sont transmis en application des articles D. 8254-2, D. 8254-4 et D. 8254-5, le directeur général de l'*(Décr. n° 2009-331 du 25 mars 2009)* « Office français de l'immigration et de l'intégration » décide, conformément à l'article R. 8253-6, de l'application de la contribution spéciale à l'employeur qui a occupé le salarié étranger non muni d'un titre de travail.

S'il décide de faire application de la règle de solidarité financière prévue à l'article L. 8254-2, il notifie le titre de recouvrement soit à celui qui a occupé le salarié, soit aux personnes mentionnées à ce même article. — *[Anc. art. R. 341-34, al. 1ᵉʳ.]*

Art. D. 8254-13 Lorsque plusieurs personnes sont concernées par l'application, au titre du même salarié étranger, de la règle de solidarité financière prévue à l'article L. 8254-2, le directeur général de l'*(Décr. n° 2009-331 du 25 mars 2009)* « Office français de l'immigration et de l'intégration » répartit le montant de la contribution spéciale à due proportion du nombre de personnes ayant contracté en méconnaissance des dispositions de l'article D. 8254-2. — *[Anc. art. R. 341-34, al. 2.]*

Art. D. 8254-14 Lorsque la contribution spéciale est mise à la charge des personnes mentionnées à l'article L. 8254-1, elle est déterminée et recouvrée conformément aux dispositions des articles R. 8253-1, R. 8253-7, R. 8253-8, R. 8253-11, R. 8253-13 et R. 8253-14. — *[Anc. art. R. 341-35.]*

CHAPITRE V ACTIONS EN JUSTICE

Art. D. 8255-1 *(Décr. n° 2015-364 du 30 mars 2015, art. 15-III)* Le salarié est informé de l'action en justice envisagée par l'organisation syndicale représentative en application de l'article L. 8255-1 par tout moyen conférant date certaine. Cette information précise la nature et l'objet de l'action envisagée par l'organisation syndicale et indique que :

1° Le salarié peut faire connaître à l'organisation syndicale son opposition à l'action envisagée ;

2° L'organisation syndicale peut exercer elle-même les voies de recours ;

3° Le salarié peut toujours intervenir dans l'instance engagée par l'organisation syndicale.

CHAPITRE VI DISPOSITIONS PÉNALES

Art. R. 8256-1 Le fait d'engager ou de conserver à son service un étranger dans une catégorie professionnelle, une profession ou une zone géographique autres que celles mentionnées, le cas échéant, sur le titre de travail mentionné au premier alinéa de l'article L. 8251-1, en méconnaissance du second alinéa de ce même article, est puni de l'amende prévue pour les contraventions de la cinquième classe.

La récidive est réprimée conformément aux articles 132-11 et 132-15 du code pénal. — *[Anc. art. R. 364-1.]*

TITRE VI CUMULS IRRÉGULIERS D'EMPLOIS

CHAPITRE I INTERDICTIONS ET DÉROGATIONS

Art. D. 8261-1 Les agents de l'inspection du travail peuvent se faire communiquer, par les chefs d'établissement soumis à leur contrôle, la liste des noms et adresses de tous les fournisseurs de ces établissements et, pour chacun de ces fournisseurs, une lettre ou tout autre document faisant mention de l'inscription au registre du commerce ou au registre *(Décr. n° 2022-1015 du 19 juill. 2022, art. 9, en vigueur le 1ᵉʳ janv. 2023)* « national des entreprises en tant qu'entreprise du secteur des métiers et de l'artisanat *[ancienne rédaction : des métiers]* ».

Art. D. 8261-2 Lorsque des présomptions tirées notamment des conditions d'organisation du travail de tout ou partie des salariés employés dans une entreprise laissent craindre à l'inspecteur ou au contrôleur du travail que cet emploi constitue une infraction à la fois à l'interdiction de cumul d'emploi prévue à l'article L. 8261-1 et à la dérogation prévue à l'article L. 8261-3, il peut demander à l'employeur d'exiger des

CONTRÔLE DU TRAVAIL ILLÉGAL — **Art. D. 8272-2** 3171

salariés désignés une attestation écrite certifiant qu'ils ne contreviennent pas à ces mêmes dispositions ou à celles relatives à la durée du travail. — *[Anc. art. D. 324-2.]*

CHAPITRE II DISPOSITIONS PÉNALES

Art. R. 8262-1 Le fait, pour un salarié, d'accomplir des travaux rémunérés au-delà de la durée maximale hebdomadaire du travail, telle qu'elle ressort des dispositions légales de sa profession, en méconnaissance des dispositions de l'article L. 8261-1, est puni de l'amende prévue pour les contraventions de la cinquième classe.
La récidive est réprimée conformément aux articles 132-11 et 132-15 du code pénal.
— *[Anc. art. R. 362-4.]*

Art. R. 8262-2 Le fait de recourir aux services d'une personne qui méconnaît les dispositions de l'article L. 8261-1 est puni de l'amende prévue pour les contraventions de la cinquième classe.
La récidive est réprimée conformément aux articles 132-11 et 132-15 du code pénal.
— *[Anc. art. R. 362-4.]*

TITRE VII CONTRÔLE DU TRAVAIL ILLÉGAL

CHAPITRE I COMPÉTENCE DES AGENTS

SECTION UNIQUE Cumuls irréguliers d'emplois

Art. D. 8271-1 Pour l'application des articles L. 8261-1 et suivants, relatifs aux interdictions et dérogations de cumul d'emplois, les droits et pouvoirs des inspecteurs du travail et contrôleurs du travail, définis au livre I, sont étendus à tous les établissements dont le chef exerce habituellement une profession industrielle, commerciale ou artisanale, même s'il s'agit d'établissements de famille ou n'occupant pas de salariés.
Les chefs de ces établissements tiennent à la disposition des agents de l'inspection du travail toutes justifications de leurs inscriptions soit au registre du commerce, soit au registre (*Décr. n° 2022-1015 du 19 juill. 2022, art. 9, en vigueur le 1ᵉʳ janv. 2023*) « national des entreprises en tant qu'entreprise du secteur des métiers et de l'artisanat *[ancienne rédaction : des métiers]* ».

CHAPITRE II SANCTIONS ADMINISTRATIVES

SECTION 1 Refus d'attribution et remboursement des aides publiques

(*Décr. n° 2011-1693 du 30 nov. 2011*)

SOUS-SECTION 1 Dispositions générales

Art. D. 8272-1 Pour l'application de l'article L. 8272-1, l'autorité compétente est l'autorité gestionnaire des aides publiques. Cette autorité peut, dans les conditions prévues à la présente section, refuser d'accorder les aides publiques, ou demander leur remboursement, correspondant aux dispositifs suivants :
1° Contrat d'apprentissage ;
2° Contrat unique d'insertion ;
3° Contrat de professionnalisation ;
4° Prime à la création d'emploi (*Décr. n° 2018-953 du 31 oct. 2018, art. 9*) « en Guadeloupe, en Guyane, en Martinique, à Mayotte, à La Réunion » et à Saint-Pierre-et-Miquelon ;
5° Aides des collectivités territoriales et de leurs groupements prévues aux articles L. 1511-1 à L. 1511-5 du code général des collectivités territoriales ;
6° Aides et subventions de soutien à la création, à la production et à la diffusion du spectacle vivant et enregistré ;
(*Décr. n° 2019-555 du 4 juin 2019, art. 4*) « 7° Allocation d'activité partielle prévue à l'article L. 5122-1. »

Art. D. 8272-2 Toute décision de refus ou de remboursement des aides publiques prise par l'autorité compétente est portée à la connaissance du préfet du département situé dans le ressort de l'autorité mentionnée à l'article D. 8272-1, ou, à Paris, du préfet de police.

SOUS-SECTION 2 **Refus des aides publiques**

Art. D. 8272-3 Lorsque l'autorité compétente est saisie d'une demande pour l'une des aides mentionnées à l'article D. 8272-1, elle vérifie si le demandeur a été verbalisé pour l'une des infractions constitutives du travail illégal prévues à l'article L. 8211-1, dans les douze mois précédant sa demande, auprès du préfet mentionné à l'article D. 8272-2.

V. Circ. intermin. NOR : EFIZ1239322C du 28 nov. 2012 relative aux sanctions administratives suite à un procès-verbal relevant une infraction de travail illégal.

Art. D. 8272-4 Si l'entreprise ou son responsable de droit ou de fait ont été verbalisés dans les douze mois précédant la demande, l'autorité compétente peut décider de refuser l'aide sollicitée. Elle informe alors l'entreprise, par lettre recommandée avec avis de réception ou par tout autre moyen permettant de faire la preuve de sa réception par le destinataire, de son intention en lui précisant qu'elle peut présenter ses observations écrites dans un délai de quinze jours.

A l'expiration du délai fixé, l'autorité compétente peut décider, au vu des observations éventuelles de l'entreprise, de ne pas lui attribuer l'aide sollicitée pendant une durée maximale de cinq ans qu'elle détermine en fonction des critères mentionnés au premier alinéa de l'article L. 8272-1, compte tenu de sa situation économique, sociale et financière. Elle lui notifie sa décision par lettre recommandée avec avis de réception ou par tout autre moyen permettant de faire la preuve de sa réception par le destinataire et en adresse copie au préfet.

SOUS-SECTION 3 **Remboursement des aides publiques**

Art. D. 8272-5 Au vu des informations qui lui sont transmises sur la verbalisation d'une entreprise ou de son responsable de droit ou de fait, le préfet mentionné à l'article D. 8272-2 informe les autorités compétentes gestionnaires des aides mentionnées à l'article D. 8272-1 qu'elles peuvent enjoindre l'entreprise de rembourser tout ou partie des aides versées au cours des douze mois précédant l'établissement du procès-verbal de constatation de l'infraction.

Art. D. 8272-6 Si l'autorité compétente décide de mettre en œuvre la sanction prévue à l'article L. 8272-1, elle informe l'entreprise concernée, par lettre recommandée avec avis de réception ou par tout autre moyen permettant de faire la preuve de sa réception par le destinataire, de son intention en lui précisant qu'elle peut présenter ses observations écrites dans un délai de quinze jours.

A l'expiration du délai fixé, l'autorité compétente peut décider, au vu des observations éventuelles de l'entreprise, le remboursement de tout ou partie des aides publiques octroyées au cours des douze mois précédant l'établissement du procès-verbal de constatation de l'infraction, en fonction des critères mentionnés au premier alinéa de l'article L. 8272-1, compte tenu de sa situation économique, sociale et financière. Elle lui notifie sa décision par lettre recommandée avec avis de réception ou par tout autre moyen permettant de faire la preuve de sa réception par le destinataire et en adresse copie au préfet.

SECTION 2 **Dispositions relatives à la fermeture administrative et à l'exclusion des contrats administratifs mentionnés aux articles L. 551-1 et L. 551-5 du code de justice administrative**

(Décr. n° 2011-1693 du 30 nov. 2011)

SOUS-SECTION 1 **Dispositions générales**

Art. R. 8272-7 Le préfet du département dans lequel est situé l'établissement, ou, à Paris *(Décr. n° 2018-583 du 6 juill. 2018, art. 8)* « et sur les emprises des aérodromes de Paris-Charles de Gaulle, Paris-Le Bourget et Paris-Orly, » le préfet de police, peut

CONTRÔLE DU TRAVAIL ILLÉGAL **Art. R. 8272-9** 3173

décider, au vu des informations qui lui sont transmises, de mettre en œuvre à l'égard de l'employeur verbalisé l'une ou les mesures prévues aux articles L. 8272-2 et L. 8272-4, en tenant compte de l'ensemble des éléments de la situation constatée, et notamment des autres sanctions qu'il encourt. Préalablement, il informe l'entreprise, par lettre recommandée avec avis de réception ou par tout autre moyen permettant de faire la preuve de sa réception par le destinataire, de son intention en lui précisant la ou les mesures envisagées et l'invite à présenter ses observations dans un délai de quinze jours. A l'expiration de ce délai, au vu des observations éventuelles de l'entreprise, le préfet peut décider de la mise à exécution de la ou des sanctions appropriées. Il notifie sa décision à l'entreprise par lettre recommandée avec avis de réception ou par tout autre moyen permettant de faire la preuve de sa réception par le destinataire et transmet immédiatement une copie au procureur de la République. Il en adresse copie au préfet du siège de l'entreprise si l'établissement est situé dans un département différent.

SOUS-SECTION 2 **Fermeture administrative et arrêt d'activité** (Décr. n° 2019-555 du 4 juin 2019, art. 4).

Art. R. 8272-8 (Décr. n° 2015-364 du 30 mars 2015, art. 16-I) « Le préfet tient compte, pour déterminer la durée de fermeture d'au plus trois mois (Décr. n° 2019-555 du 4 juin 2019, art. 4) « du ou des établissements ayant servi à commettre l'infraction » conformément à l'article L. 8272-2, de la nature, du nombre, de la durée de la ou des infractions relevées, du nombre de salariés concernés ainsi que de la situation économique, sociale et financière de l'entreprise ou de l'établissement. »
(Décr. n° 2019-555 du 4 juin 2019, art. 4) « La décision du préfet est portée à la connaissance du public par voie d'affichage sur les lieux du ou des établissements. »
Si le préfet décide que la fermeture s'accompagne de la saisie conservatoire du matériel professionnel du contrevenant, la décision précise les machines-outils, les moyens de transport et tout autre matériel appartenant à l'employeur, utilisés dans le secteur d'activité dont relève l'établissement concerné, sur lesquels la saisie porte effet.

Art. R. 8272-9 Lorsque l'activité de l'employeur mis en cause s'exerce dans un lieu temporaire de travail ou dans un établissement ne relevant pas de son entreprise, le préfet du département dans le ressort duquel se trouve l'établissement mis en cause, ou, à Paris (Décr. n° 2018-583 du 6 juill. 2018, art. 8) « et sur les emprises des aérodromes de Paris-Charles de Gaulle, Paris-Le Bourget et Paris-Orly », le préfet de police, peut infliger la sanction prévue à l'article L. 8272-2 en décidant la fermeture de l'établissement employeur dans les mêmes conditions qu'à l'article R. 8272-8 (Décr. n° 2019-555 du 4 juin 2019, art. 4) « ou l'arrêt de l'activité de l'entreprise sur les lieux du chantier ou sur le site dans lesquels a été commis l'infraction ou le manquement ».
Al. abrogé par Décr. n° 2019-555 du 4 juin 2019, art. 4.
(Décr. n° 2017-825 du 5 mai 2017, art. 6, en vigueur le 1er juill. 2017) « Dans le cas mentionné au cinquième alinéa de l'article L. 8272-2, le préfet peut décider de l'arrêt de l'activité sur un autre site (Décr. n° 2019-555 du 4 juin 2019, art. 4) « où intervient l'entreprise ». Dans ce cas, le préfet détermine la (Décr. n° 2019-555 du 4 juin 2019, art. 4) « durée de fermeture ou de cessation de l'activité » en tenant compte de la gravité de l'infraction ou du manquement constaté et du nombre de salariés qui sont employés sur cet autre site. Lorsque l'autre site sur lequel l'entreprise exerce son activité est situé dans un département distinct de celui où a été constaté l'infraction ou le manquement, le préfet de ce département en informe le préfet du département dans lequel est situé (Décr. n° 2019-555 du 4 juin 2019, art. 4) « l'autre site » et lui communique les documents relatifs au constat de l'infraction ou du manquement, afin qu'il décide, le cas échéant, de l'arrêt de l'activité (Décr. n° 2019-555 du 4 juin 2019, art. 4) « de l'entreprise sur le site se trouvant » dans son département.
« (Décr. n° 2019-555 du 4 juin 2019, art. 4) « Lorsque le site concerné est un chantier de bâtiment ou de travaux publics, la décision » d'arrêt temporaire est prononcée après (Décr. n° 2019-555 du 4 juin 2019, art. 4) « information » du maître d'ouvrage, ou à défaut, du responsable du chantier (Décr. n° 2019-555 du 4 juin 2019, art. 4) « ou du site concerné par l'arrêt de l'activité ». Celui-ci prend les mesures permettant de prévenir tout risque pour la santé ou la sécurité des travailleurs présents sur le site

concerné ainsi que des usagers ou des tiers, qui résulterait de l'arrêt temporaire de l'activité de l'entreprise sanctionnée. »

La décision du préfet est portée à la connaissance du public par voie d'affichage sur les lieux du chantier *(Décr. n° 2019-555 du 4 juin 2019, art. 4)* « ou du site concerné par l'arrêt de l'activité ».

SOUS-SECTION 3 **Exclusion des contrats administratifs**

Art. R. 8272-10 *(Décr. n° 2015-364 du 30 mars 2015, art. 16-II)* Le préfet tient compte, pour déterminer la durée de l'exclusion des contrats administratifs de la personne ayant commis l'infraction conformément à l'article L. 8272-4, de la nature, du nombre, de la durée de la ou des infractions relevées, du nombre de salariés concernés ainsi que de la situation économique, sociale et financière de cette personne.

Art. R. 8272-11 Lorsqu'il est prononcé une décision d'exclusion temporaire à l'encontre d'une entreprise, cette décision vaut pour l'entreprise et son responsable légal qui ne peut soumissionner à d'autres contrats administratifs personnellement ou par personne interposée ou encore en créant une entreprise nouvelle dont il assure la direction en droit ou en fait.

CHAPITRE III COORDINATION INTERMINISTÉRIELLE DE LA LUTTE CONTRE LE TRAVAIL ILLÉGAL

Art. D. 8273-1 à D. 8273-25 *Abrogés par Décr. n° 2008-371 du 18 avr. 2008.*

TITRE VIII OBLIGATION DU DONNEUR D'ORDRE EN MATIÈRE D'APPLICATION DE LA LÉGISLATION DU TRAVAIL

(Décr. n° 2015-364 du 30 mars 2015, art. 17)

CHAPITRE I OBLIGATION DE VIGILANCE ET RESPONSABILITÉ DU DONNEUR D'ORDRE

Art. R. 8281-1 Le maître d'ouvrage ou le donneur d'ordre concerné enjoint l'employeur, dans un délai de vingt-quatre heures à compter de son information, de faire cesser immédiatement le non-respect de l'une des dispositions énumérées par l'article L. 8281-1.

Art. R. 8281-2 Dès réception de l'injonction, l'employeur informe dans un délai de quinze jours le maître d'ouvrage ou le donneur d'ordre des mesures prises pour faire cesser la situation.

Le maître d'ouvrage ou le donneur d'ordre transmet aussitôt cette réponse à l'agent de contrôle auteur du signalement.

Art. R. 8281-3 En l'absence de réponse de l'employeur à son injonction, le maître d'ouvrage ou le donneur d'ordre informe l'agent auteur du signalement dans les deux jours suivant l'expiration du délai prévu par l'article R. 8281-2.

Art. R. 8281-4 Les injonctions et les informations mentionnées aux articles R. 8281-1 à R. 8281-3 sont effectuées par tout moyen leur conférant date certaine.

CHAPITRE II DISPOSITIONS PÉNALES

(Décr. n° 2015-364 du 30 mars 2015, art. 17)

Art. R. 8282-1 Est puni de l'amende prévue pour les contraventions de la cinquième classe le maître d'ouvrage ou le donneur d'ordre, informé par un agent mentionné à l'article L. 8271-1-2 d'une infraction commise par l'employeur à l'une des dispositions légales ou des stipulations conventionnelles énumérées par l'article L. 8281-1 :

1° Qui n'a pas enjoint l'employeur de faire cesser la situation dans le délai mentionné à l'article R. 8281-1 ; ou

2° Qui n'a pas informé l'agent de contrôle auteur du signalement de l'absence de réponse de l'employeur dans le délai mentionné à l'article R. 8281-3.

TITRE IX CARTE D'IDENTIFICATION PROFESSIONNELLE DES SALARIÉS DU BÂTIMENT ET DES TRAVAUX PUBLICS

(Décr. n° 2016-175 du 22 févr. 2016, art. 1er)

Les dispositions du titre IX entre en application le lendemain de la publication de l'arrêté déterminant les conditions de fonctionnement du traitement informatisé des informations relatives aux salariés, aux employeurs et entreprises utilisatrices. — V. Arr. du 20 mars 2017, JO 21 mars (NOR : ETST1708820A).

Dans les deux mois suivant la publication de l'arrêté, les employeurs mentionnés aux premier, deuxième et troisième al. de l'art. R. 8291-1 C. trav. ou, le cas échéant, les entreprises utilisatrices de salariés intérimaires détachés sont tenus de procéder à une déclaration de leurs salariés titulaires d'un contrat conclu avant la date de parution de l'arrêté, auprès de l'union des caisses mentionnée à l'art. R. 8291-2 C. trav. pour l'obtention d'une carte d'identification professionnelle, selon les modalités prévues aux art. R. 8293-5 et R. 8293-6 de ce même code (Décr. n° 2016-175 du 22 févr. 2016, art. 3).

CHAPITRE I DISPOSITIONS GÉNÉRALES

Pour l'entrée en vigueur de ces dispositions, V. ndlr ss. l'intitulé du titre IX.

SECTION 1 Champ d'application

Art. R. 8291-1 Les dispositions du présent titre s'appliquent aux employeurs établis en France dont les salariés accomplissent, dirigent ou organisent, même à titre occasionnel, accessoire ou secondaire, (Décr. n° 2019-555 du 4 juin 2019, art. 4 ; Décr. n° 2020-916 du 28 juill. 2020, art. 4, en vigueur le 30 juill. 2020) « sur un site ou un chantier de bâtiment ou de travaux publics, des travaux » d'excavation, de terrassement, d'assainissement, de construction, de montage et démontage d'éléments préfabriqués, d'aménagements ou équipements intérieurs ou extérieurs, de réhabilitation ou de rénovation, de démolition ou de transformation, de curage, de maintenance ou d'entretien des ouvrages, de réfection ou de réparation ainsi que de peinture et de nettoyage afférents à ces travaux et de toutes opérations annexes qui y sont directement liées.

Elles s'appliquent aux entreprises de travail temporaire établies en France employant des salariés pour effectuer l'un ou plusieurs des travaux mentionnés au premier alinéa et toutes opérations annexes qui y sont directement liées.

Elles s'appliquent aux employeurs qui ne sont pas établis sur le territoire français et qui détachent des salariés pour effectuer l'un ou plusieurs des travaux mentionnés au premier alinéa et toutes opérations annexes qui y sont directement liées dans le cadre d'une prestation de services internationale selon les modalités définies aux articles L. 1262-1 et L. 1262-2, ainsi qu'aux entreprises utilisatrices ayant recours à des salariés détachés intérimaires.

(Décr. n° 2019-555 du 4 juin 2019, art. 4) « Elles s'appliquent aux entreprises non établies sur le territoire français employant un ou plusieurs salariés immatriculés au régime de sécurité sociale français et tenues de remplir leurs obligations relatives aux déclarations et versements des contributions et cotisations sociales d'origine légale ou conventionnelle auprès de l'organisme de recouvrement prévu à l'article R. 243-8-1 du code de la sécurité sociale, lorsque leurs salariés effectuent l'un ou plusieurs des travaux mentionnés au premier alinéa. »

Elles ne s'appliquent pas aux employeurs dont les salariés exercent les métiers suivants, même lorsqu'ils travaillent sur un site ou un chantier de travaux de bâtiment ou de travaux publics : architectes, diagnostiqueurs immobilier, métreurs, coordinateurs en matière de sécurité et de protection de la santé, chauffeurs et livreurs (Décr. n° 2019-555 du 4 juin 2019, art. 4) « , géomètres-topographes et géomètres-experts ».

Pour l'entrée en vigueur de ces dispositions, V. ndlr ss. l'intitulé du titre IX.

Art. R. 8291-1-1 (Décr. n° 2018-1227 du 24 déc. 2018, art. 6) La demande mentionnée à l'article L. 8291-3 est accompagnée d'une description détaillée des travaux ou opérations devant être accomplis par le ou les salariés concernés.

Elle est présentée, par tout moyen conférant date certaine à sa réception, au (Décr. n° 2020-1545 du 9 déc. 2020, art. 28-X, en vigueur le 1er avr. 2021) « directeur régional de l'économie, de l'emploi, du travail et des solidarités » de la région dans laquelle est établie l'entreprise ou situé l'établissement employant les salariés concernés, ou, à défaut d'établissement en France, la région dans laquelle est situé le lieu de la prestation envisagée ou, en cas de pluralité de lieux, de la première des prestations envisagées.

Pour l'application du dernier alinéa de l'article L. 8291-3, la demande, accompagnée des éléments mentionnés au premier alinéa, est présentée par une organisation professionnelle représentative au niveau de la branche professionnelle à la direction générale du travail, qui se prononce dans les conditions prévues au présent article.

Si la demande est incomplète, le service invite son auteur, dans les mêmes formes que la demande, à fournir les éléments complémentaires nécessaires.

L'autorité administrative se prononce dans un délai de trois mois à compter de la date de réception de la demande de rescrit, ou des éléments complémentaires demandés.

A titre expérimental et jusqu'au 1ᵉʳ janv. 2021, en application de l'art. 22 de la L. n° 2018-727 du 10 août 2018, l'employeur ou l'organisation professionnelle d'employeurs représentative au niveau de la branche mentionnés à l'art. L. 8291-3 C. trav. joignent à leur demande un projet de prise de position par lequel ils concluent à l'application ou à la non application des dispositions du titre IX du livre II de la huitième partie du même code à la situation faisant l'objet de la demande.

Le silence gardé par l'autorité administrative pendant un délai de trois mois à compter de la réception d'une demande complète vaut adoption de la prise de position proposée par le demandeur.

Dans les six mois qui précèdent la fin de l'expérimentation, en vue de l'évaluation prévue à l'art. 22 de la L. du 10 août 2018 préc., chaque directeur régional de l'économie, de l'emploi, du travail et des solidarités [ancienne rédaction applicable jusqu'au 31 mars 2021 : directeur régional des entreprises, de la concurrence, de la consommation, du travail et de l'emploi] adresse au ministre chargé du travail un bilan comprenant notamment le nombre de demandes présentées et les catégories de travaux ou d'opérations sur lesquelles elles ont porté (Décr. n° 2018-1227 du 24 déc. 2018, art. 6 ; Décr. n° 2020-1545 du 9 déc. 2020, art. 28-X, en vigueur le 1ᵉʳ avr. 2021).

SECTION 2 Dispositions relatives à l'organisme national chargé de la gestion de la carte d'identification professionnelle des salariés du bâtiment et des travaux publics

Pour l'entrée en vigueur de ces dispositions, V. ndlr ss. l'intitulé du titre IX.

Art. R. 8291-2 L'association dénommée "Congés intempéries BTP-Union des caisses de France", dénommée "l'union des caisses" dans le présent titre, délivre la carte d'identification professionnelle mentionnée à l'article L. 8291-1. Elle est chargée de la gestion administrative, technique et financière de cette carte.

La comptabilité des opérations de l'union des caisses qui relève de sa mission de gestion de cette carte est distincte de celles afférentes aux autres missions qui lui sont confiées.

Pour l'entrée en vigueur de ces dispositions, V. ndlr ss. l'intitulé du titre IX.

V. Arr. du 20 mars 2017 relatif au traitement automatisé de données à caractère personnel de la carte d'identification professionnelle des salariés du bâtiment et des travaux publics (JO 21 mars).

Art. R. 8291-3 Les charges afférentes à la gestion de la carte d'identification professionnelle du bâtiment et des travaux publics sont couvertes par une redevance dont le montant est fixé par l'union mentionnée à l'article R. 8291-2 et mise à la charge des employeurs mentionnés aux premier, (Décr. n° 2019-555 du 4 juin 2019, art. 4) « deuxième, troisième et quatrième » alinéas de l'article R. 8291-1 ou, le cas échéant, des entreprises utilisatrices de salariés intérimaires détachés. Le produit de cette redevance ne peut être affecté au financement d'autres missions confiées à l'union des caisses mentionnée à l'article R. 8291-2.

Pour l'entrée en vigueur de ces dispositions, V. ndlr ss. l'intitulé du titre IX.

Art. R. 8291-4 Les données nominatives recueillies par l'union des caisses mentionnée à l'article R. 8291-2 dans le cadre de la gestion de la carte d'identification professionnelle des salariés du bâtiment et des travaux publics ne peuvent faire l'objet d'une utilisation à d'autres fins que celles *(Décr. n° 2019-555 du 4 juin 2019, art. 4)* « définies par le présent titre ».

Pour l'entrée en vigueur de ces dispositions, V. ndlr ss. l'intitulé du titre IX.

Art. R. 8291-5 L'union des caisses mentionnée à l'article R. 8291-2 établit chaque année un bilan de l'application de ce dispositif et le communique au ministre chargé du travail.

Pour l'entrée en vigueur de ces dispositions, V. ndlr ss. l'intitulé du titre IX.

Art. R. 8291-6 Les modifications des statuts de l'union des caisses mentionnée à l'article R. 8291-2 requises par la délivrance, la mise à jour et la gestion de la carte sont approuvées par le ministre du travail.

Pour l'entrée en vigueur de ces dispositions, V. ndlr ss. l'intitulé du titre IX.

CHAPITRE II DISPOSITIONS RELATIVES À LA CARTE D'IDENTIFICATION PROFESSIONNELLE

Pour l'entrée en vigueur de ces dispositions, V. ndlr ss. l'intitulé du titre IX.

Art. R. 8292-1 La carte d'identification professionnelle est une carte individuelle sécurisée destinée à tout salarié effectuant un ou des travaux de bâtiment ou de travaux publics énumérés au premier alinéa de l'article R. 8291-1. La carte est la propriété de l'union des caisses mentionnée à l'article R. 8291-2. Elle comporte les logotypes de la "Marianne" et de l'union des caisses. Y sont mentionnés :
1° L'identité du salarié : nom, prénoms, sexe ;
2° La date de délivrance et le numéro de gestion de la carte ;
(Décr. n° 2019-555 du 4 juin 2019, art. 4) « 3° Un code permettant de vérifier la validité de la carte, telle que définie à l'article R. 8292-3, et permettant aux agents mentionnés à l'article L. 8271-1-2 d'accéder à la base de données du traitement automatisé d'informations à caractère personnel mentionné à l'article R. 8295-1. Pour les salariés des entreprises mentionnées au deuxième alinéa de l'article R. 8291-1, le code permet également de vérifier l'existence d'une mission en cours ; »
4° Les coordonnées de l'union des caisses mentionnée au premier alinéa.
Elle comporte une photographie d'identité du salarié conforme aux normes prévues par l'article 6-1 du décret n° 2005-1726 du 30 décembre 2005 modifié relatif aux passeports.

Pour l'entrée en vigueur de ces dispositions, V. ndlr ss. l'intitulé du titre IX.

Art. R. 8292-2 Sont mentionnées sur la carte d'identification professionnelle, en plus des informations indiquées à l'article R. 8292-1 :
1° Pour les salariés des entreprises mentionnées au premier alinéa de l'article R. 8291-1, les mentions suivantes :
a) La raison sociale de l'entreprise *(Décr. n° 2019-555 du 4 juin 2019, art. 4)* « ou le nom de l'employeur précédé de la mention "Employeur :" lorsqu'il s'agit d'une entreprise individuelle, d'une entreprise en nom propre ou d'une personne physique » ;
b) Le numéro SIREN ;
c) Le logo de l'entreprise, à sa demande ;
2° Pour les salariés des entreprises mentionnées au deuxième alinéa de l'article R. 8291-1, la mention : "salarié intérimaire" ;
3° Pour les salariés intérimaires détachés en France par une entreprise de travail temporaire établie à l'étranger, les mentions suivantes :
a) La mention "salarié intérimaire détaché" ;
b) La raison sociale ou le nom de l'entreprise de travail temporaire *(Décr. n° 2019-555 du 4 juin 2019, art. 4)* « ou le nom de l'employeur précédé de la mention "Employeur :" lorsqu'il s'agit d'une entreprise individuelle, d'une entreprise en nom propre ou d'une personne physique » ;
c) Le logo de l'entreprise, à sa demande ;
4° Pour les travailleurs détachés en France par une entreprise prestataire de services établie à l'étranger, les mentions suivantes :
a) La mention "salarié détaché" ;

b) La raison sociale ou le nom de l'entreprise qui l'emploie ;
c) Le logo de l'entreprise, à sa demande ;
(Décr. n° 2019-555 du 4 juin 2019, art. 4) « 5° Pour les salariés des entreprises mentionnées au quatrième alinéa de l'article R. 8291-1, les mentions suivantes :
« *a)* La raison sociale de l'entreprise ou le nom de l'employeur précédé de la mention "Employeur :" lorsqu'il s'agit d'une entreprise individuelle, d'une entreprise en nom propre ou d'une personne physique ;
« *b)* Le numéro SIREN ;
« *c)* Le logo de l'entreprise, à sa demande. »

Pour l'entrée en vigueur de ces dispositions, V. ndlr ss. l'intitulé du titre IX.

Art. R. 8292-3 La durée de validité de la carte d'identification professionnelle d'un salarié est ainsi déterminée :
1° Pour les salariés des entreprises mentionnées *(Décr. n° 2019-555 du 4 juin 2019, art. 4)* « au premier et au quatrième alinéa » de l'article R. 8291-1, la durée de validité de la carte est celle du contrat de travail du salarié dans l'entreprise ou, en cas de succession de contrats, la durée totale de ces contrats ;
2° Pour les salariés intérimaires employés par une entreprise de travail temporaire établie en France, la durée de validité de la carte est de cinq ans ;
3° Pour les travailleurs détachés en France par une entreprise prestataire de services établie à l'étranger, y compris en qualité de travailleurs intérimaires, la durée de validité de la carte est celle de leur détachement.

Pour l'entrée en vigueur de ces dispositions, V. ndlr ss. l'intitulé du titre IX.

Art. R. 8292-4 Le renouvellement de la carte d'identification professionnelle s'effectue à partir des déclarations prévues aux articles R. 8293-1, R. 8293-2 et R. 8293-3.

Pour l'entrée en vigueur de ces dispositions, V. ndlr ss. l'intitulé du titre IX.

CHAPITRE III DÉCLARATION DES SALARIÉS ET PAIEMENT DE LA CARTE

Pour l'entrée en vigueur de ces dispositions, V. ndlr ss. l'intitulé du titre IX.

SECTION 1 Employeurs établis en France

Pour l'entrée en vigueur de ces dispositions, V. ndlr ss. l'intitulé du titre IX.

Art. R. 8293-1 I. — Lors de l'embauche d'un salarié, l'employeur mentionné *(Décr. n° 2019-555 du 4 juin 2019, art. 4)* « au premier et au quatrième alinéa » de l'article R. 8291-1 adresse une déclaration auprès de l'union des caisses mentionnée à l'article R. 8291-2, afin d'obtenir une carte d'identification professionnelle.
La déclaration est accompagnée des renseignements mentionnés au 1° de l'article R. 8292-1, *(Décr. n° 2019-555 du 4 juin 2019, art. 4)* « au 1° et au 5° de l'article R. 8292-2 et au 1° et au 2° de l'article R. 8295-2 » et de la photographie d'identité du salarié.
(Décr. n° 2016-1748 du 15 déc. 2016, art. 2) « Cette déclaration est effectuée par voie dématérialisée sur un site internet dédié de l'union des caisses mentionnée à l'article R. 8291-2. »
II. — Pour les salariés intérimaires ne disposant pas d'une carte en cours de validité au début de la mission, l'entreprise de travail temporaire adresse une déclaration auprès de l'union des caisses mentionnée à l'article R. 8291-2, afin d'obtenir une carte d'identification professionnelle.
La déclaration est accompagnée des renseignements mentionnés au 1° de l'article R. 8292-1, au 2° de l'article R. 8292-2 et à l'article R. 8295-2 et de la photographie d'identité du salarié.
(Décr. n° 2016-1748 du 15 déc. 2016, art. 2) « Cette déclaration est effectuée par voie dématérialisée sur un site internet dédié de l'union des caisses mentionnée à l'article R. 8291-2. »

III. — Avant d'effectuer la déclaration, l'employeur informe le salarié de la transmission des données à caractère personnel le concernant à l'union des caisses mentionnée à l'article R. 8291-2.

Pour l'entrée en vigueur de ces dispositions, V. ndlr ss. l'intitulé du titre IX.

SECTION 2 Réglementation applicable

(Décr. n° 2016-1748 du 15 déc. 2016, art. 3)

Art. R. 8293-2 *(Décr. n° 2020-916 du 28 juill. 2020, art. 4, en vigueur le 30 juill. 2020)* « L'employeur mentionné au troisième alinéa de l'article R. 8291-1 effectue pour chaque salarié détaché en France, préalablement au détachement, une déclaration auprès de l'union des caisses mentionnée à l'article R. 8291-2, afin d'obtenir une carte d'identification professionnelle. »

Avant d'effectuer la déclaration prévue à l'alinéa précédent, l'employeur informe le salarié de la transmission des données à caractère personnel le concernant à l'union des caisses mentionnée à l'article R. 8291-2.

Art. R. 8293-3 Par dérogation à l'article R. 8293-2, lorsque le salarié détaché est employé par une entreprise de travail temporaire établie hors de France, la déclaration est faite par l'entreprise utilisatrice de ce dernier.

(Abrogé par Décr. n° 2020-916 du 28 juill. 2020, art. 4, à compter du 30 juill. 2020) « *Cette déclaration est accompagnée des renseignements mentionnés à l'article R. 8295-2.* »

Art. R. 8293-4 *(Décr. n° 2020-916 du 28 juill. 2020, art. 4, en vigueur le 30 juill. 2020)* « En complément des informations déjà contenues dans la déclaration de détachement mentionnée à l'article L. 1262-2-1, la déclaration mentionnée à l'article R. 8293-2 est accompagnée de la photographie d'identité de chaque salarié détaché et le cas échéant du numéro de l'autorisation de travail ou de la carte de séjour valant autorisant de travail.

« Cette déclaration est effectuée par voie dématérialisée sur un site internet dédié de l'union des caisses mentionnée à l'article R. 8291-2. »

(Décr. n° 2019-555 du 4 juin 2019, art. 4) « Toute déclaration non conforme est rejetée et la carte n'est pas délivrée. La transmission d'une photographie d'identité ne respectant pas les normes prévues par l'article 6-1 du décret n° 2005-1726 du 30 décembre 2005 relatif aux passeports constitue un motif valable de non-délivrance de la carte ou d'invalidation de la carte délivrée par l'union des caisses mentionnée à l'article R. 8291-2. »

Après paiement de la redevance *(Décr. n° 2020-916 du 28 juill. 2020, art. 4, en vigueur le 30 juill. 2020)* « mentionnée à l'article R. 8291-3 », l'union des caisses mentionnée à l'article R. 8291-2 adresse la carte d'identification professionnelle ou le cas échéant une attestation provisoire valant carte d'identification professionnelle à l'entreprise prestataire de services établie à l'étranger ou le cas échéant, à son représentant en France *(Abrogé par Décr. n° 2019-555 du 4 juin 2019, art. 4)* « *, par tout moyen lui conférant date certaine* ».

SECTION 3 Modalités de déclaration des salariés et de paiement de la carte

Pour l'entrée en vigueur de ces dispositions, V. ndlr ss. l'intitulé du titre IX.

Art. R. 8293-5 *(Abrogé par Décr. n° 2016-1748 du 15 déc. 2016)* « *Les déclarations mentionnées aux articles R. 8293-1 et R. 8293-2 sont effectuées par voie dématérialisée sur un site internet dédié de l'union des caisses mentionnée à l'article R. 8291-2.* »

L'union des caisses mentionnée à l'article R. 8291-2 vérifie que l'employeur ou l'entreprise utilisatrice qui effectue la déclaration entre dans le champ d'application de l'article R. 8291-1 et que le salarié n'est possesseur d'aucune autre carte valide.

Pour l'entrée en vigueur de ces dispositions, V. ndlr ss. l'intitulé du titre IX.

Art. R. 8293-6 La redevance mentionnée à l'article R. 8291-3 est exigible au moment de la déclaration mentionnée aux articles R. 8293-1 à R. 8293-3. Le paiement est effectué par télépaiement.

À défaut de paiement, la carte n'est pas délivrée. Les sanctions prévues aux articles R. 8115-7 et R. 8115-8 sont alors applicables à l'employeur ou, le cas échéant, à l'entreprise utilisatrice.

Pour l'entrée en vigueur de ces dispositions, V. ndlr ss. l'intitulé du titre IX.

CHAPITRE IV MODALITÉS DE DÉLIVRANCE DE LA CARTE D'IDENTIFICATION PROFESSIONNELLE

Pour l'entrée en vigueur de ces dispositions, V. ndlr ss. l'intitulé du titre IX.

Art. R. 8294-1 A la réception de la déclaration mentionnée aux articles R. 8293-1 à R. 8293-3, l'union des caisses mentionnée à l'article R. 8291-2 adresse la carte d'identification professionnelle à l'employeur ou au représentant de l'employeur, ou à l'entreprise utilisatrice d'un salarié intérimaire détaché.

Pour l'entrée en vigueur de ces dispositions, V. ndlr ss. l'intitulé du titre IX.

Art. R. 8294-2 Dans l'attente de l'édition de la carte d'identification professionnelle, une attestation provisoire valant carte d'identification professionnelle est adressée par l'union des caisses mentionnée à l'article R. 8291-2 à l'employeur ou au représentant de l'employeur, ou à l'entreprise utilisatrice d'un salarié intérimaire détaché, par voie dématérialisée pour être délivrée au salarié concerné.

La validité de cette attestation provisoire cesse dans un délai fixé par l'arrêté mentionné à l'article R. 8295-1 à compter de la date de la transmission de la carte professionnelle à l'employeur ou au représentant de l'employeur, ou à l'entreprise utilisatrice d'un salarié intérimaire détaché. Ce délai ne peut excéder soixante-douze heures.

La carte d'identification professionnelle est adressée par l'union des caisses mentionnée à l'article R. 8291-2 à l'employeur ou à l'entreprise utilisatrice d'un salarié intérimaire détaché, par tout moyen lui conférant date certaine.

(Décr. n° 2020-916 du 28 juill. 2020, art. 4, en vigueur le 30 juill. 2020) « L'union des caisses lui transmet également l'adresse du site internet du ministère chargé du travail relatif au détachement (https://travail-emploi.gouv.fr/droit-du-travail/detachement-des-salaries/) en vue d'être communiquée par l'employeur ou l'entreprise utilisatrice au salarié détaché concerné. »

Pour l'entrée en vigueur de ces dispositions, V. ndlr ss. l'intitulé du titre IX.

Art. R. 8294-3 Le titulaire de la carte d'identification professionnelle informe, dans un délai de vingt-quatre heures, son employeur ou l'entreprise utilisatrice de toute dégradation, perte ou vol de sa carte, afin que l'employeur ou l'entreprise utilisatrice en informe l'union des caisses mentionnée à l'article R. 8291-2, selon la procédure prévue par cet organisme.

Toute carte signalée comme volée, perdue ou gravement détériorée est invalidée. L'union des caisses édite, sur demande de l'employeur ou de l'entreprise utilisatrice et après paiement de la redevance mentionnée à l'article R. 8291-3, une nouvelle carte pour le salarié concerné.

Pour l'entrée en vigueur de ces dispositions, V. ndlr ss. l'intitulé du titre IX.

Art. R. 8294-4 Le salarié est tenu, lors de la cessation de son contrat dans l'entreprise ou à l'issue de son détachement en France, de remettre sa carte d'identification professionnelle à son employeur ou à l'entreprise utilisatrice afin que celui-ci la transmette à l'union des caisses mentionnée à l'article R. 8291-2, pour qu'elle soit détruite.

Pour l'entrée en vigueur de ces dispositions, V. ndlr ss. l'intitulé du titre IX.

Art. R. 8294-5 Le titulaire de la carte d'identification professionnelle ou de l'attestation provisoire est tenu de la présenter sans délai à toute demande des agents de contrôle mentionnés à l'article L. 8271-1-2.

Pour l'entrée en vigueur de ces dispositions, V. ndlr ss. l'intitulé du titre IX.

Art. R. 8294-6 Tout maître d'ouvrage ou tout donneur d'ordre peut vérifier auprès de l'union des caisses mentionnée à l'article R. 8291-2 que les salariés de son cocontractant, d'un sous-traitant direct ou indirect ou d'un cocontractant d'un sous-traitant ont été déclarés auprès de cet organisme et que leurs cartes ou attestations ont été émises par celui-ci. *(Décr. n° 2019-555 du 4 juin 2019, art. 4)* « Cette vérification est faite au moyen du code prévu au 3° de l'article R. 8292-1. »

Pour l'entrée en vigueur de ces dispositions, V. ndlr ss. l'intitulé du titre IX.

Art. R. 8294-7 Le salarié titulaire d'une carte d'identification professionnelle ou de l'attestation provisoire est tenu de la présenter sans délai à la demande du maître d'ouvrage ou d'un donneur d'ordre intervenant sur le chantier où le salarié exerce son activité.

Pour l'entrée en vigueur de ces dispositions, V. ndlr ss. l'intitulé du titre IX.

CHAPITRE IV BIS DOCUMENT D'INFORMATION DU SALARIÉ DÉTACHÉ

(Décr. n° 2017-825 du 5 mai 2017, art. 7, en vigueur le 1er juill. 2017)

Art. R. 8294-8 Lorsque le salarié est détaché en France par une entreprise prestataire de services établie à l'étranger en vue de réaliser des travaux de bâtiment ou des travaux publics, le document d'information des travailleurs détachés est mis à disposition par l'union des caisses de France mentionnée à l'article R. 8291-2 sur son site internet, en vue d'être délivré par l'employeur au salarié concerné.

Le document, dont le modèle est fixé par arrêté du ministre chargé du travail, présente au salarié détaché la réglementation française de droit du travail qui lui est applicable et les modalités selon lesquelles il peut faire valoir ses droits.

V. Arr. du 22 déc. 2020, NOR : MTRT2020710A (JO 12 janv. 2021).

CHAPITRE V SYSTÈME AUTOMATISÉ D'INFORMATION DE LA CARTE D'IDENTIFICATION PROFESSIONNELLE

Pour l'entrée en vigueur de ces dispositions, V. ndlr ss. l'intitulé du titre IX.

SECTION 1 Caractéristiques générales

Pour l'entrée en vigueur de ces dispositions, V. ndlr ss. l'intitulé du titre IX.

Art. R. 8295-1 Il est créé au sein de l'union des caisses mentionnée à l'article R. 8291-2 un traitement automatisé d'informations à caractère personnel dénommé "Système d'information de la carte d'identification professionnelle" (SI-CIP), ayant pour finalité *(Décr. n° 2019-555 du 4 juin 2019, art. 4)* « la délivrance de la carte d'identification professionnelle, la gestion et le suivi du dispositif afférent ».

Un arrêté du ministre chargé du travail pris après avis de la Commission nationale de l'informatique et des libertés détermine les modalités du traitement informatisé des informations relatives aux salariés, aux employeurs et aux entreprises utilisatrices mentionnées à l'article R. 8295-2. – *V. Arr. du 20 mars 2017, JO 21 mars (NOR : ETST1708820A).*

Pour l'entrée en vigueur de ces dispositions, V. ndlr ss. l'intitulé du titre IX.

Art. R. 8295-2 Les catégories de données à caractère personnel pouvant être enregistrées dans le traitement automatisé sont les suivantes :

1° Données personnelles relatives au titulaire de la carte d'identification professionnelle : nom et prénoms, sexe, date et lieu de naissance, nationalité, nature du contrat de travail, photographie d'identité numérisée et, pour les salariés étrangers titulaires d'une autorisation ou d'une carte de séjour valant autorisation de travail, le numéro de cette carte ;

2° Données personnelles relatives à l'employeur du salarié et, le cas échéant, à l'entreprise utilisatrice d'un salarié intérimaire détaché ;

a) Pour les personnes physiques :

– identité (nom, prénoms, sexe, date et lieu de naissance), nationalité(s) *(Décr. n° 2019-555 du 4 juin 2019, art. 4)* « , nom de l'entreprise », SIRET ou SIREN ou à défaut le numéro d'immatriculation à un registre professionnel ou à un organisme chargé du recouvrement des cotisations de sécurité sociale, adresse professionnelle postale et électronique, activité principale exercée (APE/NAF) ;

b) Pour les personnes morales :
— dénomination sociale, objet social ou statut, identité du représentant légal ou du représentant en France, numéro SIREN ou SIRET ou à défaut le numéro d'immatriculation à un registre professionnel, adresse du siège social, activité principale exercée (APE/NAF) ;
3° Données relatives au chantier ou au lieu d'activité : adresse, date de début du chantier, durée prévisible du chantier ou date de fin du chantier.
Les renseignements énumérés aux 1°, 2° et 3° du présent article sont mentionnés par les employeurs et les entreprises utilisatrices de travailleurs intérimaires détachés sur les déclarations mentionnées aux articles R. 8293-1 à R. 8293-3.

Pour l'entrée en vigueur de ces dispositions, V. ndlr ss. l'intitulé du titre IX.

SECTION 2 Actualisation des données

Pour l'entrée en vigueur de ces dispositions, V. ndlr ss. l'intitulé du titre IX.

Art. R. 8295-3 L'employeur ou, le cas échéant, l'entreprise utilisatrice d'un salarié intérimaire détaché informe dans un délai de vingt-quatre heures l'union des caisses mentionnée à l'article R. 8291-2 de toute modification relative aux renseignements le ou la concernant ou relatives aux salariés ou portant sur l'adresse du site ou du chantier de travaux.

Pour l'entrée en vigueur de ces dispositions, V. ndlr ss. l'intitulé du titre IX.

LIVRE III DISPOSITIONS RELATIVES À L'OUTRE-MER

TITRE I DISPOSITIONS GÉNÉRALES

Le présent titre ne comprend pas de dispositions réglementaires.

TITRE II GUADELOUPE, GUYANE, MARTINIQUE, MAYOTTE, LA RÉUNION, SAINT-BARTHÉLEMY, SAINT-MARTIN ET SAINT-PIERRE-ET-MIQUELON (*Décr. n° 2018-953 du 31 oct. 2018, art. 9*).

CHAPITRE I DISPOSITIONS GÉNÉRALES

Le présent chapitre ne comprend pas de dispositions réglementaires.

CHAPITRE II INSPECTION DU TRAVAIL

SECTION 1 Compétences et moyens d'intervention (*Décr. n° 2010-1582 du 17 déc. 2010, art. 35-I*).

Art. D. 8322-1 (*Décr. n° 2021-143 du 10 févr. 2021, art. 10*) Les agents de contrôle de l'inspection du travail exerçant en Guadeloupe, en Guyane, à la Martinique, à Mayotte, à La Réunion, à Saint-Barthélemy et à Saint-Martin ont les mêmes attributions que les agents de contrôle de l'inspection du travail mentionnés à l'article L. 8112-1 exerçant en métropole.

SECTION 2 Systèmes d'inspection du travail
(*Décr. n° 2010-1582 du 17 déc. 2010, art. 35-I*)

Art. R. 8322-2 Pour l'application des articles (*Décr. n° 2015-364 du 30 mars 2015, art. 7*) « R. 8115-1 à R. 8115-4, » (*Décr. n° 2015-1359 du 26 oct. 2015, art. 5*) « R. 8115-6, » R. 8122-1 et R. 8122-2 (*Décr. n° 2018-953 du 31 oct. 2018, art. 9*) « en Guadeloupe, en Guyane, en Martinique, à Mayotte, à La Réunion » (*Décr. n° 2020-1545 du 9 déc. 2020, art. 6, en vigueur le 1ᵉʳ avr. 2021*) « [,] à Saint-Barthélemy et à Saint-Martin :
« 1° Les attributions dévolues aux directeurs régionaux de l'économie, de l'emploi, du travail et des solidarités sont exercées :

« *a)* Par les directeurs de l'économie, de l'emploi, du travail et des solidarités en Guadeloupe, en Martinique, à La Réunion, à Mayotte, à Saint-Barthélemy et à Saint-Martin ;

« *b)* Par le directeur général des populations en Guyane ;

« *c)* Par le directeur de la cohésion sociale, du travail, de l'emploi et de la population à Saint-Pierre-et-Miquelon *[ancienne rédaction applicable jusqu'au 31 mars 2021 : 1° Les attributions dévolues aux directeurs régionaux des entreprises, de la concurrence, de la consommation, du travail et de l'emploi sont exercées par les directeurs des entreprises, de la concurrence, de la consommation, du travail et de l'emploi ;]* ; »

2° Les dispositions relatives aux responsables d'unités départementales ne s'appliquent pas.

CHAPITRE III LUTTE CONTRE LE TRAVAIL ILLÉGAL

Art. R. 8323-1 Dans le département de la Guyane, le document mentionnant le numéro individuel d'identification prévu au *a)* du 1° de l'article D. 8222-7 est remplacé par une attestation certifiant que le cocontractant est connu des services fiscaux de son État d'établissement ou de domiciliation. — *[Anc. art. R. 832-1.]*

TITRE III MESURES DE COORDINATION AVEC LES AUTRES COLLECTIVITÉS ULTRA-MARINES (*Décr. n° 2018-953 du 31 oct. 2018, art. 9*).

Le présent titre ne comprend pas de dispositions réglementaires.

« a) Par les directeurs de l'économie, de l'emploi, du travail et des solidarités en Guadeloupe, en Martinique, à La Réunion, à Mayotte, à Saint-Barthélemy et à Saint-Martin ;

« b) Par le directeur général des populations en Guyane ;

« c) Par le directeur de la cohésion sociale, du travail, de l'emploi et de la population à Saint-Pierre-et-Miquelon, lorsqu'une refonte souhaitable sera, au 31 mars 2021. 2° Les ministres dévolues par ailleurs régionaux les correctes, de la dimension de la consommation, du travail et de l'emploi sont exercées par les directions des qui créent, de la consommation, de la concurrence, du travail et de l'emploi. ».

2° Les dispositions relatives aux responsables d'unités départementales ne s'appliquent pas.

CHAPITRE III : LUTTE CONTRE LE TRAVAIL ILLÉGAL

Art. R. 8322-1 Dans le département de la Guyane, le document mentionnant le numéro individuel d'identification prévu au a) du 1° de l'article D. 8222-7 est remplacé par une attestation certifiant que le cocontractant est connu des services fiscaux de son État d'établissement ou de domiciliation. – (Anc. art. R. 322-1.)

TITRE III : MESURES DE COORDINATION AVEC LES AUTRES COLLECTIVITÉS ULTRA-MARINES (Décret n° 2018-934 du 31 oct. 2018, art. 9)

Le présent titre ne comporte pas de dispositions réglementaires.

APPENDICE

I CONVENTIONS RELATIVES AU TRAVAIL

A Apprentissage

Ordonnance n° 2021-797 du 23 juin 2021,

Relative au recouvrement, à l'affectation et au contrôle des contributions des employeurs au titre du financement de la formation professionnelle et de l'apprentissage.

La présente ordonnance a été ratifiée par la L. n° 2022-1598 du 21 déc. 2022, art. 12.

Art. 8 [...] V. — Les opérateurs de compétences mentionnés à l'article L. 6332-1 du code du travail sont chargés du recouvrement des contributions mentionnées aux 2° à 4° du I de l'article L. 6131-1 du même code.

VI. — Jusqu'au 31 décembre 2023, les opérateurs de compétences mentionnés à l'article L. 6332-1 du code du travail peuvent recouvrer les contributions ayant pour objet de financer les organisations syndicales de salariés ou des organisations professionnelles d'employeurs, versées en application d'une convention, d'un accord de branche ou d'un accord professionnel ou interprofessionnel.

(L. n° 2021-1900 du 30 déc. 2021, art. 127) « VII. — En 2022, les personnes physiques ou morales assujetties à la taxe d'apprentissage mentionnée à l'article L. 6241-1 du code du travail dans les conditions prévues à l'article 1599 *ter* A du code général des impôts, dans sa rédaction antérieure à l'article 6 de la présente ordonnance, versent la contribution mentionnée au II de l'article L. 6241-2 du code du travail au titre des rémunérations versées en 2021.

« Cette contribution est versée directement au bénéfice des formations, structures et établissements mentionnés aux articles L. 6241-4 et L. 6241-5 du même code.

« Les personnes assujetties à cette contribution peuvent lui imputer, alternativement ou cumulativement :

« 1° Les dépenses réellement exposées avant le 1er juin 2022 permettant de financer le développement des formations initiales technologiques et professionnelles, hors apprentissage, et l'insertion professionnelle, dont les frais de premier équipement, de renouvellement du matériel existant et d'équipement complémentaire, dans l'une des catégories d'établissements habilités énumérées à l'article L. 6241-5 dudit code, selon des modalités prévues par décret.

« Les formations technologiques et professionnelles mentionnées au premier alinéa du présent 1° sont celles qui, dispensées dans le cadre de la formation initiale, remplissent les conditions suivantes :

« *a)* Elles conduisent à des diplômes ou à des titres enregistrés au répertoire national des certifications professionnelles et classés dans la nomenclature interministérielle des niveaux de formation ;

« *b)* Elles sont dispensées à temps complet et de manière continue ou selon un rythme approprié au sens de l'article L. 813-9 du code rural et de la pêche maritime ;

« 2° Les subventions versées à un centre de formation d'apprentis entre le 1er juin 2021 et le 31 mai 2022 sous forme d'équipements et de matériels conformes aux besoins des formations dispensées.

« Cette contribution est assise et déterminée selon les modalités prévues aux articles 1599 *ter* B, 1599 *ter* C et 1599 *ter* J du code général des impôts, dans leur rédaction antérieure à l'article 6 de la présente ordonnance, et à l'article L. 6241-4 du code du travail.

« Les modalités d'application du présent article sont fixées par décret. » — *V. Décr. n° 2022-378 du 17 mars 2022 (JO 18 mars).*

Décret n° 2022-1714 du 29 décembre 2022,

Relatif à l'aide unique aux employeurs d'apprentis et à l'aide exceptionnelle aux employeurs d'apprentis et de salariés en contrat de professionnalisation.

....

Art. 2 I. – Les contrats d'apprentissage conclus entre *(Décr. n° 2023-1354 du 29 déc. 2023, art. 1er)* « le 1er janvier 2023 et le 31 décembre 2024 » ouvrent droit à une aide exceptionnelle au titre de la première année d'exécution du contrat versée à l'employeur par l'État :
1° Pour les contrats conclus par une entreprise de moins de 250 salariés pour la préparation d'un diplôme ou d'un titre à finalité professionnelle équivalant au moins au niveau 5 et au plus au niveau 7 du cadre national des certifications professionnelles ;
2° Pour les entreprises de 250 salariés et plus, pour la préparation d'un diplôme ou d'un titre à finalité professionnelle équivalant au plus au niveau 7 du cadre national des certifications professionnelles.
II. – L'aide mentionnée au I est d'un montant de 6 000 euros maximum.
III. – Pour l'application des seuils mentionnés au I, l'effectif de l'entreprise est déterminé selon les modalités prévues au I de l'article L. 130-1 du code de la sécurité sociale.
IV. – L'aide mentionnée au I n'est pas cumulable avec l'aide unique aux employeurs d'apprentis mentionnée à l'article L. 6243-1 du code du travail.

Art. 3 I. – Les contrats de professionnalisation conclus entre le *(Décr. n° 2023-1354 du 29 déc. 2023, art. 2)* « 1er janvier 2023 et le 31 décembre 2024 » pour les salariés âgés de moins de trente ans à la date de conclusion du contrat ouvrent droit à une aide versée au titre de la première année d'exécution du contrat, à l'employeur par l'État pour la préparation d'un diplôme ou d'un titre à finalité professionnelle équivalant au plus au niveau 7 du cadre national des certifications professionnelles, pour la préparation d'une qualification professionnelle prévue au 3° de l'article L. 6314-1 du code du travail, ainsi que pour *(Abrogé par Décr. n° 2023-1354 du 29 déc. 2023, art. 2)* « *les contrats conclus en application du VI de l'article 28 de la loi [n° 2018-771] du 5 septembre 2018 susvisée et* » *(Décr. n° 2023-408 du 26 mai 2023, art. 4)* « les contrats de professionnalisation conclus en application de l'article 11 de la loi n° 2022-1598 du 21 décembre 2022 portant mesures d'urgence relatives au fonctionnement du marché du travail en vue du plein emploi ».
II. – L'aide mentionnée au I est d'un montant de 6 000 euros maximum.
III. – Pour l'application des seuils mentionnés au I, l'effectif de l'entreprise est déterminé selon les modalités prévues au I de l'article L. 130-1 du code de la sécurité sociale.

Les dispositions issues du Décr. n° 2023-408 du 26 mai 2023 s'appliquent jusqu'au 28 févr. 2026 (Décr. préc., art. 5).

Art. 4 I. – La gestion des aides mentionnées aux articles 2 et 3 est confiée à l'Agence de services et de paiement, avec laquelle l'État conclut une convention à cet effet.
II. – Le bénéfice des aides mentionnées aux articles 2 et 3 est subordonné au dépôt du contrat par l'opérateur de compétences auprès du ministre chargé de la formation professionnelle.
III. – Le ministre chargé de la formation professionnelle adresse par le service dématérialisé à l'Agence de services et de paiement les informations nécessaires au paiement de l'aide pour chaque contrat éligible. Cette transmission vaut décision d'attribution, à l'exception des entreprises d'au moins 250 salariés, pour lesquelles le bénéfice des aides est subordonné à l'engagement de l'employeur de respecter les conditions suivantes :
1° L'entreprise d'au moins 250 salariés justifiera d'un pourcentage minimal de salariés en contrat d'apprentissage ou en contrat de professionnalisation dans son effectif au *(Décr. n° 2023-1354 du 29 déc. 2023, art. 3)* « 31 décembre de l'année suivant celle de conclusion du contrat d'apprentissage ou du contrat de professionnalisation » apprécié selon les modalités suivantes :
a) Soit l'ensemble des effectifs suivants représente au moins 5 % de l'effectif salarié au *(Décr. n° 2023-1354 du 29 déc. 2023, art. 3)* « 31 décembre de l'année suivant celle de conclusion du contrat d'apprentissage ou du contrat de professionnalisation » :
– les salariés en contrat d'apprentissage ou en contrat de professionnalisation et, pendant l'année suivant la date de fin du contrat de professionnalisation ou d'apprentissage, les salariés embauchés en contrat à durée indéterminée par l'entreprise à l'issue dudit contrat ;
– les volontaires accomplissant un volontariat international en entreprise mentionné à l'article L. 122-3 du code du service national et les salariés bénéficiant d'une convention industrielle de formation par la recherche.

A. APPRENTISSAGE **I. Conventions** 3187

Ce pourcentage est égal au rapport entre les effectifs relevant du présent *a* et l'effectif salarié total annuel de l'entreprise.

b) Soit, pour l'entreprise dont l'effectif salarié annuel relevant des catégories définies au deuxième alinéa du *a* du présent 1° est supérieur ou égal à 3 % de l'effectif salarié total annuel au *(Décr. n° 2023-1354 du 29 déc. 2023, art. 3)* « 31 décembre de l'année suivant celle de conclusion du contrat d'apprentissage ou du contrat de professionnalisation » et que :

— soit l'entreprise justifie au *(Décr. n° 2023-1354 du 29 déc. 2023, art. 3)* « 31 décembre de l'année suivant celle de conclusion du contrat d'apprentissage ou du contrat de professionnalisation » d'une progression d'au moins 10 % *(Décr. n° 2023-1354 du 29 déc. 2023, art. 3)* « par rapport à l'année de conclusion du contrat d'apprentissage ou du contrat de professionnalisation » de l'effectif salarié annuel relevant des catégories définies au deuxième alinéa du *a* du présent 1° ;

— soit l'entreprise connaît une progression au *(Décr. n° 2023-1354 du 29 déc. 2023, art. 3)* « 31 décembre de l'année suivant celle de conclusion du contrat d'apprentissage ou du contrat de professionnalisation » de l'effectif salarié annuel relevant des catégories définies au deuxième alinéa du *a* du présent 1° et relève d'un accord de branche prévoyant *(Décr. n° 2023-1354 du 29 déc. 2023, art. 3)* « au titre de l'année suivant celle au cours de laquelle le contrat d'apprentissage ou du contrat de professionnalisation a été conclu » une progression d'au moins 10 % du nombre de salariés relevant des catégories définies au deuxième alinéa du *a* du présent 1° dans les entreprises d'au moins 250 salariés et justifiant, *(Décr. n° 2023-1354 du 29 déc. 2023, art. 3)* « par rapport à l'année de conclusion du contrat d'apprentissage ou du contrat de professionnalisation », que la progression est atteinte au sein de la branche dans les proportions prévues par l'accord.

Pour les entreprises dont l'effectif est d'au moins 250 salariés à la date de conclusion du contrat pour lequel l'aide est sollicitée et est inférieur à 250 salariés au *(Décr. n° 2023-1354 du 29 déc. 2023, art. 3)* « 31 décembre de l'année suivant celle de conclusion du contrat d'apprentissage ou du contrat de professionnalisation », les règles applicables sont celles prévues pour les entreprises d'au moins 250 salariés au présent III.

IV. — Pour bénéficier de l'aide, l'employeur d'au moins 250 salariés transmet l'engagement mentionné au premier alinéa du III, attestant sur l'honneur qu'il va respecter les obligations prévues par le présent article, dans un délai de huit mois à compter de la date de conclusion du contrat à l'Agence de services et de paiement. A défaut de transmission dans ce délai, l'aide n'est pas due.

Les modalités de cette transmission peuvent être mises en œuvre par l'Agence de services et de paiement par voie dématérialisée.

V. — Au plus tard le *(Décr. n° 2023-1354 du 29 déc. 2023, art. 3)* « 31 mai de la seconde année suivant celle au cours de laquelle le contrat d'apprentissage ou le contrat de professionnalisation a été conclu », l'entreprise d'au moins 250 salariés qui a bénéficié de l'aide adresse à l'Agence de services et de paiement une déclaration sur l'honneur attestant du respect de l'engagement mentionné au présent article. A défaut, l'Agence de services et de paiement procède à la récupération des sommes versées au titre de l'aide.

VI. — Les aides mentionnées aux articles 2 et 3 sont versées avant le paiement de la rémunération par l'employeur et chaque mois dans l'attente des données mentionnées dans la déclaration prévue à l'article L. 133-5-3 du code de la sécurité sociale effectuée par l'employeur. A défaut de transmission de ces données, le mois suivant, l'aide est suspendue.

VII. — En cas de rupture anticipée du contrat, l'aide n'est pas due à compter du mois suivant la date de fin de contrat.

En cas de suspension du contrat conduisant au non-versement de la rémunération par l'employeur au salarié bénéficiaire du contrat, l'aide n'est pas due pour chaque mois considéré.

VIII. — Les sommes indûment perçues sont remboursées à l'Agence de services et de paiement.

IX. — L'Agence de services et de paiement assure le paiement de l'aide. A ce titre, elle est chargée de :

1° Notifier la décision d'attribution de l'aide à l'employeur bénéficiaire et de l'informer des modalités de versement de l'aide, en particulier l'engagement prévu au III de l'article 4 ;

2° Verser mensuellement l'aide à l'employeur bénéficiaire ;

3° Recouvrer, le cas échéant, les sommes indûment perçues par l'employeur.

X. — L'Agence de services et de paiement traite les réclamations et recours relatifs aux aides mentionnées aux articles 2 et 3.

XI. — L'Agence de services et de paiement peut demander à l'employeur et à l'opérateur de compétences toute information et document complémentaires nécessaires au paiement et au contrôle du respect des conditions d'attribution des aides, y compris la transmission des bulletins de paie des salariés concernés.

XII. — L'Agence de services et de paiement est responsable des traitements de données nécessaires au versement des aides et à la gestion des réclamations et des recours.

XIII. — Les informations collectées par l'Agence de services et de paiement pour gérer les aides et assurer les paiements sont transmises aux services du ministère chargé de la formation professionnelle afin d'assurer le pilotage et l'évaluation de l'aide.

B Contrat de travail

Code de l'action sociale et des familles

CHAPITRE III (DU TITRE IV DU LIVRE II) *TRAVAILLEURS HANDICAPÉS*

Art. L. 243-1 (*L. n° 2016-1088 du 8 août 2016, art. 52*) Les personnes handicapées nécessitant un accompagnement médico-social pour s'insérer durablement dans le marché du travail, en particulier les travailleurs handicapés accueillis dans un établissement ou service d'(*L. n° 2023-1196 du 18 déc. 2023, art. 15*) « accompagnement » par le travail mentionné au *a* du 5° du I de l'article L. 312-1 du présent code et ayant un projet d'insertion en milieu ordinaire de travail, peuvent bénéficier d'un dispositif d'emploi accompagné mentionné à l'article L. 5213-2-1 du code du travail.

Art. L. 243-4 (*L. n° 2005-102 du 11 févr. 2005, art. 17*) Tout travailleur handicapé accueilli dans un établissement ou service relevant du *a* du 5° du I de l'article L. 312-1 bénéficie du contrat (*L. n° 2023-1196 du 18 déc. 2023, art. 15-I*) « d'accompagnement » par le travail mentionné à l'article L. 311-4 et a droit à une rémunération garantie versée par l'établissement ou le service d'(*L. n° 2023-1196 du 18 déc. 2023, art. 15-I*) « accompagnement » par le travail qui l'accueille et qui tient compte du caractère à temps plein ou à temps partiel de l'activité qu'il exerce. Elle est versée dès l'admission en période d'essai du travailleur handicapé sous réserve de la conclusion du contrat (*L. n° 2023-1196 du 18 déc. 2023, art. 15-I*) « d'accompagnement » par le travail.

Son montant est déterminé par référence au salaire minimum de croissance, dans des conditions et dans des limites fixées par voie réglementaire.

Afin de l'aider à financer la rémunération garantie mentionnée au premier alinéa, l'établissement ou le service d'(*L. n° 2023-1196 du 18 déc. 2023, art. 15-I*) « accompagnement » par le travail reçoit, pour chaque personne handicapée qu'il accueille, une aide au poste financée par l'État.

L'aide au poste varie dans des conditions fixées par voie réglementaire, en fonction de la part de rémunération financée par l'établissement ou le service d'(*L. n° 2023-1196 du 18 déc. 2023, art. 15-I*) « accompagnement » par le travail et du caractère à temps plein ou à temps partiel de l'activité exercée par la personne handicapée. Les modalités d'attribution de l'aide au poste ainsi que le niveau de la participation de l'établissement ou du service d'(*L. n° 2023-1196 du 18 déc. 2023, art. 15-I*) « accompagnement » par le travail à la rémunération des travailleurs handicapés sont déterminés par voie réglementaire.

Code civil

LIVRE III **DES DIFFÉRENTES MANIÈRES DONT ON ACQUIERT LA PROPRIÉTÉ**

TITRE III **DES SOURCES D'OBLIGATIONS**

CHAPITRE I *LA RESPONSABILITÉ EXTRACONTRACTUELLE EN GÉNÉRAL*

Art. 1242 (*Ord. n° 2016-131 du 10 févr. 2016, art. 2*) On est responsable non seulement du dommage que l'on cause par son propre fait, mais encore de celui qui est causé par le fait des personnes dont on doit répondre, ou des choses que l'on a sous sa garde.
[...]
Les maîtres et les commettants, du dommage causé par leurs domestiques et préposés dans les fonctions auxquelles ils les ont employés ;
[...]

B. CONTRAT DE TRAVAIL

I. Conventions

RESPONSABILITÉ DES COMMETTANTS

BIBL. R. Legeais, *Études J. Savatier*, PUF, 1992, p. 303 (droits français et allemand). – M. Th. Rives-Lange, *JCP* 1970. I. 2309. – Molfessis, *Mél. Gobert*, Economica, 2004, p. 495 (évolution de la jurisprudence). Abus de fonctions : Euzen, *LPA* 30 mai 1997. – Frémeaux, *Dr. et patr.* 12/2002. 40. – Hassler, *D.* 1980. Chron. 125. – Jourdain, obs. *RTD civ.* 1990. 495. – Kessous et Desportes, *R.* 2000, p. 257 (arrêt *Costedoat* – Ass. plén. 25 févr. 2000). – Lambert-Faivre, *D.* 1986. Chron. 143. – Puill, *JCP* 1996. I. 3939. – Veaux, *Trav. Assoc. Capitant*, XXVIII-1977, p. 77. Ayissi Manga, *RRJ* 2002/2. 703 (préposé et responsabilité). – Brun, *Dr. et patr.* 1/2001. 52 (mise en œuvre). – Durand-Pasquier, *RLDC* 2008/51, suppl., n° 3087 (préposé de fait). – Durry, *Mél. Gobert*, préc., p. 549 (pour une révision de la jurisprudence *Costedoat*). – Fournier, *LPA* 23 juill. 1997 (faute personnelle du préposé). – Gallmeister, *Gaz. Pal.* 2005. Doctr. 3052 (faute du préposé). – Gaudu, *D.* 1988. Chron. 235 (prêt de main-d'œuvre). – Hontebeyrie, *D.* 2004. Chron. 81 (responsabilité des cliniques du fait des médecins). – Mazeaud, *RLDC* 2008/51, suppl., n° 3084 (autorité du commettant). – Molfessis, *Dr. soc.* 2004. 31 (vie personnelle des préposés et responsabilité des commettants). – Peano, *D.* 1991. Chron. 51 (qualités de gardien et de préposé). – Radé, *RLDC* 2008/51, suppl., n° 3085. – Vignal, *Dr. et patr.* 9/2003. 72 (responsabilité des salariés). – Viney, *Études Lapoyade-Deschamps*, Univ. Montesquieu-Bordeaux IV, 2003 (responsabilité personnelle du préposé).

1. Caractère alternatif de l'al. 5 et de l'al. 6 de l'art. 1384. La responsabilité des artisans à l'égard de leurs apprentis et celle des commettants à l'égard de leurs préposés sont exclusives l'une de l'autre. • Civ. 2e, 8 déc. 1961 : *JCP* 1962. II. 12658, note Pierron.

2. Rapport de préposition. Le lien de subordination, d'où découle la responsabilité mise à la charge des commettants par l'art. 1384, al. 5, suppose essentiellement que ceux-ci ont le droit de faire acte d'autorité en donnant à leurs préposés des ordres ou des instructions sur la manière de remplir, à titre temporaire ou permanent, avec ou sans rémunération, fût-ce en l'absence de tout louage de service, les emplois qui leur ont été confiés pour un temps et un objet déterminés. • Crim. 7 nov. 1968 : *Bull. crim. n° 291* • 16 avr. 1975 : *Gaz. Pal.* 1975. 2. 506 • 30 juin 1987 : *Bull. crim. n° 278* • 14 juin 1990, n° 88-87.396 P.

3. Occupation d'un logement de fonction. Le salarié qui occupe un logement de fonction dans les locaux de l'entreprise n'est plus, en dehors du temps de travail, dans un lien de subordination découlant du contrat de travail. • Civ. 2e, 10 juin 1999 : *RCA* 1999, n° 288, note Groutel.

4. Profit indifférent. La notion de profit n'est pas déterminante pour apprécier qui est le commettant, le lien de préposition résultant du pouvoir de commandement, du droit de donner des ordres et des instructions. • Civ. 2e, 17 déc. 1964 : *JCP* 1965. II. 14125, note R. Rodière. ♦ Mais ce lien n'implique pas nécessairement chez le commettant les connaissances techniques pour pouvoir donner des ordres avec compétence. • Civ. 2e, 11 oct. 1989 : *Bull. civ. II, n° 175*.

5. Qualités professionnelles indifférentes. Le commettant ne saurait se soustraire à sa responsabilité sous le prétexte que son préposé présentait, pour son emploi, des garanties professionnelles auxquelles il n'avait qu'à se remettre. • Crim. 20 juin 1924 : *DP* 1925. 1. 93. ♦ En ce sens, pour un jockey dit « de grande cravache » : • Civ. 2e, 26 oct. 2000, n° 98-19.387 P.

6. Professionnels de santé. BIBL. Riot, *D.* 2006. Chron. 111 (exercice « subordonné » de l'art médical). ♦ L'indépendance professionnelle du médecin dans l'exercice de son art n'est pas incompatible avec l'état de subordination résultant d'un contrat de louage de services le liant à un tiers, lequel peut dès lors être déclaré civilement responsable de son préposé. • Crim. 5 mars 1992 : *JCP* 1993. II. 22013, note Chabas ; *RTD civ.* 1993. 137, obs. Jourdain. ♦ Rappr. : • Civ. 1re, 17 févr. 2011 : *D.* 2011. 675, obs. Gallmeister ; *RLDC* 2011/81, n° 4204, obs. Bugnicourt. ♦ Comp. • T. confl. 14 févr. 2000, n° 00-02.929 P : *D.* 2000. IR 138 ; *JCP* 2001. II. 10584, note Hardy ; *LPA* 26 avr. 2001, note De Andrade ; *RFDA* 2000. 1232, note Pouyaud ; *RDSS* 2001. 85, obs. Mémeteau (l'argumentation d'un médecin salarié d'une clinique et auteur d'une faute, fondée sur les principes de la responsabilité des commettants du fait de leurs préposés, ne saurait être retenue).

7. Travail temporaire, stage, gardiennage, location avec chauffeur. Sur le problème de la détermination du commettant, V. aussi : • Crim. 29 nov. 1973 : *D.* 1974. 194, note Dauvergne • 10 mai 1976 : *Gaz. Pal.* 1976. 2. 587 ; *RTD civ.* 1976. 785, obs. Durry • Paris, 25 févr. 1977 : *D.* 1977. IR 329, obs. Larroumet (salarié d'une entreprise de travail temporaire) • Com. 26 janv. 1976 : *D.* 1976. 449, rap. Mérimée (agent de la SNCF mis à la disposition d'une entreprise privée) • Civ. 1re, 18 janv. 1989, n° 87-13.131 P : *R.*, p. 335 ; *RTD civ.* 1989. 561, obs. Jourdain (salarié d'une entreprise de gardiennage).

Responsabilité cumulative de deux commettants d'un même préposé (entreprise de surveillance et magasin où est placé l'agent) : • Orléans, 21 avr. 1986 : *Gaz. Pal.* 1986. 2. 628, note F. Lévy. ♦ Détermination du commettant dans le cas de location de camion-citerne avec chauffeur par un fournisseur de gaz propane : V. • Civ. 2e, 19 oct. 2006, n° 05-14.338 P : *D.* 2006. IR 2876 ; *JCP* 2007. I. 115, n° 7, obs. Stoffel-Munck ; *RCA* 2007, n° 15, note Groutel ; *RTD civ.* 2007. 133, obs. Jourdain. ♦ Pour l'absence de tout lien de préposition entre le maître de stage et un stagiaire à l'origine d'un accident, la convention de stage indiquant que l'élève stagiaire, non rémunéré, demeure sous la seule responsabilité du chef d'établissement : • Civ. 2ᵉ, 20 déc. 2007, n° 07-11.679 P. (réparation du préjudice conformément aux règles du droit commun).

8. Apparence. Le rapport de subordination prévu par l'art. 1384, al. 5, ne peut résulter d'une situation de pure apparence. • Crim. 15 févr. 1972 : *D. 1972. 368 ; JCP 1972. II. 17159, note D. Mayer.*

9. Régime de la responsabilité. – Jurisprudence traditionnelle. – Faute du préposé. Il a toujours été admis que la responsabilité civile du commettant ne peut être engagée qu'en cas de faute du préposé. • Civ. 2ᵉ, 8 oct. 1969 : *Bull. civ. II, n° 269.* ♦ Lorsque le préposé est, en application de l'art. 489-2 C. civ., obligé à réparer le dommage qu'il a causé par ses agissements, la responsabilité de son employeur se trouve engagée en application des dispositions de l'art. 1384, al. 5. • Civ. 2ᵉ, 3 mars 1977 : *D. 1977. 501, note Larroumet ; Gaz. Pal. 1977. 2. 573, note Viatte.* ♦ Le principe même de la responsabilité civile du commettant à raison d'un fait dommageable envisagé comme constitutif d'une infraction imputable à son préposé est subordonné à l'existence de l'infraction et, par conséquent, à la décision définitive à intervenir sur la poursuite pénale. • Crim. 8 janv. 1959 : *D. 1960. 414.* ♦ Lorsque cette décision est intervenue, le juge a l'obligation de statuer sur l'action civile, exercée contre le commettant déclaré civilement responsable en application de l'art. 1384. • Crim. 17 mai 1976 : *D. 1977. 650, rapport Lecourtier.* ♦ Le principe de l'exigence d'une faute du préposé subsiste à ce jour, au moins dans le domaine du sport : engage la responsabilité de son employeur le sportif professionnel salarié qui, au cours d'une compétition, cause un dommage à un autre participant par sa faute caractérisée par une violation des règles du jeu. • Civ. 2ᵉ, 8 avr. 2004, n° 03-11.653 P : *D. 2004. 2601, note Serinet ; D. 2005. Pan. 187, obs. D. Mazeaud ; D. 2006. Pan. 190, obs. Centre de droit et d'économie du sport ; JCP 2004. II. 10131, note Imbert ; Gaz. Pal. 2004. Doctr. 2785, étude Perez et Polère ; Dr. et patr. 10/2004. 105, obs. Chabas ; RTD civ. 2004. 517, obs. Jourdain.* – Et, sur renvoi, • Angers, aud. sol., 7 oct. 2005 : *D. 2006. 1733, note Jacotot.*

10. Action de la victime contre le préposé. La victime avait la possibilité d'agir contre le préposé seul, sans que celui-ci eût alors le droit d'appeler le commettant en garantie. • Civ. 1ʳᵉ, 28 oct. 1987, n° 85-17.737 P : *R., p. 218.* ♦ Mais la responsabilité du commettant peut être directement recherchée par la victime du dommage, qui n'est nullement tenue d'assigner en même temps le préposé par la faute duquel le dommage est survenu. • Civ. 2ᵉ, 11 mars 1971, n° 70-10.366 P.

11. Action récursoire du commettant contre le préposé. Le commettant condamné en tant que gardien était en droit de réclamer une indemnité à son préposé, par la faute duquel il s'est trouvé obligé de réparer le dommage. • Civ. 2ᵉ, 28 janv. 1955 : *D. 1955. 449, note R. Savatier.* ♦ Aucune disposition légale n'interdisait au commettant d'exercer une action récursoire contre le préposé, sans nécessité d'établir la charge lourde à la charge de ce dernier. • Civ. 1ʳᵉ, 20 mars 1979 : *D. 1980. 29, note Larroumet.*

12. Préjudice personnellement subi par le commettant. La responsabilité civile mise à la charge du commettant ne prive pas ce dernier, lorsqu'il a été lui-même victime du dommage, du droit appartenant à toute victime d'un préjudice d'en demander en principe réparation à son auteur, fût-il son préposé. • Soc. 28 avr. 1964, n° 63-11.637 P.

13. Régime de la responsabilité. Nouvelle jurisprudence. Préposé ayant agi dans les limites de sa fonction. Aujourd'hui, selon la jurisprudence, n'engage pas sa responsabilité à l'égard des tiers le préposé qui agit sans excéder les limites de la mission qui lui a été impartie par son commettant. • Cass., ass. plén., 25 févr. 2000, *Costedoat*, n° 97-17.378 P : *R., p. 257 et 315 ; GAJC, 11ᵉ éd., n° 217 ; BICC 15 avr. 2000, concl. Kessous, note Ponroy ; D. 2000. 673, note Brun ; ibid. Somm. 467, obs. Delebecque ; JCP 2000. II. 10295, concl. Kessous, note Billiau ; ibid. I. 241, n°ˢ 16 s., obs. Viney ; Gaz. Pal. 2000. 2. 1462, note Rinaldi ; RCA 2000. Chron. 11, par Groutel, et Chron. 22, par Radé ; RTD civ. 2000. 582, obs. Jourdain.* • Crim. 23 janv. 2001, n° 00-82.826 P : *RCA 2001, n° 212, note Groutel.* • Civ. 2ᵉ, 5 oct. 2006, n° 05-18.494 P : *D. 2007. 2004, note J. Mouly ; LPA 21 févr. 2007, note Lafay* (pour un arbitre de rugby). ♦ Dans le même sens, en cas d'infraction pénale non intentionnelle du préposé : • Lyon, 19 janv. 2006 : *D. 2006. 1516, note A. Paulin.* ♦ Dans le cas d'un accident de la circulation : • Civ. 2ᵉ, 28 mai 2009, n° 08-13.310 P : *D. 2009. AJ 1606, obs. Gallmeister ; ibid., Chron. C. cass. 2069, obs. Nicolétis ; ibid. 2667, note N. Pierre ; ibid. 2010, Pan. 49, obs. Brun ; Gaz. Pal. 2009. 2621, obs. Clerc-Renaud ; JCP 2009, n° 28, p. 18, note Mouly ; ibid., n° 38, p. 42, obs. Bloch ; Dr. et patr. 11/2009. 48, note Pellet ; RLDC 2009/63, n° 3528, obs. Bugnicourt ; ibid. 2009/67, n° 3600, note Corgas-Bernard ; RTD civ. 2009. 541, obs. Jourdain.* ♦ Ainsi, n'engage pas sa responsabilité à l'égard des tiers le préposé qui agit sans excéder les limites de la mission qui lui est impartie par son commettant, hors le cas où le préjudice de la victime résulte d'une infraction pénale intentionnelle. • Civ. 2ᵉ, 21 févr. 2008 : *D. 2008. 2125, note Laydu ; JCP 2008. I. 186, n° 5, obs. Stoffel-Munck.* ♦ V., se référant à la notion de faute personnelle commise hors des fonctions : • Civ. 2ᵉ, 18 mai 2000, n° 98-13.688 P : *JCP 2000. I. 280, n°ˢ 19 s., obs. Viney ; Gaz. Pal. 2001. Somm. 611, obs. Chabas.* ♦ Déjà jugé que sont justement mis hors de cause des préposés, salariés du com-

B. CONTRAT DE TRAVAIL **I. Conventions** 3191

mettant, qui ont agi dans le cadre de leur mission, sans en outrepasser les limites, ce dont il ressort qu'aucune faute personnelle susceptible d'engager leur responsabilité n'est caractérisée à leur encontre. ● Com. 12 oct. 1993 : ⚖ *D. 1994. 124, note Viney* ⌀ *; JCP 1995. II. 22493, note Chabas; Defrénois 1994. 812, obs. Aubert; RTD civ. 1994. 111, obs. Jourdain* ⌀.

14. Médecin du travail et harcèlement moral. Si l'indépendance du médecin du travail exclut que les actes qu'il accomplit dans l'exercice de ses fonctions puissent constituer un harcèlement moral imputable à l'employeur, elle ne fait pas obstacle à l'application de la règle selon laquelle le commettant est civilement responsable du dommage causé par un de ses préposés en application de l'art. 1242, al. 5, C. civ. En conséquence, le médecin du travail, salarié de l'employeur, qui agit sans excéder les limites de la mission qui lui est impartie, n'engage pas sa responsabilité civile personnelle. Cette immunité du préposé ne pouvant toutefois pas s'étendre aux fautes susceptibles de revêtir une qualification pénale ou procéder de l'intention de nuire, le médecin du travail n'en bénéficie pas en ce qui concerne le grief de harcèlement moral et celui de violation du secret professionnel. ● Soc. 26 janv. 2022, ⚖ n° 20-10.610 B : *D. actu. 17 févr. 2022, obs. Couëdel ; D. 2022. 219* ⌀ *; Dr. soc. 2022. 372, obs. Mouly* ⌀ *; ibid. 444, obs. Véricel* ⌀ *; RJS 4/2022, n° 188 ; Gaz. Pal. 15 mars 2022, p. 17, note Tardif ; JCP S 2022. 1041, obs. Dauxerre.*

15. Infraction intentionnelle du préposé. BIBL. M.-C. Guérin, *LPA 11 janv. 2006*. – J. Mouly, *D. 2006. Chron. 2756* ⌀ (quelle faute pour la responsabilité civile du salarié ?). ♦ Cependant, le préposé condamné pénalement pour avoir intentionnellement commis, fût-ce sur l'ordre du commettant, une infraction ayant porté préjudice à un tiers, engage sa responsabilité civile à l'égard de celui ci. ● Cass., ass. plén., 14 déc. 2001, ⚖ *Cousin,* n° 00-82.066 P : *R., p. 444 ; BICC 1er mars 2002, concl. de Gouttes ; D. 2002. 1230, note J. Julien* ⌀ *; ibid. Somm. 1317, obs. D. Mazeaud* ⌀ *; ibid. Somm. 2117, obs. Thullier ; JCP 2002. II. 10026, note Billiau ; ibid. I. 124, n°s 22 s., obs. Viney ; JCP E 2002. 275, note Brière ; Gaz. Pal. 2002. 124, concl. de Gouttes, note Monnet ; Dr. et patr. 3/2002. 94, obs. Chabas ; RCA 2002. Chron. 4, obs. Groutel ; RTD civ. 2002. 108, obs. Jourdain* ⌀ ● Crim. 28 mars 2006, ⚖ n° 05-82.975 P : *JCP 2006. II. 10188, note J. Mouly ; Gaz. Pal. 2006. Somm. 3484, obs. Y. M. ; RCA 2006, n° 289, note Groutel ; RTD civ. 2007. 135, obs. Jourdain* ⌀ (faute qualifiée, au sens de l'art. 121-3 C. pén., commise dans l'exercice de ses fonctions par un préposé titulaire d'une délégation de pouvoir). ♦ Rappr., pour un capitaine de navire : ● Crim. 13 mars 2007 : *RCA 2007. Étude 13, par Vialard.* ♦ V. conf., en l'absence de condamnation pénale : ● Crim. 7 avr. 2004, ⚖ n° 03-86.203 P : *D. 2004. IR 1563* ⌀ *; Gaz. Pal. 2004. 3802, note Y. M.*

16. Indépendance professionnelle du préposé. BIBL. Riot, *D. 2006. Chron. 111* ⌀ (exercice « subordonné » de l'art médical). ♦ Dans un premier temps, maintien des solutions anciennes lorsque le recours de la victime (patient d'une clinique) était fondé sur la responsabilité contractuelle et non sur l'art. 1384, al. 5 : ● Civ. 1re, 9 nov. 2002, ⚖ n° 00-21.014 P : *JCP 2002. I. 186, n°s 20 s., obs. Viney ; RCA 2002, n° 234, et Chron. 13, par Radé ; Dr. et patr. 7-8/2002. 96, obs. Chabas ; RTD civ. 2002. 516, obs. Jourdain* ⌀ (rejet du pourvoi contre l'arrêt ayant condamné un médecin salarié, coupable d'une faute de maladresse, à garantie envers son employeur). ♦ V. aussi ● Civ. 1re, 13 nov. 2002, ⚖ n° 00-22.432 P : *D. 2003. 580, note Deis-Beauquesne* ⌀ *; ibid. Somm. 459, obs. Jourdain* ⌀ *; JCP 2003. II. 10096, note Billiau ; Gaz. Pal. 2003. 1000, note Chabas ; RCA 2003, n° 50, note Groutel ; RGDA 2003. 96, note Rémy ; LPA 29 mai 2003, note Barbiéri* (si l'établissement de santé peut être déclaré responsable des fautes commises par un praticien salarié, ce principe ne fait pas obstacle à l'action récursoire de l'établissement de santé, en raison de l'indépendance professionnelle du médecin, même salarié). ♦ Comp., également, pour l'agent général d'assurances : ● Civ. 1re, 10 déc. 2002, ⚖ n° 99-15.180 P : *D. 2003. 510, concl. Sainte-Rose* ⌀ *; RCA 2003, n° 52 ; ibid. Repères 2, par Groutel ; RGDA 2003. 129, note Laugé.* ♦ Mais remise en cause de ces solutions par la Cour de cassation à partir de 2004 et cassation d'arrêts ayant condamné *in solidum* les intéressés et leur établissement employeur au motif de leur indépendance professionnelle : ● Civ. 1re, 9 nov. 2004, ⚖ n° 01-17.908 P : *R., p. 348 ; D. 2005. 253, note Chabas* ⌀ *; ibid. Pan. 406, obs. Penneau* ⌀ *; JCP 2005. II. 10020, rapp. Duval-Arnould, note Porchy-Simon ; ibid. I. 132, n°s 8 s., obs. Viney ; JCP E 2005. 625, note Viottolo ; LPA 22 déc. 2004, note Barbiéri ; RTD civ. 2005. 143, obs. Jourdain* ⌀ (médecin salarié). ● 9 nov. 2004, ⚖ n° 01-17.168 P : *eod. loc. ; Gaz. Pal. 2005. 360, note Bangoura* (sage-femme salariée). – Sur ces arrêts : Asselain, *RCA 2005. Étude 6*. – V. conf., sur renvoi après cassation, médecin salarié : ● Civ. 1re, 9 nov. 2004, ⚖ n° 01-17.908 P. ● Paris, 20 janv. 2006 : *RCA 2006, n° 349, note Radé.* ♦ Le médecin salarié qui agit sans excéder les limites de la mission qui lui est impartie par l'établissement de santé privé qui l'emploie n'engage pas sa responsabilité à l'égard du patient. ● Civ. 1re, 12 juill. 2007, ⚖ n° 06-12.624 P : *D. 2007. 2908, note Porchy-Simon* ⌀ *; D. 2008. Pan. 506, obs. Penneau* ⌀ *; ibid. Pan. 2894, obs. Brun* ⌀ *; JCP 2007. II. 10162, note Hocquet-Berg ; ibid. 2008. I. 125, n° 8, obs. Stoffel-Munck ; LPA 12 déc. 2007, note Barbiéri ; RDSS 2007. 1108, note Arhab* ⌀ *; RTD civ. 2008. 109, obs. Jourdain* ⌀.

17. Action récursoire. Le commettant ne dispose d'aucune action récursoire contre son salarié devant la juridiction de droit commun dès lors qu'il ne peut se prévaloir d'une subrogation dans les droits de la victime, laquelle ne dispose d'aucune action contre le préposé qui a agi dans les limites de la mission qui lui était impartie, hors le cas où le préjudice de la victime résulte d'une infraction pénale intentionnelle. • Civ. 2e, 20 déc. 2007, n° 07-13.403 P : *D. 2008. Chron. C. cass. 657, n° 12, obs. Nicoletis; ibid. 1248, note Mouly; RCA 2008, n° 50, note Groutel; RTD civ. 2008. 315, obs. Jourdain* (compétence de la juridiction prud'homale). ♦ Sur le recours subrogatoire entre assureurs, V. • Civ. 1re, 12 juill. 2007, n° 06-12.624 P : *D. 2007. 2908, note Porchy-Simon; D. 2008. Pan. 509, obs. Penneau; RTD civ. 2008. 109, obs. Jourdain*.

18. Abus de fonction : principe. Le commettant s'exonère de sa responsabilité si son préposé a agi hors des fonctions auxquelles il était employé, sans autorisation, et à des fins étrangères à ses attributions. • Cass., ass. plén., 19 mai 1988, n° 87-82.654 P : *R., p. 223; D. 1988. 513, note Larroumet; Gaz. Pal. 1988. 2. 640, concl. Dorwling-Carter; Defrénois 1988. 1097, obs. Aubert; RTD civ. 1989. 89, obs. Jourdain.* – V. déjà : • Cass., ass. plén., 17 juin 1983, n° 82-91.632 P : *R., p. 38; GAJC, 11e éd., n° 211-215 (III); D. 1984. 134, note Denis; JCP 1983. II. 20120, concl. Sadon, note Chabas; RTD civ. 1984. 315, obs. Durry* • 15 nov. 1985, n° 84-12.601 P : *R., p. 123; D. 1986. 81, note Aubert; JCP 1986. II. 20568, note Viney; RTD civ. 1986. 128, obs. J. Huet.* ♦ Mais la seule constatation qu'une faute constitutive d'une infraction pénale volontaire, autre que de négligence ou d'inattention de nature quasi délictuelle, ne peut entrer dans le cadre de l'obligation qui revient à l'employeur d'assumer les conséquences civiles des fautes commises par ses employés ou salariés ne suffit pas à établir l'existence des conditions d'exonération de l'employeur. • Civ. 2e, 12 mai 2011 : *D. 2011. Actu. 1412, obs. Gallmeister*.

19. Applications diverses : détournements. Ne se place pas hors de ses fonctions l'employé qui détourne des fonds qui lui ont été remis dans l'exercice de celles-ci. • Civ. 2e, 11 juin 1992, n° 91-10.281 P. • Crim. 4 janv. 1996, n° 94-85.432 P. ♦ N'agit pas hors de ses fonctions un inspecteur d'assurances qui, chargé de rechercher par prospection à domicile la conclusion de contrats, fait souscrire à une personne différents titres et détourne à son profit une partie des sommes versées. • Cass., ass. plén., 19 mai 1988, n° 87-82.654 P : *R., p. 223; D. 1988. 513, note Larroumet; Gaz. Pal. 1988. 2. 640, concl. Dorwling-Carter; Defrénois 1988. 1097, obs. Aubert; RTD civ. 1989. 89, obs. Jourdain.* ♦ ... Ou l'employé d'un agent général d'une compagnie d'assurances qui a commis des détournements au temps et au lieu de son travail, à l'occasion de ses fonctions et avec le matériel mis à sa disposition. • Civ. 2e, 19 juin 2003, n° 00-22.626 P : *D. 2003. IR 1808*. ♦ ... Ou le professeur de musique, reconnu coupable de viols et d'agressions sexuelles à l'encontre de plusieurs élèves, qui a trouvé dans l'exercice de sa profession, sur son lieu de travail et pendant son temps de travail, les moyens de sa faute et l'occasion de la commettre. • Civ. 2e, 17 mars 2011 : *RJS 2011. 459, n° 498*.

20. Harcèlement moral. L'employeur est civilement responsable du délit de harcèlement moral commis par un salarié représentant du personnel à l'encontre d'un autre salarié, notamment lors de réunions du comité d'établissement, dès lors que les agissements en cause, commis au temps et sur les lieux de travail, étaient connus de la direction qui n'est pas intervenue pour les faire cesser, et étaient étrangers aux mandats du prévenu ainsi qu'à la défense de l'intérêt des salariés. • Crim. 28 mai 2013 : *Dr. soc. 2014. 269, étude Salomon; RJS 2013. 659, n° 721*.

21. Escroquerie, abus de confiance. Était hors de ses attributions religieuses le « prêtre de l'Église néo-apostolique » qui, dans le cadre de son activité professionnelle (gérant de SCI), a commis une escroquerie au préjudice d'un tiers rencontré grâce à son appartenance à cette même église. • Civ. 2e, 6 févr. 2003, n° 00-20.780 P : *JCP 2003. II. 10120, note Castets-Renard*. ♦ L'existence d'un mandat donné par ses clients à un employé de banque, condamné pour abus de confiance à leur détriment, n'implique pas nécessairement que celui-ci ait agi hors de ses fonctions, les victimes ayant pu être fondées à croire qu'elles avaient traité avec lui en sa qualité de préposé de la banque. • Civ. 2e, 29 mai 1996, n° 94-15.460 P. ♦ Comp. • Com. 14 déc. 1999, n° 97-15.241 P : *R., p. 357; D. 2000. AJ 81, obs. Faddoul; RTD civ. 2000. 336, obs. Jourdain* (de l'absence d'instructions écrites du client il résulte que le préposé n'a pas agi hors de ses fonctions). ♦ Le délit d'abus de faiblesse commis par la gardienne d'une résidence pour personnes âgées qui a soutiré de l'argent à une pensionnaire n'implique pas qu'elle ait agi hors de ses fonctions, de sorte que son employeur ne s'exonère pas de sa responsabilité. • Civ. 2e, 16 juin 2005, n° 03-19.705 P : *D. 2005. IR 1806; JCP 2006. I. 111, n° 10, obs. Stoffel-Munck; LPA 16 avr. 2007, note Chaaban*.

22. Vol. N'a pas agi hors de ses fonctions le préposé d'une entreprise de nettoyage auteur d'un vol dans les locaux d'une bijouterie que son entreprise était chargée de nettoyer, dès lors qu'il a agi sur le lieu de son travail, pendant le temps et à l'occasion de celui-ci. • Civ. 2e, 22 mai 1995, n° 92-19.172 P : *R., p. 318; JCP 1995. I. 3893, n° 12, obs. Viney; RTD civ. 1996. 181, obs. Jourdain*. ♦ Il en est de même des préposés d'Air France qui ont commis des vols pendant leurs heures de service alors qu'ils procédaient conformément à leur fonction de bagagiste à l'embarquement des bagages et qu'ils ont pu dissimuler le produit des vols sans être inquiétés en raison de leur qualité d'employés d'Air France. • Civ. 2e, 22 janv. 1997 : *RCA 1997, n° 123*. ♦ ... Du préposé d'une société de gardiennage auteur de vols dans les

B. CONTRAT DE TRAVAIL

locaux soumis à sa surveillance. • Crim. 16 févr. 1999, n° 96-86.225 P : JCP 2000. I. 199, n° 11, obs. Viney ; RTD civ. 1999. 409, obs. Jourdain. ♦ Comp. l'affirmation antérieure que le préposé se place nécessairement hors de ses fonctions lorsqu'il agit à des fins non seulement étrangères, mais encore contraires à ses attributions (préposés d'entreprises de gardiennage ayant commis des vols dans les locaux qu'ils étaient chargés de surveiller) : • Crim. 23 juin 1988 : Gaz. Pal. 1989. 1. 13, note Doucet (3e et 4e esp.) ; RTD civ. 1989. 94, obs. Jourdain. – Dans le même sens : • Civ. 2e, 17 mars 1993, n° 91-19.419 P. ♦ N'a pas agi hors de ses fonctions l'agent technico-commercial qui a établi un bon d'enlèvement pour s'approprier des colis entreposés chez son employeur. • Crim. 23 juin 1988 : Gaz. Pal. 1989. 1. 13, note Doucet (2e esp.).

23. Malhonnêtetés diverses. N'a pas agi hors de ses fonctions le démarcheur qui a falsifié un bon de commande qu'il avait fait souscrire par un client dans l'exercice de ses fonctions. • Civ. 2e, 8 nov. 1993, n° 92-12.677 P. ♦ ... Ni la directrice de gestion chargée de faire établir les chèques destinés au Trésor public, qui a émis des chèques à son profit personnel en imitant la signature du président du conseil d'administration (ce qui a pour conséquence de paralyser le recours du commettant, responsable des agissements de sa préposée, contre la banque qui a débité indûment son compte). • Com. 7 juin 1994, n° 91-22.328 P : Defrénois 1995. 343, obs. Delebecque ; RTD civ. 1995. 127, obs. Jourdain. ♦ N'était pas hors de ses fonctions l'employé qui a importé en contrebande des marchandises prohibées en utilisant le camion de son employeur lors d'un transport effectué pour le compte de celui-ci pendant le temps du travail. • Crim. 19 févr. 2003, n° 02-81.851 P.

24. Travail au noir. Ne peut se fonder sur l'art. 1384, al. 5, le client qui a fait faire un travail de ravalement par un préposé de l'entreprise en dehors de tout devis et pour une rémunération « de la main à la main ». • Civ. 2e, 14 janv. 1998, n° 96-13.832 P : D. Affaires 1998. 372, obs. J. F.

25. Dommages à la personne. Était dans l'exercice de ses fonctions et a trouvé dans son emploi l'occasion et les moyens de sa faute le salarié qui a projeté de l'air comprimé dans le rectum d'un compagnon de travail. • Crim. 23 juin 1988 : Gaz. Pal. 1989. 1. 13 (1re esp.), note Doucet. ♦ Pour la reprise de cette solution par la deuxième chambre civile. • Civ. 2e, 17 mars 2011 : D. 2011. 1530, note Sindres (viols commis à l'occasion du travail). ♦ L'assassinat d'un chef de service, commis sur les lieux du travail par un de ses subordonnés venant d'apprendre qu'il était licencié, n'est pas indépendant du rapport de préposition et entraîne la responsabilité civile du commettant. • Crim. 25 mars 1998, n° 96-85.593 P.

26. Dommages aux biens. Était hors de ses attributions le préposé qui s'est introduit par curiosité dans le véhicule d'un tiers, à l'insu de celui-ci, par l'effet d'une initiative personnelle sans rapport avec sa mission, et a causé le dommage en le faisant volontairement démarrer. • Civ. 2e, 3 juin 2004, n° 03-10.819 P : JCP 2005. I. 132, n° 5, obs. Viney ; Gaz. Pal. 2004. 3857, note Gréau ; RCA 2004, n° 250, note Groutel ; RTD civ. 2004. 742, obs. Jourdain.

27. Responsabilité contractuelle d'une société de gardiennage. Pour l'application de la responsabilité contractuelle de l'entreprise de gardiennage dont le préposé, abusant de ses fonctions, a commis un vol, V. • Crim. 23 juin 1988 : Bull. crim. n° 289, arrêts 7, 8 et 9 • Paris, 26 févr. 1986 : D. 1986. 397, note Vialard ; RTD civ. 1986. 354, obs. J. Huet. ♦ ... Ou allumé un incendie, V. • Civ. 1re, 18 janv. 1989, n° 87-13.131 P : R., p. 335 ; JCP 1989. II. 21326, note Larroumet ; RTD civ. 1989. 330, obs. Jourdain. – V. aussi • Com. 3 oct. 1989 : D. 1990. 81, concl. Jéol ; JCP 1990. II. 21423, concl. Jéol ; RTD civ. 1990. 87, obs. Jourdain.

TITRE XIII DU MANDAT

CHAPITRE IV DES DIFFÉRENTES MANIÈRES DONT LE MANDAT FINIT

Art. 2007 Le mandataire peut renoncer au mandat, en notifiant au mandant sa renonciation.

Néanmoins, si cette renonciation préjudicie au mandant, il devra en être indemnisé par le mandataire, à moins que celui-ci ne se trouve dans l'impossibilité de continuer le mandat sans en éprouver lui-même un préjudice considérable.

1. Le droit spécial des agents commerciaux ne dérogeant pas à l'art. 2007, la brusque cessation de fonctions d'un agent commercial, dès lors qu'elle entraîne pour son mandant divers préjudices, l'expose à des dommages-intérêts. • Com. 14 mars 1995, n° 93-12.144 P : RTD civ. 1996. 195, obs. Gautier.

2. En application de l'art. 2007, la démission d'un dirigeant de société, qui constitue un acte juridique unilatéral, produit tous ses effets dès lors qu'elle a été portée à la connaissance de la société ; la méconnaissance de l'obligation statutaire de respecter un préavis peut seulement ouvrir droit à des dommages-intérêts pour le dirigeant démissionnaire à établir qu'il était dans l'impossibilité de continuer le mandat. • Soc. 1er févr. 2011 : D. 2011. 440, obs. A. Lienhard ; JCP S 2011. 1164, obs. Puigelier.

TITRE XVII DE LA CONVENTION DE PROCÉDURE PARTICIPATIVE

Art. 2064 (*L. n° 2010-1609 du 22 déc. 2010, art. 37-I*) Toute personne, assistée de son avocat, peut conclure une convention de procédure participative sur les droits dont elle a la libre disposition, sous réserve des dispositions de l'article 2067.

Code de commerce

CHAPITRE X (DU TITRE III DU LIVRE II) *DE L'INFORMATION DES SALARIÉS EN CAS DE VENTE DE LEUR SOCIÉTÉ* (*L. n° 2015-990 du 6 août 2015, art. 204*).

(L. n° 2014-856 du 31 juill. 2014, art. 20)

SECTION 1 *De l'instauration d'un délai permettant aux salariés de présenter une offre en cas de vente des parts sociales, actions ou valeurs mobilières donnant accès à la majorité du capital dans les sociétés qui ne sont pas soumises à l'obligation de mettre en place un comité d'entreprise* (*L. n° 2015-990 du 6 août 2015, art. 204-II-14°*).

BIBL. ▶ Vernac, *RDT 2015. 43* (le droit à l'information préalable des salariés en cas de cession de leur entreprise).

Art. L. 23-10-1 Dans les sociétés qui n'ont pas l'obligation de mettre en place un comité d'entreprise en application de l'article L. 2322-1 [*un comité social et économique en application de l'article L. 2311-2*] du code du travail, lorsque le propriétaire d'une participation représentant plus de 50 % des parts sociales d'une société à responsabilité limitée ou d'actions ou valeurs mobilières donnant accès à la majorité du capital d'une société par actions veut les (*L. n° 2015-990 du 6 août 2015, art. 204-II*) « vendre », les salariés en sont informés, et ce au plus tard deux mois avant la (*L. n° 2015-990 du 6 août 2015, art. 204-II*) « vente », afin de permettre à un ou plusieurs salariés de présenter une offre d'achat de cette participation.

(*L. n° 2015-990 du 6 août 2015, art. 204-II-15°*) « Lorsque le propriétaire n'est pas le chef d'entreprise, la notification est faite à ce dernier et le délai court à compter de cette notification. Le chef d'entreprise » notifie sans délai aux salariés cette information, en leur indiquant qu'ils peuvent (*L. n° 2015-990 du 6 août 2015, art. 204-II-6°*) « lui » présenter une offre d'achat.

(*L. n° 2015-990 du 6 août 2015, art. 204-II-15°*) « Le chef d'entreprise notifie sans délai au propriétaire toute offre d'achat présentée par un salarié.

« Lorsque la participation est détenue par le chef d'entreprise, celui-ci notifie sa volonté de vendre directement aux salariés en les informant qu'ils peuvent lui présenter une offre d'achat, et le délai court à compter de la date de cette notification. »

La (*L. n° 2015-990 du 6 août 2015, art. 204-II-1°*) « vente » peut intervenir avant l'expiration du délai de deux mois dès lors que chaque salarié a fait connaître sa décision de ne pas présenter d'offre.

(*L. n° 2015-990 du 6 août 2015, art. 204-II-8°*) « Lorsqu'une action en responsabilité est engagée, la juridiction saisie peut, à la demande du ministère public, prononcer une amende civile dont le montant ne peut excéder 2 % du montant de la vente. »

Constitutionnalité de l'art. L. 23-10-1. Pour la conformité à la Constitution des dispositions des trois premiers al. de l'art. L. 23-10-1, V. • Cons. const. 17 juill. 2015, n° 2015-476 QPC.

Art. L. 23-10-2 A leur demande, les salariés peuvent se faire assister par un représentant de la chambre de commerce et de l'industrie régionale, de la chambre régionale d'agriculture, de la chambre régionale de métiers et de l'artisanat territorialement compétentes en lien avec les chambres régionales de l'économie sociale et solidaire et par toute personne désignée par les salariés, dans des conditions définies par décret.

Art. L. 23-10-3 L'information des salariés peut être effectuée par tout moyen, précisé par voie réglementaire, de nature à rendre certaine la date de sa réception par ces derniers.

(*L. n° 2015-990 du 6 août 2015, art. 204-II-9°*) « Lorsque l'information est faite par lettre recommandée avec demande d'avis de réception, la date de réception de l'information est la date de la première présentation de la lettre. »

Les salariés sont tenus à une obligation de discrétion s'agissant des informations reçues en application de la présente section, dans les mêmes conditions que celles prévues pour les membres des comités d'entreprise à l'article L. 2325-5 du code du travail, sauf à l'égard des

B. CONTRAT DE TRAVAIL **I. Conventions** 3195

personnes dont le concours est nécessaire pour leur permettre de présenter (*Abrogé par L. n° 2015-990 du 6 août 2015, art. 204-II-5°*) « *au cédant* » une offre d'achat.

Art. L. 23-10-4 Les articles L. 23-10-1 à L. 23-10-3 sont applicables à la (*L. n° 2015-990 du 6 août 2015, art. 204-II-1°*) « *vente* » d'une participation dans une société soumise à une réglementation particulière prescrivant que tout ou partie de son capital soit détenu par un ou plusieurs associés ou actionnaires répondant à certaines conditions en termes notamment de qualification professionnelle, sous réserve :
  1° Soit qu'un au moins des salariés pouvant présenter l'offre d'achat remplisse les conditions requises ;
  2° Soit que la (*L. n° 2015-990 du 6 août 2015, art. 204-II-1°*) « *vente* » ne porte pas sur la partie du capital soumise à la réglementation et détenue par l'associé ou l'actionnaire répondant aux conditions requises.

Art. L. 23-10-5 La (*L. n° 2015-990 du 6 août 2015, art. 204-II-1°*) « *vente* » intervient dans un délai maximal de deux ans après l'expiration du délai prévu à l'article L. 23-10-1. Au-delà de ce délai, toute (*L. n° 2015-990 du 6 août 2015, art. 204-II-1°*) « *vente* » est soumise aux articles L. 23-10-1 à L. 23-10-3.

Art. L. 23-10-6 La présente section n'est pas applicable :
  1° En cas de (*L. n° 2015-990 du 6 août 2015, art. 204-II-10°*) « *vente* » de la participation à un conjoint, à un ascendant ou à un descendant ;
  2° Aux sociétés faisant l'objet d'une procédure de conciliation, de sauvegarde, de redressement ou de liquidation judiciaires régie par le livre VI ;
  (*L. n° 2015-990 du 6 août 2015, art. 204-II-10°*) « 3° Si, au cours des douze mois qui précèdent la vente, celle-ci a déjà fait l'objet d'une information en application de l'article 18 de la loi n° 2014-856 du 31 juillet 2014 relative à l'économie sociale et solidaire. »

SECTION 2 *De l'information des salariés leur permettant de présenter une offre en cas de vente des parts sociales ou actions ou valeurs mobilières donnant accès à la majorité du capital, dans les sociétés soumises à l'obligation de mettre en place un comité d'entreprise* (*L. n° 2015-990 du 6 août 2015, art. 204-II-16°*).

Art. L. 23-10-7 Dans les sociétés soumises à l'obligation de mettre en place un comité d'entreprise en application de l'article L. 2322-1 *[un comité social et économique en application de l'article L. 2311-2]* du code du travail et se trouvant, à la clôture du dernier exercice, dans la catégorie des petites et moyennes entreprises au sens de l'article 51 de la loi n° 2008-776 du 4 août 2008 de modernisation de l'économie, lorsqu'il veut (*L. n° 2015-990 du 6 août 2015, art. 204-II*) « *vendre* » une participation représentant plus de 50 % des parts sociales d'une société à responsabilité limitée ou des actions ou valeurs mobilières donnant accès à la majorité du capital d'une société par actions, le (*L. n° 2015-990 du 6 août 2015, art. 204-II*) « *propriétaire de la participation* » notifie sa volonté de (*L. n° 2015-990 du 6 août 2015, art. 204-II*) « *vendre* » à la société.
  Au plus tard en même temps qu'il procède, en application de l'article (*L. n° 2015-994 du 17 août 2015, art. 18-XV*) « *L. 2323-33* » du code du travail, à l'information et à la consultation du comité d'entreprise *[comité social et économique]*, le chef d'entreprise porte à la connaissance des salariés la notification prévue au premier alinéa du présent article et leur indique qu'ils peuvent (*L. n° 2015-990 du 6 août 2015, art. 204-II*) « *lui* » présenter une offre (*L. n° 2015-990 du 6 août 2015, art. 204-II*) « *d'achat* ».
  (*L. n° 2015-990 du 6 août 2015, art. 204-II*) « Le chef d'entreprise notifie sans délai au propriétaire toute offre d'achat présentée par un salarié.
  « Lorsque la participation est détenue par le chef d'entreprise, celui-ci notifie sa volonté de vendre directement aux salariés, en les informant qu'ils peuvent lui présenter une offre d'achat.
  « (*Abrogé par Cons. const. 17 juill. 2015, n° 2015-476 QPC*) « *La cession intervenue en méconnaissance du présent article peut être annulée à la demande de tout salarié.*
  « « L'action en nullité se prescrit par deux mois à compter de la date de publication de la cession de la participation ou de la date à laquelle tous les salariés en ont été informés. »
  (*L. n° 2015-990 du 6 août 2015, art. 204-II*) « Lorsqu'une action en responsabilité est engagée, la juridiction saisie peut, à la demande du ministère public, prononcer une amende civile dont le montant ne peut excéder 2 % du montant de la vente. »
  En cas d'absences concomitantes du comité d'entreprise et de délégué du personnel *[comité social et économique]*, constatées conformément aux articles L. 2324-8 et L. 2314-5 du code du

travail, la *(L. n° 2015-990 du 6 août 2015, art. 204-II)* « **vente** » est soumise *(L. n° 2015-990 du 6 août 2015, art. 204-II)* « aux articles L. 23-10-1 à L. 23-10-6 » du présent code.

Constitutionnalité de l'art. L. 23-10-7. Pour la conformité à la Constitution des dispositions des al. 1er, 2 et 5 de l'art. L. 23-10-7, V. • Cons. const. 17 juill. 2015, 🔒 n° 2015-476 QPC.

Art. L. 23-10-8 A leur demande, les salariés peuvent se faire assister par un représentant de la chambre de commerce et de l'industrie régionale, de la chambre régionale d'agriculture, de la chambre régionale de métiers et de l'artisanat territorialement compétentes en lien avec les chambres régionales de l'économie sociale et solidaire et par toute personne désignée par les salariés, dans des conditions définies par décret.

Art. L. 23-10-9 L'information des salariés peut être effectuée par tout moyen, précisé par voie réglementaire, de nature à rendre certaine la date de sa réception par ces derniers.
(L. n° 2015-990 du 6 août 2015, art. 204-II-9°) « Lorsque l'information est faite par lettre recommandée avec demande d'avis de réception, la date de réception de l'information est la date de la première présentation de la lettre. »

Les salariés sont tenus à une obligation de discrétion s'agissant des informations reçues en application de la présente section, dans les mêmes conditions que celles prévues pour les membres des comités d'entreprise à l'article L. 2325-5 du code du travail, sauf à l'égard des personnes dont le concours est nécessaire pour leur permettre de présenter *(Abrogé par L. n° 2015-990 du 6 août 2015, art. 204-II-5°)* « *au cédant* » une offre d'achat.

Constitutionnalité de l'art. L. 23-10-9. Pour la conformité à la Constitution des dispositions du premier al. de l'art. L. 23-10-9, V. • Cons. const. 17 juill. 2015, 🔒 n° 2015-476 QPC.

Art. L. 23-10-10 Les articles L. 23-10-7 à L. 23-10-9 sont applicables à la *(L. n° 2015-990 du 6 août 2015, art. 204-II-1°)* « **vente** » d'une participation dans une société soumise à une réglementation particulière prescrivant que tout ou partie de son capital soit détenu par un ou plusieurs associés ou actionnaires répondant à certaines conditions en termes notamment de qualification professionnelle, sous réserve :
1° Soit qu'un au moins des salariés pouvant présenter l'offre d'achat remplisse les conditions requises ;
2° Soit que la *(L. n° 2015-990 du 6 août 2015, art. 204-II-1°)* « **vente** » ne porte pas sur la partie du capital soumise à la réglementation et détenue par l'associé ou l'actionnaire répondant aux conditions requises.

Art. L. 23-10-11 La *(L. n° 2015-990 du 6 août 2015, art. 204-II)* « **vente** » est de nouveau soumise aux articles L. 23-10-7 à L. 23-10-9 lorsqu'elle intervient plus de deux ans après *(L. n° 2015-990 du 6 août 2015, art. 204-II)* « la date à laquelle tous les salariés ont été informés de la vente ».

Si pendant cette période de deux ans le comité d'entreprise *[comité social et économique]* est consulté, en application de l'article *(L. n° 2015-994 du 17 août 2015, art. 18-XV)* « L. 2323-33 » du code du travail, sur un projet de *(L. n° 2015-990 du 6 août 2015, art. 204-II)* « **vente** » des éléments faisant l'objet de la notification prévue à l'article L. 23-10-7, le cours de ce délai de deux ans est suspendu entre la date de saisine du comité et la date où il rend son avis et, à défaut, jusqu'à la date où expire le délai imparti pour rendre cet avis.

Art. L. 23-10-12 La présente section n'est pas applicable :
1° En cas de *(L. n° 2015-990 du 6 août 2015, art. 204-II-10°)* « **vente** » de la participation à un conjoint, à un ascendant ou à un descendant ;
2° Aux sociétés faisant l'objet d'une procédure de conciliation, de sauvegarde, de redressement ou de liquidation judiciaires régie par le livre VI ;
(L. n° 2015-990 du 6 août 2015, art. 204-II-10°) « 3° Si, au cours des douze mois qui précèdent la vente, celle-ci a déjà fait l'objet d'une information en application de l'article 18 de la loi n° 2014-856 du 31 juillet 2014 relative à l'économie sociale et solidaire. »

LIVRE VI **DES DIFFICULTÉS DES ENTREPRISES**

TITRE II **DE LA SAUVEGARDE**

V. C. com. ; C. pr. coll.

BIBL. GÉN. ▶ Sur la loi du 26 juill. 2005 en général : Le Corre, *D. 2005, Cah. dr. aff., suppl. au n° 33.* – Pétel, *JCP E 2005, n° 42, p. 173.* – Morvan, *ibid., p. 1751.*

B. CONTRAT DE TRAVAIL — I. Conventions

▶ Sur la réforme résultant de l'Ord. du 18 déc. 2008 : Lienhard, *D. 2009. Chron. 110* ⌀. – Dossier spécial, *D. 2009. 638.* – Pétel, *JCP E 2009. 1049.*

Art. L. 620-1 *(Ord. n° 2008-1345 du 18 déc. 2008)* « Il est institué une procédure de sauvegarde ouverte sur demande d'un débiteur mentionné à l'article L. 620-2 qui, sans être en cessation des paiements, justifie de difficultés qu'il n'est pas en mesure de surmonter. » *(L. n° 2005-845 du 26 juill. 2005, art. 12)* « Cette procédure est destinée à faciliter la réorganisation de l'entreprise afin de permettre la poursuite de l'activité économique, le maintien de l'emploi et l'apurement du passif.

« La procédure de sauvegarde donne lieu à un plan arrêté par jugement à l'issue d'une période d'observation et, le cas échéant, à la constitution de *(Ord. n° 2021-1193 du 15 sept. 2021, art. 11)* « classes de parties affectées », conformément aux dispositions des articles L. 626-29 et L. 626-30 ».

....

CHAPITRE I DE L'OUVERTURE DE LA PROCÉDURE

....

Art. L. 621-4 *(L. n° 2005-845 du 26 juill. 2005, art. 17)* Dans le jugement d'ouverture, le tribunal désigne le juge-commissaire, dont les fonctions sont définies à l'article L. 621-9. Il peut, en cas de nécessité, en désigner plusieurs. *(L. n° 2016-1547 du 18 nov. 2016, art. 99)* « Le président du tribunal, s'il a connu du débiteur en application du titre I du présent livre, ne peut être désigné juge-commissaire.

Il invite le comité *(Ord. n° 2021-1193 du 15 sept. 2021, art. 14)* « social et économique » à désigner un représentant parmi les salariés de l'entreprise. En l'absence de comité *(Ord. n° 2021-1193 du 15 sept. 2021, art. 14)* « social et économique », les salariés élisent leur représentant, qui exerce les fonctions dévolues à ces institutions par les dispositions du présent titre. Les modalités de désignation ou d'élection du représentant des salariés sont précisées par décret en Conseil d'État. Lorsque aucun représentant des salariés ne peut être désigné ou élu, un procès-verbal de carence est établi par le *(Ord. n° 2008-1345 du 18 déc. 2008, art. 163)* « débiteur ». – V. *C. com., art. R. 621-14 s.* – **C. com.**

Dans le même jugement, sans préjudice de la possibilité de nommer un ou plusieurs experts en vue d'une mission qu'il détermine, le tribunal désigne deux mandataires de justice qui sont le mandataire judiciaire et l'administrateur judiciaire, dont les fonctions sont respectivement définies à l'article L. 622-20 et à l'article L. 622-1. Il peut, *(L. n° 2015-990 du 6 août 2015, art. 237-1°)* « d'office ou » à la demande du ministère public *(Ord. n° 2014-326 du 12 mars 2014, art. 17, en vigueur le 1er juill. 2014 ; L. n° 2015-990 du 6 août 2015, art. 237-1°)* « ou du débiteur et après avoir sollicité les observations du débiteur si celui-ci n'a pas formé la demande, » désigner plusieurs mandataires judiciaires ou plusieurs administrateurs judiciaires.

Toutefois, le tribunal n'est pas tenu de désigner un administrateur judiciaire lorsque la procédure est ouverte au bénéfice *(Ord. n° 2010-1512 du 9 déc. 2010, art. 3)* « d'un débiteur » dont le nombre de salariés et le chiffre d'affaires hors taxes sont inférieurs à des seuils fixés par décret en Conseil d'État. Dans ce cas, les dispositions du chapitre VII du présent titre sont applicables. Jusqu'au jugement arrêtant le plan, le tribunal peut, à la demande du débiteur, du mandataire judiciaire ou du ministère public, décider de nommer un administrateur judiciaire. – V. *C. com., art. R. 621-11.* – **C. com.**

(Ord. n° 2014-326 du 12 mars 2014, art. 17, en vigueur le 1er juill. 2014) « Le ministère public peut soumettre à la désignation du tribunal le nom d'un ou de plusieurs administrateurs et mandataires judiciaires, sur lequel *[lesquels]* le tribunal sollicite les observations du débiteur. Le rejet de la proposition du ministère public est spécialement motivé. Le débiteur peut proposer le nom d'un ou *[de]* plusieurs administrateurs. » *(Ord. n° 2008-1345 du 18 déc. 2008, art. 14)* « Lorsque la procédure est ouverte à l'égard d'un débiteur qui bénéficie ou a bénéficié d'un mandat *ad hoc* ou d'une procédure de conciliation dans les dix-huit mois qui précèdent, le ministère public peut en outre s'opposer à ce que le mandataire *ad hoc* ou le conciliateur soit désigné en qualité d'administrateur ou de mandataire judiciaire. » *(Ord. n° 2014-326 du 12 mars 2014, art. 17, en vigueur le 1er juill. 2014)* « Lorsque la procédure est ouverte à l'égard d'un débiteur dont le nombre de salariés est au moins égal à un seuil fixé par décret en Conseil d'État, le tribunal sollicite les observations des institutions mentionnées à l'article L. 3253-14 du code du travail sur la désignation du mandataire judiciaire *(L. n° 2016-1547 du 18 nov. 2016, art. 99)* « et de l'administrateur judiciaire ». » – V. *art. R. 621-2-1.* – **C. com.**

(Ord. n° 2008-1345 du 18 déc. 2008, art. 14) « Si le débiteur en fait la demande, le tribunal désigne, en considération de leurs attributions respectives telles qu'elles résultent des dispositions qui leur sont applicables, un commissaire-priseur judiciaire, un huissier de justice, un notaire ou un courtier en marchandises assermenté aux fins de réaliser l'inventaire prévu à l'article L. 622-6. Dans le cas contraire, l'article L. 622-6-1 est applicable. » — V. art. R. 621-7-1. — **C. com.**

(Ord. n° 2014-326 du 12 mars 2014, art. 17, en vigueur le 1er juill. 2014) « Les mandataires de justice et les personnes mentionnées à l'alinéa précédent font connaître sans délai au tribunal tout élément qui pourrait justifier leur remplacement. »

1. PV de carence de représentant des salariés. Le procès-verbal de carence établi lorsque aucun représentant des salariés n'est désigné est déposé au greffe de la procédure collective et la contestation de la désignation doit intervenir dans les 2 jours à compter des formalités de dépôt. • Soc. 7 déc. 2016, n° 16-10.826 P : *RJS 3/2017, n° 208* ; *JCP S 2017. 1031*, obs. Fin – Langer.

2. Protection du représentant des salariés. Le candidat aux fonctions de représentant des salariés n'est pas protégé. • Soc. 1er mars 2005, n° 02-44.293 P : *RJS 2005. 383, n° 549*. ♦ En raison des fonctions et prérogatives attribuées au représentant des salariés, la méconnaissance des règles régissant leur désignation ou leur remplacement porte atteinte à l'intérêt collectif de la profession (cassation du jugement ayant déclaré irrecevable l'intervention volontaire du syndicat au soutien de l'action du salarié). • Soc. 15 juin 2011 : *D. 2011. Actu. 1752* ; *APC 2011, n° 196*, obs. Fin-Langer ; *LEDEN 9/2011. 7*, obs. G. Dedessus-Le-Moustier ; *Gaz. Pal. 7-8 oct. 2011, p. 32*, obs. Gailhbaud.

3. Licenciement du représentant des salariés par le cessionnaire. Le cessionnaire de l'entreprise en redressement judiciaire, tenu de maintenir provisoirement le contrat de travail du représentant des salariés, peut tirer les conséquences du licenciement prononcé par l'administrateur judiciaire en application du jugement arrêtant le plan de cession après autorisation de l'inspecteur du travail. • Soc. 14 mars 2007 : *RDT 2007. 384*, note Chagny.

4. Fin du mandat. Le représentant des salariés licencié avec l'autorisation de l'administration du travail n'a plus le pouvoir d'agir en cette qualité après l'expiration du préavis qui met fin au mandat. • Soc. 4 juill. 2007 : *RDT 2008. 47*, obs. Chagny ; *Dr. soc. 2007. 1187*, obs. Verkindt.

CHAPITRE II DE L'ENTREPRISE AU COURS DE LA PÉRIODE D'OBSERVATION

Art. L. 622-10 *(L. n° 2005-845 du 26 juill. 2005, art. 28)* A tout moment de la période d'observation, le tribunal, à la demande du débiteur peut ordonner la cessation partielle de l'activité.

Dans les mêmes conditions, *(Ord. n° 2008-1345 du 18 déc. 2008)* « à la demande du débiteur, de l'administrateur, du mandataire judiciaire, du ministère public ou d'office, » il convertit la procédure en un redressement judiciaire, si les conditions de l'article L. 631-1, sont réunies ou prononce la liquidation judiciaire, si les conditions de l'article L. 640-1 sont réunies.

(Ord. n° 2008-1345 du 18 déc. 2008) « A la demande du débiteur *(Ord. n° 2014-326 du 12 mars 2014, art. 22, en vigueur le 1er juill. 2014)* « ou, à la demande de l'administrateur, du mandataire judiciaire ou du ministère public, lorsqu' *[lorsque]* aucun plan n'a été adopté conformément aux dispositions de l'article L. 626-30-2 et, le cas échéant, de l'article L. 626-32 par les *(Ord. n° 2021-1193 du 15 sept. 2021, art. 17, en vigueur le 1er oct. 2021)* « classes mentionnées » à la section 3 du chapitre VI du présent titre », il décide également la conversion en redressement judiciaire si l'adoption d'un plan de sauvegarde est manifestement impossible et si la clôture de la procédure conduirait, de manière certaine et à bref délai, à la cessation des paiements. »

Il statue après avoir entendu ou dûment appelé le débiteur, l'administrateur, le mandataire judiciaire, les contrôleurs et *(Ord. n° 2021-1193 du 15 sept. 2021, art. 17, en vigueur le 1er oct. 2021)* « la ou les personnes désignées par le comité social et économique », et avoir recueilli l'avis du ministère public.

Lorsqu'il convertit la procédure de sauvegarde en procédure de redressement judiciaire, le tribunal peut, si nécessaire, modifier la durée de la période d'observation restant à courir *(L. n° 2016-1547 du 18 nov. 2016, art. 99)* « ou la prolonger pour une durée maximale de six mois ». *(Ord. n° 2021-1193 du 15 sept. 2021, art. 17, en vigueur le 1er oct. 2021)* « Les classes déjà constituées avant cette conversion, conformément à la section 3 du chapitre VI du présent titre, sont conservées avec les mêmes modalités de répartition et de calcul des voix,

B. CONTRAT DE TRAVAIL — **I. Conventions**

sans préjudice des recours pendants. Les opérations de constitution des classes se poursuivent nonobstant la conversion. »

(Ord. n° 2008-1345 du 18 déc. 2008) « Aux fins de réaliser la prisée des actifs du débiteur au vu de l'inventaire établi pendant la procédure de sauvegarde, il désigne, en considération de leurs attributions respectives telles qu'elles résultent des dispositions qui leur sont applicables, un commissaire-priseur judiciaire, un huissier de justice, un notaire ou un courtier en marchandises assermenté. »

Les dispositions issues de la L. n° 2016-1547 du 18 nov. 2016 ne sont pas applicables aux procédures en cours au 19 nov. 2016 (L. préc., art. 114-XVI).

....

Art. L. 622-17 (L. n° 2005-845 du 26 juill. 2005, art. 33) « I. — Les créances nées régulièrement après le jugement d'ouverture pour les besoins du déroulement de la procédure ou de la période d'observation, ou en contrepartie d'une prestation fournie au débiteur pendant cette période, sont payées à leur échéance.

« II. — Lorsqu'elles ne sont pas payées à l'échéance, ces créances sont payées par privilège avant toutes les autres créances, assorties ou non de privilèges ou sûretés, à l'exception de celles garanties par le privilège établi aux articles L. 143-10 [L. 3253-2 et L. 3253-3], L. 143-11 [L. 3253-4], L. 742-6 et L. 751-15 [L. 7313-8] du code du travail, (Ord. n° 2008-1345 du 18 déc. 2008) « des frais de justice nés régulièrement après le jugement d'ouverture pour les besoins du déroulement de la procédure » et de celles garanties par le privilège établi par l'article L. 611-11 du présent code. »

III. — Leur paiement se fait dans l'ordre suivant :

1° Les créances de salaires dont le montant n'a pas été avancé en application des articles L. 143-11-1 à L. 143-11-3 [L. 3253-6 et L. 3253-8 à L. 3253-13] du code du travail ;

(Ord. n° 2021-1193 du 15 sept. 2021, art. 18, en vigueur le 1er oct. 2021) « 2° Les créances résultant d'un nouvel apport de trésorerie consenti en vue d'assurer la poursuite de l'activité pour la durée de la procédure ;

« 3° Les créances résultant de l'exécution des contrats poursuivis conformément aux dispositions de l'article L. 622-13 et dont le cocontractant accepte de recevoir un paiement différé ;

« 4° Les autres créances, selon leur rang.

« Les apports de trésorerie mentionnés au 2° et les délais de paiement mentionnés au 3° sont autorisés par le juge-commissaire dans la limite nécessaire à la poursuite de l'activité pendant la période d'observation et font l'objet d'une publicité. En cas de résiliation d'un contrat régulièrement poursuivi, les indemnités et pénalités sont exclues du bénéfice du présent article. »

(L. n° 2005-845 du 26 juill. 2005, art. 33) « IV. — Les créances impayées perdent le privilège que leur confère le (Ord. n° 2008-1345 du 18 déc. 2008) « II du » présent article si elles n'ont pas été portées à la connaissance (Ord. n° 2008-1345 du 18 déc. 2008) « de l'administrateur et, à défaut, du mandataire judiciaire » ou, lorsque ces organes ont cessé leurs fonctions, du commissaire à l'exécution du plan ou du liquidateur, dans le délai d'un an à compter de la fin de la période d'observation. » (Ord. n° 2014-326 du 12 mars 2014, art. 24, en vigueur le 1er juill. 2014) « Lorsque cette information porte sur une créance déclarée pour le compte du créancier en application de l'article L. 622-24, elle rend caduque cette déclaration si le juge n'a pas statué sur l'admission de la créance. » — V. C. com., art. R. 622-15. — **C. com.**

....

CHAPITRE III *DE L'ÉLABORATION DU BILAN ÉCONOMIQUE, SOCIAL ET ENVIRONNEMENTAL*

Art. L. 623-3 L'administrateur reçoit du juge-commissaire tous renseignements et documents utiles à l'accomplissement de sa mission et de celle des experts.

Lorsque la procédure est ouverte (L. n° 2005-845 du 26 juill. 2005, art. 45) « à l'égard d'une entreprise qui bénéficie de l'accord amiable homologué prévu à l'article L. 611-8 du présent code ou à l'article L. 351-6 du code rural et de la pêche maritime », l'administrateur reçoit communication du rapport d'expertise mentionné à l'article (L. n° 2005-845 du 26 juill. 2005, art. 45) « L. 611-6 » ou, le cas échéant, du rapport d'expertise et du compte rendu mentionnés aux articles L. 351-3 et L. 351-6 du code rural et de la pêche maritime.

L'administrateur consulte le mandataire judiciaire et entend toute personne susceptible de l'informer sur la situation et les perspectives de redressement de l'entreprise, les modalités de règlement du passif et conditions sociales de la poursuite de l'activité. (L. n° 2005-845 du 26 juill. 2005, art. 45) « Il en informe le débiteur et recueille ses observations ».

Il informe l'avancement de ses travaux le mandataire judiciaire ainsi que le comité (Ord. n° 2021-1193 du 15 sept. 2021, art. 24, en vigueur le 1er oct. 2021) « social et économique ».

(L. n° 2005-845 du 26 juill. 2005, art. 45) « Lorsque le débiteur exerce une profession libérale soumise à un statut législatif ou réglementaire ou dont le titre est protégé, l'administrateur consulte l'ordre professionnel ou l'autorité compétente dont, le cas échéant, relève le débiteur. »

CHAPITRE IV *DE LA DÉTERMINATION DU PATRIMOINE DU DÉBITEUR*

SECTION 1 *De la vérification et de l'admission des créances*

Art. L. 624-1 Dans le délai fixé par le tribunal, le mandataire judiciaire établit, après avoir sollicité les observations du débiteur, la liste des créances déclarées avec ses propositions d'admission, de rejet ou de renvoi devant la juridiction compétente. Il transmet cette liste au juge-commissaire.

(Ord. n° 2014-326 du 12 mars 2014, art. 33, en vigueur le 1er juill. 2014) « Les observations du débiteur sont faites dans un délai fixé par décret en Conseil d'État. Le débiteur qui ne formule pas d'observations dans ce délai ne peut émettre aucune contestation ultérieure sur la proposition du mandataire judiciaire. »

Le mandataire judiciaire ne peut être rémunéré au titre des créances déclarées ne figurant pas sur la liste établie dans le délai mentionné ci-dessus (L. n° 2005-845 du 26 juill. 2005, art. 46) « , sauf pour des créances déclarées après ce délai, en application des deux derniers alinéas de l'article L. 622-24. » – [C. com., ancien art. L. 621-103.]

CHAPITRE V *DU RÈGLEMENT DES CRÉANCES RÉSULTANT DU CONTRAT DE TRAVAIL*

SECTION 1 *De la vérification des créances*

Art. L. 625-1 Après vérification, le mandataire judiciaire établit, dans les délais prévus à l'article L. 143-11-7 [art. L. 3523-19] du code du travail, les relevés des créances résultant d'un contrat de travail, le débiteur entendu ou dûment appelé. Les relevés des créances sont soumis au représentant des salariés dans les conditions prévues à l'article L. 625-2. Ils sont visés par le juge-commissaire, déposés au greffe du tribunal et font l'objet d'une mesure de publicité dans des conditions fixées par décret en Conseil d'État.

Le salarié dont la créance ne figure pas en tout ou en partie sur un relevé peut saisir à peine de forclusion le conseil de prud'hommes dans un délai de deux mois à compter de l'accomplissement de la mesure de publicité mentionnée à l'alinéa précédent. Il peut demander au représentant des salariés de l'assister ou de le représenter devant la juridiction prud'homale.

(Ord. n° 2008-1345 du 18 déc. 2008) « Le débiteur et l'administrateur lorsqu'il a une mission d'assistance sont mis en cause. »

1. Le délai de saisine du conseil de prud'hommes de deux mois en contestation des créances salariales court à compter de la publication du relevé de créances salariales, indépendamment de l'absence d'information du liquidateur. ● Soc. 29 sept. 2010 : JCP S 2010. 1519, obs. Brissy.

2. Créances salariales visées. Les créances salariales qui font l'objet d'une instance en cours devant la juridiction prud'homale à la date du jugement d'ouverture du redressement judiciaire ne sont pas soumises à la vérification des créances salariales instituée par l'art. 123 de la loi [C. com., art. L. 625-1] et par les art. 76 et 78 du décret [C. com., art. R. 625-1 et R. 625-3]. ● Soc. 10 déc. 1996, n° 94-40.486 P ● 30 sept. 1997, n° 94-44.943 P : D. 1997. IR 219 ; RPC 1999. 156, obs. Monsérié.

3. Délai de saisine. Le délai de forclusion ne court pas lorsque le représentant des créanciers n'a pas informé le salarié de son existence et de son point de départ. ● Soc. 25 juin 2002, n° 00-44.704 P : D. 2002. AJ 2406 ; JCP E 2002. 1526, obs. Pétel ; APC 2002, n° 181, obs. Regnaut-Moutier ; RPC 2002. 289, obs. Taquet ; LPA 15 avr. 2003, p. 10, note Tchotourian ; RTD com. 2003. 568, obs. Martin-Serf. ♦ ... Sans qu'il y ait lieu de distinguer selon que la créance a été rejetée ou omise. ● Soc. 16 déc. 2008, n° 07-42.884 : Gaz. Pal. 26-28 avr. 2009, p. 38, obs. Saintourens. ♦

résulte des art. L. 621-125 [L. 625-1] C. com., 78 du Décr. du 27 déc. 1985 [C. com., art. R. 625-3] et 640 NCPC [C. pr. civ.] que le représentant des créanciers qui informe le salarié de la nature et du montant des créances admises ou rejetées doit lui rappeler la durée du délai de forclusion prévu au 1ᵉʳ des textes susvisés, la date de la publication prévue au 3° al. du 2ᵉ de ces textes, le journal dans lequel elle sera effectuée ainsi que la juridiction compétente et les modalités de sa saisine ; en l'absence de ces mentions, ou lorsque celles-ci sont erronées, le délai de forclusion ne court pas. • Soc. 7 févr. 2006, n° 03-47.937 P : *D. 2006. AJ 579*, obs. Lienhard ; *RPC 2006. 287*, obs. Taquet.
♦ Sous peine de la même sanction, l'information délivrée par le mandataire judiciaire doit comprendre, au titre des modalités de saisine de la juridiction compétente, l'indication de la saisine par requête de la formation de jugement du conseil de prud'hommes compétent et la possibilité de se faire assister et représenter par le représentant des salariés. • Soc. 22 mars 2023, n° 21-14.604 B : *D. actu. 21 avr. 2023*, obs. Gailhbaud ; *D. 2023. 598* ; *APC 2023, n° 98*, obs. Fin-Langer.

4. Le salarié qui demande devant le conseil de prud'hommes, conformément à l'art. L. 511-1 [L. 1411-1 s.] C. trav., la réparation du préjudice causé par l'irrégularité de fond ou de procédure de son licenciement et dont l'action est distincte de celle ouverte par l'art. 123 de la L. du 25 janv. 1985 [C. com., art. L. 625-1] ne peut se voir opposer la fin de non-recevoir tirée de la forclusion prévue par ce 2ᵈ texte. • Soc. 4 juill. 2000, n° 98-40.765 P : *D. 2001. Somm. 115*, obs. Derrida ; *RPC 2001. 41*, obs. Taquet • 11 oct. 2006, n° 04-47.950 P : *D. 2006. IR 2624* ; *APC 2006, n° 244*, obs. Fin-Langer.

5. L'art. L. 621-125 [L. 625-1] C. com. n'impose au salarié, à peine de forclusion, que de saisir la juridiction prud'homale dans le délai qu'il prévoit ; des demandes nouvelles peuvent être présentées en tout état de la procédure ainsi engagée, peu important que le délai de forclusion soit alors expiré. • Soc. 9 nov. 2005, n° 03-47.963 P : *APC 2006, n° 17*, obs. Regnaut-Moutier ; *RPC 2006. 70*, obs. Taquet.

6. Lorsque, invoquant le caractère privilégié d'une créance salariale, un salarié conteste l'admission de cette créance faite à titre chirographaire sur le relevé établi par le représentant des créanciers, le juge-commissaire, dont la fonction est de viser les relevés des créances salariales, n'est pas compétent pour statuer sur les contestations relatives à ces créances à la demande du salarié et la décision par laquelle il refuse de reconnaître le caractère privilégié de la créance figurant sur le relevé doit être infirmée, alors que les contestations relatives à l'admission des créances doivent, conformément à l'art. 123 [C. com., art. L. 625-1], al. 2, être portées devant le conseil de prud'hommes dans le délai de 2 mois à compter de la publication du relevé. • Paris, 2 juin 1993 : *D. 1993. IR 245*.

7. Relevé de forclusion. La saisine du conseil de prud'hommes par le salarié, qui conteste la décision du représentant des créanciers, emporte nécessairement demande de relevé de forclusion lorsqu'il introduit la procédure après l'expiration du délai de deux mois de l'art. L. 621-125 [L. 625-1] C. com., mais conformément aux art. L. 621-46 [L. 622-26] C. com. et 78 du Décr. du 27 déc. 1985 [C. com., art. R. 625-3], moins d'un an [six mois] après le jugement d'ouverture de la procédure collective, sans qu'il soit besoin que cette demande soit formulée expressément. • Soc. 26 mars 2003, n° 01-41.747 P : *APC 2003, n° 165*, obs. Cagnoli ; *JCP E 2003. 1574*, obs. Pétel ; *RPC 2003. 251*, obs. Taquet. – Contra, auparavant : • Soc. 22 juin 1993, n° 91-41.387 P : *D. 1993. IR 195* ; *Dr. sociétés 1994, n° 71*, obs. Chaput • 26 nov. 1996 : *RPC 1997. 472*, obs. Taquet ; *RJ com. 1998. 108*, note Haennig.

8. Contestation postérieure à la condamnation de l'employeur au paiement. En ce sens qu'un salarié peut saisir le conseil de prud'hommes d'une action tendant à contester le refus du représentant des créanciers de faire figurer sa créance sur un relevé des créances résultant d'un contrat de travail, même lorsqu'une précédente décision prud'homale a condamné l'employeur à payer les sommes réclamées, V. • Soc. 16 déc. 1998, n° 96-43.794 P : *D. 2001. Somm. 115*, obs. Derrida ; *JCP E 1999, nᵒˢ 18-19, p. 812*, obs. Pétel.

9. Défendeur à l'action. L'action relative à l'inscription sur le relevé des créances des diverses indemnités consécutives à la rupture du contrat de travail est formée à titre principal contre le représentant des créanciers de l'employeur en redressement judiciaire. • Soc. 16 janv. 1991, n° 87-42.899 P : *D. 1991. IR 48* • 16 déc. 1992, n° 89-43.900 P.

10. Intéressement des salariés. La juridiction prud'homale est compétente pour statuer sur la demande du salarié tendant à l'inscription sur le relevé des créances relatives à l'intéressement et mettant en jeu la garantie de l'AGS. • Soc. 19 mars 1997, n° 96-40.094 : *D. 1997. IR 94*.

11. Accident du travail. Les dispositions relatives au règlement des créances résultant de l'art. 123 [C. com., art. L. 625-1] ne sont pas applicables à la créance du salarié victime d'un accident du travail, consécutive à la reconnaissance de la faute inexcusable de l'employeur, cette créance ne constituant pas une créance salariale résultant d'un contrat de travail, mais une créance dont le fait générateur est né du fait ou à l'occasion du travail, selon la définition de l'art. L. 411-1 CSS. • Dijon, 21 oct. 1997 : *JCP 1998. IV. 3147*.

12. Défaut d'établissement des relevés des créances salariales. Lorsque les délais imposés au représentant des créanciers pour établir les relevés des créances résultant d'un contrat de travail sont dépassés, sans que ces relevés aient été établis, les salariés peuvent saisir directement le conseil de prud'hommes pour faire reconnaître leurs créances salariales, notamment celles qui sont nées après l'ouverture de la procédure collective. ● Soc. 26 févr. 2003, 🔒 n° 00-46.174 P.

13. Portée de l'état des créances. Il résulte de l'art. 123, alors applicable [devenu C. com., art. L. 625-1], que le représentant des créanciers n'a pas à se prononcer sur la garantie de l'AGS lors de l'établissement du relevé des créances résultant d'un contrat de travail, l'art. 77 du Décr. du 27 déc. 1985 [C. com., art. R. 625-2] ne prévoyant pas la mention de la garantie de l'AGS sur ce relevé ; il ne peut en conséquence exister d'indivisibilité entre l'état des créances déposé au greffe du tribunal de la procédure collective, comportant les relevés des créances résultant d'un contrat de travail, et une décision de justice déterminant l'étendue de la garantie de l'AGS. ● Soc. 7 juill. 2021, 🔒 n° 18-18.943 B : *D. 2021. 1333* 📄 *; RJS 10/2021, n° 542 ; JCP S 2021. 1246*, obs. Fin-Langer *; RPC 2021. Comm. 137*, obs. Taquet.

14. Voies de recours. La demande par laquelle le salarié conteste devant le bureau de jugement du conseil de prud'hommes, conformément aux dispositions des art. L. 621-125 et L. 621-128 [L. 625-1 et L. 625-5] C. com., la décision du représentant des créanciers de ne pas faire figurer tout ou partie de sa créance sur les relevés des créances résultant d'un contrat de travail présente un caractère indéterminé en sorte que le jugement du conseil de prud'hommes est susceptible d'appel. ● Soc. 18 févr. 2004 : 🔒 *RPC 2004. 254*, obs. Taquet.

Art. L. 625-2 (*L. n° 2005-845 du 26 juill. 2005, art. 57*) « Les relevés des créances résultant des contrats de travail sont » soumis pour vérification par le mandataire judiciaire au représentant des salariés mentionné à l'article (*L. n° 2005-845 du 26 juill. 2005, art. 57*) « L. 621-4 ». Le mandataire judiciaire doit lui communiquer tous documents et informations utiles. En cas de difficultés, le représentant des salariés peut s'adresser à l'administrateur et, le cas échéant, saisir le juge-commissaire. Il est tenu à l'obligation de discrétion mentionnée à l'article L. 432-7 du code du travail. Le temps passé à l'exercice de sa mission tel qu'il est fixé par le juge-commissaire est considéré de plein droit comme temps de travail et payé à l'échéance normale. — [*C. com., ancien art. L. 621-36.*]

Art. L. 625-3 (*Ord. n° 2008-1345 du 18 déc. 2008*) « Les instances en cours devant la juridiction prud'homale à la date du jugement d'ouverture sont poursuivies en présence du mandataire judiciaire et de l'administrateur lorsqu'il a une mission d'assistance ou ceux-ci dûment appelés. »

Le mandataire judiciaire informe dans les dix jours la juridiction saisie et les salariés parties à l'instance de l'ouverture de la procédure.

BIBL. ▶ CHAGNY, Un rappel nécessaire : l'ouverture de la procédure collective de l'employeur n'interrompt pas les instances prud'homales en cours, *RDT 2009. 601* 📄.

1. Les dispositions des art. 369 et 372 C. pr. civ. ne sont pas applicables aux instances visées à l'art. L. 621-126 [L. 625-3] C. com., qui ne sont ni suspendues ni interrompues. ● Soc. 17 sept. 2003, 🔒 n° 01-41.255 P : *D. 2003. AJ 2376* 📄 *; APC 2003, n° 210*, obs. Blanc *; JCP E 2004, n° 13, p. 517*, obs. Morvan ● 24 nov. 2004, 🔒 n° 02-45.126 P : *RTD com. 2005. 174*, obs. Vallens 📄 *; RPC 2005. 217*, obs. Staes.

2. Sur la poursuite d'une instance en référé, après mise en cause du GARP, dans le régime antérieur à la loi du 26 juill. 2005, V. ● Paris, 22 oct. 1993 : *BICC 1994, n° 82*.

3. Est irrecevable, en raison de l'indivisibilité de la procédure collective, le pourvoi formé par une société mise en redressement judiciaire entre la date de la décision attaquée et la date du pourvoi, dès lors que le représentant des créanciers ne s'est pas joint à la déclaration de pourvoi et n'a pas non plus été désigné comme défendeur dans cette déclaration, de telle sorte que les organes de la procédure collective n'ont pas été mis en cause devant la Cour de cassation. ● Soc. 12 juill. 1994, 🔒 n° 92-41.557 P : *D. 1994. IR 221.*

4. Le tribunal de commerce ayant mis fin à la mission du représentant des créanciers de l'ancien employeur, le commissaire à l'exécution du plan peut, valablement au regard de l'art. 124 [C. com., art. L. 625-3], intervenir à l'instance. ● Soc. 30 sept. 1997, 🔒 n° 94-44.943 P : *D. 1997. IR 219* 📄 *; RPC 1999. 156*, obs. Monsérié.

5. L'instance introduite par le salarié, qui était en cours à la date du jugement d'ouverture, recommence à la suite de l'opposition formée par les parties défaillantes contre l'arrêt de défaut. C'est la même instance qui se poursuit en présence de l'employeur et des organes de la procédure, aucune forclusion n'étant encourue par le salarié. ● Soc. 16 mars 1999 : 🔒 *JCP E 1999, n° 20, p. 841.*

6. La radiation d'une procédure introduite devant la juridiction prud'homale, avant que l'employeur ne soit placé en liquidation judiciaire, ne constitue qu'une simple mesure d'administration judiciaire qui laisse subsister l'instance, laquelle se poursuit après l'ouverture de la procédure collective et le rétablissement de l'affaire. ● Soc. 14 mai 2003, 🔒 n° 01-40.110 P : *D. 2003. IR 1735* 📄.

7. Le représentant des créanciers qui n'a pas informé de l'ouverture de la procédure de redressement judiciaire les salariés et la juridiction saisie ne peut valablement se prévaloir d'une inopposabilité de la décision rendue au terme de l'instance prud'homale. ● Soc. 17 sept. 2003 : 🔒 *préc. note 1* ● 24 juin 2008 : *RJS 2009. 815, n° 998.* ◆ Lorsque

B. CONTRAT DE TRAVAIL — **I. Conventions**

cette information n'a pas été donnée, il ne peut être opposé au salarié, qui a introduit une action avant que l'employeur soit mis en redressement judiciaire, que sa créance ne figure pas sur le relevé des créances et qu'il n'a intenté aucune action ni mis en cause le représentant des créanciers, dans les conditions de l'art. 123 [C. com., art. L. 625-1]. ● Soc. 13 juill. 1999 : 🔗 *APC 1999, n° 188.*

Art. L. 625-4 Lorsque les institutions mentionnées à l'article L. 143-11-4 *[art. L. 3253-14]* du code du travail refusent pour quelque cause que ce soit de régler une créance figurant sur un relevé des créances résultant d'un contrat de travail, elles font connaître leur refus au mandataire judiciaire qui en informe immédiatement le représentant des salariés et le salarié concerné.

Ce dernier peut saisir du litige le conseil de prud'hommes. Le mandataire judiciaire, le chef d'entreprise *(Ord. n° 2008-1345 du 18 déc. 2008, en vigueur le 15 févr. 2009)* « et l'administrateur lorsqu'il a une mission d'assistance » sont mis en cause.

Le salarié peut demander au représentant des salariés de l'assister ou de le représenter devant la juridiction prud'homale. — *[C. com., ancien art. L. 621-127.]*

BIBL. ▶ Dell'Asino, *JCP S 2017. 1018* (compétence matérielle du conseil de prud'hommes dans le contentieux de la vérification des créances salariales).

Absence de forclusion. Aucune forclusion n'est opposable à l'exercice de l'action tendant à contester le refus de l'AGS de régler tout ou partie d'une créance figurant sur un relevé des créances résultant d'un contrat de travail ; l'action du salarié est recevable malgré la clôture de la procédure collective et l'AGS doit en verser le montant entre les mains du greffier du TGI (tribunal judiciaire). ● Soc. 7 juill. 2021, 🔗 n° 18-18.943 B : *D. 2021. 1333 ; RJS 10/2021, n° 542 ; JCP S 2021. 1246, obs. Fin-Langer ; RPC 2021. Comm. 137, obs. Taquet.*

Art. L. 625-5 Les litiges soumis au conseil de prud'hommes en application des articles L. 625-1 et L. 625-4 sont portés directement devant le bureau de jugement. — *[C. com., ancien art. L. 621-128.]*

Art. L. 625-6 Les relevés des créances résultant d'un contrat de travail, visés par le juge-commissaire, ainsi que les décisions rendues par la juridiction prud'homale sont portés sur l'état des créances déposé au greffe. Toute personne intéressée, à l'exclusion de celles visées aux articles L. 625-1 à L. 625-4, peut former une réclamation ou une tierce opposition dans des conditions prévues par décret en Conseil d'État. — *[C. com., art. L. 621-129.]*

1. Pouvoirs du conseil de prud'hommes. Le conseil de prud'hommes doit se borner à déterminer le montant des sommes à inscrire sur l'état des créances déposé au greffe du tribunal, sans pouvoir condamner le liquidateur de l'employeur à payer celles-ci à l'intéressé. ● Soc. 6 juin 1989, 🔗 n° 87-45.172 P. ● 15 juin 1995 : 🔗 *RPC 1996. 121, obs. Taquet.* – V. aussi ● Soc. 27 oct. 1998 : 🔗 *D. 2001. Somm. 114, obs. Derrida ; JCP 1999. I. 183, n° 20, obs. Morvan.* ♦ Le conseil de prud'hommes ne peut porter condamnation du représentant des créanciers à payer des sommes dues aux salariés. Cette juridiction doit se borner, pour les créances nées antérieurement à l'ouverture de la procédure de redressement judiciaire, à déterminer le montant des sommes à inscrire sur l'état des créances déposé au greffe du tribunal. Le représentant des créanciers ne peut être condamné à payer les créances nées après l'ouverture de la procédure collective. ● Soc. 8 avr. 1992, 🔗 n° 89-43.284 P : *D. 1992. IR 187.*

2. Le conseil de prud'hommes qui juge que les intérêts légaux des sommes dues aux salariés courent à partir de la date de la saisine de la juridiction prud'homale, alors qu'il constate que certaines créances ont pris naissance avant le jugement d'ouverture du redressement judiciaire, viole l'art. 55 [C. com., art. L. 622-28]. ● Soc. 8 avr. 1992 : 🔗 *préc. note 1.*

3. Réclamation. Le salarié dont la créance n'a pas été incluse dans celle de l'AGS admise au passif, s'il est sans intérêt à relever appel de l'ordonnance d'admission, dès lors que selon l'art. L. 143-11-7 [L. 3253-19 s.] C. trav. ses droits à l'égard de cet organisme sont indépendants de la déclaration que ce dernier fait dans les conditions des art. L. 621-43 [L. 622-24] s. C. com., peut toutefois agir par voie de réclamation conformément aux art. L. 621-129 [L. 625-6] C. com., 83 et 84 du Décr. du 27 déc. 1985 [C. com., art. R. 624-8 à R. 624-10]. ● Aix-en-Provence, 4 févr. 2004 : *BICC 2005, n° 2161.*

4. Plan de redressement. Les sommes dues par l'employeur en exécution du contrat de travail antérieurement au jugement ouvrant la procédure de redressement judiciaire restent soumises, même après l'adoption d'un plan de redressement, qu'il soit par cession ou par continuation, au régime de la procédure collective. ● Soc. 27 oct. 1998 : 🔗 *D. 1998. IR 259 ; JCP E 1999, n° 17, p. 774, note Serret.* ● 10 mai 2006, 🔗 n° 04-42.076 P : *D. 2006. AJ 1529, obs. Lienhard ; Gaz. Pal. 6-7 oct. 2006, p. 24, obs. Roussel Galle.* ♦ Doit être cassé, pour violation des art. 76 et 127 [C. com., art. L. 626-20 et L. 625-4], l'arrêt qui, pour condamner un employeur en redressement judiciaire à payer une indemnité pour licenciement sans cause réelle et sérieuse à un salarié licencié antérieurement à la procédure, énonce que l'employeur, qui a bénéficié d'un plan de redressement, est tenu de réparer l'entier préjudice causé aux salariés par application de l'art. 76 [C. com., art. L. 626-20] (2°), alors que les juges du fond constatent que les créances du salarié sont nées antérieurement au jugement d'ouverture du redressement judiciaire de l'employeur et qu'ils devaient donc se borner à déterminer le montant des sommes à inscrire sur l'état des créances déposé au greffe du tribunal sans pouvoir condamner le débiteur à payer celles-ci au salarié. • Soc. 27 oct. 1998 : *préc.* V. aussi note 30 ss. art. L. 3253-8 C. trav., ss. art. L. 625-9.

5. Portée de l'état des créances salariales. Il résulte de l'art. 127 [C. com., art. L. 625-6] qu'outre les relevés des créances visés par le juge-commissaire, seules les décisions rendues par la juridiction prud'homale doivent être portées sur l'état des créances salariales et, par voie de conséquence, ouvrent aux salariés les droits à l'assurance contre le risque de non-paiement des sommes qui leur sont dues en exécution du contrat de travail. • Soc. 14 mars 2000, ⚖ n° 97-45.335 P.

6. Prescription. Dès lors que le relevé des créances salariales, qui n'a fait l'objet d'aucune contestation en ce qui concerne les salariés en cause, est porté sur l'état des créances déposé au greffe du tribunal de commerce et que cette admission au passif de la procédure collective revêt un caractère irrévocable, il en résulte qu'elle entraîne la substitution de la prescription trentenaire à la prescription quinquennale. • Soc. 21 nov. 2012 : ⚖ D. 2012. Actu. 2798 ⁄ ; APC 2012, n° 300, obs. Fin-Langer ; LEDEN 1/2013. 5, obs. G. Dedessus-Le-Moustier.

SECTION 2 *Du privilège des salariés*

Art. L. 625-7 Les créances résultant d'un contrat de travail sont garanties en cas d'ouverture d'une procédure (*L. n° 2005-845 du 26 juill. 2005, art. 58-II*) « de sauvegarde » :

1° Par le privilège établi par les articles L. 143-10, L. 143-11, L. 742-6 et L. 751-15 [*L. 3253-2, L. 3253-3, L. 3253-4 et L. 7318-8 nouv.*] du code du travail, pour les causes et montants définis auxdits articles ;

2° Par le privilège (*Ord. n° 2021-1192 du 15 sept. 2021, art. 34-V, en vigueur le 1er janv. 2022*) « 3° » de l'article (*Ord. n° 2006-346 du 23 mars 2006, art. 54*) « **2331** » et du 2° de l'article (*Ord. n° 2021-1192 du 15 sept. 2021, art. 34-V, en vigueur le 1er janv. 2022*) « **2377** » du code civil.

Art. L. 625-8 Nonobstant l'existence de toute autre créance, les créances que garantit le privilège établi aux articles L. 143-10, L. 143-11, L. 742-6 et L. 751-15 [*art. L. 3253-2 à L. 3253-4, L. 7313-8*] du code du travail doivent (*Ord. n° 2008-1345 du 18 déc. 2008*) « , sur ordonnance du juge-commissaire, être payées dans les dix jours du prononcé du jugement ouvrant la procédure par le débiteur ou, lorsqu'il a une mission d'assistance, par l'administrateur, si le débiteur ou l'administrateur » dispose des fonds nécessaires.

Toutefois, avant tout établissement du montant de ces créances, (*Ord. n° 2008-1345 du 18 déc. 2008*) « le débiteur ou l'administrateur s'il a une mission d'assistance » doit, avec l'autorisation du juge-commissaire et dans la mesure des fonds disponibles, verser immédiatement aux salariés, à titre provisionnel, une somme égale à un mois de salaire impayé, sur la base du dernier bulletin de salaire, et sans pouvoir dépasser le plafond visé à l'article L. 143-10 [*L. 3253-2 nouv.*] du code du travail.

A défaut de disponibilités, les sommes dues en vertu des deux alinéas précédents doivent être acquittées sur les premières rentrées de fonds. — [*C. com., ancien art. L. 621-131.*]

SECTION 3 *De la garantie du paiement des créances résultant du contrat de travail*

Art. L. 625-9 (*Ord. n° 2008-1345 du 18 déc. 2008*) Sans préjudice des règles fixées aux articles L. 625-7 et L. 625-8, les créances résultant du contrat de travail ou du contrat d'apprentissage sont garanties dans les conditions fixées aux articles L. 3253-2 à L. 3253-4, L. 3253-6 à L. 3253-21 et L. 8252-3 du code du travail.

CHAPITRE VI *DU PLAN DE SAUVEGARDE*

Art. L. 626-1 (*L. n° 2005-845 du 26 juill. 2005, art. 59*) Lorsqu'il existe une possibilité sérieuse pour l'entreprise d'être sauvegardée, le tribunal arrête dans ce but un plan qui met fin à la période d'observation.

(*Ord. n° 2014-326 du 12 mars 2014, art. 36, en vigueur le 1er juill. 2014*) « Le plan de sauvegarde comporte, s'il y a lieu, l'arrêt, l'adjonction ou la cession d'une ou de plusieurs activités.

B. CONTRAT DE TRAVAIL   **I. Conventions** 3205

« Les cessions faites en application du présent article sont soumises aux dispositions de la section 1 du chapitre II du titre IV et à celles de l'article L. 642-22. Toutefois, le mandataire judiciaire exerce les missions confiées au liquidateur. En outre, le tribunal peut, par un jugement spécialement motivé, après avoir recueilli l'avis du ministère public et demandé celui des contrôleurs, déroger aux interdictions prévues au premier alinéa de l'article L. 642-3 et autoriser la cession à l'une des personnes mentionnées à cet alinéa, à l'exception des contrôleurs et du débiteur au titre de l'un quelconque de ses patrimoines.

« Lorsqu'un plan de sauvegarde de l'emploi doit être élaboré, il est fait application des dispositions du III de l'article L. 1233-58 du code du travail. »

(Ord. n° 2008-1345 du 18 déc. 2008) « Les droits de préemption institués par le code rural et de la pêche maritime ou le code de l'urbanisme ne peuvent s'exercer sur un bien compris dans une cession d'une ou de plusieurs activités décidée en application du présent article. »

SECTION 1   *De l'élaboration du projet de plan*

Art. L. 626-2 *(Ord. n° 2008-1345 du 18 déc. 2008)* « Au vu du bilan économique, social et, le cas échéant, environnemental, le débiteur, avec le concours de l'administrateur, propose un plan, sans préjudice de l'application des dispositions de l'article L. 622-10. »

(Ord. n° 2021-1193 du 15 sept. 2021, art. 28, en vigueur le 1er oct. 2021) « Le projet de plan mentionne les engagements d'effectuer des apports de trésorerie pris pour l'exécution du plan. »

(L. n° 2005-845 du 26 juill. 2005, art. 60) Le projet de plan détermine les perspectives de redressement en fonction des possibilités et des modalités d'activités, de l'état du marché et des moyens de financement disponibles.

Il définit les modalités de règlement du passif et les garanties éventuelles que le *(Ord. n° 2008-1345 du 18 déc. 2008)* « débiteur » doit souscrire pour en assurer l'exécution.

Ce projet expose et justifie le niveau et les perspectives d'emploi ainsi que les conditions sociales envisagées pour la poursuite d'activité. Lorsque le projet prévoit des licenciements pour motif économique, il rappelle les mesures déjà intervenues et définit les actions à entreprendre en vue de faciliter le reclassement et l'indemnisation des salariés dont l'emploi est menacé. Le projet tient compte des travaux recensés par le bilan environnemental.

Il recense, annexe et analyse les offres d'acquisition portant sur une ou plusieurs activités, présentées par des tiers. Il indique la ou les activités dont sont proposés l'arrêt ou l'adjonction.

Art. L. 626-2-1 *(L. n° 2014-856 du 31 juill. 2014, art. 73)* Lorsque le débiteur exerce une activité, bénéficiant d'une autorisation administrative, d'un agrément, d'un conventionnement ou d'une habilitation, mentionnée au II de l'article 1er de la loi n° 2014-856 du 31 juillet 2014 relative à l'économie sociale et solidaire, il consulte l'autorité administrative ou l'autorité de contrôle et de tarification pour l'élaboration du projet de plan. *(Abrogé par Ord. n° 2021-1193 du 15 sept. 2021, art. 29, à compter du 1er oct. 2021)* « *Lorsqu'un créancier soumet un projet de plan en application de l'article L. 626-30-2, il consulte également cette autorité.* » L'administrateur, lorsqu'il en a été désigné [un], s'assure qu'il a été procédé à ces consultations. Le débiteur ou, s'il y a lieu, l'administrateur fait connaître au tribunal les diligences effectuées ainsi que l'avis de l'autorité administrative ou de l'autorité de contrôle et de tarification. L'autorité administrative ou l'autorité de contrôle et de tarification rend son avis dans le délai d'un mois, en tenant compte du *b* du 3° du I de l'article 1er de la loi n° 2014-856 du 31 juillet 2014 précitée. L'absence d'avis dans ce délai ne peut faire obstacle au jugement du tribunal.

....

Art. L. 626-5 *(L. n° 2005-845 du 26 juill. 2005, art. 63)* Les propositions pour le règlement des dettes *(L. n° 2010-1249 du 22 oct. 2010, art. 58-I-1°)* « peuvent porter sur des délais, remises et conversions en titres donnant ou pouvant donner accès au capital. Elles » sont, au fur et à mesure de leur élaboration et sous surveillance du juge-commissaire, communiquées par l'administrateur au mandataire judiciaire, aux contrôleurs ainsi qu'au comité *(Ord. n° 2021-1193 du 15 sept. 2021, art. 30)* « social et économique ».

(L. n° 2010-1249 du 22 oct. 2010, art. 58-I-1°) « Lorsque la proposition porte sur des délais et remises, le mandataire judiciaire recueille, individuellement ou collectivement, l'accord de chaque créancier qui a déclaré sa créance conformément à l'article L. 622-24. » En cas de consultation par écrit, le défaut de réponse, dans le délai de trente jours à compter de la réception de la lettre du mandataire judiciaire, vaut acceptation. Ces dispositions sont applicables aux institutions visées à l'article L. 143-11-4 *[L. 3253-14]* du code du travail pour les sommes mentionnées au quatrième alinéa de l'article L. 622-24, même si leurs créances ne

sont pas encore déclarées. (*Ord. n° 2008-1345 du 18 déc. 2008, art. 54*) « Elles le sont également aux créanciers mentionnés au premier alinéa de l'article L. 626-6 lorsque la proposition qui leur est soumise porte exclusivement sur des délais de paiement. » – *V. C. com., art. R. 626-7 et R. 626-8*. – **C. com.**

(*L. n° 2010-1249 du 22 oct. 2010, art. 58-I-1°*) « Lorsque la proposition porte sur une conversion en titres donnant ou pouvant donner accès au capital, le mandataire judiciaire recueille, individuellement et par écrit, l'accord de chaque créancier qui a déclaré sa créance conformément à l'article L. 622-24. Le défaut de réponse, dans le délai de trente jours à compter de la réception de la lettre du mandataire judiciaire, vaut refus.

« Le mandataire judiciaire n'est pas tenu de consulter les créanciers pour lesquels le projet de plan ne modifie pas les modalités de paiement ou prévoit un paiement intégral en numéraire dès l'arrêté du plan ou dès l'admission de leurs créances. »

La L. n° 2010-1249 du 22 oct. 2010 est applicable aux procédures de sauvegarde et de redressement judiciaire ouvertes à compter du premier jour du cinquième mois suivant sa publication (L. préc., art. 58-II, JO 23 oct.), soit à compter du 1ᵉʳ mars 2011.

Art. L. 626-6 (*L. n° 2005-845 du 26 juill. 2005, art. 63*) Les administrations financières, les organismes de sécurité sociale, les institutions gérant le régime d'assurance chômage prévu par les articles L. 351-3 et suivants du code du travail *[L. 5422-1 s. nouv.]* et les institutions régies par le livre IX du code de la sécurité sociale peuvent accepter de remettre tout ou partie de ses dettes au débiteur dans des conditions similaires à celles que lui octroierait, dans des conditions normales de marché, un opérateur économique privé placé dans la même situation.

Dans ce cadre, les administrations financières peuvent remettre l'ensemble des impôts directs perçus au profit de l'État et des collectivités territoriales ainsi que des produits divers du budget de l'État dus par le débiteur. S'agissant des impôts indirects perçus au profit de l'État et des collectivités territoriales, seuls les intérêts de retard, majorations, pénalités ou amendes peuvent faire l'objet d'une remise.

Les conditions de la remise de la dette sont fixées par décret.

Les créanciers visés au premier alinéa peuvent également décider des cessions de rang de privilège ou d'hypothèque ou de l'abandon de ces sûretés.

....

Art. L. 626-8 (*Ord. n° 2008-1345 du 18 déc. 2008*) « Le comité (*Ord. n° 2021-1193 du 15 sept. 2021, art. 30*) « social et économique » et le mandataire judiciaire sont informés et consultés sur les mesures que le débiteur envisage de proposer dans le projet de plan au vu des informations et offres reçues.

« Ils le sont également, ainsi que le ou les contrôleurs, sur le bilan économique et social et sur le projet de plan, qui leur sont communiqués par l'administrateur et complétés, le cas échéant, de ses observations.

« Les documents mentionnés au deuxième alinéa sont simultanément adressés » à l'autorité administrative compétente en matière de droit du travail. Le procès-verbal de la réunion à l'ordre du jour de laquelle a été inscrite la consultation (*Ord. n° 2021-1193 du 15 sept. 2021, art. 30*) « du comité social et économique » est transmis au tribunal ainsi qu'à l'autorité administrative mentionnée ci-dessus.

(*Ord. n° 2008-1345 du 18 déc. 2008*) « Le ministère public en reçoit communication. »

TITRE III DU REDRESSEMENT JUDICIAIRE

CHAPITRE I *DE L'OUVERTURE ET DU DÉROULEMENT DU REDRESSEMENT JUDICIAIRE*

....

Art. L. 631-17 (*L. n° 2005-845 du 26 juill. 2005, art. 92*) Lorsque des licenciements pour motif économique présentent un caractère urgent, inévitable et indispensable pendant la période d'observation, l'administrateur peut être autorisé par le juge-commissaire à procéder à ces licenciements.

Préalablement à la saisine du juge-commissaire, (*L. n° 2013-504 du 14 juin 2013, art. 18-XXIII*) « l'administrateur met en œuvre le plan de licenciement dans les conditions prévues à l'article L. 1233-58 du code du travail ». Il joint, à l'appui de la demande qu'il adresse au juge-commissaire, l'avis recueilli et les justifications de ses diligences en vue de faciliter l'indemnisation et le reclassement des salariés (*L. n° 2013-504 du 14 juin 2013, art. 18-*

B. CONTRAT DE TRAVAIL — I. Conventions

XXIII) « , ainsi que la décision de l'autorité administrative prévue à l'article L. 1233-57-4 du code du travail ».

Les dispositions issues de la L. n° 2013-504 du 14 juin 2013 sont applicables aux procédures de licenciement collectif engagées à compter du 1er juill. 2013.

Une procédure de licenciement collectif est réputée engagée à compter de la date d'envoi de la convocation à la première réunion du comité d'entreprise mentionnée à l'art. L. 1233-30 C. trav. (L. préc., art. 18-XXXIII).

BIBL. ▶ TILLIÉ, *Dr. ouvrier* 1985. 167. – FIN-LANGER, *JCP S* 2018. 1103 (situation des salariés dans le cadre des procédures collectives). – GRELON, *Gaz. Pal.* 1984. 1. Doctr. 101. – LANGLOIS, *Mél. Jeantin*, Dalloz, 1999, p. 419 (divorce du droit social et du droit du redressement judiciaire). – SAVENIER, *RPC* 2001. 224 (obligation de reclassement) ; *ibid.* 227 (plan social). – PEZZINO, *ibid.* 230 (licenciements). – BECQUET, *ibid.* 237 (décision du juge-commissaire). – MORAND, *Cah. dr. entr.* 2002, n° 2, p. 21 (particularités des licenciements économiques).

1. Date limite de la demande d'autorisation de licencier un salarié protégé. L'autorisation délivrée par le juge-commissaire de procéder à des licenciements qui présentent un caractère urgent, inévitable et indispensable pendant la période d'observation en cas de redressement judiciaire ne peut être prise que pendant cette période ; l'administration ne peut légalement autoriser un licenciement demandé sur le fondement d'une autorisation délivrée par le juge-commissaire si la période d'observation a expiré à la date à laquelle l'employeur a saisi de sa demande. ● CE 12 juin 2019, n° 410987 : *RJS* 10/2019, n° 580, concl. Dieu, p. 687.

2. Autorisation de licencier. Lorsqu'un licenciement a été autorisé par une ordonnance du juge-commissaire, le caractère économique du licenciement et la régularité cette ordonnance ne peuvent être discutés devant l'administration ; seul le juge judiciaire étant compétent pour ce faire. ● Soc. 23 mars 2016, n° 14-22.950 : *D. actu.* 22 avr. 2016, obs. Ines ; *JSL* 2016, n° 409-4, obs. Tissandier. ♦ L'autorisation du juge-commissaire n'interdit pas à la juridiction prud'homale de statuer sur les demandes des salariés licenciés au regard de leur situation individuelle. ● Soc. 5 mai 1993, n° 92-40.835 P : *D.* 1993. IR 130. ♦ Ainsi, l'autorité de l'ordonnance du juge-commissaire autorisant les licenciements ne s'étend pas à la situation individuelle des salariés au regard de l'obligation de reclassement de l'employeur, qui relève de la compétence du juge prud'homal. ● Soc. 22 nov. 2000 : *APC* 2001, n° 64. – V. aussi note 11.

3. Dès lors que la lettre de licenciement n'a été adressée au salarié qu'après l'obtention par l'administrateur judiciaire de l'autorisation du juge-commissaire, peu importe que la procédure ait été engagée auparavant. ● Soc. 18 juin 1997, n° 96-40.279 P : *D.* 1997. IR 162 ; *RPC* 1997. 352, obs. Taquet.

4. Le prononcé du jugement de redressement judiciaire entraîne l'ouverture de la période d'observation dès la première heure du jour de son prononcé, et, dès l'instant que la période d'observation est ouverte, il appartient au juge-commissaire d'autoriser le licenciement, en vérifiant la cause économique du licenciement et son caractère urgent, inévitable et indispensable. ● Soc. 12 mai 1998, n° 96-40.606 P : *D.* 1998. IR 148 ; *RPC* 1999. 39, obs. Taquet. – V. aussi ● Soc. 11 juill. 2000 : *APC* 2000, n° 213 ● 3 mai 2001, n° 99-41.813 P : *JCP E* 2001, n° 26, p. 1075.

5. Motifs de licenciement. L'économie fondée sur les congédiements répond aux exigences de l'art. 45 [C. com., art. L. 631-17] lorsque l'opération de compression des effectifs peut être une composante de la mise en place et de la réussite d'un plan de redressement. ● T. com. Versailles, 17 nov. 1986 : *RPC* 1987, n° 3, p. 33, obs. Langlois. – Comp. : ● T. com. Melun, 7 mai 1987 : *Gaz. Pal.* 1987. 2. Somm. 313.

6. La lettre de licenciement que l'administrateur est tenu d'adresser au salarié doit comporter le visa de l'ordonnance du juge-commissaire autorisant les licenciements économiques. À défaut, le licenciement est réputé sans cause réelle et sérieuse. ● Cass., ass. plén., 24 janv. 2003, n° 00-41.741 P : *BICC* 15 mars 2003, p. 95, concl. de Gouttes et rapp. Mazars ; *D.* 2003. IR 465 ; *Gaz. Pal.* 2002. 502, note Pansier ; *APC* 2003, n° 47, obs. Taquet ; *RJ com.* 2003. 374, note Courtier ● Soc. 19 mars 2003, n° 01-44.376 P. ♦ La seule référence à la procédure de redressement judiciaire ne constitue donc pas une motivation suffisante. ● Soc. 5 oct. 1999, n° 96-40.746 P : *D.* 2000. Somm. 6, obs. Derrida.

7. Notification du licenciement. Si, en application de l'art. L. 621-37 [L. 631-17] C. com., après autorisation donnée par ordonnance du juge-commissaire, il appartient à l'administrateur judiciaire de procéder aux licenciements pour motif économique présentant un caractère urgent, inévitable et indispensable, la circonstance que le licenciement prononcé au visa de cette ordonnance ait été notifié par le débiteur, au lieu de l'administrateur, ne suffit pas à le priver de cause réelle et sérieuse mais ouvre droit à indemnisation pour inobservation de la procédure. ● Soc. 11 juin 2008, n° 07-40.352 P : *D.* 2008. AJ 1834 ; *APC* 2008, n° 224, obs. Fin-Langer ; *Gaz. Pal.* 21-22 janv. 2009, p. 48, obs. Duprat.

8. Consultation du comité d'entreprise. Ni l'avis donné dans le cadre distinct de la procédure de sauvegarde, les conditions des licenciements étant différentes, ni l'audition du représentant des salariés lors de la conversion en redressement judiciaire ne peuvent tenir lieu de l'avis exigé par l'art. L. 631-17 dans sa rédaction antérieure à la L. n° 2013-504 du 14 juin 2013. ● Com. 5 nov. 2013, n° 12-25.362 P : *D. 2013. Actu. 2642* ⌀ ; *RDT 2014. 37, obs. Driguez* ⌀ ; *RJS 2014. 90, n° 112* ; *Rev. sociétés 2013. 732, obs. Roussel Galle* ⌀ ; *DP diff. entr., Bull. n° 353, obs. Rémery* ; *LEDEN 12/2013. 3, obs. Mouial-Bassilana* ; *APC 2013, n° 294, obs. Fin-Langer* ; *RJDA 2014, n° 50* ; *Gaz. Pal. 12-14 janv. 2014, p. 36, obs. Gailhbaud* ; *BJE 2014. 21, note Jacotot* ; *RPC 2014, n° 36, obs. Taquet.* ♦ Le renvoi à l'art. L. 321-9 [L. 1233-58] C. trav. ne comporte aucune réserve dont pourrait se déduire une dispense d'observer les règles applicables d'ordinaire aux réunions du comité d'entreprise, lesquelles comprennent la convocation obligée de tous ses membres et le respect du délai préalable. ● Versailles, 19 sept. 1989 : *D. 1991. Somm. 107, obs. Derrida* ⌀.

9. Dispense de préavis. Il entre dans les pouvoirs que l'administrateur judiciaire tient de l'art. L. 621-37 [L. 631-17] C. com. de dispenser le salarié de l'exécution de son préavis. ● Soc. 22 oct. 2008, n° 07-42.140 P.

10. Recours. Est recevable le recours formé par le représentant des salariés contre une décision du juge-commissaire autorisant les licenciements pendant la période d'observation. ● T. com. Paris, 14 janv. 1988 : *Gaz. Pal. 1989. 1. 354, note Marchi.* ♦ Sur l'absence de qualité de partie des organisations syndicales, V. ● T. com. Lille, 30 janv. 1989 : *LPA 29 mars 1989.* ♦ Lorsque l'ordonnance du juge-commissaire est devenue définitive, le caractère économique du motif du licenciement ne peut plus être contesté. ● Soc. 9 juill. 1996, n° 93-41.877 P : *D. 1997. 60, note Bailly* ⌀ ; *JCP E 1997. II. 915, note Serret.* ♦ Dès lors qu'un licenciement a été autorisé par une ordonnance du juge-commissaire, les éléments du motif de licenciement ne peuvent être contestés qu'en exerçant les voies de recours ouvertes contre cette ordonnance et ne peuvent être discutés devant l'administration. ● CE 3 juill. 2013 : *RPC 2014, n° 54, obs. Jacotot.* ♦ Lorsqu'un licenciement a été autorisé par une ordonnance du juge-commissaire, le caractère économique du licenciement et la régularité de l'ordonnance ne peuvent être discutés devant l'administration, seul le juge judiciaire est compétent. ● Soc. 23 mars 2016, n° 14-22.950 : *RDT 2016. 263, obs. Fabre* ⌀ ; *SSL 2016, n° 1719, obs. Bailly.*

11. Compétence du conseil de prud'hommes.
BIBL. Maggi-Germain, *LPA 12 août 1998.* – Dechristé, *D. Affaires 1999. 358.* ♦ Si, conformément à l'art. 45 [C. com., art. L. 631-17], le juge-commissaire a autorisé l'administrateur à procéder au licenciement présentant un caractère urgent, inévitable et indispensable, la juridiction prud'homale est demeurée compétente pour en apprécier le caractère réel et sérieux qui fait défaut dès lors que la lettre de licenciement ne contient aucune motivation sur les causes économiques ayant justifié le licenciement. ● Soc. 21 févr. 1996 : *D. 1997. 60, note Bailly* ⌀ ; *JCP E 1996. II. 862, note Serret.* ♦ Le salarié qui a adhéré à une convention de conversion gardant la possibilité, malgré son acceptation, de contester le caractère réel et sérieux de son licenciement, une cour d'appel, qui constate que l'employeur ne justifie d'aucune recherche au sein de la société et du groupe auquel elle appartient, ni d'aucune proposition en vue du reclassement des salariés peut décider que les licenciements prononcés sont sans cause réelle et sérieuse. ● Soc. 3 mars 1998, n° 95-45.201 P : *D. 1998. 418, note Bailly* ⌀.

Art. L. 631-19 (Ord. n° 2021-1193 du 15 sept. 2021, art. 45, en vigueur le 1ᵉʳ oct. 2021) I. — Les dispositions du chapitre VI du titre II, à l'exception des troisième et quatrième alinéas de l'article L. 626-1, sont applicables au plan de redressement, sous réserve des dispositions qui suivent.

Il incombe à l'administrateur, avec le concours du débiteur, d'élaborer le projet de plan et, le cas échéant, de présenter aux classes de parties affectées les propositions prévues au premier alinéa de l'article L. 626-30-2. Pour l'application de l'article L. 626-2-1, la consultation est faite par l'administrateur, lorsqu'il en a été désigné un. Les classes se prononcent sur chacune des propositions faites. Pour l'application du premier alinéa de l'article L. 626-8, l'information et la consultation portent sur les mesures qui sont soumises au vote des classes de parties affectées.

Toute partie affectée peut soumettre un projet de plan qui fera l'objet d'un rapport de l'administrateur et sera soumis, ainsi que celui proposé par le débiteur, au vote des classes conformément aux conditions de délai et aux modalités fixées par décret en Conseil d'État.

Lorsque le projet de plan adopté conformément aux dispositions de l'article L. 626-30-2 et, le cas échéant, de l'article L. 626-32, n'est pas celui proposé par le débiteur, il donne lieu aux communications prévues à l'article L. 626-8.

Lorsque le plan n'est pas approuvé conformément aux dispositions de l'article L. 626-30-2, il peut être arrêté par le tribunal sur demande du débiteur, de l'administrateur judiciaire avec l'accord du débiteur ou d'une partie affectée. Il peut être imposé aux classes qui ont voté contre le projet de plan dans les conditions prévues au I, à l'exclusion de son premier alinéa, et au II l'article L. 626-32.

Les dispositions des articles L. 631-19-1 et L. 631-19-2 sont inapplicables au plan ainsi adopté ou arrêté.

En l'absence d'adoption du projet de plan conformément aux dispositions de l'article L. 626-31 ou de l'article L. 626-32 et du présent article, les dispositions de la section 3 du chapitre VI du titre II ne sont plus applicables et un nouveau projet de plan est élaboré dans les conditions prévues au présent titre.

II. – En cas de modification du capital social ou de cession des droits sociaux prévue dans le projet de plan ou dans le plan, les clauses d'agrément sont réputées non écrites.

III. – Le plan est arrêté par le tribunal après que l'administrateur a mis en œuvre la procédure prévue au I de l'article L. 1233-58 du code du travail. Le comité social et économique rend son avis au plus tard le jour ouvré avant l'audience du tribunal qui statue sur le plan. L'absence de remise du rapport de l'expert mentionné aux articles L. 1233-34, L. 1233-35, L. 2325-35 ou L. 4614-12-1 du code du travail ne peut avoir pour effet de reporter ce délai.

Le plan précise notamment les licenciements qui doivent intervenir dans le délai d'un mois après le jugement, sur simple notification de l'administrateur, sous réserve des droits de préavis prévus par la loi, les conventions ou accords collectifs du travail.

Lorsqu'un plan de sauvegarde de l'emploi doit être élaboré, l'administrateur met en œuvre la procédure prévue au II de l'article L. 1233-58 du code du travail dans le délai d'un mois après le jugement. Le délai de huit jours mentionné au II du même article court à compter de la date de la réception de la demande qui est postérieure au jugement arrêtant le plan.

Lorsque le licenciement concerne un salarié bénéficiant d'une protection particulière en matière de licenciement, l'intention de rompre doit être manifestée dans le délai d'un mois prévu à l'alinéa précédent.

Art. L. 631-19-1 (*Ord. n° 2008-1345 du 18 déc. 2008*) Lorsque le redressement de l'entreprise le requiert, le tribunal, sur la demande du ministère public, peut subordonner l'adoption du plan au remplacement d'un ou plusieurs dirigeants de l'entreprise.

A cette fin et dans les mêmes conditions, le tribunal peut prononcer l'incessibilité des parts sociales, titres de capital ou valeurs mobilières donnant accès au capital, détenus par un ou plusieurs dirigeants de droit ou de fait et décider que le droit de vote y attaché sera exercé, pour une durée qu'il fixe, par un mandataire de justice désigné à cet effet. De même, il peut ordonner la cession de ces parts sociales, titres de capital ou valeurs mobilières donnant accès au capital détenu par ces mêmes personnes, le prix de cession étant fixé à dire d'expert.

Le tribunal statue après avoir entendu ou dûment appelé les dirigeants et (*Ord. n° 2021-1193 du 15 sept. 2021, art. 46, en vigueur le 1ᵉʳ oct. 2021*) « la ou les personnes désignées par le comité social et économique ».

Les dispositions du présent article ne sont pas applicables lorsque le débiteur exerce une activité professionnelle libérale soumise à un statut législatif ou réglementaire.

Art. L. 631-19-2 (*L. n° 2015-990 du 6 août 2015, art. 238-I*) Lorsque la cessation d'activité d'une entreprise d'au moins cent cinquante salariés ou constituant, au sens de l'article L. 2331-1 du code du travail, une entreprise dominante d'une ou de plusieurs entreprises dont l'effectif total est d'au moins cent cinquante salariés est de nature à causer un trouble grave à l'économie nationale ou régionale et au bassin d'emploi et si la modification du capital apparaît comme la seule solution sérieuse permettant d'éviter ce trouble et de permettre la poursuite de l'activité, après examen des possibilités de cession totale ou partielle de l'entreprise, le tribunal peut, à la demande de l'administrateur judiciaire ou du ministère public et à l'issue du délai de trois mois après le jugement d'ouverture, en cas de refus par les assemblées mentionnées au I de l'article L. 631-19 d'adopter la modification du capital prévue par le projet de plan de redressement en faveur d'une ou de plusieurs personnes qui se sont engagées à exécuter celui-ci :

1° Désigner un mandataire chargé de convoquer l'assemblée compétente et de voter l'augmentation de capital en lieu et place des associés ou actionnaires ayant refusé la modification de capital, à hauteur du montant prévu par le plan.

L'augmentation de capital doit être réalisée dans le délai maximal de trente jours à compter de la délibération. Elle peut être libérée par les personnes qui se sont engagées à exécuter le plan de redressement, par compensation à raison du montant des créances sur la société qui ont été admises et dans la limite de la réduction dont elles sont l'objet dans le plan.

Si l'augmentation de capital est souscrite par apports en numéraire, les actions émises sont offertes par préférence aux actionnaires, proportionnellement à la partie du capital représentée par leurs actions ;

2° Ou ordonner, au profit des personnes qui se sont engagées à exécuter le projet de plan, la cession de tout ou partie de la participation détenue dans le capital par les associés ou actionnaires ayant refusé la modification de capital et qui détiennent, directement ou indirectement, une fraction du capital leur conférant une majorité des droits de vote ou une minorité de blocage dans les assemblées générales de cette société ou qui disposent seuls de la majorité des droits de vote dans cette société en application d'un accord conclu avec d'autres associés ou actionnaires, non contraire à l'intérêt de la société. Toute clause d'agrément est réputée non écrite.

Les associés ou actionnaires autres que ceux mentionnés au 2° disposent du droit de se retirer de la société et de demander simultanément le rachat de leurs droits sociaux par les cessionnaires.

Lorsque le tribunal est saisi de la demande de cession, en l'absence d'accord entre les intéressés sur la valeur des droits des associés ou actionnaires cédants et de ceux qui ont fait valoir leur volonté de se retirer de la société, cette valeur est déterminée à la date la plus proche de la cession par un expert désigné, à la demande de la partie la plus diligente, de l'administrateur ou du ministère public, par le président du tribunal *(Ord. n° 2019-738 du 17 juill. 2019, art. 3)* « statuant selon la procédure accélérée au fond ». *(Abrogé par Ord. n° 2019-738 du 17 juill. 2019, art. 3)* « *Le président statue en la forme des référés.* » *(Ord. n° 2019-738 du 17 juill. 2019, art. 3)* « Le jugement désignant l'expert *[ancienne rédaction : L'ordonnance de désignation de l'expert]* » n'est pas susceptible de recours. L'expert est tenu de respecter le principe du contradictoire. – *Les dispositions de l'Ord. n° 2019-738 du 17 juill. 2019 s'appliquent aux demandes introduites à compter du 1er janv. 2020 (Ord. préc., art. 30).*

Lorsque le tribunal statue sur la demande prévue aux 1° ou 2°, les débats ont lieu en présence du ministère public. Le tribunal entend les associés ou actionnaires concernés, les associés ou actionnaires dirigeants, les créanciers ou tiers qui se sont engagés à exécuter le plan et *(Ord. n° 2021-1193 du 15 sept. 2021, art. 47, en vigueur le 1er oct. 2021)* « la ou les personnes désignées par le comité social et économique. A défaut de comité social et économique », le tribunal entend le représentant des salariés élu mentionné à l'article L. 621-4.

Le tribunal ne peut statuer sur la demande tendant à la cession qu'après avoir consulté l'Autorité des marchés financiers si les titres concernés sont cotés sur un marché réglementé ou sur un système multilatéral de négociation *(L. n° 2016-1691 du 9 déc. 2016, art. 42-II)* « soumis aux dispositions du II de l'article L. 433-3 du code monétaire et financier ». Il est fait application, pour les actionnaires, des articles L. 433-1 et suivants du *(L. n° 2016-1691 du 9 déc. 2016, art. 42-II)* « même code ».

Le tribunal statue par un seul et même jugement sur la cession et sur la valeur des droits sociaux cédés. Il désigne, dans ce jugement, un mandataire de justice chargé de passer les actes nécessaires à la réalisation de la cession ordonnée et d'en verser le prix aux associés ou actionnaires cédants.

Le tribunal subordonne l'adoption du plan à l'engagement du souscripteur ou du cessionnaire des parts sociales, titres de capital ou valeurs mobilières donnant accès au capital de conserver ses droits pendant une durée qui ne peut excéder celle du plan.

Le tribunal peut subordonner l'adoption du plan à la présentation, par les associés ou actionnaires souscripteurs ou cessionnaires, d'une garantie par un organisme de crédit, d'un montant égal à leurs engagements, figurant dans le plan de redressement. Il peut également subordonner cette conversion de créances en parts sociales, titres de capital ou valeurs mobilières donnant accès au capital de l'entreprise.

Le plan est arrêté sous la condition du paiement comptant du prix par les associés ou actionnaires souscripteurs ou cessionnaires. A défaut, le tribunal prononce, à la demande d'un associé cédant, du débiteur, du commissaire à l'exécution du plan, du mandataire de justice ou du ministère public, la résolution de la souscription ou de la cession des parts sociales, titres de capital ou valeurs mobilières donnant accès au capital.

Le commissaire à l'exécution du plan vérifie que les associés ou actionnaires souscripteurs ou cessionnaires respectent leurs obligations. Il a qualité pour agir à l'encontre des souscripteurs ou cessionnaires pour obtenir l'exécution de leurs engagements financiers. Il informe le comité *(Ord. n° 2021-1193 du 15 sept. 2021, art. 47, en vigueur le 1er oct. 2021)* « social et économique » de l'exécution du plan de redressement, ainsi que du respect de leurs engagements par les associés souscripteurs ou cessionnaires.

Le tribunal peut modifier le plan en application de l'article L. 626-26 *(Abrogé par Ord. n° 2021-1193 du 15 sept. 2021, art. 47, à compter du 1er oct. 2021)* « *et du dernier alinéa de l'article L. 626-31 du présent code* ».

En cas de défaillance d'un associé ou actionnaire souscripteur ou cessionnaire, le tribunal, saisi par le commissaire à l'exécution du plan ou par le ministère public, par le comité *(Ord. n° 2021-1193 du 15 sept. 2021, art. 47, en vigueur le 1ᵉʳ oct. 2021)* « social et économique ou, dans les entreprises de moins de cinquante salariés, des membres de sa délégation du personnel », peut prononcer la résolution du plan de redressement, sans préjudice de la réparation du préjudice subi. Il statue en présence du ministère public. Le prix payé par le souscripteur ou le cessionnaire reste acquis.

Le présent article n'est pas applicable lorsque le débiteur exerce une activité professionnelle libérale soumise à un statut législatif ou réglementaire.

L'art. L. 631-19-2 est applicable aux procédures de redressement judiciaire ouvertes à compter du 7 août 2015. Il est applicable dans les îles Wallis-et-Futuna (L. n° 2015-990 du 6 août 2015, art. 238-III et IV).

Pour les voies de recours, V. art. L. 661-1 (I-6 bis).

TITRE IV De LA LIQUIDATION JUDICIAIRE

CHAPITRE PRÉLIMINAIRE *DE L'OUVERTURE ET DU DÉROULEMENT DE LA LIQUIDATION JUDICIAIRE*

....

Art. L. 640-6 *(L. n° 2005-845 du 26 juill. 2005, art. 97) (Ord. n° 2021-1193 du 15 sept. 2021, art. 51)* « Les membres du comité social et économique » peuvent communiquer au président du tribunal ou au ministère public tout fait révélant la cessation des paiements du débiteur.

CHAPITRE I *DU JUGEMENT DE LIQUIDATION JUDICIAIRE*

....

Art. L. 641-13 *(Ord. n° 2008-1345 du 18 déc. 2008)* « I. — *(Ord. n° 2014-326 du 12 mars 2014, art. 68, en vigueur le 1ᵉʳ juill. 2014)* « Sont payées à leur échéance les créances nées régulièrement après le jugement qui ouvre ou prononce la liquidation judiciaire :

« — si elles sont nées pour les besoins du déroulement de la procédure ou du maintien provisoire de l'activité autorisé en application de l'article L. 641-10 ;

« — si elles sont nées en contrepartie d'une prestation fournie au débiteur pendant le maintien de l'activité ou en exécution d'un contrat en cours *(L. n° 2016-1547 du 18 nov. 2016, art. 99)* « régulièrement décidée après le jugement d'ouverture de la procédure de sauvegarde ou de redressement judiciaire, s'il y a lieu, et après le jugement d'ouverture de la procédure de liquidation judiciaire » ;

(L. n° 2023-973 du 23 oct. 2023, art. 14-II) « — si elles sont nées pour assurer la mise en sécurité des installations classées pour la protection de l'environnement en application des articles L. 512-6-1, L. 512-7-6 ou L. 512-12-1 du code de l'environnement ; »

« — ou si elles sont nées des besoins de la vie courante du débiteur, personne physique. »

« En cas de prononcé de la liquidation judiciaire, sont également payées à leur échéance, les créances nées régulièrement après le jugement d'ouverture de la procédure de sauvegarde ou de redressement judiciaire mentionnées au I de l'article L. 622-17. »

(Ord. n° 2021-1193 du 15 sept. 2021, art. 54, en vigueur le 1ᵉʳ oct. 2021) « II. — Lorsqu'elles ne sont pas payées à l'échéance, ces créances sont payées par privilège conformément à l'ordre prévu par l'article L. 643-8. »

III. — *Abrogé par Ord. n° 2021-1193 du 15 sept. 2021, art. 54, à compter du 1ᵉʳ oct. 2021.*

(Ord. n° 2021-1193 du 15 sept. 2021, art. 54, en vigueur le 1ᵉʳ oct. 2021) « III. — A l'exception des frais et dépens de la procédure, » les créances impayées perdent le privilège que leur confère le *(Ord. n° 2008-1345 du 18 déc. 2008)* « II du » présent article si elles n'ont pas été portées à la connaissance du mandataire judiciaire, de l'administrateur lorsqu'il en est désigné ou du liquidateur, *(Ord. n° 2008-1345 du 18 déc. 2008)* « au plus tard » dans le délai de six mois à compter de la publication du jugement ouvrant ou prononçant la liquidation ou, à défaut, dans le délai d'un an à compter de celle du jugement arrêtant le plan de cession. *(Ord. n° 2014-326 du 12 mars 2014, art. 68, en vigueur le 1ᵉʳ juill. 2014)* « Lorsque cette information porte sur une créance déclarée pour le compte du créancier en application de l'article L. 622-24, elle rend caduque cette déclaration si le juge n'a pas statué sur l'admission de la créance. »

TITRE VI **DES DISPOSITIONS GÉNÉRALES DE PROCÉDURE**

Art. L. 661-1 *(Ord. n° 2008-1345 du 18 déc. 2008)* « I. — Sont susceptibles d'appel ou de pourvoi en cassation :

« 1° Les décisions statuant sur l'ouverture des procédures de sauvegarde ou de redressement judiciaire de la part du débiteur, du créancier poursuivant et du ministère public ;

« 2° Les décisions statuant sur l'ouverture de la liquidation judiciaire de la part du débiteur, du créancier poursuivant, du comité *(Ord. n° 2021-1193 du 15 sept. 2021, art. 66, en vigueur le 1er oct. 2021)* « social et économique ou, dans les entreprises de moins de cinquante salariés, des membres de sa délégation du personnel » et du ministère public ;

« 3° Les décisions statuant sur l'extension d'une procédure de sauvegarde, de redressement judiciaire ou de liquidation judiciaire *(Ord. n° 2010-1512 du 9 déc. 2010, art. 7)* « ou sur la réunion de patrimoines » de la part du débiteur soumis à la procédure, du débiteur visé par l'extension, du mandataire judiciaire ou du liquidateur, de l'administrateur et du ministère public ;

« 4° Les décisions statuant sur la conversion de la procédure de sauvegarde en redressement judiciaire de la part du débiteur, de l'administrateur, du mandataire judiciaire et du ministère public ;

« 5° Les décisions statuant sur le prononcé de la liquidation judiciaire au cours d'une période d'observation de la part du débiteur, de l'administrateur, du mandataire judiciaire, du comité *(Ord. n° 2021-1193 du 15 sept. 2021, art. 66, en vigueur le 1er oct. 2021)* « social et économique ou, dans les entreprises de moins de cinquante salariés, des membres de sa délégation du personnel » et du ministère public ;

(Ord. n° 2021-1193 du 15 sept. 2021, art. 66, en vigueur le 1er oct. 2021) « 6° Les décisions statuant sur l'arrêté du plan de sauvegarde ou du plan de redressement de la part du débiteur, de l'administrateur, du mandataire judiciaire, du comité social et économique ou, dans les entreprises de moins de cinquante salariés, des membres de sa délégation du personnel et du ministère public, ainsi que les décisions prises sur le fondement de l'article L. 626-33 ; »

(L. n° 2015-990 du 6 août 2015, art. 238-II) « 6° bis Les décisions statuant sur la désignation d'un mandataire prévue au 1° de l'article L. 631-19-2 et sur la cession de tout ou partie de la participation détenue dans le capital prévue au 2° du même article, de la part du débiteur, de l'administrateur, du mandataire judiciaire, du comité *(Ord. n° 2021-1193 du 15 sept. 2021, art. 66, en vigueur le 1er oct. 2021)* « social et économique ou, dans les entreprises de moins de cinquante salariés, des membres de sa délégation du personnel » ou, à défaut, du représentant des salariés mentionnée à l'article L. 621-4, des associés ou actionnaires parties à la cession ou qui ont refusé la modification du capital prévue par le projet de plan et des cessionnaires ainsi que du ministère public ; » — *Le 6° bis de l'art. L. 661-1 est applicable aux procédures de redressement judiciaire ouvertes à compter de la publication de la L. n° 2015-990 du 6 août 2015, et à Wallis-et-Futuna (L. préc., art. 238-III et IV, JO 7 août).*

(Ord. n° 2021-1193 du 15 sept. 2021, art. 66, en vigueur le 1er oct. 2021) « 7° Les décisions statuant sur la modification du plan de sauvegarde ou du plan de redressement de la part du débiteur, du commissaire à l'exécution du plan, du comité social et économique ou, dans les entreprises de moins de cinquante salariés, des membres de sa délégation du personnel et du ministère public, ainsi que les décisions prises sur le fondement de l'article L. 626-33 ; »

(Ord. n° 2008-1345 du 18 déc. 2008) « 8° Les décisions statuant sur la résolution du plan de sauvegarde ou du plan de redressement de la part du débiteur, du commissaire à l'exécution du plan, du comité *(Ord. n° 2021-1193 du 15 sept. 2021, art. 66, en vigueur le 1er oct. 2021)* « social et économique ou, dans les entreprises de moins de cinquante salariés, des membres de sa délégation du personnel », du créancier poursuivant et du ministère public. »

(L. n° 2005-845 du 26 juill. 2005, art. 147) « II. — L'appel du ministère public est suspensif, à l'exception de celui portant sur les décisions statuant sur l'ouverture de la procédure de sauvegarde ou de redressement judiciaire.

« III. — En l'absence de comité *(Ord. n° 2021-1193 du 15 sept. 2021, art. 66, en vigueur le 1er oct. 2021)* « social et économique », le représentant des salariés exerce les voies de recours ouvertes à ces institutions par le présent article. »

....

Art. L. 661-10 Pour l'application du présent titre, les membres du comité *(Ord. n° 2021-1193 du 15 sept. 2021, art. 68, en vigueur le 1er oct. 2021)* « social et économique » désignent parmi eux la personne habilitée à exercer en leur nom les voies de recours.

....

B. CONTRAT DE TRAVAIL **I. Conventions**

Art. L. 662-4 Tout licenciement envisagé par l'administrateur, l'employeur ou le liquidateur, selon le cas, du représentant des salariés mentionné aux articles *(L. n° 2005-845 du 26 juill. 2005, art. 157)* « L. 621-4 et L. 641-1 » est obligatoirement soumis au comité d'entreprise *[au comité social et économique]*, qui donne un avis sur le projet de licenciement.

Le licenciement ne peut intervenir que sur autorisation de l'inspecteur du travail dont dépend l'établissement. Lorsqu'il n'existe pas de comité *(Ord. n° 2021-1193 du 15 sept. 2021, art. 69, en vigueur le 1ᵉʳ oct. 2021)* « social et économique » dans l'établissement, l'inspecteur du travail est saisi directement.

Toutefois, en cas de faute grave, l'administrateur, l'employeur ou le liquidateur, selon le cas, a la faculté de prononcer la mise à pied immédiate de l'intéressé en attendant la décision définitive. En cas de refus de licenciement, la mise à pied est annulée et ses effets supprimés de plein droit.

La protection instituée en faveur du représentant des salariés pour l'exercice de sa mission fixée à l'article L. 625-2 cesse lorsque toutes les sommes versées au mandataire judiciaire par les institutions mentionnées à l'article L. 143-11-4 *[art. L. 3253-14]* du code du travail, en application du dixième alinéa de l'article L. 143-11-7 *[art. L. 3253-21]* dudit code, ont été reversées par ce dernier aux salariés.

Lorsque le représentant des salariés exerce les fonctions du comité *(Ord. n° 2021-1193 du 15 sept. 2021, art. 69)* « social et économique », la protection cesse au terme de la dernière audition ou consultation prévue par la procédure de redressement judiciaire.

1. La période de protection du représentant des salariés dans l'entreprise en redressement ou en liquidation judiciaire instaurée par l'art. L. 627-5 [L. 662-4] C. com. correspond à la durée du mandat. ● Soc. 1ᵉʳ mars 2005, 🔒 n° 02-44.293 P. ♦ Il en résulte que le licenciement d'un candidat à une telle désignation ou élection n'est pas soumis à l'autorisation du comité d'entreprise et de l'inspecteur du travail. ● Même arrêt. ♦ Le représentant des salariés, licencié avec l'autorisation de l'inspecteur du travail n'a plus le pouvoir d'agir en cette qualité après l'expiration du préavis qui met fin au mandat. Il en résulte l'irrecevabilité d'un pourvoi formé après l'expiration du préavis en qualité de représentant contre un jugement du tribunal de commerce rendu à propos de la procédure de redressement. ● Soc. 4 juill. 2007 : 🔒 *RJS 2007. 850, n° 1093 ; JCP S 2007. 1654, note Olivier.*

2. Le salarié protégé, qui a été licencié sans autorisation et qui ne demande pas la poursuite du contrat de travail illégalement rompu, a le droit d'obtenir non seulement une indemnité égale à la rémunération qu'il aurait perçue depuis la date de son éviction jusqu'à la fin de la période de protection, à titre de sanction de la méconnaissance par l'employeur du statut protecteur, mais encore, à défaut de faute grave, les indemnités de rupture et une indemnité si le licenciement est dépourvu de cause réelle et sérieuse. ● Soc. 5 mai 1993, 🔒 n° 92-40.835 P : *D. 1993. IR 138.*

3. Le cessionnaire, tenu de maintenir provisoirement le contrat de travail du représentant des salariés, en raison de la décision initiale de refus d'autorisation du licenciement de l'inspecteur du travail, peut tirer les conséquences du licenciement prononcé par l'administrateur en application du jugement arrêtant le plan de cession après autorisation de l'inspecteur du travail. ● Soc. 14 mars 2007 : 🔒 *D. 2007. AJ 1083* 🖉.

Code pénal

DU HARCÈLEMENT SEXUEL

Art. 222-33 *(L. n° 2012-954 du 6 août 2012, art. 1ᵉʳ)* I. — Le harcèlement sexuel est le fait d'imposer à une personne, de façon répétée, des propos ou comportements à connotation sexuelle *(L. n° 2018-703 du 3 août 2018, art. 11)* « ou sexiste » qui soit portent atteinte à sa dignité en raison de leur caractère dégradant ou humiliant, soit créent à son encontre une situation intimidante, hostile ou offensante.

(L. n° 2018-703 du 3 août 2018, art. 11) « L'infraction est également constituée :

« 1° Lorsque ces propos ou comportements sont imposés à une même victime par plusieurs personnes, de manière concertée ou à l'instigation de l'une d'elles, alors même que chacune de ces personnes n'a pas agi de façon répétée ;

« 2° Lorsque ces propos ou comportements sont imposés à une même victime, successivement, par plusieurs personnes qui, même en l'absence de concertation, savent que ces propos ou comportements caractérisent une répétition. »

II. — Est assimilé au harcèlement sexuel le fait, même non répété, d'user de toute forme de pression grave dans le but réel ou apparent d'obtenir un acte de nature sexuelle, que celui-ci soit recherché au profit de l'auteur des faits ou au profit d'un tiers.

III. — Les faits mentionnés aux I et II sont punis de deux ans d'emprisonnement et de 30 000 € d'amende.

Ces peines sont portées à trois ans d'emprisonnement et 45 000 € d'amende lorsque les faits sont commis :

1° Par une personne qui abuse de l'autorité que lui confèrent ses fonctions ;

2° Sur un mineur de quinze ans ;

3° Sur une personne dont la particulière vulnérabilité, due à son âge, à une maladie, à une infirmité, à une déficience physique ou psychique ou à un état de grossesse, est apparente ou connue de leur auteur ;

4° Sur une personne dont la particulière vulnérabilité ou dépendance résultant de la précarité de sa situation économique ou sociale est apparente ou connue de leur auteur ;

5° Par plusieurs personnes agissant en qualité d'auteur ou de complice ;

(*L. n° 2018-703 du 3 août 2018, art. 11 et 13*) « 6° Par l'utilisation d'un service de communication au public en ligne ou par le biais d'un support numérique ou électronique ;

« 7° Alors qu'un mineur était présent et y a assisté ;

« 8° Par un ascendant ou par toute autre personne ayant sur la victime une autorité de droit ou de fait. »

BIBL. ▶ AUBONNET et RAYNAUD, *SSL 2018, n° 1839, p. 7* (harcèlement sexuel et agissements sexistes après les lois Schiappa et Avenir professionnel). – GALLOIS, *JCP S 2022. 1157* (harcèlement sexuel sur un salarié et responsabilité pénale). – MAZAUD, *JCP S 2021. 1054* (harcèlement sexuel au travail : faute civile et infraction pénale).

En application des art. 222-33 et 112-1 C. pén., le juge ne peut prendre en compte, pour qualifier un harcèlement sexuel, que les seuls propos ou comportements commis à compter du 8 août 2012, date d'entrée en vigueur de la L. du 6 août 2012 ; afin de permettre à la C. cass. d'exercer son contrôle en cas de pourvoi, la cour d'appel doit dater ces agissements notamment si la période d'emploi de la victime a débuté avant cette date. ● Crim. 16 nov. 2016, 🔒 n° 16-82.377 P : *D. 2016. Actu. 2401* 🖉 ; *RJS 2/ 2017, n° 83* ; *Dr. pén. 201. 53, obs. Conte.*

Art. 222-33-1-1 (*L. n° 2023-22 du 24 janv. 2023, art. 14, en vigueur le 1ᵉʳ avr. 2023*) I. – Est puni de 3 750 euros d'amende le fait, hors les cas prévus aux articles 222-13, 222-32, 222-33, 222-33-2-2 et 222-33-2-3, d'imposer à une personne tout propos ou tout comportement à connotation sexuelle ou sexiste qui soit porte atteinte à sa dignité en raison de son caractère dégradant ou humiliant, soit crée à son encontre une situation intimidante, hostile ou offensante, lorsque ce fait est commis :

1° Par une personne qui abuse de l'autorité que lui confèrent ses fonctions ;

2° Sur un mineur ;

3° Sur une personne dont la particulière vulnérabilité due à son âge, à une maladie, à une infirmité, à une déficience physique ou psychique ou à un état de grossesse est apparente ou connue de son auteur ;

4° Sur une personne dont la particulière vulnérabilité ou dépendance résultant de la précarité de sa situation économique ou sociale est apparente ou connue de son auteur ;

5° Par plusieurs personnes agissant en qualité d'auteur ou de complice ;

6° Dans un véhicule affecté au transport collectif de voyageurs ou au transport public particulier ou dans un lieu destiné à l'accès à un moyen de transport collectif de voyageurs ;

7° En raison de l'orientation sexuelle ou de l'identité de genre, vraie ou supposée, de la victime ;

8° Par une personne déjà condamnée pour la contravention d'outrage sexiste et sexuel et qui commet la même infraction en étant en état de récidive dans les conditions prévues au second alinéa de l'article 132-11.

II. – Pour le délit prévu au I du présent article, y compris en cas de récidive, l'action publique peut être éteinte, dans les conditions prévues aux articles 495-17 à 495-25 du code de procédure pénale, par le versement d'une amende forfaitaire d'un montant de 300 euros. Le montant de l'amende forfaitaire minorée est de 250 euros et le montant de l'amende forfaitaire majorée est de 600 euros.

Art. R. 625-8-3 (*Décr. n° 2023-227 du 30 mars 2023, en vigueur le 1ᵉʳ avr. 2023*) Est puni de l'amende prévue pour les contraventions de la 5ᵉ classe le fait, hors les cas prévus aux articles 222-13, 222-32, 222-33, 222-33-1-1, 222-33-2-2 et 222-33-2-3, d'imposer à une personne tout propos ou comportement à connotation sexuelle ou sexiste qui soit porte atteinte à sa dignité en raison de son caractère dégradant ou humiliant, soit créé *[crée]* à son encontre une situation intimidante, hostile ou offensante.

Les personnes coupables de la contravention prévue au présent article encourent également les peines complémentaires suivantes :

1° La peine de stage prévue aux 1°, 4°, 5° ou 7° de l'article 131-5-1 ;

B. CONTRAT DE TRAVAIL — I. Conventions

2° Un travail d'intérêt général pour une durée de vingt à cent vingt heures.

DU HARCÈLEMENT MORAL

Art. 222-33-2 Le fait de harceler autrui par des *(L. n° 2014-873 du 4 août 2014, art. 40)* « propos ou comportements » répétés ayant pour objet ou pour effet une dégradation des conditions de travail susceptible de porter atteinte à ses droits et à sa dignité, d'altérer sa santé physique ou mentale ou de compromettre son avenir professionnel, est puni *(L. n° 2012-954 du 6 août 2012, art. 2)* « de deux ans d'emprisonnement et de 30 000 € d'amende ».

BIBL. ▶ KATZ, *AJ pénal 2005. 13* (le délit de harcèlement moral. Une incrimination nécessaire ? Une application problématique). – MALABAT, *Dr. soc. 2003. 491* (à la recherche du sens du droit pénal du harcèlement). – MONTEIRO, *RSC 2003. 277* (le concept de harcèlement moral dans le code pénal et le code du travail).

1. Caractérisation du délit de harcèlement moral au travail. Le délit de harcèlement moral n'exige pas que soient constatés des agissements répétés de nature différente, ni que ces agissements aient eu initialement pour objet ou pour effet une dégradation des conditions de travail susceptible de porter atteinte à la dignité et à la santé de la victime. ● Crim. 26 janv. 2016, n° 14-80.455 P : *D. 2016. Actu. 316* ; *ibid. Pan. 2431, obs. Miniato* ; *RJS 5/2016, n° 309* ; *Dr. pén. 2016. Comm. 58, note Conte* ; *JCP S 2016. 1138, obs. Leborgne-Ingelaere.* ♦ La caractérisation du délit de harcèlement moral au travail de l'art. 222-33-2 C. pén. suppose l'existence d'agissements répétés et peut être prouvée par témoignages dès lors que ces éléments sont contradictoirement débattus devant le juge pénal ; la commission de cette infraction par un salarié engage en principe la responsabilité civile de son employeur sur le fondement de l'art. 1242, al. 5, C. civ. ● Crim. 13 nov. 2018, n° 17-81.398 P : *D. 2018. Actu. 2234* ; *RDT 2019. 112, obs. Gallois* ; *RJS 2/2019, n° 75* ; *JSL 2019, n° 468-2, obs. Mesa* ; *JCP S 2018. 1408, obs. Genty.*

2. Délit de harcèlement moral institutionnel. L'incrimination de harcèlement moral au travail permet la répression du harcèlement moral au travail dit institutionnel, fondé sur une politique d'entreprise, visant par essence une collectivité de personnels ; la caractérisation du délit exige de démontrer que les agissements procèdent d'une politique d'entreprise ayant pour but de structurer le travail de tout ou partie de la collectivité d'agents et la mettent en œuvre ; sont porteurs par leur répétition, de façon latente ou concrète, d'une dégradation (potentielle ou effective) des conditions de travail de cette collectivité ; outrepassent les limites du pouvoir de direction. ● TGI Paris, 20 déc. 2019, *Orange SA, n° 0935790257* : *RDT. 2020. Controverse 157* , *Jubert, Aggeri et Segrestin* ; *AJ pénal 2020. 136, obs. Viriot-Barrial* ; *SSL 2020, n° 1895, obs. Gamet, Adam, Veil et Teissonnière.*

3. Prescription du délit de harcèlement moral au travail. Le délai de prescription de l'action publique commence à courir, s'agissant du délit de harcèlement moral au sens de l'art. 222-33-2 C. pén., à partir du dernier agissement commis, ceci pour chacun des actes de harcèlement réalisés et incriminés. ● Crim. 19 juin 2019, n° 18-85.725 P : *D. 2019. Actu. 1346* ; *RJS 10/2019, n° 550* ; *JSL 2019, n° 481-1, obs. Mesa* ; *JCP S 2019. 1277, obs. Leborgne-Ingelaere.*

DES DISCRIMINATIONS

Art. 225-1 Constitue une discrimination toute distinction opérée entre les personnes physiques *(L. n° 2016-1547 du 18 nov. 2016, art. 86-II-1°)* « sur le fondement de leur origine, de leur sexe, de leur situation de famille, de leur grossesse, de leur apparence physique, de la particulière vulnérabilité résultant de leur situation économique, apparente ou connue de son auteur, de leur patronyme, de leur lieu de résidence, de leur état de santé, de leur perte d'autonomie, de leur handicap, de leurs caractéristiques génétiques, de leurs mœurs, de leur orientation sexuelle, de leur identité de genre, de leur âge, de leurs opinions politiques, de leurs activités syndicales, *(L. n° 2022-401 du 21 mars 2022, art. 9-II, en vigueur le 1ᵉʳ sept. 2022)* « de leur qualité de lanceur d'alerte, de facilitateur ou de personne en lien avec un lanceur d'alerte au sens, respectivement, du I de l'article 6 et des 1° et 2° de l'article 6-1 de la loi n° 2016-1691 du 9 décembre 2016 relative à la transparence, à la lutte contre la corruption et à la modernisation de la vie économique, » de leur capacité à s'exprimer dans une langue autre que le français, de leur appartenance ou de leur non-appartenance, vraie ou supposée, à une ethnie, une Nation, une prétendue » race ou une religion déterminée.

Constitue également une discrimination toute distinction opérée entre les personnes morales *(L. n° 2016-1547 du 18 nov. 2016, art. 86-II-2°)* « sur le fondement de l'origine, du sexe, de la situation de famille, de la grossesse, de l'apparence physique, de la particulière vulnérabilité résultant de la situation économique, apparente ou connue de son auteur, du patronyme, du lieu de résidence, de l'état de santé, de la perte d'autonomie, du handicap, des caractéristiques génétiques, des mœurs, de l'orientation sexuelle, de l'identité de genre, de l'âge, des opinions politiques, des activités syndicales, (L. n° 2022-401 du 21 mars 2022, art. 7-I, en vigueur le 1er sept. 2022) « de la qualité de lanceur d'alerte, de facilitateur ou de personne en lien avec un lanceur d'alerte, au sens, respectivement, du I de l'article 6 et des 1° et 2° de l'article 6-1 de la loi n° 2016-1691 du 9 décembre 2016 précitée, » de la capacité à s'exprimer dans une langue autre que le français, de l'appartenance ou de la non-appartenance, vraie ou supposée, à une ethnie, une Nation, une prétendue » race ou une religion déterminée des membres ou de certains membres de ces personnes morales.

1. Il ne résulte pas des dispositions de l'art. 225-1 C. pén. que le fait pour quiconque d'opérer une distinction se traduisant par une discrimination prohibée implique qu'il la mette directement en œuvre (à propos d'une note de service édictant pour la promotion au grade d'adjudant des sapeurs-pompiers un critère tenant à la durée des services effectués au sein d'un service départemental d'incendie et de secours [SDIS] particulier à l'exclusion des autres SDIS, ce qui revenait de fait, selon la prévention, à empêcher toute promotion à ceux qui avaient effectué tout ou partie de leur carrière en dehors du SDIS visé dans la note et pouvaient ne pas en être originaires). ● Crim. 8 juin 2021, 🔒 n° 20-80.056 P : *D. actu. 6 juill. 2021*, obs. Goudjil ; *D. 2021. 1409*, note Dreyer ⌧ ; *AJ pénal 2021. 418*, obs. Lasserre Capdeville ⌧ ; *RJS 8-9/2021, n° 421* ; *JSL 2021, n° 530-5*, obs. Mesa.

2. Opinions politiques. Constitue une discrimination l'offre d'emploi d'un tiers, même si elle était assortie d'une condition suspensive implicite tenant à l'élection du prévenu en qualité de maire, dès lors qu'elle est subordonnée à une condition fondée sur l'un des éléments visés à l'art. 225-1 C. pén., en l'espèce les opinions politiques du bénéficiaire de l'embauche. ● Crim. 11 mars 2014, 🔒 n° 12-88.313 : *Dr. pénal 2014, n° 86*, obs. Véron.

3. Le refus du renouvellement d'un contrat à durée déterminée d'un salarié, qui entre dans le champ d'application de l'art. 225-2, 3°, C. pén., constitue une discrimination au sens de l'art. 225-1 de ce même code dès lors qu'est avérée la prise en considération, par l'auteur du refus, de l'engagement politique d'un membre de la famille du salarié concerné. ● Crim. 21 juin 2016, 🔒 n° 15-80.365 P : *D. actu. 12 sept. 2016*, obs. Gallois ; *D. 2016. Pan. 2424*, obs. Garé ⌧ ; *Dr. pénal 2016, n° 136*, obs. Conte ; *Gaz. Pal. 4 oct. 2016, p. 48*, obs. Detraz.

Art. 225-1-1 (*L. n° 2012-954 du 6 août 2012, art. 3*) Constitue une discrimination toute distinction opérée entre les personnes parce qu'elles ont subi ou refusé de subir des faits de harcèlement sexuel tels que définis à l'article 222-33 ou témoigné de tels faits, y compris, dans le cas mentionné au I du même article, si les propos ou comportements n'ont pas été répétés.

Art. 225-2 La discrimination définie (*L. n° 2012-954 du 6 août 2012, art. 3-II*) « aux articles (*L. n° 2017-86 du 27 janv. 2017, art. 177*) « 225-1 à 225-1-2 », commise à l'égard d'une personne physique ou morale, est punie de (*L. n° 2004-204 du 9 mars 2004, art. 41-I*) « trois ans d'emprisonnement et de 45 000 € d'amende » lorsqu'elle consiste :

[...]
3° A refuser d'embaucher, à sanctionner ou à licencier une personne ;
[...]
5° A subordonner une offre d'emploi (*L. n° 2001-1066 du 16 nov. 2001*) « , une demande de stage ou une période de formation en entreprise » à une condition fondée sur l'un des éléments visés à l'article 225-1 (*L. n° 2012-954 du 6 août 2012, art. 3-III*) « ou prévue (*L. n° 2017-86 du 27 janv. 2017, art. 177*) « aux articles 225-1-1 ou 225-1-2 » ;
(*L. n° 2001-1066 du 16 nov. 2001*) « 6° A refuser d'accepter une personne à l'un des stages visés par le 2° de l'article L. 412-8 du code de la sécurité sociale. »
(*L. n° 2004-204 du 9 mars 2004, art. 41-I*) « Lorsque le refus discriminatoire prévu au 1° est commis dans un lieu accueillant du public ou aux fins d'en interdire l'accès, les peines sont portées à cinq ans d'emprisonnement et à 75 000 € d'amende. »

1. Offre d'emploi discriminatoire. L'employeur qui diffuse une offre d'emploi subordonnée pour le candidat à la condition de fournir une carte d'électeur commet une discrimination fondée sur la nationalité. ● Crim. 20 janv. 2009, 🔒 n° 08-83.710 P : *AJ pén. 2009. 180*, obs. Lasserre Capdeville ⌧ ; *D. 2009. AJ 997*, note Detraz ⌧. ◆ La mention « BBR » dans une offre d'emploi, dès lors que les produits à promouvoir ne justifient pas l'exclusion de ces personnes est constitutive d'une pratique discriminatoire. ● Crim. 23 juin 2009 : 🔒 *RDT 2009. 722*, obs. Thierry ⌧ ; *RJS 2009. 717, n° 819* ; *JSL 2009, n° 263-4*.

2. Délit de refus d'embauche. Le délit de refus d'embauche suppose, pour être constitué, que la victime de la discrimination soit suffisamment identifiée. ● Crim. 23 juin 2009 : 🔒 *préc. note 1*.

Art. 225-3 Les dispositions de l'article précédent ne sont pas applicables :
1° Aux discriminations fondées sur l'état de santé, lorsqu'elles consistent en des opérations ayant pour objet la prévention et la couverture du risque décès, des risques portant atteinte à l'intégrité physique de la personne ou des risques d'incapacité de travail ou d'invalidité. *(L. n° 2002-303 du 4 mars 2002)* « Toutefois, ces discriminations sont punies des peines prévues à l'article précédent lorsqu'elles se fondent sur la prise en compte de tests génétiques prédictifs ayant pour objet une maladie qui n'est pas encore déclarée ou une prédisposition génétique à une maladie *(L. n° 2011-814 du 7 juill. 2011, art. 7)* « ou qu'elles se fondent sur la prise en compte des conséquences sur l'état de santé d'un prélèvement d'organe tel que défini à l'article L. 1231-1 du code de la santé publique » *(L. n° 2021-1017 du 2 août 2021, art. 18-II)* « ou de données issues de techniques d'imagerie cérébrale ; »
2° Aux discriminations fondées sur l'état de santé ou le handicap, lorsqu'elles consistent en un refus d'embauche ou un licenciement fondé sur l'inaptitude médicalement constatée soit dans le cadre du titre IV du livre II du code du travail, soit dans le cadre des lois portant dispositions statutaires relatives à la fonction publique ;
(L. n° 2008-496 du 27 mai 2008, art. 7) « 3° Aux discriminations fondées, en matière d'embauche, sur *(L. n° 2016-1547 du 18 nov. 2016, art. 86-III)* « un motif mentionné à l'article 225-1 du présent code », lorsqu'un tel motif constitue une exigence professionnelle essentielle et déterminante et pour autant que l'objectif soit légitime et l'exigence proportionnée ;
« 4° Aux discriminations fondées, en matière d'accès aux biens et services, sur le sexe lorsque cette discrimination est justifiée par la protection des victimes de violences à caractère sexuel, des considérations liées au respect de la vie privée et de la décence, la promotion de l'égalité des sexes ou des intérêts des hommes ou des femmes, la liberté d'association ou l'organisation d'activités sportives ;
« 5° Aux refus d'embauche fondés sur la nationalité lorsqu'ils résultent de l'application des dispositions statutaires relatives à la fonction publique ; »
(L. n° 2014-173 du 21 févr. 2014, art. 15) « 6° Aux discriminations liées au lieu de résidence lorsque la personne chargée de la fourniture d'un bien ou service se trouve en situation de danger manifeste.
« Les mesures prises en faveur des personnes résidant dans certaines zones géographiques et visant à favoriser l'égalité de traitement ne constituent pas une discrimination. »

Art. 225-3-1 *(L. n° 2006-396 du 31 mars 2006, art. 45)* Les délits prévus par la présente section sont constitués même s'ils sont commis à l'encontre d'une ou plusieurs personnes ayant sollicité l'un des biens, actes, services ou contrats mentionnés à l'article 225-2 dans le but de démontrer l'existence du comportement discriminatoire, dès lors que la preuve de ce comportement est établie.

Art. 225-4 *(L. n° 2009-526 du 12 mai 2009, art. 124-I)* « Les personnes morales déclarées responsables pénalement, dans les conditions prévues par l'article 121-2, des infractions définies à l'article 225-2 encourent, outre l'amende suivant les modalités prévues par l'article 131-38, les peines prévues par les 2° à 5°, 8° et 9° de l'article 131-39. »
L'interdiction mentionnée au 2° de l'article 131-39 porte sur l'activité dans l'exercice ou à l'occasion de l'exercice de laquelle l'infraction a été commise.

Sur les peines complémentaires, V. C. pén., art. 225-19. — **C. pén.**

Ecqc l'action civile des associations de lutte contre le racisme ou contre les discriminations fondées sur le sexe, les mœurs, l'état de santé ou le handicap, V. C. pr. pén., art. 2-1, 2-6 et 2-8. — **C. pr. pén.** — *V. aussi C. trav., art. L. 1132-1 s., L. 1142-1, L. 1142-2, L. 1144-1.*

V. Décr. n° 84-193 du 12 mars 1984 (D. et ALD 1984. 250) portant publication de la convention sur l'élimination de toutes les formes de discrimination à l'égard des femmes, ouverte à la signature à New York le 1ᵉʳ mars 1980. — V. aussi Décr. n° 85-164 du 31 janv. 1985 (D. et ALD 1985. 177) (levée d'une réserve concernant cette convention). — Décr. n° 2001-953 du 15 oct. 2001 (JO 20 oct.) portant publication du protocole facultatif à la convention sur l'élimination de toutes les formes de discriminations à l'égard des femmes, fait à New York le 6 oct. 1999.

DE LA TRAITE DES ÊTRES HUMAINS

Art. 225-4-1 *(L. n° 2013-711 du 5 août 2013, art. 1ᵉʳ)* I. — La traite des êtres humains est le fait de recruter une personne, de la transporter, de la transférer, de l'héberger ou de l'accueillir à des fins d'exploitation dans l'une des circonstances suivantes :
1° Soit avec l'emploi de menace, de contrainte, de violence ou de manœuvre dolosive visant la victime, sa famille ou une personne en relation habituelle avec la victime ;

2° Soit par un ascendant légitime, naturel ou adoptif de cette personne ou par une personne qui a autorité sur elle ou abuse de l'autorité que lui confèrent ses fonctions ;

3° Soit par abus d'une situation de vulnérabilité due à son âge, à une maladie, à une infirmité, à une déficience physique ou psychique ou à un état de grossesse, apparente ou connue de son auteur ;

4° Soit en échange ou par l'octroi d'une rémunération ou de tout autre avantage ou d'une promesse de rémunération ou d'avantage.

L'exploitation mentionnée au premier alinéa du présent I est le fait de mettre la victime à sa disposition ou à la disposition d'un tiers, même non identifié, afin soit de permettre la commission contre la victime des infractions de proxénétisme, d'agression ou d'atteintes sexuelles, de réduction en esclavage, de soumission à du travail ou à des services forcés, de réduction en servitude, de prélèvement de l'un de ses organes, d'exploitation de la mendicité, de conditions de travail ou d'hébergement contraires à sa dignité, soit de contraindre la victime à commettre tout crime ou délit.

La traite des êtres humains est punie de sept ans d'emprisonnement et de 150 000 € d'amende.

II. — La traite des êtres humains à l'égard d'un mineur est constituée même si elle n'est commise dans aucune des circonstances prévues aux 1° à 4° du I.

Elle est punie de dix ans d'emprisonnement et de 1 500 000 € d'amende.

V. le protocole contre le trafic illicite de migrants par terre, air et mer, additionnel à la Convention des Nations unies contre la criminalité transnationale organisée, adopté à New York le 15 nov. 2000, signé par la France le 12 déc. 2000, publié par le Décr. n° 2004-446 du 19 mai 2004 (JO 27 mai) et entré en vigueur le 28 janv. 2004.

V. également le protocole additionnel à la Convention des Nations unies contre la criminalité transnationale organisée visant à prévenir, réprimer et punir la traite des personnes, en particulier des femmes et des enfants, adopté à New York le 15 nov. 2000, signé par la France le 12 déc. 2000, publié par le Décr. n° 2004-447 du 19 mai 2004 (JO 27 mai) et entré en vigueur le 25 déc. 2003.

V. Convention du Conseil de l'Europe sur la lutte contre la traite des êtres humains, adoptée le 16 mai 2005 à Varsovie, signée par la France le 22 mai 2006 à Strasbourg, publiée par Décr. n° 2008-1118 du 31 oct. 2008 (JO 4 nov.) et entrée en vigueur le 1ᵉʳ mai 2008. — Sur cette convention, V. RSC 2009. Chron. 417, obs. Gallardo.

BIBL. ▶ Chavent-Leclère, *AJ pénal 2013.* 510 (adaptation du code pénal français aux engagements européens). - Fortis, *Dr. soc. 2014.* 458 (les formes d'exploitation par le travail sanctionnées pénalement et la loi n° 2013-711 du 5 août 2013). - Lavaud-Legendre, *RDT 2018.* 455 (l'affaire des coiffeurs du Boulevard de Strasbourg ou comment le choix de la qualification révèle deux approches d'une même réalité). - Le Coz, *AJ pénal 2013.* 512 (répression des atteintes aux personnes dans la loi n° 2013-711 du 5 août 2013). - Gozzi, *D. 2013. Pan. 2713* (L. n° 2013-711 du 5 août 2013).

DES CONDITIONS DE TRAVAIL ET D'HÉBERGEMENT CONTRAIRES À LA DIGNITÉ DE LA PERSONNE, DU TRAVAIL FORCÉ ET DE LA RÉDUCTION EN SERVITUDE (L. n° 2013-711 du 5 août 2013, art. 1ᵉʳ).

Art. 225-13 Le fait d'obtenir d'une personne, *(L. n° 2003-239 du 18 mars 2003, art. 33)* « dont la vulnérabilité ou l'état de dépendance sont apparents ou connus de l'auteur », la fourniture de services non rétribués ou en échange d'une rétribution manifestement sans rapport avec l'importance du travail accompli est puni de *(L. n° 2003-239 du 18 mars 2003, art. 33)* « cinq ans d'emprisonnement et de 150 000 € d'amende ».

(L. n° 2009-1437 du 24 nov. 2009, art. 50-I) « Les personnes physiques ou morales coupables du délit prévu à la présente section encourent également la peine complémentaire suivante : interdiction de l'activité de prestataire de formation professionnelle continue au sens de l'article L. 6313-1 du code du travail pour une durée de cinq ans. »

Art. 225-14 Le fait de soumettre une personne, *(L. n° 2003-239 du 18 mars 2003, art. 34)* « dont la vulnérabilité ou l'état de dépendance sont apparents ou connus de l'auteur », à des conditions de travail ou d'hébergement incompatibles avec la dignité humaine est puni de *(L. n° 2003-239 du 18 mars 2003, art. 34)* « cinq ans d'emprisonnement et de 150 000 € d'amende ».

Est coupable du délit de soumission de personnes vulnérables à des conditions de travail indignes le chef d'entreprise qui dirige ses salariés en ayant recours à des hurlements et à des vexations permanents, qui utilise des procédés inadmissibles pour les humilier et qui impose des cadences et

des conditions matérielles de travail faisant d'eux le prolongement d'une machine-outil ; l'employeur ayant profité de leur situation de vulnérabilité sociale et économique résultant de leur absence de qualification et de la situation particulièrement difficile de l'emploi en milieu rural et notamment dans le secteur de la confection.
● Crim. 4 mars 2003, 🔒 n° 02-82.194 P : *D. 2004. somm. 181, obs. Aubert-Monpeyssen ✐ ; JCP 2003. IV. 1804 ; RJS 2003. 475, n° 702 ; JSL 2003, n° 122-2.*

Art. 225-14-1 (L. n° 2013-711 du 5 août 2013, art. 1ᵉʳ) Le travail forcé est le fait, par la violence ou la menace, de contraindre une personne à effectuer un travail sans rétribution ou en échange d'une rétribution manifestement sans rapport avec l'importance du travail accompli. Il est puni de sept ans d'emprisonnement et de 200 000 € d'amende.

Art. 225-14-2 (L. n° 2013-711 du 5 août 2013, art. 1ᵉʳ) La réduction en servitude est le fait de faire subir, de manière habituelle, l'infraction prévue à l'article 225-14-1 à une personne dont la vulnérabilité ou l'état de dépendance sont apparents ou connus de l'auteur. Elle est punie de dix ans d'emprisonnement et de 300 000 € d'amende.

Art. 225-15 (L. n° 2013-711 du 5 août 2013, art. 1ᵉʳ) I. — Lorsqu'elles sont commises à l'égard de plusieurs personnes :
1° Les infractions définies aux articles 225-13 et 225-14 sont punies de sept ans d'emprisonnement et de 200 000 € d'amende ;
2° L'infraction définie à l'article 225-14-1 est punie de dix ans d'emprisonnement et de 300 000 € d'amende ;
3° L'infraction définie à l'article 225-14-2 est punie de quinze ans de réclusion criminelle et de 400 000 € d'amende.

II. — Lorsqu'elles sont commises à l'égard d'un mineur :
1° Les infractions définies aux articles 225-13 et 225-14 sont punies de sept ans d'emprisonnement et de 200 000 € d'amende ;
2° L'infraction définie à l'article 225-14-1 est punie de dix ans d'emprisonnement et de 300 000 € d'amende ;
3° L'infraction définie à l'article 225-14-2 est punie de quinze ans de réclusion criminelle et de 400 000 € d'amende.

III. — Lorsqu'elles sont commises à l'égard de plusieurs personnes parmi lesquelles figurent un ou plusieurs mineurs :
1° Les infractions définies aux articles 225-13 et 225-14 sont punies de dix ans d'emprisonnement et de 300 000 € d'amende ;
2° L'infraction définie à l'article 225-14-1 est punie de quinze ans de réclusion criminelle et de 400 000 € d'amende ;
3° L'infraction définie à l'article 225-14-2 est punie de vingt ans de réclusion criminelle et de 500 000 € d'amende.

Art. 225-15-1 (L. n° 2003-239 du 18 mars 2003, art. 36) Pour l'application des articles 225-13 (L. n° 2013-711 du 5 août 2013, art. 1ᵉʳ) « à 225-14-2 », les mineurs ou les personnes qui ont été victimes des faits décrits par ces articles à leur arrivée sur le territoire français sont considérés comme des personnes vulnérables ou en situation de dépendance.

Art. 225-16 (L. n° 2009-526 du 12 mai 2009, art. 124-I) « Les personnes morales déclarées responsables pénalement, dans les conditions prévues par l'article 121-2, des infractions définies aux articles 225-13 à 225-15 encourent, outre l'amende suivant les modalités prévues par l'article 131-38 : »
2° [1°] Les peines mentionnées à l'article 131-39 ;
(L. n° 98-657 du 29 juill. 1998, art. 124) « 3° [2°] La confiscation du fonds de commerce destiné à l'hébergement de personnes et ayant servi à commettre l'infraction prévue à l'article 225-14. »

Sur les peines complémentaires, V. C. pén., art. 225-19. — **C. pén.** — *V. aussi CCH, art. L. 651-10, issu de L. n° 98-657 du 29 juill. 1998, art. 124-IV.* — **CCH.**

Code de procédure civile

ACTIONS EN MATIÈRE DE DISCRIMINATIONS

Art. 1263-1 (Décr. n° 2008-799 du 20 août 2008) Les associations régulièrement déclarées depuis au moins cinq ans et se proposant, par leurs statuts, de lutter contre les discriminations peuvent exercer les actions en justice qui naissent de la loi n° 2008-496 du 27 mai 2008 en faveur de la victime d'une discrimination.

Code de la propriété intellectuelle

PREMIÈRE PARTIE : **LÉGISLATIVE**

(L. n° 92-597 du 1er juill. 1992)

V. **C. com.** ; **CPI**.

TITRE I (DU LIVRE I) OBJET DU DROIT D'AUTEUR

Art. L. 113-9 (L. n° 94-361 du 10 mai 1994) « Sauf dispositions statutaires ou stipulations contraires, les droits patrimoniaux sur les logiciels et leur documentation créés par un ou plusieurs employés dans l'exercice de leurs fonctions ou d'après les instructions de leur employeur sont dévolus à l'employeur qui est seul habilité à les exercer. »

Toute contestation sur l'application du présent article est soumise au tribunal (Ord. n° 2019-964 du 18 sept. 2019, art. 35, en vigueur le 1er janv. 2020) « judiciaire » du siège social de l'employeur.

[...]

CHAPITRE II (DU LIVRE II) DROITS DES ARTISTES-INTERPRÈTES

Art. L. 212-4 La signature du contrat conclu entre un artiste-interprète et un producteur pour la réalisation d'une œuvre audiovisuelle vaut autorisation de fixer, reproduire et communiquer au public la prestation de l'artiste-interprète.

Ce contrat fixe une rémunération distincte pour chaque mode d'exploitation de l'œuvre. – [L. n° 85-660 du 3 juill. 1985, art. 19, al. 1er et 2.]

1. L'art. L. 212-4 est applicable aux contrats antérieurs au 1er janvier 1986. ● Civ. 1re, 16 juill. 1992 : 🔒 *RIDA, janv. 1993, p. 177 ; D. 1993. 220,* note Daverat⌀. ♦ V. art. L. 212-7.

2. Sur la détermination du domaine de l'art. L. 212-4 et son articulation avec les principes posés par l'art. L. 212-3, V. notes 4 et 5 ss. art. L. 212-3.

3. La présomption de cession n'est pas applicable : au contrat relatif à un spectacle vivant et non à la réalisation d'une œuvre audiovisuelle. ● Paris, 16 juin 1993 : *D. 1994. 218,* note Edelman⌀. ♦ ... Aux contrats pour lesquels les artistes-interprètes n'ont été ni parties ni représentés. ● Civ. 1re, 16 juill. 1992 : 🔒 préc. note 1. ♦ ... A l'œuvre multimédia tirée d'une œuvre audiovisuelle. ● TGI Paris, 26 mars 2003 : *Légipresse 2003, n° 205, I, p. 131.*

4. Le contrat conclu entre un artiste-interprète et un producteur vaut présomption de cession des droits de l'artiste-interprète pour la fixation, la reproduction et la communication de sa prestation, mais doit fixer une rémunération distincte pour chaque mode d'exploitation de l'œuvre. Il en résulte que l'rémunération de l'artiste-interprète au titre de la cession de ses droits sur l'œuvre doit être distincte de la rémunération de sa prestation artistique. Une clause de rémunération globale est nulle. ● Soc. 10 févr. 1998 : 🔒 *D. 1998. IR 73* ⌀ ; *GAPI, 1re éd., n° 15 ; JCP E 1999. 1494,* note Laporte-Legeais ; *Légipresse 1998, III, p. 101,* note Veyssière.

5. La simple feuille de présence signée par l'artiste-interprète, qui ne porte aucune autre mention que la date de diffusion et ne comporte aucune clause d'aucune autre sorte, ne présente pas la nature d'un contrat au sens de l'art. L. 212-4. ● Paris, 18 sept. 2002 : *D. 2002. AJ 3208*⌀ ; *JCP E 2004. 561, n° 2,* obs. Bochard ● Paris, 9 mai 2005 : *RTD com. 2006. 376,* obs. Pollaud-Dulian⌀.

6. Catch-up TV. L'accord selon lequel les artistes-interprètes autorisent la mise à disposition en VOD de leur prestation pendant les sept jours qui suivent la diffusion, la rémunération étant comprise dans le salaire initial, ne contrevient pas aux dispositions de l'art. L. 212-4. ● Paris, 31 mars 2010 : *Propr. intell. 2010, n° 36, p. 859,* obs. Bruguière.

B. CONTRAT DE TRAVAIL

I. Conventions

Art. L. 212-5 Lorsque ni le contrat ni une convention collective ne mentionnent de rémunération pour un ou plusieurs modes d'exploitation, le niveau de celle-ci est fixé par référence à des barèmes établis par voie d'accords spécifiques conclus, dans chaque secteur d'activité, entre les organisations de salariés et d'employeurs représentatives de la profession. — [L. n° 85-660 du 3 juill. 1985, art. 19, al. 3.]

BIBL. ▶ DE TISSOT, *Les Annonces de la Seine*, 4 juin 1998 (quelques observations sur les problèmes juridiques posés par la rémunération des artistes-interprètes).

Art. L. 212-6 Les dispositions de l'article L. 762-2 du code du travail [L. 7121-8 nouv.] ne s'appliquent qu'à la fraction de la rémunération versée en application du contrat excédant les bases fixées par la convention collective ou l'accord spécifique. — [L. n° 85-660 du 3 juill. 1985, art. 19, al. 4.]

La rémunération due pour un mode d'exploitation non prévu au contrat doit être déterminée par référence aux barèmes établis par les organisations représentatives de la profession. • Paris, 10 juill. 1990 : *RIDA, janv. 1991, p. 315.* ♦ Un artiste-interprète a vocation à percevoir un salaire lorsqu'il participe à un concert en public ou à l'enregistrement d'un disque, ou d'une bande musicale, et des royalties, ou redevances, lorsque l'enregistrement auquel il a participé est passé en public. • Paris, 31 janv. 1997 : *D. 1997. IR 58* • Soc. 21 juin 2004 : 🔒 *D. 2004. AJ 2304* ⌀ *; Légipresse 2004, I, p. 134 ; Propr. intell. 2004, n° 13, p. 926, obs. Lucas.*

Art. L. 212-7 Les contrats passés antérieurement au 1ᵉʳ janvier 1986 entre un artiste-interprète et un producteur d'œuvre audiovisuelle ou leurs cessionnaires sont soumis aux dispositions qui précèdent, en ce qui concerne les modes d'exploitation qu'ils excluaient. La rémunération correspondante n'a pas le caractère de salaire. — [L. n° 85-660 du 3 juill. 1985, art. 19, al. 5.]

TITRE III (DU LIVRE III) PROCÉDURES ET SANCTIONS

Art. L. 335-5 (L. n° 94-102 du 5 févr. 1994) Dans le cas de condamnation fondée sur l'une des infractions définies aux (L. n° 2006-961 du 1ᵉʳ août 2006, art. 26) « articles L. 335-2 à L. 335-4-2 », le tribunal peut ordonner la fermeture totale ou partielle, définitive ou temporaire, pour une durée au plus de cinq ans, de l'établissement ayant servi à commettre l'infraction.

La fermeture temporaire ne peut entraîner ni rupture ni suspension du contrat de travail, ni aucun préjudice pécuniaire à l'encontre des salariés concernés. Lorsque la fermeture définitive entraîne le licenciement du personnel, elle donne lieu, en dehors de l'indemnité de préavis et de l'indemnité de licenciement, aux dommages et intérêts prévus aux articles L. 122-14-4 et L. 122-14-5 du code du travail [L. 1235-2 et L. 1235-5 nouv.] en cas de rupture de contrat de travail. Le non-paiement de ces indemnités est puni de six mois d'emprisonnement et de 3 750 € d'amende.

TITRE II (DU LIVRE V) CONTENTIEUX

Art. L. 521-4 (L. n° 2007-1544 du 29 oct. 2007, art. 3) La contrefaçon peut être prouvée par tous moyens.

A cet effet, toute personne ayant qualité pour agir en contrefaçon est en droit de faire procéder en tout lieu et par tous huissiers, (L. n° 2014-315 du 11 mars 2014, art. 4) « le cas échéant » assistés d'experts désignés par le demandeur, en vertu d'une ordonnance rendue sur requête par la juridiction civile compétente, soit à la description détaillée, avec ou sans prélèvement d'échantillons, soit à la saisie réelle des objets prétendus contrefaisants ainsi que de tout document s'y rapportant. (L. n° 2014-315 du 11 mars 2014, art. 4) « L'ordonnance peut autoriser la saisie réelle de tout document se rapportant aux objets prétendus contrefaisants en l'absence de ces derniers. »

La juridiction peut ordonner, aux mêmes fins probatoires, (L. n° 2014-315 du 11 mars 2014, art. 4) « la description détaillée ou » la saisie réelle des matériels et instruments utilisés pour produire ou distribuer les objets prétendus contrefaisants.

Elle peut subordonner l'exécution des mesures qu'elle ordonne à la constitution par le demandeur de garanties destinées à assurer l'indemnisation éventuelle du défendeur si l'action en contrefaçon est ultérieurement jugée non fondée ou la saisie annulée.

A défaut pour le demandeur de s'être pourvu au fond, par la voie civile ou pénale, dans un délai fixé par voie réglementaire, l'intégralité de la saisie, y compris la description, est annulée à la demande du saisi, sans que celui-ci ait à motiver sa demande et sans préjudice des dommages et intérêts qui peuvent être réclamés.

Art. L. 521-4-1 (*L. n° 2014-315 du 11 mars 2014, art. 4*) La juridiction peut ordonner, d'office ou à la demande de toute personne ayant qualité pour agir en contrefaçon, toutes les mesures d'instruction légalement admissibles, même si une saisie-contrefaçon n'a pas préalablement été ordonnée dans les conditions prévues à l'article L. 521-4.

TITRE I (DU LIVRE VI) **BREVETS D'INVENTION**

Art. L. 611-7 Si l'inventeur est un salarié, le droit au titre de propriété industrielle, à défaut de stipulation contractuelle plus favorable au salarié, est défini selon les dispositions ci-après :
1. Les inventions faites par le salarié dans l'exécution soit d'un contrat de travail comportant une mission inventive qui correspond à ses fonctions effectives, soit d'études et de recherches qui lui sont explicitement confiées, appartiennent à l'employeur. (*L. n° 2015-990 du 6 août 2015, art. 175*) « L'employeur informe le salarié auteur d'une telle invention lorsque cette dernière fait l'objet du dépôt d'une demande de titre de propriété industrielle et lors de la délivrance, le cas échéant, de ce titre. » Les conditions dans lesquelles le salarié, auteur d'une (*L. n° 2015-990 du 6 août 2015, art. 175*) « invention appartenant à l'employeur », bénéficie d'une rémunération supplémentaire sont déterminées par les conventions collectives, les accords d'entreprise et les contrats individuels de travail. – *V. C. trav., art. L. 2261-22 (12°, f)*.

Si l'employeur n'est pas soumis à une convention collective de branche, tout litige relatif à la rémunération supplémentaire est soumis à la commission de conciliation instituée par l'article L. 615-21 ou au (*Ord. n° 2019-964 du 18 sept. 2019, art. 35, en vigueur le 1ᵉʳ janv. 2020*) « tribunal judiciaire ».

2. Toutes les autres inventions appartiennent au salarié. Toutefois, lorsqu'une invention est faite par un salarié (*L. n° 94-102 du 5 févr. 1994, art. 22*) « soit dans le cours de l'exécution de ses fonctions », soit dans le domaine des activités de l'entreprise, soit par la connaissance ou l'utilisation des techniques ou de moyens spécifiques à l'entreprise, ou de données procurées par elle, l'employeur a le droit, dans des conditions et délais fixés par décret en Conseil d'État, de se faire attribuer la propriété ou la jouissance de tout ou partie des droits attachés au brevet protégeant l'invention de son salarié.

Le salarié doit en obtenir un juste prix qui, à défaut d'accord entre les parties, est fixé par la commission de conciliation instituée par l'article L. 615-21 ou par le (*Ord. n° 2019-964 du 18 sept. 2019, art. 35, en vigueur le 1ᵉʳ janv. 2020*) « tribunal judiciaire » : ceux-ci prendront en considération tous éléments qui pourront leur être fournis notamment par l'employeur et par le salarié, pour calculer le juste prix tant en fonction des apports initiaux de l'un et de l'autre que de l'utilité industrielle et commerciale de l'invention.

3. Le salarié auteur d'une invention en informe son employeur qui en accuse réception selon des modalités et des délais fixés par voie réglementaire.

Le salarié et l'employeur doivent se communiquer tous renseignements utiles sur l'invention en cause. Ils doivent s'abstenir de toute divulgation de nature à compromettre en tout ou en partie l'exercice des droits conférés par le présent livre.

Tout accord entre le salarié et son employeur ayant pour objet une invention de salarié doit, à peine de nullité, être constaté par écrit.

4. Les modalités d'application du présent article sont fixées par décret en Conseil d'État. – *V. CPI, art. R. 611-1 s.*

5. Les dispositions du présent article sont également applicables aux agents de l'État, des collectivités publiques et de toutes autres personnes morales de droit public, selon des modalités qui sont fixées par décret en Conseil d'État. – *V. CPI, art. R. 611-11 s.* – **CPI**.

BIBL. ▶ DE PAILLERETS, PALLAUX, BLORET-PUCCU, SANDOWSKI, *JCP S 2021. 1113* (créations de salariés : la contractualisation comme moyen de se prémunir des litiges). – LE CORRONCQ et COHUET, *JCP S 2018. 1233* (bilan 2017). – POCHART et FORTUNE, *JCP S 2016. 1022* (nouvelle obligation d'information de l'employeur en matière d'invention des salariés). – WATHELET, *Dr. soc. 2023. 661* (droits du salarié sur ses créations).

INVENTIONS DE SALARIÉS

1. Application de la loi dans le temps. La demande d'un salarié relative à des inventions antérieures à 1978 relève de la juridiction prud'homale. ● Soc. 25 févr. 1988 : *Ann. propr. ind. 1988. 157* ● Paris, 7 juin 1989 : *ibid. 1989. 71* ● 4 déc. 1985 : *D. 1986. Somm. 133, obs. Mousseron et*

B. CONTRAT DE TRAVAIL

Schmidt. ♦ Et la loi du 19 juill. 1978 ne leur est pas applicable. ● TGI Paris, 1er sept. 1999 : *PIBD 2000. III. 225.* ♦ Les inventions de salariés réalisées avant le 1er juill. 1979 sont soumises aux principes dégagés par la jurisprudence. ● Paris, 16 janv. 2002 : *D. 2002. AJ 1352* ⌀ *; Propr. ind. 2002, comm. n° 29, note Raynard.*

2. Qualité de salarié. Doit être cassé l'arrêt qui, pour rejeter la demande du président-directeur général révoqué d'une société en paiement d'une redevance pour l'exploitation d'une invention dont il se prétend l'auteur, après avoir constaté la qualité de président du conseil d'administration de l'intéressé et les recherches qu'il avait personnellement menées, décide une application analogique de l'art. L. 611-7. Sauf stipulation contractuelle, le champ d'application de ce texte est limité aux inventions réalisées par des salariés et l'art. L. 611-6 énonce que le droit au titre de propriété industrielle appartient à l'inventeur. ● Com. 21 juin 1988 : *RTD com. 1988. 621, obs. Chavanne et Azéma ; Ann. propr. ind. 1989. 54.* ♦ L'étudiant-stagiaire qui réalise une invention au cours de son stage est titulaire des droits sur le brevet déposé. ● Com. 25 avr. 2006, ⚖ n° 04-19.482 P : *D. 2006. AJ 1288, obs. Daleau* ⌀ *; ibid. 2007. Pan. 337, obs. Raynard* ⌀ *; CCE 2006, comm. n° 91, note Caron ; JCP E 2006, n° 2586, obs. Reinhard ; PIBD 2006. III. 459 ; Propr. ind. 2006, comm. n° 62, note Raynard ; Propr. intell. 2006, n° 20, p. 349, obs. Warusfel.* – Cassant ● Paris, 10 sept. 2004 : *D. 2004. AJ 2576* ⌀. ♦ Et, dans la même affaire, le Conseil d'État considéra que le directeur du laboratoire, en édictant que les brevets correspondant aux inventions réalisées par les étudiants au sein du laboratoire seraient la propriété du CNRS, ne tient d'aucun texte le pouvoir d'édicter une telle règle. ● CE 22 févr. 2010 : ⚖ *D. actu. 5 mars 2010, obs. de Montecler ; CCE 2010, comm. n° 46, obs. Caron ; LEPI 5/2010. 5, obs. Clavier.*

3. Sur la date de réalisation de l'invention, V. ● TGI Paris, 4 nov. 1993 : *PIBD 1994. III. 74 ; Dossiers Brevets 1994. II. 4 ; JCP E 1995. I. 471, n° 16, obs. Burst et Mousseron.*

4. Le régime des inventions de salariés s'applique aux inventions réalisées quelles que soient les extensions à l'étranger du brevet français initial. ● TGI Paris, 15 déc. 1999 : *D. 2002. Somm. 1190, obs. Galloux* ⌀. ♦ En l'absence de dépôt de brevet, les anciens salariés sont libres d'utiliser dans de nouvelles fonctions le savoir-faire (brevetable) acquis par eux au sein de leur ancienne entreprise dès lors qu'ils ne commettent aucun détournement de secret de fabrication. ● Paris, 5 mai 2004 : *D. 2005. Pan. 962, obs. Raynard ; PIBD 2004. III. 636 ; Propr. ind. 2005, comm. n° 15, obs. Schmidt-Szalewski.*

5. Invention de mission. La juridiction appelée à se prononcer sur la propriété d'un brevet, lorsque l'inventeur est un salarié, doit examiner si se trouve remplie l'une ou l'autre des conditions prévues à l'art. L. 611-7, en recherchant si l'invention a été faite par le salarié dans l'exécution soit d'un contrat de travail comportant une mission inventive qui correspond à ses fonctions effectives, soit d'études ou de recherches qui lui ont été explicitement confiées. ● Com. 18 déc. 1986 : *Bull. civ. IV, n° 241 ; Ann. propr. ind. 1987. 63* ● 15 nov. 1994 : ⚖ *PIBD 1995. III. 54.* – Rejet du pourvoi contre ● Paris, 15 oct. 1992 : *GAPI, 1re éd., n° 23 ; PIBD 1993. III. 4* ● Com. 10 mai 1989 : *Bull. civ. IV, n° 149.* ♦ Dès lors qu'il est établi qu'une entreprise a sollicité la réflexion de plusieurs salariés, pour rechercher une solution à un problème technique, et que les demandeurs, dont la tâche habituelle n'est pas de participer à un travail de recherche, avaient eux-mêmes reconnu que le travail leur avait été demandé par leur chef d'atelier, il peut en être déduit que l'invention revendiquée relevait d'une mission explicite de recherche donnée par l'entreprise. ● Com. 13 janv. 1998 : ⚖ *D. Affaires 1998. 258 ; D. 1998. IR 55* ⌀ *; JCP 1998. IV. 1438 ; Dossiers Brevets 1998. I. 7.* ♦ Est une invention de mission celle qui est réalisée par un ingénieur affecté à un département ayant une mission d'études impliquant recherches et expérimentations, mission nécessitant de vaincre des obstacles énumérés par une note de service et revêtant ainsi un caractère inventif. ● Paris, 17 déc. 1997 : *PIBD 1998. III. 160 ; Dossiers Brevets 1998, II. 3.* – Pourvoi rejeté par ● Com. 21 nov. 2000 : ⚖ *GAPI, 1re éd., n° 23 ; PIBD 2001. III. 128 ; Propr. ind. 2002, comm. n° 28, note Raynard* ● Paris, 21 sept. 2007 : *PIDB 2007, III, p. 691.* ♦ Dès lors qu'un directeur marketing n'est à l'origine que de l'idée technique et marketing de l'invention mais aucunement de sa faisabilité technique, sa part dans l'invention doit être limitée à une invention de mission. ● TGI Paris, 16 oct. 2001 : *PIBD 2002. III. 265 ; RDPI 2002, n° 136, p. 39.* ♦ L'invention, qui découle de l'exécution des études et recherches qui ont été confiées au salarié, appartient à l'employeur, peu important que son domaine d'application dépasse le domaine d'activité de celui-ci. ● TGI Paris, 1er févr. 2006 : *D. 2007. Pan. 338, obs. Raynard* ⌀ *; PIBD 2006. III. 317 ; Propr. intell. 2006, n° 20, p. 347, obs. Galloux* ● Paris, 15 déc. 2006 : *RTD com. 2007. 523, obs. Galloux* ⌀ *; PIBD 2007. III. 153.* ♦ La qualification d'invention de mission ne découle pas de la volonté des parties mais de considérations objectives. ● TGI Paris, 22 sept. 2009 : *RTD com. 2010. 101, obs. Galloux* ⌀.

6. Le brevet est l'aboutissement d'actions très précisément voulues par l'employeur aux fins d'innovation et dont le chef de son service technique avait la responsabilité, son poste élevé et ses compétences reconnues dispensant son employeur de lui assigner expressément dans un contrat de travail une mission inventive, dont son comportement avait dès le début de l'emploi manifesté qu'il l'avait parfaitement intégrée dans ses fonctions. L'invention n'a pas été réalisée hors mission, mais par obligation fonctionnelle et avec le concours des moyens fournis par l'employeur ; elle est de plein droit la propriété de l'employeur. • Paris, 7 févr. 1991 : *Ann. propr. ind. 1992. 300* ; *PIBD 1991. III. 394* • 15 oct. 1992 : *ibid. 1994. 75* • TGI Paris, 17 févr. 1989 : *Dossiers Brevets 1989. V. 5* ; *PIBD 1989, III, p. 318.*

7. Cession d'une invention de mission. Un employeur peut céder à une entreprise tierce une invention de mission sans que le salarié inventeur puisse revendiquer aucun droit sur les brevets ultérieurs déposés par l'entreprise l'ayant acquise. • Com. 5 janv. 2022, ⚖ n° 19-22.030 B : *D. 2022. 7* ⌐ ; *Dalloz IPIIT 2022. 61, obs. Paudrat* ⌐ ; *RJS 4/2022, n° 170* ; *JCP 2022. 222, obs. Binctin* ; *JCP S 2022. 1073, obs. Drai.*

8. Rémunération supplémentaire. Aucun texte légal ou conventionnel applicable en l'espèce n'imposant que la rémunération supplémentaire due au salarié doive être fixée en fonction de son salaire, c'est à bon droit qu'une cour d'appel, qui n'a pas fixé le montant de cette rémunération uniquement sur l'intérêt économique de l'invention, s'est fondée sur la définition, l'intérêt scientifique et les difficultés de mise au point de l'invention, ainsi que sur l'importance de la contribution personnelle de l'employé. • Com. 21 nov. 2000, ⚖ n° 98-11.900 P : *D. 2002. Somm. 1188, obs. Raynard* ⌐ ; *Ann. propr. ind. 2001. 3, obs. Mathély* ; *Dossiers Brevets 2000. III. 2* ; *JCP E 2001, p. 275, obs. Galloux* ; *PIBD 2001. III. 101* ; *RIPIA 2001, n° 203, p. 50.* – Rejet du pourvoi contre • Paris, 19 déc. 1997 : *PIBD 1998. III. 157.* – Sur cette question, V. aussi • TGI Paris, 7 mai 1998 : *Dossiers Brevets 1998. II. 5* ; *RDPI 1998, n° 89, p. 48* • TGI Paris, 30 sept. 2003 : *RTD com. 2004. 300, obs. Galloux* ⌐ • 9 mars 2004 : *PIBD 2004. III. 311* • Paris, 28 avr. 2004 : *Propr. intell. 2004, n° 12, p. 791, obs. Galloux, Gutmann et Warusfel* • Paris, 13 mai 2005 : *Propr. ind. 2005, comm. n° 63, note Raynard* • Com. 18 déc. 2007 : ⚖ *D. 2008. 1386, note Boizard* ⌐ ; *ibid. 2009. Pan. 453, obs. Raynard* ⌐ ; *CCE 2008, comm. n° 35, note Caron* ; *Propr. ind. 2008, comm. n° 18, note Raynard* • Paris, 14 avr. 2010 : *LEPI 6/2010. 5, obs. Boutin.* ♦ Sur le refus du versement d'une rémunération supplémentaire lorsque le procédé exploité diffère de celui inventé par le salarié, V. • Paris, 20 janv. 2006 : *RTD com. 2006. 351, obs. Galloux* ⌐ ; *Propr. ind. 2007, comm. n° 37, note Vigand* ; *Propr. intell. 2006, n° 20, p. 348, obs. Galloux.* ♦ Doit être réputée non écrite la convention collective qui impose au salarié, pour l'obtention de la rémunération supplémentaire, d'apporter la preuve que son invention présente un intérêt exceptionnel pour l'entreprise. • Lyon, 14 nov. 2002 : *Propr. ind. 2004, comm. n° 69, note Raynard.* ♦ Un salarié ne peut se prévaloir d'un avantage individuellement acquis sur les modalités de calcul de la rémunération supplémentaire non incluses dans son contrat de travail mais résultant exclusivement des stipulations d'un accord d'entreprise qui s'applique à la date fixée par un nouvel accord, lequel a valeur normative, s'impose à tous et régit les situations en cours. • Com. 22 févr. 2005, ⚖ n° 02-18.790 P : *D. 2007. Pan. 337, obs. Raynard* ⌐ ; *JCP E 2005. 964, note Girard et Fleurance* ; *PIBD 2005. III. 253* ; *Propr. ind. 2005, comm. n° 53, note Vigand.* ♦ Sur l'appréciation d'une « transaction » entre le salarié et l'employeur relative à l'attribution d'une rémunération supplémentaire pour « tous les brevets réalisés au cours de sa carrière dans la société », V. • Paris, 14 déc. 2005 : *D. 2007. Pan. 337, obs. Raynard* ⌐ ; *Propr. intell. 2006, n° 19, p. 204, obs. Warusfel.* ♦ Lorsque l'invention de mission est antérieure à la conclusion du contrat de travail et correspond à un apport en nature, elle ne peut donner lieu à une rémunération supplémentaire. • Soc. 2 juin 2010 : ⚖ *Propr. ind. 2010, comm. n° 56, note Boizard* ; *RJS 2010. 579, n° 639* ; *SSL 2010, n° 1452, p. 12, obs. Hautefort* ; *JCP S 2010. 1343, obs. Blanc-Jouvan.*

9. Droit à rémunération supplémentaire et application de la loi dans le temps. Le droit à rémunération supplémentaire, pour un salarié investi d'une mission inventive, prenant naissance à la date de réalisation de l'invention brevetable et non à celle du dépôt ou de la délivrance d'un brevet, c'est la loi en vigueur à la première de ces dates qui doit seule s'appliquer pour déterminer la mise en œuvre de ce droit. • Com. 20 sept. 2011 : ⚖ *D. 2011. AJ 2401, obs. Daleau* ⌐ ; *RJS 2012. 98, n° 96.*

10. Inventions non brevetables et rémunération supplémentaire conventionnelle. Aux termes de l'art. 75 de la convention collective nationale Syntec, les inventions non brevetables, ainsi que les innovations émanant des salariés et utilisées par l'entreprise, pourront donner lieu à l'attribution de primes ; lorsque l'invention du salarié n'est pas brevetable ou constitue une innovation utilisée par l'entreprise, le versement d'une prime est laissé à la libre appréciation de l'employeur. • Soc. 3 mai 2018, ⚖ n° 16-25.067 P : *D. 2018. 1523, note Dormont et Icard* ⌐ ; *RJS 7/2018, info. 463* ; *JCP S 2018, n° 1206, note Drai.*

11. Cause réelle et sérieuse de licenciement. L'invention faite par le salarié dans l'exécution du contrat de travail comportant une mission inventive appartient à l'employeur ; le dépôt en son nom par un salarié du brevet d'une invention faite dans le cadre d'une mission inventive est susceptible de constituer une cause réelle et sérieuse. • Soc. 21 sept. 2011 : ⚖ *RDT 2011. 696, obs. F. Héas* ⌐ ; *RJS 2011. 821, n° 926* ; *JSL 2011, n° 308-5* ; *Dr. ouvrier 2012. 50, obs. Marié* ; *JCP S 2011.1500, obs. Drai.*

12. Prescription. La prescription quinquennale ne peut commencer qu'à compter du moment où la créance devient déterminable, c'est-à-dire notamment à compter de la notification par une des parties au contrat de travail à l'autre de l'évaluation qu'elle croit pouvoir en faire ou, à défaut, de la perte de tout monopole d'exploitation par l'employeur ou encore de la cessation d'exploitation de l'invention si cette dernière est postérieure à l'expiration du brevet. ● TGI Paris, 5 avr. 2006 : *D. 2007. Pan. 338*, obs. Raynard ⌀ ; *PIBD 2006. III. 493 ; Propr. ind. 2006, comm. n° 91*, note Raynard. ♦ V. aussi ● TGI Paris, 15 déc. 2009 : *RTD com. 2010. 101*, obs. Galloux ⌀. ♦ Sur la prescription quinquennale de la rémunération supplémentaire, V. ● Paris, 28 avr. 2004 : *préc.*

13. Invention hors mission. Il n'y a pas invention de mission, dès lors qu'il n'est pas établi que l'inventeur, ingénieur de production, ait reçu une mission de recherche, ni dirigé un service de recherche, que son activité inventive n'a pas empiété sur le domaine d'activité de l'entreprise, qu'il n'a pas utilisé les moyens techniques de l'entreprise et qu'il ne s'est pas consacré à ses recherches pendant son temps de travail. ● Lyon, 4 nov. 1981 : *PIBD 1982, III, p. 17.* ♦ Si le salarié était désigné comme responsable recherche-développement dans les indications figurant sur le bulletin de salaire, il n'est pas prouvé qu'un tel service a été mis en place dans cette société de taille très réduite, ni que la désignation correspondait à une réelle attribution, l'essentiel du travail du salarié étant de la maintenance et non la recherche d'un nouveau produit (au moment du dépôt de la demande de brevet, le salarié, qui avait une parfaite connaissance de la technique en cause avant même la création de la société, avait déjà été licencié par cette dernière, qui ne peut revendiquer le brevet). ● Lyon, 18 nov. 1999 : *PIBD 2000. II. 65.* ♦ Sur l'appréciation des critères de classement de l'invention hors mission, v. ● TGI Strasbourg, 1er déc. 2003 : *D. 2005. Pan. 693*, obs. Raynard ; *PIBD 2004. III. 125.*

14. Invention hors mission attribuable. Pour la qualification d'inventions entrant dans le domaine d'activité de l'entreprise, V. ● Paris, 17 oct. 1989 : *RTD com. 1990. 200*, obs. Chavanne et Azéma ⌀ ; *Ann. propr. ind. 1992 ; PIBD 1990. III. 94* ● Aix-en-Provence, 14 avr. 1987 : *Dossiers Brevets 1987. IV. 5 ; RDPI 1987 n° 11, p. 81.* ♦ Dès lors que le salarié n'a été investi par écrit d'aucune mission inventive, il convient uniquement, pour définir la nature de l'invention relevant du domaine d'activité de l'entreprise, de déterminer si le salarié était investi d'une mission inventive générale ou ponctuelle avant le dépôt de la demande de brevet par la société. ● Paris, 23 oct. 1996 : *PIBD 1996. III. 85 ; Dossiers Brevets 1997. I. 1* ; *Gaz. Pal. 29-30 juill. 1998, p. 32*, note de Roquefeuil ; *RDPI 1997, n° 80, p. 33.* ♦ En raison des fonctions purement administratives de l'inventeur et du fait que son invention a pu être mise au point grâce aux moyens de son employeur, il s'agit d'une invention hors mission attribuable. ● TGI Marseille, 12 mai 1998 : *PIBD 1999. III. 65.* ♦ L'employeur qui a manifesté son intérêt pour une invention hors mission attribuable en déposant une demande de brevet et en optant pour l'attribution ne peut pas invoquer la nullité du brevet. ● Paris, 17 oct. 1989 : *RTD com. 1990. 200*, obs. Chavanne et Azéma ⌀ ; *Ann. propr. ind. 1992. 291 ; PIBD 1990. III. 94.* ♦ S'agissant d'une invention hors mission attribuable, l'employeur peut renoncer à son droit et le brevet est alors rétrocédé à l'inventeur sans rétroactivité. ● Paris, 5 avr. 1990 : *Ann. propr. ind. 1991. 121 ; PIBD 1990. III. 447.* ♦ Sur l'invention hors mission attribuable au directeur du conseil d'administration, V. ● TGI Paris, 3 oct. 2007 : *PIBD 2007, II, p. 726.*

15. Juste prix. Le juste prix vise à rémunérer la levée d'option par l'employeur d'une invention et pas d'un brevet. L'appréciation du juste prix doit être faite au moment où se produit l'attribution de l'invention à l'employeur par la levée de l'option et en tenant compte à cette date des perspectives normalement espérées alors, ainsi que de la part du salarié dans la conception de l'invention et de la participation de l'entreprise pour la fourniture des moyens nécessaires à sa réalisation. ● Paris, 17 oct. 1989 : *RTD com. 1990. 200*, obs. Chavanne et Azéma ⌀ ; *Ann. propr. ind. 1992. 291 ; PIBD 1990. III. 94* ● 23 oct. 1996 : *D. 1997. Somm. 333*, obs. Mousseron ⌀ ; *Dossiers Brevets 1997. I. 3* ● Paris, 18 oct. 2000 : *PIBD 2001. III. 51* ● TGI Marseille, 12 mai 1998 : *PIBD 1999. III. 65.* ♦ La détermination contentieuse du juste prix relève de la compétence du juge des brevets et non du conseil de prud'hommes. ● Versailles, 6 oct. 1989 : *Dossiers Brevets 1989. V. 6 ; RTD com. 1990. 201*, obs. Chavanne et Azéma ⌀. ♦ La révocation du brevet européen couvrant l'invention du salarié doit être prise en compte dans la fixation du juste prix si elle entraîne des conséquences au niveau du brevet français. ● TGI Lyon, 10 mars 1997 : *D. 1997. Somm. 333*, obs. Mousseron ⌀ ; *Dossiers Brevets 1997. I. 5 ; PIBD 1997. III. 395.* ♦ Sur le calcul de la rémunération supplémentaire, tenant compte des perspectives ouvertes pour l'entreprise, V. ● Paris, 19 déc. 1997 : *Dossiers Brevets 1998. II. 4 ; PIDB 1998, III, p. 157 ; RDPI 1998, n° 89, p. 9*, note Martin. ♦ La détermination du juste prix ne doit tenir compte que des éléments ayant un rapport direct avec l'invention brevetée. On ne tiendra donc pas compte des avantages dont le salarié a bénéficié lors de son licenciement, ni des accords passés avec lui à propos d'un brevet postérieur, ni des produits similaires mis sur le marché après son départ. En revanche, l'employeur est fondé à invoquer ses compétences techniques, son savoir-faire et ses investissements qui ont servi à réaliser le produit breveté, ainsi que le caractère peu innovant de l'invention. ● Paris, 18 oct. 2000 : *PIDB 2001, III, p. 51.* ♦ Le juste prix ne peut être fixé au vu d'un pourcentage du chiffre d'affaires et de marges brutes actuels, réalisés plus de douze ans après l'attribution de l'invention en cause. ● TGI Paris, 11 mars 2003 : *RTD com. 2004. 300*, obs. Galloux ⌀ ; *PIBD 2003. III. 382 ; Propr. ind. 2003, comm. n° 87*, note Raynard. ♦ Lorsque le juste prix est déterminé par rapport à la valeur d'exploitation, l'employeur a l'obligation d'exploiter. En effet, si l'employeur estime que le brevet n'a aucune valeur, il a le choix de ne pas exercer sa faculté d'attribution. • Paris, 10 mai 2002 : *D. 2002. AJ 2262* ⌀ ; *PIBD 2002. III. 361* ; *Propr. ind. 2003, comm. n° 75, note Raynard* ; *Propr. intell. 2002, n° 5, p. 73, obs. Warusfel.* ♦ Sur l'appréciation du juste prix, V. • TGI Paris, 28 mars 2008 : *D. 2009. Pan. 456, obs. Raynard* ⌀ ; *PIBD 2008. III. 333.* ♦ Pour prétendre à l'attribution du juste prix, encore faut-il démontrer son indépendance dans la réalisation de l'invention et sa diligence dans la procédure de dépôt de brevet. • Com. 3 juin 2008 : ⚖ *D. 2009. Pan. 453, obs. Raynard* ⌀ ; *Propr. ind. 2008, comm. n° 74, note Boizard.*

16. Preuve. Dès lors qu'il ne justifie pas avoir confié aux salariés défendeurs une mission conforme à leurs compétences respectives, ou des études et recherches précises dans le domaine de l'invention dont il s'agit, le demandeur en revendication n'est pas fondé dans son action car il ne rapporte pas la preuve lui incombant. • Paris, 11 sept. 1996 : *Ann. propr. ind. 1997. 136* ; *Dossiers Brevets 1996. III. 2.*

17. Obligation de révélation. L'obligation de révélation ne se limite pas aux inventions que le salarié juge de son fait brevetables. • Paris, 12 sept. 2003 : *D. 2005. Pan. 962, obs. Raynard* ; *RTD com. 2004. 300, obs. Galloux* ⌀ ; *PIBD 2004. III. 97.*

....

Art. L. 615-17 (*L. n° 2011-525 du 17 mai 2011, art. 196*) Les actions civiles et les demandes relatives aux brevets d'invention, y compris (*L. n° 2014-315 du 11 mars 2014, art. 1ᵉʳ*) « dans les cas prévus à l'article L. 611-7 ou » lorsqu'elles portent également sur une question connexe de concurrence déloyale, sont exclusivement portées devant des (*Ord. n° 2019-964 du 18 sept. 2019, art. 35, en vigueur le 1ᵉʳ janv. 2020*) « tribunaux judiciaires », déterminés par voie réglementaire, à l'exception des recours formés contre les actes administratifs du ministre chargé de la propriété industrielle qui relèvent de la juridiction administrative.

Les dispositions qui précèdent ne font pas obstacle au recours à l'arbitrage, dans les conditions prévues aux articles 2059 et 2060 du code civil.

Les (*Ord. n° 2019-964 du 18 sept. 2019, art. 35, en vigueur le 1ᵉʳ janv. 2020*) « tribunaux judiciaires » mentionnés au premier alinéa du présent article sont seuls compétents pour constater que le brevet français cesse de produire ses effets, en totalité ou en partie, dans les conditions prévues à l'article L. 614-13 du présent code.

BIBL. ▶ Rau, *Résumé in PIBD 1998, II, p. 199* (quelle forme doit prendre une juridiction compétente en matière de brevets communautaires qui coexisterait avec les tribunaux nationaux, compte tenu du livre vert sur le brevet communautaire ?). – Véron, *RDPI mars 2001, n° 121, p. 4* (innovations apportées dans le contentieux de la propriété industrielle par le Règl. (CE) n° 44/2001 du 22 déc. 2000).

....

Art. L. 615-21 Si l'une des parties le demande, toute contestation portant sur l'application (*Ord. n° 2021-1658 du 15 déc. 2021, art. 4*) « des articles L. 611-7 et L. 611-7-1 » sera soumise à une commission paritaire de conciliation (*Abrogé par Ord. n° 2021-1658 du 15 déc. 2021, art. 4*) « *(employeurs, salariés)* », présidée par un magistrat de l'ordre judiciaire dont la voix est prépondérante en cas de partage.

Dans les six mois de sa saisine, cette commission, créée auprès de l'Institut national de la propriété industrielle, formule une proposition de conciliation ; celle-ci vaut accord entre les parties, si, dans le mois de sa notification, l'une d'elles n'a pas saisi le (*Ord. n° 2019-964 du 18 sept. 2019, art. 35, en vigueur le 1ᵉʳ janv. 2020*) « tribunal judiciaire » compétent statuant en chambre du conseil. Cet accord peut être rendu exécutoire par ordonnance du président du (*Ord. n° 2019-964 du 18 sept. 2019, art. 35, en vigueur le 1ᵉʳ janv. 2020*) « tribunal judiciaire » saisi sur simple requête par la partie la plus diligente.

Les parties pourront se présenter elles-mêmes devant la commission et se faire assister ou représenter par une personne de leur choix.

La commission pourra se faire assister d'experts qu'elle désignera pour chaque affaire.

Les modalités d'application du présent article, qui comportent des dispositions particulières pour les agents visés au dernier alinéa de l'article L. 611-7 (*Ord. n° 2021-1658 du 15 déc. 2021, art. 4*) « et pour les personnes physiques relevant de l'article L. 611-7-1 », sont fixées par décret en Conseil d'État après consultation des organisations professionnelles et syndicales intéressées. – V. CPI, art. R. 615-6 s. – **C. com.** ; **CPI**.

BIBL. ▶ Mulatier, Brion et Desrousseaux, *JCP S 2023. 1057* (statistique du contentieux des inventions de salariés devant la Commission nationale des inventions de salariés et le tribunal judiciaire).

B. CONTRAT DE TRAVAIL

TITRE I (DU LIVRE VII) MARQUES DE FABRIQUE, DE COMMERCE OU DE SERVICE

....

Art. L. 716-11-1 (L. n° 94-102 du 5 févr. 1994) Outre les sanctions prévues aux articles L. 716-9 et L. 716-10, le tribunal peut ordonner la fermeture totale ou partielle, définitive ou temporaire, pour une durée au plus de cinq ans, de l'établissement ayant servi à commettre l'infraction [contrefaçon en matière de marques].

La fermeture temporaire ne peut entraîner ni rupture, ni suspension du contrat de travail, ni aucun préjudice pécuniaire à l'encontre des salariés concernés. Lorsque la fermeture définitive entraîne le licenciement du personnel, elle donne lieu, en dehors de l'indemnité de préavis et de l'indemnité de licenciement, aux dommages et intérêts prévus aux articles (Ord. n° 2019-1169 du 13 nov. 2019, art. 9) « L. 1235-2 à L. 1235-5 et L. 1235-11 à L. 1235-13 » du code du travail en cas de rupture de contrat de travail. Le non-paiement de ces indemnités est puni de six mois d'emprisonnement et de 3 750 € d'amende.

....

DEUXIÈME PARTIE : ***RÉGLEMENTAIRE***

(Décr. n° 95-385 du 10 avr. 1995)

TITRE I (DU LIVRE VI) BREVETS D'INVENTION

Inventions de salariés

BIBL. GÉN. ▶ FROMONT et GUILLON, *JSL 2001, n° 72, p. 4.*

Art. R. 611-1 Le salarié auteur d'une invention en fait immédiatement la déclaration à l'employeur.

En cas de pluralité d'inventeurs, une déclaration conjointe peut être faite par tous les inventeurs ou par certains d'entre eux seulement.

Art. R. 611-2 La déclaration contient les informations, en la possession du salarié, suffisantes pour permettre à l'employeur d'apprécier le classement de l'invention dans l'une des catégories prévues aux paragraphes 1 et 2 de l'article L. 611-7.

Ces informations concernent :
1° L'objet de l'invention ainsi que les applications envisagées ;
2° Les circonstances de sa réalisation, par exemple : instructions ou directives reçues, expériences ou travaux de l'entreprise utilisés, collaborations obtenues ;
3° Le classement de l'invention tel qu'il apparaît au salarié.

Art. R. 611-3 Lorsque le classement implique l'ouverture au profit de l'employeur du droit d'attribution, la déclaration est accompagnée d'une description de l'invention.

Cette description expose :
1° Le problème que s'est posé le salarié compte tenu éventuellement de l'état de la technique antérieure ;
2° La solution qu'il lui a apportée ;
3° Au moins un exemple de la réalisation accompagné éventuellement de dessins.

Art. R. 611-4 Si, contrairement au classement de l'invention résultant de la déclaration du salarié, le droit d'attribution de l'employeur est ultérieurement reconnu, le salarié, le cas échéant, complète immédiatement sa déclaration par les renseignements prévus à l'article R. 611-3.

Art. R. 611-5 Si la déclaration du salarié n'est pas conforme aux dispositions de l'article R. 611-2 (1° et 2°) ou, le cas échéant, de l'article R. 611-3, l'employeur communique à l'intéressé les points précis sur lesquels elle doit être complétée.

Cette communication est faite dans un délai de deux mois à compter de la date de réception de la déclaration. A défaut, la déclaration est réputée conforme.

Art. R. 611-6 Dans un délai de deux mois, l'employeur donne son accord au classement de l'invention résultant de la déclaration du salarié ou, en cas de défaut d'indication du classement, fait part au salarié, par une communication motivée, du classement qu'il retient.

Le délai de deux mois court à compter de la date de réception par l'employeur de la déclaration du salarié contenant les informations prévues à l'article R. 611-2 ou, en cas de demande de renseignements complémentaires reconnue justifiée, de la date à laquelle la déclaration a été complétée.

L'employeur qui ne prend pas parti dans le délai prescrit est présumé avoir accepté le classement résultant de la déclaration du salarié.

Art. R. 611-7 Le délai ouvert à l'employeur pour revendiquer le droit d'attribution est de quatre mois, sauf accord contraire entre les parties qui ne peut être que postérieur à la déclaration de l'invention.

Ce délai court à compter de la date de réception par l'employeur de la déclaration de l'invention contenant les indications prévues aux articles R. 611-2 (1° et 2°) et R. 611-3 ou, en cas de demande de renseignements complémentaires reconnue justifiée, de la date à laquelle la déclaration a été complétée.

La revendication du droit d'attribution s'effectue par l'envoi au salarié d'une communication précisant la nature et l'étendue des droits que l'employeur entend se réserver.

Art. R. 611-8 Les délais prévus aux articles R. 611-5 à R. 611-7 sont suspendus par l'engagement d'une action contentieuse portant sur la régularité de la déclaration ou le bien-fondé du classement de l'invention invoqué par le salarié, ou par la saisine, aux mêmes fins, de la commission de conciliation prévue à l'article L. 615-21.

Les délais continuent à courir du jour où il a été définitivement statué.

Art. R. 611-9 Toute déclaration ou communication émanant du salarié ou de l'employeur est faite par lettre recommandée avec demande d'avis de réception ou par tout autre moyen permettant d'apporter la preuve qu'elle a été reçue par l'autre partie.

La déclaration prévue à l'article R. 611-1 peut résulter de la transmission par l'Institut national de la propriété industrielle à l'employeur, selon les modalités fixées par arrêté du ministre chargé de la propriété industrielle, du second exemplaire d'un pli adressé par le salarié à l'institut pour y être conservé. – *V. Arr. du 29 août 1985.* – **CPI**.

Cette procédure est facultative pour les interventions visées au premier paragraphe de l'article L. 611-7.

Art. R. 611-10 Le salarié et l'employeur s'abstiennent de toute divulgation de l'invention tant qu'une divergence subsiste sur son classement ou tant qu'il n'a pas été statué sur celui-ci.

Si l'une des parties, pour la conservation de ses droits, dépose une demande de brevet, elle notifie sans délai une copie des pièces du dépôt à l'autre partie.

Elle épuise les facultés offertes par la législation et la réglementation applicables pour que soit différée la publication de la demande.

Code du travail (ancien)

Sont reproduites les dispositions de l'ancien code du travail qui demeurent en vigueur, dans leur rédaction en vigueur à la date de publication de l'Ord. n° 2007-329 du 12 mars 2007 et du Décr. n° 2008-244 du 7 mars 2008 (Ord. préc., art. 13 ; Décr. préc., art. 10).

PARTIE LÉGISLATIVE

PAIEMENT DU SALAIRE

Art. L. 143-11-4 Le régime d'assurance prévue [prévu] à l'article L. 143-11-1 est mis en œuvre par une association créée par les organisations nationales professionnelles d'employeurs les plus représentatives et agréée par le ministre chargé du travail.

Cette association passe une convention de gestion avec l'organisme gestionnaire du régime d'assurance mentionné à la section 1 du chapitre I du titre V du livre III de la première partie du code du travail et avec l'Agence centrale des organismes de sécurité sociale pour le recouvrement des cotisations mentionnées à l'article L. 143-11-6.

En cas de dissolution de cette association, le ministre chargé du travail confie à l'organisme prévu à l'article L. 351-21 la gestion du régime d'assurance institué à l'article L. 143-11-1, à l'exception du recouvrement des cotisations mentionnées à l'article L. 143-11-6 confié aux organismes mentionnés à l'article L. 351-5-1.

Art. L. 143-11-6 L'assurance est financée par des cotisations des employeurs qui sont assises sur les rémunérations servant de base au calcul des contributions au régime d'assurance-chômage défini par la section 1 du chapitre I du titre V du livre III du présent code.

Le recouvrement, le contrôle de ces cotisations et leur contentieux suivent les règles prévues à l'article L. 351-5-1.

Art. L. 143-11-7 (*L. n° 85-98 du 25 janv. 1985, art. 134*) Le mandataire judiciaire établit les relevés des créances dans les conditions suivantes :
  1. Pour les créances mentionnées aux articles L. 143-10, L. 143-11, L. 742-6 et L. 751-15, dans les dix jours suivant le prononcé du jugement d'ouverture de la procédure ;
  2. Pour les autres créances également exigibles à la date du jugement d'ouverture de la procédure, dans les trois mois suivant le prononcé du jugement ;
  3. Pour les salaires et les indemnités de congés payés couverts en application du 3° de l'article L. 143-11-1 (*L. n° 89-549 du 2 août 1989*) « et les salaires couverts en application du dernier alinéa de ce même article », dans les dix jours suivant l'expiration des périodes de garantie prévues à ce 3° et ce, jusqu'à concurrence du plafond mentionné aux articles L. 143-10, L. 143-11, L. 742-6 et L. 751-15 ;
  4. Pour les autres créances, dans les trois mois suivant l'expiration de la période de garantie.

(*L. n° 2005-845 du 26 juill. 2005, art. 181*) « Les relevés des créances » précisent le montant des cotisations et contributions visées au septième alinéa de l'article L. 143-11-1 dues au titre de chacun des salariés intéressés. »

Si les créances ne peuvent être payées en tout ou partie sur les fonds disponibles avant l'expiration des délais prévus ci-dessus, le mandataire judiciaire demande, sur présentation des relevés, l'avance des fonds nécessaires (*L. n° 2008-126 du 13 févr. 2008*) « à l'organisme mentionné » à l'article L. 143-11-4. (*L. n° 2005-845 du 26 juill. 2005, art. 178*) « Dans le cas d'une procédure de sauvegarde, le mandataire judiciaire justifie à (*L. n° 2008-126 du 13 févr. 2008*) « cet organisme », lors de sa demande, que l'insuffisance des fonds disponibles est caractérisée. (*L. n° 2008-126 du 13 févr. 2008*) « Il peut » contester, dans un délai fixé par décret en Conseil d'État, la réalité de cette insuffisance devant le juge-commissaire. Dans ce cas, l'avance des fonds est soumise à l'autorisation du juge-commissaire. »

(*L. n° 2008-126 du 13 févr. 2008*) « L'organisme susmentionné verse » au mandataire judiciaire les sommes figurant sur les relevés et restées impayées :
  1° Dans les cinq jours suivant la réception des relevés visés aux 1 et 3 ci-dessus ;
  2° Dans les huit jours suivant la réception des relevés visés aux 2 et 4 ci-dessus.

(*L. n° 2005-841 du 26 juill. 2005, art. 24*) « Par dérogation aux dispositions des trois alinéas précédents, l'avance des contributions de l'employeur au financement de la convention de reclassement personnalisé mentionnée à l'article L. 321-4-2 est versée directement » (*L. n° 2008-126 du 13 févr. 2008*) « à l'institution mentionnée à l'article L. 311-7 ».

Le mandataire judiciaire reverse immédiatement les sommes qu'il a reçues aux salariés (*L. n° 96-1160 du 27 déc. 1996, art. 36*) « et organismes » créanciers, à l'exclusion des créanciers subrogés, et en informe le représentant des salariés.

(*L. n° 2008-126 du 13 févr. 2008*) « L'organisme susmentionné doit » avancer les sommes comprises dans le relevé, même en cas de contestation par un tiers.

(*L. n° 2001-624 du 17 juill. 2001*) « Il doit également avancer les sommes correspondant à des créances établies par décision de justice exécutoire, même si les délais de garantie sont expirés. Les décisions de justice seront de plein droit opposables à l'association visée à l'article L. 143-11-4. » Dans le cas où le mandataire judiciaire a cessé ses fonctions, le greffier du tribunal ou le commissaire à l'exécution du plan, selon le cas, adresse un relevé complémentaire (*L. n° 2008-126 du 13 févr. 2008*) « à l'organisme mentionné » ci-dessus, à charge pour lui de reverser les sommes aux salariés (*L. n° 96-1160 du 27 déc. 1996, art. 36*) « et organismes » créanciers.

Les dispositions de l'art. L. 143-11-7, dans leur rédaction en vigueur à la date de publication de l'Ord. n° 2007-329 du 12 mars 2007, demeurent en vigueur en tant qu'elles s'appliquent aux marins mentionnés à l'art. L. 742-6 (Ord. préc., art. 13).

Art. L. 143-11-9 (*L. n° 2008-126 du 13 févr. 2008*) « L'organisme mentionné à l'article L. 143-11-4 est subrogé dans les droits des salariés pour lesquels il a effectué des avances : »
(*L. n° 2005-845 du 26 juill. 2005, art. 179*) « *a)* Pour l'ensemble des créances, lors d'une procédure de sauvegarde ;

« *b)* Pour les créances garanties par le privilège prévu aux articles L. 143-10, L. 143-11, L. 742-6 et L. 751-15 et les créances avancées au titre du 3° de l'article L. 143-11-1, lors d'une procédure de redressement ou de liquidation judiciaire. Les autres sommes avancées dans le cadre de ces procédures lui sont remboursées dans les conditions prévues par les dispositions du livre VI du code de commerce pour le règlement des créances nées antérieurement au jugement d'ouverture de la procédure. *(L. n° 2008-126 du 13 févr. 2008)* « Il bénéficie » alors des privilèges attachés à celle-ci. »

Les dispositions de l'art. L. 143-11-9, dans leur rédaction en vigueur à la date de publication de l'Ord. n° 2007-329 du 12 mars 2007, demeurent en vigueur en tant qu'elles s'appliquent aux marins mentionnés à l'art. L. 742-6 (Ord. préc., art. 13).

ÉCONOMATS

Art. L. 148-2 L'interdiction posée à l'article précédent ne s'applique pas aux économats de la Société nationale des chemins de fer français et des réseaux de chemin de fer placés sous le contrôle de l'État dès lors que :
 1° Le personnel n'est pas obligé de se fournir dans ces économats ;
 2° La vente ne rapporte aucun bénéfice à l'employeur ;
 3° L'économat est géré sous le contrôle d'une commission composée pour un tiers au moins de délégués élus par les salariés de ces entreprises ;
 4° Il est procédé tous les cinq ans dans les conditions fixées par un arrêté ministériel à une consultation du personnel sur la suppression ou le maintien desdits économats.

Art. L. 148-3 Les dispositions de l'article précédent s'appliquent aux économats annexés aux établissements industriels dépendant de sociétés dont le capital appartient en majorité aux salariés en activité ou en retraite et dont les assemblées générales sont statutairement composées en majorité des mêmes personnes.

Art. L. 154-3 Toute infraction aux dispositions des articles L. 148-1 à L. 148-3 est punie d'une amende de 3 750 € et, en cas de récidive, d'une amende de 7 500 €.

Les dispositions de l'art. L. 154-3, dans leur rédaction en vigueur à la date de publication de l'Ord. n° 2007-329 du 12 mars 2007, demeurent en vigueur en tant qu'elles s'appliquent aux infractions aux dispositions des art. L. 148-2 et L. 148-3 (Ord. préc., art. 13).

EMPLOI

Obligation d'emploi des travailleurs handicapés, des mutilés de guerre et assimilés

Art. L. 323-2 L'État et, lorsqu'ils occupent au moins vingt agents à temps plein ou leur équivalent, les établissements publics de l'État autres qu'industriels et commerciaux, *(L. n° 2016-483 du 20 avr. 2016, art. 65-I)* « les juridictions administratives et financières, les autorités administratives indépendantes, les autorités publiques indépendantes, les groupements d'intérêt public », *(L. n° 2018-771 du 5 sept. 2018, art. 72-I, en vigueur le 1ᵉʳ janv. 2020)* « les groupements de coopération sanitaire lorsque ceux-ci sont qualifiés de personne morale de droit public au sens de l'article L. 6133-3 du code de la santé publique, » les collectivités territoriales et leurs établissements publics autres qu'industriels et commerciaux, *(L. n° 2018-771 du 5 sept. 2018, art. 72-I, en vigueur le 1ᵉʳ janv. 2020)* « ainsi que les établissements » énumérés à l'article 2 de la loi n° 86-33 du 9 janvier 1986 portant dispositions statutaires relatives à la fonction publique hospitalière, sont assujettis, selon des modalités fixées par décret en Conseil d'État, à l'obligation d'emploi instituée par l'article *(L. n° 2016-483 du 20 avr. 2016, art. 65-I)* « L. 5212-2 ; les dispositions des articles L. 323-4-1, L. 323-5, *(L. n° 2018-771 du 5 sept. 2018, art. 72-I, en vigueur le 1ᵉʳ janv. 2020)* « L. 5212-7, L. 5212-10-1 », L. 5212-13 » *(L. n° 2005-102 du 11 févr. 2005, art. 36)* « et L. 323-8-6-1 » leur sont applicables.

(L. n° 2018-771 du 5 sept. 2018, art. 73-I, en vigueur le 1ᵉʳ janv. 2020) « Les employeurs publics mentionnés au premier alinéa du présent article qui occupent moins de vingt agents à temps plein ou leur équivalent déclarent les bénéficiaires de l'obligation d'emploi mentionnés aux articles L. 323-5 et L. 5212-13, selon les modalités définies par décret en Conseil d'État. »

(L. n° 2007-148 du 2 févr. 2007, art. 34) « Les centres de gestion de la fonction publique territoriale ne sont assujettis à l'obligation d'emploi visée à l'alinéa précédent que pour leurs agents permanents. Leurs agents non permanents sont décomptés dans les effectifs de la collectivité ou de l'établissement qui les accueille dans les conditions prévues à l'article L. 323-4-1, excepté lorsqu'ils remplacent des agents permanents momentanément indisponibles. »

(L. n° 2018-771 du 5 sept. 2018, art. 72-I, en vigueur le 1ᵉʳ janv. 2020) « Tout employeur public qui occupe au moins vingt agents au moment de sa création ou en raison de l'accrois-

B. CONTRAT DE TRAVAIL **I. Conventions** 3231

sement de son effectif dispose, pour se mettre en conformité avec l'obligation d'emploi, d'un délai déterminé par décret qui ne peut excéder la durée prévue à l'article L. 5212-4.
« L'application du présent article fait l'objet, chaque année, d'un rapport présenté aux comités techniques ou aux instances en tenant lieu et au Conseil commun de la fonction publique. »

Les dispositions issues de l'art. 73 de la L. n° 2018-771 du 5 sept. 2018 s'appliquent à compter de l'entrée en vigueur de l'art. L. 133-5-3 CSS dans les conditions fixées au III de l'art. 13 de l'Ord. n° 2015-682 du 18 juin 2015 relative à la simplification des déclarations sociales des employeurs (L. préc., art. 73-II).

Art. L. 323-21 Les travailleurs handicapés embauchés en vertu des dispositions *(L. n° 87-517 du 10 juill. 1987)* « de la section 1 du présent chapitre » ne peuvent, en cas de rechute de l'affection invalidante, bénéficier des avantages spéciaux accordés en cas de maladie par un statut particulier ou une *(L. n° 82-957 du 13 nov. 1982)* « convention ou accord collectif de travail ».
Toutefois, lesdits statuts ou conventions ou accords collectifs de travail peuvent prévoir des dérogations aux dispositions ci-dessus.
Dans le cas d'accident ou de maladie autres que l'affection invalidante, les intéressés peuvent bénéficier desdits avantages spéciaux dès leur embauchage dans les mêmes conditions que les autres membres du personnel.
Lorsque l'affection du travailleur handicapé est dite consolidée, celui-ci peut, s'il est à nouveau atteint de la maladie qui était à l'origine de son invalidité, bénéficier des avantages spéciaux cités à l'alinéa 1er à l'expiration d'un délai d'un an, à compter de la date de la consolidation.
(L. n° 87-517 du 10 juill. 1987) « Les modalités d'application des dispositions du présent article aux collectivités publiques mentionnées à l'article L. 323-2 sont déterminées par voie réglementaire. »

Les dispositions de l'art. L. 323-8-7, dans leur rédaction en vigueur à la date de publication de l'Ord. n° 2007-329 du 12 mars 2007, demeurent en vigueur en tant qu'elles s'appliquent aux collectivités et organismes mentionnés à l'art. L. 323-2 (Ord. préc., art. 13).

Art. L. 323-34 *(L. n° 87-517 du 10 juill. 1987)* Un décret en Conseil d'État détermine les modalités d'application de la présente section et notamment :
— les modalités d'application de l'article L. 323-21 ;
— les modalités d'agrément, de fonctionnement et de contrôle des *(L. n° 2005-102 du 11 févr. 2005, art. 38)* « entreprises adaptées » et des centres de distribution de travail à domicile ainsi que les conditions d'admission des travailleurs handicapés ; – V. art. R. 323-60 à R. 323-63-5.
— les modalités de fonctionnement du conseil supérieur pour le reclassement professionnel et social des travailleurs handicapés et les conditions de nomination de ses membres. – V. art. R. 323 81 à R. 323-92.
(L. n° 75-534 du 30 juin 1975) « En outre, des décrets en Conseil d'État déterminent :
« Les conditions dans lesquelles les indemnités versées par l'État en application du titre VI du livre IX du présent code peuvent se cumuler avec les prestations versées au titre d'un régime de prévoyance ou d'aide sociale, y compris celles versées en application des articles 35 *[nouv. CSS, art. L. 821-1 s.]* et 39 de la loi n° 75-534 du 30 juin 1975 *[L. 245-1 à L. 245-9, CASF]* ;
« Les conditions et modalités selon lesquelles les intéressés sont appelés à participer, le cas échéant, aux frais de leur entretien et de leur hébergement pendant la durée du stage de formation ou de rééducation professionnelle ;
« Les conditions d'attribution des primes mentionnées à l'avant-dernier alinéa de l'article L. 323-16. »

V. Arr. du 10 août 1970 (D. et BLD 1970. 260) fixant les conditions de la participation financière de l'État pour l'aménagement des machines ou la dotation en équipement individuel nécessaire afin de faciliter la mise ou la remise au travail en milieu normal de production des travailleurs handicapés.

Les dispositions de l'art. L. 323-34, dans leur rédaction en vigueur à la date de publication de l'Ord. n° 2007-329 du 12 mars 2007, demeurent en vigueur en tant qu'elles s'appliquent aux collectivités et organismes mentionnés à l'art. L. 323-2 (Ord. préc., art. 13).

Art. L. 351-6 Toute action ou poursuite intentée contre un employeur pour infraction aux dispositions du présent chapitre, des chapitres correspondants des deuxième et troisième

parties du présent code et des décrets pris pour leur application est obligatoirement précédée d'une mise en demeure par lettre recommandée avec demande d'avis de réception qui invite l'intéressé à régulariser sa situation *(Abrogé par L. n° 2008-126 du 13 févr. 2008)* « dans les quinze jours ».
Al. 2 à 5 abrogés par L. n° 2008-126 du 13 févr. 2008.
BIBL. ▶ TAQUET, JCP E 1993. I. 279.

Art. L. 351-8 Les mesures d'application des dispositions de la présente section *(L. n° 2008-126 du 13 févr. 2008)* « , à l'exception des articles L. 351-5 à L. 351-6, » font l'objet d'un accord conclu et agréé dans les conditions définies aux articles *(L. n° 89-488 du 10 juill. 1989)* « L. 352-1, L. 352-2 et L. 352-2-1 ».

L'agrément de cet accord a pour effet de le rendre obligatoire pour tous les employeurs mentionnés à l'article L. 351-4 ainsi que pour leurs salariés.

En l'absence d'accord ou agrément de celui-ci, ces mesures sont fixées par décret en Conseil d'État.

Art. L. 351-12 *(L. n° 87-588 du 30 juill. 1987, art. 65)* Ont droit *(L. n° 92-1446 du 31 déc. 1992)* « à l'allocation » d'assurance dans les conditions prévues à l'article L. 351-3 :

1° *(L. n° 2007-148 du 2 févr. 2007, art. 62)* « Les agents fonctionnaires et non fonctionnaires de l'État » et de ses établissements publics administratifs, les agents titulaires des collectivités territoriales ainsi que les agents statutaires des autres établissements publics administratifs *(L. n° 2007-148 du 2 févr. 2007, art. 62)* « ainsi que les militaires » ;

2° Les agents non titulaires des collectivités territoriales et les agents non statutaires des établissements publics administratifs autres que ceux de l'État et ceux mentionnés au 4° ci-dessous, *(L. n° 92-722 du 29 juill. 1992)* « ainsi que les agents non statutaires des groupements d'intérêt public » ;

3° Les salariés des entreprises, sociétés et organismes définis au *a* du paragraphe I de l'article 164 de l'ordonnance portant loi de finances pour 1959 (n° 58-1374 du 30 décembre 1958), les salariés relevant soit des établissements publics à caractère industriel et commercial des collectivités territoriales, soit des sociétés d'économie mixte dans lesquelles ces collectivités ont une participation majoritaire ;

4° Les salariés non statutaires des chambres de métiers, des services à caractère industriel et commercial gérés par les chambres de commerce et d'industrie territoriale, des chambres d'agriculture, ainsi que les salariés des établissements et services d'utilité agricole de ces chambres ;

(L. n° 2003-1365 du 31 déc. 2003) « 5° Les fonctionnaires de France Télécom placés hors de la position d'activité dans leurs corps en vue d'assurer des fonctions soit dans l'entreprise, en application du cinquième alinéa de l'article 29 de la loi n° 90-568 du 2 juillet 1990 relative à l'organisation du service public de la poste et des télécommunications, soit dans l'une de ses filiales. »

La charge et la gestion de cette indemnisation sont assurées par les employeurs mentionnés au présent article. Ceux-ci peuvent toutefois, par convention conclue avec *(L. n° 2008-126 du 13 févr. 2008)* « l'institution mentionnée à l'article L. 311-7 pour le compte de l'organisme mentionné à l'article L. 351-21 », leur confier cette gestion.

Les employeurs mentionnés au 3° et au 4° ci-dessus ont aussi la faculté, par une option irrévocable, de se placer sous le régime de l'article L. 351-4.

(L. n° 92-722 du 29 juill. 1992) « Les employeurs mentionnés au 2° *(L. n° 99-587 du 12 juill. 1999, art. 6)* « ainsi que, pour leurs agents non titulaires, les établissements publics d'enseignement supérieur et les établissements publics à caractère scientifique et technologique » *(L. n° 2003-300 du 30 avr. 2003, art. 3)* « et, pour les assistants d'éducation, les établissements d'enseignement mentionnés à l'article L. 916-1 du code de l'éducation » peuvent également adhérer au régime prévu à l'article L. 351-4. La contribution incombant aux salariés prévue à l'article L. 351-5 est égale au montant de la contribution exceptionnelle qu'ils auraient dû verser en application de l'article 2 de la loi n° 82-939 du 4 novembre 1982 relative à la contribution exceptionnelle de solidarité en faveur des travailleurs privés d'emploi et est versée par l'employeur. »

Un décret en Conseil d'État fixe les règles de coordination applicables pour l'indemnisation des travailleurs dont les activités antérieures prises en compte pour l'ouverture des droits ont été exercées auprès d'employeurs relevant, les uns de l'article L. 351-4, les autres du présent article.

(L. n° 92-722 du 29 juill. 1992) « Les employeurs visés au présent article sont tenus d'adhérer au régime d'assurance prévu à l'article L. 351-4 pour les salariés engagés à titre temporaire qui relèvent des professions de la production cinématographique, de l'audio-

visuel ou du spectacle, lorsque l'activité exercée bénéficie de l'aménagement des conditions d'indemnisation mentionnées à l'article L. 351-14.
« Les litiges résultant de l'adhésion au régime prévu à l'article L. 351-4 » (L. n° 2008-126 du 13 févr. 2008) « suivent les règles de compétence prévues à l'article L. 351-5-1. »

Art. L. 351-13 Ont droit à l'allocation prévue à l'article L. 351-10, selon des conditions d'âge et d'activité antérieure qui sont fixées par décret en Conseil d'État :
1° Les marins pêcheurs embarqués sur des bateaux (L. n° 87-588 du 30 juill. 1987, art. 66) « remplissant une condition relative, soit à leur tonnage, soit à leur longueur fixée par le décret mentionné ci-dessus » ;
2° Les ouvriers dockers occasionnels ;
3° Les artistes non salariés,
dès lors qu'ils ne peuvent prétendre au bénéfice des allocations d'assurance.

Les dispositions de l'art. L. 351-13, dans leur rédaction applicable à la date de publication de l'Ord. n° 2007-329 du 12 mars 2007, demeurent en vigueur en tant qu'elles s'appliquent aux 1° et 2° de l'art. L. 351-13 (Ord. préc., art. 13).

FONDS SALARIAUX

Art. L. 471-1 Les conventions ou accords collectifs conclus en application du titre III du livre premier peuvent prévoir la création de fonds salariaux servant à financer des investissements productifs ou des opérations tendant à la réduction de la durée du travail et à la création d'emplois.
La convention ou l'accord créant le fonds et prévoyant les versements doit être agréé par (L. n° 85-10 du 3 janv. 1985, art. 18) « l'autorité administrative compétente ».

Art. L. 471-2 Les sommes versées doivent demeurer indisponibles pendant au moins cinq ans. Elles sont mises à la disposition du salarié ou de ses ayants droit, sur leur demande, en cas de licenciement, d'invalidité correspondant au classement dans les deuxième et troisième catégories prévues à l'article L. 310 du code de la sécurité sociale [*nouv. CSS, art. L. 341-4*], de décès ou de départ à la retraite du salarié ainsi qu'en cas de départ volontaire de l'entreprise.
(L. n° 84-578 du 9 juill. 1984, art. 3) « Ces sommes peuvent également être mises à la disposition des salariés bénéficiaires d'un congé pour la création d'entreprise prévu à l'article L. 122-32-12 du présent code. »

Art. L. 471-3 Des décrets en Conseil d'État fixent les modalités d'application du présent titre notamment les modalités d'agrément des conventions visées à l'article L. 471-1 ainsi que les modalités d'emploi des sommes collectées.

DISPOSITIONS SPÉCIALES À L'OUTRE-MER

Art. L. 800-4 (*Ord. n° 2005-57 du 26 janv. 2005, art. 1er-IV*) Dans le présent code et sous réserve, le cas échéant, des dispositions du présent livre, les mots : "national", "nationales", "nationaux", "France", "territoire français", "ensemble du territoire" ou "ensemble du territoire national" ne s'appliquent qu'aux départements de métropole, de la Guadeloupe, de la Guyane, de la Martinique, de la Réunion et à Saint-Pierre-et-Miquelon.
Toutefois :
1° Lorsque les dispositions du présent code prévoient une sanction pénale d'interdiction du territoire français, cette interdiction, conformément aux dispositions du code pénal, s'applique sur l'ensemble du territoire de la République française ;
2° Les dispositions de l'article L. 439-1 s'appliquent aux entreprises dominantes dont le siège social se situe dans un département de métropole, d'outre-mer ou à Saint-Pierre-et-Miquelon et aux entreprises qu'elles contrôlent ou sur lesquelles elles exercent une influence dominante au sens du II de l'article L. 439-1 dont le siège social est situé dans ces départements ou cette collectivité, à Mayotte, en Nouvelle-Calédonie, en Polynésie française, à Wallis-et-Futuna ou dans les Terres australes et antarctiques françaises.

Les dispositions de l'art. L. 800-4 demeurent en vigueur, dans leur rédaction en vigueur à la date de publication de l'Ord. n° 2007-329 du 12 mars 2007, en tant qu'elles concernent la Nouvelle-Calédonie et la Polynésie française (Ord. préc., art. 13).

Art. L. 800-5 (*Ord. n° 2005-57 du 26 janv. 2005, art. 1er-IV*) Les salariés et les entreprises intervenant dans les collectivités de la République française exclues du champ d'application géographique défini à l'article L. 800-4 sont régis par les dispositions suivantes :

1° Les dispositions de l'article L. 122-14-8 sont applicables au salarié mis par la société mère au service de laquelle il était précédemment engagé et dont le siège social est situé dans un département métropolitain, un département d'outre-mer ou à Saint-Pierre-et-Miquelon à la disposition d'une filiale établie à Mayotte, en Nouvelle-Calédonie, en Polynésie française, à Wallis-et-Futuna ou dans les Terres australes et antarctiques françaises et à laquelle il est lié par un contrat de travail ;

2° L'agence pour l'amélioration des conditions de travail instituée à l'article L. 200-5 ainsi que les organismes professionnels d'hygiène, de sécurité et des conditions de travail mentionnés à l'article L. 231-2 dont elle coordonne l'activité peuvent exercer leurs missions à Mayotte, à Wallis-et-Futuna et dans les Terres australes et antarctiques françaises. Ils peuvent également les exercer en Nouvelle-Calédonie et en Polynésie française à la demande des autorités locales compétentes en matière de droit du travail ;

3° Les dispositions de l'article L. 324-14-2 sont applicables au cocontractant établi ou domicilié à Mayotte, en Nouvelle-Calédonie, en Polynésie française, à Wallis-et-Futuna ou dans les Terres australes et antarctiques françaises ;

4° L'accord ou la décision administrative prévus à l'article L. 435-4 instituant le comité central d'entreprise mentionné à l'article L. 435-1 assure la représentation des établissements distincts de celle-ci établis à Mayotte, en Nouvelle-Calédonie, en Polynésie française, à Wallis-et-Futuna ou dans les Terres australes et antarctiques françaises ;

5° Les salariés des entreprises soumises aux dispositions des articles L. 441-1, L. 442-1 et L. 443-1 exerçant leur activité à Mayotte, en Nouvelle-Calédonie, en Polynésie française, à Wallis-et-Futuna ou dans les Terres australes et antarctiques française [françaises] bénéficient de l'intéressement, de la participation et du plan d'épargne salariale dans les mêmes conditions que les salariés de celles-ci travaillant dans les départements de métropole, d'outre-mer ou à Saint-Pierre-et-Miquelon ;

6° Les dispositions du (L. n° 2006-1770 du 30 déc. 2006, art. 52-II) « quatrième alinéa du I » de l'article L. 513-3 s'appliquent également aux salariés travaillant dans un département de métropole ou d'outre-mer ou à Saint-Pierre-et-Miquelon et domiciliés à Mayotte, en Nouvelle-Calédonie, en Polynésie française ou à Wallis-et-Futuna.

V. ndlr ss. art. L. 800-4.

Art. L. 812-1 Les modalités de gestion et de répartition de ce versement unique font l'objet d'un accord entre les organismes concernés avant le 1er juillet 2001. A défaut d'accord à cette date, ces modalités sont fixées par arrêté interministériel.

DISPOSITIONS RELATIVES À LA FORMATION PROFESSIONNELLE DES AGENTS PUBLICS TOUT AU LONG DE LA VIE

Art. L. 970-1 Le présent titre est applicable :

1° Aux actions de formation professionnelle des fonctionnaires relevant de la fonction publique de l'État, de la fonction publique territoriale et de la fonction publique hospitalière, qui sont menées dans le cadre de l'article 22 de la loi n° 83-634 du 13 juillet 1983 portant droits et obligations des fonctionnaires ;

2° Aux actions de formation professionnelle des agents civils non titulaires relevant des administrations mentionnées à l'article 2 de la même loi.

Art. L. 970-2 Les administrations mentionnées à l'article 2 de la loi n° 83-634 du 13 juillet 1983 précitée mettent en œuvre au bénéfice des agents publics mentionnés à l'article L. 970-1 une politique coordonnée de formation professionnelle tout au long de la vie. Cette politique, semblable par sa portée et par les moyens employés à celle définie aux articles L. 900-1, L. 900-2 et L. 900-3, tient compte du caractère spécifique de la fonction publique.

Les grandes orientations de la politique de formation professionnelle et les conditions générales d'élaboration et de mise en œuvre des actions de formation professionnelle font l'objet d'une consultation des organisations syndicales dans le cadre des conseils supérieurs de chacune des fonctions publiques.

Les agents publics mentionnés à l'article L. 970-1 peuvent, à l'initiative de l'administration d'emploi, participer à des actions de formation professionnelle, soit comme stagiaires, soit comme formateurs. Ils peuvent également être autorisés à participer, sur leur demande, à de telles actions, soit comme stagiaires, soit comme formateurs.

Art. L. 970-3 Les organismes publics chargés de la mise en œuvre de la politique définie à l'article L. 970-2 ne sont pas soumis aux dispositions des titres II et IX du présent livre.

Les actions de formation relevant du présent titre peuvent également être assurées par les organismes mentionnés à l'article L. 920-4.

B. CONTRAT DE TRAVAIL **I. Conventions** 3235

Art. L. 970-4 Au vu de leurs besoins, les administrations et les établissements publics de l'État mettent en œuvre une politique de formation professionnelle au bénéfice de leurs agents et contribuent à la formation interministérielle.

Un décret en Conseil d'État détermine la nature des formations interministérielles et les modalités de la participation des administrations et des établissements publics de l'État à ces actions.

Art. L. 970-5 Pour la mise en œuvre de la politique visée à l'article L. 970-2, les établissements mentionnés à l'article 2 de la loi n° 86-33 du 9 janvier 1986 portant dispositions statutaires relatives à la fonction publique hospitalière peuvent recourir à des organismes paritaires collecteurs agréés dans les conditions fixées par l'article 22 de la loi n° 90-579 du 4 juillet 1990 relative au crédit-formation, à la qualité et au contrôle de la formation professionnelle continue et modifiant le livre IX du code du travail. Le recours à ces organismes est obligatoire dans les cas prévus au 6° de l'article 41 de la loi n° 86-33 du 9 janvier 1986 précitée et au II de l'article 16 de l'ordonnance n° 2005-406 du 2 mai 2005 simplifiant le régime juridique des établissements de santé.

Art. L. 970-6 Peuvent également bénéficier des actions de formation prévues par le présent titre, dans les conditions prévues par décret en Conseil d'État :

1° Les personnes qui concourent à des missions de service public, sans avoir la qualité d'agent d'une collectivité publique ;

2° Les personnes qui, sans avoir la qualité d'agent d'une collectivité publique, se préparent aux procédures de recrutement de la fonction publique de l'État, de la fonction publique territoriale, de la fonction publique hospitalière et des institutions ou organes de la Communauté européenne et de l'Union européenne.

Art. L. 981-4 *[contrat de professionnalisation]* Les entreprises de travail temporaire peuvent embaucher des personnes visées à l'article L. 981-1 dans les conditions définies aux articles L. 981-1 à L. 981-3 et sous le régime d'un contrat à durée déterminée conclu en application de l'article L. 122-2. Les activités professionnelles en relation avec les enseignements reçus sont alors exercées dans le cadre des missions définies par le chapitre IV du titre II du livre I. Un accord conclu au niveau de la branche professionnelle entre les organisations professionnelles d'employeurs, les organisations syndicales de salariés représentatives du travail temporaire et l'État peut prévoir qu'une partie des fonds recueillis dans les conditions prévues au quatrième alinéa de l'article L. 951-1 et au troisième alinéa de l'article L. 952-1 est affectée au financement d'actions de formation réalisées dans le cadre de l'article L. 124-21 et ayant pour objet la professionnalisation des salariés intérimaires ou l'amélioration de leur insertion professionnelle.

PARTIE RÉGLEMENTAIRE
DÉCRETS EN CONSEIL D'ÉTAT

Régime particulier du personnel des entreprises de navigation intérieure

Art. R. 221-23 La présente section s'applique au personnel des entreprises assurant la restauration dans les trains et des entreprises exploitant les places couchées dans les trains.

Art. R. 221-24 Le personnel roulant a droit à des repos périodiques simples d'une durée d'au moins trente-cinq heures, ou doubles d'une durée d'au moins cinquante-neuf heures. Le nombre de jours de repos par période de vingt-huit jours est fixé par accord d'entreprise dans des conditions fixées par décret. Ces repos peuvent être donnés un autre jour que le dimanche. Toutefois, le personnel roulant employé à temps complet bénéficie d'au moins deux repos accordés le dimanche sur deux périodes consécutives de vingt-huit jours.

Art. R. 221-25 Le personnel roulant des entreprises assurant la restauration dans les trains ou l'avitaillement ne peut être occupé plus de cinq jours par semaine.

Le personnel roulant des entreprises assurant l'exploitation des places couchées et les services de restauration associés ne peut être occupé plus de six jours par semaine.

Art. R. 221-26 Pour le personnel sédentaire, le repos hebdomadaire pourra être accordé un autre jour que le dimanche aux personnels dont les activités sont liées aux horaires de transport. Lorsqu'ils sont employés à temps complet, ceux-ci bénéficient d'au moins deux repos hebdomadaires accordés le dimanche sur deux périodes consécutives de vingt-huit jours.

Art. R. 233-89-1 Toutefois, les machines susmentionnées conformes lors de leur mise en service à l'état neuf aux règles techniques applicables pendant la période transitoire définie par l'article 6 du décret n° 92-767 du 29 juillet 1992 et maintenues en état de conformité sont considérées comme répondant aux obligations définies aux alinéas précédents.

Art. R. 233-89-1-1 (*Décr. n° 2000-855 du 1er sept. 2000*) Les machines mobiles et les appareils de levage d'occasion visés au premier alinéa, qui satisfont aux prescriptions qui leur étaient respectivement applicables en vertu des décrets modifiés n° 47-1592 du 23 août 1947, n° 65-48 du 8 janvier 1965, n° 86-594 du 14 mars 1986, n° 89-78 du 7 février 1989, de l'arrêté du 30 juillet 1974 modifié et de l'arrêté du 25 avril 1977 modifié, sont considérés comme satisfaisant aux prescriptions techniques de la section 3 susvisée.

INDUSTRIES ÉLECTRIQUES ET GAZIÈRES

Art. R. 713-10 Les élections ont lieu à la même date pour l'ensemble des entreprises électriques et gazières. Un accord de branche étendu fixe la date des élections.

Les membres des comités d'entreprise ou d'établissement et les délégués du personnel sont élus pour trois ans. Si, pour quelque cause que ce soit, certains sont élus à une autre date que celle fixée en application du premier alinéa, leur mandat prend fin lors du renouvellement général qui suit.

Art. R. 713-11 La durée du mandat des représentants du personnel aux comités d'hygiène, de sécurité et des conditions de travail est fixée à trois ans.

Art. R. 713-13 Les comités d'entreprise ou d'établissement exercent leurs attributions dans les conditions prévues par le présent code, sous réserve des dispositions du statut national du personnel des industries électriques et gazières relatives à la gestion des activités sociales.

Art. R. 713-14 Lorsqu'il existe un comité central d'entreprise, les membres titulaires et suppléants sont élus, pour chacun des collèges, par l'ensemble des membres titulaires des comités d'établissement, sur des listes présentées par les organisations syndicales représentatives au niveau de l'entreprise et composées de membres titulaires ou suppléants des comités d'établissement.

Dans les entreprises disposant de services communs en application de l'article 5 de la loi du 8 avril 1946, un nombre de sièges qui tient compte de l'importance de l'effectif de ces services rapporté à l'effectif total de l'entreprise doit être réservé à des représentants de ces services communs au sein de chacun des comités centraux desdites entreprises. Les membres titulaires des comités d'établissement des services communs sont électeurs pour chaque comité central d'entreprise.

Pour l'examen des questions intéressant spécifiquement des services communs visés à l'alinéa précédent, les attributions du comité central d'entreprise sont exercées par une délégation spéciale représentant les deux comités centraux concernés. Cette délégation est composée de l'ensemble des membres desdits comités issus des services communs. Elle est présidée par un directeur responsable désigné par accord entre les présidents des comités centraux d'entreprise.

Les modalités d'application du premier et du deuxième aliéna du présent article sont fixées par des accords d'entreprise. A défaut d'accord, il est procédé comme indiqué au quatrième alinéa de l'article L. 435-4.

Art. R. 742-7 (*Décr. n° 85-1256 du 4 nov. 1985*) Pour l'application du chapitre III du titre II du livre V du présent code, les attributions dévolues au directeur régional du travail et de l'emploi sont exercées par le directeur régional des affaires maritimes.

Les conflits collectifs de travail concernant les personnels navigants qui n'ont pas été soumis à la procédure conventionnelle de conciliation prévue à l'article L. 523-1, deuxième alinéa du présent code, peuvent être portés devant le chef du quartier des affaires maritimes en vue d'une conciliation.

A défaut de solution, ils peuvent être portés devant une commission nationale ou régionale de conciliation.

Art. R. 742-8 (*Décr. n° 85-1256 du 4 nov. 1985*) La commission nationale de conciliation, qui siège au ministère de la marine marchande, est compétente pour connaître des conflits collectifs intéressant l'ensemble du territoire national ou plusieurs directions des affaires maritimes.

Elle peut être saisie directement par le ministre chargé de la marine marchande, soit sur sa propre initiative, soit sur la proposition de tout directeur des affaires maritimes, soit à la demande des parties ou de l'une d'elles, de tout conflit régional ou local, compte tenu de l'importance dudit conflit, des circonstances particulières dans lesquelles il s'est produit et du nombre des travailleurs intéressés.

Art. R. 742-8-12 *Abrogé par Décr. n° 2016-303 du 15 mars 2016, art. 6.*

Art. R. 742-8-13 *Abrogé par Décr. n° 2016-303 du 15 mars 2016, art. 6.*

Art. R. 742-9 *(Décr. n° 85-1256 du 4 nov. 1985)* Il est institué au siège de chaque direction des affaires maritimes une commission régionale de conciliation dont la compétence territoriale s'étend à toute la circonscription de ladite direction.

La commission régionale est compétente, sous réserve des dispositions de l'article R. 742-8 pour connaître de tous les conflits collectifs de travail survenant dans sa circonscription.

Art. R. 742-10 *(Décr. n° 85-1256 du 4 nov. 1985)* La commission nationale de conciliation comprend :
— le ministre chargé de la marine marchande ou son représentant, président ;
— un représentant du ministre chargé du travail ;
— six représentants des armateurs respectivement pour la navigation de commerce et pour la pêche maritime ;
— six représentants des personnels navigants, respectivement pour la navigation de commerce et pour la pêche maritime.

Art. R. 742-11 *(Décr. n° 85-1256 du 4 nov. 1985)* Chacune des commissions régionales de conciliation comprend :
— le directeur des affaires maritimes ou son représentant, président ;
Al. abrogé par Décr. n° 2006-665 du 7 juin 2006, art. 54 ;
— six représentants des armateurs, respectivement, pour la navigation de commerce et pour la pêche maritime ;
— six représentants des personnels navigants respectivement pour la navigation de commerce et pour la pêche maritime.

Art. R. 742-12 *(Décr. n° 85-1256 du 4 nov. 1985)* Les membres de la commission nationale de conciliation représentant les armateurs et les personnels navigants sont nommés pour trois ans par arrêté du ministre chargé de la marine marchande, sur proposition des organisations syndicales les plus représentatives sur le plan national.

Les membres des commissions régionales de conciliation sont nommés dans les mêmes conditions, sur proposition des organisations syndicales les plus représentatives sur le plan régional.

Ces organisations soumettent à cet effet au ministre, pour chacun des deux genres de navigation, des listes comportant un nombre de noms double de celui des membres titulaires et suppléants à nommer.

Les représentants des armateurs et des personnels navigants au sein des commissions régionales sont choisis parmi les armateurs et les personnels qui exercent effectivement leur activité professionnelle dans le ressort de la commission.

Al. abrogé par Décr. n° 2006-665 du 7 juin 2006, art. 54-II.

Des membres suppléants en nombre double de celui des titulaires sont désignés dans les mêmes conditions que ces derniers. Un membre suppléant ne peut siéger qu'en l'absence du titulaire.

Art. R. 742-13 *(Décr. n° 85-1256 du 4 nov. 1985)* Quand les parties intéressées prennent l'initiative de recourir à la procédure réglementaire de conciliation, la partie la plus diligente adresse au ministre ou au directeur des affaires maritimes intéressé une requête aux fins de conciliation rédigée sur papier libre et exposant les points sur lesquels porte le litige.

Le directeur des affaires maritimes transmet la requête au secrétaire de la commission compétente.

Quand le ministre ou le directeur saisit spontanément la commission, il adresse à celle-ci une communication écrite indiquant l'objet du conflit.

Les requêtes et communications susvisées doivent être inscrites à leur date sur un registre tenu au ministère de la marine marchande ou dans chaque direction des affaires maritimes.

Art. R. 742-14 *(Décr. n° 85-1256 du 4 nov. 1985)* Pour l'application à la marine marchande de l'article R. 523-14, les pièces mentionnées audit article sont communiquées au ministre chargé de la marine marchande. La minute de l'accord est déposée dans ses services.

Art. R. 742-15 *(Décr. n° 85-1256 du 4 nov. 1985)* Le secrétariat des commissions est assuré par les services dépendant du ministère de la marine marchande.

Art. R. 742-16 (*Décr. n° 85-1256 du 4 nov. 1985*) Les membres des commissions doivent être de nationalité française et jouir de leurs droits civils et politiques.

Art. R. 742-17 (*Décr. n° 85-1256 du 4 nov. 1985*) L'employeur est tenu de donner toutes facilités aux membres des commissions pour leur permettre de remplir leur mission.

Art. R. 742-18 (*Décr. n° 85-1256 du 4 nov. 1985*) Un arrêté conjoint du ministre chargé de la marine marchande et du ministre des finances et des affaires économiques fixe les conditions dans lesquelles seront allouées les indemnités de déplacement des membres des commissions et, pour les membres autres que les fonctionnaires en activité, les vacations.

Art. R. 742-19 (*Décr. n° 85-1256 du 4 nov. 1985*) Pour l'application à la marine marchande des articles R. 524-1 à R. 524-13, le directeur régional des affaires maritimes exerce les attributions conférées au directeur régional du travail et de l'emploi.

Art. R. 742-20 (*Décr. n° 85-1256 du 4 nov. 1985*) La liste des médiateurs appelés à être désignés par le ministre chargé de la marine marchande pour le plan national, en accord avec le ministre chargé du travail, comprend dix noms au moins de personnalités choisies en fonction de leur autorité morale et de leur compétence économique et sociale. Cette liste est arrêtée après consultation des organisations syndicales d'armateurs et de marins les plus représentatives sur le plan national, siégeant à la commission nationale des conventions collectives de la marine marchande. Elle est publiée au *Journal officiel*.

Les listes de médiateurs appelés à être désignés pour des différends ne dépassant pas le cadre régional sont préparées, pour chaque direction des affaires maritimes, par le directeur des affaires maritimes, après consultation des organisations syndicales d'armateurs et de marins les plus représentatives sur le plan national, siégeant à la commission nationale des conventions collectives de la marine marchande et après avis des préfets intéressés. Elles comprennent cinq noms au moins de personnalités choisies dans les conditions prévues au premier alinéa du présent article. Elles sont arrêtées par le ministre chargé de la marine marchande en accord avec le ministre chargé du travail. Elles sont publiées au *Journal officiel* ainsi qu'au Recueil des actes administratifs du ou des départements en cause.

Art. R. 742-21 (*Décr. n° 85-1256 du 4 nov. 1985*) En cas de non-conciliation, il peut être recouru à un arbitrage dans les conditions prévues par le titre II (chap. V) du livre V.

Dans le délai d'un jour franc, l'arbitre doit déposer la minute de sa sentence et les pièces remises pour [par] les parties au ministère de la marine marchande ou à la direction des affaires maritimes, suivant le lieu où aura été dressé le procès-verbal de non-conciliation.

Le cas échéant, les frais de ce dépôt sont à la charge des parties.

Des copies de la sentence sont, en outre, déposées dans les conditions et les délais prévus à l'article R. 742-3.

....

Art. R. 742-39 Les formalités mentionnées aux articles R. 320-1 à R. 320-5 sont réputées accomplies dès lors qu'il a été satisfait aux obligations prévues par les articles 11 à 15-1 du code du travail maritime. — *Entrée en vigueur le 1er sept. 1993.*

Art. R. 743-2 Pour l'application de l'article L. 442-1, l'effectif des salariés employés habituellement par les entreprises de manutention mentionnées au livre IV du code des ports maritimes est calculé en ajoutant au nombre de salariés permanents le nombre moyen des ouvriers dockers professionnels, occasionnels ou assimilés embauchés par jour ouvrable au cours de l'exercice considéré dans l'ensemble des ports où ces entreprises possèdent un établissement.

Les constatations nécessaires sont faites par les bureaux centraux de la main-d'œuvre des ports intéressés, sous le contrôle de la caisse nationale de garantie des ouvriers dockers.

Art. R. 743-3 Pour l'application du second [troisième] alinéa de l'article L. 442-4 [reprenant l'art. 10 de l'Ord. n° 86-1134 du 21 oct. 1986 modifiée], un ouvrier docker professionnel, occasionnel ou assimilé est réputé compter au moins trois mois de présence dans une entreprise de manutention mentionnée au livre IV du code des ports maritimes s'il a accompli au moins 120 vacations pour le compte de cette entreprise au cours de l'exercice considéré.

Art. R. 743-4 Lorsqu'en application de l'article L. 442-11 [art. L. 442-10, reprenant l'art. 16 de l'Ord. n° 86-1134 du 21 oct. 1986 modifiée], les accords relatifs à la participation des salariés d'une entreprise de manutention mentionnée au titre [livre] IV du code des ports maritimes sont passés entre le chef de ladite entreprise et les délégués syndicaux, ceux-ci doivent comprendre des représentants des syndicats d'ouvriers dockers affiliés aux organisations les plus

B. CONTRAT DE TRAVAIL — I. Conventions

représentatives de la branche d'activité. Sont considérés comme membres du personnel de l'entreprise les représentants syndicaux titulaires de la carte professionnelle délivrée par le bureau central de la main-d'œuvre de l'un des ports où l'entreprise possède un établissement et qui ont travaillé pour cette entreprise au cours des douze mois précédant la conclusion de l'accord.

Art. R. 743-5 Des arrêtés conjoints du ministre chargé de l'équipement, du ministre chargé du travail et du ministre chargé de l'économie et des finances fixeront, en tant que de besoin, les modalités d'application des articles R. 743-2 à R. 743-5, notamment du second alinéa de l'article R. 743-2.

Art. R. 743-6 La commission paritaire spéciale prévue à l'article L. 743-1 (premier alinéa) comprend en nombre égal des représentants désignés par les organisations professionnelles d'employeurs les plus représentatives et par les organisations syndicales de travailleurs les plus représentatives.

L'effectif de cette commission est fixé comme suit :
Quatre membres lorsque l'effectif maximum autorisé des dockers professionnels n'excède pas 200 ;
Six membres lorsque le même effectif est compris entre 201 et 500 ;
Huit membres lorsque le même effectif excède 500.
Les membres sont désignés pour une durée de deux ans ; leur mandat est renouvelable.

Art. R. 743-7 Lors de chaque renouvellement, la commission élit un président et un vice-président qui sont rééligibles.
Si le président est un représentant des employeurs, le vice-président est un représentant des travailleurs et réciproquement.

Art. R. 743-8 La commission paritaire spéciale établit lors de sa première réunion un règlement intérieur qui précise les modalités de son fonctionnement, en particulier le nombre de ses réunions, ainsi que les conditions d'élaboration et de présentation des rapports et programmes annuels que les entreprises sont tenues de lui soumettre conformément aux dispositions combinées des articles L. 437-2 [abrogé ; V. art. L. 236-4] et L. 743-1.
Dans les ports où l'effectif maximum autorisé des dockers professionnels excède 300, la commission paritaire spéciale doit se réunir au moins deux fois par an.

Art. R. 743-9 La commission paritaire spéciale arrête chaque année le montant de ses dépenses de fonctionnement qui comprennent notamment, en application de l'article L. 437-2 [abrogé ; V. art. L. 236-7], la couverture des salaires et charges sociales afférents aux périodes de temps de travail consacrées par les dockers soit à ses séances, soit aux visites des entreprises.
La couverture de ces dépenses est assurée par une contribution supportée par les employeurs et qui a pour assiette les salaires retenus pour le calcul des cotisations dues à la caisse de compensation des congés payés du port.
Le taux de cette contribution est fixé annuellement par la commission paritaire spéciale.

Art. R. 743-10 L'encaissement des contributions et le paiement des dépenses prévues à l'article R. 743-9 sont assurés par l'organisme de rattachement prévu à l'article L. 743-1 (2e alinéa).

Art. R. 743-11 Le règlement intérieur prévu à l'article R. 743-8 et, le cas échéant, les modifications apportées aux statuts de l'organisme de rattachement sont approuvés par le ministre chargé du travail.

Art. R. 743-12 Le directeur du port ou l'ingénieur en chef du service maritime désigne un représentant qui a en permanence accès aux réunions de la commission paritaire spéciale et qui reçoit communication de toutes les pièces destinées à la commission.
Peuvent en outre participer aux réunions de la commission, en tant que de besoin et avec voix consultative, des représentants des concessionnaires des outillages publics du port.

PARTIE RÉGLEMENTAIRE
DÉCRETS SIMPLES

SALAIRE MINIMUM DE CROISSANCE – RÉMUNÉRATION MENSUELLE MINIMALE

Art. D. 141-7 (*Décr. n° 89-441 du 30 juin 1989*) Le personnel des hôtels, cafés, restaurants reçoit un salaire calculé sur la base de quarante-trois heures payées au taux du salaire minimum de croissance, le salaire ainsi établi correspondant à une durée hebdomadaire de présence de quarante-trois heures pour les cuisiniers, cinquante-deux heures pour les veilleurs de nuit et quarante-cinq heures pour les autres personnels.

L'application de ces dispositions aux salariés autres que les cuisiniers, employés sur la base d'un horaire hebdomadaire compris entre trente-neuf heures et les durées de présence fixées ci-dessus et qui ont accompli l'intégralité de leur temps de présence, ne peut conduire à verser à ces derniers un salaire calculé sur une base inférieure à trente-neuf heures payées au taux du salaire minimum de croissance.

Les dispositions des alinéas 1 et 2 du présent article ne s'appliquent pas aux salariés dont l'horaire est fixé contractuellement sur une base inférieure ou égale à trente-neuf heures par semaine pour lesquels chaque heure de présence est payée au taux du salaire minimum de croissance.

Les maisons de retraite et les maisons de santé spécialisées ne sont pas assimilables, en matière de réglementation du SMIC, aux hôtels, cafés et restaurants. • Soc. 31 oct. 1989 : *Bull. civ. V, n° 634.*

DURÉE DU TRAVAIL

Art. D. 212-17 (*Décr. n° 96-1082 du 12 déc. 1996*) Les dispositions de la présente section sont applicables aux établissements visés à l'article L. 620-2 du code du travail, à l'exception des établissements visés par le décret n° 83-1111 du 19 décembre 1983 [*concernant la durée du travail dans la navigation intérieure*].

Les dispositions de la présente section sont applicables, à l'exception des articles D. 212-21, D. 212-22 et D. 212-24, aux établissements visés par le décret n° 83-40 du 26 janvier 1983 [*concernant la durée du travail dans les transports routiers de marchandises*].

TRANSPORTS ET TÉLÉCOMMUNICATIONS

Art. D. 743-1 (*Décr. n° 93-633 du 27 mars 1993*) Le présent chapitre détermine les modalités d'application du livre II, chapitre III, du code du travail dans les entreprises occupant dans les ports maritimes des ouvriers dockers au sens de l'article L. 511-2-I du code des ports maritimes.

Art. D. 744-1 Sont considérés comme établissements portuaires, pour l'application du présent chapitre, les ports autonomes et les établissements publics ou collectivités publiques concessionnaires des outillages publics des ports maritimes de commerce et de pêche.

Les articles L. 212-5-1 et D. 212-5 à D. 212-12 du code du travail sont applicables au personnel de ces établissements, sous réserve des dispositions qui suivent.

Art. D. 744-2 Dans les ports où, par suite des nécessités de l'exploitation, ont été institués des aménagements d'horaires comportant des systèmes de crédit-repos, les heures de travail effectuées au-delà de la durée hebdomadaire définie à l'article L. 212-5-1 du code du travail n'ouvrent droit au repos compensateur institué par ledit article que dans la mesure où elles ne font pas l'objet, dans le cadre des systèmes locaux de crédit-repos, d'une compensation de durée au moins égale à l'intérieur de l'année civile.

Les crédits-repos acquis en fin d'année peuvent toutefois être soldés dans les trois premiers mois de l'année suivante.

Art. D. 744-3 Le repos compensateur acquis au titre de l'article L. 212-5-1 du code du travail peut être pris par demi-journée, comptant pour quatre heures de repos.

DES CONTRATS ET DES PÉRIODES DE PROFESSIONNALISATION

Art. D. 981-4 Pour les salariés relevant du régime spécial de sécurité sociale des marins mentionné au 4° de l'article R. 711-1 du code de la sécurité sociale, l'exonération prévue à l'article L. 981-6 est applicable aux contributions et cotisations à la charge de l'employeur et dues :

1. Au titre des assurances maladie, maternité, invalidité, décès, vieillesse, accidents du travail et maladies professionnelles, à l'Établissement national des invalides de la marine ;
2. Au titre des allocations familiales, à la caisse maritime d'allocations familiales mentionnée à l'article L. 212-3 du code de la sécurité sociale.

Elle est déterminée selon les modalités suivantes :

I. – Sont considérés comme gains et rémunérations pour l'application de l'article L. 981-6 :
1. Pour le calcul de l'exonération applicable aux contributions à la charge de l'employeur et dues à l'Établissement national des invalides de la marine, le salaire forfaitaire d'assiette

des contributions de l'employeur au régime spécial de sécurité sociale des marins défini à l'article L. 42 du code des pensions de retraite des marins français du commerce, de la pêche et de la plaisance ;

2. Pour le calcul de l'exonération applicable aux cotisations dues à la caisse maritime d'allocations familiales, les *(Décr. n° 2018-821 du 27 sept. 2018, art. 3)* « revenus d'activité tels qu'ils sont pris en compte pour la détermination de l'assiette des cotisations définie à » l'article L. 242-1 du code de la sécurité sociale s'agissant des marins du commerce et de la plaisance, et le salaire forfaitaire d'assiette des contributions de l'employeur au régime spécial de sécurité sociale des marins défini à l'article L. 42 du code des pensions de retraite des marins français du commerce, de la pêche et de la plaisance s'agissant des marins pêcheurs.

II. – Le nombre d'heures rémunérées pris en compte pour le calcul de l'exonération est réputé égal au produit de la durée légale du travail calculée sur le mois et du rapport entre le nombre de jours de service accomplis au cours du mois et la durée de trente jours.

Pour les marins titulaires d'un contrat de travail à temps partiel, le nombre de jours de service accomplis au cours du mois est réduit dans la même proportion que celle appliquée au salaire forfaitaire d'assiette des contributions de l'employeur au régime spécial de sécurité sociale des marins défini à l'article L. 42 du code des pensions de retraite des marins français du commerce, de la pêche et de la plaisance.

En cas de suspension du contrat de travail avec maintien total ou partiel de la rémunération mensuelle brute du salarié, le nombre de jours de service accomplis au titre de ces périodes de suspension est égal au produit du nombre de jours de service que le marin aurait accomplis s'il avait continué à travailler par le pourcentage de la rémunération demeurée à la charge de l'employeur et soumis à cotisations.

Code rural et de la pêche maritime

PREMIÈRE PARTIE : *LÉGISLATIVE*

LIVRE VII **DISPOSITIONS SOCIALES**

(Ord. n° 2000-550 du 15 juin 2000)

TITRE I **RÉGLEMENTATION DU TRAVAIL SALARIÉ**

CHAPITRE II *TITRE EMPLOI SIMPLIFIÉ AGRICOLE*

Art. L. 712-1 *(L. n° 2023-1250 du 26 déc. 2023, art. 19-II)* I. – Tout employeur, à l'exclusion des particuliers employeurs, qui fait appel, au moyen d'un ou de plusieurs contrats de travail à durée déterminée répondant à des conditions de durée et de niveau de rémunération fixées par décret, à l'exclusion des contrats mentionnés à l'article L. 1242-3 du code du travail, à des salariés occupés aux activités ou dans les exploitations, entreprises ou établissements mentionnés aux 1°, 2° et 6° de l'article L. 722-20 du présent code peut souscrire au service dénommé : "titre emploi simplifié agricole" proposé par les caisses de mutualité sociale agricole.

II. – Le titre emploi simplifié agricole permet aux employeurs mentionnés au I du présent article de satisfaire aux formalités et obligations prévues aux articles L. 712-4 à L. 712-7 du présent code.

Par dérogation aux articles L. 3242-1 et L. 3242-3 du code du travail, lorsqu'il est fait usage de ce titre pour des travaux saisonniers, les salariés sont rémunérés à l'issue de chaque campagne saisonnière, et au moins une fois par mois.

III. – Un décret en Conseil d'État fixe les modalités d'application du présent article.

IV. – Le titre emploi simplifié agricole proposé par les caisses de mutualité sociale agricole ne peut être utilisé qu'en France métropolitaine.

CHAPITRE II *BIS* *TITRE EMPLOI-SERVICE AGRICOLE*

(L. n° 2014-1170 du 13 oct. 2014, art. 37)

Art. L. 712-2 *(L. n° 2023-1250 du 26 déc. 2023, art. 19-II)* « Tout employeur, à l'exception des entreprises » mentionnées aux articles L. 1251-42 et L. 1252-1 du code du travail, dont les salariés relèvent du régime des salariés agricoles peut adhérer à un service d'aide à l'accomplissement de ses obligations en matière sociale, dénommé : "Titre emploi-service agricole" et proposé par les caisses de mutualité sociale agricole. *(L. n° 2018-1203 du 22 déc. 2018, art. 18-II)* « Le titre emploi-service agricole ne peut être utilisé qu'en France métropolitaine. »

(L. n° 2023-1250 du 26 déc. 2023, art. 19-II) « Les particuliers employeurs peuvent bénéficier du dispositif prévu au premier alinéa du présent article pour l'emploi des personnes mentionnées aux 2° et 3° de l'article L. 722-20 du présent code. »

Art. L. 712-3 *Abrogé par L. n° 2018-1203 du 22 déc. 2018, art. 18-II.*

Art. L. 712-4 Le recours au service titre emploi-service agricole permet notamment à l'*(L. n° 2023-1250 du 26 déc. 2023, art. 19-II)* « employeur » :
1° D'obtenir le calcul des rémunérations dues aux salariés en tenant compte des stipulations des conventions collectives applicables au secteur d'activité professionnelle concerné ainsi que de l'ensemble des cotisations et contributions créées par la loi et des cotisations et contributions conventionnelles obligatoires ou non ;
2° De souscrire *(L. n° 2023-1250 du 26 déc. 2023, art. 19-II)* « la déclaration sociale nominative mentionnée à l'article L. 133-5-3 du code de la sécurité sociale ou, le cas échéant, d'établir les formalités et les déclarations auxquelles la déclaration sociale nominative se substitue. »

Art. L. 712-5 A partir des informations recueillies auprès de l'*(L. n° 2023-1250 du 26 déc. 2023, art. 19-II)* « employeur », les caisses de mutualité sociale agricole délivrent à *(L. n° 2023-1250 du 26 déc. 2023, art. 19-II)* « ce dernier », pour remise au salarié, un bulletin de paie qui est réputé remplir les conditions prévues à l'article L. 3243-2 du code du travail.

Art. L. 712-6 L'employeur qui utilise le titre emploi-service agricole est réputé satisfaire, par la remise au salarié et l'envoi à la caisse de mutualité sociale agricole des éléments du titre emploi qui leur sont respectivement destinés, aux formalités suivantes :
1° Les règles relatives à l'établissement d'un contrat de travail, dans les conditions prévues à l'article L. 1221-1 du code du travail ;
2° La déclaration préalable à l'embauche prévue à l'article L. 1221-10 du même code ;
3° La délivrance d'un certificat de travail prévue à l'article L. 1234-19 dudit code ;
4° L'établissement d'un contrat de travail écrit prévu dans les conditions et délais définis aux articles *(L. n° 2023-1250 du 26 déc. 2023, art. 19-II)* « L. 1221-5-1, » L. 1242-12, L. 1242-13 et *(L. n° 2016-1088 du 8 août 2016, art. 8)* « L. 3123-6 » du même code ;
(L. n° 2023-1250 du 26 déc. 2023, art. 19-II) « 5° La tenue du registre mentionné à l'article L. 1221-13 du même code ;
« 6° La déclaration mentionnée à l'article 87-0 A du code général des impôts. »

Art. L. 712-7 L'employeur ayant recours au titre emploi-service agricole peut donner mandat à un tiers en vue d'accomplir les formalités correspondantes *(L. n° 2023-1250 du 26 déc. 2023, art. 19-II)* « dans les conditions prévues à l'article L. 133-11 du code de la sécurité sociale ».

Art. L. 712-8 La date d'entrée en vigueur qui ne peut pas être postérieure au *(Ord. n° 2015-682 du 18 juin 2015, art. 7)* « 1ᵉʳ janvier 2017 » et les modalités d'application du présent chapitre sont déterminées par décret.

CHAPITRE VIII *DISPOSITIONS DIVERSES*

SECTION 3 *Contrats de travail*

(L. n° 2006-11 du 5 janv. 2006, art. 34)

SOUS-SECTION 2 *Contrat vendanges*

(Ord. n° 2007-329 du 12 mars 2007)

Art. L. 718-4 Le contrat vendanges a pour objet la réalisation de travaux de vendanges. Ces travaux s'entendent des préparatifs de la vendange à la réalisation des vendanges, jusqu'aux travaux de rangement inclus.

Le contrat de vendanges est un contrat saisonnier conclu en application de l'art. L. 1242-2, 3° ; conformément à l'art. L. 1242-7, il doit comporter un terme fixé avec précision dès sa conclusion.

● Soc. 6 oct. 2010 : 🔒 *D. actu. 21 oct. 2010, obs. Dechristé ; Dr. soc. 2011. 1031, note Roy-Loustaunau ∅ ; RJS 2010. 823, n° 906 ; JCP S 2011. 1058, obs. Bousez.*

Art. L. 718-5 Le contrat vendanges a une durée maximale d'un mois. *(L. n° 2012-387 du 22 mars 2012, art. 86)* « Il précise la durée pour laquelle il est conclu. A défaut, il est réputé être établi pour une durée qui court jusqu'à la fin des vendanges. »

Un salarié peut recourir à plusieurs contrats vendanges successifs, sans que le cumul des contrats n'excède une durée de deux mois sur une période de douze mois.

Art. L. 718-6 Le salarié en congés payés peut bénéficier du contrat vendanges.

Les agents publics peuvent également bénéficier de ce contrat.

Les dispositions de l'article L. 1244-2 du code du travail, relatives au contrat de travail à caractère saisonnier, ne s'appliquent pas aux contrats vendanges.

DEUXIÈME PARTIE : *RÉGLEMENTAIRE*

LIVRE VII DISPOSITIONS SOCIALES

(Décr. n° 2005-368 du 19 avr. 2005)

TITRE I RÉGLEMENTATION DU TRAVAIL SALARIÉ

CHAPITRE II *TITRE EMPLOI SIMPLIFIÉ AGRICOLE*

Art. R. 712-1 L'effectif de salariés permanents mentionné au troisième alinéa du I de l'article L. 712-1 est déterminé par le nombre moyen mensuel de salariés employés par contrat à durée indéterminée pendant l'année précédente.

Art. R. 712-2 Le titre emploi simplifié agricole est conforme à un modèle fixé par arrêté du ministre chargé de l'agriculture et du ministre chargé du travail. – *V. C. rur., art. R. 719-2 (pén.).*

Art. R. 712-3 Le titre emploi simplifié agricole porte un numéro d'ordre préimprimé. Il comporte plusieurs volets destinés au salarié, à l'employeur et à la caisse de mutualité sociale agricole.

La caisse de mutualité sociale agricole remet à chaque employeur un relevé récapitulatif des numéros d'ordre correspondant aux titres qu'il a reçus.

Art. R. 712-4 L'employeur est réputé satisfaire aux obligations énumérées à l'article L. 712-1 lorsque le titre emploi simplifié agricole comporte les informations suivantes :

1° Mentions relatives à l'employeur :
 a) Nom, prénom ou dénomination sociale ;
 b) Code APE ou NAF s'il a été attribué ;
 c) Numéro SIRET ou numéro MSA ;
 d) Adresse ;
 e) Numéro de téléphone ;

2° Mentions relatives au salarié :
 a) Nom patronymique, prénom ;
 b) Nom marital ;
 c) Adresse ;
 d) Numéro d'immatriculation à la Mutualité sociale agricole ou à la sécurité sociale, s'il est déjà immatriculé ;
 e) Date de naissance ;
 f) Lieu de naissance ;
 g) Sexe ;
 h) Nationalité ;
 i) Pour les étrangers, désignation et numéro du titre valant autorisation de travail ;

3° Mentions relatives à l'embauche et à l'emploi :
 a) Date et heure d'embauche ;
 b) Motif du contrat ;
 – remplacement d'un salarié absent et nom de celui-ci ;
 – accroissement temporaire de l'activité ;
 – emploi à caractère saisonnier ;
 c) S'il s'agit d'un contrat à temps partiel, durée journalière ou hebdomadaire de travail, répartition de la durée du travail entre les jours de la semaine et les semaines du mois,

conditions de modification de cette répartition, nombre maximal d'heures complémentaires pouvant être effectuées au cours d'une semaine ou au cours d'un mois ;
  d) Le cas échéant, durée de la période d'essai ;
  e) Date du terme ou durée minimale du contrat ;
  f) Emploi occupé ;
  g) Position dans la classification (coefficient ou niveau ou échelon) ;
  h) Salaire horaire brut (ou valeur unitaire en cas de rémunération à la tâche) ;
  i) Le cas échéant, prestations en nature ;
  j) Autres éléments de rémunération ;
  k) Intitulé de la convention collective de branche applicable ;
  l) Lieu de travail ;
  m) Le cas échéant, exposition à un risque professionnel ;
  n) Signature de l'employeur lors de l'envoi du volet comportant les mentions de la déclaration préalable à l'embauche et signature du salarié lors de l'embauche ;
  o) Demande de taux réduit de cotisations pour l'emploi d'un salarié occasionnel ou d'un demandeur d'emploi ;
  p) Mention de la caisse de retraite complémentaire ;
  4° Mentions relatives à l'exécution et à la cessation du contrat de travail :
  a) Nombre de jours travaillés ;
  b) Nombre d'heures de travail normales, supplémentaires, majorées et salaire horaire brut applicable ou bases de calcul en cas de salaire à la tâche ;
  c) Le cas échéant, avantages en nature ;
  d) Le cas échéant, primes ;
  e) Le cas échéant, indemnité de congés payés ;
  f) Le cas échéant, indemnité de fin de contrat ;
  g) Le cas échéant, prestations en nature ;
  h) Le cas échéant, montant des acomptes versés ;
  i) Rémunération brute ;
  j) Taux global de la part salariale des cotisations sociales et de la partie déductible de la contribution sociale généralisée ;
  k) Taux global de la partie non déductible de la contribution sociale généralisée et de la contribution au remboursement de la dette sociale ;
  l) Le cas échéant, absences non rémunérées ;
  m) Période pendant laquelle le salarié a occupé l'emploi ;
  n) Motif de la rupture du contrat ;
  o) Signature de l'employeur lors de la sortie ;
  p) Montant de la somme effectivement reçue par le salarié et date de paiement de cette somme ;
  q) Mention invitant le salarié à conserver le volet sans limitation de durée.

Art. R. 712-5 L'employeur utilise les titres emplois simplifiés selon leur numérotation croissante correspondant à l'ordre d'embauche des salariés.

La conservation par l'employeur des volets du titre, du relevé récapitulatif mentionné à l'article R. 712-3 et, le cas échéant, de la copie des titres autorisant le travailleur étranger à exercer une activité salariée, tient lieu du registre unique du personnel institué par l'article (*Décr. n° 2017-1492 du 25 oct. 2017, art. 2*) « L. 1221-13 du code du travail ».

L'employeur remet au salarié, avec chaque volet correspondant au bulletin de paie, l'indication de chacun des taux des cotisations salariales, de la contribution sociale généralisée et de la contribution au remboursement de la dette sociale acquittées.

Art. R. 712-6 L'envoi à la caisse de mutualité sociale agricole du lieu de travail du salarié, suivant les modalités définies à l'article (*Décr. n° 2017-1492 du 25 oct. 2017, art. 2*) « R. 1221-5 du code du travail », d'un volet du titre emploi simplifié agricole comportant les mentions indiquées aux 1° et 2° de l'article R. 712-4 (*Décr. n° 2017-1492 du 25 oct. 2017, art. 2*) « du présent code » ainsi que la date et l'heure d'embauche, le motif du contrat, la date du terme ou la durée minimale du contrat et l'exposition à un risque professionnel le cas échéant, vaut :

1° Déclaration nominative au sens de l'article (*Décr. n° 2017-1492 du 25 oct. 2017, art. 2*) « L. 1221-10 du code du travail » ; par dérogation aux dispositions du dernier alinéa de l'article (*Décr. n° 2017-1492 du 25 oct. 2017, art. 2*) « R. 1221-3 du même code », la caisse de mutualité sociale agricole compétente pour recevoir le volet du titre est la caisse du lieu de travail du salarié. La caisse de mutualité sociale agricole destinataire du volet transmet, le cas échéant, les informations nécessaires à la caisse de mutualité sociale agricole de l'établissement devant employer le salarié ;

2° Déclaration au service médical du travail au sens de l'article R. 717-14 *(Décr. n° 2017-1492 du 25 oct. 2017, art. 2)* « du présent code » ;

3° Déclaration, aux fins d'immatriculation aux assurances sociales agricoles, au sens de l'article R. 722-35 *(Décr. n° 2017-1492 du 25 oct. 2017, art. 2)* « du même code » ;

(Décr. n° 2012-17 du 4 janv. 2012) « 4° Demande du bénéfice des exonérations de cotisations patronales prévues au I des articles L. 741-16 et L. 741-16-1 *(Décr. n° 2017-1492 du 25 oct. 2017, art. 2)* « du même code ». »

Art. R. 712-7 L'envoi à la caisse de mutualité sociale agricole, au plus tard à la fin du mois civil suivant la période d'emploi, d'un volet du titre comportant les mentions indiquées aux 3° et 4° de l'article R. 712-4 est réputé satisfaire aux obligations prévues à l'article R. 741-2.

Art. R. 712-8 La transmission au salarié, dans les délais impartis par le code du travail, d'un volet du titre comportant les mentions indiquées aux 1°, 2° et 3° de l'article R. 712-4 vaut remise à l'intéressé :

1° Du contrat écrit prévu par l'article *(Décr. n° 2017-1492 du 25 oct. 2017, art. 2)* « L. 1242-12 du code du travail » et, le cas échéant, par l'article *(Décr. n° 2017-1492 du 25 oct. 2017, art. 2)* « L. 3123-14 du même code » ;

2° Du document prévu au deuxième alinéa de l'article *(Décr. n° 2017-1492 du 25 oct. 2017, art. 2)* « R. 1221-9 du même code ».

Art. R. 712-9 *(Décr. n° 2017-1492 du 25 oct. 2017, art. 2)* La remise au salarié, lors du paiement de sa rémunération, d'un volet du titre comportant les mentions indiquées aux 3° et 4° de l'article R. 712-4 vaut remise à l'intéressé :

1° Du bulletin de paie prévu à l'article L. 3243-2 du code du travail ;

2° De l'attestation qui lui permettra de faire valoir, le cas échéant, ses droits aux prestations mentionnées à l'article L. 5421-2 du même code.

Art. R. 712-10 La conservation pendant cinq ans par l'employeur du volet tenant lieu de bulletin de paie permet à celui-ci de satisfaire l'obligation mise à sa charge par *(Décr. n° 2017-1492 du 25 oct. 2017, art. 2)* « l'article L. 3243-4 du code du travail ».

Art. R. 712-11 Par dérogation aux dispositions de l'article R. 713-36, l'employeur qui a remis au salarié un volet du titre comportant les informations mentionnées au 4° de l'article R. 712-4 est dispensé de remettre au salarié une copie du document sur lequel il a enregistré ses heures de travail.

Art. R. 712-12 *(Décr. n° 2012-367 du 15 mars 2012)* Le titre emploi simplifié agricole ne peut être utilisé que pour les contrats à durée déterminée mentionnés à l'article L. 712-1 dont la durée est inférieure ou égale à trois mois et pour lesquels la rémunération brute n'excède pas trois fois le plafond de la sécurité sociale.

Art. R. 712-13 *(Décr. n° 2012-367 du 15 mars 2012)* Le titre emploi simplifié agricole est rempli et transmis par voie électronique :

1° Lorsque l'employeur est constitué sous la forme d'un groupement d'employeurs au sens de l'article L. 1253-1 du code du travail ;

2° Lorsque l'employeur utilise le titre emploi simplifié agricole pour des rémunérations comprises entre le plafond et trois fois le plafond de la sécurité sociale.

L'obligation de transmission du « titre emploi simplifié agricole » par voie électronique dans le cas prévu au 2° de l'art. R. 712-13 est effective à compter du 15 juill. 2012 (Arr. du 29 mai 2012, JO 7 juin).

Code général des collectivités territoriales

(L. n° 96-142 du 21 févr. 1996)

GARANTIES ACCORDÉES AUX TITULAIRES DE MANDATS MUNICIPAUX

Art. L. 2123-1 L'employeur est tenu de laisser à tout salarié de son entreprise membre d'un conseil municipal le temps nécessaire pour se rendre et participer :

1° Aux séances plénières de ce conseil ;

2° Aux réunions de commissions dont il est membre et instituées par une délibération du conseil municipal ;

3° Aux réunions des assemblées délibérantes et des bureaux des organismes où il a été désigné pour représenter la commune ;

(*L. n° 2022-217 du 21 févr. 2022, art. 220-I*) « 4° Aux réunions des assemblées, des bureaux et des commissions spécialisées des organismes nationaux où il a été désigné ou élu pour représenter des collectivités territoriales ou des établissements publics en relevant. »

Selon des modalités fixées par un décret en Conseil d'État, l'élu municipal doit informer l'employeur de la date de la séance ou de la réunion dès qu'il en a connaissance.

L'employeur n'est pas tenu de payer comme temps de travail le temps passé par l'élu aux séances et réunions précitées.

(*L. n° 2019-1461 du 27 déc. 2019, art. 90*) « Au début de son mandat de conseiller municipal, le salarié bénéficie, à sa demande, d'un entretien individuel avec son employeur portant sur les modalités pratiques d'exercice de son mandat au regard de son emploi. Cet entretien ne se substitue pas à l'entretien professionnel mentionné à l'article L. 6315-1 du code du travail.

« L'employeur et le salarié membre du conseil municipal peuvent s'accorder sur les mesures à mettre en œuvre pour faciliter la conciliation entre la vie professionnelle et les fonctions électives du salarié et, le cas échéant, sur les conditions de rémunération des temps d'absence consacrés à l'exercice de ces fonctions. »

1. L'employeur, qui est tenu d'accorder aux titulaires de mandats municipaux l'autorisation d'utiliser le crédit d'heures prévu, ne peut contrôler l'usage qui en est fait. • Soc. 16 avr. 2008 : 🛡 *D. 2008. AJ 1418* ⌀ *; RJS 2008. 553, n° 689 ; JSL 2008, n° 233-2 ; JCP S 2008. 1355, note Kerbourc'h*.

2. Modification des conditions de travail d'une salariée élue au conseil municipal. Une salariée élue au conseil municipal ne saurait légitimement refuser un changement de ses horaires de travail, qui constitue une modification des conditions de travail relevant du pouvoir de direction de l'employeur, dès lors que ce changement ne fait pas obstacle à l'exercice de son mandat. • Soc. 2 avr. 2014 : 🛡 *D. actu. 29 avr. 2014, obs. Peyronnet ; Dr. soc. 2014. 572, obs. Mouly* ⌀ *; D. 2014. Actu. 875* ⌀ *; RDT 2014. 478, obs. Pontif* ⌀ *; RJS 2014. 381, n° 465*.

Art. L. 2123-1-1 (*L. n° 2019-1461 du 27 déc. 2019, art. 89*) Sous réserve de la compatibilité de son poste de travail, le conseiller municipal est réputé relever de la catégorie de personnes qui disposent, le cas échéant, de l'accès le plus favorable au télétravail dans l'exercice de leur emploi.

Art. L. 2123-2 (*Crédit d'heures pour les maires, les adjoints, les conseillers municipaux*).

Art. L. 2123-3 (*Indemnisation des pertes de revenu*).

Art. L. 2123-4 (*Majoration de durée des crédits d'heures*).

Art. L. 2123-5 Le temps d'absence utilisé en application des articles L. 2123-1, (*L. n° 2002-276 du 27 févr. 2002*) « L. 2123-2 » et L. 2123-4 ne peut dépasser la moitié de la durée légale du travail pour une année civile.

....

Art. L. 2123-7 Le temps d'absence prévu aux articles L. 2123-1, (*L. n° 2002-276 du 27 févr. 2002*) « L. 2123-2 » et L. 2123-4 est assimilé à une durée de travail effective pour la détermination de la durée des congés payés (*Abrogé par L. n° 2002-276 du 27 févr. 2002, art. 89-I*) « *et du droit aux prestations sociales* » ainsi qu'au regard de tous les droits découlant de l'ancienneté.

Aucune modification de la durée et des horaires de travail prévus par le contrat de travail ne peut, en outre, être effectuée en raison des absences intervenues en application des dispositions prévues aux articles L. 2123-1, (*L. n° 2002-276 du 27 févr. 2002*) « L. 2123-2 » et L. 2123-4 sans l'accord de l'élu concerné.

Art. L. 2123-8 (*L. n° 2002-276 du 27 févr. 2002*) Aucun licenciement ni déclassement professionnel, aucune sanction disciplinaire ne peuvent être prononcés en raison des absences résultant de l'application des dispositions des articles L. 2123-1, L. 2123-2 et L. 2123-4 sous peine de nullité et de dommages et intérêts au profit de l'élu. La réintégration ou le reclassement dans l'emploi est de droit.

Il est interdit à tout employeur de prendre en considération les absences visées à l'alinéa précédent pour arrêter ses décisions en ce qui concerne l'embauche, la formation professionnelle, l'avancement, la rémunération et l'octroi d'avantages sociaux.

1. L'employeur peut se voir imputer la responsabilité de la rupture du contrat de travail lorsque, par son fait, il en a rendu la poursuite impossible pour le salarié, spécialement lorsqu'il a fait obstacle à l'exercice par le salarié de ses mandats électifs. • Soc. 28 oct. 1996, 🛡 n° 94-40.567 P.

B. CONTRAT DE TRAVAIL **I. Conventions**

2. Indemnité d'éviction. Les art. 6 DDHC et 3 de la Const. du 4 oct. 1958 n'instituent pas une liberté fondamentale qui justifierait, en cas de nullité du licenciement prononcé en violation de l'art. L 2123-8 CGCT, la non-déduction des revenus de remplacement perçus par le salarié entre son éviction de l'entreprise et sa réintégration ; le licenciement ayant été annulé en raison de l'absence de la salariée liée à l'exercice de son mandat d'élue locale et l'intéressée ayant été réintégrée, l'employeur est tenu au paiement du montant des salaires qu'elle aurait dû percevoir entre son licenciement et sa réintégration, après déduction des sommes perçues au titre d'une autre activité et du revenu de remplacement servis pendant cette période. • Soc. 8 mars 2023, ⚖ n° 20-18.507 B : D. 2023. 506 ⚖ ; Dr. soc. 2023. 458, obs. Mouly ⚖ ; RJS 5/2023, n° 248 ; SSL 2023, n° 2038, p. 9, obs. Bailly ; JCP S 2023. 1097, obs. Pinatel.

Art. L. 2123-9 (L. n° 2000-295 du 5 avr. 2000, art. 12) « Les maires, d'une part, ainsi que les adjoints au maire (Abrogé par L. n° 2019-1461 du 27 déc. 2019, art. 8) « des communes de (L. n° 2015-366 du 31 mars 2015, art. 8) « **10 000** » habitants au moins », d'autre part, qui, pour l'exercice de leur mandat, ont cessé d'exercer leur activité professionnelle, bénéficient », s'ils sont salariés, des dispositions (Ord. n° 2009-1530 du 10 déc. 2009) « des articles (L. n° 2016-1088 du 8 août 2016, art. 9) « **L. 3142-83** à **L. 3142-87** » du code du travail » relatives aux droits des salariés élus membres de l'Assemblée nationale et du Sénat.

(L. n° 2015-366 du 31 mars 2015, art. 8) « Le droit à réintégration prévu à l'article (L. n° 2016-1088 du 8 août 2016, art. 9) « **L. 3142-84** » du même code est maintenu aux élus mentionnés au premier alinéa du présent article jusqu'à l'expiration de deux mandats consécutifs.

« L'application de l'article (L. n° 2016-1088 du 8 août 2016, art. 9) « **L. 3142-85** » du code du travail prend effet à compter du deuxième renouvellement du mandat.

« (Abrogé par L. n° 2019-1461 du 27 déc. 2019, art. 86) « Lorsqu'ils n'ont pas cessé d'exercer leur activité professionnelle, les élus mentionnés au premier alinéa du présent article sont considérés comme des salariés protégés au sens du livre IV de la deuxième partie du code du travail. » »

V., pour l'application de ces dispositions, CGCT, art. R. 2123-1 à R. 2123-11. — **CGCT**.

V. les dispositions analogues applicables aux conseillers généraux, aux conseillers régionaux et membres des comités économiques et sociaux régionaux, aux membres du conseil de la communauté d'agglomération : CGCT, art. L. 3123-1 à L. 3123-7, L. 4135-1 à L. 4135-7 et L. 4134-6, L. 5216-4. — **CGCT**.

Jurisprudence rendue sous l'empire des dispositions antérieures à la L. n° 2019-1461 du 27 déc. 2019.

1. Conformité à la Constitution. N'est pas contraire à la liberté d'entreprendre et à la liberté contractuelle l'art. L. 2123-9 qui doit être interprété en ce sens que l'élu ne peut se prévaloir de la protection accordée, exigeant que le licenciement intervienne après autorisation de l'inspecteur du travail, lorsqu'il est établi qu'il n'a pas informé l'employeur de sa qualité au plus tard lors de l'entretien préalable au licenciement. • Soc. QPC, 14 sept. 2016, ⚖ n° 16-40.223.

2. Rupture conventionnelle autorisée. Les maires et adjoints au maire des communes de 10 000 habitants au moins n'ayant pas cessé leur activité professionnelle salariée sont considérés comme des salariés protégés ; la rupture conventionnelle de leur contrat de travail doit être autorisée préalablement par l'inspecteur du travail, et non pas simplement homologuée, à défaut, la rupture conventionnelle est nulle et produit les effets d'un licenciement nul pour violation du statut protecteur du salarié. • Soc. 4 nov. 2020, ⚖ n° 19-11.865 P : RJS 1/2021, n° 20 ; JCP S 2020. 3099, obs. Pagani.

Convention de Rome du 19 juin 1980,

Convention publiée par Décr. n° 91-242 du 28 févr. 1991 (D. et ALD 1991. 171). — V. aussi Décr. n° 91-312 du 20 mars 1991 (JO 27 mars) (adhésion de la Grèce), Décr. n° 96-223 du 15 mars 1996 (JO 22 mars) (adhésion de l'Espagne et du Portugal), Décr. n° 2000-702 du 25 juill. 2000 (JO 27 juill.) (adhésion de l'Autriche, de la Finlande et de la Suède). — V. aussi Décr. n° 2005-17 du 5 janv. 2005 (JO 12 janv.) portant publication de deux protocoles concernant l'interprétation de cette convention par la Cour de justice des Communautés européennes.

La présente convention est entrée en vigueur le 1ᵉʳ avr. 1991.

Art. 6 *Contrat individuel de travail.* 1. Nonobstant les dispositions de l'article 3 *[liberté de choix des parties]*, dans le contrat de travail, le choix par les parties de la loi applicable ne peut avoir pour résultat de priver le travailleur de la protection que lui assurent les dispositions impératives de la loi qui serait applicable, à défaut de choix, en vertu du paragraphe 2 du présent article.

2. Nonobstant les dispositions de l'article 4 [loi applicable à défaut de choix des parties] et à défaut de choix exercé conformément à l'article 3, le contrat de travail est régi :
a) Par la loi du pays où le travailleur, en exécution du contrat, accomplit habituellement son travail, même s'il est détaché à titre temporaire dans un autre pays, ou
b) Si le travailleur n'accomplit pas habituellement son travail dans un même pays, par la loi du pays où se trouve l'établissement qui a embauché le travailleur,
à moins qu'il ne résulte de l'ensemble des circonstances que le contrat de travail présente des liens plus étroits avec un autre pays, auquel cas la loi de cet autre pays est applicable.

V. Règl. (UE) n° 1215/2012 du 12 déc. 2012, entré en vigueur le 10 janv. 2015 ; V. aussi Dr. soc. 2016. 359, note Moreau.

V. aussi Règl. (CE) n° 593/2008 — Rome I, art. 8.

RÉP. TRAV. v° *Contrat de travail international*, par Jault-Seseke.

BIBL. ▶ Dauxerre, *JCP S 2017. 1333* (contribution à l'étude de la loi applicable au contrat de travail international) ; *ibid. 2018. 1002* (de la convention collective applicable à la relation de travail internationale).

1. Limites de la loi d'autonomie. Le choix de la loi applicable par les parties à un contrat de travail international ne peut avoir pour effet de priver le travailleur de la protection assurée par les dispositions impératives résultant de la loi applicable en vertu de l'article 6, § 2, de la Convention de Rome. ● Soc. 9 juill. 2015, ⚖ n° 14-13.497 P : *D. actu. 31 août 2015, obs. Cortot ; D. 2015. Actu. 1605 ; Dr. soc. 2015. 741, note Pailler ; JSL 2015, n° 395-3, obs. Taquet.*

2. La détermination du caractère plus favorable d'une loi doit résulter d'une appréciation globale des dispositions de cette loi ayant le même objet ou se rapprochant de la même cause ; aussi il ne peut être dérogé par contrat aux dispositions de la loi française concernant l'entretien préalable au licenciement et la proposition d'une convention de conversion en cas de licenciement économique. ● Soc. 12 nov. 2002, ⚖ n° 99-45.821 P : *D. 2003. IR 311 ; Dr. soc. 2003. 339, obs. Moreau ; RJS 2003. 120, n° 164.* ◆ Dès lors que le salarié n'est pas privé du droit d'accès au juge, les règles de procédure aménageant les délais de saisine des juridictions du travail ne portent pas atteinte aux dispositions impératives de la loi française qui auraient été applicables en l'absence de choix d'une loi étrangère applicable au contrat de travail. ● Soc. 12 juill. 2010 : *D. actu. 16 nov. 2010, obs. Siro ; RJS 2010. 670, n° 728 ; JCP S 2010. 1409, obs. Brissy* ● 7 nov. 2018, ⚖ n° 16-27.692 P : *D. 2018. Actu. 2192 ; RDT 2019. 127, note Pataut ; RJS 2/2019, n° 80 ; JCP S 2019. 1008, obs. Laval.* ◆ Le choix par les parties de la loi applicable ne peut avoir pour résultat de priver le travailleur de la protection que lui assurent les dispositions impératives de la loi qui serait applicable, à défaut de choix ; les dispositions impératives d'une loi sont celles auxquelles cette loi ne permet pas de déroger par contrat ; il ne peut donc être dérogé par contrat aux dispositions de la loi française concernant l'entretien préalable au licenciement. ● Soc. 28 oct. 2015, ⚖ n° 14-16.269 P : *D. actu. 30 nov. 2015, obs. Siro ; D. 2015. Actu. 2255 ; RJS 2/2016, n° 99.*

3. Un usage ne constitue pas une disposition légale impérative au sens de l'art. 6 de la convention de Rome. ● Soc. 12 nov. 2002 : ⚖ *préc. note 2.*
Sur le contrat de travail international, V. aussi notes 301 s. ss. art. L. 1221-1 C. trav.

4. Localisation du contrat et liens étroits. En l'absence d'élection de loi par les parties au contrat de travail, il appartient au juge de désigner la législation applicable à la relation de travail en raison de l'existence de liens étroits avec un pays ; en l'espèce, la loi française a été appliquée à un litige concernant des CDD successifs effectués en Arabie saoudite mais conclus en France entre une personne morale de droit français et un Français, le salaire libellé en francs français et déterminé par référence à la convention collective Syntec, les bulletins de paie portant la mention de cette convention, le salarié bénéficiant de la couverture sociale française et l'employeur cotisant à la caisse de sécurité sociale des Français à l'étranger, au régime de retraite complémentaire des cadres et au régime de l'assurance chômage. ● Soc. 14 mars 2006 : ⚖ *JCP E 2006. 2081, note Del Sol.* ◆ En revanche, la loi française n'est pas applicable au contrat de travail d'un salarié engagé en Inde et y accomplissant exclusivement son travail, rédigé en langue française ou anglaise, contenant des références à la monnaie locale, les bulletins de paie de l'intéressé étant établis à Delhi en roupies ou en euros et ce dernier ne démontrant pas acquitter ses impôts en France. ● Soc. 13 oct. 2016, ⚖ n° 15-16.872 P : *D. 2016. Actu. 2219 ; RJS 12/2016, n° 752 ; JCP S 2016. 1406, obs. Coursier.* ◆ S'il s'agit de rechercher, par application de l'art. 6 de la convention de Rome, la loi applicable à défaut de choix exercé par les parties, c'est à celui qui prétend écarter la loi du lieu d'accomplissement habituel du travail de rapporter la preuve que le contrat présente des liens plus étroits avec un autre pays. ● Soc. 29 sept. 2010 : *D. actu. 16 nov. 2010, obs. Siro ; RJS 2010. 825, n° 910.* ◆ En cas d'occupation simultanée sur le territoire de plusieurs pays, le droit applicable au contrat de travail doit être déterminé sur la base du critère du pays où le travailleur accomplit habituellement son travail, soit du pays où le travailleur s'acquitte de l'essentiel de ses obligations à l'égard de son employeur ; ce n'est que lorsqu'il est impossible de déterminer le lieu d'occupation habituel, sur la base de ces éléments concrets, qu'il convient d'appliquer le critère subsidiaire du pays où se trouve l'établissement qui a embauché le travailleur. ● CJUE 15 déc. 2011 : ⚖ *D. 2012. Actu. 454* ⌀ *; Dr. soc. 2012. 315, obs. Chaumette* ⌀ *; RID comp. 2012. 648, note Pataut ; RJS 2012. 264, obs. Lhernould.* ♦ Lorsque le travailleur exerce ses activités dans plus d'un État partie à la convention de Rome, le pays dans lequel, en exécution de son contrat, il accomplit habituellement son travail est celui où il s'acquitte de l'essentiel de ses obligations à l'égard de l'employeur. ● CJUE 15 mars 2011, ⚖ n° C-29/10 : *D. 2011. Actu. 957* ⌀ *; Dr. soc. 2011. 849, note Grass* ⌀ *; JCP S 2011. 1241, obs. Jeansen* ● Soc. 11 avr. 2012 : ⚖ *D. actu. 21 mai 2012, obs. Siro ; D. 2012. Actu. 1068* ⌀ *; Dr. soc. 2012. 648, obs. Chaumette* ⌀ *; RJS 2012. 494,* *n° 585 ; JCP S 2012. 1353, obs. Tricoit.* ♦ Lorsque le contrat de travail d'un salarié a été conclu antérieurement à la convention de Rome, le salarié qui en invoque les dispositions ne peut écarter l'application de cette convention à son contrat de travail. ● Soc. 8 févr. 2012 : ⚖ *D. actu. 5 mars 2012, obs. Fleuriot ; D. 2012. Actu. 560* ⌀ *; RID comp. 2012. 576, note Jault-Seseke ; JCP S 2012. 1270, obs. Tricoit.* ♦ Sur l'application de la convention de Lugano, V. ● Soc. 25 janv. 2012 : ⚖ *D. actu. 13 févr. 2012, obs. Dechristé ; D. 2012. Actu. 444* ⌀ *; Dr. soc. 2012. 542, obs. Laborde* ⌀ *; RJS 2012. 322, n° 379.*

5. Effet à l'égard des tiers. Lorsque par application de l'art. 3 de la convention de Rome, les parties ont choisi de soumettre leurs relations à une loi étrangère, la clause ne peut être opposée aux organismes de chômage appelés à indemniser le salarié licencié. ● Soc. 29 sept. 2010 : *D. actu. 16 nov. 2010, obs. Siro ; RJS 2010. 825, n° 910.*

Décret n° 95-240 du 3 mars 1995,

Pris pour l'application de la loi n° 94-665 du 4 août 1994 relative à l'emploi de la langue française (JO 5 mars).

Art. 3 Le fait de ne pas mettre à la disposition d'un salarié une version en langue française d'un document comportant des obligations à l'égard de ce salarié ou des dispositions dont la connaissance est nécessaire à celui-ci pour l'exécution de son travail [*V. C. trav., art. L. 1321-6*] est puni de la peine d'amende prévue pour les contraventions de la 4ᵉ classe.

Art. 4 Les personnes morales peuvent être déclarées responsables pénalement, dans les conditions prévues par l'article 121-2 du code pénal, des infractions définies aux articles 1ᵉʳ à 3.

Les personnes morales encourent la peine de l'amende suivant les modalités prévues par l'article 131-41 du code pénal.

Les dispositions des articles 132-66 à 132-70 du code pénal sont applicables en cas de condamnation d'une personne morale.

Règlement (CE) n° 44/2001 du Conseil du 22 décembre 2000,

Concernant la compétence judiciaire, la reconnaissance et l'exécution des décisions en matière civile et commerciale (JOCE n° L 12 du 16 janv. 2001). « Règlement Bruxelles I ».

V. aussi Règl. (UE) n° 2015/1012 du 12 déc. 2012, entré en vigueur le 10 janv. 2015, « Règlement Bruxelles I bis ».

CHAPITRE II *COMPÉTENCE*

SECTION 1 *Dispositions générales*

Art. 2 1. Sous réserve des dispositions du présent règlement, les personnes domiciliées sur le territoire d'un État membre sont attraites, quelle que soit leur nationalité, devant les juridictions de cet État membre.

2. Les personnes qui ne possèdent pas la nationalité de l'État membre dans lequel elles sont domiciliées y sont soumises aux règles de compétence applicables aux nationaux.

L'art. 2, § 1, du Règl. n° 44/2001, permet à un demandeur domicilié dans un État tiers d'attraire devant la juridiction d'un État membre des sociétés qui y sont domiciliées afin d'établir une situation de coemploi entre ces dernières et une société domiciliée dans un État tiers. ● Soc. 28 janv. 2015, ⚖ n° 13-22.994 P : *RDT 2015. 203, note Ines* ⌀ *; RJS 4/2015, n° 277 ; BJS 2015. 222, note Jault-Seseke.*

SECTION 2   *Compétences spéciales*

Art. 5 Une personne domiciliée sur le territoire d'un État membre peut être attraite, dans un autre État membre :

1) a) en matière contractuelle, devant le tribunal du lieu où l'obligation qui sert de base à la demande a été ou doit être exécutée ;

b) aux fins de l'application de la présente disposition, et sauf convention contraire, le lieu d'exécution de l'obligation qui sert de base à la demande est :

— pour la vente de marchandises, le lieu d'un État membre où, en vertu du contrat, les marchandises ont été ou auraient dû être livrées,

— pour la fourniture de services, le lieu d'un État membre où, en vertu du contrat, les services ont été ou auraient dû être fournis ;

c) le point a) s'applique si le point b) ne s'applique pas ;

2) en matière d'obligation alimentaire, devant le tribunal du lieu où le créancier d'aliments a son domicile ou sa résidence habituelle ou, s'il s'agit d'une demande accessoire à une action relative à l'état des personnes, devant le tribunal compétent selon la loi du for pour en connaître, sauf si cette compétence est uniquement fondée sur la nationalité d'une des parties ;

3) en matière délictuelle ou quasi délictuelle, devant le tribunal du lieu où le fait dommageable s'est produit ou risque de se produire ;

4) s'il s'agit d'une action en réparation de dommage ou d'une action en restitution fondées sur une infraction, devant le tribunal saisi de l'action publique, dans la mesure où, selon sa loi, ce tribunal peut connaître de l'action civile ;

5) s'il s'agit d'une contestation relative à l'exploitation d'une succursale, d'une agence ou de tout autre établissement, devant le tribunal du lieu de leur situation ;

6) en sa qualité de fondateur, de trustee ou de bénéficiaire d'un trust constitué soit en application de la loi, soit par écrit ou par une convention verbale, confirmée par écrit, devant les tribunaux de l'État membre sur le territoire duquel le trust a son domicile ;

7) s'il s'agit d'une contestation relative au paiement de la rémunération réclamé en raison de l'assistance ou du sauvetage dont a bénéficié une cargaison ou un fret, devant le tribunal dans le ressort duquel cette cargaison ou le fret s'y rapportant :

a) a été saisi pour garantir ce paiement, ou

b) aurait pu être saisi à cet effet, mais une caution ou une autre sûreté a été donnée, cette disposition ne s'applique que s'il est prétendu que le défendeur a un droit sur la cargaison ou sur le fret ou qu'il avait un tel droit au moment de cette assistance ou de ce sauvetage.

Sur le fondement du règlement « insolvabilité », la juridiction de l'État d'ouverture de la procédure principale d'insolvabilité est seule compétente pour connaître d'une action en responsabilité extracontractuelle engagée par un salarié à l'encontre d'une autre société du groupe à qui il reproche d'avoir causé la faillite de la filiale française emportant consécutivement la perte de son emploi. ● Soc. 10 janv. 2017, ⚓ n° 15-12.284 P : D. 2017. Actu. 158 ; RJS 3/2017, n° 223 ; JCP S 2017. 1074, obs. Tricoit.

SECTION 5   *Compétence en matière de contrats individuels de travail*

Art. 18 1. En matière de contrats individuels de travail, la compétence est déterminée par la présente section, sans préjudice de l'article 4 et de l'article 5, point 5.

2. Lorsqu'un travailleur conclut un contrat individuel de travail avec un employeur qui n'est pas domicilié dans un État membre mais possède une succursale, une agence ou tout autre établissement dans un État membre, l'employeur est considéré, pour les contestations relatives à leur exploitation comme ayant son domicile dans cet État membre.

Art. 19 Un employeur ayant son domicile sur le territoire d'un État membre peut être attrait :

1) devant les tribunaux de l'État membre où il a son domicile, ou

2) dans un autre État membre :

a) devant le tribunal du lieu où le travailleur accomplit habituellement son travail ou devant le tribunal du dernier lieu où il a accompli habituellement son travail, ou

b) lorsque le travailleur n'accomplit pas ou n'a pas accompli habituellement son travail dans un même pays, devant le tribunal du lieu où se trouve ou se trouvait l'établissement qui a embauché le travailleur.

1. Lieu de travail habituel. Il résulte de l'art. 19, § 2, a), qu'un employeur ayant son domicile sur le territoire d'un État membre peut être attrait dans un autre État membre devant le tribunal du lieu où le travailleur accomplit habituellement son travail, ou devant le tribunal du dernier lieu où il a accompli habituellement son travail ; que le lieu de travail habituel est l'endroit où le travailleur accomplit la majeure partie de son temps de travail pour le compte de son employeur, en tenant compte de l'intégralité de la période d'activité du travailleur ; qu'en cas de périodes stables de travail dans des lieux successifs différents, le dernier lieu d'activité devrait être retenu dès lors que, selon la volonté claire des parties, il a été décidé que le travailleur y exerçait de façon stable et durable ses activités. Dès lors, ne donne pas de base légale à sa décision la cour d'appel qui, par des motifs impropres à caractériser le dernier lieu de travail habituel au sens de l'art. 19, retient la compétence du conseil de prud'hommes de Cannes, après avoir constaté qu'engagé par l'armateur en juin 2002, le salarié accomplissait son travail sur un navire effectuant des trajets internationaux et qu'à compter du 1er sept. 2004 jusqu'au 25 janv. 2005, date de la rupture de son contrat de travail, il avait travaillé au port Canto à Cannes, en a déduit qu'en raison de l'exécution de ses activités durant cinq mois à Cannes, ce lieu devait être considéré comme le dernier lieu où le salarié avait accompli habituellement son travail, conformément à l'art. 19, § 2, a), in fine. • Soc. 31 mars 2009, 🕀 n° 08-40.367 P : D. 2009. AJ 1149 🖉 ; JCP S 2009. Actu. 199 ; RDC 2009. 1543, obs. Deumier ; RDT 2010. 63, obs. Jault-Seseke 🖉 ; Dr. soc. 2009. 733, note Chaumette 🖉. ♦ Ayant constaté, dans l'exercice de son pouvoir souverain d'appréciation des éléments de fait et de preuve qui lui étaient soumis, que les salariés commandants de bord commençaient et terminaient toutes leurs prestations de travail en France, peu important que les cycles de rotations les conduisent dans différents pays du globe ; que la société disposait d'un établissement principal à un aéroport international situé en France d'où les pilotes commençaient ou finissaient leur service, assuraient les tâches administratives et les jours d'astreinte ; qu'elle était immatriculée à un registre du commerce en France, peu important que son siège social soit situé en Grande-Bretagne et que ses avions soient immatriculés au Zimbabwe ; qu'elle avait choisi une implantation en France (Hub européen ou plateforme) dans des locaux et infrastructures à partir desquels son activité de fret de denrées périssables était exercée de façon habituelle, stable et continue ; que les salariés affectés à cette activité de transport aérien y avaient le centre effectif de leur activité professionnelle, l'aéroport international situé en France étant leur base et tous les frais en dehors de ce dernier étant pris en charge par l'employeur, une cour d'appel, en déclarant la juridiction française compétente pour connaître de la rupture du contrat de travail, a fait une exacte application des dispositions de l'art. 19 du Règl. du 22 déc. 2000, telles qu'interprétées par la Cour de justice de l'Union européenne, selon laquelle lorsque l'obligation du salarié d'effectuer les activités convenues s'exerce dans plus d'un État contractant, le lieu où il accomplit habituellement son travail est l'endroit où, ou à partir duquel, compte tenu des circonstances du cas d'espèce, il s'acquitte en fait de l'essentiel de ses obligations à l'égard de son employeur. • Soc. 11 avr. 2012 : 🕀 Europe 2014. Chron. 3, obs. Azoulai. ♦ Une cour d'appel, ayant constaté que l'employeur gère un programme de propriété partagée d'une quinzaine d'avions d'affaires immatriculés au Luxembourg, dont il assure l'exploitation et l'entretien et qu'il met à la disposition des copropriétaires avec des pilotes, afin de les amener à la destination de leur choix en Europe, ou en dehors de l'Europe, que les carnets de vol produits par le salarié font apparaître un nombre extrêmement réduit de vols à destination, ou en partance, du Luxembourg et, en revanche, un nombre majoritaire de vols en lien avec le territoire français, que les bulletins de paye révèlent que le salarié a toujours été domicilié en France, que l'employeur reconnaît d'ailleurs, de manière générale, que, parmi les vingt aéroports les plus fréquentés, la part du Luxembourg n'a représenté que 1,25 % des vols de ses avions, alors que celle de la France a atteint 45,50 %, le reste des vols ayant été répartis entre la Suisse (27,65 %), l'Italie (2,84 %), la Belgique (2,17 %) et la Grande-Bretagne (2,14 %), a, en retenant la compétence de la juridiction française, fait une exacte application des dispositions de l'art. 19 du règlement telles qu'interprétées par la CJUE, selon laquelle, lorsque l'obligation du salarié d'effectuer les activités convenues s'exerce dans plus d'un État contractant, le lieu où il accomplit habituellement son travail est l'endroit où, ou à partir duquel, compte tenu des circonstances du cas d'espèce, il s'acquitte en fait de l'essentiel de ses obligations à l'égard de son employeur. • Soc. 4 déc. 2012 : 🕀 BICC 15 avr. 2013, n° 603 ; JCP S 2013. 1155, note Pétel-Teyssié. ♦ Il résulte de l'art. 19, § 2, a), du Règl., qu'un employeur ayant son domicile sur le territoire d'un État membre peut être attrait devant le tribunal du lieu où le travailleur accomplit habituellement son travail. Doit dès lors être cassé l'arrêt d'une cour d'appel qui, après avoir constaté qu'un salarié avait toujours effectué son travail à Aulnay-sous-Bois, déclare la juridiction prud'homale française incompétente pour statuer sur ses demandes au titre de son licenciement prononcé dans le cadre d'une procédure collective au motif que cette procédure ayant été ouverte par un tribunal belge et que, selon la loi belge, cette dernière est applicable au litige. • Civ. 2e, 27 nov. 2013, 🕀 n° 12-20.426 P : D. 2013. Actu. 2859 🖉 ; RDT 2014. 8, obs. Guiomard 🖉 ; JCP S 2014. 1155, note Piacitelli-Guedji. ♦ Le lieu de travail habituel est l'endroit où le travailleur accomplit la majeure partie de son temps de travail pour le compte de son employeur en tenant compte de l'intégralité de la période d'activité du travailleur ; en cas de périodes stables de travail dans des lieux successifs différents, le dernier lieu d'activité devrait être retenu dès lors que, selon la volonté claire des parties, il a été décidé que le travailleur y exercerait de façon stable et durable ses activités. Une cour d'appel ayant constaté que l'autorisation d'exécuter pour partie la prestation de travail à son domicile situé à Slough, obtenue par le salarié de ses supérieurs hiérarchiques en 2008, n'a pas remis en cause la localisation de son emploi à Londres, que l'employeur n'a jamais donné son accord à un transfert en France du lieu de travail de son salarié, la tolérance dont il a bénéficié pour travailler chez lui une partie de la semaine alors qu'il n'était plus domicilié au Royaume-Uni ne pouvant s'analyser qu'en une dérogation précaire aux termes du contrat fixant la localisation de son poste de travail à Londres, et que, par ailleurs, sur l'ensemble de la période d'activité du salarié employé du 5 févr. 2007 au 29 déc. 2010, celui-ci a accompli la majeure partie de son temps de travail à Londres qui est constamment demeuré le centre effectif de ses activités professionnelles, en a déduit à bon droit qu'en l'absence de volonté claire des parties, il n'a pas été convenu que le travailleur exercerait de façon stable et durable ses activités à son domicile en France. ● Soc. 27 nov. 2013, 🔗 n° 12-24.880 P : *D. 2013. Actu. 2859* ⌀ ; *JCP S 2014. 1155, note Piacitelli-Guedji*. ♦ Une cour d'appel décide exactement que la délivrance d'un certificat E 101 par l'organisme de sécurité sociale espagnole n'avait d'effet qu'à l'égard des régimes de sécurité sociale, en application de l'art. 1er du Règl. (CEE) n° 1408/1971 du 14 juin 1971 relatif à l'application des régimes de sécurité sociale aux travailleurs salariés, aux travailleurs non salariés et aux membres de leur famille qui se déplacent à l'intérieur de la Communauté, applicable en la cause, et que la détermination de la juridiction compétente devait être faite en application des dispositions de l'art. 19 du Règl. (CE) n° 44/2001 du 22 déc. 2000 concernant la compétence judiciaire, la reconnaissance et l'exécution des décisions en matière civile et commerciale. ● Soc. 29 sept. 2014 : 🔗 *Gaz. Pal. 21-23 déc. 2014, p. 34, obs. Orif ; JCP S 2015. 1063, note Tricoit*. ♦ L'art. 19, § 2, ss. a), du règlement doit être interprété en ce sens que, en cas de recours formé par un membre du personnel navigant d'une compagnie aérienne ou mis à sa disposition, et afin de déterminer la compétence de la juridiction saisie, la notion de « lieu où le travailleur accomplit habituellement son travail », au sens de cette disposition, n'est pas assimilable à celle de « base d'affectation », au sens de l'annexe III du Règl. (CEE) n° 3922/91 du Conseil du 16 déc. 1991, relatif à l'harmonisation de règles techniques et de procédures administratives dans le domaine de l'aviation civile, tel que modifié par le Règl. (CE) n° 1899/2006 du Parlement européen et du Conseil du 12 déc. 2006. La notion de « base d'affectation » constitue néanmoins un indice significatif aux fins de déterminer le « lieu où le travailleur accomplit habituellement son travail ». ● CJUE 14 sept. 2017, 🔗 n° C-168/16 : *D. 2017. Actu. 1841* ⌀ ; *ibid. 2018. 107, note Dupont et Poissonnier* ⌀ ; *Dr. soc. 2017. 1085, note Lacoste-Mary* ⌀ ; *Europe 2017, n° 443, obs. Idot* ; *Procédures 2017, n° 265, note Nourissat*. ♦ Ainsi, une cour d'appel ne saurait conclure à l'incompétence des juridictions françaises pour juger du licenciement d'un salarié pilote alors qu'elle constate que son contrat de travail lui imposait de choisir un aéroport en tant que « base d'affectation » à partir duquel il commençait ou terminait ses prestations de travail et à partir duquel il rejoignait, le cas échéant, les aéronefs gérés par l'employeur, que cette base d'affectation était un aéroport français où le salarié recevait ses instructions, qu'entre un cinquième et un quart des vols étaient effectués à partir ou à destination de la France, peu important que les formations n'aient pas lieu en France et que les plannings de vols soient établis par la société à Lisbonne. ● Soc. 28 févr. 2018, 🔗 n° 16-17.505 P : *D. actu. 9 mars 2018, obs. Mélin* ● Soc. 28 févr. 2018, 🔗 n° 16-12.754 P : *D. actu. 9 mars 2018, obs. Mélin*.

CERTIFICAT A1

2. Délivrance d'un certificat E101 (A1). La délivrance d'un certificat E101, devenu A1, sur la base de déclarations unilatérales faites par l'employeur auprès d'une institution de sécurité sociale d'un autre État membre, ne saurait faire échec à la compétence du juge prud'homal français déterminée, en application de l'art. 19 du Règl. (CE) n° 44/2001 du 22 déc. 2000, par les conditions d'accomplissement du travail et le choix des parties, pour constater que le salarié ne relève pas de la catégorie des travailleurs détachés au sens du droit européen et assurer le respect par cet employeur des stipulations du contrat de travail. ● Soc. 10 juin 2015, 🔗 n° 13-17.799 P : *D. actu. 2 juill. 2015, obs. Cortot* ; *D. 2015. Actu. 1324* ⌀ ; *RJS 10/2015, n° 658*.

3. Opposabilité du certificat A1. Le certificat A1 (ex-E101) délivré par les autorités d'un État membre de l'Union européenne, attestant de l'affiliation à un régime de sécurité sociale, s'impose toujours aux autorités et juridictions d'un autre État membre, y compris dans le cas où les travailleurs concernés ne sont manifestement pas des travailleurs détachés. ● CJUE 27 avr. 2017, 🔗 n° C-620/15 : *D. 2017. Actu. 984* ⌀ ; *RDT 2017. 462, note Mihman* ⌀ ; *Dr. soc. 2017. 866, obs. Amauger-Lattes* ⌀ ; *ibid. 2017. 579, obs. Lhernould* ⌀ ; *RJS 7/2017, n° 537* ; *JCP S 2017. 1303, obs. Brunner* ; *JCP E 2017. 1592, obs. Colonna et Renaux-Personnic*. ♦ Le juge français ne peut remettre en cause la validité du certificat E 101, devenu A1, délivré par les autorités d'un autre État membre de l'Union européenne, attestant de l'affiliation à un régime de sécurité sociale du salarié détaché ; ce certificat s'impose aux juges et aux autorités françaises, y compris lorsque les salariés concernés ne sont manifestement pas des travailleurs détachés. ● Soc. 22 déc. 2017, 🔗 n° 13-25.467 P : *D. 2018. 981, obs. Jault-Seseke* ⌀ ; *Dr.*

soc. 2018. 389, obs. Kessler et Logeais ◊ ; RJS 3/2018, n° 231 ; JSL 2018, n° 448-3, obs. Tissandier ; JCP 2018. 253, obs. Omarjee ; JCP S 2018. 1016, avis Legoherel. ♦ Les juridictions nationales peuvent, toutefois, en cas de fraude, écarter l'application du certificat de sécurité sociale des travailleurs détachés dans l'Union européenne ; tel est le cas si l'institution émettrice s'abstient dans un délai raisonnable de procéder à un réexamen du certificat à la lumière des éléments de fraude portés à sa connaissance. • CJUE 6 févr. 2018, ⚖ n° C-359/16 : D. 2018. Actu. 296 ◊ ; RDT 2018. 219, obs. Castel ◊ ; SSL 2018, n° 1804, p. 11 ; JSL 2018, n° 450-5, obs. Nivelles ; JCP S 2018. 1091, obs. Nasom Tissandier. ♦ Le juge de l'État membre d'accueil a l'obligation de s'assurer que la procédure administrative entre institutions a été engagée et que l'institution de l'État qui a émis le certificat s'est abstenue de procéder au réexamen du bien-fondé de la délivrance de ces certificats et de prendre position, dans un délai raisonnable sur la demande en ce sens présentée par l'institution compétente de l'État membre d'accueil ; à défaut de procédure engagée, il appartient au juge de l'État membre d'accueil de mettre en œuvre tous les moyens de droit à sa disposition afin d'assurer que l'institution compétente de l'État membre d'accueil enclencha cette procédure. • CJUE 2 avr. 2020, ⚖ n°s C-370/17 et C-37/18, Vueling : RDT 2020. 380, étude K. Chatzilaou ◊ ; RJS 7/2020, n° 391 ; JSL 2020, n° 498-5, obs. Nassom-Tissandier. ♦ Dans le cas où l'employeur a fait l'objet, dans l'État membre d'accueil, d'une condamnation pénale fondée sur un constat définitif de fraude opéré en méconnaissance du droit de l'Union, une juridiction civile de cet État membre, tenue par le principe de droit national de l'autorité de la chose jugée au pénal sur le civil, ne peut mettre à la charge de cet employeur, du seul fait de cette condamnation pénale, des dommages-intérêts destinés à indemniser les travailleurs ou un organisme de retraite de ce même État membre, victimes de cette fraude. • Même arrêt. ♦ Le délit de travail dissimulé tant par dissimulation de salariés que par dissimulation d'activité peut être établi, nonobstant la production de certificats E101 ou A1, lorsque les obligations déclaratives qui ont été omises ne sont pas seulement celles afférentes aux organismes de protection sociale (C. trav., art. L. 8221-3, 2°) ou aux salaires ou aux cotisations sociales (C. trav., art. L. 8221-5, 3°). • Crim. 12 janv. 2021, ⚖ n° 17-82.553 P : RJS 3/2021, n° 171 ; JSL 2021, n° 520-5, obs. Mesa ; JCP S 2021. 1075, obs. Coursier. ♦ En présence d'un certificat E101/A1 dont la validité a été confirmée par l'autorité émettrice, une cour d'appel ne peut pas condamner un employeur à payer diverses sommes à titre d'indemnité forfaitaire pour travail dissimulé par dissimulation d'activité en raison d'un défaut de déclaration aux organismes de sécurité sociale et de dommages-intérêts pour absence de cotisations sociales en France en se fondant sur l'autorité de la chose jugée revêtue par une condamnation pénale dès lors que celle-ci repose sur un constat définitif de fraude opéré en méconnaissance du droit de l'Union européenne. • Soc. 31 mars 2021, ⚖ n° 16-16.713 P : D. 2021. 701 ◊ ; RJS 6/2021, n° 351 ; Dr. ouvrier 2021. 337, note Percher ; JCP 2021. 435, obs. Dedessus-le-Moustier ; JCP S 2021. 1140, note Icard.

4. Questions préjudicielles (1). Sont renvoyées à la CJUE les questions suivantes : 1. L'interprétation donnée par la CJUE dans son arrêt du 27 avr. 2017, à l'art. 14, § 2, a), du Règl. 1408/71/CEE, dans sa version modifiée et mise à jour par le Règl. (CE) n° 118/97, tel que modifié par le Règl. (CE) n° 647/2005 du 13 avr. 2005, s'applique-t-elle à un litige relatif à l'infraction de travail dissimulé dans lequel les certificats E101 ont été délivrés au titre de l'art. 14, § 1, a), en application de l'art. 11 § 1, du Règl. 574/72/CE du 21 mars 1972 fixant les modalités d'application du Règl. 1408/71, alors que la situation relevait de l'art. 14 § 2, a), i), pour des salariés exerçant leur activité sur le territoire de l'État membre dont ils sont ressortissants et sur lequel l'entreprise de transport aérien établie dans un autre État membre dispose d'une succursale et que la seule lecture du certificat E101, qui mentionne un aéroport comme lieu d'activité du salarié et une entreprise aérienne comme employeur, permet d'en déduire qu'il a été obtenu de façon frauduleuse ? 2. Dans l'affirmative, le principe de la primauté du droit de l'Union européenne doit-il être interprété en ce sens qu'il s'oppose à ce qu'une juridiction nationale, tenue en application de son droit interne par l'autorité de la chose jugée par une juridiction pénale sur la juridiction civile, tire les conséquences d'une décision d'une juridiction pénale rendue de façon incompatible avec les règles du droit de l'Union européenne en condamnant civilement un employeur à des dommages et intérêts envers un salarié du seul fait de la condamnation pénale de cet employeur pour travail dissimulé ? • Soc. 10 janv. 2018, ⚖ n° 16-16.713 P : D. 2018. Actu. 118 ◊.

5. Questions préjudicielles (2). Il y a lieu de renvoyer à la CJUE la question de savoir si les textes européens relatifs aux régimes de sécurité sociale applicables en cas de détachement de travailleurs au sein de l'UE doivent être interprétés en ce sens qu'une attestation d'affiliation (certificat E101 devenu A1) délivrée par l'institution désignée par l'autorité compétente d'un État membre lie les juridictions de l'État membre dans lequel le travail est effectué pour déterminer la législation applicable, non seulement au régime de sécurité sociale, mais aussi au droit du travail, lorsque cette législation définit les obligations des employeurs et les droits des salariés ; de la réponse du juge européen dépendra la question de savoir si la production de ces documents constituera à l'avenir, sous réserve d'une fraude avérée, doublée d'une absence de coopération loyale de l'autorité émettrice, un obstacle à la poursuite des employeurs établis à l'étranger du chef de travail dissimulé. • Crim. 8 janv. 2019, 🔒 n° 17-82.553 : D. 2019. 546, obs. Icard ⌀ ; D. 2019. Pan. 1022, obs. Clavel ⌀ ; RJS 3/2019, n° 189 ; JCP 2019. 171, obs. Fillon.

Art. 20 1. L'action de l'employeur ne peut être portée que devant les tribunaux de l'État membre sur le territoire duquel le travailleur a son domicile.

2. Les dispositions de la présente section ne portent pas atteinte au droit d'introduire une demande reconventionnelle devant le tribunal saisi de la demande originaire conformément à la présente section.

Loi n° 2005-159 du 23 février 2005,

Relative au contrat de volontariat de solidarité internationale.

V. Décr. n° 2022-1067 du 28 juill. 2022 (JO 30 juill.).

BIBL. ▶ JOURDAN, JCP S 2005. 1002.

Art. 1ᵉʳ Toute association de droit français agréée dans les conditions prévues à l'article 9 *(L. n° 2021-1031 du 4 août 2021, art. 8-I)* « ou tout groupement d'intérêt public agréé en application du même article 9 », ayant pour objet des actions de solidarité internationale, peut conclure un contrat de volontariat de solidarité internationale avec une personne majeure.

Ce contrat est un contrat écrit qui organise une collaboration désintéressée entre l'association *(L. n° 2021-1031 du 4 août 2021, art. 8-I)* « ou le groupement d'intérêt public » et le volontaire. Il ne relève pas, sauf dispositions contraires prévues par la présente loi, des règles du code du travail. Il est conclu pour une durée limitée dans le temps.

Ce contrat, exclusif de l'exercice de toute activité professionnelle, a pour objet l'accomplissement d'une mission d'intérêt général à l'étranger *(L. n° 2021-1031 du 4 août 2021, art. 8-I)* « ou en France » dans les domaines de la coopération au développement et de l'action humanitaire *(L. n° 2021-1031 du 4 août 2021, art. 8-I)* « , en vue de participer à la réalisation des objectifs de développement durable inscrits au Programme de développement durable à l'horizon 2030, adopté le 25 septembre 2015 par l'Assemblée générale des Nations unies ».

(L. n° 2010-241 du 10 mars 2010) « Ce contrat constitue un service civique effectué à l'étranger *(L. n° 2021-1031 du 4 août 2021, art. 8-I)* « ou en France » et obéissant aux règles spécifiques de la présente loi. »

Art. 2 *(L. n° 2021-1031 du 4 août 2021, art. 8)* Le volontaire de solidarité internationale accomplit une ou plusieurs missions dans un État dont il n'est pas le ressortissant ou le résident régulier. Il ne peut accomplir une mission dans un des États membres de l'Union européenne ou parties à l'accord sur l'Espace économique européen sauf, pour les seuls ressortissants ou résidents réguliers d'États non membres de l'Union européenne ou non parties à l'accord sur l'Espace économique européen, en France.

Art. 3 Si le candidat volontaire est un salarié de droit privé, l'engagement pour une ou plusieurs missions de volontariat de solidarité internationale d'une durée continue minimale d'un an est un motif légitime de démission. Dans ce cas, si l'intéressé réunit les autres conditions pour bénéficier d'une indemnisation du chômage, ses droits seront ouverts à son retour de mission. Ces droits seront également ouverts en cas d'interruption de la mission.

L'ensemble des compétences acquises dans l'exécution d'un contrat de volontariat de solidarité internationale en rapport direct avec le contenu d'un diplôme, d'un titre à finalité professionnelle ou d'un certificat de qualification est pris en compte au titre de la validation des acquis de l'expérience dans les conditions prévues aux articles L. 335-5 et L. 335-6 du code de l'éducation.

A l'issue de sa mission, l'association *(L. n° 2021-1031 du 4 août 2021, art. 8-I)* « ou le groupement d'intérêt public » délivre au volontaire une attestation d'accomplissement de mission de volontariat de solidarité internationale.

Art. 4 Le contrat de volontariat de solidarité internationale mentionne les conditions dans lesquelles le volontaire accomplit sa mission. Il est conclu pour une durée maximale de deux ans. La durée cumulée des missions accomplies par un volontaire, de façon continue ou non, pour le compte d'une ou plusieurs associations *(L. n° 2021-1031 du 4 août 2021, art. 8-I)* « ou d'un groupement d'intérêt public », ne peut excéder six ans.

Les associations *(L. n° 2021-1031 du 4 août 2021, art. 8-I)* « ou les groupements d'intérêt public » assurent une formation aux volontaires avant leur départ, prennent en charge les frais de voyage liés à la mission et apportent un appui à la réinsertion professionnelle des volontaires à leur retour.

Il peut être mis fin de façon anticipée à un contrat de volontariat moyennant un préavis d'au moins un mois. Dans tous les cas, y compris en cas de retrait de l'agrément délivré à l'association *(L. n° 2021-1031 du 4 août 2021, art. 8-I)* « ou au groupement d'intérêt public » en application de l'article 9, l'association *(L. n° 2021-1031 du 4 août 2021, art. 8-I)* « ou le groupement d'intérêt public » assure le retour du volontaire vers son lieu de résidence habituelle.

Art. 5 L'association *(L. n° 2021-1031 du 4 août 2021, art. 8-I)* « ou le groupement d'intérêt public » affilie le volontaire et ses ayants droit, à compter de la date d'effet du contrat, à un régime de sécurité sociale lui garantissant des droits d'un niveau identique à celui du régime général de la sécurité sociale française.

Ce régime de sécurité sociale assure la couverture des risques maladie, maternité, invalidité, décès, vieillesse, accidents du travail et maladies professionnelles. Pour les ayants droit, il assure la couverture des prestations en nature des risques maladie, maternité et invalidité.

Le volontaire et ses ayants droit bénéficient, dans des conditions fixées par décret, d'une assurance maladie complémentaire, d'une assurance responsabilité civile et d'une assurance pour le rapatriement sanitaire prises en charge par l'association *(L. n° 2021-1031 du 4 août 2021, art. 8-I)* « ou le groupement d'intérêt public ».

Art. 6 Le volontaire bénéficie au minimum d'un congé de deux jours non chômés, au sens de la législation de l'État d'accueil, par mois de mission, dès lors qu'il accomplit une mission d'une durée au moins égale à six mois.

Le volontaire bénéficie des congés de maladie, de maternité, de paternité *(L. n° 2012-1404 du 17 déc. 2012, art. 94-IX)* « et d'accueil de l'enfant » et d'adoption prévus par le code du travail et le code de la sécurité sociale pour les travailleurs salariés.

Pendant la durée de ces congés, le volontaire perçoit la totalité de l'indemnité mentionnée à l'article 7.

Art. 7 Une indemnité est versée au volontaire. Elle lui permet d'accomplir sa mission dans des conditions de vie décentes. Cette indemnité n'a pas le caractère d'un salaire ou d'une rémunération. Elle n'est soumise, en France, ni à l'impôt sur le revenu, ni aux cotisations et contributions sociales.

Le montant de l'indemnité et les conditions dans lesquelles elle est versée sont fixés pour chaque volontaire dans son contrat. Les montants minimum et maximum de l'indemnité sont fixés par arrêté du ministre des affaires étrangères *(Abrogé par Décr. n° 2019-1379 du 18 déc. 2019, art. 17, à compter du 1ᵉʳ janv. 2020)* « , *après avis de la Commission du volontariat de solidarité internationale* » en tenant compte des conditions d'existence dans l'État où la mission a lieu.

Art. 8 *Abrogé par Décr. n° 2019-1379 du 18 déc. 2019, art. 17, à compter du 1ᵉʳ janv. 2020.*

Art. 9 Toute association *(L. n° 2021-1031 du 4 août 2021, art. 8-I)* « ou tout groupement d'intérêt public » qui souhaite faire appel au concours de volontaires dans les conditions prévues par la présente loi doit être *(L. n° 2021-1031 du 4 août 2021, art. 8-I)* « agréé » par le ministre des affaires étrangères. Cet agrément est délivré *(Abrogé par Décr. n° 2019-1379 du 18 déc. 2019, art. 17, à compter du 1ᵉʳ janv. 2020)* « , *après avis de la Commission du volontariat de solidarité internationale* », pour une durée limitée, aux associations *(L. n° 2021-1031 du 4 août 2021, art. 8-I)* « ou aux groupements d'intérêt public » qui présentent des garanties suffisantes pour organiser des missions de volontaires de solidarité internationale dans les conditions prévues par la présente loi.

Art. 10 La présente loi entrera en vigueur trois mois après sa publication *[24 mai 2005]*.
Les conditions d'application de la présente loi sont fixées par décret.

Art. 11 Les dispositions de la présente loi sont applicables à Saint-Pierre-et-Miquelon et à Mayotte.

Loi n° 2008-496 du 27 mai 2008,

Portant diverses dispositions d'adaptation au droit communautaire dans le domaine de la lutte contre les discriminations.

BIBL. ▶ Lanquetin, *Dr. soc.* 2009. 778.

Art. 1ᵉʳ Constitue une discrimination directe la situation dans laquelle, sur le fondement de *(L. n° 2016-1547 du 18 nov. 2016, art. 86-I-1°)* « son origine, de son sexe, de sa situation de famille, de sa grossesse, de son apparence physique, de la particulière vulnérabilité résultant de sa situation économique, apparente ou connue de son auteur, de son patronyme, de son lieu de résidence (*L. n° 2017-256 du 28 févr. 2017, art. 70-I*) « ou de sa domiciliation bancaire », de son état de santé, de sa perte d'autonomie, de son handicap, de ses caractéristiques génétiques, de ses mœurs, de son orientation sexuelle, de son identité de genre, de son âge, de ses opinions politiques, de ses activités syndicales, de sa capacité à s'exprimer dans une langue autre que le français, de son appartenance ou de sa non-appartenance, vraie ou supposée, à une ethnie, une nation, une prétendue race ou une religion déterminée », une personne est traitée de manière moins favorable qu'une autre ne l'est, ne l'a été ou ne l'aura été dans une situation comparable.

Constitue une discrimination indirecte une disposition, un critère ou une pratique neutre en apparence, mais susceptible d'entraîner, pour l'un des motifs mentionnés au premier alinéa, un désavantage particulier pour des personnes par rapport à d'autres personnes, à moins que cette disposition, ce critère ou cette pratique ne soit objectivement justifié par un but légitime et que les moyens pour réaliser ce but ne soient nécessaires et appropriés.

La discrimination inclut :

1° Tout agissement lié à l'un des motifs mentionnés au premier alinéa et tout agissement à connotation sexuelle, subis par une personne et ayant pour objet ou pour effet de porter atteinte à sa dignité ou de créer un environnement intimidant, hostile, dégradant, humiliant ou offensant ;

2° Le fait d'enjoindre à quiconque d'adopter un comportement prohibé par l'article 2.

Cet art. s'applique à toutes les personnes publiques ou privées, y compris celles exerçant une activité professionnelle indépendante ; sans préjudice des dispositions et conditions relatives à l'admission et au séjour des ressortissants des pays non membres de l'Union européenne et des apatrides (L. n° 2008-496 du 27 mai 2008, art. 5).

Art. 2 Sans préjudice de l'application des autres règles assurant le respect du principe d'égalité :

(Abrogé par L. n° 2016-1547 du 18 nov. 2016, art. 86-I-2°) « *1° Toute discrimination directe ou indirecte fondée sur l'appartenance ou la non-appartenance, vraie ou supposée, à une ethnie ou une race est interdite en matière de protection sociale, de santé, d'avantages sociaux, d'éducation, d'accès aux biens et services ou de fourniture de biens et services* ;

2° Toute discrimination directe ou indirecte fondée sur (*L. n° 2016-1547 du 18 nov. 2016, art. 86-I-2°*) « un motif mentionné à l'article 1er » est interdite en matière d'affiliation et d'engagement dans une organisation syndicale ou professionnelle, y compris d'avantages procurés par elle, d'accès à l'emploi, d'emploi, de formation professionnelle et de travail, y compris de travail indépendant ou non salarié, ainsi que de conditions de travail et de promotion professionnelle.

Ce principe ne fait pas obstacle aux différences de traitement fondées sur les motifs visés à l'alinéa précédent lorsqu'elles répondent à une exigence professionnelle essentielle et déterminante et pour autant que l'objectif soit légitime et l'exigence proportionnée ;

(*L. n° 2016-1547 du 18 nov. 2016, art. 86-I-2°*) « 3° Toute discrimination directe ou indirecte fondée sur un motif mentionné à l'article 1er est interdite en matière de protection sociale, de santé, d'avantages sociaux, d'éducation, d'accès aux biens et services ou de fourniture de biens et services.

« Ce principe ne fait pas obstacle à ce que des différences soient faites selon l'un des motifs mentionnés au premier alinéa du présent 3° lorsqu'elles sont justifiées par un but légitime et que les moyens de parvenir à ce but sont nécessaires et appropriés.

« La dérogation prévue au deuxième alinéa du présent 3° n'est pas applicable aux différences de traitement fondées sur l'origine, le patronyme ou l'appartenance ou la non-appartenance, vraie ou supposée, à une ethnie ou une prétendue race ;

« 4° Toute discrimination directe ou indirecte est interdite en raison de la grossesse ou de la maternité, y compris du congé de maternité.

« Ce principe ne fait pas obstacle aux mesures prises en faveur des femmes en raison de la grossesse ou la maternité, y compris du congé de maternité, ou de la promotion de l'égalité entre les femmes et les hommes ;

« 5° Ces principes ne font notamment pas obstacle :

« *a)* Aux mesures prises en faveur des personnes handicapées et visant à favoriser l'égalité de traitement ;

« *b)* Aux mesures prises en faveur des personnes résidant dans certaines zones géographiques et visant à favoriser l'égalité de traitement ;

« *c)* A l'organisation d'enseignements par regroupement des élèves en fonction de leur sexe ;

« 6° Ces principes ne font pas obstacle aux différences de traitement prévues et autorisées par les lois et règlements en vigueur à la date de publication de la loi n° 2016-1547 du 18 novembre 2016 de modernisation de la justice du XXIe siècle. »

V. ndlr ss. art. 1er.

Art. 3 Aucune personne ayant témoigné de bonne foi d'un agissement discriminatoire ou l'ayant relaté ne peut être traitée défavorablement de ce fait.

Aucune décision défavorable à une personne ne peut être fondée sur sa soumission ou son refus de se soumettre à une discrimination prohibée par l'article 2.

V. ndlr ss. art. 1er.

Art. 4 Toute personne qui s'estime victime d'une discrimination directe ou indirecte présente devant la juridiction compétente les faits qui permettent d'en présumer l'existence. Au vu de ces éléments, il appartient à la partie défenderesse de prouver que la mesure en cause est justifiée par des éléments objectifs étrangers à toute discrimination. (*L. n° 2016-1547 du 18 nov. 2016, art. 86-I-3°*) « Le juge forme sa conviction après avoir ordonné, en cas de besoin, toutes les mesures d'instruction qu'il estime utiles. »

(*L. n° 2017-86 du 27 janv. 2017, art. 180*) « Le fait que la victime ait seulement poursuivi l'objectif de démontrer l'existence d'un agissement ou d'une injonction discriminatoire n'exclut pas, en cas de préjudice causé à cette personne, la responsabilité de la partie défenderesse. »

Le présent article ne s'applique pas devant les juridictions pénales.

V. ndlr ss. art. 1er.

Sur les actions en matière de discriminations, V. C. pr. civ., art. 1263-1.

....

Art. 9-1 (*L. n° 2017-86 du 27 janv. 2017, art. 181*) I. — Le Haut Conseil à l'égalité entre les femmes et les hommes est placé auprès du Premier ministre. Il a pour mission d'animer le débat public sur les grandes orientations de la politique des droits des femmes et de l'égalité entre les femmes et les hommes.

A cette fin, le Haut Conseil :

1° Formule des recommandations et des avis et propose des réformes au Premier ministre ;

2° Contribue à l'évaluation des politiques publiques conduites en matière de droits des femmes et d'égalité entre les femmes et les hommes dans tous les champs de la vie sociale (*L. n° 2020-1525 du 7 déc. 2020, art. 20*) « et professionnelle » au regard des objectifs fixés par la loi et les engagements internationaux de la France ;

(*L. n° 2020-1525 du 7 déc. 2020, art. 20*) « 3° Assure un suivi des évolutions législatives et réglementaires et de leurs impacts sur la politique publique d'égalité entre les femmes et les hommes ; »

4° Recueille, fait produire et diffuse les données, analyses, études et recherches sur les droits des femmes et l'égalité entre les femmes et les hommes, aux niveaux national, européen et international ;

5° Remet, tous les ans, au Premier ministre et au ministre chargé des droits des femmes un rapport sur l'état du sexisme en France. Ce rapport est rendu public.

(*L. n° 2020-1525 du 7 déc. 2020, art. 20*) « Le Haut Conseil est consulté sur les projets de loi et de décret ayant pour objet d'assurer l'égalité professionnelle entre les femmes et les hommes ainsi que sur les textes relatifs à des conditions particulières de travail propres à l'un ou l'autre sexe, dans des conditions définies par décret. »

Le Haut Conseil mène librement ses travaux, formule librement ses recommandations et adresse librement ses communications.

Le Haut Conseil peut être saisi par le Premier ministre ou par le ministre chargé des droits des femmes. Il peut se saisir de toute question de nature à contribuer aux missions qui lui sont confiées.

(*L. n° 2018-699 du 3 août 2018, art. 46*) « I bis. — Le Haut Conseil comprend parmi ses membres deux députés et deux sénateurs ainsi que, de droit, les présidents des délégations parlementaires aux droits des femmes et à l'égalité des chances entre les hommes et les femmes de l'Assemblée nationale et du Sénat. »

(*L. n° 2020-1525 du 7 déc. 2020, art. 20*) « II. — L'écart entre le nombre de femmes et le nombre d'hommes qui sont nommés au Haut Conseil à l'égalité entre les femmes et les hommes ne peut être supérieur à un. Les conditions dans lesquelles il est procédé aux désignations ainsi que le fonctionnement et la composition du Haut Conseil sont fixés par décret. » — *V. Décr. n° 2019-15 du 8 janv. 2019 (JO 9 janv.) et Décr. n° 2021-921 du 9 juill. 2021*

(JO 11 juill.), mod. par Décr. n° 2021-1186 du 14 sept. 2021 (JO 15 sept.), Décr. n° 2022-346 du 11 mars 2022 (JO 12 mars).

Règlement (CE) n° 593/2008 du Parlement européen et du Conseil du 17 juin 2008,

Sur la loi applicable aux obligations contractuelles (Rome I).

Art. 8 *Contrats individuels de travail.* 1. Le contrat individuel de travail est régi par la loi choisie par les parties conformément à l'article 3. Ce choix ne peut toutefois avoir pour résultat de priver le travailleur de la protection que lui assurent les dispositions auxquelles il ne peut être dérogé par accord en vertu de la loi qui, à défaut de choix, aurait été applicable selon les paragraphes 2, 3 et 4 du présent article.

2. A défaut de choix exercé par les parties, le contrat individuel de travail est régi par la loi du pays dans lequel ou, à défaut, à partir duquel le travailleur, en exécution du contrat, accomplit habituellement son travail. Le pays dans lequel le travail est habituellement accompli n'est pas réputé changer lorsque le travailleur accomplit son travail de façon temporaire dans un autre pays.

3. Si la loi applicable ne peut être déterminée sur la base du paragraphe 2, le contrat est régi par la loi du pays dans lequel est situé l'établissement qui a embauché le travailleur.

4. S'il résulte de l'ensemble des circonstances que le contrat présente des liens plus étroits avec un autre pays que celui visé au paragraphe 2 ou 3, la loi de cet autre pays s'applique.

Ce règlement est applicable à partir du 17 déc. 2009 (Régl. préc., art. 29).

BIBL. ▶ JAULT-SESEKE, RDT 2021. 667 ⌀ (mode d'emploi de la règle de conflits de lois en matière de contrat de travail).

1. Législation française sur la durée du travail. En dehors des situations de détachement de travailleurs sur le territoire français, relevant de la Dir. 96/71/CE du Parlement européen et du Conseil du 16 déc. 1996, la législation française sur la durée du travail ne constitue pas une loi de police mais relève des dispositions auxquelles il ne peut pas être dérogé par accord au sens de l'art. 8, § 1, du Règl. (CE) n° 593/2008 du Parlement européen et du Conseil du 17 juin 2008 sur la loi applicable aux obligations contractuelles. ● Soc. 8 déc. 2021, ⚓ n° 20-14.178 B : *D. actu. 26 janv. 2022, obs. Fraisse ; D. 2021. 2237 ⌀ ; Dr. soc. 2022. 162, note Lacoste-Mary ⌀ ; RJS 2/2022, n° 49 ; JCP S 2022. 1019, obs. Icard.*

2. Dispositions de la loi française en matière de rupture du contrat de travail. Il ne peut pas être dérogé par contrat aux dispositions de la loi française en matière de rupture du contrat de travail ; les dispositions impératives de la loi française en matière de rupture du contrat de travail, telles qu'interprétées de manière constante par la Cour de cassation, selon lesquelles la prise d'acte de la rupture du contrat de travail par le salarié qui démontre l'existence d'un manquement suffisamment grave de son employeur pour empêcher la poursuite du contrat de travail, produit les effets d'un licenciement sans cause réelle et sérieuse et ouvre droit à son profit au paiement des indemnités afférentes, étant plus favorables que celles de la loi choisie par les parties, la cour d'appel a pu décider d'appliquer la loi française au litige. ● Soc. 8 déc. 2021, ⚓ n° 20-11.738 B : *D. actu. 12 janv. 2022, obs. Malfettes ; D. 2021. 2237 ⌀ ; RJS 2/2022, n° 48 ; JSL 2022, n° 536-2, obs. Lhernould ; JCP S 2022. 1019, obs. Icard.*

3. Portée de la liberté de choix de la loi applicable. Lorsque la loi régissant le contrat individuel de travail a été choisie par les parties à ce contrat, et que celle-ci est différente de celle applicable en vertu des § 2, 3 ou 4 de l'art. 8 du Règl. (CE) n° 593/2008 du Parlement européen et du Conseil du 17 juin 2008, il y a lieu d'exclure l'application de cette dernière, à l'exception des dispositions auxquelles il ne peut être dérogé par accord en vertu de celle-ci, au sens de l'art. 8, § 1, dudit règlement, dont peuvent, en principe, relever les règles relatives au salaire minimal. ● CJUE 15 juill. 2021, n°ˢ C-152/20 et C-218/20 : *D. actu. 9 sept. 2021, obs. Mélin ; RDT 2021. 667, note Jault-Seseke ⌀ ; Dr. soc. 2021. 980, note Lacoste-Mary ⌀.*

4. Réalité de la liberté de choix de la loi applicable. Les parties à un contrat individuel de travail sont considérées comme étant, en principe, libres de choisir la loi applicable à ce contrat même si la clause contractuelle relative à ce choix est rédigée par l'employeur, le travailleur se bornant à l'accepter. ● CJUE 15 juill. 2021, n°ˢ C-152/20 et C-218/20 : *préc. note 3.*

Loi organique n° 2011-333 du 29 mars 2011,

Relative au Défenseur des droits.

V. Décr. n°ˢ 2011-904 et 2011-905 du 29 juill. 2011 (JO 30 juill.).

A compter du 1er mai 2011, le Défenseur des droits succède au Défenseur des enfants, à la Commission nationale de déontologie de la sécurité et à la Haute Autorité de lutte contre les discriminations et pour l'égalité dans leurs droits et obligations au titre de leurs activités respectives (L. n° 2011-333 du 29 mars 2011, art. 44-II).

Les procédures ouvertes par la Haute Autorité de lutte contre les discriminations et pour l'égalité et non clôturées au 31 mars 2011 se poursuivent devant le Défenseur des droits. A cette fin, les actes valablement accomplis par la Haute Autorité de lutte contre les discriminations et pour l'égalité sont réputés avoir été valablement accomplis par le Défenseur des droits (L. n° 2011-333 du 29 mars 2011, art. 44-III).

BIBL. ▶ Daniel et Bailly, JCP S 2011. 1320.

BIBL. (rel. à la HALDE) ▶ Artus-Jégou et Béatrix, JCP S 2007. 1776 (lutte contre les discriminations). – Bouton, RDT 2006. 320 ⌀ (HALDE et transaction pénale). – Burnier, Dr. soc. 2008. 1042 ⌀ (HALDE et entreprise). – Loiseau, Dr. soc. 2009. 142 ⌀. – Mayaud, Dr. soc. 2007. 930 ⌀. – Poncet, JSL 2010 et 2011, n°s 291-1 et 292-1 (la HALDE et les garanties fondamentales de la personne mise en cause). – Rozec et Manigot, JCP S 2010. 1294 (place de la HALDE dans le paysage judiciaire).

TITRE II DISPOSITIONS RELATIVES AUX COMPÉTENCES ET À LA SAISINE DU DÉFENSEUR DES DROITS

Art. 4 Le Défenseur des droits est chargé :
[...]
3° De lutter contre les discriminations, directes ou indirectes, prohibées par la loi ou par un engagement international régulièrement ratifié ou approuvé par la France ainsi que de promouvoir l'égalité ;
[...] 5° (L. n° 2022-400 du 21 mars 2022, art. 1er) « D'informer, de conseiller et » d'orienter vers les autorités compétentes toute personne signalant une alerte dans les conditions fixées par la loi, (L. n° 2022-400 du 21 mars 2022, art. 1er) « et de défendre les » droits et libertés (L. n° 2022-400 du 21 mars 2022, art. 1er) « des lanceurs d'alerte ainsi que des personnes protégées dans le cadre d'une procédure d'alerte ».
[...]

BIBL. ▶ Zylberberg, Dr. ouvrier 2022. 106 (enquêtes du défenseur des droits).

Art. 5 Le Défenseur des droits peut être saisi :
[...]
3° Par toute personne qui s'estime victime d'une discrimination, directe ou indirecte, prohibée par la loi ou par un engagement international régulièrement ratifié ou approuvé par la France, ou par toute association régulièrement déclarée depuis au moins cinq ans à la date des faits se proposant par ses statuts de combattre les discriminations ou d'assister les victimes de discriminations, conjointement avec la personne s'estimant victime de discrimination ou avec son accord ;
[...]
Le Défenseur des droits peut être saisi des agissements de personnes publiques ou privées.
Il peut en outre se saisir d'office ou être saisi par les ayants droit de la personne dont les droits et libertés sont en cause.
Il est saisi des réclamations qui sont adressées à ses adjoints.

Art. 7 Une réclamation peut être adressée à un député, à un sénateur ou à un représentant français au Parlement européen, qui la transmet au Défenseur des droits s'il estime qu'elle appelle son intervention. Le Défenseur des droits informe le député, le sénateur ou le représentant français au Parlement européen des suites données à cette transmission.
Les membres du Parlement peuvent, de leur propre initiative, saisir le Défenseur des droits d'une question qui leur paraît appeler son intervention.
Sur la demande de l'une des commissions permanentes de son assemblée, le président de l'Assemblée nationale ou le président du Sénat peut transmettre au Défenseur des droits, dans les domaines de sa compétence, toute pétition dont l'assemblée a été saisie.
Le Défenseur des droits instruit également les réclamations qui lui sont transmises par le Médiateur européen ou un homologue étranger et qui lui paraissent relever de sa compétence et appeler son intervention.

Art. 8 Lorsqu'il se saisit d'office ou lorsqu'il est saisi autrement qu'à l'initiative de la personne s'estimant lésée ou, s'agissant d'un enfant, de ses représentants légaux, le Défenseur des droits ne peut intervenir qu'à la condition que cette personne ou, le cas échéant, ses ayants droit ait été avertie et ne se soit pas opposée à son intervention. Toutefois, il peut toujours se saisir des cas lui paraissant mettre en cause l'intérêt supérieur d'un enfant et des cas relatifs à des personnes qui ne sont pas identifiées ou dont il ne peut recueillir l'accord.

....

TITRE III DISPOSITIONS RELATIVES À L'INTERVENTION DU DÉFENSEUR DES DROITS

CHAPITRE I *DISPOSITIONS RELATIVES AUX COLLÈGES*

....

Art. 15 Lorsqu'il intervient en matière de lutte contre les discriminations et de promotion de l'égalité, le Défenseur des droits consulte, sur toute question nouvelle, un collège qu'il préside et qui comprend, outre son adjoint, vice-président :
– trois personnalités qualifiées désignées par le président du Sénat ;
– trois personnalités qualifiées désignées par le président de l'Assemblée nationale ;
– une personnalité qualifiée désignée par le vice-président du Conseil d'État ;
– une personnalité qualifiée désignée par le premier président de la Cour de cassation.

Les membres du collège sont désignés en raison de leurs connaissances ou de leur expérience dans le domaine de la lutte contre les discriminations et de la promotion de l'égalité.

Les désignations du président du Sénat et du président de l'Assemblée nationale concourent à une représentation équilibrée entre les femmes et les hommes.

Lorsque le Défenseur des droits préside les réunions du collège, son adjoint ne prend pas part au vote.

En cas de partage égal des voix, celle du président est prépondérante.

....

CHAPITRE II *DISPOSITIONS RELATIVES AUX MOYENS D'INFORMATION DU DÉFENSEUR DES DROITS*

Art. 18 Le Défenseur des droits peut demander des explications à toute personne physique ou morale mise en cause devant lui. A cet effet, il peut entendre toute personne dont le concours lui paraît utile.

Les personnes physiques ou morales mises en cause doivent faciliter l'accomplissement de sa mission.

Elles sont tenues d'autoriser leurs agents et préposés à répondre à ses demandes. Ceux-ci sont tenus de répondre aux demandes d'explications qu'il leur adresse et de déférer à ses convocations. Les convocations doivent mentionner l'objet de l'audition.

Lorsque le Défenseur des droits est saisi, les personnes auxquelles il demande des explications peuvent se faire assister du conseil de leur choix. Un procès-verbal contradictoire de l'audition est dressé et remis à la personne entendue.

Si le Défenseur des droits en fait la demande, les ministres donnent instruction aux corps de contrôle d'accomplir, dans le cadre de leur compétence, toutes vérifications ou enquêtes. Ils l'informent des suites données à ces demandes.

....

Art. 20 Les personnes physiques ou morales mises en cause communiquent au Défenseur des droits, sur sa demande motivée, toutes informations et pièces utiles à l'exercice de sa mission.

Le Défenseur des droits peut recueillir sur les faits portés à sa connaissance toute information qui lui apparaît nécessaire sans que son caractère secret ou confidentiel puisse lui être opposé, sauf en matière de secret concernant la défense nationale, la sûreté de l'État ou la politique extérieure. Le secret de l'enquête et de l'instruction ne peut lui être opposé.

Les informations couvertes par le secret médical ou par le secret professionnel applicable aux relations entre un avocat et son client ne peuvent lui être communiquées qu'à la demande expresse de la personne concernée. Toutefois, les informations couvertes par le secret médical peuvent lui être communiquées sans le consentement de la personne concernée lorsqu'elles sont relatives à des privations, sévices et violences physiques, sexuelles ou psychiques commis sur un mineur ou une personne qui n'est pas en mesure de se protéger en raison de son âge ou de son incapacité physique ou psychique.

Les personnes astreintes au secret professionnel ne peuvent être poursuivies en application de l'article 226-13 du code pénal pour les informations à caractère secret qu'elles ont pu révéler au Défenseur des droits, dès lors que ces informations entrent dans le champ de compétence de ce dernier tel que prévu à l'article 4 de la présente loi organique.

(L. n° 2016-1690 du 9 déc. 2016) « Les personnes ayant saisi le Défenseur des droits ne peuvent faire l'objet, pour ce motif, de mesures de rétorsion ou de représailles. »

....

CHAPITRE III *DISPOSITIONS RELATIVES AUX POUVOIRS DU DÉFENSEUR DES DROITS*

Art. 24 Le Défenseur des droits apprécie si les faits qui font l'objet d'une réclamation ou qui lui sont signalés appellent une intervention de sa part.

Il indique les motifs pour lesquels il décide de ne pas donner suite à une saisine.

Art. 25 Le Défenseur des droits peut faire toute recommandation qui lui apparaît de nature à garantir le respect des droits et libertés de la personne lésée et à régler les difficultés soulevées devant lui ou à en prévenir le renouvellement.

Il peut recommander de régler en équité la situation de la personne dont il est saisi.

Les autorités ou personnes intéressées informent le Défenseur des droits, dans le délai qu'il fixe, des suites données à ses recommandations.

A défaut d'information dans ce délai ou s'il estime, au vu des informations reçues, qu'une recommandation n'a pas été suivie d'effet, le Défenseur des droits peut enjoindre à la personne mise en cause de prendre, dans un délai déterminé, les mesures nécessaires.

Lorsqu'il n'a pas été donné suite à son injonction, le Défenseur des droits établit un rapport spécial, qui est communiqué à la personne mise en cause. Le Défenseur des droits rend publics ce rapport et, le cas échéant, la réponse de la personne mise en cause, selon des modalités qu'il détermine.

Art. 26 Le Défenseur des droits peut procéder à la résolution amiable des différends portés à sa connaissance, par voie de médiation.

Les constatations effectuées et les déclarations recueillies au cours de la médiation ne peuvent être ni produites, ni invoquées ultérieurement dans les instances civiles ou administratives sans le consentement des personnes intéressées, sauf si la divulgation de l'accord est nécessaire à sa mise en œuvre ou si des raisons d'ordre public l'imposent.

Art. 27 Lorsque le Défenseur des droits estime, dans les conditions définies à l'article 24, que la réclamation d'une personne s'estimant victime d'une discrimination ou invoquant la protection des droits de l'enfant appelle une intervention de sa part, il l'assiste dans la constitution de son dossier et l'aide à identifier les procédures adaptées à son cas, y compris lorsque celles-ci incluent une dimension internationale.

Art. 28 I. – Le Défenseur des droits peut proposer à l'auteur de la réclamation et à la personne mise en cause de conclure une transaction dont il peut recommander les termes.

II. – Lorsqu'il constate des faits constitutifs d'une discrimination sanctionnée par les articles 225-2 et 432-7 du code pénal et L. 1146-1 et L. 2146-2 du code du travail, le Défenseur des droits peut, si ces faits n'ont pas déjà donné lieu à la mise en mouvement de l'action publique, proposer à l'auteur des faits une transaction consistant dans le versement d'une amende transactionnelle dont le montant ne peut excéder 3 000 € s'il s'agit d'une personne physique et 15 000 € s'il s'agit d'une personne morale et, s'il y a lieu, dans l'indemnisation de la victime. Le montant de l'amende est fixé en fonction de la gravité des faits ainsi que des ressources et des charges de l'auteur des faits.

La transaction proposée par le Défenseur des droits et acceptée par l'auteur des faits ainsi que, s'il y a lieu, par la victime doit être homologuée par le procureur de la République.

La personne à qui est proposée une transaction est informée qu'elle peut se faire assister par un avocat avant de donner son accord à la proposition du Défenseur des droits.

III. – Dans les cas prévus au II, le Défenseur des droits peut également proposer que la transaction consiste dans :

1° L'affichage d'un communiqué, dans des lieux qu'elle précise et pour une durée qui ne peut excéder deux mois ;

2° La transmission, pour information, d'un communiqué au comité d'entreprise ou aux délégués du personnel ;

3° La diffusion d'un communiqué, par son insertion au *Journal officiel* ou dans une ou plusieurs autres publications de presse, ou par la voie de services de communication électronique, sans que ces publications ou services de communication électronique puissent s'y opposer ;
4° L'obligation de publier la décision au sein de l'entreprise.
Les frais d'affichage ou de diffusion sont à la charge de l'auteur des faits, sans pouvoir toutefois excéder le montant maximal de l'amende transactionnelle prévue au II.

IV. — Les actes tendant à la mise en œuvre ou à l'exécution de la transaction mentionnée au même II sont interruptifs de la prescription de l'action publique.
L'exécution de la transaction constitue une cause d'extinction de l'action publique. Elle ne fait cependant pas échec au droit de la partie civile de délivrer citation directe devant le tribunal correctionnel. Le tribunal, composé d'un seul magistrat exerçant les pouvoirs conférés au président, ne statue alors que sur les seuls intérêts civils.
En cas de refus de la proposition de transaction ou d'inexécution d'une transaction acceptée et homologuée par le procureur de la République, le Défenseur des droits, conformément à l'article 1er du code de procédure pénale, peut mettre en mouvement l'action publique par voie de citation directe.

V. — Un décret précise les modalités d'application des II à IV.

Art. 29 Le Défenseur des droits peut saisir l'autorité investie du pouvoir d'engager les poursuites disciplinaires des faits dont il a connaissance et qui lui paraissent de nature à justifier une sanction.
Cette autorité informe le Défenseur des droits des suites réservées à sa saisine et, si elle n'a pas engagé de procédure disciplinaire, des motifs de sa décision.
A défaut d'information dans le délai qu'il a fixé ou s'il estime, au vu des informations reçues, que sa saisine n'a pas été suivie des mesures nécessaires, le Défenseur des droits peut établir un rapport spécial qui est communiqué à l'autorité mentionnée au premier alinéa. Il peut rendre publics ce rapport et, le cas échéant, la réponse de cette autorité selon des modalités qu'il détermine.
L'alinéa précédent ne s'applique pas à la personne susceptible de faire l'objet de la saisine du Conseil supérieur de la magistrature prévue à l'avant-dernier alinéa de l'article 65 de la Constitution.

Art. 30 Le Défenseur des droits, lorsqu'il a constaté une discrimination directe ou indirecte mentionnée au 3° de l'article 4 dans l'activité professionnelle d'une personne physique ou morale soumise à agrément ou autorisation par une autorité publique, ou à l'encontre de laquelle une telle autorité dispose du pouvoir de prendre des mesures conservatoires ou des sanctions pour non-respect de la législation relative aux discriminations ou au titre de l'ordre et des libertés publics peut recommander à cette autorité publique de faire usage des pouvoirs de suspension ou de sanction dont elle dispose.
Le Défenseur des droits est tenu informé des suites données à sa recommandation.

Art. 31 Lorsque le Défenseur des droits est saisi d'une réclamation, non soumise à une autorité juridictionnelle, qui soulève une question touchant à l'interprétation ou à la portée d'une disposition législative ou réglementaire, il peut consulter le Conseil d'État. Le Défenseur des droits peut rendre public cet avis. Ce dernier est rendu dans les conditions fixées par décret en Conseil d'État.

Art. 32 Le Défenseur des droits peut recommander de procéder aux modifications législatives ou réglementaires qui lui apparaissent utiles.
Il peut être consulté par le Premier ministre sur tout projet de loi intervenant dans son champ de compétence.
Il peut également être consulté par le Premier ministre, le président de l'Assemblée nationale ou le président du Sénat sur toute question relevant de son champ de compétence.
Il contribue, à la demande du Premier ministre, à la préparation et à la définition de la position française dans les négociations internationales dans les domaines relevant de son champ de compétence.
Dans les cas prévus aux deuxième et troisième alinéas, le Défenseur des droits rend son avis dans un délai d'un mois.

Art. 33 Le Défenseur des droits ne peut remettre en cause une décision juridictionnelle.
Les juridictions civiles, administratives et pénales peuvent, d'office ou à la demande des parties, l'inviter à présenter des observations écrites ou orales. Le Défenseur des droits peut lui-même demander à présenter des observations écrites ou à être entendu par ces juridictions ; dans ce cas, son audition est de droit.

B. CONTRAT DE TRAVAIL

Sans préjudice de l'application du II de l'article 28, lorsqu'il apparaît au Défenseur des droits que les faits portés à sa connaissance sont constitutifs d'un crime ou d'un délit, il en informe le procureur de la République. Il lui fait savoir, le cas échéant, qu'une mission de médiation a été initiée en application de l'article 26.

Le procureur de la République informe le Défenseur des droits des suites données à ses transmissions.

Le Défenseur des droits porte à la connaissance de l'autorité judiciaire les affaires concernant un mineur susceptible de donner lieu à des mesures d'assistance éducative prévues à l'article 375 du code civil ou toutes informations qu'il aurait recueillies à l'occasion de sa saisine par un mineur impliqué dans une procédure en cours.

Art. 34 Le Défenseur des droits mène toute action de communication et d'information jugée opportune dans ses différents domaines de compétence.

Il favorise à cette fin la mise en œuvre de programmes de formation. Il conduit et coordonne des travaux d'étude et de recherche. Il suscite et soutient les initiatives de tous organismes publics ou privés en ce qui concerne l'élaboration et l'adoption d'engagements visant à la promotion des droits et de l'égalité. Il identifie et promeut toute bonne pratique en la matière.

....

Art. 36 I. – Le Défenseur des droits peut, après en avoir informé la personne mise en cause, décider de rendre publics ses avis, recommandations ou décisions avec, le cas échéant, la réponse faite par la personne mise en cause, selon des modalités qu'il détermine.

[...]

Loi n° 2015-994 du 17 août 2015,

Relative au dialogue social et à l'emploi.

« CDI intérimaire »

V. aussi C. trav., art. L. 1251-58-1 s.

Art. 56 I. – Une entreprise de travail temporaire peut conclure avec le salarié un contrat à durée indéterminée pour l'exécution de missions successives. Chaque mission donne lieu à :

1° La conclusion d'un contrat de mise à disposition entre l'entreprise de travail temporaire et le client utilisateur, dit "entreprise utilisatrice" ;

2° L'établissement, par l'entreprise de travail temporaire, d'une lettre de mission.

II. – Le contrat de travail mentionné au I est régi par les dispositions du code du travail relatives au contrat à durée indéterminée, sous réserve des dispositions du présent article.

Il peut prévoir des périodes sans exécution de mission, dites "périodes d'intermission". Ces périodes sont assimilées à du temps de travail effectif pour la détermination des droits à congés payés et pour l'ancienneté.

Il est établi par écrit et comporte notamment les mentions suivantes :

1° L'identité des parties ;

2° Le cas échéant, les conditions relatives à la durée du travail, notamment le travail de nuit ;

3° Les horaires auxquels le salarié doit être joignable pendant les périodes d'intermission ;

4° Le périmètre de mobilité dans lequel s'effectuent les missions, qui tient compte de la spécificité des emplois et de la nature des tâches à accomplir, dans le respect de la vie personnelle et familiale du salarié ;

5° La description des emplois correspondant aux qualifications du salarié ;

6° Le cas échéant, la durée de la période d'essai ;

7° Le montant de la rémunération mensuelle minimale garantie ;

8° L'obligation de remise au salarié d'une lettre de mission pour chacune des missions qu'il effectue.

III. – Le contrat mentionné au I liant l'entreprise de travail temporaire au salarié prévoit le versement d'une rémunération mensuelle minimale garantie au moins égale au produit du montant du salaire minimum de croissance fixé en application des articles L. 3231-2 à L. 3231-12 du code du travail, par le nombre d'heures correspondant à la durée légale hebdomadaire pour le mois considéré, compte tenu, le cas échéant, des rémunérations des missions versées au cours de cette période.

IV. – Les missions effectuées par le salarié lié par un contrat de travail à durée indéterminée avec l'entreprise de travail temporaire sont régies par les articles L. 1251-5 à

L. 1251-63 du code du travail, sous réserve des adaptations prévues au présent article et à l'exception des articles L. 1251-14, L. 1251-15, L. 1251-19, L. 1251-26 à L. 1251-28, L. 1251-32, L. 1251-33 *(Ord. n° 2017-1718 du 20 déc. 2017, art. 3-II)* «, L. 1251-36 et L. 1251-36-1 » du même code.

V. — Pour l'application des articles L. 1251-5, L. 1251-9, L. 1251-11, L. 1251-13, L. 1251-16, L. 1251-17, L. 1251-29, L. 1251-30, L. 1251-31, L. 1251-34, L. 1251-35 *(Ord. n° 2017-1718 du 20 déc. 2017, art. 3-II)* «, L. 1251-35-1 », L. 1251-41 et L. 1251-60 du code du travail au contrat à durée indéterminée conclu par une entreprise de travail temporaire avec un salarié, les mots : "contrat de mission" sont remplacés par les mots : "lettre de mission".

VI. — Par dérogation *(Ord. n° 2017-1718 du 20 déc. 2017, art. 3-II)* « aux articles L. 1251-12 et L. 1251-12-1 » du code du travail, la durée totale de la mission du salarié lié par un contrat à durée indéterminée avec l'entreprise de travail temporaire ne peut excéder trente-six mois.

VII. — Pour l'application du 1° de l'article L. 6322-63 du code du travail, la durée minimale de présence dans l'entreprise s'apprécie en totalisant les périodes de mission et d'intermission effectuées par le salarié lorsque ce dernier est lié à l'entreprise de travail temporaire par un contrat à durée indéterminée.

VIII. — Pour l'application des articles L. 2314-17 et L. 2324-16 du code du travail, la durée passée dans l'entreprise est calculée en totalisant les périodes de mission et d'intermission effectuées par le salarié.

IX. — Le présent article est applicable aux contrats conclus jusqu'au 31 décembre 2018.

Au plus tard le 30 juin 2018, le Gouvernement présente au Parlement un rapport, établi après concertation avec les organisations syndicales de salariés et les organisations professionnelles d'employeurs représentatives et après avis de la Commission nationale de la négociation collective, sur les conditions d'application de ce dispositif et sur son éventuelle pérennisation.

Les contrats de travail à durée indéterminée intérimaires conclus entre le 6 mars 2014 et le 19 août 2015 sur le fondement du chapitre premier de l'accord du 10 juillet 2013 portant sur la sécurisation des parcours professionnels des salariés intérimaires sont présumés conformes à l'art. 56 de la L. n° 2015-994 du 17 août 2015 relative au dialogue social et à l'emploi, sans préjudice des contrats ayant fait l'objet de décisions de justice passées en force de chose jugée (L. n° 2018-771 du 5 sept. 2018, art. 116-II).

Ordonnance n° 2017-1387 du 22 septembre 2017,

Relative à la prévisibilité et la sécurisation des relations de travail.

Art. 1er I. — Le dispositif intitulé "code du travail numérique" est mis en place au plus tard le 1er janvier 2020. Celui-ci permet, en réponse à une demande d'un employeur ou d'un salarié sur sa situation juridique, l'accès aux dispositions législatives et réglementaires ainsi qu'aux stipulations conventionnelles *(L. n° 2018-217 du 29 mars 2018, art. 11)* «, en particulier de branche, d'entreprise et d'établissement, sous réserve de leur publication, » qui lui sont applicables. L'accès à ce dispositif se fait, de manière gratuite, au moyen du service public de la diffusion du droit par l'internet.

II. — L'employeur ou le salarié qui se prévaut des informations obtenues au moyen du "code du travail numérique" est, en cas de litige, présumé de bonne foi.

BIBL. ▶ KOUBI, *Dr. ouvrier 2020*. 65 (« code du travail numérique », un portail de services : renseignements et consultations enchevêtrés ?).

Décret n° 2017-1820 du 29 décembre 2017,

Établissant des modèles types de lettres de notification de licenciement.

BIBL. ▶ MANIGOT, *JCP S 2018*. 1123 (le recours aux modèles-types de lettres de licenciement : quelle sécurisation ?).

Art. 1er Lorsqu'il notifie un licenciement dans les conditions prévues aux articles L. 1232-6, L. 1233-16 ou L. 1233-42 du code du travail, l'employeur peut utiliser les modèles de lettres établis aux annexes 1 à 6 du présent décret.

L'employeur utilise le modèle de lettre correspondant à la nature juridique du licenciement envisagé et l'adapte aux spécificités propres à la situation du salarié ainsi qu'aux régimes conventionnels et contractuels qui lui sont applicables.

ANNEXES
ANNEXE I

Modèle de lettre de licenciement pour motif personnel disciplinaire [faute(s) sérieuse(s), grave(s) ou lourde(s)] – art. L. **1232-1** et L. **1331-1** C. trav.

L'application du présent modèle est sans incidence sur l'application des stipulations conventionnelles ou contractuelles plus favorables applicables au contrat de travail du salarié licencié.

S'agissant d'un licenciement pour motif disciplinaire, l'employeur dispose d'un délai de deux mois à compter de sa connaissance des faits fautifs pour engager la procédure disciplinaire.

Dénomination sociale et adresse du siège social de l'entreprise
Lieu et date
Nom, prénom et adresse du salarié
Objet : notification d'un licenciement pour faute *(préciser s'il s'agit d'une faute sérieuse, grave ou lourde)*
Lettre recommandée avec avis de réception ou lettre remise contre récépissé *(en cas de remise en main propre, la lettre doit être établie en double exemplaire et celui de l'employeur doit être accompagné de la mention "reçue le…" avec la signature du salarié ; la lettre ne peut être expédiée ou remise en main propre moins de deux jours ouvrables après l'entretien préalable et au plus tard un mois à compter de l'entretien préalable ou, le cas échéant, à compter de l'avis rendu par une instance disciplinaire).*
Madame, Monsieur…,
Suite à notre entretien qui s'est tenu le … *(date à compléter)*, nous vous informons de notre décision de vous licencier pour les motifs suivants : … *(énoncer les éléments fautifs de façon précise et objective. Ils doivent être matériellement vérifiables, si possible en précisant les dates, les lieux, le contexte plus général de l'attitude fautive du salarié et être imputables personnellement au salarié. S'il est reproché une faute lourde, mentionner l'intention de nuire à l'entreprise).*
[Ou]
Si le salarié ne s'est pas présenté à l'entretien préalable, indiquer : "Nous vous avons convoqué à un entretien préalable en date du … auquel vous ne vous êtes pas présenté. Nous vous informons, par la présente, de notre décision de vous licencier pour les motifs suivants : …" *(énoncé des éléments fautifs comme ci-dessus).*
Si le salarié est un salarié protégé, ajouter :
"Votre licenciement a fait l'objet d'une autorisation de l'inspecteur du travail *(ou du ministre du travail)* en date du …" *(date à compléter).*
Si le salarié est licencié pour faute sérieuse et si vous souhaitez qu'il exécute son préavis :
"Vous restez tenu d'effectuer votre préavis d'une durée de … *(durée du préavis à compléter)*, qui débutera à la date de première présentation de cette lettre."
Si le salarié est licencié pour faute sérieuse et si vous le dispensez d'effectuer son préavis :
"Nous vous dispensons d'effectuer votre préavis qui débute le … *(date présumée de première présentation de cette lettre à compléter)* et se termine le … *(date à compléter selon la durée du préavis)*, date à laquelle vous quitterez les effectifs de l'entreprise. Votre salaire continuera de vous être versé durant cette période."
Si le salarié est licencié pour faute grave ou faute lourde :
"Compte tenu de la gravité des faits qui vous sont reprochés, votre maintien dans l'entreprise est impossible. Votre licenciement prend donc effet immédiatement, sans indemnité de préavis ni de licenciement."
Si le salarié est licencié pour faute grave ou lourde et qu'il fait l'objet d'une mise à pied à titre conservatoire au cours de la procédure de licenciement :
"Vous avez fait par ailleurs l'objet d'une mise à pied à titre conservatoire qui vous a été notifiée le … *(préciser la date).* Dès lors, la période non travaillée du … *(indiquer la date de début de la mise à pied)* au … *(indiquer la date de la notification du licenciement)* ne sera pas rémunérée."
Pour l'ensemble des cas :
"A l'expiration de votre contrat de travail, nous tiendrons à votre disposition [*ou*] nous vous remettrons [*ou*] nous vous adresserons par courrier votre certificat de travail, votre reçu pour solde de tout compte et votre attestation Pôle emploi.
Vous pouvez faire une demande de précision des motifs du licenciement énoncés dans la présente lettre, dans les quinze jours suivant sa notification par lettre recommandée avec avis de réception ou remise contre récépissé. Nous avons la faculté d'y donner suite dans un délai de quinze jours après réception de votre demande, par lettre recommandée avec avis de réception ou remise contre récépissé. Nous pouvons également, le cas échéant et dans les mêmes formes, prendre l'initiative d'apporter des précisions à ces motifs dans un délai de quinze jours suivant la notification du licenciement."
Nom, prénom
Qualité
Signature

ANNEXE II

MODÈLE DE LETTRE DE LICENCIEMENT POUR INAPTITUDE – ART. L. 1226-2-1 (INAPTITUDE D'ORIGINE NON PROFESSIONNELLE) ET L. 1226-12 C. TRAV. (INAPTITUDE D'ORIGINE PROFESSIONNELLE)

L'application du présent modèle est sans incidence sur l'application des stipulations conventionnelles ou contractuelles plus favorables applicables au contrat de travail du salarié licencié.

S'agissant d'un licenciement pour inaptitude, l'employeur doit reclasser ou licencier le salarié dans un délai d'un mois à compter de la date du constat de l'inaptitude par le médecin du travail ; à défaut, l'employeur est tenu de reprendre le versement des salaires.

Dénomination sociale et adresse du siège social de l'entreprise

Lieu et date

Nom, prénom et adresse du salarié

Objet : notification d'un licenciement pour inaptitude et impossibilité de reclassement *[ou]* pour inaptitude *(en présence d'une dispense de reclassement)*

Lettre recommandée avec avis de réception ou lettre remise contre récépissé *(en cas de remise en main propre, la lettre doit être établie en double exemplaire et celui de l'employeur doit être accompagné de la mention "reçue le..." avec la signature du salarié ; la lettre ne peut être expédiée ou remise en main propre moins de deux jours ouvrables après l'entretien préalable).*

"Madame, Monsieur...,

Suite à notre entretien qui s'est tenu le ... *(date à compléter)*, nous vous informons de notre décision de vous licencier, en raison de votre inaptitude à occuper votre emploi, constatée le ... *(date à compléter)* par le médecin du travail et en raison de l'impossibilité de vous reclasser."

[Ou]

Si le salarié ne s'est pas présenté à l'entretien préalable, indiquer : "Nous vous avons convoqué à un entretien préalable en date du ... auquel vous ne vous êtes pas présenté. Nous vous informons, par la présente, de notre décision de vous licencier en raison de votre inaptitude à occuper votre emploi, constatée le ... *(date à compléter)* par le médecin du travail et en raison de l'impossibilité de vous reclasser."

Puis expliciter dans les deux cas :

"En effet, les recherches qui ont été menées en vue de votre reclassement, après consultation du comité social et économique *(s'il existe)*, tenant compte des conclusions du médecin du travail ainsi que de nos échanges, n'ont pas permis de trouver un autre emploi approprié à vos capacités, parmi les emplois disponibles *(préciser, le cas échéant, les recherches effectuées et le contenu des échanges avec le salarié et le médecin du travail. Si l'entreprise appartient à un groupe de sociétés, préciser quelles ont été les recherches effectuées dans les autres entreprises du groupe, situées sur le territoire national : sociétés contactées, dates, réponses, etc. – voir les articles L. 1226-2 et L. 1226-10 du code du travail).*

Dans le cas où le médecin du travail a mentionné expressément dans son avis que tout maintien du salarié dans un emploi serait gravement préjudiciable à sa santé ou que l'état de santé du salarié fait obstacle à tout reclassement dans un emploi, remplacer l'énoncé ci-dessus par :

"Suite à notre entretien qui s'est tenu le ... *(date à compléter)*, nous vous informons de notre décision de vous licencier en raison de votre inaptitude à occuper votre emploi, constatée le ... *(date à compléter)* par le médecin du travail et en raison de l'impossibilité de vous reclasser, compte tenu de la mention expresse dans l'avis du médecin du travail que votre maintien dans un emploi serait gravement préjudiciable à votre santé *(ou que votre état de santé fait obstacle à tout reclassement dans un emploi).*"

Si le salarié est un salarié protégé, ajouter :

"Votre licenciement a fait l'objet d'une autorisation de l'inspecteur du travail (ou du ministre du travail) en date du ... *(date à compléter).*"

Pour l'ensemble des cas :

"Votre contrat de travail prend fin à la date d'envoi de cette lettre, soit le ... *(date à compléter)*. Vous n'effectuerez donc pas de préavis. *(Le préavis n'est ni exécuté, ni payé.)*"

Si l'inaptitude a une origine professionnelle :

"Vous percevrez une indemnité égale à l'indemnité compensatrice de préavis *(le préavis n'est pas exécuté mais payé)* et une indemnité spéciale de licenciement" *(cette indemnité est égale au double de l'indemnité légale de licenciement, sauf dispositions conventionnelles plus favorables).*

Pour l'ensemble des cas :

"Nous tiendrons à votre disposition *[ou]* nous vous remettrons *[ou]* nous vous adresserons par courrier votre certificat de travail, votre reçu pour solde de tout compte et votre attestation Pôle emploi.

Vous pouvez faire une demande de précision des motifs du licenciement énoncés dans la présente lettre, dans les quinze jours suivants sa notification, par lettre recommandée avec avis de réception ou remise contre récépissé. Nous avons la faculté d'y donner suite dans un délai de quinze jours

B. CONTRAT DE TRAVAIL

après réception de votre demande, par lettre recommandée avec avis de réception ou remise contre récépissé. Nous pouvons également, le cas échéant et dans les mêmes formes, prendre l'initiative d'apporter des précisions à ces motifs dans un délai de quinze jours suivant la notification du licenciement."
Nom, prénom
Qualité
Signature

ANNEXE III

Modèle de lettre de licenciement pour motif personnel non disciplinaire – art. L. 1232-1 C. trav.

L'application du présent modèle est sans incidence sur l'application des stipulations conventionnelles ou contractuelles plus favorables applicables au contrat de travail du salarié licencié.
Dénomination sociale et adresse du siège social de l'entreprise
Lieu et date
Nom, prénom et adresse du salarié
Objet : notification du licenciement pour *(préciser la nature du motif, par exemple, insuffisance professionnelle)*
Lettre recommandée avec avis de réception ou lettre remise contre récépissé *(en cas de remise en main propre, la lettre doit être établie en double exemplaire et celui de l'employeur doit être accompagné de la mention "reçue le ..." avec la signature du salarié ; la lettre ne peut être expédiée ou remise en main propre moins de deux jours ouvrables après l'entretien préalable).*
Madame, Monsieur...,
"Suite à notre entretien qui s'est tenu le ... *(date à compléter)*, nous vous informons de notre décision de vous licencier pour les motifs suivants :
(énoncer les faits de façon précise et objective. Ils doivent être matériellement vérifiables : lieux, dates, circonstances, contexte, etc., et imputables personnellement au salarié) "
[Ou]
Si le salarié ne s'est pas présenté à l'entretien préalable, indiquer : "Nous vous avons convoqué à un entretien préalable en date du ... auquel vous ne vous êtes pas présenté. Nous vous informons, par la présente, de notre décision de vous licencier pour les motifs suivants : ..." *(énoncé des faits comme ci-dessus).*
S'il s'agit d'un licenciement pour absences répétées justifiées ou absence prolongée justifiée (dans l'hypothèse où les absences ne seraient pas justifiées, il s'agit d'un licenciement pour motif personnel disciplinaire) :
... pour les motifs suivants :
"Votre absence prolongée *(ou vos absences répétées)* qui perturbe(nt) le bon fonctionnement de l'entreprise et rend(ent) nécessaire votre remplacement définitif : ..." *(énoncer les perturbations dans l'entreprise : faits précis, objectifs, matériellement vérifiables, puis préciser les raisons qui empêchent une solution de remplacement temporaire du salarié : spécificité du poste occupé, qualifications nécessaires pour le poste, caractère non prévisible des absences, etc.).*
Les absences auxquelles nous faisons référence sont les suivantes : ..." *(préciser la durée et la fréquence des absences).*
S'il s'agit d'un licenciement pour insuffisance professionnelle :
... pour les motifs suivants :
"Votre insuffisance professionnelle."
S'il s'agit d'un licenciement pour trouble objectif caractérisé :
... pour les motifs suivants :
"Le trouble objectif au bon fonctionnement de l'entreprise causé par ..." *(énoncer de manière précise et objective en quoi les faits ou le comportement du salarié, en dehors de la sphère professionnelle, ont créé un trouble dans l'entreprise en raison, par exemple, des fonctions qu'il occupe ou de son positionnement hiérarchique ou de l'activité propre de l'entreprise).*
Dans tous les cas de figure, si le salarié est un salarié protégé, ajouter :
"Votre licenciement a fait l'objet d'une autorisation de l'inspecteur du travail *(ou du ministre du travail)* en date du ..." *(date à compléter).*
Si vous souhaitez que le salarié effectue son préavis :
"Vous restez néanmoins tenu d'effectuer votre préavis d'une durée de ... *(durée du préavis à compléter)*, qui débutera à la date de première présentation de cette lettre."
Si vous dispensez le salarié d'effectuer son préavis :
"Nous vous dispensons d'effectuer votre préavis qui débute le ... *(date présumée de première présentation de cette lettre à compléter)* et se termine le ... *(date à compléter selon la durée du préavis)*, date à laquelle vous quitterez les effectifs de l'entreprise. Votre salaire continuera de vous être versé durant cette période."

Pour l'ensemble des cas :
"A l'expiration de votre contrat de travail, votre certificat de travail, votre reçu pour solde de tout compte et votre attestation Pôle emploi vous seront remis (ou adressés par courrier).
Vous pouvez faire une demande de précision des motifs du licenciement énoncés dans la présente lettre, dans les quinze jours suivant sa notification par lettre recommandée avec avis de réception ou remise contre récépissé. Nous avons la faculté d'y donner suite dans un délai de quinze jours après réception de cette demande par lettre recommandée avec avis de réception ou remise contre récépissé. Nous pouvons également, le cas échéant et dans les mêmes formes, prendre l'initiative d'apporter des précisions à ces motifs dans un délai de quinze jours suivant la notification du licenciement."
Nom, prénom
Qualité
Signature

ANNEXE IV

Modèle de lettre de licenciement pour motif économique individuel

L'application du présent modèle est sans incidence sur l'application des stipulations conventionnelles ou contractuelles plus favorables applicables au contrat de travail du salarié licencié.
La lettre de licenciement ne peut être adressée moins de sept jours ouvrables à compter de la date prévue de l'entretien préalable de licenciement auquel le salarié a été convoqué.
Le délai est porté à quinze jours ouvrables pour le licenciement individuel d'un membre du personnel d'encadrement mentionné au 2° de l'article L. 1441-13 du code du travail.
Dénomination sociale et adresse du siège social de l'entreprise
Lieu et date
Nom, prénom et adresse du salarié
Objet : notification d'un licenciement pour motif économique
Lettre recommandée avec avis de réception ou lettre remise contre récépissé *(dans ce cas, la lettre doit être établie en double exemplaire et celui de l'employeur doit être accompagné de la mention "reçue le..." avec la signature du salarié).*
Madame, Monsieur...,
En l'absence de procédure collective au sens du code de commerce (redressement judiciaire ou liquidation judiciaire)
A la suite de notre entretien qui s'est tenu le ... *(date à compléter)*, nous vous informons de notre décision de vous licencier pour le(s) motif(s) économique(s) suivant(s) dans les conditions posées à l'article L. 1233-3 du code du travail :
— Énoncer de manière précise et objective les raisons économiques *(soit les difficultés économiques, soit la réorganisation de l'entreprise nécessaire à la sauvegarde de la compétitivité, soit les mutations technologiques, soit la cessation d'activité de l'entreprise).*
— Préciser les incidences sur l'emploi et le contrat de travail *(soit la suppression d'emploi, soit la transformation d'emploi refusée, soit la modification d'un élément essentiel du contrat de travail refusée).*
(Si le salarié ne s'est pas présenté à l'entretien préalable, indiquer : "Nous vous avons convoqué à un entretien préalable en date du ... auquel vous ne vous êtes pas présenté. Ainsi, nous n'avons pas pu recueillir vos explications.")
Si le salarié est un salarié protégé
Votre licenciement a fait l'objet d'une autorisation de l'inspecteur du travail *(ou du ministre du travail)* en date du ... *(date à compléter).*

*
**

Ou en cas de décision d'autorisation du licenciement émanant du juge-commissaire ou du jugement du tribunal de commerce
A la suite de notre entretien qui s'est tenu le ... *(date à compléter)*, nous vous informons de notre décision de vous licencier pour motif économique. Par *(ordonnance du juge-commissaire ou jugement du tribunal de commerce)* en date du ... *(date à compléter)*, votre licenciement a fait l'objet d'une autorisation spécifique.
Si le salarié est un salarié protégé
Votre licenciement a fait l'objet d'une autorisation de l'inspecteur du travail en date du ... *(date à compléter).*

*
**

Sur l'impossibilité de reclassement
En dépit des recherches que nous avons effectuées au sein de notre *(entreprise ou groupe le cas échéant)*, conformément à l'article L. 1233-4 du code du travail, nous n'avons pas trouvé de poste de reclassement *(le poste de reclassement proposé doit correspondre à un emploi de catégorie équivalente à celui précédemment occupé par le salarié ou à un emploi de catégorie inférieure sous réserve que le salarié ait donné son accord exprès).*

*

**

Si l'entreprise comprend moins de 1 000 salariés (art. L. 1233-65 s. C. trav.)
Lors de notre entretien préalable ou à l'issue de la dernière réunion des représentants du personnel en date du ... *(date à compléter)*, nous vous avons proposé le bénéfice du contrat de sécurisation professionnelle. Par lettre du ... *(date à compléter)*, vous nous avez fait connaître votre refus d'adhérer au dispositif *(en cas d'absence de réponse du salarié dans un délai de vingt et un jours à compter de la remise des documents relatifs au CSP, indiquez : "N'ayant pas reçu dans un délai de vingt et un jours votre décision d'adhérer ou non au contrat de sécurisation professionnelle, vous êtes considéré comme ayant refusé le bénéfice du dispositif").).*
Si vous ne dispensez pas le salarié d'effectuer son préavis
Vous restez néanmoins tenu d'effectuer votre préavis d'une durée de ... *(durée du préavis à compléter)*, qui débutera à la date de la première présentation de cette lettre.
Si vous dispensez le salarié d'effectuer son préavis
Nous vous dispensons d'effectuer votre préavis qui débute le ... *(date présumée de première présentation de cette lettre à compléter)* et se termine le ... *(date à compléter selon la durée du préavis)*, date à laquelle vous quitterez les effectifs de l'entreprise. Néanmoins, votre salaire continuera de vous être versé durant cette période.
Si l'entreprise comprend plus de 1 000 salariés (art. L. 1233-71 s. C. trav.)
Lors de notre entretien préalable ou à l'issue de la dernière réunion des représentants du personnel en date du ... *(date à compléter)*, nous vous avons informé des conditions de mise en œuvre du congé de reclassement. Par la présente, nous vous invitons à nous faire part de votre souhait d'adhérer ou non à ce dispositif. Vous disposez d'un délai de huit jours à compter de la date de notification de la présente lettre pour nous informer de votre décision. En l'absence de réponse dans ce délai, votre silence sera assimilé à un refus. En cas d'acceptation, le congé de reclassement débutera le ... *(indiquer la date d'expiration du délai de réponse de huit jours)* et vous serez dispensé d'exécuter votre préavis.
En cas de refus du dispositif (deux hypothèses),
Si vous ne dispensez pas le salarié d'effectuer son préavis
Vous restez tenu d'effectuer votre préavis d'une durée de ... *(durée du préavis à compléter)*, qui débutera à l'expiration du délai de réflexion de huit jours.
Si vous dispensez le salarié d'effectuer son préavis
Nous vous dispensons d'effectuer votre préavis qui débute le ... *(date d'expiration du délai de réflexion de huit jours)* et se termine le ... *(date à compléter selon la durée du préavis)*, date à laquelle vous quitterez les effectifs de l'entreprise. Néanmoins, votre salaire continuera de vous être versé durant cette période.

*

**

Vous pouvez bénéficier d'une priorité de réembauche pendant une durée d'un an à compter de la date de prise d'effet de votre licenciement, si vous en faites la demande par écrit dans ce même délai.

*

**

"A l'expiration de votre contrat de travail, nous tiendrons à votre disposition ou nous vous remettrons ou nous vous adresserons par courrier votre certificat de travail, votre reçu pour solde de tout compte et votre attestation Pôle emploi.
Vous pouvez faire une demande de précision des motifs du licenciement énoncés dans la présente lettre, dans les quinze jours suivant sa notification par lettre recommandée avec avis de réception ou remise contre récépissé. Nous avons la faculté d'y donner suite dans un délai de quinze jours après réception de votre demande, par lettre recommandée avec avis de réception ou remise contre récépissé. Nous pouvons également, le cas échéant et dans les mêmes formes, prendre l'initiative

d'apporter des précisions à ces motifs dans un délai de quinze jours suivant la notification du licenciement."

Nom, prénom
Qualité
Signature

ANNEXE V

Modèle de lettre de licenciement pour motif économique pour les petits licenciements collectifs (moins de 10 salariés dans une même période de trente jours ou au moins 10 salariés dans une même période de trente jours dans une entreprise de moins de 50 salariés)

L'application du présent modèle est sans incidence sur l'application des stipulations conventionnelles ou contractuelles plus favorables applicables au contrat de travail du salarié licencié.

Lorsque le licenciement concerne plus de 10 salariés dans une même période de trente jours dans une entreprise de moins de 50 salariés :

La lettre de licenciement ne peut être adressée avant l'expiration d'un délai de trente jours courant à compter de la notification du projet de licenciement à l'autorité administrative.

[Ou]

Lorsque le licenciement concerne moins de 10 salariés dans une même période de trente jours (dans toutes les entreprises) :

La lettre de licenciement ne peut être adressée moins de sept jours ouvrables à compter de la date prévue de l'entretien préalable de licenciement auquel le salarié a été convoqué.

Le délai est porté à quinze jours ouvrables pour le licenciement individuel d'un membre du personnel d'encadrement mentionné au 2° de l'article L. 1441-13.

Dénomination sociale et adresse du siège social de l'entreprise
Lieu et date
Nom, prénom et adresse du salarié
Objet : notification d'un licenciement pour motif économique
Lettre recommandée avec avis de réception ou lettre remise contre récépissé *(dans ce cas, la lettre doit être établie en double exemplaire et celui de l'employeur doit être accompagné de la mention "reçue le..." avec la signature du salarié).*
Madame, Monsieur...,
En l'absence de procédure de collective au sens du code de commerce (redressement judiciaire ou liquidation judiciaire)
A la suite de notre entretien qui s'est tenu le ... *(date à compléter)* (en cas d'absence des institutions représentatives du personnel), nous vous informons de notre décision de vous licencier pour le(s) motif(s) économique(s) suivant(s) dans les conditions posées à l'article L. 1233-3 du code du travail :
— *Énoncer de manière précise et objective les raisons économiques (soit les difficultés économiques, soit la réorganisation de l'entreprise nécessaire à la sauvegarde de la compétitivité, soit les mutations technologiques, soit la cessation d'activité de l'entreprise).*
— *Préciser les incidences sur l'emploi ou le contrat de travail (soit la suppression d'emploi, soit la transformation d'emploi refusée, soit la modification d'un élément essentiel du contrat de travail refusée).*
(Si le salarié ne s'est pas présenté à l'entretien préalable, indiquer : "Nous vous avons convoqué à un entretien préalable en date du ... auquel vous ne vous êtes pas présenté. Ainsi, nous n'avons pas pu recueillir vos explications.")
Si le salarié est un salarié protégé
Votre licenciement a fait l'objet d'une autorisation de l'inspecteur du travail *(ou du ministre du travail)* en date du ... *(date à compléter).*
[Ou]
En cas de décision d'autorisation du licenciement émanant du juge-commissaire ou du jugement du tribunal de commerce
A la suite de notre entretien qui s'est tenu le ... *(date à compléter)*, nous vous informons de notre décision de vous licencier pour motif économique. Par *(ordonnance du juge-commissaire ou jugement du tribunal de commerce)* en date du ... *(date à compléter)*, votre licenciement a fait l'objet d'une autorisation spécifique.
Si le salarié est un salarié protégé
Votre licenciement a fait l'objet d'une autorisation de l'inspecteur du travail en date du ... *(date à compléter).*

*
**

B. CONTRAT DE TRAVAIL

I. Conventions

Sur l'impossibilité de reclassement
En dépit des recherches que nous avons effectuées au sein de notre *(entreprise ou groupe le cas échéant)*, conformément à l'article L. 1233-4 du code du travail, nous n'avons pas trouvé de poste de reclassement *(le poste de reclassement proposé doit correspondre à un emploi de catégorie équivalente à celui précédemment occupé par le salarié ou à un emploi de catégorie inférieure sous réserve que le salarié ait donné son accord exprès).*

*

**

Si l'entreprise comprend moins de 1 000 salariés (art. L. 1233-65 s. C. trav.)
Lors de notre entretien préalable ou à l'issue de la dernière réunion des représentants du personnel en date du ... *(date à compléter)*, nous vous avons proposé le bénéfice du contrat de sécurisation professionnelle. Par lettre du ... *(date à compléter)*, vous nous avez fait connaître votre refus d'adhérer au dispositif *(en cas d'absence de réponse du salarié dans un délai de vingt et un jours à compter de la remise des documents relatifs au CSP, indiquez : "N'ayant pas reçu dans un délai de vingt et un jours votre décision d'adhérer ou non au contrat de sécurisation professionnelle, vous êtes considéré comme ayant refusé le bénéfice du dispositif").*
Si vous ne dispensez pas le salarié d'effectuer son préavis
Vous restez néanmoins tenu d'effectuer votre préavis d'une durée de *(durée du préavis à compléter)*, qui débutera à la date de la première présentation de cette lettre.
Si vous dispensez le salarié d'effectuer son préavis
Nous vous dispensons d'effectuer votre préavis qui débute le ... *(date présumée de première présentation de cette lettre à compléter)* et se termine le ... *(date à compléter selon la durée du préavis)*, date à laquelle vous quitterez les effectifs de l'entreprise. Néanmoins, votre salaire continuera de vous être versé durant cette période.
Si l'entreprise comprend plus de 1 000 salariés (art. L. 1233-71 s. C. trav.)
Lors de notre entretien préalable ou à l'issue de la dernière réunion des représentants du personnel en date du ... *(date à compléter)*, nous vous avons informé des conditions de mise en œuvre du congé de reclassement. Par la présente, nous vous invitons à nous faire part de votre souhait d'adhérer ou non à ce dispositif. Vous disposez d'un délai de huit jours à compter de la date de notification de la présente lettre pour nous informer de votre décision. En l'absence de réponse dans ce délai, votre silence sera assimilé à un refus. En cas d'acceptation, le congé de reclassement débutera le ... (indiquer la date d'expiration du délai de réponse de huit jours) et vous serez dispensé d'exécuter votre préavis.
En cas de refus du dispositif *(deux hypothèses),*
Si vous ne dispensez pas le salarié d'effectuer son préavis
Vous restez néanmoins tenu d'effectuer votre préavis d'une durée de ... *(durée du préavis à compléter)*, qui débutera à l'expiration du délai de réflexion de huit jours.
Si vous dispensez le salarié d'effectuer son préavis
Nous vous dispensons d'effectuer votre préavis qui débute le ... *(date d'expiration du délai de réflexion de huit jours)* et se termine le ... *(date à compléter selon la durée du préavis)*, date à laquelle vous quitterez les effectifs de l'entreprise. Néanmoins, votre salaire continuera de vous être versé durant cette période.

*

**

Vous pouvez bénéficier d'une priorité de réembauche pendant une durée d'un an à compter de la date de prise d'effet de votre licenciement, si vous en faites la demande par écrit dans ce même délai.

*

**

"A l'expiration de votre contrat de travail, nous tiendrons à votre disposition ou nous vous remettrons ou nous vous adresserons par courrier votre certificat de travail, votre reçu pour solde de tout compte et votre attestation Pôle emploi.
Vous pouvez faire une demande de précision des motifs du licenciement énoncés dans la présente lettre, dans les quinze jours suivant sa notification par lettre recommandée avec avis de réception ou remise contre récépissé. Nous avons la faculté d'y donner suite dans un délai de quinze jours après réception de votre demande, par lettre recommandée avec avis de réception ou remise contre récépissé. Nous pouvons également, le cas échéant et dans les mêmes formes, prendre l'initiative

d'apporter des précisions à ces motifs dans un délai de quinze jours suivant la notification du licenciement."

Nom, prénom
Qualité
Signature

ANNEXE VI

MODÈLE DE LETTRE DE LICENCIEMENT POUR MOTIF ÉCONOMIQUE (GRANDS LICENCIEMENTS COLLECTIFS AVEC PLAN DE SAUVEGARDE DE L'EMPLOI (PSE) : AU MOINS 10 LICENCIEMENTS SUR UNE MÊME PÉRIODE DE TRENTE JOURS DANS UNE ENTREPRISE DE PLUS DE 50 SALARIÉS)

L'application du présent modèle est sans incidence sur l'application des stipulations conventionnelles ou contractuelles plus favorables applicables au contrat de travail du salarié licencié.

La lettre de licenciement ne peut être adressée avant la notification de la décision d'homologation ou de validation de l'autorité administrative ou dans le silence de l'autorité administrative, à l'expiration du délai de quinze jours (validation) ou de vingt et un jours (homologation).

Dénomination sociale et adresse du siège social de l'entreprise
Lieu et date
Nom, prénom et adresse du salarié
Objet : notification d'un licenciement pour motif économique
Lettre recommandée avec avis de réception ou lettre remise contre récépissé *(dans ce cas, la lettre doit être établie en double exemplaire et celui de l'employeur doit être accompagné de la mention "reçue le..." avec la signature du salarié).*
Madame, Monsieur...,
En l'absence de procédure collective au sens du code de commerce (redressement judiciaire ou liquidation judiciaire).
A la suite de notre entretien qui s'est tenu le ... *(date à compléter) (en cas d'absence des institutions représentatives du personnel),* nous vous informons de notre décision de vous licencier pour le(s) motif(s) économique(s) suivant(s) dans les conditions posées à l'article L. 1233-3 du code du travail :
— Énoncer de manière précise et objective les raisons économiques *(soit les difficultés économiques, soit la réorganisation de l'entreprise nécessaire à la sauvegarde de la compétitivité, soit les mutations technologiques, soit la cessation d'activité de l'entreprise).*
— Préciser les incidences sur l'emploi ou le contrat de travail *(soit la suppression d'emploi, soit la transformation d'emploi refusée, soit la modification d'un élément essentiel du contrat de travail refusée).*
(Si le salarié ne s'est pas présenté à l'entretien préalable, indiquer : "Nous vous avons convoqué à un entretien préalable en date du ... auquel vous ne vous êtes pas présenté. Ainsi, nous n'avons pas pu recueillir vos explications.")
Si le salarié est un salarié protégé
Votre licenciement a fait l'objet d'une autorisation de l'inspecteur du travail *(ou du ministre du travail)* en date du ... *(date à compléter).*
Ou
En cas de décision d'autorisation du licenciement émanant du juge-commissaire ou du jugement du tribunal de commerce
A la suite de notre entretien qui s'est tenu le ... *(date à compléter),* nous vous informons de notre décision de vous licencier pour motif économique. Par *(ordonnance du juge-commissaire ou jugement du tribunal de commerce)* en date du ... *(date à compléter),* votre licenciement a fait l'objet d'une autorisation spécifique.
Si le salarié est un salarié protégé
Votre licenciement a fait l'objet d'une autorisation de l'inspecteur du travail en date du ... *(date à compléter).*

*

**

Sur l'impossibilité de reclassement
En dépit des recherches que nous avons effectuées au sein de notre *(entreprise ou groupe le cas échéant)* conformément à l'article L. 1233-4 du code du travail, nous n'avons pas trouvé de poste de reclassement *(le poste de reclassement proposé doit correspondre à un emploi de catégorie équivalente à celui précédemment occupé par le salarié ou à un emploi de catégorie inférieure sous réserve que le salarié ait donné son accord exprès).*

*

**

B. CONTRAT DE TRAVAIL — I. Conventions

Si l'entreprise comprend moins de 1 000 salariés (art. L. 1233-65 s. C. trav.)

Lors de notre entretien préalable ou à l'issue de la dernière réunion des représentants du personnel en date du ... *(date à compléter)*, nous vous avons proposé le bénéfice du contrat de sécurisation professionnelle. Par lettre du ... *(date à compléter)*, vous nous avez fait connaître votre refus d'adhérer au dispositif *(en cas d'absence de réponse du salarié dans un délai de vingt et un jours à compter de la remise des documents relatifs au CSP, indiquez : "N'ayant pas reçu dans un délai de vingt et un jours votre décision d'adhérer ou non au contrat de sécurisation professionnelle, vous êtes considéré comme ayant refusé le bénéfice du dispositif").*

Si vous ne dispensez pas le salarié d'effectuer son préavis

Vous restez néanmoins tenu d'effectuer votre préavis d'une durée de ... *(durée du préavis à compléter)*, qui débutera à la date de la première présentation de cette lettre.

Si vous dispensez le salarié d'effectuer son préavis

Nous vous dispensons d'effectuer votre préavis qui débute le ... *(date présumée de première présentation de cette lettre à compléter)* et se termine le (date à compléter selon la durée du préavis), date à laquelle vous quitterez les effectifs de l'entreprise. Néanmoins, votre salaire continuera de vous être versé durant cette période.

Si l'entreprise comprend plus de 1 000 salariés (art. L. 1233-71 s. C. trav.)

Lors de notre entretien préalable ou à l'issue de la dernière réunion des représentants du personnel en date du ... *(date à compléter)*, nous vous avons informé des conditions de mise en œuvre du congé de reclassement. Par la présente, nous vous invitons à nous faire part de votre souhait d'adhérer ou non à ce dispositif. Vous disposez d'un délai de huit jours à compter de la date de notification de la présente lettre pour nous informer de votre décision. En l'absence de réponse dans ce délai, votre silence sera assimilé à un refus. En cas d'acceptation, le congé de reclassement débutera le ... *(indiquer la date d'expiration du délai de réponse de huit jours)* et vous serez dispensé d'exécuter votre préavis.

En cas de refus du dispositif *(deux hypothèses),*

Si vous ne dispensez pas le salarié d'effectuer son préavis

Vous restez néanmoins tenu d'effectuer votre préavis d'une durée de *(durée du préavis à compléter)*, qui débutera à l'expiration du délai de réflexion de huit jours.

Si vous dispensez le salarié d'effectuer son préavis

Nous vous dispensons d'effectuer votre préavis qui débute le ... *(date d'expiration du délai de réflexion de huit jours)* et se termine le ... *(date à compléter selon la durée du préavis)*, date à laquelle vous quitterez les effectifs de l'entreprise. Néanmoins, votre salaire continuera de vous être versé durant cette période.

*

**

Vous pouvez bénéficier d'une priorité de réembauche pendant une durée d'un an à compter de la date de prise d'effet de votre licenciement, si vous en faites la demande par écrit dans ce même délai.

*

**

"A l'expiration de votre contrat de travail, nous tiendrons à votre disposition ou nous vous remettrons ou nous vous adresserons par courrier votre certificat de travail, votre reçu pour solde de tout compte et votre attestation Pôle emploi.

Vous pouvez faire une demande de précision des motifs du licenciement énoncés dans la présente lettre, dans un délai de quinze jours suivant sa notification par lettre recommandée avec avis de réception ou remise contre récépissé. Nous avons la faculté d'y donner suite dans un délai de quinze jours après réception de votre demande, par lettre recommandée avec avis de réception ou remise contre récépissé. Nous pouvons également, le cas échéant et dans les mêmes formes, prendre l'initiative d'apporter des précisions à ces motifs dans un délai de quinze jours suivant la notification du licenciement."

Nom, prénom
Qualité
Signature

C Conventions et accords collectifs

(V. aussi C. trav., liv. I, tit. III).

Code de la sécurité sociale

(Décr. n° 85-1353 du 17 déc. 1985)

BIBL. GÉN. ▶ La protection sociale complémentaire, JCP E 1996. I. 568.

Art. L. 911-1 *(L. n° 94-678 du 8 août 1994, art. 1ᵉʳ)* A moins qu'elles ne soient instituées par des dispositions législatives ou réglementaires, les garanties collectives dont bénéficient les salariés, anciens salariés et ayants droit en complément de celles qui résultent de l'organisation de la sécurité sociale sont déterminées soit par voie de conventions ou d'accords collectifs, soit à la suite de la ratification à la majorité des intéressés d'un projet d'accord proposé par le chef d'entreprise, soit par une décision unilatérale du chef d'entreprise constatée dans un écrit remis par celui-ci à chaque intéressé.

Art. L. 911-2 *(L. n° 94-678 du 8 août 1994, art. 1ᵉʳ)* Les garanties collectives mentionnées à l'article L. 911-1 ont notamment pour objet de prévoir, au profit des salariés, des anciens salariés et de leurs ayants droit, la couverture du risque décès, des risques portant atteinte à l'intégrité physique de la personne ou liés à la maternité, des risques d'incapacité de travail ou d'invalidité, des risques d'inaptitude et du risque chômage, ainsi que la constitution d'avantages sous forme de pensions de retraite, d'indemnités ou de primes de départ en retraite ou de fin de carrière.

Art. L. 911-3 *(L. n° 94-678 du 8 août 1994, art. 1ᵉʳ)* Les dispositions du *(L. n° 2020-1525 du 7 déc. 2020, art. 19, en vigueur le 1ᵉʳ juin 2021)* « livre II de la deuxième partie » du code du travail sont applicables aux conventions et accords collectifs mentionnés à l'article L. 911-1 *(L. n° 2020-1525 du 7 déc. 2020, art. 19, en vigueur le 1ᵉʳ juin 2021)* « du présent code ». Toutefois, *(L. n° 2020-1525 du 7 déc. 2020, art. 19, en vigueur le 1ᵉʳ juin 2021)* « par dérogation à l'article L. 2261-15 du code du travail, » lorsque les accords ont pour objet exclusif la détermination des garanties mentionnées à l'article L. 911-2 *(L. n° 2020-1525 du 7 déc. 2020, art. 19, en vigueur le 1ᵉʳ juin 2021)* « du présent code », leur extension aux salariés, aux anciens salariés, à leurs ayants droit et aux employeurs compris dans leur champ d'application est décidée par arrêté du ministre chargé de la sécurité sociale *(L. n° 2020-1525 du 7 déc. 2020, art. 19, en vigueur le 1ᵉʳ juin 2021)* « , après avis de la Commission nationale de la négociation collective, de l'emploi et de la formation professionnelle mentionnée à l'article L. 2271-1 du code du travail ».

Art. L. 911-4 *(L. n° 94-678 du 8 août 1994, art. 1ᵉʳ)* Des arrêtés du ministre chargé de la sécurité sociale *(Abrogé par L. n° 2020-1525 du 7 déc. 2020, art. 19, à compter du 1ᵉʳ juin 2021)* « et du ministre chargé du budget » peuvent élargir, *(L. n° 2020-1525 du 7 déc. 2020, art. 19, en vigueur le 1ᵉʳ juin 2021)* « le cas échéant, sur demande de l'une des organisations représentatives intéressées, après avis de la Commission nationale de la négociation collective, de l'emploi et de la formation professionnelle mentionnée à l'article L. 2271-1 du code du travail », tout ou partie des dispositions d'accords étendus conformément à ce même article à des employeurs, à des salariés et anciens salariés et à leurs ayants droit non compris dans le champ d'application de ces accords.

Art. L. 911-5 *(L. n° 94-678 du 8 août 1994, art. 1ᵉʳ)* Les dispositions des articles *(L. n° 2020-1525 du 7 déc. 2020, art. 19, en vigueur le 1ᵉʳ juin 2021)* « L. 2222-4 et L. 2251-1 » du code du travail s'appliquent au projet d'accord proposé par le chef d'entreprise mentionné à l'article L. 911-1 *(L. n° 2020-1525 du 7 déc. 2020, art. 19, en vigueur le 1ᵉʳ juin 2021)* « du présent code ». Les conditions dans lesquelles ce projet d'accord est ratifié et adopté et les conditions dans lesquelles l'accord est ensuite modifié, mis en cause à raison notamment d'une fusion, d'une cession ou d'une scission ou d'un changement d'activité ou dénoncé ainsi que la durée du préavis qui doit précéder la dénonciation sont définies par décret en Conseil d'État.

Ce même décret détermine les conditions dans lesquelles une convention ou un accord collectif d'entreprise peut se substituer à une décision unilatérale de l'employeur ou à un accord ratifié mentionné à l'article L. 911-1 ou ce même accord ratifié peut se substituer à la décision unilatérale de l'employeur lorsque ceux-ci mettent en œuvre les garanties collectives régies par le présent chapitre.

*Ecqc les salariés agricoles, V. C. rur., art. L. 727-3 (Ord. n° 2000-550 du 15 juin 2000, JO 22 juin). – **C. rur**.*

Art. L. 912-1 *(L. n° 2013-1203 du 23 déc. 2013, art. 14)* I. – Les accords professionnels ou interprofessionnels mentionnés à l'article L. 911-1 peuvent, dans des conditions fixées par décret en Conseil d'État, prévoir l'institution de garanties collectives présentant un degré élevé de solidarité et comprenant à ce titre des prestations à caractère non directement contributif, pouvant notamment prendre la forme d'une prise en charge partielle ou totale de la cotisation pour certains salariés ou anciens salariés, d'une politique de prévention ou de prestations d'action sociale.

Dans ce cas, les accords peuvent organiser la couverture des risques concernés en recommandant un ou plusieurs organismes mentionnés à l'article 1er de la loi n° 89-1009 du 31 décembre 1989 renforçant les garanties offertes aux personnes assurées contre certains risques ou une ou plusieurs institutions mentionnées à l'article L. 370-1 du code des assurances, sous réserve du respect des conditions définies au II du présent article.

Le ou les organismes ou institutions adressent annuellement au ministre chargé de la sécurité sociale un rapport sur la mise en œuvre du régime, le contenu des éléments de solidarité et son équilibre, dont le contenu est précisé par décret.

II. – La recommandation mentionnée au I doit être précédée d'une procédure de mise en concurrence des organismes ou institutions concernés, dans des conditions de transparence, d'impartialité et d'égalité de traitement entre les candidats et selon des modalités prévues par décret.

Le ou les organismes ou institutions ne peuvent refuser l'adhésion d'une entreprise relevant du champ d'application de l'accord. Ils sont tenus d'appliquer un tarif unique et d'offrir des garanties identiques pour toutes les entreprises et pour tous les salariés concernés.

III. – Les accords mentionnés au I comportent une clause fixant dans quelles conditions et selon quelle périodicité, qui ne peut excéder cinq ans, les modalités d'organisation de la recommandation sont réexaminées. La procédure prévue au premier alinéa du II est applicable à ce réexamen.

IV. – Les accords mentionnés au I peuvent prévoir que certaines des prestations nécessitant la prise en compte d'éléments relatifs à la situation des salariés ou sans lien direct avec le contrat de travail les liant à leur employeur sont financées et gérées de façon mutualisée, selon des modalités fixées par décret en Conseil d'État, pour l'ensemble des entreprises entrant dans leur champ d'application.

Ces dispositions s'appliquent aux accords conclus à compter du 1er janv. 2014 (L. n° 2013-1203 du 23 déc. 2013, art. 14-II).

Loi n° 2023-1107 du 29 novembre 2023,

Portant transposition de l'accord national interprofessionnel relatif au partage de la valeur au sein de l'entreprise.

* PLAN DE PARTAGE DE LA VALORISATION DE L'ENTREPRISE

Art. 10 I. – Le présent article est applicable aux employeurs mentionnés à l'article L. 3311-1 du code du travail ainsi qu'à leurs salariés ou à leurs agents.

II. – Un plan de partage de la valorisation de l'entreprise peut être mis en place dans les entreprises ainsi qu'au sein des groupes mentionnés au premier alinéa de l'article L. 3344-1 et à l'article L. 3344-2 du code du travail pour une durée de trois ans. Les entreprises ne peuvent mettre en place qu'un seul plan sur une même période de trois ans.

III. – Tous les salariés ayant au moins un an d'ancienneté dans l'entreprise bénéficient du plan de partage de la valorisation de l'entreprise.

Cette ancienneté, appréciée à la première date mentionnée au premier alinéa du VI, est calculée en prenant en compte tous les contrats de travail exécutés dans l'entreprise ou dans le groupe d'entreprises au cours des douze mois qui précèdent ladite date.

Toutefois, une ancienneté inférieure à celle mentionnée au premier alinéa du présent III peut être prévue par l'accord mentionné au X.

Ne bénéficient pas de la prime de partage de la valorisation de l'entreprise les salariés qui, pendant la durée de trois ans du plan, atteignent l'ancienneté prévue au présent III ou quittent l'entreprise de manière définitive.

IV. – Le plan de partage de la valorisation de l'entreprise permet aux salariés de bénéficier d'une prime de partage de la valorisation de l'entreprise dans le cas où la valeur de l'entreprise a augmenté au cours des trois années suivant la première date mentionnée au premier alinéa du VI.

Pour chaque salarié, la prime de partage de la valorisation de l'entreprise résulte de l'application au montant de référence prévu au V du taux de variation de la valeur de l'entreprise, lorsque ce taux est positif. Lorsque ce taux est négatif ou nul, le salarié ne bénéficie d'aucune prime de partage de la valorisation.

V. – Un montant de référence est fixé pour chaque salarié en application de l'accord mentionné au X. Ce montant peut différer selon les salariés en fonction de la rémunération, du niveau de classification ou de la durée de travail prévue au contrat de travail mentionnée à la dernière phrase du deuxième alinéa du III de l'article L. 241-13 du code de la sécurité sociale.

VI. – Le taux de variation de la valeur de l'entreprise correspond au taux de variation constaté entre la valeur de l'entreprise déterminée à une date fixée par l'accord mentionné au X du présent article et la valeur de l'entreprise à l'expiration d'un délai de trois ans débutant le lendemain de cette date.

Pour les entreprises constituées sous la forme de sociétés dont les titres sont admis aux négociations sur un marché réglementé, la valeur de l'entreprise correspond à sa capitalisation boursière moyenne sur les trente derniers jours de bourse précédant chacune des deux dates mentionnées au premier alinéa du présent VI.

Pour les autres entreprises, la formule de valorisation de l'entreprise est déterminée par l'accord mentionné au X et est la même aux deux dates d'appréciation de la valeur de l'entreprise. Cette formule permet d'évaluer la valeur de l'entreprise en tenant compte, selon une pondération appropriée à chaque cas, de la situation nette comptable, de la rentabilité et des perspectives d'activité. Ces critères sont appréciés, le cas échéant, sur une base consolidée ou, à défaut, en tenant compte des éléments financiers issus des filiales significatives. Cette formule peut s'appuyer sur des comparaisons avec d'autres entreprises du même secteur. Si l'accord ne contient pas de formule de valorisation de l'entreprise ou si cette formule est impossible à appliquer, la valorisation de l'entreprise est égale au montant de l'actif net réévalué, calculé d'après le bilan le plus récent.

VII. – Le montant des primes distribuées à un même salarié ne peut, au titre d'un même exercice, excéder une somme égale aux trois quarts du montant annuel du plafond prévu à l'article L. 241-3 du code de la sécurité sociale.

VIII. – Les sommes dues aux salariés au titre du plan de partage de la valorisation de l'entreprise sont arrêtées dans un délai de sept mois à compter de l'expiration du délai de trois ans prévu au premier alinéa du VI.

Le versement peut être réalisé en une ou plusieurs fois au cours des douze mois suivants.

IX. – Les sommes attribuées aux salariés en application d'un plan de partage de la valorisation de l'entreprise ne peuvent se substituer à aucun des éléments de rémunération pris en compte pour la détermination de l'assiette des cotisations définie à l'article L. 242-1 du code de la sécurité sociale, qui sont en vigueur dans l'entreprise au moment de la mise en place du plan mentionné au présent article ou qui deviennent obligatoires en application de règles légales, contractuelles ou d'usage, ni à un autre dispositif d'épargne salariale ou de partage de la valeur. Elles ne peuvent pas non plus se substituer à des augmentations de rémunération ni à des primes prévues par un accord salarial, par le contrat de travail ou par les usages en vigueur dans l'entreprise ou le groupe. Cette règle ne peut avoir pour effet de remettre en cause les exonérations fiscales et sociales prévues aux XII et XIII du présent article, dès lors qu'un délai de douze mois s'est écoulé entre le dernier versement de l'élément de rémunération en tout ou partie supprimé et la date de mise en place du plan.

Les sommes mentionnées au premier alinéa du présent IX n'ont pas le caractère d'élément de salaire pour l'application de la législation du travail.

X. – Le plan de partage de la valorisation de l'entreprise est mis en place par un accord, établi sur rapport spécial du commissaire aux comptes de l'entreprise ou, s'il n'en a pas été désigné, d'un commissaire aux comptes désigné à cet effet par l'organe compétent de l'entreprise ou du groupe, selon l'une des modalités suivantes :

1° Par une convention ou un accord collectif de travail ;

2° Par un accord entre l'employeur et les représentants d'organisations syndicales représentatives dans l'entreprise ;

3° Par un accord conclu au sein du comité social et économique ;

4° A la suite de la ratification, à la majorité des deux tiers du personnel, d'un projet d'accord proposé par l'employeur. Lorsqu'il existe dans l'entreprise une ou plusieurs organisations syndicales représentatives ou un comité social et économique, la ratification est demandée conjointement par l'employeur et par une ou plusieurs de ces organisations ou ce comité.

D. SALAIRES

XI. – L'accord mentionné au X définit notamment :
1° Le montant de référence auquel sera appliqué le taux de variation de la valeur de l'entreprise ;
2° Les éventuelles conditions de modulation du montant de référence entre les salariés ;
3° La formule de valorisation retenue pour les entreprises dont les titres ne sont pas admis aux négociations sur un marché réglementé ;
4° La date d'appréciation de la valeur de l'entreprise, mentionnée au premier alinéa du VI, qui constitue le point de départ de la durée de trois ans du plan et la date trois ans plus tard d'appréciation de la valeur de l'entreprise permettant de calculer le taux de variation mentionné au même VI ;
5° La ou les dates de versement de la prime.
L'accord peut prévoir la reconduction du plan et précise alors les éléments mentionnés aux 1° à 5° du présent XI pour la mise en œuvre de cette reconduction.

XII. – Lorsqu'un salarié a adhéré à un plan d'épargne salariale mentionné au titre III du livre III de la troisième partie du code du travail ou à un plan d'épargne retraite d'entreprise mentionné à la section 2 du chapitre IV du titre II du livre II du code monétaire et financier et qu'il affecte à la réalisation de ce plan, dans un délai défini par le décret mentionné au XVI du présent article, tout ou partie des sommes qui lui sont attribuées par l'entreprise au titre du plan de partage de la valorisation de l'entreprise, ces sommes sont exonérées d'impôt sur le revenu dans la limite, par an et par bénéficiaire, de 5 % de la somme maximale prévue au VII.

L'employeur informe le salarié des sommes qui lui sont attribuées au titre de la prime de partage de la valorisation de l'entreprise et du délai dans lequel il peut formuler sa demande d'affectation au plan d'épargne salariale ou au plan d'épargne retraite d'entreprise.

XIII. – La prime mentionnée au IV et versée dans les conditions prévues au VIII est exonérée de toutes les cotisations sociales d'origine légale ou conventionnelle à la charge du salarié et de l'employeur, de la contribution prévue à l'article L. 137-15 du code de la sécurité sociale ainsi que des cotisations et contributions prévues à l'article 235 bis du code général des impôts et à l'article L. 6131-1 du code du travail, dans leur rédaction en vigueur à la date de son versement.

La prime est soumise, à l'occasion de son versement, à une contribution au profit de la Caisse nationale d'assurance vieillesse. Cette contribution est établie, recouvrée et contrôlée dans les conditions et selon les modalités applicables à la contribution prévue à l'article L. 137-13 du code de la sécurité sociale. Son taux est celui prévu au 2° du II du même article L. 137-13.

Le présent XIII est applicable aux primes versées au cours des exercices 2026 à 2028.

XIV. – Pour ouvrir droit aux exonérations fiscales et sociales mentionnées aux XII et XIII, l'accord mentionné au X est déposé auprès de l'autorité administrative compétente, dans des conditions déterminées par le décret mentionné au XVI.

En l'absence d'observation de l'un des organismes mentionnés aux articles L. 213-1 et L. 752-4 du code de la sécurité sociale ou à l'article L. 723-3 du code rural et de la pêche maritime à l'expiration d'un délai fixé par le décret mentionné au XVI du présent article, les exonérations prévues au XIII sont réputées acquises.

XV. – Le plan de partage de la valorisation de l'entreprise ne fait pas l'objet de la publication prévue à l'article L. 2231-5-1 du code du travail.

XVI. – Un décret détermine les modalités d'application du présent article.

XVII. – Pour l'application du présent article à Mayotte et à Saint-Pierre-et-Miquelon, les références au code de la sécurité sociale sont remplacées par les références aux dispositions applicables localement ayant le même objet.

D Salaires

(V. aussi C. trav., art. L. 3211-1 s.)

Traité de Rome du 25 mars 1957,

Instituant la Communauté économique européenne. – Publié par Décr. n° 58-84 du 28 janv. 1958 (D. 1958. 73 ; BLD 1958. 121). – Devenu le traité sur le fonctionnement de l'Union européenne depuis le traité de Lisbonne, publié par Décr. n° 2009-1466 du 1ᵉʳ déc. 2009 (JO 2 déc.).

Art. 157 1. Chaque État membre assure l'application du principe de l'égalité des rémunérations entre travailleurs masculins et travailleurs féminins pour un même travail ou un travail de même valeur.

2. Aux fins du présent article, on entend par rémunération le salaire ou traitement ordinaire de base ou minimum, et tous autres avantages payés directement ou indirectement, en espèces ou en nature, par l'employeur au travailleur en raison de l'emploi de ce dernier.

L'égalité de rémunération, sans discrimination fondée sur le sexe, implique :

a) que la rémunération accordée pour un même travail payé à la tâche soit établie sur la base d'une même unité de mesure ;

b) que la rémunération accordée pour un travail payé au temps soit la même pour un même poste de travail.

3. Le Parlement européen et le Conseil, statuant selon la procédure législative ordinaire et après consultation du Comité économique et social, adoptent des mesures visant à assurer l'application du principe de l'égalité des chances et de l'égalité de traitement entre les hommes et les femmes en matière d'emploi et de travail, y compris le principe de l'égalité des rémunérations pour un même travail ou un travail de même valeur.

4. Pour assurer concrètement une pleine égalité entre hommes et femmes dans la vie professionnelle, le principe de l'égalité de traitement n'empêche pas un État membre de maintenir ou d'adopter des mesures prévoyant des avantages spécifiques destinés à faciliter l'exercice d'une activité professionnelle par le sexe sous-représenté ou à prévenir ou compenser des désavantages dans la carrière professionnelle.

Est une discrimination indirecte une disposition, un critère ou une pratique neutre en apparence, mais susceptible d'entraîner un désavantage particulier pour des personnes par rapport à d'autres ; ainsi, est une discrimination indirecte le fait de conditionner le bénéfice d'une allocation de retraite supplémentaire à un nombre minimum d'heures de travail. • Soc. 2 juill. 2012 : *D. 2012. Actu. 1895* ; *RJS 2/2012, n° 797.*

Code général des impôts

Art. 80 *duodecies* 1. Toute indemnité versée à l'occasion de la rupture du contrat de travail constitue une rémunération imposable, sous réserve des dispositions suivantes.

Ne constituent pas une rémunération imposable :

1° Les indemnités mentionnées aux articles *(L. n° 2013-504 du 14 juin 2013, art. 21-II)* « L. **1235-1,** » L. **1235-2,** L. **1235-3** *(L. n° 2016-1918 du 29 déc. 2016, art. 116)* « , L. **1235-3-1** » *(L. n° 2017-1837 du 30 déc. 2017, art. 3)* « , » L. **1235-11** à L. **1235-13** *(L. n° 2017-1837 du 30 déc. 2017, art. 3)* « , au 7° de l'article L. **1237-18-2** et au 5° de l'article L. **1237-19-1** » du code du travail *(L. n° 2018-1317 du 28 déc. 2018, art. 7)* « ainsi que celles versées dans le cadre des mesures prévues au 7° du même article L. **1237-19-1** » ;

2° Les indemnités de licenciement ou de départ volontaire versées dans le cadre d'un plan de sauvegarde de l'emploi au sens des articles L. **1233-32** et L. **1233-61** à L. **1233-64** du code du travail ;

3° La fraction des indemnités de licenciement versées en dehors du cadre d'un plan de sauvegarde de l'emploi au sens des articles L. **1233-32** et L. **1233-61** à L. **1233-64** du code du travail, qui n'excède pas :

a) Soit deux fois le montant de la rémunération annuelle brute perçue par le salarié au cours de l'année civile précédant la rupture de son contrat de travail, ou 50 % du montant de l'indemnité si ce seuil est supérieur, dans la limite de six fois le plafond mentionné à l'article L. **241-3** du code de la sécurité sociale en vigueur à la date du versement des indemnités ;

b) Soit le montant de l'indemnité de licenciement prévue par la convention collective de branche, par l'accord professionnel ou interprofessionnel ou, à défaut, par la loi ;

4° La fraction des indemnités de mise à la retraite qui n'excède pas :

a) Soit deux fois le montant de la rémunération annuelle brute perçue par le salarié au cours de l'année civile précédant la rupture de son contrat de travail, ou 50 % du montant de l'indemnité si ce seuil est supérieur, dans la limite de cinq fois le plafond mentionné à l'article L. **241-3** du code de la sécurité sociale en vigueur à la date du versement des indemnités ;

b) Soit le montant de l'indemnité de mise à la retraite prévue par la convention collective de branche, par l'accord professionnel ou interprofessionnel ou, à défaut, par la loi ;

5° *Abrogé par L. n° 2010-1657 du 29 déc. 2010, art. 199-II et III ;*

(L. n° 2018-1317 du 28 déc. 2018, art. 8) « 6° La fraction des indemnités prévues à l'article L. **1237-13** du code du travail versées à l'occasion de la rupture conventionnelle du contrat de travail d'un salarié, ainsi que la fraction des indemnités prévues aux articles 3 et 7-2 de l'annexe à l'article 33 du Statut du personnel administratif des chambres de commerce et d'industrie *(L. n° 2022-1726 du 30 déc. 2022, art. 117)* « et les indemnités spécifiques de

rupture conventionnelle versées en application de l'article 39 *bis* du Statut du personnel administratif des chambres de métiers et de l'artisanat et de son annexe XXVIII, » versées à l'occasion de la cessation d'un commun accord de la relation de travail d'un agent, lorsqu'ils ne sont pas en droit de bénéficier d'une pension de retraite d'un régime légalement obligatoire, qui n'excède pas :

« *a)* Soit deux fois le montant de la rémunération annuelle brute perçue par le salarié au cours de l'année civile précédant la rupture de son contrat de travail, ou 50 % du montant de l'indemnité si ce seuil est supérieur, dans la limite de six fois le plafond mentionné à l'article L. 241-3 du code de la sécurité sociale en vigueur à la date de versement des indemnités ;

« *b)* Soit le montant de l'indemnité de licenciement prévue par la convention collective de branche, par l'accord professionnel ou interprofessionnel, par le Statut du personnel administratif des chambres de commerce et d'industrie (*L. n° 2022-1726 du 30 déc. 2022, art. 117*) « , par le Statut du personnel administratif des chambres de métiers et de l'artisanat » ou, à défaut, par la loi. »

(*L. n° 2019-1479 du 28 déc. 2019, art. 5*) « Le présent 6° est applicable aux indemnités spécifiques de rupture conventionnelle versées en application (*Ord. n° 2021-1574 du 24 nov. 2021, art. 4, en vigueur le 1er mars 2022*) « du I de l'article 72 de la loi n° 2019-828 du 6 août 2019 de transformation de la fonction publique et de l'article L. 552-1 du code général de la fonction publique ». »

2. Constitue également une rémunération imposable toute indemnité versée, à l'occasion de la cessation de leurs fonctions, aux mandataires sociaux, dirigeants et personnes visés à l'article 80 *ter*. Toutefois, en cas de cessation forcée des fonctions, notamment de révocation, seule la fraction des indemnités qui excède (*L. n° 2015-1785 du 29 déc. 2015, art. 3*) « trois fois le plafond mentionné à l'article L. 241-3 du code de la sécurité sociale » est imposable.

BIBL. ▶ DUFLOUX, *D. 2000. Chron. 585* (fiscalité des indemnités de licenciement). – DUMAS, *RJS 6/2018, p. 475* (régime social et fiscal de l'indemnité transactionnelle). – ROSSIGNOL, *Dr. fisc. 2003, p. 542* ; *DO 2002, n° 38, p. 39* (régime fiscal des « golden parachutes »).

Traitement social des indemnités de rupture. Le calcul de l'exonération de l'indemnité de rupture doit être déterminé en fonction de la rémunération effectivement perçue par la salariée au cours de l'année civile antérieure à la rupture de son contrat de travail. Pour écarter la possibilité pour l'employeur de reconstituer le salaire théorique de la salariée lorsque la période de référence n'est pas complète, ou comprend des périodes indemnisées, les juges du fond ont, à bon droit, retenu que l'assiette de l'exonération doit correspondre à des paiements effectifs. ● Civ. 2e, 21 sept. 2017, n° 16-20.580 P : *RJS 12/2017, n° 826* ; *SSL 2017, n° 1790, p. 12*, obs. Jean-Marie ; *JCP S 2017. 1351*, obs. Tauran.

Art. 80 quaterdecies [*Applicable aux actions gratuites attribuées à compter du 28 sept. 2012*] (*L. n° 2012-1509 du 29 déc. 2012, art. 11-I-B et IV ; Décr. n° 2013-463 du 3 juin 2013 ; L. n° 2015-990 du 6 août 2015, art. 135-I-1°*) « **I.** — L'avantage salarial correspondant à la valeur, à leur date d'acquisition, des actions attribuées dans les conditions définies (*Ord. n° 2020-1142 du 16 sept. 2020, art. 13-2° et 19, en vigueur le 1er janv. 2021*) « aux articles L. 225-197-1 à L. 225-197-5, L. 22-10-59 et L. 22-10-60 » du code de commerce est imposé entre les mains de l'attributaire (*L. n° 2016-1917 du 29 déc. 2016, art. 61-I-1° et III*) « dans la catégorie des traitements et salaires selon les modalités prévues au 3 de l'article 200 A, dans une limite annuelle de 300 000 €. La fraction de l'avantage qui excède cette limite est imposée entre les mains de l'attributaire suivant les règles de droit commun des traitements et salaires [*ancienne rédaction : selon les modalités prévues au 3 de l'article 200 A du présent code*]. » — *Les dispositions du présent I s'appliquent aux actions gratuites dont l'attribution a été autorisée par une décision de l'assemblée générale extraordinaire postérieure au 30 déc. 2016.*

II. — L'impôt est dû au titre de l'année au cours de laquelle le bénéficiaire a disposé de ses actions, les a cédées, converties au porteur ou mises en location.

III. — En cas d'échange sans soulte d'actions résultant d'une opération d'offre publique, de fusion, de scission, de division ou de regroupement réalisée conformément à la réglementation en vigueur, l'impôt est dû au titre de l'année de disposition, de cession, de conversion au porteur ou de mise en location des actions reçues en échange.

Il en est de même en cas d'opérations d'apport d'actions réalisées dans les conditions prévues au second alinéa du III de l'article L. 225-197-1 du code de commerce par une personne détenant, directement ou indirectement, moins de 10 % du capital de la société émettrice lorsque l'attribution a été réalisée au profit de l'ensemble des salariés de l'entreprise et que la société bénéficiaire de l'apport détient, directement ou indirectement, moins de 40 % du capital et des droits de vote de la société émettrice.

IV. — Les I à III s'appliquent lorsque l'attribution est effectuée, dans les mêmes conditions, par une société dont le siège social est situé à l'étranger et qui est société mère ou filiale de l'entreprise dans laquelle l'attributaire exerce son activité.

Les obligations déclaratives incombent alors à la filiale ou à la société mère française.

V. — Le gain net, égal à la différence entre le prix de cession et la valeur des actions à leur date d'acquisition, est imposé dans les conditions prévues à l'article 150-0 A.

Si les actions sont cédées pour un prix inférieur à leur valeur à la date d'acquisition, la moins-value est déduite du montant de l'avantage mentionné au I, dans la limite de ce montant.

[L. n° 2004-1484 du 30 déc. 2004, art. 83-II-A et IV ; L. n° 2005-842 du 26 juill. 2005, art. 41-I-1° ; L. n° 2006-1770 du 30 déc. 2006, art. 39-II ; L. n° 2012-1509 du 29 déc. 2012, art. 11-I-B et IV ; Décr. n° 2013-463 du 3 juin 2013 ; L. n° 2015-990 du 6 août 2015, art. 135-I-4° et IV ; L. n° 2016-1917 du 29 déc. 2016, art. 61-I-1° et III.]

BIBL. ▶ LABRUNE, *RJF 2014, p. 1043* (les gains de « management package », des objets fiscaux non identifiés ?). – SUBRA, *JCP E 2007. 1371* (le régime fiscal des attributions gratuites d'actions).

Art. 81 (*L. n° 2010-1657 du 29 déc. 2010, art. 202-II et III ; Décr. n° 2014-549 du 26 mai 2014*) Sont affranchis de l'impôt :

1° Les allocations spéciales destinées à couvrir les frais inhérents à la fonction ou à l'emploi et effectivement utilisées conformément à leur objet. Les rémunérations des journalistes, rédacteurs, photographes, directeurs de journaux et critiques dramatiques et musicaux perçues ès qualités constituent de telles allocations à concurrence de 7 650 €. (*L. n° 2018-1317 du 28 déc. 2018, art. 4*) « Il en est de même des indemnités de fonction mentionnées au I de l'article 80 *undecies* B, à concurrence d'un montant égal à (*L. n° 2019-1479 du 28 déc. 2019, art. 3*) « 17 % du montant du traitement correspondant à l'indice brut terminal de l'échelle indiciaire de la fonction publique » en cas de mandat unique ou, en cas de cumul de mandats, à une fois et demie ce même montant, et, pour les élus locaux de communes de moins de 3 500 habitants, à concurrence d'un montant égal à (*L. n° 2019-1479 du 28 déc. 2019, art. 3*) « 38,75 % du montant du traitement correspondant à l'indice brut terminal de l'échelle indiciaire de la fonction publique », quel que soit le nombre de mandats ». (*L. n° 2018-1317 du 28 déc. 2018, art. 5, en vigueur le 1ᵉʳ janv. 2019*) « Ces dispositions ne s'appliquent qu'aux journalistes, rédacteurs, photographes, directeurs de journaux et critiques dramatiques et musicaux dont le revenu brut annuel n'excède pas 93 510 €. »

Toutefois, lorsque leur montant est fixé par voie législative, ces allocations sont toujours réputées utilisées conformément à leur objet et ne peuvent donner lieu à aucune vérification de la part de l'administration. (*L. n° 2017-1339 du 15 sept. 2017, art. 20-III et IV*) « Il en est de même des frais de mandat pris en charge dans les conditions prévues à l'article 4 *sexies* de l'ordonnance n° 58-1100 du 17 novembre 1958 relative au fonctionnement des assemblées parlementaires ; »

[...]

(*L. n° 2015-994 du 17 août 2015, art. 59-VII et 60-I*) « **9° quinquies** La prime d'activité mentionnée à l'article L. 841-1 du code de la sécurité sociale ; »

[...]

18° *a*) Les sommes versées par l'entreprise en application de plans d'épargne constitués conformément aux dispositions du titre III du livre III de la troisième partie du code du travail ; — V. C. trav., art. L. 3332-1 s.

(*Ord. n° 2019-766 du 24 juill. 2019, art. 3-I*) « *a bis*) Dans la limite du plafond prévu à l'article L. 3332-11 du code du travail diminué du montant des versements mentionnés au *a*, les versements des entreprises prévus au titre III du livre III de la troisième partie de ce code ou ceux issus des droits inscrits au compte-épargne temps qui correspondent à un abondement de l'employeur en temps ou en argent, mentionnés au 2° de l'article L. 224-2 du code monétaire et financier, dans un plan d'épargne retraite mentionné à l'article L. 224-13 du même code ;

« *a ter*) Dans la limite du plafond prévu au troisième alinéa du 2° de l'article 83, les sommes issues des droits inscrits au compte-épargne temps qui correspondent à un abondement de l'employeur en temps ou en argent mentionnées au 2° de l'article L. 224-2 du code monétaire et financier, versées dans un plan d'épargne retraite mentionné à l'article L. 224-23 du même code ; »

b) Les sommes versées par le salarié pour alimenter un plan d'épargne pour la retraite collectif dans les conditions (*L. n° 2016-1088 du 8 août 2016, art. 11*) « fixées à l'article

L. 3152-4 » du code du travail ou du deuxième alinéa de l'article L. 3334-8 du même code ;
— *Bénéficient des dispositions du 18° b) ci-dessus les sommes versées sur un plan d'épargne pour la retraite, au titre de l'épargne-temps, dans les conditions prévues à l'art. L. 3334-8 C. trav., dans sa rédaction issue de la L. n° 2010-1330 du 9 nov. 2010, art. 108.*
(*Ord. n° 2019-766 du 24 juill. 2019, art. 3-I, en vigueur le 1er oct. 2021*) « **b bis)** Dans la limite de dix jours par an, les sommes mentionnées au 2° de l'article L. 224-2 du code monétaire et financier issues de droits inscrits au compte épargne-temps qui ne correspondent pas à un abondement de l'employeur en temps ou en argent ou, en l'absence de compte d'épargne temps dans l'entreprise, à celles correspondant à des jours de repos non pris, non versées dans un plan d'épargne retraite mentionné à l'article L. 224-13 ou à l'article L. 224-23 du même code ; »

18° *bis* Dans la limite (*L. n° 2019-486 du 22 mai 2019, art. 155-IV*) « du montant prévu au premier alinéa de l'article L. 3315-2 du code du travail », les sommes reçues au titre de l'intéressement et affectées à la réalisation de plans d'épargne constitués conformément au titre III du livre III de la troisième partie du code du travail (*Ord. n° 2019-766 du 24 juill. 2019, art. 3-I*) « ou, en application du 2° de l'article L. 224-2 du code monétaire et financier, à la réalisation d'un plan d'épargne retraite mentionné à l'article L. 224-13 ou à (*Décr. n° 2021-744 du 9 juin 2021, art. 1er*) « l'article » L. 224-23 du même code ».

L'exonération s'applique sous réserve du dépôt de l'accord d'intéressement, dans les conditions prévues aux articles L. 3313-3 et L. 3314-4 du code du travail, auprès de l'autorité administrative compétente.

Les dispositions du premier alinéa bénéficient également, dans les mêmes conditions et limites aux dividendes des actions de travail attribuées aux salariés des sociétés anonymes à participation ouvrière régies par la loi du 26 avril 1917, à compter du 1er janvier 1991 ;

(*Ord. n° 2019-697 du 3 juill. 2019, art. 4*) « **18° ter** Les sommes versées par les employeurs au titre du financement de contrats de retraite qui sont assujetties à la contribution mentionnée à l'article L. 137-11-2 du code de la sécurité sociale, ainsi que le montant de la revalorisation des droits correspondants prévue au 5° du I du même article ; »

19° Dans la limite de (*L. n° 2022-1726 du 30 déc. 2022, art. 4 ; Décr. n° 2023-422 du 31 mai 2023, art. 1er*) « 6,91 € *[ancienne rédaction : 6,50 €]* » par titre, le complément de rémunération résultant de la contribution de l'employeur à l'acquisition par le salarié des titres-restaurant émis conformément aux dispositions du chapitre II du titre VI du livre II de la troisième partie du code du travail, lorsque cette contribution est comprise entre un minimum et un maximum fixés par arrêté du ministre chargé du budget. (*L. n° 2019-1479 du 28 déc. 2019, art. 6-I*) « La limite d'exonération est relevée chaque année dans la même proportion que la variation de l'indice des prix à la consommation hors tabac entre le 1er octobre de l'avant-dernière année et le 1er octobre de l'année précédant celle de l'acquisition des titres-restaurant et arrondie, s'il y a lieu, au centime d'euro le plus proche. »

Cette exonération est subordonnée à la condition que le salarié se conforme aux obligations qui sont mises à sa charge par le même chapitre II ;

19° *bis* L'avantage résultant de la contribution de l'employeur à l'acquisition des chèques-vacances dans les conditions et limite prévues à la section 1 du chapitre I du titre I du livre IV du code du tourisme ;

19° ter *a.* L'avantage résultant de la prise en charge obligatoire par l'employeur du prix des titres d'abonnement souscrits par les salariés pour les déplacements effectués au moyen de transports publics de voyageurs ou de services publics de location de vélos entre leur résidence habituelle et leur lieu de travail, conformément à l'article L. 3261-2 du code du travail ;

b. L'avantage résultant de la prise en charge par l'employeur des frais de carburant ou des frais exposés pour l'alimentation de véhicules électriques (*L. n° 2019-1428 du 24 déc. 2019, art. 82-IV, en vigueur le 1er janv. 2020*) « , hybrides rechargeables ou hydrogène » engagés par les salariés dans les conditions prévues à l'article L. 3261-3 du code du travail et (*L. n° 2015-1786 du 29 déc. 2015, art. 15-I-2°*) « des frais mentionnés à l'article L. 3261-3-1 du même code, dans la limite globale » de (*L. n° 2019-1428 du 24 déc. 2019, art. 82-IV ; L. n° 2020-1721 du 29 déc. 2020, art. 57 ; L. n° 2023-1322 du 29 déc. 2023, art. 7-I*) « 600 € *[ancienne rédaction : 500 €]* par an, dont 300 € *[ancienne rédaction : 200 €]* au maximum pour les frais de carburant. (*Abrogé par L. n° 2023-1322 du 29 déc. 2023, art. 7-I*) « Lorsque la prise en charge des frais de transports *[transport]* personnels engagés par les salariés est cumulée avec la prise en charge prévue à l'article L. 3261-2 dudit code, l'avantage résultant de ces deux prises en charge ne peut dépasser le montant maximum entre 500 € par an et le montant de l'avantage mentionné au a du présent 19° ter » ;

(*L. n° 2021-1104 du 22 août 2021, art. 128 ; L. n° 2023-1322 du 29 déc. 2023, art. 7-I*) « Lorsque la prise en charge des frais de transport personnel engagés par les salariés en application de l'article L. 3261-3-1 du code du travail est cumulée avec la prise en charge prévue à l'article L. 3261-2 du même code, l'avantage résultant de ces deux prises en charge ne peut dépasser le montant maximal entre *(L. n° 2023-1322 du 29 déc. 2023, art. 7-I)* « 900 € *[ancienne rédaction : 800 €]* » par an et le montant de l'avantage mentionné au *a* du présent 19° *ter* ; » – *Les dispositions issues de la L. n° 2023-1322 du 29 déc. 2023 s'appliquent à compter de l'imposition des revenus de l'année 2025, (L. préc., 7-II).*

(L. n° 2018-1317 du 28 déc. 2018, art. 3-I) « *c.* En l'absence de prise en charge prévue à l'article L. 3261-2 du code du travail, l'avantage résultant de la prise en charge, par une collectivité territoriale, par un établissement public de coopération intercommunale ou par *(L. n° 2023-1196 du 18 déc. 2023, art. 6-I, en vigueur le 1er janv. 2024)* « l'opérateur France Travail », des frais de carburant ou d'alimentation de véhicules électriques engagés par les salariés pour leurs déplacements entre leur résidence habituelle et leur lieu de travail lorsque ceux-ci sont situés à une distance d'au moins trente kilomètres l'un de l'autre, ou pour leurs déplacements entre leur résidence habituelle et leur lieu de travail en tant que conducteur en covoiturage quelle que soit la distance, dans la limite de *(L. n° 2021-1900 du 30 déc. 2021, art. 4)* « 310 € » par an. » – *Les dispositions issues de la L. n° 2023-1322 du 29 déc. 2023 sont applicables à l'imposition des revenus de l'année 2025 (L. préc., art. 7-II).*

[...]

Sur la date d'entrée en vigueur fixée au 1er oct. 2019 des dispositions issues de l'Ord. n° 2019-766 du 24 juill. 2019, V. Décr. n° 2019-807 du 30 juill. 2019, art. 9-II.

Art. 81 bis *(L. n° 2005-32 du 18 janv. 2005, art. 26-I)* Les salaires versés aux apprentis munis d'un contrat répondant aux conditions posées par le code du travail *(L. n° 2014-788 du 10 juill. 2014, art. 7)* « ainsi que la gratification mentionnée à l'article L. 124-6 du code de l'éducation versée aux stagiaires lors d'un stage ou d'une période de formation en milieu professionnel » sont exonérés de l'impôt sur le revenu dans la limite du montant annuel du salaire minimum de croissance. Cette disposition s'applique à l'apprenti *(L. n° 2014-788 du 10 juill. 2014, art. 7)* « ou au stagiaire » personnellement imposable ou au contribuable qui l'a à sa charge. – *Le montant annuel du SMIC de référence pour l'exonération des salaires des apprentis est obtenu en multipliant le montant du SMIC horaire brut au 1er juill. de l'année d'imposition par 1 820 heures (35 heures × 52).*

Prélèvement à la source de l'impôt sur le revenu

(L. n° 2016-1917 du 29 déc. 2016, art. 60-I-A, en vigueur le 1er janv. 2019)

Les dispositions suivantes s'appliquent aux revenus perçus ou réalisés à compter du 1er janv. 2018 (L. n° 2016-1917 du 29 déc. 2016, art. 60-I-G).

Art. 204 A 1. Les revenus imposables à l'impôt sur le revenu suivant les règles applicables aux salaires, aux pensions ou aux rentes viagères ou dans les catégories des bénéfices industriels et commerciaux, des bénéfices agricoles, des bénéfices non commerciaux et des revenus fonciers, à l'exception des revenus mentionnés à l'article 204 D, donnent lieu, l'année au cours de laquelle le contribuable en a la disposition ou de leur réalisation, à un prélèvement.

2. Le prélèvement prend la forme :
1° Pour les revenus mentionnés à l'article 204 B, d'une retenue à la source effectuée par le débiteur lors du paiement de ces revenus ; – *V. Décr. n° 2017-866 du 9 mai 2017 (JO 10 mai).*

2° Pour les revenus mentionnés à l'article 204 C, d'un acompte acquitté par le contribuable.

3. Le prélèvement effectué par le débiteur ou acquitté par le contribuable s'impute sur l'impôt sur le revenu dû par ce dernier au titre de l'année au cours de laquelle il a été effectué. S'il excède l'impôt dû, l'excédent est restitué.

Les dispositions du présent art. s'appliquent aux revenus perçus ou réalisés à compter du 1er janv. 2019 (Ord. n° 2017-1390 du 22 sept. 2017, art. 1er-1°).

Le prélèvement prévu à l'art. 204 A prend la forme d'un acompte acquitté par le contribuable pour les salaires versés au cours de l'année 2019 par un particulier employeur au titre de l'emploi d'un ou de plusieurs :

a) Salariés du particulier employeur mentionnés à l'art. L. 7221-1 C. trav. ;

b) Assistants maternels agréés mentionnés à l'art. L. 421-1 CASF ;

c) Salariés mentionnés aux 2° et 3° de l'art. L. 722-20 C. rur.

Le prélèvement ainsi acquitté s'impute sur l'impôt sur le revenu dû par chacun de ces salariés au titre de l'année au cours de laquelle il a été effectué. S'il excède l'impôt dû, l'excédent est restitué.

Cet acompte est calculé par l'administration fiscale en appliquant au montant net imposable à l'impôt sur le revenu des salaires perçus en 2018, autres que ceux auxquels se sont appliquées les dispositions de l'art. 163-0 A CGI, un taux déterminé selon les modalités prévues aux art. 204 H, 204 I et 204 M CGI.

L'acompte est prélevé par l'administration fiscale par quart le 15 des mois de septembre, octobre, novembre et décembre 2019, dans les conditions prévues à l'art. 1680 A CGI.

Les prélèvements mensuels sont arrondis à l'euro le plus proche. La fraction d'euro égale à 0,50 est comptée pour 1.

Les dispositions des art. 204 J à 204 L, 1663 C et 1729 G CGI sont applicables à l'acompte prévu ci-dessus (L. n° 2018-1317 du 28 déc. 2018, art. 12-II).

Art. 204 B Sous réserve *(L. n° 2022-1726 du 30 déc. 2022, art. 3, applicable aux revenus perçus à compter du 1er janv. 2023)* « des dérogations prévues » à l'article 204 C, donnent lieu à l'application de la retenue à la source prévue au 1° du 2 de l'article 204 A les revenus soumis à l'impôt sur le revenu suivant les règles applicables aux salaires, aux pensions ou aux rentes viagères à titre gratuit.

V. ndlr ss. CGI, art. 204 A.

Art. 204 C *(L. n° 2022-1726 du 30 déc. 2022, art. 3, en vigueur le 1er janv. 2023)* Donnent lieu au paiement de l'acompte prévu au 2° du 2 de l'article 204 A :
A. Les revenus soumis à l'impôt sur le revenu dans les catégories des bénéfices industriels et commerciaux, des bénéfices agricoles, des bénéfices non commerciaux et des revenus fonciers ainsi que les rentes viagères à titre onéreux ;
B. Par dérogation à l'article 204 B :
1° Les pensions alimentaires, les revenus mentionnés à l'article 62, *(L. n° 2022-1726 du 30 déc. 2022, art. 35-I, en vigueur le 1er janv. 2022)* « les indemnités et pensions mentionnées à l'article 199 *quater*, » les revenus mentionnés aux 1 *bis*, 1 *ter* et 1 *quater* de l'article 93 lorsqu'ils sont imposés suivant les règles prévues en matière de traitements et salaires et, lorsqu'ils sont versés par un débiteur établi hors de France, les revenus de source étrangère imposables en France suivant les règles applicables aux salaires, aux pensions ou aux rentes viagères ; — *Les dispositions issues de l'art. 35-I de la L. n° 2022-1726 du 30 déc. 2022 s'appliquent aux indemnités et pensions perçues à compter du 1er janv. 2022 (L. préc., art. 35-II).*

2° Les traitements et salaires de source française imposables en France lorsque ces revenus sont versés :
a) Par un débiteur établi hors de France dans un État membre de l'Union européenne ou dans un autre État ou territoire ayant conclu avec la France une convention d'assistance administrative en vue de lutter contre la fraude et l'évasion fiscales ainsi qu'une convention d'assistance mutuelle en matière de recouvrement ayant une portée similaire à celle prévue par la directive 2010/24/UE du Conseil du 16 mars 2010 concernant l'assistance mutuelle en matière de recouvrement des créances relatives aux taxes, impôts, droits et autres mesures, y compris si cette convention est limitée au recouvrement de l'impôt sur le revenu dû au titre de ces traitements et salaires, et qui n'est pas un État ou territoire non coopératif au sens de l'article 238-0 A du présent code ;
b) A des salariés qui, par application de l'article 13 du règlement (CE) n° 883/2004 du Parlement européen et du Conseil du 29 avril 2004 portant sur la coordination des systèmes de sécurité sociale, ne sont pas à la charge, pour les périodes au titre desquelles ces revenus sont versés, d'un régime obligatoire français de sécurité sociale ou à des salariés qui sont à la charge d'un régime obligatoire français de sécurité sociale en application du I de l'article L. 380-3-1 du code de la sécurité sociale.

Art. 204 D Ne sont pas soumis au prélèvement prévu à l'article 204 A les indemnités, avantages, distributions, gains nets ou revenus mentionnés au dernier alinéa de l'article 80, aux I et II de l'article 80 *bis*, au I de l'article 80 *quaterdecies* et aux articles 80 *quindecies (Ord. n° 2019-766 du 24 juill. 2019, art. 3-I, en vigueur le 1er oct. 2019)* « , au 2° du *b quinquies* du 5 de l'article 158 et à l'article » 163 *bis* G, les revenus soumis aux retenues à la source prévues aux articles *(Abrogé par L. n° 2019-1479 du 28 déc. 2019, art. 12)* « *182 A,* » 182 A *bis* (L. *n° 2017-1775 du 28 déc. 2017, art. 11-I)* « , 182 A *ter* » et 182 B ainsi que les revenus de source étrangère qui ouvrent droit, en application d'une convention fiscale internationale, à un crédit d'impôt égal à l'impôt français correspondant à ces revenus.

V. ndlr ss. CGI, art. 204 A.
V. ndlr ss. CGI, art. 81.

Art. 204 E Le prélèvement prévu à l'article 204 A est calculé en appliquant au montant des revenus, déterminé dans les conditions prévues aux articles 204 F et 204 G, un taux selon les modalités prévues aux articles 204 H et 204 I.

Le prélèvement peut être modifié sur demande du contribuable dans les conditions prévues à l'article 204 J.

Le taux du prélèvement pour les conjoints ou partenaires liés par un pacte civil de solidarité (*L. n° 2023-1322 du 29 déc. 2023, art. 19-I, en vigueur le 1er sept. 2025*) « soumis à imposition commune est, sauf option contraire du contribuable, *[ancienne rédaction : peut être]* » individualisé dans les conditions prévues à l'article 204 M.

V. ndlr ss. CGI, art. 204 A.

Art. 204 F L'assiette de la retenue à la source prévue au 1° du 2 de l'article 204 A sur les revenus mentionnés à l'article 204 B est constituée du montant net imposable à l'impôt sur le revenu des sommes versées et des avantages accordés, avant application (*L. n° 2017-1775 du 28 déc. 2017, art. 11-I*) « de l'article 80 *sexies*, de la deuxième phrase du premier alinéa du 1° de l'article 81, » du 3° de l'article 83 et des deuxième et dernier alinéas du *a* du 5 de l'article 158.

V. ndlr ss. CGI, art. 204 A.

Art. 204 G 1. L'assiette de l'acompte prévu au 2° du 2 de l'article 204 A dû au titre des revenus mentionnés à l'article 204 C est constituée du montant des bénéfices ou revenus imposés au barème progressif de l'impôt sur le revenu la dernière année pour laquelle l'impôt a été établi à la date du versement prévu au 1 de l'article 1663 C.

2. Elle est déterminée pour chaque catégorie de bénéfice ou revenu et pour chaque membre du foyer fiscal dans les conditions suivantes :

1° Pour les bénéfices industriels et commerciaux, est retenu le bénéfice net mentionné au 1 de l'article 38, diminué du report déficitaire appliqué conformément aux 1° *bis* et 1° *ter* du I de l'article 156. Lorsque les bénéfices industriels et commerciaux sont déterminés selon le régime d'imposition défini à l'article 50-0 ou lorsqu'au titre de la dernière année mentionnée au 1 du présent article, le contribuable a été imposé selon les dispositions de l'article 151-0 et qu'au titre de l'année en cours, il a dénoncé son option pour ce régime, le bénéfice à retenir s'entend du résultat imposable déterminé dans les conditions prévues à l'article 50-0 ;

2° Pour les bénéfices agricoles déterminés selon un régime réel d'imposition, est retenu le bénéfice réel mentionné à l'article 72, diminué du report déficitaire appliqué conformément au 1° du I de l'article 156 et en faisant application, le cas échéant, des dispositions de l'article 75-0A. Lorsque les bénéfices agricoles sont déterminés selon le régime d'imposition défini à l'article 64 *bis* ou en application de l'article 75-0 B, le bénéfice à retenir s'entend du résultat imposable déterminé dans les conditions prévues à ces mêmes articles ;

3° Pour les bénéfices non commerciaux, est retenu le bénéfice mentionné à l'article 93, diminué du report déficitaire appliqué conformément au 2° du I de l'article 156. Lorsque les bénéfices non commerciaux sont déterminés selon le régime d'imposition défini à l'article 102 *ter* ou en application de l'article 100 *bis*, le bénéfice à retenir s'entend du résultat imposable déterminé dans les conditions prévues à ces mêmes articles. Lorsqu'au titre de la dernière année mentionnée au 1 du présent article, le contribuable a été imposé selon les dispositions de l'article 151-0 et qu'au titre de l'année en cours, il a dénoncé son option pour ce régime, le bénéfice à retenir s'entend du résultat imposable déterminé dans les conditions prévues à l'article 102 *ter* ;

4° Pour les revenus fonciers, est retenu le revenu net, déterminé dans les conditions prévues aux articles 14 à 33 *quinquies*, sous déduction des déficits fonciers imputables conformément au 3° du I de l'article 156 ;

5° Pour les pensions alimentaires, les rentes viagères à titre onéreux (*L. n° 2017-1775 du 28 déc. 2017, art. 11-I*) « , les revenus mentionnés à l'article 62, (*L. n° 2022-1726 du 30 déc. 2022, art. 35-I, en vigueur le 1er janv. 2023*) « les indemnités et pensions mentionnées à l'article 199 *quater,* » les revenus mentionnés aux 1 *bis*, 1 *ter* et 1 *quater* de l'article 93 lorsqu'ils sont imposés suivant les règles prévues en matière de traitements et salaires » (*L. n° 2022-1726 du 30 déc. 2022, art. 3, en vigueur le 1er janv. 2023*) « , les revenus de source étrangère ainsi que les revenus mentionnés au 2° du B de l'article 204 C », est retenu le montant net imposable à l'impôt sur le revenu ; – *Les dispositions issues de l'art. 35-I de la L. n° 2022-1726 du 30 déc. 2022 s'appliquent aux indemnités et pensions perçues à compter du 1er janv. 2022* (*L. préc., art. 35-II*).

6° Pour la détermination des bénéfices mentionnés aux 1° à 3° du présent 2, les abattements prévus aux articles 44 *sexies* à (*L. n° 2018-1317 du 28 déc. 2018, art. 135-I-8°*) « 44 *septdecies* » sont, par exception, ceux applicables au titre de l'année de paiement de l'acompte ;

7° Les revenus mentionnés aux 1° à 5° du présent 2 auxquels se sont appliquées les dispositions de l'article 163-0A ainsi que les produits ou recettes imposables ayant la nature de plus-values définies à l'article 39 *duodecies*, les subventions d'équipement, les indemnités d'assurance compensant la perte d'un élément de l'actif immobilisé et les charges ou dépenses ayant la nature de moins-values définies au même article 39 *duodecies* ne sont pas retenus dans l'assiette de l'acompte.

3. Lorsque le résultat de l'une des catégories de revenus mentionnées aux 1° à 5° du 2 est déficitaire, il est retenu pour une valeur nulle.

4. Si l'un des bénéfices mentionnés aux 1° à 3° du 2 de l'année mentionnée au 1 est afférent à une période de moins de douze mois, il est ajusté *pro rata temporis* sur une année.

V. ndlr ss. CGI, art. 204 A.

Art. 204 H I. — 1. L'administration fiscale calcule pour chaque foyer fiscal le taux prévu à l'article 204 E. Il est égal au rapport entre le montant de l'impôt sur le revenu du foyer fiscal afférent aux revenus mentionnés au 1 de l'article 204 A, sous déduction des crédits d'impôt correspondant à ces revenus prévus par les conventions fiscales internationales, et ces mêmes revenus pour leurs montants déterminés dans les conditions mentionnées à l'article 204 F et à l'article 204 G, à l'exception des 6° et 7° du 2 et du 4 du même article 204 G.

Pour le calcul du premier terme du numérateur, l'impôt sur le revenu résultant de l'application des règles prévues aux 1 à 4 du I de l'article 197 ou, le cas échéant, à l'article 197 A est multiplié par le rapport entre les montants nets imposables des revenus mentionnés au 1 de l'article 204 A, les déficits étant retenus pour une valeur nulle, et le revenu net imposable au barème progressif de l'impôt sur le revenu, hors déficits, charges et abattements déductibles du revenu global.

2. L'impôt sur le revenu et les revenus pris en compte mentionnés au 1 sont ceux de l'avant-dernière année pour le calcul du taux relatif aux versements de l'acompte acquittés et aux retenues à la source effectuées entre le 1er janvier et le 31 août de l'année au cours de laquelle le contribuable dispose des revenus ou réalise les bénéfices, et ceux de l'année précédente pour le calcul du taux relatif aux versements de l'acompte acquittés et aux retenues à la source effectuées entre le 1er septembre et le 31 décembre.

Toutefois, dans le cas où l'impôt sur le revenu de l'avant-dernière année ou de la dernière année n'a pu être établi, l'impôt sur le revenu et les revenus pris en compte pour le calcul du taux sont ceux de la dernière année pour laquelle l'impôt a été établi à la date du calcul de l'acompte par l'administration ou de la transmission du taux au débiteur des revenus en application du 4, sans que cette année ne puisse être antérieure à l'antépénultième année par rapport à l'année de prélèvement.

3. Le taux est arrondi à la décimale la plus proche. La fraction de décimale égale à 0,50 est comptée pour un.

(*L. n° 2018-1317 du 28 déc. 2018, art. 12-I*) « 4. Le taux, assorti des calculs qui l'ont déterminé, est communiqué au contribuable par l'administration fiscale. Celle-ci transmet le taux au débiteur mentionné au 1° du 2 de l'article 204 A. »

II. — Par dérogation au I, le taux prévu à l'article 204 E est nul pour les contribuables qui remplissent cumulativement les deux conditions suivantes :

1° L'impôt sur le revenu, avant imputation du prélèvement prévu à l'article 204 A, mis en recouvrement au titre des revenus des deux dernières années d'imposition connues est nul ;

2° Le montant des revenus, au sens du 1° du IV de l'article 1417, de la dernière année d'imposition connue est inférieur à (*Décr. n° 2023-422 du 31 mai 2023, art. 1er*) « 26 065 € » par part du quotient familial.

Pour l'appréciation de la condition prévue au 1° du présent II, les crédits d'impôt prévus au A et au 3 du E du II de l'article 60 de la loi n° 2016-1917 du 29 décembre 2016 de finances pour 2017 ne sont pas pris en compte.

Le montant des revenus prévu au 2° du présent II est indexé chaque année comme la limite supérieure de la première tranche du barème de l'impôt sur le revenu.

III. — 1. Lorsque le débiteur ne dispose pas d'un taux calculé par l'administration fiscale ou lorsque l'année dont les revenus ont servi de base au calcul du taux est antérieure à l'antépénultième année par rapport à l'année de prélèvement, il est appliqué un taux proportionnel fixé dans les conditions suivantes :

a) Pour les contribuables (*L. n° 2018-1317 du 28 déc. 2018, art. 2-I, en vigueur le 1er janv. 2019*) « autres que ceux mentionnés aux *b* et *c* du présent 1 » :

[Tableau mod. par L. n° 2023-1322 du 29 déc. 2023, art. 2-I-C et II, applicable aux revenus perçus ou réalisés à compter du 1er janv. 2024.]

Base mensuelle de prélèvement	Taux proportionnel
Inférieure à 1 591 €	0 %
Supérieure ou égale à 1 591 € et inférieure à 1 653 €	0,5 %
Supérieure ou égale à 1 653 € et inférieure à 1 759 €	1,3 %
Supérieure ou égale à 1 759 € et inférieure à 1 877 €	2,1 %
Supérieure ou égale à 1 877 € et inférieure à 2 006 €	2,9 %
Supérieure ou égale à 2 006 € et inférieure à 2 113 €	3,5 %
Supérieure ou égale à 2 113 € et inférieure à 2 253 €	4,1 %
Supérieure ou égale à 2 253 € et inférieure à 2 666 €	5,3 %
Supérieure ou égale à 2 666 € et inférieure à 3 052 €	7,5 %
Supérieure ou égale à 3 052 € et inférieure à 3 476 €	9,9 %
Supérieure ou égale à 3 476 € et inférieure à 3 913 €	11,9 %
Supérieure ou égale à 3 913 € et inférieure à 4 566 €	13,8 %
Supérieure ou égale à 4 566 € et inférieure à 5 475 €	15,8 %
Supérieure ou égale à 5 475 € et inférieure à 6 851 €	17,9 %
Supérieure ou égale à 6 851 € et inférieure à 8 557 €	20 %
Supérieure ou égale à 8 557 € et inférieure à 11 877 €	24 %
Supérieure ou égale à 11 877 € et inférieure à 16 086 €	28 %
Supérieure ou égale à 16 086 € et inférieure à 25 251 €	33 %
Supérieure ou égale à 25 251 € et inférieure à 54 088 €	38 %
Supérieure ou égale à 54 088 €	43 %

b) Pour les contribuables domiciliés en Guadeloupe, à La Réunion et en Martinique :

[Tableau mod. par L. n° 2023-1322 du 29 déc. 2023, art. 2-I-C et II, applicable aux revenus perçus ou réalisés à compter du 1er janv. 2024.]

Base mensuelle de prélèvement	Taux proportionnel
Inférieure à 1 825 €	0 %
Supérieure ou égale à 1 825 € et inférieure à 1 936 €	0,5 %
Supérieure ou égale à 1 936 € et inférieure à 2 133 €	1,3 %
Supérieure ou égale à 2 133 € et inférieure à 2 329 €	2,1 %
Supérieure ou égale à 2 329 € et inférieure à 2 572 €	2,9 %
Supérieure ou égale à 2 572 € et inférieure à 2 712 €	3,5 %

Base mensuelle de prélèvement	Taux proportionnel
Supérieure ou égale à 2 712 € et inférieure à 2 805 €	4,1 %
Supérieure ou égale à 2 805 € et inférieure à 3 086 €	5,3 %
Supérieure ou égale à 3 086 € et inférieure à 3 816 €	7,5 %
Supérieure ou égale à 3 816 € et inférieure à 4 883 €	9,9 %
Supérieure ou égale à 4 883 € et inférieure à 5 546 €	11,9 %
Supérieure ou égale à 5 546 € et inférieure à 6 424 €	13,8 %
Supérieure ou égale à 6 424 € et inférieure à 7 697 €	15,8 %
Supérieure ou égale à 7 697 € et inférieure à 8 557 €	17,9 %
Supérieure ou égale à 8 557 € et inférieure à 9 725 €	20 %
Supérieure ou égale à 9 725 € et inférieure à 13 374 €	24 %
Supérieure ou égale à 13 374 € et inférieure à 17 770 €	28 %
Supérieure ou égale à 17 770 € et inférieure à 27 122 €	33 %
Supérieure ou égale à 27 122 € et inférieure à 59 283 €	38 %
Supérieure ou égale à 59 283 €	43 %

c) Pour les contribuables domiciliés en Guyane et à Mayotte :

[Tableau mod. par L. n° 2023-1322 du 29 déc. 2023, art. 2-I-C et II, applicable aux revenus perçus ou réalisés à compter du 1ᵉʳ janv. 2024.]

Base mensuelle de prélèvement	Taux proportionnel
Inférieure à 1 955 €	0 %
Supérieure ou égale à 1 955 € et inférieure à 2 113 €	0,5 %
Supérieure ou égale à 2 113 € et inférieure à 2 356 €	1,3 %
Supérieure ou égale à 2 356 € et inférieure à 2 656 €	2,1 %
Supérieure ou égale à 2 656 € et inférieure à 2 758 €	2,9 %
Supérieure ou égale à 2 758 € et inférieure à 2 853 €	3,5 %
Supérieure ou égale à 2 853 € et inférieure à 2 946 €	4,1 %
Supérieure ou égale à 2 946 € et inférieure à 3 273 €	5,3 %
Supérieure ou égale à 3 273 € et inférieure à 4 517 €	7,5 %
Supérieure ou égale à 4 517 € et inférieure à 5 846 €	9,9 %
Supérieure ou égale à 5 846 € et inférieure à 6 593 €	11,9 %
Supérieure ou égale à 6 593 € et inférieure à 7 650 €	13,8 %
Supérieure ou égale à 7 650 € et inférieure à 8 416 €	15,8 %
Supérieure ou égale à 8 416 € et inférieure à 9 324 €	17,9 %

Base mensuelle de prélèvement	Taux proportionnel
Supérieure ou égale à 9 324 € et inférieure à 10 821 €	20 %
Supérieure ou égale à 10 821 € et inférieure à 14 558 €	24 %
Supérieure ou égale à 14 558 € et inférieure à 18 517 €	28 %
Supérieure ou égale à 18 517 € et inférieure à 29 676 €	33 %
Supérieure ou égale à 29 676 € et inférieure à 62 639 €	38 %
Supérieure ou égale à 62 639 €	43 %

d) Les limites des tranches des grilles prévues aux *a* à *c* sont réduites ou augmentées proportionnellement à la période à laquelle se (*L. n° 2017-1775 du 28 déc. 2017, art. 11-I*) « rapporte le calcul de l'acompte mentionné à l'article 204 C ou proportionnellement à la périodicité usuelle de versement de la rémunération principale, telle qu'elle résulte de la loi, des conventions collectives et accords collectifs, des contrats ou des usages, par le débiteur des revenus mentionnés à l'article 204 B. Toutefois, le débiteur des revenus de remplacement peut effectuer cette réduction ou cette augmentation des tranches proportionnellement à la période à laquelle se rapporte le versement. »

Pour les salaires versés au titre d'un contrat à durée déterminée (*L. n° 2017-1775 du 28 déc. 2017, art. 11-I*) « ou d'un contrat de mission » dont le terme initial n'excède pas deux mois ou (*L. n° 2017-1775 du 28 déc. 2017, art. 11-I*) « , s'il s'agit d'un contrat à terme imprécis, dont la durée minimale n'excède pas deux mois », les grilles prévues aux *a* à *c* s'appliquent, dans la limite des deux premiers mois d'embauche, aux versements effectués au titre ou au cours d'un mois après un abattement égal à la moitié du montant mensuel du salaire minimum de croissance et sans procéder aux ajustements prévus au premier alinéa du présent *d*.

Pour les revenus mentionnés au même article 204 C, les grilles prévues aux *a* à *c* du présent 1 s'appliquent à ces revenus majorés de 11 %.

2. Par dérogation au I du présent article, le taux prévu au 1 du présent III est également applicable aux revenus des personnes rattachées, au sens des 2° et 3° du 3 de l'article 6, ou à charge, au sens des articles 196 et 196 A *bis*, au titre de la dernière année pour laquelle l'impôt a été établi.

IV. - 1. Sur option du contribuable, le taux mentionné au III du présent article est appliqué aux traitements et salaires soumis à la retenue à la source prévue au 1° du 2 de l'article 204 A.

L'option peut être exercée à tout moment auprès de l'administration fiscale et est mise en œuvre au plus tard le troisième mois qui suit celui de la demande. Elle est tacitement reconduite, sauf dénonciation dans les trente jours qui suivent la communication au contribuable d'un nouveau taux de prélèvement.

2. Lorsque le montant de la retenue à la source résultant de l'application de ce taux est inférieur à celui qui aurait résulté de l'application du taux prévu, selon le cas, au I du présent article, à l'article 204 I, à l'article 204 J ou à l'article 204 M, le contribuable acquitte un complément de retenue à la source égal à la différence entre ces deux montants.

Ce complément est calculé et versé par le contribuable au plus tard le dernier jour du mois suivant celui de la perception du revenu selon les modalités prévues aux 4 et 6 de l'article 1663 C et à l'article 1680 A.

À défaut de paiement, le recouvrement du complément de retenue à la source est assuré et poursuivi selon les mêmes modalités et sous les mêmes garanties et sûretés que l'impôt sur le revenu. Le rôle d'impôt sur le revenu servant de base au calcul du taux de retenue qui aurait dû être appliqué à défaut d'option vaut titre exécutoire en vue de l'exercice des poursuites consécutives à son non-paiement.

V. ndlr ss. CGI, art. 204 A.

Art. 204 I 1. Le calcul et les conditions de mise en œuvre prévus au I de l'article 204 H du taux prévu à l'article 204 E sont modifiés en cas de :

1° Mariage ou conclusion d'un pacte civil de solidarité ;

2° Décès de l'un des conjoints ou de l'un des partenaires liés par un pacte civil de solidarité soumis à imposition commune ;

3° Divorce, rupture d'un pacte civil de solidarité ou événements mentionnés au 4 de l'article 6 ;

4° Augmentation des charges de famille résultant d'une naissance, d'une adoption ou du recueil d'un enfant mineur dans les conditions prévues à l'article 196.

2. Ces changements de situation sont déclarés à l'administration fiscale par les contribuables concernés dans un délai de soixante jours.

3. A la suite de la déclaration mentionnée au 2 :

1° Dans les cas mentionnés au 1° du 1 du présent article, le taux du prélèvement est calculé selon les modalités prévues au 1 du I de l'article 204 H, en additionnant les revenus de chaque membre du futur foyer fiscal et en déterminant l'impôt correspondant par application des règles prévues aux 1 à 4 du I de l'article 197 ou, le cas échéant, à l'article 197 A pour un couple, en tenant compte, le cas échéant, du quotient familial correspondant à la situation du futur foyer fiscal.

Ce taux s'applique dans les conditions prévues au 2 du I de l'article 204 H, au plus tard le troisième mois qui suit celui de la déclaration du changement de situation ou, sur demande des contribuables, à compter du 1er janvier de l'année qui suit celle du changement de situation et jusqu'à l'application du taux du nouveau foyer fiscal constitué, dans les conditions prévues à l'article 204 H ;

2° Dans le cas mentionné au 2° du 1 du présent article, le taux applicable au conjoint ou partenaire survivant est calculé selon les modalités prévues au 1 du I de l'article 204 H :

a) En retenant les revenus et bénéfices que le conjoint ou partenaire survivant a perçus ou réalisés personnellement ou en commun, réduits *pro rata temporis* à compter du décès, et en déterminant l'impôt correspondant en leur appliquant les règles prévues aux 1 à 4 du I de l'article 197 ou, le cas échéant, à l'article 197 A, en prenant en compte l'ensemble des parts de quotient familial dont bénéficiait le foyer fiscal au 1er janvier de l'année du décès.

Ce taux s'applique dans les conditions prévues au 2 du I de l'article 204 H, au plus tard le troisième mois qui suit celui de la déclaration du décès et jusqu'au 31 décembre de l'année du décès ;

b) En retenant les revenus et bénéfices mentionnés au *a* sans être réduits *pro rata temporis* et en déterminant l'impôt correspondant en leur appliquant les règles prévues aux 1 à 4 du I de l'article 197 ou, le cas échéant, à l'article 197 A, en prenant en compte le quotient familial correspondant à la situation du foyer fiscal postérieurement au décès.

Ce taux s'applique dans les conditions prévues au 2 du I de l'article 204 H, à compter du 1er janvier de l'année suivant le décès et jusqu'à l'application du taux du nouveau foyer fiscal constitué à compter du 1er septembre de la seconde année qui suit celle du décès dans les conditions prévues à l'article 204 H ;

3° Dans les cas mentionnés au 3° du 1 du présent article, les taux de prélèvement applicables à chaque ancien conjoint ou partenaire sont calculés selon les modalités prévues au 1 du I de l'article 204 H, en retenant leurs revenus respectifs estimés sous leur responsabilité au titre de l'année du changement de situation et en déterminant l'impôt correspondant en appliquant à ces revenus les règles prévues aux 1 à 4 du I de l'article 197 ou, le cas échéant, à l'article 197 A, en tenant compte du quotient familial correspondant à la situation déclarée par chacun.

Ce taux s'applique au plus tard le troisième mois qui suit celui de la déclaration du changement de situation et jusqu'à l'application du taux de chaque nouveau foyer fiscal constitué, dans les conditions prévues à l'article 204 H ;

4° Dans les cas mentionnés au 4° du 1 du présent article, le taux du prélèvement est calculé selon les modalités prévues au 1 du I de l'article 204 H en tenant compte du quotient familial résultant de l'augmentation des charges de famille.

Ce taux s'applique dans les conditions prévues au 2 du I du même article 204 H, au plus tard le troisième mois qui suit celui de la déclaration de l'augmentation des charges de famille et jusqu'à l'application du taux correspondant à la nouvelle situation du foyer à compter du 1er septembre de l'année suivant cette augmentation, dans les conditions prévues audit article 204 H.

V. ndlr ss. CGI, art. 204 A.

Art. 204 J I. — Le montant du prélèvement mentionné à l'article 204 A peut être modulé à la hausse ou à la baisse sur demande du contribuable.

Toutefois, quand un changement de situation mentionné au 1 de l'article 204 I est intervenu, aucune demande de modulation ne peut être présentée tant que ce changement de situation n'a pas été déclaré.

II. — Le contribuable peut choisir librement de moduler à la hausse le taux mentionné aux articles 204 H et 204 I ou l'assiette de l'acompte mentionnée à l'article 204 G qui lui sont applicables.

Le taux du prélèvement ou l'assiette de l'acompte modulés à la hausse par le contribuable s'appliquent au plus tard le troisième mois qui suit celui de la demande et jusqu'au 31 décembre de l'année ou, si le taux ou le montant de l'acompte modulés qui résultent de sa demande sont inférieurs, respectivement, au taux ou au montant de l'acompte déterminés par l'administration fiscale à partir de l'impôt sur le revenu et des revenus de l'année précédente en application du I de l'article 204 H, jusqu'à la date à compter de laquelle ces derniers taux ou montant d'acompte s'appliquent.

III. — 1. La modulation à la baisse du prélèvement n'est possible que si le montant du prélèvement estimé par le contribuable au titre de sa situation et de ses revenus de l'année en cours est inférieur de plus de *(L. n° 2022-1726 du 30 déc. 2022, art. 3, en vigueur le 1er janv. 2023)* « 5 % » *(Abrogé par L. n° 2019-1479 du 28 déc. 2019, art. 7)* « *et de plus de 200 €* » au montant du prélèvement qu'il supporterait en l'absence de cette modulation.

2. Le contribuable qui souhaite que son prélèvement soit modulé déclare, sous sa responsabilité, sa situation et l'estimation de l'ensemble de ses revenus au titre de l'année en cours. Lorsque l'administration n'en a pas la disposition, le contribuable déclare sa situation et l'ensemble de ses revenus réalisés au titre de l'année précédente.

3. L'administration fiscale calcule le prélèvement résultant de la déclaration prévue au 2 du présent III en appliquant au montant des revenus estimés, déterminé dans les conditions prévues à l'article 204 F et à l'article 204 G, à l'exception du 7° du 2 du même article 204 G, un taux calculé selon les modalités du 1 du I de l'article 204 H, les revenus pris en compte pour le calcul de ce taux étant ceux résultant de la déclaration mentionnée au 2 du présent III et l'impôt sur le revenu y afférent étant celui résultant de l'application à ces revenus des règles prévues aux 1 à 4 du I de l'article 197 ou, le cas échéant, à l'article 197 A en vigueur à la date de la demande.

Dans le cas prévu au 2° du 5 du présent III, l'estimation mentionnée au premier alinéa du présent 3 s'entend comme celle réalisée conjointement par les deux membres du couple.

Dans le cas prévu au 3° du 5 du présent III, l'estimation mentionnée au premier alinéa du présent 3 s'entend comme celle réalisée par le conjoint ou partenaire survivant au titre de la période postérieure au décès.

Dans le cas prévu au 4° du 5 du présent III, l'estimation mentionnée au premier alinéa du présent 3 s'entend comme celle réalisée par l'ancien conjoint ou partenaire au titre de l'année entière.

4. L'administration fiscale calcule le montant du prélèvement que le contribuable supporterait en l'absence de cette modulation selon les modalités suivantes :

a) Le montant de retenue à la source pris en compte est calculé en appliquant au montant de l'assiette mentionnée à l'article 204 F déclarée par le contribuable au titre de l'année en cours les deux tiers du taux qui s'applique entre le 1er janvier et le 31 août et le tiers du taux qui s'applique entre le 1er septembre et le 31 décembre, en application du 2 du I de l'article 204 H, du même article 204 H en retenant le taux sur une base annuelle en application du *d* du 1 du III dudit article 204 H ou, lorsque le contribuable a déclaré au cours de la dernière ou de l'avant-dernière année un changement de situation mentionné à l'article 204 I, en application du même article 204 I ;

b) Le montant de l'acompte pris en compte est le montant des versements acquittés en application de l'article 1663 C à la date de la demande de modulation, auxquels s'ajoutent les versements qui seraient opérés, en l'absence de modulation, après cette date par application des articles 204 G et 204 I, dans les conditions prévues au même article 1663 C.

5. Par dérogation au 4 du présent III :

1° Lorsque le prélèvement dont le contribuable demande la modulation est consécutif à une précédente modulation réalisée au cours de la même année :

a) Le montant de retenue à la source pris en compte est calculé en appliquant au montant de l'assiette mentionnée à l'article 204 F déclarée par le contribuable au titre de l'année en cours la moyenne *pro rata temporis* du taux résultant de la précédente modulation ainsi que des autres taux qui se sont appliqués, le cas échéant, avant la date de la mise en œuvre de ce taux ;

b) Le montant de l'acompte pris en compte est le montant des versements acquittés en application de l'article 1663 C à la date de la nouvelle demande de modulation, auxquels s'ajoutent les versements qui seraient opérés après cette date en application de la précédente modulation ;

2° Lorsque le prélèvement dont les membres d'un couple demandent la modulation est consécutif à un changement de situation prévu au 1° du 1 de l'article 204 I au cours de l'année et que le taux prévu au 1° du 3 du même article 204 I s'applique à la date de la demande de modulation :

a) Le montant de retenue à la source pris en compte est calculé en appliquant, pour chaque membre du couple, au montant de l'assiette mentionnée à l'article 204 F qu'il a déclaré au titre de l'année en cours la moyenne *pro rata temporis* du taux résultant de l'application du 1° du 3 de l'article 204 I ainsi que des autres taux qui se sont appliqués, le cas échéant, avant la date de mise en œuvre de ce taux ;

b) Le montant de l'acompte pris en compte est le montant des versements acquittés par chaque membre du couple en application de l'article 1663 C à la date de la demande de modulation, auxquels s'ajoutent les versements qui seraient opérés pour chaque membre du couple après cette date, en l'absence de modulation, en application du 1° du 3 de l'article 204 I ;

3° Lorsque le prélèvement dont le conjoint ou partenaire survivant demande la modulation est consécutif à un changement de situation prévu au 2° du 1 de l'article 204 I au cours de l'année :

a) Le montant de retenue à la source pris en compte est calculé en appliquant au montant de l'assiette mentionnée à l'article 204 F déclarée par le conjoint ou partenaire survivant à compter du décès et jusqu'au 31 décembre la moyenne *pro rata temporis* du taux résultant de l'application du 2° du 3 de l'article 204 I ainsi que des autres taux qui se sont appliqués entre la date de décès et la date de mise en œuvre de ce taux ;

b) Le montant de l'acompte pris en compte est le montant des versements afférents aux revenus ou bénéfices dont a disposé le conjoint ou partenaire survivant, acquittés en application de l'article 1663 C entre la date du décès et la date de la demande de modulation, auxquels s'ajoutent les versements de même nature qui seraient opérés après cette date, en l'absence de modulation, en application du 2° du 3 de l'article 204 I ;

4° Lorsque le prélèvement dont l'ancien conjoint ou partenaire demande la modulation est consécutif à un changement de situation prévu au 3° du 1 de l'article 204 I au cours de l'année :

a) Le montant de retenue à la source pris en compte est calculé en appliquant au montant de l'assiette mentionnée à l'article 204 F déclarée par l'ancien conjoint ou partenaire la moyenne *pro rata temporis* du taux résultant de l'application du 3° du 3 de l'article 204 I ainsi que des autres taux qui se sont appliqués depuis le 1er janvier ;

b) Le montant de l'acompte pris en compte est le montant des versements afférents aux revenus ou bénéfices dont l'ancien conjoint ou partenaire a disposé, acquittés en application de l'article 1663 C du 1er janvier à la date de la demande de modulation, auxquels s'ajoutent les versements de même nature qui seraient opérés après cette date, en l'absence de modulation, en application du 3° du 3 de l'article 204 I ;

5° Lorsque le prélèvement dont le contribuable demande la modulation est consécutif à un changement de situation prévu au 4° du 1 de l'article 204 I au cours de l'année :

a) Le montant de retenue à la source pris en compte est calculé en appliquant au montant de l'assiette mentionnée à l'article 204 F déclarée par le contribuable au titre de l'année en cours la moyenne *pro rata temporis* du taux résultant de l'application du 4° du 3 de l'article 204 I ainsi que des autres taux qui se sont appliqués, le cas échéant, avant la date de mise en œuvre de ce taux ;

b) Le montant de l'acompte pris en compte est le montant des versements acquittés en application de l'article 1663 C à la date de la demande de modulation, auxquels s'ajoutent les versements qui seraient opérés après cette date, en l'absence de modulation, en application du 4° du 3 de l'article 204 I.

6. Lorsque le contribuable décide de moduler à la baisse son prélèvement :

1° Le taux modulé calculé dans les conditions prévues au 3 du présent III s'applique au plus tard le troisième mois qui suit celui de la décision de modulation et jusqu'au 31 décembre de l'année ;

2° Le montant de l'acompte calculé dans les conditions prévues au 3 du présent III est diminué du montant des versements déjà acquittés, sans pouvoir donner lieu à restitution, et s'applique jusqu'au 31 décembre de l'année.

(*L. n° 2018-1317 du 28 déc. 2018, art. 14*) « L'acompte, assorti des calculs qui l'ont déterminé, prévu au 2° du 2 de l'article 204 A est communiqué au contribuable par l'administration fiscale. »

V. ndlr ss. CGI, art. 204 A.

Art. 204 K Le contribuable peut spontanément déclarer un montant d'acompte au titre de l'année de début de perception d'un revenu relevant d'une catégorie de bénéfices ou de revenus mentionnée à l'article 204 C ou au titre de l'année suivante et en acquitter le montant dans les conditions prévues au 3 de l'article 1663 C.

Le montant des versements dus l'année suivant le début de la perception du revenu est calculé, le cas échéant, sur la base du montant de l'acompte déclaré au titre de l'année de début de perception de ce revenu, ajusté le cas échéant *pro rata temporis* sur une année pleine, jusqu'à la mise en œuvre du prélèvement selon les modalités prévues au premier alinéa de l'article 204 E.

V. ndlr ss. CGI, art. 204 A.

Art. 204 L Lorsque l'un des membres du foyer fiscal n'est plus titulaire de revenus ou de bénéfices relevant de l'une des catégories mentionnées à l'article 204 C au titre de l'année en cours, il peut demander à ne plus verser la part de l'acompte correspondant aux bénéfices ou aux revenus de cette catégorie. Cette demande est prise en compte à compter du versement prévu à l'article 1663 C qui suit le mois de la demande.

La part de l'acompte relative aux bénéfices industriels et commerciaux, aux bénéfices agricoles et aux bénéfices non commerciaux qui a déjà été acquittée à la date à laquelle l'impôt sur le revenu dû au titre de la cessation totale de l'activité imposée dans cette catégorie de revenus est établi est imputée sur le montant dû au titre de cette imposition. Le montant ainsi imputé n'est plus imputable sur l'impôt sur le revenu dû au titre de l'année.

V. ndlr ss. CGI, art. 204 A.

Art. 204 M 1. Le taux de prélèvement du foyer fiscal est, *(L. n° 2023-1322 du 29 déc. 2023, art. 19-I, en vigueur le 1er sept. 2025)* « sauf option contraire *[ancienne rédaction : sur option]* » du contribuable, individualisé selon les modalités prévues aux 2 et 3 du présent article pour chacun des conjoints ou partenaires liés par un pacte civil de solidarité soumis à imposition commune.

2. Le taux individualisé du conjoint ou du partenaire qui a personnellement disposé des revenus les plus faibles au cours de la dernière année pour laquelle l'impôt a été établi est déterminé selon les règles prévues au I de l'article 204 H.

Toutefois, les revenus pris en compte sont constitués de la somme de ceux dont il a personnellement disposé et de la moitié des revenus communs, et l'impôt sur le revenu y afférent est déterminé par l'application à ces mêmes revenus des règles prévues aux 1 à 4 du I de l'article 197 ou, le cas échéant, à l'article 197 A en retenant la moitié des déficits, charges et abattements déductibles du revenu global du foyer fiscal, ainsi que la moitié des parts de quotient familial dont le foyer fiscal bénéficie.

3. Le taux individualisé applicable à l'autre conjoint ou partenaire est déterminé selon les modalités prévues au I de l'article 204 H, en déduisant au numérateur l'impôt afférent aux revenus dont a personnellement disposé le premier conjoint, calculé en appliquant à leur assiette, établie dans les conditions prévues aux articles 204 F et 204 G, le taux individualisé mentionné au 2 du présent article, et celui afférent aux revenus communs du foyer fiscal, calculé en appliquant à leur assiette, établie dans les conditions prévues à l'article 204 G, le taux de prélèvement du foyer fiscal mentionné au 1 du présent article et en retenant au dénominateur les seuls revenus dont il a personnellement disposé.

4. Les taux individualisés prévus, respectivement, aux 2 et 3 du présent article s'appliquent, selon les modalités du 2 du I de l'article 204 H, à l'ensemble des revenus déterminés dans les conditions prévues aux articles 204 F et 204 G dont chacun des conjoints ou partenaires a personnellement disposé.

Le taux de prélèvement du foyer fiscal mentionné au 1 du présent article s'applique aux revenus communs du foyer fiscal.

(L. n° 2023-1322 du 29 déc. 2023, art. 19-I, en vigueur le 1er sept. 2025) « 5. L'option mentionnée au 1 du présent article peut être exercée et dénoncée à tout moment. Le taux de prélèvement qui en découle pour le foyer fiscal s'applique au plus tard le troisième mois suivant celui de la demande. Il cesse de s'appliquer au plus tard le troisième mois suivant celui de la dénonciation de l'option. L'option est tacitement reconduite. *[ancienne rédaction : 5. L'option peut être exercée et dénoncée à tout moment. Les taux individualisés s'appliquent au plus tard le troisième mois suivant celui de la demande. Ils cessent de s'appliquer au plus tard le troisième mois suivant celui de la dénonciation de l'option. L'option est tacitement reconduite].* »

V. ndlr ss. CGI, art. 204 A.

Art. 204 N Les déclarations, options ou demandes prévues au IV de l'article 204 H et aux articles 204 I à 204 M sont présentées par voie électronique par les contribuables dont la résidence principale est équipée d'un accès à internet et qui sont en mesure de le faire.

D. SALAIRES — I. Conventions

Dans les autres cas, les contribuables utilisent les autres moyens mis à leur disposition par l'administration.

V. ndlr ss. CGI, art. 204 A.

Code de la sécurité sociale

Art. L. 241-17 *(L. n° 2018-1203 du 22 déc. 2018, art. 7-I)* I. — Ouvrent droit à une réduction des cotisations salariales d'origine légale mentionnées à l'article L. 241-3 :

1° Les rémunérations versées aux salariés au titre des heures supplémentaires de travail définies aux articles L. 3121-28 à L. 3121-39 du code du travail et, pour les salariés ayant conclu la convention de forfait en heures sur l'année prévue au deuxième alinéa de l'article L. 3121-56 du même code, des heures effectuées au-delà de 1 607 heures ;

2° Les rémunérations versées au titre des heures mentionnées au troisième alinéa de l'article L. 3123-2 du même code ;

3° Les rémunérations versées au titre des heures supplémentaires mentionnées à l'article L. 3121-41 du même code, à l'exception des heures effectuées en deçà de 1 607 heures lorsque la durée annuelle fixée par l'accord mentionné au même article L. 3121-41 est inférieure à ce niveau ;

4° La majoration de rémunération versée aux salariés ayant conclu la convention de forfait en jours sur l'année prévue à l'article L. 3121-58 du même code, en contrepartie de leur renonciation, au-delà de la limite du nombre de jours fixée en application du 3° du I de l'article L. 3121-64 du même code, à des jours de repos dans les conditions prévues à l'article L. 3121-59 du même code ;

5° Les rémunérations versées aux salariés à temps partiel au titre des heures complémentaires de travail accomplies en application des articles L. 3123-8, L. 3123-9, L. 3123-20 et L. 3123-21, du dernier alinéa de l'article L. 3123-22 et des articles L. 3123-28 et L. 3123-29 du même code ;

6° Les rémunérations versées aux salariés des particuliers employeurs au titre des heures supplémentaires qu'ils réalisent ;

7° Les rémunérations versées aux assistants maternels définis à l'article L. 421-1 du code de l'action sociale et des familles au titre des heures supplémentaires qu'ils accomplissent au-delà d'une durée hebdomadaire de quarante-cinq heures, ainsi que les salaires qui leur sont versés au titre des heures complémentaires accomplies au sens de la convention collective nationale qui leur est applicable ;

8° Les rémunérations versées aux autres salariés dont la durée du travail ne relève pas des dispositions du titre II du livre I de la troisième partie du code du travail ou du chapitre III du titre I du livre VII du code rural et de la pêche maritime au titre des heures supplémentaires ou complémentaires de travail qu'ils effectuent ou, dans le cadre de conventions de forfait en jours sur l'année, les salaires versés en contrepartie des jours de repos auxquels les salariés auront renoncé au-delà du plafond de deux cent dix-huit jours.

II. — Le montant de la réduction, prévue au I, de cotisations salariales d'origine légale mentionnées à l'article L. 241-3 du présent code est égal au produit d'un taux fixé par décret et des rémunérations mentionnées au même I, dans la limite des cotisations d'origine légale et conventionnelle dont le salarié est redevable au titre des heures concernées. La réduction est imputée sur le montant des cotisations salariales d'origine légale mentionnées à l'article L. 241-3 dues pour chaque salarié concerné au titre de l'ensemble de sa rémunération définie à l'article L. 242-1 pour les périodes au titre desquelles elle est attribuée et ne peut dépasser ce montant.

III. — Les I et II sont également applicables, selon des modalités prévues par décret :

1° Aux éléments de rémunération versés aux agents publics titulaires et non titulaires au titre des heures supplémentaires qu'ils réalisent ou du temps de travail additionnel effectif ;

2° A la rémunération des heures supplémentaires ou complémentaires effectuées par les salariés relevant des régimes spéciaux mentionnés à l'article L. 711-1.

IV. — La réduction prévue au I s'applique :

1° Aux rémunérations mentionnées au même I et, en ce qui concerne la majoration salariale correspondante, dans la limite :

a) Des taux prévus par la convention ou l'accord collectif applicable mentionné au I de l'article L. 3121-33 du code du travail s'agissant des heures supplémentaires et à l'article L. 3123-21 ou au dernier alinéa de l'article L. 3123-22 du même code s'agissant des heures complémentaires ;

b) A défaut d'une telle convention ou d'un tel accord :

— pour les heures supplémentaires, des taux de 25 % ou de 50 % prévus, selon les cas, à l'article L. 3121-36 du même code ;

— pour les heures complémentaires, des taux de 10 % ou de 25 % prévus, selon les cas, au dernier alinéa de l'article L. 3123-22 ou à l'article L. 3123-29 du même code ;

2° Aux éléments de rémunération mentionnés au 1° du III du présent article dans la limite des dispositions applicables aux agents concernés.

V. — Les dispositions du présent article ne sont pas applicables lorsque les salaires ou éléments de rémunération qui y sont mentionnés se substituent à d'autres éléments de rémunération au sens de l'article L. 242-1, à moins qu'un délai de douze mois ne se soit écoulé entre le dernier versement de l'élément de rémunération en tout ou partie supprimé et le premier versement des salaires ou éléments de rémunération précités.

VI. — Le cumul de la réduction prévue au présent article avec l'application d'une exonération totale ou partielle de cotisations salariales de sécurité sociale ou avec l'application de taux réduits, d'assiettes ou de montants forfaitaires de cotisations ne peut être autorisé, dans la limite mentionnée au II, que dans des conditions fixées par décret, compte tenu du niveau des cotisations dont sont redevables les salariés concernés.

Ces dispositions s'appliquent aux cotisations dues pour les périodes courant à compter du 1er sept. 2019 (L. n° 2018-1203 du 22 déc. 2018, art. 7-V).

Art. L. 241-18 *(L. n° 2007-1223 du 21 août 2007 ; L. n° 2012-958 du 16 août 2012, art. 3-I-B)* I. — Dans les entreprises employant moins de vingt salariés, toute heure supplémentaire effectuée par les salariés mentionnés au II de l'article L. 241-13 ouvre droit à une déduction forfaitaire des cotisations patronales à hauteur d'un montant fixé par décret.

(L. n° 2018-1203 du 22 déc. 2018, art. 7-II) « La réduction s'applique au titre des heures mentionnées aux 1° à 3° du I de l'article L. 241-17. »

II. — Dans les mêmes entreprises, une déduction forfaitaire égale à sept fois le montant défini au I est également applicable pour chaque jour de repos auquel renonce un salarié relevant d'une convention de forfait en jours sur l'année, au-delà du plafond de deux cent dix-huit jours mentionné *(L. n° 2016-1088 du 8 août 2016, art. 8-IX)* « au 3° du I de l'article L. 3121-64 » du code du travail, dans les conditions prévues à l'article *(L. n° 2016-1088 du 8 août 2016, art. 8-IX)* « L. 3121-59 » du même code.

III. — Les déductions mentionnées aux I et II sont imputées sur les sommes dues par les employeurs aux organismes de recouvrement mentionnés aux articles L. 213-1 du présent code et L. 725-3 du code rural et de la pêche maritime pour chaque salarié concerné au titre de l'ensemble de sa rémunération versée au moment du paiement de cette durée de travail supplémentaire et ne peuvent dépasser ce montant.

IV. — Les déductions mentionnées aux I et II sont cumulables avec des exonérations de cotisations patronales de sécurité sociale dans la limite des cotisations patronales de sécurité sociale, ainsi que des contributions patronales recouvrées suivant les mêmes règles, restant dues par l'employeur au titre de l'ensemble de la rémunération du salarié concerné.

Les I et II sont applicables sous réserve du respect par l'employeur des dispositions légales et conventionnelles relatives à la durée du travail et sous réserve que l'heure supplémentaire effectuée fasse l'objet d'une rémunération au moins égale à celle d'une heure non majorée.

(Ord. n° 2018-474 du 12 juin 2018, art. 4) « Ils ne sont pas applicables lorsque ces revenus d'activité se substituent à des sommes soumises à cotisations de sécurité sociale en application du premier alinéa de l'article L. 242-1 du présent code, à moins qu'un délai de douze mois ne se soit écoulé entre le dernier versement de l'élément de rémunération en tout ou partie supprimé et le premier versement des revenus mentionnés aux I et II du présent article. » — *Les dispositions de l'Ord. n° 2018-474 du 12 juin 2018 s'appliquent aux cotisations et contributions dues pour les périodes courant à compter du 1er sept. 2018 (Ord. préc., art. 16).*

Le bénéfice des déductions mentionnées aux I et II du présent article est subordonné au respect du règlement *(L. n° 2014-1545 du 20 déc. 2014, art. 53-II)* « (UE) n° 1407/2013 de la Commission, du 18 décembre 2013, relatif à l'application des articles 107 et 108 du traité sur le fonctionnement de l'Union européenne » aux aides *de minimis*.

V. — Le bénéfice des déductions mentionnées aux I et II est subordonné, pour l'employeur, à la mise à la disposition des agents chargés du contrôle mentionnés à l'article L. 243-7 du présent code et à l'article L. 724-7 du code rural et de la pêche maritime d'un document en vue du contrôle de l'application du présent article.

(Abrogé par L. n° 2019-486 du 22 mai 2019, art. 11-VI, à compter du 1er janv. 2020) (L. n° 2015-1785 du 29 déc. 2015, art. 15-III-2°) « V bis. — *La déduction mentionnée au I continue de s'appliquer pendant trois ans aux employeurs qui atteignent ou dépassent au titre des années 2016, 2017 ou 2018 l'effectif de vingt salariés.* » — *Ces dispositions, dans leur rédaction antérieure à la L. n° 2019-486 du 22 mai 2019, continuent à s'appliquer aux entreprises bénéficiaires de ces dispositions au 31 décembre 2019 (L. préc., art. 11-XII).*

VI. — Un décret fixe les modalités d'application du présent article ainsi que les modalités selon lesquelles les heures supplémentaires effectuées par les salariés affiliés au régime général dont la durée du travail ne relève pas du titre II du livre I de la troisième partie du code du travail ou du chapitre III du titre I du livre VII du code rural et de la pêche maritime ouvrent droit aux déductions mentionnées au présent article.

Les dispositions issues de la L. n° 2018-1203 du 22 déc. 2018 s'appliquent aux cotisations dues pour les périodes courant à compter du 1er sept. 2019 (L. préc., art. 7-V).

....

Art. L. 351-8 Bénéficient du taux plein même s'ils ne justifient pas de la durée requise d'assurance ou de périodes équivalentes dans le régime général et un ou plusieurs autres régimes obligatoires :
(*L. n° 2010-1330 du 9 nov. 2010, art. 20-II*) « 1° Les assurés qui atteignent l'âge prévu (*L. n° 2023-270 du 14 avr. 2023, art. 10-I, en vigueur le 1er sept. 2023*) « au premier alinéa de l'article L. 161-17-2 augmenté de trois [*ancienne rédaction : à l'article L. 161-17-2 augmenté de cinq*] » années ;
« 1° bis Les assurés ayant interrompu leur activité professionnelle en raison de leur qualité d'aidant familial telle que définie à l'article L. 245-12 du code de l'action sociale et des familles qui atteignent l'âge de soixante-cinq ans dans des conditions déterminées par décret en Conseil d'État ; »
(*Abrogé par L. n° 2023-270 du 14 avr. 2023, art. 11-I, à compter du 1er sept. 2023*) (*L. n° 2014-40 du 20 janv. 2014, art. 37*) « 1° ter Les assurés justifiant d'une incapacité permanente au moins égale à un taux fixé par décret, qui atteignent l'âge mentionné à l'article L. 161-17-2 ; »
2° Les assurés reconnus inaptes au travail (*L. n° 2023-270 du 14 avr. 2023, art. 11-I, en vigueur le 1er sept. 2023*) « et les assurés justifiant d'une incapacité permanente au moins égale à un taux fixé par décret admis à demander la liquidation de leur pension de retraite dans les conditions prévues à l'article L. 351-1-5 [*ancienne rédaction : dans les conditions prévues à l'article L. 351-7*] » ;
3° Les anciens déportés ou internés titulaires de la carte de déporté ou interné de la Résistance ou de la carte de déporté ou interné politique ;
4° Les mères de famille salariées justifiant d'une durée minimum d'assurance dans le régime général, ou dans ce régime et celui des salariés agricoles, qui ont élevé au moins un nombre minimum d'enfants, dans les conditions prévues au deuxième alinéa de l'article L. 342-4, et qui ont exercé un travail manuel ouvrier pendant une durée déterminée ;
(*L. n° 2003-775 du 21 août 2003, art. 24-II*) « 4° bis Les travailleurs handicapés admis à demander la liquidation de leur pension de retraite avant l'âge prévu au premier alinéa de l'article L. 351-1 ; »
(*L. n° 2023-270 du 14 avr. 2023, art. 11-I, en vigueur le 1er sept. 2023*) « 4° ter Les assurés dont l'âge mentionné au même premier alinéa est abaissé dans des conditions prévues à l'article L. 351-1-1 ; »
5° Les anciens prisonniers de guerre lorsque, sur leur demande, leur pension est liquidée à un âge variant suivant la durée de captivité dans des conditions fixées par décret.
Les anciens prisonniers de guerre évadés de guerre, au-delà d'un certain temps de captivité, et les anciens prisonniers rapatriés pour maladie peuvent choisir le régime le plus favorable.
Toute partie de mois n'est pas prise en considération.
Les dispositions du 5° ci-dessus s'appliquent à tous les anciens combattants pour leur durée de service actif passé sous les drapeaux.

Les dispositions issues de l'art. 11-1 de la L. n° 2023-270 du 14 avr. 2023 s'appliquent aux pensions prenant effet à compter du 1er sept. 2023 (L. préc., art. 11-VII, B).

Loi n° 2006-1770 du 30 décembre 2006,

Pour le développement de la participation et de l'actionnariat salarié et portant diverses dispositions d'ordre économique et social.

Art. 1er Afin de favoriser le développement de la participation et de l'actionnariat salarié, est créé un dividende du travail reposant :
— sur le supplément d'intéressement ou de participation, versé en application de l'article L. 444-12 du code du travail ;
— sur les transferts des droits inscrits à un compte épargne-temps vers un plan d'épargne pour la retraite collectif ou un plan d'épargne d'entreprise, dans les conditions et selon les

modalités visées au second alinéa de l'article L. 443-2 du code du travail et à l'article 163 A du code général des impôts ;
— sur les attributions d'actions gratuites destinées à être versées sur un plan d'épargne d'entreprise, distribuées en application du troisième alinéa de l'article L. 443-6 du code du travail ;
— sur la disponibilité immédiate des dividendes attachés aux actions détenues dans le cadre d'un fonds commun de placement d'entreprise dont plus du tiers de l'actif est composé de titres émis par l'entreprise, dans les conditions prévues au onzième alinéa de l'article L. 214-40 du code monétaire et financier ;
— sur l'existence d'une formule dérogatoire de participation, conformément aux dispositions de l'article L. 442-6 du code du travail.

Loi n° 2022-1157 du 16 août 2022,

De finances rectificative pour 2022.

Art. 5 I. — Par dérogation au titre II du livre I de la troisième partie du code du travail et aux stipulations conventionnelles applicables dans l'entreprise, l'établissement ou la branche, le salarié, quelle que soit la taille de l'entreprise, peut, sur sa demande et en accord avec l'employeur, renoncer à tout ou partie des journées ou demi-journées de repos acquises au titre des périodes postérieures au 1er janvier 2022 et jusqu'au 31 décembre 2025 en application d'un accord ou d'une convention collective instituant un dispositif de réduction du temps de travail maintenu en vigueur en application de la loi n° 2008-789 du 20 août 2008 portant rénovation de la démocratie sociale et réforme du temps de travail ou en application d'un dispositif de jours de repos conventionnels mis en place dans le cadre des articles L. 3121-41 à L. 3121-47 du code du travail.

Les journées ou demi-journées travaillées à la suite de l'acceptation de cette demande donnent lieu à une majoration de salaire au moins égale au taux de majoration de la première heure supplémentaire applicable dans l'entreprise. Les heures correspondantes ne s'imputent pas sur le contingent légal ou conventionnel d'heures supplémentaires prévu à l'article L. 3121-30 du même code.

II. — Les rémunérations versées aux salariés au titre des journées ou demi-journées mentionnées au I du présent article ouvrent droit au bénéfice des articles L. 241-17 *(L. n° 2022-1616 du 23 déc. 2022, art. 22)* « , L. 241-18 et L. 241-18-1 » du code de la sécurité sociale et de l'exonération d'impôt sur le revenu prévue à l'article 81 *quater* du code général des impôts.

III. — Le montant des rémunérations exonérées d'impôt sur le revenu en application du II du présent article est pris en compte pour l'appréciation de la limite annuelle prévue au I de l'article 81 *quater* du code général des impôts et est inclus dans le montant du revenu fiscal de référence défini à 1° du IV de l'article 1417 du même code.

(L. n° 2022-1616 du 23 déc. 2022, art. 22) « III *bis*. — Le présent article est applicable à Mayotte et à Saint-Pierre-et-Miquelon. » — *Ce III bis s'applique, à compter du 17 août 2022, au titre des périodes postérieures au 1er janv. 2022 et jusqu'au 31 déc. 2025 (L. n° 2022-1616 du 23 déc. 2022, art. 22-VI).*

[...]

V. Questions-réponses du ministère du Travail relatives au rachat de jours de repos, mises en ligne le 27 oct. 2022.

BIBL. ▶ Carrière et Théallier, *JCP S* 2022. 1241 (monétisation des jours de repos).

Directive (UE) 2023/970 du Parlement européen et du Conseil du 10 mai 2023,

Visant à renforcer l'application du principe de l'égalité des rémunérations entre les femmes et les hommes pour un même travail ou un travail de même valeur par la transparence des rémunérations et les mécanismes d'application du droit.

BIBL. ▶ Lhernould, *JCP S* 2023. 1143. - Moizard, *Dr. soc.* 2023. 877.

CHAPITRE II *TRANSPARENCE DES RÉMUNÉRATIONS*

Art. 5 *Transparence des rémunérations avant l'embauche.* 1. Les candidats à un emploi ont le droit de recevoir, de l'employeur potentiel, des informations sur :
a) la rémunération initiale ou la fourchette de rémunération initiale, sur la base de critères objectifs non sexistes, correspondant au poste concerné ; et

b) le cas échéant, les dispositions pertinentes de la convention collective appliquées par l'employeur en rapport avec le poste.

Ces informations sont communiquées de manière à garantir une négociation éclairée et transparente en matière de rémunération, par exemple dans un avis de vacance d'emploi publié, avant l'entretien d'embauche ou d'une autre manière.

2. L'employeur ne demande pas aux candidats leur historique de rémunération au cours de leurs relations de travail actuelles ou antérieures.

3. Les employeurs veillent à ce que les offres d'emploi et les dénominations de postes soient non sexistes et à ce que les processus de recrutement soient menés de façon non discriminatoire de manière à ne pas compromettre le droit à l'égalité des rémunérations pour un même travail ou un travail de même valeur (ci-après dénommé "droit à l'égalité des rémunérations").

Art. 6 *Transparence de la fixation des rémunérations et de la politique de progression de la rémunération.* 1. Les employeurs mettent à la disposition de leurs travailleurs, d'une manière facilement accessible, les critères qui sont utilisés pour déterminer la rémunération, les niveaux de rémunération et la progression de la rémunération des travailleurs. Ces critères sont objectifs et non sexistes.

2. Les États membres peuvent exempter les employeurs dont les effectifs comptent moins de 50 travailleurs de l'obligation relative à la progression de la rémunération énoncée au paragraphe 1.

Art. 7 *Droit à l'information.* 1. Les travailleurs ont le droit de demander et de recevoir par écrit, conformément aux paragraphes 2 et 4, des informations sur leur niveau de rémunération individuel et sur les niveaux de rémunération moyens, ventilées par sexe, pour les catégories de travailleurs accomplissant le même travail qu'eux ou un travail de même valeur que le leur.

2. Les travailleurs ont la possibilité de demander et de recevoir les informations visées au paragraphe 1 par l'intermédiaire de leurs représentants, conformément au droit national et/ou aux pratiques nationales. Ils ont également la possibilité de demander et de recevoir les informations par l'intermédiaire d'un organisme pour l'égalité de traitement.

Si les informations reçues sont inexactes ou incomplètes, les travailleurs ont le droit de demander, personnellement ou par l'intermédiaire de leurs représentants, des précisions et des détails supplémentaires raisonnables concernant toute donnée fournie et de recevoir une réponse circonstanciée.

3. Les employeurs informent tous les travailleurs, une fois par an, de leur droit à recevoir les informations visées au paragraphe 1 ainsi que des mesures que ceux-ci doivent prendre pour exercer ce droit.

4. Les employeurs fournissent les informations visées au paragraphe 1 dans un délai raisonnable et en tout état de cause dans un délai de deux mois à compter de la date de la demande.

5. Les travailleurs ne sont pas empêchés de divulguer leur rémunération aux fins de l'application du principe de l'égalité des rémunérations. En particulier, les États membres mettent en place des mesures visant à interdire les clauses contractuelles qui empêchent les travailleurs de divulguer des informations sur leur rémunération.

6. Les employeurs peuvent exiger des travailleurs ayant obtenu, en application du présent article, des informations autres que celles concernant leur propre rémunération ou niveau de rémunération qu'ils ne les utilisent pas à des fins autres que l'exercice de leur droit à l'égalité des rémunérations.

Art. 8 *Accessibilité des informations.* Les employeurs fournissent toute information partagée avec les travailleurs ou les candidats à un emploi en vertu des articles 5, 6 et 7 dans un format accessible aux personnes handicapées et qui tienne compte de leurs besoins particuliers.

CHAPITRE IV *DISPOSITIONS HORIZONTALES*

Art. 34 *Transposition.* 1. Les États membres mettent en vigueur les dispositions législatives, réglementaires et administratives nécessaires pour se conformer à la présente directive au plus tard le 7 juin 2026. Ils en informent immédiatement la Commission. [...]

Lorsqu'ils informent la Commission, ils lui fournissent également un résumé des conclusions d'une évaluation de l'incidence de leurs mesures de transposition sur les travailleurs et les employeurs dont les effectifs comptent moins de 250 travailleurs, ainsi que les références de publication de cette évaluation.

2. Lorsque les États membres adoptent les dispositions visées au paragraphe 1, celles-ci contiennent une référence à la présente directive ou sont accompagnées d'une telle référence lors de leur publication officielle. Les modalités de cette référence sont arrêtées par les États membres.

E Détachement

Directive 96/71/CE du Parlement européen et du Conseil du 16 décembre 1996,

Concernant le détachement des travailleurs effectué dans le cadre d'une prestation de services.

Dir. modifiée par Dir. (UE) 2018/957 du 28 juin 2018 dont les États membres adoptent et publient, au plus tard le 30 juill. 2020, les dispositions législatives, réglementaires et administratives nécessaires. Les États membres appliquent ces dispositions à partir du 30 juill. 2020. Jusqu'à cette date, la Dir. 96/71/CE reste applicable dans son libellé antérieur aux modifications apportées par la Dir. 2018/957 (Dir. préc., art. 3).

Art. 1er *Objet et Champ d'application.* (Dir. (UE) 2018/957 du 28 juin 2018, art. 1er) « 1. La présente directive garantit la protection des travailleurs détachés durant leur détachement en ce qui concerne la libre prestation des services, en fixant des dispositions obligatoires concernant les conditions de travail et la protection de la santé et de la sécurité des travailleurs, qui doivent être respectées.

« 1 bis. La présente directive ne porte en aucune manière atteinte à l'exercice des droits fondamentaux reconnus dans les États membres et au niveau de l'Union, notamment le droit ou la liberté de faire grève ou d'entreprendre d'autres actions prévues par les systèmes de relations du travail propres aux États membres, conformément à la législation et/ou aux pratiques nationales. Elle ne porte pas non plus atteinte au droit de négocier, de conclure et d'appliquer des conventions collectives ou de mener des actions collectives conformément à la législation et/ou aux pratiques nationales. »

2. La présente directive ne s'applique pas aux entreprises de la marine marchande en ce qui concerne le personnel navigant.

3. La présente directive s'applique dans la mesure où les entreprises visées au paragraphe 1 prennent l'une des mesures transnationales suivantes :

a) détacher un travailleur, pour leur compte et sous leur direction, sur le territoire d'un État membre, dans le cadre d'un contrat conclu entre l'entreprise d'envoi et le destinataire de la prestation de services opérant dans cet État membre, pour autant qu'il existe une relation de travail entre l'entreprise d'envoi et le travailleur pendant la période de détachement ou

b) détacher un travailleur sur le territoire d'un État membre, dans un établissement ou dans une entreprise appartenant au groupe, pour autant qu'il existe une relation de travail entre l'entreprise d'envoi et le travailleur pendant la période de détachement ou

(Dir. (UE) 2018/957 du 28 juin 2018, art. 1er) « c) en tant qu'entreprise de travail intérimaire ou en tant qu'entreprise qui met un travailleur à disposition, mettre un travailleur à la disposition d'une entreprise utilisatrice établie ou exerçant son activité sur le territoire d'un État membre, pour autant qu'il existe une relation de travail entre l'entreprise de travail intérimaire ou l'entreprise qui met un travailleur à disposition et le travailleur pendant la période de détachement.

« Lorsqu'un travailleur qui a été mis à la disposition d'une entreprise utilisatrice par une entreprise de travail intérimaire ou une entreprise qui met un travailleur à disposition conformément au point c) doit exécuter un travail dans le cadre d'une prestation de services transnationale au sens du point a), b) ou c), assurée par l'entreprise utilisatrice sur le territoire d'un État membre autre que celui dans lequel le travailleur travaille habituellement pour l'entreprise de travail intérimaire ou l'entreprise qui met un travailleur à disposition ou pour l'entreprise utilisatrice, ce travailleur est considéré comme étant détaché sur le territoire de cet État membre par l'entreprise de travail intérimaire ou l'entreprise qui met un travailleur à disposition avec laquelle le travailleur a une relation de travail. L'entreprise de travail intérimaire ou l'entreprise qui met un travailleur à disposition est considérée comme une entreprise visée au paragraphe 1 et se conforme intégralement aux dispositions pertinentes de la présente directive et de la directive 2014/67/UE du Parlement européen et du Conseil.

« L'entreprise utilisatrice informe l'entreprise de travail intérimaire ou l'entreprise qui met un travailleur à disposition qui a mis le travailleur à sa disposition, en temps utile avant le début du travail visé au deuxième alinéa. »
4. Les entreprises dans un État non membre ne peuvent pas obtenir un traitement plus favorable que les entreprises établies dans un État membre.

Art. 2 *Définition.* 1. Aux fins de la présente directive, on entend par travailleur détaché, tout travailleur qui, pendant une période limitée, exécute son travail sur le territoire d'un État membre autre que l'État sur le territoire duquel le travailleur travaille habituellement.
2. Aux fins de la présente directive, la notion de travailleur est celle qui est d'application dans le droit de l'État membre sur le territoire duquel le travailleur est détaché.

Art. 3 *Conditions de travail et d'emploi. (Dir. (UE) 2018/957 du 28 juin 2018, art. 1er)* « 1. Les États membres veillent à ce que, quelle que soit la loi applicable à la relation de travail, les entreprises visées à l'article 1er, paragraphe 1, garantissent aux travailleurs qui sont détachés sur leur territoire, sur le fondement de l'égalité de traitement, les conditions de travail et d'emploi couvrant les matières énoncées ci-après qui, dans l'État membre sur le territoire duquel le travail est exécuté, sont fixées :
« – par des dispositions législatives, réglementaires ou administratives, et/ou
« – par des conventions collectives ou des sentences arbitrales déclarées d'application générale ou qui s'appliquent à un autre titre conformément au paragraphe 8 :
« a) les périodes maximales de travail et les périodes minimales de repos ;
« b) la durée minimale des congés annuels payés ;
« c) la rémunération, y compris les taux majorés pour les heures supplémentaires ; le présent point ne s'applique pas aux régimes complémentaires de retraite professionnels ;
« d) les conditions de mise à disposition des travailleurs, notamment par des entreprises de travail intérimaire ;
« e) la sécurité, la santé et l'hygiène au travail ;
« f) les mesures protectrices applicables aux conditions de travail et d'emploi des femmes enceintes et des femmes venant d'accoucher, des enfants et des jeunes ;
« g) l'égalité de traitement entre hommes et femmes ainsi que d'autres dispositions en matière de non-discrimination ;
« h) les conditions d'hébergement des travailleurs lorsque l'employeur propose un logement aux travailleurs éloignés de leur lieu de travail habituel ;
« i) les allocations ou le remboursement de dépenses en vue de couvrir les dépenses de voyage, de logement et de nourriture des travailleurs éloignés de leur domicile pour des raisons professionnelles.
« Le point i) s'applique exclusivement aux dépenses de voyage, de logement et de nourriture encourues par des travailleurs détachés lorsqu'ils doivent se déplacer vers ou depuis leur lieu de travail habituel dans l'État membre sur le territoire duquel ils sont détachés, ou lorsqu'ils sont temporairement envoyés par leur employeur de ce lieu de travail habituel vers un autre lieu de travail.
« Aux fins de la présente directive, la notion de rémunération est déterminée par la législation et/ou les pratiques nationales de l'État membre sur le territoire duquel le travailleur est détaché et s'entend de tous les éléments constitutifs de la rémunération rendus obligatoires par des dispositions législatives, réglementaires ou administratives nationales, ou par des conventions collectives ou des sentences arbitrales qui, dans cet État membre, ont été déclarées d'application générale ou qui s'appliquent à un autre titre conformément au paragraphe 8.
« Sans préjudice de l'article 5 de la directive 2014/67/UE, les États membres publient sur le site internet national officiel unique visé audit article, conformément à la législation et/ou aux pratiques nationales, sans retard excessif et d'une manière transparente, les informations sur les conditions de travail et d'emploi, y compris les éléments constitutifs de la rémunération visés au troisième alinéa du présent paragraphe et toutes les conditions de travail et d'emploi conformément au paragraphe 1 bis du présent article.
« Les États membres veillent à ce que les informations fournies sur le site internet national officiel unique soient exactes et à jour. La Commission publie, sur son site internet, les adresses des sites internet nationaux officiels uniques.
« Lorsque, contrairement à l'article 5 de la directive 2014/67/UE, les informations figurant sur le site internet national officiel unique n'indiquent pas les conditions de travail et d'emploi qui doivent être appliquées, cet élément est pris en compte, conformément à la législation et/ou aux pratiques nationales, pour déterminer les sanctions en cas de violation des dispositions nationales adoptées en application de la présente directive, dans la mesure nécessaire pour en assurer le caractère proportionné.

« 1 bis. Lorsque la durée effective d'un détachement est supérieure à douze mois, les États membres veillent à ce que, quelle que soit la loi applicable à la relation de travail, les entreprises visées à l'article 1er, paragraphe 1, garantissent aux travailleurs qui sont détachés sur leur territoire, sur le fondement de l'égalité de traitement, outre les conditions de travail et d'emploi visées au paragraphe 1 du présent article, toutes les conditions de travail et d'emploi applicables qui sont fixées dans l'État membre sur le territoire duquel le travail est exécuté :

« – par des dispositions législatives, réglementaires ou administratives, et/ou

« – par des conventions collectives ou des sentences arbitrales déclarées d'application générale ou qui s'appliquent à un autre titre conformément au paragraphe 8.

« Le premier alinéa du présent paragraphe ne s'applique pas aux matières suivantes :

« a) les procédures, formalités et conditions régissant la conclusion et la fin du contrat de travail, y compris les clauses de non-concurrence ;

« b) les régimes complémentaires de retraite professionnels.

« Lorsque le prestataire de services soumet une notification motivée, l'État membre dans lequel le service est fourni porte à dix-huit mois la période visée au premier alinéa.

« Lorsqu'une entreprise visée à l'article 1er, paragraphe 1, remplace un travailleur détaché par un autre travailleur détaché effectuant la même tâche au même endroit, la durée du détachement aux fins du présent paragraphe correspond à la durée cumulée des périodes de détachement de chacun des travailleurs détachés concernés.

« La notion de "la même tâche au même endroit" visée au quatrième alinéa du présent paragraphe est déterminée compte tenu, entre autres, de la nature du service à fournir, du travail à exécuter et de l'adresse ou des adresses du lieu de travail.

« 1 ter. Les États membres veillent à ce que les entreprises visées à l'article 1er, paragraphe 3, point c), garantissent aux travailleurs détachés les conditions de travail et d'emploi qui sont applicables conformément à l'article 5 de la directive 2008/104/CE du Parlement européen et du Conseil dans le cas des travailleurs intérimaires mis à disposition par des entreprises de travail intérimaire établies dans l'État membre dans lequel le travail est exécuté.

« L'entreprise utilisatrice informe les entreprises visées à l'article 1er, paragraphe 3, point c), des conditions de travail et d'emploi qu'elle applique en matière de conditions de travail et de rémunération, dans la mesure prévue au premier alinéa du présent paragraphe. »

2. Dans le cas de travaux de montage initial et/ou de première installation d'un bien, qui forment partie intégrante d'un contrat de fourniture de biens, qui sont indispensables pour la mise en fonctionnement du bien fourni et qui sont exécutés par les travailleurs qualifiés et/ou spécialisés de l'entreprise de fourniture, le paragraphe 1 second tiret points b) et c) ne s'applique pas, lorsque la durée du détachement n'est pas supérieure à huit jours.

Cette disposition ne s'applique pas aux activités dans le domaine de la construction visées en annexe.

3. Les États membres peuvent, après consultation des partenaires sociaux, conformément aux us et coutumes de chaque État membre, décider de ne pas appliquer le paragraphe 1 second tiret point c) dans les cas visés à l'article 1er paragraphe 3 points a) et b), lorsque la durée du détachement n'est pas supérieure à un mois.

4. Les États membres peuvent, conformément aux législations et/ou pratiques nationales, prévoir qu'il peut être dérogé au paragraphe 1 second tiret point c) dans les cas visés à l'article 1er paragraphe 3 points a) et b), ainsi qu'à une décision d'un État membre au sens du paragraphe 3 du présent article, par voie de conventions collectives, au sens du paragraphe 8, concernant un ou plusieurs secteurs d'activité, lorsque la durée du détachement n'est pas supérieure à un mois.

5. Les États membres peuvent prévoir l'octroi d'une dérogation au paragraphe 1 second tiret points a) et c) dans les cas visés à l'article 1er paragraphe 3 points a) et b) en raison de la faible ampleur des travaux à effectuer.

Les États membres qui font usage de la faculté visée au premier alinéa fixent les modalités auxquelles les travaux à effectuer doivent répondre pour être considérés comme la "faible ampleur".

6. La durée du détachement est calculée sur une période de référence d'une année après son commencement.

Lors du calcul de celle-ci, la durée d'un détachement éventuellement accompli par un travailleur à remplacer est prise en compte.

(Dir. (UE) 2018/957 du 28 juin 2018, art. 1er) « 7. Les paragraphes 1 à 6 ne font pas obstacle à l'application de conditions de travail et d'emploi plus favorables pour les travailleurs.

« Les allocations propres au détachement sont considérées comme faisant partie de la rémunération, à moins qu'elles ne soient payées à titre de remboursement des dépenses effectivement encourues du fait du détachement, telles que les dépenses de voyage, de logement et de nourriture. Sans préjudice du paragraphe 1, premier alinéa, point h), l'employeur rembourse ces dépenses au travailleur détaché conformément à la législation et/ou aux pratiques nationales applicables à la relation de travail.

« Lorsque les conditions de travail et d'emploi applicables à la relation de travail ne déterminent pas si des éléments de l'allocation propre au détachement sont payés à titre de remboursement de dépenses effectivement encourues du fait du détachement et, dans l'affirmative, quels sont ces éléments ou quels éléments font partie de la rémunération, l'intégralité de l'allocation est alors considérée comme payée à titre de remboursement des dépenses. »

8. On entend par conventions collectives ou sentences arbitrales, déclarées d'application générale, les conventions collectives ou les sentences arbitrales qui doivent être respectées par toutes les entreprises appartenant au secteur ou à la profession concernés et relevant du champ d'application territoriale de celles-ci.

(Dir. (UE) 2018/957 du 28 juin 2018, art. 1er) « En l'absence d'un système de déclaration d'application générale de conventions collectives ou de sentences arbitrales au sens du premier alinéa, ou en sus d'un tel système, les États membres peuvent, s'ils en décident ainsi, prendre pour base :

« — les conventions collectives ou les sentences arbitrales qui ont un effet général sur toutes les entreprises similaires appartenant au secteur ou à la profession concernés et relevant du champ d'application territorial de celles-ci, et/ou

« — les conventions collectives qui ont été conclues par les organisations des partenaires sociaux les plus représentatives au plan national et qui sont appliquées sur l'ensemble du territoire national,

« pour autant que leur application aux entreprises visées à l'article 1er, paragraphe 1, garantisse, quant aux matières énumérées au paragraphe 1, premier alinéa, du présent article et, le cas échéant, en ce qui concerne les conditions de travail et d'emploi qui doivent être garanties aux travailleurs détachés conformément au paragraphe 1 bis du présent article, une égalité de traitement entre ces entreprises et les autres entreprises visées au présent alinéa se trouvant dans une situation similaire.

« Il y a égalité de traitement, au sens du présent article, lorsque les entreprises nationales se trouvant dans une situation similaire :

« — sont soumises, au lieu d'activité ou dans le secteur concernés, aux mêmes obligations que les entreprises visées à l'article 1er, paragraphe 1, quant aux matières énumérées au paragraphe 1, premier alinéa, du présent article et, le cas échéant, en ce qui concerne les conditions de travail et d'emploi qui doivent être garanties aux travailleurs détachés conformément au paragraphe 1 bis du présent article, et

« — se voient imposer lesdites obligations avec les mêmes effets.

« 9. Les États membres peuvent exiger des entreprises visées à l'article 1er, paragraphe 1, qu'elles garantissent aux travailleurs visés à l'article 1er, paragraphe 3, point c), en complément des conditions de travail et d'emploi visées au paragraphe 1 ter du présent article, d'autres conditions de travail et d'emploi qui sont applicables aux travailleurs intérimaires dans l'État membre sur le territoire duquel le travail est exécuté.

« 10. La présente directive ne fait pas obstacle à ce que les États membres, dans le respect des traités, appliquent aux entreprises nationales et aux entreprises d'autres États membres, sur le fondement de l'égalité de traitement, des conditions de travail et d'emploi concernant des matières autres que celles visées au paragraphe 1, premier alinéa, lorsqu'il s'agit de dispositions d'ordre public. »

Art. 4 *Coopération en matière d'information.* 1. Aux fins de la mise en œuvre de la présente directive, les États membres, conformément aux législations et/ou pratiques nationales, désignent un ou plusieurs bureaux de liaison ou une ou plusieurs instances nationales compétentes.

2. (*Dir. (UE) 2018/957 du 28 juin 2018, art. 1er*) « Les États membres prévoient une coopération entre les autorités ou organismes compétents, y compris les autorités publiques, qui, conformément au droit national, sont compétents pour assurer la surveillance des conditions de travail et d'emploi visées à l'article 3, y compris au niveau de l'Union. Cette coopération consiste en particulier à répondre aux demandes d'informations motivées de ces autorités ou organismes relatives à la mise à disposition transnationale de travailleurs, et à lutter contre les abus manifestes ou les cas éventuels d'activités illégales, comme les cas transnationaux de travail non déclaré et de faux travailleurs indépendants liés au détachement de travailleurs. Lorsque l'autorité ou l'organisme compétent dans l'État membre à partir duquel le travailleur est détaché ne possède pas les informations demandées par l'autorité ou l'organisme compétent de l'État membre sur le territoire duquel le travailleur est détaché, il sollicite ces informations auprès d'autres autorités ou organismes dans ledit État membre.

En cas de retards persistants dans la fourniture de ces informations à l'État membre sur le territoire duquel le travailleur est détaché, la Commission est informée et prend des mesures appropriées. »

La Commission et les administrations publiques visées au premier alinéa collaborent étroitement en vue d'examiner les difficultés qui pourraient surgir dans l'application de l'article 3 paragraphe 10.

L'assistance administrative réciproque est fournie à titre gracieux.

3. Chaque État membre prend les mesures appropriées pour que les informations concernant les conditions de travail et d'emploi visées à l'article 3 soient généralement accessibles.

4. Chaque État membre communique aux autres États membres et à la Commission les bureaux de liaison et/ou les instances compétentes visés au paragraphe 1.

Art. 5 (*Dir. (UE) 2018/957 du 28 juin 2018, art. 1er*) *Suivi, contrôle et exécution.* L'État membre sur le territoire duquel le travailleur est détaché et l'État membre à partir duquel le travailleur est détaché sont responsables du suivi, du contrôle et de l'exécution des obligations prévues par la présente directive et par la directive 2014/67/UE et prennent des mesures appropriées en cas de non-respect de la présente directive.

Les États membres fixent les règles relatives aux sanctions applicables aux violations des dispositions nationales adoptées en vertu de la présente directive et prennent toutes les mesures nécessaires pour garantir leur mise en œuvre. Les sanctions prévues sont effectives, proportionnées et dissuasives.

Les États membres veillent en particulier à ce que les travailleurs et/ou les représentants des travailleurs disposent de procédures adéquates aux fins de l'exécution des obligations prévues par la présente directive.

Lorsque, à la suite d'une évaluation globale effectuée par un État membre en application de l'article 4 de la directive 2014/67/UE, il est établi qu'une entreprise donne l'impression, à tort ou frauduleusement, que la situation d'un travailleur entre dans le champ d'application de la présente directive, ledit État membre veille à ce que le travailleur bénéficie du droit et des pratiques applicables.

Les États membres veillent à ce que le présent article n'ait pas pour effet de soumettre le travailleur concerné à des conditions moins favorables que celles applicables aux travailleurs détachés.

Art. 6 *Compétence judiciaire.* Pour faire valoir le droit aux conditions de travail et d'emploi garanties à l'article 3, une action en justice peut être intentée dans l'État membre sur le territoire duquel le travailleur est ou était détaché, sans préjudice, le cas échéant, de la faculté d'intenter, conformément aux conventions internationales existantes en matière de compétence judiciaire une action en justice dans un autre État.

Art. 7 *Mise en œuvre.* Les États membres adoptent les dispositions législatives, réglementaires et administratives nécessaires pour se conformer à la présente directive au plus tard le 16 décembre 1999.

Lorsque les États membres adoptent ces dispositions, celles-ci contiennent une référence à la présente directive ou sont accompagnées d'une telle référence lors de leur publication officielle. Les modalités de cette référence sont arrêtées par les États membres.

II RÉGLEMENTATION DU TRAVAIL

A Âge d'admission au travail

(V. aussi C. trav., liv. II, tit. I, chap. I).

Code rural et de la pêche maritime

PREMIÈRE PARTIE : *LÉGISLATIVE*

LIVRE VII **DISPOSITIONS SOCIALES**

(*Ord. n° 2000-550 du 15 juin 2000*)

DISPOSITIONS RELATIVES AUX JEUNES TRAVAILLEURS

Art. L. 715-1 Les limitations et interdictions relatives à l'âge d'admission au travail, à la durée du travail et au travail de nuit, telles qu'elles résultent des articles (*Ord. n° 2012-789*

A. ÂGE D'ADMISSION   **II. Réglementation** 3303

du 31 mai 2012, art. 20-2°) « L. 4153-1 à L. 4153-3 et L. 4153-5, L. 3162-1 et L. 3162-2, L. 3162-3, L. 3163-1, L. 3164-1 et L. 3163-3 » du code du travail sont applicables dans les exploitations, entreprises, établissements et aux employeurs définis à l'article L. 713-1 *[V. cet art., App. II. B, v° Durée du travail]*. Leurs conditions particulières d'application à ces exploitations, entreprises, établissements et employeurs sont fixées par décret en Conseil d'État. — *[Ancien art. 983.]* — V. C. rur., art. R. 715-1 s.

Sur le repos hebdomadaire des jeunes de moins de dix-huit ans, V. C. rur., art. L. 714-2, App. II. B, v° Durée du travail.

DEUXIÈME PARTIE : *RÉGLEMENTAIRE*

LIVRE VII **DISPOSITIONS SOCIALES**

(Décr. n° 2005-368 du 19 avr. 2005)

DISPOSITIONS RELATIVES AUX JEUNES TRAVAILLEURS

Art. R. 715-1 *(Décr. n° 2007-126 du 29 janv. 2007)* Pour l'application des dispositions *(Décr. n° 2015-443 du 17 avr. 2015, art. 4)* « du 2° et du 3° de l'article L. 4153-1 » du code du travail, les élèves des établissements d'enseignement et de formation professionnelle agricoles publics ou privés mentionnés aux articles L. 811-1, L. 813-1 et L. 813-9 *(Décr. n° 2017-1492 du 25 oct. 2017, art. 4)* « du présent code » ne peuvent être admis ou employés dans les exploitations, entreprises, établissements ou chez les employeurs mentionnés à l'article *(Décr. n° 2015-443 du 17 avr. 2015, art. 4)* « L. 3111-1 » *(Décr. n° 2017-1492 du 25 oct. 2017, art. 4)* « du code du travail » et à l'article L. 713-1 du présent code que dans les cas suivants :
1° Les élèves qui suivent un enseignement général peuvent faire les visites d'information prévues à l'article R. 715-1-1 *(Décr. n° 2017-1492 du 25 oct. 2017, art. 4)* « du même code » et, à partir des deux dernières années de leur scolarité obligatoire, participer à des séquences d'observation dans les conditions prévues à l'article R. 715-1-2 ;
2° Les élèves âgés de quatorze ans au moins qui suivent un enseignement technologique, un enseignement professionnel ou un enseignement alterné peuvent accomplir, à partir des deux dernières années de leur scolarité obligatoire, les stages d'initiation, d'application ou les périodes de formation en milieu professionnel qui sont prévus par les programmes des études conduisant aux diplômes qu'ils préparent ou qui sont conduits dans le cadre de l'enseignement mentionné à l'article L. 813-9 *(Décr. n° 2017-1492 du 25 oct. 2017, art. 4)* « du présent code ». Ils peuvent également faire des visites d'information ou participer à des séquences d'observation.
Dans tous les cas mentionnés ci-dessus, une convention dont les clauses types sont fixées par arrêté du ministre chargé de l'agriculture est passée entre l'établissement d'enseignement et l'entreprise d'accueil. Un exemplaire de la convention relative aux séquences d'observation, stages ou périodes de formation en milieu professionnel est remis à l'élève et à son représentant légal.
Pendant ces séquences d'observation, ces stages ou ces périodes de formation en milieu professionnel, le total du temps de stage de l'élève dans l'entreprise ou l'organisme d'accueil et du temps consacré à sa formation dans l'établissement d'enseignement ne peut excéder huit heures par jour et trente-deux heures par semaine. Cette dernière limite est portée à trente-cinq heures par semaine pour les élèves qui ont atteint l'âge de quinze ans.
Les élèves demeurent sous statut scolaire durant la période où ils sont en milieu professionnel.

Art. R. 715-1-1 *(Décr. n° 2007-126 du 29 janv. 2007)* Les visites d'information ont pour objectif de permettre aux élèves de découvrir l'environnement technologique, économique et professionnel, en liaison avec les programmes d'enseignement. Les modalités d'encadrement des élèves au cours de ces visites d'information sont fixées par l'établissement d'enseignement, dans le cadre général de l'organisation des sorties scolaires. A partir des deux dernières années de la scolarité obligatoire, les élèves scolarisés au moins en classe de quatrième ou de troisième peuvent être admis à faire ces visites individuellement, sous réserve qu'un encadrement leur soit assuré dans l'entreprise ou l'organisme d'accueil.
Au cours des visites d'information, les élèves ne peuvent pas accéder aux machines, appareils ou produits dont l'usage est interdit aux mineurs *(Décr. n° 2015-443 du 17 avr. 2015, art. 4, en vigueur le 2 mai 2015)* « par la section 2 du chapitre III du titre V du livre I de la quatrième partie du code du travail. »

Ils ne peuvent ni procéder à des manœuvres ou manipulations sur d'autres machines, produits ou appareils de production, ni exécuter de travaux légers tels que définis à l'article R. 715-2.

Art. R. 715-1-2 (*Décr. n° 2007-126 du 29 janv. 2007*) Les séquences d'observation ont pour objectif de sensibiliser les élèves à l'environnement technologique, économique et professionnel en liaison avec les programmes d'enseignement, notamment dans le cadre de l'éducation à l'orientation.

Elles ne peuvent être organisées qu'à partir des deux dernières années de la scolarité obligatoire, pour des élèves scolarisés au moins en classe de quatrième ou de troisième.

Les modalités d'encadrement des élèves au cours des séquences d'observation sont fixées par l'établissement d'enseignement, dans le cadre général de l'organisation des sorties scolaires.

Les élèves peuvent être admis à participer individuellement à ces séquences, sous réserve que leur soit assuré un suivi par l'établissement d'enseignement et un encadrement dans l'entreprise ou l'organisme d'accueil.

Au cours des séquences d'observation, les élèves ne peuvent pas accéder aux machines, appareils ou produits dont l'usage est interdit aux mineurs (*Décr. n° 2015-443 du 17 avr. 2015, art. 4, en vigueur le 2 mai 2015*) « par la section 2 du chapitre III du titre V du livre I de la quatrième partie du code du travail. »

Ils ne peuvent ni procéder à des manœuvres ou manipulations sur les autres machines, produits ou appareils de production, ni exécuter de travaux légers tels que définis à l'article R. 715-2.

Art. R. 715-1-3 (*Décr. n° 2007-126 du 29 janv. 2007*) Les stages d'initiation sont des stages ou des séquences pédagogiques au sens de l'article R. 813-42 dont l'objectif est de permettre aux élèves de découvrir différents milieux professionnels.

Ces stages d'initiation sont organisés dans les conditions prévues par les programmes et les référentiels nationaux mentionnés au deuxième alinéa des articles L. 811-2 et L. 813-2.

Au cours de ces stages d'initiation, les élèves réalisent des activités pratiques variées et, sous surveillance du maître de stage ou du tuteur désigné par l'entreprise ou l'organisme d'accueil, des travaux légers tels que définis à l'article R. 715-2. Ils ne peuvent pas accéder aux machines, appareils ou produits dont l'usage est interdit aux mineurs (*Décr. n° 2015-443 du 17 avr. 2015, art. 4, en vigueur le 2 mai 2015*) « par la section 2 du chapitre III du titre V du livre I de la quatrième partie du code du travail. »

Art. R. 715-1-4 (*Décr. n° 2007-126 du 29 janv. 2007*) Les stages d'application en milieu professionnel sont des stages ou des séquences pédagogiques mentionnées à l'article R. 813-42 dont l'objectif est de permettre aux élèves de mettre en rapport les savoirs et savoir-faire acquis dans l'établissement scolaire avec les langages techniques et les pratiques du monde professionnel.

Ces stages d'application sont organisés dans les conditions prévues par les programmes et les référentiels nationaux mentionnés au deuxième alinéa des articles L. 811-2 et L. 813-2.

Au cours de ces stages d'application, les élèves peuvent procéder à des manœuvres ou manipulations de machines, produits ou appareils lorsqu'elles sont nécessaires à leur formation. Ils ne peuvent pas accéder aux machines, appareils ou produits dont l'usage est interdit aux mineurs (*Décr. n° 2015-443 du 17 avr. 2015, art. 4, en vigueur le 2 mai 2015*) « par la section 2 du chapitre III du titre V du livre I de la quatrième partie du code du travail. »

Art. R. 715-1-5 (*Décr. n° 2007-126 du 29 janv. 2007*) Les périodes de formation en milieu professionnel sont des périodes de formation ou des séquences pédagogiques au sens de l'article R. 813-42 prévues dans le cadre d'une formation conduisant à un diplôme professionnel, technologique, ou conduites dans le cadre de l'enseignement mentionné par l'article L. 813-9.

Ces périodes de formation en milieu professionnel sont organisées dans les conditions prévues par les programmes et les référentiels nationaux mentionnés au deuxième alinéa des articles L. 811-2 et L. 813-2.

Au cours de ces périodes de formation, les élèves remplissant les conditions d'âge requises peuvent être autorisés, dans les conditions prévues (*Décr. n° 2015-443 du 17 avr. 2015, art. 4, en vigueur le 2 mai 2015*) « à la section 3 du chapitre III du titre V du livre I de la quatrième partie » du code du travail, à utiliser des machines ou produits dont l'usage est interdit aux mineurs (*Décr. n° 2015-443 du 17 avr. 2015, art. 4, en vigueur le 2 mai 2015*) « par la section 2 du chapitre III du titre V du livre I de la quatrième partie du code du travail. »

Art. R. 715-2 (*Décr. n° 2015-443 du 17 avr. 2015, art. 4, en vigueur le 2 mai 2015*) « Les dispositions du présent article se substituent à celles des décrets prévus à l'article L. 4153-3 du code du travail pour son application. »

L'emploi des jeunes âgés de plus de quatorze ans encore soumis à l'obligation scolaire est autorisé pendant les périodes de vacances scolaires comportant au moins sept jours, ouvrables ou non, sous réserve que les intéressés jouissent d'un repos continu d'une durée qui ne peut pas être inférieure à la moitié de la durée totale desdites vacances.

La durée de travail des intéressés ne peut excéder sept heures par jour et trente-deux heures par semaine. Cette dernière limitation est portée à trente-cinq heures par semaine pour ceux qui ont atteint l'âge de quinze ans. Lorsqu'ils travaillent pour le compte de plusieurs employeurs, les jours et les heures de travail qu'ils effectuent chez chacun de ceux-ci sont additionnés.

Les jeunes concernés ne peuvent être employés qu'à des travaux légers, c'est-à-dire des travaux qui, en raison de la nature propre des tâches qu'ils comportent et des conditions particulières dans lesquelles ces tâches sont effectuées, ne sont pas susceptibles de porter préjudice à leur sécurité, à leur santé ou à leur développement. En particulier, ils ne peuvent pas être employés :

1° A des travaux exécutés dans une ambiance ou à un rythme qui leur confèrent une pénibilité caractérisée, ou astreignent à un rendement ;

2° A des travaux d'entretien, de réparation ou de conduite de tracteurs ou de machines mobiles ;

3° A des travaux nécessitant la manipulation ou l'utilisation de produits dangereux au sens (*Décr. n° 2015-443 du 17 avr. 2015, art. 4, en vigueur le 2 mai 2015*) « de l'article L. 4411-1 » du code du travail, ainsi que dans les lieux affectés au stockage, à la manipulation ou à l'utilisation de ces produits ;

4° Dans les lieux affectés à la traite ou à la contention des animaux, lors de la présence de ces derniers.

La déclaration que l'employeur est tenu d'adresser à l'inspecteur du travail indique le nombre de jeunes concernés, leurs nom, prénoms et âge, la nature de travaux qui leur seront confiés et les lieux précis où ces travaux seront effectués.

Art. R. 715-3 Pour l'application de l'article (*Décr. n° 2015-443 du 17 avr. 2015, art. 4, en vigueur le 2 mai 2015*) « L. 3162-3 » (*Décr. n° 2017-1492 du 25 oct. 2017, art. 4*) « du code du travail », une pause d'au moins trente minutes est accordée après une période de travail effectif ininterrompue de quatre heures et demie.

Les jeunes travailleurs agricoles doivent en outre bénéficier, pour chaque période de vingt-quatre heures, d'un temps de repos fixé à quatorze heures s'ils sont encore soumis à l'obligation scolaire et à douze heures s'ils ne sont plus soumis à l'obligation scolaire.

Art. R. 715-4 Les dispositions des articles R. 715-1 à R. 715-3, à l'exception du dernier alinéa de l'article R. 715-2, s'appliquent aux enfants mineurs de l'exploitant, de son conjoint et de ses aides familiaux au sens de l'article L. 722-10.

Ces dispositions ne font pas obstacle à ce que les jeunes âgés de quatorze ans au moins accomplissent dans l'entreprise familiale des travaux occasionnels ou de courte durée, à condition que ces travaux ne soient ni nuisibles ni dangereux pour les intéressés et ne soient pas susceptibles de porter préjudice à leur assiduité scolaire, à leur participation à des programmes d'orientation ou de formation professionnelle ou à leur aptitude à bénéficier de l'instruction reçue.

Lorsque les agents de contrôle de l'inspection du travail constatent des manquements aux prescriptions du présent article, ils mettent en demeure le chef d'entreprise de s'y conformer dans un délai qu'ils fixent.

B Durée du travail

(*V. aussi C. trav., liv. II, tit. I, chap. II*).

Liste des principaux décrets d'application des art. L. 3121-1, L. 3121-10 et L. 3121-52 C. trav. (semaine de trente-neuf heures et semaine de trente-cinq heures)

Transport routier de marchandises (entreprises de) : *Décr. n° 83-40 du 26 janv. 1983 (JO 27 janv. ; Rect. JO 4 févr.), mod. par Décr. n° 92-752 du 3 août 1992 (JO 4 août), Décr. n° 93-262 du 26 févr. 1993 (JO 28 févr.), Décr. n° 96-1082 du 12 déc. 1996 (JO 13 déc. ; Rect. JO 21 déc.), Décr. n° 96-1115 du 19 déc. 1996 (JO 20 déc.), Décr. n° 98-59 du 29 janv. 1998 (JO 31 janv.), Décr. n° 2000-69 du*

27 janv. 2000 (JO 28 janv.), Décr. n° 2002-622 du 25 avr. 2002 (JO 28 avr.), Décr. n° 2005-306 du 31 mars 2005 (JO 1ᵉʳ avr.), Décr. n° 2007-13 du 4 janv. 2007 (JO 5 janv.). — L'art. 1ᵉʳ du Décr. n° 96-1115 du 19 déc. 1996, préc., a été annulé par arrêt du Conseil d'État du 5 oct. 1998 (V. JO 27 déc. 1998), les art. 4, 5, 6, 7, 8, 9, 10 et 11 ont été annulés par arrêt du Conseil d'État du 18 oct. 2005 (280936) (V. RJS 2006. 990, n° 1331). — Sur la durée du travail dans les entreprises de transport sanitaire, V. Décr. n° 2001-679 du 30 juill. 2001 (JO 31 juill.). — Sur la durée du travail dans les entreprises de transport public urbain de voyageurs, V. Décr. n° 2000-118 du 14 févr. 2000 (JO 15 févr.), mod. par Décr. n° 2006-925 du 19 juill. 2006 (JO 28 juill.). — Sur la durée du travail dans les entreprises de transport routier de personnes, V. Décr. n° 2003-1242 du 22 déc. 2003 (JO 24 déc.), mod. par Décr. n° 2006-408 du 6 avr. 2006 (JO 7 avr.). — Sur l'application aux entreprises de transport routier de marchandises des aides à la réduction du temps de travail, V. Circ. du 19 juill. 2000 (JO 21 juill.).

Transport par voie de navigation intérieure (entreprises de) et batellerie fluviale : *Décr. n° 83-1111 du 19 déc. 1983, mod. par Décr. n° 2007-14 du 4 janv. 2007 (JO 5 janv.).*

Hôtels, cafés, restaurants : *Décr. n° 99-256 du 31 mars 1999 (JO 3 avr.), Décr. n° 2001-1318 du 28 déc. 2001 (JO 29 déc.), Décr. n° 2002-1526 du 24 déc. 2002 (JO 28 déc.), Décr. n° 2004-1536 du 30 déc. 2004 (JO 1ᵉʳ janv. 2005), Décr. annulé par arrêt du Conseil d'État du 18 oct. 2006 (276359, 276360, 277153, 277155, 278106) (V. D. 2006. IR 2628 ∅ ; RDT 2006. 397, obs. Véricel ∅ ; RJS 2006. 987, n° 1330).*

Hôtellerie de plein air : *Décr. n° 2002-595 du 22 avr. 2002 (JO 27 avr.).*

Banque, finance, crédit, épargne, change (établissements de) : *Décr. n° 97-326 du 10 avr. 1997.*

Personnels navigants de l'aviation civile : *Décr. n° 97-999 du 29 oct. 1997 (JO 31 oct.), Décr. n° 2000-1030 du 18 oct. 2000 (C. aviat. civ., art. D. 422-1 à D. 422-15) (JO 31 oct.).*

Casinos : *Décr. n° 2003-840 du 1ᵉʳ sept. 2003 (JO 4 sept.).*

Hospitalisation privée et secteur médico-social à caractère commercial : *Décr. n° 2002-396 du 22 mars 2002 (JO 24 mars).*

Commerces de détail de fruits et légumes, épicerie et produits laitiers : *Décr. n° 2003-1194 du 15 déc. 2003 (JO 17 déc.).*

Maisons d'étudiants : *Décr. n° 2004-114 du 5 févr. 2004 (JO 7 févr.).*

Tourisme social et familial : *Décr. n° 2004-124 du 9 févr. 2004 (JO 11 févr.).*

Code rural et de la pêche maritime

PREMIÈRE PARTIE : *LÉGISLATIVE*

LIVRE VII **DISPOSITIONS SOCIALES**

(Ord. n° 2000-550 du 15 juin 2000)

TITRE I **RÉGLEMENTATION DU TRAVAIL SALARIÉ**

CHAPITRE I *DISPOSITIONS GÉNÉRALES*

Art. L. 711-1 Le présent titre a pour objet la réglementation du travail salarié dans les établissements ou activités agricoles qu'il définit, sans préjudice des dispositions du livre II du code du travail qui sont applicables à ces établissements ou activités. Il s'applique également aux apprentis.

CHAPITRE III *DURÉE DU TRAVAIL*

SECTION 1 *Dispositions générales*

Art. L. 713-1 Sont soumis aux dispositions du présent chapitre :
1° Les exploitations, entreprises et établissements énumérés aux 1° à 4° de l'article L. 722-1, à l'exception des entreprises de travaux agricoles qui effectuent un travail aérien ;
— V. cet art.

B. DURÉE DU TRAVAIL **II. Réglementation**

2° Les employeurs des salariés mentionnés aux 2°, 3° (*L. n° 2007-1223 du 21 août 2007, art. 1-IX*) « , 6°, 6° bis, 6° ter, 6° quater et au 12° » de l'article L. 722-20 et des salariés occupés aux travaux forestiers définis à l'article L. 722-3, à l'exception des établissements publics administratifs. — *V. ces art.*

Art. L. 713-2 (*L. n° 2016-1088 du 8 août 2016, art. 8*) Le code du travail s'applique aux salariés mentionnés à l'article L. 713-1 du présent code, à l'exception des dispositions pour lesquelles le présent livre a prévu des dispositions particulières. — *V. C. rur., art. R. 719-3 (pén.).*

SECTION 2 *Heures supplémentaires*

Art. L. 713-13 (*L. n° 2016-1088 du 8 août 2016, art. 8*) I. — Par dérogation à l'article L. 3121-22 du code du travail, pour les exploitations, entreprises, établissements et employeurs mentionnés aux 1° à 4° de l'article L. 722-1 du présent code, aux 2° et 3° de l'article L. 722-20 et au 6° du même article L. 722-20, pour les seules entreprises qui ont une activité de production agricole, la limite de quarante-quatre heures est calculée sur une période de douze mois consécutifs. Les mêmes exploitations, entreprises, établissements et employeurs peuvent être autorisés à dépasser le plafond de soixante heures mentionné à l'article L. 3121-21 du code du travail à la condition que le nombre total d'heures supplémentaires effectuées au-delà de ce plafond n'excède pas soixante heures au cours d'une période de douze mois consécutifs.

II. — Pour l'application de l'article L. 3121-34 du même code, les branches d'activité à caractère saisonnier mentionnées à l'article L. 3132-7 dudit code sont les exploitations, entreprises, établissements et employeurs mentionnés aux 1° à 4° de l'article L. 722-1 du présent code, aux 2° et 3° de l'article L. 722-20 et au 6° du même article L. 722-20, pour les seules entreprises qui ont une activité de production agricole.

SECTION 4 *Dispositions diverses*

Art. L. 713-20 Un décret en Conseil d'État fixe les obligations mises à la charge des employeurs en vue de permettre le contrôle de l'application des dispositions légales et conventionnelles relatives à la durée et à l'aménagement du temps de travail. — *[Ancien art. 995.]* — *V. C. rur., art. R. 713-35.*

Art. L. 713-21 En cas de litige relatif à l'existence ou au nombre d'heures de travail effectuées, l'employeur doit fournir au juge les éléments de nature à justifier les horaires effectivement réalisés par le salarié. Au vu de ces éléments et de ceux fournis par le salarié à l'appui de sa demande, le juge forme sa conviction après avoir ordonné, en cas de besoin, toutes les mesures d'instruction qu'il estime utiles. — *[Ancien art. 992-1.]*

Art. L. 713-22 (*Ord. n° 2007-329 du 12 mars 2007, art. 8*) Les dispositions relatives à l'affichage des horaires prévues à l'article L. 3171-1 du code du travail ne sont pas applicables aux chefs d'établissements employant des salariés mentionnés à l'article L. 713-1 du présent code.

CHAPITRE IV *REPOS HEBDOMADAIRE ET QUOTIDIEN*

SECTION 1 *Repos hebdomadaire*

Art. L. 714-1 I. — Chaque semaine, les salariés entrant dans le champ d'application de l'article L. 713-1 ont droit à un repos, à prendre le dimanche, d'une durée minimale de vingt-quatre heures consécutives, auquel s'ajoute le repos prévu à l'article (*L. n° 2016-1088 du 8 août 2016, art. 8*) « L. 3131-1 du code du travail ».

II. — Lorsque le travail du dimanche est indispensable au fonctionnement de l'entreprise, le repos hebdomadaire peut être donné pour tout ou partie du personnel, soit toute l'année, soit à certaines époques de l'année seulement, suivant l'une des modalités ci-après :

1° Un autre jour que le dimanche sous réserve que le jour de repos tombe le dimanche au moins une fois sur quatre ;

2° Une demi-journée le dimanche avec un repos compensateur d'une journée par roulement et par quinzaine ;

3° Par roulement à condition que le jour de repos tombe le dimanche au moins deux fois par mois ;

(*L. n° 2005-157 du 23 févr. 2005, art. 19*) « 4° Par roulement pour les activités d'accueil touristique qui ont pour support l'exploitation. »

Le décret mentionné au VII détermine en particulier les cas dans lesquels l'employeur est admis de plein droit à donner le repos hebdomadaire suivant l'une de ces modalités. Dans les autres cas, l'employeur qui désire faire usage de l'une de ces dérogations doit en faire la demande (Ord. n° 2010-104 du 28 janv. 2010) « à l'autorité administrative compétente ».

III. — Une convention ou un accord collectif étendu peut prévoir la possibilité de donner le repos hebdomadaire suivant l'une des modalités prévues aux 1° et 2° du II dans les exploitations de polyculture associées à des activités d'élevage exercées à titre principal qui n'emploient qu'un salarié polyvalent.

IV. — En outre, le repos hebdomadaire peut être donné par roulement lorsque le travail est organisé de façon continue :
1° Pour des raisons techniques ;
2° Pour des raisons économiques à condition qu'une convention ou un accord collectif étendu ou une convention ou un accord d'entreprise ait prévu une telle organisation. A défaut de convention ou d'accord collectif étendu ou de convention ou d'accord d'entreprise, un décret en Conseil d'État peut prévoir les conditions dans lesquelles cette dérogation peut être accordée.

V. — En cas de circonstances exceptionnelles, notamment de travaux dont l'exécution ne peut être différée, le repos hebdomadaire peut être suspendu pour une durée limitée ; les intéressés bénéficieront, au moment choisi d'un commun accord entre l'employeur et le salarié, d'un repos d'une durée égale au repos supprimé.

VI. — Les dérogations aux dispositions du I ne sont pas applicables aux enfants, non libérés de l'obligation scolaire, qui exécutent des travaux légers pendant les vacances scolaires.

VII. — Un décret en Conseil d'État, pris après avis de la sous-commission des conventions et accords, dans la formation spécifique aux professions agricoles, de la commission nationale de la négociation collective fixe l'ensemble des mesures nécessaires à l'application du présent article. — *[Ancien art. 997, al. 1ᵉʳ à 12.]* — *V. C. rur., art. R. 714-1 s. et R. 719-4 (pén.).*

Art. L. 714-2 Les jeunes travailleurs de moins de dix-huit ans ainsi que les jeunes de moins de dix-huit ans qui accomplissent des stages d'initiation ou d'application en milieu professionnel dans le cadre d'un enseignement alterné ou d'un cursus scolaire bénéficient de deux jours de repos consécutifs.

Lorsque les caractéristiques particulières de l'activité le justifient, une convention ou un accord collectif étendu *(L. n° 2004-391 du 4 mai 2004)* « ou un accord d'entreprise ou d'établissement » peut définir les conditions dans lesquelles il peut être dérogé aux dispositions du précédent alinéa pour les jeunes libérés de l'obligation scolaire, sous réserve qu'ils bénéficient d'une période minimale de repos de trente-six heures consécutives. A défaut d'accord, un décret en Conseil d'État définit les conditions dans lesquelles cette dérogation peut être accordée par l'inspecteur du travail. — *[Ancien art. 997, al. 13 et 14.]*

Art. L. 714-3 *(Ord. n° 2017-1718 du 20 déc. 2017, art. 2-I)* « Une convention d'entreprise ou d'établissement ou, à défaut, une convention de branche » peut prévoir que les entreprises agricoles ayant une activité à caractère industriel et qui fonctionnent à l'aide d'un personnel d'exécution composé de deux groupes dont l'un a pour seule fonction de remplacer l'autre pendant le ou les jours de repos accordés à celui-ci sont autorisées à donner le repos hebdomadaire un jour autre que le dimanche. Cette dérogation s'applique également au personnel nécessaire à l'encadrement de l'équipe de suppléance.

(Abrogé par L. n° 2004-391 du 4 mai 2004, art. 43, II-5°-b) « *L'utilisation de cette dérogation est subordonnée à la conclusion d'un accord d'entreprise ou d'établissement ou à l'autorisation de l'inspecteur du travail donnée après consultation des délégués syndicaux et avis du comité d'entreprise ou des délégués du personnel, s'ils existent.* »

(Ord. n° 2017-1718 du 20 déc. 2017, art. 2-I) « La convention prévue » au premier alinéa comporte obligatoirement des dispositions concernant :

1° Les conditions particulières de mise en œuvre de la formation du personnel travaillant en équipe de suppléance et la rémunération du temps de formation ;

2° Les modalités d'exercice du droit des salariés de l'équipe de suppléance d'occuper un emploi autre que de suppléance.

La rémunération des salariés est majorée d'au moins 50 % par rapport à celle qui serait due pour une durée équivalente effectuée suivant l'horaire normal de l'entreprise. Cette majoration ne s'applique pas lorsque les salariés de l'équipe de suppléance sont amenés à remplacer durant la semaine les salariés partis en congé.

(L. n° 2004-391 du 4 mai 2004) « A défaut de convention *(Abrogé par Ord. n° 2017-1718 du 20 déc. 2017, art. 2-I)* « *ou d'accord* », l'utilisation de la dérogation prévue au premier alinéa est subordonnée à l'autorisation de *(Ord. n° 2017-1718 du 20 déc. 2017, art. 2-I)* « l'agent de contrôle de l'inspection du travail » donnée après *(Ord. n° 2017-1718 du 20 déc. 2017,*

B. DURÉE DU TRAVAIL **II. Réglementation**

art. 2-I) « avis du comité social et économique, s'il existe », dans des conditions déterminées par décret en Conseil d'État. »

Art. L. 714-4 Les dispositions de l'article L. 221-16-1 *[L. 3132-31]* du code du travail sont applicables aux établissements mentionnés à l'article L. 711-1.

SECTION 3 *Dispositions applicables aux organismes de mutualité agricole*

Art. L. 714-7 Pour l'application des chapitres III et IV du présent titre, les conventions ou accords conclus par des organismes de mutualité agricole avec une ou plusieurs organisations de salariés ont, à l'égard desdits organismes et de leurs salariés, les mêmes effets que des conventions ou accords collectifs étendus à la condition d'avoir été agréés par le ministre chargé de l'agriculture. – *[Ord. n° 82-109 du 30 janv. 1982, art. 12.]* – V. C. rur., art. R. 719-2 *(pén.)*.

Les dispositions relatives à la durée du travail et au repos hebdomadaire en agriculture [C. rur., anciens art. 992 à 998] sont applicables à Saint-Pierre-et-Miquelon (Ord. n° 77-1106 du 26 sept. 1977, art. 12, JO 30 sept.).

TITRE II ORGANISATION GÉNÉRALE DES RÉGIMES DE PROTECTION SOCIALE DES PROFESSIONS AGRICOLES

Art. L. 722-1 Le régime de protection sociale des non-salariés des professions agricoles est applicable aux personnes non salariées occupées aux activités ou dans les exploitations, entreprises ou établissements énumérés ci-dessous :
1° Exploitations de culture et d'élevage de quelque nature qu'elles soient, exploitations de dressage, d'entraînement, haras ainsi qu'établissements de toute nature dirigés par l'exploitant agricole en vue de la transformation, du conditionnement et de la commercialisation des produits agricoles lorsque ces activités constituent le prolongement de l'acte de production, *(L. n° 2002-73 du 17 janv. 2002, art. 28 ; Ord. n° 2010-461 du 6 mai 2010, art. 7)* « ou structures d'accueil touristique, précisées par décret, situées sur l'exploitation ou dans les locaux de celle-ci, notamment d'hébergement et de restauration ». – *V. C. rur., art. D. 722-4.* – **C. rur.**
2° Entreprises de travaux agricoles définis à l'article L. 722-2 ;
3° Travaux forestiers et entreprises de travaux forestiers définis à l'article L. 722-3 ;
4° Établissements de conchyliculture et de pisciculture et établissements assimilés ainsi qu'activités de pêche maritime à pied professionnelle telle que définie par décret *(Abrogé par Ord. n° 2010-461 du 6 mai 2010, art. 2)* « en Conseil d'État », sauf pour les personnes qui relèvent du régime social des marins ;
5° Activité exercée en qualité de non salariés par les mandataires des sociétés ou caisses locales d'assurances mutuelles agricoles dans les conditions prévues par décret *(Abrogé par Ord. n° 2010-461 du 6 mai 2010, art. 2)* « en Conseil d'État ».
(Abrogé par L. n° 2012-1404 du 17 déc. 2012, art. 37-I-15°, à compter du 1ᵉʳ janv. 2014) « *6° Entreprises artisanales rurales n'employant pas plus de deux ouvriers de façon permanente.* » – *[Anciens art. 1144, 1° à 5°, et 1060, 2° bis.]*

BIBL. ▶ TAURAN, *RD rur. 2007. Étude 21* (tourisme rural et droit social) ; *RD rur. 2009. Dossier 24* (l'agriculteur pluriactif et le droit social).

Art. L. 722-2 Sont considérés comme travaux agricoles :
1° Les travaux qui entrent dans le cycle de la production animale ou végétale, les travaux d'amélioration foncière agricole ainsi que les travaux accessoires nécessaires à l'exécution des travaux précédents ;
2° Les travaux de création, restauration et entretien des parcs et jardins *(L. n° 2014-1170 du 13 oct. 2014, art. 34)* « comprenant les travaux de maçonnerie paysagère nécessaires à l'exécution des travaux précédents ». – *[Ancien art. 1144-5° (partie).]*

Art. L. 722-3 Sont considérés comme travaux forestiers :
1° Les travaux *(L. n° 2001-602 du 9 juill. 2001)* « de récolte » de bois, à savoir abattage, ébranchage, élagage, éhouppage, débardage sous toutes ses formes, les travaux précédant ou suivant normalement ces opérations tels que débroussaillement, nettoyage des coupes ainsi que transport de bois effectué par l'entreprise qui a procédé à tout ou partie des opérations précédentes et, lorsqu'ils sont effectués sur le parterre de la coupe, les travaux de façonnage, de conditionnement du bois, de sciage et de carbonisation, quels que soient les procédés utilisés *(L. n° 2014-1170 du 13 oct. 2014, art. 67)* « , ainsi que la production de bois et dérivés destinés à l'énergie ou à l'industrie » ;

2° Les travaux de reboisement et de sylviculture, y compris l'élagage, le débroussaillement et le nettoyage des coupes ;

3° Les travaux d'équipement forestier, lorsqu'ils sont accessoires aux travaux ci-dessus.

Ces travaux conservent leur caractère forestier lorsqu'ils sont effectués en dehors du parterre de la coupe par une entreprise ou une section d'entreprise dont l'activité principale est l'exploitation forestière ou la production de bois brut de sciage. – *[Ancien art. 1144, 3° (partie).]*

Sur la présomption de salariat des personnes occupées dans les exploitations ou entreprises de travaux forestiers, V. art. L. 722-23. – **C. rur.**

....

Art. L. 722-20 Le régime de protection sociale des salariés des professions agricoles est applicable, dans les conditions fixées par les titres IV, V et VI du présent livre, aux personnes salariées et assimilées énumérées ci-dessous :

1° Salariés occupés aux activités ou dans les entreprises ou établissements définis à l'article L. 722-1, à l'exception de l'activité mentionnée au 5° dudit article *(L. n° 2012-1404 du 17 déc. 2012, art. 37-I-14°, en vigueur le 1er janv. 2014)* « , et salariés des entreprises artisanales rurales n'employant pas plus de deux salariés de façon permanente » ;

2° Gardes-chasse, gardes-pêche, gardes forestiers, jardiniers, jardiniers gardes de propriété et, de manière générale, toutes les personnes qui, n'ayant pas la qualité d'entrepreneur, sont occupées par des groupements et sociétés de toute nature ou des particuliers à la mise en état et à l'entretien des jardins ;

3° Employés de maison au service d'un exploitant agricole lorsqu'ils exercent habituellement leur activité sur le lieu de l'exploitation agricole ;

4° Métayers mentionnés à l'article L. 722-21 ;

5° Personnels enseignants des établissements d'enseignement et de formation professionnelle agricoles privés mentionnés à l'article L. 813-8 ;

6° Salariés des organismes de mutualité agricole, des caisses de crédit agricole mutuel, des chambres d'agriculture, du Centre national pour l'aménagement des structures des exploitations agricoles, des coopératives agricoles, des sociétés d'intérêt collectif agricole, des sociétés à caractère coopératif dites fruitières, des sociétés agricoles diverses, des syndicats agricoles, des associations syndicales de propriétaires dont l'objet est agricole et, d'une manière générale, de tout groupement professionnel agricole *(L. n° 2002-73 du 17 janv. 2002, art. 26)* « , de même que les personnels non titulaires de l'établissement "Domaine de Pompadour" dont les contrats ont été transférés à l'Établissement public Les Haras nationaux » *(L. n° 2009-879 du 21 juill. 2009, art. 135)* « ainsi que les agents de droit privé des agences régionales de santé qui demeurent régis par les conventions collectives des organismes de mutualité sociale agricole ».

(L. n° 2006-11 du 5 janv. 2006, art. 35) « 6° bis Salariés de toute société ou groupement créé après le 31 décembre 1988, dans leur champ d'activité, par les organismes cités au 6°, à condition que leur participation constitue plus de 50 % du capital ;

« 6° ter *(L. n° 2019-1446 du 24 déc. 2019, art. 9)* « a) » Salariés des filiales créées après le 31 décembre 2005 par les sociétés ou groupements mentionnés au 6° bis, à la condition que ces filiales se situent dans leur champ d'activité et que lesdits sociétés et groupements détiennent plus de 50 % du capital de ces filiales ; »

(L. n° 2019-1446 du 24 déc. 2019, art. 9) « b) Salariés des filiales créées après le 31 décembre 2019, par les filiales de coopératives agricoles mentionnées au a du présent 6° ter et par l'ensemble de leurs filiales successives, à la condition que ces filiales se situent dans leur champ d'activité et que lesdits sociétés et groupements détiennent plus de 50 % du capital de ces filiales ; »

(L. n° 2006-11 du 5 janv. 2006, art. 35) « 6° quater Salariés des organismes, sociétés et groupements mentionnés aux 6°, 6° bis et 6° ter, lorsqu'intervient une modification de la forme ou des statuts desdits organismes, sociétés et groupements, dès lors que cette modification n'entraîne pas la création d'une personne morale nouvelle ; »

7° Apprentis et, sous réserve des dispositions de l'article L. 962-4 du code du travail, stagiaires relevant du régime des assurances sociales agricoles occupés dans les exploitations, entreprises, organismes et groupements ci-dessus énumérés ;

8° Lorsque les sociétés dont ils sont les dirigeants relèvent des dispositions des 1° à 4° de l'article L. 722-1, *(L. n° 2011-525 du 17 mai 2011, art. 35)* « présidents du conseil d'administration, présidents-directeurs généraux, directeurs généraux et directeurs généraux délégués » des sociétés anonymes, ainsi que gérants de sociétés à responsabilité limitée, à condition que lesdits gérants ne possèdent pas, ensemble, plus de la moitié du capital social.

étant entendu que les parts appartenant, en toute propriété ou en usufruit, au conjoint *(L. n° 2011-525 du 17 mai 2011, art. 35)* « , au partenaire lié par un pacte civil de solidarité » et aux enfants mineurs non émancipés d'un gérant sont considérées comme possédées par ce dernier ;

(Ord. n° 2003-1187 du 11 déc. 2003) « 9° Présidents et dirigeants des sociétés par actions simplifiées lorsque ces sociétés relèvent des 1° à 4° de l'article L. 722-1 ;

« 10° Dirigeants des associations ayant un objet agricole, remplissant les conditions prévues au deuxième alinéa du *d* du 1° du 7 de l'article 261 du code général des impôts ;

« 11° Administrateurs des groupements mutualistes relevant du 6° du présent article, dès lors qu'ils perçoivent une indemnité de fonction et ne relèvent pas, à titre obligatoire, d'un régime de sécurité sociale. »

(L. n° 2006-11 du 5 janv. 2006, art. 35) « 12° Salariés des centres de gestion agréés et des associations de gestion et de comptabilité dont les statuts prévoient que le conseil d'administration est composé en majorité de membres désignés par des organisations professionnelles agricoles ou des chambres d'agriculture ; »

(L. n° 2010-874 du 27 juill. 2010, art. 50-3°) « 13° Par dérogation aux dispositions de l'article L. 6342-1 du code du travail, les personnes effectuant des stages de formation professionnelle continue conformément aux dispositions de la sixième partie du code du travail, lorsque ces stages sont effectués dans le cadre du plan de professionnalisation permettant de bénéficier des aides au titre de la politique d'installation en agriculture mentionnée à l'article L. 330-1 du présent code ;

« 14° Par dérogation aux dispositions de l'article L. 5142-1 du code du travail et du 25° de l'article L. 311-3 du code de la sécurité sociale, les personnes exerçant une activité mentionnée à l'article L. 722-1 du présent code et qui sont liées avec une personne morale par un contrat d'appui au projet d'entreprise, dans les conditions définies par l'article L. 127-1 du code de commerce ; »

(L. n° 2017-1836 du 30 déc. 2017, art. 24-II, en vigueur le 1er janv. 2018) « 14° *bis* Par dérogation au 32° de l'article L. 311-3 du code de la sécurité sociale, les entrepreneurs salariés et les entrepreneurs salariés associés mentionnés aux articles L. 7331-2 et L. 7331-3 du code du travail exerçant une activité mentionnée à l'article L. 722-1 du présent code ; »

(L. n° 2014-1554 du 22 déc. 2014, art. 8-II) « 15° Personnes qui contribuent à l'exercice d'une mission définie au premier alinéa du 21° de l'article L. 311-3 du code de la sécurité sociale, dans les conditions fixées au même 21°, étant entendu que le décret mentionné audit 21° est, dans ce cas, pris pour l'application du présent 15° » ; – *Ces dispositions sont applicables aux sommes versées à compter du 1er janv. 2015.*

(L. n° 2019-1446 du 24 déc. 2019, art. 9) « 16° Par dérogation au 31° de l'article L. 311-3 du code de la sécurité sociale, les salariés définis au présent article au titre des sommes ou avantages mentionnés au premier alinéa de l'article L. 242-1-4 du code de la sécurité sociale et attribués en contrepartie d'une activité accomplie dans l'intérêt d'une tierce personne n'ayant pas à leur égard la qualité d'employeur et dont les salariés sont affiliés au régime mentionné au premier alinéa du présent article. »

Les salariés et assimilés définis au présent article sont désignés dans les titres II à VI du présent livre par les termes salariés agricoles. – [*Ancien C. rur., art. 1144 (partie).*]

Les dispositions de l'art. L. 241-6-2 CSS sont applicables aux gains et rémunérations versés aux salariés visés au 1° de l'art. ci-dessus (L. n° 2001-1246 du 21 déc. 2001, art. 15-III). – **CSS**.

DEUXIÈME PARTIE : *RÉGLEMENTAIRE*

LIVRE VII DISPOSITIONS SOCIALES

(Décr. n° 2005-368 du 19 avr. 2005)

TITRE I RÉGLEMENTATION DU TRAVAIL SALARIÉ

CHAPITRE III *DURÉE DU TRAVAIL*

SECTION 1 *Dispositions générales*

Art. R. 713-1 Pour l'application de la présente section, la journée s'entend de la période allant de 0 heure à minuit, la demi-journée de 0 heure à midi ou de midi à minuit.

Art. R. 713-2 (Décr. n° 2017-1554 du 9 nov. 2017, art. 1ᵉʳ-I-1°) « La répartition par l'employeur de la durée légale du travail sur la semaine est effectuée après consultation du comité (Décr. n° 2017-1819 du 29 déc. 2017, art. 5) « social et économique, s'il existe ».

« La répartition sur quatre jours ou quatre jours et demi ne peut être effectuée qu'en l'absence d'opposition du comité (Décr. n° 2017-1819 du 29 déc. 2017, art. 5) « social et économique, s'il existe » et après information de l'agent de contrôle de l'inspection du travail. »

L'employeur précise, avant le début de la semaine, les journées et demi-journées qui seront travaillées. Cette répartition peut être modifiée en cours de semaine en cas de circonstances exceptionnelles, notamment de travaux dont l'exécution ne peut être différée, sous réserve que le salarié en soit averti au moins un jour franc à l'avance.

Art. R. 713-3 (Décr. n° 2017-1554 du 9 nov. 2017, art. 1ᵉʳ-I-2°) « Une convention d'entreprise ou, à défaut, une convention de branche » peut prévoir la possibilité d'organiser le travail :

1° Par roulement ;
2° Par relais, en équipes alternantes ou chevauchantes ;
3° Par équipes successives.

Dans les entreprises mentionnées à l'article (Décr. n° 2017-1554 du 9 nov. 2017, art. 1ᵉʳ-I-2°) « L. 2242-1 » du code du travail, l'employeur qui envisage une telle organisation doit engager une négociation à cette fin.

A défaut de conclusion d'une convention (Abrogé par Décr. n° 2017-1554 du 9 nov. 2017, art. 1ᵉʳ-I-2°) « ou d'un accord », et sauf en ce qui concerne l'organisation du travail par équipes alternantes, cette organisation peut être mise en place par l'employeur après (Abrogé par Décr. n° 2017-1554 du 9 nov. 2017, art. 1ᵉʳ-I-2°) « information et » consultation du comité (Décr. n° 2017-1819 du 29 déc. 2017, art. 5) « social et économique, s'il existe », et après information de (Décr. n° 2017-1554 du 9 nov. 2017, art. 1ᵉʳ-I-2°) « l'agent de contrôle de l'inspection du travail ».

Art. R. 713-4 (Décr. n° 2017-1554 du 9 nov. 2017, art. 1ᵉʳ-I-3°) A défaut de convention mentionnée au 2° de l'article L. 3121-51 du code du travail, la récupération des heures perdues dans les cas prévus à l'article L. 3121-50 du même code ne peut concerner que les salariés présents lors de l'interruption collective. Elle est effectuée dans la période de vingt-six semaines qui suit la semaine au cours de laquelle a eu lieu l'interruption. Le nombre d'heures de récupération ne peut excéder huit heures par semaine.

Pour l'application de l'article R. 3121-33 du code du travail, lorsque l'interruption concerne l'ensemble des entreprises relevant d'un même type d'activité, il peut être procédé à l'information du (Décr. n° 2020-1545 du 9 déc. 2020, art. 28-X, en vigueur le 1ᵉʳ avr. 2021) « directeur régional de l'économie, de l'emploi, du travail et des solidarités » par l'organisation patronale intéressée.

Les heures qui ont donné lieu au paiement des allocations légales pour privation partielle d'emploi ne peuvent être récupérées.

Art. R. 713-5 La durée quotidienne de travail effectif des salariés des exploitations, entreprises, établissements et employeurs mentionnés à l'article L. 713-1, fixée à dix heures par le (Décr. n° 2017-1554 du 9 nov. 2017, art. 1ᵉʳ-I-4°) « premier alinéa de l'article L. 3121-18 du code du travail », peut être dépassée dans tous les cas où un surcroît temporaire d'activité est imposé, notamment pour l'un des motifs ci-après :

1° Travaux devant être exécutés dans un délai déterminé en raison de leur nature, des charges imposées à l'entreprise ou des engagements contractés par celle-ci ;
2° Travaux saisonniers ;
3° Travaux impliquant une activité accrue pendant certains jours de la semaine, du mois ou de l'année.

Le dépassement :

1° Ne peut excéder deux heures par jour pendant un maximum de six journées consécutives ;
2° Ne peut excéder trente heures par période de douze mois consécutifs ; un contingent supérieur ou inférieur peut toutefois être fixé par (Décr. n° 2017-1554 du 9 nov. 2017, art. 1ᵉʳ-I-4°) « convention de branche étendue » ;

L'employeur (Décr. n° 2017-1554 du 9 nov. 2017, art. 1ᵉʳ-I-4°) « adresse immédiatement à l'agent de contrôle de l'inspection du travail » une déclaration l'informant du dépassement et des circonstances qui le motivent. Lorsque ce dépassement concerne l'ensemble des entreprises relevant d'un même type d'activité, il peut être procédé à cette information par l'organisation patronale intéressée. – L'art. D. 713-5 devient l'art. R. 713-5 (Décr. n° 2017-1554 du 9 nov. 2017, art. 1ᵉʳ-I-4°).

B. DURÉE DU TRAVAIL **II. Réglementation** 3313

Art. R. 713-5-1 (*Décr. n° 2017-1554 du 9 nov. 2017, art. 1er-I-5°*) Les décrets fixant les modalités d'application de l'article L. 713-2 sont pris après avis de la sous-commission des conventions et accords, dans la formation spécifique aux professions agricoles, de la Commission nationale de la négociation collective, de l'emploi et de la formation professionnelle, mentionnée à l'article L. 2271-1 du code du travail.

SECTION 2 *Équivalences*
(*Décr. n° 2017-1554 du 9 nov. 2017, art. 1er-I-6°*)

Art. R. 713-6 (*Décr. n° 2017-1554 du 9 nov. 2017, art. 1er-I-7°*) « En application de l'article L. 3121-15 du code du travail et dans les limites définies à l'article R. 713-9 du présent code, un régime d'équivalence est institué pour » le personnel occupé à des activités de gardiennage de locaux ou d'installations, le personnel de surveillance des appareils à fonctionnement continu, les préposés des services d'incendie et le personnel assurant la surveillance des animaux :

1° La durée de présence correspondant à la durée légale du travail est égale à cette durée prolongée de sept heures ;

2° La durée de présence correspondant aux durées maximales hebdomadaires moyenne et absolue est égale à ces durées prolongées de sept heures ;

3° La durée de présence correspondant à la durée maximale quotidienne est égale à cette durée prolongée d'une heure.

Art. R. 713-7 (*Décr. n° 2017-1554 du 9 nov. 2017, art. 1er-I-8°*) « En application de l'article L. 3121-15 du code du travail et dans les limites définies à l'article R. 713-9 du présent code, pour » les garçons de cour et les cavaliers d'entraînement travaillant à temps complet dans les établissements d'entraînement de chevaux de course au galop situés en France métropolitaine, lorsque l'employeur affiche les horaires quotidiens de travail en application de l'article R. 713-37 ou bien lorsque, dans le cadre de l'annualisation de la durée du travail, il affiche les horaires quotidiens de travail en application (*Décr. n° 2017-1554 du 9 nov. 2017, art. 1er-I-8°*) « de l'article R. 713-45 », des équivalences sont établies dans les conditions suivantes :

1° Lorsqu'un salarié est amené à se déplacer afin de faire participer des chevaux de course à des manifestations sportives, la durée de présence du salarié, depuis la préparation du cheval avant le départ jusqu'à la finition au retour à l'écurie, s'inscrit, pour la journée considérée, dans le cadre de l'horaire quotidien programmé initialement dans l'entreprise ;

2° La rémunération du salarié concerné est au moins égale à celle correspondant au nombre d'heures programmées quelle que soit la durée réelle du temps de travail accomplie au cours de la journée considérée.

En cas de dépassement de l'horaire quotidien programmé résultant du temps de déplacement susmentionné, la durée de ce dépassement est réputée être équivalente à un travail effectif de 25 % de cette durée de dépassement et est rémunérée selon ce même taux, sans préjudice de l'application des dispositions de l'article (*Décr. n° 2017-1554 du 9 nov. 2017, art. 1er-I-8°*) « L. 3121-28 du code du travail ». Toutefois, cette équivalence ne peut s'appliquer au temps de conduite des chauffeurs. – *L'art. D. 713-7 devient l'art. R. 713-7* (*Décr. n° 2017-1554 du 9 nov. 2017, art. 1er-I-8°*).

Art. R. 713-8 (*Décr. n° 2017-1554 du 9 nov. 2017, art. 1er-I-9°*) « En application de l'article L. 3121-15 du code du travail et dans les limites définies à l'article R. 713-9 du présent code, pour » les salariés travaillant à temps plein et exerçant la fonction de conducteur routier de marchandises au moins 300 heures par an, la durée quotidienne du temps de travail effectif est égale, compte tenu des périodes d'inaction, à la durée de présence quotidienne du travail diminuée de quarante minutes dans les entreprises et établissements suivants situés sur le territoire métropolitain :

1° Les coopératives agricoles et les unions de coopératives agricoles de céréales, de meunerie, d'approvisionnement, d'oléagineux et d'aliments du bétail ainsi que les sociétés coopératives d'intérêt collectif ayant le même objet, dans lesquelles ces coopératives agricoles ou unions de coopératives agricoles ont une participation prépondérante ;

2° Les groupements professionnels agricoles et les sociétés créées par les entreprises susmentionnées lorsque ces groupements professionnels agricoles ou ces sociétés ont pour activité :

a) La collecte, le stockage, le conditionnement, la transformation et la vente des céréales, des oléagineux et protéagineux ;

b) L'achat et la vente des produits, biens, équipements, instruments nécessaires à l'agriculture et au monde rural ;

c) La fourniture de services rattachés aux activités susvisées ;

3° Les groupements d'intérêt économique exerçant des activités identiques, constitués exclusivement ou en majorité entre des entreprises précitées. — *L'art. D. 713-8 devient l'art. R. 713-8 (Décr. n° 2017-1554 du 9 nov. 2017, art. 1ᵉʳ-I-9°).*

Art. R. 713-9 *(Décr. n° 2017-1554 du 9 nov. 2017, art. 1ᵉʳ-I-10°)* Le recours aux régimes d'équivalence prévus aux articles R. 713-6 à R. 713-8 ne peut avoir pour effet de porter :

1° A plus de quarante-huit heures la durée hebdomadaire moyenne de travail des salariés, décomptée heure pour heure, sur une période quelconque de quatre mois consécutifs ;

2° A plus de douze heures la durée de travail des travailleurs de nuit, décomptée heure pour heure, sur une période quelconque de vingt-quatre heures, ces salariés bénéficient de périodes de repos d'une durée au moins équivalente au nombre d'heures qui sont effectuées au-delà de la huitième heure.

Pour l'appréciation de la qualité de travailleur de nuit selon les dispositions de l'article L. 3122-5 du code du travail, le temps de travail des salariés soumis aux régimes d'équivalence est décompté heure pour heure.

SECTION 3 *Heures supplémentaires (Décr. n° 2017-1554 du 9 nov. 2017, art. 1ᵉʳ-I-11°).*

SOUS-SECTION 1 *Dispositions communes aux dépassements des durées maximales hebdomadaires de travail*

(Décr. n° 2017-1554 du 9 nov. 2017, art. 1ᵉʳ-I-11°)

Art. R. 713-11 Lorsque la demande de dépassement concerne les entreprises relevant d'un même type d'activités dans une région déterminée, la demande est présentée par l'organisation patronale intéressée au *(Décr. n° 2020-1545 du 9 déc. 2020, art. 28-X, en vigueur le 1ᵉʳ avr. 2021)* « directeur régional de l'économie, de l'emploi, du travail et des solidarités ».

Celui-ci examine si les circonstances invoquées sont de nature à autoriser le dépassement et procède à la consultation des organisations syndicales d'employeurs et de salariés représentatives dans le type d'activités et dans la région concernées.

Lorsqu'une autorisation est attribuée en application des deux premiers alinéas du présent article, l'entreprise ne peut en user qu'après avis du comité d'entreprise ou, à défaut, des délégués du personnel s'il en existe et le cas échéant transmission de cet avis au *(Décr. n° 2020-1545 du 9 déc. 2020, art. 28-X, en vigueur le 1ᵉʳ avr. 2021)* « directeur régional de l'économie, de l'emploi, du travail et des solidarités » compétent.

Art. R. 713-12 Les dispositions de l'article R. 713-11 du présent code s'appliquent aux demandes d'autorisation de dépassement des durées maximales hebdomadaires prévues aux articles L. 3121-21, L. 3121-24, L. 3121-25 du code du travail et au I de l'article L. 713-13 du présent code.

SOUS-SECTION 2 *Dépassement de la durée maximale hebdomadaire absolue*

(Décr. n° 2017-1554 du 9 nov. 2017, art. 1ᵉʳ-I-11°)

Art. R. 713-13 Lorsque les exploitations, entreprises, établissements et employeurs mentionnés au I de l'article L. 713-13 du présent code demandent sur le fondement de cet article une autorisation de dépassement du plafond fixé à l'article L. 3121-21 du code du travail, le dépassement est accordé dans les conditions définies aux articles R. 3121-8 à R. 3121-10 du code du travail.

SOUS-SECTION 3 *Dépassement de la durée maximale hebdomadaire moyenne*

(Décr. n° 2017-1554 du 9 nov. 2017, art. 1ᵉʳ-I-11°)

Art. R. 713-14 Pour les exploitations, entreprises, établissements et employeurs mentionnés au I de l'article L. 713-13 du présent code pour lesquelles la durée hebdomadaire maximale moyenne mentionnée à l'article L. 3121-22 du code du travail est calculée sur une période de douze mois consécutifs, le dépassement de cette durée est possible :

1° Par convention d'entreprise ou à défaut par convention de branche en application de l'article L. 3121-23 du code du travail ;

2° A défaut de convention prévue à l'article L. 3123-23 du code du travail, par autorisation de l'autorité administrative en application de l'article L. 3121-24 du même code, dans les conditions définies aux articles R. 3121-8 à R. 3121-11 ;

3° A titre exceptionnel, en application de l'article L. 3121-25 du code du travail, par secteur d'activité ou par entreprise, dans les conditions définies aux articles R. 3121-8, R. 3121-9, R. 3121-12, R. 3121-13, R. 3121-14 et R. 3121-16 du même code.

Pour l'application des articles R. 3121-13 et R. 3121-14 du code du travail, l'autorité administrative compétente est le ministre chargé du travail qui rend sa décision après avis du ministre chargé de l'agriculture.

SECTION 4 *Contrôle de la durée et de l'aménagement du temps de travail* (Décr. n° 2017-1554 du 9 nov. 2017, art. 1er-I-12°).

Les art. R. 713-35 à R. 713-50 sont applicables à Mayotte à compter du 1er janv. 2020 (Décr. n° 2013-754 du 14 août 2013, art. 26-VI, JO 18 août).

Art. R. 713-34 (Décr. n° 2017-1554 du 9 nov. 2017, art. 1er-I-13°) Les dispositions de la présente section fixent l'ensemble des obligations mises à la charge des employeurs en vue de permettre le contrôle de l'application des dispositions relatives à la durée et à l'aménagement du temps de travail en application de l'article L. 713-20 du présent code.

Art. R. 713-35 En vue du contrôle de l'application des dispositions légales et conventionnelles relatives à la durée et à l'aménagement du temps de travail, tout employeur mentionné à l'article L. 713-1 enregistre ou consigne toutes les heures effectuées ou à effectuer par les salariés dans les conditions prévues soit à l'article R. 713-36, soit à l'article R. 713-37. Sous réserve des articles R. 713-42 et R. 713-43, il arrête son choix entre ces procédés après avoir informé et consulté, (Décr. n° 2017-1819 du 29 déc. 2017, art. 5) « s'il existe, le comité social et économique. »

Art. R. 713-36 L'employeur enregistre, chaque jour, sur un document prévu à cet effet, le nombre d'heures de travail effectuées par chaque salarié, ou groupe de salariés, ou les heures de début et de fin de chacune de leurs périodes de travail.

Une copie du document est remise à chaque salarié, en même temps que sa paye. L'approbation du salarié ou son absence de réserve ne peut emporter renonciation à tout ou partie de ses droits.

L'employeur peut, toutefois, sous sa responsabilité, confier à chaque salarié le soin de procéder à l'enregistrement mentionné ci-dessus s'il met à sa disposition des moyens de pointage ou d'autres moyens qui permettent à l'intéressé de contrôler la réalité des indications qu'il enregistre.

Une copie du document, établie dans les conditions et avec les effets prévus ci-dessus, est remise au salarié qui en fait la demande.

Art. R. 713-37 A défaut de mettre en œuvre les modalités prévues à l'article R. 713-36, l'employeur affiche, pour chaque jour de la semaine, les heures auxquelles commence et finit chaque période de travail.

Cet horaire est affiché dans chacun des lieux de travail auxquels il s'applique, aux emplacements réservés aux communications destinées au personnel ou, à défaut, dans un local qui lui est accessible.

Signé par l'employeur ou un de ses représentants, il précise la date à laquelle il prend effet. Un exemplaire en est transmis à (Décr. n° 2017-1554 du 9 nov. 2017, art. 1er-I-14°) « l'agent de contrôle de l'inspection du travail » avant sa mise en vigueur.

Toute modification de l'horaire doit être, préalablement à sa mise en service, portée à la connaissance du personnel et de (Décr. n° 2017-1554 du 9 nov. 2017, art. 1er-I-14°) « l'agent de contrôle de l'inspection du travail » selon les mêmes modalités. Il en est de même si l'employeur décide de substituer à l'affichage de l'horaire le procédé de l'enregistrement prévu à l'article R. 713-36.

Sauf preuve contraire de l'employeur, les salariés sont présumés avoir accompli l'horaire affiché ; ils ne peuvent être employés en dehors de cet horaire.

Aux [Au] lieu et place de l'affichage, l'employeur peut remettre au salarié concerné, contre décharge, un document sur lequel est porté son horaire, établi dans les conditions et avec les effets énoncés aux alinéas 1 à 5.

Mention est faite de cette remise sur l'exemplaire de l'horaire transmis à (Décr. n° 2017-1554 du 9 nov. 2017, art. 1er-I-14°) « l'agent de contrôle de l'inspection du travail ».

Art. R. 713-38 Les documents et autres supports mentionnés aux articles R. 713-35 et R. 713-36 doivent permettre d'identifier les heures récupérées au sens de l'article (Décr. n° 2017-1554 du 9 nov. 2017, art. 1er-III-15°) « L. 3121-50 du code du travail ou qui donnent lieu à équivalence en application des articles L. 3121-13 à L. 3121-15 du même code ».

Art. R. 713-39 Les documents et autres supports mentionnés aux articles R. 713-36 et R. 713-37 doivent permettre d'identifier les salariés auxquels ils s'appliquent.

En cas d'organisation du travail par relais, par roulement ou par équipes successives, la composition nominative de chaque équipe, y compris les salariés mis à disposition par un tiers, est indiquée par un tableau affiché dans chacun des lieux auxquels il s'applique, aux emplacements réservés aux communications destinées au personnel ou, à défaut, dans un local qui lui est accessible.

Art. R. 713-40 L'employeur est dispensé d'appliquer les dispositions des articles R. 713-35 à R. 713-37 lorsque le salarié est obligé d'organiser lui-même son activité, dans les limites prévues notamment *(Décr. n° 2017-1554 du 9 nov. 2017, art. 1er-I-16°)* « [par] l'article L. 713-13 du présent code et celles des articles L. 3121-18 et L. 3121-20 à L. 3121-22 du code du travail », parce qu'il assume des responsabilités importantes ou parce qu'il travaille dans des conditions qui ne permettent pas à l'employeur ou à l'un de ses représentants de contrôler sa présence.

Art. R. 713-41 Dans le cas prévu à l'article R. 713-40 :
1° Si le salarié est payé au nombre d'unités d'un produit qu'il récolte ou façonne et qu'il existe une convention ou un accord collectif de travail, ceux-ci précisent le temps de référence retenu, dans les conditions normales d'activité, pour fixer le salaire de l'unité, ainsi que la périodicité maximale du comptage de ces unités. A défaut, le contrat individuel de travail comporte les mêmes indications, qui prennent en compte les conditions réelles dans lesquelles le salarié exerce son activité ;
2° Si la rémunération du salarié est calculée sur la base d'une durée du travail forfaitaire et qu'il existe une convention ou un accord collectif de travail, ceux-ci fixent cette durée en précisant, s'il y a lieu, le nombre d'heures supplémentaires que cette rémunération inclut. A défaut, le contrat individuel de travail comporte le détail des calculs qui ont permis d'établir la correspondance entre la charge de travail de l'intéressé et cette durée ;
3° Si le salarié est engagé pour exécuter une tâche comportant la réalisation successive de plusieurs opérations ou façons culturales, dont le temps moyen d'exécution ne peut être mesuré, la convention ou l'accord collectif de travail précise le salaire minimal pour une unité du produit travaillé ainsi que la périodicité maximale de comptage de ces unités.

Art. R. 713-42 Sous réserve des dispositions de l'article R. 713-43, une convention ou un accord collectif de travail peut exclure, pour tout ou partie des emplois ou des activités des établissements entrant dans son champ d'application, le recours par l'employeur à certaines des possibilités prévues par les articles R. 713-36 et R. 713-37.

Art. R. 713-43 Lorsqu'il constate que la durée du travail enregistrée ou consignée en application des dispositions des articles R. 713-36 ou R. 713-37 est inexacte, *(Décr. n° 2017-1554 du 9 nov. 2017, art. 1er-I-17°)* « l'agent de contrôle de l'inspection du travail » peut exiger de l'employeur l'enregistrement des heures effectuées :
1° Soit selon les modalités fixées à l'article R. 713-36 ; dans ce cas, *(Décr. n° 2017-1554 du 9 nov. 2017, art. 1er-I-17°)* « l'agent de contrôle de l'inspection du travail » précise si l'employeur doit enregistrer le nombre d'heures de travail effectué quotidiennement par chaque salarié ou groupe de salariés, ou s'il doit enregistrer les heures de début et de fin de chacune de leurs périodes de travail ;
2° Soit selon les modalités fixées à l'article R. 713-37, à la condition que les salariés soient occupés dans le cadre d'un horaire régulier.

Art. R. 713-44 Le recours hiérarchique contre la décision de *(Décr. n° 2017-1554 du 9 nov. 2017, art. 1er-I-18°)* « l'agent de contrôle de l'inspection du travail » est porté devant le *(Décr. n° 2020-1545 du 9 déc. 2020, art. 28-X, en vigueur le 1er avr. 2021)* « directeur régional de l'économie, de l'emploi, du travail et des solidarités ». Il est présenté, à peine de forclusion, dans les quinze jours suivant la réception de la lettre recommandée avec avis de réception notifiant la décision de l'inspecteur du travail.

Art. R. 713-45 *(Décr. n° 2017-1554 du 9 nov. 2017, art. 1er-I-19°)* Dans les entreprises qui appliquent un dispositif d'aménagement du temps de travail dans les conditions fixées par les articles L. 3121-44 et L. 3121-45 du code du travail, l'affichage indique le nombre de semaines que comporte la période de référence fixée par la convention ou le décret et, pour chaque semaine incluse dans cette période de référence, l'horaire de travail et la répartition de la durée du travail.

L'affichage des changements de durée ou d'horaire de travail est réalisé en respectant le délai de sept jours prévu par l'article L. 3121-47 du code du travail ou le délai prévu par la convention mentionnée à l'article L. 3121-44 du même code.

B. DURÉE DU TRAVAIL **II. Réglementation**

Art. R. 713-46 (Décr. n° 2017-1554 du 9 nov. 2017, art. 1er-I-21°) A défaut de précision conventionnelle contraire, les salariés sont informés du nombre d'heures de repos compensateur de remplacement et de contrepartie obligatoire en repos portés à leur crédit par un document annexé au bulletin de paie. Dès que ce nombre atteint sept heures, ce document comporte une mention notifiant l'ouverture du droit à repos et l'obligation de le prendre dans un délai maximum de deux mois après son ouverture.

Lorsque des salariés d'un atelier, d'un service ou d'une équipe ne travaillent pas selon le même horaire collectif de travail affiché, un document mensuel, dont le double est annexé au bulletin de paie, est établi pour chaque salarié.

Ce document comporte :

1° Le cumul des heures supplémentaires accomplies depuis le début de l'année ;

2° Le nombre d'heures de repos compensateur de remplacement acquis en application des articles L. 3121-28, L. 3121-33 et L. 3121-37 du code du travail ;

3° Le nombre d'heures de repos compensateur effectivement prises au cours du mois ;

4° Le nombre de jours de repos effectivement pris au cours du mois, dès lors qu'un dispositif de réduction du temps de travail par attribution de journées ou de demi-journées de repos dans les conditions fixées par les articles L. 3121-44 et D. 3121-27 du code du travail s'applique dans l'entreprise ou l'établissement.

Dans les entreprises et établissements qui appliquent un dispositif d'aménagement du temps de travail en application des dispositions de l'article L. 3121-44 du code du travail, le total des heures de travail accomplies depuis le début de la période de référence est mentionné à la fin de celle-ci ou lors du départ du salarié si celui-ci a lieu en cours de période, sur un document annexé au dernier bulletin de paie de cette période.

La durée du travail des salariés mentionnés à l'article L. 3121-58 du code du travail est décomptée chaque année par récapitulation du nombre de journées ou demi-journées travaillées par chaque salarié.

Art. R. 713-47 Les documents et autres supports prévus par la présente section, ainsi que les documents qui sont éventuellement utilisés pour les servir, sont tenus à la disposition des agents de contrôle de l'inspection du travail. Les employeurs qui font application de l'organisation du travail prévue à l'article (Décr. n° 2017-1554 du 9 nov. 2017, art. 1er-I-22°) « L. 3121-44 du code du travail » tiennent également à la disposition de ces agents les documents qui sont relatifs à sa mise en œuvre.

(Décr. n° 2017-1554 du 9 nov. 2017, art. 1er-I-22°) « A compter de la fin de l'année civile à laquelle ils se rapportent, ces documents sont conservés pendant une durée d'un an. En cas d'aménagement du temps de travail sur une période supérieure à l'année, ces documents sont conservés pendant toute la période de référence et pendant un an à compter de la fin de cette période. » — L'art. R. 713-48 devient l'art. R. 713-47 (Décr. n° 2017-1554 du 9 nov. 2017, art. 1er-I-22°).

Art. R. 713-48 (Décr. n° 2017-1554 du 9 nov. 2017, art. 1er-I-24°) « Les documents mentionnés aux articles R. 713-36 à R. 713-46 peuvent être sous format électronique lorsque des garanties de contrôle équivalentes sont maintenues.

« En cas de traitement automatisé des données nominatives, l'employeur communique, à sa demande, à l'agent de contrôle de l'inspection du travail le récépissé attestant qu'il a accompli la déclaration préalable prévue par la loi n° 78-17 du 6 janvier 1978 relative à l'informatique, aux fichiers et aux libertés. »

(Décr. n° 2017-1819 du 29 déc. 2017, art. 5) « Les membres du comité social et économique » peuvent consulter les documents et autres supports mentionnés aux articles R. 713-35 à R. 713-37 et (Décr. n° 2017-1554 du 9 nov. 2017, art. 1er-I-24°) « R. 713-46 ». — L'art. R. 713-50 devient l'art. R. 713-48 (Décr. n° 2017-1554 du 9 nov. 2017, art. 1er-I-24°).

CHAPITRE IV *REPOS HEBDOMADAIRE ET QUOTIDIEN*

Les art. R. 714-1 à R. 714-21 sont applicables à Mayotte à compter du 1er janv. 2020 (Décr. n° 2013-754 du 14 août 2013, art. 26-VI, JO 18 août).

SECTION 1 Repos hebdomadaire

SOUS-SECTION 1 Dérogation au repos dominical

Art. R. 714-1 Le repos hebdomadaire est accordé de plein droit, selon l'une des modalités prévues au II de l'article L. 714-1, après consultation du comité (Décr. n° 2017-1819 du 29 déc. 2017, art. 5) « social et économique, s'il existe », aux salariés employés :

1° Dans des établissements de sports et de loisirs ;

2° A des activités d'accueil destinées à une clientèle de touristes ainsi qu'aux activités préparatoires ou complémentaires directement liées à ces opérations ;

3° A des opérations de vente au détail des produits de l'horticulture ornementale et des pépinières ainsi qu'aux activités préparatoires ou complémentaires nécessaires à la réalisation de ces opérations ;

4° A des activités de garde ou de gardiennage ;

5° A des opérations d'insémination artificielle ;

6° A des activités d'organisation de manifestations, d'installation de stands et d'exposition dans l'enceinte des foires et salons ayant fait l'objet d'une autorisation ou d'un agrément ;

7° Aux soins et à la surveillance des animaux ;

8° A des opérations de maintenance qui, pour des raisons techniques, doivent être réalisées de façon urgente ou qui nécessitent la mise hors exploitation des installations ;

9° A des opérations qui doivent être effectuées quotidiennement et ne peuvent être différées ;

10° A la conduite des appareils fonctionnant en continu ;

11° Au traitement et au transport des matières susceptibles d'altération très rapide ;

(Décr. n° 2007-1580 du 7 nov. 2007) « 12° Dans les jardineries et graineteries coopératives. »

Art. R. 714-2 Une convention ou un accord collectif étendu ou une convention ou un accord d'entreprise peut préciser, pour tout ou partie des emplois ou des activités énumérés à l'article R. 714-1, que l'employeur sera tenu de recourir à une ou plusieurs des modalités d'octroi du repos hebdomadaire prévues au II de l'article L. 714-1.

Art. R. 714-3 Dans les établissements où le travail est organisé de façon continue pendant tout ou partie de l'année parce que sont mises en œuvre des matières susceptibles d'altération très rapide ou parce que toute interruption de travail entraînerait la perte ou la dépréciation du produit en cours de fabrication, le repos hebdomadaire peut être donné par roulement pendant la période correspondante au personnel affecté à ce travail, y compris celui affecté aux opérations mentionnées aux 8° à 11° de l'article R. 714-1.

Art. R. 714-4 En dehors des cas mentionnés à l'article R. 714-2, l'employeur qui désire faire usage de l'une des dérogations au repos hebdomadaire prévues au II de l'article L. 714-1 doit au préalable en obtenir l'autorisation (Décr. n° 2010-815 du 13 juill. 2010) « de l'inspecteur du travail ».

Art. R. 714-5 La demande d'autorisation doit indiquer les motifs invoqués pour l'octroi d'une dérogation, la ou les modalités envisagées en précisant pour chacune d'elles la ou les catégories de personnel intéressées et la période pour laquelle la dérogation est sollicitée.

Cette demande doit être accompagnée de l'avis du comité (Décr. n° 2017-1819 du 29 déc. 2017, art. 5) « social et économique, s'il existe ».

Art. R. 714-6 La dérogation ne peut être accordée que pour une durée limitée expressément fixée dans chaque cas et qui ne peut excéder une année.

A l'expiration de la durée d'effet d'une dérogation, une nouvelle dérogation ne peut être accordée que sur présentation d'une nouvelle demande de l'employeur instruite dans les mêmes conditions.

Les dérogations sont révocables à tout moment si les raisons qui en ont motivé l'octroi viennent à disparaître.

Art. R. 714-7 La décision d'octroi ou de refus est notifiée à l'employeur dans les quinze jours suivant le dépôt de la demande. A défaut d'une notification dans ce délai, l'autorisation est réputée accordée.

Le recours hiérarchique formé contre la décision est porté devant le directeur (Décr. n° 2010-815 du 13 juill. 2010) « régional des entreprises, de la concurrence, de la consommation, du travail et de l'emploi ». Ce recours doit, à peine de forclusion, être présenté dans les quinze jours suivant la notification de la décision contestée.

La décision du directeur (Décr. n° 2010-815 du 13 juill. 2010) « régional » est notifiée au demandeur dans les quinze jours de la réception du recours.

Art. R. 714-8 La décision accordant une dérogation doit être communiquée par l'employeur aux salariés intéressés.

Art. R. 714-9 Dans les établissements où le repos hebdomadaire n'est pas donné collectivement pendant la journée entière du dimanche, un registre ou un tableau tenu à jour doit mentionner les noms des salariés soumis à un régime particulier en précisant ce régime ainsi que le jour et, éventuellement, les fractions de journées choisies pour le repos de chacune des personnes intéressées.

Ce registre ou ce tableau est communiqué aux salariés. Il est tenu à la disposition des agents chargés du contrôle et conservé pendant une durée d'un an à compter de la fin de l'année civile incluant la semaine concernée.

SOUS-SECTION 2 *Suspension du repos hebdomadaire*

Art. R. 714-10 Tout employeur qui veut suspendre le repos hebdomadaire, dans le cas de circonstances exceptionnelles prévu au V de l'article L. 714-1, doit en aviser immédiatement l'(*Décr. n° 2021-143 du 10 févr. 2021, art. 6*) « agent de contrôle de l'inspection du travail » et, sauf cas de force majeure, avant le commencement du travail.

Il doit faire connaître les circonstances qui justifient la suspension du repos hebdomadaire, indiquer la date et la durée de cette suspension, les personnes qu'elle atteindra et la date à laquelle ces personnes pourront bénéficier du repos compensateur.

SOUS-SECTION 3 *Équipes de suppléance et organisation du travail de façon continue pour raisons économiques*

Art. R. 714-11 En l'absence de convention ou d'accord collectif étendu prévoyant, dans une branche d'activité, la possibilité de déroger dans les conditions prévues au premier alinéa de l'article L. 714-3 à l'obligation du repos le dimanche, le recours à du personnel ayant pour mission de suppléer, durant ce repos, les salariés d'une entreprise agricole ayant une activité à caractère industriel peut être autorisé par l'inspecteur du travail, s'il tend à une meilleure utilisation des équipements de production et au maintien ou à l'accroissement du nombre des emplois existants.

En l'absence de convention ou d'accord collectif étendu, ou d'accord d'entreprise prévoyant la possibilité de déroger à l'obligation du repos le dimanche dans les conditions prévues au 2° du IV de l'article L. 714-1, l'organisation du travail de façon continue pour des raisons économiques peut être autorisée par l'inspecteur du travail, si elle tend à une meilleure utilisation des équipements de production et au maintien ou à l'accroissement du nombre des emplois existants.

Art. R. 714-12 Les demandes tendant à obtenir les dérogations prévues (*Décr. n° 2017-1492 du 25 oct. 2017, art. 3*) « au 2° du IV de l'article L. 714-1 et au dernier alinéa de l'article L. 714-3 », accompagnées des justifications nécessaires et de l'avis (*Décr. n° 2017-1819 du 29 déc. 2017, art. 5*) « du comité social et économique, s'il existe, » sont adressées par l'employeur à (*Décr. n° 2017-1819 du 29 déc. 2017, art. 5*) « l'agent de contrôle de l'inspection du travail ».

Dans le délai de trente jours à compter de la date de la réception de la demande, (*Décr. n° 2017-1819 du 29 déc. 2017, art. 5*) « l'agent de contrôle de l'inspection du travail » fait connaître sa décision à l'employeur et, s'il y a lieu, aux représentants du personnel.

Art. R. 714-13 Les recours hiérarchiques dirigés contre les décisions mentionnées à l'article R. 714-12 doivent être portés devant le (*Décr. n° 2020-1545 du 9 déc. 2020, art. 28-X, en vigueur le 1ᵉʳ avr. 2021*) « directeur régional de l'économie, de l'emploi, du travail et des solidarités » et être formés, à peine de forclusion, dans un délai d'un mois suivant la date à laquelle les intéressés ont reçu notification de la décision contestée.

Art. R. 714-14 La durée journalière du travail des salariés affectés aux équipes de suppléance peut atteindre douze heures lorsque la durée de la période de recours à ces équipes n'excède pas quarante-huit heures consécutives. Dans le cas où cette durée est supérieure à quarante-huit heures, la journée de travail des salariés concernés ne peut excéder dix heures.

Toutefois, dans ce dernier cas, la durée journalière peut excéder dix heures lorsque les dispositions réglementaires (*Décr. n° 2017-1554 du 9 nov. 2017, art. 1ᵉʳ-II-1°*) « prévues à l'article L. 3121-18 du code du travail ou les stipulations conventionnelles prévues à l'article L. 3121-19 du même code » en ont prévu expressément la possibilité. Lorsque cette possibilité n'a pas été prévue, le dépassement de la durée journalière (*Décr. n° 2017-1554 du 9 nov. 2017, art. 1ᵉʳ-II-1°*) « , entre dix et douze heures, » ne peut résulter que d'une autorisation de l'inspection du travail, accordée selon la procédure prévue aux articles R. 714-12 et R. 714-13. (*Abrogé par Décr. n° 2017-1554 du 9 nov. 2017, art. 1ᵉʳ-II-1°*) « *En aucun cas le dépassement ne peut avoir pour effet de porter la durée quotidienne de travail effectif à plus de douze heures.* »

SOUS-SECTION 4 *Dispositions particulières aux départements d'outre-mer*

Art. R. 714-15 *Abrogé par Décr. n° 2008-1503 du 30 déc. 2008, art. 4-14°.*

SECTION 2 *Repos quotidien*

Art. D. 714-16 *(Décr. n° 2017-1554 du 9 nov. 2017, art. 1er-II-2°)* Pour l'application des dispositions du 2° de l'article D. 3131-4 du code du travail, les activités de garde, de surveillance et de permanence caractérisées par la nécessité d'assurer la protection des biens et des personnes comprennent également les soins et la surveillance des animaux.

Art. D. 714-17 à D. 714-21 *Abrogés par Décr. n° 2017-1554 du 9 nov. 2017, art. 1er-II-3°.*

SECTION 3 *Dispositions applicables aux organismes de mutualité sociale agricole*

La présente section ne comprend pas de dispositions réglementaires.

....

CHAPITRE IX *CONTRÔLE ET DISPOSITIONS PÉNALES*

SECTION 1 *Contrôle*

Art. D. 719-1 Délégation de compétence est donnée par le ministre chargé de l'agriculture aux chefs des services régionaux de l'inspection du travail, de l'emploi et de la politique sociale agricoles, agissant dans le cadre de l'article 7 du décret n° 82-389 du 10 mai 1982 relatif aux pouvoirs du préfet et à l'action des services et organismes publics de l'État dans les départements et de l'article 6 du décret n° 82-390 du 10 mai 1982 relatif aux pouvoirs des préfets de région, à l'action des services et organismes publics de l'État dans la région et aux décisions de l'État en matière d'investissement public, pour représenter l'État devant les tribunaux administratifs dans les litiges nés dans le ressort de la région, relatifs aux décisions prises dans les domaines relevant de l'inspection de la législation du travail, en application de l'article L. 611-6 *[R. 8111-2 nouv.]* du code du travail, soit par eux-mêmes, soit par les chefs des services départementaux de l'inspection du travail, de l'emploi et de la politique sociale agricoles, soit par les inspecteurs du travail.

Toutefois, les dispositions de l'alinéa précédent ne s'appliquent ni aux recours de plein contentieux, ni au recours pour excès de pouvoir formés contre les décisions ayant fait l'objet d'un recours hiérarchique devant le ministre.

Art. R. 719-1-1 *(Décr. n° 2008-244 du 7 mars 2008, art. 7, en vigueur le 1er mai 2008)* L'employeur indique, à la demande de l'inspection du travail, le lieu de travail de chacun des salariés.

Il informe par écrit, dans les huit jours de l'ouverture de tout chantier comptant plus de deux salariés et devant durer au moins un mois, *(Décr. n° 2017-1554 du 9 nov. 2017, art. 1er-III-1°)* « l'agent de contrôle de l'inspection du travail » compétent pour le chantier, en précisant sa situation exacte, le nombre des salariés et la durée prévisible des travaux.

Art. R. 719-1-2 *(Décr. n° 2019-555 du 4 juin 2019, art. 5)* Lorsqu'un agent de contrôle de l'inspection du travail constate l'absence de la déclaration mentionnée à l'article L. 718-9, il transmet au *(Décr. n° 2020-1545 du 9 déc. 2020, art. 28-X, en vigueur le 1er avr. 2021)* « directeur régional de l'économie, de l'emploi, du travail et des solidarités » un rapport sur le fondement duquel ce dernier peut décider de prononcer l'amende administrative prévue à l'article L. 719-10-1.

Art. R. 719-1-3 *(Décr. n° 2019-555 du 4 juin 2019, art. 5)* Lorsque le *(Décr. n° 2020-1545 du 9 déc. 2020, art. 28-X, en vigueur le 1er avr. 2021)* « directeur régional de l'économie, de l'emploi, du travail et des solidarités » décide de prononcer une amende administrative, il indique à la personne mise en cause le montant de l'amende envisagée et l'invite à présenter ses observations dans un délai de quinze jours.

A l'expiration de ce délai et au vu des observations éventuelles de la personne mise en cause, il lui notifie sa décision et émet le titre de perception correspondant.

L'indication de l'amende envisagée et la notification de la décision infligeant l'amende sont effectuées par tout moyen permettant de donner date certaine à leur réception.

La décision du *(Décr. n° 2020-1545 du 9 déc. 2020, art. 28-X, en vigueur le 1er avr. 2021)* « directeur régional de l'économie, de l'emploi, du travail et des solidarités » indique les voies et délais de recours.

L'amende est prise en charge et recouvrée par le comptable public assignataire de la recette comme les créances de l'État étrangères à l'impôt et au domaine. *(Décr. n° 2021-1221 du 23 sept. 2021, art. 3, en vigueur le 1ᵉʳ janv. 2022)* « L'action en recouvrement se prescrit conformément aux dispositions de l'article L. 274 du livre des procédures fiscales. »

SECTION 2 *Dispositions pénales*

Art. R. 719-2 Est puni de la peine d'amende prévue pour les contraventions de la quatrième classe :
1° Le fait d'utiliser le titre emploi simplifié agricole en dehors des conditions prévues par l'article L. 712-1 ;
2° Le fait d'utiliser un titre emploi simplifié agricole non conforme au modèle mentionné à l'article R. 712-2.

Art. R. 719-3 *(Décr. n° 2017-1554 du 9 nov. 2017, art. 1ᵉʳ-III-2°)* Outre les dispositions pénales prévues au chapitre IV du titre II du livre 1ᵉʳ de la troisième partie du code du travail, est puni de l'amende prévue pour les contraventions de la quatrième classe le fait de contrevenir à l'une des dispositions prévues par :
1° L'article L. 713-13 limitant l'exécution d'heures supplémentaires en fonction de la durée hebdomadaire de travail ;
2° L'article L. 713-20 relatif aux obligations mises à la charge de l'employeur pour permettre le contrôle de l'application des dispositions légales et conventionnelles relatives à la durée et à l'aménagement du temps de travail, ainsi qu'aux décrets pris pour son application. – *L'art. R. 719-3 est applicable à Mayotte à compter du 1ᵉʳ janv. 2020 (Décr. n° 2013-754 du 14 août 2013, art. 26-VI, JO 18 août).*

Art. R. 719-4 Est puni de l'amende prévue pour les contraventions de la cinquième classe le fait de contrevenir à l'une des dispositions des articles L. 714-1 à L. 714-3 ou de celles des décrets pris pour leur application.
La récidive des contraventions prévues au présent article est réprimée conformément à l'article 132-11 du code pénal.

Art. R. 719-4-1 *(Décr. n° 2008-244 du 7 mars 2008, art. 7)* Est puni de l'amende prévue pour les contraventions de la quatrième classe, le fait de ne pas transmettre les informations prévues à l'article R. 719-1-1.
Cette amende est appliquée autant de fois qu'il y a de personnes employées dans des conditions susceptibles d'être sanctionnées au titre des dispositions de cet article.

Art. R. 719-5 L'amende est appliquée autant de fois qu'il y a de travailleurs employés dans les conditions contraires aux dispositions mentionnées aux articles R. 719-3 et R. 719-4.

Art. R. 719-6 Est puni de l'amende prévue pour les contraventions de la cinquième classe le fait de contrevenir à l'une des dispositions des articles R. 715-1 à R. 715-3.
La récidive de la contravention prévue à l'alinéa précédent est réprimée conformément à l'article 132-11 du code pénal.
Est puni de l'amende prévue pour les contraventions de la troisième classe le fait, pour tout employeur ou chef d'une entreprise agricole qui a fait l'objet de la mise en demeure mentionnée à l'article R. 715-4 *(Décr. n° 2017-1492 du 25 oct. 2017, art. 8)* « du présent code », de ne pas se conformer dans le délai imparti aux prescriptions qui y sont contenues.

Art. R. 719-7 Est puni de l'amende prévue pour les contraventions de la cinquième classe le fait d'héberger les personnes mentionnées à l'article L. 716-1, dans des conditions d'hygiène et de sécurité non conformes aux prescriptions des articles R. 716-1, R. 716-2, R. 716-12, R. 716-18, R. 716-19 et R. 716-20 fixant les obligations suivantes :
1° Ne pas héberger en sous-sol et, sous réserve des dispositions de l'article R. 716-16, sous des tentes ; ne pas avoir recours à des caravanes pliantes ;
2° Permettre à l'occupant de clore son logement et d'y accéder sans danger et librement ;
3° Isoler les hébergements des lieux où sont entreposés des substances et préparations dangereuses au sens de l'article R. 231-51 *[R. 4411-3 nouv.]* du code du travail ou des produits susceptibles de nuire à la santé des occupants ;
4° Utiliser pour la construction des hébergements des matériaux qui ne sont pas de nature à porter atteinte à la santé des occupants et qui permettent d'évacuer les locaux sans risque en cas d'incendie ;
5° Équiper les hébergements d'appareils à combustion destinés au chauffage et à la cuisson ainsi que des conduits, gaines et accessoires non susceptibles de porter atteinte à la santé ou la sécurité des occupants ;

6° Équiper les hébergements d'installations électriques qui préservent la sécurité de leurs utilisateurs conformément aux dispositions du code du travail ;

(Décr. n° 2017-1492 du 25 oct. 2017, art. 8) « 7° Équiper les hébergements mentionnés à la sous-section 3 de la section 1 et à la section 2 du chapitre VI du présent titre d'issues et de dégagements conformes aux dispositions des articles R. 4227-2, R. 4227-4, R. 4227-13 et R. 4227-14 du code du travail ;

« 8° Respecter pour les hébergements mentionnés aux sous-sections 2 et 3 de la section 1 du chapitre VI précité les prescriptions des articles R. 4227-28 à R. 4227-33 du code du travail relatives aux moyens de prévention et de lutte contre l'incendie. »

La récidive des contraventions prévues aux 1° à 8° ci-dessus est réprimée conformément à l'article 132-11 du code pénal.

Est puni de l'amende prévue pour les contraventions de la troisième classe le fait de contrevenir à l'une des dispositions prévues aux deuxième, sixième, septième, huitième et neuvième alinéas de l'article R. 716-2 *(Décr. n° 2017-1492 du 25 oct. 2017, art. 8)* « du présent code », aux articles R. 716-3 à R. 716-5, à l'exception des sixième et septième alinéas de cet article, aux articles R. 716-7 à R. 716-11 et à l'article R. 716-13, et à celles des arrêtés pris en application des articles R. 716-14 et R. 716-15 et du I de l'article R. 716-16.

Est également puni de l'amende prévue pour les contraventions de la troisième classe le fait de contrevenir à l'une des dispositions prévues à la deuxième phrase du 1° de l'article R. 716-19, aux deuxième, troisième et quatrième phrases du 2° du même article, aux 3° et 4° du même article, à la dernière phrase du 1° de l'article R. 716-20, aux 3° à 6° du même article et aux articles R. 716-21 à R. 716-24.

L'amende est appliquée autant de fois qu'il y a de travailleurs concernés par les infractions prévues au présent article.

Art. R. 719-8 La procédure de mise en demeure prévue à l'article L. 231-4 *[L. 4721-4 nouv.]* du code du travail est applicable en cas d'infraction aux dispositions des cinquième, sixième et septième alinéas de l'article R. 716-2 *(Décr. n° 2017-1492 du 25 oct. 2017, art. 8)* « du présent code », des articles R. 716-3, R. 716-5, à l'exception des sixième et septième alinéas de cet article, R. 716-9, des deux premiers alinéas de l'article R. 716-11 et à celles prévues par l'arrêté pris en application de l'article R. 716-15.

La même procédure est applicable en cas d'infraction aux dispositions de la section 2 du chapitre VI du présent titre.

Art. R. 719-9 Est puni de l'amende prévue pour les contraventions de la quatrième classe le fait pour tout employeur :

1° De ne pas acquitter la cotisation dont il est redevable pour un salarié ou apprenti en vertu du deuxième alinéa de l'article L. 717-2 ;

2° De priver un salarié ou apprenti du bénéfice de la santé au travail agricole en n'assurant pas le fonctionnement du service autonome de santé au travail pour lequel il aura reçu l'autorisation prévue au premier alinéa de l'article L. 717-3.

L'amende est appliquée autant de fois qu'il y a de salariés ou apprentis concernés par les infractions prévues au présent article.

Art. R. 719-10 *(Abrogé par Décr. n° 2019-555 du 4 juin 2019, art. 5)* « *Est puni de la peine d'amende prévue pour les contraventions de la cinquième classe le fait d'omettre de procéder à la déclaration préalable prévue à l'article L. 718-9 dans les conditions prévues à l'article R. 718-27 (Décr. n° 2017-1492 du 25 oct. 2017, art. 8)* « du présent code ».

« En cas de récidive, l'amende est celle prévue par l'article 132-11 du code pénal. »

(Décr. n° 2008-244 du 7 mars 2008, art. 7) Le fait de contrevenir aux dispositions du dernier alinéa de l'article R. 718-27 *(Décr. n° 2017-1492 du 25 oct. 2017, art. 8)* « du présent code » est puni de la peine d'amende prévue pour les contraventions de la quatrième classe.

Arrêté du 31 mai 1946,

Relatif au régime des salaires.

Art. 1ᵉʳ En cas de chômage pour fête légale, les salariés rémunérés au mois ne pourront subir, à ce titre, d'autre réduction que celle correspondant à la rémunération des heures supplémentaires qui auraient dû normalement être effectuées le jour chômé.

[...]

B. DURÉE DU TRAVAIL **II. Réglementation**

Ordonnance n° 82-41 du 16 janvier 1982,

Relative à la durée du travail et aux congés payés.

TITRE III DISPOSITIONS DIVERSES

Art. 24 La prise en compte des effets sur la rémunération des salariés d'un abaissement de leur durée du travail et les compensations qui peuvent avoir lieu compte tenu des effets attendus sur l'emploi relèvent de la négociation entre les partenaires sociaux.

....

Art. 27 Dans la mesure où ils dérogent aux dispositions législatives, réglementaires ou conventionnelles, dans des cas prévus par la loi, les accords collectifs d'entreprise ou d'établissement prévus par la présente ordonnance doivent, pour entrer en vigueur, ne pas avoir fait l'objet d'une opposition d'une ou des organisations syndicales non signataires qui totalisent un nombre de voix supérieur à 50 p. 100 du nombre des électeurs inscrits aux dernières élections du comité d'entreprise ou s'il n'existe pas des délégués du personnel. — *Cette opposition doit être signifiée par écrit à l'employeur au plus tard à la fin du cinquième jour ouvré suivant la signature de l'accord. Elle doit être notifiée dans les mêmes délais à l'inspecteur du travail (Décr. n° 82-194 du 26 févr. 1982).*

Lorsque l'accord ne concerne qu'une catégorie professionnelle déterminée relevant du deuxième ou du troisième collège tel que défini à l'article L. 433-2 [*L. 2324-11 nouv.*] du code du travail, les organisations susceptibles de s'opposer à son entrée en vigueur sont celles qui totalisent un nombre de voix supérieur à 50 p. 100 du nombre des électeurs inscrits dans le ou lesdits collèges.

....

Art. 30 Il ne peut être prévu par voie réglementaire ou conventionnelle une diminution automatique, en fonction de l'abaissement de la durée légale du travail, des durées de travail spécialement applicables à certains salariés soumis à des conditions d'emploi particulières. Les dispositions contraires cessent d'être en vigueur.

Loi n° 2000-37 du 19 janvier 2000,

Relative à la réduction négociée du temps de travail (JO 20 janv.).

V. Circ. ACOSS n° 2003-053 du 18 févr. 2003.

V. Circ. du 3 mars 2000 relative à la réduction négociée du temps de travail (BOMT n° 2000/6 bis du 13 mars).

BIBL. GÉN. ▶ *LPA 19 janv. 2000, n° spécial réalisé avec le concours du cabinet J. Barthélémy et associés. - Dr. soc. 2000. 236* ⌀.

CHAPITRE I *DURÉE LÉGALE DU TRAVAIL ET RÉGIME DES HEURES SUPPLÉMENTAIRES*

Art. 1er [...] II. — La durée prévue à l'article L. 212-1 [*L. 3121-10*] du code du travail est applicable à compter du 1er janvier 2000 pour les entreprises dont l'effectif à cette date est de plus de vingt salariés ainsi que pour les unités économiques et sociales de plus de vingt salariés reconnues par convention ou par décision de justice. Pour les autres entreprises et unités économiques et sociales, elle est réduite de trente-neuf heures à trente-cinq heures à compter du 1er janvier 2002, y compris pour celles dont l'effectif est au plus égal à vingt salariés depuis plus de douze mois consécutifs. L'effectif est apprécié dans les conditions prévues au deuxième alinéa de l'article L. 421-1 [*L. 2312-1 nouv.*] et à l'article L. 421-2 [*L. 2312-8 nouv.*] du même code. Les voyageurs, représentants ou placiers relevant des articles L. 751-1 et [*L. 7313-1 s. nouv.*] suivants du même code ne sont pas pris en compte pour la détermination de cet effectif.

Pour le calcul des effectifs des associations intermédiaires au regard des dispositions de la présente loi, sont pris en compte, d'une part, les salariés permanents de ces associations et, d'autre part, les travailleurs qui ont été liés à elles par des contrats de travail pendant une durée totale d'au moins trois mois au cours de la dernière année civile.

[...]

VII. — Dans les agglomérations de plus de 50 000 habitants, le président de la structure intercommunale, en liaison, le cas échéant, avec les maires des communes limitrophes, favorise l'harmonisation des horaires des services publics avec les besoins découlant, notamment du point de vue de la conciliation entre vie professionnelle et vie familiale, de l'évolution de l'organisation du travail dans les activités implantées sur le territoire de la commune ou à proximité.

A cet effet, il réunit, en tant que de besoin, les représentants des organismes ou collectivités gestionnaires des services concernés et les met, le cas échéant, en relation avec les partenaires sociaux des entreprises et des collectivités afin de promouvoir la connaissance des besoins et de faciliter la recherche d'adaptation locale propre à les satisfaire.

....

Art. 5 [...] IV. — Les heures supplémentaires effectuées au-delà de trente-neuf heures hebdomadaires ou de la durée considérée comme équivalente dans les entreprises pour lesquelles la durée légale du travail est fixée à trente-cinq heures à compter du 1er janvier 2002 donnent lieu, jusqu'à cette date, à une majoration de salaire de 25 % pour les huit premières heures et de 50 % pour les suivantes et sont soumises aux dispositions du III de l'article L. 212-5 du code du travail.

V. — 1. Pendant la première année civile au cours de laquelle la durée hebdomadaire est fixée à trente-cinq heures, chacune des quatre premières heures supplémentaires effectuées donne lieu :
— [Dispositions déclarées non conformes à la Constitution par décision du Conseil constitutionnel n° 99-423 DC du 13 janvier 2000] à la bonification prévue au premier alinéa du I de l'article L. 212-5 du même code au taux de 10 % ;
— [Dispositions déclarées non conformes à la Constitution par décision du Conseil constitutionnel n° 99-423 DC du 13 janvier 2000.]

(L. n° 2003-47 du 17 janv. 2003) « 2. Dans l'attente de la convention ou de l'accord de branche étendu mentionné au I de l'article L. 212-5 du code du travail ou au I de l'article L. 731-6 du code rural et de la pêche maritime, le taux de majoration des quatre premières heures supplémentaires applicables aux entreprises de vingt salariés au plus reste fixé à 10 % au plus tard jusqu'au 31 décembre 2005. »

VIII. — Le seuil défini au troisième alinéa de l'article L. 212-6 [L. 3121-15 nouv.] du code du travail est fixé à trente-sept heures pour l'année 2000 et à trente-six heures pour l'année 2001. Lorsque l'entreprise fait application d'une convention ou d'un accord mentionné à l'article L. 212-8 [abrogé par L. n° 2008-789 du 20 août 2008] du même code, ce seuil est fixé respectivement pour les années 2000 et 2001 à 1 690 et 1 645 heures. Pour les entreprises pour lesquelles la durée légale du travail est fixée à trente-cinq heures à compter du 1er janvier 2002, ces seuils sont applicables respectivement en 2002 et en 2003, (L. n° 2004-391 du 4 mai 2004) « 2004, 2005 ». Ces dispositions sont applicables à compter du 1er janvier 2000. — V. Circ. du 22 sept. 2004, Fiche n° 12 (JO 31 oct.).

CHAPITRE IV *TRAVAIL À TEMPS PARTIEL ET CONTRAT INTERMITTENT*

Art. 14 [...] II. — Les stipulations des contrats de travail conclus sur le fondement de l'article L. 212-4-3 du code du travail dans sa rédaction applicable avant l'entrée en vigueur de la présente loi et prévoyant une durée du travail calculée sur l'année demeurent en vigueur. Lorsque la limite dans laquelle peuvent être effectuées des heures complémentaires a été portée au-delà du dixième de la durée annuelle fixée au contrat de travail en application d'un accord de branche étendu, chacune des heures complémentaires effectuées au-delà de la durée précitée donne lieu à une majoration de salaire de 25 %. — *Pour les pénalités, V. C. trav., art. R. 3124-9.*

CHAPITRE V *DISPOSITIONS RELATIVES AUX CONGÉS*

Art. 15 [...] V. — Les conventions ou les accords collectifs étendus ou les conventions ou accords d'entreprise ou d'établissement relatifs à la réduction du temps de travail peuvent prévoir des stipulations spécifiques applicables aux salariés exerçant des responsabilités à titre bénévole au sein d'une association déclarée en application de la loi du 1er juillet 1901 relative au contrat d'association ou inscrite au registre des associations en application de la loi du 19 avril 1908 applicable au contrat d'association dans les départements du Bas-Rhin, du Haut-Rhin et de la Moselle, afin que soient prises en compte les contraintes résultant de l'exercice de leurs fonctions. Ces stipulations spécifiques peuvent porter entre autres sur le délai de prévenance, les actions de formation, (L. n° 2000-627 du 6 juill. 2000) « le déroulement de carrière, » la prise des jours de repos.

CHAPITRE VIII DÉVELOPPEMENT DE LA NÉGOCIATION ET ALLÉGEMENT DES COTISATIONS SOCIALES

Art. 19 [...] XIV. — Les entreprises dont l'effectif maximal sera fixé par décret, qui engagent ou qui mettent en œuvre des réorganisations ainsi que les branches peuvent bénéficier d'un dispositif d'appui et d'accompagnement, individuel ou collectif, auxquelles les régions peuvent, le cas échéant, participer. — *Sur ce dispositif, V. Décr. n° 2001-526 du 14 juin 2001.*

CHAPITRE IX SÉCURISATION JURIDIQUE

Art. 28 I. — Sont réputées signées sur le fondement de la présente loi les stipulations des conventions ou accords collectifs étendus ou des accords d'entreprise ou d'établissement conclus en application de la loi n° 98-461 du 13 juin 1998 d'orientation et d'incitation relative à la réduction du temps de travail et qui sont conformes aux dispositions de la présente loi. — *V. cette loi.*

II. — A l'exception des stipulations contraires aux articles L. 212-5 et L. 212-5-1 du code du travail issus de l'article 5 de la présente loi, les clauses des accords conclus en application des dispositions de la loi n° 98-461 du 13 juin 1998 précitée et contraires aux dispositions de la présente loi continuent à produire leurs effets jusqu'à la conclusion d'un accord collectif s'y substituant [*Dispositions déclarées non conformes à la Constitution par décision du Conseil constitutionnel n° 99-423 DC du 13 janv. 2000*].

Sur l'application de l'art. 28 validant les clauses d'un accord conclu en application de la L. du 13 juin 1998 qui ne disposaient pas de base légale lors de leur signature mais qui en trouvent sur le fondement de la L. du 19 janv. 2000 et validant les clauses d'un accord applicables au 19 janv. 2000 qui y seraient contraires mais conformes aux dispositions de la loi antérieure. • Soc. 26 mai 2004, n° 02-10.723 P : *RJS 2004. 642, n° 944.*

Art. 29 Sous réserve des décisions de justice passées en force de chose jugée, sont validés les versements effectués au titre de la rémunération des périodes de permanence nocturne, comportant des temps d'inaction, effectuées sur le lieu de travail en chambre de veille par le personnel en application des clauses des conventions collectives nationales et accords collectifs nationaux de travail agréés en vertu de l'article 16 de la loi n° 75-535 relative aux institutions sociales et médico-sociales [*art. L. 313-12, CASF*], en tant que leur montant serait contesté par le moyen tiré de l'absence de validité desdites clauses.

Si le législateur peut adopter, en matière civile, des dispositions rétroactives, le principe de prééminence du droit et la notion de procès équitable consacrés par l'art. 6, § 1, Conv. EDH et les libertés fondamentales s'opposent, sauf pour d'impérieux motifs d'intérêt général, à l'ingérence du pouvoir législatif dans l'administration de la justice afin d'influer sur le dénouement judiciaire des litiges. Obéit à d'impérieux motifs d'intérêt général l'intervention du législateur destinée à aménager les effets d'une jurisprudence nouvelle de nature à compromettre la pérennité du service public de la santé et de la protection sociale auquel participent les établissements pour personnes inadaptées et handicapées. • Cass., ass. plén., 24 janv. 2003 : *Dr. soc. 2003. 373, rapp. Merlin ; RJS 2003. 236, n° 355 ; CSB 2003, A. 19, p. 171* • Soc. 28 janv. 2005 : *RJS 2006. 277, n° 389.* ♦ L'adoption de l'art. 29 de la loi du 19 janv. 2000, qui réglait définitivement, de manière rétroactive, le fond des litiges pendants devant les juridictions internes n'est pas justifiée par d'impérieux motifs d'intérêt général et constitue une violation de l'art. 6, § 1. • CEDH 9 janv. 2007 : *D. 2007. AJ 580, obs. Cortot ; RDT 2007. 179, obs. Aubert-Monpeyssen.* ♦ Ainsi, l'art. 29 ne peut être appliqué aux demandes de paiement de rappels de salaire au titre des heures de permanence de nuit rémunérées selon le régime d'équivalence conventionnel, s'agissant des litiges introduits antérieurement à l'entrée en vigueur de la loi du 19 janv. 2000 ; en revanche, les salariés ayant engagé leurs actions postérieurement à cette date ne sont pas fondés à invoquer l'incompatibilité de ses dispositions rétroactives avec l'exigence de l'art. 6, § 1, et l'art. 29 a vocation s'appliquer. • Soc. 13 juin 2007 (2 arrêts) : *D. 2007. 2439, note Pérès ; RJS 2007. 740, n° 959 ; Dr. soc. 2007. 1178, obs. Morand.* ♦ L'espérance légitime de pouvoir obtenir le paiement de rappels de salaires prévus par un accord collectif en vue d'assurer aux salariés la garantie du maintien de leur rémunération mensuelle en vigueur à la date de la réduction collective du temps de travail au sens de l'art. 1er Protocole n° 1 Conv. EDH. • Soc. 24 nov. 2010 : *D. 2010. AJ 2914, obs. Perrin ; RDT 2011. 257, obs. Flores ; Dr. soc. 2011. 155, note Jean-Baptiste ; JCP S 2011. 1078, obs. Jeansen.* ♦ Les demandes de rappels de salaires portant sur une période antérieure à l'entrée en vigueur de la loi du 19 janv. 2000 qui valide le paiement des heures d'équivalence effectuées antérieurement à sa promulgation, il existait une espérance légitime de créance au sens de l'art. 1er

du Protocole n° 1 à la Conv. EDH. ● Soc. 21 mars 2012 : 🗝 *D. actu. 26 avr. 2012, obs. Ines ; D. 2012. Actu. 951 ⌀ ; RDT 2012. 430, obs. Canut ⌀ ; RJS 2012. 475, n° 558 ; JCP S 2012. 1271, obs. Tricot.* ♦
Comp. : Les salariés qui n'ont saisi la juridiction prud'homale que le 14 mai 2001, soit postérieurement à l'entrée en vigueur de la L. n° 2000-37 du 19 janv. 2000, pour obtenir des rappels de salaire au titre des permanences nocturnes accomplies entre 1996 et 2000, ne peuvent prétendre avoir été privés d'une « espérance légitimée » ou d'une « valeur patrimoniale préexistante faisant partie de leurs biens » au sens de l'art. 1er du Protocole n° 1 annexé à la Conv. EDH. ● Soc. 5 juin 2008 : 🗝 *RJS 2009. 720, n° 900 ; JCP S 2008. 1465, obs. Drai.*

CHAPITRE X *RÉMUNÉRATION*

Art. 32 I. — (*L. n° 2003-47 du 17 janv. 2003*) « Les salariés dont la durée du travail a été réduite à trente-cinq heures ou plus à compter de l'entrée en vigueur de la loi n° 98-461 du 13 juin 1998 d'orientation et d'incitation relative à la réduction du temps de travail ne peuvent percevoir un salaire mensuel inférieur au produit du nombre d'heures correspondant à la durée collective qui leur était applicable, dans la limite de 169 heures, par le salaire minimum de croissance en vigueur à la date de la réduction ou celui en vigueur au 1er juillet 2002 pour les salariés dont les entreprises réduisent la durée collective de travail postérieurement à cette date. Cette garantie est assurée par le versement d'un complément différentiel de salaire.

« Le minimum applicable à chaque salarié concerné par le premier alinéa est revalorisé au 1er juillet en fonction de l'évolution de l'indice des prix à la consommation mentionnée à l'article L. 141-3 du code du travail. Cette revalorisation est majorée, par tranches annuelles égales, de sorte qu'au 1er juillet 2005 au plus tard le minimum applicable à chaque salarié soit égal au minimum revalorisé prévu au premier alinéa pour les salariés dont les entreprises réduisent la durée collective de travail postérieurement au 1er juillet 2002. Les taux de revalorisation ainsi déterminés sont fixés par arrêté. » — *V. Arr. du 1er juill. 2004 (JO 2 juill.).*

Si la durée collective est réduite en deçà de trente-cinq heures, les salariés perçoivent au minimum le salaire mensuel tel que défini ci-dessus à due proportion de la réduction de la durée du travail en deçà de trente-cinq heures.

Les salariés à temps partiel, employés dans les entreprises où la durée collective est réduite en dessous de trente-neuf heures, et dont la durée du travail est réduite, ne peuvent percevoir un salaire inférieur au minimum défini ci-dessus calculé à due proportion.

II. — Les salariés embauchés à temps complet postérieurement à la réduction de la durée collective de travail et occupant des emplois équivalents à ceux occupés par des salariés bénéficiant du minimum prévu au I ne peuvent percevoir une rémunération inférieure à ce minimum.

Les salariés à temps partiel embauchés postérieurement à la réduction de la durée collective bénéficient également de ce minimum calculé à due proportion dès lors qu'ils occupent un emploi équivalent, par sa nature et sa durée, à celui occupé par un salarié bénéficiaire du complément différentiel.

Bénéficient également de ce complément calculé à due proportion les salariés employés à temps partiel à la date de la réduction de la durée du travail lorsqu'ils sont occupés sur un emploi équivalent, par sa nature et sa durée, à celui occupé par un salarié bénéficiant du **complément** [*Dispositions déclarées non conformes à la Constitution par décision du Conseil constitutionnel n° 99-423 DC du 13 janvier 2000*].

III. — Dans les cas où, en application des dispositions du deuxième alinéa de l'article L. 122-12 du code du travail, les contrats de travail se poursuivent à la suite d'une modification intervenue dans la situation juridique de l'employeur, le nouvel employeur est tenu de verser aux salariés concernés le même complément différentiel de salaire que celui dont ils bénéficiaient à la date de cette modification. Le minimum applicable à chaque salarié est ensuite revalorisé dans les mêmes conditions que celles définies au deuxième alinéa du I.

IV. — Les apprentis dont la durée du travail a été réduite bénéficient de la garantie de rémunération définie au I du présent article au prorata du montant minimum du salaire fixé en application de l'article L. 117-10 [*L. 6222-27*] du code du travail.

Les salariés ayant conclu un contrat de qualification ou d'orientation et dont la durée du travail a été réduite bénéficient de cette même garantie au prorata du montant minimum de la rémunération fixée par décret en application des articles L. 981-3 et L. 981-8 du même code.

Le calcul de la garantie de ressources attribuée, en vertu de l'article 32 de la loi n° 75-534 du 30 juin 1975 d'orientation en faveur des personnes handicapées [*art. L. 243-2, CASF*], aux personnes handicapées exerçant une activité professionnelle et fixée par rapport au salaire

B. DURÉE DU TRAVAIL **II. Réglementation** 3327

minimum de croissance intègre le complément différentiel de salaire prévu au I du présent article, lorsque la durée de travail de ces personnes a été réduite.

Les travailleurs handicapés employés dans les *(L. n° 2005-102 du 11 févr. 2005, art. 38)* « entreprises adaptées » ou les centres de distribution de travail à domicile visés à l'article L. **323-31** *[L. 5213-13 s.]* du code du travail bénéficient, lorsque leur durée de travail a été réduite, de la garantie de rémunération définie au I du présent article au prorata du montant minimum de salaire fixé par décret en application de l'article L. 323-32 du même code.

V. — *(L. n° 2003-47 du 17 janv. 2003)* « A titre transitoire, par dérogation aux dispositions de l'article L. **141-5** *[L. 3231-8]* du code du travail et jusqu'au 1er juillet 2005, le salaire minimum de croissance prévu à l'article L. **141-2** *[L. 3231-2]* dudit code est revalorisé chaque année, avec effet au 1er juillet, selon les modalités prévues au premier alinéa de l'article L. **141-3** *[L. 3231-4 et L. 3231-5]* dudit code. Cette revalorisation est majorée annuellement en vue de rendre sans objet au 1er juillet 2005 la garantie mentionnée au I. »

VI. — Sous réserve des dispositions du II, lorsque les salariés dont la durée du travail a été réduite perçoivent le complément prévu au I du présent article ou un complément de même nature destiné à assurer le maintien de tout ou partie de leur rémunération en application des stipulations d'une convention ou d'un accord collectif étendu ou d'une convention ou d'un accord d'entreprise ou d'établissement, ce complément n'est pas pris en compte pour déterminer la rémunération des salariés à temps partiel telle que définie au troisième alinéa de l'article L. **212-4-5** *[L. 3123-9 à L. 3123-13]* du code du travail, sauf stipulation contraire de l'accord collectif. — *Pour les pénalités, V. C. trav., art. R. 3233-1.*

1. Les juges ne peuvent allouer à un salarié embauché postérieurement à la réduction de la durée collective du travail un rappel de salaire au titre de la garantie mensuelle de rémunération prévue pour les salariés payés au SMIC dès lors qu'ils ont fait ressortir que le salarié ne se trouvait pas dans une situation d'équivalence d'emploi avec un salarié bénéficiant de la garantie mensuelle de rémunération. ● Soc. 20 sept. 2005 : *D. 2005. IR 2551 ; RJS 2005. 867, n° 1220.*

2. L'accord-cadre qui prévoit que la réduction collective du temps de travail ne doit occasionner aucune réduction effective de la rémunération sans imposer la réduction effective de travail hebdomadaire à 35 heures ne prévoit pas que les rémunérations minimales conventionnelles, définies sur la base de 39 heures, s'appliquent à une durée de travail de 35 heures et ne permet donc pas aux salariés qui ont continué de travailler à 39 heures de bénéficier d'une indemnité différentielle. ● Soc. 13 déc. 2006 (2 arrêts) : *D. 2006. IR 155, obs. Cortot ; RJS 2006. 151, n° 229.*

Directive 2003/88/CE du Parlement européen et du Conseil du 4 novembre 2003,

Concernant certains aspects de l'aménagement du temps de travail.

CHAPITRE I *CHAMP D'APPLICATION – DÉFINITIONS*

Art. 1er *Objet et champ d'application.* 1. La présente directive fixe des prescriptions minimales de sécurité et de santé en matière d'aménagement du temps de travail.

2. La présente directive s'applique :

a) aux périodes minimales de repos journalier, de repos hebdomadaire et de congé annuel ainsi qu'au temps de pause et à la durée maximale hebdomadaire de travail, et

b) à certains aspects du travail de nuit, du travail posté et du rythme de travail.

3. La présente directive s'applique à tous les secteurs d'activités, privés ou publics, au sens de l'article 2 de la directive 89/391/CEE, sans préjudice des articles 14, 17, 18 et 19 de la présente directive.

Sans préjudice de l'article 2, paragraphe 8, la présente directive ne s'applique pas aux gens de mer, tels que définis dans la directive 1999/63/CE.

4. Les dispositions de la directive 89/391/CEE s'appliquent pleinement aux matières visées au paragraphe 2, sans préjudice des dispositions plus contraignantes et/ou spécifiques contenues dans la présente directive.

Art. 2 *Définitions.* Aux fins de la présente directive, on entend par :

1. "temps de travail" : toute période durant laquelle le travailleur est au travail, à la disposition de l'employeur et dans l'exercice de son activité ou de ses fonctions, conformément aux législations et/ou pratiques nationales ;

2. "période de repos" : toute période qui n'est pas du temps de travail ;

3. "période nocturne" : toute période d'au moins sept heures, telle que définie par la législation nationale, comprenant en tout cas l'intervalle compris entre 24 heures et 5 heures ;

4. "travailleur de nuit" :

a) d'une part, tout travailleur qui accomplit durant la période nocturne au moins trois heures de son temps de travail journalier accomplies normalement ;

b) d'autre part, tout travailleur qui est susceptible d'accomplir, durant la période nocturne, une certaine partie de son temps de travail annuel, définie selon le choix de l'État membre concerné :

i) par la législation nationale, après consultation des partenaires sociaux, ou

ii) par des conventions collectives ou accords conclus entre partenaires sociaux au niveau national ou régional ;

5. "travail posté" : tout mode d'organisation du travail en équipe selon lequel des travailleurs sont occupés successivement sur les mêmes postes de travail, selon un certain rythme, y compris le rythme rotatif, et qui peut être de type continu ou discontinu, entraînant pour les travailleurs la nécessité d'accomplir un travail à des heures différentes sur une période donnée de jours ou de semaines ;

6. "travailleur posté" : tout travailleur dont l'horaire de travail s'inscrit dans le cadre du travail posté ;

7. "travailleur mobile" : tout travailleur faisant partie du personnel roulant ou navigant qui est au service d'une entreprise effectuant des services de transport de passagers ou de marchandises par route, air ou voie navigable ;

8. "activité *offshore*" : l'activité accomplie principalement sur une ou à partir d'une installation *offshore* (y compris les installations de forage), directement ou indirectement liée à l'exploration, à l'extraction ou à l'exploitation de ressources minérales, y compris les hydrocarbures, et la plongée en liaison avec de telles activités, effectuée à partir d'une installation *offshore* ou d'un navire ;

9. "repos suffisant" : le fait que les travailleurs disposent de périodes de repos régulières dont la durée est exprimée en unités de temps et qui sont suffisamment longues et continues pour éviter qu'ils ne se blessent eux-mêmes ou ne blessent leurs collègues ou d'autres personnes et qu'ils ne nuisent à leur santé, à court ou à plus long terme, par suite de la fatigue ou d'autres rythmes de travail irrégulier.

CHAPITRE II *PÉRIODES MINIMALES DE REPOS – AUTRES ASPECTS DE L'AMÉNAGEMENT DU TEMPS DE TRAVAIL*

Art. 3 *Repos journalier.* Les États membres prennent les mesures nécessaires pour que tout travailleur bénéficie, au cours de chaque période de vingt-quatre heures, d'une période minimale de repos de onze heures consécutives.

Art. 4 *Temps de pause.* Les États membres prennent les mesures nécessaires pour que tout travailleur bénéficie, au cas où le temps de travail journalier est supérieur à six heures, d'un temps de pause dont les modalités, et notamment la durée et les conditions d'octroi, sont fixées par des conventions collectives ou accords conclus entre partenaires sociaux ou, à défaut, par la législation nationale.

Art. 5 *Repos hebdomadaire.* Les États membres prennent les mesures nécessaires pour que tout travailleur bénéficie, au cours de chaque période de sept jours, d'une période minimale de repos sans interruption de vingt-quatre heures auxquelles s'ajoutent les onze heures de repos journalier prévues à l'article 3.

Si des conditions objectives, techniques ou d'organisation du travail le justifient, une période minimale de repos de vingt-quatre heures pourra être retenue.

L'art. 5, 1ᵉʳ al., de la Dir. 2003/88/CE n'exige pas que la période minimale de repos hebdomadaire sans interruption de 24 heures, à laquelle un travailleur a droit, soit accordée au plus tard le jour qui suit une période 6 jours de travail consécutifs, mais impose que celle-ci soit accordée à l'intérieur de chaque période de travail de 7 jours. ● CJUE 9 nov. 2017, ⚖ C-306/16 : *D. 2018. 820,* note Lokiec ⌀ ; *RDT 2018. 304,* note Véricel ⌀ ; *RJS 3/2018,* n° 228 ; *Europe 2018.* Comm. 30, obs. Driguez ; *JCP S 2018.* 1390, obs. Lhernould.

Art. 6 *Durée maximale hebdomadaire de travail.* Les États membres prennent les mesures nécessaires pour que, en fonction des impératifs de protection de la sécurité et de la santé des travailleurs :

B. DURÉE DU TRAVAIL

II. Réglementation

a) la durée hebdomadaire du travail soit limitée au moyen de dispositions législatives, réglementaires ou administratives ou de conventions collectives ou d'accords conclus entre partenaires sociaux ;
b) la durée moyenne de travail pour chaque période de sept jours n'excède pas quarante-huit heures, y compris les heures supplémentaires.

Art. 7 *Congé annuel.* 1. Les États membres prennent les mesures nécessaires pour que tout travailleur bénéficie d'un congé annuel payé d'au moins quatre semaines, conformément aux conditions d'obtention et d'octroi prévues par les législations et/ou pratiques nationales.
2. La période minimale de congé annuel payé ne peut être remplacée par une indemnité financière, sauf en cas de fin de relation de travail.

BIBL. ▶ Morvan, *RJS 7/2020* (le droit aux congés payés selon le juge européen).

1. Principe de droit social communautaire revêtant une importance particulière. Le droit au congé annuel payé de chaque travailleur doit être considéré comme un principe du droit social de l'Union revêtant une importance particulière, auquel il ne saurait être dérogé et dont la mise en œuvre par les autorités nationales compétentes ne peut être effectuée que dans les limites expressément énoncées par la Dir. 2003/88/CE du 4 nov. 2003. • CJUE 26 juin 2001 : 🔒 *D. 2002. 444*, note Clergerie ⌀.

2. Durée du congé et périodes à retenir. L'art. 7 de la Dir. 2003/88/CE du 4 nov. 2003 doit être interprété en ce sens qu'il ne s'oppose pas à une disposition nationale qui, aux fins de la détermination des droits au congé annuel payé garanti par cet article à un travailleur au titre d'une période de référence, ne considère pas la durée d'un congé parental pris par ce travailleur au cours de ladite période comme une période de travail effectif. • CJUE 4 oct. 2018, n° 12/17 : *RJS 2/2019, p. 82*, obs. Gardin.

3. Maladie, accident et report. Le travailleur en arrêt maladie durant sa période de congés payés ne peut se voir interdire, après son rétablissement, de bénéficier de son congé annuel à une autre période. • CJCE 10 sept. 2009 : 🔒 *RDT 2009. 725*, obs. Véricel ⌀ ; *JSL 2009, n° 264-4.* ♦ L'art. 7, § 1, de la Dir. 2003/88/CE du 4 nov. 2003 doit être interprété en ce sens qu'il s'oppose à des dispositions nationales prévoyant qu'un travailleur, en incapacité de travail survenue durant la période de congé annuel payé, n'a pas le droit de bénéficier ultérieurement de ce congé annuel coïncidant avec la période d'incapacité de travail. • CJUE 21 juin 2012 : 🔒 *D. 2012. Actu. 1745*, obs. Siro ⌀ ; *RJS 2012. 577*, obs. Lhernould ; *JCP S 2012. 1359*, obs. Andréo.

4. Durée du congé excédant la durée minimale et report. L'art. 7, § 1, de la Dir. 2003/88/CE, concernant certains aspects de l'aménagement du temps de travail, ne s'oppose pas à des réglementations nationales et à des conventions collectives qui prévoient l'octroi de jours de congé annuel payé excédant la période minimale de quatre semaines prévue par ladite disposition, tout en excluant le report pour cause de maladie de ces jours de congé. • CJUE 19 nov. 2019, 🔒 n° C-609/17 : *RJS 3/2020, n° 159* ; *JSL 2020, n° 490-4*, obs. Lhernould.

5. Transmission successorale des droits à congé. L'art. 7 de la Dir. 2003/88/CE du 4 nov. 2003 ainsi que l'art. 31, § 2, de la Charte UE doivent être interprétés en ce sens qu'ils s'opposent à une réglementation nationale en application de laquelle, lorsque la relation de travail prend fin en raison du décès du travailleur, le droit des congés annuels payés acquis et non pris par ce travailleur avant son décès s'éteint sans pouvoir donner naissance à un droit à une indemnité financière au titre desdits congés qui soit transmissible aux ayants droit dudit travailleur par la voie successorale. • CJUE 6 nov. 2018, n°ˢ 569/16 et 570/16 : *RDT 2019. 261*, obs. Véricel ⌀ ; *RJS 2/2019, n° 108*.

6. Indemnité de congés payés. L'art. 7, § 1, de la Dir. 2003/88/CE du 4 nov. 2003 ainsi que l'art. 31, § 2, de la Charte UE doivent être interprétés en ce sens qu'ils s'opposent à une réglementation nationale, qui, aux fins du calcul de l'indemnité de congés payés, permet de prévoir par convention collective la prise en compte des réductions de rémunération résultant de l'existence, au cours de la période de référence, de jours où, en raison d'un chômage partiel, aucun travail effectif n'est fourni, ce qui a pour conséquence que le salarié perçoit, pour la durée du congé annuel minimum dont il bénéficie au titre de cet art. 7, § 1, une indemnité de congés payés inférieure à la rémunération ordinaire qu'il reçoit pendant les périodes de travail ; il appartient à la juridiction de renvoi d'interpréter la réglementation nationale, dans toute la mesure du possible, à la lumière du texte ainsi que de la finalité de la Dir. 2003/88/CE, de manière à ce que l'indemnité de congés payés versée aux travailleurs, au titre de ce congé minimum, ne soit pas inférieure à la moyenne de la rémunération ordinaire perçue par ceux-ci pendant les périodes de travail effectif. • CJUE 13 déc. 2018, 🔒 n° C-385/17 : *RJS 4/2019. 253*, obs. Tissandier ; *ibid. n° 266*.

CHAPITRE III TRAVAIL DE NUIT – TRAVAIL POSTÉ – RYTHME DE TRAVAIL

Art. 8 *Durée du travail de nuit.* Les États membres prennent les mesures nécessaires pour que :

a) le temps de travail normal des travailleurs de nuit ne dépasse pas huit heures en moyenne par période de vingt-quatre heures ;

b) les travailleurs de nuit dont le travail comporte des risques particuliers ou des tensions physiques ou mentales importantes ne travaillent pas plus de huit heures au cours d'une période de vingt-quatre heures durant laquelle ils effectuent un travail de nuit.

Aux fins du point b), le travail comportant des risques particuliers ou des tensions physiques ou mentales importantes est défini par les législations et/ou pratiques nationales ou par des conventions collectives ou accords conclus entre partenaires sociaux, compte tenu des effets et des risques inhérents au travail de nuit.

Art. 9 *Évaluation de la santé et transfert au travail de jour des travailleurs de nuit.* 1. Les États membres prennent les mesures nécessaires pour que :

a) les travailleurs de nuit bénéficient d'une évaluation gratuite de leur santé, préalablement à leur affectation et à intervalles réguliers par la suite ;

b) les travailleurs de nuit souffrant de problèmes de santé reconnus, liés au fait que ces travailleurs accomplissent un travail de nuit, soient transférés, chaque fois que cela est possible, à un travail de jour pour lequel ils sont aptes.

2. L'évaluation gratuite de santé visée au paragraphe 1, point a), doit respecter le secret médical.

3. L'évaluation gratuite de santé visée au paragraphe 1, point a), peut faire partie d'un système national de santé.

Il convient de demander à la CJUE si l'art. 9, § 1, sous a), de la Dir. 2003/88/CE remplit les conditions pour produire un effet direct et être invoqué par un travailleur dans un litige le concernant. • Soc. 7 juin 2023, ⚖ n° 21-23.557 B.

Art. 10 *Garanties pour travail en période nocturne.* Les États membres peuvent subordonner le travail de certaines catégories de travailleurs de nuit à certaines garanties, dans des conditions fixées par les législations et/ou pratiques nationales, pour les travailleurs qui courent un risque de sécurité ou de santé lié au travail durant la période nocturne.

Art. 11 *Information en cas de recours régulier aux travailleurs de nuit.* Les États membres prennent les mesures nécessaires pour que l'employeur qui a régulièrement recours à des travailleurs de nuit informe de ce fait les autorités compétentes, sur leur demande.

Art. 12 *Protection en matière de sécurité et de santé.* Les États membres prennent les mesures nécessaires pour que :

a) les travailleurs de nuit et les travailleurs postés bénéficient d'un niveau de protection en matière de sécurité et de santé, adapté à la nature de leur travail ;

b) les services ou moyens appropriés de protection et de prévention en matière de sécurité et de santé des travailleurs de nuit et des travailleurs postés soient équivalents à ceux applicables aux autres travailleurs et soient disponibles à tout moment.

Art. 13 *Rythme de travail.* Les États membres prennent les mesures nécessaires pour que l'employeur qui envisage d'organiser le travail selon un certain rythme tienne compte du principe général de l'adaptation du travail à l'homme, notamment en vue d'atténuer le travail monotone et le travail cadencé en fonction du type d'activité et des exigences en matière de sécurité et de santé, particulièrement en ce qui concerne les pauses pendant le temps de travail.

CHAPITRE IV *DISPOSITIONS DIVERSES*

Art. 14 *Dispositions communautaires plus spécifiques.* La présente directive ne s'applique pas dans la mesure où d'autres instruments communautaires contiennent des prescriptions plus spécifiques en matière d'aménagement du temps de travail concernant certaines occupations ou activités professionnelles.

Art. 15 *Dispositions plus favorables.* La présente directive ne porte pas atteinte à la faculté des États membres d'appliquer ou d'introduire des dispositions législatives, réglementaires ou administratives plus favorables à la protection de la sécurité et de la santé des travailleurs ou de favoriser ou de permettre l'application de conventions collectives ou d'accords conclus entre partenaires sociaux plus favorables à la protection de la sécurité et de la santé des travailleurs.

Art. 16 *Périodes de référence.* Les États membres peuvent prévoir :
a) pour l'application de l'article 5 (repos hebdomadaire), une période de référence ne dépassant pas quatorze jours ;
b) pour l'application de l'article 6 (durée maximale hebdomadaire de travail), une période de référence ne dépassant pas quatre mois.
Les périodes de congé annuel payé, accordé conformément à l'article 7, et les périodes de congé de maladie ne sont pas prises en compte ou sont neutres pour le calcul de la moyenne ;
c) pour l'application de l'article 8 (durée du travail de nuit), une période de référence définie après consultation des partenaires sociaux ou par des conventions collectives ou accords conclus au niveau national ou régional entre partenaires sociaux.
Si la période minimale de repos hebdomadaire de vingt-quatre heures exigée par l'article 5 tombe dans cette période de référence, elle n'est pas prise en compte pour le calcul de la moyenne.

CHAPITRE V *DÉROGATIONS ET EXCEPTIONS*

Art. 17 à 22 *(Art. non reproduits).*

CHAPITRE VI *DISPOSITIONS FINALES*

Art. 23 *Niveau de protection.* Sans préjudice du droit des États membres de développer, eu égard à l'évolution de la situation, des dispositions législatives, réglementaires et contractuelles différentes dans le domaine du temps de travail, pour autant que les exigences minimales prévues dans la présente directive soient respectées, la mise en œuvre de la présente directive ne constitue pas une justification valable pour la régression du niveau général de protection des travailleurs.

....

Loi n° 2005-157 du 23 février 2005,

Relative au développement des territoires ruraux.

Art. 51 Afin d'assurer la libre circulation des biens et des personnes en période hivernale dans des conditions satisfaisantes en termes de délai et de sécurité, le Gouvernement procédera aux adaptations nécessaires de la réglementation relative au temps de travail, tant pour le secteur public que pour le secteur privé.

C Congés

V. aussi C. trav., art. L. 3141-1 s.

Code général des collectivités territoriales

(L. n° 96-142 du 21 févr. 1996)

Art. L. 2123-13 *(L. n° 2002-276 du 27 févr. 2002, art. 74-I)* Indépendamment des autorisations d'absence et du crédit d'heures prévus aux articles L. 2123-1, L. 2123-2 et L. 2123-4, les membres du conseil municipal qui ont la qualité de salarié ont droit à un congé de formation. Ce congé est fixé à dix-huit jours par élu pour la durée du mandat et quel que soit le nombre de mandats qu'il détient. Ce congé est renouvelable en cas de réélection.
Les modalités d'application du présent article sont fixées par décret en Conseil d'État.

V. les dispositions analogues applicables aux conseillers généraux et aux conseillers régionaux : CGCT, art. L. 3123-10 et L. 4135-10. **– CGCT.**

Code de la santé publique

Art. L. 1244-5 *(L. n° 2011-814 du 7 juill. 2011, art. 29)* La donneuse *[d'ovocytes]* bénéficie d'une autorisation d'absence de son employeur pour se rendre aux examens et se soumettre aux interventions nécessaires à la stimulation ovarienne et au prélèvement ovocytaire. Lorsque la donneuse est salariée, l'autorisation est accordée dans les conditions prévues au *(L. n° 2016-41 du 26 janv. 2016, art. 87)* « dernier » alinéa de l'article L. **1225-16** du code du travail.

Code du tourisme

LIVRE IV FINANCEMENT DE L'ACCÈS AUX VACANCES ET FISCALITÉ DU TOURISME

TITRE I ACCÈS AUX VACANCES

CHAPITRE I *CHÈQUES-VACANCES*

SECTION 1 *Dispositions générales*

Art. L. 411-1 Les salariés des entreprises, sociétés et organismes soumis aux dispositions des articles L. 3141-1 et L. 3141-2 du code du travail, des 3° et 4° de l'article L. 5424-1 et de l'article L. 5423-3 du même code, *(Ord. n° 2015-333 du 26 mars 2015, art. 3)* « les salariés des particuliers employeurs, » *(L. n° 2009-888 du 22 juill. 2009, art. 30-I)* « les chefs d'entreprise de moins de cinquante salariés, leurs conjoints, leurs concubins ou leurs partenaires liés à eux par un pacte civil de solidarité » ainsi que les personnes à leur charge, telles qu'elles sont définies aux articles 6 et 196 du code général des impôts, peuvent, avec la contribution de leur employeur, acquérir des titres nominatifs appelés chèques-vacances.

(L. n° 2019-486 du 22 mai 2019, art. 11-IV, en vigueur le 1ᵉʳ janv. 2020) « Pour l'application du premier alinéa du présent article, l'effectif salarié et le franchissement du seuil de cinquante salariés sont déterminés selon les modalités prévues à l'article L. 130-1 du code de la sécurité sociale. » — *V. cet art. ss. art. L. 1151-2 C. trav.*

Art. L. 411-2 *(Ord. n° 2015-333 du 26 mars 2015, art. 3)* « Les chèques-vacances peuvent être remis aux collectivités publiques et aux prestataires de services conventionnés en paiement des dépenses effectuées sur le territoire national par les bénéficiaires pour leurs vacances, pour les transports, leur hébergement, leurs repas ou leurs activités de loisirs. »

Les chèques-vacances peuvent également être remis en paiement des dépenses effectuées sur le territoire des États membres de l'Union européenne aux prestataires qui ont signé, selon les conditions fixées par décret, des conventions avec l'établissement public institué par l'article L. 411-13.

Art. L. 411-3 Les collectivités publiques et les prestataires de services *(L. n° 2006-437 du 14 avr. 2006, art. 11)* « conventionnés » peuvent, en particulier dans le secteur des transports, consentir aux bénéficiaires de chèques-vacances des réductions de tarifs et des bonifications modulées suivant les périodes de l'année.

(L. n° 2006-437 du 14 avr. 2006) « Les conventions sont signées avec les prestataires » compte tenu des engagements qu'ils prennent en ce qui concerne les prix et la qualité de leurs services.

Art. L. 411-5 L'avantage résultant de la contribution de l'employeur à l'acquisition des chèques-vacances *(Ord. n° 2015-333 du 26 mars 2015, art. 3)* « par les bénéficiaires mentionnés à l'article L. 411-1 » est exonéré de l'impôt sur le revenu, dans la limite du salaire minimum de croissance apprécié sur une base mensuelle.

Art. L. 411-6 La contribution de l'employeur mentionnée aux articles L. 411-1 et L. 411-5 est exonérée de la taxe sur les salaires dans les conditions et limites fixées par les articles L. 411-9 et L. 411-10.

Art. L. 411-7 *(Abrogé par Ord. n° 2015-333 du 26 mars 2015, art. 3)* *Les chèques-vacances sont dispensés du timbre.*

Art. L. 411-8 L'employeur, après consultation du comité d'entreprise ou, à défaut, des délégués du personnel ou de toute autre instance de concertation ayant compétence en matière d'œuvres sociales, définit, sous réserve des dispositions du 2° de l'article L. 411-10, les modalités de l'attribution éventuelle de chèques-vacances *(Ord. n° 2015-333 du 26 mars 2015, art. 3)* « aux bénéficiaires mentionnés à l'article L. 411-1 ».

Art. L. 411-9 Dans les entreprises de moins de cinquante salariés, dépourvues de comité d'entreprise et qui ne relèvent pas d'un organisme paritaire mentionné à l'article L. 411-20, *(Ord. n° 2015-333 du 26 mars 2015, art. 3)* « et pour ce qui concerne le particulier employeur, » l'avantage résultant de la contribution de l'employeur à l'acquisition des chèques-vacances *(Ord. n° 2015-333 du 26 mars 2015, art. 3)* « par les bénéficiaires mentionnés à l'article L. 411-1 » *(Abrogé par L. n° 2009-888 du 22 juill. 2009, art. 30-I)* « *satisfaisant à la condition de ressources fixée à l'article L. 411-4* » est exonéré des cotisations et contributions prévues par la législation du travail et de la sécurité sociale, à l'exception de la contribution sociale généralisée et de la contribution pour le remboursement de la dette sociale. Le montant de l'avantage donnant droit à exonération, qui ne peut excéder les plafonds fixés au dernier alinéa de l'article L. 411-11, est limité, *(Ord. n° 2015-333 du 26 mars 2015, art. 3)* « par bénéficiaire » et par an, à 30 % du salaire minimum de croissance apprécié sur une base mensuelle. *(L. n° 2009-888 du 22 juill. 2009, art. 30-I)* « Lorsqu'un redressement de cotisations sociales a pour origine la mauvaise application de cette exonération, ce redressement ne porte que sur la fraction des cotisations et contributions indûment exonérées ou réduites, sauf en cas de mauvaise foi ou d'agissements répétés du cotisant. »

(L. n° 2019-486 du 22 mai 2019, art. 11-IV, en vigueur le 1ᵉʳ janv. 2020) « Pour l'application du premier alinéa du présent article, l'effectif salarié et le franchissement du seuil de cinquante salariés sont déterminés selon les modalités prévues à l'article L. 130-1 du code de la sécurité sociale. » — V. ss. art. L. 1151-2 C. trav.

Art. L. 411-10 L'exonération prévue à l'article L. 411-9 est accordée si :

1° La fraction de la valeur des chèques-vacances prise en charge par l'employeur est plus élevée pour les salariés dont les rémunérations sont les plus faibles ;

2° Le montant de la contribution de l'employeur et les modalités de son attribution, notamment la modulation définie conformément au 1° ci-dessus, font l'objet soit d'un accord collectif de branche au niveau national, régional ou local prévoyant des modalités de mise en œuvre dans les entreprises de moins de cinquante salariés, soit d'un accord conclu dans les conditions prévues *(Ord. n° 2015-333 du 26 mars 2015, art. 3)* « aux articles L. 2234-1 à L. 2234-3 » du code du travail, soit d'un accord d'entreprise conclu avec un ou plusieurs délégués du personnel désignés comme délégués syndicaux ou, en l'absence d'une telle représentation syndicale et d'un accord collectif de branche, d'une proposition du chef d'entreprise soumise à l'ensemble des salariés ;

3° La contribution de l'employeur ne se substitue à aucun élément faisant partie *(Ord. n° 2018-474 du 12 juin 2018, art. 11)* « des revenus d'activité tels qu'ils sont pris en compte pour la détermination de l'assiette des cotisations définie à » l'article L. 242-1 du code de la sécurité sociale, ou prévu pour l'avenir par des stipulations contractuelles individuelles ou collectives.

Les dispositions de l'Ord. n° 2018-474 du 12 juin 2018 s'appliquent aux cotisations et contributions dues pour les périodes courant à compter du 1ᵉʳ sept. 2018 (Ord. préc., art. 16).

Art. L. 411-11 Al. 1ᵉʳ et 2 abrogés par L. n° 2009-888 du 22 juill. 2009, art. 30-I.

(L. n° 2009-888 du 22 juill. 2009, art. 30-I) « La contribution de l'employeur à l'acquisition par un salarié de chèques-vacances ne peut dépasser un pourcentage de leur valeur libératoire fixé par décret. Ce décret définit des pourcentages différents en fonction de la rémunération du salarié et de sa situation de famille. » Cette contribution annuelle globale ne peut être supérieure à la moitié du produit, évalué au 1ᵉʳ janvier de l'année en cours, du nombre total de ses salariés par le salaire minimum de croissance apprécié sur une base mensuelle, charges sociales comprises.

Art. L. 411-12 La date limite de validité des chèques-vacances est fixée au 31 décembre de la deuxième année civile suivant l'année d'émission.

Les titres non utilisés au cours de cette période pourront être échangés dans les trois mois suivant le terme de la période d'utilisation contre des chèques-vacances d'un même montant.

Les chèques-vacances qui n'auront pas été présentés au remboursement par les prestataires de services avant la fin du troisième mois suivant l'expiration de leur période de validité seront périmés.

Leur contre-valeur sera affectée au bénéfice de catégories sociales défavorisées notamment sous la forme de bourses de vacances.

(Ord. n° 2015-333 du 26 mars 2015, art. 3) « Le bénéficiaire peut, sur sa demande motivée présentée avant l'émission des titres, obtenir le remboursement de sa contribution à l'achat de ces derniers auprès de l'organisme qui se propose de les lui attribuer. »

Code de l'éducation

Congé de représentation pour assurer un mandat de parent d'élèves

Art. R. 236-2 *(Décr. n° 2016-1574 du 23 nov. 2016, art. 1ᵉʳ)* Les représentants des parents d'élèves qui ne perçoivent aucune rémunération d'un employeur lorsqu'ils siègent dans les conseils départementaux, régionaux, académiques et nationaux, ni aucune indemnisation au titre de l'article L. 3142-61 du code du travail, reçoivent de l'État une indemnité forfaitaire pour leur participation aux réunions de ces instances dans la limite de neuf jours ou dix-huit demi-journées de réunion par année scolaire.

Pour chaque heure de participation à ces réunions, le montant de l'indemnité est fixé par arrêté conjoint du ministre chargé de l'éducation nationale et du ministre chargé du budget.

L'indemnité forfaitaire est versée à la fin de chaque trimestre, au vu de l'attestation établie par le service responsable de la convocation des membres à l'instance concernée. Ce document atteste, pour chacune des réunions auxquelles a participé le représentant des parents d'élèves, la durée de sa présence effective à cette réunion. − *V. Arr. du 12 déc. 2016, NOR : MENF1634603A (JO 18 déc.).*

D Santé, hygiène et sécurité des travailleurs

(V. C. trav., art. L. 4111-1 s.)

Code rural et de la pêche maritime

PREMIÈRE PARTIE : *LÉGISLATIVE*

LIVRE VII DISPOSITIONS SOCIALES

(Ord. n° 2000-550 du 15 juin 2000)

HÉBERGEMENT

Art. L. 716-1 Lorsque les exploitations, entreprises, établissements ou employeurs définis à l'article L. 713-1 *[V. cet art., App. II. B, v° Durée du travail]* assurent l'hébergement des salariés et des membres de leur famille, cet hébergement doit satisfaire à des conditions, notamment d'hygiène et de confort, fixées par décret et tenant compte, le cas échéant, des conditions locales.

Ces dispositions sont également applicables en cas d'hébergement de stagiaires. − *[Ancien art. 984.] − V. C. rur., art. R. 716-1 s. et R. 719-7 (pén.).*

Sur l'hébergement en résidence mobile ou démontable des travailleurs saisonniers agricoles, V. Décr. n° 2003-937 du 30 sept. 2003 (JO 2 oct.).

PRÉVENTION DES ACCIDENTS DU TRAVAIL

Art. L. 724-12 L'inobservation des dispositions générales de prévention établies par application de l'article L. 751-48 et qui ont fait l'objet d'un arrêté d'extension du ministre chargé de l'agriculture ainsi que celle des mesures particulières de prévention rendues obligatoires par arrêté du ministre chargé de l'agriculture pour tous les employeurs d'un secteur professionnel déterminé peut être constatée tant par les inspecteurs et les contrôleurs du travail que par les agents chargés du contrôle de la prévention mentionnés à l'article L. 724-8.

Elle peut faire l'objet de procès-verbaux dans les conditions prévues à l'article L. 611-10 du code du travail.

Lorsque certaines de ces dispositions générales sont soumises à un délai d'exécution, ce délai est fixé par accord entre la caisse de mutualité sociale agricole intéressée et *(Ord. n° 2010-104 du 28 janv. 2010, art. 1er-12°)* « l'autorité administrative désignée à cet effet au troisième alinéa de l'article L. 422-1 du code de la sécurité sociale ». − *[Anc. art. 1244-4.]*

....

Art. L. 751-48 Des décrets en Conseil d'État déterminent les conditions dans lesquelles sont définies et mises en œuvre les mesures destinées à assurer la prévention contre les accidents du travail et les maladies professionnelles des salariés agricoles ainsi que les moyens de financement correspondants et les modalités de la participation paritaire des employeurs et des salariés notamment dans des comités techniques auprès des caisses de mutualité sociale agricole chargés de la gestion de la prévention. − *[Anc. art. 1171.] − V. Décr. n° 73-892 du 11 sept. 1973, art. 8 et 9 (JO 15 sept.).*

V. notamment, en application des dispositions de l'art. L. 751-48 C. rur. : Arr. du 28 mars 1979 (JO 6 mai NC) concernant les accumulateurs de matières ; Arr. du 1er mars 1984 (JO 17 mars NC) concernant les travaux forestiers, mod. par Arr. du 22 déc. 1994 (JO 4 janv. 1995).

Code de la santé publique

LUTTE CONTRE LE TABAGISME

Interdiction de fumer dans certains lieux collectifs
(Décr. n° 2016-1117 du 11 août 2016)

V. Circ. du 24 nov. 2006 concernant la lutte contre le tabagisme (JO 5 déc.).

Art. R. 3512-2 L'interdiction de fumer dans les lieux affectés à un usage collectif mentionnée à l'article L. 3512-8 s'applique :
1° Dans tous les lieux fermés et couverts qui accueillent du public ou qui constituent des lieux de travail ;
2° Dans les moyens de transport collectif ;
3° Dans les espaces non couverts des écoles, collèges et lycées publics et privés, ainsi que des établissements destinés à l'accueil, à la formation ou à l'hébergement des mineurs ;
4° Dans les aires collectives de jeux telles que définies par le décret n° 96-1136 du 18 décembre 1996 fixant les prescriptions de sécurité relatives aux aires collectives de jeux.

Art. R. 3512-3 L'interdiction de fumer ne s'applique pas dans les emplacements mis à la disposition des fumeurs au sein des lieux mentionnés à l'article R. 3512-2 et créés, le cas échéant, par la personne ou l'organisme responsable des lieux.

Ces emplacements ne peuvent pas être aménagés au sein des établissements d'enseignement publics et privés, des centres de formation des apprentis, des établissements destinés à ou régulièrement utilisés pour l'accueil, la formation, l'hébergement ou la pratique sportive des mineurs, des aires collectives de jeux et des établissements de santé.

Art. R. 3512-4 Les emplacements réservés mentionnés à l'article R. 3512-3 sont des salles closes, affectées à la consommation de tabac et dans lesquelles aucune prestation de service n'est délivrée. Aucune tâche d'entretien et de maintenance ne peut y être exécutée sans que l'air ait été renouvelé, en l'absence de tout occupant, pendant au moins une heure.

Ces emplacements doivent :
1° Être équipés d'un dispositif d'extraction d'air par ventilation mécanique permettant un renouvellement d'air minimal de dix fois le volume de l'emplacement par heure. Ce dispositif est entièrement indépendant du système de ventilation ou de climatisation d'air du bâtiment. Le local est maintenu en dépression continue d'au moins cinq pascals par rapport aux pièces communicantes ;
2° Être dotés de fermetures automatiques sans possibilité d'ouverture non intentionnelle ;
3° Ne pas constituer un lieu de passage ;
4° Présenter une superficie au plus égale à 20 % de la superficie totale de l'établissement au sein duquel les emplacements sont aménagés sans que la superficie d'un emplacement puisse dépasser 35 mètres carrés.

Art. R. 3512-5 L'installateur ou la personne assurant la maintenance du dispositif de ventilation mécanique atteste que celui-ci permet de respecter les exigences mentionnées au 1° de l'article R. 3512-4.

Le responsable de l'établissement est tenu de produire cette attestation à l'occasion de tout contrôle et de faire procéder à l'entretien régulier du dispositif.

Art. R. 3512-6 Dans les établissements dont les salariés relèvent du code du travail, le projet de mettre un emplacement à la disposition des fumeurs et ses modalités de mise en œuvre sont soumis à la consultation du comité d'hygiène et de sécurité et des conditions de travail ou, à défaut, des délégués du personnel et du médecin du travail.

Dans les administrations et établissements publics dont les personnels relèvent des titres I à IV du statut général de la fonction publique, le projet de mettre un emplacement à la disposition des fumeurs et ses modalités de mise en œuvre sont soumis à la (Décr. n° 2020-1427 du 20 nov. 2020, art. 102, en vigueur le 1er janv. 2023) « consultation de la formation spécialisée en matière de santé, de sécurité et de conditions de travail compétente ou, à défaut, du comité social d'administration compétent [ancienne rédaction : consultation du comité d'hygiène et de sécurité ou, à défaut, du comité technique] ».

Les consultations mentionnées aux alinéas précédents sont renouvelées tous les deux ans.

Art. R. 3512-7 Dans les lieux mentionnés à l'article R. 3512-2, une signalisation apparente rappelle le principe de l'interdiction de fumer. Un modèle de signalisation accompagné d'un message sanitaire de prévention est déterminé par arrêté du ministre chargé de la santé.

Le même arrêté fixe le modèle de l'avertissement sanitaire à apposer à l'entrée des espaces mentionnés à l'article R. 3512-3.

Art. R. 3512-8 Les dispositions de la présente sous-section s'appliquent sans préjudice des dispositions législatives et réglementaires relatives à l'hygiène et à la sécurité, notamment celles du titre III du livre II du code du travail.

Art. R. 3512-9 Les mineurs ne peuvent accéder aux emplacements mentionnés au premier alinéa de l'article R. 3512-3.

Interdiction de vapoter dans certains lieux de travail

Art. L. 3513-6 (*Ord. n° 2016-623 du 19 mai 2016, art. 1ᵉʳ*) Il est interdit de vapoter dans :
1° Les établissements scolaires et les établissements destinés à l'accueil, à la formation et à l'hébergement des mineurs ;
2° Les moyens de transport collectif fermés ;
3° Les lieux de travail fermés et couverts à usage collectif.

....

Art. R. 3513-2 (*Décr. n° 2017-633 du 25 avr. 2017, en vigueur le 1ᵉʳ oct. 2017*) Les lieux de travail soumis à l'interdiction de vapoter en application du 3° de l'article L. 3513-6 du présent code s'entendent des locaux recevant des postes de travail situés ou non dans les bâtiments de l'établissement, fermés et couverts, et affectés à un usage collectif, à l'exception des locaux qui accueillent du public.

Art. R. 3513-3 (*Décr. n° 2017-633 du 25 avr. 2017, en vigueur le 1ᵉʳ oct. 2017*) Dans les lieux mentionnés aux 1° et 2° et dans les bâtiments abritant les lieux mentionnés au 3° de l'article L. 3513-6, une signalisation apparente rappelle le principe de l'interdiction de vapoter et, le cas échéant, ses conditions d'application dans l'enceinte de ces lieux.

Art. R. 3513-4 (*Décr. n° 2017-633 du 25 avr. 2017, en vigueur le 1ᵉʳ oct. 2017*) Les dispositions des articles R. 3513-2 à R. 3513-3 s'appliquent sans préjudice des dispositions législatives et réglementaires relatives à l'hygiène et à la sécurité.

....

Art. R. 3515-7 (*Décr. n° 2017-633 du 25 avr. 2017, en vigueur le 1ᵉʳ oct. 2017*) Le fait de vapoter dans les lieux mentionnés aux 1° à 3° de l'article L. 3513-6 en méconnaissance de l'interdiction prévue au même article est puni de l'amende prévue pour les contraventions de la 2ᵉ classe.

Art. R. 3515-8 (*Décr. n° 2017-633 du 25 avr. 2017, en vigueur le 1ᵉʳ oct. 2017*) Le fait, pour le responsable des lieux où s'applique l'interdiction prévue à l'article L. 3513-6, de ne pas mettre en place la signalisation prévue à l'article R. 3513-3 est puni de l'amende prévue pour les contraventions de la 3ᵉ classe.

Code de la sécurité sociale

LIVRE IV ACCIDENTS DU TRAVAIL ET MALADIES PROFESSIONNELLES

*V. l'ensemble des textes concernant les accidents du travail et les maladies professionnelles au **CSS**.*

Art. L. 422-1 Sur l'initiative des comités techniques nationaux, la caisse nationale de l'assurance maladie peut provoquer, par arrêté interministériel, l'extension à l'ensemble du territoire des mesures de prévention édictées par une (*Ord. n° 2010-177 du 23 févr. 2010, art. 24-32°*) « caisse d'assurance retraite et de la santé au travail », soit telles qu'elles ont été adoptées par cet organisme, soit après modifications apportées par les comités techniques nationaux compétents. Elle peut également en demander l'annulation dans les mêmes formes. – *V. art. R. 422-1, R. 422-2, R. 471-1 et R. 471-2.*

L'inobservation des dispositions générales ayant fait l'objet de l'extension prévue à l'alinéa précédent est constatée tant par les inspecteurs du travail en application de l'article L. 611-1

[*L. 8112-1 s. nouv.*] du code du travail que par les ingénieurs conseils et les contrôleurs de sécurité mentionnés à l'article L. 243-11 du présent code.

Lorsque certaines de ces dispositions générales sont soumises à un délai d'exécution, ce délai est fixé par un accord entre la (*Ord. n° 2010-177 du 23 févr. 2010, art. 24*) « caisse d'assurance retraite et de la santé au travail » intéressée et le ou les directeurs régionaux du travail et de l'emploi du ressort de ladite caisse.

Les comités techniques nationaux effectuent toutes études sur les risques de la profession et les moyens de les prévenir et disposent à cet effet d'ingénieurs conseils ayant les pouvoirs prévus à l'article L. 243-11 et astreints aux obligations prévues au deuxième alinéa de l'article L. 422-3.

Les conditions de rémunération de ces ingénieurs-conseils sont fixées par arrêté interministériel.

....

Art. R. 471-1 Toute infraction aux dispositions générales de prévention étendues à l'ensemble du territoire en application du premier alinéa de l'article L. 422-1 est punie d'une amende prévue pour les contraventions de 5e classe.

L'amende est appliquée autant de fois qu'il y a de salariés de l'entreprise concernés par la ou les infractions relevées dans le procès-verbal.

En cas de récidive, il pourra être prononcé l'amende prévue pour les contraventions de la 5e classe.

Art. R. 471-2 L'article R. 471-1 n'est applicable qu'aux infractions aux dispositions générales et aux mesures particulières de prévention étendues ou rendues obligatoires postérieurement au 31 décembre 1978.

Arrêté du 23 juillet 1947,

Fixant les conditions dans lesquelles les douches doivent être mises à la disposition du personnel effectuant des travaux insalubres ou salissants.

Art. 1er (*Arr. du 1er févr. 1950*) Les chefs d'établissements sont tenus de mettre des douches journalières à la disposition du personnel qui effectue les travaux énumérés aux tableaux I et II annexés au présent arrêté. – *Pour les établissements et exploitations agricoles, V. Arr. du 3 oct. 1985 (JO 15 oct.), complété par Arr. du 28 déc. 1988 (JO 5 janv. 1989), Arr. du 22 nov. 1989 (JO 1er déc.).*

Art. 2 Dans chaque entreprise, la liste des salariés intéressés par les travaux énumérés à l'article 1er sera établie par le comité d'hygiène, de sécurité et des conditions de travail ou, à défaut, par les délégués du personnel en accord avec le chef d'entreprise.

Art. 3 Le directeur départemental du travail et de la main-d'œuvre pourra, après avis du comité d'hygiène, de sécurité et des conditions de travail ou à défaut, des délégués du personnel, dispenser le chef d'établissement de l'obligation imposée par l'article 1er, lorsque les travaux visés s'effectueront en appareil clos.

Art. 4 Les douches seront installées dans des cabines individuelles à raison d'au moins une pomme pour huit personnes visées au présent arrêté lorsque chaque cabine de douches comprendra deux cellules d'habillage ou de déshabillage.

Art. 5 Le temps passé à la douche, rémunéré comme temps de travail normal, sera au minimum d'un quart d'heure considéré comme temps normal d'une douche, déshabillage et habillage compris, et au maximum d'une heure.

Art. 6 L'ordre de passage des travailleurs à la douche, ainsi que le temps de rémunération pour chacun d'eux, seront fixés par un règlement intérieur.

Art. 7 Des arrêtés ultérieurs pourront compléter la liste des travaux énumérés à l'article 1er.

TABLEAU I

Travaux salissants visés par les tableaux des maladies professionnelles annexés au décret n° 46-2959 du 31 décembre 1946

(*Arr. du 15 oct. 1951 ; Arr. du 29 nov. 1960 ; Arr. du 13 déc. 1982 ; Arr. du 30 juill. 1986 ; Arr. du 28 déc. 1988 ; Arr. du 22 nov. 1989 ; Arr. du 22 oct. 1991 ; Arr. du 4 avr. 1995 ; Arr. du 6 déc. 1999*)

Récupération du vieux plomb donnant lieu à des dégagements de poussières d'oxyde de plomb. Métallurgie, affinage, fonte, laminage du plomb, de ses alliages et des métaux plombifères.

Ébarbage, polissage de tous objets en plomb ou en alliage de plomb.
Fabrication, réparation des accumulateurs au plomb.
Fabrication et manipulation des oxydes et sels de plomb.
Préparation et application de peintures, vernis, laques, encres à base de composés de plomb ; grattage, brûlage, découpage au chalumeau de matières recouvertes de peintures plombifères.
Fabrication et application des émaux plombeux.
Fabrication du plomb tétraéthyle.
Récupération des résidus industriels mercuriels (agents catalytiques, etc.).
Fabrication et réparation d'accumulateurs électriques au mercure.
Fabrication des composés du mercure.
Sécrétage des peaux par le nitrate acide de mercure.
Feutrage des poils sécrétés.
Concassage, broyage, ensachage et transport à dos d'homme des ciments.
Fabrication de l'acide chromique, des chromates et bichromates alcalins.
Préparation et emploi des dérivés nitrés et chloronitrés du benzène et de ses homologues.
Préparation et emploi du dinitrophénol, de ses homologues et de leurs sels.
Fabrication de l'aniline et autres amines aromatiques.
Préparation au moyen d'amines aromatiques de produits chimiques, matières colorantes, produits pharmaceutiques.
Teinture de fils, tissus, fourrures, cuirs, etc., au noir d'aniline ou autres colorants développés sur fibres.
Manipulation ou emploi du brai de houille.
Fabrication de l'arsenic et de ses composés (anhydride arsénieux, arsénites, acide arsénique, arséniates, etc.).
Préparation de produits insecticides ou anticryptogamiques renfermant des composés de l'arsenic.
Fabrication et emploi de couleurs et peintures contenant des composés de l'arsenic.
Emploi des composés arsenicaux en mégisserie et en tannerie, manipulation de peaux qui en sont enduites.
Travaux de fonderie : préparation et manutention du sable chargé de noir, moulage au sable chargé de noir et décochage des moules, dessablage et ébarbage des pièces brutes, dans les ateliers où les dispositifs de captation des poussières s'avèrent insuffisamment efficaces.
Travaux au jet de sable.
Récupération de la streptomycine.
Préparation et manipulation du fluorure double de glucinium et de sodium.
Préparation et manipulation du thiophosphate de diéthyle et paranitrophényle et des produits qui en renferment.
Travaux comportant un contact permanent avec les lubrifiants de décolletage, notamment les travaux de réglage.
Broyage et manipulation du bioxyde de manganèse.
Travaux d'abattage des animaux de boucherie.
Travaux d'abattage des volailles.
Travaux d'équarrissage.
Tueries particulières.
Travaux occasionnels et poussiéreux exposant à l'amiante.
Travaux exposant aux poussières de chlorure de potassium *(à compter du 1er août 1989).*
Travaux de collecte et de traitement des ordures *(à compter du 1er juill. 1990).*
Travaux de garderie et d'élevage d'animaux, notamment dans les animaleries *(à compter du 1er déc. 1992).*
Travaux exécutés dans les laboratoires où sont utilisés des animaux d'expérience *(à compter du 1er déc. 1992).*
Travaux d'usinage comportant un contact permanent avec des fluides de coupe *(à compter du 1er janv. 1996).*
Travaux effectués dans les égouts *(à compter du 1er janv. 2000).*

TABLEAU II

Autres travaux salissants effectués dans des ateliers où les dispositifs de captation des poussières ou aérosols s'avèrent insuffisamment efficaces

(Arr. du 15 oct. 1951 ; Arr. du 29 nov. 1960)

Préparation et emploi du trinitrophénol.
Manipulation de la cyanamide calcique.
Fabrication, transformation et manutention des engrais.
Effilochage et cardage des textiles.

Triage des vieux chiffons.
Broyage, criblage et manutention du charbon.
Criblage, ensachage et manutention du charbon de bois, fabrication d'agglomérés à partir des poussières de charbon de bois.
Fabrication et manipulation du noir animal, du noir de fumée, du noir de pétrole et du noir de carbone, notamment dans l'industrie du caoutchouc.
Fabrication et manipulation des pigments en poudre.
Fabrication et manipulation des matières colorantes.
Concassage et broyage des émeris.
Retaillage des vieilles meules.
Polissage des métaux.
Nettoyage et entretien des fours, cheminées et chaudières mettant le personnel en contact avec les suies, les cendres ou les tartres.

Loi n° 73-548 du 27 juin 1973,

Relative à l'hébergement collectif.

Sur l'infraction pénale consistant dans le fait de soumettre autrui à des conditions d'hébergement incompatibles avec la dignité humaine, V. **C. pén.**, *art. 225-14 s., App. I, B. Contrat de travail.*

Art. 1er Toute personne physique ou toute personne morale privée qui, à quelque titre que ce soit et même en qualité de simple occupant, a affecté avant l'entrée en vigueur de la présente loi ou affecte un local quelconque à l'hébergement, gratuit ou non, est tenue d'en faire la déclaration au préfet, dès lors que cet hébergement et, le cas échéant, tout ou partie des prestations annexes sont organisés et fournis en vue d'une utilisation collective excédant le cadre familial.

(*L. n° 2015-990 du 6 août 2015, art. 280-V*) « Dès lors que ce local est affecté à l'hébergement de travailleurs, cette déclaration est également faite auprès de l'inspection du travail du lieu où est situé ce local. »

Les dispositions de la présente loi ne sont pas applicables aux formes d'hébergement collectif qui sont soumises à une obligation de déclaration ou d'agrément en vertu d'autres dispositions législatives ou réglementaires.

Art. 2 La déclaration prévue à l'article 1er fait l'objet d'un renouvellement annuel.

Art. 3 La liste limitative des énonciations qui doivent figurer dans la déclaration d'affectation et le délai dans lequel elle doit être faite ou renouvelée sont fixés par décret. – *V. Décr. n° 75-59 du 20 janv. 1975 (D. et BLD 1975. 70).*

Art. 4 (*L. n° 89-488 du 10 juill. 1989*) « Le défaut de déclaration ou la production d'une déclaration incomplète, inexacte ou tardive, en violation des dispositions des articles précédents, sera puni d'une peine d'amende de 300 à 6 000 € et d'une peine d'emprisonnement de deux mois à deux ans, ou de l'une de ces deux peines seulement. »

Toute condamnation prononcée en application du premier alinéa du premier article peut être assortie de l'interdiction pour la personne condamnée de procéder, pendant une durée maximale de trois ans, à l'affectation d'un local dans les conditions définies à l'article 1er.

Sont passibles des peines prévues au premier alinéa de l'article 8 ceux qui, directement ou par personne interposée, contreviennent à cette interdiction.

Art. 5 Lorsqu'il apparaît qu'un local affecté à l'hébergement collectif dans les conditions définies à l'article 1er ne satisfait pas aux prescriptions des dispositions législatives ou réglementaires qui lui sont applicables, le préfet met, par arrêté, l'auteur de la déclaration prévue audit article 1er en demeure de prendre dans un délai déterminé les mesures appropriées.

En cas d'urgence, ou si l'état du local est tel qu'il ne peut y être remédié, le préfet peut ordonner immédiatement, par arrêté motivé, sa fermeture ; il fixe le délai dans lequel cette fermeture doit être rendue effective.

Art. 6 (*L. n° 76-632 du 13 juill. 1976*) En cas d'inexécution de l'arrêté prévu au premier alinéa de l'article 5, le préfet ordonne la fermeture totale ou partielle du local et fixe le délai dans lequel cette fermeture doit être rendue effective.

Art. 7 (*L. n° 76-632 du 13 juill. 1976*) Lorsque le préfet prend un arrêté de mise en demeure imposant la réduction du nombre des occupants d'un local affecté à l'hébergement collectif, ou lorsqu'il ordonne la fermeture de ce local, il doit accompagner sa décision de l'énoncé des mesures prises pour assurer le relogement total ou partiel des occupants, adapté à leur situation.

Art. 7-1 (*L. n° 76-632 du 13 juill. 1976*) Lorsque le local a été fermé par la personne définie à l'article 1er, à la suite d'une mise en demeure prononcée en application du premier alinéa de l'article 5, ou lorsque la fermeture du local est ordonnée soit dans le cas d'urgence prévu au deuxième alinéa de l'article 5, soit en application de l'article 6, le préfet peut réquisitionner le local en vue de l'affecter, après aménagement, à l'hébergement en priorité de ses précédents occupants.

Sous réserve de l'application du premier alinéa de l'article 7-3, les frais de cet aménagement incombent au propriétaire du local, le cas échéant, solidairement avec la personne définie à l'article 1er. – *V. Décr. n° 77-868 du 27 juill. 1977 (D. et BLD 1977. 361).*

Art. 8 Toute personne qui exploite un local, par elle-même ou par personne interposée, au mépris de la décision intervenue en application des articles 5 ou 6, sera punie d'une peine d'amende de 300 à 75 000 € et d'une peine d'emprisonnement de trois ans ou de l'une de ces deux peines seulement.

Toute condamnation prononcée en application du premier alinéa du présent article peut être assortie de l'interdiction pour la personne condamnée de procéder, pendant une durée maximale de cinq ans, à l'affectation d'un local dans les conditions définies à l'article 1er.

Sont passibles des peines prévues au premier alinéa du présent article ceux qui, directement ou par personne interposée, contreviennent à cette interdiction.

Art. 8-1 (*L. n° 91-1383 du 31 déc. 1991*) En cas d'infractions définies aux articles 4 et 8, le tribunal pourra prononcer à l'encontre du condamné étranger l'interdiction du territoire français pour une durée ne pouvant excéder dix ans.

L'interdiction du territoire français entraîne de plein droit reconduite à la frontière, le cas échéant, à l'expiration de la peine d'emprisonnement.

(*L. n° 93-1027 du 24 août 1993*) « Le tribunal ne peut prononcer, que par une décision spécialement motivée au regard de la gravité de l'infraction, l'interdiction du territoire français à l'encontre :

« 1° D'un condamné étranger père ou mère d'un enfant français résidant en France, à condition qu'il exerce, même partiellement, l'autorité parentale à l'égard de cet enfant ou qu'il subvienne effectivement à ses besoins ;

« 2° D'un condamné étranger marié depuis au moins un an avec un conjoint de nationalité française, à condition que ce mariage soit antérieur aux faits ayant entraîné sa condamnation, que la communauté de vie n'ait pas cessé et que le conjoint ait conservé la nationalité française ;

« 3° D'un condamné étranger qui justifie qu'il réside habituellement en France depuis qu'il a atteint au plus l'âge de dix ans ;

« 4° D'un condamné étranger qui justifie qu'il réside régulièrement en France depuis plus de quinze ans.

« L'interdiction du territoire français n'est pas applicable à l'encontre du condamné étranger mineur de dix-huit ans. »

Art. 8-2 (*L. n° 93-1313 du 20 déc. 1993, art. 35*) Les personnes morales peuvent être déclarées responsables pénalement, dans les conditions prévues par l'article 121-2 du code pénal, des infractions aux articles 4 et 8.

Les peines encourues par les personnes morales sont :

1° L'amende, suivant les modalités prévues par l'article 131-38 du code pénal ;

2° Les peines mentionnées aux 2°, 3°, 4°, 5°, 8° et 9° de l'article 131-39 du code pénal.

L'interdiction visée au 2° de l'article 131-39 porte sur l'activité dans l'exercice ou à l'occasion de l'exercice de laquelle l'infraction a été commise. – *Entrée en vigueur le 1er mars 1994.*

Art. 9 Les infractions aux dispositions de la présente loi et des règlements pris pour son application sont constatées par les officiers et agents de police judiciaire, par (*Ord. n° 2010-177 du 23 févr. 2010, art. 20*) « les autres agents mentionnés à l'article L. 1312-1 du code de la santé publique » et, dans la limite de leur compétence, par les inspecteurs du travail et de la main-d'œuvre, ainsi que par les autres fonctionnaires chargés du contrôle de l'application du droit du travail.

Arrêté du 8 juillet 2003,

Relatif à la protection des travailleurs susceptibles d'être exposés à une atmosphère explosive (JO 26 juill.).

SECTION 1 *Classification des emplacements où des atmosphères explosives peuvent se présenter*

Art. 1er Un emplacement dangereux au sens du présent arrêté est un emplacement où il est probable qu'une atmosphère explosive puisse se présenter en quantités telles que des précautions spéciales sont nécessaires en vue de protéger la sécurité et la santé des travailleurs concernés.

Lorsqu'elles sont mélangées avec l'air, les substances inflammables ou combustibles sont considérées comme pouvant donner lieu à la formation d'une atmosphère explosive, à moins qu'il ne soit avéré, après examen de leurs propriétés, qu'elles ne sont pas en mesure de propager en elles-mêmes une explosion.

Art. 2 Le système de classification prescrit par le présent arrêté s'applique aux emplacements pour lesquels des précautions doivent être prises, en application des articles R. 232-12-25 à R. 232-12-28 *[R. 4227-44 à R. 4227-54 nouv.]* du code du travail.

Art. 3 Les emplacements dangereux sont classés en zones en fonction de la nature, de la fréquence ou de la durée de présence d'une atmosphère explosive.

I. – Substances inflammables :

Zone 0 : emplacement où une atmosphère explosive consistant en un mélange avec l'air de substances inflammables sous forme de gaz, de vapeur ou de brouillard est présente en permanence, pendant de longues périodes ou fréquemment ;

Zone 1 : emplacement où une atmosphère explosive consistant en un mélange avec l'air de substances inflammables sous forme de gaz, de vapeur ou de brouillard est susceptible de se présenter occasionnellement en fonctionnement normal ;

Zone 2 : emplacement où une atmosphère explosive consistant en un mélange avec l'air de substances inflammables sous forme de gaz, de vapeur ou de brouillard n'est pas susceptible de se présenter en fonctionnement normal ou n'est que de courte durée, s'il advient qu'elle se présente néanmoins.

II. – Poussières :

Zone 20 : emplacement où une atmosphère explosive sous forme de nuage de poussières combustibles est présente dans l'air en permanence, pendant de longues périodes ou fréquemment ;

Zone 21 : emplacement où une atmosphère explosive sous forme de nuage de poussières combustibles est susceptible de se présenter occasionnellement en fonctionnement normal ;

Zone 22 : emplacement où une atmosphère explosive sous forme de nuage de poussières combustibles n'est pas susceptible de se présenter en fonctionnement normal ou n'est que de courte durée, s'il advient qu'elle se présente néanmoins.

Les couches, dépôts et tas de poussières combustibles doivent être traités comme toute autre source susceptible de former une atmosphère explosive.

III. – Par "fonctionnement normal", on entend la situation où les installations sont utilisées conformément à leurs paramètres de conception.

Cette classification détermine la nature et l'importance des mesures à prendre conformément à la section 2 du présent arrêté.

SECTION 2 *Prescriptions minimales visant à améliorer la protection en matière de sécurité et de santé des travailleurs susceptibles d'être exposés au risque d'atmosphères explosives*

SOUS-SECTION 1 *Remarque préliminaire*

Art. 4 Les obligations prévues par la présente section s'appliquent :
— aux emplacements dangereux au sens de la section 1 en fonction des caractéristiques du lieu de travail, des postes de travail, des appareils ou des substances utilisés ou des dangers causés par l'activité liée aux risques d'atmosphères explosives ;
— aux appareils situés dans des emplacements non dangereux et qui sont nécessaires ou qui contribuent au fonctionnement sûr d'appareils situés dans des emplacements dangereux.

SOUS-SECTION 2 *Mesures organisationnelles*

Art. 5 L'employeur prévoit, à l'intention des personnes qui travaillent dans des emplacements où des atmosphères explosives peuvent se présenter, une formation suffisante et appropriée en matière de protection contre les explosions.

Art. 6 Le document prévu à l'article R. 232-12-29 *[R. 4227-52]* prévoit nécessairement :
— que l'exécution de travaux dans les emplacements dangereux s'effectue selon des instructions écrites de l'employeur ;
— qu'un système d'autorisation en vue de l'exécution de travaux dangereux ainsi que de travaux susceptibles d'être dangereux lorsqu'ils interfèrent avec d'autres opérations, est formalisé.

Cette autorisation doit être délivrée avant le début des travaux par une personne habilitée à cet effet, par l'employeur, maître des lieux.

SOUS-SECTION 3 *Mesures de protection contre les explosions*

Art. 7 Toute émanation et tout dégagement, intentionnel ou non, de gaz inflammables, de vapeurs, de brouillards ou de poussières combustibles susceptibles de donner lieu à un risque d'explosion doivent être, soit convenablement déviés ou évacués vers un lieu sûr, soit, si cette solution n'est pas réalisable, sécurisés par confinement ou par une autre méthode appropriée.

Art. 8 Lorsque l'atmosphère explosive contient plusieurs sortes de gaz, vapeurs, brouillards ou poussières inflammables ou combustibles, les mesures de protection doivent correspondre au potentiel de risque le plus élevé.

Art. 9 En vue de prévenir les risques d'inflammation, conformément aux dispositions de l'article R. 232-12-25 *[R. 4227-44 et R. 4227-45 nouv.]* du code du travail, il convient de prendre en compte les décharges électrostatiques provenant des travailleurs ou du milieu de travail en tant que porteurs ou générateurs de charges. Les travailleurs doivent être équipés, en tant que de besoin, de vêtements de travail et d'équipements de protection individuelle antistatiques appropriés à une utilisation en atmosphère explosive au sens de l'annexe II du livre II du code du travail mentionnée à l'article R. 233-151.

Art. 10 L'installation, les appareils, les systèmes de protection et tout dispositif de raccordement associé ne peuvent être mis en service que s'il est mentionné dans le document, visé à l'article R. 232-12-29 *[R. 4227-52 nouv.]* du code du travail, relatif à la protection contre les explosions, qu'ils peuvent être utilisés en toute sécurité en atmosphères explosives. Il en est de même pour les équipements de travail et les dispositifs de raccordement associés qui ne sont pas des appareils ou des systèmes de protection au sens de la réglementation relative aux appareils et systèmes de protection destinés à être utilisés en atmosphères explosibles, si leur intégration dans l'installation peut, à elle seule, susciter un danger d'inflammation. L'employeur doit prendre les mesures nécessaires pour éviter une confusion entre les dispositifs de raccordement.

Art. 11 Tout doit être mis en œuvre pour assurer que le lieu de travail, les équipements de travail et tout dispositif de raccordement associé mis à la disposition des travailleurs, d'une part, ont été conçus, construits, montés et installés, et, d'autre part, sont entretenus et utilisés de manière à réduire au maximum les risques d'explosion ; si néanmoins une explosion se produit, tout doit être fait pour en maîtriser, ou réduire au maximum, la propagation sur le lieu de travail et dans les équipements de travail. Sur ces lieux de travail, des mesures appropriées sont prises pour réduire au maximum les effets physiques potentiels d'une explosion sur les travailleurs.

Art. 12 L'employeur doit prendre les dispositions nécessaires pour que les travailleurs soient alertés par des signaux optiques et acoustiques et évacués avant que les conditions d'une explosion ne soient réunies.

Art. 13 Sans préjudice des dispositions des articles R. 232-12-2 et R. 232-12-15 *[R. 4227-4 et R. 4227-24 à R. 4227-26 nouv.]* du code du travail, lorsque le document relatif à la protection contre les explosions, visé à l'article R. 232-12-29 du code du travail exige des issues d'évacuation particulières, celles-ci doivent être prévues et entretenues afin d'assurer que, en cas de danger, les travailleurs puissent quitter les zones dangereuses rapidement et en toute sécurité.

Art. 14 Avant la première utilisation de lieux de travail comprenant des emplacements où une atmosphère explosive peut se présenter, l'employeur doit procéder ou faire procéder à la vérification de la sécurité, eu égard au risque d'explosion, de l'ensemble de l'installation. Il doit s'assurer que toutes les conditions nécessaires pour assurer la protection contre les explosions sont maintenues.

La réalisation des vérifications ne peut être confiée qu'à des personnes qui, de par leur expérience et leur formation professionnelle, possèdent les compétences nécessaires dans le domaine de la protection contre les explosions.

Art. 15 Lorsque l'évaluation des risques prévue à l'article R. 232-12-26 [R. 4227-46 et R. 4227-47 nouv.] du code du travail, en montre la nécessité :
— lorsqu'une coupure d'énergie peut entraîner des dangers supplémentaires, les appareils et les systèmes de protection doivent pouvoir continuer de fonctionner en toute sécurité indépendamment du reste de l'installation, en cas de coupure d'énergie ;
— lorsque les appareils et les systèmes de protection fonctionnant en mode automatique s'écartent des conditions de fonctionnement prévues, ils doivent pouvoir être interrompus manuellement pour autant que cela ne compromette pas la sécurité ; les interventions de ce type ne peuvent être effectuées que par des travailleurs compétents ;
— lorsque les dispositifs de coupure d'urgence sont actionnés, les énergies accumulées doivent être soit dissipées aussi vite et aussi sûrement que possible, soit isolées de façon à ne plus constituer une source de danger.

SECTION 3 *Critères de sélection des appareils et des systèmes de protection*

Art. 16 1° Sauf dispositions contraires prévues par le document relatif à la protection contre les explosions, prévu à l'article R. 232-12-29 [R. 4227-52 à R. 4227-54 nouv.] du code du travail, fondé sur l'évaluation des risques, dans tous les emplacements où des atmosphères explosives peuvent se présenter des appareils et des systèmes de protection conformes aux catégories prévues par le décret n° 96-1010 du 19 novembre 1996 relatif aux appareils et aux systèmes de protection destinés à être utilisés en atmosphères explosibles, doivent être utilisés.

2° Pour l'application du 1° du présent article, les catégories suivantes d'appareils du groupe II, adaptées selon les cas, soit aux gaz, vapeurs ou brouillards, soit aux poussières, doivent être utilisées comme ainsi :
— zone 0 : appareils de la catégorie 1 G ;
— zone 20 : appareils de la catégorie 1 D ;
— zone 1 : appareils de la catégorie 1 G ou 2 G ;
— zone 21 : appareils de la catégorie 1 D ou 2 D ;
— zone 2 : appareils de la catégorie 1 G, 2 G ou 3 G ;
— zone 22 : appareils de la catégorie 1 D, 2 D ou 3 D.

SECTION 4 *Entrée en vigueur*

Art. 17 Les dispositions du présent arrêté entreront en vigueur à la date de publication au *Journal officiel* de la République française. Toutefois :
1° En ce qui concerne les équipements de travail :
a) Destinés à être utilisés dans les emplacements où des atmosphères explosives peuvent se présenter, et qui sont déjà utilisés ou mis pour la première fois à disposition dans l'entreprise ou l'établissement avant la date de publication du présent arrêté, ceux-ci doivent satisfaire, à partir de cette date, aux prescriptions minimales de la section 2 du présent arrêté ;
b) Destinés à être utilisés dans les emplacements où des atmosphères explosives peuvent se présenter et qui sont mis pour la première fois à disposition dans l'entreprise ou l'établissement, après la date de publication du présent arrêté, ceux-ci doivent satisfaire aux prescriptions minimales des sections 2 et 3 du présent arrêté ;
2° En ce qui concerne les lieux de travail :
a) Comprenant des emplacements où des atmosphères explosives peuvent se présenter et qui sont déjà utilisés, avant la date de publication du présent arrêté, ceux-ci doivent satisfaire, au plus tard trois ans après cette date, aux prescriptions minimales du présent arrêté ;
b) Comprenant des emplacements où des atmosphères explosives peuvent se présenter et qui sont utilisés pour la première fois après la date de publication du présent arrêté, ceux-ci doivent satisfaire aux prescriptions minimales du présent arrêté ;
c) Lorsque des lieux de travail comprenant des emplacements où des atmosphères explosives peuvent se présenter font l'objet, après la date de publication du présent arrêté, de modifications, d'extensions ou de transformations, l'employeur est tenu de prendre les mesu-

res nécessaires pour que ces modifications, extensions ou transformations soient conformes aux prescriptions minimales du présent arrêté.

Accord national interprofessionnel sur le stress au travail du 2 juillet 2008,

Sont rendues obligatoires, pour tous les employeurs et tous les salariés compris dans son champ d'application, les dispositions de l'accord national interprofessionnel sur le stress au travail du 2 juillet 2008 (Arr. du 23 avr. 2009, JO 6 mai).

BIBL. ▶ ASQUINAZI-BAILLEUX, *JCP S 2010. 1393* (risques psychosociaux et méthodes de gestion de l'entreprise). – DEJOURS et ROSENTAL, *RDT 2010. Controverse 9* (la souffrance au travail a-t-elle changé de nature ?). – LEGROS, *JCP S 2009. 1280*. – LLOVERA, *JCP S 2013. 1095* (stress au travail et condamnation pour faute inexcusable de l'employeur). – MATHIEU, *JSL 2010, n° 271-1*.

1. Introduction

Le stress au travail est considéré sur le plan international, européen et national comme une préoccupation à la fois des employeurs et des travailleurs. Ayant identifié la nécessité d'une action commune spécifique sur cette question et anticipant une consultation sur le stress par la Commission, les partenaires sociaux européens ont signé, le 8 octobre 2004, un accord sur le stress au travail dans le cadre de l'article 138 du traité CE.

Le présent accord a pour objet de transposer l'accord européen en droit français et de prendre en compte les évolutions de la société sur ce sujet.

Le stress peut affecter potentiellement tout lieu de travail et tout travailleur, quels que soient la taille de l'entreprise, le domaine d'activité, le type de contrat ou de relation d'emploi. En pratique, tous les lieux de travail et tous les travailleurs ne sont pas nécessairement affectés.

La lutte contre le stress au travail doit conduire à une plus grande efficacité et une amélioration de la santé et de la sécurité au travail, avec les bénéfices économiques et sociaux qui en découlent pour les entreprises, les travailleurs et la société dans son ensemble. Il importe de tenir compte de la diversité des travailleurs, des situations de travail et de la responsabilité des employeurs dans la lutte contre les problèmes de stress au travail.

2. Objet

L'objet de l'accord est :
– d'augmenter la prise de conscience et la compréhension du stress au travail, par les employeurs, les travailleurs et leurs représentants ;
– d'attirer leur attention sur les signes susceptibles d'indiquer des problèmes de stress au travail, et ce le plus précocement possible ;
– de fournir aux employeurs et aux travailleurs un cadre qui permette de détecter, de prévenir, d'éviter et de faire face aux problèmes de stress au travail. Son but n'est pas de culpabiliser l'individu par rapport au stress.

Dans ce cadre, les partenaires sociaux souhaitent concourir à la préservation de la santé des travailleurs par :
– la mise en place d'une prévention efficace contre les problèmes générés par les facteurs de stress liés au travail ;
– l'information et la formation de l'ensemble des acteurs de l'entreprise ;
– la lutte contre les problèmes de stress au travail et la promotion de bonnes pratiques notamment de dialogue dans l'entreprise et dans les modes organisationnels pour y faire face ;
– la prise en compte de l'équilibre entre vie professionnelle, vie familiale et personnelle.

Reconnaissant que le harcèlement et la violence au travail sont des facteurs de stress, les partenaires sociaux décident d'engager, dans les 12 mois qui suivent la signature du présent accord, une négociation spécifique sur ces questions dans le cadre de la transposition de l'accord européen sur le harcèlement et la violence au travail du 26 avril 2007. Le présent accord ne traite donc ni de la violence au travail, ni du harcèlement et du stress post-traumatique.

3. Description du stress et du stress au travail

Un état de stress survient lorsqu'il y a déséquilibre entre la perception qu'une personne a des contraintes que lui impose son environnement et la perception qu'elle a de ses propres ressources pour y faire face. L'individu est capable de gérer la pression à court terme, mais il éprouve de grandes difficultés face à une exposition prolongée ou répétée à des pressions intenses.

En outre, différents individus peuvent réagir de manière différente à des situations similaires et un même individu peut, à différents moments de sa vie, réagir différemment à des situations similaires. Le stress n'est pas une maladie mais une exposition prolongée au stress peut réduire l'efficacité au travail et peut causer des problèmes de santé.

Le stress d'origine extérieure au milieu de travail peut entraîner des changements de comportement et une réduction de l'efficacité au travail. Toute manifestation de stress au travail ne doit pas être considérée comme stress lié au travail. Le stress lié au travail peut être provoqué par différents facteurs tels que le contenu et l'organisation du travail, l'environnement de travail, une mauvaise communication, etc.

4. Identification des problèmes de stress au travail

Compte tenu de la complexité du phénomène de stress, le présent accord n'entend pas fournir une liste exhaustive des indicateurs potentiels de stress. Toutefois, un certain nombre d'indicateurs peuvent révéler la présence de stress dans l'entreprise justifiant la prise de mesures adaptées pour lutter contre le phénomène. Par exemple, un niveau élevé d'absentéisme, notamment de courte durée, ou de rotation du personnel en particulier fondée sur des démissions, des conflits personnels ou des plaintes, fréquents de la part des travailleurs, un taux de fréquence des accidents du travail élevé, des passages à l'acte violents, contre soi-même ou contre d'autres, même peu nombreux, une augmentation significative des visites spontanées au service médical sont quelques-uns des signes pouvant révéler la présence de stress au travail.

L'identification d'un problème de stress au travail doit passer par une analyse de facteurs tels que :
— l'organisation et les processus de travail (aménagement du temps de travail, dépassements excessifs et systématiques d'horaires, degré d'autonomie, mauvaise adéquation du travail à la capacité ou aux moyens mis à disposition des travailleurs, charge de travail réelle manifestement excessive, des objectifs disproportionnés ou mal définis, une mise sous pression systématique qui ne doit pas constituer un mode de management, etc.) ;
— les conditions et l'environnement de travail (exposition à un environnement agressif, à un comportement abusif, au bruit, à une promiscuité trop importante pouvant nuire à l'efficacité, à la chaleur, à des substances dangereuses, etc.) ;
— la communication (incertitude quant à ce qui est attendu au travail, perspectives d'emploi, changement à venir, une mauvaise communication concernant les orientations et les objectifs de l'entreprise, une communication difficile entre les acteurs[,] etc.) ;
— et les facteurs subjectifs (pressions émotionnelles et sociales, impression de ne pouvoir faire face à la situation, perception d'un manque de soutien, difficulté de conciliation entre vie personnelle et vie professionnelle, etc.).

L'existence des facteurs énumérés peut constituer des signes révélant un problème de stress au travail. Dès qu'un problème de stress au travail est identifié, une action doit être entreprise pour le prévenir, l'éliminer ou à défaut le réduire. La responsabilité de déterminer les mesures appropriées incombe à l'employeur. Les institutions représentatives du personnel, et à défaut les travailleurs, sont associées à la mise en œuvre de ces mesures.

L'amélioration de la prévention du stress est un facteur positif qui contribue à une meilleure santé des travailleurs et à une plus grande efficacité de l'entreprise.

Le médecin du travail est une ressource en termes d'identification du stress au travail.

5. Responsabilités des employeurs et des travailleurs

En vertu de la directive-cadre n° 89-391 concernant la mise en œuvre des mesures visant à promouvoir l'amélioration de la sécurité et de la santé des travailleurs au travail, et des articles L. 4121-1 à L. 4121-5 du code du travail, les employeurs prennent les mesures nécessaires pour assurer la sécurité et protéger la santé physique et mentale des travailleurs. Cette obligation couvre également les problèmes de stress au travail dans la mesure où ils présentent un risque pour la santé et la sécurité. Tous les travailleurs ont l'obligation générale de se conformer aux mesures de protection déterminées par l'employeur.

La lutte contre les causes et les conséquences du stress au travail peut être menée dans le cadre d'une procédure globale d'évaluation des risques, par une politique distincte en matière de stress et/ou par des mesures spécifiques visant les facteurs de stress identifiés.

Les mesures sont mises en œuvre, sous la responsabilité de l'employeur, avec la participation et la collaboration des travailleurs et/ou de leurs représentants.

6. Prévenir, éliminer et, à défaut, réduire les problèmes de stress au travail

Prévenir, éliminer et, à défaut, réduire les problèmes de stress au travail inclut diverses mesures. Ces mesures peuvent être collectives, individuelles ou concomitantes. Elles peuvent être mises en œuvre sous la forme de mesures spécifiques visant les facteurs de stress identifiés ou dans le cadre d'une politique intégrée qui implique des actions de prévention et des actions correctives.

A ce titre, les partenaires sociaux souhaitent réaffirmer le rôle pivot du médecin du travail soumis au secret médical, ce qui garantit au travailleur de préserver son anonymat, dans un environnement pluridisciplinaire.

Lorsque l'entreprise ne dispose pas de l'expertise requise, elle fait appel à une expertise externe conformément aux législations, aux conventions collectives et aux pratiques européennes et nationales, sans obérer le rôle du CHSCT.

Les mesures de lutte contre le stress sont régulièrement réexaminées afin d'évaluer leur efficacité ainsi que leur impact sur le stress tel qu'il ressort des indicateurs. Dans ce cadre, il conviendra de déterminer s'il a été fait un usage optimal des ressources et si les mesures définies sont encore appropriées ou nécessaires.

Ces mesures incluent par exemple :
– des mesures visant à améliorer l'organisation, les processus, les conditions et l'environnement de travail, à assurer un soutien adéquat de la direction aux personnes et aux équipes, à donner à tous les acteurs de l'entreprise des possibilités d'échanger à propos de leur travail, à assurer une bonne adéquation entre responsabilité et contrôle sur le travail, et des mesures de gestion et de communication visant à clarifier les objectifs de l'entreprise et le rôle de chaque travailleur ;
– la formation de l'ensemble des acteurs de l'entreprise et en particulier de l'encadrement et de la direction afin de développer la prise de conscience et la compréhension du stress, de ses causes possibles et de la manière de le prévenir et d'y faire face ;
– l'information et la consultation des travailleurs et/ou leurs représentants, conformément à la législation, aux conventions collectives et aux pratiques européennes et nationales.

7. Mise en œuvre et suivi

Les organisations professionnelles d'employeurs et les organisations syndicales de salariés, représentatives au niveau national et interprofessionnel, invitent l'État à prendre, dans les meilleurs délais, les mesures d'extension du présent accord.

Les accords de branche et les accords d'entreprises ne peuvent déroger aux dispositions du présent accord que dans un sens plus favorable aux travailleurs.

Accord national interprofessionnel sur le harcèlement et la violence au travail du 26 mars 2010,

Sont rendues obligatoires, pour tous les employeurs et tous les salariés compris dans son champ d'application, les dispositions de l'accord national interprofessionnel sur le harcèlement et la violence au travail du 26 mars 2010 (Arr. du 23 juill. 2010, JO 31 juill.).

BIBL. ▶ ADAM, *RDT* 2010. 428 ⌀. – BRISSY, *RDT* 2010. 499 ⌀ (droit et violence au travail). – HÉAS, *Dr. ouvrier* 2010. 461 (le concept de dignité appliqué aux relations de travail).

Préambule

Le respect de la dignité des personnes à tous les niveaux est un principe fondamental qui ne peut être transgressé, y compris sur le lieu de travail. C'est pourquoi le harcèlement et la violence, qui enfreignent très gravement ce principe, sont inacceptables. Les parties signataires les condamnent sous toutes leurs formes.

Elles estiment qu'employeurs et salariés ont un intérêt mutuel à traiter, notamment par la mise en place d'actions de prévention, cette problématique, qui peut avoir de graves conséquences sur les personnes et est susceptible de nuire à la performance de l'entreprise et de ses salariés.

Elles considèrent comme étant de leur devoir et de leur responsabilité de transposer, par le présent accord, l'accord cadre autonome signé par les partenaires sociaux européens le 15 décembre 2006 sur le harcèlement et la violence au travail.

Prenant en compte :

• les dispositions des législations européennes *[La législation européenne inclut notamment les directives suivantes :*

- directive 2000/43/CE du Conseil du 29 juin 2000 relative à la mise en œuvre du principe de l'égalité de traitement entre les personnes sans distinction de race ou d'origine ethnique ;
- directive 2000/78/CE du Conseil du 27 novembre 2000 portant création d'un cadre général en faveur de l'égalité de traitement en matière d'emploi et de travail ;
- directive 2002/73/CE du Parlement européen et du Conseil du 23 septembre 2002 modifiant la directive 76/207/CEE du Conseil relative à la mise en œuvre du principe de l'égalité de traitement entre hommes et femmes en ce qui concerne l'accès à l'emploi, à la formation et à la promotion professionnelles, et les conditions de travail modifiée par la directive 2006/54/CE du 5 juillet 2006 ;
- directive 89/391/CEE du Conseil, du 12 juin 1989, concernant la mise en œuvre de mesures visant à promouvoir l'amélioration de la sécurité et de la santé des travailleurs au travail.] et nationale qui définissent l'obligation de l'employeur de protéger les salariés contre le harcèlement et la violence sur le lieu de travail ;
- et le fait que le harcèlement et/ou la violence au travail peuvent prendre différentes formes, susceptibles :
  – d'être d'ordre physique, psychologique et/ou sexuel,
  – de consister en incidents ponctuels ou en comportements systématiques,
  – d'être exercés entre collègues, entre supérieurs et subordonnés, ou par des tiers tels que clients, consommateurs, patients, élèves, etc.,
  – d'aller de cas mineurs de manque de respect à des agissements plus graves, y compris des délits, exigeant l'intervention des pouvoirs publics,

les parties signataires reconnaissent que le harcèlement et la violence peuvent affecter potentiellement tout lieu de travail et tout salarié, quels que soient la taille de l'entreprise, son champ d'activité ou la forme du contrat ou de la relation d'emploi.

Cependant, certaines catégories de salariés et certaines activités sont plus exposées que d'autres, notamment, s'agissant des agressions externes, les salariés qui sont en contact avec le public. Néanmoins, dans la pratique, tous les lieux de travail et tous les salariés ne sont pas affectés.

Le présent accord vient compléter la démarche initiée par l'accord national interprofessionnel du 2 juillet 2008 sur le stress au travail (signé le 24 novembre 2008) dont les dispositions abordent les aspects organisationnels, les conditions et l'environnement de travail.

Il vise à identifier, à prévenir et à gérer deux aspects spécifiques des risques psychosociaux – le harcèlement et la violence au travail.

Dans cette perspective, les parties signataires réaffirment leur volonté de traiter ces questions en raison de leurs conséquences graves pour les personnes ainsi que de leurs coûts sociaux et économiques. Elles conviennent, en conséquence, de prendre des mesures de protection collective visant à améliorer la santé et la sécurité au travail des salariés, de veiller à l'environnement physique et psychologique du travail. Elles soulignent également l'importance qu'elles attachent au développement de la communication sur les phénomènes de harcèlement et de violence au travail, ainsi qu'à la promotion des méthodes de prévention de ces phénomènes.

Sans préjudice des dispositions législatives et réglementaires en vigueur, le présent accord traite des formes de harcèlement et de violence au travail qui ressortent de la compétence des partenaires sociaux et correspondent à la description qui en est faite à l'article 2 ci-dessous.

Art. 1er *Objectifs de l'accord.* Le présent accord a pour objectifs :
– d'améliorer la sensibilisation, la compréhension et la prise de conscience des employeurs, des salariés et de leurs représentants à l'égard du harcèlement et de la violence au travail afin de mieux prévenir ces phénomènes, les réduire et si possible les éliminer ;
– d'apporter aux employeurs, aux salariés et à leurs représentants, à tous les niveaux, un cadre concret pour l'identification, la prévention et la gestion des problèmes de harcèlement et de violence au travail.

Ces objectifs s'imposent à l'ensemble des entreprises, quel que soit leur effectif. Les modalités retenues pour les atteindre devront être adaptées à la taille des entreprises.

Art. 2 *Définition, description et identification du harcèlement et de la violence au travail.*
1. Définition *[Au sens du BIT, la violence au travail s'entend de « toute action, tout incident ou tout comportement qui s'écarte d'une attitude raisonnable par lesquels une personne est attaquée, menacée, lésée, ou blessée dans le cadre du travail ou du fait de son travail ;*

« – la violence au travail interne est celle qui se manifeste entre les travailleurs, y compris le personnel d'encadrement ;

« – la violence au travail externe est celle qui s'exprime entre les travailleurs (et le personnel d'encadrement) et toute personne présente sur le lieu de travail. »] **et description générale**

Le harcèlement et la violence au travail s'expriment par des comportements inacceptables d'un ou plusieurs individus ; ils peuvent prendre des formes différentes (physiques, psychologiques, sexuelles), dont certaines sont plus facilement identifiables que d'autres. L'environnement de travail peut avoir une influence sur l'exposition des personnes au harcèlement et à la violence.

Le harcèlement survient lorsqu'un ou plusieurs salariés font l'objet d'abus, de menaces et/ou d'humiliations répétés et délibérés dans des circonstances liées au travail, soit sur les lieux de travail, soit dans des situations liées au travail.

La violence au travail se produit lorsqu'un ou plusieurs salariés sont agressés dans des circonstances liées au travail. Elle va du manque de respect à la manifestation de la volonté de nuire, de détruire, de l'incivilité à l'agression physique. La violence au travail peut prendre la forme d'agression verbale, d'agression comportementale, notamment sexiste, d'agression physique, ...

Les incivilités contribuent à la dégradation des conditions de travail, notamment pour les salariés qui sont en relation quotidienne avec le public, et rendent difficile la vie en commun.

Les entreprises qui laissent les incivilités s'installer, les banalisent et favorisent l'émergence d'actes plus graves de violence et de harcèlement.

Le harcèlement et la violence au travail peuvent être exercés par un ou plusieurs salariés ou par des tiers avec pour but ou pour effet de porter atteinte à la dignité d'un salarié, affectant sa santé et sa sécurité et/ou créant un environnement de travail hostile.

Les phénomènes de stress lorsqu'ils découlent de facteurs tenant à l'organisation du travail, l'environnement de travail ou une mauvaise communication dans l'entreprise peuvent conduire à des situations de harcèlement et de violence au travail plus difficiles à identifier.

2. Cas particulier de harcèlement et de violence au travail

Certaines catégories de salariés peuvent être affectées plus particulièrement par le harcèlement et la violence en raison de leur origine, de leur sexe, de leur orientation sexuelle, de leur handicap, ou de la fréquence de leur relation avec le public. En effet, les personnes potentiellement exposées à des discriminations peuvent être plus particulièrement sujettes à des situations de harcèlement et de violence au travail.

3. Violences faites aux femmes

En ce qui concerne plus particulièrement les violences faites aux femmes, la persistance des stéréotypes et des tabous ainsi que la non reconnaissance des phénomènes de harcèlement sexuel, nécessite une forte sensibilisation à tous les niveaux de la hiérarchie et la mise en place de politiques de prévention, et d'accompagnement dans les entreprises. Il s'agit notamment d'identifier ces stéréotypes et de les démystifier en réfutant les représentations erronées de la place des femmes dans le travail. Une telle démarche s'inscrit notamment dans une approche volontariste et opérationnelle pour combattre ces phénomènes qui peuvent se révéler dans le cadre du travail au travers de situations de harcèlement et de violence au travail.

Art. 3 *Engagements des employeurs et des salariés.* Aucun salarié ne doit subir des agissements répétés de harcèlement qui ont pour objet ou pour effet une dégradation de ses conditions de travail susceptible de porter atteinte à ses droits et à sa dignité, d'altérer sa santé physique ou mentale ou de compromettre son avenir professionnel.

De même, aucun salarié ne doit subir des agressions ou des violences dans des circonstances liées au travail, qu'il s'agisse de violence interne ou externe :

– la violence au travail interne est celle qui se manifeste entre les salariés, y compris le personnel d'encadrement,

– la violence au travail externe est celle qui survient entre les salariés, le personnel d'encadrement et toute personne extérieure à l'entreprise présente sur le lieu de travail.

En conséquence, l'employeur prend toutes les mesures nécessaires en vue de prévenir de tels agissements :

– Les entreprises doivent clairement affirmer que le harcèlement et la violence au travail ne sont pas admis. Cette position qui peut être déclinée sous la forme d'une "charte de référence" précise les procédures à suivre si un cas survient. Les procédures peuvent inclure une phase informelle, durant laquelle une personne ayant la confiance de la direction et des salariés est disponible pour fournir conseils et assistance.

– La diffusion de l'information est un moyen essentiel pour lutter contre l'émergence et le développement du harcèlement et de la violence au travail. A cet effet, la position ci-dessus, lorsqu'elle fait l'objet d'un document écrit ou de la "charte de référence", est annexée au règlement intérieur dans les entreprises qui y sont assujetties.

Art. 4 *Prévention, identification et gestion des problèmes de harcèlement et de violence au travail.*
L'employeur, en concertation avec les salariés et/ou leurs représentants, prend les mesures nécessaires en vue de prévenir et gérer les agissements de harcèlement et de violence au travail.

A cet effet, il apparaît important de recenser, le cas échéant, les phénomènes de harcèlement ou de violence au travail afin d'en mesurer l'ampleur, d'en appréhender les circonstances, et de rechercher les mesures de prévention adéquates.

Le harcèlement et la violence au travail ne peuvent se présumer. Toutefois, en l'absence de dénonciation explicite, les employeurs doivent manifester une vigilance accrue à l'apparition de certains indicateurs ou indices tels que des conflits personnels répétés, des plaintes fréquentes de la part de salariés, ou des passages à l'acte violents contre soi-même ou contre d'autres.

1. Prévention des problèmes de harcèlement et de violence au travail
Une meilleure sensibilisation et une formation adéquate des responsables hiérarchiques et des salariés réduisent la probabilité des cas de survenance de harcèlement et de violence au travail. Aujourd'hui, la formation au management proposée dans les différentes écoles ou universités ne prend pas suffisamment en compte la formation à la conduite des équipes. Aussi, ces programmes de formation doivent davantage intégrer la dimension relative à la conduite des hommes et des équipes, et aux comportements managériaux.

Cette sensibilisation et cette formation passe [*passent*] par la mobilisation des branches professionnelles qui mettront en place les outils adaptés à la situation des entreprises de leur secteur professionnel.

Ainsi, les outils nécessaires pourront être élaborés afin de favoriser la connaissance des employeurs et des salariés des phénomènes de harcèlement et de violence au travail et de mieux appréhender leurs conséquences au sein de l'entreprise.

— Par ailleurs, les mesures visant à améliorer l'organisation, les processus, les conditions et l'environnement de travail et à donner à tous les acteurs de l'entreprise des possibilités d'échanger à propos de leur travail participent à la prévention des situations de harcèlement et de violence au travail.

En cas de réorganisation, restructuration ou changement de périmètre de l'entreprise, celle-ci veillera à penser, dans ce nouveau contexte, un environnement de travail équilibré.

Les branches professionnelles s'emploieront avec les organisations syndicales de salariés à aider les entreprises à trouver des solutions adaptées à leur secteur professionnel.

— Lorsqu'une situation de harcèlement ou de violence est repérée ou risque de se produire, le salarié peut recourir à la procédure d'alerte prévue en cas d'atteinte au droit des personnes.

— Les parties signataires rappellent que les services de santé au travail qui associent des compétences médicales et pluridisciplinaires sont les acteurs privilégiés de la prévention du harcèlement et de la violence au travail. Outre leur rôle d'information et de sensibilisation des salariés ou de l'employeur confrontés à ces phénomènes, ils peuvent participer à l'élaboration de formations adaptées et d'une politique de sécurité, au niveau approprié de l'entreprise.

Le médecin du travail joue dans ce cadre un rôle particulier tenant au respect du secret médical tel qu'il est attaché à sa fonction et auquel il est tenu.

— Dans le cadre des attributions des institutions représentatives du personnel, le CHSCT agit, en lien avec le comité d'entreprise, pour la promotion de la prévention des risques professionnels dans l'établissement. Il peut notamment proposer des actions de prévention en matière de harcèlement et de violence au travail. En cas de refus de l'employeur, ce refus doit être motivé.

2. Identification et gestion des problèmes de harcèlement et de violence au travail
Sans préjudice des procédures préexistantes dans l'entreprise, une procédure appropriée peut être mise en place pour identifier, comprendre et traiter les phénomènes de harcèlement et de violence au travail.

Elle sera fondée sur les éléments suivants, sans pour autant s'y limiter :
— il est dans l'intérêt de tous d'agir avec la discrétion nécessaire pour protéger la dignité et la vie privée de chacun ;
— aucune information, autre qu'anonymisée ne doit être divulguée aux parties non impliquées dans l'affaire en cause ;
— les plaintes doivent être suivies d'enquêtes et traitées sans retard ;

— toutes les parties impliquées doivent bénéficier d'une écoute impartiale et d'un traitement équitable ;
— les plaintes doivent être étayées par des informations détaillées ;
— les fausses accusations délibérées ne doivent pas être tolérées, et peuvent entraîner des mesures disciplinaires ;
— une assistance extérieure peut être utile Elle peut notamment s'appuyer sur les services de santé au travail.
— Dans le respect de ces orientations, une procédure de médiation peut être mise en œuvre par toute personne de l'entreprise s'estimant victime de harcèlement ou par la personne mise en cause.

Le choix du médiateur fait l'objet d'un accord entre les parties.

Le médiateur s'informe de l'état des relations entre les parties. Il tente de les concilier et leur soumet des propositions qu'il consigne par écrit en vue de mettre fin au conflit.

L'employeur peut avoir recours aux compétences pluridisciplinaires du service de santé au travail dès l'identification de phénomènes de harcèlement et de violence au travail jusqu'à la mise en œuvre d'actions de prévention.

Les employeurs, en concertation avec les salariés et/ou leurs représentants, établissent, revoient et suivent ces procédures pour assurer leur efficacité, tant en matière de prévention qu'en matière de traitement des problèmes éventuels.

Art. 5 *Sanctions à l'encontre des auteurs de harcèlement et de violence au travail et mesures d'accompagnement des salariés harcelés ou agressés.*

1. Sanction à l'encontre des auteurs de harcèlement ou de violence

S'il est établi qu'il y a eu harcèlement ou violence, des mesures adaptées sont prises à l'égard du ou des auteurs. Le règlement intérieur précisera les sanctions applicables aux auteurs des agissements de harcèlement ou de violence.

2. Mesures d'accompagnement des salariés harcelés ou agressés

Aucun salarié ne peut être sanctionné, licencié ou faire l'objet d'une mesure discriminatoire, directe ou indirecte, notamment en matière de rémunération, de formation, de reclassement, d'affectation, de qualification, de classification, de promotion professionnelle, de mutation ou de renouvellement de contrat pour avoir subi ou refusé de subir des agissements de harcèlement ou de violence ou pour avoir témoigné de tels agissements ou les avoir relatés.

La (les) victime(s) bénéficie(nt) d'un soutien et, si nécessaire, d'une aide à leur maintien, à leur retour dans l'emploi ou à leur réinsertion.

Des mesures d'accompagnement prises en charge par l'entreprise sont mises en œuvre en cas de harcèlement avéré ou de violence, pouvant porter atteinte à la santé. Celles-ci sont avant tout destinées à apporter un soutien à la victime, notamment au plan médical et psychologique.

S'agissant des agressions par des tiers, l'entreprise pourra prévoir des mesures d'accompagnement, notamment juridique, du salarié agressé.

L'employeur, en concertation avec les salariés ou leurs représentants, procèdera à l'examen des situations de harcèlement et de violence au travail lorsque de telles situations sont constatées, y compris au regard de l'ensemble des éléments de l'environnement de travail : comportements individuels, modes de management, relations avec la clientèle, mode de fonctionnement de l'entreprise, ...

Art. 6 *Promotion, suivi et évaluation.* Les parties signataires assureront la diffusion et la promotion du présent accord auprès des salariés et des entreprises. Elles s'attacheront également à la situation dans les TPE/PME.

Elles insistent sur le rôle fondamental que doivent jouer les branches professionnelles en la matière.

Les partenaires sociaux établiront un rapport annuel conjoint, communiqué aux partenaires sociaux européens dans le cadre du suivi du déploiement de l'accord autonome européen.

A l'issue d'un délai de deux ans suivant la publication de l'arrêté d'extension de l'accord, les partenaires sociaux se réuniront pour évaluer la mise en œuvre de l'accord à tous les niveaux.

Convention OIT n° 187,

Sur le cadre promotionnel pour la sécurité et la santé au travail.

Conv. ratifiée par la L. n° 2014-200 du 24 févr. 2014 (JO 25 févr.).

V. Décr. n° 2016-88 du 1ᵉʳ févr. 2016 (JO 3 févr.)

D. SANTÉ, HYGIÈNE ET SÉCURITÉ   **II. Réglementation**

BIBL. ▶ LEROUGE, *Dr. soc.* 2016. 454 ∅ (portée et sens de la ratification de la convention de l'OIT n° 187 par la France).

I. Définitions

Art. 1ᵉʳ Aux fins de la présente convention :
(a) l'expression *politique nationale* désigne la politique nationale relative à la sécurité et la santé au travail et au milieu de travail définie conformément aux principes de l'article 4 de la convention (n° 155) sur la sécurité et la santé des travailleurs, 1981 ;
(b) l'expression *système national de sécurité et de santé au travail* ou *système national* désigne l'infrastructure qui constitue le cadre principal pour la mise en œuvre de la politique nationale et des programmes nationaux de sécurité et de santé au travail ;
(c) l'expression *programme national de sécurité et de santé au travail* ou *programme national* désigne tout programme national qui inclut des objectifs à réaliser selon un calendrier prédéterminé, des priorités et des moyens d'action établis en vue d'améliorer la sécurité et la santé au travail ainsi que des moyens permettant d'évaluer les progrès ;
(d) l'expression *culture de prévention nationale en matière de sécurité et de santé* désigne une culture où le droit à un milieu de travail sûr et salubre est respecté à tous les niveaux, où le Gouvernement, les employeurs et les travailleurs s'emploient activement à assurer un milieu de travail sûr et salubre au moyen d'un système de droits, de responsabilités et d'obligations définis et où le principe de prévention se voit accorder la plus haute priorité.

II. Objectif

Art. 2 1. Tout Membre qui ratifie la présente convention doit promouvoir l'amélioration continue de la sécurité et de la santé au travail pour prévenir les lésions et maladies professionnelles et les décès imputables au travail par le développement, en consultation avec les organisations d'employeurs et de travailleurs les plus représentatives, d'une politique nationale, d'un système national et d'un programme national.
2. Tout Membre doit prendre des mesures actives en vue de réaliser progressivement un milieu de travail sûr et salubre au moyen d'un système national et de programmes nationaux de sécurité et de santé au travail, en tenant compte des principes énoncés dans les instruments de l'Organisation internationale du Travail (OIT) pertinents pour le cadre promotionnel pour la sécurité et la santé au travail.
3. Tout Membre doit, en consultation avec les organisations d'employeurs et de travailleurs les plus représentatives, considérer périodiquement quelles mesures pourraient être prises pour ratifier les conventions pertinentes de l'OIT relatives à la sécurité et à la santé au travail.

III. Politique nationale

Art. 3 1. Tout Membre doit promouvoir un milieu de travail sûr et salubre, en élaborant à cette fin une politique nationale.
2. Tout Membre doit promouvoir et faire progresser, à tous les niveaux concernés, le droit des travailleurs à un milieu de travail sûr et salubre.
3. Lors de l'élaboration de sa politique nationale, tout Membre doit promouvoir, à la lumière des conditions et de la pratique nationales et en consultation avec les organisations d'employeurs et de travailleurs les plus représentatives, des principes de base tels que les suivants : évaluer les risques ou les dangers imputables au travail ; combattre à la source les risques ou les dangers imputables au travail ; et développer une culture de prévention nationale en matière de sécurité et de santé, qui comprenne l'information, la consultation et la formation.

IV. Système national

Art. 4 1. Tout Membre doit établir, maintenir, développer progressivement et réexaminer périodiquement un système national de sécurité et de santé au travail, en consultation avec les organisations d'employeurs et de travailleurs les plus représentatives.
2. Le système national de sécurité et de santé au travail doit inclure, entre autres :
(a) la législation, les accords collectifs le cas échéant, et tout autre instrument pertinent en matière de sécurité et de santé au travail ;

(b) une autorité ou un organisme, ou des autorités ou des organismes, responsables aux fins de la sécurité et de la santé au travail, désignés conformément à la législation et à la pratique nationales ;

(c) des mécanismes visant à assurer le respect de la législation nationale, y compris des systèmes d'inspection ;

(d) des mesures pour promouvoir, au niveau de l'établissement, la coopération entre la direction, les travailleurs et leurs représentants, en tant qu'élément essentiel de prévention en milieu de travail.

3. Le système national de sécurité et de santé au travail doit inclure, s'il y a lieu :

(a) un organe tripartite consultatif national ou des organes tripartites consultatifs nationaux compétents en matière de sécurité et de santé au travail ;

(b) des services d'information et des services consultatifs en matière de sécurité et de santé au travail ;

(c) l'offre d'une formation en matière de sécurité et de santé au travail ;

(d) des services de santé au travail conformément à la législation et à la pratique nationales ;

(e) la recherche en matière de sécurité et de santé au travail ;

(f) un mécanisme de collecte et d'analyse des données sur les lésions et maladies professionnelles tenant compte des instruments pertinents de l'OIT ;

(g) des dispositions en vue d'une collaboration avec les régimes d'assurance ou de sécurité sociale couvrant les lésions et [les] maladies professionnelles ;

(h) des mécanismes de soutien pour l'amélioration progressive des conditions de sécurité et de santé au travail dans les micro-entreprises, les petites et moyennes entreprises et l'économie informelle.

V. Programme national

Art. 5 1. Tout Membre doit élaborer, mettre en œuvre, contrôler, évaluer et réexaminer périodiquement un programme national de sécurité et de santé au travail, en consultation avec les organisations d'employeurs et de travailleurs les plus représentatives.

2. Le programme national doit :

(a) promouvoir le développement d'une culture de prévention nationale en matière de sécurité et de santé ;

(b) contribuer à la protection des travailleurs en éliminant ou en réduisant au minimum, dans la mesure où cela est raisonnable et pratiquement réalisable, les dangers et les risques liés au travail, conformément à la législation et à la pratique nationales, en vue de prévenir les lésions et [les] maladies professionnelles et les décès imputables au travail et de promouvoir la sécurité et la santé sur le lieu de travail ;

(c) être élaboré et réexaminé sur la base d'une analyse de la situation nationale en matière de sécurité et de santé au travail comportant une analyse du système national de sécurité et de santé au travail ;

(d) comporter des objectifs, des cibles et des indicateurs de progrès ;

(e) être soutenu, si possible, par d'autres programmes et plans nationaux complémentaires qui aideront à atteindre progressivement l'objectif d'un milieu de travail sûr et salubre.

3. Le programme national doit être largement diffusé et, dans la mesure du possible, appuyé et lancé par les plus hautes autorités nationales.

VI. Dispositions finales

Art. 6 La présente convention ne porte révision d'aucune convention ou recommandation internationale du travail.

Art. 7 Les ratifications formelles de la présente convention sont communiquées au Directeur général du Bureau international du Travail aux fins d'enregistrement.

Art. 8 1. La présente convention ne lie que les Membres de l'Organisation internationale du Travail dont la ratification a été enregistrée par le Directeur général du Bureau international du Travail.

2. Elle entre en vigueur douze mois après que les ratifications de deux Membres ont été enregistrées par le Directeur général.

3. Par la suite, cette convention entre en vigueur pour chaque Membre douze mois après la date de l'enregistrement de sa ratification.

Art. 9 1. Tout Membre ayant ratifié la présente convention peut la dénoncer à l'expiration d'une période de dix années après la date de la mise en vigueur initiale de la convention,

par un acte communiqué au Directeur général du Bureau international du Travail aux fins d'enregistrement. La dénonciation ne prend effet qu'une année après avoir été enregistrée.
2. Tout Membre ayant ratifié la présente convention qui, dans l'année après l'expiration de la période de dix années mentionnée au paragraphe précédent, ne se prévaut pas de la faculté de dénonciation prévue par le présent article sera lié pour une nouvelle période de dix années et, par la suite, pourra dénoncer la présente convention dans la première année de chaque nouvelle période de dix années dans les conditions prévues au présent article.

Art. 10 1. Le Directeur général du Bureau international du Travail notifie à tous les Membres de l'Organisation internationale du Travail l'enregistrement de toutes les ratifications et dénonciations qui lui sont communiquées par les Membres de l'Organisation.
2. En notifiant aux Membres de l'Organisation l'enregistrement de la deuxième ratification communiquée, le Directeur général appelle l'attention des Membres de l'Organisation sur la date à laquelle la présente convention entrera en vigueur.

Art. 11 Le Directeur général du Bureau international du Travail communique au Secrétaire général des Nations unies, aux fins d'enregistrement, conformément à l'article 102 de la Charte des Nations unies, des renseignements complets au sujet de toutes [les] ratifications et dénonciations enregistrées.

Art. 12 Chaque fois qu'il le jugera nécessaire, le conseil d'administration du Bureau international du Travail présentera à la Conférence générale un rapport sur l'application de la présente convention et examinera s'il y a lieu d'inscrire à l'ordre du jour de la Conférence la question de sa révision.

Art. 13 1. Au cas où la Conférence adopte une nouvelle convention portant révision de la présente convention, et à moins que la nouvelle convention n'en dispose autrement :
(a) la ratification par un Membre de la nouvelle convention portant révision entraîne de plein droit, nonobstant l'article 9 ci-dessus, la dénonciation immédiate de la présente convention, sous réserve que la nouvelle convention portant révision soit entrée en vigueur ;
(b) à partir de la date de l'entrée en vigueur de la nouvelle convention portant révision, la présente convention cesse d'être ouverte à la ratification des Membres.
2. La présente convention demeure en tout cas en vigueur dans sa forme et teneur pour les Membres qui l'auraient ratifiée et qui ne ratifieraient pas la convention portant révision.

E Services de prévention et de santé au travail

(V. aussi C. trav., art. L. 4621-1 s.)

Code rural et de la pêche maritime

PREMIÈRE PARTIE : *LÉGISLATIVE*

LIVRE VII **DISPOSITIONS SOCIALES**

(Ord. n° 2000-550 du 15 juin 2000)

SERVICES DE SANTÉ AU TRAVAIL

Art. L. 717-1 *(L. n° 2023-1250 du 26 déc. 2023, art. 55)* « I. — » Sans préjudice *(L. n° 2023-1250 du 26 déc. 2023, art. 55)* « du titre II du livre VI de la quatrième partie » du code du travail relatives *(L. n° 2005-157 du 23 févr. 2005, art. 71-I)* « aux services de santé au travail », les dispositions *(L. n° 2011-525 du 17 mai 2011, art. 30)* « de la présente section » sont applicables aux exploitations, entreprises, établissements et employeurs définis à l'article L. 713-1 ainsi qu'aux entreprises artisanales rurales n'employant pas plus de deux salariés de façon permanente.
(L. n° 2023-1250 du 26 déc. 2023, art. 55) « II. — Pour le renouvellement périodique de l'examen médical d'aptitude mentionné au II de l'article L. 4624-2 du code du travail, certains actes de cet examen, préalables à la délivrance par le médecin du travail d'un avis d'aptitude, peuvent être délégués à un infirmier en santé au travail, dans le cadre d'un protocole écrit, dans les conditions prévues aux articles L. 4622-8 et L. 4623-9 du code du travail. Lorsque l'infirmier en santé au travail constate des éléments pouvant justifier une

inaptitude au poste de travail ou estime nécessaire de proposer l'une des mesures prévues à l'article L. 4624-3 du même code, il oriente sans délai le travailleur vers le médecin du travail pour qu'il réalise tous les actes de l'examen médical d'aptitude. »
(L. n° 2011-867 du 20 juill. 2011, art. 17 ; L. n° 2023-1250 du 26 déc. 2023, art. 55) « III. — L'article L. 4625-2 du code du travail ne s'applique pas aux voyageurs, représentants et placiers dont les employeurs sont mentionnés au premier alinéa du présent article. »
(Ord. n° 2005-57 du 26 janv. 2005, art. 6 ; L. n° 2023-1250 du 26 déc. 2023, art. 55) « IV. — Les dispositions *(L. n° 2011-525 du 17 mai 2011, art. 30)* « de la présente section » ne s'appliquent pas dans les départements d'outre-mer et à Saint-Pierre-et-Miquelon. »

Art. L. 717-2 *(L. n° 2011-867 du 20 juill. 2011, art. 17-2°)* « Des décrets déterminent les règles relatives à l'organisation et au fonctionnement des services de santé au travail en agriculture ainsi que *(L. n° 2021-1018 du 2 août 2021, art. 2, en vigueur le 31 mars 2022)* « , le cas échéant, les modalités d'application du chapitre II du titre II du livre VI de la quatrième partie et de l'article ». 4644-1 du code du travail. » *(L. n° 2005-157 du 23 févr. 2005, art. 71-I)* « Ils déterminent également les conditions dans lesquelles les exploitants agricoles et les membres non salariés de leur famille peuvent demander à bénéficier des examens du service de santé au travail.

« Les dépenses du service de santé au travail sont couvertes par les cotisations des employeurs et, le cas échéant, par celles des exploitants mentionnés ci-dessus. »

(L. n° 2021-1018 du 2 août 2021, art. 2, en vigueur le 31 mars 2022) « Des décrets en Conseil d'État précisent les modalités de mise en œuvre des chapitres III à V du titre II du livre VI de la quatrième partie du même code. »

Art. L. 717-2-1 *(L. n° 2005-157 du 23 févr. 2005, art. 71-II)* Le conseil central d'administration de la mutualité sociale agricole fixe chaque année, après avis conforme du comité central de la protection sociale des salariés agricoles :
— le taux de la cotisation due par les employeurs de main-d'œuvre, dont l'assiette est fixée par décret ;
— le montant de la participation due par l'utilisateur d'un salarié temporaire, pour la surveillance médicale spéciale, conformément *(Ord. n° 2012-789 du 31 mai 2012, art. 20-3°)* « aux articles L. 1251-21 à L. 1251-23 » du code du travail ;
— le montant de la participation due par les exploitants mentionnés au premier alinéa de l'article L. 717-2 *(L. n° 2021-1018 du 2 août 2021, art. 13-II, en vigueur le 31 mars 2022)* « du présent code.
« — le cas échéant, la grille tarifaire applicable à l'offre de services complémentaires mentionnée à l'article L. 717-3-1. »
Si les taux et montants susmentionnés n'ont pas été déterminés à l'expiration d'un délai prévu par décret, le ministre chargé de l'agriculture peut les fixer par arrêté.
La caisse centrale de la mutualité sociale agricole a pour mission de centraliser les recettes issues de la cotisation due par les employeurs de main-d'œuvre et utilisateurs de salariés temporaires, de procéder aux répartitions de ces recettes et compensations de charges des caisses de mutualité sociale agricole en matière de santé au travail, dans les conditions prévues par décret.
Les décisions de l'assemblée générale centrale et du conseil central d'administration de la mutualité sociale agricole sont soumises à l'approbation du ministre chargé de l'agriculture dans les conditions prévues à l'article L. 152-1 du code de la sécurité sociale.

Art. L. 717-3 *(L. n° 2005-157 du 23 févr. 2005, art. 71-I)* Les caisses de mutualité sociale agricole sont responsables de l'application des dispositions concernant l'organisation du service de santé au travail agricole. Elles peuvent, soit instituer en leur sein une section de santé au travail, soit créer une association spécialisée. *(L. n° 2011-867 du 20 juill. 2011, art. 15)* « Par exception aux dispositions de l'article L. 4622-11 du code du travail, le service de santé au travail est administré paritairement selon les modalités prévues au troisième alinéa de l'article L. 723-35 du présent code. » Cependant, toute entreprise peut, lorsque l'importance des effectifs des travailleurs salariés le justifie, être autorisée par l'autorité administrative compétente de l'État à organiser un service autonome de santé au travail.
L'exercice du service de santé au travail est confié à des médecins à temps partiel ou à temps complet. Des décrets déterminent les compétences techniques que ces médecins doivent posséder ainsi que les conditions dans lesquelles les médecins praticiens participent à l'exercice du service de santé au travail.

Art. L. 717-3-1 *(L. n° 2021-1018 du 2 août 2021, art. 11, en vigueur le 31 mars 2022)* I. — La caisse centrale de la mutualité sociale agricole coordonne la mise en œuvre, par les services de santé au travail des caisses de mutualité sociale agricole, de l'ensemble socle de services prévu à l'article L. 4622-9-1 du code du travail. Celui-ci est adapté à ces services selon des modalités fixées par décret, après avis du comité national de prévention et de santé au travail prévu à l'article L. 4641-2-1 du même code. – *V. Décr. n° 2022-1163 du 18 août 2022 relatif à l'ensemble socle de services à mettre en œuvre par les services de santé au travail en agriculture (JO 20 août).*

La caisse centrale de la mutualité sociale agricole peut proposer une offre de services complémentaires prévue à l'article L. 4622-9-1 dudit code. Elle coordonne sa mise en œuvre par les services de santé au travail des caisses de mutualité sociale agricole.

II. – Les référentiels et les principes guidant l'élaboration du cahier des charges de certification prévu à l'article L. 4622-9-3 du code du travail, adaptés aux modalités d'organisation et de fonctionnement des services de santé au travail des caisses de mutualité sociale agricole, sont fixés par décret, après avis du comité national de prévention et de santé au travail mentionné à l'article L. 4641-2-1 du même code.

Art. L. 717-4 L'autorité administrative compétente fait appel aux médecins inspecteurs du travail mentionnés à l'article L. 612-1 *[L. 8123-1 nouv.]* du code du travail pour tous avis, inspections ou enquêtes concernant :

1° L'agrément des organismes chargés *(L. n° 2005-157 du 23 févr. 2005, art. 71-I)* « du service de santé au travail » agricole ;

2° Le contrôle du fonctionnement desdits organismes ;

3° Les maladies et risques professionnels découlant de la mise en œuvre de techniques nouvelles. – *[Anc. art. 1000-3.]*

Art. L. 717-5 Pour l'accomplissement de leur mission, les médecins du travail mentionnés à l'article L. 717-3 ont accès aux exploitations, entreprises et établissements et chez les employeurs définis à l'article L. 717-1.

Ils sont autorisés à faire, aux fins d'analyse, tous prélèvements portant notamment sur les matières mises en œuvre et les produits utilisés. – *[Anc. art. 1000-4.]*

Art. L. 717-6 Les dispositions du premier alinéa de l'article 433-5 du code pénal ainsi que celles des articles 433-6 et 433-7 du même code qui prévoient et répriment l'outrage et la rébellion envers une personne chargée d'une mission de service public sont applicables à ceux qui se rendent coupables de faits de même nature à l'égard d'un médecin du travail.

En outre les personnes physiques qui se rendent coupables des infractions définies aux articles 433-5 et 433-6 du code pénal encourent les peines complémentaires prévues à l'article 433-22 du même code.

DEUXIÈME PARTIE : *RÉGLEMENTAIRE*

TITRE I RÉGLEMENTATION DU TRAVAIL SALARIÉ

CHAPITRE VII *SERVICES DE SANTÉ AU TRAVAIL*

Art. D. 717-1 Les employeurs de main-d'œuvre mentionnés à l'article L. 717-1 relèvent pour leurs salariés d'un service de santé au travail organisé *(Décr. n° 2012-837 du 29 juin 2012, art. 2-1°)* « sous la forme soit :

« 1° D'un service de santé et de sécurité au travail en agriculture défini à l'article D. 717-34 ;

« 2° D'une association spécialisée définie à l'article D. 717-35 ;

« 3° D'un service autonome d'entreprise défini à l'article D. 717-44 ».

F Titres-restaurant

V. art. L. 3262-1 s.

RÉP. TRAV. v° *Restauration d'entreprise et repas des salariés,* par Vilbœuf.

BIBL. GÉN. ▶ Aouate et Martinez-Randé, *SSL* 1996, n° 802, suppl.

Ordonnance n° 67-830 du 27 septembre 1967,

Relative à l'aménagement des conditions de travail en ce qui concerne le régime des conventions collectives, le travail des jeunes et les titres-restaurant.

TITRE III DISPOSITIONS RELATIVES AUX TITRES-RESTAURANT

Art. 19 (*L. n° 2001-1276 du 28 déc. 2001, art. 3*) « Les collectivités publiques et leurs établissements peuvent attribuer le titre-restaurant :

« – dans le cas où ils n'ont pas mis en place de dispositif propre de restauration collective, aux agents qu'ils ne peuvent pas faire bénéficier, par contrat passé avec un ou plusieurs gestionnaires de restaurants publics ou privés, d'un dispositif de restauration compatible avec la localisation de leur poste de travail ;

« – dans le cas où ils ont mis en place un dispositif propre de restauration collective, aux agents qu'ils ne peuvent faire bénéficier, compte tenu de la localisation de leur poste de travail, ni de ce dispositif, ni d'un dispositif de restauration mis en place par contrat passé avec un ou plusieurs gestionnaires de restaurants publics ou privés. »

Dern. al. abrogé par L. n° 2011-525 du 17 mai 2011, art. 139-III.

Art. 19-1 (*L. n° 2008-1258 du 3 déc. 2008, art. 25*) Les associations caritatives reconnues d'utilité publique fournissant une aide alimentaire sont autorisées à percevoir des dons sous forme de titres-restaurants de la part des salariés.

G Versement transport

Code général des collectivités territoriales

Art. L. 2333-64 (*L. n° 2014-891 du 8 août 2014, art. 17-I-1°-a et II*) « I. – » En dehors de la région d'Île-de-France, les personnes physiques ou morales, publiques ou privées (*L. n° 2014-1655 du 29 déc. 2014, art. 86*) « , à l'exception des fondations et associations reconnues d'utilité publique à but non lucratif dont l'activité est de caractère social, » (*L. n° 2020-1721 du 29 déc. 2020, art. 125*) « et des associations intermédiaires » peuvent être assujetties à un versement destiné au financement des (*L. n° 2019-1428 du 24 déc. 2019, art. 13-I*) « services de mobilité » lorsqu'elles emploient (*L. n° 2015-1785 du 29 déc. 2015, art. 15-IV*) « au moins onze » salariés :

1° Dans une commune ou une communauté urbaine dont la population est supérieure à (*L. n° 2000-1208 du 13 déc. 2000, art. 112*) « 10 000 habitants » (*L. n° 2010-788 du 12 juill. 2010, art. 55-1°*) « ou, dans les deux cas, lorsque la population est inférieure à 10 000 habitants et que le territoire comprend une ou plusieurs communes classées communes touristiques au sens de l'article L. 133-11 du code du tourisme » ;

2° (*Ord. n° 2014-1335 du 6 nov. 2014, art. 11-I-A-1° et 43-III*) « Dans » le ressort d'un établissement public de coopération intercommunale compétent pour l'organisation (*L. n° 2015-991 du 7 août 2015, art. 18-II-2°*) « de la mobilité », lorsque la population de l'ensemble des communes membres de l'établissement atteint le seuil indiqué ;

(*Ord. n° 2014-1335 du 6 nov. 2014, art. 11-I-A-2° et 43-III*) « 3° Dans le ressort d'une métropole ou de la métropole de Lyon, sous réserve des dispositions prévues à l'article L. 5722-7-1. »

(*L. n° 2019-486 du 22 mai 2019, art. 11, en vigueur le 1ᵉʳ janv. 2020*) « Pour l'application du présent I, l'effectif salarié employé dans chacune des zones où est institué le versement (*L. n° 2019-1428 du 24 déc. 2019, art. 13-I*) « destiné au financement des services de mobilité » et le franchissement du seuil de onze salariés sont décomptés selon les modalités prévues à l'article L. 130-1 du code de la sécurité sociale *[ancienne rédaction, applicable aux entreprises bénéficiaires de ces dispositions au 31 déc. 2019 : Les employeurs qui, en raison de l'accroissement de leur effectif, atteignent onze salariés sont dispensés pendant trois ans du paiement du versement. Le montant du versement est réduit de 75 %, 50 % et 25 %, respectivement chacune des trois années suivant la dernière année de dispense. Pour les employeurs qui sont dispensés du versement en 1996, la dispense de paiement s'applique jusqu'au 31 décembre 1999]* ».

Prise en compte du lieu effectif de travail. Un salarié ne peut être pris en compte pour l'assujettissement de son employeur au versement de transport [« versement mobilités » depuis la L. n° 2019-1428 du 24 déc. 2019] que si son lieu effectif de travail, à l'exclusion de l'établissement auquel il est rattaché, se situe dans le périmètre où est institué ce versement. ● Civ. 2ᵉ, 12 mai 2021, 🔒 n° 20-14.887 P.

Art. L. 2333-65 (Ord. n° 2018-474 du 12 juin 2018, art. 8) L'assiette du versement (L. n° 2019-1428 du 24 déc. 2019, art. 13-I) « destiné au financement des services de mobilité » est constituée des revenus d'activité tels qu'ils sont pris en compte pour la détermination de l'assiette des cotisations d'assurance maladie mises à la charge des employeurs et affectées au financement des régimes de base de l'assurance maladie. Le versement est recouvré dans les mêmes conditions et sous les mêmes garanties que lesdites cotisations.

Ces dispositions s'appliquent aux cotisations et contributions dues pour les périodes courant à compter du 1er sept. 2018 (Ord. n° 2018-474 du 12 juin 2018, art. 16).

Art. L. 2333-66 (L. n° 2019-1428 du 24 déc. 2019, art. 13-I) Le versement destiné au financement des services de mobilité est institué par délibération du conseil municipal ou de l'organe compétent de l'établissement public qui organise au moins un des services mentionnés au 1° du I de l'article L. 1231-1-1 du code des transports. La délibération énumère les services de mobilité, mis en place ou prévus, qui justifient le taux du versement.

Art. L. 2333-67 Le taux de versement est fixé ou modifié par délibération du conseil municipal (Ord. n° 2014-1335 du 6 nov. 2014, art. 11-I-C-1° et 43-III) « , du conseil de la métropole de Lyon » ou de l'organisme compétent de l'établissement public (L. n° 2019-1428 du 24 déc. 2019, art. 13-I) « qui est l'autorité organisatrice de la mobilité au sens de l'article L. 1231-1 du code des transports » dans la limite de :
— 0,55 p. 100 des salaires définis à l'article L. 2333-65 (L. n° 2019-1428 du 24 déc. 2019, art. 13-I) « du présent code » lorsque la population de la commune ou de l'établissement public est comprise entre (L. n° 2000-1208 du 13 déc. 2000, art. 112) « 10 000 » et 100 000 habitants ;
(L. n° 2010-1658 du 29 déc. 2010, art. 33) « — 0,85 % des salaires définis à l'article L. 2333-65 lorsque la population de la commune ou de l'établissement public est comprise entre 50 000 et 100 000 habitants et que l'autorité organisatrice (L. n° 2015-991 du 7 août 2015, art. 18-II-3°-a) « de la mobilité » (Abrogé par L. n° 2019-1428 du 24 déc. 2019, art. 13-I) « ou des transports urbains » a décidé de réaliser une infrastructure de transport collectif en site propre. Si les travaux correspondants n'ont pas commencé dans un délai maximal de cinq ans à compter de la date de majoration du taux du versement (L. n° 2019-1428 du 24 déc. 2019, art. 13-I) « destiné au financement des mobilités », le taux applicable à compter de la sixième année est ramené à 0,55 % au plus ; »
— 1 % des salaires définis à l'article L. 2333-65 lorsque la population de la commune (Abrogé par Ord. n° 2021-408 du 8 avr. 2021, art. 3, à compter du 1er janv. 2022) « , de la métropole de Lyon » ou de l'établissement public est supérieure à 100 000 habitants ;
(L. n° 2003-1311 du 30 déc. 2003, art. 132-II-1°) « — 1,75 % des salaires définis à l'article L. 2333-65 lorsque la population de la commune (Abrogé par Ord. n° 2021-408 du 8 avr. 2021, art. 3, à compter du 1er janv. 2022) « , de la métropole de Lyon » ou de l'établissement public de coopération est supérieure à 100 000 habitants et que l'autorité organisatrice (L. n° 2015-991 du 7 août 2015, art. 18-II-3°-a) « de la mobilité » (Abrogé par L. n° 2019-1428 du 24 déc. 2019, art. 13-I) « ou des transports urbains » a décidé de réaliser une infrastructure de transport collectif en mode routier ou guidé. Si les travaux correspondants n'ont pas été commencés dans un délai maximum de cinq ans à compter de la date de majoration du taux du versement (L. n° 2019-1428 du 24 déc. 2019, art. 13-I) « destiné au financement des mobilités », le taux applicable à compter de la sixième année est ramené à 1 % au plus. Toutefois, ce délai court à compter du 1er janvier 2004 pour les collectivités locales dont les délibérations fixant un taux supérieur à 1 % ont été prises antérieurement à cette date. »

Toutefois, les communautés de communes et (L. n° 99-586 du 12 juill. 1999) « communautés d'agglomération » ont la faculté de majorer de 0,05 p. 100 les taux maxima mentionnés aux alinéas précédents.

(Ord. n° 2014-1335 du 6 nov. 2014, art. 11-I-C-3° et 43-III) « Cette faculté est également ouverte :
« — aux communautés urbaines ;
« — aux métropoles ;
(Abrogé par Ord. n° 2021-408 du 8 avr. 2021, art. 3, à compter du 1er janv. 2022) « — à la métropole de Lyon, sous réserve des dispositions prévues à l'article L. 5722-7-1 ; »
« — aux autorités organisatrices (L. n° 2015-991 du 7 août 2015, art. 18-II-3°-b) « de la mobilité » auxquelles ont adhéré une communauté de communes, une communauté d'agglomération, une communauté urbaine ; et
« — à (Ord. n° 2021-408 du 8 avr. 2021, art. 3, en vigueur le 1er janv. 2022) « l'autorité organisatrice des mobilités des territoires lyonnais ». »

(L. n° 2010-788 du 12 juill. 2010, art. 55-2°) « Dans les territoires comprenant une ou plusieurs communes classées communes touristiques au sens de l'article L. 133-11 du code du tourisme, le taux applicable peut être majoré de 0,2 %. »

(L. n° 2011-1977 du 28 déc. 2011, art. 93) « Dans les communes et les établissements publics compétents pour l'organisation *(L. n° 2015-991 du 7 août 2015, art. 18-II-3°-c)* « de la mobilité » *(Abrogé par L. n° 2019-1428 du 24 déc. 2019, art. 13-I)* « ou des transports urbains » dont la population est inférieure à 10 000 habitants et dont le territoire comprend une ou plusieurs communes classées communes touristiques au sens de l'article L. 133-11 du code du tourisme, le taux du versement est fixé dans la limite de 0,55 % des salaires définis à l'article L. 2333-65 du présent code. »

(L. n° 2003-1311 du 30 déc. 2003, art. 132-II-2°) « En cas d'extension du périmètre d'un établissement public de coopération intercommunale doté de fiscalité propre *(Abrogé par Ord. n° 2021-408 du 8 avr. 2021, art. 3, à compter du 1er janv. 2022)* « , de la métropole de Lyon » ou d'un syndicat mixte auquel a adhéré un établissement public de coopération intercommunale doté de fiscalité propre, le taux de versement destiné au financement des *(L. n° 2019-1428 du 24 déc. 2019, art. 13-I)* « services de mobilité » applicable sur le territoire des communes incluses peut être réduit *(L. n° 2016-1918 du 29 déc. 2016, art. 75-II et V)* « ou porté à zéro » par décision de l'organe délibérant de l'établissement public ou du syndicat mixte, pour une durée maximale de *(L. n° 2016-1918 du 29 déc. 2016, art. 75-II et V)* « douze » ans à compter de cette inclusion, par rapport au taux applicable sur le territoire des autres communes, lorsque le versement *(L. n° 2019-1428 du 24 déc. 2019, art. 13-I)* « destiné au financement des mobilités » n'était pas institué sur le territoire de communes nouvellement incluses ou l'était à un taux inférieur. *(L. n° 2016-1918 du 29 déc. 2016, art. 75-II et V)* « Le taux adopté pour ces communes et établissements publics de coopération intercommunale ne peut être inférieur au taux qui leur était applicable l'année précédant la modification de périmètre. Ces dispositions sont applicables lors de la fusion d'établissements publics de coopération intercommunale à fiscalité propre. » *(Abrogé par Ord. n° 2021-408 du 8 avr. 2021, art. 3, à compter du 1er janv. 2022)* *(L. n° 2015-991 du 7 août 2015, art. 18-II-3°-d)* « Le taux de versement destiné au financement des *(L. n° 2019-1428 du 24 déc. 2019, art. 13-I)* « services de mobilité » peut être réduit, dans des conditions identiques, par décision de l'organe délibérant de l'autorité organisatrice de transports urbains, qui s'est substituée à la métropole de Lyon en application du deuxième alinéa de l'article L. 5722-7-1, lorsque le ressort territorial de cette autorité organisatrice de transports urbains s'étend à de nouvelles communes. »

« Les dispositions de l'alinéa précédent s'appliquent aux communes incluses dans *(L. n° 2015-991 du 7 août 2015, art. 18-II-3°-e)* « le ressort territorial d'une autorité organisatrice de la mobilité » résultant soit de la création d'un établissement public de coopération intercommunale doté de fiscalité propre compétent en matière *(L. n° 2015-991 du 7 août 2015, art. 18-II-3°-e)* « de mobilité » *(L. n° 2016-1918 du 29 déc. 2016, art. 75-II et V, en vigueur le 1er janv. 2017)* « , soit de la fusion d'établissements publics de coopération intercommunale à fiscalité propre », soit du transfert de la compétence en matière d'organisation *(L. n° 2015-991 du 7 août 2015, art. 18-II-3°-e)* « de [la] mobilité » à un établissement public de coopération intercommunale doté de fiscalité propre dont elles sont membres. » *(Ord. n° 2021-408 du 8 avr. 2021, art. 3, en vigueur le 1er janv. 2022)* « Elles s'appliquent également à l'autorité organisatrice des mobilités des territoires lyonnais, à sa création comme en cas d'adhésion d'un nouveau membre. »

(L. n° 2012-387 du 22 mars 2012, art. 33-1°) « Toute modification de taux entre en vigueur au 1er janvier ou au 1er juillet de chaque année ; la délibération fixant le nouveau taux est transmise par l'autorité organisatrice *(L. n° 2015-991 du 7 août 2015, art. 18-II-3°-f ; L. n° 2019-1428 du 24 déc. 2019, art. 13-I)* « de la mobilité » aux organismes de recouvrement avant, respectivement, le 1er novembre ou le 1er mai de chaque année. Les organismes de recouvrement communiquent le nouveau taux aux assujettis au plus tard un mois après ces dernières dates. »

Art. L. 2333-68 Sous réserve des dispositions *(Ord. n° 2014-1335 du 6 nov. 2014, art. 11)* « des articles L. 2333-70 et L. 5722-7-1 », le versement est affecté au financement des dépenses d'investissement et de fonctionnement des transports publics urbains *(L. n° 2015-991 du 7 août 2015, art. 18-II-4°)* « et non urbains exécutés dans le ressort territorial de l'autorité organisatrice de la mobilité et organisés par cette autorité » et des autres services de transports publics qui, sans être effectués entièrement *(L. n° 2015-991 du 7 août 2015, art. 18-II-4°)* « dans le ressort territorial de l'autorité organisatrice de la mobilité », concourent à la desserte *(L. n° 2019-1428 du 24 déc. 2019, art. 13-I)* « du territoire » dans le cadre d'un contrat passé avec l'autorité responsable de l'organisation *(L. n° 2015-991 du 7 août*

G. VERSEMENT TRANSPORT II. Réglementation 3359

2015, art. 18-II-4°) « de la mobilité ». (L. n° 2000-1208 du 13 déc. 2000, art. 105) « Le versement est également affecté (Abrogé par L. n° 2019-1428 du 24 déc. 2019, art. 13-I) « au financement des opérations visant à améliorer l'intermodalité transports en commun-vélo ainsi qu' » (L. n° 2014-58 du 27 janv. 2014, art. 51-3°) « au financement des dépenses d'investissement et de fonctionnement de toute action relevant des compétences des autorités organisatrices de la mobilité au sens des articles (L. n° 2019-1428 du 24 déc. 2019, art. 13-I) « L. 1231-1 et L. 1231-1-1 » du code des transports ». »

Art. L. 2333-69 (L. n° 2014-1655 du 29 déc. 2014, art. 81) « I. — » Les employeurs mentionnés à l'article L. 2333-64 sont tenus de procéder au versement prévu audit article auprès des organismes ou services chargés du recouvrement des cotisations de sécurité sociale et des allocations familiales suivant les règles de recouvrement, de contentieux et les pénalités applicables aux divers régimes de sécurité sociale.

Les organismes ou services précités précomptent sur les sommes recouvrées une retenue pour frais de recouvrement.

(L. n° 2014-1655 du 29 déc. 2014, art. 81) « II. — L'État déduit du montant du versement prévu à l'article L. 2333-64 une quote-part déterminée au prorata des effectifs des militaires en activité dont l'administration assure le logement permanent sur les lieux de travail ou effectue à titre gratuit le transport collectif. »

Art. L. 2333-70 I. — Le produit de la taxe est versé au budget de la commune (L. n° 2014-1654 du 29 déc. 2014, art. 68-4°) « ou de l'établissement public » qui rembourse les versements effectués :

1° Aux employeurs qui justifient avoir assuré le logement permanent sur les lieux de travail ou effectué intégralement et à titre gratuit le transport collectif de tous leurs salariés, ou de certains d'entre eux au prorata des effectifs transportés ou logés par rapport à l'effectif total ;

2° Aux employeurs, pour les salariés employés à l'intérieur des périmètres d'urbanisation des villes nouvelles ou de certaines zones d'activité industrielle ou commerciale, prévues aux documents d'urbanisation, lorsque ces périmètres ou ces zones sont désignés par la délibération mentionnée à l'article L. 2333-66.

(Ord. n° 2014-1335 du 6 nov. 2014, art. 11) « Les dispositions du présent I s'appliquent à la métropole de Lyon, sous réserve des dispositions de l'article L. 5722-7-1. »

(L. n° 2009-1674 du 30 déc. 2009, art. 118-1°) « II. — L'Agence centrale des organismes de sécurité sociale ou l'organisme de recouvrement transmet annuellement aux communes (L. n° 2014-1654 du 29 déc. 2014, art. 68-4°) « ou [aux] établissements publics territorialement compétents » qui en font la demande les données et informations recueillies lors du recouvrement du versement (L. n° 2019-1428 du 24 déc. 2019, art. 13-I) « destiné au financement des services de mobilité » contribuant à en établir le montant.

« Les informations transmises (L. n° 2014-1654 du 29 déc. 2014, art. 68-4°) « aux communes ou aux établissements publics » sont couvertes par le secret professionnel.

(Ord. n° 2014-1335 du 6 nov. 2014, art. 11) « Les dispositions du présent II s'appliquent également à la métropole de Lyon, sous réserve des dispositions de l'article L. 5722-7-1. »

« Les modalités d'application du présent II sont déterminées par un décret en Conseil d'État. »

Sur les conditions et les modalités de transmission d'informations aux autorités organisatrices des transports urbains prévue au présent art., V. Circ. n° DSS/5C/2011/434 du 23 nov. 2011 (www.legifrance.gouv.fr).

Art. L. 2333-71 La commune (L. n° 2014-1654 du 29 déc. 2014, art. 68-5°) « ou l'établissement public répartit » le solde, sous déduction d'une retenue pour frais de remboursement, en fonction des utilisations définies à l'article L. 2333-68.

(Ord. n° 2014-1335 du 6 nov. 2014, art. 11) « Les dispositions du présent article s'appliquent à la métropole de Lyon, sous réserve des dispositions de l'article L. 5722-7-1. »

Art. L. 2333-72 Les contestations en matière de remboursement sont portées devant la juridiction administrative.

Art. L. 2333-73 Les demandes de remboursement du versement (L. n° 2019-1428 du 24 déc. 2019, art. 13-I) « destiné au financement des services de mobilité » se prescrivent par deux ans à compter de la date à laquelle ce versement a été acquitté.

Art. L. 2333-74 La commune ou l'établissement public (L. n° 2014-1654 du 29 déc. 2014, art. 68-6°) « est habilité » à effectuer tout contrôle nécessaire à l'application (L. n° 2014-

1655 du 29 déc. 2014, art. 81-2°) « du I de l'article L. 2333-69 et des articles L. 2333-70 et L. 2333-71 ».

(Ord. n° 2014-1335 du 6 nov. 2014, art. 11-I-G et 43-III) La métropole de Lyon ou, le cas échéant, *(Ord. n° 2021-408 du 8 avr. 2021, art. 3)* « l'autorité organisatrice des mobilités des territoires lyonnais » est également habilitée à exercer, dans son périmètre, des contrôles de même nature.

Art. L. 2333-75 Des décrets fixent, en tant que de besoin, les modalités d'application des articles L. 2333-64 à L. 2333-74 pour les adapter aux règles propres des divers régimes de sécurité sociale.

H Infractions routières

Code de la route

Art. L. 121-6 (*L. n° 2016-1547 du 18 nov. 2016, art. 34-I-3° et 34-IV-A, en vigueur le 1er janv. 2017*) Lorsqu'une infraction constatée selon les modalités prévues à l'article L. 130-9 a été commise avec un véhicule dont le titulaire du certificat d'immatriculation est une personne morale ou qui est détenu par une personne morale, le représentant légal de cette personne morale doit indiquer, par lettre recommandée avec demande d'avis de réception ou de façon dématérialisée, selon des modalités précisées par arrêté, dans un délai de quarante-cinq jours à compter de l'envoi ou de la remise de l'avis de contravention, à l'autorité mentionnée sur cet avis, l'identité et l'adresse de la personne physique qui conduisait le véhicule, à moins qu'il n'établisse l'existence d'un vol, d'une usurpation de plaque d'immatriculation ou de tout autre événement de force majeure.

(*L. n° 2021-401 du 8 avr. 2021, art. 10*) « Les dispositions du premier alinéa du présent article sont applicables lorsque l'infraction a été commise avec un véhicule dont le titulaire du certificat d'immatriculation ou le détenteur est une personne physique ayant immatriculé le véhicule en tant que personne morale ; l'obligation prévue au même premier alinéa est alors réputée satisfaite si le titulaire du certificat d'immatriculation ou le détenteur du véhicule justifie, dans le même délai et selon les mêmes modalités, que le véhicule est immatriculé à son nom. »

Le fait de contrevenir au présent article est puni de l'amende prévue pour les contraventions de la quatrième classe.

Modalités d'application de l'art. L. 121-6, V. C. route, art. A. 121-1 s.

V. Circ. CRIM/2019-01/E1-29.01.2019 du 29 janv. 2019, NOR : JUSD1903115C.

BIBL. ▶ MATHIEU et TERRYN, *RDT 2017. 188* (non-dénonciation d'infractions routières). – RIOCHE, *SSL 2019, n° 1855*.

1. Responsabilité de la personne morale. Le représentant légal de la personne morale peut être poursuivi pour n'avoir pas satisfait, dans le délai prévu à l'art. L. 121-6 C. route, à l'obligation de communiquer l'identité et l'adresse de la personne physique qui conduisait le véhicule détenu par cette personne morale ; toutefois, ce texte n'exclut pas qu'en application de l'art. 121-2 C. pén., la responsabilité de la personne morale soit aussi recherchée pour cette infraction, commise pour son compte, par ce représentant. • Crim. 11 déc. 2018, n°s 18-82.820 et 18-82.628 P : *D. 2019. Actu. 12* ; *RJS 3/2019, n° 193* ; *Dr. pén. 2019. Comm. 29, obs. Robert* ; *JCP S 2019. 1081, obs. Guyot.* ♦ En l'absence d'identification de l'auteur d'une contravention d'excès de vitesse ou de non-respect de l'arrêt imposé par une signalisation commise à l'occasion de la conduite d'un véhicule détenu par une personne morale en vertu d'un contrat de location, la responsabilité pécuniaire s'applique à son représentant légal, peu important que le certificat d'immatriculation soit ou non établi au nom de la personne morale. • Crim. 15 oct. 2019, n° 18-86.644 P : *D. 2019. Actu. 1992* ; *RTD com. 2019. 1025 obs. Bouloc* ; *RJS 1/2020, n° 69*.

2. Désignation du représentant légal. Le représentant légal de l'entreprise doit indiquer à l'autorité mentionnée sur l'avis de contravention initial qui lui a été adressé l'identité, l'adresse et la référence du permis de conduire de la personne physique qui conduisait le véhicule, y compris lorsqu'il s'agit du représentant légal lui-même ; le règlement de l'amende directement par le représentant légal, sans qu'aient été respectées les formalités permettant de l'identifier comme étant le conducteur, est constitutif de l'infraction de non-désignation. • Crim. 15 janv. 2019, n° 18 82.380 P. ♦ Cette obligation n'est remplie que s cette désignation repose sur des éléments probants de nature à corroborer l'identification du contrevenant. • Crim. 6 juin 2023, n° 22-87.212 B : *RJS 8-9/2023, n° 495*.

3. Entreprises sans personnalité morale.
L'infraction de non-transmission de l'identité et de l'adresse du conducteur par le responsable légal de la personne détenant le véhicule n'est pas constituée, s'il est relevé que l'officier du ministère public, à qui incombe la preuve de l'infraction, ne produit pas de copie du certificat d'immatriculation ni de relevé K-*bis* justifiant que l'entreprise est effectivement une personne morale inscrite au registre du commerce et des sociétés et que l'immatriculation d'un véhicule avec le numéro Siret de l'entrepreneur ne confère pas à son propriétaire ou détenteur la qualité de personne morale. La force probante des procès-verbaux ne s'attache qu'à leurs constatations matérielles et, l'entreprise n'étant pas une personne morale, son dirigeant ne pouvait pas être poursuivi. • Crim. 21 avr. 2020, n° 19-86.467 P : *D. 2020. 983* ; *RJS 7/2020, n° 397*.

I Protection des données personnelles

Règlement (UE) 2016/679 du Parlement européen et du Conseil du 27 avril 2016,

Relatif à la protection des personnes physiques à l'égard du traitement des données à caractère personnel et à la libre circulation de ces données, et abrogeant la directive 95/46/CE (règlement général sur la protection des données).

Délégué à la protection des données

BIBL. ▶ GRABROY, *RDT 2022. 625* (protection du DPD).

Art. 37 *Désignation du délégué à la protection des données.* 1. Le responsable du traitement et le sous-traitant désignent en tout état de cause un délégué à la protection des données lorsque :

a) le traitement est effectué par une autorité publique ou un organisme public, à l'exception des juridictions agissant dans l'exercice de leur fonction juridictionnelle ;

b) les activités de base du responsable du traitement ou du sous-traitant consistent en des opérations de traitement qui, du fait de leur nature, de leur portée et/ou de leurs finalités, exigent un suivi régulier et systématique à grande échelle des personnes concernées ; ou

c) les activités de base du responsable du traitement ou du sous-traitant consistent en un traitement à grande échelle de catégories particulières de données visées à l'article 9 et de données à caractère personnel relatives à des condamnations pénales et à des infractions visées à l'article 10.

2. Un groupe d'entreprises peut désigner un seul délégué à la protection des données à condition qu'un délégué à la protection des données soit facilement joignable à partir de chaque lieu d'établissement.

3. Lorsque le responsable du traitement ou le sous-traitant est une autorité publique ou un organisme public, un seul délégué à la protection des données peut être désigné pour plusieurs autorités ou organismes de ce type, compte tenu de leur structure organisationnelle et de leur taille.

4. Dans les cas autres que ceux visés au paragraphe 1, le responsable du traitement ou le sous-traitant ou les associations et autres organismes représentant des catégories de responsables du traitement ou de sous-traitants peuvent désigner ou, si le droit de l'Union ou le droit d'un État membre l'exige, sont tenus de désigner un délégué à la protection des données. Le délégué à la protection des données peut agir pour ces associations et autres organismes représentant des responsables du traitement ou des sous-traitants.

5. Le délégué à la protection des données est désigné sur la base de ses qualités professionnelles et, en particulier, de ses connaissances spécialisées du droit et des pratiques en matière de protection des données, et de sa capacité à accomplir les missions visées à l'article 39.

6. Le délégué à la protection des données peut être un membre du personnel du responsable du traitement ou du sous-traitant, ou exercer ses missions sur la base d'un contrat de service.

7. Le responsable du traitement ou le sous-traitant publient les coordonnées du délégué à la protection des données et les communiquent à l'autorité de contrôle.

Art. 38 *Fonction du délégué à la protection des données.* 1. Le responsable du traitement et le sous-traitant veillent à ce que le délégué à la protection des données soit associé, d'une manière appropriée et en temps utile, à toutes les questions relatives à la protection des données à caractère personnel.

2. Le responsable du traitement et le sous-traitant aident le délégué à la protection des données à exercer les missions visées à l'article 39 en fournissant les ressources nécessaires pour exercer ces missions, ainsi que l'accès aux données à caractère personnel et aux opérations de traitement, et lui permettant d'entretenir ses connaissances spécialisées.

3. Le responsable du traitement et le sous-traitant veillent à ce que le délégué à la protection des données ne reçoive aucune instruction en ce qui concerne l'exercice des missions. Le délégué à la protection des données ne peut être relevé de ses fonctions ou pénalisé par le responsable du traitement ou le sous-traitant pour l'exercice de ses missions. Le délégué à la protection des données fait directement rapport au niveau le plus élevé de la direction du responsable du traitement ou du sous-traitant.

4. Les personnes concernées peuvent prendre contact avec le délégué à la protection des données au sujet de toutes les questions relatives au traitement de leurs données à caractère personnel et à l'exercice des droits que leur confère le présent règlement.

5. Le délégué à la protection des données est soumis au secret professionnel ou à une obligation de confidentialité en ce qui concerne l'exercice de ses missions, conformément au droit de l'Union ou au droit des États membres.

6. Le délégué à la protection des données peut exécuter d'autres missions et tâches. Le responsable du traitement ou le sous-traitant veillent à ce que ces missions et tâches n'entraînent pas de conflit d'intérêts.

BIBL. ▶ Gabroy, *RDT* 2022. 625 ⌀ (le statut du DPO).

Art. 39 *Missions du délégué à la protection des données.* 1. Les missions du délégué à la protection des données sont au moins les suivantes :

a) informer et conseiller le responsable du traitement ou le sous-traitant ainsi que les employés qui procèdent au traitement sur les obligations qui leur incombent en vertu du présent règlement et d'autres dispositions du droit de l'Union ou du droit des États membres en matière de protection des données ;

b) contrôler le respect du présent règlement, d'autres dispositions du droit de l'Union ou du droit des États membres en matière de protection des données et des règles internes du responsable du traitement ou du sous-traitant en matière de protection des données à caractère personnel, y compris en ce qui concerne la répartition des responsabilités, la sensibilisation et la formation du personnel participant aux opérations de traitement, et les audits s'y rapportant ;

c) dispenser des conseils, sur demande, en ce qui concerne l'analyse d'impact relative à la protection des données et vérifier l'exécution de celle-ci en vertu de l'article 35 ;

d) coopérer avec l'autorité de contrôle ;

e) faire office de point de contact pour l'autorité de contrôle sur les questions relatives au traitement, y compris la consultation préalable visée à l'article 36, et mener des consultations, le cas échéant, sur tout autre sujet.

2. Le délégué à la protection des données tient dûment compte, dans l'accomplissement de ses missions, du risque associé aux opérations de traitement compte tenu de la nature, de la portée, du contexte et des finalités du traitement.

III PLACEMENT ET EMPLOI

A Embauche et emploi

1) Emploi

V. App. I. A.

Traité de Rome du 25 mars 1957,

Instituant la Communauté économique européenne. — Publié par Décr. n° 58-84 du 28 janv. 1958 (D. 1958. 73 ; BLD 1958. 121). — Devenu le traité sur le fonctionnement de l'Union européenne depuis le traité de Lisbonne, publié par Décr. n° 2009-1466 du 1ᵉʳ déc. 2009 (JO 2 déc.).

TITRE IX EMPLOI

Art. 145 Les États membres et l'Union s'attachent, conformément au présent titre, à élaborer une stratégie coordonnée pour l'emploi et en particulier à promouvoir une main-d'œuvre qualifiée, formée et susceptible de s'adapter ainsi que des marchés du travail aptes à réagir rapidement à l'évolution de l'économie, en vue d'atteindre les objectifs énoncés à l'article 3 du traité sur l'Union européenne.

Art. 146 1. Les États membres, par le biais de leurs politiques de l'emploi, contribuent à la réalisation des objectifs visés à l'article 145 d'une manière compatible avec les grandes orientations des politiques économiques des États membres et de l'Union, adoptées en application de l'article 121, paragraphe 2.

2. Les États membres, compte tenu des pratiques nationales liées aux responsabilités des partenaires sociaux, considèrent la promotion de l'emploi comme une question d'intérêt commun et coordonnent leur action à cet égard au sein du Conseil, conformément à l'article 148.

Art. 147 1. L'Union contribue à la réalisation d'un niveau d'emploi élevé en encourageant la coopération entre les États membres et en soutenant et, au besoin, en complétant leur action. Ce faisant, elle respecte pleinement les compétences des États membres en la matière.

2. L'objectif consistant à atteindre un niveau d'emploi élevé est pris en compte dans la définition et la mise en œuvre des politiques et des actions de l'Union.

Art. 148 1. Le Conseil européen examine, chaque année, la situation de l'emploi dans l'Union et adopte des conclusions à ce sujet, sur la base d'un rapport annuel conjoint du Conseil et de la Commission.

2. Sur la base des conclusions du Conseil européen, le Conseil, sur proposition de la Commission et après consultation du Parlement européen, du Comité économique et social, du Comité des régions et du Comité de l'emploi visé à l'article 150, élabore chaque année des lignes directrices, dont les États membres tiennent compte dans leurs politiques de l'emploi. Ces lignes directrices sont compatibles avec les grandes orientations adoptées en application de l'article 121, paragraphe 2.

3. Chaque État membre transmet au Conseil et à la Commission un rapport annuel sur les principales mesures qu'il a prises pour mettre en œuvre sa politique de l'emploi, à la lumière des lignes directrices pour l'emploi visées au paragraphe 2.

4. Sur la base des rapports visés au paragraphe 3 et après avoir obtenu l'avis du Comité de l'emploi, le Conseil procède annuellement, à la lumière des lignes directrices pour l'emploi, à un examen de la mise en œuvre des politiques de l'emploi des États membres. Le Conseil, sur recommandation de la Commission, peut, s'il le juge approprié à la suite de son examen, adresser des recommandations aux États membres.

5. Sur la base des résultats de cet examen, le Conseil et la Commission adressent un rapport annuel conjoint au Conseil européen concernant la situation de l'emploi dans l'Union et la mise en œuvre des lignes directrices pour l'emploi.

Art. 149 Le Parlement européen et le Conseil, statuant conformément à la procédure législative ordinaire et après consultation du Comité économique et social et du Comité des régions, peuvent adopter des actions d'encouragement destinées à favoriser la coopération entre les États membres et à soutenir leur action dans le domaine de l'emploi par le biais d'initiatives visant à développer les échanges d'informations et de meilleures pratiques, en fournissant des analyses comparatives et des conseils ainsi qu'en promouvant les approches novatrices et en évaluant les expériences, notamment en ayant recours aux projets pilotes.

Ces mesures ne comportent pas d'harmonisation des dispositions législatives et réglementaires des États membres.

Art. 150 Le Conseil, statuant à la majorité simple, après consultation du Parlement européen, institue un Comité de l'emploi à caractère consultatif afin de promouvoir la coordination, entre les États membres, des politiques en matière d'emploi et de marché du travail. Le comité a pour mission :

– de suivre l'évolution de la situation de l'emploi et des politiques de l'emploi dans les États membres et dans l'Union ;

– sans préjudice de l'article 240, de formuler des avis, soit à la demande du Conseil ou de la Commission, soit de sa propre initiative, et de contribuer à la préparation des délibérations du Conseil visées à l'article 148.

Dans l'accomplissement de son mandat, le comité consulte les partenaires sociaux.

Chaque État membre et la Commission nomment deux membres du comité.

Code de la sécurité sociale

(Décr. n°s 85-1353 et 85-1354 du 17 déc. 1985)

PREMIÈRE PARTIE : *LÉGISLATIVE*

LIVRE I GÉNÉRALITÉS – DISPOSITIONS COMMUNES À TOUT OU PARTIE DES RÉGIMES DE BASE

TITRE VI DISPOSITIONS RELATIVES AUX PRESTATIONS ET AUX SOINS – CONTRÔLE MÉDICAL – TUTELLE AUX PRESTATIONS SOCIALES

CHAPITRE I *DISPOSITIONS RELATIVES AUX PRESTATIONS*

SECTION 1 *Bénéficiaires*

SOUS-SECTION 4 *Assurance vieillesse*

§ 2 Ouverture du droit et liquidation

Art. L. 161-17-2 (*L. n° 2010-1330 du 9 nov. 2010, art. 18*) L'âge d'ouverture du droit à une pension de retraite mentionné au premier alinéa de l'article L. 351-1 du présent code, à l'article L. 732-18 du code rural et de la pêche maritime, au 1° du I de l'article L. 24 et au 1° de l'article L. 25 du code des pensions civiles et militaires de retraite est fixé à (*L. n° 2023-270 du 14 avr. 2023, art. 10-I, en vigueur le 1er sept. 2023*) « **soixante-quatre** *[ancienne rédaction : soixante-deux]* » ans pour les assurés nés à compter du 1er janvier (*L. n° 2023-270 du 14 avr. 2023, art. 10-I, en vigueur le 1er sept. 2023*) « **1968** *[ancienne rédaction : 1955]* ».

Cet âge est fixé par décret dans la limite de l'âge mentionné au premier alinéa pour les assurés nés avant le 1er janvier (*L. n° 2023-270 du 14 avr. 2023, art. 10-I, en vigueur le 1er sept. 2023*) « **1968** *[ancienne rédaction : 1955]* » et, pour ceux nés entre le (*L. n° 2023-270 du 14 avr. 2023, art. 10-I, en vigueur le 1er sept. 2023*) « **1er septembre 1961** *[ancienne rédaction : 1er juillet 1951]* » et le 31 décembre (*L. n° 2023-270 du 14 avr. 2023, art. 10-I, en vigueur le 1er sept. 2023*) « **1967, de manière croissante, à raison de trois mois par génération** *[ancienne rédaction : 1954, de manière croissante]* » :

(*Abrogé par L. n° 2023-270 du 14 avr. 2023, art. 10-I, à compter du 1er sept. 2023*) « **1° A raison de quatre mois par génération pour les assurés nés entre le 1er juillet 1951 et le 31 décembre 1951 ;**

« **2° A raison de cinq mois par génération pour les assurés nés entre le 1er janvier 1952 et le 31 décembre 1954.** »

Art. L. 161-17-3 (*L. n° 2014-40 du 20 janv. 2014, art. 2*) Pour les assurés des régimes auxquels s'applique l'article L. 161-17-2, la durée d'assurance nécessaire pour bénéficier d'une pension de retraite au taux plein et la durée des services et bonifications nécessaire pour obtenir le pourcentage maximum d'une pension civile ou militaire de retraite sont fixées à :

1° 167 trimestres, pour les assurés nés entre le 1er janvier 1958 et le 31 décembre 1960 ;

2° 168 trimestres, pour les assurés nés entre le 1er janvier 1961 et le (*L. n° 2023-270 du 14 avr. 2023, art. 10-I, en vigueur le 1er sept. 2023*) « **31 août 1961** *[ancienne rédaction : 31 décembre 1963]* » ;

3° 169 trimestres, pour les assurés nés entre le (*L. n° 2023-270 du 14 avr. 2023, art. 10-I, en vigueur le 1er sept. 2023*) « **1er septembre 1961** *[ancienne rédaction : 1er janvier 1964]* » et le 31 décembre (*L. n° 2023-270 du 14 avr. 2023, art. 10-I, en vigueur le 1er sept. 2023*) « **1962** *[ancienne rédaction : 1966]* » ;

4° 170 trimestres, pour les assurés nés (*L. n° 2023-270 du 14 avr. 2023, art. 10-I, en vigueur le 1er sept. 2023*) « **en 1963** *[ancienne rédaction : entre le 1er janvier 1967 et le 31 décembre 1969]* » ;

5° 171 trimestres, pour les assurés nés (*L. n° 2023-270 du 14 avr. 2023, art. 10-I, en vigueur le 1er sept. 2023*) « **en 1964** *[ancienne rédaction : entre le 1er janvier 1970 et le 31 décembre 1972]* » ;

6° 172 trimestres, pour les assurés nés à partir du 1er janvier (*L. n° 2023-270 du 14 avr. 2023, art. 10-I, en vigueur le 1er sept. 2023*) « **1965** *[ancienne rédaction : 1973]* ».

Art. L. 161-17-4 (*L. n° 2014-40 du 20 janv. 2014, art. 14, en vigueur le 1er janv. 2015*) L'âge prévu à l'article L. 161-17-2 est abaissé à due concurrence du nombre de trimestres attribués au titre de la majoration de durée d'assurance prévue à l'article L. 351-6-1, dans des conditions et limites fixées par décret.

LIVRE II ORGANISATION DU RÉGIME GÉNÉRAL, ACTION DE PRÉVENTION – ACTION SANITAIRE ET SOCIALE DES CAISSES

TITRE IV RESSOURCES

CHAPITRE I *GÉNÉRALITÉS*

SECTION 1 *Maladie, maternité, invalidité, décès* (L. n° 2015-1702 du 21 déc. 2015, art. 32-II, en vigueur le 1er janv. 2016).

Art. L. 241-2-1 (L. n° 2017-1836 du 30 déc. 2017, art. 9-I) Le taux des cotisations (L. n° 2018-1203 du 22 déc. 2018, art. 8-I) « d'assurance maladie » est réduit de 6 points pour les salariés dont l'employeur entre dans le champ d'application du II de l'article L. 241-13 et dont les (Ord. n° 2018-474 du 12 juin 2018, art. 4) « revenus d'activité tels qu'ils sont pris en compte pour la détermination de l'assiette des cotisations définie à l'article L. 242-1 » n'excèdent pas (L. n° 2023-1250 du 26 déc. 2023, art. 20) « un montant, fixé par décret, qui ne peut être inférieur à 2,5 fois le salaire minimum de croissance applicable au 31 décembre 2023 et 2 fois le salaire minimum de croissance calculé selon les modalités prévues au deuxième alinéa du III du même article L. 241-13, dans la limite de » 2,5 fois le salaire minimum de croissance calculé selon les modalités prévues au deuxième alinéa du III du même article L. 241-13.

(L. n° 2018-1203 du 22 déc. 2018, art. 8-I) « La réduction est également applicable aux rémunérations des salariés mentionnés aux 3° ou 6° de l'article L. 5424-1 du code du travail affiliés à un régime mentionné à la section 1 du chapitre I du titre I du livre VII du présent code. »

....

SECTION 4 *Dispositions communes*

Art. L. 241-13 (L. n° 2017-1836 du 30 déc. 2017, art. 9-I) « I. – Les cotisations à la charge de l'employeur dues au titre des assurances sociales et des allocations familiales, les cotisations dues au titre des accidents du travail et des maladies professionnelles (L. n° 2020-1577 du 14 déc. 2020, art. 12-I, en vigueur le 1er janv. 2021) « , à hauteur du taux fixé par l'arrêté mentionné à la seconde phrase du deuxième alinéa de l'article L. 241-5 », les contributions mentionnées (Ord. n° 2019-770 du 17 juill. 2019, art. 9) « à l'article L. 813-4 du code de la construction et de l'habitation », les cotisations à la charge de l'employeur dues au titre des régimes de retraite complémentaire légalement obligatoires mentionnés à l'article L. 921-4 (Ord. n° 2019-770 du 17 juill. 2019, art. 9) « du présent code » (L. n° 2020-1721 du 29 déc. 2020, art. 107, en vigueur le 1er janv. 2021) « ou créés par la loi », la contribution mentionnée au 1° de l'article L. 14-10-4 du code de l'action sociale et des familles et les contributions à la charge de l'employeur dues au titre de l'assurance chômage prévues (Ord. n° 2019-861 du 21 août 2019, art. 3-4°) « au 1° de » l'article L. 5422-9 du code du travail (L. n° 2020-1577 du 14 déc. 2020, art. 12-I, en vigueur le 1er janv. 2021) « , à hauteur d'un taux ne tenant pas compte de l'application des dispositions prévues aux deuxième à dernier alinéas de l'article L. 5422-12 du même code » qui sont assises sur les rémunérations ou gains inférieurs au salaire minimum de croissance majoré de 60 % font l'objet d'une réduction dégressive. »

II. – Cette réduction est appliquée (Ord. n° 2018-474 du 12 juin 2018, art. 4) « aux revenus d'activité tels qu'ils sont pris en compte pour la détermination de l'assiette des cotisations définie à l'article L. 242-1 » versés aux salariés au titre desquels l'employeur est soumis à l'obligation édictée par l'article L. 5422-13 du code du travail et aux salariés mentionnés au 3° de l'article L. 5424-1 du même code, (Ord. n° 2018-474 du 12 juin 2018, art. 4) « à l'exception des revenus d'activité » versés par (L. n° 2005-516 du 20 mai 2005, art. 24) « les particuliers employeurs » (Abrogé par L. n° 2010-1594 du 20 déc. 2010, art. 12-1-2°) « et, jusqu'au 31 décembre 2005, par l'organisme mentionné à l'article 2 de la loi n° 90-568 du 2 juillet 1990 relative à l'organisation du service public de La Poste et à France Télécom ». (L. n° 2018-1203 du 22 déc. 2018, art. 8-I, en vigueur le 1er janv. 2019) « Elle s'applique également aux gains et rémunérations des apprentis pour lesquels l'employeur n'est pas éligible à l'exonération prévue à l'article L. 6227-8-1 dudit code. »

Cette réduction n'est pas applicable (*Ord. n° 2018-474 du 12 juin 2018, art. 4*) « aux revenus d'activité tels qu'ils sont pris en compte pour la détermination de l'assiette des cotisations définie à l'article L. 242-1 » versés [*versées*] par les employeurs relevant des dispositions du titre I du livre VII du présent code, à l'exception des employeurs relevant des régimes spéciaux de sécurité sociale des marins, des mines et des clercs et employés de notaires.

III. — (*L. n° 2014-892 du 8 août 2014, art. 2-I-5°*) « Le montant de la réduction est calculé chaque année civile, pour chaque salarié et pour chaque contrat de travail, selon des modalités fixées par décret. Il est égal au produit (*Ord. n° 2018-474 du 12 juin 2018, art. 4*) « des revenus d'activité de l'année tels qu'ils sont pris en compte pour la détermination de l'assiette des cotisations » définie à l'article L. 242-1 et d'un coefficient.

« Ce coefficient est déterminé par application d'une formule fixée par décret. Il est fonction du rapport entre (*Ord. n° 2018-474 du 12 juin 2018, art. 4*) « les revenus d'activité de l'année tels qu'ils sont pris en compte pour la détermination de l'assiette des cotisations » (*L. n° 2017-1836 du 30 déc. 2017, art. 9-I*) « définie au quatrième alinéa du présent III » et le salaire minimum de croissance calculé pour un an sur la base de la durée légale du travail augmentée, le cas échéant, du nombre d'heures complémentaires ou supplémentaires, sans prise en compte des majorations auxquelles elles donnent lieu. Pour les salariés qui ne sont pas employés à temps plein ou qui ne sont pas employés sur toute l'année, le salaire minimum de croissance pris en compte est celui qui correspond à la durée de travail prévue au contrat au titre de la période pendant laquelle ils sont présents dans l'entreprise.

« La valeur maximale du coefficient est fixée par décret (*L. n° 2020-1577 du 14 déc. 2020, art. 12-I, en vigueur le 1er janv. 2021*) « , à hauteur des taux des cotisations et contributions incluses dans le périmètre de la réduction, tels qu'ils sont définis au I du présent article ». La valeur du coefficient décroît en fonction du rapport mentionné au deuxième alinéa du présent III et devient nulle lorsque ce rapport est égal à 1,6. — *V. art. D. 241-10 s.*

(*L. n° 2017-1836 du 30 déc. 2017, art. 9-I*) « La rémunération prise en compte pour la détermination du coefficient et celle définie à l'article L. 242-1. Toutefois, elle ne tient compte des déductions au titre de frais professionnels calculées forfaitairement en pourcentage de cette rémunération que dans des limites et conditions fixées par arrêté. »

(*L. n° 2014-892 du 8 août 2014, art. 2-I-5°*) « Un décret » précise les modalités de calcul de la réduction dans le cas des salariés (*Abrogé par L. n° 2007-1223 du 21 août 2007, art. 1er-V*) « *dont la rémunération ne peut être déterminée selon un nombre d'heures de travail effectuées et dans celui des salariés* » dont le contrat de travail est suspendu avec maintien de tout ou partie de la rémunération. — *Les dispositions issues de la L. n° 2007-1223 du 21 août 2007 sont applicables aux rémunérations perçues à raison des heures supplémentaires effectuées à compter du 1er oct. 2007 (L. préc., art. 1er-XIII).*

Al. 8 à 12 Abrogés par L. n° 2014-892 du 8 août 2014, art. 2-I-5°.

(*L. n° 2014-892 du 8 août 2014, art. 2-I-5°*) « IV. — Le rapport ou le coefficient mentionné au deuxième alinéa du III est corrigé, dans des conditions fixées par décret, d'un facteur déterminé en fonction des stipulations légales ou conventionnelles applicables :

« 1° Aux salariés soumis à un régime d'heures d'équivalences payées à un taux majoré en application d'une convention ou d'un accord collectif étendu en vigueur au 1er janvier 2010 ;

« 2° Aux salariés auxquels l'employeur est tenu de verser une indemnité compensatrice de congé payé en application de l'article L. 1251-19 du code du travail ;

« 3° Aux salariés des professions dans lesquelles le paiement des congés et des charges sur les indemnités de congés est mutualisé entre les employeurs affiliés aux caisses de congés mentionnées à l'article (*L. n° 2016-1088 du 8 août 2016, art. 8-IX*) « L. 3141-32 » du même code. La réduction prévue au présent article n'est pas applicable aux cotisations dues par ces caisses au titre de ces indemnités. »

(*L. n° 2010-1594 du 20 déc. 2010, art. 12-I-5°*) « V. — Les modalités selon lesquelles les cotisations dues au titre des rémunérations versées au cours d'un mois civil tiennent compte de cette réduction ainsi que les modalités de régularisation du différentiel éventuel entre la somme des montants de la réduction appliquée au cours de l'année et le montant calculé pour l'année sont précisées par décret.

« VI. — » (*L. n° 2010-1657 du 29 déc. 2010, art. 201-I-2°*) « Le bénéfice des dispositions du présent article est cumulable avec les déductions forfaitaires prévues à l'article L. 241-18 (*Abrogé par Ord. n° 2015-1248 du 7 oct. 2015, art. 6-II*) (*L. n° 2011-1977 du 28 déc. 2011, art. 114-II*) « *et avec l'exonération prévue à l'article L. 741-15-1 du code rural et de la pêche maritime* ». »

Le bénéfice des dispositions du présent article ne peut être cumulé, (*L. n° 2010-1657 du 29 déc. 2010, art. 201-I-2°*) « à l'exception du cas prévu à l'alinéa précédent », avec celui d'une autre exonération totale ou partielle de cotisations patronales ou l'application de taux

A. EMBAUCHE ET EMPLOI   III. **Placement et emploi**

spécifiques, d'assiettes ou de montants forfaitaires de cotisations. — *Les dispositions issues de la L. n° 2010-1657 du 29 déc. 2010 s'appliquent aux cotisations et contributions sociales dues à compter du 1er janv. 2011 (L. préc., art. 201-III).*

(L. n° 2017-1836 du 30 déc. 2017, art. 9-I) « VII. — Le montant de la réduction est imputé, lors de leur paiement, sur les cotisations et contributions mentionnées au I déclarées, d'une part, aux organismes de recouvrement mentionnés aux articles L. 213-1 et L. 752-4 et, d'autre part, aux institutions mentionnées à l'article L. 922-4 *(L. n° 2020-1721 du 29 déc. 2020, art. 107, en vigueur le 1er janv. 2021)* « du présent code et à l'article L. 6527-2 du code des transports » en fonction de la part que représente le taux de ces cotisations et contributions, tel que retenu pour l'établissement de la réduction, dans la valeur maximale fixée par le décret mentionné au troisième alinéa du III du présent article.

(L. n° 2018-1203 du 22 déc. 2018, art. 8-I, en vigueur le 1er janv. 2019) « Pour les salariés expatriés mentionnés au a de l'article L. 5427-1 du code du travail et les salariés mentionnés au e du même article L. 5427-1, le montant de la réduction s'impute en outre, selon les mêmes règles, sur les cotisations recouvrées par l'institution mentionnée à l'article L. 5312-1 du même code.

« Pour les salariés mentionnés à l'article L. 133-9 du présent code, le montant de la réduction s'impute en outre, selon les mêmes règles, sur les cotisations recouvrées par l'organisme de recouvrement habilité par l'État en application du même article L. 133-9. » — *V. dernière note ss. art.*

(Abrogé par L. n° 2017-1836 du 30 déc. 2017, art. 9-I) (L. n° 2014-892 du 8 août 2014, art. 2-I-5°) « VIII. — *Le montant de la réduction est imputé sur la totalité de la charge de l'employeur au titre des assurances sociales et des allocations familiales, sur la (L. n° 2014-1655 du 29 déc. 2014, art. 29-I-1°)* « contribution » *mentionnée à l'article L. 834-1 du présent code et sur la contribution mentionnée au 1° de l'article L. 14-10-4 du code de l'action sociale et des familles.*

« *Lorsque le montant de la réduction est supérieur au montant des cotisations et de la contribution mentionnées au premier alinéa du présent VIII, la réduction est également imputée sur les cotisations dues au titre des accidents du travail et des maladies professionnelles à hauteur du taux fixé par l'arrêté mentionné à la dernière phrase du troisième alinéa de l'article L. 241-5.* »

Sur la mise en œuvre de la réduction générale des cotisations et contributions sociales à la charge des employeurs et de la baisse du taux de cotisations d'allocations familiales, V. Circ. n° DSS/SD5B/2015/99 du 1er janv. 2015, complétée par Circ. interministérielle n° DSS/5B/2016/71 du 1er janv. 2016.

Les dispositions issues de la L. n° 2014-892 du 8 août 2014 s'appliquent aux modalités de calcul des cotisations et contributions sociales dues au titre des rémunérations versées à compter du 1er janv. 2015 (L. préc., art. 2-VI-A).

Les dispositions de l'art. 9-I de la L. n° 2017-1836 du 30 déc. 2017 s'appliquent aux cotisations et contributions dues pour les périodes courant à compter du 1er janv. 2019 (L. préc., art. 9-III et V).

Les dispositions de l'Ord. n° 2018-474 du 12 juin 2018 s'appliquent aux cotisations et contributions dues pour les périodes courant à compter du 1er sept. 2018 (Ord. préc., art. 16).

Pour les rémunérations dues au titre des salariés relevant de l'art. L. 241-13, la valeur maximale du coefficient mentionné au 3e al. du III est limitée, pour l'année 2019, à la somme des taux des cotisations et des contributions mentionnées au I, à l'exception des contributions à la charge de l'employeur dues au titre de l'assurance chômage prévues à l'art. L. 5422-9 C. trav.

Pour les rémunérations de ces salariés, un coefficient limité au taux des contributions à la charge de l'employeur dues au titre de l'assurance chômage prévues au même art. L. 5422-9 s'ajoute, pour la période du 1er oct. au 31 déc. 2019, au coefficient mentionné au précédent al.

Chacun des coefficients mentionnés aux deux précédents al. est calculé en fonction de la rémunération annuelle totale prise en compte pour la détermination de l'assiette des cotisations définie à l'art. L. 242-1 CSS.

Les dispositions précitées ne sont pas applicables aux rémunérations dues pour des salariés employés :

1° Par les associations intermédiaires mentionnées à l'art. L. 5132-7 C. trav. et par les ateliers et chantiers d'insertion mentionnés à l'art. L. 5132-15 du même code ;

2° Au titre des contrats d'apprentissage mentionnés à l'art. L. 6221-1 C. trav. et des contrats de professionnalisation mentionnés à l'art. L. 6325-1 du même code conclus avec des demandeurs d'emploi de 45 ans et plus ou conclus par les groupements d'employeurs pour l'insertion et la qualification mentionnés à l'art. L. 1253-1 C. trav. ;

3° Par les employeurs occupés aux activités mentionnées aux 1° à 4° de l'art. L. 722-1 C. rur. ;

4° Par les employeurs localisés en Guadeloupe, en Guyane, en Martinique, à La Réunion, à Saint-Barthélemy et à Saint-Martin (L. n° 2018-1203 du 22 déc. 2018, art. 8-IX).

Les dispositions issues de la L. n° 2020-1721 du 29 déc. 2020 s'appliquent pour les cotisations et contributions dues au titre des périodes d'activité courant à compter du 1er janv. 2021 (L. préc., art. 107-II).

LIVRE VIII ALLOCATIONS AUX PERSONNES ÂGÉES – ALLOCATION AUX ADULTES HANDICAPÉS – AIDES À L'EMPLOI POUR LA GARDE DES JEUNES ENFANTS – AIDE AUX COLLECTIVITÉS ET ORGANISMES LOGEANT À TITRE TEMPORAIRE DES PERSONNES DÉFAVORISÉES OU GÉRANT DES AIRES D'ACCUEIL DES GENS DU VOYAGE – PROTECTION COMPLÉMENTAIRE EN MATIÈRE DE SANTÉ (Ord. n° 2019-770 du 17 juill. 2019, art. 9).

TITRE IV PRIME D'ACTIVITÉ

CHAPITRE II CONDITIONS D'OUVERTURE DU DROIT

Art. L. 842-1 (L. n° 2015-994 du 17 août 2015, art. 57-I, en vigueur le 1er janv. 2016) Toute personne résidant en France de manière stable et effective qui perçoit des revenus tirés d'une activité professionnelle a droit à une prime d'activité, dans les conditions définies au présent titre.

Sur la prime d'activité, V. CSS, art. L. 842-1 à L. 847-1 et R. 842-1 à R. 848-1, D. 843-1 à D. 848-5.

....

Art. L. 842-8 (L. n° 2017-1837 du 30 déc. 2017, art. 172-I, en vigueur le 1er janv. 2018) Pour l'application de l'article L. 842-3, l'allocation mentionnée aux articles L. 821-1 et L. 821-2 est prise en compte en tant que revenu professionnel sous réserve que les revenus professionnels mensuels du travailleur handicapé, hors prise en compte de cette allocation, atteignent un montant fixé par décret.

Pour l'application à Mayotte de l'art. L. 842-8, la référence à l'allocation mentionnée aux art. L. 821-1 et L. 821-2 CSS est remplacée par la référence à l'allocation mentionnée à l'art. 35 de l'Ord. n° 2002-411 du 27 mars 2002 relative à la protection sanitaire et sociale à Mayotte (L. n° 2017-1837 du 30 déc. 2017, art. 172-II).

TROISIÈME PARTIE : *DÉCRETS SIMPLES*

Allégement général des cotisations patronales

Art. D. 241-7 (Décr. n° 2012-1074 du 21 sept. 2012, art. 1er-I) I. – Le coefficient mentionné au III de l'article L. 241-13 est déterminé par application de la formule suivante :
(Décr. n° 2014-1688 du 29 déc. 2014, art. 1er-1° et 2°) « Coefficient = (T/0,6) × (1,6 × SMIC calculé pour un an/rémunération annuelle brute – 1).

« T est la valeur maximale du coefficient mentionnée au troisième alinéa du III de l'article L. 241-13. Elle est fixée (Décr. n° 2016-1932 du 28 déc. 2016, art. 1er-II ; Décr. n° 2018-821 du 27 sept. 2018, art. 1er ; Décr. n° 2020-158 du 24 févr. 2020, art. 2-I) « à (Décr. n° 2023-1329 du 29 déc. 2023, art. 1er-IV, en vigueur le 1er janv. 2024) « 0,3194 » pour les revenus d'activité dus par les employeurs soumis au 1° de l'article L. 813-5 du code de la construction et de l'habitation et à (Décr. n° 2023-1329 du 29 déc. 2023, art. 1er-IV, en vigueur le 1er janv. 2024) « 0,3234 » pour les revenus d'activité dus par les employeurs soumis au 2° de l'article L. 813-5 du code de la construction et de l'habitation. » – V. ndlr ss. art.

« Le résultat obtenu par application de cette formule est arrondi à quatre décimales, au dix millième le plus proche. Il est pris en compte pour les valeurs mentionnées (Décr. n° 2016-1932 du 28 déc. 2016, art. 1er-II) « au précédent alinéa » s'il est supérieur à celles-ci
(Décr. n° 2018-1356 du 28 déc. 2018, art. 1er-II) « La valeur T est ajustée, le cas échéant pour correspondre au taux de chacune des cotisations effectivement à la charge de l'employeur (Décr. n° 2023-801 du 21 août 2023, art. 1er) « , à l'exception de celui de la contribution à la charge de l'employeur due au titre de l'assurance chômage mentionné au

de l'article L. 241-13 », si ceux-ci sont inférieurs aux taux dont les valeurs maximales mentionnées au troisième alinéa sont la somme ou, pour les cotisations dues au titre des régimes de retraite complémentaire légalement obligatoires mentionnées à l'article L. 921-4, au taux qui résulte de la répartition de la prise en charge telle qu'elle est prévue au premier alinéa de l'article 38 de l'accord national interprofessionnel du 13 novembre 2017. » — *Le présent al., dans sa rédaction issue du Décr. n° 2018-1356 du 28 déc. 2018, s'applique pour les rémunérations dues au titre des périodes d'emploi courant à compter du 1er janv. 2020, sauf pour les salariés mentionnés au B du IX de l'art. 8 de la L. n° 2018-1203 du 22 déc. 2018 pour le financement de la sécurité sociale pour 2019 [V. dernière ndlr ss. art. L. 241-13], pour lesquels il s'applique pour les rémunérations dues au titre des périodes d'emploi courant à compter du 1er janv. 2019 (Décr. préc., art. 3). — Les dispositions issues du Décr. n° 2023-801 du 21 août 2023 s'appliquent aux cotisations et aux contributions sur les rémunérations dues au titre des périodes courant à compter du 1er sept. 2022 (Décr. préc., art. 5).*

« En cas d'application d'un dispositif de lissage des effets liés au franchissement d'un seuil d'effectif, conduisant l'employeur à appliquer à titre transitoire un taux réduit pour le calcul de la contribution *(Décr. n° 2020-2 du 2 janv. 2020, art. 2)* « prévue à l'article L. 813-4 du code de la construction et de l'habitation », le coefficient T est ajusté en conséquence.

« II. — » Le montant de la rémunération annuelle brute à prendre en compte est défini selon les modalités prévues au III de l'article L. 241-13.

Sous réserve des dispositions prévues par les alinéas suivants, le montant annuel du salaire minimum de croissance à prendre en compte est égal à 1 820 fois le salaire minimum de croissance prévu par l'article L. 3231-2 du code du travail ou à la somme de douze fractions identiques correspondant à sa valeur multipliée par les 52/12 de la durée légale hebdomadaire.

Pour les salariés *(Décr. n° 2014-1688 du 29 déc. 2014, art. 1er-3°)* « dont la rémunération contractuelle est fixée sur une base inférieure à la durée légale » ainsi que pour les salariés n'entrant pas dans le champ d'application de l'article L. 3242-1 du code du travail *(Décr. n° 2014-1688 du 29 déc. 2014, art. 1er-3°)* « autres que ceux mentionnés au deuxième alinéa du III », le montant du salaire minimum de croissance ainsi déterminé est corrigé à proportion de la durée de travail *(Abrogé par Décr. n° 2014-1688 du 29 déc. 2014, art. 1er-3°)* « ou de la durée équivalente au sens de l'article L. 3121-9 du code du travail ou de l'article L. 713-5 du code rural et de la pêche maritime », hors heures supplémentaires *(Décr. n° 2014-1688 du 29 déc. 2014, art. 1er-3°)* « mentionnées à » l'article L. 241-18 du code de la sécurité sociale et complémentaires au sens des articles *(Décr. n° 2016-1553 du 18 nov. 2016, art. 7-II, en vigueur le 1er janv. 2017)* « L. 3123-8, L. 3123-9, L. 3123-20 et L. 3123-28 » du code du travail, inscrite à leur contrat de travail au titre de la période où ils sont présents dans l'entreprise et rapportée à celle correspondant à la durée légale du travail.

En cas de suspension du contrat de travail avec paiement intégral de la rémunération brute du salarié, la fraction du montant du salaire minimum de croissance correspondant *(Décr. n° 2018-821 du 27 sept. 2018, art. 1er)* « aux mois au cours desquels » le contrat est suspendu est prise en compte pour sa valeur déterminée dans les conditions ci-dessus.

Pour les salariés entrant dans le champ d'application de l'article L. 3242-1 susmentionné qui ne sont pas présents toute l'année ou dont le contrat de travail est suspendu sans paiement de la rémunération ou avec paiement partiel de celle-ci *(Décr. n° 2014-1688 du 29 déc. 2014, art. 1er-4°)* « par l'employeur, ainsi que pour les salariés mentionnés au deuxième alinéa du III, » la fraction du montant du salaire minimum de croissance correspondant *(Décr. n° 2018-821 du 27 sept. 2018, art. 1er)* « aux mois au cours desquels » a lieu l'absence est corrigée, selon le rapport entre *(Décr. n° 2018-821 du 27 sept. 2018, art. 1er)* « les revenus d'activité, tels qu'ils sont pris en compte pour la détermination de l'assiette des cotisations définie à l'article L. 242-1, dus et ceux qui auraient été dus » si le salarié avait été présent tout le mois, hors éléments de rémunération qui ne sont pas affectés par l'absence. Le salaire minimum de croissance est corrigé selon les mêmes modalités pour les salariés n'entrant pas dans le champ d'application de l'article L. 3242-1 susmentionné dont le contrat de travail est suspendu avec paiement partiel de la rémunération.

Le cas échéant, le montant du salaire minimum de croissance à prendre en compte est majoré du produit du nombre d'heures supplémentaires *(Décr. n° 2014-1688 du 29 déc. 2014, art. 1er-5°)* « mentionnées à » l'article L. 241-18 du code de la sécurité sociale et complémentaires au sens des articles *(Décr. n° 2016-1553 du 18 nov. 2016, art. 7-II, en vigueur le 1er janv. 2017)* « L. 3123-8, L. 3123-9, L. 3123-20 et L. 3123-28 » du code du travail rémunérées au cours de l'année par le salaire minimum de croissance prévu par l'article L. 3231-2 du code du travail.

Si un des paramètres de détermination du montant annuel du salaire minimum de croissance à prendre en compte évolue en cours d'année, sa valeur annuelle est égale à la somme des valeurs déterminées par application des règles précédentes pour les périodes antérieure et postérieure à l'évolution.

(Décr. n° 2014-1688 du 29 déc. 2014, art. 1er-6°) « III. — » Pour les salariés en contrat de travail temporaire mis à disposition au cours d'une année auprès de plusieurs entreprises utilisatrices, le coefficient mentionné au I est déterminé pour chaque mission.

(Décr. n° 2014-1688 du 29 déc. 2014, art. 1er-7°) « Les dispositions du précédent alinéa ne s'appliquent pas aux salariés intérimaires titulaires d'un contrat de travail à durée indéterminée n'entrant pas dans le champ d'application de l'article L. 3242-1 du code du travail et ouvrant droit à une garantie minimale mensuelle au moins égale pour un temps plein à 151,67 fois le montant horaire du salaire minimum de croissance, en application des dispositions d'une convention de branche ou d'un accord professionnel ou interprofessionnel étendu. »

Pour les salariés en contrat à durée déterminée auprès d'un même employeur, le coefficient mentionné au I est déterminé pour chaque contrat.

(Décr. n° 2014-1688 du 29 déc. 2014, art. 1er-8°) « IV. — Conformément (Décr. n° 2016-1553 du 18 nov. 2016, art. 7-II, en vigueur le 1er janv. 2017) « au 3° du I de l'article L. 3121-64 » du code du travail, pour les salariés dont la durée de travail est fixée en jours, et dans le cas où ce nombre est inférieur à 218, le SMIC annuel est corrigé du rapport entre le nombre de jours travaillés et la durée légale du travail de 218 jours.

« En cas de suspension du contrat de travail, il est fait application des dispositions du II. »

(Décr. n° 2018-1356 du 28 déc. 2018, art. 1er-II) « V. — A. — Le montant de la réduction prévue à l'article L. 241-13 est imputé par l'employeur sur les cotisations et contributions mentionnées au I de cet article, de la manière suivante :

« — sur les cotisations et contributions déclarées aux organismes de recouvrement mentionnés aux articles L. 213-1 et L. 752-4, en appliquant un coefficient égal au rapport entre la somme des taux de ces cotisations et contributions, le cas échéant dans les limites résultant des dispositions du cinquième alinéa du I, et la valeur T mentionnée au troisième alinéa du I. Par exception, pour les employeurs des salariés mentionnés à l'avant[-]dernier alinéa du VII de l'article L. 241-13, le montant de la réduction est imputé par l'employeur sur les cotisations recouvrées par l'institution mentionnée à l'article L. 5312-1 du code du travail en appliquant un coefficient égal au rapport entre le taux de ces cotisations et la valeur T mentionnée au I ;

« — sur les cotisations déclarées aux institutions mentionnées à l'article L. 922-4 pour la part complémentaire.

« B. — Par exception au A, pour les employeurs des salariés mentionnés au dernier alinéa du VII de l'article L. 241-13, le montant de la réduction est imputé en totalité sur les cotisations recouvrées par l'organisme de recouvrement habilité par l'État en application de l'article L. 133-9. » — V. ndlr ss. art.

Les dispositions de l'art. 1er-II du Décr. n° 2018-1356 du 28 déc. 2018 s'appliquent pour les rémunérations dues pour les périodes courant à compter du 1er janv. 2019 (Décr. préc., art. 3).

Les dispositions du Décr. n° 2020-2 du 2 janv. 2020 s'appliquent pour les rémunérations dues pour les périodes courant à compter du 1er janv. 2020 (Décr. préc., art. 5).

Les dispositions issues du Décr. n° 2022-1700 du 28 déc. 2022 s'appliquent pour les rémunérations dues pour les périodes courant à compter du 1er janv. 2023 (Décr. préc., art. 5) ; celles issues du Décr. n° 2023-1329 du 29 déc. 2023 s'appliquent pour les rémunérations dues pour les périodes courant à compter du 1er janv. 2024 (Décr. préc., art. 4).

Art. D. 241-8 (Décr. n° 2012-1074 du 21 sept. 2012, art. 1er-II) Le montant de la réduction prévue à l'article L. 241-13 appliquée par anticipation aux cotisations dues au titre des rémunérations versées au cours d'un mois civil est égal au produit de la rémunération mensuelle par le coefficient mentionné au I de l'article D. 241-7 calculé selon les modalités prévues au même article, à l'exception du montant du salaire minimum de croissance et de la rémunération qui sont pris en compte pour un mois.

Art. D. 241-9 (Décr. n° 2012-1074 du 21 sept. 2012, art. 1er-II) Les cotisations dues au titre du dernier mois ou du dernier trimestre de l'année tiennent compte, le cas échéant, de la régularisation du différentiel entre la somme des montants de la réduction mentionnée à l'article L. 241-13 appliquée par anticipation pour les mois précédents de l'année et le montant de cette réduction calculée pour l'année. En cas de cessation du contrat de travail en cours d'année, la régularisation s'opère sur les cotisations dues au titre du dernier mois ou trimestre d'emploi.

Une régularisation progressive des cotisations peut être opérée en cours d'année, d'un versement à l'autre, en faisant masse, à chaque échéance, des éléments nécessaires au calcul de la réduction sur la période écoulée depuis le premier jour de l'année ou à dater de l'embauche si elle est postérieure.

Art. D. 241-10 (*Décr. n° 2014-1688 du 29 déc. 2014, art. 2*) I. — Pour les salariés mentionnés au IV de l'article L. 241-13, le coefficient mentionné au deuxième alinéa du III est calculé selon la formule suivante :
Coefficient = $(T/0,6) \times (1,6 \times a \times$ SMIC calculé pour un an/rémunération annuelle brute $- 1) \times b$.
Le coefficient noté T et les montants du SMIC calculé pour un an et de la rémunération brute sont identiques à ceux mentionnés à l'article D. 241-7.
Le septième alinéa du II de l'article D. 241-7 du même code est applicable si la valeur a à prendre en compte évolue en cours d'année.

II. — Pour les salariés mentionnés au 1° du IV de l'article L. 241-13 qui sont soumis à un régime d'heures d'équivalences payées à un taux majoré en application d'une convention ou d'un accord collectif étendu en vigueur au 1er janvier 2010, les valeurs a et b sont respectivement fixées :
— à 45/35 et à 1 pour ceux mentionnés au deuxième alinéa du 3° de l'article 5 du décret n° 83-40 du 26 janvier 1983 modifié relatif aux modalités d'application des dispositions du code du travail concernant la durée du travail dans les entreprises de transport routier de marchandise [*V. C. transp., art. D. 3312-45, 1°*] ;
— à 40/35 et à 1 pour ceux mentionnés au troisième alinéa du 3° de l'article 5 du décret mentionné au précédent alinéa du présent article [*V. C. transp., art. D. 3312-45, 2°*].
Lorsque la rémunération versée, hors heures supplémentaires, n'est pas établie sur la base de la durée équivalente à la durée légale, la valeur a est ajustée dans la même proportion.

III. — Pour les salariés mentionnés au 2° du IV de l'article L. 241-13 auxquels l'employeur est tenu de verser une indemnité compensatrice de congé payé en application de l'article L. 1251-19 du code du travail, les valeurs a et b sont respectivement fixées à 1 et à 1,1.

IV. — Pour les salariés mentionnés au 3° du IV de l'article L. 241-13 qui relèvent des professions dans lesquelles le paiement des congés et des charges sur les indemnités de congés est mutualisé entre les employeurs affiliés aux caisses de congés, les valeurs a et b sont respectivement fixées à 1 et à 100/90.
Par dérogation à l'alinéa précédent, la valeur a est fixée à la valeur mentionnée au II du présent article pour les salariés entrant dans le champ d'application de la convention collective nationale des transports routiers et activités auxiliaires du transport.

Art. D. 241-11 (*Décr. n° 2023-801 du 21 août 2023, art. 3*) I. — Le montant total des allègements obtenu par application de la réduction mentionnée à l'article L. 241-13 est, sauf le cas mentionné au II du présent article, limité au montant des cotisations et des contributions mentionnées au I de l'article L. 241-13 dues pour l'emploi du salarié au titre des gains et rémunérations versés au cours de l'année majoré, le cas échéant, du facteur b de l'article D. 241-10, dans la limite des cotisations et contributions patronales dues au titre du salarié.

II. — Par dérogation au I, lorsque l'employeur applique, dans les conditions prévues aux articles 50-1 à 51 du décret n° 2019-797 du 26 juillet 2019 relatif au régime d'assurance chômage, un taux de cotisation à la charge des employeurs due au titre de l'assurance chômage inférieur à celui retenu pour le calcul de la réduction en application de l'article D. 241-7 du code de la sécurité sociale, le montant total des allègements peut être supérieur, dans la limite des cotisations et contributions patronales dues au titre du salarié, au montant des cotisations et contributions mentionnées au I.

Ces dispositions s'appliquent aux cotisations et aux contributions sur les rémunérations dues au titre des périodes courant à compter du 1er sept. 2022 (Décr. n° 2023-801 du 21 août 2023, art. 5).

Heures supplémentaires

Art. D. 241-21 (*Décr. n° 2019-40 du 24 janv. 2019, art. 1er*) Le taux de la réduction de cotisations salariales prévue à l'article L. 241-17 est égal à la somme des taux de chacune des cotisations d'assurance vieillesse d'origine légale et conventionnelle rendue obligatoire par la loi effectivement à la charge du salarié, dans la limite de 11,31 %.

V. Instr. DSS/5B/2019/71 du 29 mars 2019.

Les dispositions du Décr. n° 2019-40 du 24 janv. 2019 s'appliquent pour les rémunérations dues pour les périodes courant à compter du 1er janv. 2019. Ces mêmes dispositions sont applicables à Mayotte et à Saint-Pierre-et-Miquelon, dans la limite des taux de cotisations en vigueur dans ces territoires (Décr. préc., art. 4 et 5).

Art. D. 241-22 (*Décr. n° 2019-40 du 24 janv. 2019, art. 1ᵉʳ*) En cas d'application d'une exonération totale ou partielle de cotisations salariales de sécurité sociale, de taux réduits, d'assiettes ou de montants forfaitaires de cotisations, la réduction s'applique dans la limite des cotisations effectivement à la charge du salarié. — *V. ndlr ss. art. D. 241-21.*

....

Art. D. 241-25 (*Décr. n° 2007-1380 du 24 sept. 2007, art. 1ᵉʳ ; Décr. n° 2012-1074 du 21 sept. 2012, art. 2-IV*) Pour l'application (*Décr. n° 2019-40 du 24 janv. 2019, art. 1ᵉʳ*) « du V de l'article L. 241-17 et » du IV de l'article L. 241-18, l'employeur tient à disposition les informations prévues aux articles (*Décr. n° 2016-1553 du 18 nov. 2016, art. 7-II, en vigueur le 1ᵉʳ janv. 2017*) « D. 3171-1 à D. 3171-15 » du code du travail et aux articles R. 713-35 à R. 713-50 du code rural et de la pêche maritime. — *V. ndlr ss. art. D. 241-21.*

Lorsque ces données ne sont pas immédiatement accessibles, l'employeur complète, au moins une fois par an pour chaque salarié, les informations fournies en application des articles susmentionnés par un récapitulatif hebdomadaire du nombre d'heures supplémentaires ou complémentaires effectuées, ou du nombre d'heures de travail lorsque le décompte des heures supplémentaires n'est pas établi par semaine, indiquant le mois au cours duquel elles sont rémunérées et distinguant les heures supplémentaires et complémentaires en fonction du taux de majoration qui leur est applicable.

Lorsque en vertu (*Décr. n° 2016-1553 du 18 nov. 2016, art. 7-II, en vigueur le 1ᵉʳ janv. 2017*) « de l'article L. 3121-31 » du code du travail, les heures supplémentaires résultent d'une durée collective hebdomadaire de travail supérieure à la durée légale et font l'objet d'une rémunération mensualisée, l'indication de cette durée collective suffit à satisfaire à l'obligation mentionnée à l'alinéa précédent pour les seules heures supplémentaires concernées.

Code général des impôts

Bassins d'emploi à redynamiser

Art. 44 duodecies (*L. n° 2013-1279 du 29 déc. 2013, art. 29-I-4° ; L. n° 2014-1655 du 29 déc. 2014, art. 66-II à IV*) I. — Les contribuables qui créent des activités entre le 1ᵉʳ janvier 2007 et le (*L. n° 2023-1322 du 29 déc. 2023, art. 73-I, en vigueur le 1ᵉʳ janv. 2024*) « 31 décembre 2024 » dans les bassins d'emploi à redynamiser définis au 3 *bis* de l'article 42 de la loi n° 95-115 du 4 février 1995 d'orientation pour l'aménagement et le développement du territoire sont exonérés d'impôt sur le revenu ou d'impôt sur les sociétés à raison des bénéfices provenant des activités implantées dans le bassin d'emploi et réalisés jusqu'au terme du quatre-vingt-troisième mois suivant le début d'activité dans le bassin d'emploi. Les contribuables qui créent des activités à compter du 1ᵉʳ janvier 2014 bénéficient de l'exonération mentionnée à la première phrase à raison des bénéfices provenant des activités implantées dans le bassin d'emploi et réalisés jusqu'au terme du cinquante-neuvième mois suivant le début d'activité dans le bassin d'emploi. Les contribuables mentionnés à la deuxième phrase perdent le bénéfice de l'exonération à compter de l'exercice au cours duquel ils procèdent à une distribution de dividendes à leurs actionnaires.

Le bénéfice de l'exonération est réservé aux contribuables exerçant une activité industrielle, commerciale ou artisanale au sens de l'article 34 et du 5° du I de l'article 35, à l'exception des activités de crédit-bail mobilier et de location d'immeubles à usage d'habitation, ou agricole au sens de l'article 63, dans les conditions et limites fixées par le présent article. L'exonération s'applique dans les mêmes conditions et limites aux sociétés soumises à l'impôt sur les sociétés exerçant une activité professionnelle non commerciale au sens du 1 de l'article 92.

L'exonération ne s'applique pas aux créations d'activités dans les bassins d'emploi à redynamiser consécutives au transfert d'une activité précédemment exercée par un contribuable ayant bénéficié au titre d'une ou plusieurs des cinq années précédant celle du transfert des articles 44 *sexies* (*L. n° 2021-1900 du 30 déc. 2021, art. 35-I-5°*) « , 44 *septies*, dans sa rédaction antérieure à la loi n° 2021-1900 du 30 décembre 2021 de finances pour 2022 », 44 *octies* (*L. n° 2021-1900 du 30 déc. 2021, art. 35-I-5°*) « , dans sa rédaction antérieure à la même loi », 44 *octies* A, 44 *quindecies* (*L. n° 2017-1775 du 28 déc. 2017, art. 17*) « , 44 *sexdecies* » (*L. n° 2021-1900 du 30 déc. 2021, art. 35-I-5°*) « et 44 *septdecies* » ou de la prime d'aménagement du territoire.

L'exonération ne s'applique pas aux contribuables qui créent une activité dans le cadre d'un transfert, d'une concentration ou d'une restructuration d'activités préexistantes exercées dans les bassins d'emploi à redynamiser ou qui reprennent de telles activités, sauf pour la durée restant à courir, si l'activité reprise ou transférée bénéficie ou a bénéficié du régime d'exonération prévu au présent article.

Lorsqu'un contribuable dont l'activité, non sédentaire, est implantée dans un bassin d'emploi à redynamiser mais exercée en tout ou en partie en dehors d'un tel bassin d'emploi, l'exonération s'applique si ce contribuable emploie au moins un salarié sédentaire à plein temps, ou équivalent, exerçant ses fonctions dans les locaux affectés à l'activité ou si ce contribuable réalise au moins 25 % de son chiffre d'affaires auprès des clients situés dans un tel bassin d'emploi.

II. — Le bénéfice exonéré au titre d'un exercice ou d'une année d'imposition est celui déclaré selon les modalités prévues aux articles 50-0, 53 A, 96 à 100, 102 ter et 103, diminué des produits bruts ci-après qui restent imposables dans les conditions de droit commun :

a) Produits des actions ou parts de sociétés, résultats de sociétés ou organismes soumis au régime prévu à l'article 8, lorsqu'ils ne proviennent pas d'une activité exercée dans un bassin d'emploi à redynamiser, et résultats de cession de titres de sociétés ;

b) Produits correspondant aux subventions, libéralités et abandons de créances ;

c) Produits de créances et d'opérations financières pour le montant qui excède le montant des frais financiers engagés au cours du même exercice ou de la même année d'imposition si le contribuable n'est pas un établissement de crédit ou une société de financement visé à l'article L. 511-1 du code monétaire et financier ;

d) Produits tirés des droits de la propriété industrielle et commerciale lorsque ces droits n'ont pas leur origine dans l'activité exercée dans un bassin d'emploi à redynamiser.

Lorsque le contribuable n'exerce pas l'ensemble de son activité dans un bassin d'emploi à redynamiser, le bénéfice exonéré est déterminé en affectant le montant résultant du calcul ainsi effectué du rapport entre, d'une part, la somme des éléments d'imposition à la cotisation foncière des entreprises définis à l'article 1467 afférents à l'activité exercée dans un bassin d'emploi à redynamiser et relatifs à la période d'imposition des bénéfices et, d'autre part, la somme des éléments d'imposition à la cotisation foncière des entreprises du contribuable définis au même article pour ladite période. Pour la fixation de ce rapport, la valeur locative des immobilisations passibles d'une taxe foncière est celle déterminée conformément à l'article 1467 au 1er janvier de l'année au cours de laquelle est clos l'exercice ou au 1er janvier de l'année d'imposition des bénéfices.

Par exception au sixième alinéa, le contribuable exerçant une activité de location d'immeubles n'est exonéré qu'à raison des bénéfices provenant des seuls immeubles situés dans un bassin d'emploi à redynamiser. Cette disposition s'applique quel que soit le lieu d'établissement du bailleur.

Le bénéfice de l'exonération est subordonné au respect du règlement (UE) n° 1407/2013 de la Commission, du 18 décembre 2013, relatif à l'application des articles 107 et 108 du traité sur le fonctionnement de l'Union européenne aux aides *de minimis*. Toutefois, sur option des entreprises qui procèdent aux opérations mentionnées au I dans une zone d'aide à finalité régionale, le bénéfice de l'exonération est subordonné au respect de l'article 14 du règlement (UE) n° 651/2014 de la Commission, du 17 juin 2014, déclarant certaines catégories d'aides compatibles avec le marché intérieur en application des articles 107 et 108 du traité.

L'option mentionnée au huitième alinéa est irrévocable pour la durée de l'exonération. Elle doit être exercée dans les six mois suivant les opérations mentionnées au I.

III. — Lorsque le contribuable mentionné au I est une société membre d'un groupe fiscal visé à l'article 223 A ou à l'article 223 A bis, le bénéfice exonéré est celui de cette société déterminé dans les conditions prévues au II, dans la limite du résultat d'ensemble du groupe.

Lorsqu'il répond aux conditions requises pour bénéficier des dispositions de l'un des régimes prévus aux articles 44 sexies, 44 octies A (L. n° 2017-1775 du 28 déc. 2017, art. 17) « , 44 quindecies (L. n° 2018-1317 du 28 déc. 2018, art. 135-I) « , 44 sexdecies ou 44 septdecies » et du régime prévu au présent article, le contribuable peut opter pour ce dernier régime dans les six mois suivant celui du début d'activité. L'option est irrévocable.

IV. — Les obligations déclaratives des personnes et organismes concernés par l'exonération sont fixées par décret.

V. — *Disjoint (Décr. n° 2007-484 du 30 mars 2007). — Pour l'application de l'art. 44 duodecies aux exercices ouverts avant le 1er janv. 2014, V.* **CGI, éd. 2014**.

....

Art. 1383 H (*L. n° 2013-1279 du 29 déc. 2013, art. 29-I-8° ; L. n° 2014-1655 du 29 déc. 2014, art. 66-II à IV*) **Sauf délibération contraire de la** (*L. n° 2019-1479 du 28 déc. 2019, art. 16*) **« commune » ou de l'établissement public de coopération intercommunale doté d'une fiscalité propre prise dans les conditions prévues au I de l'article 1639 A bis, les**

immeubles situés dans les bassins d'emploi défini au 3 *bis* de l'article 42 de la loi n° 95-115 du 4 février 1995 d'orientation pour l'aménagement et le développement du territoire sont exonérés de taxe foncière sur les propriétés bâties pour une durée de cinq ans.

L'exonération s'applique aux immeubles rattachés, entre le 1er janvier 2007 et le (*L. n° 2023-1322 du 29 déc. 2023, art. 73-I, en vigueur le 1er janv. 2024*) « 31 décembre 2024 » inclus, à un établissement remplissant les conditions requises pour bénéficier de l'exonération prévue au I *quinquies* A de l'article 1466 A. Elle s'applique à compter du 1er janvier de l'année qui suit celle où est intervenu le rattachement à un établissement remplissant les conditions requises, si elle est postérieure. – *V. ndlr ss. l'art.*

Cette exonération cesse de s'appliquer à compter du 1er janvier de l'année suivant celle où les immeubles ne sont plus affectés à une activité entrant dans le champ d'application de la cotisation foncière des entreprises.

En cas de changement d'exploitant au cours d'une période d'exonération, celle-ci est maintenue pour la période restant à courir et dans les conditions prévues pour le prédécesseur.

L'exonération porte sur la totalité de la part revenant à chaque (*L. n° 2019-1479 du 28 déc. 2019, art. 16*) « commune » ou établissement public de coopération intercommunale doté d'une fiscalité propre.

Lorsque les conditions requises pour bénéficier de l'exonération prévue à l'article 1383 A et de celle prévue au présent article ne sont remplies, le contribuable doit opter pour l'un ou l'autre de ces régimes avant le 1er janvier de l'année au titre de laquelle l'exonération prend effet. L'option est irrévocable et vaut pour l'ensemble des collectivités.

Le bénéfice de l'exonération est subordonné au respect du règlement (UE) n° 1407/2013 de la Commission, du 18 décembre 2013, relatif à l'application des articles 107 et 108 du traité sur le fonctionnement de l'Union européenne aux aides *de minimis*. Toutefois, sur option des entreprises propriétaires d'un immeuble dans une zone d'aide à finalité régionale, le bénéfice de l'exonération est subordonné au respect de l'article 14 du règlement (UE) n° 651/2014 de la Commission, du 17 juin 2014, déclarant certaines catégories d'aides compatibles avec le marché intérieur en application des articles 107 et 108 du traité.

L'option mentionnée au septième alinéa est irrévocable pour la durée de l'exonération. Elle doit être exercée avant le 1er janvier de la première année au titre de laquelle l'exonération prend effet.

Les obligations déclaratives des personnes et organismes concernés par les exonérations prévues au présent article sont fixées par décret.

Les dispositions issues de l'art. 16 de la L. n° 2019-479 du 28 déc. 2019 s'appliquent à compter des impositions établies au titre de 2021.

Accord national interprofessionnel du 10 février 1969,

Sur la sécurité de l'emploi.

En ce qui concerne l'extension et l'élargissement du présent accord national et de ses modifications, V. Arr. du 11 avr. 1972 et 2 Arr. du 31 déc. 1986, ss. art. 30 du présent accord.

PRÉAMBULE

TITRE I GÉNÉRALISATION DE COMMISSIONS PARITAIRES DE L'EMPLOI

Art. 1er En vue de contribuer à améliorer la situation de l'emploi, les parties signataires décident que des commissions paritaires de l'emploi devront être instituées avant le 31 mai 1969 dans les différentes professions.

Art. 2 Les commissions paritaires de l'emploi seront constituées au niveau national dans chaque profession ou groupe de professions. Les commissions nationales professionnelles ainsi créées auront la faculté de mettre en place des commissions régionales professionnelles dans les régions où la densité d'une profession le rendrait possible et souhaitable.

Dans le cas où l'institution d'une commission nationale professionnelle se heurterait à des difficultés tenant aux structures de la profession, des commissions régionales professionnelles devront être constituées.

Art. 3 (*Avenant du 21 nov. 1974*) Eu égard aux aspects régionaux souvent déterminants en matière d'emploi, les parties signataires décident également de mettre en place progressivement, au niveau des régions de programme, des commissions interprofessionnelles régionales.

Ces commissions devront être constituées avant le 1er janvier 1975.

Art. 4 Les commissions paritaires de l'emploi comprendront au moins un représentant de chacune des confédérations syndicales signataires du présent accord et un nombre de représentants patronaux égal au total des membres salariés.

Lorsque ces commissions comporteront des membres suppléants, ceux-ci recevront les mêmes documents que les membres titulaires.

Art. 5 *(Avenant du 21 nov. 1974)* Les commissions paritaires de l'emploi ont pour tâche :
— de permettre l'information réciproque des organisations signataires sur la situation de l'emploi dans leur ressort professionnel et territorial ;
— d'étudier la situation de l'emploi, son évolution au cours des mois précédents et son évolution prévisible ;
— de procéder ou de faire procéder à toutes études permettant une meilleure connaissance des réalités de l'emploi ;
— de participer à l'étude des moyens de formation, de perfectionnement et de réadaptation professionnels, publics et privés, existant pour les différents niveaux de qualification et de rechercher avec les pouvoirs publics et les organismes intéressés les moyens propres à assurer leur pleine utilisation, leur adaptation et leur développement et de formuler à cet effet toutes observations et propositions utiles ;
— de promouvoir, dans le cadre des missions définies à l'alinéa ci-dessus, la politique de formation dans les professions ou régions de leur ressort ;
— d'examiner les conditions de mise en œuvre des moyens de reclassement et de réadaptation et de participer, si nécessaire, à cette mise en œuvre ;
— d'effectuer toutes démarches utiles auprès des organismes publics de placement en vue de concourir au placement des jeunes à l'issue de leur formation.

Un rapport doit être établi, au moins annuellement, sur la situation de l'emploi et son évolution.

Afin de permettre aux commissions paritaires de l'emploi d'avoir une meilleure connaissance de cette situation, lorsqu'un projet de licenciement collectif d'ordre économique portera sur plus de dix salariés appartenant au même établissement, les commissions paritaires de l'emploi, professionnelles et interprofessionnelles, compétentes seront informées par la direction sitôt que, conformément aux dispositions de l'article 12, le comité d'entreprise ou d'établissement l'aura lui-même été.

Le cas échéant, elles participeront à l'établissement du plan social prévu audit article.

D'autre part, si des difficultés surviennent au sein du comité d'entreprise ou d'établissement au sujet d'un projet de licenciement collectif d'ordre économique, la commission paritaire de l'emploi compétente pourra être saisie dans les conditions prévues à l'article 12 précité.

Enfin, si un licenciement collectif d'ordre économique pose des problèmes de reclassement non résolus au niveau de l'entreprise, les commissions paritaires de l'emploi compétentes seront saisies dans les conditions prévues à l'article 15 ci-après.

Le rapport annuel visé ci-dessus fera un bilan de l'action entreprise à l'occasion des licenciements collectifs dont les commissions paritaires de l'emploi seraient saisies.

Les commissions paritaires professionnelles de l'emploi doivent également, conformément aux dispositions de l'accord du 9 juillet 1970 sur la formation et le perfectionnement professionnels, établir et tenir la liste nominative des cours, stages ou sessions considérés par elles comme présentant un intérêt reconnu pour la profession et retenus à partir de critères définis par elles, notamment ceux liés au contenu des actions de formation et à leur valeur pédagogique.

Pour chacun des cours, stages ou sessions ainsi répertoriés, les commissions paritaires de l'emploi préciseront les catégories de travailleurs auxquelles ils sont destinés.

Il appartiendra aussi aux commissions paritaires professionnelles de l'emploi, compte tenu de la nature et de la durée des formations qu'elles auront agréées, de préciser dans quelles circonstances et pour quelle durée la rémunération sera maintenue totalement ou partiellement au-delà du délai de quatre semaines ou 160 heures prévu à l'article 35 de l'accord précité et d'examiner, dans ce cadre, les conditions de prise en charge éventuelle, en cas de licenciement collectif d'ordre économique, des droits d'inscription et des frais de scolarité.

Elles établiront, en outre, la liste des centres ou établissements d'enseignement dans lesquels les salariés visés par l'avenant du 30 avril 1971 à l'accord du 9 juillet 1970 pourront demander à exercer des fonctions enseignantes en bénéficiant des dispositions prévues aux articles 7 et 12 dudit avenant.

Lorsque l'accord de branche, même s'il se réfère à l'accord national interprofessionnel du 10 févr. 1969 sur la sécurité de l'emploi, n'attribue pas de mission en matière de reclassement externe à la commission paritaire de l'emploi et de la formation professionnelle, l'employeur n'a pas à saisir cette commission avant un licenciement économique de plus de 10 salariés. • Soc. 11 juill. 2016, ⚖ n° 15-12.752 P : D. 2016. Actu. 1572 ⌀ ; RDT 2016. 619, obs. Kocher ⌀ ; RJS 10/2016, n° 626 ; JSL 2016, n° 416-5, obs. Pacotte et Leroy • Soc. 16 nov. 2017, ⚖ n° 16-14.572 P : RJS 1/2018, n° 27 ; JSL 2018, n° 446-6 ; JCP S 2017. 1420, obs. Dumont.

Art. 6 Les commissions fixent la périodicité de leurs réunions qui ne devra pas être inférieure à une réunion par semestre.

Art. 7 L'organisation patronale assumera la charge du secrétariat de la commission.

Art. 8 Les commissions paritaires de l'emploi devront prendre toutes initiatives utiles pour établir, à leur niveau territorial et professionnel, les liaisons nécessaires avec les administrations, commissions et comités officiels ayant des attributions en matière d'emploi, tels, en particulier, que l'institution mentionnée à l'article L. 5312-1 du code du travail, l'AFPA et les comités régionaux de la formation professionnelle, de la promotion sociale et de l'emploi ainsi qu'avec l'association pour l'emploi des cadres (APEC), l'Unedic et les Assedic, en vue d'échanger tous les renseignements, notamment d'ordre statistique, dont elles pourraient disposer ou avoir besoin. Les commissions paritaires de l'emploi rechercheront leur coopération aux tâches qu'elles assument et leur offriront leur collaboration.

Art. 9 (*Avenant du 21 nov. 1974*) Dans le délai d'un an à compter de la date du présent accord, et ultérieurement chaque année, les organisations signataires se rencontreront pour examiner la situation de l'emploi et faire le point sur l'application de l'accord et sur le rôle joué par les commissions paritaires.

TITRE II INFORMATION ET CONSULTATION SUR LES PROJETS DE LICENCIEMENTS POUR RAISONS ÉCONOMIQUES

(Accord du 20 oct. 1986)

Art. 10 I. – Des échanges de vues sur l'évolution de l'emploi doivent avoir lieu régulièrement au sein du comité d'entreprise ou d'établissement. A cette occasion, des indications seront données sur l'importance de la main-d'œuvre temporaire utilisée, sur son affectation et sur les raisons qui motivent son emploi.

En outre, dès que la direction est en mesure de prévoir les conséquences, dans le domaine de l'emploi, des décisions de fusion, de concentration ou de restructuration, elle doit en informer le comité d'entreprise ou d'établissement, le consulter et étudier avec lui les conditions de mise en œuvre de ces prévisions, notamment en ce qui concerne le recours éventuel au Fonds national de l'emploi.

Il en est de même en ce qui concerne les conséquences prévisibles dans le domaine de l'emploi des mutations technologiques. Dans les entreprises ou établissements assujettis à la législation sur les comités d'entreprise, lorsque ces mutations seront importantes et rapides, un plan d'adaptation sera élaboré et transmis, pour information et consultation, au comité d'entreprise ou d'établissement en même temps que les autres éléments d'information relatifs à l'introduction de nouvelles technologies. A défaut de dispositions conventionnelles de branche, il s'inspirera notamment des dispositions de l'article 12 (I) du présent accord ainsi que de celles de l'article 38 de l'accord national interprofessionnel du 9 juillet 1970 sur la formation et le perfectionnement professionnels modifié et permettra les adaptations nécessaires dans les meilleurs délais. Il sera également transmis au comité d'hygiène, de sécurité et des conditions de travail. Le comité d'entreprise ou d'établissement sera régulièrement informé et périodiquement consulté sur la mise en œuvre de ce plan.

Si une entreprise est dans l'obligation de déposer son bilan, elle informe et consulte aussitôt son comité d'entreprise.

II. – Lorsque le comité d'entreprise ou d'établissement est consulté sur un projet de licenciement collectif pour raisons économiques, l'ordre du jour doit le mentionner expressément.

En vue d'assurer une information complète du comité d'entreprise ou d'établissement et de lui permettre de jouer effectivement son rôle consultatif, tel qu'il est défini par la loi et rappelé au point IV du préambule du présent accord, la direction doit, dans un document écrit joint à la convocation :

— lui donner les raisons économiques, financières ou techniques l'ayant conduite à présenter le projet soumis pour avis au comité ;

— lui préciser le nombre des salariés habituellement employés, l'importance des licenciements envisagés et les catégories professionnelles concernées ;

— lui indiquer le calendrier prévisionnel des licenciements.

A. EMBAUCHE ET EMPLOI III. Placement et emploi

Pour l'application du présent titre, lorsqu'une entreprise ou un établissement n'a pas de comité d'entreprise ou d'établissement, les délégués du personnel seront informés et consultés aux lieu et place dudit comité.

Art. 11 Conformément à la directive 75/129 du conseil des Communautés européennes, pour tout projet de licenciement collectif ayant des raisons économiques et portant sur au moins dix salariés dans une même période de trente jours, la direction adressera à l'autorité administrative compétente une notification écrite comportant les indications mentionnées à l'article 10 (II).

Dans les entreprises ou établissements qui sont dotés d'un comité d'entreprise ou d'établissement, cette notification sera effectuée au plus tôt à la date fixée pour la réunion au cours de laquelle, conformément audit article, le comité d'entreprise ou d'établissement concerné par ledit licenciement doit être consulté à ce sujet.

Art. 12 La direction devra, dans les conditions indiquées ci-après, envisager toutes dispositions tendant à éviter les licenciements pour raisons économiques ou à en limiter le nombre ainsi qu'à faciliter le reclassement du personnel dont le licenciement ne pourrait être évité.

I. — Dans les entreprises ou établissements assujettis à la législation sur les comités d'entreprise, lorsque le projet de licenciement pour raisons économiques portera sur au moins dix salariés dans une même période de trente jours, la direction soumettra au comité d'entreprise ou d'établissement un plan social qui devra lui être adressé avec la convocation à la réunion prévue à l'article 10 (II). Il sera communiqué pour information à l'autorité administrative compétente et à la commission paritaire de l'emploi. Il prévoira des mesures telles que :
— aménagement et/ou réduction des horaires de travail, lorsque cela apparaît possible et de nature à éviter des licenciements ;
— temps partiel volontaire ;
— recours à des mesures de mutation ;
— recherche des possibilités de reclassement interne ou, le cas échéant, externe ;
— inventaire des moyens de formation pouvant faciliter ces mutations et ces reclassements ;
— étalement dans le temps des licenciements éventuels, afin de faciliter les opérations de reclassement ;
— mesures susceptibles de tenir compte des problèmes spécifiques de certains salariés et notamment des personnes handicapées (au sens de la législation en vigueur) et des femmes enceintes ;
— actions de bilan-évaluation destinées à permettre aux intéressés de mieux se situer sur le marché de l'emploi en fonction de leurs capacités professionnelles acquises et potentielles ;
— formation aux techniques de recherche d'emploi ;
— aide aux départs volontaires ou anticipés et à la réalisation de projets individuels ;
— aide au retour au pays d'origine ;
— mise en place de structures adaptées destinées à informer et à conseiller les intéressés dans le domaine de la formation et à leur faciliter leurs démarches vis-à-vis d'organismes tels que l'AFPA, l'ANPE, l'APEC, les ASSEDIC ;
— conventions avec le Fonds national de l'emploi ;
— conventions de conversion prévues au chapitre II de l'accord national interprofessionnel du 20 octobre 1986.

(*Avenant du 12 avr. 1988*) « Les problèmes de conversion des salariés doivent, en tout état de cause, être évoqués lors de la première réunion du comité d'entreprise ou d'établissement. »

La direction mettra à l'étude, dans les délais prévus à l'article 13 (II), les suggestions relatives au plan social que présenterait le comité d'entreprise ou d'établissement et donnera une réponse motivée.

Au-delà de la seconde réunion du comité d'entreprise ou d'établissement visée à l'article 13 (II), ces délais n'ont pas un caractère suspensif. Toutefois, la notification des licenciements aux salariés intéressés ne peut intervenir qu'après l'expiration des délais prévus audit article.

II. — (*Avenant du 22 juin 1989*) « Dans les cas où la mise en œuvre d'un plan social est obligatoire, tout salarié compris dans le projet de licenciement et remplissant les conditions prévues à l'article 8 du chapitre II de l'accord national interprofessionnel du 20 octobre 1986 modifié par avenant du 12 avril 1988, sera mis à même de demander que lui soit proposée une convention de conversion à la place des mesures figurant audit plan social et tendant directement au reclassement des salariés.

« III. — Dans les cas où la mise en œuvre d'un plan social n'est pas obligatoire, l'employeur proposera une convention de conversion à chaque salarié compris dans le projet de licenciement et remplissant les conditions prévues à l'article 8 précité. Il procédera par ailleurs à une exploration attentive des possibilités offertes par les conventions d'allocations spéciales du fonds national de l'emploi.

« Lorsqu'il s'agira d'un licenciement collectif, le comité d'entreprise ou d'établissement, s'il en existe, sera consulté à ce sujet. » — *Avenant étendu et élargi par Arr. du 22 sept. 1989 (JO 28 sept.).*

Art. 13 I. — Lorsque le projet de licenciement pour raisons économiques porte sur moins de dix salariés dans une même période de trente jours, le licenciement de chacun des salariés ayant au moins un an d'ancienneté doit, quel que soit l'effectif de l'entreprise ou de l'établissement, être précédé d'une procédure comportant :
— une convocation de l'intéressé à un entretien préalable, cette convocation étant soit adressée par lettre recommandée, soit remise en main propre contre décharge ;
— un entretien dans les conditions prévues par l'article L. 122-14 *[L. 1232-2 nouv.]* du code du travail ;
— un délai de sept jours entre la date pour laquelle le salarié aura été convoqué à cet entretien et la notification du licenciement ; ce délai est de quinze jours en cas de licenciement individuel d'un membre du personnel d'encadrement ;
— l'indication du ou des motifs économiques du licenciement dans la lettre prévue à l'article L. 122-14-1 *[L. 1232-6 nouv.]* du code du travail.

Toutefois, lorsque les conditions économiques auront conduit une entreprise ou un établissement assujetti à la législation sur les comités d'entreprise à répéter les licenciements pour raisons économiques conformément à la procédure ci-dessus, si le total des licenciements atteint le chiffre de trente personnes sur six mois consécutifs, tout nouveau licenciement envisagé pour raisons économiques dans les six mois suivants devra être effectué selon les dispositions de l'article 12 (I) ci-dessus.

II. — Lorsque le projet de licenciement porte sur au moins dix salariés dans une même période de trente jours, un délai préfixé maximal doit s'écouler, à l'exception des cas de force majeure ou de circonstances économiques exceptionnelles comportant un caractère d'urgence, entre la notification à l'autorité administrative compétente prévue au deuxième alinéa de l'article 11 et la notification des licenciements aux salariés concernés.

Ce délai est de :
— trente jours lorsque le nombre de licenciements envisagés dans l'entreprise ou l'établissement est au moins égal à dix et inférieur à 100 ;
— quarante-cinq jours lorsque le nombre de licenciements envisagés est au moins égal à 100 et inférieur à 250 ;
— soixante jours lorsque le nombre de licenciements envisagés est égal ou supérieur à 250.

Il est destiné notamment à permettre la tenue d'une deuxième réunion du comité d'entreprise ou d'établissement.

Suivant les délais ci-dessus, cette seconde réunion ne peut être fixée respectivement plus de sept jours, quatorze jours ou vingt et un jours après la date fixée pour la réunion prévue à l'article 10 (II).

Dans les entreprises ou établissements qui ne sont pas dotés d'un comité d'entreprise ou d'établissement, un délai de trente jours doit être observé, conformément à la directive 75/129 du conseil des Communautés européennes, entre la notification visée au premier alinéa de l'article 11 du présent accord et la notification des licenciements aux salariés concernés.

L'autorité administrative compétente aura la faculté de réduire le délai applicable pour les entreprises ou établissements où serait intervenu un accord collectif portant sur les conditions des licenciements et en particulier sur certaines des dispositions figurant dans l'article 12 (I) du présent accord ou dans lesquels seraient appliquées les dispositions d'une convention ou d'un accord collectif ayant cet objet.

Art. 14 D'un commun accord entre la direction et le comité d'entreprise ou d'établissement ou si le projet de licenciement pour raisons économiques porte sur au moins dix salariés dans une même période de trente jours, les difficultés éventuellement survenues au sujet de ce projet au sein du comité d'entreprise ou d'établissement pourront être examinées :
— soit au niveau utile le plus proche possible du lieu du licenciement par les organisations syndicales d'employeurs et de salariés représentées aux commissions paritaires de l'emploi en présence des représentants de la direction et du personnel de l'entreprise ou de l'établissement concerné, ainsi que, le cas échéant, des représentants des administrations et organismes ayant à jouer un rôle en la matière ;

— soit par la commission paritaire de l'emploi compétente qui, en vue de contribuer à la recherche d'une solution, pourra prendre toutes dispositions pour faciliter une réunion des parties au niveau convenable et pourra solliciter la collaboration des représentants des administrations et organismes exerçant une mission dans le domaine de l'emploi, de la formation ou du placement.

Cet examen s'inscrira dans les délais prévus à l'article 13.

Les organisations syndicales précitées et les commissions paritaires de l'emploi professionnelles et interprofessionnelles devront établir entre elles une liaison suffisante pour éviter tout double emploi.

TITRE III GARANTIES PRÉVUES EN CAS DE MUTATIONS ET LICENCIEMENTS COLLECTIFS D'ORDRE ÉCONOMIQUE

Art. 15 (*Avenant du 21 nov. 1974*) Si des licenciements collectifs pour raisons (*Accord du 20 oct. 1986*) « économiques » n'ont pu être évités et posent un problème de reclassement, les organisations syndicales d'employeurs et de salariés visées (*Accord du 20 oct. 1986*) « à l'article 14 » ou les commissions paritaires de l'emploi compétentes pourront être saisies :
— soit d'un commun accord entre la direction et le comité d'entreprise ou d'établissement ;
— soit lorsque le licenciement portera sur plus de dix salariés occupés dans le même établissement (ce chiffre étant éventuellement calculé sur une période de trente jours).

Elles s'efforceront d'élaborer un plan comportant des propositions de reclassement ou de formation en vue d'un reclassement à terme et tenant compte des différents régimes d'indemnisation en vigueur.

Elles pourront, si elles le jugent opportun, décider la constitution de commissions d'intervention agissant localement au niveau le plus proche possible du lieu du licenciement, réunissant des représentants des organisations syndicales ou des commissions paritaires en cause, et faisant appel au concours des représentants de toutes administrations ou de tous organismes, tels que ceux énumérés à l'article 8, susceptibles de contribuer au reclassement, à la formation, au recyclage, au perfectionnement, à l'indemnisation du personnel licencié.

Ces commissions d'interventions, qui n'auront qu'une existence temporaire dans les limites du mandat qui leur aura été fixé, exerceront un rôle d'animation, de coordination, de conseil et d'orientation.

Les organisations syndicales précitées et les commissions paritaires de l'emploi professionnelles et interprofessionnelles devront établir entre elles une liaison suffisante pour éviter tout double emploi.

Art. 16 Si une opération de fusion, de concentration ou de restructuration conduit à réduire les effectifs, cette réduction doit être atteinte, dans toute la mesure du possible, par le jeu des départs naturels ou volontaires.

Dans ce même cas, lorsque l'entreprise a recours à des mutations internes, elle doit s'employer à éviter que ces mutations entraînent un déclassement des salariés, par des aménagements de postes de travail, par des actions appropriées de réadaptation ou de formation professionnelle prenant de préférence la forme de conventions permettant aux salariés de bénéficier de la législation en vigueur.

Art. 17 (*Avenant du 21 nov. 1974*) Lorsqu'une entreprise a procédé à des mutations internes en vue de diminuer le nombre des salariés compris dans un licenciement collectif pour raisons (*Accord du 20 oct. 1986*) « économiques », et qu'il n'aura pas été possible d'éviter un déclassement, l'employeur assurera au travailleur déclassé le maintien de son salaire antérieur pendant une durée égale à celle du préavis qui lui serait applicable en cas de licenciement et au minimum pendant :
— trois mois pour les salariés ayant plus de trois ans d'ancienneté le jour où la mutation prend effet ;
— quatre mois pour les salariés ayant plus de cinq ans d'ancienneté le jour où la mutation prend effet ;
— cinq mois pour les salariés ayant plus de dix ans d'ancienneté le jour où la mutation prend effet.

Art. 18 (*Accord du 20 oct. 1986*) Si le déclassement entraîne pour l'intéressé une réduction de salaire d'au moins 5 p. 100 et s'il compte au moins un an d'ancienneté dans l'entreprise, il percevra, après expiration du délai prévu à l'article 17 et pendant les six mois suivants, une indemnité temporaire dégressive. Si l'employeur a conclu avec le Fonds national de l'emploi une convention assurant aux salariés déclassés le bénéfice des allocations temporaires dégressives prévues par l'article L. 322-4 [*L. 5123-2 nouv.*] du code du travail, les allocations temporaires versées au titre de la convention passée avec le Fonds national de l'emploi se substituent aux indemnités temporaires dégressives instituées par le présent article.

L'indemnité temporaire dégressive est calculée, pour chacun des six mois suivant l'expiration du délai fixé par l'article article 17 pendant lequel le salaire antérieur est intégralement maintenu, selon les pourcentages ci-dessous de la différence entre l'ancien et le nouveau salaire :
— pour les deux premiers mois suivants : 80 p. 100 ;
— pour les troisième et quatrième mois suivants : 60 p. 100 ;
— pour les cinquième et sixième mois suivants : 40 p. 100.

Le salaire horaire ancien est égal à la moyenne, base trente-neuf heures, primes incluses, des salaires des trois derniers mois précédant le déclassement.

Art. 19 En cas de mutation d'un salarié dans un autre établissement de la même entreprise, l'ancienneté dans le nouvel établissement est calculée en tenant compte de l'ancienneté acquise dans le précédent établissement.

Art. 20 Dans le cas où la mutation conduit le salarié à occuper un emploi dans un autre établissement de l'entreprise, cette dernière doit par toutes les démarches utiles faciliter à l'intéressé l'obtention des allocations de transfert prévues par la loi du 18 décembre 1963 relative au Fonds national de l'emploi.

Art. 21 Le salarié ayant fait l'objet d'une mutation avec déclassement bénéficiera pendant un an d'une priorité de reclassement au cas où un poste de même nature deviendrait vacant dans son ancienne catégorie.

Art. 22 Les entreprises doivent rechercher les possibilités de reclassement susceptibles de convenir aux salariés dont le licenciement aura dû être décidé ainsi que les moyens de formation et de reconversion qui pourraient être utilisés par eux. Elles les feront connaître au comité d'entreprise ou d'établissement intéressé.

Art. 23 Le salarié licencié dans le cadre d'un licenciement *(Accord du 20 oct. 1986)* « pour raisons économiques » résultant d'une opération de fusion, de concentration ou de restructuration et qui a trouvé un nouvel emploi en cours de préavis pourra quitter l'entreprise sans avoir à payer l'indemnité de préavis correspondant à la partie non exécutée de son préavis et en conservant le bénéfice de son indemnité de licenciement légale ou conventionnelle. L'employeur ne peut refuser son accord que pour des nécessités de service.

Les heures pour recherche d'emploi résultant de l'usage ou des dispositions des conventions collectives peuvent être bloquées dans des conditions à établir avec le chef d'entreprise.

Art. 24 La prise en charge par les Assedic des salariés licenciés doit être facilitée par les entreprises qui assureront à cet effet tous les contacts nécessaires avec les Assedic compétentes.

Art. 25 *(Accord du 20 oct. 1986)* Les salariés licenciés pour raisons économiques ou ayant accepté un contrat de conversion bénéficient d'une priorité de réembauchage durant un délai d'un an à compter de la date de la rupture de leur contrat, s'ils manifestent le désir d'user de cette priorité dans un délai de deux mois à partir de leur départ de l'entreprise. Dans ce cas, l'employeur informera les salariés concernés de tout emploi devenu disponible dans leur qualification.

Cette disposition ne peut cependant avoir pour effet de faire obstacle aux obligations relatives aux priorités d'emploi instituées par la réglementation.

Art. 26 Lorsqu'un salarié licencié a été embauché par une autre entreprise ne fermant pas pour la durée des congés payés, il peut sur sa demande obtenir de son nouvel employeur un congé non payé, s'il n'a pas un an de présence au 1er juin de l'année en cours et s'il a perçu au titre de la même période de référence, lors de la résiliation de son précédent contrat, une indemnité compensatrice de congés payés.

La durée du congé attribué au salarié en application de l'alinéa précédent est égale à celle du congé acquis dans l'entreprise qui l'a licencié.

TITRE IV DISPOSITIONS DIVERSES

Art. 27 Les entreprises doivent faire connaître aux sections locales de l'institution mentionnée à l'article L. 5312-1 du code du travail leurs offres d'emploi. Pour les postes de cadre, cette déclaration est faite à l'association pour l'emploi des cadres (APEC) ou à sa section régionale.

Art. 28 La situation des voyageurs, représentants et placiers au regard des problèmes de l'emploi fera l'objet avant le 31 mai 1969 d'un examen au sein d'une commission paritaire où seront représentées les organisations syndicales de VRP.

Art. 29 *(Accord du 20 oct. 1986)* Les dispositions du présent accord s'inspirent des considérations générales énoncées dans le préambule et doivent être appliquées dans leur esprit.

Ayant pour objet de fixer des règles applicables à la généralité des professions, elles ne font pas obstacle à la conclusion d'accords dans le cadre des conventions collectives et ne remettent pas en cause les accords déjà intervenus.

Toutefois, les parties signataires du présent accord constatent :

— que ces accords de branche pourront faire l'objet d'une renégociation entre les organisations compétentes ;

— qu'afin que cette renégociation puisse pleinement prendre en considération les dispositions légales en vigueur et celles du présent accord national interprofessionnel, les dispositions conventionnelles de branche préexistantes pourront donc faire l'objet d'une procédure de révision pendant un délai de deux mois ;

— qu'au terme de cette procédure et en cas d'échec, les parties intéressées apprécieront la situation ainsi créée et pourront, en particulier, recourir à la dénonciation des dispositions en cause conformément à l'article L. 132-8 *[L. 2222-6 nouv.]* du code du travail ;

— que cette procédure est applicable tant lorsque les dispositions conventionnelles de branche figurent dans un accord collectif particulier que lorsqu'elles ont été insérées dans une convention collective ;

— que, dans ce dernier cas, la dénonciation ne saurait, bien entendu, entraîner celle de l'ensemble de la convention collective.

Art. 30 Le présent accord sera déposé en triple exemplaire au conseil des prud'hommes de la Seine (section du commerce).

Fait à Paris, le 10 février 1969.
Signataires :
D'une part,
Le Conseil national du patronat français ;
La Confédération générale des petites et moyennes entreprises,
D'autre part,
La Confédération générale du travail ;
La Confédération française démocratique du travail ;
La Confédération générale du travail Force ouvrière ;
La Confédération française des travailleurs chrétiens ;
La Confédération générale des cadres.

Arrêté du 11 avril 1972, *portant extension de l'accord national interprofessionnel sur la sécurité de l'emploi du 10 février 1969 (JO 21 avr.).* **Art. 1er** Les dispositions de l'accord national interprofessionnel du 10 février 1969 sur la sécurité de l'emploi, conclu entre *[V. art. 30, les signataires]*

[...]

sont rendues obligatoires pour tous les employeurs et tous les travailleurs dans les entreprises dont l'activité est représentée au sein des organisations patronales signataires.

Art. 2 L'extension des effets et sanctions de l'accord susvisé est faite à dater de la publication du présent arrêté pour la durée restant à courir et aux conditions prévues par ledit accord.

Arrêté du 31 décembre 1986, *portant extension d'accords nationaux interprofessionnels sur l'emploi (JO 1er janv. 1987).* **Art. 1er** Sont rendues obligatoires, pour tous les employeurs et tous les salariés des entreprises entrant dans leur champ d'application (entreprises dont l'activité est représentée au sein de l'organisation patronale signataire, à l'exclusion, pour l'accord du 20 octobre 1986, de celle figurant en annexe), les dispositions de :

— l'avenant (dispositions non modifiées) du 21 novembre 1974 à l'accord national interprofessionnel du 10 février 1969 sur la sécurité de l'emploi ;

— l'accord national interprofessionnel du 20 octobre 1986 sur l'emploi.

Les dispositions de l'article 1er de l'accord du 20 octobre 1986 modifiant l'article 10 de l'accord du 10 février 1969 sont étendues sous réserve de l'application du chapitre II du titre III du livre IV du code du travail.

Les dispositions de l'article 1er de l'accord du 20 octobre 1986 modifiant l'article 13 de l'accord du 10 février 1969 sont étendues sous réserve de l'application des articles L. 122-14, L. 122-14-1 et L. 122-14-2 [L. 1232-2 s. nouv.] du code du travail, ainsi que de l'article L. 321-6, 1er alinéa [L. 1233-39 et L. 1233-41 nouv.], en ce qui concerne l'avant-dernier alinéa du paragraphe II.

Art. 2 L'extension des effets et sanctions de l'avenant et de l'accord susvisés sont faits à dater de la publication du présent arrêté pour la durée restant à courir et aux conditions prévues par lesdits avenant et accord.

Arrêté du 31 décembre 1986, *portant élargissement d'accords nationaux interprofessionnels sur l'emploi (JO 1er janv. 1987).* **Art. 1er** Dans les mêmes conditions que celles prévues par les arrêtés des 11 avril 1972 et 31 décembre 1986 les rendant obligatoires dans leur propre champ d'application, sont rendues obligatoires pour tous les employeurs et tous les salariés des entreprises autres qu'agricoles visées à l'article L. 321-2 du code du travail, non comprises dans leur champ d'application, les dispositions de :
— l'accord national interprofessionnel (dispositions non modifiées) du 10 février 1969 sur la sécurité de l'emploi ;
— l'avenant (dispositions non modifiées) du 21 novembre 1974 à l'accord national interprofessionnel du 10 février 1969 susvisé ;
— l'accord national interprofessionnel du 20 octobre 1986 sur l'emploi.

Art. 2 L'élargissement des effets et sanctions des accords et avenant susvisés est fait à dater de la publication du présent arrêté pour la durée restant à courir et aux conditions prévues par lesdits accords et avenant.

Sur l'annulation de l'arrêté du 31 déc. 1986, ainsi que de l'arrêté du 29 avr. 1988 portant élargissement de l'avenant du 12 avr. 1988 à l'accord national interprofessionnel du 20 oct. 1986, V. • CE 30 nov. 1992 (2 arrêts) : ⚖ *Dr. soc. 1993. 355,* concl. Bonichot, note Barthélémy.

Loi n° 96-126 du 21 février 1996,

Portant création d'un fonds paritaire d'intervention en faveur de l'emploi.
BIBL. GÉN. ▶ TAQUET, *SSL 1996, n° 785* (rupture d'un commun accord).

Art. 1er Pour financer les mesures de soutien à l'emploi prévues à l'article 2 de la présente loi, les parties signataires de l'accord prévu à l'article L. 351-8 [L. 5422-20 nouv.] du code du travail peuvent affecter à un fonds paritaire d'intervention en faveur de l'emploi une partie des contributions visées à l'article L. 351-3-1 [L. 5422-9 nouv.] du même code, dans la limite d'un plafond fixé par décret.

Ce fonds est géré par les institutions mentionnées à l'article L. 351-21 du code du travail.
Les mesures d'application des dispositions du présent article font l'objet d'accords conclus entre les parties signataires précitées. Ces accords ne peuvent entrer en vigueur qu'après avoir été agréés par arrêté du ministre chargé de l'emploi. L'agrément ne peut être accordé que si les dispositions de ces accords sont compatibles avec la politique de l'emploi et non contraires aux dispositions législatives et réglementaires en vigueur.

Cet agrément est accordé après avis du (L. n° 2008-126 du 13 févr. 2008) « Conseil national de l'emploi ». Il a pour effet de rendre ces accords applicables à tous les employeurs et salariés visés à l'article L. 351-4 [L. 5422-13 nouv.] du même code et à tous les employeurs et salariés mentionnés aux 3° et 4° de l'article L. 351-12 [L. 5424-1 nouv.] et placés sous le régime de l'article L. 351-4.

Les accords prévus ci-dessus et présentés à l'agrément du ministre chargé de l'emploi sont soumis aux conditions de publicité prévues à l'article L. 133-14 [D. 2261-5 nouv.] du code du travail.

Art. 2 I. – Dans les conditions déterminées par un accord agréé en application de l'article 1er, le fonds prévu au même article assure le financement d'allocations au bénéfice des salariés ayant présenté une demande de cessation d'activité acceptée par leur employeur et qui remplissent des conditions tenant notamment à la durée de périodes d'assurance, ou reconnues équivalentes, dans les régimes de base obligatoires d'assurance vieillesse, sans avoir l'âge requis pour l'ouverture du droit à une pension de vieillesse à taux plein.

L'acceptation par l'employeur de la demande du salarié entraîne la rupture du contrat de travail du fait du commun accord des parties et l'obligation, pour cet employeur, de procéder à une ou plusieurs embauches compensatrices de demandeurs d'emploi, dans les conditions, notamment de délai, prévues par le présent article et par l'accord agréé. La rupture du contrat de travail prend effet à la date de cessation d'activité mentionnée dans la lettre d'acceptation de l'employeur, sous réserve de la prise en charge de l'intéressé par le fonds paritaire d'intervention.

Cette rupture du contrat de travail ouvre droit, au bénéfice du salarié, au versement par l'employeur d'une indemnité de cessation d'activité d'un montant égal à celui de l'indemnité de départ à la retraite prévue au premier alinéa de l'article L. 122-14-13 [L. 1237-9 nouv.] du code du travail et calculée sur la base de l'ancienneté acquise au moment de la rupture du contrat de travail, sans préjudice de l'application de dispositions plus favorables prévues en matière d'indemnité de départ à la retraite par une convention ou un accord collectif de travail ou par le contrat de travail. L'indemnité de cessation d'activité obéit au même régime fiscal et social que l'indemnité de licenciement. (L. n° 96-314 du 12 avr. 1996, art. 19) « Toutefois, pour l'application du 3° de l'article 998 du code général des impôts, l'indemnité de cessation d'activité est assimilée à une indemnité de fin de carrière. »

(L. n° 98-1266 du 30 déc. 1998, art. 121) « Les salariés titulaires de la carte du combattant au titre des opérations effectuées en Afrique du Nord entre le 1er janvier 1952 et le 2 juillet 1962 qui, ayant présenté postérieurement au 1er janvier 1999 (L. n° 99-1172 du 30 déc. 1999, art. 122) « et avant le 1er janvier 2000 » une demande de cessation d'activité non acceptée par leur employeur, ont démissionné pour ce motif de leur emploi et qui remplissent les conditions définies par le présent article, peuvent bénéficier des allocations prévues à l'alinéa précédent jusqu'au 31 décembre 2001, dans les conditions définies par un avenant à l'accord mentionné à l'article 5 de la présente loi. La rupture du contrat de travail entraîne pour l'employeur l'obligation d'embauche définie au deuxième alinéa du présent I. L'État verse à ce titre une subvention au fonds paritaire d'intervention en faveur de l'emploi. »

La rupture du contrat de travail, dans les conditions prévues par le présent article, des salariés visés aux articles L. 122-14-16, L. 236-11, L. 412-18, L. 425-1, L. 436-1 et L. 514-2 [L. 1232-14, L. 1442-19, L. 2411-3, L. 2411-8, L. 2411-13, L. 2421-3 nouv.] du code du travail est soumise à l'autorisation de l'inspecteur du travail qui vérifie que les conditions légales sont remplies et s'assure du consentement du salarié.

Les allocations prévues au premier alinéa du présent article sont soumises aux dispositions du premier alinéa de l'article L. 352-3 [L. 5428-1 nouv.] du code du travail.

II. — Lorsque le salarié qui cesse son activité est titulaire d'un contrat de travail à durée indéterminée, la ou les embauches consécutives doivent faire l'objet d'un contrat à durée indéterminée et permettre le maintien d'un volume d'heures de travail au moins égal à celui que ce salarié aurait accompli si son contrat s'était poursuivi jusqu'à ce qu'il atteigne l'âge requis pour l'ouverture du droit à une pension de vieillesse à taux plein.

Lorsque le salarié qui cesse son activité est titulaire d'un contrat à durée déterminée, la ou les embauches consécutives doivent permettre le maintien d'un volume d'heures de travail au moins égal à celui que ce salarié aurait accompli si son contrat s'était poursuivi jusqu'à son terme, sans que la durée de chacun des contrats conclus pour ces nouvelles embauches puisse être inférieure à six mois.

En cas d'inobservation des obligations relatives aux embauches consécutives à la cessation d'activité d'un salarié, l'employeur est tenu de rembourser au fonds mentionné à l'article 1er de la présente loi le montant total des sommes versées par celui-ci au salarié ayant cessé son activité, au prorata du nombre d'heures non accomplies, majoré de 50 p. 100.

III. — L'employeur communique au comité d'entreprise ou, à défaut, aux délégués du personnel, un bilan des demandes de cessation d'activité, des cessations effectives et des embauches réalisées à l'occasion de la réunion prévue à l'article L. 432-4-1 [L. 2323-51 nouv.] du code du travail.

Les salariés ayant cessé leur activité dans le cadre du dispositif ARPE ont droit à l'allocation de départ en retraite accordée aux salariés de l'entreprise par décision unilatérale de l'employeur.
• Soc. 17 déc. 2002, 🔒 n° 00-44.120 P : *RJS 2003.* 154, n° 228.

Art. 3 Il est prélevé, sur les allocations prévues à l'article 2 de la présente loi, une cotisation d'assurance maladie, maternité, invalidité et décès, dans les conditions prévues par le deuxième alinéa de l'article L. 131-2 du code de la sécurité sociale.

Art. 4 Les bénéficiaires des allocations prévues à l'article 2 de la présente loi ont droit, pour eux-mêmes et leurs ayants droit, aux prestations en nature des assurances maladie et maternité du régime général de sécurité sociale dans les conditions prévues par le troisième alinéa de l'article L. 311-5 du code de la sécurité sociale.

Art. 5 Les dispositions de la présente loi, à l'exception du dernier alinéa du II de l'article 2, sont rendues applicables aux ruptures de contrat de travail intervenues, en vertu des stipulations de l'accord du 6 septembre 1995 relatif au développement de l'emploi en contrepartie de la cessation d'activité de salariés totalisant 160 trimestres et plus de cotisations aux régimes de base d'assurance vieillesse, entre le 1er octobre 1995 et la date d'entrée en vigueur de l'agrément accordé à cet accord, en application du même article.

V. Accord du 22 déc. 1998 relatif au développement de l'emploi en contrepartie de la cessation d'activité des salariés âgés, agréé par Arr. du 12 avr. 1999 (JO 22 avr.). — Mod. par Avenant n° 1 du 23 déc. 1999, agréé par Arr. du 8 févr. 2000 (JO 20 févr.), Avenant n° 2 du 1er juill. 2000, agréé par Arr. du 23 juill. 2000 (JO 25 juill.).

Décret n° 2005-326 du 7 avril 2005,

Portant création du Conseil d'orientation pour l'emploi.

Art. 1er Il est créé auprès du Premier ministre un Conseil d'orientation pour l'emploi.

Art. 2 Le Conseil d'orientation pour l'emploi a pour missions :
1° De formuler, à partir des études et des analyses disponibles, un diagnostic sur les causes du chômage et d'établir un bilan du fonctionnement du marché du travail, ainsi que des perspectives à moyen et long terme pour l'emploi ;
2° D'évaluer les dispositifs existants d'aide à l'emploi, aux parcours professionnels et à la formation, en s'appuyant en particulier sur les expériences locales et les réformes menées à l'étranger, notamment dans les différents États de l'Union européenne ;
3° De formuler des propositions afin de lever les obstacles de toute nature à la création d'emplois, d'améliorer le fonctionnement du marché de l'emploi et d'accroître l'efficacité des différents dispositifs d'incitation au retour à l'emploi.
Le Conseil d'orientation pour l'emploi peut en outre être saisi de toute question par le Premier ministre et par les ministres chargés du travail et de l'économie.
Les rapports et recommandations établis par le Conseil d'orientation pour l'emploi sont communiqués au Parlement et rendus publics.

Décret n° 2005-455 du 12 mai 2005,

Portant création d'un Office central de lutte contre le travail illégal.

Art. 1er Il est créé un Office central de lutte contre le travail illégal *(Décr. n° 2021-816 du 25 juin 2021, art. 1er)* « , l'exploitation par le travail et la fraude en matière sociale », rattaché à la sous-direction de la police judiciaire de la direction générale de la gendarmerie nationale.
L'action de cet office fait l'objet d'une coordination globale exercée par la direction centrale de la police judiciaire.
Les directions et services actifs de la police nationale sont associés aux activités de cet office. Y participent également, en tant que de besoin, *(Décr. n° 2021-816 du 25 juin 2021, art. 1er)* « les agents de contrôle mentionnés aux articles L. 8271-1-2 du code du travail, L. 114-10, L. 243-7 et L. 611-16 du code de la sécurité sociale et L. 724-7 du code rural et de la pêche maritime ».

Art. 2 *(Décr. n° 2021-816 du 25 juin 2021, art. 1er)* « Cet office a pour domaine de compétence la lutte contre les infractions relatives :
« – au travail illégal sous toutes ses formes ;
« – à l'exploitation par le travail ;
« – à la fraude en matière sociale. »
Il intervient dans le respect des attributions des autres offices centraux de police judiciaire, notamment *(Décr. n° 2022-1704 du 27 déc. 2022, art. 12, en vigueur le 1er janv. 2023)* « l'Office de lutte contre le trafic illicite de migrants », avec lesquels il coopère.
Il agit en concertation avec la *(Décr. n° 2021-816 du 25 juin 2021, art. 1er)* « mission interministérielle de coordination anti-fraude » pour les questions relevant de sa compétence.

Art. 3 Cet office est chargé :
1° D'animer et de coordonner, à l'échelon national et au plan opérationnel, les investigations de police judiciaire relatives aux infractions entrant dans le domaine de compétence défini à l'article 2 ;
2° D'observer et d'étudier les comportements les plus caractéristiques des auteurs et complices ;
3° De centraliser les informations relatives à *(Décr. n° 2021-816 du 25 juin 2021, art. 1er)* « ces formes » de délinquance en favorisant leur meilleure circulation ;
4° D'assister, dans les conditions fixées à l'article 4, les unités de la gendarmerie nationale et les services de la police nationale, les directions et services de tous les autres ministères intéressés et les organismes de protection sociale *(Décr. n° 2021-816 du 25 juin 2021, art. 1er)* « ainsi que Pôle emploi » en cas d'infractions visées à l'article 2. Cette assistance ne dessaisit pas les services investis des recherches.

Art. 4 Cet office intervient, sans préjudice des dispositions régissant les autres offices centraux et les organes de coopération policière internationale :
1° A la demande des autorités judiciaires lorsque la désignation de l'office apparaît nécessaire ;
2° A la demande des unités de la gendarmerie, des services de la police, des directions et services des autres ministères concernés et des organismes de protection sociale *(Décr. n° 2021-816 du 25 juin 2021, art. 1er)* « ainsi que de Pôle emploi » ;
3° D'initiative, chaque fois que les circonstances l'exigent.

Art. 5 Pour accomplir sa mission, l'office centralise, analyse, exploite et transmet aux services de la police nationale et aux unités de la gendarmerie nationale, ainsi qu'aux administrations publiques et organismes de protection sociale concernés, *(Décr. n° 2021-816 du 25 juin 2021, art. 1er)* « et à Pôle emploi, » toutes les informations relevant de son domaine de compétence.

Art. 6 Les services de la police nationale, les unités de la gendarmerie nationale, *(Décr. n° 2021-816 du 25 juin 2021, art. 1er)* « les services des ministères en charge des affaires sociales, de l'agriculture, du budget, de l'économie, de l'emploi, de l'environnement, des finances, de la sécurité sociale, du travail et des transports ainsi que les autres administrations publiques et organismes de protection sociale concernés, et Pôle emploi, » adressent à l'office, dans les meilleurs délais et selon des procédures définies conjointement, toutes informations dont ils ont connaissance ou qu'ils détiennent, relatives aux infractions visées au premier alinéa de l'article 2, à leurs auteurs et à leurs complices.

Art. 7 Pour les infractions qui relèvent de sa compétence, l'office adresse aux services de police, aux unités de gendarmerie et *(Décr. n° 2021-816 du 25 juin 2021, art. 1er)* « aux agents de contrôle mentionnés aux articles L. 8271-1-2 du code du travail, L. 114-10, L. 243-7 et L. 611-16 du code de la sécurité sociale et L. 724-7 du code rural et de la pêche maritime » toutes indications utiles à l'identification ou à la recherche des *(Décr. n° 2021-816 du 25 juin 2021, art. 1er)* « auteurs d'infractions », ainsi que sur leur demande, tous renseignements nécessaires aux enquêtes dont ils sont saisis.

Accord national interprofessionnel du 11 janvier 2013,

Pour un nouveau modèle économique et social au service de la compétitivité des entreprises et de la sécurisation de l'emploi et des parcours professionnels des salariés.

BIBL. ▶ Antonmattéi, D. 2013. 577 ⌀. – Jolivet, JCP S 2013. 1427 (de la flexisécurité à la pseudo-sécurité). – Loiseau, JCP S 2013. 1084. – Lokiec, Loiseau, Géa, Sachs et Moizard, SSL 2013, n° 1569, numéro spécial. – Lokiec, Leclerc, Hernandez et Rémy, RDT 2013. 202 ⌀ (l'ANI à l'épreuve du droit international et européen). – Lokiec, D. 2013. 579 ⌀. – Lyon-Caen et Sachs, RDT 2013. 162 ⌀. – Morand, RJS 10/2013, p. 571 (la face cachée des accords d'adaptation). – Poirier, Dr. ouvrier 2013. 240 (retranscription gouvernementale de l'ANI). – Sciberras et Lafore, RDT 2018. Controverse 642 ⌀ (la France est-elle sur la voie de la flexisécurité ?). – Teyssié, JCP S 2013. 1201.

TITRE I *CRÉER DE NOUVEAUX DROITS POUR LES SALARIÉS AFIN DE SÉCURISER LES PARCOURS PROFESSIONNELS*

Art. 1er *Généralisation de la couverture complémentaire des frais de santé.* Les parties signataires sont convenues que :

1° Les branches professionnelles ouvriront des négociations avant le 1ᵉʳ avril 2013, en vue de permettre aux salariés qui ne bénéficient pas encore d'une couverture collective à adhésion obligatoire en matière de remboursements complémentaires de frais de santé au niveau de leur branche ou de leur entreprise d'accéder à une telle couverture.

Dans le cadre des futurs accords de branche qui seront signés pour parvenir à cet objectif :
— les partenaires sociaux de la branche laisseront aux entreprises la liberté de retenir le ou les organismes assureurs de leur choix. Toutefois, ils pourront, s'ils le souhaitent, recommander aux entreprises de s'adresser à un ou plusieurs organismes assureurs ou institutions pouvant garantir cette couverture après mise en œuvre d'une procédure transparente de mise en concurrence. Les accords de branche pourront définir, quels que soient les organismes éventuellement recommandés, les contributions dédiées au financement de l'objectif de solidarité, notamment pour l'action sociale et la constitution de droits non contributifs ;
— les accords préciseront, le cas échéant, les cas de dispenses d'affiliation tels que définis à l'article R. 242-1-6 du code de la sécurité sociale.

Les futurs accords devront impérativement laisser aux entreprises un délai de dix-huit mois afin de leur permettre de se conformer aux nouvelles obligations conventionnelles ; mais[,] en tout état de cause, ces accords devront entrer en vigueur au sein des entreprises concernées au plus tard le 1ᵉʳ janvier 2016.

2° a) A défaut d'accord de branche signé avant le 1ᵉʳ juillet 2014, et afin de parvenir à l'objectif de généralisation fixé au 1ᵉʳ paragraphe du 1° du présent article, les entreprises non couvertes relevant de telles branches ouvriront des négociations dans le cadre de l'obligation annuelle de négocier sur la prévoyance prévue à l'article L. 2242-11 du code du travail.

b) A défaut d'accord d'entreprise, les entreprises visées au premier paragraphe du 2° seront alors tenues, au plus tard à compter du 1ᵉʳ janvier 2016, de faire bénéficier leurs salariés d'une couverture collective de frais de santé couvrant au minimum, pour le seul salarié, un panier de soins défini comme suit : 100 % de la base de remboursement des consultations, actes techniques et pharmacie en ville et à l'hôpital, le forfait journalier hospitalier, 125 % de la base de remboursement des prothèses dentaires et un forfait optique de 100 € par an.

Le financement de cette couverture en frais de santé sera partagé par moitié entre salariés et employeurs.

3° Les dispositions visées aux 1° et 2° du présent article devront obligatoirement respecter la définition des contrats dits solidaires et responsables conformément à la législation et la réglementation en vigueur. Elles devront s'inscrire dans le cadre des articles R. 242-1-1 à R. 242-1-6 du code de la sécurité sociale précisant le caractère collectif et obligatoire des régimes de protection sociale complémentaire.

Les partenaires sociaux demandent aux pouvoirs publics à être consultés préalablement à tout projet d'évolution des conditions d'exonérations sociales attachées au financement des prestations de prévoyance prévues à l'article L. 242-1 du code de la sécurité sociale. En cas de modification de ces conditions d'exonérations sociales, les parties signataires du présent accord conviennent de réexaminer ensemble les dispositions du présent article.

Art. 2 *Améliorer l'effectivité de la portabilité de la couverture santé et prévoyance pour les demandeurs d'emploi.* Pour améliorer l'effectivité de la portabilité de la couverture santé et prévoyance prévues [*prévue*] par l'article 14 de l'accord national interprofessionnel du 11 janvier 2008 modifié par avenant n° 3 du 18 mai 2009, les signataires conviennent de généraliser, au niveau des branches professionnelles et des entreprises, le système de mutualisation du financement du maintien des garanties de couverture de frais de santé et de prévoyance ouvert par [*l'*] avenant susvisé.

Pour atteindre cet objectif, ils décident d'ouvrir un délai d'un an, à compter de l'entrée en vigueur du présent accord, pour permettre aux branches professionnelles et aux entreprises de mettre en place un tel système de mutualisation du financement du maintien des garanties de couverture complémentaire de frais de santé. Ce délai est porté à deux ans pour la mutualisation du financement du maintien des garanties de prévoyance.

La durée maximale de la portabilité de la couverture de frais de santé et de prévoyance est portée de 9 à 12 mois.

Art. 3 *Création de droits rechargeables à l'assurance chômage.* Les parties signataires considèrent que le régime d'assurance chômage contribue à la sécurisation des parcours des salariés, tant en leur assurant un revenu de remplacement qu'en leur permettant de bénéficier des dispositifs d'accompagnement destinés à accéder à des emplois durables.

A cet effet, elles conviennent de la mise en place d'un dispositif de droits rechargeables dans le cadre du régime d'assurance chômage. Les paramètres de ce dispositif feront l'objet sans tarder, d'un examen dans le cadre du groupe paritaire politique prévu par l'accord national interprofessionnel du 25 mars 2011 relatif à l'indemnisation du chômage.

La mise en œuvre de ces paramètres interviendra dans le cadre de la nouvelle convention issue de la renégociation de l'accord national interprofessionnel du 25 mars 2011 relatif à l'indemnisation du chômage.

Ce dispositif consiste pour les salariés, en cas de reprise d'emploi consécutive à une période de chômage, à conserver le reliquat de tout ou partie de leurs droits aux allocations du régime d'assurance chômage non utilisés, pour les ajouter, en cas de nouvelle perte d'emploi, aux nouveaux droits acquis au titre de la période d'activité ouverte par cette reprise d'emploi.

Les partenaires sociaux veilleront à ne pas aggraver ainsi le déséquilibre financier du régime d'assurance chômage.

L'Unedic devra réaliser pour les partenaires sociaux une double évaluation des résultats du déploiement de ces mesures au fil de l'eau et *ex post*, sur l'ensemble des plans qualitatifs, quantitatifs et financiers. Ces évaluations devront nécessairement distinguer les effets de la conjoncture économique des effets de chacune des mesures. Au vu de ces évaluations, les partenaires sociaux procéderont aux adaptations nécessaires.

Art. 4 *Majoration de la cotisation d'assurance chômage des contrats à durée déterminée.* a) Un avenant à la convention d'assurance chômage fixera le montant de la cotisation employeur au régime d'assurance chômage pour les contrats à durée déterminée, visés au titre IV du livre deuxième de la première partie du code du travail, selon les principes ci-après :
— 7 % pour les contrats d'une durée inférieure à un mois ;
— 5,5 % pour les contrats d'une durée comprise entre un et trois mois ;
— 4,5 % pour les contrats d'une durée inférieure à trois mois conclus dans certains secteurs d'activité définis par décret ou par convention ou accord collectif de travail étendu dans lesquels il est d'usage constant de ne pas recourir au contrat de travail à durée indéterminée en raison de la nature de l'activité exercée et du caractère par nature temporaire de ces emplois, visés au 3° de l'article L. 1242-2 du code du travail.

Les contrats conclus pour l'exécution d'une tâche précise et temporaire dans les cas visés aux 1°, 4° et 5° de l'article L. 1242-2 du code du travail et les contrats correspondant aux emplois saisonniers visés au 3° du même article ne sont pas concernés par les dispositions du présent a).

Les taux mentionnés ci-dessus ne sont pas applicables lorsque le salarié est embauché par l'employeur en contrat à durée indéterminée à l'issue du contrat à durée déterminée.

Cet avenant entrera en vigueur le 1er juillet 2013.

b) Le contrat à durée indéterminée conclu pour l'embauche d'un jeune de moins de 26 ans est exonéré de cotisations patronales d'assurance chômage, pendant une durée de trois mois, dès lors qu'il se poursuit au-delà de la période d'essai.

Pour les entreprises de moins de 50 salariés, l'exonération est portée à quatre mois.

c) La branche du travail temporaire a développé au bénéfice des salariés intérimaires des dispositifs qui organisent l'accès de ces salariés à un accompagnement et [à] une protection sociale de branche.

Les parties signataires prennent acte de la décision de la profession d'approfondir la sécurisation des parcours professionnels de cette catégorie de salariés par la mise en place d'un contrat de travail à durée indéterminée.

A cet effet, les parties signataires invitent la branche du travail temporaire à organiser par accord collectif, dans les six mois suivant la signature du présent accord :
— les conditions d'emploi et de rémunération des intérimaires qui seront titulaires d'un contrat de travail à durée indéterminée dans des conditions n'ayant ni pour effet ni pour objet de pourvoir durablement un emploi lié à l'activité normale et permanente de l'entreprise cliente, ni d'élargir sans accord des parties signataires du présent accord le champ de recours aux missions d'intérim ;
— les conditions permettant de se rapprocher, pour les autres salariés intérimaires, des objectifs visés par l'article 11 du présent accord.

Si aucun accord n'est intervenu au moment de l'ouverture de la prochaine négociation sur l'assurance chômage, les parties signataires conviennent de réexaminer les conditions dans lesquelles la sécurisation des parcours professionnels des intérimaires pourrait être améliorée.

Art. 5 *Création d'un compte personnel de formation.* En vue de franchir une étape supplémentaire en matière de portabilité des droits à la formation, il est instauré dans les 6 mois de l'entrée en vigueur du présent accord un compte personnel sur la base des principes directeurs ci-après :

Le compte personnel de formation possède les trois grandes propriétés suivantes :

— il est universel : toute personne dispose d'un compte personnel de formation dès son entrée sur le marché du travail et jusqu'à son départ à la retraite ;
— il est individuel : chaque personne bénéficie d'un compte, qu'elle soit salarié ou demandeur d'emploi ;
— il est intégralement transférable : la personne garde le même compte tout au long de sa vie professionnelle et quel que soit son parcours professionnel. Le compte n'est jamais débité sans l'accord exprès du salarié et ne peut jamais être diminué du fait d'un changement d'employeur, quelle que soit la fréquence des changements.

Il est régi selon les principes suivants :
— les droits acquis par le salarié au titre du compte le sont à raison de 20 heures/an pour les salariés à temps plein. Des proratas sont effectués pour les salariés à temps partiel ou pour les salariés en contrat à durée déterminée. Les heures acquises et non utilisées à ce jour au titre du DIF par le salarié sont réputées acquises au titre du compte personnel de formation. Le compte est plafonné à 120 heures ;
— le compte est mobilisé par la personne lorsqu'elle accède à une formation à titre individuel, qu'elle soit salarié ou demandeur d'emploi ;
— la transférabilité n'emporte pas monétisation des heures. Les droits acquis demeurent comptabilisés en heures, quel que soit le coût horaire de la formation ;
— le salarié peut mobiliser son compte personnel avec l'accord de l'employeur. Celui-ci lui notifie sa réponse dans un délai d'un mois. L'absence de réponse de l'employeur vaut acceptation. L'accord de l'employeur n'est pas nécessaire lorsque le salarié entend bénéficier d'un congé individuel de formation. Lorsque le salarié souhaite mobiliser son compte en dehors du congé individuel de formation, l'employeur peut abonder le compte du salarié au-delà du nombre d'heures créditées sur le compte de manière à permettre au salarié d'accéder à une formation qualifiante ou certifiante ;
— le demandeur d'emploi peut mobiliser son compte dès lors que la formation visée correspond à une des priorités de formation définies conjointement par les partenaires sociaux et les pouvoirs publics, ou accéder au socle de compétences tel que défini par les articles 39 et 40 de l'accord national interprofessionnel du 7 janvier 2009.

Le financement du compte personnel de formation fait l'objet d'une concertation avec l'État et les régions. Sa mise en place est conditionnée à un accord sur ses modalités de financement entre les partenaires sociaux, les régions et l'État, qui engageront une concertation sur ce sujet dans les plus brefs délais.

Une personne sortie du système de formation initiale sans qualification peut bénéficier, avant son premier emploi, d'un compte personnel de formation pris en charge financièrement par les pouvoirs publics.

Les partenaires sociaux adapteront les dispositions conventionnelles interprofessionnelles en vigueur impactées par le présent article.

Art. 6 *Assouplissement des conditions d'accès des salariés de moins de 30 ans au CIF-CDD.* Afin de faciliter l'accès des salariés de moins de 30 ans en contrat à durée déterminée au bénéfice d'un CIF, les deux conditions cumulatives fixées par l'article R. 6322-20 du code du travail sont ramenées pour les intéressés à une seule condition de quatre mois de travail consécutifs ou non en CDD au cours des vingt-huit derniers mois.

Art. 7 *Création d'un droit à une période de mobilité volontaire sécurisée.* Afin de développer leurs compétences, les salariés souhaitent de plus en plus pouvoir changer d'emploi, mais peuvent y renoncer faute de la sécurisation adaptée.

Sans préjudice des dispositions relatives au congé de reclassement et au congé de mobilité le salarié qui justifie d'une ancienneté minimale de deux ans dans une entreprise de 300 salariés et plus, peut, à son initiative et avec l'accord de son employeur, mettre en œuvre une « période de mobilité » lui permettant de découvrir un emploi dans une autre entreprise

1) Modalités de mise en œuvre
La période de mobilité est mise en œuvre par accord entre l'employeur et le salarié. Elle donne lieu à la conclusion d'un avenant au contrat de travail, préalable à sa prise d'effet.

L'avenant prévoit l'objet, la durée et la date de prise d'effet de la période de mobilité. I précise que, pendant cette période, le contrat de travail est suspendu.

Si la demande de mobilité du salarié a fait l'objet de deux refus successifs de l'employeur l'intéressé bénéficie d'un accès privilégié au CIF.

2) Cessation de la période de mobilité
a) Cessation avant le terme de la période de mobilité
Avant le terme prévu à l'avenant visé à l'article 5-1, le retour du salarié dans l'entreprise ne peut intervenir que du commun accord des parties. Toutefois, l'avenant peut prévoir u

droit au retour du salarié dans l'entreprise d'origine à tout moment pendant la période de mobilité, notamment pendant la période d'essai dans l'autre entreprise ou en cas de fermeture de l'entreprise d'accueil.

b) Cessation au terme de la période de mobilité
Au terme de la période de mobilité, le salarié choisit de revenir, ou non, dans l'entreprise d'origine.

L'avenant au contrat de travail mentionné à l'article 5-1 prévoit le délai de prévenance, avant le terme de la période de mobilité, que le salarié observe pour informer l'employeur de son choix. A défaut d'information du salarié avant le terme de la période de mobilité, il est présumé avoir choisi de revenir dans l'entreprise d'origine.

Lorsque le salarié ne souhaite pas revenir dans son entreprise d'origine, le contrat de travail est rompu au terme de la période de mobilité. Cette rupture constitue une démission et n'est soumise à aucun préavis de la part de l'une ou l'autre des parties.

En cas de démission du salarié au terme de la période de mobilité dans les conditions visées au présent article, l'entreprise est exonérée, à l'égard du salarié concerné, de l'ensemble des obligations légales et conventionnelles qui auraient résulté d'un licenciement pour motif économique.

c) Retour dans l'entreprise d'origine
Lorsque le salarié revient dans son entreprise d'origine dans les conditions prévues aux *a)* et *b)* ci-dessus, il retrouve, de plein droit, son emploi antérieur ou un emploi similaire, assorti d'une qualification et d'une rémunération qui ne peuvent être inférieures à celles de son emploi antérieur, ainsi que du maintien à titre personnel de sa classification.

Art. 8 *Accompagnement financier des demandeurs d'emploi bénéficiant d'un accès au contrat de sécurisation professionnelle expérimental.* Afin d'inciter certains bénéficiaires potentiels du CSP expérimental mis en place par l'ANI du 31 mai 2011 à accepter le bénéfice du dispositif, une prime de 1 000 euros, financée par le régime d'assurance chômage, est versée au 7ᵉ mois d'accompagnement pour ceux d'entre eux engagés dans une formation certifiante ou qualifiante et dont les droits à l'assurance chômage s'éteignent avant la fin de la formation engagée.

Dans le cas où l'employeur aurait omis d'informer le salarié concerné de la possibilité de bénéficier d'un CSP, cette information est assurée par Pôle emploi, auprès de qui il *[le salarié]* a alors la possibilité de souscrire à ce contrat.

Art. 9 *Développement de la préparation opérationnelle à l'emploi.* Dans le prolongement de l'accord national interprofessionnel du 7 janvier 2009 relatif au développement de la formation tout au long de la vie, la professionnalisation et la sécurisation des parcours professionnels, les parties signataires souhaitent développer la préparation opérationnelle à l'emploi en facilitant sa mise en œuvre.

A ce titre, les OPCA *[organismes paritaires collecteurs agréés]* ayant connaissance d'offres d'emploi de leurs entreprises cotisantes et ayant signé une convention avec Pôle emploi sur la préparation opérationnelle à l'emploi pourront proposer cette formule, en coordination avec les entreprises intéressées, à des demandeurs d'emploi sélectionnés par Pôle emploi.

Cette possibilité est subordonnée :
— pour les OPCA de branche à l'autorisation des branches professionnelles, donnée après avis de la CNPE *[Commission nationale paritaire de l'emploi]* de chaque branche concernée ;
— pour les OPCA interprofessionnels et interbranches (Agefos et Opcalia) à l'avis de la commission paritaire nationale d'application de l'accord (CPNAA) constituée auprès de l'OPCA.

Art. 10 *Faciliter l'accès au logement en mobilisant Action logement.* Suivant le cadrage financier et les engagements réciproques convenus entre l'État et l'UESL *[Union des entreprises et des salariés pour le logement]* le 12 novembre 2012, les parties signataires conviennent que l'UESL affectera annuellement sur la période triennale 2013-2015 :
— 100 M€ à la participation au financement de résidences collectives temporaires avec services proches de moyens d'accès aux centres-villes ;
— 200 M€ à la participation au financement d'une offre de logements meublés en colocation situés en cœur de ville ;
— 100 à 150 M€ à la compensation mise en œuvre dans le cadre de la garantie des risques locatifs (GRL) ou de tout autre dispositif s'y substituant au bénéfice des salariés ;
— 120 M€ aux aides financières à la mobilité (Mobili-pass et Mobili-jeunes).

Ces services et aides bénéficieront prioritairement aux primo-entrants sur le marché du travail, aux salariés sous contrats courts et aux salariés en mobilité professionnelle.

Art. 11 *Travail à temps partiel.* 1) Sans préjudice des accords de branche et d'entreprise mentionnés à l'article L. 3122-2 du code du travail, concernant le temps partiel, qui ne pourront toutefois pas déroger au nombre minimum d'heures prévu au présent 2, lissées sur tout ou partie de l'année, les branches professionnelles qui le souhaitent et les branches professionnelles dont au moins un tiers des effectifs est occupé à temps partiel à la date du présent accord ou dès lors qu'elles franchissent ce seuil ouvriront des négociations visant à organiser les modalités d'exercice du temps partiel dans les trois mois suivant l'entrée en vigueur du présent accord.

Les négociations devront notamment porter sur :
— les dérogations à la durée minimum hebdomadaire ou mensuelle du travail à temps partiel visée au point 2) du présent article. Ces dérogations ne sont possibles que si les horaires de travail sont réguliers ou laissent la possibilité au salarié, à sa demande, d'être embauché par un ou plusieurs autres employeurs afin d'atteindre au minimum la durée visée au 2) du présent article ou un temps plein, à condition d'organiser le travail de façon à regrouper les horaires sur des journées ou demi-journées régulières ou complètes ;
— le nombre et la durée des périodes d'interruption d'activité au cours d'une même journée, la répartition de la durée du travail dans la semaine visant à permettre au salarié de compléter son temps de travail chez un autre employeur ;
— le délai de prévenance préalable à la modification des horaires ;
— la rémunération des heures complémentaires. Celles-ci sont majorées d'au minimum 10 % dès la première heure et dans la limite du quota d'heures complémentaires fixé par les articles L. 3123-17 et L. 3123-18 du code du travail.

2) Sans préjudice des accords de branche et d'entreprise mentionnés à l'article L. 3122-2 du code du travail concernant le temps partiel, qui ne pourront toutefois pas déroger au nombre minimum d'heures prévu au présent 2, et en tout état de cause et indépendamment des négociations prévues au point 1), au plus tard le 31 décembre 2013, les dispositions ci-après s'appliqueront aux salariés qui sont employés à temps partiel dans les entreprises, quel que soit leur secteur d'activité, non couvertes par des clauses conventionnelles portant sur les dispositions du 1) ci-dessus :
— la durée minimale d'activité est fixée à vingt-quatre heures par semaine (à l'exception du cas des salariés des particuliers employeurs ou des salariés âgés de moins de 26 ans et poursuivant leurs études). Une durée d'activité inférieure peut être prévue, à la demande écrite et motivée du salarié, pour lui permettre de cumuler plusieurs employeurs afin d'atteindre au minimum la durée prévue au présent 2) ou un temps plein, ou pour faire face à des contraintes personnelles et à condition d'organiser le travail de façon à regrouper les horaires sur des journées ou des demi-journées régulières ou complètes ;
— les heures de travail effectuées au-delà de la durée hebdomadaire ou mensuelle du travail prévue au contrat sont majorées de 10 % jusqu'à ce que leur nombre atteigne le 1/10 de cette durée hebdomadaire ou mensuelle. Au-delà, la majoration est portée à 25 %, sans préjudice des articles L. 3123-17 et L. 3123-18 du code du travail.

3) Un accord de branche étendu peut permettre, lorsque le salarié et l'employeur en conviennent, d'augmenter temporairement la durée du travail au moyen d'un avenant au contrat de travail intitulé « complément d'heures ».

Un accord de branche étendu détermine :
— le taux de majoration éventuelle des heures incluses dans le « complément d'heures » ;
— les conditions dans lesquelles seules les heures effectuées au-delà de la durée de travail définie par le « complément d'heures » ont le caractère d'heures complémentaires ;
— le taux de majoration des heures complémentaires, qui ne peut être inférieur à 25 % dès la première heure ;
— le nombre maximum de « compléments d'heures » par an par salarié, qui ne peut en aucun cas être supérieur à huit, hors cas de remplacement d'un salarié absent nommément désigné ;
— les modalités selon lesquelles les salariés à temps partiel peuvent bénéficier prioritairement des « compléments d'heures ».

De plus, ces accords pourront également prévoir :
— la mise en place d'une procédure de demande de passage à plein temps d'un salarié à temps partiel.
— la possibilité pour l'employeur de proposer des emplois à temps complet de nature différente.

TITRE II RENFORCER L'INFORMATION DES SALARIÉS SUR LES PERSPECTIVES ET LES CHOIX STRATÉGIQUES DE L'ENTREPRISE POUR RENFORCER LA GESTION PRÉVISIONNELLE DES EMPLOIS ET DES COMPÉTENCES

Comprendre la stratégie de l'entreprise, les leviers et contraintes qui la déterminent, constitue une étape nécessaire aux salariés pour se l'approprier. Savoir que les conséquences de cette stratégie pour leur emploi, leur carrière, leurs conditions de travail sont anticipées et que leur avenir est sécurisé est une condition de leur adhésion et de leur performance.

La représentation des intérêts des salariés, comme de ceux des autres parties prenantes, au moment où le projet se construit, est indispensable : la stratégie adoptée pourra ainsi n'occulter aucun des problèmes éventuels et prévoir à temps les solutions adaptées.

Art. 12 *Information et consultation anticipée des IRP.* 1) Sans attendre la fin des discussions paritaires en cours sur la modernisation du dialogue social, les parties signataires conviennent qu'une base de données unique sera mise en place dans l'entreprise et mise à jour régulièrement, regroupant et rationalisant exhaustivement les données existantes et sans remettre en cause les attributions des représentants du personnel.

Conformément à l'annexe visée au renvoi, cette information, économique et sociale, remplace l'ensemble des informations données de façon récurrente aux institutions représentatives du personnel, sous forme de rapports ou autres. Elle revêt un caractère prospectif en portant sur les trois années suivant celle au cours de laquelle elle est établie. Elle est mobilisable à tout moment aussi bien par les institutions représentatives du personnel et les délégués syndicaux, dans le cadre de leurs attributions, que par l'employeur.

Elle est le support de la préparation par l'employeur de la consultation des institutions représentatives du personnel sur les options stratégiques de l'entreprise et sur leurs conséquences. Elle ne se substitue pas aux informations données aux élus et aux représentants syndicaux en vue de leur consultation sur des événements ponctuels.

Elle comprend au moins 5 rubriques, 6 pour les groupes :
— investissements, fonds propres et endettement (emploi et investissement social, investissement matériel et immatériel),
— rétributions (salariés et dirigeants) et activités sociales et culturelles,
— rémunération des financeurs,
— flux financiers entre la société et l'entreprise (aides reçues, flux sortants, crédits d'impôts),
— sous-traitance (y compris l'intégration dans la filière),
— transferts internes au groupe (flux commerciaux et financiers entre les entités du groupe).

Un accord collectif de branche ou d'entreprise peut adapter le contenu des informations relevant de ces rubriques, en fonction de l'organisation et/ou du domaine d'activité de l'entreprise.

Le contenu et les modalités d'utilisation de ce document unique (ou base de données) — qui, compte tenu des contraintes techniques pesant sur sa mise en œuvre, devra être opérationnel au plus tard 1 an après l'entrée en application de l'accord — font l'objet d'adaptations aux entreprises de moins de 300 salariés dans les douze mois suivant sa mise en œuvre dans les entreprises de 300 salariés et plus.

2) Ce dispositif doit permettre :
— une présentation pédagogique par l'employeur des options stratégiques possibles et des conséquences anticipées de chaque option en termes d'évolution de l'activité, des métiers impactés, des compétences requises, de l'emploi, du recours à la sous-traitance, à l'intérim, à des contrats temporaires ou à de nouveaux partenariats,
— un débat entre l'employeur et les représentants du personnel sur les perspectives présentées,
— un avis rédigé par les représentants du personnel, commentant les options proposées et formulant le cas échéant une option alternative,
— une réponse argumentée de l'employeur à l'avis des élus.

Dans le cadre de ce dialogue renforcé, l'avis des IRP sur les orientations stratégiques arrêtées par le conseil d'administration est transmis à ce dernier, qui devra en délibérer. Cette délibération sera portée à la connaissance des IRP.

3) L'effort d'anticipation et d'information sur l'évolution de l'entreprise suppose un partage d'informations et engage la responsabilité de chaque partie à l'égard de leur diffusion, afin que le dialogue puisse être constructif et se tenir dans un climat de confiance.

Ce partage d'informations doit donc être entouré d'un certain nombre de garanties, notamment au regard de la confidentialité des informations fournies et identifiées comme telles.

Ainsi, quand l'employeur estime que les informations qu'il doit donner sont sensibles et doivent rester confidentielles, il indique aux élus les raisons et la durée souhaitable de ce caractère confidentiel, que les élus sont tenus de respecter.

4) Les demandes d'information ou d'éclaircissement ne doivent en aucun cas conduire à empêcher la bonne marche de l'entreprise, y compris le fonctionnement des organes de gouvernance, tel que prévu par le code de commerce (conseil d'administration, assemblée générale...).

A cet effet, compte tenu de l'exhaustivité des informations à disposition des IRP figurant obligatoirement dans le document unique prévu ci-dessus, un délai préfix est laissé aux IRP par le code du travail – sauf accord entre l'employeur et l'IRP concernée – pour faire connaître leur avis. Ce délai préfix doit être suffisant pour permettre aux IRP d'obtenir les réponses de l'employeur à leurs questions, et au besoin d'obtenir du juge des référés qu'il statue sur la remise par l'employeur des éléments d'information que les IRP estimeraient manquants. L'absence d'avis des IRP vaut avis négatif.

5) Outre les cas de recours à l'expertise prévus par le code du travail à la date d'entrée en vigueur du présent accord, dans lesquels celle-ci est organisée, en l'absence d'accord entre l'IRP concernée et l'employeur, dans des délais préfix, débutant à la date de désignation de l'expert et auxquels il ne peut être dérogé sous aucune condition, et dans la limite de coûts qui, sauf accord entre les IRP et l'employeur, sont fixés sur la base d'un barème établi par le Conseil de l'ordre des experts-comptables, en fonction de l'effectif de l'entreprise ou de l'établissement, les IRP peuvent, lorsqu'elles le jugent nécessaire, se faire accompagner par un expert-comptable de leur choix, pour les aider à analyser les informations mises à leur disposition et à avoir une meilleure appréhension des enjeux attachés à la mise en œuvre des orientations stratégiques de l'entreprise.

Cette mission d'accompagnement est financée, sauf accord entre les IRP et l'employeur, à hauteur de 20 % sur le budget de fonctionnement des IRP.

6) Lorsque l'entreprise envisage, indépendamment de tout projet de cession, sa fermeture, celle d'un établissement, d'un site ou d'une filiale, il convient d'envisager la recherche de repreneurs dès l'annonce du projet de fermeture.

Le comité d'entreprise est informé et consulté sur cette recherche. Il peut se faire assister par un expert-comptable de son choix pour analyser le processus de reprise, sa méthodologie et son ciblage, pour apprécier les informations mises à la disposition des repreneurs potentiels et pour analyser les projets de reprise.

Lorsqu'un repreneur potentiel formalise son intention de reprise, le comité d'entreprise en est informé, dans le respect de son obligation de discrétion, par le cédant. Il peut émettre un avis sur l'offre de reprise après examen de celle-ci par l'expert – qu'il a désigné le cas échéant.

7) Pour toute décision de l'entreprise conduisant à saisir le CHSCT, il est mis en place, si plusieurs établissements sont concernés par le même projet, une instance de coordination *ad hoc* issue de comités locaux qui, dans les cas prévus par la loi de recours à l'expertise par les CHSCT, fait appel à une expertise unique. Celle-ci est réalisée dans le délai préfix d'intervention de l'expert-comptable et porte sur l'ensemble des éléments relevant de la compétence des CHSCT. Le résultat de cette expertise est communiqué à l'ensemble des CHSCT concernés.

BIBL. ▶ ANTONMATTÉI, *Dr. soc. 2013. 100* (information en matière économique et financière). – RAY, *Dr. soc. 2013. 111* (protéger l'information).

Art. 13 *Représentation des salariés dans l'organe de gouvernance de tête qui définit la stratégie de l'entreprise (conseil d'administration ou conseil de surveillance).* Afin de favoriser la prise en compte du point de vue des salariés sur la stratégie de l'entreprise, leur participation avec voix délibérative à l'organe de l'entreprise qui définit cette stratégie doit être assurée (avec les mêmes règles de confidentialité que celles appliquées aux autres participants) dans les entreprises dont les effectifs totaux, appréciés à l'échelle mondiale, sont au moins égaux à 10 000 salariés ou à 5 000 appréciés à l'échelle de la France.

Les entreprises qui n'auraient pas déjà des salariés administrateurs disposeront de 26 mois pour mettre en place une telle représentation dont les modalités devront être au préalable approuvées par l'assemblée générale.

Le nombre de représentants des salariés sera égal à deux dans les entreprises dont le nombre d'administrateurs est supérieur à douze et à un dans les autres cas.

Les salariés administrateurs auront le même statut que les autres administrateurs. Leur fonction sera incompatible avec celle de membre du CE, du CHSCT, de délégué du personnel ou de délégué syndical.

Art. 14 *Articulation de la négociation sur la gestion prévisionnelle des emplois et des compétences et du plan de formation.* Encore méconnue dans certains cas ou souvent controversée, la GPEC est avant tout un outil d'anticipation qui peut, si l'on en fait bon usage, concilier besoins de performance des entreprises, aspirations des salariés et sécurisation de l'emploi. En outre, la GPEC installe un nouvel état d'esprit de dialogue entre la direction et les IRP. Un accord GPEC doit accompagner la vision stratégique à moyen et long terme de l'entreprise et contribuer à l'évolution de la carrière des salariés, notamment à travers la formation.

1) Prenant appui sur les informations disponibles dans la base de données unique visée à l'article 11 ci-dessus, la négociation visée à l'article L. 2242-15 du code du travail est étendue à la mise en perspective des parcours professionnels.

Outre les éléments déjà prévus par ledit article, cette négociation inclut :
— les grandes orientations du plan de formation ;
— les perspectives d'utilisation des différentes formes de contrat de travail ;
— les contrats de génération, pour les entreprises et groupes d'entreprises visés à l'article 1 de l'accord national interprofessionnel du 19 octobre 2012 relatif aux contrats de génération ;
— la mobilité interne visée à l'article 15 ci-après.

2) La consultation annuelle du comité d'entreprise sur les orientations annuelles du plan de formation sera l'occasion de s'assurer que ces orientations sont établies en cohérence avec le dispositif de gestion prévisionnelle des emplois et des compétences mis en place en application de l'article L. 2242-15.

3) Les branches professionnelles ou les entreprises mettront en place les dispositifs adaptés pour permettre aux sous-traitants, dont l'activité dépend majoritairement du donneur d'ordres, d'anticiper les évolutions résultant des options prises par ce dernier. A cet effet, elles s'attacheront à une meilleure information des sous-traitants par les donneurs d'ordres qui pourront associer en partie ceux-ci à leur GPEC.

4) Les parties signataires attirent l'attention des entreprises dotées de délégués syndicaux non assujetties aux dispositions de l'article L. 2242-15 du code du travail sur l'intérêt qui s'attache, tant pour elles que pour leurs salariés, à l'ouverture de négociations telles que celles prévues audit article.

5) Au niveau territorial, les organisations syndicales représentatives de salariés et d'employeurs s'attacheront à entretenir un dialogue social actif destiné à mettre à la disposition des TPE et des PME les informations susceptibles de leur être utiles en matière d'évolution de l'emploi et des besoins de compétences.

Art. 15 *Mobilité interne.* La mobilité interne s'entend de la mise en œuvre des mesures collectives d'organisation courantes dans l'entreprise, ne comportant pas de réduction d'effectifs et se traduisant notamment par des changements de poste ou de lieu de travail au sein de la même entreprise.

L'organisation de cette mobilité interne fait l'objet, dans les entreprises dotées de délégués syndicaux, d'une négociation triennale.

Dans les entreprises assujetties à l'article L. 2242-15 du code du travail, elle intervient dans le cadre de la négociation prévue audit article.

La négociation prévue ci-dessus doit porter sur les conditions de mobilité professionnelle ou géographique interne à l'entreprise. Elle comporte notamment :
— les mesures d'accompagnement à la mobilité des salariés, en particulier en termes de formation et d'aides à la mobilité géographique ;
— les limites imposées à cette mobilité au-delà de la zone géographique de son emploi, telle qu'également précisée par l'accord ;
— des dispositions visant à prendre en compte la conciliation de la vie professionnelle et de la vie familiale.

Les mobilités envisagées ne peuvent en aucun cas entraîner une diminution du niveau de rémunération ou de la classification personnelle du salarié, et doivent garantir le maintien ou l'amélioration de sa qualification professionnelle.

Le refus par un salarié d'une modification de son contrat proposée dans les conditions définies au présent article n'entraîne pas son licenciement pour motif économique. Il s'agit d'un licenciement pour motif personnel ouvrant droit à des mesures de reclassement telles qu'un bilan de compétence ou un abondement du compte personnel de formation.

Art. 16 *Création d'un conseil en évolution professionnelle.* Pour permettre l'accès de tous les salariés, notamment des salariés des TPE-PME, à un conseil en évolution professionnelle, en dehors de l'entreprise, une offre de service d'accompagnement claire, lisible et de proximité est proposée aux salariés, visant l'évolution et la sécurisation professionnelle.

Cette information/conseil doit permettre au salarié :
- d'être mieux informé sur son environnement professionnel (évolution des métiers sur les territoires...) ;
- de mieux connaître ses compétences, pouvoir les valoriser et identifier les compétences nécessaires à acquérir ;
- de repérer des offres d'emploi adaptées à ses compétences.

Pour assurer l'effectivité de ce droit au conseil à l'évolution professionnelle, tout salarié bénéficie :
- de la possibilité d'utiliser son compte personnel de formation pour accéder à ce conseil en évolution professionnelle ;
- d'un droit à l'information sur l'existence de ce service et sur les possibilités d'y accéder.

Pour que tous les salariés puissent effectivement accéder à ce service, il devra être proposé sur chaque territoire, grâce à la coordination des opérateurs publics et paritaires existants sur l'orientation, la formation et l'emploi.

L'articulation avec les pouvoirs publics et les dispositifs tels que le service public de l'orientation devra être discutée avec l'ensemble des interlocuteurs concernés, notamment dans le cadre du débat sur la décentralisation.

Dans l'attente, et dans l'objectif d'assurer la réelle effectivité de ce service, les partenaires sociaux s'engagent à entamer, dans les deux mois de l'entrée en vigueur de l'accord, un travail paritaire avec les opérateurs paritaires qui participent aux réseaux d'accueil des publics salariés, notamment les Fongecif et l'APEC.

Art. 17 *Mise en œuvre du dialogue social dans l'entreprise.* Afin de bien préparer la mise en place des IRP dans l'entreprise, les parties signataires proposent que les entreprises se voient accorder un délai d'un an pour la mise en œuvre des obligations complètes liées aux seuils de 11 et 50 salariés une fois les effectifs atteints en application des dispositions du code du travail, sous réserve que l'organisation des élections des représentants du personnel concernés intervienne dans les trois mois du franchissement du seuil d'effectif.

TITRE III *DONNER AUX ENTREPRISES LES MOYENS DE S'ADAPTER AUX PROBLÈMES CONJONCTURELS ET DE PRÉSERVER L'EMPLOI*

Art. 18 *Accords de maintien dans l'emploi.* Afin de maintenir l'emploi, en cas de graves difficultés conjoncturelles rencontrées par une entreprise, il convient de se doter, à côté de dispositifs existants tels que le chômage partiel, de la possibilité de conclure des accords d'entreprise permettant de trouver un nouvel équilibre, pour une durée limitée dans le temps, dans l'arbitrage global temps de travail/salaire/emploi au bénéfice de l'emploi.

L'ouverture d'une telle négociation requiert une transparence totale sur les informations destinées à l'évaluation de la situation économique de l'entreprise.

A cet effet et afin d'aboutir à un diagnostic partagé, les représentants des salariés pourront mobiliser les éléments d'information visés à l'article 11 ci-dessus ainsi que ceux énumérés dans l'annexe jointe en matière financière, économique et sociale.

Ils pourront faire appel à un expert-comptable de leur choix financé par l'entreprise.

Ces accords ne pourront pas déroger aux éléments de l'ordre public social, tels que, notamment, le smic, la durée légale, les durées maximales quotidiennes et hebdomadaires, le repos quotidien et hebdomadaire, les congés payés légaux, la législation relative au 1er mai.

Ils devront par ailleurs respecter les dispositions des accords de branche, auxquels, en application de l'article L. 2253-3 du code du travail, il n'est pas possible de déroger par accord d'entreprise.

En contrepartie de l'application de ces ajustements, l'employeur s'engage à maintenir dans l'emploi les salariés auxquels ils s'appliquent, pour une durée au moins égale à celle de l'accord.

Ces accords doivent être entourés de toutes les garanties nécessaires. Celles-ci sont détaillées en annexe.

Étant donné le champ de ces accords, qui résultent d'une négociation permettant de trouver un nouvel équilibre dans l'arbitrage global temps de travail/salaire/emploi au bénéfice de l'emploi, ceux-ci ne peuvent être que des accords majoritaires conclus pour une durée maximale de deux ans.

En contrepartie des efforts demandés, l'accord devra comporter les garanties telles que le partage du bénéfice économique de l'accord arrivé à échéance et les sanctions en cas de non-respect de celui-ci.

A. EMBAUCHE ET EMPLOI — III. Placement et emploi

Ces accords constituent un outil supplémentaire pouvant compléter les dispositifs existants. Ces accords doivent permettre aux partenaires sociaux de l'entreprise de passer un cap difficile et de consolider le dialogue social sans en faire un cas général.

Les accords de maintien dans l'emploi devront participer d'une démarche de transparence identique à celle recherchée dans les négociations en cours au niveau national interprofessionnel sur la modernisation du dialogue social.

Leur acceptabilité par les salariés concernés requiert le respect d'une certaine symétrie des formes à l'égard de la rémunération des mandataires sociaux et des actionnaires. Les dirigeants salariés qui exercent leurs responsabilités dans le périmètre de l'accord doivent participer aux mêmes efforts que ceux qui sont demandés aux salariés.

Bien que s'imposant au contrat de travail, l'accord de maintien dans l'emploi requiert néanmoins l'accord individuel du salarié.

En cas de refus du salarié des mesures prévues par l'accord, la rupture de son contrat de travail qui en résulte s'analyse en un licenciement économique dont la cause réelle et sérieuse est attestée par l'accord précité.

L'entreprise est exonérée de l'ensemble des obligations légales et conventionnelles qui auraient résulté d'un licenciement collectif pour motif économique.

Toutefois, l'accord devra prévoir des mesures d'accompagnement susceptibles de bénéficier au salarié ayant refusé l'application des mesures de l'accord.

Art. 19 *Recours à l'activité partielle.* Devant l'urgence de la situation et le besoin des entreprises, les parties signataires engageront dans les deux semaines suivant la signature du présent accord une négociation sur l'activité partielle, en incluant l'État sur les champs relevant de sa compétence, visant à mettre en œuvre un nouveau régime d'activité partielle encadré par les principes exposés ci-après :
— la procédure d'autorisation préalable réintroduite récemment est maintenue, sans nécessité de conventionnement ;
— l'allocation spécifique et l'allocation d'APLD [*activité partielle longue durée*] sont regroupées et prises en charge dans les mêmes conditions que l'APLD par l'État et l'Unedic ;
— le régime actuel est simplifié et unifié :
• maintien d'un contingent annuel d'heures d'activité partielle par salarié (aujourd'hui fixé à 1 000 heures) ;
• simplification importante des modalités de calcul des heures indemnisables, en fixant une règle de prise en charge sur la perte d'heures de travail applicable quel que soit le mode d'aménagement du temps de travail prévu dans l'entreprise ;
• en dehors du nouveau régime unifié, abrogation des autres dispositifs d'activité partielle qui tomberont de fait en désuétude ;
— le niveau d'indemnisation garanti aux salariés est plus incitatif au départ en formation ;
— pendant les heures d'activité partielle, les salariés peuvent réaliser toute action de formation, notamment au titre du plan de formation ;
— les contreparties adaptées au bénéfice du dispositif mis en place après consultation des IRP (emploi, formation, GPEC, plan de redressement, modification de l'organisation du travail...) pourront être modulées en fonction de la récurrence du recours au dispositif.

Art. 20 *Règles relatives au licenciement de 10 salariés et plus sur une même période de 30 jours dans les entreprises d'au moins 50 salariés.* La procédure de licenciement collectif pour motif économique et le contenu du plan de sauvegarde de l'emploi sont fixés soit par accord collectif majoritaire soit par un document produit par l'employeur et homologué par la DIRECCTE [*direction régionale des entreprises, de la concurrence, de la consommation, du travail et de l'emploi*].

1) un accord collectif signé par une ou plusieurs organisations ayant recueilli au moins 50 % des suffrages exprimés au 1er tour des précédentes élections professionnelles (titulaires) peut fixer, par dérogation aux dispositions concernées du chapitre III du titre III du livre II du code du travail, des procédures applicables à un licenciement collectif pour motif économique de 10 salariés et plus sur une même période de 30 jours dans une entreprise d'au moins 50 salariés, en ce qui concerne, en particulier, le nombre et le calendrier des réunions avec les institutions représentatives du personnel, la liste des documents à produire, les conditions et délais de recours à l'expert, l'ordre des licenciements et le contenu du plan de sauvegarde de l'emploi.

L'accord précise la date à partir de laquelle peuvent être mis en œuvre les reclassements internes.

L'ensemble des délais fixés par l'accord sont des délais préfix, non susceptibles de suspension ou de dépassement.

Toute action en contestation de la validité de l'accord doit être formée dans un délai de 3 mois à compter de son dépôt. Toute contestation portée par le salarié, visant le motif du licenciement ou le non-respect par l'employeur des dispositions de l'accord, doit être formée dans un délai de 12 mois suivant la notification du licenciement.

2) Lorsque l'employeur recourt à la procédure d'homologation, il établit un document qu'il soumet à l'avis du comité d'entreprise, préalablement à sa transmission à la DIRECCTE.

Ce document précise le nombre et le calendrier des réunions des instances représentatives du personnel, les délais de convocation, la liste des documents à produire ainsi que le projet de plan de sauvegarde de l'emploi. L'administration se prononce dans un délai de 21 jours sur le document et le projet de plan de sauvegarde de l'emploi. A défaut de réponse expresse dans ce délai, ils sont réputés homologués.

A compter de la date de présentation du document au comité d'entreprise, la procédure s'inscrit dans un délai maximum préfix, non susceptible de suspension ou de dépassement :

— de deux mois pour les projets de licenciement collectif pour motif économique concernant de 10 à 99 salariés,

— de trois mois pour les projets de licenciement collectif pour motif économique concernant de 100 à 249 salariés,

— de quatre mois pour les projets de licenciement collectif pour motif économique concernant 250 salariés et plus.

La mise en œuvre des reclassements internes peut débuter à compter de l'obtention de l'homologation.

En cas de refus d'homologation de la procédure par l'administration, celui-ci est motivé. L'entreprise doit alors établir un nouveau document et le soumettre à la procédure d'homologation visée au premier alinéa. Le délai maximum mentionné au troisième alinéa est alors suspendu jusqu'à l'homologation, par l'administration, du document établi par l'employeur.

Toute action en contestation de l'homologation doit être formée dans un délai de trois mois à compter de son obtention. Toute contestation par le salarié visant le motif du licenciement ou le non-respect par l'employeur des dispositions du document ayant fait l'objet d'une homologation doit être formée dans un délai de douze mois suivant la notification du licenciement.

Art. 21 *Congé de reclassement.* Les parties signataires proposent que la durée maximale du congé de reclassement prévue à l'article L. 1233-71 du code du travail soit portée de neuf à douze mois, afin d'harmoniser sa durée avec celle des contrats de sécurisation professionnelle.

TITRE IV *DÉVELOPPER L'EMPLOI EN ADAPTANT LA FORME DU CONTRAT DE TRAVAIL À L'ACTIVITÉ ÉCONOMIQUE DE L'ENTREPRISE*

Art. 22 *Expérimenter le contrat de travail intermittent.* Sans préjudice des accords collectifs existants, les parties signataires conviennent de l'ouverture, à titre expérimental, aux entreprises de moins de 50 salariés, des secteurs mentionnés en annexe au présent accord, d'un recours direct au contrat de travail intermittent (défini aux articles L. 3123-31 à L. 3123-37 du code du travail) après information des délégués du personnel, afin de pourvoir des emplois permanents comportant, par nature, une alternance de périodes travaillées et non travaillées. Les dispositions de l'article L. 3123-31 du code du travail devraient être modifiées en conséquence.

Par ailleurs, pour les embauches effectuées dans ce cadre dans les entreprises de moins de 50 salariés, afin d'éviter des distorsions importantes en ce qui concerne le montant de la rémunération versée mensuellement, il devrait être ajouté une mention obligatoire dans le contrat de travail intermittent. Celle-ci préciserait, par référence à l'actuel article L. 3123-37 du code du travail, que la rémunération versée mensuellement aux salariés titulaires d'un contrat de travail intermittent peut être indépendante de l'horaire réel, et notamment être "lissée" tout au long de l'année.

Un bilan-évaluation de l'expérimentation sera effectué avant le 31 décembre 2014 en concertation avec les pouvoirs publics.

TITRE V RATIONALISER LES PROCÉDURES DE CONTENTIEUX JUDICIAIRE

Art. 23 *Ordre des licenciements.* A défaut d'accord de branche ou d'entreprise en disposant autrement, en cas de licenciement pour motif économique, l'employeur est fondé, pour fixer l'ordre des licenciements, à privilégier la compétence professionnelle sous réserve de tenir également compte, après consultation du comité d'entreprise, des autres critères fixés par la loi.

Art. 24 *Sécurité juridique des relations de travail.* Les signataires conviennent que la sécurité juridique des relations de travail peut être compromise si des irrégularités de forme sont assimilées à des irrégularités de fond.
Dès lors, ils conviennent d'examiner, avec le concours des pouvoirs publics, les cas dans lesquels les irrégularités de forme risquent de primer sur le fond. Au vu de cette expertise, les signataires se retrouveront pour se saisir des éventuels aménagements nécessaires dans le respect des principes généraux du droit et de la Constitution.

Art. 25 *Faciliter la conciliation prud'homale.* En cas de contentieux judiciaire portant sur la contestation du licenciement, les parties peuvent, lors de l'audience devant le bureau de conciliation, choisir de mettre un terme définitif au litige qui les oppose en contrepartie du versement, par le défendeur au demandeur, d'une indemnité forfaitaire calculée en fonction de l'ancienneté de ce dernier, et ayant le caractère social et fiscal de dommages et intérêts.
Cette indemnité forfaitaire vaut réparation de l'ensemble des préjudices liés à la rupture du contrat de travail, et son montant est fixé à :
– entre 0 et 2 ans d'ancienneté : 2 mois de salaire ;
– entre 2 et 8 ans d'ancienneté : 4 mois de salaire ;
– entre 8 et 15 ans d'ancienneté : 8 mois de salaire ;
– entre 15 et 25 ans d'ancienneté : 10 mois de salaire ;
– au-delà de 25 ans d'ancienneté : 14 mois de salaire.
La conciliation intervenue en cette forme a, entre les parties au litige, autorité de la chose jugée en dernier ressort.
Toute demande portée devant les prud'hommes est inscrite au rôle du bureau de conciliation dans les deux mois de son dépôt au greffe.
A défaut de conciliation, l'affaire est portée devant le bureau de jugement, qui doit former sa conviction au vu des éléments fournis par les parties, et justifier du montant des condamnations qu'il prononce en réparation du préjudice subi par le demandeur.

Art. 26 *Délais de prescription.* Sans préjudice des délais de prescription plus courts fixés par le code du travail, aucune action ayant pour objet une réclamation portant sur l'exécution ou la rupture du contrat de travail ne peut être engagée devant la juridiction compétente au-delà d'un délai de vingt-quatre mois.
Les demandes de salaires visées à l'article L. 3245-1 du code du travail se prescrivent par trente-six mois si elles sont formées en cours d'exécution de contrat.
Si la demande est formée dans le délai de vingt-quatre mois suivant la rupture du contrat, la période de trente-six mois susvisée s'entend à compter de la rupture du contrat.

TITRE VI DISPOSITIONS DIVERSES

Art. 27 *Entrée en application.* Le présent accord entrera en vigueur dès l'adoption de l'ensemble des dispositions législatives et réglementaires nécessaires à son application.

Art. 28 *Bilan.* Les parties signataires se réuniront pour dresser un bilan du présent accord à l'issue d'un délai de 2 ans suivant son entrée en vigueur.

Loi n° 2014-856 du 31 juillet 2014,

Relative à l'économie sociale et solidaire.

Art. 1er I. – L'économie sociale et solidaire est un mode d'entreprendre et de développement économique adapté à tous les domaines de l'activité humaine auquel adhèrent des personnes morales de droit privé qui remplissent les conditions cumulatives suivantes :
1° Un but poursuivi autre que le seul partage des bénéfices ;
2° Une gouvernance démocratique, définie et organisée par les statuts, prévoyant l'information et la participation, dont l'expression n'est pas seulement liée à leur apport en capital ou au montant de leur contribution financière, des associés, des salariés et des parties prenantes aux réalisations de l'entreprise ;

3° Une gestion conforme aux principes suivants :

a) Les bénéfices sont majoritairement consacrés à l'objectif de maintien ou de développement de l'activité de l'entreprise ;

b) Les réserves obligatoires constituées, impartageables, ne peuvent pas être distribuées. Les statuts peuvent autoriser l'assemblée générale à incorporer au capital des sommes prélevées sur les réserves constituées au titre de la présente loi et à relever en conséquence la valeur des parts sociales ou à procéder à des distributions de parts gratuites. La première incorporation ne peut porter que sur la moitié, au plus, des réserves disponibles existant à la clôture de l'exercice précédant la réunion de l'assemblée générale extraordinaire ayant à se prononcer sur l'incorporation. Les incorporations ultérieures ne peuvent porter que sur la moitié, au plus, de l'accroissement desdites réserves enregistré depuis la précédente incorporation. En cas de liquidation ou, le cas échéant, en cas de dissolution, l'ensemble du boni de liquidation est dévolu soit à une autre entreprise de l'économie sociale et solidaire au sens du présent article, soit dans les conditions prévues par les dispositions législatives et réglementaires spéciales qui régissent la catégorie de personne morale de droit privé faisant l'objet de la liquidation ou de la dissolution.

[...]

Sur la possibilité à titre expérimental d'instaurer un mécanisme de partage de la valeur dans une ESS, V. L. n° 2023-1107 du 29 nov. 2023, art. 6.

Art. 2 Sont considérées comme poursuivant une utilité sociale au sens de la présente loi les entreprises dont l'objet social satisfait à titre principal à l'une au moins des *(L. n° 2019-486 du 22 mai 2019, art. 105)* « quatre » conditions suivantes :

1° Elles ont pour objectif d'apporter, à travers leur activité, un soutien à des personnes en situation de fragilité soit du fait de leur situation économique ou sociale, soit du fait de leur situation personnelle et particulièrement *(L. n° 2019-486 du 22 mai 2019, art. 105)* « de leurs besoins en matière d'accompagnement social, médico-social ou sanitaire, ou de contribuer à la lutte contre leur exclusion ». Ces personnes peuvent être des salariés, des usagers, des clients, des membres ou des bénéficiaires de cette entreprise ;

2° Elles ont pour objectif de contribuer *(Abrogé par L. n° 2019-486 du 22 mai 2019, art. 105)* « à la lutte contre les exclusions et les inégalités sanitaires, sociales, économiques et culturelles, à l'éducation à la citoyenneté, notamment par l'éducation populaire », à la préservation et au développement du lien social ou au maintien et au renforcement de la cohésion territoriale ;

(L. n° 2019-486 du 22 mai 2019, art. 105) « 3° Elles ont pour objectif de contribuer à l'éducation à la citoyenneté, notamment par l'éducation populaire et par la mise en œuvre de modes de participation impliquant, sur les territoires concernés, les bénéficiaires de ces activités. Elles participent ainsi à la réduction des inégalités sociales et culturelles, notamment entre les femmes et les hommes ;

« 4° Elles ont pour objectif de concourir au développement durable, à la transition énergétique, à la promotion culturelle ou à la solidarité internationale, dès lors que leur activité contribue également à produire un impact soit par le soutien à des publics vulnérables, soit par le maintien ou la recréation de solidarités territoriales, soit par la participation à l'éducation à la citoyenneté. »

Art. 3 I. — Le Conseil supérieur de l'économie sociale et solidaire adopte, sur proposition de ses membres, un guide définissant les conditions d'amélioration continue des bonnes pratiques des entreprises de l'économie sociale et solidaire définies à l'article 1er de la présente loi.

Ces conditions tiennent compte des spécificités de chacune des différentes formes juridiques d'entreprise de l'économie sociale et solidaire et des obligations légales, réglementaires et conventionnelles existantes répondant déjà, totalement ou partiellement, aux informations demandées.

Le conseil détermine les conditions dans lesquelles ces informations sont portées à la connaissance des salariés.

Ces bonnes pratiques concernent notamment :

1° Les modalités effectives de gouvernance démocratique ;

2° La concertation dans l'élaboration de la stratégie de l'entreprise ;

3° La territorialisation de l'activité économique et des emplois ;

4° La politique salariale et l'exemplarité sociale, la formation professionnelle, les négociations annuelles obligatoires, la santé et la sécurité au travail et la qualité des emplois ;

5° Le lien avec les usagers et la réponse aux besoins non couverts des populations ;

6° La situation de l'entreprise en matière de diversité, de lutte contre les discriminations et d'égalité réelle entre les femmes et les hommes en matière d'égalité professionnelle et de présence dans les instances dirigeantes élues.

....

Art. 4 [...] V. – Le Conseil supérieur de l'économie sociale et solidaire est chargé d'établir tous les trois ans un rapport sur l'égalité entre les femmes et les hommes dans l'économie sociale et solidaire et de formuler des propositions pour :
1° Assurer l'égalité professionnelle entre les femmes et les hommes dans l'économie sociale et solidaire, en permettant notamment une meilleure articulation entre la vie personnelle et professionnelle des salariés de l'économie sociale et solidaire ;
2° Favoriser l'accès des femmes à tous les postes de responsabilité, de dirigeants salariés comme de dirigeants élus ;
3° Assurer la parité entre les femmes et les hommes dans toutes les instances élues des entreprises de l'économie sociale et solidaire.

....

DISPOSITIONS FACILITANT LA TRANSMISSION D'ENTREPRISES À LEURS SALARIÉS

Art. 18 Un dispositif d'information des salariés sur les possibilités de reprise d'une société par les salariés est instauré à destination de l'ensemble des salariés des sociétés de moins de deux cent cinquante salariés soumises au livre II du code de commerce.
Cette information est organisée au moins une fois tous les trois ans et porte, en particulier, sur les conditions juridiques de la reprise d'une entreprise par les salariés, sur ses avantages et ses difficultés, ainsi que sur les dispositifs d'aide dont ils peuvent bénéficier.
(L. n° 2015-990 du 6 août 2015, art. 204-I) « L'information porte également sur les orientations générales de l'entreprise relatives à la détention de son capital, notamment sur le contexte et les conditions d'une cession de celle-ci et, le cas échéant, sur le contexte et les conditions d'un changement capitalistique substantiel. »
Le contenu et les modalités de cette information sont définis par un décret qui prend en compte la taille des entreprises concernées.

V. Décr. n° 2016-2 du 4 janv. 2016 (JO 5 janv.).

Convention du 26 janvier 2015,

Relative au contrat de sécurisation professionnelle.

Sont rendues obligatoires, pour tous les employeurs et tous les salariés mentionnés à l'article L. 5422-13 du code du travail, les dispositions de la convention du 26 janvier 2015 relative au contrat de sécurisation professionnelle (Arr. du 16 avr. 2015, art. 1er).

V. Circ. Unedic n° 2016-09 du 27 janv. 2016 relative à la mise en œuvre de la convention du 26 janv. 2015.

Art. 1er La présente convention définit les conditions et les modalités d'application du contrat de sécurisation professionnelle précisées par l'accord national interprofessionnel du 8 décembre 2014, en faveur des salariés visés par une procédure de licenciement pour motif économique, qui ne peuvent pas bénéficier d'un congé de reclassement prévu par l'article L. 1233-71 du code du travail.
Le contrat de sécurisation professionnelle leur permet de bénéficier, après la rupture de leur contrat de travail, d'un accompagnement renforcé et personnalisé consistant en un ensemble de mesures favorisant un reclassement accéléré vers l'emploi durable.

CHAPITRE I *BÉNÉFICIAIRES DU CONTRAT DE SÉCURISATION PROFESSIONNELLE*

Art. 2 (*Avenant n° 5 du 28 juin 2021, art. 1er, agréé par Arr. du 24 sept. 2021*) Ont la faculté de bénéficier d'un contrat de sécurisation professionnelle, les salariés privés d'emploi :
a) justifiant d'une durée d'affiliation au moins égale à 88 jours travaillés ou 610 heures travaillées dans la période de référence d'affiliation, telle que définie par le règlement d'assurance chômage ;
b) n'ayant pas atteint l'âge déterminé pour l'ouverture du droit à une pension de retraite au sens du 1° de l'article L. 5421-4 du code du travail ou ne bénéficiant pas d'une retraite en application des articles L. 161-17-4, L. 351-1-1, L. 351-1-3 et L. 351-1-4 du code de la sécurité sociale et des troisième et septième alinéas du I de l'article 41 de la loi n° 98-1194 du 23 décembre 1998 de financement de la sécurité sociale pour 1999.

Toutefois, les personnes ayant atteint l'âge précité sans pouvoir justifier du nombre de trimestres d'assurance requis au sens des articles L. 351-1 à L. 351-6-1 du code de la sécurité sociale (tous régimes confondus), pour percevoir une pension à taux plein, peuvent bénéficier des allocations jusqu'à justification de ce nombre de trimestres et, au plus tard, jusqu'à l'âge prévu au 2° de l'article L. 5421-4 du code du travail.

De plus, les salariés privés d'emploi relevant du régime spécial des Mines, géré, pour le compte de la Caisse autonome nationale de la sécurité sociale dans les mines, par la Caisse des dépôts et consignations, ne doivent être :

– ni titulaires d'une pension de vieillesse dite "pension normale", ce qui suppose au moins 120 trimestres validés comme services miniers ;

– ni bénéficiaires d'un régime dit "de raccordement" assurant pour les mêmes services un complément de ressources destiné à être relayé par les avantages de retraite ouverts, toujours au titre des services en cause, dans les régimes complémentaires de retraite faisant application de la convention collective nationale du 14 mars 1947 et de l'accord du 8 décembre 1961 ;

c) résidant sur le territoire relevant du champ d'application du régime d'assurance chômage ;

d) aptes physiquement à l'exercice d'un emploi.

Les dispositions issues de l'Avenant n° 5 agréé par Arr. du 24 sept. 2021 sont applicables aux salariés compris dans une procédure de licenciement pour motif économique engagée à compter du 1er juill. 2021.

Par date d'engagement de la procédure de licenciement pour motif économique, il y a lieu d'entendre :

– la date de l'entretien préalable visé à l'art. L. 1233-11 ;

– la date de présentation de la lettre de convocation à la première réunion des instances représentatives du personnel prévue aux art. L. 1233-28 à L. 1233-30 (Avenant préc., art. 17, § 1).

V. Circ. Unedic n° 2022-04 du 28 févr. 2022.

Art. 3 A titre expérimental, sur des bassins d'emploi donnés, les demandeurs d'emploi en fin de contrat de travail à durée déterminée d'au moins six mois peuvent bénéficier du contrat de sécurisation professionnelle dans les conditions fixées par le comité de pilotage national visé à l'article 29 de la présente convention.

CHAPITRE II *PROCÉDURE D'ACCEPTATION DU CONTRAT DE SÉCURISATION PROFESSIONNELLE*

Art. 4 § 1. – Chacun des salariés concernés doit être informé, par l'employeur, individuellement et par écrit du contenu du contrat de sécurisation professionnelle et de la possibilité qu'il a d'en bénéficier.

Il dispose d'un délai de vingt et un jours pour accepter ou refuser un tel contrat à partir de la date de la remise du document proposant le contrat de sécurisation professionnelle selon les modalités prévues au paragraphe 2 du présent article.

Pour les salariés dont le licenciement est soumis à autorisation, ce délai de réflexion est prolongé jusqu'au lendemain de la date de notification à l'employeur de la décision de l'autorité administrative compétente.

Le document remis par l'employeur au salarié porte mention :

– de la date de remise du document faisant courir le délai de réflexion ;

– du délai de vingt et un jours imparti au salarié pour donner sa réponse ;

– de la date à partir de laquelle, en cas d'acceptation du contrat de sécurisation professionnelle, son contrat de travail est rompu.

Le document remis au salarié comporte également un volet bulletin "d'acceptation détachable", à compléter par le salarié s'il demande à bénéficier du contrat de sécurisation professionnelle et à remettre à son employeur.

Au cours du délai de réflexion, le salarié bénéficie d'un entretien d'information réalisé par Pôle emploi, destiné à l'éclairer dans son choix.

(Avenant n° 7 du 15 mars 2023, art. 1er, agréé par Arr. du 9 juin 2023) « Les informations suivantes lui sont, notamment, communiquées :

« – montant de l'ASP et durée d'indemnisation en cas d'adhésion au CSP ;

« – modalités d'indemnisation en ARE, le cas échéant, en sortie de CSP (montant et durée prévisionnelle après imputation du CSP). »

§ 2. – Lorsque le licenciement pour motif économique doit être précédé d'un entretien préalable au licenciement, le document écrit d'information prévu au paragraphe 1 du présent article est remis au salarié au cours de cet entretien préalable, contre récépissé[1].

A. EMBAUCHE ET EMPLOI III. Placement et emploi

Lorsque le licenciement pour motif économique doit être soumis à la procédure d'information et de consultation des représentants élus du personnel dans le cadre des articles L. 1233-28 à L. 1233-30 du code du travail, le document écrit d'information prévu au paragraphe 1 est remis à chaque salarié concerné, contre récépissé, à l'issue de la dernière réunion de consultation des représentants élus du personnel.

Lorsque le licenciement pour motif économique donne lieu à un plan de sauvegarde de l'emploi dans les conditions prévues aux articles L. 1233-24-2 à L. 1233-24-4 du code du travail, le document écrit d'information prévu au paragraphe 1 est remis à chaque salarié, contre récépissé, au lendemain de la notification ou de l'acquisition de la décision administrative de validation ou d'homologation du plan prévue à l'article L. 1233-57-4 du même code.

Lorsque, à la date prévue par les articles L. 1233-15 et L. 1233-39 du code du travail pour l'envoi de la lettre de licenciement, le délai de réflexion dont dispose le salarié pour faire connaître sa réponse à la proposition du contrat de sécurisation professionnelle n'est pas expiré, l'employeur lui adresse une lettre recommandée avec demande d'avis de réception :
— lui rappelant la date d'expiration du délai de réflexion ; et
— lui précisant qu'en cas de refus du contrat de sécurisation professionnelle, cette lettre recommandée constituera la notification de son licenciement.

(1) S'agissant des salariés bénéficiant de la protection instituée par l'art. L. 1225-4, al. 2, C. trav., les documents d'information prévus au paragraphe 1 de l'article 5 peuvent être remis, au plus tard, le lendemain de la fin de la période de protection liée au congé de maternité.

Les dispositions issues de l'avenant n° 7 du 15 mars 2023, agréé par Arr. du 9 juin 2023 sont applicables aux salariés visés par une procédure de licenciement pour motif économique engagée à compter du 1ᵉʳ févr. 2023 (Avenant préc., art. 10).

Art. 5 *(Avenant n° 5 du 28 juin 2021, art. 2, agréé par Arr. du 24 sept. 2021)* « [§ 1. –] Le salarié manifeste sa volonté de bénéficier du contrat de sécurisation professionnelle en remettant à l'employeur le bulletin d'acceptation dûment complété et signé, accompagné d'une copie de sa pièce d'identité ou du titre en tenant lieu.

« L'adhésion du salarié au contrat de sécurisation professionnelle emporte rupture du contrat de travail, conformément à l'article L. 1233-67 du code du travail, à la date d'expiration du délai de réflexion visé à l'article 4, § 1, de la présente convention. Cette rupture intervient dans le cadre d'une procédure de licenciement pour motif économique (articles L. 1233-1 à L. 1233-91 du code du travail). Le salarié bénéficie, dès le jour suivant la rupture du contrat de travail, du statut de stagiaire de la formation professionnelle attaché au contrat de sécurisation professionnelle.

« L'absence de réponse au terme du délai de réflexion est assimilée à un refus du contrat de sécurisation professionnelle par le salarié. » – *V. note ss. art. 2 supra.*

§ 2. — Dès l'acceptation du dispositif par le salarié, l'employeur transmet au Pôle emploi dans le ressort duquel le salarié est domicilié, le bulletin d'acceptation complété par l'employeur et le salarié, accompagné de la copie de la pièce d'identité de ce dernier ou du titre en tenant lieu.

Au plus tard à la rupture du contrat de travail, l'employeur complète son précédent envoi en adressant à ce Pôle emploi l'ensemble des documents nécessaires à l'examen des droits du salarié et au paiement des sommes dues par l'employeur, notamment l'attestation d'employeur, la demande d'allocation de sécurisation professionnelle dûment complétée et signée par le salarié, la copie de la carte d'assurance maladie (carte Vitale).

§ 3. — L'ensemble des documents nécessaires à la mise en œuvre du contrat de sécurisation professionnelle sont arrêtés par l'Unédic et remis par Pôle emploi, à l'employeur, à sa demande.

Art. 6 *(Avenant n° 5 du 28 juin 2021, art. 3, agréé par Arr. du 24 sept. 2021)* Le contrat de sécurisation professionnelle est conclu pour une durée de 12 mois et prend effet dès le lendemain de la fin du contrat de travail.

Cette durée est allongée :
— des périodes d'activités professionnelles visées à l'article 12 *(Avenant n° 7 du 15 mars 2023, art. 2, agréé par Arr. du 9 juin 2023)* « § 1, 2 et 4 » de la présente convention et intervenues après la fin du 6ᵉ mois du contrat de sécurisation professionnelle, dans la limite de trois mois supplémentaires ;
— des périodes ayant donné lieu, ou susceptibles d'avoir donné lieu, au service des prestations en espèces de l'assurance maladie, dans la limite de quatre mois supplémentaires ;

— des périodes de congé de maternité ayant donné lieu à la suspension du contrat de sécurisation professionnelle, dans la limite de la durée légale du congé de maternité telle que fixée aux articles L. 1225-17 et suivants du code du travail ;
— des périodes de congé de paternité et d'accueil de l'enfant ayant donné lieu à la suspension du contrat de sécurisation professionnelle, dans la limite de la durée légale du congé de paternité et d'accueil de l'enfant telle que fixée aux articles L. 1225-35 et suivants du code du travail ;
— des périodes de congé d'adoption ayant donné lieu à la suspension du contrat de sécurisation professionnelle, dans la limite de la durée légale du congé d'adoption telle que fixée aux articles L. 1225-37 et suivants du code du travail ;
— des périodes de congé de proche aidant ayant donné lieu à la suspension du contrat de sécurisation professionnelle, dans la limite de la durée légale du congé telle que fixée aux articles L. 3142-19 et suivants du code du travail.

Ces dispositions sont applicables à tout congé de paternité et d'accueil de l'enfant ou congé d'adoption en cours ou congé de proche aidant débutant à compter du 1er juill. 2021, si le terme du contrat de sécurisation professionnelle est postérieur à cette date (Avenant n° 5 du 28 juin 2021, art. 17, § 2, agréé par Arr. du 24 sept. 2021).

Les dispositions issues de l'avenant n° 7 du 15 mars 2023, agréé par Arr. du 9 juin 2023, sont applicables aux salariés visés par une procédure de licenciement pour motif économique engagée à compter du 1er févr. 2023 (Avenant préc., art. 10).

Art. 7 *(Avenant n° 5 du 28 juin 2021, art. 4, agréé par Arr. du 24 sept. 2021)* Lors de l'inscription comme demandeur d'emploi d'un salarié licencié pour motif économique, le conseiller de Pôle emploi doit s'assurer que l'intéressé a été informé individuellement et par écrit du contenu du contrat de sécurisation professionnelle et de la possibilité qu'il a d'en bénéficier.

A défaut, le conseiller de Pôle emploi doit procéder à cette information en lieu et place de son employeur. Le salarié peut souscrire au contrat de sécurisation professionnelle dans un délai de 21 jours à compter de son inscription comme demandeur d'emploi. L'absence de réponse au terme du délai de réflexion est assimilée à un refus du contrat de sécurisation professionnelle par le salarié.

En cas d'acceptation du contrat de sécurisation professionnelle, l'adhésion prend effet au lendemain de l'expiration du délai de réflexion. A compter de son inscription comme demandeur d'emploi jusqu'au terme du délai de réflexion, le salarié licencié peut être indemnisé dans les conditions prévues par le règlement d'assurance chômage.

V. note ss. art. 2 supra.

CHAPITRE III *LES PRESTATIONS D'ACCOMPAGNEMENT*

Art. 8 L'accompagnement des bénéficiaires du contrat de sécurisation professionnelle, sur la base du cahier des charges défini par le comité de pilotage national visé à l'article 29 de la présente convention, est confié à Pôle emploi qui peut déléguer cet accompagnement à d'autres opérateurs choisis par appel d'offres.

Art. 9 *(Avenant n° 4, agréé par Arr. du 7 nov. 2019)* § 1. — Les salariés qui acceptent le contrat de sécurisation professionnelle bénéficient, dans les 8 jours de leur adhésion, d'un entretien individuel de pré-bilan pour l'examen de leurs capacités professionnelles.

Cet entretien de pré-bilan, qui peut conduire si nécessaire à un bilan de compétences, est suivi d'une période de préparation du plan de sécurisation professionnelle du bénéficiaire.

L'entretien de pré-bilan et la période de préparation qui lui succède sont destinés à identifier le profil et le projet de reclassement du bénéficiaire du contrat de sécurisation professionnelle, ses atouts potentiels, ses difficultés et ses freins éventuels. Il est réalisé par l'opérateur en charge, pour le bassin d'emploi, des contrats de sécurisation professionnelle, en prenant notamment en compte les caractéristiques du bassin d'emploi concerné.

Ils permettent l'élaboration du plan de sécurisation professionnelle du bénéficiaire, qui est validé et mis en œuvre au plus tard dans le mois suivant l'entretien de pré-bilan.

Le plan de sécurisation professionnelle prend la forme d'un document écrit, signé par le conseiller en charge de l'accompagnement et le bénéficiaire, et remis à celui-ci. Le plan de sécurisation professionnelle formalise les relations entre les bénéficiaires du contrat de sécurisation professionnelle et Pôle emploi. Il précise les éléments requis par le présent article ainsi que les articles 10, 11, 12 et 20 de la présente convention, ainsi que les prestations fournies.

Le plan de sécurisation professionnelle peut être actualisé au vu du déroulement du parcours d'accompagnement et de reclassement du bénéficiaire.

§ 2. – A l'issue du 4ᵉ mois d'accompagnement effectif, un point d'étape est réalisé afin que le conseiller référent et le bénéficiaire du dispositif analysent conjointement les actions mises en œuvre avec le projet défini lors de l'entretien de pré-bilan et d'envisager, le cas échéant, les ajustements et nouvelles actions à effectuer.

§ 3. – Au cours des deux derniers mois d'accompagnement effectif, un entretien final est réalisé afin que le conseiller référent et le bénéficiaire du contrat de sécurisation professionnelle établissent un bilan du dispositif. Ce bilan prend la forme d'un document écrit remis au bénéficiaire et, le cas échéant, au conseiller référent en charge de l'accompagnement à la suite du contrat de sécurisation professionnelle.

Ces dispositions issues de l'avenant n° 4 agréé par Arr. du 7 nov. 2019 sont applicables aux salariés compris dans une procédure de licenciement pour motif économique engagée à compter du 1ᵉʳ juill. 2019 (Arr. préc., art. 9).

Art. 10 Les prestations d'accompagnement s'inscrivent dans le plan de sécurisation professionnelle du bénéficiaire visé à l'article 9, paragraphe 1, de la présente convention, qui comprend :
– si nécessaire, un bilan de compétences permettant d'orienter dans les meilleures conditions le plan de sécurisation ;
– un suivi individuel de l'intéressé par l'intermédiaire d'un référent spécifique, destiné à l'accompagner à tous les niveaux de son projet professionnel et à évaluer le bon déroulement de son plan de sécurisation, y compris dans les six mois suivant son reclassement ;
– des mesures d'appui social et psychologique ;
– des mesures d'orientation tenant compte de la situation du marché local de l'emploi ;
– des mesures d'accompagnement (préparation aux entretiens d'embauche, techniques de recherche d'emploi...) ;
– des actions de validation des acquis de l'expérience ; et/ou
– des mesures de formation pouvant inclure l'évaluation préformative prenant en compte l'expérience professionnelle de l'intéressé.

Ces prestations d'accompagnement, retenues d'un commun accord au vu du résultat de l'entretien de prébilan et dans le cadre de l'élaboration du plan de sécurisation professionnelle, sont mises en place au profit des bénéficiaires du contrat de sécurisation professionnelle au plus tard dans le mois suivant l'entretien individuel de prébilan.

(Avenant n° 5 du 28 juin 2021, art. 5, agréé par Arr. du 24 sept. 2021) « Ces différentes mesures peuvent être complétées par l'aide à la reprise ou à la création d'entreprise prévue par le règlement d'assurance chômage. »

V. note ss. art. 2 supra.

Art. 11 *(Avenant n° 4, agréé par Arr. du 7 nov. 2019)* Les actions de formation entreprises dans le cadre du contrat de sécurisation professionnelle et inscrites dans le plan de sécurisation professionnelle visé à l'article 9, § 1, de la présente convention, mises en place le plus rapidement possible, sont celles correspondant aux besoins de l'économie, prévisibles à court ou moyen terme et favorisant la sécurisation des parcours professionnels des salariés.

En conséquence, le bénéficiaire du contrat de sécurisation professionnelle accède à toutes les formations éligibles au compte personnel de formation, sous réserve que la formation retenue corresponde au projet de reclassement du bénéficiaire visé à l'article 9, § 1, de la présente convention.

Lorsque l'action de formation, notamment s'il s'agit d'une action de requalification, n'est pas achevée au terme du contrat de sécurisation professionnelle, celle-ci se poursuit dans le cadre du projet personnalisé d'accès à l'emploi, dans la mesure où le bénéficiaire s'inscrit comme demandeur d'emploi au terme du contrat de sécurisation professionnelle, et dans les limites prévues à l'article 27 de la présente convention.

Les conditions dans lesquelles les formations effectuées dans le cadre du contrat de sécurisation professionnelle sont financées, sont déterminées par un accord conclu entre les organisations syndicales d'employeurs et de salariés au niveau national et interprofessionnel relatif à l'affectation des ressources du fonds paritaire de sécurisation des parcours professionnels.

Ces dispositions issues de l'avenant n° 4 agréé par Arr. du 7 nov. 2019 sont applicables aux salariés compris dans une procédure de licenciement pour motif économique engagée à compter du 1ᵉʳ juill. 2019 (Arr. préc., art. 9).

Art. 12 § 1. — Le bénéficiaire peut réaliser au cours de son contrat de sécurisation professionnelle des périodes d'activités professionnelles en entreprise, sous forme de contrat de travail à durée déterminée ou de contrat de travail temporaire d'une durée minimale de trois jours.

Le cumul total de ces périodes ne peut excéder six mois.

Le plan de sécurisation professionnelle expose au bénéficiaire les conditions et modalités selon lesquelles ces périodes d'activités professionnelles sont effectuées en vue de concourir à son projet de reclassement visé à l'article 9, paragraphe 1, de la présente convention.

Ces périodes sont validées au préalable par le conseiller référent afin d'en vérifier la cohérence avec le projet de reclassement du bénéficiaire.

Pendant ces périodes, le bénéficiaire est salarié de l'entreprise ou de l'agence d'emploi, le bénéfice du contrat de sécurisation professionnelle et le versement de l'allocation de sécurisation professionnelle sont suspendus.

Un bilan des périodes d'activités professionnelles réalisées pendant le contrat de sécurisation professionnelle est établi avec le conseiller référent en vue d'une capitalisation de l'expérience ainsi acquise par le bénéficiaire.

§ 2. — En cas de reprise d'emploi en contrat à durée indéterminée, en contrat à durée déterminée ou contrat de travail temporaire d'une durée d'au moins six mois, l'intéressé cesse de bénéficier du contrat de sécurisation professionnelle.

La rupture du contrat de travail pendant la période d'essai permet une reprise du contrat de sécurisation professionnelle pour la durée restant à courir conformément aux dispositions de l'article 6 de la présente convention.

Lorsque cette reprise d'emploi a donné lieu au versement de tout ou partie de la prime visée à l'article 14 de la présente convention, la durée d'indemnisation au titre de l'allocation de sécurisation professionnelle est réduite conformément aux dispositions de l'article 16, paragraphe 1, alinéa 2, de la présente convention.

(Avenant n° 7 du 15 mars 2023, art. 3, agréé par Arr. du 9 juin 2023) « **§ 3.** — Le bénéficiaire peut exercer pendant son contrat de sécurisation professionnelle des activités professionnelles ayant débuté avant la fin de contrat de travail donnant lieu à adhésion au dispositif et qualifiées de conservées au sens de l'article 33 du règlement d'assurance chômage, dès lors qu'elles sont compatibles avec le projet de reclassement.

« Les rémunérations professionnelles issues des activités conservées visées à l'alinéa précédent peuvent se cumuler intégralement avec l'allocation de sécurisation professionnelle.

« **§ 4.** — Le bénéficiaire peut exercer pendant son contrat de sécurisation professionnelle des activités professionnelles, démarrées avant la fin du contrat de travail donnant lieu à adhésion au CSP, et qui ne répondent pas à la qualification d'activité conservée visée au paragraphe précédent, sous réserve qu'elles soient compatibles avec le projet de reclassement.

« Pendant ces périodes d'activité, le bénéfice du contrat de sécurisation professionnelle et le versement de l'allocation de sécurisation professionnelle sont suspendus.

« Ces activités peuvent donner lieu, le cas échéant, à l'octroi de l'aide visée à l'article 13. »

Les dispositions issues de l'avenant n° 7 du 15 mars 2023, agréé par Arr. du 9 juin 2023, sont applicables aux salariés visés par une procédure de licenciement pour motif économique engagée à compter du 1ᵉʳ nov. 2023 (Avenant préc., art. 10).

Art. 13 Lorsque, avant le terme du contrat de sécurisation professionnelle, le bénéficiaire reprend un emploi salarié dont la rémunération est, pour un nombre identique d'heures hebdomadaire de travail, inférieure à la rémunération de son emploi précédent, il perçoit une indemnité différentielle de reclassement.

Le montant mensuel de l'indemnité différentielle de reclassement est égal à la différence entre 30 fois le salaire journalier de référence servant au calcul de l'allocation de sécurisation professionnelle et le salaire brut mensuel de l'emploi repris.

(Avenant n° 7 du 15 mars 2023, art. 4, agréé par Arr. du 9 juin 2023) « Le salaire brut mensuel de l'emploi repris s'entend hors rémunération due au titre des heures complémentaires et supplémentaires. »

Cette indemnité, dont l'objet est de compenser la baisse de rémunération, est versée mensuellement, à terme échu, pour une durée qui ne peut excéder douze mois et dans la limite d'un montant total plafonné à 50 % des droits résiduels à l'allocation de sécurisation professionnelle.

(Avenant n° 5 du 28 juin 2021, art. 6, agréé par Arr. du 24 sept. 2021) « Elle ne peut se cumuler simultanément avec les aides au reclassement prévues par le règlement d'assurance chômage. »

Les dispositions issues de l'avenant n° 7 du 15 mars 2023, agréé par Arr. du 9 juin 2023, sont applicables à compter du 1er avr. 2023 si le terme du contrat de sécurisation professionnelle est postérieur à cette date (Avenant préc., art. 10).

Art. 14 Le bénéficiaire du contrat de sécurisation professionnelle qui retrouve avant la fin du dixième mois du dispositif un emploi sous forme de contrat de travail à durée indéterminée, de contrat de travail à durée déterminée ou de contrat de travail temporaire d'une durée d'au moins six mois, cesse de bénéficier du contrat de sécurisation professionnelle, sous réserve de l'article 12, paragraphe 2, de la présente convention, et peut solliciter le versement d'une prime au reclassement s'il remplit les conditions suivantes :
— son plan de sécurisation professionnelle a été validé conformément aux dispositions de l'article 9, paragraphe 1, de la présente convention ;
— il bénéficie de l'allocation de sécurisation professionnelle dans les conditions prévues à l'article 15, paragraphe 1, de la présente convention.
La demande de prime au reclassement doit intervenir dans un délai de trente jours suivant la date de reprise d'emploi. Cette demande est effectuée au moyen d'un formulaire conforme au modèle établi par l'Unédic, complété, daté et signé par le bénéficiaire.
Il est informé de la possibilité de percevoir cette prime de reclassement.
Cette prime, équivalente à 50 % des droits résiduels à l'allocation de sécurisation professionnelle, ne peut être attribuée qu'une fois et donne lieu à deux versements égaux :
— le premier versement intervient au plus tôt au lendemain de la date de reprise d'emploi ;
— le second versement intervient trois mois après la date de reprise d'emploi, sous réserve que l'intéressé exerce toujours cet emploi.
Cette prime ne peut se cumuler, pour le même emploi, avec l'indemnité différentielle de reclassement visée à l'article 13 de la présente convention.
(Avenant n° 5 du 28 juin 2021, art. 6, agréé par Arr. du 24 sept. 2021) « Elle ne peut également se cumuler simultanément, pour le même emploi, avec les aides au reclassement prévues par le règlement d'assurance chômage. — V. note ss. art. 2 supra.
« Par ailleurs, la borne du dixième mois visée à l'alinéa premier du présent article est décalée à due proportion du nombre de jours d'allongement de la durée du contrat de sécurisation professionnelle, dans les cas prévus à l'article 6 de la présente convention, intervenant avant la fin du dixième mois. » — *Ces dispositions sont applicables à tout congé de paternité et d'accueil de l'enfant ou congé d'adoption en cours ou congé de proche aidant débutant à compter du 1er juill. 2021, si le terme du contrat de sécurisation professionnelle est postérieur à cette date (Avenant du 28 juin 2021, art. 17, § 2).*

Art. 15 *(Avenant n° 7 du 15 mars 2023, art. 5, agréé par Arr. du 9 juin 2023)* § 1. — Pendant la durée du contrat de sécurisation professionnelle, les bénéficiaires justifiant au moment de leur licenciement d'au moins un an d'ancienneté dans l'entreprise, au sens de l'article L. 1234-1 2° et 3° du code du travail, perçoivent une allocation de sécurisation professionnelle égale à 75 % de leur salaire journalier moyen de référence défini selon les modalités suivantes :
— le salaire de référence est constitué des seules rémunérations, au sens de l'assurance chômage, afférentes au contrat de travail ayant donné lieu à l'adhésion au contrat de sécurisation professionnelle, recherchés dans la limite des :
— 24 derniers mois pour les salariés âgés de moins de 53 ans à la date de la fin de leur contrat de travail,
— 36 derniers mois pour les salariés âgés de 53 ans ou plus à la date de la fin de leur contrat de travail ;
— le salaire journalier moyen de référence est égal au quotient du salaire de référence par le nombre de jours calendaires compris entre le premier jour et le dernier jour du contrat de travail ayant donné lieu à l'adhésion au contrat de sécurisation professionnelle, dans la limite de la durée de la période de référence d'affiliation telle que définie par le règlement d'assurance chômage. Les jours non retenus à l'affiliation au sens de l'article 3 du règlement d'assurance chômage sont déduits du nombre de jours calendaires retenus.
Cette allocation journalière ne peut être :
— ni inférieure au montant de l'allocation d'aide au retour à l'emploi à laquelle l'intéressé aurait pu prétendre, au titre de l'emploi perdu, s'il n'avait pas accepté le contrat de sécurisation professionnelle. A ce titre, en cas de perte involontaire d'une activité conservée, telle que définie conformément au règlement d'assurance chômage, pendant le contrat de sécurisation professionnelle, le montant de l'allocation de sécurisation professionnelle peut être révisé afin de ne pas être inférieur au montant de l'allocation d'aide au retour à l'emploi qui aurait été révisé dans les conditions prévues par le règlement d'assurance chômage ;

— ni supérieure à l'allocation maximale au titre de l'allocation d'aide au retour à l'emploi calculée sur la base d'un salaire de référence plafonné conformément au règlement d'assurance chômage.

§ 2. — Le montant de l'allocation journalière de sécurisation professionnelle servie aux bénéficiaires du contrat de sécurisation professionnelle ne justifiant pas, au moment de leur licenciement, d'un an d'ancienneté dans l'entreprise au sens de l'article L. 1234-1 2° du code du travail, est égal au montant journalier de l'allocation d'aide au retour à l'emploi calculée sur la base du salaire journalier moyen de référence relatif au seul contrat de travail ayant donné lieu à l'adhésion au contrat de sécurisation professionnelle et établi selon les modalités précisées au § 1 du présent article.

Cette allocation journalière ne peut être :
— ni inférieure au montant de l'allocation d'aide au retour à l'emploi à laquelle l'intéressé aurait pu prétendre, au titre de l'emploi perdu, s'il n'avait pas accepté le contrat de sécurisation professionnelle. A ce titre, en cas de perte involontaire d'une activité conservée, telle que définie conformément au règlement d'assurance chômage, pendant le contrat de sécurisation professionnelle, le montant de l'allocation de sécurisation professionnelle peut être révisé afin de ne pas être inférieur au montant de l'allocation d'aide au retour à l'emploi qui aurait été révisé dans les conditions prévues par le règlement d'assurance chômage ;
— ni supérieure à l'allocation maximale au titre de l'allocation d'aide au retour à l'emploi calculée sur la base d'un salaire de référence plafonné conformément au règlement d'assurance chômage.

§ 3. — La mesure de dégressivité prévue par le règlement d'assurance chômage ne peut s'appliquer à l'allocation de sécurisation professionnelle, quelles qu'en soient les modalités de calcul.

§ 4. — Le montant de l'allocation servie aux bénéficiaires d'une pension d'invalidité de 2e ou 3e catégorie, au sens de l'article L. 341-4 du code de la sécurité sociale ou au sens de toute autre disposition prévue par les régimes spéciaux ou autonomes de sécurité sociale, ou d'une pension d'invalidité acquise à l'étranger, est cumulable avec la pension d'invalidité de 2e ou 3e catégorie dans les conditions prévues par l'article R. 341-17 du code de la sécurité sociale, dès lors que les revenus issus de l'activité professionnelle prise en compte pour l'ouverture des droits ont été cumulés avec la pension.

A défaut, l'allocation servie aux bénéficiaires d'une telle pension est égale à la différence entre le montant de l'allocation de sécurisation professionnelle et celui de la pension d'invalidité.

§ 5. — Une participation de 3 % assise sur le salaire journalier de référence mentionné au § 1 du présent article est retenue sur l'allocation journalière. Le prélèvement de cette participation ne peut avoir pour effet de réduire le montant des allocations en deçà du montant de l'allocation journalière minimale tel qu'il est fixé par le règlement d'assurance chômage.

Le produit de cette participation est affecté au financement des retraites complémentaires des bénéficiaires de l'allocation de sécurisation professionnelle.

Les dispositions issues de l'avenant n° 7 du 15 mars 2023, agréé par Arr. du 9 juin 2023, sont applicables aux salariés visés par une procédure de licenciement pour motif économique engagée à compter du 1er févr. 2023 (Avenant préc., art. 10).

CHAPITRE IV *L'ALLOCATION DE SÉCURISATION PROFESSIONNELLE*

Art. 16 *(Avenant n° 7 du 15 mars 2023, art. 6, agréé par Arr. du 9 juin 2023)* § 1. — L'allocation de sécurisation professionnelle perçue par les bénéficiaires du CSP justifiant de la condition d'ancienneté mentionnée à l'article 15 § 1 de la présente convention est versée pour la durée du contrat de sécurisation professionnelle définie à l'article 6 de la présente convention, sous réserve des dispositions prévues à l'article 12 de la présente convention.

En cas de rupture de la période d'essai et de reprise du contrat de sécurisation professionnelle en application des dispositions de l'article 12 § 2 de la présente convention, la durée d'indemnisation que représente le montant de la prime versée en application de l'article 14 est imputée sur la durée d'indemnisation courant du jour de la reprise de l'indemnisation au terme du contrat de sécurisation professionnelle.

§ 2. — L'allocation de sécurisation professionnelle perçue par les bénéficiaires du CSP visés à l'article 15 § 2 de la présente convention est versée pour une durée déterminée conformément au premier alinéa du 1° du § 1 de l'article 9 du règlement d'assurance chômage, sous réserve de la durée issue d'un éventuel reliquat de droits.

La durée de versement de l'ASP ne peut excéder la durée du CSP définie à l'article 6 de la présente convention.

A. EMBAUCHE ET EMPLOI **III. Placement et emploi**

§ 3. — Pour les bénéficiaires visés à l'article 15 § 2 de la présente convention, qui ne justifient pas de la condition d'affiliation requise pour une ouverture de droits à l'ARE, telles que définies par le règlement d'assurance chômage, la durée de versement de l'allocation de sécurisation professionnelle est égale au nombre de jours travaillés décomptés dans la période de référence [d']affiliation visée à l'article 2 de la présente convention affecté du coefficient de 1,4, afin de déterminer cette durée sur une base calendaire. Ce résultat est arrondi à l'entier supérieur.

Les dispositions issues de l'avenant n° 7 du 15 mars 2023, agréé par Arr. du 9 juin 2023, sont applicables aux salariés visés par une procédure de licenciement pour motif économique engagée à compter du 1er févr. 2023 (Avenant préc., art. 10).

Art. 17 L'allocation de sécurisation professionnelle est payée mensuellement à terme échu, pour tous les jours ouvrables ou non.

(Avenant n° 7 du 15 mars 2023, art. 7, agréé par Arr. du 9 juin 2023) « L'ASP est suspendue à compter du jour où l'intéressé :

« *a)* retrouve une activité professionnelle salariée ou non, exercée en France ou à l'étranger, à l'exception des cas visés à l'article 12 § 1 à 3 de la présente convention ;

« *b)* exerce une activité professionnelle visée à l'article 12 § 4 de la présente convention ;

« *c)* est pris ou est susceptible d'être pris en charge par la sécurité sociale au titre des prestations en espèces ;

« *d)* est admis à bénéficier du complément de libre choix d'activité de la prestation d'accueil du jeune enfant ou de la prestation partagée d'éducation de l'enfant ;

« *e)* est admis au bénéfice de l'allocation journalière de présence parentale visée à l'article L. 544-1 du code de la sécurité sociale ou de l'allocation journalière de proche aidant mentionnée à l'article L. 168-8 du même code ;

« *f)* a conclu un contrat de service civique conformément aux dispositions de l'article du code du service national.

« Le versement peut reprendre à l'issue de l'évènement visé ci-dessus, dans les conditions prévues par la présente convention.

« L'ASP est interrompue dès lors que le bénéficiaire :

« *a)* cesse de résider sur le territoire relevant du champ d'application de l'assurance chômage ;

« *b)* cesse de remplir la condition visée à l'article 2 *b* de la présente convention. »

Les dispositions issues de l'avenant n° 7 du 15 mars 2023, agréé par Arr. du 9 juin 2023, sont applicables aux salariés visés par une procédure de licenciement pour motif économique engagée à compter du 1er févr. 2023 (Avenant préc., art. 10).

Art. 18 (Avenant n° 5 du 28 juin 2021, art. 11, agréé par Arr. du 24 sept. 2021) Les dispositions du règlement d'assurance chômage relatives aux prestations indues, à l'allocation décès et à l'aide pour congés non payés sont applicables aux bénéficiaires du contrat de sécurisation professionnelle.

V. note ss. art. 2 supra.

CHAPITRE V *PRESCRIPTION*

Art. 19 Le délai de prescription de la demande en paiement de l'allocation de sécurisation professionnelle, de l'indemnité différentielle de reclassement et de la prime au reclassement est de deux ans suivant leur fait générateur.

CHAPITRE VI *SUIVI DE L'EXÉCUTION DES PRESTATIONS D'ACCOMPAGNEMENT DU CONTRAT DE SÉCURISATION PROFESSIONNELLE*

Art. 20 § 1. — Le plan de sécurisation professionnelle visé à l'article 9, paragraphe 1er, de la présente convention précise les conditions, y compris les modalités de recours, dans lesquelles l'intéressé cesse de bénéficier du contrat de sécurisation professionnelle :

— lorsqu'il refuse une action de reclassement et de formation ou ne s'y présente pas, ou lorsqu'il refuse à deux reprises une offre raisonnable d'emploi ;

— lorsqu'il a fait des déclarations inexactes ou présenté des attestations mensongères en vue de bénéficier indûment du contrat de sécurisation professionnelle.

(Avenant n° 5 du 28 juin 2021, art. 12, agréé par Arr. du 24 sept. 2021) « **§ 2.** — Lorsque l'intéressé cesse de bénéficier du contrat de sécurisation professionnelle dans le cadre des dispositions du paragraphe 1er, il doit s'inscrire comme demandeur d'emploi et son dossier est transmis au directeur régional de l'économie, de l'emploi, du travail et des solidarités (Dreets) ».

V. note ss. art. 2 supra.

CHAPITRE VII *FINANCEMENT DU CONTRAT DE SÉCURISATION PROFESSIONNELLE*

Art. 21 L'employeur contribue au financement de l'allocation de sécurisation professionnelle versée aux bénéficiaires visés à l'article 15, paragraphe 1, de la présente convention en s'acquittant du paiement d'une somme correspondant à l'indemnité de préavis que le salarié aurait perçue s'il n'avait pas bénéficié du dispositif et qui ne peut être inférieure à l'indemnité légale prévue à l'article L. 1234-1 (2° et 3°) du code du travail.

Cette contribution comprend l'ensemble des charges patronales et salariales.

Pôle emploi assure, pour le compte de l'Unédic, le recouvrement de ces sommes.

Dans le cas où l'indemnité de préavis que le salarié aurait perçue s'il n'avait pas bénéficié du contrat de sécurisation professionnelle est supérieure à trois mois de salaire, la fraction excédant ce montant est versée à l'intéressé dès la rupture de son contrat de travail.

Les salariés visés à l'article 15, paragraphe 2, de la présente convention qui auraient bénéficié d'une indemnité de préavis s'ils n'avaient pas adhéré au contrat de sécurisation professionnelle en perçoivent le montant dès la rupture de leur contrat de travail.

Art. 22 En cas de non-respect de son obligation de proposer le contrat de sécurisation professionnelle, l'employeur est redevable à Pôle emploi d'une contribution spécifique correspondant à deux mois de salaire brut, portée à trois mois de salaire, comprenant l'ensemble des charges patronales et salariales lorsque l'ancien salarié bénéficie du contrat de sécurisation professionnelle en application des dispositions de l'article 7 de la présente convention.

Pôle emploi assure, pour le compte de l'Unédic, le recouvrement de ces éventuelles pénalités.

Art. 23 En cas de licenciements intervenus antérieurement à l'ouverture d'une procédure de redressement ou de liquidation judiciaires, Pôle emploi communique sans délai les informations utiles portées sur l'attestation d'employeur et, le cas échéant, l'appel de contribution due au titre du contrat de sécurisation professionnelle, au mandataire judiciaire compétent, afin que ce dernier puisse vérifier son montant. A défaut de fonds disponibles au sein de l'entreprise, le mandataire judiciaire adresse un relevé de créances à l'association pour la gestion du régime de garantie des créances des salariés (AGS).

Pour les licenciements intervenus postérieurement à l'ouverture d'une procédure de redressement ou de liquidation judiciaires, Pôle emploi adresse l'appel de contribution due au titre du contrat de sécurisation professionnelle au mandataire judiciaire compétent, afin que ce dernier puisse vérifier son montant. A défaut de fonds disponibles au sein de l'entreprise, le mandataire judiciaire établit un relevé de créances pour prise en charge par le régime de garantie des créances des salariés (AGS).

Art. 24 Une convention État-Unédic fixe les modalités de financement du dispositif et les modalités de collaboration entre les parties à tous les niveaux du dispositif. Une annexe financière sera négociée annuellement avec l'État.

CHAPITRE VIII *RECOUVREMENT*

Art. 25 § 1. — Le règlement des sommes dues par l'employeur visées aux articles 21 et 22 de la présente convention est exigible au plus tard le 25 du deuxième mois civil suivant le début du contrat de sécurisation professionnelle.

(Avenant n° 5 du 28 juin 2021, art. 13, agréé par Arr. du 24 sept. 2021) « § 2. — Les contributions non payées à la date limite d'exigibilité fixée au paragraphe 1er du présent article sont passibles des majorations de retard prévues par l'article R. 243-16 du code de la sécurité sociale. » — *V. note ss. art. 2 supra.*

§ 3. — Toute action intentée ou poursuite engagée contre un employeur manquant aux obligations de la présente convention est obligatoirement précédée d'une mise en demeure dans les conditions prévues à l'article R. 5422-9 du code du travail.

Art. 26 § 1. — Remise des contributions.

Une remise partielle ou totale des contributions restant dues par un employeur bénéficiant d'une procédure de conciliation ou de sauvegarde peut être accordée lorsqu'une telle remise préserve les intérêts généraux de l'assurance chômage.

Une remise partielle des contributions restant dues par un employeur en redressement ou liquidation judiciaire peut être accordée lorsqu'un paiement partiel sur une période donnée est de nature à mieux préserver les intérêts du régime qu'un paiement intégral sur une période plus longue.

(Avenant n° 5 du 28 juin 2021, art. 14, agréé par Arr. du 24 sept. 2021) « § 2. – Remise des majorations de retard et délais de paiement

« Une remise totale ou partielle des majorations de retard prévues à l'article 25 § 2, ainsi que des délais de paiement, peuvent être consentis aux débiteurs qui en font la demande. Les demandes de remise des majorations de retard ainsi que les demandes de délai de paiement sont examinées par l'instance compétente au sein de Pôle emploi.

« En cas de redressement ou de liquidation judiciaires, les majorations de retard prévues à l'article 25 § 2 dues à la date du jugement d'ouverture sont remises d'office. Les remises de majorations de retard et pénalités et délais de paiement des contributions sont accordés dans les conditions prévues par le règlement d'assurance chômage. » – *V. note ss. art. 2 supra.*

CHAPITRE IX DÉTERMINATION DES DROITS À L'ALLOCATION D'AIDE AU RETOUR À L'EMPLOI AU TERME DU CONTRAT DE SÉCURISATION PROFESSIONNELLE

Art. 27 *(Avenant n° 5 du 28 juin 2021, art. 15, agréé par Arr. du 24 sept. 2021) (Avenant n° 7 du 15 mars 2023, art. 8, agréé par Arr. du 9 juin 2023)* « § 1er. – » Le bénéficiaire du contrat de sécurisation professionnelle qui, au terme de ce contrat[,] est à la recherche d'un emploi peut bénéficier de l'allocation d'aide au retour à l'emploi sans différé d'indemnisation, ni délai d'attente, et ce :
– au titre d'une reprise de droits en application du règlement d'assurance chômage ;
– au titre du droit auquel l'intéressé aurait pu prétendre s'il n'avait pas accepté le contrat de sécurisation professionnelle.

Tout départ volontaire non opposable au cours du contrat de sécurisation professionnelle ne peut être remis en cause ultérieurement.

La durée d'indemnisation au titre de ces droits est réduite du nombre de jours indemnisés au titre de l'allocation de sécurisation professionnelle.

(Avenant n° 7 du 15 mars 2023, art. 8, agréé par Arr. du 9 juin 2023) « § 2. – Un courrier est adressé au bénéficiaire du CSP, 30 jours au moins avant le terme prévisionnel du CSP.

« Les informations suivantes lui sont, notamment, communiquées :

« – la durée du droit ARE restant au terme prévisionnel du CSP, déterminée en jours calendaires, après imputation du nombre de jours indemnisés au titre de l'allocation de sécurisation professionnelle ;

« – le montant journalier de l'allocation servie au terme du CSP, et, le cas échéant, la baisse pouvant en résulter ;

« – le point de départ prévisionnel de l'indemnisation en ARE ;

« – la possibilité d'une nouvelle ouverture de droits ou d'un rechargement, au titre des activités occupées postérieurement à la fin de contrat de travail ayant donné lieu à adhésion au CSP.

« Dans le cas où aucune indemnisation au titre de l'ARE n'est possible à l'issue du CSP, l'intéressé en est informé par courrier, adressé au moins 30 jours avant le terme prévisionnel du CSP. »

Les dispositions issues de l'avenant n° 7 du 15 mars 2023, agréé par Arr. du 9 juin 2023, sont applicables aux salariés visés par une procédure de licenciement pour motif économique engagée à compter du 1er févr. 2023 (Avenant préc., art. 10).

CHAPITRE X DISPOSITIONS DIVERSES

Art. 28 La présente convention confie à l'Unédic la gestion des contrats de sécurisation professionnelle proposés par les employeurs qui relèvent du champ d'application du régime d'assurance chômage fixé par l'article L. 5422-13 du code du travail, ou par des employeurs qui ont adhéré à titre irrévocable à ce régime conformément à l'article L. 5424-2 (2°) dudit code.

Art. 29 § 1. – Un comité de pilotage national est chargé du suivi et de l'évaluation de la mise en œuvre de la présente convention.

Ce comité est composé des partenaires sociaux signataires de la présente convention et des représentants de l'État ; les services de l'Unédic sont étroitement associés au suivi et à l'évaluation du dispositif.

Ce comité se réunit une fois par trimestre.

L'Unédic assure, conjointement avec la DGEFP, le secrétariat technique du dispositif. Les actions financées dans les conditions fixées par la présente convention font l'objet d'un suivi comptable spécifique.

Les organismes nationaux intéressés par le dispositif (Pôle emploi, FPSPP, OPCA, etc.) sont associés aux travaux du comité de pilotage en tant que de besoin.

§ 2. – Le comité de pilotage national établit le cahier des charges que devront respecter Pôle emploi ainsi que les opérateurs auxquels Pôle emploi délègue l'accompagnement des bénéficiaires du contrat de sécurisation professionnelle.

Tous les opérateurs, y compris Pôle emploi, chargés de l'accompagnement des bénéficiaires du contrat de sécurisation professionnelle sont rémunérés en fonction des résultats obtenus en matière de reclassement durable à l'emploi. S'agissant de Pôle emploi, la rémunération aux résultats tient compte des contraintes liées à sa mission d'opérateur public de l'emploi.

Dans le cadre de la mise en œuvre du dispositif, Pôle emploi veille à ce que les relations avec les opérateurs en charge du suivi soient facilitées par un partage d'informations optimisé (par exemple, par la mise à disposition des opérateurs des déclarations préalables à l'embauche concernant les bénéficiaires dont ils ont la charge de l'accompagnement et du suivi).

§ 3. – Le comité de pilotage national définit le cadre et les paramètres de l'expérimentation du contrat de sécurisation professionnelle visée à l'article 3 de la présente convention. Il est chargé de suivre la mise en œuvre de cette expérimentation ainsi que son coût global, lequel ne peut excéder trois millions d'euros.

§ 4. – Le comité de pilotage national est annuellement destinataire des éléments suivants :
– les informations lui permettant d'évaluer l'accélération de l'entrée en accompagnement des bénéficiaires du contrat de sécurisation professionnelle ;
– les informations lui permettant d'évaluer les effets sur le retour à l'emploi durable de la possibilité pour les bénéficiaires de réaliser des périodes d'activité professionnelle en entreprise dans les conditions prévues par l'article 12, ainsi que ceux de l'allongement de la durée du CSP en cas de périodes d'activité professionnelle dans les conditions prévues à l'article 6 de la présente convention ;
– les indicateurs lui permettant d'évaluer les effets sur le retour à l'emploi durable de l'indemnisation au titre de l'allocation de sécurisation professionnelle représentant 75 % du salaire journalier prévue par l'article 15, paragraphe 1, de la présente convention ;
– les indicateurs lui permettant d'évaluer l'effet incitatif au retour à l'emploi durable et le coût de l'indemnité différentielle de reclassement prévue par l'article 13 de la présente convention, et d'apprécier la typologie des bénéficiaires de cette indemnité en termes notamment de catégories socioprofessionnelles et de niveaux de qualification ;
– les indicateurs lui permettant d'évaluer l'effet incitatif au retour à l'emploi durable et le coût de la prime au reclassement prévue par l'article 14 de la présente convention, et d'apprécier la typologie des bénéficiaires de cette prime en termes notamment de catégories socioprofessionnelles et de niveaux de qualification.

Le comité de pilotage national est également destinataire, au plus tard six mois avant le terme de la présente convention visé à l'article 31, paragraphe 1, des informations relatives à la situation des bénéficiaires du dispositif dans les six mois suivant leur reclassement.

Art. 30 Les représentants des signataires de la présente convention au sein des instances paritaires régionales veillent à la mise en œuvre de cette convention et des décisions du comité de pilotage visé au paragraphe ci-dessus.

Ces représentants constituent avec les représentants de l'État :
– dans chaque bassin d'emploi, ou au niveau départemental (quand la taille du département le justifie), un comité de pilotage autour de l'opérateur désigné pour la gestion du contrat de sécurisation professionnelle. Les opérateurs intervenant sur le dispositif local seront associés à ses travaux ;
– un comité régional, qui réunit une fois par trimestre l'ensemble des parties pour tirer un bilan du fonctionnement du dispositif et veiller à l'articulation des besoins repérés dans les bassins d'emploi avec les offres de formation développées.

La composition et les attributions de ces deux comités sont précisées dans le cahier des charges visé au paragraphe ci-dessus.

CHAPITRE XI *DURÉE DE L'ACCORD – ENTRÉE EN VIGUEUR*

Art. 31 (*Avenant n° 8 du 15 nov. 2023, art. 1er, agréé par Arr. du 28 déc. 2023*) « § 1. – La présente convention entrera en vigueur à compter du 1er février 2015 et produira ses effets au plus tard jusqu'au 31 décembre 2024. »

Elle peut être renouvelée si les signataires de la présente convention constatent, au vu des résultats d'une évaluation sur la qualité de l'accompagnement et l'efficacité des reclassements réalisés, que les conditions d'accompagnement ont été remplies.

Toutefois, les bénéficiaires d'un contrat de sécurisation professionnelle à cette date d'échéance demeureront régis par les dispositions de la présente convention.

§ 2. – La présente convention s'applique aux salariés compris dans une procédure de licenciement pour motif économique engagée à compter du 1er février 2015.

Par date d'engagement de la procédure de licenciement pour motif économique, il y a lieu d'entendre :
– la date de l'entretien préalable visé à l'article L. 1233-11 du code du travail ;
– la date de présentation de la lettre de convocation à la première réunion des instances représentatives du personnel prévue aux articles L. 1233-28 à L. 1233-30 du code du travail.

Par dérogation aux paragraphes précédents, les dispositions prévues par l'article 12, paragraphe 1er, de la présente convention sont applicables à compter du 1er mars 2015 à tous les bénéficiaires d'un CSP en cours d'exécution, quelle que soit la date d'engagement de la procédure de licenciement pour motif économique.

§ 3. – Une convention entre l'État et l'Unédic détermine les conditions et modalités selon lesquelles les salariés justifiant au moment de leur licenciement d'une à deux années d'ancienneté dans l'entreprise, au sens de l'article L. 1234-1 (2°) du code du travail, peuvent bénéficier de l'allocation de sécurisation professionnelle conformément aux articles 15, paragraphe 1er, et 16, alinéa 1er, de la présente convention, ainsi que la date d'entrée en vigueur de cette mesure.

§ 4. – Par dérogation aux dispositions prévues aux paragraphes précédents, la mise en œuvre de la révision de l'allocation de sécurisation professionnelle, en cas de perte involontaire d'une activité conservée pendant le contrat de sécurisation professionnelle mentionnée à l'article 15, paragraphe 1er, de la présente convention, sera effective au plus tard à compter du 1er octobre 2015.

Les dispositions issues de l'avenant n° 8 du 15 nov. 2023, agréé par Arr. du 28 déc. 2023, sont applicables aux salariés visés par une procédure de licenciement pour motif économique engagée à compter du 1er janv. 2024 (Avenant préc., art. 2).

CHAPITRE XII *RÉVISION*

Art. 32 Les partenaires sociaux signataires de la présente convention conviennent, dans l'hypothèse où le contrat de sécurisation professionnelle générerait un surcoût pour l'Unédic par rapport au coût du contrat de sécurisation professionnelle issu de l'accord national interprofessionnel du 31 mai 2011 de plus de 150 millions d'euros par an, de se réunir pour étudier les éventuels ajustements du dispositif à mettre en œuvre ainsi qu'au vu des résultats de l'enquête menée par la DARES et l'Unédic courant 2015.

Loi n° 2018-771 du 5 septembre 2018,

Pour la liberté de choisir son avenir professionnel.

Art. 83 I. – L'État peut expérimenter, pendant une durée de *(L. n° 2023-1322 du 29 déc. 2023, art. 259)* « huit » ans à compter de la publication du décret prévu au V, l'élargissement des formes d'insertion par l'activité économique au travail indépendant. Cette expérimentation permet à des personnes sans emploi, rencontrant des difficultés sociales et professionnelles particulières, d'exercer une activité professionnelle en bénéficiant d'un service de mise en relation avec des clients et d'un accompagnement réalisés par une entreprise d'insertion par le travail indépendant telle que définie au II.

II. – Une entreprise d'insertion par le travail indépendant contracte avec des personnes rencontrant des difficultés sociales et professionnelles particulières pour leur donner accès à une activité professionnelle dans les conditions prévues à l'article L. 8221-6 du code du travail et pour les accompagner, selon des modalités spécifiques, afin de faciliter leur insertion sociale et professionnelle.

III. – Dans le cadre de l'expérimentation, l'État peut conclure des conventions avec des entreprises d'insertion par le travail indépendant prévoyant, le cas échéant, des aides financières imputées sur les crédits de l'insertion par l'activité économique votés en loi de finances.

IV. – Seuls les contrats conclus avec des personnes *(L. n° 2020-1577 du 14 déc. 2020, art. 1er-II, en vigueur le 15 juin 2021)* « éligibles à un parcours d'insertion par le travail indépendant dans les conditions fixées à l'article L. 5132-3 du code du travail *[ancienne rédaction : agréées par Pôle emploi]* » ouvrent droit aux aides financières.

V. – Un décret en Conseil d'État définit les modalités d'application du présent article, notamment les règles relatives aux conventions conclues entre les entreprises d'insertion par le travail indépendant et l'État ainsi que celles relatives aux aides financières dont elles peuvent bénéficier. – *V. Décr. n° 2018-1198 du 20 déc. 2018 (JO 22 déc.).*

VI. — Un rapport d'évaluation de l'expérimentation est remis au Parlement au plus tard six mois avant le terme de l'expérimentation. Ce rapport dresse notamment le bilan de l'insertion professionnelle des bénéficiaires de l'expérimentation, de ses effets sur l'ouverture de l'insertion par l'activité économique au travail indépendant et de son efficience.

Les dispositions issues de la L. n° 2020-1577 du 14 déc. 2020 sont entrées en vigueur le 15 juin 2021 (L. préc., art. 1ᵉʳ-III).

Les dispositions des art. R. 5132-1 à R. 5132-1-23 et R. 5132-22 C. trav. sont applicables aux entreprises d'insertion par le travail indépendant et aux personnes en parcours d'insertion par l'activité économique au sein de ces structures (Décr. n° 2021-1128 du 30 août 2021, art. 2-I).

....

Art. 88 A titre expérimental pour une durée de trois ans, dans les régions volontaires définies par arrêté du ministre chargé du travail, un contrat d'accès à l'entreprise ayant pour objet de faciliter l'insertion professionnelle de personnes sans emploi rencontrant des difficultés sociales et professionnelles particulières d'accès à l'emploi peut être conclu avec une collectivité territoriale. Le contrat de travail est conclu en application des dispositions de l'article L. 1242-3 du code du travail, pour une durée maximale de dix-huit mois.

Pendant l'exécution du contrat d'accès à l'entreprise, le salarié, avec son accord, peut être mis à disposition d'un employeur, mentionné à l'article L. 5134-66 du même code à titre gratuit pendant une durée ne pouvant excéder six mois, afin de lui permettre d'améliorer sa qualification, son insertion ou de favoriser les transitions professionnelles. Le salarié est rémunéré par la collectivité territoriale à un niveau ne pouvant être inférieur à celui prévu à l'article L. 3231-2 dudit code. Les articles L. 1251-21 à L. 1251-24 du même code sont applicables.

Par dérogation à l'article L. 8241-1 du même code, la mise à disposition réalisée sur le fondement du présent article n'a pas de but lucratif pour les entreprises d'accueil.

Une convention-cadre conclue entre la collectivité territoriale et l'entreprise définit notamment les conditions générales de recours à ce contrat, les garanties applicables au salarié et les obligations incombant aux signataires de cette convention pour favoriser l'insertion sociale et professionnelle du salarié. Une convention individuelle de mise à disposition est établie entre la collectivité, l'entreprise et le salarié.

La collectivité territoriale fixe par une délibération les critères d'accès des employeurs à cette mise à disposition. Elle rend public un bilan annuel des mises à disposition effectuées et des bénéficiaires.

Un décret en Conseil d'État fixe les conditions d'application du présent article. – *V. Décr. n° 2019-658 du 27 juin 2019 (JO 27 juin).*

2) Aides à l'embauche

Ce titre ne compile pas l'ensemble des aides à l'embauche mais seulement les aides à l'embauche ne figurant pas dans le corpus des codes du travail ou de la sécurité sociale.

• Aide à l'embauche pour les PME

Décret n° 2016-40 du 25 janvier 2016,

Instituant une aide à l'embauche dans les petites et moyennes entreprises.

Art. 1ᵉʳ Les entreprises de moins de deux cent cinquante salariés peuvent demander le bénéfice d'une aide pour l'embauche d'un salarié dont la rémunération telle que prévue au contrat de travail est inférieure ou égale au salaire minimum horaire de croissance majoré de 30 %.

Cette aide est octroyée sous réserve que les entreprises remplissent les conditions cumulatives suivantes :

1° Elles embauchent un salarié en contrat de travail à durée indéterminée ou en contrat à durée déterminée d'une durée d'au moins six mois ;

2° La date de début d'exécution du contrat est comprise entre le 18 janvier 2016 et le (*Décr. n° 2016-1952 du 28 déc. 2016, art. 1ᵉʳ*) « 30 juin 2017 ».

Les particuliers employeurs ne sont pas éligibles à l'aide.
(Décr. n° 2016-1952 du 28 déc. 2016, art. 1ᵉʳ) « Pour l'application du seuil défini au premier alinéa, l'effectif de l'entreprise est apprécié tous établissements confondus, en fonction de la moyenne, au cours des douze mois de l'année qui précède celle où a débuté l'exécution du contrat de travail, des effectifs déterminés chaque mois. Lorsque la création de l'entreprise est intervenue au cours de l'année qui précède celle où a débuté l'exécution du contrat de travail, la moyenne des effectifs est calculée seulement au titre des mois d'existence de l'entreprise. Par dérogation, lorsque la création de l'entreprise intervient au cours de l'année où a débuté l'exécution du contrat de travail, l'effectif est apprécié à la date de sa création. »
Pour la détermination des effectifs du mois, il est tenu compte des salariés titulaires d'un contrat de travail le dernier jour de chaque mois, y compris les salariés absents, conformément aux dispositions des articles L. 1111-2, L. 1111-3 et L. 1251-54 du code du travail.

Art. 2 Le montant de l'aide est égal à 4 000 euros au maximum pour un même salarié.
L'aide est versée à l'échéance de chaque période de trois mois civils d'exécution du contrat de travail à raison de 500 euros maximum par trimestre et dans la limite de vingt-quatre mois.
Le montant de l'aide dû au titre des premier et dernier mois d'exécution du contrat est versé au prorata des jours d'exécution du contrat attestés par l'employeur.
Le montant de l'aide est proratisé en fonction de la quotité de temps de travail du salarié et de la durée du contrat de travail.

Art. 3 Lorsque le salarié précédemment lié à l'entreprise par un contrat à durée déterminée ayant ouvert droit à l'aide conclut, avant le *(Décr. n° 2016-1952 du 28 déc. 2016, art. 1ᵉʳ)* « 30 juin 2017 », un contrat de travail à durée indéterminée ou un contrat de travail à durée déterminée d'une durée d'au moins six mois, l'entreprise continue à bénéficier de l'aide dans la limite du montant maximal par salarié défini à l'article 2 du présent décret.

Art. 4 L'aide est gérée par l'Agence de services et de paiement, avec laquelle l'État conclut une convention.
La demande tendant au bénéfice de l'aide est adressée par l'employeur auprès de l'Agence de services et de paiement dans un délai maximal de six mois suivant la date de début d'exécution du contrat. L'employeur atteste sur l'honneur remplir les conditions d'éligibilité mentionnées dans sa demande d'aide.
L'aide est versée, à échéance de chaque période trimestrielle, sur la base d'une attestation de l'employeur justifiant la présence du salarié. Cette attestation, adressée sous forme dématérialisée auprès de l'Agence de services et de paiement dans des conditions fixées par arrêté du ministre chargé du travail, doit être fournie avant les six mois suivant l'échéance de chaque trimestre d'exécution du contrat. Son défaut dans les délais requis entraîne le non-versement définitif de l'aide au titre de cette période.
L'attestation définie à l'alinéa précédent mentionne, le cas échéant, les périodes d'absence du salarié sans maintien de la rémunération. Le montant trimestriel prévu à l'article 2 est calculé déduction faite de ces périodes d'absence.

Art. 5 Le bénéficiaire de l'aide tient à la disposition de l'Agence de services et de paiement tout document permettant d'effectuer le contrôle de l'éligibilité de l'aide. Pour exercer ce contrôle, l'Agence de services et de paiement dispose également de l'accès à des données d'autres d'administrations *[sic]* publiques, notamment celles de l'Agence centrale des organismes de sécurité sociale et de la Caisse centrale de la mutualité sociale agricole.
Le versement de l'aide est suspendu lorsque l'employeur ne produit pas dans le délai d'un mois les documents qui sont susceptibles d'être demandés par l'Agence de services et de paiement et permettant de contrôler l'exactitude de ses déclarations.
En cas de constatation par l'Agence de services et de paiement du caractère inexact des déclarations de l'entreprise pour justifier l'éligibilité de l'aide telle que définie à l'article 1ᵉʳ du présent décret, toutes les sommes perçues par l'employeur doivent être reversées.
En cas de constatation par l'Agence de services et de paiement du caractère inexact des attestations de l'employeur justifiant la présence du salarié, les sommes indûment perçues par l'employeur au titre des trimestres considérés doivent être reversées.

Art. 6 L'aide ne peut se cumuler avec une autre aide de l'État à l'insertion, à l'accès ou au retour à l'emploi versée au titre du même salarié.
Cette aide est cumulable avec un contrat de professionnalisation tel que prévu aux articles L. 6325-1 et suivants du code du travail et dont la durée du contrat de travail est au moins égale à six mois.

- Aide à l'embauche du premier salarié

Décret n° 2015-806 du 3 juillet 2015,

Instituant une aide à l'embauche d'un premier salarié.

Art. 1ᵉʳ Les entreprises, qui n'appartiennent pas à un groupe au sens de l'article L. 2331-1 du code du travail ou à un groupe d'entreprises de dimension communautaire au sens des articles L. 2341-1 et L. 2341-2 du même code, peuvent demander le bénéfice d'une aide financière de l'État pour l'embauche d'un premier salarié lorsqu'elles remplissent les conditions cumulatives suivantes :

1° Elles embauchent un salarié en contrat à durée indéterminée ou en contrat à durée déterminée *(Décr. n° 2016-40 du 25 janv. 2016, art. 7)* « d'au moins six mois » ;

2° La date d'effet du contrat est comprise entre le 9 juin 2015 et le *(Décr. n° 2016-40 du 25 janv. 2016, art. 7)* « 31 décembre 2016 » ;

3° Elles n'ont pas été liées, dans les douze mois précédant l'embauche du salarié, à un salarié par un contrat de travail poursuivi au-delà de la période d'essai.

Par dérogation *(Décr. n° 2016-40 du 25 janv. 2016, art. 7)* « au 3° », l'entreprise reste éligible à l'aide, au titre d'un nouveau contrat de travail, lorsqu'un premier contrat de travail conclu pour une date d'effet comprise entre le 9 juin 2015 et le *(Décr. n° 2016-1122 du 11 août 2016, art. 8)* « 31 décembre 2016 » a été rompu pour motif de rupture de la période d'essai, de retraite, de démission, de licenciement pour faute grave, de licenciement pour faute lourde, de licenciement pour inaptitude ou de décès. *(Décr. n° 2016-40 du 25 janv. 2016, art. 7)* « L'entreprise continue à bénéficier de l'aide lorsque le salarié précédemment lié à l'entreprise par un contrat à durée déterminée ayant ouvert droit à l'aide conclut un contrat de travail à durée indéterminée ou un contrat de travail à durée déterminée d'une durée d'au moins six mois. »

Les particuliers employeurs ne sont pas éligibles à l'aide.

Art. 2 Le montant de l'aide est égal à 4 000 euros *(Décr. n° 2016-40 du 25 janv. 2016, art. 7)* « maximum », à raison de 500 euros pour une période de trois mois d'exécution du contrat de travail.

Le cas échéant, le montant de l'aide est proratisé en fonction de la durée du travail du salarié, lorsque cette durée est inférieure au temps plein.

L'aide est versée à l'échéance de chaque période de trois mois civils d'exécution du contrat de travail.

Le montant de l'aide dû au titre des premier et dernier mois d'exécution du contrat est versé au prorata des jours d'exécution du contrat attestés par l'employeur.

Lorsque l'entreprise formule une nouvelle demande d'aide en application du quatrième alinéa de l'article 1ᵉʳ, le montant total de l'aide perçue par l'entreprise ne peut excéder 4 000 euros, déduction faite des sommes déjà perçues.

Art. 3 L'aide est gérée par l'Agence de services et de paiement, avec laquelle l'État conclut une convention.

La demande tendant au bénéfice de l'aide est signée et adressée par l'employeur auprès de l'Agence de services et de paiement dans un délai maximal de six mois suivant la date de début d'exécution du contrat.

(Décr. n° 2016-40 du 25 janv. 2016, art. 7) « L'aide est versée, à échéance de chaque période trimestrielle, sur la base d'une attestation de l'employeur justifiant la présence du salarié. Cette attestation, adressée sous forme dématérialisée auprès de l'Agence de services et de paiement dans des conditions fixées par arrêté du ministre chargé du travail, doit être fournie avant les six mois suivant l'échéance de chaque trimestre d'exécution du contrat. Son défaut de production dans les délais requis entraîne le non-versement définitif de l'aide au titre de cette période. »

L'attestation de présence précise les périodes d'absence du salarié sans maintien de la rémunération du salarié. L'aide n'est pas due pour ces périodes.

(Décr. n° 2016-40 du 25 janv. 2016, art. 7) « En cas de report du versement de l'aide pour le motif prévu à l'alinéa précédent, l'aide peut être versée pour les périodes d'activité du salarié jusqu'au 31 décembre 2019 inclus, sur la base des attestations de l'employeur justifiant la présence du salarié. »

Art. 4 L'Agence des services et de paiement contrôle l'exactitude des déclarations des bénéficiaires des aides, notamment à partir des données échangées avec l'Agence centrale des organismes de sécurité sociale.

A. EMBAUCHE ET EMPLOI   **III. Placement et emploi**

Le bénéficiaire de l'aide tient à la disposition de l'Agence des services et de paiement tout document permettant d'effectuer ce contrôle.

Art. 5 Le versement de l'aide est interrompu lorsque l'employeur ne produit pas dans le délai d'un mois les documents permettant de contrôler l'exactitude de ses déclarations.

En cas de constatation par l'Agence de services et de paiement du caractère inexact des déclarations de l'entreprise, les sommes indûment perçues par l'employeur doivent être reversées.

Art. 6 L'aide ne peut se cumuler avec une autre aide de l'État à l'insertion, à l'accès ou au retour à l'emploi versée au titre du même salarié.

(*Décr. n° 2016-40 du 25 janv. 2016, art. 7*) « L'employeur peut bénéficier de l'aide au titre d'un salarié en contrat de professionnalisation, tel que prévu aux articles L. 6325-1 et suivants du code du travail et dont la durée du contrat de travail est au moins égale à six mois. »

• Aide à l'embauche d'un jeune

Décret n° 2020-982 du 5 août 2020,

Instituant une aide à l'embauche des jeunes de moins de 26 ans.

Art. 1er (*Décr. n° 2021-363 du 31 mars 2021, art. 2*) « I. – » Les employeurs peuvent demander le bénéfice d'une aide pour l'embauche d'un salarié de moins de 26 ans dont la rémunération telle que prévue au contrat de travail est inférieure ou égale à deux fois le montant horaire du salaire minimum de croissance. Ces conditions s'apprécient à la date de conclusion du contrat.

Sont éligibles à l'aide les employeurs mentionnés (*Décr. n° 2021-198 du 23 févr. 2021, art. 3*) « à l'article L. 5134-66 et aux 6° et 7° de l'article L. 5424-1 du code du travail » établis sur tout le territoire national, à l'exception des établissements publics administratifs, des établissements publics industriels et commerciaux et des sociétés d'économie mixte. Les particuliers employeurs ne sont pas éligibles à l'aide.

Cette aide est attribuée sous réserve que les conditions cumulatives suivantes soient remplies :

1° Le salarié est embauché en contrat de travail à durée indéterminée ou en contrat à durée déterminée d'une durée d'au moins trois mois ;

2° La date de conclusion du contrat est comprise entre le 1er août 2020 et le (*Décr. n° 2021-94 du 30 janv. 2021, art. 1er*) « 31 mars 2021 » ;

3° L'employeur est à jour de ses obligations déclaratives et de paiement à l'égard de l'administration fiscale et des organismes de recouvrement des cotisations et des contributions de sécurité sociale ou d'assurance chômage, ou a souscrit et respecte un plan d'apurement des cotisations et contributions restant dues. Par dérogation, pour les cotisations et contributions restant dues au titre de la période antérieure au 30 juin 2020, le plan d'apurement peut être souscrit dans les conditions et selon les modalités définies à l'article 65 de la loi du 30 juillet 2020 de finances rectificative pour 2020 susvisée ;

4° L'employeur ne bénéficie pas d'une autre aide de l'État à l'insertion, à l'accès ou au retour à l'emploi versée au titre du salarié concerné ;

5° L'employeur n'a pas procédé, depuis le 1er janvier 2020, à un licenciement pour motif économique sur le poste concerné par l'aide ;

6° Le salarié ne doit pas avoir appartenu aux effectifs de l'employeur à compter du 1er août 2020 au titre d'un contrat n'ayant pas ouvert droit au bénéfice de l'aide ;

7° Le salarié est maintenu dans les effectifs de l'employeur pendant au moins trois mois à compter du premier jour d'exécution du contrat.

(*Décr. n° 2021-363 du 31 mars 2021, art. 2*) « II. – Par dérogation au premier alinéa et au 2° du I de l'article 1er, l'aide prévue au même I peut également être attribuée pour l'embauche d'un salarié de moins de 26 ans dont la rémunération telle que prévue au contrat de travail est inférieure ou égale au salaire minimum horaire de croissance majoré de 60 %, pour les contrats dont la date de conclusion est comprise entre le 1er avril 2021 et le 31 mai 2021. »

Les dispositions issues du Décr. n° 2021-198 du 23 févr. 2021 s'appliquent aux contrats de travail conclus entre le 25 févr. et le 31 mars 2021 (Décr. préc., art. 4-III).

Art. 2 Le montant de l'aide est égal à 4 000 euros au maximum pour un même salarié.

L'aide de l'État est due à compter du premier jour d'exécution du contrat de travail. Elle est versée à terme échu, à un rythme trimestriel à raison de 1 000 euros au maximum par trimestre dans la limite d'un an.

Le montant de l'aide est proratisé en fonction de la quotité de temps de travail du salarié et de la durée effective du contrat de travail.

L'aide n'est pas due :

a) Pour les périodes d'absence du salarié qui n'ont pas donné lieu au maintien de la rémunération par l'employeur ;

b) Pour les périodes au cours desquelles le salarié est placé en position d'activité partielle au titre de l'article R. 5122-1 du code du travail ;

c) Pour les périodes au cours desquelles le salarié est placé en position d'activité réduite pour le maintien en emploi au titre de l'article 53 de la loi du 17 juin 2020 susvisée au cours du trimestre considéré.

Art. 3 Lorsque le salarié précédemment lié à l'employeur par un contrat à durée déterminée ayant ouvert droit à l'aide conclut, avant (*Décr. n° 2021-363 du 31 mars 2021, art. 2*) « la date limite de conclusion du contrat telle que prévue aux I et II de l'article 1er », un contrat de travail à durée indéterminée ou un contrat de travail à durée déterminée d'une durée d'au moins trois mois, l'employeur continue à bénéficier de l'aide, même si le salarié a dépassé l'âge défini à l'article 1er au cours du précédent contrat, dans la limite du montant maximal par salarié défini à l'article 2.

Art. 4 L'aide est gérée par l'Agence de services et de paiement, avec laquelle l'État conclut une convention.

La demande tendant au bénéfice de l'aide est adressée par l'employeur par l'intermédiaire d'un téléservice auprès de l'Agence de services et de paiement dans un délai maximal de quatre mois suivant la date de début d'exécution du contrat. L'employeur atteste sur l'honneur remplir les conditions d'éligibilité mentionnées dans sa demande d'aide.

L'aide est versée sur la base d'une attestation de l'employeur justifiant la présence du salarié. Cette attestation, adressée par l'intermédiaire d'un téléservice, auprès de l'Agence de services et de paiement, est transmise avant les quatre mois suivant l'échéance de chaque trimestre d'exécution du contrat. Elle mentionne, le cas échéant, les périodes d'absence du salarié mentionnées aux *a*, *b* et *c* de l'article 2.

Son défaut de production dans les délais requis entraîne le non-versement définitif de l'aide au titre de cette période.

Art. 5 Le bénéficiaire de l'aide tient à la disposition de l'Agence de services et de paiement tout document permettant d'effectuer le contrôle de l'éligibilité de l'aide. Pour exercer ce contrôle, l'Agence de services et de paiement dispose également de l'accès à des données d'autres d'administrations *[sic]* publiques, notamment celles de l'Agence centrale des organismes de sécurité sociale et de la Caisse centrale de la mutualité sociale agricole.

L'Agence de services et de paiement est responsable des traitements de données, y compris personnelles, nécessaires à la mise en œuvre du dispositif.

Le versement de l'aide est suspendu lorsque l'employeur ne produit pas dans le délai d'un mois les documents demandés par l'Agence de services et de paiement et permettant de contrôler l'exactitude de ses déclarations.

L'employeur rembourse le cas échéant à l'État l'intégralité des sommes qui ont été perçues au titre de l'aide lorsque le recrutement d'un salarié au titre duquel l'employeur a bénéficié de l'aide à l'embauche a pour conséquence le licenciement d'un autre salarié.

En cas de constatation du caractère inexact des déclarations de l'employeur justifiant l'éligibilité de l'aide, la totalité des sommes perçues par l'employeur sont reversées à l'État.

En cas de constatation du caractère inexact des attestations de l'employeur justifiant la présence du salarié, les sommes indûment perçues par l'employeur au titre des trimestres considérés sont reversées à l'État.

L'Agence de services et de paiement assure la gestion des réclamations et des recours relatifs à l'aide.

Art. 6 Les demandes d'aides mentionnées à l'article 4 sont adressées auprès de l'Agence de services et de paiement à compter du 1er octobre 2020.

A. EMBAUCHE ET EMPLOI

- Aide à l'embauche d'un travailleur handicapé

Décret n° 2020-1223 du 6 octobre 2020,

Instituant une aide à l'embauche des travailleurs handicapés.

V. QR min. trav. du 20 oct. 2020, https://travail-emploi.gouv.fr/IMG/pdf/qr__ameeth.pdf.

Art. 1ᵉʳ Les employeurs peuvent demander le bénéfice d'une aide pour l'embauche d'un salarié bénéficiant de la reconnaissance de la qualité de travailleur handicapé mentionnée à l'article L. 5213-2 du code du travail, lorsque la rémunération telle que prévue au contrat de travail est inférieure ou égale à deux fois le montant horaire du salaire minimum de croissance. Ces conditions s'apprécient à la date de conclusion du contrat.

Sont éligibles à l'aide les employeurs mentionnés à l'article L. 5134-66 *(Décr. n° 2021-198 du 23 févr. 2021, art. 1ᵉʳ)* « , au 6° » et au 7° de l'article L. 5424-1 du code du travail établis sur tout le territoire national, à l'exception des établissements publics administratifs, des établissements publics industriels et commerciaux et des sociétés d'économie mixte. Les particuliers employeurs ne sont pas éligibles à l'aide.

Cette aide *(Décr. n° 2021-198 du 23 févr. 2021, art. 1ᵉʳ)* « , dénommée aide à la mobilisation des employeurs pour l'embauche des travailleurs handicapés, » est attribuée sous réserve que les conditions cumulatives suivantes soient remplies :

1° Le salarié est embauché en contrat de travail à durée indéterminée ou en contrat à durée déterminée d'une durée d'au moins trois mois ;

2° La date de conclusion du contrat est comprise entre le 1ᵉʳ septembre 2020 et le *(Décr. n° 2021-864 du 30 juin 2021, art. 1ᵉʳ)* « 31 décembre 2021 » ;

3° L'employeur est à jour de ses obligations déclaratives et de paiement à l'égard de l'administration fiscale et des organismes de recouvrement des cotisations et des contributions de sécurité sociale ou d'assurance chômage, ou a souscrit et respecte un plan d'apurement des cotisations et contributions restant dues. Par dérogation, pour les cotisations et contributions restant dues au titre de la période antérieure au 30 juin 2020, le plan d'apurement peut être souscrit dans les conditions et selon les modalités définies à l'article 65 de la loi du 30 juillet 2020 de finances rectificative pour 2020 susvisée ;

4° L'employeur ne bénéficie pas d'une autre aide de l'État à l'insertion, à l'accès ou au retour à l'emploi versée au titre du salarié concerné sur la période ;

5° L'employeur n'a pas procédé, depuis le 1ᵉʳ janvier 2020, à un licenciement pour motif économique sur le poste concerné par l'aide ;

6° Le salarié ne doit pas avoir appartenu aux effectifs de l'employeur à compter *(Décr. n° 2021-198 du 23 févr. 2021, art. 1ᵉʳ)* « du 8 octobre 2020 » au titre d'un contrat n'ayant pas ouvert droit au bénéfice de l'aide ;

7° Le salarié est maintenu dans les effectifs de l'employeur pendant au moins trois mois à compter du premier jour d'exécution du contrat.

Les dispositions issues du Décr. n° 2021-198 du 23 févr. 2021 s'appliquent aux contrats de travail conclus entre le 25 févr. et le 30 juin 2021 (Décr. préc., art. 4-I).

Art. 2 Le montant de l'aide est égal à 4 000 euros au maximum pour un même salarié.

L'aide de l'État est due à compter du premier jour d'exécution du contrat de travail. Elle est versée à terme échu, à un rythme trimestriel à raison de 1 000 euros au maximum par trimestre dans la limite d'un an.

Le montant de l'aide est proratisé en fonction de la quotité de temps de travail du salarié et de la durée effective du contrat de travail.

L'aide n'est pas due :

a) Pour les périodes d'absence du salarié qui n'ont pas donné lieu au maintien de la rémunération par l'employeur ;

b) Pour les périodes au cours desquelles le salarié est placé en position d'activité partielle au titre de l'article R. 5122-1 du code du travail ;

c) Pour les périodes au cours desquelles le salarié est placé en position d'activité réduite pour le maintien en emploi au titre de l'article 53 de la loi du 17 juin 2020 susvisée au cours du trimestre considéré.

Art. 3 Lorsque le salarié précédemment lié à l'employeur par un contrat à durée déterminée ayant ouvert droit à l'aide conclut, avant le *(Décr. n° 2021-864 du 30 juin 2021, art. 1ᵉʳ)* « 31 décembre 2021 », un contrat de travail à durée indéterminée ou un contrat de travail à durée déterminée d'une durée d'au moins trois mois, l'employeur continue à bénéficier de l'aide, même si le salarié a perdu la qualité de travailleur handicapé au cours du précédent contrat, dans la limite du montant maximal par salarié défini à l'article 2.

Art. 4 L'aide est gérée par l'Agence de services et de paiement, avec laquelle l'État conclut une convention.

La demande tendant au bénéfice de l'aide est adressée par l'employeur par l'intermédiaire d'un téléservice auprès de l'Agence de services et de paiement dans un délai maximal de six mois suivant la date de début d'exécution du contrat. L'employeur atteste sur l'honneur remplir les conditions d'éligibilité mentionnées dans sa demande d'aide.

L'aide est versée sur la base d'une attestation de l'employeur justifiant la présence du salarié. Cette attestation, adressée par l'intermédiaire d'un téléservice, auprès de l'Agence de services et de paiement, est transmise avant les *(Décr. n° 2021-198 du 23 févr. 2021, art. 1ᵉʳ)* « six » mois suivant l'échéance de chaque trimestre d'exécution du contrat. Elle mentionne, le cas échéant, les périodes d'absence du salarié mentionnées aux *a*, *b* et *c* de l'article 2.

Son défaut de production dans les délais requis entraîne le non-versement définitif de l'aide au titre de cette période.

Art. 5 Le bénéficiaire de l'aide tient à la disposition de l'Agence de services et de paiement tout document permettant d'effectuer le contrôle de l'éligibilité de l'aide. Pour exercer ce contrôle, l'Agence de services et de paiement dispose également de l'accès aux données d'autres administrations publiques, notamment celles de l'Agence centrale des organismes de sécurité sociale et de la Caisse centrale de la mutualité sociale agricole.

L'Agence de services et de paiement est responsable des traitements de données, y compris personnelles, nécessaires à la mise en œuvre du dispositif.

Le versement de l'aide est suspendu lorsque l'employeur ne produit pas dans le délai d'un mois les documents demandés par l'Agence de services et de paiement et permettant de contrôler l'exactitude de ses déclarations.

L'employeur rembourse le cas échéant à l'État l'intégralité des sommes qui ont été perçues au titre de l'aide lorsque le recrutement d'un salarié au titre duquel l'employeur a bénéficié de l'aide à l'embauche a pour conséquence le licenciement d'un autre salarié.

En cas de constatation du caractère inexact des déclarations de l'employeur justifiant l'éligibilité de l'aide, la totalité des sommes perçues par l'employeur sont reversées à l'État.

En cas de constatation du caractère inexact des attestations de l'employeur justifiant la présence du salarié, les sommes indûment perçues par l'employeur au titre des trimestres considérés sont reversées à l'État.

L'Agence de services et de paiement assure la gestion des réclamations et des recours relatifs à l'aide.

Art. 6 Les demandes d'aides mentionnées à l'article 4 sont adressées auprès de l'Agence de services et de paiement à compter du 4 janvier 2021.

- **Aide à l'embauche en contrat d'apprentissage et en contrat de professionnalisation**

V. Décr. n° 2022-1714 du 29 déc. 2022, App. I. A, v° Apprentissage.

- **Aides à l'embauche de seniors en contrat de professionnalisation**

Décret n° 2011-524 du 16 mai 2011,

Relatif à l'aide à l'embauche des demandeurs d'emploi de quarante-cinq ans et plus en contrat de professionnalisation.

Art. 1ᵉʳ Les employeurs peuvent demander le bénéfice d'une aide de l'État pour toute embauche de demandeurs d'emploi âgés de quarante-cinq ans et plus en contrat de professionnalisation.

Art. 2 I. – L'aide mentionnée à l'article 1ᵉʳ est subordonnée au respect des conditions suivantes :

1° L'embauche est réalisée sous la forme d'un contrat de professionnalisation mentionné aux articles L. 6325-1 et L. 6325-5 du code du travail, au bénéfice d'un demandeur d'emploi âgé de quarante-cinq ans et plus. L'âge du bénéficiaire du contrat est apprécié à la date du début de l'exécution du contrat ;

A. EMBAUCHE ET EMPLOI — III. Placement et emploi

2° La date de début d'exécution du contrat est postérieure au 1ᵉʳ mars 2011 ;

3° L'employeur n'a pas procédé, dans les six mois qui précèdent l'embauche, à un licenciement économique au sens de l'article L. 1233-3 du code du travail sur le poste pourvu par le recrutement ;

4° Le titulaire du contrat n'a pas appartenu à l'effectif de l'entreprise au cours des six derniers mois précédant la date de début du contrat.

II. – L'aide est cumulable avec les aides existantes à la date de publication du présent décret pour l'embauche de salariés âgés de quarante-cinq ans et plus en contrat de professionnalisation.

Art. 3 Le montant de l'aide est fixé à 2 000 €. Un premier versement, d'un montant de 1 000 €, est dû à l'issue du troisième mois d'exécution du contrat de professionnalisation, ou [,] pour les embauches antérieures à la date de publication du présent décret, à l'issue du troisième mois suivant la date de cette publication. Le solde de l'aide est dû à l'issue du dixième mois d'exécution du contrat de professionnalisation.

Si le contrat de professionnalisation est arrivé à échéance ou a été interrompu avant l'une des échéances mentionnées à l'alinéa précédent, l'aide n'est pas due pour la période considérée.

Pour les salariés à temps partiel, le montant de l'aide est calculé à due proportion du temps de travail effectif.

Art. 4 L'aide est gérée par Pôle emploi, avec lequel l'État conclut une convention.

Le paiement de l'aide est subordonné au fait, pour l'employeur, d'être à jour de ses obligations déclaratives et de paiement à l'égard des organismes de recouvrement des cotisations et des contributions de sécurité sociale ou d'assurance chômage. La condition de paiement est considérée comme remplie dès lors que l'employeur a souscrit et respecte un plan d'apurement des cotisations restant dues.

Lorsque les conditions prévues à l'alinéa précédent ne sont pas remplies, le versement de l'aide est suspendu jusqu'à ce que l'employeur se soit mis en conformité avec ses obligations déclaratives et de paiement et, au plus tard, jusqu'à l'expiration d'un délai de quinze mois suivant la date du début de l'exécution du contrat concerné. L'aide n'est plus due au-delà de ce délai.

Art. 5 Pour bénéficier de l'aide, l'employeur adresse à Pôle emploi une demande dans les trois mois suivant le début de l'exécution du contrat de professionnalisation ou, pour les embauches antérieures à la date de publication du présent décret, suivant la date de cette publication.

Cette demande comprend une copie du contrat de professionnalisation accompagnée, le cas échéant, de la décision de prise en charge financière de l'organisme paritaire collecteur agréé ou, à défaut, de la preuve de dépôt du contrat auprès de cet organisme.

Pour donner lieu à paiement, l'employeur fait parvenir à Pôle emploi, dans les trois mois suivant chacune des échéances mentionnées à l'article 3, une déclaration attestant que le contrat de professionnalisation est en cours à ladite échéance.

Art. 6 Pôle emploi contrôle l'exactitude des déclarations des bénéficiaires des aides. Le bénéficiaire de l'aide tient à sa disposition tout document permettant d'effectuer ce contrôle.

V. Instr. DG n° 2019-29 du 10 oct. 2019, BOPE n° 2020-75 du 18 sept. 2020.

• Emplois francs

Décret n° 2019-1471 du 26 décembre 2019,

Portant généralisation des emplois francs et création d'une expérimentation à La Réunion.

CHAPITRE I *ÉLIGIBILITÉ AUX EMPLOIS FRANCS ET À L'AIDE DE L'ÉTAT*

Art. 1ᵉʳ Sont éligibles à une aide de l'État pour le recrutement en emploi franc mentionnée aux articles 4 à 6 du présent décret les employeurs définis à l'article 3 remplissant les conditions prévues à l'article 5 qui recrutent un salarié appartenant à une ou plusieurs catégories mentionnées ci-après :

1° Un demandeur d'emploi inscrit à Pôle emploi en catégorie 1, 2, 3, 6, 7 ou 8, telle que prévue à l'article 2 de l'arrêté du 5 février 1992 portant application de l'article L. 5411-2 du code du travail et définissant les catégories de demandeurs d'emploi ;

2° Un adhérent à un contrat de sécurisation professionnelle ;

3° Un jeune suivi par une mission locale qui n'est pas inscrit en tant que demandeur d'emploi.

Le bénéfice de l'aide mentionnée au premier alinéa est conditionné au fait que la personne recrutée réside dans un quartier prioritaire de la politique de la ville.

Art. 2 La situation de la personne recrutée et son lieu de résidence sont appréciés à la date de la signature du contrat de travail.

Art. 3 Sont éligibles à l'aide de l'État pour le recrutement en emploi franc les employeurs mentionnés à l'article L. 5134-66 *(Décr. n° 2021-198 du 23 févr. 2021, art. 2)* « et au 6° et au 7° de l'article L. 5424-1 » du code du travail établis sur tout le territoire national, à l'exception des établissements publics administratifs et des établissements publics industriels et commerciaux. Les particuliers employeurs ne sont pas éligibles à l'aide.

Les dispositions issues du Décr. n° 2021-198 du 23 févr. 2021 s'appliquent aux contrats de travail conclus entre le 25 févr. et le 31 déc. 2021 (Décr. préc., art. 4-II).

CHAPITRE II *AIDE FINANCIÈRE DE L'ÉTAT*

SECTION 1 *Conditions d'attribution et de maintien de l'aide*

Art. 4 L'aide financière versée au titre du recrutement en emploi franc est attribuée par Pôle emploi pour le compte de l'État.

Une convention conclue entre l'État et Pôle emploi définit les modalités de mise en œuvre et de suivi du dispositif.

Art. 5 Pour l'attribution de l'aide prévue à l'article 4, l'employeur doit satisfaire aux conditions suivantes :

1° Être à jour de ses obligations déclaratives et de paiement à l'égard de l'administration fiscale et des organismes de recouvrement des cotisations et des contributions de sécurité sociale ou d'assurance chômage, ou avoir souscrit et respecter un plan d'apurement des montants restant dus ;

2° Ne pas avoir procédé, dans les six mois précédant l'embauche, à un licenciement pour motif économique sur le poste pourvu par le recrutement en emploi franc. L'employeur doit rembourser le cas échéant à l'État l'intégralité des sommes qui ont été perçues au titre de l'aide financière s'il apparaît que le recrutement d'un salarié en emploi franc a pour conséquence le licenciement d'un autre salarié ;

3° Ne pas bénéficier d'une autre aide de l'État à l'insertion, à l'accès ou au retour à l'emploi versée au titre du salarié recruté en emploi franc. Par dérogation, le cumul de l'aide emploi franc est autorisé avec les autres aides financières mobilisables dans le cadre d'un recrutement en contrat de professionnalisation tel que prévu aux articles L. 6325-1 et suivants du code du travail dont la durée est au moins égale à six mois *(Décr. n° 2020-1278 du 21 oct. 2020, art. 1ᵉʳ)* « , à l'exception de l'aide aux employeurs de salariés bénéficiaires d'un contrat de professionnalisation prévue *(Décr. n° 2023-1353 du 29 déc. 2023)* « à l'article 3 du décret n° 2022-1714 du 29 décembre 2022 relatif à l'aide unique aux employeurs d'apprentis et à l'aide exceptionnelle aux employeurs d'apprentis et de salariés en contrat de professionnalisation ». L'embauche en contrat d'apprentissage n'est pas éligible à l'aide emploi franc ;

4° Le salarié recruté en emploi franc ne doit pas avoir appartenu à l'effectif de l'entreprise au cours des six derniers mois précédant la date d'embauche sauf dans les cas prévus au *(Décr. n° 2020-1278 du 21 oct. 2020, art. 1ᵉʳ)* « III » de l'article 6 ;

5° Le salarié recruté en emploi franc doit être maintenu dans les effectifs de l'entreprise pendant six mois à compter du premier jour d'exécution du contrat.

Les dispositions issues du Décr. n° 2023-1353 du 29 déc. 2023 s'appliquent aux contrats de travail conclus à compter du 31 déc. 2023 (Décr. préc., art. 2).

SECTION 2 *Montant de l'aide*

Art. 6 I. — Le montant de l'aide financière pour le recrutement d'un salarié en emploi franc à temps complet est égal à :

1° 5 000 € par an, dans la limite de trois ans, pour un recrutement en contrat à durée indéterminée ;

2° 2 500 € par an, dans la limite de deux ans, pour un recrutement en contrat à durée déterminée d'au moins six mois.

(Décr. n° 2020-1278 du 21 oct. 2020, art. 1ᵉʳ) « II. – Par dérogation au I, pour les contrats conclus entre le 15 octobre 2020 inclus et le *(Décr. n° 2021-363 du 31 mars 2021, art. 1ᵉʳ)* « 31 mai 2021 » inclus pour le recrutement d'un salarié de moins de vingt-six ans en emploi franc à temps complet, le montant de l'aide financière est égal à :

« 1° 7 000 € pour la première année, puis 5 000 € pour les années suivantes, dans la limite de trois ans, pour un recrutement en contrat à durée indéterminée ;

« 2° 5 500 € pour la première année, puis 2 500 € pour l'année suivante, dans la limite de deux ans, pour un recrutement en contrat à durée déterminée d'au moins six mois.

« L'âge du salarié s'apprécie à la date de conclusion du contrat de travail.

« III. – » Lorsque le contrat de travail à durée déterminée ayant ouvert droit à l'aide est renouvelé pour une durée d'au moins six mois, l'employeur continue de bénéficier de l'aide, dans la limite totale de deux ans fixée au 2° du I *(Décr. n° 2020-1278 du 21 oct. 2020, art. 1ᵉʳ)* « et au 2° du II » du présent article.

Lorsque, pour un même salarié, un contrat de travail à durée indéterminée succède à un contrat de travail à durée déterminée ayant ouvert droit à l'aide, l'employeur bénéficie, pendant la durée restant à courir jusqu'à la limite totale de trois ans, de l'aide prévue au 1° du I *(Décr. n° 2020-1278 du 21 oct. 2020, art. 1ᵉʳ)* « et au 1° du II » du présent article. Le montant de l'aide versée au titre de la période effectuée dans le cadre du contrat de travail à durée indéterminée est calculé conformément au 1° du I *(Décr. n° 2020-1278 du 21 oct. 2020, art. 1ᵉʳ)* « et au 1° du II » du présent article.

(Décr. n° 2020-1278 du 21 oct. 2020, art. 1ᵉʳ) « IV. – » Le montant de l'aide est proratisé en fonction de la durée effective du contrat de travail si le contrat de travail est interrompu en cours d'année civile et de la durée de travail hebdomadaire, lorsque cette durée est inférieure au temps plein.

(Décr. n° 2020-1278 du 21 oct. 2020, art. 1ᵉʳ) « L'aide n'est pas due :

« 1° Pour les périodes d'absence du salarié qui n'ont pas donné lieu au maintien de la rémunération par l'employeur ;

« 2° Pour les périodes au cours desquelles le salarié est placé en position d'activité partielle au titre de l'article R. 5122-1 du code du travail ;

« 3° Pour les périodes au cours desquelles le salarié est placé en position spécifique d'activité partielle prévue à l'article 53 de la loi n° 2020-734 du 17 juin 2020 relative à diverses dispositions liées à la crise sanitaire, à d'autres mesures urgentes ainsi qu'au retrait du Royaume-Uni de l'Union européenne au cours du semestre considéré. »

SECTION 3 *Procédure d'attribution et modalités de versement*

Art. 7 La demande d'aide est déposée par l'employeur auprès de Pôle emploi dans le délai *(Décr. n° 2023-1353 du 29 déc. 2023)* « d'un mois » suivant la date de signature du contrat de travail, par l'intermédiaire d'un téléservice.

Les dispositions issues du Décr. n° 2023-1353 du 29 déc. 2023 s'appliquent aux contrats de travail conclu à compter du 31 déc. 2023 (Décr. préc., art. 2).

Art. 8 I. – L'aide de l'État est due à compter du premier jour d'exécution du contrat de travail, dès lors que la condition prévue au 5° de l'article 5 est remplie. Cette aide est versée à un rythme semestriel.

II. – Chaque versement est effectué sur la base d'une attestation de l'employeur justifiant la présence du salarié, transmise à Pôle emploi.

L'attestation de présence mentionne le cas échéant les périodes d'absence du salarié qui n'ont pas donné lieu au maintien de la rémunération.

Le défaut de production de l'attestation de présence dans le délai de deux mois suivant l'échéance de chaque semestre d'exécution du contrat entraîne la perte du droit au versement de l'aide au titre de cette période.

Le défaut de production de l'attestation de présence dans le délai de quatre mois suivant l'échéance de chaque semestre d'exécution du contrat entraîne la perte du droit au versement de l'aide pour l'ensemble des semestres restant à couvrir.

III. – Lorsque la somme due à l'employeur est inférieure à 100 euros au titre d'un semestre, Pôle emploi ne procède pas à son versement.

SECTION 4 *Procédure de contrôle et modalités de remboursement*

Art. 9 Le bénéficiaire de l'aide tient à la disposition de Pôle emploi tout document permettant d'effectuer le contrôle de l'éligibilité de l'aide, durant un délai de quatre ans à compter de la date d'attribution de l'aide.

Pôle emploi échange les informations ou données strictement nécessaires à l'exercice de ce contrôle avec d'autres administrations publiques, notamment l'Agence centrale des organismes de sécurité sociale, la Caisse centrale de la mutualité sociale agricole et le Commissariat général à l'égalité des territoires.

Les demandes visant à contrôler l'exactitude des déclarations de l'employeur sont adressées à celui-ci par tout moyen permettant d'établir une date certaine. Si l'employeur ne produit pas dans le délai d'un mois les documents demandés, le versement de l'aide est suspendu. Au-delà de trois mois, les sommes versées sont considérées comme indûment perçues et reversées à l'État.

Art. 10 En cas de constatation du caractère inexact des attestations de l'employeur justifiant de la présence du salarié, les sommes indûment perçues au titre de la période considérée sont reversées à l'État.

En cas de constatation d'une fraude de l'employeur dans les attestations ou déclarations qu'il transmet à Pôle emploi pour justifier de l'éligibilité aux emplois francs, la totalité des sommes perçues au titre de ce dispositif doivent être reversées à l'État et le bénéfice de l'aide au titre des semestres restants n'est plus dû.

CHAPITRE III *DISPOSITIONS FINALES ET CRÉATION D'UN DISPOSITIF EXPÉRIMENTAL À LA RÉUNION*

Art. 11 Les dispositions du présent décret sont applicables aux contrats de travail conclus entre le 1er janvier 2020 et le *(Décr. n° 2023-1353 du 29 déc. 2023)* « 31 décembre 2024 ».

Art. 12 Par dérogation aux articles 1er, 2 et 11, à La Réunion, à titre expérimental et jusqu'au 31 décembre 2022, le bénéfice de l'aide de l'État mentionnée aux articles 4 à 6 du présent décret est également ouvert pour le recrutement d'un salarié sortant depuis moins de trois mois de l'un des dispositifs dont la liste est fixée par arrêté préfectoral, sans condition d'inscription à Pôle emploi ni de résidence dans un quartier prioritaire de la politique de la ville. Cette expérimentation fait l'objet d'une évaluation.

Art. 12 *bis* *(Décr. n° 2021-1404 du 29 oct. 2021, art. 5-I)* Les dispositions du présent décret ne s'appliquent pas aux contrats de professionnalisation remplissant les conditions d'éligibilité prévues par le décret n° 2021-1404 du 29 octobre 2021.

• Contrat « passerelle »

Loi n° 2020-1577 du 14 décembre 2020,

Relative au renforcement de l'inclusion dans l'emploi par l'activité économique et à l'expérimentation « territoires zéro chômeur de longue durée ».

Art. 5 Pour une durée de *(L. n° 2023-1322 du 29 déc. 2023, art. 260)* « cinq » ans à compter de la publication de la présente loi *[15 déc. 2020]*, est mise en place une expérimentation visant à faciliter le recrutement par les entreprises de droit commun de personnes en fin de parcours d'insertion. Cette expérimentation permet à un ou plusieurs salariés engagés dans un parcours d'insertion par l'activité économique depuis au moins quatre mois dans une entreprise d'insertion ou un atelier et chantier d'insertion d'être mis à disposition d'une entreprise utilisatrice, autre que celles mentionnées aux articles L. 5132-4 et L. 5213-13 du code du travail, pour une durée de trois mois renouvelable une fois, dans les conditions prévues à l'article L. 8241-2 du même code. Lorsque le salarié est embauché à l'issue de la période de mise à disposition par l'entreprise utilisatrice, dans un emploi en correspondance avec les activités qui lui avaient été confiées, il est dispensé de toute période d'essai. L'expérimentation fait l'objet d'une évaluation au plus tard six mois avant son terme afin de déterminer notamment les conditions appropriées pour son éventuelle généralisation.

Un décret précise les modalités de mise en œuvre et d'évaluation de cette expérimentation.

V. Décr. n° 2021-1129 du 30 août 2021, art. 2 (JO 31 août), et Arr. du 10 déc. 2021, NOR : MTRD2129070A (JO 16 déc.).

A. EMBAUCHE ET EMPLOI

- Dispositif « territoires zéro chômeur »

Loi n° 2020-1577 du 14 décembre 2020,

Relative au renforcement de l'inclusion dans l'emploi par l'activité économique et à l'expérimentation « territoires zéro chômeur de longue durée ».

TITRE II EXPÉRIMENTATION TERRITORIALE VISANT À SUPPRIMER LE CHÔMAGE DE LONGUE DURÉE

Art. 9 I. – La loi n° 2016-231 du 29 février 2016 d'expérimentation territoriale visant à résorber le chômage de longue durée est abrogée.

II. – Pour une durée de cinq ans à compter de l'entrée en vigueur du présent titre, est mise en place, dans soixante territoires, dont les dix territoires habilités dans le cadre de la loi n° 2016-231 du 29 février 2016 d'expérimentation territoriale visant à résorber le chômage de longue durée dans sa rédaction antérieure à la présente loi *[V. Arr. du 24 nov. 2016 fixant la liste des territoires retenus pour mener l'expérimentation territoriale visant à résorber le chômage de longue durée, NOR : ETSD1633999A (JO 22 déc.)]*, désignés dans les conditions définies à l'article 10 de la présente loi, couvrant chacun tout ou partie de la superficie d'une ou de plusieurs collectivités territoriales, établissements publics de coopération intercommunale ou groupes de collectivités territoriales volontaires, une expérimentation visant à mettre un terme à la privation durable d'emploi.

Lorsque le nombre maximal de territoires mentionné au premier alinéa du présent II a été atteint, des territoires supplémentaires peuvent être habilités, à titre dérogatoire, par décret en Conseil d'État.

Cette expérimentation permet aux personnes concernées d'être embauchées en contrat à durée indéterminée par des entreprises qui remplissent les conditions fixées aux articles 1er et 2 de la loi n° 2014-856 du 31 juillet 2014 relative à l'économie sociale et solidaire, pour exercer des activités économiques non concurrentes de celles déjà présentes sur le territoire.

L'expérimentation est mise en place avec le concours financier de l'État et des départements concernés ainsi que des autres collectivités territoriales et des établissements publics de coopération intercommunale volontaires mentionnés au premier alinéa du présent II et d'organismes publics et privés volontaires susceptibles de tirer un bénéfice financier de ces embauches.

III. – Au plus tard dix-huit mois avant le terme de l'expérimentation, le fonds mentionné à l'article 10 dresse le bilan de l'expérimentation dans un rapport.

IV. – Au plus tard douze mois avant le terme de l'expérimentation, un comité scientifique réalise l'évaluation de l'expérimentation afin de déterminer les suites qu'il convient de lui donner. Cette évaluation s'attache notamment à identifier le coût du dispositif pour les finances publiques, les externalités positives constatées et ses résultats comparés à ceux des structures d'insertion par l'activité économique. Elle détermine le cas échéant les conditions dans lesquelles l'expérimentation peut être prolongée, élargie ou pérennisée, en identifiant les caractéristiques des territoires et des publics pour lesquels elle est susceptible de constituer une solution adaptée à la privation durable d'emploi.

V. – Les rapports mentionnés aux III et IV sont adressés au Parlement et au ministre chargé de l'emploi et rendus publics.

VI. – Dans le cadre de l'expérimentation, peuvent être embauchées par les entreprises de l'économie sociale et solidaire mentionnées au II les personnes volontaires privées durablement d'emploi depuis au moins un an malgré l'accomplissement d'actes positifs de recherche d'emploi et domiciliées depuis au moins six mois dans l'un des territoires participant à l'expérimentation.

VII. – Les collectivités territoriales, les établissements publics de coopération intercommunale ou les groupes de collectivités territoriales participant à l'expérimentation mettent en place un comité local, au sein duquel sont représentés les acteurs du service public de l'emploi, chargé du pilotage de l'expérimentation. Ce comité local définit un programme d'actions, approuvé par le fonds mentionné à l'article 10, qui :

1° Identifie les activités économiques susceptibles d'être exercées par les entreprises de l'économie sociale et solidaire mentionnées au II du présent article ;

2° Apprécie l'éligibilité, au regard des conditions fixées au VI, des personnes dont l'embauche est envisagée par les entreprises conventionnées ;

3° Détermine les modalités d'information, de mobilisation et d'accompagnement des personnes mentionnées au même VI en lien avec les acteurs du service public de l'emploi ;

4° Promeut le conventionnement d'entreprises existantes ou, le cas échéant, la création d'entreprises conventionnées pour l'embauche des personnes mentionnées audit VI en veillant au caractère supplémentaire des emplois ainsi créés par rapport à ceux existant sur le territoire.

Les modalités de fonctionnement du comité local sont approuvées par le fonds mentionné à l'article 10.

Art. 10 I. – Il est institué un fonds d'expérimentation territoriale contre le chômage de longue durée, chargé de financer une fraction du montant de la rémunération des emplois supplémentaires créés par les entreprises de l'économie sociale et solidaire mentionnées au II de l'article 9 ainsi qu'une fraction du montant de l'indemnité légale ou conventionnelle de licenciement lorsque celui-ci intervient dans les conditions prévues au V de l'article 11. Ce fonds peut financer le démarrage et le développement des entreprises conventionnées mentionnées au même article 11.

Le fonds d'expérimentation territoriale contre le chômage de longue durée veille au respect par les entreprises de l'économie sociale et solidaire mentionnées au II de l'article 9 des orientations de l'expérimentation prévue au même article 9. Il apporte à ces entreprises ainsi qu'aux collectivités territoriales, aux établissements publics de coopération intercommunale ou aux groupes de collectivités territoriales volontaires l'appui et l'accompagnement nécessaires.

II. – Sous réserve de satisfaire aux conditions d'habilitation définies dans un cahier des charges fixé par arrêté du ministre chargé de l'emploi et d'avoir recueilli l'accord du président du conseil départemental, les collectivités territoriales, les établissements publics de coopération intercommunale ou les groupes de collectivités territoriales volontaires peuvent se porter candidat[s] à l'expérimentation prévue à l'article 9 pendant une durée de trois ans à compter de la date de l'entrée en vigueur du présent titre. Ce cahier des charges prend en compte les spécificités des outre-mer et de la Corse. Sur proposition du fonds d'expérimentation territoriale contre le chômage de longue durée, un arrêté du ministre chargé de l'emploi habilite les territoires retenus pour mener l'expérimentation.

Par dérogation au premier alinéa du présent II, les dix territoires mentionnés au II de l'article 9 sont habilités de droit à mener l'expérimentation. Ils veillent à prendre les mesures éventuellement nécessaires à leur conformité au cahier des charges mentionné au premier alinéa du présent II. – *V. Arr. du 7 juin 2021, NOR : MTRD2117544A (JO 11 juin), Arr. du 15 avr. 2022, NOR : MTRD2209930A (JO 17 avr.), Arr. du 3 juin 2022, NOR : MTRD2214587A (JO 8 juin), Arr. du 26 juill. 2022, NOR : MTRD2220623A (JO 5 août), Arr. du 3 oct. 2022, NOR : MTRD2227432A (JO 11 oct.), Arr. du 28 oct. 2022, NOR : MTRD2229358A (JO 4 nov.), Arr. du 28 nov. 2022, NOR : MTRD2232534A (JO 1er déc.) et Arr. du 21 déc. 2022, NOR : MTRD2235211A (JO 24 déc.), Arr. du 13 mars 2023, NOR : MTRD2305914A (JO 15 mars), Arr. du 6 avr. 2023, NOR : MTRD2308233A (JO 14 avr.) et Arr. du 9 mai 2023, NOR : MTRD2311522A (JO 11 mai) et Arr. du 16 nov. 2023, NOR : MTRD2328721A (JO 2 déc.).*

III. – La gestion du fonds d'expérimentation territoriale contre le chômage de longue durée est confiée à une association relevant de la loi du 1er juillet 1901 relative au contrat d'association. Celle-ci est administrée par un conseil d'administration dont la composition est définie par décret en Conseil d'État. – *V. Décr. n° 2021-863 du 30 juin 2021, art. 1er (JO 1er juill.).*

Les membres du conseil d'administration siègent à titre bénévole.

Le conseil d'administration peut déléguer certaines de ses compétences à son président et à un bureau constitué en son sein.

Le ministre chargé de l'emploi désigne un commissaire du Gouvernement auprès de cette association. Le commissaire du Gouvernement assiste de droit aux séances de toutes les instances de délibération et d'administration de l'association. Il est destinataire de toutes les délibérations du conseil d'administration et a communication de tous les documents relatifs à la gestion du fonds, de même que les présidents des organes exécutifs des collectivités territoriales et de leurs groupements engagés dans le dispositif.

Lorsque le commissaire du Gouvernement estime qu'une délibération du conseil d'administration ou qu'une décision prise par une autre instance de l'association gestionnaire du fonds est contraire aux dispositions régissant les missions et la gestion du fonds, il peut s'opposer, par décision motivée, à sa mise en œuvre.

Le fonds publie annuellement un rapport moral et financier retraçant notamment l'ensemble des financements perçus par les entreprises mentionnées au II de l'article 9 de la présente loi ainsi que les sommes ayant concouru à son financement ainsi qu'à celui des comités locaux. Ce rapport présente le nombre de personnes embauchées par ces entreprises ainsi que le montant des prestations diverses dont elles ont bénéficié l'année précédant leur embauche.

Art. 11 I. — Le fonds d'expérimentation territoriale contre le chômage de longue durée signe, pour la durée de l'expérimentation mentionnée à l'article 9, des conventions avec les entreprises de l'économie sociale et solidaire mentionnées au II du même article 9 afin qu'elles concluent avec des personnes remplissant les conditions mentionnées au VI dudit article 9 des contrats de travail à durée indéterminée au moins rémunérés, au moment du recrutement, au niveau du salaire minimum de croissance mentionné à l'article L. 3231-2 du code du travail.

Chaque convention fixe les conditions à respecter pour bénéficier du financement du fonds, notamment les engagements de l'entreprise sur sa trajectoire d'embauche prévue et son plan d'affaires, le contenu des postes proposés, les conditions d'accompagnement et les actions de formation envisagées pour les salariés, conformément aux objectifs du projet. La convention précise également la part de la rémunération prise en charge par le fonds, compte tenu de la durée de travail prévue dans le contrat et en fonction du prévisionnel et de la situation économique de l'entreprise. Elle prévoit en outre la fraction de l'indemnité de licenciement prise en charge par le fonds et due lorsque le licenciement intervient dans les conditions prévues au V du présent article.

Le président du conseil départemental est cosignataire de la convention.

II. — Le contrat de travail conclu dans le cadre de l'expérimentation mentionnée à l'article 9 peut être suspendu à la demande du salarié afin de lui permettre d'accomplir une période d'essai afférente à une offre d'emploi en contrat de travail à durée indéterminée ou à durée déterminée au moins égale à six mois, ou bien en contrat à durée déterminée de moins de six mois.

En cas d'embauche à l'issue de cette période d'essai, le contrat est rompu sans préavis. L'aide attribuée pour cet emploi par le fonds dans le cadre de l'expérimentation n'est pas versée pendant la période de suspension du contrat de travail.

III. — Les conventions antérieurement conclues avec les entreprises à but d'emploi conventionnées dans le cadre de la loi n° 2016-231 du 29 février 2016 d'expérimentation territoriale visant à résorber le chômage de longue durée sont automatiquement reconduites à l'entrée en vigueur du présent titre.

A compter de la date définie par le décret mentionné au VII du présent article, et au plus tard à compter du 1er juillet 2021, le fonds mentionné au I de l'article 10 et l'association gestionnaire mentionnée au III du même article 10 sont substitués au fonds d'expérimentation territoriale contre le chômage de longue durée et à l'association gestionnaire prévus par la loi n° 2016-231 du 29 février 2016 précitée dans leurs droits et obligations de toute nature.

Le cas échéant, les transferts de biens, droits et obligations réalisés dans le cadre des dévolutions, à titre gratuit ou moyennant la seule prise en charge du passif ayant grevé l'acquisition des biens transférés au profit du fonds d'expérimentation territoriale contre le chômage de longue durée mentionné au I de l'article 10 de la présente loi et de l'association gestionnaire mentionnée au III du même article 10, ne donnent lieu au paiement d'aucun droit, taxe ou impôt de quelque nature que ce soit. Ils ne donnent pas non plus lieu au paiement de la contribution prévue à l'article 879 du code général des impôts.

Les contrats de travail conclus par les entreprises dans les territoires mentionnés au I de l'article 1er de la loi n° 2016-231 du 29 février 2016 précitée se poursuivent dans les conditions prévues par la présente loi.

IV. — Le fonds d'expérimentation territoriale contre le chômage de longue durée est financé par l'État et les départements concernés ainsi que, de manière volontaire, par les collectivités territoriales, les établissements publics de coopération intercommunale, les groupes de collectivités territoriales, les organismes publics et privés mentionnés au II de l'article 9 de la présente loi et les fondations d'entreprise mentionnées à l'article 19 de la loi n° 87-571 du 23 juillet 1987 sur le développement du mécénat pour assurer son fonctionnement et permettre le versement des aides financières associées aux conventions mentionnées au I du présent article.

Le fonds signe avec chaque collectivité territoriale, établissement public de coopération intercommunale ou groupe de collectivités territoriales volontaire participant à l'expérimentation mentionnée à l'article 9 une convention qui précise leur engagement à respecter le cahier des charges mentionné au II de l'article 10, fixe les conditions de leur participation volontaire au financement de l'expérimentation et définit l'affectation de cette participation. L'État, *(L. n° 2023-1196 du 18 déc. 2023, art. 6-I, en vigueur le 1er janv. 2024)* « l'opérateur

France Travail » ainsi que le président du conseil départemental sont également cosignataires de ces conventions.

Le fonds signe une convention avec l'État, les conseils départementaux et chacun des organismes publics et privés participant à l'expérimentation mentionnée à l'article 9 afin de fixer le montant de leur contribution à son financement et de définir l'affectation de cette contribution.

V. — Si l'expérimentation n'est pas reconduite au terme du délai mentionné à l'article 9 ou si elle est interrompue avant ce terme par une décision du fonds mentionné au I de l'article 10, les entreprises mentionnées au II de l'article 9 reçoivent une notification du fonds d'expérimentation territoriale contre le chômage de longue durée signifiant la fin de la prise en charge d'une fraction des rémunérations dans le cadre de l'expérimentation. Dans ce cas, ces entreprises peuvent rompre tout ou partie des contrats de travail mentionnés au I du présent article. Ce licenciement, qui repose sur un motif économique et sur une cause réelle et sérieuse, est prononcé selon les modalités d'un licenciement individuel pour motif économique. Le fonds verse à l'employeur la fraction du montant de l'indemnité de licenciement fixée par la convention mentionnée au I de l'article 10. Dans tous les autres cas, le licenciement intervient dans les conditions du droit commun.

VI. — Un décret en Conseil d'État définit les modalités d'application des articles 9 et 10 ainsi que du présent article, notamment la méthodologie de l'évaluation de l'expérimentation, les modalités de transmission au comité scientifique mentionné au IV de l'article 9 ainsi qu'au fonds mentionné au I de l'article 10 des données à caractère personnel, y compris le numéro d'inscription au répertoire national d'identification des personnes physiques, relatives aux personnes mentionnées au VI de l'article 9 et nécessaires à l'évaluation de l'expérimentation, les modalités de fonctionnement et de gestion des comités locaux et du fonds respectivement mentionnés au VII du même article 9 et à l'article 10, les modalités de financement du fonds par les départements, les modalités de passation des conventions conclues entre le fonds et les entreprises mentionnées à l'article 9 et celles conclues entre le fonds et les collectivités territoriales, les établissements publics de coopération intercommunale ou les groupes de collectivités territoriales participant à l'expérimentation mentionnée au même article 9 ainsi que les critères retenus pour fixer le montant de la fraction de la rémunération prise en charge par le fonds mentionné à l'article 10.

Le décret mentionné au premier alinéa du présent VI ne peut prévoir que le montant du concours financier obligatoire des départements excède, pour chaque salarié embauché à temps plein dans le cadre de l'expérimentation mentionnée à l'article 9, celui du montant forfaitaire mentionné à l'article L. 262-3 du code de l'action sociale et des familles.

Le concours obligatoire des départements fixé par le décret peut être complété par une contribution volontaire.

VII. — Les dispositions du présent titre entrent en vigueur à une date fixée par décret, et au plus tard le 1er juillet 2021.

V. Décr. n° 2021-863 du 30 juin 2021 (JO 1er juill.), mod. par Décr. n° 2021-1742 du 22 déc. 2021 (JO 23 déc.).

• Contrat de professionnalisation

Pour les contrats de professionnalisation conclus entre le 1er janv. et le 31 déc. 2023, V. Décr. n° 2022-1714 du 29 déc. 2022, art. 3, App. I, A, V° Apprentissage.

Décret n° 2021-1404 du 29 octobre 2021,

Relatif à l'aide à l'embauche de certains demandeurs d'emploi en contrat de professionnalisation.

Art. 1er I. — Les contrats de professionnalisation ouvrent droit à une aide exceptionnelle au titre de la première année d'exécution du contrat, versée à l'employeur par l'État, pour ceux conclus entre le 1er novembre 2021 et le *(Décr. n° 2022-957 du 29 juin 2022, art. 1er-I)* « 31 décembre 2022 » avec des personnes d'au moins 30 ans inscrites comme demandeurs d'emploi tenus d'accomplir des actes positifs de recherche d'emploi, et pendant au moins douze mois au cours des quinze derniers mois, ayant été inscrites comme demandeurs d'emploi tenus d'accomplir des actes positifs de recherche d'emploi et n'ayant exercé aucune activité professionnelle ou ayant exercé une activité professionnelle d'une durée maximale de 78 heures mensuelles, et qui remplissent les conditions suivantes :

— préparer un diplôme ou un titre à finalité professionnelle équivalant au plus au niveau 7 du cadre national des certifications professionnelles, ou un certificat de qualification professionnelle prévue au 3° de l'article L. 6314-1 du code du travail ;

— bénéficier d'un contrat conclu en application du VI de l'article 28 de la loi du 5 septembre 2018 susvisée.
(Décr. n° 2022-957 du 29 juin 2022, art. 1er-I) « L'aide exceptionnelle mentionnée au premier alinéa est également versée à l'employeur par l'État pour les salariés qui remplissent les conditions mentionnées aux deuxième et troisième alinéas du présent I, embauchés en contrat de professionnalisation entre le 1er juillet 2022 et le 31 décembre 2022 à l'issue d'une préparation opérationnelle à l'emploi individuelle ou d'une formation nécessaire à l'acquisition des compétences requises pour occuper un emploi correspondant à une offre déposée par une entreprise auprès de Pôle emploi, financée en tout ou partie par celui-ci, au titre de la première année d'exécution du contrat.

« Les conditions prévues au présent I s'apprécient à la date de conclusion du contrat de professionnalisation ou à la date à laquelle la formation est proposée dans le cadre du projet personnalisé d'accès à l'emploi par Pôle emploi au demandeur d'emploi ou à la date à laquelle est formulée une proposition de recrutement en contrat de professionnalisation par l'employeur par tout moyen donnant date certaine à sa réception, si une de ces propositions est faite dans un délai maximum de quatre mois avant la date de conclusion du contrat. »
II. — Abrogé par Décr. n° 2022-957 du 29 juin 2022, art. 1er-I.
III. — L'aide exceptionnelle prévue par le présent article est versée au titre de la première année d'exécution du contrat, pour un montant de 8 000 euros maximum, pour l'embauche des (Décr. n° 2022-957 du 29 juin 2022, art. 1er-I) « personnes » qui en remplissent les conditions à la date de conclusion du contrat.
IV. — L'aide exceptionnelle se substitue aux aides prévues par le décret [n° 2019-1471] du 26 décembre 2019 susvisé et par le décret [n° 2020-1741] du 29 décembre 2020 susvisé versées au titre des contrats conclus entre le 1er novembre 2021 et le 31 décembre 2022.

Art. 2 I. — L'aide est versée le premier mois suivant la transmission de la décision d'attribution de l'aide à l'employeur bénéficiaire, puis tous les trois mois dans l'attente des données mentionnées dans la déclaration prévue à l'article L. 133-5-3 du code de la sécurité sociale effectuée par l'employeur ou à défaut, après réception des bulletins de paie du salarié du mois d'exécution du contrat que transmis par l'employeur. A défaut de transmission de ces données, l'aide est suspendue.
II. — En cas de rupture anticipée du contrat, l'aide n'est pas due à compter du mois suivant la date de fin du contrat.
En cas de suspension du contrat conduisant au non-versement de la rémunération par l'employeur au salarié (Abrogé par Décr. n° 2021-1852 du 28 déc. 2021) « en contrat de professionnalisation », l'aide n'est pas due pour chaque mois considéré.

Art. 3 I. — Le bénéfice de l'aide prévue à l'article 1er est subordonné au dépôt du contrat par l'opérateur de compétences auprès du ministre chargé de la formation professionnelle.
II. — Le ministre chargé de la formation professionnelle adresse par voie dématérialisée à Pôle emploi les informations nécessaires au paiement de l'aide pour chaque contrat remplissant les conditions prévues à l'article 1er, à l'exception (Décr. n° 2022-957 du 29 juin 2022, art. 1er-II) « de celles relatives à la condition de demandeur d'emploi et à la réalisation préalable d'une préparation opérationnelle à l'emploi individuelle ou d'une formation nécessaire à l'acquisition des compétences requises pour occuper un emploi correspondant à une offre déposée par une entreprise auprès de Pôle emploi, financée en tout ou partie par celui-ci ».
III. — Pôle emploi apprécie l'éligibilité au bénéfice de l'aide en fonction des conditions mentionnées au I de l'article 1er.

Art. 4 I. — L'aide financière mentionnée à l'article 1er est gérée, au nom et pour le compte de l'État, par Pôle emploi, avec lequel l'État conclut une convention à cet effet.
Cette convention précise notamment les modalités financières, de mise en œuvre et de suivi de l'aide, y compris les modalités de transmission des données nécessaires.
II. — Pôle emploi assure le paiement de l'aide. A ce titre, il est chargé de :
1° Notifier la décision d'attribution de l'aide à l'employeur bénéficiaire et de l'informer des modalités de versement de l'aide ;
2° Verser l'aide à l'employeur bénéficiaire ;
3° Notifier à l'employeur les sommes indûment perçues et en demander le remboursement pour le compte de l'État. Les sommes recouvrées sont reversées à l'État. Le cas échéant, le recouvrement contentieux est assuré par les services territoriaux du ministère chargé de la formation professionnelle. Pôle emploi leur met à disposition tout document nécessaire au bon déroulement de la procédure de recouvrement contentieuse.
III. — Pôle emploi traite les réclamations et recours relatifs à l'aide mentionnée à l'article 1er du présent décret.

IV. — Pôle emploi peut demander à l'employeur et à l'opérateur de compétences toute information et document complémentaires nécessaires au paiement et au contrôle du respect des conditions d'attribution de l'aide, y compris la transmission des bulletins de paie des salariés concernés.

Le versement de l'aide est suspendu lorsque l'employeur ne produit pas, dans un délai d'un mois à compter de la demande, les documents demandés par Pôle emploi en application du précédent alinéa. A défaut de produire les documents demandés dans un délai de trois mois à compter de la demande, les sommes perçues au titre de l'aide sont remboursées à l'État.

V. — Pôle emploi est responsable des traitements de données, y compris personnelles, nécessaires au versement de l'aide et à la gestion des réclamations et des recours, ainsi qu'au pilotage et au suivi du dispositif.

Art. 4 bis (Décr. n° 2021-1852 du 28 déc. 2021) I. — Les contrats d'insertion professionnelle intérimaire et les contrats de développement professionnel intérimaire, destinés à favoriser l'accès à l'emploi des personnes peu ou pas qualifiées, éloignées du marché du travail ou rencontrant des difficultés d'insertion professionnelle en leur proposant une alternance de périodes de formation et de missions en intérim, dont les modalités d'application sont fixées par arrêté du ministre chargé du travail, ouvrent droit également à une aide exceptionnelle au titre de la première année d'exécution du contrat, versée à l'employeur par l'État, pour ceux conclus entre le 1er janvier 2022 et le 31 décembre 2022, avec des personnes résidant sur le territoire national, inscrites comme demandeurs d'emploi tenus d'accomplir des actes positifs de recherche d'emploi, et pendant au moins douze mois au cours des quinze derniers mois, ayant été inscrites comme demandeurs d'emploi tenus d'accomplir des actes positifs de recherche d'emploi, n'ayant exercé aucune activité professionnelle ou ayant exercé une activité professionnelle d'une durée maximale de 78 heures mensuelles et qui préparent un diplôme ou un titre à finalité professionnelle équivalant au plus au niveau 7 du cadre national des certifications professionnelles, ou un certificat de qualification professionnelle prévue au 3° de l'article L. 6314-1 du code du travail.

II. — L'aide exceptionnelle prévue par le présent article est versée au titre de la première année d'exécution du contrat, pour un montant de 8 000 euros maximum, pour l'embauche des demandeurs d'emploi dans les conditions prévues au présent article à la date de conclusion du contrat.

III. — Le bénéfice de l'aide est subordonné à l'accord de prise en charge du contrat par l'opérateur de compétences.

L'opérateur de compétences adresse par voie dématérialisée à Pôle emploi les informations nécessaires au paiement de l'aide pour chaque contrat éligible.

Pôle emploi vérifie l'éligibilité du contrat au regard des critères mentionnés au I du présent article.

IV. — Les modalités de versement et de gestion de l'aide prévue aux articles 2 et 4 du présent décret sont applicables à l'aide versée en application du présent article.

B Étrangers

(V. aussi C. trav., art. L. 5221-1 s.)

RÉP. TRAV. v° *Travailleur étranger*, par WOLMARK.

Code de l'entrée et du séjour des étrangers et du droit d'asile

(Ord. n° 2020-1733 du 16 déc. 2020)

LIVRE IV SÉJOUR EN FRANCE

TITRE I DISPOSITIONS GÉNÉRALES

Art. L. 410-1 Conformément à l'article L. 237-1, les dispositions des articles L. 414-2 et L. 414-4 à L. 414-9 sont applicables à l'étranger dont la situation est régie par le livre II.

TITRE II CATÉGORIES DE TITRES DE SÉJOUR

CHAPITRE I *TITRES DE SÉJOUR POUR MOTIF PROFESSIONNEL*

SECTION 1 *Étranger exerçant une activité salariée*

SOUS-SECTION 1 *Étranger salarié sous contrat de travail à durée indéterminée*

Art. L. 421-1 L'étranger qui exerce une activité salariée sous contrat de travail à durée indéterminée se voit délivrer une carte de séjour temporaire portant la mention "salarié" d'une durée maximale d'un an.

La délivrance de cette carte de séjour est subordonnée à la détention préalable d'une autorisation de travail, dans les conditions prévues par les articles L. 5221-2 et suivants du code du travail.

Par dérogation aux dispositions de l'article L. 433-1, elle est prolongée d'un an si l'étranger se trouve involontairement privé d'emploi. Lors du renouvellement suivant, s'il est toujours privé d'emploi, il est statué sur son droit au séjour pour une durée équivalente à celle des droits qu'il a acquis à l'allocation d'assurance mentionnée à l'article L. 5422-1 du code du travail.

Art. L. 421-2 Par dérogation à l'article L. 433-6, l'étranger qui sollicite la délivrance d'une carte de séjour pluriannuelle portant la mention "salarié" et qui est titulaire d'une carte de séjour délivrée pour un autre motif bénéficie d'une carte de séjour temporaire d'une durée d'un an portant la mention demandée lorsque les conditions de délivrance de cette carte sont remplies.

A l'expiration de la durée de validité de cette carte, s'il continue à en remplir les conditions de délivrance, il bénéficie, à sa demande, d'une carte de séjour pluriannuelle portant la même mention.

Lorsque l'étranger sollicite la délivrance d'une première carte de séjour pluriannuelle dans les conditions prévues au présent article, il doit en outre justifier du respect des conditions prévues *(L. n° 2024-42 du 26 janv. 2024, art. 20, en vigueur au plus tard le 1er janv. 2026)* « aux 1° et 2° *[ancienne rédaction : au 1°]* » de l'article L. 433-4.

SOUS-SECTION 2 *Étranger salarié sous contrat de travail à durée déterminée*

Art. L. 421-3 L'étranger qui exerce une activité salariée sous contrat de travail à durée déterminée ou qui fait l'objet d'un détachement conformément aux articles L. 1262-1, L. 1262-2 et L. 1262-2-1 du code du travail se voit délivrer une carte de séjour temporaire portant la mention "travailleur temporaire" d'une durée maximale d'un an.

La délivrance de cette carte de séjour est subordonnée à la détention préalable d'une autorisation de travail, dans les conditions prévues par les articles L. 5221-2 et suivants du code du travail.

Elle est délivrée pour une durée identique à celle du contrat de travail ou du détachement, dans la limite d'un an.

Elle est renouvelée pour une durée identique à celle du contrat de travail ou du détachement.

SOUS-SECTION 3 *Dispositions communes*

Art. L. 421-4 Conformément à l'article L. 414-13, lorsque la demande de l'étranger concerne un métier et une zone géographique caractérisés par des difficultés de recrutement, les cartes de séjour prévues aux articles L. 421-1 et L. 421-3 lui sont délivrées sans que lui soit opposable la situation de l'emploi.

Il en va de même de l'étudiant étranger qui, ayant obtenu un diplôme au moins équivalent au grade de master ou figurant sur une liste fixée par décret dans un établissement d'enseignement supérieur habilité au plan national, souhaite exercer un emploi salarié et présente un contrat de travail, à durée indéterminée ou à durée déterminée, en relation avec sa formation et assorti d'une rémunération supérieure à un seuil déterminé par décret et modulé, le cas échéant, selon le niveau de diplôme concerné.

SECTION 2 *Étranger exerçant une activité non salariée*

Art. L. 421-5 L'étranger qui exerce une activité non salariée, économiquement viable et dont il tire des moyens d'existence suffisants, dans le respect de la législation en vigueur, se voit délivrer une carte de séjour temporaire portant la mention "entrepreneur/profession libérale" d'une durée maximale d'un an.

Art. L. 421-6 Par dérogation à l'article L. 433-6, l'étranger qui sollicite la délivrance d'une carte de séjour pluriannuelle portant la mention "entrepreneur/profession libérale" et qui est titulaire d'une carte de séjour délivrée pour un autre motif bénéficie d'une carte de séjour temporaire d'une durée d'un an portant la mention demandée lorsque les conditions de délivrance de cette carte sont remplies.

À l'expiration de la durée de validité de cette carte, s'il continue à en remplir les conditions de délivrance, il bénéficie, à sa demande, d'une carte de séjour pluriannuelle portant la même mention.

Lorsque l'étranger sollicite la délivrance d'une première carte de séjour pluriannuelle dans les conditions prévues au présent article, il doit en outre justifier du respect des conditions prévues (*L. n° 2024-42 du 26 janv. 2024, art. 20, en vigueur au plus tard le 1ᵉʳ janv. 2026*) « aux 1° et 2° *[ancienne rédaction : au 1°]* » de l'article L. 433-4.

SECTION 3 *Étranger bénéficiaire d'un titre de séjour portant la mention "talent"*
(*L. n° 2024-42 du 26 janv. 2024, art. 30*).

SOUS-SECTION 1 *Dispositions communes*

Art. L. 421-7 Les cartes de séjour pluriannuelles portant la mention "talent", "talent - carte bleue européenne", "talent - chercheur" et "talent - chercheur - programme de mobilité" prévues aux articles (*L. n° 2024-42 du 26 janv. 2024, art. 30*) « L. 421-9, L. 421-11 » et (*L. n° 2024-42 du 26 janv. 2024, art. 30*) « L. 421-14 » à L. 421-21 peuvent être délivrées dès la première admission au séjour de l'étranger.

Art. L. 421-8 Les conditions d'application des articles (*L. n° 2024-42 du 26 janv. 2024, art. 30*) « L. 421-9, L. 421-11 » et (*L. n° 2024-42 du 26 janv. 2024, art. 30*) « L. 421-14 » à L. 421-21 sont fixées par décret en Conseil d'État. Ce décret précise notamment les conditions de délivrance de la carte pour les catégories d'étrangers mentionnées aux articles L. 421-16, (*Abrogé par L. n° 2024-42 du 26 janv. 2024, art. 30*) « L. 421-17, L. 421-18, » L. 421-20 et L. 421-21.

SOUS-SECTION 2 *Salariés qualifiés*

Art. L. 421-9 (*L. n° 2024-42 du 26 janv. 2024, art. 30*) Sous réserve de justifier du respect d'un seuil de rémunération fixé par décret en Conseil d'État, se voit délivrer une carte de séjour pluriannuelle portant la mention "talent - salarié qualifié"*[,]* d'une durée maximale de quatre ans, l'étranger qui se trouve dans l'une des situations suivantes :

1° Il exerce une activité professionnelle salariée et a obtenu, dans un établissement d'enseignement supérieur habilité au plan national, un diplôme au moins équivalent au grade de master ou figurant sur une liste fixée par décret ;

2° Il est recruté dans une jeune entreprise innovante réalisant des projets de recherche et de développement, définie à l'article 44 *sexies*-0 A du code général des impôts, ou dans une entreprise innovante reconnue par un organisme public pour exercer des fonctions en lien avec le projet de recherche et de développement de cette entreprise ou avec son développement économique, social, international et environnemental ;

3° Il vient en France dans le cadre d'une mission entre établissements d'une même entreprise ou entre entreprises d'un même groupe et qui justifie, outre une ancienneté professionnelle d'au moins trois mois dans le groupe ou l'entreprise établi hors de France, d'un contrat de travail conclu avec l'entreprise établie en France.

Les critères permettant à un organisme public de reconnaître une entreprise innovante, mentionnée au 2° du présent article*[,]* sont définis par décret et leur liste est publiée par voie réglementaire.

Cette carte permet l'exercice de l'activité professionnelle salariée ayant justifié sa délivrance.

Par dérogation à l'article L. 433-1, lorsque l'étranger bénéficiaire de cette carte dans les conditions prévues aux 1° et 2° du présent article se trouve involontairement privé d'emploi à la date du renouvellement de sa carte, celle-ci est renouvelée pour une durée équivalente à celle des droits qu'il a acquis à l'allocation d'assurance mentionnée à l'article L. 5422-1 du code du travail.

Art. L. 421-10 (*Abrogé par L. n° 2024-42 du 26 janv. 2024, art. 30*) *L'étranger qui est recruté dans une jeune entreprise innovante réalisant des projets de recherche et de développement, telle que* définie à l'article 44 sexies-0 A du code général des impôts, ou dans une entreprise innovante reconnue par un organisme public pour exercer des fonctions en lien avec le projet de recherche et de développement de cette entreprise ou avec son développement économique, social, international et environnemental se voit délivrer une carte de séjour pluriannuelle portant la mention "passeport talent" d'une durée maximale de quatre ans, sous réserve de justifier du respect d'un seuil de rémunération fixé par décret en Conseil d'État.

Les critères permettant à un organisme public de reconnaître une entreprise innovante sont définis par décret et leur liste est publiée par voie réglementaire.

Cette carte permet l'exercice de l'activité professionnelle salariée ayant justifié sa délivrance.

Par dérogation aux dispositions de l'article L. 433-1, lorsque l'étranger bénéficiaire de cette carte se trouve involontairement privé d'emploi à la date du renouvellement de sa carte, celle-ci est renouvelée pour une durée équivalente à celle des droits qu'il a acquis à l'allocation d'assurance mentionnée à l'article L. 5422-1 du code du travail.

Art. L. 421-11 L'étranger qui occupe un emploi hautement qualifié, pour une durée égale ou supérieure à un an, et justifie d'un diplôme sanctionnant au moins trois années d'études supérieures ou d'une expérience professionnelle d'au moins cinq ans d'un niveau comparable se voit délivrer une carte de séjour pluriannuelle portant la mention "talent - carte bleue européenne" d'une durée égale à celle figurant sur le contrat de travail dans la limite de quatre ans, sous réserve de justifier du respect d'un seuil de rémunération fixé par décret en Conseil d'État.

Cette carte permet l'exercice de l'activité professionnelle salariée correspondant aux critères ayant justifié la délivrance.

Par dérogation aux dispositions de l'article L. 433-1, lorsque l'étranger bénéficiaire de cette carte se trouve involontairement privé d'emploi à la date du renouvellement de sa carte, celle-ci est renouvelée pour une durée équivalente à celle des droits qu'il a acquis à l'allocation d'assurance mentionnée à l'article L. 5422-1 du code du travail.

L'étranger qui justifie avoir séjourné au moins dix-huit mois dans un autre État membre de l'Union européenne sous couvert d'une carte identique à celle définie au premier alinéa obtient la même carte de séjour, sous réserve qu'il en fasse la demande dans le mois qui suit son entrée en France, sans que soit opposable la condition prévue à l'article L. 412-1.

Art. L. 421-12 L'étranger titulaire de la carte de séjour pluriannuelle portant la mention "talent - carte bleue européenne" prévue à l'article L. 421-11 et qui justifie d'une résidence ininterrompue, conforme aux lois et règlements en vigueur, d'au moins cinq années sur le territoire d'un État membre de l'Union européenne sous couvert d'une carte identique, peut se voir délivrer une carte de résident portant la mention "résident de longue durée - UE" d'une durée de dix ans, à condition que, sur ces cinq années, il ait résidé en France les deux années précédant sa demande de délivrance de la carte de résident.

La décision d'accorder cette carte de résident est subordonnée au respect des conditions d'intégration républicaine prévues à l'article L. 413-7.

Les absences du territoire de l'Union européenne ne suspendent pas le calcul de la période de résidence ininterrompue d'au moins cinq années mentionnée au premier alinéa si elles ne s'étendent pas sur plus de douze mois consécutifs et ne dépassent pas au total dix-huit mois sur l'ensemble de cette période.

L'étranger mentionné au premier alinéa doit également justifier de ressources stables, régulières et suffisantes dans les conditions prévues à l'article L. 426-17.

Art. L. 421-13 (Abrogé par L. n° 2024-42 du 26 janv. 2024, art. 30) L'étranger qui vient en France dans le cadre d'une mission entre établissements d'une même entreprise ou entre entreprises d'un même groupe et qui justifie, outre d'une ancienneté professionnelle d'au moins trois mois dans le groupe ou l'entreprise établi hors de France, d'un contrat de travail conclu avec l'entreprise établie en France se voit délivrer une carte de séjour pluriannuelle portant la mention "passeport talent" d'une durée maximale de quatre ans, sous réserve de justifier du seuil de rémunération fixé par décret en Conseil d'État.

Cette carte permet l'exercice d'une activité professionnelle salariée dans le cadre de la mission ayant justifié la délivrance du titre de séjour.

Art. L. 421-13-1 (L. n° 2024-42 du 26 janv. 2024, art. 31) L'étranger qui bénéficie d'une décision d'affectation, d'une attestation permettant un exercice temporaire ou d'une autorisation d'exercer mentionnées aux articles L. 4111-2 et L. 4221-12 du code de la santé publique, qui occupe un emploi au titre d'une des professions mentionnées aux articles L. 4111-1 et L. 4221-12-1 du même code et qui justifie du respect d'un seuil de rémunération fixé par décret en Conseil d'État se voit délivrer une carte pluriannuelle portant la mention "talent - profession médicale et de la pharmacie" d'une durée maximale de quatre ans, sous réserve de la signature de la charte des valeurs de la République et du principe de laïcité.

La carte mentionnée au premier alinéa du présent article permet l'exercice de l'activité professionnelle ayant justifié sa délivrance.

SOUS-SECTION 3 Chercheurs

Art. L. 421-14 L'étranger titulaire d'un diplôme équivalent au grade de master qui mène des travaux de recherche ou dispense un enseignement de niveau universitaire, dans le cadre d'une convention d'accueil signée avec un organisme public ou privé ayant une mission de recherche ou d'enseignement supérieur préalablement agréé se voit délivrer une carte de séjour pluriannuelle portant la mention "talent - chercheur" d'une durée maximale de quatre ans. Lorsque la convention d'accueil fait état de l'appartenance à un programme de mobilité, la carte de séjour porte la mention "talent - chercheur - programme de mobilité".

Cette carte permet l'exercice d'une activité professionnelle salariée dans le cadre de la convention d'accueil ayant justifié la délivrance du titre de séjour.

Par dérogation aux dispositions de l'article L. 433-1, lorsque l'étranger bénéficiaire de cette carte se trouve involontairement privé d'emploi à la date du renouvellement de sa carte, celle-ci est renouvelée pour une durée équivalente à celle des droits qu'il a acquis à l'allocation d'assurance mentionnée à l'article L. 5422-1 du code du travail.

Art. L. 421-15 L'étranger ayant été admis dans un autre État membre de l'Union européenne conformément à la directive (UE) 2016/801 du Parlement européen et du Conseil du 11 mai 2016 relative aux conditions d'entrée et de séjour des ressortissants de pays tiers à des fins de recherche, d'études, de formation, de volontariat et de programmes d'échange d'élèves ou de projets éducatifs et de travail au pair peut séjourner en France, après notification de sa mobilité aux autorités administratives compétentes, pour mener une partie de ses travaux en France sur la base de la convention d'accueil conclue dans le premier État membre, pour autant qu'il dispose de ressources suffisantes, sans que soit opposable la condition prévue à l'article L. 412-1.

La mobilité de longue durée a une durée maximale de douze mois. La mobilité de courte durée a une durée maximale de cent quatre-vingts jours sur toute période de trois cent soixante jours.

SOUS-SECTION 4 Création d'entreprise et investissement

Art. L. 421-16 (L. n° 2024-42 du 26 janv. 2024, art. 30) Se voit délivrer une carte de séjour pluriannuelle portant la mention "talent - porteur de projet"[,] d'une durée maximale de quatre ans, l'étranger qui se trouve dans l'une des situations suivantes :

1° Ayant obtenu un diplôme équivalent au grade de master ou pouvant attester d'une expérience professionnelle d'au moins cinq ans d'un niveau comparable, il justifie d'un projet économique réel et sérieux et crée une entreprise en France ;

2° Il justifie d'un projet économique innovant, reconnu par un organisme public ;

3° Il procède à un investissement économique direct en France.

Cette carte permet l'exercice d'une activité commerciale en lien avec le projet économique ayant justifié sa délivrance.

Art. L. 421-17 *(Abrogé par L. n° 2024-42 du 26 janv. 2024, art. 30) L'étranger qui justifie d'un projet économique innovant, reconnu par un organisme public, se voit délivrer une carte de séjour pluriannuelle portant la mention "passeport talent" d'une durée maximale de quatre ans.*

Cette carte permet l'exercice d'une activité commerciale en lien avec le projet économique innovant ayant justifié sa délivrance.

Art. L. 421-18 *(Abrogé par L. n° 2024-42 du 26 janv. 2024, art. 30) L'étranger qui procède à un investissement économique direct en France se voit délivrer une carte de séjour pluriannuelle portant la mention "passeport talent" d'une durée maximale de quatre ans.*

Cette carte permet l'exercice d'une activité commerciale en lien avec le projet d'investissement ayant justifié sa délivrance.

SOUS-SECTION 5 Représentant légal d'un établissement établi en France

Art. L. 421-19 L'étranger qui occupe la fonction de représentant légal dans un établissement ou une société établie en France, dès lors qu'il est salarié ou mandataire social dans un établissement ou une société du même groupe, se voit délivrer une carte de séjour pluriannuelle portant la mention "talent" d'une durée maximale de quatre ans, sous réserve de justifier du seuil de rémunération fixé par décret en Conseil d'État.

Cette carte permet l'exercice de l'activité commerciale ayant justifié sa délivrance.

SOUS-SECTION 6 *Profession artistique*

Art. L. 421-20 L'étranger qui exerce la profession d'artiste-interprète, définie à l'article L. 212-1 du code de la propriété intellectuelle, ou qui est auteur d'une œuvre littéraire ou artistique mentionnée à l'article L. 112-2 du même code se voit délivrer une carte de séjour pluriannuelle portant la mention "talent" d'une durée maximale de quatre ans, sous réserve de justifier du seuil de rémunération fixé par décret en Conseil d'État.

Lorsque cet étranger exerce une activité salariée, la délivrance du titre est conditionnée par la durée des contrats d'engagement conclus avec une entreprise ou un établissement dont l'activité principale comporte la création ou l'exploitation d'une œuvre de l'esprit. La durée minimale exigée pour la délivrance du titre est fixée par voie réglementaire.

Cette carte permet l'exercice de l'activité professionnelle ayant justifié la délivrance.

SOUS-SECTION 7 *Renommée internationale*

Art. L. 421-21 L'étranger dont la renommée nationale ou internationale est établie ou susceptible de participer de façon significative et durable au développement économique, à l'aménagement du territoire ou au rayonnement de la France et qui vient y exercer une activité dans un domaine scientifique, littéraire, artistique, artisanal, intellectuel, éducatif ou sportif se voit délivrer une carte de séjour pluriannuelle portant la mention "talent" d'une durée maximale de quatre ans.

Cette carte permet l'exercice de toute activité professionnelle.

SOUS-SECTION 8 *Membres de famille des étrangers titulaires de la carte de séjour pluriannuelle portant la mention "talent", "talent - carte bleue européenne", "talent - chercheur" ou "talent - chercheur - programme de mobilité"*

Art. L. 421-22 S'il est âgé d'au moins dix-huit ans, le conjoint de l'étranger mentionné aux articles (*L. n° 2024-42 du 26 janv. 2024, art. 30*) « L. 421-9, L. 421-11 » et (*L. n° 2024-42 du 26 janv. 2024, art. 30*) « L. 421-14 » à L. 421-21 se voit délivrer une carte de séjour pluriannuelle portant la mention "talent (famille)" d'une durée égale à la période de validité restant à courir de la carte de séjour de son conjoint.

Cette carte est délivrée, dans les mêmes conditions, aux enfants du couple entrés mineurs en France, dans l'année qui suit leur dix-huitième anniversaire ou lorsqu'ils entrent dans les prévisions de l'article L. 421-35, pour une durée égale à la période de validité restant à courir de la carte de séjour de leur parent.

Elle est renouvelée de plein droit pour une durée de quatre ans lorsque son titulaire réside en France depuis au moins cinq ans.

Art. L. 421-23 Lorsque la famille était déjà constituée dans un État membre de l'Union européenne où elle était admise au séjour, le conjoint et les enfants de l'étranger titulaire de la carte de séjour portant la mention "talent - carte bleue européenne" prévue à l'article L. 421-11 se voient délivrer la carte de séjour mentionnée à l'article L. 421-22 portant la mention "talent (famille)", à condition qu'ils en fassent la demande dans le mois qui suit leur entrée en France et sans que soit opposable la condition prévue à l'article L. 412-1.

Art. L. 421-24 Le conjoint de l'étranger chercheur mentionné à l'article L. 421-15, ainsi que les enfants du couple, sont admis au séjour dans les mêmes conditions que cet étranger, sans que soit opposable la condition prévue à l'article L. 412-1, et ont droit à l'exercice d'une activité professionnelle en cas de mobilité de longue durée.

Art. L. 421-25 Lorsqu'ils sont admis au séjour en France conformément aux articles L. 421-22 ou L. 421-23, le conjoint de l'étranger mentionné à l'article L. 421-12 et les enfants de ce dernier dans l'année qui suit leur dix-huitième anniversaire ou entrant dans les prévisions de l'article L. 421-35, peuvent se voir délivrer une carte de résident portant la mention "résident de longue durée - UE" dans les conditions prévues à l'article L. 426-17.

La décision d'accorder cette carte de résident est subordonnée au respect des conditions d'intégration républicaine prévues à l'article L. 413-7.

SECTION 4 *Étranger effectuant un détachement temporaire intragroupe*

SOUS-SECTION 1 *Étranger résidant hors de l'Union européenne ou ayant été admis au séjour dans un autre État membre et membres de famille*

Art. L. 421-26 L'étranger résidant hors de l'Union européenne qui vient en France pour effectuer un détachement temporaire intragroupe, prévu au 2° de l'article L. 1262-1 du code du travail, afin d'occuper un poste d'encadrement supérieur ou d'apporter une expertise dans un établissement ou une entreprise du groupe qui l'emploie, et qui justifie d'une ancienneté professionnelle d'au moins six mois au sein de ce groupe, se voit délivrer une carte de séjour pluriannuelle portant la mention "salarié détaché ICT" valable pour la durée du détachement temporaire, dans la limite de trois ans.

Par dérogation aux dispositions de l'article L. 433-1, cette carte n'est pas renouvelable.

Après une période de séjour de six mois cumulés hors de l'Union européenne, une nouvelle carte peut être délivrée à l'étranger qui vient effectuer un nouveau détachement temporaire intragroupe en France.

Les conditions de l'exercice du détachement temporaire intragroupe sont précisées par décret en Conseil d'État.

Art. L. 421-27 L'étranger ayant été admis au séjour dans un autre État membre de l'Union européenne pour les mêmes motifs que ceux mentionnés au premier alinéa de l'article L. 421-26 peut effectuer en France une mission d'une durée inférieure ou égale à quatre-vingt-dix jours, dans le cadre du détachement temporaire prévu au 2° de l'article L. 1262-1 du code du travail, afin d'occuper un poste d'encadrement supérieur ou d'apporter son expertise dans un établissement ou une entreprise du groupe qui l'emploie, sous couvert du titre de séjour portant la mention "ICT" délivré dans le premier État membre aux fins d'un détachement temporaire intragroupe.

L'établissement ou l'entreprise établi dans le premier État membre notifie au préalable le projet de mobilité de l'étranger, dès lors qu'il est connu, aux autorités administratives compétentes du premier État membre ainsi qu'à l'autorité administrative compétente désignée par arrêté du ministre chargé de l'immigration.

Lorsque cette mission est d'une durée supérieure à quatre-vingt-dix jours, l'étranger qui justifie de ressources suffisantes est autorisé à travailler et à séjourner en France au titre d'une carte de séjour pluriannuelle portant la mention "salarié détaché mobile ICT" d'une durée identique à celle de la mission envisagée, dans la limite d'une durée maximale de trois ans diminuée, le cas échéant, de la durée des séjours déjà effectués dans les autres États membres dans le cadre d'une mission similaire, sans que soit opposable la condition prévue à l'article L. 412-1.

Art. L. 421-28 S'il est âgé d'au moins dix-huit ans, le conjoint de l'étranger mentionné à l'article L. 421-26 se voit délivrer une carte de séjour pluriannuelle portant la mention "salarié détaché ICT (famille)" d'une durée égale à la période de validité restant à courir de la carte de séjour de leur conjoint.

Cette carte est délivrée, dans les mêmes conditions, aux enfants du couple entrés mineurs en France, dans l'année qui suit leur dix-huitième anniversaire ou lorsqu'ils entrent dans les prévisions de l'article L. 421-35, pour une durée égale à la période de validité restant à courir de la carte de séjour de leur parent.

Art. L. 421-29 Le conjoint de l'étranger mentionné au troisième alinéa de l'article L. 421-27, ainsi que les enfants du couple, se voient délivrer une carte de séjour pluriannuelle portant la mention "salarié détaché mobile ICT (famille)" dans les mêmes conditions que celles prévues à l'article L. 421-28, sans que soit opposable la condition prévue à l'article L. 412-1.

SOUS-SECTION 2 *Étranger effectuant un stage dans un établissement ou entreprise du même groupe qui l'emploie et membres de famille*

Art. L. 421-30 L'étranger résidant hors de l'Union européenne qui vient en France, dans le cadre des dispositions du 2° de l'article L. 1262-1 du code du travail, effectuer un stage dans un établissement ou une entreprise du groupe qui l'emploie, se voit délivrer une carte de séjour temporaire portant la mention "stagiaire ICT" s'il justifie d'une ancienneté d'au moins six mois au sein de ce groupe, de moyens d'existence suffisants et d'un diplôme de l'enseignement supérieur.

Cette carte n'est pas renouvelable.

Par dérogation à l'article L. 414-10, elle n'autorise pas l'exercice d'une activité professionnelle salariée.

Après une période de séjour de six mois cumulés hors de l'Union européenne, cette carte peut être délivrée à l'étranger qui vient effectuer un nouveau stage.

Art. L. 421-31 L'étranger ayant été admis au séjour dans un autre État membre de l'Union européenne pour les mêmes motifs que ceux mentionnés à l'article L. 421-30 peut effectuer une mission en France d'une durée inférieure ou égale à quatre-vingt-dix jours dans le cadre du 2° de l'article L. 1262-1 du code du travail, afin d'effectuer un stage dans un établissement ou une entreprise du groupe qui l'emploie sous couvert du titre de séjour portant la mention "ICT" délivré dans le premier État membre.

L'établissement ou l'entreprise établi dans le premier État membre notifie au préalable le projet de mobilité de l'étranger, dès lors qu'il est connu, aux autorités administratives compétentes du premier État membre ainsi qu'à l'autorité administrative compétente désignée par arrêté du ministre chargé de l'immigration.

Lorsque cette mission est d'une durée supérieure à quatre-vingt-dix jours, l'étranger qui justifie de ressources suffisantes est autorisé à travailler et à séjourner en France au titre d'une carte de séjour temporaire portant la mention "stagiaire mobile ICT" d'une durée identique à celle de la mission envisagée, dans la limite d'une durée maximale d'un an diminuée, le cas échéant, de la durée des séjours déjà effectués dans les autres États membres de l'Union européenne dans le cadre d'une mission similaire, sans que soit opposable la condition prévue à l'article L. 412-1.

Par dérogation à l'article L. 414-10, la carte prévue au troisième alinéa n'autorise pas l'exercice d'une activité professionnelle salariée.

Art. L. 421-32 S'il est âgé d'au moins dix-huit ans, le conjoint de l'étranger mentionné à l'article L. 421-30 se voit délivrer une carte de séjour temporaire portant la mention "stagiaire ICT (famille)" d'une durée égale à la période de validité restant à courir de la carte de séjour de son conjoint.

Cette carte est délivrée, dans les mêmes conditions, aux enfants du couple entrés mineurs en France, dans l'année qui suit leur dix-huitième anniversaire ou lorsqu'ils entrent dans les prévisions de l'article L. 421-35, pour une durée égale à la période de validité restant à courir de la carte de séjour de leur parent.

Art. L. 421-33 Le conjoint de l'étranger mentionné au troisième alinéa l'article L. 421-31, ainsi que les enfants du couple, se voient délivrer une carte de séjour temporaire portant la mention "stagiaire mobile ICT (famille)" dans les conditions prévues à l'article L. 421-32, sans que soit opposable la condition prévue à l'article L. 412-1.

SECTION 5 *Étranger exerçant un emploi à caractère saisonnier*

Art. L. 421-34 L'étranger qui exerce un emploi à caractère saisonnier, tel que défini au 3° de l'article L. 1242-2 du code du travail, et qui s'engage à maintenir sa résidence habituelle hors de France, se voit délivrer une carte de séjour pluriannuelle portant la mention "travailleur saisonnier" d'une durée maximale de trois ans.

Cette carte peut être délivrée dès la première admission au séjour de l'étranger.

Elle autorise l'exercice d'une activité professionnelle et donne à son titulaire le droit de séjourner et de travailler en France pendant la ou les périodes qu'elle fixe et qui ne peuvent dépasser une durée cumulée de six mois par an.

La délivrance de cette carte de séjour est subordonnée à la détention préalable d'une autorisation de travail dans les conditions prévues par les articles L. 5221-2 et suivants du code du travail.

SECTION 6 *Étranger âgé de seize à dix-huit ans déclarant vouloir exercer une activité professionnelle*

Art. L. 421-35 Les étrangers âgés de seize à dix-huit ans qui déclarent vouloir exercer une activité professionnelle se voient délivrer l'un des titres de séjour suivants :

1° Une carte de séjour temporaire portant la mention "vie privée et familiale" s'ils remplissent les conditions prévues aux articles L. 423-1, L. 423-7, L. 423-13, L. 423-14, L. 423-15, L. 423-21, L. 423-22, L. 423-23, L. 425-9 ou L. 426-5 ;

2° Une carte de séjour portant la mention "talent (famille)" s'ils remplissent les conditions prévues aux articles L. 421-22 ou L. 421-23 ;

3° Une carte de résident s'ils remplissent les conditions prévues aux articles L. 423-11, L. 423-12, L. 424-1, L. 424-3, L. 424-4, L. 424-13, L. 424-21, L. 425-3, L. 426-2, L. 426-3, L. 426-6, L. 426-7 ou L. 426-10.

Traité de Rome du 25 mars 1957,

Instituant la Communauté économique européenne. — Publié par Décr. n° 58-84 du 28 janv. 1958 (D. 1958. 73 ; BLD 1958. 121). — Devenu le traité sur le fonctionnement de l'Union européenne depuis le traité de Lisbonne, publié par Décr. n° 2009-1466 du 1er déc. 2009 (JO 2 déc.).

LIBRE CIRCULATION DES TRAVAILLEURS

Art. 45 1. La libre circulation des travailleurs est assurée à l'intérieur de l'Union.

2. Elle implique l'abolition de toute discrimination, fondée sur la nationalité, entre les travailleurs des États membres, en ce qui concerne l'emploi, la rémunération et les autres conditions de travail.

3. Elle comporte le droit, sous réserve des limitations justifiées par des raisons d'ordre public, de sécurité publique et de santé publique :

a) de répondre à des emplois effectivement offerts ;

b) de se déplacer à cet effet librement sur le territoire des États membres ;

c) de séjourner dans un des États membres afin d'y exercer un emploi conformément aux dispositions législatives, réglementaires et administratives régissant l'emploi des travailleurs nationaux ;

d) de demeurer, dans des conditions qui feront l'objet de règlements établis par la Commission, sur le territoire d'un État membre, après y avoir occupé un emploi.

4. Les dispositions du présent article ne sont pas applicables aux emplois dans l'administration publique.

Une mesure qui entrave la libre circulation des travailleurs ne peut être admise que si elle poursuit un objectif légitime compatible avec le traité et se justifie par des raisons impérieuses d'intérêt général ; ainsi le système qui prévoit le versement d'une indemnité de formation dans le cas où un jeune joueur signe, à l'issue de sa formation, un contrat de joueur professionnel avec un club autre que celui qui l'a formé est, en principe, susceptible d'être justifié par l'objectif consistant à encourager le recrutement et la formation des jeunes joueurs. • CJUE 16 mars 2010 : 🕮 *D. 2010. 1189, note Buy* ⌀ *; RJS 2010, n° 573 ; JCP S 2010. 1216, note Mandin*. ♦ L'art. 23 de la Charte du football professionnel qui interdit au joueur espoir de conclure un contrat de travail avec un autre club que celui qui l'a formé, sans prévoir la possibilité de se libérer de cette obligation par le versement d'une indemnité dont le montant soit en rapport avec le coût de la formation dispensée et fixé au moment de la signature de son contrat de formation, constitue une entrave à la libre circulation des travailleurs à l'intérieur de l'Union européenne. • Soc. 6 oct. 2010 : 🕮 *D. actu. 20 oct. 2010, obs. Perrin ; RJS 2010. 860, n° 967 ; Dr. soc. 2011. 100, obs. Barthélémy* ⌀ *; JSL 2010, n° 288-6, obs. Lhernould ; JCP S 2011. 1056, obs. Jacotot.*

Art. 46 Le Parlement européen et le Conseil, statuant conformément à la procédure législative ordinaire et après consultation du Comité économique et social, arrête, par voie de directives ou de règlements, les mesures nécessaires en vue de réaliser la libre circulation des travailleurs, telle qu'elle est définie à l'article 45, notamment :

a) en assurant une collaboration étroite entre les administrations nationales du travail ;

b) en éliminant celles des procédures et pratiques administratives, ainsi que les délais d'accès aux emplois disponibles découlant soit de la législation interne, soit d'accords antérieurement conclus entre les États membres, dont le maintien ferait obstacle à la libération des mouvements des travailleurs ;

c) en éliminant tous les délais et autres restrictions, prévus soit par les législations internes, soit par des accords antérieurement conclus entre les États membres, qui imposent aux travailleurs des autres États membres d'autres conditions qu'aux travailleurs nationaux pour le libre choix d'un emploi ;

d) en établissant des mécanismes propres à mettre en contact les offres et les demandes d'emploi et à en faciliter l'équilibre dans des conditions qui écartent des risques graves pour le niveau de vie et d'emploi dans les diverses régions et industries.

Art. 47 Les États membres favorisent, dans le cadre d'un programme commun, l'échange de jeunes travailleurs.

Art. 48 Le Parlement européen et le Conseil, statuant conformément à la procédure législative ordinaire, adoptent, dans le domaine de la sécurité sociale, les mesures nécessaires pour l'établissement de la libre circulation des travailleurs, en instituant notamment un système permettant d'assurer aux travailleurs migrants salariés et non salariés et à leurs ayants droit :

a) la totalisation, pour l'ouverture et le maintien du droit aux prestations, ainsi que pour le calcul de celles-ci, de toutes périodes prises en considération par les différentes législations nationales ;

b) le paiement des prestations aux personnes résidant sur les territoires des États membres.

Lorsqu'un membre du Conseil déclare qu'un projet d'acte législatif visé au premier alinéa porterait atteinte à des aspects importants de son système de sécurité sociale, notamment pour ce qui est du champ d'application, du coût ou de la structure financière, ou en affecterait l'équilibre financier, il peut demander que le Conseil européen soit saisi. Dans ce cas, la procédure législative ordinaire est suspendue. Après discussion et dans un délai de quatre mois à compter de cette suspension, le Conseil européen :

a) renvoie le projet au Conseil, ce qui met fin à la suspension de la procédure législative ordinaire, ou

b) n'agit pas ou demande à la Commission de présenter une nouvelle proposition ; dans ce cas, l'acte initialement proposé est réputé non adopté.

Règlement (CE) n° 1612/68 du Conseil du 15 octobre 1968,

Relatif à la libre circulation des travailleurs à l'intérieur de la Communauté (JOCE n° L 257 du 19 oct. ; Rect. JOCE n° L 295 du 7 déc.).

Règlement (UE) n° 492/2011 du Parlement européen et du Conseil du 5 avril 2011,

Relatif à la libre circulation des travailleurs à l'intérieur de l'Union.

CHAPITRE I *DE L'EMPLOI, DE L'ÉGALITÉ DE TRAITEMENT ET DE LA FAMILLE DES TRAVAILLEURS*

SECTION 1 *De l'accès à l'emploi*

Art. 1er 1. Tout ressortissant d'un État membre, quel que soit le lieu de sa résidence, a le droit d'accéder à une activité salariée et de l'exercer sur le territoire d'un autre État membre, conformément aux dispositions législatives, réglementaires et administratives régissant l'emploi des travailleurs nationaux de cet État.

2. Il bénéficie notamment, sur le territoire d'un autre État membre, de la même priorité que les ressortissants de cet État dans l'accès aux emplois disponibles.

Art. 2 Tout ressortissant d'un État membre et tout employeur exerçant une activité sur le territoire d'un État membre peuvent échanger leurs demandes et offres d'emplois, conclure des contrats de travail et les mettre à exécution, conformément aux dispositions législatives, réglementaires et administratives en vigueur, sans qu'il puisse en résulter de discrimination.

Art. 3 1. Dans le cadre du présent règlement, ne sont pas applicables les dispositions législatives, réglementaires ou administratives ou les pratiques administratives d'un État membre :

a) qui limitent ou subordonnent à des conditions non prévues pour les nationaux la demande et l'offre de l'emploi, l'accès à l'emploi et son exercice par les étrangers ; ou

b) qui, bien qu'applicables sans acception de nationalité, ont pour but ou effet exclusif ou principal d'écarter les ressortissants des autres États membres de l'emploi offert.

Le premier alinéa ne concerne pas les conditions relatives aux connaissances linguistiques requises en raison de la nature de l'emploi à pourvoir.

2. Sont comprises notamment parmi les dispositions ou pratiques visées au paragraphe 1, premier alinéa, celles qui, dans un État membre :

a) rendent obligatoire le recours à des procédures de recrutement de main-d'œuvre spéciales aux étrangers ;

b) limitent ou subordonnent à des conditions autres que celles qui sont applicables aux employeurs exerçant leurs activités sur le territoire de cet État l'offre d'emploi par voie de presse ou par toute autre voie ;

c) subordonnent l'accès à l'emploi à des conditions d'inscription dans les bureaux de placement ou font obstacle au recrutement nominatif de travailleurs, lorsqu'il s'agit de personnes qui ne résident pas sur le territoire de cet État.

Art. 4 1. Les dispositions législatives, réglementaires et administratives des États membres limitant, en nombre ou en pourcentage, par entreprise, par branche d'activité, par région ou à l'échelon national, l'emploi des étrangers, ne sont pas applicables aux ressortissants des autres États membres.

2. Lorsque, dans un État membre, l'octroi d'avantages quelconques à des entreprises est subordonné à l'emploi d'un pourcentage minimal de travailleurs nationaux, les ressortissants des autres États membres sont comptés comme travailleurs nationaux, sous réserve de la directive 2005/36/CE du Parlement européen et du Conseil du 7 septembre 2005 relative à la reconnaissance des qualifications professionnelle [JO L 255 du 30.9.2005, p. 22].

Art. 5 Le ressortissant d'un État membre qui recherche un emploi sur le territoire d'un autre État membre y reçoit la même assistance que celle que les bureaux d'emploi de cet État accordent à leurs propres ressortissants à la recherche d'un emploi.

Art. 6 1. L'embauchage et le recrutement d'un ressortissant d'un État membre pour un emploi dans un autre État membre ne peuvent dépendre de critères médicaux, professionnels ou autres, discriminatoires en raison de la nationalité, par rapport à ceux appliqués aux ressortissants de l'autre État membre désirant exercer la même activité.

2. Le ressortissant en possession d'une offre nominative émanant d'un employeur d'un État membre autre que celui dont il est ressortissant peut être soumis à un examen professionnel si l'employeur le demande expressément lors du dépôt de son offre.

SECTION 2 *De l'exercice de l'emploi et de l'égalite de traitement*

Art. 7 1. Le travailleur ressortissant d'un État membre ne peut, sur le territoire des autres États membres, être, en raison de sa nationalité, traité différemment des travailleurs nationaux, pour toutes conditions d'emploi et de travail, notamment en matière de rémunération, de licenciement et de réintégration professionnelle ou de réemploi s'il est tombé au chômage.

2. Il y bénéficie des mêmes avantages sociaux et fiscaux que les travailleurs nationaux.

3. Il bénéficie également, au même titre et dans les mêmes conditions que les travailleurs nationaux, de l'enseignement des écoles professionnelles et des centres de réadaptation ou de rééducation.

4. Toute clause de convention collective ou individuelle ou d'autre réglementation collective portant sur l'accès à l'emploi, la rémunération et les autres conditions de travail et de licenciement est nulle de plein droit dans la mesure où elle prévoit ou autorise des conditions discriminatoires à l'égard de travailleurs ressortissants des autres États membres.

Art. 8 Le travailleur ressortissant d'un État membre occupé sur le territoire d'un autre État membre bénéficie de l'égalité de traitement en matière d'affiliation aux organisations syndicales et d'exercice des droits syndicaux, y compris le droit de vote et l'accès aux postes d'administration ou de direction d'une organisation syndicale. Il peut être exclu de la participation à la gestion d'organismes de droit public et de l'exercice d'une fonction de droit public. Il bénéficie, en outre, du droit d'éligibilité aux organes de représentation des travailleurs dans l'entreprise.

Le premier alinéa ne porte pas atteinte aux législations ou réglementations qui, dans certains États membres, accordent des droits plus étendus aux travailleurs en provenance d'autres États membres.

Art. 9 1. Le travailleur ressortissant d'un État membre occupé sur le territoire d'un autre État membre bénéficie de tous les droits et de tous les avantages accordés aux travailleurs nationaux en matière de logement, y compris l'accès à la propriété du logement dont il a besoin.

2. Le travailleur visé au paragraphe 1 peut, au même titre que les nationaux, s'inscrire, dans la région où il est employé, sur les listes de demandeurs de logements dans les lieux où de telles listes sont tenues, et il bénéficie des avantages et priorités qui en découlent.

Sa famille restée dans le pays de provenance est considérée, à cette fin, comme résidant dans ladite région, dans la mesure où les travailleurs nationaux bénéficient d'une présomption analogue.

C. CHÔMAGE **III. Placement et emploi**

SECTION 3 *De la famille des travailleurs*

Art. 10 Les enfants d'un ressortissant d'un État membre qui est ou a été employé sur le territoire d'un autre État membre sont admis aux cours d'enseignement général, d'apprentissage et de formation professionnelle dans les mêmes conditions que les ressortissants de cet État, si ces enfants résident sur son territoire.

Les États membres encourageront les initiatives permettant à ces enfants de suivre les cours précités dans les meilleures conditions.

C Chômage

(V. aussi C. trav., art. L. 5421-1 s. ; Conv. du 14 avr. 2017 🔒 et Règl. gén. du 14 avr. 2017 🔒)

Décret n° 2019-796 du 26 juillet 2019,

Relatif aux nouveaux droits à indemnisation, à diverses mesures relatives aux travailleurs privés d'emploi et à l'expérimentation d'un journal de la recherche d'emploi.

JOURNAL DE RECHERCHE D'EMPLOI

Art. 7 I. – A titre expérimental, les demandeurs d'emploi résidant dans les régions désignées par arrêté du ministre chargé de l'emploi renseignent, à l'occasion du renouvellement mensuel de leur inscription prévu à l'article L. 5411-2 du code du travail, en complément des changements prévus à l'article R. 5411-6 du même code, des rubriques constitutives du "journal de la recherche d'emploi" relatives à l'état d'avancement de leur recherche d'emploi et aux actions engagées et réalisées en matière de formation, de préparation et de recherche d'emploi ou de création, de reprise et de développement d'entreprise.

L'obligation de renseignement du journal de la recherche d'emploi est introduite dans les régions concernées, de manière progressive par département ou agence Pôle emploi jusqu'au 1er février 2020, selon un calendrier défini par arrêté du ministre chargé de l'emploi.

II. – Le ministre chargé de l'emploi procède à l'évaluation de l'expérimentation. Les données nécessaires à l'évaluation lui sont transmises par Pôle emploi.

L'évaluation porte sur l'impact de la mise en place du "journal de la recherche d'emploi" dans les régions retenues et mesure les effets de l'obligation de renseignement complémentaire sur l'accompagnement des demandeurs d'emploi, leur retour à l'emploi, la détection et la prévention du décrochage dans la recherche d'emploi, et sur la liste des demandeurs d'emploi ; elle mesure aussi l'appropriation du dispositif par les demandeurs d'emploi et porte une attention particulière aux personnes en situation de handicap et aux demandeurs d'emploi rencontrant des difficultés dans la maîtrise de la langue française.

III. – Le ministre chargé de l'emploi analyse les conditions d'une éventuelle généralisation de cette expérimentation.

Décret n° 2019-797 du 26 juillet 2019,

Relatif au régime d'assurance chômage.

V. Circ. Unedic n° 2023-08 du 26 juill. 2023 relative à la réglementation d'assurance chômage applicable à compter du 1er févr. 2023.

BIBL. ▶ CAMAJI, *Dr. ouvrier 2020*. 284 (délitement de la logique salariale de l'assurance chômage) ; *ibid 2021*. 401 (le principe de l'assurance chômage suspendu à une décision du Conseil d'État). – DE MONTVALON, *SSL 2019, n° 1874, p. 10* (réforme de l'assurance chômage : peut-on concilier flexisécurité et maîtrise des dépenses ?). – GRAVOUIL, *Dr. ouvrier 2021*. 429 (réforme de l'assurance chômage : à la croisée de deux projets de société). – GRÉGOIRE, *RDT 2021*. 364 ⌀ (réforme de l'assurance chômage : vers la fin de la couverture assurancielle de la privation d'emploi) ; *Dr. ouvrier 2021*. 418 (les droits des salariés au risque de l'*experience rating*). – ISIDRO, *RDT 2021*. 581 ⌀ (la réforme de l'assurance chômage en trois dimensions). – LAHALLE, *JCP S 2019*. 1333.

Art. 1er I. – Les mesures d'application du régime d'assurance chômage *(Décr. n° 2023-33 du 26 janv. 2023, art. 1er)* « mentionnées au I de l'article 1er de la loi n° 2022-1598 du 21 décembre 2022 portant mesures d'urgence relatives au fonctionnement du marché du travail en vue du plein emploi » sont déterminées à l'annexe A du présent décret.

II. – Les mesures d'application du régime d'assurance chômage applicable à Mayotte *(Décr. n° 2023-33 du 26 janv. 2023, art. 1er)* « mentionnées au I de l'article 1er de la loi n° 2022-

1598 du 21 décembre 2022 portant mesures d'urgence relatives au fonctionnement du marché du travail en vue du plein emploi » sont déterminées à l'annexe B du présent décret.

III. — Les annexes A et B s'appliquent aux travailleurs salariés mentionnés à l'article L. 5422-13 du code du travail.

Art. 2 L'annexe A du présent décret s'applique sur le territoire métropolitain ainsi qu'en Guadeloupe, en Guyane, en Martinique, à la Réunion, à Saint-Barthélemy, à Saint-Martin et à Saint-Pierre-et-Miquelon.

Art. 3 La contribution globale mentionnée au I de l'article L. 5422-24 du code du travail correspond à 10 % des ressources mentionnées aux articles L. 5422-9, L. 5422-11 et L. 5424-20 du même code.

Cette contribution globale est majorée d'un point au titre du renforcement de l'accompagnement des demandeurs d'emploi.

Art. 4 I. — L'arrêté du 4 mai 2017 portant agrément de la convention du 14 avril 2017 relative à l'assurance chômage et de ses textes associés est abrogé en tant qu'il agrée les stipulations de cette convention et des textes qui lui sont annexés, à l'exception de l'avenant n° 2 du 14 avril 2017 à la convention du 26 janvier 2015 relative au contrat de sécurisation professionnelle.

II. — L'arrêté du 3 mai 2018 portant agrément de l'avenant n° 1 du 17 janvier 2018 au règlement général annexé à la convention du 14 avril 2017 relative à l'assurance chômage est abrogé.

[...]

Art. 5 I. — Les dispositions des articles 1er et 2, du premier alinéa de l'article 3 et de l'article 4 du présent décret entrent en vigueur le 1er novembre 2019, dans les conditions prévues aux III et IV du présent article.

II. — Les dispositions du second alinéa de l'article 3 du présent décret entrent en vigueur le 1er janvier 2020.

III. — Les dispositions de l'annexe A du présent décret sont applicables aux travailleurs privés d'emploi dont la fin de contrat de travail est intervenue à compter du 1er novembre 2019, sous réserve des dispositions suivantes :

1° Restent applicables aux salariés ayant fait l'objet d'une procédure de licenciement engagée avant le 1er novembre 2019 les dispositions de la convention d'assurance chômage relatives aux règles d'indemnisation en vigueur au jour de l'engagement de la procédure, à savoir, selon le cas, la date de l'entretien préalable mentionnée aux articles L. 1232-2 et L. 1233-11 du code du travail ou la date de présentation de la lettre de convocation à la première réunion des instances représentatives du personnel mentionnée aux articles L. 1233-28 à L. 1233-30 de ce code ;

2° L'article 2 *bis* du règlement d'assurance chômage est applicable aux travailleurs privés d'emploi dont la fin du contrat de travail intervient à compter du 1er avril 2020.

Les travailleurs privés d'emploi mentionnés à l'article 2 *bis* précité dont la fin de contrat de travail intervient entre le 1er novembre 2019 et le 31 mars 2020, ou qui sont compris dans une procédure de licenciement engagée pendant cette période, et les employeurs relevant de ces mêmes dispositions, sont compris dans le champ d'application des chapitres II et III de l'annexe IX du règlement d'assurance chômage annexé au présent décret ;

(Abrogé par Décr. n° 2021-843 du 29 juin 2021, art. 1er) « 3° *Les onze premiers alinéas du paragraphe 1er et le paragraphe 2 de l'article 9, le paragraphe 1er de l'article 11, les paragraphes 1er, 3 et 4 de l'article 12, l'article 13 et le paragraphe 7 de l'article 65 du règlement d'assurance chômage ainsi que les dispositions correspondantes de l'annexe I, du chapitre 2 de l'annexe II, de l'annexe III et du chapitre 1er de l'annexe IX sont applicables aux travailleurs privés d'emploi dont la fin de contrat de travail intervient à compter du 1er juillet 2021, à l'exception de ceux d'entre eux ayant fait l'objet d'une procédure de licenciement engagée avant cette date.* »

(Décr. n° 2021-1251 du 29 sept. 2021, art. 1er) « 3° *Les onze premiers alinéas du paragraphe 1er et le paragraphe 2 de l'article 9, le paragraphe 1er de l'article 11, les paragraphes 1er, 3 et 4 de l'article 12, l'article 13 et le paragraphe 7 de l'article 65 du règlement d'assurance chômage ainsi que les dispositions correspondantes de l'annexe I, du chapitre 2 de l'annexe II, de l'annexe III et du chapitre 1er de l'annexe IX sont applicables aux travailleurs privés d'emploi dont la fin de contrat de travail intervient à compter du 1er octobre 2021, à l'exception de ceux d'entre eux ayant fait l'objet d'une procédure de licenciement engagée avant cette date.* »

(Décr. n° 2021-346 du 30 mars 2021, art. 1er) « *Pour les travailleurs privés d'emploi dont la fin de contrat de travail intervient entre le 1er novembre 2019 et le* (Décr. n° 2021-843 du

29 juin 2021, art. 1er) « 30 septembre 2021 » ou ayant fait l'objet d'une procédure de licenciement engagée dans cet intervalle, restent applicables : »
— le premier alinéa du paragraphe 1er et le paragraphe 2 de l'article 9, le paragraphe 1er de l'article 11, les paragraphes 1er et 3 de l'article 12 et (Décr. n° 2019-1106 du 30 oct. 2019, art. 1er) « le premier alinéa de » l'article 13 du règlement général annexé à la convention d'assurance chômage du 14 avril 2017 relative à l'assurance chômage ;
— le paragraphe 7 de l'accord d'application n° 1, les accords d'application n° 5 et n° 6, le paragraphe 2 de l'accord d'application n° 12 et le paragraphe 2 de l'accord d'application n° 18 annexés à ce règlement général ;
— les dispositions correspondantes de l'annexe I, du chapitre 2 de l'annexe II, des annexes III à VII, des chapitres 1er et 4 de l'annexe IX et de l'annexe XI de ce règlement général ;
(Décr. n° 2019-1106 du 30 oct. 2019, art. 1er) « — les deux premiers alinéas du paragraphe 2 de l'article 3 de l'annexe V de ce règlement général.
« Pour les travailleurs privés d'emploi dont la fin du contrat de travail intervient à compter du 1er novembre 2019 jusqu'au (Décr. n° 2021-843 du 29 juin 2021, art. 1er) « 30 septembre 2021 » ou ayant fait l'objet d'une procédure de licenciement engagée dans cet intervalle, le salaire journalier moyen de référence calculé en application du premier alinéa de l'article 13 du règlement général annexé à la convention d'assurance chômage du 14 avril 2017 relative à l'assurance chômage est affecté d'un coefficient, limité à 1, correspondant au quotient du nombre de jours travaillés sur la période de référence mentionnée à cet article (Décr. n° 2020-929 du 29 juill. 2020, art. 1er) « par 88 », lorsque le salarié justifie uniquement en heures de la condition d'affiliation mentionnée au paragraphe 1er de l'article 3 ou au paragraphe 1er de l'article 28 du même règlement général ;
« 3° bis Le paragraphe 2 de l'article 17 bis du règlement d'assurance chômage est applicable aux travailleurs privés d'emploi accomplissant une action de formation, soit inscrite dans le projet personnalisé d'accès à l'emploi, soit non inscrite dans ce projet mais financée, en tout ou partie, par la mobilisation du compte personnel de formation, dont la prescription intervient à compter du 1er avril 2020.
« L'accomplissement par les travailleurs privés d'emploi d'une action de formation, soit inscrite dans le projet personnalisé d'accès à l'emploi, soit non inscrite dans ce projet mais financée, en tout ou partie, par la mobilisation du compte personnel de formation, dont la prescription intervient du 1er novembre 2019 au 31 mars 2020, suspend, pour la durée correspondante, le délai de 182 jours mentionné au premier alinéa du paragraphe 1er de l'article 17 bis du règlement d'assurance chômage » ;
(Abrogé par Décr. n° 2021-843 du 29 juin 2021, art. 1er) « 4° Les articles 21 et 23 du règlement d'assurance chômage et les dispositions correspondantes des annexes II et V et du chapitre 3 de l'annexe IX sont applicables aux travailleurs privés d'emploi dont la fin de contrat de travail intervient à compter du 1er juillet 2021, à l'exception de ceux d'entre eux ayant fait l'objet d'une procédure de licenciement engagée avant cette date.
(Décr. n° 2021-1251 du 29 sept. 2021) « 4° Les articles 21 et 23 du règlement d'assurance chômage et les dispositions correspondantes des annexes II et V et du chapitre 3 de l'annexe IX sont applicables aux travailleurs privés d'emploi dont la fin de contrat de travail intervient à compter du 1er octobre 2021, à l'exception de ceux d'entre eux ayant fait l'objet d'une procédure de licenciement engagée avant cette date. »
(Décr. n° 2021-346 du 30 mars 2021, art. 1er) « Les dispositions des articles 21 et 23 du règlement général annexé à la convention d'assurance chômage du 14 avril 2017 relative à l'assurance chômage et les dispositions correspondantes des annexes II et V et du chapitre III de l'annexe IX de ce règlement général restent applicables aux travailleurs privés d'emploi dont la fin de contrat de travail intervient entre le 1er novembre 2019 et le (Décr. n° 2021-843 du 29 juin 2021, art. 1er) « 30 septembre 2021 » ou ayant fait l'objet d'une procédure de licenciement engagée dans cet intervalle » ;
5° Le dernier alinéa du paragraphe 1er de l'article 26 du règlement d'assurance chômage ainsi que les dispositions correspondantes de ses annexes sont applicables, à compter du (Décr. n° 2020-929 du 29 juill. 2020, art. 1er) « 1er janvier 2021 », à l'ensemble des travailleurs privés d'emploi quelle que soit la convention relative à l'indemnisation du chômage dont ils relèvent :[;]
6° Les dispositions du titre VII du règlement d'assurance chômage ainsi que les dispositions correspondantes de ses annexes sont applicables à compter du 1er novembre 2019, sous réserve des dispositions suivantes :
(Abrogé par Décr. n° 2020-1716 du 28 déc. 2020, art. 1er) « — les dispositions de la sous-section 2, à l'exception de ses articles 50-7 à 50-9 et 50-11, de la section 2 bis du chapitre I du titre VII et l'article 51 du règlement d'assurance chômage et, le cas échéant, des dispositions correspondantes de ses annexes sont applicables à compter du 1er janvier 2021 ; »

— les quatre derniers alinéas de l'article 50-1 du règlement d'assurance chômage et les paragraphes 2 et 3, le deuxième alinéa du paragraphe 4 et le deuxième alinéa du paragraphe 5 de l'article 50 des annexes VIII et X de ce règlement sont applicables à compter du 1er janvier 2020.

7° Les dispositions de l'annexe VI du règlement général annexé à la convention du 14 avril 2017 relative à l'assurance chômage restent applicables, dans leur version en vigueur au 31 octobre 2019, aux anciens titulaires d'un contrat de travail à durée déterminée bénéficiaires d'un congé individuel de formation accordé avant le 1er janvier 2019.

IV. — Les dispositions de l'annexe B du présent décret sont applicables aux travailleurs privés d'emploi dont la fin du contrat de travail est intervenue à compter du 1er novembre 2019.

Art. 5 bis (*Décr. n° 2023-33 du 26 janv. 2023, art. 1er*) Les articles 9, 9 bis, 10, 13, 17 bis, 26, 28, 34 et 43 de l'annexe A ainsi que les dispositions correspondantes des annexes I, II, III, V, VIII, des chapitres 1er et 2 de l'annexe IX, et de l'annexe X dans leur rédaction issue du décret n° 2023-33 du 26 janvier 2023 relatif au régime d'assurance chômage, sont applicables aux travailleurs privés d'emploi dont la fin de contrat de travail est intervenue à compter du 1er février 2023, à l'exception de ceux dont la date d'engagement de la procédure de licenciement est antérieure à cette date.

Pour l'application des dispositions de l'alinéa précédent, la date d'engagement de la procédure de licenciement correspond, selon le cas, à la date de l'entretien préalable mentionné aux articles L. 1232-2 et L. 1233-11 du code du travail ou à la date de présentation de la lettre de convocation à la première réunion du comité social et économique mentionnée aux articles L. 1233-28 à L. 1233-30 du même code.

Les articles 50-3, 50-5, 50-7, 50-9 et 51 de l'annexe A, dans leur rédaction issue du décret n° 2023-33 du 26 janvier 2023 relatif au régime d'assurance chômage, sont applicables à compter du 1er février 2023.

L'article 35 de l'annexe A, dans sa rédaction issue du même décret, est applicable aux travailleurs privés d'emploi dont la fin de contrat de travail est intervenue à compter du 1er juillet 2023.

Art. 6 Les dispositions du présent décret sont applicables, dans les conditions fixées (*Décr. n° 2023-1230 du 21 déc. 2023*) « aux articles 5 et 5 bis, jusqu'à l'entrée en vigueur de l'arrêté portant agrément de l'accord prévu à l'article L. 5422-21 du code du travail ou, le cas échéant, du décret en Conseil d'État pris sur le fondement du troisième alinéa de l'article L. 5422-20 du même code, et au plus tard jusqu'au 30 juin 2024 ».

(*Décr. n° 2023-33 du 26 janv. 2023, art. 1er*) « Toutefois, les dispositions des articles 50-2 à 51 de l'annexe A, dans leur rédaction issue du décret n° 2023-33 du 26 janvier 2023 relatif au régime d'assurance chômage, sont applicables jusqu'au 31 août 2024. »

Règlement d'assurance chômage annexé au Décret n° 2019-797 du 26 juillet 2019,

[*Annexe A*]

TITRE I L'ALLOCATION D'AIDE AU RETOUR À L'EMPLOI

CHAPITRE I *BÉNÉFICIAIRES*

Art. 1er Le régime d'assurance chômage assure un revenu de remplacement dénommé "allocation d'aide au retour à l'emploi", pendant une durée déterminée, aux salariés qui remplissent des conditions relatives au motif de fin du contrat de travail et à la durée d'affiliation, ainsi que des conditions d'âge, d'aptitude physique, de chômage, d'inscription comme demandeur d'emploi et de recherche d'emploi.

Art. 2 § 1 — Ont droit à l'allocation d'aide au retour à l'emploi les salariés dont la perte d'emploi est involontaire. Remplissent cette condition les salariés dont la perte d'emploi résulte :

— d'un licenciement ;
— d'une fin de contrat de travail à durée déterminée dont notamment le contrat à objet défini, ou de contrat de mission ;
— d'une rupture anticipée d'un contrat de travail à durée déterminée, dont notamment le contrat à objet défini, ou d'un contrat de mission, à l'initiative de l'employeur ;

— d'une rupture de contrat de travail résultant de l'une des causes énoncées à l'article L. 1233-3 du code du travail.

§ 2 — Sont assimilés à des salariés involontairement privés d'emploi au sens de l'article L. 5422-1 du code du travail, et ont donc également droit à l'allocation d'aide au retour à l'emploi, les salariés dont la cessation du contrat de travail résulte d'un des cas de démission légitime suivants :

a) La démission du salarié âgé de moins de 18 ans qui rompt son contrat de travail pour suivre ses ascendants ou la personne qui exerce l'autorité parentale ;

b) La démission du salarié âgé d'au moins 18 ans, placé sous sauvegarde de justice, curatelle ou tutelle, qui rompt son contrat de travail pour suivre son parent désigné mandataire spécial, curateur ou tuteur ;

c) La démission du salarié qui rompt son contrat de travail pour suivre son conjoint qui change de lieu de résidence pour exercer un nouvel emploi, salarié ou non salarié. Le nouvel emploi peut notamment être occupé à la suite d'une mutation au sein d'une entreprise, résulter d'un changement d'employeur décidé de l'intéressé ou correspondre à l'entrée dans une nouvelle entreprise par un travailleur qui était antérieurement privé d'activité ;

d) La démission du salarié qui rompt son contrat de travail et dont le départ s'explique par son mariage ou la conclusion d'un pacte civil de solidarité entraînant un changement de lieu de résidence de l'intéressé, dès lors que moins de deux mois s'écoulent entre la date de la démission ou de la fin du contrat de travail et la date du mariage ou de la conclusion du pacte civil de solidarité ;

e) La démission du salarié qui rompt son contrat de travail pour suivre son enfant handicapé admis dans une structure d'accueil dont l'éloignement entraîne un changement de résidence ;

f) La rupture à l'initiative du salarié d'un contrat d'insertion par l'activité pour exercer un nouvel emploi ou pour suivre une action de formation ;

g) La rupture à l'initiative du salarié d'un contrat unique d'insertion – contrat initiative emploi à durée déterminée ou d'un contrat unique d'insertion – contrat d'accompagnement dans l'emploi pour exercer un emploi sous contrat de travail à durée déterminée d'au moins six mois ou sous contrat de travail à durée indéterminée ou pour suivre une action de formation qualifiante au sens des dispositions de l'article L. 6314-1 du code du travail ;

h) La démission intervenue pour cause de non-paiement des salaires pour des périodes de travail effectuées, à condition que l'intéressé justifie d'une ordonnance de référé lui allouant une provision de sommes correspondant à des arriérés de salaires ;

i) La démission intervenue à la suite d'un acte susceptible d'être délictueux dont le salarié déclare avoir été victime à l'occasion de l'exécution de son contrat de travail et pour lequel il justifie avoir déposé une plainte auprès du procureur de la République ;

j) La démission intervenue pour cause de changement de résidence justifié par une situation où le salarié est victime de violences conjugales et pour laquelle il justifie avoir déposé une plainte auprès du procureur de la République ;

k) La rupture volontaire du contrat de travail correspondant à une activité entreprise postérieurement à un licenciement, une rupture conventionnelle au sens des articles L. 1237-11 à L. 1237-16 du code du travail, une rupture d'un commun accord du contrat de travail au sens des articles L. 1237-17 à *(Décr. n° 2019-1106 du 30 oct. 2019, art. 2)* « L. 1237-19-14 » du code du travail ou à une fin de contrat de travail à durée déterminée n'ayant pas donné lieu à une inscription comme demandeur d'emploi, lorsque cette rupture volontaire intervient au cours ou au terme d'une période n'excédant pas 65 jours travaillés ;

l) La rupture volontaire d'un contrat de travail, par un salarié justifiant d'une période d'emploi totalisant trois années d'affiliation continue au régime d'assurance chômage, en vue de reprendre une activité salariée à durée indéterminée, concrétisée par une embauche effective, à laquelle l'employeur met fin avant l'expiration d'un délai de 65 jours travaillés ;

m) La cessation du contrat de travail d'un salarié résultant de la mise en œuvre d'une clause de résiliation automatique d'un contrat de travail dit "de couple ou indivisible", lorsque le salarié quitte son emploi du fait du licenciement, d'une rupture conventionnelle selon les modalités prévues par les articles L. 1237-11 à L. 1237-16 du code du travail ou à l'article L. 421-12-2 du code de la construction et de l'habitation, d'une rupture d'un commun accord du contrat de travail selon les modalités prévues par les articles L. 1237-17 à L. 1237-19-14 du code du travail ou de la mise à la retraite de son conjoint par l'employeur ;

n) La démission du salarié motivée par l'une des circonstances mentionnée à l'article L. 7112-5 du code du travail à condition qu'il y ait eu versement effectif de l'indemnité prévue aux articles L. 7112-3 et L. 7112-4 de ce code ;

o) La démission du salarié qui quitte son emploi pour conclure un contrat de service civique au sens de l'article L. 120-1 du code du service national. S'agissant des contrats de volontariat de solidarité internationale, la démission est légitime lorsque le contrat de volontariat est conclu pour une ou plusieurs missions de volontariat d'une durée continue minimale d'un an. L'interruption de la mission avant l'expiration de la durée minimale d'engagement prévue initialement et spécifique à chaque forme de service civique mentionnée au II de l'article L. 120-1 du code précité ne fait pas obstacle à la mise en œuvre de cette disposition ;

p) La démission d'un salarié qui a quitté son emploi et n'a pas été admis au bénéfice de l'allocation, pour créer ou reprendre une entreprise dont l'activité a donné lieu aux formalités de publicité requises par la loi, et dont l'activité cesse pour des raisons indépendantes de la volonté du créateur ou du repreneur ;

q) La démission d'un assistant maternel qui fait suite au refus de l'employeur de faire vacciner son enfant en application des dispositions de l'article L. 3111-2 du code de la santé publique.

§ 3 — Ont également droit à l'allocation d'aide au retour à l'emploi les salariés dont la perte d'emploi résulte :

— d'une rupture conventionnelle du contrat de travail, selon les modalités prévues aux articles L. 1237-11 à L. 1237-16 du code du travail ou à l'article L. 421-12-2 du code de la construction et de l'habitation ;

— d'une rupture d'un commun accord du contrat de travail, selon les modalités prévues par les articles L. 1237-17 à L. 1237-19-14 du code du travail.

§ 4 — Ont également droit à l'allocation d'aide au retour à l'emploi les salariés dont la privation volontaire d'emploi résulte d'une démission au sens de l'article L. 1237-1 du code du travail, qui justifient d'une durée d'affiliation spécifique et poursuivent un projet professionnel dont le caractère réel et sérieux est attesté par la commission paritaire interprofessionnelle régionale mentionnée à l'article L. 6323-17-6 de ce code.

Art. 2 *bis* Le présent règlement s'applique aux salariés des ambassades et consulats situés en France qui sont affiliés au régime général de la sécurité sociale.

Ces dispositions sont applicables aux travailleurs privés d'emploi dont la fin du contrat de travail intervient à compter du 1er avr. 2020.

Les travailleurs privés d'emploi mentionnés à l'art. 2 bis dont la fin de contrat de travail intervient entre le 1er nov. 2019 et le 31 mars 2020 ou qui sont compris dans une procédure de licenciement engagée pendant cette période, et les employeurs relevant de ces mêmes dispositions, sont compris dans le champ d'application des chapitres II et III de l'annexe IX du règlement d'assurance chômage annexé au Décr. n° 2019-797 du 26 juill. 2019 (Décr. préc., art. 5-III).

CHAPITRE II *CONDITIONS D'ATTRIBUTION*

Art. 3 § 1 — Les salariés privés d'emploi doivent justifier d'une durée d'affiliation correspondant à des périodes d'emploi accomplies dans une ou plusieurs entreprises entrant dans le champ d'application du régime d'assurance chômage.

La durée d'affiliation est calculée en jours travaillés ou en heures travaillées. Elle doit être au moins égale à 130 jours travaillés ou 910 heures travaillées :

— au cours des 24 mois qui précèdent la fin du contrat de travail (terme du préavis) pour les salariés âgés de moins de 53 ans à la date de la fin de leur contrat de travail ;

— au cours des 36 mois qui précèdent la fin du contrat de travail (terme du préavis) pour les salariés âgés de 53 ans et plus à la date de la fin de leur contrat de travail.

En cas de préavis non exécuté et non payé, le terme de la période de référence affiliation est la veille du jour où le préavis prend effet.

§ 2 — Le nombre de jours pris en compte pour la durée d'affiliation requise correspond au nombre de jours travaillés à raison :

— de cinq jours travaillés par semaine civile pour chaque période d'emploi égale à une semaine civile ;

— du nombre de jours travaillés par semaine civile lorsque la période d'emploi est inférieure à une semaine civile, dans la limite de cinq jours travaillés.

Un même jour travaillé au titre de plusieurs contrats de travail est décompté pour un seul jour travaillé.

Les jours correspondant à un préavis non exécuté et non payé ne sont pas pris en compte pour la durée d'affiliation.

Le nombre d'heures pris en compte pour la durée d'affiliation requise est dans les limites prévues par l'article L. 3121-21 du code du travail.

Pour les interprètes de conférence, chaque heure travaillée est prise en compte, pour l'appréciation de la durée d'affiliation requise, à hauteur de deux heures travaillées.

§ 3 – Les périodes de suspension du contrat de travail sont retenues au titre de la durée d'affiliation selon les modalités de décompte des jours du § 2 du présent article. Lorsque la durée d'affiliation est décomptée en heures, le nombre de jours retenus est converti en heures, à raison de sept heures par jour de suspension retenu.

(Décr. n° 2020-741 du 16 juin 2020, art. 9) « Toutefois, ne sont pas prises en compte dans la durée d'affiliation les périodes d'emploi qui n'ont été ni rémunérées ni indemnisées et notamment les périodes de suspension du contrat de travail exercées dans le cadre de l'article L. 3142-28 du code du travail, d'un congé sans solde et assimilé d'une durée supérieure ou égale à un mois civil, lorsque ces périodes n'ont pas donné lieu au versement des contributions mentionnées aux articles L. 5422-9 à L. 5422-12 du code du travail. »

Ne sont également pas prises en compte, les périodes de suspension du contrat de travail donnant lieu à l'exercice d'une activité professionnelle exclue du champ d'application du régime d'assurance chômage, à l'exception de celles exercées dans le cadre de l'article L. 3142-105 du code du travail et des périodes de suspension du contrat de travail prévues par le § 1 de l'article 6 donnant lieu au versement de l'allocation prévue par l'article 1er.

Les actions concourant au développement des compétences mentionnées aux livres troisième et quatrième de la sixième partie du code du travail, à l'exception de celles indemnisées par le régime d'assurance chômage, sont assimilées à des heures travaillées ou à des jours travaillés, selon les modalités prévues au § 2 du présent article, à raison de sept heures par jour de formation, dans la limite des deux tiers du nombre de jours travaillés ou d'heures travaillées dont le salarié privé d'emploi justifie dans la période de référence affiliation.

Sur les mesures d'urgences liées à la crise sanitaire de la covid-19 en matière de revenus de remplacement, V. Décr. n° 2020-425 du 14 avr. 2020, art. 5 à 9 (JO 15 avr.), mod. par Décr. n° 2020-929 du 29 juill. 2020, art. 1er-II (JO 30 juill.) ; Arr. du 22 juill. 2020, art. 5 (NOR : MTRD2014617A).

Art. 4 Les salariés privés d'emploi justifiant d'une durée d'affiliation telle que définie à l'article 3 doivent :

a) Être inscrits comme demandeur d'emploi ;

b) Être à la recherche effective et permanente d'un emploi ou accomplir soit une action de formation inscrite dans le projet personnalisé d'accès à l'emploi, soit une action de formation non inscrite dans ledit projet mais financée, en tout ou partie, par la mobilisation du compte personnel de formation.

Le salarié licencié en cours de congé individuel de formation ouvert avant le 31 décembre 2018 et encore en cours, peut poursuivre sa formation tout en bénéficiant de l'allocation d'aide au retour à l'emploi dès lors qu'il est inscrit comme demandeur d'emploi et que la formation a été validée par Pôle emploi ou tout organisme participant au service public de l'emploi dans le cadre du projet personnalisé d'accès à l'emploi.

c) Ne pas avoir atteint l'âge déterminé pour l'ouverture du droit à une pension de retraite au sens du 1° de l'article L. 5421-4 du code du travail ou ne pas bénéficier d'une retraite en application des articles L. 161-17-4, L. 351-1-1, L. 351-1-3 et L. 351-1-4 du code de la sécurité sociale et des troisième et septième alinéas du I de l'article 41 de la loi n° 98-1194 du 23 décembre 1998 de financement de la sécurité sociale pour 1999.

Toutefois, les personnes ayant atteint l'âge précité sans pouvoir justifier du nombre de trimestres d'assurance requis au sens des articles L. 351-1 à L. 351-6-1 du code de la sécurité sociale (tous régimes confondus), pour percevoir une pension à taux plein, peuvent bénéficier des allocations jusqu'à justification de ce nombre de trimestres et, au plus tard, jusqu'à l'âge prévu au 2° de l'article L. 5421-4 du code du travail.

De plus, les salariés privés d'emploi relevant du régime spécial des Mines, géré, pour le compte de la Caisse autonome nationale de la sécurité sociale dans les mines, par la Caisse des dépôts et consignations, ne doivent être :

— ni titulaires d'une pension de vieillesse dite "pension normale", ce qui suppose au moins 120 trimestres validés comme services miniers ;

— ni bénéficiaires d'un régime dit "de raccordement" assurant pour les mêmes services un complément de ressources destiné à être relayé par les avantages de retraite ouverts, toujours au titre des services en cause, dans les régimes complémentaires de retraite faisant application de la convention collective nationale du 14 mars 1947 et de l'accord du 8 décembre 1961 ;

d) Être physiquement aptes à l'exercice d'un emploi ;

e) N'avoir pas quitté volontairement, sauf cas mentionnés aux § 2 et § 4 de l'article 2, leur dernière activité professionnelle salariée, ou une activité professionnelle salariée autre que la dernière dès lors que, depuis le départ volontaire, il ne peut être justifié d'une durée d'affiliation d'au moins 65 jours travaillés ou 455 heures travaillées. Sont pris en compte à ce titre les jours de réduction du temps de travail non pris par le salarié, ayant donné lieu au paiement de l'indemnité compensatrice de repos supplémentaire dans le cadre de la réduction du temps de travail ;

f) Résider sur le territoire relevant du champ d'application du régime d'assurance chômage mentionné à l'article 2 du décret auquel est annexé le présent règlement.

g) Pour les salariés mentionnés au § 4 de l'article 2, justifier également d'une durée d'affiliation spécifique équivalant à au moins 1 300 jours travaillés au cours des soixante mois qui précèdent la fin du contrat de travail (terme du préavis) déterminée selon les modalités prévues à l'article 3 et de la poursuite d'un projet de reconversion professionnelle nécessitant le suivi d'une formation ou d'un projet de création ou de reprise d'une entreprise présentant un caractère réel et sérieux attesté par la commission paritaire interprofessionnelle régionale mentionnée à l'article L. 6323-17-6 du code du travail.

Art. 5 En cas de licenciement pour fermeture définitive d'un établissement, les salariés mis en chômage total de ce fait sont dispensés de remplir la condition de durée d'affiliation posée au § 1 de l'article 3.

Art. 6 § 1 – Les salariés bénéficiant d'une période de mobilité volontaire sécurisée prévue par l'article L. 1222-12 du code du travail peuvent être admis au bénéfice des allocations en cas de cessation du contrat de travail exercé pendant cette période pour l'une des causes énoncées par l'article 2.

Par exception à l'article 3, à la date de la fin de contrat de travail retenue pour l'ouverture des droits, la durée d'affiliation acquise au titre du contrat de travail suspendu en application de l'article L. 1222-12 du code du travail est prise en compte pour déterminer la durée d'indemnisation définie à l'article 9, ainsi que pour déterminer le salaire de référence, le salaire journalier de référence et l'allocation journalière définis aux articles 11 à 19.

§ 2 – Les salariés et *(Décr. n° 2020-741 du 16 juin 2020, art. 9)* « agents publics qui ne relèvent pas du décret n° 2020-741 du 16 juin 2020 relatif au régime particulier d'assurance chômage applicable à certains agents publics et salariés du secteur public » bénéficiant d'une des périodes de suspension mentionnées *(Décr. n° 2020-741 du 16 juin 2020, art. 9)* « au deuxième alinéa » du § 3 de l'article 3 peuvent être admis au bénéfice des allocations en cas de cessation du contrat de travail exercé pendant cette période, pour l'une des causes énoncées par l'article 2. Ils doivent justifier qu'ils n'ont pas été réintégrés auprès de leur employeur ou de leur administration d'origine, par une attestation écrite de celui-ci ou celle-ci.

(Décr. n° 2020-741 du 16 juin 2020, art. 9) « Seules sont prises en compte pour la durée d'affiliation requise et la durée d'indemnisation afférente les périodes d'emploi accomplies dans le champ d'application du régime d'assurance chômage, au cours de la période de suspension du contrat de travail mentionnée à l'alinéa ci-dessus. »

Art. 7 § 1 – La fin du contrat de travail prise en considération pour l'ouverture des droits doit se situer dans un délai de douze mois dont le terme est la veille de l'inscription comme demandeur d'emploi ou, le cas échéant, du premier jour du mois au cours duquel la demande d'allocation prévue au § 1 de l'article 39 a été déposée.

§ 2 – La période de douze mois est allongée :

a) Des journées d'interruption de travail ayant donné lieu au service des prestations en espèces de l'assurance maladie, des indemnités journalières de repos de l'assurance maternité au titre des assurances sociales, des indemnités journalières au titre d'un congé de paternité, des indemnités journalières au titre d'un accident de travail ou d'une maladie professionnelle ;

b) Des périodes durant lesquelles une pension d'invalidité de deuxième ou troisième catégorie au sens de l'article L. 341-4 du code de la sécurité sociale, ou au sens de toute autre disposition prévue par les régimes spéciaux ou autonomes de sécurité sociale, ou d'une pension d'invalidité acquise à l'étranger, a été servie ;

c) Des périodes durant lesquelles ont été accomplies des obligations contractées à l'occasion du service national, en application des premiers et deuxièmes alinéas de l'article L. 111-2 du code du service national, et de la durée des missions accomplies dans le cadre d'un ou plusieurs contrats de service civique, dans ses différentes formes possibles, dans les conditions prévues à l'article L. 120-1 du même code ;

d) Des périodes de stage de formation professionnelle continue mentionnée aux livres troisième et quatrième de la sixième partie du code du travail ;

e) Des périodes durant lesquelles l'intéressé a fait l'objet d'une mesure d'incarcération qui s'est prolongée au plus trois ans après la rupture du contrat de travail survenue pendant la période de privation de liberté ;

f) Des périodes suivant la rupture du contrat de travail intervenue dans les conditions définies aux articles L. 1225-66 et L. 1225-67 du code du travail lorsque l'intéressé n'a pu être réembauché dans les conditions prévues par cet article ;

g) Des périodes de congé parental d'éducation obtenu dans les conditions fixées par les articles L. 1225-47 à L. 1225-51 du code du travail, lorsque l'intéressé a perdu son emploi au cours de ce congé ;

h) Des périodes de congé pour la création d'entreprise ou de congé sabbatique obtenu dans les conditions fixées par les articles L. 3142-105 à L. 3142-107, L. 3142-28 à L. 3142-30 et L. 3142-119 4 du code du travail ;

i) De la durée des missions confiées par suffrage au titre d'un mandat électif, politique ou syndical exclusif d'un contrat de travail ;

j) Des périodes de versement du complément de libre choix d'activité ou de la prestation partagée d'éducation de l'enfant dans le cadre de la prestation d'accueil du jeune enfant, suite à une fin de contrat de travail ;

k) Des périodes de congé d'enseignement ou de recherche obtenu avant le 31 décembre 2018 dans les conditions fixées par les articles L. 6322-53 à L. 6322-58 du code du travail, et encore en cours, lorsque l'intéressé a perdu son emploi au cours de ce congé ;

l) Des périodes de versement de l'allocation de présence parentale mentionnée à l'article L. 544-1 du code de la sécurité sociale *(Décr. n° 2021-346 du 30 mars 2021, art. 2)* « ou de l'allocation journalière du proche aidant mentionnée à l'article L. 168-8 du même code » suite à une fin de contrat de travail ;

m) Des périodes de congé de présence parentale obtenu dans les conditions fixées par les articles L. 1225-62 et L. 1225-63 du code du travail *(Décr. n° 2021-346 du 30 mars 2021, art. 2)* « ou des périodes de congé de proche aidant obtenues dans les conditions fixées aux articles L. 3142-16 à L. 3142-27 du même code », lorsque l'intéressé a perdu son emploi au cours de ce congé.

§ 3 – La période de douze mois est en outre allongée des périodes durant lesquelles :

a) L'intéressé a assisté un handicapé :

– dont l'incapacité permanente était telle qu'il percevait – ou aurait pu percevoir, s'il ne recevait pas déjà à ce titre un avantage de vieillesse ou d'invalidité – l'allocation aux adultes handicapés prévue à l'article L. 821-1 du code de la sécurité sociale ;

– et dont l'état nécessitait l'aide effective d'une tierce personne justifiant l'attribution de l'allocation compensatrice ou de la prestation de compensation prévue à l'article L. 245-1 du code de l'action sociale et des familles ;

b) L'intéressé a accompagné son conjoint qui s'était expatrié pour occuper un emploi salarié ou une activité professionnelle non salariée hors du champ d'application mentionné à l'article 2 du décret auquel est annexé le présent règlement.

L'allongement prévu dans les cas mentionnés au présent paragraphe est limité à trois ans.

§ 4 – La période de douze mois est en outre allongée :

a) Des périodes de congé obtenu pour élever un enfant en application de dispositions contractuelles ;

b) Des périodes durant lesquelles l'intéressé a créé ou repris une entreprise.

L'allongement prévu dans les cas mentionnés au présent paragraphe est limité à deux ans.

Mesure d'urgence liée à la crise sanitaire de la covid-19 :

Sur l'allongement du délai de forclusion pour le salarié privé d'emploi pour faire valoir ses droits, V. Décr. n° 2020-425 du 14 avr. 2020, art. 7-II (JO 15 avr.), mod. par Décr. n° 2020-929 du 29 juill. 2020, art. 1ᵉʳ-II.

Art. 8 La fin du contrat de travail prise en considération, dans les conditions prévues à l'article 2, pour l'ouverture des droits, est en principe celle qui a mis un terme à la dernière activité exercée par l'intéressé dans une entreprise relevant du champ d'application du régime d'assurance chômage.

Toutefois, le salarié qui ne justifie pas, au titre de cette fin de contrat de travail, remplir la condition de durée d'affiliation mentionnée au § 1 de l'article 3 mais qui remplit la condition relative au caractère involontaire de la perte d'emploi posée au *e* de l'article 4, peut bénéficier d'une ouverture de droits s'il est en mesure de justifier que les conditions requises se trouvaient satisfaites au titre d'une fin de contrat de travail antérieure qui s'est produite dans le délai mentionné à l'article 7.

Le salarié qui ne justifie pas, au titre de la fin de contrat de travail, de la condition d'activité antérieure spécifique mentionnée au g de l'article 4 peut bénéficier d'une ouverture de droits s'il est en mesure de justifier que la condition requise se trouvait satisfaite au titre d'une démission antérieure qui s'est produite postérieurement à la demande du conseil en évolution professionnelle prévue à l'article L. 5422-1-1 du code du travail.

CHAPITRE III *DURÉE D'INDEMNISATION*

Art. 9 (*Décr. n° 2023-33 du 26 janv. 2023, art. 2*) § 1er — La durée d'indemnisation est égale à un nombre de jours calendaires déterminé comme suit :

1° Ce nombre est égal au nombre de jours calendaires à compter du premier jour de la première période d'emploi incluse dans la période de référence mentionnée à l'article 3, jusqu'au terme de cette période de référence, déduction faite des périodes mentionnées au § 2 du présent article, auquel sont appliqués, le cas échéant, les plafonnements prévus au § 3 et au § 4.

Il est appliqué à cette durée un coefficient égal à 0,75. Le nombre de jours en résultant est arrondi à l'entier supérieur.

2° L'allocataire dont le reliquat des droits résultant du 1° du présent § 1er, augmentés le cas échéant de la durée prévue au § 5 ou du complément de fin de formation prévu au § 7, est de trente jours ou moins au cours d'un mois pendant lequel l'arrêté mentionné au § 1er de l'article 9 *bis* est applicable, bénéficie d'un complément de fin de droits.

Ce complément de fin de droits porte la durée d'indemnisation jusqu'à la durée mentionnée au premier alinéa du 1° du § 1er du présent article, augmentée le cas échéant de la durée prévue au § 5.

3° Par dérogation aux dispositions du deuxième alinéa du 1° et à celles du 2°, la durée d'indemnisation pour le demandeur d'emploi résidant, à la date d'ouverture des droits, en Guadeloupe, en Guyane, en Martinique, à la Réunion, à Saint-Barthélemy, à Saint-Martin ou à Saint-Pierre-et-Miquelon est égale au nombre de jours calendaires mentionné au premier alinéa du 1° du § 1er.

Par dérogation aux dispositions du 2°, le demandeur d'emploi résidant en métropole à la date d'ouverture des droits et, après déménagement, résidant dans le territoire de l'une des collectivités mentionnées au premier alinéa du présent 3° à la date de fin de ses droits résultant du 1°, augmentés le cas échéant de la durée prévue au § 5 ou du complément de fin de formation prévu au § 7, bénéficie du complément de fin de droits mentionné au 2° indépendamment de la mise en œuvre des dispositions de l'article 9 *bis*.

§ 2 — La durée d'indemnisation calculée conformément au premier alinéa du 1° du § 1er et au 3° du même § 1er est réduite du nombre de jours calendaires situés en dehors d'une période pendant laquelle l'intéressé bénéficie d'un contrat de travail, correspondant :

— aux périodes de maternité mentionnées à l'article L. 331-3 du code de la sécurité sociale et aux périodes d'indemnisation accordées à la mère ou au père adoptif mentionnées à l'article L. 331-7 du même code ;

— aux périodes de maternité non mentionnées à l'alinéa précédent, indemnisées au titre de la prévoyance ;

— aux périodes d'arrêt maladie d'une durée supérieure à quinze jours consécutifs ;

— aux périodes d'accident du travail mentionnées à l'article L. 411-1 du code de la sécurité sociale ainsi que les périodes de maladie d'origine professionnelle mentionnées à l'article L. 461-1 de ce code ;

— aux périodes de paternité et d'accueil de l'enfant indemnisées au titre de l'article L. 331-8 du code de la sécurité sociale ;

— aux périodes de formation mentionnées au *b* de l'article 4, à l'exception de celles mentionnées au 2° de l'article R. 5411-10 du code du travail et de celles accomplies par les bénéficiaires d'un projet de transition professionnelle mentionnés aux articles L. 6323-17-1, R. 6323-11-1 et R. 6323-14-1 du code du travail ou par les anciens titulaires d'un contrat de travail à durée déterminée bénéficiaires d'un congé individuel de formation accordé avant le 1er janvier 2019.

Sont également déduits de ce nombre de jours calendaires les jours correspondant aux périodes d'activité professionnelle non déclarées par le demandeur d'emploi en application de l'article L. 5426-1-1 du code du travail.

§ 3 — La durée d'indemnisation calculée conformément au premier alinéa du 1° du § 1er et au 3° du même § 1er est réduite de telle sorte que le nombre de jours calendaires non pris en compte dans la détermination de la condition d'affiliation mentionnée à l'article 3 ne soit pas supérieur à un plafond.

Ce plafond est égal à 75 % du nombre de jours travaillés déterminé en application de l'article 3, converti sur une base calendaire par l'application du coefficient de 1,4 correspondant au quotient de 7 jours sur 5.

§ 4 – La durée d'indemnisation calculée conformément au premier alinéa du 1° du § 1er et au 3° du même § 1er donnant lieu au versement de l'allocation ne peut être ni inférieure à 182 jours calendaires, ni supérieure à 730 jours calendaires.

Pour les salariés privés d'emploi âgés d'au moins 53 ans et de moins de 55 ans à la date de fin de leur contrat de travail, cette limite est portée à 913 jours calendaires.

Pour les salariés privés d'emploi âgés de 55 ans et plus à la date de fin de leur contrat de travail, cette limite est portée à 1 095 jours calendaires.

§ 5 – Par dérogation au deuxième alinéa du § 4, les salariés privés d'emploi mentionnés à ce même alinéa et justifiant d'un nombre de jours calendaires supérieur à 913 jours à compter du premier jour de la première période d'emploi incluse dans la période de référence mentionnée à l'article 3, jusqu'au terme de cette période de référence, déduction faite des périodes mentionnées au § 2 du présent article, auquel est appliqué, le cas échéant, le plafonnement prévu au § 3, ont droit à une augmentation de leur durée d'indemnisation à hauteur du nombre de jours de formation ouvrant droit au versement de l'allocation d'aide au retour à l'emploi si cette formation est inscrite au projet personnalisé d'accès à l'emploi mentionné à l'article L. 5411-6 du code du travail, ou non inscrite dans ledit projet mais financée, en tout ou partie, par la mobilisation du compte personnel de formation.

La période de formation indemnisée à ce titre est prise en compte, au plus, à hauteur du nombre de jours calendaires mentionné au précédent alinéa excédant 913 jours, et dans la limite de 182 jours.

Lorsque le droit a été ouvert dans les conditions prévues au 1° du § 1er, l'augmentation de la durée d'indemnisation déterminée en application du présent paragraphe est affectée du coefficient mentionné au troisième alinéa du § 1er de l'article 9.

Les périodes de formation effectuées dans le cadre du contrat de sécurisation professionnelle et donnant lieu à indemnisation au titre de l'allocation de sécurisation professionnelle ne sont pas prises en compte dans les périodes pouvant donner lieu à la prolongation de la durée maximale.

La durée d'indemnisation ainsi augmentée ne peut excéder 1 095 jours calendaires.

§ 6 – Par dérogation au § 1er et aux durées maximales d'indemnisation inscrites au § 4 ci-dessus, les allocataires âgés de 62 ans continuent d'être indemnisés jusqu'aux limites d'âge prévues au *c* de l'article 4 s'ils remplissent les conditions ci-après :
— être en cours d'indemnisation depuis un an au moins ;
— justifier de périodes d'emploi totalisant au moins douze années d'appartenance au régime d'assurance chômage ou de périodes assimilées ;
— justifier de 100 trimestres validés par l'assurance vieillesse au titre des articles L. 351-1 à L. 351-6-1 du code de la sécurité sociale ;
— justifier, soit d'une période d'emploi d'une année continue, soit de plusieurs périodes d'emploi discontinues totalisant au moins deux années d'affiliation dans une ou plusieurs entreprises au cours des cinq années précédant la fin du contrat de travail.

Pour la recherche de la condition d'appartenance de douze années, sont assimilées à des périodes d'emploi salarié :

a) Sans limite :
— les périodes de travail pour le compte d'un employeur mentionné à l'article L. 5424-1 du code du travail ;
— les périodes de travail accomplies en Guadeloupe, à la Réunion, à la Martinique, en Guyane, à Saint-Barthélemy, à Saint-Martin et à Saint-Pierre-et-Miquelon avant le 1er septembre 1980 ;

b) Dans la limite de cinq ans :
— les périodes d'actions concourant au développement des compétences mentionnées aux articles L. 6313-1 à L. 6313-8 du code du travail ;
— les périodes de majoration de la durée d'assurance vieillesse dans les conditions définies par les articles L. 351-4 à L. 351-6-1 du code de la sécurité sociale ;
— les périodes de congé de présence parentale mentionnées à l'article L. 1225-62 du code du travail ou du congé de proche aidant mentionnées à l'article L. 3142-16 du même code ;
— les périodes d'affiliation obligatoire au titre de l'assurance vieillesse mentionnées à l'article L. 381-1 du code de la sécurité sociale pour les bénéficiaires du complément familial, de l'allocation de base de la prestation d'accueil du jeune enfant ou de la prestation partagée

d'éducation de l'enfant, de l'allocation journalière de présence parentale, de l'allocation journalière de proche aidant ou pour les personnes assumant la charge d'un handicapé ;

— les périodes d'affiliation volontaire au titre de l'assurance vieillesse des salariés ayant été à la charge, à quelque titre que ce soit, d'un régime obligatoire français d'assurance maladie et travaillant hors du territoire français ou des parents chargés de famille ne relevant pas à titre personnel d'un régime obligatoire d'assurance vieillesse en application des 1° et 2° de l'article L. 742-1 du code de la sécurité sociale ;

— les périodes pour lesquelles les cotisations à l'assurance vieillesse ont été rachetées en application de la loi n° 65-555 du 10 juillet 1965, pour des activités exercées en dehors de la métropole par des salariés expatriés autorisés par ailleurs à souscrire une assurance volontaire.

§ 7 — Le demandeur d'emploi qui, au terme de son indemnisation, suit une formation qualifiante au sens de l'article L. 6314-1 du code du travail inscrite au projet personnalisé d'accès à l'emploi mentionné à l'article L. 5411-6 du code du travail, d'une durée de six mois ou plus, se voit verser, le cas échéant après l'augmentation de la durée d'indemnisation mentionnée au § 5, un complément de fin de formation qui allonge la durée d'indemnisation jusqu'au terme de la formation.

La durée d'indemnisation allongée dans les conditions prévues au présent paragraphe ne peut excéder la durée mentionnée au premier alinéa du 1° du § 1er, allongée le cas échéant de l'augmentation de la durée prévue au § 5.

Art. 9 bis (*Décr. n° 2023-33 du 26 janv. 2023, art. 2*) § 1er — Le complément de fin de droits prévu au 2° du § 1er de l'article 9 est applicable à compter du premier jour du mois civil au cours duquel est publié l'arrêté du ministre chargé de l'emploi constatant, sur la base des estimations de l'Institut national de la statistique et des études économiques, la réalisation de l'une ou l'autre des conditions suivantes :

— une augmentation sur un trimestre de 0,8 point ou plus de l'estimation du taux chômage pour la France, hors Mayotte, au sens du Bureau international du travail ;

— l'atteinte, pour l'estimation de ce même taux, d'un niveau égal ou excédant 9,0 %.

L'arrêté du ministre est publié dans un délai maximum de dix jours suivant la publication par l'Institut national de la statistique et des études économiques des résultats de l'enquête trimestrielle permettant de vérifier le respect de l'une de ces conditions.

§ 2 — Les dispositions du 2° du § 1er de l'article 9 cessent d'être applicables à compter du premier jour du mois civil suivant la publication de l'arrêté du ministre chargé de l'emploi constatant, sur la base des estimations de l'Institut national de la statistique et des études économiques, la réalisation des deux conditions cumulatives suivantes sur trois trimestres consécutifs :

— une hausse trimestrielle de moins de 0,8 point ou une baisse de l'estimation du taux de chômage France (hors Mayotte) au sens du Bureau international du travail constaté par l'Institut national de la statistique et des études économiques ;

— l'atteinte, pour l'estimation de ce même taux, d'un niveau inférieur à 9,0 %.

L'arrêté du ministre est publié dans un délai maximum de dix jours suivant la publication par l'Institut national de la statistique et des études économiques des résultats de la dernière des enquêtes trimestrielles permettant de vérifier le respect de ces conditions.

Art. 10 Dans le cas de participation à des actions de formation rémunérées par l'État ou les régions, conformément à l'article L. 5422-2 du code du travail, la durée d'indemnisation fixée (*Décr. n° 2023-33 du 26 janv. 2023, art. 2*) « au dernier alinéa du § 4 de l'article 9 » est réduite à raison de la moitié de la durée de formation. Pour les allocataires qui, à la date de l'entrée en stage, pouvaient encore prétendre à une durée de droits supérieure à un mois, la réduction ne peut conduire à un reliquat de droits inférieur à trente jours calendaires.

CHAPITRE IV   *DÉTERMINATION DE L'ALLOCATION JOURNALIÈRE*

SECTION 1   *Salaire de référence*

Art. 11 (*Décr. n° 2021-346 du 30 mars 2021, art. 2*) « § 1 — Le salaire de référence pris en considération pour fixer le montant de la partie proportionnelle de l'allocation journalière est établi, sous réserve de l'article 12, à partir des rémunérations correspondant à la période mentionnée à l'article 3, entrant dans l'assiette des contributions patronales, dès lors qu'elles n'ont pas déjà servi pour un précédent calcul. » — *Sur l'entrée en vigueur de ce § 1, V. ndlr à la fin de cet art.*

§ 2 — Le salaire de référence ainsi déterminé ne peut dépasser la somme des salaires mensuels plafonnés, conformément à l'article 49, et compris dans la période de référence.

§ 3 – Lorsque l'affiliation dont justifie un allocataire est suffisante pour une ouverture ou un rechargement des droits mais qu'aucune rémunération susceptible d'être prise en compte en application de l'article 12 ne peut être prise en compte sur la période de référence mentionnée au § 1, le salaire de référence est établi sur la base de la dernière rémunération mensuelle connue susceptible d'être prise en compte en application de l'article 12.

Les dispositions du § 1 de cet art. sont applicables aux travailleurs privés d'emploi dont la fin de contrat de travail intervient à compter du 1er oct. 2021, à l'exception de ceux d'entre eux ayant fait l'objet d'une procédure de licenciement engagée avant cette date (V. Décr. n° 2019-797 du 26 juill. 2019, art. 5-III-3°, mod. par Décr. n° 2021-1251 du 29 sept. 2021, art. 1er).

Les dispositions relatives aux modalités de calcul du salaire journalier de référence (SJR) édictées par le Décr. n° 2021-346 du 30 mars 2021 ne méconnaissent pas le principe d'égalité. Notamment, en tenant compte des jours non travaillés au dénominateur du quotient servant à calculer le salaire journalier de référence, le pouvoir réglementaire a entendu éviter qu'un même nombre d'heures de travail aboutisse à un SJR plus élevé en cas de fractionnement des contrats de travail qu'en cas de travail à temps partiel et encourager ainsi la stabilité de l'emploi. Il ressort des éléments chiffrés du dossier que la différence de traitement entre allocataires, selon qu'ils ont eu une période d'emploi continue ou discontinue pendant la période de référence, n'est pas manifestement disproportionnée au regard de l'objet du décret.
● CE 15 déc. 2021, 🔒 n° 452209 A : *AJDA 2021. 2559* ⌀ *; RJS 2/2022, n° 94.*

Art. 12 *(Décr. n° 2021-346 du 30 mars 2021, art. 2)* « § 1 – Sont prises en compte dans le salaire de référence, les rémunérations qui, bien que perçues en dehors de la période mentionnée au précédent article, sont néanmoins afférentes à cette période.

« Sont exclues, en tout ou partie dudit salaire, les rémunérations perçues pendant ladite période, mais qui n'y sont pas afférentes.

« Par dérogation, les indemnités de treizième mois, les primes de bilan, les gratifications ainsi que les salaires et primes dont le paiement est subordonné à l'accomplissement d'une tâche particulière ou à la présence du salarié à une date déterminée, qui ont été perçues pendant la période mentionnée au précédent article, sont pris en compte dans le salaire de référence, qu'ils soient ou non afférents à cette période *(Décr. n° 2021-730 du 8 juin 2021, art. 1er)* « , déduction faite de la fraction correspondant aux périodes d'activité professionnelle non déclarées par le demandeur d'emploi mentionnées à l'article L. 5426-1-1 du code du travail survenues au cours du contrat de travail ». » – *Sur l'entrée en vigueur de ce § 1, V. ndlr à la fin de cet art.*

§ 2 – Sont exclus, les indemnités de licenciement, de départ, les indemnités spécifiques de rupture conventionnelle, les indemnités compensatrices de congés payés, les indemnités de préavis ou de non concurrence, toutes sommes dont l'attribution trouve sa seule origine dans la rupture du contrat de travail ou l'arrivée du terme de celui-ci, ainsi que les subventions ou remises de dettes qui sont consenties par l'employeur dans le cadre d'une opération d'accession à la propriété de logement.

Sont également exclues les rémunérations correspondant aux heures de travail effectuées au-delà des limites prévues par l'article L. 3121-21 du code du travail.

D'une manière générale, sont exclues toutes sommes qui ne trouvent pas leur contrepartie dans l'exécution normale du contrat de travail.

(Décr. n° 2021-730 du 8 juin 2021, art. 1er) « § 3 – Le revenu de remplacement est calculé sur la base des rémunérations déclarées par l'employeur à l'issue du contrat de travail et, le cas échéant, des rémunérations mentionnées dans les déclarations rectificatives adressées par l'employeur en application de l'article L. 133-5-3 du code de la sécurité sociale.

« Si une période mentionnée au § 3 bis du présent article est comprise dans la période de référence, la rémunération prise en compte au titre de cette période pour le calcul du salaire de référence correspond au produit du salaire journalier moyen perçu au titre du contrat de travail considéré et du nombre de jours calendaires de cette période.

« Si une période mentionnée au § 3 ter du présent article est comprise dans la période de référence, la rémunération prise en compte, sous réserve de transmission préalable des pièces justificatives par l'allocataire, au titre de cette période pour le calcul du salaire de référence correspond au produit du salaire journalier moyen perçu au titre du contrat de travail considéré et du nombre de jours calendaires de cette période.

« Le salaire journalier moyen mentionné aux deux alinéas précédents correspond au quotient des rémunérations, à l'exclusion des primes et indemnités mentionnées au troisième alinéa du § 1, afférentes à la période de référence mentionnée à l'article 11 et perçues au titre du contrat de travail considéré, déduction faite des rémunérations perçues au titre de ce même contrat, afférentes aux périodes mentionnées aux § 3 bis et 3 ter du présent article, par le nombre de jours calendaires du contrat de travail sur la même période de référence, déduction faite du nombre de jours calendaires correspondant aux périodes mentionnées aux § 3 *bis* et 3 *ter* du présent article ainsi que du nombre de jours calendaires correspondant aux périodes de suspension du contrat de travail mentionnées au deuxième alinéa du § 3 de l'article 3.

« Lorsque plusieurs périodes mentionnées aux § 3 *bis* ou au § 3 *ter* du présent article sont intervenues au cours du même contrat de travail, le même salaire journalier moyen est appliqué à l'ensemble de ces périodes.

« Sous réserve des dispositions de l'article 11 § 3, lorsqu'aucune *[lorsque aucune]* rémunération n'a été perçue au titre du contrat de travail pendant l'exécution duquel l'une des périodes mentionnées au § 3 *bis* ou au § 3 *ter* du présent article est intervenue, le salaire journalier moyen est reconstitué sur la base de la dernière rémunération mensuelle prévue par les stipulations du contrat en vigueur au début de cette période, à l'exclusion des indemnités et primes dont le paiement est subordonné à l'accomplissement d'une tâche particulière ou à la présence du salarié à une date déterminée ainsi que des primes de bilan et gratifications.

« § 3 *bis* — Les périodes mentionnées au deuxième alinéa du § 3 sont les périodes de maladie, de maternité, de paternité ou d'adoption ainsi que les périodes pendant lesquelles le salarié a été indemnisé au titre de l'activité partielle en application de l'article L. 5122-1 du code du travail ou de l'indemnité prévue à l'article 53 de la loi n° 2020-734 du 17 juin 2020 relative à diverses dispositions liées à la crise sanitaire, à d'autres mesures urgentes ainsi qu'au retrait du Royaume-Uni de l'Union européenne.

« § 3 *ter* — Les périodes mentionnées au troisième alinéa du § 3 sont :

« — les périodes pendant lesquelles le salarié a accepté de travailler à temps partiel dans le cadre d'une convention d'aide au passage à temps partiel conclue en application des articles R. 5123-40 et R. 5123-41 du code du travail ;

« — les périodes pendant lesquelles le salarié a été autorisé par la sécurité sociale à reprendre un emploi à temps partiel en restant indemnisé au titre des indemnités journalières, en application du troisième alinéa de l'article L. 433-1 du code de la sécurité sociale ;

« — les périodes pendant lesquelles le salarié a bénéficié du congé parental d'éducation, de la période d'activité à temps partiel mentionnés aux articles L. 1225-47 à L. 1225-59 du code du travail, d'un congé de présence parentale prévu aux articles L. 1225-62 à L. 1225-65 du même code ou d'un congé de proche aidant prévu à l'article L. 3142-16 du même code ;

« — les périodes pendant lesquelles le salarié a bénéficié d'un congé de fin de carrière ou d'une cessation anticipée d'activité, prévu par une convention ou un accord collectif ;

« — les périodes pendant lesquelles le salarié a bénéficié du congé de reclassement mentionné à l'article L. 1233-71 du code du travail ou du congé de mobilité mentionné à l'article L. 1237-18 de ce code ;

« — les périodes pendant lesquelles le salarié a bénéficié d'une période de travail à temps partiel pour la création ou la reprise d'entreprise en application des articles L. 3142-105 à L. 3142-119 du code du travail ;

« — les périodes pendant lesquelles le salarié a accepté, en raison de la situation exceptionnelle dans laquelle se trouvait son entreprise (liquidation judiciaire-redressement judiciaire), de continuer à y exercer une activité suivant un horaire de travail réduit ayant cessé d'être indemnisé au titre de l'activité partielle, le contingent d'heures indemnisables à ce titre étant épuisé ;

« — les périodes pendant lesquelles le salarié a accepté de continuer d'exercer son activité suivant un horaire de travail réduit décidé au niveau d'une unité de production par une convention ou un accord collectif conclu en raison de difficultés économiques ;

« — les périodes pendant lesquelles le salarié a accepté, à la suite d'une maladie ou d'un accident, dans l'entreprise où il était précédemment occupé, de nouvelles fonctions moins rémunérées que les précédentes ;

« — les périodes pendant lesquelles le salarié a accepté, à la suite de difficultés économiques, et en application d'un accord collectif, d'exercer la même activité suivant le même horaire, en contrepartie d'un salaire réduit. »

« § 4 — Seules sont prises en compte dans le salaire de référence les majorations de rémunération constatées pendant les périodes de préavis et de délai de prévenance résultant, dans leur principe et leur montant de dispositions législatives ou règlementaires, ou relevant d'une convention ou d'un accord collectifs, d'une décision unilatérale de revalorisation générale des salaires pratiqués dans l'entreprise ou l'établissement pendant la période de référence, de la transformation d'un contrat de travail à temps partiel en contrat de travail à temps plein ou de tout autre accroissement du temps de travail, d'un changement d'employeur, d'une promotion ou de l'attribution de nouvelles responsabilités effectivement exercées. »

Les dispositions des § 1, 3 à 4 de cet art. sont applicables aux travailleurs privés d'emploi dont la fin de contrat de travail intervient à compter du 1ᵉʳ oct. 2021, à l'exception de ceux d'entre eux ayant fait l'objet d'une procédure de licenciement engagée avant cette date (V. Décr. n° 2019-797 du 26 juill. 2019, art. 5-III-3°, mod. par Décr. n° 2021-1251 du 29 sept. 2021, art. 1ᵉʳ).

SECTION 2 *Salaire journalier de référence*

Art. 13 *(Décr. n° 2023-33 du 26 janv. 2023, art. 2)* Le salaire journalier moyen de référence est égal au quotient du salaire de référence, défini en application des articles 11 et 12, par le nombre de jours calendaires à compter du premier jour de la première période d'emploi incluse dans la période de référence mentionnée à l'article 3, jusqu'au terme de cette période de référence, déduction faite des périodes mentionnées au § 2 de l'article 9, auquel sont appliqués, le cas échéant, les plafonnements prévus au § 3 et au § 4 du même article.

Par dérogation à l'alinéa précédent, le salaire journalier moyen de référence des salariés privés d'emploi mentionnés au deuxième alinéa de l'article 9 est égal au quotient du salaire de référence, défini en application des articles 11 et 12, par le nombre de jours calendaires à compter du premier jour de la première période d'emploi incluse dans la période de référence mentionnée à l'article 3, jusqu'au terme de cette période de référence, déduction faite des périodes mentionnées au § 2 de l'article 9, auquel est appliqué, le cas échéant, le plafonnement prévu au § 3 du même article.

SECTION 3 *Allocation journalière*

Art. 14 L'allocation journalière servie en application du présent titre est constituée par la somme :
– d'une partie proportionnelle au salaire journalier de référence fixée à 40,4 % de celui-ci ;
– et d'une partie fixe égale à 12 euros.

Lorsque la somme ainsi obtenue est inférieure à 57 % du salaire journalier de référence, ce dernier pourcentage est retenu.

Le montant de l'allocation journalière ainsi déterminé ne peut être inférieur à 29,26 euros, sous réserve des articles 15, 16 et 17.

Les montants mentionnés au présent article sont revalorisés dans les conditions prévues à l'article 20.

Art. 15 L'allocation minimale et la partie fixe de l'allocation d'aide au retour à l'emploi mentionnées à l'article 14 sont, par application d'un coefficient réducteur, réduites proportionnellement à l'horaire particulier de l'intéressé lorsque cet horaire est inférieur à la durée légale du travail le concernant ou à la durée instituée par une convention ou un accord collectif.

Ce coefficient est égal au quotient du nombre d'heures de travail correspondant à l'horaire de l'intéressé pendant la période servant au calcul du salaire de référence par l'horaire légal ou l'horaire de la convention ou de l'accord collectif correspondant à la même période.

Art. 16 L'allocation journalière déterminée en application des articles 14 et 15 est limitée à 75 % du salaire journalier de référence.

Art. 17 L'allocation journalière versée pendant une période de formation mentionnée au *b* de l'article 4 ne peut toutefois être inférieure à 20,96 euros.

Le montant mentionné à l'alinéa précédent est revalorisé dans les conditions prévues à l'article 20.

Art. 17 *bis* § 1 – L'allocation journalière déterminée en application des articles 14 à 16 pour les allocataires âgés de moins de 57 ans à la date de leur fin de contrat de travail est affectée d'un coefficient de dégressivité égal à 0,7 à partir du 183ᵉ jour d'indemnisation.

Toutefois, ce coefficient n'est pas appliqué lorsqu'il a pour effet de porter le montant journalier de l'allocation en dessous d'un plancher fixé à 59,03 euros.

Lorsqu'en application du premier alinéa, l'allocataire se voit appliquer le coefficient de dégressivité, le montant de l'allocation journalière ne peut être inférieur à 84,33 euros.

Les montants mentionnés aux deux alinéas précédents sont revalorisés dans les conditions prévues à l'article 20.

§ 2 – Par dérogation au § 1, l'accomplissement d'une action de formation, soit inscrite dans le projet personnalisé d'accès à l'emploi, soit non inscrite dans ce projet mais financée, en tout ou partie, par la mobilisation du compte personnel de formation, suspend pour la durée correspondante le délai de 182 jours mentionné au premier alinéa du § 1. Un arrêté du ministre chargé de l'emploi définit les finalités et conditions de durée auxquelles doivent répondre ces actions de formation. Il précise également les modalités de mise en œuvre de ces dispositions. – V. Arr. du 11 mars 2020, NOR : MTRD2006573A (JO 27 mars).

§ 3 – Dans le cadre du droit d'option mentionné au § 3 de l'article 26, le choix effectué par l'intéressé en faveur du droit qui aurait été servi en l'absence de reliquat fait repartir le délai de 182 jours mentionné au premier alinéa du § 1 à compter de la date d'ouverture du nouveau droit.

§ 4 – La révision du droit mentionnée à l'article 34 fait repartir le délai de 182 jours mentionné au premier alinéa du § 1 à compter de la date de révision du droit.

(Décr. n° 2023-33 du 26 janv. 2023, art. 2) « § 5 – La prolongation du droit dans les conditions prévues au 2° du § 1er de l'article 9 ou au § 7 du même article ne fait pas repartir le délai de 182 jours mentionné au premier alinéa du § 1er. »

Sans préjudice des mesures de revalorisation devant prendre effet au 1er juill. 2023 en application des dispositions des art. 17 bis et 20 du Règl. d'assurance chômage, le salaire de référence et les montants d'allocations ou de parties d'allocations mentionnés à ces articles peuvent faire l'objet, par décision du conseil d'administration de l'Unédic, d'une revalorisation prenant effet le 1er avr. 2023. Le salaire de référence ainsi revalorisé ne peut excéder les plafonds prévus par les dispositions mentionnées à l'al. préc. (Décr. n° 2023-228 du 30 mars 2023, art. 1er).

Art. 18 § 1 – Le montant, déterminé en application des articles 14 à 17 bis, de l'allocation servie aux allocataires âgés de 50 ans et plus pouvant prétendre à un avantage de vieillesse, ou à un autre revenu de remplacement à caractère viager, y compris ceux acquis à l'étranger, est égal à la différence entre le montant de l'allocation d'aide au retour à l'emploi et une somme calculée en fonction d'un pourcentage de l'avantage de vieillesse ou du revenu de remplacement, selon l'âge de l'intéressé.

Le pourcentage de l'avantage vieillesse ou du revenu de remplacement mentionné à l'alinéa précédent est égal à :
– 25 % pour les allocataires de 50 à 55 ans ;
– 50 % pour les allocataires de 55 à 60 ans ;
– 75 % pour les allocataires de 60 ans et plus.

Sont déduits de l'allocation tous les avantages de vieillesse ou autres avantages directs à caractère viager, liquidés ou liquidables, dont l'acquisition est rendue obligatoire dans l'entreprise.

Toutefois, le montant versé ne peut être inférieur au montant de l'allocation mentionné à l'avant-dernier alinéa de l'article 14, dans les limites fixées aux articles 15 à 17.

Par dérogation aux dispositions du présent paragraphe, les salariés privés d'emploi, dont l'âge est inférieur à l'âge prévu au 1° de l'article L. 5421-4 du code du travail, qui bénéficient d'une pension militaire peuvent percevoir l'allocation d'assurance chômage sans réduction.

§ 2 – Le montant, déterminé en application des articles 14 à 17 bis, de l'allocation servie aux allocataires bénéficiant d'une pension d'invalidité de deuxième ou de troisième catégorie, au sens de l'article L. 341-4 du code de la sécurité sociale ou au sens de toute autre disposition prévue par les régimes spéciaux ou autonomes de sécurité sociale, ou d'une pension d'invalidité acquise à l'étranger, est cumulable avec la pension d'invalidité de deuxième ou de troisième catégorie dans les conditions prévues par l'article R. 341-17 du code de la sécurité sociale, dès lors que les revenus perçus au titre de l'exécution effective de l'activité professionnelle prise en compte pour l'ouverture des droits ou l'indemnité d'activité partielle perçue au cours de cette activité professionnelle ont été cumulés avec la pension. Les indemnités journalières de la sécurité sociale perçues au cours des périodes de suspension du contrat de travail ne constituent pas un revenu permettant de constater ce cumul.

A défaut, l'allocation servie aux allocataires bénéficiant d'une telle pension est égale à la différence entre le montant de l'allocation d'assurance chômage et celui de la pension d'invalidité.

Art. 19 Une participation de 3 % assise sur le salaire journalier de référence tel que défini à l'article 13 réduit l'allocation journalière déterminée en application des articles 14 à 18.

Cette réduction ne peut porter le montant des allocations en-deçà du montant tel que fixé à l'avant-dernier alinéa de l'article 14.

Le produit de cette participation est affecté au financement des retraites complémentaires des allocataires du régime d'assurance chômage.

SECTION 4 *Revalorisation*

Art. 20 Le salaire de référence des allocataires dont le salaire de référence est intégralement constitué par des rémunérations anciennes d'au moins six mois est revalorisé une fois par an par décision du conseil d'administration de l'Unédic ou, en l'absence d'une telle décision, par arrêté du ministre chargé de l'emploi.
Le salaire de référence ainsi revalorisé ne peut excéder quatre fois le plafond de la sécurité sociale mentionné à l'article L. 241-3 du code de la sécurité sociale, en vigueur à la date de la revalorisation.
Il est également procédé, dans les conditions prévues au premier alinéa, à la revalorisation de toutes les allocations, ou parties d'allocations d'un montant fixe.
Ces revalorisations prennent effet le 1er juillet de chaque année.

V. ndlr ss. art. 17 bis.

CHAPITRE V *PAIEMENT*

SECTION 1 *Différés d'indemnisation*

Art. 21 (Décr. n° 2021-346 du 30 mars 2021, art. 2) **§ 1** — La prise en charge est reportée à l'expiration d'un différé d'indemnisation spécifique en cas de prise en charge consécutive à une cessation de contrat de travail ayant donné lieu au versement d'indemnités ou de toute autre somme inhérente à cette rupture, quelle que soit leur nature.
Il est tenu compte[,] pour le calcul de ce différé, des indemnités ou de toute autre somme inhérente à cette rupture, quelle que soit leur nature, dès lors que leur montant ou leurs modalités de calcul ne résultent pas directement de l'application d'une disposition législative.
Il n'est pas tenu compte, pour le calcul de ce différé, des autres indemnités et sommes inhérentes à cette rupture dès lors qu'elles sont allouées par le juge.
Ce différé spécifique correspond à un nombre de jours calendaires égal au nombre entier obtenu en divisant le montant total des indemnités et sommes définies ci-dessus, par 95,8. La valeur de ce diviseur est indexée sur l'évolution du plafond de la sécurité sociale mentionné à l'article L. 241-3 du code de la sécurité sociale en vigueur. Ce différé spécifique est limité à 150 jours calendaires.
En cas de rupture de contrat de travail résultant de l'une des causes énoncées à l'article L. 1233-3 du code du travail, ce différé spécifique, calculé dans les mêmes conditions qu'à l'alinéa précédent, est limité à 75 jours calendaires.
Si tout ou partie de ces sommes est versé postérieurement à la fin du contrat de travail ayant ouvert des droits, le bénéficiaire et l'employeur sont dans l'obligation d'en faire la déclaration. Les allocations qui, de ce fait, n'auraient pas dû être perçues par l'intéressé, doivent être remboursées.
§ 2 — Le différé mentionné au § 1 est augmenté d'un différé d'indemnisation déterminé selon les modalités suivantes.
En cas d'ouverture de droits, ce différé d'indemnisation correspond au nombre de jours qui résulte du quotient du montant total des indemnités compensatrices de congés payés versées à l'occasion de toutes les fins de contrat de travail situées dans les 182 jours précédents la dernière fin de contrat de travail, par le salaire journalier de référence mentionné à l'article 13. Ce différé d'indemnisation est limité à trente jours calendaires, sous réserve des dispositions conventionnelles plus favorables.
En cas de reprise de droits, ce différé d'indemnisation est déterminé à partir du nombre de jours correspondant aux indemnités compensatrices de congés payés versées à l'occasion de toutes les fins de contrat de travail situées dans les 182 jours précédant la dernière fin de contrat de travail ; lorsque cette information fait défaut, le différé est déterminé selon les modalités prévues à l'alinéa précédent.
Si tout ou partie des indemnités compensatrices de congés payés dues est versé postérieurement à la fin du contrat de travail précédant la prise en charge, l'allocataire et l'employeur sont dans l'obligation d'en faire la déclaration. Les allocations qui, de ce fait, n'auraient pas dû être perçue[s] par l'intéressé, doivent être remboursées.
Lorsque l'employeur relève de l'article L. 3141-32 du code du travail, la prise en charge est reportée à l'expiration d'un différé d'indemnisation déterminé à partir du nombre de jours correspondant aux congés payés acquis au titre du dernier emploi.
Lorsque l'indemnité compensatrice de congés payés a été prise en considération pour le calcul du nombre mensuel de jours indemnisables effectué en application de l'article 31 ou a déjà servi à un précédent calcul pour la détermination d'un différé d'indemnisation, il n'est pas procédé à la détermination du différé correspondant à cette indemnité.

§ 3 — Les salariés qui, dans le cadre de conventions de congé conclues en application des articles R. 5111-2, R. 5123-2 et R. 5123-3 du code du travail, utilisent la possibilité qui leur est offerte de recevoir des sommes au titre du dispositif de capitalisation, ne peuvent bénéficier de l'allocation d'assurance chômage qu'à l'expiration d'un différé fonction du temps restant à courir jusqu'à la date qui aurait été celle du terme du paiement des allocations de congé susvisés *[susvisées]*, si celles-ci avaient été versées de manière échelonnée. La durée de ce différé est égale à la moitié du nombre de jours pendant lesquels le contrat de congé aurait pu se poursuivre, arrondi, le cas échéant, au nombre entier immédiatement inférieur.

Ce différé ainsi calculé s'applique de date à date.

Le point de départ de ce différé est le jour de la prise d'effet de la capitalisation.

L'accomplissement, pendant la période couverte par le différé, d'activités salariées ou non, l'exécution de stages durant cette période, la prise en charge par la sécurité sociale au titre de l'assurance maladie, ne reportent pas le terme du différé.

Le différé ainsi calculé est considéré d'office comme ayant atteint son terme lorsqu'au titre des activités accomplies postérieurement à la date de la rupture du contrat de travail consécutive à la demande de versement capitalisé, qui correspond à la date du point de départ du différé, l'intéressé s'ouvre de nouveaux droits en justifiant d'au moins 130 jours travaillés ou 910 heures travaillées dans les 24 mois. En revanche, lorsqu'au titre des activités accomplies postérieurement à celles qui se sont achevées par une adhésion à l'un des congés susvisés, une ouverture de droits est demandée mais ne peut être accordée qu'en retenant des périodes d'emploi effectuées dans la première de ces deux activités, ce différé est calculé suivant les règles prévues aux alinéas précédents. Le point de départ de ce différé correspond alors à la date de la fin du premier des deux contrats de travail.

En cas de décès pendant le différé, il est versé aux ayants droit les sommes prévues à l'article 36.

Ces dispositions sont applicables à une date fixée par Décr. en Conseil d'État pris après avis de la commission nationale de la négociation collective, de l'emploi et de la formation professionnelle (Décr. n° 2021-843 du 29 juin 2021, art. 2).

SECTION 2 *Délai d'attente*

Art. 22 La prise en charge est reportée au terme d'un délai d'attente de sept jours calendaires.

Le délai d'attente s'applique à chaque ouverture de droits, reprise ou rechargement dès lors qu'il n'excède pas sept jours calendaires sur une même période de douze mois.

SECTION 3 *Point de départ du versement*

Art. 23 (*Décr. n° 2021-346 du 30 mars 2021, art. 2*) § 1 — Le différé d'indemnisation déterminé en application du § 1 de l'article 21 court à compter de toutes les fins de contrat de travail situées dans les 182 jours calendaires précédant la dernière fin de contrat de travail précédant la prise en charge. Les indemnités versées à l'occasion de chacune de ces fins de contrat de travail donnent lieu au calcul du différé d'indemnisation spécifique qui commence à courir le lendemain de chacune de ces fins de contrat de travail. Le différé applicable est celui qui expire le plus tardivement.

Le différé d'indemnisation déterminé en application du § 2 de l'article 21 court au plus tôt à compter du lendemain de la dernière fin de contrat de travail précédant la prise en charge ou du lendemain de l'expiration du différé d'indemnisation déterminé en application du § 1 de l'article 21.

§ 2 — Le délai d'attente mentionné à l'article 22 court dès lors que les conditions d'attribution des allocations prévues aux articles 3, 4 et 7 sont remplies et, le cas échéant, à compter du terme du ou des différés d'indemnisation mentionnés à l'article 21 et au plus tôt à la date d'inscription comme demandeur d'emploi.

§ 3 — Le point de départ du versement des allocations peut intervenir au plus tôt :

— à la date d'inscription comme demandeur d'emploi ;

— ou à la date du premier jour du mois au cours duquel la demande d'allocations a été déposée.

Toutefois, si les conditions d'ouverture des droits ne sont pas réunies à cette date, le point de départ du versement est fixé au lendemain de la fin de contrat de travail précédant immédiatement le dépôt de la demande d'allocations.

Ces dispositions sont applicables à une date fixée par Décr. en Conseil d'État pris après avis de la commission nationale de la négociation collective, de l'emploi et de la formation professionnelle (Décr. n° 2021-843 du 29 juin 2021, art. 2).

SECTION 4 *Périodicité*

Art. 24 Les allocations sont payées mensuellement à terme échu pour tous les jours calendaires.

Ce paiement est fonction des événements déclarés chaque mois par l'allocataire.

Conformément aux articles 30 à 33, tout allocataire ayant déclaré une période d'emploi peut bénéficier du cumul de ses rémunérations et de ses allocations, sous réserve de la justification des rémunérations perçues.

Les salariés privés d'emploi peuvent demander des avances et des acomptes sur prestations.

Les acomptes sur prestations correspondent à des paiements partiels à valoir sur le montant d'une somme qui sera due à échéance normale. En cours de mois, l'allocataire peut demander à bénéficier d'un acompte correspondant au nombre de jours indemnisables multiplié par le montant journalier de l'allocation servie à l'intéressé.

Les avances sur prestations correspondent au paiement, au terme d'un calcul provisoire, d'un montant déterminé préalablement à la transmission par l'allocataire du justificatif de sa rémunération perçue dans le cadre de l'exercice d'une activité professionnelle au sens des articles 30 à 32.

Le nombre de jours indemnisables déterminés au terme de cette opération est affecté d'un coefficient, qui ne peut être inférieur à 0,8, fixé par décision du conseil d'administration de l'Unédic, ou, en l'absence d'une telle décision, par arrêté du ministre chargé de l'emploi.

Le montant de l'avance est calculé en fonction des rémunérations déclarées par l'allocataire selon les modalités fixées au deuxième alinéa de l'article 30 et en fonction du montant journalier net de l'allocation servie à l'intéressé.

SECTION 5 *Cessation du paiement*

Art. 25 § 1 – L'allocation d'aide au retour à l'emploi n'est pas due lorsque l'allocataire :

a) Retrouve une activité professionnelle salariée ou non, exercée en France ou à l'étranger, sous réserve de l'application des dispositions des articles 30 à 33 ;

b) Bénéficie de l'aide mentionnée à l'article 35 ;

c) Est pris ou est susceptible d'être pris en charge par la sécurité sociale au titre des prestations en espèces ;

d) Est admis au bénéfice du complément de libre choix d'activité ou de la prestation partagée d'éducation de l'enfant dans le cadre de la prestation d'accueil du jeune enfant ;

e) Est admis au bénéfice de l'allocation journalière de présence parentale mentionnée à l'article L. 544-1 du code de la sécurité sociale *(Décr. n° 2021-346 du 30 mars 2021, art. 2)* « ou de l'allocation journalière de proche aidant mentionnée à l'article L. 168-8 du même code » ;

f) A conclu un contrat de service civique conformément aux dispositions de l'article L. 120-11 du code du service national ;

g) Bénéficie des indemnités ou primes mentionnées aux articles 13 et 14 de la convention du 26 janvier 2015 relative au contrat de sécurisation professionnelle ;

§ 2 – L'allocation d'aide au retour à l'emploi n'est plus due lorsque l'allocataire cesse :

a) De remplir la condition prévue au *c* de l'article 4 ;

Le terme du versement de l'allocation correspond alors à la veille du jour à compter duquel prend effet le versement de la pension de retraite.

b) De remplir la condition prévue au *e* de l'article 4 ;

c) De résider sur le territoire relevant du champ d'application du régime d'assurance chômage défini à l'article 2 du décret auquel est annexé le présent règlement.

§ 3 – *a)* L'allocation versée dans les conditions prévues au § 1 de l'article 6 n'est pas due lorsque l'allocataire est réintégré dans son entreprise ou à la fin de la période de mobilité volontaire lorsqu'il refuse sa réintégration ;

(Décr. n° 2020-741 du 16 juin 2020, art. 9) « *b)* L'allocation versée dans les conditions prévues au § 2 de l'article 6 n'est pas due lorsque l'allocataire est réintégré dans son entreprise au cours ou au terme de ces périodes, lorsqu'il refuse ou ne sollicite pas sa réintégration, lorsqu'il demande le renouvellement de son congé ou lorsqu'il démissionne du contrat de travail le liant à son entreprise. »

SECTION 6 *Conditions de poursuite et reprise du paiement*

Art. 26 § 1 – Le salarié privé d'emploi qui a cessé de bénéficier du service des allocations, alors que la période d'indemnisation précédemment ouverte n'était pas épuisée, peut bénéficier d'une reprise de ses droits, c'est-à-dire du reliquat de cette période d'indemnisation, après application, le cas échéant, *(Décr. n° 2023-33 du 26 janv. 2023, art. 2)* « du § 5 de l'article 9 » et de l'article 10 dès lors que :

a) Le temps écoulé depuis la date d'admission à la période d'indemnisation considérée n'est pas supérieur à la durée de cette période augmentée de trois ans de date à date ;
b) Il n'a pas renoncé volontairement à la dernière activité professionnelle salariée éventuellement exercée ou à une autre activité professionnelle salariée dans les conditions prévues au *e* de l'article 4. *(Décr. n° 2019-1106 du 30 oct. 2019, art. 2)* « Cette condition est opposable au salarié démissionnaire en cessation d'inscription comme demandeur d'emploi au moment du contrôle prévu au II de l'article L. 5426-1-2 du code du travail. » Cette condition n'est toutefois pas opposable :
— aux salariés privés d'emploi qui peuvent recevoir le reliquat d'une période d'indemnisation leur donnant droit au service des allocations jusqu'à l'âge auquel ils ont droit à la retraite à taux plein, et au plus tard jusqu'à l'âge prévu au 2° de l'article L. 5421-4 du code du travail ;
— aux salariés privés d'emploi qui ne justifient pas de 65 jours travaillés ou 455 heures travaillées.
Le salarié privé d'emploi postérieurement à la création ou reprise de l'entreprise ayant ouvert le droit à l'aide prévue à l'article 35, peut bénéficier dans les conditions prévues au présent article d'une reprise de son reliquat de droit déterminé après l'imputation prévue à l'article 35. La reprise du paiement de ce reliquat peut intervenir au plus tôt après le second versement de l'aide et à l'expiration d'un délai correspondant au nombre de jours indemnisés au titre de ce versement, le délai courant à compter de la date dudit versement. — *Ce paragraphe ainsi que les dispositions correspondantes de ses annexes sont applicables, à compter du 1er avr. 2020, à l'ensemble des travailleurs privés d'emploi quelle que soit la convention relative à l'indemnisation du chômage dont ils relèvent (Décr. n° 2019-797 du 26 juill. 2019, art. 5-III).*

§ 1 *bis* — Une reprise des droits du salarié démissionnaire qui a cessé de bénéficier du service des allocations dans les conditions prévues au 2° *bis* de l'article R. 5426-3 du code du travail, ne peut être accordée à l'intéressé que dès lors que :
a) Le temps écoulé depuis la date d'admission à la période d'indemnisation considérée n'est pas supérieur à la durée de cette période augmentée de trois ans de date à date ;
b) Le salarié démissionnaire :
— soit justifie d'une durée d'affiliation d'au moins 65 jours travaillés ou 455 heures travaillées depuis sa démission ;
— soit apporte auprès de l'instance paritaire mentionnée à l'article L. 5312-10 du code du travail des éléments attestant ses recherches actives d'emploi, ainsi que ses éventuelles reprises d'emploi de courte durée et ses démarches pour entreprendre des actions de formation.
L'examen de cette situation, à la demande de l'intéressé, ne peut intervenir qu'à l'issue d'un délai de 121 jours suivant la date à laquelle il a été radié de la liste des demandeurs d'emploi. Le point de départ de la reprise des droits est fixé au 122e jour à compter de cette date.

§ 2 — Lorsque le salarié privé d'emploi en cours d'indemnisation justifie d'au moins 65 jours travaillés ou 455 heures travaillées depuis sa précédente ouverture de droits, la poursuite de l'indemnisation est subordonnée au fait qu'il ne renonce pas volontairement à sa dernière activité professionnelle salariée.
Cette condition n'est pas opposable lorsque le départ volontaire met fin à une activité qui a duré moins de six jours travaillés ou qui représente moins de 17 heures travaillées par semaine.
Cette condition n'est pas opposable aux salariés privés d'emploi qui peuvent recevoir le reliquat d'une période d'indemnisation leur donnant droit au service des allocations jusqu'à l'âge auquel ils ont droit à la retraite à taux plein, et au plus tard jusqu'à l'âge prévu au 2° de l'article L. 5421-4 du code du travail.
Tout départ volontaire non opposable en application des alinéas ci-dessus, d'une part ne peut être remis en cause ultérieurement, d'autre part ne s'oppose pas à la révision du droit consécutive à la perte d'une activité conservée en cours d'indemnisation.

§ 3 — Le salarié privé d'emploi, qui a cessé de bénéficier du service des allocations alors que la période d'indemnisation précédemment ouverte n'était pas épuisée, peut, à sa demande, opter pour l'ouverture de droits à laquelle il aurait été procédé dans les conditions et modalités fixées au présent titre, en l'absence de reliquat de droits, si les deux conditions suivantes sont satisfaites :
— il totalise des périodes d'emploi dans les conditions définies par l'article 3, d'une durée d'au moins 130 jours travaillés ou 910 heures travaillées ;
— le montant de l'allocation journalière du reliquat de droit est inférieur ou égal à 20 euros ou le montant global du droit qui aurait été servi en l'absence de reliquat est supérieur d'au moins 30 % au montant global du reliquat, ces montants étant déterminés conformément aux articles 14 à 16 et 17 *bis* à 19.

L'option peut être exercée à l'occasion d'une reprise des droits consécutive à une fin de contrat de travail qui n'a pas déjà donné lieu à cette possibilité.

Le choix du droit qui aurait été servi en l'absence de reliquat est irrévocable.

En cas d'exercice de l'option, le reliquat de droits issu de l'ouverture de droits précédente est déchu. La prise en charge prend effet à compter de la demande de l'allocataire.

L'allocataire qui réunit les conditions requises pour exercer l'option est informé du caractère irrévocable de l'option, de la perte du reliquat de droits qui en résulte, des caractéristiques de chacun des deux droits concernant notamment la durée et le montant de l'allocation journalière et des conséquences de l'option sur le rechargement des droits.

L'option peut être exercée dans un délai de 21 jours à compter de la date de la notification de l'information mentionnée ci-dessus.

La décision de l'allocataire doit être formalisée par écrit.

§ 4 — Le salarié privé d'emploi qui a cessé de bénéficier du service des allocations en application du b du § 3 de l'article 25 alors que la période d'indemnisation précédemment ouverte n'était pas épuisée, peut bénéficier d'une reprise de ses droits, après application, le cas échéant, *(Décr. n° 2023-33 du 26 janv. 2023, art. 2)* « du § 5 de l'article 9 » et de l'article 10, dès lors qu'il remplit les conditions prévues par le présent article et qu'il justifie d'une activité d'au moins 65 jours travaillés ou 455 heures travaillées postérieurement à l'évènement ayant entraîné la cessation de paiement.

SECTION 7 *Prestations indues*

Art. 27 § 1 — Les personnes qui ont indûment perçu des allocations ou des aides prévues par le présent règlement doivent les rembourser. Ce remboursement est réalisé sans préjudice des sanctions pénales résultant de l'application de la législation en vigueur, pour celles d'entre elles ayant fait sciemment des déclarations inexactes ou présenté des attestations mensongères en vue d'obtenir le bénéfice de ces allocations ou aides.

§ 2 — Dès sa constatation, l'indu est notifié à l'allocataire par courrier. Cette notification comporte notamment, pour chaque versement indu, le motif, la nature et le montant des sommes réclamées, la date du versement indu, les voies de recours ainsi que le délai de deux mois pour la contestation de l'indu mentionnée à l'article R. 5426-19 du code du travail.

Comme le prévoit l'article L. 5426-8-1 du code du travail, en l'absence de contestation du caractère indu par l'allocataire dans le délai imparti, il est procédé à la retenue d'une fraction sur les allocations à payer, sans que cette retenue ne puisse excéder la partie saisissable des allocations.

Comme le prévoit l'article L. 5426-8-2 du code du travail, en l'absence de remboursement, et après mise en demeure, une contrainte est délivrée pour la récupération de l'indu qui, à défaut d'opposition de l'allocataire dans un délai de quinze jours devant la juridiction compétente, comporte tous les effets d'un jugement.

§ 3 — La demande de remise de dette comme *(Décr. n° 2019-1106 du 30 oct. 2019, art. 2)* « le recours contre une décision de Pôle emploi en matière de remboursement échelonné », sont examinées *[examinés]* dans les conditions prévues aux articles 46 et 46 bis.

TITRE II MESURES FAVORISANT LE RETOUR À L'EMPLOI ET LA SÉCURISATION DES PARCOURS PROFESSIONNELS

CHAPITRE I *LES DROITS RECHARGEABLES*

Art. 28 § 1 — A la date d'épuisement des droits, le rechargement est subordonné à la condition que le salarié justifie d'une durée d'affiliation au régime d'assurance chômage telle que définie au § 1 de l'article 3, d'au moins 910 heures travaillées ou 130 jours travaillés au titre d'une ou plusieurs activités exercées antérieurement à la date de fin des droits.

La fin du contrat de travail prise en considération pour le rechargement des droits est en principe la dernière qui précède l'épuisement des droits.

Toutefois, si au titre de cette fin de contrat de travail, les conditions prévues à l'article 3 ne sont pas satisfaites, le salarié peut bénéficier d'un rechargement des droits s'il est en mesure de justifier que les conditions requises se trouvaient satisfaites au titre d'une fin de contrat de travail antérieure, sous réserve que celle-ci se soit produite postérieurement à celle ayant permis l'ouverture des droits initiale.

Sont prises en considération, toutes les périodes d'emploi comprises dans le délai de 24 mois qui précède cette rupture et postérieures à la fin du contrat de travail prise en considération pour l'ouverture des droits initiale.

Le délai de 24 mois est porté à 36 mois pour les salariés âgés d'au moins 53 ans et plus lors de la fin de contrat de travail (terme du préavis) considérée.

Seules sont prises en considération les activités déclarées lors de l'actualisation mensuelle à la fin de chaque mois et attestées ultérieurement, notamment par l'envoi de bulletins de salaire.

§ 2 – Le droit versé au titre du rechargement des droits est déterminé selon les mêmes conditions et modalités que celles prévues au titre I.

(Décr. n° 2023-33 du 26 janv. 2023, art. 2) « § 3 – En cas d'attribution du complément de fin de droits dans les conditions prévues au 2° du § 1er de l'article 9, ou du complément de fin de formation mentionné au § 7 du même article, les droits rechargés sont calculés et versés à l'expiration de ces compléments. »

Art. 29 *Abrogé.*

CHAPITRE II *LES DROITS DES ALLOCATAIRES EXERÇANT UNE ACTIVITÉ PROFESSIONNELLE*

SECTION 1 *Allocataires reprenant une activité professionnelle*

Art. 30 Le salarié privé d'emploi qui remplit les conditions fixées au présent titre peut cumuler les rémunérations issues d'une ou plusieurs activités professionnelles salariées ou non et l'allocation d'aide au retour à l'emploi.

Les activités prises en compte sont celles exercées en France ou à l'étranger, déclarées lors de l'actualisation mensuelle et justifiées dans les conditions définies au § 1 de l'article 28 et à l'article 32 *bis*.

Art. 31 Les rémunérations issues de l'activité professionnelle réduite ou occasionnelle reprise sont cumulables, pour un mois civil donné, avec une partie des allocations journalières au cours du même mois, dans la limite du salaire brut antérieurement perçu par l'allocataire, selon les modalités ci-dessous.

Le nombre de jours indemnisables au cours du mois est déterminé comme suit :
– 70 % des rémunérations brutes d'activité exercées au cours d'un mois civil sont soustraites du montant total des allocations journalières qui auraient été versées pour le mois considéré en l'absence de reprise d'emploi et sans application du coefficient de dégressivité mentionné à l'article 17 *bis* ;
– le résultat ainsi obtenu est divisé par le montant de l'allocation journalière déterminée aux articles 14 à 18, sans application du coefficient de dégressivité mentionné à l'article 17 *bis* ;
– le quotient ainsi obtenu, arrondi à l'entier le plus proche, correspond au nombre de jours indemnisables du mois ;
– le cumul des allocations et des rémunérations ne peut excéder le montant mensuel du salaire de référence.

Art. 32 Le cumul des allocations et des rémunérations pour un mois donné est déterminé en fonction des déclarations d'activités effectuées conformément au second alinéa de l'article 30 et des justificatifs de rémunérations produits avant le paiement de l'allocation.

Lorsque l'allocataire n'est pas en mesure de fournir les justificatifs de paiement et ses rémunérations avant l'échéance du versement des allocations, et afin de ne pas le priver de revenus, il est procédé à un calcul provisoire d'un montant payable sous forme d'avance dans les conditions prévues à l'article 24 ou à l'article 32 *bis*. Le relevé mensuel de situation adressé à l'allocataire indique le caractère provisoire du paiement et les modalités de sa régularisation.

Au terme du mois suivant l'exercice de l'activité professionnelle :
– si l'allocataire a fourni les justificatifs ou en cas de déclarations complémentaires ou rectificatives, le calcul définitif du montant dû est établi au vu desdits justificatifs ou déclarations, et le paiement définitif est effectué, déduction faite de l'avance ;
– si l'allocataire n'a pas fourni les justificatifs, il est procédé à la récupération des sommes avancées sur le paiement du mois considéré et, s'il y a lieu, sur le ou les paiements ultérieurs.

A défaut de récupération des sommes avancées au cours du mois civil qui suit le versement, aucun nouveau paiement provisoire ne peut être effectué.

En tout état de cause, la fourniture des justificatifs entraîne la régularisation de la situation de l'allocataire.

La déclaration sociale nominative prévue aux articles L. 133-5-3, R. 133-13 et R. 133-14 du code de la sécurité sociale et les relevés des contrats de mission prévus à l'article

L. 1251-46 du code du travail permettent notamment de vérifier la cohérence et l'exhaustivité des éléments d'information transmis par l'allocataire.

Art. 32 bis Pour les créateurs ou repreneurs d'entreprise placés sous le régime microsocial défini à l'article L. 133-6-8 du code de la sécurité sociale, la rémunération mentionnée au premier alinéa de l'article 31 correspond au chiffre d'affaires auquel est appliqué l'abattement forfaitaire pour frais professionnels mentionné aux articles 50-0, 64 bis et 102 ter du code général des impôts.

Les créateurs ou repreneurs d'entreprise doivent justifier du montant de leur rémunération issue de l'exercice de leur activité professionnelle non salariée. Le cumul des allocations et de rémunérations pour un mois donné est déterminé en fonction des déclarations d'activités effectuées conformément au deuxième alinéa de l'article 30 et des justificatifs de rémunération produits avant le paiement de l'allocation.

§ 1 – Paiement par avance sur la base des rémunérations déclarées

Lorsque le créateur ou repreneur d'entreprise ne peut justifier du montant de ses rémunérations professionnelles, il est procédé à un paiement par avance, à partir du montant des rémunérations déclarées lors de l'actualisation mensuelle, conformément à l'article 32. Ainsi, le nombre de jours indemnisables, déterminé conformément à l'article 31, est affecté d'un coefficient égal à 0,8.

Le calcul définitif du montant dû est établi au vu des justificatifs et le paiement définitif est effectué déduction faite de l'avance.

L'absence de production des justificatifs des rémunérations donne lieu à récupération des sommes avancées sur le paiement du mois considéré et, s'il y a lieu, sur le ou les paiements ultérieurs.

A défaut de récupération des sommes avancées au cours du mois civil qui suit le versement, aucun nouveau paiement provisoire ne peut être effectué. La fourniture ultérieure des justificatifs entraîne la régularisation de la situation de l'allocataire.

§ 2 – Paiement provisoire en l'absence de déclaration des rémunérations

Lorsque la rémunération issue de l'activité professionnelle non salariée ne peut être déterminée, il est versé, à titre provisoire, 70 % du montant de l'allocation qui aurait été versée en l'absence d'exercice d'activité professionnelle non salariée.

Une régularisation annuelle est effectuée à partir des rémunérations réelles soumises à cotisations de sécurité sociale.

SECTION 2 *Allocataires ayant plusieurs activités professionnelles et perdant successivement l'une ou plusieurs d'entre elles*

SOUS-SECTION 1 *Modalités de calcul*

Art. 33 Le salarié qui exerce plusieurs activités peut, en cas de perte d'une ou plusieurs d'entre elles dans les conditions du présent titre, cumuler intégralement les rémunérations professionnelles salariées ou non issues des activités conservées avec l'allocation d'aide au retour à l'emploi calculée sur la base des salaires de l'activité perdue, conformément aux articles 14 à 16 et 17 bis dans les conditions prévues aux articles 30 et 32.

L'activité est considérée comme conservée dès lors qu'elle a été effectivement exercée concomitamment à l'activité perdue et qu'il existe dans la période de référence mentionnée à l'article 11, un cumul des rémunérations issues de cette activité avec les rémunérations issues de l'une ou plusieurs des activités perdues. A défaut, les règles des articles 30 à 32 bis sont applicables.

SOUS-SECTION 2 *Révision du droit*

Art. 34 En cas de perte involontaire d'une activité conservée en cours d'indemnisation, sous réserve de justifier des conditions fixées au titre I et par dérogation à l'article 28, un nouveau droit à l'allocation d'aide au retour à l'emploi est déterminé en additionnant :
– le montant global du reliquat de droits résultant de la précédente admission ;
– le montant global des droits issus de l'activité conservée perdue qui auraient été ouverts en l'absence de l'ouverture de droits précédente.

Ces montants sont calculés sur la base des montants d'allocation journalière déterminés en application des articles 14 à 16 et, le cas échéant, de l'article 17 bis.

Le montant de l'allocation journalière correspond à la somme des montants de l'allocation journalière de la précédente admission et de l'allocation journalière qui aurait été servie en l'absence de reliquat, dans les limites mentionnées aux articles 14 à 16.

Lorsque l'allocation journalière déterminée dans les conditions prévues au précédent alinéa est soumise au coefficient de dégressivité en application de l'article 17 bis, la durée d'indemnisation est constituée :
— d'une première période de 182 jours indemnisés au titre de l'allocation journalière du nouveau droit déterminée en application des articles 14 à 16 ;
— à laquelle s'ajoute une seconde période égale au quotient du reliquat du capital de droit au 183e jour par le montant de l'allocation journalière du nouveau droit affectée par la dégressivité, déterminée en application des articles 14 à 16 et 17 bis.
Cette durée d'indemnisation ne peut dépasser les limites fixées *(Décr. n° 2023-33 du 26 janv. 2023, art. 2)* « au § 4 de l'article 9 ».
Dans le cas contraire, la durée d'indemnisation est égale au quotient du nouveau montant global de droits par le montant de l'allocation journalière, arrondi à l'entier supérieur, dans les limites fixées *(Décr. n° 2023-33 du 26 janv. 2023, art. 2)* « au § 4 de l'article 9.
« Le complément de fin de droits prévu au 2° du § 1er de l'article 9 est égal au quotient de la somme du complément de fin de droits qui aurait pu lui être attribué au titre de la précédente admission en l'absence de révision du droit et du complément de fin de droits qui aurait été ouvert au titre de l'activité conservée perdue, par l'allocation journalière mentionnée au 5e alinéa du présent article. »

CHAPITRE III *AIDE À LA REPRISE OU À LA CRÉATION D'ENTREPRISE*

Art. 35 Une aide à la reprise ou à la création d'entreprise est attribuée à l'allocataire qui justifie de l'obtention de l'exonération mentionnée à l'article L. 131-6-4 du code de la sécurité sociale.
Cette aide ne peut être attribuée en cas de création ou de reprise d'une entreprise à l'étranger.
Cette aide ne peut être servie simultanément au cumul d'une allocation d'aide au retour à l'emploi avec une rémunération, mentionné aux articles 30 à 33. Elle ne peut se cumuler simultanément, pour le même emploi, avec les indemnités et primes mentionnées aux articles 13 et 14 de la convention du 26 janvier 2015 relative au contrat de sécurisation professionnelle.
Le montant de l'aide est *(Décr. n° 2023-33 du 26 janv. 2023, art. 2)* « égal à 60 % » d'un capital correspondant au produit du nombre de jours au titre desquels l'allocation reste due à la date d'attribution de l'aide par le montant de l'allocation journalière servie à cette date.
L'aide donne lieu à deux versements égaux :
— le premier paiement intervient à la date à laquelle l'intéressé réunit l'ensemble des conditions d'attribution de l'aide, après expiration, le cas échéant, des différés mentionnés à l'article 21 et du délai d'attente mentionné à l'article 22 dans les conditions prévues à l'article 23 ;
— le second paiement intervient six mois après la date du premier paiement, sous réserve que l'intéressé justifie toujours exercer l'activité au titre de laquelle l'aide a été accordée.
La durée que représente le montant de l'aide versée est imputée sur le reliquat des droits restant à la date d'attribution de l'aide. Le cas échéant, cette imputation est effectuée en priorité sur la part du reliquat qui est affectée par la dégressivité mentionnée à l'article 17 bis.
En Guadeloupe, en Guyane, à la Martinique, à la Réunion, à Saint-Barthélemy, à Saint-Martin et à Saint-Pierre-et-Miquelon, les allocataires bénéficient de l'exonération de cotisations et de contributions prévue par l'article L. 756-5 du code de la sécurité sociale, pour une période de 24 mois, sont dispensés de justifier de l'obtention de l'exonération mentionnée au premier alinéa.

TITRE III **AUTRES INTERVENTIONS**

CHAPITRE I *ALLOCATION DÉCÈS*

Art. 36 En cas de décès d'un allocataire en cours d'indemnisation ou au cours d'une période de différé d'indemnisation ou de délai d'attente, il est versé à son conjoint une somme égale à 120 fois le montant journalier de l'allocation dont bénéficiait ou aurait bénéficié le défunt.
Cette somme est majorée de 45 fois le montant de ladite allocation journalière pour chaque enfant à charge au sens de la législation de la sécurité sociale.

C. CHÔMAGE   **III. Placement et emploi**

CHAPITRE II *AIDE POUR CONGÉS NON PAYÉS*

Art. 37 Le salarié qui a bénéficié de l'allocation d'assurance chômage ou de l'allocation de solidarité spécifique pendant la période de référence des congés payés ou pendant la période qui lui fait suite immédiatement, et dont l'entreprise ferme pour congés payés, peut obtenir une aide pour congés non payés.

Le montant de l'aide est déterminé en tenant compte du nombre de jours de fermeture de l'entreprise et des droits à congés payés éventuellement acquis au titre de l'emploi en cours.

CHAPITRE III *AIDE À L'ALLOCATAIRE ARRIVANT AU TERME DE SES DROITS*

Art. 38 L'allocataire dont les droits arrivent à terme au titre de l'assurance chômage, et qui ne bénéficie pas d'une allocation du régime de solidarité pour un motif autre que la condition de ressources, peut, à sa demande, bénéficier d'une aide forfaitaire.

Le montant de l'aide est égal à 27 fois la partie fixe de l'allocation mentionnée au troisième alinéa de l'article 14.

TITRE IV LES DEMANDES D'ALLOCATIONS ET D'AIDES, ET L'INFORMATION DU SALARIÉ PRIVÉ D'EMPLOI

CHAPITRE I *LES DEMANDES D'ALLOCATIONS ET D'AIDES, ET LE DISPOSITIF DE RECHARGEMENT DES DROITS*

SECTION 1 *Examen des droits des salariés privés d'emploi*

Art. 39 § 1 — La demande d'allocations

Le versement des allocations d'aide au retour à l'emploi est conditionné au dépôt d'une demande d'allocations dont le contenu est fixé par l'Unédic et transmise par voie électronique, à Pôle emploi, dans les conditions prévues par les articles R. 5312-38 à R. 5312-46 du code du travail.

A défaut de parvenir lui-même à déposer cette demande, le salarié privé d'emploi peut procéder à cette demande dans les services de Pôle emploi, également par voie électronique.

Pour être recevable, la demande d'allocations doit être authentifiée par le salarié privé d'emploi qui communique son numéro d'inscription au répertoire national d'identification des personnes physiques (NIR), ou son attestation d'assujettissement à un des régimes de sécurité sociale gérés par la Caisse des français à l'étranger, ou, à défaut, son titre de séjour. Ces données sont (*Décr. n° 2019-1106 du 30 oct. 2019, art. 2*) « certifiées ou vérifiées » dans les conditions prévues par l'article (*Décr. n° 2019-1106 du 30 oct. 2019, art. 2*) « R. 5312-41 » du code du travail.

Lors du dépôt de sa demande, le demandeur d'emploi atteste de l'exactitude et de la complétude des données portées dans la demande d'allocations. Il atteste également de l'exactitude et de la complétude de ses déclarations lors de l'actualisation mensuelle de son inscription.

Toute demande incomplète fait l'objet d'une demande de pièce(s) complémentaire(s).

Le premier jour pouvant donner lieu au versement d'allocations au titre de l'ouverture d'un droit ne peut être antérieur à la date de dépôt de la demande mentionnée au premier alinéa.

Les informations nominatives contenues dans la demande d'allocation sont enregistrées, en application de l'article R. 5312-42 du code du travail, dans le but de rechercher les cas de multiples dépôts de demandes d'allocations par une même personne pour la même période de chômage.

§ 2 — Le dispositif de rechargement des droits

Afin d'assurer la continuité du service des allocations, un courrier comportant les données disponibles et utiles à la détermination du rechargement des droits est adressé au demandeur d'emploi, trente jours au moins avant la fin prévisionnelle de ses droits. Ces données sont complétées par l'intéressé, le cas échéant, dans le mois suivant leur transmission.

A défaut de réponse de l'intéressé à la date d'épuisement des droits, le rechargement est effectué, conformément à l'article 28, sur la base des informations disponibles. Celles-ci doivent permettre notamment d'apprécier si les conditions d'affiliation minimale et de chômage involontaire sont vérifiées.

§ 3 — La révision du droit en cas de perte, en cours d'indemnisation, d'une ou plusieurs activités professionnelles ayant été exercées de façon concomitante.

En cas de perte involontaire d'une activité conservée en cours d'indemnisation ou lors d'une prise en charge, l'allocataire bénéficie de la révision de son droit conformément à l'article 34, sur la base des informations communiquées à Pôle emploi, notamment lors de son actualisation mensuelle.

Art. 40 § 1 — La détermination des droits aux allocations du salarié privé d'emploi est effectuée sur la base des informations transmises par les employeurs par la déclaration sociale nominative prévue par l'article L. 133-5-3 du code de la sécurité sociale et, le cas échéant, par les formulaires dont les modèles sont établis par l'Unédic, conformément à l'article R. 1234-10 du code du travail.

§ 2 — Informations lors de la demande d'allocations

La demande d'allocations, transmise par voie électronique ou non, indique au salarié privé d'emploi que tout changement de sa situation personnelle ou professionnelle susceptible de modifier ses conditions de prise en charge doit être communiqué immédiatement. Il s'agit notamment des changements ayant des effets sur :
— le montant de l'allocation ;
— le montant du droit ouvert ;
— le nombre de jours indemnisables ;
— les conditions de récupération des sommes indûment versées ;
— la détermination de la fraction saisissable des allocations.

§ 3 — Recevabilité de la demande d'allocations

La demande d'allocations est recevable dès lors qu'elle est complétée, datée et authentifiée par voie électronique dans les conditions prévues par le décret n° 2016-729 du 1er juin 2016, et que le salarié privé d'emploi a communiqué son numéro d'inscription au répertoire national d'identification des personnes physiques (NIR), ou une attestation d'assujettissement à un des régimes de sécurité sociale gérés par la Caisse des Français à l'étranger, ou, à défaut, son titre de séjour. Ces données sont certifiées par Pôle emploi dans les conditions prévues par l'article R. 5312-41 du code du travail.

A défaut, une demande des éléments manquants est transmise à l'intéressé par voie électronique ou par courrier.

Dans tous les cas, la demande d'allocations et la demande d'éléments manquants sont enregistrées.

§ 4 — Instruction de la demande d'allocations et examen des droits en vue du rechargement

Lorsque les éléments renseignés par le salarié privé d'emploi dans la demande d'allocations sont suffisants pour ouvrir un droit ou permettre la reprise du versement des allocations, celle-ci est instruite à compter de son enregistrement en vue d'une notification à l'intéressé, même si des éléments d'information complémentaires sont susceptibles de modifier le montant de l'allocation d'assurance ou la durée du droit ouvert.

Dans ce cas, la notification du droit est accompagnée d'une demande de pièces complémentaires.

Les demandes d'allocations, à l'exception de celles présentées par les salariés mentionnés aux § 3 et § 4 de l'article 2, doivent être justifiées des pièces permettant d'apprécier le caractère involontaire de leur perte d'emploi.

Lorsqu'aucun droit ne peut être ouvert en l'absence des informations nécessaires, une demande précisant la liste des pièces complémentaires requises et leur délai de communication est adressée à l'intéressé. La demande de pièces complémentaires et leur retour sont enregistrés.

A défaut de réception des pièces complémentaires dans le délai, l'intéressé est informé du délai dont il dispose pour communiquer les éléments manquants. Au terme de ce délai, à défaut de réception des pièces complémentaires, la demande d'allocations est classée sans suite.

Les éléments pris en compte en vue du rechargement sont communiqués à l'allocataire au moins trente jours avant la date d'épuisement des droits.

L'absence de réponse de l'intéressé dans ce délai ne fait pas échec au rechargement, ni à la possibilité pour l'allocataire de communiquer postérieurement des informations complémentaires ou rectificatives.

Le cas échéant, le droit issu du rechargement est modifié et fait l'objet d'une notification à l'intéressé conformément au § 3.

SECTION 2 *Autres demandes*

Art. 41 Demande d'aide à la reprise ou à la création d'entreprise

La demande d'aide à la reprise ou à la création d'entreprise est remise à l'allocataire sur sa demande. Le formulaire, conforme à un modèle établi par l'Unédic, est complété, daté et signé par l'allocataire.

Art. 42 Demandes portant sur les autres interventions
Les demandes d'aides prévues aux articles 36 à 38 sont présentées sur la base d'un formulaire dont le modèle est établi par l'Unédic.

CHAPITRE II *LA NOTIFICATION DES DROITS ET L'INFORMATION SUR LE PAIEMENT DES ALLOCATIONS*

Art. 43 § 1 — La notification d'admission adressée au salarié privé d'emploi comporte les informations relatives :
— au nom de l'allocation ;
— à la date du premier jour indemnisé ;
— à la durée d'affiliation en jours travaillés ;
— à la durée du droit correspondante, déterminée en jours calendaires ;
— au montant du salaire de référence ;
— au montant journalier de l'allocation, en précisant le taux de remplacement auquel correspond l'allocation, en pourcentage du montant brut du salaire de référence.

Pour les allocataires soumis au dispositif de dégressivité, la notification comporte également les informations relatives au montant journalier et à la durée pendant laquelle l'allocation est servie sans application du coefficient mentionné à l'article 17 *bis*, ainsi qu'au montant journalier et à la durée pendant laquelle l'allocation est affectée de ce coefficient.

Cette notification l'informe également de l'intérêt d'une reprise d'activité professionnelle ainsi que des conséquences de la perte d'une activité conservée en cours d'indemnisation.

Elle indique, en outre, que lorsque le salarié privé d'emploi en cours d'indemnisation justifie d'au moins 65 jours travaillés ou 455 heures travaillées, la poursuite de l'indemnisation est subordonnée au fait qu'il ne renonce pas volontairement à sa dernière activité professionnelle salariée, dans les conditions prévues au § 2 de l'article 26.

Pour l'allocataire relevant du § 4 de l'article 2, la notification l'informe en outre des dispositions de l'article L. 5426-1-2 du code du travail, notamment s'agissant du contrôle spécifique réalisé par Pôle emploi au plus tard à l'issue d'une période de six mois suivant l'ouverture du droit à l'allocation d'aide au retour à l'emploi.

§ 2 — L'allocataire est informé, chaque mois, du montant et de la date de paiement de ses allocations et, en cas d'exercice d'une activité professionnelle en cours d'indemnisation, du nombre de jours d'indemnisation restants.

§ 3 — La notification de reprise du versement des allocations précise également la date à partir de laquelle le paiement des allocations est poursuivi.

La notification du rechargement des droits précise les éléments retenus pour le calcul de l'allocation et la détermination de la durée d'indemnisation.

§ 4 — Lorsque l'intéressé ne remplit pas les conditions d'attribution ou de reprise du versement des allocations, une notification de rejet lui est adressée, précisant notamment le motif de la décision et la référence au texte règlementaire. Il en est notamment ainsi lorsqu'il ne peut être justifié de la condition de chômage involontaire prévue au § 1 de l'article 26.

§ 5 — Lorsque la décision peut être prise après examen de la demande par l'instance paritaire mentionnée à l'article L. 5312-10 du code du travail, le salarié privé d'emploi est informé de la procédure applicable et de la date à laquelle sa demande sera examinée. Dès que l'instance compétente a statué sur sa demande, une notification est adressée à l'intéressé l'informant de sa décision.

(Décr. n° 2023-33 du 26 janv. 2023, art. 2) « § 6 — Lorsqu'il y a lieu d'attribuer à l'allocataire le complément de fin de droits prévu au 2° du § 1ᵉʳ de l'article 9, ce complément lui est notifié, dès que possible, à partir du trentième jour précédant la fin prévisionnelle de ses droits. La notification comporte les informations relatives :

« — à la durée du complément de fin de droits, déterminée en jours calendaires ;

« — au montant journalier de l'allocation ;

« — à la possibilité pour le demandeur d'emploi d'exercer le droit d'option mentionné au § 3 de l'article 26.

« § 7 — En cas d'attribution d'un complément de fin de formation dans les conditions définies au § 7 de l'article 9, la notification à l'allocataire comporte les informations relatives :

« — à la durée du complément, déterminée en jours calendaires ;

« – au montant journalier de l'allocation. »

§ 8 – Les modèles de notification comprenant les éléments d'information mentionnés au présent article font l'objet d'un examen préalable par le bureau de l'Unédic.

§ 9 – La convention pluriannuelle prévue à l'article L. 5312-3 du code du travail précise les délais de traitement et de notification des décisions d'admission ou de rejet de la demande d'allocations.

Les § 6 et § 7 deviennent respectivement les § 8 et § 9 (Décr. n° 2023-33 du 26 janv. 2023, art. 2-10°).

TITRE V LES PRESCRIPTIONS

SECTION 1 *Prescription de la demande de paiement*

Art. 44 § 1 – Le délai de prescription de la demande en paiement de l'allocation d'aide au retour à l'emploi est de deux ans suivant la date d'inscription comme demandeur d'emploi.

§ 2 – Le délai de prescription de la demande en paiement des créances mentionnées aux articles 35 à 38 est de deux ans suivant le fait générateur de la créance.

SECTION 2 *Prescription de l'action en paiement*

Art. 45 L'action en paiement des allocations ou des autres créances mentionnées à l'article 44, qui doit être obligatoirement précédée du dépôt de la demande mentionnée à cet article, se prescrit par deux ans à compter de la date de notification de la décision.

TITRE VI LES INSTANCES PARITAIRES

Art. 46 Les instances paritaires mentionnées à l'article L. 5312-10 du code du travail sont compétentes pour examiner les catégories de cas énumérées à l'article 46 *bis*. Elles doivent alors procéder à un examen particulier des situations *(Décr. n° 2019-1106 du 30 oct. 2019, art. 2)* « en prenant en compte les circonstances mentionnées à l'article 46 *bis* ».

Art. 46 *bis* Les catégories de cas mentionnées à l'article 46 sont celles mentionnées aux § 1 à § 7.

§ 1 – Cas de départ volontaire d'un emploi précédemment occupé

Une ouverture de droit aux allocations ou un rechargement ou une reprise des droits peut être accordé au salarié qui a quitté volontairement son emploi *(Décr. n° 2019-1106 du 30 oct. 2019, art. 2)* « ou au salarié démissionnaire en cessation d'inscription comme demandeur d'emploi au moment du contrôle prévu au II de l'article L. 5426-1-2 du code du travail », et dont l'état de chômage se prolonge contre sa volonté, sous réserve que les conditions suivantes soient réunies :

a) L'intéressé doit avoir quitté l'emploi au titre duquel les allocations lui ont été refusées, depuis au moins 121 jours ou, lorsqu'il s'agit d'une demande de rechargement des droits au titre de l'article 28, avoir épuisé ses droits depuis au moins 121 jours ;

b) Il doit remplir toutes les conditions auxquelles est subordonnée l'ouverture d'une période d'indemnisation, à l'exception de celle prévue au e de l'article 4 ;

c) Il doit apporter des éléments attestant ses recherches actives d'emploi, ainsi que ses éventuelles reprises d'emploi de courte durée et ses démarches pour entreprendre des actions de formation.

Le point de départ du versement des allocations ou de la reprise des droits ainsi accordées est fixé au 122ᵉ jour suivant :

– la fin de contrat de travail au titre de laquelle les allocations ont été refusées en application du *e* de l'article 4, sous réserve que celle-ci ne soit pas antérieure à la date de l'inscription comme demandeur d'emploi ou, le cas échéant, du premier jour du mois au cours duquel la demande a été déposée ;

– la date d'épuisement des droits, lorsqu'il s'agit d'une demande de rechargement au titre de l'article 28.

Le délai de 121 jours est allongé des périodes indemnisées au titre des indemnités journalières de sécurité sociale d'une durée au moins égale à 21 jours consécutifs. Le point de départ du versement des allocations ou de la reprise des droits est décalé du nombre de jours correspondant et ne peut être antérieur à la date de l'inscription comme demandeur d'emploi ou, le cas échéant, du premier jour du mois au cours duquel la demande a été déposée.

L'examen de cette situation est effectué à la demande de l'intéressé.

§ 1 bis — Cas d'un demandeur d'emploi radié en application du *f* du 3° de l'article L. 5412-1 du code du travail

La reprise du versement du reliquat de droits à l'allocation d'aide au retour à l'emploi pour le demandeur d'emploi radié en application du *f* du 3° de l'article L. 5412-1 du code du travail peut être accordée à celui dont la situation de chômage se prolonge contre sa volonté, sous réserve que les conditions prévues au § 1 soient réunies :

a) L'intéressé doit avoir été radié en application du *f* du 3° de l'article L. 5412-1 du code du travail depuis au moins 121 jours ;

b) Il doit remplir toutes les conditions subordonnant l'ouverture d'une période d'indemnisation, à l'exception de celle prévue au *e* de l'article 4 ;

c) Il doit enfin apporter des éléments attestant de ses recherches actives d'emploi, ainsi que de ses éventuelles reprises d'emploi de courte durée ou de ses démarches pour entreprendre des actions de formation.

Le point de départ de la reprise des droits ainsi accordées est fixé au 122e jour suivant la décision de radiation au titre de laquelle les allocations ont cessé d'être dues en application du II de l'article L. 5426-1-2.

Le délai de 121 jours est allongé des périodes indemnisées au titre des indemnités journalières de sécurité sociale d'une durée au moins égale à 21 jours consécutifs.

Le point de départ de la reprise des droits est décalé du nombre de jours correspondant.

L'examen de cette situation est effectué à la demande de l'intéressé.

§ 2 — Appréciation de certaines conditions d'ouverture des droits

Il appartient à l'instance paritaire de se prononcer sur les droits des intéressés, dans les cas où, à l'occasion de l'instruction d'un dossier, une des questions suivantes se pose :

a) Absence d'attestation de l'employeur pour apprécier si les conditions de durée de travail ou d'appartenance sont satisfaites ;

b) Appréciation de ces mêmes conditions dans les cas de salariés travaillant à la tâche ;

c) Contestation sur la nature de l'activité antérieurement exercée ;

d) Appréciation sur l'existence d'un lien de subordination, élément caractéristique du contrat de travail.

§ 3 — Maintien du versement des prestations

Le maintien du versement des allocations au titre du § 3 de l'article 9 peut être accordé, sur décision de l'instance paritaire, aux allocataires :

— pour lesquels la fin du contrat de travail ayant permis l'ouverture des droits aux allocations est intervenue par suite d'une démission ;

— licenciés pour motif économique qui, bien qu'inscrits sur la liste nominative des personnes susceptibles d'adhérer à une convention FNE, établie pour l'application des articles R. 5123-12 à R. 5123-21, ont opté pour le système d'indemnisation du régime d'assurance chômage.

§ 4 — Remise des allocations et des prestations indûment perçues

Les instances paritaires peuvent être saisies d'une demande de remise de dette *(Décr. n° 2019-1106 du 30 oct. 2019, art. 2)* « ou d'un recours contre une décision de Pôle emploi en matière de remboursement échelonné » par les personnes qui auraient perçu indûment tout ou partie des allocations et/ou des prestations ou qui auraient fait sciemment des déclarations inexactes ou présenté des attestations mensongères, en vue d'obtenir le bénéfice ou la continuation du service des prestations, et doivent en conséquence rembourser à l'assurance chômage les sommes indûment perçues par elles, sans préjudice éventuellement des sanctions pénales résultant de l'application de la législation en vigueur.

§ 5 — Assignation en redressement ou liquidation judiciaire

L'instance paritaire doit être saisie pour accord avant toute assignation en redressement ou liquidation judiciaire d'un employeur débiteur de contributions d'assurance chômage.

§ 6 — Examen en cas d'absence de déclaration de période d'activité professionnelle

Lorsque l'application de l'article L. 5426-1-1 du code du travail fait obstacle à l'ouverture de droits ou à un rechargement, l'instance paritaire peut décider que l'intégralité des périodes d'activité professionnelle non déclarées est prise en compte pour la recherche de la durée d'affiliation requise à l'article 28 pour l'ouverture de droits ou un rechargement.

TITRE VII LES CONTRIBUTIONS

SOUS-TITRE I Affiliation

Art. 47 Les employeurs compris dans le champ d'application fixé par l'article L. 5422-13 du code du travail sont tenus de s'affilier au régime d'assurance chômage.

Les employeurs immatriculés par une union pour le recouvrement des cotisations de sécurité sociale et d'allocations familiales en qualité d'employeurs d'employés de maison sont dispensés des formalités d'affiliation au régime d'assurance chômage.

SOUS-TITRE II RESSOURCES

Art. 48 *Abrogé.*

CHAPITRE I *CONTRIBUTIONS GÉNÉRALES*

SECTION 1 *Assiette*

Art. 49 Les contributions des employeurs et, le cas échéant, des salariés mentionnés aux 2° et 3° de l'article L. 5422-9 du code du travail, sont assises sur les rémunérations brutes, soit, sauf cas particuliers définis par une annexe, sur l'ensemble des rémunérations, converties le cas échéant en euros sur la base du taux officiel du change lors de leur perception, entrant dans l'assiette des cotisations de sécurité sociale prévue aux articles L. 242-1 à L. 242-4-4 du code de la sécurité sociale.

Les rémunérations mentionnées au premier alinéa sont comprises dans l'assiette des contributions dans la limite d'un plafond fixé à quatre fois le plafond mentionné à l'article L. 241-3 du code de la sécurité sociale.

SECTION 2 *Taux de contribution pour certains salariés*

Art. 50 Les taux des contributions salariales mentionnées aux 2° et 3° de l'article L. 5422-9 du code du travail sont définis respectivement dans les annexes VIII, IX et X du présent règlement.

SECTION 2 BIS *Taux de contribution des employeurs*

SOUS-SECTION 1 *Taux de contribution de référence*

Art. 50-1 Sous réserve des dispositions de la sous-section 2 de la présente section, le taux de la contribution à la charge des employeurs est fixé à 4,05 %.

Par dérogation au premier alinéa, la contribution à la charge de l'employeur mentionnée au 1° de l'article L. 5422-9 du code du travail est fixée à 4,55 % pour les contrats de travail à durée déterminée visés au 3° de l'article L. 1242-2 du code du travail d'une durée inférieure ou égale à 3 mois conclus avec les ouvriers dockers occasionnels mentionnés à l'article L. 5343-6 du code des transports, excepté pour les emplois à caractère saisonnier.

La part de la contribution à la charge de l'employeur demeure fixée à 4,05 % :
– dès lors que le salarié est embauché par l'employeur en contrat à durée indéterminée à l'issue du contrat à durée déterminée ;
– pour tous les contrats de travail temporaires visés aux articles L. 1251-1 et suivants du code du travail et les contrats de travail à durée déterminée visés aux 1°, 2°, 4° et 5° de l'article L. 1242-2 du code du travail.

SOUS-SECTION 2 *Modulation du taux de contribution en fonction du taux de séparation de l'employeur*

(Décr. n° 2021-346 du 30 mars 2021, art. 2)

Art. 50-2 Le taux de référence mentionné à l'article 50-1 du présent règlement est minoré ou majoré dans les conditions fixées aux articles 50-3 à 50-15. Le taux modulé est applicable dans les conditions fixées à l'article 51.

V. Arr. du 21 juin 2022, NOR : MTRD2217092A (JO 26 juin).

§ 1 Champ d'application

Art. 50-3 I. — Les dispositions de la présente sous-section sont applicables aux employeurs de onze salariés et plus des secteurs d'activité dans lesquels le taux de séparation moyen est supérieur à un seuil de 150 %. Un arrêté du ministre chargé de l'emploi précise pour une période de trois ans les secteurs d'activité concernés par référence à la nomenclature des secteurs d'activité figurant à l'article 50-3-1. — *V. Arr. du 28 juin 2021, NOR : MTRD2119600A (JO 30 juin).*

Le taux de séparation moyen mentionné au premier alinéa correspond à la moyenne, sur la période de référence, des quotients par exercice de référence du nombre de séparations de l'ensemble des entreprises de onze salariés et plus du secteur par le total des effectifs de ces entreprises.

Le décompte de l'effectif et du nombre de séparations imputées à un employeur est effectué conformément aux deuxième à septième alinéas du I de l'article 50-5.

La période de référence des données utilisées pour calculer le taux de séparation moyen par secteur mentionné au premier alinéa correspond à la période comprise entre le 1er janvier de l'année N-4 et le 31 décembre de l'année N-2.

L'année N-4 correspond à la quatrième année précédant la première année d'application du seuil mentionné au premier alinéa.

L'année N-2 correspond à la deuxième année précédant la première année d'application du seuil mentionné au premier alinéa.

Chaque exercice de référence correspond à une année civile.

Pour l'application du présent article, le franchissement par l'employeur du seuil de onze salariés mentionné au premier alinéa est déterminé dans les conditions fixées à l'article L. 130-1 du code de la sécurité sociale.

L'affectation d'un employeur dans l'un des secteurs d'activité mentionnés dans l'un des secteurs d'activité mentionnés au premier alinéa ou dans l'un des secteurs d'activité mentionnés à l'article 50-3-2 est effectuée en fonction de l'activité économique principale qu'il exerce ou, le cas échéant, de son objet social, et de la convention collective à laquelle il est rattaché, selon des modalités fixées par arrêté du ministre chargé de l'emploi.

II. — Pour la première période d'emploi mentionnée à l'article 51 au cours de laquelle s'applique la modulation du taux des contributions :

1° Les dispositions de la présente sous-section sont, par dérogation au premier alinéa du I, uniquement applicables aux employeurs mentionnés à ce même alinéa qui ne relèvent pas des secteurs d'activité mentionnés à l'article 50-3-2 ;

(Abrogé par Décr. n° 2023-33 du 26 janv. 2023, art. 2) « 2° *L'arrêté du ministre chargé de l'emploi mentionné au premier alinéa du I précise pour cette seule période les secteurs d'activité dans lesquels le taux de séparation moyen est supérieur à un seuil de 150 % ;* »

2° La période de référence retenue en ce qui concerne la détermination des secteurs d'activité auxquels le dispositif est applicable, correspond, par dérogation aux quatrième à sixième alinéas du I, à la période comprise entre le 1er janvier 2017 et le 31 décembre 2019 ;

3° Le septième alinéa du I de l'article 50-5 n'est pas applicable ;

4° L'effectif de l'employeur correspond, par dérogation au troisième alinéa du I, à la moyenne du nombre de personnes employées au cours de chacun des mois de la période de référence mentionnée au II de l'article 50-7.

(Décr. n° 2023-33 du 26 janv. 2023, art. 2) « III. — Pour la seconde période d'emploi mentionnée à l'article 51 au cours de laquelle s'applique la modulation du taux des contributions :

« 1° La période de référence retenue en ce qui concerne la détermination des secteurs d'activité auxquels le dispositif est applicable, correspond, par dérogation aux quatrième à sixième alinéas du I, à la période comprise entre le 1er janvier 2017 et le 31 décembre 2019 ;

« 2° Le septième alinéa du I de l'article 50-5 n'est pas applicable ;

« 3° L'effectif de l'employeur correspond, par dérogation au troisième alinéa du I, à la moyenne du nombre de personnes employées au cours de chacun des mois de la période de référence mentionnée au III de l'article 50-7 ;

« IV. — Par dérogation au premier alinéa du I, pour les deux périodes d'emploi mentionnées au II et au III, l'arrêté du ministre chargé de l'emploi mentionné au même premier alinéa du I précise pour ces deux seules périodes les secteurs d'activité dans lesquels le taux de séparation moyen est supérieur à un seuil de 150 %. »

Les 3°, 4° et 5° du II deviennent respectivement les 2°, 3° et 4° (Décr. n° 2023-33 du 26 janv. 2023, art. 2-11°).

Art. 50-3-1 La nomenclature des secteurs d'activité mentionnée au premier alinéa du I de l'article 50-3 est la suivante :

Agriculture, sylviculture et pêche
Industries extractives
Fabrication de denrées alimentaires, de boissons et de produits à base de tabac
Fabrication de textiles, industries de l'habillement, industrie du cuir et de la chaussure
Travail du bois, industries du papier et imprimerie
Cokéfaction et raffinage
Industrie chimique
Industrie pharmaceutique
Fabrication de produits en caoutchouc et en plastique ainsi que d'autres produits minéraux non métalliques
Métallurgie et fabrication de produits métalliques à l'exception des machines et des équipements
Fabrication de produits informatiques, électroniques et optiques
Fabrication d'équipements électriques
Fabrication de machines et équipements n.c.a.
Fabrication de matériels de transport
Autres industries manufacturières ; réparation et installation de machines et d'équipements
Production et distribution d'électricité, de gaz, de vapeur et d'air conditionné
Production et distribution d'eau ; assainissement, gestion des déchets et dépollution
Construction
Commerce ; réparation d'automobiles et de motocycles
Transports et entreposage
Hébergement et restauration
Édition, audiovisuel et diffusion
Télécommunications
Activités informatiques et services d'information
Activités financières et d'assurance
Activités immobilières
Activités juridiques, comptables, de gestion, d'architecture, d'ingénierie, de contrôle et d'analyses techniques
Recherche-développement scientifique
Autres activités spécialisées, scientifiques et techniques
Activités de services administratifs et de soutien
Administration publique

Enseignement	
Activités pour la santé humaine	
Hébergement médico-social et social et action sociale sans hébergement	
Arts, spectacles et activités récréatives	
Autres activités de services	
Activités des ménages en tant qu'employeurs ; activités indifférenciées des ménages en tant que producteurs de biens et services pour usage propre	
Activités extra-territoriales	

Art. 50-3-2 La liste des secteurs d'activité mentionnés au II de l'article 50-3 est la suivante :

1	Téléphériques et remontées mécaniques
2	Hôtels et hébergement similaire
3	Hébergement touristique et autre hébergement de courte durée
4	Terrains de camping et parcs pour caravanes ou véhicules de loisirs
5	Restauration traditionnelle
6	Cafétérias et autres libres-services
7	Restauration de type rapide
8	Services de restauration collective sous contrat, de cantines et restaurants d'entreprise
9	Services des traiteurs
10	Débits de boissons
11	Projection de films cinématographiques et autres industries techniques du cinéma et de l'image animée
12	Post-production de films cinématographiques, de vidéo et de programmes de télévision
13	Distribution de films cinématographiques
14	Conseil et assistance opérationnelle apportés aux entreprises et aux autres organisations de distribution de films cinématographiques en matière de relations publiques et de communication
15	Location et location-bail d'articles de loisirs et de sport
16	Activités des agences de voyage
17	Activités des voyagistes
18	Autres services de réservation et activités connexes
19	Organisation de foires, évènements publics ou privés, salons ou séminaires professionnels, congrès
20	Agences de mannequins
21	Entreprises de détaxe et bureaux de change (changeurs manuels)
22	Enseignement de disciplines sportives et d'activités de loisirs

23	Arts du spectacle vivant, cirques
24	Activités de soutien au spectacle vivant
25	Création artistique relevant des arts plastiques
26	Galeries d'art
27	Artistes auteurs
28	Gestion de salles de spectacles et production de spectacles
29	Gestion des musées
30	Guides conférenciers
31	Gestion des sites et monuments historiques et des attractions touristiques similaires
32	Gestion des jardins botaniques et zoologiques et des réserves naturelles
33	Gestion d'installations sportives
34	Activités de clubs de sports
35	Activité des centres de culture physique
36	Autres activités liées au sport
37	Activités des parcs d'attractions et parcs à thèmes, fêtes foraines
38	Autres activités récréatives et de loisirs
39	Exploitations de casinos
40	Entretien corporel
41	Trains et chemins de fer touristiques
42	Transport transmanche
43	Transport aérien de passagers
44	Transport de passagers sur les fleuves, les canaux, les lacs, location de bateaux de plaisance
45	Transports routiers réguliers de voyageurs
46	Autres transports routiers de voyageurs
47	Transport maritime et côtier de passagers
48	Production de films et de programmes pour la télévision
49	Production de films institutionnels et publicitaires
50	Production de films pour le cinéma
51	Activités photographiques
52	Enseignement culturel
53	Traducteurs-interprètes
54	Prestation et location de chapiteaux, tentes, structures, sonorisation, photographie, lumière et pyrotechnie

55	Transports de voyageurs par taxis et véhicules de tourisme avec chauffeur
56	Location de courte durée de voitures et de véhicules automobiles légers
57	Fabrication de structures métalliques et de parties de structures
58	Régie publicitaire de médias
59	Accueils collectifs de mineurs en hébergement touristique
60	Agences artistiques de cinéma
61	Fabrication et distribution de matériels scéniques, audiovisuels et évènementiels
62	Exportateurs de films
63	Commissaires d'exposition
64	Scénographes d'exposition
65	Magasins de souvenirs et de piété
66	Entreprises de covoiturage
67	Entreprises de transport ferroviaire international de voyageurs
68	Culture de plantes à boissons
69	Culture de la vigne
70	Production de boissons alcooliques distillées
71	Fabrication de vins effervescents
72	Vinification
73	Fabrication de cidre et de vins de fruits
74	Production d'autres boissons fermentées non distillées
75	Intermédiaire du commerce en vins ayant la qualité d'entrepositaire agéé en application de l'article 302 G du code général des impôts
76	Commerçant de gros en vins ayant la qualité d'entrepositaire agréé en application de l'article 302 G du code général des impôts
77	Intermédiaire du commerce en spiritueux exerçant une activité de distillation
78	Commerçant de gros en spiritueux exerçant une activité de distillation

§ 2 *Définition du mécanisme*

Art. 50-4 La minoration ou la majoration mentionnée à l'article 50-2 est déterminée en fonction de la comparaison entre le taux de séparation de l'entreprise et le taux de séparation médian calculé dans le secteur d'activité de l'entreprise, dans les conditions prévues à l'article 50-10.

§ 3 *Le taux de séparation*

Art. 50-5 I. — Le taux de séparation de l'entreprise est égal à la moyenne, sur la période de référence mentionnée à l'article 50-7, des quotients, par exercice de référence, du nombre de séparations imputées à l'entreprise par l'effectif de l'entreprise.

Le décompte de l'effectif de l'entreprise est effectué conformément à l'article L. 130-1 du code [de] la sécurité sociale.

Le nombre de séparations imputées à l'entreprise correspond, sous réserve des dispositions de l'article 50-6, à la somme :

1° Du nombre d'inscriptions sur la liste des demandeurs d'emploi, mentionnée à l'article L. 5411-1 du code du travail, intervenues sur la période de référence et consécutives à une fin de contrat de travail ou à une fin de contrat de mise à disposition ;

2° Et du nombre de fins de contrat de travail et de fins de contrat de mise à disposition intervenues sur cette période et se produisant lorsque le salarié est déjà inscrit sur la liste des demandeurs d'emploi précitée.

Les fins de contrat de travail mentionnées aux 1° et 2° correspondent à celles déclarées par l'employeur dans l'attestation mentionnée au premier alinéa de l'article R. 1234-9 du code du travail ou dans la déclaration sociale nominative mentionnée à l'article L. 133-5-3 du code de la sécurité sociale.

Les fins de contrat de mise à disposition mentionnées aux 1° et 2° correspondent aux fins de contrats de mission qui leur sont associées et qui sont inscrites dans la déclaration sociale nominative mentionnée à l'article L. 133-5-3 du code de la sécurité sociale.

II. – Par dérogation aux premier et deuxième alinéas du I, pour la première période d'emploi mentionnée à l'article 51 au cours de laquelle s'applique le taux majoré ou minoré mentionné à l'article 50-2, le taux de séparation de l'entreprise est égal au quotient du nombre de séparations imputées à l'entreprise sur la période de référence mentionnée au II de l'article 50-7 par l'effectif de l'entreprise correspondant à la moyenne du nombre de personnes employées au cours de chacun des mois de cette même période de référence.

(Décr. n° 2023-33 du 26 janv. 2023, art. 2) « III. – Par dérogation aux premier et deuxième alinéas du I, pour la seconde période d'emploi mentionnée à l'article 51 au cours de laquelle s'applique le taux majoré ou minoré mentionné à l'article 50-2, le taux de séparation de l'entreprise est égal au quotient du nombre de séparations imputées à l'entreprise sur la période de référence mentionnée au III de l'article 50-7 par l'effectif de l'entreprise correspondant à la moyenne du nombre de personnes employées au cours de chacun des mois de cette même période de référence. »

Art. 50-6 Pour l'application de l'article 50-5, toutes les fins de contrats de travail sont prises en compte à l'exception :

1° Des démissions ;

2° Des fins de contrat de mission mentionné au 2° de l'article L. 1251-1 du code du travail ;

3° Des fins de contrat d'apprentissage mentionné à l'article L. 6221-1 du même code ;

4° Des fins de contrat de professionnalisation mentionné à l'article L. 6325-1 du même code ;

5° Des fins de contrat de travail à durée déterminée mentionné au 1° de l'article L. 1242-3 du même code ou des fins de contrats de mise à disposition liés à un contrat de mission mentionné à l'article L. 5132-6 du même code ou à l'article 79 de la loi n° 2018-771 du 5 septembre 2018 pour la liberté de choisir son avenir professionnel ou au VI de l'article 67 de cette même loi ;

6° Des fins de contrat unique d'insertion mentionné à l'article L. 5134-19-1 du même code ;

7° Des fins de contrat de travail ou des fins de contrat de mise à disposition conclus avec une structure d'insertion par l'activité économique mentionnée à l'article L. 5132-4 du même code.

Pour les contrats de travail mentionnés aux 2° à 7°, le taux de contribution à la charge de l'employeur correspond à celui mentionné à l'article 50-1.

Art. 50-7 I. – La période de référence des données utilisées pour calculer le taux de séparation correspond à la période comprise entre le 1er janvier de l'année N-3 et le 31 décembre de l'année N-1.

L'année N-3 correspond à la troisième année précédant la première année de la période mentionnée au premier alinéa de l'article 51.

L'année N-1 correspond à la dernière année précédant la première année de la période mentionnée au premier alinéa de l'article 51.

Chaque exercice de référence correspond à une année civile.

Sont prises en compte dans la période de référence :

1° Les inscriptions sur la liste des demandeurs d'emploi, intervenues dans la période de référence et précédées d'une fin de contrat de travail ou d'une fin de contrat de mise à disposition, lorsque celle-ci est intervenue trois mois au plus avant l'inscription sur la liste des demandeurs d'emploi ;

2° Les fins de contrat de travail ou de mise à disposition intervenues dans la période de référence lorsque le salarié est déjà inscrit sur la liste des demandeurs d'emploi.

Pour l'application du 1°, une fin de contrat de travail ou de contrat de mise à disposition est imputée à l'entreprise uniquement s'il s'agit de la dernière fin de contrat de travail ou de contrat de mise à disposition précédant l'inscription sur la liste des demandeurs d'emploi.

Pour l'application du 2°, toute fin de contrat de travail ou de contrat de mise à disposition concernant un salarié déjà inscrit sur la liste des demandeurs d'emploi est imputée à l'employeur, nonobstant le nombre de fins de contrat de travail ou de mise à disposition intervenues pour un même salarié sur la période de référence.

II. – Par dérogation au I, pour la première période d'emploi mentionnée à l'article 51 au cours de laquelle il est fait application de la modulation du taux de contribution, la période de référence est comprise entre le 1er juillet 2021 et le 30 juin 2022.

(Décr. n° 2023-33 du 26 janv. 2023, art. 2) « III. – Par dérogation au I, pour la seconde période d'emploi mentionnée à l'article 51 au cours de laquelle il est fait application de la modulation du taux de contribution, la période de référence est comprise entre le 1er juillet 2022 et le 30 juin 2023. »

Art. 50-8 L'entreprise de travail temporaire informe l'entreprise utilisatrice à l'occasion de la conclusion du contrat de mise à disposition par tout moyen donnant date certaine à la réception de l'information que :

1° Les informations relatives à la fin de contrat de mise à disposition lié à un contrat de mission et à l'identité du salarié rattaché au contrat de mission inscrites dans la déclaration sociale nominative mentionnée à l'article L. 133-5-3 du code de la sécurité sociale sont utilisées pour calculer les taux de séparation mentionnés aux articles 50-5 et 50-9 ;

2° L'entreprise utilisatrice peut demander à l'administration la communication de ces informations.

Dans le cas où l'entreprise utilisatrice constate que les informations précitées sont erronées, elle en informe l'entreprise de travail temporaire afin qu'elle les corrige lors de l'échéance déclarative la plus proche.

Art. 50-9 I. – Le taux de séparation médian d'un secteur correspond à la moyenne, sur la période de référence, des médianes par exercice de référence des taux de séparation mentionnés au I de l'article 50-5, de l'ensemble des entreprises du secteur, de onze salariés et plus, pondérées par la part de la masse salariale de ces mêmes entreprises dans la masse salariale totale de l'ensemble des entreprises du secteur, de onze salariés et plus.

Le taux de séparation médian par secteur est déterminé chaque année par arrêté du ministre chargé de l'emploi. – *V. Arr. du 25 août 2023, NOR : MTRD2319975A (JO 31 août).*

La période de référence des données utilisées pour calculer le taux de séparation médian par secteur correspond à la période comprise entre le 1er janvier de l'année N-3 et le 31 décembre de l'année N-1.

L'année N-3 correspond à la troisième année précédant la première année de la période mentionnée au premier alinéa de l'article 51.

L'année N-1 correspond à la dernière année précédant la première année de la période mentionnée au premier alinéa de l'article 51.

Chaque exercice de référence correspond à une année civile.

II. – Par dérogation au I, pour la première période d'emploi mentionnée à l'article 51 au cours de laquelle s'applique le taux majoré ou minoré mentionné à l'article 50-2, le taux de séparation médian d'un secteur correspond à la médiane des taux de séparation mentionnés au II de l'article 50-5, de l'ensemble des entreprises du secteur, de onze salariés et plus, pondérés par la part de la masse salariale de ces mêmes entreprises dans la masse salariale totale de l'ensemble des entreprises du secteur, de onze salariés et plus.

(Décr. n° 2023-33 du 26 janv. 2023, art. 2) « III. – Par dérogation au I, pour la seconde période d'emploi mentionnée à l'article 51 au cours de laquelle s'applique le taux majoré ou minoré mentionné à l'article 50-2, le taux de séparation médian d'un secteur correspond à la médiane des taux de séparation mentionnés au III de l'article 50-5, de l'ensemble des entreprises du secteur, de onze salariés et plus, pondérés par la part de la masse salariale de ces mêmes entreprises dans la masse salariale totale de l'ensemble des entreprises du secteur, de onze salariés et plus. »

§ 4 *Modalités de calcul du taux de contribution modulé*

Art. 50-10 Le taux de contribution de l'employeur modulé par la minoration ou la majoration mentionnée à l'article 50-2 est déterminé, dans la limite d'un plafond et d'un plancher déterminés par secteur d'activité et fixés par arrêté du ministre chargé de l'emploi, de la manière suivante :

Taux = ratio de l'entreprise $\times$ 1,46 + 2,59

Le ratio de l'entreprise correspond au quotient du taux de séparation de l'entreprise par le taux de séparation médian du secteur.

Le plafond et le plancher mentionnés au premier alinéa ne peuvent avoir pour effet de porter le taux de contribution à un niveau supérieur à 5,05 % ou à un niveau inférieur à 3,0 %.

Pour les salariés mentionnés au 3° du IV de l'article L. 241-13 du code de la sécurité sociale qui relèvent des professions dans lesquelles le paiement des congés et des charges sur les indemnités de congés est mutualisé entre les employeurs affiliés aux caisses de congés mentionnées à l'article L. 3141-32 du code du travail, le taux de contribution de l'entreprise modulé par la minoration ou la majoration mentionnée à l'article 50-2 est déterminé de la manière suivante :

Taux = ratio de l'entreprise × 1,62 + 2,43.

V. Arr. du 28 juin 2021, NOR : MTRD2119600A (JO 30 juin).

§ 5 *Situations particulières*

Art. 50-11 Pour les entreprises nouvellement créées, le taux de contribution de référence mentionné à l'article 50-1 s'applique jusqu'au 28 ou 29 février de la cinquième année suivant l'année où est intervenue la création de l'entreprise. La majoration ou la minoration mentionnée à l'article 50-2 intervient au lendemain de la date précitée.

Art. 50-12 Pour les employeurs publics mentionnés à l'article L. 5424-1 du code du travail qui ont adhéré au régime d'assurance chômage dans les conditions fixées par l'article L. 5424-2 du même code, les séparations mentionnées au premier alinéa de l'article 50-5 comprennent uniquement les séparations relatives aux agents ou salariés couverts par l'adhésion au régime d'assurance chômage.

Dans le cas où les employeurs précités ne procèdent pas à la déclaration sociale nominative mentionnée à l'article L. 133-5-3 du code de la sécurité sociale, les modalités de déclaration des données utilisées pour calculer le taux de séparation mentionné à l'article 50-5 sont fixées par arrêté conjoint du ministre chargé de l'emploi et du ministre chargé de la sécurité sociale.

Art. 50-13 Les rémunérations versées par les tiers mentionnés à l'article L. 3141-32 du code du travail, pour le compte de l'employeur, dès lors qu'elles rentrent dans l'assiette des contributions prévue à l'article 49 du présent règlement, ne sont pas soumises à la minoration ou à la majoration de la contribution à la charge de l'employeur mentionnées à l'article 50-2.

§ 6 *Modalités de détermination des taux*

Art. 50-14 Un arrêté du ministre chargé de l'emploi définit les modalités selon lesquelles sont établis les taux de séparation par entreprise, les taux de séparation médian par secteur et les taux de contribution majorés ou minorés par entreprise, suivant les règles prévues aux articles 50-2 à 50-13.

Art. 50-15 Le taux de séparation et le taux de contribution afférent sont notifiés à chaque employeur dans des conditions fixées par arrêté du ministre chargé de l'emploi.

Tant que cette notification n'a pas été effectuée, l'employeur verse les contributions sur la base du taux antérieurement applicable. A compter de la notification du taux, une régularisation intervient.

SECTION 3 *Exigibilité*

(Décr. n° 2021-346 du 30 mars 2021, art. 2)

Art. 51 Le taux minoré ou majoré mentionné à l'article 50-2 est applicable aux rémunérations dues au titre des périodes d'emploi courant du 1er mars d'une année civile au 28 février ou 29 février de l'année civile suivante.

Par dérogation au premier alinéa, pour la première période d'emploi au cours de laquelle il est fait application du taux majoré ou minoré mentionné à l'article 50-2, le taux minoré ou majoré est applicable aux rémunérations dues au titre des périodes d'emploi courant *(Décr. n° 2023-33 du 26 janv. 2023, art. 2)* « du 1er septembre 2022 au 31 août 2023.

« Par dérogation au premier alinéa, pour la seconde période d'emploi au cours de laquelle il est fait application du taux majoré ou minoré mentionné à l'article 50-2, le taux minoré ou majoré est applicable aux rémunérations dues au titre des périodes d'emploi courant du 1er septembre 2023 au 31 août 2024. »

SECTION 4 Déclarations
Art. 52 *Abrogé.*

SECTION 5 Paiement
Art. 53 Le règlement des contributions est effectué à la diligence de l'employeur qui est responsable du paiement des contributions patronales et, le cas échéant, des contributions salariales mentionnées au 2° et 3° de l'article L. 5422-9 du code du travail, auprès de l'organisme chargé de recouvrement mentionné au quatrième alinéa de l'article L. 5427-1 du code du travail.

Le montant des contributions est arrondi à l'euro le plus proche. La fraction d'euro égale à 0,50 est comptée pour 1, conformément aux dispositions de l'article L. 133-10 du code de la sécurité sociale.

SECTION 6 Précontentieux et contentieux
Art. 54 *Abrogé.*

SECTION 7 Délais et remises
Art. 55 Les demandes de délai de paiement et les demandes de remise des majorations de retard et pénalités sont examinées par l'instance compétente au sein de l'organisme de recouvrement mentionné à l'article L. 5427-1 du code du travail.

CHAPITRE II CONTRIBUTIONS PARTICULIÈRES

SECTION 1 Contribution spécifique
Art. 56 § 1 — En application de l'article L. 1233-66 du code du travail, une contribution est due au régime d'assurance chômage par l'employeur qui procède au licenciement pour motif économique d'un salarié sans lui proposer le bénéfice d'un contrat de sécurisation professionnelle, dans l'hypothèse où le salarié refuse le contrat de sécurisation professionnelle sur proposition de l'institution mentionnée à l'article L. 5312-1 du code du travail.

§ 2 — La contribution spécifique mentionnée au § 1 du présent article est calculée en fonction du salaire journalier moyen défini à l'article 13 ayant servi au calcul des allocations.

Elle correspond à soixante fois le salaire journalier de référence servant au calcul des allocations.

SECTION 2 Recouvrement
Art. 57 *Abrogé.*

CHAPITRE III AUTRES RESSOURCES

Art. 58 *Abrogé.*

Art. 59 L'organisme chargé du versement, pour le compte de l'Unédic, des allocations de chômage au salarié licencié est en droit d'obtenir auprès de son ancien employeur le remboursement de ces allocations, dans les conditions et limites prévues à l'article L. 1235-4 du code du travail, lorsque la juridiction prud'homale, statuant sur le fondement de cet article, a jugé le licenciement dépourvu de cause réelle et sérieuse ou a prononcé sa nullité, sans ordonner la poursuite du contrat de travail.

TITRE VIII ORGANISATION FINANCIÈRE ET COMPTABLE

Art. 60 La comptabilité de l'assurance chômage est tenue par l'Unédic, dans le cadre du plan comptable approuvé par les pouvoirs publics.

L'exercice comptable annuel s'étend du 1er janvier au 31 décembre ; il fait l'objet d'un arrêté des comptes intermédiaire au 30 juin.

Art. 60 bis Un fonds de régulation garantit la stabilité des prestations et des contributions dans les périodes de fluctuations conjoncturelles.

TITRE IX COORDINATION DU RÉGIME D'ASSURANCE CHÔMAGE AVEC LE RÉGIME D'ASSURANCE CHÔMAGE APPLICABLE À MAYOTTE

Art. 61 Les périodes d'affiliation au titre du présent règlement d'assurance chômage et celles au titre de l'annexe B du décret auquel est annexé le présent règlement sont totalisées pour la recherche de la condition d'affiliation requise pour l'attribution de l'allocation d'aide au retour à l'emploi, selon les modalités du régime applicable.

Pour la détermination du montant de l'allocation, sont prises en compte les rémunérations soumises à contribution et correspondant à ces périodes d'affiliation.

Art. 62 § 1 — Les droits ouverts au titre du présent règlement sont transférables en cas d'inscription du bénéficiaire sur la liste des demandeurs d'emploi à Mayotte.

Dans cette hypothèse, l'allocation est calculée et servie conformément au règlement d'assurance chômage applicable à Mayotte, dans la limite du reliquat des droits.

§ 2 — Les droits ouverts au titre du régime d'assurance chômage applicable à Mayotte sont transférables en cas d'inscription du bénéficiaire sur la liste des demandeurs d'emploi dans l'un des territoires entrant dans le champ d'application mentionné à l'article 2 du décret auquel est annexé le présent règlement.

Dans cette hypothèse, le montant de l'allocation est déterminé conformément aux dispositions du présent règlement d'assurance chômage sur la base d'un salaire journalier moyen de référence établi conformément aux dispositions de l'article 13 du règlement d'assurance chômage applicable à Mayotte. L'allocation qui en résulte est servie dans la limite du reliquat de droits.

TITRE X MESURES RELATIVES À L'ALLOCATION DES TRAVAILLEURS INDÉPENDANTS

CHAPITRE I RÈGLES DE COORDINATION ENTRE L'ALLOCATION D'AIDE AU RETOUR À L'EMPLOI ET L'ALLOCATION DES TRAVAILLEURS INDÉPENDANTS

Art. 63 § 1 — L'examen d'une demande d'ouverture d'un droit à l'allocation des travailleurs indépendants mentionnée à l'article L. 5424-25 du code du travail est obligatoirement précédé d'un examen des conditions d'ouverture ou de reprise d'un droit à l'allocation d'aide au retour à l'emploi.

Cet examen préalable n'a pas lieu lorsque cette demande est formulée en cours d'inscription, alors que l'intéressé est en cours d'indemnisation au titre de l'allocation d'aide au retour à l'emploi.

Lorsque l'intéressé remplit les conditions d'ouverture ou de reprise de droits fixées au titre I ou s'il est en cours d'indemnisation au titre de l'allocation d'aide au retour à l'emploi, il est procédé à une comparaison du montant journalier et de la durée de versement des allocations.

Ces éléments sont comparés à la date à laquelle l'intéressé remplit les conditions d'attribution ou de reprise de chacune des allocations. Ils sont comparés à la date à laquelle l'intéressé remplit les conditions d'attribution de l'allocation des travailleurs indépendants si la demande est formulée en cours d'indemnisation au titre de l'allocation d'aide au retour à l'emploi.

Lorsque le montant journalier et la durée du droit à l'allocation d'aide au retour à l'emploi sont tous deux supérieurs au montant journalier et à la durée du droit à l'allocation des travailleurs indépendants, il est procédé, selon les cas, soit à l'ouverture, soit à la reprise, soit à la poursuite du versement du droit à l'allocation d'aide au retour à l'emploi.

La demande d'allocation des travailleurs indépendants est alors rejetée et le fait générateur mentionné à l'article L. 5424-25 du code du travail à l'origine de la demande ne peut plus être pris en compte dans le cadre d'une demande d'allocation ultérieure.

Dans les autres hypothèses, l'intéressé dispose d'un droit d'option entre l'une ou l'autre de ces allocations.

L'option doit être exercée, par écrit, dans un délai de trente jours à compter de la date à laquelle l'intéressé s'est vu notifier son droit d'option. A défaut de réponse dans ce délai, il est réputé avoir opté pour l'allocation d'aide au retour à l'emploi. L'option retenue est irrévocable.

L'option pour l'allocation des travailleurs indépendants emporte, selon le cas, soit la renonciation définitive par l'intéressé à l'ouverture du droit à l'allocation d'aide au retour à l'emploi, soit la déchéance du reliquat de ce droit lorsqu'il était déjà ouvert. Les périodes d'emploi salarié qui ont servi à l'examen des conditions d'ouverture du droit à l'allocation d'aide au retour à l'emploi ne peuvent plus être prises en compte en vue d'une ouverture de droit ultérieure.

L'option pour l'allocation d'aide au retour à l'emploi emporte renonciation définitive par l'intéressé à l'ouverture du droit à l'allocation des travailleurs indépendants. Le fait générateur à l'origine de la demande ne peut plus être pris en compte dans le cadre d'une demande d'allocation ultérieure.

§ 2 – L'examen d'une demande de reprise d'un reliquat de droit non épuisé à l'allocation des travailleurs indépendants est obligatoirement précédé d'un examen des conditions d'ouverture d'un droit à l'allocation d'aide au retour à l'emploi.

Lorsque l'intéressé remplit les conditions d'ouverture de droit fixées au titre I, il est procédé à une comparaison du montant journalier et de la durée de versement des allocations.

Ces éléments sont comparés à la date à laquelle l'intéressé remplit les conditions d'attribution ou de reprise de chacune des allocations.

Lorsque le montant journalier et la durée du droit à l'allocation d'aide au retour à l'emploi sont tous deux supérieurs au montant journalier et à la durée de versement du reliquat de droits à l'allocation des travailleurs indépendants, il est procédé à l'ouverture du droit à l'allocation d'aide au retour à l'emploi et le reliquat de droits à l'allocation des travailleurs indépendants est déchu.

Dans les autres hypothèses, l'intéressé dispose d'un droit d'option entre l'une ou l'autre de ces allocations, qui s'exerce selon les modalités prévues au § 1.

L'option pour le reliquat de droits à l'allocation des travailleurs indépendants emporte la renonciation définitive par l'intéressé à l'ouverture du droit à l'allocation d'aide au retour à l'emploi. Les périodes d'emploi salariées qui ont servi à l'examen des conditions d'ouverture du droit à l'allocation d'aide au retour à l'emploi ne peuvent plus être prises en compte en vue d'une ouverture de droit ultérieure.

L'option pour l'ouverture du droit à l'allocation d'aide au retour à l'emploi entraîne la déchéance du reliquat de droits à l'allocation des travailleurs indépendants.

§ 3 – L'examen d'une demande d'ouverture d'un droit à l'allocation d'aide au retour à l'emploi formulée en cours d'indemnisation au titre de l'allocation des travailleurs indépendants donne lieu, si les conditions d'ouverture de droit fixées au titre I sont remplies, à une comparaison du montant journalier et de la durée de versement des allocations.

Ces éléments sont comparés à la date à laquelle l'intéressé remplit les conditions d'attribution de l'allocation d'aide au retour à l'emploi.

Lorsque le montant journalier et la durée du droit à l'allocation d'aide au retour à l'emploi sont tous deux supérieurs au montant journalier et à la durée du reliquat de droits à l'allocation des travailleurs indépendants, le droit à l'allocation d'aide au retour à l'emploi est accordé et le reliquat de droits à l'allocation des travailleurs indépendants est déchu.

Dans les autres hypothèses, l'intéressé dispose d'un droit d'option entre l'une ou l'autre de ces allocations. Ce droit d'option s'exerce selon les modalités prévues au § 1.

L'option pour le reliquat de droits à l'allocation des travailleurs indépendants emporte la renonciation définitive par l'intéressé à l'ouverture du droit à l'allocation d'aide au retour à l'emploi. Les périodes d'emploi salariées qui ont servi à l'examen des conditions d'ouverture du droit à l'allocation d'aide au retour à l'emploi ne peuvent plus être prises en compte en vue d'une ouverture de droit ultérieure.

L'option pour l'ouverture du droit à l'allocation d'aide au retour à l'emploi entraîne la déchéance du reliquat de droits à l'allocation des travailleurs indépendants.

CHAPITRE II CUMUL DE L'ALLOCATION DES TRAVAILLEURS INDÉPENDANTS AVEC LES REVENUS TIRÉS D'UNE ACTIVITÉ PROFESSIONNELLE

Art. 64 § 1 – Lorsque le bénéficiaire de l'allocation des travailleurs indépendants exerce une activité professionnelle salariée ou non salariée, la rémunération tirée de l'exercice de cette activité est intégralement cumulée avec le versement de l'allocation des travailleurs indépendants pendant une période de trois mois, consécutifs ou non, dans la limite des droits aux allocations restants.

Tout mois civil au cours duquel une activité même occasionnelle ou réduite a été exercée est pris en compte pour le calcul de cette période.

Lorsque l'activité professionnelle se poursuit au-delà de la période mentionnée au premier alinéa, le versement de l'allocation des travailleurs indépendants est interrompu.

§ 2 – Lorsque le bénéficiaire de l'allocation des travailleurs indépendants interrompt son activité professionnelle pendant une durée minimale de trois mois, il peut bénéficier à nouveau du dispositif de cumul mentionné au § 1, dans la limite des droits aux allocations restants.

TITRE XI DÉTERMINATION DE LA RÉGLEMENTATION APPLICABLE : OUVERTURE DES DROITS, RECHARGEMENT DES DROITS, CALCUL DU SALAIRE DE RÉFÉRENCE

Art. 65 § 1 — La réglementation retenue pour apprécier les droits d'un salarié privé d'emploi est, normalement, celle sous l'empire de laquelle celui-ci se trouvait placé du fait de l'activité qu'il exerçait immédiatement avant la dernière fin de contrat de travail précédant l'inscription comme demandeur d'emploi ou, le cas échéant, le premier jour du mois au cours duquel la demande d'allocations mentionnée au § 1 de l'article 39 a été déposée, ceci sous réserve :

— qu'il remplisse la condition de durée de travail ou de durée de versement des contributions exigée par la réglementation considérée au titre des activités relevant de cette réglementation ;

— qu'à défaut de satisfaire à la précédente condition, il ait, dans l'activité en cause, effectué un minimum de jours travaillés ou d'heures travaillées dans une ou plusieurs entreprises relevant du régime d'assurance chômage, été employé pendant une durée minimum dans de telles entreprises, ou effectué des activités ayant donné lieu au versement des contributions pendant une durée minimum, ceci pendant les trois mois précédant la fin du contrat de travail prise en considération pour l'ouverture des droits.

Le nombre minimum de jours travaillés ainsi exigé est de 22 jours travaillés pour l'application des titres I à X de l'annexe I *(Décr. n° 2020-361 du 27 mars 2020, art. 2)* « , du chapitre II de l'annexe III » et du chapitre I de l'annexe IX.

Le nombre d'heures travaillées ainsi exigé est de :

— 151 heures pour l'application *(Décr. n° 2020-361 du 27 mars 2020, art. 2)* « , du chapitre II de l'annexe III » des titres I à X de l'annexes V et du chapitre I de l'annexe IX ;

— 210 heures pour l'application du chapitre I de l'annexe II et de la rubrique 2.2 de l'annexe IX ;

— 30 jours d'embarquement administratif sont exigés pour l'application de l'annexe II et de la rubrique 2.2 de l'annexe IX ;

(Décr. n° 2020-361 du 27 mars 2020, art. 2) « Le nombre de vacations ainsi exigées est de 45 pour l'application du chapitre I de l'annexe III.

« La durée minimum des activités au titre desquelles des contributions doivent avoir été versées ainsi exigée est de trente jours pour l'application des chapitres II et III de l'annexe IX. »

Si aucune des conditions qui précèdent n'est remplie au titre de l'activité la plus récente c'est la dernière activité à l'occasion de laquelle une de ces conditions est satisfaite qui détermine la réglementation applicable, ceci sous réserve que le temps écoulé entre la date de la fin de contrat de travail, cause de la cessation d'activité ainsi déterminée, et le moment où l'intéressé s'est inscrit comme demandeur d'emploi ou a, le cas échéant, procédé à l'actualisation précédant la demande d'allocations mentionnée au § 1 de l'article 39, soit inférieur à douze mois.

La période de douze mois en cause est allongée, le cas échéant, dans les conditions prévues à l'article 7.

§ 2 — Une fois déterminée la réglementation applicable, il est tenu compte pour l'appréciation des conditions de durée de travail, comme de durée minimum de temps de versement des contributions, des équivalences prévues au § 8 ci-après.

§ 3 — Si, dans le cadre de la réglementation applicable, le salarié privé d'emploi ne satisfait pas aux conditions d'ouverture des droits mentionnées au paragraphe précédent, de droits peuvent lui être ouverts en prenant en considération, dans les conditions prévues à l'avant-dernier alinéa du § 1, la dernière activité au titre de laquelle les dispositions mentionnées par les § 1 et § 2 ci-dessus sont à la fois satisfaites.

§ 4 — Lorsqu'un salarié privé d'emploi ne peut prétendre ni à l'ouverture d'une période d'indemnisation, ni au versement du reliquat d'une période d'indemnisation, mais peut justifier, compte tenu des règles d'équivalence prévues au § 8 ci-après :

— de 910 heures travaillées dans une ou plusieurs entreprises relevant du régime d'assurance chômage ;

— ou de 130 jours travaillés au sens de l'article 3, dans une de ces entreprises au cour des :

— 24 mois précédant la date de la fin du contrat de travail, cause de la cessation d'activité relevant du régime, s'il est âgé de moins de 53 ans à la date de la fin de son contrat de travail ;

— ou 36 mois précédant la date de la fin du contrat de travail, cause de la cessation d'activité relevant du régime d'assurance chômage, s'il est âgé de 53 ans et plus à la date de la fin de son contrat de travail.

Il lui est ouvert une période d'indemnisation de 182 jours calendaires, pendant laquelle il reçoit l'allocation journalière d'un montant égal à celui mentionné à l'avant-dernier alinéa de l'article 14 dans la limite du plafond prévu à l'article 16, à la condition que le temps écoulé entre le moment où l'intéressé se trouve en état de bénéficier de cette allocation et la date de la dernière fin de contrat de travail prise en compte soit inférieur à douze mois, période allongée le cas échéant dans les conditions prévues à l'article 7.

§ 5 — En cas de révision du droit en application de l'article 34 alors que l'intéressé bénéficiait d'un droit précédent ouvert au titre de la clause de sauvegarde mentionnée au § 4 du présent article, la réglementation applicable au droit issu de la révision est celle déterminée au regard de l'activité conservée perdue.

§ 6 — Lorsqu'au cours de la période prise en considération pour le calcul du salaire de référence, l'intéressé avait occupé plusieurs emplois relevant de réglementations différentes, le salaire est déterminé comme suit :

a) — pour les périodes de travail relevant des titres I à X ou des annexes dans lesquelles sont prises en compte les rémunérations afférentes aux périodes considérées, ce sont ces rémunérations qui sont retenues ;

— pour les périodes de travail relevant d'annexes dans lesquelles sont prises en compte les rémunérations effectivement perçues pendant ces périodes, celles-ci sont prises en compte ;

— pour les périodes de travail relevant des chapitres 2 et 3 de l'annexe IX, il s'agit des salaires correspondant aux contributions versées au titre de ces périodes ;

b) La somme de ces salaires, après application des articles 11, 12 et 13 du présent règlement ou des annexes, permet de déterminer le salaire de référence et le salaire journalier de référence.

(*Décr. n° 2021-346 du 30 mars 2021, art. 2*) « § 7 — Si l'application des dispositions prévues aux paragraphes ci-dessus a pour conséquence d'apprécier les droits d'un salarié privé d'emploi dans le cadre d'une réglementation ne correspondant pas à celle dont il relève habituellement, il peut être décidé d'office ou à la requête de l'allocataire, d'indemniser ce dernier en prenant en considération le dernier emploi correspondant à son activité habituelle, ceci sous réserve que la fin du contrat de travail, cause de la cessation d'activité, ne se soit pas produite depuis plus de douze mois à la date à laquelle des droits à indemnisation sont ouverts ou au maximum depuis plus de quinze mois, si l'intéressé s'est trouvé dans une des situations mentionnées à l'article 7.

« Les délais précités ne sont pas opposables à l'intéressé âgé de 57 ans et plus lors de la rupture du contrat de travail invoquée. » — *Sur l'entrée en vigueur de ce § 7, V. ndlr à la fin de cet art.*

§ 8 — Pour l'application des paragraphes précédents : 1 jour travaillé = 1,4 jour d'embarquement administratif = 2 vacations = 1,4 jour de contributions = 7 heures de travail.

Ces règles d'équivalence ne s'appliquent pas pour la détermination d'un droit ouvert au titre des annexes VIII et X.

§ 9 — Lorsque les activités prises en considération pour l'ouverture des droits relèvent de l'annexe VIII ou de l'annexe X au règlement général annexé, les droits du travailleur privé d'emploi sont appréciés selon les dispositions ci-après :

— la condition d'affiliation est déterminée en totalisant les heures de travail accomplies au titre des annexes VIII et X au cours des 365 jours précédant la fin de contrat de travail ;

— la réglementation applicable est celle de l'annexe qui correspond aux activités ayant permis de constater l'affiliation la plus importante au cours des périodes de référence précédant la fin de contrat de travail.

Les dispositions du § 7 de cet art. sont applicables aux travailleurs privés d'emploi dont la fin de contrat de travail intervient à compter du 1ᵉʳ oct. 2021, à l'exception de ceux d'entre eux ayant fait l'objet d'une procédure de licenciement engagée avant cette date (V. Décr. n° 2019-797 du 26 juill. 2019, art. 5-III-3°, mod. par Décr. n° 2021-1251 du 29 sept. 2021, art. 1ᵉʳ).

TITRE XII L'INDEMNISATION CHÔMAGE DES APPRENTIS DU SECTEUR PUBLIC

CHAPITRE I *CHAMP D'APPLICATION*

Art. 66 Sont concernés par le présent titre les salariés recrutés sous contrat d'apprentissage par les employeurs du secteur public non industriel et commercial qui assument eux-mêmes la charge de l'assurance chômage en application de l'article L. 5424-2 du code du travail et qui ont choisi d'assurer ces salariés contre le risque de privation d'emploi, auprès du régime d'assurance chômage mentionné à l'article L. 5422-13 de ce code.

CHAPITRE II CONDITIONS DE PRISE EN CHARGE

Art. 67 Au terme de leur contrat d'apprentissage, la situation des salariés mentionnés à l'article 66 est examinée dans le cadre des dispositions des articles 1er à 46 bis.

CHAPITRE III CONTRIBUTIONS

Art. 68 En application de l'article L. 6227-9 du code du travail, l'État prend en charge la contribution d'assurance chômage. Celle-ci correspond à la contribution due en cas d'adhésion d'une collectivité publique, au régime d'assurance chômage majorée, pour les employeurs dont les apprentis relèvent du 2° de l'article L. 5422-9 du code du travail, d'un supplément de contribution fixé à 2,4 % du salaire brut.

TITRE XIII FINANCEMENT PAR L'ASSURANCE CHÔMAGE DE POINTS DE RETRAITE COMPLÉMENTAIRE

Art. 69 Sont concernés par le présent titre :
1° Les bénéficiaires de l'allocation d'assurance mentionnée à l'article L. 5422-1 du code du travail ;
2° Les bénéficiaires de l'allocation mentionnée au 8° de l'article L. 1233-68 du code du travail ;
3° Les bénéficiaires du parcours d'accompagnement personnalisé proposé aux collaborateurs parlementaires auxquels s'applique le décret n° 2017-1733 du 22 décembre 2017 relatif au parcours d'accompagnement personnalisé proposé aux collaborateurs parlementaires en cas de licenciement pour un motif autre que personnel, en cas de licenciement pour un motif autre que personnel ;
4° Les bénéficiaires admis au titre des conventions d'assurance chômage antérieures et de la convention du 19 juillet 2011 relative au contrat de sécurisation professionnelle, ainsi que les bénéficiaires du parcours d'accompagnement personnalisé mentionnés aux articles L. 2254-1 à L. 2254-6 du code du travail dans leur version antérieure au 24 septembre 2017 et D. 2254-2 à D. 2254-24 de ce même code, dans leur version antérieure à leur abrogation, en cours d'indemnisation à la date d'entrée en vigueur du présent article.

Art. 70 L'assurance chômage contribue au financement des points de retraite dans les conditions prévues à l'article 19 ainsi que selon des modalités fixées par des conventions conclues, sur le fondement du titre II du livre IX du code de la sécurité sociale, entre l'Unédic et les régimes de retraite complémentaire.

Ordonnance n° 2020-324 du 25 mars 2020,

Portant mesures d'urgence en matière de revenus de remplacement mentionnés à l'article L. 5421-2 du code du travail.

La présente ordonnance a été ratifiée par la L. n° 2022-1598 du 21 déc. 2022, art. 12.

BIBL. ▶ Favrel, *D. actu.* 27 mars 2020 (mesures d'urgence en matière de revenus de remplacement).

Art. 1er (*L. n° 2020-734 du 17 juin 2020, art. 50*) Les demandeurs d'emploi qui épuisent leur droit à l'une des allocations mentionnées aux articles L. 5422-1, L. 5423-1, L. 5424-1 et L. 5424-21 du code du travail à compter du 1er mars 2020 bénéficient à titre exceptionnel d'une prolongation fixée par arrêté du ministre chargé de l'emploi et au plus tard jusqu'au 31 mai 2020 de la durée pendant laquelle l'allocation leur est versée. – *V. Arr. du 22 juill. 2020, NOR : MTRD2014617A (JO 26 juill.), mod. par Arr. du 2 août 2021, NOR : MTRD2121433A (JO 3 août).*

La prolongation mentionnée au premier alinéa du présent article s'applique jusqu'à une date précisée par arrêté du ministre chargé de l'emploi et au plus tard jusqu'au 31 (*Ord. n° 2021-1013 du 31 juill. 2021*) « décembre » 2021 pour les artistes et techniciens intermittents du spectacle mentionnés à l'article L. 5424-22 du code du travail.

La prolongation mentionnée au premier alinéa du présent article s'applique jusqu'à une date précisée par arrêté du ministre chargé de l'emploi et au plus tard jusqu'au 31 juillet 2020 pour les demandeurs d'emploi résidant à Mayotte.

(Abrogé par Ord. n° 2020-1442 du 25 nov. 2020, art. 1ᵉʳ) « *Un décret en Conseil d'État précise les modalités d'application du présent article.* » — V. ci-dessous Décr. n° 2020-425 du 14 avr. 2020, art. 1ᵉʳ à 4 (JO 15 avr.), mod. par Décr. 2020-928 du 29 juill. 2020, art. 4 (JO 30 juill.).

Art. 1ᵉʳ bis *(Ord. n° 2020-1442 du 25 nov. 2020, art. 1ᵉʳ)* Les demandeurs d'emploi qui épuisent leur droit à l'une des allocations mentionnées aux articles L. 5422-1, L. 5423-1 et L. 5424-1 du code du travail à compter du 30 octobre 2020 bénéficient à titre exceptionnel d'une prolongation *(Ord. n° 2021-135 du 10 févr. 2021, art. 1ᵉʳ)* « de la durée pendant laquelle l'allocation leur est versée jusqu'au » dernier jour du mois civil au cours duquel intervient la fin de l'état d'urgence sanitaire déclaré par le décret n° 2020-1257 du 14 octobre 2020 déclarant l'état d'urgence sanitaire, prorogé dans les conditions prévues par la loi n° 2020-1379 du 14 novembre 2020 autorisant la prorogation de l'état d'urgence sanitaire et portant diverses mesures de gestion de la crise sanitaire. — V. Arr. du 9 déc. 2020, NOR : MTRD2033813A (JO 12 déc.), mod. par Arr. du 23 déc. 2020, NOR : MTRD2036238A (JO 27 déc.), mod. par Arr. du 30 janv. 2021, NOR : MTRD2103403A (JO 31 janv.).

(Ord. n° 2021-135 du 10 févr. 2021, art. 1ᵉʳ) « Au vu de l'évolution de la situation sanitaire et avant l'expiration de l'état d'urgence sanitaire mentionné précédemment, un arrêté du ministre chargé de l'emploi peut fixer la date à laquelle prend fin la prolongation prévue à l'alinéa précédent.

« Lorsque sont prises de nouvelles mesures sur le fondement du 2° du I de l'article L. 3131-15 du code de la santé publique et lorsque ces mesures ont un impact significatif sur le marché du travail ainsi que sur les conditions de recherche d'emploi, un arrêté du ministre chargé de l'emploi peut fixer une nouvelle date à compter de laquelle les demandeurs d'emploi qui épuisent leur droit à l'une des allocations mentionnées au premier alinéa peuvent bénéficier d'une prolongation de celle-ci. Un arrêté du ministre chargé de l'emploi peut fixer, dans les conditions prévues au deuxième alinéa du présent article, la date à laquelle cette prolongation prend fin. »

Art. 1ᵉʳ ter Un décret en Conseil d'État précise les modalités d'application de la présente ordonnance.

Décret n° 2020-425 du 14 avril 2020,

Portant mesures d'urgence en matière de revenus de remplacement mentionnés à l'article L. 5421-2 du code du travail.

TITRE I PROLONGATION DE LA DURÉE DES DROITS AUX REVENUS DE REMPLACEMENT MENTIONNÉS À L'ARTICLE L. 5421-2 DU CODE DU TRAVAIL

Art. 1ᵉʳ Pour l'application de l'ordonnance n° 2020-324 du 25 mars 2020 susvisée, sont considérés comme épuisant leur droit à l'allocation d'assurance mentionnée à l'article L. 5422-1 du code du travail ou à l'allocation d'assurance mentionnée à l'article L. 5424-1 du même code les allocataires qui arrivent au terme de leur durée d'indemnisation telle qu'elle résulte des dispositions réglementaires applicables à leur situation conformément à l'article 5 du décret (n° 2019-797) du 26 juillet 2019 susvisé.

Les dispositions du premier alinéa s'appliquent que l'allocataire remplisse ou non, à la date à laquelle il arrive au terme de sa durée d'indemnisation, les conditions, selon sa situation, d'un rechargement de ses droits, d'une réadmission si sa situation est régie par le régime applicable à Mayotte ou d'une nouvelle période d'indemnisation s'il relève de l'annexe VIII ou X du règlement d'assurance chômage.

Art. 2 Pour l'application de l'ordonnance n° 2020-324 du 25 mars 2020, sont considérés comme épuisant leur droit à l'allocation de solidarité spécifique mentionnée à l'article L. 5423-1 du code du travail :

1° Les allocataires qui arrivent au terme de la période de six mois prévue au 1ᵉʳ alinéa de l'article R. 5423-8 du même code, qu'ils remplissent ou non, à l'issue de cette période, les conditions d'un renouvellement de l'allocation de solidarité spécifique ;

2° Les allocataires mentionnés à l'article L. 5423-3 du même code qui arrivent au terme de la période de 274 jours prévue au premier alinéa de l'article D. 5424-64 du même code ;

3° Les allocataires mentionnés à l'article L. 5546-2 du code des transports qui arrivent au terme de la période de 274 jours prévue à l'article R. 351-24 du code du travail.

Art. 3 Pour l'application de l'ordonnance n° 2020-324 du 25 mars 2020 susvisée, sont considérés comme épuisant leur droit aux allocations mentionnées à l'article L. 5424-21 du code du travail :

1° Les allocataires mentionnés à l'article D. 5424-51 du même code qui arrivent au terme des durées maximales telles qu'elles sont prévues à l'article D. 5424-52 du même code ;

2° Les allocataires mentionnés à l'article D. 5424-53 du même code qui arrivent au terme des durées maximales telles qu'elles sont prévues à l'article D. 5424-59 du même code.

Art. 4 (Abrogé par Décr. n° 2020-928 du 29 juill. 2020, art. 4) *La prolongation des droits aux allocations mentionnées aux articles L. 5422-1, L. 5423-1, L. 5424-1 et L. 5424-21 du code du travail, résultant de l'ordonnance n° 2020-324 du 25 mars 2020 susvisée et des articles 1er, 2 et 3 du présent décret, ne peut excéder 184 jours indemnisés supplémentaires.*

TITRE II ALLONGEMENT DES PÉRIODES DE RÉFÉRENCE AU COURS DESQUELLES EST RECHERCHÉE LA DURÉE D'AFFILIATION REQUISE POUR LE BÉNÉFICE DE L'ALLOCATION D'AIDE AU RETOUR À L'EMPLOI, DE L'ALLOCATION DE PROFESSIONNALISATION ET DE SOLIDARITÉ ET DE L'ALLOCATION DE FIN DE DROITS

Art. 5 I. — Pour les travailleurs privés d'emploi à compter de l'entrée en vigueur du présent décret, la période de référence au cours de laquelle est recherchée la durée d'affiliation requise pour l'ouverture d'un droit à l'allocation d'aide au retour à l'emploi mentionnée au paragraphe 1er de l'article 3 du règlement d'assurance chômage figurant à l'annexe A du décret du 26 juillet 2019 susvisé et aux articles correspondants des annexes I et II, du chapitre 1er de l'annexe III, de l'annexe V et du chapitre II de l'annexe IX à ce règlement est prolongée du *(Décr. n° 2020-1716 du 28 déc. 2020, art. 3)* « nombre de jours correspondant à la partie de cette période de référence comprise » entre le 1er mars 2020 et une date fixée par arrêté du ministre chargé de l'emploi, et au plus tard le 31 juillet 2020.

(Décr. n° 2020-1716 du 28 déc. 2020, art. 3) « Pour les travailleurs privés d'emploi à compter de l'entrée en vigueur du décret n° 2020-1716 du 28 décembre 2020 portant diverses mesures relatives au régime d'assurance chômage, la période de référence mentionnée au premier alinéa est en outre prolongée du nombre de jours, correspondant à la partie de cette période de référence comprise entre le 30 octobre 2020 et une date fixée par arrêté du ministre chargé de l'emploi, et au plus tard le dernier jour du mois civil au cours duquel intervient la fin de l'état d'urgence sanitaire déclaré par le décret n° 2020-1257 du 14 octobre 2020 déclarant l'état d'urgence sanitaire, prorogé dans les conditions prévues par la loi n° 2020-1379 du 14 novembre 2020 autorisant la prorogation de l'état d'urgence sanitaire et portant diverses mesures de gestion de la crise sanitaire. » — *Date fixée au 30 juin 2021 par Arr. du 12 janvr. 2021, NOR : MTRD2100173A (JO 13 janv.), mod. par Arr. du 15 févr. 2021, NOR : MTRD2104769A (JO 16 févr.), mod. par Arr. du 8 mars 2021, NOR : MTRD2106886A (JO 9 mars), NOR : MTRD2111531A (JO 21 avr.), mod. par Arr. du 16 avr. 2021, NOR : MTRD2111531A (JO 21 avr.), mod. par Arr. du 7 mai 2021, NOR : MTRD2113566A (JO 12 mai), et par Arr. du 3 juin 2021, NOR : MTRD2116277A (JO 11 juin).*

II. — La période au cours de laquelle est recherchée la durée d'affiliation requise pour le rechargement d'un droit à l'allocation d'aide au retour à l'emploi est prolongée *(Décr. n° 2020-1716 du 28 déc. 2020, art. 3)* « pour la même durée que celle prévue au I ».

Art. 6 Sont prolongés du *(Décr. n° 2020-1716 du 28 déc. 2020, art. 3)* « nombre de jours correspondant à la partie de cette période de référence comprise » entre le 1er mars 2020 et une date fixée par arrêté du ministre chargé de l'emploi, et au plus tard le 31 juillet 2020 :
— *Date fixée au 31 mai 2020 par Arr. du 22 juill. 2020, art. 5 (NOR : MTRD2014617A).*

1° Le délai de douze mois défini au premier alinéa du paragraphe 1er de l'article 3 des annexes VIII et X du règlement d'assurance chômage figurant à l'annexe A du décret du 26 juillet 2019 susvisé ;

2° Le délai de douze mois prévu au 2° du II de l'article D. 5424-51 du code du travail ;

3° Le délai de dix-huit mois prévu au III de l'article D. 5424-51 du même code.

(Décr. n° 2020-1716 du 28 déc. 2020, art. 3) « Pour les travailleurs privés d'emploi à compter de l'entrée en vigueur du décret n° 2020-1716 du 28 décembre 2020 portant diverses mesures relatives au régime d'assurance chômage, les délais mentionnés aux 1° à 3° sont en outre prolongés du nombre de jours correspondant à la partie de la période de référence de l'intéressé comprise entre le 30 octobre 2020 et la date fixée par l'arrêté du ministre chargé de l'emploi mentionnée au deuxième alinéa du I de l'article 5. »

(Décr. n° 2020-928 du 29 juill. 2020, art. 4) « Le présent article n'est pas applicable aux artistes et techniciens intermittents du spectacle bénéficiaires des dispositions du décret n° 2020-928 du 29 juillet 2020 portant mesures d'urgence en matière de revenus de remplacement des artistes et techniciens intermittents du spectacle. »

TITRE III DISPOSITIONS DIVERSES APPLICABLES AUX BÉNÉFICIAIRES DE L'ALLOCATION D'AIDE AU RETOUR À L'EMPLOI ET DE L'ALLOCATION MENTIONNÉE À L'ARTICLE L. 5424-1 DU CODE DU TRAVAIL

Art. 7 (*Décr. n° 2021-346 du 30 mars 2021, art. 4*) « I. – Pour les travailleurs privés d'emploi dont la fin de contrat de travail intervient à compter du 1er juillet 2021, à l'exception de ceux ayant fait l'objet d'une procédure de licenciement engagée avant cette date, le nombre de jours compris entre le 1er mars 2020 et la date fixée par l'arrêté du ministre chargé de l'emploi mentionnée au premier alinéa du I de l'article 5 et entre le 30 octobre 2020 et la date fixée par l'arrêté mentionné au deuxième alinéa du I de l'article 5, à l'exception de ceux pendant lesquels l'intéressé bénéficie d'un contrat de travail, est déduit :

« 1° Du nombre de jours mentionné au premier alinéa du paragraphe 1er de l'article 9 du règlement d'assurance chômage figurant à l'annexe A du décret [*n° 2019-797*] du 26 juillet 2019 susvisé ;

« 2° Du nombre de jours mentionné au premier alinéa de l'article 13 du règlement d'assurance chômage figurant à l'annexe A du décret du 26 juillet 2019 susvisé et au deuxième alinéa de l'article 13 du chapitre I de l'annexe IX à ce règlement. »

II. – La période de douze mois mentionnée au paragraphe 1er de l'article 7 du règlement général annexé à la convention du 14 avril 2017 relative à l'assurance chômage, au paragraphe 1er de l'article 8 des annexes VIII et X à ce règlement, au paragraphe 1er de l'article 7 du règlement d'assurance chômage figurant à l'annexe A au décret du 26 juillet 2019 susvisé et au paragraphe 1er de l'article 7 des annexes VIII et X à ce règlement est prolongée (*Décr. n° 2020-1716 du 28 déc. 2020, art. 3*) « du nombre de jours compris entre le 1er mars 2020 et la date fixée par l'arrêté du ministre chargé de l'emploi mentionné au premier alinéa du I de l'article 5 et entre le 30 octobre 2020 et la date fixée par l'arrêté mentionné au deuxième alinéa du I de l'article 5, à l'exception de ceux pendant lesquels l'intéressé bénéficie d'un contrat de travail ».

III. – Le délai de 182 jours à l'issue duquel l'allocation journalière est affectée d'un coefficient de dégressivité en application de l'article 17 *bis* du règlement d'assurance chômage figurant à l'annexe A au décret du 26 juillet 2019 susvisé fait l'objet à compter du lendemain de la publication du présent décret d'une suspension selon les modalités suivantes :

1° Pour les allocataires ayant un droit en cours à l'allocation d'aide au retour à l'emploi ouvert avant le 1er mars 2020, la durée de la suspension (*Décr. n° 2020-929 du 28 juill. 2020, art. 2 ; Décr. n° 2020-1716 du 28 déc. 2020, art. 3*) « est de (*Décr. n° 2021-346 du 30 mars 2021, art. 4*) « 487 jours » calendaires » ;

2° Pour les allocataires ayant un droit en cours à l'allocation d'aide au retour à l'emploi ouvert après le 1er mars 2020 et pour ceux qui bénéficient d'une ouverture de droits à cette allocation à compter du lendemain de la publication du présent décret, la durée de la suspension est égale (*Décr. n° 2020-929 du 29 juill. 2020, art. 2 ; Décr. n° 2020-1716 du 28 déc. 2020, art. 3*) « au nombre de jours calendaires compris entre le point de départ de l'indemnisation et le (*Décr. n° 2021-346 du 30 mars 2021, art. 1*) « 30 juin 2021 ».

Art. 7-1 (*Décr. n° 2021-346 du 30 mars 2021, art. 4*) « I. – Les dispositions du présent article sont applicables aux travailleurs privés d'emploi dont la fin de contrat de travail intervient à compter du 1er août 2020.

« Ces dispositions cessent d'être applicables dans un délai maximal de trois mois suivant la réalisation, au plus tôt au 1er octobre 2021, des deux conditions cumulatives suivantes :

« 1° Le nombre cumulé de déclarations préalables à l'embauche pour des contrats de plus d'un mois hors intérim, accomplies par les employeurs en application de l'article L. 1221-10 du code du travail, sur une période de quatre mois consécutifs, tel qu'évalué mensuellement par l'agence centrale des organismes de sécurité sociale est supérieur à 2 700 000 ;

« 2° La somme des variations mensuelles du nombre total mesuré en fin de mois, de demandeurs d'emploi inscrits auprès de Pôle Emploi dans la catégorie A des personnes sans emploi, tenues d'accomplir des actes positifs de recherche d'emploi, à la recherche d'un emploi quel que soit le type de contrat, fait apparaître, au cours des six derniers mois, une baisse d'au moins 130 000.

« Pour l'application de la condition mentionnée au 2°, lorsque le nombre de demandeurs d'emploi augmente au cours de tout ou partie d'une période durant laquelle sont mises en œuvre dans l'ensemble des départements métropolitains, pendant une période d'au moins quatre semaines consécutives, des mesures interdisant, sauf dérogations, pendant la totalité de la journée et durant l'intégralité de la semaine, les déplacements des personnes hors de leur lieu de résidence, ne sont pas prises en compte dans le calcul de la somme des variations mensuelles du nombre de demandeurs d'emploi au cours des six derniers mois les variations mensuelles enregistrées entre :

« – le premier jour du mois où les mesures d'interdiction de déplacement sont mises en œuvre ;

« – et la plus tardive des deux dates entre, d'une part, le dernier jour du mois où ces mesures s'appliquent à l'ensemble des départements métropolitains et, d'autre part, le dernier jour du mois où le nombre de demandeurs d'emploi redevient inférieur au niveau qu'il avait atteint avant la mise en œuvre de ces mesures.

« Un arrêté du ministre chargé de l'emploi constate la réalisation des deux conditions mentionnées au deuxième alinéa et fixe la date, comprise dans le délai de trois mois que cet alinéa mentionne, à laquelle les dispositions du présent article cessent d'être applicables.

« Les dispositions du présent article demeurent toutefois applicables si, plus d'un mois avant la date fixée par l'arrêté mentionné au huitième alinéa, la condition prévue au 1° cesse d'être remplie ou si une augmentation du nombre de demandeurs d'emploi mentionné au 2° est constatée. »

(Décr. n° 2020-929 du 29 juill. 2020, art. 3) « II. – Par dérogation au I de l'article R. 5422-2 du code du travail, aux articles 3 et 28 et au paragraphe 3 de l'article 26 du règlement d'assurance chômage figurant à l'annexe A au décret du 26 juillet 2019 susvisé et aux dispositions correspondantes des annexes I, II, du chapitre 1er de l'annexe III et de l'annexe V à ce règlement, la durée d'affiliation minimale requise, au cours de la période de référence prévue par ces dispositions et prolongée en application de l'article 5 du présent décret, pour l'ouverture et le rechargement d'un droit à l'allocation d'aide au retour à l'emploi ainsi que pour l'exercice du droit d'option au profit du salarié privé d'emploi ayant cessé de bénéficier du service des allocations alors que la période d'indemnisation précédemment ouverte n'était pas épuisée est de :

« 1° 88 jours travaillés ou 610 heures travaillées pour les travailleurs privés d'emploi relevant des dispositions du règlement d'assurance chômage ;

[...]

« III. – Par dérogation à l'article R. 5422-1 du code du travail, au dixième alinéa du paragraphe 1er de l'article 9 du règlement d'assurance chômage figurant à l'annexe A du décret *[n° 2019-797]* du 26 juillet 2019 susvisé et aux dispositions correspondantes du chapitre II de l'annexe II à ce règlement, la durée d'indemnisation minimale donnant lieu au versement de l'allocation est de 122 jours calendaires.

« IV. – Par dérogation au paragraphe 3 de l'article 21 du règlement d'assurance chômage figurant à l'annexe A du décret du 26 juillet 2019 susvisé et aux dispositions correspondantes de l'annexe II à ce règlement, le différé applicable aux salariés bénéficiant d'un dispositif de capitalisation dans le cadre de conventions de congé conclues en application des articles R. 5111-2, R. 5123-2 et R. 5123-3 du code du travail n'est considéré d'office comme ayant atteint son terme lorsqu'au titre des activités accomplies postérieurement à la date de la rupture du contrat de travail consécutive à la demande de versement capitalisé, l'intéressé s'ouvre de nouveaux droits en justifiant, au cours de la période de référence mentionnée par ces dispositions du règlement d'assurance chômage et prolongée en application de l'article 5 du présent décret, d'au moins :

« 1° 88 jours travaillés ou 610 heures travaillées pour les travailleurs privés d'emploi relevant des dispositions du règlement d'assurance chômage ;

« 2° 88 jours travaillés pour les travailleurs privés d'emploi relevant des dispositions de l'annexe I au règlement d'assurance chômage ;

« 3° 122 jours d'embarquement administratif ou 840 heures travaillées pour les travailleurs privés d'emploi relevant des dispositions du chapitre 1er de l'annexe II au règlement d'assurance chômage ;

« 4° 122 jours d'embarquement administratif pour les travailleurs privés d'emploi relevant des dispositions du chapitre 2 de l'annexe II au règlement d'assurance chômage ;

« 5° 174 vacations pour les travailleurs privés d'emploi relevant des dispositions du chapitre 1er de l'annexe III au règlement d'assurance chômage ;

« 6° 610 heures travaillées pour les travailleurs privés d'emploi relevant des dispositions de l'annexe V au règlement d'assurance chômage ;

« 7° 88 jours travaillés ou 610 heures travaillées pour les travailleurs privés d'emploi relevant des dispositions des chapitres 1er ou 4 de l'annexe IX au règlement d'assurance chômage.

« V. – Par dérogation au paragraphe 4 de l'article 65 du règlement d'assurance chômage figurant à l'annexe A du décret du 26 juillet 2019 susvisé et aux dispositions correspondantes des annexes VIII et X à ce règlement :

« 1° La période d'indemnisation prévue par ces dispositions au bénéfice des travailleurs privés d'emploi ne pouvant prétendre ni à l'ouverture d'une période d'indemnisation ni au versement du reliquat d'une période d'indemnisation est de 122 jours calendaires ;
« 2° La durée d'affiliation minimale dont les intéressés doivent justifier pour bénéficier de cette période d'indemnisation est, compte tenu des règles d'équivalence mentionnées au paragraphe 8 de l'article 65 susmentionné, de 88 jours travaillés ou 610 heures travaillées au cours de la période de référence prévue par ces dispositions et prolongée en application de l'article 5 du présent décret. »

La réalisation des deux conditions mentionnées au 2e al. est constatée au 1er oct. 2021. Les dispositions de cet art. cessent d'être applicables aux travailleurs privés d'emploi dont la fin de contrat intervient à compter du 1er déc. 2021, à l'exception de ceux d'entre eux ayant fait l'objet d'une procédure de licenciement engagée avant cette date (Arr. du 18 nov. 2021, NOR : MTRD2133174A).

Art. 7-2 (Décr. n° 2021-346 du 30 mars 2021, art. 4) I. — Les dispositions du présent article sont applicables aux travailleurs privés d'emploi dont la fin de contrat de travail intervient à compter du 1er novembre 2019.
Elles cessent d'être applicables dans les mêmes conditions que celles de l'article 7-1.
II. — Par dérogation au paragraphe 1er de l'article 17 bis du règlement d'assurance chômage figurant à l'annexe A au décret du 26 juillet 2019 susvisé, le coefficient de dégressivité s'applique à partir du 244e jour d'indemnisation. Ce délai de 244 jours commence à courir à compter du 1er juillet 2021 pour les allocataires ayant un droit à l'allocation d'aide au retour à l'emploi en cours à cette date.
III. — Par dérogation aux sixième à huitième alinéas de l'article 34 du règlement d'assurance chômage figurant à l'annexe A au décret du 26 juillet 2019 susvisé, la durée d'indemnisation des allocataires dont l'allocation journalière, déterminée dans les conditions prévues au cinquième alinéa du même article, est soumise au coefficient de dégressivité en application de l'article 17 bis du règlement d'assurance chômage précité, est constituée :
— d'une première période de 243 jours indemnisés au titre de l'allocation journalière du nouveau droit déterminé en application des articles 14 à 16 du règlement d'assurance chômage précité ;
— à laquelle s'ajoute une seconde période égale au quotient du reliquat du capital de droit au 244e jour par le montant de l'allocation journalière du nouveau droit affectée par la dégressivité, déterminée en application des articles 14 à 16 et 17 bis du règlement d'assurance chômage précité.

Les dispositions de cet art. cessent d'être applicables aux travailleurs privés d'emploi dont la fin de contrat intervient à compter du 1er déc. 2021, à l'exception de ceux d'entre eux ayant fait l'objet d'une procédure de licenciement engagée avant cette date (Arr. du 18 nov. 2021, NOR : MTRD2133174A).

Art. 8 Par dérogation au premier alinéa du paragraphe 2 de l'article 3 des annexes VIII et X à l'annexe A du décret du 26 juillet 2019 susvisé, les périodes de suspension du contrat de travail résultant du placement en activité partielle dans les conditions prévues à l'article L. 5122-1 du code du travail sont retenues au titre de l'affiliation à raison de sept heures de travail par journée de suspension ou par cachet jusqu'à une date fixée par arrêté du ministre chargé de l'emploi, et au plus tard jusqu'au 31 juillet 2020. — *Date fixée au 31 mai 2020 par Arr. du 22 juill. 2020, art. 6 (NOR : MTRD2014617A).*

Art. 9 I. — Sont assimilés à des salariés involontairement privés d'emploi au sens de l'article L. 5422-1 du code du travail les salariés dont la cessation du contrat de travail résulte de la rupture volontaire d'un contrat de travail avant le 17 mars 2020 en vue de reprendre une activité salariée à durée indéterminée ou une activité à durée déterminée d'une durée initiale d'au moins 3 mois ou 455 heures, dès lors que cette reprise d'activité :
1° Soit s'est concrétisée par une embauche effective à laquelle l'employeur met fin avant l'expiration d'un délai de 65 jours travaillés à compter du 1er mars 2020 ;
2° Soit n'a pu se concrétiser par une embauche effective, alors que celle-ci devait initialement intervenir à compter du 1er mars 2020. Dans ce cas, la personne concernée produit une promesse d'embauche, un contrat de travail ou, à défaut, une déclaration de l'employeur attestant qu'il a renoncé à cette embauche ou l'a reportée.
(Décr. n° 2020-1716 du 28 déc. 2020, art. 3) « Les dispositions du présent I sont applicables aux décisions de prise en charge intervenant à compter de la date d'entrée en vigueur du décret du 14 avril 2020 susvisé et jusqu'à une date fixée par arrêté du ministre chargé de l'emploi, et au plus tard jusqu'au 31 juillet 2020.
« II. — Sont assimilés à des salariés involontairement privés d'emploi au sens de l'article L. 5422-1 du code du travail les salariés dont la cessation du contrat de travail résulte de la

rupture volontaire d'un contrat de travail entre le 1ᵉʳ juin 2020 et le 29 octobre 2020 en vue de reprendre une activité salariée à durée indéterminée ou une activité à durée déterminée d'une durée initiale d'au moins trois mois ou 455 heures, dès lors que cette reprise d'activité :

« 1° Soit s'est concrétisée par une embauche effective à laquelle l'employeur met fin avant l'expiration d'un délai de 65 jours travaillés ;

« 2° Soit n'a pu se concrétiser par une embauche effective. Dans ce cas, la personne concernée produit une promesse d'embauche, un contrat de travail ou, à défaut, une déclaration de l'employeur attestant qu'il a renoncé à cette embauche ou l'a reportée.

« Les dispositions du présent II sont applicables aux décisions de prise en charge intervenant à compter de la date d'entrée en vigueur du décret n° 2020-1716 du 28 décembre 2020 portant diverses mesures relatives au régime d'assurance chômage et jusqu'à une date fixée par arrêté du ministre chargé de l'emploi, et au plus tard jusqu'au dernier jour du mois civil au cours duquel intervient la fin de l'état d'urgence sanitaire déclaré par le décret n° 2020-1257 du 14 octobre 2020 déclarant l'état d'urgence sanitaire, prorogé dans les conditions prévues par la loi n° 2020-1379 du 14 novembre 2020 autorisant la prorogation de l'état d'urgence sanitaire et portant diverses mesures de gestion de la crise sanitaire. » – *Date fixée au 30 juin 2021 par Arr. du 12 janv. 2021, NOR : MTRD2100173A (JO 13 janv.), mod. par Arr. du 15 févr. 2021, NOR : MTRD2104769A (JO 16 févr.), mod. par Arr. du 8 mars 2021, NOR : MTRD2106886A (JO 9 mars), NOR : MTRD2111531A (JO 21 avr.), mod. par Arr. du 16 avr. 2021, NOR : MTRD2111531A (JO 21 avr.), mod. par Arr. du 7 mai 2021, NOR : MTRD2113566A (JO 12 mai), et par Arr. du 3 juin 2021, NOR : MTRD2116277A (JO 11 juin).*

V. aussi *Décr. n° 2020-928 du 29 juill. 2020 portant mesures d'urgence en matière de revenus de remplacement des artistes et techniciens intermittents du spectacle (JO 30 juill.), mod. par Décr. n° 2021-1034 du 4 août 2021 (JO 5 août).*

Art. 9-1 (*Décr. n° 2020-1716 du 28 déc. 2020, art. 3*) La durée maximale de cinquante heures par mois mentionnée à l'article R. 5425-19 du code du travail pendant laquelle les travailleurs privés d'emploi bénéficiaires du revenu de remplacement peuvent accomplir des tâches d'intérêt général donnant lieu à rémunération n'est pas applicable, à compter de la date d'entrée en vigueur du décret n° 2020-1716 du 28 décembre 2020 portant diverses mesures relatives au régime d'assurance chômage et jusqu'au 31 décembre 2021, aux tâches d'intérêt général réalisées dans le cadre de la lutte contre l'épidémie de covid-19 mentionnées sur une liste établie, avant le 31 mars 2021, par arrêté du ministre chargé de l'emploi. – *V. Arr. du 16 mars 2021, NOR : MTRD2108160A (JO 18 mars).*

Les dispositions de l'article R. 5425-20 ne sont pas applicables aux activités rémunérées d'intérêt général permettant le maintien des droits au revenu de remplacement sans limitation de durée en application de l'alinéa précédent. – *Date fixée au 31 mai 2020 par Arr. du 22 juill. 2020, art. 6 (NOR : MTRD2014617A).*

IV GROUPEMENTS PROFESSIONNELS, REPRÉSENTATION DES SALARIÉS, PARTICIPATION ET INTÉRESSEMENT

A Syndicats professionnels

V. C. trav., art. L. 2111-1 s.

Code pénal

Des peines applicables aux personnes physiques

....

Art. 131-6 (*L. n° 2004-204 du 9 mars 2004, art. 44-V*) « Lorsqu'un délit est puni d'une peine d'emprisonnement, la juridiction peut prononcer, à la place de l'emprisonnement, une ou plusieurs des peines privatives ou restrictives de liberté suivantes : »

1° La suspension, pour une durée de cinq ans au plus, du permis de conduire, cette suspension pouvant être limitée, selon des modalités déterminées par décret en Conseil d'État, à la conduite en dehors de l'activité professionnelle (*L. n° 2003-495 du 12 juin 2003, art. 5*)

« ; cette limitation n'est toutefois pas possible en cas de délit pour lequel la suspension du permis de conduire, encourue à titre de peine complémentaire, ne peut pas être limitée à la conduite en dehors de l'activité professionnelle » ; — *V. art. R. 131-1 s. — Pr. pén. 702-1.*

2° L'interdiction de conduire certains véhicules pendant une durée de cinq ans au plus ; — *V. art. R. 131-3 s.*

3° L'annulation du permis de conduire avec interdiction de solliciter la délivrance d'un nouveau permis pendant cinq ans au plus ;

4° La confiscation d'un ou de plusieurs véhicules appartenant au condamné ;

5° L'immobilisation, pour une durée d'un an au plus, d'un ou de plusieurs véhicules appartenant au condamné, selon des modalités déterminées par décret en Conseil d'État ; — *V. art. R. 131-5 s.*

(L. n° 2014-896 du 15 août 2014, art. 52, en vigueur le 1er oct. 2014) « 5° bis L'interdiction, pendant une durée de cinq ans au plus, de conduire un véhicule qui ne soit pas équipé, par un professionnel agréé ou par construction, d'un dispositif homologué d'anti-démarrage par éthylotest électronique. Lorsque cette interdiction est prononcée en même temps que la peine d'annulation ou de suspension du permis de conduire, elle s'applique, pour la durée fixée par la juridiction, à l'issue de l'exécution de cette peine ; »

6° L'interdiction de détenir ou de porter, pour une durée de cinq ans au plus, une arme soumise à autorisation ;

7° La confiscation d'une ou de plusieurs armes dont le condamné est propriétaire ou dont il a la libre disposition ; — *Pén. 131-21.*

8° Le retrait du permis de chasser avec interdiction de solliciter la délivrance d'un nouveau permis pendant cinq ans au plus ;

9° L'interdiction pour une durée de cinq ans au plus d'émettre des chèques autres que ceux qui permettent le retrait de fonds par le tireur auprès du tiré ou ceux qui sont certifiés et d'utiliser des cartes de paiement ; — *Pén. 131-19 s.*

10° La confiscation de la chose qui a servi ou était destinée à commettre l'infraction ou de la chose qui en est le produit. Toutefois, cette confiscation ne peut pas être prononcée en matière de délit de presse ; — *Pén. 131-21.*

(L. n° 92-1336 du 16 déc. 1992) « 11° L'interdiction pour une durée de cinq ans au plus d'exercer une activité professionnelle ou sociale dès lors que les facilités que procure cette activité ont été sciemment utilisées pour préparer ou commettre l'infraction. Cette interdiction n'est toutefois pas applicable à l'exercice d'un mandat électif ou de responsabilités syndicales. Elle n'est pas non plus applicable en matière de délit de presse ; » — *Pr. pén. 471, 775, 777.*

(L. n° 2004-204 du 9 mars 2004, art. 44-V) « 12° L'interdiction, pour une durée de trois ans au plus, de paraître dans certains lieux ou catégories de lieux déterminés par la juridiction et dans lesquels l'infraction a été commise ;

« 13° L'interdiction, pour une durée de trois ans au plus, de fréquenter certains condamnés spécialement désignés par la juridiction, notamment les auteurs ou complices de l'infraction ;

« 14° L'interdiction, pour une durée de trois ans au plus, d'entrer en relation avec certaines personnes spécialement désignées par la juridiction, notamment la victime de l'infraction ; »

(L. n° 2008-776 du 4 août 2008, art. 70) « 15° L'interdiction, pour une durée de cinq ans au plus, d'exercer une profession commerciale ou industrielle, de diriger, d'administrer, de gérer ou de contrôler à un titre quelconque, directement ou indirectement, pour son propre compte ou pour le compte d'autrui, une entreprise commerciale ou industrielle ou une société commerciale. »

(L. n° 2020-936 du 30 juill. 2020, art. 16) « Lorsqu'un délit est puni d'une peine d'emprisonnement, la juridiction peut prononcer, à la place de ou en même temps que la peine d'emprisonnement, une ou plusieurs des peines privatives ou restrictives de liberté prévues aux 6°, 7°, 10°, 12°, 13° et 14°. »

Corresp. : *C. pén., anciens art. 43-2, 43-3 et 43-4.*

....

Art. 131-27 Lorsqu'elle est encourue à titre de peine complémentaire pour un crime ou un délit, l'interdiction d'exercer une fonction publique ou d'exercer une activité professionnelle ou sociale est soit définitive, soit temporaire ; dans ce dernier cas, elle ne peut excéder une durée de cinq ans.

(L. n° 2008-776 du 4 août 2008, art. 70) « L'interdiction d'exercer une profession commerciale ou industrielle, de diriger, d'administrer, de gérer ou de contrôler à un titre quelconque, directement ou indirectement, pour son propre compte ou pour le compte d'autrui, une entreprise commerciale ou industrielle ou une société commerciale est soit définitive, soit temporaire ; dans ce dernier cas, elle ne peut excéder une durée de *(L. n° 2013-1117 du 6 déc. 2013, art. 2)* « quinze » ans. »

Cette interdiction n'est pas applicable à l'exercice d'un mandat électif ou de responsabilités syndicales. Elle n'est pas non plus applicable en matière de délit de presse.

Des peines applicables aux personnes morales

Art. 131-39 Lorsque la loi le prévoit à l'encontre d'une personne morale, un crime ou un délit peut être sanctionné d'une ou de plusieurs des peines suivantes :

1° La dissolution, lorsque la personne morale a été créée ou, lorsqu'il s'agit d'un crime ou d'un délit puni en ce qui concerne les personnes physiques d'une peine d'emprisonnement supérieure *(L. n° 2001-504 du 12 juin 2001)* « ou égale à trois ans », détournée de son objet pour commettre les faits incriminés ;

[...]

3° Le placement, pour une durée de cinq ans au plus, sous surveillance judiciaire ;

[...]

Les peines définies aux 1° et 3° ci-dessus ne sont pas applicables aux personnes morales de droit public dont la responsabilité pénale est susceptible d'être engagée. Elles ne sont pas non plus applicables aux partis ou groupements politiques ni aux syndicats professionnels. La peine définie au 1° n'est pas applicable aux institutions représentatives du personnel.

B Comité social et économique

(V. aussi C. trav., art. L. 2321-1 s.)

Code pénal

Art. 131-6, 131-27 et 131-39 *V. A. Syndicats professionnels.*

Code rural et de la pêche maritime

LIVRE VII **DISPOSITIONS SOCIALES**

(Ord. n° 2000-550 du 15 juin 2000)

COMITÉS DES ACTIVITÉS SOCIALES ET CULTURELLES

Art. L. 718-1 Un comité des activités sociales et culturelles *(L. n° 2014-1170 du 13 oct. 2014, art. 20)* « peut être constitué au plan départemental, interdépartemental ou régional, » au bénéfice des salariés et de leurs familles, employés dans les exploitations ou entreprises mentionnées aux 1° à 4° de l'article L. 722-1 *[V. cet art., App. II. B, v° Durée du travail]*, dont l'effectif est inférieur à cinquante salariés et qui n'ont pas de comité d'entreprise.

Une convention ou un accord collectif de travail étendu conclu sur le plan départemental, *(L. n° 2014-1170 du 13 oct. 2014, art. 20)* « interdépartemental ou régional » détermine les modalités de constitution du comité et contient obligatoirement des dispositions concernant :

1° La composition du comité, les modalités de désignation des représentants et la durée de leur mandat ;

2° Les modalités d'exercice du mandat détenu par les représentants des organisations de salariés ;

3° Le taux de la contribution versée par chaque employeur ainsi que les modalités de recouvrement de celle-ci ;

4° La destination des fonds recouvrés et les modalités d'utilisation de ceux-ci.

Le comité est doté de la personnalité civile et détermine ses modalités de fonctionnement dans un règlement intérieur.

Le comité est composé en nombre égal de représentants des organisations syndicales d'employeurs et de salariés agricoles représentatives dans le champ d'application de la convention ou de l'accord. Les représentants sont choisis parmi les salariés et les employeurs entrant dans le champ d'application territorial et professionnel de la convention ou de l'accord collectif de travail étendu.

Le comité exerce les attributions dévolues *(Ord. n° 2017-1718 du 20 déc. 2017, art. 2-I)* « aux comités sociaux et économiques par les articles L. 2312-78 à L. 2312-84 du code du travail ». La contribution qui est versée par les employeurs des salariés mentionnés au premier alinéa du présent article et qui est destinée à couvrir le fonctionnement et les activités sociales et culturelles du comité est assise sur la masse salariale brute.

Les contributions versées et les avantages servis suivent, en matière de cotisations sociales et de fiscalité, le régime applicable aux activités sociales et culturelles des comités d'entreprise. — *[Anc. art. 1000-7.]*

C Intéressement. Participation. Actionnariat

Décret n° 87-948 du 26 novembre 1987,

Déterminant les établissements publics et entreprises publiques soumis aux dispositions concernant la participation de l'ordonnance n° 86-1134 du 21 octobre 1986 relative à l'intéressement et à la participation des salariés aux résultats de l'entreprise et à l'actionnariat des salariés, ainsi que les conditions dans lesquelles les dispositions de cette ordonnance leur sont applicables. — Ord. codifiée aux art. L. 3311-1 s.

Art. 1ᵉʳ *(Décr. n° 2005-1650 du 27 déc. 2005)* Sont soumis aux dispositions des articles *(Décr. n° 2014-1658 du 29 déc. 2014, art. 1ᵉʳ)* « L. 3311-1 à L. 3326-2 » du code du travail, dans les conditions fixées par le présent décret, les établissements publics et entreprises publiques inscrits sur la liste figurant à l'article 4.

Art. 2 En ce qui concerne les *(Décr. n° 2005-1650 du 27 déc. 2005)* « établissements publics et entreprises publiques mentionnés » à l'article 1ᵉʳ du présent décret, les accords conclus en vertu de l'article *(Décr. n° 2014-1658 du 29 déc. 2014, art. 1ᵉʳ)* « L. 3324-2 » du code du travail peuvent décider que la réserve spéciale de participation des salariés sera calculée en tenant compte des résultats cumulés des entreprises appartenant à un même groupe.

(Décr. n° 96-255 du 26 mars 1996) « En ce qui concerne la Banque de France, les éléments du résultat permettant de calculer le bénéfice net et la valeur ajoutée au sens des articles *(Décr. n° 2014-1658 du 29 déc. 2014, art. 1ᵉʳ)* « L. 3324-1, D. 3324-2 et D. 3324-3 » du code du travail sont déterminés par un arrêté du ministre chargé de l'économie, pris après avis de la commission interministérielle visée à l'article 6 du décret du 9 août 1953 susvisé, en corrigeant les incidences sur le compte de résultats de la banque des variations de la politique monétaire et en écartant les effets comptables du régime de gestion des fonds affectés au financement des retraites. »

Al. abrogé par Décr. n° 2005-1650 du 27 déc. 2005.

Art. 3 Les accords conclus en vertu de l'article *(Décr. n° 2014-1658 du 29 déc. 2014, art. 1ᵉʳ)* « L. 3324-2 » du code du travail ne peuvent entrer en application qu'après avoir été homologués par arrêté conjoint du ministre chargé de l'économie *(Abrogé par Décr. n° 2005-1650 du 27 déc. 2005)* « et des finances », du ministre chargé du travail et du ministre de tutelle de l'entreprise, après avis de la commission interministérielle *(Décr. n° 2005-1650 du 27 déc. 2005)* « mentionnée à l'article 2 ».

Art. 4 *(Décr. n° 2001-1177 du 12 déc. 2001)* La liste des *(Décr. n° 2005-1650 du 27 déc. 2005)* « établissements publics et entreprises publiques » prévue à l'article 1ᵉʳ du présent décret est établie comme suit :

(Décr. n° 2005-1650 du 27 déc. 2005) « Aéroports de Paris » ;
Banque de France ;
(Décr. n° 2014-1658 du 29 déc. 2014, art. 1ᵉʳ) « Bpifrance Financement SA » ;
Caisse centrale de réassurance ;
Caisse des dépôts-développement ;
(Abrogé par Décr. n° 2005-1650 du 27 déc. 2005) « CDC Finance – CDC Ixis ; »
CNP Assurances SA ;
(Décr. n° 2005-1650 du 27 déc. 2005) « DCN » ;
Entreprise minière et chimique ;
GIAT Industries ;
La Française des jeux ;

SNPE ;
Société Air France ;
Société concessionnaire française pour la construction et l'exploitation du tunnel routier sous le Mont-Blanc ;
Société des autoroutes du sud de la France ;
Société des autoroutes du nord et de l'est de la France ;
Société des autoroutes Paris-Rhin-Rhône ;
Société française du tunnel routier du Fréjus ;
(Abrogé par Décr. n° 2005-1650 du 27 déc. 2005) « *Société nationale d'étude et de construction de moteurs d'aviation ;* »
Société nationale immobilière.

Loi n° 2019-486 du 22 mai 2019,

Relative à la croissance et la transformation des entreprises.

Art. 155 *[...]* V. – Une négociation en vue de la mise en place d'un régime d'intéressement, de participation ou d'épargne salariale établi selon les modalités prévues aux articles L. 3312-1, L. 3322-1, L. 3333-2 et L. 3334-2 du code du travail est menée au sein de chaque branche, et conclue au plus tard le 31 décembre *(L. n° 2020-1525 du 7 déc. 2020, art. 118)* « 2021 ».

Des critères de performance relevant de la responsabilité sociale des entreprises et dont la liste est fixée par décret peuvent être intégrés à la négociation prévue au premier alinéa du présent V.

(Abrogé par L. n° 2020-1525 du 7 déc. 2020, art. 118) « *Les entreprises de la branche peuvent opter pour l'application de l'accord ainsi négocié.* » A défaut d'initiative de la partie patronale au plus tard le 31 décembre 2019, la négociation s'engage dans les quinze jours suivant la demande d'une organisation de salariés représentative dans la branche.

[...]

Loi n° 2022-1158 du 16 août 2022,

Portant mesures d'urgence pour la protection du pouvoir d'achat.

Art. 5 I. – Les droits au titre de la participation aux résultats de l'entreprise affectés, en application des articles L. 3323-2 et L. 3323-5 du code du travail, avant le 1er janvier 2022, à l'exclusion de ceux affectés à l'acquisition de parts de fonds investis dans des entreprises solidaires en application du premier alinéa de l'article L. 3332-17 du même code, sont négociables ou exigibles, pour leur valeur au jour du déblocage, avant l'expiration des délais prévus aux articles L. 3323-5 et L. 3324-10 dudit code, sur demande du bénéficiaire pour financer l'achat d'un ou de plusieurs biens ou la fourniture d'une ou de plusieurs prestations de services.

Les sommes attribuées au titre de l'intéressement affectées à un plan d'épargne salariale, en application de l'article L. 3315-2 du même code, avant le 1er janvier 2022, à l'exclusion de celles affectées à l'acquisition de parts de fonds investis dans des entreprises solidaires en application du premier alinéa de l'article L. 3332-17 du même code, sont négociables ou exigibles, pour leur valeur au jour du déblocage, avant l'expiration du délai prévu à l'article L. 3332-25 du même code, sur demande du bénéficiaire pour financer l'achat d'un ou de plusieurs biens ou la fourniture d'une ou de plusieurs prestations de services.

Lorsque, en application de l'accord de participation, la participation a été affectée à l'acquisition de titres de l'entreprise ou d'une entreprise qui lui est liée, au sens du deuxième alinéa de l'article L. 3344-1 du même code, ou de parts ou d'actions d'organismes de placement collectif relevant des articles L. 214-165 à L. 214-166 du code monétaire et financier ou a été affectée selon les modalités prévues à l'article L. 3323-3 du code du travail, le déblocage de ces titres, parts, actions ou sommes est subordonné à un accord conclu dans les conditions prévues aux articles L. 3322-6 et L. 3322-7 du même code. Cet accord peut prévoir que le versement ou la délivrance de certaines catégories de droits ne peut être effectué que pour une partie des avoirs en cause.

Lorsque, en application du règlement du plan d'épargne salariale, l'intéressement a été affecté à l'acquisition de titres de l'entreprise ou d'une entreprise qui lui est liée au sens du deuxième alinéa de l'article L. 3344-1 dudit code ou de parts ou d'actions d'organismes de placement collectif en valeurs mobilières relevant des articles L. 214-165 à L. 214-166 du code monétaire et financier, le déblocage de ces titres, parts ou actions est subordonné à un accord conclu dans les conditions prévues aux articles L. 3332-3 et L. 3333-2 du code du travail. Cet accord peut prévoir que le versement ou la délivrance de certaines catégories de droits ne peut être effectué que pour une partie des avoirs en cause. Lorsque le plan d'épargne salariale a été mis en place à l'initiative de l'entreprise dans les conditions prévues à l'article L. 3332-3 du même code, le déblocage, mentionné au présent alinéa, des titres, parts ou actions, le cas échéant pour une partie des avoirs en cause, peut être réalisé dans les mêmes conditions.

II. – Le bénéficiaire peut demander le déblocage de tout ou partie des titres, parts, actions ou sommes mentionnés au I du présent article jusqu'au 31 décembre 2022. Il est procédé à ce déblocage en une seule fois.

III. – Les sommes versées au bénéficiaire au titre du I ne peuvent excéder un plafond global de 10 000 €, net de prélèvements sociaux.

IV. – Les sommes mentionnées aux I et II bénéficient des exonérations prévues aux articles L. 3312-4, L. 3315-2, L. 3325-1 et L. 3325-2 du code du travail.

V. – Le présent article ne s'applique ni aux droits à participation, ni aux sommes attribuées au titre de l'intéressement affectés aux plans d'épargne prévus aux articles L. 3334-2 et L. 3334-4 du code du travail et aux articles L. 224-14, L. 224-16, L. 224-23, au deuxième alinéa de l'article L. 224-24 et à l'article L. 224-27 du code monétaire et financier.

VI. – Dans un délai de deux mois à compter de la promulgation de la présente loi, l'employeur informe les bénéficiaires des droits dérogatoires créés en application du présent article.

VII. – L'organisme gestionnaire ou, à défaut, l'employeur déclare à l'administration fiscale le montant des sommes débloquées en application du présent article.

VIII. – Le bénéficiaire tient à la disposition de l'administration fiscale les pièces justificatives attestant l'usage des sommes débloquées en application des deux premiers alinéas du I.

D Sociétés coopératives ouvrières

V. C. sociétés.

RÉP. TRAV. v° *Coopérative ouvrière de production (Société)*, par OLSZAK.

V CONFLITS DU TRAVAIL

Constitution de la République française du 27 octobre 1946

PRÉAMBULE, al. 7 Le droit de grève s'exerce dans le cadre des lois qui le réglementent. – *V. le préambule de la Constitution du 4 oct. 1958 (D. 1958. 324 ; BLD 1958. 661) qui confirme le préambule de la Constitution de 1946.* – ***C. const.***

Code pénal

Art. 431-1 Le fait d'entraver, d'une manière concertée et à l'aide de menaces, l'exercice de la liberté d'expression, du travail, d'association, de réunion ou de manifestation *(L. n° 2011-267, du 14 mars 2011, art. 49)* « ou d'entraver le déroulement des débats d'une assemblée parlementaire ou d'un organe délibérant d'une collectivité territoriale » est puni d'un an d'emprisonnement et de 15 000 € d'amende.

(L. n° 2016-925 du 7 juill. 2016, art. 2) « Le fait d'entraver, d'une manière concertée et à l'aide de menaces, l'exercice de la liberté de création artistique ou de la liberté de la diffusion de la création artistique est puni d'un an d'emprisonnement et de 15 000 euros d'amende. »

(L. n° 2021-1109 du 24 août 2021, art. 10) « Le fait d'entraver, d'une manière concertée et à l'aide de menaces, l'exercice de la fonction d'enseignant est puni d'un an d'emprisonnement et de 15 000 euros d'amende. »

Le fait d'entraver, d'une manière concertée et à l'aide de coups, violences, voies de fait, destructions ou dégradations au sens du présent code, l'exercice d'une des libertés visées *(L. n° 2016-925 du 7 juill. 2016, art. 2)* « aux alinéas précédents » est puni de trois ans d'emprisonnement et de 45 000 € d'amende.

Sur les peines complémentaires, V. C. pén., art. 431-2. – ***C. pén.***

Même s'il concerne sa vie privée, l'outrage proféré à l'égard d'une personne dans l'exercice de ses fonctions rejaillit nécessairement sur celles-ci ; le simple trouble apporté à l'activité professionnelle n'entre pas dans les prévisions de l'art. 431 C. 922, n° 1120 ; Dr. soc. 2008. 1260, note pén. • Crim. 3 juin 2008 : 🔒 RDT 2008. 603, obs. Duquesne ⌀ ; JCP S 2008. 1554. Olsak ⌀ ; D. 2009. 269, note Dreyer ⌀ ; RJS 2008.

Code de procédure civile

Art. 54 (*Décr. n° 2019-1333 du 11 déc. 2019, art. 1er, en vigueur le 1er janv. 2020*) La demande initiale est formée par assignation ou par requête remise ou adressée au greffe de la juridiction. La requête peut être formée conjointement par les parties.

(*Abrogé par Décr. n° 2020-1452 du 27 nov. 2020, art. 1er, à compter du 1er janv. 2021*) « *Lorsqu'elle est formée par voie électronique, la demande comporte également, à peine de nullité, les adresse électronique et numéro de téléphone mobile du demandeur lorsqu'il consent à la dématérialisation ou de son avocat. Elle peut comporter l'adresse électronique et le numéro de téléphone du défendeur.* »

A peine de nullité, la demande initiale mentionne :

1° L'indication de la juridiction devant laquelle la demande est portée ;

2° L'objet de la demande ;

3° *a)* Pour les personnes physiques, les nom, prénoms, profession, domicile, nationalité, date et lieu de naissance de chacun des demandeurs ;

b) Pour les personnes morales, leur forme, leur dénomination, leur siège social et l'organe qui les représente légalement ;

4° Le cas échéant, les mentions relatives à la désignation des immeubles exigées pour la publication au fichier immobilier ;

5° Lorsqu'elle doit être précédée d'une tentative de conciliation, de médiation ou de procédure participative, les diligences entreprises en vue d'une résolution amiable du litige ou la justification de la dispense d'une telle tentative.

(*Abrogé par Décr. n° 2020-1452 du 27 nov. 2020, art. 1er, à compter du 1er janv. 2021*) « *6° L'indication des modalités de comparution devant la juridiction et la précision que, faute pour le défendeur de comparaître, il s'expose à ce qu'un jugement soit rendu contre lui sur les seuls éléments fournis par son adversaire.* »

Art. 55 (*Décr. n° 2019-1333 du 11 déc. 2019, art. 1er, en vigueur le 1er janv. 2020*) L'assignation est l'acte d'huissier de justice par lequel le demandeur cite son adversaire à comparaître devant le juge.

Art. 56 (*Décr. n° 2019-1333 du 11 déc. 2019, art. 1er, en vigueur le 1er janv. 2020*) L'assignation contient à peine de nullité, outre les mentions prescrites pour les actes d'huissier de justice et celles énoncées à l'article 54 :

1° Les lieu, jour et heure de l'audience à laquelle l'affaire sera appelée ;

2° Un exposé des moyens en fait et en droit ;

3° La liste des pièces sur lesquelles la demande est fondée dans un bordereau qui lui est annexé ;

(*Décr. n° 2020-1452 du 27 nov. 2020, art. 1er, en vigueur le 1er janv. 2021*) « 4° L'indication des modalités de comparution devant la juridiction et la précision que, faute pour le défendeur de comparaître, il s'expose à ce qu'un jugement soit rendu contre lui sur les seuls éléments fournis par son adversaire. »

L'assignation précise également, le cas échéant, la chambre désignée.

Elle vaut conclusions.

Art. 57 (*Décr. n° 2019-1333 du 11 déc. 2019, art. 1er, en vigueur le 1er janv. 2020*) Lorsqu'elle est formée par le demandeur, la requête saisit la juridiction sans que son adversaire en ait été préalablement informé. Lorsqu'elle est remise ou adressée conjointement par les parties, elle soumet au juge leurs prétentions respectives, les points sur lesquels elles sont en désaccord ainsi que leurs moyens respectifs.

Elle contient, outre les mentions énoncées à l'article 54, également à peine de nullité :

— lorsqu'elle est formée par une seule partie, l'indication des nom, prénoms et domicile de la personne contre laquelle la demande est formée ou s'il s'agit d'une personne morale, de sa dénomination et de son siège social ;

— dans tous les cas, l'indication des pièces sur lesquelles la demande est fondée.

Elle est datée et signée.

....

Art. 58 (*Décr. n° 2019-1333 du 11 déc. 2019, art. 1er, en vigueur le 1er janv. 2020*) Lorsque cette faculté leur est ouverte par l'article 12, les parties peuvent, si elles ne l'ont déjà fait

V. Conflits du travail

depuis la naissance du litige, conférer au juge, dans la requête conjointe, mission de statuer comme amiable compositeur ou le lier par les qualifications et points de droit auxquels elles entendent limiter le débat.

Dispositions propres à la procédure orale

....

Art. 446-2 (*Décr. n° 2010-1165 du 1er oct. 2010, art. 5-2°*) Lorsque les débats sont renvoyés à une audience ultérieure, le juge peut organiser les échanges entre les parties comparantes. (*Décr. n° 2017-892 du 6 mai 2017, art. 4*) « Après avoir recueilli leur avis », le juge peut ainsi fixer les délais et (*Décr. n° 2017-892 du 6 mai 2017, art. 4*) « , si elles en sont d'accord, » les conditions de communication de leurs prétentions, moyens et pièces.

(*Décr. n° 2017-892 du 6 mai 2017, art. 4*) « Lorsque toutes les parties comparantes formulent leurs prétentions et moyens par écrit et sont assistées ou représentées par un avocat, les conclusions doivent formuler expressément les prétentions ainsi que les moyens en fait et en droit sur lesquels chacune de ces prétentions est fondée avec indication pour chaque prétention des pièces invoquées et de leur numérotation. Un bordereau énumérant les pièces justifiant ces prétentions est annexé aux conclusions. Les conclusions comprennent distinctement un exposé des faits et de la procédure, une discussion des prétentions et des moyens ainsi qu'un dispositif récapitulant les prétentions. Les moyens qui n'auraient pas été formulés dans les écritures précédentes doivent être présentés de manière formellement distincte. Le juge ne statue que sur les prétentions énoncées au dispositif et n'examine les moyens au soutien de ces prétentions que s'ils sont invoqués dans la discussion. Les parties doivent reprendre dans leurs dernières conclusions les prétentions et moyens présentés ou invoqués dans leurs conclusions antérieures. A défaut, elles sont réputées les avoir abandonnés et le juge ne statue que sur les dernières conclusions déposées. »

Lorsque les parties formulent leurs prétentions et moyens par écrit (*Décr. n° 2017-892 du 6 mai 2017, art. 4*) « et qu'elles ne sont pas assistées ou représentées par un avocat », le juge peut, avec leur accord, prévoir qu'elles seront réputées avoir abandonné les prétentions et moyens non repris dans leurs dernières écritures communiquées.

A défaut pour les parties de respecter les modalités de communication fixées par le juge, celui-ci peut rappeler l'affaire à l'audience, en vue de la juger ou de la radier.

Le juge peut écarter des débats les prétentions, moyens et pièces communiqués sans motif légitime après la date fixée pour les échanges et dont la tardiveté porte atteinte aux droits de la défense.

La procédure avec représentation obligatoire – Dispositions communes

Art. 930-2 (*Décr. n° 2016-660 du 20 mai 2016, art. 30*) Les dispositions de l'article 930-1 ne sont pas applicables au défenseur syndical.

(*Décr. n° 2017-1008 du 10 mai 2017, art. 7*) « Les actes de procédure effectués par le défenseur syndical peuvent être établis sur support papier et remis au greffe ou lui être adressés par lettre recommandée avec demande d'avis de réception.

« La déclaration d'appel est remise ou adressée au greffe en autant d'exemplaires qu'il y a de parties destinataires, plus deux. Le greffe constate la remise par la mention de sa date et le visa du greffier sur chaque exemplaire, dont l'un est immédiatement restitué. Lorsque la déclaration d'appel est faite par voie postale, le greffe enregistre l'acte à sa date et adresse un récépissé par lettre simple. »

Ces dispositions sont applicables aux instances et appels introduits à compter du 1er août 2016 (Décr. n° 2016-660 du 20 mai 2016, art. 46).

Art. 930-3 (*Décr. n° 2017-1008 du 10 mai 2017, art. 7*) Les notifications entre un avocat et un défenseur syndical sont effectuées par lettre recommandée avec demande d'avis de réception ou par voie de signification.

La résolution amiable des différends

Art. 1529 Les dispositions du présent livre s'appliquent aux différends relevant des juridictions de l'ordre judiciaire statuant en matière civile, commerciale, sociale ou rurale, sous réserve des règles spéciales à chaque matière et des dispositions particulières à chaque juridiction.

(*Décr. n° 2016-660 du 20 mai 2016, art. 32 ; Décr. n° 2017-892 du 6 mai 2017, art. 24-1°*) « Elles s'appliquent en matière prud'homale sous la réserve prévue par le troisième alinéa de l'article 2066 du code civil. »

(Décr. n° 2017-892 du 6 mai 2017, art. 24-2°) « Ces dispositions s'appliquent également aux conventions de procédure participative aux fins de mise en état du litige conclues dans le cadre d'instances pendantes devant les juridictions précitées. »

Code de l'organisation judiciaire

Dispositions particulières en cas de saisine pour avis de la Cour de cassation

Art. R. 441-1 *(Décr. n° 2017-396 du 24 mars 2017, art. 3)* La formation mixte pour avis est composée de magistrats appartenant à deux chambres au moins de la Cour désignées par ordonnance du premier président. Elle comprend, outre le premier président, les présidents et doyens des chambres concernées, ainsi qu'un conseiller désigné par le premier président au sein de chacune de ces chambres. En cas d'absence ou d'empêchement de l'un des présidents de chambre, doyens ou conseillers, il est remplacé par un conseiller de la même chambre désigné par le premier président ou, en cas d'empêchement de celui-ci, par le président de chambre qui le remplace.

La formation plénière pour avis comprend, outre le premier président, les présidents et doyens des chambres et un conseiller par chambre désigné par le premier président. En cas d'absence ou d'empêchement de l'un des présidents de chambre, doyens ou conseillers, il est remplacé par un conseiller désigné par le premier président ou, en cas d'empêchement de celui-ci, par le président de chambre qui le remplace.

La formation plénière pour avis ne peut siéger que si tous les membres qui doivent la composer sont présents.

Ces dispositions s'appliquent aux demandes d'avis sur lesquelles il n'a pas été statué au 26 mars 2017 (Décr. n° 2017-396 du 24 mars 2017, art. 6).

VI ORGANISMES ADMINISTRATIFS DU TRAVAIL

(V. aussi C. trav., art. L. 8112-1 s.)

Décret n° 2003-770 du 20 août 2003,

Portant statut particulier du corps de l'inspection du travail.

Art. 1er *(Décr. n° 2020-1025 du 10 août 2020, art. 1er, en vigueur le 1er sept. 2020)* Le corps de l'inspection du travail est classé dans la catégorie A prévue à *(Décr. n° 2022-1093 du 10 juill. 2022, art. 1er, en vigueur le 1er août 2022)* « l'article L. 411-2 du code général de la fonction publique ». Ce corps est placé sous l'autorité du ministre chargé du travail.

Art. 2 *(Décr. n° 2022-1093 du 30 juill. 2022, art. 2, en vigueur le 1er août 2022)* Le corps de l'inspection du travail comprend trois grades :

1° Le grade de directeur du travail qui comporte sept échelons et un échelon spécial ;

2° Le grade de directeur adjoint du travail qui comporte neuf échelons ;

3° Le grade d'inspecteur du travail qui comporte dix échelons et un échelon d'inspecteur-élève.

Art. 3 I. — Outre les missions qui leur sont imparties par *(Décr. n° 2011-181 du 15 févr. 2011, art. 8)* « les articles L. 8112-1 et L. 8112-2 » du code du travail susvisé, les membres du corps de l'inspection du travail participent à la mise en œuvre des politiques de l'emploi et de la formation professionnelle définies par les pouvoirs publics.

(Abrogé par Décr. n° 2020-1025 du 10 août 2020, art. 2, à compter du 1er sept. 2020) « *Les membres du corps placés sous l'autorité du ministre chargé de l'agriculture veillent également à l'application des dispositions du livre VII du code rural et de la pêche maritime et des textes non codifiés pris pour leur application.* »

II. — Les membres du corps de l'inspection du travail apportent leur concours aux missions d'information et de conseil auprès du public dans le domaine de leurs compétences ainsi qu'à celle de conciliation dans la prévention des conflits collectifs du travail.

Ils exercent des fonctions d'encadrement et d'expertise.

III. — Les membres du corps de l'inspection du travail peuvent être affectés *(Décr. n° 2020-1025 du 10 août 2020, art. 2, en vigueur le 1er sept. 2020)* « dans les services relevant du ministre chargé du travail et dans les établissements publics placés sous sa tutelle ».

Art. 3-1 *(Décr. n° 2016-558 du 6 mai 2016, art. 3)* Le grade de directeur du travail *(Abrogé par Décr. n° 2022-1093 du 30 juill. 2022, art. 3, à compter du 1er août 2022)* « hors classe » donne vocation à exercer des responsabilités de niveau particulièrement élevé, notamment dans le domaine de l'expertise, du pilotage, de l'animation et de l'évaluation des politiques publiques du travail, de l'emploi et de la formation professionnelle.

Décret n° 2020-1545 du 9 décembre 2020,

Relatif à l'organisation et aux missions des directions régionales de l'économie, de l'emploi, du travail et des solidarités (DREETS), des directions départementales de l'emploi, du travail et des solidarités (DDETS) et des directions départementales de l'emploi, du travail, des solidarités et de la protection des populations (DDETS-PP).

En vigueur le 1er avr. 2021.

CHAPITRE I — ORGANISATION ET MISSIONS DES DIRECTIONS RÉGIONALES DE L'ÉCONOMIE, DE L'EMPLOI, DU TRAVAIL ET DES SOLIDARITÉS (DREETS)

Art. 1er Dans chaque région métropolitaine, à l'exclusion de celle d'Île-de-France, la direction régionale de l'économie, de l'emploi, du travail et des solidarités, service déconcentré commun aux ministres chargés des affaires sociales, de l'économie et des finances, du travail et de l'emploi, exerce les missions définies à l'article 2.

Elle est placée sous l'autorité du préfet de région et, pour les missions relatives au système d'inspection du travail, sous celle de la direction générale du travail. Pour les missions relevant de la compétence du préfet de département, elle est placée sous l'autorité fonctionnelle de celui-ci.

Art. 2 Sous réserve des compétences attribuées à d'autres services ou établissements publics de l'État, la direction régionale est chargée :

1° De la politique du travail et des actions d'inspection de la législation du travail, dans les conditions prévues par le second alinéa de l'article 1er du présent décret ;

[...]

4° De la politique de l'emploi, de l'accompagnement des transitions professionnelles, de l'anticipation et de l'accompagnement des mutations économiques, notamment pour l'application des articles R.* 1233-3-4 et R.* 1237-6 du code du travail, du développement de l'apprentissage et du contrôle des acteurs de la formation professionnelle ainsi que de la mise en œuvre des programmes du Fonds social européen ;

5° De l'animation et de la coordination des politiques publiques de la cohésion sociale et de leur mise en œuvre, notamment celles relatives à la prévention et à la lutte contre les exclusions, à la protection des personnes vulnérables, à l'inclusion des personnes en situation de handicap, à la protection de l'enfance, à l'accès à l'hébergement et au logement des personnes en situation d'exclusion, en lien avec les directions régionales de l'environnement, de l'aménagement et du logement, au volet social et économique de la politique de la ville ainsi qu'au travail social et à l'intervention sociale ;

6° De l'expertise et de l'appui technique aux préfets de département, notamment en matière de contrôle et d'inspection des établissements et services sociaux, en vue de l'élaboration du plan régional d'inspection et de contrôle y afférent et de la participation, en tant que de besoin et sous l'autorité des préfets de département, à des actions d'inspection et de contrôle départementales et interdépartementales ;

7° De la formation et de la certification dans le domaine des professions sociales, ainsi que de la certification dans le domaine des professions de santé non médicales ;

8° Des actions visant, d'une part, à mobiliser et à coordonner les acteurs de l'insertion sociale et professionnelle et du monde économique sur le parcours des personnes les plus éloignées du marché du travail, notamment les étrangers primo-arrivants, des résidents des quartiers prioritaires de la politique de la ville et des personnes vulnérables pour garantir leur inclusion dans la société et, d'autre part, à prévenir et à lutter contre les discriminations et à promouvoir l'égalité des chances ;

9° De l'observation, l'analyse, l'évaluation des politiques publiques dans ses champs de compétences, au moyen de statistiques et d'études permettant d'éclairer la situation économique et sociale de la région, notamment les besoins des populations, et de mieux cibler l'action de l'État au profit des territoires.

Art. 3 I. — Pour les missions définies à l'article 2, la direction régionale assure, sous l'autorité du préfet de région ou conformément aux directives et instructions de la direction générale du travail, le pilotage, l'animation et la coordination régionales des politiques publiques qui lui sont confiées.

Elle pilote et coordonne la gestion des ressources humaines de l'ensemble des personnels relevant des ministres chargés des affaires sociales, de l'économie et des finances, de l'emploi et du travail affectés dans les services territoriaux de la circonscription régionale, sous l'autorité du préfet de région et dans le cadre des orientations fixées par les directions des ressources humaines ministérielles concernées, sous réserve des dispositions spécifiques régissant les agents du système d'inspection du travail.

Elle pilote et mobilise l'ensemble des moyens affectés au système d'inspection du travail dans le respect des stipulations des conventions susvisées de l'Organisation internationale du travail, tant à l'échelon régional que départemental.

II. — La direction régionale apporte son soutien à la mise en œuvre des politiques publiques et son expertise aux directions départementales de l'emploi, du travail et des solidarités et aux directions départementales de l'emploi, du travail, des solidarités et de la protection des populations. Elle leur fournit des éléments statistiques et des analyses sur le suivi des politiques mises en œuvre et les éclaire sur la situation économique de leur territoire et les besoins sociaux de leur population.

III. — Le directeur régional est chargé, dans le cadre fixé par le comité de l'administration régionale, de la planification, de la programmation, du financement, du suivi et de l'évaluation des missions mentionnées à l'article 2, à l'exclusion de celles du 1°, mises en œuvre dans la région sous l'autorité des préfets de département et coordonne celles exercées au niveau interdépartemental, notamment dans le cadre des schémas régionaux de mutualisation.

Art. 4 La direction régionale est organisée en pôles et comprend notamment :

1° Un pôle "politique du travail", chargé des actions relevant du 1° de l'article 2, de l'organisation du système d'inspection du travail dans la région et du pilotage de ses ressources humaines. Le pôle comporte une ou plusieurs unités de contrôle régionales ;

[...]

3° Un pôle chargé des actions relevant notamment des 3°, 4°, 5°, 7° et 8° de l'article 2, ou deux pôles, selon les spécificités locales, dont l'un est au moins chargé des missions de soutien aux entreprises mentionnées aux 3° et 4° de l'article 2.

VII RÉGIMES SPÉCIAUX

Décret n° 2008-76 du 24 janvier 2008,

Pris pour l'application de l'article 1ᵉʳ de la loi n° 2007-1223 du 21 août 2007 en faveur du travail, de l'emploi et du pouvoir d'achat aux salariés relevant d'un régime spécial de sécurité sociale ou dont la durée du travail relève d'un régime particulier.

Art. 1ᵉʳ Bénéficient de l'exonération instituée au I de l'article 81 *quater* du code général des impôts, au titre du 6° du même I, les salaires versés :

1. Aux salariés des entreprises de transport public urbain de voyageurs au titre des heures supplémentaires définies à l'article 11 du décret n° 2000-118 du 14 février 2000 relatif à la durée du travail dans les entreprises de transport public urbain de voyageurs ;

2. Aux salariés des entreprises des chemins de fer secondaires d'intérêt général et des chemins de fer d'intérêt local au titre des heures de travail effectif accomplies au-delà de trente-cinq heures par semaine en moyenne sur l'année ;

3. Aux salariés régis par les articles L. 711-1 et L. 711-2 du code du travail au titre des heures supplémentaires accomplies conformément aux dispositions prises pour l'application de ces articles ;

4. Aux salariés des industries électriques et gazières au titre des heures supplémentaires définies à l'article 16 du statut annexé au décret n° 46-1541 du 22 juin 1946 approuvant le statut national du personnel des industries électriques et gazières ;

5. Aux marins, à l'exception des marins pêcheurs rémunérés à la part et des marins rémunérés au voyage, au titre des heures de travail effectif accomplies au-delà de la durée fixée à l'article 24 du code du travail maritime ;

6. Aux agents de la Société nationale des chemins de fer français au titre des heures de travail accomplies au-delà de la durée fixée aux articles 2 et 51 du décret n° 99-1161 du 29 décembre 1999 relatif à la durée du travail du personnel de la Société nationale des chemins de fer français ;

7. Aux personnels de la Régie autonome des transports parisiens au titre des heures de travail effectif accomplies au-delà de trente-cinq heures par semaine en moyenne sur l'année ;

A. ÉNERGIE **VII. Régimes spéciaux** 3499

8. Aux personnels des chambres de commerce et d'industrie territoriales, des chambres de commerce et d'industrie de région, des groupements interconsulaires et de la *(Décr. n° 2015-536 du 15 mai 2015, art. 12)* « CCI France » au titre des heures de travail accomplies au-delà de trente-cinq heures par semaine en moyenne sur l'année ;

9. Aux personnels administratifs, enseignants et contractuels des chambres des métiers et de l'artisanat conformément à la loi du 11 décembre 1952 ;

10. Aux travailleurs à domicile définis à l'article L. 721-1 *[L. 7412-1 nouv.]* du code du travail au titre des heures effectuées au-delà de huit heures par jour ouvrable en application de l'article L. 721-16 du code du travail ;

11. Aux concierges, employés d'immeuble ou femmes de ménages d'immeubles à usage d'habitation définis à l'article L. 771-1 *[L. 7211-1 nouv.]* du code du travail au titre des tâches effectuées au-delà de 10 000 unités de valeur conformément à l'article 18 de la convention collective nationale du travail des gardiens, concierges et employés d'immeubles dans sa rédaction en vigueur à la date de publication du présent décret ;

12. Aux personnels navigants des entreprises n'exploitant pas des services réguliers et utilisant exclusivement des aéronefs d'une masse maximale au décollage inférieure à dix tonnes ou d'une capacité inférieure à vingt sièges au titre des heures de vol accomplies au-delà de la durée fixée au premier alinéa de l'article D. 422-10 du code de l'aviation civile ;

13. Aux personnels navigants des entreprises exploitant des services réguliers, ou utilisant un ou plusieurs aéronefs d'une masse maximale au décollage supérieure ou égale à dix tonnes ou d'une capacité supérieure ou égale à vingt sièges au titre des heures supplémentaires définies à l'article D. 422-8 du code de l'aviation civile ;

14. Aux personnels navigants techniques des exploitants d'hélicoptères au titre des heures supplémentaires effectuées conformément aux articles D. 422-8, D. 422-10 et D. 422-12 du code de l'aviation civile, le cas échéant, à l'article 2 du décret n° 2003-1390 du 31 décembre 2003 relatif à la durée du travail du personnel navigant technique affecté à la réalisation d'opérations aériennes civiles d'urgence par hélicoptère.

Art. 2 Bénéficient de l'exonération instituée au I de l'article 81 *quater* du code général des impôts, au titre du 6° du même I, les salaires versés au titre des heures complémentaires accomplies par les salariés énumérés aux 1 à 14 de l'article 1er du présent décret lorsqu'ils sont à temps partiel.

Art. 3 Bénéficient de l'exonération instituée au I de l'article 81 *quater* du code général des impôts, au titre du 6° du même I, les salaires versés aux salariés énumérés aux 1 à 14 de l'article 1er du présent décret, dans le cadre de conventions de forfait en jours, en contrepartie des jours de repos auxquels ces salariés renoncent au-delà du plafond de deux cent dix-huit jours.

A Énergie

Décret n° 46-1541 du 22 juin 1946,

Approuvant le statut national du personnel des industries électriques et gazières (JO 25 juin ; Rect., JO 2 juill.). — Mod., notamment, par Décr. 4 mai 1950 (JO 5 mai), Décr. 18 févr. 1953 (BLD 1953. 126 ; JO 19 févr.), Décr. 24 nov. 1954 (BLD 1954. 1022 ; JO 26 nov.), Décr. 3 févr. 1955 (BLD 1955. 216 ; JO 6 févr.), Décr. 20 nov. 1959 (BLD 1959. 1278 ; JO 26 nov.), Décr. n° 67-50 du 13 janv. 1967 (JO 15 janv.), Décr. n° 81-871 du 17 sept. 1981 (JO 24 sept.), Décr. n° 85-1066 du 1er oct. 1985 (JO 8 oct.), Décr. n° 91-613 du 28 juin 1991, (JO 29 juin), Décr. n° 93-480 du 25 mars 1993 (JO 26 mars), Décr. n° 95-927 du 17 août 1995 (JO 22 août), Décr. n° 96-1127 du 23 déc. 1996 (JO 24 déc.), Décr. n° 96-1223 du 30 déc. 1996 (JO 31 déc.), Décr. n° 97-344 du 11 avr. 1997 (JO 13 avr.), Décr. n° 98-866 du 28 sept. 1998 (JO 29 sept.), Décr. n° 98-1306 du 30 déc. 1998 (JO 31 déc.), Décr. n° 2001-489 du 7 juin 2001 (JO 9 juin), Décr. n° 2001-1198 du 17 déc. 2001 (JO 18 déc.), Décr. n° 2002-528 du 17 avr. 2002 (JO 18 avr.), Décr. n° 2002-718 du 2 mai 2002 (JO 4 mai), Décr. n° 2004-1155 du 29 oct. 2004 (JO 31 oct.), Décr. n° 2005-126 du 15 févr. 2005 (JO 16 févr.), Décr. n° 2007-489 du 30 mars 2007 (JO 31 mars), Décr. n° 2007-549 du 11 avr. 2007 (JO 14 avr.), Décr. n° 2008-653 du 2 juill. 2008 (JO 4 juill.), mod. par Décr. n° 2008-1514 du 30 déc. 2008 (JO 31 déc.), mod. par Décr. n° 2009-1191 du 6 oct. 2009 (JO 8 oct.), mod. par Décr. n° 2011-289 du 18 mars 2011 (JO 20 mars), mod. par Décr. n° 2011-1174 du 23 sept. 2011 (JO 25 sept.), mod. par Décr. n° 2011-1175 du 23 sept. 2011 (JO 25 sept.), mod. par Décr. n° 2011-2087 du 30 déc. 2011 (JO 31 déc.), mod. par Décr. n° 2012-53 du 15 janv. 2013 (JO 17 janv.), mod. par Décr. n° 2015-1536 du 25 nov. 2015 (JO 27 nov.), mod. par Décr. n° 2017-996 du 10 mai 2017 (JO 11 mai).

Ordonnance n° 2020-921 du 29 juillet 2020,

Portant diverses mesures d'accompagnement des salariés dans le cadre de la fermeture des centrales à charbon. — Ord. ratifiée et modifiée par la L. n° 2021-1104 du 22 août 2021, art. 44 (JO 24 août).

Pour les conditions d'application de l'Ord. n° 2020-921 du 29 juill. 2020, V. Décr. n° 2021-297 du 18 mars 2021 (JO 20 mars).

B Mines

Décret n° 51-508 du 4 mai 1951,

Portant règlement général sur l'exploitation des mines de combustibles minéraux solides (JO 6 mai ; Rect., JO 10 mai et 19 août). — Mod. par Décr. 10 mai 1955 (JO 15 mai), Décr. n° 60-826 du 2 août 1960, art. 1ᵉʳ (JO 7 août), Décr. n° 63-426 du 22 avr. 1963 (JO 30 avr.), Décr. n° 67-241 du 22 mars 1967 (JO 24 mars), Décr. n° 68-864 du 28 sept. 1968 (JO 6 oct.), Décr. n° 69-899 du 29 sept. 1969 (JO 3 oct.), Décr. n° 72-645 du 4 juill. 1972 (D. et BLD 1972. 367), Décr. n° 72-1157 du 12 déc. 1972 (JO 27 déc.), Décr. n° 73-404 du 26 mars 1973, art. 12 (JO 4 avr. ; Rect., JO 17 avr.), mod. par Décr. n° 2021-336 du 29 mars 2021 (JO 30 mars), Décr. n° 80-331 du 7 mai 1980 (JO 10 mai), mod. par Décr. n° 2001-1132 du 30 nov. 2001 (JO 2 déc.) et Décr. n° 2021-336 du 29 mars 2021 (JO 30 mars), Décr. n° 80-802 du 9 oct. 1980 (JO 12 oct.), Décr. n° 84-147 du 13 févr. 1984 (JO 1ᵉʳ mars), Décr. n° 85-1154 du 28 oct. 1985, art. 4 (JO 6 nov.), Décr. n° 87-379 du 9 juin 1987 (JO 13 juin), Décr. n° 87-501 du 1ᵉʳ juill. 1987, art. 3 (JO 7 juill.), Décr. n° 88-1027 du 7 nov. 1988 (JO 9 nov.), Décr. n° 92-717 du 23 juill. 1992, art. 3 (JO 29 juill.), Décr. n° 92-1164 du 22 oct. 1992 (JO 25 oct.), Décr. n° 95-694 du 3 mai 1995 (JO 5 mai), Décr. n° 2001-1132 du 30 nov. 2001 (JO 2 déc.), Décr. n° 2003-1264 du 23 déc. 2003 (JO 30 déc.), Décr. n° 2011-1521 du 14 nov. 2011 (JO 16 nov.), Décr. n° 2021-336 du 29 mars 2021 (JO 30 mars).

Décret n° 59-285 du 27 janvier 1959,

Portant règlement général sur l'exploitation des mines autres que les mines de combustibles minéraux solides et les mines d'hydrocarbures exploitées par sondage (JO 13 févr.). — Mod. par Décr. n° 60-826 du 2 août 1960, art. 2 (JO 7 août), Décr. n° 63-869 du 20 août 1963 (JO 24 août), Décr. n° 64-676 du 2 juill. 1964 (JO 7 juill.), Décr. n° 67-241 du 22 mars 1967 (JO 24 mars), Décr. n° 68-865 du 28 sept. 1968 (JO 6 oct.), Décr. n° 69-900 du 29 sept. 1969 (JO 3 oct.), Décr. n° 72-645 du 4 juill. 1972 (D. et BLD 1972. 367), Décr. n° 73-404 du 26 mars 1973, art. 12 (JO 4 avr. ; Rect., JO 17 avr.), mod. par Décr. n° 2021-336 du 29 mars 2021 (JO 30 mars), Décr. n° 80-331 du 7 mai 1980 (JO 10 mai), mod. par Décr. n° 2001-1132 du 30 nov. 2001 (JO 2 déc.) et Décr. n° 2021-336 du 29 mars 2021 (JO 30 mars), Décr. n° 84-147 du 13 févr. 1984 (JO 1ᵉʳ mars), Décr. n° 85-1154 du 28 oct. 1985, art. 4 (JO 6 nov.), Décr. n° 87-501 du 1ᵉʳ juill. 1987, art. 3 (JO 7 juill.), Décr. n° 88-1027 du 7 nov. 1988 (JO 9 nov.), Décr. n° 92-717 du 23 juill. 1992, art. 3 (JO 29 juill.), Décr. n° 92-1164 du 22 oct. 1992 (JO 25 oct.), Décr. n° 95-694 du 3 mai 1995 (JO 11 mai), Décr. n° 2001-1132 du 30 nov. 2001 (JO 2 déc.), Décr. n° 2003-1264 du 23 déc. 2003 (JO 28 déc.), Décr. n° 2021-336 du 29 mars 2021 (JO 30 mars).

Loi n° 2004-105 du 3 février 2004,

Portant création de l'Agence nationale pour la garantie des droits des mineurs et diverses dispositions relatives aux mines.

Art. 1ᵉʳ Il est créé un établissement public de l'État à caractère administratif dénommé "Agence nationale pour la garantie des droits des mineurs" qui a pour mission de garantir, au nom de l'État, en cas de cessation définitive d'activité d'une entreprise minière ou ardoisière, quelle que soit sa forme juridique, d'une part, l'application des droits sociaux des anciens agents de cette entreprise, des anciens agents de ses filiales relevant du régime spécial de la sécurité sociale dans les mines et de leurs ayants droit tels qu'ils résultent des lois, règlements, conventions et accords en vigueur au jour de la cessation définitive d'activité de l'entreprise et, d'autre part, l'évolution de ces droits.

L'agence peut, par voie conventionnelle, gérer les mêmes droits pour le compte d'entreprises minières et ardoisières en activité.

Art. 2 L'Agence nationale pour la garantie des droits des mineurs assume les obligations de l'employeur, en lieu et place des entreprises minières et ardoisières ayant définitivement cessé leur activité, envers leurs anciens agents et ceux de leurs filiales relevant du régime spécial de la sécurité sociale dans les mines en congé charbonnier de fin de carrière, en dispense ou en suspension d'activité, en garantie de ressources ou mis à disposition d'autres entreprises.

(*L. n° 2013-1279 du 29 déc. 2013, art. 85*) « L'Agence nationale pour la garantie des droits des mineurs remplit, en outre, les autres obligations sociales des entreprises minières et ardoisières ayant cessé définitivement leur activité à l'exception de celles manifestement liées à une situation d'activité de ces entreprises. »

L'Agence nationale pour la garantie des droits des mineurs liquide, verse ou attribue l'ensemble des prestations dues aux anciens agents des entreprises minières et ardoisières ayant cessé définitivement leur activité, aux anciens agents de leurs filiales relevant du régime spécial de la sécurité sociale dans les mines et à leurs ayants droit à l'exception, d'une part, de celles prévues par le code de la sécurité sociale et les textes relatifs au régime spécial de la sécurité sociale dans les mines, et, d'autre part, de celles prévues conventionnellement qui peuvent leur être assimilées.

(*L. n° 2013-1279 du 29 déc. 2013, art. 85*) « Toutefois, et pour le compte du régime spécial de la sécurité sociale dans les mines, l'Agence nationale pour la garantie des droits des mineurs détermine les orientations de la politique d'action sanitaire et sociale individuelle au bénéfice des ressortissants de ce régime et en assure également la gestion. Elle liquide, verse ou attribue les prestations correspondantes. Elle fixe, coordonne et contrôle l'ensemble des actions engagées en matière de politique d'action sanitaire et sociale et en établit un bilan annuel. »

Art. 3 Les entreprises dont le personnel relève du décret n° 46-1433 du 14 juin 1946 relatif au statut du personnel des exploitations minières et assimilées et qui n'ont pas cessé définitivement leur activité soit gèrent elles-mêmes les prestations de chauffage et de logement de leurs retraités et des conjoints survivants de leurs retraités, soit confient cette gestion à l'Agence nationale pour la garantie des droits des mineurs.

Décret n° 2013-797 du 30 août 2013,

Fixant certains compléments et adaptations spécifiques au code du travail pour les mines et carrières en matière de poussières alvéolaires.

Décret n° 2018-1022 du 22 novembre 2018,

Fixant certains compléments et adaptations du code du travail spécifiques aux mines et carrières en matière d'utilisation et de règles de circulation d'équipements de travail mobiles et abrogeant le titre « véhicules sur piste » du règlement général des industries extractives ».

Décret n° 2019-574 du 11 juin 2019,

Fixant certains compléments et adaptations du code du travail spécifiques aux mines et aux carrières en matière d'entreprises extérieures.

Décret n° 2019-735 du 16 juillet 2019,

Fixant certains compléments et adaptations du code du travail spécifiques aux mines et aux carrières en matière de travail et circulation en hauteur.

Décret n° 2019-1158 du 8 novembre 2019,

Fixant certains compléments et adaptations du code du travail spécifiques aux mines et aux carrières en matière de rayonnements ionisants.

Décret n° 2021-902 du 6 juillet 2021,

Fixant certains compléments et adaptations du code du travail spécifiques aux mines et carrières en matière d'équipements de travail.

Décret n° 2021-1838 du 24 décembre 2021,

Fixant certains compléments et adaptations du code du travail spécifiques aux mines et carrières en matière de règles générales et portant abrogation de dispositions relatives à la police des carrières.

C Télétravail

(V. aussi C. trav., art. L. 1222-9 s.)

Accord national interprofessionnel du 26 novembre 2020,

Pour une mise en œuvre réussie du télétravail.

Sont rendues obligatoires, pour tous les employeurs et tous les salariés compris dans son champ d'application, les stipulations de l'accord national interprofessionnel du 26 nov. 2020 pour une mise en œuvre réussie du télétravail.

L'art. 3.1.5 est étendu sous réserve du respect du principe général de prise en charge des frais professionnels tel qu'interprété par la jurisprudence de la Cour de cassation (Soc. 25 févr. 1998, n° 95-44.096) selon lequel la validation de l'employeur est interprétée comme un préalable, et non postérieure, à l'engagement des dépenses par le salarié (Arr. du 2 avr. 2021, NOR : MTRT2110108A, JO 13 avr.).

BIBL. ▶ CLICQ, *SSL 2020, n° 1932, p. 3* (coulisses de la négociation). – GUYOT, *JCP S 2020. 3113*. – RAY, *Dr. soc. 2021. 236* (de l'ANI du 26 nov. 2020 à l'avenir du travail à distance). – VÉRICEL, *RDT 2021. 59* (un accord de compromis qui reste à la marge du normatif).

1. Le télétravail dans l'entreprise

1.1. Intégration du télétravail dans le fonctionnement de l'entreprise

La crise sanitaire et le confinement imposé par les pouvoirs publics en mars 2020 ont invité les entreprises qui souhaitaient recourir plus largement au télétravail à réfléchir, en amont, à ses conditions de mise en place. En effet, différents services et sites de l'entreprise peuvent être concernés par sa mise en œuvre et son développement, dès lors que les conditions – notamment matérielles – sont réunies. En outre, la faisabilité de la mise en place du télétravail s'apprécie, le cas échéant, en fonction de la taille de l'entreprise et de ses activités. Dès lors, les retours d'expérience montrent l'importance de porter une attention particulière à l'articulation entre le présentiel et le distanciel afin de préserver les fonctionnements collectifs et l'efficacité des organisations du travail. Une analyse des organisations du travail au sein de l'entreprise visant à articuler de manière optimale le télétravail et le travail sur site est utile, dans le cadre du dialogue social et professionnel mis en place par les entreprises. La période récente invite les entreprises, les salariés et leurs représentants à tirer les enseignements de la pratique du télétravail en cas de circonstances exceptionnelles durant la crise sanitaire par la réalisation de retour d'expérience, de diagnostic partagé, etc. pour mettre en évidence des conditions de mise en œuvre adaptées à l'entreprise. Les accords d'entreprise pourront utilement s'appuyer sur ces retours d'expérience. A cet égard, il est utile de tirer les enseignements des mesures prises pour la continuité d'activité et d'en réaliser un suivi, avec les représentants du personnel s'ils existent. L'anticipation de scénarios exceptionnels permet d'identifier les différentes situations auxquelles l'entreprise peut être confrontée, les spécificités éventuelles de la mise en œuvre du télétravail, le rôle des différents acteurs de l'entreprise, les conditions de poursuite du dialogue social et de préservation du lien entre les salariés et leurs représentants lorsqu'il existent. Dans cette perspective, les partenaires sociaux reconnaissent l'intérêt des modalités de dialogue et de négociation mises en œuvre par certaines entreprises, dans le cadre des mesures prises pour assurer la continuité de leur activité. La gestion des parcs de matériels informatiques et l'utilisation globale des outils numériques sont des points de vigilance à intégrer dans la réflexion des entreprises sur le développement du télétravail.

1.2. Télétravail et préservation de la cohésion sociale interne

Il convient d'être attentif à ce que le développement du télétravail ne soit pas source de difficultés entre les salariés qui peuvent en bénéficier et les autres ou encore source d'une distanciation sociale accrue voire d'une perte de lien social entre des salariés et leur communauté de travail. Une vigilance particulière doit être portée à la préservation de la cohésion sociale interne, aux conditions de maintien du lien social entre les collaborateurs, au regard de la distanciation des rapports sociaux, voire de perte du lien social inhérente à l'utilisation des outils de communication à distance. La mise en place d'une phase d'expérimentation, suivie de l'élaboration d'un bilan, testée dans certaines entreprises, est de nature à permettre d'identifier les facteurs clés de succès, au regard des spécificités de l'entreprise.

1.3. Télétravail et attractivité de l'entreprise

Le télétravail fait l'objet d'une demande croissante de certains salariés et de certaines entreprises, au regard des bénéfices souvent constatés : réduction des déplacements, amélioration des équilibres de vies, possibilités offertes au salarié quant à une meilleure concentration, plus grande autonomie, accroissement de la prise d'initiatives, etc. Il peut constituer un critère et un atout pour renforcer l'attractivité de l'entreprise confrontée à des difficultés récurrentes de recrutement, et un outil de fidélisation des salariés, notamment dans certains bassins d'emploi. Cette modalité d'organisation du travail peut être prévue dès l'embauche du salarié ou mise en place en cours d'exécution du contrat. Aussi, dans le cadre d'un recrutement externe ou interne, le fait de stipuler dans une offre d'emploi la possibilité, le cas échéant, de télétravail, peut constituer un facteur d'attractivité.

2. La mise en place du télétravail

2.1. Rappel des fondements juridiques du télétravail

Le télétravail est mis en place dans le cadre d'un accord collectif ou, à défaut, dans le cadre d'une charte élaborée par l'employeur après avis du comité social et économique, s'il existe. En l'absence d'accord collectif ou de charte, la mise en œuvre du télétravail est possible par accord de gré à gré entre le salarié et l'employeur. Aux termes de la loi, l'accord collectif applicable ou, à défaut, la charte élaborée par l'employeur précise :

1° Les conditions de passage en télétravail, en particulier en cas d'épisode de pollution mentionné à l'article L. 223-1 du code de l'environnement, et les conditions de retour à une exécution du contrat de travail sans télétravail ;

2° Les modalités d'acceptation par le salarié des conditions de mise en œuvre du télétravail ;

3° Les modalités de contrôle du temps de travail ou de régulation de la charge de travail ;

4° La détermination des plages horaires durant lesquelles l'employeur peut habituellement contacter le salarié en télétravail ;

5° Les modalités d'accès des travailleurs handicapés à une organisation en télétravail, en application des mesures prévues à l'article L. 5213-6.

En cas de circonstances exceptionnelles, notamment de menace d'épidémie, ou en cas de force majeure, la mise en œuvre du télétravail peut être considérée comme un aménagement du poste de travail rendu nécessaire pour permettre la continuité de l'activité de l'entreprise et garantir la protection des salariés. Dans ce cas, la décision relève du pouvoir de direction unilatérale de l'employeur.

S'agissant de l'identification des activités de l'entreprise pouvant faire l'objet de télétravail, il convient de rappeler que la mission première du chef d'entreprise est de pouvoir répondre aux demandes de ses clients en s'appuyant sur les équipes de l'entreprise. Ce dernier doit s'assurer que les salariés travaillent en toute sécurité.

A ce titre, l'employeur engage sa responsabilité, dans les conditions fixées par la loi. La question de l'organisation concrète du travail, et notamment l'identification des activités de l'entreprise pouvant faire l'objet de télétravail, conditionne la réussite de ces missions essentielles et relève donc nécessairement de la responsabilité de l'employeur et de son pouvoir de direction, sans préjudice des dispositions du code du travail et conventionnelles applicables aux relations collectives de travail dans l'entreprise.

Afin d'être mis en place de manière efficiente et pérenne, le télétravail doit s'intégrer dans une organisation du travail adaptée. Une analyse préalable des activités éligibles facilite sa mise en œuvre. Pour ce faire, les partenaires sociaux considèrent que le dialogue professionnel permet de repérer les activités pouvant être exercées en télétravail. La définition des critères d'éligibilité peut utilement alimenter le dialogue social. Dans le cadre de ses missions habituelles, le CSE est consulté sur les décisions de l'employeur relatives à l'organisation du travail ayant un impact sur la marche générale de l'entreprise, dont les conditions de mise en œuvre et le périmètre du télétravail.

2.2. Faire du télétravail un sujet de dialogue avec les salariés et/ou leurs représentants

Les signataires du présent accord insistent sur l'importance de faire de la mise en place du télétravail un thème de dialogue social et de négociation au niveau de l'entreprise, et, le cas échéant, au niveau de la branche professionnelle. Un dialogue social et des négociations de qualité constituent un gage de réussite de la mise en place d'un dispositif de télétravail adapté aux besoins spécifiques de l'entreprise, permettant de concilier efficacement les intérêts de l'employeur et des salariés.

A titre d'exemple, la négociation collective périodique dans l'entreprise, notamment celle relative à la qualité de vie au travail, ou la négociation relative au droit à la déconnexion, telles que prévues par le code du travail, peuvent permettre d'engager le dialogue dans les entreprises pourvues de délégués syndicaux en vue d'aboutir à un accord collectif relatif au télétravail, pouvant notamment traiter, outre les thèmes visés au 2.1 du présent accord, du périmètre, des conditions de mise en œuvre, des modalités de prise en charge des frais professionnels, etc.

Dès lors que l'employeur envisage, par charte, d'ouvrir la possibilité de recourir au télétravail dans l'entreprise, il consulte le CSE dans les conditions prévues par les dispositions légales et conventionnelles. Dans les entreprises dépourvues de délégués syndicaux ou de CSE, les signataires du présent accord encouragent l'employeur qui envisage la mise en place du télétravail à se concerter avec les salariés, au regard d'un accord de branche conclu sur ce thème, s'il existe.

2.3. Définition des conditions d'accès au télétravail hors circonstances exceptionnelles et cas de force majeur

Les dispositions suivantes remplacent les articles 2 et 3 de l'accord national interprofessionnel du 19 juillet 2005 relatif au télétravail.

2.3.1. Double volontariat

Le télétravail revêt un caractère volontaire pour le salarié et l'employeur concernés, sauf dans le cas du recours au télétravail pour circonstances exceptionnelles ou cas de force majeure. Le télétravail peut être institué dès l'embauche du salarié ou en cours d'exécution du contrat de travail. Dès lors qu'un salarié informe l'employeur de sa volonté de passer au télétravail, l'employeur peut, après examen, accepter ou refuser sa demande.

2.3.2. Forme de l'accord

En l'absence de dispositions particulières prévues par un accord collectif d'entreprise ou une charte, l'employeur et le salarié formalisent leur accord par tout moyen. Les organisations signataires du présent accord soulignent l'utilité de recourir à un écrit, quel qu'il soit, afin, notamment, d'établir la preuve de cet accord.

Tout salarié qui accède, d'un commun accord avec l'employeur, au télétravail régulier est informé par écrit des conditions de mobilisation et de mise en œuvre de cette forme de travail, en fonction du lieu d'exercice du télétravail. Ces informations peuvent notamment porter sur :

– le cadre collectif existant (accord, charte), le cas échéant ;
– la pratique du télétravail telles que le rattachement hiérarchique, les modalités d'évaluation de la charge de travail, les modalités de compte-rendu et de liaison avec l'entreprise ;
– les modalités d'articulation entre télétravail et présentiel pour tenir compte notamment du maintien de la qualité du travail avec les autres salariés ;
– les équipements, à leurs règles d'utilisation, à leurs coûts et aux assurances, etc.
– les règles de prise en charges des frais professionnels, telles que définies dans l'entreprise.

2.3.3. Refus du télétravail

Il est rappelé qu'aux termes des dispositions de l'article L. 1222-9 du code du travail, l'employeur motive son refus d'accéder à une demande de recours au télétravail formulée par un salarié, dès lors que l'accès au télétravail est ouvert dans l'entreprise par un accord collectif de travail ou par une charte, et que le salarié demandeur occupe un poste télétravaillable en vertu d'une disposition de cet accord ou de cette charte, ou dès lors qu'il s'agit d'un salarié en situation de handicap ou aidant un proche. Dans les autres cas, l'employeur est invité à préciser les raisons de son refus d'accéder à la demande de télétravail émanant d'un salarié.

Le refus du salarié d'accepter le télétravail n'est pas, en soi, un motif de rupture du contrat de travail.

2.3.4. Période d'adaptation

En cas d'accord du salarié et de l'employeur pour recourir au télétravail de manière régulière, une période d'adaptation est aménagée pendant laquelle chacune des parties peut mettre un terme à cette forme d'organisation du travail en respectant un délai de prévenance préalablement défini soit par l'accord collectif relatif au télétravail, soit par la charte, soit de gré à gré entre l'employeur et le salarié, en fonction des règles applicables dans l'entreprise. Le salarié retrouve alors son poste dans les locaux de l'entreprise.

C. TÉLÉTRAVAIL

2.3.5. Réversibilité du télétravail régulier

Si le télétravail ne fait pas partie des conditions d'embauche, l'employeur et le salarié peuvent, à l'initiative de l'un ou de l'autre, convenir par accord d'y mettre fin et d'organiser le retour du salarié dans les locaux de l'entreprise, dans l'emploi tel qu'il résulte de son contrat de travail. Les modalités de cette réversibilité sont établies par accord individuel et/ou collectif.

Si le télétravail fait partie des conditions d'embauche, le salarié peut ultérieurement postuler à tout emploi vacant, s'exerçant dans les locaux de l'entreprise et correspondant à sa qualification. Il bénéficie d'une priorité d'accès à ce poste.

En tout état de cause, l'employeur peut organiser les conditions du retour ponctuel du salarié en télétravail dans les locaux de l'entreprise en cas de besoin particulier, de sa propre initiative ou à la demande du salarié.

3. *L'organisation du télétravail*

3.1. *Rappel des principes fondamentaux et des dispositions légales et conventionnelles applicables*

Les dispositions légales et conventionnelles applicables aux relations de travail s'appliquent aux salariés en télétravail. Ces derniers ont les mêmes droits légaux et conventionnels que le salarié qui exécute son travail dans les locaux de l'entreprise.

Ainsi, sont notamment applicables aux salariés en télétravail, les règles légales et conventionnelles relatives aux sujets suivants :

3.1.1. *Le maintien du lien de subordination entre employeur et salarié*

Les signataires du présent accord rappellent que le recours au télétravail n'affecte pas la qualité de salarié du salarié en télétravail et ne remet pas en cause le lien de subordination contractuel entre l'employeur et les salariés s'agissant de l'exécution du travail.

3.1.2. *La durée du travail et le temps de repos*

La durée du travail du salarié est identique qu'il soit sur site ou en télétravail. Les dispositions notamment relatives à la durée maximale quotidienne, aux durées maximales hebdomadaires, au temps de repos, au temps de pause et au décompte des heures de travail s'appliquent ainsi que celles concernant les salariés sous convention de forfait jours.

3.1.3. *Le contrôle du temps de travail, le respect du droit à la déconnexion et de la vie privée*

Les dispositions du code du travail imposent à l'employeur de contrôler la durée du travail du salarié.

L'employeur fixe, en concertation avec le salarié, les plages horaires durant lesquelles il peut le contacter, en cohérence avec les horaires de travail en vigueur dans l'entreprise.

Il résulte des dispositions légales que si un moyen de contrôle de l'activité du salarié et de contrôle du temps de travail est mis en place, il doit être justifié par la nature de la tâche à accomplir et proportionné au but recherché, et le salarié doit en être informé. La mise en place de dispositifs numériques spécifiques nécessite le respect de deux conditions cumulatives : la consultation préalable du CSE et l'information préalable des salariés.

La mise en place du télétravail prend en compte le droit à la déconnexion, lequel doit faire l'objet d'un accord ou d'une charte traitant de ses modalités de mise en œuvre, dans les conditions prévues par les dispositions du code du travail relatives à la négociation obligatoire en entreprise. Le droit à la déconnexion a pour objectif le respect des temps de repos et de congé ainsi que la vie personnelle et familiale du salarié. C'est le droit pour tout salarié de ne pas être connecté à un outil numérique professionnel en dehors de son temps de travail.

L'employeur organise chaque année un entretien qui porte notamment sur les conditions d'activité et la charge de travail du salarié en télétravail.

3.1.4. *Équipements et usage des outils numériques*

Qu'il s'agisse d'outils fournis par l'employeur ou d'outils personnels du salarié, l'usage des outils numériques est encadré par l'employeur, auquel il incombe de prendre, dans le respect du Règlement (UE) 2016/679 du 27 avril 2016 sur la protection des données personnelles (RGPD) et des prescriptions de la CNIL, les mesures nécessaires pour assurer la protection des données personnelles du salarié en télétravail et celles traitées par ce dernier à des fins professionnelles. L'employeur informe le salarié en télétravail des dispositions légales et des règles propres à l'entreprise relatives à la protection de ces données et à leur confidentialité. Il l'informe également de toute restriction de l'usage des équipements ou outils informatiques et des sanctions en cas de non-respect des règles applicables. Il incombe au salarié en télétravail de se conformer à ces règles. Néanmoins, dès lors que le salarié utilise un outil personnel, ces restrictions ne concernent que leur usage à des fins professionnelles.

A cet égard, les signataires du présent accord soulignent l'intérêt des bonnes pratiques suivantes, s'agissant de l'usage des outils numériques et de la protection des données

— possibilité d'établir un socle de consignes minimales à respecter en télétravail, et communiquer ce document à l'ensemble des salariés ;

— mise à disposition éventuelle des salariés une liste d'outils de communication et de travail collaboratif appropriés au travail à distance, qui garantissent la confidentialité des échanges et des données partagées ;

— possibilité de mise en place de protocoles garantissant la confidentialité et l'authentification du serveur destinataire.

3.1.5. La prise en charge des frais professionnels

Le principe selon lequel les frais engagés par un salarié dans le cadre de l'exécution de son contrat de travail doivent être supportés par l'employeur s'applique à l'ensemble des situations de travail. A ce titre, il appartient ainsi à l'entreprise de prendre en charge les dépenses qui sont engagées par le salarié pour les besoins de son activité professionnelle et dans l'intérêt de l'entreprise, après validation de l'employeur.

Le choix des modalités de prise en charge éventuelle des frais professionnels peut être, le cas échéant, un sujet de dialogue social au sein de l'entreprise.

L'allocation forfaitaire versée, le cas échéant, par l'employeur pour rembourser ce dernier est réputée utilisée conformément à son objet et exonérée de cotisations et contributions sociales dans la limite des seuils prévus par la loi.

3.1.6. Le droit à la formation

Les salariés en télétravail ont le même accès à la formation et aux possibilités de déroulement de carrière que s'ils n'étaient pas en télétravail.

Les salariés en télétravail de manière régulière reçoivent, en outre, une formation appropriée, ciblée sur les équipements techniques à leur disposition et sur les caractéristiques de cette forme d'organisation du travail. Les responsables hiérarchiques et les collègues directs des salariés en télétravail doivent également pouvoir bénéficier d'une formation à cette forme de travail et à sa gestion.

3.2. La fréquence du télétravail, hors circonstances exceptionnelles et cas de force majeure

La fréquence du télétravail est déterminée par accord entre l'employeur et le salarié, conformément, le cas échéant, aux dispositions de l'accord collectif ou de la charte relatifs au télétravail en vigueur dans l'entreprise.

Les organisations signataires attirent l'attention des employeurs et des salariés, en dehors de circonstances exceptionnelles ou cas de force majeure le nécessitant, sur l'importance d'équilibrer le temps de télétravail et le temps de travail sur site, en lien avec les activités et les objectifs de chaque entreprise, notamment pour garantir la préservation du lien social au sein de l'entreprise, la cohésion de la communauté de travail et limiter l'émergence de difficultés organisationnelles.

Comme le montrent certains accords collectifs d'entreprise en vigueur, cette fréquence peut être exprimée par exemple en nombre de jours par semaine, par mois, ou par un nombre de jours forfaitaires par semestre ou par an. En tout état de cause, le télétravail peut être régulier ou occasionnel.

3.3. La communication au sein de la communauté de travail

La communication est un facteur essentiel du maintien des relations au sein de la communauté de travail, notamment lorsqu'il s'agit d'articuler travail sur site et télétravail. Dans ce cadre, un dialogue professionnel renforcé, ainsi qu'une expression individuelle et collective des salariés facilitée, contribuent à une mise œuvre opérationnelle réussie du télétravail au sein de la communauté de travail, à travers une bonne circulation des informations.

3.4. Les règles en matière de santé et sécurité en cas de télétravail

Il est rappelé que, en fonction des spécificités de chaque entreprise, le recours au télétravail peut être un moyen de limiter certains risques en cas de circonstances exceptionnelles, et notamment en cas de pandémie.

C. TÉLÉTRAVAIL

Si les dispositions légales et conventionnelles relatives à la santé et à la sécurité au travail sont applicables aux salariés en télétravail, il doit être tenu compte du fait que l'employeur ne peut avoir une complète maîtrise du lieu dans lequel s'exerce le télétravail et de l'environnement qui relève de la sphère privée.

3.4.1. Évaluation des risques professionnels

Les signataires du présent accord soulignent l'importance de la prise en compte du télétravail dans la démarche d'analyse de risque visée à l'article L. 4121-1 du code du travail et qui fait l'objet d'une transcription dans le document unique d'évaluation des risques.

Le télétravail est une modalité d'organisation du travail qui peut faire l'objet d'une évaluation des risques professionnels adaptée. Cette évaluation des risques peut notamment intégrer les risques liés à l'éloignement du salarié de la communauté de travail et à la régulation de l'usage des outils numériques.

3.4.2. Information du salarié

L'employeur informe le salarié en télétravail de la politique de l'entreprise en matière de santé et de sécurité au travail, en particulier, des règles relatives à l'utilisation des écrans de visualisation et de recommandations en matière d'ergonomie. Le salarié en télétravail est tenu de respecter et d'appliquer correctement ces règles de prévention et de sécurité.

3.4.3. Accident de travail

Le télétravail étant une modalité d'exécution du contrat de travail, la présomption d'imputabilité relative aux accidents de travail s'applique également en cas de télétravail. Malgré les difficultés de mise en œuvre pratique, c'est ce que prévoit explicitement le code du travail.

4 L'accompagnement des collaborateurs et des managers

4.1. Adaptation des pratiques managériales

Le télétravail s'exerce dans le cadre normal de la relation contractuelle de travail. Néanmoins, mis en place de manière régulière, il fait évoluer la manière d'animer la communauté de travail et peut donc s'accompagner de la mise en place de pratiques managériales spécifiques.

L'ANI du 28 février 2020 portant diverses orientations pour les cadres aborde déjà les enjeux nouveaux liés au management à distance en référence notamment au télétravail et "appelle à une forme de renouveau des pratiques managériales qui parviendrait à concilier la multiplicité des organisations de travail (en fonction des projets et des enjeux notamment), la mobilisation des nouveaux outils numériques, et les bénéfices que représentent les liens humains avec le collectif de travail, tant en termes de performance que d'épanouissement personnel et professionnel."

"Ces nouvelles pratiques managériales impliquent de nouvelles responsabilités partagées entre l'employeur et le salarié cadre, dans une recherche de performance collective et d'excellence opérationnelle, en veillant à respecter l'équilibre entre vie professionnelle et vie personnelle...".

Il en ressort que le télétravail repose sur un postulat fondamental - la relation de confiance entre un responsable et chaque salarié en télétravail - et deux aptitudes complémentaires - l'autonomie et la responsabilité nécessaires au télétravail.

Les pratiques managériales sont ainsi réinterrogées et adaptées en fonction de ce socle, ainsi que des objectifs du télétravail et de l'organisation de celui-ci : elles différeront notamment en fonction du nombre de personnes en télétravail ou de la fréquence de ce dernier. La mise en œuvre réussie du télétravail se traduit par des règles d'organisation claires afin d'assurer le bon fonctionnement de la communauté de travail et de fixer un cadre au sein duquel les collaborateurs peuvent évoluer de la manière la plus autonome possible.

Le manager, accompagné par sa hiérarchie, a un rôle clé dans la mise en œuvre opérationnelle du télétravail, notamment parce qu'il assure ou participe à la fixation des objectifs du salarié. Il favorise ainsi le dialogue professionnel sur les pratiques de télétravail et sur l'articulation entre le télétravail et le travail sur site pour chacun des salariés et au sein des communautés de travail. Il est également un des garants du maintien du lien social entre le salarié en télétravail et l'entreprise.

Au-delà d'une relation de confiance entre le manager et les salariés nécessaire à la mise en place du télétravail, la définition d'objectifs clairs peut faciliter le management à distance. Il est alors possible de se concentrer sur la résolution des dysfonctionnements éventuels, et d'évaluer plus facilement la bonne répartition de la charge de travail et la bonne réalisation des missions. Cela peut permettre une plus grande délégation de responsabilité et une autonomie plus importante octroyée au salarié.

Enfin, les outils de communication évoluent avec le télétravail, les modes de communication doivent donc également s'adapter. L'absence de communication non-verbale dans les échanges à distance est prise en compte et les modes et canaux de communication doivent être adaptés aux messages.

4.2. Formation des managers et des collaborateurs

La montée en compétences des managers et des salariés aux évolutions managériales et d'organisation du travail engendrées par le télétravail est un moyen d'en assurer une mise en place réussie. Sans préjudice des dispositions de l'article 3.1.6 du présent accord, des formations peuvent notamment être proposés sur les thématiques suivantes : l'adaptation des modalités de réalisation de l'activité, l'autonomie du salarié en télétravail, le séquençage de la journée de télétravail, le respect du cadre légal relatif à la durée du travail et à la déconnexion, l'utilisation régulée des outils numériques et collaboratifs. Des guides pratiques peuvent également être mis à disposition pour accompagner les managers et salariés dans la mise en place du télétravail. En outre, il est recommandé que les managers soient, dès leur prise de poste, formés aux modalités du management à distance et à la prise en compte des particularités de l'hybridation de l'organisation du travail : articulation et concomitance entre télétravail et travail sur site. Le CLéA Manager, dont la création a été acté par l'ANI du 28 février 2020 portant diverses orientations pour les cadres, pourra utilement être mobilisé.

Enfin, les compétences numériques des managers et collaborateurs sont essentielles dans la pratique du télétravail : d'une part pour veiller à l'appropriation des outils de travail à distance mais également à la sécurisation des données de l'entreprise. Une formation à ces outils, ainsi qu'à la cybersécurité, peut être nécessaire en amont de toute mise en place du télétravail et peut se faire en mobilisant le CLéA numérique.

4.3. Prise en compte des situations particulières

4.3.1. Les nouveaux salariés

L'intégration réussie des nouveaux embauchés demande une attention particulière qui peut nécessiter d'être renforcée dans le cadre du télétravail pour garantir l'inclusion dans la communauté de travail et la bonne appréhension du poste de travail et de son contenu : apprentissage, montée en compétence, acculturation à l'esprit de l'entreprise, etc. Il peut être ainsi pertinent de prévoir une période à l'issue de laquelle un nouveau salarié peut avoir accès au télétravail.

4.3.2. Les alternants

La présence dans l'entreprise des alternants participe de leur formation : le tuteur ou le maître d'apprentissage de l'alternant est notamment chargé de son accueil, de la conception, en partie, de son parcours de formation, de sa formation, de son suivi et de son évaluation. Si la pratique du télétravail est permise pour les alternants, celle-ci peut être adaptée pour garantir l'encadrement des missions de l'alternant par le manager, et la continuité de la relation avec le tuteur ou le maître d'apprentissage.

4.3.3. Les salariés en situation de handicap et ceux présentant des problèmes de santé ou atteints d'une maladie chronique évolutive ou invalidante

La pratique du télétravail peut être utilisée comme un outil de prévention de la désinsertion professionnelle pour les salariés en situation de handicap ou atteints d'une maladie chronique évolutive ou invalidante (pouvant notamment nécessiter un temps partiel thérapeutique), ou dans le cadre du maintien en emploi. Elle reste cependant également soumise au principe de double volontariat. Dans ce cas, l'organisation du travail peut être adaptée, et des aménagements de poste apportés, avec, le cas échéant, le concours des services de santé au travail : à cet effet, il est rappelé que des financements de l'AGEFIPH peuvent être mobilisés.

Le manager porte une attention particulière aux salariés en situation de handicap et ceux présentant des problèmes de santé ou atteints d'une maladie chronique évolutive ou invalidante afin de ne pas créer de situations d'isolement du collectif de travail.

4.3.4. Les aidants familiaux

Le télétravail peut être mobilisé pour accompagner le travailleur dans son rôle d'aidant familial, de manière articulée avec les dispositifs et droits spécifiques dont il dispose au titre de sa qualité d'aidant. Le manager porte une attention particulière au salarié en télétravail aidant familial.

4.3.5. Les salariés en situation de fragilité

Il est utile de mettre à disposition de tous les salariés, y compris ceux en télétravail, les contacts pertinents (numéros verts, contacts d'urgence) afin que les salariés en situation de fragilité (notamment ceux exposés à des risques de violences intra-familiales, d'addictions, etc.) puissent y recourir.

4.4. Préservation de la politique de gestion des ressources humaines

4.4.1. Égalité femmes-hommes

Le télétravail ne doit pas être un frein au respect de l'égalité entre les femmes et les hommes. L'employeur s'assure de l'égalité d'accès au télétravail entre les femmes et les hommes. C'est une des conditions de réussite de sa mise en œuvre.

4.4.2. Gestion des carrières des femmes et des hommes

La pratique du télétravail ne peut influencer négativement sur la carrière des femmes et des hommes. L'éloignement physique du salarié en télétravail des centres de décision ou du manager ne doit pas conduire à une exclusion des politiques de promotion interne et de revalorisation salariale.

4.4.3. Gestion prévisionnelle des emplois et des compétences

La gestion prévisionnelle des emplois et des compétences peut intégrer le télétravail afin d'assurer une cohérence entre l'évolution des modes de travail et le développement des compétences nécessaires à la pratique du télétravail, au management à distance, à l'organisation du travail au sein des communautés de travail et à la prise en compte des transformations numériques de l'entreprise.

5. *La préservation de la relation de travail avec le salarié*

Le diagnostic paritaire partagé du 22 septembre 2020 a souligné les risques d'isolement en télétravail et de perte du lien vis-à-vis de la communauté de travail. Une attention particulière doit être portée non seulement aux salariés en télétravail, mais également à ceux qui travaillent sur site, notamment en cas de recours au télétravail en raison de circonstances exceptionnelles ou de force majeure.

5.1. Maintenir le lien social

L'éloignement des collaborateurs et la distanciation physique des équipes de travail du fait du télétravail ne doit pas conduire à un amoindrissement du lien social. Des dispositifs *ad hoc* mobilisant tous les acteurs de l'entreprise peuvent être élaborés et mis en œuvre dans l'entreprise pour garantir le maintien du lien social. Cela participe de la responsabilité sociétale de l'entreprise.

5.2. Prévenir l'isolement

La prévention de l'isolement participe à la fois de la santé au travail du salarié en télétravail et du maintien du sentiment d'appartenance à l'entreprise. Des règles de fonctionnement communes intégrant des repères relatifs aux activités, aux responsabilités individuelles et collectives, à la marge de manœuvre et à l'autonomie de chacun des salariés en télétravail, aux interlocuteurs et personnes ressources et aux modalités de leur interpellation sont autant de garants face au risque d'isolement. Les temps de travail collectif réguliers sont indispensables.

Le salarié en télétravail doit pouvoir alerter son manager de son éventuel sentiment d'isolement, afin que ce dernier puisse proposer des solutions pour y remédier. A cet égard, il peut notamment être utile de mettre à disposition des salariés en télétravail les coordonnées des services en charge des ressources humaines dans l'entreprise, des services de santé au travail, etc.

6. *La continuité du dialogue social de proximité en situation de télétravail*

6.1. *Rappel des règles en vigueur en matière de dialogue social, d'exercice du droit syndical et de la représentation du personnel*

Les signataires du présent accord rappellent que les règles collectives de travail légales et conventionnelles s'appliquent pleinement en cas de recours au télétravail.

Notamment, les règles relatives aux négociations périodiques obligatoires restent en vigueur, y compris lorsque les acteurs du dialogue social sont en télétravail. De même, les salariés en télétravail ont les mêmes droits collectifs que les salariés qui travaillent dans les locaux de l'entreprise s'agissant de leurs relations avec les représentants du personnel, s'ils existent, et l'accès aux informations syndicales.

6.2. *Organisation matérielle de la continuité du dialogue social en cas de télétravail*

Le développement du télétravail régulier, occasionnel ou en cas de circonstances exceptionnelles ou de force majeure nécessite d'adapter les conditions de mise en œuvre du dialogue social dans l'entreprise, ou dans la branche professionnelle, afin que celui-ci puisse s'exercer dans des conditions efficaces et satisfaisantes pour tous – employeur, salariés et leurs représentants.

A titre d'exemple, certaines entreprises ont mis en place un "local syndical numérique", des panneaux d'affichage numérique, etc.

Les réunions de négociation et les réunions du CSE peuvent être impactées par le développement du télétravail. Si l'organisation des réunions sur site est préférable, il est possible, selon la règlementation en vigueur, d'organiser certaines d'entre elles à distance en l'absence d'accord spécifique, afin, notamment, de répondre à des situations particulières.

Les représentants élus du personnel et les mandataires syndicaux, lorsqu'ils existent, bénéficient, en vertu de la loi, de moyens de fonctionnement équivalents, qu'ils soient dans les locaux de l'entreprise ou en télétravail. Afin de leur permettre de maintenir le lien avec les salariés en télétravail, il est utile de préciser par accord collectif, ou à défaut par une charte, les modalités adaptées d'utilisation des outils numériques à destination des acteurs du dialogue social dans l'entreprise.

7. *La mise en œuvre du télétravail en cas de circonstances exceptionnelles ou de force majeure*

Il est rappelé en préambule qu'en cas de circonstances exceptionnelles (comme une pandémie) ou un cas de force majeure, le recours au télétravail peut être considéré comme un aménagement du poste de travail rendu nécessaire pour permettre la continuité de l'activité de l'entreprise et garantir la protection des salariés. Dans ce cas, la décision relève du pouvoir de direction de l'employeur dans le respect des dispositions légales et réglementaires en vigueur.

7.1. *Anticipation des mesures pour la continuité d'activité*

Le caractère inédit et soudain de la crise sanitaire provoquée par la pandémie de COVID-19 a contraint de nombreuses entreprises à avoir recours très rapidement et de façon massive au télétravail pour les postes qui le permettaient, sans avoir pu anticiper cette nouvelle organisation du travail.

Les signataires du présent accord considèrent qu'il est utile, afin de garantir la continuité de l'activité de l'entreprise, d'anticiper l'organisation du recours au télétravail en cas de circonstances exceptionnelles ou les cas de force majeure. A cet égard, les partenaires sociaux soulignent l'importance de prévoir dans l'accord ou, à défaut la charte, relatifs au télétravail, lorsqu'ils existent, les conditions et modalités de mobilisation du télétravail en cas de circonstances exceptionnelles ou de force majeure. A cet égard, le repérage en amont du périmètre des activités télétravaillables facilite la mise en place rapide du télétravail.

En l'absence d'accord collectif, il est rappelé que le CSE, s'il existe, doit être consulté sur les mesures d'organisation relatives à la continuité d'activité, conformément aux dispositions du code du travail relatives à la représentation du personnel.

Dans les entreprises dépourvues de délégués syndicaux et de CSE, les signataires encouragent les employeurs à organiser des concertations avec les salariés avant de mettre en place le plan de continuité par décision unilatérale.

En tout état de cause, l'élaboration d'un plan de continuité d'activité et/ou d'un plan de reprise d'activité, mobilisant les acteurs de l'entreprise, est utile pour faire face à des circonstances exceptionnelles ou un cas de force majeur nécessitant un recours au télétravail.

7.2. *La prise en compte du contexte*

Pour faire face par exemple à des situations de pandémie, de catastrophes naturelles, de destruction accidentelle des locaux de l'entreprise, il peut être indispensable de recourir au télétravail dans l'entreprise pour permettre la continuité de son activité et la protection des salariés. Dans de telles circonstances exceptionnelles ou cas de force majeure, le recours au télétravail peut concerner des salariés qui ne connaissent pas ces modalités d'organisation de travail en période normale. Une vigilance particulière doit être apportée lorsque le télétravail est porté à 100 % du temps de travail sur une très longue période.

C. TÉLÉTRAVAIL

7.3. Mise en place du télétravail

Pour faire face à des circonstances exceptionnelles ou un cas de force majeure, la direction de l'entreprise, en lien avec les services de ressources humaines lorsqu'ils existent, veille à mettre en place une organisation du travail adaptée et à se mobiliser pour assurer la continuité de l'activité et répondre aux attentes des salariés.

A cette fin, et en vue d'initier un dialogue interne associant l'ensemble des acteurs de l'entreprise, il est utile de mettre en œuvre un processus adapté à l'entreprise. Ainsi, par exemple, en fonction de la taille de l'entreprise, une ou plusieurs personnes dédiées peuvent permettre le partage d'informations, la communication à destination de la communauté de travail, l'identification et le suivi des situations individuelles et collectives susceptibles d'entraîner des difficultés, afin d'adapter les actions à mener.

7.3.1. Consultation du CSE

Face à l'urgence imposant le recours immédiat au télétravail et pour répondre rapidement à une situation exceptionnelle ou un cas de force majeure, l'employeur peut s'appuyer prioritairement sur le fondement de l'article L. 1222-11 du code du travail pour décider unilatéralement le recours au télétravail pour tout ou partie des salariés. En effet, le télétravail est alors considéré comme un aménagement du poste de travail permettant la continuité de l'activité de l'entreprise et la protection des salariés.

En conséquence, les modalités habituelles de consultation du CSE, lorsqu'il existe, sont adaptées aux circonstances exceptionnelles ou au cas de force majeure : le CSE est consulté dans les plus brefs délais sur cette décision.

7.3.2. Information des salariés

Il est rappelé que, compte tenu des circonstances de sa mise place, le principe de double volontariat ne s'applique pas au recours au télétravail en cas de circonstances exceptionnelles et de cas de force majeure.

Par conséquent, dans ce cas, l'employeur procède à une information des salariés par tout moyen, si possible par écrit, en respectant, autant que faire se peut, un délai de prévenance suffisant. Cette information peut par exemple comporter les éléments suivants : période prévue ou prévisible de télétravail, informations relatives à l'organisation des conditions de travail individuelles, informations relatives à l'organisation des relations collectives de travail, (les contacts utiles dans l'entreprise, l'organisation du temps de travail, l'organisation des échanges entre les salariés d'une part, et entre les salariés et leur représentants, s'ils existent, d'autre part, les modalités de prise en charge des frais professionnels en vigueur dans l'entreprise, les règles d'utilisation des outils numériques, etc.).

7.4. Organisation du télétravail

Il est rappelé que les règles d'organisation du travail applicables au télétravail régulier ou occasionnel, ont vocation à s'appliquer également au télétravail en cas de circonstances exceptionnelles ou de force majeure.

Considérant les éventuelles difficultés que le télétravail en cas de circonstances exceptionnelles ou de force majeure peut occasionner pour les salariés, l'employeur porte une attention particulière à l'application des règles légales et conventionnelles relatives à la santé et la sécurité des salariés concernés.

En outre, le manager a un rôle clé dans la fixation des objectifs et la priorisation des activités. L'échange entre le salarié et le manager facilite d'éventuelles adaptations.

Dans ces circonstances particulières, une vigilance est portée sur la prévention de l'isolement que peuvent ressentir certains salariés, qu'ils soient en télétravail ou qu'ils travaillent sur le site de l'entreprise.

7.4.1. Organisation matérielle, prise en charge des frais professionnels et équipements de travail

Eu égard aux circonstances exceptionnelles ou au cas de force majeure justifiant le recours au télétravail, en cas de besoin et avec l'accord des salariés, l'utilisation de leurs outils personnels est possible en l'absence d'outils nomades fournis par l'employeur, selon les modalités prévues par l'article 7 de l'ANI du 19 juillet 2005 relatif au télétravail.

Il est rappelé que l'article 3.1.5 du présent accord, relatif à la prise en charge des frais professionnels, s'applique également aux situations de télétravail en cas de circonstances exceptionnelles ou cas de force majeure.

7.4.2. Modalités d'organisation du dialogue social/exercice du droit syndical en cours de télétravail

Il est rappelé l'importance de préserver les missions et le fonctionnement des instances représentatives du personnel lorsqu'elles existent, et, à cet égard, l'obligation d'appliquer les règles de droit commun. A cet effet, les organisations signataires soulignent l'intérêt de prévoir un protocole de fonctionnement en cas de circonstances exceptionnelles ou de force majeure. Il peut ainsi être utile d'adapter, par accord collectif de travail, certaines règles d'organisation du dialogue social afin d'en préserver la qualité et la continuité, en se saisissant des possibilités prévues par les dispositions du code du travail. Cela peut notamment porter sur :
– l'assouplissement des modalités d'organisation des informations et consultations, ainsi que des négociations (aménagement des délais de consultation, réunions en visioconférence) ;
– l'adaptation des règles de communication entre les salariés et leurs représentants et/ou les représentants syndicaux visant à faciliter l'exercice du droit syndical en cas de télétravail généralisé.

7.4.3. Application des règles de droit commun en matière de relation de travail

Il est rappelé que les règles de droit commun relatives à la relation de travail s'appliquent aux situations de télétravail, y compris en cas de circonstances exceptionnelles et cas de force majeure.

8. Comité de suivi paritaire

Compte tenu de l'évolution continue des pratiques s'agissant de recours au télétravail, les organisations de salariés et d'employeurs signataires conviennent de mettre en place un comité de suivi paritaire de l'application du présent accord, constitué de représentants des organisations de salariés et d'employeurs représentatives au niveau national et interprofessionnel.

Il se réunit au terme d'un délai de 2 ans suivant l'entrée en vigueur du présent accord. Il s'agira notamment d'établir un état des lieux de l'évolution des pratiques, d'analyser l'impact du télétravail sur les entreprises et leur performance économique et sociale, ainsi que d'évaluer la mise en œuvre des dispositions de l'accord.

9. Durée, règles de révision et de dénonciation, extension de l'accord

Le présent accord est conclu pour une durée indéterminée. Il pourra être révisé et dénoncé selon les dispositions en vigueur prévues par la loi à la date de révision ou de dénonciation. L'extension du présent accord sera demandée à l'initiative de la partie signataire la plus diligente.

D Bâtiment et travaux publics

Arrêté du 18 février 2003,

Relatif à la cotisation due par les entreprises visées aux articles L. 731-9 [L. 5424-19 nouv.] et R. 731-19 du code du travail [cotisation intempérie].

Art. 1ᵉʳ Les entreprises appartenant aux activités professionnelles visées à l'article R. 731-1 du code du travail sont tenues d'adresser périodiquement et au moins tous les trois mois à la caisse de congés payés à laquelle elles sont affiliées, en application de l'article R. 731-15 du code du travail, une déclaration comportant notamment l'état des salaires et appointements servant d'assiette à la cotisation.

Les modes de déclaration recevables sont précisés par les caisses de congés payés qui peuvent notamment proposer aux entreprises des supports mis au point dans le cadre de l'application des mesures légales et réglementaires sur la simplification administrative des formalités des entreprises.

Les entreprises qui groupent diverses branches d'activité professionnelle ne déclarent que les salaires et appointements des travailleurs appartenant aux branches dont l'activité est visée à l'article R. 731-1 du code du travail.

Art. 2 Le versement de la cotisation d'intempéries est effectué par l'employeur à la caisse de congés payés dont dépend l'entreprise aux époques et selon les modalités prévues par les statuts et le règlement intérieur de ladite caisse.

Art. 3 *(Arr. du 27 juin 2003)* L'entreprise déclare l'arrêt de travail sur un bordereau unique comportant les éléments nécessaires au calcul des indemnités versées aux salariés et à la détermination du montant des remboursements demandés par l'entreprise.

Le bordereau doit comporter une liste de mentions arrêtée par le conseil d'administration de la Caisse nationale de surcompensation et figurant dans le modèle nationale [*national*] de règlement intérieur des caisses de congés payés.

Le bordereau doit permettre à l'employeur, par sa transmission, d'affirmer le caractère sincère et véritable de sa déclaration, de certifier que l'intempérie a bien rendu le travail impossible pendant la période d'arrêt, d'attester que les conditions posées notamment par l'article L. 731-8 [*L. 5424-9 nouv.*] et par les articles R. 731-3 et R. 731-4 ont été respectées et de certifier que les travailleurs remplissent les conditions fixées par la loi pour l'obtention de l'indemnité et qu'ils ont effectivement perçu celle-ci.

Celui-ci doit également préciser que le déclarant reconnaît avoir été averti qu'une fausse déclaration l'exposerait aux sanctions de l'article L. 793-1 [*L. 5429-3 nouv.*] du code du travail.

Art. 4 L'entrepreneur est tenu, avant de payer aux travailleurs les indemnités auxquelles ils peuvent prétendre, de vérifier que les conditions fixées par les articles R. 731-3 et R. 731-4 du code du travail sont remplies.

L'entrepreneur opère la vérification au moyen de ses registres et documents pour ceux des travailleurs qu'il a occupés depuis le 1er janvier de l'année et au minimum pendant deux cents heures au cours des deux derniers mois. Pour les autres travailleurs, il effectue la vérification par l'examen des certificats de travail portant mention des journées de chômage-intempéries indemnisées que le travailleur doit obligatoirement lui présenter.

De plus, il fait signer une déclaration du nombre de jours déjà indemnisés depuis le 1er janvier au titre du chômage-intempéries. Cette déclaration doit être transmise à la caisse de congés payés avec la demande de remboursement.

Art. 5 *(Arr. du 27 juin 2003)* Le bordereau prévu à l'article 3 doit parvenir à la caisse dans un délai d'un mois à compter de la reprise du travail, à peine de forclusion. Un délai de tolérance peut être accordé aux entreprises dans les conditions fixées par délibération du conseil d'administration de la Caisse nationale de surcompensation.

Art. 6 Les travailleurs qui auraient exercé une autre activité salariée pendant la période d'arrêt de travail indemnisée au titre du code du travail seront tenus de reverser les sommes indûment perçues à la caisse de congés payés intéressée, sans préjudice des sanctions prévues à l'article L. 793-1 du code du travail.

Les travailleurs qui n'auraient pas repris dès la reprise d'activité du chantier cesseront d'avoir droit à toute indemnisation.

Art. 7 *(Arr. du 27 juin 2003)* Le conseil d'administration de la Caisse nationale de surcompensation est chargé d'établir les formules de déclaration de salaire ainsi que le modèle visé à l'article R. 731-5, alinéa 2, du code du travail.

Art. 8 La Caisse nationale de surcompensation centralise à un compte ouvert à son nom dans les écritures de la Caisse des dépôts et consignations la totalité des cotisations d'intempéries recueillies par la caisse de congés payés. Sur sa demande, la Caisse des dépôts et consignations transfère aux caisses de congés payés les sommes qui leur sont nécessaires pour qu'elles opèrent le remboursement des indemnités d'intempéries dont les entreprises ont fait l'avance. La Caisse des dépôts et consignations rembourse sur sa demande, aux caisses de congés payés, les frais exposés par celle-ci pour la gestion de leur service d'indemnisation des intempéries. Ces frais de gestion ne devront pas dépasser 10 % du montant des cotisations.

Art. 9 La Caisse nationale de surcompensation est tenue de posséder un fonds de réserve pour son service d'indemnisation intempéries.

Le fonds de réserve est constitué par les excédents annuels des recettes sur les dépenses afférentes au service d'indemnisation intempéries.

(Arr. du 14 mai 2007) « Le montant de ces fonds de réserve doit correspondre au minimum à deux fois le produit du montant des salaires servant d'assiette à la cotisation au titre de la dernière campagne par la moyenne des taux de risque calculée sur les dix derniers exercices clos. »

Le taux de risque de la campagne est le quotient des dépenses totales hors provisions et amortissements de la campagne par les salaires soumis à cotisation.

Si le montant du fonds de réserve vient à être inférieur à la valeur indiquée ci-dessus, le conseil d'administration de la Caisse nationale de surcompensation est tenu de le ramener au niveau de cette valeur dans les trois années qui suivent la clôture de la campagne au cours de laquelle cette insuffisance a été constatée.

Lorsque le fonds de réserve dépasse la valeur ci-dessus indiquée, le conseil d'administration de la Caisse nationale de surcompensation peut ordonner que tout ou partie de l'excédent soit rétrocédé aux entreprises. A cette fin, il approuve un compte d'exploitation prévisionnel pour la campagne qui se termine le 30 juin suivant et il fixe un coefficient égal au montant global de la rétrocession rapporté au total des cotisations intempéries encaissées au titre de la campagne précédant la décision de rétrocession.

Les entreprises visées par l'article L. 731-1 [L. 5424-6 nouv.] du code du travail ont vocation à recevoir de la caisse de congés payés à laquelle elles sont affiliées une rétrocession calculée par application de ce coefficient aux cotisations intempéries versées par elles au titre de ladite campagne, selon les modalités de paiement arrêtées par le conseil de la Caisse nationale de surcompensation sous réserve qu'elles soient en situation d'affiliation régulière au regard des conditions fixées par cette instance.

Lorsque le fonds de réserve dépasse la valeur indiquée au troisième alinéa du présent article, le conseil d'administration peut également, après approbation d'un compte d'exploitation prévisionnel, mettre en œuvre les mesures définies au cinquième alinéa de l'article R. 731-19 [D. 5424-40 nouv.].

Si le fonds de réserve dépasse de (Arr. du 6 avr. 2016) « 100 % » la valeur indiquée au troisième alinéa du présent article, le conseil d'administration de la Caisse nationale de surcompensation est tenu de le ramener au niveau de cette valeur dans les trois années qui suivent la clôture de la campagne au cours de laquelle ce dépassement a été constaté.

Art. 10 La Caisse nationale de surcompensation est tenue de déposer à la Caisse des dépôts et consignations, au compte visé à l'article 8 ci-dessus, la totalité de ses fonds disponibles ; toutefois, elle peut demander à la Caisse des dépôts et consignations de virer à un compte ouvert soit au Trésor public, soit à la Banque de France, soit à une banque agréée, ou à un compte de chèques postaux, les sommes destinées au règlement de ses frais de service. Les fonds déposés en compte courant à la Caisse des dépôts et consignations sont bonifiés d'un intérêt annuel égal à celui qui est servi par le Trésor à cet établissement.

Au moins l'équivalent du fonds de réserve fixé à l'article 9 du présent arrêté devra être placé en valeurs État ou garanties par l'État ou en valeurs garanties par un établissement financier agréé, tous autres emplois ou placements, même à titre transitoire, en étant interdits.

Pour les titres et valeurs conservés par la Caisse des dépôts et consignations, celle-ci procédera aux achats et aux ventes sur les indications de la Caisse nationale de surcompensation et encaissera les intérêts ou arrérages, ainsi que les capitaux amortis, lots et primes de remboursement.

En outre, conformément à l'article 6 de la loi du 1er juillet 1901, la Caisse nationale de surcompensation pourra acquérir à titre onéreux, posséder et administrer les locaux destinés à l'administration du service du chômage-intempéries, ainsi que les immeubles strictement nécessaires à l'accomplissement du but assigné à ce service.

Art. 11 La Caisse nationale de surcompensation est tenue :

— de fournir annuellement au ministre des affaires sociales, du travail et de la solidarité une copie certifiée exacte de son bilan relatif au service d'indemnisation du chômage-intempéries dans le délai maximum de deux mois à dater du jour où le bilan aura été approuvé par l'assemblée générale, celle-ci devant être réunie avant la fin du semestre qui suit la clôture de l'exercice ;

— de communiquer, dans les six premiers mois de chaque exercice, un rapport sur le fonctionnement de ce service, au cours de l'exercice précédent, un état indiquant au 1er octobre, notamment, le nombre des heures indemnisées, réglées par la Caisse nationale de surcompensation au cours de l'exercice écoulé, le total des indemnités versées au cours de l'année précédente, le montant du fonds de réserve, le mode de placement des ressources et des réserves et le lieu de leur dépôt ;

— de le soumettre au contrôle des agents du ministre des affaires sociales, du travail et de la solidarité désignés à cet effet.

E Gens de mer

Code des transports

V. art. L. 5343-1 à L. 5343-7-1 (ouvriers dockers) ; L. 5541-1 à L. 5549-6 (gens de mer et application du droit du travail).

F Sportif professionnel

Code du sport

(Ord. n° 2006-596 du 23 mai 2006)

V. art. L. 211-5, L. 211-6, L. 222-1 à L. 222-6 (acteurs du sport). — V. ces art. au **C. sport.**

G Joueur professionnel salarié de jeu vidéo

Loi n° 2016-1321 du 7 octobre 2016,

Pour une République numérique.

Art. 102 I. — Le joueur professionnel salarié de jeu vidéo compétitif est défini comme toute personne ayant pour activité rémunérée la participation à des compétitions de jeu vidéo dans un lien de subordination juridique avec une association ou une société bénéficiant d'un agrément du ministre chargé du numérique, précisé par voie réglementaire. — *V. Décr. n° 2017-872 du 9 mai 2017 (JO 10 mai).*

II. — Le code du travail est applicable au joueur professionnel salarié de jeu vidéo compétitif, à l'exception des articles L. 1221-2, L. 1242-1 à L. 1242-3, L. 1242-5, L. 1242-7 *(Ord. n° 2017-1718 du 20 déc. 2017, art. 3-III)* « [,] L. 1242-8, L. 1242-8-1 », L. 1242-12, L. 1242-17, L. 1243-8 à L. 1243-10, L. 1243-13 *(Ord. n° 2017-1718 du 20 déc. 2017, art. 3-III)* « [,] L. 1243-13-1 », L. 1244-3 à L. 1245-1, L. 1246-1 et L. 1248-1 à L. 1248-11 relatifs au contrat de travail à durée déterminée.

III. — Tout contrat par lequel une association ou une société bénéficiant de l'agrément prévu au I du présent article s'assure, moyennant rémunération, le concours d'un joueur mentionné au même I est un contrat de travail à durée déterminée.

IV. — La durée du contrat de travail mentionné au III ne peut être inférieure à la durée d'une saison de jeu vidéo compétitif de douze mois.

Toutefois, un contrat conclu en cours de saison de compétition de jeu vidéo peut avoir une durée inférieure à douze mois, dans des conditions précisées par voie réglementaire :

1° Dès lors qu'il court au minimum jusqu'au terme de la saison de jeu vidéo ;

2° S'il est conclu pour assurer le remplacement d'un joueur professionnel de jeu vidéo en cas d'absence du joueur professionnel ou de suspension de son contrat de travail.

Les modalités de détermination des dates de début et de fin des saisons de jeu vidéo sont précisées par voie réglementaire.

La durée du contrat de travail mentionné au III ne peut être supérieure à cinq ans.

La durée maximale mentionnée à l'avant-dernier alinéa du présent IV n'exclut pas le renouvellement du contrat ou la conclusion d'un nouveau contrat avec le même employeur. — *V. Décr. n° 2017-872 du 9 mai 2017 (JO 10 mai).*

V. — Le contrat de travail à durée déterminée est établi par écrit en au moins trois exemplaires et mentionne les droits et obligations prévues aux I à VIII du présent article.

Il comporte également :

1° L'identité et l'adresse des parties ;

2° La date d'embauche et la durée pour laquelle il est conclu ;

3° La désignation de l'emploi occupé et les activités auxquelles participe le salarié ;

4° Le montant de la rémunération et de ses différentes composantes, y compris les primes et accessoires de salaire s'il en existe ;

5° Les noms et adresses des caisses de retraite complémentaire et de prévoyance et de l'organisme assurant la couverture maladie complémentaire ;

6° L'intitulé des conventions ou accords collectifs applicables.

Le contrat de travail à durée déterminée est transmis par l'employeur au joueur professionnel de jeu vidéo compétitif au plus tard deux jours ouvrables après l'embauche.

VI. — Les clauses de rupture unilatérale pure et simple du contrat de travail à durée déterminée du joueur professionnel de jeu vidéo compétitif salarié sont nulles et de nul effet.

VII. — Est réputé à durée indéterminée tout contrat conclu en méconnaissance des règles de fond et de forme prévues aux II à V du présent article.

Le fait de méconnaître les règles de fond et de forme prévues aux III, IV et au premier alinéa du V est puni d'une amende de 3 750 €. En cas de récidive, la peine est portée à six mois d'emprisonnement et 7 500 € d'amende.

VIII. — Tout au long de l'exécution du contrat de travail à durée déterminée d'un joueur professionnel de jeu vidéo compétitif, l'association ou la société bénéficiant de l'agrément prévu au I du présent article qui l'emploie offre au joueur professionnel salarié des conditions de préparation et d'entraînement équivalentes à celles des autres joueurs professionnels salariés de l'association ou de la société.

H Assistant maternel

Code de l'action sociale et des familles

PREMIÈRE PARTIE

LIVRE IV **PROFESSIONS ET ACTIVITÉS SOCIALES**

TITRE II **ASSISTANTS MATERNELS ET ASSISTANTS FAMILIAUX**

V. CASF, art. L. 423-1 à L. 423-28. — V. ces art. au **C. trav.** 🔒

I Travail des personnes détenues

BIBL. ▶ FIN-LANGER et GABROY, *JCP S 2023. 1050* (de la prise en compte du milieu carcéral à celle du travailleur carcéral).

Code pénitentiaire

LIVRE IV **AIDE À LA RÉINSERTION DES PERSONNES DÉTENUES**

TITRE I **ACTIVITÉ EN DÉTENTION**

CHAPITRE II *TRAVAIL*

V. C. pénit., art. L. 412-1 s. et R. 412-1 s.

J Transports

Code des transports

PARTIE LÉGISLATIVE

(Ord. n° 2010-1307 du 28 oct. 2010)

PREMIÈRE PARTIE **DISPOSITIONS COMMUNES**

LIVRE III **RÉGLEMENTATION SOCIALE DU TRANSPORT**

TITRE I **PRINCIPES**

CHAPITRE UNIQUE

Art. L. 1311-1 Les dispositions du code du travail s'appliquent aux entreprises de transport ferroviaire ou guidé, routier, fluvial ou aérien et aux entreprises d'armement maritime, ainsi qu'à leurs salariés, sous réserve des dispositions particulières ou d'adaptation prévues par le présent code et sauf mention contraire dans le code du travail ou dans le présent code.

Art. L. 1311-2 La durée du travail des salariés et la durée de conduite des conducteurs sont fixées par décret en Conseil d'État.

Elles tiennent compte du progrès des conditions techniques, économiques et sociales et des sujétions particulières liées à l'irrégularité des cycles de travail, aux contraintes de lieux et d'horaires et aux responsabilités encourues à l'égard des personnes transportées et des tiers.

Sous réserve des dispositions de l'article L. 5543-2, le temps de travail des salariés chargés de la conduite ou du pilotage et des personnels qui leur sont assimilés comprend le temps consacré à la conduite ainsi que, dans les conditions fixées par voie réglementaire, le temps pendant lequel ils sont à la disposition de l'employeur.

Art. L. 1311-3 Les opérations de transport, qu'elles soient confiées à un tiers ou exécutées pour le compte propre de l'entreprise qui les assure, ne doivent en aucun cas être conduites dans des conditions incompatibles avec l'application des dispositions relatives aux conditions de travail et de sécurité. La responsabilité de l'expéditeur, du commissionnaire, de l'affréteur, *(Ord. n° 2021-487 du 21 avr. 2021, art. 1ᵉʳ et 3, en vigueur le 1ᵉʳ janv. 2022 ; L. n° 2021-1308 du 8 oct. 2021, art. 27)* « de l'opérateur de service numérique de mise en relation commerciale défini au 5° de l'article L. 3161-1 et au 5° de l'article L. 3261-1, » du mandataire, du destinataire ou de tout autre donneur d'ordre est engagée par les manquements qui leur sont imputables.

Art. L. 1311-4 Toute clause de rémunération principale ou accessoire de nature à compromettre la sécurité, notamment par l'incitation directe ou indirecte au dépassement de la durée du travail et des temps de conduite autorisés, est nulle de plein droit dans les contrats de transport et dans les contrats de travail.

Un décret en Conseil d'État fixe les conditions dans lesquelles le contrat d'engagement maritime à la pêche ne comporte pas une telle clause.

TITRE II DISPOSITIONS PARTICULIÈRES AUX ENTREPRISES DE TRANSPORT ET AUX ENTREPRISES D'ARMEMENT MARITIME

CHAPITRE I *DURÉE DU TRAVAIL, TRAVAIL DE NUIT ET REPOS DES SALARIÉS DES ENTREPRISES DE TRANSPORT*

SECTION 1 *Champ d'application*

Art. L. 1321-1 Les dispositions du présent chapitre sont applicables aux salariés *(L. n° 2014-872 du 4 août 2014, art. 17)* « relevant de la convention collective ferroviaire prévue à l'article L. 2162-1, aux salariés mentionnés à l'article L. 2162-2, aux salariés des entreprises de transport » routier ou fluvial et aux salariés des entreprises assurant la restauration ou exploitant les places couchées dans les trains.

Toutefois, ni les dispositions du titre II du livre I de la troisième partie du code du travail, ni les dispositions du présent chapitre ne s'appliquent aux salariés soumis à des règles particulières *(Abrogé par L. n° 2014-872 du 4 août 2014, art. 17)* « *de la Société nationale des chemins de fer français,* » de la Régie autonome des transports parisiens et des entreprises de transport public urbain régulier de personnes *(L. n° 2019-1428 du 24 déc. 2019, art. 158)* « , à l'exception de ceux de ces salariés qui concourent aux activités de gestion, d'exploitation et de maintenance de services réguliers de transport par autobus ».

SECTION 2 *Organisation de la durée du travail*

Art. L. 1321-2 Après consultation des organisations syndicales représentatives au plan national des employeurs et des salariés des entreprises de transport routier ou fluvial, au vu, le cas échéant, des résultats des négociations intervenues entre ces dernières et, par dérogation aux dispositions du code du travail, un décret détermine :

1° La période de référence servant au décompte des heures supplémentaires, dans la limite de trois mois *(L. n° 2019-1428 du 24 déc. 2019, art. 166)* « , ainsi que, pour les transports routiers de marchandises, les conditions dans lesquelles un accord collectif de branche peut déterminer le taux de majoration de ces heures supplémentaires » ;

2° Le droit à une compensation obligatoire en repos et ses modalités d'attribution ;

3° La durée maximale hebdomadaire moyenne de travail, dans la limite de quarante-six heures par semaine, calculée sur une période de référence de trois mois ;

(L. n° 2019-1428 du 24 déc. 2019, art. 158 et 166) « 4° Les conditions de définition, par voie d'accord collectif de branche, du régime d'indemnisation applicable à l'amplitude, aux coupures et aux vacations dans les entreprises de transport routier.

« Le présent article n'est pas applicable aux salariés des entreprises de transport public urbain régulier de personnes concourant aux activités de gestion, d'exploitation et de maintenance de services réguliers de transport par autobus. »

Art. L. 1321-3 Dans les branches mentionnées à l'article L. 1321-1, *(L. n° 2014-872 du 4 août 2014, art. 17)* « à l'exception des entreprises de la branche ferroviaire et des salariés mentionnés à l'article L. 2162-2 » *(L. n° 2019-1428 du 24 déc. 2019, art. 158)* « ainsi que des salariés de la branche du transport public urbain concourant aux activités de gestion, d'exploitation et de maintenance de services réguliers de transport par autobus », il peut être dérogé par convention ou accord collectif étendu ou par convention ou accord d'entreprise ou d'établissement aux dispositions réglementaires relatives :
1° A l'aménagement et à la répartition des horaires de travail à l'intérieur de la semaine ;
2° Aux conditions de recours aux astreintes ;
3° Aux modalités de récupération des heures de travail perdues ;
4° A la période de référence sur laquelle est calculée la durée maximale hebdomadaire moyenne de travail *(Ord. n° 2011-204 du 24 févr. 2011, art. 2)* « et sont décomptées les heures supplémentaires », dans la limite de quatre mois ;
5° A l'amplitude de la journée de travail et aux coupures.

Art. L. 1321-3-1 *(L. n° 2014-872 du 4 août 2014, art. 17)* Pour les salariés relevant de la convention collective ferroviaire et les salariés mentionnés à l'article L. 2162-2, les stipulations d'un accord d'entreprise ou d'établissement relatives à la durée et à l'aménagement du temps de travail ne peuvent comporter des stipulations moins favorables que celles d'une convention ou d'un accord de branche.

SECTION 3 *Repos quotidien*

Art. L. 1321-4 A défaut de l'accord prévu par l'article L. 3131-2 du code du travail dérogeant à la durée minimale de repos quotidien, les conditions d'une telle dérogation peuvent, lorsque les caractéristiques particulières de l'activité le justifient, être prévues par voie réglementaire.

SECTION 4 *Repos hebdomadaire*

Art. L. 1321-5 Les modalités particulières d'adaptation des dispositions du chapitre II du titre III du livre I de la troisième partie du code du travail sont fixées par décret en Conseil d'État.

SECTION 5 *Travail de nuit du personnel roulant ou navigant*

Art. L. 1321-6 Les dispositions de la présente section s'appliquent aux salariés roulants ou navigants des entreprises mentionnées à l'article L. 1321-1.
(Ord. n° 2011-204 du 24 févr. 2011, art. 2) « Les dispositions des articles *(L. n° 2016-1088 du 8 août 2016, art. 8)* « L. 3122-6, L. 3122-7, L. 3122-17, L. 3122-18 et L. 3122-24 » du code du travail ne s'appliquent pas aux salariés roulants ou navigants des entreprises mentionnées à l'article L. 1321-1. »

Art. L. 1321-7 *(Abrogé par Ord. n° 2011-204 du 24 févr. 2011, art. 2)* « Pour l'application des dispositions de l'article L. 3122-31 du code du travail, » Tout travail entre 22 heures et 5 heures *(L. n° 2016-1088 du 8 août 2016, art. 14)* « pour le personnel roulant et entre 23 heures et 6 heures pour le personnel navigant » est considéré comme travail de nuit.
Une autre période de sept heures consécutives comprise entre 21 heures et 7 heures, incluant l'intervalle entre 24 heures et 5 heures, peut être substituée à la période fixée *(L. n° 2016-1088 du 8 août 2016, art. 14)* « au premier alinéa pour le personnel roulant, » par une convention ou un accord collectif étendu ou une convention ou un accord d'entreprise ou d'établissement. A défaut d'accord et lorsque les caractéristiques particulières de l'activité de l'entreprise le justifient, cette substitution peut être autorisée par l'inspecteur du travail, après consultation des délégués syndicaux et avis du comité d'entreprise ou des délégués du personnel, s'ils existent.
(Ord. n° 2011-204 du 24 févr. 2011, art. 2) « Pour l'application des *(L. n° 2016-1088 du 8 août 2016, art. 8)* « articles L. 3122-5, L. 3122-16 et L. 3122-23 » du code du travail, la période nocturne à retenir est celle définie en application des deux alinéas précédents. »

Art. L. 1321-8 (Abrogé par Ord. n° 2011-204 du 24 févr. 2011, art. 2) « *Par dérogation aux dispositions de l'article L. 3122-34 du code du travail,* » La durée quotidienne de travail effectuée par un travailleur de nuit ne peut excéder huit heures en moyenne par période de vingt-quatre heures sur une période de référence définie par convention ou accord collectif étendu ou, à défaut, par décret en Conseil d'État pris après consultation des organisations syndicales représentatives au plan national des employeurs et des salariés des secteurs d'activité intéressés.

Il peut être dérogé à la durée quotidienne de travail fixée par l'alinéa précédent par convention ou accord collectif étendu ou par convention ou accord d'entreprise ou d'établissement, sous réserve que ces conventions ou accords prévoient, en contrepartie, des périodes équivalentes de repos compensateur de remplacement.

(Ord. n° 2011-204 du 24 févr. 2011, art. 2) « Les dispositions des deux alinéas précédents ne sont pas applicables au personnel roulant des entreprises de transport routier, à l'exception de celui des entreprises de transport sanitaire. »

SECTION 6 *Pauses du personnel roulant ou navigant*

Art. L. 1321-9 Les dispositions de la présente section ne s'appliquent qu'au personnel roulant ou navigant :

1° Des entreprises de transport ferroviaire ;

2° Des entreprises assurant la restauration ou l'exploitation des places couchées dans les trains ;

3° Des entreprises de transport routier de personnes lorsqu'il est affecté à des services réguliers dont le parcours de la ligne ne dépasse pas 50 kilomètres ;

4° Des entreprises de transport routier sanitaire ;

5° Des entreprises de transport de fonds et valeurs ;

6° Des entreprises de transport fluvial.

(L. n° 2014-872 du 4 août 2014, art. 17) « Elles s'appliquent également aux salariés des entreprises mentionnées aux articles L. 2161-1 et L. 2161-2 dont les activités sont intermittentes ou dont les activités sont liées aux horaires de transport et à l'assurance de la continuité et de la régularité du trafic. »

Art. L. 1321-10 La convention ou l'accord collectif étendu ou la convention ou l'accord d'entreprise ou d'établissement mentionné à l'article (L. n° 2016-1088 du 8 août 2016, art. 8) « L. 3121-17 » du code du travail peut prévoir le remplacement de la période de pause par une période équivalente de repos compensateur attribuée, au plus tard, avant la fin de la journée suivante.

CHAPITRE II *DURÉE DU TRAVAIL ET TEMPS DE REPOS DES NON-SALARIÉS DES ENTREPRISES DE TRANSPORT*

Art. L. 1322-1 La durée du temps consacré par les non-salariés des entreprises de transport à la conduite ou au pilotage et aux opérations annexes ainsi que leurs temps de repos font l'objet de dispositions particulières tenant compte des exigences de la sécurité. (Ord. n° 2011-204 du 24 févr. 2011, art. 2) « Ces dispositions ne s'appliquent pas aux entreprises d'armement maritime. »

CHAPITRE III *APTITUDE À LA CONDUITE*

Art. L. 1323-1 En vue d'assurer leur sécurité et celle des tiers, l'autorité compétente contrôle ou fait contrôler l'aptitude physique des personnes chargées de la conduite ou du pilotage et favorise la prévention de l'inaptitude.

Les modalités d'application du présent article sont fixées par décret en Conseil d'État.

Art. L. 1323-2 L'inaptitude permanente des salariés des entreprises de transport, y compris de transport de déménagement ou de location de véhicule industriel avec conducteur ou pilote, reconnue médicalement et ne résultant pas d'actes volontaires ou intentionnels de l'intéressé, ouvre droit au bénéfice d'un régime particulier de protection comportant des prestations en espèces ou, le cas échéant, en nature et à une possibilité de réinsertion professionnelle grâce à une formation complémentaire.

Ce régime est financé par les cotisations des entreprises et des salariés, géré par leurs représentants et agréé par l'autorité compétente.

Les modalités d'application du présent article sont fixées par un décret en Conseil d'État qui institue, si nécessaire, le régime prévu par le premier alinéa.

Art. L. 1323-3 (Ord. n° 2011-204 du 24 févr. 2011, art. 2) Les dispositions du présent chapitre ne sont pas applicables aux entreprises d'armement maritime.

CHAPITRE IV DIALOGUE SOCIAL, PRÉVENTION DES CONFLITS COLLECTIFS ET EXERCICE DU DROIT DE GRÈVE

SECTION 1 Champ d'application

Art. L. 1324-1 Sans préjudice des dispositions du chapitre II du titre I du livre V de la deuxième partie du code du travail, les dispositions du présent chapitre sont applicables aux services publics de transport terrestre régulier de personnes à vocation non touristique (Ord. n° 2019-552 du 3 juin 2019, art. 12) « et aux services librement organisés de transport ferroviaire de voyageurs mentionnés à l'article L. 2121-12 à l'exception des services de transport international de voyageurs ».

SECTION 2 Dialogue social et prévention des conflits

Art. L. 1324-2 Dans les entreprises de transport entrant dans la champ d'application du présent chapitre, l'employeur et les organisations syndicales représentatives engagent des négociations en vue de la signature, avant le 1er janvier 2008, d'un accord-cadre organisant une procédure de prévention des conflits et tendant à développer le dialogue social. Dans ces entreprises, le dépôt d'un préavis de grève ne peut intervenir qu'après une négociation préalable entre l'employeur et la ou les organisations syndicales représentatives qui envisagent de déposer le préavis. L'accord-cadre fixe les règles d'organisation et de déroulement de cette négociation. Ces règles doivent être conformes aux conditions posées à l'article L. 1324-5. Le présent article s'applique sans préjudice des dispositions de l'article L. 2512-2 du code du travail.

Dans les entreprises soumises aux dispositions sur le droit de grève dans les transports terrestres de voyageurs, le caractère national d'un mouvement de grève n'est pas de nature à exonérer les organisations syndicales du respect de la procédure de négociation préalable. • Soc. 30 janv. 2013 : *D. actu. 22 févr. 2013, obs. Siro ; D. 2013. Actu. 371*.

Art. L. 1324-3 Un accord de branche organise une procédure de prévention des conflits et tend à développer le dialogue social. Cet accord de branche fixe les règles d'organisation et de déroulement de la négociation préalable mentionnée à l'article L. 1324-2. Ces règles doivent être conformes aux dispositions de l'article L. 1324-5. L'accord de branche s'applique dans les entreprises de transport où aucun accord-cadre n'a pu être signé. L'accord-cadre régulièrement négocié s'applique, dès sa signature, en lieu et place de l'accord de branche.

Art. L. 1324-4 Un décret en Conseil d'État pris après consultation des organisations syndicales représentatives des employeurs et des salariés des secteurs d'activité concernés fixe les règles d'organisation et de déroulement de la négociation préalable mentionnée au premier alinéa dans les entreprises de transport où, à la date du 1er janvier 2008, aucun accord-cadre n'a pu être signé et aucun accord de branche ne s'applique. Les règles d'organisation et de déroulement ainsi prévues respectent les conditions posées par l'article L. 1324-5. L'accord de branche ou l'accord-cadre régulièrement négocié après cette date s'applique, dès sa signature, en lieu et place de décret.

Art. L. 1324-5 L'accord-cadre, l'accord de branche et, le cas échéant, le décret en Conseil d'État prévus aux articles précédents déterminent notamment :

1° Les conditions dans lesquelles une organisation syndicale représentative procède à la notification à l'employeur des motifs pour lesquels elle envisage de déposer un préavis de grève conformément à l'article L. 2512-2 du code du travail ;

2° Le délai dans lequel, à compter de cette notification, l'employeur est tenu de réunir les organisations syndicales représentatives qui ont procédé à la notification. Ce délai ne peut dépasser trois jours ;

3° La durée dont l'employeur et les organisations syndicales représentatives qui ont procédé à la notification disposent pour conduire la négociation préalable mentionnée à l'article L. 1324-2. Cette durée ne peut excéder huit jours francs à compter de cette notification ;

4° Les informations qui doivent être transmises par l'employeur aux organisations syndicales représentatives qui ont procédé à la notification en vue de favoriser la réussite du processus de négociation ainsi que le délai dans lequel ces informations doivent être fournies ;

5° Les conditions dans lesquelles la négociation préalable entre les organisations syndicales représentatives qui ont procédé à la notification et l'employeur se déroule ;

6° Les modalités d'élaboration du relevé de conclusions de la négociation préalable ainsi que les informations qui doivent y figurer ;

7° Les conditions dans lesquelles les salariés sont informés des motifs du conflit, de la position de l'employeur, de la position des organisations syndicales représentatives qui ont procédé à la notification ainsi que les conditions dans lesquelles ils reçoivent communication du relevé de conclusions de la négociation préalable.

Art. L. 1324-6 Lorsqu'un préavis a été déposé dans les conditions prévues à l'article L. 2512-2 du code du travail par une ou plusieurs organisations syndicales représentatives, un nouveau préavis ne peut être déposé par la ou les mêmes organisations et pour les mêmes motifs qu'à l'issue du délai du préavis en cours et avant que la procédure prévue à la présente section n'ait été mise en œuvre.

SECTION 3 *Exercice du droit de grève*

BIBL. ▶ Bernaud, *Dr. soc.* 2012. 708. – Guillet, *Dr. soc.* 2012. 697. – Péru-Pirotte, *JCP S* 2012. 1220 (service garanti dans le transport aérien : le passager et le salarié).

Art. L. 1324-7 En cas de grève, les salariés relevant des catégories d'agents mentionnées dans l'accord collectif ou le plan de prévisibilité prévus à l'article L. 1222-7 informent, au plus tard quarante-huit heures avant de participer à la grève, le chef d'entreprise ou la personne désignée par lui de leur intention d'y participer. Les informations issues de ces déclarations individuelles ne peuvent être utilisées que pour l'organisation du service durant la grève. Elles sont couvertes par le secret professionnel. Leur utilisation à d'autres fins ou leur communication à toute personne autre que celles désignées par l'employeur comme étant chargées de l'organisation du service est passible des peines prévues à l'article 226-13 du code pénal.

(*L. n° 2012-375 du 19 mars 2012, art. 5*) « Le salarié qui a déclaré son intention de participer à la grève et qui renonce à y participer en informe son employeur au plus tard vingt-quatre heures avant l'heure prévue de sa participation à la grève afin que ce dernier puisse l'affecter dans le cadre du plan de transport. Cette information n'est pas requise lorsque la grève n'a pas lieu ou lorsque la prise du service est consécutive à la fin de la grève.

« Le salarié qui participe à la grève et qui décide de reprendre son service en informe son employeur au plus tard vingt-quatre heures avant l'heure de sa reprise afin que ce dernier puisse l'affecter dans le cadre du plan de transport. Cette information n'est pas requise lorsque la reprise du service est consécutive à la fin de la grève.

« Par dérogation au premier alinéa du présent article, les informations issues de ces déclarations individuelles peuvent être utilisées pour l'application de l'article L. 1324-8. »

Art. L. 1324-8 Est passible d'une sanction disciplinaire le salarié qui n'a pas informé son employeur de son intention de participer à la grève dans les conditions prévues à l'article L. 1324-7. (*L. n° 2012-375 du 19 mars 2012, art. 5*) « Cette sanction disciplinaire peut également être prise à l'encontre du salarié qui, de façon répétée, n'a pas informé son employeur de son intention de renoncer à participer à la grève ou de reprendre son service. »

Art. L. 1324-9 Dès le début de la grève, les parties au conflit peuvent décider de désigner un médiateur, choisi d'un commun accord, aux fins de favoriser le règlement amiable de leurs différends. Le médiateur dispose, pour exercer sa mission, des pouvoirs mentionnés aux articles L. 2523-4 à L. 2523-10 du code du travail. Il veille à la loyauté et à la sincérité de la consultation éventuellement organisée en application de l'article L. 1324-10.

Art. L. 1324-10 Au-delà de huit jours de grève, l'employeur, une organisation syndicale représentative ou le médiateur éventuellement désigné peut décider l'organisation par l'entreprise d'une consultation, ouverte aux salariés concernés par les motifs figurant dans le préavis, et portant sur la poursuite de la grève. Les conditions du vote sont définies, par l'employeur, dans les vingt-quatre heures qui suivent la décision d'organiser la consultation. L'employeur en informe l'(*L. n° 2016-1088 du 8 août 2016, art. 113*) « agent de contrôle de l'inspection du travail mentionné à l'article L. 8112-1 du code du travail ». La consultation est assurée dans des conditions garantissant le secret du vote. Son résultat n'affecte pas l'exercice du droit de grève.

Art. L. 1324-11 La rémunération d'un salarié participant à une grève, incluant le salaire et ses compléments directs et indirects, à l'exclusion des suppléments pour charges de famille, est réduite en fonction de la durée non travaillée en raison de la participation à cette grève.

CHAPITRE V *AMENDES ADMINISTRATIVES*

(L. n° 2016-1088 du 8 août 2016, art. 113)

Art. L. 1325-1 L'employeur encourt les amendes administratives *(Ord. n° 2017-1718 du 20 déc. 2017, art. 2)* « prévues à l'article L. 8115-1 du code du travail, dans les conditions fixées aux articles L. 8115-2 à L. 8115-8 du même code » en cas de manquement constaté par les agents de contrôle mentionnés à l'article L. 8112-1 du code du travail :

1° Aux dispositions relatives aux durées maximales de travail fixées aux articles L. 3312-6 et L. 4511-1 *(Ord. n° 2017-1718 du 20 déc. 2017, art. 2)* « du présent code » et aux mesures réglementaires prises pour leur application ;

2° Aux dispositions relatives aux durées de conduite et au temps de repos des conducteurs fixées par le règlement (CE) n° 561/2006 du Parlement européen et du Conseil du 15 mars 2006 relatif à l'harmonisation de certaines dispositions de la législation sociale dans le domaine des transports par route, modifiant les règlements (CEE) n° 3821/85 et (CE) n° 2135/98 du Conseil et abrogeant le règlement (CEE) n° 3820/85 du Conseil ;

3° Aux dispositions réglementaires relatives aux durées maximales de travail de jour, aux repos et au décompte du temps de travail prises pour l'application des articles L. 2161-1 et L. 2161-2 du présent code ;

4° Aux dispositions réglementaires ou conventionnelles relatives à la durée maximale de travail, à la durée maximale de conduite, aux repos et au décompte du temps de travail applicables aux entreprises de transport mentionnées à l'article L. 1321-1, prises en application des articles L. 1311-2, L. 1321-2, L. 1321-4 et L. 1321-5 du présent code et des articles L. 3121-13 à L. 3121-15 et L. 3121-67 du code du travail.

Les sanctions sont mises en œuvre dans les conditions définies à l'article L. 8113-7 du code du travail.

CHAPITRE VI *DISPOSITIONS SPÉCIFIQUES À LA MISE EN RELATION DE TRAVAILLEURS AYANT RECOURS À DES PLATEFORMES POUR EXERCER UNE ACTIVITÉ DE CONDUITE D'UNE VOITURE DE TRANSPORT AVEC CHAUFFEUR OU DE LIVRAISON DE MARCHANDISES AU MOYEN D'UN VÉHICULE À DEUX OU TROIS ROUES*

(L. n° 2019-1428 du 24 déc. 2019, art. 44-I)

Art. L. 1326-1 Les dispositions du présent chapitre sont applicables aux travailleurs définis à l'article L. 7341-1 du code du travail recourant pour leur activité à des plateformes mentionnées à l'article L. 7342-1 du même code et exerçant l'une des activités suivantes :

1° Conduite d'une voiture de transport avec chauffeur ;

2° Livraison de marchandises au moyen d'un véhicule à deux ou trois roues, motorisé ou non.

Art. L. 1326-2 Les plateformes mentionnées à l'article L. 1326-1 communiquent aux travailleurs, lorsqu'elles leur proposent une prestation, la distance couverte par cette prestation *(Ord. n° 2022-492 du 6 avr. 2022, art. 1ᵉʳ)* « , la destination » et le prix minimal garanti dont ils bénéficieront, déduction faite des frais de commission, dans les conditions précisées par décret. *(Ord. n° 2022-492 du 6 avr. 2022, art. 1ᵉʳ)* « Elles laissent aux travailleurs un délai raisonnable pour accepter ou refuser la prestation proposée. »

Les travailleurs peuvent refuser une proposition de prestation de transport sans faire l'objet d'une quelconque pénalité. La plateforme ne peut notamment pas *(Ord. n° 2022-492 du 6 avr. 2022, art. 1ᵉʳ)* « suspendre ou » mettre fin à la relation contractuelle qui l'unit aux travailleurs au motif que ceux-ci ont refusé une ou plusieurs propositions.

Art. L. 1326-3 La plateforme mentionnée à l'article L. 1326-1 est tenue de publier sur son site internet, de manière loyale, claire et transparente, des indicateurs relatifs à la durée d'activité et au revenu d'activité au titre des activités des travailleurs en lien avec la plateforme, au cours de l'année civile précédente. Ces indicateurs sont précisés par décret en Conseil d'État. – *V. Décr. n° 2021-501 du 22 avr. 2021 (JO 25 avr.).*

Art. L. 1326-4 *(Ord. n° 2022-492 du 6 avr. 2022, art. 1ᵉʳ)* Les plateformes mentionnées à l'article L. 1326-1 assurent aux travailleurs y ayant recours pour leur activité les droits suivants :

1° Les travailleurs choisissent leurs plages horaires d'activité et leurs périodes d'inactivité, et peuvent se déconnecter durant leurs plages horaires d'activité ;

2° Pour l'exécution de leurs prestations :
a) Les travailleurs ne peuvent se voir imposer l'utilisation d'un matériel ou d'un équipement déterminé, sous réserve des obligations légales et réglementaires en matière notamment de santé, de sécurité et de préservation de l'environnement ;
b) Les travailleurs peuvent recourir, simultanément, à plusieurs intermédiaires ou acteurs de mise en relation avec des clients en vue de la réalisation de ces prestations ou commercialiser, sans intermédiaire, les services de transport qu'ils exécutent ;
c) Les travailleurs déterminent librement leur itinéraire au regard notamment des conditions de circulation, de l'itinéraire proposé par la plateforme et le cas échéant du choix du client.

L'exercice des droits énumérés au présent article ne peut, sauf abus, engager la responsabilité contractuelle des travailleurs, constituer un motif de suspension ou de rupture de leurs relations avec les plateformes, ni justifier de mesures les pénalisant dans l'exercice de leur activité. Toute stipulation contraire est réputée non écrite.

Ces dispositions ne font pas obstacle au recours à une application dédiée mise à disposition par la plateforme.

TITRE III LUTTE CONTRE LA CONCURRENCE SOCIALE DÉLOYALE

(L. n° 2015-990 du 6 août 2015, art. 281-I)

CHAPITRE I *ENTREPRISES DE TRANSPORT TERRESTRE DÉTACHANT DES SALARIÉS ROULANTS OU NAVIGANTS, À L'EXCEPTION DES ENTREPRISES DE TRANSPORT ROUTIER DÉTACHANT DES SALARIÉS ROULANTS DANS LE CADRE D'UN CONTRAT DE PRESTATION DE SERVICES INTERNATIONAL DE TRANSPORT RÉALISÉ AU MOYEN DE CERTAINS VÉHICULES* (L. n° 2021-1308 du 8 oct. 2021, art. 25, en vigueur le 2 févr. 2022).

Art. L. 1331-1 I. — *(Ord. n° 2022-1293 du 5 oct. 2022, art. 1er, en vigueur le 1er janv. 2023)* « Les dispositions du présent chapitre sont applicables aux » entreprises de transport mentionnées à l'article L. 1321-1 du présent code qui détachent des salariés roulants ou navigants *(L. n° 2021-1308 du 8 oct. 2021, art. 25, en vigueur le 2 févr. 2022)* « , à l'exception des entreprises de transport routier détachant des salariés pour effectuer des opérations de transport au moyen de véhicules entrant dans le champ d'application du règlement (CE) n° 561/2006 du Parlement européen et du Conseil du 15 mars 2006 relatif à l'harmonisation de certaines dispositions de la législation sociale dans le domaine des transports par route, modifiant les règlements (CEE) n° 3821/85 et (CE) n° 2135/98 du Conseil et abrogeant le règlement (CEE) n° 3820/85 du Conseil, lorsque le détachement relève du 1° de l'article L. 1262-1 du code du travail, » *(Abrogé par Ord. n° 2022-1293 du 5 oct. 2022, art. 1er, à compter du 1er janv. 2023)* « *se substitue à la déclaration mentionnée au I de l'article L. 1262-2-1 du code du travail* ».

II. — Un décret en Conseil d'État fixe la période pendant laquelle est assurée la liaison entre les agents mentionnés à l'article L. 8271-1-2 du code du travail et le représentant sur le territoire national désigné, en application du II de l'article L. 1262-2-1 du même code, par les entreprises de transport mentionnées *(L. n° 2021-1308 du 8 oct. 2021, art. 25, en vigueur le 2 févr. 2022)* « au I du présent article. »

V. C. transp., art. R. 1331-1 s.

Art. L. 1331-1-1 *(Ord. n° 2022-1293 du 5 oct. 2022, art. 1er, en vigueur le 1er janv. 2023)* Un décret en Conseil d'État fixe les conditions dans lesquelles une attestation, émise par les entreprises de transport routier établies hors de France détachant des salariés dans les conditions prévues au 1° de l'article L. 1262-1 du code du travail pour effectuer des opérations de transport au moyen de véhicules n'entrant pas dans le champ d'application du règlement (CE) n° 561/2006 mentionné à l'article L. 1331-1 du présent code, se substitue à la déclaration mentionnée au I de l'article L. 1262-2-1 du code du travail.

Les attestations de détachement adressées, avant le 1er janv. 2023, par les entreprises mentionnées au I de l'art. L. 1331-1 C. transp., dans sa rédaction antérieure à l'Ord. du 5 oct. 2022, ainsi que par les entreprises mentionnées à l'art. L. 1332-1 du même code établies hors de l'Union européenne dans les conditions et selon les modalités prévues par les dispositions prises en application de l'art. L. 1331-1, sont regardées comme valant déclaration préalable de détachement au sens du I de l'art. L. 1262-2-1 C. trav. jusqu'à la date de leur fin de validité (Ord. n° 2022-1293 du 5 oct. 2022, art. 3).

Art. L. 1331-2 Pour l'application aux entreprises de transport mentionnées à l'article L. 1321-1 du présent code des articles L. 3245-2, L. 4231-1 et L. 8281-1 du code du travail, le destinataire du contrat de transport est assimilé au donneur d'ordre.

Art. L. 1331-3 Les modalités d'application du titre VI du livre II de la première partie du code du travail aux entreprises mentionnées *(L. n° 2021-1308 du 8 oct. 2021, art. 25, en vigueur le 2 févr. 2022)* « au I de l'article L. 1331-1 » du présent code sont définies par décret en Conseil d'État.

....

CHAPITRE II *ENTREPRISES DE TRANSPORT ROUTIER DÉTACHANT DES SALARIÉS ROULANTS DANS LE CADRE D'UN CONTRAT DE PRESTATION DE SERVICES INTERNATIONAL DE TRANSPORT RÉALISÉ AU MOYEN DE CERTAINS VÉHICULES*

(L. n° 2021-1308 du 8 oct. 2021, art. 25, en vigueur le 2 févr. 2021)

Art. L. 1332-1 Le présent chapitre est applicable aux entreprises de transport routier établies hors de France lorsqu'elles détachent temporairement des salariés sur le territoire national, dans les conditions prévues au 1° de l'article L. 1262-1 du code du travail, pour assurer des missions de transport de marchandises ou de voyageurs au moyen de véhicules entrant dans le champ d'application du règlement (CE) n° 561/2006 du Parlement européen et du Conseil du 15 mars 2006 relatif à l'harmonisation de certaines dispositions de la législation sociale dans le domaine des transports par route, modifiant les règlements (CEE) n° 3821/85 et (CE) n° 2135/98 du Conseil et abrogeant le règlement (CEE) n° 3820/85 du Conseil. Le présent chapitre est notamment applicable lorsque le conducteur effectue un transport de cabotage au sens des règlements (CE) n° 1072/2009 du Parlement européen et du Conseil du 21 octobre 2009 établissant des règles communes pour l'accès au marché du transport international de marchandises par route et (CE) n° 1073/2009 du Parlement européen et du Conseil du 21 octobre 2009 établissant des règles communes pour l'accès au marché international des services de transport par autocars et autobus, et modifiant le règlement (CE) n° 561/2006.

Art. L. 1332-2 Les modalités d'application du titre VI du livre II de la première partie du code du travail aux entreprises mentionnées à l'article L. 1332-1 du présent code sont définies par décret en Conseil d'État.

Art. L. 1332-3 I. – Par dérogation à l'article L. 1332-2, le titre VI du livre II de la première partie du code du travail ne s'applique pas aux entreprises mentionnées à l'article L. 1332-1 du présent code :

1° Lorsque le conducteur transite sur le territoire national sans effectuer de chargement ou de déchargement de marchandises et sans prendre ni déposer de voyageurs ;

2° Lorsque le conducteur effectue le trajet routier initial ou final d'une opération de transport combiné, si le trajet routier, pris isolément, se compose d'opérations de transport bilatérales ;

3° Lorsque le conducteur effectue une opération de transport bilatérale de marchandises ou de voyageurs définie aux II, III ou IV du présent article.

II. – Une opération bilatérale de transport de marchandises consiste à transporter des marchandises, sur la base d'un contrat de transport, depuis l'État membre d'établissement, au sens du 8 de l'article 2 du règlement (CE) n° 1071/2009 du Parlement européen et du Conseil du 21 octobre 2009 établissant des règles communes sur les conditions à respecter pour exercer la profession de transporteur par route, et abrogeant la directive 96/26/CE du Conseil, vers un autre État membre ou vers un pays tiers, ou depuis un autre État membre ou un pays tiers vers l'État membre d'établissement.

III. – Une opération bilatérale de transport de voyageurs dans le cadre d'un service occasionnel ou régulier de transport international de voyageurs consiste en la réalisation de l'une des activités suivantes :

1° La prise en charge de voyageurs dans un autre État membre ou pays tiers et leur dépose dans l'État membre d'établissement ;

2° La prise en charge de voyageurs dans l'État membre d'établissement et leur dépose dans un autre État membre ou pays tiers ;

3° La prise en charge et la dépose de voyageurs dans l'État membre d'établissement afin d'effectuer des excursions locales dans un autre État membre ou pays tiers, conformément au règlement (CE) n° 1073/2009 du Parlement européen et du Conseil du 21 octobre 2009 établissant des règles communes pour l'accès au marché international des services de transport par autocars et autobus, et modifiant le règlement (CE) n° 561/2006.

IV. — Une opération bilatérale de transport peut comporter des activités supplémentaires dans les conditions suivantes :

1° Lorsque le conducteur effectuant une opération de transport bilatérale de marchandises définie au II du présent article procède à une activité de chargement ou de déchargement dans les États membres ou pays tiers qu'il traverse, à condition de ne pas charger et décharger les marchandises dans le même État membre. Toutefois, si une opération de transport bilatérale démarrant dans l'État membre d'établissement, au cours de laquelle aucune activité supplémentaire n'est effectuée, est suivie d'une opération de transport bilatérale vers l'État membre d'établissement, la dérogation prévue au premier alinéa du I s'applique à deux activités supplémentaires de chargement ou de déchargement au maximum ;

2° Lorsqu'un conducteur effectuant une opération de transport bilatérale de voyageurs prévue au III prend en charge des voyageurs à une seule occasion ou dépose des voyageurs à une seule occasion dans les États membres ou les pays tiers qu'il traverse, à condition qu'il ne propose pas de services de transport de voyageurs entre deux endroits dans l'État membre traversé.

V. — Le IV n'est applicable qu'aux conducteurs réalisant des opérations prévues au premier alinéa du même IV au moyen d'un véhicule équipé d'un tachygraphe intelligent respectant l'exigence d'enregistrement des activités de franchissement des frontières et des activités supplémentaires mentionnées au paragraphe 1 de l'article 8 du règlement (UE) n° 165/2014 du Parlement européen et du Conseil du 4 février 2014 relatif aux tachygraphes dans les transports routiers, abrogeant le règlement (CEE) n° 3821/85 du Conseil concernant l'appareil de contrôle dans le domaine des transports par route et modifiant le règlement (CE) n° 561/2006 du Parlement européen et du Conseil relatif à l'harmonisation de certaines dispositions de la législation sociale dans le domaine des transports par route.

Ces dispositions sont entrées en vigueur le 2 févr. 2022, à l'exception du V qui entre en vigueur à la date à partir de laquelle les tachygraphes intelligents respectant l'obligation d'enregistrement des activités de franchissement des frontières et des activités supplémentaires mentionnées au § 1 de l'art. 8 du Règl. (UE) n° 165/2014 du Parlement européen et du Conseil du 4 févr. 2014 relatif aux tachygraphes dans les transports routiers, abrogeant le Règl. (CEE) n° 3821/85 du Conseil concernant l'appareil de contrôle dans le domaine des transports par route et modifiant le Règl. (CE) n° 561/2006 du Parlement européen et du Conseil relatif à l'harmonisation de certaines dispositions de la législation sociale dans le domaine des transports par route sont installés dans les véhicules immatriculés dans un État membre pour la première fois, dans les conditions prévues au 4ᵉ al. du même § 1, et au plus tard le 21 août 2023 (L. n° 2021-1308 du 8 oct. 2021, art. 25-II).

Art. L. 1332-4 Les entreprises de transport établies hors de France qui détachent un salarié conducteur routier dans les conditions mentionnées à l'article L. 1332-1 établissent, par voie dématérialisée, une déclaration de détachement, au plus tard au début du détachement, selon des modalités définies par décret en Conseil d'État. (Ord. n° 2022-1293 du 5 oct. 2022, art. 1ᵉʳ, en vigueur le 1ᵉʳ janv. 2023) « Cette déclaration vaut déclaration au titre du I de l'article L. 1262-2-1 du code du travail.

« Par dérogation au II du même article, le décret prévu au premier alinéa précise les conditions dans lesquelles ces entreprises désignent une personne contact permettant le respect de l'obligation d'assurer pendant la durée du détachement la liaison prévue par cette disposition. »

Par dérogation au 2ᵉ al. de l'art. L. 1332-4 C. transp., dans sa rédaction issue de l'Ord. n° 2022-1293 du 5 oct. 2022, et jusqu'à la mise à leur disposition, constatée par arrêté conjoint du ministre chargé des transports et du ministre chargé du travail, de la possibilité de déposer un formulaire standard multilingue au moyen du système d'information du marché intérieur « IMI » institué par le Règl. UE du 25 oct. 2012 (n° 1024/2012), les entreprises de transport routier mentionnées à l'art. L. 1332-1 établies hors de l'Union européenne restent régies par les dispositions du II de l'art. L. 1262-2-1 C. trav. (Ord. préc., art. 4).

Art. L. 1332-5 Pour le décompte de la durée de douze mois mentionnée au II de l'article L. 1262-4 du code du travail, le détachement prend fin lorsque le conducteur quitte le territoire national dans le cadre d'une opération de transport internationale de marchandises ou de voyageurs. Cette période de détachement ainsi terminée n'est pas cumulable avec les périodes de détachement antérieures réalisées dans le cadre d'opérations internationales de ce type par le même conducteur ou par un conducteur qu'il remplace.

Art. L. 1332-6 Pour l'application aux entreprises de transport mentionnées à l'article L. 1332-1 du présent code des articles L. 3245-2, L. 4231-1 et L. 8281-1 du code du travail, le destinataire du contrat de transport est assimilé au donneur d'ordre.

Art. L. 1332-7 I. – Les informations relatives aux conditions de travail et d'emploi sont mises à la disposition des entreprises de transport établies hors de France et des salariés détachés, selon des modalités définies par décret en Conseil d'État.

II. – Les conditions dans lesquelles certaines informations disponibles dans le système d'information du marché intérieur institué par le règlement (UE) n° 1024/2012 du Parlement européen et du Conseil du 25 octobre 2012 concernant la coopération administrative par l'intermédiaire du système d'information du marché intérieur et abrogeant la décision 2008/49/CE de la Commission ("règlement IMI") peuvent être communiquées aux organisations syndicales et patronales représentatives dans les branches professionnelles concernées, dans la mesure nécessaire à la vérification du respect des règles en matière de détachement, sont définies par décret en Conseil d'État.

Art. L. 1332-8 Les modalités d'application du présent chapitre sont définies par décret en Conseil d'État.

TROISIÈME PARTIE TRANSPORT ROUTIER

LIVRE III RÉGLEMENTATION DU TRAVAIL SPÉCIFIQUE AU TRANSPORT ROUTIER

TITRE UNIQUE

CHAPITRE I *OBLIGATIONS GÉNÉRALES*

Art. L. 3311-1 La conduite et l'exploitation de tous véhicules de transports routiers de personnes ou de marchandises, publics ou privés, sont soumises à des obligations spécifiques définies par un décret en Conseil d'État qui prévoit notamment :

1° La répartition des périodes de travail et de repos ;

2° Les moyens de contrôle, les documents et les dispositifs qui doivent être utilisés.

Dans le secteur du transport routier, l'employeur a l'obligation, sous peine de sanctions pénales, de mettre en place et d'utiliser un chronotachygraphe, de sorte que, même en l'absence de déclaration à la CNIL de l'emploi de cet appareil, l'information qui en découle est opposable au salarié. • Soc. 14 janv. 2014 : ⚖ *D. actu. 3 févr. 2014, obs. Fraisse.*

Art. L. 3311-2 (*L. n° 2019-1428 du 24 déc. 2019, art. 166*) Un arrêté conjoint des ministres chargés du travail et des transports peut, en tenant compte, le cas échéant, d'un accord collectif de branche, fixer un niveau minimal pour l'indemnisation des frais de déplacement des salariés des entreprises de transport routier de personnes ou de marchandises, lorsqu'ils ne sont pas remboursés intégralement par l'employeur sur justificatifs.

CHAPITRE II *DURÉE DU TRAVAIL DU PERSONNEL ROULANT DES ENTREPRISES DE TRANSPORT PUBLIC ROUTIER*

Art. L. 3312-1 Lorsqu'un salarié appartenant au personnel roulant d'une entreprise de transport routier, à l'exception des entreprises de transport sanitaire, est un travailleur de nuit (*Ord. n° 2011-204 du 24 févr. 2011, art. 3*) « au sens (*L. n° 2016-1088 du 8 août 2016, art. 8*) « des articles L. 3122-5, L. 3122-16 et L. 3122-23 » du code du travail et sans préjudice de la période définie à l'article L. 1321-7 » ou lorsqu'il accomplit, sur une période de vingt-quatre heures, une partie de son travail dans l'intervalle compris entre 24 heures et 5 heures, sa durée quotidienne du travail ne peut excéder dix heures.

Il ne peut être dérogé à ces dispositions qu'en cas de circonstances exceptionnelles, dans des conditions et selon des modalités fixées par voie réglementaire, après consultation des organisations syndicales représentatives au plan national des employeurs et des salariés du secteur.

Art. L. 3312-2 (*Ord. n° 2011-204 du 24 févr. 2011, art. 3*) « Le personnel salarié roulant des entreprises de transport routier, autres que les entreprises de transport sanitaire ou de transport de fonds et valeurs, et à l'exception du personnel roulant des entreprises de transport routier de personnes affecté à des services réguliers dont le parcours de la ligne ne dépasse pas 50 kilomètres, ne travaille en aucun cas pendant plus de six heures consécutives sans pause. Le temps de travail quotidien est interrompu par une pause d'au moins trente minutes lorsque le total des heures de travail est compris entre six et neuf heures, et d'au moins quarante-cinq minutes lorsque le total des heures de travail est supérieur à neuf heures. Les pauses peuvent être subdivisées en périodes d'une durée d'au moins quinze minutes chacune. »

L'application de ces dispositions ne peut avoir pour effet de réduire les pauses dues à raison du temps de conduite en application du règlement (CE) n° 561/2006 du Parlement européen et du Conseil du 15 mars 2006 relatif à l'harmonisation de certaines dispositions de la législation sociale dans le domaine des transports par route, modifiant les règlements (CEE) n° 3821/85 et (CE) n° 2135/98 du Conseil et abrogeant le règlement (CEE) n° 3820/85 du Conseil.

Art. L. 3312-3 Pour les activités de transport de personnes présentant le caractère de service public, à défaut de convention ou d'accord collectif étendu, un décret en Conseil d'État peut prévoir les conditions dans lesquelles des dérogations aux dispositions (*L. n° 2016-1088 du 8 août 2016, art. 8*) « des articles L. 3123-23 et L. 3123-30 » du code du travail relatives aux interruptions de la journée de travail d'un salarié à temps partiel peuvent être autorisées par l'autorité administrative compétente.

CHAPITRE III *TEMPS DE CONDUITE ET DE REPOS DES CONDUCTEURS*

Art. L. 3313-1 Le temps de conduite et de repos des conducteurs est régi par les dispositions du règlement (CE) n° 561/2006 du Parlement européen et du Conseil du 15 mars 2006 relatif à l'harmonisation de certaines dispositions de la législation sociale dans le domaine des transports par route, modifiant les règlements (CEE) n° 3821/85 et (CE) n° 2135/98 du Conseil et abrogeant le règlement (CEE) n° 3820/85 du Conseil et par celles de l'accord européen relatif au travail des équipages des véhicules effectuant des transports internationaux par route (AETR) du 1er juillet 1970 modifié.

Art. L. 3313-2 Les (*L. n° 2016-1088 du 8 août 2016, art. 8*) « articles L. 3121-56 et L. 3121-58 » du code du travail relatives aux conventions de forfait sur l'année ne sont pas applicables aux salariés appartenant au personnel roulant des entreprises de transport routier.

....

Art. L. 3313-4 (*L. n° 2019-1428 du 24 déc. 2019, art. 102*) L'employeur assure au conducteur d'un véhicule n'excédant pas un poids maximum autorisé de 3,5 tonnes, utilisé pour une opération de transport routier suffisamment éloignée du centre opérationnel de l'entreprise pour que le conducteur ne puisse y retourner à la fin de sa journée de travail, des conditions d'hébergement, hors du véhicule, compatibles avec la dignité humaine et des conditions d'hygiène respectueuses de sa santé. L'employeur met le conducteur en mesure de prouver par tout moyen que les périodes de repos quotidien ou hebdomadaire ont été prises dans ces conditions.

Art. L. 3313-5 (*L. n° 2021-1308 du 8 oct. 2021, art. 24*) Conformément au dernier alinéa du 8 *bis* de l'article 8 du règlement (CE) n° 561/2006 du Parlement européen et du Conseil du 15 mars 2006 relatif à l'harmonisation de certaines dispositions de la législation sociale dans le domaine des transports par route, modifiant les règlements (CEE) n° 3821/85 et (CE) n° 2135/98 du Conseil et abrogeant le règlement (CEE) n° 3820/85 du Conseil, l'entreprise de transport documente la manière dont elle s'acquitte de l'obligation d'organiser le travail de tout conducteur routier qu'elle emploie ou qui est mis à sa disposition de manière à ce qu'il soit en mesure de retourner au centre opérationnel situé dans l'État membre d'établissement de son employeur ou à son lieu de résidence pour y prendre un temps de repos hebdomadaire, dans les conditions prévues aux deux premiers alinéas du même 8 *bis*. Elle conserve cette documentation dans ses locaux pendant une durée fixée par voie réglementaire, afin de la présenter, sur demande, aux autorités de contrôle.

L'entreprise met le conducteur en mesure d'apporter, par tout moyen, aux agents mentionnés à l'article L. 3315-1 du présent code, la preuve qu'elle s'acquitte de cette obligation à son égard, lors des contrôles opérés en bord de route.

....

Art. R. 3315-11 (*Décr. n° 2016-1550 du 17 nov. 2016*) Sont punis de l'amende prévue pour les contraventions de la 5e classe :

1° Le dépassement des durées de conduite au-delà des durées mentionnées au 2° de l'article R. 3315-10 ;

2° L'insuffisance du temps de repos quotidien ou hebdomadaire au-delà des durées mentionnées au 3° de l'article R. 3315-10 ;

3° Les manquements suivants aux obligations d'enregistrement et de contrôle du temps de conduite et de repos :

a) L'utilisation, sans motif légitime, de plusieurs feuilles d'enregistrement par un même conducteur pour une même journée et la méconnaissance des prescriptions fixées par l'arrêté mentionné à l'article R. 3315-9 ;

b) Le fait d'établir un lien entre la rémunération des conducteurs et la distance parcourue ou le volume des marchandises transportées ;

c) La non-conservation par l'entreprise des feuilles d'enregistrement, des sorties imprimées et des données téléchargées pendant le délai prévu au paragraphe 2 de l'article 33 du règlement (UE) n° 165/2014 du Parlement européen et du Conseil du 4 février 2014 relatif aux tachygraphes dans les transports routiers ;

d) L'absence de demande de remplacement dans un délai de sept jours calendaires de la carte de conducteur perdue, volée ou endommagée ;

e) La mauvaise utilisation du dispositif de commutation ;

f) L'incapacité de présenter les informations relatives à la journée en cours ou l'un des *(Décr. n° 2022-1147 du 10 août 2022, art. 4, en vigueur le 31 déc. 2024)* « cinquante-six *[ancienne rédaction : vingt-huit]* » jours précédents comme prévu par le i du paragraphe 1 et le ii du paragraphe 2 de l'article 36 du règlement (UE) n° 165/2014 du Parlement européen et du Conseil du 4 février 2014 relatif aux tachygraphes dans les transports routiers ;

g) L'incapacité de présenter la carte de conducteur ;

h) L'absence de réparation par l'entreprise d'une panne de l'appareil de contrôle par un organisme agréé ou l'absence de réparation en cours de route dans les conditions prévues par le paragraphe 1 de l'article 37 du règlement (UE) n° 165/2014 ;

i) L'absence de numéro de carte de conducteur ou de permis de conduire sur la feuille provisoire ;

4° Le fait de prendre à bord du véhicule le repos hebdomadaire normal en violation du premier alinéa de l'article L. 3313-3 ;

(Décr. n° 2020-1104 du 31 août 2020) « 5° Le fait, pour un employeur, en méconnaissance des prescriptions résultant de l'article L. 3313-4 :

« *a)* De faire prendre à son salarié le repos quotidien ou hebdomadaire prévu par le code du travail à bord d'un véhicule n'excédant pas un poids maximum autorisé de 3,5 tonnes ou dans un hébergement n'offrant pas des conditions de sécurité, de confort et d'hygiène respectueuses de sa santé ;

« *b)* De ne pas mettre son salarié en mesure de justifier qu'il a pris ses dernières périodes de repos, en dehors du véhicule, dans les conditions mentionnées à l'alinéa précédent. »

CHAPITRE IV *FORMATION PROFESSIONNELLE DES CONDUCTEURS*

Art. L. 3314-1 La formation professionnelle initiale et continue des conducteurs permet à ceux-ci de maîtriser les règles de sécurité routière et de sécurité à l'arrêt, ainsi que la réglementation relative à la durée du travail et aux temps de conduite et de repos *(L. n° 2021-1104 du 22 août 2021, art. 135)* « , et de réduire l'incidence de leur conduite sur l'environnement ».

Art. L. 3314-2 Sont soumis à l'obligation de formation professionnelle les conducteurs des véhicules *(L. n° 2013-431 du 28 mai 2013, art. 21)* « de transport de marchandises » dont le poids total autorisé en charge excède trois tonnes et demie et des véhicules de transport de *(L. n° 2013-431 du 28 mai 2013, art. 21)* « personnes comportant plus de huit places assises outre le siège » du conducteur.

Un décret en Conseil d'État fixe la liste des véhicules pour la conduite desquels une telle formation n'est pas obligatoire, à raison de leur usage, de leurs caractéristiques ou de leur affectation.

Art. L. 3314-3 Ces actions de formation sont définies par décret en Conseil d'État, qui précise notamment les conditions dans lesquelles elles sont dispensées et validées.

J. TRANSPORTS

CHAPITRE V *CONTRÔLES ET SANCTIONS*

SECTION 1 *Recherche et constatation des infractions*

Art. L. 3315-1 Outre les officiers de police judiciaire, sont chargés de rechercher et constater les infractions aux dispositions du présent titre et du livre I de la troisième partie du code du travail applicables au transport routier :
1° Les inspecteurs et les contrôleurs du travail, ainsi que les agents habilités à exercer leurs fonctions dans certaines branches professionnelles ;
2° Les fonctionnaires ou agents de l'État chargés du contrôle des transports terrestres placés sous l'autorité du ministre chargé des transports ;
3° Les agents des douanes ;
4° Les agents publics ayant qualité pour constater les délits ou les contraventions prévus par le code de la route.
Les procès-verbaux établis en application du présent article font foi jusqu'à preuve contraire.

Art. L. 3315-2 Les agents mentionnés à l'article L. 3315-1 ont accès aux dispositifs destinés au contrôle et à toutes leurs composantes afin d'en vérifier l'intégrité.
(*L. n° 2013-431 du 28 mai 2013, art. 22-I*) « Les fonctionnaires et agents de l'État chargés du contrôle des transports terrestres placés sous l'autorité du ministre chargé des transports ont accès aux lieux de chargement et de déchargement des véhicules de transport routier afin de constater les infractions mentionnées à l'article L. 3315-1. »

Art. L. 3315-3 En cas de délit ou de contravention concernant les conditions de travail dans les transports routiers, constaté sur le territoire national, le dépassement des temps de conduite et la réduction du temps de repos sont calculés, pour la période de temps considérée, en incluant les périodes de temps de conduite et de repos effectuées à l'étranger.

SECTION 2 *Sanctions pénales*

Art. L. 3315-4 Est puni d'un an d'emprisonnement et de 30 000 € d'amende le fait de falsifier des documents ou des données électroniques, de fournir de faux renseignements, de détériorer, d'employer irrégulièrement ou de modifier des dispositifs destinés au contrôle prévus par l'article L. 3311-1 ou de ne pas avoir procédé à l'installation de ces dispositifs.
Le véhicule sur lequel l'infraction a été commise est immobilisé et retiré de la circulation jusqu'à ce qu'il ait été mis en conformité ou réparé.
Les conditions d'application du deuxième alinéa sont fixées par décret en Conseil d'État.
(*L. n° 2023-22 du 24 janv. 2023, art. 25*) « L'action publique peut être éteinte, dans les conditions prévues aux articles 495-17 à 495-25 du code de procédure pénale, par le versement d'une amende forfaitaire d'un montant de 500 €. Le montant de l'amende forfaitaire minorée est de 400 € et le montant de l'amende forfaitaire majorée est de 1 000 €. »

Art. L. 3315-4-1 (*L. n° 2014-790 du 10 juill. 2014, art. 15-2°*) Est puni d'un an d'emprisonnement et de 30 000 € d'amende :
1° Le fait d'organiser le travail des conducteurs routiers employés par l'entreprise ou mis à sa disposition sans veiller à ce que ceux-ci prennent en dehors de leur véhicule leur temps de repos hebdomadaire normal défini au *h* de l'article 4 du règlement (CE) n° 561/2006 du Parlement européen et du Conseil, du 15 mars 2006, relatif à l'harmonisation de certaines dispositions de la législation sociale dans le domaine des transports par route modifiant les règlements (CEE) n° 3821/85 et (CEE) n° 2135/98 du Conseil et abrogeant le règlement (CEE) n° 3820/85 du Conseil ;
2° Le fait de rémunérer, à quel titre et sous quelle forme que ce soit, des conducteurs routiers employés par l'entreprise ou mis à sa disposition, en fonction de la distance parcourue (*L. n° 2021-1308 du 8 oct. 2021, art. 24*) « , de la rapidité de la livraison » ou du volume des marchandises transportées, dès lors que ce mode de rémunération est de nature à compromettre la sécurité routière ou à encourager les infractions au règlement (CE) n° 561/2006 du Parlement européen et du Conseil, du 15 mars 2006, précité ;
(*L. n° 2019-1428 du 24 déc. 2019, art. 102*) « 3° Le fait d'organiser le travail des conducteurs mentionnés à l'article L. 3313-4 sans veiller à ce que ceux-ci puissent bénéficier de conditions d'hébergement, hors du véhicule, compatibles avec la dignité humaine et de conditions d'hygiène respectueuses de leur santé » ;
(*L. n° 2021-1308 du 8 oct. 2021, art. 24*) « 4° Le fait d'organiser le travail des conducteurs routiers soumis au règlement (CE) n° 561/2006 du Parlement européen et du Conseil du

15 mars 2006 précité, employés par l'entreprise ou mis à sa disposition, sans veiller à ce que ceux-ci soient en mesure, conformément au 8 bis de l'article 8 du même règlement, de retourner au centre opérationnel de l'employeur auquel ils sont normalement rattachés pour y entamer leur temps de repos hebdomadaire, situé dans l'État membre d'établissement de leur employeur, ou de retourner à leur lieu de résidence :

« a) Au cours de chaque période de quatre semaines consécutives, afin d'y passer au moins un temps de repos hebdomadaire normal ou un temps de repos hebdomadaire de plus de quarante-cinq heures pris en compensation de la réduction d'un temps de repos hebdomadaire ;

« b) Avant le début du temps de repos hebdomadaire normal de plus de quarante-cinq heures pris en compensation, lorsqu'un conducteur a pris deux temps de repos hebdomadaires réduits consécutifs dans le cas prévu au 6 de l'article 8 dudit règlement. »

Art. L. 3315-5 Est puni de six mois d'emprisonnement et de 3 750 € d'amende le fait de se livrer à un transport routier avec une carte de conducteur non conforme ou n'appartenant pas au conducteur l'utilisant, ou sans carte insérée dans le chronotachygraphe du véhicule.

Est puni des mêmes peines le refus de présenter les documents ou les données électroniques signés, de communiquer les renseignements, ou de laisser effectuer les contrôles ou investigations, nécessaires à la vérification du respect des obligations des chapitres I à IV du présent titre ou prévues par l'article L. 3315-2 ou par l'article L. 130-6 du code de la route.

(L. n° 2019-222 du 23 mars 2019, art. 58-III) « Pour le délit prévu au premier alinéa du présent article, y compris en cas de récidive, l'action publique peut être éteinte, dans les conditions prévues aux articles 495-17 à 495-25 du code de procédure pénale, par le versement d'une amende forfaitaire d'un montant de 800 €. Le montant de l'amende forfaitaire minorée est de 640 € et le montant de l'amende forfaitaire majorée est de 1 600 €. »

Art. L. 3315-6 Est passible des peines prévues par le présent chapitre et des peines sanctionnant les obligations mentionnées (L. n° 2013-431 du 28 mai 2013, art. 22-II) « au présent titre ainsi qu' » aux titres II et III du livre I de la troisième partie du code du travail toute personne qui, chargée à un titre quelconque de la direction ou de l'administration de toute entreprise ou établissement, a, par un acte personnel, contrevenu aux dispositions précitées (L. n° 2013-431 du 28 mai 2013, art. 22-II) « du présent titre et » du code du travail ou commis les faits sanctionnés par les articles L. 3315-2, L. 3315-4 (L. n° 2014-790 du 10 juill. 2014, art. 15-3°) « , L. 3315-4-1 » et L. 3315-5.

Cette personne est passible des mêmes peines si elle a, en tant que commettant, laissé contrevenir à ces dispositions ou commettre ces faits toute personne relevant de son autorité ou de son contrôle, en ne prenant pas les dispositions de nature à en assurer le respect.

Le préposé est passible des mêmes peines lorsque l'infraction résulte de son fait personnel.

VIII FORMATION PROFESSIONNELLE

Code de l'éducation

CHAPITRE IV *STAGES ET PÉRIODES D'OBSERVATION EN MILIEU PROFESSIONNEL*

Art. L. 124-1 (L. n° 2014-788 du 10 juill. 2014, art. 1er-I-2°) Les enseignements scolaires et universitaires peuvent comporter, respectivement, des périodes de formation en milieu professionnel ou des stages. Les périodes de formation en milieu professionnel sont obligatoires dans les conditions prévues à l'article L. 331-4 du présent code.

Les périodes de formation en milieu professionnel et les stages ne relevant ni du 2° de l'article L. 4153-1 du code du travail, ni de la formation professionnelle tout au long de la vie, définie à la sixième partie du même code, font l'objet d'une convention entre le stagiaire, l'organisme d'accueil et l'établissement d'enseignement, dont les mentions obligatoires sont déterminées par décret.

Les périodes de formation en milieu professionnel et les stages correspondent à des périodes temporaires de mise en situation en milieu professionnel au cours desquelles l'élève ou l'étudiant acquiert des compétences professionnelles et met en œuvre les acquis de sa formation en vue d'obtenir un diplôme ou une certification et de favoriser son insertion professionnelle. Le stagiaire se voit confier une ou des missions conformes au projet pédagogique défini par son établissement d'enseignement et approuvées par l'organisme d'accueil.

L'enseignant référent prévu à l'article L. 124-2 du présent code est tenu de s'assurer auprès du tuteur mentionné à l'article L. 124-9, à plusieurs reprises durant le stage ou la

VIII. Formation professionnelle

période de formation en milieu professionnel, de son bon déroulement et de proposer à l'organisme d'accueil, le cas échéant, une redéfinition d'une ou des missions pouvant être accomplies.

Art. L. 124-1-1 (L. n° 2020-1674 du 24 déc. 2020, art. 37) Par dérogation au troisième alinéa de l'article L. 124-1 et à l'article L. 124-3, les périodes de césure prévues à l'article L. 611-12 peuvent se dérouler sous forme de stage dans des conditions fixées par décret.

Art. L. 124-2 (L. n° 2014-788 du 10 juill. 2014, art. 1er-I-2°) L'établissement d'enseignement est chargé :

1° D'appuyer et d'accompagner les élèves ou les étudiants dans leur recherche de périodes de formation en milieu professionnel ou de stages correspondant à leur cursus et à leurs aspirations et de favoriser un égal accès des élèves et des étudiants, respectivement, aux périodes de formation en milieu professionnel et aux stages ;

2° De définir dans la convention, en lien avec l'organisme d'accueil et le stagiaire, les compétences à acquérir ou à développer au cours de la période de formation en milieu professionnel ou du stage et la manière dont ce temps s'inscrit dans le cursus de formation ;

3° De désigner un enseignant référent au sein des équipes pédagogiques de l'établissement, qui s'assure du bon déroulement de la période de formation en milieu professionnel ou du stage et du respect des stipulations de la convention mentionnée à l'article L. 124-1. Le nombre de stagiaires suivis simultanément par un même enseignant référent et les modalités de ce suivi pédagogique et administratif constant sont définis par le conseil d'administration de l'établissement, dans la limite d'un plafond fixé par décret ;

4° D'encourager la mobilité internationale des stagiaires, notamment dans le cadre des programmes de l'Union européenne.

Art. L. 124-3 (L. n° 2014-788 du 10 juill. 2014, art. 1er-I-2°) Les périodes de formation en milieu professionnel et les stages sont intégrés à un cursus pédagogique scolaire ou universitaire, selon des modalités déterminées par décret. Un volume pédagogique minimal de formation en établissement (L. n° 2020-1674 du 24 déc. 2020, art. 37) « ou selon les modalités d'enseignement à distance proposées par l'établissement » ainsi que les modalités d'encadrement de la période de formation en milieu professionnel ou du stage par l'établissement d'enseignement et l'organisme d'accueil sont fixés par ce décret et précisés dans la convention de stage.

....

Art. L. 124-4 (L. n° 2013-660 du 22 juill. 2013, art. 28) Tout élève ou étudiant ayant achevé (L. n° 2014-788 du 10 juill. 2014, art. 1er-I-3°) « sa période de formation en milieu professionnel ou » son stage transmet aux services de son établissement d'enseignement chargés de l'accompagner dans son projet d'études et d'insertion professionnelle un document dans lequel il évalue la qualité de l'accueil dont il a bénéficié au sein de l'organisme. Ce document n'est pas pris en compte dans son évaluation ou dans l'obtention de son diplôme.

L'art. L. 612-14 est devenu l'art. L. 124-4 (L. n° 2014-788 du 10 juill. 2014, art. 1er-I-3°).

Art. L. 124-5 (L. n° 2011-893 du 28 juill. 2011, art. 27-I) La durée du ou des stages (L. n° 2014-788 du 10 juill. 2014, art. 1er-I-4°-a) « ou périodes de formation en milieu professionnel » effectués par un même stagiaire dans (L. n° 2014-788 du 10 juill. 2014, art. 1er-I-4°-a) « un même organisme d'accueil » ne peut excéder six mois par année d'enseignement. (Abrogé par L. n° 2014-788 du 10 juill. 2014, art. 1er-I-4°-b) (L. n° 2013-660 du 22 juill. 2013, art. 36) « Un décret fixe les formations pour lesquelles il peut être dérogé à cette durée de stage compte tenu des spécificités des professions nécessitant une durée de pratique supérieure, auxquelles préparent ces formations. »

L'art. L. 612-9 est devenu l'art. L. 124-5 (L. n° 2014-788 du 10 juill. 2014, art. 1er-I-4°).

Un décret fixe la liste des formations pour lesquelles il peut être dérogé à la durée de stage ou de période de formation en milieu professionnel prévue à l'art. L. 124-5 pour une période de transition de 2 ans à compter de la promulgation de la L. n° 2014-788 du 10 juill. 2014 (L. préc., art. 1er-VI).

Art. L. 124-6 (L. n° 2011-893 du 28 juill. 2011, art. 27-I) Lorsque la durée (L. n° 2014-788 du 10 juill. 2014, art. 1er-I-5°-a) « du stage ou de la période de formation en milieu professionnel au sein d'un même » (L. n° 2013-660 du 22 juill. 2013, art. 27-1°) « organisme d'accueil » est supérieure à deux mois consécutifs ou, au cours d'une même année scolaire ou universitaire, à deux mois consécutifs ou non, le ou les stages (L. n° 2014-788 du 10 juill.

2014, art. 1er-I-5°-a) « ou la ou les périodes de formation en milieu professionnel » font l'objet d'une gratification versée mensuellement dont le montant est fixé par convention de branche ou par accord professionnel étendu ou, à défaut, par décret (L. n° 2014-788 du 10 juill. 2014, art. 1er-I-5°-a) « , à un niveau minimal de 15 % du plafond horaire de la sécurité sociale défini en application de l'article L. 241-3 du code de la sécurité sociale ». Cette gratification n'a pas le caractère d'un salaire au sens de l'article L. 3221-3 du code du travail.

(L. n° 2013-660 du 22 juill. 2013, art. 27-2°) « Le premier alinéa s'applique sans préjudice des dispositions de l'article L. 4381-1 du code de la santé publique. »

(L. n° 2014-788 du 10 juill. 2014, art. 1er-I-5°-b) « La gratification mentionnée au premier alinéa est due au stagiaire à compter du premier jour du premier mois de la période de stage ou de formation en milieu professionnel. Son montant minimal forfaitaire n'est pas fonction du nombre de jours ouvrés dans le mois.

« Un décret fixe les conditions dans lesquelles il peut être dérogé à la durée prévue au premier alinéa du présent article pour les périodes de formation en milieu professionnel réalisées dans le cadre des formations mentionnées à l'article L. 813-9 du code rural et de la pêche maritime. »

Pour 2023, le montant minimum de la gratification est fixé à 4,05 € par heure (soit 27 € x 15 %).

Art. L. 124-7 (L. n° 2014-788 du 10 juill. 2014, art. 1er-I-6°) Aucune convention de stage ne peut être conclue pour exécuter une tâche régulière correspondant à un poste de travail permanent, pour faire face à un accroissement temporaire de l'activité de l'organisme d'accueil, pour occuper un emploi saisonnier ou pour remplacer un salarié ou un agent en cas d'absence ou de suspension de son contrat de travail.

Art. L. 124-8 (L. n° 2014-788 du 10 juill. 2014, art. 1er-I-6°) Le nombre de stagiaires dont la convention de stage est en cours sur une même semaine civile dans l'organisme d'accueil ne peut pas être supérieur à un nombre fixé par décret en Conseil d'État. Ce nombre tient compte des effectifs de l'organisme d'accueil. Pour l'application de cette limite, il n'est pas tenu compte des périodes de prolongation prévues à l'article L. 124-15. – V. C. éduc., art. R. 124-10 s.

Par dérogation au premier alinéa du présent article, l'autorité académique fixe, dans des conditions déterminées par le décret en Conseil d'État prévu au même premier alinéa, le nombre de stagiaires qui peuvent être accueillis dans un même organisme d'accueil pendant une même semaine civile au titre de la période de formation en milieu professionnel prévue par le règlement du diplôme qu'ils préparent.

Art. L. 124-8-1 (L. n° 2018-727 du 10 août 2018, art. 21) L'autorité administrative se prononce de manière explicite sur toute demande précise et circonstanciée d'un organisme d'accueil ayant pour objet de connaître les modalités de prise en compte des effectifs servant de base au calcul du plafond de stagiaires autorisés.

La demande mentionnée au premier alinéa n'est pas recevable dès lors que les services chargés de l'application de la législation du travail ont engagé un contrôle sur le respect des dispositions de l'article L. 124-8.

La réponse de l'autorité administrative ne s'applique qu'à l'organisme d'accueil demandeur et est opposable pour l'avenir à l'autorité administrative tant que la situation de fait exposée dans la demande ou la législation au regard de laquelle la situation a été appréciée n'ont pas été modifiées ou jusqu'à ce que l'autorité administrative notifie au demandeur une modification de son appréciation.

Art. L. 124-9 (L. n° 2014-788 du 10 juill. 2014, art. 1er-I-6°) L'organisme d'accueil désigne un tuteur chargé de l'accueil et de l'accompagnement du stagiaire. Le tuteur est garant du respect des stipulations pédagogiques de la convention prévues au 2° de l'article L. 124-2.

Un accord d'entreprise peut préciser les tâches confiées au tuteur, ainsi que les conditions de l'éventuelle valorisation de cette fonction.

Art. L. 124-10 (L. n° 2014-788 du 10 juill. 2014, art. 1er-I-6°) Un tuteur de stage ne peut pas être désigné si, à la date de la conclusion de la convention, il est par ailleurs désigné en cette qualité dans un nombre de conventions prenant fin au-delà de la semaine civile en cours supérieur à un nombre fixé par décret en Conseil d'État.

Art. L. 124-11 (L. n° 2011-893 du 28 juill. 2011, art. 27-I) L'accueil successif de stagiaires, au titre de conventions de stage différentes, pour effectuer des stages dans un même poste n'est possible qu'à l'expiration d'un délai de carence égal au tiers de la durée du stage précédent. Cette disposition n'est pas applicable lorsque ce stage précédent a été interrompu avant son terme à l'initiative du stagiaire.

L'art. L. 612-10 est devenu l'art. L. 124-11 (L. n° 2014-788 du 10 juill. 2014, art. 1ᵉʳ-I-7°).

Art. L. 124-12 *(L. n° 2014-788 du 10 juill. 2014, art. 1ᵉʳ-I-8°)* Les stagiaires bénéficient des protections et droits mentionnés aux articles L. 1121-1, L. 1152-1 et L. 1153-1 du code du travail, dans les mêmes conditions que les salariés.

Art. L. 124-13 *(L. n° 2014-788 du 10 juill. 2014, art. 1ᵉʳ-I-8°)* En cas de grossesse, de paternité ou d'adoption, le stagiaire bénéficie de congés et d'autorisations d'absence d'une durée équivalente à celles prévues pour les salariés aux articles L. 1225-16 à L. 1225-28, L. 1225-35, L. 1225-37 et L. 1225-46 du code du travail.

Pour les stages et les périodes de formation en milieu professionnel dont la durée est supérieure à deux mois et dans la limite de la durée maximale prévue à l'article L. 124-5 du présent code, la convention de stage doit prévoir la possibilité de congés et d'autorisations d'absence au bénéfice du stagiaire au cours de la période de formation en milieu professionnel ou du stage.

Le stagiaire a accès au restaurant d'entreprise ou aux titres-restaurant prévus à l'article L. 3262-1 du code du travail, dans les mêmes conditions que les salariés de l'organisme d'accueil. Il bénéficie également de la prise en charge des frais de transport prévue à l'article L. 3261-2 du même code.

Art. L. 124-14 *(L. n° 2014-788 du 10 juill. 2014, art. 1ᵉʳ-I-8°)* La présence du stagiaire dans l'organisme d'accueil suit les règles applicables aux salariés de l'organisme pour ce qui a trait :
1° Aux durées maximales quotidienne et hebdomadaire de présence ;
2° A la présence de nuit ;
3° Au repos quotidien, au repos hebdomadaire et aux jours fériés.

Pour l'application du présent article, l'organisme d'accueil établit, selon tous moyens, un décompte des durées de présence du stagiaire.

Il est interdit de confier au stagiaire des tâches dangereuses pour sa santé ou sa sécurité.

Art. L. 124-15 *(L. n° 2014-788 du 10 juill. 2014, art. 1ᵉʳ-I-8°)* Lorsque le stagiaire interrompt sa période de formation en milieu professionnel ou son stage pour un motif lié à la maladie, à un accident, à la grossesse, à la paternité, à l'adoption ou, en accord avec l'établissement, en cas de non-respect des stipulations pédagogiques de la convention ou en cas de rupture de la convention à l'initiative de l'organisme d'accueil, l'autorité académique ou l'établissement d'enseignement supérieur valide la période de formation en milieu professionnel ou le stage, même s'il n'a pas atteint la durée prévue dans le cursus, ou propose au stagiaire une modalité alternative de validation de sa formation. En cas d'accord des parties à la convention, un report de la fin de la période de formation en milieu professionnel ou du stage, en tout ou partie, est également possible.

Art. L. 124-16 *(L. n° 2011-893 du 28 juill. 2011, art. 27-I)* Les stagiaires accèdent aux activités sociales et culturelles mentionnées à l'article L. 2323-83 du code du travail dans les mêmes conditions que les salariés.

L'art. L. 612-12 est devenu l'art. L. 124-16 (L. n° 2014-788 du 10 juill. 2014, art. 1ᵉʳ-I-9°).

Art. L. 124-17 *(L. n° 2014-788 du 10 juill. 2014, art. 1ᵉʳ-I-10°)* La méconnaissance des articles L. 124-8, L. 124-14 et de la première phrase du premier alinéa de l'article L. 124-9 est constatée par les agents de contrôle de l'inspection du travail mentionnés aux articles L. 8112-1 et L. 8112-5 du code du travail.

Les manquements sont passibles d'une amende administrative prononcée par l'autorité administrative.

Le montant de l'amende est d'au plus 2 000 € par stagiaire concerné par le manquement et d'au plus 4 000 € en cas de réitération dans un délai d'un an à compter du jour de la notification de la première amende.

Le délai de prescription de l'action de l'administration pour la sanction du manquement par une amende administrative est de deux années révolues à compter du jour où le manquement a été commis.

L'amende est recouvrée comme les créances de l'État étrangères à l'impôt et au domaine.

Art. L. 124-18 *(L. n° 2014-788 du 10 juill. 2014, art. 1ᵉʳ-I-10°)* La durée du ou des stages et de la ou des périodes de formation en milieu professionnel prévue aux articles L. 124-5 et

L. 124-6 est appréciée en tenant compte de la présence effective du stagiaire dans l'organisme d'accueil, sous réserve de l'application de l'article L. 124-13.

Art. L. 124-19 (*L. n° 2014-788 du 10 juill. 2014, art. 1er-I-10°*) Pour favoriser la mobilité internationale, les stages ou les périodes de formation en milieu professionnel peuvent être effectués à l'étranger. Les dispositions relatives au déroulement et à l'encadrement du stage ou de la période de formation en milieu professionnel à l'étranger font l'objet d'un échange préalable entre l'établissement d'enseignement, le stagiaire et l'organisme d'accueil, sur la base de la convention définie au deuxième alinéa de l'article L. 124-1.

Art. L. 124-20 (*L. n° 2014-788 du 10 juill. 2014, art. 1er-I-10°*) Pour chaque stage ou période de formation en milieu professionnel à l'étranger, est annexée à la convention de stage une fiche d'information présentant la réglementation du pays d'accueil sur les droits et devoirs du stagiaire.

....

Art. R. 124-10 (*Décr. n° 2015-1359 du 26 oct. 2015, art. 1er*) Le nombre de stagiaires dont la convention de stage est en cours pendant une même semaine civile dans l'organisme d'accueil doté de la personnalité morale ne peut excéder :

1° 15 % de l'effectif arrondis à l'entier supérieur pour les organismes d'accueil dont l'effectif est supérieur ou égal à vingt ;

2° Trois stagiaires, pour les organismes d'accueil dont l'effectif est inférieur à vingt.

Art. R. 124-11 (*Décr. n° 2015-1359 du 26 oct. 2015, art. 1er*) Pour les périodes de formation en milieu professionnel rendues obligatoires par l'article L. 331-4, (*Décr. n° 2019-1554 du 30 déc. 2019, art. 1er, en vigueur le 1er janv. 2020*) « le recteur de région académique » peut fixer par arrêté un nombre de stagiaires supérieur à celui mentionné à l'article R. 124-10, dans la limite de 20 % de l'effectif lorsque celui-ci est supérieur ou égal à trente et dans la limite de cinq stagiaires lorsqu'il est inférieur à trente. Il peut limiter cette dérogation à des secteurs d'activités [*d'activité*] qu'il détermine. Pour l'appréciation de ces deux limites, il est tenu compte de l'ensemble des personnes accueillies au titre des stages et des périodes de formation en milieu professionnel.

Art. R. 124-12. (*Décr. n° 2015-1359 du 26 oct. 2015, art. 1er*) Pour l'application des articles R. 124-10 et R. 124-11, l'effectif est égal :

1° Au nombre des personnes physiques employées dans l'organisme d'accueil au dernier jour du mois civil précédant la période sur laquelle est appréciée la condition ;

2° A la moyenne sur les douze mois précédents du nombre des personnes mentionnées au 1°, si elle est supérieure au nombre mentionné au 1°.

Pour les administrations et établissements publics administratifs, l'effectif s'entend de l'ensemble des personnels exerçant leurs fonctions dans l'organisme d'accueil, apprécié selon les modalités définies au présent article.

Art. R. 124-12-1. (*Décr. n° 2018-1227 du 24 déc. 2018, art. 3*) La demande mentionnée à l'article L. 124-8-1 précise le nom ou la raison sociale de son auteur, son adresse ainsi que les catégories de personnes que l'organisme d'accueil envisage de prendre en compte en vue de la détermination de son effectif pour l'application des articles R. 124-10 et R. 124-11.

Elle est présentée au (*Décr. n° 2020-1545 du 9 déc. 2020, art. 28-X, en vigueur le 1er avr. 2021*) « directeur régional de l'économie, de l'emploi, du travail et des solidarités » de la région dans laquelle est situé le siège de l'organisme d'accueil par tout moyen conférant date certaine à sa réception.

Si la demande est incomplète, le service invite le demandeur, dans les mêmes formes, à fournir les éléments complémentaires nécessaires.

Le (*Décr. n° 2020-1545 du 9 déc. 2020, art. 28-X, en vigueur le 1er avr. 2021*) « directeur régional de l'économie, de l'emploi, du travail et des solidarités » se prononce dans un délai de trois mois à compter de la date de réception de la demande ou des éléments complémentaires demandés.

Art. R. 124-13 (*Décr. n° 2015-1359 du 26 oct. 2015, art. 1er*) Une même personne ne peut être désignée en qualité de tuteur dans un organisme d'accueil lorsqu'elle est déjà dans trois conventions de stage en cours d'exécution à la date à laquelle la désignation devrait prendre effet.

FORMATION PROFESSIONNELLE ET APPRENTISSAGE

Art. L. 214-12 (*L. n° 2014-288 du 5 mars 2014, art. 23-II*) La région définit en lien avec l'État et met en œuvre le service public régional de l'orientation tout au long de la vie professionnelle dans le cadre fixé à l'article L. 6111-3 du code du travail.

Elle est chargée de la politique régionale (*Abrogé par L. n° 2018-771 du 5 sept. 2018, art. 34-III-2° et 34-VI-2°, à compter du 1ᵉʳ janv. 2020*) « *d'apprentissage et* » de formation professionnelle des jeunes et des adultes à la recherche d'un emploi ou d'une nouvelle orientation professionnelle conformément aux articles L. 6121-1 à L. 6121-7 du même code.

Elle élabore le contrat de plan régional de développement des formations et de l'orientation professionnelles.

Art. L. 214-13 (*L. n° 2014-288 du 5 mars 2014, art. 23*) « I. – Le contrat de plan régional de développement des formations et de l'orientation professionnelles a pour objet l'analyse des besoins à moyen terme du territoire régional en matière d'emplois, de compétences et de qualifications et la programmation des actions de formation professionnelle des jeunes et des adultes, compte tenu de la situation et des objectifs de développement économique du territoire régional.

« Ce contrat de plan définit, sur le territoire régional et, le cas échéant, par bassin d'emploi :

« 1° Les objectifs dans le domaine de l'offre de conseil et d'accompagnement en orientation, dans le cadre de l'article L. 6111-3, afin d'assurer l'accessibilité aux programmes disponibles ; »

(*L. n° 2018-771 du 5 sept. 2018, art. 34*) « 2° Les orientations en matière de formation professionnelle initiale et continue, y compris celles relevant des formations sanitaires et sociales. Ces orientations stratégiques sont cohérentes avec les conventions d'objectifs et de moyens mentionnées au III de l'article L. 6211-3 du code du travail et tiennent compte des besoins des entreprises en matière de développement des contrats d'apprentissage et des contrats de professionnalisation. Elles constituent le schéma prévisionnel de développement de l'alternance. Elles visent également à identifier l'émergence de nouvelles filières économiques ainsi que de nouveaux métiers, notamment dans le domaine de la transition écologique et énergétique. Elles tiennent compte également de la définition des actions de développement des compétences dans le cadre des besoins spécifiques des quartiers prioritaires de la politique de la ville. (*L. n° 2023-1196 du 18 déc. 2023, art. 17-II*) « Elles prennent en compte les besoins prévisionnels en matière de professionnels recensés par le schéma départemental des services aux familles mentionné à l'article L. 214-5 du code de l'action sociale et des familles ; »

« 3° Dans sa partie consacrée aux jeunes, les actions destinées à favoriser une représentation équilibrée des femmes et des hommes dans chacune des filières, incluant l'enseignement préparant à l'entrée dans les établissements d'enseignement supérieur de la création artistique dans le domaine du spectacle vivant. Cette partie prend également en compte les besoins liés à l'hébergement et à la mobilité de ces jeunes, permettant de faciliter leur parcours de formation. Elle encourage la signature de conventions entre des centres de formation d'apprentis et des lycées professionnels visant à faciliter le passage des jeunes entre ces deux types d'établissements et incitant à la mutualisation de leurs plateaux techniques ; »

(*L. n° 2014-288 du 5 mars 2014, art. 23*) « 4° Dans sa partie consacrée aux adultes, les actions de formation professionnelle ayant pour but de favoriser l'accès, le maintien et le retour à l'emploi (*L. n° 2018-771 du 5 sept. 2018, art. 34*) « ou l'accès à la certification professionnelle ;

« 4° bis Dans sa partie consacrée aux personnes en situation de handicap, les actions de formation professionnelle ayant pour but de favoriser l'insertion professionnelle en milieu ordinaire ou celles en lien avec la réorientation professionnelle, lorsqu'il s'agit de personnes en situation de handicap à la suite d'un accident ou d'une maladie dégénérative ; »

« 5° (*L. n° 2018-771 du 5 sept. 2018, art. 34*) « Les objectifs » de développement du service public régional de l'orientation ;

« 6° Les priorités relatives à l'information, à l'orientation et à la validation des acquis de l'expérience.

« Les conventions annuelles conclues en application de l'article L. 214-13-1 du présent code, s'agissant des cartes régionales des formations professionnelles initiales, et de l'article L. 6121-3 du code du travail et du IV du présent article, s'agissant des conventions sectorielles, concourent à la mise en œuvre de la stratégie définie par le contrat de plan régional.

« II. – Le contrat de plan régional de développement des formations et de l'orientation professionnelles est élaboré par la région au sein du comité régional de l'emploi, de la formation et de l'orientation professionnelles mentionné à l'article L. 6123-3 du code du travail sur la base des documents d'orientation présentés par le président du conseil régional, le représentant de l'État dans la région, les autorités académiques, les organisations syndicales de salariés et les organisations professionnelles d'employeurs. Le comité procède à une concertation avec les collectivités territoriales concernées, *(L. n° 2023-1196 du 18 déc. 2023, art. 6-I, en vigueur le 1ᵉʳ janv. 2024)* « l'opérateur France Travail », les organismes consulaires, des représentants de structures d'insertion par l'activité économique et des représentants d'organismes de formation professionnelle, notamment *(Ord. n° 2016-1519 du 10 nov. 2016, art. 7)* « l'établissement mentionné à l'article L. 5315-1 du code du travail ».

« Le contrat de plan régional est établi dans l'année qui suit le renouvellement du conseil régional.

« Le contrat de plan régional adopté par le comité régional de l'emploi, de la formation et de l'orientation professionnelles est signé par le président du conseil régional après consultation des départements et approbation par le conseil régional, ainsi que par le représentant de l'État dans la région et par les autorités académiques. Il est proposé à la signature des organisations syndicales de salariés et des organisations professionnelles d'employeurs représentées au sein du comité régional de l'emploi, de la formation et de l'orientation professionnelles.

« Un décret en Conseil d'État *(Abrogé par L. n° 2018-771 du 5 sept. 2018, art. 34)* « , *pris après avis du Conseil national de l'emploi, de la formation et de l'orientation professionnelles mentionné à l'article L. 6123-1 dudit code,* » fixe les modalités du suivi et de l'évaluation des contrats de plan régionaux. »

III. – *Abrogé par L. n° 2014-288 du 5 mars 2014, art. 23.*

(L. n° 2002-276 du 16 févr. 2002, art. 108) « IV. – Des conventions annuelles d'application précisent, pour l'État et la région, la programmation et les financements des actions.

« Elles sont signées par le président du conseil régional, le représentant de l'État dans la région ainsi que, selon leur champ d'application, par les divers acteurs concernés. »

(L. n° 2009-1437 du 24 nov. 2009, art. 57) « S'agissant des demandeurs d'emploi, ces conventions, lorsqu'elles comportent des engagements réciproques de l'État, de la région et de *(L. n° 2023-1196 du 18 déc. 2023, art. 6-I, en vigueur le 1ᵉʳ janv. 2024)* « l'opérateur France Travail », sont également signées par cette institution. »

V. – *(L. n° 2004-809 du 13 août 2004, art. 11)* « L'État, une ou plusieurs régions, une ou plusieurs organisations représentatives des milieux socioprofessionnels et, le cas échéant, *(L. n° 2023-1196 du 18 déc. 2023, art. 6-I, en vigueur le 1ᵉʳ janv. 2024)* « l'opérateur France Travail » peuvent conclure des contrats fixant des objectifs de développement coordonné des différentes voies de formation professionnelle initiale et continue, notamment de formation professionnelle *(L. n° 2018-771 du 5 sept. 2018, art. 34)* « par alternance » et de financement des formations des demandeurs d'emploi. Ces contrats d'objectifs peuvent être annuels ou pluriannuels. »

(L. n° 2006-340 du 23 mars 2006, art. 27) « Ces contrats déterminent notamment les objectifs qui concourent à favoriser une représentation équilibrée des femmes et des hommes dans les métiers auxquels préparent les différentes voies de formation professionnelle initiale et continue. »

(L. n° 2018-771 du 5 sept. 2018, art. 34) « Ces contrats déterminent également les objectifs qui concourent à favoriser une insertion professionnelle des jeunes gens en situation de handicap ayant suivi une voie professionnelle initiale ou un apprentissage. »

(L. n° 2002-276 du 16 févr. 2002, art. 108) « Les chambres de métiers, les *(L. n° 2010-853 du 23 juill. 2010, art. 8)* « chambres de commerce et d'industrie territoriales » et les chambres d'agriculture peuvent être associées aux contrats d'objectifs. »

(Abrogé par L. n° 2018-771 du 5 sept. 2018, art. 34) (L. n° 2005-32 du 18 janv. 2005, art. 32) « L'État, la région ou la collectivité territoriale de Corse, les chambres consulaires, une ou plusieurs organisations représentatives d'employeurs et de salariés peuvent également conclure des contrats d'objectifs et de moyens visant au développement de l'apprentissage conformément à l'article *(Ord. n° 2008-1304 du 11 déc. 2008, art. 1ᵉʳ)* « L. 6211-3 » du code du travail. Ces contrats peuvent prendre la forme d'une annexe aux contrats visés à l'alinéa précédent. »

VI. – *(L. n° 2004-809 du 13 août 2004, art. 11)* « Dans le cadre *(L. n° 2009-1437 du 24 nov. 2009, art. 57°)* « du contrat de » plan régional de développement des formations professionnelles, » *(L. n° 2002-276 du 16 févr. 2002, art. 108)* « chaque région arrête annuellement un programme régional *(Abrogé par L. n° 2018-771 du 5 sept. 2018, art. 34)* « d'apprentissage et » de formation professionnelle continue, après avis du comité de coordination régional de l'emploi et de la formation professionnelle. »

VIII. Formation professionnelle

(L. n° 2004-809 du 13 août 2004, art. 11) « Les départements, les communes ou groupements de communes qui ont arrêté un programme de formation sont associés, à leur demande, à l'élaboration du programme régional. »

(L. n° 2002-276 du 16 févr. 2002, art. 108) « Pour la mise en œuvre de ce programme, des conventions sont passées avec les établissements d'enseignement publics et les autres organismes de formation concernés. »

Cet art. tel que modifié par la L. n° 2018-771 du 5 sept. 2018 est entré en vigueur le 1er janv. 2019 (L. préc., art. 46-I).

Art. L. 214-13-1 (L. n° 2013-595 du 8 juill. 2013, art. 29) Chaque année, les autorités académiques recensent par ordre de priorité les ouvertures et fermetures qu'elles estiment nécessaires de sections de formation professionnelle initiale (L. n° 2018-771 du 5 sept. 2018, art. 34-III-5°-a et 34-VI-2°, en vigueur le 1er janv. 2020) « hors apprentissage » dans les établissements d'enseignement du second degré, les établissements relevant des articles L. 811-1 et L. 813-1 du code rural et de la pêche maritime et les établissements relevant du ministre chargé des sports. Parallèlement, la région, après concertation avec les branches professionnelles et les organisations syndicales professionnelles des employeurs et des salariés concernés, procède au même classement.

Dans le cadre de la convention annuelle prévue au IV de l'article L. 214-13 du présent code, signée par les autorités académiques et la région, celles-ci procèdent au classement par ordre de priorité des ouvertures et fermetures de sections de formation professionnelle initiale (L. n° 2018-771 du 5 sept. 2018, art. 34-III-5°-b et 34-VI-2°, en vigueur le 1er janv. 2020) « hors apprentissage », en fonction des moyens disponibles.

(L. n° 2018-771 du 5 sept. 2018, art. 34) « Chaque année, après accord (L. n° 2019-791 du 26 juill. 2019, art. 54) « de l'autorité académique », la région arrête la carte régionale des formations professionnelles initiales hors apprentissage, conformément aux choix retenus par la convention mentionnée au deuxième alinéa du présent article. »

Cette carte est mise en œuvre par la région et par l'État dans l'exercice de leurs compétences respectives, notamment celles qui résultent de l'article L. 211-2 du présent code et de l'article L. 814-2 du code rural et de la pêche maritime. Elle est communiquée aux organismes et services participant au service public de l'orientation. Les autorités académiques mettent en œuvre les ouvertures et fermetures de sections de formation professionnelle initiale sous statut scolaire en fonction des moyens disponibles et conformément au classement par ordre de priorité mentionné au deuxième alinéa du présent article.

Cet art. tel que modifié par la L. n° 2018-771 du 5 sept. 2018 est entré en vigueur le 1er janv. 2019 (L. préc., art. 46-I).

Code rural et de la pêche maritime

LIVRE VII **DISPOSITIONS SOCIALES**

(Ord. n° 2000-550 du 15 juin 2000)

FORMATION PROFESSIONNELLE CONTINUE

Art. L. 718-2 Dans les professions agricoles, les conditions de mise en œuvre des articles L. 932-1 et L. 932-2 *[L. 6321-1 s. nouv.]* du code du travail peuvent résulter d'une convention de branche ou d'un accord professionnel étendus. – *[L. n° 99-574 du 9 juill. 1999, art. 43.]*

CONTRAT EMPLOI-FORMATION AGRICOLE

Art. L. 718-3 (L. n° 2006-11 du 5 janv. 2006) Dans les exploitations, entreprises, établissements et groupements d'employeurs agricoles où sont employés les salariés visés aux 1° à 4° de l'article L. 722-l, ainsi que ceux des coopératives agricoles visés au 6° de l'article L. 722-20, il peut être conclu un contrat emploi-formation agricole comportant une alternance de périodes de travail et de formation. Ce contrat est régi par les dispositions du 2° de l'article L. 122-2 *[L. 1242-3, 2° nouv.]* du code du travail. Les modalités de la formation sont déterminées par accord entre les partenaires sociaux.

Les coûts relatifs aux périodes de formation sont pris en charge au titre du congé de formation prévu à l'article L. 931-13 *[L. 6322-25 nouv.]* du code du travail.

Les dispositions de l'article L. 122-3-4 *[L. 1243-8 à L. 1243-10 nouv.]* du même code ne sont pas applicables à ce contrat.

Les employeurs de salariés en contrat emploi-formation agricole bénéficient des exonérations de charges sociales prévues à l'article L. 981-6 [L. 6325-16 à L. 6325-22 nouv.] du même code.

V. C. rur., art. D. 718-6 s. – **C. rur.**

Loi n° 75-3 du 3 janvier 1975,

Portant diverses améliorations et simplifications en matière de pensions ou allocations des conjoints survivants, des mères de famille et des personnes âgées (D. et BLD 1975. 41).

Art. 7 (L. n° 76-617 du 9 juill. 1976) Les veuves, qu'elles aient ou non des enfants à charge, ainsi que les femmes seules ayant au moins un enfant à charge et les mères de famille ayant élevé un enfant jusqu'à ce que celui-ci ait atteint l'âge de trois ans, qui se trouvent dans l'obligation de travailler, bénéficient d'une priorité en matière d'accès aux cycles et stages de formation professionnelle.

Loi n° 98-657 du 29 juillet 1998,

D'orientation relative à la lutte contre les exclusions.

TITRE I DE L'ACCÈS AUX DROITS

CHAPITRE I ACCÈS À L'EMPLOI

Art. 4 Tout chômeur âgé de seize à vingt-cinq ans ou tout chômeur de longue durée ou rencontrant des difficultés d'insertion professionnelle a le droit à un accueil, un bilan de compétences et une action d'orientation professionnelle afin de bénéficier d'un nouveau départ sous forme d'une formation, d'un appui individualisé ou d'un parcours vers l'emploi ou la création ou la reprise d'entreprise.

IX MESURES D'URGENCE SANITAIRE – COVID-19

Cette partie, qui fait l'objet d'enrichissements et de mises à jour en continu, est à lire dans la version en ligne du Code du travail.

Décret n° 2020-926 du 28 juillet 2020,

Relatif au dispositif spécifique d'activité partielle en cas de réduction d'activité durable.

Art. 1ᵉʳ I. – L'accord collectif auquel est subordonné le bénéfice du dispositif spécifique d'activité partielle institué par l'article 53 de la loi [n° 2020-734] du 17 juin 2020 comporte un préambule présentant un diagnostic sur la situation économique et les perspectives d'activité de l'établissement, de l'entreprise, du groupe ou de la branche.

L'accord définit :

1° La date de début et la durée d'application du dispositif spécifique d'activité partielle ;

2° Les activités et salariés auxquels s'applique ce dispositif ;

3° La réduction maximale de l'horaire de travail en deçà de la durée légale ;

4° Les engagements en matière d'emploi et de formation professionnelle ;

5° Les modalités d'information des organisations syndicales de salariés signataires et des institutions représentatives du personnel sur la mise en œuvre de l'accord. Cette information a lieu au moins tous les trois mois.

II. – L'accord peut notamment prévoir :

1° Les conditions dans lesquelles les dirigeants salariés exerçant dans le périmètre de l'accord, les mandataires sociaux et les actionnaires, dans le respect des compétences des organes d'administration et de surveillance, fournissent des efforts proportionnés à ceux demandés aux salariés pendant la durée de recours au dispositif ;

2° Les conditions dans lesquelles les salariés prennent leurs congés payés et utilisent leur compte personnel de formation, avant ou pendant la mise en œuvre du dispositif ;

3° Les moyens de suivi de l'accord par les organisations syndicales.

III. – Le document élaboré par l'employeur en application du II de l'article 53 de la loi [n° 2020-734] du 17 juin 2020 précise les conditions de mise en œuvre, au niveau de l'entreprise ou de l'établissement, des stipulations de l'accord de branche étendu. Il comporte les éléments prévus au I et en particulier les engagements spécifiques souscrits par

IX. Mesures d'urgence sanitaire – covid-19

l'employeur en matière d'emploi. Il peut être renouvelé, dans le respect de la durée maximale d'application du dispositif fixée par l'accord de branche étendu.

IV. — Sauf stipulation contraire de l'accord collectif d'établissement, d'entreprise ou de groupe validé par l'autorité administrative ou de l'accord collectif de branche étendu, les engagements en matière de maintien de l'emploi portent sur l'intégralité des emplois de l'établissement ou de l'entreprise.

Art. 2 L'employeur adresse à l'autorité administrative, avant l'échéance de chaque période d'autorisation d'activité partielle spécifique, un bilan portant sur le respect *(Décr. n° 2022-1665 du 27 déc. 2022, art. 2, en vigueur le 1er févr. 2023)* « de la réduction maximale de l'horaire de travail mentionnée au 3° du I de l'article 1er et » des engagements mentionnés aux 4° et 5° du I de l'article 1er. Ce bilan est accompagné d'un diagnostic actualisé de la situation économique et des perspectives d'activité de l'établissement, de l'entreprise ou du groupe, ainsi que du procès-verbal de la dernière réunion au cours de laquelle le comité social et économique, s'il existe, a été informé sur la mise en œuvre de l'activité partielle spécifique.

L'autorité administrative demande à l'employeur le remboursement à l'Agence de service et de paiement des sommes perçues pour chaque salarié placé en activité partielle spécifique *(Décr. n° 2020-1188 du 29 sept. 2020, art. 1er)* « et dont le licenciement est prononcé », pendant la durée de recours au dispositif, pour l'une des causes énoncées à l'article L. 1233-3 du code du travail.

Lorsque *(Décr. n° 2020-1188 du 29 sept. 2020, art. 1er)* « le licenciement » pour l'une des causes énoncées à l'article L. 1233-3 du code du travail concerne un salarié qui n'était pas placé en activité partielle spécifique mais que l'employeur s'était engagé à maintenir dans l'emploi, la somme à rembourser est égale, pour chaque rupture, au rapport entre le montant total des sommes versées à l'employeur au titre de l'allocation d'activité partielle spécifique et le nombre de salariés placés en activité partielle spécifique *(Décr. n° 2022-1665 du 27 déc. 2022, art. 2, en vigueur le 1er févr. 2023)* « , selon le niveau de l'accord ou du document élaboré par l'employeur ».

Le remboursement de tout ou partie des sommes dues par l'employeur peut ne pas être exigé s'il est incompatible avec la situation économique et financière de l'établissement, de l'entreprise ou du groupe.

(Décr. n° 2020-1188 du 29 sept. 2020, art. 1er) « Le remboursement dû par l'employeur n'est pas exigible si les perspectives d'activité se sont dégradées par rapport à celles prévues dans l'accord collectif ou le document de l'employeur mentionnés à l'article 1er. »

(Décr. n° 2020-1316 du 30 oct. 2020, art. 2) « Lorsque l'employeur saisit l'autorité administrative d'une demande tendant au bénéfice des dispositions du quatrième ou du cinquième alinéa du présent article ou lorsque l'autorité administrative indique à l'employeur qu'en application de ces dispositions elle ne lui demandera pas le remboursement de tout ou partie des sommes qu'il doit, ce dernier en informe les institutions représentatives du personnel et, le cas échéant, les organisations syndicales signataires de l'accord collectif. »

L'autorité administrative peut interrompre le versement de l'allocation lorsqu'elle constate que les engagements mentionnés au 4° du I de l'article 1er ne sont pas respectés.

Les dispositions issues du Décr. n° 2022-1665 du 27 déc. 2022 sont applicables aux autorisations d'activité partielle spécifique portant sur une période dont le début est fixé à compter du 1er févr. 2023 (Décr. préc., art. 3-III).

Art. 3 La date à partir de laquelle est sollicité le bénéfice du dispositif spécifique d'activité partielle au titre d'un accord collectif ou d'un document unilatéral ne peut être antérieure au premier jour du mois civil au cours duquel la demande de validation ou d'homologation est transmise à l'autorité administrative.

Le bénéfice du dispositif est accordé dans la limite de *(Décr. n° 2022-508 du 8 avr. 2022, art. 1er)* « trente-six » mois, consécutifs ou non, sur une période de référence de *(Décr. n° 2022-508 du 8 avr. 2022, art. 1er)* « quarante-huit » mois consécutifs *(Décr. n° 2022-508 du 8 avr. 2022, art. 1er)* « , à compter du premier jour de la première période d'autorisation d'activité partielle accordée par l'autorité administrative ».

Art. 4 La réduction de l'horaire de travail mentionnée au 3° du I de l'article 1er ne peut être supérieure à 40 % de la durée légale. Cette réduction s'apprécie pour chaque salarié concerné sur la durée d'application du dispositif prévue par l'accord collectif ou le document unilatéral. Son application peut conduire à la suspension temporaire de l'activité.

La limite prévue à l'alinéa précédent ne peut être dépassée que dans des cas exceptionnels résultant de la situation particulière de l'entreprise, sur décision de l'autorité administrative et dans les conditions prévues par l'accord collectif, sans que la réduction de l'horaire de travail puisse être supérieure à 50 % de la durée légale.

(*Décr. n° 2022-1665 du 27 déc. 2022, art. 2*) « L'autorité administrative demande à l'employeur le remboursement à l'Agence de service et de paiement, dans un délai ne pouvant être inférieur à trente jours, des sommes perçues pour chaque salarié placé en activité partielle spécifique au-delà de la réduction maximale de l'horaire de travail mentionnée au 3° du I de l'article 1er.

« Le remboursement de tout ou partie des sommes dues par l'employeur peut ne pas être exigé s'il est incompatible avec la situation économique et financière de l'établissement, de l'entreprise ou du groupe, selon le niveau de l'accord ou du document élaboré par l'employeur. »

Art. 5 La demande de validation de l'accord collectif ou d'homologation du document élaboré par l'employeur est adressée à l'autorité administrative par voie dématérialisée dans les conditions fixées par l'article R. 5122-26 du code du travail. Elle est accompagnée de l'accord ou du document. La demande d'homologation est accompagnée de l'avis rendu par le comité social et économique, si ce comité existe.

La décision d'homologation ou de validation est notifiée par voie dématérialisée à l'employeur. Elle est également notifiée, par tout moyen, au comité social et économique, lorsqu'il existe, et, si elle porte sur un accord collectif, aux organisations syndicales signataires.

La décision d'homologation ou de validation vaut autorisation d'activité partielle spécifique pour une durée de six mois (*Décr. n° 2022-1665 du 27 déc. 2022, art. 2, en vigueur le 1er févr. 2023*) « , à compter de la date de cette décision, ou, lorsque l'employeur le sollicite, de la date du premier jour du mois civil au cours duquel la demande de validation ou d'homologation est transmise à l'autorité administrative, en application du premier alinéa de l'article 3. L'autorisation peut être renouvelée par période de six mois maximum, après analyse du diagnostic actualisé de la situation économique et des perspectives d'activité de l'établissement de l'entreprise ou du groupe, et du bilan mentionné à l'article 2.

« En l'absence, sans motif légitime, des documents mentionnés au premier alinéa de l'article 2, l'autorité administrative peut ne pas accorder le renouvellement de l'autorisation. »

Art. 6 L'autorité administrative mentionnée aux articles 2, 3, 4 et 5 est le préfet du département où est implanté l'établissement concerné par l'accord ou le document.

Lorsque l'accord ou le document porte sur des établissements implantés dans plusieurs départements, le préfet compétent est celui, parmi ceux de ces départements, auquel l'employeur adresse sa demande de validation ou d'homologation. Dans ce cas, le contrôle de la régularité des conditions de placement des salariés en activité partielle spécifique est confié, pour chaque établissement, au préfet de département où est implanté l'établissement concerné.

Art. 7 (*Décr. n° 2020-1188 du 29 sept. 2020, art. 1er*) Le taux horaire de l'allocation versée à l'employeur est égal pour chaque salarié placé dans le dispositif spécifique d'activité partielle à 60 % de la rémunération horaire brute telle que calculée à l'article R. 5122-12 du code du travail, limitée à 4,5 fois le taux horaire du salaire minimum interprofessionnel de croissance.

Ce taux horaire ne peut être inférieur à (*Décr. n° 2023-1305 du 27 déc. 2023, art. 2, en vigueur le 1er janv. 2024*) « 9,22 euros ». Ce minimum n'est pas applicable (*Décr. n° 2021-1918 du 30 déc. 2021, art. 3, en vigueur le 1er janv. 2022*) « lorsque leur rémunération est inférieure au salaire minimum interprofessionnel de croissance, aux salariés en contrat d'apprentissage ou de professionnalisation, aux journalistes pigistes en collaboration régulière entrant dans le champ d'application de l'article L. 7112-1 et aux salariés mentionnés au titre I du livre III de la septième partie du même code ».

(*Décr. n° 2020-1316 du 30 oct. 2020, art. 2, en vigueur le 1er janv. 2021*) « Par dérogation aux deux alinéas précédents, le taux horaire de l'allocation d'activité partielle spécifique est égal au taux horaire de l'allocation de l'activité partielle qui serait applicable à l'employeur lorsque ce taux est supérieur à celui fixé par le présent article. »

Le montant de 9,22 € issu du Décr. n° 2023-1305 du 27 déc. 2023 s'applique aux demandes d'indemnisation adressées à l'autorité administrative au titre des heures chômées par les salariés à compter du 1er janv. 2024 (Décr. préc., art. 3).

Art. 8 Le salarié placé en activité partielle spécifique reçoit une indemnité horaire, versée par son employeur, correspondant à 70 % de sa rémunération brute servant d'assiette de l'indemnité de congés payés telle que prévue au II de l'article L. 3141-24 du code du travail ramenée à un montant horaire sur la base de la durée légale du travail applicable dans l'entreprise ou, lorsqu'elle est inférieure, la durée collective du travail ou la durée stipulée au contrat de travail.

La rémunération maximale prise en compte pour le calcul de l'indemnité horaire est égale à 4,5 fois le taux horaire du salaire minimum interprofessionnel de croissance.

Art. 8 bis (*Décr. n° 2022-1665 du 27 déc. 2022, art. 2*) Sans préjudice des deux derniers alinéas de l'article 4, l'autorité administrative demande à l'employeur le remboursement à l'Agence de service et de paiement, dans un délai ne pouvant être inférieur à trente jours, des sommes versées au titre de l'allocation d'activité partielle de longue durée en cas de trop perçu, notamment lorsque les conditions mises à leur octroi n'ont pas été respectées.

Art. 9 I. — Le dispositif spécifique d'activité partielle institué par l'article 53 de la loi [n° 2020-734] du 17 juin 2020 ne peut être cumulé, sur une même période et pour un même salarié, avec le dispositif d'activité partielle prévu à l'article L. 5122-1 du code du travail.

Un employeur bénéficiant du dispositif spécifique d'activité partielle au titre d'une partie de ses salariés peut concomitamment bénéficier pour d'autres salariés du dispositif d'activité partielle prévu à l'article L. 5122-1 du code du travail, pour l'un des motifs prévus aux 2° à 5° de l'article R. 5122-1 du même code.

II. — Les dispositions du chapitre II du titre II du livre I de la cinquième partie de la partie réglementaire du code du travail sont applicables au dispositif spécifique d'activité partielle, à l'exception des articles R. 5122-1 à R. 5122-4, R. 5122-6, R. 5122-7, R. 5122-9, R. 5122-10, (*Décr. n° 2020-1316 du 30 oct. 2020, art. 2*) « D. 5122-13 et des premier, deuxième et quatrième alinéas de l'article R. 5122-18 ».

Pour l'application de l'article R. 5122-5 du code du travail au dispositif spécifique d'activité partielle, la référence à la décision d'autorisation expresse ou tacite prévue à l'article R. 5122-4 du même code s'entend comme la référence à l'autorisation d'activité partielle spécifique prévue à l'article 5 du présent décret.

III. — Les dispositions du décret [n° 2020-435] du 16 avril 2020 et de l'article 5 du décret [n° 2020-794] du 26 juin 2020 sont applicables, jusqu'au terme fixé pour leur application, au dispositif spécifique d'activité partielle.

(*Décr. n° 2020-1316 du 30 oct. 2020, art. 2*) « IV. — Les dispositions de l'article 7 peuvent être modifiées par décret. »

(*Décr. n° 2020-1579 du 14 déc. 2020, art. 1ᵉʳ*) « V. — Pour l'application des accords collectifs validés ou des documents unilatéraux homologués à compter de l'entrée en vigueur du décret n° 2020-1579 du 14 décembre 2020 modifiant le décret n° 2020-926 du 28 juillet 2020 relatif au dispositif spécifique d'activité partielle en cas de réduction d'activité durable, la période comprise entre le 1ᵉʳ novembre 2020 et une date fixée par arrêté du ministre chargé de l'emploi [*date fixée au 30 juin 2021 par Arr. du 9 avr. 2021, NOR : MTRD2111453A, JO 13 avr.*], (*Décr. n° 2021-361 du 31 mars 2021*) « et au plus tard à l'expiration du mois civil au cours duquel prend fin l'état d'urgence sanitaire déclaré par le décret n° 2020-1257 du 14 octobre 2020 déclarant l'état d'urgence sanitaire et prorogé en application des dispositions législatives relatives à l'état d'urgence sanitaire, » n'est pas prise en compte dans l'appréciation de la durée de bénéfice du dispositif définie à l'article 3 et de la réduction maximale de l'horaire de travail définie à l'article 4.

« Les accords collectifs et documents unilatéraux validés ou homologués avant l'entrée en vigueur du décret n° 2020-1579 du 14 décembre 2020 modifiant le décret n° 2020-926 du 28 juillet 2020 relatif au dispositif spécifique d'activité partielle en cas de réduction d'activité durable peuvent faire l'objet d'un avenant ou d'une modification, eux-mêmes soumis à validation et homologation, afin d'exclure la période mentionnée à l'alinéa précédent pour l'application des articles 3 et 4.

« Pour les employeurs dont l'activité principale implique l'accueil du public et est interrompue, partiellement ou totalement, du fait de la propagation de l'épidémie de covid-19, à l'exclusion des fermetures volontaires, cet avenant à l'accord ou cette modification du document unilatéral ne sont pas requis. »

TABLEAUX DE COMPARAISON

DEUXIÈME PARTIE, LIVRE TROISIÈME
LES INSTITUTIONS REPRÉSENTATIVES DU PERSONNEL
(avant et après Ord. n° 2017-1386 du 22 sept. 2017)

Avertissement : ces tableaux proposent des comparaisons entre les articles anciens du code du travail vers les articles nouveaux issus de l'ordonnance n° 2017-1386 du 22 septembre 2017 en ce qui concerne les institutions représentatives du personnel et ceux issus de la loi n° 2016-1088 du 8 août 2016 en ce qui concerne la durée du travail. Ils ne constituent pas pour autant une table de concordance tant les textes sont différents, soit par leur contenu, soit par leur place dans le plan.

Articles anciens	Articles nouveaux	Articles anciens	Articles nouveaux
L. 2311-1 (DP)		L. 2323-15 et L. 2323-17	
L. 2321-1 (CE)............	L. 2311-1 (CSE)	(CE)	L. 2312-26 (CSE)
L. 2312-2 et L. 2312-8 (DP)		L. 4612-16 et L. 4612-27	
L. 2322-2 et L. 2322-6		(CHSCT)	L. 2312-27 (CSE)
(CE)	L. 2311-2 (CSE)	L. 2323-20 (CE)	L. 2312-28 (CSE)
XXX		L. 2323-21 (CE)	L. 2312-29 (CSE)
	L. 2312-1 à	L. 2323-22 (CE)	L. 2312-30 (CSE)
	L. 2312-4 (CSE)	L. 2323-24 (CE)	L. 2312-31 (CSE)
L. 2313-1 (DP)		L. 2323-25 (CE)	L. 2312-32 (CSE)
L. 4612-1 et L. 4612-5		L. 2323-26 (CE)	L. 2312-33 (CSE)
(CHSCT)	L. 2312-5 (CSE)	L. 2323-26-1 (CE)........	L. 2312-34 (CSE)
XXX	L. 2312-6 (CSE)	L. 2323-27 (CE)	L. 2312-35 (CSE)
L. 2313-10 (DP)..........	L. 2312-7 (CSE)	L. 2323-8 et L. 2323-19	
L. 2323-1 (CE)............	L. 2312-8 (CSE)	(CE)	L. 2312-36 (CSE)
L. 4612-1, L. 4612-2 et		XXX	L. 2312-37 (CSE)
L. 4612-3 (CHSCT)	L. 2312-9 (CSE)	L. 2323-47 (CE)	L. 2312-38 (CSE)
L. 2313-11 (DP)		L. 2323-31 (CE)	L. 2312-39 (CSE)
L. 4612-7 (CHSCT)	L. 2312-10 (CSE)	XXX	L. 2312-40 (CSE)
L. 2323-1, dern. al. (CE).	L. 2312-11 (CSE)	L. 2323-34 (CE)	L. 2312-41 (CSE)
L. 2323-1, al. 3 (CE)	L. 2312-12 (CSE)	L. 2323-35 (CE)	L. 2312-42 (CSE)
L. 4612-5 et L. 4612-6		L. 2323-36 (CE)	L. 2312-43 (CSE)
(CHSCT)	L. 2312-13 (CSE)	L. 2323-37 (CE)	L. 2312-44 (CSE)
L. 2323-2 (CE)............	L. 2312-14, al. 1er	L. 2323-38 (CE)	L. 2312-45 (CSE)
	et 2 (CSE)	L. 2323-39 (CE)	L. 2312-46 (CSE)
L. 2323-3, L. 2323-4 et		L. 2323-40 (CE)	L. 2312-47 (CSE)
L. 2323-5 (CE)............	L. 2312-15 (CSE)	L. 2323-41 (CE)	L. 2312-48 (CSE)
L. 2323-3 (CE)............	L. 2312-16 (CSE)	L. 2323-42 (CE)	L. 2312-49 (CSE)
L. 2323-6 (CE)............	L. 2312-17 (CSE)	L. 2323-43 (CE)	L. 2312-50 (CSE)
L. 2323-8 et L. 2323-9		L. 2323-44 (CE)	L. 2312-51 (CSE)
(CE)	L. 2312-18 (CSE)	L. 2323-45 (CE)	L. 2312-52 (CSE)
L. 2323-7 (CE)............	L. 2312-19 (CSE)	L. 2323-48 (CE)	L. 2312-53 (CSE)
L. 2323-11 (CE)	L. 2312-20 (CSE)	L. 2323-49 (CE)	L. 2312-54 (CSE)
XXX	L. 2312-21 (CSE)	XXX	L. 2312-55 (CSE)
L. 2323-6.................	L. 2312-22 (CSE)	XXX	L. 2312-56 (CSE)
XXX	L. 2312-23 (CSE)	L. 2323-28 (CE)	L. 2312-57 (CSE)
L. 2323-10, al. 1er et 2		L. 2323-32 (CE)	L. 2312-58 (CSE)
(CE)	L. 2312-24 (CSE)	L. 2313-2 (DP)	L. 2312-59 (CSE)
L. 2323-12 et L. 2323-13		XXX	L. 2312-60 (CSE)
(CE)	L. 2312-25 (CSE)	L. 2323-50 (CE)	L. 2312-63 (CSE)

Articles anciens	Articles nouveaux	Articles anciens	Articles nouveaux
L. 2323-51 (CE)	L. 2312-64 (CSE)	L. 2314-12 (DP)	L. 2314-15 (CSE)
L. 2323-52 (CE)	L. 2312-65 (CSE)	L. 2314-13 (DP)	L. 2314-16 (CSE)
L. 2323-53 (CE)	L. 2312-66 (CSE)	L. 2314-14 (DP)	L. 2314-17 (CSE)
L. 2323-54 (CE)	L. 2312-67 (CSE)	L. 2314-15 (DP)	
L. 2323-55 (CE)	L. 2312-68 (CSE)	L. 2324-14 (CE)	L. 2314-18 (CSE)
L. 2323-60 (CE)	L. 2312-69 (CSE)	L. 2314-16 (DP)	
L. 2323-58 (CE)	L. 2312-70 (CSE)	L. 2324-15 (CE)	L. 2314-19 (CSE)
L. 2323-59 (CE)	L. 2312-71 (CSE)	L. 2314-17 (DP)	
L. 2323-62 (CE)	L. 2312-72 (CSE)	L. 2324-16 (CE)	L. 2314-20 (CSE)
L. 2323-63 (CE)	L. 2312-73 (CSE)	L. 2314-17-1 (DP)	
L. 2323-64 (CE)	L. 2312-74 (CSE)	L. 2324-16-1 (CE)	L. 2314-21 (CSE)
L. 2323-65 (CE)	L. 2312-75 (CSE)	L. 2314-18 (DP)	
L. 2323-66 (CE)	L. 2312-76 (CSE)	L. 2324-17 (CE)	L. 2314-22 (CSE)
L. 2323-67 (CE)	L. 2312-77 (CSE)	L. 2314-18-1 (DP)	
L. 2323-83 (CE)	L. 2312-78 (CSE)	L. 2324-17-1 (CE)	L. 2314-23 (CSE)
L. 2323-84 (CE)	L. 2312-79 (CSE)	L. 2314-18-2 (DP)	
L. 2323-85 (CE)	L. 2312-80 (CSE)	L. 2324-17-2 (CE)	L. 2314-24 (CSE)
L. 2323-86 (CE)	L. 2312-81 (CSE)	L. 2314-20 (DP)	
L. 2323-86-1 (CE)	L. 2312-82 (CSE)	L. 2324-18 (CE)	L. 2314-25 (CSE)
XXX	L. 2312-83 (CSE)	L. 2314-21 (DP)	
L. 2323-87 (CE)	L. 2312-84 (CSE)	L. 2324-19 (CE)	L. 2314-26 (CSE)
L. 2322-1 et L. 2327-1 (CE)	L. 2313-1 (CSE)	L. 2314-22 (DP)	
	L. 2313-2 (CSE)	L. 2324-20 (CE)	L. 2314-27 (CSE)
XXX	L. 2313-3 (CSE)	L. 2314-23 (DP)	
XXX	L. 2313-4 (CSE)	L. 2324-21 (CE)	L. 2314-28 (CSE)
XXX	L. 2313-5 (CSE)	L. 2314-24 (DP)	
XXX	L. 2313-6 (CSE)	L. 2324-22 (CE)	L. 2314-29 (CSE)
XXX	L. 2313-7 (CSE)	L. 2314-24-1 (DP)	
L. 2322-4 (CE)	L. 2313-8 (CSE)	L. 2324-22-1 (CE)	L. 2314-30 (CSE)
L. 2312-5 (DP)	L. 2313-9 (CSE)	L. 2314-24-2 (DP)	
L. 2312-3 (DP)	L. 2313-10 (CSE)	L. 2324-22-2 (CE)	L. 2314-31 (CSE)
L. 2324-1 (CE)		L. 2314-25 (DP)	
L. 2314-1 (DP)		L. 2324-23 (CE)	L. 2314-32 (CSE)
L. 2324-2 (CE)	L. 2314-1 (CSE)	L. 2314-26 (DP)	
L. 4613-1 et L. 4613-2 (CHSCT)	L. 2314-2 (CSE)	L. 2324-24 (CE)	L. 2314-33, al. 1er et 6 (CSE)
	L. 2314-3 (CSE)	L. 2314-27 (DP)	
L. 2324-3 (CE)		L. 2324-25 (CE)	L. 2314-34 (CSE)
L. 2314-2 (DP)	L. 2314-4 (CSE)	L. 2314-28 (DP)	
L. 2324-4 (CE)		L. 2324-26 (CE)	L. 2314-35 (CSE)
L. 2314-3 (DP)	L. 2314-5 (CSE)	L. 2314-29 (DP)	
L. 2324-4-1 (CE)		L. 2324-27 (CE)	L. 2314-36 (CSE)
L. 2314-3-1 (DP)	L. 2314-6 (CSE)	L. 2324-28 (CE)	L. 2314-37 (CSE)
L. 2324-1 (CE)		L. 2325-3 (CE)	L. 2315-1 (CSE)
L. 2314-1 (DP)	L. 2314-7 (CSE)	L. 2325-4 (CE)	L. 2315-2 (CSE)
L. 2324-5 (CE)		L. 2325-5 (CE)	L. 2315-3 (CSE)
L. 2314-4 (DP)	L. 2314-8 (CSE)	L. 2325-5-1 (CE)	L. 2315-4 (CSE)
L. 2324-8 (CE)		L. 2313-6 (DP)	
L. 2314-5 (DP)	L. 2314-9 (CSE)	L. 4612-14 (CHSCT)	L. 2315-5 (CSE)
L. 2324-10 (CE)		L. 4612-15 (CHSCT)	L. 2315-6 (CSE)
L. 2314-7 (DP)	L. 2314-10 (CSE)	L. 2315-1 (DP)	
L. 2324-11 (CE)		L. 2325-6 (CE)	
L. 2314-8 (DP)	L. 2314-11 (CSE)	L. 4614-3 (CHSCT)	L. 2315-7 (CSE)
L. 2324-12 (CE)		XXX	L. 2315-8 (CSE)
L. 2314-10 (DP)	L. 2314-12 (CSE)	L. 4614-5 (CHSCT)	L. 2315-9 (CSE)
L. 2324-13 (CE)		L. 2315-3 (DP)	
L. 2314-11 (DP)	L. 2314-13 (CSE)	L. 2325-7 (CE)	
XXX	L. 2314-14 (CSE)		

TABLEAUX DE COMPARAISON

Articles anciens	Articles nouveaux	Articles anciens	Articles nouveaux
L. 4614-6, al. 1er (CHSCT)	L. 2315-10 (CSE)	L. 2325-44 (CE)	L. 2315-63 (CSE)
L. 4614-6, al. 2 à 5 (CHSCT)	L. 2315-11 (CSE)	L. 2325-45 (CE)	L. 2315-64 (CSE)
L. 2325-9 (CE)	L. 2315-12 (CSE)	L. 2325-46 (CE)	L. 2315-65 (CSE)
L. 2315-4 (DP)		L. 2325-47 (CE)	L. 2315-66 (CSE)
L. 2325-10 (CE)	L. 2315-13 (CSE)	L. 2325-48 (CE)	L. 2315-67 (CSE)
L. 2315-5 (DP)		L. 2325-49 (CE)	L. 2315-68 (CSE)
L. 2325-11 (CE)	L. 2315-14 (CSE)	L. 2325-50 (CE)	L. 2315-69 (CSE)
L. 2315-7 (DP)	L. 2315-15 (CSE)	L. 2325-51 (CE)	L. 2315-70 (CSE)
L. 2325-44, al. 2 (CE)	L. 2315-16 (CSE)	L. 2325-52 (CE)	L. 2315-71 (CSE)
L. 2325-44, al. 1er, *in fine* (CE)	L. 2315-17 (CSE)	L. 2325-53 (CE)	L. 2315-72 (CSE)
		L. 2325-54 (CE)	L. 2315-73 (CSE)
L. 4614-14 et L. 4614-16 (CHSCT)	L. 2315-18 (CSE)	L. 2325-55 (CE)	L. 2315-74 (CSE)
		L. 2325-56 (CE)	L. 2315-75 (CSE)
XXX	L. 2315-19 (CSE)	L. 2325-57 (CE)	L. 2315-76 (CSE)
L. 2315-6 (DP)	L. 2315-20 (CSE)	L. 2325-58 (CE)	L. 2315-77 (CSE)
L. 2315-8 (DP)	L. 2315-21 (CSE)	XXX	L. 2315-78 (CSE)
L. 2315-12 (DP)	L. 2315-22 (CSE)	XXX	L. 2315-79 (CSE)
L. 2325-1 (CE)	L. 2315-23 (CSE)	XXX	L. 2315-80 (CSE)
L. 2325-2 (CE)	L. 2315-24 (CSE)	L. 2325-41, al. 1er (CE)	L. 2315-81 (CSE)
L. 2325-12 (CE)	L. 2315-25 (CSE)	XXX	L. 2315-81-1 (CSE)
L. 2325-13 (CE)	L. 2315-26 (CSE)	L. 2325-39 (CE)	L. 2315-82 (CSE)
XXX	L. 2315-27 (CSE)	XXX	L. 2315-83 (CSE)
L. 2325-14 (CE)	L. 2315-28 (CSE)	L. 2325-42 (CE)	L. 2315-84 (CSE)
L. 2325-15 (CE)	L. 2315-29 (CSE)	L. 2325-42-1 (CE)	L. 2315-85 (CSE)
L. 2325-16 (CE)	L. 2315-30 (CSE)	XXX	L. 2315-86 (CSE)
L. 2325-17 (CE)	L. 2315-31 (CSE)	L. 2325-35, I, 1° *bis* (CE)	L. 2315-87 (CSE)
L. 2325-18 (CE)	L. 2315-32 (CSE)	L. 2325-35, I, 1° (CE)	L. 2315-88 (CSE)
L. 2325-19 (CE)	L. 2315-33 (CSE)	L. 2325-36 (CE)	L. 2315-89 (CSE)
L. 2325-20 (CE)	L. 2315-34 (CSE)	L. 2325-35, al. 1er (CE)	L. 2315-90 (CSE)
L. 2325-21 (CE)	L. 2315-35 (CSE)	L. 2325-35, I, 2° (CE)	L. 2315-91 (CSE)
XXX	L. 2315-36 (CSE)	L. 2325-35, I, 3° à 6°, II (CE)	L. 2315-92 (CSE)
L. 4611-4 (CHSCT)	L. 2315-37 (CSE)	L. 2325-37 (CE)	L. 2315-93 (CSE)
XXX	L. 2315-38 à L. 2315-44 (CSE)	L. 4614-12, 1° et 2° (CHSCT)	L. 2315-94 (CSE)
		L. 2325-38 (CE)	L. 2315-95 (CSE)
L. 2325-34-1 (CE)	L. 2315-44-1 (CSE)	L. 2327-2, al. 1er et 3 (CCE)	L. 2316-1 (CSE)
L. 2325-34-2 (CE)	L. 2315-44-2 (CSE)	L. 2327-2, al. 2 (CCE)	L. 2316-2 (CSE)
L. 2325-34-3 (CE)	L. 2315-44-3 (CSE)	L. 2327-3 (CCE)	L. 2316-4, 2° (CSE)
L. 2325-34-4 (CE)	L. 2315-44-4 (CSE)	L. 2327-4 (CCE)	L. 2316-5 (CSE)
		L. 2327-5 (CCE)	L. 2316-6 (CSE)
XXX	L. 2315-45 (CSE)	L. 2327-6 (CCE)	L. 2316-7 (CSE)
L. 2325-23 (CE)	L. 2315-46 (CSE)	L. 2327-7 (CCE)	L. 2316-8 (CSE)
L. 2325-24 (CE)	L. 2315-47 (CSE)	L. 2327-8 (CCE)	L. 2316-9 (CSE)
L. 2325-25 (CE)	L. 2315-48 (CSE)	L. 2327-9 (CCE)	L. 2316-10 (CSE)
L. 2325-26 (CE)	L. 2315-49 (CSE)	L. 2327-10 (CCE)	L. 2316-11 (CSE)
L. 2325-27 (CE)	L. 2315-50 (CSE)	L. 2327-11 (CCE)	L. 2316-12 (CSE)
L. 2325-28 (CE)	L. 2315-51 (CSE)	L. 2327-12 (CCE)	L. 2316-13 (CSE)
L. 2325-27 (CE)	L. 2315-52 (CSE)	L. 2327-12-1, al. 1er (CCE)	L. 2316-14 (CSE)
L. 2325-31 (CE)	L. 2315-53 (CSE)	L. 2327-13 (CCE)	L. 2316-15 (CSE)
L. 2325-32 (CE)	L. 2315-54 (CSE)	L. 2327-13-1 (CCE)	L. 2316-16 (CSE)
L. 2325-33 (CE)	L. 2315-55 (CSE)	L. 2327-14 (CCE)	L. 2316-17 (CSE)
L. 2325-34 (CE)	L. 2315-56 (CSE)	XXX	L. 2316-18 (CSE)
L. 2325-43 (CE)	L. 2315-61 (CSE)	L. 2327-14-1 (CCE)	L. 2316-19 (CSE)
XXX	L. 2315-62 (CSE)		

Articles anciens	Articles nouveaux	Articles anciens	Articles nouveaux
L. 2327-15, al. 1er et 2 (CCE)	L. 2316-20 (CSE)	L. 2327-17 (CCE)	L. 2316-24 (CSE)
XXX	L. 2316-21 (CSE)	XXX	L. 2316-25 (CSE)
L. 2327-15, al. 3 et 4 (CCE)	L. 2316-22 (CSE)	XXX	L. 2316-26 (CSE)
L. 2327-16 (CCE)	L. 2316-23 (CSE)	L. 2328-1 (CCE)..........	L. 2317-1 (CSE)
		L. 2328-2 (CCE)..........	L. 2317-2 (CSE)

LIVRE TROISIÈME, TITRE II
DURÉE DU TRAVAIL
(avant et après L. n° 2016-1088 du 8 août 2016)

Articles anciens	Articles nouveaux	Articles anciens	Articles nouveaux
L. 3121-1................	L. 3121-1	L. 3122-26	L. 3121-49
L. 3121-2, al. 1er	L. 3121-2	L. 3122-27	L. 3121-50
L. 3121-3, al. 1er	L. 3121-3	XXX	L. 3121-51
L. 3124-4	L. 3121-4	XXX	L. 3121-52
XXX	L. 3121-5	XXX	L. 3121-53
L. 3123-2, al. 2	L. 3121-6	L. 3122-38	L. 3121-54
L. 3121-33, al. 2	L. 3121-7	L. 3122-38	L. 3121-55
L. 3121-2, al. 2	L. 3121-8	L. 3122-42	L. 3121-56
L. 3121-5	L. 3121-9	L. 3122-41	L. 3121-57
L. 3121-6	L. 3121-10	L. 3121-43	L. 3121-58
L. 3121-7	L. 3121-11	L. 3122-45	L. 3121-59
L. 3121-7 et L. 3121-8 ...	L. 3121-12	L. 3122-46	L. 3121-60
L. 3121-9	L. 3121-13	L. 3122-47	L. 3121-61
L. 3121-9	L. 3121-14	L. 3122-48	L. 3121-62
L. 3121-9	L. 3121-15	L. 3121-39	L. 3121-63
L. 3121-33	L. 3121-16	XXX	L. 3121-64 à
L. 3121-7	L. 3121-17		L. 3121-69
L. 3121-7	L. 3121-18	L. 3122-32	L. 3122-1
L. 3121-34	L. 3121-19	L. 3122-29	L. 3122-2
L. 3121-35, al. 1er	L. 3121-20	L. 3122-30	L. 3122-3
L. 3121-35, al. 2	L. 3121-21	L. 3122-29-1	L. 3122-4
L. 3121-36, al. 1er	L. 3121-22	L. 3122-31	L. 3122-5
XXX	L. 3121-23	L. 3122-34, al. 1er et 3....	L. 3122-6
L. 3121-36, al. 2	L. 3121-24	L. 3122-35, al. 1er	L. 3122-7
L. 3121-36, al. 3	L. 3121-25	L. 3122-39	L. 3122-8
L. 3121-37	L. 3121-26	L. 3122-41	L. 3122-9
L. 3121-10, al. 1er	L. 3121-27	L. 3122-38	L. 3122-10
L. 3121-22	L. 3121-28	L. 3122-42	L. 3122-11
L. 3121-20	L. 3121-29	L. 3122-44	L. 3122-12
L. 3121-15 et		L. 3122-43	L. 3122-13
L. 3121-16	L. 3121-30	L. 3122-45	L. 3122-14
XXX ,,,,,,,,,,,,,,,,,,,,,,	L. 3121-31	L. 3122-29, al. 2,	
L. 3121-21	L. 3121-32	L. 3122-33, L. 3122-34,	
L. 3121-11, al. 2,		al. 2	L. 3122-15
L. 3121-22 et		L. 3122-31, al. 4	L. 3122-16
L. 3121-24	L. 3121-33	L. 3122-34, al. 2	L. 3122-17
L. 3121-21	L. 3121-34	L. 3122-35, al. 2	L. 3122-18
L. 3121-10, al. 2	L. 3121-35	L. 3122-29-1, II...........	L. 3122-19
L. 3121-22, al. 1er	L. 3121-36	XXX	L. 3122-20
L. 3121-24, al. 2, 3	L. 3121-37	L. 3122-36	L. 3122-21
XXX	L. 3121-38	XXX	L. 3122-22 à 23
L. 3121-11, al. 3	L. 3121-39	L. 3122-35, al. 3	L. 3122-24
L. 3121-11, al. 4	L. 3121-40	L. 3123-1	L. 3123-1
L. 3122-4	L. 3121-41	L. 3123-7	L. 3123-2
L. 3122-2, al. 6	L. 3121-42	L. 3123-8	L. 3123-3
L. 3122-6	L. 3121-43	L. 3123-4	L. 3123-4
L. 3122-2	L. 3121-44	L. 3123-9 à L. 3123-13...	L. 3123-5
L. 3122-2, dern. al.	L. 3121-45	L. 3123-14	L. 3123-6
L. 3122-3	L. 3121-46	L. 3123-14-1 à	
L. 3122-2, al. 6	L. 3121-47	L. 3123-14-6	L. 3123-7
L. 3122-23 et		L. 3123-17, al. 3	L. 3123-8
L. 3122-24	L. 3121-48	XXX	L. 3123-9

Articles anciens	Articles nouveaux	Articles anciens	Articles nouveaux
L. 3123-17, al. 2	L. 3123-10	L. 3141-13, L. 3141-14 et L. 3141-16	L. 3141-16
L. 3123-21	L. 3123-11	L. 3141-17	L. 3141-17
L. 3123-24	L. 3123-12	L. 3141-18, al. 1er	L. 3141-18
L. 3123-15	L. 3123-13	L. 3141-18, al. 2 et 3	L. 3141-19
L. 3123-29	L. 3123-14	XXX	L. 3141-20
L. 3123-3	L. 3123-15	XXX	L. 3141-21
L. 3123-14-2	L. 3123-16	L. 3141-21	L. 3141-22
L. 3123-11, *in fine*	L. 3123-17	XXX	L. 3141-23
L. 3123-5	L. 3123-18	L. 3141-22	L. 3141-24
L. 3123-14-3 et L. 3123-14-4	L. 3123-19	L. 3141-23	L. 3141-25
L. 3123-18	L. 3123-20	L. 3141-24	L. 3141-26
L. 3123-19, al. 2	L. 3123-21	L. 3141-25	L. 3141-27
L. 3123-25	L. 3123-22	L. 3141-26	L. 3141-28
L. 3123-25	L. 3123-23	L. 3141-27	L. 3141-29
L. 3123-22	L. 3123-24	L. 3141-28	L. 3141-30
L. 3123-23	L. 3123-25	L. 3141-29	L. 3141-31
L. 3123-2, al. 2 et 3	L. 3123-26	L. 3141-30	L. 3141-32
XXX	L. 3123-27 à L. 3123-32	L. 3141-30	L. 3141-33
L. 3123-31	L. 3123-33	L. 3142-1	L. 3142-1
L. 3123-33	L. 3123-34	L. 3142-2	L. 3142-2
L. 3123-35	L. 3123-35	XXX	L. 3142-3
L. 3123-36	L. 3123-36	L. 3142-1	L. 3142-4
L. 3123-32	L. 3123-37	L. 3142-1	L. 3142-5
L. 3123-35	L. 3123-38	L. 3142-16, al. 1er et 3	L. 3142-6
L. 3131-1 et L. 3131-2, dern. al.	L. 3131-1	L. 3142-17, al. 2	L. 3142-7
L. 3131-2, al. 1er	L. 3131-2	L. 3142-16, al. 2	L. 3142-8
L. 3131-2, al. 2	L. 3131-2	L. 3142-18	L. 3142-9
L. 3133-1	L. 3133-1	L. 3142-19	L. 3142-10
L. 3133-2	L. 3133-2	XXX	L. 3142-11
L. 3133-3	L. 3133-3	L. 3142-20	L. 3142-12
L. 3133-4	L. 3133-4	XXX	L. 3142-13 et L. 3142-14
L. 3133-5	L. 3133-5		
L. 3133-6	L. 3133-6	L. 3142-17, al. 1er	L. 3142-15
L. 3133-7	L. 3133-7	L. 3142-22	L. 3142-16
L. 3133-10	L. 3133-8	L. 3142-22	L. 3142-17
L. 3133-11	L. 3133-9	L. 3142-26	L. 3142-18
L. 3133-12	L. 3133-10	L. 3142-24, al. 4, *in fine* et L. 3142-25	L. 3142-19
L. 3133-8, al. 1er à 5	L. 3133-11	L. 3142-24, al. 3 et 4	L. 3142-20
L. 3133-8, al. 6	L. 3133-12	L. 3142-24, al. 1er et al. 4, *in fine* et L. 3142-28	L. 3142-21
L. 3141-1	L. 3141-1	L. 3142-27	L. 3142-22
L. 3141-2	L. 3141-2	L. 3142-29	L. 3142-23
L. 3141-3	L. 3141-3	L. 3142-31	L. 3142-24
L. 3141-4	L. 3141-4	XXX	L. 3142-25 à 27
L. 3141-5	L. 3141-5	L. 3142-91 et L. 3142-92	L. 3142-28
L. 3141-6	L. 3141-6		
L. 3141-7	L. 3141-7	L. 3142-91, L. 3142-94, L. 3142-96 et L. 3142-97	L. 3142-29
L. 3141-9	L. 3141-8		
L. 3141-10	L. 3141-9	L. 3142-98	L. 3142-30
L. 3141-8	L. 3141-10	L. 3142-95	L. 3142-31
L. 3141-11	L. 3141-11	XXX	L. 3142-32 à L. 3142-34
L. 3141-12	L. 3141-12		
L. 3141-13	L. 3141-13	L. 3142-100	L. 3142-35
L. 3141-15	L. 3141-14		
L. 3141-13 et L. 3141-14	L. 3141-15		

Articles anciens	Articles nouveaux	Articles anciens	Articles nouveaux
L. 3152-1....................	L. 3151-1	XXX	L. 3152-1 à L. 3152-4
L. 3151-1 et L. 3252-2, *in fine*........................	L. 3151-2		
L. 3153-1....................	L. 3151-3	XXX	L. 3153-1 et L. 3153-2
L. 3154-1....................	L. 3151-4		

TABLE CHRONOLOGIQUE

NOTA. Avant la table chronologique proprement dite, on trouvera ci-dessous une liste, classée par ordre alphabétique, des différents codes reproduits en extraits dans le code du travail.

Code de l'action sociale et des familles
— Art. L. 243-4, App. I. B, v° *Contrat de travail*, **p. 3188.**
— Art. L. 423-1 à L. 423-28 🔒, App. VII. H, v° *Assistant maternel*.

Code civil
— Art. 1384, 2007, App. I. B, v° *Contrat de travail*, **p. 3188.**

Code de commerce
— Art. L. 620-1, L. 621-4, L. 622-10, L. 622-17, L. 623-3, L. 624-1, L. 625-1 à L. 625-9, L. 626-1, L. 626-2, L. 626-5, L. 626-6, L. 626-8, L. 631-17, L. 631-19-1, L. 640-6, L. 641-13, L. 661-1, L. 661-10, L. 662-4, App. I. B, v° *Contrat de travail*, **p. 3197.**

Code de l'éducation
— Art. L. 124-1 à L. 124-20, L. 214-12, L. 214-13, L. 214-13-1, App. VIII, v° *Formation professionnelle*, **p. 3530.**

Code de l'entrée et du séjour des étrangers et du droit d'asile
— Art. L. 410-1, L. 421-1 à L. 421-35, App. III. B, v° *Étrangers*, **p. 3428.**

Code général des collectivités territoriales
— Art. L. 2123-1 à L. 2123-5, L. 2123-7, L. 2123-8, L. 2123-9, L. 2123-13, App. I. B, v° *Contrat de travail*, **p. 3245.**

Code général des impôts
— Art. 44 duodecies, 1383 H, App. III. A, v° *Embauche et emploi*, **p. 3372.**
— Art. 81 bis, App. I. D, v° *Salaires*, **p. 3282.**

Code pénal
— Art. 131-6, 131-27, 131-39, App. IV. A, v° *Syndicats professionnels*, **p. 3488.**
— Art. 222-33-2, 225-1 à 225-4-1, 225-13 à 225-16, App. I. B, v° *Contrat de travail*, **p. 3215.**
— Art. 431-1, App. V, v° *Conflits de travail*, **p. 3493.**

Code de procédure civile
— Art. 54 à 58, 446-2, App. V, v° *Conflits du travail*, **p. 3494.**
— Art. 1263-1, App. I. B, v° *Contrat de travail*, **p. 3219.**

Code de la propriété intellectuelle
— Art. L. 113-9, L. 212-4 à L. 212-7, L. 335-5, L. 521-4, L. 521-4-1, L. 611-7, L. 615-17, L. 615-21, L. 716-11-1, R. 611-1 à R. 611-10, App. I. B, v° *Contrat de travail*, **p. 3220.**

Code rural et de la pêche maritime
— Art. L. 711-1, L. 713-1 à L. 713-5, L. 713-13, L. 713-19 à L. 713-22, L. 714-1 à L. 714-7, L. 722-1 à L. 722-3, L. 722-20, R. 713-1 à R. 713-50, R. 714-1 à R. 714-21, D. 719-1, R. 719-1-1, R. 719-2 à R. 719-10, App. II. B, v° *Durée du travail*, **p. 3306.**
— Art. L. 712-1, L. 712-2 à L. 712-8, L. 718-4 à L. 718-6, R. 712-1 à R. 712-13, App. I. B, v° *Contrat de travail*, **p. 3241.**

Code de la santé publique

— Art. L. 1244-5, App. II. C, v° *Congés*, **p. 3331.**

— Art. R. 3512-2 à R. 3512-9, App. II. D, v° *Santé, hygiène et sécurité des travailleurs*, **p. 3335.**

Code de la sécurité sociale

— Art. L. 422-1, R. 471-1, R. 471-2, App. II. D, v° *Santé, hygiène et sécurité des travailleurs*, **p. 3336.**

— Art. L. 161-17-2 à L. 161-17-4, L. 241-13, D. 241-7 à D. 241-11, App. III. A, v° *Embauche et emploi*, **p. 3364.**

— Art. L. 241-18, L. 351-8, App. I. D, v° *Salaires*, **p. 3294.**

— Art. L. 911-1 à L. 911-5, L. 912-1, App. I. C, v° *Conventions et accords collectifs*, **p. 3274.**

Code du sport

— Art. L. 211-5, L. 211-6, L. 222-1 à L. 222-6 🔒, App. VII. F, v° *Sportif professionnel*.

Code du tourisme

— Art. L. 411-1 à L. 411-17, App. II. C, v° *Congés*, **p. 3332.**

Code des transports

— Art. L. 1311-1 à L. 1311-4, L. 1321-1 à L. 1321-10, L. 1322-1, L. 1323-1 à L. 1323-3, L. 1324-1, L. 1324-2 à L. 1324-11, L. 1331-1, L. 3311-1, L. 3312-1 à L. 3312-3, L. 3313-1, L. 3313-2, L. 3314-1 à L. 3314-3, L. 3315-1 à L. 3315-6, App. VII. J, v° *Transports*, **p. 3516.**

— Art. L. 5541-1 à L. 5541-2, L. 5542-1 à L. 5542-50, L. 5543-1 à L. 5543-5, L. 5544-1 à L. 5544-25, L. 5561-1, L. 5561-2, L. 5562-1 à L. 5562-3, L. 5563-1, L. 5563-2, L. 5564-1, L. 5565-1, L. 5565-2, L. 5566-1, L. 5566-2 🔒, App. VII. E, v° *Gens de mer*.

Code du travail (ancien)

— Art. L. 143-11-4, L. 143-11-6, L. 143-11-7, L. 143-11-9, L. 148-2, L. 148-3, L. 154-3, L. 323-2, L. 323-21, L. 323-34, L. 351-6, L. 351-8, L. 351-12, L. 351-13, L. 471-1 à L. 471-3, L. 800-4, L. 800-5, L. 812-1, L. 970-1 à L. 970-6, L. 981-4, R. 221-23 à R. 221-26, R. 233-89-1, R. 233-89-1-1, R. 742-7 à R. 742-8-13, R. 742-9 à R. 742-21, R. 742-39, R. 743-2 à R. 743-12, D. 141-7, D. 212-17, D. 743-1 à D. 743-8, D. 744-1 à D. 744-3, D. 981-4, App. I. B, v° *Contrat de travail*, **p. 3228.**

1946	22 juin	Décret n° 46-1541. Statut du personnel des industries électriques et gazières. – V. App. VII. A, **p. 3499**.
1946	27 oct.	Constitution de la République française, préambule, al. 7 (*grève*). – V. App. V, **p. 3493**.
1947	23 juill.	Arrêté. Douches pour travaux insalubres ou salissants. – V. App. II. D, **p. 3337**.
1951	4 mai	Décret n° 51-508. Règlement général sur l'exploitation des mines de combustibles minéraux solides. – V. App. VII. B, **p. 3500**.
1957	25 mars	Traité de Rome instituant la Communauté européenne : – Art. 45 à 48. – V. App. III. B, **p. 3436**. – Art. 145 à 150. – V. App. III. A, **p. 3362**.
1959	27 janv.	Décret n° 59-285. Règlement général sur l'exploitation de certaines mines. – V. App. VII. B, **p. 3500**.
1967	27 sept.	Ordonnance n° 67-830. Conventions collectives, travail des jeunes et titres-restaurant. – Art. 19, 19-1. – V. App. II. E, **p. 3356**.
1969	10 févr.	Accord national interprofessionnel sur la sécurité de l'emploi. – V. App. III. A, **p. 3374**.
1973	27 juin	Loi n° 73-548. Hébergement collectif. – V. App. II. D, **p. 3339**.
1975	3 janv.	Loi n° 75-3. Pensions ou allocations. – Art. 7 (*formation professionnelle des veuves et des femmes seules*). – V. App. VIII, **p. 3538**.
1980	19 juin	Convention de Rome. Loi applicable aux obligations contractuelles. – Art. 6. – V. App. I. B, **p. 3247**.
1987	26 nov.	Décret n° 87-948. Entreprises publiques et sociétés nationales soumises aux dispositions concernant la participation. – V. App. IV. D, **p. 3491**.
1995	3 mars	Décret n° 95-240. Emploi de la langue française. – Art. 3, 4. – V. App. I. B, **p. 3249**.
1996	21 févr.	Loi n° 96-126. Fonds paritaire d'intervention en faveur de l'emploi. – V. App. III. A, **p. 3382**.
1996	16 déc.	Directive 96/71/CE. Détachement des travailleurs effectué dans le cadre d'une prestation de services. – V. App. I. E, v° *Détachement*, **p. 3298**.
1998	29 juill.	Loi n° 98-657. Lutte contre les exclusions. – Art. 4 (*mesures d'insertion par la formation professionnelle en faveur des chômeurs*). – V. App. VIII, **p. 3538**.
2000	22 déc.	Règlement (CE) du Conseil n° 44/2001. – Art. 5, 18 à 20. – V. App. I. B, **p. 3250**.
2003	18 févr.	Arrêté. Cotisation due par les entreprises visées aux articles L. 731-9 et R. 731-19. – V. App. VII. D, **p. 3512**.
2003	8 juill.	Arrêté. Protection des travailleurs susceptibles d'être exposés à une atmosphère explosive. – V. App. II. D, **p. 3341**.

2003	20 août	Décret n° 2003-770. Statut particulier du corps de l'inspection du travail. — V. App. VI, **p. 3496**.
2004	3 févr.	Loi n° 2004-105. Création de l'Agence nationale pour la garantie des droits des mineurs et diverses dispositions relatives aux mines. — V. App. VII. B, **p. 3500**.
2005	23 févr.	Loi n° 2005-159. Contrat de volontariat de solidarité internationale. — V. App. I. B, **p. 3254**.
2005	7 avr.	Décret n° 2005-326. Création du Conseil d'orientation pour l'emploi. — V. App. III. A, **p. 3384**.
2005	12 mai	Décret n° 2005-455. Création d'un Office central de lutte contre le travail illégal. — V. App. III. A, **p. 3384**.
2006	30 déc.	Loi n° 2006-1770. Pour le développement de la participation et de l'actionnariat salarié et diverses dispositions d'ordre économique et social. — Art. 1er. — V. App. I. D, **p. 3295**.
2007	12 mars	Ordonnance n° 2007-329. Code du travail. — V. ss. C. trav., art. L. 8331-1.
2008	21 janv.	Loi n° 2008-67. Ratification de l'ordonnance n° 2007-329 du 12 mars 2007 relative au code du travail (partie législative). — V. ss. C. trav., art. L. 8331-1.
2008	24 janv.	Décret n° 2008-76. Application de l'article 1er de la loi n° 2007-1223 du 21 août 2007 en faveur du travail, de l'emploi et du pouvoir d'achat aux salariés relevant d'un régime spécial de sécurité sociale ou dont la durée du travail relève d'un régime particulier. — V. App. VII, **p. 3498**.
2008	30 janv.	Loi n° 2008-89. Mise en œuvre des dispositions communautaires concernant le statut de la société coopérative européenne et la protection des travailleurs salariés en cas d'insolvabilité de l'employeur. — V. C. trav., art. L. 2325-13, L. 2353-31, L. 2355-1, L. 2361-1 à L. 2365-1, L. 2411-12, L. 3253-18-1 à L. 3253-18-9.
2008	13 févr.	Loi n° 2008-126. Réforme de l'organisation du service public de l'emploi. — V. C. trav., art. L. 1246-1, L. 1251-46, L. 3253-14, L. 3253-18, L. 3253-18-5, L. 3253-21, L. 5112-1, L. 5112-2, L. 5132-8, L. 5132-9, L. 5141-1, L. 5221-8, L. 5311-1, L. 5311-2, L. 5311-5, L. 5311-6, L. 5312-1 à L. 5213-14, L. 5313-1, L. 5313-2, L. 5322-1, L. 5322-2, L. 5322-1, L. 5422-2, L. 5422-16, L. 5422-20, L. 5422-24, L. 5424-2, L. 5424-5, L. 5424-20, L. 5426-1, L. 5426-3, L. 5426-4, L. 5427-1 à L. 5427-5, L. 5427-7, L. 5427-9, L. 5427-10, L. 6341-1, L. 7122-27, L. 8271-4, L. 8272-1.
2008	27 févr.	Ordonnance n° 2008-205. Droit du travail applicable à Saint-Barthélemy et à Saint-Martin. — V. C. trav., art. L. 1134-2, L. 1225-46, L. 1511-1, L. 1521-1, L. 1521-4, L. 1522-1, L. 1531-1, L. 1531-3, L. 1532-1, L. 2261-22, L. 2621-1, L. 2622-1, L. 2622-2, L. 2623-1, L. 2631-1, L. 2632-2, L. 3324-1, L. 3421-1, L. 3423-1 à L. 3423-5, L. 3431-1, L. 4821-1, L. 5521-1, L. 5522-2, L. 5522-21, L. 5522-22, L. 5522-23, L. 5522-26, L. 5523-2, L. 5523-3, L. 5524-1, L. 5524-4, L. 5524-10, L. 6521-1, L. 6522-1, L. 6522-2, L. 6523-1 à L. 6523-3, L. 8321-1, L. 8323-1.

2008	7 mars	Décret n° 2008-243. Modifications de certaines dispositions réglementaires du code du travail. – V. C. trav., art. R.* 3231-1 s., R.* 3231-2, R.* 3231-4, R.* 3231-7, R.* 3231-17.
2008	7 mars	Décret n° 2008-244. Code du travail (partie réglementaire). – Art. 1ᵉʳ à 12. – V. ss. C. trav., art. R. 8323-1, **p. 3183.**
2008	16 avr.	Loi n° 2008-350. Extension du chèque associatif. – V. C. trav., art. L. 1272-1.
2008	16 avr.	Loi n° 2008-351. Journée de solidarité. – V. C. trav., art. L. 3133-7 anc. à L. 3133-9 anc.
2008	28 avr.	Décret n° 2008-413. Modification des dispositions du code de la sécurité sociale issues du décret n° 2008-244 du 7 mars 2008 relatif au code du travail. – V. C. trav., art. D. 1271-5.
2008	7 mai	Décret n° 2008-439. Implication des salariés dans la société coopérative européenne. – V. C. trav., art. R. 2362-5 à R. 2364-1.
2008	7 mai	Décret n° 2008-440. Implication des salariés dans la société coopérative européenne. – V. C. trav., art. D. 2361-1, D. 2362-1 à D. 2362-16, D. 2363-1 à D. 2363-2.
2008	19 mai	Décret n° 2008-467. CHSCT d'un établissement à risques technologiques ou comprenant une installation nucléaire. – V. C. trav., art. R. 4514-7-1, R. 4523-5 à R. 4523-17, R. 4612-5-1.
2008	27 mai	Loi n° 2008-496. Diverses dispositions d'adaptation au droit communautaire dans le domaine de la lutte contre les discriminations : – V. C. trav., art. L. 1132-1, L. 1133-1, L. 1133-2, L. 1134-1, L. 1142-2, L. 1142-6, L. 2141-1, L. 5213-6. – V. C. pén., art. 225-3, App. I. B, **p. 3217.** – Art. 1ᵉʳ à 5. – V. App. I. B, **p. 3255.**
2008	29 mai	Décret n° 2008-514. Modification du siège et du ressort des conseils de prud'hommes. – V. C. trav., art. R. 1423-2, R. 1423-4.
2008	13 juin	Décret n° 2008-558. Rémunération des organismes chargés de la formation des salariés membres des comités d'hygiène de sécurité et des conditions de travail. – V. C. trav., art. R. 4614-34.
2008	16 juin	Décret n° 2008-560. Indemnisation des conseillers prud'hommes. – V. C. trav., art. R. 1423-41, R. 1423-51, R. 1423-55 à R. 1423-72, R. 1454-28.
2008	17 juin	Loi n° 2008-561. Réforme de la prescription en matière civile. – V. C. trav., art. L. 1134-5, L. 3243-3, L. 3245-1.
2008	25 juin	Loi n° 2008-596. Modernisation du marché du travail. – V. C. trav., art. L. 1221-2, L. 1221-19 à L. 1221-26, L. 1226-1, L. 1226-4-1, L. 1231-1, L. 1232-1, L. 1233-2, L. 1233-3, L. 1234-9, L. 1234-20, L. 1237-11 à L. 1237-16, L. 2313-5, L. 2323-47 anc., L. 2323-51 anc., L. 5421-1, L. 5423-24, L. 8241-1.
2008	30 juin	Décret n° 2008-634. Autorisations de travail délivrées à des étrangers. – V. C. trav., art. R. 5221-1, R. 5221-2, R. 5221-6, R. 5221-16, R. 5221-20, R. 5221-21, R. 5221-25.

2008	3 juill.	Loi n° 2008-649. Diverses dispositions d'adaptation du droit des sociétés au droit communautaire. — V. C. trav., art. L. 2362-7, L. 2363-1, L. 2371-1 à L. 2371-5, L. 2372-1 à L. 2372-8, L. 2373-1 à L. 2373-8, L. 2374-1 à L. 2374-4, L. 2375-1, L. 2411-1, L. 2411-12, L. 2412-1, L. 2413-1, L. 2414-1, L. 2421-4, L. 2422-1.
2008	18 juill.	Décret n° 2008-715. Diverses mesures relatives à la modernisation du marché du travail. — V. C. trav., art. R. 1234-2, R. 1234-3, R. 1237-3, R. 1454-12, R. 1454-17.
2008	18 juill.	Décret n° 2008-716. Diverses mesures relatives à la modernisation du marché du travail. — V. C. trav., art. D. 1226-2, D. 1226-3, D. 2323-7.
2008	1er août	Loi n° 2008-758. Droits et devoirs du demandeur d'emploi. — V. C. trav., art. L. 5312-12-1, L. 5411-6, L. 5411-6-1 à L. 5411-6-3, L. 5411-8, L. 5412-1, L. 5412-2, L. 5421-3.
2008	4 août	Loi n° 2008-776. Modernisation de l'économie : — V. C. trav., art. L. 3332-17, L. 3332-17-1, L. 3334-13, L. 5112-1-1, L. 7321-2, L. 8221-6-1, L. 8224-3. — V. C. pén., art. 131-6, App. IV. A, *Syndicats professionnels*, **p. 3488.**
2008	20 août	Loi n° 2008-789. Rénovation de la démocratie sociale et réforme du temps de travail. — V. C. trav., art. L. 1111-2, L. 1142-5, L. 2121-1, L. 2122-1 à L. 2122-12, L. 2135-1 à L. 2135-8, L. 2142-1 à L. 2142-1-4, L. 2142-8, L. 2143-4 à L. 2143-6, L. 2143-11, L. 2143-23, L. 2231-1, L. 2232-2, L. 2232-2-1, L. 2232-6, L. 2232-7, L. 2232-13, L. 2232-14, L. 2232-34, L. 2242-9-1 anc., L. 2242-20, L. 2261-10, L. 2261-14-1, L. 2312-5, L. 2314-3, L. 2314-3-1, L. 2314-8, L. 2314-11, L. 2314-18-1, L. 2314-24, L. 2314-31, L. 2322-5, L. 2323-29 anc., L. 2324-1, L. 2324-2, L. 2324-4, L. 2324-4-1, L. 2324-11, L. 2324-13, L. 2324-17-1, L. 2324-21, L. 2324-22, L. 2327-7, L. 2327-16, L. 2411-1, L. 2411-4, L. 2412-2, L. 2412-10, L. 2413-1, L. 2141-1, L. 3121-11, L. 3121-11-1, L. 3121-12 à L. 3121-14, L. 3121-17 à L. 3121-19, L. 3121-24 à L. 3121-32, L. 3121-38 à L. 3121-48, L. 3122-1 à L. 3122-5, L. 3123-7, L. 3123-14, L. 3123-15, L. 3123-17, L. 3123-19, L. 3123-25 à L. 3123-28, L. 3133-8, L. 3133-10 à L. 3133-12, L. 3141-3, L. 3141-5, L. 3141-11, L. 3141-21, L. 3141-22, L. 3142-8, L. 3151-1, L. 3152-1, L. 3152-2, L. 3152-3, L. 3153-1 à L. 3153-3, L. 3154-1 à L. 3154-3, L. 3171-1, L. 6111-1, L. 7111-7 à L. 7111-10, L. 8241-1.
2008	20 août	Décret n° 2008-799. Exercice par des associations d'actions en justice nées de la loi n° 2008-496 du 27 mai 2008 portant diverses dispositions d'adaptation au droit communautaire dans le domaine de la lutte contre les discriminations. — V. App. I. B, **p. 3219.**
2008	2 sept.	Décret n° 2008-889. Travail des jeunes travailleurs les jours fériés et au travail de nuit des enfants de moins de 16 ans dans le secteur du spectacle. — V. C. trav., art. R. 3163-4, R. 3164-2, R. 7124-30-1.
2008	29 sept.	Décret n° 2008-1010. Organisation du service public. — V. C. trav., art. R. 1234-9, R. 1234-10, R. 3253-6, R. 5142-1, R. 5311-1 à R. 5311-3, R. 5312-6 à R. 5312-30, R. 5422-5, R. 5422-7, R. 5422-8, R. 5423-7, R. 5425-18, R. 6342-2, R. 7122-31.

2008	13 oct.	Décret n° 2008-1056. Droits et devoirs des demandeurs d'emploi et au suivi de la recherche d'emploi. — V. C. trav., art. R. 5411-10, R. 5411-11 à R. 5411-13, R. 5411-15, R. 5411-16, R. 5412-1, R. 5412-3, R. 5412-8, R. 5421-1, R. 5423-10, R. 5423-11, R. 5426-4 à R. 5426-7, R. 5426-9, R. 5426-11, R. 5426-12, R. 5426-15.
2008	17 oct.	Décret n° 2008-1069. Modification des articles D. 1242-1 et D. 1251-1. — V. C. trav., art. D. 1242-1, D. 1251-1.
2008	31 oct.	Décret n° 2008-1116. Participation des salariés dans les sociétés issues de fusions transfrontalières. — V. C. trav., art. R. 2372-5, R. 2372-17 à R. 2372-19, R. 2373-3 à R. 2373-5.
2008	31 oct.	Décret n° 2008-1117. Participation des salariés dans les sociétés issues de fusions transfrontalières (dispositions relevant d'un décret). — V. C. trav., art. D. 2371-1, D. 2372-1 à D. 2372-4, D. 2372-6 à D. 2372-16, D. 2373-1, D. 2373-2.
2008	3 nov.	Décret n° 2008-1131. Diverses dispositions relatives au temps de travail. — V. C. trav., art. D. 3121-5, D. 3121-6, R. 3124-1, R. 3124-2, R. 3124-5 à R. 3124-9, R. 3124-12, R. 3124-14.
2008	4 nov.	Décret n° 2008-1132. Contingent annuel d'heures supplémentaires et à l'aménagement du temps de travail et diverses mesures relatives au temps de travail. — V. C. trav., art. R. 3121-3 à D. 3121-5, D. 3121-7 à R. 3121-13, D. 3171-1, D. 3171-5, D. 3171-11 à D. 3171-13.
2008	5 nov.	Décret n° 2008-1133. Modalités de recueil et de consolidation des résultats des organisations syndicales aux élections professionnelles. — V. C. trav., art. D. 2122-6, D. 2122-7.
2008	7 nov.	Décret n° 2008-1156. Équipements de travail et aux équipements de protection individuelle. — V. C. trav., art. R. 4311-4 à R. 4311-13, R. 4312-1 à R. 4312-9, R. 4313-1 à R. 4313-95, R. 4323-1, R. 4722-6 à R. 4722-8, R. 4724-4, R. 4724-5.
2008	13 nov.	Décret n° 2008-1163. Haut Conseil du dialogue social. — V. C. trav., art. R.* 2122-1 à R.* 2122-5.
2008	25 nov.	Décret n° 2008-1217. Conseil d'orientation sur les conditions de travail. — V. C. trav., art. R. 3163-6, R. 3164-3, R. 4313-17, R. 4411-1, R. 4411-83, R. 4313-79, R. 4614-7, R. 4534-156.
2008	1er déc.	Loi n° 2008-1249. Généralisation du revenu de solidarité active et réformant les politiques d'insertion. — V. C. trav., art. L. 1111-3, L. 1251-33, L. 1251-37, L. 2242-8, L. 2313-5, L. 2323-48 anc., L. 2323-54 anc., L. 3252-3, L. 5132-5, L. 5132-11-1, L. 5132-15-1, L. 5132-1, L. 5132-9, L. 5132-15-1, L. 5132-15-2, L. 5133-1, L. 5133-2, L. 5134-19-1 à L. 5134-19-5 à L. 5134-23-2, L. 5134-25-1, L. 5134-26, L. 5134-28-1, L. 5134-65, L. 5134-66-1, L. 5134-67-1 à L. 5134-67-2, L. 5134-68, L. 5134-69-1 à L. 5134-69-2, L. 5134-71, L. 5134-72 à L. 5134-72-2, L. 5141-1, L. 5141-4, L. 5423-24, L. 5425-4.
2008	1er déc.	Décret n° 2008-1253. Apprentissage. — V. C. trav., art. R. 6233-13, R. 6261-8.

2008	3 déc.	Loi n° 2008-1258. En faveur des revenus du travail : — V. C. trav., art. L. 2271-1, L. 3231-6, L. 3231-11, L. 3312-2, L. 3312-3, L. 3312-5, L. 3321-1, L. 3322-1, L. 3322-2, L. 3323-5, L. 3323-6, L. 3323-9, L. 3323-10, L. 3324-2, L. 3324-5, L. 3324-7, L. 3324-8, L. 3324-10 à L. 3324-12, L. 3325-2, L. 3332-2, L. 3332-11, L. 3332-20, L. 3333-7, L. 3334-2, L. 3334-3, L. 3334-5-1, L. 3334-6, L. 3335-2. — V. Ord. n° 67-830 du 27 sept. 1967, art. 19-1, App. II. F, **p. 3356**. — V. CSS, art. L. 241-13, App. III. A, **p. 3356**.
2008	15 déc.	Décret n° 2008-1325. Sécurité des ascenseurs, monte-charges et équipements assimilés sur le lieux de travail et à la sécurité des travailleurs intervenant sur ces équipements. — V. C. trav., art. R. 4214-15 à R. 4214-16, R. 4323-107 à R. 4323-109, R. 4324-46 à R. 4323-53.
2008	17 déc.	Loi n° 2008-1330. De financement de la sécurité sociale pour 2009. — V. C. trav., art. L. 1221-18, L. 1237-5, L. 3153-3, L. 3261-2 à L. 3261-5.
2008	17 déc.	Décret n° 2008-1347. Formation et à l'information des travailleurs sur les risques pour leur santé et leur sécurité. — V. C. trav., art. R. 4121-4, R. 4141-2, R. 4141-3-1, R. 4141-5, R. 4141-6.
2008	18 déc.	Ordonnance n° 2008-1345. Réforme du droit des entreprises en difficulté. — V. C. trav., art. L. 3253-8 ; C. com., art. L. 620-1, L. 622-10, L. 622-17, L. 623-3, L. 625-1 à L. 625-4, L. 625-8, L. 625-9, L. 626-1, L. 626-2, L. 626-5, L. 626-8, L. 631-19-1, L. 641-13, L. 661-1, App. I. B, **p. 3197**.
2008	19 déc.	Décret n° 2008-1382. Protection des travailleurs exposés à des conditions climatiques particulières. — V. C. trav., art. R. 4121-1, R. 4532-14, R. 4534-142-1.
2008	22 déc.	Décret n° 2008-1436. Conditions d'attribution de l'allocation spécifique de chômage partiel en cas de fermeture temporaire d'un établissement. — V. C. trav., art. R. 5122-8, R. 5122-9.
2008	27 déc.	Loi n° 2008-1425. De finances pour 2009. — V. C. trav., art. L. 5221-10, L. 6222-2.
2008	30 déc.	Loi n° 2008-1443. De finances rectificative pour 2008. — V. C. trav., art. L. 3262-6.
2008	30 déc.	Décret n° 2008-1501. Remboursement des frais de transport des salariés. — V. C. trav., art. R. 3243-1, R. 3261-1 à R. 3261-16.
2008	30 déc.	Décret n° 2008-1503. Fusion des services de l'inspection du travail. — V. C. trav., art. R. 1251-14, R. 1251-31, R. 1253-12, R. 1253-19, R. 1254-7, R. 1322-1, R. 2231-9, R. 2312-2, R. 2314-6, R. 2322-1, R. 2324-3, R. 2422-1, R. 2623-7, R. 4532-33, R. 4623-25, R. 5112-16, R. 5423-12, R. 6223-12, R. 6261-7, R. 6225-1, R. 6225-2, R. 8121-13, R. 8121-14, R. 8123-1, R. 8253-2, R. 8253-4. — V. anc. art. R. 241-8, R. 342-12, R. 364-2, R. 742-3, R. 742-4, R. 742-8-2, R. 742-8-9 à R. 742-8-13, R. 742-22.

2008	30 déc.	Décret n° 2008-1515. Application de l'article L. 1237-5. — V. C. trav., art. D. 1237-2-1.
2008	31 déc.	Décret n° 2008-1555. Dispositions relatives à l'assurance vieillesse. — V. C. trav., art. R. 5123-9 et R. 5123-31.
2009	2 janv.	Décret n° 2009-2. Montant des taxes prévues aux articles L. 311-13, L. 311-14 et L. 311-15 du code de l'entrée et du séjour des étrangers et du droit d'asile. — V. C. trav., art. D. 5221-37 à D. 5221-40.
2009	29 janv.	Décret n° 2009-110. Taux horaire de l'allocation spécifique de chômage partiel et indemnisation complémentaire de chômage partiel. — V. C. trav., art. D. 5122-13, D. 5122-39.
2009	23 févr.	Décret n° 2009-215. Conclusion, pour le compte de l'État, des conventions se rapportant à certains contrats aidés. — V. C. trav., art. R. 5134-18 à R. 5134-21, R. 5134-40, R. 5134-44 à R. 5134-46.
2009	26 févr.	Ordonnance n° 2009-229. Application de l'article 12 de la loi n° 2008-757 du 1er août 2008 relative à la responsabilité environnementale et à diverses dispositions d'adaptation au droit communautaire dans le domaine de l'environnement. — V. C. trav., art. L. 4411-3 à L. 4411-5.
2009	9 mars	Décret n° 2009-270. Dénomination de l'institution mentionnée à l'article L. 5312-1 du code du travail. — V. C. trav., art. R. 5312-31.
2009	13 mars	Décret n° 2009-289. Rectification de certaines dispositions du code du travail. — V. C. trav., art. R. 1227-4, R. 1227-7, R. 1238-2, R. 1238-4, R. 1263-5, R. 1443-1, R. 1454-9, R. 1454-24, R. 2146-2, R. 2323-32, R. 3246-1, R. 3246-3, R. 3423-11, D. 4153-36, D. 4154-1, R. 4224-5, R. 4313-36, R. 4313-84, R. 4313-88, R. 4411-1, R. 4411-69, R. 4411-73, R. 4412-40, R. 4412-44, R. 4412-98, R. 4412-143, R. 4412-147, R. 4513-6, R. 4515-6, R. 4523-4-1, R. 4532-11, R. 4532-17, R. 4532-17, R. 4532-19, R. 4534-6, R. 4541-1, D. 4711-3, R. 4721-10, R. 4731-10, R. 4741-3, R. 5133-2, D. 5211-4, R. 5334-1, R. 5423-5, R. 5423-19, D. 5424-41, D. 5424-42, R. 6322-75, R. 6323-1, R. 6332-63, D. 7312-1 à D. 7312-25, R. 7124-28, R. 7422-16, R. 8113-7, R. 8114-2, R. 8123-8, R. 8123-9, D. 8222-7.
2009	18 mars	Décret n° 2009-304. Entreprises solidaires régies par l'article L. 3332-17-1. — V. C. trav., art. R. 3332-21-1 à R. 3332-21-5.
2009	20 mars	Décret n° 2009-315. Harmonisation des dates de dépôt des déclarations annuelles des professionnels. — V. C. trav., art. R. 6331-29.
2009	25 mars	Loi n° 2009-323. De mobilisation pour le logement et la lutte contre l'exclusion. — V. C. trav., art. R. 5223-1.
2009	25 mars	Décret n° 2009-324. Conditions d'attribution de l'allocation spécifique et d'indemnisation complémentaire de chômage partiel. — V. C. trav., art. L. 5122-1, R. 5122-8.
2009	25 mars	Ordonnance n° 2009-325. Création de l'Agence de services et de paiement et de l'Établissement national des produits de l'agriculture et de la mer. — V. C. trav., art. L. 6341-6.

2009	25 mars	Décret n° 2009-331. Substitution de la dénomination « Office français de l'immigration et de l'intégration » à la dénomination « Agence nationale de l'accueil des étrangers et des migrations ». – V. C. trav., art. L. 5222-2, L. 5223-1 à L. 5223-6, L. 8253-1, L. 8253-6.
2009	27 mars	Décret n° 2009-339. Durée d'indemnisation des demandeurs d'emploi par le régime d'assurance chômage. – V. C. trav., art. R. 5422-1.
2009	27 mars	Décret n° 2009-342. Création d'un titre emploi-service entreprise (TESE). – V. C. trav., art. D. 1273-1 à D. 1273-8.
2009	30 mars	Décret n° 2009-349. Information et consultation du comité d'entreprise sur les interventions publiques directes en faveur de l'entreprise. – V. C. trav., art. R. 2323-7-1, R. 2323-9, R. 2323-11.
2009	30 mars	Décret n° 2009-350. Diverses mesures en faveur des revenus du travail. – V. C. trav., art. R. 3311-3, R. 3321-1, R. 3324-21-1, R. 3324-22, R. 3331-1, R. 3332-13, R. 3332-23, R. 3332-28, R. 3333-1, R. 3341-5.
2009	30 mars	Décret n° 2009-351. Diverses mesures en faveur des revenus du travail. – V. C. trav., art. D. 3311-4, D. 3313-7-1, D. 3313-9, D. 3313-11, D. 3321-2, D. 3323-16, D. 3324-1, D. 3324-10, D. 3324-20, D. 3324-21-2, D. 3324-25, D. 3324-37, D. 3331-2, D. 3331-3, D. 3332-9-1, D. 3334-3-1, D. 3334-3-2, D. 3342-1, D. 3345-4, D. 3346-1 à D. 3346-7.
2009	7 avr.	Décret n° 2009-390. Modalités de mise en œuvre des périodes d'immersion dans le cadre des contrats conclus par les structures de l'insertion par l'activité économique, des contrats d'accompagnement dans l'emploi et des contrats d'avenir. – V. C. trav., art. D. 5132-10-1 à D. 5132-10-5, D. 5132-26-1 à D. 5132-26-5, D. 5132-43-1 à D. 5132-43-5.
2009	15 avr.	Décret n° 2009-404. Revenu de solidarité active. – V. C. trav., art. R. 5425-10, R. 5133-9 à R. 5133-17.
2009	27 avr.	Décret n° 2009-477. Certaines catégories de visas pour un séjour en France d'une durée supérieure à trois mois. – V. C. trav., art. R. 5221-13, R. 5221-26, R. 5221-27, R. 5221-33, R. 5221-45.
2009	29 avr.	Décret n° 2009-478. Activité partielle de longue durée. – V. C. trav., art. D. 5122-31, D. 5122-43 à D. 5122-46.
2009	29 avr.	Décret n° 2009-493. Modalités d'affiliation aux caisses de congés payés du bâtiment et des travaux publics de certaines entreprises appliquant, au titre de leur activité principale, une convention collective nationale étendue autre que celles du bâtiment et des travaux publics. – V. C. trav., art. D. 3141-12, D. 3141-13, D. 3141-20.
2009	30 avr.	Décret n° 2009-498. Secteur concerné par un régime particulier de contrat de travail intermittent en application de l'article L. 3123-35 du code du travail. – V. C. trav., art. D. 3123-4.
2009	12 mai	Loi n° 2009-526. De simplification et de clarification du droit et d'allègement des procédures. – V. C. trav., art. L. 1271-12, L. 1423-6,

		L. 1423-9, L. 1442-6, L. 2323-47 anc., L. 2323-56 anc., L. 2325-35 anc., L. 3243-2, L. 3243-4, L. 4111-4, L. 4154-2, L. 4154-3, L. 4451-1, L. 4532-18, L. 4612-16 anc., L. 4621-1, L. 4741-1, L. 4743-2, L. 5424-9, L. 7321-2.
2009	19 mai	Décret n° 2009-557. Offre au public, déclarations de franchissement de seuils et déclarations d'intentions. – V. C. trav., art. R. 2323-14.
2009	26 mai	Décret n° 2009-596. Suppression de la limite d'âge pour les travailleurs handicapés en contrat d'apprentissage. – V. C. trav., art. D. 6222-1.
2009	27 mai	Loi n° 2009-594. Pour le développement économique des départements d'outre-mer. – V. C. trav., art. L. 5522-22 à L. 5522-27.
2009	2 juin	Décret n° 2009-612. Application de l'article L. 6325-17 du code du travail. – V. C. trav., art. D. 6325-19, D. 6325-19-1, D. 6325-26.
2009	9 juin	Décret n° 2009-641. Obligation d'emploi des travailleurs handicapés, mutilés de guerre et assimilés dans l'effectif des entreprises. – V. C. trav., art. R. 5212-1-1, R. 5212-10, R. 5212-11.
2009	12 juin	Loi n° 2009-669. Favorisation de la diffusion et la protection de la création sur internet. – V. C. trav., art. L. 7111-5-1, L. 7113-2 à L. 7113-4.
2009	18 juin	Décret n° 2009-716. Traitement automatisé de données à caractère personnel accompagnant la mise en œuvre du revenu de solidarité active et diverses dispositions de coordination. – V. C. trav., art. R. 3252-3, R. 3252-5.
2009	22 juin	Décret n° 2009-763. Modifiacation de l'article D. 6321-5 du code du travail. – V. C. trav., art. D. 6321-5.
2009	23 juin	Décret n° 2009-775. Modalités de décompte des effectifs pour l'application des articles L. 2531-2 du code général des collectivités territoriales, L. 834-1 du code de la sécurité sociale, L. 6243-2 et L. 6331-1 du code du travail. – V. C. trav., art. R. 6331-1.
2009	24 juin	Décret n° 2009-800. Relèvement du salaire minimum de croissance. – V. C. trav., art. L. 3231-5, L. 3231-7, L. 3231-4, L. 3231-12.
2009	21 juill.	Loi n° 2009-879. Réforme de l'hôpital et relative aux patients, à la santé et aux territoires. – V. C. trav., art. L. 3262-1, L. 3262-3, L. 3262-5.
2009	22 juill.	Loi n° 2009-888. Développement et modernisation des services touristiques. – V. C. tourisme, art. L. 411-1, L. 411-8, L. 411-9, L. 411-11, App. II. C, **p. 3332.**
2009	24 juill.	Ordonnance n° 2009-901. Partie législative du code du cinéma et de l'image animée. – V. C. trav., art. L. 1246-1.
2009	3 août	Loi n° 2009-972. Mobilité et parcours professionnels dans la fonction publique. – V. C. trav., art. L. 1251-1, L. 1251-60 à L. 1251-63, L. 1224-3, L. 1224-3-1.

2009	10 août	Loi n° 2009-974. Réaffirmation du principe du repos dominical et visant à adapter les dérogations à ce principe dans les communes et zones touristiques et thermales ainsi que dans certaines grandes agglomérations pour les salariés volontaires. — V. C. trav., art. L. 3132-3, L. 3132-3-1, L. 3132-13, L. 3132-23, L. 3132-25 à L. 3132-25-6, L. 3132-27.
2009	25 août	Décret n° 2009-1011. Modalités d'indemnisation des conseillers prud'hommes. — V. C. trav., art. D. 1423-63, D. 1423-65, D. 1423-66, D. 1423-66-1, D. 1423-71 à D. 1423-75.
2009	27 août	Décret n° 2009-1049. Temps de travail de certains enfants du spectacle. — V. C. trav., art. R. 7124-30-2.
2009	2 sept.	Arrêté. Contingent annuel d'heures indemnisables prévu par l'article R. 5122-6. — V. C. trav., art. R. 5122-6.
2009	21 sept.	Décret n° 2009-1134. Diverses dispositions relatives au repos dominical des salariés. — V. C. trav., art. R. 3132-16 à R. 3132-20.
2009	5 oct.	Décret n° 2009-1184. Fixation des conditions et des modalités de la garantie et de la consignation des droits épargnés sur un compte épargne-temps. — V. C. trav., art. D. 3154-1, D. 3154-2, D. 3154-5, D. 3154-6.
2009	19 oct.	Loi n° 2009-1255. Favorisation de l'accès au crédit des petites et moyennes entreprises et amélioration du fonctionnement des marchés financiers. — V. C. trav., art. L. 3333-7.
2009	19 oct.	Décret n° 2009-1256. Modification de l'article D. 1271-29 du code du travail. — V. C. trav., art. D. 1271-29.
2009	21 oct.	Décret n° 2009-1272. Accessibilité des lieux de travail aux travailleurs handicapés. — V. C. trav., art. R. 4214-26 à R. 4214-28, R. 4225-7, R. 4225-8.
2009	23 oct.	Décret n° 2009-1289. Modification de l'article D. 4154-1 du code du travail. — V. C. trav., art. D. 4154-1.
2009	24 nov.	Loi n° 2009-1437. Orientation et formation professionnelle tout au long de la vie : — V. C. trav., art. L. 1226-10, L. 1253-1, L. 2241-6, L. 2323-36 anc., L. 3142-3, L. 3142-4 à L. 3142-6, L. 5122-1, L. 5221-5, L. 5314-2, L. 6111-1, L. 6111-2, L. 6121-2, L. 6222-31, L. 6222-35, L. 6232-9, L. 6311-1, L. 6314-1, L. 6315-1, L. 6321-1, L. 6321-3, L. 6323-12, L. 6324-1, L. 6324-2, L. 6324-5, L. 6325-6-1, L. 6325-11, L. 6325-12, L. 6325-14, L. 6326-1, L. 6331-49, L. 6332-2-1, L. 6332-5-1 à L. 6332-7, L. 6332-13, L. 6332-18, L. 6332-23, L. 6332-24, L. 6341-3, L. 6351-1 A, L. 6351-3, L. 6351-7-1, L. 6352-1, L. 6353-3, L. 6354-2, L. 6355-3, L. 6355-8, L. 6355-22, L. 6361-5, L. 6362-1, L. 6362-6, L. 6362-7, L. 6362-10, L. 6362-11, L. 6363-1, L. 6363-2. — V. C. pén., art. 225-13, App. I. B, **p. 3218** ; C. éduc., art. L. 214-13, App. IX, **p. 3535.**
2009	24 nov.	Décret n° 2009-1443. Modification de l'article D. 1242-1 du code du travail. — V. C. trav., art. D. 1242-1.

2009	8 déc.	Loi n° 2009-1503. Organisation et régulation des transports ferroviaires et diverses dispositions relatives aux transports. — V. C. trav., art. L. 1262-4.
2009	10 déc.	Décret n° 2009-1540. Organisation et missions des directions régionales de la jeunesse, des sports et de la cohésion sociale. — V. C. trav., art. R. 6223-24, R. 6261-12.
2009	15 déc.	Décret n° 2009-1570. Contrôle du risque chimique sur les lieux de travail. — V. C. trav., art. R. 4412-27 à R. 4412-32, R. 4412-51 à R. 4412-51-2, R. 4412-76 à R. 4412-80, R. 4412-82, R. 4412-153, R. 4722-13, R. 4722-14, R. 4724-8 à R. 4724-13, R. 4724-15 à R. 4724-15-2.
2009	18 déc.	Décret n° 2009-1593. Fixation des modalités d'attribution de l'aide de l'État aux maisons de l'emploi. — V. C. trav., art. R. 5112-19, R. 5313-3 à R. 5313-7.
2009	28 déc.	Décret n° 2009-1665. Établissement, certification et publicité des comptes des syndicats professionnels de salariés ou d'employeurs et de leurs unions et des associations de salariés ou d'employeurs mentionnés à l'article L. 2135-1 du code du travail. — V. C. trav., art. D. 2135-1 à D. 2135-9.
2009	29 déc.	Décret n° 2009-1696. Demandes d'information concernant certains dispositifs d'aides à l'emploi. — V. C. trav., art. R. 5112-23, D. 5112-24.
2009	30 déc.	Loi n° 2009-1673. De finances pour 2010. — V. C. trav., art. L. 5134-30-1, L. 5141-5, L. 5423-24.
2009	30 déc.	Décret n° 2009-1703. Revalorisation de l'allocation temporaire d'attente, l'allocation spécifique de solidarité et l'allocation équivalent retraite. — V. C. trav., art. L. 5423-6.
2009	31 déc.	Arrêté. Fixation du contingent annuel d'heures indemnisables prévu par l'article R. 5122-6. — V. C. trav., art. R. 5122-6.
2010	18 janv.	Décret n° 2010-63. Mise en demeure préalable à l'annulation de l'enregistrement de la déclaration d'activité des prestataires de formation. — V. C. trav., art. D. 6351-12.
2010	18 janv.	Décret n° 2010-64. Mention des droits acquis au titre du droit individuel à la formation dans le certificat de travail. — V. C. trav., art. D. 1234-6.
2010	18 janv.	Décret n° 2010-65. Durée minimum de la formation hors temps de travail pouvant être prise en charge par l'organisme collecteur agréé au titre du congé individuel de formation. — V. C. trav., art. D. 6322-79.
2010	21 janv.	Décret n° 2010-78. Information des travailleurs sur les risques pour leur santé et leur sécurité. — V. C. trav., art. R. 4141-3-1, R. 4227-37.
2010	22 janv.	Décret n° 2010-94. Modalités de mise en œuvre des périodes d'immersion dans le cadre des contrats d'accompagnement dans l'emploi. — V. C. trav., art. D. 5134-50-1 à D. 5134-50-8, D. 8272-1.

2010	17 févr.	Décret n° 2010-150. Contrôle des produits chimiques et biocides. — V. C. trav., art. R. 4741-3-1.
2010	23 févr.	Ordonnance n° 2010-17. Réforme de l'hôpital et relative aux patients, à la santé et aux territoires : — V. L. n° 73-548 du 27 juin 1973, art. 9, App. II. D, **p. 3340.** — V. CSS, art. L. 422-1, App. II. D, **p. 3336.**
2010	3 mars	Décret n° 2010-220. Utilisation des titres-restaurant auprès des détaillants de fruits et légumes. — V. C. trav., art. R. 3262-1, R. 3262-2, R. 3262-4, R. 3262-5, R. 3262-15, R. 3262-17, R. 3262-19, R. 3262-25, R. 3262-26, R. 3262-27, R. 3262-36, R. 3262-38.
2010	10 mars	Loi n° 2010-241. Service civique. — V. L. n° 2005-159 du 23 févr. 2005, art. 1er, App. I. B, **p. 3254.**
2010	17 mars	Décret n° 2010-289. Délai de prévenance prévu à l'article L. 3142-3-1 du code du travail. — V. C. trav., art. D. 3142-32, D. 3142-5-3.
2010	22 mars	Décret n° 2010-314. « Titre emploi simplifié agricole ». — V. C. rur., art. R. 712-12, R. 712-13, App. I. B, **p. 3245.**
2010	31 mars	Décret n° 2010-344. Conséquences, au niveau réglementaire, de l'intervention de la loi n° 2009-879 du 21 juillet 2009 portant réforme de l'hôpital et relative aux patients, à la santé et aux territoires. — V. C. trav., art. R. 6341-32.
2010	29 avr.	Décret n° 2010-433. Diverses dispositions en matière de procédure civile et de procédure d'exécution. — V. C. trav., art. R. 3252-38.
2010	12 mai	Décret n° 2010-485. Service civique. — V. C. trav., art. D. 5314-0, D. 6233-51-1.
2010	18 mai	Loi n° 2010-499. Garantie de justes conditions de rémunération aux salariés concernés par une procédure de reclassement. — V. C. trav., art. L. 1233-4, L. 1233-4-1.
2010	20 mai	Décret n° 2010-530. Déclaration des organismes de formation et contrôle de la formation professionnelle. — V. C. trav., art. R. 6351-1 à R. 6351-6-1, R. 6351-9 à R. 6351-11, R. 6353-2, R. 6361-1 à R. 6361-4, R. 6362-1 à R. 6362-1-3, R. 6363-1.
2010	9 juin	Loi n° 2010-625. Création des maisons d'assistants maternels et diverses dispositions relatives aux assistants maternels. — V. CASF, art. L. 423-12, App. VII. H, v° *Assistant maternel*.
2010	9 juin	Loi n° 2010-626. Profession d'agent sportif. — V. C. sport, art. L. 222-5, App. VII. F, v° *Sportif professionnel*.
2010	24 juin	Ordonnance n° 2010-686. Extension et adaptation dans les départements d'outre-mer, à Saint-Barthélemy, Saint-Martin et Saint-Pierre-et-Miquelon de la loi n° 2008-1249 du 1er décembre 2008 généralisant le revenu de solidarité active et réformant les politiques d'insertion. — V. C. trav., art. L. 5522-2, L. 5522-2-1 à L. 5522-2-3.
2010	25 juin	Décret n° 2010-699. Accréditation des organismes de mesures et de vérifications mentionnés à l'article L. 4722-2 du code du travail. — V. C. trav., art. R. 4724-1.

2010	2 juill.	Décret n° 2010-750. Protection des travailleurs contre les risques dus aux rayonnements optiques artificiels. — V. C. trav., art. R. 4452-2 à R. 4452-31, R. 4722-20, R. 4722-20-1, R. 4722-21, R. 4722-21-1, R. 4724-18, D. 4152-6, D. 4153-34.
2010	9 juill.	Loi n° 2010-769. Violences faites spécifiquement aux femmes, violences au sein des couples et incidences de ces dernières sur les enfants. — V. C. trav., art. L. 1155-2.
2010	12 juill.	Loi n° 2010-788. Engagement national pour l'environnement. — V. C. trav., art. L. 3261-3, L. 4453-1.
2010	13 juill.	Décret n° 2010-815. Contrôle de la protection sociale agricole. — V. C. rur., art. R. 714-4, R. 714-7.
2010	14 juill.	Décret n° 2010-822. Conseil d'administration de l'Agence nationale pour l'amélioration des conditions de travail. — V. C. trav., art. R. 4642-4.
2010	23 juill.	Loi n° 2010-853. Réseaux consulaires, commerce, artisanat et services. — V. C. trav., art. L. 1251-4, L. 1271-15-1, L. 5311-4, L. 5321-1, L. 5323-1 à L. 5323-3, L. 7121-9, L. 7121-12, L. 7121-13, L. 7121-15 à L. 7121-17, L. 7232-1 à L. 7232-9, L. 7233-1 à L. 7233-4.
2010	27 juill.	Loi n° 2010-874. Modernisation de l'agriculture et de la pêche : — Art. 2. — V. C. trav., art. L. 6232-1. — Art. 50. — V. C. rur., art. L. 722-20, App. II. B, v° *Durée du travail*, **p. 3310.**
2010	30 août	Décret n° 2010-1016. Obligations de l'employeur pour l'utilisation des installations électriques des lieux de travail. — V. C. trav., art. R. 4226-1 à R. 4226-21.
2010	30 août	Décret n° 2010-1017. Obligations des maîtres d'ouvrage entreprenant la construction ou l'aménagement de bâtiments destinés à recevoir des travailleurs en matière de conception et de réalisation des installations électriques. — V. C. trav., art. R. 4215-1 à R. 4215-17.
2010	30 août	Décret n° 2010-1018. Diverses dispositions relatives à la prévention des risques électriques dans les lieux de travail. — V. C. trav., art. R. 4216-1, R. 4227-14, R. 4324-21, R. 4535-11, R. 4535-12, R. 4722-26 à R. 4722-30, R. 4724-19.
2010	22 sept.	Décret n° 2010-1116. OPCA. — V. C. trav., art. R. 6332-63, R. 6332-64.
2010	22 sept.	Décret n° 2010-1118. Opérations sur les installations électriques ou dans leur voisinage. — V. C. trav., art. R. 4544-1 à R. 4544-11.
2010	15 oct.	Loi n° 2010-1215. Complément des dispositions relatives à la démocratie sociale issues de la loi n° 2008-789 du 20 août 2008. — V. C. trav., art. L. 1441-29, L. 2122-5, L. 2122-6, L. 2122-10-1 à L. 2122-10-11, L. 2122-13, L. 2232-2, L. 2232-6, L. 2232-7, L. 7111-8, L. 7111-10.
2010	22 oct.	Loi n° 2010-1249. Régulation bancaire et financière. — V. C. com., art. L. 626-5, App. I. B, **p. 3205.**

2010	28 oct.	Ordonnance n° 2010-1307. Partie législative du code des transports. — V. C. transp., art. L. 1311-1 à L. 1331-1, L. 3311-1 à L. 3315-6, App. VII. H, **p. 3516.**
2010	8 nov.	Décret n° 2010-1334. Déclarations mensuelles de mouvements de main-d'œuvre. — V. C. trav. art. D. 1221-29.
2010	9 nov.	Loi n° 2010-1330. Réforme des retraites : — V. C. trav., art. L. 1237-5, L. 2241-9, L. 2242-5, L. 2242-5-1 anc., L. 2242-7, L. 2323-47 anc., L. 2323-57 anc., L. 2323-59 anc., L. 3153-1, L. 3323-2, L. 3324-12, L. 3334-8, L. 3334-11, L. 4121-1, L. 4612-2 anc., L. 5133-11, L. 5421-4. — V. CSS, art. L. 161-17-2, L. 351-8, App. III. A, **p. 3364.**
2010	30 nov.	Décret n° 2010-1460. Conditions d'utilisation du titre-restaurant. — V. C. trav., art. R. 3262-4, R. 3262-27, R. 3262-32, R. 3262-36, R. 3262-40.
2010	7 déc.	Loi n° 2010-1488. Nouvelle organisation du marché de l'électricité. — V. C. trav., art. L. 5424-1, L. 5424-2.
2010	9 déc.	Ordonnance n° 2010-1512. Adaptation du droit des entreprises en difficulté et des procédures de traitement des situations de surendettement à l'entrepreneur individuel à responsabilité limitée. — V. C. com., art. L. 621-4, L. 661-1, App. I. B, **p. 3197.**
2010	16 déc.	Loi n° 2010-1563. Réforme des collectivités territoriales. — V. C. trav., art. L. 3132-25, L. 3132-25-2.
2010	17 déc.	Décret n° 2010-1582. Organisation et missions des services de l'État dans les départements d'outre-mer et les régions d'outre-mer, à Mayotte et à Saint Pierre-et-Miquelon. — V. C. trav., art. R. 8322-2.
2010	17 déc.	Décret n° 2010-1584. SMIC. — V. C. trav., art. L. 3231-4, L. 3231-12, R.* 3231-1.
2010	20 déc.	Loi n° 2010-1594. De financement de la sécurité sociale pour 2011 : — V. C. trav., art. L. 1226-1-1, L. 1226-7, L. 8222-1. — V. CSS, art. L. 241-13, App. III. A, **p. 3365.**
2010	22 déc.	Loi n° 2010-1609. Exécution des décisions de justice, aux conditions d'exercice de certaines professions réglementées et aux experts judiciaires : — V. C. trav., art. L. 3252-6. — V. C. civ., art. 2064, App. I. B, **p. 1227.**
2010	23 déc.	Décret n° 2010-1642. Organisation et labellisation d'actions de conseil et d'accompagnement au bénéfice des créateurs et repreneurs d'entreprise. — V. C. trav., art. R. 5141-1, R. 5141-3, R. 5141-29 à R. 5141-34.
2010	29 déc.	Loi n° 2010-1657. De finances pour 2011 : — V. C. trav., art. L. 5133-1 à L. 5133-7, L. 5134-30-1, L. 5135-1, L. 5212-5, L. 5213-4, L. 5213-11, L. 5214-1-1, L. 5312-1, L. 5423-24, L. 5426-5, L. 6331-48 à L. 6331-52, L. 6331-54, L. 8253-1, L. 8253-2, L. 8253-6.

		— V. CGI, art. 80 *duodecies*, 81, App. I. D, v° *Salaires*, **p. 3278.** — V. CSS, art. L. 241-13, App. III. A, v° *Embauche et emploi*, **p. 3365.**
2010	30 déc.	Décret n° 2010-1729. Contrat unique d'insertion dans les départements d'outre-mer, à Saint-Barthélémy, Saint-Martin et Saint-Pierre-et-Miquelon. — V. C. trav., art. R. 5522-12, R. 5522-14, D. 5522-16.
2010	31 déc.	Décret n° 2010-1779. Modalités de calcul de la réduction générale des cotisations patronales de sécurité sociale et pris pour l'application de l'article L. 241-13 du code de la sécurité sociale. — V. CSS, art. D. 241-7, D. 241-10, App. III. A, **p. 3368.**
2011	10 janv.	Décret n° 2011-39. Coordonnateurs de sécurité et de protection de la santé. — V. C. trav., art. R. 4532-25 à R. 4532-27, R. 4532-30, R. 4532-33, R. 4532-34, R. 4532-36, R. 4532-37.
2011	11 janv.	Décret n° 2011-45. Protection des travailleurs intervenant en milieu hyperbare. — V. C. trav., art. R. 1225-4, D. 4152-29, R. 4461-1 à R. 4461-49, R. 4535-11.
2011	11 janv.	Décret n° 2011-50. Allocation journalière d'accompagnement d'une personne en fin de vie et au congé de solidarité familiale. — V. C. trav., art. D. 3142-2, D. 3142-5, D. 3142-6 anc., D. 3142-8-1 anc.
2011	20 janv.	Ordonnance n° 2011-91. Codification de la partie législative du code minier. — V. C. trav., art. L. 2411-1, L. 2421-1, L. 2411-14, L. 2412-1, L. 2412-8, L. 2413-1, L. 2414-1, L. 2421-4, L. 4142-3, L. 4143-1, L. 4521-1, L. 4526-1, L. 4521-1, L. 4612-5.
2011	1er févr.	Décret n° 2011-138. Transmission dématérialisée à Pôle emploi de l'attestation d'assurance chômage délivrée par l'employeur au moment de l'expiration ou de la rupture du contrat de travail. — V. C. trav., art. R. 1234-9.
2011	15 févr.	Décret n° 2011-181. Modification du décret n° 2003-770 du 20 août 2003 portant statut particulier du corps de l'inspection du travail et relatif à certains emplois des directions régionales des entreprises, de la concurrence, de la consommation, du travail et de l'emploi. — V. Décr. n° 2003-770 du 20 août 2003, art. 1er à 3, App. VI, **p. 3496.**
2011	24 févr.	Ordonnance n° 2011-204. Code des transports. — V. C. transp., art. L. 1321-3, L. 1321-6, L. 1321-7, L. 1321-8, L. 1322-1, L. 1323-3, L. 3312-1, L. 3312-2, L. 5542-14.
2011	14 mars	Loi n° 2011-264. Orientation et programmation pour la performance de la sécurité intérieure. — V. C. trav., art. L. 5312-13-1, L. 8271-7.
2011	14 mars	Loi n° 2011-267. Orientation et programmation pour la performance de la sécurité intérieure : — V. C. trav., art. L. 5312-13-1. — V. C. pén., art. 431-1, App. V, **p. 3493.**
2011	22 mars	Loi n° 2011-302. Communications électroniques. — V. C. trav., art. L. 7123-4-1, L. 7123-11, L. 7123-13, L. 7123-14 à L. 7123-16, L. 7123-26, L. 7123-28, L. 7124-4.

2011	29 mars	Loi n° 2011-333. Défenseur des droits. — V. App. I. B, **p. 3258.**
2011	29 mars	Loi n° 2011-334. Défenseur des droits. — V. C. trav., art. L. 5312-12-1.
2011	5 avr.	Règlement (UE) n° 492/2011. Libre circulation des travailleurs à l'intérieur de l'Union. — Art. 1er à 10, App. III. B, v° *Étrangers*, **p. 3437.**
2011	15 avr.	Décret n° 2011-415. Compétence conjointe du ministre chargé de l'emploi et du ministre chargé des services en matière de services à la personne. — V. C. trav., art. R. 1271-10, R. 1271-12.
2011	22 avr.	Décret n° 2011-454. Calendrier de consultation du comité d'entreprise en matière de formation professionnelle. — V. C. trav., art. D. 2323-7.
2011	4 mai	Décret n° 2011-487. Mise en œuvre du service public de l'orientation tout au long de la vie et création du label national « Orientation pour tous - pôle information et orientation sur les formations et les métiers ». — V. C. trav., art. R. 6111-1 à R. 6111-5.
2011	11 mai	Décret n° 2011-517. Agents artistiques. — V. C. trav., art. R. 7121-1 à R. 7121-6, R. 7121-50 à R. 7121-52.
2011	13 mai	Décret n° 2011-522. Participation mensuelle du département au financement de l'aide versée à l'employeur au titre des contrats initiative emploi. — V. C. trav., art. D. 5134-64.
2011	16 mai	Décret n° 2011-524. Aide à l'embauche des demandeurs d'emploi de 45 ans et plus en contrat de professionnalisation. — V. App. III. A, **p. 3418.**
2011	17 mai	Loi n° 2011-525. Simplification et amélioration de la qualité du droit : — V. C. trav., art. L. 1225-62, L. 1226-4-2, L. 1226-4-3, L. 1226-20, L. 1233-69, L. 1235-16, L. 1243-1, L. 1251-3, L. 1254-1, L. 1271-1, L. 1271-2, L. 1271-9, L. 1272-5, L. 2135-1, L. 2412-2 à L. 2412-10, L. 2412-13, L. 3221-9, L. 4611-4, L. 4613-4, L. 4721-1, L. 4721-2, L. 4723-1, L. 4741-1, L. 4741-7, L. 4741-11, L. 5422-16, L. 5313-3, L. 5313-4, L. 5427-1, L. 6225-4 à L. 6225-6, L. 7121-7-1, L. 8123-4 à L. 8222-6. — V. C. rur., art. L. 722-20, App. II. B, **p. 3310.** — V. Ord. n° 67-830 du 27 sept. 1967, App. II. F, **p. 3355.**
2011	17 mai	Décret n° 2011-535. Dépôt des contrats de professionnalisation. — V. C. trav., art. D. 6325-1, D. 6325-2, D. 6325-3, D. 6325-13.
2011	31 mai	Décret n° 2011-620. Âge d'attribution d'une pension de retraite à taux plein. — V. C. trav., art. R. 5123-17, R. 5123-31.
2011	16 juin	Loi n° 2011-672. Immigration, intégration et nationalité. — V. C. trav., art. L. 1454-1, L. 8221-5, L. 8222-1, L. 8251-1, L. 8251-2, L. 8252-2, L. 8252-4, L. 8253-4, L. 8254-2, L. 8254-2-1, L. 8254-2-2, L. 8256-2, L. 8256-7-1, L. 8256-8, L. 8271-1-1 à L. 8271-6-2, L. 8271-11, L. 8271-17, L. 8272-1 à L. 8272-4, L. 8224-5-1, L. 8234-3, L. 8243-3.

2011	16 juin	Décret n° 2011-681. Fusion de la déclaration préalable à l'embauche et de la déclaration unique d'embauche. — V. C. trav., art. R. 1221-1 à R. 1221-17, R. 1227-2, R. 8221-2.
2011	28 juin	Décret n° 2011-771. Audience des organisations syndicales concernant les entreprises de moins de onze salariés. — V. C. trav., art. R. 2122-8 à R. 2122-98.
2011	5 juill.	Décret n° 2011-809. Indemnisation des conseillers prud'hommes. — V. C. trav., art. D. 1423-66.
2011	7 juill.	Loi n° 2011-814. Bioéthique. — V. CSP, art. L. 1244-5, App. II. C, **p. 3331.**
2011	7 juill.	Décret n° 2011-822. Obligations des entreprises pour l'égalité professionnelle entre les femmes et les hommes. — V. C. trav., art. R. 2242-2 à R. 2242-8, R. 2323-9, D. 2323-9-1.
2011	17 juill.	Arrêté. Application de l'article R. 1221-6. — V. C. trav., art. R. 1221-6.
2011	20 juill.	Loi n° 2011-867. Organisation de la médecine du travail : — V. C. trav., art. L. 1237-15, L. 4622-2, L. 4622-4, L. 4622-8 à L. 4622-16, L. 4623-1, L. 4623-5-1 à L. 4623-5-3, L. 4623-8, L. 4624-3, L. 4624-4, L. 4625-1, L. 4625-2, L. 4644-1, L. 4745-1, L. 5132-12, L. 5132-17, L. 7211-3, L. 7214-1, L. 7221-2, L. 7424-4. — V. C. rur., art. L. 717-1 à L. 717-3, App. II. E, **p. 3353.**
2011	28 juill.	Loi n° 2011-893. Développement de l'alternance et sécurisation des parcours professionnels. — V. C. trav., art. L. 1221-1, L. 1221-14, L. 1233-65 à L. 1233-70, L. 1233-72-1, L. 1235-16, L. 1251-7, L. 1253-4, L. 1253-5, L. 1253-9, L. 1253-11, L. 1253-12, L. 1253-20, L. 2241-6, L. 2323-47 anc., L. 2323-51 anc., L. 2323-83 anc., L. 3253-8, L. 3253-18-5, L. 3253-21, L. 4153-1, L. 5112-1, L. 5422-16, L. 5427-1, L. 5428-1, L. 6222-1, L. 6222-5-1, L. 6222-16, L. 6226-1, L. 6222-36-1, L. 6231-4, L. 6241-12, L. 6323-19, L. 6325-4-1, L. 6325-6-2, L. 6325-7, L. 6325-14-1, L. 6326-3, L. 6341-1, L. 8241-1, L. 8241-2.
2011	28 juill.	Loi n° 2011-901. Maisons départementales des personnes handicapées et politique du handicap. — V. C. trav., art. L. 4111-3, L. 5211-4, L. 5211-5, L. 5212-10, L. 5214-1 A, L. 5214-1 B, L. 5214-3-1.
2011	1er août	Ordonnance n° 2011-915. Organismes de placement collectif en valeurs mobilières et modernisation du cadre juridique de la gestion d'actifs. — V. C. trav., art. L. 3332-10, L. 3332-15, L. 3332-17, L. 3334-12.
2011	1er août	Décret n° 2011-922. Application de l'ordonnance n° 2011-915 du 1er août 2011. — V. C. trav., art. L. 3332-27.
2011	10 août	Loi n° 2011-939. Participation des citoyens au fonctionnement de la justice pénale et au jugement des mineurs. — V. C. trav., art. L. 1132-3-1.
2011	24 août	Décret n° 2011-1001. Licence d'agences de mannequins. — V. C. trav., art. R. 7123-8 à R. 7123-17-1, R. 7123-24, R. 7124-14.

2011	25 août	Décret n° 2011-1018. Rémunération des agents artistiques. — V. C. trav., art. D. 7121-7, D. 7121-8.
2011	6 sept.	Décret n° 2011-1049. Application de la loi n° 2011-672 du 16 juin 2011 relative à l'immigration, l'intégration et la nationalité et relatif aux titres de séjour. — V. C. trav., art. R. 5221-22.
2011	20 sept.	Décret n° 2011-1073. Suppression de commissions et instances administratives. — V. C. trav., art. R. 5214-2 à R. 5214-13, D. 5214-14 à D. 5214-18.
2011	20 sept.	Décret n° 2011-1132. Chèque emploi-service universel et services à la personne. — V. C. trav., art. R. 7232-1 à R. 7232-7, R. 7232-9 à R. 7232-24.
2011	20 sept.	Décret n° 2011-1133. Chèque emploi-service universel et services à la personne. — V. C. trav., art. D. 1271-9, D. 1271-15, D. 1271-29, D. 1271-32, D. 1271-33, D. 7231-1, D. 7233-1, D. 7233-4 à D. 7233-7.
2011	28 sept.	Décret n° 2011-1202. Droit affecté au fonds d'indemnisation de la profession d'avoué près les cours d'appel et à la contribution pour l'aide juridique. — V. C. trav., art. R. 3252-8, R. 3252-20.
2011	20 oct.	Ordonnance n° 2011-1328. Transposition de la directive 2009/38/CE concernant l'institution d'un comité d'entreprise européen ou d'une procédure dans les entreprises de dimension communautaire et les groupes d'entreprises de dimension communautaire en vue d'informer et de consulter les travailleurs. — V. C. trav., art. L. 2341-1, L. 2341-6 à L. 2341-11, L. 2342-3, L. 2342-5, L. 2342-7, L. 2342-9, L. 2342-10-1, L. 2342-10-2, L. 2343-2 à L. 2343-5, L. 2343-7, L. 2343-12, L. 2344-9.
2011	25 oct.	Décret n° 2011-1358. Expérience professionnelle du maître d'apprentissage. — V. C. trav., art. R. 6223-24.
2011	31 oct.	Décret n° 2011-1414. Composition du groupe spécial de négociation. — V. C. trav., art. R. 2344-1, R. 2344-2.
2011	7 nov.	Décret n° 2011-1449. Alimentation et gestion du PERCO et information des bénéficiaires. — V. C. trav., art. R. 3324-21-1, R. 3334-1-1 à R. 3334-1-3, R. 3341-5.
2011	7 nov.	Décret n° 2011-1450. Information des bénéficiaires de la participation financière et la sécurité de leurs avoirs. — V. C. trav., art. D. 3313-11, D. 3323-16, D. 3324-35, D. 3324-37, D. 3324-38.
2011	7 nov.	Décret n° 2011-1461. Évacuation des personnes handicapées des lieux de travail en cas d'incendie. — V. C. trav., art. R. 4211-3, R. 4214-28, R. 4216-2 à R. 4216-2-3, R. 4227-13, R. 4227-37 à R. 4227-39.
2011	9 nov.	Décret n° 2011-1480. Équipements de travail et équipements de protection individuelle. — V. C. trav., art. R. 4313-44.
2011	21 nov.	Décret n° 2011-1601. Contenu et modalités de délivrance de l'attestation prévue aux articles L. 8222-1 et L. 8222-4 du code du travail et à l'article L. 243-15 du code de la sécurité sociale. — V. C. trav., art. D. 8222-5, D. 8222-7.

2011	30 nov.	Décret n° 2011-1693. Protection des droits sociaux et pécuniaires des étrangers sans titre et à la répression du travail illégal. – V. C. trav., art. R. 8252-1, R. 8252-2, R. 8252-4 à R. 8252-13, D. 8272-1 à D. 8272-11.
2011	1ᵉʳ déc.	Décret n° 2011-1697. Ouvrages des réseaux publics d'électricité et des autres réseaux d'électricité et au dispositif de surveillance et de contrôle des ondes électromagnétiques. – V. C. trav., art. R. 8111-10.
2011	6 déc.	Décret n° 2011-1830. Contrat pour la mixité des emplois et l'égalité professionnelle entre les femmes et les hommes. – V. C. trav., art. D. 1143-7 à D. 1143-18.
2011	13 déc.	Loi n° 2011-1862. Répartition des contentieux et allègement de certaines procédures juridictionnelles. – V. C. trav., art. L. 1454-2, L. 3252-3, L. 3252-4, L. 3252-8, L. 3252-10.
2011	14 déc.	Décret n° 2011-1877. Organisation judiciaire en Guyane. – V. C. trav., art. R. 1422-4.
2011	19 déc.	Ordonnance n° 2011-1895. Partie législative du code de procédure civile d'exécution. – V. C. trav., art. L. 3252-3, L. 3253-22.
2011	21 déc.	Loi n° 2011-1906. De financement de la sécurité sociale pour 2012 : – V. C. trav., art. L. 1272-5, L. 6331-42, L. 8221-3, L. 8221-6. – V. CSS, art. L. 161-17-2, L. 241-13, App. III. A, **p. 3364.**
2011	21 déc.	Décret n° 2011-1924. Enregistrement des contrats d'apprentissage. – V. C. trav., art. R. 6222-5.
2011	23 déc.	Décret n° 2011-1953. Agrément des experts auprès du CHSCT. – V. C. trav., art. R. 4614-6 à R. 4614-17.
2011	26 déc.	Décret n° 2011-1970. Compte d'affectation spéciale et financement national du développement et de la modernisation de l'apprentissage. – V. C. trav., art. R. 6233-7.
2011	27 déc.	Décret n° 2011-1999. Participation mensuelle du département au financement de l'aide versée à l'employeur au titre des contrats d'accompagnement dans l'emploi d'une durée hebdomadaire de sept heures. – V. C. trav., art. D. 5134-41.
2011	28 déc.	Loi n° 2011-1977. De finances pour 2012 : – V. C. trav., art. L. 3324-1, L. 5123-2, L. 5123-7, L. 5134-30-1, L. 5423-5, L. 5426-8-1 à L. 5426-8-3, L. 5426-9, L. 8253-1, L. 8271-1-3, L. 8271-17. – V. CSS, art. L. 241-13, App. III. A, **p. 3365.**
2011	28 déc.	Loi n° 2011-1978. De finances rectificative pour 2011. – V. C. trav., art. L. 1233-69, L. 6331-65 à L. 6331-68.
2011	28 déc.	Décret n° 2011-2001. Carte d'étudiant des métiers. – V. C. trav., art. D. 6222-42, D. 6222-44, D. 6325-29.
2011	29 déc.	Décret n° 2011-2029. Tarification des accidents du travail et des maladies professionnelles. – V. C. trav., art. R. 8112-6.

2011	30 déc.	Décret n° 2011-2096. Modification et création de traitements automatisés de données à caractère personnel relatifs au revenu de solidarité active et à l'allocation aux adultes handicapés. — V. C. trav., art. R. 5312-32 à R. 5312-37.
2012	4 janv.	Décret n° 2012-17. Protection sociale agricole. — V. C. rur., art. R. 712-6, App. I. B, **p. 3244.**
2012	20 janv.	Décret n° 2012-66. Résolution amiable des différends. — V. C. trav., art. R. 1471-1, R. 1471-2.
2012	30 janv.	Décret n° 2012-133. Délai de la procédure contradictoire observée lors du contrôle de la contribution supplémentaire à l'apprentissage. — V. C. trav., art. R. 6362-9.
2012	30 janv.	Décret n° 2012-134. Conséquences de la création de la fiche prévue à l'article L. 4121-3-1 du code du travail. — V. C. trav., art. R. 4412-40 à R. 4412-43, R. 4412-54, R. 4412-110, R. 4612-2-1, R. 4741-1-1.
2012	30 janv.	Décret n° 2012-135. Organisation de la médecine du travail. — V. C. trav., art. R. 4426-5, R. 4435-1, R. 4446-1, R. 4452-27, R. 4452-28, R. 4513-12, R. 4621-1 à R. 4625-12, R. 4745-2.
2012	30 janv.	Décret n° 2012-136. Fiche prévue à l'article L. 4121-3-1 du code du travail. — V. C. trav., art. D. 4121-6, D. 4121-9.
2012	30 janv.	Décret n° 2012-137. Organisation et fonctionnement des services de santé au travail. — V. C. trav., art. D. 4622-1 à D. 4622-3, D. 4622-5 à D. 4622-16, D. 4622-18 à D. 4622-23, D. 4622-53 à D. 4622-57, D. 4624-37 à D. 4624-46, D. 4624-50, D. 4625-13 à D. 4625-22, D. 4644-11.
2012	7 févr.	Décret n° 2012-183. Formation et indemnisation des salariés pendant les périodes d'activité partielle de longue durée. — V. C. trav., art. D. 5122-46, R. 5122-51.
2012	28 févr.	Décret n° 2012-275. Modification des dispositions du code du travail relatives au chômage partiel. — V. C. trav., art. D. 5122-13, D. 5122-43, D. 5122-44.
2012	29 févr.	Décret n° 2012-285. Répartition des sièges des représentants des personnels non médicaux au CHSCT dans la fonction publique hospitalière. — V. C. trav., art. R. 4615-10, R. 4615-11.
2012	7 mars	Décret n° 2012-336. Office français de l'immigration et de l'intégration. — V. C. trav., art. R. 5223-1 à R. 5223-7, R. 5223-9 à R. 5223-12, R. 5223-14, R. 5223-17 à R. 5223-20, R. 5223-22 à R. 5223-28, R. 5223-34 à R. 5223-37, R. 5223-39.
2012	12 mars	Ordonnance n° 2012-351. Code de la sécurité intérieure. Partie législative. — V. C. trav., art. L. 3142-108 à L. 3142-114.
2012	19 mars	Loi n° 2012-375. Organisation du service et information des passagers dans les entreprises de transport aérien de passagers. — V. C. transp., art. L. 1324-7, L. 1324-8, App.VII. I, **p. 3521.**
2012	22 mars	Loi n° 2012-387. Simplification du droit et allègement des démarches administratives. — V. C. trav., art. L. 1221-7, L. 1226-4, L. 1226-10,

		L. 1232-8, L. 1233-8, L. 1233-21, L. 1233-28, L. 1233-30, L. 1233-32, L. 1233-34, L. 1233-38, L. 1233-46, L. 1233-58, L. 1233-61, L. 1233-71, L. 1233-87, L. 1235-10, L. 1311-2, L. 1332-2, L. 2135-2, L. 2142-1-1, L. 2142-8, L. 2143-5, L. 2143-4, L. 2143-5, L. 2143-13, L. 2143-16, L. 2241-2-1, L. 2242-15, L. 2242-19, L. 2242-20, L. 2312-1, L. 2312-2, L. 2312-5, L. 2313-16, L. 2315-1, L. 2322-1, L. 2322-2, L. 2322-4, L. 2323-50 anc., L. 2323-51 anc., L. 2323-55 anc., L. 2323-56 anc., L. 2323-57 anc., L. 2323-61 anc., L. 2324-11, L. 2325-6, L. 2325-9, L. 2325-14, L. 2325-23, L. 2325-26, L. 2325-27, L. 2325-34, L. 2325-35, L. 2325-38, L. 2327-5, L. 2328-2, L. 2341-1, L. 2341-2, L. 2344-6, L. 2363-11, L. 3122-6, L. 3133-3, L. 3141-3, L. 3142-8, L. 3312-3, L. 3322-2, L. 3332-2, L. 3332-10, L. 4121-3, L. 4311-1, L. 4611-1, L. 4611-2, L. 4613-4, L. 4614-3, L. 4614-15, L. 4631-1, L. 5212-4, L. 6121-3, L. 6332-3-1, L. 6332-7, L. 6332-20, L. 8113-7, L. 8241-2.
2012	11 avr.	Décret n° 2012-472. Apprentissage dans les entreprises de travail temporaire. — V. C. trav., art. R. 6226-1 à R. 6226-6.
2012	18 avr.	Décret n° 2012-509. Application de l'article 59-1 du décret n° 2004-374 du 29 avril 2004 modifié relatif aux pouvoirs des préfets, à l'organisation et à l'action de l'État dans les régions et départements. — V. C. trav., art. R. 5223-34.
2012	19 avr.	Décret n° 2012-530. Mise sur le marché et contrôle des substances et mélanges. — V. C. trav., art. R. 4411-1, R. 4411-1-1, R. 4411-2, R. 4411-4, R. 4411-6, R. 4411-69 à R. 4411-71, R. 4411-73, R. 4411-74, R. 4411-83, R. 4411-86, R. 4412-2, R. 4412-3, R. 4412-32, R. 4412-60, R. 4412-161 à R. 4412-164.
2012	20 avr.	Décret n° 2012-539. Modification des dispositions réglementaires relatives à la déclaration préalable d'exercice d'une activité de placement. — V. C. trav., art. R. 5323-1 à R. 5323-6, R. 5323-8.
2012	2 mai	Décret n° 2012-627. Accueil des apprentis dans plusieurs entreprises. — V. C. trav., art. R. 6223-10, R. 6223-11, R. 6223-13.
2012	3 mai	Décret n° 2012-634. Fusion de la profession d'avocat et d'avoué près les cours d'appel. — V. C. trav., art. R. 1453-2, R. 2524-12.
2012	4 mai	Décret n° 2012-639. Risques d'exposition à l'amiante. — V. C. trav., art. R. 4412-93 à R. 4412-148, R. 4511-8, R. 4512-11, R. 4532-7, R. 4535-10, R. 4724-14.
2012	4 mai	Décret n° 2012-657. Traitement de données à caractère personnel mis en œuvre pour la gestion du contrat unique d'insertion. — V. C. trav., art. R. 5134-14, R. 5134-17-1, R. 5134-18, R. 5134-21, R. 5134-22, D. 5134-25.
2012	4 mai	Décret n° 2012-664. Taux et modalités de calcul des cotisations d'allocations familiales et de la réduction générale de cotisations patronales de sécurité sociale. — V. CSS, art. D. 241-7, App. III. A, **p. 3368.**
2012	9 mai	Décret n° 2012-746. Valeurs limites d'exposition professionnelle contraignantes pour certains agents chimiques. — V. C. trav., art. R. 4412-149.

2012	9 mai	Décret n° 2012-755. Mise en conformité des dispositions nationales avec le droit de l'Union européenne en ce qui concerne la mise sur le marché et l'utilisation des produits phytopharmaceutiques. — V. C. trav., art. R. 4411-44, R. 4411-74.
2012	30 mai	Décret n° 2012-783. Partie réglementaire du code des procédures civiles d'exécution. — V. C. trav., art. R. 3252-7.
2012	16 juin	Décret n° 2012-812. Contribution spéciale et contribution forfaitaire représentative des frais de réacheminement d'un étranger dans son pays d'origine. — V. C. trav., art. R. 5223-24, R. 8253-1 à R. 8253-4, D. 8254-6.
2012	28 juin	Décret n° 2012-828. Relèvement du salaire minimum de croissance. — V. C. trav., art. R.* 3231-1.
2012	29 juin	Décret n° 2012-837. Organisation et fonctionnement des services de santé au travail en agriculture. — V. C. rur., art. D. 717-1, App. II. E, v° *Services de santé au travail*, **p. 3355.**
2012	19 juill.	Décret n° 2012-896. Reconnaissance de la lourdeur du handicap. — V. C. trav., art. R. 5213-41.
2012	24 juill.	Décret n° 2012-904. Période durant laquelle se déroule le scrutin visant à la mesure de l'audience des organisations syndicales auprès des salariés des TPE. — V. C. trav., art. L. 2122-10-1.
2012	30 juill.	Décret n° 2012-927. Informations transmises à Pôle emploi dans le cadre de la déclaration préalable à l'embauche. — V. C. trav., art. R. 1221-17.
2012	6 août	Loi n° 2012-954. Harcèlement sexuel : — V. C. trav., art. L. 1153-1, L. 1153-2 anc., L. 1153-3, L. 1153-5, L. 1153-6, L. 1155-2, L. 1155-3, L. 1441-23, L. 2313-2 anc., L. 4121-2, L. 4622-2, L. 8112-2. — V. C. pén., art. 222-33-2, 225-2, App. I. B, v° *Contrat de travail*, **p. 3215.**
2012	16 août	Loi n° 2012-958. De finances rectificative pour 2012 : — V. C. trav., art. L. 6331-48. — V. CSS, art. L. 241-13, L. 241-18, App. III. A, v° *Embauche et emploi*, **p. 3365.**
2012	18 sept.	Décret n° 2012-1066. Répétition des prestations indues versées par Pôle emploi. — V. C. trav., art. R. 5423-45, R. 5425-17, R. 5426-18 à R. 5426-24.
2012	21 sept.	Décret n° 2012-1074. Réduction générale de cotisations patronales de sécurité sociale et déduction forfaitaire de cotisations patronales sur les heures supplémentaires. — V. CSS, art. D. 241-7 à D. 241-9, App. III. A, v° *Embauche et emploi*, **p. 3368.**
2012	5 oct.	Décret n° 2012-113. Attribution des compétences au sein de la juridiction administrative en matière de représentativité des organisations syndicales. — V. C. trav., art. R. 2122-99.

2012	26 oct.	Loi n° 2012-1189. Emplois d'avenir. — V. C. trav., art. L. 1111-3, L. 1233-66, L. 1233-69, L. 2242-9, L. 5134-19-1, L. 5134-19-2, L. 5134-19-4, L. 5134-21 à L. 5134-27, L. 5134-29 à L. 5134-31, L. 5134-65 à L. 5134-69-1, L. 5134-72 à L. 5134-72-2, L. 5134-110 à L. 5134-129, L. 5422-16, L. 5427-1, L. 5522-2 à L. 5522-2-3.
2012	31 oct.	Décret n° 2012-1210. Emplois d'avenir. — V. C. trav., art. R. 5134-161 à R. 5134-168.
2012	31 oct.	Décret n° 2012-1211. Emplois d'avenir. — V. C. trav., art. R. 5134-14 à R. 5134-19, R. 5134-21 à R. 5134-23, R. 5134-26 à R. 5134-34, R. 5134-37, R. 5134-38, R. 5134-40, R. 5134-45 à R. 5134-47, R. 5134-50 à R. 5134-58, R. 5134-60, R. 5134-61, R. 5134-63, R. 5134-68 à R. 5134-70, R. 5522-14, D. 5522-16.
2012	2 nov.	Ordonnance n° 2012-1218. Réforme pénale en matière maritime. — V. C. trav., art. L. 2411-1, L. 2411-23, L. 2412-1, L. 2412-14, L. 2413-1, L. 2414-1, L. 2421-2, L. 2438-1.
2012	7 nov.	Décret n° 2012-1247. Adaptation de divers textes aux nouvelles règles de la gestion budgétaire et comptable publique. — V. C. trav., art. D. 4622-31, R. 5223-14, R. 5223-36, R. 5223-37, R. 5223-38, R. 5223-39, R. 5311-2, R. 5312-14, R. 5312-21, R. 5423-48, D. 5427-7, D. 5427-11, R. 6233-4.
2012	19 nov.	Décret n° 2012-1271. Conditions d'attribution de l'allocation spécifique de chômage partiel. — V. C. trav., art. R. 5122-1 à R. 5122-5.
2012	4 déc.	Décret n° 2012-1354. Déclaration annuelle obligatoire d'emploi des travailleurs handicapés adressée à l'association mentionnée à l'article L. 5214-1. — V. C. trav., art. R. 5212-1, R. 5212-1-2 à R. 5212-1-4, R. 5212-2, R. 5212-2-1, R. 5212-2-2, R. 5212-30, R. 5212-31.
2012	7 déc.	Décret n° 2012-1370. Formation professionnelle tout au long de la vie des artistes auteurs. — V. C. trav., art. R. 6331-64 à R. 6331-66.
2012	13 déc.	Décret n° 2012-1401. Application de l'article L. 3252-8 du code du travail. — V. C. trav., art. D. 3252-34-1.
2012	17 déc.	Loi n° 2012-1404. De financement de la sécurité sociale pour 2013 : — V. C. trav., art. L. 1225-28, L. 1225-35, L. 1225-36, L. 1142-3, L. 1262-4, L. 3141-5. — Art. 37. — V. C. rur., art. L. 722-1, L. 722-20, App. II. B, v° *Durée du travail*, **p. 3309.** — Art. 94. — V. L. n° 2005-159 du 23 févr. 2005, art. 6, App. I. B, v° *Contrat de travail*, **p. 3255.**
2012	18 déc.	Décret n° 2012-1408. Mise en œuvre des obligations des entreprises pour l'égalité professionnelle entre les femmes et les hommes. — V. C. trav., art. R. 2242-2, D. 2323-9-1, D. 2323-9-2.
2012	27 déc.	Décret n° 2012-1483. Transformation des syndicats interhospitaliers en groupement de coopération sanitaire ou en groupement d'intérêt public. — V. C. trav., art. R. 4615-1, R. 4615-3 à R. 4615-9, R. 4615-11 à R. 4615-13, D. 4626-1 à D. 4626-6, D. 4626-8, R. 4626-11, R. 4626-13, R. 4626-17, R. 4626-19.

2012	29 déc.	Loi n° 2012-1509. De finances pour 2013. — V. C. trav., art. L. 8253-1.
2013	11 janv.	Accord national interprofessionnel. Pour un nouveau modèle économique et social au service de la compétitivité des entreprises et de la sécurisation de l'emploi et des parcours professionnels des salariés. — V. App. III. A, v° *Embauche et emploi*, **p. 3385.**
2013	14 janv.	Décret n° 2013-47. Modification de l'article D. 1271-29 du code du travail. — V. C. trav., art. D. 1271-29.
2013	15 janv.	Décret n° 2013-50. Emploi d'avenir professeur. — V. C. trav., art. R. 5134-169 à R. 5134-176.
2013	30 janv.	Décret n° 2013-109. Simplification de la procédure de saisie des rémunérations. — V. C. trav., art. R. 3252-6, R. 3252-16, R. 3252-31, R. 3252-37, R. 3252-40.
2013	7 févr.	Décret n° 2013-123. Modalités de revalorisation du salaire minimum de croissance. — V. C. trav., art. R.* 3231-2, R.* 3231-2-1.
2013	1er mars	Loi n° 2013-185. Création du contrat de génération. — V. C. trav., art. L. 2241-4, L. 5121-3, L. 5121-6 à L. 5121-22, L. 5133-11.
2013	15 mars	Décret n° 2013-222. Contrat de génération. — V. C. trav., art. D. 5121-6, R. 5121-26 à R. 5121-49.
2013	16 avr.	Loi n° 2013-316. Indépendance de l'expertise en matière de santé et d'environnement et protection des lanceurs d'alerte. — V. C. trav., art. L. 4133-1 à L. 4133-5, L. 4141-1, L. 4614-10.
2013	2 mai	Décret n° 2013-379. Conditions d'extension des avenants salariaux aux conventions collectives régionales et départementales en matière agricole. — V. C. trav., art. D. 2261-6, D. 2261-7.
2013	17 mai	Loi n° 2013-404. Ouverture du mariage aux couples de personnes de même sexe. — V. C. trav., art. L. 1132-3-2.
2013	28 mai	Loi n° 2013-431. Diverses dispositions en matière d'infrastructures et de services de transports : — V. C. trav., art. L. 8271-1-2. — V. C. transp., art. L. 3314-2, L. 3315-2, L. 3315-6, L. 5561-1 à L. 5566-2, App. VII. J, v° *Transports*, **p. 3528.**
2013	4 juin	Décret n° 2013-467. Montant de la contribution spéciale instituée par l'article L. 8253-1. — V. C. trav., art. R. 8253-2.
2013	14 juin	Loi n° 2013-504. Sécurisation de l'emploi : — V. C. trav., art. L. 1222-12 à L. 1222-16, L. 1233-5, L. 1233-22, L. 1233-23, L. 1233-24, L. 1233-24-1 à L. 1233-24-4, L. 1233-30, L. 1233-33 à L. 1233-37, L. 1233-39 à L. 1233-41, L. 1233-45-1 à L. 1233-47, L. 1233-50, L. 1233-52, L. 1233-53 à L. 1233-57, L. 1233-57-1 à L. 1233-57-8, L. 1233-58, L. 1233-63, L. 1233-71, L. 1233-72-1, L. 1235-1, L. 1235-7, L. 1235-7-1, L. 1235-10, L. 1235-11, L. 1235-16, L. 1471-1, L. 2241-13, L. 2242-11, L. 2242-15, L. 2242-16, L. 2242-21 à L. 2242-23, L. 2261-22,

		L. 2313-7-1, L. 2314-2, L. 2322-2, L. 2323-3 anc., L. 2323-4 anc., L. 2323-15 anc., L. 2323-26-1 anc., L. 2323-33 anc., L. 2323-35 anc., L. 2323-65 anc., L. 2324-3, L. 2325-29, L. 2325-35, L. 2325-37, L. 2325-42-1, L. 2332-1, L. 2364-5, L. 2374-4, L. 2411-1, L. 2411-17, L. 2421-5, L. 2435-1, L. 3123-8, L. 3123-14 à L. 3123-14-5, L. 3123-16, L. 3123-17, L. 3123-19, L. 3123-25, L. 3232-2, L. 3232-5, L. 3232-8, L. 3245-1, L. 3253-8, L. 3253-13, L. 4614-3, L. 4614-12-1, L. 4614-13, L. 4616-1 à L. 4616-5, L. 5122-1 à L. 5122-4, L. 5125-1 à L. 5125-7, L. 5132-6, L. 5132-7, L. 5422-2-1, L. 5428-1, L. 6111-1, L. 6112-3, L. 6314-3. — Art. 18. — V. C. com., art. L. 631-17, App. I. B, v° *Contrat de travail*, **p. 3206.**
2013	19 juin	Décret n° 2013-524. Réduction d'impôt prévue par l'article 199 *sexdecies* du code général des impôts. — V. C. trav., art. D. 7233-5.
2013	26 juin	Décret n° 2013-551. Activité partielle. — V. C. trav., art. R. 5122-1 à R. 5122-14, R. 5122-16 à R. 5122-51.
2013	26 juin	Décret n° 2013-552. Comité d'hygiène, de sécurité et des conditions de travail et instance de coordination. — V. C. trav., art. R. 4614-3, R. 4614-18, R. 4616-1 à R. 4616-10.
2013	27 juin	Ordonnance n° 2013-544. Établissements de crédit et sociétés de financement. — V. C. trav., art. L. 3332-17-1, L. 3344-1.
2013	27 juin	Décret n° 2013-554. Procédure de licenciement collectif pour motif économique. — V. C. trav., art. R. 1233-2, R. 1233-3-1 à D. 1233-14-4, R. 1233-15, R. 1233-16, R. 1233-31, D. 1233-38.
2013	5 juill.	Décret n° 2013-594. Risques d'exposition à l'amiante. — V. C. trav., art. D. 4121-9, R. 4412-140, R. 4412-141, R. 4535-10.
2013	8 juill.	Loi n° 2013-595. Refondation de l'école : — V. C. trav., art. L. 6222-1, L. 6222-20, L. 6222-21. — V. C. éduc., art. L. 214-12, L. 214-13-1, App. VIII, v° *Formation professionnelle*, **p. 3535.**
2013	9 juill.	Décret n° 2013-607. Protection contre les risques biologiques auxquels sont soumis certains travailleurs susceptibles d'être en contact avec des objets perforants et protection des travailleurs intervenant en milieu hyperbare. — V. C. trav., art. R. 4424-11, R. 4461-19, R. 4535-11 à R. 4535-13.
2013	16 juill.	Loi n° 2013-617. Adaptation au droit de l'Union européenne dans le domaine du développement durable : — V. C. trav., art. L. 2411-1, L. 2411-14, L. 2412-1, L. 2412-8, L. 2413-1, L. 2414-1, L. 2421-4, L. 4142-3, L. 4143-1, L. 4521-1, L. 4524-1. — V. C. transp., art. L. 5541-1 à L. 5541-1-2, L. 5542-1, L. 5542-3 à L. 5542-6-1, L. 5542-11, L. 5542-12, L. 5542-18, L. 5542-18-1, L. 5542-21, L. 5542-21-1, L. 5542-23, L. 5542-27, L. 5542-28, L. 5542-31 à L. 5542-33-3, L. 5542-37, L. 5542-37-1, L. 5542-39-1, L. 5542-41, L. 5542-46, L. 5542-48 à L. 5542-50, L. 5543-1-1, L. 5543-2,

		L. 5543-2-1, L. 5543-3-1, L. 5543-5, L. 5544-1, L. 5544-4, L. 5544-9, L. 5544-14 à L. 5544-16, L. 5544-23, L. 5544-23-1, L. 5561-1 🔒, App. VII. E et F.
2013	22 juill.	Loi n° 2013-660. Enseignement supérieur et recherche. — V. C. éduc., art. L. 124-4, L. 124-5, L. 124-6, App. VIII, v° *Formation professionnelle*, **p. 3531.**
2013	25 juill.	Ordonnance n° 2013-676. Cadre juridique de la gestion d'actifs. — V. C. trav., art. L. 3332-10, L. 3332-15 à L. 3332-17, L. 3333-6, L. 3334-11, L. 3334-12, L. 3334-13, L. 3341-1, L. 3341-4.
2013	25 juill.	Décret n° 2013-687. Application de l'ordonnance n° 2013-676 du 25 juillet 2013 modifiant le cadre juridique de la gestion d'actifs. — V. C. trav., art. D. 3324-28, D. 3324-34, R. 3332-3, R. 3332-20, R. 3332-27, R. 3334-1-1, R. 3334-1-2.
2013	1ᵉʳ août	Décret n° 2013-703. Suppression de la participation de la direction générale des finances publiques à divers organismes collégiaux. — V. C. trav., art. R. 5112-16, R. 5112-17.
2013	1ᵉʳ août	Décret n° 2013-704. Suppression de la participation de la direction générale des finances publiques à deux commissions et un comité. — V. C. trav., art. D. 6521-3, D. 6521-10.
2013	2 août	Décret n° 2013-721. Fixation du montant du barème de l'indemnité forfaitaire prévue à l'article L. 1235-1 du code du travail. — V. C. trav., art. D. 1235-21.
2013	5 août	Loi n° 2013-711. Adaptation dans le domaine de la justice en application du droit de l'Union européenne et des engagements internationaux. — V. C. pén., art. 225-14-1, 225-14-2, 225-15, 225-15-1, App. I. B, v° *Contrat de travail*, **p. 3219.**
2013	30 août	Décret n° 2013-797. Compléments et adaptations spécifique au code du travail pour les mines et carrières en matière de poussières alvéatoires. — Art. 1ᵉʳ à 8. – V. App. VII. B, v° *Mines*, **p. 3501.**
2013	11 sept.	Décret n° 2013-815. Modification et complément de certaines dispositions relatives au contrat de génération. — V. C. trav., art. R. 5121-43, R. 5121-46, R. 5121-50 à R. 5121-55.
2013	11 oct.	Décret n° 2013-914. Procédure de dérogation prévue par l'article L. 4153-9 pour les jeunes âgés de moins de 18 ans. — V. C. trav., art. R. 4153-38 à R. 4153-52.
2013	11 oct.	Décret n° 2013-915. Travaux interdits et réglementés pour les jeunes âgés de moins de 18 ans. — V. C. trav., art. D. 4153-2, D. 4153-4, D. 4153-15 à D. 4153-37.
2013	29 oct.	Décret n° 2013-973. Prévention des risques particuliers auxquels les travailleurs sont exposés lors d'activités pyrotechniques. — V. C. trav., art. R. 4462-1 à R. 4462-36.
2013	6 déc.	Loi n° 2013-1117. Lutte contre la fraude fiscale et la grande délinquance économique et financière : — Art. 2. — V. C. pén., art. 131-27, App. IV. A, v° *Syndicats professionnels*, **p. 3489.**

		— Art. 35. — V. C. trav., art. L. 1132-3-3.
2013	23 déc.	Loi n° 2013-1203. De financement de la sécurité sociale pour 2014 : — V. C. trav., art. L. 1221-12-1, L. 1271-4, L. 1522-1, L. 5124-1, L. 5413-1, L. 5429-1, L. 5429-3, L. 6243-3, L. 8222-6. — V. CSS, art. L. 912-1, App. I. C, v° *Conventions et accords collectifs*, **p. 3275.**
2013	23 déc.	Décret n° 2013-1222. Financement de la gestion administrative, de l'action sanitaire et sociale et du contrôle médical des régimes protection sociale agricole et à la gestion de ce régime. — V. C. trav., art. R. 6261-8.
2013	27 déc.	Décret n° 2013-1305. Bases de données économiques et sociales et délais de consultation du comité d'entreprise et d'expertise. — V. C. trav., art. R. 2323-1 à R. 2323-1-10, R. 2325-6-1 à R. 2325-6-3.
2013	29 déc.	Loi n° 2013-1278. De finances pour 2014. — V. C. trav., art. L. 3325-2, L. 5132-2, L. 5132-3-1, L. 5134-19-4, L. 5134-30-1.
2013	29 déc.	Loi n° 2013-1279. De finances rectificative pour 2013 : — V. C. trav., art. L. 6241-1. — V. CGI, art. 44 *duodecies*, 1383 H, App. III. A, v° *Embauche et emploi*, **p. 3372.** — V. L. n° 2004-105 du 3 févr. 2004, art. 2, App. VII. B, v° *Mines*, **p. 3500.**
2013	29 déc.	Décret n° 2013-1280. Suppression de la contribution pour l'aide juridique et dispositions diverses relatives à l'aide juridique. — V. C. trav., art. R. 3252-8, R. 3252-30.
2013	30 déc.	Décret n° 2013-1306. Inscription temporaire des établissements de commerce de détail du bricolage sur la liste des établissements pouvant déroger à la règle du repos dominical. — V. C. trav., art. R. 3132-5.
2014	2 janv.	Loi n° 2014-1. Habilitation du Gouvernement à simplifier et sécuriser la vie des entreprises. — V. C. trav., art. L. 3334-11.
2014	20 janv.	Loi n° 2014-40. Avenir et justice du système de retraites : — V. C. trav., art. L. 1242-4, L. 4161-1, L. 4162-1 à L. 4162-22, L. 4163-1 à L. 4163-4, L. 4612-16 anc., L. 5421-4, L. 6111-1, L. 6243-2, L. 6243-3. — V. CSS, art. L. 161-17-3, L. 161-17-4, App. III. A, v° *Embauche et emploi*, **p. 3364** ; art. L. 351-8, App. I. D, v° *Salaires*, **p. 3295.**
2014	14 févr.	Décret n° 2014-128. Toxicovigilance. — V. C. trav., art. R. 4411-42 à R. 4411-46.
2014	18 févr.	Décret n° 2014-144. Conseils consulaires à l'Assemblée des Français de l'étranger et à leurs membres. — V. C. trav., art. R. 5313-2.
2014	20 févr.	Décret n° 2014-188. Emploi d'avenir. — V. C. trav., art. R. 5134-161.
2014	21 févr.	Loi n° 2014-173. Programmation pour la ville et la cohésion urbaine : — V. C. trav., art. L. 1132-1, L. 1133-5, L. 5134-100, L. 5134-102, L. 5134-110, L. 5134-118, L. 5134-120, L. 5141-1.

		— V. C. pén., art. 225-1, 225-3, App. I. B, v° *Contrat de travail*, **p. 3215.** — V. L. n° 2008-496 du 27 mai 2008, art. 1ᵉʳ, 2, App. I. B, v° *Contrat de travail*, **p. 3255.**
2014	21 févr.	Décret n° 2014-197. Généralisation de l'aide au poste d'insertion et diverses mesures relatives à l'insertion par l'activité économique. — V. C. trav., art. R. 5132-10-6 à R. 5132-10-14, R. 5132-11 à R. 5132-16, R. 5132-18, R. 5132-23 à R. 5132-26, R. 5132-27 à R. 5132-29, R. 5132-32, R. 5132-33, R. 5132-35 à R. 5132-43.
2014	24 févr.	Loi n° 2014-200. Ratification de la convention n° 187 de l'OIT relative au cadre promotionnel pour la sécurité et la santé au travail. — V. App. II. D, v° *Santé, hygiène et sécurité des travailleurs*, **p. 3350.**
2014	5 mars	Loi n° 2014-288. Formation professionnelle, emploi et démocratie sociale : — V. C. trav., art. L. 2, L. 1222-14, L. 1225-27, L. 1225-46-1, L. 1225-57, L. 1233-67, L. 1233-68, L. 1233-69, L. 1251-12, L. 1253-1, L. 2122-3-1, L. 2122-10-6, L. 2135-6, L. 2135-9 à L. 2135-18, L. 2143-11, L. 2145-2, L. 2145-3, L. 2151-1, L. 2152-1 à L. 2152-7, L. 2241-4, L. 2241-6, L. 2242-15, L. 2261-19, L. 2261-32, L. 2312-5, L. 2314-1, L. 2314-3, L. 2314-3-1, L. 2314-10 à L. 2314-13, L. 2314-20, L. 2314-22, L. 2314-23, L. 2314-31, L. 2322-5, L. 2323-34 à L. 2323-37 anc., L. 2323-41 anc., L. 2324-1, L. 2324-2, L. 2324-4, L. 2324-4-1, L. 2324-7, L. 2324-12, L. 2324-13, L. 2324-18, L. 2324-20, L. 2324-21, L. 2325-1, L. 2325-34-1 à L. 2325-34-4, L. 2325-45 à L. 2325-58, L. 2327-7, L. 2327-12, L. 2327-12-1, L. 2327-14-1, L. 2327-16, L. 3123-14-1, L. 3123-14-3, L. 3142-8, L. 3142-9, L. 3142-95, L. 5112-1, L. 5112-2, L. 5132-5, L. 5132-11-1, L. 5132-15-1, L. 5134-20, L. 5134-23-1, L. 5134-25-1, L. 5134-29, L. 5134-66, L. 5134-71, L. 5134-111, L. 5135-1 à L. 5135-8, L. 5211-2, L. 5211-3, L. 5211-5, L. 5212-11, L. 5214-1 A, L. 5214-1 B, L. 5214-1-1, L. 5214-3, L. 5312-1, L. 5312-12-1, L. 5314-2, L. 6111-1, L. 6111-3, L. 6111-4, L. 6111-5, L. 6111-6, L. 6111-7, L. 6112-1, L. 6121-1 à L. 6121-2-1, L. 6121-4 à L. 6121-7, L. 6123-3 à L. 6123-7, L. 6211-3, L. 6221-2, L. 6222-1, L. 6222-2, L. 6222-7 à L. 6222-12-1, L. 6222-22-1, L. 6222-37, L. 6223-8, L. 6225-2, L. 6225-3, L. 6225-5, L. 6231-4-2, L. 6232-1, L. 6232-2, L. 6232-6 à L. 6232-9, L. 6233-1, L. 6233-1-1, L. 6314-1, L. 6314-3, L. 6315-1, L. 6316-1, L. 6321-1, L. 6324-1 à L. 6324-5-1, L. 6324-7, L. 6325-2-1, L. 6325-3-1, L. 6325-12, L. 6325-24, L. 6326-1, L. 6326-3, L. 6326-4, L. 6331-55, L. 6331-65, L. 6332-1-2, L. 6332-3-1 à L. 6332-3-7, L. 6332-5, L. 6332-7, L. 6332-20, L. 6341-2, L. 6341-3, L. 6341-5, L. 6342-3, L. 6361-3, L. 6362-3, L. 6412-1, L. 6422-2, L. 6423-1, L. 6423-2, L. 6521-2, L. 6523-1, L. 6523-6-2, L. 8211-1. — V. C. éduc., art. L. 214-13, App. VIII, v° *Formation professionnelle*, **p. 3535.**
2014	6 mars	Décret n° 2014-294. Conditions d'émission et de validité et utilisation des titres-restaurant. — V. C. trav., art. R. 3262-1, R. 3262-1-1, R. 3262-1-2, R. 3262-2, R. 3262-5, R. 3262-8, R. 3262-10.

2014	11 mars	Loi n° 2014-315. Lutte contre la contrefaçon. — V. CPI, art. L. 521-4-1, L. 615-17, App. I. C, v° *Contrat de travail*, **p. 3226.**
2014	11 mars	Décret n° 2014-324. Droit d'alerte en matière de santé publique et d'environnement dans l'entreprise. — V. C. trav., art. D. 4133-1 à D. 4133-3.
2014	12 mars	Ordonnance n° 2014-326. Prévention des difficultés des entreprises et des procédures collectives : — V. C. trav., art. L. 1222-6, L. 1233-58, L. 1233-60-1, L. 2323-45 anc., L. 2411-1. — V. C. com., art. L. 621-4, L. 622-10, L. 622-17, L. 624-1, L. 626-1, L. 641-13, App. I. B, v° *Contrat de travail*, **p. 3197.**
2014	13 mars	Décret n° 2014-331. Activités prud'homales. — V. C. trav., art. R. 1423-55.
2014	13 mars	Décret n° 2014-332. Indemnisation des conseillers prud'hommes. — V. C. trav., art. D. 1423-65, D. 1423-66, D. 1423-67, D. 1423-72.
2014	20 mars	Décret n° 2014-359. Organisation du système d'inspection du travail. — V. C. trav., art. R. 8121-13 à R. 8121-15, R. 8122-3 à R. 8122-11.
2014	29 mars	Loi n° 2014-384. Reconquête de l'économie réelle. — V. C. trav., art. L. 1233-57-9 à L. 1233-57-22, L. 2323-21 anc., L. 2323-23 anc., L. 2323-25 anc., L. 2323-35 anc., L. 2323-36 anc., L. 2323-38 à L. 2323-40, L. 2323-42 anc., L. 2323-44 anc., L. 2323-45 anc., L. 2325-35, L. 2325-37.
2014	24 avr.	Décret n° 2014-423. Application des dispositions relatives à la santé au travail aux travailleurs éloignés. — V. C. trav., art. D. 4625-23 à D. 4625-34.
2014	9 mai	Loi n° 2014-459. Don de jours de repos à un parent d'enfant gravement malade. — V. C. trav., art. L. 1225-65-1, L. 1225-65-2.
2014	22 mai	Décret n° 2014-524. Modification des règles relatives à l'organisation et au fonctionnement de Pôle emploi. — V. C. trav., art. R. 1221-15, R. 1221-17, R. 1234-9, R. 1251-7, R. 1255-3, R. 1255-4, R. 5112-17, R. 5132-2, R. 5132-10-7, R. 5132-17, R. 5132-28, R. 5134-14, R. 5134-163, R. 5142-1, R. 5212-10, R. 5213-5, R. 5221-43, R. 5311-1, R. 5311-2, R. 5312-1 à R. 5312-7, R. 5312-16, R. 5312-19 à R. 5312-22, R. 5312-24, R. 5312-25 à R. 5312-31, R. 5322-1, R. 5322-3, R. 5322-6, R. 5323-13, R. 5323-14, R. 5411-1, R. 5411-6 à R. 5411-8, R. 5411-10, R. 5411-14, R. 5411-16 à R. 5411-18, R. 5412-1, R. 5412-8, R. 5422-5, R. 5423-15, R. 5424-2, R. 5425-14, R. 5426-2, R. 5426-6, R. 5426-7, R. 5426-9, R. 5426-18 à R. 5426-20, R. 5426-23, R. 5426-24, R. 5427-1, D. 5521-8, R. 5522-60, R. 6341-34, R. 6341-35, R. 6341-37, R. 6342-2, R. 7122-31.
2014	27 mai	Décret n° 2014-551. Adaptation des dispositions pour faire suite à la fusion de la direction générale des impôts et de la direction générale de la comptabilité publique. — V. C. trav., art. R. 3262-16, R. 3411-1, R. 3423-6, R. 5212-31, R. 5511-1.

2014	27 mai	Décret n° 2014-552. Adaptation des dispositions pour faire suite à la fusion de la direction générale des impôts et de la direction générale des impôts. — V. C. trav., art. D. 1233-41, D. 1233-44, D. 3325-1, D. 3325-2, D. 5427-6, D. 5427-7.
2014	17 juin	Décret n° 2014-628. Dématérialisation de la déclaration et paiement des cotisations sociales pour les employeurs privés et les travailleurs indépendants ainsi que dématérialisation de la déclaration préalable à l'embauche pour les employeurs privés. — V. C. trav., art. D. 1221-18, D. 1221-19.
2014	18 juin	Loi n° 2014-626. Artisanat, commerce et très petites entreprises. — V. C. trav., art. L. 6331-48, L. 6331-48-1, L. 6331-49, L. 6331-54, L. 6331-54-1, L. 8271-9.
2014	24 juin	Décret n° 2014-670. Durée d'indemnisation des demandeurs d'emploi par le régime d'assurance chômage. — V. C. trav., art. R. 5422-1, R. 5422-2, R. 5424-6.
2014	26 juin	Ordonnance n° 2014-699. Simplification et adaptation du droit du travail. — V. C. trav., art. L. 1142-6, L. 1152-4, L. 1153-5, L. 1221-25, L. 1233-45, L. 1233-49, L. 1233-57-4, L. 1233-58, L. 2314-2, L. 2314-3, L. 2314-5, L. 2314-10, L. 2324-3, L. 2324-4, L. 2324-8, L. 2324-12, L. 7413-3.
2014	27 juin	Décret n° 2014-728. Modalités d'application de la participation financière des départements à l'aide au poste d'insertion en faveur des structures de l'insertion par l'activité économique. — V. C. trav., art. R. 5132-41.
2014	30 juin	Décret n° 2014-740. Dématérialisation de la procédure de recours à l'activité partielle. — V. C. trav., art. R. 5122-2, R. 5122-4, R. 5122-5, R. 5122-20 à R. 5122-26.
2014	1er juill.	Loi n° 2014-743. Procédure applicable devant le conseil de prud'hommes dans le cadre d'une prise d'acte de la rupture du contrat de travail par le salarié. — V. C. trav., art. L. 1451-1.
2014	1er juill.	Décret n° 2014-754. Modification de l'article R. 4228-20 du code du travail. — V. C. trav., art. R. 4228-20.
2014	2 juill.	Décret n° 2014-753. Dissolution de l'Agence nationale des services à la personne. — V. C. trav., art. R. 1271-8, R. 1271-10, R. 1271-12, R. 1271-17, R. 1271-19 à R. 1271-27, R. 1271-32, D. 7231-2, R. 7232-9, R. 7232-10, R. 7232-12, R. 7232-17, R. 7232-20, R. 7232-21, R. 7232-22.
2014	10 juill.	Loi n° 2014-788. Développement et encadrement des stages et amélioration du statut des stagiaires : — V. C. trav., art. L. 1221-13, L. 1221-24, L. 1454-5, L. 8112-2, L. 8223-1-1. — V. CGI, art. 81 *bis*, App. I. D, v° *Salaires*, **p. 3282.** — V. C. éduc., art. L. 124-1 à L. 124-20, App. VIII, v° *Formation professionnelle*, **p. 3530.**

2014	10 juill.	Loi n° 2014-790. Lutte contre la concurrence déloyale. — V. C. trav., art. L. 1221-15-1, L. 1262-2-1, L. 1262-4-1, L. 1262-4-2, L. 1262-5, L. 1264-1 à L. 1264-3, L. 1265-1, L. 3245-2, L. 4231-1, L. 8222-5, L. 8223-4, L. 8224-2, L. 8224-3, L. 8224-5, L. 8234-1, L. 8234-2, L. 8243-1, L. 8243-2, L. 8256-3, L. 8256-7, L. 8271-6-2, L. 8272-2, L. 8272-4, L. 8272-5, L. 8281-1.
2014	11 juill.	Décret n° 2014-798. Diverses dispositions relatives à la médecine du travail. — V. C. trav., art. R. 4152-1, R. 4412-45, R. 4412-48, R. 4623-14, R. 4623-15, R. 4623-20, R. 4623-22, R. 4623-24, R. 4623-25-1, R. 4623-25-2, R. 4623-25-3, R. 4623-25-4, R. 4623-25-5, R. 4624-2, R. 4624-37 à R. 4624-45, R. 4624-46 à R. 4624-49, R. 4624-50, R. 4745-1, R. 4745-2, R. 4745-5, R. 4745-6.
2014	11 juill.	Décret n° 2014-799. Diverses dispositions relatives à l'organisation de la médecine du travail. — V. C. trav., art. D. 4153-23, D. 4622-22, D. 4622-29, D. 4622-31, D. 4622-35, D. 4622-37, D. 4622-45, D. 4622-49, D. 4644-6.
2014	31 juill.	Loi n° 2014-856. Économie sociale et solidaire : — V. C. trav., art. L. 1233-57-2, L. 1233-57-3, L. 1233-57-21, L. 1272-4, L. 3323-3, L. 3323-9, L. 3332-17-1, L. 5134-21, L. 5134-111, L. 7331-1 à L. 7332-7, R. 3323-9, R. 3323-11. — V. C. com., art. L. 23-10-1 à L. 23-10-6, L. 23-10-7 à L. 23-10-12, L. 626-2-1, App. I. B, v° *Contrat de travail*, **p. 3194**. — Art. 1ᵉʳ, 2, 3, 4, 18, App. III. A, v° *Embauche et emploi*, **p. 3397**.
2014	4 août	Loi n° 2014-872. Réforme ferroviaire. — V. C. transp., art. L. 1321-1, L. 1321-3, L. 1321-3-1, L. 1321-9, App. VII. I, v° *Transport*, **p. 3517**.
2014	4 août	Loi n° 2014-873. Égalité réelle entre les femmes et les hommes : — V. C. trav., art. L. 1153-5, L. 1225-4-1, L. 1225-16, L. 1225-48, L. 1225-57, L. 2241-1, L. 2241-3, L. 2241-7, L. 2242-2, L. 2242-5, L. 2242-7, L. 2323-47 anc., L. 2323-57 anc., L. 3142-1, L. 3221-6, L. 4121-3. — V. C. pén., art. 222-33-2, App. I. B, v° *Contrat de travail*, **p. 3215**.
2014	8 août	Loi n° 2014-891. De finances rectificative pour 2014. — V. CGCT, art. L. 2333-64, App. II. G, v° *Versement transport*, **p. 3356**.
2014	8 août	Loi n° 2014-892. De financement rectificative de la sécurité sociale pour 2014. — V. CSS, art. L. 241-13, App. III. A, v° *Embauche et emploi*, **p. 3365**.
2014	15 août	Loi n° 2014-896. Individualisation des peines et renforcement de l'efficacité des sanctions pénales. — V. C. pén., art. 131-6, App. IV. A, v° *Syndicats professionnels*, **p. 3488**.
2014	18 août	Décret n° 2014-899. Diverses dispositions relatives à l'organisation judiciaire. — V. C. trav., art. R. 1422-4.
2014	20 août	Décret n° 2014-935. Formations ouvertes ou à distance. — V. C. trav., art. D. 6353-3, D. 6353-4.
2014	20 août	Ordonnance n° 2014-948. Gouvernance et opérations sur le capital des sociétés à participation publique. — V. C. trav., art. L. 2323-64 anc.

2014	22 août	Décret n° 2014-968. Contributions des entreprises au titre de la formation professionnelle continue. – V. C. trav., art. R. 6331-2, R. 6331-9 à R. 6331-15, R. 6331-17 à R. 6331-28.
2014	22 août	Décret n° 2014-969. Durée minimale des périodes de professionnalisation et obligation de tutorat d'un salarié en contrat de professionnalisation. – V. C. trav., art. D. 6325-6, D. 6325-10.
2014	10 sept.	Décret n° 2014-1031. Diverses dispositions relatives à l'apprentissage en application de la loi n° 2014-588 du 5 mars 2014. – V. C. trav., art. D. 6211-1, R. 6222-1-1, R. 6222-4, R. 6232-1, R. 6232-3, R. 6232-4, R. 6232-10, R. 6232-11, R. 6232-12.
2014	12 sept.	Décret n° 2014-1045. Information et consultation du comité d'entreprise en matière de formation professionnelle. – V. C. trav., art. D. 2323-5, D. 2323-7.
2014	12 sept.	Décret n° 2014-1046. Majoration de l'aide accordée au titre du contrat de génération. – V. C. trav., art. D. 5121-42.
2014	16 sept.	Décret n° 2014-1055. Missions, composition et fonctionnement du comité régional de l'emploi, de la formation et de l'orientation professionnelles. – V. C. trav., art. R. 2325-8, D. 3341-4, R. 4614-26, R. 4614-27, R. 5112-19 à R. 5112-22, D. 5121-2, R. 5121-14, R. 5134-163, R. 6111-1 à R. 6111-5, R. 6123-3 à R. 6123-3-15, R. 6232-23, R. 6341-2, R. 6362-8, R. 6523-15 à R. 6523-26.
2014	2 oct.	Décret n° 2014-1120. Modalités d'alimentation et de mobilisation du compte personnel de formation. – V. C. trav., art. D. 1234-6, R. 6323-1.
2014	9 oct.	Décret n° 2014-1158. Document unique d'évaluation des risques et accords en faveur de la prévention de la pénibilité. – V. C. trav., art. R. 4121-1-1.
2014	9 oct.	Décret n° 2014-1159. Exposition des travailleurs à certains facteurs de risque professionnel au-delà de certains seuils de pénibilité et traçabilité. – V. C. trav., art. D. 4121-5 à D. 4121-9.
2014	13 oct.	Loi n° 2014-1170. Avenir pour l'agriculture, l'alimentation et la forêt. – V. C. rur., art. L. 712-2 à L. 712-8, L. 718-1, L. 722-2, L. 722-3, App. I. B, v° *Contrat de travail*, **p. 3241.**
2014	24 oct.	Décret n° 2014-1240. Organismes paritaires agréés mentionnés aux articles L. 6332-1, L. 6333-1 et L. 6333-2 du code du travail. – V. C. trav., art. R. 6332-77-1, R. 6332-93 à R. 6332-95.
2014	31 oct.	Décret n° 2014-1311. Comité paritaire interprofessionnel régional pour l'emploi et la formation. – V. C. trav., art. R. 6523-27, R. 6523-28.
2014	3 nov.	Décret n° 2014-1316. Diverses dispositions d'adaptation au droit de l'Union européenne en matière financière et sociétés de financement. – V. C. trav., art. D. 3324-3.
2014	6 nov.	Ordonnance n° 2014-1335. Adaptation et entrée en vigueur de certaines dispositions du code général des collectivités territoriales, du

		code général des impôts et d'autres dispositions législatives applicables à la métropole de Lyon. — V. CGCT, art. L. 2333-64, L. 2333-66, L. 2333-67, L. 2333-68, L. 2333-70, L. 2333-71, App. II. G, v° *Versement transport*, **p. 3356.**
2014	13 nov.	Décret n° 2014-1360. Périodes de mise en situation en milieu professionnel. — V. C. trav., art. D. 5132-10-1 à D. 5132-10-4, D. 5132-26-1 à D. 5132-26-4, D. 5134-50-1 à D. 5134-50-3, D. 5134-71-1 à D. 5134-71-3, D. 5135-1 à D. 5135-8.
2014	17 nov.	Décret n° 2014-1371. Déclaration sociale nominative. — V. C. trav., art. R. 1221-18.
2014	21 nov.	Décret n° 2014-1390. Procédure d'habilitation des organismes chargés d'actions d'insertion et de formation professionnelle. — V. C. trav., art. R. 6121-1 à R. 6121-8.
2014	27 nov.	Décret n° 2014-1420. Encadrement des périodes de formation en milieu professionnel et des stages. — V. C. trav., art. D. 1221-23-1, D. 1221-25.
2014	20 déc.	Loi n° 2014-1545. Simplification de la vie des entreprises, simplification et clarification du droit et des procédures administratives : — V. C. trav., art. L. 1242-2, L. 1242-7, L. 1242-8, L. 1242-8-1, L. 1242-12-1, L. 1243-1, L. 1243-5, L. 2152-1, L. 6243-1-2. — V. CSS, art. L. 241-18, App. I. D, v° *Salaires*, **p. 3294.**
2014	22 déc.	Loi n° 2014-1554. De financement de la sécurité sociale pour 2015 : — V. C. trav., art. L. 1225-28, L. 5427-1, L. 6331-53, L. 8224-2, L. 8234-1, L. 8243-1. — V. C. rur., art. L. 722-20, App. II. B, v° *Durée du travail*, **p. 3310.**
2014	29 déc.	Loi n° 2014-1653. Programmation des finances publiques pour les années 2014 à 2019. — V. C. trav., art. L. 5422-20.
2014	29 déc.	Loi n° 2014-1654. De finances pour 2015 : V. C. trav., art. L. 5423-25. — V. CGCT, art. L. 2333-70, L. 2333-71, L. 2333-74, App. II. G, v° *Versement transport*, **p. 3359.**
2014	29 déc.	Loi n° 2014-1655. De finances rectificative pour 2014 : — V. CGCT, art. L. 2333-64, L. 2333-69, L. 2333-74, App. II. G, v° *Versement transport*, **p. 3356.** — V. CSS, art. L. 241-13, App. III. A, v° *Embauche et emploi*, **p. 3365.** — V. CGI, art. 44 *duodecies*, 1383 H, App. III. A, v° *Embauche et emploi*, **p. 3373.**
2014	29 déc.	Décret n° 2014-1658. Introduction de la participation des salariés aux résultats de la société Bpifrance Financement SA. — V. Décr. n° 87-948 du 26 nov. 1987, art. 1er à 4, App. IV. D, v° *Intéressement. Participation. Actionnariat*, **p. 3491.**
2014	29 déc.	Décret n° 2014-1688. Mise en œuvre de la réduction générale des cotisations et contributions patronales. — V. CSS, art. D. 241-7, D. 241-10, App. III. A, v° *Placement et emploi*, **p. 3368.**

2014	30 déc.	Décret n° 2014-1717. Création d'un traitement automatisé de données à caractère personnel dénommé « système d'information du compte personnel de formation » relatif à la gestion des droits inscrits ou mentionnés au compte personnel de formation. – V. C. trav., art. R. 6323-12 à R. 6323-21.
2014	30 déc.	Décret n° 2014-1718. Contribution au fonds institué par l'article L. 2135-9 du code du travail. – V. C. trav., art. D. 2135-34.
2014	31 déc.	Décret n° 2014-1767. Commission de la carte d'identité des journalistes professionnels. – V. C. trav., art. R. 7111-14, R. 7111-31-1.
2015	26 janv.	Convention. Contrat de sécurisation professionnelle. – V. App. III. A, v° *Placement et emploi*, **p. 3399.**
2015	29 janv.	Ordonnance n° 2015-82. Simplification et sécurisation des modalités d'application des règles en matière de temps partiel issues de la loi n° 2013-504 du 14 juin 2013 relative à la sécurisation de l'emploi. – V. C. trav., art. L. 3123-8, L. 3123-14-1, L. 3123-14-6.
2015	10 févr.	Décret n° 2015-151. Diverses dispositions relatives à la taxe d'apprentissage. – V. C. trav., art. R. 6261-1, D. 6522-1.
2015	3 mars	Décret n° 2015-249. Dispositions relatives au contrat de génération. – V. C. trav., art. R. 5121-30, R. 5121-32, R. 5121-41, D. 5121-44, R. 5121-45, R. 5121-52.
2015	5 mars	Décret n° 2015-262. Création de la sous-commission de la restructuration des branches professionnelles de la Commission nationale de la négociation collective. – V. C. trav., art. R. 2272-10, R. 2272-12.
2015	23 mars	Décret n° 2015-326. Seuil en dessous duquel la rémunération portée sur le chèque emploi-service universel inclut une indemnité compensatrice de congés payés dont le montant est égal à un dixième de la rémunération brute. – V. C. trav., art. D. 1271-5, D. 1271-5-1.
2015	26 mars	Ordonnance n° 2015-333. Diverses mesures de simplification et d'adaptation dans le secteur touristique. – V. C. tourisme, art. L. 411-1, L. 411-2, L. 411-5, L. 411-7 à L. 411-10, L. 411-12, App. II. C, v° *Congés*, **p. 3332.**
2015	27 mars	Décret n° 2015-357. Comptes des comités d'entreprise et des comités interentreprises. – V. C. trav., art. R. 2323-28, R. 2323-33, R. 2323-37, R. 2323-38, R. 2323-41-1 à R. 2323-41-4, R. 2325-1, R. 2325-13, R. 2325-15, R. 2325-17 à R. 2325-20, R. 2327-4.
2015	27 mars	Décret n° 2015-358. Transparence des comptes des comités d'entreprise. – V. C. trav., art. D. 2325-4-1, D. 2325-9 à D. 2325-12, D. 2325-14, D. 2325-16, D. 2327-4-1 à D. 2327-4-4.
2015	30 mars	Décret n° 2015-364. Lutte contre les fraudes au détachement de travailleurs et lutte contre le travail illégal. – V. C. trav., art. D. 1221-24, D. 1221-24-1, R. 1227-7, R. 1262-8-1, R. 1262-19, R. 1263-1, R. 1263-2-1 à R. 1263-7, R. 1263-9, R. 1263-10, R. 1263-12, R. 1264-1, D. 1265-1, R. 3245-1 à R. 3245-4, R. 4231-1 à R. 4231-4,

		R. 8115-1 à R. 8115-5, R. 8222-1, D. 8223-4, D. 8233-1, R. 8242-1, D. 8254-1, D. 8255-1, R. 8272-8, R. 8272-10, R. 8281-1 à R. 8282-1, R. 8322-2.
2015	31 mars	Loi n° 2015-366. Facilitation de l'exercice, par les élus locaux, de leur mandat : — V. C. trav., art. L. 3142-56. — V. CGCT, art. L. 2123-9, App. I. B, v° *Contrat de travail*, **p. 3247.**
2015	2 avr.	Ordonnance n° 2015-380. Portage salarial. — Ratifiée par L. n° 2016-1088 du 8 août 2016, art. 85. — V. C. trav., art. L. 1254-1 à L. 1254-31, L. 2314-17-1, L. 2314-18-2, L. 2323-17 anc., L. 2324-16-1, L. 2324-17-2, L. 3322-4-1, L. 3342-1, L. 8241-1.
2015	17 avr.	Décret n° 2015-443. Procédure de dérogation prévue à l'article L. 4153-9 du code du travail pour les jeunes âgés de moins de dix-huit ans : — V. C. trav., art. R. 4153-39 à R. 4153-45. — V. C. rur., art. R. 715-1 à R. 715-3, App. II. A, v° *Âge d'admission au travail*, **p. 3303.**
2015	17 avr.	Décret n° 2015-444. Modification des articles D. 4153-30 et D. 4153-31 (travail en hauteur des jeunes âgés de moins de 18 ans). — V. ces art.
2015	23 avr.	Décret n° 2015-466. Prise en charge des stagiaires de la formation professionnelle. — V. C. trav., art. R. 6341-2 à R. 6341-4, D. 6341-26, R. 6341-27, R. 6341-29, R. 6341-30, R. 6341-49.
2015	29 avr.	Décret n° 2015-495. Habilitation des aides à domicile à pratiquer les aspirations endo-trachéales. — V. C. trav., art. D. 7231-1.
2015	15 mai	Décret n° 2015-536. Fixation du contingent de médailles militaires pour la période du 1er janvier 2015 au 31 décembre 2017. — V. Décr. n° 2008-76 du 24 janv. 2008, art. 1er, App. VII, v° *Régimes spéciaux*, **p. 3498.**
2015	2 juin	Décret n° 2015-600. Suppression des dispositions réglementaires relatives à la déclaration fiscale des employeurs en matière de formation professionnelle. — V. C. trav., art. R. 6331-29 à R. 6331-35.
2015	3 juin	Décret n° 2015-612. Transposition de la directive 2014/27/UE du Parlement européen et du Conseil du 26 février 2014 et modification du code du travail afin de l'aligner sur le règlement (CE) n° 1272/2008 du Parlement européen et du Conseil du 16 décembre 2008 relatif à la classification, à l'étiquetage et à l'emballage des substances et des mélanges. — V. C. trav., art. R. 4411-1-1, R. 4411-2 à R. 4411-6, R. 4411-69 à R. 4411-72, R. 4411-74 à R. 4411-82, R. 4412-3, R. 4412-6, R. 4412-39-1, R. 4412-60.
2015	3 juin	Décret n° 2015-613. Transposition de la directive 2014/27/UE du Parlement européen et du Conseil du 26 févr. 2014 et modification du code du travail afin de l'aligner sur le règlement (CE) n° 1272/2008

		du Parlement européen et du Conseil du 16 décembre 2008 relatif à la classification, à l'étiquetage et à l'emballage des substances et des mélanges. — V. C. trav., art. D. 4152-10, D. 4153-17.
2015	10 juin	Décret n° 2015-654. Mise en œuvre de la réforme de la représentativité patronale. — V. C. trav., art. R. 2152-1 à R. 2152-18.
2015	10 juin	Décret n° 2015-655. Établissements assujettis à l'obligation d'emploi des travailleurs handicapés en application des articles L. 5212-2 et L. 5212-3 du code du travail. — V. C. trav., art. R. 5212-1.
2015	18 juin	Ordonnance n° 2015-682. Simplification des déclarations sociales des employeurs : — V. C. trav., art. L. 1271-1 à L. 1271-3, L. 1271-6, L. 1271-7 à L. 1271-9, L. 1272-1 à L. 1272-3, L. 1272-5, L. 1273-1, L. 1273-2, L. 1273-4, L. 1273-7, L. 1522-1, L. 1522-2 nouv. à L. 1522-4 nouv. — V. C. rur., art. L. 712-8, App. I. B, v° *Contrat de travail*, **p. 3242.**
2015	23 juin	Décret n° 2015-719. Agrément « entreprise solidaire d'utilité sociale ». — V. C. trav., art. R. 3332-21-1, D. 3332-21-2, R. 3332-21-3, R. 3332-21-5.
2015	24 juin	Décret n° 2014-731. Formalités administratives nécessaires à l'exercice de l'activité économique des personnes relevant du régime prévu à l'article L. 133-6-8 du code de la sécurité sociale. — V. C. trav., art. R. 5141-29.
2015	24 juin	Décret n° 2015-742. Système d'information sur l'offre de formation professionnelle. — V. C. trav., art. R. 6111-1 à R. 6111-4.
2015	24 juin	Décret n° 2015-753. Missions des fonds d'assurance formation de non-salariés et rémunération des stagiaires de la formation professionnelle. — V. C. trav., art. R. 6332-64.
2015	24 juin	Décret n° 2015-754. Allocation temporaire d'attente. — V. C. trav., art. R. 5423-18, R. 5423-20, R. 5423-21, R. 5423-30, R. 5423-30-1.
2015	29 juin	Décret n° 2015-789. Risque d'exposition à l'amiante. — V. C. trav., art. R. 4412-98, R. 4412-110.
2015	30 juin	Décret n° 2015-790. Qualité des actions de la formation professionnelle continue. — V. C. trav., art. R. 6316-1 à R. 6316-5.
2015	3 juill.	Décret n° 2015-806. Aide à l'embauche d'un premier salarié. — V. App. III. A, v° *Embauche et emploi*, **p. 3414.**
2015	27 juill.	Décret n° 2015-922. Détermination des droits à l'allocation d'assurance chômage. — V. C. trav., art. R. 5422-2.
2015	29 juill.	Loi n° 2015-925. Réforme du droit d'asile. — C. trav., art. L. 5223-1, L. 5223-4.
2015	31 juill.	Décret n° 2015-968. Missions et fonctionnement de l'Agence nationale pour l'amélioration des conditions de travail. — V. C. trav., art. R. 4642-1 à R. 4642-10.

2015	5 août	Loi n° 2015-988. Mise en accessibilité des établissements recevant du public, des transports publics, des bâtiments d'habitation et de la voirie pour les personnes handicapées et visant à favoriser l'accès au service civique pour les jeunes en situation de handicap. — V. C. trav., art. L. 4142-3-1.
2015	6 août	Loi n° 2015-990. Pour la croissance, l'activité et l'égalité des chances économiques : — V. C. trav., art. L. 1233-4, L. 1233-4-1, L. 1233-5, L. 1233-53, L. 1233-58, L. 1233-66 à L. 1233-69, L. 1235-1, L. 1235-16, L. 1242-2, L. 1251-6, L. 1262-2-2, L. 1262-3, L. 1262-4, L. 1262-4-1, L. 1262-4-3, L. 1262-5, L. 1263-3 à L. 1263-7, L. 1264-1 à L. 1264-3, L. 1421-2, L. 1423-3, L. 1423-8, L. 1423-9, L. 1423-10-1, L. 1423-12, L. 1423-13, L. 1442-1, L. 1442-2 nouv., L. 1442-11 nouv., L. 1442-13 nouv. à L. 1442-14 nouv., L. 1442-16 nouv. à L. 1442-16-2, L. 1453-2 nouv., L. 1453-4 nouv. à L. 1453-9, L. 1454-1 à L. 1454-2, L. 1454-4, L. 2314-11, L. 2314-20, L. 2314-24, L. 2314-31, L. 2316-1, L. 2323-4 anc., L. 2324-13, L. 2324-18, L. 2324-22, L. 2327-7, L. 2328-1, L. 2328-2, L. 2335-1, L. 2346-1, L. 2355-1, L. 2365-1, L. 2375-1, L. 2411-1, L. 2411-24, L. 2412-1, L. 2412-15, L. 2413-1, L. 2414-1, L. 2421-2, L. 2439-1, L. 3122-29-1, L. 3132-13, L. 3132-21, L. 3132-24 à L. 3132-26-1, L. 3132-27-1, L. 3132-27-2, L. 3132-29, L. 3142-7, L. 3312-2, L. 3312-5, L. 3312-9, L. 3314-9, L. 3315-2, L. 3322-2, L. 3322-3, L. 3324-10, L. 3324-12, L. 3332-3, L. 3332-10, L. 3332-14, L. 3332-17, L. 3333-7, L. 3334-2, L. 3334-6, L. 3334-8, L. 3334-11, L. 3341-6, L. 3341-7, L. 4614-8, L. 4742-1, L. 5125-1, L. 5125-2, L. 5125-5, L. 5131-8, L. 5134-1 à L. 5134-19, L. 5141-1, L. 5212-7-1, L. 5421-1, L. 5522-22, L. 8113-2-1, L. 8224-3, L. 8234-1, L. 8243-1, L. 8256-3, L. 8272-2, L. 8291-1, L. 8291-2. — V. C. com., art. L. 23-10-1, L. 23-10-3, L. 23-10-4 à L. 23-10-6, L. 23-10-7, L. 23-10-9 à L. 23-10-12, L. 621-4, L. 631-19-2, L. 661-1, App. I. B, v° *Contrat de travail*, **p. 3194.** — V. C. civ., art. 2064, App. I. B, v° *Contrat de travail*, **p. 3194.** — V. CPI, art. L. 611-7, App. I. B, v° *Contrat de travail*, **p. 3222.** — V. CGI, art. 80 *quaterdecies*, App. I. D, v° *Salaires*, **p. 3279.** — V. L. n° 73-548 du 27 juin 1973, art. 1er, App. II. D, v° *Santé, hygiène et sécurité des travailleurs*, **p. 3339.** — V. L. n° 2014-856 du 31 juill. 2014, art. 18, App. III. A, v° *Embauche et emploi*, **p. 3399.** — V. C. transports, art. L. 1331-1 à L. 1331-9, App. VII. J, v° *Transports*, **p. 3523.**
2015	7 août	Loi n° 2015-991. Nouvelle organisation territoriale de la République : — V. C. trav., art. L. 5141-5, L. 5311-3, L. 5311-3-1, L. 5312-3, L. 5312-4, L. 5312-11, L. 5522-21, L. 6123-3, L. 6123-4, L. 6123-4-1, L. 8221-6. — V. CGCT, art. L. 2333-64, L. 2333-68, App. II. G, v° *Versement transport*, **p. 3356.** — V. C. éduc., art. L. 214-13, App. VIII, v° *Formation professionnelle*, **p. 3535.**
2015	17 août	Loi n° 2015-994. Dialogue social et emploi : — V. C. trav., art. L. 1142-2-1, L. 1143-1, L. 1221-7, L. 1233-30, L. 1233-33, L. 1233-57-3, L. 1233-58, L. 1242-8, L. 1243-2,

		L. 1243-13, L. 1244-3, L. 1251-12, L. 1251-28, L. 1251-35, L. 1251-36, L. 1254-12, L. 1254-17, L. 2122-6-1, L. 2135-7, L. 2135-11, L. 2141-5, L. 2141-5-1, L. 2141-13, L. 2143-16-1, L. 2151-1, L. 2152-1, L. 2152-2, L. 2152-6, L. 2242-1, L. 2242-2, L. 2242-5 à L. 2242-20, L. 2243-1, L. 2243-2, L. 2261-32, L. 2313-7-1, L. 2313-12, L. 2313-14, L. 2314-7, L. 2314-11, L. 2314-24-1, L. 2314-24-2, L. 2314-25, L. 2322-2, L. 2322-7, L. 2323-1 anc. à L. 2323-67 anc., L. 2324-6, L. 2324-10, L. 2324-13, L. 2324-22-1, L. 2324-22-2, L. 2324-23, L. 2325-5-1, L. 2325-14, L. 2325-14-1, L. 2325-20, L. 2325-26, L. 2325-34, L. 2325-35, L. 2325-37, L. 2325-38, L. 2326-1, L. 2326-2, L. 2326-2-1, L. 2326-3 à L. 2326-9, L. 2327-2, L. 2327-13-1, L. 2327-15, L. 2328-2, L. 2332-1, L. 2332-2, L. 2334-2, L. 2341-12, L. 2353-27-1, L. 23-111-1 à L. 23-115-1, L. 2411-1, L. 2411-25, L. 2412-1, L. 2412-16, L. 2421-2, L. 2421-8-1, L. 2422-1, L. 243-10-1, L. 2622-3, L. 3121-24, L. 3142-8, L. 3164-2, L. 3252-3, L. 3312-7, L. 3341-6, L. 4161-1, L. 4162-2, L. 4162-3, L. 4162-11 à L. 4162-13, L. 4162-16, L. 4162-20, L. 4611-1, L. 4611-3, L. 4612-8, L. 4612-8-1, L. 4612-8-2, L. 4612-9, L. 4612-10, L. 4613-1, L. 4613-2, L. 4614-2, L. 4614-11-1, L. 4614-12, L. 4614-12-1, L. 4616-1, L. 4616-3, L. 4616-6, L. 4622-2, L. 4622-3, L. 4624-3 à L. 4624-5, L. 4641-1 à L. 4641-4, L. 5132-3-1, L. 5132-5, L. 5132-11-1, L. 5132-15-1, L. 5134-23-1, L. 5134-25-1, L. 5134-30-2, L. 5134-67-1, L. 5134-69-1, L. 5134-70-1, L. 5134-72-2, L. 5424-22, L. 5424-23, L. 6112-4, L. 6122-1, L. 6222-5-1, L. 6222-18, L. 6325-1 à L. 6325-2, L. 6332-16, L. 6523-1. — V. C. com., art. L. 23-10-7, L. 23-10-11, App. I. B, v° *Contrat de travail*, **p. 3195**. — Art. 56. — V. App. I. B, v° *Contrat de travail*, **p. 3263**. — V. CSS, art. L. 241-13, App. III. A, v° *Embauche et emploi*, **p. 3365**.
2015	17 août	Décret n° 2015-998. Groupements d'employeurs pour l'insertion et la qualification. — V. C. trav., art. D. 1253-45 à D. 1253-49, D. 6325-19-1, D. 6325-23.
2015	28 août	Décret n° 2015-1093. Modalités de dépôt du contrat de professionnalisation. — V. C. trav., art. D. 6325-1, D. 6325-2, D. 6325-5.
2015	21 sept.	Décret n° 2015-1166. Application de la loi n° 2015-925 du 29 juillet 2015 relative à la réforme du droit d'asile. — V. C. trav., art. R. 5223-1, R. 5423-18, R. 5423-19, R. 5423-31 à R. 5423-37.
2015	23 sept.	Décret n° 2015-1173. Application des dispositions de la loi n° 2015-990 du 6 août 2015 pour la croissance, l'activité et l'égalité des chances économiques relatives aux exceptions au repos dominical dans les commerces de détail situés dans certaines zones géographiques. — V. C. trav., art. R. 3132-16, R. 3132-17, R. 3132-19 à R. 3132-20-1, R. 3132-21-1.
2015	28 sept.	Décret n° 2015-1192. Modification de la composition du conseil d'administration de Pôle emploi. — V. C. trav., art. R. 5312-7.
2015	7 oct.	Ordonnance n° 2015-1248. Adaptation du code rural et de la pêche maritime au droit de l'Union européenne. — V. CSS, art. L. 241-13, App. II. A, v° *Placement et emploi*, **p. 3365**.

2015	9 oct.	Décret n° 2015-1264. Inscription par voie électronique sur la liste des demandeurs d'emploi. — V. C. trav., art. R. 5221-47, R. 5221-49, R. 5221-50, R. 5411-2, R. 5411-3, R. 5411-5, R. 5411-14.
2015	21 oct.	Décret n° 2015-1327. Diffusion sur un site internet de condamnations prononcées pour travail illégal. — V. C. trav., art. R. 1263-1, R. 1263-12, D. 1265-1, R. 4231-4, R. 8211-1 à R. 8211-8, D. 8223-4, R. 8242-1.
2015	26 oct.	Décret n° 2015-1359. Encadrement du recours aux stagiaires par les organismes d'accueil : — V. C. trav., art. R. 1221-26, R. 8113-3-1, R. 8115-6, R. 8322-2. — V. C. éduc., art. R. 124-10 à R. 124-13, App. VIII, v° *Formation professionnelle*, **p. 3534.**
2015	27 oct.	Décret n° 2015-1363. Coopératives d'activité et d'emploi et entrepreneurs salariés. — V. C. trav., art. R. 7331-1 à R. 7331-12.
2015	30 oct.	Décret n° 2015-1378. Obligation de rechercher un repreneur en cas de projet de fermeture d'un établissement. — V. C. trav., art. R. 1233-15 à R. 1233-15-2.
2015	5 nov.	Décret n° 2015-1435. Durée minimale de travail en atelier et chantier d'insertion, et diverses mesures relatives à l'insertion par l'activité économique. — V. C. trav., art. R. 5132-8, R. 5132-10-7, R. 5132-25, R. 5132-40, R. 5132-43-5 à R. 5132-43-7, R. 5134-34.
2015	24 nov.	Décret n° 2015-1525. Certification et publicité des comptes des syndicats professionnels de salariés et d'employeurs. — V. C. trav., art. D. 2135-8, D. 2135-9.
2015	27 nov.	Loi n° 2015-1541. Protection et sécurisation juridique et sociale des sportifs de haut niveau : — V. C. trav., art. L. 2323-85 anc., 6222-2, L. 6222-40, L. 6222-41, L. 6324-1. — V. C. sport, art. L. 211-5, L. 222-2 à L. 222-2-10, L. 222-3, L. 222-4 🏛, App. VII. F, v° *Sportif professionnel*.
2015	27 nov.	Conseil constitutionnel, décision n° 2015-500 QPC. — V. C. trav., anc. art. L. 4614-13.
2015	3 déc.	Ordonnance n° 2015-1578. Suppression du contrat d'accès à l'emploi et du contrat d'insertion par l'activité, et extension et adaptation du contrat initiative-emploi à la Guadeloupe, à la Guyane, à La Martinique, à la Réunion, à Saint-Barthélemy, à Saint-Martin et à Saint-Pierre-et-Miquelon. — V. C. trav., art. L. 1111-3, L. 1521-2-1, L. 5522-2-1, L. 5522-2-2.
2015	3 déc.	Décret n° 2015-1579. Suspension temporaire de la réalisation de prestations de services internationales illégales et compétence des agents de contrôle de l'inspection du travail des services déconcentrés. — V. C. trav., art. R. 1263-11-1 à R. 1263-11-7, R. 8115-2, R. 8115-5, R. 8122-8, R. 8122-9.

2015	4 déc.	Décret n° 2015-1588. Organisation et fonctionnement des services de santé au travail des établissements publics de santé, sociaux et médico-sociaux. — V. C. trav., art. D. 4626-2 à D. 4626-8, R. 4626-11 à R. 4626-35.
2015	7 déc.	Décret n° 2015-1606. Application des dispositions de la loi n° 2015-990 du 6 août 2015 relatives à l'épargne salariale. — V. C. trav., art. D. 3313-7-1, D. 3313-9, D. 3313-11, R. 3313-12, D. 3313-13, R. 3322-1, D. 3323-8, R. 3324-21-1, D. 3324-21-2, D. 3324-25, D. 3324-33, D. 3324-35, D. 3324-37, D. 3324-38, D. 3324-40, R. 3332-4, R. 3332-13-1, R. 3333-6, R. 3334-1-1, R. 3334-1-2, R. 3334-3, D. 3334-3-2, R. 3341-5, R. 3341-6.
2015	8 déc.	Loi n° 2015-1592. Consolidation et clarification de l'organisation de la manutention dans les ports maritimes. — V. C. transp., art. L. 5343-1 à L. 5343-4, L. 5343-6 à L. 5343-7-1, App. VII. E, v° *Gens de mer*.
2015	10 déc.	Ordonnance n° 2015-1628. Garanties consistant en une prise de position formelle, opposable à l'administration, sur l'application d'une norme à la situation de fait ou au projet du demandeur. — V. C. trav., art. L. 2242-9-1 anc., L. 5212-5-1.
2015	10 déc.	Décret n° 2015-1616. Régions académiques. — V. C. trav., art. R. 6123-3-3, R. 6123-3-10.
2015	10 déc.	Décret n° 2015-1637. Périmètre d'application des critères d'ordre des licenciements pour les entreprises soumises à l'obligation d'établir un plan de sauvegarde de l'emploi. — V. C. trav., art. D. 1233-2.
2015	10 déc.	Décret n° 2015-1638. Procédure de reclassement interne hors du territoire national en cas de licenciements pour motif économique. — V. C. trav., art. D. 1233-2-1.
2015	17 déc.	Ordonnance n° 2015-1682. Simplification de certains régimes d'autorisation préalable et de déclaration des entreprises et des professionnels. — V. C. trav., art. L. 5321-3, L. 7121-10.
2015	21 déc.	Loi n° 2015-1702. De financement de la sécurité sociale pour 2016. — V. C. trav., art. L. 1226-1, L. 2242-5-1 anc., L. 3252-5, L. 5141-1, L. 5427-1, L. 6331-53, L. 8271-6-3.
2015	21 déc.	Décret n° 2015-1709. Prime d'activité. — V. C. trav., art. R. 3252-3, R. 3252-5.
2015	21 déc.	Décret n° 2015-1710. Prime d'activité. — V. C. trav., art. D. 5132-41, D. 5134-41, D. 5134-64.
2015	21 déc.	Décret n° 2015-1722. Suppression du contrat d'accès à l'emploi et du contrat d'insertion par l'activité, et extension et adaptation du contrat initiative-emploi à la Guadeloupe, à la Guyane, à la Martinique, à la Réunion, à Saint-Barthélémy, à Saint-Martin et à Saint-Pierre-et-Miquelon. — V. C. trav., art. R. 5522-12 à R. 5522-15, R. 5522-68, R. 5522-79.
2015	21 déc.	Décret n° 2015-1723. Suppression du contrat d'accès à l'emploi et du contrat d'insertion par l'activité, et extension et adaptation du contrat

		initiative-emploi à la Guadeloupe, à la Guyane, à la Martinique, à la Réunion, à Saint-Barthélémy, à Saint-Martin et à Saint-Pierre-et-Miquelon. — V. C. trav., art. D. 5134-1, D. 5134-64, D. 5521-5, D. 5522-16.
2015	23 déc.	Décret n° 2015-1749. Financement des formations dans le cadre du contrat de sécurisation professionnelle par les organismes paritaires collecteurs agréés et les entreprises. — V. C. trav., art. D. 1233-49 à D. 1233-51.
2015	24 déc.	Décret n° 2015-1761. Indemnisation des conseillers prud'hommes résidant à Saint-Martin ou à Saint-Barthélémy et siégeant au conseil de prud'hommes de Basse-Terre. — V. C. trav., art. R. 1523-6.
2015	28 déc.	Loi n° 2015-1776. Adaptation de la société au vieillissement : — V. C. trav., art. L. 1271-1, L. 1271-2, L. 1271-7, L. 1271-15-1, L. 1271-16, L. 7232-1-2, L. 7232-2, L. 7232-4, L. 7232-5. — V. L. n° 2008-496 du 27 mai 2008, art. 1er, App. I. B, v° *Contrat de travail*, **p. 3255.**
2015	29 déc.	Loi n° 2015-1785. De finances pour 2016 : — V. C. trav., art. L. 5423-6, L. 6331-53, L. 6331-55. — V. CGI, art. 80 *duodecies*, App. I. D, v° *Salaires*, **p. 3278.** — V. CSS, art. L. 241-18, App. I. D, v° *Salaires*, **p. 3294.** — V. CGCT, art. L. 2333-64, App. II. G, v° *Versement transport*, **p. 3356.**
2015	29 déc.	Loi n° 2015-1786. De finances rectificative pour 2015 : — V. C. trav., art. L. 3261-3-1. — V. CGI, art. 81, App. I. D, v° *Salaires*, **p. 3280.**
2015	29 déc.	Décret n° 2015-1863. Traitements de données à caractère personnel destinés à la mise en œuvre de la prime d'activité. — V. C. trav., art. R. 5312-32 à R. 5312-34.
2015	30 déc.	Décret n° 2015-1842. Barème des saisies et cessions des rémunérations. — V. C. trav., art. R. 3252-2, R. 3252-3.
2015	30 déc.	Décret n° 2015-1885. Simplification du compte personnel de prévention de la pénibilité. — V. C. trav., art. R. 4121-1-1, R. 4412-54, R. 4741-1-1.
2015	30 déc.	Décret n° 2015-1886. Portage salarial. — V. C. trav., art. D. 1254-1 à D. 1254-5.
2015	30 déc.	Décret n° 2015-1887. Congé de formation économique, sociale et syndicale. — V. C. trav., art. R. 2145-3, R. 3142-1 anc., R. 3142-2 anc., R. 3142-5-1 anc. à 3142-5-3 anc.
2015	30 déc.	Décret n° 2015-1889. Composition et fonctionnement du comité d'expertise prévu à l'article L. 5424-23 du code du travail. — V. C. trav., art. D. 5424-66 à D. 5424-69.
2016	19 janv.	Décret n° 2016-27. Obligations des maîtres d'ouvrage et des donneurs d'ordre dans le cadre de la réalisation de prestations de services internationales. — V. C. trav., art. R. 1262-8-1, R. 1263-13 à R. 1263-19, R. 1264-3, R. 8115-5.

2016	25 janv.	Décret n° 2016-40. Aide à l'embauche dans les petites et moyennes entreprises. — V. App. III. A, v° *Embauche et emploi*, **p. 3412.**
2016	26 janv.	Loi n° 2016-41. Modernisation du système de santé : — V. C. trav., art. L. 1225-3-1, L. 1225-16, L. 1251-60, L. 4612-1, L. 4623-1, L. 4624-1, L. 5314-2, L. 7123-2-1, L. 7123-27. — V. CSP, art. L. 1244-5, App. II. C, v° *Congés*, **p. 3331.**
2016	28 janv.	Décret n° 2016-60. Modalités d'acquittement partiel de l'obligation d'emploi des travailleurs handicapés. — V. C. trav., art. R. 5212-5, R. 5212-6, R. 5212-6-1, R. 5212-10.
2016	1er févr.	Décret n° 2016-95. Accueil d'un salarié en contrat de professionnalisation au sein de plusieurs entreprises. — V. C. trav., art. D. 6325-30 à D. 6325-32.
2016	2 févr.	Décret n° 2016-100. Reconnaissance de la lourdeur du handicap. — V. C. trav., art. R. 5213-39, R. 5213-41, R. 5213-42, R. 5213-44 à R. 5213-49, R. 5213-51.
2016	9 févr.	Arrêté. Application de l'article L. 3132-25-6 du code du travail et autorisation d'ouverture dominicale des commerces de détail situés dans des gares. — V. ss. C. trav., art. L. 3132-25-6.
2016	12 févr.	Décret n° 2016-153. Organisation du service public régional de la formation professionnelle. — V. C. trav., art. D. 6121-11.
2016	22 févr.	Décret n° 2016-175. Carte d'identification professionnelle des salariés du bâtiment et des travaux publics. — V. C. trav., art. R. 8115-7, R. 8115-8, R. 8291-1 à R. 8295-3.
2016	24 févr.	Décret n° 2016-189. Prise en charge par les organismes collecteurs paritaires agréés de la rémunération des stagiaires dans le cadre du plan de formation des employeurs occupant moins de dix salariés. — V. C. trav., art. R. 6331-12.
2016	25 févr.	Décret n° 2016-190. Mentions figurant sur le bulletin de paie. — V. C. trav., art. R. 3243-1, R. 3243-2, R. 3243-3.
2016	2 mars	Conseil constitutionnel, décision n° 2015-523 QPC. — V. C. trav., anc. art. L. 3141-26.
2016	7 mars	Loi n° 2016-274. Droit des étrangers en France. — V. C. trav., art. L. 5221-2-1, L. 5223-1, L. 5523-2, L. 8211-1, L. 8251-2, L. 8252-2, L. 8252-4, L. 8253-1, L. 8254-2 à L. 8254-2-2, L. 8256-2, L. 8271-17, L. 8271-18.
2016	14 mars	Décret n° 2016-299. Attributions, composition, mandats et fonctionnement du Conseil national de l'inspection du travail. — V. C. trav., art. D. 8121-2, D. 8121-3, D. 8121-6, D. 8121-7 à D. 8121-9-1.
2016	14 mars	Ordonnance n° 2016-301. Partie législative du code de la consommation. — V. C. trav., art. L. 4311-6, L. 5333-1, L. 8113-3.
2016	15 mars	Décret n° 2016-303. Modalités d'exercice du droit d'alerte et de retrait des gens de mer à bord des navires. — V. C. trav., art. R. 742-8-12, R. 742-8-13.

2016	16 mars	Décret n° 2016-305. Versement des crédits attribués aux organisations professionnelles d'employeurs des secteurs de la production cinématographique, de l'audiovisuel et du spectacle par l'association gestionnaire du fonds paritaire national. — V. C. trav., art. R. 2135-28.
2016	23 mars	Décret n° 2016-344. Fixation d'une valeur limite d'exposition professionnelle contraignante pour le styrène. — V. C. trav., art. R. 4412-149.
2016	23 mars	Décret n° 2016-345. Composition et fonctionnement de la délégation unique du personnel. — V. C. trav., art. R. 2314-3, R. 2326-1 à R. 2326-6.
2016	23 mars	Décret n° 2016-346. Composition et fonctionnement de l'instance mentionnée à l'article L. 2391-1 du code du travail. — V. C. trav., art. R. 2391-1 à R. 2391-4.
2016	29 mars	Décret n° 2016-380. Modalités de l'accès gratuit aux formations des niveaux V et IV dispensées dans le cadre du service public régional de formation professionnelle. — V. C. trav., art. R. 6121-9, R. 6121-10.
2016	31 mars	Ordonnance n° 2016-388. Désignation des conseillers prud'hommes. — V. C. trav., art. L. 1233-15, L. 1421-1, L. 1423-1-1 à L. 1423-2, L. 1423-11, L. 1441-1 à L. 1441-31, L. 1442-3, L. 1442-4, L. 1442-11 nouv., L. 1442-18, L. 1443-1, L. 1443-2, L. 1443-3, L. 1523-1, L. 2411-22.
2016	7 avr.	Ordonnance n° 2016-413. Contrôle de l'application du droit du travail. — Ratifiée par L. n° 2016-1088 du 8 août 2016, art. 85. — V. C. trav., art. L. 1255-11, L. 1263-6, L. 1264-3, L. 4111-3, L. 4721-8, L. 4722-1, L. 4722-2, L. 4723-1, L. 4723-2, L. 4731-1, L. 4731-2, L. 4731-3, L. 4731-4, L. 4731-5, L. 4732-1, L. 4732-2, L. 4732-3, L. 4733-1 à L. 4733-12, L. 4741-1, L. 4741-3, L. 4741-3-1, L. 4743-3, L. 4744-3, L. 4744-4, L. 4744-6, L. 4751-1 à L. 4753-2, L. 8112-1, L. 8112-2, L. 8113-5, L. 8113-7, L. 8113-9, L. 8114-1, L. 8114-4 à L. 8114-8, L. 8115-1 à L. 8115-8, L. 8123-2, L. 8123-4, L. 8291-2.
2016	12 avr.	Décret n° 2016-453. Déroulement des réunions des institutions représentatives du personnel. — V. C. trav., art. D. 2325-1-1, D. 2325-1-2, D. 2325-3-1, D. 2325-3-2, D. 2327-4-5, D. 2333-2, D. 2341-1, D. 2353-6, D. 23-101-1, D. 4614-5-1, D. 4616-6-1.
2016	13 avr.	Loi n° 2016-444. Lutte contre le système prostitutionnel. — V. C. trav., art. L. 8112-2.
2016	20 avr.	Loi n° 2016-483. Déontologie et aux droits et obligations des fonctionnaires : — V. C. trav., art. L. 1224-3. — V. C. trav. ancien, art. L. 323-2, App. I. B, v° *Contrat de travail*, **p. 3230.**
2016	25 avr.	Décret n° 2016-510. Contrôle de l'application du droit du travail. — V. C. trav., art. R. 2322-2, R. 2421-9, R. 4611-1, R. 4721-6, R. 4721-10, R. 4731-1, R. 4731-4, R. 4731-5, R. 4731-8, R. 4731-9, R. 4731-11, R. 4731-12, R. 4731-13, R. 4731-14, R. 8111-8, R. 8114-3 à R. 8114-6, R. 8115-9, R. 8115-10.

2016	27 avr.	Décret n° 2016-531. Insertion par l'activité économique en milieu pénitentiaire. — V. C. trav., art. R. 5112-17, R. 5132-2, R. 5132-3, R. 5132-7, R. 5132-8, R. 5132-10, R. 5132-27 à R. 5132-29, R. 5132-37, R. 5132-38.
2016	4 mai	Décret n° 2016-548. Mesure de l'audience des organisations syndicales concernant les entreprises de moins de onze salariés. — V. C. trav., art. R. 2122-14, R. 2122-15-1, R. 2122-16-1, R. 2122-19 à R. 2122-22, R. 2122-27, R. 2122-32, R. 2122-33, R. 2122-34, R. 2122-36 à R. 2122-39, R. 2122-44, R. 2122-45, R. 2122-47 à R. 2122-48-5, R. 2122-50, R. 2122-52 à R. 2122-52-3, R. 2122-65, R. 2122-72 à R. 2122-74, R. 2122-87, R. 2122-88, R. 2122-90, R. 2122-92.
2016	6 mai	Décret n° 2016-558. Corps de l'inspection du travail. — V. Décr. n° 2003-770 du 20 août 2003, art. 3-1, App. VI, v° *Organismes administratifs du travail*, **p. 3496.**
2016	20 mai	Décret n° 2016-660. Justice prud'homale et traitement judiciaire du contentieux du travail : — V. C. trav., art. R. 1412-5, R. 1423-7, R. 1423-33, R. 1423-34, R. 1423-35, R. 1423-51, R. 1423-55, D. 1423-65, R. 1452-1 à R. 1452-5, R. 1453-1, R. 1453-2, R. 1453-4, R. 1453-5, R. 1454-1 à R. 1454-4, R. 1454-7 à R. 1454-10, R. 1454-12 à R. 1454-15, R. 1454-17 à R. 1454-21, R. 1454-25, R. 1454-26, R. 1454-29, R. 1454-31, R. 1454-32, R. 1456-1 à R. 1456-5, R. 1461-1, R. 1461-2, R. 1471-1, R. 1471-2, R. 2312-3, R. 2314-26, R. 2314-28, R. 2324-22 à R. 2324-24, R. 2327-5. — V. C. pr. civ., art. 930-2, 1529, App. V, v° *Conflits du travail*, **p. 3495.** — V. COJ, art. R. 441-1, App. V, v° *Conflits du travail*, **p. 3496.**
2016	1er juin	Décret n° 2016-729. Système d'information concernant les demandeurs d'emploi et salariés mis en œuvre par Pôle emploi. — V. C. trav., art. R. 5312-38 à R. 5312-46.
2016	3 juin	Loi n° 2016-731. Lutte contre le crime organisé, le terrorisme et leur financement, et amélioration de l'efficacité et des garanties de la procédure pénale. — V. C. trav., art. L. 8271-6-1.
2016	6 juin	Décret n° 2016-750. Liste des activités de services à la personne soumises à agrément ou à autorisation dans le cadre du régime commun de la déclaration. — V. C. trav., art. D. 7231-1.
2016	20 juin	Loi n° 2016-816. Économie bleue. — V. C. transp., art. L. 5542-18, L. 5542-48, L. 5543-1-1, L. 5543-2-1, L. 5544-4, L. 5544-16, L. 5561-1, L. 5561-2, L. 5562-1, L. 5562-2, L. 5562-3, L. 5563-1, L. 5563-2, L. 5564-1, L. 5566-1, App. VIII. E, v° *Gens de mer*.
2016	24 juin	Loi n° 2016-832. Contre la discrimination à raison de la précarité sociale : — V. C. trav., art. L. 1132-1, L. 1133-6. — V. C. pén., art. 225-1, App. I. B, v° *Contrat de travail*, **p. 3215.** — V. L. n° 2008-496 du 27 mai 2008, art. 1er, 2, App. I. B, v° *Contrat de travail*, **p. 3255.**

2016	29 juin	Décret n° 2016-868. Modalités de consultation des institutions représentatives du personnel. — V. C. trav., art. R. 2242-2 à R. 2242-5, R. 2242-5 à R. 2242-11, R. 2323-1-1, R. 2323-1-2, R. 2323-1-3, R. 2323-1-4, R. 2323-1-6 à R. 2323-1-8, R. 2323-1-11 à R. 2323-1-13, D. 2323-5, D. 2323-7, R. 2323-8 à R. 2323-12, R. 2323-17, R. 4613-5, R. 4614-3, R. 4614-5-2, R. 4614-5-3, R. 4614-18, R. 4616-5, R. 4616-8.
2016	7 juill.	Loi n° 2016-925. Liberté de la création, architecture et patrimoine : — V. C. trav., art. L. 2152-2, L. 4622-6, L. 7121-2. — V. C. pén., art. 431-1, App. V, v° *Conflits du travail*, **p. 3493.**
2016	18 juill.	Décret n° 2016-975. Modalités d'établissement des listes, exercice et formation des défenseurs syndicaux. — V. art. D. 1453-2-1 à D. 1453-2-9.
2016	21 juill.	Décret n° 2016-1010. Mise en conformité des dispositions nationales avec le droit de l'Union européenne sur la réception et la surveillance des tracteurs agricoles et forestiers. — V. C. trav., art. R. 4311-5, R. 4312-1-1, R. 4312-2-1, R. 4313-75.
2016	26 juill.	Décret n° 2016-1026. Application de l'ordonnance n° 2016-315 du 17 mars 2016 relative au commissariat aux comptes. — Art. 92. — V. C. trav., art. R. 5141-25, R. 6352-19.
2016	29 juill.	Décret n° 2016-1044. Transmission dématérialisée des déclarations et attestations de détachement de salariés. — V. C. trav., art. R. 1263-4-1, R. 1263-5, R. 1263-6-1, R. 1263-7, R. 1263-12.
2016	3 août	Décret n° 2016-1074. Protection des travailleurs contre les risques dus aux champs électromagnétiques. — V. C. trav., art. R. 4152-7-1, R. 4153-22-1, R. 4453-1 à R. 4453-34, R. 4722-21-2, R. 4722-21-3, R. 4724-17-1, R. 4724-17-2, R. 4724-18.
2016	8 août	Loi n° 2016-1088. Travail, modernisation du dialogue social et sécurisation des parcours professionnels : — Art. 2 à 8-VIII, 8-XI à 9-III, 10, 11, 16 à 19, 21 à 26, 28, 31 à 36, 39 à 41, 43, 46, 52 à 56, 58, 60, 61, 63, 66 à 68, 71 à 73, 75, 78 à 82, 85, 86, 88 à 91, 93 à 97, 99, 101, 102, 105 à 113, 115 à 117, 119, 121 à 123. — V. C. trav., art. L. 1134-4, L. 1144-3, L. 1145-1, L. 1154-1, L. 1222-5, L. 1224-3-2, L. 1225-4, L. 1225-4-1, L. 1225-9, L. 1225-11, L. 1225-15, L. 1226-2, L. 1226-2-1, L. 1226-4-1, L. 1226-8, L. 1226-10, L. 1226-12, L. 1226-15, L. 1226-20, L. 1226-21, L. 1232-12, L. 1233-3, L. 1233-24-2, L. 1233-30, L. 1233-57-19, L. 1233-61, L. 1233-62, L. 1233-71, L. 1233-85, L. 1233-90-1, L. 1235-3-1 à L. 1235-5, L. 1242-2, L. 1242-7, L. 1244-1, L. 1244-2, L. 1244-4, L. 1251-6, L. 1251-11, L. 1251-37, L. 1251-60, L. 1253-6, L. 1253-8-1, L. 1253-19, L. 1253-24, L. 1254-1, L. 1254-2, L. 1254-9, L. 1255-11, L. 1255-14 à L. 1255-18, L. 1262-2, L. 1262-2-1, L. 1262-4-1, L. 1262-4-4, L. 1262-4-5, L. 1262-4-6, L. 1263-1, L. 1263-3, L. 1263-4-1 à L. 1263-6, L. 1264-1, L. 1264-2, L. 1264-4, L. 1271-5, L. 1272-4, L. 1273-3, L. 1273-5, L. 1321-2, L. 1321-2-1, L. 1441-4, L. 1442-2, L. 1454-1-2, L. 2122-4, L. 2135-11 à L. 2135-13, L. 2135-15, L. 2142-1-3, L. 2142-6,

L. 2143-7, L. 2143-13, L. 2143-15, L. 2143-16, L. 2145-1, L. 2145-5 à L. 2145-13, L. 2151-1, L. 2152-1, L. 2152-4, L. 2152-5, L. 2212-1, L. 2212-2, L. 2222-1, L. 2222-5-1, L. 2231-5-1, L. 2231-7, L. 2232-5-1, L. 2232-5-2, L. 2232-9, L. 2232-10-1, L. 2232-12, L. 2232-13, L. 2232-20, L. 2232-32, L. 2232-33 à L. 2232-38, L. 2242-1, L. 2242-8, L. 2242-9, L. 2242-20, L. 2253-3, L. 2253-5 à L. 2253-7, L. 2254-2 à L. 2254-6, L. 2261-7, L. 2261-7-1, L. 2261-10, L. 2261-13, L. 2261-14, L. 2261-14-2 à L. 2261-14-4, L. 2261-19, L. 2261-32 à L. 2261-34, L. 2313-11, L. 2314-10, L. 2314-11, L. 2314-17-1, L. 2314-18-2, L. 2314-20, L. 2314-21, L. 2314-31, L. 2315-1, L. 2315-12, L. 2322-5, L. 2323-3 anc., L. 2323-8 anc., L. 2323-9 anc., L. 2323-13 anc., L. 2323-15 anc., L. 2323-17 anc., L. 2323-18 anc., L. 2323-24 anc., L. 2323-26-1 anc., L. 2323-60 anc., L. 2323-86-1 anc., L. 2324-8, L. 2324-12, L. 2324-13, L. 2324-16-1, L. 2324-17-2, L. 2324-18, L. 2324-19, L. 2325-6, L. 2325-14-1, L. 2325-19, L. 2325-34, L. 2325-35, L. 2325-41-1, L. 2325-43, L. 2325-44, L. 2326-5, L. 2326-6, L. 2327-7, L. 2327-15, L. 2363-6, L. 2373-3, L. 2412-2 à L. 2412-4, L. 2412-7 à L. 2412-9, L. 2412-13, L. 2421-8-1, L. 2622-2, L. 3111-3, L. 3121-1 à L. 3121-69, L. 3122-1 à L. 3122-24, L. 3123-1 à L. 3123-38, L. 3131-1 à L. 3131-3, L. 3132-26, L. 3132-28, L. 3133-1 à L. 3133-12, L. 3134-1, L. 3134-16, L. 3141-1 à L. 3141-33, L. 3142-1 à L. 3142-124, L. 3151-1 à L. 3151-4, L. 3152-1 à L. 3152-4, L. 3153-1, L. 3153-2, L. 3164-4, L. 3171-1, L. 3171-3, L. 3172-1, L. 3221-9, L. 3243-2, L. 3253-23, L. 3334-10, L. 3341-3, L. 3422-1, L. 3422-2, L. 4121-2, L. 4132-3, L. 4154-2, L. 4231-1, L. 4311-6, L. 4412-2, L. 4526-1, L. 4612-1, L. 4612-3, L. 4612-7, L. 4613-1, L. 4614-3, L. 4614-8, L. 4614-11, L. 4614-13, L. 4614-13-1, L. 4616-2, L. 4616-3, L. 4622-3, L. 4624-1 à L. 4624-7, L. 4625-1-1, L. 4711-3, L. 4721-1, L. 4721-2, L. 4721-4, L. 4721-5, L. 4741-9, L. 4744-7, L. 4745-1, L. 4754-1, L. 5125-1, L. 5131-3 à L. 5131-7, L. 5132-6, L. 5132-7, L. 5132-14, L. 5132-15-1, L. 5134-126, L. 5135-7, L. 5143-1, L. 5151-1 à L. 5151-12, L. 5213-2-1, L. 5213-5, L. 5214-3, L. 5214-3-1, L. 5221-7, L. 5312-10, L. 5424-16, L. 5426-1-1, L. 5426-8-1, L. 5426-8-2, L. 6111-6, L. 6111-7, L. 6111-8, L. 6121-5, L. 6211-2, L. 6223-5, L. 6225-4, L. 6227-1 à L. 6227-12, L. 6231-1, L. 6241-9, L. 6315-1, L. 6321-1, L. 6321-13, L. 6323-1, L. 6323-2, L. 6323-6-1, L. 6323-11-1, L. 6323-12, L. 6323-15, L. 6323-24 à L. 6323-41, L. 6324-1, L. 6325-10, L. 6325-13, L. 6331-35, L. 6331-48, L. 6331-48-1, L. 6331-51, L. 6331-54, L. 6331-54-1, L. 6331-57, L. 6332-16, L. 6341-6, L. 6343-2, L. 6353-10, L. 6361-5, L. 6363-1, L. 6422-2, L. 6422-3, L. 6423-1, L. 7111-9, L. 7122-24, L. 7211-3, L. 7213-1, L. 7221-1, L. 7221-2, L. 7232-9, L. 7341-1, L. 7342-1 à L. 7342-6, L. 7413-3, L. 7421-2, L. 7424-3, L. 8112-1, L. 8113-1, L. 8113-2, L. 8113-3 à L. 8113-5, L. 8113-8, L. 8114-2, L. 8115-1, L. 8123-1, L. 8123-6, L. 8124-1, L. 8221-5, L. 8223-1-1, L. 8271-1-2, L. 8271-3, L. 8271-5-1, L. 8271-14, L. 8271-17, L. 8271-19, L. 8272-2, L. 8291-1, L. 8291-2.
— Art. 8-VIII, 102-IV. — V. C. rur., art. L. 712-4, L. 712-6, App. I. B, v° *Contrat de travail*, **p. 3242** ; art. L. 713-2, L. 713-13, L. 714-1, App. II. B, v° *Durée du travail*, **p. 3307** ; art. L. 717-2, App. II. E, v° *Services de santé au travail*, **p. 3354.**

		— Art. 8-IX. — V. CSS, art. L. 241-18, App. I. D, v° *Salaires*, **p. 3294** ; art. L. 241-13, App. III. A, v° *Embauche et emploi*, **p. 3365**. — Art. 8-X, 9-VIII, 14, 113-IV. — V. C. transp., art. L. 5541-3, L. 5544-1, L. 5544-3, L. 5544-8, L. 5544-10, L. 5544-18, L. 5544-25 🏛, App. VII. E, v° *Gens de mer* ; art. L. 1321-6, L. 1321-7, L. 1321-10, L. 1324-10, L. 1325-1, L. 3312-1, L. 3312-3, L. 3313-2, App. VII. J, v° *Transports*, **p. 3518**. — Art. 9-V. — V. CGCT, art. L. 2123-9, App. I. B, v° *Contrat de travail*, **p. 3247**. — Art. 9-VIII. — V. CASF, art. L. 423-14 🏛, App. VII. H, v° *Assistant maternel*. — Art. 11-II. — V. CGI, art. 81, App. I. D, v° *Salaires*, **p. 3280**. — Art. 12. — V. ss. C. trav., art. L. 3121-64. — Art. 52. — V. CASF, art. L. 243-1, App. I. B, v° *Contrat de travail*, **p. 3188**. — Art. 99. — V. CSS, art. L. 842-8, App. III. A, v° *Embauche et emploi*, **p. 3368**.
2016	11 août	Décret n° 2016-1117. Fabrication, présentation, vente et usage des produits du tabac, des produits du vapotage et des produits à fumer à base de plantes autres que le tabac. — Art. 1er. — V. CSP, art. R. 3512-2 à R. 3512-9, App. II. D, v° *Santé, hygiène et sécurité des travailleurs*, **p. 3335**.
2016	1er sept.	Décret n° 2016-1192. Dépenses déductibles de la contribution prévue à l'article L. 5212-9 du code du travail. — V. C. trav., art. D. 5212-29.
2016	14 sept.	Décret n° 2016-1223. Modification de la composition du Conseil supérieur de la prud'homie. — V. C. trav., art. R. 1431-4 à R. 1431-6, R. 1431-11.
2016	5 oct.	Décret n° 2016-1318. Opérations sur les installations électriques ou dans leur voisinage. — V. C. trav., art. R. 4544-11.
2016	6 oct.	Décret n° 2016-1331. Obligations des entreprises en matière de vestiaires et de restauration sur les lieux de travail. — V. C. trav., art. R. 4228-2, R. 4228-23.
2016	7 oct.	Loi n° 2016-1321. Pour une République numérique : — V. C. trav., art. L. 5212-13, L. 6111-2, L. 6321-1, L. 7124-1. — Art. 102, App. VII. G, v° *Joueur professionnel salarié de jeu vidéo*, **p. 3515**.
2016	11 oct.	Décret n° 2016-1358. Conditions d'exercice des collaborateurs médecins dans les services de santé au travail. — V. C. trav., art. R. 4623-25, R. 4623-25-1.
2016	11 oct.	Décret n° 2016-1359. Désignation des conseillers prud'hommes. — V. C. trav., art. R. 1422-2, R. 1423-4 à R. 1423-6, R. 1423-15, R. 1423-24, R. 1423-37, R. 1423-41, R. 1423-44 à R. 1423-49, R. 1423-51, D. 1423-58, D. 1423-59, D. 1423-70, R. 1431-3, R. 1441-1 à R. 1441-26, R. 1443-1 à R. 1443-3, D. 1442-1, R. 1442-2, D. 1442-3, D. 1442-11, D. 1442-12, D. 1442-14, D. 1442-15, D. 1442-17 à D. 1442-19, R. 1523-1, R. 3252-10, R. 3252-20, R. 7215-1 à R. 7215-3.

2016	12 oct.	Décret n° 2016-1367. Mise en œuvre du compte personnel d'activité. — V. C. trav., art. D. 6323-3-1.
2016	19 oct.	Décret n° 2016-1399. Procédure de restructuration des branches. — V. C. trav., art. D. 2261-14, D. 2261-15.
2016	20 oct.	Décret n° 2016-1417. Simplification des obligations des entreprises en matière d'affichage et de transmission de documents à l'administration. — V. C. trav., art. R. 1251-9, R. 1321-1, R. 2262-3, R. 3134-6, R. 3172-1, R. 3172-9, R. 3221-2, R. 3222-3, R. 4152-23, R. 4523-9, R. 4523-12, R. 4532-92, R. 4616-3, R. 7123-15, R. 7214-17, R. 7214-19.
2016	20 oct.	Décret n° 2016-1418. Simplification des obligations des entreprises en matière d'affichage et de transmission de documents à l'administration. — V. C. trav., art. D. 2232-2, D. 3123-1, D. 3141-6, D. 3141-28, D. 3171-15, D. 3171-17, D. 4622-34, D. 4632-1, D. 4632-2, D. 7121-45.
2016	20 oct.	Décret n° 2016-1419. Mise en œuvre de la réforme de la représentativité patronale. — V. C. trav., art. R. 2151-1, R. 2152-1, R. 2152-6, R. 2152-6-1, R. 2152-7, R. 2152-8, R. 2152-9, R. 2152-11, R. 2152-14, R. 2152-16, R. 2261-1-1, R. 2261-1-2.
2016	25 oct.	Décret n° 2016-1435. Garanties consistant en une prise de position formelle, opposable à l'administration, sur l'application d'une norme à la situation de fait ou au projet du demandeur. — V. C. trav., art. D. 2261-3, R. 5212-2-3 à R. 5212-2-5.
2016	25 oct.	Décret n° 2016-1437. Appréciation du franchissement du seuil de 300 salariés en matière d'information-consultation et de fonctionnement du comité d'entreprise. — V. C. trav., art. R. 2323-12-1, R. 2325-3-3.
2016	28 oct.	Décret n° 2016-1456. Diverses dispositions relatives à l'entrée, au séjour et au travail des étrangers en France. — V. C. trav., art. R. 5221-1, R. 5221-2, R. 5221-4 à R. 5221-8-1, R. 5221-10, R. 5221-11, R. 5221-19 à R. 8221-21, R. 5221-24, R. 5221-26 à R. 5221-29, R. 5221-33, R. 5221-43, R. 5221-45, R. 8252-2, R. 8252-5, R. 8252-6, R. 8252-10, R. 8252-11.
2016	28 oct.	Décret n° 2016-1461. Liste des domaines pour lesquels l'étranger qui entre en France afin d'y exercer une activité salariée pour une durée inférieure ou égale à trois mois est dispensé d'autorisation de travail. — V. C. trav., art. D. 5221-2-1.
2016	28 oct.	Décret n° 2016-1463. Liste des diplômes prévue aux art. L. 311-11, L. 313-10 et au 1° de l'article L. 313-20 du code de l'entrée et du séjour des étrangers et du droit d'asile et seuil de rémunération prévu à l'article L. 311-11 du même code. — V. C. trav., art. D. 5221-21-1.
2016	28 oct.	Décret n° 2016-1473. Modalités de prise en compte des actions conduites par anticipation dans le cadre de l'obligation de revitalisation des bassins d'emploi. — V. C. trav., art. D. 1233-41.

2016	28 oct.	Décret n° 2016-1474. Prise en compte, pour la mesure de la représentativité patronale, des organisations professionnelles d'employeurs adhérant à plusieurs organisations de niveau national et interprofessionnel. — V. C. trav., art. D. 2152-9-1.
2016	10 nov.	Ordonnance n° 2016-1519. Création au sein du service public de l'emploi de l'établissement public chargé de la formation professionnelle des adultes. — Ratifiée par L. n° 2017-204 du 21 févr. 2017. — V. C. trav., art. L. 5311-2, L. 5315-1 à L. 5315-10.
2016	14 nov.	Loi n° 2016-1524. Liberté, indépendance et pluralisme des médias. — V. C. trav., art. L. 1161-1, L. 7111-5-2, L. 7111-11.
2016	15 nov.	Décret n° 2016-1539. Établissement public chargé au sein du service public de l'emploi de la formation professionnelle des adultes : — V. C. trav., art. R. 5315-1 à R. 5315-14, R. 6341-34, R. 6341-37, R. 6341-38. — V. C. éduc., art. L. 214-13, App. VIII, v° *Formation professionnelle*, **p. 3535.**
2016	15 nov.	Décret n° 2016-1540. Critères de priorité des opérations de restructuration des branches professionnelles. — V. C. trav., art. R. 2261-15.
2016	17 nov.	Décret n° 2016-1550. Dispositions de la partie réglementaire du code des transports. — V. C. transp., art. R. 3315-11, App. VII, v° *Régimes spéciaux*, **p. 3527.**
2016	18 nov.	Décret n° 2016-1551. Durée du travail, repos et congés. — V. C. trav., art. R. 1262-5, R. 2323-17, R. 3111-1, R. 3121-1 à R. 3121-3, R. 3121-8 à R. 3121-16, R. 3121-26, R. 3121-29 à R. 3121-35, R. 3122-1 à R. 3122-15, R. 3123-1, R. 3124-1 à R. 3124-11, R. 3124-13, R. 3124-15, R. 3135-1, R. 3141-4, R. 3143-1, R. 3334-1-1, R. 4321-5, R. 4412-118, R. 5122-8, R. 5122-18, R. 5122-19, R. 5134-175, R. 5213-45, R. 6227-2, R. 6341-27, R. 7213-9, R. 7213-12.
2016	18 nov.	Décret n° 2016 1552. Congés autres que les congés payés. — V. C. trav., art. R. 1262-5, R. 2145-1, R. 2145-3 à R. 2145-8, R. 2146-6, R. 2323-17, R. 3142-17, R. 3142-22 à R. 3142-31, R. 3142-33, R. 3142-34, R. 3142-36, R. 3142-39, R. 3142-40, R. 3142-42, R. 3142-44 à R. 3142-53, R. 3142-55, R. 3142-58, R. 3142-71, R. 3143-2, R. 3143-2-1, R. 3143-3, R. 4614-25, R. 4614-30.
2016	18 nov.	Décret n° 2016-1553. Durée du travail, repos et congés : — V. C. trav., art. D. 1271-5, D. 1273-5, D. 1273-7, D. 3121-4 à D. 3121-7, D. 3121-17 à D. 3121-25, D. 3121-27, D. 3121-28, D. 3123-2 à D. 3123-4, D. 3131-1 à D. 3131-7, D. 3141-3, D. 3141-8, D. 3141-9, D. 3171-1, D. 3171-5, D. 3171-10, D. 3171-12, D. 3171-13, D. 3171-16, D. 5522-6, D. 6341-26, D. 7121-28, D. 7121-31, D. 7121-35. — V. CSS, art. D. 241-7, App. III. A, v° *Embauche et emploi*, **p. 3368.**
2016	18 nov.	Décret n° 2016-1554. Congé de proche aidant. — V. C. trav., art. D. 3142-7 à D. 3142-9, D. 3142-11 à D. 3142-13.

2016	18 nov.	Décret n° 2016-1555. Congés autres que les congés payés. — V. C. trav., art. D. 1442-9, D. 3142-2, D. 3142-3, D. 3142-5, D. 3142-6, D. 3142-14 à D. 3142-16, D. 3142-18 à D. 3142-21, D. 3142-32, D. 3142-35, D. 3142-37, D. 3142-38, D. 3142-41, D. 3142-43, D. 3142-54, D. 3142-56, D. 3142-57, D. 3142-59 à D. 3142-70, D. 3142-72, D. 3142-73 à D. 3142-76.
2016	18 nov.	Décret n° 2016-1556. Procédure de transmission des conventions et accords d'entreprise aux commissions paritaires permanentes de négociation et d'interprétation. — V. C. trav., art. D. 2232-1-1, D. 2232-1-2.
2016	19 nov.	Loi n° 2016-1547. Justice du XXIe siècle : — V. C. trav., art. L. 1132-1, L. 1134-6 à L. 1134-10, L. 3253-17, L. 4162-13. — V. L. n° 2008-496 du 27 mai 2008, art. 1er, 2, 4, App. I. B, v° *Contrat de travail*, **p. 3255.** — V. C. pén., art. 225-1, 225-3, App. I. B, v° *Contrat de travail*, **p. 3215.** — V. C. com., art. L. 621-4, L. 622-10, L. 641-13, App. I. B, v° *Contrat de travail*, **p. 3197.**
2016	21 nov.	Ordonnance n° 2016-1562. Diverses mesures institutionnelles relatives à la collectivité de Corse. — V. C. trav., art. L. 6123-3 à L. 6123-4-1.
2016	23 nov.	Décret n° 2016-1574. Représentants des parents d'élèves siégeant dans les conseils départementaux, régionaux, académiques et nationaux. — V. C. éduc., art. R. 236-2, App. II. C, v° *Congés*, **p. 3333.**
2016	23 nov.	Décret n° 2016-1582. Barème de l'indemnité forfaitaire de conciliation fixé à l'article D. 1235-21. — V. C. trav., art. D. 1235-21.
2016	24 nov.	Décret n° 2016-1592. Remboursement des prestations indûment versées par Pôle emploi. — V. C. trav., art. R. 5426-19.
2016	5 déc.	Décret n° 2016-1676. Vote par voie électronique pour l'élection des délégués du personnel et des représentants du personnel au comité d'entreprise. — V. C. trav., art. R. 2314-8, R. 2314-14, R. 2314-19, R. 2324-4, R. 2324-10, R. 2324-15.
2016	9 déc.	Loi n° 2016-1690. Compétence du Défenseur des droits pour l'orientation et la protection des lanceurs d'alerte. — V. L. n° 2011-333 du 29 mars 2011, art. 20, App. I. B, v° *Contrat de travail*, **p. 3260.**
2016	9 déc.	Loi n° 2016-1691. Transparence, lutte contre la corruption et modernisation de la vie économique : — V. C. trav., art. L. 1132-3-3, L. 1161-1, L. 4133-5, L. 6122-1. — Art. 17. — V. ss. C. trav., art. L. 1321-1. — V. C. com., art. L. 631-19-2, App. I. B, v° *Contrat de travail*, **p. 3209.**
2016	12 déc.	Décret n° 2016-1711. Aménagement de l'apprentissage pour les travailleurs handicapés et les sportifs de haut niveau. — V. C. trav., art. R. 6222-49, R. 6222-49-1, R. 6222-59 à R. 6222-65.

2016	15 déc.	Décret n° 2016-1748. Dématérialisation de la déclaration subsidiaire de détachement effectuée par les maîtres d'ouvrage et donneurs d'ordre. — V. C. trav., art. R. 1263-13, R. 8293-1 à R. 8293-5.
2016	16 déc.	Décret n° 2016-1761. Modalités selon lesquelles s'exercent les contestations relatives aux experts agréés auxquels le CHSCT peut faire appel. — V. C. trav., art. R. 4614-19, R. 4614-20, R. 4616-8.
2016	16 déc.	Décret n° 2016-1762. Dématérialisation des bulletins de paie et accessibilité dans le cadre du compte personnel d'activité. — V. C. trav., art. D. 3243-7 à D. 3243-9, R. 3246-2.
2016	16 déc.	Décret n° 2016-1763. Accès des groupements d'employeurs aux aides publiques en matière d'emploi et de formation professionnelle au titre de leurs entreprises adhérentes. — V. C. trav., art. D. 1253-50 à D. 1253-52.
2016	18 déc.	Arrêté. Agrément de l'avenant n° 1 à la convention du 26 janvier relative au contrat de sécurisation professionnelle. — V. Conv. du 26 janv. 2015, art. 31, App. III. A, v° *Embauche et emploi*, **p. 3410.**
2016	20 déc.	Décret n° 2016-1797. Modalités d'approbation par consultation des salariés de certains accords d'entreprise. — V. C. trav., art. D. 2232-2, D. 2232-6 à D. 2232-9.
2016	21 déc.	Décret n° 2016-1826. Modalités de déclaration de l'engagement associatif bénévole dans le cadre du compte d'engagement citoyen. — V. C. trav., art. R. 5151-16 à R. 5151-19.
2016	22 déc.	Décret n° 2016-1834. Organisation, missions, composition et fonctionnement du Conseil d'orientation des conditions de travail et des comités régionaux. — V. C. trav., art. R. 3163-6, R. 3164-3, R. 4313-36, R. 4313-88, R. 4411-83, R. 4534-156, R. 4614-7, R. 4614-9, D. 4622-44, D. 4622-53, R. 4641-1 à R. 4641-22, R. 8123-8, R. 8123-9.
2016	23 déc.	Loi n° 2016-1827. De financement de la sécurité sociale pour 2017. — V. C. trav., art. L. 1271-1, L. 5141-1, L. 5141-3, L. 5141-4, L. 6331-48 nouv., L. 6331-51, L. 8271-6-4, L. 8271-8-1.
2016	23 déc.	Décret n° 2016-1855. Parcours contractualisé d'accompagnement vers l'emploi et l'autonomie et garantie jeunes. — V. C. trav., art. R. 5131-4 à R. 5131-25.
2016	27 déc.	Loi n° 2016-1867. Sapeurs-pompiers professionnels et sapeurs-pompiers volontaires. — V. C. trav., art. L. 5151-9, L. 5151-11.
2016	27 déc.	Décret n° 2016-1899. Mise en œuvre du dispositif d'emploi accompagné et financement du compte personnel de formation des travailleurs handicapés. — V. C. trav., art. D. 5213-88 à D. 5213-93, D. 6323-29.
2016	27 déc.	Décret n° 2016-1908. Modernisation de la médecine du travail. — V. C. trav., art. R. 1221-1 à R. 1221-3, R. 1262-9, R. 1262-13, R. 1262-14, R. 3122-11, R. 3122-12, R. 4121-4, R. 4153-40, R. 4323-56, R. 4412-6, R. 4412-12, R. 4412-44, R. 4412-45,

		R. 4412-47, R. 4412-48, R. 4412-50, R. 4412-51-1, R. 4412-55, R. 4412-57, R. 4412-59, R. 4412-160, R. 4426-7 à R. 4426-9, R. 4426-11, R. 4435-2, R. 4435-5, R. 4436-1, R. 4446-3, R. 4447-1, R. 4452-11, R. 4452-19, R. 4452-29, R. 4452-31, R. 4453-8, R. 4453-10, R. 4453-17, R. 4453-19, R. 4453-21, R. 4453-26, R. 4462-27, R. 4512-9, R. 4513-11, R. 4513-12, R. 4542-17, R. 4544-10, R. 4622-18, D. 4622-22, D. 4622-23, D. 4622-28, R. 4623-1, R. 4624-3, R. 4624-4, R. 4624-10 à R. 4624-58, R. 4625-1 à R. 4625-20, D. 4625-22, D. 4625-28, D. 4625-29, D. 4625-33, D. 4625-34, R. 5132-26-6 à R. 5132-26-8, R. 5213-42, R. 6222-40-1, R. 6223-15, D. 6325-30, R. 7122-31, R. 7123-4, R. 7123-5, R. 7123-7, R. 7214-2 à R. 7214-4, R. 7214-9 à R. 7214-20, R. 7215-1 à R. 7215-3, R. 7216-1 à R. 7216-9.
2016	28 déc.	Loi n° 2016-1888. Modernisation, développement et protection des territoires de montagne. — V. C. trav., art. L. 1253-20.
2016	28 déc.	Décret n° 2016-1895. Activités de services à la personne. — V. C. trav., art. D. 7231-1, R. 7232-2, R. 7232-4 à R. 7232-22, D. 7233-1, D. 7233-3 à D. 7233-5, D. 7233-8.
2016	28 déc.	Décret n° 2016-1907. Divorce prévu par l'article 229-1 du code civil et diverses dispositions en matière successorale. — V. C. trav., art. R. 3324-22, R. 5423-4, R. 5423-26.
2016	28 déc.	Décret n° 2016-1948. Déontologie et discipline des conseillers prud'hommes. — V. C. trav., art. R. 1423-55, R. 1431-3-1, D. 1442-20 à R. 1442-22-17, D. 1442-23.
2016	28 déc.	Décret n° 2016-1950. Traitement de données à caractère personnel liés au compte personnel d'activité. — V. C. trav., art. R. 5151-1 à R. 5151-10.
2016	28 déc.	Décret n° 2016-1970. Compte d'engagement citoyen du compte personnel d'activité. — V. C. trav., art. D. 5151-11 à D. 5151-15.
2016	29 déc.	Loi n° 2016-1917. De finances pour 2017 : — V. C. trav., art. L. 3252-3, L. 3253-8, L. 3253-17, L. 5133-9, L. 5312-1, L. 5423-7, L. 5423-24, L. 5423-25, L. 5425-3, L. 5426-5, L. 5429-1, L. 7122-23, L. 7122-24, L. 7232-8, L. 7233-7, L. 8253-1. — V. CGI, art. 80 *quaterdecies*, 204 A, 204 B, 204 D à 204 N, App. I. D, v° *Salaires*, **p. 3279.**
2016	29 déc.	Loi n° 2016-1918. De finances rectificative pour 2016 : — V. C. trav., art. L. 5312-1, L. 5312-7, L. 5312-12, L. 5423-24, L. 5423-25, L. 5423-28 à L. 5423-31, L. 5424-21, L. 5426-8-1 à L. 5426-8-3. — V. CGI, art. 80 *duodecies*, App. I. D, v° *Salaires*, **p. 3278.** — V. CGCT, art. L. 2333-67, App. II. G, v° *Versement transport*, **p. 3357.**
2016	30 déc.	Décret n° 2016-1999. Mise en œuvre du compte personnel d'activité pour les travailleurs indépendants, les membres des professions libérales et des professions non salariées, leurs conjoints collaborateurs et les artistes auteurs. — V. C. trav., art. D. 5151-10, D. 6323-22 à D. 6323-28.

TABLE CHRONOLOGIQUE

2017	12 janv.	Ordonnance n° 2017-28. Constitution et fonctionnement des groupements de coopération sanitaire. — Ratifiée par L. n° 2019-774 du 24 juill. 2019, art. 77. — V. C. trav., art. L. 4111-1, L. 4111-2.
2017	26 janv.	Décret n° 2017-81. Autorisation environnementale. — V. C. trav., art. R. 4612-4, R. 4612-5.
2017	27 janv.	Loi n° 2017-86. Égalité et citoyenneté : — V. C. trav., art. L. 1131-2, L. 1134-7, L. 1221-13, L. 1321-3, L. 3142-54-1, L. 3142-58, L. 3142-58-1, L. 5131-6-1, L. 5151-9, L. 5151-11, L. 5223-1, L. 6111-2, L. 6111-3, L. 6111-5, L. 6231-1. — V. C. pén., art. 225-2, App. I. B, v° *Contrat de travail*, **p. 3216.** — V. L. n° 2008-496 du 27 mai 2008, art. 4, App. I. B, v° *Contrat de travail*, **p. 3257.**
2017	16 févr.	Décret n° 2017-199. Contrat d'apprentissage dans le secteur public non industriel et commercial. — V. C. trav., art. D. 6271-1 à D. 6272-2.
2017	27 févr.	Décret n° 2017-249. Seuils d'assujettissement aux obligations de participation au développement de la formation professionnelle continue des employeurs. — V. C. trav., art. D. 6122-1, R. 6331-2, R. 6331-12.
2017	28 févr.	Loi n° 2017-256. Égalité réelle outre-mer et autres dispositions en matière sociale et économique : — V. C. trav., art. L. 1132-1, L. 5522-21. — V. L. n° 2008-496 du 27 mai 2008, art. 1er, App. I. B, v° *Contrat de travail*, **p. 3255.**
2017	28 févr.	Décret n° 2017-266. Création d'un traitement automatisé de données à caractère personnel pour le dépôt et la gestion des candidatures aux fonctions de conseiller prud'homme. — V. C. trav., art. D. 1441-22-1 à D. 1441-22-4, D. 1441-24-1 à D. 1441-24-3.
2017	1er mars	Loi n° 2017-261. Éthique du sport, régulation et transparence du sport professionnel. — V. C. sport, art. L. 222-2-1, L. 222-2-2, L. 222-2-10-1 🏛, App. VII. F, v° *Sportif professionnel*.
2017	1er mars	Décret n° 2017-272. Exercice des attributions des agents de contrôle de l'inspection du travail par des agents de contrôle assimilés relevant du ministre de la défense. — V. C. trav., art. R. 8111-12.
2017	22 mars	Décret n° 2017-382. Parcours de formation, forfaits de prise en charge des actions de professionnalisation et justificatifs d'assiduité d'une personne en formation. — V. C. trav., art. D. 6353-4.
2017	22 mars	Décret n° 2017-383. Attribution des compétences au sein de la juridiction administrative en matière de représentativité des organisations professionnelles d'employeurs. — V. C. trav., art. R. 2152-19.
2017	24 mars	Décret n° 2017-396. Dispositions relatives à la Cour de cassation. — V. COJ, art. R. 441-1, App. V, v° *Conflits du travail*, **p. 3496.**
2017	3 avr.	Décret n° 2017-473. Modification du décret n° 2016-1899 relatif à la mise en œuvre du dispositif d'emploi accompagné et au financement du compte personnel de formation des travailleurs handicapés. — V. C. trav., art. D. 5213-88, D. 5213-90.

2017	6 avr.	Décret n° 2017-501. Conditions de délégation des agents des greffes. — Art. 2. — V. C. trav., art. R. 1423-50.
2017	12 avr.	Décret n° 2017-541. Code de déontologie du service public de l'inspection du travail. — V. C. trav., art. R. 8124-1 à R. 8124-33.
2017	14 avr.	Convention. Indemnisation du chômage. — V. App. III. C, v° *Chômage* 🔒.
2017	25 avr.	Décret n° 2017-631. Constitution et fonctionnement des groupements de coopération sanitaire. — V. C. trav., art. R. 4615-1, R. 4615-3 à R. 4615-8, R. 4615-9-1, R. 4615-11 à R. 4615-14, R. 4615-17, R. 4615-19, R. 4615-20.
2017	25 avr.	Décret n° 2017-633. Interdiction de vapoter dans certains lieux à usage collectif. — V. CSP, art. R. 3513-2 à R. 3513-4, R. 3515-7 et R. 3515-8, App. II. D, v° *Santé, hygiène et sécurité des travailleurs*, **p. 3336.**
2017	25 avr.	Ordonnance n° 2017-647. Prise en compte de l'ancienneté dans les contrats de travail à caractère saisonnier et à leur reconduction. — V. C. trav., art. L. 1244-2-1, L. 1244-2-2.
2017	27 avr.	Ordonnance n° 2017-647. Prise en compte de l'ancienneté dans les contrats de travail à caractère saisonnier et à leur reconduction. — V. C. trav., art. L. 1244-2-1, L. 1244-2-2.
2017	27 avr.	Décret n° 2017-663. Modalités de mise en place et de fonctionnement des commissions paritaires régionales interprofessionnelles pour les salariés et les employeurs des entreprises de moins de onze salariés. — V. C. trav., art. R. 23-111-1 à R. 23-113-4.
2017	27 avr.	Décret n° 2017-684. Formation initiale et continue des conseillers prud'hommes. — V. C. trav., art. D. 1442-1, D. 1442-7, D. 1442-10-1 à D. 1442-10-6.
2017	2 mai	Décret n° 2017-692. Durée minimale d'indemnisation des demandeurs d'emploi par le régime d'assurance chômage. — V. C. trav., art. R. 5422-1.
2017	2 mai	Décret n° 2017-714. Formations visant à améliorer les pratiques du dialogue social communes aux salariés, aux employeurs, à leurs représentants, aux magistrats judiciaires ou administratifs et aux agents de la fonction publique. — V. C. trav., art. R. 2212-1 à R. 2212-3.
2017	3 mai	Décret n° 2017-751. Contribution destinée à compenser les coûts de mise en place du système dématérialisé de déclaration et de contrôle des détachements de travailleurs. — V. C. trav., art. R. 1263-20.
2017	3 mai	Décret n° 2017-752. Publicité des accords collectifs. — V. C. trav., art. R. 2231-1-1.
2017	4 mai	Décret n° 2017-772. Organisation de l'échange de données dématérialisées relatives à la formation professionnelle entre les organismes financeurs de la formation professionnelle, les institutions et

		organismes chargés du conseil en évolution professionnelle et le compte personnel de formation. — V. C. trav., art. R. 6323-13 à R. 6323-15.
2017	4 mai	Décret n° 2017-774. Responsabilité sociale des plateformes de mise en relation par voie électronique. — V. C. trav., art. D. 7342-1 à D. 7342-5.
2017	5 mai	Décret n° 2017-825. Renforcement des règles visant à lutter contre les prestations de services internationales illégales. — V. C. trav., art. R. 1262-2, R. 1263-3, R. 1263-4, R. 1263-6, R. 1263-8-1, R. 1263-11-2, R. 1263-11-3, R. 1263-11-6, R. 1263-12-1, R. 1263-14, D. 1263-21, R. 1264-2, R. 8115-5, R. 8272-9, R. 8294-8.
2017	5 mai	Décret n° 2017-826. Intéressement à la reprise d'activité des bénéficiaires de l'allocation de solidarité spécifique et suppression de l'allocation temporaire d'attente. — V. C. trav., art. R. 5141-7, R. 5423-18 à R. 5423-30-1, D. 5423-38 à D. 5423-47, R. 5425-1 à R. 5425-10, R. 5425-14 à R. 5425-16, R. 5426-18.
2017	5 mai	Décret n° 2017-828. Accès des sapeurs-pompiers volontaires au compte d'engagement citoyen du compte personnel d'activité. — V. C. trav., art. D. 5151-14.
2017	6 mai	Décret n° 2017-892. Diverses mesures de modernisation et de simplification de la procédure civile : — V. C. trav., art. R. 3252-4, R. 3252-25. — V. C. pr. civ., art. 446-2, App. V, v° *Conflits du travail*, **p. 3495.**
2017	9 mai	Décret n° 2017-858. Modalités de décompte et de déclaration des effectifs, au recouvrement et au calcul des cotisations et des contributions sociales. — V. C. trav., art. R. 3243-1, R. 3243-2.
2017	9 mai	Décret n° 2017-864. Recouvrement des cotisations et contributions sociales des travailleurs indépendants non agricoles. — V. C. trav., art. R. 5141-11, R. 5141-12.
2017	9 mai	Décret n° 2017-871. Organisation des compétitions de jeux vidéo. — V. C. trav., art. R. 7124-1, R. 7124-2, R. 7124-5.
2017	9 mai	Décret n° 2017-897. Service d'accueil unique du justiciable. — V. C. trav., art. R. 1423-50-1.
2017	9 mai	Décret n° 2017-899. Repérage de l'amiante avant certaines opérations. — V. C. trav., art. R. 4412-97 à R. 441-97-6, R. 4412-133, R. 4412-148, R. 4511-8, R. 4512-11, R. 4532-7, R. 4532-95, R. 8115-9, R. 8115-10.
2017	9 mai	Décret n° 2017-900. Composition des commissions paritaires régionales interprofessionnelles de Saint-Barthélemy et Saint-Martin et de la commission paritaire territoriale interprofessionnelle de Saint-Pierre-et-Miquelon. — V. C. trav., art. D. 2622-3.
2017	10 mai	Décret n° 2017-932. Mesures de simplification pour les entreprises. — V. C. trav., art. R. 2263-1.

2017	10 mai	Décret n° 2017-1008. Dispositions procédurales relatives aux juridictions du travail : — V. C. trav., art. R. 1452-2, R. 1452-4, R. 1452-6, R. 1454-17, R. 1454-19-3, R. 1454-19-4, R. 1454-26, R. 1463-1, R. 1471-1, R. 2314-26, R. 2324-22, R. 2324-23, R. 2327-5, R. 4624-45 à R. 4624-45-2. — V. C. pr. civ, art. 930-2, 930-3, App. V, v° *Conflits du travail*, **p. 3495.**
2017	10 mai	Décret n° 2017-1020. Prise en charge financière des défenseurs syndicaux intervenant en matière prud'homale. — V. C. trav., art. D. 1453-2-10 à D. 1453-2-15.
2017	10 mai	Décret n° 2017-1023. Conditions d'accès à l'allocation de professionnalisation et de solidarité et à l'allocation de fins de droit. — V. C. trav., art. D. 5424-51 à D. 5424-54.
2017	10 mai	Décret n° 2017-1058. Compte d'engagement citoyen du compte personnel d'activité. — V. C. trav., art. D. 5151-13 à D. 5151-15.
2017	22 juin	Arrêté. Liste des organisations syndicales reconnues représentative au niveau national et interprofessionnel. — V. ss. C. trav., art. L. 2122-9.
2017	22 juin	Arrêté. Liste des organisations professionnelles d'employeurs reconnues représentative au niveau national et interprofessionnel. — V. ss. C. trav., art. L. 2152-6.
2017	4 juill.	Décret n° 2017-1135. Mise en œuvre de la validation des acquis de l'expérience. — V. C. trav., art. R. 6422-5, R. 6422-6, D. 6422-8.
2017	19 juill.	Ordonnance n° 2017-1180. Publication d'informations non financières par certaines grandes entreprises et certains groupes d'entreprises. — V. C. trav., art. L. 2323-8 anc.
2017	9 août	Décret n° 2017-1265. Publication d'informations non financières par certaines grandes entreprises et certains groupes d'entreprises. — V. C. trav., art. R. 2323-1-3 anc.
2017	9 août	Décret n° 2017-1267. Modification de la composition du Conseil supérieur de la prud'homie. — V. C. trav., art. R. 1431-5, R. 1431-6, R. 1431-8, R. 1431-11.
2017	29 août	Décret n° 2017-1311. Modernisation de la médecine du travail en agriculture. — V. C. trav., art. R. 1221-1, R. 1221-2, R. 4513-12.
2017	22 sept.	Ordonnance n° 2017-1385. Renforcement de la négociation collective. — Ratifiée par L. n° 2018-217 du 29 mars 2018, art. 1ᵉʳ. — V. C. trav., L. 2222-3, L. 2232-5, L. 2232-5-1, L. 2232-11, L. 2232-12, L. 2232-21 à L. 2232-29-2, L. 2234-4 à L. 2234-7, L. 2241-1 à L. 2241-19, L. 2242-1 à L. 2242-21, L. 2253-1 à L. 2253-3, L. 2254-2 à L. 2254-6, L. 2261-23-1, L. 2261-32, L. 2262-13 à L. 2262-15, L. 2323-15 anc., L. 3132-25-3.
2017	22 sept.	Ordonnance n° 2017-1386. Nouvelle organisation du dialogue social et économique dans l'entreprise, favoriser l'exercice et la valorisation des responsabilités syndicales. — Ratifiée par L. n° 2018-217 du

		29 mars 2018, art. 3. — V. C. trav., art. L. 1134-9, L. 1143-2, L. 1146-2, L. 1221-15, L. 1222-16, L. 1226-2, L. 1226-10, L. 1233-5, L. 1233-9, L. 1233-20, L. 1233-23, L. 1233-24-1, L. 1233-24-3, L. 1233-24-4, L. 1233-28, L. 1233-29, L. 1233-33, L. 1233-38, L. 1233-45-1, L. 1233-46, L. 1233-49, L. 1233-56, L. 1233-57, L. 1233-57-2 à L. 1233-57-4, L. 1233-57-6, L. 1233-57-7, L. 1233-57-9, L. 1233-57-11, L. 1233-57-14 à L. 1233-57-20, L. 1233-58, L. 1233-63, L. 1233-91, L. 1235-7, L. 1235-15, L. 1238-2, L. 1242-2, L. 1242-5, L. 1251-6, L. 1251-9, L. 1251-24, L. 1252-8, L. 1321-4, L. 1321-5, L. 1322-2 à L. 1322-4, L. 2122-1, L. 2122-2, L. 2122-5, L. 2122-9, L. 2141-5, L. 2141-6, L. 2142-1-4, L. 2142-3, L. 2143-4 à L. 2143-6, L. 2143-9, L. 2143-22, L. 2145-8, L. 2145-11, L. 2232-10-1, L. 2232-12, L. 2232-13, L. 2261-22, L. 2262-6, L. 2281-1, L. 2281-5, L. 2281-11 à L. 2281-12, L. 2283-2, L. 2311-1 à L. 2311-2, L. 2312-1 à L. 2312-84, L. 2313-1 à L. 2313-15, L. 2314-1 à L. 2314-37, L. 2315-1 à L. 2315-93, L. 2316-1 à L. 2316-26, L. 2317-1 à L. 2317-2, L. 2320-1 à L. 2320-10, L. 2331-2, L. 2331-3, L. 2332-2, L. 2344-2, L. 2344-5, L. 2352-5, L. 2352-6, L. 2353-10, L. 2411-1, L. 2411-2, L. 2411-4, L. 2411-6 à L. 2411-25, L. 2412-1 à L. 2412-17, L. 2413-1, L. 2414-1, L. 2421-1 à L. 2421-3, L. 2421-4, L. 2421-6, L. 2422-1, L. 2422-2, L. 2432-1, L. 2433-1, L. 2434-1, L. 2435-1, L. 2436-1 à L. 2436-4, L. 2437-1, L. 2438-1, L. 2439-1, L. 243-10-1 à L. 243-12-1, L. 3121-8, L. 3121-12, L. 3121-21, L. 3121-26, L. 3121-33, L. 3121-37, L. 3121-47, L. 3121-48, L. 3122-6, L. 3122-22, L. 3123-15, L. 3123-16, L. 3123-26, L. 3132-14, L. 3132-18, L. 3132-25-3, L. 3133-12, L. 3141-16, L. 3142-45, L. 3142-51, L. 3142-63, L. 3142-69, L. 3142-113, L. 3171-2, L. 3222-12, L. 3261-4, L. 3262-1, L. 3312-5, L. 3313-2, L. 3322-6, L. 3322-7, L. 3323-6, L. 3332-4, L. 3332-5, L. 3333-2, L. 3334-2, L. 3341-5, L. 3344-3, L. 4131-2, L. 4131-3, L. 4132-2 à L. 4132-4, L. 4133-2 à L. 4133-4, L. 4143-1, L. 4154-2, L. 4525-1, L. 4526-1, L. 4622-4, L. 4622-12, L. 4623-4, L. 4624-9, L. 4643-4, L. 4644-1, L. 4711-4, L. 4741-11, L. 4751-2, L. 5121-5, L. 5424-9, L. 6122-1, L. 7111-7, L. 7111-9, L. 7111-11, L. 7233-4, L. 7233-6, L. 7233-8, L. 8114-7, L. 8115-5, L. 8241-2.
2017	22 sept.	Ordonnance n° 2017-1387. Prévisibilité et sécurisation des relations de travail. — Ratifiée par L. n° 2018-217 du 29 mars 2018, art. 10. — V. C. trav., art. L. 1134-4, L. 1144-3, L. 1222-10, L. 1222-11, L. 1223-8, L. 1223-9, L. 1226-10, L. 1224-3-2, L. 1225-71, L. 1226-2, L. 1226-10, L. 1226-15, L. 1232-6, L. 1233-3 à L. 1233-5, L. 1233-8, L. 1233-10, L. 1233-16, L. 1233-21, L. 1233-22, L. 1233-24-1 à L. 1233-24-3, L. 1233-26, L. 1233-27, L. 1233-30, L. 1233-31, L. 1233-34 à L. 1233-36, L. 1233-42, L. 1233-50, L. 1233-51, L. 1233-61, L. 1234-9, L. 1235-1, L. 1235-2 à L. 1235-3-2, L. 1235-5, L. 1235-7, L. 1235-11, L. 1235-13, L. 1235-14, L. 1236-8, L. 1237-16 à L. 1237-19-14, L. 1242-8 L. 1242-8-2, L. 1243-12, L. 1243-13, L. 1243-13-1, L. 1244-3, L. 1244-3-1, L. 1244-4, L. 1244-4-1, L. 1245-1, L. 1248-5, L. 1248-10, L. 1248-11, L. 1251-12, L. 1251-12-1, L. 1251-30, L. 1251-34 à L. 1251-36, L. 1251-37-1, L. 1251-40, L. 1255-7 à L. 1255-9, L. 1442-13-2, L. 1454-1-3, L. 1454-2, L. 1471-1, L. 2241-9, L. 2312-55, L. 3122-15, L. 3122-20, L. 4624-7, L. 5121-6 à L. 5121-21, L. 5421-1, L. 8241-3.

2017	22 sept.	Ordonnance n° 2017-1388. Diverses mesures relatives au cadre de la négociation collective. — Ratifiée par L. n° 2018-217 du 29 mars 2018, art. 15. — V. C. trav., art. L. 2135-11, L. 2135-13, L. 2152-2, L. 2261-17, L. 2261-19, L. 2261-25, L. 2261-27-1.
2017	22 sept.	Ordonnance n° 2017-1389. Compte professionnel de prévention. — Ratifiée par L. n° 2018-217 du 29 mars 2018, art. 17. — V. C. trav., art. L. 2232-5-1, L. 2241-4, L. 2242-12, L. 2253-3, L. 4121-1, L. 4161-1 à L. 4163-22, L. 4612-2 anc., L. 4612-16 anc., L. 4622-2, L. 5123-6, L. 5151-5, L. 5151-6, L. 6323-14.
2017	25 sept.	Décret n° 2017-1398. Revalorisation de l'indemnité légale de licenciement. — V. C. trav., art. R. 1234-1, R. 1234-2, R. 1234-4.
2017	3 oct.	Décret n° 2017-1442. Prévention des risques liés à l'amiante à bord des navires. — V. C. trav., art. R. 4412-96.
2017	25 oct.	Ordonnance n° 2017-1491. Extension et adaptation de la partie législative du code du travail, diverses dispositions relatives au travail, à l'emploi et à la formation professionnelle à Mayotte. — Ratifiée par L. n° 2018-771 du 5 sept. 2018, art. 45-IV. — Art. 2 à 9, 32 à 34. — V. C. trav., art. L. 1134-2, L. 1225-46, L. 1511-1, L. 1521-1 à L. 1521-2-2, L. 1522-1 à L. 1522-4, L. 1524-1 à L. 1524-11, L. 1531-1, L. 1531-3, L. 1532-1, L. 2122-6-1, L. 2261-22, L. 2621-2, L. 2622-1, L. 2622-3, L. 2623-1, L. 2631-1, L. 2632-1, L. 2632-2, L. 3324-1, L. 3422-2 à L. 3422-5, L. 3423-1 à L. 3423-5, L. 3431-1, L. 4831-1, L. 5134-110, L. 5134-118, L. 5134-120, L. 5427-1, L. 5521-2, L. 5522-2 à L. 5522-2-3, L. 5522-21 à L. 5522-23, L. 5522-27-1, L. 5522-27-2, L. 5522-29, L. 5523-1, L. 5523-4, L. 5523-5, L. 5524-1 à L. 5524-6, L. 5524-10, L. 6521-3, L. 6522-1, L. 6522-2, L. 6523-1 à L. 6523-3, L. 6523-5-1 à L. 6523-5-3, L. 8323-1 à L. 8323-1-2.
2017	25 oct.	Décret n° 2017-1492. Modifications du livre VII de la partie réglementaire du code rural et de la pêche maritime. — Art. 2 à 5, 8. — V. C. rur., art. R. 712-5, R. 712-6, R. 712-8 à R. 712-10, R. 714-12, R. 715-1, R. 715-3, R. 719-6 à R. 719-8, R. 719-10, App. II. B, v° *Durée du travail*, **p. 3244.**
2017	2 nov.	Décret n° 2017-1522. Personnes n'ayant en France ni domicile ni résidence fixe. — V. C. trav., art. R. 4622-18.
2017	8 nov.	Décret n° 2017-1548. Enseignement à distance en apprentissage. — V. C. trav., art. R. 6232-9 anc., D. 6232-25 anc., R. 6233-54 anc., R. 6233-61 anc., R. 6233-61-1 anc.
2017	10 nov.	Décret n° 2017-1551. Modalités d'approbation par consultation des salariés de certains accords d'entreprise. — V. C. trav., art. D. 2232-2, D. 2232-8.
2017	10 nov.	Décret n° 2017-1554. Durée du travail en agriculture. — V. C. rur., art. R. 713-2 à R. 713-5, R. 713-6 à 713-8, R. 713-34, R. 713-37, R. 713-38, R. 713-40, R. 713-43, R. 713-44, R. 713-45, R. 713-46, R. 713-47, R. 713-48, D. 714-17, D. 714-21, R. 719-1-1, R. 719-3, App. II. B, v° *Durée du travail*, **p. 3312.**

2017	23 nov.	Décret n° 2017-1603. Modification des dispositions relatives à la désignation des membres de la Commission nationale de discipline des conseillers prud'hommes. — V. C. trav., art. R. 1442-22, R. 1442-22-1, R. 1442-22-3.
2017	28 nov.	Décret n° 2017-1612. Mise en place des observatoires d'analyse et d'appui au dialogue social et à la négociation. — V. C. trav., art. R. 2234-1 à R. 2234-4, D. 2622-4.
2017	30 nov.	Décret n° 2017-1643. Création du tribunal d'instance de Paris et suppression des 20 tribunaux d'arrondissement. — V. C. trav., art. R. 2122-39, R. 2122-48-2.
2017	30 nov.	Décret n° 2017-1646. Suppression du contrat de génération. — V. C. trav., art. R. 5121-26, R. 5121-28 à R. 5121-38, R. 5121-40, R. 5121-41, R. 5121-43, R. 5121-45 à R. 5121-55.
2017	30 nov.	Décret n° 2017-1647. Suppression du contrat de génération. — V. C. trav., art. D. 5121-27, D. 5121-39, D. 5121-42 et D. 5121-44.
2017	7 déc.	Décret n° 2017-1676. Modalités d'application de la retenue à la source de l'impôt sur le revenu prévue au 1° du 2 de l'article 204 A du code général des impôts. — V. C. trav., art. R. 3243-1.
2017	14 déc.	Décret n° 2017-1689. Groupe d'experts prévus par l'article L. 2261-27-1 du code du travail. — V. C. trav., art. D. 2261-4-1 à D. 2261-4-6.
2017	15 déc.	Décret n° 2017-1698. Mesures relatives à la procédure suivie devant le conseil de prud'hommes. — V. C. trav., art. R. 1423-35, R. 1453-2, R. 1454-29, R. 1454-32, R. 4624-45 à R. 4624-45-2.
2017	15 déc.	Décret n° 2017-1701. Modification du décret n° 2003-770 du 20 août 2003 portant statut particulier du corps de l'inspection du travail. — V. Décr. préc., art. 1er, App. VI, v° *Organismes administratifs du travail*, **p. 3496.**
2017	15 déc.	Décret n° 2017-1702. Procédure de précision des motifs énoncés dans la lettre de licenciement. — V. C. trav., art. R. 1232-13, R. 1233-2-2.
2017	15 déc.	Décret n° 2017-1703. Dispositions des articles 6 et 7 de l'ordonnance n° 2017-1385 du 22 septembre 2017 relative au renforcement de la négociation collective. — V. C. trav., art. D. 2241-1 à R. 2241-4, R. 2242-2 à D. 2242-16, R. 2271-1.
2017	20 déc.	Ordonnance n° 2017-1718. Complément et mise en cohérence les dispositions prises en application de la loi n° 2017-1340 du 15 septembre 2017 d'habilitation à prendre par ordonnances les mesures pour le renforcement du dialogue social. — Ratifiée par L. n° 2018-217 du 29 mars 2018, art. 18 : — V. C. trav., art. L. 1223-9, L. 1226-2, L. 1226-10, L. 1233-3 à L. 1233-5, L. 1233-8, L. 1233-21, L. 1233-24-1 à L. 1233-24-3, L. 1233-34, L. 1233-35, L. 1233-57-6, L. 1233-58, L. 1233-61, L. 1233-62, L. 1233-72-1, L. 1235-3-1, L. 1235-7, L. 1237-16, L. 1237-18, L. 1237-18-3, L. 1237-18-5, L. 1237-19-1, L. 1237-19-4 à L. 1237-19-6, L. 1237-19-9, L. 1237-19-14, L. 1245-1, L. 1251-40, L. 1441-8, L. 1453-4, L. 1471-1, L. 2135-11, L. 2135-12,

		L. 2145-6, L. 2232-22, L. 2232-23-1 à L. 2232-27, L. 2232-29-1, L. 2232-29-2, L. 2234-4, L. 2234-7, L. 2241-1, L. 2241-4, L. 2242-2, L. 2242-4, L. 2242-11, L. 2242-12, L. 2242-19 à L. 2242-21, L. 2253-1 à L. 2253-3, L. 2281-8, L. 2312-1, L. 2312-14, L. 2312-19, L. 2312-24, L. 2312-36, L. 2312-40 à L. 2312-42, L. 2312-46, L. 2312-49, L. 2312-53, L. 2313-5, L. 2313-8, L. 2314-1, L. 2314-8, L. 2314-11 à L. 2314-14, L. 2315-11, L. 2315-18, L. 2315-27, L. 2315-34, L. 2315-37, L. 2315-39, L. 2315-44, L. 2315-56, L. 2315-69, L. 2315-71, L. 2315-78, L. 2315-81, L. 2315-81-1, L. 2315-86 à L. 2315-88, L. 2315-91, L. 2315-92, L. 2316-6, L. 2316-8, L. 2316-19, L. 2316-21, L. 2316-23, L. 2321-1, L. 2321-3, L. 2321-9, L. 2321-10, L. 2411-8, L. 2412-1, L. 2412-3, L. 2413-1, L. 2421-3, L. 2421-5, L. 3121-64, L. 3121-65, L. 3122-19, L. 3123-3, L. 3123-18, L. 3123-19, L. 3132-14, L. 3132-16, L. 3132-25-3, L. 3142-7, L. 3142-30, L. 3164-2, L. 4162-1, L. 4162-2, L. 4162-4, L. 4163-2, L. 4163-13, L. 4523-3, L. 4523-7-1, L. 4523-11, L. 4523-13, L. 4622-2, L. 4624-7, L. 5132-6, L. 5134-25, L. 5134-69, L. 5421-1, L. 8241-2, L. 8241-3. — V. C. rur., art. L. 714-3, L. 718-1, App. II. B, v° *Durée du travail*, **p. 3308.** — V. C. transp., art. L. 1325-1, App. VII. J, v° *Transports*, **p. 3522.** — V. L. n° 2015-994 du 17 août 2015, art. 56, App. I. B, v° *Contrat de travail*, **p. 3263.** — V. L. n° 2016-1321 du 7 oct. 2016, art. 102, App. VII. G, v° *Joueur professionnel salarié de jeu vidéo*, **p. 3515.**
2017	20 déc.	Décret n° 2017-1720. Composition du conseil d'orientation de la participation, de l'intéressement, de l'épargne salariale et de l'actionnariat salarié. — V. C. trav., art. D. 3346-1.
2017	20 déc.	Décret n° 2017-1723. Autorité administrative compétente pour valider l'accord collectif portant rupture conventionnelle collective. — V. C. trav., art. R.* 1237-6, R. 1237-6-1.
2017	20 déc.	Décret n° 2017-1724. Mise en œuvre des ruptures d'un commun accord dans le cadre d'un accord collectif. — V. C. trav., art. D. 1233-37, D. 1233-38, D. 1233-40, D. 1233-41, D. 1233-43, D. 1233-44, art. D. 1237-4, D. 1237-5, D. 1237-7 à D. 1237-12.
2017	21 déc.	Décret n° 2017-1725. Procédure de reclassement sur le territoire national en cas de licenciement pour motif économique. — V. C. trav., art. D. 1233-2-1.
2017	22 déc.	Décret n° 2017-1747. Modalités de liquidation du Fonds de solidarité. — V. C. trav., art. R. 5312-4, R. 5312-5, R. 5423-48.
2017	26 déc.	Décret n° 2017-1767. Modalités d'approbation des accords dans les très petites entreprises. — V. C. trav., art. D. 2232-2 à R. 2232-13.
2017	27 déc.	Décret n° 2017-1768. Prévention et prise en compte des effets de l'exposition à certains facteurs de risques professionnels et compte professionnel de prévention. — V. C. trav., art. R. 2323-1-3 anc., R. 4162-4 à R. 4163-45, R. 5121-28, R. 5151-1, R. 5151-3, R. 5151-4, R. 5151-10.

TABLE CHRONOLOGIQUE

2017	27 déc.	Décret n° 2017-1769. Prévention et prise en compte des effets de l'exposition à certains facteurs de risques professionnels et compte professionnel de prévention. — V. C. trav., art. D. 4161-1, D. 4162-1 à D. 4162-3, D. 4163-2 à D. 4163-6, D. 4163-25 à D. 4163-29, D. 4163-31, D. 4163-32, D. 4163-46 à D. 4163-48.
2017	27 déc.	Décret n° 2017-1779. Modification de l'article D. 1423-56 du code du travail. — V. C. trav., D. 1423-56.
2017	28 déc.	Loi n° 2017-1775. De finances rectificative pour 2017 : — V. C. trav., art. L. 3252-9. — V. CGI, art. 204 D, 204 F, 204 G, App. I. D, v° *Salaires*, **p. 3283.** — V. CGI, art. 44 *duodecies*, App. III. A, v° *Embauche et emploi*, **p. 3372.**
2017	28 déc.	Décret n° 2017-1818. Prise en charge de la rémunération des salariés participant aux négociations de branche. — V. C. trav., art. R. 2232-1-3 à R. 2232-1-5.
2017	29 déc.	Décret n° 2017-1813. Traitement de données à caractère personnel dénommé « compte personnel de prévention de la pénibilité ». — V. C. trav., art. R. 5151-10.
2017	29 déc.	Décret n° 2017-1819. Comité social et économique : — V. C. trav., art. D. 1143-2, D. 1143-5, D. 1143-16, D. 1221-24, D. 1221-24-1, D. 1221-27, R. 1233-3-1 à R. 1233-3-3, R. 1233-3-5, D. 1233-4, D. 1233-5, R. 1233-9, D. 1233-10, D. 1233-12, D. 1233-14 à D. 1233-14-3, R. 1233-15, R. 1233-17, R. 1233-19, D. 2122-7, D. 2143-4, R. 2241-4, R. 2262-2, R. 2282-1, R. 2312-1 à R. 2321-1, R. 2331-2, D. 2332-2, D. 2352-9, D. 2352-12, D. 2362-9, D. 2362-12, D. 2372-9, D. 2372-12, R. 2391-1 à R. 2391-4, D. 23-101-1, R. 2421-1, R. 2421-4, R. 2421-6, R. 2421-8 à R. 2421-11, R. 2421-14, R. 2421-15, R. 2421-17 à R. 2421-22, D. 3121-5, R. 3121-10, R. 3121-15, R. 3121-16, D. 3121-20, D. 3121-27, R. 3122-2, R. 3122-5, R. 3122-9, D. 3123-2, R. 3132-13, R. 3142-23, R. 3142-36, D. 3171-7, R. 3262-14, R. 3262-34, R. 3312-1, D. 3323-3 à D. 3323-6, D. 3323-8, D. 3323-13 à D. 3323-15, R. 3332-5, R. 3332-20, R. 3332-21, D. 3345-1, D. 3345-2, D. 3345-3, R. 4121-3, R. 4121-4, R. 4132-1, R. 4132-2, D. 4133-2, D. 4133-3, R. 4143-1, R. 4143-2, D. 4154-3, D. 4163-2, R. 4216-33, R. 4222-17, R. 4222-21, R. 4223-11, R. 4223-15, R. 4224-18, R. 4225-3, R. 4227-56, R. 4228-18, R. 4228-22, R. 4228-25, R. 4323-5, R. 4323-20, R. 4323-97, R. 4323-105, R. 4412-9, R. 4412-24, R. 4412-30, R. 4412-38, R. 4412-64, R. 4412-75, R. 4412-79, R. 4412-86, R. 4412-87, R. 4412-91, R. 4412-92, R. 4412-102, R. 4412-105, R. 4412-116, R. 4412-118, R. 4412-134, R. 4412-136, R. 4412-146, R. 4425-2, R. 4425-4, R. 4433-4, R. 4433-6, R. 4437-2, R. 4444-4, R. 4452-9, R. 4452-10, R. 4452-17, R. 4453-10, R. 4453-14, R. 4453-16, R. 4453-21, R. 4453-28, R. 4453-32, R. 4461-8, R. 4461-9, R. 4462-3 à R. 4462-5, R. 4462-30, R. 4462-32, R. 4462-34 à R. 4462-36, R. 4511-11, R. 4514-1 à R. 4514-10, R. 4515-1, R. 4515-11, R. 4523-2 à R. 4323-6, R. 4523-8 à R. 4523-11, R. 4523-13 à R. 4523-17,

		R. 4524-5, R. 4524-6, R. 4524-9, R. 4532-50, R. 4532-69 à R. 4532-71, R. 4532-73, R. 4532-80, R. 4532-94, R. 4534-19, R. 4534-148, R. 4543-7, R. 4612-1 anc. à R. 4614-9 anc., R. 4614-11 anc. à R. 4615-1 anc., R. 4615-3 anc. à R. 4616-10 anc., D. 4622-2, D. 4622-3, D. 4622-6 à D. 4622-8, D. 4622-10 à D. 4622-13, D. 4622-16, R. 4622-17, D. 4622-22, D. 4622-23, R. 4623-5, R. 4623-12, R. 4623-16, R. 4623-18, R. 4623-22, R. 4623-33, R. 4624-1, R. 4624-3, D. 4624-7, R. 4624-8, R. 4624-23, R. 4624-48, D. 4625-22, D. 4625-27, D. 4626-4-1, D. 4626-7, R. 4626-12, D. 4626-19, D. 4626-32, D. 4632-1, D. 4632-2, D. 4632-4, D. 4632-5, D. 4632-8, D. 4632-9, D. 4632-11, R. 4641-13, R. 4643-31, R. 4643-32, R. 4643-37, R. 4644-1, R. 4721-7 à R. 4721-9, R. 4724-10, R. 4731-11, R. 4741-4, R. 5111-3, D. 5121-9, R. 5121-17, R. 5121-19, R. 5121-21, R. 5122-2, R. 5122-4, R. 5123-25, R. 5212-4, D. 5212-29, R. 5213-24, R. 5213-33, R. 5213-36, D. 5213-83, R. 5315-2, R. 5315-8, D. 5424-28, R. 6123-3-15 (annexe), R. 6225-5, R. 6233-37, D. 6233-63, R. 6322-74, R. 6322-77, D. 6352-28, D. 7233-9 à D. 7233-11. — V. C. rur., art. R. 713-2, R. 713-3, R. 713-35, R. 713-48, R. 714-1, R. 714-5, R. 714-12, V. App. II. B, v° *Durée du travail*, **p. 3312**.
2017	29 déc.	Décret n° 2017-1820. Modèles types de lettres de notification de licenciement. — V. App. I. B, v° *Contrat de travail*, **p. 3264**.
2017	29 déc.	Décret n° 2017-1879. Mises à disposition de travailleurs réalisées sur le fondement de l'article L. 8241-3 du code du travail. — V. C. trav., art. R. 8241-1, R. 8241-2.
2017	30 déc.	Loi n° 2017-1836. De financement de la sécurité sociale pour 2018 : — V. C. trav., art. L. 1271-1, L. 1271-2, L. 5141-1, L. 5141-2, L. 6331-51, L. 6331-67, L. 6331-68, L. 8221-3. — V. C. rur., art. L. 722-20, App. II. B, v° *Durée du travail*, **p. 3310**. — V. CSS, art. L. 241-2-1, App. III. A, v° *Embauche et emploi*, **p. 3365**.
2017	30 déc.	Loi n° 2017-1837. De finances pour 2018 : — V. C. trav., art. L. 1233-57-3, L. 2312-25, L. 2312-61, L. 2312-62, L. 5312-1, L. 5312-7, L. 5423-26, L. 5423-27, L. 5423-31, L. 5423-32. — V. CGI, art. 80 *duodecies*, App. I. D, v° *Salaires*, **p. 3278** ; art. 44 *duodecies*, 1383 H, App. III. A, v° *Embauche et emploi*, **p. 3372**. — V. CSS, art. L. 842-8, App. III. A, v° *Embauche et emploi*, **p. 3368**.
2017	30 déc.	Décret n° 2017-1891. Taux des cotisations d'assurance maladie du régime général et de divers régimes de sécurité sociale. — V. CSS, art. D. 241-7, App. III. A, v° *Embauche et emploi*, **p. 3368**.
2018	9 févr.	Décret n° 2018-82. Abrogation des dispositions relatives à la contribution destinée à compenser les coûts de mise en place du système dématérialisé de déclaration et de contrôle des détachements de travailleurs. - V. C. trav., art. R. 1263-20.
2018	13 févr.	Loi n° 2018-84. Don de jours de repos non pris au bénéfice des proches aidants de personnes en perte d'autonomie ou présentant un handicap. — V. C. trav., art. L. 3142-25-1.

2018	29 mars	Loi n° 2018-217. Ratification des ordonnances prises sur le fondement de la loi n° 2017-1340 du 15 septembre 2017 d'habilitation à prendre par ordonnances les mesures pour le renforcement du dialogue social : — V. C. trav., art. L. 1222-9, L. 1232-6, L. 1233-3, L. 1233-16, L. 1233-34, L. 1233-42, L. 1235-3, L. 1235-3-1, L. 1235-3-2, L. 1236-9, L. 1237-16, L. 1237-18, L. 1237-19-1, L. 1237-19-2, L. 1237-19-3, L. 1237-19-4, L. 1237-19-6, L. 1237-19-7, L. 1244-2-2, L. 1442-13-2, L. 1442-18, L. 1471-1, L. 2143-3, L. 2231-5-1, L. 2232-8, L. 2232-11, L. 2232-16, L. 2232-21, L. 2232-22, L. 2232-22-1, L. 2232-23, L. 2232-23-1, L. 2232-24, L. 2232-25, L. 2232-26, L. 2241-5, L. 2242-3, L. 2242-11, L. 2253-1, L. 2253-2, L. 2254-2, L. 2261-13, L. 2261-14, L. 2261-25, L. 2262-14-1, L. 2312-5, L. 2312-37, L. 2312-56, L. 2312-81, L. 2312-83, L. 2313-1, L. 2314-3, L. 2314-31, L. 2314-33, L. 2315-18, L. 2315-24, L. 2315-27, L. 2315-44-1 à L. 2315-44-4, L. 2315-61, L. 2315-80, L. 2315-85, L. 2315-94, L. 2316-22, L. 2412-2 à L. 2412-5, L. 2412-8, L. 2412-9, L. 2412-13, L. 2421-8, L. 4624-2-1, L. 4624-7, L. 6222-42, L. 6222-43, L. 6231-1, L. 8241-3. — V. Ord. n° 2017-1387 du 22 sept. 2017, art. 1ᵉʳ, App. I. B, v° *Contrat de travail*, **p. 3264.**
2018	13 avr.	Loi n° 2018-266. Régime d'ouverture et de contrôle des établissements privés hors contrat. — V. C. trav., art. L. 6234-1 anc., L. 6234-2 anc.
2018	3 mai	Arrêté. Agrément de l'avenant n° 1 du 17 janvier 2018 au règlement général annexé à la convention du 14 avril 2017 relative à l'assurance chômage. — V. Règl. gén. du 14 avr. 2017, art. 2, App. III. C, v° *Chômage* 🔒.
2018	4 mai	Décret n° 2018-335. Modification de dispositions relatives au droit de séjour des étrangers. — V. C. trav., art. R. 5221-15-1.
2018	15 mai	Décret n° 2018-362. Procédure de dépôt des accords collectifs. — V. C. trav., art. D. 2231-2, D. 2231-4, D. 2231-6, D. 2231-7, D. 2231-8.
2018	16 mai	Ordonnance n° 2018-358. Traitement juridictionnel du contentieux de la sécurité sociale et de l'aide sociale. — V. C. trav., art. L. 6331-51, L. 6331-62.
2018	4 juin	Décret n° 2018-437. Protection des travailleurs contre les risques dus aux rayonnements ionisants. — V. C. trav., art. R. 4121-4, R. 4311-7, R. 4312-1-3, R. 4323-110, R. 4451-1 à R. 4451-135, R. 4722-20, R. 4722-20-1, R. 8111-11.
2018	4 juin	Décret n° 2018-438. Protection contre les risques dus aux rayonnements ionisants auxquels sont soumis certains travailleurs. — V. C. trav., art. D. 4152-4 à D. 4152-6, D. 4153-15, D. 4153-21, D. 4154-1.
2018	12 juin	Ordonnance n° 2018-470. Regroupement et mise en cohérence des dispositions du code de la sécurité sociale applicables aux travailleurs indépendants. — V. C. trav., art. L. 1221-18, L. 4163-14, L. 5151-6, L. 5523-4, L. 6331-48, L. 6331-51.

2018	12 juin	Ordonnance n° 2018-474. Simplification et harmonisation des définitions des assiettes des cotisations et contributions de sécurité sociale. – Ratifiée par L. n° 2018-1203 du 22 déc. 2018, art. 30 : – V. C. trav., art. L. 3312-4, L. 3325-1, L. 3332-13, L. 3332-27, L. 5123-5, L. 5422-10, L. 7233-4. – V. CSS, art. L. 241-18, App. I. D, v° *Salaires*, **p. 3294** ; art. L. 241-2-1, L. 241-13, App. III. A, v° *Embauche et emploi*, **p. 3365**. – V. C. tourisme, art. L. 411-10, App. II. C, v° *Congés*, **p. 3333**. – V. CGCT, art. L. 2333-65, App. II. G, v° *Versement transport*, **p. 3357**.
2018	20 juin	Décret n° 2018-500. Incorporation au code général des impôts et au code des douanes de divers textes modifiant et complétant certaines dispositions de ces codes. – V. CGI, art. 81, App. I. D, v° *Salaires*, **p. 3280**.
2018	28 juin	Directive (UE) 2018/957. Détachement des travailleurs effectué dans le cadre d'une prestation de services. – V. Dir. 96/71/CE du 16 déc. 1996, art. 1er, 3 à 5, App. I. E, v° *Détachement*, **p. 3298**.
2018	6 juill.	Décret n° 2018-583. Compétences du préfet de police et de certains de ses services dans le ressort de la zone de défense et de sécurité de Paris, dans les départements des Hauts-de-Seine, du Val-de-Marne et de Seine-Saint-Denis et sur les emprises des aérodromes de Paris-Charles de Gaulle, Paris-Le Bourget et Paris-Orly, et compétences du préfet de police des Bouches-du-Rhône. – V. C. trav., art. R. 8272-7, R. 8272-9.
2018	13 juill.	Loi n° 2018-607. Programmation militaire pour les années 2019 à 2025. – V. C. trav., art. L. 3142-89, L. 3142-94-1.
2018	13 juill.	Conseil constitutionnel, décision n° 2018-720 à 726 QPC. – V. C. trav., art. L. 2314-7 anc., L. 2324-10 anc.
2018	17 juill.	Décret n° 2018-625. Indemnisation des conseillers prud'hommes. – V. C. trav., art. R. 1423-55, D. 1423-64.
2018	26 juill.	Décret n° 2018-660. Limite d'âge du président du conseil d'administration de l'Agence nationale pour la formation professionnelle des adultes. – V. C. trav., art. R. 5315-2.
2018	3 août	Loi n° 2018-699. Présence des parlementaires dans certains organismes extérieurs au Parlement et simplification des modalités de leur nomination : – V. C. trav., art. L. 5223-3. – V. L. n° 2008-496 du 27 mai 2008, art. 9-1, App. I. B, v° *Contrat de travail*, **p. 3257**.
2018	3 août	Loi n° 2018-703. Renforcement de la lutte contre les violences sexuelles et sexistes. – V. C. pén., art. 222-33, App. I. B, v° *Contrat de travail*, **p. 3213**.
2018	10 août	Loi n° 2018-727. Pour un État au service d'une société de confiance : – V. C. trav., art. L. 1242-2, L. 1322-1-1, L. 5312-12-2, L. 8115-1, L. 8115-3, L. 8115-4, L. 8115-6, L. 8121-1, L. 8291-3. – V. C. éduc., art. L. 124-8-1, App. VIII, v° *Formation professionnelle*, **p. 3532**.

| 2018 | 5 sept. | Loi n° 2018-771. Liberté de choisir son avenir professionnel :
— V. C. trav., art. L. 1142-7 à L. 1142-10, L. 1153-5, L. 1153-5-1, L. 1222-9, L. 1225-56, L. 1233-68, L. 1235-4, L. 1243-9, L. 1251-58-1 à L. 1251-58-8, L. 1261-3, L. 1262-2-1, L. 1262-4-1, L. 1262-4-4, L. 1262-4-6, L. 1262-6, L. 1262-7, L. 1263-3, L. 1263-4-2 à L. 1263-6, L. 1263-8, L. 1264-3, L. 1264-4, L. 1442-2, L. 1453-7, L. 2145-9, L. 2232-9, L. 2241-1, L. 2242-3, L. 2242-8, L. 2242-17, L. 2242-20, L. 2254-2, L. 2261-32, L. 2271-1, L. 2272-1, L. 2272-2, L. 2301-1, L. 2312-18, L. 2312-24, L. 2312-26, L. 2312-36, L. 2314-1, L. 2315-18, L. 23-113-1, L. 3142-44, L. 3162-1, L. 3221-6, L. 3332-17-1, L. 3341-3, L. 4141-4, L. 4153-1, L. 4153-6, L. 4162-5, L. 4163-8, L. 5131-1, L. 5132-8, L. 5151-2, L. 5151-4, L. 5151-7, L. 5151-9 à L. 5151-11, L. 5212-1 nouv. à L. 5212-3, L. 5212-5 nouv. à L. 5212-12, L. 5212-14, L. 5212-17, L. 5213-6-1, L. 5213-11, L. 5213-13, L. 5213-13-1, L. 5213-14, L. 5213-16, L. 5213-18, L. 5213-19, L. 5213-19-1, L. 5213-20, L. 5312-1, L. 5312-5, L. 5312-10, L. 5312-13-1, L. 5314-3, L. 5315-2, L. 5411-1, L. 5411-2, L. 5411-4, L. 5411-6, L. 5411-6-1, L. 5411-6-3, L. 5411-6-4, L. 5411-10, L. 5412-1, L. 5413-1, L. 5421-1 à L. 5421-4, L. 5422-1 à L. 5422-4, L. 5422-9, L. 5422-10, L. 5422-12, L. 5422-14, L. 5422-16, L. 5422-20 à L. 5422-25, L. 5423-1, L. 5423-4, L. 5424-2, L. 5424-20 à L. 5424-28, L. 5425-1, L. 5425-9, L. 5426-1 à L. 5426-2, L. 5426-5 à L. 5426-7, L. 5426-8-3, L. 5426-9, L. 5427-1 à L. 5427-4, L. 5428-1, L. 5429-2, L. 5523-4, L. 5523-6, L. 5524-2, L. 5524-3, L. 5524-10, L. 5531-1, L. 6111-3, L. 6111-6 à L. 6111-8, L. 6112-4, L. 6113-1 à L. 6113-10, L. 6121-1 nouv., L. 6121-2, L. 6121-3, L. 6121-4 nouv. à L. 6121-6 nouv., L. 6122-1, L. 6123-3 à L. 6123-14, L. 6123-6, L. 6123-7, L. 6131-1 à L. 6131-3, L. 6211-1, L. 6211-2, L. 6211-3 nouv., L. 6211-4 nouv., L. 6221-2, L. 6222-1, L. 6222-2, L. 6222-7-1, L. 6222-8 à L. 6222-12-1, L. 6222-18 à L. 6222-18-2, L. 6222-21, L. 6222-22-1, L. 6222-25, L. 6222-27, L. 6222-38, L. 6222-42, L. 6223-8-1, L. 6224-1 à L. 6224-4, L. 6225-3-1, L. 6227-11, L. 6227-12, L. 6231-1 à L. 6234-1, L. 6232-10, L. 6232-11, L. 6241-2 à L. 6241 5, L. 6241-6 à L. 6241-12, L. 6243-1, L. 6312-1, L. 6313-1 à L. 6313-9, L. 6315-1, L. 6316-1 à L. 6316-5, L. 6321-1, L. 6321-2, L. 6321-6 à L. 6321-8, L. 6321-9, L. 6321-10, L. 6321-12, L. 6323-2 à L. 6323-6, L. 6323-8 à L. 6323-17-6, L. 6323-20 à L. 6323-23, L. 6323-24-1, L. 6323-25 à L. 6323-38, L. 6323-41, L. 6323-42, L. 6324-1, L. 6324-2, L. 6324-5 à L. 6324-9, L. 6325-4, L. 6325-6-2, L. 6325-11, L. 6325-14-1, L. 6325-24, L. 6325-25, L. 6326-1 à L. 6326-4, L. 6331-1 à L. 6331-8, L. 6331-38, L. 6331-46, L. 6331-55, L. 6331-56, L. 6331-60, L. 6331-63, L. 6331-64, L. 6332-1 à L. 6332-4, L. 6332-6 à L. 6332-9, L. 6332-11, L. 6332-11-1, L. 6332-14, L. 6332-15 à L. 6332-19, L. 6332-21 à L. 6332-22-2, L. 6333-1 à L. 6333-8, L. 6341-3, L. 6341-4, L. 6351-1, L. 6351-3, L. 6351-4, L. 6352-2 à L. 6352-4, L. 6352-7, L. 6352-10, L. 6352-11, L. 6352-13, L. 6353-1, L. 6353-2, L. 6353-8 à L. 6353-10, L. 6354-3, L. 6355-1, L. 6355-5, L. 6355-7, L. 6355-8, L. 6355-11, L. 6355-14, L. 6355-17, L. 6355-24, L. 6361-1 à L. 6361-4, L. 6362-1 à L. 6362-7, L. 6362-7-2, L. 6362-8, L. 6362-10, L. 6362-11, L. 6412-2, L. 6422-1 à L. 6422-6, L. 6423-2, L. 6521-3, L. 6523-1, L. 6523-2, L. 6523-3, |

		L. 6523-5-3, L. 6523-6-1 à L. 6523-6-3, L. 6523-7, L. 8113-5-1, L. 8113-5-2, L. 8115-3, L. 8115-7, L. 8221-3, L. 8224-3, L. 8224-5, L. 8272-2, R. 6352-8. — V. C. trav. ancien, art. L. 323-2 nouv., App. I. B, v° *Contrat de travail*, **p. 3230.** — Art. 35. — V. ss. C. trav., art. L. 6122-1. — Art. 78. — V. ss. C. trav., art. L. 1242-3. — Art. 79. — V. ss. C. trav., art. L. 1251-2. — Art. 83, 88. — V. App. III. A, v° *Embauche et emploi*, **p. 3412.** — Art. 115. — V. ss. C. trav., art. L. 1252-1.
2018	10 sept.	Loi n° 2018-778. Immigration et droit d'asile. — V. C. trav., art. L. 5221-5, L. 5223-1.
2018	14 sept.	Décret n° 2018-791. Document de cadrage des négociations et agrément des accords d'assurance chômage. — V. C. trav., art. R. 5422-10, R. 5422-11, R. 5422-16 à R. 5422-18.
2018	26 sept.	Décret n° 2018-813. Répartition des compétences en matière de désignation des conseillers prud'hommes. — V. C. trav., art. R. 1441-13, R. 1441-23, R. 1441-24, R. 1441-25.
2018	27 sept.	Décret n° 2018-821. Mise en conformité des textes réglementaires avec l'ordonnance n° 2018-474 du 12 juin 2018 relative à la simplification et à l'harmonisation des définitions des assiettes des cotisations et contributions de sécurité sociale : — V. C. trav., art. R. 2242-7, D. 3324-1, D. 3324-10, D. 4163-29. — V. C. trav. ancien, art. D. 981-4, App. I. B, v° *Contrat de travail*, **p. 3240.** — V. CSS, art. D. 241-7, App. III. A, v° *Embauche et emploi*, **p. 3368.**
2018	5 oct.	Décret n° 2018-850. Simplification de la procédure de reconnaissance de la qualité de travailleur handicapé et amélioration de l'information des bénéficiaires de l'obligation d'emploi. — V. C. trav., art. R. 5212-1-5, R. 5213-1-1.
2018	8 oct.	Décret n° 2018-859. Traitement automatisé de données à caractère personnel pour le dépôt et la gestion des candidatures aux fonctions de conseiller prud'homme. — V. C. trav., art. D. 1441-22-1, D. 1441-24-2, D. 1441-24-3.
2018	26 oct.	Décret n° 2018-920. Comité social et économique et financement mutualisé des organisations professionnelles d'employeurs et des organisations syndicales de salariés. — V. C. trav., art. R. 2135-15, R. 2135-28, R. 2145-7, R. 2145-8, R. 2313-2, R. 2313-5, R. 2314-26, R. 2315-31-1, R. 2315-37, R. 2315-48, R. 2315-52.
2018	26 oct.	Décret n° 2018-921. Comité social et économique. — V. C. trav., art. D. 2315-29, D. 2332-2.
2018	29 oct.	Décret n° 2018-928. Contentieux de la sécurité sociale et de l'aide sociale. — V. C. trav., art. R. 4163-36, R. 4163-45.
2018	31 oct.	Décret n° 2018-953. Extension et adaptation de la partie réglementaire du code du travail à Mayotte. — V. C. trav., art. R. 1521-1, R. 1524-1

		à R. 1524-8, D. 2621-1, D. 2621-2, D. 2622-1, D. 2622-4, R. 2623-4, R. 2623-17, R. 2623-19, R. 2624-1, R. 3423-10-1, R. 3424-1 à R. 3424-3, R. 5112-18, R. 5521-6, D. 5521-7, D. 5521-8, R. 5522-17, R. 5522-83 à R. 5522-93, R. 5523-2-1, R. 5523-2-2, R. 5524-1 à R. 5524-10, R. 6511-1, D. 6522-1, R. 6522-4, R. 6523-1, R. 6523-2, R. 6523-2-5 à R. 6523-2-8, R. 6523-10, R. 6523-11, R. 6523-14-1 à R. 6523-14-4, R. 6523-15, R. 6523-17, R. 6523-26-1 à R. 6523-26-5, R. 6523-27, R. 6523-28, R. 7123-1, R. 7213-9, R. 7221-2, D. 7522-1, R. 7523-1, R. 7523-2, R. 7524-1, R. 7524-2, D. 8272-1, D. 8322-1, R. 8322-2.
2018	8 nov.	Décret n° 2018-970. Saisie administrative à tiers détenteur et contentieux du recouvrement des créances publiques. – V. C. trav., art. R. 3252-37, R. 3252-38.
2018	22 nov.	Décret n° 2018-1022. Fixation de certains compléments et adaptations du code du travail spécifiques aux mines et carrières en matière d'utilisation et de règles de circulation d'équipements de travail mobiles. – Art. 1er à 6. – V. App. VII. B, v° *Mines*, **p. 3501.**
2018	11 déc.	Décret n° 2018-1126. Protection du secret des affaires. – V. C. trav., art. R. 4411-44, R. 4411-46.
2018	12 déc.	Ordonnance n° 2018-1125. Protection des données personnelles et modification de la loi n° 78-17 du 6 janvier 1978 relative à l'informatique, aux fichiers et aux libertés et diverses dispositions concernant la protection des données à caractère personnel. – V. C. trav., art. L. 5411-4.
2018	13 déc.	Décret n° 2018-1138. Conditions de compétence professionnelle exigée d'un maître d'apprentissage. – V. C. trav., art. R. 6223-6, R. 6223-22, R. 6223-24 à R. 6223-31, R. 6227-10.
2018	13 déc.	Décret n° 2018-1139. Secteurs d'activité pour lesquels les durées maximales du travail des jeunes travailleurs peuvent être aménagées. – V. C. trav., art. R. 3162-1, R. 6227-2.
2018	17 déc.	Décret n° 2018-1163. Abrogation des dispositions du code du travail relatives à la prime à l'apprentissage et à la prime aux employeurs d'apprentis reconnus travailleurs handicapés. – V. C. trav., art. R. 6222-48, R. 6222-54 à R. 6222-58.
2018	17 déc.	Décret n° 2018-1164. Modalités de déclaration de l'engagement associatif bénévole dans le cadre du compte d'engagement citoyen. – V. C. trav., art. R. 5151-16, R. 5151-18, R. 5151-19.
2018	18 déc.	Décret n° 2018-1171. Modalités d'abondement du compte personnel de formation. – V. C. trav., art. R. 6323-2, R. 6323-2 anc., R. 6323-3, R. 6323-3-2, R. 6323-3-2 anc.
2018	18 déc.	Décret n° 2018-1172. Conditions d'enregistrement des certifications professionnelles et des certifications et habilitations dans les répertoires nationaux. – V. C. trav., art. R. 6113-1 à R. 6113-17.
2018	21 déc.	Décret n° 2018-1209. Agrément et fonctionnement des opérateurs de compétences, des fonds d'assurance formation des non-salariés et

		contrôle de la formation professionnelle. — V. C. trav., art. R. 6325-21, R. 6331-64, R. 6332-1 à R. 6332-38, R. 6332-63, R. 6332-69, R. 6332-77-1, R. 6362-1, R. 6362-1-2, R. 6362-5 à R. 6362-9.
2018	21 déc.	Décret n° 2018-1210. Contrôle pédagogique des formations par apprentissage conduisant à l'obtention d'un diplôme. — V. C. trav., art. R. 6251-1 à R. 6251-4, R. 6261-15 à R. 6261-25.
2018	22 déc.	Loi n° 2018-1203. De financement de la sécurité sociale pour 2019 : — V. C. trav., art. L. 1225-35, L. 5134-31, L. 6227-8, L. 6227-8-1, L. 6243-2, L. 6243-3, L. 6261-1, L. 6325-16 à L. 6325-22, L. 6523-5-2. — V. CSS, art. L. 241-17, L. 241-18, App. I. D, v° *Salaires*, **p. 3293.** — V. CSS, art. L. 241-2-1, L. 241-13, App. III. A, v° *Embauche et emploi*, **p. 3365.**
2018	24 déc.	Décret n° 2018-1227. Application des articles 21 et 22 de la loi n° 2018-727 du 10 août 2018 pour un État au service d'une société de confiance : — V. C. trav., art. R. 1321-6, R. 1322-1, R. 1323-1, R. 5312-5-1, R. 5312-5-2, R. 8291-1-1. — V. C. éduc., art. R. 124-12-1, App. VIII, v° *Formation professionnelle*, **p. 3534.**
2018	24 déc.	Décret n° 2018-1229. Formations suivies hors du temps de travail. — V. C. trav., art. R. 6321-4 à R. 6321-10.
2018	24 déc.	Décret n° 2018-1230. Commissions professionnelles consultatives chargées d'examiner les projets de création, de révision ou de suppression de diplômes et titres à finalité professionnelle. — V. C. trav., art. R. 6113-21 à R. 6113-26.
2018	24 déc.	Décret n° 2018-1231. Conditions de la rupture du contrat d'apprentissage à l'initiative de l'apprenti. — V. C. trav., art. D. 6222-21-1.
2018	24 déc.	Décret n° 2018-1232. Publics éligibles et conditions de mise en œuvre de la reconversion ou la promotion par alternance. — V. C. trav., art. D. 6324-1 à D. 6324-6.
2018	24 déc.	Décret n° 2018-1233. Contrats à durée déterminée ne donnant pas lieu au versement de la contribution spécifique assise sur le revenu d'activité pour les cotisations sociales des titulaires d'un contrat à durée déterminée. — V. C. trav., art. D. 6331-72.
2018	24 déc.	Décret n° 2018-1234. Modalités d'information des personnes sur le conseil en évolution professionnelle. — V. C. trav., art. D. 6111-6, D. 6111-7.
2018	26 déc.	Décret n° 2018-1262. Commission nationale de la négociation collective, de l'emploi et de la formation professionnelle. — V. C. trav., art. D. 1232-4, D. 2261-4-4, R. 2261-5, R. 2271-1, R. 2272-1 à R. 2272-5, R. 2272-8 à R. 2272-10, R. 2272-12 à R. 2272-15, D. 2621-1, R.* 3231-1, R.* 3231-7, R. 5111-5, D. 5121-2, R. 5121-14, R. 5123-1, R. 5311-3, R. 6111-2, D. 6122-2, R. 6123-3, R. 6211-6, R. 6222-5, R. 6233-52, R. 6316-3, R. 6341-2, R. 6341-3.

2018	27 déc.	Décret n° 2018-1256. Utilisation en droits à formation professionnelle des points acquis au titre du compte professionnel de prévention et droit à formation professionnelle de certaines victimes d'accidents du travail ou de maladies professionnelles. – V. C. trav., art. R. 4163-11, R. 4163-18 à R. 4163-24.
2018	28 déc.	Loi n° 2018-1317. De finances pour 2019 : – V. C. trav., art. L. 3261-3-1, L. 5122-1, L. 5124-1, L. 5135-5, L. 6241-1, L. 6241-4, L. 8253-1. – V. CGI, art. 80 *duodecies*, 81, 204 A, 204 H, 204 J, App. I. D, v° *Salaires*, **p. 3278.** – V. CGI, art. 44 *duodecies*, App. III. A, v° *Embauche et emploi*, **p. 3372.**
2018	28 déc.	Décret n° 2018-1329. Montants et modalités d'alimentation du compte personnel de formation. – V. C. trav., art. R. 6323-1, R. 6323-3-1, R. 6323-22, R. 6323-27, R. 6323-29.
2018	28 déc.	Décret n° 2018-1330. Actions de formation et bilans de compétences. – V. C. trav., art. R. 1233-27, R. 1233-35, R. 6313-1 à R. 6313-8, D. 6353-1, R. 6353-2.
2018	28 déc.	Décret n° 2018-1331. Organisation et fonctionnement de France compétences. – V. C. trav., art. R. 6123-5 à R. 6123-33.
2018	28 déc.	Décret n° 2018-1332. Utilisation du compte personnel de formation dans le cadre d'un projet de transition professionnelle. – V. C. trav., art. R. 6323-10 à R. 6323-17, R. 6341-19, R. 6341-22.
2018	28 déc.	Décret n° 2018-1333. Gestion du compte personnel de formation par la Caisse des dépôts et consignations. – V. C. trav., art. R. 6333-1 à R. 6333-14.
2018	28 déc.	Décret n° 2018-1334. Conditions d'agrément et de financement des entreprises adaptées et modalités d'accompagnement spécifique de leurs salariés en situation de handicap. – V. C. trav., art. R. 5212-5, R. 5213-46-2, R. 5213-62, R. 5213-64 à R. 5213-68, R. 5213-70 à R. 5213-73, R. 5213-76 à R. 5213-78, R. 5523-2.
2018	28 déc.	Décret n° 2018-1335. Droits et obligations des demandeurs d'emploi et transfert du suivi de la recherche d'emploi. – V. C. trav., art. R. 5221-7, R. 5312-26, R. 5312-41, R. 5411-11, R. 5411-15, R. 5411-16, R. 5412-2, R. 5412-5 à R. 5412-7-1, R. 5426-3, R. 5426-6 à R. 5426-11, R. 5426-13 à R. 5426-17-1, R. 5426-20, R. 5426-21.
2018	28 déc.	Décret n° 2018-1336. Conditions de mobilisation du compte personnel de formation par le salarié. – V. C. trav., art. D. 6323-4, D. 6323-5, D. 6323-28.
2018	28 déc.	Décret n° 2018-1337. Extension et adaptation de la partie réglementaire du code du travail, et de diverses dispositions relatives au travail, à l'emploi et à la formation professionnelle à Mayotte. – V. C. trav., art. D. 2621-3 à D. 2621-6.
2018	28 déc.	Décret n° 2018-1338. Formations éligibles au titre du compte personnel de formation. – V. C. trav., art. R. 6223-25 à R. 6223-31, D. 6323-23 à D. 6323-25, D. 6323-29-1.

2018	28 déc.	Décret n° 2018-1339. Modalités d'organisation et de fonctionnement des commissions paritaires interprofessionnelles régionales et conditions d'ouverture et de rémunération des projets de transition professionnelle. — V. C. trav., art. D. 6323-9, D. 6323-18-1 à D. 6323-21-6.
2018	28 déc.	Décret n° 2018-1341. Actions de formation et modalités de conventionnement des actions de développement des compétences. — V. C. trav., art. D. 6313-3-1, D. 6313-3-2, D. 6353-1, D. 6353-3, D. 6353-4.
2018	28 déc.	Décret n° 2018-1342. Modalités de prise en charge des dépenses par les sections financières des opérateurs de compétences prévues aux articles L. 6332-14 et L. 6332-17 du code du travail. — V. C. trav., art. D. 6332-39, D. 6332-85 à D. 6332-93.
2018	28 déc.	Décret n° 2018-1344. Contributions versées par certaines catégories d'employeurs. — V. C. trav., art. D. 6331-67 à D. 6331-71.
2018	28 déc.	Décret n° 2018-1345. Modalités de détermination des niveaux de prise en charge des contrats d'apprentissage. — V. C. trav., art. D. 6332-78 à D. 6332-84.
2018	28 déc.	Décret n° 2018-1346. Taux et assiette de la contribution versée par les établissements et services d'aide par le travail pour le financement du compte personnel de formation des travailleurs handicapés. — V. C. trav., art. D. 6323-29-2.
2018	28 déc.	Décret n° 2018-1347. Rémunération des apprentis. — V. C. trav., art. D. 6222-26, D. 6222-28 à D. 6222-33.
2018	28 déc.	Décret n° 2018-1348. Aide unique aux employeurs d'apprentis. — V. C. trav., art. D. 6243-1 à D. 6243-4.
2018	28 déc.	Décret n° 2018-1349. Montants des droits acquis au titre du compte d'engagement citoyen. — V. C. trav., art. D. 5151-11 à D. 5151-15.
2018	28 déc.	Décret n° 2018-1356. Mise en œuvre de la réduction générale des cotisations et contributions sociales à la charge des employeurs. — V. CSS, art. D. 241-7, App. III. A, v° *Embauche et emploi*, **p. 3368.**
2018	28 déc.	Décret n° 2018-1357. Modalités d'application de certains dispositifs d'exonérations ciblées de cotisations sociales. — V. C. trav., art. D. 6243-5.
2019	8 janv.	Décret n° 2019-14. Cadre national des certifications professionnelles. — V. C. trav., art. D. 6113-18 à D. 6113-20, D. 6113-29 à D. 6113-33.
2019	8 janv.	Décret n° 2019-15. Application des dispositions visant à supprimer les écarts de rémunération entre les femmes et les hommes dans l'entreprise et relatives à la lutte contre les violences sexuelles et les agissements sexistes au travail. — V. C. trav., art. D. 1142-2 à D. 1142-14, D. 1151-1.
2019	18 janv.	Décret n° 2019-32. Compétences professionnelles exigées des maîtres d'apprentissage et service chargé de la médiation en matière d'apprentissage dans le secteur public non industriel et commercial. — V. C. trav., art. D. 6271-2, D. 6273-1, D. 6274-1.

2019	23 janv.	Décret n° 2019-39. Détermination des proportions minimale et maximale de travailleurs reconnus handicapés dans l'effectif salarié des entreprises adaptées, mise à disposition de ces travailleurs dans une autre entreprise. — V. C. trav., art. D. 5213-63, D. 5213-63-1, D. 5213-81 à D. 5213-86.
2019	24 janv.	Décret n° 2019-40. Exonération de cotisations salariales des heures supplémentaires et complémentaires. — V. CSS, art. D. 241-21, D. 241-22, D. 241-25, App. III. A, v° *Embauche et emploi*, **p. 3371.**
2019	30 janv.	Décret n° 2019-56. Dénomination « CMA France ». — V. C. trav., art. R. 6123-30.
2019	20 févr.	Ordonnance n° 2019-116. Transposition de la directive 2018/957 du 28 juin 2018 modifiant la directive 96/71/CE concernant le détachement des travailleurs. — V. C. trav., art. L. 1262-2 nouv., L. 1262-2-1 nouv., L. 1262-4 nouv., L. 1264-1 à L. 1264-3.
2019	27 févr.	Décret n° 2019-141. Application de la loi n° 2018-778 du 10 septembre 2018 pour une immigration maîtrisée, un droit d'asile effectif et une intégration réussie. — V. C. trav., art. R. 5221-2, R. 5221-21, R. 5221-26.
2019	28 févr.	Décret n° 2019-151. Application de la loi n° 2018-778 du 10 septembre 2018 pour une immigration maîtrisée, un droit d'asile effectif et une intégration réussie. — V. C. trav., art. D. 5221-21-1.
2019	8 mars	Loi n° 2019-180. Renforcement de la prise en charge des cancers pédiatriques par la recherche, le soutien aux aidants familiaux, la formation des professionnels et le droit à l'oubli. — V. C. trav., art. L. 1225-62, L. 1225-65.
2019	15 mars	Décret n° 2019-196. Composition du conseil d'administration de l'Agence nationale pour l'amélioration des conditions de travail et limite d'âge applicable à son président. — V. C. trav., art. R. 4642-3.
2019	15 mars	Décret n° 2019-198. Dispositifs simplifiés de déclaration et de recouvrement de cotisations et de contributions sociales. — V. C. trav., art. D. 1271-1 à D. 1271-5-1, D. 1271-7, D. 1271-28 à D. 1271-31, D. 1271-33, D. 1272-1 à D. 1272-10, D. 1273-1 à D. 1273-9.
2019	18 mars	Décret n° 2019-204. Gestion des contributions de la formation professionnelle en Guadeloupe, en Guyane, en Martinique, à Mayotte, à La Réunion, à Saint-Barthélemy et à Saint-Martin. — V. C. trav., art. D. 6523-2-1 à D. 6523-2-4.
2019	23 mars	Loi n° 2019-222. Programmation 2018-2022 et réforme pour la justice : — V. C. trav., art. L. 1453-1 A, L. 4163-17, L. 6331-51, L. 6331-62. — V. C. transp., art. L. 3315-5, App. VII. J, v° *Transports*, **p. 3530.**
2019	27 mars	Décret n° 2019-251. Repérage de l'amiante avant certaines opérations et protection des marins contre les risques liés à l'inhalation des poussières d'amiante. — V. C. trav., art. R. 4412-97, R. 4412-97-1.

2019	27 mars	Décret n° 2019-252. Conditions de délivrance de la contrainte par Pôle emploi pour le remboursement des allocations de chômage par l'employeur à la suite d'un jugement prud'homal. — V. C. trav., art. R. 1235-1 à R. 1235-10.
2019	27 mars	Décret n° 2019-253. Procédures d'urgence et mesures concernant les jeunes âgés de moins de 18 ans qui peuvent être mises en œuvre par l'inspection du travail. — V. C. trav., art. R. 4721-10, R. 4723-1, R. 4723-6, R. 4731-2, R. 4731-4, R. 4731-5, R. 4731-7, R. 4731-11, R. 4731-15, R. 4733-1 à R. 4733-15.
2019	29 avr.	Décret n° 2019-382. Obligations en matière d'égalité professionnelle entre les femmes et les hommes dans l'entreprise. — V. C. trav., art. R. 2242-1, R. 2242-2-1, R. 2242-2-2, R. 2242-3, R. 2242-4, R. 2242-6 à R. 2242-8, R. 2312-7.
2019	10 mai	Décret n° 2019-434. Concertation avec les partenaires sociaux en vue de l'enregistrement au répertoire national des certifications professionnelles des diplômes de l'enseignement supérieur délivrés au nom de l'État. — V. C. trav., art. D. 6113-27, D. 6113-28.
2019	22 mai	Loi n° 2019-485. Favoriser la reconnaissance des proches aidants. — V. C. trav., art. L. 2241-1, L. 3142-26, L. 6323-14.
2019	22 mai	Loi n° 2019-486. Croissance et transformation des entreprises : — V. C. trav., art. L. 1132-1, L. 1151-2, L. 1231-7, L. 1311-2, L. 2135-6, L. 3121-33, L. 3121-38, L. 3262-2, L. 3311-1, L. 3312-3, L. 3312-6, L. 3312-9, L. 3313-4, L. 3314-2, L. 3314-6, L. 3314-8, L. 3314-11, L. 3315-2, L. 3315-3, L. 3321-1, L. 3322-1, L. 3322-2, L. 3322-4, L. 3323-2, L. 3323-3, L. 3323-5, L. 3323-6, L. 3324-2, L. 3324-5, L. 3325-2, L. 3331-1, L. 3332-2, L. 3332-7, L. 3332-7-1, L. 3332-10 à L. 3332-13, L. 3332-15, L. 3332-16, L. 3332-17-1, L. 3332-19 à L. 3332-21, L. 3332-25, L. 3333-5, L. 3334-5, L. 3334-7, L. 3334-12, L. 3335-1, L. 3341-1, L. 3341-2, L. 4228-1, L. 4461-1, L. 4621-2, L. 5212-1 nouv., L. 5212-3, L. 5212-4, L. 5212-5-1, L. 5212-14, L. 5213-6-1, L. 5424-1, L. 5424-2, L. 5424-5-1, L. 6243-1-1, L. 6315-1, L. 6323-13, L. 6323-17-5, L. 6331-1 A, L. 6331-3, L. 6332-1 A, L. 8241-3. — V. CSS, art. L. 241-18, App. I. D, v° *Salaires*, **p. 3294.** — V. C. tourisme, art. L. 411-1, L. 411-9, App. II. C, v° *Congés*, **p. 3332.** — V. CGCT, art. L. 2333-64, App. II. G, v° *Versement transport*, **p. 3356.** — V. L. n° 2014-856 du 31 juill. 2014, art. 2, App. III. A, v° *Embauche et emploi*, **p. 3398.**
2019	27 mai	Décret n° 2019-521. Mise en œuvre de l'obligation d'emploi des travailleurs handicapés par application d'un accord agréé. — V. C. trav., art. R. 5212-1 à R. 5212-1-4, R. 5212-2 à R. 5212-2-2, R. 5212-4, R. 5212-5 à R. 5212-11, R. 5212-12 nouv. à R. 5212-19, R. 5212-30, R. 5523-1, R. 5523-2-1.
2019	27 mai	Décret n° 2019-522. Déclaration obligatoire d'emploi des travailleurs handicapés. — V. C. trav., art. D. 5212-1 à D. 5212-9.

2019	27 mai	Décret n° 2019-523. Modalités de calcul de la contribution due au titre de l'obligation d'emploi des travailleurs handicapés. — V. C. trav., art. D. 5212-3, D. 5212-20 à D. 5212-23, D. 5212-26 à D. 5212-29.
2019	3 juin	Ordonnance n° 2019-552. Diverses dispositions relatives au groupe SNCF. — V. C. transp., art. L. 1324-1, App. VII. J, v° *Transports*, **p. 3520.**
2019	4 juin	Décret n° 2019-555. Détachement de travailleurs et renforcement de la lutte contre le travail illégal : — V. C. trav., art. R. 1263-1-1, R. 1263-2-1, R. 1263-3, R. 1263-4, R. 1263-6, R. 1263-11-1 à R. 1263-11-6, R. 1263-12, R. 1263-14, R. 8113-3-2, R. 8113-3-3, R. 8115-2, R. 8115-4, R. 8211-1, D. 8272-1, R. 8272-8, R. 8272-9, R. 8291-1, R. 8291-3, R. 8291-4, R. 8292-1 à R. 8292-3, R. 8293-1, R. 8293-4, R. 8294-6, R. 8295-1, R. 8295-2. — V. C. rur., art. R. 719-1-2, R. 719-1-3, R. 719-10, App. II. B, v° *Durée du travail*, **p. 3320.**
2019	6 juin	Décret n° 2019-559. Incorporation au code général des impôts de divers textes modifiant et complétant certaines dispositions de ce code. — V. CGI, art. 81, 204 H, App. I. D, v° *Salaires*, **p. 3280.**
2019	6 juin	Décret n° 2019-564. Qualité des actions de la formation professionnelle. — V. C. trav., art. R. 6316-1 nouv. à R. 6316-7 nouv.
2019	6 juin	Décret n° 2019-565. Référentiel national sur la qualité des actions concourant au développement des compétences. — V. C. trav., art. D. 6316-1-1 nouv.
2019	7 juin	Décret n° 2019-566. Majoration de l'alimentation du compte personnel de formation pour les salariés bénéficiaires de l'obligation d'emploi. — V. C. trav., art. D. 6323-3-3.
2019	11 juin	Décret n° 2019-574. Compléments et adaptations du code du travail spécifiques aux mines et aux carrières en matière d'entreprises extérieures. — V. App. VII. B, v° *Mines*, **p. 3501.**
2019	19 juin	Décret n° 2019-613. Simplification des déclarations sociales des employeurs. — Art. 2. — V. C. trav., art. R. 1271-8 à R. 1271-15, R. 1271-18, R. 1271-19, R. 1271-22, R. 1271-23, R. 1271-26, R. 1271-27, R. 1271-32, R. 1522-1 à R. 1522-17, R. 7122-31, R. 7122-33, R. 7122-38.
2019	24 juin	Décret n° 2019-630. Création d'un congé de paternité en cas d'hospitalisation de l'enfant. — V. C. trav., art. D. 1225-8, D. 1225-8-1.
2019	27 juin	Décret n° 2019-657. Conditions de perte du bénéfice des dispositions mentionnées à l'article L. 6111-6 du code du travail pour les organismes chargés du conseil en évolution professionnelle. — V. C. trav., art. R. 6111-5.
2019	3 juill.	Ordonnance n° 2019-697. Régimes professionnels de retraite supplémentaire. — V. CGI, art. 81, App. I. D, v° *Salaires*, **p. 3280.**
2019	3 juill.	Ordonnance n° 2019-698. Mise en cohérence des dispositions législatives des codes et lois avec celles du code de commerce dans leur

		rédaction résultant de l'ordonnance n° 2019-359 du 24 avril 2019 portant refonte du titre IV du livre IV du code de commerce. – V. C. trav., art. L. 6332-5-1.
2019	3 juill.	Ordonnance n° 2019-700. Entrepreneurs de spectacles vivants. – V. C. trav., art. L. 7122-3 à L. 7122-8, L. 7122-16 à L. 7122-20.
2019	5 juill.	Décret n° 2019-718. Mise en cohérence des dispositions du code de la sécurité sociale applicables aux travailleurs indépendants. – V. C. trav., art. R. 1221-15, R. 4641-6, R. 4641-8, R. 4641-10, R. 5141-11, R. 5212-1-5, R. 5212-6-1, R. 6342-4.
2019	16 juill.	Décret n° 2019-735. Fixation de certains compléments et adaptations du code du travail spécifiques aux mines et aux carrières en matière de travail et circulation en hauteur. – V. App. VII. B, v° *Mines*, **p. 3501**.
2019	17 juill.	Ordonnance n° 2019-738. Réforme pour la justice : – V. C. trav., art. L. 2312-15, L. 2312-46, L. 2312-59, L. 2315-86, L. 3142-3, L. 3142-13, L. 3142-25, L. 3142-39, L. 3142-45, L. 3142-51, L. 3142-57, L. 3142-63, L. 3142-69, L. 3142-76, L. 3142-113, L. 4624-7. – V. C. com., art. L. 631-19-2, App. I. B, v° *Contrat de travail*, **p. 3209**.
2019	17 juill.	Ordonnance n° 2019-770. Partie législative du livre VIII du code de la construction et de l'habitation. – V. CSS, art. L. 241-13, App. III. A, v° *Embauche et emploi*, **p. 3365**.
2019	24 juill.	Ordonnance n° 2019-766. Réforme de l'épargne retraite : – V. C. trav., art. L. 2231-5-1, L. 2241-1, L. 2241-16, L. 2242-15, L. 3152-4, L. 3314-10, L. 3324-12, L. 3332-17, L. 3341-6, L. 3341-7. – V. CGI, art. 81, 204 D, App. I. D, v° *Salaires*, **p. 3280**.
2019	24 juill.	Décret n° 2019-772. Partie réglementaire du livre VIII du code de la construction et de l'habitation. – V. C. trav., art. R. 5423-3.
2019	24 juill.	Loi n° 2019-774. Organisation et transformation du système de santé. – V. C. trav., art. L. 5221-2-1.
2019	26 juill.	Loi n° 2019-791. Pour une école de la confiance : – V. C. trav., art. L. 1521-2-2, L. 5134-19-1, L. 5134-121, L. 5312-1, L. 5314-2. – V. C. éduc., art. L. 214-13-1, App. VIII, v° *Formation professionnelle*, **p. 3537**.
2019	26 juill.	Décret n° 2019-796. Nouveaux droits à indemnisation, diverses mesures relatives aux travailleurs privés d'emploi et à l'expérimentation d'un journal de la recherche d'emploi : – V. C. trav., art. R. 5312-26, R. 5412-5, R. 5422-1 à R. 5422-4, R. 5422-17, R. 5423-3, R. 5423-15 à R. 5423-17, R. 5423-49 à R. 5423-52, R. 5424-1, R. 5424-70 à R. 5424-73, R. 5425-1, R. 5425-19, R. 5426-2-1, R. 5426-3, R. 5524-11, R. 7122-18. – Art. 7, App. III. C, v° *Chômage*, **p. 3439**.
2019	26 juill.	Décret n° 2019-797. Régime d'assurance chômage. – V. App. III. C, v° *Chômage*, **p. 3439**.

2019	30 juill.	Décret n° 2019-807. Réforme de l'épargne retraite. — V. C. trav., art. D. 3154-6, D. 3323-16, R. 3324-21-1, R. 3341-5, D. 3345-1.
2019	6 août	Loi n° 2019-828. Transformation de la fonction publique. — V. C. trav., art. L. 6227-1, L. 6227-7, L. 6323-3.
2019	20 août	Décret n° 2019-862. Application des dispositions de la loi n° 2019-486 du 22 mai 2019 relative à la croissance et la transformation des entreprises en matière d'épargne salariale et d'actionnariat salarié. — V. C. trav., art. D. 3332-8-1, D. 3332-8-2, D. 3332-16-1, D. 3334-3-3.
2019	21 août	Ordonnance n° 2019-861. Cohérence de diverses dispositions législatives avec la loi n° 2018-771 du 5 septembre 2018 pour la liberté de choisir son avenir professionnel : — V. C. trav., art. L. 1222-12, L. 1225-60, L. 1225-69, L. 1233-69, L. 1251-57, L. 2312-26, L. 3142-28, L. 3142-110, L. 5132-13, L. 5212-5-1, L. 5212-9 nouv., L. 5212-10-1, L. 5212-12, L. 5422-9, L. 5423-1, L. 5424-1, L. 5424-21, L. 5524-5, L. 6111-6, L. 6111-7, L. 6113-1, L. 6113-2 à L. 6113-9, L. 6121-2, L. 6123-3, L. 6123-5, L. 6123-9 à L. 6123-11, L. 6123-13, L. 6123-14, L. 6222-7-1, L. 6222-18-2, L. 6222-42, L. 6222-43, L. 6223-8-1, L. 6224-1 nouv., L. 6231-5, L. 6231-6, L. 6241-2, L. 6241-13, L. 6243-4, L. 6244-1, L. 6313-6, L. 6314-1, L. 6316-4, L. 6323-8, L. 6323-10, L. 6323-11, L. 6323-11-1, L. 6323-17-1, L. 6323-26, L. 6323-33, L. 6323-17-5, L. 6323-21, L. 6323-34, L. 6324-1 à L. 6324-8, L. 6324-10, L. 6325-25, L. 6331-5, L. 6331-55, L. 6331-60, L. 6331-68, L. 6332-1, L. 6332-2-1, L. 6332-14, L. 6332-15, L. 6332-23, L. 6332-24, L. 6333-6, L. 6341-5, L. 6352-2, L. 6353-10, L. 6355-7, L. 6355-9, L. 6361-2, L. 6362-1, L. 6362-11, L. 6523-1, L. 8291-1. — V. CSS, art. L. 241-13, App. III. A, v° *Embauche et emploi*, **p. 3365.** — V. C. sport, art. L. 211-6, L. 222-4, App. VII. F, v° *Sportif professionnel*, **p. 3515.**
2019	28 août	Ordonnance n° 2019-893. Adaptation des dispositions de la loi n° 2018-771 du 5 septembre 2018 pour la liberté de choisir son avenir professionnel aux collectivités d'outre-mer régies par l'article 73 de la Constitution et à Saint-Barthélemy, Saint-Martin et Saint-Pierre-et-Miquelon. — V. C. trav., art. L. 6522-3, L. 6522-4, L. 6523-1 à L. 6523-1-4, L. 6523-2 à L. 6523-2-4.
2019	30 août	Décret n° 2019-913. Application de l'article 95 de la loi n° 2019-222 du 23 mars 2019 de programmation 2018-2022 et de réforme pour la justice. — V. C. trav., art. R. 1423-36 nouv. à R. 1423-38, R. 1423-44, R. 3252-11.
2019	13 sept.	Décret n° 2019-956. Niveaux de prise en charge des contrats d'apprentissage. — V. C. trav., art. D. 6332-78 à D. 6332-81, D. 6332-83.
2019	18 sept.	Ordonnance n° 2019-964. Application de la loi n° 2019-222 du 23 mars 2019 de programmation 2018-2022 et de réforme pour la justice. — V. C. trav., art. L. 1134-10, L. 1422-1, L. 1423-11, L. 1454-2, L. 1521-3, L. 2315-74, L. 3252-6, L. 7112-4.

2019	18 sept.	Décret n° 2019-966. Substitution du tribunal judiciaire au tribunal de grande instance et au tribunal d'instance en application de l'article 95 de la loi n° 2019-222 du 23 mars 2019 de programmation 2018-2022 et de réforme pour la justice. – V. C. trav., art. R. 1471-2.
2019	18 sept.	Décret n° 2019-967. Contrôle pédagogique des formations par apprentissage conduisant à l'obtention d'un diplôme (Alsace-Moselle). – V. C. trav., art. R. 6261-15 à R. 6261-20.
2019	20 sept.	Décret n° 2019-976. Allocation des travailleurs indépendants. – V. C. trav., art. D. 5424-75, D. 5424-76.
2019	27 sept.	Décret n° 2019-1004. Entrepreneurs de spectacles vivants. – V. C. trav., art. D. 7122-1 à R. 7122-29.
2019	11 oct.	Décret n° 2019-1049. Modification du traitement automatisé de données à caractère personnel dénommé « Système d'information du compte personnel de formation ». – V. C. trav., art. R. 6323-2 nouv., R. 6323-3 nouv., R. 6323-3-2 nouv., R. 6323-22, R. 6323-32 à R. 6323-38, R. 6323-40, R. 6323-42.
2019	11 oct.	Décret n° 2019-1050. Prise en compte du droit à l'erreur par les organismes chargés du recouvrement des cotisations de sécurité sociale. – V. C. trav., art. R. 4163-33.
2019	21 oct.	Ordonnance n° 2019-1067. Dispositions relatives aux offres au public de titres. – V. C. trav., art. L. 2312-44, L. 2312-50, L. 2312-51.
2019	24 oct.	Décret n° 2019-1086. Dispositions relatives à la mobilité à l'étranger des apprentis et des bénéficiaires de contrat de professionnalisation. – V. C. trav., art. R. 6222-66 à R. 6222-69, R. 6223-17 à R. 6223-21, R. 6325-33 à R. 6325-36.
2019	30 oct.	Décret n° 2019-1106. Modification du décret n° 2019-797 du 26 juillet 2019 relatif au régime d'assurance chômage : – V. Décr. n° 2019-797 du 26 juill. 2019, art. 5, App. III. C, v° *Chômage*, **p. 3440.** – V. Règl. d'assurance chômage annexé au Décr. n° 2019-797 du 26 juill. 2019, art. 2, 3, 12, 26, 27, 39, 46, 46 *bis*, App. III. C, v° *Chômage*, **p. 3442.**
2019	31 oct.	Décret n° 2019-1119. Mise en œuvre de la validation des acquis et de l'expérience et autres dispositions relatives aux commissions professionnelles consultatives en matière de certification professionnelle et aux organismes financeurs du projet de transition professionnelle. – V. C. trav., art. R. 6113-21, R. 6113-22, R. 6113-24, R. 6113-26, R. 6422-1 à R. 6422-5, R. 6422-7 à R. 6422-8-1, R. 6422-12.
2019	7 nov.	Décret n° 2019-1143. Dispositions spécifiques applicables aux centres de formation d'apprentis et aux obligations des organismes prestataires d'actions de développement des compétences. – V. C. trav., art. R. 6231-1 à R. 6234-1, R. 6351-3, R. 6351-5 à R. 6351-8-1, R. 6352-1, R. 6352-3 à R. 6352-6, R. 6352-8 à R. 6352-10, R. 6352-12 à R. 6352-14, R. 6352-22 à R. 6352-24.

2019	7 nov.	Arrêté. Agrément de l'avenant n° 4 à la convention du 26 janvier 2015 relative au contrat de sécurisation professionnelle. — V. Conv. du 26 janv. 2015, 9, 10, 11, 13, 14, 27, 31, App. III. A, v° *Embauche et emploi*, **p. 3402.**
2019	8 nov.	Décret n° 2019-1158. Compléments et adaptations du code du travail spécifiques aux mines et carrières en matière de rayonnements ionisants : — V. C. trav., art. R. 4451-1. — V. App. VII. B, v° *Mines*, **p. 3501.**
2019	13 nov.	Ordonnance n° 2019-1169. Marques de produits ou de services. — V. CPI, art. L. 716-11-1, App. I. B, v° *Contrat de travail*, **p. 3227.**
2019	6 déc.	Décret n° 2019-1303. Diffusion des coordonnées des centres de conseils sur la validation des acquis de l'expérience sur le portail national dédié. — V. C. trav., art. D. 6111-7.
2019	10 déc.	Décret n° 2019-1326. France compétences et opérateurs de compétences. — V. C. trav., art. R. 6123-8, R. 6123-12, R. 6123-20, R. 6123-21, R. 6123-25, R. 6242-1 à R. 6242-24, R. 6332-17, R. 6332-25, R. 6332-35, R. 6332-63, R. 6332-77-1.
2019	11 déc.	Décret n° 2019-1333. Réforme de la procédure civile : — V. C. trav., art. R. 1452-1, R. 1452-2, R. 1454-28, R. 1455-9, R. 2122-27, R. 2122-39, R. 2122-95, R. 2143-5, R. 2313-3, R. 2313-6, R. 2314-24, R. 23-112-15, R. 3252-8, R. 3252-13. — V. C. pr. civ., art. 54 à 58, App. V, v° *Conflits du travail*, **p. 3494.**
2019	11 déc.	Décret n° 2019-1345. Simplification des modalités de transmission à l'administration des procès-verbaux des élections professionnelles. — V. C. trav., art. D. 2122-7, R. 2314-22.
2019	17 déc.	Décret n° 2019-1380. Procédure applicable aux divorces contentieux et à la séparation de corps ou au divorce sans intervention judiciaire. — V. C. trav., art. R. 5423-4.
2019	17 déc.	Décret n° 2019-1392. Mise en œuvre du compte personnel d'activité dans la fonction publique et formation professionnelle tout au long de la vie. — V. C. trav., art. R. 6323-27, R. 6323-43, D. 6323-44.
2019	18 déc.	Décret n° 2019-1379. Suppression de commissions administratives à caractère consultatif : — V. C. trav., art. R. 2522-11, R. 2522-21, R. 2523-2, R. 2523-7. — V. L. n° 2005-159 du 23 févr. 2005, art. 7, 8, 9, App. I. B, v° *Contrat de travail*, **p. 3255.**
2019	20 déc.	Décret n° 2019-1419. Procédure accélérée au fond devant les juridictions judiciaires. — V. C. trav., art. R. 1455-12, R. 2145-5, D. 2232-7, D. 2232-9, R. 2314-2, R. 2352-19, R. 2354-1, R. 2362-19, R. 2364-1, R. 2372-19, R. 4624-45, R. 4624-45-1, R. 4624-45-2.
2019	20 déc.	Décret n° 2019-1422. Mise en œuvre de la certification relative aux compétences acquises dans l'exercice d'un mandat de représentant du personnel ou d'un mandat syndical. — V. C. trav., art. D. 6112-2.

2019	23 déc.	Décret n° 2019-1438. Modalités de déductions de la taxe d'apprentissage et niveau d'activité des organismes agissant au plan national pour la promotion de la formation technologique et professionnelle initiale et des métiers habilités à percevoir le solde de la taxe d'apprentissage. — V. C. trav., art. D. 6241-29 à D. 6241-33.
2019	23 déc.	Décret n° 2019-1439. Modalités de versement de la rémunération dans le cadre d'un projet de transition professionnelle et missions des commissions paritaires interprofessionnelles régionales. — V. C. trav., art. D. 6323-18-1, D. 6323-18-3, D. 6323-20-4, D. 6323-21, D. 6323-21-5.
2019	24 déc.	Loi n° 2019-1428. Orientation des mobilités : — V. C. trav., art. L. 2242-17, L. 3261-1, L. 3261-3 à L. 3261-11, L. 7342-3, L. 7342-4, L. 7342-7 à L. 7342-11. — V. CGI, art. 81, App. I. D, v° *Salaires*, **p. 3280.** — V. CGCT, art. L. 2333-64, L. 2333-65, L. 2333-66, L. 2333-67, L. 2333-68, L. 2333-70, L. 2333-73, App. II. G, v° *Versement transport*, **p. 3356.** — V. C. transp., art. L. 5343-2, L. 5343-3, L. 5542-5-1, L. 5542-6, L. 5542-18, L. 5542-41-1, L. 5542-48, L. 5542-49, L. 5543-1-1, L. 5543-5 🔒, App. VII. E, v° *Gens de mer*. — V. C. transp., art. L. 1321-1 à L. 1321-3, L. 1326-1 à L. 1326-4, L. 3311-2, L. 3313-4 🔒, App. VII. I, v° *Transport*.
2019	24 déc.	Loi n° 2019-1446. De financement de la sécurité sociale pour 2020 : — V. C. trav., art. L. 1225-62, L. 1225-63, L. 1251-47, L. 3142-16. — V. C. rur., art. L. 722-20, App. II. B, v° *Durée du travail*, **p. 3310.** — V. C. transp., art. L. 5542-5 🔒, App. VII. E, v° *Gens de mer*.
2019	26 déc.	Décret n° 2019-1471. Généralisation des emplois francs et création d'une expérimentation à la Réunion. — V. App. III. A, v° *Embauche et emploi*, **p. 3419.**
2019	27 déc.	Loi n° 2019-1461. Engagement dans la vie locale et proximité de la vie publique : — V. C. trav., art. L. 1132-1, L. 3142-79, L. 6111-1, L. 6315-2. — V. CGCT, art. L. 2123-1, L. 2123-1-1, L. 2123-9, App. I. B, v° *Contrat de travail*, **p. 3245.**
2019	27 déc.	Décret n° 2019-1487. Valeurs limites d'exposition professionnelles contraignantes pour certains agents chimiques. — V. C. trav., art. R. 4412-149.
2019	27 déc.	Décret n° 2019-1489. Dépôt du contrat d'apprentissage. — V. C. trav., art. D. 6224-1 à D. 6224-8, D. 6275-1 à D. 6275-5.
2019	27 déc.	Décret n° 2019-1490. Transmission au système d'information du compte personnel de formation des informations relatives aux titulaires des certifications enregistrées aux répertoires nationaux. — V. C. trav., art. R. 6113-17-1 à R. 6113-17-4, R. 6323-36.
2019	27 déc.	Décret n° 2019-1491. Solde de la taxe d'apprentissage. — V. C. trav., art. R. 6241-19 à R. 6241-24, R. 6261-13.

2019	27 déc.	Décret n° 2019-1492. Mise en œuvre par France compétences du système d'information national commun aux commissions paritaires interprofessionnelles régionales. — V. C. trav., art. R. 6323-21-7 à R. 6323-21-9.
2019	28 déc.	Loi n° 2019-1479. De finances pour 2020 : — V. C. trav., art. L. 3332-17-1, L. 5151-11, L. 6131-1, L. 6211-3, L. 6331-1, L. 6331-3, L. 6331-35, L. 6331-38, L. 6331-48, L. 6331-51, L. 6333-1, L. 6333-6, L. 6522-3. — V. CGI, art. 80 *duodecies*, 81, 204 D, 204 J, App. I. D, v° *Salaires*, **p. 3278** ; art. 1383 H, App. III. A, v° *Embauche et emploi*, **p. 3373.**
2019	30 déc.	Décret n° 2019-1509. Barème des saisies et cessions des rémunérations. — V. C. trav., art. R. 3252-2, R. 3252-3.
2019	30 déc.	Décret n° 2019-1517. Déclarations, recouvrement des cotisations et contrôles effectués au titre de l'assurance vieillesse et de la prévoyance du régime spécial des marins. — V. C. trav., art. R. 1221-2, R. 1221-3.
2019	30 déc.	Décret n° 2019-1547. Mesurage des niveaux de rayonnement optique artificiel pour la protection des travailleurs. — V. C. trav., art. R. 4722-21, R. 4722-21-1.
2019	30 déc.	Décret n° 2019-1548. Organisation et fonctionnement des instances représentatives du personnel et exercice du droit syndical. — V. C. trav., art. R. 2142-1, R. 2143-3-1, R. 2312-2, R. 2314-22, R. 2316-1.
2019	30 déc.	Décret n° 2019-1549. Projets de transition professionnelle des salariés titulaires d'un contrat de travail conclu avec une entreprise de travail temporaire et des intermittents du spectacle. — V. C. trav., art. R. 6323-9-1, R. 6323-10, R. 6323-10-1, R. 6323-11-2, R. 6323-18-2-1, R. 6323-18-3-1.
2019	30 déc.	Décret n° 2019-1550. Contribution spécifique prévue à l'article L. 5424-5-1 du code du travail. — V. C. trav., art. D. 5424-6-1.
2019	30 déc.	Décret n° 2019-1553. Conséquences de la création de l'académie de Mayotte. — V. C. trav., art. R. 1521-1, R. 6523-26-5.
2019	30 déc.	Décret n° 2019-1554. Attributions des recteurs de région académique et des recteurs d'académie : — V. C. trav., art. R. 5134-171, R. 5134-172, R. 6523-19, R. 6523-21, R. 6523-23. — V. C. éduc., art. R. 124-11, App. VIII, v° *Formation professionnelle*, **p. 3534.**
2019	30 déc.	Décret n° 2019-1558. Attributions des recteurs de région académique et des recteurs d'académie et diverses mesures réglementaires dans le code de l'éducation. — V. C. trav., art. D. 6271-2.
2019	31 déc.	Décret n° 2019-1586. Seuils d'effectif : — V. C. trav., art. R. 1111-1, R. 1234-5-1, R. 1234-9, R. 1321-5, R. 3262-20, R. 3322-1, R. 4228-22, R. 4228-23, R. 4461-4, R. 4623-13, R. 6331-1, R. 6331-9, R. 6331-12, R. 8241-1. — V. CSS, art. R. 130-1, ss. C. trav., art. L. 1151-2.

2019	31 déc.	Décret n° 2019-1591. Seuils d'effectifs figurant dans le code général des collectivités territoriales, le code des transports et le code du travail. — V. C. trav., art. D. 6243-1.
2020	2 janv.	Décret n° 2020-2. Réduction générale des cotisations et contributions sociales à la charge des employeurs. — V. CSS, art. D. 241-7, App. III. A, v° *Embauche et emploi*, **p. 3368.**
2020	5 févr.	Décret n° 2020-88. Déconcentration de décisions administratives individuelles et simplification de procédures dans les domaines du travail et de l'emploi. — V. C. trav., art. R. 1233-3-5, L. 1233-57-8, R. 1237-6-1, L. 1237-19-5, R. 3121-14, R. 4534-16, R. 4534-17, R. 4534-24, R. 4535-2, R. 4535-7, R. 4543-14, R. 4722-1 nouv. à R. 4722-7, R. 4722-21-2, R. 4722-21-3, R. 4722-22 à R. 4722-24, R. 4722-29 à R. 4722-33, R. 4723-5, R. 4724-2 nouv., R. 4724-3, R. 4724-16 nouv. à R. 4724-17-2, R. 4822-1, D. 5121-11, R. 5121-14 à R. 5121-22, R. 5213-9, D. 6323-19 à D. 6323-19-2, R. 6332-75, R. 6332-76, R. 6523-13.
2020	18 févr.	Décret n° 2020-138. Formation professionnelle outre-mer. — V. C. trav., art. D. 6522-1 à D. 6522-4, R. 6523-1, R. 6523-2-4-1, D. 6523-9, R. 6523-15, R. 6523-17 à R. 6523-19, R. 6523-23, R. 6523-25, R. 6523-26-4 à R. 6523-26-6, R. 6523-27, R. 6523-28.
2020	24 févr.	Décret n° 2020-158. Modalités d'application à Mayotte du dispositif prévu à l'article L. 613-7 du code de la sécurité sociale. — V. CSS, art. D. 241-7, App. III. A, v° *Embauche et emploi*, **p. 3368.**
2020	26 févr.	Décret n° 2020-163. Application de l'article 245 de la loi n° 2018-1317 du 28 décembre 2018 de finances pour 2019. — V. C. trav., art. R. 5223-24, R. 5223-35, R. 8253-4.
2020	28 févr.	Décret n° 2020-184. Modalités de candidature des organisations professionnelles d'employeurs à la représentativité patronale. — V. C. trav., art. R. 2152-6, R. 2152-14, R. 2152-16, R. 23-112-6.
2020	16 mars	Décret n° 2020-262. Mise en œuvre et financement de la reconversion ou promotion par alternance. — V. C. trav., art. D. 6324-1, D. 6324-1-1, D. 6332-89, D. 6332-90.
2020	23 mars	Loi n° 2020-290. Urgence pour faire face à l'épidémie de covid-19. — Art. 4, 11. — V. App. IX, v° *Mesures d'urgence sanitaire - covid-19* 🔒.
2020	25 mars	Ordonnance n° 2020-304. Adaptation des règles applicables aux juridictions de l'ordre judiciaire statuant en matière non pénale et aux contrats de syndic de copropriété. — Art. 1ᵉʳ à 11. — V. App. IX, v° *Mesures d'urgence sanitaire - covid-19* 🔒.
2020	25 mars	Ordonnance n° 2020-306. Prorogation des délais échus pendant la période d'urgence sanitaire et adaptation des procédures pendant cette même période. — Art. 6 à 9, 11 *bis*. — V. App. IX, v° *Mesures d'urgence sanitaire - covid-19* 🔒.
2020	25 mars	Ordonnance n° 2020-322. Adaptation temporaire des conditions et modalités d'attribution de l'indemnité complémentaire prévue à l'article L. 1226-1 du code du travail et modification, à titre exceptionnel,

		des dates limites et des modalités de versement des sommes versées au titre de l'intéressement et de la participation. – Ratifiée par la L. n° 2022-1598 du 21 déc. 2022, art. 12 : – Art. 1er. – V. ss. C. trav., art. L. 1226-1. – Art. 2. – V. ss. C. trav., art. L. 3314-9, L. 3324-12.
2020	25 mars	Ordonnance n° 2020-323. Mesures d'urgence en matière de congés payés, de durée du travail et de jours de repos. – Ratifiée par la L. n° 2022-1598 du 21 déc. 2022, art. 12 : – Art. 1er. – V. ss. C. trav., art. L. 3141-16. – Art. 2. – V. ss. C. trav., art. L. 3121-41. – Art. 3. – V. ss. C. trav., art. L. 3121-64. – Art. 4. – V. ss. C. trav., art. L. 3151-3. – Art. 5. – V. ss. C. trav., art. L. 3121-41, L. 3121-64, L. 3151-3. – Art. 6. – V. ss. C. trav., art. L. 3121-18. – Art. 7. – V. ss. C. trav., art. L. 3132-3.
2020	25 mars	Ordonnance n° 2020-324. Mesures d'urgence en matière de revenus de remplacement mentionnés à l'article L. 5421-2 du code du travail. – Ratifiée par la L. n° 2022-1598 du 21 déc. 2022, art. 12. – V. App. III. C, v° *Chômage*, **p. 3482.**
2020	25 mars	Décret n° 2020-325. Activité partielle. – V. C. trav., art. R. 3243-1, R. 5122-2, R. 5122-3, R. 5122-7 à R. 5122-9, R. 5122-12, D. 5122-13, R. 5122-17, R. 5122-19, R. 5122-21, D. 5522-87.
2020	27 mars	Ordonnance n° 2020-346. Mesures d'urgence en matière d'activité partielle. – Ratifiée par la L. n° 2022-1598 du 21 déc. 2022, art. 12. – Art. 1er à 12. – V. ss. C. trav., art. L. 5122-1.
2020	27 mars	Décret n° 2020-361. Modification du décret n° 2019-797 du 26 juillet 2019 modifié relatif au régime d'assurance chômage : – V. Décr. n° 2019-797 du 26 juill. 2019, art. 5, App. III. C, v° *Chômage*, **p. 3440.** – V. Règl. d'assurance chômage annexé au Décr. n° 2019-797 du 26 juill. 2019, art. 12, 65, App. III. C, v° *Chômage*, **p. 3451.**
2020	30 mars	Décret n° 2020-372. Diverses dispositions relatives à l'apprentissage. – V. C. trav., art. R. 5112-12, R. 6222-2 à R. 6222-23-1, R. 6222-36 à R. 6222-40-1, R. 6222-47, R. 6222-49, R. 6222-49-1, R. 6222-50, R. 6222-51, R. 6222-61, R. 6222-68, R. 6222-69, R. 6223-1, R. 6223-8, R. 6223-10 à R. 6223-12, R. 6223-14, R. 6224-8, R. 6225-1 à R. 6225-5, R. 6225-7, R. 6225-8, R. 6225-11, R. 6225-12, R. 6226-2 à R. 6226-4, R. 6226-6, R. 6241-1 à R. 6241-10, R. 6261-1, R. 6261-3, R. 6261-4, R. 6261-6 à R. 6261-8, R. 6261-10 à R. 6261-12, R. 6261-14, R. 6332-77-1, R. 6422-9.
2020	30 mars	Décret n° 2020-373. Rémunération des apprentis et adaptations de la partie réglementaire du code du travail relative à l'apprentissage. – V. C. trav., art. D. 6211-2, D. 6211-3, D. 6222-1, D. 6222-1-2, D. 6222-28-1, D. 6222-28-2, D. 6222-30 à D. 6222-33, D. 6241-30, D. 6241-31, D. 6243-3, D. 6332-83.

2020	1er avr.	Ordonnance n° 2020-386. Adaptation des conditions d'exercice des missions des services de santé au travail à l'urgence sanitaire et modification du régime des demandes préalables d'autorisation d'activité partielle. — Ratifiée par la L. n° 2022-1598 du 21 déc. 2022, art. 12. — Art. 1er à 5. — V. ss. C. trav., art. L. 4622-2.
2020	1er avr.	Ordonnance n° 2020-387. Mesures d'urgence en matière de formation professionnelle : — Art. 1er. — V. ss. C. trav., art. L. 6315-1, L. 6316-1 nouv. à L. 6316-3, L. 6323-13. — Art. 2. — V. ss. C. trav., art. L. 6332-14. — Art. 3. — V. ss. C. trav., art. L. 6221-1, L. 6222-12-1, L. 6325-1.
2020	1er avr.	Ordonnance n° 2020-388. Report du scrutin de mesure de l'audience syndicale auprès des salariés des entreprises de moins de onze salariés et prorogation des mandats des conseillers prud'hommes et membres des commissions paritaires régionales interprofessionnelles. — Ratifiée par la L. n° 2022-1598 du 21 déc. 2022, art. 12 : — Art. 1er. — V. ss. C. trav., art. L. 2122-10-1, L. 2122-10-2. — Art. 2. — V. ss. C. trav., art. L. 1441-1, L. 1442-2. — Art. 3. — V. ss. C. trav., art. L. 23-112-3.
2020	1er avr.	Ordonnance n° 2020-389. Mesures d'urgence relatives aux instances représentatives du personnel. — Ratifiée par la L. n° 2022-1598 du 21 déc. 2022, art. 12 : — Art. 1er à 5. — V. ss. C. trav., art. L. 2314-4. — Art. 6. — V. ss. C. trav., art. L. 2315-4. — Art. 7. — V. Ord. n° 2020-323 du 25 mars 2020, art. 5, ss. C. trav., art. L. 3121-41 ; art. 6, ss. C. trav., art. 3121-18 ; art. 7, ss. C. trav., art. L. 3132-3.
2020	14 avr.	Décret n° 2020-425. Mesures d'urgence en matière de revenus de remplacement mentionnés à l'article L. 5421-2 du code du travail. — V. App. III. C, v° *Chômage*, **p. 3483.**
2020	15 avr.	Ordonnance n° 2020-428. Diverses dispositions sociales pour faire face à l'épidémie de covid-19 : — Art. 6. — V. Ord. n° 2020-346 du 27 mars 2020, art. 4, 8, 8 *bis*, 8 *ter*, 10 *bis*, 11, 12, ss. C. trav., art. L. 5122-1. — Art. 9. — V. Ord. n° 2020-322 du 25 mars 2020, art. 1er, ss. C. trav., art. L. 1226-1.
2020	22 avr.	Ordonnance n° 2020-460. Diverses mesures prises pour faire face à l'épidémie de covid-19 : — Art. 4 à 8. — V. Ord. n° 2020-346 du 27 mars 2020, art. 1er *bis*, 2, 6, 10 *ter*, 11, ss. C. trav., art. L. 5122-1. — Art. 9. — V. ss. C. trav., art. L. 2315-30, L. 2316-17. — Art. 14. — V. ss. C. trav., art. L. 4163-7.
2020	23 avr.	Décret n° 2020-470. Assouplissement du recours au congé de présence parentale et allocation journalière de présence parentale. — V. C. trav., art. D. 1225-17.

2020	24 avr.	Décret n° 2020-471. Dérogation au principe de suspension des délais pendant la période d'état d'urgence sanitaire liée à l'épidémie de covid-19 dans le domaine du travail et de l'emploi. — V. App. IX, v° *Mesures d'urgence sanitaire - covid-19* 🔒.
2020	24 avr.	Décret n° 2020-478. Apprentissage dans le secteur public non industriel et commercial. — V. C. trav., art. D. 6271-1, D. 6271-2, D. 6272-1, D. 6272-2, D. 6274-1.
2020	25 avr.	Loi n° 2020-473. De finances rectificative pour 2020. — Art. 20. — V. ss. C. trav., art. L. 5122-1.
2020	27 avr.	Décret n° 2020-482. Prorogation exceptionnelle des délais de formation obligatoire des conseillers prud'hommes et des juges des tribunaux de commerce. — Art. 4 à 7. — V. ss. C. trav., art. D. 1442-10-1.
2020	9 mai	Décret n° 2020-541. « Forfait mobilités durables ». — V. C. trav., art. R. 3261-11 à R. 3261-15, R. 3423-12.
2020	11 mai	Loi n° 2020-546. Prorogation de l'état d'urgence sanitaire. — V. C. trav., art. L. 1226-9-1, L. 3314-5, L. 3324-6.
2020	13 mai	Ordonnance n° 2020-560. Délais applicables à diverses procédures pendant la période d'urgence sanitaire. — V. Ord. n° 2020-389 du 1er avr. 2020, art. 1er, 2, ss. C. trav., art. L. 2314-4.
2020	20 mai	Ordonnance n° 2020-595. Modification de l'ordonnance n° 2020-304 du 25 mars 2020 portant adaptation des règles applicables aux juridictions de l'ordre judiciaire statuant en matière non pénale et aux contrats de syndic de copropriété. — V. Ord. n° 2020-304 du 25 mars 2020, art. 2, 5 à 8, 10, App. IX, v° *Mesures d'urgence sanitaire - covid-19* 🔒.
2020	20 mai	Ordonnance n° 2020-599. Mise en œuvre de la convention sur le travail dans la pêche et d'amendements à la convention du travail maritime. — V. C. transp., art. L. 5542-3, L. 5542-30, L. 5542-32-1, L. 5544-16 🔒, App. VII. E, v° *Gens de mer*.
2020	4 juin	Décret n° 2020-683. Déblocage anticipé de l'épargne salariale en cas de violences conjugales. — V. C. trav., art. R. 3312-1, R. 3324-22, R. 3324-23, R. 3332-4, R. 3332-6, R. 3334-4, R. 3334-5.
2020	8 juin	Loi n° 2020-692. Amélioration des droits des travailleurs et l'accompagnement des familles après le décès d'un enfant. — V. C. trav., art. L. 1225-4-2, L. 1225-65-1, L. 3142-1-1, L. 3142-2, L. 3142-4, L. 3314-5, L. 3324-6.
2020	11 juin	Décret n° 2020-713. Modalités de dépôt des candidatures et des documents de propagande pour la mesure de l'audience des organisations syndicales auprès des salariés des entreprises de moins de onze salariés. — V. C. trav., art. R. 2122-33, R. 2122-37, R. 2122-39, R. 2122-41, R. 2122-44, R. 2122-45, R. 2122-47, R. 2122-48, R. 2122-48-1, R. 2122-48-2, R. 2122-48-4, R. 2122-52, R. 2122-52-1 à R. 2122-52-4.
2020	15 juin	Décret n° 2020-733. Déconcentration des décisions administratives individuelles dans le domaine de la culture. — V. C. trav., art. R. 4461-32, R. 7121-2 à R. 7121-5, R. 7121-50.

2020	16 juin	Décret n° 2020-741. Régime particulier d'assurance chômage applicable à certains agents publics et salariés du secteur public. — V. C. trav., art. R. 5424-5.
2020	17 juin	Loi n° 2020-734. Diverses dispositions liées à la crise sanitaire, à d'autres mesures urgentes ainsi qu'au retrait du Royaume-Uni de l'Union européenne : — V. C. trav., art. L. 1524-12, L. 1524-13, L. 3312-5, L. 3347-1. — Art. 5. — V. ss. C. trav., art. L. 1242-3. — Art. 6, 11, 53. — V. ss. C. trav., art. L. 5122-1. — Art. 41-I. — V. ss. C. trav., art. L. 1242-8. — Art. 41-II. — V. ss. C. trav., art. L. 1251-6. — Art. 43, 1°. — V. ss. C. trav., art. L. 2122-10-1. — Art. 43, 2°. — V. ss. C. trav., art. L. 1441-1. — Art. 50. — V. ss. C. trav., art. L. 5421-2. — Art. 52. — V. ss. C. trav., art. L. 8241-2. — Art. 53. — V. ss. C. trav., art. L. 5122-1.
2020	17 juin	Ordonnance n° 2020-737. Modification des délais applicables à diverses procédures en matière sociale et sanitaire afin de faire face aux conséquences de la propagation de l'épidémie de covid-19 : — V. Ord. n° 2020-306 du 25 mars 2020, art. 11 bis, App. IV, v° *Mesures d'urgence sanitaire - covid-19* 🔒. — V. Ord. n° 2020-389 du 1er avr. 2020, art. 1er, ss. C. trav., art. L. 2314-4.
2020	22 juin	Loi n° 2020-760. Sécurisation de l'organisation du second tour des élections municipales et communautaires de juin 2020 et report des élections consulaires. — V. C. trav., art. L. 1132-1.
2020	24 juin	Ordonnance n° 2020-770. Adaptation du taux horaire de l'allocation d'activité partielle. — Ratifiée par la L. n° 2022-1598 du 21 déc. 2022, art. 12. - Art. 1er, 2. — V. ss. C. trav., art. L. 5122-1.
2020	26 juin	Décret n° 2020-794. Activité partielle. — V. C. trav., art. R. 5122-10, R. 5122-16, R. 5122-21.
2020	26 juin	Décret n° 2020-795. Actualisation de certaines dispositions relatives à l'intéressement, à la participation et aux accords et plans d'épargne salariale. — Art. 1er à 3. — V. C. trav., art. D. 3312-1, D. 3313-1, D. 3313-2, D. 3313-5, D. 3313-7, D. 3313-9, D. 3322-1, D. 3323-1, D. 3323-2, D. 3323-7, D. 3323-16, D. 3324-10, D. 3324-25, D. 3324-32, D. 3345-1, D. 3345-3, D. 3345-4.
2020	29 juin	Décret n° 2020-810. Modulation temporaire du taux horaire de l'allocation d'activité partielle. — V. ss. C. trav., art. D. 5122-13.
2020	29 juin	Décret n° 2020-825. Modalités d'établissement et de contestation de la liste électorale pour la mesure de l'audience des organisations syndicales dans les entreprises de moins de onze salariés. — V. C. trav., art. R. 2122-12, R. 2122-14 à R. 2122-15-1, R. 2122-17, R. 2122-19 à R. 2122-23, R. 2122-26, R. 2122-27, R. 2122-50.
2020	3 juill.	Loi n° 2020-840. Création du statut de citoyen sauveteur, lutte contre l'arrêt cardiaque et sensibilisation aux gestes qui sauvent. — V. C. trav., art. L. 1237-9-1.

2020	22 juill.	Décret n° 2020-894. Diverses mesures en matière de formation professionnelle : — V. C. trav., art. R. 6113-17-1 à R. 6113-17-4, R. 6241-19, R. 6316-1 nouv. à R. 6316-7 nouv., R. 6333-2-1. — V. annexe, ss. C. trav., art. D. 6316-1-1 nouv.
2020	28 juill.	Décret n° 2020-916. Travailleurs détachés et lutte contre la concurrence déloyale. — V. C. trav., art. D. 1221-24-1, R. 1262-5, R. 1262-8, R. 1262-16, R. 1262-18-1, R. 1263-1, R. 1263-3 à R. 1263-7, R. 1263-11-1 à R. 1263-11-3-1, R. 1263-12-1, R. 1263-13, R. 1263-14, R. 8115-5, R. 8291-1, R. 8293-2 à R. 8293-4, R. 8294-2.
2020	28 juill.	Décret n° 2020-926. Dispositif spécifique d'activité partielle en cas de réduction d'activité durable. — V. App. IX, v° *Mesures d'urgence sanitaire - covid-19*.
2020	29 juill.	Décret n° 2020-927. Mesure de l'audience syndicale dans les entreprises de moins de onze salariés et à la mesure de l'audience patronale en 2021 : — V. C. trav., art. R. 2122-31, R. 2122-36, R. 2122-39, R. 2122-44, R. 2122-47, R. 2122-48-1, R. 2122-48-2, R. 2122-52, R. 2122-52-1, R. 2122-95, R. 2122-97. — Art. 1er. — V. ss. C. trav., art. R. 2152-3. — Art. 2. — V. ss. C. trav., art. L. 2122-10-1.
2020	29 juill.	Décret n° 2020-928. Mesures d'urgence en matière de revenus de remplacement des artistes et techniciens intermittents du spectacle. — Art. 4. — V. Décr. n° 2020-425 du 14 avr. 2020, art. 4, art. 6, App. III. C, v° *Chômage*, **p. 3484**.
2020	29 juill.	Décret n° 2020-929. Diverses mesures relatives au régime d'assurance chômage : — V. Décr. n° 2019-797 du 26 juill. 2020, art. 5, App. III. C, v° *Chômage*, **p. 3440**. — V. Décr. n° 2020-425 du 14 avr. 2020, art. 7, 7-1, App. III. C, v° *Chômage*, **p. 3485**.
2020	30 juill.	Loi n° 2020-935. De finances rectificative pour 2020 : — V. C. trav., art. L. 5213-2-1, L. 6342-3. — Art. 76. — V. ss. C. trav., art. L. 6243-1.
2020	30 juill.	Loi n° 2020-936. Protection des victimes de violences conjugales : — Art. 9. — V. C. pén., art. 222-33-2, App. I. B, v° *Contrat de travail*, **p. 3215**. — Art. 16. — V. C. pén., art. 131-6, App. IV. C, v° *Syndicats professionnels*, **p. 3488**.
2020	30 juill.	Loi n° 2020-938. Possibilité d'offrir des chèques-vacances aux personnels des secteurs sanitaire et médico-social en reconnaissance de leur action durant l'épidémie de covid-19. — V. App. IX, v° *Mesures d'urgence sanitaire - covid-19*.
2020	5 août	Décret n° 2020-982. Aide à l'embauche des jeunes de moins de 26 ans. — V. App. III. A, v° *Embauche et emploi*, **p. 3415**.

2020	10 août	Décret n° 2020-1025. Modification du statut particulier du corps de l'inspection du travail. — V. Décr. n° 2003-770 du 20 août 2003, art. 1ᵉʳ, 3, App. VI, v° *Organismes administratifs du travail*, **p. 3496.**
2020	17 août	Décret n° 2020-1066. Relèvement du taux de compétence en dernier ressort des conseils de prud'hommes. — V. C. trav., art. D. 1462-3.
2020	18 août	Décret n° 2020-1071. Taux horaire de l'allocation d'activité partielle applicable à Mayotte. — V. C. trav., art. D. 5522-87.
2020	20 août	Décret n° 2020-1076. Niveaux de prise en charge des contrats d'apprentissage. — V. C. trav., art. D. 6332-78-1 à D. 6332-79.
2020	31 août	Décret n° 2020-1104. Institution d'une contravention en cas de méconnaissance des dispositions de l'article L. 3313-4 du code des transports. — V. C. transp., art. R. 3315-11, App. VII, v° *Régimes spéciaux*, **p. 3527.**
2020	10 sept.	Décret n° 2020-1122. Parcours d'insertion au sein des groupements d'employeurs pour l'insertion et la qualification. — V. C. trav., art. D. 6325-23, D. 6325-24, D. 6332-86.
2020	16 sept.	Ordonnance n° 2020-1142. Création, au sein du code de commerce, d'un chapitre relatif aux sociétés dont les titres sont admis aux négociations sur un marché réglementé ou sur un système multilatéral de négociation : — V. C. trav., art. L. 2312-52, L. 2372-1, L. 3332-14, L. 3332-25. — Art. 13. — V. CGI, art. 80 *quaterdecies*, App. I. D, v° *Salaires*, **p. 3279.**
2020	29 sept.	Décret n° 2020-1188. Activité partielle et dispositif spécifique d'activité partielle en cas de réduction d'activité durable. — V. Décr. n° 2020-926 du 28 juill. 2020, art. 2, 7, App. IX, v° *Mesures d'urgence sanitaire - covid-19*.
2020	1ᵉʳ oct.	Décret n° 2020-1208. Allocation journalière du proche aidant et allocation de présence parentale. — V. C. trav., art. D. 1225-16, D. 3142-9.
2020	2 oct.	Décret n° 2020-1214. Modifications relatives aux conseils de prud'hommes. — V. C. trav., art. R. 1423-2, R. 1471-2 (annexe).
2020	6 oct.	Décret n° 2020-1223. Aide à l'embauche des travailleurs handicapés : — V. App. III. A, v° *Embauche et emploi*, **p. 3417.** — V. Décr. n° 2020-982 du 5 août 2020, art. 1ᵉʳ, App. III. A, v° *Embauche et emploi*, **p. 3415.**
2020	8 oct.	Décret n° 2020-1228. Modification des conditions d'éligibilité au compte personnel de formation des actions de formation dispensées aux créateurs et repreneurs d'entreprises. — V. C. trav., art. D. 6323-7.

2020	8 oct.	Décret n° 2020-1233. Modalités de fractionnement du congé institué par la loi visant à améliorer les droits de travailleurs et l'accompagnement des familles après le décès d'un enfant. – V. C. trav., art. D. 3142-1-1.
2020	14 oct.	Ordonnance n° 2020-1255. Adaptation de l'allocation et de l'indemnité d'activité partielle. – Ratifiée par la L. n° 2022-1598 du 21 déc. 2022, art. 12. – V. ss. C. trav., art. L. 5122-1.
2020	19 oct.	Loi n° 2020-1266. Exploitation commerciale de l'enfant de moins de 16 ans sur les plateformes. – V. C. trav., art. L. 7124-1, L. 7124-4-1, L. 7124-5, L. 7124-9, L. 7124-10, L. 7124-25.
2020	21 oct.	Décret n° 2020-1278. Emplois francs. – V. Décr. n° 2019-1471 du 26 déc. 2019, art. 5, 6, App. III. A, v° *Embauche et emploi*, **p. 3420.**
2020	22 oct.	Décret n° 2020-1284. Modalités d'application de la responsabilité sociale des plateformes de mise en relation par voie électronique. – V. C. trav., art. D. 7342-7 à D. 7342-11.
2020	30 oct.	Décret n° 2020-1316. Activité partielle et dispositif d'activité partielle spécifique en cas de réduction d'activité durable : – V. C. trav., art. R. 5122-2, R. 5122-9, R. 5122-11, R. 5122-12, R. 5122-18. – V. Décr. n° 2020-926 du 28 juill. 2020, art. 2, 7, 9, App. IX, v° *Mesures d'urgence sanitaire - covid-19*, **p. 3538.**
2020	30 oct.	Décret n° 2020-1318. Taux horaire de l'allocation d'activité partielle et de l'allocation partielle spécifique applicable à Mayotte. – V. C. trav., art. D. 5522-87.
2020	30 oct.	Décret n° 2020-1319. Activité partielle. – V. C. trav., art. D. 5122-13.
2020	5 nov.	Décret n° 2020-1350. Obligation d'emploi en faveur des travailleurs handicapés. – V. C. trav., art. D. 5212-7, D. 5212-8, D. 5212-22 à D. 5212-24.
2020	14 nov.	Loi n° 2020-1379. Autorisation de la prorogation de l'état d'urgence sanitaire et diverses mesures de gestion de la crise sanitaire. – V. L. n° 2020-734 du 17 juin 2020, art. 6, ss. C. trav., art. L. 5122-1.
2020	20 nov.	Décret n° 2020-1427. Comités sociaux d'administration dans les administrations et les établissements publics de l'État. – V. CSP, art. R. 3512-6, App. II. D, v° *Santé, hygiène et sécurité des travailleurs*, **p. 3335.**
2020	25 nov.	Ordonnance n° 2020-1441. Adaptation des règles relatives aux réunions des instances représentatives du personnel. – Ratifiée par la L. n° 2022-1598 du 21 déc. 2022, art. 12. – V. ss. C. trav., art. L. 2315-4.
2020	25 nov.	Ordonnance n° 2020-1442. Rétablissement des mesures d'urgence en matière de revenus de remplacement mentionnés à l'article L. 5421-2 du code du travail. – Ratifiée par la L. n° 2022-1598 du 21 déc. 2022, art. 12. – V. Ord. n° 2020-324 du 25 mars 2020, art. 1er, 1er bis, App. III. C, v° *Chômage*, **p. 3482.**

2020	26 nov.	Décret n° 2020-1450. Majoration du niveau de prise en charge des contrats d'apprentissage pour les apprentis reconnus travailleurs handicapés. — V. C. trav., art. D. 6332-82.
2020	26 nov.	Accord national interprofessionnel. Pour une mise en œuvre réussie du télétravail. — V. App. VII. C, v° *Travail à domicile et télétravail*, **p. 3502.**
2020	27 nov.	Décret n° 2020-1452. Procédure civile et procédure d'indemnisation des victimes d'actes de terrorisme et d'autres infractions : — V. C. trav., art. R. 1454-19-2, R. 1455-10. — V. C. pr. civ., art. 54, 56, App. V, v° *Conflits du travail*, **p. 3494.**
2020	30 nov.	Décret n° 2020-1476. Versements de France compétences aux régions pour le financement des centres de formation d'apprentissage. — V. C. trav., art. R. 6123-25, R. 6211-4, D. 6522-3.
2020	2 déc.	Ordonnance n° 2020-1496. Centralisation des disponibilités de certains organismes au Trésor. — V. C. trav., art. L. 5312-8, L. 6123-11.
2020	2 déc.	Ordonnance n° 2020-1502. Adaptation des conditions d'exercice des missions des services de santé au travail à l'urgence sanitaire. — Ratifiée par la L. n° 2022-1598 du 21 déc. 2022, art. 12. — V. ss. C. trav., art. L. 4622-2.
2020	7 déc.	Loi n° 2020-1525. Accélération et simplification de l'action publique : — V. C. trav., art. L. 2, L. 3, L. 1145-1, L. 2261-15, L. 2261-17, L. 2261-24, L. 2261-27, L. 2261-32, L. 2271-1, L. 2272-1, L. 3312-2, L. 3312-5, L. 3312-8, L. 3313-3, L. 3322-4-1, L. 3322-8, L. 3322-9, L. 3332-6-1, L. 3333-2, L. 3333-3-1, L. 3333-7-1, L. 3345-3, L. 3345-4. — V. L. n° 2008-496 du 27 mai 2008, art. 9-1, App. I. B, v° *Contrat de travail*, **p. 3257.** — V. CSS, art. L. 911-3 à L. 911-5, App. I. C, v° *Conventions et accords et collectifs*, **p. 3274.** — V. L. n° 2019-486 du 22 mai 2019, art. 155, App. IV. D, v° *Intéressement. Participation. Actionnariat*, **p. 3492.**
2020	7 déc.	Décret n° 2020-1531. Protection des travailleurs intervenant en milieu hyperbare. — V. C. trav., art. R. 4461-1, R. 4461-4, R. 4461-10, R. 4461-13-1, R. 4461-17, R. 4461-27, R. 4461-28, R. 4461-31, R. 4461-32, R. 4461-39, R. 4461-45, R. 4461-46.
2020	9 déc.	Décret n° 2020-1545. Organisation et missions des directions régionales de l'économie, de l'emploi, du travail et des solidarités (DREETS), des directions départementales de l'emploi, du travail et des solidarités (DDETS) et des directions départementales de l'emploi, du travail, des solidarités et de la protection des personnes (DDETS-PP) : — V. C. trav., art. R. 8122-1, R. 8122-2, R. 8122-4, R. 8122-6, R. 8124-4, R. 8322-2. — Art. 1er à 4, App. VI, v° *Organismes administratifs du travail*, **p. 3497.**
2020	9 déc.	Décret n° 2020-1546. Valeurs limites d'exposition professionnelle contraignantes pour certains agents chimiques. — V. C. trav., art. R. 4412-149.

2020	9 déc.	Décret n° 2020-1548. Procédure applicable aux recours et questions préjudicielles portant sur les décisions relatives à l'homologation des chartes de responsabilité sociale des plateformes de mise en relation par voie électronique. — V. C. trav., art. R. 7342-12 à R. 7342-18.
2020	9 déc.	Décret n° 2020-1549. Conseil de prud'hommes de Mamoudzou. — V. C. trav., art. R. 1524-9 à R. 1524-14.
2020	14 déc.	Loi n° 2020-1576. De financement de la sécurité sociale pour 2021. — V. C. trav., art. L. 1225-35, L. 1225-35-1, L. 1225-37, L. 1225-40, L. 1226-1-1, L. 1226-1-2, L. 1233-71, L. 1233-72, L. 1237-18-3, L. 3142-1, L. 3142-4, L. 5122-4, L. 5422-10.
2020	14 déc.	Loi n° 2020-1577. Renforcement de l'inclusion dans l'emploi par l'activité économique et expérimentation « territoires zéro chômeurs de longue durée » : — V. C. trav., art. L. 3123-7, L. 5132-2, L. 5132-3 nouv., L. 5132-3-1, L. 5132-5 à L. 5132-6-1, L. 5132-8, L. 5132-9, L. 5132-11-1, L. 5132-14-1, L. 5132-15-1, L. 5132-15-1-1, L. 5132-16 nouv., L. 5135-2, L. 5422-12, L. 6323-22. — V. L. n° 2018-771 du 5 sept. 2018, art. 83, App. III. A, v° *Embauche et emploi*, **p. 3411** ; art. 115, ss. C. trav., art. L. 1252-1. — V. CSS, art. L. 241-13, App. III. A, v° *Embauche et emploi*, **p. 3365.** — Art. 5, 9 à 11, App. III. A, v° *Embauche et emploi*, **p. 3423.** — Art. 16, ss. C. trav., art. L. 1254-24.
2020	14 déc.	Décret n° 2020-1579. Dispositif spécifique d'activité partielle en cas de réduction d'activité durable. — V. Décr. n° 2020-926 du 28 juill. 2020, art. 9, App. IX, v° *Mesures d'urgence sanitaire - covid-19*, **p. 3538.**
2020	16 déc.	Ordonnance n° 2020-1597. Mesures d'urgence en matière de congés payés et de jours de repos, de renouvellement de certains contrats et de prêt de main-d'œuvre. — Ratifiée par la L. n° 2022-1598 du 21 déc. 2022, art. 12 : — Art. 1er. — V. Ord. n° 2020-323 du 25 mars 2020, art. 1er, ss. C. trav., art. L. 3141-16 ; art. 2, ss. C. trav., art. L. 3121-41 ; art. 3, ss. C. trav., art. L. 3121-64 ; art. 4, ss. C. trav., art. L. 3151-3. — Art. 2. — V. L. n° 2020-734 du 17 juin 2020, art. 41, ss. C. trav., art. L. 1242-8, L. 1251-6 ; art. 52, ss. C. trav., art. L. 8241-2.
2020	16 déc.	Ordonnance n° 2020-1733. Partie législative du code de l'entrée et du séjour des étrangers et du droit d'asile : — V. C. trav., art. L. 5221-6, L. 5221-9, L. 5223-1 à L. 5223-3, L. 5223-5, L. 5223-6, L. 5523-2, L. 8112-2, L. 8252-4, L. 8254-2, L. 8271-17. — V. CESEDA, art. L. 410-1, L. 421-1 à L. 421-35, App. III. B, v° *Étrangers*, **p. 3428.**

2020	16 déc.	Décret n° 2020-1734. Partie réglementaire du code de l'entrée et du séjour des étrangers et du droit d'asile. — V. C. trav., art. R. 5221-1, R. 5221-2, R. 5221-3, R. 5121-15-1, R. 5221-21, D. 5221-21-1, R. 5221-22, R. 5121-48, R. 5223-1 à R. 5223-18, R. 5223-20 à R. 5223-23, R. 5223-33 à R. 5223-35, R. 5223-37 à R. 5223-39, R. 5312-41, R. 8252-2.
2020	21 déc.	Ordonnance n° 2020-1639. Mesures d'urgence en matière d'activité partielle. — Ratifiée par la L. n° 2022-1598 du 21 déc. 2022, art. 12 : — V. Ord. n° 2020-346 du 27 mars 2020, art. 7, 10, 11, 12, ss. C. trav., art. L. 5122-1. — V. L. n° 2020-473 du 25 avr. 2020, art. 20, ss. C. trav., art. L. 5122-1. — V. L. n° 2020-734 du 17 juin 2020, art. 5, ss. C. trav., art. L. 1242-3. — V. Ord. n° 2020-770 du 24 juin 2020, art. 1er, 2, ss. C. trav., art. L. 5122-1.
2020	22 déc.	Décret n° 2020-1656. Conseil de prud'hommes de Mamoudzou et à la prestation de serment des conseillers prud'hommes. — V. C. trav., art. D. 1442-11.
2020	23 déc.	Décret n° 2020-1680. Formation professionnelle outre-mer. — V. C. trav., art. D. 6523-2-1, D. 6523-2-2, D. 6523-2-4, R. 6523-2-9 à R. 6523-2-19, R. 6523-21, R. 6523-26-6.
2020	24 déc.	Loi n° 2020-1674. Programmation de la recherche pour les années 2021 à 2030 et diverses dispositions relatives à la recherche et à l'enseignement supérieur : — V. C. trav., L. 1242-3, L. 3142-125 à L. 3142-130. — V. C. éduc., art. L. 124-1-1, L. 124-3, App. VIII, v° *Formation professionnelle*, **p. 3531**.
2020	28 déc.	Décret n° 2020-1716. Diverses mesures relatives au régime d'assurance chômage : — V. Décr. n° 2019-797 du 26 juill. 2019, art. 5, App. III. C, v° *Chômage*, **p. 3440**. — V. Décr. n° 2020-425 du 14 avr. 2020, art. 5 à 7-1, 9, 9-1, App. III. C, v° *Chômage*, **p. 3484**. — V. Règl. d'assurance chômage annexé au Décr. n° 2019-797 du 26 juill. 2019, art. 65, App. III. C, v° *Chômage*, **p. 3480**.
2020	28 déc.	Décret n° 2020-1717. Application de la loi n° 91-647 du 10 juillet 1991 relative à l'aide juridique, aide juridictionnelle et aide à l'intervention de l'avocat dans les procédures non juridictionnelles. — V. C. trav., art. R. 3132-5.
2020	28 déc.	Décret n° 2020-1719. Réduction générale des cotisations et contributions sociales à la charge des employeurs. — V. CSS, art. D. 241-7, App. III. A, v° *Embauche et emploi*, **p. 3368**.
2020	29 déc.	Loi n° 2020-1721. De finances pour 2021 : — V. C. trav., art. L. 1264-4, L. 3261-3-1, L. 5122-1, L. 5312-13-2, L. 6123-5, L. 6131-1, L. 6241-1-1, L. 6241-4, L. 6331-37, L. 6331-39, L. 6331-40, L. 6331-41, L. 6331-48, L. 6341-2, L. 6341-7, L. 6341-8.

		— V. CGI, art. 44 *duodecies*, 81, 204 H, 1383 H, App. I. D, v° *Salaires*, **p. 3372.** — V. CGCT, art. L. 2333-64, App. II. G, v° *Versement transport*, **p. 3356.** — V. CSS, art. L. 241-13, App. III. A, v° *Embauche et emploi*, **p. 3365.** — V. L. n° 2019-486 du 22 mai 2019, art. 11, ss. C. trav., art. L. 1151-2. — Art. 244. — V. ss. C. trav., art. L. 1142-8.
2020	29 déc.	Décret n° 2020-1739. Recouvrement et répartition des contributions dédiées au financement de l'apprentissage et de la formation professionnelle. — V. C. trav., art. R. 6123-25, R. 6123-27, R. 6123-28, R. 6323-21-8, R. 6331-47, R. 6332-25, R. 6332-72, R. 6332-74, R. 6332-75.
2020	29 déc.	Décret n° 2020-1741. Aide à l'embauche des personnes éligibles à un parcours d'insertion par l'activité économique en contrat de professionnalisation. — Art. 8. — V. C. trav., art. D. 6325-10.
2021	20 janv.	Ordonnance n° 2021-45. Réforme de la formation des élus locaux. — V. C. trav., art. L. 6323-6, L. 6323-43.
2021	29 janv.	Décret n° 2021-88. Modification du décret n° 2020-1316 du 30 octobre 2021 modifié relatif à l'activité partielle et au dispositif d'activité partielle spécifique en cas de réduction d'activité durable. — V. C. trav., art. R. 5122-18.
2021	30 janv.	Décret n° 2021-94. Aide à l'embauche des jeunes de moins de 26 ans et emplois francs : — V. Décr. n° 2019-1471 du 26 déc. 2019, art. 6, App. III. A, v° *Embauche et emploi*, **p. 3420.** — V. Décr. n° 2020-982 du 5 août 2020, art. 1er, 3, App. III. A, v° *Embauche et emploi*, **p. 3415.**
2021	1er févr.	Décret n° 2021-101. Modification du taux horaire minimum de l'allocation d'activité partielle et de l'allocation partielle spécifique applicables à Mayotte. — V. C. trav., art. D. 5522-87.
2021	5 févr.	Décret n° 2021-124. Compétence de l'inspection du travail dans les établissements et ouvrages des aménagements hydroélectriques concédés ainsi que dans les mines et carrières. — V. C. trav., art. R. 8111-8, R. 8111-10.
2021	10 févr.	Ordonnance n° 2021-135. Mesures d'urgence dans les domaines du travail et de l'emploi. — Ratifiée par la L. n° 2022-1598 du 21 déc. 2022, art. 12 : — V. Ord. n° 2020-324 du 25 mars 2020, art. 1er *bis*, App. III. C, v° *Chômage*, **p. 3482.** — V. Ord. n° 2020-770 du 24 juin 2020, art. 1er, 2, ss. C. trav., art. L. 5122-1. — V. Ord. n° 2020-1502 du 2 déc. 2020, art. 4, ss. C. trav., art. L. 4622-2.
2021	10 févr.	Ordonnance n° 2021-136. Adaptation des mesures d'urgence en matière d'activité partielle. — Ratifiée par la L. n° 2022-1598 du 21 déc. 2022, art. 12. — V. Ord. n° 2020-770 du 24 juin 2020, art. 1er, 2, ss. C. trav., art. L. 5122-1.

2021	10 févr.	Décret n° 2021-143. Compétence des agents de l'inspection du travail : — V. C. trav., art. R. 1251-6, R. 1251-19, D. 1253-3, R. 1254-5, D. 2352-13, R. 2352-17, R. 2353-5, D. 2362-13, R. 2362-17, R. 2363-5, D. 2372-13, R. 2372-17, R. 2373-5, R. 2522-1, D. 3171-4, D. 3171-7, R. 3172-6, R. 3172-8, R. 3221-1, R. 3232-4, R. 3232-5, R. 3232-7, R. 3232-8, D. 3325-3, R. 3423-9, R. 4153-41 à R. 4153-43, R. 4153-45, D. 4154-4, R. 4216-33, R. 4224-16, R. 4411-45, R. 4412-30, R. 4412-79, R. 4412-102, R. 4412-115, R. 4412-134, R. 4412-147, R. 4412-148, R. 4427-1, R. 4427-3, R. 4431-4, R. 4523-11, R. 4524-9, R. 4532-3, R. 4534-156, R. 4543-7, R. 4543-24, R. 4626-19, R. 4643-30, R. 4721-7, R. 4721-11, R. 4721-12, R. 4722-12 à R. 4722-14, R. 4722-16, R. 4722-18, R. 4722-26, R. 4722-27, R. 4723-5, R. 4731-2, R. 5213-25, D. 5213-83, R. 6225-1 à R. 6225-5, R. 6225-9, R. 8112-1 à R. 8112-6, D. 8113-3, R. 8113-4, R. 8113-6, R. 8113-7, D. 8322-1. — V. C. rur., art. R. 714-10, App. II. B, v° *Durée du travail*, **p. 3319**.
2021	15 févr.	Loi n° 2021-160. Prorogation de l'état d'urgence sanitaire. — V. CSP, art. L. 3131-13, App. IX, v° *Mesures d'urgence sanitaire - covid-19* 🔒.
2021	23 févr.	Décret n° 2021-198. Aides à l'embauche des travailleurs handicapés et des jeunes de moins de 26 ans : — V. Décr. n° 2019-1471 du 26 déc. 2019, art. 3, App. III. A, v° *Embauche et emploi*, **p. 3420**. — V. Décr. n° 2020-982 du 5 août 2020, art. 1er, App. III. A, v° *Embauche et emploi*, **p. 3415**. — V. Décr. n° 2020-1223 du 6 oct. 2020, art. 1er, 3, 4, App. III. A, v° *Embauche et emploi*, **p. 3417**.
2021	26 févr.	Loi n° 2021-219. Déshérence des contrats de retraite supplémentaire. — V. C. trav., art. L. 3341-7.
2021	10 mars	Décret n° 2021-265. Suppression des écarts de rémunération entre les femmes et les hommes dans l'entreprise. — V. C. trav., art. D. 1142-4.
2021	18 mars	Décret n° 2021-300. Application de l'article 1er de la loi du 22 mai 2019 relative à la croissance et à la transformation des entreprises et introduction de diverses mesures applicables aux formalités incombant aux entreprises. — V. C. trav., art. R. 5141-8, R. 5141-11, R. 5142-2, R. 6351-3, D. 8222-5.
2021	26 mars	Décret n° 2021-330. Aide au projet initiative jeune. — V. C. trav., art. D. 5522-69.
2021	30 mars	Décret n° 2021-346. Diverses mesures relatives au régime d'assurance chômage : — V. Décr. n° 2019-797 du 26 juill. 2019, art. 5, App. III. C, v° *Chômage*, **p. 3440**. — V. Régl. d'assurance chômage annexé au Décr. n° 2019-797 du 26 juill. 2019 (Annexe A), art. 7, 10, 11, 12, 21, 23, 25, 50-2 à 50-15, 51, 65, App. III. C, v° *Chômage*, **p. 3446**. — V. Décr. n° 2020-425 du 14 avr. 2020, art. 7 à 7-2, App. III. C, v° *Chômage*, **p. 3485**.

2021	31 mars	Décret n° 2021-359. Travail adapté en milieu pénitentiaire. — V. C. trav., art. R. 5132-2, R. 5213-62, R. 5213-64, R. 5213-66, R. 5213-67, R. 5213-69, R. 5213-76, R. 5213-78.
2021	31 mars	Décret n° 2021-360. Emploi d'un salarié étranger. — V. C. trav., art. R. 5221-1 à R. 5221-4, R. 5221-6 à R. 5221-9, R. 5221-11, R. 5221-14, R. 5221-15, R. 5221-15-1, R. 5221-17, R. 5221-20 à R. 5221-22, R. 5221-26 à R. 5221-28, R. 5221-32 à R. 5221-34, R. 5221-41 à R. 5221-43, R. 5221-45, R. 5221-48.
2021	31 mars	Décret n° 2021-361. Modification du décret n° 2020-926 du 28 juillet 2020 modifié relatif au dispositif spécifique d'activité partielle en cas de réduction d'activité durable. — V. Décr. préc., art. 9, App. IX, v° *Mesures d'urgence sanitaire - covid-19*, **p. 3538.**
2021	31 mars	Décret n° 2021-362. Travail adapté dans les établissements pénitentiaires. — V. C. trav., art. D. 5213-63, D. 5213-63-1.
2021	31 mars	Décret n° 2021-363. Modification et prolongation des aides à l'embauche des jeunes de moins de 26 ans, aux emplois francs et aux employeurs d'apprentis et de salariés en contrat de professionnalisation : — V. Décr. n° 2019-1471 du 26 déc. 2019, art. 6, App. III. A, v° *Embauche et emploi*, **p. 3420.** — V. Décr. n° 2020-982 du 5 août 2020, art. 1er, 3, App. III. A, v° *Embauche et emploi*, **p. 3415.**
2021	2 avr.	Décret n° 2021-389. Conditions d'enregistrement des certifications professionnelles et des certifications et habilitations dans les répertoires nationaux et adaptation de la composition des jurys de validation des acquis de l'expérience en raison de l'épidémie de covid-19. — V. C. trav., art. R. 6113-1, R. 6113-3, R. 6113-9 à R. 6113-11, R. 6113-13, R. 6113-14-1, R. 6113-16, R. 6113-17, R. 6113-21, R. 6113-22.
2021	8 avr.	Loi n° 2021-401. Amélioration de l'efficacité de la justice et de la réponse pénale. — V. C. route, art. L. 121-6, App. II. H, v° *Infractions routières*, **p. 3360.**
2021	8 avr.	Ordonnance n° 2021-408. Autorité organisatrice des mobilités des territoires lyonnais. — V. CGCT, art. L. 2333-67, App. II. G, v° *Versement transport*, **p. 3357.**
2021	12 avr.	Décret n° 2021-428. Calcul des indemnités journalières maladie et maternité. — V. C. trav., art. R. 1225-11.
2021	12 avr.	Décret n° 2021-434. Valeurs limites d'exposition professionnelle contraignante pour certains agents chimiques. — V. C. trav., art. R. 4412-149.
2021	19 avr.	Décret n° 2021-469. Sensibilisation à la lutte contre l'arrêt cardiaque et aux gestes qui sauvent. — V. C. trav., art. D. 1237-2-2, D. 1237-2-3.
2021	21 avr.	Ordonnance n° 2021-484. Modalités de représentation des travailleurs indépendants recourant pour leur activité aux plateformes et aux

		conditions d'exercice de cette représentation. — Ratifiée par L. n° 2022-139 du 7 févr. 2022. — V. C. trav., art. L. 7343-1 à L. 7345-6.
2021	21 avr.	Ordonnance n° 2021-487. Exercice des activités des plateformes d'intermédiation numérique dans divers secteurs du transport public routier. — V. C. transp., art. L. 1311-3, App. VII. J, v° *Transports*, **p. 3516.**
2021	29 avr.	Décret n° 2021-521. Simplification des modalités de rémunération des stagiaires de la formation professionnelle et des stagiaires effectuant divers stages mentionnés à l'article 270 de la loi n° 2020-1721 du 29 décembre 2020. — V. C. trav., art. R. 6341-24, R. 6341-25, R. 6341-27 à R. 6341-29, R. 6341-51.
2021	29 avr.	Décret n° 2021-522. Taux et montants des rémunérations versées aux stagiaires de la formation professionnelle. — V. C. trav., art. D. 5135-7, D. 6341-23, D. 6341-24-1 à D. 6341-24-6, D. 6341-26, D. 6341-28-1 à D. 6341-28-3, D. 6341-32-1, D. 6341-32-2, D. 6523-14-5, D. 6523-14-6.
2021	6 mai	Décret n° 2021-562. Formation des conseillers prud'hommes. — V. C. trav., art. D. 1442-10-1.
2021	10 mai	Décret n° 2021-574. Allongement et obligation de prise d'une partie du congé de paternité et d'accueil de l'enfant. — V. C. trav., art. D. 1225-8, D. 1225-8-1.
2021	12 mai	Ordonnance n° 2021-584. Communautés professionnelles territoriales de santé et maisons de santé. — V. C. trav., art. L. 1253-3.
2021	19 mai	Ordonnance n° 2021-611. Services aux familles : — V. C. trav., art. L. 4625-2. — V. CASF, art. L. 423-23, L. 423-23-1, App. VII, v° *Assistants maternels*, **p. 3516.**
2021	19 mai	Décret n° 2021-626. Congé de reclassement. — V. C. trav., art. R. 1233-31, R. 1233-32, R. 5123-2.
2021	21 mai	Décret n° 2021-631. Suppression de l'exigence de présentation par les entreprises d'un extrait d'immatriculation au registre du commerce et des sociétés ou au répertoire des métiers dans leurs démarches administratives. — V. C. trav., art. R. 7123-10-1, R. 7232-3.
2021	25 mai	Loi n° 2021-646. Sécurité globale préservant les libertés. — V. C. trav., art. L. 8271-1-2, L. 8271-17.
2021	25 mai	Décret n° 2021-652. Compétences et formation des coordonnateurs en matière de sécurité et de protection de la santé. — V. C. trav., art. R. 4532-25, R. 4532-26.
2021	28 mai	Décret n° 2021-670. Rémunération des stagiaires de la formation professionnelle. — V. C. trav., art. R. 6341-24-7, R. 6341-28, R. 6341-32-1, R. 6341-32-2.

2021	28 mai	Décret n° 2021-672. Rémunération des stagiaires de la formation professionnelle applicable aux jeunes de moins de 26 ans. — V. C. trav., art. D. 6341-28-4, D. 6523-14-5.
2021	31 mai	Loi n° 2021-689. Gestion de la sortie de crise sanitaire : — Art. 8. — V. L. n° 2020-734 du 17 juin 2020, art. 41, ss. C. trav., art. L. 1242-8, L. 1251-6 ; art. 52, ss. C. trav., art. L. 8241-2. — Art. 8. — V. Ord. n° 2020-323 du 25 mars 2020, art. 1er, ss. C. trav., art. L. 3141-16 ; art. 2, ss. C. trav., art. L. 3121-41 ; art. 3, ss. C. trav., art. L. 3121-64 ; art. 4, ss. C. trav., art. L. 3151-3. — Art. 8. — V. Ord. n° 2020-1441 du 25 nov. 2020, art. 1er, ss. C. trav., art. L. 2315-4. — Art. 8. — V. Ord. n° 2020-1502 du 2 déc. 2020, art. 4, ss. C. trav., art. L. 4622-2. — Art. 12. — V. L. n° 2020-734 du 17 juin 2020, art. 5, ss. C. trav., art. L. 1242-3.
2021	8 juin	Décret n° 2021-730. Mesures relatives au régime d'assurance chômage. — V. Règl. d'assurance chômage annexé au Décr. n° 2019-797 du 26 juill. 2019, art. 12, App. III. C, v° *Chômage*, **p. 3451.**
2021	9 juin	Décret n° 2021-744. Incorporation au code général des impôts de divers textes modifiant et complétant certaines dispositions de ce code. — V. CGI, art. 81, App. I. D, v° *Salaires*, **p. 3280.**
2021	9 juin	Décret n° 2021-747. Conditions de constitution d'un groupement d'employeurs au sein d'une société interprofessionnelle de soins ambulatoires. — V. C. trav., art. R. 1253-35 à R. 1253-40.
2021	16 juin	Décret n° 2021-768. Commission nationale de la négociation collective, de l'emploi et de la formation professionnelle. — V. C. trav., art. R. 2272-1, R. 2272-4-1, R. 2272-8 à R. 2272-10, R. 2272-12 à R. 2272-17, D. 3346-1 à D. 3346-7.
2021	22 juin	Décret n° 2021-792. Missions des centres d'animation, de ressources et d'information sur la formation - observatoires régionaux de l'emploi et de la formation. — V. C. trav., art. D. 6123-1 à D. 6123-2-1.
2021	23 juin	Ordonnance n° 2021-797. Recouvrement, affectation et contrôle des contributions des employeurs au titre du financement de la formation professionnelle et de l'apprentissage. — V. C. trav., art. L. 2135-10, L. 2135-12, L. 6123-5, L. 6131-1, L. 6131-3 à L. 6131-5, L. 6241-1 à L. 6241-5, L. 6241-2, L. 6242-1, L. 6243-1-2, L. 6323-13, L. 6323-20-1, L. 6331-1 à L. 6331-6, L. 6331-55, L. 6332-1-2.
2021	25 juin	Décret n° 2021-808. Modification du taux horaire minimum de l'allocation d'activité partielle spécifique applicable à Mayotte. — V. C. trav., art. D. 5522-87.
2021	25 juin	Décret n° 2021-816. Modification du décret n° 2005-455 du 12 mai 2005 portant création d'un Office central de lutte contre le travail illégal. — V. Décr. n° 2005-455 du 12 mai 2005, art. 1er à 7, App. III. A, v° *Embauche et emploi*, **p. 3384.**
2021	29 juin	Décret n° 2021-843. Diverses mesures relatives au régime d'assurance chômage. — V. Décr. n° 2019-797 du 26 juill. 2019, art. 5 (note), App. III. C, v° *Chômage*, **p. 3440** ; Règl. d'assurance chômage annexé au Décr. n° 2019-797 du 26 juill. 2019, art. 11, 21, 23, 65 (notes), App. III. C, v° *Chômage*, **p. 3450.**

2021	30 juin	Décret n° 2021-864. Modification du décret n° 2020-1223 du 6 octobre 2020 instituant une aide à l'embauche pour les travailleurs handicapés. — V. Décr. n° 2020-1223 du 6 oct. 2020, art. 1ᵉʳ, 3, App. III. A, v° *Embauche et emploi*, **p. 3417.**
2021	30 juin	Décret n° 2021-872. Partie réglementaire du livre Premier du code de la construction et de l'habitation et fixation des conditions de mise en œuvre des solutions d'effet équivalent. — V. C. trav., art. R. 3324-22, R. 4213-9, R. 4216-1, R. 4224-17-1, R. 4227-1, R. 4228-27, R. 4412-97-5, R. 4462-1, R. 4512-11, R. 4532-7, R. 4532-19, R. 4543-5, R. 4543-26.
2021	2 juill.	Décret n° 2021-886. Ressort des conseils de prud'hommes situés dans le département de l'Eure. — V. C. trav., art. R. 1422-4.
2021	5 juill.	Décret n° 2021-900. Transmission de la déclaration d'activité et du bilan pédagogique et financier des prestataires d'actions concourant au développement des compétences. — V. C. trav., art. R. 6351-1, R. 6351-8, R. 6351-13 à R. 6351-21, R. 6352-23.
2021	6 juill.	Décret n° 2021-902. Compléments et adaptations du code du travail spécifiques aux mines et carrières en matière d'équipements de travail. — V. App. VII. B, v° *Mines*, **p. 3501.**
2021	9 juill.	Décret n° 2021-918. Déclaration relative à l'obligation d'emploi des travailleurs handicapés. — V. C. trav., art. D. 5212-1, D. 5212-5, D. 5212-8.
2021	16 juill.	Décret n° 2021-951. Cadre applicable des dispositions du code du travail en matière de prévention des risques biologiques dans le cadre de la pandémie de SaRS-CoV-2. — V. App. XI, v° *Mesures d'urgence sanitaire - covid-19*.
2021	16 juill.	Décret n° 2021-952. Données personnelles permettant la valorisation de l'activité des travailleurs de plateformes de mise en relation par voie électronique. — V. C. trav., art. D. 7342-6.
2021	28 juill.	Arrêté. Fixation de la liste des organisations syndicales reconnues représentatives au niveau national et interprofessionnel. — V. ss. C. trav., art. L. 2122-11.
2021	31 juill.	Ordonnance n° 2021-1013. Modification de l'ordonnance n° 2020-324 du 25 mars 2020 portant mesures d'urgence en matière de revenus de remplacement mentionnés à l'article L. 5421-2. — V. Ord. n° 2020-324 du 25 mars 2020, art. 1ᵉʳ, App. III. A, v° *Chômage*, **p. 3482.**
2021	2 août	Loi n° 2021-1017. Bioéthique. — V. C. pén., art. 225-3, App. I. B, v° *Contrat de travail*, **p. 3217.**
2021	2 août	Loi n° 2021-1018. Renforcement de la prévention en santé au travail : — V. C. trav., art. L. 1153-1, L. 1226-1-3, L. 1226-1-4, L. 1251-22, L. 2242-1, L. 2242-13, L. 2242-17, L. 2242-19-1, L. 2281-5, L. 2281-11, L. 2312-5, L. 2312-26, L. 2312-27, L. 2314-3, L. 2315-18, L. 2315-22-1, L. 2315-40, L. 4121-3, L. 4121-3-1, L. 4141-5, L. 4311-6 nouv., L. 4311-7, L. 4314-1, L. 4314-2, L. 4412-1,

		L. 4621-3, L. 4621-4, L. 4622-1, L. 4622-2 nouv., L. 4622-2-1, L. 4622-4 à L. 4622-17, L. 4623-1 nouv., L. 4623-3, L. 4623-3-1, L. 4623-5, L. 4623-5-1, L. 4623-5-3, L. 4623-9 à L. 4623-11, L. 4624-1, L. 4624-1-1, L. 4624-2-1 à L. 4624-2-4, L. 4624-7, L. 4624-8 nouv., L. 4624-8-1, L. 4624-8-2, L. 4624-10, L. 4625-1 à L. 4625-3, L. 4631-2, L. 4641-2-1, L. 4641-4 à L. 4641-6, L. 4642-1, L. 4644-1, L. 4741-9, L. 4746-1, L. 4755-1 à L. 4755-4, L. 4822-1, L. 4822-2, L. 5213-3, L. 5213-3-1, L. 5213-6-1, L. 6323-17-2, L. 6332-1, L. 6332-1-3, L. 8123-1. — V. C. rur., art. L. 717-2-1, L. 717-3-1, App. II. E, v° *Service de prévention et de santé au travail*, **p. 3354.** — Art. 32. — V. ss. C. trav., art. L. 4622-3.
2021	4 août	Loi n° 2021-1031. Programmation relative au développement solidaire et à la lutte contre les inégalités mondiales. — V. L. n° 2005-159 du 23 févr. 2005, art. 1ᵉʳ, 2 à 5, 9, App. I. B, v° *Contrat de travail*, **p. 3254.**
2021	5 août	Loi n° 2021-1040. Gestion de la crise sanitaire : — Art. 12, 17. — V. App. IX, v° *Mesures d'urgence sanitaire - covid-19* 🔒. — Art. 15. — V. note ss. C. trav., art. L. 2312-8.
2021	9 août	Décret n° 2021-1065. Visite médicale des travailleurs avant leur départ à la retraite. — V. C. trav., art. R. 4624-28-1 à R. 4624-28-3.
2021	18 août	Décret n° 2021-1091. Protection des travailleurs contre les risques dus aux rayonnements ionisants et non ionisants. — V. C. trav., art. R. 4451-1, R. 4451-4, R. 4451-5, R. 4451-8, R. 4451-14, R. 4451-22, R. 4451-23, R. 4451-35, R. 4451-44, R. 4451-45, R. 4451-47, R. 4451-48, R. 4451-51, R. 4451-58, R. 4451-59, R. 4451-78, R. 4451-80, R. 4451-89, R. 4451-113, R. 4451-124, R. 4451-136, R. 4451-137, R. 4453-1, R. 4453-4, R. 4453-19, R. 4453-25.
2021	22 août	Loi n° 2021-1104. Lutte contre le dérèglement climatique et renforcement de la résilience face à ses effets : — V. C. trav., art. L. 1232-12, L. 2135-11, L. 2145-1, L. 2145-5 à L. 2145-7, L. 2145-9 à L. 2145-11, L. 2145-13, L. 2241-12, L. 2242-20, L. 2312-8, L. 2312-17, L. 2312-18, L. 2312-21 à L. 2312-23, L. 2312-36, L. 2315-63, L. 2315-87-1, L. 2315-89, L. 2315-91-1, L. 2315-94, L. 2316-1, L. 2316-2, L. 3142-58, L. 3142-59, L. 3341-3, L. 3341-6, L. 6123-3, L. 6332-1. — Art. 128. — V. CGI, art. 81, App. I. D, v° *Salaires*, **p. 3280.** — Art. 135. — V. C. transp., art. L. 3314-1, App. VII. I, v° *Transport*, **p. 3528.**
2021	27 août	Décret n° 2021-1122. Délais et modalités de contrôle des accords d'épargne salariale. — V. C. trav., art. D. 3313-1, D. 3313-7, D. 3323-1, D. 3323-4, D. 3323-8, D. 3324-11, D. 3345-1, D. 3345-5, D. 3411-2.
2021	30 août	Décret n° 2021-1128. Insertion par l'activité économique. — V. C. trav., art. R. 5132-1 à R. 5132-1-23, R. 5132-2, R. 5132-7 à

		R. 5132-9, R. 5132-10-6, R. 5132-10-7, R. 5132-10-12, R. 5132-10-13-1, R. 5132-10-13-2, R. 5132-10-14, R. 5132-11, R. 5132-12, R. 5132-23, R. 5132-24-1, R. 5132-24-2, R. 5132-25, R. 5132-27, R. 5132-28, R. 5132-37 à R. 5132-39-1, R. 5132-40, D. 5132-43-5, D. 5132-43-6, D. 5132-43-7 à D. 5132-43-10, R. 5132-44 à R. 5132-47.
2021	30 août	Décret n° 2021-1129. Insertion par l'activité économique et l'expérimentation visant à faciliter le recrutement par les entreprises de droit commun de personnes en fin de parcours d'insertion. — V. C. trav., art. D. 5132-10-5 à D. 5132-10-5-4, D. 5132-10-15 à D. 5132-10-17, D. 5132-18-1, D. 5132-26-9 à D. 5132-26-13, D. 5132-43-11 à D. 5132-43-15.
2021	14 sept.	Décret n° 2021-1181. Condition d'âge pour l'accès au contrat relatif aux activités d'adultes-relais. — V. C. trav., art. L. 5134-102.
2021	14 sept.	Conseil constitutionnel, décision n° 2021-928 QPC. — V. C. trav., art. L. 1453-4.
2021	15 sept.	Ordonnance n° 2021-1189. Création du Registre national des entreprises. — V. C. trav., art. L. 7121-3.
2021	15 sept.	Ordonnance n° 2021-1192. Réforme du droit des sûretés : — V. C. trav., art. L. 3253-1, L. 3253-23. — Art. 34. — V. C. com., art. L. 625-7, App. I. B, v° *Contrat de travail*, **p. 3204.**
2021	15 sept.	Ordonnance n° 2021-1193. Modification du livre VI du code de commerce. — Art. 11, 14, 17, 18, 24, 27, 28, 30, 45 à 47, 51, 54, 66, 68, 69. — V. C. com., art. L. 620-1, L. 621-4, L. 622-10, L. 622-17, L. 623-3, L. 626-2, L. 626-2-1, L. 626-5, L. 626-8, L. 631-19, L. 631-19-1, L. 631-19-2, L. 640-6, L. 641-13, L. 661-1, L. 661-10, L. 662-4, App. I. B, v° *Contrat de travail*, **p. 3197.**
2021	22 sept.	Ordonnance n° 2021-1214. Adaptation des mesures d'urgence en matière d'activité partielle : — V. L. n° 2020-734 du 17 juin 2020, art. 53, ss. art. L. 5122-1. — V. Ord. n° 2020-346 du 27 mars 2020, art. 12, ss. art. L. 5122-1.
2021	23 sept.	Décret n° 2021-1221. Mesures d'harmonisation des procédures de recouvrement forcé des créances publiques et compétences territoriales des huissiers des finances publiques : — V. C. trav., art. R. 8115-4. — V. ss. C. rur., art. R. 719-1-3.
2021	24 sept.	Arrêté. Agrément de l'avenant n° 5 à la Convention du 26 janvier 2015 relative au contrat de sécurisation professionnelle. — V. Conv. 26 janv. 2015, art. 2, 5 à 7, 10, 13 à 18, 20, 25 à 27, 31, App. III. A, v° *Embauche et emploi*, **p. 3399.**
2021	29 sept.	Décret n° 2021-1251. Date d'entrée en vigueur de certaines dispositions du régime d'assurance chômage. — V. Décr. n° 2019-797 du 26 juill. 2019, art. 5, App. III. C, v° *Chômage*, **p. 3440.**

2021	29 sept.	Décret n° 2021-1252. Modification du taux horaire minimum de l'allocation d'activité partielle et de l'allocation d'activité partielle spécifique en cas de réduction d'activité durable : — V. C. trav., art. D. 5122-13. — V. Décr. n° 2020-926 du 28 juill. 2020, art. 7, App. IX, v° *Mesures d'urgence sanitaire - covid-19*, **p. 3538.**
2021	8 oct.	Loi n° 2021-1308. Diverses dispositions d'adaptation au droit de l'Union européenne dans le domaine des transports, de l'environnement, de l'économie et des finances. — V. C. transp., art. L. 1331-1, L. 1331-3, L. 1332-1 à L. 1332-8, L. 3313-5, L. 3315-4-1, App. VII. J, v° *Transport*, **p. 3523.**
2021	12 oct.	Décret n° 2021-1332. Congé d'enseignement ou de recherche. — V. C. trav., art. D. 3142-77 à D. 3142-81.
2021	13 oct.	Décret n° 2021-1340. Déclarations uniques et simplifiées réalisées auprès du guichet unique pour le spectacle vivant. — V. C. trav., art. R. 7122-14, R. 7122-17, R. 7122-18, R. 7122-20 à R. 7122-24.
2021	27 oct.	Décret n° 2021-1390. Modification des taux horaires minimum de l'allocation d'activité partielle et de l'allocation d'activité réduite pour le maintien en emploi applicables à Mayotte. — V. C. trav., art. D. 5522-87.
2021	28 oct.	Décret n° 2021-1398. Conditions et délais d'agrément des accords de branche d'épargne salariale. — V. C. trav., art. D. 2232-1-6, D. 3312-1, D. 3313-6, D. 3322-1, D. 3345-6, D. 3345-7.
2021	29 oct.	Décret n° 2021-1404. Aide à l'embauche de certains demandeurs d'emploi en contrat de professionnalisation : — Art. 1er à 4. — V. App. III. A, v° *Embauche et emploi*, **p. 3426.** — Art. 5. — V. Décr. n° 2019-1471 du 26 déc. 2019, art. 12 *bis*, App. III. A, v° *Embauche et emploi*, **p. 3422.**
2021	8 nov.	Décret n° 2021-1461. Organisation et fonctionnement de l'Autorité des relations sociales des plateformes d'emploi. — V. C. trav., art. R. 7345-1 à R. 7345-19.
2021	10 nov.	Loi n° 2021-1465. Diverses dispositions de vigilance sanitaire : — Art. 5. — V. L. n° 2021-1040 du 5 août 2021, art. 12, App. IX, v° *Mesures d'urgences sanitaire - covid-19* 🔒. — Art. 10. — V. Ord. n° 2020-1502 du 2 déc. 2020, art. 4, ss. C. trav., art. L. 4622-2 ; Ord. n° 2020-770 du 24 juin 2020, art. 1er, 2, ss. C. trav., art. L. 5122-1.
2021	15 nov.	Loi n° 2021-1484. Amélioration des conditions de présence parentale auprès d'un enfant dont la pathologie nécessite un accompagnement soutenu. — V. C. trav., art. L. 1225-62.
2021	17 nov.	Décret n° 2021-1491. Obligations d'achat ou d'utilisation de véhicules automobiles routiers à faibles et à très faibles émissions en application de la directive (UE) 2019/1161 du Parlement européen et du Conseil. — V. C. trav., art. R. 3261-13-1, R. 3423-12.

2021	18 nov.	Arrêté. Liste des organisations professionnelles d'employeurs reconnues représentatives. — V. ss. C. trav., art. L. 2152-6.
2021	25 nov.	Loi n° 2021-1520. Consolidation du modèle de sécurité civile et valorisation du volontariat des sapeurs-pompiers et des sapeurs-pompiers professionnels. — V. C. trav., art. L. 5151-9, L. 5151-11, L. 6333-1.
2021	8 déc.	Décret n° 2021-1607. Révision du barème des saisies et cessions des rémunérations. — V. C. trav., art. R. 3252-2, R. 3252-3.
2021	13 déc.	Décret n° 2021-1638. Répartition des voix des organisations d'employeurs siégeant au conseil d'administration de l'Association de gestion du fonds paritaire national. — V. C. trav., art. R. 2135-15.
2021	13 déc.	Décret n° 2021-1639. Obligation de recours au téléservice pour réaliser la demande d'homologation de la convention de rupture du contrat de travail. — V. C. trav., art. D. 1237-3-1.
2021	15 déc.	Ordonnance n° 2021-1658. Dévolution des droits de propriété intellectuelle sur les actifs obtenus par des auteurs de logiciels ou inventeurs non salariés ni agents publics accueillis par une personne morale réalisant de la recherche. — V. CPI, art. L. 615-21, App. I. B, v° *Contrat de travail*, **p. 3226.**
2021	16 déc.	Décret n° 2021-1663. Titre-mobilité. — V. C. trav., art. R. 3261-13-3 à R. 3261-13-9.
2021	17 déc.	Loi n° 2021-1678. Accompagnement des enfants atteints de pathologie chronique ou de cancer. — V. C. trav., art. L. 3142-1, L. 3142-4.
2021	17 déc.	Décret n° 2021-1708. Gestion et service dématérialisé du fonds du droit individuel à la formation des élus, droits et obligations des organismes de formation des élus locaux et diverses dispositions relatives aux droits des élus locaux et au compte personnel de formation. — V. C. trav., art. R. 6323-32 à R. 6323-37, R. 6323-45, R. 6333-6 à R. 6333-8, R. 6333-12-1.
2021	23 déc.	Loi n° 2021-1754. De financement de la sécurité sociale pour 2022. — V. C. trav., art. L. 3142-16, L. 3142-24, L. 3142-25-1, L. 5213-3-1, L. 5422-16.
2021	23 déc.	Décret n° 2021-1763. Modification des concentrations moyennes en poussières totales et alvéolaires dans les locaux à pollution spécifique : — V. C. trav., art. R. 4222-10, R. 4222-13, R. 4412-154, R. 4412-155. — V. Décr. n° 2013-797 du 30 août 1997, art. 2 🔒, App. VII. B, v° *Mines*, **p. 3501.**
2021	23 déc.	Décret n° 2021-1791. Organisation et conditions de déroulement du scrutin destiné à mesurer l'audience des organisations des travailleurs de plateformes. — V. C. trav., art. R. 7343-1 à R. 7343-60.
2021	23 déc.	Décret n° 2021-1792. Composition et fonctionnement du Conseil d'orientation des conditions de travail et des comités régionaux. — V. C. trav., art. R. 4641-2 à R. 4641-8, R. 4641-10, R. 4641-12, R. 4641-13, R. 4641-15, R. 4641-16, R. 4641-18, R. 4641-19, R. 4641-21, R. 4641-22.

2021	24 déc.	Loi n° 2021-1774. Accélération de l'égalité économique et professionnelle. – V. C. trav., art. L. 1142-8 à L. 1142-9-1, L. 1142-11 à L. 1142-13, L. 1222-9, L. 2312-18, L. 3241-1.
2021	24 déc.	Décret n° 2021-1838. Compléments et adaptations du code du travail spécifiques aux mines et carrières en matière de règles générales : – V. App. VII. B, v° *Mines*, **p. 3501.** – V. Décr. n° 2019-574 du 11 juin 2019, art. 4 🔒, App. VII. B, v° *Mines*, **p. 3501.**
2021	27 déc.	Décret n° 2021-1842. Modifications des conditions d'éligibilité des réservistes civiques au compte d'engagement citoyen et de leurs modalités de déclaration. – V. C. trav., art. D. 5151-14, D. 5151-15.
2021	27 déc.	Décret n° 2021-1848. Modification du décret n° 2019-1471 du 26 décembre 2019 portant généralisation des emplois francs et création d'une expérimentation à La Réunion. – V. Décr. n° 2019-1471 du 26 déc. 2019, art. 5, App. III. A, v° *Embauche et emploi*, **p. 3420.**
2021	28 déc.	Décret n° 2021-1849. Valeurs limites d'exposition professionnelle contraignante pour certains agents chimiques. – V. C. trav., art. R. 4412-149.
2021	28 déc.	Décret n° 2021-1850. Utilisation des ressources allouées aux régions pour les dépenses de fonctionnement et d'investissement des centres de formation des apprentis. – V. C. trav., art. R. 6211-5.
2021	28 déc.	Décret n° 2021-1851. Dispositions complémentaires relatives à l'article L. 6316-1 du code du travail. – V. C. trav., art. R. 6316-8, R. 6316-9.
2021	28 déc.	Décret n° 2021-1852. Aide à l'embauche de certains demandeurs d'emploi en contrat de professionnalisation. – V. Décr. n° 2021-1404 du 29 oct. 2021, art. 2, 4 *bis*, App. III. A, v° *Embauche et emploi*, **p. 3427.**
2021	29 déc.	Décret n° 2021-1878. Modification du taux horaire minimum de l'allocation d'activité partielle et de l'allocation d'activité partielle spécifique en cas de réduction durable d'activité : – V. C. trav., art. D. 5122-13. – V. Décr. n° 2020-926 du 28 juill. 2020, art. 7, App. IX. A, v° *Mesures d'urgence sanitaire - covid-19*, **p. 3538.**
2021	29 déc.	Décret n° 2021-1888. Application de l'ordonnance n° 2021-1192 du 15 septembre 2021 portant réforme du droit des sûretés. – V. C. trav., art. R. 1251-19, D. 3154-4, R. 7123-28.
2021	30 déc.	Loi n° 2021-1900. De finances pour 2022 : – V. C. trav., art. L. 3324-1, L. 5122-3, L. 5122-5, L. 5122-6, L. 5131-4 à L. 5131-7, L. 5212-1, L. 5312-1, L. 5314-2, L. 5411-6-1, L. 6123-5, L. 6131-1, L. 6241-1, L. 6241-1-1, L. 6331-1, L. 6331-3, L. 6331-5, L. 6331-38, L. 6331-48, L. 6331-48-1, L. 6331-69, L. 6355-24, L. 6523-1-5, L. 7345-4. – V. CGI, art. 44 *duodecies*, 1383 H, App. III. A, v° *Embauche et emploi*, **p. 3372** ; art. 81, App. I. D, v° *Salaires*, **p. 3280.**

		— V. Ord. n° 2021-797 du 23 juin 2021, art. 8, App. I. A, v° *Apprentissage*, **p. 3185**. — V. L. n° 2018-771 du 5 sept. 2018, art. 83, App. III. A, v° *Embauche et emploi*, **p. 3411**. — V. Ord. n° 2020-346 du 27 mars 2020, art. 12, ss. art. L. 5122-1.
2021	30 déc.	Décret n° 2021-1916. Recouvrement, affectation et contrôle des contributions des employeurs au titre du financement de la formation professionnelle et de l'apprentissage. — V. C. trav., art. R. 6123-8, R. 6123-12, R. 6123-16, R. 6123-25, R. 6123-26, R. 6123-34, R. 6123-35, R. 6241-19 à R. 6241-21, R. 6241-23, R. 6241-24, R. 6261-13, R. 6323-3, R. 6331-2, R. 6331-9, R. 6331-13, R. 6331-15, R. 6331-16, R. 6331-37, R. 6331-38, R. 6331-40, R. 6331-42, R. 6331-52 à R. 6331-54, R. 6331-64, R. 6331-73, R. 6332-24, R. 6332-72, R. 6332-73, R. 6332-75.
2021	30 déc.	Décret n° 2021-1917. Recouvrement et répartition des contributions des employeurs dédiés au financement de la formation professionnelle et de l'apprentissage. — V. C. trav., art. D. 6123-36, D. 6123-37, D. 6241-8, D. 6241-29, D. 6241-32, D. 6331-69, D. 6331-72.
2021	30 déc.	Décret n° 2021-1918. Modalités de calcul de l'indemnité et de l'allocation d'activité partielle et de l'allocation d'activité partielle spécifique en cas de réduction d'activité durable : — V. C. trav., art. D. 5122-13, D. 5122-15. — V. Décr. n° 2020-926 du 28 juill. 2020, art. 7, App. IX, v° *Mesures d'urgence sanitaire - covid-19*, **p. 3538**.
2022	18 janv.	Décret n° 2022-40. Modification des taux horaires minimums de l'allocation d'activité partielle et de l'allocation d'activité partielle spécifique en cas de réduction d'activité durable applicables à Mayotte. — V. C. trav., art. D. 5522-87.
2022	24 janv.	Loi n° 2022-52. Responsabilité pénale et sécurité intérieure. — V. C. trav., art. L. 5151-9.
2022	28 janv.	Décret n° 2022-76. Inscription des établissements à caractère religieux sur la liste des établissements pouvant déroger à titre permanent au repos dominical. — V. C. trav., art. R. 3132-5.
2022	7 févr.	Loi n° 2022-139. Ratification de l'ordonnance n° 2021-484 du 21 avril 2021 relative aux modalités de représentation des travailleurs indépendants recourant pour leur activité aux plateformes et aux conditions d'exercice de cette représentation et habilitation du Gouvernement à compléter par ordonnance les règles organisant le dialogue social avec les plateformes. — V. C. trav., art. L. 7345-1, L. 7345-2.
2022	7 févr.	Loi n° 2022-140. Protection des enfants. — V. CASF, art. L. 423-8, App. V. B, v° *Assistant maternel*, **p. 3516.**
2022	7 févr.	Décret n° 2022-142. (Décret modificatif). Organisation et conditions de déroulement du scrutin destiné à mesurer l'audience des organisations de travailleurs de plateformes. — V. C. trav., art. R. 7343-24, R. 7343-25, R. 7343-32.

2022	14 févr.	Loi n° 2022-172. En faveur de l'activité professionnelle indépendante. — V. C. trav., art. L. 5424-25, L. 5424-27, L. 5424-29, L. 6123-5, L. 6323-29, L. 6331-48, L. 6331-50 à L. 6331-53, L. 6331-67, L. 6331-68, L. 6332-9, L. 6332-11.
2022	18 févr.	Décret n° 2022-199. Contrat d'engagement jeune et diverses mesures d'application de l'article 208 de la loi n° 2021-1900 du 30 décembre 2021 de finances pour 2022. — V. C. trav., art. R. 5131-4 à R. 5131-26, R. 5412-1, R. 5426-3.
2022	21 févr.	Loi n° 2022-217. Différenciation, décentralisation, déconcentration et diverses mesures de simplification de l'action publique locale : — V. C. trav., art. L. 3332-17-1, L. 4823-1, L. 4823-2, L. 6235-1 à L. 6235-3. — V. CGCT, art. L. 2123-1, App. I. B, v° *Contrat de travail*, **p. 3245.**
2022	21 févr.	Loi n° 2022-219. Réforme de l'adoption. — V. C. trav., art. L. 1225-37, L. 1225-40, L. 3142-1.
2022	24 févr.	Décret n° 2022-241. Modalités de fixation de l'indemnité et de l'allocation d'activité partielle. — V. C. trav., art. R. 5122-19.
2022	25 févr.	Décret n° 2022-243. Mesures visant à supprimer les écarts de rémunération entre les femmes et les hommes dans l'entreprise. — V. C. trav., art. D. 1142-4 à D. 1142-6-2, D. 1142-8.
2022	1er mars	Décret n° 2022-292. Immatriculation des personnes nées à l'étranger en instance d'attribution d'un numéro d'inscription au répertoire national d'identification des personnes physiques. — V. C. trav., art. R. 1221-18.
2022	2 mars	Loi n° 2022-296. Démocratisation du sport en France. — V. C. sport, art. L. 211-5, App. VII. F, v° *Sportif professionnel*, **p. 3515.**
2022	4 mars	Décret n° 2022-321. Détermination des niveaux de prise en charge des contrats d'apprentissage. — V. C. trav., art. D. 6332-78-1, D. 6332-78-2, D. 6332-79.
2022	16 mars	Décret n° 2022-372. Surveillance post-exposition, visites de préprise et de reprise des travailleurs et convention de rééducation professionnelle en entreprise. — V. C. trav., art. R. 4624-28-1 à R. 4624-29, R. 4624-31, R. 5213-15 à R. 5213-17.
2022	16 mars	Décret n° 2022-373. Essai encadré, rendez-vous de liaison et projet de transition professionnelle. — V. C. trav., art. D. 1226-8-1, D. 1242-3, D. 6323-9.
2022	18 mars	Décret n° 2022-395. Document unique d'évaluation des risques professionnels et modalités de prise en charge des formations en matière de santé, de sécurité et de conditions de travail par les opérateurs de compétences. — V. C. trav., art. R. 4121-2 à R. 4121-4, R. 4412-6, R. 4412-7, R. 6332-40.
2022	21 mars	Loi organique n° 2022-400. Renforcement du rôle du Défenseur des droits en matière de signalement d'alerte. — V. L. n° 2011-333 du 29 mars 2011, art. 4, App. I. B, v° *Contrat de travail*, **p. 3259.**

2022	21 mars	Loi n° 2022-401. Amélioration de la protection des lanceurs d'alerte : — V. C. trav., art. L. 1121-2, L. 1132-1, L. 1132-3-3 nouv., L. 1132-4, L. 1152-2 nouv., L. 1153-2 nouv. à L. 1153-4, L. 1321-2, L. 4133-1 nouv., L. 4133-2 nouv., L. 4133-3 nouv., L. 4133-4. — V. L. n° 2016-1691 du 9 déc. 2016, art. 6, 6-1, 7-1, 8, 10-1, 12 à 13-1, ss. art. L. 1132-3-3. — V. C. pén., art. 225-1, App. I. B, v° *Contrat de travail*, **p. 3215**.
2022	25 mars	Décret n° 2022-433. Procédure de médiation préalable obligatoire applicable à certains litiges de la fonction publique et à certains litiges sociaux. — V. C. trav., art. R. 5312-47, R. 5312-48, R. 5411-18, R. 5412-8, R. 5423-14, R. 5426-11, R. 5426-17-1, R. 5426-19.
2022	30 mars	Décret n° 2022-450. Allocation des travailleurs indépendants. — V. C. trav., art. R. 5424-70, R. 5424-71, R. 5424-71-1, R. 5424-72-1, R. 5424-72-2, R. 5524-11.
2022	30 mars	Décret n° 2022-451. Montant de l'allocation des travailleurs indépendants. — V. C. trav., art. D. 5424-74.
2022	4 avr.	Décret n° 2022-473. Actualisation de la dénomination de différentes entités du ministère de la transition écologique et du ministère de la mer. — V. C. trav., art. R. 4641-6.
2022	4 avr.	Décret n° 2022-477. Revalorisation de la rémunération des stagiaires de la formation professionnelle. — V. C. trav., art. R. 6341-24-8.
2022	6 avr.	Ordonnance n° 2022-492. Autonomie des travailleurs indépendants des plateformes de mobilité, organisation du dialogue social de secteur et missions de l'Autorité des relations sociales des plateformes d'emploi : — V. C. trav., art. L. 7343-21 à L. 7343-59, L. 7345-1, L. 7345-7 à L. 7345-12. — V. C. transp., art. L. 1326-2, L. 1326-4, App. VII. J, v° *Transports*, **p. 3522.**
2022	8 avr.	Décret n° 2022-508. Dispositif spécifique d'activité partielle en cas de réduction d'activité durable. — V. Décr. n° 2020-926 du 28 juill. 2020, art. 3, App. IX, v° *Mesures d'urgence sanitaire - covid-19*, **p. 3538.**
2022	12 avr.	Décret n° 2022-528. Contribution annuelle de France compétences au centre national de la fonction publique territoriale pour les frais de formation des apprentis. — V. C. trav., art. R. 6123-16, R. 6123-25.
2022	13 avr.	Ordonnance n° 2022-543. Adaptation des dispositions relatives à l'activité réduite pour le maintien en emploi. — V. L. n° 2020-734 du 17 juin 2020, art. 53, App. IX, v° *Mesures d'urgence sanitaire - covid-19* 🔒.
2022	22 avr.	Décret n° 2022-624. Agence nationale pour l'amélioration des conditions de travail et surveillance du marché des équipements de travail et des équipements de protection individuelle. — V. C. trav., art. R. 4313-17, R. 4314-1 à R. 4314-17, R. 4642-1 à R. 4642-4, R. 4642-6, R. 4746-1 à 4746-4, R. 4755-1 à R. 4755-3, R. 8114-2.
2022	22 avr.	Décret n° 2022-649. Modification des conditions d'éligibilité au compte personnel de formation des actions de formation dispensées aux créateurs et repreneurs d'entreprises. — V. C. trav., art. D. 6323-7.

2022	25 avr.	Décret n° 2022-650. Protection et formation des représentants des travailleurs indépendants ayant recours aux plateformes pour leur activité et Autorité des relations sociales des plateformes d'emploi. — V. C. trav., art. R. 7343-64 à R. 7343-73, R. 7345-1, R. 7345-2, R. 7345-12, R. 7345-14.
2022	25 avr.	Décret n° 2022-651. Nombre de représentants désignés par les organisations représentatives des travailleurs de plateformes, leur formation et leurs heures de délégation. — V. C. trav., art. D. 7343-61 à D. 7343-63, D. 7343-74 à D. 7343-78.
2022	25 avr.	Décret n° 2022-654. Modification du taux horaire minimum de l'allocation d'activité partielle et de l'allocation d'activité partielle spécifique en cas de réduction d'activité durable : — V. C. trav., art. D. 5122-13. — V. Décr. n° 2020-926 du 28 juill. 2020, art. 7, App. IX, v° *Mesures d'urgence sanitaire - covid-19*, **p. 3538.**
2022	26 avr.	Décret n° 2022-678. Indicateurs environnementaux devant figurer dans la BDESE et formations économiques, sociales, environnementales et syndicales. — V. C. trav., art. R. 2145-1, R. 2145-3 à R. 2145-5, R. 2312-5, R. 2312-8, R. 2312-9, R. 2312-16 à R. 2312-20, R. 8241-2.
2022	26 avr.	Décret n° 2022-679. Délégations de missions par les médecins du travail, infirmiers en santé au travail et télésanté au travail. — V. C. trav., art. R. 4623-1, R. 4623-14, R. 4623-29 à R. 4623-31, R. 4623-34 à R. 4623-36, R. 4624-19, R. 4624-33-1, R. 4624-34, R. 4624-41-1 à R. 4624-41-6.
2022	26 avr.	Décret n° 2022-680. Mesures visant à assurer une répartition équilibrée de chaque sexe parmi les cadres dirigeants et les membres des instances dirigeantes. — V. C. trav., art. D. 1142-15 à D. 1142-19.
2022	26 avr.	Décret n° 2022-681. Modalités de prévention des risques professionnels et de suivi en santé au travail des travailleurs indépendants, des salariés d'entreprises extérieures et des travailleurs des entreprises de travail temporaire. — V. C. trav., art. D. 4622-27-1 à D. 4622-27-3, D. 4625-34-1.
2022	28 avr.	Décret n° 2022-727. Encadrement de l'exploitation commerciale de l'image d'enfants de moins de 16 ans sur les plateformes en ligne. — V. C. trav., art. R. 7124-1, R. 7124-2, R. 7124-4, R. 7124-5, R. 7124-8 à R. 7124-11, R. 7124-13, R. 7124-19 à R. 7124-21, R. 7124-23 à R. 7124-26, R. 7124-31, R. 7124-37.
2022	28 avr.	Décret n° 2022-733. Renouvellement avant terme du congé de présence parentale et de l'allocation journalière de présence parentale. — V. C. trav., art. R. 1225-14.
2022	4 mai	Décret n° 2022-782. Incorporation au code général des impôts de divers textes modifiant et complétant certaines dispositions de ce code. — Art. 1er. — V. CGI, art. 204 H, App. I. D, v° *Salaires*, **p. 3280.**
2022	13 juin	Décret n° 2022-882. Appréciation de la représentativité des organisations professionnelles de plateformes. — V. C. trav., art. R. 7343-79 à R. 7343-87.

2022	14 juin	Décret n° 2022-892. Modalités de prise en compte des indemnités des personnes participant aux travaux du Conseil économique, social et environnemental pour le droit à certaines prestations sociales. — V. C. trav., art. R. 5423-3.
2022	21 juin	Décret n° 2022-917. Diverses dispositions relatives au contrat d'emploi pénitentiaire. — V. C. trav., art. R. 5132-1-18, R. 5132-2, R. 5132-3, R. 5132-7, R. 5132-8, R. 5132-10, R. 5132-27 à R. 5132-29, R. 5132-37, R. 5132-38, R. 5213-62 à R. 5213-64, R. 5213-66, R. 5213-67, R. 5213-76, R. 5213-78.
2022	28 juin	Décret n° 2022-940. Modification du taux horaire minimum de l'allocation d'activité partielle et de l'allocation d'activité partielle spécifique en cas de réduction d'activité durable applicable à Mayotte. — V. C. trav., art. D. 5522-87.
2022	29 juin	Décret n° 2022-955. Conditions d'exercice par les agents de la prévention des fraudes agréés et assermentés de Pôle emploi du droit de communication. — V. C. trav., art. R. 5312-47.
2022	29 juin	Décret n° 2022-956. Formation professionnelle des travailleurs indépendants. — V. C. trav., art. R. 6331-47 à R. 6331-50, R. 6331-52, R. 6331-54, R. 6331-55 à R. 6331-63-12, R. 6332-27, R. 6332-63, R. 6332-64, R. 6332-66 à R. 6332-72, R. 6332-77-1, R. 6523-2-6 à R. 6523-2-8, R. 6523-2-16-1, R. 6523-2-20.
2022	29 juin	Décret n° 2022-957. Modification du décret n° 2021-1404 du 29 octobre 2021 relatif à l'aide à l'embauche de certains demandeurs d'emploi en contrat de professionnalisation. — V. Décr. préc., art. 1er, 3, App. III. A, v° *Embauche et emploi*, **p. 3426.**
2022	2 juill.	Décret n° 2022-979. Composition et fonctionnement du Conseil national de l'inspection du travail. — V. C. trav., art. D. 8121-6, D. 8121-8.
2022	19 juill.	Décret n° 2022-1014. Registre national des entreprises et adaptation d'autres registres d'entreprises. — V. C. trav., art. R. 6261-16, R. 7232-3.
2022	19 juill.	Décret n° 2022-1015. Droits dus au titre du Registre national des entreprises et adaptation d'autres registres d'entreprises. — V. C. trav., art. D. 5213-53, D. 8222-5, D. 8261-1, D. 8271-1.
2022	20 juill.	Décret n° 2022-1031. Référentiels et principes guidant l'élaboration du cahier des charges de certification des services de prévention et de santé au travail interentreprises. — V. C. trav., art. D. 4622-47-1 à D. 4622-47-6.
2022	22 juill.	Décret n° 2022-1037. Congé de proche aidant et allocation journalière du proche aidant. — V. C. trav., art. D. 3142-8.
2022	29 juill.	Décret n° 2022-1072. Modification du taux horaire minimum de l'allocation d'activité partielle et de l'allocation partielle spécifique en cas de réduction d'activité durable : — V. C. trav., art. D. 5122-13.

		— V. Décr. n° 2020-926 du 28 juill. 2020, art. 7, App. IX, v° *Mesures d'urgence sanitaire - covid-19*, **p. 3538.**
2022	30 juill.	Loi n° 2022-1089. Fin des régimes d'exception créés pour lutter contre l'épidémie liée à la covid-19 : — V. C. trav., art. L. 1226-9-1, L. 3314-5, L. 3324-6. — V. Ord. n° 2020-346 du 27 mars 2020, art. 7, ss. C. trav., art. L. 5122-1. — V. CSP, art. L. 3131-13, App. IX, v° *Mesures d'urgence sanitaire - covid-19* 🏠
2022	30 juill.	Décret n° 2022-1093. Modification du statut particulier du corps de l'inspection du travail. — V. Décr. n° 2003-770 du 20 août 2003, art. 1ᵉʳ, 2, 3-1, App. VI, v° *Organismes administratifs du travail*, **p. 3496.**
2022	10 août	Décret n° 2022-1147. Modification du code des transports en matière de transport routier. — V. C. transp., art. R. 3315-11, App. VII, v° *Transports*, **p. 3527.**
2022	16 août	Loi n° 2022-1157. De finances rectificative pour 2022 : — V. CGI, art. 81, App. I. D, v° *Salaires*, **p. 3280.** — Art. 5, App. I. D, v° *Salaires*, **p. 3296.** — Art. 33, ss. C. trav., art. L. 5122-1.
2022	16 août	Loi n° 2022-1158. Mesures d'urgence pour la protection du pouvoir d'achat : — V. C. trav., art. L. 2241-10, L. 2261-26, L. 2261-32, L. 3312-2, L. 3312-5, L. 3312-6, L. 3313-3, L. 3314-5, L. 3345-2 à L. 3345-4. — Art. 1ᵉʳ, ss. C. trav., art. L. 3312-5. — Art. 5, App. IV. C, v° *Intéressement. Participation. Actionnariat*, **p. 3492.**
2022	17 août	Décret n° 2022-1161. Création d'un traitement de données à caractère personnel dénommé « Traitement des données de santé nécessaires à l'accompagnement adapté des demandeurs d'emploi en situation de handicap ». — V. C. trav., art. D. 5312-50 à D. 5312-54.
2022	30 août	Décret n° 2022-1194. Détermination et révision des niveaux de prise en charge des contrats d'apprentissage. — V. C. trav., art. D. 6332-79-1, D. 6332-80.
2022	19 sept.	Décret n° 2022-1241. Modification du taux horaire minimum de l'allocation d'activité partielle et de l'allocation d'activité partielle spécifique en cas de réduction d'activité durable applicable à Mayotte. — V. C. trav., art. D. 5522-87.
2022	21 sept.	Décret n° 2022-1245. Recours à l'expertise et à la médiation dans le secteur des plateformes de mobilité ainsi qu'à l'Autorité des relations sociales des plateformes d'emploi. — V. C. trav., art. R. 7343-89, R. 7343-95, R. 7343-100 à R. 7343-110, R. 7345-1, R. 7345-2, R. 7345-6, R. 7345-10, R. 7345-15, R. 7345-20 à R. 7345-24.
2022	21 sept.	Décret n° 2022-1246. Organisation du dialogue social de secteur pour les travailleurs indépendants des plateformes de mobilité. — V. C. trav., art. D. 7343-88, D. 7343-90 à D. 7343-94, D. 7343-96 à D. 7343-99.

2022	29 sept.	Décret n° 2022-1266. Plafond d'utilisation des titres-restaurant. — V. C. trav., art. R. 3262-10.
2022	5 oct.	Ordonnance n° 2022-1293. Détachement de salariés roulants ou navigants dans le domaine des transports : — V. C. trav., art. L. 1262-2-2. — V. C. transp., art. L. 1331-1, L. 1331-1-1, L. 1332-4, App. VII. J, v° *Transports*, **p. 3523.**
2022	19 oct.	Ordonnance n° 2022-1336. Droits sociaux des personnes détenues. — V. C. trav., art. L. 5424-30, L. 5151-2, L. 8112-3.
2022	21 oct.	Décret n° 2022-1346. Détachement de salariés roulants ou navigants dans le domaine des transports. — V. C. trav., art. R. 1263-8-1.
2022	29 oct.	Décret n° 2022-1374. Prorogation temporaire des règles du régime d'assurance chômage. — V. Décr. n° 2019-797 du 26 juill. 2019, art. 6 ; Règl. d'assurance chômage annexé au Décr. n° 2019-797 du 26 juill. 2019, art. 51, App. III. C, v° *Chômage*, **p. 3442.**
2022	15 nov.	Décret n° 2022-1434. Dossier médical en santé au travail. — V. C. trav., art. R. 4426-8 à R. 4426-10, R. 4451-83, R. 4451-108, R. 4624-12, R. 4624-26, R. 4624-45-3 à R. 4624-45-9, R. 4624-51 à R. 4624-54, R. 4625-16, R. 4626-33.
2022	15 nov.	Décret n° 2022-1435. Agrément et rapports d'activité des services de prévention et de santé au travail. — V. C. trav., art. D. 4622-21, D. 4622-26, D. 4622-47-1, D. 4622-47-2, D. 4622-48 à D. 4622-51, D. 4622-53 à D. 4622-58, D. 4625-31.
2022	24 nov.	Décret n° 2022-1472. Comités régionaux de l'emploi, de l'orientation et de la formation professionnelles et diverses mesures en matière de formation professionnelle. — V. C. trav., art. R. 6121-7, R. 6121-9, R. 6121-10, R. 6123-3 à R. 6123-3-3, R. 6123-3-9, R. 6523-19, R. 6523-22, R. 6523-23 à R. 6523-25, R. 6523-26-5.
2022	30 nov.	Décret n° 2022-1492. Organisation de la formation continue des conseillers prud'hommes. — V. C. trav., art. D. 1442-1.
2022	13 déc.	Décret n° 2022-1561. Parcours professionnel et droits des travailleurs handicapés admis en établissements et services d'aide par le travail. — V. C. trav., art. R. 5213-1-2.
2022	19 déc.	Loi n° 2022-1587. Lutte contre la fraude au compte personnel de formation et interdiction du démarchage de ses titulaires. — V. C. trav., art. L. 6323-8-1, L. 6323-9-1, L. 6323-9-2, L. 6323-44 à L. 6323-46, L. 6333-7-1, L. 8271-5-2.
2022	21 déc.	Loi n° 2022-1598. Mesures d'urgence relatives au fonctionnement du marché du travail en vue du plein emploi : — V. C. trav., art. L. 1237-1-1, L. 1243-11-1, L. 1251-33-1, L. 1251-58-6, L. 2314-18, L. 2314-19, L. 5422-1, L. 5422-2-2, L. 5422-12, L. 6111-1, L. 6113-9, L. 6121-1, L. 6313-5, L. 6323-17-6, L. 6411-1, L. 6411-2, L. 6412-1, L. 6412-1-1, L. 6412-2, L. 6412-3, L. 6422-2, L. 6422-6, L. 6423-1, L. 6423-3. — Art. 1er. — V. ss. C. trav., art. L. 5422-20.

		— Art. 11. — V. ss. C. trav., art. L. 6325-1.
2022	22 déc.	Ordonnance n° 2022-1607. Apprentissage transfrontalier. — V. C. trav., art. L. 6235-3 à L. 6235-6, L. 6522-5, L. 6522-6.
2022	22 déc.	Décret n° 2022-1632. Modification du taux horaire minimum de l'allocation d'activité partielle spécifique en cas de réduction d'activité durable : — Art. 1er. — V. C. trav., art. D. 5122-13. — Art. 2. — V. Décr. n° 2020-926 du 28 juill. 2020, art. 7, App. IX, v° *Mesures d'urgence sanitaire - covid-19*, **p. 3539.**
2022	23 déc.	Loi n° 2022-1616. De financement de la sécurité sociale pour 2023 : — V. C. trav., art. L. 4163-16, L. 8271-6-5. — Art. 12. — V. L. n° 2022-1158 du 16 août 2022, art. 1er, ss. C. trav., art. L. 3312-5. — Art. 22. — V. L. n° 2022-1157 du 16 août 2022, art. 5, App. II. C, v° *Salaire*, **p. 3296.** — Art. 27. — V. ss. C. trav., art. L. 1226-1.
2022	23 déc.	Décret n° 2022-1648. Barème des saisies et cessions des rémunérations. — V. C. trav., art. R. 3252-2, R. 3252-3.
2022	26 déc.	Décret n° 2022-1651. Application des dispositions relatives à l'épargne salariale de la loi n° 2022-1158 du 16 août 2022 portant mesures d'urgence pour la protection du pouvoir d'achat. — V. C. trav., art. D. 3313-5, D. 3313-7-1, D. 3331-3, D. 3345-1, D. 3345-3, D. 3345-5, D. 3345-6.
2022	27 déc.	Décret n° 2022-1664. Formation spécifique des infirmiers de santé au travail. — V. C. trav., art. R. 4623-31-1 à R. 4623-31-3.
2022	27 déc.	Décret n° 2022-1665. Activité partielle et dispositif spécifique d'activité partielle en cas de réduction d'activité durable : — V. C. trav., art. R. 5122-4, R. 5122-10, R. 5122-18. — Art. 2. — V. Décr. n° 2020-926 du 28 juill. 2020, art. 2, 4, 5, 8 *bis*, App. IX, v° *Mesures d'urgence sanitaire - covid-19*, **p. 3538.**
2022	27 déc.	Décret n° 2022-1704. Création d'un office de lutte contre le trafic illicite de migrants. — V. Décr. n° 2005-455 du 12 mai 2005, art. 2, App. III. A, v° *Embauche et emploi*, **p. 3384.**
2022	28 déc.	Décret n° 2022-1686. Abondement du compte personnel de formation d'un salarié lanceur d'alerte. — V. C. trav., art. D. 6323-3-4.
2022	28 déc.	Décret n° 2022-1700. Réduction générale des cotisations et contributions sociales à la charge des employeurs. — V. CSS, art. D. 241-7, App. III. A, v° *Embauche et emploi*, **p. 3368.**
2022	28 déc.	Décret n° 2022-1747. Modification du décret n° 2019-1471 du 26 décembre 2019 portant généralisation des emplois francs et création d'une expérimentation à La Réunion. — V. Décr. n° 2019-1471 du 26 déc. 2019, art. 11, App. III. A, v° *Embauche et emploi*, **p. 3422.**

2022	29 déc.	Décret n° 2022-1714. Aide unique aux employeurs d'apprentis et aide exceptionnelle aux employeurs d'apprentis et de salariés en contrats de professionnalisation : — Art. 1er. — V. C. trav., art. D. 6243-2. — Art. 2 à 4. — V. App. I. A, v° *Apprentissage*, **p. 3186.**
2022	30 déc.	Loi n° 2022-1726. De finances pour 2023 : — V. C. trav., art. L. 5122-1, L. 6323-4, L. 6323-7, L. 6331-50. — V. CGI, art. 80 *duodecies*, 81, 204 B, 204 C, 204 G, 204 H, 204 J, App. I. D, v° *Salaires*, **p. 3278.** — V. L. n° 2018-771 du 5 sept. 2018, art. 78, ss. art. L. 1242-3 ; art. 79, ss. art. L. 1251-2.
2022	30 déc.	Décret n° 2022-1748. Plateforme de saisie et de transmission dématérialisée des plans de démolition, de retrait ou d'encapsulage d'amiante intitulée « DEMAT@MIANTE ». — V. C. trav., art. R. 4412-133 à R. 4412-134, R. 4412-136 à R. 4412-138-3.
2022	30 déc.	Décret n° 2022-1749. Financement des services de prévention et de santé au travail interentreprises. — V. C. trav., art. D. 4622-27-4 à D. 4622-27-6.
2023	24 janv.	Loi n° 2023-22. Orientation et programmation du ministère de l'Intérieur : — V. C. pén., art. 222-33-1-1, App. I. B, v° *Contrat de travail*, **p. 3214.** — V. C. transp., art. L. 3315-4, App. VII. J, v° *Transports*, **p. 3529.**
2023	26 janv.	Décret n° 2023-33. Régime d'assurance chômage : — V. Décr. n° 2019-797 du 26 juill. 2019, art. 1er, 5 *bis*, 6, App. III. C, v° *Chômage*, **p. 3439.** — V. Règl. d'assurance chômage annexé au Décr. n° 2019-797 du 26 juill. 2019, art. 9, 9 *bis*, 10, 13, 17 *bis*, 26, 28, 34, 35, 43, 50-3, 50-5, 50-7, 50-9, 51, App. III. C, v° *Chômage*, **p. 3448.**
2023	26 janv.	Décret n° 2023-34. Modification du taux horaire minimum de l'allocation d'activité partielle et de l'allocation partielle spécifique en cas de réduction d'activité durable applicable à Mayotte. — V. C. trav., art. D. 5522-87.
2023	27 janv.	Décret n° 2023-38. Transfert du siège du conseil de prud'hommes de Lannoy à Lyz-Lez-Lannoy. — V. C. trav., art. R. 1471-2 (annexe).
2023	14 févr.	Décret n° 2023-98. Application des dispositions de la loi n° 2022-1158 du 16 août 2022 portant mesures d'urgence pour la protection du pouvoir d'achat en matière de négociation collective et d'épargne salariale. — V. C. trav., art. R. 2261-4-7, R. 2261-6, R. 2261-8, R. 2261-15, R. 2272-10, R. 3313-4, R. 3314-3, R. 3332-4, R. 3333-6.
2023	9 mars	Loi n° 2023-171. Diverses dispositions d'adaptation au droit de l'Union européenne dans les domaines de l'économie, de la santé, du travail, des transports et de l'agriculture : — V. C. trav., art. L. 1221-5-1, L. 1221-22, L. 1225-35-2, L. 1225-47, L. 1225-54, L. 1225-65, L. 1242-17, L. 1251-25, L. 1271-5, L. 3324-6, L. 4411-4, L. 4411-5, L. 4741-9, L. 7221-2, L. 7122-24.

		— V. C. transp., art. L. 5542-3 🔒, App. VII. E, v° *Gens de mer*.
2023	10 mars	Loi n° 2023-175. Accélération de la production d'énergies renouvelables. — V. C. transp., art. L. 5541-1, L. 5561-1, L. 5561-2, L. 5562-1, L. 5563-1 🔒, App. VII. E, v° *Gens de mer*.
2023	17 mars	Décret n° 2023-185. Détachement des travailleurs et conseil d'administration de l'autorité des relations sociales des plateformes d'emploi. — V. C. trav., nouvel art. R. 1263-1, R. 1263-1-1, R. 1263-3, R. 1263-4, R. 1263-6, R. 7345-7, R. 8115-5.
2023	17 mars	Décret n° 2023-188. Création d'un traitement de données à caractère personnel visant à faciliter le partage de données entre les acteurs de l'insertion sociale et professionnelle et diverses dispositions en matière d'insertion. — V. C. trav., art. R. 5132-1-19, R. 5132-1-21, R. 5132-1-22.
2023	27 mars	Décret n° 2023-215. Liste des pathologies ouvrant droit à un congé spécifique pour les parents lors de l'annonce de la maladie chronique de leur enfant. — V. C. trav., art. D. 3142-1-2.
2023	30 mars	Décret n° 2023-227. Contravention d'outrage sexiste et sexuel. — V. C. pén., art. R. 625-8-3, App. I. B, v° *Contrat de travail*, **p. 3214.**
2023	14 avr.	Loi n° 2023-270. De financement rectificative de la sécurité sociale pour 2023 : — V. C. trav., art. L. 1237-7, L. 1237-9, L. 3121-60-1, L. 3123-4-1, L. 3123-7, L. 3123-16, L. 4162-1, L. 4163-2-1, L. 4163-4, L. 4163-5, L. 4163-7, L. 4163-8-1 à L. 4163-8-5, L. 4163-15, L. 5312-1, L. 5421-4, L. 6123-5, L. 6323-17-1, L. 6323-17-2. — V. CSS, art. L. 161-17-2, L. 161-17-3, L. 351-8, App. III. A, v° *Embauche et emploi*, **p. 3364.**
2023	17 avr.	Décret n° 2023-275. Mise en œuvre de la présomption de démission en cas d'abandon de poste volontaire du salarié. — V. C. trav., art. R. 1237-13.
2023	20 avr.	Décret n° 2023-296. Modalités de fixation du montant de la contribution liée à l'obligation d'emploi des travailleurs handicapés en l'absence de déclaration annuelle de l'employeur et modification du calendrier des obligations déclaratives. — V. C. trav., art. D. 5212-5 à D. 5212-8, R. 5212-14, D. 5212-20.
2023	28 avr.	Décret n° 2023-322. Modification du taux horaire minimum de l'allocation d'activité partielle et de l'allocation d'activité partielle spécifique en cas de réduction d'activité durable : — V. C. trav., art. D. 5122-13. — V. Décr. n° 2020-926 du 28 juill. 2020, art. 7, App. IX, v° *Mesures d'urgence sanitaire - covid-19*, **p. 3540.**
2023	3 mai	Décret n° 2023-333. Sensibilisation des travailleurs aux risques naturels majeurs en Guadeloupe, en Guyane, en Martinique, à Mayotte, à La Réunion, à Saint-Barthélemy, à Saint-Martin, à Saint-Pierre-et-Miquelon et à Wallis-et-Futuna. — V. C. trav., art. R. 4823-1 à R. 4823-6, R. 6332-40.

2023	10 mai	Directive (UE) 2023/970 du Parlement européen et du Conseil. Renforcer l'application du principe de l'égalité des rémunérations entre les femmes et les hommes pour un même travail ou un travail de même valeur par la transparence des rémunérations et les mécanismes d'application du droit. – V. App. I. D, v° *Salaires*, **p. 3296.**
2023	15 mai	Décret n° 2023-370. Procédure de pénalité en matière de répartition de chaque sexe parmi les cadres dirigeants et les membres des instances dirigeantes. – V. C. trav., art. R. 1142-20 à R. 1142-23, R. 2312-7.
2023	24 mai	Ordonnance n° 2023-393. Réforme du régime des fusions, scissions, apports partiels d'actifs et opérations transfrontalières des sociétés commerciales. – Art. 7 à 11. – V. C. trav., art. L. 2371-1, L. 2371-3, L. 2371-3-1, L. 2371-5, L. 2372-1 à L. 2372-4, L. 2372-6 à L. 2372-7, L. 2373-1 à L. 2373-6, L. 2373-8, L. 2374-1 à L. 2374-4.
2023	26 mai	Décret n° 2023-408. Expérimentation permettant la conclusion de contrats de professionnalisation associant des actions de validation des acquis de l'expérience. – Art. 4. – V. Décr. n° 2022-1714 du 29 déc. 2022, art. 3, App. I. A, v° *Apprentissage*, **p. 3186.**
2023	31 mai	Décret n° 2023-422. Incorporation au code général des impôts de divers textes modifiant et complétant certaines dispositions de ce code. – V. CGI, art. 81, 204 H, App. I. D, v° *Salaires*, **p. 3280.**
2023	2 juin	Décret n° 2023-430. Réforme du régime des fusions, scissions, apports partiels d'actifs et opérations transfrontalières des sociétés commerciales. – Art. 8. – V. C. trav., art. D. 2371-1, D. 2372-1, D. 2372-15, R. 2372-17, R. 2372-18, D. 2373-1 à R. 2373-5.
2023	5 juin	Décret n° 2023-438. Modification du taux horaire minimum de l'allocation d'activité partielle et de l'allocation d'activité partielle spécifique en cas de réduction d'activité durable applicable à Mayotte. – V. C. trav., art. D. 5522-87.
2023	9 juin	Loi n° 2023-451. Encadrement de l'influence commerciale et lutte contre les dérives des influenceurs sur les réseaux sociaux. – V. C. trav., art. L. 6323-8-1, L. 7124-1.
2023	9 juin	Décret n° 2023-452. Obligations incombant aux entreprises en matière d'accident de travail et d'affichage sur un chantier. – V. C. trav., art. R. 4121-5, R. 4741-2, R. 8221-1.
2023	9 juin	Arrêté. Agrément de l'avenant n° 7 du 15 mars 2023 à la convention du 26 janvier 2015 relative au contrat de sécurisation professionnelle. – V. Conv. du 26 janv. 2015, art. 4, 6, 12, 13, 15 à 17, 27, 31, App. III. A, v° *Embauche et emploi*, **p. 3400.**
2023	15 juin	Décret n° 2023-469. Licence professionnelle « bachelor universitaire de technologie ». – V. C. trav., art. D. 6113-27.
2023	21 juin	Loi n° 2023-479. Passage et obtention de l'examen du permis de conduire. – V. C. trav., art. L. 6323-6.
2023	21 juin	Décret n° 2023-489. Protection des travailleurs contre les risques dus aux rayonnements ionisants. – V. C. trav., art. R. 4451-3, R. 4451-23,

		R. 4451-33, R. 4451-33-1, R. 4451-34, R. 4451-38 nouv., R. 4451-39 nouv., R. 4451-45, R. 4451-48, R. 4451-57, R. 4451-61 nouv. à R. 4451-63 nouv., R. 4451-65, R. 4451-66, R. 4451-68, R. 4451-71, R. 4451-75, R. 4451-84 à R. 4451-88 nouv., R. 4451-92, R. 4451-111, R. 4451-114.
2023	28 juin	Décret n° 2023-535. Dotation annuelle versée par France compétences pour la formation des demandeurs d'emploi. — V. C. trav., art. R. 6123-24, R. 6123-28.
2023	30 juin	Décret n° 2023-547. Suivi de l'état de santé des travailleurs ayant plusieurs employeurs. — V. C. trav., art. D. 4624-59 à D. 4624-65.
2023	1er juill.	Décret n° 2023-553. Revitalisation des bassins d'emploi. — V. C. trav., art. D. 1233-38, D. 1233-41, D. 1233-42, D. 1233-48-1 à D. 1233-48-3.
2023	7 juill.	Loi n° 2023-567. Accompagnement des couples confrontés à une interruption spontanée de grossesse dite fausse couche. — V. C. trav., art. L. 1225-4-3, L. 1225-6.
2023	15 juill.	Décret n° 2023-606. Modalités d'affectation et de gestion du solde de la taxe d'apprentissage. — V. C. trav., art. R. 6241-25 à R. 6241-28-5.
2023	15 juill.	Décret n° 2023-607. Versement et répartition du solde de la taxe d'apprentissage. — V. C. trav., art. D. 6241-25-1, D. 6241-27, D. 6241-27-1.
2023	19 juill.	Loi n° 2023-622. Protection des familles d'enfants atteints d'une maladie ou d'un handicap ou victimes d'un accident d'une particulière gravité. — V. C. trav., art. L. 1222-9, L. 1225-4-4, L. 1225-62, L. 3142-4.
2023	20 juill.	Décret n° 2023-635. Transmission aux employeurs des informations relatives à la détermination de leur taux de modulé de contribution à l'assurance chômage. — V. C. trav., art. D. 5422-3 à D. 5422-4-3.
2023	27 juill.	Décret n° 2023-682. Allocation complémentaire visant à indemniser les heures de délégation effectuées par les représentants des organisations de travailleurs indépendants recourant aux plateformes. — V. C. trav., art. D. 7343-76, R. 7345-10.
2023	31 juill.	Décret n° 2023-704. Modalités de désignation des membres des conseils d'administration et commissions de contrôle des services de prévention et de santé au travail interentreprises. — V. C. trav., art. D. 4622-19, D. 4622-35.
2023	1er août	Loi n° 2023-703. Programmation militaire pour les années 2024-2030 et dispositions intéressant la défense. — V. C. trav., art. L. 3142-89, L. 3142-90, L. 3142-94-2, L. 3142-94-3, L. 6211-1, L. 6241-5.
2023	1er août	Décret n° 2023-713. Intégration du passeport de prévention dans le traitement automatisé de données à caractère personnel dénommé Système d'information du compte personnel de formation (SI-CPF) et

		diverses modifications relatives au passeport d'orientation, de formation et de compétences. — V. C. trav., art. R. 6323-33 à R. 6323-35, R. 6323-37, R. 6323-38.
2023	10 août	Décret n° 2023-753. Application de l'article 26 de la loi n° 2023-270 du 14 avril 2023 de financement rectificative de la sécurité sociale pour 2023 relatif au cumul emploi retraite et à la retraite progressive. — V. C. trav., art. D. 3121-36, D. 3123-1-1.
2023	10 août	Décret n° 2023-759. Fonds d'investissement dans la prévention de l'usure professionnelle et au compte professionnel de prévention. — V. C. trav., art. R. 4163-9, R. 4163-11, R. 4163-13, D. 4163-13-1, R. 4163-15, R. 4163-18 à R. 4163-20, R. 4163-22.
2023	10 août	Décret n° 2023-760. Application de l'article 17 de la loi n° 2023-270 du 14 avril 2023 de financement rectificative de la sécurité sociale pour 2023. — V. C. trav., art. D. 4163-26, 4163-30-1 à D. 4163-30-5, D. 4163-47, D. 6123-26-1, D. 6323-9-2, D. 6323-10-5, D. 6323-14-1-1, D. 6323-14-5, D. 6323-20-4, D. 6323-20-6, D. 6323-21-5.
2023	21 août	Décret n° 2023-801. Modalités d'application de la réduction générale des cotisations et contributions sociales. — V. CSS, art. D. 241-7, D. 241-11, App. III. A, v° *Embauche et emploi*, **p. 3368.**
2023	6 sept.	Décret n° 2023-858. Fixation des niveaux de prise en charge des contrats d'apprentissage. — V. C. trav., art. D. 6332-78-2 à D. 6332-80.
2023	12 sept.	Décret n° 2023-873. Modalités de prise du congé d'adoption et du congé pour l'arrivée d'un enfant placé en vue de son adoption. — V. C. trav., art. D. 1225-11-1, D. 3142-1-3.
2023	6 oct.	Décret n° 2023-924. Modalités d'émission d'un titre de perception national dans le cadre de l'obligation de revitalisation des bassins d'emplois. — V. C. trav., art. D. 1233-48-3.
2023	23 oct.	Loi n° 2023.973. Industrie verte. — C. com., art. L. 641-13, App. I. B, v° *Contrat de travail*, **p. 3211.**
2023	30 oct.	Décret n° 2023-1004. Transposition de la directive (UE) 2019/1152 du Parlement européen et du Conseil du 20 juin 2019 relative à des conditions de travail transparentes et prévisibles dans l'Union européenne. — V. C. trav., art. R. 1221-34 à R. 1221-41, D. 1242-8, D. 1251-3-1, R. 2262-1, R. 7122-18, R. 7122-21.
2023	20 nov.	Loi n° 2023-1059. Orientation et programmation du ministère de la justice 2023-2027. — V. C. trav., art. L. 1421-3, L. 1441-9, L. 1441-11, L. 1441-19, L. 1441-29, L. 1442-3, L. 1442-14-1, L. 1442-17, L. 1442-18, L. 3172-2, L. 3252-4, L. 3252-8 à L. 3252-13.
2023	29 nov.	Loi n° 2023-1107. Transposition de l'accord national interprofessionnel relatif au partage de la valeur au sein de l'entreprise : — V. C. trav., art. L. 3314-5, L. 3322-3, L. 3325-1, L. 3326-1-1, L. 3332-3, L. 3332-11, L. 3332-17, L. 3333-4, L. 3333-7, L. 3334-6, L. 3342-1, L. 3346-1, L. 3348-1.

		— Art. 4. — V. ss. C. trav., art. L. 3323-6. — Art. 5. — V. ss. C. trav., art. L. 3322-1. — Art. 9. — V. L. n° 2022-1158 du 16 août 2022, art. 1er, ss. art. L. 3312-5. — Art. 10. — V. App. I. C, v° *Conventions et accords collectifs*, **p. 3275.**
2023	6 déc.	Ordonnance n° 2023-1142. Publication et certification d'informations en matière de durabilité et obligations environnementales, sociales et de gouvernement d'entreprise des sociétés commerciales. — V. C. trav., art. L. 2135-2, L. 2135-6, L. 2312-17, L. 2312-25, L. 2312-36, L. 2315-73.
2023	18 déc.	Loi n° 2023-1196. Pour le plein emploi : — V. C. trav., art. L. 1235-4, L. 1243-11-1, L. 1251-7, L. 1251-33-1, L. 1271-1, L. 1271-17, L. 2271-1, L. 3332-17-1, L. 5131-1 à L. 5131-6, L. 5132-3, L. 5132-6, L. 5151-2, L. 5211-5, L. 5212-10-1, L. 5212-13-1, L. 5213-2 à L. 5213-2-2, L. 5213-6, L. 5213-11, L. 5213-13, L. 5213-13-2 à L. 5213-15, L. 5213-18, L. 5213-19-1, L. 5214-3-1, L. 5311-3-1, L. 5311-7 à L. 5311-11, L. 5312-1 à L. 5312-3, L. 5312-7, L. 5312-8, L. 5312-10, L. 5312-12-1, L. 5312-12-2, L. 5312-13-1, L. 5312-13-2, L. 5314-2, L. 5316-1 à L. 5316-4, L. 5411-1 nouv., L. 5411-2, L. 5411-4, L. 5411-5-1 à L. 5411-6-4, L. 5411-10, L. 5412-1 nouv., L. 5412-2, L. 5422-1, L. 5422-1-1, L. 5422-4, L. 5422-16, L. 5422-20-2, L. 5422-24, L. 5424-2, L. 5424-21, L. 5424-23, L. 5425-8, L. 5426-1 nouv. à L. 5426-2, L. 5426-5 à L. 5426-7, L. 5426-8-1 à L. 5426-9, L. 5427-1 à L. 5427-4, L. 5428-1, L. 5531-1, L. 6111-6, L. 6113-8, L. 6121-4, L. 6121-5, L. 6122-1, L. 6122-2, L. 6123-3 à L. 6123-5, L. 6243-1-2, L. 6316-1, L. 6323-4, L. 6323-8, L. 6323-22, L. 6323-33, L. 6323-34, L. 6323-36, L. 6323-37, L. 6323-39, L. 6323-40, L. 6326-1 à L. 6326-4, L. 6333-7, L. 6341-6, L. 6353-10, L. 6361-1, L. 6362-1, L. 6362-4, L. 6362-11, L. 6411-2, L. 7232-1-2, L. 7233-4. — V. CASF, art. L. 243-1, L. 243-4, App. I. B, v° *Contrat de travail*, **p. 3188.** — V. CGI, art. 81, App. I. D, v° *Salaire*, **p. 3280.** — V. C. éduc., art. L. 214-13, App. VIII, v° *Formation professionnelle*, **p. 3535.** — V. L. n° 2020-1577 du 14 déc. 2020, art. 11, App. III. A, v° *Embauche et emploi*, **p. 3425.**
2023	18 déc.	Décret n° 2023-1206. Modification de l'article D. 1423-56 du code du travail. — V. C. trav., art. D. 1423-56.
2023	20 déc.	Ordonnance n° 2023-1210. Création du titre V du livre IV du code des impositions sur les biens et services et diverses autres mesures de recodification de mesures non fiscales. — V. C. trav., art. L. 7345-4.
2023	20 déc.	Décret n° 2023-1228. Révision du barème des saisies et cessions des rémunérations. — V. C. trav., art. R. 3252-2, R. 3252-3.
2023	21 déc.	Décret n° 2023-1230. Prorogation temporaire des règles du régime d'assurance chômage. — V. Décr. n° 2019-797 du 26 juill. 2019, art. 6, App. III. C, v° *Chômage*, **p. 3442.**

2023	26 déc.	Loi n° 2023-1250. De financement de la sécurité sociale pour 2024 : — Art. 13, 15, 96. — V. C. trav., art. L. 2135-10, L. 2135-12, L. 3121-60-1, L. 3123-4-1, L. 4163-21, L. 6123-5, L. 6131-3, L. 6332-1-2, L. 6332-1-3. — Art. 19, 55. — V. C. rur., art. L. 712-1 à L. 712-7, App. I. B, v° *Contrat de travail*, **p. 3241** ; art. L. 717-1, App. II. E, v° *Services de prévention et de santé au travail*, **p. 3353**. — Art. 20, 21. — V. CSS, art. L. 241-2-1, App. III. A, v° *Embauche et emploi*, **p. 3365** ; art. L. 130-1, ss. C. trav., art. L. 1151-2. — Art. 87, 88. — V. C. transp., art. L. 5542-24 🔥, App. VII. E, v° *Gens de mer*.
2023	27 déc.	Loi n° 2023-1267. Faciliter la mobilité internationale des alternants, pour un « Erasmus de l'apprentissage ». — V. C. trav., art. L. 6222-42 à L. 6222-44, L. 6325-25, L. 6325-25-1, L. 6332-14.
2023	27 déc.	Décret n° 2023-1275. Validation des acquis de l'expérience. — V. C. trav., art. R. 6411-1 à R. 6411-6, R. 6412-1 à R. 6412-7, R. 6422-3 à R. 6422-6, R. 6422-8-1, R. 6422-9 à R. 6422-11.
2023	27 déc.	Décret n° 2023-1302. Médecin praticien correspondant. — V. C. trav., art. R. 4623-41 à R. 4623-45.
2023	27 déc.	Décret n° 2023-1303. Continuité du versement des aides financières allouées aux structures d'insertion par l'activité économique et aux entreprises adaptées. — V. C. trav., art. R. 5132-3-1, R. 5132-10-8-1, R. 5132-14, R. 5132-29-1, R. 5213-65-1.
2023	27 déc.	Décret n° 2023-1304. Contenu et au dépôt des conventions de mise en situation en milieu professionnel. — V. C. trav., art. D. 5135-2.
2023	27 déc.	Décret n° 2023-1305. Modification du taux horaire minimum de l'allocation d'activité partielle et de l'allocation d'activité partielle spécifique en cas de réduction d'activité durable : — V. C. trav., art. D. 5122-13. — V. Décr. n° 2020-926 du 28 juill. 2020, art. 7, App. IX, v° *Mesures d'urgence sanitaire - covid-19*, **p. 3540.**
2023	28 déc.	Décret n° 2023-1306. Modification des conditions d'organisation du scrutin destiné à mesurer l'audience des organisations de travailleurs des plateformes. — V. C. trav., art. R. 7343-2-1, R. 7343-3, R. 7343-5, R. 7343-9, R. 7343-12, R. 7343-26-1, R. 7343-44, R. 7345-2.
2023	28 déc.	Décret n° 2023-1307. Refus par un salarié d'une proposition de contrat de travail à durée indéterminée à l'issue d'un contrat de travail à durée déterminée. — V. C. trav., art. R. 1243-2, R. 1251-3-1.
2023	28 déc.	Décret n° 2023-1350. Diverses mesures relatives au compte personnel de formation ainsi qu'au bilan de compétences et lutte contre la fraude à ce compte et interdiction du démarchage de ses titulaires. — V. C. trav., art. R. 6313-7, R. 6333-5 à R. 6333-6-6.
2023	28 déc.	Décret n° 2023-1378. Adaptation des dispositions relatives au revenu de solidarité active, à la prime d'activité et à la composition du bulletin de paie. — V. C. trav., art. R. 3243-1, R. 3243-2.

2023	28 déc.	Décret n° 2023-1396. Activité des organismes certificateurs et contrôle exercé par les organismes financeurs en matière de formation professionnelles. — V. C. trav., art. R. 6316-5-1, R. 6316-7, R. 6316-7-1, R. 6323-14, R. 6332-23-1, R. 6332-24, R. 6332-26.
2023	29 déc.	Loi n° 2023-1322. De finances pour 2024 : — V. C. trav., art. L. 5134-110, L. 5134-118, L. 5134-120, L. 5212-9, L. 5214-1, L. 5214-3, L. 5214-5, L. 6331-50, L. 6331-69, L. 6242-1, L. 7232-1-1, L. 7232-1-2, L. 7232-8, L. 7233-2, L. 7345-4. — V. CGI, art. 44 *duodecies*, 1383 H, App. III. A, v° *Embauche et emploi*, **p. 3372** ; art. 81, 204 E, 204 H, 204 M, App. I. D, v° *Salaires*, **p. 3280.** — V. L. n° 2018-771 du 5 sept. 2018, art. 83, App. III. A, v° *Embauche et emploi*, **p. 3411.** — V. L. n° 2020-1577 du 14 déc. 2020, art. 5, App. III. A, v° *Embauche et emploi*, **p. 3422.**
2023	29 déc.	Décret n° 2023-1329. Modalités d'application de divers dispositifs de réduction de cotisations patronales. — V. CSS, art. D. 241-7, App. III. A, v° *Embauche et emploi*, **p. 3368.**
2023	29 déc.	Décret n° 2023-1353. Modification du décret n° 2019-1471 du 26 décembre 2019 portant généralisation des emplois francs et création d'une expérimentation à la Réunion. — V. Décr. n° 2019-1471 du 26 déc. 2019, art. 5, 7, 11, App. III. A, v° *Embauche et emploi*, **p. 3420.**
2023	29 déc.	Décret n° 2023-1354. Prolongation de l'aide aux employeurs d'apprentis et de salariés en contrat de professionnalisation. — V. Décr. n° 2022-1714 du 29 déc. 2022, art. 2 à 4, App. I. A, V° *Apprentissage*, **p. 3186.**
2023	29 déc.	Décret n° 2023-1393. Diverses mesures d'application de l'ordonnance relative aux droits sociaux des personnes détenues du 19 octobre 2022. — V. C. trav., art. D. 5151-14, D. 5151-15.
2023	29 déc.	Décret n° 2023-1397. Traitement des données personnelles et contrôle du placement en activité partielle. — V. C. trav., art. R. 5122-20, R. 5122-22, R. 5122-23, R. 5122-25.
2023	30 déc.	Décret n° 2023-1394. Application de l'ordonnance n° 2023-1142 du 6 décembre 2023 relative à la publication et à la certification d'informations en matière de durabilité et aux obligations environnementales, sociales et de gouvernement d'entreprise des sociétés commerciales. — V. C. trav., art. R. 5141-25, R. 6352-19.
2024	26 janv.	Loi n° 2024-42. Pour contrôler l'immigration, améliorer l'intégration : — V. C. trav., art. L. 5221-5, L. 5221-7, L. 5523-2, L. 6321-1, L. 6321-3, L. 6321-6, L. 6323-17, L. 8253-1, L. 8254-2, L. 8254-2-1, L. 8254-2-2, L. 8254-4, L. 8256-2, L. 8271-17, L. 8323-2-1, L. 8323-3. — V. CESEDA, art. L. 421-2, L. 421-6 à L. 421-10, L. 421-13, L. 421-13-1, L. 421-16 à L. 421-18, L. 421-22, App. III. A, v° *Étrangers*, **p. 3429.**

TABLE ALPHABÉTIQUE

NOTA. Les nombres renvoient aux articles du code du travail. Ceux qui sont précédés de la lettre L. renvoient à la première partie du code (législative) ; ceux précédés des lettres R. et D. renvoient à la deuxième partie du code (réglementaire).
Les nombres précédés du mot art. renvoient aux articles d'un texte autre que le code du travail proprement dit. Quand il renvoie à une page, le nombre est précédé de la lettre "p." et figure en caractère gras.
La lettre "J." entre parenthèses placée après un nombre indique que l'on renvoie aux annotations de jurisprudence figurant sous l'article mentionné.

A

A travail égal, salaire égal, L. 3221-2 (J. 9 s.).

Abandon de poste, L. 1232-1 (J. 33).
- Présomption de démission, L. 1237-1-1.

Absence,
- Absences répétées, L. 1232-1 (J. 84 s.).
- Accident, L. 1226-1, D. 1226-1 s.
- Assistance médicale à la procréation, L. 1225-16.
- Commission mixte de conciliation, L. 2522-2.
- Conseiller du salarié, L. 1232-12.
- Défenseur syndical, L. 1453-5 s.
- Élections parlementaires,
  • campagnes, L. 3142-79 s.
- Élus locaux, CGCT, art. L. 2123-1 s., **p. 3245.**
- Événements familiaux, L. 3142-1 s.
- Faute grave, L. 1232-1 (J. 33), L. 1234-1 (J. 36 s.).
- Journée d'appel, L. 3142-97.
- Maladie, L. 1226-1, L. 1226-5, D. 1226-1 s.
  • indemnisation, D. 1226-1.
  • traitements médicaux, L. 1226-5.
- Maternité,
  • examens médicaux, L. 1225-16.
- Participation aux instances d'emploi ou de formation professionnelle, L. 3142-42 s.
- Prud'hommes,
  • élections, L. 1441-34 anc.
  • fonctions, L. 1442-6.
  • représentation et assistance des parties, L. 1453-4.
- Réserve opérationnelle, L. 3142-92.
- Salarié détaché par une entreprise étrangère, R. 1262-1.
- Service national, L. 3142-95.
- ▶ V. *Congé d'adoption, Congé de candidat parlementaire ou élu à un mandat local, Congé de formation économique, sociale, environnementale et syndicale, Congé de formation syndicale, Congé de maternité, Congé de mobilité, Congé de paternité, Congé de reclassement, Congé de représentation, Congé de proche aidant, Congé de solidarité familiale, Congé de solidarité internationale, Congé mutualiste de formation, Congé parental d'éducation, Congé pour acquisition de la nationalité, Congé pour catastrophe naturelle, Congé pour création d'entreprise, Congé pour enfant malade, Congé pour événement familial, Congé de validation des acquis de l'expérience, Congé sabbatique, Congé de formation de cadres et d'animateurs pour la jeunesse, Congé de présence parentale, Congés payés.*

Accès à l'emploi,
- Accompagnement des jeunes, L. 5131-3 s.
- Accompagnement personnalisé, L. 5131-1 s.
- Plan local pour l'insertion et l'emploi, L. 5131-2.
  ▶ V. *Insertion par l'activité économique (IAE), Contrats aidés.*

Accident du travail, L. 1226-6 s.
- Absence, L. 1226-1 s., D. 1226-1 s.
- Accident du travail mortel (obligation de l'employeur), R. 4121-5, R. 4741-2.
- Comité social et économique (consultation), L. 2312-13, L. 2315-11, L. 2315-93.
- Comité social et économique (enquête), L. 2312-13, R. 2312-2.
- Contrat à durée déterminée, L. 1226-18 s.
- Faute grave, L. 1226-9.
- Formation en dehors du temps de travail, L. 6321-8.
- Inaptitude, L. 1226-10 s.
- Licenciement, L. 1226-9.

Accident du travail *(suite)*
- Prévention, CSS, art. L. 422-1, R. 471-1 s., **p. 3336.**
- Protection contre le licenciement, L. 1226-9.
- Obligation de reclassement, L. 1226-10 s.
- Sanctions, L. 1226-13 s.
- Suspension du contrat de travail, L. 1226-7 s.
- Transformation de poste, L. 1226-10, R. 1226-9.
- Visite de reprise, L. 1226-7 (J. 4), R. 4624-29 s.
  ▶ V. *Maladie, Inaptitude physique, Santé et sécurité au travail.*

Accompagnement pour l'accès à l'emploi, L. 5131-1 s.
- Contrat d'engagement jeune, L. 5131-5 s., R. 5131-15 s.
- Jeunes, L. 5131-3 s.
- Parcours personnalisé d'accompagnement, L. 5131-4 s.

Accompagnement d'une personne en fin de vie, L. 3142-6 s.
▶ V. *Congé de solidarité familiale.*

Accord atypique, L. 2232-16 (J. 2).

Accord collectif, L. 2221-1 s.
- Accord atypique, L. 2232-16 (J. 2).
- Accord d'entreprise, L. 2232-11 s.
  ▶ V. *Accord d'entreprise.*
- Accord de branche, L. 2232-5 s.
  ▶ V. *Convention de branche.*
- Accord de groupe, L. 2232-30 s.
  ▶ V. *Accord de groupe.*
- Accord de maintien de l'emploi, L. 5125-1 s.
- Accord de méthode,
  • licenciement économique, L. 1233-21.
  • négociation collective, L. 2222-3-1.
- Accord dérogatoire, L. 2252-1.
- Accords interentreprises, L. 2232-36 s.
- Accord interprofessionnel, L. 2232-1 s.
- Accord professionnel, L. 2232-5 s.
- Action en nullité, L. 2262-14.
- Actions en justice, L. 2262-12 s.
- Annulation, L. 2262-15.
- Assurance chômage, L. 5422-20 s.
- Branche professionnelle
  ▶ V. *Branche professionnelle.*
- Capacité, L. 2231-1 s.
- Congé de mobilité, L. 1237-18-2 s.
- Conditions de validité, R. 2231-1 s.
- Contestation de validité, L. 2262-13 s.
- Convention de forfait, L. 3121-53 s.
- Intéressement, L. 3312-2 s.
  ▶ V. *Intéressement.*
- Interprétation,
  • saisine pour avis de la Cour de cassation, COJ, art. R. 441-1, **p. 3496.**
- Mise en cause, L. 2261-14.
- Opposition, L. 2231-8 s.
- Participation, L. 3322-2 s.
  ▶ V. *Participation aux résultats de l'entreprise.*
- Plan d'épargne pour la retraite collectif, L. 3334-2.
- Préambule, L. 2222-3-3.
- Présomption de validité, L. 2262-13.
- Publicité, L. 2231-5-1.
- Révision, L. 2261-7.
- Rupture d'un commun accord dans le cadre d'accords collectifs, L. 1237-17 s.
- Suivi de la convention, L. 2222-5-1.
▶ V. *Accord de performance collective, Convention collective, Plan d'épargne d'entreprise (PEE), Plan d'épargne interentreprises.*

Accord de branche
▶ V. *Convention de branche.*

Accord de groupe, L. 2232-30 s., L. 2253-5 s.
- Champ d'application, L. 2122-4, L. 2232-30.
- Coordonnateurs syndicaux de groupe, L. 2232-32.
- Ouverture des négociations, L. 2232-32 s.
- Validité, L. 2232-34.

Accord de méthode, L. 1233-21 s.
- Contenu, L. 1233-22 s.
- Contestations, L. 1233-24.
- Licenciement économique collectif, L. 1233-21.
- Négociation collective, L. 2222-3-1.
- Plan de sauvegarde de l'emploi, L. 1233-24-1 s.

Accord de participation
▶ V. *Participation aux résultats de l'entreprise.*

Accord de performance collective,
- Aménagement de la durée du travail, L. 2254-2.
- Contenu, L. 2254-2.
- Emploi (préservation et développement), L. 2254-2.

Accord de performance collective *(suite)*
- Mobilité, L. 2254-2.
- Nécessités liées au fonctionnement de l'entreprise, L. 2254-2.
- Négociation de l'accord, L. 2254-2.
- Préambule, L. 2254-2.
- Primauté de l'accord collectif, L. 2254-2.
- Refus du salarié, L. 2254-2.
- Rémunération, L. 2254-2.
- Vie professionnelle et vie personnelle (conciliation), L. 2254-2.

Accord de prévention de la pénibilité,
L. 4163-1 s. anc., D. 4162-1 s.

Accord de réduction du temps de travail,
L. n° 2000-37 du 19 janv. 2000, App. II. B, v° *Durée du travail*, **p. 3323.**

Accord d'entreprise, L. 2232-11 s., D. 2232-2 s.
- Accord dérogatoire, L. 2253-3 s.
- Accord majoritaire, L. 2232-12.
- Conditions de validité, L. 2232-12 s.
- Délégation, L. 2232-17.
- Délégués syndicaux, L. 2232-12, D. 2232-6 s.
- Dépôt, L. 2242-5, L. 2232-29-1.
- Entreprises dépourvues de délégué syndical ou de conseil en entreprise, L. 2232-21 s., R. 2232-10 s.
- Très petites entreprises (ratification), L. 2232-21 s., R. 2232-10 s.
- Salarié mandaté, L. 2232-23-1, L. 2232-24, L. 2232-26 s.

Accord d'intéressement
▶ V. *Intéressement.*

Accord dérogatoire, L. 2252-1 s.

Accord en faveur de la prévention des effets de l'exposition à certains facteurs de risques professionnels, L. 4162-1 s., D. 4162-1 s.
- Contenu, L. 4162-3, D. 4162-3.
- Obligation de négocier, L. 4162-1.
- Pénalité, L. 4162-4, R. 4162-6 s.
- Procédure, R. 4162-4 s.

Accords interentreprises, L. 2232-36 s.

Accord interprofessionnel, L. 2232-1 s.
- Accord catégoriel, L. 2232-2-1.
- Accord national interprofessionnel du 11 janv. 2013 pour un nouveau modèle économique et social au service de la compétitivité des entreprises et de la sécurisation de l'emploi et des parcours professionnels des salariés, App. III. A, v° *Embauche et emploi*, **p. 3385.**
- Accord national interprofessionnel du 11 janv. 2008 sur la modernisation du marché du travail, art. 12, ss. L. 1237-13, **p. 434.**
- Accord national interprofessionnel du 10 févr. 1969 sur la sécurité de l'emploi, App. III. A, v° *Embauche et emploi*, **p. 3374.**
- Champ d'application territorial, L. 2232-1.
- Commission paritaire d'interprétation, L. 2232-4.
- Contenu, L. 2232-3.
- Opposition, L. 2232-2.

Accord professionnel, L. 2232-5 s., R. 2232-1.
▶ V. *Convention de branche.*

Accroissement temporaire d'activité,
- Contrat à durée déterminée, L. 1242-2.
- Contrat de travail temporaire, L. 1251-6.

Acompte, L. 3242-1, L. 3251-3.

Action collective
▶ V. *Grève.*

Action de groupe (discrimination),
L. 1134-6 s.

Actionnariat, L. 3332-15 s.

Actions de formation
▶ V. *Formation professionnelle.*

Actions en justice,
- Action de groupe, L. 1134-6.
- Discrimination, L. 1134-1 s., L. 1144-1.
- Harcèlement, L. 1154-1 s.
- Inégalité professionnelle, L. 1144-1 s.
- Marchandage, L. 8233-1.
- Organisations syndicales, L. 2132-3.
  • contrat à durée déterminée, L. 1247-1.
  • contrat conclu avec un groupement d'employeurs, L. 1253-16.
  • contrat de travail temporaire, L. 1251-59.
  • conventions collectives, L. 2262-9 s.
  • licenciement économique, L. 1235-8.
- Paiement du salaire, L. 3245-1.
- Participation, L. 3326-1 s.

Actions en justice (suite)
- Prêt illicite de main-d'œuvre, L. 8242-1.
- Recouvrement de l'assurance des salaires, L. 5422-15 s.
- Travailleurs à domicile, L. 7423-1 s.
- Travailleurs handicapés, L. 5212-16, L. 5213-21, L. 5214-4.
- ▶ V. *Référé.*

Activité d'intérêt général,
- Demandeur d'emploi, L. 5425-9.

Activité partielle, L. 5122-1 s., R. 5122-1 s.
- Allocation d'activité partielle, R. 5122-6 s.
- Cadre dirigeant, L. 5122-3, D. 5122-15.
- Circonstance de caractère exceptionnel, R. 5122-3.
- Contrat d'apprentissage, L. 5122-5, D. 5122-13, D. 5122-15.
- Contrat de professionnalisation, L. 5122-5, D. 5122-13, D. 5122-15.
- Contrat de travail (suspension), L. 5122-1.
- Demande d'autorisation, R. 5122-2, R. 5122-3.
  • durée, R. 5122-9.
  • entreprise à établissements multiples, R. 5122-9.
  • renouvellement, R. 5122-9.
- Fin de la période d'activité partielle,
  • entretien professionnel, L. 6315-1.
- Formation professionnelle, L. 5122-2.
- Indemnisation, L. 5122-1.
  • rémunération variable, R. 5122-18.
- Indemnité complémentaire versée par l'employeur,
  • régime social, L. 5122-4.
- Indemnité légale d'activité partielle, L. 5122-4 s.
  • assiette des cotisations et contributions de sécurité sociale, L. 5428-1.
  • régime social, L. 1233-72, L. 1237-18-3, L. 5122-4.
- Indemnité compensatrice de congés payés (incidence sur l'indemnisation de l'activité partielle), R. 5122-11.
- Journaliste pigiste, D. 5122-13, D. 5122-15.
- Mise en place, R. 5122-1.
- Refus, R. 5122-4.
- Régime d'équivalence, L. 5122-3, D. 5122-15.
- Salariés en forfait jours, L. 5122-3, D. 5122-15.
- Salariés hors champ de la durée du travail, L. 5122-3, D. 5122-15.
- Sinistre, R. 5122-3.
- Travailleur à domicile, D. 5122-13, D. 5122-15.

Activités sociales et culturelles,
- Base de données économiques, sociales et environnementales, L. 2312-36.
- Comité des activités sociales et culturelles interentreprises, R. 2312-43 s.
- Comité social et économique, L. 2312-78 s., R. 2312-35 s.
- Comité social et économique d'établissement, L. 2316-23.

Activités syndicales, L. 2131-1 s.
- Non-discrimination, L. 1132-1.

Adaptation des salariés,
- Aide, L. 5121-4, R. 5121-14 s.
- Obligation, L. 1233-4.

Adoption,
- Congé, L. 3142-1.
- ▶ V. *Congé d'adoption, Congé parental d'éducation.*

Adultes-relais
- ▶ V. *Contrat relatif aux activités d'adultes-relais.*

Aérodrome, L. 1422-2.

Affichage,
- Affichage obligatoire, D. 4711-1 s.
- Chantier, L. 4532-1.
- Comité social et économique, L. 2315-15.
- Communication syndicale, L. 2142-3 s.
- Condamnations,
  • harcèlements, L. 1155-2.
  • infractions aux règles sur la médecine du travail, L. 4745-1.
  • infractions aux règles sur le travail des jeunes ou les femmes enceintes, L. 4743-1.
  • méconnaissance de l'égalité professionnelle, L. 1146-1.
- Contrôle, L. 4711-1 s.
- Égalité professionnelle, L. 1142-6.
- Horaires de travail, L. 3171-1 s.
- Inspecteur du travail, D. 4711-1.
- Médecine du travail, D. 4711-1.
- Plan de sauvegarde de l'emploi, L. 1233-49.
- Service de secours d'urgence, D. 4711-1 s.
- Syndicat, L. 2142-3 s.

Âge,
- Apprentissage, L. 6222-1 s., D. 6222-1.
- Jeune travailleur, L. 4153-1 s.

Âge *(suite)*
- Mise à la retraite, L. 1237-5.
- Non-discrimination, L. 1133-2.
- Offre d'emploi, L. 5331-2.
- Retraite, CSS, art. L. 161-17-2, **p. 418.**
▸ V. *Jeunes travailleurs, Retraite.*

Agence artistique, L. 7121-14.

Agence de mannequins, L. 7123-11 s., R. 7123-8 s.
- Définition, L. 7123-12.
- Dérogations pour l'emploi d'enfants, R. 7124-8 s.
- Garanties financières, L. 7123-19 s., R. 7123-22 s.
- Licence, L. 7123-11 s., R. 7123-8 s.
- Mise à disposition, L. 7123-17, R. 7123-18 s.
- Pénalités, L. 7123-24 s.

Agence nationale de l'accueil des étrangers et des migrations
▸ V. *Office français de l'immigration et de l'intégration.*

Agence nationale des services à la personne, L. 7234-1.

Agence nationale pour l'amélioration des conditions de travail, L. 4642-1, R. 4642-1 s.
- Composition, L. 4642-2, R. 4642-3.
- Fonctionnement, R. 4642-4 s.
- Instances paritaires régionales, R. 4642-2.
- Missions, L. 4642-1, R. 4642-1.
- Régime financier et comptable, R. 4642-9 s.

Agence nationale pour l'emploi (ANPE)
▸ V. *Demandeur d'emploi, Service public de l'emploi.*

Agent de contrôle de l'inspection du travail, L. 8112-1 s., R. 8112-1 s.
- Accès aux documents, L. 8113-4 s., D. 8113-2 s.
- Code de déontologie, L. 8124-1, R. 8124-1 s.
- Conflit d'intérêts, R. 8124-14 s.
- Compétences, L. 8112-1 s., R. 8112-1 s.
- Définition des orientations collectives, L. 8112-1.
- Déontologie, L. 8124-1, R. 8124-1 s.
- Devoir de neutralité et d'impartialité, R. 8124-18 s.
- Devoir d'information, R. 8124-20 s.
- Garantie d'indépendance, L. 8112-1.
- Moyens d'actions, prérogatives, L. 8113-1 s., R. 8113-1 s.
- Obligation de discrétion, de secret et de confidentialité, R. 8124-22 s.
- Prestation de serment, L. 8113-10, D. 8113-9 s., R. 8124-31.

AGS, L. 3253-6 s.
▸ V. *Garantie des salaires.*

Aide à la création ou à la reprise d'entreprise, L. 5141-1 s., R. 5141-1 s.
- Actions de conseil d'accompagnement, R. 5141-29 s.
- Allocations (maintien), L. 5141-4, R. 5141-28 s.
- Avance remboursable, L. 5141-2, R. 5141-13 s.
- DOM, L. 5522-21 s., R. 5522-45 s.
- Exonération de charges sociales, L. 5141-1, R. 5141-7 s.
- Financement, L. 5141-5.
- Saint-Pierre-et-Miquelon, L. 5522-21 s.
  ▸ V. *Congé pour création d'entreprise.*

Aides à l'apprentissage, L. 6243-1 s., D. 6243-1 s.

Aide à l'élaboration d'un plan de gestion prévisionnelle des emplois et des compétences, L. 5121-3, D. 5121-4 s.

Aide à l'employeur pour la gestion de la santé et de la sécurité au travail, L. 4644-1, R. 4644-1 s.

Aide à l'insertion professionnelle, R. 5134-51.

Aide au conseil et à la formation,
- Outre-mer, L. 5522-21.

Aide au développement de l'emploi et des compétences, L. 5121-1 s., D. 5121-1 s.

Aide au logement,
- Commission d'information du comité social et économique, L. 2315-50 s.

Aide au passage à temps partiel, R. 5123-40.

Aide au projet initiative-jeune,
- Outre-mer, L. 5522-22 s.

Aide au projet initiative-jeune *(suite)*
- pénalité, L. 5522-28.

Aide au transport,
- Prise en charge des frais, L. 3261-2 s., R. 3261-1 s.

Aides à l'embauche,
- Aides à la formation en cas d'embauche de demandeurs d'emploi, L. 6326-1 s.
- Aide à l'embauche du premier salarié, Décr. n° 2015-806 du 3 juill. 2015, App. III. A, v° *Embauche et emploi*, **p. 3414.**
- Aide à l'embauche d'un jeune de moins de 26 ans, Décr. n° 2020-982 du 5 août 2020, App. III. A, v° *Embauche et emploi*, **p. 3415.**
- Aide à l'embauche d'un travailleur handicapé, Décr. n° 2020-1223 du 6 oct. 2020, App. III. A, v° *Embauche et emploi*, **p. 3417.**
- Aide à l'embauche des personnes éligibles à un parcours d'insertion par l'activité économique en contrat de professionnalisation, Décr. n° 2021-1404 du 29 oct. 2021, App. III. A, v° *Embauche et emploi*, **p. 3426.**
- Aide à l'embauche pour les PME, Décr. n° 2016-40 du 25 janv. 2016, App. III. A, v° *Embauche et emploi*, **p. 3412.**
- Aide forfaitaire à l'employeur, Décr. n° 2011-524 du 16 mai 2011, App. III. A, v° *Embauche et emploi*, **p. 3418.**
- Emplois francs, Décr. n° 2019-1471 du 26 déc. 2019, App. III. A, v° *Embauche et emploi*, **p. 3419.**
- ▶ V. *Aides à l'emploi, Contrats aidés.*

Aides à l'emploi,
- Aides à l'adaptation aux évolutions de l'emploi, L. 5121-4, R. 5121-14 s.
- Apprentissage, L. 6243-1 s., D. 6243-1 s.
- Associations intermédiaires, L. 5132-2.
- Cessation d'activité de travailleurs âgés, L. n° 96-126 du 21 févr. 1996, App. III. A, v° *Embauche et emploi*, **p. 3382.**
- Contrat d'engagement jeune, L. 5131-6, L. 5312-1, L. 5411-6-1, R. 5131-15 s.
- ▶ V. *Aide à la création ou à la reprise d'entreprise.*

Aides aux actions de formation pour l'adaptation des salariés, L. 5121-4, R. 5121-14 s.

Aides aux actions de reclassement et de reconversion professionnelle,
L. 5123-1 s., R. 5123-1 s.

- Pénalités, L. 5124-1.

Aides financières et exonérations de charges pour l'employeur,
- Apprentissage, L. 6243-1 s., D. 6243-1 s.
- Contrat d'accompagnement dans l'emploi, L. 5134-30 s.
- Contrat emploi-jeune, L. 5134-19 anc.
- Contrat initiative emploi, L. 5134-72.
- Contrat relatif aux activités d'adultes-relais, L. 5134-108 s.
- Création ou reprise d'entreprise, L. 5141-1 s.
- Emploi de travailleurs handicapés, L. 5213-10 s.
- Services à la personne, L. 7233-4 s.

Aide personnalisée de retour à l'emploi, R. 5133-9 s.

Alcoolisme, L. 1234-1 (J. 50 s.).

Alerte
▶ V. *Droit d'alerte économique, Droit d'alerte (santé et sécurité au travail), Droit d'alerte en matière de santé publique et d'environnement dans l'entreprise, Lanceur d'alerte.*

Allaitement, L. 1225-30 s., R. 1225-5 s.
- Infraction, L. 4743-1.
- Locaux, L. 1225-32, R. 4152-13 s.
- Travaux présentant des risques pour la santé, L. 4152-1.
  - modification de poste, L. 4152-2.

Allocation d'aide au retour à l'emploi,
Conv. 14 avr. 2017 et Règl. 14 avr. 2017, art. 1er ; Décr. n° 2019-797 du 26 juill. 2019, Annexe A, art. 1er s.
- Actions de formation, Règl. 2017, art. 9 ; Décr. n° 2019-797 du 26 juill. 2019, Annexe A, art. 22.
- Activité professionnelle réduite ou occasionnelle, Règl. 2017, art. 31 ; Décr. n° 2019-797 du 26 juill. 2019, Annexe A, art. 31.
- Action en paiement, Règl. 2017, art. 45 ; Décr. n° 2019-797 du 26 juill. 2019, Annexe A, art. 45.
- Affiliation requise, Règl. 2017, art. 3, 28 ; Décr. n° 2019-797 du 26 juill. 2019, Annexe A, art. 3, 28.
- Agents publics, L. 5424-1 s.

Allocation d'aide au retour à l'emploi (suite)

- Aide à la reprise ou à la création d'entreprise, Règl. 2017, art. 35 s. ; Décr. n° 2019-797 du 26 juill. 2019, Annexe A, art. 35 s.
- Aide pour congés non payés, Règl. 2017, art. 37 ; Décr. n° 2019-797 du 26 juill. 2019, Annexe A, art. 37.
- Allocataire de 53 à 55 ans, Règl. 2017, art. 9 § 1er ; Décr. n° 2019-797 du 26 juill. 2019, Annexe A, art. 9 § 1er.
- Allocataire de plus de 55 ans, Règl. 2017, art. 9 § 1er ; Décr. n° 2019-797 du 26 juill. 2019, Annexe A, art. 9 § 1er.
- Allocation journalière, Règl. 2017, art. 11 s. et 14 s. ; Décr. n° 2019-797 du 26 juill. 2019, Annexe A, art. 14 s.
    • allocation minimale, Décr. n° 2019-797 du 26 juill. 2019, Annexe A, art. 15 s.
    • montant, Règl. 2017, art. 14 s. ; Décr. n° 2019-797 du 26 juill. 2019, Annexe A, art. 14 s.
    • revalorisation, Règl. 2017, art. 20 ; Décr. n° 2019-797 du 26 juill. 2019, Annexe A, art. 20.
- Avantage de vieillesse, Règl. 2017, art. 18 ; Décr. n° 2019-797 du 26 juill. 2019, Annexe A, art. 18.
- Bénéficiaires, Règl. 2017, art. 1er s. ; Décr. n° 2019-797 du 26 juill. 2019, Annexe A, art. 1er.
- Conditions d'attribution, Règl. 2017, art. 3 s. ; Décr. n° 2019-797 du 26 juill. 2019, Annexe A, art. 3 s.
- Contrat à durée déterminée (rupture anticipée), Règl. 2017, art. 2 ; Décr. n° 2019-797 du 26 juill. 2019, Annexe A, art. 2.
- Contrat de sécurisation professionnelle, Règl. 2017, art. 9 ; Décr. n° 2019-797 du 26 juill. 2019, Annexe A art. 9 § 2.
- Cumul avec une autre rémunération, Règl. 2017, art. 30 ; Décr. n° 2019-797 du 26 juill. 2019, Annexe A, art. 30.
- Délai d'attente, Règl. 2017, art. 22 s. ; Décr. n° 2019-797 du 26 juill. 2019, Annexe A, art. 22 s.
- Demande d'allocation, Règl. 2017, art. 39 ; Décr. n° 2019-797 du 26 juill. 2019, Annexe A, art. 39.
- Demandeur d'emploi (inscription), Règl. 2017, art. 4 ; Décr. n° 2019-797 du 26 juill. 2019, Annexe A, art. 4.
- Démission légitime, Règl. 2017, art. 2 ; Décr. n° 2019-797 du 26 juill. 2019, Annexe A, art. 2.
    • projet professionnel, Décr. n° 2019-797 du 26 juill. 2019, Annexe A, art. 2 § 4.
- Différé d'indemnisation, Règl. 2017, art. 21 ; Décr. n° 2019-797 du 26 juill. 2019, Annexe A, art. 21.
- Durée de versement, Règl. 2017, art. 9 s. ; Décr. n° 2019-797 du 26 juill. 2019, Annexe A, art. 9.
- Durée d'indemnisation, Décr. n° 2019-797 du 26 juill. 2019, Annexe A, art. 9 s.
- Fermeture d'un établissement, Règl. 2017, art. 5 ; Décr. n° 2019-797 du 26 juill. 2019, Annexe A, art. 5.
- Licenciement, Règl. 2017, art. 2 ; Décr. n° 2019-797 du 26 juill. 2019, Annexe A, art. 2.
- Mines (régime spécial), Règl. 2017, art. 4 ; Décr. n° 2019-797 du 26 juill. 2019, Annexe A, art. 4.
- Ouverture des droits, Règl. 2017, art. 7 ; Décr. n° 2019-797 du 26 juill. 2019, Annexe A, art. 7.
- Paiement, Règl. 2017, art. 21 s. ; Décr. n° 2019-797 du 26 juill. 2019, Annexe A, art. 21 s.
    • action en paiement, Règl. 2017, art. 45 ; Décr. n° 2019-797 du 26 juill. 2019, Annexe A art. 45.
    • cessation, Règl. 2017, art. 25 s. ; Décr. n° 2019-797 du 26 juill. 2019, Annexe A, art. 25.
    • délai d'attente, Règl. 2017, art. 22 ; Décr. n° 2019-797 du 26 juill. 2019, Annexe A, art. 22.
    • différé d'indemnisation, Règl. 2017, art. 21 ; Décr. n° 2019-797 du 26 juill. 2019, Annexe A, art. 21.
    • durée, Règl. 2017, art. 9 ; Décr. n° 2019-797 du 26 juill. 2019, Annexe A, art. 9.
    • information, Règl. 2017, art. 43 ; Décr. n° 2019-797 du 26 juill. 2019, Annexe A, art. 43.
    • notification des droits, Règl. 2017, art. 45 ; Décr. n° 2019-797 du 26 juill. 2019, Annexe A, art. 45.
    • périodicité, Règl. 2017, art. 24 ; Décr. n° 2019-797 du 26 juill. 2019, Annexe A, art. 24.
    • point de départ, Règl. 2017, art. 23 ; Décr. n° 2019-797 du 26 juill. 2019, Annexe A, art. 23.

Allocation d'aide au retour à l'emploi (suite)

- • prescription, Décr. n° 2019-797 du 26 juill. 2019, Annexe A, art. 44 s.
- • prestations indues, Règl. 2017, art. 27 ; Décr. n° 2019-797 du 26 juill. 2019, Annexe A, art. 27.
- • reprise du paiement, Décr. n° 2019-797 du 26 juill. 2019, Annexe A, art. 26.
- • versement, Règl. 2017, art. 23 ; Décr. n° 2019-797 du 26 juill. 2019, Annexe A, art. 23.
- Période d'affiliation, Règl. 2017, art. 3 ; Décr. n° 2019-797 du 26 juill. 2019, Annexe A, art. 3 s.
- Périodes de formation, Règl. 2017, art. 9 ; Décr. n° 2019-797 du 26 juill. 2019, Annexe A, art. 17.
- Période de mobilité volontaire sécurisée, Règl. 2017, art. 6 ; Décr. n° 2019-797 du 26 juill. 2019, Annexe A, art. 6.
- Pluralité d'activités professionnelles, Règl. 2017, art. 33 ; Décr. n° 2019-797 du 26 juill. 2019, Annexe A, art. 33.
- Prescription, Règl. 2017, art. 44, 45 ; Décr. n° 2019-797 du 26 juill. 2019, Annexe A, art. 44 s.
- Recherche effective d'un emploi, Règl. 2017, art. 4 ; Décr. n° 2019-797 du 26 juill. 2019, Annexe A, art. 4.
- Répétition des prestations indues, L. 5426-8-1 s. ; Règl. 2017, art. 27 ; Décr. n° 2019-797 du 26 juill. 2019, Annexe A, art. 27.
- Reprise d'une activité professionnelle, Règl. 2017, art. 30 ; Décr. n° 2019-797 du 26 juill. 2019, Annexe A, art. 30.
- Révision du droit, Règl. 2017, art. 34 ; Décr. n° 2019-797 du 26 juill. 2019, Annexe A, art. 34.
- Rupture conventionnelle, Règl. 2017, art. 2 ; Décr. n° 2019-797 du 26 juill. 2019, Annexe A art. 2.
- Salaire de référence, Règl. 2017, art. 11 ; Décr. n° 2019-797 du 26 juill. 2019, Annexe A, art. 11 s.
- Salariés des ambassades et consulats, Décr. n° 2019-797 du 26 juill. 2019, Annexe A, art. 2 bis.
- Travailleurs indépendants, Décr. n° 2019-797 du 26 juill. 2019, Annexe A, art. 32 bis.

Allocation d'activité partielle,
L. 5122-1 s., R. 5122-6.
- Allocation spécifique, L. 5122-1.
- Autorisation administrative préalable, R. 5122-2.
- Dispositions financières, L. 5428-1.
- Répétition des prestations indues, L. 5426-8-1 s.

Allocation d'assurance chômage
▶ V. *Allocation d'aide au retour à l'emploi, Assurance chômage.*

Allocation de chômage partiel
▶ V. *Allocation d'activité partielle.*

Allocation de formation,
- Répétition des prestations indues, L. 5426-8-1 s.

Allocation de solidarité spécifique,
L. 5423-1 s., R. 5423-1 s.
- Artiste, L. 5423-3.
- Bénéficiaires, L. 5423-1 s.
- Contestations, R. 5423-14.
- Cumul, L. 5425-1 s.
- Dispositions financières, L. 5428-1.
- Montant, L. 5423-6.
- Répétition des prestations indues, L. 5426-8-1 s.
- Reprise d'une activité, L. 5425-3 s.

Alsace-Moselle,
- Accident, L. 1226-23.
- Apprentissage, L. 6261-2, R. 6261-1 s.
- Commis commercial, L. 1226-24.
- Jours fériés, L. 3134-1 s.
- Maladie, L. 1226-23.
- Préavis, L. 1234-15 s.
- Référé, L. 3134-15.
- Travail dominical, L. 3134-1 s.

Altercation, L. 1232-1 (J. 42).

Alternance
▶ V. *Apprentissage, Formation professionnelle.*

Amiante,
- Arrêt temporaire des travaux, L. 4731-1 s., R. 4731-1 s.
- Contrôle, R. 4722-14 s., R. 4724-14 s.
- Interdiction des travaux susceptibles d'une exposition à l'amiante,
  - • contrats courts, D. 4154-1.
  - • jeunes, D. 4153-18.
- Pénibilité, D. 4152-29.

TABLE ALPHABÉTIQUE

Amiante (suite)
- Plateforme de saisie et de transmission dématérialisée des plans de démolition, de retrait ou d'encapsulage d'amiante, R. 4412-133 s.
- Prévention, R. 4412-94 s.
- Repérage avant travaux, L. 4412-2, R. 4412-97 s.
- Suivi médical renforcé, R. 4624-23.

Ancienneté,
- Base de données économiques, sociales et environnementales, L. 2312-36.
- Comité social et économique,
  - électorat, L. 2314-18.
- Congé de maternité, L. 1225-24.
- Congé de présence parentale, L. 1225-65.
- Congé de solidarité familiale, L. 3142-12.
- Congé de solidarité internationale, L. 3142-68, L. 3142-73.
- Congé parental d'éducation, L. 1225-54.
- Congé pour création d'entreprise, L. 3142-105.
- Congé sabbatique, L. 3142-28, L. 3142-32, L. 3142-34.
- Congés payés, L. 3141-10.
- Contrats à durée déterminée successifs, L. 1243-11.
- Délégué syndical, L. 2143-1.
- Licenciement,
  - indemnité, L. 1234-9 s.
  - ordre, L. 1233-5.
  - préavis, L. 1234-1 s.
  - procédure, L. 1235-5.
  - salarié détaché à l'étranger, L. 1231-5.
- Modification de la situation juridique de l'employeur, L. 1224-1 (J. 115).
- Organisation syndicale, L. 2121-1.
- Participation des salariés, L. 3324-5.
- Plan d'épargne salariale, L. 3342-1.
- Salarié à temps partiel, L. 3123-5.
- Section syndicale, L. 2142-1.
- Travail à temps partiel, L. 3123-5.
- Travail intermittent, L. 3123-36.
- Travail temporaire, L. 1251-38, L. 1251-55.
- Travailleur étranger, L. 8252-1.

Appel de préparation à la défense, L. 3142-97.
▶ V. *Service national.*

Apprentissage, L. 6211-1 s., D. 6211-2 s.
- Absence de l'apprenti, R. 6223-9.
- Accident du travail, L. 6222-32.
- Accueil dans plusieurs entreprises, R. 6223-10.
- Actions de formation par apprentissage, L. 6313-6.
- Activité saisonnière, L. 6222-5-1.
- Âge, L. 6222-1 s., D. 6222-1.
- Aide exceptionnelle (1er-31 janv. 2023), Décr. n° 2022-1714 du 29 déc. 2022, App. I. A, v° *Apprentissage*, **p. 3186.**
- Aide financière, L. 6243-1 s., D. 6243-1 s.
- Aide unique aux employeurs d'apprentis, L. 6243-1 s., D. 6243-1 s.
- Alsace-Moselle, L. 6261-2, R. 6261-1 s.
- Apprentissage transfrontalier, L. 6235-1 s.
- Artisan, L. 6243-2.
- Baccalauréat professionnel, L. 6222-22-1.
- Bulletin de paie, L. 3243-1.
- Carte d'étudiants des métiers, L. 6231-4-1 anc., D. 6222-42 anc.
- Centre de formation d'apprentis (CFA), L. 6231-1 s., R. 6231-1 s.
  ▶ V. *Centre de formation d'apprentis (CFA).*
- Chambres consulaires, L. 6211-4, D. 6211-3 s.
- Comité de concertation et de coordination de l'apprentissage du BTP, L. 6331-35 s.
- Comité social et économique (consultation), L. 2312-26.
- Compte d'affectation spéciale « financement national du développement et de la modernisation de l'apprentissage », R. 6233-7 anc.
- Congés, L. 6222-35.
- Contrat d'apprentissage, L. 6221-1 s., D. 6222-1 s.
  - conclusion, L. 6222-4 s., R. 6222-2 s.
  - contrat à durée indéterminée, L. 6222-7, L. 6222-7-1, L. 6222-16.
  - décès de l'employeur-maître d'apprentissage, L. 6222-18.
  - dépôt, L. 6224-1, D. 6224-1 s.
  - durée, L. 6222-7.
  - écrit, L. 6222-4, R. 6222-2 s.
  - faute grave, L. 6222-18.
  - force majeure, L. 6222-18.
  - formation, L. 6223-2 s., R. 6222-2 s.
  - inaptitude, L. 6222-8.
  - licenciement, L. 6222-18-1.
  - modification dans la situation juridique de l'employeur, L. 1224-1 (J. 84).
  - prise en charge financière, L. 6332-14, D. 6332-78 s.
  - régime, L. 6221-1.
  - résiliation judiciaire, L. 6222-18.
  - rupture, L. 6222-18 s., R. 6222-21 s.
  - salaire, D. 6222-26 s.

Apprentissage *(suite)*

- • succession de contrats, L. 6222-15 s.
- • suspension, L. 6222-12, L. 6225-4.
- Contrat d'objectifs et de moyens (COM), L. 6211-3.
- Contrôle pédagogique des formations par apprentissage conduisant à un diplôme, L. 6211-2, R. 6251-1 s.
- Cycle de formation, L. 6222-12.
- Départements d'Outre-mer, L. 6522-1.
- Diplôme, L. 6222-34 s.
  - • échec, L. 6222-11.
- Durée du travail, L. 6222-24, R. 6222-6 s., R. 6222-24 s.
  - • apprenti de moins de 18 ans, L. 6222-25.
  - • convention tripartite, L. 6222-7-1, R. 6222-6 s.
- Effectif de l'entreprise, L. 1111-3.
- Employeur,
  - • garanties, L. 6222-23.
- Enseignements à distance, L. 6211-2, D. 6211-2 s.
- Entreprise de travail temporaire, L. 6226-1 s., R. 6226-1 s.
- Équipe tutorale, L. 6223-5 s.
- Examen, L. 6222-11, L. 6222-34 s., L. 6223-4.
- Exclusion du CFA, L. 6222-18-1.
- Exonérations, L. 6227-8-1, L. 6243-2 s.
- Faute grave, L. 6222-18.
- Financement, L. 6241-1 s.
- Formation, L. 6222-12, L. 6223-2 s.
- Formation à distance, L. 6211-2, L. 6231-1, R. 6232-9, R. 6233-61, R. 6233-61-1.
- Gratuité, L. 6221-2.
- Groupement d'employeurs, L. 6223-1.
- Handicaps, L. 6222-37 s., R. 6222-45 s.
- Heures supplémentaires, L. 6222-28.
- Inaptitude professionnelle, L. 6222-18.
- Interdiction, L. 6225-6.
- Jours fériés, L. 3164-6, L. 3164-8.
- Maître d'apprentissage, L. 6223-5 s., R. 6223-22 s., R. 6223-25.
  - • compte d'engagement citoyen, L. 5151-9, D. 5151-11 s.
    - * formation, L. 6223-8.
    - * télésite, R. 5151-19.
  - • conditions de compétence professionnelle, L. 6223-8-1, R. 6223-22, D. 6273-1 s.
- Médiateur consulaire, L. 6222-18-1, L. 6222-39.
- Mobilité à l'étranger, L. 6222-7-1, L. 6222-42, R. 6222-66 s.
- Négociation de branche, L. 2241-14.
- Niveaux de prise en charge, D. 6332-78-1 s.
- Nombre d'apprentis, R. 6223-6 s.
- Objet, L. 6211-1.
- Obligation de l'employeur, L. 6223-1, R. 6223-1 s.
- Orientation professionnelle, L. 6111-3.
- Outre-mer, L. 6522-1 s., D. 6522-1 s.
- Personnes handicapées, L. 6222-37.
- Préparation à l'apprentissage, L. 6313-6.
- Prolongation de l'apprentissage, L. 6222-11.
- Régions,
  - • compétences, L. 6121-1.
  - • rôle, L. 6111-3.
- Repos hebdomadaire, L. 3164-2.
- Réserve opérationnelle, L. 6222-7-1.
- Rupture du contrat, L. 6222-18 s., L. 6225-5, R. 6222-21 s.
- Salaire, L. 6222-27 s., D. 6222-26 s.
- Sanction pénale, L. 6234-1 s., R. 6227-1 s.
- Santé et sécurité, L. 6222-30 s.
- Sapeur-pompier volontaire, L. 6222-7-1.
- Secteur public non industriel et commercial, L. 6227-1 s., D. 6271-1 s.
- Section d'apprentissage, L. 6232-6 s. anc., D. 6232-17 s. anc.
- Sécurité sociale, L. 6222-32.
- Service civique, L. 6222-7-1.
- Sportif de haut niveau, L. 6222-2, R. 6222-59 s.
- Stagiaire de la formation professionnelle, L. 6222-12-1.
- Succession de contrats, L. 6222-15.
- Suspension de l'exécution du contrat, L. 6225-4 s., R. 6225-9.
- Taxe d'apprentissage, L. 6241-1 s.
  - ▶ V. *Taxe d'apprentissage.*
- Travail de nuit, L. 6222-26.
- Travail temporaire, L. 6226-1.
- Travailleur handicapé, L. 6222-37 s., R. 6222-45 s.
- Travaux dangereux, L. 6222-30 s.
- Tuteur, L. 6223-5 s.
- Validation des acquis de l'expérience, L. 6222-9.
- Versement libératoire, L. 6241-4 s.
- Visite de prévention et d'information (médicale), L. 4624-1.

Arbitrage, L. 2524-1 s., R. 2524-1 s.

- Choix de l'arbitre, L. 2524-2.
- Cour supérieure d'arbitrage, L. 2524-7, R. 2524-2 s.
- Équité, L. 2524-4.
- Pièces, L. 2524-3.
- Procédure, R. 2524-12 s.
- Recours, L. 2524-6.

Arbitrage *(suite)*
– Sentence, L. 2524-4 s.

Arbitre, L. 2524-1 s., R. 2524-1 s.

Arrêt temporaire d'activité, L. 4731-1 s., R. 4731-1 s.

Artiste auteur,
– Formation professionnelle continue, L. 6331-65 s., R. 6331-65.

Artiste du spectacle, L. 7121-1 s., R. 7121-1 s.
– Agent artistique, L. 7121-14.
– Allocation de solidarité spécifique, L. 5423-3.
– Assurance chômage, L. 5424-20 s.
– Chômage, L. 5424-20 s.
– Compte personnel de formation, L. 6323-25 s.
– Contrat de travail, L. 7121-3.
  • congés payés, D. 7121-28 s.
  • contrat commun, L. 7121-7.
  • présomption, L. 7121-4.
– Définition, L. 7121-2.
– Entrepreneur de spectacles vivants titulaire d'une licence, L. 7122-1 s., D. 7122-1 s.
– Entrepreneur de spectacles vivants à titre accessoire, L. 7122-19 s., R. 7122-13.
– Exploitation commerciale de l'image de l'enfant de moins de 16 ans, L. 7124-1, L. 7124-4-1, L. 7124-5, L. 7124-9, L. 7124-10, L. 7124-25.
– Formation professionnelle, L. 6331-65.
– Guichet unique, L. 7122-23.
– Licence, L. 7122-3.
– Mandat, R. 7121-6.
– Membre de l'Union européenne, L. 7121-5.
– Placement, L. 7121-9 s., R. 7121-2.
– Présomption de salariat, L. 7121-5 s.
– Registre national des agents artistiques, L. 7121-9 s., R. 7121-2 s.
– Rémunération, L. 7121-8, L. 7121-13.
▶ V. *Entreprise de spectacles vivants.*

Ascenseurs, R. 4323-107 s., R. 4543-1 s.

Assesseur maritime, L. 2411-1, L. 2411-23, L. 2412-1, L. 2412-15, L. 2413-1, L. 2414-1, L. 2438-1.

Assistance médicale à la procréation (autorisations d'absence), L. 1225-16.

Assistant maternel,
– Congé parental d'éducation (cumul), L. 1225-53.
– Congés pour événements familiaux, de solidarité familiale et de proche aidant, CASF, art. L. 423-2, App. VII. H, v° *Assistant maternel*, **p. 3516.**

Association de lutte contre la discrimination, L. 1134-3.

Association intermédiaire, L. 5132-7 s., R. 5132-11 s.
– Aide financière, R. 5132-23.
– Contrat à durée indéterminée d'insertion pour les seniors, L. 5132-14-1.
– Convention, L. 5132-8, R. 5132-11 s.
– Convention de coopération, R. 5132-17.
– Entreprise solidaire d'utilité sociale, L. 3332-17-1.
– État de santé (suivi), R. 5132-26-6.
– Mise à disposition d'un salarié, L. 5132-9 s., R. 5132-19 s.
– Période de mise en situation en milieu professionnel, L. 5135-1 s., D. 5132-26-1 s.

Associations,
– Actions en justice,
  • défense des handicapés, L. 5212-16, L. 5213-21, L. 5214-4.
  • discriminations, L. 1134-3.
– Congé de représentation, L. 3142-60 s.
– Congé de solidarité internationale, L. 3142-67.
– Contrat de travail, L. 1221-1 (J. 43).
– Discrimination,
  • lutte, note ss. C. pén., art. 225-1, **p. 3217.**
– Groupement d'employeurs, L. 1253-2.
– Services aux personnes, L. 7232-1-2.
– Travailleurs handicapés,
  • défense, L. 5212-16.

Assurance contre le risque de non-paiement du salaire, L. 3253-6 s.
– Créances couvertes, L. 3253-8 s.
– Obligation de l'employeur, L. 5422-13 s.
– Transaction (opposabilité), L. 1231-4 (J. 41).

Assurance chômage, L. 5422-1 s. ; Conv. et Règl. 14 avr. 2017, Décr. n° 2019-797 du 26 juill. 2019, Annexe A, App. III. C, v° *Chômage*, **p. 3442.**
– Accord d'assurance chômage, L. 5422-20 s.

Assurance chômage *(suite)*

• modification des accords d'assurance chômage agréés, R. 5422-18.
- Actions de formation, Régl. 2017, art. 4, 10 ; Décr. n° 2019-797 du 26 juill. 2019, Annexe A, art. 4, 10.
- Activité professionnelle réduite ou occasionnelle, Règl. 2017, art. 31 s. ; Décr. n° 2019-797 du 26 juill. 2019, Annexe A, art. 31 s.
- Adaptation contracyclique des règles d'indemnisation, L. 5422-2-2.
- Affiliation au régime, R. 1221-2 ; Règl. 2017, art. 47 ; Décr. n° 2019-797 du 26 juill. 2019, Annexe A, art. 45 s.
- Agrément (accord d'assurance chômage), L. 5422-21 s.
- Aide à l'allocataire arrivant au terme de ses droits, Règl. 2017, art. 38 ; Décr. n° 2019-797 du 26 juill. 2019, Annexe A, art. 38.
- Aide à la reprise ou à la création d'entreprise, Conv. 2017, art. 3 § 3 ; Règl. 2017, art. 35 s. ; Décr. n° 2019-797 du 26 juill. 2019, Annexe A, art. 35 s., 41.
- Aide au retour à l'emploi
  ▶ V. *Allocation d'aide au retour à l'emploi.*
- Aide pour congés non payés, Règl. 2017, art. 37 ; Décr. n° 2019-797 du 26 juill. 2019, Annexe A, art. 37.
- Allocation d'aide au retour à l'emploi
  ▶ V. *Allocation d'aide au retour à l'emploi.*
- Allocation décès, Règl. 2017, art. 36 ; Décr. n° 2019-797 du 26 juill. 2019, Annexe A, art. 36.
- Allocation des travailleurs indépendants, L. 5424-24 s., R. 5424-70 s.
  • bénéficiaires, L. 5424-24.
  • conditions, L. 5424-24.
  • coordination avec l'allocation assurance chômage, L. 5424-27.
  • demande de paiement, L. 5424-26.
  • durée de versement, L. 5424-27.
  • financement, L. 5422-9, L. 5424-28.
  • liquidation judiciaire, L. 5424-25.
  • montant, L. 5424-27.
  • redressement judiciaire, L. 5424-25.
- Allocation journalière, Règl. 2017, art. 14 ; Décr. n° 2019-797 du 26 juill. 2019, Annexe A, art. 14 s.
- Apprentis du secteur public, Décr. n° 2019-797 du 26 juill. 2019, Annexe A, art. 66 s.
- Attestation, R. 1234-9 s.
- Bénéficiaires, L. 5422-1 ; Conv. 2017, art. 5 ; Règl. 2017, art. 1er s. ; Décr. n° 2019-797 du 26 juill. 2019, Annexe A, art. 1er s.
- BTP, L. 5424-6 s.
- Champ d'application, Conv. 2017, art. 5 ; Décr. n° 2019-797 du 26 juill. 2019, art. 5.
- Comité de pilotage, Conv. 2017, art. 10.
- Commission nationale de la négociation collective, de l'emploi et de la formation professionnelle (avis), L. 2271-1.
- Concertation sur la gouvernance du régime, L. n° 2022-1598 du 21 déc. 2022, art. 1er-II, ss. L. 5422-20.
- Contrat à durée déterminée (fin), Conv. 2017, art. 4 § 1er ; Règl. 2017, art. 50 § 2.
  • contrat d'usage (majoration), Conv. 2017, art. 4 § 1er, art. 14 § 1er ; Règl. 2017, art. 50 § 2 ; Décr. n° 2019-797 du 26 juill. 2019, Annexe A, art. 50-1 s., 50-6.
  • contrats de mise à disposition, L. 5422-12.
  • cotisations, ANI du 11 janv. 2013, art. 4, App. III. A, v° *Embauche et emploi*, **p. 3387.**
- Contrat d'emploi pénitentiaire, L. 5424-30.
- Contributions générales, L. 5422-9 s. ; Conv. 2017, art. 4 ; Règl. 2017, art. 49 s. ; Décr. n° 2019-797 du 26 juill. 2019, Annexe A, art. 49 s.
  • assiette, Règl. 2017, art. 49 ; Décr. n° 2019-797 du 26 juill. 2019, Annexe A, art. 49.
  • contentieux, Règl. 2017, art. 54 ; Décr. n° 2019-797 du 26 juill. 2019, Annexe A, art. 54.
  • déclaration, Règl. 2017, art. 52.
  • délais, Règl. 2017, art. 55 ; Décr. n° 2019-797 du 26 juill. 2019, Annexe A, art. 55.
  • exigibilité, Règl. 2017, art. 51 s. ; Décr. n° 2019-797 du 26 juill. 2019, Annexe A, art. 51.
  • majoration, L. 5422-12, L. 5424-20 ; Décr. n° 2019-797 du 26 juill. 2019, Annexe A, art. 50-4 s.
  • minoration, L. 5422-12, L. 5424-20 ; Décr. n° 2019-797 du 26 juill. 2019, Annexe A, art. 50-4 s.
  • modulation des taux de contribution à l'assurance chômage (contrats précaires), L. 5422-12.
  • paiement, Règl. 2017, art. 53 ; Décr. n° 2019-797 du 26 juill. 2019, Annexe A, art. 53.

Assurance chômage (suite)

- • remise, Règl. 2017, art. 55 ; Décr. n° 2019-797 du 26 juill. 2019, Annexe A, art. 55.
- • taux, Conv. 2017, art. 4 § 1er ; Règl. 2017, art. 50 ; Décr. n° 2019-797 du 26 juill. 2019, Annexe A, art. 50-1 s.
- • taux modulé, Décr. n° 2019-797 du 26 juill. 2019, Annexe A, art. 50-4 s.
- Contribution spécifique, Règl. 2017, art. 56 § 2 ; Décr. n° 2019-797 du 26 juill. 2019, Annexe A, art. 56.
  - • recouvrement, Règl. 2017, art. 57.
  - • ressources, Règl. 2017, art. 58.
- Cumul assurance chômage et activité professionnelle, Conv. 2017, art. 3 § 2 ; Règl. 2017, art. 30 s. ; Décr. n° 2019-797 du 26 juill. 2019, Annexe A, art. 30 s.
- Délai d'attente, Règl. 2017, art. 22 ; Décr. n° 2019-797 du 26 juill. 2019, Annexe A, art. 22.
- Démission, L. 5422-1 s., L. 5426-1-2, R. 5422-2-1, R. 5426-2-1 ; Décr. n° 2019-797 du 26 juill. 2019, Annexe A, art. 2 § 4.
- Démission légitime, Règl. 2017, art. 2 ; Décr. n° 2019-797 du 26 juill. 2019, Annexe A, art. 2.
- Détachement, Conv. 2017, art. 5.
- Différé d'indemnisation, L. 5422-2-1 ; Règl. 2017, art. 21 ; Décr. n° 2019-797 du 26 juill. 2019, Annexe A, art. 21.
- Document de cadrage des négociations, L. 5422-20-1 s., L. 5422-22, R. 5422-10 s.
- Droits rechargeables, ANI du 11 janv. 2013, art. 3, App. III. A, v° *Embauche et emploi*, **p. 3386** ; Conv. 2017, art. 3 § 1er ; Règl. 2017, art. 28, art. 39 § 2 ; Décr. n° 2019-797 du 26 juill. 2019, Annexe A, art. 28 s.
- Durée d'affiliation, Décr. n° 2019-797 du 26 juill. 2019, Annexe A, art. 28 s.
- Durée d'indemnisation, Conv. 2017, art. 2 § 2 ; Règl. 2017, art. 9 s. ; Décr. n° 2019-797 du 26 juill. 2019, Annexe A, art. 9 s.
- Évaluation, Conv. 2017, art. 11.
- Exonération,
  - • embauche d'un jeune de moins de 26 ans, Conv. 2017, art. 4 § 1er.
- Expatriation, Conv. 2017, art. 5.
- Fermeture de l'établissement, Règl. 2017, art. 5 ; Décr. n° 2019-797 du 26 juill. 2019, Annexe A, art. 5.
- Financement, L. 5422-9 s. ; Conv. 2017, art. 9.
  - • points de retraite complémentaires, Décr. n° 2019-797 du 26 juill. 2019, Annexe A, art. 69.
- Fonds de régulation, Décr. n° 2019-797 du 26 juill. 2019, Annexe A, art. 60 *bis*.
- Formation des demandeurs d'emploi, Conv. 2017, art. 3 § 4.
- Gestion, Conv. 2017, art. 4 § 2.
- Indemnisation, Règl. 2017, art. 1er s. ; Décr. n° 2019-797 du 26 juill. 2019, Annexe A, art. 1er s.
- Instances paritaires, Conv. 2017, art. 7 ; Règl. 2017, art. 46 ; Décr. n° 2019-797 du 26 juill. 2019, Annexe A, art. 46 s.
- Intermittents du spectacle, L. 5424-20 s., D. 5424-51 s. ; Conv. 2017, art. 4 § 2.
- Journal de la recherche d'emploi (expérimentation), Décr. n° 2019-797 du 26 juill. 2019, Annexe A, art. 7, App. III. C, v° *Chômage*, **p. 3446.**
- Licenciement pour motif économique (défaut de proposition d'un contrat de sécurisation professionnelle), Conv. 2017, art. 4 § 3.
- Modulation des taux de contribution à l'assurance chômage (contrats précaires), L. 5422-12.
- Mandataires sociaux (procédure de rescrit), L. 5312-12-2, R. 5312-5-1 s.
- Mayotte, Règl. 2017, art. 61 ; Décr. n° 2019-797 du 26 juill. 2019, Annexe A, art. 61 s.
- Modulation de l'indemnisation en fonction de la conjoncture, L. 5422-2-2.
- Négociation, L. 5422-20 s.
- Notification des droits, Décr. n° 2019-797 du 26 juill. 2019, Annexe A, art. 43.
- Obligations de l'employeur, L. 5422-13.
- Organisation financière et comptable, Règl. 2017, art. 60 ; Décr. n° 2019-797 du 26 juill. 2019, Annexe A, art. 60.
- Organismes gestionnaires, L. 5427-1 s., R. 5427-1 s.
- Projet de création ou reprise d'entreprise, Conv. 2017, art. 3 § 3 ; Décr. n° 2019-797 du 26 juill. 2019, Annexe A, art. 3.
- Rapport sur la situation financière du chômage, L. 5422-25.
- Rechargement des droits, Conv. 2017, art. 3 ; Règl. 2017, art. 28, art. 39 § 2 ; Décr. n° 2019-797 du 26 juill. 2019, Annexe A, art. 39 § 2.
- Reconversion professionnelle, L. 5426-1.

Assurance chômage *(suite)*
- Refus de CDI à l'issue de contrats courts,
  - exclusion des droits à chômage, L. 5422-1.
  - information de Pôle emploi, L. 1243-11-1, L. 1251-33-1.
- Remboursement, R. 1235-1 s.
- Reprise d'une activité professionnelle, Règl. 2017, art. 30 s. ; Décr. n° 2019-797 du 26 juill. 2019, Annexe A, art. 30 s.
- Ressources, Conv. 2017, art. 4 ; Règl. 2017, art. 48.
- Révision du droit, Décr. n° 2019-797 du 26 juill. 2019, Annexe A, art. 34.
- Rupture conventionnelle, L. 5421-1 ; Règl. 2017, art. 2 ; Décr. n° 2019-797 du 26 juill. 2019, Annexe A, art. 2.
- Salariés démissionnaires, L. 5426-1-2, L. 5422-2-1 ; Décr. n° 2019-797 du 26 juill. 2019, Annexe A, art. 2.
  - projet professionnel, L. 5422-2-1, R. 5422-2-1 s., R. 5426-2-1.
- Salariés détachés, Conv. 2017, art. 5 § 2.
- Salariés expatriés, Conv. 2017, art. 5 § 2.
- Salariés privés d'emploi et assimilés, Règl. 2017, art. 2 ; Décr. n° 2019-797 du 26 juill. 2019, Annexe A, art. 2.
- Secteur public, L. 5424-1 s.
- Travail à temps partiel, Règl. 2017, art. 15 ; Décr. n° 2019-797 du 26 juill. 2019, Annexe A, art. 15.
- Travailleurs indépendants, L. 5424-24 s., R. 5424-70 s.
- ▶ V. *Allocation d'aide au retour à l'emploi, Contrat de sécurisation professionnelle, Demandeur d'emploi.*

Assurance garantie des salaires (AGS), L. 3253-6 s.
- ▶ V. *Assurance contre le risque de non-paiement du salaire.*

Astreintes, L. 3121-9 s., R. 3121-2 s.
- Accord collectif, L. 3121-11.
- Champ de la négociation collective, L. 3121-11.
- Contrepartie, L. 3121-9.
  - convention ou accord collectif, L. 3121-11.
  - défaut de convention ou d'accord collectif, L. 3121-12.
- Définition, L. 3121-9.
- Mode d'organisation,
  - convention ou accord collectif, L. 3121-11.
  - défaut de convention ou d'accord collectif, L. 3121-12.
- Ordre public, L. 3121-9 s.
- Programmation, L. 3121-9.
  - convention ou accord collectif, L. 3121-11.
  - défaut de convention ou d'accord collectif, L. 3121-12.
- Repos, L. 3121-10.
- Travail effectif, L. 3121-9.

Atelier d'insertion, L. 5132-15.
- Contrat à durée indéterminée d'inclusion pour les seniors, L. 5132-15-1.
- Entreprise solidaire d'utilité sociale, L. 3332-17-1.
- Période de mise en situation en milieu professionnel, D. 5132-43-1 s.

Autorisation administrative de rupture du contrat de travail (salariés protégés),
- Contestation, L. 2422-1 s., R. 2422-1.
- Indemnisation, L. 2422-4.
- Licenciement, L. 2421-1 s., R. 2421-1 s.
- Réintégration du salarié, L. 2422-1.
- Rupture du CDD, L. 2421-7 s.
- Transfert d'entreprise ou d'établissement, L. 2421-9, R. 2421-17.
- Travail temporaire, L. 2421-10.

Autorisation d'absences,
- Congé de participation aux instances d'emploi et de formation professionnelle, L. 3142-42 s., D. 3142-32.
- Conseil des prud'hommes,
  - formation, L. 1442-2, D. 1442-7.
- Conseiller du salarié, L. 1232-12.
- Maternité, L. 1225-16.
- Participation à un jury d'examen, L. 3142-42 s., D. 3142-32.
- Réserve opérationnelle, L. 3142-89.
- ▶ V. *Absence.*

Autorisation de travail,
- Enfants dans le spectacle, L. 7124-1 s., R. 7124-1 s.
- Étrangers, L. 5221-2, L. 5221-1 s., R. 5221-1 s.
  - dispense, R. 5221-2.
- Exploitation commerciale de l'enfant de moins de 16 ans sur les plateformes, L. 7124-1, L. 7124-4-1, L. 7124-5, L. 7124-9, L. 7124-10, L. 7124-25.
- Joueur de jeux vidéo, L. 7124-1, R. 7124-1 s.
- Outre-mer, L. 5523-1 s.

Autorité des relations sociales des plateformes d'emploi (ARPE),
L. 7345-1 s., R. 7345-1 s.
- Organisation du scrutin destiné à mesurer l'audience des organisations représentant les travailleurs de plateformes, L. 7345-1, R. 7343-2-1.

Avances, L. 3251-2 s.

Avantage en nature,
- Chèques-vacances, L. 3263-1.
- Frais de transport, L. 3261-1 s.
- Titre-restaurant, L. 3262-1 s.
▶ V. *Titre-restaurant*.

Avantage individuel acquis, L. 2254-1
(J. 2), L. 2261-13 s. (maintien de la rémunération perçue).

Avertissement
▶ V. *Sanction disciplinaire*.

Avocat salarié, ss. L. 1111-1.

B

Barème des indemnités de licenciement,
- Licenciement sans cause réelle et sérieuse, L. 1235-3.

Base de données économiques, sociales et environnementales, L. 2312-18,
L. 2312-21, L. 2312-23, L. 2312-36, R. 2312-7 s.
- Accord collectif, L. 2312-21.
- Actualisation, R. 2312-12.
- Confidentialité, L. 2312-36, R. 2312-13.
- Conséquences environnementales de l'activité de l'entreprise, L. 2312-21, L. 2312-36.
- Contenu des informations, R. 2312-8 (entr. de moins de 300 salariés) ; R. 2312-9 (entr. de plus de 300 salariés).
- Écarts de représentation femmes/hommes parmi les cadres dirigeants et les cadres membres des instances dirigeantes, L. 2312-18.
- Entreprises d'au moins de 300 salariés, R. 2312-9.
- Entreprises de moins de 300 salariés, R. 2312-8.
- Fonctionnement, R. 2312-11 s.
- Groupe (BDESE au niveau du groupe), R. 2312-15 s.
- Mise à disposition, R. 2312-14.
- Mise en place, R. 2312-11 s.

Bassin d'emplois,
- Revitalisation, L. 1233-84, D. 1233-37 s. ; CGI, art. 44 *duodecies*, **p. 3372.**

Bâtiment et génie civil,
- Collège interentreprises de sécurité, de santé et des conditions de travail, L. 4532-10 s.
- Contrôle, R. 4722-22 s.
- Coordination de la santé et de la sécurité, L. 4532-2 s., R. 4532-1 s.
- Déclaration préalable, L. 4532-1, R. 4532-2 s.
- Escalier, R. 4534-81 s.
- Infraction, L. 4744-1 s.
- Installations électriques, R. 4534-107 s.
- Particuliers, L. 4532-7.
- Passerelle, R. 4534-81 s.
- Plan général de coordination, L. 4532-8.
- Plate-forme de travail, R. 4534-74 s.
- Prévention, L. 4531-1 s.
- Procédure de référé, L. 4732-1 s.
- Risque de noyade, R. 4534-136 s.
- Risque de projection, R. 4534-134 s.
- Situation dangereuse, L. 4732-2.
- Travailleur indépendant, R. 4535-1 s.
- Travaux de démolition, R. 4534-60 s.
- Travaux d'extrême urgence, L. 4532-17.
- Travaux souterrains, R. 4534-40 s.
- Travaux sur toiture, R. 4534-85 s.

Bâtiment et travaux publics (BTP),
- Assurance chômage, L. 5424-6 s.
- Carte d'identification professionnelle dans le BTP, L. 8291-1, L. 8291-2, R. 8291-1 s.
  • procédure de rescrit, L. 8291-3, R. 8291-1-1.
- Contribution à la formation professionnelle, L. 6331-35 s.
- Danger grave et imminent, L. 4731-1 s.
- Intempérie, L. 5424-6 s., L. 1251-20.
  • cotisation intempérie, Arr. du 18 févr. 2003, App. VII. D, v° *Bâtiment et travaux publics*, **p. 3512.**
- Travailleur temporaire, L. 1251-20.

Bénévolat, L. 1221-1 (J. 44).
- Compte d'engagement citoyen, L. 5151-9.
- Demandeur d'emploi, L. 5425-8.
- Formation professionnelle, L. 6323-6.

Bilan de compétences, L. 6313-4,
R. 6313-4.
- Compte personnel de formation, L. 6323-6.

Bilan de compétences *(suite)*
– Congé parental d'éducation, L. 1225-58.
– Congé de reclassement, L. 1233-71.
– Formation professionnelle, L. 6313-10.
– Négociation en entreprise, L. 2242-20.

Bilan d'étape professionnel, L. 6315-1 s.

Bilan social, L. 2312-26 s., R. 2323-17 anc.
– Comité social et économique (information), L. 2312-26 s.
– Pénalités, L. 2317-2.

Bon de délégation,
– Délégué syndical, L. 2143-17 (J. 1).

Branche professionnelle,
– Bilan de l'action des branches en faveur de l'égalité professionnelle, L. 2232-9.
– Champ d'application, L. 2232-5-2.
– Clause de verrouillage, L. 2253-2.
– Conditions d'emploi et de travail, L. 2253-1.
– Convention de branche, L. 2232-5.
– Commission paritaire de négociation et d'interprétation, L. 2232-9.
– Domaines de négociation, L. 2253-1 s.
– Missions, L. 2232-5-1 s.
– Niveau de négociation, L. 2232-5 s.
– Observatoire prospectif des métiers, L. 2241-12.
– Ordre public conventionnel, L. 2232-5-1.
– Restructuration, L. 2261-32 s., D. 2261-14 s.
  ▶ V. *Négociation de branche*.

Brevet d'invention
▶ V. *Inventions des salariés*.

Bruit, L. 4431-1, R. 4431-1 s.
– Évaluation des risques, R. 4433-1 s.
– Formation, R. 4436-1.
– Information, R. 4436-1.
– Prévention des risques d'exposition, R. 4431-1 s.
– Suivi individuel de l'état de santé, R. 4435-2 s.
– Valeurs limites d'exposition, R. 4431-2 s.

Bûcheron, C. rur., art. L. 722-3, **p. 3309.**

Bulletin de paie, L. 3243-1 s., R. 3243-1 s.
– Acceptation, L. 3243-3.
– Forme électronique, L. 3243-2.
– Présomption de paiement, L. 3243-3 (J. 1 s.).
– Présomption d'un contrat de travail, L. 3243-3 (J. 5 s.).
▶ V. *Chèque-emploi associatif, CESU*.

Bureau de conciliation et d'orientation,
L. 1423-13, R. 1423-34, R. 1454-7 s., R. 1454-14.
– Licenciement irrégulier,
  • accord entre les parties, L. 1235-1.
  • indemnisation forfaitaire, L. 1235-1.
▶ V. *Conseil de prud'hommes*.

Bureau de jugement, L. 1423-12, R. 1423-35.
▶ V. *Conseil de prud'hommes*.

Bureau de placement
▶ V. *Placement (des demandeurs d'emploi)*.

C

Cadre,
– Cadre dirigeant, L. 3111-2.
– Conseil de prud'hommes,
  • section de l'encadrement, L. 1441-14 s. nouv. (L. 1441-6 anc.).
– Convention de forfait, L. 3121-56.
– Droit d'expression, L. 2281-10.
– Durée du travail, L. 3111-2, L. 3121-38.
– Licenciement économique individuel, L. 1233-15.

Caisse de congés payés, L. 3141-32 s., D. 3141-9 s.
– Contrôleurs, L. 3141-33.
▶ V. *Congés payés*.

Caisse de sécurité sociale,
– Salarié membre, L. 2411-1, L. 2411-18, L. 2412-12, L. 2421-2, L. 2421-7.
– Salarié administrateur, L. 2411-1, L. 2411-18, L. 2412-12, L. 2421-2, L. 2421-7.

Calcul,
– Allocation d'assurance chômage, L. 5422-3 s.
– Intéressement, L. 3314-1 s.
– Participation, L. 3324-1 s.

Candidat,
– Comité social et économique, L. 2314-5.

Candidat *(suite)*
- Conseil de prud'hommes, L. 1441-16 s.
- Délégué du personnel, L. 2314-16 s., L. 2314-24, L. 2411-7 anc.
- Élections parlementaires, L. 3142-79 s.
- Membre élu de la délégation du personnel du comité social et économique, L. 2411-7.
- Représentant de proximité, L. 2411-9.

Carte de séjour
▶ V. *Travailleur étranger.*

Carte d'étudiants des métiers,
L. 6222-36-1, D. 6222-42 s., D. 6325-29.

Carte de travail
▶ V. *Travailleur étranger.*

Carte d'identification professionnelle dans le BTP, L. 8291-1 s.

Carte professionnelle,
- journaliste, L. 7111-6.

Catastrophe naturelle, L. 1231-1 (J. 46).
- Congé pour catastrophe naturelle, L. 3142-48 s.

Cause réelle et sérieuse, L. 1232-1.
- Contrôle, L. 1235-1.
- Contestation, L. 1235-1 s.
- Indemnité de licenciement, L. 1235-3, L. 1235-5.
- Licenciement pour motif économique, L. 1233-2.
- Licenciement pour motif personnel, L. 1232-1.
- Preuve, L. 1235-1 (J. 4 s.).

Centre de formation d'apprentis (CFA),
L. 6231-1 s., R. 6231-1 s.
- Aide à la recherche d'un employeur, L. 6222-18-2, L. 6225-3-1.
- Comptabilité analytique, L. 6231-4.
- Conseil de perfectionnement, L. 6231-3, R. 6231-3 s.
- Création, L. 6232-1 s. anc., L. 6233-1.
- Déclaration d'activité, L. 6351-1 s.
- Durée de la formation, L. 6211-2.
- Entreprise disposant d'un CFA, L. 6241-2, R. 6234-1.
- Exclusion de l'apprenti, L. 6222-18-1.
- Formations à distance, L. 6211-2.
- Informations (taux de réussite), L. 6111-8.
- Missions, L. 6231-2, R. 6231-1 s.
- Obligations vis-à-vis de l'apprenti, L. 6353-8 s.
- Personnel, L. 6233-3 anc.
- Régime juridique, L. 6231-1.
- Règlement intérieur, L. 6352-3.
- Ressources, L. 6233-1 s. anc.
- Unité de formation par apprentissage, L. 6233-1, R. 6233-1 s.

Centre de formation professionnelle,
D. 6352-25 s.

Centres d'animation, de ressources et d'information sur la formation,
D. 6123-1 s.

Certificat de travail, L. 1234-19, D. 1234-6.
- Pénalités, R. 1238-3.

Certificat médical,
- Faute, L. 1232-1 (J. 37).

Certification professionnelle, L. 6113-1 s., R. 6113-1 s.
- Cadre national, D. 6113-18 s.
- Commission de la certification professionnelle, R. 6113-1 s.
- Concertation avec les partenaires sociaux (diplômes de l'enseignement supérieur), D. 6113-27 s.
- Diplômes à finalité professionnelle, L. 6113-3 s.
  • commissions professionnelles consultatives, R. 6113-21 s.
- Diplômes de l'enseignement supérieur, L. 6113-3 s.
  • concertation avec les partenaires sociaux, D. 6113-27 s.
- Enregistrement, L. 6113-5 s., R. 6113-8 s., R. 6113-17-1 s.
- France compétences, L. 6113-1 s., R. 6113-1 s.
  ▶ V. *France compétences.*
- Opérateurs de compétences (appui technique), L. 6332-1.
- Référentiel d'activités, L. 6113-1.
- Répertoire national des certifications professionnelles, L. 6113-1 s.
- Socle de connaissances et de compétences professionnelles, D. 6113-29 s.

Cessation de l'entreprise,
- Indemnité de licenciement, L. 1234-10.
- ▶ V. *Modification de la situation juridique de l'employeur.*

Cession de l'entreprise,
- Information des salariés, C. com., art. L. 23-10-1 s., **p. 3194.**
- V. *Modification de la situation juridique de l'employeur.*

Cession de rémunération
- V. *Saisie et cession.*

CESU
- V. *Chèque emploi service universel (CESU).*

Chambre d'agriculture,
- Représentant des salariés,
  - protection, L. 2411-20, L. 2412-13, L. 2421-2, L. 2421-7.

Chambre d'allaitement, L. 1225-32, R. 4152-13 s.

Chantier d'insertion, L. 5132-15 s., D. 5132-27 s.
- Contrat à durée indéterminée d'inclusion pour les seniors, L. 5132-15-1.
- Entreprise solidaire d'utilité sociale, L. 3332-17-1.

Chantiers,
- Amiante (repérage), R. 4412-98 s.
- Collège interentreprises de sécurité, L. 4532-10, R. 4532-77 s.
- Contrat de chantier
  - V. *Contrat de chantier ou d'opération.*
- Coordination de sécurité, L. 4532-2 s., R. 4532-42 s.
- Convocation CSE, L. 2315-30.
- Danger grave et imminent, L. 4731-1 s., R. 4731-1 s.
- Déclaration de sécurité, L. 4532-1.
- Hébergement des travailleurs, R. 4534-146 s.
- Principes de prévention, L. 4531-1 s.
- Rupture du contrat, L. 1236-8 s.
- Sécurité, L. 4531-1 s.
- Travaux de démolition, R. 4534-68 s.

Charge de la preuve,
- Discrimination, L. 1134-1.
- Harcèlement, L. 1154-1.
- Inégalité professionnelle, L. 1144-1 s.
  - rémunération, L. 3221-8.

Chargement et déchargement,
R. 4515-1 s.

Chèque-emploi associatif, L. 1272-4, D. 1272-1 s.

Chèque emploi service universel (CESU),
L. 1271-1 s., D. 1271-1 s.
- Agence nationale des services à la personne, L. 7234-1.
- Contrat de travail, L. 1271-5.
- Contrôle, L. 1271-16.
- Émission, D. 1271-6 s.
- Établissements et services publics accueillant des enfants de moins de 6 ans, D. 1271-32.
- Habilitation, R. 1271-8.
- Indemnité de congés payés, L. 1271-4.
- Outre-mer, L. 1522-1 s., R. 1522-1 s.
- Personne morale de droit public, L. 1271-8.
- Préfinancement, R. 1271-10.
- Rémunération, L. 1271-4.
- Volet social, D. 1271-5.

Chèque-vacances, L. 3263-1 ; C. tourisme, art. L. 411-1 s., **p. 3332.**

Chômage,
- Activité bénévole, L. 5425-8.
- Activité occasionnelle ou réduite, L. 5425-1 s.
  - V. *Allocation d'assurance chômage, Allocation de solidarité spécifique, Assurance chômage, Demandeur d'emploi.*

Chômage partiel
- V. *Activité partielle.*

CHSCT
- V. *Comité d'hygiène, de sécurité et des conditions de travail (CHSCT).*

Citoyen sauveteur,
- Sensibilisation aux gestes qui sauvent, L. 1237-9, D. 1237-2-2, D. 1237-2-3.

Classification professionnelle,
- Convention de branche, L. 2253-1.
- Négociation de branche, L. 2241-1, L. 2241-15.

Clause de cession,
- Journaliste, L. 7112-5.

Clause de clientèle, L. 1221-1 (J. 117).

Clause de conscience,
- Journaliste, L. 7112-5.

Clause de dédit-formation, L. 1221-1 (J. 107 s.).

Clause de garantie d'emploi, L. 1221-1 (J. 219 s.).

Clause de mobilité, L. 1221-1 (J. 200 s.).
- Abus, L. 1221-1 (J. 209).
- Clause de mobilité intragroupe, L. 1221-1 (J. 206).
- Objet, L. 1221-1 (J. 203).
- Preuve, L. 1221-1 (J. 214).
- Rédaction, L. 1221-1 (J. 200).
- Sanction disciplinaire, L. 1221-1 (J. 212).

Clause de non-concurrence, L. 1221-1 (J. 111 s.).
- Contrepartie financière, L. 1221-1 (J. 130 s.).
- Mise en œuvre, L. 1221-1 (J. 177 s.).
- Opposabilité, L. 1221-1 (J. 116 s., 149).
- Période d'essai, L. 1221-1 (J. 180 s.).
- Renonciation, L. 1221-1 (J. 158 s.).
- Révision, L. 1221-1 (J. 148 s.).
- Transfert d'entreprise, L. 1221-1 (J. 155), L. 1224-1 (J. 98).
- Validité, L. 1221-1 (J. 119 s.).
- Violation, L. 1221-1 (J. 183 s.).
- VRP, L. 7313-6 (J. 2 s.).

Clause de résidence, L. 1221-1 (J. 197 s.).

Clause de verrouillage (convention de branche), L. 2253-2.

Clause d'exclusivité, L. 1221-1 (J. 103 s.), L. 1222-5, D. 1222-1.
- VRP, L. 7313-6.

Code du travail numérique, Ord. n° 2017-1387 du 22 sept. 2017, art. 1er, App. I. B, v° *Contrat de travail*, **p. 3264.**

Coemploi, L. 1221-1 (J. 67), L. 1233-3 (J. 44), L. 1233-4 (J. 9).

Collectivités territoriales,
- Placement des demandeurs d'emploi, L. 5322-1 s., R. 5322-1 s.
- Plan local pour l'insertion et l'emploi, L. 5131-2.

Collèges électoraux,
- Comité social et économique, L. 2314-11 s., R. 2314-3, R. 2324-3 anc.

Comité central d'entreprise, L. 2327-1 s. anc., D. 2327-1 s. anc.
- Attributions, L. 2327-2 anc.
- Composition, L. 2327-3 anc., D. 2327-1 s. anc.
- Consultation, L. 2327-2 anc.
- Élection, L. 2327-7 anc.
- Expert-comptable, L. 1233-37 anc.
- Fonctionnement, L. 2327-12 s. anc., D. 2327-1 s. anc.
- Licenciement pour motif économique, L. 1233-36 s. anc.
- Mandat, L. 2327-9 s. anc.
- Mise en place, L. 2327-1 anc.
- Recours, R. 2327-5 anc.
- Réunions, L. 2327-13 anc.
- Secrétaire, L. 2327-12, L. 2327-14 anc.
- Visioconférence, L. 2327-13-1 anc., D. 2325-1-1 s. anc, D. 2327-4-5 anc.
  ▶ V. *Comité social et économique central.*

Comité de concertation et de coordination de l'apprentissage du BTP, L. 6331-35 s.

Comité de groupe, L. 2331-1 s., R. 2331-1 s.
- Attributions, L. 2332-1 s.
- Composition, L. 2333-1, R. 2332-1, D. 2332-2.
- Délit d'entrave, L. 2335-1.
- Désignation, L. 2333-2, R. 2332-1 s.
- Entreprise dominante, L. 2331-1 s.
- Expert-comptable, L. 2334-4.
- Fonctionnement, L. 2334-1 s., R. 2333-1.
- Mandat, L. 2333-3, R. 2332-1 s.
- Mise en place, L. 2331-1 s., R. 2331-1 s.
- OPA, L. 2332-2.
- Réunions, L. 2334-2.
- Secrétaire, R. 2333-1.
- Visioconférence, L. 2334-2, D. 2333-2, D. 2325-1-1.

Comité de la société coopérative européenne, L. 2363-1 s., D. 2363-1 s.

Comité de la société européenne, L. 2353-1 s., D. 2351-1 s.
- Attributions, L. 2353-3 s.
- Circonstances exceptionnelles, L. 2353-5.
- Composition, L. 2353-7.
- Congé de formation, L. 2353-27.
- Conseil d'administration et de surveillance, L. 2353-28.
- Délit d'entrave, L. 2355-1.

Comité de la société européenne *(suite)*
- Experts, L. 2353-22.
- Fonctionnement, L. 2353-13 s., R. 2353-4 s.
- Licenciement, L. 2411-12, L. 2421-4.
- Mise en place, L. 2353-1 s., D. 2353-1 s.
- Obligation de discrétion, L. 2353-23.
- OPA, L. 2353-6.
- Ordre du jour, L. 2353-17.
- Règlement intérieur, L. 2353-15.
- Réunions, L. 2353-4, L. 2353-16 s.
- Secret professionnel, L. 2353-23.
- Visioconférence, L. 2353-27-1, D. 2353-6, D. 2325-1-1 s.

Comité d'entreprise
▸ V. *Comité social et économique.*

Comité d'entreprise européen, L. 2341-1 s., R. 2343-1 s.
- Accord, L. 2342-9 s.
- Attributions, L. 2343-2 s.
- Champ d'application, L. 2341-1 s.
- Circonstances exceptionnelles, L. 2343-4.
- Composition, L. 2343-5 s.
- Consultation, L. 2341-6.
- Délit d'entrave, L. 2346-1.
- Dépenses, L. 2343-14.
- Entreprise dominante, L. 2341-5.
- Fonctionnement, L. 2343-7 s.
- Groupe spécial de négociation, L. 2341-10, L. 2342-1 s., L. 2344-1 s., D. 2352-1 s.
- Licenciement, L. 2411-11, L. 2421-4.
- Mise en place, L. 2341-1 s., L. 2343-1 s.
- Question transnationale, L. 2341-8.
- Réunions, L. 2343-3, L. 2343-9 s.
- Rupture du CDD, L. 2412-6.
- Suppression, L. 2345-1 s., R. 2345-1.
- Visioconférence, L. 2341-12, D. 2341-1, D. 2325-1-1 s.
▸ V. *Groupe spécial de négociation.*

Comité d'établissements
▸ V. *Comité social et économique d'établissement.*

Comité d'hygiène, de sécurité et des conditions de travail (CHSCT), L. 4611-1 s. anc., R. 4612-1 s. anc.
▸ V. *Commission santé, sécurité et conditions de travail.*

Comité national de prévention et de santé au travail, L. 4624-2-1.
- Composition, R. 4641-3.
- Conseil d'orientation des conditions de travail (présidence), R. 4641-2.
- Missions, L. 4641-2-1, R. 4641-7.
- Nomination, R. 4641-3.

Comité paritaire interprofessionnel national pour l'emploi et la formation, R. 6123-5, R. 6523-15 s.

Comité paritaire interprofessionnel régional pour l'emploi et la formation, R. 6123-6, R. 6523-27 s.

Comité régional de l'emploi, de la formation et de l'orientation professionnelle, R. 6123-3 s.
- Composition, R. 6123-3-3 s.
- Fonctionnement, R. 6123-3-8 s.
- Guadeloupe, R. 6523-15 s.
- Guyane, R. 6523-15 s.
- La Réunion, R. 6523-15 s.
- Martinique, R. 6523-15 s.
- Missions, R. 6123-3 s.
- Organisation, R. 6123-3-8 s.
- Saint-Barthélémy, R. 6523-22 s.
- Saint-Martin, R. 6523-22 s.
- Saint-Pierre-et-Miquelon, R. 6523-24 s.

Comité régional de prévention et de santé au travail, L. 4641-5.

Comité social et économique, L. 2311-1 s.
- Accident du travail (enquête), L. 2312-13.
- Activités physiques et sportives, L. 2312-80 s.
- Activités sociales et culturelles, L. 2312-78 s., R. 2312-35 s.
  • ressources, R. 2312-49.
- Affichage, L. 2315-15.
- Alerte en cas d'atteinte aux droits des personnes, L. 2312-59.
- Alerte en cas de danger grave et imminent, L. 2312-60.
- Attributions, L. 2312-1 s., L. 2312-5 s.
  • entreprises de moins de 50 salariés (plus de 11), L. 2312-5 s., R. 2312-2.
  • entreprises de plus de 50 salariés, L. 2312-8 s., R. 2312-4 s.
- Avis, L. 2312-15, R. 2312-6.
- Base de données économiques, sociales et environnementales, L. 2312-18, L. 2312-21, L. 2312-23, L. 2312-36, R. 2312-7 s.
  ▸ V. *Base de données économiques, sociales et environnementales.*
- Bilan social, L. 2312-28 s.

Comité social et économique *(suite)*

- Champ d'application, L. 2311-1 s.
- Champ de la négociation collective, L. 2312-19, L. 2312-55 s.
- Circulation dans l'entreprise, L. 2315-14.
- Collèges électoraux, L. 2314-11 s.
- Comité social et économique central, L. 2316-1 s.
  ▶ V. *Comité social et économique central.*
- Comité social et économique d'établissement, L. 2313-1 s., L. 2316-20 s.
  ▶ V. *Comité social et économique d'établissement.*
- Comité social et économique interentreprises, L. 2313-9 R. 2312-53 s.
  • dépenses, R. 2312-53 s.
  • ressources, R. 2312-54 s.
- Commission de la formation, L. 2315-49, R. 2315-30 s.
- Commission de l'égalité professionnelle, L. 2315-56.
- Commission des marchés, L. 2315-44-1 s., D. 2315-29.
- Commission d'information et d'aide au logement, L. 2315-50 s.
- Commission économique, L. 2315-46 s.
- Commission santé, sécurité et conditions de travail, L. 2315-36.
- Commissions, L. 2315-45 s., R. 2315-28 s.
- Communication des informations, L. 2312-15, L. 2312-26, L. 2312-27.
- Composition, L. 2314-1 s., L. 2314-7, R. 2314-1.
  • nombre de membres (tableau), R. 2314-1.
- Comptes, L. 2315-64 s., R. 2315-3 s.
- Conditions de travail, L. 2312-9, L. 2312-11, L. 2312-17.
  • enquêtes, R. 2312-2.
  • entreprise de moins de 50 salariés (plus de 11 salariés), L. 2312-5 s., R. 2312-2 s.
  • entreprise de plus de 50 salariés, L. 2312-9, R. 2312-4 s.
  • formation, L. 2315-18, R. 2315-9 s.
  • inspections, R. 2312-4.
- Conseil d'administration, L. 2312-5, L. 2312-72 s., R. 2312-31 s.
- Conseil d'entreprise, L. 2321-1 s.
  ▶ V. *Conseil d'entreprise.*
- Conseil de surveillance, L. 2312-72 s., R. 2312-31 s.
- Conséquences environnementales de l'activité de l'entreprise (information), L. 2312-17, L. 2312-22.
- Consultation (délais), R. 2312-5 s.
- Consultation (entreprises de plus de 50 salariés), L. 2312-17.
- Consultations ponctuelles, L. 2312-8, L. 2312-37, L. 2312-56, R. 2312-21 s.
- Consultations (thèmes), L. 2312-8.
- Consultations récurrentes, L. 2312-17 s., R. 2312-16 s.
- Contrôle de l'activité des salariés (information), L. 2312-38.
- Convocation CSE, L. 2315-30.
- Danger grave et imminent, L. 2312-60.
- Délibérations, L. 2315-3 s.
- Délit d'entrave, L. 2317-1.
- Déplacement, L. 2315-14.
- Dispositions supplétives, L. 2312-22.
- Droit d'alerte, L. 2312-59 s.
- Droit d'alerte économique, L. 2312-63 s., R. 2312-29 s.
- Droit d'alerte sociale, L. 2312-70.
- Effectifs, L. 2311-2, L. 2312-29, L. 2312-69, R. 2312-21.
- Élections professionnelles,
  • attribution des sièges, R. 2314-19 s.
  • collèges électoraux, L. 2314-11 s., R. 2314-3 s.
  • contestations, L. 2314-32, R. 2314-23 s.
  • élections partielles, L. 2314-10 s.
  • électorat, L. 2314-18, R. 2314-4.
  • éligibilité, L. 2314-19, R. 2314-4.
  • entreprise de travail temporaire, L. 2314-21.
  • parité, L. 2314-30, R. 2314-23.
  • procès-verbal de carence, L. 2314-9.
  • protocole préélectoral, L. 2314-5 s.
  • résultat, R. 2314-22.
  • scrutin, L. 2314-26 s., R. 2314-5 s.
  • vote électronique, R. 2314-5 s.
- Entreprises de moins de 11 salariés, L. 2311-2.
- Entreprises de moins de 50 salariés, L. 2315-19 s.
- Entreprises de plus de 50 salariés, L. 2312-8 s.
- Entreprise de travail temporaire, L. 2314-22.
- Établissements distincts, L. 2313-4, R. 2313-1 s.
- Établissement public, L. 2311-1.
- Expertise, L. 2315-78 s., R. 2315-45 s.
  • contestations, R. 2315-49 s.
  • délais, R. 2315-47 s.
  • droits et obligations de l'expert, R. 2315-45 s.
  • habilitation des experts en qualité du travail et de l'emploi, R. 2315-51 s.
- Expertise technique, L. 2315-94.

Comité social et économique *(suite)*
- Expertise qualité du travail et de l'emploi, L. 2315-96.
- Financement, L. 2312-81 s.
- Fonctionnement, L. 2315-1 s., L. 2315-19.
- Formation, L. 2312-11, L. 2315-16 s., L. 2315-63.
  • formation en santé, sécurité et conditions de travail, R. 2315-9 s.
- Garanties collectives complémentaires, L. 2312-12, R. 2312-22.
- Heures de délégation, L. 2315-7 s., R. 2314-1, R. 2315-3 s.
- Informations ponctuelles, L. 2312-37.
- Informations trimestrielles, L. 2312-69, R. 2312-21.
- Inspection du travail, L. 2312-5, L. 2312-10.
- Installations nucléaires (avis), R. 2312-24 s.
- Installations soumises à autorisation (avis), R. 2312-24 s.
- Licenciement collectif pour motif économique, L. 2312-8, L. 2312-40.
- Local, L. 2315-20, L. 2315-25.
- Maladie professionnelle (enquête), L. 2312-13.
- Mandat, L. 2314-33 s.
- Mécénat, L. 2312-79 s.
- Méthodes de recrutement (information), L. 2312-38.
- Mise en place, L. 2313-1 s., R. 2313-1 s.
- Nombre de membres (tableau), R. 2314-1.
- Offre publique d'acquisition, L. 2312-14, L. 2312-42.
- Opération de concentration, L. 2312-8, L. 2312-41.
- Ordre du jour, L. 2315-29 s.
- Ordre public, L. 2312-17.
- Orientations stratégiques, L. 2312-17, L. 2312-20, L. 2312-24.
- Patrimoine, L. 2315-23.
- Personnalité civile, L. 2315-23.
- Politique sociale (consultation), L. 2312-17, L. 2312-19, L. 2312-26 s., R. 2312-18 s.
- Portage salarial, L. 2314-24.
- Procès-verbal, L. 2315-34, R. 2315-25 s.
- Procès-verbal de carence, L. 2314-9.
- Réclamations, L. 2312-5.
- Redressement et liquidation judiciaires, L. 2312-53 s.
- Référent harcèlement sexuel dans l'entreprise, L. 1153-5-1, L. 2314-1, D. 1151-1.
- Régime transitoire, L. 2311-1.
- Règlement intérieur, L. 2315-24.
- Reliquat budgétaire, R. 2312-51.
- Représentant de proximité, L. 2313-7.
- Représentants syndicaux, L. 2315-7, R. 2315-4.
- Restructurations, L. 2312-8, L. 2312-39, L. 2312-58.
- Réunions, L. 2315-21 s., L. 2315-27 s., R. 2315-23 s.
- Risques professionnels dans l'entreprise (évaluation), L. 2312-9, L. 4121-3.
- Salariés mis à disposition, L. 2314-23.
- Santé, L. 2312-9.
  • enquêtes, R. 2312-2.
  • entreprise de moins de 50 salariés (plus de 11 salariés), L. 2312-5 s., R. 2312-2 s.
  • entreprise de plus de 50 salariés, L. 2312-9, R. 2312-4 s.
  • formation, L. 2315-18, R. 2315-9 s.
  • inspections, R. 2312-4.
- Secret professionnel, L. 2315-3.
- Sécurité, L. 2312-9.
  • enquêtes, R. 2312-2.
  • entreprise de moins de 50 salariés (plus de 11 salariés), L. 2312-5 s., R. 2312-2 s.
  • entreprise de plus de 50 salariés, L. 2312-9, R. 2312-4 s.
  • formation, L. 2315-18, R. 2315-9 s.
  • inspections, R. 2312-4.
- Situation économique (consultation), L. 2312-17, L. 2312-19, L. 2312-25, R. 2312-16 s.
- Subvention de fonctionnement, L. 2315-61.
- Subvention, prêt ou avance attribué par une personne publique (information), R. 2312-23.
- Suppression, L. 2313-10, R. 2313-1 s.
- Transition écologique (attributions consultatives), L. 2312-8.
- Unité économique et sociale (CSE commun), L. 2313-8, R. 2313-4 s.
- Visioconférence, L. 2315-4, L. 2316-16, D. 2315-1 s.
- Vœux, L. 2312-15.
- Vote, L. 2315-32 s., R. 2315-24.
  ▶ V. *Base de données économiques, sociales et environnementales, Comité social et économique central, Comité social et économique d'établissement, Conseil d'entreprise, Représentant de proximité.*

Comité social et économique central, L. 2316-1 s., R. 2316-1 s.
- Composition, L. 2316-4, R. 2316-1 s.
- Consultations, L. 2316-1 s.
- Élections, L. 2316-8 s.
- Expert, L. 2316-3.

Comité social et économique central (suite)
- Fonctionnement, L. 2316-13 s., R. 2316-1 s.
- Information, L. 2316-2.
- Mandat, L. 2316-10 s.
- Ressources, D. 2316-4.
- Secrétaire, R. 2316-3.
- Subvention de fonctionnement, R. 2315-32.
- Visioconférence, L. 2316-16, D. 2316-8.

Comité social et économique d'établissement, L. 2316-20 s.
- Activités sociales et culturelles, L. 2316-23, D. 2316-7.
- Attributions, L. 2316-20 s.
- Composition, L. 2316-24.
- Expert, L. 2316-21.
- Fonctionnement, L. 2316-25 s.

Comités régionaux d'orientation des conditions de travail, L. 4641-4.

Comités régionaux de prévention et de santé au travail, L. 4641-5.

Commande exceptionnelle à l'exportation,
- Contrat de travail temporaire, L. 1251-9.

Commissaire aux comptes,
- Comité social et économique, L. 2312-63.
- Organisations professionnelles d'employeurs, L. 2135-6.
- Syndicats professionnels de salariés, L. 2135-6.

Commission de conciliation, L. 2522-1 s., R. 2522-3 s.
- Départements d'outre-mer, L. 2623-1, R. 2623-1.

Commission de santé et de sécurité, L. 4643-4.
- Accident du travail (enquête), R. 2312-2.

Commission nationale de la négociation collective, de l'emploi et de la formation professionnelle, L. 2271-1 s., R. 2271-1 s.
- Extension (avis), L. 2261-25.
- Fonctionnement, L. 2272-1 s., R. 2272-1 s.
- Missions, L. 2271-1, R. 2271-1.
- Organisation, L. 2272-1 s., R. 2272-1.
- Sous-commissions, R. 2272-10 s.

Commission paritaire d'hygiène, de sécurité et des conditions de travail,
- Licenciement, L. 2411-15, L. 2421-4.
- Rupture du CDD, L. 2412-10.

Commission paritaire interprofessionnelle régionale, L. 6323-17-6, D. 6323-19 s.
- Système d'information national commun aux commissions paritaires interprofessionnelles régionales, R. 6323-21-7 s.

Commission paritaire locale, L. 2234-1 s.
- Accord, L. 2234-3.
- Objet, L. 2234-2.

Commission régionale pour les TPE, L. 23-111-1, R. 23-111-1.
- Agissements sexuels, L. 23-113-1.
- Attributions, L. 23-113-1 s.
- Attributions des sièges, L. 23-113-1 s., R. 23-112-2 s.
- Composition, L. 23-112-1 s., R. 23-112-1.
- Désignation des membres, R. 23-112-10 s.
- Fonctionnement, L. 23-114-1 s., R. 23-113-1 s.
- Harcèlement sexuel, L. 23-113-1.
- Licenciement d'un salarié membre, L. 2411-25.
- Missions, L. 23-113-1 s.
- Saint-Barthélémy, Saint-Martin et Saint-Pierre-et-Miquelon, R. 2262-3.
- Statut des membres de la commission, L. 23-114-2.

Commission santé, sécurité et conditions de travail, L. 2315-36 s.
- Attributions, L. 2315-38.
- Champ de la négociation collective, L. 2315-41.
- Composition, L. 2315-39.
- Dispositions supplétives, L. 2315-44.
- Effectif, L. 2315-36 s.
- Formation, L. 2315-18, L. 2315-40.
- Installations nucléaires, L. 4523-7 s.
- Ordre public, L. 2315-36 s.

Compensation salariale, L. 3251-1 s.

Compte d'engagement citoyen, L. 5151-7 s., D. 5151-11 s.
- Activités prises en compte, L. 5151-5.
- Comptabilisation, L. 5151-9.

Compte d'engagement citoyen (suite)
- Droits inscrits sur le compte personnel de formation, L. 6323-3.
- Formation des bénévoles, L. 6323-6.
- Formation des volontaires au service civique, L. 6323-6.
- Réserve civique, L. 5151-9, D. 5151-14 s.
- Sapeur-pompier, L. 5151-9, D. 5151-14 s.
- Service civique, L. 5151-9, D. 5151-14 s.

Compte de prévention de la pénibilité
▶ V. *Compte personnel de formation (CPF)*.

Compte épargne-temps, L. 3151-1 s.
- Abondement, L. 3152-1.
- Alimentation, L. 3152-1.
- Consignation des droits épargnés, D. 3154-1 s.
- Champ de la négociation collective, L. 3152-1 s.
- Contenu de la convention, L. 3152-4.
- Financement retraite, L. 3152-4.
- Garantie, L. 3151-4, L. 3153-1.
- Gestion, L. 3152-2.
- Mise en place, L. 3151-1.
- Objet, L. 3151-2.
- Plan d'épargne pour la retraite, L. 3152-4, L. 3334-8.
- Plan d'épargne salariale, L. 3343-1.
- Transfert des droits, L. 3152-2, L. 3153-2.
- Utilisation, L. 3152-1 s.

Compte personnel d'activité, L. 5151-1 s., R. 5151-1 s.
- Activité des personnes détenues, L. 5151-2.
- Compte d'engagement citoyen, L. 5151-7 s., D. 5151-11 s.
- Compte personnel de formation, L. 6111-1 s.
- Contenu, L. 5151-5.
- Traitement des données à caractère personnel, R. 5151-1 s.
- Compte professionnel de prévention, L. 4163-1 s., R. 4163-1 s.

Compte personnel de formation (CPF), L. 6111-1, L. 6323-1 s., R. 6323-1 s.
- Abondement en droits complémentaires, L. 6323-4, L. 6323-10, R. 6323-2 s.
- Abondement-sanction, L. 6315-1, L. 6323-13.
  - lanceur d'alerte, D. 6323-3-4 ; L. n° 2016-1691 du 9 déc. 2016, art. 12, ss. L. 1132-3-3.
- Accord collectif,
  - abondement, L. 6323-14.
  - formations éligibles financées par l'employeur, L. 6323-11.
- Action de formation certifiante, L. 6323-17-1 s.
- Alimentation, L. 6323-11, R. 6323-1 s.
  - accord collectif, L. 6323-11, R. 6323-2.
  - crédit en euros, L. 6323-2, R. 6323-1.
  - modalités conventionnelles, L. 6323-11.
  - périodes d'absence prises en compte, L. 6323-12, L. 6323-18.
  - plafond, L. 6323-1, L. 6323-27.
  - salarié peu qualifié, L. 6323-11-1, R. 6323-3-1.
  - sanction, L. 6323-13.
  - travailleur en ESAT, R. 6323-29.
  - travailleur indépendant, R. 6323-22.
- Alimentation supplémentaire, L. 6323-4.
  - modalités, R. 6323-42 s.
- Application mobile, L. 6323-8.
- Artiste auteur, L. 6323-25 s.
- Bénéficiaires, L. 6323-2.
- Bilan de compétences, L. 6323-6, R. 6313-4 s.
- Caisse des dépôts et consignations, L. 6323-9, L. 6323-11, L. 6333-1 s., R. 6333-1 s.
  - gestion des ressources, L. 6333-6 s., R. 6333-1 s.
  - informations transmises par l'employeur, R. 6323-32 s.
  - missions, L. 6333-1 s.
  - système d'information national, L. 6111-7.
  - traitement automatisé, R. 6323-32 s.
- Changement de situation professionnelle, L. 6323-3.
- Commission paritaire interprofessionnelle régionale, L. 6323-17-2.
- Comptabilisation, L. 6323-2.
- Compte d'engagement citoyen, L. 6323-3.
- Conjoint collaborateur, L. 6323-25.
- Contribution dédiée au financement du compte personnel de formation, L. 6331-6 s.
- Demandeur d'emploi,
  - formations éligibles, L. 6323-21 s.
- Démarchage des titulaires de CPF (interdiction), L. 6323-8-1.
- Départ à la retraite, L. 6323-3.
- Départ en formation, L. 6323-17.
- Entretien professionnel,
  - informations relatives à l'activation du compte personnel de formation, L. 6315-1.

Compte personnel de formation (CPF) (suite)

- Financement d'une formation, R. 6333-3 s., R. 6333-8 s.
  - coût de la formation supérieur au montant des droits inscrits au compte, L. 6323-4 s.
- Formation des volontaires au service civique, L. 6323-6.
- Formation financée dans le cadre du CPF suivie pendant le temps de travail, D. 6323-4 s.
  - autorisation d'absence, L. 6323-17.
- Formations dispensées aux créateurs et repreneurs d'entreprise, L. 6323-6.
- Formations éligibles, L. 6323-6, L. 6323-16, L. 6323-31.
  - demandeurs d'emploi, L. 6323-21.
  - information, L. 6323-8.
- Frais de formation, L. 6323-20.
- Gestion, L. 6323-9, L. 6333-1 s., R. 6333-1 s.
  - actualisation des droits, L. 6323-11.
- Information du titulaire, L. 6323-8.
- Membre de professions libérales, L. 6323-25 s.
- Organisme financeur, L. 6333-1 s.
- Permis de conduire, L. 6323-6, D. 6323-8.
- Personne handicapée, L. 6323-23 s.
- Perte d'emploi, L. 6323-3.
- Projet de transition professionnelle
  ▶ V. *Projet de transition professionnelle.*
- Prospection commerciale des titulaires d'un compte personnel de formation (interdiction), L. 6323-8-1.
- Référencement du prestataire de formation, L. 6323-9 s., R. 6333-5 s.
- Remboursement des sommes indues, L. 6323-44 s.
- Salarié employé par une personne publique, L. 6323-20-1.
- Salarié non qualifié, L. 6323-11-1.
- Sapeurs-pompiers volontaires, L. 6323-3.
- Service dématérialisé, L. 6323-6.
- Sous-traitant, L. 6323-9-2, R. 6333-6-2.
- Travailleur handicapé, L. 6323-33 s., R. 6323-29 s.
- Travailleur indépendant, L. 6323-25 s.
- Travailleur non salarié, L. 6323-25 s.
- Validation des acquis des compétences, L. 6323-6.

Compte personnel de prévention de la pénibilité

▶ V. *Compte professionnel de prévention.*

Compte professionnel de prévention,

L. 4163-1 s., R. 4163-1 s.
- Abondement, L. 4163-6, R. 4163-8 s.
- Acquisition de points, L. 4163-5, R. 4163-9.
- Contrat de mise à disposition, R. 4163-7.
- Contrôle, L. 4163-16, D. 4163-32, R. 4163-33.
- Déclaration des facteurs de risques, D. 4163-3, R. 4163-8 s.
- Exposition aux facteurs de risques professionnels concernés, L. 4163-1.
- Financement, L. 4163-21, D. 4163-47 s.
- Gestion, L. 4163-14, D. 4163-31 s.
- Organisme gestionnaire, R. 4163-1.
- Ouverture, L. 4163-4 s., R. 4163-8 s.
- Points, L. 4163-5, R. 4163-9 s.
- Réclamations, L. 4163-17 s., R. 4163-34 s.
- Reconversion professionnelle, L. 4163-7, L. 4163-8-1 s., D. 4163-30-1 s.
- Utilisation, L. 4163-7 s., R. 4163-11.
  - formation professionnelle, L. 4163-8, R. 4163-11, R. 4163-18 s.
  - passage à temps partiel, L. 4163-7, L. 4163-9 s., R. 4163-11, D. 4163-25 s.
  - reconversion professionnelle, L. 4163-7, L. 4163-8-1 s., D. 4163-30-1 s.
  - retraite, L. 4163-13, R. 4163-11, R. 4163-30 s.

Concierge et employé d'immeuble,

L. 7211-1 s., R. 7212-1 s.
- Congés payés, L. 7213-1 s., R. 7213-1 s.
- Contrat de travail, L. 7212-1 s., R. 7212-1 s.
- Définition, L. 7211-2.
- Indemnité de logement, L. 7213-4
- Remplacement, L. 7213-2, L. 7213-4 s.
- Suivi individuel de l'état de santé, L. 7214-1 (abrogé), R. 7214-1 s.

Conciliation, L. 2522-1 s., R. 2522-1 s.

- Commission de conciliation, L. 2522-1 s., R. 2522-3 s.
- Conciliation prud'homale, L. 1411-1, R. 1454-7 s.
- Procédure, L. 2522-1, R. 2522-1 s.

Conclusion du contrat de travail,

- Capacité, L. 1221-1 (J. 81 s.).
- Consentement, L. 1221-1 (J. 78 s.).
- Forme, L. 1221-1 (J. 93 s.).
- Offre d'embauche, L. 1221-1 (J. 89 s.).
- Preuve, L. 1221-1 (J. 98 s.).
- Promesse d'embauche, L. 1221-1 (J. 91 s.).

Concurrence,
- Obligation de loyauté, L. 1232-1 (J. 51 s.).
▶ V. *Clause de non-concurrence.*

Conditions de travail,
- Agence pour l'amélioration des conditions de travail, L. 4642-1 s.
- Apprentissage, L. 6222-23 s.
- Contrat de mission, L. 1251-21 s.
- Convention de branche, L. 2253-1.
- Droit d'expression directe et collective des salariés, L. 2281-1 s.
- Enfants dans le spectacle ou la mode, L. 7124-6 s.
- Groupement d'employeurs, L. 1253-9 s.
- Information et consultation du comité social et économique, L. 2312-17 s.
- Négociation de branche, L. 2241-1, L. 2241-12.
- Stagiaire, L. 6343-1 s.

Conflit collectif de travail
▶ V. *Grève.*

Congé d'adoption, L. 1225-37 s., R. 1225-9 s.
- Congé pour l'arrivée d'un enfant placé en vue de son adoption, L. 3142-1, 3° *bis*, L. 3142-4, 3° *bis*, D. 3142-1-3.
- Délai de prise du congé d'adoption, L. 1225-37, D. 1225-11-1.
- Durée, L. 1225-37, L. 1225-40.
- Fractionnement, L. 1225-37, D. 1225-11-1.
- Suspension du contrat de travail, L. 1225-38.
- Protection contre le licenciement, L. 1225-38 s.
- Période de travail effectif, L. 1225-42.
- Répartition entre les deux parents, L. 1225-40.
- Retour de congé, L. 1225-43.
  • entretien professionnel, L. 1225-46-1, L. 6315-1.
- Augmentation de salaire, L. 1225-44.

Congé de candidat parlementaire ou élu à un mandat local, L. 3142-79 s.

Congé de conversion, L. 5123-2.

Congé d'éducation des enfants, L. 1225-47 s.
▶ V. *Congé parental d'éducation, Congé pour enfant malade.*

Congé d'enseignement et de recherche, L. 3142-125 s., D. 3142-77 s.

Congé de formation professionnelle
▶ V. *Formation professionnelle.*

Congé de formation de cadres et d'animateurs pour la jeunesse, L. 3142-54 s., D. 3142-17 s.

Congé de formation économique, sociale, environnementale et syndicale, L. 2145-1 s., L. 2145-5 s.
- Durée, L. 2145-10.
- Refus, L. 2145-11.
- Rémunération, L. 2145-6.
- Travail effectif, L. 2145-10.

Congé de formation syndicale, L. 2145-5 s.
- Durée, L. 2145-7, L. 2145-10.
- Refus, L. 2145-11.
- Travail effectif, L. 2145-10.

Congé de maternité, L. 1225-17 s.
- Accouchement prématuré, L. 1225-20, L. 1225-23.
- Augmentation de salaire, L. 1225-26.
- Congé pathologique, L. 1225-21.
- Congés payés consécutifs, L. 3141-2.
- Décès de la mère, L. 1225-28.
- Démission, L. 1225-34.
- Durée, L. 1225-17 s.
- Faute grave, L. 1225-4.
- Naissances multiples, L. 1225-18.
- Période de travail effectif, L. 1225-24.
- Retour de congé, L. 1225-25 s.
  • entretien professionnel, L. 1225-27, L. 6315-1.
- Rupture du contrat de travail, L. 1225-4 s.
- Suspension du contrat de travail, L. 1225-24.
- Visite médicale de reprise, L. 1225-4 (J. 10), R. 4624-29 s.
▶ V. *Congé de paternité.*

Congé de mobilité, L. 1237-18 s.
- Accord collectif, L. 1237-18-2.
- Gestion prévisionnelle des emplois et des compétences (GPEC), L. 1237-18 s.
- Objet, L. 1233-17.
- Périodes de travail, L. 1237-18-1.
- Rupture du contrat de travail, L. 1237-18-4.
- Rémunération, L. 1237-18-3.

Congé de participation aux instances d'emploi ou de formation professionnelle, L. 3142-42 s.

Congé de paternité, L. 1225-35 s., D. 1225-8.
- Bénéficiaires, L. 3142-1.
- Date de prise de congé, L. 3142-4.
- Durée, L. 1225-35.
- Hospitalisation immédiate de l'enfant, L. 1225-34, D. 1225-8-1.
- Information de l'employeur, L. 1225-35.
- Interdiction d'emploi pendant le congé, L. 1225-35-1.

Congé de présence parentale,
L. 1225-62 s., R. 1225-14 s.
- Ancienneté, L. 1225-65.
- Démission, R. 1225-18 s.
- Durée, L. 1225-62.
- État de santé de l'enfant, L. 1225-62.
- Information de l'employeur, L. 1225-63.
- Protection contre la rupture du contrat de travail, L. 1225-4-4.
- Renouvellement, L. 1225-62.
- Retour anticipé, L. 1225-64.

Congé de proche aidant, L. 3142-16 s., D. 3142-9 s.
- Ancienneté, L. 3142-16, L. 3142-21.
- Assistants maternels et assistants familiaux, CASF, art. L. 423-2, App. VII, v° *Assistant maternel*, **p. 3516.**
- Champ de la négociation collective, L. 3142-26.
- Condition, L. 3142-17.
- Délai de prévenance, L. 3142-24, D. 3142-9 s.
- Durée, L. 3142-19, L. 3142-26, L. 3142-27.
- Entretien professionnel, L. 3142-23, L. 6315-1.
- Fin anticipée, L. 3142-19, D. 3142-13.
- Objet, L. 3142-16.
- Période d'activité à temps partiel, L. 3142-20.
- Référé en la forme (procédure accélérée), L. 3142-25.
- Renouvellement, L. 3142-26, D. 3142-11.
- Terme, L. 3142-22 s.

Congé de reclassement, L. 1233-71 s., R. 1233-17 s.
- Bilan de compétences, L. 1233-71.
- Durée, L. 1233-71 ; ANI du 11 janv. 2013, art. 21, App. III. A, v° *Embauche et emploi*, **p. 3396.**
- Maisons de l'emploi, L. 1233-74.
- Mise en œuvre, R. 1233-22 s.
- Obligation, L. 1233-71.
- Préavis, L. 1233-72.
- Proposition, R. 1233-17 s.
- Redressement ou liquidation judiciaire, L. 1233-75.
- ▶ V. *Obligation de reclassement.*

Congé de représentation, L. 3142-60 s., R. 3142-27 s. anc.

Congé de représentation pour assurer un mandat de parent d'élèves, C. éduc., art. R. 236-2, **p. 3333.**

Congé de solidarité familiale,
L. 3142-6 s., D. 3142-6 s.
- Ancienneté, L. 3142-12.
- Assistants maternels et assistants familiaux, CASF, art. L. 423-2, App. VII, v° *Assistant maternel*, **p. 3516.**
- Champ de la négociation collective, L. 3142-14.
- Début, L. 3142-7.
- Délai de prévenance, D. 3142-6 s.
- Durée, L. 3142-7, L. 3142-14, L. 3142-15.
- Fin du congé, L. 3142-7.
- Fractionnement du congé, L. 3142-14, L. 3142-15.
- Information de l'employeur, L. 3142-14, L. 3142-15.
- Objet, L. 3142-6.
- Période d'activité à temps partiel, L. 3142-16.
- Procédure accélérée au fond, L. 3142-13.
- Référé en la forme (procédure accélérée au fond), L. 3142-13.
- Renouvellement, L. 3142-7, L. 3142-14, L. 3142-15, D. 3142-8 anc.
- Retour, L. 3142-10.
  • entretien professionnel, L. 3142-11, L. 6315-1.
- ▶ V. *Congé de proche aidant.*

Congé de solidarité internationale,
L. 3142-67 s., D. 3142-14 s. anc.

Congé de validation des acquis de l'expérience, L. 6422-1 s., R. 6422-1 s.
- Allocation de formation, R. 6422-10-1.
- Autorisation d'absence, L. 6422-2.
- Convention, R. 6422-11 s.

Congé de validation des acquis de l'expérience *(suite)*
- Durée, L. 6422-2.
- Prise en charge, L. 6422-4 s., D. 6422-8 s.
- Rémunération, L. 6422-3, R. 6422-10.

Congé mutualiste de formation,
L. 3142-36 s., R. 3142-25 s. anc.

Congé parental d'éducation, L. 1225-47 s., R. 1225-12 s.
- Accident de l'enfant, L. 1225-49.
- Actions de formation, L. 1225-56 s.
- Adoption, L. 1225-48.
- Ancienneté, L. 1225-54.
- Bilan de compétences, L. 1225-56.
- Condition d'ancienneté, L. 1225-47.
- Cumul, L. 1225-53.
- Décès de l'enfant, L. 1225-52.
- Démission, R. 1225-18 s.
- Diminution des ressources, L. 1225-52.
- Durée, L. 1225-48.
- Handicap de l'enfant, L. 1225-49, R. 1225-12.
- Information de l'employeur, L. 1225-50.
- Maladie de l'enfant, L. 1225-49.
- Modification, L. 1225-51.
- Passage à temps partiel, L. 1225-47.
- Prolongation, L. 1225-48, L. 1225-51.
- Retour anticipé, L. 1225-52.
- Retour de congé, L. 1225-55.
  • entretien professionnel, L. 1225-27, L. 6315-1.

Congé pour acquisition de la nationalité,
L. 3142-75.

Congé pour catastrophe naturelle,
L. 3142-48 s.

Congé pour création d'entreprise,
L. 3142-105 s., D. 3142-65.
- Ancienneté, L. 3142-105, L. 3142-117, L. 3142-119.
- Champ de la négociation collective, L. 3142-117 s.
- Durée, L. 3142-80, L. 3142-117, L. 3142-119.
- Bénéficiaires, L. 3142-105 s.
- Départ différé, L. 3142-107, L. 3142-114 s., L. 3142-119.
- Jeune entreprise innovante, L. 3142-106.
- Objet, L. 3142-105.
- Période de travail à temps partiel, L. 3142-111.
- Prolongation, L. 3142-117, L. 3142-119.
- Refus de l'employeur, L. 3142-112.
- Réintégration du salarié, L. 3142-108.
  • réadaptation professionnelle, L. 3142-110.
- Report de congés payés, L. 3142-118, L. 3142-120 s.
- Report du congé, L. 3142-107, L. 3142-114 s., L. 3142-117.
- Rupture du contrat, L. 3142-109.

Congé pour enfant malade, L. 1225-61.
- Don de RTT, L. 1225-65-1.

Congé pour événement familial,
L. 3142-1 s.
- Assistants maternels et assistants familiaux, CASF, art. L. 423-2, App. VII, v° *Assistant maternel*, **p. 3516.**
- Refus de l'employeur, L. 3142-3.

Congé sabbatique, L. 3142-28 s., D. 3142-14.
- Ancienneté, L. 3142-28, L. 3142-32, L. 3142-34.
- Conditions, L. 3142-28.
- Départ différé, L. 3142-29 s.
- Durée, L. 3142-32, L. 3142-34.
- Information de l'employeur, L. 3142-32.
- Refus de l'employeur, L. 3142-29.
- Réintégration, L. 3142-95.
  • entretien professionnel, L. 3142-31, L. 6315-1.
- Report des congés payés, L. 3142-33, L. 3142-35, L. 3142-120 s.

Congés payés, L. 3141-1 s., D. 3141-1 s.
- Absence, L. 3141-6.
- Apprentissage, L. 6222-35.
- Caisse de congés payés, L. 3141-32 s.
  ▶ V. *Caisse de congés payés.*
- Champ de la négociation collective,
  • durée du congé, L. 3141-10.
  • fractionnement, L. 3141-21.
  • modification des dates et de l'ordre des congés, L. 3141-15.
  • ordre des départs en congés, L. 3141-15.
  • période de congés, L. 3141-15, L. 3141-21.
  • report des congés, L. 3141-21.
- Chèques-vacances, L. 3263-1.
- Compte épargne-temps
  ▶ V. *Compte épargne-temps.*
- Congé de maternité,
  • droit aux congés payés, L. 3141-2.
- Conjoint, L. 3141-14.

Congés payés *(suite)*
- Consultation du comité social et économique, L. 2312-26.
- Dates (modification), L. 3141-15, L. 3141-16.
- Don de jours de repos à un parent d'enfant malade, L. 1225-65-1 s.
- Don de jours de repos à un proche aidant, L. 3142-25-1.
- Don de jours de repos à un salarié réserviste, L. 3142-94-1.
- Droit au congé, L. 3141-1 s., D. 3141-1 s.
- Durée, L. 3141-17 s.
  - dérogations individuelles, L. 3141-17.
- Enfants à charge (majoration), L. 3141-8.
- Faute grave, L. 1232-1 (J. 38).
- Fermeture de l'entreprise, L. 3141-19.
  - fractionnement des congés, L. 3141-19.
  - indemnité journalière de congés payés, L. 3141-31.
- Fractionnement, L. 3141-17 s.
- Indemnité compensatrice de congés payés, L. 3141-28.
- Indemnité de congés payés, L. 3141-24 s., D. 3141-7 s.
- Majoration, L. 3141-10.
- Maladie, L. 3141-3 (J. 10 s.).
- Ordre des départs, L. 3141-15, L. 3141-16.
- Période de congés, L. 3141-12, L. 3141-15, L. 3141-16.
- Période de référence, L. 3141-10, L. 3141-11, L. 3141-13, D. 3141-3.
- Pourboires, L. 3141-26.
- Préavis, L. 1234-1 (J. 84).
- Prise des congés, L. 3141-12 s., D. 3141-5 s.
- Report du congé, L. 3141-22.
  - congé pour création d'entreprise, L. 3142-118, L. 3142-120 s.
  - congé sabbatique, L. 3142-33, L. 3142-35.
  - compte épargne-temps, L. 3151-1 s.
- Travail effectif, L. 3141-4.
- Travailleur temporaire, L. 1251-19.

Conjoint du salarié,
- Compte personnel de formation, L. 6323-25 s.
- Congé simultané, L. 3141-14, L. 7213-3.
- Décès, L. 3142-1.

Conseil d'administration ou de surveillance,
- Délégation du personnel du comité économique et social, L. 2312-72 s., R. 2312-31 s.

Conseil d'entreprise,
- Accord d'entreprise, L. 2321-2 s.
- Heures de délégation, L. 2321-4, R. 2321-1.

Conseil de prud'hommes, L. 1411-1 s., R. 1412-1 s.
- Accord de résolution amiable du litige, R. 1471-1 s.
- Administration, R. 1423-30 s.
- Aérodrome, L. 1422-2.
- Affectations temporaires, L. 1423-10.
- Appel, L. 1462-1, R. 1461-1 s.
- Assemblée générale, L. 1423-3, R. 1423-23 s.
- Assignation, C. pr. civ., 54 s., **p. 3494.**
- Assistance des parties, L. 1453-1 s., R. 1453-1 s.
- Attributions, L. 1411-1 s., R. 1412-1 s.
- Avis, L. 1411-5.
- Bureau de conciliation et d'orientation, L. 1423-13, L. 1454-1, R. 1423-34.
- Bureau de jugement, L. 1423-12, L. 1454-1-1, R. 1423-34 s.
- Chambres, R. 1423-8 s.
- Commission nationale de discipline, L. 1442-13-2 s.
- Compétence, L. 1411-1 s., R. 1412-1 s.
- Composition, R. 1423-1 s.
- Conciliation, L. 1411-1, R. 1454-7 s. ; ANI du 11 janv. 2013, art. 25, App. III. A, v° *Embauche et emploi*, **p. 3397.**
- Conseil supérieur de la prud'homie, L. 1431-1 s.
- Conseiller rapporteur, R. 1454-4.
- Création, R. 1422-1 s.
- Déclaration de caducité, R. 1454-12, R. 1454-21.
- Défenseur syndical, L. 1453-4, R. 1453-2.
- Départage, L. 1454-2 s., R. 1454-29 s.
- Dépenses, L. 1423-14 s., R. 1423-51 s.
- Difficultés de fonctionnement, L. 1423-8 s.
- Discipline, L. 1442-11 s.
- Dissolution, L. 1423-11.
- Élections professionnelles (compétence), L. 2314-32 s.
- Formation de référé, L. 1423-13.
- Greffe, R. 1423-36 s.
  - délégation, R. 1423-50.
- Huissier de justice, R. 1423-53.

Conseil de prud'hommes *(suite)*
- Indemnisation, L. 1442-10, D. 1423-56 s.
- Inspection, R. 1423-30.
- Institution, R. 1422-1 s.
- Jugement, R. 1454-19 s.
- Licenciement du conseiller, L. 1442-19.
- Licenciement économique, L. 1456-1, R. 1456-1 s.
- Licenciement irrégulier,
  - accord entre les parties, L. 1235-1.
  - indemnisation forfaitaire, L. 1235-1.
- Litige entre salariés, L. 1411-3.
- Local, L. 1423-14.
- Mandat, L. 1423-6, L. 1442-3 s.
- Médiation, R. 1471-1 s.
- Mise en état de l'affaire, L. 1454-1, R. 1454-1 s.
- Mission d'assistance et de représentation du défenseur syndical, L. 1453-4.
- Opposition, R. 1463-1.
- Outre-mer, L. 1511-1 s., R. 1523-1 s.
- Pénalités, L. 1443-1 s.
- Personnel des services publics, L. 1411-2.
- Pourvoi en cassation, L. 1462-1, R. 1462-1 s.
- Prescription,
  - action portant sur l'exécution ou la rupture du contrat de travail, L. 1471-1.
  - action relative au salaire, L. 3245-1.
- Président, L. 1423-3 s., R. 1423-11 s.
  - indemnisation, D. 1423-71.
- Procédure accélérée au fond, R. 1455-12.
- Recours, L. 1462-1.
- Récusation, L. 1457-1, R. 1457-1 s.
- Radiation de l'affaire, R. 1454-2.
- Référé, R. 1455-1 s.
- Référé en la forme (procédure accélérée au fond), R. 1455-12.
- Règlement intérieur, R. 1423-25 s.
- Relèvement d'incapacité, L. 1442-18.
- Rémunération, L. 1442-6.
- Représentation des parties, L. 1453-1 s., R. 1453-1 s.
- Requête, C. pr. civ., 54 s., App. V, v° *Conflits du travail*, **p. 3494.**
- Résolution amiable des litiges, R. 1471-1 s.
- Ressort, L. 1422-1.
- Saisine, R. 1452-1 s.
- Service d'accueil unique du justiciable, R. 1423-50-1.
- Statut, L. 1442-1 s.
- Suppression, R. 1422-1.
- Témoin,
  - indemnité de comparution, R. 1423-54.
- Vice-président, L. 1423-3 s., R. 1423-11 s.
  - indemnisation, D. 1423-71 s.
- Voies de recours, L. 1462-1, R. 1461-1 s.
▶ V. *Conseiller prud'homme.*

Conseil d'orientation pour l'emploi,
Décr. n° 2005-326 du 7 avr. 2005, App. III. A, v° *Embauche et emploi*, **p. 3384.**

Conseil d'orientation des conditions de travail, L. 4641-1, R. 4641-1 s.
- Comité national de prévention et de santé au travail, L. 4624-2-1.

Conseil en évolution professionnelle,
L. 6111-6 s. ; ANI du 11 janv. 2013, art. 15, App. III. A, v° *Embauche et emploi*, **p. 3393.**
- transmission des données, L. 6111-6-1.

Conseil national de l'inspection du travail, D. 8121-1 s.

Conseil supérieur de la prud'homie,
L. 1431-1 s., R. 1431-1 s.
- Composition, R. 1431-4 s.
- Fonctionnement, R. 1431-9.
- Missions, R. 1431-1 s.

Conseiller du salarié, L. 1232-7 s., D. 1232-4 s.
- Assistance du salarié, L. 1232-7 s.
- Autorisation d'absences, L. 1232-12.
- Entretien préalable, L. 1232-4.
- Indemnisation, L. 1232-10.
- Licenciement (protection), L. 1232-14.
  - pénalités, L. 2438-1.
- Licenciement, L. 2411-21, R. 2421-1 s.
- Procédure d'autorisation du licenciement, L. 2421-1.
- Radiation, L. 1232-13.
- Rémunération, L. 1232-9, L. 1232-11.
- Secret professionnel, L. 1232-13.
- Temps nécessaire à l'exercice des fonctions, L. 1232-8.

Conseiller du travail (service social du travail), D. 4632-4.

Conseiller prud'homme,
- Âge, L. 1442-3.
- Candidature, L. 1441-6 s.
- Conflit d'intérêts, L. 1421-3.
- Conseiller du salarié, L. 1232-7.
- Déchéance, L. 1442-11.
- Déclaration d'intérêts, L. 1421-3.
- Délit d'entrave, L. 1443-3.
- Désignation, L. 1441-1 s.

Conseiller prud'homme *(suite)*
- candidatures, L. 1441-6 s.
- collège employeurs, L. 1441-12.
- collège salariés, L. 1441-13.
- contestation, L. 1441-24.
- désignation complémentaire, L. 1441-25 s.
- liste de candidats, L. 1441-18 s.
- mandataire de listes, L. 1441-23.
- nombre de sièges attribués aux organisations syndicales, L. 1441-4.
- section, L. 1441-12.
- Démission, D. 1442-20.
- Devoirs des conseillers prud'hommes, L. 1421-2.
- Discipline, L. 1442-11 s., D. 1442-20 s.
- Fin du mandat, D. 1442-16 s.
- Formation, L. 1442-1 s., D. 1442-1 s.
- Incapacité, L. 1441-10, L. 1442-17 s.
- Installation, D. 1442-11 s.
- Licenciement, L. 2411-22.
- Limitation des mandats, L. 1441-9.
- Médaille, D. 1442-25 s.
- Nomination, L. 1441-1.
  - contestations, L. 1441-24.
  - délit d'entrave, L. 1443-3.
- Honorariat, D. 1442-26 s.
- Paritarisme, L. 1441-19.
- Prestation de serment, D. 1442-11 s.
- Procédure d'autorisation du licenciement, L. 1442-19, L. 2421-2.
- Protection, L. 2411-22.
- Rémunération, L. 1442-6, R. 1423-55 s.
- Rupture du CDD, L. 2421-7.
- Statut, D. 1442-1 s.
▶ V. *Conseil de prud'hommes*.

Conséquences environnementales de l'activité de l'entreprise,
- Base de données économiques, sociales et environnementales, L. 2312-21, L. 2312-36.
- Formation des membres du comité social et économique, L. 2315-63.
- Missions de l'expert-comptable du CSE, L. 2315-87-1, L. 2315-89, L. 2315-91-1.
- Négociation sur la GPEC, L. 2241-12, L. 2242-20.

Constat de carence,
- Comité social et économique, L. 2314-9.

Contentieux prud'homal
▶ V. *Conseil de prud'hommes*.

Contrat à durée déterminée (CDD),
L. 1241-1 s.
- Accident du travail, L. 1226-18 s.
- Accroissement temporaire d'activité, L. 1242-2.
- Actions en justice, L. 1247-1.
- Attente d'entrée d'un salarié en CDI, L. 1242-2.
- Chômeur, L. 3 janv. 1979, art. 8.
- Clause de non-concurrence, L. 1221-1 (J. 154).
- Comité social et économique, L. 2312-26, L. 2312-70 s.
- Commande exceptionnelle à l'exportation, L. 1242-5.
- Conclusion d'un contrat à durée indéterminée, L. 1243-2.
- Congé de mobilité, L. 1237-18-1.
- Contrat à durée déterminée « seniors », D. 1242-2, D. 1242-7.
- Contrat à durée déterminée à objet défini, L. 1242-2 (6°).
- CDD tremplin, L. 1242-3 (note), 5213-13-2.
- Contrat d'accompagnement dans l'emploi, L. 5134-24.
- Contrat d'apprentissage, L. 1242-4.
- Contrat d'usage, L. 1242-2.
- Contrat doctoral de droit privé, L. 1242-3.
- Contrat emploi-jeunes, L. 5134-9.
- Contrat multi-remplacement, note ss. L. 1242-2, L. 1251-6.
- Contrat postdoctoral, L. 1242-3.
- Contrats successifs, L. 1244-1 s.
- Contrôle, L. 1246-1.
- Convention de branche, L. 2253-1.
- Délai de carence, L. 1244-3 s. ; L. 2253-1.
- Dispositions pénales, L. 1248-1 s.
- Discrimination, L. 1142-1.
- Droit individuel à la formation, L. 6323-3.
- Durée, L. 1242-8 s., D. 1242-6 s. ; L. 2253-1.
- Écrit, L. 1242-12.
- Effectif de l'entreprise, L. 1111-2.
- Emploi saisonnier, L. 1242-2.
- Faute grave, L. 1243-1.
- Force majeure, L. 1243-1.
- Formation professionnelle, L. 1242-3, L. 1243-9.
- Forme, L. 1242-12.
- Grève, L. 1242-6.
- Grossesse, L. 1225-6.
- Inaptitude, L. 1243-1, L. 1226-4-3.
- Indemnité compensatrice de congés, L. 1242-16.

Contrat à durée déterminée (CDD) (suite)

- Indemnité de fin de contrat à durée déterminée, L. 1243-8 s.
- Indemnité de précarité, L. 1243-8 s.
- Indemnité de requalification, L. 1245-2.
- Indemnité de rupture anticipée, L. 1243-4.
- Information (poste à pourvoir), L. 1242-17, D. 1242-8.
- Interdictions, L. 1242-5 s., D. 1242-4 s.
- Maladie professionnelle, L. 1226-18 s.
- Médecin du travail, L. 4623-5-1 s.
- Mentions obligatoires, L. 1242-12.
- Objet défini, L. 1242-2 (6°).
- Période d'essai, L. 1242-10 s.
- Préavis, L. 1243-2.
- Prise d'acte de la rupture, L. 1243-1 (J. 11).
- Procédure disciplinaire, L. 1243-1 (J. 17).
- Prorogation, L. 1243-12.
- Recours, L. 1242-1 s., D. 1242-1 s.
- Remplacement d'un salarié absent, L. 1242-2.
  - remplacement de plusieurs salariés, note ss. L. 1242-2, L. 1251-6.
  - terme, L. 1243-7.
- Renouvellement, L. 1243-13 s.
- Requalification, L. 1245-1, R. 1245-1.
- Résiliation judiciaire, L. 1231-1 (J. 55).
- Risques particuliers pour la santé, L. 4142-2.
  - faute inexcusable, L. 4154-3.
  - obligation d'information, L. 4154-2.
- Rupture anticipée, L. 1243-1 s., D. 1243-1.
  - jeunes travailleurs, L. 4733-9.
- Salariés protégés, L. 2412-1 s.
- Salariés mandatés, L. 2412-11, L. 2421-7.
- Service national, L. 1242-4.
- Succession, L. 1244-1 s.
- Syndicat (action en justice), L. 1247-1.
- Terme, L. 1242-7.
  - échéance, L. 1243-5 s.
- Transmission du contrat, L. 1242-13, L. 1245-1, L. 2253-1.
- Travaux dangereux, L. 1242-6.
- Travaux interdits, L. 4154-1, D. 4154-1 s.
  - dérogations, D. 4154-2 s.

Contrat d'accompagnement dans l'emploi, L. 5134-20 s., R. 5134-26.

- Accompagnement, R. 5134-37 s.
- Aide à l'insertion professionnelle, L. 5134-21-2, R. 5134-26.
- Aide financière, L. 5134-30 s., R. 5134-40 s.
- Calcul des effectifs de l'entreprise, L. 2301-1.
- Comité social et économique (information), L. 2312-26.
- Contrat de travail, L. 5134-24 s., R. 5134-36.
- Convention individuelle, R. 5134-26 s.
- Convention avec l'État, L. 5134-21 s.
- Décision administrative, L. 5134-21-1.
- Durée, L. 5134-24 s.
- Effectif de l'entreprise, L. 1111-3.
- Emploi d'avenir, L. 5134-112, R. 5134-165.
- Emploi d'avenir professeur, L. 5134-125.
- Exonérations, L. 5134-31, D. 5134-48 s.
- Formation professionnelle, L. 5134-22, L. 5134-32.
- Information du comité social et économique, L. 2312-26.
- Objet, L. 5134-20 s.
- Période de mise en situation en milieu professionnel, D. 5134-50-1 s.
- Préavis, L. 5134-29.
- Rupture avant terme, L. 5134-28.
- Salaire, L. 5134-27.
- Suspension du contrat, L. 5134-29.

Contrat d'apprentissage
▶ V. *Apprentissage.*

Contrat d'appui au projet d'entreprise, L. 5142-1 s., R. 5142-1 s.

Contrat d'emploi pénitentiaire,
- Assurance chômage, L. 5424-30.
- Compte personnel d'activité, L. 5151-2.

Contrat d'emploi pénitentiaire, C. pénit., art. L. 412-1 à L. 412-25, R. 412-1 à R. 412-29, App. VII. I, v° *Travail des personnes détenues*, **p. 3516.**

Contrat d'engagement, L. 5411-6 s.
- Actes positifs de recherche d'emploi, L. 5411-6-1.
- Contrôle, L. 5426-1 s.
- Manquement au contrat d'engagement, L. 5412-1.
- Offre raisonnable d'emploi, L. 5411-6-1.
- Parcours d'insertion, L. 5132-3.
- Préparation opérationnelle à l'emploi, L. 6326-1.
- Projet de reconversion professionnelle, L. 5411-6-1.
- Reprise ou création d'entreprise, L. 5411-6-1.

Contrat d'engagement (demandeur d'emploi), L. 5411-6 s. nouv.

Contrat d'engagement jeune, L. 5131-6, L. 5312-1, L. 5411-6-1, R. 5131-15 s.

Contrat d'engagement maritime,
C. transp., art. L. 5542-2 s., 🏛.

Contrat d'entreprise, L. 1221-1 (J. 39 s.).

Contrat de chantier ou d'opération,
L. 1223-8 s.
- Convention de branche, L. 1223-8 s.
- Priorité de réembauche en CDI, L. 1236-9.
- Rupture, L. 1236-8.

Contrat de formation professionnelle,
L. 6353-3 s.
- Force majeure, L. 6353-7.
- Mentions obligatoires, L. 6353-4.
- Rétractation, L. 6353-5 s.

Contrat de mise à disposition,
L. 1251-42 s.
- Apprentissage, L. 6222-42.
- Formalités, L. 1251-42.
- Mentions obligatoires, L. 1251-43.
- Obligation d'emploi des travailleurs handicapés, L. 5212-7.
▶ V. *Contrat de travail à durée indéterminée intérimaire.*

Contrat de génération, L. 5121-6 s. *[abrogés].*

Contrat de mission, L. 1251-1 s., D. 1251-1 s.
- Accroissement temporaire d'activité, L. 1251-6.
- Ancienneté, L. 1251-38, L. 1251-39.
- Bâtiment et travaux publics, L. 1251-20.
- Cas de recours, L. 1251-5 s., D. 1251-1 s.
- Contenu, L. 1251-16.
- Contrat saisonnier, L. 1251-6.
- Contrats successifs, L. 1251-36, L. 2253-1.
- Délai de carence, L. 1251-36 s., L. 2253-1, L. 5132-6.
- Durée, L. 1251-11 s., L. 2253-1.
- Échéance, L. 1251-29 s.
- Écrit, L. 1251-16.
- Égalité de rémunération, L. 1251-18.
- Égalité de traitement, L. 1251-18, L. 1251-24.
- Embauche (à l'issue du contrat de mission), L. 1251-38.
- Équipement de protection, L. 1251-23.
- Exécution provisoire, D. 1251-3.
- Indemnité compensatrice de congés payés, L. 1251-19.
- Indemnité de fin de mission, L. 1251-32 s.
- Indemnité de requalification, L. 1251-41.
- Information (poste à pourvoir), L. 1251-25.
- Intempérie, L. 1251-20.
- Médecine du travail, L. 1251-22.
- Mentions obligatoires, L. 1251-16.
- Pénalités, R. 1255-1 s.
- Période d'essai, L. 1251-14 s.
- Professions médicales et paramédicales, L. 1251-8.
- Rayonnements ionisants, L. 1251-34.
- Relevé, R. 1251-8 s.
- Remplacement d'un salarié, L. 1251-6, L. 1251-11, L. 1251-13, L. 1251-31.
- Remplacement de plusieurs salariés, note ss. L. 1251-6.
- Remplacement du chef d'entreprise, L. 1251-6.
- Rémunération, L. 1251-15, L. 1251-18 s.
- Renouvellement, L. 1251-35 s., L. 2253-1.
- Requalification, L. 1251-39 s.
- Responsabilité de l'entreprise utilisatrice, L. 1251-21.
- Rupture anticipée, L. 1251-26 s.
- Succession de contrats, L. 1251-36 s., L. 2253-1.
- Suspension, L. 1251-29.
- Terme, L. 1251-11, L. 1251-28, L. 1251-29 s.
- Transmission, L. 1251-17, L. 1251-40.
▶ V. *Contrat de travail à durée indéterminée intérimaire.*

Contrat de mission à l'exportation,
- Rupture, L. 1236-7.
▶ V. *Contrat de travail à durée indéterminée intérimaire.*

Contrat de professionnalisation,
L. 6325-1 s., D. 6325-1 s.
- Actions en vue d'une validation des acquis de l'expérience (expérimentation), L. n° 2022-1598 du 21 déc. 2022, art. 11, ss. L. 6325-1.
- Activité saisonnière, L. 6325-4-1.
- Aide à l'embauche, Décr. n° 2011-524 du 16 mai 2011, App. III. A, v° *Embauche et emploi,* **p. 3418.**
- Aide à l'embauche des personnes éligibles à un parcours d'insertion par l'activité économique en contrat de professionnalisation, Décr. n° 2021-1404 du 29 oct. 2021, App. III. A, v° *Embauche et emploi,* **p. 3426.**

Contrat de professionnalisation (suite)
- Aide exceptionnelle (1ᵉʳ-31 mars 2021), Décr. n° 2022-1714 du 29 déc. 2022, App. I. A, v° *Apprentissage*, **p. 3186.**
- Associations intermédiaires, L. 5132-3.
- Bénéficiaires, L. 6325-1 s.
- Carte d'étudiants des métiers, L. 6325-6-2, D. 6325-29.
- Comité social et économique (information), L. 2312-26.
- Contrat, L. 6325-5 s., D. 6325-1 s.
- Département ou région d'outre-mer, L. 6325-25 (note).
- Dépôt, D. 6325-1.
- Durée du contrat, L. 6325-11 s.
- Durée du travail, L. 6325-10.
- Effectif de l'entreprise, L. 1111-3.
- Entreprise de portage salarial, L. n° 2020-1577 du 14 déc. 2020, art. 16, ss. L. 1254-24.
- Entreprise de travail temporaire, L. 6325-23.
- Entreprise de travail temporaire d'insertion, L. 5132-3.
- Entreprise d'insertion, L. 5132-3.
- Exécution du contrat à l'étranger, L. 6325-25, R. 6325-33 s.
- Formation, L. 6325-3, D. 6325-11 s.
- Gratuité, L. 6325-2-1.
- Groupements d'employeurs, D. 6325-22 s.
- Mobilité à l'étranger, L. 6325-25, R. 6325-33 s.
- Objet, L. 6325-1.
- Opérateurs de compétences, L. 6325-14-1.
- Prise en charge financière, D. 6332-85 s.
- Rémunération, L. 6325-8 s., D. 6325-14 s.
- Tutorat, L. 6325-3-1, D. 6325-6 s.

Contrat de sécurisation professionnelle,
L. 1233-65 s. ; Conv. du 26 janv. 2015, App. III. A, v° *Embauche et emploi*, **p. 3399.**
- Accompagnement financier, ANI du 11 janv. 2013, art. 8, App. III. A, v° *Embauche et emploi*, **p. 3389.**
- Allocation d'aide au retour à l'emploi (issue du CSP), Conv. 2015, art. 27.
- Allocation de sécurisation professionnelle, Conv. 2015, art. 15 s.
- Bénéficiaires, Conv. 2015, art. 2 s.
- Contributions, L. 1233-66, L. 1233-69, L. 5427-1, L. 5422-16.
- Emploi franc (éligibilité), Décr. n° 2019-1471 du 26 déc. 2019, App. III. A, v° *Embauche et emploi*, **p. 3419.**
- Financement, Conv. 2015, art. 21 s.
- Participation des organismes paritaires collecteurs, D. 1233-49 s.
- Prestation d'accompagnement, Conv. 2015, art. 8 s.
- Procédure d'acceptation, Conv. 2015, art. 4 s.
- Recouvrement, Conv. 2015, art. 25 s.
- Suivi de l'accompagnement, Conv. 2015, art. 20.

Contrat de travail,
- Accident du travail, L. 1226-7 s.
- Accords collectifs, L. 2254-1.
- Apprentissage, L. 6221-1.
- Bonne foi, L. 1222-1.
- Bulletin de paie, L. 3243-3 (J. 5 s.).
- Clauses contractuelles, L. 1221-1 (J. 103 s.).
- Conclusion, L. 1221-1 (J. 78 s.).
- Contrat de professionnalisation, L. 6325-5.
- Contrat initiative-emploi, L. 5134-69.
- Convention collective, L. 2254-1.
- Déclaration à l'administration, L. 1221-16.
- Déclaration préalable à l'embauche, L. 1221-10 s.
- Écrit, L. 1221-3.
- Existence, L. 1221-1 (J. 1 s.).
- Formation, L. 1221-1 s.
- Informations obligatoires à fournir au salarié, L. 1221-5-1, R. 1221-34 s.
- Libertés individuelles, L. 1121-1.
- Nullité, L. 1221-1 (J. 100 s.).
- Preuve, L. 1221-1 (J. 98 s.).
- Relevé mensuel, D. 1221-28 s.
- Représentant de commerce, L. 7313-1.
- Vie privée du salarié, L. 1121-1 (J. 1 s.).
- VRP, L. 7313-1 s., D. 7313-1 s.
- ▶ V. *Clause d'exclusivité, Clause de dédit-formation, Clause de garantie d'emploi, Clause de mobilité, Clause de non-concurrence, Clause de résidence, Contrat de travail international, Discrimination, Modification de la situation juridique de l'employeur, Modification du contrat de travail, Période d'essai, Transfert du contrat de travail.*

Contrat de travail à durée indéterminée intérimaire,
L. 1251-58-1 s. ; L. n° 2015-994 du 17 août 2015, art. 56, App. I. B, v° *Contrat de travail*, **p. 3263.**
- Contenu du contrat, L. 1251-58-2.
- Durée des missions, L. 1251-58-6.
- Entreprise de travail temporaire d'insertion, L. 5132-6-1.
- Exécution des missions, L. 1251-58-1.
- Forme du contrat, L. 1251-58-2.

Contrat de travail à durée indéterminée intérimaire *(suite)*
- Périodes d'intermissions, L. 1251-58-2.
- Rémunération, L. 1251-58-3.

Contrat à durée indéterminée d'inclusion, L. 5132-5-1, L. 5132-14-1, D. 5132-10-5 s., D. 5132-10-15 s., R. 5132-26-8 s., D. 5132-43-11 s.

Contrat de travail à temps partagé, L. 1252-4 s.
- Clause de rapatriement, L. 1252-5.
- Contrat de mise à disposition, L. 1252-10.
- Égalité de traitement, L. 1252-8.
- Insertion professionnelle, L. n° 2018-771 du 5 sept. 2018, art. 115, ss. L. 1252-1.
- Rémunération, L. 1252-6.
- Rupture, L. 1252-9.

Contrat de travail à temps partiel
▶ V. *Travail à temps partiel.*

Contrat de travail intermittent
▶ V. *Travail intermittent.*

Contrat de travail international,
- Convention de Rome, L. 1221-1 (J. 307), **p. 117.**
- Loi applicable, L. 1221-1 (J. 301 s.).
- Régime, L. 1221-1 (J. 310 s.).

Contrat de travail temporaire,
- Accroissement temporaire d'activité, L. 1251-6.
- Bâtiments et travaux publics, L. 1251-20.
- Cas de recours, L. 1251-5 s., D. 1251-1.
- CDI intérimaire, L. 1251-58-1 s.
- Commande exceptionnelle à l'exportation, L. 1251-9.
- Contenu, L. 1251-16.
- Contrat saisonnier, L. 1251-6.
- Contrats successifs, L. 1251-36 s., L. 2253-1.
- Convention de branche, L. 2253-1.
- Définition, L. 1251-1 s.
- Délai de carence, L. 1251-36 s., L. 2253-1, L. 5132-6.
- Durée, L. 1251-11 s., L. 2253-1.
- Écrit, L. 1251-16.
- Égalité de rémunération, L. 1251-18.
- Égalité de traitement, L. 1251-18, L. 1251-24.
- Entreprise de travail temporaire, L. 1251-2 s.
- Équipements de protection, L. 1251-23.
- Formation professionnelle, L. 1251-7.
- Grève, L. 1251-10.
- Indemnité compensatrice de congés payés, L. 1251-19.
- Indemnité de fin de mission, L. 1251-32.
- Informations (poste à pourvoir), L. 1251-25, D. 1251-3-1.
- Insertion, L. 1251-7.
- Intempérie, L. 1251-20.
- Interdictions, L. 1251-9 s., D. 1251-2.
- Licenciement économique, L. 1251-9.
- Médecine du travail, L. 1251-22.
- Mentions obligatoires, L. 1251-16.
- Période d'essai, L. 1251-14.
- Professions médicales et paramédicales, L. 1251-8.
- Rayonnements ionisants, L. 1251-34.
- Remplacement d'un salarié absent, L. 1251-6, L. 1251-11, L. 1251-13, L. 1251-31.
- Rémunération, L. 1251-18 s.
- Renouvellement, L. 1251-35 s.
- Responsabilité (entreprise utilisatrice), L. 1251-21.
- Rupture anticipée, L. 1251-26 s.
- Succession de contrats, L. 1251-36 s., L. 2253-1.
- Suivi médical, L. 1251-22.
- Terme, L. 1251-11, L. 1251-28.
- Transmission, L. 1251-17, L. 1251-40.
- Travaux dangereux, L. 1251-10.
▶ V. *Entreprise de travail temporaire, Contrat de mise à disposition, Contrat de mission, Contrat de travail à durée indéterminée intérimaire.*

Contrat d'usage,
- Contrat à durée déterminée, L. 1242-2.

Contrat doctoral de droit privé, L. 1242-3.

Contrat emploi jeune, L. 5134-1 s. anc.

Contrat initiative-emploi, L. 5134-65 s., R. 5134-51 s.
- Accompagnement, R. 5134-60 s.
- Aide financière, L. 5134-72 s., R. 5134-63 s.
- Attestation d'expérience, L. 5134-70-2.
- Bilan, L. 5134-66, R. 5134-52.
- Calcul des effectifs de l'entreprise, L. 2301-1.
- Champ d'application, L. 5134-66, L. 5134-67.

Contrat initiative-emploi *(suite)*
- Comité social et économique (information), L. 2312-26, L. 2323-54.
- Contrat de travail, L. 5134-69 s.
- Délégués du personnel (information), L. 2313-5.
- Durée, L. 5134-69, L. 5134-70-1.
- Emploi d'avenir, L. 5134-112, R. 5134-165.
- Effectif de l'entreprise, L. 1111-3.
- Information du comité social et économique, L. 2312-26.
- Période de de mise en situation en milieu professionnel, L. 5135-1, D. 5134-71-1 s.
- Rupture, L. 5134-70.
- Suspension du contrat, L. 5134-71.

Contrat postdoctoral, L. 1242-3.

Contrat pour la mixité des emplois et l'égalité professionnelle entre les femmes et les hommes, D. 1143-7 s.

Contrat relatif aux activités d'adultes-relais, L. 5134-100 s., D. 5134-145 s.
- Âge, L. 5134-102.
- Aide financière, L. 5134-108, D. 5134-157 s.
- Contrat de travail, L. 5134-102 s., D. 5134-155 s.
- Convention, L. 5134-101, D. 5134-147 s.
- Durée, L. 5134-103.
- Objet, L. 5134-100, D. 5134-145.
- Période d'essai, L. 5134-103.
- Préavis, L. 5134-104.
- Rupture, L. 5134-104 s.

Contrat unique d'insertion,
L. 5134-19-1 s., R. 5134-14 s.
- Départements d'outre-mer, L. 5522-2 s., R. 5522-12.
- Reconversion ou promotion par alternance, L. 6324-2.
- Saint-Barthélemy, L. 5522-2 s., R. 5522-12.
- Saint-Martin, L. 5522-2 s., R. 5522-12.
- Saint-Pierre-et-Miquelon, L. 5522-2 s., R. 5522-12.

Contrat vendanges, C. rur., art. L. 718-4 s., **p. 3242.**

Contrats aidés,
- Contrat à durée déterminée d'insertion, L. 5132-5, L. 5132-11-1, R. 5132-7 s.
- Contrat à durée déterminée « seniors », D. 1242-2, D. 1242-7.
- Contrat à durée indéterminée d'inclusion pour les seniors, L. 5132-5-1, L. 5132-14-1, D. 5132-10-5 s., D. 5132-10-15 s., R. 5132-26-8 s., D. 5132-43-11 s.
- Contrat d'accès à l'entreprise, L. n° 2018-771 du 5 sept. 2018, art. 88, App. III. A, v° *Embauche et emploi*, **p. 3412.**
- Contrat d'accompagnement dans l'emploi, L. 5134-20 s.
  ▸ V. *Contrat d'accompagnement dans l'emploi.*
- Contrat initiative-emploi, L. 5134-65 s.
  ▸ V. *Contrat initiative-emploi.*
- Contrat relatif aux activités d'adultes-relais, L. 5134-100 s.
- Contrat unique d'insertion, L. 5134-19-1 s.
  ▸ V. *Contrat unique d'insertion.*
- Emploi d'avenir, L. 5134-110 s.
  ▸ V. *Emploi d'avenir.*
- Emploi d'avenir professeur, L. 5134-120 s.
  ▸ V. *Emploi d'avenir professeur.*
- Territoires zéro chômeur de longue durée, L. n° 2020-1577 du 14 déc. 2020, art. 9 à 11, App. III. A, v° *Embauche et emploi*, **p. 3423.**

Contrats de développement professionnel des intérimaires (CDPI), V. ndlr ss. L. 6325-24 ; Décr. n° 2021-1404 du 29 oct. 2021, art. 4 bis, App. III. A, v° *Embauche et emploi*, **p. 3428.**

Contrats d'insertion professionnelle intérimaire (CIPI), V. ndlr ss. L. 6325-24 ; Décr. n° 2021-1404 du 29 oct. 2021, art. 4 bis, App. III. A, v° *Embauche et emploi*, **p. 3428.**

Contrefaçon,
- Fermeture de l'entreprise,
  • droits des salariés, CPI, art. L. 335-5, L. 716-11-1, **p. 3221.**

Contribution exceptionnelle de solidarité, L. 5423-26 s. anc.

Contribution unique à la formation professionnelle, L. 6131-2.

Contrôle,
- Accord d'intéressement ou de participation, L. 3313-3, L. 3345-2 s., D. 3345-5.
- Apprentissage, R. 6251-1 s.
- Chèque emploi-service universel, L. 1271-16.

Contrôle *(suite)*
- Détachement de salariés de l'étranger, L. 1263-1 s., R. 1263-1 s.
- Équipements de travail, L. 4311-6, L. 4313-1.
- Formation professionnelle continue, L. 6361-1 s.
- Placement, L. 5323-1.
- Recherche d'emploi, L. 5426-1.
- Règlement intérieur, L. 1322-1 s.
- Règlement d'un plan d'épargne salariale, L. 3345-1 s.
- Travail illégal, L. 8271-1 s.

Contrôleur du travail
▶ V. *Inspection du travail.*

Convention collective, L. 2221-1 s.
- Accord de groupe, L. 2232-30 s.
  ▶ V. *Accord de groupe.*
- Accord de méthode, L. 2222-3-1, L. 2222-3-2.
- Accord de substitution, L. 2261-10 s.
- Accord d'entreprise, L. 2232-11 s.
  ▶ V. *Accord d'entreprise.*
- Accord interprofessionnel, L. 2232-1 s.
  ▶ V. *Accord interprofessionnel.*
- Actions en justice, L. 2262-9 s.
- Adhésion, L. 2261-3 s.
- Annexe, L. 2261-16 s.
- Avantage individuel acquis, L. 2261-13 s. (ancien), L. 2254-1 (J. 2).
- Avenant, L. 2261-16 s.
- Capacité, L. 2231-1.
- Champ d'application, L. 2222-1 s.
- Clauses de rendez-vous, L. 2222-5-1.
- Commission nationale de la négociation collective de l'emploi et de la formation professionnelle, L. 2271-1 s.
- Commissions mixtes paritaires, L. 2261-20, D. 2261-9 s.
- Commissions paritaires locales, L. 2234-1 s.
- Communication, L. 2262-5, R. 2262-1 s.
- Conditions de validité, L. 2231-1, R. 2231-1 s.
- Conditions de forme, L. 2231-3 s.
- Consultation des salariés, L. 2232-12 s.
- Contenu, L. 2222-3 s.
- Contrat de travail, L. 2254-1.
- Convention collective applicable, L. 2261-2.
- Convention de branche, L. 2232-5 s.
  • extension, L. 2261-19.
  ▶ V. *Convention de branche.*
- Copie, L. 2262-8.
- Définition, L. 2221-2.
- Délégué syndicaux (information), L. 2262-6 s.
- Démission (organisations signataires), L. 2262-3.
- Dénonciation, L. 2261-9 s., L. 2222-6.
- Dépôt, L. 2231-6 s., D. 2231-2 s.
- Dispositions plus favorables, L. 2251-1 s.
- Durée, L. 2222-4.
- Écrit, L. 2231-3.
- Effets, L. 2262-1 s.
- Élargissement, L. 2261-15 s., R. 2261-1 s.
- Entrée en vigueur, L. 2261-1.
- Exécution, L. 2262-1 s.
- Extension, L. 2261-15 s., R. 2261-1 s.
  • avenant, L. 2261-16, R. 2261-5.
  ▶ V. *Extension (convention collective).*
- Information, L. 2262-5 s., R. 2262-1 s.
- Langue française, L. 2231-4.
- Maintien de la rémunération perçue, L. 2261-13 s., L. 2254-1 (J. 2).
- Mise en cause, L. 2261-14 s.
- Notification, L. 2231-5, R. 2231-1 s.
- Objet, L. 2221-1 s.
- Opposition, L. 2231-7 s. anc.
- Préambule, L. 2222-3-3.
- Publicité, L. 2231-5-1, R. 2231-1 s.
- Procédure de licenciement pour motif économique, L. 1233-21 s., L. 1233-24-1.
- Renouvellement, L. 2222-5.
- Représentants du personnel (information), L. 2262-6.
- Révision, L. 2222-5, L. 2261-7 s.
- Secteur public, L. 2233-1 s.
- Suivi de la convention, L. 2222-5-1.
- Syndicat,
  • droit d'opposition, L. 2231-7 s. anc.
  • habilitation, L. 2231-2.
  • monopole de négociation, L. 2132-2.
▶ V. *Accord de groupe, Convention de branche.*

Convention d'assurance chômage
▶ V. *Assurance chômage.*

Convention de branche, L. 2232-5 s., R. 2232-1.
- Champ d'application, L. 2232-5 s.
- Clause de verrouillage, L. 2253-2.
- Commission paritaire d'interprétation, L. 2232-9.
- Contenu, L. 2232-8.
- Dispositions spécifiques TPE, L. 2232-10-1.
- Domaines de négociation, L. 2253-1 s.
- Extension, L. 2261-19.
- Observatoire paritaire de la négociation collective, L. 2232-10.
- Validité, L. 2232-6.

Convention de branche (suite)
▶ V. *Négociation de branche.*

Convention d'entreprise, L. 2232-11.
- Domaines de négociation, L. 2253-3.
▶ V. *Accord d'entreprise.*

Convention de forfait, L. 3121-53 s.
- Accord collectif, L. 3121-63 s.
- Convention individuelle de forfait, L. 3121-65.
- Forfait en heures, L. 3121-56 s.
- Forfait en jours, L. 3121-58 s.
  • retraite progressive (compatibilité), L. 3121-60-1, D. 3121-36.
- Ordre public, L. 3121-53.
- Rémunération, L. 3121-57, L. 3121-61.
- Suivi de la charge de travail, L. 3121-64 s.

Convention de procédure participative, C. civ., art. 2064, p. 3194.

Convention de reclassement personnalisé
▶ V. *Contrat de sécurisation professionnelle.*

Convention de rééducation professionnelle en entreprise (CRPE), L. 1226-1-4, L. 5213-3-1, R. 5213-15 s.
- Bénéficiaires, L. 1226-1-4, L. 5213-3-1.
- Convention tripartite, L. 5213-3-1, R. 5213-15.
- Durée, R. 5213-15.
- Rééducation professionnelle assurée par l'employeur initial, L. 5213-3-1.
- Rééducation professionnelle assurée par une nouvelle entreprise, R. 5213-17.
- Rémunération, R. 5213-15.

Conventions internationales,
- Loi applicable, Conv. Rome du 19 juin 1980, art. 6, App. I. B, v° *Contrat de travail,* **p. 3247.**

Coopérative agricole,
- Participation, L. 3323-9.

Coopérative d'activité et d'emploi (CAE), L. 7331-1 s., R. 7331-1 s.

Cotisations sociales,
- Apprenti, L. 6243-2.
- Bas salaires,
  • exonération ou allègement, CSS, art. L. 241-13, D. 241-7 s., **p. 3365.**
- Chômeurs créant une entreprise,
  • exonération, L. 5141-1.
- Garantie de l'AGS, L. 3253-8.

Cotisations syndicales, L. 2142-2.

Cour supérieure d'arbitrage, L. 2524-7 s., R. 2524-3 s.
- Composition, L. 2524-8.
- Dispense, L. 2524-10.
- Présidence, L. 2524-8.
- Renvoi, L. 2524-9.
▶ V. *Arbitrage.*

Covid-19
▶ V. *Crise sanitaire (covid-19).*

Création d'entreprise
▶ V. *Aide à la création ou à la reprise d'entreprise, Congé pour création d'entreprise, Contrat d'appui au projet d'entreprise, Reprise d'entreprise.*

Crédit d'heures,
- Comité social et économique (délégation du), L. 2315-9.
- Délégué syndical, L. 2143-13 s.

Crise sanitaire (covid-19), App. IX, v° *Mesures d'urgence sanitaire - covid-19,* **p. 3538.**
- Activité partielle,
  • contingent d'heures indemnisables, V. ss. art. R. 5122-7.
  • intermittents du spectacle, Décr. n° 2020-435 du 16 avr. 2020, art. 1er (mentionné ss. L. 5122-1).
  • journaliste pigiste, Décr. n° 2020-435 du 16 avr. 2020, art. 1er (mentionné ss. L. 5122-1).
  • personnel navigant, Décr. n° 2020-435 du 16 avr. 2020, art. 1er (mentionné ss. L. 5122-1).
  • travailleur à domicile, Décr. n° 2020-435 du 16 avr. 2020, art. 1er (mentionné ss. L. 5122-1).
  • VRP, Décr. n° 2020-435 du 16 avr. 2020, art. 1er (mentionné ss. L. 5122-1).
- Arrêt de travail (indemnisation), L. n° 2022-1616 du 23 déc. 2022, art. 27, ss. L. 1226-1.
- Audience syndicale (mesure),
  • report, Ord. n° 2020-388 du 1er avr. 2020, art. 1er, ss. art. L. 2122-10-1, L. 2122-10-2.

Crise sanitaire (covid-19) *(suite)*
- Chèques-vacances (renonciation à des jours de repos ou à la rémunération pour permettre aux soignants de bénéficier de chèques-vacances), L. n° 2020-938 du 30 juill. 2020, App. IX, V° *Mesures d'urgence sanitaire - covid-19*.
- Comité social et économique (fonctionnement),
  • réunions à distance, Ord. n° 2020-389 du 1er avr. 2020, art. 6, ss. art. L. 2315-4.
- Commission paritaire régionale interprofessionnelle, Ord. n° 2020-388 du 1er avr. 2020, art. 3, ss. L. 23-112-3.
- Conseil de prud'hommes,
  • prolongation des mandats, Ord. n° 2020-388 du 1er avr. 2020, art. 2, ss. art. L. 1441-1, L. 1442-1.
  • prorogation des délais de formation obligatoire, Décr. n° 2020-482 du 27 avr. 2020, art. 4 à 7, ss. D. 1442-10-1.
  • renouvellement, Ord. n° 2020-388 du 1er avr. 2020, art. 2, ss. L. 1441-1.
- Élections professionnelles dans l'entreprise,
  • élections partielles, Ord. n^{er} 2020-389 du 1er avr. 2020, art. 2, 4, ss. L. 2314-4.
  • prorogation des mandats, Ord. n^{er} 2020-389 du 1er avr. 2020, art. 3, ss. L. 2314-4.
  • report, Ord. n^{er} 2020-389 du 1er avr. 2020, art. 2, ss. L. 2314-4.
  • statut protecteur, Ord. n^{er} 2020-389 du 1er avr. 2020, art. 1er, ss. L. 2314-4.
  • suspension, Ord. n^{er} 2020-389 du 1er avr. 2020, art. 3-II, ss. L. 2314-4.
- Élections TPE,
  • report, Ord. n° 2020-388 du 1er avr. 2020, art. 1er, ss. L. 2122-10-1, L. 2122-10-2.
- État d'urgence sanitaire, L. n° 2020-290 du 23 mars 2020, App. IX, v° *Mesures d'urgence sanitaire - covid-19*.
- Formation professionnelle, Ord. n° 2020-387 du 1er avr. 2020, art. 1er, ss. L. 6316-1 à L. 6316-3.
- Intéressement,
  • salariés mis en quarantaine, L. 3314-5.
- Médecin du travail,
  • prescription d'arrêts de travail ou certificat médical, Ord. n° 2020-386 du 1er avr. 2020, art. 2 ; Ord. n° 2020-1502 du 2 déc. 2020, art. 2, ss. L. 4622-2.
- Obligation vaccinale, L. n° 2021-1040 du 5 août 2021, art. 12-I, App. IX, v° *Mesures d'urgence sanitaire - covid-19*.
- Participation,
  • salariés mis en quarantaine, L. 3324-6.
- Prorogation des délais échus pendant la période d'urgence sanitaire, Ord. n° 2020-304 du 25 mars 2020, Ord. n° 2020-306 du 25 mars 2020, Décr. n° 2020-471 du 24 avr. 2020, App. IX, v° *Mesures d'urgence sanitaire - covid-19*.
- Responsabilité pénale de l'employeur, CSP, art. L. 3136-2, App. IX, v° *Mesures d'urgence sanitaire - covid 19*.
- Revenu de remplacement, Ord. n° 2020-324 du 25 mars 2020, art. 1er, Ord. n° 2020-425 du 14 avr. 2020, App. III. C, v° *Chômage*, **p. 3482.**
- Salariés mis en quarantaine,
  • garanties, L. 1226-9-1.
  • intéressement, L. 3314-5.
  • participation, L. 3324-6.
- Services de prévention et de santé au travail, Ord. n° 2020-386 du 1er avr. 2020, Ord. n° 2020-1502 du 2 déc. 2020, ss. L. 4622-2.
- Vaccination,
  • autorisation d'absence, L. n° 2021-1040 du 5 août 2021, art. 17, App. IX, v° *Mesures d'urgence sanitaire - covid-19*.
  • obligation vaccinale, L. n° 2021-1040 du 5 août 2021, art. 12-I, App. IX, v° *Mesures d'urgence sanitaire - covid-19*.

Cumul d'emplois,
- Dérogations, L. 8261-3 s., D. 8261-1.
- Dispositions pénales, R. 8262-1.
- Interdictions, L. 8261-1 s., D. 8261-2.

Cure thermale, L. 1226-1 (J. 13).

D

Danger grave et imminent, L. 4131-1 s.
- Arrêt temporaire des travaux, L. 4731-1 s.
- Mise en demeure, L. 4721-1 s.

Débauchage de salarié, L. 1237-3.

Déblocage anticipé,
- Déblocage anticipé exceptionnel (mesures d'urgence pour la protection du pouvoir d'achat), L. n° 2022-1158 du 16 août 2022, art. 5, App. IV. C, v° *Intéressement. Participation. Actionnariat*, **p. 3492.**
- Participation, L. 3324-11.

Déblocage anticipé *(suite)*
– Plan d'épargne d'entreprise, L. 3332-25 s.
– Plan d'épargne pour la retraite collectif, L. 3334-14 s.

Décès,
– Comité social et économique, L. 2314-33.
– Congé, L. 3142-1.
– Congé parental d'éducation, L. 1225-52.
– Congé de présence parentale, L. 1225-64.
– Décès d'un enfant,
  • congé de deuil, L. 3142-1-1.
  • don de jours de congé, L. 1225-65-1.
  • protection contre le licenciement, L. 1225-4-2.

Déclaration des mouvements de main-d'œuvre, L. 1221-16, Arr. du 27 févr. 1987.

Déclaration préalable à l'embauche, L. 1221-10 s., R. 1221-1 s.
– Adhésion à un service de prévention et de santé au travail, R. 1221-2.
– Affiliation de l'employeur à l'assurance chômage, R. 1221-2.
– Conservation, R. 1221-8.
– Déclaration électronique, R. 1221-5 s.
– Délai, R. 1221-4.
– Dématérialisation, D. 1221-18 s.
– Immatriculation,
  • employeur, R. 1221-2.
  • salarié, R. 1221-2.
– Lettre recommandée avec avis de réception, R. 1221-5.
– Mentions obligatoires, R. 1221-1 s.
– Pénalités, R. 1227-1 s.
– Preuve, R. 1221-7 s.
– Télécopie, R. 1221-5.
– Transmission, R. 1221-5 s.
– Voie électronique, L. 1221-12-1, R. 1221-5 s.
– Visite d'information et de prévention, R. 4624-10.

Déclaration sociale nominative (DSN),
– Déclaration d'effectifs des bénéficiaires de l'obligation d'emploi des travailleurs handicapés, L. 5212-5, D. 5212-4 s.

Défense nationale,
– Dérogation au repos hebdomadaire, L. 3132-9.

Défenseur des droits, L. n° 2011-333 du 29 mars 2011, App. I. B, v° *Contrat de travail*, **p. 3258.**
– Attributions en matière de signalement d'alerte, L. n° 2011-333 du 29 mars 2011, art. 4, App. I. B, v° *Contrat de travail*, **p. 3259.**

Défenseur syndical, L. 1453-4, R. 1453-2 s.
– Autorisation d'absence, L. 1453-6 s., D. 1453-2-8.
– Formation, L. 1453-7, D. 1453-2-8 s.
– Licenciement, L. 1453-9, L. 2411-24.
– Listes, L. 1453-7, D. 1453-2-1 s.
– Mission d'assistance et de représentation, L. 1453-4.
– Prise en charge financière, D. 1453-2-10 s.
– Rupture du contrat de travail, L. 2412-6.
– Salarié protégé, L. 1453-9, L. 2411-24.
– Secret professionnel, L. 1453-8.

Délai-congé
▶ V. *Préavis*.

Délégation de pouvoirs,
– Santé et sécurité au travail, L. 4741-1 (J. 12 s.).

Délégation unique du personnel, L. 2326-1 s. anc.
▶ V. *Comité social et économique*.

Délégué à la protection des données personnelles, Règl (UE) 2016/679 du 27 avr. 2016, art. 37 s., App. II. I, v° *Protection des données personnelles*, **p. 3361.**

Délégué du personnel
▶ V. *Comité social et économique*.

Délégué syndical, L. 2143-1 s., R. 2143-1 s.
– Affichage, L. 2143-7.
– Âge, L. 2143-1.
– Ancien délégué syndical, L. 2411-3 s.
– Ancienneté, L. 2143-1.
– Audience électorale, L. 2143-3 s.
– Autorisation de licenciement, L. 2421-1 s.
– Circulation dans l'entreprise, L. 2143-20.
– Contestations, L. 2143-8, R. 2143-5.
– Connaissance de l'employeur, L. 2143-7.
– Délégué supplémentaire, L. 2143-4.
– Délégué syndical central, L. 2143-5.
– Déplacement, L. 2143-20.
– Déroulement de carrière (négociation obligatoire en entreprise), L. 2242-20.

Délégué syndical *(suite)*
- Désignation (contestation), L. 2143-8, R. 2143-5.
- Effectifs, L. 2143-3 s., L. 2143-11, L. 2253-2, R. 2143-1 s.
- Entreprises de cinquante salariés et plus, L. 2143-3, R. 2143-1 s.
- Entretiens professionnels, L. 2141-5.
- Établissement distinct, L. 2143-3 (J. 10).
- Formalités, L. 2143-7, D. 2143-4.
- Formation économique, financière et juridique, L. 2145-1 s., L. 2212-1 s., R. 2145-1 s.
- Formation (subvention de fonctionnement du comité social et économique), L. 2315-44-1.
- Garantie de non-discrimination salariale, L. 2141-5-1.
- Heures de délégation, L. 2143-13 s.
  ▶ V. *Heures de délégation.*
- Licenciement, L. 2411-3, R. 2421-1 s.
- Mandat, L. 2143-9 s., R. 2143-6.
  • fin du mandat (entretien professionnel), L. 6315-1.
- Modification dans la situation juridique de l'employeur, L. 2143-10.
- Nombre, L. 2143-12, R. 2143-1 s.
- Pénalités, R. 2146-1 s.
- Protection, L. 2411-1 s.
- Reconnaissance des compétences, L. 6112-4.
- Renonciation au mandat, L. 2411-3 (J. 3).
- Représentant au comité social et économique, L. 2143-22, L. 2314-2.
  • compatibilité, L. 2143-9.
  • fonction de délégué syndical, L. 2143-6.
- Représentant de la section syndicale, L. 2142-1-1 s.
- Réunion, L. 2143-18.
- Rupture de CDD, L. 2412-2, L. 2421-7.
- Secret professionnel, L. 2143-21.
- Téléphone, L. 2143-20 (J. 2).
- Union économique et sociale (UES), L. 2143-3 (J. 17 s.), L. 2143-5 (J. 2).
- Valorisation du parcours syndical, L. 2141-5.

Délit d'entrave,
- Comité social et économique, L. 2317-1.
- Comité d'entreprise européen, L. 2346-1.
- Comité de groupe, L. 2335-1.
- Comité d'hygiène, de sécurité et des conditions de travail, L. 4742-1.
- Comité de la société européenne, L. 2355-1.
- Conseiller prud'hommes, L. 1443-3.
- Droit syndical, L. 2146-1.
- Médiateur, L. 1155-1.
- Peines, L. 2317-1 s., L. 2346-1, L. 2355-1, L. 2365-1, L. 2375-1, L. 4742-1.

Délocalisation d'entreprise,
- Licenciement pour motif économique, L. 1233-3 (J. 13).

Déloyauté, L. 1232-1 (J. 51 s.).

Demandeur d'emploi, L. 5411-1 s., R. 5411-1 s.
- Accompagnement des demandeurs d'emploi, L. 5131-3 s., L. 5411-5-1 s.
- Actes positifs et répétés de recherche d'emploi, L. 5411-6, L. 5411-6-1 nouv., R. 5411-11 s.
  • dispense, L. 5411-8 anc., D. 5411-13 anc.
- Activité bénévole, L. 5425-8.
- Activité d'intérêt général, L. 5425-9.
- Allocations de chômage, L. 5422-1 s.
  • action en remboursement, L. 5422-5.
  • droits non épuisés, L. 5422-2-1.
  • maintien (travailleurs étrangers), L. 5422-8.
  • paiement, L. 5422-4.
  • remboursement par l'employeur, L. 1235-4.
- Allocation de solidarité spécifique, L. 5423-1 s.
- Assurance chômage, L. 5422-1 s.
  ▶ V. *Assurance chômage.*
- Bénéficiaires du revenu de solidarité active, L. 5412-1, L. 5426-1 nouv.
- Calcul (allocation), L. 5422-3.
- Compte personnel de formation, L. 6323-21 s.
- Contrat d'engagement, L. 5411-6 s. nouv.
  ▶ V. *Contrat d'engagement.*
- Contribution de l'employeur, L. 5422-9 s.
- Demandeur d'emploi, R. 5221-47 s.
- Départements d'outre-mer, L. 5524-10.
- Durée, L. 5422-2.
- Financement, L. 5422-9 s.
- Formation, Conv. 2017, art. 3 § 4, App. III. A, v° *Embauche et emploi*, 🏛.
- Formations éligibles, L. 6323-21 s.
- Indemnisation, L. 5421-1 s., R. 5421-1 s.
- Invalides, L. 5411-5.
- Liste des demandeurs d'emploi, L. 5411-1 s., R. 5411-1 s.
  • inscription, L. 5411-1 s.
  • radiation, L. 5412-1 s., L. 5426-1 nouv., R. 5412-1 s.
  • renouvellement, L. 5411-2.

Demandeur d'emploi (suite)

- Offre raisonnable d'emploi, L. 5411-6 s., L. 5411-6-4, L. 5411-6-1 nouv.
- Orientation des demandeurs d'emploi, L. 5411-5-1 s. nouv.
- Prime d'activité, L. 5425-3.
- Projet de reconversion professionnelle, L. 5411-6-1, L. 5422-1, D. 4163-30-1 s.
- Projet personnalisé d'accès à l'emploi, L. 5411-6 s.
- Recherche d'emploi, L. 5411-6 s.
  - contrôle, L. 5426-1 s., R. 5426-1 s.
- Régime d'assurance, L. 5422-1 s., R. 5422-1 s.
- Représentation, L. 5411-9.
- Reprise ou création d'entreprise, L. 5411-6-1 nouv.
- Revenu de remplacement, L. 5421-1 s.
  - cessation, L. 5421-4.
  - condition, L. 5421-3.
  - cumul, L. 5425-1 s.
  - forme, L. 5421-2.
  - suppression, L. 5412-1, L. 5426-1 nouv.
  - suspension, L. 5412-1, L. 5426-1 nouv.
- Secteur public, L. 5424-1 s.
- Stage de la formation professionnelle, R. 6341-25 s.
- Territoires zéro chômeur de longue durée, L. n° 2020-1577 du 14 déc. 2020, art. 9 à 11, App. III. A, v° *Embauche et emploi*, **p. 3423**.
- Taux dégressif, L. 5422-3.
- Traitement automatisé de données à caractère personnel, R. 5312-38 s.
- Travailleur étranger, L. 5422-8.
- ▶ V. *Service public de l'emploi, Maisons de l'emploi, Placement (des demandeurs d'emploi), Réseau pour l'emploi.*

Démission, L. 1237-1 s.

- Abandon de poste, L. 1237-1-1.
- Abus, L. 1237-2.
- Assurance chômage (droit à), L. 5422-1 s., L. 5426-1-2.
  - projet professionnel, L. 5422-2-1, R. 5422-2-1 s., R. 5426-2-1.
- Contrat à durée déterminée, L. 1243-2 s.
- Démission pour élever un enfant, L. 1225-66.
- Dirigeant de société, C. civ., art. 2007, **p. 3193**.
- Grossesse, L. 1225-34.
- Préavis, L. 1237-1.
- Présomption de démission, L. 1237-1-1.
- Preuve, L. 1237-1 (J. 11 s.).
- Prise d'acte de la rupture, L. 1237-1 (J. 7).
- Rétractation, L. 1237-1 (J. 9).
- Rupture abusive, L. 1237-2.
- Transaction, L. 1231-4 (J. 21).

Départ à la retraite, L. 1237-4 s.

- Compte personnel de formation, L. 6323-3.
- Indemnité de départ, L. 1237-9, D. 1237-1 s.
- Préavis, L. 1237-10.
- Visite médicale des travailleurs avant leur départ à la retraite, L. 4624-2-1, R. 4624-28-1 s.
- ▶ V. *Mise à la retraite.*

Départements d'outre-mer (DOM),

L. 3421-1 s., L. 5521-1 s.
- Aide à la création d'entreprise, L. 5522-21 s., R. 5522-45 s.
- Allocation complémentaire, L. 3423-9, R. 3423-9.
- Conflit collectif, L. 2623-1, R. 2623-1.
- Congés, L. 3422-1.
- Chèque emploi-service universel, L. 1522-1 s.
- Contrat unique d'insertion, L. 5522-2-1 s., R. 5522-12.
- Convention collective, L. 2222-1.
- Durée du travail, L. 3422-1 s.
- Jours fériés, L. 3422-2.
- Lutte contre le travail illégal, L. 8323-1 s.
- Négociation collective, L. 2622-1 s.
- Rémunération mensuelle minimale, L. 3423-5 s., R. 3423-1 s.
- Repos, L. 3422-1 s.
- SMIC, L. 3423-1 s.
- Titre de travail simplifié, L. 1522-3 s.

Déplacement professionnel,

- Travail effectif, L. 3121-4.

Détachement à l'étranger, L. 1261-1 s.

- Ancienneté, L. 1231-5.
- Autorisation de travail (dispense), R. 5221-2.
- Certificat de sécurité sociale (Certificat A1), Règl. CE n° 44/2001 du 22 déc. 2000, art. 19, App. I. B, v° *Contrat de travail*, **p. 3250**.
- Chômage, L. 5422-13.
- Licenciement, L. 1231-5.
- Rapatriement, L. 1231-5.
- Union européenne, Dir. 96/71/CE du 16 déc. 1996, mod. par Dir. (UE) 2018/957 du 28 juin 2018, App. I. E, v° *Détachement*, **p. 3298**.

Détachement de salariés dans le domaine des transports, V. C. transp., art. L. 1331-1 s., App. VII. J, v° *Transports*, **p. 3523.**

Détachement de salarié par une entreprise étrangère, L. 1261-1 s., R. 1261-1 s.
- Accident, L. 1262-4-4, R. 1262-1 s.
- Allocation propre au détachement, L. 1262-4, R. 1262-8.
- Amende, L. 1264-3.
  - paiement, L. 1263-3, L. 1264-3, L. 1263-6.
- Carte de séjour « salarié détaché ICT », CESEDA, art. L. 421-26 s.
- Certificat de sécurité sociale (Certificat A1), Règl. CE n° 44/2001 du 22 déc. 2000, art. 19, App. I. B, v° *Contrat de travail*, **p. 3250.**
- Conditions, L. 1262-1 s.
- Congés, R. 1262-5.
- Contrôle, L. 1263-1 s., L. 1263-7, R. 1263-1 s., R. 1263-10 s.
- Déclaration d'accident du travail, L. 1262-4-4.
- Déclaration de détachement, L. 1262-2-1, L. 1262-2-1 anc., L. 1263-4-1, L. 1262-4-1, R. 1263-3 s.
  - dispense, L. 1262-6 s.
- Définition, L. 1261-3.
- Détachement pour propre compte (aménagements), L. 1262-2-1, L. 1262-4-4.
- Détachement récurrent (aménagements), L. 1263-8.
- Droit d'expression, R. 1262-3.
- Durée du travail, R. 1262-4.
- Égalité de traitement, L. 1262-4.
- Maladie, R. 1262-1 s.
- Mise à disposition, L. 1262-2, R. 1262-8.
- Réglementation applicable, L. 1262-4 s.
- Représentant en France, L. 1262-2-1.
  - dispense, L. 1262-4-4, L. 1263-8.
- Responsabilité du donneur d'ordre, L. 1262-4-1 s., L. 1264-1 s., L. 8281-1 s.
- Salaire, R. 1262-7.
- Santé au travail, R. 1262-9 s.
- Situations ne relevant pas du détachement, L. 1262-3.
- Suspension de la prestation de services, L. 1263-3 à L. 1263-7.
- Transport international (contrat de prestation de services international de transport), C. transp., art. L. 1332-1 s., App. VII. I, v° *Transport*, **p. 3524.**
- Travail temporaire, R. 1262-6.
- Travailleur étranger, CESEDA, art. L. 421-26 s., **p. 3434.**

Dialogue social, L. 1 s.
- Autorité des relations sociales des plateformes d'emploi, L. 7345-1 s.
- Formation des acteurs du dialogue social, L. 2212-1 s., R. 2212-1 s.
- Haut Conseil du dialogue social, L. 2122-11, R.* 2122-1.
- Mise en œuvre, ANI du 11 janv. 2013, art. 17, App. III. A, v° *Embauche et emploi*, **p. 3394.**
- Observatoire d'analyse et d'appui au dialogue social, L. 2234-4 s., R. 2234-1 s.
- Travailleurs de plateformes, L. 7343-1 s., R. 7343-1 s.

Dimanche, L. 3132-1 s.
- Dérogations au repos dominical, L. 3132-12 s.
- ▶ V. *Repos dominical.*

Direction générale du travail, R. 8121-13 s.

Discrimination, L. 1131-1 s. ;
L. n° 2008-496 du 27 mai 2008, App. I. B, v° *Contrat de travail*, **p. 3255.**
- Actions en justice, L. 1134-1 s., L. 1144-1 s.
- Âge, L. 1133-2.
- Association de lutte contre la discrimination, L. 1134-3.
- Champ d'application, L. 1131-1.
- Classification professionnelle (négociation de branche), L. 2241-15.
- Critères discriminants, L. 1132-1.
- Défenseur des droits, L. n° 2011-333 du 29 mars 2011, App. I. B, v° *Contrat de travail*, **p. 3258.**
- Différences de traitement autorisées, L. 1133-1 s.
- Discrimination directe, L. n° 2008-496 du 27 mai 2008, art. 1ᵉʳ, App. I. B, v° *Contrat de travail*, **p. 3255.**
- Discrimination indirecte, L. n° 2008-496 du 27 mai 2008, art. 1ᵉʳ, App. I. B, v° *Contrat de travail*, **p. 3255.**
- Discrimination systémique, L. 1132-1 (J. 12).
- Embauche, L. 1132-1, L. 1142-1.
- Formation à la non-discrimination à l'embauche, L. 1131-2.
- Handicap, L. 1133-3.
- Inaptitude, L. 1133-3.

Discrimination *(suite)*
- Lanceur d'alerte, L. 1121-2, L. 1132-3-3.
- Négociation de branche, L. 2241-15.
- Négociation en entreprise, L. 2242-17.
- Offre d'emploi, L. 1142-1, L. 5321-2.
- Ordre des licenciements, L. 1233-5 (J. 10).
- Organisation syndicale, L. 1134-2.
- Prescription de l'action en discrimination, L. 1134-5.
- Preuve, L. 1134-1, L. 1144-1.
- Travailleur handicapé, L. 5213-6.
- Vulnérabilité économique, L. 1132-1, L. 1133-6.

Dockers, C. transp., art. L. 5343-1 s., 🔒.

Document unique d'évaluation des risques professionnels (DUERP), L. 4121-3 s.
- Conservation DUERP, L. 4121-3-1.
- Consultation CSE, L. 4121-3.
- Contenu, L. 4121-3-1.
- Définition d'actions de prévention, L. 4121-3-1.
- Dépôt dématérialisé, L. 4121-3-1.
- Durée de conservation, R. 4121-4.
- Fiche d'entreprise, R. 4624-46 s.
- Mise à disposition DUERP, L. 4121-3-1, R. 4121-4.
- Mise à jour, R. 4121-2.
- Transmission au service de prévention et de santé au travail, L. 4121-3-1.
- Versions successives, R. 4121-4.

Dossier médical en santé au travail, L. 4624-8, R. 4624-45-3 s.

Douche, R. 3121-2, R. 4228-7 s.
- Travail effectif, L. 3121-1 (J. 8).

Droit à la déconnexion, L. 2242-17.

Droit d'alerte économique, L. 2323-50 s. anc.
- Comité social et économique, L. 2312-63 s., R. 2312-29 s.

Droit d'alerte (santé et sécurité au travail), L. 4131-1 s., D. 4132-1 s.
- Arrêt de l'activité, L. 4132-5.
- CHSCT, L. 4132-3.
- Conditions d'exercice, L. 4132-1.
- Danger grave et imminent, L. 4131-1 s., D. 4132-1 s.
- Droit de retrait, L. 4131-1.
- Faute inexcusable de l'employeur, L. 4131-4.
- Protection des lanceurs d'alerte, L. 1132-3-3.
- Registre spécial, D. 4132-1 s., D. 4133-1 s.

Droit d'alerte en matière de santé publique et d'environnement dans l'entreprise, L. 4133-1 s.
- CHSCT, L. 4133-2, L. 4133-4, L. 4141-1, L. 4614-10.
- Protection des lanceurs d'alerte, L. 1132-3-3.

Droit de retrait, L. 4131-1, D. 4132-1 s.
- Conditions d'exercice, L. 4132-1.
- Sanctions, L. 4131-3.

Droit d'expression des salariés, L. 2281-1 s., L. 2283-1 s., R. 2282-1.
- Accord d'entreprise, L. 2281-5 s.
- Consultation, L. 2281-12.
- Liberté d'expression, L. 1121-1 (J. 37 s.).
- Modalités, L. 2281-5, L. 2281-11 s.
- Négociation obligatoire en entreprise, L. 2242-17, L. 2281-5.
- Objet, L. 2281-2.
- Outils numériques, L. 2281-11.
- Pénalités, L. 2283-1 s.
- Sanctions, L. 2281-3.
- Secteur public, L. 2282-1 s.

Droit disciplinaire, L. 1331-1 s.
▶ V. *Sanction disciplinaire.*

Durée du travail, L. 3111-1 s., R. 3121-1 s.
- Activité de distribution ou de portage de documents, R. 3171-9-1.
- Affichage, L. 3171-1, D. 3171-2.
- Aménagement du temps de travail, L. 3121-41 s.
  • accord collectif, L. 3121-44.
  • convention de branche, L. 2253-1.
  • décision de l'employeur, L. 3121-45 s.
  • horaires individualisés, L. 3121-48 s.
  • information du salarié, L. 3121-42.
  • modification du contrat de travail, L. 3121-43.
  • ordre public, L. 3121-41 s.
  • période de référence supérieure à la semaine, L. 3121-41 s.
  • travailleurs handicapés, L. 3121-49.
- Apprentissage, L. 6222-24 s.
- Astreintes, L. 3121-9 s., R. 3121-2 s.
  ▶ V. *Astreintes.*
- Badgeuse, L. 3171-4.

Durée du travail (suite)

- Branche professionnelle (niveau de négociation), L. 2253-1.
- Cadre dirigeant, L. 3111-2.
  ▶ V. *Cadre.*
- Champ d'application, L. 3111-1 s.
- Circonstances exceptionnelles, L. 3121-21 s.
- Compte épargne-temps
  ▶ V. *Compte épargne-temps.*
- Contrôle, L. 3171-1 s., D. 3171-1 s.
- Convention de branche, L. 2253-1 s.
- Convention de forfait
  ▶ V. *Convention de forfait.*
- Cumul irréguliers d'emplois, L. 8261-1 s.
- Cycles de travail, L. 3121-44.
- Déplacement professionnel, L. 3121-4.
  • handicap, L. 3121-5.
  • rémunération, L. 3121-7.
- Documents fournis à l'inspection du travail, L. 3171-3, D. 3171-16 s.
- Documents fournis au juge, L. 3171-4.
- Documents obligatoires, L. 3171-2.
- Douches, R. 3121-2.
- Durée hebdomadaire maximale, L. 3121-20 s., R. 3121-8 s.
  • dépassement autorisé, L. 3121-22, L. 3121-24 s.
  • dépassement conventionnel, L. 3121-23.
- Durée légale, L. 3121-27.
- Durée quotidienne maximale, L. 3121-18 s., R. 3121-15 s.
  • dépassement conventionnel, L. 3121-19.
- Équivalences, L. 3121-13 s.
- Établissements industriels et commerciaux, L. 3111-1.
- Habillage et déshabillage, L. 3121-3.
  • contreparties, L. 3121-7, L. 3121-8.
- Heures supplémentaires
  ▶ V. *Heures supplémentaires.*
- Information des salariés, L. 3171-1.
- Inspecteur du travail, L. 3171-3.
- Institutions représentatives du personnel, L. 3121-37.
- Jeunes travailleurs, L. 3162-1 s., R. 3162-1 s.
- Négociation collective, L. 2253-1 s.
- Pause, L. 3121-2, L. 3121-16 s.
  • durée, L. 3121-16 s.
  • rémunération, L. 3121-6, L. 3121-8.
  ▶ V. *Pause.*
- Preuve, L. 3171-4.
- Récupération des heures perdues, L. 3121-50.
  • accord collectif, L. 3121-51.
  • défaut d'accord collectif, L. 3121-52.
- Registres, L. 3171-2.
- Repos compensateur, L. 3121-28 s.
  ▶ V. *Repos compensateur.*
- Repos dominical (dérogations), L. 3132-12 s.
  ▶ V. *Repos dominical.*
- Repos hebdomadaire, L. 3132-1 s., R. 3132-1 s.
  ▶ V. *Repos hebdomadaire.*
- Repos quotidien, L. 3131-1 s., D. 3131-1 s.
  ▶ V. *Repos quotidien.*
- Restauration, L. 3121-2.
  • rémunération, L. 3121-6, L. 3121-8.
- Sanctions administratives, L. 8115-1 s., R. 8115-9 s.
- Semaine civile, L. 3121-35.
- Stagiaire de la formation professionnelle, L. 6343-3.
- Travail effectif, L. 3121-1 s.
  ▶ V. *Travail effectif.*
- Travail de nuit, L. 3122-1 s.
  ▶ V. *Travail de nuit.*
- Travail en soirée, L. 3122-4.
▶ V. *Compte épargne-temps, Congés payés, Heures supplémentaires, Horaires de travail, Jours fériés, Travail à temps partiel, Travail de nuit.*

E

Économats, L. 3254-1 s.
- Interdiction, L. 3254-1.

Éducation des enfants
▶ V. *Congé d'éducation des enfants, Congé parental d'éducation.*

Effectifs de l'entreprise, L. 1111-1, R. 1111-1.
- Calcul, L. 1111-2 s.
  • contrats exclus du calcul, L. 1111-3.
  • entreprise de travail temporaire, L. 1251-54 s.
- Comité social et économique, L. 2311-2 s.
- Comité d'hygiène, de sécurité et des conditions de travail, L. 4611-1 s.
- Congé de solidarité internationale, L. 3142-40, D. 3142-15.
- Congé d'enseignement ou de recherche, L. 3142-127 s.
- Contrat de travail intermittent, L. 1111-2.
- Délégués syndicaux, L. 2143-3 s.
- Entreprise de travail temporaire, L. 1251-54 s.

Effectifs de l'entreprise (suite)
- Obligation d'emploi, L. 5212-1 s., D. 5212-1.
- Participation aux résultats de l'entreprise, L. 3322-2.

Effort de construction,
- Consultation du comité social et économique, L. 2312-26.

Égalité professionnelle, L. 1141-1 s., R. 1142-1 s.
- Accès à la formation, L. 6112-1 s., D. 6112-1 s.
- Actions en justice, L. 1144-1 s.
- Affichage, L. 1142-6.
- Agissements sexistes, L. 1142-2-1.
- Base de données économiques, sociales et environnementales (BDESE), L. 2312-36, R. 2312-8 s.
- Bilan de l'action des branches en faveur de l'égalité professionnelle, L. 2232-9.
- Classification professionnelle, L. 2241-15.
- Contrat de travail à temps partagé, L. 1252-4.
- Contrat pour la mixité des emplois et l'égalité professionnelle, D. 1143-7 s.
- Convention de branche, L. 2253-1.
- Convention d'étude, R. 1143-1 s.
- Écarts de représentation femmes/hommes parmi les cadres dirigeants et les cadres membres des instances dirigeantes, L. 1142-11 s., D. 1142-15 s.
- Groupement d'employeurs, L. 1253-9, L. 1253-14.
- Haut Conseil à l'égalité entre les femmes et les hommes, L. n° 2008-496 du 27 mai 2008, art. 9-1, App. I. B, V° Contrat de travail, **p. 3257.**
- Mesures temporaires, L. 1142-4.
- Négociation de branche, L. 2241-1, L. 2241-8, L. 2241-11, L. 2241-15, D. 2241-2.
- Négociation en entreprise, L. 2242-1, L. 2242-3, L. 2242-8, L. 2242-13, L. 2242-17 s., R. 2242-2 s.
- Négociation obligatoire, L. 2242-1 s., L. 2242-8, R. 2242-2 s., D. 2242-12 s.
- Organisation syndicale, L. 1144-2.
- Pénalités, L. 1146-1.
- Personnes handicapées, L. 1133-4.
- Plan d'actions pour l'égalité professionnelle, L. 1143-1 s., L. 2242-3, L. 2242-17 s., D. 1143-6.
- Salarié à temps partiel, L. 3123-5.
- Travail intermittent, L. 3123-36.
- Travailleur handicapé, L. 5213-6.
- ▶ V. *Discrimination, Égalité de rémunération.*

Égalité de traitement
- ▶ V. *A travail égal, salaire égal, Discrimination, Égalité de rémunération, Égalité professionnelle.*

Égalité de rémunération, L. 3221-1 s., R. 3221-1 s.
- Bilan de l'action des branches en faveur de l'égalité professionnelle, L. 2232-9.
- Index égalité salariale, D. 1142-2.
- Mesures visant à supprimer les écarts de rémunération entre les femmes et les hommes, L. 1142-7 s., D. 1142-2 s.
- Observations de la Dirrecte, L. 1142-9.
- Pénalités, L. 1142-10, R. 2242-5 s.
- Plan de rattrapage salarial, L. 1142-9.
- Publication des écarts de rémunération, L. 1142-8.

Élargissement (convention collective), L. 2261-15 s.
- ▶ V. *Extension (convention collective).*

Élections professionnelles,
- Comité social et économique, L. 2314-4 s., R. 2314-2 s.
  - attribution des sièges, R. 2314-19 s.
  - collèges électoraux, L. 2314-11 s., R. 2314-3 s.
  - contestations, L. 2314-32, R. 2314-23 s.
  - élections partielles, L. 2314-10 s.
  - électorat, L. 2314-18, R. 2314-4.
  - éligibilité, L. 2314-19, R. 2314-4.
  - entreprise de travail temporaire, L. 2314-21.
  - parité, L. 2314-30, R. 2314-23.
  - procès-verbal de carence, L. 2314-9.
  - protocole préélectoral, L. 2314-5 s.
  - résultat, R. 2314-22.
  - scrutin, L. 2314-26 s., R. 2314-5 s.
  - vote électronique, R. 2314-5 s.
- Collèges électoraux,
  - comité social et économique, L. 2314-11 s.
- Information des syndicats des résultats, L. 2314-29.
- Préparation (modalités), L. 2314-6.
- Recueil des résultats, D. 2122-6 s.
- Représentativité syndicale, L. 2122-1 s.
- ▶ V. *Comité d'entreprise, Comité social et économique, Délégué du personnel.*

Élu local,
- Congé d'un élu à un mandat local, L. 3142-79 s.
- Droit individuel à la formation des élu locaux, L. 6323-6, L. 6323-43, R. 6323-31 s., R. 6323-45.

Embauche, L. 1221-6 s.
- Déclaration préalable, L. 1221-10 s.
- Discrimination, L. 1132-1, L. 1142-1.
- Examen médical, R. 1221-2.
- Information du candidat, L. 1221-8 s.
- Registre unique du personnel, L. 1221-13 s.
- Service public de l'emploi (information), L. 1221-16.
- Techniques d'aide au recrutement, L. 1221-8.
- ▶ V. *Priorité de réembauchage.*

Emploi
- ▶ V. *Accès à l'emploi, Commission nationale de la négociation collective, de l'emploi et de la formation professionnelle.*

Emploi d'avenir, L. 5134-110 s., R. 5134-161 s.
- Aide à l'insertion professionnelle, L. 5134-113 s., R. 5134-166 s.
  • conditions d'octroi, L. 5134-111, L. 5134-114.
  • décision administrative, L. 5134-19-1, R. 5134-14 s.
  • durée du versement, L. 5134-113, R. 5134-167.
- Âge, L. 5134-110.
- Bénéficiaires, L. 5134-110, R. 5134-161.
- Bilan relatif au projet professionnel, L. 5134-112.
- Comité de coordination régional de l'emploi et de la formation professionnelle, R. 5134-163.
- Compétences acquises (reconnaissance), L. 5134-117.
- Conditions de résidence, L. 5134-110.
- Contrat de travail, L. 5134-112.
  • contrat initiative-emploi, L. 5134-112, R. 5134-165.
  • durée du contrat, L. 5134-115.
  • durée du travail, L. 5134-116.
  • issue, L. 5134-17.
  • priorité d'embauche, L. 5134-115.
  • rupture du contrat, L. 5134-115.
- Emplois concernés, L. 5134-111.
- Objet, L. 5134-110.
- Schéma d'orientation régional, R. 5134-162.
- Secteurs d'activité, R. 5134-162.
- Suivi personnalisé, L. 5134-112.
- Travailleur handicapé, L. 5134-110.
  • obligation d'emploi, L. 5212-6 s.
- ▶ V. *Contrat d'accompagnement dans l'emploi, Contrat initiative-emploi.*

Emploi d'avenir professeur,
L. 5134-120 s., R. 5134-169 s.
- Aide à la formation, L. 5134-122 s.
- Aide à l'insertion professionnelle, L. 5134-122 s.
- Bénéficiaires, L. 5134-120, R. 5134-169.
- Contrat de travail, L. 5134-125.
- Établissements privés sous contrat, L. 5134-128.
- Objet, L. 5134-120.

Emploi d'étrangers sans titre de travail,
L. 8251-1 s.
- Actions en justice, L. 8255-1.
- Contribution spéciale, L. 8253-1 s.
- Contrôle, L. 8271-17 s.
- Donneur d'ordres, L. 8254-1 s.
- Droit du salarié, L. 8252 1 s.
- Interdictions, L. 8251-1 s.
- Pénalités, L. 8256-1 s.
- Sanctions administratives, L. 8272-1 s.

Emploi jeune
- ▶ V. *Contrat emploi jeune.*

Emploi saisonnier,
- Carte de séjour « travailleur saisonnier », CESEDA, art. L. 421-34 s.
- Cas de recours, L. 1242-2 s., L. 1251-6.
- Clause de reconduction, L. 1244-2.
- Compte personnel de formation, L. 6321-9.
- Contrat à durée déterminée, L. 1242-2, L. 1244-2.
- Contrat de travail temporaire, L. 1251-6.
- Droit à reconduction, L. 1244-2-1, L. 1244-2-2.
- Joueur professionnel salarié de jeux vidéo, L. n° 2016-1321 du 7 oct. 2016, art. 102, App. VII. G, v° *Joueur professionnel salarié de jeu vidéo,* **p. 3515.**

Emplois francs, Décr. n° 2019-1471 du 26 déc. 2019, App. III. A, v° *Embauche et emploi,* **p. 3419.**

Employé de maison, L. 7221-1 s., R. 7221-1 s.
- Conditions de travail, L. 7221-2.
- Congé annuel, R. 7221-1.
- Dispositions pénales, R. 7222-1.

Employé de maison (suite)
- Indemnité journalière de congé, R. 7221-2.
- Syndicat d'employeurs, L. 2131-2.
- ▶ V. *Services à la personne.*

Employé d'immeuble
- ▶ V. *Concierge et employé d'immeuble.*

Employeur,
- Coemployeurs, L. 1221-1 (J. 67), L. 1233-3 (J. 44), L. 1233-4 (J. 9).
- Détermination, L. 1221-1 (J. 65 s.).
- Groupement, L. 1253-1.
- Pluralité (licenciement), L. 1231-3, L. 1232-6 (J. 17).
- Responsabilité pénale, L. 4741-2.

Employeur public, L. 1251-60 s.

Enfant malade,
- Annonce d'une maladie grave aux parents, L. 3142-1, L. 3142-4.
- Congé pour enfant malade, L. 1225-61.
- Don de jours de repos pour enfant malade, L. 1225-65-1 s.
- ▶ V. *Congé de présence parentale.*

Enfants dans le spectacle, les professions ambulantes, l'audiovisuel, la publicité, la mode et les jeux vidéo, L. 7124-1 s., R. 7124-1 s.
- Agence de mannequins agréé, L. 7124-4 s., R. 7124-8 s.
- Autorisation individuelle, L. 7124-1 s., R. 7124-1 s.
- Conditions de travail, L. 7124-6 s., R. 7124-27 s.
- Contrôle, R. 7124-38.
- Durée du travail, L. 7124-6 s., R. 7124-27 s.
- Exploitation commerciale de l'enfant de moins de 16 ans sur les plateformes, L. 7124-1, L. 7124-4-1, L. 7124-5, L. 7124-9, L. 7124-10, L. 7124-25.
- Interdictions d'emplois, L. 7124-13 s.
  - pénalités, L. 7124-22 s.
- Périodes scolaires, L. 7124-8.
- Rémunération, L. 7124-9 s., R. 7124-31 s.
- Repos, L. 7124-8.

Engagement unilatéral, L. 1221-1 (J. 319).
- ▶ V. *Usage.*

Entrave
- ▶ V. *Délit d'entrave.*

Entrepreneur de spectacles vivants,
- Entrepreneur de spectacles vivants titulaire d'une licence, L. 7122-1 s., D. 7122-1 s.
- Entrepreneur de spectacles vivants à titre accessoire, L. 7122-19 s., R. 7122-13.

Entrepreneur salarié associé d'une coopérative d'activité et d'emploi,
L. 7331-1 s., R. 7331-1 s.

Entreprise adaptée, L. 5213-13 s.
- Aide au poste, L. 5213-19.
- Aides financières, L. 5213-19, R. 5213-76 s.
- Contrat à durée déterminée « tremplin », L. 1242-3 (note), L. 5213-13-2.
- Contrat d'objectifs, L. 5213-13.
- Contribution au financement du compte personnel de formation des travailleurs handicapés, L. 6323-36, D. 6323-29-2.
- Convention pluriannuelle d'objectifs et de moyens, R. 5213-62 s.
- Entreprise adaptée de travail temporaire, L. 5213-13-3.
- Entreprise solidaire d'utilité sociale, L. 3332-17-1.
- Mise à disposition, L. 5213-16, D. 5213-81 s.
- Parcours d'accompagnement individualisé, R. 5213-66.
- Priorité d'embauche, L. 5213-17.
- Proportion de travailleurs handicapés, L. 5213-13-1, D. 5213-63 s.
- Salaire, L. 5213-15.
- Subvention spécifique, L. 5213-19.
- Travail intermittent, L. 3123-32.
- ▶ V. *Travailleur handicapé.*

Entreprise agricole,
- Participation, L. 3323-7.

Entreprise d'insertion, L. 5132-5, R. 5132-2 s.
- Entreprise de travail temporaire d'insertion, L. 5132-6.
- Entreprise solidaire d'utilité sociale, L. 3332-17-1.
- Période de mise en situation en milieu professionnel, L. 5135-1 s., D. 5132-10-1 s.

Entreprises dépourvues de délégué syndical ou de conseil en entreprise,
- Négociation collective, L. 2232-21 s.
- Ratification d'un accord collectif dans les TPE, L. 2232-21 s., R. 2232-10 s.

Entreprise de portage salarial,
L. 1254-24 s.
- Comité social et économique,
  - électorat, L. 2314-24.
  - éligibilité, L. 2314-21.
  - information, L. 2312-26.

Entreprise publique,
- Accord collectif, L. 2233-1 s.
- Bilan social, L. 2312-28.
- Chômage, L. 5424-1 s.
- Comité social et économique, L. 2311-1.
- Compétence prud'homale, L. 1411-2.
- Conflit collectif, L. 2522-8.
- Conseil d'atelier ou de bureau, L. 2282-2.
- Convention collective, L. 2233-1 s.
- Déclaration de mouvements de main d'œuvre, Arr. du 27 févr. 1987, L. 1221-16.
- Droit d'expression des salariés, L. 2282-1 s.
- Droit syndical, L. 2111-1, L. 2144-1 s.
- Élection parlementaires, L. 3142-87.
- Grève, L. 2512-1 s.
- Intéressement, L. 3311-1.
- Invention des salariés, CPI, art. L. 611-7, **p. 3222.**
- Licenciement, L. 1234-14.
- Licenciement pour motif économique, L. 1233-1.
- Participation, Décr. n° 87-948 du 26 nov. 1987, App. IV. D, v° *Intéressement. Participation. Actionnariat*, **p. 3491.**
- Règlement intérieur, L. 1311-1.
- Travailleur handicapé, L. 5212-1.

Entreprise de spectacles vivants,
L. 7122-1 s., D. 7122-1 s.
- Déclaration préalable, L. 7122-3, R. 7122-2 s.
- Entrepreneur de spectacles, L. 7122-1 s.
- Entrepreneur accessoire, L. 7122-19, R. 7122-13.
- Guichet unique, L. 7122-22 s., R. 7122-14 s.
- Infractions, L. 7122-16 s.
- Licence, L. 7122-3 s., R. 7122-2 s.
- Litiges, L. 7122-27.
- Ressortissants d'un État membre de l'Union européenne, R. 7122-7 s.
- Salaire (protection), L. 7122-15.
- Sanctions administratives, R. 7122-26 s.

Entreprise de travail à temps partagé,
L. 1252-1 s.
- Contrat de travail, L. 1252-4, L. 1252-10.
- Définition, L. 1252-1.
- Égalité de traitement, L. 1252-9.
- Garantie financière, L. 1252-13.
- Rémunération, L. 1252-6.

Entreprise de travail temporaire,
L. 1251-45 s., D. 1251-1 s.
- Action en justice, L. 1251-59, D. 1251-32.
- Ancienneté, L. 1251-55.
- Comité social et économique,
  - collèges électoraux, L. 2314-16.
  - élection, L. 2314-20, L. 2314-22.
- Contrat de professionnalisation, L. 6325-23 s.
- Contrôle, L. 1251-45 s., R. 1251-4 s.
- Déclaration, L. 1251-45, R. 1251-4.
- Effectifs, L. 1251-54.
- Entreprise solidaire d'utilité sociale, L. 3332-17-1.
- Financement de la formation professionnelle, L. 6331-69.
- Garantie financière, L. 1251-49 s., R. 1251-11 s.
- Heures de délégation, L. 2143-19, L. 2315-13.
- Mission auprès d'un employeur public, L. 1251-60 s.
- Relevé des contrats de missions, L. 1251-45.
- Service de prévention et de santé au travail, R. 4625-3 s.
- Travailleur handicapé (obligation d'emploi), L. 5212-3.
- Travailleur étranger, L. 5221-4.
- ▶ V. *Contrat de mise à disposition, Contrat de mission, Contrat de travail temporaire, Travail temporaire.*

Entreprise sociale et solidaire,
L. n° 2014-856 du 31 juill. 2014, art. 1ᵉʳ, 3, 4, App. III. A, v° *Embauche et emploi*, **p. 3397.**
- Entreprise solidaire d'utilité sociale, L. 3332-17-1.
  - agrément, L. 3332-17-1.

Entretien préalable,
- Assistance du salarié, L. 1232-4.
- Conseiller du salarié, L. 1232-7 s., D. 1232-4 s.
- Convocation, L. 1232-2, R. 1232-1 s.
- Licenciement pour motif économique,
  - licenciements de moins de 10 salariés, L. 1233-11 s.
  - licenciements de plus de 10 salariés, L. 1233-38 s.
- Sanction disciplinaire, L. 1332-2.

Entretien professionnel, L. 6315-1.

Entretien professionnel *(suite)*
- Exercice d'un mandat de représentation, L. 2141-5.
- Exercice d'un mandat d'élu au sein d'une collectivité territoriale, L. 6315-2.
- Informations relatives à l'activation du compte personnel de formation, L. 6315-1.

Environnement
▶ V. *Droit d'alerte en matière de santé publique et d'environnement dans l'entreprise.*

Épargne salariale, L. 3331-1 s.
- Négociation de branche, L. 2241-1, L. 2241-16.
- Négociation en entreprise,
▶ V. *Intéressement, Participation aux résultats de l'entreprise, Plan d'épargne salariale, Plan d'épargne d'entreprise (PEE), Plan d'épargne interentreprises.*

Équipement de travail, L. 4311-1 s., R. 4311-1 s., R. 4722-5 s.
- Contrôle de conformité, L. 4311-6, R. 4314-10 s.
- Démonstration, L. 4321-3.
- Équipements de protection (maintien en état), R. 4322-1 s.
- Fabrication, L. 4311-1 s., L. 4755-1 s.
- Surveillance du marché, L. 4314-1 s., R. 4314-1 s.
  • contrôle, R. 4314-5 s.
  • enquête, R. 4314-5 s.
  • sanction des fabricants et distributeurs d'équipements non conformes, L. 4314-1 s., L. 4746-1, R. 4746-1 s., R. 4755-1 s.
- Utilisation, L. 4321-1 s.

Équivalences, L. 3121-13 s.
▶ V. *Durée du travail.*

Essai
▶ V. *Période d'essai.*

Établissement de banque et de crédit,
- Comité de groupe, L. 2331-5.

Établissement public chargé de la formation professionnelle des adultes,
L. 5315-1 s., R. 5315-1 s.

Établissements publics à caractère industriel et commercial,
- Conventions et accords de travail, L. 2233-1 s.
- Durée du travail, L. 3111-1 s.
- Intéressement, L. 3311-1 s.
- Participation, L. 3321-1 s.
- Règlement des conflits collectifs, L. 2521-1 s.
  • conciliation, L. 2522-8 s.
- Santé et sécurité au travail, L. 4111-1 s.
- Services de prévention et de santé au travail, L. 4621-1.
- Travailleurs handicapés,
  • obligation d'emploi, L. 5212-1 s.

État de santé,
- Discrimination, L. 1132-1.
- Dossier médical en santé au travail, L. 4624-8, R. 4624-45-3 s.
- Examens complémentaires, R. 4624-35 s.
- Suivi de l'état de santé du travailleur, L. 4624-1 s., R. 4624-10 s.
- Suivi individuel renforcé, L. 4624-1 s., R. 4624-21 s.
- Visites à la demande de l'employeur, du travailleur ou du médecin du travail, R. 4624-34 s.
- Visite d'information et de prévention, R. 4624-10 s.
▶ V. *Accident du travail, Maladie, Médecine du travail (Service de prévention et de santé au travail), Santé et sécurité au travail, Inaptitude physique.*

Étrangers
▶ V. *Travailleur étranger.*

Évaluation professionnelle,
- Méthodes, L. 1221-8, L. 1222-3.

Événements familiaux,
- Congés, L. 3142-1 s.

Examens de préreprise et de reprise du travail, R. 4624-29 s.

Examens médicaux complémentaires, R. 4624-35 s.

Exécution provisoire,
- Égalité professionnelle, L. 1146-2.
- Égalité de rémunération hommes/femmes, L. 3222-1.
- Jugement, R. 1454-28.

Exonérations
▶ V. *Aides financières et exonérations de charges pour l'employeur.*

Expatrié,
- Licenciement, L. 1231-5.
- Rapatriement, L. 1231-5.
▶ V. *Contrat de travail international.*

Expert technique,
- Comité social et économique, L. 2315-91.
  - délai, R. 2325-6-3.
- Licenciement pour motif économique, L. 1233-34.

Expertise,
- Comité de groupe, L. 2334-4.
- Comité social et économique, L. 2315-89 s.
  - délai, R. 2325-6-1 s.
- Comité social et économique central, L. 1233-37.
- Contestation, L. 2315-84.
- Droit d'alerte, L. 2312-64 s.
- Licenciement pour motif économique, L. 1233-34 s., L. 1233-50.

Expression des salariés, L. 2281-1 s.
▶ V. *Droit d'expression des salariés.*

Extension (convention collective),
L. 2261-15 s.
- Arrêté, L. 2261-27.
- Avenants, L. 2261-26.
- Clauses, L. 2261-22.
- Commission nationale de la négociation collective (avis), L. 2261-25 s.
- Commission paritaire, L. 2261-19.
- Conditions, L. 2261-19, L. 2261-23 s.
- Effets économiques et sociaux, L. 2261-27-1, D. 2261-4-1 s.
- Experts, L. 2261-27-1, D. 2261-4-1 s.
- Opposition, L. 2261-19, L. 2261-27.
- Procédure, L. 2261-24 s.

F

Fait du prince, L. 1231-1 (J. 47).

Fausse couche,
- Protection contre le licenciement, L. 1225-4-3.
- Protection contre la rupture anticipée du CDD, L. 1225-6.

Fausse déclaration
▶ V. *Pénalités.*

Faute disciplinaire, L. 1331-1.

Faute grave,
- Accident du travail, L. 1226-9.
- Congé de maternité, L. 1225-4.
- Contrat à durée déterminée, L. 1243-1.
- Licenciement, L. 1232-1 (J. 23 s.), L. 1234-1 (J. 1 s.).
- Préavis, L. 1234-1 (J. 74).
- Qualification, L. 1234-1 (J. 1 s.).
- Service national, L. 3142-98.

Faute inexcusable de l'employeur,
- Présomption au bénéfice des salariés temporaires ou en CDD, L. 4154-3.
- Risque matérialisé après alerte de l'employeur, L. 4131-4.

Faute lourde, L. 3141-28 (J. 6 s.).

Faute professionnelle, L. 1234-1 (J. 29 s.).

Femme enceinte
▶ V. *Maternité.*

Fermeture de l'entreprise,
- Assurance chômage, Règl. 14 avr. 2017, art. 5, App. III. C, v° *Chômage*, 🏠.
- Congés payés, L. 3141-31.
- Licenciement pour motif économique, L. 1233-3 (J. 39).
- Repos hebdomadaire, L. 3132-29.

Fermeture de site,
- Recherche d'un repreneur, L. 1233-57-9 s., R. 1233-15 s.

Fêtes légales, L. 3133-1.

Feuille de paie
▶ V. *Bulletin de paie.*

Filiale,
- Détermination de l'employeur, L. 1221-1 (J. 65 s.).
- Licenciement, L. 1231-5.

Fonctionnaire
▶ V. *Entreprise publique.*

Fonds d'assurance-formation des non-salariés, L. 6332-9 s.

Fonds de développement de l'inclusion, R. 5132-44 s.

Fonds de développement pour l'insertion professionnelle des handicapés, L. 5214-1 s., R. 5214-19 s.

Fonds paritaire de sécurisation des parcours professionnels, L. 6332-18 s. anc.
▶ V. *France compétences.*

Fonds paritaire d'intervention en faveur de l'emploi, L. n° 96-126 du 21 févr. 1996, App. III. A, v° *Embauche et emploi,* **p. 3382.**

Force majeure,
- Contrat à durée déterminée, L. 1243-1.
- Contrat de formation professionnelle, L. 6353-3.
- Indemnité compensatrice, L. 1234-13.
- Indemnité de licenciement, L. 1234-12.
- Préavis, L. 1234-12.
- Rupture du contrat de travail, L. 1231-1 (J. 43 s.).

Forfait
▶ V. *Convention de forfait.*

Forfait jours
▶ V. *Convention de forfait.*

Forfait mobilité durable, L. 3261-3-1, R. 3261-11 s., R. 3423-12.

Formation à la sécurité, L. 4142-1 s., R. 4141-1 s.
- Membre du comité d'hygiène, de sécurité et des conditions de travail, L. 4523-10.

Formation économique, sociale et syndicale, L. 2145-1 s., R. 2145-1 s.
- Aide de l'État, L. 2145-3.
- Formation (conseiller prud'hommes), L. 1442-1 s., D. 1442-1 s.
- Plan d'épargne salariale, L. 3341-2 s.

Formation professionnelle, L. 6111-1 s., D. 6312-1 s.
- Accès à la formation professionnelle, L. 6312-1, D. 6312-1.
- Actions d'adaptation, L. 6313-3, L. 6321-2 s.
- Actions de formation, L. 6313-1 s., L. 6316-1 s., R. 6313-1 s., R. 6316-1 s.
  • contrôle de la qualité des actions de formation, L. 6316-1 s.
  • qualité des actions de formation, L. 6316-1 s., R. 6316-1 s.
  • référentiels, L. 6316-1 s., D. 6316-1-1.
- Actions de formation par apprentissage, L. 6313-1, L. 6313-6.
- Actions de préformation, L. 6313-2.
- Actions de prévention, L. 6313-5.
- Adaptation au poste de travail, L. 6321-1 s.
- Aide individuelle à la formation (France Travail), L. 6121-4.
- Aides à la formation en cas d'embauche de demandeurs d'emploi, L. 6326-1 s.
- Amélioration de la maîtrise de la langue française, L. 5111-2, L. 6313-1.
- Apprentissage, L. 6313-1, L. 6313-6.
  ▶ V. *Apprentissage.*
- Artistes auteurs, L. 6331-65 s., R. 6331-64 s.
- Association nationale pour la formation professionnelle des adultes (AFPA), L. 5315-1.
- Attestation de formation, L. 6313-7.
- Autorisation d'absence, L. 2145-7, L. 3142-10.
- Auto-entrepreneur (financement), R. 6331-55 s.
- Bilan de compétences, L. 6313-1, L. 6313-4, R. 6313-4 s.
- Bilan d'étape professionnel, L. 6315-1 s.
- Centre de formation professionnelle, D. 6352-25 s.
- Certificat de qualification professionnelle, L. 6314-1.
- Certification des prestataires de formation, L. 6316-1 s.
- Certification professionnelle, L. 6113-1 s.
  ▶ V. *Certification professionnelle.*
- Comité régional de l'emploi, de la formation et de l'orientation professionnelles, R. 6123-3 s.
- Comité paritaire interprofessionnel national pour l'emploi et la formation, L. 6123-5.
  ▶ V. *France compétences.*
- Comité paritaire interprofessionnel régional pour l'emploi et la formation, L. 6123-3, L. 6123-6.
- Comité régional de l'emploi, de la formation et de l'orientation professionnelle, L. 6123-3 s.
- Commission au comité social et économique, L. 2315-45.
- Commission nationale de la négociation collective, de l'emploi et de la formation professionnelle, L. 2271-1 s.
- Compte personnel de formation, L. 6111-1.
  ▶ V. *Compte personnel de formation (CPF).*
- Congé de participation au jury d'examen, L. 3142-42.

Formation professionnelle *(suite)*

- Congé parental d'éducation (retour), L. 1225-56 s.
- Conseil en évolution professionnelle, L. 6111-6 s., R. 6111-5 s.
- Contrat de professionnalisation, L. 6325-1 s., D. 6325-1 s.
  ▶ V. *Contrat de professionnalisation.*
- Contrôle de la formation professionnelle, L. 6361-1 s., R. 6361-1 s.
- Convention de branche, L. 2253-1.
- Convention de formation professionnelle continue, L. 6122-1 s., D. 6122-4 s.
- Déclaration d'activité, L. 6351-1 A.
- Demandeur d'emploi, L. 6122-2.
- Département d'outre-mer, L. 6511-1 s.
- Développement des compétences, L. 6321-6 s., R. 6321-4 s.
  • refus du salarié, L. 6321-7.
- Droit à la qualification professionnelle, L. 6314-1, D. 6314-1.
- Égalité d'accès à la formation, L. 6112-1 s., D. 6112-1 s.
- Employeur de moins de 11 salariés (financement), L. 6331-1 s.
- Employeur de 11 salariés et plus (financement), L. 6331-3 s.
- Employeur du bâtiment et des travaux publics, L. 6331-35 s., R. 6331-36 s.
- Employeur occupant des salariés intermittents du spectacle, L. 6331-55 s.
- Entretien professionnel, L. 6315-1.
- État (rôle), L. 6122-1 s., D. 6122-1 s.
- Financement, L. 6331-1 A s., R. 6331-1 s.
  • contribution unique, L. 6131-2.
  • contribution unique à la formation professionnelle, L. 6131-2.
  • entreprise de travail temporaire, L. 6331-69.
  • participation du salarié, L. 6323-4, L. 6323-7.
  • recouvrement, L. 6131-1.
  • reste à charge, L. 6323-4.
  • salariés en CDD, L. 6331-6.
  • taxe d'apprentissage, L. 6131-3, L. 6241-1 s.
  • URSSAF, L. 6131-1.
- Formations certifiantes, L. 6313-7.
- Formations en dehors du temps de travail, L. 6321-6 s., R. 6321-4.
- Formations relatives à la santé et à la sécurité au travail,
  • passeport de prévention, L. 4141-5.
- France compétences, L. 6123-5 s., R. 6113-1 s., R. 6123-5 s.
  • certification des prestataires de formation, L. 6316-2 s.
  • certification professionnelle, L. 6113-1 s., R. 6113-1 s.
  • commission de la certification professionnelle, R. 6113-1 s.
  • conseil d'administration, L. 6123-6 s.
  • convention triennale d'objectifs et de performance, L. 6123-11.
  • missions, L. 6123-5 s.
  • opérateurs de conseils en évolution professionnelle (financement), L. 6111-6.
  • recettes, L. 6123-13.
  • recommandations, L. 6123-5, L. 6123-10.
- Heures de formation, L. 6321-2 s., R. 6321-4 s.
- Label, « Orientation pour tous – Pôle information et orientation sur les formations et les métiers », R. 6111-1 s.
- Négociation de branche, L. 2241-1, L. 2241-14.
- Négociation en entreprise, L. 2242-20.
- Non-discrimination, L. 6112-1 s.
- Objet, L. 6311-1.
- Obligation de financement des employeurs,
  • contrôle, L. 6361-4.
- Obligation nationale, L. 6111-1.
- Offres de formation (information des salariés), L. 6111-7.
- Opérateurs de compétences, L. 6332-1 s.
  ▶ V. *Opérateurs de compétences.*
- Outre-mer, L. 6511-1 s., R. 6521-1 s.
- Particulier employeur, L. 6331-57 s.
- Période de mobilité, L. 1222-12.
- Périodes de professionnalisation, L. 6324-1 s., D. 6324-1 s.
- Plan de développement des compétences, L. 6321-1.
- Préparation à l'apprentissage, L. 6313-6.
- Préparation opérationnelle à l'emploi, L. 6326-1 s. ; ANI du 11 janv. 2013, art. 9, App. III. A, v° *Embauche et emploi*, **p. 3389.**
- Prestataires de formation,
  • certification, L. 6316-2.
  • contrôle de la qualité des actions de formation, L. 6316-1 s.
  • référentiel national, L. 6316-3.
- Priorité en matière d'accès à la formation,
  • veuves et femmes seules, L. n° 75-3 du 3 janv. 1975, art. 7, App. VIII, v° *Formation professionnelle*, **p. 3538.**
- Profession agricole, C. rur., art. L. 718-2, **p. 3537.**
- Profession libérale, L. 6331-48 s., R. 6331-47 s.

Formation professionnelle *(suite)*
- Profession non salariée, L. 6331-48, R. 6331-47 s.
- Projet de transition professionnelle
  ▶ V. *Projet de transition professionnelle.*
- Recouvrement des contributions, L. 6131-3 s.
- Régions (rôle), L. 6121-1 s.
- Rémunération, L. 6321-2 s.
- Saint-Pierre-et-Miquelon, L. 6521-1 s.
- Saisonnier, L. 6321-9 s.
- Salariés de moins de 30 ans, ANI du 11 janv. 2013, art. 6, App. III. A, v° *Embauche et emploi*, **p. 3388.**
- Secteur public, L. 6321-16.
- Sécurité sociale, L. 6321-8.
- Seuils d'effectifs, L. 6331-1 A s.
- Socle de connaissances et de compétences professionnelles, R. 6113-1 s.
- Stagiaire de la formation professionnelle, L. 6341-1 s., R. 6341-1 s.
- Statut du salarié en formation, L. 6323-18 s.
- Système d'information « Mon Activité Formation », R. 6351-13 s.
- Temps de travail effectif, L. 6321-2 s.
- Travailleur indépendant, L. 6331-48 s., R. 6331-47 s.
- Travailleur indépendant du secteur artisanal (financement), R. 6331-55 s.
- Tutorat, D. 6324-2 s.
- Validation des acquis de l'expérience, L. 6313-5, L. 6411-1 s., R. 6412-1 s.
▶ V. *Apprentissage, Bilan de compétences, Compte personnel de formation (CPF), Contrat de professionnalisation, Projet de transition professionnelle, Reconversion ou promotion par alternance, Validation des acquis de l'expérience.*

Fouilles, L. 1121-1 (J. 11 s.).

Fractionnement,
- Congés, L. 3141-17 s.

Frais de transport, L. 3261-1.
- Affranchissement d'impôt, CGI, art. 81, **p. 3280.**
- Champ d'application, L. 3261-1 s.
- Forfait mobilité durable, L. 3261-3-1, R. 3261-11 s., R. 3423-12.
- Prise en charge, L. 3261-2 s.
  • transports personnels, L. 3261-3 s., R. 3261-11 s.
  • transports publics, L. 3261-2, R. 3261-1 s.
- Titre-mobilité, L. 3261-5 s., R. 3261-13-3 s.

Frais professionnels,
- Calcul de l'assiette du SMIC, L. 3231-1 (J. 14).
- Garantie AGS, L. 3253-8 (J. 21).
- Remboursement des frais professionnels, L. 1221-1 (J. 344).

France compétences, L. 6123-5 s., R. 6113-1 s., R. 6123-5 s.
- Budget, R. 6123-15 s.
- Certification des prestataires de formation, L. 6316-2 s.
- Certification professionnelle, L. 6113-1 s., R. 6113-1 s.
- Charte déontologique, R. 6123-21.
- Commission de la certification professionnelle, R. 6113-1 s.
- Conseil d'administration, R. 6123-6 s.
  • missions, L. 6123-5 s.
- Convention triennale d'objectifs et de performance, L. 6123-11.
- Correspondance des branches et des entreprises adhérentes des opérateurs de compétences, R. 6123-34 s.
- Dotations financières, R. 6123-24 s.
- Médiateur, R. 6123-14.
- Opérateurs de conseils en évolution professionnelle (financement), L. 6111-6.
- Organisation, R. 6123-6 s.
- Péréquation, R. 6123-31 s.
- Recettes, L. 6123-13.
  • recommandations, L. 6123-5, L. 6123-10.
- Règles financières et comptables, R. 6123-15 s.

France Travail, L. 5312-1 s.

Fraude
▶ V. *Pénalités.*

Fumeurs, CSP, art. R. 3512-2 s., **p. 3335.**

Fusion de l'entreprise
▶ V. *Modification de la situation juridique de l'employeur, Opération transfrontalière.*

Fusion transfrontalière
▶ V. *Opération transfrontalière.*

G

Garanties collectives,
– Clause de recommandation, CSS, art. L. 912-1, **p. 3275.**

Garantie complémentaire,
– Négociation de branche, L. 2253-1.

Garantie de ressources,
– Travailleur handicapé, CASF, art. L. 243-4, **p. 3188.**

Garantie des salaires,
– Action directe, L. 3253-23.
– Arrérage de préretraite, L. 3253-11.
– Avance, L. 3253-15.
– Conditions de garantie, L. 3253-12.
– Employeur établi à l'étranger, L. 3253-18 s.
– Établissement des créances, L. 3253-19.
– Financement, L. 3253-18.
– Groupement d'employeurs, L. 1253-21.
– Intéressement, L. 3253-10.
– Organismes gestionnaires, L. 3253-14.
  • subrogation, L. 3253-16.
– Participation, L. 3253-10.
– Plafonds de garantie, L. 3253-2, D. 3253-1.
– Privilège spécial, L. 3253-22 s.

Garantie financière,
– Entreprise de travail à temps partagé, L. 1252-13.
– Entreprise de travail temporaire, L. 1251-49 s.

Garanties collectives, CSS, art. L. 911-1 s., **p. 3274.**

Gardien d'immeuble
▶ V. *Concierge et employé d'immeuble.*

Gare, L. 3132-25-6.

Génie civil,
– Prévention, L. 4531-1.
– Gens de mer, C. transp., art. L. 5541-1 s., .

Gens de mer, C. transp., art. L. 5541-1 s., .

Gérant de SARL, L. 1221-1 (J. 31).

Gérant de succursale, L. 7321-1 s.

Gérant non salarié de succursale,
L. 7322-1 s., D. 7322-1 s.

Gestion prévisionnelle de l'emploi et des compétences (GPEC),
– Aide à l'élaboration d'un plan, L. 5121-3.
– Bilan, L. 2242-20.
– Congés de mobilité, L. 1237-18 s.
– Enjeux de la transition écologique, L. 2241-12, L. 2242-20.
– Entreprises soumises à l'obligation triennale de négocier, L. 2242-13.
– Entreprises sous-traitantes, L. 2242-20.
– Formation professionnelle, L. 2242-20 s.
– Mobilité interne, L. 2242-20.
– Négociation de branche, L. 2241-1, L. 2241-12.
– Négociation en entreprise, L. 2242-2, L. 2242-13, L. 2242-20 s.
– Opérateurs de compétences (appui technique), L. 6332-1.
– Rupture conventionnelle collective, L. 1237-19 s.

Gratifications, L. 3211-1 (J. 8 s.).

Grève, L. 2511-1 s.
– Accord de conciliation, L. 2522-5.
– Arbitrage, L. 2524-1 s., R. 2524-1 s.
– Commission de conciliation, L. 2522-7, R. 2522-3 s.
– Conciliation, L. 2522-1 s., R. 2522-1 s.
  ▶ V. *Conciliation.*
– Contrat à durée déterminée, L. 1242-6.
– Contrat de travail temporaire, L. 1251-10.
– Discrimination, L. 1132-2.
– Fermeture de l'entreprise, L. 2511-1 (J. 94 s.).
– Grève de solidarité, L. 2511-1 (J. 32).
– Grève perlée, L. 2511-1 (J. 12).
– Lock-out, L. 2511-1 (J. 96 s.).
– Médiation, L. 2523-1 s., R. 2523-1 s.
– Occupation des locaux, L. 2511-1 (J. 37 s.).
– Outre-mer, R. 2623-1 s.
– Piquets de grève, L. 2511-1 (J. 35 s.).
– Règlement de conflit,
  • proposition, L. 2523-5.
– Responsabilité, L. 2511-1 (J. 110 s.).
– Retenues sur salaire, L. 1132-2 (J. 3).
– Revendications, L. 2511-1.
▶ V. *Arbitrage, Conciliation, Médiation.*

Grève dans les services publics,
L. 2512-1 s.
– Formes de grèves prohibées, L. 2512-3.
– Préavis, L. 2512-2.

Grève dans les services publics *(suite)*
- Réquisition, L. 2512-1 (J. 11).
- Responsabilités, L. 2512-1 (J. 12 s.).
- Retenue, L. 2512-5.
- Sanction, L. 2512-4.
- Service minimum, L. 2512-1 (J. 5 s.).

Grossesse, L. 1225-1 s.
▶ V. *Congé de maternité, Maternité.*

Groupe de sociétés, L. 2231-1.

Groupe spécial de négociation,
L. 2342-1 s., L. 2344-1 s., L. 2372-1 s., R. 2344-1 s., D. 2352-1 s.
- Absence d'accord, L. 2353-1 s., R. 2344-1 s.
- Accord, L. 2372-6 s.
- Autorisation de licenciement, L. 2421-4.
- Contestations, R. 2352-18 s.
- Décisions, L. 2352-13.
- Désignation, L. 2344-2.
- Élection, L. 2344-5.
- Experts, L. 2352-12.
- Fonctionnement, L. 2352-9 s., L. 2372-4 s., D. 2352-14.
- Fusion transfrontalière, L. 2372-1 s.
- Licenciement, L. 2411-1, L. 2411-11.
- Membres,
  • désignation, L. 2372-3.
  • rupture du contrat de travail, L. 2436-1 s.
  • statut, L. 2372-3.
  • transfert du contrat de travail, L. 2343-1 s.
- Mise en place, L. 2372-1, D. 2352-1 s.
- Nombre de sièges, R. 2352-5 s.
- Objet, L. 2372-1.
- Protection des membres, L. 2352-14.
- Répartition des sièges, L. 2344-1.
- Rupture du CDD, L. 2412-6, L. 2421-7.
- Secret professionnel, L. 2344-8, L. 2352-15.
- Société coopérative européenne, L. 2362-1 s., R. 2362-5 s.
- Société européenne, L. 2352-1 s.
  ▶ V. *Comité de la société européenne, Société coopérative européenne.*

Groupement d'employeurs, L. 1253-1 s., D. 1253-1 s.
- Actions en justice, L. 1253-16.
- Adhésion, L. 1253-2 s.
- Collectivités territoriales, L. 1253-19 s., R. 1253-43.
- Conditions de travail, L. 1253-9 s.
- Constitution, L. 1253-2 s., D. 1253-1 s.
- Contrat de travail, L. 1253-9.
- Contrat de professionnalisation, D. 6325-22 s.
- Convention collective, L. 1253-10, L. 1253-17 s.
- Coopérative, R. 1253-35.
- Déclaration, D. 1253-4 s.
- Délégation de pouvoirs, L. 1253-15.
- Égalité de traitement, L. 1253-14.
- Entreprises agricoles, R. 1253-14 s.
- Entreprise artisanale, industrielle ou commerciale, R. 1253-14 s.
- Garantie financière, L. 1253-21.
- Groupement d'employeurs pour l'insertion et la qualification (GEIQ), L. 1253-1, D. 1253-45 s., D. 6325-23 s.
- Intéressement, L. 3314-3.
- Médecine du travail, L. 1253-13.
- Opposition, D. 1253-7 s.
- Pénalités, R. 1254-8.
- Responsabilité, L. 1253-8.
- Société interprofessionnelle de soins ambulatoires, R. 1253-35 s.

Groupement d'intérêt économique (GIE),
- Intéressement, L. 3314-3.

Guichet unique pour le spectacle vivant,
L. 7122-22 s., D. 1272-3.

H

Habillage et déshabillage,
- Travail effectif, L. 3121-3.

Handicapé
▶ V. *Travailleur handicapé.*

Harcèlement moral, L. 1152-1 s.
- Accident du travail, L. 1152-1 (J. 15).
- Accord national interprofessionnel harcèlement et violence au travail, App. II. D, v° *Santé, hygiène et sécurité des travailleurs,* **p. 3346.**
- Action en justice, L. 1154-1.
- Définition, L. 1152-1.
- Maladie professionnelle, L. 1152-1 (J. 15).
- Médiation, L. 1152-6, L. 1155-1.
- Nullité de la rupture, L. 1152-3.
- Obligation de sécurité de l'employeur, L. 1152-1 (J. 16).
- Pénalités, L. 1155-1 s.
- Preuve, L. 1154-1 (J. 5).

Harcèlement moral (suite)
- Prévention, L. 1152-4.
- Responsabilité de l'employeur, L. 1152-4 (J. 2).
- Responsabilité du harceleur, L. 1152-5 (J. 1).
- Sanction disciplinaire, L. 1152-5.

Harcèlement sexuel, L. 1153-1.
- Accord national interprofessionnel harcèlement et violence au travail, App. II. D, v° *Santé, hygiène et sécurité des travailleurs*, **p. 3346.**
- Action en justice, L. 1154-1.
- Compétence des commissions paritaires régionales interprofessionnelles, L. 23-113-1.
- Définition, L. 1153-1.
- Information, L. 1153-5, D. 1151-1.
- Médiation, L. 1152-6, L. 1155-1.
- Organisation syndicale, L. 1154-2.
- Outrage sexiste, C. pén., art. 222-33-1-1, App. I. B, v° *Contrat de travail*, **p. 3214.**
- Pénalités, L. 1155-1 s.
- Prévention, L. 1153-5.
- Référent harcèlement sexuel dans l'entreprise, L. 1153-5-1, L. 2314-1.
- Sanction disciplinaire, L. 1153-6.
- Témoignage, L. 1153-3.

Haut Conseil du dialogue social, R.* 2122-1 s.
- Représentativité patronale (consultation), R. 2152-18 s.

Heures complémentaires,
- Avenant au contrat de travail, L. 3123-22.
- Convention ou accord collectif, L. 3123-22.
- Majoration de salaire, L. 3123-17, L. 3123-22.
- Refus du salarié, L. 3123-10.
- Travail à temps partiel, L. 3123-8 s.
- ▶ V. *Travail à temps partiel*.

Heures de délégation,
- Comité d'hygiène de sécurité et des conditions de travail, L. 4614-3 s.
- Comité social et économique, L. 2315-7 s.
- Délégué syndical, L. 2143-13 s.
- Dépassement en raison de circonstances exceptionnelles, R. 2314-1.
- Entreprise de travail temporaire, L. 2143-19, L. 2315-13.
- Salarié à temps partiel, L. 3123-14.
- Section syndicale, L. 2143-13 s.

Heures de recherche d'emploi, L. 1234-1 (J. 76).

Heures de récupération, L. 3121-50, L. 3122-46, L. 3122-47.
- Jours fériés, L. 3133-2.
- "ponts", L. 3121-50.

Heures d'équivalence, L. 3121-28.

Heures supplémentaires, L. 3121-28 s.
- Accord collectif, L. 3121-23 s.
- Consultation des institutions représentatives du personnel, L. 3121-32, L. 3121-40.
- Contingent annuel, L. 3121-30 s., D. 3121-14-1 s.
  - accord collectif, L. 3121-32.
  - défaut d'accord collectif, L. 3121-39 s.
- Contreparties en repos, D. 3121-7 s.
- Convention de forfait, L. 3121-41 s.
- Décompte, L. 3121-29, L. 3121-35.
  - accord collectif, L. 3121-32.
- Définition, L. 3121-8.
- Déduction forfaitaire des cotisations patronales, CSS, art. L. 241-18, **p. 3294.**
- Durée maximale hebdomadaire absolue, L. 3121-20.
- Emploi saisonnier, L. 3121-34.
- Exonération de cotisations salariales, CSS, art. L. 241-17 s., D. 241-21 s., **p. 3293.**
- Industrie traitant des matières périssables, L. 3132-5.
- Lissage des rémunérations, L. 3122-5.
- Majoration de salaire, L. 3121-28.
  - accord collectif, L. 3121-32.
  - défaut d'accord collectif, L. 3121-36.
- Réduction de cotisations salariales, CSS, art. L. 241-17 s., D. 241-21 s., **p. 3371.**
- Repos compensateur, L. 3121-28.
  - accord collectif, L. 3121-32.
  - défaut d'accord collectif, L. 3121-37 s.
- Repos hebdomadaire (dérogation), L. 3132-5.
- Stagiaire de la formation professionnelle, L. 6343-3.
- Surcroit extraordinaire de travail, L. 3132-5.
- Travaux urgents, L. 3121-16.

Horaires de travail,
- Affichage, L. 3171-1.
- Aménagement, R. 3122-1 s.
- Bulletin de paie, D. 3171-11 s.
- Comité social et économique, L. 2312-26.
- Documents fournis à l'inspecteur du travail, L. 3171-3, D. 3171-16.

Horaires de travail *(suite)*
- Documents fournis au juge, L. 3171-4.
- Équipes successives en cycle continu, R. 3122-1.
- Horaires individualisés, L. 3121-48 s., R. 3122-2 s.
- Justification, L. 3171-4.
- Modification du contrat de travail, L. 1221-1 (J. 240 s.).
- Non-respect, L. 1232-1 (J. 40), L. 1234-1 (J. 60).
- Récupération des heures perdues, R. 3122-4 s.
- Répartition des horaires sur une période supérieure à la semaine, L. 3121-45 s.
- ▶ V. *Durée du travail, Heures supplémentaires.*

Hôtels-cafés-restaurants,
- Congés payés, L. 3141-26.
- Débits de boissons, L. 4153-6.
- Jeunes, L. 4153-6, L. 3163-2.
- Pourboires, L. 3244-1 s.
- Repos hebdomadaire, L. 3132-7, L. 3132-12.

Hygiène et sécurité,
- Chantiers, L. 4531-1 s., L. 4744-1, R. 4534-68 s.
- Délégation de pouvoirs, L. 4741-1 (J. 12 s.).
- Fermeture d'établissement, L. 4741-11.
- Fumeurs, CSP, art. R. 3512-2 à R. 3512-9, **p. 3335.**
- Hébergement collectif, L. du 27 juin 1973, App. II. D, v° *Santé, hygiène et sécurité des travailleurs*, **p. 3339.**
- Règlement intérieur, L. 1321-1.
- Substances dangereuses, L. 4412-1, R. 4412-1 s.
- Tabagisme, CSP, art. R. 3512-2 à R. 3512-9, **p. 3335.**
- Travaux salissants, R. 4228-8.
  - douches, Arr. du 23 juill. 1947, App. II. D, v° *Santé, hygiène et sécurité des travailleurs*, **p. 3337.**
- Vapotage, CSP, art. L. 3513-6, R. 3513-2 à R. 3513-4, R. 3515-7, R. 3515-8, **p. 3336.**
- ▶ V. *Conditions de travail, Comité d'hygiène, de sécurité et des conditions de travail (CHSCT), Infractions aux règles de santé et de sécurité, Sécurité au travail, Comité social et économique.*

I

Immigration
▶ V. *Travailleur étranger.*

Inaptitude physique, L. 1226-2 s., L. 1226-10 s.
- Apprentissage, L. 6222-18.
- Constatation, L. 4624-1.
- Contestation (avis), L. 4624-7.
- Contrat à durée déterminée (rupture), L. 1243-1, L. 1226-4-2.
- Convention de rééducation professionnelle en entreprise, L. 1226-1-4, L. 5213-3-1, R. 5213-15 s.
  ▶ V. *Convention de rééducation professionnelle en entreprise (CRPE).*
- Déclaration d'inaptitude, R. 4624-42 s.
- Discrimination, L. 1133-3.
- Indemnité compensatrice, L. 1226-14 s.
- Indemnité spéciale de licenciement, L. 1226-14 s.
- Reclassement, L. 1226-2 s., L. 1226-10 s.
- Rupture du contrat de travail, L. 1226-13 s.
- Salaire d'inactivité, L. 1226-4, L. 1226-11.
- Transformation de poste, L. 1226-10, R. 1226-9.
- Visite médicale de reprise, L. 1226-4, L. 1226-11.

Incarcération,
- Salarié, L. 1231-1 (J. 48).

Incendie,
- Installation nucléaire, L. 4525-1.
- Lutte, R. 4216-30, R. 4227-1 s.
- Rupture du contrat de travail, L. 1231-1 (J. 45).

Incivilités, L. 1232-1 (J. 33 s.).

Indemnisation du chômage
▶ V. *Assurance chômage.*

Indemnité compensatrice de préavis, L. 1234-5 s.
- Privilège, L. 3253-3.
- Salarié inapte, L. 1226-14 s.

Indemnité de congés payés, L. 3141-24 s.
- Indemnité compensatrice, L. 3141-28.
- Privilège, L. 3253-4.

Indemnité de départ à la retraite, L. 1237-9.
- Salarié à temps partiel, L. 3123-5.

Indemnité de fin de mission,
L. 1251-32 s.

Indemnité de licenciement, L. 1234-9 s., R. 1234-1 s.
- Ancienneté, L. 1234-11, L. 1235-14.
- Cessation de l'entreprise, L. 1234-10.
- Conditions, L. 1235-5.
- Effectif, L. 1235-5, L. 1235-14.
- Force majeure, L. 1234-12.
- Indemnité compensatrice de préavis (cumul), L. 1234-5.
- Indemnité conventionnelle, L. 1234-9 (J. 21 s.).
- Indemnité forfaitaire de conciliation, L. 1235-1, D. 1235-21 s.
- Irrégularité de procédure, L. 1235-2, L. 1235-12.
- Licenciement économique nul, L. 1235-11.
- Licenciement nul, L. 1235-3-1.
- Licenciement sans cause réelle et sérieuse, L. 1235-3.
  • barème, L. 1235-3.
  • entreprise de moins de 11 salariés, L. 1235-3.
- Montant, L. 1235-1, R. 1235-1.
- Priorité de réembauchage (non-respect), L. 1235-13.
- Réintégration (indemnisation), L. 1235-3.
- Salarié à temps partiel, L. 3123-5.
- Secteur public, L. 1234-14.

Indemnité de préavis, L. 1234-5.

Indemnité de précarité, L. 1243-8 s.

Indemnité d'intempéries, L. 5424-6 s., D. 5424-7.

Index de l'égalité professionnelle, L. 1142-7 s., D. 1142-2 s.
- Obligation de publication, L. 1142-8.

Indiscipline, L. 1234-1 (J. 36 s.).

Infirmier de santé au travail, L. 4623-9 s., R. 4623-30 s.

Infirmier de santé au travail, L. 4623-9 s., R. 4623-30 s.

Infractions aux règles de santé et de sécurité,
- Affichage du jugement, L. 4741-5, L. 4741-10, L. 4741-14.
- Amende, L. 4741-1 s., L. 4741-9 s.
- Délégation de pouvoir, L. 4741-1 (J. 11 s.).
- Emprisonnement, L. 4741-3, L. 4741-9.
- Entrave au CHSCT, L. 4742-1 s.
- Exécution des travaux de sécurité et salubrité, L. 4741-4.
- Fermeture totale de l'établissement, L. 4741-11 s.
- Infraction commise par l'employeur, L. 4741-1 s.
- Personnes morales, L. 4741-11 s.
- Responsabilité civile, L. 4741-7.

Infractions routières, C. route, L. 121-6, **p. 3360.**

Ingénieur de prévention, L. 8123-4 s.

Injures, L. 1232-1 (J. 42 s.).

Insertion dans l'emploi des personnes en situation de handicap, L. 5214-3-1.

Insertion par l'activité économique (IAE), L. 5132-1 s., R. 5132-1 s.
- Aides financières, L. 5132-3, R. 5132-7 s.
- Associations intermédiaires, L. 5132-7 s., L. 5132-14-1.
- Atelier d'insertion, L. 5132-15 s.
- Chantier d'insertion, L. 5132-15 s.
- Contrat à durée indéterminée d'inclusion pour les seniors, L. 5132-5-1, L. 5132-14-1, L. 5132-15-1, D. 5132-10-5 s., D. 5132-10-15 s., R. 5132-26-8 s., D. 5132-43-11 s.
- Contrat à durée indéterminée intérimaire pour les seniors, L. 5132-6-1.
- Contrat « passerelle », L. n° 2020-1577 du 14 déc. 2020, art. 5, App. III. A, v° *Embauche et emploi*, **p. 3422.**
- Contrat de professionnalisation, L. 5132-3.
- Convention, L. 5132-2 s., R. 5132-1 s.
- Entreprise de travail temporaire d'insertion, L. 5132-6 s.
- Entreprise d'insertion, L. 5132-5, R. 5132-1 s.
- Établissement pénitentiaire, R. 5132-2.
- Parcours d'insertion par l'activité économique, L. 5132-3, R. 5132-1 s.
- Période d'immersion, D. 5132-10-1 s., D. 5132-26-1 s., D. 5132-43-1 s.
- Personnes détenues, R. 5132-2.
- Territoires zéro chômeur de longue durée, L. n° 2020-1577 du 14 déc. 2020, art. 9 à 11, App. III. A, v° *Embauche et emploi*, **p. 3423.**
- Travail à temps partagé, L. n° 2018-771 du 5 sept. 2018, art. 115, ss. L. 1252-1.

Insertion par l'activité économique (IAE) *(suite)*

- Travail à temps partiel (cumuls), L. 3123-7, L. 5132-5, L. 5132-11-1.
- Travail indépendant, L. n° 2018-771 du 5 sept. 2018, art. 83, App. III. A, v° *Embauche et emploi*, **p. 3411.**

Inspecteur de la formation professionnelle, L. 6361-5.

Inspecteur du travail, L. 8112-1 s., R. 8112-1 s.
▶ V. *Agent de contrôle de l'inspection du travail.*

Inspection du travail, L. 8112-1 s., R. 8111-1 s.
- Accès aux documents, L. 8113-4 s., D. 8113-2 s.
- Agent de contrôle de l'inspection du travail, L. 8112-1.
- Agents,
  • accès aux documents, L. 8113-4 s., D. 8113-2 s.
  • compétences, L. 8112-1 s., R. 8112-1 s.
  • prérogatives, L. 8113-1 s., R. 8113-1 s.
  • prestation de serment, L. 8113-10, D. 8113-9 s.
- Amendes administratives, L. 8115-1 s.
- Avertissement, L. 8115-1, L. 8115-3.
- Code de déontologie, L. 8124-1, R. 8124-1 s.
- Conseil national, D. 8121-1 s.
- Contrôle de la formation professionnelle continue, L. 6361-5.
- Contrôle du travail illégal, L. 8271-1 s.
- Cyberenquête, L. 8271-6-5.
- Délit d'obstacle, L. 8114-1.
- Direction générale du travail, R. 8121-13 s.
- Droit d'entrée dans les établissements, L. 8113-1 s.
- Direction régionale du travail, de l'emploi et de la formation professionnelle, R. 8122-1 s.
- Droit de prélèvement, L. 8113-3.
- Échelon central, D. 8121-1 s.
- Emploi d'étrangers sans titre de travail, L. 8271-17 s.
- Établissements de la défense, R. 8111-12.
- Jeunes travailleurs,
  • procédures d'urgence, L. 4733-1 s., R. 4733-1 s.
- Industrie, commerces et services, R. 8111-1.
- Industries électriques et gazières, R. 8111-10 s.
- Ingénieur de prévention, L. 8123-4 s.
- Marchandage, L. 8271-14 s.
- Médecin inspecteur du travail, L. 8123-1 s., R. 8123-1 s.
- Mines et carrières, R. 8111-8 s. ; Décr. n° 2018-1022 du 22 nov. 2018, art. 6, App. VII. B, v° *Mines*, **p. 3501.**
- Mise en demeure, L. 8113-9, R. 8113-4 s.
- Outre-mer, D. 8322-1 s.
- Prérogatives, L. 8113-1 s., R. 8113-1 s.
- Prêt illicite de main d'œuvre, L. 8271-6 s.
- Procès-verbal, L. 8113-7 s.
- Secret professionnel, L. 8113-10 s.
- Services déconcentrés, R. 8122-1 s.
- Transaction pénale, L. 8114-4 s., R. 8114-3 s.
- Transport, C. transp., art. L. 3315-1, **p. 3529.**
- Travail dissimulé, L. 8271-7 s.
  ▶ V. *Contrôleur du travail, Agent de contrôle de l'inspection du travail, Lutte contre le travail illégal.*

Installations électriques, R. 4215-1 s., R. 4226-1 s.
- Obligations des maîtres d'ouvrage entreprenant la construction ou l'aménagement de bâtiments destinés à recevoir des travailleurs en matière de conception et de réalisation des installations électriques, R. 4215-1 s.
- Vérification, R. 4722-26 s.

Installation nucléaire, L. 4521-1 s., R. 4523-1 s.
- Comité d'hygiène, de sécurité et des conditions de travail, L. 4523-1 s., R. 4523-1 s.
  • attributions, L. 4523-1 s.
  • comité élargi, L. 4523-11.
  • composition, L. 4523-6, R. 4523-14 s.
  • fonctionnement, L. 4523-7 s.
  • formation des représentants, L. 4523-10.
  • secret professionnel, L. 4523-16.
- Comité social et économique (avis), R. 2312-24 s.
- Comité interentreprises de santé et de sécurité au travail, L. 4524-1.
- Danger grave et imminent, L. 4526-1, R. 4524-1 s.
- Droit de retrait, L. 4526-1.
- Exposition à des rayonnements ionisants, R. 4451-85 s.
- Formation, L. 4522-2.
- Incendie, L. 4525-1.
- Plan d'urgence interne, L. 4523-4.

Installation nucléaire *(suite)*
- CHSCT (avis), R. 4612-5-1 anc.
- Prévention, L. 4522-1.

Instances représentatives du personnel (IRP), L. 2311-1 s., R. 2312-1 s.
- Durée du travail (avis), L. 3121-24.
- Entretiens professionnels, L. 2141-5.
- Licenciement économique (consultation),
  - licenciements de moins de 10 salariés, L. 1233-8.
  - licenciements de plus de 10 salariés, L. 1233-28 s.
- Parité femmes-hommes, L. 2314-30 s.
- Reconnaissance des compétences, L. 6112-4.
- Stratégies de l'entreprise (avis), ANI du 11 janv. 2013, art. 12, App. III. A, v° *Embauche et emploi*, **p. 3391.**
  ▶ V. *Comité de groupe, Comité d'entreprise, Comité d'entreprise européen, Comité d'établissements, Comité d'hygiène, de sécurité et des conditions de travail (CHSCT), Comité de la société coopérative européenne, Comité de la société européenne, Comité social et économique, Délégué du personnel, Représentant de proximité.*

Insubordination, L. 1232-1 (J. 30 s.).

Insuffisance professionnelle, L. 1232-1 (J. 62 s.).

Insulte, L. 1232-1 (J. 42 s.), L. 1234-1 (J. 54).

Intempérance, L. 1234-1 (J. 45 s.).

Intempérie, L. 5424-6 s., D. 5424-7 s.
- Bâtiment,
  - chômage, L. 5424-6.
  - pénalité, L. 5429-3.
  - travailleur temporaire, L. 1251-20.
- Cotisation intempérie, Arr. du 18 févr. 2003, App. VII. D, *Bâtiment et travaux publics*, **p. 3512.**
- Récupération, L. 3121-50.

Intéressement, L. 3311-1 s., R. 3311-1 s.
- Accord collectif, L. 3312-2.
  - durée, L. 3312-5.
- Accord d'intéressement,
  - accord de branche, L. 3312-8, L. 3345-2 s.
  - accord d'entreprise, L. 3312-2 s.
  - accord de groupe, L. 3344-1.
  - contenu, L. 3313-1 s.
  - contrôle, L. 3345-2 s.
  - délai de conclusion, L. 3314-4.
  - dénonciation, D. 3313-5 s.
  - dépôt, L. 3313-3, D. 3313-1 s., D. 3345-5.
  - durée de l'accord, L. 3312-5.
  - modification, D. 3313-5 s.
  - modification dans la situation juridique de l'employeur, L. 3313-4.
  - procédure dématérialisée, D. 3345-4.
  - reconduction, D. 3313-7-1.
  - révision, D. 3313-5.
- AGS, L. 3253-10.
- Avance sur intéressement, L. 3348-1.
- Bas salaires (mesure en faveur), L. 3314-5.
- Base de données économiques, sociales et environnementales, L. 3341-6.
- Branche professionnelle, L. n° 2019-486 du 22 mai 2019, art. 155, App. IV. D, v° *Intéressement. Participation. Actionnariat*, **p. 3492.**
- Calcul, L. 3314-1 s., D. 3314-1 s.
  - formule de calcul, L. 3314-2.
  - objectif pluriannuel, L. 3314-2.
- Caractère aléatoire, L. 3312-1 (J. 5), L. 3314-2.
- Caractère facultatif, L. 3312-1.
- Champ d'application, L. 3311-1, R. 3311-1 s.
- Compte épargne-temps (affectation des primes), L. 3343-1.
- Conjoint collaborateur, L. 3314-6.
- Contrôle de légalité des accords d'intéressement, L. 3345-2 s., D. 3345-5.
- Déblocage anticipé exceptionnel (mesures d'urgence pour la protection du pouvoir d'achat), L. n° 2022-1158 du 16 août 2022, art. 5, App. IV. C, v° *Intéressement. Participation. Actionnariat*, **p. 3492.**
- Décision unilatérale de l'employeur, L. 3312-5, L. 3347-1.
- Distribution, L. 3314-8 s., D. 3314-1 s.
- Effectif, L. 3312-3.
- Entreprise de moins de 50 salariés, L. 3312-5.
- Exonérations, L. 3314-4.
- GIE, L. 3314-3.
- Impôt sur le revenu, L. 3315-1.
- Information des salariés, L. 3313-1 s., D. 3313-8 s.
- Intéressement de projet, L. 3312-6.
- Intérêts, L. 3314-9.
- Livret d'épargne salariale, L. 3341-6, R. 3341-5 s.
- Mayotte, L. 3431-1.

Intéressement *(suite)*
- Mise en place, L. 3312-1 s., R. 3312-1 s.
  - mise en place unilatérale (entreprise de moins de 11 salariés), L. 3312-5, L. 3347-1.
- Négociation en entreprise, L. 2242-1, L. 2242-15.
- Objet, L. 3312-1.
- Plafonnement, L. 3314-8, D. 3314-1.
- Plan d'épargne entreprise, L. 3314-10, L. 3315-2.
- Prime, L. 3314-8 s.
- Prime exceptionnelle de pouvoir d'achat, L. n° 2022-1158 du 16 août 2022, art. 1er, ss. L. 3312-5.
- Régime fiscal, L. 3315-1.
- Régime social, L. 3312-4.
- Règlement des litiges, L. 3313-2, 7°.
- Reliquat d'intéressement, L. 3314-11.
- Répartition, L. 3314-5 s., D. 3314-1 s.
- Salarié d'un groupe d'entreprises, L. 3312-2.
- Salariés intérimaires, L. 3333-7.
- Secteur public, L. 3311-1.
- Supplément d'intéressement, L. 3314-10.
- Terres australes et antarctiques françaises, L. 3431-1.
- Versement, L. 3314-9, D. 3313-13.
- Wallis-et-Futuna, L. 3431-1.

Intérim
▶ V. *Travail temporaire, Contrat de travail à durée indéterminée intérimaire.*

Intermittent
▶ V. *Travail intermittent.*

Intermittent du spectacle,
- Allocation de professionnalisation et de solidarité, L. 5424-21, D. 5424-51 s.

Interne en médecine du travail,
R. 4623-26 s.

Inventions des salariés, CPI, art. 611-7 s., **p. 3222**.

Jeunes travailleurs, L. 3161-1 s.
- Accompagnement de jeunes vers l'emploi, L. 5131-3 s.
- Âge, L. 4153-1 s., R. 4743-3 s.
- Agrément des débits de boissons, L. 4153-6, R. 4153-8 s.
- Amendes administratives, L. 4751-1 s.
- Atteinte à la santé, à la sécurité,
  - procédure d'urgence, L. 4733-1 s., R. 4733-1 s.
- Congé de formation des cadres et animateurs pour la jeunesse, L. 3142-54.
- Congés annuels, L. 3164-9.
- Contrat d'insertion dans la vie sociale, L. 5131-4 s., R. 5131-10 s.
- Danger grave et imminent (travaux réglementés), L. 4733-3.
- Débits de boissons, L. 4153-6.
- Définition, L. 3161-1.
- Droit à l'accompagnement, L. 5131-3 s., R. 5131-4 s.
- Durée du travail, L. 3162-1 s., R. 3162-1.
- Entreprise familiale, L. 4153-5.
- Examen médical, L. 4153-4.
- Expositions à des rayonnements ionisants, R. 4451-8, R. 4451-14, D. 4153-21.
- Formation professionnelle
  ▶ V. *Formation professionnelle.*
- Infractions, L. 4743-1 s., D. 5314-0 s.
- Jours fériés, L. 3164-6 s., R. 3164-2.
- Missions locales pour l'insertion professionnelle et sociale des jeunes, L. 5314-1 s.
- Parcours contractualisé d'accompagnement vers l'emploi et l'autonomie, L. 5131-4, R. 5131-10 s.
- Pause, L. 3162-3.
- Repos dominical, L. 3164-2 s., R. 3164-1.
- Repos hebdomadaire, L. 3164-2 s., R. 3164-1.
- Repos quotidien, L. 3164-1.
- Repos, L. 4153-3, R. 3164-1 s.
- Situation de danger,
  - procédures d'urgence, L. 4733-1 s., R. 4733-1 s.
- Suivi médical renforcé, R. 4624-18.
- Travail de nuit, L. 3163-1 s., R. 3163-1 s.
- Travaux interdits, L. 4153-8, L. 4733-2, D. 4153-15 s.
- Travaux réglementés, L. 4153-9, L. 4733-3, R. 4153-38 s.
- Vacances scolaires, L. 4153-3, D. 4153-1 s.
▶ V. *Âge, Apprentissage, Contrat de travail.*

Joueur professionnel salarié de jeux vidéo, L. n° 2016-1321 du 7 oct. 2016, art. 102, App. VII. G, v° *Joueur professionnel salarié de jeux vidéo*, **p. 3515**.
- Enfant de moins de 16 ans, L. 7124-1, R. 7124-1 s.

Journaliste, L. 7111-1 s., R. 7111-1 s.
- Carte d'identité professionnelle, L. 7111-6, R. 7111-1 s.
- Clause de cession, L. 7112-5.
- Clause de conscience, L. 7112-5.
- Contrat de travail, L. 7112-1 s., D. 7112-1 s.
  • rupture, L. 7112-2 s.
- Définition, L. 7111-3.
- Outre-mer, D. 7522-1.
- Présomption de salariat, L. 7112-1 s.
- Rémunération, L. 7113-1 s.

Journée de solidarité, L. 3133-7 s.
- Alsace-Moselle, L. 3134-16.
- Champ de la négociation collective, L. 3133-11.
- Changement d'employeurs, L. 3133-10.
- Date, L. 3133-8.
- Durée, L. 3133-8 s.
- Modalités,
  • accord collectif, L. 3133-11.
  • défaut d'accord collectif, L. 3133-12.
- Objet, L. 3133-7.
- Saint-Pierre-et-Miquelon, L. 3422-1.

Jours de réduction du temps de travail (RTT),
- Don de jours de repos à un parent d'enfant malade, L. 1225-65-1.
- Monétisation des jours de RTT, L. n° 2022-1157 du 16 août 2022, art. 5, App. I. D, v° *Salaires*, **p. 3492.**

Jours fériés, L. 3133-1 s., D. 3133-1 s.
- 1ᵉʳ mai, L. 3133-4 s.
- Champ de la négociation collective, L. 3133-3-1.
- Chômage, L. 3133-3 s.
- Départements d'outre-mer, Saint-Barthélemy, Saint-Martin et Saint-Pierre-et-Miquelon, L. 3422-2.
- Dispositions d'ordre public, L. 3133-1.
- Fêtes légales, L. 3133-1.
- Indemnité, L. 3133-6.
- Jeunes travailleurs, L. 3164-6 s., R. 3164-2.
- Journée de commémoration de l'abolition de l'esclavage, L. 3422-2.
- Journée de solidarité, L. 3133-7 s.
- Récupération,
  • interdiction, L. 3133-2.
- Salarié saisonnier, L. 3133-3.
- Salaire, L. 3133-3.
- Travailleurs détachés par une entreprise étrangère, R. 1262-4.
- Travailleurs temporaires, L. 1251-18.

Jury d'examen,
- Autorisation d'absence, L. 3142-42, D. 3142-5-1.
- Négociation de branche, L. 2241-14.

L

Lanceur d'alerte,
- Abondement du compte personnel de formation, D. 6323-3-4 ; L. n° 2016-1691 du 9 déc. 2016, art. 12, ss. L. 1132-3-3.
- Définition, L. n° 2016-1691 du 9 déc. 2016, art. 6, ss. L. 1132-3-3.
- Divulgation publique, L. n° 2016-1691 du 9 déc. 2016, art. 7-1, ss. L. 1132-3-3.
- Domaines, L. n° 2016-1691 du 9 déc. 2016, art. 6, ss. L. 1132-3-3.
- Facilitateurs, L. n° 2016-1691 du 9 déc. 2016, art. 6-1, ss. L. 1132-3-3.
- Infraction en entreprise, L. 1132-3-2.
- Infraction en matière sanitaire et environnementale, L. 4133-2, L. 4133-4, L. 4141-1, L. 4614-10.
- Mesures de représailles, L. n° 2016-1691 du 9 déc. 2016, art. 10-1, ss. L. 1132-3-3.
- Principe de non-discrimination, L. 1121-2, L. 1132-3-3.
- Procédure de signalement, L. n° 2016-1691 du 9 déc. 2016, art. 8, ss. L. 1132-3-3.
- Procédure dirigée contre un lanceur d'alerte, L. n° 2016-1691 du 9 déc. 2016, art. 12-1, ss. L. 1132-3-3.
- Protection des lanceurs d'alerte, L. 1121-2, L. 1132-3-3.
- Recueil des signalements, L. n° 2016-1691 du 9 déc. 2016, art. 8, ss. L. 1132-3-3.
- Règlement intérieur, L. 1321-2.

Lettre de licenciement, L. 1232-6, L. 1233-16, L. 1233-42, L. 1235-2, R. 1232-13, R. 1233-2-2.
- Droit individuel à la formation, L. 6323-19.
- Modèles types, Décr. n° 2017-1820 du 29 déc. 2017, App. I. B, v° *Contrat de travail*, **p. 3264.**

Liberté d'expression, L. 2281-1 s., L. 1232-1 (J. 13).
- Abus, L. 1232-1 (J. 57 s.).
- Accord, L. 2281-5 s.
  • contenu, L. 2281-10 s.
- Carence de l'employeur, L. 2281-7.

Liberté d'expression *(suite)*
- Dispositions pénales, L. 2283-1 s.
- Entreprise à établissements multiples, L. 2281-10.
- Négociation annuelle, L. 2281-5.
- Négociation triennale, L. 2281-6.
- Objet, L. 2281-2.
- Rémunération, L. 2281-4.
- Secteur public, L. 2282-1 s., R. 2282-1.
- Transaction, L. 1121-1 (J. 37 s.).

Liberté syndicale, L. 2141-4, L. 2141-10.

Libertés individuelles, L. 1121-1.

Licenciement,
- Accident du travail, L. 1226-9 s.
- Ancienneté, L. 1231-5, L. 1234-1, L. 1234-9 s.
- Assistance du salarié, L. 1232-7, L. 1235-5.
- Cause réelle et sérieuse, L. 1232-1.
- Changement d'employeur, L. 1224-1.
- Congé de maternité, L. 1225-4.
- Convocation préalable, L. 1232-2.
- Détachement à l'étranger, L. 1231-5.
- Discrimination, L. 1132-1.
- Dommages-intérêts, L. 1235-2, L. 1235-5.
- Entretien préalable, L. 1232-2 s.
- Indemnité de licenciement, L. 1234-9 s.
- Lettre de licenciement, L. 1232-6, L. 1233-15 s.
- Longue maladie, L. 1232-1 (J. 78 s.).
- Modèles types, Décr. n° 2017-1820 du 29 déc. 2017, App. I. B, v° *Contrat de travail*, **p. 3264**.
- Motif disciplinaire, L. 1232-1 (J. 23 s.).
- Motif professionnel, L. 1232-1 (J. 62 s.).
- Pluralité d'employeurs, L. 1231-3.
- Préavis, L. 1234-1 s.
- Protection de la maternité, L. 1225-4 s.
- Réintégration, L. 1144-3, L. 1226-15, L. 1235-3.
- Sanctions, L. 1235-1 s.
- Vie privée du salarié, L. 1232-1 (J. 3 s.).
- ▶ V. *Cause réelle et sérieuse, Entretien préalable, Indemnité de licenciement, Licenciement disciplinaire, Licenciement pour motif économique, Notification du licenciement, Procédure de licenciement.*

Licenciement de fin de chantier ou d'opération, L. 1236-8 s.

Licenciement disciplinaire, L. 1232-1 (J. 23 s.).

- ▶ V. *Sanction disciplinaire.*

Licenciement pour motif économique,
L. 1233-1 s., R. 1233-1 s.
- Accord collectif (procédure), L. 1233-21 s., L. 1233-24-1 s.
- Action en justice, L. 1235-7 s., D. 1235-18 s.
- Administration du travail (contrôle), L. 1233-57-1.
- Autorité administrative (information),
  • licenciements de moins de 10 salariés, L. 1233-19 s., D. 1233-3.
  • licenciements de plus de 10 salariés, L. 1233-46 s., D. 1233-4 s.
- Cause réelle et sérieuse, L. 1233-2.
- Cessation de l'activité, L. 1233-3 (J. 38 s.).
- Champ d'application, L. 1233-1.
- Coemployeur, L. 1233-4 (J. 9).
- Comité social et économique, L. 1233-30, L. 2312-40, L. 2312-53.
- Comité social et économique central, L. 1233-36.
- Congé de reclassement, L. 1233-71 s.
- Consultation des institutions représentatives du personnel, L. 1233-8 s.
- Contestations, L. 1235-7.
- Contrat à durée déterminée (interdiction), L. 1242-5.
- Contrat de sécurisation professionnelle, L. 1233-65.
- Contrat de travail temporaire (interdiction), L. 1251-9.
- Contrôle, L. 1233-3.
- Définition, L. 1233-3.
- Délais de contestation, L. 1235-7.
- Délocalisation, L. 1233-3 (J. 13).
- Entretien préalable,
  • licenciements de moins de 10 salariés, L. 1233-11 s.
  • licenciements de plus de 10 salariés, L. 1233-38.
- Expert technique, L. 1233-34.
- Expertise, L. 1233-34 s., L. 1233-50.
- Fermeture de l'entreprise, L. 1233-3 (J. 39).
- Grands licenciements, L. 1233-21 s.
- Indemnité de licenciement, L. 1235-11.
- Information de l'administration,
  • expertise (recours), L. 1233-50.
  • notification du projet de licenciement, L. 1233-46.
  • recours contentieux, L. 1235-7-1 s.
- Licenciements de moins de 10 salariés, L. 1233-8 s., D. 1233-3.
- Licenciements successifs, L. 1233-26.

Licenciement pour motif économique (suite)

- Litiges, R. 1456-1 s.
- Modification du contrat de travail, L. 1233-3 (J. 15 s.), L. 1233-25.
- Notification du licenciement,
  • licenciements de moins de 10 salariés, L. 1233-15 s.
  • licenciements de plus de 10 salariés, L. 1233-39 s.
- Nullité, L. 1235-11.
- Obligation d'adaptation, L. 1233-4.
- Obligation de reclassement, L. 1233-4 s., D. 1233-2-1.
- Ordre des licenciements, L. 1233-5 s.
- Organisation syndicale, L. 1235-8.
- Pénalités, R. 1238-1 s.
- Petits licenciements, L. 1233-8 s.
- Plan de sauvegarde de l'emploi (PSE), L. 1233-32 s.
  ▶ V. *Plan de sauvegarde de l'emploi (PSE).*
- Prescription, L. 1235-7.
- Priorité de réembauchage,
  • licenciements de moins de 10 salariés, L. 1233-16.
  • licenciements de plus de 10 salariés, L. 1233-45.
- Procédure de licenciement,
  • accord collectif, L. 1233-21.
  • licenciements de moins de 10 salariés, L. 1233-8 s.
  • licenciements de plus de 10 salariés, L. 1233-21 s.
  • procédure d'homologation, ANI du 11 janv. 2013, art. 20, App. III. A, v° *Embauche et emploi*, **p. 3395.**
- Reclassement interne, L. 1233-45-1.
- Recours contentieux, L. 1235-7-1 s.
- Redressement et liquidation judiciaires, L. 1233-58 s., R. 1233-7.
  ▶ V. *Redressement et liquidation judiciaires.*
- Réintégration, L. 1235-11.
- Représentants du personnel, L. 1233-5 (J. 15).
- Revitalisation des bassins d'emploi, L. 1233-84 s., D. 1233-37 s.
  ▶ V. *Revitalisation des bassins d'emplois.*
- Sanctions, L. 1235-10 s.
- Sauvegarde de la compétitivité de l'entreprise, L. 1233-3 (J. 32).
▶ V. *Congé de mobilité, Congé de reclassement, Convention de reclassement personnalisé, Plan de sauvegarde de l'emploi (PSE), Préavis, Revitalisation des bassins d'emplois, Lettre de licenciement.*

Licenciement pour motif personnel,
L. 1232-1 s., R. 1232-1 s.
- Absence de cause réelle et sérieuse, L. 1235-3.
- Allocations de chômage, L. 1235-4, R. 1235-1 s.
- Cause réelle et sérieuse, L. 1232-1.
- Contestations, L. 1235-1 s., R. 1235-1 s.
- Convocation, L. 1232-2.
- Doute, L. 1235-1.
- Entretien préalable, L. 1232-2 s.
- Faute grave, L. 1234-1.
- Faute lourde, L. 3141-28 (J. 5 s.).
- Indemnité compensatrice de préavis, L. 1234-5.
- Indemnité de licenciement, L. 1234-9 s., R. 1234-1 s.
- Insuffisance professionnelle, L. 1232-1 (J. 62 s.).
- Lettre de licenciement, L. 1232-6, L. 1235-2, R. 1232-13 ; Décr. n° 2017-1820 du 29 déc. 2017, App. I. B, v° *Contrat de travail*, **p. 3264.**
- Notification du licenciement, L. 1232-6, L. 1235-2, L. 1232-13.
- Nullité du licenciement, L. 1152-3.
- Pluralité des motifs de licenciement, L. 1235-2-1.
- Préavis, L. 1234-2 s.
- Procédure de licenciement, L. 1232-2 s.
- Réintégration, L. 1235-3.

Licenciement verbal, L. 1232-6 (J. 4).

Lieu de travail, L. 4211-1 s., R. 4211-1 s.
- Accès, R. 4214-9 s.
- Aération, R. 4212-1 s., R. 4722-1 s.
- Ambiance thermique, R. 4213-7 s.
- Assainissement, R. 4212-1 s., R. 4722-1 s.
- Cabinets d'aisance, R. 4228-10 s.
- Chauffage, R. 4216-17 s., R. 4227-15 s.
- Déplacements, L. 1221-1 (J. 259).
- Douches, R. 4228-7 s.
- Éclairage, R. 4213-1 s., R. 4722-3 s.
- Hébergement, R. 4228-26 s., R. 4231-1 s.
- Insonorisation, R. 4213-5 s.
- Installations électriques, R. 4215-1 s.
- Installations sanitaires, R. 4228-1 s.
- Lavabos, R. 4228-7.
- Matériel de premiers secours, R. 4224-14 s.
- Mise à disposition de boissons, R. 4225-2 s.
- Modification du contrat de travail, L. 1221-1 (J. 257 s.).
- Poste de travail, R. 4214-22 s., R. 4225-1 s.
- Repos, R. 4228-25.

Lieu de travail (suite)
- Restauration, R. 4228-19 s.
- Risque d'incendie, R. 4216-1 s., R. 4227-1 s., R. 4227-28 s.
- Sécurité des lieux, R. 4214-1 s., R. 4224-1 s.
- Travailleur handicapé, R. 4214-26 s., R. 4225-6 s.
- Vestiaires collectifs, R. 4228-2 s.
- Voies de circulation, R. 4214-9 s.
- ▶ V. *Clause de mobilité.*

Liquidation judiciaire
- ▶ V. *Redressement et liquidation judiciaires.*

Lock-out, L. 2511-1 (J. 96 s.).

Lutte contre le tabagisme, CSP, art. R. 3512-2 à R. 3512-9, L. 4121-1 (J. 8).
- Obligation de l'employeur, L. 4121-1 (J. 8).

Lutte contre le travail illégal, L. 8211-1 s., R. 8221-1 s.
- Cessation d'activité, L. 8272-2.
- Contrôle, D. 8271-1 s.
- Coordination interministérielle, D. 8273-1 s. anc.
- Définition, L. 8211-1 s.
- Diffusion des condamnations, L. 8224-3, L. 8224-5.
- Droit de communication des agents de contrôle, L. 8113-5-1 s., L. 8271-6-2.
- Outre-mer, R. 8323-1 s.
- Sanction (diffusion et condamnation sur un site internet), R. 8211-1 s.
- Sanctions administratives, L. 8224-3, L. 8256-3, L. 8272-2, D. 8272-1 s.
- ▶ V. *Cumul d'emplois, Emploi d'étrangers sans titre de travail, Inspection du travail, Marchandage, Prêt de main-d'œuvre, Travail dissimulé.*

M

Maisons de l'emploi, L. 5313-1 s., R. 5313-1 s.
- Aide de l'État, L. 5313-1, R. 5313-3 s.
- Aide au reclassement, L. 5123-1.
- Congé de reclassement, L. 1233-74.
- Fonctionnement, L. 5313-4 anc.
- Groupement d'intérêt public, L. 5313-3, R. 5313-8.
- Missions, L. 5313-1, R. 5313-1.
- Plan de sauvegarde de l'emploi, L. 1233-64.
- Ressort, L. 5313-1.
- Revitalisation des bassins d'emplois, L. 1233-90.

Maître d'apprentissage, L. 6223-5 s., R. 6223-22 s.

Maladie, L. 1226-1 s., D. 1226-1 s.
- Absences, L. 1226-1, D. 1226-1 s.
- Action de formation (pendant un arrêt de travail), L. 1226-1-2.
- Certificat médical, L. 1226-1.
- Congé de proche aidant, L. 3142-16 s.
- Congé de solidarité familiale, L. 3142-6 s., D. 3142-6 s.
- Congés payés, L. 3141-3 (J. 10).
- Contrat à durée déterminée, L. 1226-18.
- Discrimination, L. 1132-1.
- Enfant malade, L. 1225-61 s.
- Grève, L. 2511-1 (J. 50 s.).
- Indemnité complémentaire, L. 1226-1, D. 1226-1.
  • risque sanitaire grave et exceptionnel, L. 1226-1-1.
- Indemnité de licenciement, L. 1226-14.
- Licenciement, L. 1232-1 (J. 78 s.).
- Maladie d'un enfant (congé), L. 1225-61, L. 3142-1, L. 3142-4.
- Maladie grave, L. 1226-5.
- Maladie professionnelle
  ▶ V. *Accident du travail.*
- Obligation de loyauté, L. 1226-1 (J. 10).
- Remplacement du salarié malade, L. 1242-2, L. 1242-7, L. 1242-9, L. 1251-6, L. 1251-11, L. 1251-13.
- Rendez-vous de liaison entre le salarié et l'employeur, L. 1226-1-3, D. 1226-8-1, R. 4624-33-1.
- Suspension du contrat de travail, L. 1226-2.
- Traitements médicaux, L. 1226-5.
- Transformation de poste, L. 1226-2, L. 1226-10, R. 1226-9.
- Visite de reprise, L. 4624-2-3, R. 4624-29 s.
- ▶ V. *Accident du travail, Inaptitude physique.*

Maladie professionnelle
- ▶ V. *Accident du travail.*

Mandatement syndical,
- Accord d'entreprise, L. 2232-23-1, L. 2232-24, L. 2232-26 s.

Mannequin, L. 7123-1 s., R. 7123-1 s.
- Agences, L. 7123-11 s., R. 7123-8 s.
  • garanties financières, L. 7123-19 s., R. 7123-20 s.

Mannequin (suite)

- • licence, L. 7123-11 s., R. 7123-8 s.
- • mise à disposition, L. 7123-17 s., R. 7123-18 s.
- • pénalités, L. 7123-24 s.
- Certificat médical, L. 7123-2-1.
- Contrat de travail, L. 7123-3 s., R. 7123-1 s.
- Définition, L. 7123-2.
- Emploi d'enfants, L. 7124-4 s., R. 7124-8 s.
- Établissement dans un autre État membre de l'Union européenne, L. 7123-4-1, L. 7123-14, R. 7123-10-2, R. 7123-12 s.
- Rémunération, L. 7123-6 s.
- ▶ V. *Enfants dans le spectacle, les professions ambulantes, l'audiovisuel, la publicité, la mode et les jeux vidéo.*

Manutention des charges, L. 4541-1 s., R. 4541-1 s.

- Champ d'application, R. 4541-1.
- Définition, R. 4541-2.
- Évaluation des risques, R. 4541-5 s.
- Prévention, R. 4541-3 s., R. 4541-7 s.
- Suivi individuel de l'état de santé, R. 4541-11.

Marchandage, L. 8231-1 s., D. 8232-1 s.

- Actions en justice, L. 8233-1, D. 8233-1 s.
- Contrôle, L. 8271-14 s.
- Dispositions pénales, L. 8234-1 s., R. 8234-1.
- Donneur d'ordres, L. 8232-1 s., D. 8232-1.
- Interdictions, L. 8231-1 s.
- Sanctions administratives, L. 8272-1 s.

Mariage,

- Congé, L. 3142-1 s.

Marin, C. transp., art. L. 5541-1 s., L. 5542-1 s., 📖.

Marque syndicale, L. 2134-1 s.

Maternité,

- Allaitement, L. 1225-30 s., R. 4152-13 s.
  ▶ V. *Allaitement.*
- Aménagement du poste du travail, L. 1225-13.
- Assistance médicale à la procréation, L. 1225-3, L. 1225-16.
- Autorisation d'absence, L. 1225-16.
- Certificat médical, L. 1225-5, R. 1225-1.
- Changement temporaire d'affectation, L. 1225-7 s., R. 1225-4.
- Contrat à durée déterminée, L. 1225-6.
- Démission, L. 1225-34, L. 1225-66 s.
- Embauche, L. 1225-1 s.
- Examens médicaux obligatoires, L. 1225-16.
- Exposition à des rayonnements ionisants, R. 4451-7, R. 4451-14, D. 4152-4 s.
- Exposition à des risques particuliers, L. 1225-12 s.
- Fausse couche, L. 1225-4-3, L. 1225-6.
- Garantie de rémunération, L. 1225-10, L. 1225-14.
- Infraction, L. 4743-1.
- Interdictions d'emploi, L. 1225-29.
- Licenciement, L. 1225-4 s.
- Local dédié à l'allaitement, R. 4152-13 s.
- Période d'essai, L. 1225-4 (J. 3).
- Suivi individuel de l'état de santé renforcé, R. 4152-1 s.
- Travail de nuit, L. 1225-9 s.
- Travaux présentant des risques pour la santé, L. 4152-1 s., D. 4152-3 s.
  - • modification de poste, L. 4152-2.
- Visite de reprise, L. 4624-2-3, R. 4624-29 s.
- ▶ V. *Congé de maternité.*

Mayotte, L. 1524-1 s., L. 5531-1.

- Allocation d'activité partielle, R. 5522-86 s.
- Allocation de retour à l'emploi, R. 5524-1 s.
- Comité de groupe, L. 2632-2.
- Comité régional de l'emploi, de la formation et de l'orientation professionnelle, R. 6523-26-1.
- Comité social et économique central, L. 2632-1.
- Commission consultative du travail, L. 2621-2, D. 2621-3 s.
- Congés payés (période), L. 3422-4.
- Conseil de la formation, R. 6331-63-1 s.
- Contrat de travail, L. 1531-1 s.
- Emploi, R. 5522-17, R. 5522-83 s. R. 5524-1 s.
- Formation professionnelle, R. 6523-2-5 s., R. 6523-14-1 s.
- Insertion par l'activité économique, R. 5522-91.
- Jours fériés, L. 3422-2 s.
- Négociation collective, L. 2631-1.
- Période d'essai, L. 1524-1.
- Relations collectives de travail, R. 3423-10-1, R. 3424-1 s.
- Relations individuelles de travail, R. 1521-1, R. 1524-1.
- Représentation du personnel, R. 2624-1.
- Sensibilisation aux risques naturels majeurs, L. 4823-1 s.

Mayotte *(suite)*
- Travailleurs handicapés, R. 5523-2-1 s.

Médecin du travail, L. 4623-1 s., R. 4623-1 s.
- Accès au dossier médical partagé, L. 4624-7 s.
- Action en milieu de travail (temps consacré), L. 4623-3-1.
- Actions, L. 4624-1 s., R. 4624-1 s., R. 4624-8 s.
- Changement d'affectation, R. 4623-12 s.
- Collaborateur médecin du travail, R. 4623-25 s.
- Conditions d'exercice, L. 4623-1 s., R. 4623-14 s.
- Contrat de travail temporaire, L. 1251-10.
- Délégation aux collaborateurs médecins, aux internes en médecine du travail et aux infirmiers en santé au travail, L. 4623-1, L. 4623-9.
- Diplôme, L. 4623-1.
- Incompatibilités, L. 4623-2.
- Indépendance professionnelle, L. 4623-8.
- Infirmier de santé au travail, L. 4623-9 s., R. 4623-30 s.
- Interne spécialisé en médecine du travail, L. 4623-1, R. 4623-26 s.
- Licenciement, L. 4623-4 s.
- Maternité, L. 1225-7.
- Missions, R. 4623-1.
- Nomination, R. 4623-5 s.
- Proposition de reclassement, L. 4624-1.
- Protection, L. 4623-4 s.
- Recrutement, L. 4623-1 s., R. 4623-2 s.
- Responsabilité civile personnelle, V. App. I. B, v° *Contrat de travail*, C. civ., art. 1242 (J. 13).
- Rôle, L. 4622-3.
- Rupture des contrats, L. 4623-5-1 s., R. 4623-18 s.
- Transfert du contrat, L. 4623-5-3, R. 4623-18 s.

Médecin inspecteur du travail, L. 8123-1 s., R. 8123-1 s.

Médecine du travail (Service de prévention et de santé au travail), L. 4621-1 s., R. 4621-1 s.
- Actions sur le milieu de travail, R. 4624-1 s., R. 4624-8 s.
- Champ d'application, L. 4621-1, R. 4621-1.
- Congé de mobilité, L. 1237-18-4.
- Contestation des avis et mesures émis, L. 4624-7, R. 4624-45 s.
- Déroulement des visites médicales, R. 4624-39 s.
- Dossier médical, L. 4624-8, R. 4624-45-3 s.
- Examens complémentaires, R. 4624-35 s.
- Examens périodiques, R. 4624-16 s.
- Fiche d'entreprise, R. 4624-46 s.
- Groupement d'employeurs, L. 1253-13.
- Infirmier de santé au travail, L. 4623-9 s., R. 4623-30 s.
- Médecin candidat à l'autorisation d'exercice, R. 4623-25-3 s.
- Pluralité d'employeurs, L. 4624-1-1, D. 4624-59 s.
- Pratiques médicales ou de soins à distance, L. 4624-1.
- Rapport annuel d'activité, L. 4622-16, D. 4622-54.
- Recherche, études et enquêtes, R. 4624-58 s.
- Suivi de l'état de santé des travailleurs, R. 4624-10 s.
- Suivi individuel renforcé de l'état de santé des travailleurs, R. 4624-22 s.
- Télésanté au travail, R. 4624-41-1 s.
- Travailleur temporaire/CDD, L. 1251-22, R. 4625-1 s.
- Visite médicale de mi-carrière, L. 4624-2-2.
- Visites à la demande de l'employeur, du travailleur ou du médecin du travail, R. 4624-34.
- Visites de préreprise et de reprise du travail, L. 4624-2-3 s., R. 4624-29 s.
- Visite d'information et de prévention, R. 4624-10 s.
▶ V. *Inaptitude physique, Service de prévention et de santé au travail, Santé et sécurité au travail.*

Médiation, L. 2523-1 s., R. 2523-1 s., R. 1471-1 s.
- Délit d'entrave, L. 1443-3.
- Harcèlement moral, L. 1152-6, L. 1155-1.
- Médiateur (désignation), L. 2523-1 s., R. 2523-1 s.
- Procédure, L. 2523-4 s.

Mensualisation, L. 3242-1 s.

Messagerie professionnelle, L. 1121-1 (J. 13 s.).
- Moyen de preuve, L. 1235-1 (J. 12).

Mésentente, L. 1232-1 (J. 74 s.).

Métayage, L. 1221-1 (J. 46).

Milieu hyperbare, D. 4121-9, D. 4152-29, D. 4153-23, R. 4461-1 s.

Militaire
▶ V. *Réserve opérationnelle, Service national.*

Mineur,
- Conclusion d'un contrat de travail, L. 1221-1 (J. 81).
- Débits de boissons, L. 4153-6.
- Durée du travail, L. 3161-1 s.
- Enfants du spectacle ou de la mode, L. 7124-1 s.
- Exploitation commerciale de l'enfant de moins de 16 ans sur les plateformes, L. 7124-1, L. 7124-4-1, L. 7124-5, L. 7124-9, L. 7124-10, L. 7124-25.
- Mendicité, L. 4741-8.
- Représentation en justice, L. 1453-1.

Mines, Décr. n° 2018-1022 du 22 nov. 2018, art. 6, App. VII. B, v° *Mines*, **p. 3501.**
- Circulation d'équipements de travail mobiles, Décr. n° 2018-1022 du 22 nov. 2018, App. VII. B, v° *Mines*, **p. 3501.**
- Circulation en hauteur, Décr. n° 2019-735 du 16 juill. 2019, App. VII. B, v° *Mines*, **p. 3501.**
- Entreprises extérieures, Décr. n° 2019-574 du 11 juin 2019, App. VII. B, v° *Mines*, **p. 3501.**
- Équipements de travail, Décr. n° 2021-902 du 6 juill. 2021, App. VII. B, v° *Mines*, **p. 3501.**
- Poussières alvéolaires, Décr. n° 2013-797 du 30 août 2013, App. VII. B, v° *Mines*, **p. 3501.**
- Rayonnements ionisants, Décr. n° 2019-1158 du 8 nov. 2019, App. VII. B, v° *Mines*, **p. 3501.**
- Règles générales de protection, Décr. n° 2021-1838 du 24 déc. 2021, App. VII. B, v° *Mines*, **p. 3501.**
- Travail en hauteur, Décr. n° 2019-735 du 16 juill. 2019, App. VII. B, v° *Mines*, **p. 3501.**

Minimum garanti, L. 3231-12.

Mise à disposition
▶ V. *Contrat de mise à disposition.*

Mise à la retraite, L. 1237-5 s.
- Indemnité, L. 1237-7.
- Licenciement, L. 1237-8.
- Mise à la retraite anticipée, L. 1237-7 (J. 2).
- Préavis, L. 1237-6.
- Rétractation, L. 1237-5 (J. 14).
- Visite médicale des travailleurs avant leur mise à la retraite, L. 4624-2-1, R. 4624-28-1 s.

Mise à pied conservatoire, L. 1232-2 (J. 12 s.), L. 1331-1 (J. 22), L. 1332-3.

Mise à pied disciplinaire, L. 1331-1 (J. 21).

Mission
▶ V. *Travail temporaire.*

Mission à l'exportation, L. 1223-5, L. 1236-7.

Mission locale pour l'insertion professionnelle et sociale des jeunes, L. 5314-1 s., D. 5314-0 s.

Mobilité du salarié,
- État incriminant l'homosexualité, L. 1132-3-2.
- Négociation obligatoire en entreprise, L. 2242-16.
- Période de mobilité volontaire sécurisée, L. 1222-12 s., L. 1222-14, L. 6315-1 s.
▶ V. *Clause de mobilité.*

Mobilité interne, L. 2254-2.
- Accord d'entreprise pour répondre aux nécessités liées au fonctionnement de l'entreprise ou en vue de préserver, ou de développer l'emploi, L. 2254-2.
- Négociation en entreprise, L. 2242-20 s.

Mobilité volontaire sécurisée, L. 1222-12 s.

Modification de la situation juridique de l'employeur,
- Accord collectif, L. 2261-14.
- Ancienneté, L. 1224-1 (J. 115).
- Cession, L. 1224-1 (J. 1 s., 75).
- Clause de non-concurrence, L. 1224-1 (J. 98).
- Clause de maintien de l'emploi, L. 1224-1 (J. 117).
- Comité social et économique (consultation), L. 2312-37 s.
- Contrat d'apprentissage, L. 1224-1 (J. 84).
- Contrat de travail, L. 1224-1.

Modification de la situation juridique de l'employeur *(suite)*
- Délégué syndical, L. 2143-10.
- Délit d'entrave, L. 1224-1 (J. 72).
- Égalité de traitement, L. 1224-1 (J. 99).
- Employé de maison, L. 1224-1 (J. 44).
- Entreprise en difficulté, L. 1224-1 (J. 37).
- Externalisation, L. 1224-1 (J. 26 s.).
- Fraude, L. 1224-1 (J. 89).
- Fusion, L. 1224-1 (J. 11 s.).
- Licenciement, L. 1224-1 (J. 111 s.).
- Location-gérance, L. 1224-1 (J. 38).
- Location-vente, L. 1224-1 (J. 28).
- Mandat des délégués du personnel, L. 2314-35.
- Mandat représentatif, L. 1224-1 (J. 116).
- Mise en société, L. 1224-1 (J. 14 s.).
- Modification du contrat de travail, L. 1224-1 (J. 107 s.).
- Nouvel employeur (obligations), L. 1224-2.
- Ordre public, L. 1224-1 (J. 54).
- Participation, L. 3323-8.
- Perte d'un marché, L. 1224-1 (J. 18 s.).
- Redressement ou liquidation judiciaire, L. 1224-1 (J. 37).
- Reprise par une personne publique, L. 1224-1 (J. 30 s), L. 1224-3.
- Salariés protégés, L. 2414-1, L. 2421-9 s., R. 2421-17.
- Scission, L. 1224-1 (J. 12).
- Transfert des contrats, L. 1224-1 (J. 84 s.).
- Usage, L. 1221-1 (J. 315).
- Vente, L. 1224-1 (J. 1).

Modification du contrat de travail,
L. 1221-1 (J. 233 s.).
- Accord portant sur l'aménagement de la durée du travail, L. 1221-1 (J. 243), L. 2254-2.
- Accord exprès, L. 1221-1 (J. 281).
- Appréciation, L. 1221-1 (J. 277 s.).
- Changement d'employeurs, L. 1221-1 (J. 274).
- Clauses contractuelles, L. 1221-1 (J. 271 s.).
- Clause de variation, L. 1221-1 (J. 283).
- Conditions de travail, L. 1221-1 (J. 275 s.).
- Durée du travail, L. 1221-1 (J. 238 s.).
- Horaires de travail, L. 1221-1 (J. 240 s.).
- Licenciement pour motif économique, L. 1233-3, L. 1233-25.
- Licenciement pour refus de la modification résultant de l'application d'un accord de compétitivité, L. 2254-2.
- Lieu de travail, L. 1221-1 (J. 257 s.).
- Modulation du temps de travail, L. 3122-43 anc.
- Proposition, L. 1221-1 (J. 280).
- Qualification professionnelle, L. 1221-1 (J. 264 s.).
- Refus, L. 1221-1 (J. 282 s.).
- Rémunération, L. 1221-1 (J. 245 s.).
- Sanction disciplinaire, L. 1331-1 (J. 26).
- Statut collectif, L. 1221-1 (J. 234).
- ▶ V. *Modification de la situation juridique de l'employeur.*

Modulation du temps de travail,
L. 3121-41 s.

Motif économique, L. 1233-3.
- ▶ V. *Licenciement pour motif économique.*

Mutation,
- Sanction disciplinaire, L. 1331-1 (J. 28).
- ▶ V. *Mobilité du salarié.*

Mutations technologiques,
- Licenciement pour motif économique, L. 1233-3.
- ▶ V. *Licenciement pour motif économique.*

Mutuelle,
- Salarié membre, L. 2411-1, L. 2411-19, L. 2421-2 s.

N

Naissance,
- Congé, L. 3142-1.
- ▶ V. *Maternité.*

Nationalité,
- Discrimination, L. 1132-1 (J. 39).

Négociation collective, L. 2211-1 s.
- Accord de méthode, L. 2222-3-1.
- Calendrier, L. 2222-3.
- Capacité, L. 2231-1 s.
- Champ d'application, L. 2211-1.
- Clauses de rendez-vous, L. 2222-5-1.
- Commission nationale de la négociation collective, de l'emploi et de la formation, L. 2271-1 s., R. 2271-1 s.
- Entreprises dépourvues de délégué syndical ou de conseil en entreprise, L. 2232-21 s.
- Formation des acteurs de la négociation collective, L. 2212-1 s.

Négociation collective *(suite)*
- Mandatement syndical, L. 2232-23-1, L. 2232-24, L. 2232-26.
- Négociation de branche, L. 2241-1 s.
  ▶ V. *Négociation de branche.*
- Négociation en entreprise, L. 2242-1 s., R. 2242-1.
- Observatoire d'analyse et d'appui au dialogue social, L. 2234-4 s., R. 2234-1 s.
- Outre-mer, L. 2622-1 s.
- Secteur public, L. 2233-1 s.
- Thèmes de négociation, L. 2222-3 s.
- TPE, L. 2232-21 s. R. 2232-10 s.
▶ V. *Accord d'entreprise, Convention collective, Négociation de branche, Négociation en entreprise, Référendum d'entreprise.*

Négociation de branche, L. 2241-1 s.
- Apprentissage, L. 2241-14, R. 2241-4.
- Champ de la négociation collective, L. 2241-4 s.
- Classification professionnelle, L. 2241-1, L. 2241-15, L. 2253-1.
- Commission mixte, L. 2241-3, L. 2241-18.
- Communication des informations, L. 2241-3.
- Conditions de travail, L. 2241-1, L. 2241-12 s.
- Congé de proche aidant, L. 3142-26.
- Dispositions supplétives, L. 2241-7 s., D. 2241-1 s.
- Égalité professionnelle, L. 2241-1, L. 2241-8, L. 2241-11, L. 2241-15, L. 2253-1, D. 2241-1.
- Engagement des négociations, L. 2241-4.
- Épargne salariale, L. 2241-1, L. 2241-16.
- Formation professionnelle, L. 2241-1, L. 2241-14, R. 2241-4.
- Gestion prévisionnelle des emplois et des compétences, L. 2241-1, L. 2241-12.
- Loyauté, L. 2241-3.
- Modalités de la négociation, L. 2241-4, L. 2241-7.
- Négociation annuelle, L. 2241-8 s., D. 2241-1.
- Négociation quinquennale, L. 2241-15 s.
- Négociation triennale, L. 2241-11 s.
- Ordre public, L. 2241-1.
- Risques professionnels, L. 2241-1, L. 2241-12, L. 2253-2.
  • listes des métiers et activités particulièrement exposés aux risques professionnels, L. 4163-2-1.
- Salaire, L. 2241-1, L. 2241-9 s., L. 2253-1, D. 2241-1.
- Vie professionnelle et vie personnelle (conciliation), L. 2241-1.
- Travail à temps partiel, L. 2241-2, L. 2241-11.
- Travailleur handicapé, L. 2241-1, L. 2241-13, L. 2253-1, D. 2241-3.

Négociation en entreprise, L. 2242-1 s., R. 2242-1 s.
- Accords en faveur de la prévention des effets de l'exposition à certains facteurs de risques professionnels, L. 4162-1 s., L. 4162-2 s., R. 4162-4 s.
- Champ de la négociation collective, L. 2242-10 s.
- Décision unilatérale de l'employeur, L. 2242-4.
- Déroulement des carrières (délégué syndical), L. 2242-20.
- Droit à la déconnexion, L. 2242-17.
- Droit d'expression directe des salariés, L. 2242-17.
- Égalité professionnelle, L. 2242-1, L. 2242-3, L. 2242-8, L. 2242-17 s., R. 2242-2 s.
- Formation professionnelle, L. 2242-20.
- Entreprises dépourvues de délégué syndical ou de conseil en entreprise, L. 2232-21 s.
- Épargne salariale, L. 2242-1, L. 2242-8.
- Gestion des emplois et des parcours professionnels, L. 2242-2, L. 2242-15 s.
- Intéressement, L. 2242-1, L. 2242-15.
- Mobilité professionnelle, L. 2242-20.
- Lutte contre les discriminations, L. 2242-17.
- Mise à disposition de salariés auprès d'organisations syndicales, L. 2242-16.
- Modalités, L. 2242-13.
  • accord collectif sur les modalités, L. 2242-11.
  • défaut d'accord, L. 2242-13 s.
- Obligation de négociation (non-respect), L. 2242-7 s.
- Ordre public, L. 2242-1 s., R. 2242-1 s.
- Partage de la valeur ajoutée, L. 2242-1, L. 2242-15.
- Participation, L. 2242-1, L. 2242-15.
- Périodicité, L. 2242-1 s., L. 2242-11.
- Plan d'épargne pour la retraite collectif, L. 2242-15.
- Prévention des risques professionnels, L. 2242-19.
- Procès-verbal de désaccord, L. 2242-5.
- Qualité de la vie et des conditions de travail, L. 2242-1, L. 2242-11, L. 2242-19-1.
- Régime complémentaire, L. 2242-17.

Négociation en entreprise *(suite)*
- Régime de prévoyance, L. 2242-17.
- Rémunération, L. 2242-1 s., L. 2242-15, D. 2242-12 s.
- Risques professionnels (prévention), L. 2242-19.
- Temps de travail, L. 2242-1, L. 2242-15.
- Travailleur handicapé, L. 2242-17 s.
- Urgence (décision unilatérale de l'employeur), L. 2242-4.
- Validation des acquis de l'expérience, L. 2242-20.

Non-concurrence
▶ V. *Clause de non-concurrence.*

Non-discrimination
▶ V. *Discrimination.*

Notaire salarié, note ss. L. 1111-1.

Note de service, L. 1321-5.

Notification du licenciement,
- Lettre recommandée, L. 1232-6.
- Licenciement pour motif économique,
  • licenciements de moins de 10 salariés, L. 1233-15 s.
  • licenciements de plus de 10 salariés, L. 1233-39 s.
- Licenciement verbal, L. 1232-6 (J. 4).
- Modèle, L. 1232-6, L. 1233-16, L. 1233-42.
- Ordre des licenciements, L. 1233-17, L. 1233-43.
- Priorité de réembauchage, L. 1233-16, L. 1233-42.

Obligation d'adaptation,
- Licenciement pour motif économique, L. 1233-4.

Obligation de l'employeur,
- Adaptation au poste de travail, L. 1233-4, L. 6231-1 s.
- Formation professionnelle continue, L. 6321-1 s.
- Sécurité des salariés, L. 4121-1, R. 4121-1.

Obligation de loyauté, L. 1232-1 (J. 51 s.).

Obligation de reclassement,
- Inaptitude, L. 1226-2 s., L. 1226-10 s.
- Licenciement pour motif économique, L. 1233-4 s., D. 1233-2-1.

Obligation de réserve,
- Faute grave, L. 1234-1 (J. 22).

Obligation de sécurité,
- Employeur, L. 4121-1 s.
- Salarié, L. 4122-1.

Obligation d'emploi, L. 5212-1 s., R. 5212-1 s.
- Accord collectif, L. 5212-8, R. 5212-12 s.
  • contribution annuelle, L. 5212-9.
- Action en justice, L. 5212-16.
- Bénéficiaires, L. 5212-13 s.
- Travailleur handicapé, L. 5212-1 s.
- Déclaration annuelle, L. 5212-5, D. 5212-4 s.
- Entreprise de travail temporaire, L. 5212-3.
- Établissements publics industriels et commerciaux, L. 5212-1.
- Mise en œuvre partielle, L. 5212-6.
- Sanction administrative, L. 5212-12.

Observatoire d'analyse et d'appui au dialogue social, L. 2234-4 s., R. 2234-1 s.

Office français de l'immigration et de l'intégration, L. 5223-1 s., R. 5223-1 s.
- Emploi sans titre de travail,
  • contribution spéciale, L. 8253-1 s., R. 8253-1 s.
- Fonctionnement, L. 5223-5.
- Missions, L. 5223-1.
- Organisation, L. 5223-5.
- Ressources, L. 5223-6.
- Statut, L. 5223-2 s.

Offre d'embauche, L. 1221-1 (J. 88 s.).

Offre d'emploi, L. 5331-1 s., R. 5332-1 s., L. 5411-6 s.
- Âge, L. 5331-2.
- Allégations fausses, L. 5331-3.
- Annonce, L. 8221-7, R. 8221-3.
- Contrôle, L. 5333-1.
- Date, L. 5332-1.
- Discrimination, L. 1142-1, L. 5321-2.
- Interdictions, L. 5331-1 s.
- Langue française, L. 5331-4.
- Notion, L. 1221-1 (J. 89).
- Offre anonyme, L. 5332-2, L. 5332-4.

Offre d'emploi *(suite)*
- Offre raisonnable d'emploi, L. 5411-6 s., R. 5411-14 s.
- Publication,
  - conditions, L. 5332-1 s.
  - interdictions, L. 5331-1 s.
- Retrait, L. 1221-1 (J. 90).

Offre publique d'acquisition (OPA),
- Consultation du comité social et économique, L. 2312-37, L. 2312-42 s., L. 2315-92.

Offre raisonnable d'emploi, L. 5411-6 s., R. 5411-14 s.

Opérateurs de compétences, L. 6332-1 s.
- Administrateur provisoire, R. 6332-5 s.
- Agrément, L. 6332-1-1, R. 6332-1 s.
  - délivrance, R. 6332-1 s.
  - retrait, R. 6332-6 s.
- Conseil d'administration, R. 6332-9.
- Constitution, R. 6332-8.
- Contrôle administratif, L. 6361-2 s.
- Convention d'objectifs et de moyens, L. 6332-2, D. 6332-18.
- Délégation, R. 6332-10.
- Disponibilités, R. 6332-27 s.
- Frais de gestion et d'information, R. 6332-17 s.
- Gestion des fonds dévolus à la formation professionnelle, L. 6332-3 s., R. 6332-15 s.
- Missions, L. 6332-1.
- Paiement des bénéficiaires, R. 6332-25 s.
- Prise en charge des demandes des employeurs, R. 6332-23 s.
- Sections financières, L. 6332-3, R. 6332-15 s.
- Site internet, R. 6332-23.

Opération transfrontalière,
- Comité de la société, L. 2373-1 s., R. 2373-3 s.
- Participation des salariés, L. 2371-1 s., D. 2372-1 s.

Opinions politiques,
- Non-discrimination, L. 1132-1.

Ordre des licenciements, L. 1233-5 s., D. 1233-2.
- Critère privilégié, L. 1233-5.
- Demande écrite du salarié, L. 1233-17, L. 1233-43.
- Pénalités, R. 1238-1.

Organisations patronales
▶ V. *Organisations professionnelles d'employeurs.*

Organisations professionnelles d'employeurs,
- Adhésion à plusieurs organisations, L. 2261-19.
- Candidatures, R. 2152-1 s.
- Commissaire aux comptes, L. 2135-6.
- Déclaration de candidatures, L. 2152-5.
- Financement, L. 2135-9 s.
- Liste des organisations professionnelles reconnues représentatives, L. 2152-6.
- Représentativité, L. 2151-1 s., R. 2151-1 s.
  - au niveau de la branche, L. 2152-1, R. 2151-1 s., R. 2152-8 s.
  - au niveau interprofessionnel, L. 2152-4 s., R. 2152-1 s., R. 2152-9 s.
  - au niveau multiprofessionnel, L. 2152-2 s., R. 2152-1 s., R. 2152-10 s.
  - au niveau national, L. 2152-2, L. 2152-4.

Organismes de formation, L. 6351-1 A s., R. 6351-1 s.
- Actions de formation, L. 6353-1 s., D. 6353-1 s.
- Bilan pédagogique et financier, L. 6352-11, R. 6352-22 s.
- Centre de formation professionnelle, D. 6352-25 s.
- Contrat de formation, L. 6353-3 s.
- Contrôle, L. 6361-1 s.
- Déclaration d'activités, L. 6351-1 s., R. 6351-1 s.
- Fonctionnement, L. 6352-1 s., R. 6352-1 s.
- Obligations comptables, L. 6352-6 s., D. 6352-16 s.
- Pénalités, L. 6355-1 s.
- Publicité, L. 6352-12 s.
- Sanctions financières, L. 6354-1 s.

Organismes paritaires agréés
▶ V. *Opérateurs de compétences.*

Organismes professionnels de santé, de sécurité et des conditions de travail, L. 4643-1 s.

Orientation sexuelle, L. 1132-1.
- État incriminant l'homosexualité, L. 1132-3-2.

Orientation stratégique de l'entreprise,
- Comité social et économique (consultation), L. 2312-17, L. 2312-22, L. 2312-24.

Orientation stratégique de l'entreprise (suite)
- expertise, L. 2315-85.

Origine,
– Non-discrimination, L. 1132-1.

Outre-mer, L. 1511-1 s., L. 3411-1 s., L. 5511-1 s., R. 1522-1 s., R. 3423-1 s., R. 5521-1 s.
– Allocation complémentaire, L. 3423-9, R. 3423-4 s.
– Apprentissage, L. 6522-1 s., D. 6522-1 s.
– Chèque emploi service universel, L. 1522-1 s., R. 1522-1 s.
– Conflit collectif, L. 2623-1 s.
– Conseil de prud'hommes, L. 1523-1, R. 1523-1 s.
– Contrat de travail, L. 1531-1 s.
– Contrôle de l'application de la législation du travail, L. 8311-1 s.
– Durée du travail, L. 3411-1 s.
– Emploi, L. 5511-1 s.
– Formation professionnelle continue, L. 6511-1 s.
– Négociation collective, L. 2622-1 s.
– Professions particulières, L. 7511-1 s.
– Rémunération mensuelle minimale, R. 3423-1.
– Santé et sécurité au travail, L. 4822-1 s., R. 4822-1 s.
– Sensibilisation aux risques naturels majeurs, R. 4823-1.
– Stagiaire de la formation professionnelle continue, L. 6523-6.
– Titre de travail simplifié, L. 1522-3 s., R. 1522-1 s.
– V. *Départements d'outre-mer (DOM), Saint-Pierre-et-Miquelon.*

P

Pacte civil de solidarité,
– Autorisation d'absence, L. 1225-16.
– Congé pour événements familiaux, L. 3142-1.

Paie
▶ V. *Bulletin de paie, Saisie et cession, Salaire.*

Parcours professionnel du salarié,
– Entretien professionnel, L. 6315-1.

Partage de la valeur au sein de l'entreprise,
– Augmentation exceptionnelle du bénéfice, L. 3346-1.
– Plan de partage de la valorisation de l'entreprise (PPVE), L. n° 2023-1107 du 29 nov. 2023, art. 10, App. I. C, v° *Conventions et accords collectifs*, **p. 3275.**
– Prime de partage de la valeur, L. n° 2022-1158 du 16 août 2022, art. 1er, ss. L. 3312-5.

Participation aux résultats de l'entreprise, L. 3321-1 s., R. 3321-1 s.
– Accord de participation,
  • absence, L. 3323-5.
  • accord de branche, L. 3322-9, L. 3345-2 s.
  • accord de groupe, L. 3322-7.
  • conclusion, L. 3322-6.
  • contenu, L. 3323-1 s.
  • dénonciation, D. 3323-8.
  • dépôt, L. 3323-4, D. 3323-1 s.
– Ancienneté, L. 3324-5.
– Astreintes, L. 3326-2.
– Avance sur participation, L. 3348-1.
– Branche professionnelle, L. 3322-9.
– Caractère obligatoire, L. 3322-1.
– Champ d'application, L. 3321-1.
– Conseil d'orientation de la participation, de l'intéressement, de l'épargne salariale et de l'action salariale, L. 3346-1, D. 3346-1 s.
– Contestations, L. 3326-1 s., R. 3326-1.
– Contrôle de légalité des accords de participation, L. 3345-2 s., D. 3345-5.
– Coopérative agricole, L. 3323-9 s., R. 3323-9 s.
– Déblocage anticipé, L. 3324-11, D. 3324-41 s.
– Déblocage anticipé exceptionnel, L. n° 2022-1158 du 16 août 2022, art. 5, App. IV. C, v° *Intéressement. Participation. Actionnariat*, **p. 3492.**
– Effectif de l'entreprise, L. 3322-2 s.
– Entreprise agricole, L. 3323-7.
– Entreprise nouvelle, L. 3322-5.
– Entreprise publique, L. 3323-9 s.
– Évaluation des titres, D. 3324-17 s.
– Exonération fiscale, L. 3325-1 s.
– Expérimentation,
  • entreprises de moins de 50 salariés, L. n° 2023-1107 du 29 nov. 2023, art. 4, ss. L. 3323-6.

TABLE ALPHABÉTIQUE

Participation aux résultats de l'entreprise *(suite)*
- • entreprises employant entre 11 et moins de 50 salariés, L. n° 2023-1107 du 29 nov. 2023, art. 5, ss. L. 3322-1.
- Filiales, L. 3321-2.
- Indisponibilité des droits, L. 3324-10, R. 3324-22 s.
- Information des salariés, L. 3323-1, D. 3323-12 s.
- Livret d'épargne salariale, L. 3341-6.
- Mise en place, L. 3322-1, R. 3322-1 s.
- Modification dans la situation juridique de l'employeur, L. 3323-8.
- Négociation en entreprise, L. 2242-1, L. 2242-15.
- Paiement, L. 3324-11, D. 3324-41 s.
- Participation volontaire, L. 3323-6.
- Plan d'épargne salariale, L. 3324-12.
- Provision pour investissement, L. 3325-3.
- Régime fiscal, L. 3325-1 s., D. 3325-1 s.
- Réserve spéciale de participation, L. 3323-2.
  - • calcul, L. 3324-1 s., D. 3324-1 s.
  - • gestion, D. 3324-25 s.
  - • rectification, L. 3326-1-1, D. 3324-20.
  - • répartition, L. 3324-5 s., D. 3324-10 s.
  - • supplément, L. 3324-9, L. 3325-4.
- Salariés intérimaires, L. 3333-7.
- SCOP, L. 3323-3, L. 3323-9.
- Sociétés-mères, L. 3321-2.
- Secteur public, L. 3321-1.
- Terres australes et antarctiques françaises, L. 3431-1.
- UES, L. 3322-2, L. 3324-8.
- Wallis-et-Futuna, L. 3431-1.
- ▶ V. *Intéressement, Partage de la valeur au sein de l'entreprise, Plan d'épargne salariale.*

Particulier employeur,
- Formation professionnelle continue, L. 6331-57 s.
  - • contribution, D. 6331-67 s.
- Service de prévention et de santé au travail (adhésion), L. 4625-3.

Passeport de prévention, L. 4141-5.

Passeport orientation, L. 6323-8, R. 6323-15.

Paternité,
- Décès de la mère, L. 1225-28.
- Démission pour élever un enfant, L. 1225-66 s.
- ▶ V. *Congé de paternité.*

Pause,
- Jeunes travailleurs, L. 3162-3.
- Rémunération, L. 3121-12.
- Temps de pause, L. 3121-16 s.
- Travail effectif, L. 3121-1 s.

Pénalités,
- Agent artistique, L. 7121-15 s.
- Bâtiment et génie civil, L. 4744-1 s.
- Centres de formation d'apprentis, L. 6231-6 s.
- Conseiller du salarié, L. 1238-1.
- Contrat de travail à durée déterminée, L. 1248-1 s.
- Droit d'expression directe et collective des salariés, L. 2283-1 s.
- Économats, L. 3255-1 s.
- Élections prud'homales, L. 1443-1 s.
- Entrave,
  - • à l'exercice du droit syndical, L. 2146-1.
  - • au comité de groupe, L. 2335-1.
  - • au comité social et économique, L. 2317-1, L. 2346-1.
- Entrepreneur de spectacles vivants, L. 7122-16 s.
- Étrangers, L. 5224-1 s.
  - • emploi illicite, L. 8256-1 s.
- Femmes enceintes ou venant d'accoucher, L. 4743-1.
- Formation professionnelle continue, L. 6355-1 s., L. 6363-2.
- Fraudes,
  - • aide de reclassement et de reconversion professionnelle, L. 5124-1.
  - • liste des demandeurs d'emploi, L. 5413-1.
  - • revenu de remplacement, L. 5429-1 s.
- Harcèlements, L. 1155-2 s.
- Inégalité professionnelle, L. 1146-1 s.
- Inspecteurs et contrôleurs du travail, L. 8114-1 s.
- Journalistes professionnels, L. 7114-1.
- Licenciement sans consultation des délégués du personnel, L. 1238-2.
- Mannequins, L. 7123-24 s.
- Marchandage, L. 8234-1 s.
- Médecine du travail, L. 4745-1.
- Négociations obligatoires, L. 2243-1 s.
- Notification du licenciement, L. 1238-3 s.
- Offres d'emploi, L. 5334-1.
- Placement, L. 5324-1.
- Portage salarial, L. 1255-14 s.
- Précompte, L. 5429-2.
- Prêt illicite de main-d'œuvre, L. 8243-1 s.
- Règlement des conflits collectifs du travail, L. 2525-1 s.

Pénalités *(suite)*
– Règlement intérieur, R. 1323-1.
– Revenu de remplacement indu, L. 5426-5 s.
– Rupture du contrat de travail d'un salarié protégé, L. 2431-1 s.
– Santé et sécurité au travail, L. 4741-1 s.
– Syndicats professionnels, L. 2136-1 s.
– Travail dissimulé, L. 8224-1 s.
– Travail des jeunes, L. 4743-1.
– Travail temporaire, L. 1255-1 s.

Pénibilité,
– Compte professionnel de prévention, L. 4163-1 s., R. 4163-1 s.
  ▶ V. *Compte professionnel de prévention.*
– Négociation de branche, L. 2241-1, L. 2241-12.
– Négociation en entreprise, L. 2242-19.
– Prévention, L. 4624-2, D. 4162-1 s.
▶ V. *Risques professionnels.*

Période de mise en situation professionnelle, L. 5135-1 s.

Période d'essai,
– Contrat à durée déterminée, L. 1242-10 s.
– Contrat à durée indéterminée, L. 1221-19 s.
– Contrat de mission, L. 1251-14 s.
– Durée maximale, L. 1221-19.
– Écrit, L. 1221-23.
– Maternité, L. 1225-4 (J. 3).
– Objet, L. 1221-20.
– Période probatoire, L. 1221-20 (J. 6 s.).
– Renouvellement, L. 1221-21 s., L. 2253-1.
– Rupture, L. 1221-25 s.
  • délai de prévenance, L. 1221-25 s.
– Salarié à temps partiel, L. 3123-5.
– Stage, L. 1221-24.
– VRP, L. 7313-5.

Permis de conduire,
– Compte personnel de formation, L. 6323-6, D. 6323-8.

Personne morale
▶ V. *Responsabilité pénale des personnes morales.*

Perte de confiance, L. 1232-1 (J. 20 s.).

Placement (des demandeurs d'emploi),
L. 5321-1 s., R. 5312-1 s.
– Activité de placement, L. 5321-1.
– Artistes du spectacle, L. 7121-9 s.
– Collectivités territoriales (rôle), L. 5322-1 s., R. 5322-1 s.
– Communes, L. 5322-1 s., R. 5322-1 s.
– Contrôle, L. 5324-1 s., R. 5324-1.
– Demandes d'emplois, L. 5331-1 s.
– Discrimination, L. 5321-2.
– Offres d'emploi, L. 5331-1 s.
  ▶ V. *Offre d'emploi.*
– Pénalités, L. 5324-1.
– Placement privé, L. 5323-1, R. 5323-7 s.
– Rétribution (interdiction), L. 5321-3.

Plan de départ volontaire,
– Autorisation administrative, L. 1237-19-3.
– Contentieux, L. 1237-19-8.
– Revitalisation des bassins d'emploi, L. 1237-19-9 s.
– Rupture conventionnelle collective, L. 1237-19 s.
– Rupture d'un commun accord dans le cadre d'un accord collectif portant rupture conventionnelle collective, L. 1237-19 s.
– Suivi, L. 1237-19-7.
▶ V. *Rupture conventionnelle collective.*

Plan de développement des compétences, L. 6321-1.

Plan de gestion prévisionnelle des emplois et des compétences, L. 5121-3, D. 5121-4 s.

Plan de partage de la valorisation de l'entreprise (PPVE), L. n° 2023-1107 du 29 nov. 2023, art. 10, App. I. C, v° *Conventions et accords collectifs*, **p. 3275.**

Plan de sauvegarde de l'emploi (PSE),
L. 1233-61 s., D. 1233-14 s.
– accord collectif majoritaire, L. 1233-24-1, L. 1233-30.
  • consultation des institutions représentatives du personnel, L. 1233-30.
  * délais, L. 1233-30.
  * expertise (recours), L. 1233-34 s.
  • contenu de l'accord, L. 1233-24-1 s., L. 1233-30.
  • recours contentieux, L. 1235-7-1 s.
  • validation de l'administration, L. 1233-57-1 s.
  • validation de l'administration (annulation), L. 1235-16.
  • validité de l'accord, L. 1233-24-1.
– Accord de méthode, L. 1233-24-1 s.
– Autorité administrative, L. 1233-46 s.
  • contrôle, L. 1233-53.

Plan de sauvegarde de l'emploi (PSE) (suite)

- • information, L. 1233-46.
- • proposition, L. 1233-57.
- Contenu, L. 1233-62 s.
- Décision unilatérale de l'employeur, L. 1233-24-4.
  - • annulation, L. 1235-16. L. 1233-57-3.
  - • consultation des institutions représentatives du personnel, L. 1233-30.
  - * délais, L. 1233-30.
  - * expertise (recours), L. 1233-34 s.
  - • homologation de l'administration,
- Départs volontaires, L. 1233-61 (J. 12 s.).
- Document unilatéral de l'employeur, L. 1233-24-4.
- Information des salariés, L. 1233-49.
- Irrégularités, L. 1235-10 s.
- Maisons de l'emploi, L. 1233-64.
- Mesures exclues, L. 1233-62 (J. 8).
- Nullité, L. 1235-11.
- Plan de reclassement, L. 1233-61.
- PSE successifs, L. 1233-62 (J. 7).
- Recours contentieux, L. 1235-7-1 s.
- Suivi, L. 1233-63.
- Validité (appréciation), L. 1235-10.

Plan d'épargne d'entreprise (PEE),

L. 3332-1 s., R. 3332-1 s.
- Accord collectif, L. 3332-3.
- Accord de branche, L. 3332-6-1, L. 3345-2 s.
- Action gratuite, L. 3332-14, L. 3332-21, L. 3332-26.
- Actions, L. 3332-15.
- Ancien salarié, L. 3332-2.
- Ancienneté, L. 3342-1.
- Augmentation de capital, L. 3332-18 s., R. 3332-24 s.
  - • prix de cession, L. 3332-20.
  - • prix de souscription, L. 3332-19.
- Bénéficiaires, L. 3332-1 s.
- Branche professionnelle, L. 3332-6-1.
- Chef d'entreprise, L. 3332-2.
- Composition du plan, L. 3332-15 s., R. 3332-14 s.
- Conjoint du chef d'entreprise, L. 3332-2, L. 3332-10.
- Déblocage anticipé, L. 3334-14 s., R. 3332-28 s.
- Dépôt, L. 3332-9, R. 3332-4 s.
- Entreprise solidaire, L. 3332-17 s.
- Évaluation des titres, L. 3332-20, R. 3332-22 s.
- Exonération fiscale, L. 3332-22, L. 3332-27.
- Fonds commun de placement, L. 3332-15.
- Gestion du plan, L. 3332-15 s., R. 3332-14 s.
- Indisponibilité des sommes, L. 3332-25 s., R. 3332-28 s.
- Information des salariés, L. 3332-7 s.
- Intéressement, L. 3314-10, L. 3315-2.
- Liquidation, R. 3332-28 s.
- Mise en place, L. 3332-3 s.
- Négociation en entreprise, L. 2242-1, L. 2242-15.
- Obligation, L. 3332-23.
- Participation (affectation), L. 3324-12.
- Régime fiscal, L. 3332-22, L. 3332-27, R. 3332-31.
- Régime social, L. 3332-22, L. 3332-27, R. 3332-31.
- Règlement, L. 3332-7.
- Relevé de situation, L. 3332-7-1, D. 3332-16-1.
- Rémunération,
  - • non-substitution, L. 3332-13.
- Répartition des actions, L. 3332-14.
- Valeurs mobilières, L. 3332-15.
- Versement, L. 3332-10 s., R. 3332-8 s.
- Versement unilatéral de l'employeur, L. 3332-11.
- ▶ V. *Plan d'épargne salariale, Plan d'épargne interentreprises.*

Plan d'épargne interentreprises,

L. 3333-1 s., R. 3333-1 s.
- Accord collectif, L. 3333-2.
- Accord de branche, L. 3333-7-1, L. 3345-2 s.
- Composition, L. 3333-4.
- Fonds commun de placement, L. 3333-6.
- Fonds d'investissement, L. 3333-5.
- Plan d'épargne pour la retraite collectif, L. 3334-4.
- Règlement plan d'épargne interentreprises, L. 3333-3.
- ▶ V. *Plan d'épargne salariale.*

Plan d'épargne pour la retraite collectif,

L. 3334-1 s., R. 3334-1 s.
- Accord collectif, L. 3334-2.
- Ancienneté, L. 3342-1.
- Ancien salarié, L. 3334-7.
- Compte-épargne temps, L. 3334-8, L. 3334-10.
- Déblocage anticipé, L. 3334-14 s., R. 3334-5.
- Départ à la retraite, L. 3334-14.
- Entreprise solidaire, L. 3334-13.

Plan d'épargne pour la retraite collectif (suite)

- Fonds commun de placement, L. 3334-12.
- Indisponibilité des sommes, L. 3334-14.
- Information des salariés, L. 3341-6 s.
- Mise en place, L. 3334-1 s.
- Modification dans la situation juridique de l'employeur, L. 3335-1.
- Participation, L. 3334-9.
- Rente viagère, L. 3334-15.
- Versement, L. 3334-6 s.
- ▶ V. *Plan d'épargne salariale.*

Plan d'épargne salariale, L. 3331-1 s., R. 3331-1 s.

- Ancienneté, L. 3342-1.
- Assemblée générale des actionnaires, L. 3341-1.
- Autorité administrative, L. 3345-2 s.
- Champ d'application, L. 3331-1.
- Compte-épargne-temps, L. 3343-1.
- Contrôle de légalité des accords d'entreprise d'épargne salariale, L. 3345-2 s., D. 3345-5.
- Dépôt, L. 3345-1, D. 3345-1 s.
- État récapitulatif, L. 3341-7.
- Formation économique, financière et juridique des représentants des représentants des salariés, L. 3341-2 s.
- Groupe d'entreprises, L. 3344-1.
  - augmentation de capital, L. 3344-2.
- Information des salariés, L. 3341-6 s.
- Livret d'épargne salariale, L. 3341-6.
- Mayotte, L. 3431-1.
- Négociation de branche, L. 2241-1, L. 2241-16.
- Négociation en entreprise, L. 2242-1, L. 2242-15.
- Participation (affectation), L. 3324-12.
- Représentants du personnel,
  - formation économique, financière et juridique, L. 3341-2 s.
  - information, L. 3341-5.
- Salariés intérimaires, L. 3333-7.
- Terres australes et antarctiques françaises, L. 3431-1.
- Wallis-et-Futuna, L. 3431-1.
- ▶ V. *Plan d'épargne d'entreprise (PEE), Plan d'épargne interentreprises, Plan d'épargne pour la retraite collectif.*

Plan pour l'égalité professionnelle, L. 1143-1 s., R. 1143-1 s.

Plateforme électronique, L. 7341-1 s., D. 7342-1 s.

- Accords collectifs de secteur, L. 7343-27 s., R. 7343-89 s.
- Autorité des relations sociales des plateformes d'emploi (ARPE), L. 7345-1 s., R. 7343-2-1 s., R. 7345-1 s.
  - autorisation de rupture du contrat commercial entre le travailleur indépendant disposant d'un mandat de représentation et la plateforme, L. 7343-14, L. 7345-1, D. 7343-66.
  - conseil d'administration, L. 7345-2.
  - financement des jours de formation au dialogue social, L. 7343-18, R. 7343-72 s., L. 7345-1.
  - médiation, L. 7345-7 s.
  - mission, L. 7345-1.
- Charte de responsabilité sociale, L. 7342-9, D. 7342-7 s.
- Commission de négociation, L. 7343-54 s.
- Conseil des acteurs des plateformes, R. 7345-12 s.
- Dialogue social, L. 7343-1 s., L. 7343-27 s., R. 7343-1 s.
  - commission de négociation, L. 7343-54 s.
  - expertise, L. 7343-56 s.
  - négociation de secteur, L. 7343-27 s.
  - organisations professionnelles de plateformes, L. 7343-21.
  - représentation des travailleurs de plateformes, L. 7343-2 s., R. 7343-1 s.
- Données personnelles (réception et transfert), D. 7342-6.
- Exploitation commerciale de l'image de l'enfant de moins de 16 ans, L. 7124-1, L. 7124-4-1, L. 7124-5, L. 7124-9, L. 7124-10, L. 7124-25.
- Garantie d'autonomie des travailleurs de plateformes, C. transp., art. L. 1326-2, **p. 3522.**
- Négociation de secteur, L. 7343-27 s.
- Organisations professionnelles de plateformes, L. 7343-21.
  - désignation des représentants, L. 7343-26.
  - négociation collective, L. 7343-36 s.
  - représentativité des organisations professionnelles de plateformes, L. 7343-22 s.
- Représentation des plateformes faisant appel à des travailleurs indépendants, L. 7343-21 s.
- Représentation des plateformes, L. 7343-21 s., R. 7343-79 s.
- Représentation des travailleurs de plateformes, L. 7343-2 s.

Plateforme électronique *(suite)*
- audience des organisations représentant les travailleurs de plateformes, R. 7343-1 s.
- désignation des représentants, L. 7343-12 s., D. 7343-61 s.
- formation des représentants, L. 7343-19 s., R. 7343-72 s.
- protection des représentants, L. 7343-13 s., R. 7343-64 s.
- représentativité des organisations, L. 7343-3 s.
- scrutin servant à mesurer l'audience des organisations représentant les travailleurs de plateformes, R. 7343-1 s.
- temps de délégation, D. 7343-75 s.
– Responsabilité sociale des plateformes, L. 7342-1 s., D. 7342-1 s.
– Travailleurs ayant recours à des plateformes pour exercer une activité de conduite d'une voiture de transport ou de livraison, L. 7342-8 s. ; C. transp., art. L. 1321-6 s., **p. 3518.**

Pôle emploi/France Travail, L. 5312-1 s.
– Recours contre les décisions de Pôle emploi, R. 5412-8.
- médiation préalable obligatoire, R. 5312-47 s.
▶ V. *Demandeur d'emploi, Service public de l'emploi.*

Politique de l'emploi, L. 5111-1 s., R. 5111-1 s.

Ponts, L. 3121-50.

Portage salarial, L. 1254-1 s.
– Comité social d'entreprise (information), L. 2312-26, L. 2312-71.
– Conditions de recours, L. 1254-3.
– Contrat commercial de prestation de portage salarial, L. 1254-22 s.
– Contrat de professionnalisation (expérimentation), L. n° 2020-1577 du 14 déc. 2020, art. 16, ss. L. 1254-24.
– Contrat de travail, L. 1254-7 s.
– Contrat de travail à durée déterminée, L. 1254-10 s.
- durée, L. 1254-12.
- forme, L. 1254-14 s.
- renouvellement, L. 1254-17.
- terme, L. 1254-11.
- transmission, L. 1254-16.
– Contrat de travail à durée indéterminée, L. 1254-19 s.
– Définition, L. 1254-1 s.
– Entreprise de portage salarial, L. 1254-24 s.
– Garantie financière, L. 1254-26, D. 1254-1 s.
– Interdictions de recours, L. 1254-4 s.
– Participation aux résultats de l'entreprise, L. 3322-4-1.
– Rémunération minimale, L. 1254-2.
– Pénalités, L. 1255-14 s.

Ports,
– Dérogation au repos hebdomadaire, L. 3132-6.

Pourboires, L. 3244-1 s.

Pourvoi en cassation, L. 1462-1.

Préavis, L. 1234-1 s.
– Ancienneté, L. 1234-8.
– Cessation de l'entreprise, L. 1234-7.
– Congés payés, L. 1234-1 (J. 84).
– Contrat à durée déterminée, L. 1243-2.
– Démission, L. 1237-1.
– Départ à la retraite, L. 1237-10.
– Dispense, L. 1234-5 (J. 2 s.).
– Durée, L. 1234-1 s.
– Force majeure, L. 1234-12 s.
– Impossibilité d'exécution, L. 1234-5 (J. 11 s.).
– Indemnité compensatrice, L. 1234-5.
– Maladie, L. 1234-1 (J. 82).
– Mise à la retraite, L. 1237-6.
– Point de départ, L. 1234-3.
– Renonciation, L. 1234-5 (J. 3).
– Secteur public, L. 1234-14.
– VRP, L. 7313-9 s.

Précompte, L. 5422-9.
– Récidive, L. 5429-2.

Préjudice d'anxiété, L. 4121-1 (J. 16 s.).

Prélèvement à la source de l'impôt sur le revenu, CGI, art. 204 A s., **p. 3282.**

Préparation opérationnelle à l'emploi, L. 6326-1 s.
– Rémunération, L. 6326-4.

Prescription, L. 1471-1 s.
– Action en discrimination, L. 1134-5.
– Action en exécution du contrat de travail, L. 1471-1.
– Action en paiement du salaire, L. 3245-1.

Prescription *(suite)*
- Action en remboursement d'allocation d'assurance chômage, L. 5422-5.
- Action en rupture du contrat de travail, L. 1471-1.
- Contestation,
  - sur la validité d'un licenciement économique, L. 1235-7.
- Faute disciplinaire, L. 1332-4 s.
- Pénalité pour revenu de remplacement indu, L. 5426-7.
- Travail à domicile, L. 7423-1.

Prêt de main-d'œuvre, L. 8241-1 s.
- Actions en justice, L. 8242-1, R. 8242-1 s.
- Contrôle, L. 8271-16 s.
- Interdictions, L. 1251-9 s., L. 8241-1 s.
- Prêt de salariés entre entreprises, L. 8241-3, R. 8241-1 s.
- Sanctions administratives, L. 8272-1 s.
- ▶ V. *Contrat de mise à disposition, Contrat de mission, Contrat de travail temporaire.*

Prêt de salariés entre entreprises, L. 8241-3.

Prévoyance,
- Négociation en entreprise, L. 2242-17.

Prime d'activité, L. 5425-3 ; CSS, art. L. 842-1, **p. 3368.**

Prime de partage de la valeur,
L. n° 2022-1158 du 16 août 2022, art. 1er, ss. L. 3312-5.

Prime exceptionnelle de pouvoir d'achat
, L. n° 2022-1158 du 16 août 2022, art. 1er, ss. L. 3312-5.

Priorité de réembauchage,
- Licenciement pour motif économique,
  - licenciements de moins de 10 salariés, L. 1233-16.
  - licenciements de plus de 10 salariés, L. 1233-45.
- Modification dans la situation juridique de l'employeur, L. 1233-45 (J. 15).
- Salarié ayant démissionné pour élever un enfant, L. 1225-67.
- Travailleur handicapé, L. 5213-17.

Prise d'acte de la rupture, L. 1231-1 (J. 13 s.).
- Démission, L. 1237-1 (J. 7).
- Licenciement (indemnité), L. 1235-3-2.
- Procédure devant le conseil de prud'hommes, L. 1451-1.

Privilège du salaire, L. 3253-1 s.

Procédure accélérée au fond, R. 1455-12.
- Congé de participation aux instances d'emploi et de formation professionnelle ou à un jury d'examen, L. 3142-45.
- Congé de proche aidant, L. 3142-25.
- Congé de représentation, L. 3142-55.
- Congé de solidarité familiale, L. 3142-13.
- Congé de solidarité internationale, L. 3142-69.
- Congé et période de passage à temps partiel pour création d'entreprise, L. 3142-113.
- Congé mutualiste de formation, L. 3142-39.
- Congé pour acquisition de la nationalité, L. 3142-76.
- Congé pour catastrophe naturelle, L. 3142-51.
- Congé pour événements familiaux, L. 3142-3.

Procédure collective
- ▶ V. *Redressement et liquidation judiciaires.*

Procédure de licenciement,
- Accord de méthode, L. 1233-21 s.
- Conseiller du salarié, L. 1232-7.
- Licenciement économique,
  - licenciements de moins de 10 salariés, L. 1233-8 s.
  - licenciements de plus de 10 salariés, L. 1233-21 s.

Procédure de référé, L. 4732-1 s., R. 1455-9 s.

Procédure de sauvegarde, de redressement ou de liquidation judiciaire,
- Comité social et économique (consultation), L. 2312-37, L. 2312-53 s.
- Licenciement du représentant des salariés, L. 2421-6.
- Protection des salaires, L. 3253-1 s.

Procédure disciplinaire, L. 1332-1 s., R. 1332-1 s.
- Entretien préalable, L. 1332-2.
- Prescription des faits, L. 1332-4 s.
- Procédure conventionnelle, L. 1332-2 (J. 15).

Procédure participative, C. civ., art. 2064, **p. 3194.**

Profession agricole,
- Formation professionnelle continue, C. rur., art. L. 718-2, **p. 3537.**
- Contrat emploi-formation agricole, C. rur., art. L. 718-3, **p. 3537.**

Profession du spectacle
▶ V. *Artiste du spectacle, Entreprise de spectacles vivants, Enfants dans le spectacle, les professions ambulantes, l'audiovisuel, la publicité, la mode et les jeux vidéo.*

Projet de transition professionnelle,
L. 6323-17-1 s.
- Accès à un emploi non exposé aux risques professionnels, L. 6323-17-1 s., D. 6323-9-2.
- Accompagnement du salarié, L. 6111-6, L. 6323-17-2.
- Action de positionnement préalable, R. 6323-12.
- Assurance chômage, L. 5422-1 s.
- Autorisation de la commission paritaire interrégionale, L. 6323-17-2.
- Cofinancement employeur/France compétences, L. 6323-17-1, D. 6323-9-2, D. 6323-10-5, D. 6323-14-1-1.
- Commission paritaire interprofessionnelle régionale, L. 6323-17-6, D. 6323-19 s.
- Condition d'ancienneté, L. 6323-17-2, D. 6323-9.
- Conseil en évolution professionnelle, L. 6111-6.
- Contrôle administratif, L. 6362-1.
- Demande de congé, R. 6323-10 s.
- Durée, L. 6323-17-3 s.
- Frais de formation, L. 6323-20, D. 6323-5.
- France compétences,
  • système d'informations national commun aux commissions paritaires interprofessionnelles régionales, L. 6323-17-2.
- Intermittents du spectacle, L. 6323-17-1, R. 6323-9-1.
- Prise en charge du congé, R. 6323-12 s.
- Rémunération, L. 6323-17-5, D. 6323-18-1 s.
- Salarié victime d'un accident ou d'une maladie, L. 6323-17-2, D. 6323-9.
- Salariés intérimaires, L. 6323-17-1, R. 6323-9-1.
- Seuil d'effectif, L. 6323-17-5.

Projet personnalisé d'accès à l'emploi, L. 5411-6-1 s., R. 5411-14 s.

Promesse d'embauche, L. 1221-1 (J. 91 s.).

Protocole préélectoral, L. 2314-5 (CSE).

Prud'hommes
▶ V. *Conseil de prud'hommes.*

Qualification professionnelle,
- Modification du contrat de travail, L. 1221-1 (J. 264 s.).

Qualité de vie au travail,
- Droit à la déconnexion, L. 2242-17.
- Négociation en entreprise, L. 2242-1, L. 2242-17.

Race, C. pén., art. 225-1 s., **p. 3215.**

Radiation,
- Liste des demandeurs d'emploi, L. 5412-1 s.

Rayonnements ionisants, L. 4451-1 s., R. 4451-1 s.
- Aménagement des lieux de travail, R. 4451-21 s.
- Appareil de radiologie industrielle, R. 4323-110.
- Appareils mobile ou portable émetteurs de rayonnements ionisants, R. 4451-27 s.
- Calcul des doses, R. 4451-12 s.
- Certification des entreprises, R. 4451-38 s.
- Conseiller en radioprotection, R. 4451-3, R. 4451-112 s.
- Contraintes de doses, R. 4451-33.
- Document unique d'évaluation des risques, L. 4121-3-1, R. 4121-1, R. 4451-16.
- Engins spatiaux, R. 4451-91 s.
- Équipement de protection, R. 4451-14.
- Évaluation des risques, R. 4451-13 s., R. 4451-52.
- Évaluation individuelle des travailleurs, R. 4451-52.
- Exposition exceptionnelle, R. 4451-89 s.
- Formation, R. 4451-59.
- Information, R. 4451-49 s.

Rayonnements ionisants (suite)
- CSE, R. 4451-17.
- travailleurs, R. 4451-58 s.
- Installations nucléaires de base, R. 4451-3, R. 4451-85.
- Institut de radioprotection et de sûreté nucléaire, R. 4451-127 s.
- Niveau de références, R. 4451-10 s.
- Prévention, R. 4451-5 s.
- Protections, R. 4451-18 s., R. 4451-35 s.
  - protection collective, R. 4451-18 s.
  - protection individuelle, R. 4451-56.
- Registre de sécurité, R. 4451-49.
- Signalisations, R. 4451-26 s.
- Suivi des travailleurs, R. 4451-82 s.
  - entreprise de travail temporaire, R. 4451-88.
  - entreprise extérieure, R. 4451-85 s.
- Surveillance dosimétrique, R. 4451-64 s.
- Surveillance médicale, R. 4451-82 s.
- Travailleur classé, R. 4451-30 s., R. 4451-57.
- Urgences radiologiques, R. 4451-9, R. 4451-11, R. 4451-96 s.
- Valeurs limites d'exposition, R. 4451-6 s., R. 4451-14, R. 4451-74 s.
- Vérification des moyens de protection, R. 4451-40 s.
- Zone contrôlée, R. 4451-22, R. 4451-38 s.
- Zone surveillée, R. 4451-22 s.

Rayonnements optiques artificiels,
R. 4452-1 s.
- Définition, R. 4452-1 s.
- Évaluation des risques, R. 4452-7 s.
- Formation des travailleurs, R. 4452-19 s.
- Information des travailleurs, R. 4452-19 s.
- Mesurage, R. 4722-20 s.
- Prévention, R. 4452-2 s., R. 4452-13 s.
- Suivi des travailleurs, R. 4452-22 s.
- Surveillance médicale, R. 4452-22 s.
- Valeurs limites d'exposition professionnelle, R. 4452-5 s.

Reclassement,
- Aide à l'adaptation, L. 5121-4 s.
- Aide individuelle, L. 5123-3, R. 5123-1 s.
- Allocations, L. 5123-2.
- cellules de reclassement, R. 5123-3 s.
- Inaptitude, L. 1226-2 s.
- ▶ V. *Convention de reclassement personnalisé, Congé de reclassement, Obligation de reclassement.*

Reconversion professionnelle,
- Actions de formation, L. 6324-1 s.
- Assurance chômage, L. 5422-1-1, L. 5426-1-2.
- Avenant au contrat de travail, L. 6324-6.
- Bénéficiaires, L. 6324-1.
- Compte professionnel de formation (utilisation), D. 4163-30-1 s.
- Financement, L. 6324-5-1, D. 6324-1-1.
- Objet, L. 6324-1.
- Protection sociale, L. 6324-10.
- Reconversion ou promotion par alternance, L. 6324-1 s., D. 6324-1 s.
- Rémunération, L. 6324-8.
- Tutorat, D. 6324-2 s.
- ▶ V. *Contrat de professionnalisation.*

Recrutement, L. 1221-6 s.
- Anonymat, L. 1221-7.
- Méthodes (information des candidats), L. 1221-8 s.
- Techniques (consultation sociale et économique), L. 2312-38.
- ▶ V. *Embauche, Offre d'emploi.*

Reçu pour solde de tout compte,
L. 1234-20, D. 1234-7 s.
- Dénonciation, L. 1234-20.
- Objet, L. 1234-20.

Récupération des heures perdues,
L. 3121-50, R. 3122-4 s.

Redressement et liquidation judiciaires,
- AGS, L. 3253-6 s.
- Apprentissage, L. 6222-18.
- Assurance contre le risque de non-paiement du salaire, L. 3253-6 s.
- Congé de reclassement, L. 1233-75.
- Comité social et économique, L. 2312-37, L. 2312-53 s.
- Créances salariales, L. 3253-1 s.
- Licenciement économique, L. 1233-58 s.
  - comité social et économique (consultation), L. 2312-53.
  - document unilatéral, L. 1233-58.
- Préavis, L. 1234-7.
- Privilège du salaire, L. 3253-1 s.
- Représentant des salariés,
  - protection contre le licenciement, L. 2411-16.

Référé, R. 1455-1 s.
- Formation de référé,
  - compétence, R. 1455-5 s.
  - composition, R. 1455-1.

Référé (suite)
- Infraction au repos dominical, L. 3132-31.
- Procédure, R. 1455-9 s.
- Mise en danger d'un travailleur, L. 4732-1 s.

Référé en la forme (procédure accélérée au fond), R. 1455-12.
- Congé de participation aux instances d'emploi et de formation professionnelle ou à un jury d'examen, L. 3142-45.
- Congé de proche aidant, L. 3142-25.
- Congé de représentation, L. 3142-55.
- Congé de solidarité familiale, L. 3142-13.
- Congé de solidarité internationale, L. 3142-69.
- Congé mutualiste de formation, L. 3142-39.
- Congé pour acquisition de la nationalité, L. 3142-76.
- Congé pour catastrophe naturelle, L. 3142-51.
- Congé et période de passage à temps partiel pour création d'entreprise, L. 3142-113.
- Congé pour événements familiaux, L. 3142-3.

Référendum,
- Accord de protection sociale complémentaire, CSS, art. L. 911-1, L. 911-5, **p. 3274**.

Référendum d'entreprise, L. 2232-12, L. 2232-22 s., D. 2232-2 s.

Régime de solidarité, L. 5423-1 s.
- Allocation de solidarité spécifique, L. 5423-1 s.
  - ▶ V. *Allocation de solidarité spécifique.*
- Contribution exceptionnelle de solidarité, L. 5423-26 s.
- Financement des allocations, L. 5423-24 s.
- Fonds de solidarité, L. 5423-24 s.

Registre du personnel, L. 1221-13 s., D. 1221-23 s.
- Comité social et économique, L. 2315-5.

Règlement intérieur, L. 1321-1 s., R. 1321-1 s.
- Adjonction, L. 1321-5.
- Comité social et économique (avis), L. 1321-4.
- Communication inspecteur du travail, L. 1321-4.
- Contenu, L. 1321-1 s., R. 1321-1 s.
- Contrôle administratif, L. 1322-1 s., R. 1322-1.
- Contrôle juridictionnel, L. 1322-4, R. 1322-1.
- Entreprises du secteur public, L. 1311-1.
- Langue française, L. 1321-6.
- Lanceur d'alerte, L. 1321-2.
- Modification, L. 1322-1.
- Note de service, L. 1321-5.
- Obligation, L. 1311-2.
- Organismes de formation, L. 6352-3 s., R. 6352-1 s.
- Pénalités, R. 1323-1.
- Procédure de rescrit, L. 1322-1-1, R. 1321-6.
- Publicité, L. 1321-4.
- Retrait, L. 1322-1.
- Seuil d'effectif, L. 1311-2.
- Traduction, L. 1321-6.

Réintégration du salarié,
- Défaut de cause réelle et sérieuse de licenciement, L. 1235-3.
- Licenciement économique, L. 1235-11.

Relations collectives de travail, L. 2111-1 s.

Relations individuelles de travail, L. 1111-1 s.

Religion,
- Discrimination, L. 1132-1 (J. 20 s.).
- Principe de neutralité dans l'entreprise, L. 1321-2-1.

Remplacement d'un salarié,
- Contrat à durée déterminée, L. 1242-2, L. 1243-7.
- Contrat de travail temporaire, L. 1251-6, L. 1251-13.
- Terme, L. 1251-31.

Rémunération
  ▶ V. *Salaire.*

Rémunération mensuelle minimale,
L. 3232-1 s., R. 3232-1 s., R. 3423-1 s.
- Allocation complémentaire, L. 3232-5 s., R. 3232-1 s., R. 3423-4 s.
- Fixation, L. 3232-3.
- Réduction, L. 3232-4.

Repas,
- Local de restauration, L. 4228-1, R. 4228-19 s.

Repas *(suite)*
– Travail effectif, L. 3121-2.

Repos compensateur, L. 3121-37 s.
– Repos compensateur de remplacement, L. 3121-37 s.
– Travail de nuit, L. 3122-8.

Repos dominical,
– Concertation locale, L. 3132-27-2.
– Dérogations, L. 3132-12 s., R. 3132-5 s.
– Dérogations accordées par le maire, L. 3132-26.
– Dérogations accordées par le préfet, L. 3132-20.
– Dérogations au repos dominical, L. 3132-12 s.
– Dérogations sur un fondement géographique, L. 3132-25 à L. 3132-25-6.
– Jeunes travailleurs, L. 3164-2.
– Stagiaires de la formation professionnelle, L. 6343-4.

Repos hebdomadaire, L. 3132-1 s., R. 3132-1 s.
– Activité saisonnière, L. 3132-7.
– Astreinte, L. 3121-6.
– Commerce de détail alimentaire, L. 3132-13.
– Contrôle, L. 3172-1 s., R. 3172-1 s.
– Décision de fermeture, R. 3132-22 s.
– Dérogation, accordée par le maire, L. 3132-26 s., R. 3132-21.
– Dérogation autorisée par le préfet, L. 3132-20 s., R. 3132-16 s.
– Dérogations, L. 3132-4 s., L. 3132-12, L. 3132-14 s., R. 3132-5 s.
– Durée minimale, L. 3132-2.
– Équipes de suppléance, L. 3132-16 s.
– Établissement fonctionnant en continu, L. 3132-10.
– Gardien d'établissement industriel ou commercial, L. 3132-11.
– Heures supplémentaires, L. 3132-5.
– Jeunes travailleurs, L. 3164-2 s., R. 3164-1.
– Majoration de salaire, L. 3132-27.
– Référé, L. 3132-31.
– Repos compensateur, L. 3132-27.
– Repos hebdomadaire par roulement, L. 3132-12.
– Sanctions administratives, L. 8115-1 s., R. 8115-9 s.
– Surcroît de travail, L. 3132-5.
– Travaux de chargement, L. 3132-6.
– Travaux de nettoyage, L. 3132-8.
– Travaux intéressant la défense nationale, L. 3132-9.
– Travaux urgents, L. 3132-4.

Repos quotidien, L. 3131-1 s., D. 3131-1 s.
– Dérogations, L. 3131-2.
– Durée, L. 3131-1.
– Jeunes travailleurs, L. 3164-1.
– Sanctions administratives, L. 8115-1 s., R. 8115-9 s.

Représentant de commerce
▶ V. *Voyageur Représentant Placier (VRP).*

Représentant de proximité, L. 2313-7, L. 2411-8 s., L. 2433-1.
– Heures de délégation, R. 2314-1.

Représentant de la section syndicale, L. 2142-1-1 s., R. 2142-1.

Représentant des salariés,
– Licenciement, L. 2411-16, L. 2421-6.

Représentant des salariés au conseil d'administration et de surveillance,
– Licenciement, L. 2411-1, L. 2411-17, L. 2421-5.

Représentant du personnel
▶ V. *Comité social et économique, Délégué syndical, Instances représentatives du personnel (IRP), Représentant de proximité.*

Représentativité patronale
▶ V. *Organisations professionnelles d'employeurs.*

Représentativité syndicale, L. 2121-1 s.
– Au niveau de l'entreprise, L. 2122-1 s.
– Au niveau du groupe, L. 2122-4.
– Au niveau de la branche professionnelle, L. 2122-5 s.
– Au niveau national et interprofessionnel, L. 2122-9 s.
– Critères de représentativité, L. 2121-1 s.
– Entreprises de moins de 11 salariés, L. 2122-10-1 s., R. 2122-8 s.
– Journalistes professionnels, L. 7111-7 s.

Reprise d'entreprise,
– Dispositions facilitant la transmission d'entreprise aux salariés, C. com., art. L. 23-10-1 s., **p. 3194** ; L. n° 2014-856 du 31 juill. 2014, art. 18, App. III. A, v° *Placement et emploi*, **p. 3399.**

Reprise d'entreprise (suite)
▶ V. *Congé pour création d'entreprise.*

Réseau pour l'emploi, L. 5311-7 s.
- Accompagnement spécifique des personnes éloignées de l'emploi, L. 5316-1 s.
- Comité national pour l'emploi, L. 5311-9.
- Comités territoriaux pour l'emploi, L. 5311-10.
- Composition, L. 5311-7.
- Gouvernance, L. 5311-9 s.
- Missions, L. 5311-7 s., L. 5312-1.
- Repérage des personnes éloignées de l'emploi, L. 5316-1 s.

Réserve civique,
- Compte d'engagement citoyen, L. 5151-9 s., D. 5151-14 s.

Réserve dans la sécurité civile, L. 3142-102 s.

Réserve opérationnelle, L. 3142-89 s., D. 3142-62.
- Autorisations d'absences, L. 3142-89 s.
  - champ de la négociation collective, L. 3142-94-2.
  - entreprises de moins de 50 salariés, L. 3142-89.
- Protection du salarié réserviste, L. 3142-92.
- Refus de l'employeur, L. 3142-94, D. 3142-62.
- Rupture du contrat, L. 3142-92.
- Travail effectif, L. 3142-91.

Réserve sanitaire, L. 3142-104.

Réserve spéciale de participation, L. 3323-2, L. 3324-1 s.
▶ V. *Participation aux résultats de l'entreprise.*

Résiliation judiciaire, L. 1231-1 (J. 53 s.).

Responsabilité civile,
- Employeur, L. 4122-1, L. 4741-7.
- Grève, L. 2511-1 (J. 110 s.).
- Responsabilité pécuniaire du salarié, L. 1221-1 (J. 294 s.).

Responsabilité des commettants, C. civ., art. 1242, **p. 3188.**

Responsabilité pénale des personnes morales,
- Conditions de travail indignes, C. pén., art. 225-16, **p. 3219.**
- Discriminations, C. pén., art. 225-4, **p. 3217.**
- Hébergement collectif, R. 4231-1 s. ; L. n° 73-548 du 27 juin 1973, art. 8-2, App. II. D, v° *Santé, hygiène et sécurité des travailleurs*, **p. 3340.**
- Infraction aux règles de santé et de sécurité, L. 4741-1.
- Langue française, Décr. n° 95-240 du 3 mars 1995, App. I. B, v° *Contrat de travail*, **p. 3249.**
- Marchandage, L. 8234-1.
- Travail illégal, L. 8224-5.

Restructurations, L. 1224-1.
▶ V. *Modification de la situation juridique de l'employeur.*

Retenues sur salaire, L. 3251-1 s.

Retraite,
- Âge d'ouverture des droits, CSS, art. L. 161-17-2, **p. 3364.**
- Indemnité (départ à la retraite), D. 1237-1 s.
- Revenu de remplacement, L. 5421-4.
- Rupture du contrat de travail, L. 1237-4 s.
- Visite médicale des travailleurs avant leur départ ou leur mise à la retraite, L. 4624-2-1, R. 4624-28-1 s.
▶ V. *Départ à la retraite, Mise à la retraite.*

Rétrogradation, L. 1331-1 (J. 27).

Revenu de remplacement, L. 5425-1 s.
- Action en remboursement, L. 5422-5.
- Cumul, L. 5425-1 s.
- Droits non épuisés, L. 5422-2-1.
- Fausse déclaration, L. 5426-2.
- Fraude, L. 5426-2.
- Information entre organismes, L. 5427-3.
- Maintien, L. 5422-8.
- Paiement, L. 5422-4.
- Pénalités, L. 5426-2 s.
- Prime forfaitaire pour reprise d'activité, L. 5425-3 s.
- Suppression, L. 5312-1, L. 5426-2.
- Suspension, R. 5426-3.

Révision,
- Conventions et accords collectifs, L. 2261-7 s.

Revitalisation des bassins d'emplois, L. 1233-84 s.
- Objectif, L. 1233-84.
- Redressement et liquidation judiciaires, L. 1233-84.
- Convention, L. 1233-85.
- Convention-cadre nationale (suppression d'emplois concernant plus de départements), L. 1233-90-1.
- Contribution de l'entreprise, L. 1233-86.
- Suivi, L. 1233-88.
- Maison de l'emploi, L. 1233-90.
- Plan de départ volontaire, L. 1237-19-9.

Risques biologiques, L. 4421-1, R. 4421-1 s.
- Champ d'application, R. 4421-1.
- Déclaration administrative, R. 4427-1 s.
- Définition, R. 4421-2 s.
- Évaluation des risques, R. 4423-1 s.
- Formation des salariés, R. 4425-6 s.
- Information des salariés, R. 4425-1 s.
- Moyens de prévention, R. 4424-1 s.
- Surveillance médicale, R. 4426-1 s.

Risques chimiques, L. 4411-1 s., R. 4411-1 s., R. 4722-8 s.
- Agents chimiques dangereux, R. 4412-149 s.
- Agents chimiques dangereux cancérogènes, mutagènes et toxiques pour la reproduction, R. 4412-59 s.
- Amiante, R. 4412-94 s.
  • rapport de repérage, R. 4412-97-5.
  • repérages avant travaux, L. 4412-2, R. 4412-97 s.
- Arrêt temporaire d'activité, L. 4721-8, L. 4731-2, R. 4731-9 s.
- Arrêt temporaire des travaux, L. 4731-1 s.
- Évaluation des risques, R. 4412-5 s.
- Information des autorités, L. 4411-4.
- Information des utilisateurs, L. 4411-6.
- Mesures de prévention, R. 4412-1 s.
- Mise sur le marché, L. 4411-3, R. 4411-1 s.
- Polyexpositions, L. 4412-1, R. 4412-6 s.

Risques dus aux champs électromagnétiques, R. 4453-1 s.
- Définitions, R. 4453-1 s.
- Évaluation des risques, R. 4453-6 s.
- Formation des travailleurs, R. 4453-17.
- Information des travailleurs, R. 4453-17.
- Moyens de prévention, R. 4453-13.
- Principe de prévention, R. 4453-2.
- Valeurs limites, R. 4453-2 s.
- Suivi de l'état de santé, R. 4453-19.

Risques en milieu hyperbare, R. 4461-1 s.
- Conseiller à la prévention hyperbare, L. 4461-1, R. 4461-4 s.
- Définition, R. 4461-1 s.
- Document unique, R. 4461-3.
- Fiche de sécurité, R. 4461-12 s.
- Formation, R. 4461-27 s.
- Intervention et travaux en milieu hyperbare, R. 4461-37 s.
- Moyens de prévention, R. 4461-6 s.
- Situations exceptionnelles, R. 4461-49.
- Traçabilité, R. 4461-13-1.

Risques électriques, R. 4535-11 s.
- Opération sur les installations électriques et leur voisinage, R. 4544-1 s.
- Travailleurs indépendants, R. 4535-11 s.

Risques naturels majeurs,
- Sensibilisation aux risques naturels (Guadeloupe, Guyane, Martinique, Mayotte, La Réunion, Saint-Barthélémy, Saint-Martin, Saint-Pierre-et-Miquelon), L. 4823-1 s.

Risques professionnels,
- Accord en faveur de la prévention des effets de l'exposition à certains facteurs de risques professionnels, L. 4162-1, D. 4162-1 s.
- Compte professionnel de prévention, L. 4163-1 s., R. 4163-1 s.
  ▶ V. *Compte professionnel de prévention.*
- Déclaration de l'employeur auprès des caisses, L. 4616-1 s.
- Document unique d'évaluation des risques, L. 4121-3 s., R. 4121-1 s.
  ▶ V. *Document unique d'évaluation des risques professionnels (DUERP).*
- Évaluation des risques professionnels dans l'entreprise, L. 4121-3 s.
- Facteurs de risques professionnels, D. 4161-1.
- Négociation d'un accord, L. 4162-1 s., D. 4162-1 s.
- Négociation en entreprise, L. 2242-19.
- Négociation de branche,
  • listes des métiers et activités particulièrement exposés aux risques professionnels, L. 4163-2-1.
- Plan d'action, L. 4162-2 s., D. 4162-1 s.
- Prévention,
  • intervenant spécialisé, L. 4644-1.
  • salarié compétent, L. 4644-1.
- Prévention des effets de l'exposition aux facteurs de risques professionnels, L. 4161-1 s., D. 4161-1 s.

Risques professionnels *(suite)*
- Propositions, préconisations du médecin du travail, L. 4624-3.
- Salariés d'une entreprise extérieure, L. 4622-5-1, D. 4625-34-1.
- Seuils associés aux facteurs de risques professionnels, D. 4161-1 s.
- Situation d'urgence radiologique, R. 4451-136 s.
- Surveillance post-professionnelle, L. 4624-2-1, R. 4624-28-1.
- Travaux temporaires en hauteur, R. 4323-58 s.
- Visite médicale de fin de carrière, L. 4624-2-1, R. 4624-28-1.
▶ V. *Risques biologiques, Risques chimiques, Risques dus aux champs électromagnétiques, Risques en milieu hyperbare, Risques électriques, Risques psycho-sociaux en entreprise.*

Risques psycho-sociaux en entreprise, L. 4111-1.

Risques pyrotechniques, R. 4462-1 s.
- Champ d'application, R. 4462-1 s.
- Étude de sécurité, R. 4462-3 s.
- Formation, R. 4462-26 s.
- Implantation des installations, R. 4462-10 s.
- Mesures générales de sécurité, R. 4462-6 s.
- Sécurité des installations, R. 4462-16 s.
- Transports internes, R. 4462-14 s.

Rixes, L. 1234-1 (J. 46 s.).

Rupture du contrat de travail,
- Discrimination, L. 1132-1
- Rupture abusive, L. 1237-2.
▶ V. *Certificat de travail, Démission, Entretien préalable, Force majeure, Licenciement, Notification du licenciement, Prise d'acte de la rupture, Reçu pour solde de tout compte, Rupture conventionnelle, Rupture d'un commun accord, Transaction.*

Rupture conventionnelle, L. 1237-11 s., R. 1237-3.
- Accord collectif de GPEC, L. 1237-16.
- Assurance chômage, L. 5422-1.
- Convention de rupture, L. 1237-11, L. 1237-13.
  • homologation, L. 1237-14.
- Date de rupture, L. 1237-13.
- Droit de rétractation, L. 1237-13.
- Entretiens, L. 1237-12.
- Indemnité spécifique, L. 1237-13.
  • assistance, L. 1237-12.
- Plan de sauvegarde de l'emploi, L. 1237-16.
- Salariés démissionnaires, L. 5426-1-2, L. 5422-2-1.
  • projet professionnel, L. 5422-2-1, R. 5422-2-1, R. 5426-2-1.
- Salarié protégé, L. 1237-15, R. 2421-18 s.

Rupture conventionnelle collective, L. 1237-19 s.

Rupture d'un commun accord, L. 1237-11 (J. 1 s.).
- Autorité administrative compétente (validation de l'accord), R. 1237-6 s.
- Salarié protégé, R. 2421-18 s.
▶ V. *Rupture conventionnelle, Rupture conventionnelle collective.*

Rupture d'un commun accord dans le cadre d'accords collectifs
▶ V. *Rupture conventionnelle collective.*

S

Saint-Pierre-et-Miquelon, L. 3421-1 s., L. 5521-1 s.
- Aide à la création d'entreprise, L. 5522-21 s., R. 5522-45 s.
- Allocation complémentaire, L. 3423-9.
- Chèque emploi service universel (CESU), L. 1522-1 s.
- Conflit collectif, L. 2623-1.
- Contrat de travail, L. 1521-1 s.
- Contrat unique d'insertion, L. 5522-2-1 s., R. 5522-12.
- Convention collective, L. 2222-1.
- Journée de solidarité, L. 3422-1.
- Lutte contre le travail illégal, L. 8323-1 s.
- Négociation collective, L. 2622-1 s.
- Rémunération mensuelle minimale, L. 3423-5 s.
- SMIC, L. 3423-1 s.
- Titre de travail simplifié, L. 1522-3 s.

Saisie et cession, L. 3252-1 s., R. 3252-1 s.
- Allocation d'assurance chômage, L. 5428-1.
  • professions du spectacle, L. 5424-21.
- Allocation de préretraite, L. 5428-1.
- Allocation de solidarité spécifique, L. 5423-5.
- Allocation d'insertion professionnelle, L. 5131-6.

Saisie et cession (suite)
- Convention de reclassement personnalisé, L. 5123-4, L. 5428-1.
- Fraction insaisissable, L. 3252-3.
- Pluralité de rémunérations, L. 3252-4.
- Prélèvement direct, L. 3252-5.
- Quotité, L. 3252-2.
- Recettes de spectacles, L. 7122-15.
- Saisie conservatoire, L. 3252-7.

Saison
▶ V. *Emploi saisonnier.*

Salaire, L. 3211-1 s.
- Acomptes, L. 3251-3.
- Action en paiement, L. 3245-1.
- Assurance, D. 3253-1 s.
- Avances, L. 3251-3.
- Avantage en nature, L. 3211-1 (J. 21).
- Bulletin de paie, L. 3243-1 s.
  ▶ V. *Bulletin de paie.*
- Cession, L. 3252-1 s.
- Clause de variation, L. 1221-1 (J. 249).
- Compensation, L. 3251-1 s.
- Définition, L. 3211-1 (J. 1).
- Discrimination, L. 1142-1.
- Égalité entre hommes et femmes, L. 3221-1 s., R. 3221-1 s.
  ▶ V. *Égalité de rémunération.*
- Enchères électroniques, L. 1221-4.
- Engagement unilatéral, L. 3211-1 (J. 15).
- Frais de transport, L. 3261-1 s., R. 3261-1 s.
- Frais professionnels, L. 3231-1 (J. 14).
- Garanties, L. 3253-1 s.
- Mensualisation, L. 3242-1 s.
- Minimum conventionnel, L. 3231-1 (J. 10 s.).
- Modification du contrat de travail, L. 1221-1 (J. 245).
- Négociation de branche, L. 2241-1, L. 2241-9 s., L. 2253-1.
- Négociation en entreprise, L. 2241-6 s., L. 2242-1, L. 2242-3, L. 2241-15.
- Paiement, L. 3241-1 s.
- Plan d'épargne d'entreprise,
  • non-substitution, L. 3332-13.
- Pourboires, L. 3244-1 s., R. 3244-1 s.
- Prélèvement à la source de l'impôt sur le revenu, CGI, art. 204 A s., **p. 3282.**
- Prescription, L. 3245-1.
- Primes, L. 3211-1 (J. 8 s., 22).
- Privilèges, L. 3253-1 s., D. 3253-1 s.
- Redressement et liquidation judiciaire,
  • assurance contre le risque de non-paiement, L. 3253-6 s.
  • privilège du salaire, L. 3253-2 s.
    ▶ V. *Assurance contre le risque de non-paiement du salaire.*
- Rémunération mensuelle minimale, L. 3232-1 s.
  ▶ V. *Rémunération mensuelle minimale.*
- Retenues, L. 3251-1 s.
- Saisie de rémunération, L. 3252-1 s.
  ▶ V. *Saisie et cession.*
- SMIC, L. 3231-1 s.
  ▶ V. *Salaire minimum interprofessionnel de croissance (SMIC).*
- Transparence, Dir. 2023/970 du 10 mai 2023, App. I. D, v° *Salaire*, **p. 3296.**
- Travail aux pièces, L. 3242-4.
- Usages, L. 3211-1 (J. 11 s.).
▶ V. *Économats, Saisie et cession, Titre-restaurant.*

Salaire minimum interprofessionnel de croissance (SMIC), L. 3231-1 s., R.* 3231-1 s.
- Champ d'application, L. 3231-1.
- Fixation, L. 3231-4 s.
- Indexation, L. 3231-4.
- Montant, L. 3231-7, R.* 3231-1, R.* 3231-4.
- Négociation de branche, L. 2241-10.
- Participation au développement économique de la nation, L. 3231-6.
- Relèvement annuel, L. 3231-9.
- Taux, L. 3231-7.

Salarié aidant,
- Télétravail, L. 1222-9.

Salarié détaché
▶ V. *Détachement de salarié par une entreprise étrangère.*

Salarié mandaté,
- Ancien salarié mandaté, L. 2411-4.
- Autorisation de licenciement, L. 2421-1 s., R. 2421-1.
- Licenciement, L. 2411-3 (J. 2), R. 2421-1 s.
- Rupture du CDD, L. 2412-10, L. 2421-7.

Salariés protégés, L. 2411-1 s., R. 2411-1 s.
- Administrateur d'une caisse de sécurité sociale, L. 2411-18.
- Ancien délégué du personnel, L. 2411-5 anc.
- Ancien membre du comité d'entreprise, L. 2411-8 anc.

Salariés protégés (suite)
- Ancien salarié mandaté, L. 2411-4.
- Candidat aux élections, L. 2411-7.
- Candidat aux fonctions de membre du comité d'entreprise, L. 2411-1 anc.
- Conseiller du salarié, L. 1232-14.
- Conseiller prud'hommes, L. 2411-22.
- Délégué syndical, L. 2411-1 s.
- Médecin du travail, L. 4623-4.
- Membre de la délégation du personnel du comité social et économique, L. 2411-1, L. 2411-5.
- Membre du comité d'entreprise, L. 2411-8 anc.
- Membre du comité d'entreprise européen, L. 2411-11.
- Membre d'une commission régionale pour les TPE, L. 2411-25.
- Membre du conseil d'administration d'une mutuelle, union ou fédération, L. 2411-19.
- Membre du conseil d'une caisse de sécurité sociale, L. 2411-18.
- Membre d'un groupe spécial de négociation, L. 2411-11.
- Ordre des licenciements, L. 1233-5 (J. 16).
- Protection en cas de licenciement, L. 2411-1 s., R. 2411-1 s.
- Représentant au comité de la société issue d'une fusion transfrontalière, L. 2411-12.
- Représentant du personnel d'une entreprise extérieure à la commission santé et sécurité, L. 2411-13.
- Représentant du personnel au comité de la société coopérative européenne, L. 2411-12 anc.
- Représentant du personnel au comité d'hygiène, de sécurité et des conditions de travail, L. 2411-13 anc.
- Représentant de proximité, L. 2411-8, L. 2433-1 s.
  • candidat, L. 2411-9.
- Représentant des salariés en cas de sauvegarde, de redressement ou de liquidation judiciaire des entreprises, L. 2411-16.
- Représentant des salariés au conseil d'administration ou de surveillance des entreprises du secteur public, L. 2411-17.
- Représentant des salariés dans une chambre d'agriculture, L. 2411-20.
- Résolution judiciaire, L. 1231-1 (J. 54).
- Salarié ayant demandé l'organisation d'élections, L. 2411-6 anc.
- ▶ V. *Comité d'entreprise, Comité social et économique, Commission paritaire d'hygiène, de sécurité et des conditions de travail, Comité d'hygiène, de sécurité et des conditions de travail (CHSCT), Délégué du personnel, Délégué syndical, Groupe spécial de négociation, Représentant des salariés, Salarié détaché, Salarié mandaté.*

Sanction disciplinaire, L. 1331-1 s.
- Amende, L. 1331-2.
- Annulation, L. 1333-2.
- Avertissement, L. 1331-1 (J. 18), L. 1332-2 (J. 2).
- Contrôle juridictionnel, L. 1333-1.
- Entretien préalable, L. 1332-2.
- Harcèlement moral, L. 1152-5.
- Harcèlement sexuel, L. 1153-6.
- Mise à pied conservatoire, L. 1332-3.
- Mise à pied disciplinaire, L. 1331-1 (J. 21).
- Modification du contrat de travail, L. 1331-1 (J. 26 s.).
- Poursuite des faits fautifs, L. 1332-4.
- Poursuite pénale, L. 1332-4.
- Prescription, L. 1332-4, R. 1332-4.
- Procédure disciplinaire, L. 1332-1.
  ▶ V. *Procédure disciplinaire.*
- Refus du salarié, L. 1331-1 (J. 29 s.).
- Rétrogradation, L. 1331-1 (J. 27).
- Sanction pécuniaire, L. 1331-2.

Santé et sécurité au travail, L. 4111-1 s., R. 4121-1 s.
- Allaitement, L. 4152-1.
- Amendes administratives, L. 4751-1 s.
- Arrêt temporaire d'activité, L. 4731-1 s.
- Astreinte, L. 4732-1.
- Certification de conformité, L. 4313-1.
- Comité national de prévention et de santé au travail, L. 4141-5, L. 4641-2-1.
- Contrat à durée déterminée, L. 4142-2.
- Contrôle, L. 4711-1 s.
- Contrôle technique, L. 4722-1 s.
- Délégation de pouvoirs, L. 4741-1 (J. 12 s.).
- Délégué du personnel,
  • rôle, R. 2313-3.
- Documents obligatoires, L. 4711-1 s.
- Droit d'alerte, L. 4131-1 s.
  ▶ V. *Droit d'alerte économique.*
- Équipements de travail, L. 4311-1 s., L. 4321-1 s.
  • contrôle de conformité, L. 4311-6.
  • infractions, L. 4746-1, L. 4755-1 s.
- Formation à la sécurité, R. 4141-1 s.
  • actions particulières, L. 4142-1.
  • financement, L. 4141-4.
  • passeport de prévention, L. 4141-4.
- Grossesse, L. 4152-1.
- Information sur les risques, L. 4141-1.

Santé et sécurité au travail (suite)
- Infractions aux règles de santé et de sécurité, L. 4741-1 s.
- Inspection du travail, L. 4711-3.
- Installation dangereuse, L. 4142-3.
- Jeunes travailleurs, L. 4733-1 s., R. 4733-1 s.
- Lutte contre le tabagisme, L. 4121-1 (J. 9).
- Mise en demeure, L. 4721-1 s.
- Modification des postes de travail, L. 4142-4.
- Moyens de protection, L. 4311-2.
- Obligations de l'employeur, L. 4121-1 s., R. 4121-1 s.
- Obligations des travailleurs, L. 4122-1 s.
- Outre-mer, L. 4811-1.
- Passeport de prévention, L. 4141-5.
- Prévention, L. 4121-1 s.
- Recours, L. 4723-1 s.
- Référé, L. 4732-1.
- Responsabilité de l'employeur, L. 4741-1 s.
- Risques chimiques, L. 4411-1 s.
  ▶ V. *Risques chimiques.*
- Risques particuliers, L. 4142-2.
- Sanctions, L. 4741-1 s.
- Sanctions administratives, L. 8115-1 s., R. 8115-9 s.
- Situation dangereuse, L. 4721-1.
- Travail temporaire, L. 4142-2.
- Travaux temporaires en hauteur, R. 4323-58.
- Visite d'information et de prévention, R. 4624-10 s.
▶ V. *Équipement de travail, Lieu de travail, Médecin du travail, Risques chimiques, Service de prévention et de santé au travail, Suivi médical renforcé des salariés.*

Santé publique
▶ V. *Droit d'alerte en matière de santé publique et d'environnement dans l'entreprise, Lanceur d'alerte.*

Sapeurs-pompiers,
- Compte personnel de formation, L. 5151-9, L. 5151-11, L. 6323-3.
  • compte d'engagement citoyen, D. 5151-14, D. 5151-15.

Secours,
- Participation à des opérations de secours, L. 3142-103.

Secret professionnel,
- Conseiller du salarié, L. 1232-13.
- Délégué syndical, L. 2143-21.
- Inspecteur et contrôleur du travail, L. 8113-10 s.
- Membre du comité d'hygiène, de sécurité et des conditions de travail, L. 4614-9.
- Membre du comité social et économique, L. 2315-3.
- Membre du comité de la société européenne, L. 2353-23.
- Membre du groupe spécial de négociation, L. 2344-8, L. 2352-15.
- Salarié d'une entreprise extérieure au CHSCT élargi, L. 4523-16.
- Secret de fabrication, L. 1227-1.

Secteur public
▶ V. *Entreprise publique.*

Section d'apprentissage, L. 6211-1 s.

Section syndicale, L. 2142-1 s.
- Affichage syndical, L. 2142-3 s.
- Constitution, L. 2142-1 s.
- Cotisation, L. 2142-2.
- Local, L. 2142-8 s.
- Représentant, L. 2142-1-1 s.
- Réunion, L. 2142-10.
- Tracts syndicaux, L. 2142-4 s.

Sécurité au travail
▶ V. *Santé et sécurité au travail.*

Service de prévention et de santé au travail, L. 4621-1 s., R. 4621-1 s.
- Accompagnement des travailleurs exposés à un risque de désinsertion professionnelle, L. 4622-2-1.
- Adhésion, R. 1221-2.
- Administration, L. 4622-11.
- Agréments, L. 4622-6-1, D. 4622-48 s.
  • installations nucléaires, R. 4451-86 s.
- Cellule pluridisciplinaire de prévention de la désinsertion professionnelle, L. 4622-8-1.
- Commission médico-technique, L. 4622-13 s., D. 4622-28 s.
- Contrat pluriannuel d'objectifs, L. 4622-10.
- Dossier médical partagé, L. 4624-7 s.
- Équipe pluridisciplinaire, L. 4622-8.
  • cellule pluridisciplinaire de prévention de la désinsertion professionnelle, L. 4622-8-1.
- Évaluation des risques professionnels dans l'entreprise, L. 4121-3 s.
- Formation spécifique adaptée aux risques liés aux rayonnements ionisants, R. 4451-85.
- Gestion, L. 4622-12.
- Infirmier de santé au travail, L. 4623-9 s.

Service de prévention et de santé au travail (suite)
- Missions, L. 4622-1 s., D. 4622-1 s.
- Organisation, L. 4622-12, D. 4622-1 s.
- Rapport annuel d'activité, D. 4622-54 s.
- Services de prévention et de santé au travail de groupe d'entreprise ou d'établissement, D. 4622-5 s.
- Service de prévention et de santé au travail interentreprises, L. 4622-7 s., D. 4622-14 s.
  - agrément, L. 4622-6-1.
  - certification, L. 4622-9-3, D. 4622-47-1 nouv.
  - offre socle de services, L. 4622-9-1, L. 4622-16.
  - rapport d'activité, L. 4622-16.
  - travailleur indépendant (affiliation), L. 4621-3, D. 4622-27-1.
- Service de prévention et de santé au travail autonomes, L. 4622-7, D. 4622-5 s.
- Services de prévention et de santé au travail interétablissements, D. 4622-9 s.
- Service social du travail, L. 4622-9.
- Surveillance, L. 4622-12.
- Télésanté au travail, R. 4624-41-1 s.
- Unité économique et sociale, D. 4622-12 s.
- ▶ V. *Médecine du travail (Service de prévention et de santé au travail), Santé et sécurité au travail.*

Service civique,
- Compte d'engagement citoyen, L. 5151-9 s., D. 5151-14 s.
- Compte personnel de formation, L. 6323-6.

Service national, L. 3142-95 s., R. 3142-39 s.
- Âge, L. 3142-97.
- Contrat à durée déterminée, L. 1242-4.
- Rupture du contrat de travail, L. 3142-98 s.
- Réintégration, L. 3142-95 s., D. 3142-39 s.
- Suspension du contrat, L. 3142-95 s.

Service public d'accès au droit, L. 5143-1.

Service public de l'emploi, L. 5311-1 s., R. 5311-1 s.
- Bénéficiaires du RSA (traitement des données), R. 5312-32 s.
- Demandeur d'emploi, L. 5411-1 s.
  - ▶ V. *Demandeur d'emploi.*
- Institution de l'article, L. 5312-1.
  - conseil d'administration, L. 5312-2.
  - contrôle, L. 5426-1.
  - inscription des demandeurs d'emploi, L. 5411-4.
  - missions, L. 5312-1.
- Embauche (information), L. 1221-16.
- Maisons de l'emploi, L. 5313-1 s., R. 5313-1 s.
  - ▶ V. *Maisons de l'emploi.*
- Médiateur, L. 5312-12-1.
- Missions, L. 5311-1.
- Missions locales pour l'insertion professionnelle et sociale des jeunes, L. 5314-1.
- Placement, L. 5321-1 s.
  - ▶ V. *Placement (des demandeurs d'emploi).*
- Recours contre les décisions de Pôle emploi, R. 5412-8.
  - médiation préalable obligatoire, R. 5312-47 s.
- Réseau pour l'emploi, L. 5311-7 s.
  - ▶ V. *Réseau pour l'emploi.*
- Rupture (information), L. 1221-16.

Service public régional de formation professionnelle, L. 6121-2 s.
- Conseil en évolution professionnelle, L. 6111-6 s.

Service social du travail, L. 4622-9, L. 4631-1 s., D. 4631-1 s.

Services à la personne, L. 7231-1 s., D. 7231-1 s.
- Activités, L. 7232-6, D. 7231-1 s.
- Agence nationale, L. 7234-1.
- Agrément, L. 7232-1 s., R. 7232-1 s.
- Aide financière, L. 7233-4, D. 7233-6 s.
- Déclaration, L. 7232-1, R. 7232-18 s.
- Enregistrement de l'activité, R. 7232-18 s.
- Facturation des services, D. 7233-1 s.
- Frais de gestion, L. 7233-1.
- Mesures fiscales, L. 7233-2, D. 7233-5 s.

Seuils d'effectifs de l'entreprise, L. 1111-2 s.
- Franchissement de seuils (comité social et économique), L. 2312-2.

Sexe,
- Égalité professionnelle, L. 1141-1 s.
  - exception, L. 1142-2.
- Non-discrimination, L. 1132-1.

Situation dangereuse,
- Arrêt temporaire des travaux, L. 4731-1 s.

Situation de famille,
- Discrimination, L. 1132-1 (J. 43).

Société coopérative européenne,
L. 2362-1 s., D. 2361-1 s.
- Groupe spécial de négociation, L. 2362-1 s., R. 2362-5 s., D. 2362-1 s.

Société européenne,
- Accord du groupe spécial de négociation, L. 2353-1 s.
- Comité de la société européenne, L. 2353-1.
  ▶ V. *Comité de la société européenne.*
- Fusion, L. 2352-4.
- Implication des salariés, L. 2351-3 s.
  ▶ V. *Société coopérative européenne.*

Socle de connaissances et de compétences professionnelles, R. 6113-1 s.
- Certification, R. 6113-3.
- Modules, R. 6113-2.

Sportifs de haut niveau, L. 6222-40 s., C. sport, L. 222-2 s., App. VII. F, v° *Sportif professionnel*, 🕮.

Sports,
- Apprentissage, R. 6222-59 s.
- Comité social et économique (avis), L. 2312-80.
  ▶ V. *Sportifs de haut niveau.*

Sportifs professionnels,
- Reconversion professionnelle, L. 6324-2.

Stage en entreprise, C. éduc., art. L. 124-1 s., **p. 3530.**
- Comité social et économique (consultation), L. 2312-24, L. 2312-36.
- Convention de stage, C. éduc., art. L. 124-1 s., **p. 3530.**
- Gratification, C. éduc., art. L. 124-6, **p. 3531** ; CGI, art. 81 *bis*, App. I. D, v° *Salaires*, **p. 3282.**
- Nombre maximal de stagiaires, C. éduc., art. R. 124-10, **p. 3534.**
- Obligation d'emploi des travailleurs handicapés, L. 5212-7.
- Requalification, L. 1454-5.

Stage de la formation professionnelle,
L. 6341-1 s., R. 6341-1 s.
- Agrément, R. 6341-2 s.
- Conditions de travail, L. 6343-1.
- Durée du travail, L. 6343-2 s., R. 6341-15.
- Financement des stages, L. 6341-1 s.
- Frais de transport, L. 6341-9, R. 6341-51.
- Heures supplémentaires, L. 6343-3.
- Personne en recherche d'emploi, R. 6341-25.
- Personne handicapée, D. 6341-28-1 s.
- Prêts, L. 6341-10.
- Prise en charge des cotisations, L. 6342-2 s.
- Protection sociale, L. 6342-1, R. 6342-1 s.
- Règlement des litiges, L. 6342-6.
- Rémunération, L. 6341-7 s., D. 6341-24-1 s.
- Repos dominical, L. 6343-4.
- Stage rémunéré par l'État ou la région, R. 6341-1 s.

Stress au travail,
- ANI du 2 juill. 2008, App. II. D, v° *Santé, hygiène et sécurité des travailleurs*, **p. 3344.**

Succession d'employeurs
▶ V. *Modification de la situation juridique de l'employeur.*

Suivi médical individuel de l'état de santé du salarié, R. 4624-10 s.
- Adaptation de poste, R. 4624-13.
- Attestation de suivi, R. 4624-14, R. 4624-17.
- Dossier médical, L. 4624-8, R. 4624-45-3 s.
- Femme enceinte, R. 4624-19.
- Jeune travailleur, R. 4624-18.
- Orientation vers un médecin du travail, R. 4624-13.
- Périodicité, R. 4624-15 s.
- Postes à risque, R. 4624-21.
- Salariés en contrat à durée déterminée, R. 4625-1.
- Télésanté au travail, R. 4624-41-1 s.
- Titulaire d'une pension d'invalidité, R. 4624-20.
- Travailleur de nuit, R. 4624-18.
- Travailleur temporaire, R. 4625-2, R. 4625-8 s.
- Visite d'information et de prévention, R. 4624-10 s.

Suppression d'emploi, L. 1233-3.
▶ V. *Licenciement pour motif économique.*

Surveillance médicale,
- Catégories particulières de travailleurs, L. 4625-1 s.
- Dérogations, L. 4625-2.
- Recours à des médecins non spécialisés en médecine du travail, L. 4625-2.
- Travailleurs éloignés, D. 4625-23 s.
▶ V. *Suivi médical renforcé des salariés.*

TABLE ALPHABÉTIQUE

Suivi médical renforcé des salariés,
L. 4624-2, R. 4624-22 s.
- Amiante, R. 4412-138 s.
- Avis d'aptitude ou d'inaptitude, R. 4624-25.
- Dossier médical, R. 4624-45-3 s.
- Examen médical d'aptitude, R. 4624-24.
- Femmes enceintes, R. 4624-18.
- Jeune travailleur, R. 4624-18.
- Périodicité, R. 4624-28 s.
- Postes à risque, R. 4624-23 s.
- Rayonnements ionisants, R. 4451-1 s.
- Risques biologiques, R. 4426-1 s.
- Travail de nuit, R. 3122-18, R. 4624-18.
- Travail sur écran, R. 4542-17 s.
- Travailleur handicapé, R. 4624-18.
- Vibrations mécaniques, R. 4446-1 s.

Surveillance des salariés, L. 1235-1 (J. 10 s.).
- Comité social et économique (consultation), L. 2312-37.

Syndicat, L. 2111-1 s., R. 2121-1 s.
- Action en justice, L. 2132-3.
- Adhésion, L. 2141-1, L. 2141-2.
- Adhésion à une convention ou un accord collectif, L. 2261-3 s.
- Affichage syndical, L. 2142-3 s.
- Ancienneté, L. 2121-1.
- Audience syndicale,
  • branche professionnelle, L. 2122-5, L. 2122-6 s.
  • entreprise de moins de 11 salariés, L. 2122-10-1 s.
  • entreprise ou établissement, L. 2122-1.
  • niveau national et interprofessionnel, L. 2122-9.
- Biens, L. 2132-4.
- Caisse de secours, L. 2132-6.
- Capacité civile, L. 2132-1 s.
- Champ d'application, L. 2111-1 s.
- Comptes annuels, L. 2135-1 s., D. 2135-1 s.
- Congé de formation syndicale, L. 2145-1, L. 2142-5.
- Constitution, L. 2131-2.
- Contrat à durée déterminée (action en justice), L. 1247-1 s.
- Cotisation, L. 2121-1.
- Cotisation syndicale, L. 2141-6, L. 2142-2.
- Critères de représentativité, L. 2121-1 s.
- Démission, L. 2141-2.
- Dialogue social, L. 2211-1 s.
  ▶ V. *Dialogue social*.
- Dirigeants, L. 2131-3 s.
- Discrimination syndicale, L. 2141-5.
- Dissolution, L. 2131-6.
- Effectifs, L. 2121-1, L. 2141-11.
- Entrave, L. 2146-1.
- Financement,
  • fonds paritaire de financement, L. 2135-9 s.
  • ressources, L. 2135-10.
- Formation économique, sociale et syndicale, L. 2145-1 s.
- Indépendance, L. 2121-1.
- Liberté syndicale, L. 2141-4.
- Licenciement économique (action en justice), L. 1235-8, D. 1235-18 s.
- Local syndical, L. 2142-8.
- Mandatement syndical, L. 2232-23-1, L. 2232-24, L. 2232-26 s.
- Marques syndicales, L. 2134-1 s.
- Messagerie électronique, L. 2142-6.
- Moyens, L. 2135-1 s., D. 2135-1 s.
- Objet, L. 2131-1.
- Organisations professionnelles d'employeurs, L. 2135-6 s.
  ▶ V. *Organisations professionnelles d'employeurs*.
- Représentativité, L. 2121-1 s., R. 2121-1 s.
- Ressources, L. 2135-1 s., D. 2135-1 s.
- Réunion, L. 2142-10 s.
- Secteur public, L. 2111-1, L. 2144-1 s.
- Section syndicale, L. 2142-1 s.
  ▶ V. *Section syndicale*.
- Secret professionnel, L. 2143-21.
- Statut (dépôt), L. 2131-3, R. 2131-1.
- Syndicat catégoriel, L. 2122-2, L. 2122-7.
- Syndicat représentatif, L. 2122-1.
- Tract syndical, L. 2142-4.
- Unions, L. 2133-1 s.
  ▶ V. *Délégué syndical*.
▶ V. *Organisations professionnelles d'employeurs*.

T

Tabagisme, CSP, art. R. 3512-2 à R. 3512-9, **p. 3335.**

Taxe d'apprentissage, L. 6241-1 s.
- Affectation des fonds, L. 6241-10 s., R. 6241-25 s.
- Caisse des dépôts et consignations, R. 6241-26 s.
- Contribution supplémentaire à l'apprentissage, L. 6242-1 s.
- Déductions, D. 6241-29 s.
- Dépenses libératoires, L. 6241-4.

Taxe d'apprentissage (suite)
– Employeurs du bâtiment et travaux publics, L. 6331-38.
– Gestion du fonds dédié de la Caisse des dépôts et consignations, R. 6241-28-2 s.
– Organismes habilités à percevoir le solde de la taxe d'apprentissage, D. 6241-33.
– Part principale, L. 6241-2.
– Solde, L. 6241-2, R. 6241-19 s.
– Taux, L. 6241-1-1.
– Versements libératoires, L. 6241-4 s., D. 6241-29 s.

Téléphone,
– Faute grave, L. 1234-1 (J. 61).

Télétravail, L. 1222-9 s. ; ANI 26 nov. 2020, App. VII. C, v° *Télétravail*, **p. 3502.**
– Salarié aidant, L. 1222-9.
– Salariées enceintes, L. 1222-9.
– Travailleur handicapé, L. 1222-9.

Temps de travail
▶ V. *Durée du travail, Horaires de travail.*

Temps partiel
▶ V. *Travail à temps partiel.*

Tenue vestimentaire, L. 1221-1 (J. 346), L. 1232-1 (J. 49).

Terres australes et antarctiques françaises,
– Comité social et économique central, L. 2632-1.
– Comité de groupe, L. 2632-2.
– Contrat de travail, L. 1531-1 s.
– France Travail, L. 5531-1.
– Négociation collective, L. 2631-1.

Titre emploi-service entreprise,
L. 1273-3 s., D. 1272-1 s.

Titre emploi-service agricole, C. rur., art. L. 712-2 s., **p. 3241.**

Titre emploi simplifié agricole, C. rur., art. L. 712-1, **p. 3241.**

Titre-mobilité, L. 3261-5 s., R. 3261-13-3 s.

Titre-restaurant, L. 3262-1 s., R. 3262-1 s.
– Dématérialisation, R. 3262-1 s.
– Émission, L. 3262-1 s., R. 3262-1 s.
– Exonération de la participation de l'employeur, L. 3262-6.
– Fruits et légumes, L. 3262-1 s., R. 3262-4 s.
– Montant maximal, R. 3262-10.
– Péremption, L. 3262-5.
– Redressement et liquidation judiciaire, L. 3262-4.
– Remboursement, L. 3262-4.
– Utilisation, L. 3262-4 s., R. 3262-4 s.

Titres spéciaux de paiement
▶ V. *Chèque-emploi associatif, Chèque emploi service universel (CESU), Titre emploi-service entreprise.*

Toxicovigilance, R. 4411-42.

Traite des êtres humains, C. pén., art. 225-4-1, **p. 3217.**

Transaction, L. 1231-4 (J. 3).

Transaction pénale, L. 8114-4 s., R. 8114-3 s.

Transition écologique
▶ V. *Conséquences environnementales de l'activité de l'entreprise.*

Transfert du contrat de travail
▶ V. *Modification de la situation juridique de l'employeur.*

Transformation d'emploi, L. 1233-3.
▶ V. *Licenciement pour motif économique.*

Transitions collectives, L. 6323-17-1.

Transport,
– Réglementation sociale du transport, C. transp., art. L. 1311-1 à L. 1331-1, **p. 3516.**
– Réglementation spécifique au transport routier, C. transp., art. L. 3311-1 à L. 3315-6, **p. 3526.**
▶ V. *Frais de transport.*

Travail à domicile, L. 7411-1 s., R. 7413-1 s.
– Activité partielle, D. 5122-13, D. 5122-15.
– Carnet de travail, R. 7421-1 s.
– Comptabilité, R. 7413-1 s.
– Définitions, L. 7412-1 s.
– Effectif de l'entreprise, L. 1111-2.
– Fournitures des travaux, L. 7421-1 s., R. 7421-1 s.

Travail à domicile (suite)
- Frais d'atelier, L. 7422-11 s.
- Litiges, R. 7423-1 s.
- Mensualisation, L. 3242-1.
- Mise en œuvre, L. 7413-1 s.
- Rémunération, L. 7422-4 s., R. 7422-7 s.
  - majoration, L. 7422-9, R. 7422-10 s.
- Santé et sécurité, L. 7424-1 s., R. 7424-1 s.
- ▶ V. *Télétravail.*

Travail à temps partagé
- ▶ V. *Entreprise de travail à temps partagé, Contrat de travail à temps partagé.*

Travail à temps partiel, L. 3123-1 s., R. 3123-1 s.
- Accord collectif, L. 3123-2.
- Ancienneté, L. 3123-5.
- ANI, 11 janv. 2013, art. 11, App. III. A, v° *Embauche et emploi*, **p. 3390.**
- Bilan, L. 3123-15.
- Comité social et économique (information), L. 2312-26.
- Compléments d'heures par avenant, L. 3123-22.
- Congé parental d'éducation, L. 1225-47 s.
  - ▶ V. *Congé parental d'éducation.*
- Contrat de travail, L. 3123-6.
- Contrats d'insertion par l'activité économique, L. 3123-7, L. 5132-5, L. 5132-11-1.
- Création d'entreprise, L. 3142-105 s., L. 3142-111 s.
- Définition, L. 3123-1 s., L. 3142-111 s.
- Demande du salarié, L. 3123-2.
- Durée minimale, L. 3123-7.
  - accord collectif, L. 3123-19.
  - défaut d'accord collectif, L. 3123-27.
  - dérogation conventionnelle, L. 3123-19.
  - dérogation individuelle, L. 3123-7.
  - insertion professionnelle, L. 5132-6.
  - négociation de branche, L. 2241-2.
  - salarié de moins de 26 ans poursuivant des études, L. 3123-7.
- Effectif de l'entreprise, L. 1111-2.
- Égalité de traitement, L. 3123-5 s.
- Heures complémentaires, L. 3123-6, L. 3123-8 s., L. 3123-22, L. 3123-25.
  - accord collectif, L. 3123-22.
  - défaut d'accord collectif, L. 3123-28 s.
  - ▶ V. *Heures complémentaires.*
- Heures de délégation, L. 3123-14.
- Heures supplémentaires, L. 3123-2.
- Horaires de travail, L. 3123-17.
- Indemnité de départ à la retraite, L. 3123-5.
- Indemnité de licenciement, L. 3123-5.
- Limitations, L. 3123-30.
- Mandat représentatif, L. 3123-14.
- Mise en place, L. 3123-2 s.
  - accord collectif, L. 3123-17.
  - défaut d'accord collectif, L. 3123-26.
- Modification de la répartition des horaires, L. 3123-11 s.
- Modulation, L. 3123-25 anc.
- Négociation de branche, L. 2241-2.
- Passage à temps partiel, L. 3123-2.
- Période d'essai, L. 3123-5.
- Réduction de la durée annuelle de travail,
  - périodes non travaillées, L. 3123-2.
  - refus du salarié, L. 3123-4.
- Répartition de la durée du travail, L. 3123-11 s.
  - accord collectif, L. 3123-23.
  - défaut d'accord collectif, L. 3123-30.
- Représentants du personnel (information), L. 3123-15 s.
- Reprise d'entreprise, L. 3142-105 s.
- Reprise d'un emploi à temps plein, L. 3123-3.
  - accord collectif, L. 3123-18.
- Retraite progressive, L. 3123-4-1, L. 3123-7, D. 3123-1-1.
- Temps complet (reprise), L. 3123-3, L. 3123-18.
- ▶ V. *Congé pour création d'entreprise.*

Travail de nuit, L. 3122-1 s., R. 3122-8 s.
- Accord collectif, L. 3122-15.
  - contenu, L. 3122-15.
- Apprentissage, L. 6222-26.
- Avis (médecin du travail), L. 3122-38.
- Caractère exceptionnel, L. 3122-1.
- Comité d'hygiène, de sécurité et des conditions de travail, L. 4612-16.
- Compensation salariale, L. 3122-8.
- Contreparties, L. 3122-8.
- Défaut d'accord collectif, L. 3122-20 s.
- Définition, L. 3122-2.
- Durée du travail, L. 3122-6 s.
- État de santé incompatible, L. 3122-14.
- Grossesse, L. 1225-9 s.
- Jeunes travailleurs, L. 3163-1, R. 3163-1 s.
- Obligations familiales, L. 3122-12.
- Pauses, L. 3122-15.
- Périodes de travail de nuit, L. 3122-2, L. 3122-3.
  - accord collectif, L. 3122-15.
  - défaut d'accord collectif, L. 3122-22.
- Refus du travail de nuit, L. 3122-12.
- Repos compensateur, L. 3122-8.
- Retour au travail de jour, L. 3122-13 s.

Travail de nuit (suite)
- Suivi médical renforcé, L. 3122-11, L. 4624-1, R. 3122-18 s., R. 4624-18.
- Travail de jour (retour), L. 3122-43 s.
- Travail en soirée, L. 3122-4.
- Travailleur de nuit, L. 3122-5.
  - accord collectif, L. 3122-16.
  - défaut d'accord collectif, L. 3122-24.

Travail des personnes détenues, C. pénit., art. L. 412-1 à L. 412-25, R. 412-1 à R. 412-29, App. VII. I, v° *Travail des personnes détenues*, **p. 3516.**

Travail dissimulé, L. 8221-1 s., R. 8221-1 s.
- Contrôle, L. 8271-7 s.
- Dissimulation d'activités, L. 8221-3 s., R. 8221-1 s.
- Dissimulation d'emploi salarié, L. 8221-5 s., R. 8221-2.
- Donneur d'ordres, L. 8222-1 s.
- Droits des salariés, L. 8223-1 s., D. 8223-1 s.
- Interdictions, L. 8221-1 s.
- Pénalités, L. 8224-1 s.
- Sanctions administratives, L. 8272-1 s.

Travail dominical, L. 3132-1 s.
- Décision de fermeture, L. 3132-29 s.
- Dérogation, L. 3132-12 s.
- Référé, L. 3132-31.

Travail effectif, L. 3121-1 s., R. 3121-2.
- Congé de formation économique, sociale, environnementale et syndicale, L. 2145-1 s.
- Congé de formation pour les cadres et animateurs pour la jeunesse, L. 3142-54 s.
- Congé de formation syndicale, L. 2145-5 s.
- Congé de solidarité internationale, L. 3142-68.
- Congé pour événement familial, L. 3142-1 s.
- Congés payés, L. 3141-3 s.
- Définition, L. 3121-1.
- Déplacement professionnel, L. 3121-4.
  - rémunération, L. 3121-7.
- Douche, L. 3121-1 (J. 8), R. 3121-2.
- Habillage, L. 3121-3.
  - contreparties, L. 3121-7, L. 3121-8.
- Heures de délégation,
  - délégué syndical, L. 2143-17.
  - membre du comité d'hygiène, de sécurité et des conditions de travail, L. 4614-6.
  - membre du comité social et économique, L. 2143-19.
- Négociation collective, L. 3121-6 s.
- Ordre public, L. 3121-1.
- Pause, L. 3121-2.
  - rémunération, L. 3121-6, L. 3121-8.
- Réserve civique, L. 5151-9, D. 5151-14 s.
- Réserve opérationnelle, L. 3142-67.
  - compte d'engagement citoyen, L. 5151-9.
- Restauration, L. 3121-2.
  - rémunération, L. 3121-6, L. 3121-8.
- Service national, L. 3142-97.

Travail en prison, L. 1221-1 (J. 13) ; C. pénit., art. L. 412-1 à L. 412-25, R. 412-1 à R. 412-29, App. VII. I, v° *Travail des personnes détenues*, **p. 3516.**

Travail illégal
▶ V. *Lutte contre le travail illégal.*

Travail intermittent, L. 3123-33 s., D. 3123-4.
- Ancienneté, L. 3123-36.
- Contrat de travail, L. 3123-33.
- Définition, L. 3123-31.
- Effectif de l'entreprise, L. 1111-2.
- Égalité de traitement, L. 3123-36.
- Entreprise adaptée, L. 3123-37.
- Expérimentation, ANI du 11 janv. 2013, art. 22, App. III. A, v° *Embauche et emploi*, **p. 3396.**
- Mensualisation, L. 3242-1.
- Négociation collective, L. 3123-33, L. 3123-38.
- Répartition des horaires, L. 3123-35.
- Travailleurs handicapés, L. 3123-37.

Travail sur écran, R. 4542-1 s.
- Évaluation des risques, R. 4542-3.
- Formation, R. 4542-16.
- Information, R. 4542-16.
- Prévention, R. 4542-4 s.
- Suivi individuel de l'état de santé, R. 4542-17 s.

Travail temporaire,
- Agrément « entreprise adaptée », L. n° 2018-771 du 5 sept. 2018, art. 115, ss. L. 1252-1.
- Comité social et économique (information), L. 2312-26, L. 2312-71.
  - électorat et éligibilité, L. 2314-20, L. 2314-22.
- Effectif de l'entreprise, L. 1111-2.
- Heures de délégation, L. 2315-13.
- Salariés détachés, R. 1262-16.

Travail temporaire *(suite)*
- Risques particuliers pour la santé, L. 4142-2.
  - faute inexcusable, L. 4154-3.
  - obligation d'information, L. 4154-2.
- Salariés protégés, L. 2413-1, L. 2421-10.
- Travaux interdits, L. 4154-1.
- Travaux temporaires en hauteur, R. 7345-1 s.
- Travaux urgents de sécurité, L. 4154-4.
▶ V. *Contrat de travail temporaire, Contrat de travail à durée indéterminée intérimaire.*

Travailleur de plateforme, L. 7341-1 s.
▶ V. *Plateforme électronique.*

Travailleur étranger,
- Accords internationaux, L. 5221-1 s.
- Agence nationale de l'accueil des étrangers et des migrations, L. 5223-1 s.
  ▶ V. *Office français de l'immigration et de l'intégration.*
- Assurance chômage, L. 5422-8.
- Autorisation de travail, L. 5221-2, L. 5221-5, L. 5221-7, R. 5221-1 s.
- Carte de séjour temporaire, L. 5221-9 ; CESEDA, art. L. 421-3 s., **p. 3429.**
- Carte de séjour « passeport talent », CESEDA, art. L. 421-7 s.
- Carte de séjour « travailleur saisonnier », CESEDA, art. L. 421-34 s.
- Carte de séjour « salarié détaché ICT », CESEDA, art. L. 421-26 s.
- Certificat médical, L. 5221-6.
- Conditions d'exercice d'une activité salariée, L. 5221-5 s.
- Consultation du comité social et économique,
  - logement, L. 2312-26.
- Contrôle de l'employeur, L. 5221-8.
- Demandeur d'emploi,
  - inscription, R. 5221-47 s.
  - régime d'assurance, L. 5422-8.
- Détachement, R. 5221-2.
- Dispense d'autorisation de travail, R. 5221-2.
- Emploi sans titre de travail, L. 8251-1 s.
  ▶ V. *Emploi d'étrangers sans titre de travail.*
- Étudiants, R. 5221-26 s.
- Interdictions, L. 5222-1 s.
- Introduction, L. 5221-2 s.
- Libre-circulation des travailleurs (Union européenne), Traité de Rome, art. 45 à 48 ; Régl. UE 492/2011 du 5 avr. 2011, App. III. B, v° *Étrangers,* **p. 3437.**
- Outre-mer, L. 5523-1 s., R. 5523-3 s.
- Pénalités, L. 5224-1 s.
- Stagiaire, CESEDA, art. L. 421-30 s., **p. 3434.**
- Titre de séjour, L. 5221-6.
- Travailleur saisonnier, R. 5221-23 s. ; CESEDA, art. L. 421-34 s.

Travailleur handicapé,
- Accompagnement dans l'emploi, L. 5213-2-1, D. 5213-88 s.
- Actions en justice, L. 5212-16, L. 5213-21, L. 5214-4.
- Adaptation du poste de travail, L. 5213-6, R. 4624-20.
- Aides financières, L. 5213-10 ; CASF, art. L. 243-4, **p. 3188.**
- Aide à l'embauche d'un travailleur handicapé, Décr. n° 2020-1223 du 6 oct. 2020, App. III. A, v° *Embauche et emploi,* **p. 3417.**
- Aménagement du poste de travail, L. 5213-6.
- Apprentissage, R. 6222-45 s.
  - durée du travail, L. 6222-37.
- Commission des droits et de l'autonomie des personnes handicapées, L. 5213-20.
- Comité social et économique (information), L. 2312-26.
- Compte personnel de formation, L. 6323-23 s.
- Contrat intermittent, L. 3123-32.
- Convention de branche, L. 2253-2.
- Convention de rééducation professionnelle en entreprise, L. 5213-3.
- Déclaration de l'effectif de travailleurs handicapés, L. 5212-1.
- Différence de traitement, L. 1133-3.
- Discrimination, L. 5213-6.
- Effectif, R. 5212-1-1.
- Égalité de traitement, L. 5213-6.
- Emploi d'avenir, L. 5134-110.
- Établissements multiples, L. 5212-3 nouv.
- Évacuation des lieux de travail en cas d'incendie, R. 4216-1 à R. 4216-2-3.
- Fonds de développement de l'insertion professionnelle des handicapés, L. 5213-10 s., L. 5214-1 s., R. 5214-19 s.
- Formation professionnelle, L. 5213-3 s., L. 6112-3.
- Horaires individualisés, L. 3121-49.
- Licenciement, L. 5213-9.
- Maintien en emploi, L. 5212-2 nouv.
- Négociation de branche, L. 2241-1, L. 2241-13.
- Négociation en entreprise, L. 2242-17.

Travailleur handicapé *(suite)*
- Obligation d'emploi (OETH), L. 5212-2 s., D. 5212-1 s.
  - accord collectif, L. 5212-8.
  - actions en justice, L. 5212-16, L. 5214-4.
  - bénéficiaires, L. 5212-13 s.
  - comité social et économique (consultation), L. 2312-26.
  - contribution annuelle, L. 5212-9 s.
  - déclaration annuelle, L. 5212-5, D. 5212-4 s.
  - déclaration sociale nominative (DSN), L. 5212-5, D. 5212-4 s.
  - entreprise à établissements multiples, L. 5212-3.
  - mise en œuvre, L. 5212-6 s.
  - orientation, L. 5213-6 s., R. 5213-1 s.
  - outre-mer, R. 5523-1 s.
  - plan de maintien dans l'entreprise, R. 5212-14.
  - réadaptation, L. 5213-3 s.
  - reconnaissance, L. 5213-1.
  - rééducation, L. 5213-3 s.
  - révision du taux, L. 5212-2.
  - salaire, L. 5213-7.
  - sanction administrative, L. 5212-12.
  - stagiaire, L. 5212-7.
- Organismes de placement spécialisés, L. 5214-3-1.
- Plan régional pour l'insertion des travailleurs handicapés, L. 5211-5.
- Politique de l'emploi des personnes handicapées, L. 5211-1 s., L. 5214-1 A s., D. 5211-1 s.
- Poste de travail adapté, L. 5213-6.
- Reconnaissance, L. 5213-1 s.
- Référent handicap, L. 5213-6-1.
- Stagiaire handicapé, L. 5212-7.
- Télétravail, L. 1222-9.
- Travailleur indépendant handicapé, L. 5212-6.
- ▶ V. *Entreprise adaptée, Insertion dans l'emploi des personnes en situation de handicap, Lettre de licenciement.*

Travailleur indépendant,
- Allocation des travailleurs indépendants, L. 5424-24 s., R. 5424-70 s., D. 5424-74 s.
  - bénéficiaires, L. 5424-24.
  - conditions, L. 5424-24, R. 5424-70 s., R. 5425-1.
  - coordination avec l'allocation assurance chômage, L. 5424-27.
  - demande de paiement, L. 5424-26.
  - durée de versement, L. 5424-27, D. 5424-75 s.
  - financement, L. 5422-9, L. 5424-28.
  - liquidation judiciaire, L. 5424-25.
  - montant, L. 5424-27, D. 5424-74.
  - redressement judiciaire, L. 5424-25.
- BTP génie civil, L. 4535-1.
- Compte personnel de formation, L. 6323-25 s.
  - financement, L. 6332-11 s.
- Définition, L. 8221-6-1.
- Service de prévention et de santé au travail interentreprises (affiliation), L. 4621-3, D. 4622-27-1 s.
- Travailleurs utilisant une plateforme électronique, L. 7341-1 s.

Travailleur temporaire,
- Dossier médical, R. 4625-17.
- Mensualisation, L. 3242-1.
- Rémunération mensuelle minimale, L. 3232-1.
- Suivi médical individuel de l'état de santé, R. 4625-2, R. 4625-8 s.
- Suivi médical renforcé de l'état de santé, R. 4625-12 s.
- Suivi individuel de l'état de santé, R. 4625-1 s.

Travaux dangereux,
- Apprentissage, L. 6222-30 s.
- Contrat à durée déterminée, L. 1242-6.
- Contrat de travail temporaire, L. 1251-10.
- Prime, L. 2253-2.

Travaux urgents,
- Heures supplémentaires, L. 3121-16.
- Repos hebdomadaire (dérogation), L. 3132-4.

Union de syndicats, L. 2133-1 s.

Unité économique et sociale (UES),
- Comité social et économique, L. 2313-8.
- Participation, L. 3322-2.

Urgence,
- Sensibilisation aux gestes qui sauvent, L. 1237-9, D. 1237-2-2, D. 1237-2-3.

URSSAF,
- Collecte des fonds de formation, L. 6131-1.

Usage, L. 1221-1 (J. 315 s.).
- Critères, L. 1221-1 (J. 315 s.).
- Dénonciation, L. 1221-1 (J. 332 s.).
- Disparition, L. 1221-1 (J. 332 s.).
- Écrit, L. 1221-1 (J. 328).
- Engagement unilatéral, L. 1221-1 (J. 319).
- Modification de la situation juridique de l'employeur, L. 1221-1 (J. 330).
- Régime, L. 1221-1 (J. 325 s.).
- Remplacement, L. 1221-1 (J. 342).
- Transmission, L. 1221-1 (J. 330 s.).

V

Validation des acquis de l'expérience, L. 6313-5.
- Accompagnement des candidats, L. 6313-5.
- Acquisition d'un bloc de compétences d'une certification professionnelle, L. 6313-5.
- Actions de formation, L. 6313-1, L. 6313-5.
- Certification professionnelle, L. 6411-1.
- Compte personnel de formation, L. 6323-6.
- Congé de validation des acquis de l'expérience, L. 6422-1 s., R. 6422-1 s.
  • autorisation d'absence, L. 6422-2 s.
  • durée, L. 6422-2 s.
  * prise en charge, L. 6422-4 s.
  • rémunération, L. 6422-3.
- Contrat de professionnalisation (expérimentation), L. n° 2022-1598 du 21 déc. 2022, art. 11, ss. L. 6325-1.
- Financement par les ATPro, L. 6323-17-6.
- Garanties, L. 6421-1 s.
- Jury, L. 6412-3.
- Mise en œuvre, L. 6421-1 s., R. 6422-1 s.
- Négociation de branche, L. 2241-14.
- Négociation en entreprise, L. 2242-16.
- Objet, L. 6411-1.
- Parcours de VAE, L. 6313-5.
- Périodes de mise en situation en milieu professionnel, L. 5135-1, L. 6313-5.
- Recevabilité de la demande, L. 6412-1-1.
- Service public de la validation des acquis de l'expérience, L. 6411-1 s.
- Suivi statistique, L. 6423-2 s.

Vente de l'entreprise
▶ V. *Modification de la situation juridique de l'employeur.*

Versement transport, CGCT, art. L. 2333-64 à L. 2333-75, **p. 3356.**

Vibrations mécaniques, L. 4441-1, R. 4441-1 s.
- Évaluation des risques, R. 4444-1 s.
- Formation, R. 4447-1.
- Information, R. 4447-1.
- Prévention, R. 4442-1 s.
- Suivi individuel de l'état de santé, R. 4446-1 s.
- Valeurs limites d'exposition, R. 4443-1 s.

Vidéosurveillance, L. 1121-1 (J. 6), L. 1234-1 (J. 18 s.).

Vie privée du salarié, L. 1121-1 (J. 1 s.), L. 1232-1 (J. 3 s.).
- Faute grave, L. 1234-1 (J. 24).
- Protection des données personnelles, Règl. (UE) 2016/679 du 27 avr. 2016, art. 38, App. II. I, v° *Protection des données personnelles,* **p. 3361.**

Violences, L. 1234-1 (J. 46 s.).
- Accord national interprofessionnel harcèlement et violence au travail, App. II. D, v° *Santé, hygiène et sécurité des travailleurs,* **p. 3346.**

Visioconférence,
- CHSCT, L. 4614-11-1.
- Comité social et économique, L. 2315-4, D. 2315-1 s.
- Comité social et économique central, L. 2316-16.
- Comité d'entreprise européen, L. 2341-12.
- Comité de groupe, L. 2334-2.
- Comité de la société européenne, L. 2353-27-1.

Visite d'information et de prévention, R. 4624-10 s.

Visite médicale de fin de carrière, L. 4624-2-1, R. 4624-28-1 s.

Visites de préreprise et de reprise du travail, L. 4624-2-3 s., R. 4624-29 s.
- Congé de maternité, L. 1225-4 (J. 10).
- Maladie, L. 1226-11.

Vote électronique, L. 2314-26, R. 2314-5 s., R. 2324-4 anc.

Voyageur Représentant Placier (VRP), L. 7311-1 s., D. 7313-1.
- Accès à la profession, L. 7312-1.
- Clause d'exclusivité, L. 7313-6.

Voyageur Représentant Placier (VRP) (suite)
- Clause de bonne fin, L. 7313-11 (J. 3).
- Non-concurrence, L. 7313-6 (J. 2).
- Commissions, L. 7313-7, L. 7313-11 s.
- Contrat de travail, L. 7313-1 s., D. 7313-1 s.
- Définitions, L. 7311-3.
- Garanties de rémunération, L. 7313-8.
- Indemnité conventionnelle de substitution, L. 7313-17.
- Indemnité de clientèle, L. 7313-13 s.
- Litiges, L. 7313-18.
- Période d'essai, L. 7313-5.
- Préavis, L. 7313-9 s.
- Présomption de salariat, L. 7313-1 s.
- Rémunération, L. 7313-7 s.

Wallis-et-Futuna,
- Comité de groupe, L. 2632-2.
- Comité social et économique central, L. 2632-1.
- Contrat de travail, L. 1531-1 s.
- France Travail, L. 5531-1.
- Négociation collective, L. 2631-1.

Zones commerciales, L. 3132-25-1.

Zones touristiques, L. 3132-25.

Zones touristiques internationales, L. 3132-24.

Photocomposé, traité sur ordinateur par :
LUMINESS SAS, 561 rue Saint Léonard - 53100 MAYENNE

Achevé d'imprimer sur les presses de
LEGO S.p.A.
Italie
Dépôt légal : mars 2024
722970 –OSB – Px 31 – JOU – (CDR)
Imprimé en Italie

Codes Dalloz Parution

CIVIL

Code civil	juin
Code du divorce, *commenté*	novembre
Code de procédure civile	juin
Code des procédures civiles d'exécution, *commenté*	mars

AFFAIRES

Code des assurances – Code de la mutualité, *commenté*	mai
Code de commerce	juin
Code de la communication, *commenté*	novembre
Code de la compliance, *commenté*	octobre
Code de la consommation, *commenté*	août
Code de la cybersécurité, *commenté*	juin
Code des douanes, *commenté*	mars
Code général des impôts	juin
Code monétaire et financier, *commenté*	mai
Code des procédures collectives, *commenté*	février
Code de la propriété intellectuelle, *commenté*	janvier
Code des sociétés, *commenté*	septembre
Code de procédure fiscale, *commenté*	juin
Code de la protection des données personnelles, *commenté*	novembre

SOCIAL

Code de l'action sociale et des familles, *commenté*	mai
Code de la santé publique, *commenté en ligne*	juin
Code de la sécurité sociale	avril
Code du travail, *commenté en ligne*	mars

Retrouvez tous nos ouvrages dans votre librairie ou sur **www.boutique-dalloz.fr**

Codes Dalloz   Parution

PÉNAL
Code pénal	juin
Code de la justice pénale des mineurs, *commenté*	août
Code de procédure pénale	juin
Code de la route, *commenté*	février

IMMOBILIER
Code des baux, *commenté*	janvier
Code de la construction et de l'habitation, *commenté*	avril
Code de la copropriété, *commenté*	janvier
Code de l'urbanisme, *commenté*	avril

PUBLIC
Code de la commande publique, *commenté*	janvier
Code constitutionnel et des droits fondamentaux, *commenté en ligne*	août
Code de l'éducation, *commenté*	août
Code électoral, *commenté*	novembre
Code de l'entrée et du séjour des étrangers et du droit d'asile, *commenté*	octobre
Code de l'environnement, *commenté*	mars
Code général de la fonction publique, *commenté*	mars
Code général des collectivités territoriales, *commenté en ligne*	novembre
Code général de la propriété des personnes publiques, *commenté*	mai
Code de justice administrative, *commenté*	septembre
Code des relations entre le public et l'administration, *commenté*	septembre
Code rural et de la pêche maritime, *commenté*	avril

Retrouvez tous nos ouvrages dans votre librairie ou sur **www.boutique-dalloz.fr**

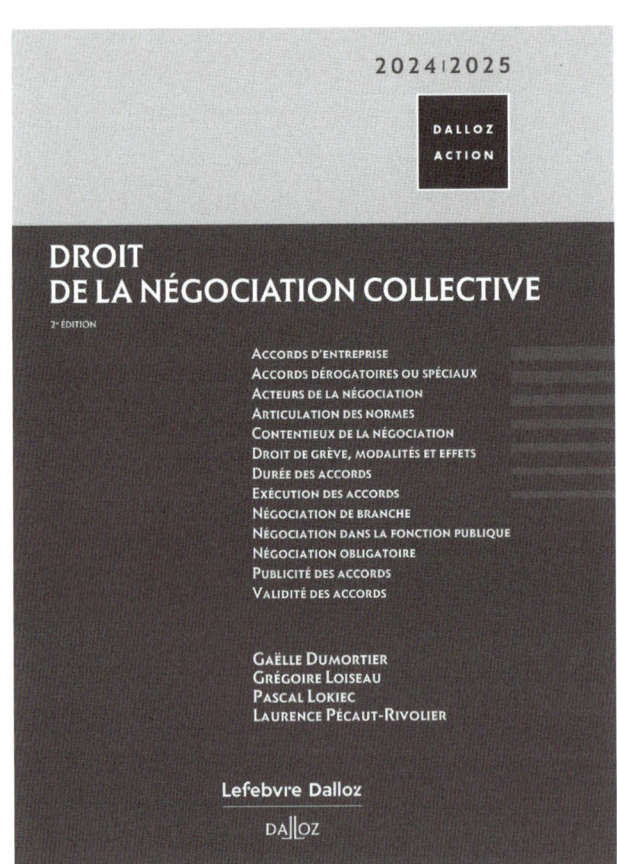

Droit de la négociation collective 2024/2025
Maîtriser le droit de la représentation du personnel
9782247228553 – 78 €

Retrouvez tous nos ouvrages dans votre librairie ou sur www.boutique-dalloz.fr

Mémento social 2024
Tout le droit du travail et de la sécurité sociale
9782368936825 – 198 €

Retrouvez tous nos ouvrages dans votre librairie ou sur www.boutique-dalloz.fr

Découvrez le service *illimité !*

qui vous donne toutes les réponses dans tous les domaines du droit

- **Une réponse claire, rapide et fiable**[1]
  Une équipe d'experts dédiée s'appuie sur l'intégralité des bases documentaires des **Éditions Dalloz**, des **Éditions Législatives** et des **Éditions Francis Lefebvre** pour vous répondre immédiatement ou sous 48 h maximum[2].

- **Un outil d'aide à la décision**
  Nos réponses vous aident à prendre les bonnes décisions et à répondre à vos préoccupations quotidiennes.

- **Un forfait illimité pour plus de confort**
  Nous nous adaptons à votre fréquence d'appel et nous nous engageons à répondre à toutes vos questions tout au long de l'année.

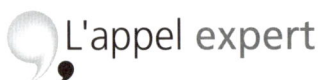

N'attendez pas et contactez-nous au 01 40 92 20 85 (prix d'un appel local).
Plus de 15 000 clients nous font déjà confiance !

(1) Les réponses apportées par le service L'appel expert ont pour seul objet de fournir des renseignements et informations à caractère documentaire conformément à la loi n°71-1130 du 31 décembre 1971 modifiée par la loi n°90-1259 du 31 décembre 1990. Ces informations n'ont en aucun cas valeur de consultation juridique.
(2) En fonction de la complexité de la question.

L'appel expert est une marque du premier groupe français d'édition juridique. Elle réunit les fonds documentaires de trois éditeurs : Éditions Dalloz, Éditions Législatives et Éditions Francis Lefebvre.